Weber/Kornprobst/Maier
Betäubungsmittelgesetz

Betäubungsmittelgesetz
Arzneimittelgesetz
Anti-Doping-Gesetz
Neue-psychoaktive-Stoffe-Gesetz

Kommentar

Begründet von

Dr. Klaus Weber
Präsident des Landgerichts Traunstein a.D.

Fortgeführt ab der 6. Auflage von

Dr. Klaus Weber
Präsident des Landgerichts Traunstein a.D.

Hans Kornprobst	**Stefan Maier**
Leitender Oberstaatsanwalt	Vorsitzender Richter am
Leiter der Staatsanwaltschaft	Oberlandesgericht Stuttgart
München I	

6. Auflage 2021

Zitiervorschlag:

Bearbeiter in Weber/Kornprobst/Maier Gesetz § x Rn. y
Weber in Weber/Kornprobst/Maier BtMG § 5 Rn. 21

www.beck.de

ISBN 978 3 406 74542 3

© 2021 Verlag C. H. Beck oHG
Wilhelmstraße 9, 80801 München
Druck und Bindung: Druckerei C. H. Beck Nördingen
(Adresse wie Verlag)

Satz: Jung Crossmedia PublishingGmbH
Gewerbestraße 17, 35633 Lahnau

Umschlag: Druckerei C.H.Beck Nördlingen

CO_2 neutral

chbeck.de/nachhaltig

Gedruckt auf säurefreiem, alterungsbeständigem Papier
(hergestellt aus chlorfrei gebleichtem Zellstoff)

Bearbeiterverzeichnis

Einleitung .... *Weber*

BtMG
§§ 1–28 .... *Weber*
Vor § 29 Rn. 1–464 .... *Weber*
Vor § 29 Rn. 465–550 .... *Maier*
Vor § 29 Rn. 551–724 .... *Weber*
Vor § 29 Rn. 725–1432 .... *Maier*
Vor § 29 Rn. 1433–1662 .... *Weber*
Vor § 29 Rn. 1663–1762 .... *Maier*
Vor § 29 Rn. 1763–1823 .... *Weber*
§ 29 .... *Weber*
§§ 29a–30c .... *Maier*
§§ 31–32...................... *Weber*
§ 33 .... *Kornprobst*
§ 34–41 .... *Weber*

BtMAHV .... *Weber*

BtMBinHV .... *Weber*

BtMKostV .... *Weber*

BtMVV .... *Weber*

AMG....................... *Weber*

AntiDopG .... *Kornprobst*

NpSG .... *Kornprobst*

Vorwort

Der Kommentar ist im Jahre 1999 erstmals erschienen und hat, wie auch die Resonanz in der obergerichtlichen Rechtsprechung zeigt, eine freundliche Aufnahme gefunden. Dasselbe gilt auch für die späteren Auflagen.

Bis zur 5. Auflage wurde der Kommentar von Klaus Weber allein verantwortet. Nunmehr ist es an der Zeit, das Werk in jüngere Hände zu legen. Hans Kornprobst und Stefan Maier haben daher wesentliche Teile der Kommentierung übernommen. Hans Kornprobst ist Leiter der Staatsanwaltschaft München I, der weitaus größten Staatsanwaltschaft in Bayern und Schwerpunktstaatsanwaltschaft für Dopingdelikte. Stefan Maier ist Vorsitzender Richter am Oberlandesgericht Stuttgart und war 13 Jahre lang als Vorsitzender verschiedener Strafkammern, die mit Betäubungsmittelsachen befasst waren.

Die Neuauflage berücksichtigt insbesondere die Verordnung zur Änderung betäubungsmittelrechtlicher und anderer Vorschriften v. 2.7.2018 (BGBl. I S. 1078), die Verordnung zur Änderung der Anlage des Neue-psychoaktive-Stoffe-Gesetzes und von Anlagen des Betäubungsmittelgesetzes v. 12.7.2019 (BGBl. I S. 1083), die 19., 20. und 21. Verordnung zur Änderung von Anlagen des Betäubungsmittelgesetzes v. 17.12.2019 (BGBl. I S. 2850), v. 10.7.2020 (BGBl. I S. 1619) und v. 14.1.2021 (BGBl. I S. 70), die 32. Verordnung zur Änderung betäubungsmittelrechtlicher Vorschriften v. 18.5.2021, das Gesetz zur Verbesserung der strafrechtlichen Bekämpfung der Geldwäsche v. 9.3.2021 (BGBl. I S. 327), das Gesetz für mehr Sicherheit in der Arzneimittelversorgung v. 9.8.2019 (BGBl. I S. 1202), die 4. Verordnung zur Bestimmung von Dopingmitteln und zur Festlegung der nicht geringen Menge v. 3.7.2020 (BGBl. I S. 1547) und die Verordnung zur Änderung der Anlage zum Neue-psychoaktive-Stoffe-Gesetz v. 3.7.2020 (BGBl. I S. 1555). Eine grundlegende Änderung, insbesondere im Substitutionsbereich, hat auch die Betäubungsmittel-Verschreibungsverordnung durch die 3. Verordnung zur Änderung der Betäubungsmittel-Verschreibungsverordnung v. 22.5.2017 (BGBl. I S. 1275) erfahren, die ab 3.10.2017 gilt. Namentlich für den Internethandel von Bedeutung ist das 60. Gesetz zur Änderung des Strafgesetzbuches v. 30.11.2020 (BGBl. I S. 2600).

Eingearbeitet wurde die seit dem Erscheinen der letzten Auflage zu den behandelten Gesetzen ergangene Rechtsprechung. Dies gilt namentlich von den Entscheidungen zur nicht geringen Menge bei Stoffen, die als sogenannte Legal Highs auf den Markt gekommen waren, aber mittlerweile dem BtMG unterstellt sind, zur Bewertungs- oder Tateinheit bei sich überschneidenden Tathandlungen beim Handeltreiben, zum fahrlässigen Handeltreiben, zum Internethandel mit Bestellung im Ausland, zu den legendierten Kontrollen und zur Auslegung des AntiDopG. Einbezogen wurden ferner die Beiträge in Fachzeitschriften zu aktuellen Rechtsfragen im Umgang mit Suchtstoffen und Arzneimitteln.

Unser besonderer Dank gilt dem in den Ruhestand getretenen Lektor, Herrn Andreas Harm, der das Buch von Anfang betreut hat, und seiner Nachfolgerin Frau Assessorin Judith Simon für die hervorragende Zusammenarbeit.

Rechtsprechung und Literatur, die bis 1.5.2021 veröffentlicht wurden, konnte noch berücksichtigt werden.

Oberaudorf, München, Stuttgart, im Mai 2021

Klaus Weber
Hans Kornprobst
Stefan Maier

Aus dem Vorwort zur 5. Auflage

Die fünfte Auflage zeichnet sich dadurch aus, dass sie vier Gesetze behandelt. Alle vier stehen in einem unmittelbaren sachlichen Zusammenhang, zum Teil sind sie auseinander hervorgegangen. Ihr unmittelbarer Gegenstand ist ein illegaler Stoff (für das AMG gilt dies jedenfalls für die gefälschten Arzneimittel und Wirkstoffe), der auf einem illegalen Markt vertrieben wird. Dabei ist nicht immer von vornherein klar, ob es sich um einen neuen psychoaktiven Stoff, ein Betäubungsmittel, ein Arzneimittel oder ein Dopingmittel handelt. Nicht selten treffen auch zwei oder drei Merkmale zusammen. Dies lässt es als sinnvoll erscheinen, die Erläuterung der vier Gesetze in einem Kommentar zusammenzufassen. Es kommt hinzu, dass der Gesetzgeber die Tathandlungen in allen vier Gesetzen mit denselben Begriffen bezeichnet, die allerdings untereinander nicht in allen Gesetzen in demselben Verhältnis stehen. Die sich daraus ergebenden Unterschiede erschließen sich am besten durch einen Vergleich.

Hinzu kommen das Gesetz über die Reform der strafrechtlichen Vermögensabschöpfung v. 13.4.2017, dessen Maßnahmen im Betäubungsmittelstrafrecht und sonstigen Stoffrecht eine erhebliche Rolle spielen, und die Unterstellung neuer Stoffe unter das BtMG durch Änderungsverordnung v. 16.6.2017. Beschlossen ist auch eine wesentliche Änderung der Vorschriften über die Substitution (Änderungsverordnung zur BtMVV v. 22.5.2017), mit der Regelungen zu Sachverhalten, die unmittelbar ärztlich-therapeutische Bewertungen betreffen, in die Richtlinienkompetenz der Bundesärztekammer (BÄK) überführt werden sollen.

Natürlich hat sich auch die Rechtsprechung seit dem Erscheinen der 4. Auflage weiter entwickelt. Wesentlich, wenn auch für die Praxis weniger erfreulich, ist die Reaktion der Strafsenate des BGH auf das Urteil des EGMR vom 23.10.2014 (NJW 2015, 3631 – Furcht) zur Tatprovokation, die zeigt, dass unser oberstes Strafgericht derzeit in für die Praxis in Betäubungsmittelsachen besonders wichtigen Fragen keine einheitliche Linie zeigt (wobei die frühere Rechtsprechung [Strafzumessungslösung] vom BVerfG allerdings deutlich gestützt wurde). Eine baldige Anrufung des Großen Senats für Strafsachen wäre hier wünschenswert. Auch in anderen wesentlichen Fragen bestehen zwischen den Strafsenaten des BGH Differenzen, so etwa bei der Frage, ob trotz des Eingreifens des Weltrechtsprinzips ein legitimierender Anknüpfungspunkt für die Anwendung des deutschen Strafrechts notwendig ist[1] oder ob der illegale Rauschgiftbesitz ein Vermögensbestandteil ist. Im letzten Punkt bestehen Differenzen, die in Entscheidungen Ausdruck gefunden haben, sogar innerhalb desselben Senats.

Wie bisher war es mir ein Anliegen, die Verbindung zum allgemeinen Strafrecht zu halten und die betäubungsmittelrechtlichen Besonderheiten nicht größer werden zu lassen, als dies von der Natur der Sache her geboten ist. Auch bei der Kommentierung der neuen Gesetze (AntiDopG und NpSG) war dies ein wesentlicher Gesichtspunkt der Erläuterung, zumal die jeweilige Gesetzesbegründung nicht erkennen lässt, dass sie darauf Wert gelegt hätte.

Das AntiDopG und das Gesetz zur Änderung betäubungsmittelrechtlicher und anderer Vorschriften sind konsequent durchgegendert. Aus meiner Sicht ist davon nichts zu halten.[2] Auch wenn mit dem Gendern ein erwünschtes Ziel verfolgt

---

[1] Insoweit hat der 2. Strafsenat inzwischen einen Rückzieher gemacht (NJW 2017, 1043 mAnm *Heim*).

[2] S. auch *Groß* FS Böttcher, 1979, 579 (593): „Der Gesetzgeber produziert unnötig Unsinn und vertraut dabei darauf, dass die Anwender diesen Unsinn als solchen erkennen und dadurch

wird, so steht der Gewinn, der damit erreicht werden kann, in keinem Verhältnis zu dem damit verbundenen deutlich höheren Lese- und Verständnisaufwand, der es als lohnenswert erscheinen lässt, zur Bearbeitung eine nicht gegenderte Fassung herzustellen.

Oberaudorf, im August 2017

Aus dem Vorwort zur 1. Auflage

Die große praktische Bedeutung des Betäubungsmittelrechts rechtfertigt es, den bereits vorhandenen Kommentaren ein Erläuterungsbuch hinzufügen, das nach der Zielsetzung der Gelben Reihe vor allem eine kurze und prägnante, gleichwohl aber umfassende Darstellung für die Praxis sein soll. Grundlage ist vornehmlich die Rechtsprechung, wobei naturgemäß die Judikatur des Bundesgerichtshofs im Vordergrund stehen muß. Manche Bereiche des Betäubungsmittelstrafrechts sind aber die Domäne der Revisions- und Beschwerdegerichte der Länder, sodaß auch deren Rechtsprechung der gebührende Raum zugewiesen werden muß.

Das Eigenleben, manche sprechen sogar von Isolation, des Betäubungsmittelstrafrechts wird oft beklagt. Das Bemühen unserer Obergerichte, insbesondere des Bundesgerichtshofs, es nicht zu einem Sonderrecht kommen zu lassen, wird nicht immer gesehen. Eine stärkere Begleitung des Betäubungsmittelstrafrechts durch die Wissenschaft wäre schon mit Rücksicht auf die große praktische Bedeutung dieses Rechtsgebiets angebracht. Dieses Erläuterungsbuch soll und kann dies nicht ersetzen. Gleichwohl war ich nach meinen Kräften bemüht, im Rahmen der Kommentierung die Verbindung mit dem allgemeinen Strafrecht zu halten.

Ich war bestrebt, das geltende Recht zu beschreiben. Die Erhebung rechtspolitischer Forderungen habe ich nicht als Aufgabe dieses Buches angesehen. Es gibt in unserem Recht nur wenige Bereiche, die rechtspolitisch mehr umstritten sind als das Betäubungsmittelrecht. Versuchung und Gefahr, statt des geltenden Rechts die eigenen Vorstellungen zur Grundlage der Kommentierung zu machen, sind hier größer als anderswo. Ich hatte jedenfalls den Willen, dies nach Möglichkeit zu vermeiden. Der Leser möge es mir nachsehen, wenn dies nicht immer und überall gelungen sein sollte.

Traunstein, im Januar 1999

---

zu dem Rechtszustand zurückfinden, der vor der insoweit unnötigen Gesetzesänderung unbestritten galt."

Inhaltsverzeichnis

	Seite
Vorwort	VII
Verzeichnis der allgemeinen Abkürzungen	XIX
Verzeichnis der abgekürzt zitierten Literatur	XXIX

Gesetz über den Verkehr mit Betäubungsmitteln
(Betäubungsmittelgesetz – BtMG)

Einleitung 1

Erster Abschnitt. Begriffsbestimmungen 42
§ 1 Betäubungsmittel 42
§ 2 Sonstige Begriffe 149

Zweiter Abschnitt. Erlaubnis und Erlaubnisverfahren 164
§ 3 Erlaubnis zum Verkehr mit Betäubungsmitteln 164
§ 4 Ausnahmen von der Erlaubnispflicht 186
§ 5 Versagung der Erlaubnis 235
§ 6 Sachkenntnis 245
§ 7 Antrag 248
§ 8 Entscheidung 251
§ 9 Beschränkungen, Befristung, Bedingungen und Auflagen 254
§ 10 Rücknahme und Widerruf 258
§ 10a Erlaubnis für den Betrieb von Drogenkonsumräumen 260

Dritter Abschnitt. Pflichten im Betäubungsmittelverkehr 283
§ 11 Einfuhr, Ausfuhr und Durchfuhr 283
§ 12 Abgabe und Erwerb 288
§ 13 Verschreibung und Abgabe auf Verschreibung 291
§ 14 Kennzeichnung und Werbung 326
§ 15 Sicherungsmaßnahmen 333
§ 16 Vernichtung 334
§ 17 Aufzeichnungen 337
§ 18 Meldungen 340
§ 18a Verbote 342

Vierter Abschnitt. Überwachung 342
§ 19 Durchführende Behörde 342
§ 20 Besondere Ermächtigung für den Spannungs- oder Verteidigungsfall 348
§ 21 Mitwirkung anderer Behörden 349
§ 22 Überwachungsmaßnahmen 357
§ 23 Probenahme 362
§ 24 Duldungs- und Mitwirkungspflicht 364
§ 24a Anzeige des Anbaus von Nutzhanf 366
§ 25 Gebühren und Auslagen 372

Inhalt

Fünfter Abschnitt. Vorschriften für Behörden 373
§ 26   Bundeswehr, Bundespolizei, Bereitschaftspolizei und Zivilschutz 373
§ 27   Meldungen und Auskünfte 375
§ 28   Jahresbericht an die Vereinten Nationen 379

Sechster Abschnitt. Straftaten und Ordnungswidrigkeiten 380
Vorbemerkungen zu den §§ 29 ff. 380
§ 29   Straftaten 689
§ 29a Straftaten 1009
§ 30   Straftaten 1052
§ 30a Straftaten 1103
§ 30b Straftaten 1149
§ 30c *(aufgehoben)* 1157
§ 31   Strafmilderung oder Absehen von Strafe 1157
§ 31a Absehen von der Verfolgung 1193
§ 32   Ordnungswidrigkeiten 1216
§ 33   Einziehung 1222
§ 34   Führungsaufsicht 1298

Siebenter Abschnitt. Betäubungsmittelabhängige Straftäter 1303
Vorbemerkungen zu den §§ 35–38 1303
§ 35   Zurückstellung der Strafvollstreckung 1307
§ 36   Anrechnung und Strafaussetzung zur Bewährung 1355
§ 37   Absehen von der Erhebung der öffentlichen Klage 1374
§ 38   Jugendliche und Heranwachsende 1387

Achter Abschnitt. Übergangs- und Schlussvorschriften 1390
§ 39   Übergangsregelung 1390
§ 39a Übergangsregelung aus Anlass des Gesetzes zur Änderung arznei-
       mittelrechtlicher und anderer Vorschriften 1391
§§ 40, 40a *(gegenstandslos)* 1391
§ 41   (weggefallen) 1391

Anlagen I bis III zum Betäubungsmittelgesetz 1392
Anlage I 1392
Anlage II 1401
Anlage III 1411

Die Verordnungen zum Betäubungsmittelgesetz

Betäubungsmittel-Außenhandelsverordnung (BtMAHV)

I. Einfuhr 1419
§ 1   Einfuhrantrag 1419
§ 2   Versagungsgründe 1420
§ 3   Einfuhrgenehmigung 1421
§ 4   Einfuhrabfertigung 1422
§ 5   Lagerung unter zollamtlicher Überwachung 1422
§ 6   Einfuhranzeige 1423

II. Ausfuhr 1423
§ 7   Ausfuhrantrag 1423
§ 8   Versagungsgründe 1425
§ 9   Ausfuhrgenehmigung 1426
§ 10   Kennzeichnung 1426

Inhalt

§ 11	Ausfuhrabfertigung	1427
§ 12	Ausfuhranzeige	1427

III. Durchfuhr 1428
§ 13 [Durchfuhr] 1428

IV. Ausnahmeregelungen 1430
§ 14 Einfuhr und Ausfuhr im Rahmen internationaler Zusammenarbeit . . 1430
§ 15 Vereinfachter grenzüberschreitender Verkehr 1431

V. Ordnungswidrigkeiten 1432
§ 16 [Ordnungswidrigkeiten] 1432

VI. Schlussvorschriften 1433
§ 17 Zuständige Zollstellen 1433
§ 18 Sonstige Vorschriften 1433
§ 19 *(gegenstandslos)* 1434
§ 20 Inkrafttreten 1434

Betäubungsmittel-Binnenhandelsverordnung (BtMBinHV) 1435

§ 1 [Ausgabenbeleg] 1435
§ 2 [Angaben] 1435
§ 3 [Übersendung und Aufbewahrung bestimmter Belege] 1436
§ 4 [Pflichten des Erwerbers] 1437
§ 5 [Aufbewahrungspflicht] 1438
§ 6 [Herausgabe und Bekanntmachung des amtlichen Formblattes] 1438
§ 7 [Ordnungswidrigkeiten] 1439
§ 8 *(aufgehoben)* 1439
§ 9 [Inkrafttreten, Außerkrafttreten] 1439

Betäubungsmittel-Kostenverordnung (BtMKostV) 1440

§ 1 Anwendungsbereich 1440
§ 2 Gebühren in besonderen Fällen 1440
§ 3 Gebühren in Widerspruchsverfahren 1440
§ 4 Ermäßigungen 1441
§ 5 Übergangsvorschrift 1441
Anlage (zu § 1) 1441

Verordnung über das Verschreiben, die Abgabe und den Nachweis des Verbleibs von Betäubungsmitteln (Betäubungsmittel-Verschreibungsverordnung – BtMVV) 1444

§ 1 Grundsätze 1444
§ 2 Verschreiben durch einen Arzt 1445
§ 3 Verschreiben durch einen Zahnarzt 1453
§ 4 Verschreiben durch einen Tierarzt 1455
§ 5 Substitution, Verschreiben von Substitutionsmitteln 1458
§ 5a Verschreiben von Substitutionsmitteln mit dem Stoff Diamorphin . . . 1497
§ 5b Substitutionsregister 1504
§ 5c Verschreiben für Patienten in Alten- oder Pflegeheimen, Hospizen und in der spezialisierten ambulanten Palliativversorgung 1507
§ 5d Verschreiben für den Notfallbedarf in Hospizen und in der spezialisierten ambulanten Palliativversorgung 1508
§ 6 Verschreiben für Einrichtungen des Rettungsdienstes 1510

Inhalt

§ 7	Verschreiben für Kauffahrteischiffe	1511
§ 8	Betäubungsmittelrezept	1514
§ 9	Angaben auf dem Betäubungsmittelrezept	1516
§ 10	Betäubungsmittelanforderungsschein	1518
§ 11	Angaben auf dem Betäubungsmittelanforderungsschein	1519
§ 12	Abgabe	1520
§ 13	Nachweisführung	1524
§ 14	Angaben zur Nachweisführung	1525
§ 15	Formblätter	1526
§ 16	Straftaten	1527
§ 17	Ordnungswidrigkeiten	1528
§ 18	Übergangsvorschrift	1530

Gesetz über den Verkehr mit Arzneimitteln (Arzneimittelgesetz – AMG)

Einleitung 1531

Erster Abschnitt. Zweck des Gesetzes und Begriffsbestimmungen, Anwendungsbereich 1533

§ 1	Zweck des Gesetzes	1533
§ 2	Arzneimittelbegriff	1534
§ 3	Stoffbegriff	1554
§ 4	Sonstige Begriffsbestimmungen	1555
§ 4a	Ausnahmen vom Anwendungsbereich	1581
§ 4b	Sondervorschriften für Arzneimittel für neuartige Therapien	1582

Zweiter Abschnitt. Anforderungen an die Arzneimittel 1583

§ 5	Verbot bedenklicher Arzneimittel	1583
§ 6	Verbote zum Schutz der Gesundheit, Verordnungsermächtigungen	1592
§ 8	Verbote zum Schutz vor Täuschung	1596
§ 9	Der Verantwortliche für das Inverkehrbringen	1605

Dritter Abschnitt. Herstellung von Arzneimitteln 1606

§ 13	Herstellungserlaubnis	1606
§ 14	Entscheidung über die Herstellungserlaubnis	1619
§ 16	Begrenzung der Herstellungserlaubnis	1623
§ 18	Rücknahme, Widerruf, Ruhen	1624
§ 19	Verantwortungsbereiche	1626
§ 20a	Geltung für Wirkstoffe und andere Stoffe	1632

Vierter Abschnitt. Zulassung der Arzneimittel 1633

§ 21	Zulassungspflicht	1633
§ 25	Entscheidung über die Zulassung	1641
§ 25b	Verfahren der gegenseitigen Anerkennung und dezentralisiertes Verfahren	1646
§ 30	Rücknahme, Widerruf, Ruhen	1648
§ 31	Erlöschen, Verlängerung	1654
§ 35	Ermächtigung zur Zulassung und Freistellung	1659
§ 36	Ermächtigung für Standardzulassungen	1659
§ 37	Genehmigung der Europäischen Gemeinschaft oder der Europäischen Union für das Inverkehrbringen, Zulassungen von Arzneimitteln aus anderen Staaten	1660

Inhalt

§ 38 Registrierung homöopathischer Arzneimittel 1662
§ 39a Registrierung traditioneller pflanzlicher Arzneimittel 1665

Sechster Abschnitt. Schutz des Menschen bei der klinischen Prüfung 1666
Vorbemerkung vor den §§ 40 ff. 1666
§ 40 Allgemeine Voraussetzungen der klinischen Prüfung 1669
§ 42 Verfahren bei der Ethik-Kommission, Genehmigungsverfahren
bei der Bundesoberbehörde 1671
§ 42a Rücknahme, Widerruf und Ruhen der Genehmigung oder der
zustimmenden Bewertung 1674

Siebter Abschnitt. Abgabe von Arzneimitteln 1677
§ 43 Apothekenpflicht, Inverkehrbringen durch Tierärzte 1677
§ 44 Ausnahme von der Apothekenpflicht 1694
§ 45 Ermächtigung zu weiteren Ausnahmen von der Apothekenpflicht ... 1697
§ 46 Ermächtigung zur Ausweitung der Apothekenpflicht 1698
§ 47 Vertriebsweg 1699
§ 47b Sondervertriebsweg Diamorphin 1708
§ 48 Verschreibungspflicht 1709
§ 50 Einzelhandel mit freiverkäuflichen Arzneimitteln 1720
§ 51 Abgabe im Reisegewerbe 1722
§ 52 Verbot der Selbstbedienung 1724
§ 52a Großhandel mit Arzneimitteln 1726
§ 52c Arzneimittelvermittlung 1730

**Neunter Abschnitt. Sondervorschriften für Arzneimittel, die bei
Tieren angewendet werden** 1731
§ 56a Verschreibung, Abgabe und Anwendung von Arzneimitteln durch
Tierärzte 1731
§ 56b Ausnahmen 1743
§ 57 Erwerb und Besitz durch Tierhalter, Nachweise 1744
§ 57a Anwendung durch Tierhalter 1749
§ 58 Anwendung bei Tieren, die der Gewinnung von Lebensmitteln dienen 1750
§ 59 Klinische Prüfung und Rückstandsprüfung bei Tieren, die der
Gewinnung von Lebensmitteln dienen 1753
§ 59a Verkehr mit Stoffen und Zubereitungen aus Stoffen 1755
§ 59d Verabreichung pharmakologisch wirksamer Stoffe an Tiere, die der
Lebensmittelgewinnung dienen 1760

Zehnter Abschnitt. Pharmakovigilanz 1762
§ 63 Stufenplan 1762
§ 63a Stufenplanbeauftragter 1762

Elfter Abschnitt. Überwachung 1765
§ 64 Durchführung der Überwachung 1765
§ 65 Probenahme 1769
§ 66 Duldungs- und Mitwirkungspflicht 1769
§ 67 Allgemeine Anzeigepflicht 1769
§ 69 Maßnahmen der zuständigen Behörden 1775

Dreizehnter Abschnitt. Einfuhr und Ausfuhr 1782
Vorbemerkungen zu den §§ 72 ff. 1782
§ 72 Einführerlaubnis 1784
§ 72a Zertifikate 1787
§ 73 Verbringungsverbot 1792

Inhalt

§ 73a	Ausfuhr	1809
§ 74	Mitwirkung von Zolldienststellen	1811

Vierzehnter Abschnitt. Informationsbeauftragter, Pharmaberater .. 1813
§ 74a	Informationsbeauftragter	1813
§ 75	Sachkenntnis	1815
§ 76	Pflichten	1816

Fünfzehnter Abschnitt. Bestimmung der zuständigen Bundesoberbehörden und sonstige Bestimmungen 1817
§ 77	Zuständige Bundesoberbehörde	1817
§ 80	Ermächtigung für Verfahrens- und Härtefallregelungen	1819
§ 81	Verhältnis zu anderen Gesetzen	1820
§ 83	Angleichung an das Recht der Europäischen Union	1820
§ 83a	Rechtsverordnungen in bestimmten Fällen	1821
§ 83b	Verkündung von Rechtsverordnungen	1822
§ 94	Deckungsvorsorge	1822

Siebzehnter Abschnitt. Straf- und Bußgeldvorschriften 1823
Vorbemerkungen zu den §§ 95 ff.		1823
§ 95	Strafvorschriften	1844
§ 96	Strafvorschriften	1901
§ 97	Bußgeldvorschriften	1937
§ 98	Einziehung	1942
Anlage (zu § 6)		1943

Gesetz gegen Doping im Sport
(Anti-Doping-Gesetz – AntiDopG)

Einleitung		1945
§ 1	Zweck des Gesetzes	1950
§ 2	Unerlaubter Umgang mit Dopingmitteln, unerlaubte Anwendung von Dopingmethoden	1955
§ 3	Selbstdoping	1974
§ 4	Strafvorschriften	1981
§ 5	Einziehung	2023
§ 6	Verordnungsermächtigungen	2024
§ 7	Hinweispflichten	2025
§ 8	Informationsaustausch	2026
§ 9	Umgang mit personenbezogenen Daten	2028
§ 10	Umgang mit Gesundheitsdaten	2029
§ 11	Schiedsgerichtsbarkeit	2031
§ 12	Konzentration der Rechtsprechung in Dopingsachen; Verordnungsermächtigung	2040
Anlage (zu § 2 Abs. 3)		2040

Gesetz zur Bekämpfung von Doping im Sport

Artikel 8	Evaluierung	2045

Inhalt

Neue-psychoaktive-Stoffe-Gesetz (NpSG)

Einleitung 2047
§ 1   Anwendungsbereich 2052
§ 2   Begriffsbestimmungen 2053
§ 3   Unerlaubter Umgang mit neuen psychoaktiven Stoffen ... 2059
§ 4   Strafvorschriften 2069
§ 5   Einziehung 2095
§ 6   Datenübermittlung 2095
§ 7   Verordnungsermächtigung 2096
Anlage 2098

Anhang

A 1.   Einheits-Übereinkommen von 1961 über Suchtstoffe 2111
A 2.   Übereinkommen von 1971 über psychotrope Stoffe 2138
A 3.   Übereinkommen der Vereinten Nationen gegen den unerlaubten Verkehr mit Suchtstoffen und psychotropen Stoffen – Suchtstoffübereinkommen 1988 – 2156
B 1.1. Vertrag über die Europäische Union 2181
B 1.2. Vertrag über die Arbeitsweise der Europäischen Union 2183
B 1.3. Protokoll (Nr. 36) über die Übergangsbestimmungen 2190
B 2.   Charta der Grundrechte der Europäischen Union 2191
B 3.   Rahmenbeschluss 2004/757/JI zur Festlegung von Mindestvorschriften über die Tatbestandsmerkmale strafbarer Handlungen und die Strafen im Bereich des illegalen Drogenhandels 2193
B 4.1. Übereinkommen zur Durchführung des Übereinkommens von Schengen vom 14.6.1985 2195
B 4.2. Übereinkommen zwischen den Mitgliedstaaten der Europäischen Gemeinschaften über das Verbot der doppelten Strafverfolgung 2199
B 5.1. Verordnung (EU) 2016/794 über die Agentur der Europäischen Union für die Zusammenarbeit auf dem Gebiet der Strafverfolgung (Europol) 2201
B 5.2. Europol-Gesetz 2202
B 6.   Beschluss 2008/976/JI des Rates vom 16.12.2008 über das Europäische Justizielle Netz 2204
B 7.1. Verordnung (EU) 2018/1727 betreffend die Agentur der Europäischen Union für justizielle Zusammenarbeit in Strafsachen (Eurojust) 2207
B 7.2. Gesetz über Eurojust und das Europäische Justizielle Netz in Strafsachen (Eurojust-Gesetz – EJG) 2210
C 1.   Zollverwaltungsgesetz – ZollVG 2211
C 2.   Gesetz über die Bundespolizei (Bundespolizeigesetz – BPolG) .. 2217
C 3.   Straßenverkehrsgesetz (StVG) 2220
D 1.   Grundstoffüberwachungsgesetz – GÜG – 2223
D 2.1 Erfasste Stoffe – Anhang zur Verordnung (EG) Nr. 273/2004 vom 11.2.2004 betreffend Drogenausgangsstoffe 2228

Inhalt

D 2.2	Erfasste Stoffe – Anhang zur Verordnung (EG) 111/2005 zur Festlegung von Vorschriften für die Überwachung des Handels mit Drogenausgangsstoffen zwischen der Gemeinschaft und Drittländern	2232
E 1.	Gesetz über die Alterssicherung der Landwirte – ALG	2235
E 2.	Verordnung über die Durchführung von Stützungsregelungen und des Integrierten Verwaltungs- und Kontrollsystems (InVeKoS-Verordnung – InVeKoSV)	2237
E 3.	Für Direktzahlungen in Betracht kommende Hanfsorten	2240
F 1.	Sozialgesetzbuch (SGB) Fünftes Buch (V) Gesetzliche Krankenversicherung	2242
F 2.	Richtlinie der Bundesärztekammer zur Durchführung der substitutionsgestützten Behandlung Opioidabhängiger	2244
F 3.	Richtlinie Methoden vertragsärztliche Versorgung (MVV-RL) Anlage I Nummer 2 Substitutionsgestützte Behandlung Opioidabhängiger	2257
F 4.1.	Mitführen von Betäubungsmitteln in die Vertragsparteien des Schengener Abkommens	2264
F 4.2.	Zuständige Behörden für Beglaubigungen der Bescheinigungen zur Mitnahme von Betäubungsmitteln in den einzelnen Bundesländern	2266
G.	Verordnungen der Länder über die Einrichtung und den Betrieb von Drogenkonsumräumen	2268
G 1.	Baden-Württemberg – Verordnung der Landesregierung über den Betrieb von Drogenkonsumräumen	2269
G 2.	Berlin – Verordnung über die Erteilung einer Erlaubnis für den Betrieb von Drogenkonsumräumen	2273
G 3.	Hamburg – Verordnung über die Erteilung einer Erlaubnis für den Betrieb von Drogenkonsumräumen	2277
G 4.	Hessen – Verordnung über die Erlaubnis für den Betrieb von Drogenkonsumräumen	2280
G 5.	Niedersachsen – Verordnung über die Erlaubnisvoraussetzungen für den Betrieb von Drogenkonsumräumen (DrogKVO)	2283
G 6.	Nordrhein-Westfalen – Verordnung über den Betrieb von Drogenkonsumräumen	2287
G 7.	Saarland – Verordnung über die Erteilung einer Erlaubnis für den Betrieb von Drogenkonsumräumen	2291
H.	Häufigkeit der Wirkstoffgehalte	2294
I.	Arzneimittelverschreibungsverordnung – AMVV	2298
J.	Verordnung zur Festlegung der nicht geringen Menge von Dopingmitteln (Dopingmittel-Mengen-Verordnung – DmMV)	2302
K 1.	WADA-Verbotsliste 2014	2307
K 2.	WADA-Verbotsliste 2021	2313
L.	Verordnung über die Begleiterhebung nach § 31 Abs. 6 des Fünften Buches Sozialgesetzbuch (Cannabis-Begleiterhebungs-Verordnung – CanBV)	2330
M.	SARS-CoV-2-Arzneimittelversorgungsverordnung	2332

Sachverzeichnis 2337

Verzeichnis der allgemeinen Abkürzungen

aA	anderer Ansicht
aaO	am angegebenen Ort
abl.	ablehnend(er)
abw.	abweichend(er)
aE	am Ende
AEUV	Vertrag über die Arbeitsweise der Europäischen Union
aF	alte Fassung
AG	Amtsgericht
ALG	Gesetz über die Alterssicherung der Landwirte (ALG) idF v. 29.7.1994 (BGBl. I S. 1890; FNA 8251-10), zuletzt geändert durch G v. 11.2.2021 (BGBl. I S. 154)
allgM	allgemeine Meinung
Alt.	Alternative
AMG	Gesetz über den Verkehr mit Arzneimitteln (Arzneimittelgesetz – AMG) idF v. 12.12.2005 (BGBl. I S. 3394; FNA 2121-51-1-2), zuletzt geändert durch G v. 9.12.2020 (BGBl. I S. 2870)
AMGVwV	Allgemeine Verwaltungsvorschrift zur Durchführung des Arzneimittelgesetzers (AMGVwV) v. 29.3.2006 (BAnz 2006, S. 2287)
AM-HandelsV	Arzneimittelhandelsverordnung v. 10.11.1987 (BGBl. I S. 2370, zuletzt geändert durch G. v. 18.11.2020 (BGBl. I S. 2397)
AMHV	Verordnung über das Inverkehrbringen von Arzneimitteln ohne Genehmigung oder ohne Zulassung in Härtefällen (Arzneimittel-Härtefall-Verordnung – AMHV) v. 14.7.2010 (BGBl. I S. 935)
AMNOG	Gesetz zur Neuordnung des Arzneimittelmarktes in der gesetzlichen Krankenversicherung (Arzneimittelmarktneuordnungsgesetz – AMNOG) idF v. 22.12.2010 (BGBl. I S. 2262)
AM-RL	Arzneimittel-Richtlinie, Richtlinie des Gemeinsamen Bundesausschusses über die Verordnung von Arzneimitteln in der vertragsärztlichen Versorgung idF v. 18.12.2008/22.1.2009 (BAnz. 2009 Nr. 49a), zuletzt geändert am 16.7.2020 (BAnz. AT 1.9.2020 B2)
AMSachKV	Verordnung über den Nachweis der Sachkenntnis im Einzelhandel mit freiverkäuflichen Arzneimitteln idF v. 20.6.1978 (BGBl. I S. 753), zuletzt geändert durch V v. 6.8.1998 (BGBl. I S. 2044)
AMVerkRV	Verordnung über apothekenpflichtige und freiverkäufliche Arzneimittel idF v. 24.11.1988 (BGBl. I S. 2150), zuletzt geändert durch VO v. 21.10.2020 (BGBl. I S. 2260)
AMVV	Verordnung über die Verschreibungspflicht von Arzneimitteln (Arzneimittelverschreibungsverordnung – AMVV) idF v. 21.12.2005 (BGBl. I S. 3632; FNA 2121-51-44), zuletzt geändert durch VO v. 21.10.2020 (BGBl. I S. 2260)
AMWHV	Verordnung über die Anwendung der Guten Herstellungspraxis bei der Herstellung von Arzneimitteln und Wirkstoffen und über die Anwendung der Guten fachlichen Praxis bei der Herstellung von Produkten menschlicher Herkunft (Arzneimittel- und Wirkstoffherstellungsverordnung – AMWHV) idF v. 3.11.2006 (BGBl. I S. 2523; FNA 2121-51-46), zuletzt geändert durch G v. 9.8.2019 (BGBl. I S. 1202)
Anh.	Anhang
Anm.	Anmerkung

XIX

Abkürzungen

AntiDopG	Gesetz gegen Doping im Sport (Anti-Doping-Gesetz – AntiDopG) idF v. 10.12.2015 (BGBl. I S. 2210; FNA 212-4), zuletzt geändert durch VO v. 3.7.2020 (BGBl. I S. 1547)
AO	Abgabenordnung idF der Bek. v. 1.10.2002 (BGBl. I S. 3866, ber. 2003 S. 61; FNA 610-1-3), zuletzt geändert durch G v. 7.5.2021 (BGBl. I S. 850)
ApBetrO	Verordnung über den Betrieb von Apotheken (Apothekenbetriebsordnung – ApBetrO) idF v. 26.9.1995 (BGBl. I S. 1195; FNA 2121-2-2?, zuletzt geändert durch VO v. 21.4.2021 (BGBl. I S. 833)
ApoG	Gesetz über das Apothekenwesen (Apothekengesetz – ApoG) idF v. 15.10.1980 (BGBl. I S. 1993; FNA 2121-2), zuletzt geändert durch G v. 29.3.2021 (BGBl. I S. 370)
Art.	Artikel
AufenthG	Gesetz über den Aufenthalt, die Erwerbstätigkeit und die Integration von Ausländern im Bundesgebiet (Aufenthaltsgesetz – AufenthG) idF v. 25.2.2008 (BGBl. I S. 162; FNA 26-12), zuletzt geändert durch G v. 9.12.2020 (BGBl. I S. 2855)
ausf.	ausführlich(er)
AWG	Außenwirtschaftsgesetz (AWG) idF v. 6.6.2013 (BGBl. I S. 1482; FNA 7400-4), zuletzt geändert durch G v. 10.7.2020 (BGBl. I S. 1637)
AWV	Außenwirtschaftsverordnung (AWV) idF der Bek. v. 22.11.1993 (BGBl. I S. 1934 (2493); FNA 7400-4-1), zuletzt geändert durch VO v. 27.4.2021 (BAnZ AT 30.4.2021 VI)
BAnz.	Bundesanzeiger
BÄO	Bundesärzteordnung idF der Bek. v. 16.4.1987 (BGBl. I S. 1218; FNA 2122-1), zuletzt geändert durch G v. 15.8.2019 (BGBl. I S. 1307)
BayObLG	Bayrisches Oberstes Landesgericht
BayObLGSt	Entscheidungen des BayObLG in Strafsachen
BDSG	Bundesdatenschutzgesetz (BDSG) idF v. 30.6.2017 (BGBl. I S. 2097; FNA 204-4), geändert durch G v. 20.11.2019 (BGBl. I S. 1626)
begr.	begründet
Begr.	Begründung
Begutachtungsleitlinien	Begutachtungsleitlinien zur Kraftfahrereignung, Bundesanstalt für Straßenwesen, 2014
Bek.	Bekanntmachung
Bespr.	Besprechung
BfArM	Bundesinstitut für Arzneimittel und Medizinprodukte
BFH	Bundesfinanzhof
BfR	Bundesinstitut für Risikobewertung
BG	Schweizerisches Bundesgericht
BGB	Bürgerliches Gesetzbuch (BGB) idF v. 2.1.2002 (BGBl. I S. 42, ber. S. 2909 und 2003 I S. 738; FNA 400-2), zuletzt geändert durch G v. 7.5.2021 (BGBl. I S. 850)
BGBl. I	Bundesgesetzblatt Teil I
BGBl. II	Bundesgesetzblatt Teil II
BGebG	Gesetz über Gebühren und Auslagen des Bundes (Bundesgebührengesetz – BGebG) idF v. 7.8.2013 (BGBl. I S. 3154; FNA 202-5), geändert durch G v. 10.3.2017 (BGBl. I S. 417)
BGH	Bundesgerichtshof
BGHR	BGH-Rechtsprechung in Strafsachen, hrsg. von den Richtern des Bundesgerichtshofs, Losblattausgabe
BGHSt	Entscheidungen des BGH in Strafsachen

Abkürzungen

BgVV	Bundesinstitut für gesundheitlichen Verbraucherschutz und Veterinärmedizin
BKA	Bundeskriminalamt
BKAG	Gesetz über das Bundeskriminalamt und die Zusammenarbeit des Bundes und der Länder in kriminalpolizeilichen Angelegenheiten (Bundeskriminalamtgesetz BKAG) idF v. 1.6.2017 (BGBl. I S. 1354, ber. 2019 S. 400; FNA 2190-3), geändert durch G v. 30.3.2021 (BGBl. I S. 448)
BKatV	Verordnung über die Erteilung einer Verwarnung, Regelsätze für Geldbußen und die Anordnung eines Fahrverbotes wegen Ordnungswidrigkeiten im Straßenverkehr (Bußgeldkatalog-Verordnung – BKatV) idF v. 14.3.2013 (BGBl. I S. 498; FNA 9231-1-21), zuletzt geändert durch VO v. 20.4.2020 (BGBl. I S. 814)
BLE	Bundesanstalt für Landwirtschaft und Ernährung
BLKA	Bayerisches Landeskriminalamt
BMG	Bundesministerium der Gesundheit
BPolG	Gesetz über die Bundespolizei (Bundespolizeigesetz – BPolG) idF v. 19.10.1994 (BGBl. I S. 2978; FNA 13-7-2), zuletzt geändert durch G v. 30.3.2021 (BGBl. I S. 448)
BR-Drs	Bundesratsdrucksache
BTÄO	Bundes-Tierärzteordnung idF der Bek. v. 20.11.1981 (BGBl. I S. 1193; FNA 7830-1), zuletzt geändert durch G v. 15.8.2019 (BGBl. I S. 1307)
BT-Drs.	Bundestagsdrucksache
BtMAHV	Betäubungsmittel-Außenhandelsverordnung (BtMAHV) idF v. 16.12.1981 (BGBl. I S. 1420; FNA 2121-6-24-2), zuletzt geändert durch G v. 6.3.2017 (BGBl. I S. 403)
BtMBinHV	Betäubungsmittel-Binnenhandelsverordnung (BtMBinHV) idF v. 16.12.1981 (BGBl. I S. 1425; FNA 2121-6-24-1), zuletzt geändert durch G v. 17.8.2011 (BGBl. I S. 1754)
BtMG	Gesetz über den Verkehr mit Betäubungsmitteln (Betäubungsmittelgesetz – BtMG) idF der Bek. v. 1.3.1994 (BGBl. I S. 358; FNA 2121-6-24), zuletzt geändert durch VO v. 14.1.2021 (BGBl. I S. 70)
BtMG 1972	Betäubungsmittelgesetz 1972 idF der Bek. v. 10.1.1972 (BGBl. I S. 1)
BtMKostV	Betäubungsmittel-Kostenverordnung (BtMKostV) idF v. 30.6.2009 (BGBl. I S. 1675; FNA 2121-6-24-5), zuletzt geändert durch VO v. 18.8.2019 (BGBl. I S. 1356)
BtMVV	Verordnung über das Verschreiben, die Abgabe und den Nachweis des Verbleibs von Betäubungsmitteln (Betäubungsmittel-Verschreibungsverordnung – BtMVV) idF v. 20.1.1998 (BGBl. I S. 74; FNA 2121-6-24-4), zuletzt geändert durch VO v. 2.7.2018 (BGBl. I S. 1078)
BVerfG	Bundesverfassungsgericht
BVerfGE	Entscheidungen des Bundesverfassungsgerichts
BVL	Bundesamt für Verbraucherschutz und Lebensmittelsicherheit
BZR	Bundeszentralregister
BZRG	Gesetz über das Zentralregister und das Erziehungsregister (Bundeszentralregistergesetz – BZRG) idF der Bek. v. 21.9.1984 (BGBl. I S. 1229, ber. 1985 I S. 195; FNA 312-7), zuletzt geändert durch G v. 7.12.2020 (BGBl. I S. 2760)

Abkürzungen

CanBV	Verordnung über die Begleiterhebung nach § 31 Abs. 6 des Fünften Buches Sozialgesetzbuch (Cannabis-Begleiterhebungs-Verordnung – CanBV) idF v. 23.3.2017 (BGBl. I S. 520; FNA 860-5-49)
ChemG	Gesetz zum Schutz vor gefährlichen Stoffen (Chemikaliengesetz – ChemG) idF der Bek. v. 28.8.2013 (BGBl. I S. 1146; FNA 8053-6), zuletzt geändert durch G v. 23.10.2020 (BGBl. I S. 2232)
CND	Commission on Narcotic Drugs (Suchtstoffkommission)
d.	der
DBDD	Berichte der DBDD (Deutsche Beobachtungsstelle für Drogen und Drogensucht, [deutscher] nationaler REITOX-Knotenpunkt) an die EBDD über die Drogensituation des Vorjahres, nach Jahr und Seitenzahl, ab 2015 in Form v. Büchern
diff.	differenzierend(er)
DIMDI	Deutsches Institut für Medizinische Information und Dokumentation
DRsp	Deutsche Rechtsprechung, elektronische Datenbank
ECOSOC	Economic and Social Council (Wirtschafts- und Sozialrat)
EFSA	Europäische Behörde für Lebensmittelsicherheit
EGGVG	Einführungsgesetz zum Gerichtsverfassungsgesetz idF v. 27.1.1877 (RGBl. S. 77; FNA 300-1), zuletzt geändert durch G v. 12.12.2019 (BGBl. I S. 2633)
EGMR	Europäischer Gerichtshof für Menschenrechte
EJG	Gesetz über Eurojust und das Europäische Justizielle Netz in Strafsachen v. 9.12.2019 (BGBl. I S. 2010)
eKFV	Verordnung über die Teilnahme von Elektrokleinstfahrzeugen am Straßenverkehr (Elektrokleinstfahrzeuge-Verordnung – eKFV) idF v. 6.6.2019 (BGBl. I S. 756; FNA 9232-17)
EKMR	Europäische Kommission für Menschenrechte
EMA	Europäische Arzneimittel-Agentur
EStG	Einkommensteuergesetz (EStG) idF d. Bek. v. 8.10.2009 (BGBl. I S. 3366; FNA 611-1), zuletzt geändert durch G v. 10.3.2021 (BGBl. I S. 330)
et al.	et alii (und andere)
EUGeldwäscheÜbk	Übereinkommen über Geldwäsche sowie Ermittlung, Beschlagnahme und Einziehung von Erträgen aus Straftaten v. 8.11.1990 (BGBl. 1998 II S. 519)
EuGH	Gerichtshof der Europäischen Union
EUV	Vertrag über die Europäische Union (Vertrag von Lissabon)
FeV	Verordnung über die Zulassung von Personen zum Straßenverkehr (Fahrerlaubnis-Verordnung – FeV) idF v. 13.12.2010 (BGBl. I S. 1980; FNA 9231-1-19), zuletzt geändert durch G v. 16.4.2021 (BGBl. I S. 822)
Flaggenrechtsgesetz	Gesetz über das Flaggenrecht der Seeschiffe und die Flaggenführung der Binnenschiffe (Flaggenrechtsgesetz) idF v. 26.10.1994 (BGBl. I S. 3140; FNA 9514-1), zuletzt geändert durch VO v. 19.6.2020 (BGBl. I S. 1328)
Fn.	Fußnote
FreizügG/EU	Gesetz über die allgemeine Freizügigkeit von Unionsbürgern (Freizügigkeitsgesetz/EU – FreizügG/EU) idF v. 30.7.2004 (BGBl. I S. 1950; FNA 26-13), zuletzt geändert durch G v. 12.11.2020 (BGBl. I S. 2416)

Abkürzungen

FVG	Gesetz über die Finanzverwaltung (Finanzverwaltungsgesetz – FVG) idF d. Bek. v. 4.4.2006 (BGBl. I S. 846, ber. S. 1202; FNA 600-1), zuletzt geändert durch G v. 30.3.2021 (BGBl. I S. 607)
GCP-V	Verordnung über die Anwendung der Guten Klinischen Praxis bei der Durchführung von klinischen Prüfungen mit Arzneimitteln zur Anwendung am Menschen (GCP-Verordnung – GCP-V) idF v. 9.8.2004 (BGBl. I S. 2081; FNA 2121-51-41), zuletzt geändert durch G v. 20.12.2016 (BGBl. I S. 3048)
GewO	Gewerbeordnung idF d. Bek. v. 22.2.1999 (BGBl. I S. 202; FNA 7100-1), zuletzt geändert durch G v. 9.3.2021 (BGBl. I S. 327)
GG	Grundgesetz für die Bundesrepublik Deutschland idF v. 23.5.1949 (BGBl. S. 1; FNA 100-1), zuletzt geändert durch G v. 29.9.2020 (BGBl. I S. 2048)
GMG	Gesetz zur Modernisierung der gesetzlichen Krankenversicherung (GKV-Modernisierungsgesetz – GMG) idF v. 14.11.2003 (BGBl. I S. 2190)
GmS-OGB	Gemeinsamer Senat der Obersten Gerichtshöfe des Bundes
GRCh	Charta der Grundrechte der Europäischen Union
GÜG	Gesetz zur Überwachung des Verkehrs mit Grundstoffen, die für die unerlaubte Herstellung von Betäubungsmitteln missbraucht werden können (Grundstoffüberwachungsgesetz – GÜG) idF v. 11.3.2008 (BGBl. I S. 306; FNA 2121-6-27), zuletzt geändert durch G v. 30.3.2021 (BGBl. I S. 402)
GVG	Gerichtsverfassungsgesetz (GVG) idF der Bek. v. 9.5.1975 (BGBl. I S. 1077; FNA 300-2), zuletzt geändert durch G v. 9.3.2021 (BGBl. I S. 327)
GWB	Gesetz gegen Wettbewerbsbeschränkungen (GWB) idF d. Bek. v. 26.6.2013 (BGBl. I S. 1750, ber. S. 3245; FNA 703-5), zuletzt geändert durch G v. 9.3.2021 (BGBl. I S. 327)
GwG	Gesetz über das Aufspüren von Gewinnen aus schweren Straftaten (Geldwäschegesetz – GwG) idF v. 23.6.2017 (BGBl. I S. 1822; FNA 7613-3), zuletzt geändert durch VO v. 15.1.2021 (BGBl. I S. 530)
HGB	Handelsgesetzbuch idF v. 10.5.1897 (RGBl. S. 219; FNA 4100-1), zuletzt geändert durch G v. 22.12.2020 (BGBl. I S. 3256)
hM	herrschende Meinung
Hrsg.	Herausgeber
hrsg.	herausgegeben
HWG	Gesetz über die Werbung auf dem Gebiete des Heilwesens (Heilmittelwerbegesetz – HWG) idF der Bek. v. 19.10.1994 (BGBl. I S. 3068; FNA 2121-20), zuletzt geändert durch G v. 9.12.2020 (BGBl. I S. 2870)
idF	in der Fassung
iErg	Im Ergebnis
INCB	International Narcotics Control Board (Internationales Suchtstoffkontrollamt)
InVeKoSV	Verordnung über die Durchführung von Stützungsregelungen und des Integrierten Verwaltungs- und Kontrollsystems (InVeKoS-Verordnung – InVeKoSV) idF v. 24.2.2015 (BGBl. I S. 166; FNA 7847-39-1), zuletzt geändert durch VO v. 29.1.2021 (BGBl. I S. 146)
IRG	Gesetz über die internationale Rechtshilfe in Strafsachen (IRG) idF der Bek. v. 27.6.1994 (BGBl. I S. 1537; FNA 319-87), zuletzt geändert durch G v. 23.11.2020 (BGBl. I S. 2474)
iS	im Sinne

Abkürzungen

iSv	im Sinne von
iVm	in Verbindung mit
JBeitrG	Justizbeitreibungsgesetz (JBeitrG) idF d. Bek. v. 30.6.2017 (BGBl. I S. 1926; FNA 365-1), geändert durch G v. 22.11.2020 (BGBl. I S. 2466)
JGG	Jugendgerichtsgesetz (JGG) idF der Bek. v. 11.12.1974 (BGBl. I S. 3427; FNA 451-1), zuletzt geändert durch G v. 9.12.2019 (BGBl. I S. 2146)
JuMiG	Justizmitteilungsgesetz und Gesetz zur Änderung kostenrechtlicher Vorschriften und anderer Gesetze (JuMiG) v. 18.6.1997 (BGBl. I S. 1430 (2779)), zuletzt geändert durch G v. 19.4.2006 (BGBl. I S. 866)
KG	Kammergericht
krit.	kritisch(er)
KV	Kassenärztliche Vereinigung
KWKG	Ausführungsgesetz zu Art. 26 Abs. 2 des Grundgesetzes (Gesetz über die Kontrolle von Kriegswaffen) idF der Bek. v. 22.11.1990 (BGBl. I S. 2506; FNA 190-1), zuletzt geändert durch VO v. 19.6.2020 (BGBl. I S. 1328)
LFGB	Lebensmittel-, Bedarfsgegenstände- und Futtermittelgesetzbuch (Lebensmittel- und Futtermittelgesetzbuch – LFGB) idF der Bek. v. 3.6.2013 (BGBl. I S. 1426; FNA 2125-44), zuletzt geändert durch VO v. 19.6.2020 (BGBl. I S. 1328)
LG	Landgericht
LKA	Landeskriminalamt
m.	mit
MiStra	Anordnung über Mitteilungen in Strafsachen in der ab 1.6.2008 geltenden Fassung, abgedr. bei *Meyer-Goßner/Schmitt* S. 2555
MPDG	Gesetz zur Durchführung unionsrechtlicher Vorschriften betreffend Medizinprodukte (Medizinprodukterecht-Durchführungsgesetz – MPDG) idF v. 28.4.2020 (BGBl. I S. 960; FNA 7102-52), zuletzt geändert durch Art. 3d G v. 28.4.2020 (BGBl. I S. 960)
MPG	Gesetz über Medizinprodukte (Medizinproduktegesetz – MPG) idF der Bek. v. 7.8.2002 (BGBl. I S. 3146; FNA 7102-47), zuletzt geändert durch VO v. 19.6.2020 (BGBl. I S. 1328)
MRK	Konvention zum Schutze der Menschenrechte und Grundfreiheiten v. 4.11.1950 (BGBl. 1952 II S. 685 (953))
mwN	mit weiteren Nachweisen
NemV	Verordnung über Nahrungsergänzungsmittel (Nahrungsergänzungsmittelverordnung – NemV) v. 24.5.2004 (BGBl. I. I S. 1011), zuletzt geändert durch VO v. 5.7.2017 (BGBl. I S. 2272)
NotSanG	Gesetz über den Beruf der Notfallsanitäterin und des Notfallsanitäters (Notfallsanitätergesetz – NotSanG) idF v. 22.5.2013 (BGBl. I S. 1348; FNA 2124-24), zuletzt geändert durch G v. 24.2.2021 (BGBl. I S. 274)
NpSG	Neue-psychoaktive-Stoffe-Gesetz (NpSG) idF v. 31.12.2016 BGBl. I S. 2615; FNA 2121-6-28), zuletzt geändert durch VO v. 3.7.2020 (BGBl. I S. 1555)
Nr.	Nummer
OLG	Oberlandesgericht
OpiumG	Gesetz über den Verkehr mit Betäubungsmitteln v. 10.12.1929 (RGBl. I S. 215)

Abkürzungen

OrgKG	Gesetz zur Bekämpfung des illegalen Rauschgifthandels und anderer Erscheinungsformen der Organisierten Kriminalität v. 15.7.1992 (BGBl. I S. 1302)
OVG	Oberverwaltungsgericht
OWiG	Gesetz über Ordnungswidrigkeiten (OWiG) idF der Bek. v. 19.2.1987 (BGBl. I S. 602; FNA 454-1), zuletzt geändert durch G v. 30.3.2021 (BGBl. I S. 448)
PAG	Gesetz über die Aufgaben und Befugnisse der Bayerischen Staatlichen Polizei (Polizeiaufgabengesetz – PAG) idF der Bek. v. 14.9.1990 (GVBl. S. 397), zuletzt geändert durch G v. 10.12.2019 (GVBl. S. 691)
PEI	Paul-Ehrlich-Institut
PfP-Truppenstatut	Übereinkommen v. 19.6.1995 zwischen den Vertragsstaaten des Nordatlantikvertrags und den anderen an der Partnerschaft für den Frieden teilnehmenden Staaten über die Rechtsstellung ihrer Truppen idF v. 19.6.1995 (BGBl. 1998 II S. 1338), geändert durch Gesetz v. 19.9.2002 (BGBl. II S. 2482)
PharmStV	Verordnung über Stoffe mit pharmakologischer Wirkung idF der Bek. v. 8.7.2009 (BGBl. I S. 1768)
POG	Gesetz über die Organisation der Bayerischen Polizei (Polizeiorganisationsgesetz – POG) idF v. 10.8.1976 (BayRS II S. 263), zuletzt geändert durch VO v. 26.3.2019 (GVBl. S. 98)
REITOX	Réseau Européen d'Information sur les Drogues et les Toxicomanies – Europäisches Informationsnetz für Drogen und Drogensucht
RG	Reichsgericht
RGBl.	Reichsgesetzblatt
RGSt	Entscheidungen des Reichsgerichts in Strafsachen
RiStBV	Richtlinien für das Strafverfahren und das Bußgeldverfahren (RiStBV) idF v. 1.1.1977 in der ab 1.2.1997 geltenden Fassung, zuletzt geändert durch Bek. v. 26.11.2018 (BAnz. AT 30.11.2018 B3), abgedr. bei *Meyer-Goßner/Schmitt* S. 2443
Rn.	Randnummer
Rn.	Randnummer, im Kommentar
RPflG	Rechtspflegergesetz (RPflG) idF d. Bek. v. 14.4.2013 (BGBl. I S. 778; FNA 302-2), zuletzt geändert durch G v. 19.3.2020 (BGBl. I S. 541)
S.	Seite
s.	siehe
SARS-CoV-2-VO	SARS-CoV-2-Arzneimittelversorgungsverordnung v. 20.4.2020 (BAnz. AT 21.4.2020 V1)
Schengener Grenzkodex	Verordnung (EU) 2016/399 des Europäischen Parlaments und des Rates vom 9. März 2016 über einen Unionskodex für das Überschreiten der Grenzen durch Personen (Schengener Grenzkodex), ABl. 2016 L 77, S. 1, letzte konsolidierte Fassung v. 11.6.2019
SDÜ	Übereinkommen zur Durchführung des Übereinkommens von Schengen vom 14. Juni 1985 zwischen den Regierungen der Staaten der Benelux-Wirtschaftsunion, der Bundesrepublik Deutschland und der Französischen Republik betreffend den schrittweisen Abbau der Kontrollen an den gemeinsamen Grenzen (ABl. 2000 L 239 S. 19) (BGBl. 1993 II S. 1010), zuletzt geändert durch VO v. 28.11.2018 (ABl. L 312 S. 14)
SG	Gesetz über die Rechtsstellung der Soldaten (Soldatengesetz – SG) idF der Bek. v. 30.5.2005 (BGBl. I S. 1482; FNA 51-1), zuletzt geändert durch VO v. 19.6.2020 (BGBl. I S. 1328)

Abkürzungen

SGB V	Sozialgesetzbuch (SGB) Fünftes Buch (V) – Gesetzliche Krankenversicherung – idF v. 20.11.1988 (BGBl. I S. 2477; FNA 860-5), zuletzt geändert durch G v. 22.4.2021 (BGBl. I S. 802)
SOCTA	Europol, Serious and Organised Crime Threat Assessment, zit. nach Jahr und Seite
Sp.	Spalte
SRÜ	Seerechtsübereinkommen der Vereinten Nationen idF v. 10.12.1982 (BGBl. 1994 II S. 1798; 1997 II S. 1327 (1402))
StGB	Strafgesetzbuch (StGB) idF der Bek. v. 13.11.1998 (BGBl. I S. 3322; FNA 450-2), zuletzt geändert durch G v. 30.3.2021 (BGBl. I S. 441)
StPO	Strafprozessordnung (StPO) idF der Bek. v. 7.4.1987 (BGBl. I S. 1074 (1319); FNA 312-2), zuletzt geändert durch G v. 19.4.2021 (BGBl. I S. 771)
StrEG	Gesetz über die Entschädigung für Strafverfolgungsmaßnahmen (StrEG) idF v. 8.3.1971 (BGBl. I S. 157; FNA 313-4), zuletzt geändert durch G v. 30.9.2020 (BGBl. I S. 2049)
StrRG (6.)	Sechstes Gesetz zur Reform des Strafrechts v. 26.1.1998 (BGBl. I S. 164)
stRspr	ständige Rechtsprechung
StVÄG 1999	Gesetz zur Änderung und Ergänzung des Strafverfahrensrechts – Strafverfahrensänderungsgesetz 1999 (StVÄG 1999) idF v. 2.8.2000 (BGBl. I S. 1253; FNA 312-2/3)
StVG	Straßenverkehrsgesetz (StVG) idF der Bek. v. 5.3.2003 (BGBl. I S. 310 (919); FNA 9231-1), geändert durch G v. 7.5.2021 (BGBl. I S. 850)
StVollstrO	Strafvollstreckungsordnung (StVollstrO) idF v. 1.8.2011 (BAnz. 2011 Nr. 112a, S. 1), zuletzt geändert mWv 1.10.2017 (BAnz. AT 18.8.2017 B 6)
StVollzG	Gesetz über den Vollzug der Freiheitsstrafe und der freiheitsentziehenden Maßregeln der Besserung und Sicherung – Strafvollzugsgesetz (StVollzG) idF v. 16.3.1976 (BGBl. I S. 581 (2088) und 1977 I S. 436; FNA 312-9-1), zuletzt geändert durch G v. 9.12.2019 (BGBl. I S. 2146)
TabakerzG	Gesetz über Tabakerzeugnisse und verwandte Erzeugnisse (Tabakerzeugnisgesetz – TabakerzG) idF v. 4.4.2016 (BGBl. I S. 569; FNA 2125-12), zuletzt geändert durch G v. 19.11.2020 (BGBl. I S. 2456)
TÄHV	Verordnung über tierärztliche Hausapotheken (TÄHAV) idF der Bek. v. 8.7.2009 (BGBl. I S. 1760; FNA 2121-50-1-15), geändert durch VO v. 21.2.2018 (BGBl. I S. 213)
TierschutzG	Tierschutzgesetz idF d. Bek. v. 18.5.2006 (BGBl. I S. 1206 (1303); FNA 7833-3), zuletzt geändert durch VO v. 19.6.2020 (BGBl. I S. 1328)
TMG	Telemediengesetz (TMG) idF v. 26.2.2007 (BGBl. I S. 179; FNA 772-4), zuletzt geändert durch G v. 30.3.2021 (BGBl. I S. 448)
TPG	Gesetz über die Spende, Entnahme und Übertragung von Organen und Geweben (Transplantationsgesetz – TPG) idF der Bek. v. 4.9.2007 (BGBl. I S. 2206; FNA 212-2), zuletzt geändert durch G. v. 14.10.2020 (BGBl. I S. 2115)
ua	unter anderem
ÜK 1961	Einheits-Übereinkommen von 1961 über Suchtstoffe idF der Bek. v. 4.2.1977 (BGBl. II S. 111)
ÜK 1971	Übereinkommen von 1971 über psychotrope Stoffe (BGBl. 1976 II S. 1477)

Abkürzungen

ÜK 1988	Übereinkommen vom 20.12.1988 gegen den unerlaubten Verkehr mit Suchtstoffen und psychotropen Stoffen – Suchtstoffübereinkommen 1988 – (BGBl. 1993 II S. 1137)
UNODC	United Nations Office on Drugs and Crime (Büro der Vereinten Nationen für Drogen und Verbrechen)
UZK	Verordnung (EU) Nr. 952/2013 des Europäischen Parlaments und des Rates vom 9. Oktober 2013 zur Festlegung des Zollkodex der Union (Neufassung) (ABl. L 269 S. 1), zuletzt geändert durch VO v. 17.4.2019 (Abl. L 111 S. 54)
v.	vom
VerpflichtungsG	Gesetz über die förmliche Verpflichtung nicht beamteter Personen (Verpflichtungsgesetz) idF v. 2.3.1974 (BGBl. I S. 547; FNA 453-17), geändert durch G v. 15.8.1974 (BGBl. I S. 1942)
VersG	Gesetz über Versammlungen und Aufzüge (Versammlungsgesetz) idF der Bek. v. 15.11.1978 (BGBl. I S. 1789; FNA 2180-4), zuletzt geändert durch G v. 30.11.2020 (BGBl. I S. 2600)
VG	Verwaltungsgericht
VGH	Verwaltungsgerichtshof
vgl.	vergleiche
VO	Verordnung
VwGO	Verwaltungsgerichtsordnung (VwGO) idF der Bek. v. 19.3.1991 (BGBl. I S. 686; FNA 340-1), zuletzt geändert durch G v. 3.12.2020 (BGBl. I S. 2694)
VwVfG	Verwaltungsverfahrensgesetz (VwVfG) idF der Bek. v. 23.1.2003 (BGBl. I S. 102; FNA 201-6), zuletzt geändert durch G v. 20.11.2019 (BGBl. I S. 1626)
WADA	Welt-Anti-Doping-Agentur
WaffG	Waffengesetz (WaffG) idF v. 11.10.2002 (BGBl. I S. 3970; FNA 7133-4), zuletzt geändert durch VO v. 19.6.2020 (BGBl. I S. 1328)
WHO	World Health Organisation (Weltgesundheitsorganisation der Vereinten Nationen)
WÜD	Wiener Übereinkommen über diplomatische Beziehungen idF v. 18.4.1961 (BGBl. 1964 II S. 957)
WÜK	Wiener Übereinkommen über konsularische Beziehungen idF v. 24.4.1963 Beziehungen (BGBl. 1969 II S. 1585)
zB	zum Beispiel
ZFdG	Gesetz über das Zollkriminalamt und die Zollfahndungsämter (Zollfahndungsdienstgesetz – ZFdG) v. 30.3.2021 (BGBl. I S. 402), geändert durch G v. 30.3.2021 (BGBl. I S. 448)
ZHG	Gesetz über die Ausübung der Zahnheilkunde idF der Bek. v. 16.4.1987 (BGBl. I S. 1225; FNA 2123-1), zuletzt geändert durch G v. 19.5.2020 (BGBl. I S. 1018)
Zollkodex 1992	Verordnung (EWG) Nr. 2913/92 des Rates vom 12. Oktober 1992 zur Festlegung des Zollkodex der Gemeinschaften (ABl. L 302 S. 1), zuletzt geändert durch VO v. 9.10.2013 (ABl. 2006 L 269, S. 1)
ZollkodexDelVO	Delegierte Verordnung (EU) 2015/2446 v. 28.7.2015 zur Ergänzung der Verordnung (EU) Nr. 952/2013 mit Einzelheiten zur Präzisierung von Bestimmungen des Zollkodex der Union (ABl. 2015 L 343, S. 1)
ZollkodexDVO	Durchführungsverordnung (EU) 2015/2447 v. 24.11.2015 mit Einzelheiten zur Umsetzung von Bestimmungen der Verordnung (EU) Nr. 952/2013 zur Festlegung des Zollkodex der Union, ABl. 2015 L 343, S. 558

Abkürzungen

ZollV	Zollverordnung (ZollV) idF v. 23.12.1993 (BGBl. I S. 2449; FNA 613-1-14), zuletzt geändert durch G v. 21.12.2020 (BGBl. I S. 3096)
ZollVG	Zollverwaltungsgesetz (ZollVG) idF v. 21.12.1992 (BGBl. I S. 2125; FNA 613-7), zuletzt geändert durch G v. 19.4.2021 (BGBl. I S. 771)
ZPO	Zivilprozessordnung idF der Bek. v. 5.12.2005 (BGBl. I S. 3202; FNA 310-4), zuletzt geändert durch G v. 7.5.2021 (BGBl. I S. 850)
ZSHG	Gesetz zur Harmonisierung des Schutzes gefährdeter Zeugen (Zeugenschutz-Harmonisierungsgesetz – ZSHG) idF v. 11.12.2001 (BGBl. I S. 3510; FNA 312-14), geändert durch G v. 10.12.2019 (BGBl. I S. 2121)
zT	zum Teil
zust.	zustimmend(er)

XXVIII

Verzeichnis der abgekürzt zitierten Literatur

A&R	Arzneimittel & Recht, Zeitschrift für Arzneimittelrecht und Arzneimittelpolitik, Fachzeitschrift, zit. nach Jahr und Seite
Adolphsen/Nolte/Lehner/Gerlinger SportR	Adolphsen/Nolte/Lehner/Gerlinger, Sportrecht in der Praxis, Handbuch, 1. Auflage 2011
Albrecht JugendstrafR	Peter-Alexis Albrecht, Jugendstrafrecht, 3. Auflage 2000
Apfel/Strittmatter BetäubungsmittelR	Apfel/Strittmatter, Praxiswissen Strafverteidigung im Betäubungsmittelrecht, Handbuch, 1. Auflage 2009
Aulinger Rechtsgleichheit	Aulinger, Rechtsgleichheit und Rechtswirklichkeit bei der Strafverfolgung von Drogenkonsumenten, Bd. 89 der Schriftenreihe des Bundesministeriums für Gesundheit, 1997
BA	Blutalkohol, Alcohol, Drugs and Behavior, Fachzeitschrift, zit. nach Jahr und Seite
BAS-Leitfaden	Leitfaden der Bayerischen Akademie für Sucht- und Gesundheitsfragen zur substitutionsgestützten Behandlung Opiatabhängiger, 5. Auflage 2019
Bastigkeit Rauschgifte-HdB	Bastigkeit, Rauschgifte, Handbuch, 1. Auflage 2003
BeckOK BtMG	Bohnen/Schmidt, BeckOK BtMG, Kommentar, 7. Auflage 2020
BeckOK GG	Epping/Hillgruber, Beck'scher Online-Kommentar zum GG, Kommentar 2020
BeckOK JGG	Gertler/Kunkel/Putzke, BeckOK JGG, Kommentar, 18. Auflage 2020
BeckOK StGB	von Heintschel-Heinegg, BeckOK StGB, Kommentar, 47. Auflage 2020
BeckOK StPO	Graf, BeckOK StPO mit RiStBV und MiStra, Kommentar, 37. Auflage 2020
BeckOK VwVfG	Bader/Ronellenfitsch, BeckOK VwVfG, Kommentar, 48. Auflage 2020
BeckRS	Beck-Rechtsprechung in beck-online DIE DATENBANK (zit. nach Jahr und Nummer)
Bensch Handeltreiben	Bensch, Der Begriff des „Handeltreibens" im Betäubungsmittelgesetz, Monografie, 1. Auflage 2005
Bock Kriminologie	Michael Bock, Kriminologie, Lehrbuch, 5. Auflage 2019
Bock Kriminologie	Michael Bock, Kriminologie, Lehrbuch, 3. Auflage 2007
Bock Kriminologie	Kriminologie, begr. Von Hans Göppinger, hrsg. v Michael Bock, bearb. v Michael Bock, Hauke Brettel, Hans-Ludwig Kröber, Werner Maschke, Peter Münster, Hendrik Schneider und Frank Wendt, 6. Auflage 2008
Brühl DrogenR	Brühl, Drogenrecht, 1. Auflage 1992
Brunner/Dölling	Brunner/Dölling, Jugendgerichtsgesetz, Kommentar, 13. Auflage 2017
BStBl.	Bundessteuerblatt, Fachzeitschrift, zit. nach Jahr und Seite

Literatur

Büringer et al Liberalisierung	Gerhard Bühringer, Jutta Künzel-Böhmer, Christine Lehnitzk, Susanne Jürgensmeyer, Jutta Schumann, Expertise zur Liberalisierung des Umgangs mit illegalen Drogen [IFT-Berichte Bd. 65], 1993
Burmann/Heß/Hühnermann/Jahnke	Burmann/Heß/Hühnermann/Jahnke, Straßenverkehrsrecht, Kommentar, 26. Auflage 2020
Cannabinoide in der Medizin	Arzneimittelkommission der Deutschen Ärzteschaft, Cannabinoide in der Medizin, Überblick über die Studienlage zum therapeutischen Einsatz von Cannabinoiden, 2015
Cremer-Schaeffer Cannabis	Peter Cremer-Schaeffer, Cannabis – Was man weiß, was man wissen sollte, 2016
Dany Arzneimittelschäden	Alexandra Dany, Die Haftung des pharmazeutischen Unternehmers für Arzneimittelschäden durch „off label use", 2008
Deutsch/Lippert	Deutsch/Lippert, Arzneimittelgesetz (AMG), Kommentar, 3. Auflage 2010
Diemer/Schatz/Sonnen	Diemer/Schatz/Sonnen, Jugendgerichtsgesetz, Kommentar, 7. Auflage 2015
Dieners/Reese PharmaR-HdB	Dieners/Reese, Handbuch des Pharmarechts, Handbuch, 1. Auflage 2010
DJZ	Deutsche Juristenzeitung, zit. nach Jahr und Spalte
DMWW BPolG	Drewes/Malmberg/Wagner/Walter, Bundespolizeigesetz (BPolG), Kommentar, 6. Auflage 2018
DRiZ	Deutsche Richterzeitung, Fachzeitschrift, zit. nach Jahr und Seite
Duttge/Holm-Hadulla/Müller/Steuer Cannabis	Gunnar Duttge, Rainer Matthias Holm-Hadulla, Jürgen L. Müller, Melanie Steuer (Hrsg.), Verantwortungsvoller Umgang mit Cannabis, 2017
DVJJ-Journal	Deutsche Vereinigung für Jugendgerichte und Jugendgerichtshilfen (Hrsg.), Fachzeitschrift, zit. nach Jahr und Seite
Ebert	Christoph Ebert, Das Handeltreiben mit Betäubungsmitteln im Sinne von § 29 I Nr. 1 BtMG, Monografie, 1997
Eberth/Müller BtMR	Alexander Eberth, Eckhart Müller, Betäubungsmittelrecht, Handbuch, 1982
Eberth/Müller/Schütrumpf Betäubungsmittelsachen	Eberth/Müller/Schütrumpf, Verteidigung in Betäubungsmittelsachen, Handbuch, 7. Auflage 2018
Egg Brennpunkte	Egg, Brennpunkte der Rechtspsychologie – Polizei – Justiz – Drogen –, 1991
Egg Drogenmissbrauch	Egg, [Hrsg] Drogenmissbrauch und Delinquenz, 1999
Eisenberg/Kölbel JGG	Eisenberg/Kölbel, Jugendgerichtsgesetz, Kommentar, 21. Auflage 2020
Eisenberg/Kölbel Kriminologie	Eisenberg/Kölbel, Kriminologie, Lehrbuch, 7. Auflage 2017
Endriß/Malek BtMStrafR	Endriß/Malek, Betäubungsmittelstrafrecht, Monografie, 2. Auflage 2000
Engelhardt/App/Schlatmann	Engelhardt/App/Schlatmann, VwVG, VwZG, Kommentar, 11. Auflage 2017

Literatur

Erbs/Kohlhaas	Erbs/Kohlhaas, Strafrechtliche Nebengesetze, Kommentar, 231. Auflage 2020
EuZW	Europäische Zeitschrift für Wirtschaftsrecht, Fachzeitschrift, zit. nach Jahr und Seite
FA-HdB StrafR	Bockemühl, Handbuch des Fachanwalts Strafrecht, Handbuch, 7. Auflage 2018
Fateh-Moghadam Paternalismus	Bijan Fateh-Moghadam, Stephan Sellmaier, Wilhelm Vossenkuhl (Hrsg.), Grenzen des Paternalismus, 2010
Fischer	Fischer, Strafgesetzbuch: StGB, Kommentar, 68. Auflage 2021
Fleischer Gesetzesmaterialien	Holger Fleischer (Hrsg.), Mysterium „Gesetzesmaterialien" 2013
Franke/Wienroeder	Franke/Wienroeder, Betäubungsmittelgesetz, Kommentar, 3. Auflage 2008
Fries ArzneimittelR	Fries, Die arzneimittelrechtliche Nutzen-Risiko-Abwägung und Pharmakovigilanz, Monografie, 1. Auflage 2009
Fritzweiler/Pfister/ Summerer SportR-HdB	Fritzweiler/Pfister/Summerer, Praxishandbuch Sportrecht, Handbuch, 4. Auflage 2020
FS 50 Jahre BGH, 2000	Geis/Nehm/Brandner/Hagen, Festschrift aus Anlass des 50jährigen Bestehens von Bundesgerichtshof, Bundesanwaltschaft und Rechtsanwaltschaft beim Bundesgerichtshof, Festschrift, 1. Auflage 2000
FS Beulke, 2015	Fahl, Festschrift für Werner Beulke zum 70. Geburtstag – Ein menschengerechtes Strafrecht als Lebensaufgabe, Festschrift, 1. Auflage 2015
FS BGH IV, 2000	Roxin, 50 Jahre Bundesgerichtshof – Festgabe aus der Wissenschaft, Band 4: Strafrecht, Strafprozessrecht, Festschrift, 1. Auflage 2000
FS Böttcher, 2007	Schöch/Dölling/Helgerth/König, Recht gestalten – dem Recht dienen – Festschrift für Reinhard Böttcher zum 70. Geburtstag am 29. Juli 2007, Festschrift, 1. Auflage 2007
FS Deutsch, 1999	Ahrens/von Bar/Fischer/Spickhoff/Taupitz, Festschrift für Erwin Deutsch zum 70. Geburtstag, Festschrift, 1. Auflage 1999
FS Grünwald, 1999	Samson/Dencker/Frisch/Frister/Reiß, Festschrift für Gerald Grünwald zum siebzigsten Geburtstag, Festschrift, 1. Auflage 1999
FS Honig, 1970	Juristische Fakultät Göttingen (Hrsg.), Festschrift für Richard M. Honig zum 80. Geburtstag, 1970
FS Kaiser I, 1999	Albrecht/Dünkel/Kerner/Kürzinger/Schöch/Sessar/Villmow, Internationale Perspektiven in Kriminologie und Strafrecht: Festschrift für Günther Kaiser zum 70. Geburtstag, Band 1, Festschrift, 1. Auflage 1999
FS Kaiser II, 1998	Albrecht/Dünkel/Kerner/Kürzinger/Schöch/Sessar/Villmow, Internationale Perspektiven in Kriminologie und Strafrecht: Festschrift für Günther Kaiser zum 70, Band 2, Festschrift, 1. Auflage 1998
FS Krause, 1990	Schlüchter/Laubenthal, Recht und Kriminalität: Festschrift für Friedrich-Wilhelm Krause zum 70. Geburtstag, Festschrift, 1. Auflage 1990
FS Lenckner, 1998	Eser, Festschrift für Theodor Lenckner zum 70. Geburtstag, Festschrift, 1. Auflage 1998
FS Miyazawa, 1995	Kühne, Festschrift für Koichi Miyazawa, Festschrift, 1. Auflage 1995
FS Odersky, 1996	Böttcher/Hueck/Jähnke, Festschrift für Walter Odersky zum 65. Geburtstag am 17. Juli 1996, Festschrift, 1. Auflage 1996

Literatur

FS Paulus, 2009	Laubenthal, Festgabe des Instituts für Strafrecht und Kriminologie der Juristischen Fakultät der Julius-Maximilians-Universität Würzburg für Rainer Paulus zum 70. Geburtstag am 20. Januar 2009, Festschrift, 1. Auflage 2009
FS Rössner, 2015	Bannenberg/Brettel/Freund/Meier/Remschmidt/Safferling, Über allem: Menschlichkeit: Festschrift für Dieter Rössner, Festschrift, 1. Auflage 2015
FS Roxin, 2001	Schünemann/Achenbach/Bottke/Haffke/Rudolphi, Festschrift für Claus Roxin zum 70. Geburtstag am 15. Mai 2001, Festschrift, 1. Auflage 2001
FS Schlüchter, 1998	Duttge, Freiheit und Verantwortung in Schwieriger Zeit: Kritische Studien aus vorwiegend strafprozessrechtlicher Sicht zum 60. Geburtstag von Prof. Dr. Ellen Schlüchter, Festschrift, 1. Auflage 1988
FS Schroeder, 2006	Hoyer, Festschrift für Friedrich-Christian Schroeder zum 70. Geburtstag, Festschrift, 1. Auflage 2006
FS Schünemann, 2015	Hefendehl/Hörnle/Greco, Festschrift für Bernd Schünemann zum 70. Geburtstag am 1. November 2014: Streitbare Strafrechtswissenschaft, Festschrift, 1. Auflage 2015
Fuhrmann/Klein/ Fleischfresser ArzneimittelR-HdB	Fuhrmann/Klein/Fleischfresser, Arzneimittelrecht, Handbuch, 3. Auflage 2020
GA	Goltdammers Archiv für Strafrecht, Fachzeitschrift, zit. nach Jahr und Seite
Geschwinde Rauschdrogen	Geschwinde, Rauschdrogen – Marktformen und Wirkungsweisen, Monografie, 8. Auflage 2018
GewArch	Gewerbearchiv, Zeitschrift für Wirtschaftsverwaltungsrecht, zitiert nach Jahr und Seite
Glocker Doping	Glocker, Die strafrechtliche Bedeutung von Doping, Monografie, 1. Auflage 2009
Graf/Jäger/Wittig	Graf/Jäger/Wittig, Wirtschafts- und Steuerstrafrecht, Kommentar, 2. Auflage 2017
Grätz Sportverbände	Daniel Grätz, Missbrauch der marktbeherrschenden Stellung durch Sportverbände, 2009
GRUR	Gewerblicher Rechtsschutz und Urheberrecht, Fachzeitschrift, zit. nach Jahr und Seite
GRUR-Prax	Praxis im Immaterialgüter- und Wettbewerbsrecht, zit. nach Jahr und Seite
GRUR-RR	GRUR-Rechtsprechungs-Report
Haller/Jehle Drogen	Haller/Jehle, Drogen – Sucht – Kriminalität, Monografie, 1. Auflage 2009
Hartwig/Pies Drogenpolitik	Hartwig/Pies, Rationale Drogenpolitik in der Demokratie, 1995
Häßler/Nedopil/Kinze, Forensische Psychiatrie-HdB	Häßler/Nedopil/Kinze, Praxishandbuch Forensische Psychiatrie, Handbuch, 2. Auflage 2015
Hauptmann Drogenpolitik	Hauptmann, Drogenpolitik ohne Strafrecht?, Monografie, 1. Auflage 2000
Hauptmann/Hübner Drogenmissbrauch	Hauptmann/Hübner, Soziale Kosten des Drogenmissbrauchs – Für 2002 dargestellt am Beispiel Österreichs, Monografie, 1. Auflage 2008

Literatur

Haus/Zwerger VerkehrsR Mandant	Haus/Zwerger, Das verkehrsrechtliche Mandat, Monografie, 3. Auflage 2017
Hefendehl Kollektive Rechtsgüter	Hefendehl, Kollektive Rechtsgüter im Strafrecht, Monografie, 1. Auflage 2002
Hefendehl/von Hirsch/Wohlers Rechtsgutstheorie	Roland Hefendehl, Andrew von Hirsch, Wolfgang Wohlers (Hrsg.) Die Rechtsgutstheorie, Legitimationsbasis des Strafrechts oder dogmatisches Glasperlenspiel? Monografie, 1. Auflage 2003
Hentschel/König/Dauer	Hentschel/König/Dauer, Straßenverkehrsrecht, Kommentar, 45. Auflage 2019
Hirsch/Neumann/Seelmann Paternalismus	von Hirsch/Neumann/Seelmann, Paternalismus im Strafrecht, Die Kriminalisierung von selbstschädigendem Verhalten, Monografie, 1. Auflage 2010
HK-ADG	Lehner/Nolte/Putzke, Anti-Doping-Gesetz, Kommentar, 1. Auflage 2017
HK-AKM	Rieger/Dahm/Katzenmeier/Stellpflug/Ziegler, Heidelberger Kommentar Arztrecht Krankenhausrecht Medizinrecht – HK-AKM, Kommentar, 82. Auflage 2020
HK-GS	Dölling/Duttge/König/Rössner, Gesamtes Strafrecht, Kommentar, 4. Auflage 2017
Hoch/Friemel/Schneider Cannabis	Eva Hoch, Chris F. Friemel, Miriam Schneider [Hrsg], Cannabis: Potential und Risiko, Eine wissenschaftliche Bestandsaufnahme, 2019
Hoch/Schneider Cannabis-Kurzbericht	Hoch/Schneider Cannabis: Potential und Risiko, Eine wissenschaftliche Bestandsaufnahme, Kurzbericht
Honnacker/Beinhofer/Hauser BayPAG	Honnacker/Beinhofer/Hauser, Polizeiaufgabengesetz: PAG, Kommentar, 20. Auflage 2014
HRRS	Online-Zeitschrift für höchstrichterliche Rechtsprechung zum Strafrecht, hrsg. v. Gerhard Strate, Fachzeitschrift, zit. nach Jahr und Seite
Huber Psychiatrie	Huber, Psychiatrie, Monografie, 7. Auflage 2005
Hügel/Junge/Lander/Winkler	Hügel/Junge/Lander/Winkler, Deutsches Betäubungsmittelrecht, Kommentar, Loseblattausgabe, Stand März 2020
IFT-Berichte Bd. 65	Gerhard Bühringer, Jutta Künzel-Böhmer, Christine Lehnitzk, Susanne Jürgensmeyer, Jutta Schumann, Expertise zur Liberalisierung des Umgangs mit illegalen Drogen, Bd. 65 der Berichte des IFT Instituts für Therapieforschung, 1993
INCB-Report	Report of the International Narcotics Control Board, zitiert nach Jahr und Nummer
Iten Fahren unter Drogen	Peter X. Iten, Fahren unter Drogen- oder Medikamenteneinfluss, Forensische Interpretation und Begutachtung, Monografie, 1. Auflage 1994
Jeanrenaud/Widmer/Pellegrini	Claude Jeanrenaud, Gaëlle Widmer, Sonia Pellegrini, Le coût sociale la consommation de drogues illégales en Suisse. Rapport final, editée par l'Université de Neuchâtel, Institut de recherches économiques et régionales, Neuchâtel 2005

Literatur

Jescheck/Weigend StrafR	Jescheck/Weigend, Lehrbuch des Strafrechts, Lehrbuch, 5. Auflage 1996
Joachimski/Haumer BtMG	Joachimski/Haumer, Betäubungsmittelgesetz, Kommentar, 7. Auflage 2002
Joecks/Jäger/Randt	Joecks/Jäger/Randt, Steuerstrafrecht, Kommentar, 8. Auflage 2015
JR	Juristische Rundschau, Fachzeitschrift, zit. nach Jahr und Seite
JW	Juristische Wochenschrift, Fachzeitschrift, zit. nach Jahr und Seite
JZ	Juristenzeitung, Fachzeitschrift, zit. nach Jahr und Seite
Kaiser Kriminologie	Kaiser, Kriminologie, Lehrbuch, 3. Auflage 1996
Katholnigg	Katholnigg, Strafgerichtsverfassungsrecht, Kommentar, 3. Auflage 1999
KK-OWiG	Mitsch, Karlsruher Kommentar zum Gesetz über Ordnungswidrigkeiten: OWiG, Kommentar, 5. Auflage 2018
KK-StPO	Hannich, Karlsruher Kommentar zur Strafprozessordnung: StPO, Kommentar, 8. Auflage 2019
Klein	Klein, AO – Abgabenordnung, Kommentar, 15. Auflage 2020
Kloesel/Cyran	Kloesel/Cyran, Arzneimittelrecht, Kommentar, 3. Auflage 2018
Knack/Henneke	Knack/Henneke, Verwaltungsverfahrensgesetz: VwVfG, Kommentar, 11. Auflage 2019
Köbler Rechtsenglisch	Köbler, Rechtsenglisch, Wörterbuch, 8. Auflage 2011
König Organhandel	König, Strafbarer Organhandel, Monografie, 1. Auflage 1999
Kopp/Ramsauer	Kopp/Ramsauer, Verwaltungsverfahrensgesetz: VwVfG, Kommentar, 21. Auflage 2020
Körner	Hans Harald Körner, Betäubungsmittelgesetz, Arzneimittelgesetz, 5. Auflage 2001
Körner	Hans Harald Körner, Betäubungsmittelgesetz, Arzneimittelgesetz, 6. Auflage 2007
Körner/Patzak/Volkmer	Harald Hans Körner, Jörn Patzak, Mathias Volkmer, BtMG, 8. Auflage 2016
Körner/Patzak/Volkmer	Körner/Patzak/Volkmer, Betäubungsmittelgesetz: BtMG, Kommentar, 9. Auflage 2019
Kotz/Rahlf BtMStrafR	Kotz/Rahlf, Praxis des Betäubungsmittel-Strafrechts, Handbuch, 1. Auflage 2012
KR	Kriminalistik, Zeitschrift für die gesamte kriminalistische Wissenschaft und Praxis, Fachzeitschrift, zit. nach Jahr und Seite
Krenberger/Krumm	Krenberger/Krumm, Ordnungswidrigkeitengesetz: OWiG, Kommentar, 5. Auflage 2018
Kreuzer BtMStrafR-HdB	Kreuzer, Handbuch des Betäubungsmittelstrafrechts, Handbuch, 1. Auflage 1998
KriPoZ	Kriminalpolitische Zeitschrift, Fachzeitschrift, zit. nach Jahr und Seite
KritV	Kritische Vierteljahreszeitschrift für die Gesetzgebung und Rechtswissenschaft, Fachzeitschrift, zit. nach Jahr und Seite
Krumdiek Cannabisprohibition	Nicole Krumdiek, Die national- und internationalrechtliche Grundlage der Cannabisprohibition in Deutschland, 2006
Krumm/Ostmeyer BtmStrafR	Carsten Krumm, Marco Ostmeyer, Betäubungsmittelstrafrecht, 3. Auflage 2020

Literatur

Kube/Störzer/Timm Kriminalistik-HdB	Edwin Kube, Hans Udo Störzer, Klaus Jürgen Timm (Hrsg.), Kriminalistik, Handbuch für Wissenschaft und Praxis, Band 2, 1994
Kügel/Müller/Hofmann	Kügel/Müller/Hofmann, Arzneimittelgesetz: AMG, Kommentar, 2. Auflage 2016
Kühl StrafR AT	Kühl, Strafrecht Allgemeiner Teil, Lehrbuch, 8. Auflage 2017
Lackner/Kühl	Lackner/Kühl, StGB, Kommentar, 29. Auflage 2018
Lang BtmStrafR	Wolfgang Lang, Betäubungsmittelstrafrecht – dogmatische Inkonsistenzen und Verfassungsfriktionen, 2011
Laufs/Kern/Rehborn ArztR-HdB	Adolf Laufs, Bernd-Rüdiger Kern, Handbuch des Arztrechts, 5. Auflage 2019
Laufs/Kern/Rehborn ArztR-HdB	Laufs/Kern/Rehborn, Handbuch des Arztrechts, Handbuch, 5. Auflage 2019
LK-StGB	Burkhard Jähnke, Heinrich Wilhelm Laufhütte, Walter Odersky (Hrsg.), Strafgesetzbuch, Leipziger Kommentar, Großkommentar, 11. Auflage ab 1984
LK-StGB	Cirener/Radtke/Rissing-van Saan/Rönnau/Schluckebier, Leipziger Kommentar Strafgesetzbuch: StGB, Kommentar, Band 1, 3, 4, 6, 13. Aufl. 2019
Löwe/Rosenberg	Peter Rieß (Hrsg.), Löwe/Rosenberg, Die Strafprozeßordnung und das Gerichtsverfassungsgesetz mit Nebengesetzen, Großkommentar, 26. Auflage ab 2006
Löwe/Rosenberg	Jörg-Peter Becker, Volker Erb, Robert Esser, Kirsten Graalmann-Scheerer, Hans Hilger, Alexander Ignor (Hrsg.), Die Strafprozeßordnung und das Gerichtsverfassungsgesetz, 27. Auflage ab 2016
Lundt BtmR	Peter Lundt, Peter Schiwy, Betäubungsmittelrecht, Loseblattausgabe
magazin forschung	Magazin Forschung, Hrsg. Universität des Saarlandes, zitiert nach Jahr und Seite
MAH Strafverteidigung	Widmaier/Müller/Schlothauer, Münchener Anwaltshandbuch Strafverteidigung, Handbuch, 2. Auflage 2014
Malek BtMStrafR	Malek, Betäubungsmittelstrafrecht, Monografie, 4. Auflage 2015
Matt/Renzikowski	Matt/Renzikowski, Strafgesetzbuch: StGB, Kommentar, 2. Auflage 2020
Maunz/Dürig	Maunz/Dürig, Grundgesetz, Kommentar, 90. Auflage 2020
Mayer Produktverantwortung	Mayer, Strafrechtliche Produktverantwortung für Arzneimittelschäden, Monografie, 1. Auflage 2008
MDR	Monatsschrift für Deutsches Recht, Fachzeitschrift, zit. nach Jahr und Seite
MedR	Zeitschrift für Medizinrecht, Fachzeitschrift, zit. nach Jahr und Seite
Meier/Rössner/Schöch JugendStrafR	Meier/Rössner/Schöch, Jugendstrafrecht, Lehrbuch, 3. Aufl. 2012
Meyer-Goßner/Schmitt	Meyer-Goßner/Schmitt, Strafprozessordnung, Kommentar, 63. Auflage 2020
MschrKrim	Monatsschrift für Kriminologie und Strafrechtsreform, Fachzeitschrift, zit. nach Jahr und Seite
MüKoStGB	Ambos/Duttge/Erb/Freund/Hardtung/Hoffmann-Holland/Joecks/Müssig/Radtke/Schlehofer/Schmitz/Streng, Münchener Kommentar zum Strafgesetzbuch: StGB, Kommentar, Band 1, 2, 3, 4, 5, 6, 7, 8, 3. Auflage 2016ff.

Literatur

MüKoStPO	Knauer/Kudlich/Schneider, Münchener Kommentar zur StPO, Kommentar, Band 1, 2, 3/1, 3/2, 1. Auflage 2014 ff.
Müller-Platz Doping	Carl Müller-Platz, Carsten Boos, R. Klaus Müller, Doping beim Freizeit- und Breitensport, Gesundheitsberichterstattung des Bundes, Heft 34, Hrsg. Robert Koch-Institut, 2006
Nds. Rpfl	Niedersächsischer Rechtspfleger, Fachzeitschrift, zit. nach Jahr und Seite
Nedopil Forensische Psychiatrie-HdB	Nedopil, Prognosen in der Forensischen Psychiatrie – Ein Handbuch für die Praxis, Handbuch, 1. Auflage 2005
Nedopil/Müller Forensische Psychiatrie	Nedopil/Müller, Forensische Psychiatrie: Klinik, Begutachtung und Behandlung zwischen Psychiatrie und Recht, Lehrbuch, 5. Auflage 2017
NiederländDrogenpolitik	Ministerien für Auswärtige Angelegenheiten, für Gesundheit, Gemeinwohl und Sport, der Justiz und des Innern, Die niederländische Drogenpolitik, Kontinuität und Wandel 1995
NJOZ	Neue Juristische Online-Zeitschrift, Fachzeitschrift, zit. nach Jahr und Seite
NJW	Neue Juristische Wochenschrift, Fachzeitschrift, zit. nach Jahr und Seite
NK-GVR	Haus/Krumm/Quarch, Gesamtes Verkehrsrecht, Kommentar, 2. Auflage 2017
NK-JGG	Ostendorf, Jugendgerichtsgesetz, Kommentar, 10. Auflage 2016
NK-StGB	Kindhäuser/Neumann/Paeffgen, Strafgesetzbuch, Kommentar, 5. Auflage 2017
npoR	Zeitschrift für das Recht der Non Profit Organisationen, Fachzeitschrift, zit. nach Jahr und Seite
NStE	Kurt Rebmann, Hans Dahs, Klaus Miebach, Neue Entscheidungssammlung für Strafrecht, zit. nach Paragraph und Nummer
NStZ	Neue Zeitschrift für Strafrecht, Fachzeitschrift, zit. nach Jahr und Seite
NStZ-RR	Neue Zeitschrift für Strafrecht Rechtsprechungs-Report, zit. nach Jahr und Seite
Oğlakcıoğlu BtMStrafR AT	Oğlakcıoğlu, Der Allgemeine Teil des Betäubungsmittelstrafrechts, Monografie, 1. Auflage 2013
Oxford Handbook	Michael Tonry (Hrsg.), The Oxford Handbook of Crime and Criminal Justice, 2011
Pasedach Verantwortungsbereiche	Pasedach, Verantwortungsbereiche wider Volksgesundheit. Zur Zurechnungs- und Rechtsgutlehre im Betäubungsmittelstrafrecht, Monografie, 1. Auflage 2012
Patzak/Bohnen BtMR	Patzak/Bohnen, Betäubungsmittelrecht, Lehrbuch, 4. Auflage 2019
Pfeil/Hempel/ Schiedermair/Slotty BtmR	Pfeil/Hempel/Schiedermair/Slotty, Betäubungsmittelrecht, 2. Auflage 1984 m Ergänzungslieferung 1987
PharmR	Pharma Recht, Fachzeitschrift, zit. nach Jahr und Seite
Pieroth/Schlink/Kniesel POR	Bodo Pieroth, Bernhard Schlink, Michael Kniesel, Polizei- und Ordnungsrecht, 9. Auflage 2016
Pohlmann/Jabel/Wolf	Pohlmann/Jabel/Wolf, Strafvollstreckungsordnung, Kommentar, 9. Auflage 2015

Literatur

Räpple	Thilo Räpple, Das Verbot bedenklicher Arzneimittel, Monografie, 2011
Rautenberg Zusammenhänge	Rautenberg, Zusammenhänge zwischen Devianzbereitschaft, kriminellem Verhalten und Drogenmissbrauch, Bd. 103 der Schriftenreihe des Bundesministeriums für Gesundheit 1998
Rehmann	Rehmann, Arzneimittelgesetz: AMG, Kommentar, 5. Auflage 2020
Rönnau Vermögensabschöpfung	Rönnau, Die Vermögensabschöpfung in der Praxis, Monografie, 2. Auflage 2015
Röttle/Wagner HRP Strafvollstreckung	Röttle/Wagner, Strafvollstreckung, Handbuch, 8. Auflage 2009
Roxin StrafR AT II	Claus Roxin, Strafrecht, Allgemeiner Teil, Band II, 2003
Roxin Täterschaft	Roxin, Täterschaft und Tatherrschaft, Monografie, 10. Auflage 2019
Roxin Verfahrensverstöße	Imme Roxin, Die Rechtsfolgen schwerwiegender Verfahrensverstöße in der Strafrechtspflege, Monografie, 4. Auflage 2004
Roxin StrafR AT I	Roxin/Greco, Strafrecht Allgemeiner Teil – Band 1: Grundlagen: Der Aufbau der Verbrechenslehre, Lehrbuch, 5. Auflage 2020
Roxin/Schroth MedizinStrafR-HdB	Roxin/Schroth, Handbuch des Medizinstrafrechts, Handbuch, 4. Auflage 2010
Rpfleger	Der Deutsche Rechtspfleger, Fachzeitschrift, zit. nach Jahr und Seite
RZ	Österreichische Richterzeitung, Fachzeitschrift, zit. nach Jahr und Seite
Sachs	Sachs, Grundgesetz: GG, Kommentar, 9. Auflage 2021
Sander ArzneimittelR	Sander, Arzneimittelrecht – Kommentar für die juristische und pharmazeutische Praxis zum Arzneimittelgesetz, Kommentar, Loseblattausgabe
Sarstedt/Hamm Strafsachen	Sarstedt/Hamm, Die Revision in Strafsachen, Handbuch, 6. Auflage 1998
Satzger Strafrecht	Satzger, Die Europäisierung des Strafrechts, Monografie, 1. Auflage 2001
Satzger/Schluckebier/ Widmaier StGB	Satzger/Schluckebier/Widmaier, Strafgesetzbuch – Kommentar zum StGB, Kommentar, 5. Auflage 2020
Schäfer/Paoli Drogenkonsum	Schäfer/Paoli, Drogenkonsum und Strafverfolgungspraxis, Monografie, 1. Auflage 2006
Schäfer/Sander/ van Gemmeren Strafzumessung	Schäfer/Sander/van Gemmeren, Praxis der Strafzumessung, Monografie, 6. Auflage 2017
Schaffstein/Beulke/ Swoboda JugendStrafR	Schaffstein/Beulke/Swoboda, Jugendstrafrecht, Lehrbuch, 15. Auflage 2015
SchiedsVZ	Zeitschrift für Schiedsverfahren, Fachzeitschrift, zit. nach Jahr und Seite
Schmidbauer/ vom Scheidt Rauschdrogen-HdB	Schmidbauer/vom Scheidt, Handbuch der Rauschdrogen, Monografie, 1. Auflage 2004

Literatur

Schmidt Vermögens-abschöpfung-HdB	Schmidt, Vermögensabschöpfung – Handbuch für das Straf- und Ordnungswidrigkeitenverfahren, Handbuch, 2. Auflage 2018
Schnürer BtM	Benjamin Schnürer, Das Gesamtgeschäft beim Handeltreiben mit Betäubungsmitteln, 2015
Schönke/Schröder	Schönke/Schröder, Strafgesetzbuch: StGB, Kommentar, 30. Auflage 2019
Schroth/König/Gutmann/Oduncu	Schroth/König/Gutmann/Oduncu, Transplantationsgesetz: TPG, Kommentar, 1. Auflage 2005
Schuber/Huetten/Reimann/Graw Kraffahrereignung	Wolfgang Schubert, Manuela Huetten, Caroline Reimann, und Matthias Graw (Hrsg.), Begutachtungs-Leitlinien zur Kraftfahrereignung, Kommentar, 3. Auflage 2018
Schwind Kriminologie	Hans-Dieter Schwind, Kriminologie und Kriminalpolitik, 23. Auflage 2016
Singer Anti-Doping-Strategien	Otto Singer, Anti-Doping-Strategien im internationalen Vergleich, Hrsg. Wissenschaftliche Dienste des Deutschen Bundestages, 2010
SJZ	Schweizerische Juristenzeitung, Fachzeitschrift, zit. nach Jahr und Seite
Skoupil BtM	Christoph Skoupil, Handeltreiben mit Betäubungsmitteln, 2012
SK-StGB	Rudolphi/Horn/Samson/Deiters/Wolter, Systematischer Kommentar zum Strafgesetzbuch, Kommentar, Band 1, 2, 3, 4, 5, 6, 9. Auflage 2016 ff.
SK-StPO	Wolter, Systematischer Kommentar zur Strafprozeßordnung und zum Gerichtsverfassungsgesetz, Kommentar, Band 1, 2, 3, 4, 5, 6, 7, 8, 9, 10, 5. Auflage 2013 ff.
SOCTA	Europol, Serious and Organized crime threat assessment, zit. nach Jahr und Seite
Spickhoff	Spickhoff, Medizinrecht, Kommentar, 3. Auflage 2018
SportRPrax	Sportrecht in der Praxis, 2021
SpuRt	Zeitschrift für Sport und Recht, Fachzeitschrift, zit. nach Jahr und Seite
Steindorf	Steindorf, Waffenrecht, Kommentar, 10. Auflage 2015
Stelkens/Bonk/Sachs	Stelkens/Bonk/Sachs, VwVfG: Verwaltungsverfahrensgesetz, Kommentar, 9. Auflage 2018
Stenglein	Stenglein, Kommentar zu den strafrechtlichen Nebengesetzen des Deutschen Reiches, Kommentar, Band 1, 2, 1. Auflage 1926 ff.
StoffR	Zeitschrift für Stoffrecht, Fachzeitschrift, zit. nach Jahr und Seite
Streng JugendStrafR	Streng, Jugendstrafrecht, Lehrbuch, 5. Auflage 2020
StRR	StrafRechtsReport, Arbeitszeitschrift für das gesamte Strafrecht, Fachzeitschrift, zit. nach Jahr und Seite
Stübing Drogenmissbrauch	Gerhard Stübing, Drogenmissbrauch und Drogenabhängigkeit, 4. Auflage 1984
StV	Strafverteidiger, Fachzeitschrift, zit. nach Jahr und Seite
Suchtmed	Suchtmedizin in Forschung und Praxis, Fachzeitschrift, zit. nach Jahr und Seite
Suchttherapie	Suchttherapie, Fachzeitschrift, zit. nach Jahr und Seite
SVR	Straßenverkehrsrecht, Fachzeitschrift, zit. nach Jahr und Seite
Symposion Betäubungsmittelstrafrecht	Vereinigung Baden-Württembergischer Strafverteidiger e. V. und Mitglieder des Strafrechtsausschusses des DAV (Hrsg.), 1. Symposion Betäubungsmittelstrafrecht Januar 2005 St. Märgen, 2007

Literatur

Täschner Cannabis ...	Karl-Ludwig Täschner, Cannabis, 4. Auflage 2005
Uchtenhagen Ärztliche Verschreibung	Uchtenhagen, Versuche für eine ärztliche Verschreibung von Betäubungsmitteln, Synthesebericht, Zürich: Universität Zürich 1997
VerkMit	Verkehrsrechtliche Mitteilungen, Fachzeitschrift, zit. nach Jahr und Seite
VersR	Versicherungsrecht, Fachzeitschrift, zit. nach Jahr und Seite
Vieweg Prisma	Vieweg, Prisma des Sportrechts, Monografie, 1. Auflage 2006
Vieweg SportR	Vieweg, Facetten des Sportrechts, Monografie, 1. Auflage 2009
Vordermayer/ v. Heintschel-Heinegg StA-HdB	Vordermayer/von Heintschel-Heinegg/Schnabl, Handbuch für den Staatsanwalt, Handbuch, 6. Auflage 2018
VRS	Verkehrsrechts-Sammlung (zit. nach Band und Seite)
Wabnitz/Janovsky/ Schmitt WirtschaftsStrafR-HdB	Wabnitz/Janovsky/Schmitt, Handbuch Wirtschafts- und Steuerstrafrecht, Handbuch, 5. Auflage 2020
Wamers Marktbeobachtung ...	Wamers, Marktbeobachtung, Eine Aufgabe des Zollfahndungsdienstes, 1995
Wang Drogenstraftaten	Huang-Yu Wang, Drogenstraftaten und abstrakte Gefährdungsdelikte, 2003
Webel BtmR	Karsten Webel, Betäubungsmittelstrafrecht, Leitfaden für Studium und polizeiliche Praxis, 2003
Weber Handeltreiben ..	Klaus Weber, Der Begriff des Handeltreibens, Monografie, 2008
Weider Drogen und Gerechtigkeit	Weider, Vom dealen mit Drogen und Gerechtigkeit. Strafverfahrenswissenschaftliche Analyse und Kritik der Verteidigung in Betäubungsmittelsachen, Monografie, 1. Auflage 2000
Weil Drogen	Andrew Weil, Drogen und höheres Bewusstsein, 2000
Weiler Vertrauenpersonen ...	Edgar Weiler, Grundlagen und Grenzen des polizeilichen Einsatzes von Vertrauenspersonen, Marburg 2001
wistra	Zeitschrift für Wirtschaft, Steuer, Strafrecht, Fachzeitschrift, zit. nach Jahr und Seite
Witte	Witte, Zollkodex, Kommentar, 7. Auflage 2018
Wolters Unternehmensdelikt ..	Wolters, Das Unternehmensdelikt, 2001
Wolz Bedenkliche Arzneimittel	Birgit Wolz, Bedenkliche Arzneimittel als Rechtsbegriff, 1988
World Drug Report ..	United Nations Office on Drugs and Crime (UNODC) (Hrsg.), Fachzeitschrift, zit. nach Jahr und Seite
WuM	Wohnungswirtschaft und Mietrecht, Fachzeitschrift, zit. nach Jahr und Seite
zfs	Zeitschrift für Schadensrecht, Fachzeitschrift, zit. nach Jahr und Seite
ZfZ	Zeitschrift für Zölle und Verbrauchssteuern, Fachzeitschrift, zit. nach Jahr und Seite
ZIS	Zeitschrift für internationale Strafrechtsdogmatik, Fachzeitschrift, zit. nach Jahr und Seite
ZMR	Zeitschrift für Miet- und Raumrecht, Fachzeitschrift, zit. nach Jahr und Seite

Literatur

ZRP	Zeitschrift für Rechtspolitik, Fachzeitschrift, zit. nach Jahr und Seite
ZStR	Schweizerische Zeitschrift für Strafrecht, zit. nach Band und Seite
ZStW	Zeitschrift für die gesamte Strafrechtswissenschaft, Fachzeitschrift, zit. nach Band und Seite

Gesetz über den Verkehr mit Betäubungsmitteln (Betäubungsmittelgesetz – BtMG)

in der Fassung der Bek. v. 1.3.1994 (BGBl. I S. 358)

FNA 2121-6-24

zuletzt geändert durch Gesetz vom 18.5.2021 (BGBl. I S. 1096)

Einleitung

Übersicht

	Rn.
A. Früher Drogengebrauch	1
B. Das Haager Abkommen und seine Umsetzung	3
C. Das Opiumabkommen von Genf und seine Umsetzung	5
D. Die internationalen Suchtstoffübereinkommen	6
E. Die innerstaatlichen Regelungen bis 1982	7
F. Das Betäubungsmittelgesetz von 1982	8
G. Die Wiedervereinigung	9
H. Die späteren Änderungen im nationalen Recht	10
I. Neue Drogen	12
1. Designerdrogen	13
2. Neue psychoaktive Stoffe (NPS), sog. Legal Highs	14
II. Therapie und Schadensreduzierung (harm reduction)	15
III. Organisierte Kriminalität, Begriff, Vordringen	17
IV. Erleichterung der Schmerztherapie, andere medizinische Gründe	23
V. Änderungen aus anderen Gründen	27
I. Die internationale Entwicklung	30
I. Das Suchtstoffübereinkommen 1988	31
II. Die drei Internationalen Suchtstoffübereinkommen als Grundlage für die künftige Entwicklung (UNGASS 2016)	33
III. Europäische Anstrengungen	34
1. Europarat, Pompidou-Gruppe	35
2. Schengen	37
3. Europäische Union	41
a) TREVI	42
b) Vertrag von Maastricht	43
c) EBDD	44
d) Europäisches Polizeiamt (Europol)	46
e) Vertrag von Amsterdam	49
f) Drogenstrategie, Drogenaktionspläne der EU	52
g) Europäisches Justitielles Netz	53
h) EUROJUST	54
i) Vertrag von Nizza	57
j) Vertrag von Lissabon	58
k) Europäische Staatsanwaltschaft (EUSTA)	60
J. Die Situation in Deutschland	61
I. Deutschland als Absatz- und Nachfragemarkt für illegale Drogen	61
1. Betäubungsmittelkriminalität	62
a) Delikte insgesamt	63
b) Delikte nach Drogenart	64
c) Konsumnahe Delikte	65
d) Handel und Schmuggel	66
e) Nichtdeutsche Tatverdächtige	67

	Rn.
2. Weitere Indikatoren	68
a) Angebotsdruck	69
b) Nachfrage	72
aa) Drogenkonsum in der Bevölkerung	73
bb) Erstauffällige Konsumenten harter Drogen	76
cc) Personen mit problematischem Drogenkonsum	77
dd) Verfügbarkeit, Bezugsquellen	78
c) Drogentodesfälle	81
II. Die Kriminalität der Betäubungsmittelabhängigen	83
1. Folgekriminalität	85
2. Versorgungskriminalität	87
a) Verschaffungskriminalität	88
aa) Organisierte Kriminalität	89
bb) Dealer, Konsumentendealer, Internethandel	94
cc) Tätigkeiten rund um das Dealen	99
dd) Zwischenstufe	100
ee) Gelegenheitsstrukturen	101
b) Beschaffungskriminalität	102
aa) Direkte (unmittelbare) Beschaffungskriminalität	103
bb) Indirekte (mittelbare) Beschaffungskriminalität	106
(a) Schnittstelle	107
(b) Beschaffungsdruck	108
(c) Zahlenmäßige Bedeutung	111
III. Zusammenhang zwischen Drogenmissbrauch und Kriminalität	115
K. Exkurs: Drogenpolitik	116
I. Die Rolle des Strafrechts	116
1. Die Säulen der deutschen Drogenpolitik	118
2. Nationaler Rauschgiftbekämpfungsplan, Aktionsplan Drogen und Sucht, Nationale Strategie zur Drogen- und Suchtpolitik	120
3. Das strafrechtliche Konzept des BtMG	124
4. Andere Konzepte (Aufhebung/Einschränkung der Prohibition)	127
a) Die einzelnen Modelle	128
aa) Legalisierung	129
(a) Freigabe aller Drogen	130
(aa) Freier Mark für alle Drogen	131
(bb) Staatliches Drogenmonopol für alle Drogen (kontrollierte Teilliberalisierung)	138
(b) Freigabe sogenannter weicher Drogen	148
(aa) Zur Gefährlichkeit von Cannabis	149
(1) Zur Steigerung des Wirkstoffgehalts	151
(2) Längerfristige Wirkungen von Cannabis	153
(bb) Freier Markt	158
(cc) Lizenzierte Abgabe, Trennung der Märkte	160
(c) Lizenz- und Verschreibungssysteme	167
(aa) Verschreibung von Originalpräparaten	168
(bb) Verschreibung von Ersatzstoffen	169
bb) Entkriminalisierung	170
(a) Interventionsrecht	171
(b) Ordnungswidrigkeitenrecht	172
(c) Keine strafrechtliche Sanktionierung	173
cc) Entpönalisierung	174
b) Betäubungsmittelrecht als differenziertes System abgestufter Maßnahmen	175
5. (Kein) symbolisches Strafrecht	176
6. Abolitionsdiskussion heute	178
7. Schadensreduzierung (harm reduction, Überlebenshilfe)	182
a) Abgabe steriler Einmalspritzen	183
b) Substitution	185

	Rn.
c) Substanzanalyse (drug-checking, drug-testing)	186
d) Einrichtung von Drogenkonsumräumen	188
e) Abgabe von Heroin an Schwerabhängige	189
aa) Der Schweizer Versuch	193
bb) Das deutsche Modellprojekt	196
cc) Gesetz zur diamorphingestützten Substitutionsbehandlung	197
(a) Die positiven Elemente	198
(b) Vereinbarkeit mit den Internationalen Suchtstoffübereinkommen	200
II. Unterbringung ohne Strafcharakter	203
III. Ausstieg aus der internationalen Drogenpolitik	204
1. Die internationalen Suchtstoffübereinkommen	205
a) Kündigung/Änderung	207
b) Verfassungsvorbehalt	209
c) Vorbehalt der Grundzüge der Rechtsordnung	210
d) Definitionsklausel	211
2. Europäische Union	216

A. Früher Drogengebrauch

Seit jeher haben die Menschen zu Kultzwecken, aus medizinischen Gründen oder, um sich anzuregen, Drogen verwendet. Am Anfang stand der Gebrauch von Pilzen, Wurzeln, Kräutern und Pflanzen, die keiner besonderen Bearbeitung oder Zubereitung bedurften. Später lernten die Menschen, stimulierende Substanzen, zB Alkohol, selbst herzustellen. Die bekanntesten, schon sehr früh verwendeten Drogen sind Alkohol, Opium, Cannabisprodukte oder in der Neuen Welt die Cocapflanze. 1

Im Laufe der Geschichte wurde der Gebrauch berauschender Mittel von den Völkern und Kulturen im unterschiedlichen Maße **geduldet.** Meist wurde über gesellschaftliche oder rechtliche Regeln versucht, den Drogenkonsum in Grenzen zu halten, die noch als sozialverträglich angesehen wurden. Bis in das 19. Jahrhundert ist dies im Wesentlichen auch gelungen. 2

B. Das Haager Abkommen und seine Umsetzung

Nachdem England noch in den beiden Opiumkriegen von 1840–1842 und 1856–1858 China gezwungen hatte, den Opiumhandel zuzulassen, begann sich gegen Ende des Jahrhunderts auch in Europa und Nordamerika die Erkenntnis von der Gefährlichkeit der Drogen, namentlich der Opiate, durchzusetzen. Dabei trat der Gedanke einer internationalen Zusammenarbeit schon sehr früh in den Vordergrund. Insbesondere auf Initiative der USA kam es im Jahre 1909 zur **Ersten Internationalen Opiumkonferenz** in Schanghai, bei der 13 Staaten, darunter auch das Deutsche Reich, vertreten waren. Die Delegierten verabschiedeten Empfehlungen, die Grundlage des Ersten Internationalen Opiumabkommens **(Haager Abkommen)** v. 23.1.1912 (RGBl. 1921 S. 6) wurden. 3

Im Interesse der deutschen Pharmaindustrie zögerte das Deutsche Reich mit der Ratifizierung des Abkommens, wurde aber durch Art. 295 des **Versailler Vertrags** (RGBl. 1919 S. 681, 743, 1103) dazu verpflichtet. Innerstaatlich wurde es durch das erste deutsche Opiumgesetz v. 30.12.1920 (RGBl. 1921 S. 2) umgesetzt (zu diesem *Weber* Handeltreiben S. 134–136). 4

C. Das Opiumabkommen von Genf und seine Umsetzung

Auch nach dem ersten Weltkrieg betrachtete die Völkergemeinschaft, nunmehr im Rahmen des Völkerbundes, die weltweite Suchtstoffkontrolle als ihre Aufgabe. 5

Am 19.2.1925 wurde als Ergebnis der zweiten Genfer Opiumkonferenz das **Opiumabkommen von Genf** (RGBl. 1929 II S. 407) unterzeichnet. Es ist Grundlage des Gesetzes über den Verkehr mit Betäubungsmitteln (Opiumgesetz) v. 10.12.1929 (RGBl. I S. 215; dazu *Weber* Handeltreiben S. 137–140), das mit Änderungen durch Gesetze v. 22.5.1933 (RGBl. I S. 215) und 9.1.1934 (RGBl. I S. 22) den zweiten Weltkrieg überdauert hat.

D. Die internationalen Suchtstoffübereinkommen

6   Nach dem zweiten Weltkrieg wurde die internationale Suchtstoffkontrolle Aufgabe der Vereinten Nationen. Am 30.3.1961 wurde in New York das **Einheits-Übereinkommen** von 1961 über Suchtstoffe – **Single Convention** on Narcotic Drugs – (BGBl. 1973 II S. 1353) gezeichnet; noch bevor es für Deutschland in Kraft trat, wurde es durch das Protokoll zur Änderung des Einheits-Übereinkommens über Suchtstoffe v. 25.3.1972 (BGBl. 1975 II S. 2) ergänzt (abgedr. als **Ük 1961** in Anh. A 1). Während sich die beiden Übereinkommen im Wesentlichen auf Opium, Cocain, Cannabis und die daraus entwickelten Stoffe erstreckten, wurde die internationale Kontrolle mit dem Übereinkommen von 1971 über **psychotrope Stoffe** v. 21.2.1971 (BGBl. 1976 II S. 1477) auf Halluzinogene, Amfetamine, Barbiturate und andere Psychopharmaka ausgedehnt (abgedr. als **Ük 1971** in Anh. A 2).

E. Die innerstaatlichen Regelungen bis 1982

7   In der Bundesrepublik Deutschland wurde das Opiumgesetz von 1929 durch eine Neufassung vom 22.12.1971 (BGBl. I S. 2092) abgelöst, die am 10.1.1972 als Gesetz über den Verkehr mit Betäubungsmitteln **(Betäubungsmittelgesetz 1972)** bekanntgemacht wurde (BGBl. 1972 I S. 1; dazu *Weber* Handeltreiben S. 140, 141). In der ehemaligen DDR wurde das Opiumgesetz durch das Suchtmittelgesetz v. 19.12.1973 (GBl. I Nr. 58 S. 572) ersetzt (dazu *Weber* Handeltreiben S. 151).

F. Das Betäubungsmittelgesetz von 1982

8   Aufgrund der Entwicklung des Drogenkonsums und um den Forderungen gerecht zu werden, die sich aus dem Einheits-Übereinkommen von 1961 nebst Änderungsprotokoll sowie dem Übereinkommen von 1971 ergaben, wurde das Betäubungsmittelrecht durch Gesetz v. 28.7.1981 (BGBl. I S. 681, 1187) grundlegend geändert. Der verwaltungsrechtliche Teil wurde vereinfacht und gestrafft, die Strafvorschriften für schwere Straftaten verschärft, zugleich aber die Strafverfolgung und -vollstreckung im Interesse der Therapie zurückgenommen. Das Gesetz trat zusammen mit den hierzu am 16.12.1981 erlassenen Rechtsverordnungen (BtMAHV [BGBl. I S. 1420], BtMBinHV [BGBl. I S. 1425], BtMKostV [BGBl. I S. 1433] und BtMVV [BGBl. I S. 1427]) am 1.1.1982 in Kraft.

G. Die Wiedervereinigung

9   Bis zur Wiedervereinigung am 3.10.1990 wurde das BtMG lediglich durch zwei Verordnungen (v. 5.8.1984 (BGBl. I S. 1081) und v. 23.7.1986 (BGBl. I S. 1099)) ergänzt, mit denen weitere synthetische Drogen seinem Regime unterstellt wurden. Durch Art. 1 des Gesetzes v. 23.9.1990 in Verbindung mit Anlage I Kapitel X Sachgebiet D Abschnitt II Nr. 20 des **Einigungsvertrages** v. 31.8.1990 (BGBl. II S. 885, 1081) wurde es an die Herstellung der staatlichen Einheit angepasst und in dieser Form nach Art. 8 des Einigungsvertrages mit bestimmten weiteren Maßgaben (Anlage I Kapitel X Sachgebiet D Abschnitt III Nr. 1) auch im Gebiet der ehemaligen DDR in Kraft gesetzt.

H. Die späteren Änderungen im nationalen Recht

Während das BtMG im ersten Jahrzehnt seines Bestehens kaum geändert wurde, wurden die **Änderungen** seit 1992 wesentlich häufiger. Sie führten im Jahre 1994 zu einer Neubekanntmachung (v. 1.3.1994 (BGBl. I S. 358)), die aber mittlerweile wiederum mehrmals geändert wurde. 10

Die **Änderungen des BtMG** und seiner Anlagen seit dem Jahre 1990 speisen sich neben den üblichen Gründen für eine Gesetzesänderung im Wesentlichen aus **vier Quellen:** 11

I. **Neue Drogen.** Die häufigste Ursache ist das Aufkommen neuer Drogen. 12

1. **Designerdrogen.** In aller Regel sind diese durch einfache chemische Abwandlung bekannter Stoffe entstanden und werden deswegen auch als Designerdrogen bezeichnet (→ § 1 Rn. 215). Auf ihre Unterstellung unter das BtMG sind im Wesentlichen die folgenden Verordnungen zurückzuführen: **3. BtMÄndV** v. 28.2.1991 (BGBl. I S. 712), **4. BtMÄndV** v. 23.12.1992 (BGBl. I S. 2483), **6. BtMÄndV** v. 14.12.1995 (BGBl. I S. 1161), **8. BtMÄndV** v. 14.11.1996 (BGBl. I S. 1728), **9. BtMÄndV** v. 28.1.1997 (BGBl. I S. 65), **10. BtMÄndV** v. 20.1.1998 (BGBl. I S. 74), **12. BtMÄndV** v. 7.10.1998 (BGBl. I S. 3126), **13. BtMÄndV** v. 24.9.1999 (BGBl. I S. 1935), **14. BtMÄndV** v. 27.9.2000 (BGBl. I S. 1414), **15. BtMÄndV** v. 19.6.2001 (BGBl. I S. 1180), **16. BtMÄndV** v. 28.11.2001 (BGBl. I S. 3338), diese zum Teil aufgehoben durch die 17. BtMÄndV v. 12.2.2002 (BGBl. I S. 612), die **18. BtMÄndV** v. 22.12.2003 (BGBl. 2004 I S. 28), **19. BtMÄndV** v. 10.3.2005 (BGBl. I S. 157; → Rn. 28) und die **20. BtMÄndV** v. 14.2.2007 (BGBl. I S. 154). Zur 4. bis 31. BtMÄndV s. (auch) *Oğlakcıoğlu* in MüKoStGB BtMG Vor § 1 Rn. 83. Weitere Verordnungen → § 1 Rn. 221–232. Mit der **21. BtMÄndV** v. 18.2.2008 (BGBl. I S. 246) wurde Salvia divinorum in die Anlage I aufgenommen. 13

2. **Neue psychoaktive Stoffe (NPS), sog. Legal Highs.** Etwa seit 2005 kommen jährlich eine Vielzahl neuer Drogen auf den Markt, für die sich der Begriff „neue psychoaktive Stoffe (NPS)" oder verharmlosend „Legal highs" eingebürgert hat (→ § 1 Rn. 218) und die ebenfalls durch chemische Abwandlung bekannter Strukturen entstanden sind. Sie werden seit dem 26.11.2016 durch das **Neue-psychoaktive-Stoffe-Gesetz (NpSG)** v. 21.11.2016 (BGBl. I S. 2615) erfasst. Bis dahin waren sie der Grund für die häufigsten Änderungen des BtMG (→ Rn. 13). Auch künftig werden besonders gefährliche Einzelstoffe dem BtMG unterstellt (→ § 1 Rn. 229–232). 14

II. **Therapie und Schadensreduzierung (harm reduction).** Die zweite Quelle ist das Bemühen um eine Erleichterung der Therapie von Drogenabhängigen und die Linderung der Not vor allem von Schwerabhängigen. Diesen Zwecken dienten vor allem das Gesetz v. 9.9.1992 (BGBl. I S. 1593), das die Substitution auf eine deutlichere Grundlage stellte, die Abgabe steriler Einmalspritzen zuließ, die Einstellungsvorschriften erweiterte und die Voraussetzungen für die Therapie lockerte, das Gesetz v. 28.3.2000 (BGBl. I S. 302), das die Zulässigkeit von Drogenkonsumräumen und das Substitutionsregister regelte, und das Gesetz v. 15.7.2009 (BGBl. I S. 1801), durch das die diamorphingestützte Substitutionsbehandlung ermöglicht wurde. In diesen Zusammenhang gehören auch die 5. BtMÄndV v. 18.1.1994 (BGBl. I S. 99) mit der zusätzlichen Zulassung von Methadon als Substitutionsmittel sowie bestimmte Regelungen der 10. BtMÄndV (→ Rn. 13) und der 15. BtMÄndV (→ Rn. 13). Eine weitere Erleichterung der Substitution enthält die 23. BtMÄndV v. 19.3.2009 (BGBl. I S. 560), mit der die sog. Wochenendverschreibung von Substitutionsmitteln zugelassen wurde. Mit der Substitution (Verlängerung der Übergangsfrist der Codein/Dihydrocodeinsubstitution) befasst sich 15 auch die 11. BtMÄndV v. 23.6.1998 (BGBl. I S. 1510). Wesentliche Änderungen der Vorschriften über die Substitution enthält die Änderungsverordnung zur BtMVV v. 22.5.2017 (BGBl. I S. 1225), mit der Regelungen zu Sachverhalten, die unmittelbar ärztlich-therapeutische Bewertungen betreffen, in die Richtlinienkompetenz der (BÄK) überführt werden sollen (zu den Bedenken → BtMVV § 5 Rn. 3–6, 191).

16 In eine eher gegenläufige Richtung zielt das Gesetz zur Bekämpfung von Sexualdelikten und anderen gefährlichen Straftaten v. 26.1.1998 (BGBl. I S. 160), das die **Prognoseformeln** auch im Betäubungsmittelrecht im Sinne einer strengeren Anwendung änderte.

17 **III. Organisierte Kriminalität, Begriff, Vordringen.** Die dritte Hauptursache für Änderungen des BtMG ist das Vordringen der Organisierten Kriminalität, die den internationalen Drogenmarkt beherrscht und eine erhebliche Gefahr für die innere Sicherheit darstellt. Über den Begriff der Organisierten Kriminalität wurde lange und mit solcher Inbrunst gestritten, dass die Diskussion zeitweilig den Blick für die notwendigen Initiativen zu verstellen drohte.

18 **Im Jahre 1990** haben sich die Justiz- und Innenverwaltungen der Länder deswegen auf eine **Beschreibung** der Organisierten Kriminalität verständigt, die **Grundlage der praktischen Arbeit** sein sollte (Nr. 2.1 der Richtlinien über die Zusammenarbeit von Staatsanwaltschaft und Polizei bei der Verfolgung der Organisierten Kriminalität, abgedr. bei Meyer-Goßner/Schmitt S. 2544).

19 Diese Beschreibung versteht unter **Organisierter Kriminalität** eine von Gewinnstreben bestimmte, planmäßige Begehung von Straftaten durch mehrere Beteiligte, die auf längere oder unbestimmte Dauer arbeitsteilig zusammen wirken, und zwar entweder
– unter Verwendung gewerblicher oder geschäftsähnlicher Strukturen,
– unter Anwendung von Gewalt oder anderer zur Einschüchterung geeigneter Mittel oder
– unter Einflussnahme auf Politik, Medien öffentliche Verwaltung, Justiz oder Wirtschaft.

20 Der **Bundesrat** hat diesen **Arbeitsbegriff** übernommen und hinzugefügt, dass auch Taten, die dem Machtaufbau oder dem Machterhalt einer Organisation dienen, hiervon umfasst werden (BT-Drs. 12/989, 24).

21 Diese Merkmale sind nicht nur bei Angehörigen der obersten oder mittleren Stufe der Organisierten Kriminalität gegeben (zur Struktur des Drogenmarktes s. *Kreuzer* BtMStrafR-HdB § 4 Rn. 136–150; zur aktuellen Lage →Rn. 61–115). Der **internationale Drogenmarkt** wird durch **alle Formen** der Betäubungsmittelkriminalität gestützt und gefördert. Ohne die zahlreichen Drogenverkäufer auch der unteren Stufe würde der Markt nicht funktionieren (*Graßhof* BVerfGE 90, 145 (209) = NJW 1994, 1577 m. Bespr. *Kreuzer* NJW 1994, 2400 = NStZ 1994, 397 – L mAnm *Nelles/Velten* NStZ 1994, 366 = StV 1994, 298 m. Bespr. *Schneider* StV 1994, 390 = JZ 1994, 860 mAnm *Gusy*), und könnten die Gewinne nicht gemacht werden, die letztlich die Organisation aus ihm zieht.

22 **Gesetzgeberisch** wurde auf die Organisierte Kriminalität erstmals mit dem Gesetz zur Bekämpfung des illegalen Rauschgifthandels und anderer Erscheinungsformen der Organisierten Kriminalität (**OrgKG**) v. 15.7.1992 (BGBl. I S. 1302) reagiert (dazu *Helgerth/Weber* FS Böttcher, 2007, 489 (489–523)). In diesen Zusammenhang gehören aber auch das **Ausführungsgesetz Suchtstoffübereinkommen 1988** v. 2.8.1993 (BGBl. I S. 1407), das **Grundstoffüberwachungsgesetz (GÜG)** v. 7.10.1994 (BGBl. I S. 2835), ersetzt durch Gesetz v. 11.3.2008 (BGBl. I S. 306), und das **Verbrechensbekämpfungsgesetz** v. 18.10.1994 (BGBl. I S. 3186); zu diesen Gesetzen s. *Weber* Handeltreiben S. 145–151.

IV. Erleichterung der Schmerztherapie, andere medizinische Gründe. 23
Eine weitere Ursache für die Änderung des Betäubungsmittelrechts, die in letzter Zeit zunehmend an Bedeutung gewonnen hat, ist der stärkere Einsatz der Betäubungsmittel im Bereich der Medizin. Ein Ziel ist die Erleichterung der **Schmerztherapie,** die neben anderen Zwecken der **4. BtMÄndV** v. 23.12.1992 (→ Rn. 13) und der **10. BtMÄndV** v. 20.10.1998 (→ Rn. 13) zugrunde liegt. Ähnlichen Zielen dienen die Erleichterungen bei der Anwendung von Betäubungsmitteln in **Alten-** und **Pflegeheimen,** in einem **Hospiz** oder in der spezialisierten ambulanten **Palliativversorgung,** die Gegenstand der **25. BtMÄndV** v. 11.5.2011 (BGBl. I S. 821) sind. In derselben Verordnung wird aus medizinischen Gründen auch die **Verschreibungsfähigkeit** von **Cannabis** hergestellt. Sie gilt nur für Cannabis in Form von Fertigarzneimitteln.

Medizinischen Gründen dient auch die Erleichterung des **Erwerbs** von Betäubungsmitteln aller Anlagen durch Probanden im Rahmen einer (genehmigten) **klinischen Prüfung** oder durch Patienten im Rahmen eines Härtefallprogramms **(compassionate use),** die durch Gesetz v. 17.7.2009 (BGBl. I S. 1990) eingeführt wurde. 24

Ebenfalls medizinischen Gründen dient das Gesetz v. 19.10.2012 (BGBl. I S. 2192), durch das es **Ärzten** ermöglicht wurde, ambulant versorgten **Palliativpatienten** in **Krisensituationen** unter bestimmten Umständen Betäubungsmittel der Anlage III in Form von Fertigarzneimitteln zu **überlassen.** 25

Die **Verschreibungsfähigkeit von Cannabis** wird erweitert durch das Gesetz zur Änderung des Betäubungsmittelgesetzes und anderer Vorschriften v. 6.3.2017 (BGBl. I S. 403), wonach auch Cannabis aus kontrolliertem Anbau verschrieben werden kann. 26

V. Änderungen aus anderen Gründen. Weitere Änderungen (**2. BtMG-ÄndG** v. 4.4.1996 (BGBl. I S. 582), **7. BtMÄndV** v. 29.3.1996 (BGBl. I S. 562) und **10. BtMÄndV** (→ Rn. 13)) sind auf die Lockerung des Anbau- und Verkehrsverbots von Hanf **(Nutzhanf)** und damit auf eine Rücknahme der betäubungsmittelrechtlichen Regeln gerichtet. Zunehmend spielt in diesem Zusammenhang auch das Europarecht eine Rolle, das bestimmte Regelungen erzwingt oder nahelegt (**15. BtMÄndV** (→ Rn. 13); dazu BR-Drs. 252/01, 44). 27

In eine andere Richtung gehen die **10. BtMÄndV** (→ Rn. 13), mit denen **Pflanzen** und **Pflanzenteile** sowie **Tiere** und tierische **Körperteile,** die einen der in den Anlagen I bis III aufgeführten Stoffe enthalten, der Anlage I unterstellt werden, wenn sie als Betäubungsmittel missbräuchlich verwendet werden sollen. Durch die **15. BtMÄndV** (→ Rn. 13) wurde dies dahin ausgedehnt, dass **Früchte, Pilzmycelien, Samen, Sporen** und **Zellkulturen** auch dann der Anlage I des BtMG unterfallen, wenn sie selbst keine solchen Wirkstoffe enthalten. Eine Reaktion auf die **in der Biologie streitige Frage,** ob Pilze den Pflanzen hinzuzurechnen sind, war die **19. BtMÄndV** v. 10.3.2005 (→ Rn. 13), die generell auf **Organismen** abstellt (Art. 1 Nr. 1). Einen Schlusspunkt in dieser Frage setzt das **Gesetz v. 17.7.2009** (→ Rn. 24), durch das der Stoffbegriff des BtMG an den des AMG angepasst wurde, und in dem Pilze und Tiere oder tierische Körperteile ausdrücklich aufgeführt sind. 28

Eine weitere Änderung erfolgte durch das **43. StRÄndG** v. 29.7.2009 (BGBl. I S. 2288), durch das die **Kronzeugenregelung** des § 31 BtMG an den neu eingeführten § 46b StGB angepasst wurde. Eine weitere Anpassung enthält das **46. StRÄndG** v. 10.6.2013 (BGBl. I S. 1497), mit dem § 31 BtMG an den geänderten § 46b StGB angeglichen wurde. Anpassungen an das Europarecht und die technische Entwicklung ohne sachliche Änderung enthält das **AMNOG** v. 22.12.2010 (BGBl. I S. 2262). Für die Praxis besonders wichtige Änderungen sind im Gesetz 29 zur Reform des Rechts der **strafrechtlichen Vermögensabschöpfung** v. 13.4.2017 (BGBl. I S. 872) enthalten.

I. Die internationale Entwicklung

30 Während das **Ük 1961** nebst Änderungsprotokoll und das **Ük 1971** noch verwaltungs- und gesundheitsrechtliche Regelungen zum Ziele hatten, mit denen der Betäubungsmittelverkehr so geregelt werden sollte, dass sich daraus die notwendige Beschränkung auf medizinische und wissenschaftliche Zwecke ergab, zeigte die weitere Entwicklung des illegalen Drogenmarktes, dass dies nicht ausreicht.

31 **I. Das Suchtstoffübereinkommen 1988.** Mit dem Übereinkommen der Vereinten Nationen v. 20.12.1988 gegen den unerlaubten Verkehr mit Suchtstoffen und psychotropen Stoffen – Suchtstoffübereinkommen 1988 – (BGBl. 1993 II S. 1136, manchmal als **Wiener Übereinkommen** bezeichnet (abgedr. als **Ük 1988** in Anh. A 3), wird daher versucht, die strafrechtliche Kontrolle des Umgangs mit Betäubungsmitteln durch eine Verbesserung der internationalen strafrechtlichen Zusammenarbeit zu intensivieren. Weiterer Regelungsgegenstand ist der Umgang mit den sogenannten Grundstoffen und die Sanktionierung der Geldwäsche. Art. 3 enthält ferner eine weitgehende Verpflichtung der Vertragsstaaten zur Setzung von Strafrecht sowie zur Berücksichtigung bestimmter Strafzwecke.

32 Für Deutschland ist das Ük 1988 am 28.2.1994 (BGBl. I S. 342) in Kraft getreten. Vor allem, soweit es um die Berücksichtigung bestimmter **Strafzwecke** geht, hat es in die **deutsche strafrechtliche Diskussion** bislang **kaum Eingang** gefunden.

33 **II. Die drei Internationalen Suchtstoffübereinkommen als Grundlage für die künftige Entwicklung (UNGASS 2016).** Das Ergebnisdokument der Sondertagung der Generalversammlung der Vereinten Nationen über das weltweite Drogenproblem (**UNGASS**) v. 19.4.2016 [Nr. A/RES/S-30/1]) zählt das Abkommen von 1988 zu den Internationalen Suchtstoffübereinkommen und benennt die drei Internationalen Suchtstoffübereinkommen auch weiterhin als Grundlage des internationalen Drogenkontrollsystems. Der von manchen (s. *Oğlakcıoğlu* in MüKoStGB BtMG Vor § 1 Rn. 8–10) gewünschte und namentlich von der Global Commission on Drug Policy (Weltkommission für Drogenpolitik, **GCDP**)[1] beförderte **Paradigmenwechsel** in der Drogenpolitik hat daher aus guten Gründen (→ Rn. 116–180) **nicht** stattgefunden.

34 **III. Europäische Anstrengungen.** Die drei großen internationalen Konventionen (Ük 1961, Ük 1971, Ük 1988) sind im Rahmen der Vereinten Nationen entstanden und betreffen damit die gesamte Völkergemeinschaft. In Europa ist das Drogenproblem so drängend, dass sich die europäischen Staaten gesondert damit befassen mussten. Naheliegend war es, hierzu die bestehenden europäischen Einrichtungen als Plattform zu nutzen. Dabei stand und steht zunächst die Verbesserung der praktischen (Zusammen-)Arbeit im Vordergrund. Weitere Ziele sind die Angleichung der nationalen Drogenpolitiken und des Betäubungsmittelrechts.

35 **1. Europarat, Pompidou-Gruppe.** Der Europarat ist eine 1949 gegründete internationale Organisation mit Sitz in Straßburg (BGBl. 1950 I S. 263). Ihm gehören mittlerweile 47 Staaten an.

---

[1] Die Global Commission on Drug Policy ist, anders als dies der Name vermuten ließe, ein **privates** Gremium aus Politikern, Geschäftsleuten und Menschenrechtlern mit dem Ziel, Ansätze für eine „evidenzbasierte und schadensmindernde Drogenpolitik" zu erarbeiten und in die öffentliche Diskussion einzubringen (zur Bewertung dieser Kommission s. auch die Antwort der Bundesregierung auf eine Kleine Anfrage der LINKEN BT-Drs. 19/5538, 2: „Der Bericht der Global Commission on Drug Policy ist ein Diskussionsbeitrag eines nichtstaatlichen Gremiums im Rahmen der internationalen Drogenpolitik.".

Die älteste europäische Institution im Bereich der Internationalen Drogenpolitik 36
ist die beim Europarat angesiedelte **Pompidou-Gruppe,** die im Jahre 1971 auf
Anregung des französischen Staatspräsidenten Georges Pompidou gegründet wurde
("Cooperation Group to Combat Drug Abuse and Illicit Trafficking in Drugs") und
die vor allem dem interdisziplinären Erfahrungsaustausch auf diesen Gebieten dient.
Deutschland ist mit Wirkung v. 31.12.2011 aus ihr ausgetreten, da ihre Aufgaben
mittlerweile von Gremien der VN und EU übernommen worden seien (BT-Drs.
17/10369).

2. Schengen. Während das Betäubungsmittelrecht in den Verträgen der Europä- 37
ischen Gemeinschaft bis zum Vertrag von Maastricht noch keine Erwähnung fand,
war es von Anfang an Gegenstand der Schengener Verträge. Dabei beschränkte sich
Art. 19 des **Übereinkommens von Schengen** v. 14.6.1985 (GMBl. 1986 S. 79)
auf eine Erklärung, wonach die Vertragsparteien die Angleichung der Gesetze und
sonstigen Vorschriften unter anderem auf dem Gebiet des Betäubungsmittelrechts
anstreben.

Detaillierte Regelungen finden sich im Übereinkommen v. 19.6.1990 zur 38
Durchführung des Übereinkommens von Schengen v. 14.6.1985, – SDÜ –
(BGBl. 1993 II S. 1010). Hier wird den Betäubungsmitteln ein ganzes Kapitel gewidmet (Kap. 6; Art. 70–76; s. Anh. B 4). Von Interesse sind vor allem die Vorschriften über die Verpflichtung zur Schaffung straf- und verwaltungsrechtlicher
Vorschriften (Art. 71, 72), wobei zwischen der Angebots- und der Nachfrageseite
(Art. 71 Abs. 5) unterschieden wird, sowie die Regelungen zu kontrollierten Lieferungen (Art. 73), zur Verlagerung und Intensivierung von Kontrollen (Art. 74, 76)
und zum Reiseverkehr (Art. 75).

Eine **gemeinsame Erklärung** der Vertragsstaaten des SDÜ zu Art. 71 Abs. 2 39
sieht vor, dass dann, wenn eine Vertragspartei im Rahmen ihrer nationalen Politik
zur Vorbeugung und Behandlung der Drogenabhängigkeit von den in Art. 71
Abs. 2 festgeschriebenen Grundsätzen abweicht, alle Vertragsparteien (also einschließlich der abweichenden Partei) die erforderlichen Maßnahmen treffen, um
die unerlaubte Ein- oder Ausfuhr, namentlich in das Gebiet der anderen Vertragsstaaten, zu unterbinden (BT-Drs. 12/2453, 84).

Durch den Vertrag von Amsterdam (→ Rn. 49–51) wurden die Verträge von 40
Schengen in das Europäische Recht integriert (**"Schengen-Besitzstand"**, "Schengen-Acquis").

3. Europäische Union. Der Vertrag v. 25.3.1957 zur Gründung der Europä- 41
ischen Wirtschaftsgemeinschaft (EWG) sah noch keine justizielle Zusammenarbeit
vor (BGBl. 1957 II S. 753). Gleichwohl entwickelte sich in strafrechtlichen Angelegenheiten auf der Ebene der Justizressorts der damaligen EG-Staaten eine Kooperation, an der auch die Kommission beteiligt war. Gegenstand waren praktische Fragen, aber auch die Erarbeitung von Übereinkommen, die für die damaligen EG-Staaten gelten sollten. Das Betäubungsmittelrecht spielte dabei noch keine Rolle.

a) TREVI III. Vor allem der politische Terrorismus war in den siebziger Jahren 42
Anlass zu einer stärkeren Strukturierung dieser Zusammenarbeit in regelmäßig zusammentretenden Arbeitsgruppen, die TREVI (**T**errorisme, **R**adicalisme, **E**xtremisme, **V**iolence **I**nternationale) genannt wurden. Um die Bekämpfung der internationalen Organisierten Kriminalität zu verbessern, wurde im Jahre 1985 die
Arbeitsgruppe TREVI III gegründet, deren Arbeitsschwerpunkt bei der Bekämpfung des illegalen Rauschgifthandels lag. Die Ergebnisse des TREVI-Prozesses bilden die Basis der Zusammenarbeit der Mitgliedstaaten im Rahmen der Kooperation in der dritten Säule (→ Rn. 43).

b) Vertrag von Maastricht. In das Blickfeld der Vertragsparteien trat das Betäu- 43
bungsmittelrecht im Vertrag von Maastricht v. 7.2.1992 (BGBl. 1992 II S. 1251).

Danach betrachteten die Mitgliedstaaten im Rahmen der intergouvernementalen Zusammenarbeit (dritte Säule) der EU die Bekämpfung der Drogenabhängigkeit (Art. K. 1 Nr. 4), die justizielle Zusammenarbeit in Strafsachen (Art. K. 1 Nr. 7), die Zusammenarbeit im Zollwesen (Art. K. 1 Nr. 8) und die polizeiliche Zusammenarbeit zur Verhütung und Bekämpfung des illegalen Drogenhandels in Verbindung mit dem Aufbau eines unionsweiten Systems zum Austausch von Informationen im Rahmen eines Europäischen Polizeiamts – Europol – (Art. K. 1 Nr. 9) als Angelegenheiten von gemeinsamem Interesse.

44   **c) Europäische Beobachtungsstelle für Drogen und Drogensucht (EBDD).** Durch VO (EWG) Nr. 302/93 v. 8.2.1993 (ABl. L 36), neu gefasst durch VO (EG) Nr. 1920/2006 v. 12.12.2006 (ABl. L 376), geändert durch VO (EU) 2017/2101 v. 15.11.2017 (ABl. L 305) wurde eine Beobachtungsstelle mit dem Sitz in Lissabon eingerichtet, die objektive, zuverlässige und vergleichbare Informationen zur Verfügung stellt, welche der Union und ihren Mitgliedstaaten einen Überblick über das Phänomen der Drogen und der Drogensucht und über deren Auswirkungen vermitteln. Die Beobachtungsstelle hat Rechtspersönlichkeit. Sie verfügt über ein informatisiertes Netz, welches die Infrastruktur für das Sammeln und den Austausch von Information und Dokumentation bildet (**REITOX** – Réseau Européen d'Information sur les Drogues et les Toxicomanies – Europäisches Informationsnetz für Drogen und Drogensucht). Zur **Bewertung der EBDD** s. Bericht der Kommission an das Europäische Parlament und den Rat v. 14.5.2019 (COM/2019/228 final).

45   Die deutsche Referenzstelle für die EBDD ist die **Deutsche Beobachtungsstelle für Drogen und Drogensucht (DBDD).** Sie fungiert als nationaler (deutscher) REITOX-Knotenpunkt, der jährlich für die EBDD Berichte über die Drogensituation in Deutschland erstellt. In der DBDD arbeiten das Institut für Therapieforschung (IFT), die Bundeszentrale für gesundheitliche Aufklärung (BZgA) und die Deutsche Hauptstelle für Suchtfragen (DHS) zusammen. Die Berichte von REITOX stammen von öffentlichen Quellen und können damit als amtliche Auskunft über Tatsachen oder statistische Erfahrungswerte gelten, die ohne weiteres verwertet werden können (BayVGH BeckRS 2020, 16896).

46   **d) Europäisches Polizeiamt (Europol).** Bereits in Art. K 1 Nr. 9 des Vertrags von Maastricht (→ Rn. 43) war bestimmt, dass die Mitgliedstaaten die polizeiliche Zusammenarbeit zur Verhütung und Bekämpfung schwerwiegender Formen der internationalen Kriminalität in Verbindung mit dem Aufbau eines unionsweiten Systems zum Austausch von Informationen im Rahmen eines **Europäischen Polizeiamtes (Europol)** als Angelegenheit von gemeinsamem Interesse betrachten.

47   In der zweiten Jahreshälfte 1999 nahm **Europol** mit Sitz in Den Haag seine Tätigkeit auf und löste damit die **EDU** (Europäische Drogenstelle, European Drug Unit) ab, die durch Ministervereinbarung v. 2.6.1993 (BGBl. 1995 II S. 154) als erste Stufe von Europol gegründet worden war (*Gleß* NStZ 2001, 623). Das Europäische Polizeiamt war zunächst im Europol-Übereinkommen v. 26.7.1995 (BGBl. II S. 2150) geregelt, beruhte dann auf einem Beschluss des Rates v. 8.4.2009 (ABl. 2009 L 121, S. 37) und mittlerweile auf der VO (EU) 2016/794 v. 11.5.2016 (ABl. L 335, S. 53); s. → Anh. B 5.1. (→ Rn. 48). Die deutschen Vorschriften enthält das Europol-Gesetz v. 31.7.2009 (BGBl. I S. 2504), geändert durch Gesetz v. 23.6.2017 (BGBl. I S. 1882); → Anh. B 5.2).

48   Nach dem **Vertrag von Lissabon** (→ Rn. 58, 59) ist Europol in Art. 88 AEUV geregelt. Danach werden Aufbau, Arbeitsweise, Tätigkeitsbereich und Aufgaben von Europol im ordentlichen Gesetzgebungsverfahren (Art. 289 AEUV) durch Verordnungen (Art. 288 AEUV) bestimmt. Die einschlägige Verordnung wurde am 11.5.2016 beschlossen (→ Rn. 47) und ist am 1.5.2017 in Kraft getreten.

e) **Vertrag von Amsterdam.** Durch den Vertrag von Amsterdam v. 2.10.1997 49 (BGBl. 1998 II S. 386) wurden die Bestimmungen des Vertrags von Maastricht über die polizeiliche und justizielle Zusammenarbeit in Strafsachen (→ Rn. 43) grundlegend umgestaltet, blieben aber im Bereich der intergouvernementalen Zusammenarbeit (Art. K. 1–K. 14 = Art. 29–42 EUV).

Nach Art. 29 EUV (nunmehr Art. 67 AEUV) verfolgt die Union das Ziel, den 50 Bürgern in einem **Raum der Freiheit, der Sicherheit und des Rechts** ein hohes Maß an Sicherheit zu bieten, indem sie ein gemeinsames Vorgehen der Mitgliedstaaten im Bereich der polizeilichen und justitiellen Zusammenarbeit in Strafsachen entwickelt. Dieses Ziel soll erreicht werden durch die Verhütung der organisierten oder nicht organisierten Kriminalität, insbesondere auch des illegalen Drogenhandels im Wege einer
– engeren Zusammenarbeit der Polizei-, Zoll- und anderer zuständiger Behörden in den Mitgliedstaaten (Art. K. 2 (Art. 30) und K. 4 (Art. 32), nunmehr Art. 87, 88 AEUV),
– engeren Zusammenarbeit der Justizbehörden sowie anderer zuständiger Behörden der Mitgliedstaaten (Art. K. 3 Buchst. a–d (Art. 31 Buchst. a–d)) und K. 4 (Art. 32), nunmehr Art. 82 Abs. 1 UAbs. 2 Buchst. d AEUV),
– Annäherung der Strafvorschriften der Mitgliedstaaten (Art. K. 3 Buchst. e (Art. 31 Buchst. e); nunmehr Art. 83 AEUV), soweit dies erforderlich ist.

Bemerkenswert ist, dass neben der Intensivierung der Zusammenarbeit auch die 51 schrittweise Annahme von Maßnahmen zur Festlegung von **Mindestvorschriften über die Tatbestandsmerkmale** strafbarer Handlungen und die Strafen des Betäubungsmittelrechts (Art. K. 3 Buchst. e = Art. 31 Buchst. e) vorgesehen ist (nunmehr Art. 83 AEUV). Insbesondere in Verbindung mit Art. 152 EGV (Gesundheitspolitik; nunmehr Art. 168 AEUV) und Art. 11–28 EUV (Gemeinsame Außen- und Sicherheitspolitik (GASP), nunmehr Art. 42–46 EUV (Lissabon)) sieht die EU darin die Basis für eine **europäische Drogenpolitik**.

f) **Drogenstrategie und Drogenaktionspläne der EU.** Auf diesen Grundlagen 52 beruhen die Drogenstrategien und die Drogenaktionspläne der EU, die jeweils in Vierjahresschritten (beginnend 2004) vorgelegt werden. Derzeit gilt die Drogenstrategie 2021–2125, die am 24.3.2021 veröffentlicht wurde (ABl. (2021/C 102 I/01). Bis Ende 2020 war der Drogenaktionsplan 2017–2020 (ABl. 2017 C 215 S. 21) maßgeblich. Den Drogenaktionsplan 2021–2025 hat die Kommission dem EU-Parlament, dem Rat und verschiedenen Ausschüssen am 24.7.2020 zugeleitet (COM (2020) 606 final). Er sieht 53 Maßnahmen vor, die unterschiedlichen strategischen Prioritäten zugeordnet werden.

g) **Europäisches Justizielles Netz (EJN).** Das EJN, das zunächst durch Ge- 53 meinsame Maßnahme 98/428/JI eingerichtet worden war, beruht nunmehr auf dem **Beschluss 2008/976/JI** des Rates v. 16.12.2008 (ABl. L 348, S. 130, s. Anh. B 6), für Deutschland in Verbindung mit § 14 Abs. 1 Eurojust-Gesetz (→ Rn. 55). Das EJN soll die justizielle Zusammenarbeit der Mitgliedstaaten bei der Verfolgung der schweren Kriminalität verbessern. Es besteht in einem Netz von Kontaktstellen der Mitgliedstaaten, die als aktive Vermittler die Zusammenarbeit der Justizbehörden erleichtern sollen. Die Aufgaben der deutschen Kontaktstellen werden vom Bundesamt der Justiz, dem Generalbundesanwalt und von weiteren Stellen wahrgenommen, die von den Ländern bestimmt werden (§ 14 Abs. 2 Eurojust-Gesetz).

h) **EUROJUST** beruht auf dem Beschluss 2002/187/JI des Rates v. 28.2.2002 54 (ABl. 2002 L 63, S. 1 (zuletzt geändert durch Beschluss 2009/427/JI v. 16.12.2008 (ABl. 2009 L 138, S. 14)), der auf einen Auftrag des Europäischen Rats von Tampere am 15./16.10.1999 zurückgeht (Nr. 46 der Schlussfolgerungen des Vorsitzes

(NJW 2000, 339)). Diese Beschlüsse wurden mit Wirkung vom 12.12.2019 durch die VO (EU) 2018/1727 v. 14.11.2018 (ABl. L 295) ersetzt (Anh. B 7.1). Eurojust ist eine Stelle mit Rechtspersönlichkeit (Art. 1 Abs. 3), in der von den Mitgliedstaaten entsandte Richter, Staatsanwälte und Polizeibeamte mit gleichen Befugnissen zusammengeschlossen sind. Eurojust soll eine sachgerechte Koordinierung der nationalen Staatsanwaltschaften erleichtern, die strafrechtlichen Ermittlungen in Fällen mit OK-Bezug unterstützen und mit dem EJN eng zusammenarbeiten.

55 Der Eurojust-Beschluss des Rates wurde in Deutschland durch das **Eurojust-Gesetz – EJG** v. 12.5.2004 (BGBl. I S. 902), zuletzt geändert durch Art. 166 der VO v. 31.8.2015 (BGBl. I S. 1474) umgesetzt (→ Anh. B 7.2). Mittlerweile gilt das **Eurojust-Gesetz – EJG** v. 9.12.2019 (BGBl. I S. 2010).

56 Nach Inkrafttreten des **Vertrags von Lissabon** (→ Rn. 58, 59) ist die Grundlage von Eurojust in Art. 85 AEUV enthalten. Danach werden Aufbau, Arbeitsweise, Tätigkeitsbereich und Aufgaben von Eurojust im ordentlichen Gesetzgebungsverfahren (Art. 289 AEUV) durch Verordnungen (Art. 288 AEUV) geregelt. Die entsprechende Verordnung ist am 14.11.2018 ergangen (→ Rn. 54), das deutsche Gesetz am 9.12.2019 (→ Rn. 55). Zur **Europäischen Staatsanwaltschaft** → Rn. 60.

57 i) **Vertrag von Nizza.** Eine weitere Entwicklung der verstärkten Zusammenarbeit im Bereich der Justiz und des Inneren enthält der Vertrag von Nizza v. 26.2.2001 (BGBl. II S. 1666). Ziel ist die raschere Entwicklung des europäischen Raumes zu einem Raum der Freiheit, der Sicherheit und des Rechts (Art. 40 Abs. 1).

58 j) **Vertrag von Lissabon.** An die Stelle der gescheiterten EU-Verfassung ist der Vertrag von Lissabon getreten, dessen Entwurf die Staats- und Regierungschefs der EU am 17.12.2007 verabschiedet haben (ABl. 2007 C 306). Danach ist **Grundlage der Union** der Vertrag über die Europäische Union (EUV, auszugsweise abgedr. in → Anh. B 1.1) und der rechtlich gleichrangige Vertrag über die Arbeitsweise der Europäischen Union (AEUV, auszugsweise abgedr. in → Anh. B 1.2). Die Verträge sind am 1.12.2009 in Kraft getreten. Die erforderlichen Übergangsbestimmungen für die zuvor erlassenen Rechtsakte finden sich im Protokoll Nr. 36 (→ Anh. B 1.3).

59 Die **justizielle Zusammenarbeit in Strafsachen** ist in Art. 82–86 AEUV geregelt, die **polizeiliche Zusammenarbeit** in Art. 82–86 AEUV. Für beide Bereiche gelten ferner die Allgemeinen Bestimmungen in Art. 67–76 AEUV. Von besonderer Bedeutung sind die Richtlinien, mit denen das Europäische Parlament und der Rat Mindestvorschriften zur Festlegung von Straftaten und Strafen auf dem Gebiet des illegalen Drogenhandels erlassen können (Art. 83 Abs. 1, 2 AEUV).

60 k) **Europäische Staatsanwaltschaft (EUSTA).** Art. 86 AEUV sieht eine Europäische Staatsanwaltschaft vor. Sie wurde durch VO (EU) 2017/1939 v. 17.10.2017 (ABl. L 293, S. 1) errichtet, wobei ihre Zuständigkeit auf die Bekämpfung von Straftaten zum Nachteil der finanziellen Interessen der Union beschränkt ist. Die Zuständigkeit kann auf die Bekämpfung schwerer Kriminalität mit grenzüberschreitender Dimension erweitert werden (Art. 86 Abs. 4 AEUV).

J. Situation in Deutschland

61 I. **Deutschland als Absatz- und Nachfragemarkt für illegale Drogen.** Ende der 60er Jahre begann die Drogenwelle in den west- und mitteleuropäischen Staaten. Auch Deutschland blieb davon nicht verschont, wobei sich der Markt bis zum Fall der Mauer auf die alten Länder beschränkte. Seither ist auch in den neuen Ländern ein Anstieg des Konsums illegaler Drogen festzustellen, wenn auch nicht in dem zunächst befürchteten Ausmaß (→ Rn. 72).

1. Betäubungsmittelkriminalität. Ein Indikator ist die Entwicklung der registrierten Betäubungsmittelkriminalität (Hellfeld).[2]   **62**

a) Delikte insgesamt. Die Zahl der Delikte insgesamt ist in den letzten elf Jahren von 235.842 Straftaten im Jahre 2009 auf 365.753 im Jahre 2020[3], also um 55,08% angestiegen. Betäubungsmittelstraftaten gelangen nur in wenigen Fällen durch Dritte zur Anzeige. Sie sind typische **Kontrolldelikte** (*Eisenberg/Kölbel* Kriminologie § 26 Rn. 7), so dass eine verbesserte Bekämpfungsstrategie und eine erhöhte Aktivität der Strafverfolgungsbehörden auch zu gravierenden Zunahmen der registrierten Fälle führen kann, ohne dass sich in der Realität Wesentliches geändert hätte. Dasselbe gilt für den umgekehrten Fall, wenn etwa Polizeikräfte Überstunden abbauen oder wegen anderer Schwerpunktsetzung, etwa der Bekämpfung des Terrorismus, aber auch wegen besonderer Ereignisse (etwa der diversen Gipfel) nicht zur Verfügung stehen. Wieweit ein Rückgang oder Anstieg der registrierten Delikte der Entwicklung der tatsächlichen Kriminalität entspricht, lässt sich daher nicht sagen. Gleichwohl bleibt das Zahlenaufkommen ein wichtiger Indikator für die tatsächliche Entwicklung.   **63**

b) Delikte nach Drogenart.[4] Bei der Zahl der Delikte nach Drogenart ist **Cannabis** auch im Jahre 2020 mit 227.958 (217.929) Straftaten am häufigsten vertreten. An zweiter Stelle stehen mit 64.493 (51.260) Fällen die Delikte im Bereich der Synthetischen Drogen des **Amfetamintyps**[5]. Danach folgen **Cocain/Crack** mit 25.829 (20.107) Delikten und **Heroin** mit 10.906 (10.901) Straftaten. Die **Crystaldelikte** werden erst seit 2014 gesondert ausgewiesen; sie betrugen im Jahr 2020 11.840 (9.960) Straftaten.   **64**

c) Konsumnahe Delikte[6]. Bei den konsumnahen Delikten[7] zeigen sich in den letzten Jahren bei den meisten Drogenarten zunächst Rückgänge, dann aber ein, teilweise auch starkes, Wiederansteigen. Bei **Cannabis** waren die konsumnahen Delikte im Jahre 2010 auf 99.162 Fälle gefallen, sind aber seither kontinuierlich auf 188.453 (186.455), also um 90,04% (88,03%) im Jahre 2020 angestiegen. Bei **Cocain/Crack** waren die konsumnahen Delikte auf 10.444 Fälle im Jahre 2015 zurückgegangen, haben sich aber im Jahre 2020 auf 16.615 (15.647), also um 59,08% (49,81%) erhöht. Bei den **synthetischen Drogen** haben die konsumnahen Delikte von 25.898 im Jahre 2009 auf 51.686 (51.217), also um 99,57% (97,76%) im Jahre 2020 zugenommen. Dagegen sind die konsumnahen Delikte bei **Heroin** in etwa gleichgeblieben: der bisher niedrigste Stand im Jahre 2015 mit 8.283 Fällen hat sich mit 8.100 (8.572) Fällen im Jahre 2020 kaum verändert.   **65**

d) Handel und Schmuggel.[8] Bei Handel und Schmuggel ergab sich in den letzten zehn Jahren eine ähnliche Entwicklung. Bei **Cannabis** sind Handel und Schmuggel nach einem Rückgang auf 27.710 Fälle im Jahre 2012 im Jahre 2020 auf 31.961 (31.474), also um 15,34% (13,58%) angestiegen.[9] Bei **Heroin** ist da-   **66**

---

[2] Die nachstehenden Zahlen sind, soweit keine andere Quelle benannt ist, den Pressemitteilungen des BKA, der Polizeilichen Kriminalstatistik (PKS) und den jährlich erscheinenden Bundeslagebildern RG (Rauschgiftkriminalität) und OK (Organisierte Kriminalität) entnommen, die das BKA im Internet veröffentlicht.
[3] PKS 2020 Tab. 01; hinzu kommen 4.957 Straftaten nach dem NpSG; Zahlen in Klammern. PKS 2019 Tab. 01.
[4] KS 2020 Tab. 01; Zahlen in Klammern. PKS 2019 Tab. 01.
[5] Dazu zählen Amfetamin und Derivate (inclusive Exstasy), Metamfetamin und Derivate.
[6] PKS 2020 Tab. 01; Zahlen in Klammern. PKS 2019 Tab. 01.
[7] Der Begriff „konsumnahe Delikte" umschreibt die allgemeinen Verstöße gegen das BtMG. Dies sind die Straftaten nach § 29, die den Besitz, den Erwerb und die Abgabe sowie ähnliche Delikte umfassen.
[8] PKS 2020 Tab. 01, PKS 2019 Tab 01, jeweils mit Einfuhr nicht geringer Mengen.
[9] Gegenüber dem Jahre 2004 (40.687 Fälle) ist dies aber immer noch ein beträchtlicher Rückgang.

gegen ein Rückgang von 7.097 Fällen im Jahre 2008 auf 2.214 (2.329), also um 68,80% (67,18%) zu verzeichnen.[10] Bei **Cocain/Crack** waren die Handels- und Schmuggeldelikte im Jahre 2015 mit 2.542 Fällen auf ihrem Tiefpunkt im Zehnjahreszeitraum angelangt, seitdem sind sie wieder auf 5.147 (4.460) im Jahre 2020, also um 102,47% (75,45%) angestiegen.[11] Bei Handel und Schmuggel von Amfetamin/Metamfetamin zeigt sich ein Anstieg von 6.808 Fällen im Jahre 2010 auf 9763 (10.003), also um 43,40% (46,93%).

67   e) **Nichtdeutsche Tatverdächtige.**[12] Der **Anteil** der nichtdeutschen Tatverdächtigen an der registrierten Rauschgiftkriminalität betrug im Jahre 2020 insgesamt 26,0% (2015: 22%). Sie ist seit 2015 von 51.515 auf 74.022 (43,69%) gestiegen. Am illegalen Handel und Schmuggel beträgt der Anteil bei Cannabis 34,0% (2015: 33,45%), bei Heroin 49,8% (2015: 33,95%), bei Cocain/Crack 52,8% (2015: 50,52%) und bei Amfetamin 20,9% (2015: 13%). Allerdings liegt der Anteil bei der Einfuhr nicht geringer Mengen deutlich höher (Cannabis: 47,4%; Heroin: 46,6%; Cocain/Crack: 70,6%; Amfetamin: 44,8%). Unter den **nichtdeutschen** Staatsangehörigen dominierten (auch) im Jahre 2019 die türkischen Staatsangehörigen (11,21%), gefolgt von den polnischen (8%) und den syrischen (7%) Staatsangehörigen. Die rumänischen (6%) und afghanischen (5%) Staatsangehörigen schließen sich an. Tatverdächtige mit doppelter Staatsangehörigkeit oder nichtdeutscher Geburtsstaatsangehörigkeit werden hier nicht miterfasst.

68   **2. Weitere Indikatoren** sind die sichergestellten Rauschgiftmengen, die erstauffälligen Konsumenten harter Drogen und die Drogentoten. Auch nach diesen Indikatoren ist Deutschland ein weiter Absatzmarkt.

69   **a) Der Angebotsdruck** ist hoch. Erkennbar wird dies an den **Sicherstellungen.** Im **Jahre 2017**[13] (Zahlen für 2016 in Klammern) wurden in Deutschland die folgenden Mengen sichergestellt: Heroin 298,4 kg (330 kg), Rohopium 49,8 kg (61 kg), Cocain 8.165,9 kg (1871 kg), Crack 0,3 kg (0,137 kg), Amfetamin/Metamfetamin 1669,4 kg (1.471 kg), davon Crystal 114,5 kg (62 kg), LSD 38.854 (35.933) Trips und Ecstasy 693.668 (2.218.050) Konsumeinheiten. Die Sicherstellungsmenge von Haschisch lag bei 1.294,8 kg (1.874 kg) und von Marihuana bei 7.731,2 kg (5.955 kg); hinzu kamen (98.013) Cannabispflanzen, 2.367 kg (10.228 kg) Khat und 18 kg (14 kg) Pilze.

70   Zunehmend wird auch in Deutschland der **Cannabis-Anbau** betrieben. Im **Jahre 2017**[14] (Zahlen für 2014 in Klammern) wurden 95 (114) **Outdoor-Plantagen,** davon 0 (4) Profiplantagen (mehr als 1.000 Pflanzen), 13 (16) Großplantagen (mehr als 100 bis zu 1.000 Pflanzen) und 82 (113) Kleinplantagen (20 bis 99 Pflanzen) festgestellt. Ferner wurden im gleichen Zeitraum 573 (775) **Indoor-Anlagen,** davon 32 (31) Profiplantagen, 124 (204) Großplantagen und 417 (524) Kleinplantagen entdeckt.

71   Im **Jahre 2019**[15] wurden in Deutschland 31 illegale **Labore** zur Herstellung Synthetischer Drogen sichergestellt (2015: 12), davon 13 für Methamfetamin, 15 für

---

[10] Im Jahre 2004 waren dies noch 10.395 Fälle.
[11] Im Jahre 2004 8.142 Fälle (noch ohne Crack).
[12] PKS 2020 Tab 01.
[13] Aufgrund der Umstellung auf ein neues polizeiliches Datensystem und der geänderten Erfassung bzw. Erhebung rauschgiftbezogener Sachverhalte können belastbare Zahlen zu Rauschgiftsicherstellungsfällen, Gesamtsicherstellungen einzelner Rauschgiftarten und beschlagnahmten Cannabisplantagen in 2018 nicht ausgewiesen werden (Bundeslagebild RG 2019 S. 4). Dass der Angebotsdruck in den Jahren 2018 und 2019 nicht nachgelassen hat, zeigen die Gesamtsicherstellungen von Cocain (2018 mindestens 5 t, 2019 mindestens 10 t (Bundeslagebild RG 2019 S. 23)) und Heroin (mindestens 1 t, darunter 670 kg in einem Einzelfall (Bundeslagebild RG 2019 S. 21)).
[14] S. Fn. 13.
[15] Bundeslagebild Rauschgift 2019 S. 9–13.

Amfetamin sowie zwei Labor zur Herstellung von GHB. Die Labore hatten großenteils nur eine geringe Kapazität zur Deckung des Eigenbedarfs oder zur Versorgung eines lokal begrenzten Abnehmerkreise; allerdings waren auch zwei professionelle Labore und drei, die den überregionalen Bedarf decken konnten, darunter. Neben den sichergestellten Laboren wurden 14 sog. Umwandlungsstätten, ein Tablettierplatz und fünf Verarbeitungsstätte für NPS sichergestellt.

b) Nachfrage. Auch die Nachfrage ist nicht gering:

aa) Drogenkonsum in der Bevölkerung.[16] Bei der im **Jahre 2018** durchgeführten Bundesstudie Epidemiologischer Suchtsurvey (Epidemiological Survey on Substance Abuse, **ESA**) gaben 29,5% der 18–64Jährigen (51.544.494) an, einmal im Leben (Lifetime-Prävalenz) eine illegale Droge genommen zu haben, darunter 8,3% im letzten Jahr (12-Monats-Prävalenz) und 3,3% in den letzten 30 Tagen.[17] Dabei trifft der Hauptanteil auf Cannabis (Lifetime-Prävalenz 28,3%, 12 Monatsprävalenz 7,1%, 30-Tage-Prävalenz 3,0); bei Cocain ergeben sich eine Lifetime-Prävalenz von 4,1%, eine 12-Monatsprävalenz 1,1% und eine 30-Tageprävalenz von 0,3%, bei Ecstasy 3,9%, 1,1% und 0,3% und bei den Neuen psychoaktiven Substanzen 2,8%, 0,9% und 0,0%.; bei Amfetamin ergeben sich Lebenszeitprävalenz von 3,8% und eine 12-Monatsprävalenz von 1,2%, bei Metamfetamin von 0,8% und 0,2%.[18] Bei Heroin ergab sich im ESA 2018 eine Lifetime-Prävalenz von 1,4%, eine 12-Monatsprävalenz von 0,3% und eine 30-Tage-Prävalenz von 0,2%.[19]

Bei der Drogenaffinitätsstudie **(DAS)** der Bundeszentrale für gesundheitliche Aufklärung ergab sich bei den **12–17Jährigen** (4.693.587) im Jahre 2019[20] eine Lifetime-Prävalenz von 10,2%, eine 12-Monatsprävalenz von 8,3 und eine 30-Tage-Prävalenz von 4,0. Auch hier entfiel der Hauptanteil auf Cannabis (12-Monats-Prävalenz 8,1%), gefolgt von Ecstasy mit 0,6%, Cocain mit 0,5, den Amfetaminen und Schnüffelstoffen mit je 0,3 und LSD und Pilzen mit je 0,2%. Für Heroin ergaben sich 0,1%.[21]

Diese Zahlen sind ernst zu nehmen. Sie sollten jedoch nicht den Blick dafür verstellen, dass über **83 Mio. Einwohner** in Deutschland keine Konsumenten harter Drogen sind, und dass auch diejenigen, die im letzten Jahr überhaupt eine illegale Droge (meist Cannabis) zu sich genommen haben, eine deutliche Minderheit in der Bevölkerung ausmachen. Allerdings ist die Erfahrung mit illegalen Drogen **im jüngeren Teil** der Bevölkerung deutlich stärker verbreitet ist als in den anderen Altersgruppen. So waren im Jahre 2015 bei Personen im Alter zwischen 18 und 25 Jahren[22] die Lifetime-Prävalenz mit 34,8%, die 12-Monatsprävalenz mit 15,8% und die 30-Tage-Prävalenz mit 7,0 am höchsten.[23] Zu den 12–17Jährigen → Rn. 74.

---

[16] Die folgenden Zahlen beruhen auf bundesweiten Bevölkerungsumfragen, die regelmäßig durchgeführt werden. Bei ihrer Interpretation ist zu beachten, dass mit einer nicht unerheblichen Unterschätzung gerechnet werden muss, da insbesondere Personen mit einem hohen Konsum schlechter durch solche Studien zu erreichen sind und häufig eine Tendenz zur Untertreibung (Underreporting) bei der Angabe von Konsumhaufigkeit und -mengen besteht (DBDD 2014 S. 27).
[17] DBDD 2020 Drogen S. 6.
[18] DBDD 2019 Drogen S. 21.
[19] DBDD 2016 Drogen S. 10.
[20] DBDD 2020 Drogen S. 6.
[21] DBDD 2016 Drogen S. 15; DBDD 2020 Drogen S. 6.
[22] 7.258.510 Einwohner.
[23] DBDD 2016 S. 9.

76 **bb) Erstauffällige Konsumenten harter Drogen.** Die Zahl der Erstauffälligen Konsumenten harter Drogen[24] hatte ihren Höchststand im Jahre 2000 mit 22.584 erreicht. Sie war im Jahre 2009 auf 18.139 gefallen und ist im **Jahre 2015**[25] wieder auf 20.890 gestiegen (2014: 20.120). Nach einem jahrelangen kontinuierlichen Rückgang von 5.324 im Jahre 2004 auf 1.648 im Jahre 2014 haben die Erstkonsumenten **von Heroin** im Jahre 2015 erstmals wieder **zugenommen** (1.888). Ähnlich ist die Entwicklung bei **Cocain** (2004: 4.802; 2014: 2.956; 2015: 3.149). Daneben ist der Trend zu den Synthetischen Drogen ungebrochen. So ist die Zahl der Erstauffälligen Konsumenten von Amfetamin im Jahre 2015 auf einen neuen Höchststand (11.765; im Jahre 2014: 11.651) gestiegen, der von Ecstasy nach einem Rückgang auf 840 im Jahre 2010 auf nunmehr 2.705. Die Zahl der Erstauffälligen Konsumenten von Crystal ging erstmals zurück, von 3.138 im Jahre 2014 auf 2.532 im Jahre 2015.

77 **cc) Personen mit problematischem Drogenkonsum.** Die Zahl der Personen mit einem riskanten Konsum von Heroin und anderen Opioiden wird für 2018 auf 117.000 und 138.000 Personen geschätzt.[26] Der problematische Konsum von Cannabis wird in ESA 2018 mit 1,2% der 18–64Jährigen angegeben (618.000 Personen)[27]. Geschätzt jeweils 1,6 bis 1,9% (88.000 bis 105.000 Personen) wiesen einen problematischen Konsum von Cocain und anderen Stimulanzien (Amfetamin, Metamfetamin, Ecstasy) auf.[28]

78 **dd) Verfügbarkeit, Bezugsquellen.** Illegale Drogen sind in Deutschland für den Normalbürger **nicht leicht verfügbar.** Im Jahre 2004 gaben nur 16% der **18–59Jährigen** ohne Drogenerfahrung an, innerhalb der nächsten 24 Stunden Cannabis besorgen zu können. Bei Amfetamin (11%), Ecstasy (9%), Cocain (5,5%) und Heroin (4,5%) lag der Anteil noch (deutlich) niedriger.[29] Nicht anders als bei Waffen oder anderen gefährlichen Gegenständen, bei denen die Einschränkung der Verfügbarkeit nicht umstritten ist, scheint die sich aus dem Verbot ergebende Beschränkung der Erwerbsmöglichkeiten auch im Bereich der illegalen Drogen nicht ohne Wirkung zu sein.

79 Allerdings schätzen **Jugendliche und junge Erwachsene** den Zugang zu Drogen generell einfacher ein. Jedoch nimmt der Anteil der 12–25Jährigen, die angaben, innerhalb von 24 Stunden sehr leicht an Cannabis heranzukommen, stetig ab. Während ihr Anteil im Jahre 2004 noch 20,8% betrug, ist er im Jahre 2008 auf 19,2%[30] und im Jahre 2011 auf 17,1% der Befragten zurückgegangen.[31]

80 Bemerkenswert sind die **Bezugsquellen** der Jugendlichen und jungen Erwachsenen. Von den Befragten, die im Jahre 2011 angaben, sehr leicht an Cannabis heranzukommen, bekommen die Droge zu 72% von Freunden oder Bekannten, zu 44% auf der Straße, zu 38% in Discos, zu 27% in Coffee Shops, zu 21% in Kneipen, zu 20% in der Schule, zu 17% in Hanfläden, zu 10% in Jugendzentren und zu 5% in der Familie oder Verwandtschaft.[32] Die Häufigkeit von **Drogenangeboten**, die Ju-

---

[24] Konsumenten harter Drogen sind alle Konsumenten mit Ausnahme der ausschließlichen Konsumenten von Cannabis, Psilocybin und ausgenommenen Zubereitungen.
[25] Zahlen für die späteren Jahre stehen auf Grund datenschutzrechtlicher Probleme nicht mehr zur Verfügung (Bundeslagebild RG 2016 Tabellenanhang S. 5, 2017 Tabellenanhang Vorbemerkung). S. auch Fn. 13.
[26] DBDD 2020 Drogen S. 30.
[27] DBDD 2020 Drogen S. 18.
[28] DBDD 2020 Drogen S. 27.
[29] DBDD 2004 S. 84, 85.
[30] DBDD 2011 S. 201.
[31] DBDD 2012 S. 188.
[32] DBDD 2012 S. 188; Mehrfachnennungen möglich.

gendliche erhalten, hat erheblich von 1993 bis 2004 von 35% der Befragten auf 49% zugenommen; in 89% der Fälle war Cannabis die angebotene Substanz.[33]

c) Drogentodesfälle.[34] Nach einem Höchststand von 2.125 im Jahre 1991 schwankt die Zahl der Drogentoten in den letzten zehn Jahren zwischen einem Tiefststand (944) im Jahre 2012 und einem Höchststand (1.499) im Jahre 2008. Im Jahr 2020 betrug sie 1581 (2019: 1398). Hauptursachen der Todesfälle sind polyvalente Vergiftungen durch Opioide/Opiate (386 Fälle; 24,41% der Toten) und monovalente Vergiftungen durch Opioide/Opiate (186 Fälle, 11,76% der Toten). Nach dem Konsum Neuer psychoaktiver Stoffe allein oder in Zusammenhang mit anderen Substanzen sind im Jahre 2020 15 (2019: 19) Personen gestorben. Das Durchschnittsalter der Drogentoten ist im Jahre 2015 auf knapp über 38 Jahre gestiegen[35], ebenso im Jahre 2016. 81

Generell ist zu diesen Zahlen zu bemerken, dass sich **ohne Obduktion** sichere Aussagen zur Todesursache nicht machen lassen.[36] Insbesondere ergibt die Auffindesituation vielfach kein klares Bild. Die Obduktionshäufigkeit in den Ländern ist jedoch sehr unterschiedlich. Sie reicht von 34% in Baden-Württemberg über 35% in Bremen und Nordrhein-Westfalen bis zu 100% in Brandenburg, Mecklenburg-Vorpommern, Sachsen und im Saarland. Hoch ist der Obduktionsanteil auch in Hessen (89%), Rheinland-Pfalz (95%), Bayern (88%), Berlin (99%) und Thüringen (88%). Der Bundesdurchschnitt ist seit 2001 (70%) auf 65% im Jahre 2011 zurückgegangen.[37] 82

II. Kriminalität der Betäubungsmittelabhängigen. Von der Betäubungsmittelkriminalität (→ Rn. 62) ist die Kriminalität der Betäubungsmittelabhängigen zu unterscheiden. Beide Mengen haben eine große Schnittmenge, aber auch erhebliche Restmengen: bei der Betäubungsmittelkriminalität sind es die Betäubungsmittelstraftaten der Nichtabhängigen und bei der Kriminalität der Betäubungsmittelabhängigen die Straftaten Abhängiger, die keine Betäubungsmittelstraftaten sind. 83

Die **Kriminalität der Betäubungsmittelabhängigen** lässt sich nach der jeweiligen Funktion der Droge im kriminellen Geschehen in Anlehnung an ein von *Kreuzer* BtMStrafR-HdB § 4 Rn. 6[38] entwickeltes Schema wie folgt systematisieren: 84
1. **Folgekriminalität** (→ Rn. 85, 86)
2. **Versorgungskriminalität** (→ Rn. 87–114)
    a) **Verschaffungskriminalität** (→ Rn. 88–101)
        aa) Organisierte Kriminalität (→ Rn. 89–93)
        bb) Konsumentendealer (→ Rn. 94–95)
        cc) Tätigkeiten rund um das Dealen (→ Rn. 99)
        dd) Zwischenstufe (→ Rn. 100)
        ee) Gelegenheitsstrukturen (→ Rn. 101)
    b) **Beschaffungskriminalität** (→ Rn. 102–114)
        aa) Direkte (unmittelbare) Beschaffungskriminalität (→ Rn. 103, 104)
        bb) Indirekte (mittelbare) Beschaffungskriminalität (→ Rn. 106–114).

---

[33] DBDD 2005 S. 94.
[34] Bundesdrogenbeauftragte, Pressemitteilung v. 25.3.2021.
[35] Drogen- und Suchtbericht 2015 S. 51, 2019 S. 82.
[36] Von den 1398 gemeldeten Drogentoten wurden nur 673 (48,14%) obduziert; ein toxikologisches Gutachten wurde in 624 Fällen erholt (Bundeslagebild RG 2019 S. 32).
[37] Letzte veröffentlichte Zahlen; Drogen- und Suchtbericht 2012 S. 34.
[38] *Kreuzer* in Kröber/Dölling/Leygraf/Sass Forensische Psychiatrie-HdB IV S. 535–537 weist daraufhin, dass dieses Schema für kriminalistische und kriminalstrategische Zwecke entwickelt wurde, als Kriterienkatalog für Begutachtungen, etwa zur Schuldfähigkeit, aber nicht geeignet ist.

85 **1. Folgekriminalität.** Zunächst ist die Folgekriminalität von der Versorgungskriminalität zu trennen (*Bock* Kriminologie Rn. 985). Unter Folgekriminalität werden Delikte verstanden, die unter dem **Einfluss von Drogen** begangen werden, zB Verkehrsdelikte unter Drogeneinfluss, Schwarzfahren.

86 Dazu gehören auch **Gewaltdelikte,** die durch den Missbrauch von Drogen gefördert werden. Zwar führt keine Droge direkt zur Gewalt; Drogen können aber zur Enthemmung beitragen und eine latente Aggressionsbereitschaft wecken. Das Aggressionspotential ist bei den einzelnen Drogen unterschiedlich; am höchsten ist es bei Amfetamin (→ § 1 Rn. 524), Cocain (→ § 1 Rn. 551), Crack (→ § 1 Rn. 564), DOB (→ § 1 Rn. 360), LSD (→ § 1 Rn. 410) und Metamfetamin (→ § 1 Rn. 490); PCP (→ § 1 Rn. 431); s. auch *Kreuzer* BtMStrafR-HdB § 4 Rn. 492–518; *Kreuzer* in Kröber/Dölling/Leygraf/Sass Forensische Psychiatrie-HdB IV S. 528, 529, sowie *Patzak* in Körner/Patzak/Volkmer Stoffe Rn. 272 (Amfetamin), Rn. 112 (Cocain), Rn. 361 (DOB); Rn. 480 (LSD), Rn. 288 (Metamfetamin), Rn. 407 (PCP).

87 **2. Versorgungskriminalität.** Die Versorgungskriminalität umfasst die Straftaten, die begangen werden, um Drogen zur Verfügung stellen zu können oder sie für den Konsum zu erwerben oder erwerben zu können. In ihrem Rahmen ist die Verschaffungskriminalität von der Beschaffungskriminalität zu scheiden:

88 **a) Verschaffungskriminalität.** Verschaffungsdelikte sind solche, die den unzulässigen Verkehr mit Betäubungsmitteln im Rahmen ihrer Produktion und ihres Vertriebs betreffen (*Bock* Kriminologie Rn. 985; *Brettel* in Bock Kriminologie § 27 Rn. 38). Dazu gehören das Herstellen, Handeln, Schmuggeln oder Transportieren von Betäubungsmitteln sowie jede Förderung dieser Delikte, auch im Rahmen der White-Collar-Kriminalität. Die Verschaffungskriminalität ist im Wesentlichen durch eine **hohe Arbeitsteiligkeit** geprägt und **hierarchisch** strukturiert (BGHSt 50, 252 = NJW 2005, 3790 = StV 2006, 19, 634 mAnm *Krumdiek/Wesemann* = JR 2006, 171 m. Bespr. *Weber* JR 2006, 139).

89 **aa) Organisierte Kriminalität.** Auf der obersten Stufe der Hierarchie sind die Verschaffungsdelikte ein wesentliches Betätigungsfeld der Organisierten Kriminalität (→ Rn. 17–21). Der internationale und der deutsche Drogenmarkt wird von international operierenden Organisationen beherrscht (BVerfGE 90, 145 (186) (→ Rn. 21); *Thamm* in Kreuzer BtMStrafR-HdB § 4 Rn. 289–300; *Mellenthin* in Kube/Störzer/Timm Kriminalistik-HdB S. 392, 393; 396, 397). Dies gilt auch heute noch[39]. Von den im Jahre 2018 in Deutschland bearbeiteten 534 Verfahren der Organisierten Kriminalität (mit 6.483 Tatverdächtigen) betrafen 201 (37,64) den Handel mit und den Schmuggel von Betäubungsmitteln.[40]

90 Im Unterschied zur Beteiligung an der gesamten Betäubungsmittelkriminalität besteht bei den OK-Verfahren mit 68,66% eine deutliche Dominanz **nichtdeutscher Tatverdächtiger.**[41] Der hohe Anteil nichtdeutscher Tatverdächtiger (zu denen noch die Tatverdächtigen mit einer doppelten Staatsangehörigkeit oder einer nichtdeutschen Geburtsstaatsangehörigkeit kommen) erklärt einen erheblichen Teil der Schwierigkeiten, die bei den Ermittlungen wegen illegalen Rauschgifthandels in aller Regel überwunden werden müssen (Sprachprobleme, Abschottung, strenge Hierarchie in ethnischen Gruppierungen). Hinzu kommt das Fehlen anzeige- und aussagebereiter Geschädigten (BGH 1 ARs 21/03).

91 Weitere Probleme ergeben sich daraus, dass die **Führungspersonen** der Organisierten Kriminalität es nicht (mehr) nötig haben, mit dem Rauschgift in Berührung zu kommen oder es gar mit sich zu führen (BGHSt 50, 252 (→ Rn. 88); BGH 1

---

[39] Bundeslagebild RG 2018 S. 31; zur Einschätzung in Europa s. SOCTA 2021, S. 45–53.
[40] Bundeslagebild OK 2018 S. 5.
[41] Bundeslagebild OK 2018 S. 39.

ARs 21/03). Sie leiten, organisieren und erledigen ihre Geschäfte mit der Erteilung von Aufträgen, ohne persönlichen Kontakt zum Produkt und zum Endkonsumenten. Dafür, dass ihre Anordnungen befolgt werden, sorgen offene Gewalttätigkeit und Gewaltbereitschaft oder die strukturelle Gewalt in ihrer Organisation.[42] Dieses System führt zu einer gezielten Verlagerung des Entdeckungsrisikos vom kompetenten Täter höherer Ebene auf die zunehmend schwächeren Täter der unteren Stufe (BGHSt 50, 252 (→ Rn. 88)). Im Jahre 2018 betrafen 23 OK-Verfahren wegen Rauschgifthandels oder -schmuggels Fälle der **Clan-Kriminalität**.[43]

In die Ebene der Rauschgiftorganisationen münden letztlich auch die **Zahlungsströme**, die der Lieferung der Drogen folgen. Sie beginnen mit dem Bemühen um das Eintreiben des Kaufpreises, setzen sich fort mit der Übermittlung des Erlöses von dem Abnehmer der Drogen zum Lieferanten und enden mit der Weiterleitung der Erlöse von dem Lieferanten an die Großhändler und Hintermänner des Rauschgifthandels, zum Teil im Rahmen eines organisierten Waren- und Finanzzyklus (BGHSt 43, 158 = NJW 1997, 3323 = StV 1997, 589 = JR 1999, 76 mAnm *Arzt*), manchmal nach komplizierten Finanztransaktionen zum Waschen des Drogengeldes.

Ein organisatorisch hohes Niveau verlangt auch der illegale Handel mit **Grundstoffen**. Im Jahre 2019 wurden 67 abzweigungsverdächtige Sachverhalte erkannt.[44] Daraus ergaben sich 19 illegale Beschaffungsversuche oder -fälle. Dabei konnten Grundstoffe in erheblicher Menge sichergestellt werden.[45]

bb) Dealer, Konsumentendealer, Internethandel. Die unterste Stufe der Drogenverteilungssysteme, in der unmittelbare Handel mit dem Konsumenten, ist die Domäne der Dealer. Der Dealer hat beim Absatz illegaler Drogen insofern eine Schlüsselrolle, als er in der Szene voll integriert ist, die Nachfrage abdeckt und damit in gewissem Umfang auch Einfluss auf die Preise und Geschäftsbedingungen hat. Auch beim Vertrieb an Endabnehmer treten vielfach **nichtdeutsche Tatverdächtige** in Erscheinung (*Mellenthin* in Kube/Störzer/Timm Kriminalistik-HdB S. 393). Vor allem in den Großstädten bilden sich Detailverkaufsmärkte, die jeweils von bestimmten Nationalitäten beherrscht werden (*Kreuzer* BtMStrafR-HdB § 4 Rn. 237).

Unter den Dealern finden sich häufig Personen, die selbst drogenabhängig sind (*Kreuzer* BtMStrafR-HdB § 4 Rn. 137, 163). Auf Grund der vorliegenden Untersuchungen kann davon ausgegangen werden, dass es kaum einen intravenös Drogenabhängigen gibt, der sich nicht **am Drogenhandel beteiligt** (*Kreuzer* BtMStrafR-HdB § 4 Rn. 167–171, 180). Anders als dies in der Öffentlichkeit vielfach angenommen wird, handelt allerdings keiner dieser Abhängigen zur bloßen Deckung des Eigenbedarfs; ebenso treiben nur wenige Handel, um ihren sonstigen notwendigen Lebensbedarf zu decken. Vielmehr dient das Handeltreiben in erster Linie **dem Erzielen von Profiten,** wenn sich der Dealer dies häufig auch nicht eingestehen mag (*Kreuzer* BtMStrafR-HdB § 4 Rn. 162, 163).

Eine besondere Kategorie ist der **Internet**- oder **Online-Handel** (*Nestler* FG Paulus, 2009, 133 (134–136); im Jahre 2019 3.275 Fälle[46]). Zur rechtlichen Würdigung → § 29 Rn. 379–381). Bereits mit den üblichen Suchmaschinen (**Clearnet**[47])

---

[42] SOCTA 2021, 10, 14, 22; dabei zeigt die Gewaltentwicklung einen Anstieg (Bundeslagebild RG 2019 S. 35, 36).
[43] Bundeslagebild OK 2018 S. 30.
[44] Bundeslagebild RG 2019 S. 14.
[45] Bundeslagebild RG 2019 S. 14.
[46] PKS 2019 Tabelle V2.0 (Fallentwicklung bei Tatmittel Internet.
[47] Beim Internet sind folgende Bereiche zu unterscheiden: Das sog. Clearnet (auch Visible Web, Surface Web, Open Web) ist das allgemein bekannte Internet, welches mit üblichen

lassen sich Bezugsquellen für nahezu alle Betäubungsmittel, Arzneimittel, Biodrogen oder Neue psychoaktive Stoffe finden. Identitäten werden verschleiert; ausländische Provider und Kontoverbindungen werden genutzt, und die Substanzen werden unter Ausnutzung unterschiedlicher internationaler Rechtslagen vertrieben. Dabei wird ein beträchtlicher Anteil der früher in Szeneläden oder auf der Straße erhältlichen Ware jetzt im Netz gehandelt. Bereits dies ermöglicht eine gezielte Nutzung von Schein- und Briefkastenfirmen. Der traditionelle Absatz bleibt hiervon nicht unberührt. So bauen die Coffeeshops in den Niederlanden zunehmend Online-Portale auf. **Empfänger** der Ware sind Konsumenten, aber auch Kleindealer, die ihrerseits die Ware an Dritte weiterveräußern.

97 Eine noch bessere Verschleierung ermöglicht die Verwendung von Online-Plattformen im **Darknet** (zB TOR, **T**he **O**nion **R**outer)[48] oder auch im **Deepweb**. Der Zahlungsverkehr wird hier mit Bitcoins oder Litecoins abgewickelt.[49]

98 Nicht ohne Auswirkungen auf den traditionellen Straßenhandel ist auch der **Telefonhandel** einschließlich der **Internettelefonie,** der Handel mittels **E-Mail** (→ § 29 Rn. 381) oder über **Call-Center** (→ § 29 Rn. 426).

99 cc) **Tätigkeiten rund um das Dealen.** Rund um das Dealen haben sich Tätigkeiten entwickelt, mit denen dem Dealer zugearbeitet wird. Dazu gehören tatsächliche Aktivitäten, wie das Halten von Bunkern oder Depots, oder auch das Vermitteln oder Checken.

100 dd) **Zwischenstufe.** Zwischen dem professionellen, organisierten Handel und Schmuggel und der untersten Stufe der Verteilung an die Konsumenten findet sich eine Grauzone, die sich durch eine undurchsichtige Berührung von Profi- und Dealer-Handel auszeichnet (*Kreuzer* BtMStrafR-HdB § 4 Rn. 137, 138). Angehörige der Organisierten Kriminalität kontrollieren die Verteilung bis in diese Grauzone. Auf der anderen Seite können Dealer der untersten Stufe in sie aufsteigen (*Kreuzer* BtMStrafR-HdB § 4 Rn. 138).

101 ee) **Gelegenheitsstrukturen.** Quer zu diesem hierarchischen Aufbau gibt es abweichende, nicht hierarchisch gegliederte Strukturen, die mitunter vom Produzenten im Herkunftsland bis zum Verbraucher in Deutschland reichen. Dazu gehören **Einzelpersonen,** aber auch einzelne **Familien.** Solche Formierungen sind oft nur von kurzer Dauer, wobei die Interventionen besser organisierter Systeme eine erhebliche Rolle spielen (*Kreuzer* BtMStrafR-HdB § 4 Rn. 142).

102 b) **Beschaffungskriminalität.** Beschaffungsdelikte sind solche, die begangen werden, um sich das Betäubungsmittel oder die notwendigen Mittel zur Finanzierung des Erwerbs zu beschaffen. Danach können die direkten (unmittelbaren) Beschaffungsdelikte von den indirekten (mittelbaren) Beschaffungsdelikten geschieden werden (zu den einzelnen Fallgruppen s. *Kreuzer* BtMStrafR-HdB § 4 Rn. 301–562; *Schwind* Kriminologie § 27 Rn. 18).

103 aa) **Direkte (unmittelbare) Beschaffungsdelikte.** Der direkten Beschaffungskriminalität werden alle Straftaten zugeordnet, die unmittelbar auf das Erlangen von Betäubungsmitteln, Ersatzstoffen oder Ausweichstoffen gerichtet sind (*Schwind* Kriminologie § 27 Rn. 20). Dazu gehören zwar auch Verstöße gegen das

---

Browsern bedienbar und durch bekannte Suchmaschinen zu erschließen ist. Das Deepweb (auch Hidden Web, Invisible Web) ist jener Teil des Internets, der nicht durch die allgemeinen Suchmaschinen auffindbar ist. Das Darknet ist nur über spezielle Software erreichbar und zeichnet sich durch eine besonders starke Verschlüsselung und/oder Anonymisierung aus. Das Darknet umfasst Wikis/Blogs mit unterschiedlichen – zT auch legalen – Zielrichtungen sowie kriminelle/inkriminierte Kommunikations- und Handelsplattformen (Bundeslagebild RG 2018 S. 16 Fn. 20; 2019 S. 18).

[48] World Drug Report 2016 S. 24, 25; Fn. 47.
[49] EBBD 2016 S. 20.

BtMG in Form des unerlaubten Erwerbs und Besitzes von Betäubungsmitteln. Im Vordergrund stehen jedoch Verletzungen von Strafvorschriften, die primär auf den Schutz anderer Rechtsgüter abzielen. Es sind dies etwa das Erschleichen von Verschreibungen, Rezeptfälschungen, der Diebstahl von Rezeptformularen, Diebstähle und Einbrüche in Apotheken, Arztpraxen, Krankenhäuser, Großhandels- und Herstellungsbetriebe sowie der Raub von Betäubungsmitteln und Ersatzstoffen.

Die absolute Zahl der Fälle direkter Beschaffungskriminalität ist nicht hoch und zudem seit einem Höchststand im Jahre 1993 rückläufig. Im Jahre 2019 wurden 1.598 Fälle (2018: 958[50]) registriert, wobei der Großteil auf Fälschungen (684) und Diebstähle (769) entfiel; allerdings schlagen auch 145 (2018: 120) Fälle des Raubs zur Erlangung von Betäubungsmitteln oder Ausweichmitteln zu Buche.[51] 104

Nicht zu unterschätzen ist die Bedeutung des **Arztes als Versorgungsquelle** (*Kreuzer* BtMStrafR-HdB § 4 Rn. 301–353). Ärzte sind nicht nur Opfer von Einbrüchen und Rezeptfälschungen oder -erschleichungen, sondern auch Beteiligte am Erwerb von Betäubungsmitteln, dem eine tragfähige Indikation nicht zugrunde liegt (*Kreuzer* BtMStrafR-HdB § 4 Rn. 303–340; *Kreuzer* in Kröber/Dölling/Leygraf/Sass Forensische Psychiatrie-HdB IV S. 516). Dabei wenden sich die Drogenabhängigen an Ärzte, die als freizügige Verschreiber bekannt sind, oder suchen wahllos Ärzte auf, denen gegenüber sie Krankheitssymptome vortäuschen oder ihre Abhängigkeit auch zugeben. Ein Teil der Ärzte lässt sich aus den verschiedensten Motiven auf eine Verschreibung ein. 105

bb) Indirekte (mittelbare) Beschaffungskriminalität. Die indirekten Beschaffungsdelikte zielen nicht auf die unmittelbare Erlangung von Betäubungsmitteln oder Ersatz- und Ausweichstoffen, sondern dienen der **Beschaffung von Geld** oder anderen Zahlungsmitteln zur Finanzierung des Erwerbs (*Schwind* Kriminologie § 27 Rn. 20). Sie bilden den Bereich, der in der Öffentlichkeit üblicherweise unter „Beschaffungskriminalität" verstanden wird (*Bock* Kriminologie Rn. 987). Dazu gehören vor allem Diebstahl, insbesondere Ladendiebstahl, Einbruchsdiebstahl in Kraftfahrzeuge und Wohnungen, Raub in der Szene und an szene-fremden Opfern, Erpressung und Bedrohung (meist in der Szene), Hehlerei, Betrug (Scheck- und Kreditkarten), Prostitution (soweit strafbar) und Zuhälterei. 106

(a) Schnittstelle. Die indirekte Beschaffungskriminalität ist kriminalpolitisch von erheblicher Bedeutung. Sie ist eine Schnittstelle zwischen dem individuellen Konsum von Betäubungsmitteln, der zunächst nur den Privatbereich zu betreffen scheint, und der Gesellschaft. Es ist daher verbreitet, den Erfolg von Programmen zur Abgabe von Ersatz- oder Originalstoffen auch an der Zu- oder Abnahme der indirekten Beschaffungskriminalität zu messen (s. etwa *Killias/Rabasa* MschrKrim 81 (1998), 1; *Killias/Rabasa* Kriminalistik 1999, 311). 107

(b) Beschaffungsdruck. Verbreitet wird angenommen, der Drogenerwerb werde fast zwangsläufig und vorwiegend durch Delikte der indirekten Beschaffungskriminalität finanziert. Die Betäubungsmittelabhängigkeit erzeuge einen Geldbedarf, der den Abhängigen zur Delinquenz zwinge **(Beschaffungsdruck).** Dies trifft in dieser Form nicht zu: 108

Der **Tagesbedarf** eines intravenös Abhängigen kann auf etwa 100 EUR geschätzt werden (*Schwind* Kriminologie § 27 Rn. 21). Der Bedarf wird zu rund 20% mit legalen Einnahmen (zB Arbeitseinkommen, Sozialhilfe, Unterstützung durch Angehörige) bestritten. Ein Drittel wird durch Verkauf und Vermittlung von Drogen aufgebracht (*Kreuzer* BtMStrafR-HdB § 3 Rn. 257; *Kreuzer* in Egg S. 47; *Kreu*- 109

---

[50] PKS 2019 Jahrbuch Band 4 S. 155.
[51] Bundeslagebild RG 2019 S. 8.

zer in Kröber/Dölling/Leygraf/Sass Forensische Psychiatrie-HdB IV S. 524; *Bock* Kriminologie Rn. 987), ein Teil mit Prostitution (bei Männern etwa 2%, bei Frauen etwa 30%) und der Rest mit sonstiger Kriminalität (*Kreuzer* in Kröber/Dölling/Leygraf/Sass Forensische Psychiatrie-HdB IV S. 524).

110 Bemerkenswert ist, dass die Finanzierungsstruktur innerhalb der verschiedenen **Alterskategorien** der Konsumenten deutlich schwankt (*Kreuzer* BtMStrafR-HdB § 4 Rn. 258, 259): je länger der Betroffene sich in der Szene bewegt, desto mehr bedient er sich szenetypischer Methoden (meist Handeltreiben und Checken), um die Mittel für seinen Bedarf zu beschaffen.

111 **(c) Zahlenmäßige Bedeutung.** Umfassende und gesicherte Erkenntnisse zum Umfang der indirekten Beschaffungskriminalität liegen nicht vor. Nur ein Teil der (in der Polizeilichen Kriminalstatistik) registrierten Straftaten wird aufgeklärt, wobei die Aufklärungsquote nach der Art der Delikte und nach den Ländern sehr unterschiedlich ist, zB im Jahre 2019 zwischen 44,7% in Berlin und 67,0% in Bayern.[52] Nur wenn der Täter ermittelt wurde, kann festgestellt werden, ob die Tat von einem Drogenabhängigen begangen wurde und welches Motiv ihr zugrunde lag.

112 Geht man nach der Polizeilichen Kriminalstatistik von den aufgeklärten Fällen aus (Hellfeld), so wurden im Jahre 2019 8,6% der aufgeklärten Straftaten von **Konsumenten harter Drogen** begangen[53]. Dazu gehören auch die Fälle der Betäubungsmittelkriminalität (→ Rn. 62, 63) und der direkten Beschaffungskriminalität (→ Rn. 103, 104), an denen der Anteil der Konsumenten harter Drogen mit 28,3% und 44,50% der Tatverdächtigen deutlich höher liegt.[54]

113 Aber auch in manchen Bereichen der **indirekten Beschaffungskriminalität** sind die Konsumenten harter Drogen überproportional vertreten, so **im Jahre 2019** beim Handtaschenraub mit 13,9% (55 Fälle), beim Tageswohnungseinbruch mit 14,7% (932 Fälle), beim Raubüberfall auf Zahlstellen und Geschäfte mit 19,4% (259 Fälle), beim Raubüberfall in Wohnungen mit 20,3% (341 Fälle), beim schweren Ladendiebstahl mit 22,7% (4.476 Fälle), beim Diebstahl aus Kraftfahrzeugen mit 23,9% (2.692 Fälle) und beim Schweren Diebstahl aus Boden-, Kellerräumen und Waschküchen mit 38,4% (2.600 Fälle).[55]

114 **Befragungen Drogenabhängiger** können das neben dem Hellfeld (→ Rn. 112) verbleibende Dunkelfeld **nur wenig erhellen** und ebenfalls keine sicheren Aufschlüsse über den Anteil der indirekten Beschaffungskriminalität liefern (*Kreuzer* BtMStrafR-HdB § 3 Rn. 263–278). Immerhin ergeben sich aus ihnen Anhaltspunkte für die Verbreitung dieser Delikte unter den Abhängigen. So gaben bei einer Befragung von 77 männlichen intravenösen Drogenabhängigen in den Jahren 2002/2003 (*Kreuzer* in Kröber/Dölling/Leygraf/Sass Forensische Psychiatrie-HdB IV Tabelle 2.4.7) 38% die Begehung von Ladendiebstählen, 8% die Begehung von Einbruchsdiebstählen aus Kraftfahrzeugen, 4% die Beteiligung an Einbruchsdiebstählen aus Wohnungen und Gebäuden, 8% die Beteiligung an Raubtaten, davon die meisten Taten (7%) außerhalb der Szene (*Kreuzer* BtMStrafR-HdB § 4 Rn. 364, 382, 481), an.

115 **III. Zusammenhang zwischen Drogenabhängigkeit und Kriminalität.** → BtMG § 1 Rn. 86–91.

---

[52] PKS 2019 Jahrbuch Band I S. 36.
[53] PKS 2019 Aufgeklärte Fälle V1.0 Tabelle 12.
[54] PKS 2019 Aufgeklärte Fälle V1.0 Tabelle 12.
[55] PKS 2019 Aufgeklärte Fälle V1.0 Tabelle 12.

K. Exkurs: Drogenpolitik

I. Die Rolle des Strafrechts. Das Strafrecht dient dem Schutz von Rechtsgütern vor Verletzung oder Gefährdung. Die Rechtsgüter, die durch das Betäubungsmittelstrafrecht geschützt werden, sind die Gesundheit des Einzelnen und der Bevölkerung sowie das von Rauschgift nicht beeinträchtigte soziale Zusammenleben mit den Aspekten des Jugendschutzes, des Schutzes vor Organisierter Kriminalität und der Gewährleistung der internationalen Zusammenarbeit bei der Suchtstoffkontrolle (→ BtMG § 1 Rn. 3–8). 116

Niemand geht heute davon aus, dass sich die Drogenproblematik **allein** mit strafrechtlichen Mitteln lösen lässt. Vielmehr ist das Strafrecht nur eine von mehreren Säulen, auf denen eine rationale Drogenpolitik (dazu s. die Diskussion von *Raschke/Weber* Suchttherapie 2008, 164 (170)) beruhen muss. 117

1. Die Säulen der deutschen Drogenpolitik. Im Einklang mit der internationalen Entwicklung (→ Rn. 6, 31–33, 124) beruht die deutsche Drogenpolitik auf den drei traditionellen Säulen: **Prävention, Therapie** und **Repression (Strafrecht).** Diesen Säulen entspricht das BtMG, dessen Konzept auch verfassungsrechtlich keinen Bedenken begegnet (→ Rn. 125). Gleichwohl stehen nur die Säulen der Prävention und der Therapie außer Streit. Der Sinn der Repression wird dagegen immer wieder durch Legalisierungsdebatten, auch wieder in neuester Zeit (etwa *Oğlakcıoğlu* in MüKoStGB BtMG Vor § 1 Rn. 7–14 „Fundamentalkritik und Paradigmenwechsel"), in Frage gestellt, die sich aus unterschiedlichen Beweggründen speisen (zu den Polen drogenpolitischer Vorstellungen s. *Bock* FS Kaiser, 1999, 699 (705–708)). 118

Eine andere Frage ist, ob und inwieweit die drei Säulen der traditionellen deutschen und internationalen Drogenpolitik durch eine **vierte Säule** der **Schadensreduzierung** (harm-reduction, Überlebenshilfe, Sekundärprävention) ergänzt werden sollen, um die Not der Süchtigen zu lindern. Ein wesentlicher Gesichtspunkt ist dabei das Phänomen des **maturing out** (→ § 1 Rn. 396). Auf der anderen Seite bleibt der Aufbau einer solchen Säule nicht ohne Rückwirkung auf die drei anderen, vor allem auf die Prävention und die Therapie. Sie lässt sich diesen daher nicht einfach hinzufügen. Vielmehr muss bei jeder Einzelmaßnahme der Schadensreduzierung eine **Abwägung** der verschiedenen Belange stattfinden (s. auch INCB-Report 2000 Nr. 445, 446). Zu den Maßnahmen der Schadensreduzierung im Einzelnen → Rn. 182–197. 119

2. Nationaler Rauschgiftbekämpfungsplan, Aktionsplan Drogen und Sucht, Nationale Strategie zur Drogen- und Suchtpolitik. Am 13.6.1990 war in Bonn in einer Nationalen Drogenkonferenz unter Vorsitz des Bundeskanzlers und Beteiligung der Regierungschefs der Länder, der Regierung der DDR und zahlreicher gesellschaftlicher Organisationen der **Nationale Rauschgiftbekämpfungsplan** (Hrsg. Bundesministerien des Innern und für Gesundheit, Sonderdruck) verabschiedet worden. Ziel des Plans war es, die Nachfrage nach Drogen durch verbesserte Aufklärung und Prävention zu vermindern, die vorhandenen Hilfeangebote auszubauen und zu verbessern sowie neue, geeignete Ansätze zu fördern, den Grundsatz der Hilfe vor Strafe bei Drogenabhängigen in den Vordergrund zu stellen und den illegalen Drogenhandel verstärkt zu bekämpfen. 120

Der Nationale Rauschgiftbekämpfungsplan wurde auf der Ebene des Bundes durch den **Aktionsplan Drogen und Sucht** (hrsg. Drogenbeauftragte der Bundesregierung) abgelöst, der am 26.6.2003 von der Bundesregierung verabschiedet wurde. Der Plan enthält eine übergreifende, langfristig angelegte Gesamtstrategie für den Umgang mit (auch legalen) Suchtmitteln, die dazu beitragen soll, das Gesundheitsbewusstsein zu verändern und den gesundheitsschädlichen Konsum zu 121 vermeiden oder zumindest zu reduzieren (S. 9). Dabei erkennt der Plan die Verpflichtung des Staates an, neben der Hilfe auch das Strafrecht und andere ordnungsrechtliche Maßnahmen einzusetzen, vor allem Verbote des Anbaus, Erwerbs und Verkaufs bestimmter psychoaktiver Substanzen (S. 8).

122 Der Aktionsplan Drogen und Sucht geht von **vier Säulen der Drogenpolitik** aus, die als Prävention, Beratung/Behandlung, Schadensreduzierung/Überlebenshilfe, Repression/Angebotsreduzierung bezeichnet werden (S. 9).

123 Am 15.2.2012 verabschiedete die Bundesregierung die **Nationale Strategie zur Drogen- und Suchtpolitik.** Auch diese Strategie setzt auf die vier Säulen einer modernen Drogenpolitik, wenn diese auch nicht mehr ausdrücklich als solche benannt werden (S. 9, 10). An den vier Zielen hält die Bundesregierung auch für die 18. und 19. Legislaturperiode des Deutschen Bundestags fest, wobei sie wieder als Säulen der Drogenpolitik bezeichnet werden (BT-Drs. 18/725; 19/5538, 1; dazu auch DBDD 2020 Drogenpolitik S. 3).

124 **3. Das strafrechtliche Konzept des BtMG.** In Übereinstimmung mit den Vorstellungen der Völkergemeinschaft, verkörpert in den Internationalen Suchtstoffübereinkommen (→ Rn. 6, 31–33), und der EU (zB Rahmenbeschluss vom 25.10.2004 [Anh. B 4]), hat sich Deutschland für das **Konzept einer umfassenden Kontrolle** des Umgangs mit Betäubungsmitteln und deren strafrechtliche Absicherung entschieden. Dass ein Anstieg des Drogenkonsums damit nicht vermieden werden konnte, spricht nicht gegen dieses Konzept. Das Schicksal, ein verbotenes Verhalten nicht verhindern, sondern nur begrenzen zu können, teilt das BtMG mit allen Gesetzen seit den **Zehn Geboten.** Ziel des BtMG ist es, die Verfügbarkeit von Drogen als einen wesentlichen Risikofaktor für den Einstieg in den Drogenkonsum (→ § 1 Rn. 77) zu beschränken. Im Sinne einer solchen Begrenzung kann dem Gesetz der Erfolg nicht abgesprochen werden (*Kaiser* Kriminologie § 55 Rn. 40; *Brettel* in Bock Kriminologie § 27 Rn. 44; *Schäfer/Paoli* Drogenkonsum S. 350, 351). Selbst bei Cannabisprodukten beschränkt sich der illegale Konsum in Deutschland auf wenige Prozent der Bevölkerung (→ Rn. 73–75). Bei harten Drogen liegt der Anteil noch weit niedriger (→ Rn. 73, 74). Insoweit hält die Behauptung **von 123 Strafrechtslehrern** in ihrer Petition vom Herbst 2013, die deutsche Drogenpolitik sei gescheitert (→ Rn. 178), einer auf Tatsachen und nicht auf Gefühlen beruhenden Kritik nicht stand.

125 Das Konzept des BtMG begegnet **keinen verfassungsrechtlichen Bedenken** (aA jetzt auch *Oğlakcıoğlu* in MüKoStGB BtMG Vor § 29 Rn. 22–25[56], allerdings ohne neue Argumente, s. dazu unten). Am Beispiel von Cannabis hat das BVerfG (BVerfGE 90 Rn. 21; BVerfG NJW 2003, 2978; 2004, 3620 = StraFo 2004, 310 mAnm *Endriß;* 30.6.2005 – 2 BvR 1772/02) die Strategie des Gesetzgebers, den gesamten Umgang mit einem Betäubungsmittel (mit Ausnahme des Konsums) wegen der von der Droge und dem Drogenhandel ausgehenden Gefahren für den Einzelnen und die Allgemeinheit einer umfassenden staatlichen Kontrolle zu unterwerfen und zur Durchsetzung dieser Kontrolle lückenlos mit Strafe zu bedrohen, ausdrücklich gebilligt (→ BtMG § 1 Rn. 210–215; → BtMG Vor § 29 Rn. 6–8).[57]

126 Auf der anderen Seite dürfen auch die **Schwächen nicht übersehen** werden, die mit diesem Konzept verbunden sind. Dazu zählen die Steigerung des Gesundheitsrisikos der Konsumenten durch verunreinigten und in der Dosierung nicht genau abzuschätzenden Stoff (zu dem gleichwohl ein erheblicher Teil auch der Kon-

---

[56] S. dazu auch → Rn. 59.
[57] Für die Praxis ist die Frage der Verfassungsmäßigkeit damit erledigt (§ 31 BVerfGG). Unberührt bleibt natürlich die wissenschaftliche Diskussion.

sumenten greift, die kostenlos mit reinem Stoff versorgt werden[58]) sowie durch gefährliche Applikationsformen; allerdings kann ein wesentlicher Teil dieser Folgen durch Maßnahmen der Schadensreduzierung (→ Rn. 182–197) aufgefangen werden. Es kann auch davon ausgegangen werden, dass ein Teil der Beschaffungskriminalität (der allerdings nicht überschätzt werden sollte (→ Rn. 137)) und der Organisierten Kriminalität mit ihm verbunden ist. Das Konzept der umfassenden Kontrolle bindet ferner einen erheblichen Teil der polizeilichen und justitiellen Ressourcen. Schließlich müssen auch die Rückwirkungen auf die Rechtsstaatlichkeit der Ermittlungs- und Strafverfahren im Blick behalten werden.

3. Andere Konzepte (Aufhebung/Einschränkung der Prohibition). Um festzustellen, ob das umfassende Verbot des Umgangs mit Rauschgift gleichwohl einen Sinn macht, ist es notwendig, die Konsequenzen näher zu beleuchten, die sich aus einer anderen Regelung (Aufhebung oder Einschränkung der Prohibition) ergäben.[59] **127**

a) Die einzelnen Modelle. Im Einzelnen werden verschiedene Modelle vertreten, die zum Teil von einer eher kultursoziologisch geprägten Position der „Normalität des Drogenkonsums" (*Weil* Drogen S. 27–32; 185, 186; dazu *Gebhardt* in Kreuzer BtMStrafR-HdB § 9 Rn. 33–37, 98; wohl auch *Oğlakcıoğlu* in MüKoStGB BtMG Vor § 1 Rn. 7–14) und zum Teil von ökonomischen Ansätzen („Austrocknung des Schwarzmarkts" (dazu *Gebhardt* in Kreuzer BtMStrafR-HdB § 9 Rn. 89)) ausgehen. **Unabhängig** von diesen Systemen sind die Maßnahmen der **Schadensreduzierung** (→ Rn. 119, 182–197). Sie werden in der Diskussion häufig mit ihnen verquickt (etwa *Oğlakcıoğlu* in MüKoStGB BtMG Vor § 1 Rn. 14), sind aber in der Sache davon zu trennen. **128**

aa) Legalisierung. Am weitesten geht die Forderung nach einer Legalisierung der Betäubungsmittel. Dabei werden drei Stufen diskutiert (IFT-Berichte Bd. 65 S. 2, 3), von denen die erste wiederum zwei Varianten aufweist: **129**

(a) Freigabe aller Drogen. Innerhalb der Forderungen nach einer Legalisierung der Drogen gehen die Bestrebungen am weitesten, die eine Liberalisierung für alle Betäubungsmittel (harte und weiche Drogen) fordern. Dabei sind zwei Systeme zu unterscheiden: **130**

(aa) Freier Markt für alle Drogen. Die am weitesten reichende Forderung ist die nach einem freien Markt. Ausgehend von der These, dass der Drogenkonsum als normales Genussverhalten anzusehen sei, sollen alle Betäubungsmittel legalisiert werden. Jeder soll Drogen aller Art produzieren, damit handeln und sie erwerben können. Es sollen im Wesentlichen nur die Beschränkungen bestehen, die für Genussmittel gelten (dazu *Patzak* in Körner/Patzak/Volkmer, 7. Auflage, Stoffe Rn. 263–265). **131**

Auch **Heroin** (hier stellvertretend für alle harten Drogen) soll **ebenso frei verfügbar sein** wie Alkohol oder Nikotin, da es ein Genussmittel sei, das zur Befriedigung des normalen menschlichen Verlangens zur Verfügung stehen müsse. Das Übel sei nicht die Droge, sondern der illegale Schwarzmarkt, der mit reinen Stoffen, niedrigem Preis, Gewerbeaufsicht und Verbraucherberatung zum Erliegen gebracht werden müsse (so wohl *Hassemer* StV 1995, 483 (488); *Scheerer* Die Woche **132**

---

[58] Im deutschen Heroinprojekt (→ Rn. 195) nahmen nach eigenen Angaben noch nach vier Jahren 12,5% Straßenheroin, 23,7% Cocain, 13,2% Crack, 35% Cannabis, obwohl sie seit vier Jahren kostenlos mit reinem Heroin versorgt wurden (→ 3. Aufl. Rn. 198).

[59] Es fällt allerdings schwer, einem Autor allzu großes Gewicht beizumessen, die die deutsche Drogenpolitik wie folgt charakterisiert: „Es ist die Unmündigkeit des deutschen Gesetzgebers, die sich in blinder Gefolgschaft supranationaler Abkommen (die ihrerseits Ergebnis politischer bzw. marktwirtschaftlicher Entscheidungsprozesse sind) und einer weitgehend amerikanisierten Drogenpolitik äußert" (*Oğlakcıoğlu* in MüKoStGB BtMG Vor § 1 Rn. 7).

vom 8.3.2002; *De Ridder* Die Woche vom 8.3.2003; dazu *Patzak* in Körner/Patzak/Volkmer, 7. Auflage, Stoffe Rn. 265; *Gebhardt* in Kreuzer BtMStrafR-HdB § 9 Rn. 33, 98 mwN]). Auch eine Aufnahme in das AMG (*Lüderssen* StV 1994, 508 (512); *Hassemer* KritV 1993, 198 (211); *Hassemer* StV 1995, 483 (489); dazu *Patzak* in Körner/Patzak/Volkmer, 7. Auflage, Stoffe Rn. 259) oder eine Orientierung am LFBG wird generell (*C. Nestler* in Kreuzer BtMStrafR-HdB § 11 Rn. 282) oder unter bestimmten Voraussetzungen (*Lüderssen* StV 1994, 508 (512)) gefordert.

133 Diese Vorstellungen[60] lassen außer Betracht, dass die **leichte Verfügbarkeit** von Drogen einen **wesentlichen Risikofaktor** für den Konsum darstellt (→ BtMG § 1 Rn. 77). Die Freigabe von Heroin oder anderen harten Drogen würde nach allen Erfahrungen, namentlich auch auf Grund der zu erwartenden **Marktstrategien** (aggressive Werbung, Sonderangebote (*Körner*, 6. Aufl. 2007, Anh. C 1 Rn. 97, 98)), dazu führen, dass solche Drogen in einem noch früheren Alter konsumiert werden, und dass sowohl die Zahl der Konsumenten als auch die Gebrauchsmenge ansteigen werden (IFT-Berichte Bd. 65 S. 46–54; *Körner*, 6. Aufl. 2007, Anh. C 1 Rn. 97; *Gebhardt* in Kreuzer BtMStrafR-HdB § 9 Rn. 98; *Kaiser* Kriminologie § 55 Rn. 40, 42; *Bock* FS Kaiser, 1999, 699 (705); *Adams* ZRP 1994, 106).

134 Heroin ist stärker als andere Drogen mit **Auswirkungen auf unbeteiligte Bürger** verbunden. Es führt rasch zu einer körperlichen Abhängigkeit (→ § 1 Rn. 393), die den Süchtigen in „einen schweren, den ganzen Lebensvollzug ausrichtenden psychisch-physischen Abhängigkeitszustand" (*Köhler* ZStW 104 [1992]), 3, 35) versetzt und ihn letztlich zum Sozialfall werden lässt. Schon wegen dieser stoffspezifischen Auswirkungen ist der Konsum von Heroin weit weniger Privatsache als der von Alkohol oder Nikotin; diese sind zwar auch nicht ungefährlich, führen aber nicht zwangsläufig zu solch schweren Folgen. Entsprechendes gilt für andere Drogen mit hohem Suchtpotential.

135 Der freie Markt für alle Drogen würde daher nicht nur die Gesundheit der Konsumenten **ruinieren,** sondern wegen der damit verbundenen Folgelasten der Versicherungssysteme und die Gesellschaft **überfordern.**[61] Mit der größeren Verfügbarkeit wird es auch für Kinder und Jugendliche leichter, an Drogen heranzukommen (IFT-Berichte Bd. 65 S. 53); der erste Kontakt mit illegalen Drogen entsteht üblicherweise durch Freunde oder Bekannte, die bereits konsumieren (DBDD 2005 S. 26, 27; *Kaiser* Kriminologie § 54 Rn. 21; → Rn. 80). Namentlich die peer-group spielt hier eine herausragende Rolle (→ BtMG § 1 Rn. 75).

136 Bei einer Freigabe zu befürchten ist ferner eine erhebliche **Zunahme der Folgekriminalität** (*Körner* StV 1991, 578 (579)), also der Delikte, die unter dem Einfluss von Drogen begangen werden. Wesentlich sind hier vor allem die Auswirkun-

---

[60] Die nach *Oğlakcıoğlu* in MüKoStGB BtMG Vor § 29 Rn. 32 ohnehin „kein seriöser Prohibitionsgegner" (!) teilt.

[61] Die finanziellen Effekte des Konsums illegaler Drogen auf die Gesellschaft haben vor einiger Zeit ein gewisses Interesse gefunden (DBDD 2007 S. 131–142; 2011 S. 31–33; *Erbas/Queri/Tretter* Suchtmed 2004, 243). Für 2006 wurden die öffentlichen Ausgaben für Deutschland auf 5,2 bis 6,1 Milliarden EUR errechnet (DBDD 2015 Drogenpolitik S. 10; DBDD 2020 Drogenpolitik S. 18). Nicht bekannt sind dagegen die sozialen Kosten (DBDD 2014 S. 21). Für Cannabis haben *Effertz/Verheyen/Linder* erhöhte Gesundheitskosten in Höhe von 975 Mio. EUR errechnet (DBDD 2016 Drogenpolitik S. 14; DBDD 2019 Drogenpolitik S. 19). Für 1992 hatten *Hartwig/Pies* Drogenpolitik S. 34 allein für die Heroinsucht 6,87 Milliarden EUR jährlich errechnet. Eine Schweizer Untersuchung gelangt für die Schweiz (7,5 Mio. Einwohner) zu sozialen Gesamtkosten von 4,1 Milliarden Sfrs (*Jeanrenaud/Widmer/Pellegrini* [2005] S. IV, V mwN, VII, 80, 84). In einer österreichischen Untersuchung (*Hauptmann/Hübner* S. 253; *Hauptmann* in Haller/Jehle Drogen S. 21, 36; *Hübner* Kriminalistik 2011, 25) werden die sozialen Kosten des Drogenmissbrauchs für Österreich (8,1 Mio. Einwohner), im Jahre 2002 auf 14,7 Milliarden EUR errechnet.

gen des Drogenkonsums im Straßen-, Bahn- und Luftverkehr, am Arbeitsplatz (Bedienung von Maschinen), in den Schulen oder auch beim Sport oder sonst in der Freizeit (*Körner,* 6. Aufl. 2007, Anh. C 1 Rn. 92). Ebenso ansteigen wird die Gewaltkriminalität, namentlich beim Konsum bestimmter Drogen (→ Rn. 86).

Auf der anderen Seite ist eine wesentliche **Abnahme** der (indirekten) Beschaffungskriminalität **nicht** ohne weiteres **zu erwarten** (*Bock* FS Kaiser, 1999, 699 (704)), da ein zwangsläufiger Zusammenhang zwischen dieser und der Drogensucht nicht besteht (→ § 1 Rn. 86–91). 137

(bb) Staatliches Drogenmonopol für alle Drogen (kontrollierte Teilliberalisierung). Das zweite System beruht auf ökonomischen Ansätzen. Danach soll für Produktion und Handel mit Drogen ein staatliches Monopol geschaffen werden (kontrollierte Teilliberalisierung). Jede Herstellung und jeglicher Handel außerhalb des Monopols sollen illegal und strafbar sein. Heroin (→ Rn. 132) soll unter strengster Überwachung durch staatliche Stellen an bereits Süchtige und – nach ärztlicher Beratung – auch an solche, die konsumieren wollen, abgegeben werden (*Hartwig/Pies* Kriminalistik 1989, 678; *Hartwig/Pies* Drogenpolitik 1995 S. 185–189; *Hösch* FS Krause, 1990, 349; *Pommerehne/Hart* Kriminalistik 1991, 515; 739; *Kniesel* ZRP 1994, 352 (357); *Adams* ZRP 1997, 52 (56–60); dagegen *Steinke* Kriminalistik 1989, 329; *Katholnigg* Kriminalistik 1991, 737; *Eylmann/Kusch* ZRP 1994, 626; *Kaiser* Kriminologie § 55 Rn. 39, 42; wohl auch *Patzak* in Körner/Patzak/Volkmer, 7. Auflage, Stoffe Teil 1 Rn. 272).[62] 138

Erklärtes Ziel dieses Systems ist es, **den Schwarzmarkt auszutrocknen.** Im Rahmen einer marktwirtschaftlichen Argumentation wird das Modell damit begründet, dass die weitaus überwiegende Zahl der Süchtigen von dem staatlichen Angebot Gebrauch machen werde, was den Drogenhändlern die Möglichkeit entziehen würde, das Rauschgift billig durch süchtige Kleindealer verteilen zu lassen (*Adams* ZRP 1991, 202; 1994, 106; 421; *Adams* Kriminalistik 1992, 757; 1993, 755 je mwN; Hessische Kommission „Kriminalpolitik" StV 1992, 249 (252, 253)). 139

Der Vorschlag hat etwas von dem **Ei des Kolumbus** an sich (s. *Körner* StV 1991, 578). Bei näherer Betrachtung zeigen sich jedoch die Schwächen. Das Modell überträgt klassische ökonomische Grundannahmen auf die betäubungsmittelrechtliche Szene. Es geht davon aus, dass die Betroffenen ihre Autonomie im Sinne einer rationalen, von ökonomischen Kalkülen bestimmten Entscheidung nutzen, und dass sich deswegen alle oder nahezu alle Drogenabhängigen dem staatlichen Verteilungssystem zuwenden werden (*Hartwig/Pies* Drogenpolitik [1995] S. 127, 128). 140

Bereits diese Grundannahme **verkennt die Realität.** Selbst wenn ein System aufgebaut werden könnte, dass jedem Heroinkonsumenten alle vier Stunden den Konsum seiner Dosis ermöglicht, wird ein erheblicher Teil der Betroffenen schon wegen der notwendigen Erfassung, Beratung und Kontrolle die staatliche Verabreichung ihrer Drogen ablehnen (*Körner,* 6. Aufl. 2007, Anh. C 1 Rn. 95; *Gebhardt* in Kreuzer BtMStrafR-HdB § 9 Rn. 89). Wie das Schweizer und das deutsche Heroinprojekt gezeigt haben, will sogar von denjenigen, die das staatliche Angebot grundsätzlich akzeptieren, ein erheblicher Teil auf den illegalen Beikonsum von Straßenheroin und anderen Drogen nicht verzichten.[63] Schon deswegen wird der Schwarzmarkt nicht verschwinden. 141

---

[62] Eine staatliche Regulierung der Drogenmärkte wird auch im Jahresbericht 2018 der Global Commission (Fn. 1) gefordert; die Bundesregierung hält die Annahme, durch eine Legalisierung von Betäubungsmitteln zu Rauschzwecken wären die Gesundheitsrisiken dieser Betäubungsmittel verringert und würde dem Schwarzmarkt und der (organisierten) Kriminalität der Boden entzogen, für nicht nachvollziehbar (BT-Drs. 19/5538, 3).
[63] S. Fn. 58.

142 Auf der anderen Seite wird dieser Markt nicht nur versuchen, seine **Anziehungskraft** durch verlockende Angebote auch neuer Drogen zu erhalten und auszubauen, sondern er wird sich auch gezielt an diejenigen wenden, die von der staatlichen Versorgung ausgeschlossen sind, vor allem **an Kinder und Jugendliche.** Wenn dies wiederum dadurch vermieden werden soll, dass auch Minderjährige staatlich mit Heroin versorgt werden, wenn sie dies wünschen und aktuell konsumieren (so *Hartwig/Pies* Drogenpolitik [1995] S. 123, 125–131, 136–139), so bleibt der Anreiz einer solchen Regelung auf nicht voll Verantwortliche außer Betracht. Es geht hier um junge Menschen, denen mit dem erleichterten Einstieg in eine schwere Sucht **Lebenschancen genommen** werden, und nicht nur um Teilnehmer oder Nachfrager eines Marktes. Wie auch sonst bei rein ökonomisch geprägten Vorschlägen wird auch hier auf das Schicksal der **betroffenen Menschen** keine Rücksicht genommen.

143 Auch die vorgeschlagene Teilfreigabe wird zu einer **erheblich höheren Verfügbarkeit** von Heroin führen. Zumindest für jeden Erwachsenen, der Heroin konsumieren will, wäre das Rauschgift nach einer ärztlichen Beratung, die offensichtlich nur einmal im Leben stattfinden soll, ohne weiteres zugänglich (*Hartwig/Pies* Drogenpolitik [1995] S. 123, 124). Da die Verfügbarkeit einen wesentlichen Risikofaktor für den Konsum von Drogen darstellt (→ § 1 Rn. 77), ist auch bei der vorgeschlagenen Teilliberalisierung mit einer erheblichen **Zunahme der Konsumentenzahlen** zu rechnen, die sich nicht auf die erste Zeit nach er Teilfreigabe beschränken wird (IFT-Berichte Bd. 65 S. 48, 49). Dies hat auch hier nicht nur erhebliche schädliche Auswirkungen auf die Gesundheit der betroffenen Menschen, sondern führt zu einer entsprechenden Belastung der sozialen Systeme. Nicht anders als bei einer völligen Freigabe wäre darüber hinaus auch hier mit einer erheblichen Zunahme der Folgekriminalität zu rechnen (→ Rn. 86).

144 Besonders **negativ** wären auch die **Auswirkungen auf die Prävention.** Ein Staat, der seinen Bürgern die gefährlichste Droge ohne einen therapeutischen Zweck (dies ist der entscheidende Unterschied zur Substitution, was von *Hartwig/Pies* Drogenpolitik [1995] S. 143–151 verkannt wird) selbst zur Verfügung stellt, erscheint kaum noch legitimiert, dem Konsum von Drogen überhaupt vorzubeugen. Vor allem die staatliche Vergabe würde den Eindruck erwecken, dass die Gefährlichkeit bisher überschätzt worden sei (IFT-Berichte Bd. 65 S. 53).

145 Verstärkt wird dies durch das deutsche System der Kontrolle von Arzneimitteln, Lebensmitteln und Bedarfsgegenständen, die ein Inverkehrbringen sonst nur bei einer **gesundheitlichen Unbedenklichkeit** zulässt. Soweit damit argumentiert wird (*Hartwig/Pies* Drogenpolitik [1995] S. 146), der Einwand komme zu spät, weil mit der Substitution der entscheidende Schritt bereits getan sei, wird verkannt, dass sich diese nicht in einer bloßen Abgabe von Suchtmitteln erschöpfen darf, sondern das Ziel der Abstinenz (§ 13 Abs. 1 S. 1 BtMG) verfolgen muss und auch nur im Rahmen eines Therapiekonzeptes erfolgen darf (§ 5 Abs. 1, § 5a Abs. 1 S. 3 BtMVV). Zu befürchten wären ferner negative Auswirkungen auf die Therapiemotivation (*Löhrer/Erkwoh* ZRP 1995, 324).

146 Schwer erträglich wäre auch der **Überwachungsstaat** mit einem engmaschigen Kontrollsystem, den die Durchsetzung und Aufrechterhaltung eines staatlichen Drogenmonopols erfordern würde. Wenn das Monopol auch nur die Chance einer Wirksamkeit haben soll, müsste eine umfangreiche Bürokratie zur Überwachung der Produktion und Verteilung der Drogen sowie zur Erteilung und Kontrolle der Lizenzen an Produzenten, Händler und Konsumenten aufgebaut werden (*Körner,* 6. Aufl. 2007, Anh. C 1 Rn. 96).

147 Wesentlich verstärkt würden diese Schwierigkeiten mit der **Ausdehnung auf andere Drogen,** namentlich auf nur kurz wirksame Stimulantien wie Crack, bei denen ein Konsum unter Aufsicht praktisch kaum zu bewältigen ist (*Gebhardt* in Kreuzer BtMStrafR-HdB § 9 Rn. 89). Auf der anderen Seite ist nicht erkennbar, aus welchen Gründen den Konsumenten anderer Drogen die staatliche Versorgung vorenthalten werden könnte.

(b) Freigabe sogenannter weicher Drogen. Nach diesem Vorschlag soll die Prohibition je nach dem Grad der Gefährlichkeit der jeweiligen Droge teilweise aufgehoben werden. Dabei haben die Befürworter eigentlich nur Cannabis im Blick (gegen die Bezeichnung von Cannabis [so wie es heute auf dem Markt ist] als weiche Droge mit guten Gründen *Patzak/Marcus/Goldhausen* NStZ 2006, 259 (266); *Patzak/Goldhausen* NStZ 2007, 195; auch schon *Gebhardt* in Kreuzer BtMStrafR-HdB § 9 Rn. 42; umfassend zu den medizinischen, juristischen und psychosozialen Perspektiven des Umgangs mit Cannabis der Sammelband von *Duttge/Holm-Hadulla* et al, 2017; s. auch die systematische wissenschaftliche Analyse zu den Risiken des Cannabiskonsums zum Freizeitgebrauch und dem Potential von Cannabisarzneimitteln **CaPRis,** 2019).

(aa) Zur Gefährlichkeit von Cannabis. Die Befürworter der Freigabe von Cannabis gehen im Allgemeinen davon aus, dass der Konsum der Droge ungefährlich oder jedenfalls nicht gefährlicher sei als der von Alkohol. Diese Auffassung spielt bei Kritikern des Betäubungsmittelstrafrechts auch sonst eine erhebliche Rolle (*Roxin/Greco* Strafrecht AT I § 2 Rn. 34–36; *Schneider* StV 1992, 514; 1994, 390; *Hohmann/Matt* JuS 1993, 370; *Böllinger* KJ 1994, 405 (411, 412); *Haffke* ZStW 107 (1995), 761 (764); *Paeffgen* FG BGH, 2000, 695 (706, 707) (Fn. 57); *Paul* MschrKrim 2005, 273 (279, 280)) sowie die Fraktion BÜNDNIS 90/DIE GRÜNEN in einem Antrag v. 13.6.2012 (BT-Drs. 17/9948)[64], so dass es sich lohnt, darauf näher einzugehen, zumal die Abolitionsdiskussion wieder Fahrt aufgenommen hat (→ Rn. 178–180) und mittlerweile auch der mit knapper Mehrheit angenommene **Beschluss der CND vom 2.12.2020** im Raume steht, wonach Cannabis aus dem Anhang IV des Ük 1961 für besonders gefährliche Stoffe herausgenommen wurde (→ § 1 Rn. 31). Mit der **zunehmenden Gefährlichkeit von Cannabis,** insbesondere auf Grund der steigenden Wirkstoffgehalte (→ Rn. 151, 152; § 1 Rn. 303–313), lässt sich dieser Beschluss nur schwerlich vereinbaren.

Nach dem, was heute bekannt ist (*Patzak/Marcus/Goldhausen* NStZ 2006, 259 (259–266); *Patzak/Goldhausen* NStZ 2007, 195; *Thomasius* MschrKrim 2006, 107 je unter Auswertung zahlreicher, insbesondere auch US-amerikanischer Untersuchungen aus neuerer Zeit; CaPRis S. 66–231); fern der neueren Erkenntnisse *Paul* MschrKrim 2005, 273 (274–276, 278, 286); ebenso fernliegend *Krumdiek* Cannabisprohibition S. 29, 30), ist die These **zumindest überholt:**

(1) Steigerung des Wirkstoffgehalts. Es kann dahinstehen, ob sie jemals zugetroffen hat. Jedenfalls ist Cannabis, insbesondere Marihuana, heute nicht mehr das Kraut, das der eine oder andere 68-er noch in Erinnerung haben mag, sondern eine zu **Hochleistungssorten hochgezüchtete Droge** (*Thomasius* MschrKrim 2006, 107 (108): „Hightech-Produkte"; dies wird mittlerweile sogar in den Niederlanden so gesehen (*Sagel-Grande* MschrKrim 2004, 37 (42))), deren Wirkstoffgehalt sich ständig erhöht (BGH NStZ-RR 2008, 319).

So hatte sich der **durchschnittliche THC-Gehalt** bei Marihuana in Deutschland bereits im Jahre 2004 seit 1997 mehr als verdoppelt und lag bei 10,8 % (DBDD 2005 S. 99). Im Jahre 2004 betrug der höchste festgestellte Wirkstoffgehalt bei Haschisch 52,2 % THC und bei Marihuana 51,6 % THC (*Patzak/Marcus/Goldhausen*

---

[64] In ihrem Gesetzesantrag v. 3.3.2015 (BT-Drs. 18/4204, 40, 42) wird daran, namentlich für Jugendliche, nicht festgehalten (→ Rn. 179). Auch *Oğlakcıoğlu* in MüKoStGB BtMG Vor § 29 Rn. 33, der ein „differenziertes Verbotsgesetz" fordert, geht offensichtlich nicht von einer Ungefährlichkeit der Droge aus.

NStZ 2006, 259 (261)). Hinzu kommt, dass der Anteil von Cannabidiol, das die Wirkung des THC abschwächt, so stark zurückgegangen ist, dass er in der Regel nicht mehr nachweisbar war (*Patzak/Marcus/Goldhausen* NStZ 2006, 259 (261)). Im Jahre 2019 lag der durchschnittliche THC-Gehalt bei den untersuchten Proben
- von Cannabiskraut bei 2,6%,
- bei Blütenständen bei 13,7% und
- bei Haschisch bei 22,6%.[65]

Nach dem Bundeslagebericht RG 2019 S. 20 hat sich der durchschnittliche THC-Gehalt (Median) bei Haschisch seit 2009 (7,4%) verdreifacht.

153 **(2) Längerfristige Wirkungen** Dies bleibt bei den längerfristigen Wirkungen des Stoffs nicht ohne Folgen. Im Einzelnen wird dazu auf → § 1 Rn. 303–320, namentlich auf die Ausbildung von Psychosen (→ § 1 Rn. 309, 310), die Abhängigkeit und Behandlungsbedürftigkeit (→ § 1 Rn. 311–314) und auf sonstige gesundheitliche Schäden (→ § 1 Rn. 304–308) hingewiesen.

154 Die Aussagen, die im Jahre 1994 auch von den **deutschen obersten Gerichten** (BVerfGE 90, 145 (178–181) (→ Rn. 21); BGHSt 42, 1 = NJW 1996, 794 = NStZ 1996, 139 (195) mkritAnm *Körner* = StV 1996, 95, 317 mkritAnm *Böllinger;* ähnlich das Schweizerische Bundesgericht StV 1992, 18) zu einer geringeren Gefährlichkeit von Cannabis gemacht wurden, erscheinen heute schon allein deswegen **überholt** und **problematisch.**

155 Im Jahre 2008 hat *Krumdiek* NStZ 2008, 437 wiederum den Versuch unternommen, diese Erkenntnisse **zu relativieren.** Aber auch sie muss sich letztlich darauf zurückziehen, „dass
- der moderate (!)
- Cannabisgebrauch von Nicht-Risikokonsumenten (!)
- als relativ (!)

ungefährlich zu erachten" sei (S. 444). Schon dies wäre für einen **verantwortungsbewussten Gesetzgeber** Anlass genug, die Droge **nicht** zuzulassen.

156 Wenig einleuchtend ist es, wenn die **Verdoppelung des Wirkstoffgehalts** bei Marihuana von 1997–2004 (→ Rn. 152) mit der Sicherstellung von 94.000 Cannabispflanzen im Jahr 2005 in Verbindung gebracht wird (*Krumdiek* NStZ 2008, 437 (443)). **Weit** von den **Realitäten entfernt** sich der Hinweis, der „unkontrollierte Anstieg" des Wirkstoffgehalts sei „ausschließlich in der vorliegenden Kriminalisierung begründet", denn andernfalls könne der Gesetzgeber den Wirkstoffgehalt entsprechend kontrollieren (S. 444). Es dürfte eine Illusion sein, dass sich Züchter, Anbauer und Marktbeteiligte, die jedenfalls in den oberen Hierarchiestufen der Organisierten Kriminalität angehören, an die deutschen Grenzwerte halten werden.

157 Völlig ausgeblendet wird die **drastische Zunahme** der **ambulanten** und **stationären Behandlung** mit der Hauptdiagnose Cannabis (→ § 1 Rn. 313).

158 **(bb) Freier Markt für „weiche" Drogen.** Grundlage des Vorschlags der Freigabe weicher Drogen sind manchmal dieselben kultursoziologischen oder ökonomisch geprägten Überlegungen wie bei der Freigabe von Heroin (→ Rn. 131–137). Zusätzlich wird die im Vergleich zu harten Drogen geringere Gefährlichkeit von Cannabis ins Feld geführt (Hessische Kommission „Kriminalpolitik" StV 1992, 249 (254); *Webel* BtMR S. 23). Abgesehen von der zunehmenden Fragwürdigkeit der Annahme einer geringeren Gefährlichkeit (→ Rn. 149–157) kann es eigentlich kein Grund für die Zulassung einer Droge sein, wenn sie weniger gefährlich erscheint als andere (*Hauptmann* Kriminalistik 1999, 17 (22, 23)). Es gibt insbesondere

---

[65] Anh. H – Häufigkeit der Wirkstoffgehalte, Tab 2.1 bis 2.3; DBDD 2020 Drogenmärkte S. 25.

keinen verfassungsrechtlichen Anspruch auf Gleichbehandlung (BVerfGE 90, 145 (196, 197) → Rn. 21). Der richtige Weg ist, auch dem Gebrauch derzeit legaler Drogen entgegenzutreten, nicht aber, zusätzliche Drogen zuzulassen.

Hiervon abgesehen spricht gegen eine Freigabe die **Ausweitung des Konsums,** 159 die zwangsläufig mit der freieren Verfügbarkeit einer Droge verbunden ist (→ Rn. 133, 143; IFT-Berichte Bd. 65 S. 31, 32, 36, 37; s. auch *Kreuzer* NStZ 1998, 217 (221); *Kaiser* Kriminologie § 55 Rn. 41). Auch mit dem Jugendschutz wäre eine solche Freigabe nicht zu vereinbaren. Dementsprechend wird in den Niederlanden die Freigabe von Cannabis mit Rücksicht auf die von der Droge ausgehenden Gefahren, namentlich für Jugendliche, nicht in Erwägung gezogen (NiederländDrogenpolitik S. 17, 46). Hinzu kommt, dass bei einer Freigabe mit der offenen Möglichkeit der **Züchtung** mit noch mehr und noch stärkeren **Hochleistungssorten,** womöglich auch noch **genmanipuliert,** zu rechnen wäre.

(cc) Lizenzierte Abgabe, Trennung der Märkte. Eine andere Frage ist, ob 160 durch eine lizenzierte Abgabe von Cannabis (soweit man Cannabis weiterhin als harmlos ansehen will) eine Trennung der Märkte erreicht werden kann, die ihrerseits das Umsteigen auf harte Drogen vermindert. Grundlage dieses Vorschlags, den auch das BVerfG in seinem Beschluss v. 9.3.1994 (BVerfGE 90, 145 (194) (→ Rn. 21)) anspricht (die späteren Entscheidungen (BVerfG NJW 2004, 3620 und 30.6.2005 – 2 BvR 1772/02) kommen darauf nicht mehr zurück), ist die Annahme, dass der Konsument weicher Drogen seinen Bedarf bei Dealern deckt, die auch mit härteren Stoffen handeln, und dass dies vor allem junge Menschen zu einem „Umsteigen" verleiten kann (BGHSt 42, 1 → Rn. 154).

Bereits diese **Ausgangsthese ist fragwürdig** geworden. Beim deutschen Hero- 161 inprojekt hat sich ergeben, dass aus der Sicht der Probanden der Markt für „weiche" Drogen wie Cannabis und der Markt für „harte" Drogen wie Heroin in Deutschland weitgehend getrennt sind (*Kreuzer/Köllisch* Qualitative kriminologische Untersuchung, Spezialstudie im Rahmen des bundesdeutschen Modellprojekts zur kontrollierten Heroinvergabe an Schwerstabhängige, veröffentlicht im Internet). Auch eine holländische Untersuchung hat gezeigt, dass die These vom Umsteigen zweifelhaft ist (*Thomasius* MschrKrim 2006, 107 (113)).

Als (gelungenes) Beispiel für **die Trennung der Märkte** wird, wenn auch zu- 162 nehmend seltener, auf die Niederlande hingewiesen. Auch die amtliche niederländische Auffassung geht dahin, dass die Trennung der Märkte durch die **Coffeeshops** im Wesentlichen gelungen sei (NiederländDrogenpolitik S. 17, 47–51; ebenso *Scheerer* ZRP 1996, 187 (188)). Allerdings sei es notwendig, die Coffeeshops stärker zu kontrollieren, ihre Zahl deutlich zu verringern, die Abgabemengen einzuschränken und den Einfluss der Organisierten Kriminalität zurückzudrängen (NiederländDrogenpolitik S. 47–51; 74, 75).

Schon diese Hinweise zeigen, dass von einem **Erfolg eigentlich nicht** gespro- 163 chen werden kann (*Kaiser* Kriminologie § 55 Rn. 4).[66] Immer wieder muss auch in

---

[66] Auch die mittlerweile eingeführten Regularien (sog. AHOJG-Kriterien: A [„affichering"]: Drogen dürfen nicht beworben werden; H [„harddrugs"]: harte Drogen dürfen nicht verkauft werden; O [„overlast"]: der Coffeeshop darf keine Belästigungen verursachen; J [„jeugdigen"]: Drogen dürfen nicht an Jugendliche [unter 18 Jahren] verkauft werden, und diesen darf kein Zutritt gewährt werden; G [„grote hoeveelheden"]: bei jedem Verkauf dürfen nicht mehr als 5 g Cannabis pro Person abgegeben werden: darüber hinaus darf der Handelsvorrat [„handelsvoorraad"] eines tolerierten Coffeeshops 500 g nicht überschreiten; haben sich nicht als ausreichend erwiesen, den mit der Einrichtung von Coffeeshops verbundenen Drogentourismus und die damit einhergehende Kriminalität und Zunahme illegaler Drogenverkaufsplätze zu verhindern. Daher wurden die AHOJG-Kriterien, europarechtlich zulässig (EuGH BeckRS 2010, 91439), mit Wirkung v. 1.1.2013 durch das I-Kriterium [Ingezetenen,

deutschen Strafverfahren festgestellt werden, dass der Erwerb von harten Drogen in einem niederländischen Coffeeshop erfolgt ist oder angebahnt wurde (s. auch *Koriath* Kriminalistik 1992, 418 (422); 1995, 82 (85)). Dies reicht nach den Erfahrungen des Verf. als Leiter der Staatsanwaltschaft Traunstein bis in den südostbayerischen Raum; die jungen Leute aus dem Chiemgau oder dem Rupertiwinkel hätten ohne diese Anlaufstellen in den Niederlanden kaum je eine Chance gehabt, dort an die Drogen heranzukommen. Schon auf der Grundlage dieser Erfahrungen bietet das Coffeeshop-Modell nicht die Sicherheit, die es rechtfertigen würde, die damit verbundenen Risiken einzugehen.

164 Das Risiko des gleichzeitigen Verkaufs harter Drogen könnte zwar dadurch vermindert werden, dass die Abgabe von Cannabis nur in Etablissements erfolgt, die als besonders zuverlässig gelten, etwa den **Apotheken,** wie dies von der schleswig-holsteinischen Landesregierung mit ihrem Antrag v. 10.2.1997 auf Zulassung eines Modellprojekts verfolgt wurde (StV 1997, 327). Vor einigen Jahren haben *Paul* (MschrKrim 2005, 273 (282–286)) und *Krumdiek* Cannabisprohibition S. 372–377, ausgehend von der Harmlosigkeit von Cannabis, dieses Modell wieder hervorgeholt. Zum Verkauf von Cannabis in Cannabis-Fachgeschäften → Rn. 180.

165 Abgesehen davon, dass sich voraussichtlich nur die **schwarzen Schafe** unter den Apothekern auf den Handel mit Rauschgift einlassen werden, könnte der Schwarzmarkt damit schon deswegen nicht „ausgetrocknet" werden, weil der Preis, den der Apotheker wegen seiner fixen Unkosten (zB Umsatz- und Einkommensteuer) verlangen muss, den Schwarzmarktpreis stets übersteigen wird. Dies gilt umso mehr, wenn noch ein aufwendiges Kontrollsystem, etwa mit Chipkarten (*Paul* MschrKrim 2005, 273 (282–286)), finanziert werden soll. Etwas anderes käme nur dann in Betracht, wenn der Cannabisverkauf aus Steuermitteln subventioniert würde. Im Übrigen kommt auch hier der Nachteil jeglicher Monopolisierung hinzu, wonach die illegalen Drogenverteilungssysteme sich gezielt an die Personen wenden werden, die von dem Monopol nicht beliefert werden, namentlich an Kinder und Jugendliche.

166 Auch sollte die Einheitlichkeit des Drogenmarktes als Grund für das „Umsteigen" **nicht überschätzt** werden (auch → Rn. 161). Es kann davon ausgegangen werden, dass die Risikofaktoren für den Griff zur harten Droge nicht weniger vielfältig sind als die für den Drogenkonsum selbst (zu letzterem → § 1 Rn. 66–83). Auch von daher ist es fraglich, ob die mit der Ermöglichung eines legalen Zugangs zu Cannabis verbundenen Vorteile den zu erwartenden gesteigerten Verbrauch von Rauschmitteln aufwiegen würden.

167 **(c) Lizenz- und Verschreibungssysteme.** Deutlich weniger weit gehen die Vorschläge, wonach Abhängige über Krankenhäuser oder zugelassene Ärzte Betäubungsmittel erhalten können. Dabei lassen sich zwei Gruppen unterscheiden:

168 **(aa) Verschreibung von Originalpräparaten.** Nach den Vorschlägen der einen Gruppe sollen Originalpräparate, zB Heroin, verschrieben werden. Die Spannbreite dieses Systems reicht von Vorschlägen, die sich der Monopolisierung (→ Rn. 138–147) nähern, bis zur Verabreichung aus therapeutischen Gründen und damit der Schadensreduzierung (→ Rn. 193–197).

169 **(bb) Verschreibung von Ersatzstoffen.** Weniger weit gehen die Vorschläge zur Verabreichung von Ersatzstoffen (zB Methadon) an die Abhängigen. Erreicht wird damit der Bereich der **Substitution,** die im geltenden Recht bereits verwirklicht ist (→ BtMG § 13 Rn. 72–81) sowie die Erläuterung der → BtMVV § 5 Rn. 1 ff., § 5a Rn. 1 ff.; *Weber* in Roxin/Schroth MedizinStrafR-HdB S. 729–777).

Einwohner] ergänzt; danach ist der Zugang zu Coffeeshops nur noch Personen erlaubt, die ihren Wohnsitz in den Niederlanden haben.

Einleitung **BtMG**

bb) Entkriminalisierung. Nach diesem Vorschlag bleibt der Umgang mit Drogen rechtswidrig, er wird jedoch nicht mit Kriminalstrafe belegt (*Gebhardt* in Kreuzer BtMStrafR.-HdB § 9 Rn. 97), sondern (zusammen mit anderen Bereichen) in ein eigenes Interventionsrecht mit weniger intensiven Sanktionen aufgenommen (→ Rn. 171), nur als Ordnungswidrigkeit behandelt (→ Rn. 172, so etwa ein weiterer Vorschlag von *Hassemer* ZRP 1992, 378 (383); auch eine Initiative des Landes Rheinland-Pfalz sah für den Umgang mit einer bestimmten Menge Cannabis eine Ordnungswidrigkeit vor [BR-Drs. 507/92]) oder auch überhaupt nicht sanktioniert (→ Rn. 173), was allerdings nicht für den Drogenhandel gelten soll (*Kniesel* ZRP 1994, 353 (356)). 170

(a) Interventionsrecht. Der Nutzen eines „zwischen Strafrecht und Recht der Ordnungswidrigkeiten, zwischen Zivil- und Öffentlichem Recht" angesiedelten besonderen Interventionsrechts (*Hassemer* ZRP 1992, 378 (383); *Hassemer* StV 1995, 483 (490); *Hassemer* GS Schlüchter, 1998, 133 (158)) könnte eigentlich nur darin bestehen, das Strafrecht als ein „Gehäuse liberaler Beschaulichkeit" (*Hassemer* NStZ 1989, 553 (558)) zu erhalten. Auf der anderen Seite würde eine solche Regelung den Eindruck erwecken, dass diese Delikte weniger sozialschädlich wären als die im Strafrecht verbliebenen (*Stratenwerth* ZStW 105 [1993], 679 (688); Hefendehl S. 222). Auch wäre das Missverhältnis zwischen der vielfach gegebenen Größe der Bedrohung, etwa dem Handeltreiben mit großen Mengen harter Drogen, und den Mitteln zu ihrer Abwehr nicht akzeptabel. Deutschland würde damit auch gegen seine Verpflichtung aus Art. 3 Abs. 4 UAbs. a ÜK 1988 verstoßen, wonach die Sanktionen der Schwere der Straftaten entsprechen müssen. Schließlich ist auch das Verhältnis des Interventionsrechts zum Jugendstrafrecht, das gerade im Betäubungsmittelrecht eine erhebliche Rolle spielt (Abgeurteilte nach Jugendstrafrecht im Jahre 2018: 19,27%[67]) völlig ungeklärt. 171

(b) Ordnungswidrigkeitenrecht. Bei der Einstufung als Ordnungswidrigkeit müsste eine neuartige (Bußgeld-) Behörde aufgebaut werden. Auch ist das Bußgeldverfahren für den in Betracht kommenden Personenkreis nur wenig geeignet (*Körner,* 6. Aufl. 2007, Anh. C 1 Rn. 307) und der rationellen Erledigung durch die Staatsanwaltschaft nach § 31a BtMG oder §§ 153, 153a, 153b StPO deutlich unterlegen (ohne Praxiskenntnis geht *Paul* MschrKrim 2005, 273 (282) davon aus, das Ordnungswidrigkeitenverfahren sei kürzer). Auch kann die Staatsanwaltschaft im Rahmen des § 153a StPO auch Weisungen, etwa zur Therapie, erteilen. Erst recht gilt dies im Jugendstrafrecht, wo die Maßnahmen der Diversion eine sachgerechte und flexible Entscheidung ermöglichen (→ Vor § 29 Rn. 1811–1815; → § 31a Rn. 19). Die Idee, den Besitz kleiner Mengen von Cannabis künftig nur noch als Ordnungswidrigkeit zu verfolgen, ist am 11.2.2020 von der SPD-Fraktion im Bundestag aufgegriffen worden. Wie die vorstehenden Ausführungen zeigen, ist dieser Vorschlag nicht gerade von der Kenntnis der Praxis des Strafverfahrens und des Bußgeldverfahrens geprägt. 172

(c) Keine strafrechtliche Sanktionierung. Soweit vorgeschlagen wird, den Umgang mit illegalen Drogen überhaupt nicht zu sanktionieren, erscheint die Vorstellung, mit polizeilichen Mitteln, namentlich mit Sicherstellungen, „die Verhältnisse auf den weichen Drogenmärkten ordnen" zu können (*Kniesel* ZRP 1994, 353 (356)), wenig praxisnah. An sich müsste „die gesamte Klaviatur des Polizeirechts" (*Kniesel* ZPR 1994, 353) bereits jetzt zum Einsatz kommen. Wenn es aber darum gehen sollte, die Polizei von der vermeintlichen Fessel des Legalitätsprinzips zu befreien (worum es *Kniesel* ZPR 1994, 353 wohl geht; ein Anliegen des Polizeibeamten auf der Straße ist dies nicht (*Schäfer/Paoli* Drogenkonsum S. 199)), so ist 173

---

[67] Statistisches Bundesamt – Strafverfolgung Fachserie 10 Reihe 3 – 2018 Tab. 2.1.

darauf hinzuweisen, dass dieses Prinzip dem gebotenen „kriminalstrategischen Vorgehen" (*Kniesel* ZPR 1994, 353) nicht entgegensteht, da es erlaubt, einzelne Maßnahmen im Interesse der Ermittlungstaktik zurückzustellen (s. etwa Nr. 4.2.3 Satz 2 der OK-Richtlinien, abgedr. bei Meyer-Goßner/Schmitt S. 2544).

174 **cc) Entpönalisierung.** Nach diesem Vorschlag bleibt der Umgang mit Betäubungsmitteln strafbar; der unbedingte **Zwang der Strafverfolgungsbehörden zur Verfolgung der Tat** wird jedoch **gelockert** oder entfällt ganz. Dieses System ist im geltenden Recht zum Teil verwirklicht (→ § 29 Rn. 2100–2176; → § 31a Rn. 21–162). Hinzu treten im Jugendstrafrecht die Möglichkeiten der Diversion (→ Vor § 29 Rn. 1811–1815). Eine gesetzliche Erweiterung des § 31a und Festlegung bundeseinheitlicher Mengen wird in einem Antrag der Fraktion DIE LINKE v. 5.11.2019 (BT-Drs. 19/14828) gefordert.

175 **b) Betäubungsmittelrecht als differenziertes System abgestufter Maßnahmen.** Insgesamt zeigt sich, dass Zweifel an der Sinnhaftigkeit des dem BtMG zugrunde liegenden Konzepts einer umfassenden Kontrolle des Umgangs mit Betäubungsmitteln trotz der damit verbundenen Schwächen letztlich nicht begründet sind (*Kaiser* Kriminologie § 50 Rn. 40–42; *Kuhlen* GA 1994, 362 (367)). Ein nicht unerheblicher Teil dieser Schwächen kann mit den Maßnahmen der Schadensreduzierung ausgeglichen werden (→ Rn. 193–197). Negative Rückwirkungen auf die Rechtsstaatlichkeit der Verfahren können und müssen dort angegangen werden, wo sie einzutreten drohen. Zusammen mit den Säulen der Prävention und der Therapie, mit den verwirklichten Formen der Schadensreduzierung, mit der Diversion und der Lockerung des Verfolgungszwangs in bestimmten Bereichen erweist sich das deutsche Betäubungsmittelrecht als ein differenziertes System abgestufter Maßnahmen, in dem auch das Strafrecht seinen Platz hat

176 **5. Kein symbolisches Strafrecht.** Führt man die Erwartungen auf das zurück, was Strafrecht leisten kann, so steht das Betäubungsmittelstrafrecht hinter anderen Bereichen des Strafrechts nicht zurück. Dass es den Umgang mit illegalen Drogen nicht zu unterbinden vermochte und auch einen Anstieg nicht hindern konnte, lässt es daher bei einer nüchternen Betrachtung ebenso wenig oder genauso viel als symbolisches Strafrecht erscheinen wie andere Strafvorschriften auch. Dass auch das Kernstrafrecht mit Effizienzproblemen zu kämpfen hat, zeigt allein die Millionenzahl der registrierten Diebstähle (im Jahre 2019 1.822.212[68]).

177 Dass sich das Betäubungsmittelstrafrecht in einem weltanschaulich und politisch besonders umstrittenen Bereich behaupten muss, macht es gegenüber dem Vorwurf, es beruhe auf symbolischer Gesetzgebung (zB *Böllinger* KJ 1994, 405 (419); *Kniesel* ZRP 1994, 352; *Albrecht* StV 1994, 265; *Haffke* ZStW 107 [1995], 761 (785); *Kreuzer* FS Miyazawa, 1995, 177 (184)), besonders anfällig. Es zeigt sich aber, dass es als Mittel der Repression neben Prävention, Therapie und Schadensreduzierung **seine Aufgabe so erfüllt**, wie dies von Strafrecht erwartet werden kann. Auch die behaupteten **Vollzugsdefizite** lassen sich im Wesentlichen **nicht** verifizieren (*Helgerth/Weber* FS Böttcher, 2007 S. 511–514); *Weber* Handeltreiben S. 382–389).

178 **6. Abolitionsdiskussion heute.** In jüngerer Zeit hat die Abolitionsdiskussion erneut an Fahrt aufgenommen.[69] Beflügelt wurde sie durch eine **Petition von 123 Strafrechtsprofessoren** an den Deutschen Bundestag, mit der diese die strafrechtliche Drogenprohibition für gescheitert erklärt und die Einsetzung einer Enquête-

---

[68] PKS 2019 Jahrbuch Bd 1 S. 12.
[69] Eine Übersicht über die Entwicklung im Einzelnen enthält DBDD 2016/Drogenpolitik S. 12–14; s. auch *Oğlakcıoğlu* in MüKoStGB BtMG Vor § 29 Rn. 29–40.

kommission zur Überprüfung der Wirksamkeit des BtMG gefordert hatten. Die Petition enthält im Wesentlichen die bisher bekannten Positionen. Neue Fakten, insbesondere eine auf Zahlen gestützte Argumentation enthält die Petition nicht.

Die Petition wurde in einem **Antrag** der Fraktionen DIE LINKE und BÜNDNIS 90/DIE GRÜNEN (BT-Drs. 18/1613) und in einer **Kleinen Anfrage** der Fraktion DIE LINKE (BT-Drs. 18/2711) aufgegriffen. Die Bundesregierung verweist in ihrer Antwort auf die Kleine Anfrage (BT-Drs. 18/2937) auf die Ergebnisse der bisherigen differenzierten Drogenpolitik, die sich mit ihren vier Säulen bewährt habe (auch → Rn. 175). 179

Am 4.3.2015 brachte die Fraktion BÜNDNIS 90/DIE GRÜNEN den Entwurf eines **Cannabiskontrollgesetzes** (CannKG) und eines **Cannabissteuergesetzes** (CannStG) in den Deutschen Bundestag ein (BT-Drs. 18/4204). Der Entwurf erkennt an, dass Cannabis insbesondere bei Jugendlichen zu gesundheitlichen Risiken führen kann, die mit der Intensität des Konsums zunehmen. Der Entwurf will dem mit einer Herausnahme von Cannabis aus den Regelungen des Betäubungsmittelgesetzes und der Eröffnung eines „strikt kontrollierten" legalen Marktes für Cannabis begegnen. Cannabis soll nur in Cannabisfachgeschäften verkauft werden dürfen; der Verkauf an Minderjährige soll verboten sein. Erwachsene sollen durch Qualitätsstandards, Warnhinweise und Beipackzettel geschützt werden. Der Entwurf wurde in der Sitzung des Deutschen Bundestags v. 2.6.2017 abgelehnt (BT-Prot. 18/238, 24377). Der Entwurf ist in der 19. Legislaturperiode erneut eingebracht worden (BT-Drs. 19/819), hatte aber keinen Erfolg (BT v. 29.10.2020). 180

Weitere Forderungen finden sich in 181
– einem **Antrag der FDP** v. 24.1.2018 (BT-Drs. 19/515) und v. 27.10.2020 (BT-Drs. 19/23691) auf die Ermöglichung von Modellprojekten zur Erforschung der kontrollierten Abgabe von Cannabis als Genussmittel, ebenso Positionspapier der **SPD-Fraktion** im Bundestag v. 11.2.2020 (dazu auch → § 3 Rn. 84), und
– einem **Antrag** der Fraktion **DIE LINKE** v. 20.2.2018 (BT-Drs. 19/832) auf Änderung des § 31a (einheitlicher Grenzwert von 15 g Cannabis oder drei Cannabispflanzen); Prüfung der staatlich kontrollierten Abgabe in Cannabisclubs.

Zu diesen Initiativen s. öffentliche Anhörung des Gesundheitsausschusses des Deutschen Bundestags v. 27.6.2018 und die (ablehnenden) Beschlüsse aus BT v. 29.10.2020.

Seit 20.4.2020 liegt dem **BVerfG** ein **neuerlicher Normenkontrollantrag** vor, mit dem ein Jugendrichter des Amtsgerichts Bernau erneut die Verfassungswidrigkeit des Cannabisverbotes geltend macht (beck-aktuell v. 21.4.2020). Ein weiterer **Antrag** der Fraktion **DIE LINKE** v. 6.11.2019 (BT-Drs. 19/14828): „Bundeseinheitliche geringe Drogenmengen festlegen und Harm Reduction erleichtern" ist noch nicht behandelt.

7. Schadensreduzierung (harm reduction, Überlebenshilfe, Sekundärprävention). Unter den genannten Stichworten lassen sich derzeit fünf Maßnahmen zusammenfassen, mit denen die Not der Süchtigen gelindert werden soll (→ Rn. 119). Ein Teil davon ist akzeptiert, während die anderen, manchmal trotz gesetzlicher Regelung (zB Drogenkonsumräume, diamorphingestützte Substitutionsbehandlung), umstritten sind. Maßnahmen der Schadensreduzierung sind: 182

a) Abgabe steriler Einmalspritzen. Die Abgabe steriler Einmalspritzen an Betäubungsmittelabhängige ist mittlerweile in § 29 Abs. 1 S. 2 geregelt und damit grundsätzlich außer Streit. Auf → § 29 Rn. 1967–1970 wird verwiesen. 183

Umstritten ist, ob solche Spritzen auch in **Justizvollzugsanstalten** abgegeben werden sollen. Da der Tatbestand des § 29 Abs. 1 S. 2 nicht erfüllt wird (→ § 29 Rn. 1967, 1969), ist die Abgabe nicht strafbar. Auf der anderen Seite haben sich die 184

Hoffnungen, die die Befürworter damit verbunden haben, nicht erfüllt (nach *Kreuzer* in Kröber/Dölling/Leygraf/Sass Forensische Psychiatrie-HdB IV S. 543 hat die Evaluation ambivalente Ergebnisse erbracht). Insbesondere hatte sich gezeigt, dass das Infektionsrisiko in den Anstalten mit Spritzenvergabe nicht geringer war als in den anderen. Inzwischen ist nur noch ein Projekt in der Justizvollzugsanstalt für Frauen Berlin Lichtenberg geblieben.[70]

185 **b) Substitution.** Die Substitution, im Wesentlichen mit Methadon, zunehmend auch mit Buprenorphin, ist gesetzlich geregelt und im Grundsatz nicht mehr umstritten. Auf → § 13 Rn. 72–81 und die Erläuterung der §§ 5, 5a BtMVV wird Bezug genommen (s. auch *Weber* in Roxin/Schroth MedizinStrafR-HdB S. 729–768).

186 **c) Substanzanalyse (drug-checking, drug-testing).** Die Substanzanalyse (drug-checking) nahm ihren Ausgang von den Niederlanden, wo etwa seit 1992 das Bedürfnis gesehen wurde, synthetische Drogen auf die Art des Betäubungsmittels, seine Reinheit und Beimengungen zu testen, um die Verbraucher vor Schäden zu bewahren (Drogen-Informations-Monitoring-System [DIMS]; *Patzak* in Körner/Patzak/Volkmer BtMG § 29 Teil 21 Rn. 54). Etwa seit 1995 gibt es in Deutschland ähnliche Bestrebungen (*Patzak* in Körner/Patzak/Volkmer BtMG § 29 Teil 21 Rn. 60a).

187 Nach § 10a Abs. 4 berechtigt die Erlaubnis zum Betrieb eines Drogenkonsumraums das dort tätige Personal **nicht**, eine **Substanzanalyse** der mitgeführten Betäubungsmittel durchzuführen. Damit ist auch für das drug-checking außerhalb eines Drogenkonsumraums klargestellt, dass ein Handeln zum Zwecke der harm reduction für sich allein die Strafbarkeit nicht ausschließt (*Patzak* in Körner/Patzak/Volkmer BtMG § 29 Teil 21 Rn. 60; wohl auch *Kotz/Oğlakcıoğlu* in MüKoStGB BtMG § 4 Rn. 16–19, die allerdings für eine Aufhebung des Verbots eintreten). Dem Verbot liegt zugrunde, dass das drug-checking eine Sicherheit vorspiegelt, die es nicht gibt; mangels standardisierter Herstellungsverfahren sagt die Untersuchung einer Pille nichts über die Unbedenklichkeit anderer Pillen gleichen Aussehens; auch bleibt eine nicht verunreinigte Pille eine potentiell gefährliche Droge (BT-Drs. 17/11911, 3). Zur Substanzanalyse im Einzelnen → BtMG § 4 Rn. 42–64.

188 **d) Einrichtung von Drogenkonsumräumen.** Die Einrichtung von Drogenkonsumräumen (Fixerstuben, Fixerräume, Gesundheitsräume, Druckräume) gehört zu den umstrittensten Maßnahmen der harm-reduction (zur Entwicklung s. *Patzak* in Körner/Patzak/Volkmer BtMG § 10a Rn. 1–8). Der INCB (→ BtMG § 5 Rn. 61, 62) hatte in ihnen einen Verstoß gegen die internationalen Suchtstoffübereinkommen (→ BtMG § 10a Rn. 7) gesehen. Gleichwohl hat der deutsche Gesetzgeber sie mit der Einführung des § 10a durch das 3. BtMG-ÄndG legalisiert. Trotz des gegebenen völkerrechtlichen Verstoßes (→ BtMG § 10a Rn. 16–20) steht die **rechtliche Zulässigkeit** in Deutschland außer Streit (→ BtMG § 10a Rn. 21, 22).

189 **e) Abgabe von Heroin an Schwerstabhängige.** Ähnlich kontrovers wie der Einrichtung von Drogenkonsumräumen ist die Diskussion zur Abgabe von Heroin an Schwerstabhängige. Ausgangspunkt ist ein Modellversuch in der Schweiz (Uchtenhagen, Synthesebericht; *Kaiser* Kriminologie § 55 Rn. 17, 18; *Albrecht* in Kreuzer BtMStrafR-HdB § 23C Rn. 268; *Adams* ZRP 1997, 52; *Hauptmann* Kriminalistik 1999, 17 (23); 519; *Killias* Kriminalistik 1999, 311; *Koch* Kriminalistik 1999, 543).

190 Der in den Medien erheblich überinterpretierte Versuch hat auch in Deutschland eine heftige Debatte darüber ausgelöst, ob in der **ärztlich verordneten Verabreichung** von Heroin an Schwerstabhängige ein verantwortbarer drogenpolitischer Weg gesehen werden kann. Dabei ist der Grundgedanke der Schadensreduzierung nicht umstritten. Die Frage ist nur, wie er im Verhältnis zu den anderen Säulen der

---

[70] DBDD 2011 S. 24; 2014 S. 152.

internationalen Drogenpolitik, insbesondere zur Prävention und zur Therapie **zu gewichten** ist.

Dabei kann wohl davon ausgegangen werden, dass die Vergabe von Heroin jedenfalls **kein Schritt** hin zu einer **Ächtung der Drogen** ist. Die damit verbundene **Signalwirkung** ist eher geeignet, die Präventionsbemühungen zu unterlaufen und die Prävention insgesamt zu schwächen. Eine Möglichkeit, dies durch die Aufnahme- und Haltekriterien zu vermeiden, ist nicht erkennbar. 191

Dagegen könnten negative Auswirkungen auf die **Therapiebereitschaft** durch strenge Aufnahme- und Haltebedingungen jedenfalls in der Theorie verhindert werden. Die Erfahrung mit anderen Programmen, auch solchen der Substitution, lehrt jedoch, dass dies in der Praxis nur schwer gelingt, so dass am Ende letztlich nur ein möglicherweise preiswertes, gesundheits- und drogenpolitisch jedoch nicht zu verantwortendes **Programm der Suchtverlängerung** steht. 192

aa) Der Schweizer Versuch. Ob und inwieweit dies bei dem Schweizer Versuch vermieden werden konnte, war namentlich nach einer Stellungnahme der Bundesärztekammer Gegenstand auch der öffentlichen Diskussion in Deutschland (*Sauer* in FAZ vom 11.8.1997; *Flenker* in DER SPIEGEL v. 9.3.1998; *Deckers* in FAZ v. 12.3.1998; s. auch *Kreuzer* NStZ 1998, 217 (220) sowie in FAZ v. 2.9.1999; *Gebhardt in* Kreuzer BtMStrafR-HdB § 9 Rn. 103). 193

Der **Syntheseberpicht** zu dem Vorhaben kommt zu dem Ergebnis, 194
– dass eine restriktiv gehandhabte,
– auf die Zielgruppe von Erwachsenen mit einer langjährigen, chronifizierten Heroinabhängigkeit, gescheiterten Therapieversuchen und deutlichen gesundheitlichen und sozialen Schäden ausgerichtete
– Weiterführung der heroinunterstützten Behandlung in entsprechend ausgerüsteten und kontrollierten Polikliniken,
– die auch eine umfassende Abklärung, Betreuung und Überwachung (Injektionen unter Kontrolle, keine Mitgabe injizierbarer Stoffe, kontrollierte Aufbewahrung der Betäubungsmittel, zentrale Bewilligungserteilung, Registrierung der Patienten, Überwachung des Nebenkonsums) gewährleisten,

empfohlen werden kann (*Uchtenhagen* Ärztliche Verschreibung S. 139/141).

Aber auch diese gegenüber der medialen Darstellung sehr vorsichtige Aussage beruht auf einer **brüchigen Basis.** Ohne dass dazu auf die manchmal polemische Auseinandersetzung der Befürworter und Gegner des Versuchs (etwa *Killias* Kriminalistik 1999, 311 und *Koch* Kriminalistik 1999, 543) zurückgegriffen werden muss, ergibt sich dies bereits aus dem Synthesebericht selbst (dazu im Einzelnen → 2. Auflage Rn. 157–169). 195

bb) Deutsche Arzneimittelstudie zur heroingestützten Behandlung Opiatabhängiger. Mittlerweile wurde auch in Deutschland ein entsprechendes Modellprojekt durchgeführt (BAnz. 1999 Nr. 183, S. 16.753; s. auch BT-Drs. 14/1940). Grundlage war eine Ausnahmegenehmigung des BfArM gemäß § 3 Abs. 2. Beteiligt waren die Bundesregierung, die Länder Hamburg, Hessen, Niedersachsen und Nordrhein-Westfalen und die Städte Bonn, Frankfurt a. M., Hannover, Karlsruhe, Köln und München. Der Versuch ist in zwischen ausgelaufen. 196

cc) Gesetz zur diamorphingestützten Substitutionsbehandlung. Obwohl auch der deutsche Modellversuch nur eine **schmale Tatsachenbasis** erbracht hat und eine Vielzahl erheblicher **methodischer und praktischer** Mängel aufweist (dazu im Einzelnen → 3. Auflage Rn. 178–208), wurde er durch das **Gesetz** zur diamorphingestützten Substitutionsbehandlung v. 15.7.2009 (BGBl. I S. 1801) **umgesetzt.** 197

198 **(a) Die positiven Elemente.** Dabei ist anzuerkennen, dass sich der Gesetzgeber bemüht hat, einigen Einwänden gegen die Vergabe der gewünschten Originalsubstanz an Süchtige Rechnung zu tragen. Dazu gehören vor allem
- die **Nichtaufgabe des Zieles der Abstinenz,**
- die Behandlung in **besonderen,** von den Landesregierungen anzuerkennenden und in das örtliche Suchthilfesystem eingebundenen **Einrichtungen,**
- die **diamorphinspezifische Qualifikation** der Ärzte,
- das zwingende Erfordernis einer **psychosozialen Betreuung** (leider nur für sechs Monate) und
- die **Überprüfung** der Wirksamkeit der Behandlung durch einen **externen Arzt** nach zwei Jahren.

Unverständlich ist, dass eine **Evaluation des Gesetzes nicht** vorgesehen ist.

199 Gleichwohl hat es nunmehr die **Chance, sich zu bewähren.** Wie die Erfahrungen mit der Substitution zeigen, kann dies nur dann gelingen, wenn seine Kriterien strikt eingehalten werden. Die einzelnen Vorschriften des Gesetzes werden bei der Erläuterung des BtMG und der BtMVV kommentiert.

200 **(b) Vereinbarkeit mit den Internationalen Suchtstoffübereinkommen.** Nicht abschließend geklärt ist die Frage, ob und inwieweit mit der nunmehr gesetzlich geregelten diamorphingestützten Substitutionsbehandlung gegen das **Einheitsübereinkommen von 1961** verstoßen wird. Heroin ist ein Suchtstoff des Anhangs IV zu diesem Übereinkommen. Nach Art. 2 Abs. 5 Buchst. b Hs. 2 dürfen solche Suchtstoffe für die medizinische und wissenschaftliche Forschung einschließlich klinischer Versuche verwendet werden.

201 **Diese Phase ist vorbei,** so dass der im Gesetz erlaubte Umgang mit Heroin (Diamorphin) an Art. 2 Abs. 5 Buchst. b Hs. 1 zu messen ist. Danach sind die Vertragsstaaten verpflichtet, den Umgang mit Suchtstoffen des Anhangs IV zu verbieten, wenn sie dies im Hinblick auf die in ihrem Staat herrschenden Verhältnisse für das geeignete Mittel halten, die Volksgesundheit und das allgemeine Wohl zu schützen. Bisher ist die übergroße Mehrheit aller Staaten davon ausgegangen, dass das absolute Umgangsverbot mit Heroin am besten dazu geeignet ist. Wenn hiervon abgewichen werden soll, so wird sich dies nur dann rechtfertigen lassen, wenn nicht nur die sonstigen Kautelen des Gesetzes, sondern vor allem das **Ziel der Abstinenz ernst genommen** wird (zu den insoweit sich mittlerweile ergebenden Zweifeln → BtMVV § 5a Rn. 13; → § 5 Rn. 52–60). Die These, dass das Ük 1961 den therapeutischen Einsatz von Suchtstoffen nicht verhindern soll (BVerwGE 123, 352 = NJW 2005, 3300; *Patzak* in Körner/Patzak/Volkmer BtMG § 5 Rn. 26), vermag die notwendige Subsumtion unter die Vorschriften des Übereinkommens nicht zu ersetzen.

202 In den **INCB-Reports** 2009 (Nr. 698) und 2010 (Nr. 705) wird das Gesetz lediglich erwähnt. Im Report 2014 wird darauf nicht mehr eingegangen.

203 **II. Unterbringung ohne Strafcharakter.** In eine andere Richtung zielt ein Vorschlag, den *Katholnigg* GA 1989, 193 (196–200) unterbreitet hat. Danach soll durch eine Ergänzung des BtMG eine zwangsweise, nichtstrafrechtliche Unterbringung eingeführt werden, die mit Freiheitsentziehung, aber auch mit den notwendigen Therapiemaßnahmen verbunden ist. Bislang wird der Zugang zu solchen Überlegungen durch das ungute Schlagwort von der Zwangstherapie erschwert (→ BtMG Vor § 35 Rn. 10). Trotz der positiven Erfahrungen anderer Länder, etwa Schwedens, das im INCB-Report 2006 Nr. 583 für seine energische Drogenpolitik ausdrücklich gelobt wird, hat eine angemessene Diskussion dieses Vorschlags in Deutschland bislang nicht stattgefunden.

204 **III. Ausstieg aus der internationalen Drogenpolitik.** Bei allen Überlegungen, wie dem Überhandnehmen des Drogenkonsums wirksamer als bisher begeg-

net werden kann, ist zu berücksichtigen, dass nationale Maßnahmen hier noch weniger als in anderen (Rechts-)Politikfeldern losgelöst von der internationalen Entwicklung getroffen werden können.

1. Die internationalen Suchtstoffübereinkommen. Dabei setzt die in der UNO verkörperte Völkergemeinschaft wesentlich auch auf das Mittel der Restriktion (Sondertagung der Generalversammlung der UNO v. 8.–10.6.1998 (Kriminalistik 1998, 470)), davon manche Staaten (zB Schweden) nach bitteren Erfahrungen mit anderen Wegen. Dies hat auch die Sondertagung v. 19. bis 21.4.2016 (UNGASS 2016; → Rn. 33) bestätigt. 205

Dementsprechend enthalten die internationalen Suchtstoffübereinkommen (→ Rn. 6, 31), namentlich das Suchtstoffübereinkommen 1988 (→ Rn. 31), sehr weit gehende **Verpflichtungen zur Setzung von Strafrecht.** Die Kritik am geltenden Betäubungsmittelstrafrecht muss sich daher auch damit befassen: 206

a) Kündigung/Änderung. Zum Teil wird die Kündigung der Konventionen in Erwägung gezogen (*Krumdiek* Cannabisprohibition S. 247–260 mwN) oder als notwendig angesehen (*Scheerer* ZRP 1996, 187 (191); ebenso der Entwurf von BÜNDNIS 90/DIE GRÜNEN eines CannKG, BT-Drs. 18/4204, 44–46). Eine solche wäre rechtlich möglich (Art. 46 Ük 1961; Art. 29 Ük 1971; Art. 30 Ük 1988). Abgesehen davon, dass Deutschland durch ein einseitiges Ausscheren aus der bisherigen Linie zu einem neuen Mittelpunkt des internationalen Drogenhandels werden würde (BVerfGE 90, 145 (183) (→ Rn. 21)), wäre dies mit der deutschen **außenpolitischen Ausrichtung** unvereinbar. Ein Staat, der einen Ständigen Sitz im Sicherheitsrat anstrebt, kann nicht die internationale Zusammenarbeit auf einem Gebiet aufkündigen, das die Vereinten Nationen als eines ihrer wichtigsten Operationsfelder ansehen. Auch im Hinblick auf die frühere Verweigerungshaltung des Deutschen Reiches (→ Rn. 4) hätte dies einen haut goût. 207

Nichts anderes würde für eine weitgehende **Änderung der Konventionen** gelten, zumal auch der vorgeschriebene Weg einer Vertragsänderung (Art. 47 Ük 1961; Art. 30 Ük 1971; Art. 31 Ük 1988) langwierig und mühselig wäre (dazu *Albrecht* in Kreuzer BtMStrafR-HdB § 10 Rn. 85, 86). Die völlige oder teilweise Aufhebung der Prohibition für einen oder mehrere Stoffe wäre eine solche weitgehende Änderung. 208

b) Verfassungsvorbehalt. Manchmal wird auch behauptet (*Schneider* StV 1992, 489 (492); *Kuckelsberg* JA 1994, 16 (19, 25); *Sommer* abwM zu BVerfGE 90, 145 (221, 223) (→ Rn. 21); *Keller* StV 1996, 55 (58); *Krumdiek* Cannabisprohibition S. 254–259 im Hinblick auf den „neuesten Forschungsstand"; krit. *Scheerer* ZRP 1996, 187 (191)), Deutschland könne unter Berufung auf den manchen Vertragsbestimmungen beigefügten Verfassungsvorbehalt (der ohnehin nur deklaratorische Bedeutung hat (*Albrecht* in Kreuzer BtMStrafR-HdB § 10 Rn. 47)), etwa die Strafbarkeit des Umgangs mit Cannabis aufheben oder wenigstens einschränken. Im Hinblick auf die Rechtsprechung des BVerfG (→ Rn. 125) zum Umgangsverbot mit Cannabis wird dies allerdings nur schwerlich vertreten werden können. 209

c) Vorbehalt der Grundzüge der Rechtsordnung. Entsprechendes gilt für den Vorbehalt der Grundzüge der Rechtsordnung der jeweiligen Vertragspartei (zB Art. 3 Abs. 2 Ük 1988). Zwar hat die Bundesregierung bei der Hinterlegung der Ratifikationsurkunde zum Ük 1988 eine Erklärung abgegeben, wonach die Grundzüge der Rechtsordnung „einem Wandel unterliegen können". Ob daraus aber geschlossen werden kann, dass das „Ob" der Bestrafung (im unteren Deliktsbereich) der freien Entscheidung des deutschen Gesetzgebers unterliegt (wie von BMJ und damaligen Regierungsfraktionen vorgetragen, dazu *Kuckelsberg* JA 1994, 16 (20, 21); *Sommer* abwM zu BVerfGE 90, 145 (221, 223) (→ Rn. 21); *Keller* StV 1996, 55 (58); *Krumdiek* Cannabisprohibition S. 212, 213), muss schon deswegen als 210 fragwürdig erscheinen, weil als Grundzüge der (deutschen) Rechtsordnung nur Regelungen angesehen werden können, die ein gewisses und über die Einzelregelung hinausgehendes Gewicht haben. Auch von den anderen Vertragsparteien konnte die deutsche Erklärung nicht anders verstanden werden.

211   **d) Definitionsklauseln.** Manchmal (zB Sommer abwM zu BVerfGE 90, 145 (221, 223) (→ Rn. 21); *Katholnigg* NJW 2000, 2017 (2224); 1276) wird auch auf bestimmte Klauseln der Verträge verwiesen, die einen Ausstieg ermöglichen sollen. Im Vordergrund steht dabei Art. 3 Abs. 11 Ük 1988. Danach berührt Art. 3 Ük 1988, der die wesentlichen Pflichten zur Setzung von Strafrecht enthält, nicht den Grundsatz, dass die Beschreibung der Straftaten, auf die er sich bezieht, und der diesbezüglichen Gründe, die eine Bestrafung ausschließen, dem innerstaatlichen Recht vorbehalten sind. Der Sinn dieser Regelung erschließt sich aus einem Vergleich mit den einschlägigen Vorschriften der älteren Übereinkommen:

212   Art. 36 Abs. 4 Ük 1961, Art. 22 Abs. 5 Ük 1971 lauten dahin, dass die Bestimmung der Tatbestandsmerkmale, die Strafverfolgung und die Ahndung im Einklang mit dem innerstaatlichen Recht einer Vertragspartei zu erfolgen haben. Dies bedeutet, dass die Tatbestandsmerkmale der in den Übereinkommen beschriebenen Straftaten nach den Regeln des nationalen Rechts festzulegen sind. Es müssen zwar nicht dieselben Begriffe wie in den Verträgen verwendet werden, die **Tatbestandsmerkmale** müssen aber **das dort beschriebene Verhalten erfassen.** Insbesondere können nicht bestimmte Teile des von den Übereinkommen erfassten Verhaltens straffrei gestellt werden.

213   Dabei kann es **nicht** darauf ankommen, ob es sich um **bestimmte, eng begrenzte Fälle** handelt (aA *Katholnigg* NJW 2000, 1217 (1224); *Kotz/Oğlakcıoğlu* in MüKoStGB BtMG §10a Rn. 10; *Krumdiek* Cannabisprohibition S. 169, 191). Auch wer solche Ausnahmen macht, will nicht Tatbestandsmerkmale des in den Verträgen beschriebenen Verhaltens festlegen, sondern das Prinzip der Prohibition teilweise aufheben (*Scheerer* ZRP 1996, 187 (191)). Letztlich stünde die Verpflichtung der Vertragsstaaten zur Strafbewehrung damit mehr oder weniger unter dem Vorbehalt der nationalen Gesetzgebung.

314   Auch aus Art. 3 Abs. 11 ÜK 1988 ergibt sich nichts anderes. Dies gilt zunächst für die erste Alternative, die sich mit der „Beschreibung der Straftaten" befasst. Auch dabei geht es lediglich um die **Umsetzung** der Verpflichtungen aus dem Übereinkommen **in die Begriffswelt** der nationalen Rechtsordnung (*Katholnigg* NJW 2000, 1217 (1224)).

215   Aber auch aus der zweiten Alternative lässt sich keine Befugnis des nationalen Gesetzgebers herleiten, bestimmte Verhaltensweisen, die von den Übereinkommen erfasst werden, straffrei zu stellen. Zwar werden dort „diesbezügliche Gründe, die eine Bestrafung ausschließen", ausdrücklich erwähnt. Damit wird jedoch nur die **selbstverständliche Praxis** aufgegriffen, dass auch die (allgemeinen) Rechtfertigungs- und Entschuldigungsgründe vom nationalen Recht bestimmt werden. Dafür spricht sowohl die Verwendung des Begriffs „defences" im englischen Text als auch der französische Text, der von „moyens juridiques de defense" und damit ebenfalls von Verteidigungsmitteln spricht. Dagegen ist nicht erkennbar, dass Art. 3 Abs. 11 Ük 1988 es den Vertragsstaaten ermöglichen sollte, drogenspezifische Rechtfertigungsgründe, objektive Strafbarkeitsbedingungen oder ähnliche Einschränkungen der Strafbarkeit des in den Verträgen beschriebenen Verhaltens zu schaffen.

216   **2. Europäische Union.** Stärker als die internationalen Suchtstoffübereinkommen unterscheidet die Drogenpolitik der Europäischen Union (→ Rn. 51, 52) zwischen der Angebots- und der Nachfrageseite (zB Drogenaktionsplan 2021–2025

(COM (2020) 606 final)). Ein Bedürfnis zu einem „Ausstieg" aus der europäischen Drogenpolitik wird bislang nicht artikuliert.

Auch **das SDÜ** (→ Rn. 38–40) behandelt die Angebots- und die Nachfrageseite **217** nicht gleich. Während die Vertragsstaaten verpflichtet sind, den Umgang mit Cannabis auf der Angebotsseite auch mit strafrechtlichen Mitteln zu unterbinden (Art. 71 Abs. 1, 2), werden die Maßnahmen zur Zurückdrängung der unerlaubten Nachfrage den Vertragsparteien überlassen (Art. 71 Abs. 5). Die Handlungsfreiheit der Nationalstaaten ist damit deutlicher ausgeprägt als in den internationalen Suchtstoffübereinkommen. Abweichungen vom SDÜ werden daher nicht diskutiert.

Erster Abschnitt. Begriffsbestimmungen

§ 1 Betäubungsmittel

(1) Betäubungsmittel im Sinne dieses Gesetzes sind die in den Anlagen I bis III aufgeführten Stoffe und Zubereitungen.

(2) ¹Die Bundesregierung wird ermächtigt, nach Anhörung von Sachverständigen durch Rechtsverordnung mit Zustimmung des Bundesrates die Anlagen I bis III zu ändern oder zu ergänzen, wenn dies
1. nach wissenschaftlicher Erkenntnis wegen der Wirkungsweise eines Stoffes, vor allem im Hinblick auf das Hervorrufen einer Abhängigkeit,
2. wegen der Möglichkeit, aus einem Stoff oder unter Verwendung eines Stoffes Betäubungsmittel herstellen zu können, oder
3. zur Sicherheit oder zur Kontrolle des Verkehrs mit Betäubungsmitteln oder anderen Stoffen oder Zubereitungen wegen des Ausmaßes der missbräuchlichen Verwendung und wegen der unmittelbaren oder mittelbaren Gefährdung der Gesundheit

erforderlich ist. ²In der Rechtsverordnung nach Satz 1 können einzelne Stoffe oder Zubereitungen ganz oder teilweise von der Anwendung dieses Gesetzes oder einer auf Grund dieses Gesetzes erlassenen Rechtsverordnung ausgenommen werden, soweit die Sicherheit und die Kontrolle des Betäubungsmittelverkehrs gewährleistet bleiben.

(3) ¹Das Bundesministerium für Gesundheit wird ermächtigt, in dringenden Fällen zur Sicherheit oder zur Kontrolle des Betäubungsmittelverkehrs durch Rechtsverordnung ohne Zustimmung des Bundesrates Stoffe und Zubereitungen, die nicht Arzneimittel sind, in die Anlagen I bis III aufzunehmen, wenn dies wegen des Ausmaßes der missbräuchlichen Verwendung und wegen der unmittelbaren oder mittelbaren Gefährdung der Gesundheit erforderlich ist. ²Eine auf der Grundlage dieser Vorschrift erlassene Verordnung tritt nach Ablauf eines Jahres außer Kraft.

(4) Das Bundesministerium für Gesundheit (Bundesministerium) wird ermächtigt, durch Rechtsverordnung ohne Zustimmung des Bundesrates die Anlagen I bis III oder die auf Grund dieses Gesetzes erlassenen Rechtsverordnungen zu ändern, soweit das auf Grund von Änderungen der Anhänge zu dem Einheits-Übereinkommen von 1961 über Suchtstoffe in der Fassung der Bekanntmachung vom 4. Februar 1977 (BGBl. II S. 111) und dem Übereinkommen von 1971 über psychotrope Stoffe (BGBl. 1976 II S. 1477) (Internationale Suchtstoffübereinkommen) in ihrer jeweils für die Bundesrepublik Deutschland verbindlichen Fassung oder auf Grund von Änderungen des Anhangs des Rahmenbeschlusses 2004/757/JI des Rates vom 25. Oktober 2004 zur Festlegung von Mindestvorschriften über die Tatbestandsmerkmale strafbarer Handlungen und die Strafen im Bereich des illegalen Drogenhandels (ABl. L 335 vom 11.11.2004, S. 8), der durch die Richtlinie (EU) 2017/2103 (ABl. L 305 vom 21.11.2017, S. 12) geändert worden ist, erforderlich ist.

Übersicht

	Rn.
Kapitel 1. Ziele und Rechtsgüter	1
Kapitel 2. Bezeichnung des Gesetzes; Begriff des Betäubungsmittels; System der Positivliste	9
A. Bezeichnung des Gesetzes	9

	Rn.
B. Materieller Begriff des Betäubungsmittels	10
C. System der Positivliste	12
I. Wirkungen der Aufnahme	13
1. Konstitutive Wirkung	14
2. Abschließende Wirkung	19
II. Wirksamkeit der Aufnahme	20
D. Betäubungsmittel und Drogen; Alltagsdrogen	21
E. Betäubungsmittel, Arzneimittel	23
I. Arzneimittel, die keine Betäubungsmittel sind	24
II. Arzneimittel, die zugleich Betäubungsmittel sind	25
F. Betäubungsmittel und Dopingmittel	26
G. Betäubungsmittel und neue psychoaktive Substanzen	27

Kapitel 3. Die internationalen Vereinbarungen ... 28
A. Die internationalen Suchtstoffübereinkommen ... 29
B. Die Europäische Union ... 32

Kapitel 4. Der zentrale Begriff der Abhängigkeit ... 33
A. Abhängigkeit ... 33
  I. Definition ... 35
  II. Formen der Abhängigkeit ... 44
    1. Psychische Abhängigkeit (seelische Abhängigkeit, craving) ... 45
    2. Physische Abhängigkeit (körperliche Abhängigkeit) ... 47
  III. Grade der Abhängigkeit ... 49
  IV. Toleranz, Kreuztoleranz ... 50
  V. Depravation ... 52
  VI. Abhängigkeitstypen ... 53
  VIII. Polytoxikomanie, polyvalenter Substanzmissbrauch ... 54
B. Abgrenzungen ... 57
  I. Rausch ... 58
  II. Gelegenheitskonsum ... 61
  III. Missbrauch, schädlicher Gebrauch ... 63

Kapitel 5. Ursachen der Abhängigkeit ... 66
A. Ursachen ... 66
B. Faktoren ... 68
  I. Risikofaktoren ... 70
    1. Psychosoziale Defizite ... 71
      a) Prädisposition ... 72
      b) Missbrauchsverhalten in der Familie ... 73
      c) Erziehungsbelastungen ... 74
      d) Ungünstige Einflüsse durch die peer-group ... 75
    2. Objektive Bedingungen ... 76
      a) Leichte Verfügbarkeit von Drogen ... 77
      b) Eigenschaften und Wirkungen der Droge, Bindungskraft ... 78
  II. Schutzfaktoren ... 79
    1. Adäquate Belastungsverarbeitung ... 80
    2. Positives Selbstkonzept ... 81
    3. Kommunikationsfähigkeit ... 82
    4. Umgang mit psychoaktiven Substanzen ... 83
C. Dauer bis zur Abhängigkeit ... 84

Kapitel 6. Abhängigkeit und Kriminalität ... 85
A. Kriminalitätsentwicklung ... 85
B. Zusammenhang zwischen Drogenmissbrauch und Delinquenz ... 86
C. Abhängigkeit und (indirekte) Beschaffungskriminalität ... 91

Kapitel 7. Drogeneinfluss: Feststellung, Laboranalysen ... 92
A. Drogenschnelltests ... 95
B. Immun-chemische Tests (Immunoassays) ... 96
C. Blutproben ... 97
D. Urinproben ... 99
E. Haaranalysen ... 101

	Rn.

Kapitel 8. Aussagetüchtigkeit, Vernehmungsfähigkeit und Verhandlungsfähigkeit unter Drogeneinfluss 102
A. Aussagetüchtigkeit 103
   I. Wahrnehmungsfähigkeit 104
      1. Akute Intoxikation 106
      2. Entzugssyndrom 108
   II. Speicherungsfähigkeit 110
   III. Fähigkeit zur Wiedergabe 111
B. Vernehmungsfähigkeit/Verhandlungsfähigkeit 112
   I. Verhältnis zur Aussagetüchtigkeit 113
   II. Auswirkungen der Drogenabhängigkeit 114
C. Feststellung der Aussagetüchtigkeit/Vernehmungsfähigkeit 117
   I. Die anstehende oder laufende Vernehmung 118
      1. Anzeichen für Besonderheiten 119
      2. Kooperationsbereitschaft, Aussagefreudigkeit 120
      3. Monothematische Einengung 121
      4. Schmerzen 122
   II. Beurteilung einer früheren Vernehmung 123
D. Wahrheitsgehalt der Aussage 124

Kapitel 9. Wirkung von Drogen 125
A. Spezifische Eigenschaften 126
   I. Gruppen 127
      1. Halluzinogene 128
      2. Analgetika (Narkotika, Euphorika) 129
      3. Stimulantia (Psychotonika, Weckamine) 130
      4. Sedativa (Tranquilizer, Hypnotika) 131
      5. Inebriantia (Inhalate, Delirianten) 132
   II. Einteilung nach dem BtMG 133
   III. Wirkungen im allgemeinen 134
B. Dosierung 136
C. Konsumform 137
D. Chemische Form 140
   I. Basen/Salze 141
   II. Wirkstoff 144
   III. Isomere 145

Kapitel 10. Betäubungsmittel (Absatz 1) 146
A. Legaldefinition 146
   I. Systematik der Anlagen 148
   II. Innerer Aufbau der Anlagen 149
B. Betäubungsmittel 151
   I. Stoffe und Zubereitungen 152
   II. Ausgenommene Zubereitungen 153
   III. Anlage I vierter Gedankenstrich (Stereoisomere) 156
      1. Verwendung als Betäubungsmittel 158
      2. Missbräuchliche Verwendung 159
   IV. In der Vergangenheit Beschränkung auf die Substanz 162
   V. Anlage I fünfter Gedankenstrich (Erweiterung des Begriffs) 163
      1. Chemische Elemente, chemische Verbindungen sowie deren natürlich vorkommende Gemische und Lösungen 168
      2. Pflanzen, Algen, Pilze und Flechten sowie deren Teile und Bestandteile 169
         a) Pflanzen sowie deren Teile und Bestandteile 170
            aa) Gesondert aufgeführte Pflanzen, Pflanzenteile und Pflanzenbestandteile 171
            bb) Andere Pflanzen und Pflanzenteile, Pflanzenbestandteile 173
                (a) Mit einem Stoff der Anlagen I bis III 174
                (b) Ohne einen Stoff der Anlagen I bis III 178
                    (aa) Biologische Materialien 179

	Rn.
(bb) Eignung	180
b) Algen sowie deren Teile und Bestandteile	184
c) Pilze sowie deren Teile und Bestandteile	185
aa) Mit einem Stoff der Anlagen I bis III	188
bb) Ohne einen Stoff der Anlagen I bis III	189
d) Flechten sowie deren Teile und Bestandteile	191
3. Tierkörper, auch lebender Tiere, Körperteile, Körperbestandteile und Stoffwechselprodukte von Tier und Mensch	192
a) Tiere	193
b) Menschen	197
4. Mikroorganismen einschließlich Viren sowie deren Bestandteile oder Stoffwechselprodukte	198
VI. Betäubungsmittelutensilien	199
VII. Betäubungsmittelanhaftungen, Betäubungsmittelrückstände	200
C. Biogene Drogen	201
I. Dem BtMG unterstehende Stoffe und Pflanzen	202
II. Giftpflanzen	203
D. Smart drugs	205
E. Weiche/harte Drogen	207
I. Der Standpunkt des BtMG 1982	208
II. Die Rechtsprechung des BVerfG	210

Kapitel 11. Neue Drogen ... 216
A. Designerdrogen ... 217
B. Die neuen psychoaktiven Stoffe (NPS), sog. Legal Highs, Research Chemicals ... 218
C. Unterstellungen unter das BtMG ... 220
D. (Bisher) nicht dem BtMG unterstellte Stoffe ... 234

Kapitel 12. Prodrugs, insbesondere GBL ... 235

Kapitel 13. Streckmittel ... 237

Kapitel 14. Die Betäubungsmittel der Anlage I ... 240
A. Allgemeines ... 240
B. Die Betäubungsmittel der Anlage I ... 241
   I. Zahl und Art der unterstellten Stoffe ... 242
   II. Einzelne Betäubungsmittel der Anlage I ... 244
     1. Amfetaminderivate, Amfetamine (ohne Ecstasy) ... 245
     2. Cannabis/Haschisch/Marihuana ... 247
       a) Herkunft, Geschichte ... 247
         aa) Anbau und Produktion ... 248
         bb) Cannabis als Rauschmittel ... 252
         cc) Cannabis als Mittel der Religionsausübung ... 253
         dd) Cannabis als Lebensmittel ... 254
         ee) Cannabis als Kosmetikum ... 256
         ff) Cannabis als Medizin ... 257
       b) Anwendungsbereich des BtMG, Ausnahmen ... 261
         aa) Samen (Buchst. a) ... 263
         bb) Gewerblicher oder wissenschaftlicher Umgang (Buchst. b) ... 271
           (a) Hanf aus zertifiziertem Saatgut ... 272
           (b) Hanf aus anderem Saatgut ... 273
           (c) Keine Geltung für den Anbau ... 274
           (d) Gewerbliche oder wissenschaftliche Zwecke ... 275
           (e) Kein Missbrauch zu Rauschzwecken ... 278
         cc) Schutzpflanzung bei der Rübenzüchtung (Buchst. c) ... 282
         dd) Nutzhanf (Buchst. d) ... 283
         ee) Herstellung von Zubereitungen zu medizinischen Zwecken (Buchst. e) ... 284
       c) Vertriebsformen ... 285
       d) Konsumformen ... 290

	Rn.
e) Wirkung	291
aa) Wirkstoffe, THC, CBN, CBD	293
bb) Akute Wirkungen	296
(a) Nach der Konsumform	297
(b) Nach dem zeitlichen Ablauf	298
(c) Nach der Dosierung	299
(d) Nach dem Inhalt des Rauscherlebnisses	300
cc) Längerfristige Wirkungen	303
(a) Kognitive Störungen, insbesondere bei Jugendlichen, AMS	304
(b) Psychosen, weitere psychische Auffälligkeiten	309
(c) Physische, psychische Abhängigkeit, Entzug, Toleranzbildung	311
(d) Fahreignung	315
(e) Einstiegsdroge, Schrittmacherfunktion	317
(f) Flash-back	320
3. Cathinon, Methcathinon, Khat-Strauch	321
a) Herkunft, Geschichte	321
b) Anwendung des BtMG auf den Khat-Strauch	322
c) Konsumformen, Vertriebsformen	324
d) Wirkung	327
4. Cathinonderivate, Cathinone)	328
5. Diamorphin (Heroin, Diacethylmorphin)	330
6. Dimethyltriptamin (DMT), Ayahuasca, Daime	331
a) Herkunft, Geschichte	331
b) Anwendung des BtMG auf die Betäubungsmittelpflanzen	333
c) Vertriebsformen, Konsumformen	334
d) Die Ayahuasca-„Kirchen"	336
e) Wirkung	337
7. Ecstasy, Herbal Ecstasy, Liquid Ecstasy	339
a) Herkunft, Geschichte	339
aa) Amfetaminderivate	346
(a) MDMA	347
(b) MDA	348
(c) MDE	349
(d) MBDB	350
(e) DOB	351
bb) Andere Stoffe	352
(a) Herbal-Ecstasy	353
(b) Liquid-Ecstasy, GHB, GBL	354
b) Vertriebsformen, Konsumformen	355
c) Wirkungen	357
aa) Akute Wirkungen	358
bb) Längerfristige Wirkungen	364
cc) Gefährlichkeit	367
8. Heroin (Diamorphin, Diacethylmorphin)	368
a) Herkunft, Geschichte	368
b) Herstellung, Vertriebsformen	371
aa) Heroin Nr. 1 (Morphinbase)	372
bb) Heroin Nr. 2 (Heroinbase)	373
cc) Heroin Nr. 3 (Heroinhydrochlorid)	374
dd) Heroin Nr. 4 (Heroinhydrochlorid, gereinigt)	375
c) Konsumformen	376
d) Wirkung	378
aa) Akute Wirkungen	379
(a) Phasen	381
(aa) Intoxikation	382
(bb) Wohlgefühl	383
(cc) Ahnung des Entzugs	384
(dd) Beginnender Entzug	385

Betäubungsmittel **§ 1 BtMG**

Rn.
- (ee) Entzug ... 386
- (b) Gefährlichkeit, Todesfälle ... 388
- bb) Längerfristige Wirkungen ... 390
  - (a) Psychische Abhängigkeit ... 391
  - (b) Physische Abhängigkeit ... 393
  - (c) Toleranzbildung ... 394
- cc) Weitere Folgen ... 395
- dd) Begleitumstände der Illegalität ... 397
- e) Heroin (Diamorphin) als Substitutionsmittel ... 398
- 9. LSD (Lysergid), Mutterkornpilz ... 403
  - a) Herkunft, Geschichte ... 403
  - b) Anwendung des BtMG auch auf den Pilz ... 405
  - c) Vertriebsformen ... 406
  - d) Konsumformen ... 407
  - e) Wirkung ... 408
    - aa) Akute Wirkungen ... 409
    - bb) Längerfristige Wirkungen ... 411
- 10. 5-Methoxy-DMT (5-Meo-DMT) ... 412
  - a) Herkunft ... 412
  - b) Die Anwendung des BtMG ... 413
  - c) Konsumformen ... 414
  - d) Wirkung ... 415
- 11. Mephedron (4-Methylmethcathinon (4-MMC) ... 416
  - a) Herkunft ... 416
  - b) Vertriebsformen, Konsumformen ... 417
  - c) Wirkung ... 418
- 12. Mescalin, Kakteen ... 419
  - a) Herkunft, Geschichte ... 419
  - b) Anwendung des BtMG auf die Kakteen ... 421
  - c) Vertriebsformen, Konsumformen ... 422
  - d) Wirkung ... 423
- 13. Phencyclidin (PCP, Engelsstaub) ... 424
  - a) Herkunft, Geschichte ... 424
  - b) Vertriebsformen, Konsumformen ... 427
  - c) Wirkung ... 428
    - aa) Akute Wirkungen ... 429
    - bb) Längerfristige Wirkungen ... 431
- 14. Phencyclidinderivate ... 432
- 15. Phenetylamine ... 435
- 16. Phenylethylamine ... 436
- 17. Psilocybin, Psilocin, Pilze ... 438
  - a) Herkunft, Geschichte ... 438
  - b) Halluzinogene Pilze ... 439
  - c) Anwendung des BtMG auf die Pilze ... 442
  - d) Vertriebsformen, Konsumformen ... 443
  - e) Wirkung ... 445
  - f) Das Verbot des BtMG und der freie Warenverkehr ... 449
- 18. Salvia divinorum ... 450
  - a) Herkunft ... 450
  - b) Anwendung des BtMG ... 451
  - c) Konsumformen ... 452
  - d) Wirkung ... 453

Kapitel 15. Die Betäubungsmittel der Anlage II ... 454
A. Allgemeines ... 454
B. Die Betäubungsmittel der Anlage II ... 455
   I. Zahl und Art der unterstellten Stoffe ... 456
   II. Einzelne Betäubungsmittel der Anlage II ... 458
   1. Amfetaminderivate, Amfetamine (ohne Ecstasy) ... 459
   2. Benzodiazepine (Diclazepam, Flubromazepam) ... 461
   3. Cannabinoide, synthetische (Spice, Sence, Smoke etc) ... 463

	Rn.
a) Herkunft, Geschichte	463
b) Unterstellungen	464
c) Vertriebsformen, Konsumformen	465
d) Wirkung	466
4. Cannabis zur Herstellung von Zubereitungen zu medizinischen Zwecken	468
5. Cathinone (Cathinonderivate)	469
a) Unterstellungen	469
b) Konsumform, Wirkung	470
6. Cocastrauch (Erythroxylum coca)	471
a) Verbreitung, Geschichte	471
b) Konsumformen, Wirkung	473
7. Diamorphin zur Herstellung von Zubereitungen zu medizinischen Zwecken	475
8. Meta-Chlorphenylpiperazin (m-CPP)	476
a) Herkunft, Geschichte	476
b) Wirkung	477
9. Metamfetamin (Crank, YABA, ICE, Shabu, Crystal-Speed)	478
a) Formen	478
b) Herkunft, Geschichte	481
c) Konsumformen	484
d) Wirkung	485
aa) Metamfetamin (rechtsdrehend)	486
bb) *(RS)*-Metamfetamin/Metamfetaminracemat	492
cc) Levmetamfetamin (linksdrehend)	494
10. Mohnstrohkonzentrat	495
11. Opioide, synthetische	498
12. Papaver bracteatum (Türkenmohn, Papaver orientale)	499
13. Phencyclidinderivate	501
14. Phenylethylamine	502
15. Piperazine (Piperazinderivate)	504
16. Piperidinderivate	506

Kapitel 16. Die Betäubungsmittel der Anlage III 507
A. Allgemeines 507
B. Die Betäubungsmittel der Anlage III 508
  I. Zahl und Art der unterstellten Stoffe 509
  II. Ausgenommene Zubereitungen 511
  III. Einzelne Betäubungsmittel der Anlage III 516
    1. Amfetamin („speed") 517
      a) Formen 517
      b) Herkunft, Geschichte 518
      c) Vertriebsformen, Konsumformen 520
      d) Wirkungen 522
        aa) Akute Wirkungen 523
        bb) Längerfristige Wirkungen 525
      e) Gefährlichkeit 526
    2. Benzodiazepine 527
      a) Herkunft, Geschichte 527
      b) Konsumformen, Wirkung, Abhängigkeit 528
      c) Gefährlichkeit 530
    3. Buprenorphin (Temgesic, Transtec, Subutex) 531
      a) Herkunft, Geschichte 531
      b) Konsumform, Wirkung 532
      c) Buprenorphin als Substitutionsmittel 534
    4. Cannabis (Marihuana) aus kontrolliertem Anbau oder als Fertigarzneimittel 535
    5. Cocain (Kokain) 536
      a) Herkunft, Geschichte 536
      b) Herstellung, Vertriebsformen 539
        aa) Cocapaste, Cocainbase, Cocain Rocks 540

	Rn.
bb) Cocainhydrochlorid	542
c) Konsumformen	543
d) Wirkung	544
aa) Akute Wirkungen	545
(a) Euphorische Phase	546
(b) Rauschstadium	547
(c) Dritte Phase (Ausklingen, Crash)	548
bb) Längerfristige Wirkungen	549
cc) Abhängigkeit	550
e) Gefährlichkeit	551
5a. Free base	552
a) Herkunft, Herstellung	552
b) Konsumform	554
c) Wirkung	555
5b. Crack	559
a) Herkunft, Herstellung	559
b) Vertriebsformen, Konsumform	561
c) Wirkung	564
6. Codein	566
a) Herkunft, Geschichte	566
b) Anwendungsbereich des BtMG	567
c) Vertriebsformen, Konsumformen	571
d) Wirkung	572
7. Diamorphin in Zubereitungen, die zur Substitutionsbehandlung zugelassen sind	573
8. Dihydrocodein	574
a) Herkunft, Geschichte	574
b) Anwendungsbereich des BtMG	575
c) Vertriebsformen, Konsumformen	576
d) Wirkung	578
9. Fentanyl	580
a) Herkunft, Geschichte	580
b) Konsumformen	582
c) Wirkung	583
10. Flunitrazepam (Rohypnol®)	585
a) Herkunft, Geschichte	585
b) Anwendungsbereich des BtMG	586
c) Konsumformen	587
d) Wirkung	588
11. GHB (γ-Hydroxybuttersäure), GBL (γ-Butyrolacton)	589
a) Herkunft, Verbreitung	589
b) Wirkung	591
c) Exkurs: GBL (γ-Butyrolacton, Butyro-1,4-lacton)	592
12. Levacetylmethadol (Levomethadylacetat, LAAM)	596
13. Levomethadon (Polamidon)	597
a) Herkunft, Geschichte	597
b) Konsumformen, Verwendung	598
c) Wirkung	599
aa) Akute Wirkungen	600
bb) Längerfristige Wirkungen	601
d) Substitution	602
14. Methadon	607
a) Herkunft, Geschichte	607
b) Herstellung, Vertrieb	608
c) Methadon als Substitutionsmittel	609
d) Konsumformen, Verwendung, Wirkung	610
15. Morphin	611
a) Herkunft, Geschichte	611
b) Anwendungsbereich des BtMG	612
c) Vertriebsformen, Konsumformen	613

BtMG § 1 Erster Abschnitt. Begriffsbestimmungen

Rn.
    d) Wirkung 615
        aa) Akute Wirkungen 616
        bb) Längerfristige Wirkungen 617
    e) Gefährlichkeit 618
16. Opium 619
    a) Herkunft, Geschichte 619
    b) Anwendung des BtMG 620
    c) Herstellung, Vertriebsform 621
    d) Konsumformen 622
    e) Wirkung 623
        aa) Akute Wirkungen 624
        bb) Längerfristige Wirkungen 625
17. Papaver somniferum (Schlafmohn) 626
    a) Herkunft, Geschichte 626
    b) Anwendungsbereich des BtMG 629
        aa) Samen 630
        bb) Umgang zu Zierzwecken 633
        cc) Homöopathische Arznei 634
        dd) Pflanzenauszüge 635
18. Zolpidem 636

Kapitel 17. Verordnungsermächtigung für die Bundesregierung (Absatz 2) 638
  I. Formelle Voraussetzungen 639
  II. Materielle Voraussetzungen 640
    1. Wirkungsweise des Stoffs (Satz 1 Nr. 1) 641
    2. Stoff zur Herstellung eines Betäubungsmittels (Satz 1 Nr. 2) . 642
    3. Sicherheit oder Kontrolle des Betäubungsmittelverkehrs
       (Satz 1 Nr. 3) 643
  III. Ausnahmen (Satz 2) 644
  IV. Folgen 645

Kapitel 18. Verordnungsermächtigung für das Bundesministerium für Gesundheit (Absatz 3) 648

Kapitel 19. Vereinfachtes Verfahren für Rechtsverordnungen (Absatz 4) 650

Kapitel 20. Gerichtliche Prüfung in den Fällen der Absätze 2–4   651

Kapitel 21. Grundlage der Strafbarkeit in den Fällen der Absätze 2–4 652

Kapitel 1. Ziele und Rechtsgüter

1   Das BtMG hat zum Ziel, die medizinische Versorgung der Bevölkerung sicherzustellen und zugleich den Missbrauch von Betäubungsmitteln sowie das Bestehen oder Erhalten einer Betäubungsmittelabhängigkeit soweit wie möglich auszuschließen (§ 5 Abs. 1 Nr. 6). In dieser Zielsetzung kommt die **Doppelnatur der Betäubungsmittel** zum Ausdruck, die als Arzneimittel oder deren Grundstoffe vielfach unentbehrlich, zugleich aber eine erhebliche Gefahrenquelle für die Gesundheit des einzelnen oder der Gemeinschaft sind.

2   Auf Grund der Entwicklung des internationalen illegalen Drogenmarktes ist dem Betäubungsmittelrecht über diese ursprünglichen Ziele hinaus die **Aufgabe zugewachsen,** die sozialschädlichen Folgen des illegalen Betäubungsmittelverkehrs einzudämmen, insbesondere die Korrumpierung der Gesellschaft durch finanzstarke kriminelle Vereinigungen zu verhindern (BVerfGE 90, 145 (174) = NJW 1994, 1577; 2400 m. Bespr. *Kreuzer* = NStZ 1994, 397; 1994, 366 mAnm *Nelles/Velten* = StV 1994, 298; 1994, 390 m. Bespr. *Schneider* = JZ 1994, 860 mAnm *Gusy;* s. auch *Kniesel* ZRP 1994, 352; *Schreiber* ZRP 1994, 428; *Staechelin* JA 1994,

245; *Böllinger* KJ 1994, 405; *Haffke* ZStW 107 (1995), 761; *Hellebrand* ZRP 1997, 60 (62–64); BGHSt 42, 1 = NJW 1996, 794 = NStZ 1996, 139; 1996, 195 mkritAnm *Körner* = StV 1996, 95; 1995, 317 mkritAnm *Böllinger*).

Geschützte Rechtsgüter sind danach die Gesundheit des Einzelnen und der Bevölkerung im Ganzen (Volksgesundheit, zur allmählichen Ablösung dieses Begriffs in der Rechtsprechung des BVerfG s. *Steiner* MedR 2003, 1) sowie die Gestaltung des sozialen Zusammenlebens in einer Weise, die dieses von sozialschädlichen Wirkungen des Umgangs mit Drogen freihält (ebenso KG StV 2008, 483 mablAnm *Kreuzer*), mit den Aspekten des Jugendschutzes, des Schutzes vor Organisierter Kriminalität und der Gewährleistung der internationalen Zusammenarbeit bei der Suchtstoffkontrolle (BVerfGE 90, 145 (174) (→ Rn. 2); dazu *Weber* Handeltreiben S. 327–334). 3

In den **späteren Entscheidungen** zum Betäubungsmittelstrafrecht (BVerfG NJW 1997, 1910; 2003, 2978; 2004, 3620 = StraFo 2004, 310 mAnm *Endriß*; 2007, 1193; NStZ 1997, 498; PharmR 2005, 374; 18.6.2006 – 2 BvR 1441/06) kommt das BVerfG in unterschiedlichem Ausmaß auf diese Rechtsgutsbestimmung zurück. Dafür, dass damit von der früheren Rechtsprechung abgewichen werden soll, gibt es keine Anhaltspunkte. Dies gilt umso mehr, als es sich bei diesen späteren Entscheidungen ausschließlich um Kammerbeschlüsse handelt, die sich im Rahmen der früheren Senatsrechtsprechung halten müssen. Zur **Verfassungsmäßigkeit des BtMG** → Rn. 210–215 sowie → Einl. Rn. 125. 4

Die Rechtsgutsbestimmung des BVerfG kann sich auch in der lebhaften Diskussion, die sie hervorgerufen hat (s. die in → Rn. 2 Genannten; ferner *C. Nestler* in Kreuzer BtMStrafR-HdB § 11 Rn. 79–92; *Paeffgen* FG BGH, 2000, 695 (696–716); *Schünemann* Rechtsgutstheorie S. 133, 145–149, 291c, **gut behaupten** (*Weber* Handeltreiben S. 359–402). Darauf, ob die Rechtsgutslehre überhaupt in der Lage ist, den Strafrechtsgesetzgeber zu beschränken (krit. BVerfGE 120, 224 (241, 242) = NJW 2008, 1137 = NStZ 2008, 2008, 617 mAnm *Ziehten; Weigend* in LK-StGB Einl. Rn. 5; *Walter* in LK-StGB Vor § 13 Rn. 9; *Engländer* ZStW 2015, 616 (633, 634); weniger krit. *Swoboda* ZStW 2010, 24 (35–37); *Kudlich* ZStW 2015, 635 (652, 653)), kommt es im Rahmen des Betäubungsmittelrechts daher nicht an. 5

Auf der Grundlage seiner Rechtsprechung (BVerfGE 22, 180 (219); 58, 208 (225); 59, 275 (278, 279); 60, 123 (132); zu ergänzen wäre noch BVerfG NJW 1987, 180), wonach es ein **legitimes Gemeinwohlanliegen** ist, Menschen davor zu bewahren, sich selbst einen größeren Schaden zuzufügen (später ebenso BVerfG NJW 1999, 3399; 2006, 1261; 2012, 1062), bezieht das BVerfG das **Individualrechtsgut** der körperlichen Unversehrtheit in den Schutzbereich des BtMG mit ein und vermag damit der Auffassung, die darin eine verfassungswidrige Einschränkung des Rechts, sich selbst zu gefährden, oder einen unzulässigen **Paternalismus** sieht, nicht zu folgen (*Weber* Handeltreiben S. 359–371; in diesem Sinne auch *Scharrer* Suchttherapie 2008, 150 (159, 160); krit., ohne die Auffassung des BVerfG auch nur zu erwähnen, *Oğlakcıoğlu* in MüKoStGB BtMG Vor § 29 Rn. 16, 17; ebenso *Westerhoff* StV 2020, 408 (411)). 6

In Übereinstimmung mit der traditionellen Auffassung (BGHSt 37, 179 = NJW 1991, 307 = NStZ 1991, 392 mAnm *Beulke/Schröder* = StV 1992, 272 mAnm *C. Nestler-Tremel* = MDR 1991, 1117 mAnm *Hohmann* und Bespr. *Köhler* MDR 1992, 739 = JZ 1991, 571 mAnm *Rudolphi*) bestimmt das BVerfG auch das **Universalrechtsgut** der **Volksgesundheit** (§ 4 Abs. 27 AMG: öffentliche Gesundheit) als Schutzgut des BtMG und greift damit die Kritik, die an den Universalrechtsgütern im Allgemeinen und am Rechtsgut der Volksgesundheit im Besonderen geübt wird (dazu *Oğlakcıoğlu* in MüKoStGB BtMG Vor § 29 Rn. 18, 19), nicht auf (dazu *Weber* 7

BtMG § 1   Erster Abschnitt. Begriffsbestimmungen

Handeltreiben S. 372–379; *Patzak* in Körner/Patzak/Volkmer BtMG § 29 Teil 4 Rn. 4). Dies steht im Einklang mit der Auffassung in Österreich, der Schweiz, Frankreich und Spanien (*Ebert* S. 68, 69) sowie den Niederlanden (NiederländDrogenpolitik S. 6), die ebenfalls die Volksgesundheit als Schutzgut des Betäubungsmittelrechts ansehen.

8   Darüber hinaus etabliert das BVerfG das von Rauschgift **nicht beeinträchtigte soziale Zusammenleben** mit den Aspekten des Jugendschutzes, des Schutzes vor Organisierter Kriminalität und der Gewährleistung der internationalen Zusammenarbeit bei der Suchtstoffkontrolle als weiteres **Universalrechtsgut,** das vom Betäubungsmittelrecht geschützt wird (dazu *Weber* Handeltreiben S. 379–402; *Oğlakcıoğlu* in MüKoStGB BtMG Vor § 29 Rn. 20, 21).

Kapitel 2. Bezeichnung des Gesetzes; Begriff des Betäubungsmittels; System der Positivliste

9   **A. Bezeichnung des Gesetzes.** In Übereinstimmung mit dem GG (Art. 74 Abs. 1 Nr. 19) und dem StGB (§ 6 Nr. 5) verwendet das BtMG die Bezeichnung Betäubungsmittel und folgt damit der traditionellen deutschen Gesetzessprache (BT-Drs. 8/3551, 25). Demgegenüber haben sich in der amtlichen Übersetzung der Internationalen Suchtstoffübereinkommen (→ Rn. 28, 29) die Begriffe Suchtstoff und psychotroper Stoff durchgesetzt. Im Hinblick auf die Gesetzessystematik (→ Rn. 12) ergeben sich daraus für die Anwendung des BtMG aber keine Folgen.

10   **B. Materieller Begriff des Betäubungsmittels.** Gleichwohl ist der (materielle) Begriff des Betäubungsmittels für das BtMG nicht ohne Bedeutung. Zusammen mit den weiteren in den Absätzen 2–4 enthaltenen Voraussetzungen ist er dafür bestimmend, welche Stoffe in die Anlagen zum BtMG aufgenommen werden dürfen (BVerfG NJW 1998, 669 = StV 1997, 405) und hat insoweit eine begrenzende Funktion. Er ist ferner für die Regelung in **Anlage I vierter Gedankenstrich** von Bedeutung, wonach Stereoisomere der in den Anlagen aufgeführten Stoffe der Anlage I unterstehen, wenn sie als Betäubungsmittel missbräuchlich verwendet werden sollen (→ Rn. 156–161).

11   **Betäubungsmittel** sind Stoffe, die nach wissenschaftlicher Erkenntnis wegen ihrer Wirkungsweise eine Abhängigkeit hervorrufen können, deren betäubende Wirkungen wegen des Ausmaßes einer missbräuchlichen Verwendung unmittelbar oder mittelbar Gefahren für die Gesundheit begründen oder die der Herstellung solcher Betäubungsmittel dienen (BVerfG NJW 1998, 669 (→ Rn. 10)). Diesen Anforderungen müssen die in die Anlagen zum BtMG aufgenommenen Stoffe entsprechen.

12   **C. System der Positivliste.** Anders als das AMG (§ 2) bestimmt das BtMG seinen Anwendungsbereich nicht mittels abstrakter Merkmale, etwa einer Definition des Begriffs Betäubungsmittel. Es folgt vielmehr dem System der **Positivliste** (Anlagen I bis III), in der die Stoffe, auf die das Gesetz anwendbar ist, **enumerativ** (BGH BeckRS 2017, 134284) aufgezählt sind (→ Rn. 146–198).

13   **I. Wirkungen der Aufnahme.** Dies hat einen doppelten Effekt:

14   **1. Konstitutive Wirkung.** Im Vordergrund steht die konstitutive Wirkung (BGH BeckRS 2017, 134284). Dies bedeutet, dass unabhängig von ihren spezifischen Eigenschaften (→ Rn. 126), ihrem Wirkstoffgehalt oder ihrer Gewichtsmenge jede Substanz, die in eine der Anlagen aufgenommen ist, als Betäubungsmittel gilt und unter das BtMG fällt (§ 1 Abs. 1; BT-Drs. 18/8965, 19; OLG München NStZ-RR 2010, 23; OLG Koblenz NStZ-RR 2015, 114).

15   Auch **geringste (Rest-)Substanzen** können daher ein Betäubungsmittel darstellen, ohne dass es zusätzlich einer konkreten **Berauschungsqualität** oder **Konsumfähigkeit** bedürfte (BT-Drs. 18/8965, 19; BayObLGSt 2002, 135 = NStZ

2003, 270; OLG Düsseldorf NStZ 1992, 443 = StV 1992, 423; OLG München NStZ-RR 2010, 23; OLG Koblenz NStZ-RR 2015, 114; *Oğlakcıoğlu* in MüKoStGB BtMG § 1 Rn. 7, § 2 Rn. 15; *Malek* BtMStrafR Kap. 2 Rn. 225). Dies gilt auch in strafrechtlicher Hinsicht (BayObLGSt 2002, 135 (s. o.)). Andernfalls könnten Stoffe durch Strecken unter die Wirksamkeitsgrenze oder Einbringen in nicht konsumfähige Trägerstoffe dem Anwendungsbereich des BtMG entzogen werden, um sie später wieder in konsum- und rauschfähige Formen zurückzuführen.

Die **Betäubungsmitteleigenschaft** geht erst dann verloren, wenn sich der Stoff **16** auf Anhaftungen oder Rückstände beschränkt, die nicht mehr zu einer **messbaren Wirkstoffmenge** zusammengefasst werden können (→ Rn. 151, 200; OLG München NStZ-RR 2010, 23; OLG Koblenz NStZ-RR 2015, 114; *Oğlakcıoğlu* in MüKoStGB BtMG § 29 Rn. 1128; *Patzak* in Körner/Patzak/Volkmer BtMG § 1 Rn. 21). Solange **Gewichtsmenge** und **Wirkstoffgehalt** feststellbar sind, liegt ein **Betäubungsmittel** vor (BayObLG *Kotz/Rahlf* NStZ-RR 2004, 129 = DRsp Nr. 2004/1748; OLG Koblenz NStZ-RR 2015, 114). Hiervon zu unterscheiden ist die Frage, ob die Verwertbarkeit ein (ungeschriebenes) Tatbestandsmerkmal des **Besitzes** darstellt; dazu → § 29 Rn. 1323. Zum **Knasterhanf** → Rn. 276, 277, 279, 287.

Einwendungen gegen die **Eigenschaft als Betäubungsmittel,** etwa wegen **17** fehlender psychotroper Wirkungen des Stoffs oder wegen mangelnder Gefährlichkeit der Substanz, können nur im Rahmen verfassungsgerichtlicher Überprüfung vorgebracht werden, sofern deren Voraussetzungen vorliegen (*Oğlakcıoğlu* in MüKoStGB BtMG § 1 Rn. 7).

Ist die Aufnahme durch eine **Rechtsverordnung** nach den Absätzen 2–4 er- **18** folgt, kann allerdings von jedem mit der Sache befassten Gericht für den konkreten Fall entschieden werden, ob die Verordnung sich im Rahmen der gesetzlichen Ermächtigung hält und sonst wirksam ist (stRspr; BVerfGE 1, 184 (201) = NJW 1952, 497; 71, 305 (337) = NJW 1986, 1483; *Bohnen/Exner* in BeckOK BtMG § 1 Rn. 56). Das Fachgericht entscheidet auch, wenn streitig ist, ob eine konkrete Substanz die Merkmale eines der in dem Katalog der Betäubungsmittel enthaltenen Stoffe erfüllt.

2. Abschließende Wirkung. Von kaum minderer Bedeutung ist die abschlie- **19** ßende Wirkung der Aufnahme in die Positivliste der Anlagen I bis III. Solange ein Suchtstoff (noch) nicht in die Liste aufgenommen ist, ist das BtMG nicht anwendbar. Dies gilt auch dann, wenn die suchterzeugende Wirkung der Substanz nach wissenschaftlicher Erkenntnis außer Frage steht. Dies hat vor allem für die **Neuen Drogen** Bedeutung (→ Rn. 216–239), gilt aber auch für **Ketamin,** obwohl dieses als Modedroge unter den Namen „K", „Mighty K" „Special K" oder „Kitkat" im Handel ist (*Volkmer* in Körner/Patzak/Volkmer Stoffe 2 Rn. 61–63).

II. Wirksamkeit der Aufnahme. Das System der Positivliste dient der Klarheit **20** und kommt verfassungsrechtlichen Anforderungen entgegen (*Bohnen/Exner* in BeckOK BtMG § 1 Rn. 17; *Oğlakcıoğlu* in MüKoStGB BtMG § 1 Rn. 12, der allerdings Bedenken gegen die Ausnahmen und Rückausnahmen der Anlagen hat und im Übrigen in Rn. 31–34 nach einer „Fundamentalkritik" über eine negative Ausschlussklausel nachdenkt; entschieden gegen das System der Positivliste Lang S. 145, der darin ein „verheerendes Instrument präventiver Regelungstechnik" erblickt). In ihrer ursprünglichen Fassung waren die Anlagen I bis III Bestandteil des BtMG 1982 (BGBl. I S. 681 (694)) und sind damit vom Gesetzgeber selbst beschlossen worden. An ihrer Wirksamkeit bestehen deswegen auch im Hinblick auf Art. 103, 104 GG keine Zweifel (BVerfG NJW 1992, 107). Dies gilt namentlich für Cannabis und andere häufig vorkommende Drogen. Wegen der späteren Änderungen der Anlagen I bis III im Wege der Rechtsverordnung → Rn. 638; zur gerichtlichen Überprüfung → Rn. 18.

BtMG § 1 Erster Abschnitt. Begriffsbestimmungen

21 **D. Betäubungsmittel und Drogen, Alltagsdrogen.** Der Katalog der Betäubungsmittel umfasst nur einen (kleinen) Teil der tatsächlich vorkommenden psychowirksamen Substanzen (Drogen; *Uchtenhagen* in Kreuzer BtMStrafR-HdB § 3 Rn. 3, enger in → § 1 Rn. 2). Nicht zu den Betäubungsmitteln gehören die sogenannten **Alltags-** oder **Genussdrogen** (*Brühl* DrogenR S. 4), insbesondere **Coffein, Nikotin** und **Alkohol**. Therapeutisch wirksame Substanzen unterliegen als Arznei in aller Regel nur dem Arzneimittelrecht, sofern sie überhaupt einer Kontrolle bedürfen. Reichen die im Arzneimittelgesetz vorgesehenen Maßnahmen allerdings nicht aus, bedarf es der Aufnahme in die Liste der Betäubungsmittel. In diesem Fall sind gemäß § 81 AMG sowohl das AMG als auch das BtMG nebeneinander anwendbar (→ Rn. 23, 25; BGHSt 43, 336 = NJW 1998, 836 = StV 1998, 136 = Kriminalistik 1998, 260).

22 Stoffe, die – meist durch **Schnüffeln** – als Rauschmittel missbraucht werden können, finden sich auch in einer Vielzahl von Gebrauchsmitteln des täglichen Lebens (zB in Benzin, Klebstoffen, Reinigungsmitteln) oder Arbeitsstoffen (zB in Farben- und Lackverdünnern, Abbeizmitteln). Wegen ihrer praktischen Bedeutung, aber auch, weil die Fälle des Missbrauchs im Vergleich zur ordnungsgemäßen Verwendung verschwindend gering sind, sind sie dem BtMG nicht unterstellt.

23 **E. Betäubungsmittel und Arzneimittel.** Die Begriffe Betäubungsmittel und Arzneimittel schließen sich nicht gegenseitig aus. Aus § 81 AMG ergibt sich, dass auf Arzneimittel, die zugleich Betäubungsmittel im Sinne des BtMG sind, neben den Vorschriften des AMG auch die des BtMG anwendbar sind. AMG und BtMG stehen gleichrangig nebeneinander (*Wachenhausen* in Kügel/Müller/Hofmann § 40 Rn. 37). Auch behandelt das Betäubungsmittelrecht (etwa § 13 in Verbindung mit der Anlage III oder der BtMVV) Betäubungsmittel teilweise ausdrücklich zugleich als Arzneimittel.

24 **I. Arzneimittel, die keine Betäubungsmittel sind.** Dieses Zusammenwirken hat zur Folge, dass der Umgang mit Substanzen, die keine Betäubungsmittel sind, nur nach dem BtMG straflos ist. Eine mögliche Strafbarkeit nach dem AMG bleibt davon unberührt (BGHSt 43, 336 (→ Rn. 21); 54, 243 = NJW 2010, 2528 = StV 2010, 683). Dass die Ester eines konkreten Stoffs, etwa GHB, von der Anwendung des BtMG ausgenommen sind, ist für die Strafbarkeit nach dem AMG daher ohne Bedeutung (BGHSt 54, 243 (s. o.)).

25 **II. Arzneimittel, die zugleich Betäubungsmittel sind.** Nach § 81 AMG **bleiben** die dort genannten Materien gegenüber dem AMG **unberührt**. Das AMG ist demnach **kein Spezialgesetz** zum BtMG und den anderen in § 81 AMG genannten Materien und umgekehrt (*Wachenhausen* in Kügel/Müller/Hofmann § 40 Rn. 37; *Nickel* in Kügel/Müller/Hofmann § 81 Rn. 3). Auf Arzneimittel, die Betäubungsmittel im Sinne des BtMG sind, finden daher neben den Vorschriften des Arzneimittelrechts auch diejenigen des Betäubungsmittelrechts Anwendung (BGHSt 43, 336 (→ Rn. 21); *Sander* ArzneimittelR § 81 Erl. 1). Die Straftatbestände des BtMG (oder des GÜG) stehen daher mit denen des Arzneimittelrechts in **Tateinheit** (BGH 5 StR 463/10; aA *Kügel* in Kügel/Müller/Hofmann Einf. 80; ebenso BT-Drs. 18/4898, 39 für Dopingmittel). In der Praxis fallen die arzneimittelrechtlichen Straftatbestände allerdings in der Regel unter den Tisch, zumal die Betäubungsmitteldelikte wesentlich höhere Strafdrohungen aufweisen (*Raum* in Kügel/Müller/Hofmann § 95 Rn. 9). Die Staatsanwaltschaften täten allerdings gut daran, sie jeweils nach § 154a StPO auszuscheiden.

26 **F. Betäubungsmittel und Dopingmittel.** Dasselbe Verhältnis wie zwischen Arzneimittel und Betäubungsmittel besteht zwischen Dopingmittel und Betäubungsmittel. Das AntiDopG ist in § 81 AMG aufgenommen. Auf → AntiDopG Einl. Rn. 25–27 wird wegen der Einzelheiten Bezug genommen.

Kap. 4. Abhängigkeit § 1 BtMG

G. Betäubungsmittel und neue psychoaktive Substanzen. Nach § 1 Abs. 2 NpSG ist das NpSG auf Betäubungsmittel iSd § 1 Abs. 1 BtMG nicht anzuwenden. Dies bedeutet, dass das NpSG nicht (mehr) anwendbar ist, sobald ein Stoff in eine der Anlagen zum BtMG aufgenommen ist. Statt dessen gilt das BtMG, und zwar auch für den Besitz (→ Rn. 645–647). 27

Kapitel 3. Die internationalen Vereinbarungen

Die Entscheidung über die Aufnahme eines Suchtstoffs in den Katalog der Betäubungsmittel steht dem deutschen Gesetzgeber – auch abgesehen von verfassungsrechtlichen Bindungen (BVerfGE 90, 145 (→ Rn. 2)) – nicht völlig frei. Das nationale Betäubungsmittelrecht wird wesentlich durch **internationale Vereinbarungen** bestimmt, die auch für Deutschland maßgeblich sind (→ Einl. Rn. 6, 31–33). Zu etwaigen Abweichungen → Einl. Rn. 204–217. 28

A. Die internationalen Suchtstoffübereinkommen. Die Vereinten Nationen haben sich in drei großen Kodifikationen mit den Betäubungsmitteln befasst, von denen zwei in einer Klammerdefinition (§ 1 Abs. 4) als „Internationale Suchtstoffübereinkommen" bezeichnet werden: 29
– Einheits-Übereinkommen v. 30.3.1961 über Suchtstoffe (→ Einl. Rn. 6) und
– Übereinkommen v. 21.2.1971 über psychotrope Stoffe (→ Einl. Rn. 6).

Hinzu tritt das Übereinkommen v. 20.12.1988 gegen den unerlaubten Verkehr mit Suchtstoffen und psychotropen Stoffen – Suchtstoffübereinkommen 1988 – (→ Einl. Rn. 31). Auch dieses wird von der UNO (→ Rn. 31) mittlerweile zu den internationalen Suchtstoffübereinkommen gezählt.

In diesen Übereinkommen spiegelt sich die **Sorge der Völkergemeinschaft**, dass „die Rauschgiftsucht für den einzelnen voller Übel und für die Menschheit sozial und wirtschaftlich gefährlich ist" (Präambel des Einheits-Übereinkommens von 1961). In Erkenntnis der weiteren Entwicklung wird im Suchtstoffübereinkommen 1988 festgestellt, dass der illegale Verkehr mit Suchtstoffen und psychotropen Stoffen „Kinder in vielen Teilen der Welt als Verbraucher auf dem unerlaubten Betäubungsmittelmarkt ausbeutet", wobei die mit dem unerlaubten Verkehr mit Betäubungsmitteln zusammenhängende Organisierte Kriminalität „die rechtmäßige Wirtschaft untergräbt und die Stabilität, Sicherheit und Souveränität der Staaten gefährdet" (Präambel). 30

Die Übereinkommen sind auch künftig die Grundlage des internationalen Drogenkontrollsystems (Ergebnisdokument der Sondertagung der **Generalversammlung der Vereinten Nationen** über das weltweite Drogenproblem (**UNGASS**) v. 19.4.2016 [Nr. A/RES/S-30/1]). Dies gilt grundsätzlich auch für den Umgang mit Cannabis. Am 2.12.2020 hat die **Suchtstoffkommission (CND)** der UNO (→ § 5 Rn. 58) auf Vorschlag der WHO mit 27 gegen 25 Stimmen beschlossen, Cannabis und Cannabisharz in Anhang IV des Ük 1961 (für besonders gefährliche Stoffe) zu streichen. Sie verbleiben aber weiterhin in Anhang I und sind damit auch in Zukunft Gegenstand der staatlichen Suchtstoffkontrolle. Weiteren Empfehlungen der WHO ist die CND **nicht** gefolgt; dies gilt insbesondere von dem Vorschlag, Cannabidiolpräparate, die vorherrschend CBD enthalten und nicht mehr als 0,2 % THC, von der internationalen Kontrolle auszunehmen. 31

B. Europäische Union, Schengen. Auf die Ausführungen in → Einl. Rn. 34–60, 216, 217 wird Bezug genommen. 32

Kapitel 4. Der zentrale Begriff der Abhängigkeit

A. Abhängigkeit. Für die Unterstellung einer Droge unter das BtMG ist ihre Wirkungsweise, vor allem im Hinblick auf das Hervorrufen einer Abhängigkeit, 33 von erheblicher Bedeutung (Abs. 2 S. 1 Nr. 1). Die Abhängigkeit ist damit ein **zentraler Begriff** des Betäubungsmittelrechts. Auch andere Regeln des BtMG knüpfen an die Betäubungsmittelabhängigkeit an, zB die Vorschriften über die Zurückstellung der Strafvollstreckung (§§ 35, 36) oder der Strafverfolgung (§ 37). Die Drogenabhängigkeit erfüllt darüber hinaus den Begriff der **Krankheit im krankenversicherungsrechtlichen Sinn** (stRspr; BSG MedR 1996, 373; *Krasney* in Kreuzer BtMStrafR-HdB § 24 Rn. 14–66).

34 Im Strafverfahren ist die Betäubungsmittelabhängigkeit auch für die **Schuldfähigkeit** von erheblicher Bedeutung (→ Vor § 29 Rn. 465–547). Ebenso wichtig ist sie für die Frage der Aussagetüchtigkeit und **Vernehmungsfähigkeit** (→ Rn. 102–124). Zur **Feststellung** einer Betäubungsmittelabhängigkeit → Rn. 92–101.

35 **I. Definition.** Unter Abhängigkeit wird im Betäubungsmittelrecht in Anlehnung an eine Definition der Weltgesundheitsorganisation (WHO Techn. Rep. Ser. No. 407 p. 6, 1969, abgedr. bei *Joachimski/Haumer BtMG* Rn. 42; *Winkler* in Hügel/Junge/Lander/Winkler § 35 Rn. 4.1.2; krit. *C. Nestler* in Kreuzer BtMStrafR-HdB § 11 Rn. 132–140) ein psychischer und zuweilen auch physischer Zustand verstanden, der sich aus der Wechselwirkung zwischen einem lebenden Organismus und einer Droge ergibt und sich im Verhalten und anderen Reaktionen äußert, die stets den Zwang einschließen, die Droge dauernd oder in Abständen zu nehmen, um deren psychische Wirkungen zu erleben oder das durch ihr Fehlen mitunter auftretende Unbehagen zu vermeiden. Toleranz kann, muss aber nicht vorliegen. Eine Person kann von mehreren Drogen abhängig sein. Wesentlich ist, dass die Merkmale der Abhängigkeit je nach der Art des Suchtstoffes variieren (OLG Stuttgart MDR 1989, 285; *Eberth/Müller* BtMR Rn. 175; *Theune* NStZ 1997, 57).

36 **Abhängigkeit** ist ein deskriptiver medizinischer Begriff, der von moralischen oder ethischen Bewertungen frei ist (*Eberth/Müller* BtMR Rn. 175). Ein regelmäßiger Konsum ist mit Abhängigkeit nicht gleichzusetzen (*Körner*, 6. Aufl. 2007, § 35 Rn. 52 mwN).

37 **In den Naturwissenschaften** wird die Betäubungsmittelabhängigkeit in der Regel auf der Basis von **Klassifikationssystemen** ermittelt (*Bühringer* in Kreuzer BtMStrafR-HdB § 5 Rn. 103); *Uchtenhagen* in Kreuzer BtMStrafR-HdB § 1 Rn. 3). Danach liegt ein Abhängigkeitssyndrom dann vor, wenn aus einem Kreis möglicher Bedingungen (Störungen, Symptomen) eine Mindestzahl erfüllt ist (*Bühringer* in Kreuzer BtMStrafR-HdB § 5 Rn. 103; *Uchtenhagen* in Kreuzer BtMStrafR-HdB § 1 Rn. 3). Die Klassifikationssysteme dienen der Verständigung unter Fachleuten entsprechend vereinbarter Konventionen, nicht jedoch der naturwissenschaftlichen Feststellung einer Krankheit (*Nedopil* NJW 2000, 837 (838)). Sie verzichten auf die Ableitung der Diagnosen aus Ursachen und beschränken sich auf eine möglichst genaue, einheitliche Beschreibung von Symptomkonstellationen (*Nedopil* NJW 2000, 837 (838)).

38 Für den Bereich der Störungen durch psychotrope Substanzen konkurrieren **zwei Systeme** (*Bühringer* in Kreuzer BtMStrafR-HdB § 5 Rn. 105). In der praktischen Anwendung wird nahezu ausschließlich das Klassifikationssystem der WHO **ICD-10** (**I**nternational **C**lassification of **D**iseases and Related Health Problems, Version 10[1] (in Deutschland derzeit in der Version ICD-10-GM-2019) verwendet, das auch in § 295 SGB V zur Codierung bei der vertragsärztlichen Versorgung vorgeschrieben ist, während das differenziertere System der American Psychiatric Association **DSM-5** (**D**iagnostical and **S**tatistic **M**anual of **M**ental **D**isorders v.

---

[1] Eine neue Version „ICD 11", die im Mai 2019 von der 72. Weltgesundheitsversammlung (World Health Assembly, WHA72) verabschiedet wurde, soll am 1.1.2022 in Kraft treten.

Kap. 4. Abhängigkeit § 1 BtMG

18.5.2013) vor allem in Wissenschaft und Forschung eingesetzt wird (*Bühringer* in Kreuzer BtMStrafR-HdB § 5 Rn. 103 zu DSM-IV). Zu den Systemen im Einzelnen s. *Müller/Nedopil* Forensische Psychiatrie S. 123–126. Zur Kritik an der DSM-5 s. *Jacobi/Maier/Heinz* DÄrztebl 2013, 2364.

Die **Klassifikationssysteme** bemühen sich um die Entwicklung objektiver Abgrenzungskriterien und Standardisierungen und sind deswegen **hilfreich** (BGHSt 37, 397 = NStZ 1991, 428 = StV 1991, 412; auch → Rn. 37). Die in ihnen enthaltenen diagnostischen Kriterien sind aber **keine psychiatrischen Äquivalente** zu den Eingangsmerkmalen des § 20 StGB; sie erfassen lediglich die klinischen Attribute des Zustandsbildes des Betroffenen und sind eine Richtlinie zur Unterstützung des daran anknüpfenden, dem Sachverständigen obliegenden **klinischen** Urteils (BGH NStZ-RR 2013, 309). Die Vergabe einer entsprechenden Diagnose durch den psychiatrischen Sachverständigen sagt noch nichts über die forensische Bewertung des psychischen Zustands des Betroffenen aus (BGHSt 49, 45 = NJW 2004, 1810 = StV 2005, 15; BGHR StGB § 63 Zustand 34 = NStZ 1999, 612; BGH NStZ 2005, 137). 39

Die Klassifikationssysteme haben und beanspruchen **keine Verbindlichkeit** für die **rechtliche Bewertung** unter dem Gesichtspunkt der **Schuldfähigkeit** (stRspr; BGHSt 37, 397 (→ Rn. 39); BGH NStZ 1995, 176 = StV 1995, 405; 1999, 630 = StV 2000, 118; 2007, 29; *Schäfer/Sander/van Gemmeren* Strafzumessung Rn. 952). Die Aufnahme eines bestimmten Krankheitsbildes in eine Klassifikation besagt nichts über das Ausmaß einer psychischen Störung (BGHSt 49, 45 (→ Rn. 39); BGH NStZ 1997, 383; 1999, 630; 2001, 83 = StV 2001, 564; 2007, 29; StV 2005, 20). Die bloße Angabe einer Diagnose nach einem Klassifikationssystem vermag daher die Feststellung eines der Merkmale des § 20 StGB nicht zu belegen (BGHSt 49, 347 = NStZ 2005, 205 = JR 2005, 216 mAnm *Nedopil*). 40

Gleichwohl weist die von einem Sachverständigen vorgenommene Zuordnung eines Befundes zu einer in ICD-10 oder DSM-IV definierten Persönlichkeitsstörung in der Regel auf eine **nicht ganz geringfügige Beeinträchtigung** hin (BGHSt 49, 45 (→ Rn. 39); BGHR StGB § 21 seelische Abartigkeit 24 = NStZ 1992, 380; BGH NStZ 1999, 630 (→ Rn. 40); 2001, 83 (→ Rn. 40)). Ob dies im Hinblick auf → Rn. 65 auch für die DSM-5 gelten kann, ist offen. Dazu, ob **im Urteil** dargelegt werden muss, ob und inwieweit der Sachverständige die allgemeinen psychiatrischen Kriterien einer Substanzabhängigkeit nach ICD-10 oder DSM-5 als gegeben angesehen hat, → Vor § 29 Rn. 483–487; zur **Heranziehung** eines Sachverständigen und zur **Aufgabenverteilung** zwischen diesem und dem Gericht → Vor § 29 Rn. 540–546. 41

Das **Abhängigkeitssyndrom** wird in ICD-10-GM-2019, Kapitel V, Gruppe F 10 bis F 19 „Psychische und Verhaltensstörungen durch psychotrope Substanzen" unter Punkt.2 wie folgt umschrieben: 42

„*Eine Gruppe von Verhaltens-, kognitiven und körperlichen Phänomenen, die sich nach wiederholtem Substanzgebrauch entwickeln. Typischerweise besteht ein starker Wunsch, die Substanz einzunehmen, Schwierigkeiten, den Konsum zu kontrollieren, und anhaltender Substanzgebrauch trotz schädlicher Folgen. Dem Substanzgebrauch wird Vorrang vor anderen Aktivitäten und Verpflichtungen gegeben. Es entwickelt sich eine Toleranzerhöhung und manchmal ein körperliches Entzugssyndrom.*

Das Abhängigkeitssyndrom kann sich auf einen einzelnen Stoff beziehen (z. B. Tabak, Alkohol oder Diazepam), auf eine Substanzgruppe (z. B. opiatähnliche Substanzen), oder auch auf ein weites Spektrum pharmakologisch unterschiedlicher Substanzen."

Das Merkmal der Betäubungsmittelabhängigkeit setzt **nicht** voraus, dass die Abhängigkeit einen Grad erreicht hat, der zur Annahme erheblich **verminderter** 43

BtMG § 1 Erster Abschnitt. Begriffsbestimmungen

Schuldfähigkeit oder gar **Schuldunfähigkeit** führt (OLG Stuttgart MDR 1989, 285; *Franke/Wienroeder* § 35 Rn. 4; *Winkler* in Hügel/Junge/Lander/Winkler§ 35 Rn. 4.1.5). Umgekehrt wird durch die Betäubungsmittelabhängigkeit für sich allein weder eine Schuldunfähigkeit noch eine erhebliche Verminderung der Schuldfähigkeit begründet (→ Vor § 29 Rn. 474). Zu den Auswirkungen der Abhängigkeit auf die Aussagetüchtigkeit und Vernehmungsfähigkeit → Rn. 102–124.

44 **II. Formen der Abhängigkeit.** Zwei Formen der Abhängigkeit werden unterschieden, wobei das Merkmal der Betäubungsmittelabhängigkeit nach dem BtMG bereits dann erfüllt ist, wenn eine der beiden Formen vorliegt (OLG Stuttgart MDR 1989, 285; *Franke/Wienroeder* § 35 Rn. 5; *Eberth/Müller* BtMR Rn. 175):

45 **1. Psychische Abhängigkeit (seelische Abhängigkeit, craving)** ist der Drang zu ständiger oder wiederkehrender Einnahme der Droge (*Uchtenhagen* in Kreuzer BtMStrafR-HdB § 1 Rn. 3; *Müller/Nedopil* Forensische Psychiatrie S. 139), um Wohlbefinden zu erzeugen ("high") oder Unwohlsein (Unlust) zu vermeiden oder wenigstens zu vermindern (*Brühl* DrogenR S. 1; *Eberth/Müller* BtMR Rn. 177). Sie ist das kontinuierliche, gierige, schwer bezwingbare Verlangen (*Müller/Nedopil* Forensische Psychiatrie S. 139) nach einem bestimmten Erlebniszustand, wobei die Kräfte des Verstandes der Begierde untergeordnet werden (*Täschner* BA 1993, 313 (316)). Beim **Entzug** oder dem sonstigen Fehlen des Suchtmittels treten innere Unruhe, Gereiztheit, Angst und depressive Verstimmungen auf, die bis zu Suizidgedanken reichen können (*Bock* Kriminologie Rn. 980; *Brettel* in Bock Kriminologie § 27 Rn. 30).

46 Im Unterschied zur körperlichen Abhängigkeit, die in der Regel nach einem Entzug von einigen Tagen abklingt, bleibt die seelische Abhängigkeit über lange Zeiträume bestehen und ist die **Ursache für den Rückfall** des Konsumenten. Die Entzugssymptome (→ Rn. 45) können körperlichen Entzugssyndromen vergleichbar sein (*Brettel* in Bock Kriminologie § 27 Rn. 29, 30).

47 **2. Physische Abhängigkeit (körperliche Abhängigkeit)** liegt vor, wenn beim Absetzen der Droge körperliche Entzugserscheinungen, meist im Bereich des vegetativen Nervensystems (→ Rn. 48), eintreten (*Fabricius* in Körner/Patzak/Volkmer BtMG § 35 Rn. 61; *Uchtenhagen* in Kreuzer BtMStrafR-HdB § 1 Rn. 3; *Bock* Kriminologie Rn. 980; *Brettel* in Bock Kriminologie § 27 Rn. 31). Der Körper hat sich unter Einbau des fortlaufend zugeführten Betäubungsmittels neu organisiert (*Täschner* NStZ 1993, 322) und reagiert, wenn ihm das Mittel verweigert wird, auf dessen Zufuhr er sich eingestellt hat.

48 Die **Schwere** des Entzugs kann in Abstinenzgraden gemessen werden (*Patzak* in Körner/Patzak/Volkmer Stoffe Teil 1 Rn. 215; *Malek* BtMStrafR Kap. 2 Rn. 14; *Glatzel* StV 1984, 62 (63)):
– **Grad 1** erfasst Gähnen, Schwitzen, Tränenfluss, Rhinorroe (Nasenlaufen) und Schlafstörungen.
– **Grad 2:** Es kommen zusätzlich Mydriasis (Pupillenerweiterung), Piloarrektion (Gänsehaut, "turkey"), Glieder- und Muskelschmerzen, Tremor, Heiß- und Kaltwallungen und Anorexie (Appetitlosigkeit) hinzu.
– **Grad 3:** Es steigen zusätzlich Puls, Blutdruck und Temperatur; ferner finden sich Agitiertheit und Nausea (Übelkeit).
– **Grad 4:** Es kommt zu Erbrechen, Durchfall, spontaner Ejakulation oder Orgasmus, Gewichtsverlust, Bluteindickung und Leukozytose (eitrige Entzündungen); der Abhängige sieht fiebrig aus und neigt zu einer gekrümmten Körperhaltung.

Kritisch zur Bedeutung von Entzugserscheinungen für das Handeln Drogenabhängiger *C. Nestler* in Kreuzer BtMStrafR-HdB § 11 Rn. 153–163.

III. Grade der Abhängigkeit. Der Grad der Abhängigkeit kann nach *Müller/* 49
Nedopil Forensische Psychiatrie S. 170 in vier Stadien eingeteilt werden:
- **Drogenmotivation:** in diesem Stadium wird der Konsument vor allem von der Neugier getrieben, die ihn zum Ausprobieren der Substanz verleitet; bereits jetzt ist ein Abbau der Schranken gegen den Konsum erfolgt und ein erster Schritt in die illegale Drogenszene getan.
- **Drogenerfahrung:** in diesem Stadium sucht der Konsument neuartige Erlebnisse unter dem Einfluss von Drogen; die meisten sind hiervon begeistert; es kommt zu einer allmählichen Umstrukturierung von Tagesablauf und Bekanntenkreis; Gleichgesinnte, häufig zum gemeinsamen Konsum, werden gesucht.
- **Drogenbindung:** im dritten Stadium löst sich das bisherige soziale Gefüge des Konsumenten auf; bei alltäglichen Konflikten flüchtet er in den Drogenkonsum.
- **Dogenkonditionierung:** jetzt dient der Drogenkonsum vor allem der Vermeidung von Entzugserscheinungen.

IV. Toleranz, Kreuztoleranz. Bei zahlreichen Drogen entwickelt der Körper 50
gegenüber dem Suchtstoff eine Toleranz (Gewöhnung). Es kommt zu einer zellulären Gewöhnung an die chronische Zufuhr der Substanz oder die Substanz wird mittels Enzyminduktionen rascher abgebaut (*Huber* Psychiatrie S. 522; *Müller/Nedopil* Forensische Psychiatrie S. 139). Der gleiche Stoff in der gleichen Dosis zeigt damit einen zunehmend geringeren Effekt. Der Konsument muss die Dosis erhöhen oder die Konsumform (→ Rn. 137, 139) ändern, um die gleiche Wirkung zu erzielen (*Brühl* DrogenR S. 2).

Eine **Kreuztoleranz** liegt vor, wenn die Toleranz nicht nur gegenüber einem 51
bestimmten Betäubungsmittel, sondern gegenüber einer Gruppe von Stoffen mit eng verwandten pharmakologischen Wirkungen entwickelt wird. Es besteht dann zwar eine erhöhte Verträglichkeit (auch) gegenüber diesen Stoffen, auf der anderen Seite kann aber auch das Betäubungsmittel (zB Heroin) durch ein anderes (zB Methadon) ersetzt werden, ohne dass Entzugserscheinungen eintreten (*Brühl* DrogenR S. 2; s. auch BayObLGSt 2002, 33). Dies ist der Hauptansatz für die Substitution (→ § 13 Rn. 72 – 81 sowie die Erläuterungen zu §§ 5, 5a BtMVV; s. auch *Weber* in HdbMedStrR S. 729 – 768).

V. Depravation. Bei langer und ausgeprägter Abhängigkeit kommt es nicht selten zu einer Depravation (*Müller/Nedopil* Forensische Psychiatrie S. 139, 140). Darunter ist eine Persönlichkeitsveränderung zu verstehen, die durch eine Nivellierung des Persönlichkeitsgefüges und den Verlust individueller, persönlicher Akzente gekennzeichnet ist. Damit einher geht ein Abbau sozialer Verantwortung, ein nachlassendes Interesse an Bezugspersonen, Unzuverlässigkeit, eine Vernachlässigung der Körperpflege, eine Reduzierung der intellektuellen Leistungsbereitschaft und ein zunehmender Verlust der Urteils- und Kritikfähigkeit (*Müller/Nedopil* Forensische Psychiatrie S. 140). 52

VI. Abhängigkeitstypen. Drogen haben gemeinsam, dass sie eine Abhängigkeit bewirken können. Sonst unterscheiden sie sich in vielfacher Weise, namentlich in ihren pharmakologischen und toxikologischen Wirkungen. Dies ist die Grundlage für die Unterscheidung nach Abhängigkeitstypen. Die Klassifizierung nach **ICD–10-GM 2019** enthält derzeit zehn solcher Typen: Abhängigkeit von Alkohol (F 10.), von Opioiden (F 11.), von Cannabinoiden (F 12.), von Sedativa oder Hypnotika (F 13.), von Cocain (F 14.), von anderen Stimulanzien einschließlich Coffein (F 15.), von Halluzinogenen (F 16.), von Tabak (F 17.), von flüchtigen Lösungsmitteln (F 18.), durch multiplen Substanzgebrauch und Konsum anderer psychotroper Substanzen (F 19.). Zu den Abhängigkeitstypen nach einer früheren Einteilung der WHO [Techn. Rep. Ser. No. 273 p. 13, 1964] s. *Fabricius* in Körner/Patzak/Volkmer BtMG § 35 Rn. 60. 53

54 VII. Polytoxikomanie, polyvalenter Substanzmissbrauch. Die gleichzeitige Abhängigkeit von mehreren Substanzen, ohne dass eine davon eindeutig überwiegt, wird als Polytoxikomanie bezeichnet (*Uchtenhagen* in Kreuzer BtMStrafR-HdB § 1 Rn. 7; *Malek* BtMStrafR Kap. 2 Rn. 14). Darunter fällt noch nicht das gelegentliche Einnehmen einer Ersatzdroge (*Müller/Nedopil* Forensische Psychiatrie S. 166).

55 Polytoxikomanie ist vor allem bei **Schwerabhängigen** verbreitet (*Gebhardt* in Kreuzer BtMStrafR-HdB § 9 Rn. 45). Sie lässt sich nur schwer behandeln. Die Polytoxikomanen stellen einen großen Teil der Drogentoten. Die Mehrfachabhängigkeit führt auch bei der Substitution (→ Rn. 51) zu besonderen Schwierigkeiten.

56 Werden mehrere Drogen nebeneinander eingenommen, ohne dass eine spezifische Abhängigkeit von mehreren Stoffen festgestellt werden kann, so wird dies als **polyvalenter Substanzmissbrauch** bezeichnet (*Kreuzer* in Kreuzer BtMStrafR-HdB § 3 Rn. 202; *Malek* BtMStrafR Kap. 2 Rn. 14; *Müller/Nedopil* Forensische Psychiatrie S. 166).

57 B. Abgrenzungen. Die Abhängigkeit ist ein zentraler Begriff des Betäubungsmittelrechts. Sie erfasst aber nur einen Teil der Erscheinungsformen des Gebrauchs psychotroper Stoffe. Weitere Formen sind:

58 I. Rausch. Während die Abhängigkeit an die wiederholte Zufuhr der Droge gebunden ist, ist der Rausch eine Folge ihrer unmittelbaren Einwirkung (akute Intoxikation). Er ist ein Zustand der Enthemmung, der sich in dem für das jeweilige Rauschmittel typischen, die psychischen Fähigkeiten durch Intoxikation beeinträchtigenden Erscheinungsbild widerspiegelt (hM; BGHSt 32, 48 = NJW 1983, 2889; *Lackner/Kühl* StGB § 323a Rn. 3 mwN).

59 Die **akute Intoxikation (akuter Rausch)** wird in ICD-10-GM-2019 Kapitel V, Gruppe F 10 bis F 19 „Psychische und Verhaltensstörungen durch psychotrope Substanzen" unter Punkt 0 wie folgt umschrieben:

„Ein Zustandsbild nach Aufnahme einer psychotropen Substanz mit Störungen von Bewusstseinslage, kognitiven Fähigkeiten, Wahrnehmung, Affekt und Verhalten oder anderer psychophysiologischer Funktionen und Reaktionen. Die Störungen stehen in einem direkten Zusammenhang mit den akuten pharmakologischen Wirkungen der Substanz und nehmen bis zur vollständigen Wiederherstellung mit der Zeit ab, ausgenommen in den Fällen, bei denen Gewebeschäden oder andere Komplikationen aufgetreten sind. Komplikationen können ein Trauma, Aspiration von Erbrochenem, Delir, Koma, Krampfanfälle und andere medizinische Folgen sein. Die Art dieser Komplikationen hängt von den pharmakologischen Eigenschaften der Substanz und der Aufnahmeart ab."

60 Der **Rausch** beschreibt einen zeitlich eng befristeten Zustand, für dessen Beseitigung der Organismus durch Abbau des Wirkstoffs grundsätzlich selbst sorgt (*Bock* Kriminologie Rn. 977). Abhängigkeit schließt das Auftreten eines Rauschs nicht aus (*Täschner* NStZ 1993, 322); er kommt daher sowohl bei Abhängigen als auch bei Nichtabhängigen vor. Zur Auswirkung auf die Schuldfähigkeit → Vor § 29 Rn. 475, 493, 504–511.

61 II. Gelegenheitskonsum. Zwischen einem einmaligen Rausch und Abhängigkeit bestehen Zwischenstufen. Dazu gehört der Gelegenheitskonsum. Ein solcher liegt vor, wenn Drogen in gewissen Abständen konsumiert werden (*Täschner* NStZ 1993, 322). Der gelegentliche Konsum ist rechtlich vor allem für die Frage des Absehens von der Strafverfolgung beim Umgang mit kleinen Mengen Cannabis (→ § 29 Rn. 2172–2176, → § 31a Rn. 49–51) und für die Entziehung der Fahrerlaubnis beim Konsum von Cannabis (→ Rn. 1743–1752) von Bedeutung.

62 Wie groß **die Abstände** zwischen dem Gebrauch sein müssen, um noch von einem Gelegenheitskonsum sprechen zu können, hat das BVerfG nicht abschließend geklärt (BVerfGE 90, 145 (198) (→ Rn. 2); BVerfG NJW 2002, 2378 = StV 2002, 593). Der Begriff kann auch für die **beiden Rechtsgebiete,** in denen er erheblich wird, **nicht einheitlich** behandelt werden. Auf → Vor § 29 Rn. 1743, 1744 für das **Verkehrsrecht** und → § 29 Rn. 2172–2176 für das **Strafrecht** wird Bezug genommen.

III. Missbrauch, schädlicher Gebrauch. Der Abhängigkeit geht häufig als 63 Vorstadium (*Bühringer* in Kreuzer BtMStrafR-HdB § 5 Rn. 35–39) der Missbrauch (§ 5 Abs. 1 Nr. 6) voraus. Missbrauch ist der sozial oder gesetzlich verbotene Gebrauch (*Bock* Kriminologie Rn. 976; *Brettel* in Bock Kriminologie § 27 Rn. 13). Die WHO definierte Missbrauch als einen dauernden oder vereinzelten übermäßigen Drogengebrauch, der ohne Beziehung zu einer annehmbaren medizinischen Praxis erfolgt oder mit einer solchen unvereinbar ist (Techn. Rep. Ser. No. 407, p. 6 [1969]; s. auch *Glatzel* StV 1981, 191; *Täschner* NStZ 1993, 322 (323); *Malek* BtMStrafR Kap. 5 Rn. 21). Er ist ein rein naturwissenschaftlicher Begriff, der auch die infolge falscher Indikationsstellung oder falscher Dosierung schädliche Behandlung erfasst (*Brettel* in Bock Kriminologie § 27 Rn. 13; s. aber *Uchtenhagen* in Kreuzer BtMStrafR-HdB § 1 Rn. 6).

In der ICD-10 ist der Begriff des Missbrauchs durch den des **schädlichen Ge-** 64 **brauchs** ersetzt. Der schädliche Gebrauch wird in ICD-10-GM-2019 Kapitel V, Gruppe F 10 bis F 19 „Psychische und Verhaltensstörungen durch psychotrope Substanzen" unter Punkt 1 wie folgt umschrieben:

„Konsum psychotroper Substanzen, der zu Gesundheitsschädigung führt. Diese kann als körperliche Störung auftreten, etwa in Form einer Hepatitis nach Selbstinjektion der Substanz oder als psychische Störung z. B. als depressive Episode durch massiven Alkoholkonsum."

In der DSM-5 ist die Trennung von Missbrauch (schädlichem Gebrauch) und 65 Abhängigkeit aufgegeben und durch den Begriff „Störungen durch Substanzgebrauch" (Substance Use Disorders) ersetzt worden (*Müller/Nedopil* Forensische Psychiatrie S. 141), die in die Schweregrade „leicht", „mittel" und „schwer" eingeteilt werden. Es wird befürchtet, dass damit diagnostische Schwellen herabgesetzt und ein Verhalten, das sich noch in der Norm hält, als behandlungsbedürftig angesehen wird (*Jacobi/Maier/Heinz* DÄrztebl 2013, 2364).

Kapitel 5. Ursachen der Abhängigkeit

A. Ursachen. Über die Ursachen der Drogenabhängigkeit besteht keine grö- 66 ßere Klarheit als sonst über die Zusammenhänge, die zu abweichendem (deviantem) Verhalten führen. Immerhin spricht viel dafür, dass sich die Abhängigkeit **nicht** auf **eine Ursache** zurückführen lässt (LSG Schleswig-Holstein MedR 1993, 152; *Bühringer* in Kreuzer BtMStrafR-HdB § 6 Rn. 19; *Küfner/Bühringer/Schumann/Duwe* in Egg Drogenmißbrauch S. 16, 17; *Huber* Psychiatrie S. 523, 524; *Müller/Nedopil* Forensische Psychiatrie S. 139: „multifaktorielles Geschehen"), gleichgültig, ob diese im medizinischen, individualpsychologischen oder gesellschaftlichen Bereich gesucht wird (*Kreuzer* in Kreuzer BtMStrafR-HdB § 3 Rn. 13–27; *Schwind* Kriminologie § 27 Rn. 11, 12).

Nach dem derzeitigen Erkenntnisstand ist vielmehr von einem **Ineinandergrei-** 67 **fen mehrerer Faktoren** auszugehen, die das Risiko für den Beginn des Konsums oder seine Fortsetzung erhöhen oder mindern (*Bühringer* in Kreuzer BtMStrafR-HdB § 6 Rn. 20; *Kreuzer* BtMStrafR-HdB § 3 Rn. 279–285; *Kreuzer* NJW 1989, 1505 (1506); *Kreuzer* in Kröber/Dölling/Leygraf/Sass Forensische Psychiatrie-HdB IV S. 502; *Küfner/Bühringer/Schumann/Duwe* in Egg Drogenmißbrauch S. 17; s. auch *Kaiser* Kriminologie § 54 Rn. 17; *Brettel* in Bock Kriminologie § 27 Rn. 44).

68 **B. Faktoren.** Die einzelnen Risiko- und Schutzfaktoren lassen sich relativ sicher ermitteln. Nicht abschließend geklärt ist dagegen ihr jeweiliger Stellenwert und ihr Zusammenwirken (*Bühringer* in Kreuzer BtMStrafR-HdB § 6 Rn. 21; *Küfner/Bührunger/Schumann/Duwe* in Egg Drogenmißbrauch S. 17, 18). Plausibel erscheint ein **entwicklungspsychologisches Modell,** wonach der junge Mensch während der Pubertät und des Übergangs von der Kindheit zum Jugendlichen und Erwachsenen zahlreiche emotionale und kognitive Entwicklungsaufgaben zu bewältigen hat, innerhalb derer er für Störungen besonders anfällig ist (*Küfner/Bührunger/Schumann/Duwe* in Egg Drogenmißbrauch S. 17, 18). Die Entwicklung erfolgt zunächst im Elternhaus und dann in der Gruppe der Gleichaltrigen **(peer-group).**

69 Aus unterschiedlichen Gründen kann es zu einer **frühzeitigen Außenorientierung** des Kindes oder Jugendlichen kommen, die seiner Entwicklung noch nicht gemäß ist. Sind in der Bezugsgruppe psychoaktive Substanzen verfügbar und besteht dort eine hohe Bereitschaft oder sogar ein gewisser Druck zum Konsum, dann ist das Risiko für den Beginn des Drogengebrauchs deutlich erhöht. Dies gilt namentlich dann, wenn Schutzfaktoren wegen des Alters oder auf Grund einer unzureichenden Erziehung oder Förderung namentlich durch die Eltern zu gering ausgeprägt sind. Erhöht der erste Konsum das Wohlbefinden und vor allem die soziale Akzeptanz des Jugendlichen in der Gruppe, so ist die Wahrscheinlichkeit der Fortsetzung groß (zum Ganzen *Küfner/Bührunger/Schumann/Duwe* in Egg Drogenmißbrauch S. 19).

70 **I. Risikofaktoren.** Risikofaktoren können sich danach in verschiedenen Stadien der Entwicklung des Kindes oder Jugendlichen bemerkbar machen. Wesentlich ist, dass sie zwar Fehlentwicklungen begünstigen, jedoch nicht zwangsläufig zur Drogenabhängigkeit führen. Risikofaktoren sind zum Teil in der Person des Abhängigen und seiner Entwicklung begründet, zum Teil liegen sie außerhalb. Wesentliche Risikofaktoren sind (zur Diagnostik s. *Rieger/Freisleder* in Häßler/Nedopil/Kinze Forensische Psychiatrie-HdB S. 248):

71 **1. Psychosoziale Defizite.** Es ist nicht überraschend, dass die psychosozialen Defizite, die generell als Ursachen für negative Entwicklungen erkannt sind, auch als Risikofaktoren für die Entwicklung einer Drogenabhängigkeit in Betracht kommen (*Kreuzer* BtMStrafR-HdB § 3 Rn. 279–285; *Giggel/Schläfke* in Häßler/Nedopil/Kinze Forensische Psychiatrie-HdBS. 200; *v. Hippel* ZRP 1988, 289 (290); *Kühne* ZRP 1989, 1 (3)).

72 **a) Prädisposition.** Dazu gehört zunächst die Prädisposition des Betroffenen (biologische oder genetische Bedingungen). Dies darf auf keinen Fall im Sinne eines „Drogengens" missverstanden werden. Die Prädisposition ist für den Alkoholmissbrauch gut belegt (*Bühringer* in Kreuzer BtMStrafR-HdB § 6 Rn. 22), wird nach dem heutigen Stand der Wissenschaft aber auch als Risikofaktor für den Missbrauch von Betäubungsmitteln angesehen (INCB-Report 2009 Nr. 11; *Bühringer* in Kreuzer BtMStrafR-HdB § 6 Rn. 22; *Küfner/Bührunger/Schumann/Duwe* in Egg Drogenmißbrauch S. 17, 31; *Duwe et al.* Suchtmed 2001, 73 (84); *Huber* Psychiatrie S. 524; s. auch *Müller/Nedopil* Forensische Psychiatrie S. 139). Genetisch bedingt kann eine hohe Impulsivität sein, verbunden mit mangelnder Einsichts- und Steuerungsfähigkeit und einer geringen sozialen Empathie (*Küfner/Bührunger/Schumann/Duwe* in Egg Drogenmißbrauch S. 13). Im Einzelnen sind die Zusammenhänge noch nicht klar.

73 **b) Missbrauchsverhalten in der Familie.** Ein weiterer Risikofaktor ist die Einstellung zu psychoaktiven Substanzen und der Umgang mit ihnen in der Familie. Kinder lernen am Modell der Eltern. Ist in der Familie ein Missbrauchsverhalten festzustellen, so bleibt dies für die Lernprozesse des Kindes nicht ohne Bedeutung, so dass Kinder aus solchen Familien einem erhöhten Risiko ausgesetzt sind (INCB-

Kap. 5. Ursachen der Abhängigkeit § 1 **BtMG**

Report 2009 Nr. 12; *Bühringer* in Kreuzer BtMStrafR-HdB § 6 Rn. 23; *Kreuzer* BtMStrafR-HdB§ 4 Rn. 147; Tabelle 7; *Küfner/Bührunger/Schumann/Duwe* in Egg Drogenmißbrauch S. 25, 26; *Huber* Psychiatrie S. 524).

c) Erziehungsbelastungen. Besonders bedeutsame Risikofaktoren sind Erziehungsbelastungen und sonstige frühe Sozialisationsstörungen (INCB-Report 2009 Nr. 12). Dazu gehören ein häufiger Wechsel der Bezugspersonen, Gleichgültigkeit, Verständnislosigkeit, fehlende Zuwendung und inadäquate, insbesondere inkonsequente Erziehungsstile (*Kreuzer* BtMStrafR-HdB § 3 Rn. 145–149; Tabelle 7; *Bühringer* in Kreuzer BtMStrafR-HdB § 6 Rn. 24; *Küfner/Bührunger/Schumann/ Duwe* in Egg Drogenmißbrauch S. 25–27). Fehlende Zuwendung, aber auch eine sonst gering ausgeprägte Fähigkeit der Eltern, mit den Kindern adäquat umzugehen, begünstigen eine frühe Außenorientierung der Kinder. 74

d) Ungünstige Einflüsse durch die peer-group. Eine starke Einbindung in eine Clique, wie sie namentlich bei einer zu frühen Außenorientierung auftritt, häufige Kontakte zu einer solchen Gruppe und **unstrukturierte gemeinsame Aktivitäten** sind eine erhebliche Gefahr für eine positive Entwicklung (*Kreuzer* BtMStrafR-HdB § 3 Rn. 103; 152–156; *Bühringer* in Kreuzer BtMStrafR-HdB § 6 Rn. 25; *Küfner/Bührunger/Schumann/Duwe* in Egg Drogenmißbrauch S. 14). Sind in der Gruppe psychoaktive Substanzen verfügbar, so führt dies, auch in Verbindung mit Neugier und Nachahmung, zu einem wesentlich erhöhten Risiko für einen späteren Missbrauch (INCB-Report 2009 Nr. 13; *Eisenberg/Kölbel* Kriminologie § 56 Rn. 57). 75

2. Objektive Bedingungen. Von wesentlicher Bedeutung bei der Ausprägung einer Drogenabhängigkeit sind auch Faktoren, die außerhalb der Persönlichkeit und der Entwicklung des Betroffenen liegen. Dazu zählen insbesondere: 76

a) Leichte Verfügbarkeit von Drogen. Die leichte Verfügbarkeit von gefährlichen Gegenständen ist stets ein hoher Risikofaktor für ihre Verwendung. Für den Gebrauch von Drogen gilt nichts anderes (*Bühringer* in Kreuzer BtMStrafR-HdB § 6 Rn. 26, 41; *Küfner/Bührunger/Schumann/Duwe* in Egg Drogenmißbrauch S. 18, 20; *Huber* Psychiatrie S. 524; *Brettel* in Bock Kriminologie § 27 Rn. 62; *Kreuzer* FS Miyazawa, 1995, 179 (180)). Dies zeigt sich bereits daran, dass die Erzeuger- und Transitstaaten in Ostasien und Amerika selbst mit einem bedrohlichen Anstieg der Süchtigen zu kämpfen haben (*Thamm* in Kreuzer BtMStrafR-HdB § 4 Rn. 284, 294). 77

b) Eigenschaften und Wirkungen der Droge, Bindungskraft. Eine erhebliche Rolle spielen auch pharmakologische Einflüsse (*Huber* Psychiatrie S. 524; *Küfner/Bührunger/Schumann/Duwe* in Egg Drogenmißbrauch S. 19). Ob und wie rasch eine Abhängigkeit ausgebildet wird, hängt wesentlich von den Eigenschaften und Wirkungen der jeweiligen Droge und der sich daraus ergebenden Bindungskraft (→ Rn. 84) ab. 78

II. Schutzfaktoren. Die Schutzfaktoren sind von besonderer Bedeutung für die Prävention. Aber auch für die Therapie ist ihre Ausbildung und Förderung besonders wichtig (*Küfner/Bührunger/Schumann/Duwe* in Egg Drogenmißbrauch S. 32). Der größere Teil der Schutzfaktoren besteht in allgemeinen Lebenskompetenzen, während der kleinere sich speziell auf den Umgang mit psychoaktiven Substanzen bezieht (*Bühringer* in Kreuzer BtMStrafR-HdB § 6 Rn. 27; *Küfner/Bührunger/Schumann/Duwe* in Egg Drogenmißbrauch S. 17). Zu den Schutzfaktoren gehören: 79

1. Adäquate Belastungsverarbeitung (Stressbewältigung). Ein wesentlicher Schutzfaktor ist der positive Umgang mit Belastungen (frühzeitiges Erkennen, Fähigkeit zur Reduzierung, Fertigwerden mit unvermeidbaren Belastungen) und die Befähigung zum Lösen von Problemen. Diese Kompetenzen werden zum 80

BtMG § 1 Erster Abschnitt. Begriffsbestimmungen

Teil erlernt, sie werden aber auch vererbt (*Bühringer* in Kreuzer BtMStrafR-HdB § 6 Rn. 28).

81 **2. Positives Selbstkonzept.** Zu den besonders bedeutsamen Schutzfaktoren gehört die Entwicklung eines positiven Selbstkonzepts mit Selbstvertrauen und Selbstsicherheit (krit. *Eisenberg/Kölbel* JGG § 56 Rn. 43). Dazu zählen auch das Erkennen kritischer Situationen, etwa das Angebot von Drogen, und die Souveränität, ein solches Angebot abzulehnen (*Bühringer* in Kreuzer BtMStrafR-HdB § 6 Rn. 29; *Küfner/Bührunger/Schumann/Duwe* in Egg Drogenmißbrauch S. 18).

82 **3. Kommunikationsfähigkeit.** Als Schutzfaktor ist auch die Kommunikationsfähigkeit anzusehen. Sie vermeidet auf der einen Seite eine soziale Isolierung und erhöht auf der anderen die Fähigkeit, sich im Leben durchzusetzen und eigene Interessen zu vertreten (*Bühringer* in Kreuzer BtMStrafR-HdB § 6 Rn. 30; *Küfner/Bührunger/Schumann/Duwe* in Egg Drogenmißbrauch S. 18).

83 **4. Umgang mit psychoaktiven Substanzen.** Wesentlich ist schließlich der angemessene Umgang mit psychoaktiven Substanzen. Dazu gehört, dass illegale Drogen generell vermieden werden und legale Substanzen mäßig (Alkohol) oder fachgerecht (Medikamente) gebraucht werden, wobei in bestimmten Situationen (zB Straßenverkehr, Schwangerschaft) ganz darauf verzichtet wird. Zu diesem Schutzfaktor zählt ferner die Fähigkeit, psychoaktive Stoffe nicht als Problemlöser, zum leichteren Abschalten nach Stress, zum Abbau von Hemmungen oder zur Leistungssteigerung einzusetzen (*Bühringer* in Kreuzer BtMStrafR-HdB § 6 Rn. 31).

84 **C. Dauer bis zur Abhängigkeit.** Wie lange es dauert, bis Abhängigkeit eintritt, hängt von den Eigenschaften des jeweiligen Betäubungsmittels ab. Drogen verfügen über eine suchterzeugende Potenz **(Bindungskraft),** die bei jedem Stoff verschieden stark ausgeprägt ist (*Täschner* NStZ 1993, 322 (323)). Sie ist bei Heroin besonders hoch, bei Cannabis wurde sie in der Vergangenheit als sehr gering bezeichnet (zuletzt BGHSt 42, 1 (→ Rn. 2); aber → Rn. 311–314). Zum umgekehrten Vorgang des **maturing out** → Rn. 396.

Kapitel 6. Abhängigkeit und Kriminalität

85 **A. Kriminalitätsentwicklung.** Zu Stand und Entwicklung der Betäubungsmittelkriminalität und der Kriminalität der Betäubungsmittelabhängigen, insbesondere auch zur Beschaffungskriminalität, zunächst → Einl. Rn. 61–115.

86 **B. Zusammenhang zwischen Drogenmissbrauch und Delinquenz.** Nicht abschließend geklärt ist der Zusammenhang zwischen Drogenmissbrauch und Delinquenz (*Kreuzer* BtMStrafR-HdB § 3 Rn. 13–27). Entgegen einer noch weit verbreiteten Meinung kann allerdings im Regelfall **nicht** davon ausgegangen werden, dass delinquentes Verhalten auf den Drogenmissbrauch zurückzuführen ist (*Rautenberg* Zusammenhänge S. 53, 84; *Kreuzer* BtMStrafR-HdB § 3 Rn. 213–217; *Kreuzer* [1999] S. 45, 46; *Kreuzer* in Haller/Jehle S. 145, 148–151; *Kreuzer* in Kröber/Dölling/Leygraf/Sass Forensische Psychiatrie-HdB IV S. 518; *Bock* Kriminologie Rn. 991; *Bock* FS Kaiser, 1999, 699 (703, 704); *Eisenberg/Kölbel* JGG § 45 Rn. 109; → § 56 Rn. 56, 57; *Brettel* in Bock Kriminologie § 27 Rn. 36; *Geschwinde* Rauschdrogen Rn. 2385).

87 **Ein wesentlicher Teil** der Drogenabhängigen (bei einer Untersuchung von *Kreuzer* (in Egg Drogenmißbrauch S. 46) waren dies 91% der intravenös Drogenabhängigen) war bereits **vor dem Beginn des Drogenkonsums** delinquent (*Kreuzer* BtMStrafR-HdB § 3 Rn. 213–217; *Kreuzer* in Egg Drogenmßgrauch S. 45, 46; *Kreuzer* in Kröber/Dölling/Leygraf/Sass Forensische Psychiatrie-HdB IV Tab. 2.4.8; *Rautenberg* Zusammenhänge S. 84; *Eisenberg/Kölbel* Kriminologie § 45 Rn. 109; § 56, 56, 57; *Bock* Kriminologie Rn. 991; *Bock* FS Kaiser, 1999, 699

(703); *Brettel* in Bock Kriminologie § 27 Rn. 36) oder sozial auffällig und desintegriert (*Knecht* Kriminalistik 1995, 443 (444, 445); *Täschner* in Kreuzer BtMStrafR-HdB § 16 Rn. 140). Auf der anderen Seite haben bisher unauffällige Personen, die in einer bestimmten Lebenssituation (zB Vietnamkrieg) auch harte Drogen (Heroin) genommen haben, häufig keine anhaltende Abhängigkeit ausgebildet (*Knecht* Kriminalistik 1995, 443; *Paeffgen* FG BGH, 2000, 711 Fn. 81); auch → Rn. 396.

Danach kann daher für den Regelfall nicht (länger) davon ausgegangen werden, **88** dass es der Drogenmissbrauch ist, der im Sinne eines kausalen Zusammenhangs zu delinquenten Verhaltensweisen führt („**drugs cause crime**" (*Rautenberg* Zusammenhänge S. 33, 84)). Ebensowenig ist die These richtig, dass der Betroffene drogenabhängig geworden ist, weil er kriminell war („**crime causes drugs**" (*Rautenberg* Zusammenhänge S. 34)).

Vielmehr spricht vieles dafür, dass sowohl für die Entwicklung des Drogenmiss- **89** brauchs als auch für die Ausprägung kriminellen Verhaltens **dieselben Entstehungsbedingungen** maßgeblich sind (s. BGHR StGB § 64 Zusammenhang, symptomatischer 2 = NStZ 2000, 25), die in den **zentralen Risikofaktor eines devianten Lebensstils** in Kindheit und Jugend münden (*Rautenberg* Zusammenhänge S. 84, 85; *Küfner/Bührunger/Schumann/Duwe* in Egg Drogenmißbrauch S. 10, 27–31; s. auch *Kreuzer* BtMStrafR-HdB § 3 Rn. 208–229; *Kreuzer* in Egg Drogenmißbrauch S. 45, 46; *Huber* Psychiatrie S. 523, 524; *Geschwinde* Rauschdrogen Rn. 2385).

Dabei wird **Devianz** hier als ein umfassender Begriff für abweichendes Verhalten **90** verstanden, das nicht unbedingt sozial schädlich (zB Schule schwänzen) oder strafbar (zB Diebstahl bei Strafunmündigen) sein muss (*Duwe et al.* Suchtmed 2001, 73 (74)). Ein devianter Lebensstil ist ein verfestigtes Muster devianter Verhaltensweisen, die das Verhalten der Person weitgehend bestimmen (*Küfner/Bührunger/Schumann/Duwe* in Egg Drogenmißbrauch S. 11).

C. Drogenabhängigkeit und Beschaffungskriminalität. Ist danach davon **91** auszugehen, dass für Drogenmissbrauch und delinquentes Verhalten gemeinsame Entstehungsbedingungen maßgeblich sind, so kann die These, Auslöser der (indirekten) Beschaffungskriminalität (→ Einl. Rn. 106–114) sei die Drogenabhängigkeit und der auf die Prohibition zurückzuführende Beschaffungsdruck, nicht aufrechterhalten werden. Vielmehr erscheint eine wesentlich differenzierendere Betrachtung angebracht (*Knecht* Kriminalistik 1995, 443 (445); *Brettel* in Bock Kriminologie § 27 Rn. 36; *Täschner* in Kreuzer BtMStrafR-HdB § 16 Rn. 140; *Eisenberg/Kölbel* Kriminologie § 56 Rn. 55–57).

Kapitel 7. Drogeneinfluss: Feststellung, Laboranalysen

Die Betäubungsmittelabhängigkeit liegt in der Praxis vielfach offen zu Tage, **92** etwa bei der Feststellung von Injektionsmalen, Entzugssyndromen oder früheren Therapieversuchen. In anderen Fällen bedarf es der Einschaltung eines Sachverständigen. Für dessen Auswahl gelten die allgemeinen Regeln (dazu *Fischer* StGB § 20 Rn. 62; enger *Täschner* in Kreuzer BtMStrafR-HdB § 16 Rn. 13–31; krit. *Wächtler* StV 2003, 184 (187, 188)).

Subjektive Angaben des Betroffenen bedürfen der Objektivierung. Dazu können **93** Beobachtungen von Zeugen beitragen. Größeres Gewicht haben **medizinische Feststellungen,** insbesondere zu Entzugserscheinungen, typischen älteren Venenveränderungen, Leberfunktionsstörungen, Zahnverfall, sekundärer Amenorrhoe (Ausbleiben der Regelblutung) oder typischer Gewichtszunahme in der Haft (*Täschner* BA 1993, 313 (317)). Von besonderem Wert sind daher polizeiärztliche Protokolle, Krankenblätter der Justizvollzugsanstalten sowie frühere Gutachten und Urteilsfeststellungen (*Täschner* BA 1993, 313 (317)).

BtMG § 1   Erster Abschnitt. Begriffsbestimmungen

94   **Objektive Befunde** werden am sichersten durch Blut-, Urin- und Haaranalysen ermöglicht (*Eberth/Müller* BtMR Rn. 172–174; *Weiler/Schütz* in Kreuzer BtMStrafR-HdB § 8 Rn. 224–250). **Speichel** gewinnt zunehmende Bedeutung; zu biologischen und analytischen Einschränkungen s. *Kauert* BA 2000, 76. Auch im **Schweiß** können Drogen festgestellt werden, wobei hierzu Pflaster oder Wischtests („drug wipe") verwendet werden (*Schütz* in Kotz/Rahlf BtMStrafR Kap. 1 Rn. 164); wichtig ist dabei, dass die Drogenspuren nicht auf Verunreinigungen mit Staub- oder Pulverresten von Betäubungsmitteln zurückzuführen sind.

95   **A. Drogenschnelltests.** Für jede Drogenklasse sind Schnelltests von verschiedenen Herstellern entwickelt worden, die es am Einsatzort ermöglichen, festzustellen, ob eine vorgefundene Substanz zu einer bestimmten Stoffgruppe (etwa Cannabinoiden) gehören kann. Schnelltests sind orientierende Suchtests, die eine Laboranalyse nicht ersetzen können (*Patzak* in Körner/Patzak/Volkmer Vor § 29 Rn. 394 mwN). Das Testergebnis kann **falsch positiv** oder **falsch negativ** sein. Bei positiven Ergebnissen bedarf es zur gerichtlichen Beweisführung daher einer Bestätigung durch eine chromatographische und spektroskopische Laboruntersuchung (*Patzak* in Körner/Patzak/Volkmer Vor § 29 Rn. 394). Negative Ergebnisse sprechen nicht zwingend gegen das Vorliegen eines Betäubungsmittels; ergeben sich weitere Anhaltspunkte, muss das Verfahren daher fortgesetzt werden.

96   **B. Immun-chemische Testverfahren (Immunoassays).** Zu den vorläufigen Suchtests (Screenings) gehören auch die verschiedenen immuno-chemischen Testverfahren. Sie beruhen auf der immunologischen Grundlage der Antigen-Antikörper-Reaktion (*Schütz/Weiler* Kriminalistik 1999, 452). Am bekanntesten sind das Haemaglutination-Inhibition-Verfahren **(HI)**, das Radio-Immune-Assay **(RIA)**, das Enzyme-Multiplied-Immunoassay-Technique **(EMIT)** und das Fluoreszenz-Polarisations-Immuno-Assay **(FPIA)**. Mit ihrer Hilfe kann schnell, einfach und preiswert herausgefunden werden, ob in einer Urinprobe Substanzen einer bestimmten Stoffgruppe vorhanden sind. Falsch-negative Befunde gibt es kaum (*Schütz* in Kotz/Rahlf BtMStrafR Kap. 1 Rn. 147). Positive Befunde bedürfen der Bestätigung durch **chromatographische** und **spektroskopische** Laboruntersuchungen (*Schütz* in Kotz/Rahlf BtMStrafR Kap. 1 Rn. 148, 149; Stellungnahme der Toxikologen der Landeskriminalämter und des BKA zur Spezifität immunologischer Untersuchungen StV 1987, 510). Für Suchanalysen wird in der Regel Urin benötigt (*Schütz* in Kotz/Rahlf BtMStrafR Kap. 1 Rn. 152)

97   **C. Blutproben.** Blut ist das am besten geeignete Untersuchungsmaterial zum Nachweis einer aktuellen Beeinflussung (*Graw/Roider* in Kotz/Rahlf BtMStrafR Kap. 1 Rn. 231). Die Blutentnahme kommt daher vor allem in Betracht, wenn sie zeitnah zu der Tat erfolgen kann. Entnommen wird das **Vollblut;** untersucht wird meist das **Serum** oder **Plasma;** im Gutachten muss angegeben werden, worauf sich die Werte beziehen (*Graw/Roider* in Kotz/Rahlf BtMStrafR Kap. 1 Rn. 235). Mit der Blutuntersuchung werden in erster Linie Daten zur Menge des Wirkstoffs geliefert **(quantitative Analyse).** Suchanalysen (screenings) sind auf Grund der geringen Menge des Materials, das zur Untersuchung zur Verfügung steht, meist nicht möglich (*Weiler/Schütz* in Kreuzer BtMStrafR-HdB § 8 Rn. 163–165); etwas anderes gilt dann, wenn ein Verdacht auf einen bestimmten Fremdstoff besteht (*Weiler/Schütz* in Kreuzer BtMStrafR-HdB Rn. 165).

98   Die **Nachweisdauer** im **Blut** schwankt zwischen den einzelnen Betäubungsmitteln, geht aber über den Bereich einiger Stunden nicht hinaus. Dazu werden unterschiedliche Zeiten genannt. Nach *Schütz/Weiler* (Kriminalistik 1999, 755 (756)) kann von den folgenden Zahlen ausgegangen werden (die Zeiten von *Patzak* in Körner/Patzak/Volkmer BtMG Vor § 29 Rn. 394 in Klammern):
– Amfetamine: ca. 6 Stunden (ca. 6 Stunden),

- Cannabis: ca. 12 Stunden (ca. 5 bis 12 Stunden [THC], mehrere Tage bis wenige Wochen [THC-Carbonsäure]),
- Heroin: ca. 12 Stunden (Opiate: mehrere Stunden bis Tage [dosisabhängig]),
- Cocain: ca. 6 Stunden (6 Stunden).

D. Urinproben. Mit der Urinanalyse sollen in erster Linie Daten zur Art des Wirkstoffs ermittelt werden (qualitative Analysen, Suchanalysen, Screeninganalysen). Im Harn sind Fremdstoffe meist in höherer Konzentration vorhanden als im Blut. Sie können meist auch länger nachgewiesen werden. Der Harn enthält ferner neben dem Hauptwirkstoff zahlreiche Stoffwechselprodukte **(Metaboliten),** die sowohl die Sicherheit des Nachweises erhöhen als auch weitergehende Aussagen, etwa zur Konsumzeit und -frequenz, gestatten können (*Weiler/Schütz* in Kreuzer BtMStrafR-HdB § 8 Rn. 161; *Weiler/Schütz* Kriminalistik 1999, 755). Zu Manipulations- und Verfälschungsmöglichkeiten s. *Schütz* in Kotz/Rahlf BtMStrafR Kap. 1 Rn. 182–193.

Die **Nachweisdauer** im **Urin** schwankt beträchtlich (*Weiler/Schütz* in Kreuzer BtMStrafR-HdB § 8 Rn. 240). Nach *Weiler/Schütz* in Kreuzer BtMStrafR-HdB § 8 Rn. 240, beträgt die ungefähre Nachweisdauer (Zeiten nach *Patzak* in Körner/Patzak/Volkmer BtMG Vor § 29 Rn. 394 in Klammern), bei
- Amfetaminen: 48 Stunden, stark vom PH-Wert des Harns abhängig (ca. 1 bis 3 Tage),
- Cannabis: 24 bis 36 Stunden bei einem einmaligen Joint, 5 Tage bei viermaligem Konsum in der Woche, 10 Tage bei täglichem Konsum und bis zu 20 Tagen bei chronischem Konsum (24 bis 36 Stunden bei einmaligem Konsum, 5 Tage bei gelegentlichem Konsum, 10 Tage bei täglichem Konsum, bis zu 90 Tagen bei chronischem Abusus),
- Cocain: 2 bis 4 Tage (4 bis 12 Sunden [Cocain], 1 bis 4 Tage [Benzoylecgonin]),
- Opiaten: etwa 2 bis 3 Tage, stark abhängig von Dosis und anderen Faktoren [Heroin: ca. 2 Tage] (2 bis 3 Tage).

E. Haaranalysen. Die chemisch-toxikologische Untersuchung von Haaren lässt den Nachweis eines länger andauernden oder länger zurückliegenden Betäubungsmittelkonsums zu (*Graw/Roider* in Kotz/Rahlf BtMStrafR Kap. 1 Rn. 256; *Weiler/Schütz* Kriminalistik 1999, 755 (756, 757)). Viele Wirkstoffe gelangen mit dem Blut zur Haarwurzel, werden dort in das Haar eingebaut und wachsen mit ihm weiter. Damit lassen sich vor allem Einblicke in die Drogenkarriere des Betroffenen gewinnen, wobei sowohl die Art der Betäubungsmittel als auch das Ausmaß des Konsums bestimmt werden kann. Ein **aktueller Konsum** kann mit einer Haaranalyse **nicht** nachgewiesen werden, da die Drogensubstanz erst zehn bis zwölf Tage nach dem Konsum in den Haarschaft eingebaut wird (*Schuber/Huetten/Reimann/Graw* Kraffahrereignung S. 323, 325). Wird durch eine **Blutprobe** ein Cocainkonsum festgestellt, so kann dies, jedenfalls soweit es um einen einmaligen Konsum geht, nicht durch eine Haarprobe mit Negativbefund widerlegt werden (VGH Mannheim NJW 2011, 1303). Zur Haaranalyse insgesamt s. *Graw/Roider* in Kotz/Rahlf BtMStrafR Kap. 1 Rn. 250–290.

Kapitel 8. Aussagetüchtigkeit, Vernehmungsfähigkeit und Verhandlungsfähigkeit unter Drogeneinfluss

Bei der Frage, ob und wann ein Drogenkonsument oder -abhängiger als Zeuge oder Beschuldigter **vernommen** werden kann oder in der Lage ist, seine Rechte in der Hauptverhandlung wahrzunehmen, ist die Aussagetüchtigkeit von der Vernehmungsfähigkeit/Verhandlungsfähigkeit zu trennen (*Glatzel* StV 1994, 46). Zu einer etwaigen **notwendigen Verteidigung** s. OLG Düsseldorf StV 2002, 236.

BtMG § 1
Erster Abschnitt. Begriffsbestimmungen

103 **A. Aussagetüchtigkeit.** Die Aussagetüchtigkeit ist dann gegeben, wenn der zu Vernehmende die von ihm bekundete Tatsache unter hinreichend günstigen Umständen wahrnehmen und speichern konnte und in der Lage ist, die wahrgenommenen und gespeicherten Informationen später wieder aus dem Gedächtnis abzurufen und wiederzugeben (*Täschner* in Kreuzer BtMStrafR-HdB § 16 Rn. 126; *Täschner* NStZ 1993, 322 (324); *Glatzel* StV 1994, 46).

104 **I. Wahrnehmungsfähigkeit.** Drogenabhängigkeit als solche führt noch nicht zu einem Verlust oder einer ins Gewicht fallenden Beeinträchtigung der Wahrnehmungsfähigkeit (zu dieser s. *Täschner* in Kreuzer BtMStrafR-HdB § 16 Rn. 100–109). Dies gilt sowohl für Opiatabhängige (*Täschner* in Kreuzer BtMStrafR-HdB § 16 Rn. 121; *Täschner* NJW 1987, 2911; *Täschner* NStZ 1993, 322 (324)) als auch für Konsumenten anderer Drogen (*Täschner* NStZ 1993, 322 (324) § 16 Rn. 122). Die chronische Intoxikation, in der sie sich befinden, wirkt sich nur in geringem Umfang auf die Reizwahrnehmung aus.

105 Etwas anderes kommt in den Stadien der **akuten Intoxikation** und des **fortgeschrittenen Entzuges** in Betracht (*Täschner* in Kreuzer BtMStrafR-HdB § 16 Rn. 121, 122; *Täschner* NStZ 1993, 322 (324); *Glatzel* StV 1981, 191 (193)).

106 **1. Akute Intoxikation.** In welcher Form sich die akute Intoxikation ausprägt und für die Wahrnehmungsfähigkeit auswirkt, hängt von der konkreten Substanz ab (*Glatzel* StV 1981, 191 (192)). Während es bei bestimmten Halluzinogenen zu einer erheblichen Umformung der Wahrnehmung kommen kann (*Täschner* in Kreuzer BtMStrafR-HdB § 16 Rn. 122; *Täschner* NStZ 1993, 322 (324)), treten bei den Opioiden keine Sinnestäuschungen auf. Allerdings führen Überdosierungen zu einer solch starken Sedierung, dass die Wahrnehmungsfähigkeit getrübt wird, wobei vor allem negativ empfundene Sinnenreize ausgeblendet werden. Aber auch dann wird nur weniger wahrgenommen, nicht aber etwas anderes als die Realität (*Täschner* NStZ 1993, 322 (324)). Die Beurteilung der Wahrnehmungs- und Wiedergabefähigkeit in einem solchen Fall nimmt regelmäßig mehr als Allgemeinwissen in Anspruch, so dass, sofern das Gericht nicht über eine besondere Sachkunde verfügt (und darlegt), ein Sachverständiger zugezogen werden muss (BGH NStZ 2009, 346 = StV 2009, 116).

107 **Ob eine akute Intoxikation vorliegt** oder **vorgelegen hat,** lässt sich durch die Befragung des Betroffenen meist rasch klären. Im Übrigen ist sie an Hand der gegebenen Ausfallerscheinungen (Schläfrigkeit, Gangstörungen, allgemeine Verlangsamung, Schwerbesinnlichkeit und Schwerfälligkeit im Verhalten (*Täschner* in Kreuzer BtMStrafR-HdB § 16 Rn. 135; *Täschner* NJW 1984, 638 (641); 1987, 2911 (2913)) meist **äußerlich erkennbar** (*Täschner* NStZ 1993, 322 (324); wohl auch *Glatzel* StV 1981, 191 (192)).

108 **2. Entzugssyndrom.** Auch hier kommt es auf die konkrete Substanz an (*Glatzel* StV 1981, 191 (193)). Keine Beeinträchtigungen der Wahrnehmungsfähigkeit bestehen während des Entzugs von Cocain und/oder Halluzinogenen (*Glatzel* StV 1981, 191 (193)). Dagegen kann es bei Opioidsüchtigen zu einer quantitativen Einschränkung der Wahrnehmungsfähigkeit kommen (*Täschner* in Kreuzer BtMStrafR-HdB § 16 Rn. 120; *Täschner* NStZ 1993, 322 (324)), wobei aber auch hier nicht etwas wahrgenommen wird, was nicht existiert, sondern nur weniger. In wesentlich geringerem Maße ist dies auch beim Entzug von Barbituraten, Amfetaminen und Cannabis möglich (*Glatzel* StV 1981, 191 (193)).

109 Die Zustände, die im Stadium des Entzuges zu einer Beeinträchtigung der Wahrnehmungsfähigkeit führen, sind **äußerlich erkennbar** (*Täschner* in Kreuzer BtMStrafR-HdB § 16 Rn. 121, 122; *Täschner* NStZ 1993, 322 (324); wohl auch *Glatzel* StV 1994, 46). Von außen erkennbare Ausfallserscheinungen (Unruhe,

Konzentrationsstörungen, vegetative Symptome (→ Rn. 48)) und Wahrnehmungseinschränkungen laufen parallel (*Täschner* NStZ 1993, 322 (324)).

II. Speicherungsfähigkeit. Dasselbe wie für die Wahrnehmungsfähigkeit 110
(→ Rn. 104–109) gilt grundsätzlich auch für die Speicherungsfähigkeit (*Täschner* in Kreuzer BtMStrafR-HdB § 16 Rn. 128, 129; *Täschner* NStZ 1993, 322 (324)). Sie setzt einen bewusstseinsklaren Zustand voraus, da nur dann die Reize, die dem Gehirn zugeführt werden, gespeichert werden. Ist das Bewusstsein getrübt, so kann es zu einer verminderten Speicherung von Reizen kommen, obwohl diese noch wahrgenommen wurden. Meist wird in solchen Fällen aber bereits die Wahrnehmung gestört sein (*Täschner* NStZ 1993, 322 (324)). Anzeichen für eine getrübte Bewusstseinslage sind typische Leistungsausfälle, die sich von außen erkennen lassen (→ Rn. 107, 109).

III. Fähigkeit zur Wiedergabe. Auch die Fähigkeit, wahrgenommene und ge- 111
speicherte Informationen aus dem Gedächtnis abzurufen und wiederzugeben, ist bei Drogenabhängigen grundsätzlich gegeben (*Täschner Cannabis* NJW 1987, 2911 (1913); *Täschner* NStZ 1993, 322 (325)). Ebenso wie die Wahrnehmungs- und Speicherungsfähigkeit kann sie aber durch die akute Intoxikation oder durch schwere körperliche Entzugserscheinungen (vorübergehend) nachhaltig beeinträchtigt werden. Eine solche Einschränkung kann in aller Regel an der Art und Zahl der Leistungsausfälle (→ Rn. 107, 109) erkannt werden (*Täschner* NStZ 1993, 322 (325)). Die Auswirkungen von Drogen auf die Erinnerungsfähigkeit ist **spezifisches Fachwissen**, das nicht Allgemeingut von Richtern ist; sofern nicht die eigene Sachkunde des Gerichts besteht (und dargelegt wird), ist daher ein Sachverständiger hinzuzuziehen (BGH NStZ-RR 2000, 332 = StV 2001, 665; s. auch BGH *Holtz* MDR 1991, 109 für die Frage der Glaubwürdigkeit).

B. Vernehmungsfähigkeit/Verhandlungsfähigkeit. Unter Vernehmungs- 112
fähigkeit ist das Vermögen eines Prozessbeteiligten zu verstehen, auf Grund seiner physischen und psychischen Verfassung der Vernehmung zu folgen, deren Bedeutung zu erkennen und zu würdigen und sich sachgerecht einzulassen (*Eberth/Müller* BtMR Rn. 180). Die für die Vernehmungsfähigkeit geltenden Kriterien gelten auch für die **Verhandlungsfähigkeit** (OLG Karlsruhe NJW 1978, 601), wobei diese über die Zeit der bloßen Vernehmung hinausreichen muss. Verhandlungsfähigkeit ist die Fähigkeit, während der gesamten (Haupt-)Verhandlung, seine Interessen vernünftig wahrzunehmen, die Verteidigung in verständiger und verständlicher Weise zu führen sowie Prozesserklärungen abzugeben und entgegenzunehmen (BVerfG NJW 1995, 1951; BGHSt 41, 16 = NJW 1995, 1973 = JR 1995, 473 mAnm *Rieß; Schmitt* in Meyer-Goßner/Schmitt Einl. 97).

I. Verhältnis zur Aussagetüchtigkeit. Die Vernehmungsfähigkeit deckt sich 113
in weitem Umfang mit der Aussagetüchtigkeit, bezieht aber noch die Stellung des Betroffenen im Verfahren mit ein. Von der geistigen Leistungsfähigkeit des Betroffenen wird daher **mehr verlangt** als Wahrnehmen, Speichern, Erinnern und Wiedergeben (*Glatzel* StV 1994, 46). Er muss auch die Bedeutung der Aussage erfassen und Überlegungen anstellen, zu welchen Schlussfolgerungen seine Angaben den Vernehmenden befähigen (*Glatzel* StV 1994, 46). Dies gilt nicht nur, wenn der Betroffene als Beschuldigter vernommen wird, sondern auch bei seiner Vernehmung als Zeuge, zumal es bei einem Drogenabhängigen rasch zu einem Rollentausch kommen kann.

II. Auswirkung der Drogenabhängigkeit. Die Drogenabhängigkeit an sich 114
führt noch nicht zu einem Verlust oder einer ins Gewicht fallenden Beeinträchtigung der Vernehmungsfähigkeit. Dies gilt auch für Opiatabhängige (*Täschner* NJW 1987, 2911; *Täschner* NStZ 1993, 322 (324)). Die **chronische** Intoxikation, in der sie sich befinden, wirkt sich als solche noch nicht auf die Vernehmungsfähig-

keit aus. Hat sich der Drogenabhängige die seiner Sucht gemäße Menge Stoffs zugeführt, so tritt er in ein Stadium eines weitgehend geordneten körperlichen und geistigen Zustands ein (*Täschner* NStZ 1993, 322 (325)).

115 Auch die **Umstrukturierung der Persönlichkeit,** zu der die Sucht führt, hat für sich allein noch keinen Verlust und keine Beeinträchtigung der Vernehmungsfähigkeit zur Folge (*Täschner* in Kreuzer BtMStrafR-HdB § 16 Rn. 132; *Täschner* NStZ 1993, 322 (325)). Allerdings kann auch die Angst vor körperlichen und seelischen Entzugserscheinungen, die der Betroffene bereits erlebt hat, zu einer solch bedeutsamen psychischen Störung führen, dass die Fähigkeit zur normativen Bestimmung seines Verhaltens dadurch erheblich beeinträchtigt wird (*Glatzel* StV 1994, 46 (47)).

116 Auch ausgeprägte **Persönlichkeitsveränderungen** (*Glatzel* StV 1994, 46 (47)), Psychosen oder hirnorganische Veränderungen (*Täschner* in Kreuzer BtMStrafR-HdB § 16 Rn. 132; *Täschner* NStZ 1993, 322 (325)) können zu einem Verlust oder einer Beeinträchtigung der Vernehmungsfähigkeit führen. Dasselbe gilt für die Stadien der akuten schweren **Intoxikation** (→ Rn. 107) und des fortgeschrittenen **Entzuges** (→ Rn. 109).

117 **C. Feststellung der Aussagetüchtigkeit/Vernehmungsfähigkeit.** Bei der Prüfung der Vernehmungsfähigkeit sind zwei Konstellationen zu unterscheiden: im Ermittlungsverfahren geht es meist darum, ob die gerade anstehende oder laufende Vernehmung (mit oder ohne Zuziehung eines Sachverständigen) durchgeführt oder fortgesetzt werden soll. In der Hauptverhandlung ist meist zu entscheiden, ob ein Sachverständiger zur Klärung der Frage eingeschaltet werden soll, ob bei einer früheren Vernehmung die Vernehmungsfähigkeit gegeben oder eingeschränkt war. Dieselben Fragen stellen sich jeweils für die Aussagetüchtigkeit.

118 **I. Die anstehende oder laufende Vernehmung/Verhandlung.** Bei der Vernehmung eines Drogenabhängigen zwischen dem letzten Konsum und dem Abschluss der Entgiftungsphase muss stets die Frage der Vernehmungsfähigkeit im Auge behalten werden. Dies gilt namentlich dann, wenn von der Zeugenvernehmung zur Beschuldigtenvernehmung übergegangen wird. Dies bedeutet nicht, dass zu jeder Vernehmung eines Drogenabhängigen ein Sachverständiger zugezogen werden müsste. Namentlich, wenn sich keine Besonderheiten ergeben, ist auch ein **erfahrener Vernehmungsbeamter** oder **Ermittlungsrichter** zu der dabei anzustellenden Prüfung in der Lage (BGH NStZ 1984, 178 = StV 1984, 61 mablAnm *Glatzel;* enger *Glatzel* StV 1994, 46 (47)).

119 **1. Anzeichen für Besonderheiten.** Ergeben sich bei der Vernehmung Anzeichen für eines der in → Rn. 116 genannten Merkmale, so sollte sie erst fortgesetzt werden, wenn die Vernehmungsfähigkeit unter Zuziehung eines Sachverständigen geprüft wurde. Ob solche Anzeichen, namentlich für schwere Entzugserscheinungen, gegeben sind, kann auch eine erfahrene Vernehmungsperson feststellen (BGH NStZ 1984, 178 (→ Rn. 118); wohl auch *Täschner* NStZ 1993, 322 (325)). Der Vernehmende muss sich bewusst sein, dass Drogenabhängige manchmal bestrebt sind, ihre Entzugserscheinungen zu verbergen, um das Ausmaß ihrer Abhängigkeit zu verschleiern und Therapiemaßnahmen zu verhindern (*Patzak* in Körner/Patzak/Volkmer Stoffe Teil 1 Rn. 215).

120 **2. Kooperationsbereitschaft** und **Aussagefreudigkeit** können ein Anzeichen für eine fehlende oder eingeschränkte Vernehmungsfähigkeit sein (BGH NStZ 1984, 178 (→ Rn. 118); *Glatzel* StV 1981, 191 (194); aA *Täschner* NJW 1984, 638 (641); *Täschner* NStZ 1993, 322 (325)). Etwas anderes kommt in Betracht, wenn die Vernehmungsperson den Betroffenen wiederholt darauf hinweist, dass die Vernehmung nicht durchgeführt oder abgebrochen wird, wenn er sich ihr nicht gewachsen fühlt (BGH NStZ 1984, 178).

3. Monothematische Einengung. Ob auch die monothematische Einengung 121
des Drogenabhängigen auf die Droge und deren Beschaffung ein Anzeichen für die
fehlende oder eingeschränkte Vernehmungsfähigkeit sein kann, ist umstritten (*Glatzel* StV 1981, 191 (195) auf der einen Seite, *Täschner* NJW 1984, 638 (641); *Täschner*
NStZ 1993, 322 (325) auf der anderen). Dass der Betroffene Angaben, die im Zusammenhang mit Drogen stehen, nur deswegen macht, weil er sie ohne Rücksicht
auf die Vernehmungssituation nur dem ihn beherrschenden Thema zuordnet (*Glatzel* StV 1981, 191 (195)), liegt ferne und wird nur selten in Betracht zu ziehen sein.

4. Schmerzen. Etwas anderes gilt für die körperlichen **Schmerzen,** die in 122
schweren Fällen eines Entzugs auftreten können. Sie können den Betroffenen unfähig machen, seine Interessen vernünftig wahrzunehmen (*Glatzel* StV 1981, 191
(194)), und kommen daher auch als Anzeichen für eine fehlende oder eingeschränkte Vernehmungsfähigkeit in Betracht. Allerdings ist dieses Entzugsbild
nicht häufig (*Täschner* NJW 1984, 638 (641); noch enger NStZ 1993, 322 (325);
kritisch zur „Macht" der Entzugserscheinungen *C. Nestler* in Kreuzer BtMStrafR-
HdB § 11 Rn. 153–163).

II. Beurteilung einer früheren Vernehmung. Haben sich bei der früheren 123
Vernehmung Anzeichen für den Verlust oder die Einschränkung der Vernehmungsfähigkeit ergeben, so liegt es in der Regel nahe, sich zur Klärung der Vernehmungsfähigkeit der Unterstützung eines psychiatrischen (BGH StV 1987, 475) Sachverständigen zu bedienen. Etwas anderes kommt ausnahmsweise dann in Betracht,
wenn das erkennende Gericht selbst über eine erhebliche Sachkunde auf dem Gebiet des Drogenmissbrauchs verfügt (BGH NStZ 1984, 178 (→ Rn. 118)). Andernfalls ist der Sachverständige auch dann heranzuziehen, wenn er lediglich Erfahrungssätze und Schlussfolgerungen darzulegen vermag, die die unter Beweis
gestellte Behauptung mehr oder weniger wahrscheinlich machen (BGH *Schoreit*
NStZ 1990, 331 = DRsp Nr. 1997/17144).

D. Wahrheitsgehalt der Aussage. Bei der Prüfung des Wahrheitsgehalts der 124
Aussage eines Drogenabhängigen ist zu berücksichtigen, dass sich dieser stets in
einer subjektiv angespannten Situation befindet (*Täschner* in Kreuzer BtMStrafR-
HdB § 16 Rn. 137; *Täschner* NJW 1984, 638 (642); *Täschner* NStZ 1993, 622
(625); *Glatzel* StV 1994, 46 (47)). Seine Sucht ist ihm bewusst und er weiß um die
drohenden oder sich bereits abzeichnenden Entzugserscheinungen, so dass er an
einer baldigen Entlassung meist stärker interessiert ist als andere Zeugen oder Verhaftete. Dies kann dazu führen, dass er überhaupt aussagt und dass er die Aussage so
einrichtet, dass er möglichst bald entlassen wird (*Täschner* NStZ 1993, 622 (625)),
wobei er auch die Belastung anderer in sein Kalkül einbezieht.

Kapitel 9. Wirkung von Drogen

Die **Wirkung** eines Suchtmittels hängt von mehreren Faktoren ab: den spezifi- 125
schen Eigenschaften der Substanz, der Menge des aufgenommenen Wirkstoffs (Dosierung), der Art der Aufnahme (Konsumform), der Konstitution und Erfahrung
des Konsumenten, seiner Gestimmtheit **(set)** und den Bedingungen (Umgebung),
unter denen der Konsum stattfindet **(setting).**

A. Spezifische Eigenschaften. Nach den spezifischen Eigenschaften der 126
Suchtmittel lassen sich im Wesentlichen fünf Gruppen unterscheiden, wobei einzelne Substanzen auch mehreren Gruppen zugeordnet werden können.

I. Gruppen. Die fünf Gruppen können wie folgt beschrieben werden (*Joachim-* 127
ski/Haumer BtMG Rn. 6; *Eberth/Müller* BtMR Rn. 25a, 25b):

1. Halluzinogene; sie beeinflussen in erster Linie die Vorstellungswelt des Kon- 128
sumenten, verändern die Sinneseindrücke und führen zu – meist optischen – Sin-

BtMG § 1   Erster Abschnitt. Begriffsbestimmungen

nestäuschungen (*Huber* Psychiatrie S. 533). Ob Halluzinogene medizinisch nützlich sein können, ist umstritten (verneinend *Eberth/Müller* BtMR Rn. 30). Zu den Halluzinogenen gehören Cannabis, Mescalin, Psilocybin, LSD, DMT, DET und Ecstasy, wobei bei letzterem die halluzinogenen Wirkungen nicht stark ausgeprägt sind.

129   **2. Analgetika (Narkotika, Euphorika):** sie wirken schmerzstillend, steigern das Wohlbefinden und sind deswegen als Arzneimittel, vor allem bei Schmerzzuständen, zur Entzündungshemmung und zur Krampflösung unverzichtbar. Wegen ihrer sedierenden und betäubenden Wirkung werden sie auch als Narkotika bezeichnet (*Geschwinde* Rauschdrogen Rn. 1830). Bei ihrer Verwendung als Rauschdrogen stehen ihre euphorisierenden Eigenschaften im Vordergrund, so dass auch die Bezeichnung Euphorika angebracht ist (*Geschwinde* Rauschdrogen Rn. 1831). Zu dieser Gruppe gehören die klassischen Rauschgifte Opium, Morphin, Heroin, Cocain und Codein.

130   **3. Stimulantia (Psychotonika, Weckamine):** sie wirken aufmunternd und belebend bis zum Aufputschen. Sie sind medizinisch nicht ohne Bedeutung und werden als aktivitätssteigernde und appetiteinschränkende Mittel verschrieben. In der Drogenszene steht ihre euphorisierende Wirkung im Vordergrund. Zu den bekanntesten Stimulantien gehören Cocain (*Huber* Psychiatrie S. 531), Amfetamin und Metamfetamin.

131   **4. Sedativa (Tranquilizer, Hypnotika):** sie haben eine beruhigende und entspannende Wirkung. Wichtige Vertreter dieser Gruppe sind die Barbiturate. Der Anwendungsbereich der Sedativa in der Medizin ist breit gefächert. Sie dienen zur Behandlung von Spannungszuständen, Reizbarkeit, Angstzuständen, Schlafstörungen und Schlaflosigkeit. In der Drogenszene werden vor allem Barbiturate missbraucht.

132   **5. Inebriantia (Inhalate, Delirianten):** sie sind in der Regel organische Lösemittel, Gase oder andere flüchtige Bestandteile eines chemischen Produkts, die zu Rauschzwecken eingeatmet werden. Sie unterstehen nicht dem BtMG (→ Rn. 22).

133   **II. Einteilung nach dem BtMG.** Das BtMG teilt die Betäubungsmittel **nicht** nach diesen Merkmalen ein, sondern verwendet im Interesse eines leichteren Gesetzesvollzuges eine andere Systematik (→ Rn. 12, 148). Diese ist auch die Grundlage für die in den → Rn. 240–635 enthaltene Darstellung der Betäubungsmittel, die auf dem illegalen Markt am häufigsten vorkommen.

134   **III. Wirkungen im Allgemeinen.** Drogen können positive (Wohlbefinden, Anregung, Beruhigung, Entspannung, Schlaf) oder negative (Niedergeschlagenheit, Verzweiflung, Selbstzerstörung, Aggression) Wirkungen haben. Sinnestäuschungen werden je nach dem Inhalt positiv oder negativ empfunden. Vielfach treten positive und negative Wirkungen bei derselben Droge nacheinander auf (*Brühl* DrogenR S. 2). Auch kann sich von Anfang an statt des angestrebten Wohlbefindens eine depressive oder angstbesetzte Stimmung einstellen **(„bad trip", Horrortrip).** Zu den körperlichen Risiken und psychischen Gefahren der akuten Intoxikation s. im Übrigen *Uchtenhagen* in Kreuzer BtMStrafR-HdB § 1 Rn. 13 sowie zu einem Teilaspekt [Sehfähigkeit] *Schreiber* Kriminalistik 1997, 737.

135   Neben den akuten Wirkungen hat der Drogenkonsum auch **Fernwirkungen,** die meist negativer Art sind (*Uchtenhagen* in Kreuzer BtMStrafR-HdB § 1 Rn. 14). So kommt es insbesondere zu gesundheitlichen Schäden der verschiedensten Art, zu psychischen Störungen und häufig auch zu einer sozialen Isolierung, vor allem, weil die Hauptaktivitäten des Drogenabhängigen sich auf die Beschaffung der Droge und die Gelegenheit zum ungestörten Konsum einengen (s. auch *Uchtenhagen* in Kreuzer BtMStrafR-HdB Rn. 18).

B. Dosierung. Neben den spezifischen Eigenschaften der Substanz kommt der 136
Dosierung eine grundlegende Bedeutung zu. Rechtlich äußert sich dies darin, dass
bei therapeutisch wirksamen Stoffen in aller Regel die Dosis darüber entscheidet,
ob der Stoff noch ein (bloßes) Arzneimittel oder schon ein Betäubungsmittel ist.

C. Konsumform. Eine große Rolle für die Wirkung der Droge hat auch die 137
Konsumform:

Zu dem stärksten Effekt führt in aller Regel die **intravenöse Injektion;** hierbei 138
gelangt der Wirkstoff unmittelbar in die Blutbahn und erreicht sofort das Gehirn.
Langsamer und schwächer wirken die intramuskuläre und die subcutane Injektion.
Wird die Droge inhaliert, etwa beim **Rauchen,** so gelangt sie über die Lunge relativ rasch in die Blutbahn; auch hier ergibt sich in der Regel eine verhältnismäßig
starke Wirkung.

Zu einer Resorption über die Schleimhäute kommt es beim **Schnupfen.** Die 139
Reaktion ist hier deutlich weniger dramatisch als bei der (intravenösen) Injektion.
Dasselbe gilt bei der **oralen Aufnahme,** bei der die Droge über den Magen-
Darm-Trakt in die Blutbahn gelangt.

D. Chemische Form. Die Konsumform eines Betäubungsmittels und die che- 140
mische Form, in der es vorliegt oder benötigt wird, stehen miteinander in enger
Verbindung.

I. Basen/Salze. Von einigen Ausnahmen (zB THC) abgesehen, sind Betäu- 141
bungsmittel ihrer chemischen Natur nach **Basen** (*Rübsamen* NStZ 1991, 310
(311)). Basen sind nicht wasserlöslich, lassen sich aber leicht in gasförmige Zustände
überführen. Sie eignen sich daher vor allem für das **Rauchen** und **Inhalieren.**

Basen können mit Säuren **Salze** (→ § 2 Rn. 18) bilden, so dass sich aus Amfeta- 142
min, Cocain, Heroin und den anderen basischen Betäubungsmitteln Salze herstellen lassen, zB mit Salzsäure Hydrochloride (*Rübsamen* NStZ 1991, 310 (311)). Salze
lassen sich nur schwer und vielfach auch nur mit Verlusten verdampfen, sind aber
wasserlöslich. Sie eignen sich daher vor allem für das **Injizieren** und **Schnupfen.**

Die **psychotrope Wirkung** der Stoffe ändert sich durch die Umwandlung von 143
Basen in Salze oder deren Rückumwandlung nicht. Die Häufigkeit der einen oder
anderen chemischen Form auf dem illegalen Drogenmarkt richtet sich daher nach
den leichteren Transport- und Lagermöglichkeiten sowie nach dem aktuellen
Trend bei den Konsumgewohnheiten (*Rübsamen* NStZ 1991, 310 (311)).

II. Wirkstoff. Die chemische Form ist auch für die Bestimmung der reinen 144
Menge des Wirkstoffs von Bedeutung, nach dem strafrechtlich relevante Mengen,
etwa die nicht geringe Menge im Sinne der § 29a Abs. 1 Nr. 2, § 30 Abs. 1 Nr. 4,
§ 30a Abs. 1, Abs. 2 Nr. 2, festgelegt werden (→ § 29a Rn. 64–66).

III. Isomere. Nicht wenige Betäubungsmittel sind optische oder **Stereoiso-** 145
mere (dazu im Einzelnen → § 2 Rn. 13–15). Zur Aufnahme in die Anlagen
→ Rn. 156–161 sowie → Rn. 242.

Kapitel 10. Betäubungsmittel (Absatz 1)

A. Legaldefinition. In Absatz 1 werden die Betäubungsmittel mit der Ver- 146
weisung auf die Anlagen I bis III gesetzlich definiert (→ Rn. 12). Dabei umfasst der
Begriff Betäubungsmittel sowohl Stoffe als auch Zubereitungen (letztere mit
Ausnahmen, die sich jeweils aus den Anlagen selbst ergeben). Die Begriffe Stoff
und Zubereitung werden ihrerseits in § 2 gesetzlich definiert (→ § 2 Rn. 2–47).
Zur Wirkung und Wirksamkeit der Aufnahme in die Positivliste der Anlagen I
bis III → Rn. 12–20, zur Frage der Konsumfähigkeit und Berauschungsqualität
→ Rn. 14–16, 151. Zu Rauschgiftanhaftungen und -rückständen → Rn. 14–16,
200.

BtMG § 1   Erster Abschnitt. Begriffsbestimmungen

147   In **strafrechtlicher Hinsicht** sollen die in den Anlagen I bis III enthaltenen Stoffe in die Straf- und Ordnungswidrigkeitstatbestände „wie Tatbestandsmerkmale eingeflossen" sein (BGH NJW 2000, 597 = StV 2000, 73). Dies ist insofern richtig, als immer dann, wenn ein in den Anlagen I bis III genannter Stoff festgestellt wird, das Tatbestandsmerkmal des „Betäubungsmittels" erfüllt ist. Dies bedeutet jedoch nicht, dass auch die Art des Betäubungsmittels, zB Cannabis oder Heroin, zum Tatbestand gehört, so dass sich der Vorsatz auch darauf beziehen müsste (→ Vor § 29 Rn. 462–464).

148   **I. Systematik der Anlagen.** Die Anlagen, auf die Absatz 1 verweist, sind danach unterschieden, ob das betreffende Betäubungsmittel
- nicht verkehrsfähig und nicht verschreibungsfähig (Anlage I),
- verkehrsfähig, aber nicht verschreibungsfähig (Anlage II) oder
- verkehrsfähig und verschreibungsfähig (Anlage III)

ist.

149   **II. Innerer Aufbau der Anlagen.** Innerhalb der Anlagen sind die Betäubungsmittel nicht nach ihrer Wirkung, Gefährlichkeit oder Häufigkeit, sondern **alphabetisch** geordnet. Jede Anlage enthält **drei Spalten.** Die Spalten 1 und 2 beruhen auf den vom INCB (→ § 5 Rn. 61, 62) veröffentlichten Verzeichnissen der unter die internationalen Suchtstoffübereinkommen fallenden Stoffe („Gelbe Liste" und „Grüne Liste"), wobei die Spalte 1 die International Non-proprietary Names (INN) der WHO enthält, während in Spalte 2 andere nicht geschützte Bezeichnungen (Kurzbezeichnungen oder Trivialnamen) aufgeführt sind. Der Spalte 3 liegt die Nomenklatur der International Union of Pure and Applied Chemistry – IUPAC – zugrunde (BR-Drs. 252/01, 42).

150   Die Vorbemerkungen zu den Anlagen legen fest, dass der INN **(Spalte 1)** bei der Bezeichnung eines Stoffes Vorrang vor allen anderen Benennungen hat. Wenn für einen Stoff kein INN existiert, kann auf **Spalte 2** zurückgegriffen werden. Ist der dort verzeichnete Stoff fett gedruckt, so enthält er eine eindeutige Bezeichnung und kann deswegen ohne weiteres verwendet werden. Nicht fett gedruckte Begriffe sind wissenschaftlich nicht eindeutig und müssen daher in Verbindung mit **Spalte 3** verwendet werden. Wenn in Spalte 1 oder 2 keine Bezeichnung aufgeführt ist, ist Spalte 3 zu verwenden.

151   **B. Betäubungsmittel.** Nach § 1 Abs. 1 sind Betäubungsmittel die in den Anlagen I bis III aufgeführten Stoffe und Zubereitungen. Einer konkreten Berauschungsqualität oder Konsumfähigkeit bedarf es nicht (→ Rn. 14–16, 200).

152   **I. Stoffe und Zubereitungen.** Was unter Stoff zu verstehen ist, ergibt sich aus § 2 Abs. 1 Nr. 1 (→ § 2 Rn. 2–47). Die Zubereitungen werden in § 2 Abs. 1 Nr. 2 definiert (→ § 2 Rn. 48).

153   **II. Ausgenommene Zubereitungen.** Keine Betäubungsmittel sind die ausgenommenen Zubereitungen (→ § 2 Rn. 49–52; Hügel/Junge/Lander/Winkler § 2 Rn. 15). Sie sind in den Anlagen I (dritter Gedankenstrich Buchst. b (→ Rn. 242)), II (dritter Gedankenstrich Buchst. b (→ Rn. 457)) und III (dritter Gedankenstrich Buchst. b Satz 1 (→ Rn. 511–515)) aufgeführt. Das BtMG ist auf sie nur anwendbar, soweit dies ausdrücklich bestimmt ist. Dies gilt generell für das **Herstellen,** das der Erlaubnis bedarf (§ 3 Abs. 1 Nr. 2). Das BtMG gilt ferner für die **Einfuhr, Ausfuhr und Durchfuhr** (→ Rn. 511, 512, zu den Rückausnahmen → Rn. 514, 515) von ausgenommenen Zubereitungen **der Anlage III** (dritter Gedankenstrich Buchst. b) sowie für die Verschreibung oder Abgabe von Codein und Dihydrocodein für betäubungsmittel- oder alkoholabhängige Personen (Anlage III Positionen Codein und Dihydrocodein Gedankenstrich Satz 2 (→ § 13 Rn. 85, 90–93)). Keine ausgenommene Zubereitung ist Heroin (Diamorphin), auch nicht in Zubereitungen, die zur Substitutionsbehandlung zugelassen sind (→ Rn. 398–402).

Kap. 10. Betäubungsmittel § 1 BtMG

Medikamente, die einen der in den Anlagen II oder III aufgeführten Wirkstoffe 154
enthalten, sind häufig ausgenommene Zubereitungen. Für sie gilt das BtMG daher
grundsätzlich nicht (Ausnahmen → Rn. 153), etwa wenn ein Patient ein solches
Arzneimittel weitergibt. Die Ausnahme von dem BtMG gilt auch für das Verschreiben (Hügel/Junge/Lander/Winkler § 13 Rn. 6.1), das sich dann allein nach Arzneimittelrecht richtet (§ 48 Abs. 1 AMG, Anlage 1 zu § 1 Nr. 1 AMVV, Position Betäubungsmittel).

In die **BtMVV** (§§ 2–4) wurden mit Ausnahme von Codein, Dihydrocodein 155
und Tilidin nur solche Betäubungsmittel aufgenommen, für die das BtMG keine
ausgenommenen Zubereitungen vorsieht, die aber in der Verschreibungspraxis
gleichwohl von Bedeutung sind (*Cremer-Schaeffer* in Hügel/Junge/Lander/Winkler
BtMVV § 2 Rn. 2.4). Für sie gilt daher in vollem Umfang das BtMG (→ Rn. 25,
23). Dasselbe gilt für Diamorphin, und zwar auch dann, wenn es in einer Zubereitung vorliegt, die zur Substitution zugelassen ist (→ Rn. 399).

III. Anlage I vierter Gedankenstrich (Stereoisomere). Während die opti- 156
schen oder Stereoisomere (→ § 2 Rn. 13–15) bislang im ersten Gedankenstrich der
Anlagen I und II (dort auch für die der Anlage III) generell geregelt waren, wurden
sie mit der Neugestaltung der Anlagen durch die 15. BtMÄndV als Einzelstoffe in
die Anlagen aufgenommen, wenn sie als Betäubungsmittel einzuordnen sind (BR-
Drs. 252/01, 45).

In den Anlagen **nicht aufgeführte** Stereoisomere unterliegen dann dem 157
BtMG, und zwar dem Regime der Anlage I, wenn sie missbräuchlich als Betäubungsmittel verwendet werden (Anlage I vierter Gedankenstrich in der Fassung
der 15. BtMÄndV):

1. Verwendung als Betäubungsmittel. Voraussetzung ist zunächst, dass die 158
Stereoisomere als Betäubungsmittel verwendet werden sollen. Dies liegt vor, wenn
die psychotrope Wirkung der Substanz genutzt werden soll (→ Rn. 11). Ob dies
mittelbar oder unmittelbar geschehen soll, ist nicht erheblich. Ebenso kommt es
nicht darauf an, ob erst noch eine Bearbeitung stattfinden muss. Eine Verwendung
ist auch der **Konsum** (*Körner*, 6. Aufl. 2007, Anh. C 1 Rn. 387).

2. Missbräuchliche Verwendung. Die Verwendung der Stereoisomere muss 159
missbräuchlich erfolgen. Eine missbräuchliche Verwendung liegt vor, wenn der Gebrauch nicht medizinisch indiziert ist (→ Rn. 63; *Täschner* NStZ 1993, 322 (323);
Uchtenhagen in Kreuzer BtMStrafR-HdB § 1 Rn. 6). Dies ist mit einem schädlichen
Gebrauch (→ Rn. 64) nicht gleichzusetzen. Die missbräuchliche Verwendung muss
daher nicht die von den medizinischen Begriffen vorausgesetzte Dauer oder Intensität erreichen; es reicht aus, wenn der Umgang mit dem Stoff zum Ziel hat, die
psychotrope Wirkung des Stoffs zu nutzen (*Oğlakcıoğlu* in MüKoStGB BtMG § 1
Rn. 75; *Patzak* in Körner/Patzak/Volkmer BtMG § 2 Rn. 6).

Unerheblich ist, wer die Substanzen (Stereoisomere) missbräuchlich als Betäu- 160
bungsmittel verwendet oder verwenden will. **Nicht** notwendig ist, dass die unzulässige Verwendung **durch den Täter** erfolgt. Eine solche Einschränkung auf den
Eigenbedarf würde gerade die weniger strafwürdigen Fälle erfassen. Ein (beabsichtigter) Missbrauch durch andere Personen reicht daher aus (*Oğlakcıoğlu* in MüKo-
StGB BtMG Rn. 76).

Ebensowenig ist erforderlich, dass der Täter selbst den unzulässigen Verwen- 161
dungszweck **bestimmt.** Stellt ein Chemiker Stereoisomere her, obwohl er weiß,
dass sein Auftraggeber damit, auch nach einer Bearbeitung, Drogenkonsumenten
beliefern will, so ist er wegen Herstellens (gegebenenfalls Handeltreibens oder Beihilfe hierzu) strafbar. Handelt er in Bezug auf den Verwendungszweck fahrlässig,
kommt § 29 Abs. 4 in Betracht (*Oğlakcıoğlu* in MüKoStGB BtMG Rn. 76).

Weber 75

162 **IV. In der Vergangenheit Beschränkung auf die Substanz.** Die Unterstellung unter das BtMG beschränkte sich in der Vergangenheit auf die Substanz, die in einer der Anlagen I bis III beschrieben war. Wurde dort nur der Wirkstoff (zB Cathinon) genannt, nicht aber die Pflanze (der Khat-Strauch), so erfasste das BtMG auch nur den (extrahierten) Wirkstoff; der Umgang mit der Pflanze bedurfte keiner Erlaubnis und war straffrei. Etwas anderes galt natürlich in den Fällen, in denen auch die Pflanze oder Pflanzenteile in die Anlagen aufgenommen waren, zB Cannabis oder Papaver somniferum.

163 **V. Anlage I fünfter Gedankenstrich (Erweiterung des Begriffs).** Seit der 10. BtMÄndV (in Kraft seit 1.2.1998) gilt dies nur noch im Grundsatz. Anlage I fünfter Gedankenstrich in der Fassung der **10. BtMÄndV** unterstellte auch Pflanzen und Pflanzenteile, Tiere und tierische Körperteile in bearbeitetem oder unbearbeitetem Zustand der **Anlage I,** wenn sie einen der in den Anlagen I bis III aufgeführten Stoffe enthielten und als Betäubungsmittel missbräuchlich verwendet werden sollten.

164 Durch die **15. BtMÄndV** (in Kraft seit 1.7.2001) wurde diese Regelung näher präzisiert und hinsichtlich der Früchte, Pilzmycelien, Samen, Sporen und Zellkulturen dahingehend erweitert, dass sie selbst keinen in den Anlagen I bis III aufgeführten Stoff enthalten mussten.

165 Eine neuerliche Änderung erfolgte durch die **19. BtMÄndV** (in Kraft seit 18.3.2005). Nunmehr sollten alle „Organismen und Teile von Organismen in bearbeitetem oder unbearbeitetem Zustand mit in dieser oder einer anderen Anlage aufgeführten Stoffen sowie die zur Reproduktion oder Gewinnung dieser Organismen geeigneten biologischen Materialien" erfasst werden.

166 Schließlich wurde **Anlage I fünfter Gedankenstrich** durch Art. 5 des Gesetzes v. 17.7.2009 (BGBl. I S. 1990), in Kraft seit 23.8.2009, zusammen mit einer grundlegenden Neudefinition des Stoffs (→ § 2 Rn. 4–44) neu gefasst:
– danach sind alle Stoffe nach § 2 Abs. 1 Nr. 1 Buchst. b–d, die einen in den Anlagen I bis III aufgeführten Stoff **enthalten,** selbst Betäubungsmittel (der Anlage I);
– dasselbe gilt für biologische Materialien, die zur **Reproduktion oder Gewinnung** von Stoffen nach § 2 Abs. 1 Nr. 1 Buchst. b–d geeignet sind.

In beiden Fällen ist Voraussetzung, dass ein Missbrauch zu Rauschzwecken vorgesehen ist.

167 Es ergibt sich danach sich folgender Stand:

168 **1. Chemische Elemente, chemische Verbindungen sowie deren natürlich vorkommende Gemische und Lösungen.** Für diese in § 2 Abs. 1 Buchst. a genannten Substanzen (→ § 2 Rn. 6–20) gilt Anlage I fünfter Gedankenstrich **nicht.** Die Unterstellung unter das BtMG beschränkt sich bei diesen auf die Stoffe, die in den Anlagen I bis III genannt sind (*Oğlakcıoğlu* in MüKoStGB BtMG Rn. 43). Zu den Stereoisomeren → Rn. 156–161.

169 **2. Pflanzen, Algen, Pilze und Flechten sowie deren Teile und Bestandteile.** In § 2 Nr. 1 Buchst. b wird eine Gruppe von Organismen zusammengefasst, die entweder Pflanzen sind oder in der traditionellen Sichtweise Beziehungen zu Pflanzen aufweisen. Zur näheren Beschreibung wird auf → § 2 Rn. 21–37 Bezug genommen. Für die betäubungsmittelrechtliche Einordnung gilt Folgendes:

170 **a) Pflanzen sowie deren Teile und Bestandteile.** Praktisch am wichtigsten aus dieser Gruppe sind die Pflanzen (→ § 2 Rn. 22), Pflanzenteile (→ § 2 Rn. 28–36) und Pflanzenbestandteile (→ § 2 Rn. 37). Dabei kommt es nicht darauf an, ob diese Stoffe in **bearbeitetem** oder **unbearbeitetem** Zustand vorliegen (→ § 2 Rn. 21, 28, 37, 38).

aa) Gesondert aufgeführte Pflanzen, Pflanzenteile, Pflanzenbestandteile. 171
Durch die Neufassung der Anlage I fünfter Gedankenstrich sind keine Änderungen eingetreten, soweit Pflanzen, deren Teile oder Bestandteile in den Anlagen I bis III **gesondert erfasst** sind (Cannabis, Salvia divinorum, Erythroxylum coca, Papaver bracteatum, Papaver somniferum). Diese Positionen gehen als **Sondervorschriften** der Anlage I fünfter Gedankenstrich vor (*Oğlakcıoğlu* in MüKoStGB BtMG Rn. 44). Diese Pflanzen bleiben damit Bestandteil ihrer Anlage und werden nicht Gegenstand der Anlage I, sofern sie nicht ohnehin dort aufgeführt sind (Cannabis, Salvia divinorum). Auch das **Missbrauchserfordernis** gilt für sie nicht. Ebenso kommt es nicht darauf an, ob sie einen **Wirkstoff enthalten** (*Patzak* in Körner/Patzak/Volkmer Rn. 24; → § 2 Rn. 9). Zu den **Bestandteilen** s. → § 2 Rn. 37.

Soweit die Pflanzen in den Anlagen I bis III gesondert erfasst sind, gilt dies grund- 172
sätzlich auch für **Früchte** (→ § 2 Rn. 30) und **Samen** (→ § 2 Rn. 31) dieser Pflanzen. Allerdings sehen die Anlagen für die Samen bestimmter Pflanzen, etwa Cannabis, Sonderregelungen vor. Diese werden bei den jeweiligen Pflanzen behandelt.

bb) Andere Pflanzen, Pflanzenteile, Pflanzenbestandteile. Andere Pflan- 173
zen, Pflanzenteile oder Pflanzenbestandteile werden auf Grund der Anlage I fünfter Gedankenstrich Bestandteil der **Anlage I,** wenn sie einen der in den Anlagen I bis III aufgeführten Stoffe enthalten und ein Missbrauch zu Rauschzwecken vorgesehen ist (BGHSt 49, 306 = NJW 2005, 163 = NStZ 2005, 229, 452 mAnm *Weber*). Sie unterstehen dann in vollem Umfang den Vorschriften des BtMG für die Betäubungsmittel der Anlage I.

(a) Mit einem Stoff der Anlagen I bis III. In erster Linie werden Pflanzen, 174
Pflanzenteile und Pflanzenbestandteile dann von der Anlage I fünfter Gedankenstrich erfasst, wenn **sie selbst** einen in den Anlagen I bis III aufgeführten Wirkstoff **enthalten.** Beispiele sind der Khat-Strauch mit Cathinon/Cathin (→ Rn. 321–327) und bestimmte Kakteen mit Mescalin (→ Rn. 419–423).

Weitere Voraussetzung ist, dass die Pflanzen, Pflanzenteile oder Pflanzen- 175
bestandteile zu **Rauschzwecken** verwendet werden sollen. Eine solche Verwendung liegt vor, wenn die psychotrope Wirkung der Substanz genutzt werden soll (→ Rn. 11). Ob dies mittelbar oder unmittelbar geschehen soll, ist nicht erheblich. Ebenso kommt es nicht darauf an, ob erst noch eine Bearbeitung stattfinden muss. Auch eine konkrete Berauschungsqualität oder Konsumfähigkeit ist nicht erforderlich (→ Rn. 16). Eine Verwendung ist auch der **Konsum** (s. *Körner,* 6. Aufl. 2007, Anh. C 1 Rn. 387).

Die Verwendung muss **missbräuchlich** erfolgen. Ein Missbrauch liegt vor, 176
wenn der Gebrauch nicht medizinisch indiziert ist (→ Rn. 63, 159). Nicht notwendig ist, dass der Missbrauch durch den Täter erfolgt (→ Rn. 160) oder dass er selbst den unzulässigen Verwendungszweck **bestimmt** (→ Rn. 161). Baut der Täter Pflanzen an, obwohl er weiß, dass sein Auftraggeber damit, auch nach einer Bearbeitung, Drogenkonsumenten beliefern will, so ist er wegen Anbauens (gegebenenfalls Handeltreibens oder Beihilfe hierzu) strafbar. Handelt er in Bezug auf den Verwendungszweck fahrlässig, kommt § 29 Abs. 4 in Betracht (*Oğlakcıoğlu* in MüKoStGB BtMG Rn. 76).

Von einem vorgesehenen Missbrauch zu Rauschzwecken **ist auszugehen,** wenn 177
Pflanzen oder Pflanzenteile, die in die Anlagen I bis III aufgenommene Inhaltsstoffe enthalten, gezielt angebaut, gezüchtet, gesammelt, aufbereitet oder gehandelt werden (BR-Drs. 881/97, 40).

(b) Ohne einen Stoff der Anlagen I bis III. Enthalten die (nicht gesondert 178
aufgeführten (→ Rn. 171, 172)) Pflanzen, Pflanzenteile oder Pflanzenbestandteile nicht selbst einen Stoff der Anlagen I bis III, so können sie als biologische Materialien gleichwohl Betäubungsmittel darstellen, wenn sie zur Gewinnung oder Repro-

duktion eines Stoffes geeignet sind, der einen in den Anlagen I bis III aufgeführten Wirkstoff enthält.

179 **(aa) Biologische Materialien.** Pflanzen, Pflanzenteile und Pflanzenbestandteile sind organischer Natur und damit biologische Materialien. In Betracht kommen vor allem Früchte und Samen.

180 **(bb) Eignung.** Die biologischen Materialien müssen zur Reproduktion oder Gewinnung eines Stoffs nach § 2 Abs. 1 Nr. 1 Buchst. b–d geeignet sein, der einen der in den Anlagen I bis III aufgeführten Wirkstoffe enthält.

181 **Nicht ausreichend** ist die Eignung zur Gewinnung oder Reproduktion eines Stoffes nach § 2 Abs. 1 Nr. 1 Buchst. b–d. Soweit Anlage I fünfter Gedankenstrich in der Fassung des Gesetzes v. 17.7.2009 nur auf diese Vorschriften verweist, ist die Regelung zu weit geraten, da damit alle nur denkbaren Stoffe erfasst werden. Auch das Erfordernis eines vorgesehenen Missbrauchs zu Rauschzwecken ist keine taugliche Begrenzung, da auch legale Drogen oder sonstige Stoffe (→ Rn. 132) dazu missbraucht werden können. **Notwendig** ist daher der **Bezug zu den Anlagen I bis III**, da ein Stoff erst durch die Aufnahme in eine solche Anlage die Eigenschaft als Betäubungsmittel gewinnt (→ Rn. 12–19).

182 Die Eignung ist stets dann gegeben, wenn das biologische Material auf Grund seiner **biologischen Beschaffenheit** zur Gewinnung solcher Organismen generell in der Lage ist. Nicht notwendig ist, dass die Eignung auch im konkreten Fall vorliegt (*Oğlakcıoğlu* in MüKoStGB BtMG Rn. 60). Auch überalterte oder sonst verdorbene Samen fallen daher unter die Regelung, auch wenn sie im konkreten Fall nicht mehr keimfähig sind (auch → § 3 Rn. 23). Gegebenenfalls ist dies bei der Strafzumessung zu berücksichtigen.

183 Notwendig ist ferner, dass der **Missbrauch** der zu gewinnenden Organismen zu **Rauschzwecken** vorgesehen ist. Der Missbrauch bezieht sich daher nicht auf die biologischen Materialien selbst, sondern auf die Organismen, die aus ihnen gewonnen werden. Zum Missbrauch zu Rauschzwecken → Rn. 175–177.

184 **b) Algen sowie deren Teile und Bestandteile.** Algen (→ § 2 Rn. 23, 24) sowie deren Teile (→ § 2 Rn. 32) und Bestandteile (→ § 2 Rn. 37) sind betäubungsmittelrechtlich derzeit ohne Relevanz. Sollte sich eine solche ergeben, so gelten die Ausführungen zu den Pflanzen entsprechend (→ Rn. 169–183).

185 **c) Pilze sowie deren Teile und Bestandteile.** Auch Pilze (→ § 2 Rn. 25, 26) sind biologische Materialien im Sinne der Anlage I fünfter Gedankenstrich.

186 Bei dem Erlass der 10. und der 15. BtMÄndV ging der Verordnungsgeber davon aus, dass sie zu den (niederen) Pflanzen zählen (BR-Drs. 881/97, 40; 252/01, 45). Dabei wurde allerdings nicht berücksichtigt, dass die Pilze **in der neueren Biologie** wegen ihres Aufbaus (Zellwände aus Chitin statt aus Zellulose) und mangels Photosynthese vielfach nicht (mehr) den Pflanzen zugerechnet, sondern in einem **eigenen Reich** mit über 100.000 Arten zusammengefasst werden. Der sich daraus ergebende Streit, ob das BtMG auf die Pilze anwendbar ist (BVerfG 2 BvR 2620/06; 338/09; BGH NJW 2007, 524 = StV 2007, 300; OLG Koblenz NStZ-RR 2006, 218) ist auf Grund der Aufnahme der Pilze in § 2 Abs. 1 Nr. 1 Buchst. b beendet.

187 Im biologischen Sinne ist der Pilz das Pilzgeflecht, das den Boden oder die Wirtspflanze durchzieht (**Mycel** (→ § 2 Rn. 26)). Was üblicherweise als Pilz betrachtet und geerntet wird, sind nicht die Mycelien, sondern die **Fruchtkörper** (→ § 2 Rn. 34). Diese wiederum sind Träger der **Sporen** (→ § 2 Rn. 35).

188 **aa) Mit einem Stoff der Anlagen I bis III.** Soweit die Pilze oder ihre Teile oder Bestandteile selbst einen Wirkstoff der Anlagen I bis III enthalten, sind sie Betäubungsmittel nach der ersten Alternative der Anlage I fünfter Gedankenstrich. Insoweit gelten die Ausführungen zu den Pflanzen entsprechend (→ Rn. 173–177).

bb) Ohne einen Stoff der Anlagen I bis III. Mycelien und Sporen enthalten 189
vielfach keinen in den Anlagen I bis III aufgeführten Wirkstoff. Dies wurde von Grow- und Headshops ausgenutzt, um sie einschließlich Anbauutensilien und Gebrauchsanweisung anzubieten und zu vertreiben. Durch die **15. BtMÄndV** (→ Rn. 164) wurden Pilzmycelien und Sporen daher in der Weise in die Anlage I fünfter Gedankenstrich aufgenommen, dass es nicht mehr darauf ankam, dass sie selbst einen in den Anlagen I bis III aufgeführten Wirkstoff enthielten. Ob dies auch noch nach dem Inkrafttreten der **19. BtMÄndV** (→ Rn. 165) galt, konnte bezweifelt werden (dazu → 2. Auflage § 1 Rn. 180–184).

Durch das Gesetz v. 17.7.2009 (→ Rn. 166) wurden diese **Zweifel beseitigt.** 190
Soweit Mycelien oder Sporen selbst keinen der in den Anlagen I bis III aufgeführten Wirkstoffe enthalten, gehören sie zu den biologischen Materialien, die zur Gewinnung oder Reproduktion eines Stoffes, der einen solchen Wirkstoff enthält, geeignet sind. Die Ausführungen zu den Pflanzen gelten entsprechend (→ Rn. 178–183).

d) Flechten sowie deren Teile und Bestandteile. Flechten (→ § 2 Rn. 27) so- 191
wie deren Teile (→ § 2 Rn. 36) und Bestandteile (→ § 2 Rn. 37) sind betäubungsmittelrechtlich derzeit ohne Relevanz. Sollte sich eine solche ergeben, so gelten die Ausführungen zu den Pflanzen entsprechend (→ Rn. 169–183).

3. Tierkörper, auch lebender Tiere, Körperteile, Körperbestandteile und 192
Stoffwechselprodukte von Tier und Mensch. Anlage I fünfter Gedankenstrich verweist auch auf § 2 Abs. 1 Nr. 1 Buchst. c. Auch die dort genannten Stoffe sind biologische Materialien im Sinne dieser Anlage.

a) Tiere. Hinsichtlich der Tiere und tierischen Substanzen (→ § 2 Rn. 38–41) 193
wird damit eine Lücke geschlossen, die in der Vergangenheit nur schwer überbrückt werden konnte, da Tiere und tierische Körperteile im Stoffbegriff des § 2 Abs. 1 Nr. 1 aF nicht enthalten waren (dazu → 3. Auflage § 1 Rn. 169). Erfasst werden jetzt auch die **Stoffwechselprodukte** (→ § 2 Rn. 41). Ob die tierischen Substanzen in bearbeitetem oder unbearbeitetem Zustand vorliegen, ist nicht erheblich. Auch hier ist erforderlich, dass ein Missbrauch zu Rauschzwecken vorgesehen ist (→ Rn. 175–177).

Soweit sich die Regelung auf Tiere und tierische Substanzen bezieht, zielt sie 194
vornehmlich auf einige **Kröten- und Froscharten** (zB die amerikanischen Kröten Bufo avarius, Bufo vulgaris und Bufo marinus), deren Sekretabsonderungen Wirkstoffe enthalten, die in den Anlagen I bis III aufgeführt sind, namentlich 5-Meo-DMT (→ Rn. 412–415; *Patzak* in Körner/Patzak/Volkmer BtMG § 2 Rn. 44). In Mitteleuropa haben Tiere und tierische Körperteile als Betäubungsmittel derzeit keine Bedeutung. Dazu trägt auch bei, dass das „Melken" der Kröten in der Szene vielfach als **Tierquälerei** angesehen wird. Die Diskussion im Internet lässt allerdings erkennen, dass sich dies in absehbarer Zeit auch ändern kann.

Da **Tiere** mittlerweile Stoffe sind, kann auch ihr **Samen** (→ § 2 Rn. 41) den bio- 195
logischen Materialien im Sinne der Anlage I fünfter Gedankenstrich zugerechnet werden. Der Samen unterfällt daher auch dann dem BtMG, wenn er selbst keinen Wirkstoff enthält. Praktische Bedeutung kommt dem derzeit nicht zu.

Eine andere Frage ist, wieweit die einzelnen **Verkehrsformen** des Betäubungs- 196
mittelrechts auf Tiere und tierische Körperteile anwendbar sind. Dies muss jeweils im Einzelfall geprüft werden. So scheidet ein Anbauen bei Tieren schon im Hinblick auf die Wortlautgrenze aus, weil Tiere nicht angebaut, sondern gezüchtet oder aufgezogen werden.

BtMG § 1   Erster Abschnitt. Begriffsbestimmungen

197   **b) Menschen.** Im Unterschied zu den Tieren werden Körper lebender oder toter Menschen nicht erfasst. Anders ist dies bei den **Körperteilen,** etwa dem Blut, den Körperbestandteilen oder den **Stoffwechselprodukten,** etwa dem Urin. Auch bei ihnen kommt es nicht darauf an, ob sie in bearbeitetem oder unbearbeitetem Zustand vorliegen. Allerdings ist, anders als im AMG, hinsichtlich der menschlichen Substanzen (→ § 2 Rn. 42) ein praktischer Anwendungsbereich derzeit nicht erkennbar.

198   **4. Mikroorganismen einschließlich Viren sowie deren Bestandteile oder Stoffwechselprodukte.** Mit der Aufnahme der Mikroorganismen einschließlich Viren (→ § 2 Rn. 43–45) und deren Bestandteile und Stoffwechselprodukte in § 2 Abs. 1 Nr. 1 Buchst. d wird klargestellt, dass auch solche Substanzen Betäubungsmittel sein können. Praktische Bedeutung kommt dem derzeit nicht zu.

199   **VI. Betäubungsmittelutensilien.** Keine Betäubungsmittel sind Rauschgiftutensilien (→ § 14 Rn. 36). Auch wenn ihnen Rückstände von Betäubungsmitteln anhaften (dazu → Rn. 200), werden die Utensilien selbst dadurch nicht zu Betäubungsmitteln. Eine andere Frage ist, ob und inwieweit Strafbarkeit wegen Verschaffens einer Gelegenheit in Betracht kommt.

200   **VII. Betäubungsmittelanhaftungen, Betäubungsmittelrückstände.** Auf der anderen Seite geht den Anhaftungen und Rückständen von Drogen durch die Verbindung mit einem anderen Gegenstand ihre Eigenschaft als Betäubungsmittel nicht verloren (→ Rn. 14–16).

201   **C. Biogene Drogen.** Unter dem Begriff der biogenen Drogen werden eine Reihe von Pflanzen und Pflanzenteilen zusammengefasst, die psychotrop wirken und deren Missbrauch in der Vergangenheit stetig zugenommen hat.

202   **I. Dem BtMG unterstehende Stoffe und Pflanzen.** Enthalten sie einen in den Anlagen I bis III aufgeführten Wirkstoff, so werden sie vom BtMG erfasst, wenn sie zu Rauschzwecken missbraucht werden sollen (→ Rn. 175–177). Dies gilt namentlich für bestimmte Sträucher (→ Rn. 331, 471), Kakteen (→ Rn. 419), Pilze (→ Rn. 185–190) und Lianen (→ Rn. 331).

203   **II. Giftpflanzen.** Andere sind seit jeher als Giftpflanzen bekannt, wobei dies heute der Neugier vor allem jugendlicher Probierer weniger Grenzen setzt als früher. Dazu gehören vor allem (Weißer) **Stechapfel** *(datura stramonium)* mit Atropin, Hyoscyamin und dem Hauptwirkstoff Scopolamin *(Sigrist/Germann/Sutter* Kriminalistik 1998, 219; *Volkmer* in Körner/Patzak/Volkmer Stoffe Teil 2 Rn. 212, 213), **Engelstrompete** *(datura suaveolus; Brugmansia),* ebenfalls mit Atropin, Hyoscyamin und Scopolamin *(Volkmer* in Körner/Patzak/Volkmer Stoffe Teil 2 Rn. 218–220), **Eisenhut** *(aconitum napellus)* mit Aconitin *(Volkmer* in Körner/Patzak/Volkmer Stoffe Teil 2 Rn. 221), (Roter) **Fingerhut** *(digitalis purpurea)* mit Digitonin *(Volkmer* in Körner/Patzak/Volkmer Stoffe Teil 2 Rn. 222), (Schwarzes) **Bilsenkraut** *(hyoscyamus niger)* mit Hyoscyamin und Scopolamin *(Volkmer* in Körner/Patzak/Volkmer Stoffe Teil 2 Rn. 211), **Tollkirsche** *(atropa belladonna)* mit Atropin, Hyoscyamin und Scopolamin *(Volkmer* in Körner/Patzak/Volkmer Stoffe Teil 2 Rn. 214, 215), **Alraune** *(mandragora officinarum)* mit Atropin, Hyoscyamin, Scopolamin und Mandragonin *(Volkmer* in Körner/Patzak/Volkmer Stoffe Teil 2 Rn. 216, 217), **Schierling** *(conium maculatum)* mit Coniin *(Volkmer* in Körner/Patzak/Volkmer Stoffe 2 Rn. 223) und **Herbstzeitlose** *(colchicum autumnale)* mit dem Wirkstoff Colchicin *(Volkmer* in Körner/Patzak/Volkmer Stoffe Teil 2 Rn. 225).

204   Die in → Rn. 203 genannten Pflanzen und Wirkstoffe sind **keine Betäubungsmittel.** Bei der Herstellung oder dem Inverkehrbringen von Zubereitungen aus diesen Pflanzen, namentlich von Tee, ist aber stets zu prüfen, ob es sich um ein **Arzneimittel** (→ AMG § 2 Rn. 2–81) oder einen unter das AMG fallenden **Wirk-**

Kap. 10. Betäubungsmittel §1 **BtMG**

stoff (→ AMG § 4 Rn. 80–83) handelt. Die Strafbarkeit richtet sich dann nach Arzneimittelrecht.

D. Smart-drugs. In den Niederlanden werden in sogenannten Smart-shops 205 psychotrop wirkende Stoffe nebst Zubehör vertrieben, die dem niederländischen Betäubungsmittelrecht nicht unterliegen. Neben dem Erwerb an Ort und Stelle **(Smart-Shops)** hat sich ein blühender Versandhandel nach Deutschland entwickelt, der in großem Umfang über das Internet abgewickelt wird. Auch in Deutschland und der Schweiz sind solche Läden, die hier auch Hanfläden genannt werden, entstanden (zur Terminologie s. *Körner,* 6. Aufl. 2007, § 29 Rn. 1815).

Dabei werden unter dem Begriff **„smart-drugs"** Stoffe angeboten, die neben 206 pflanzlich wirksamen Bestandteilen Mineralien, chemische Stoffe, Vitamine und antriebssteigernde Substanzen enthalten können (*Körner,* 6. Aufl. 2007, § 29 Rn. 1815). Dazu kann auch „herbal-ecstasy" (→ Rn. 353) gezählt werden. Sie unterfallen vielfach dem AMG, dem LFBG oder dem ChemG.

E. Weiche und harte Drogen. Ebenso wie das BtMG 1972 (und das Opium- 207 gesetz von 1929) unterscheidet das BtMG 1982 nicht zwischen sogenannten „harten" und „weichen" Drogen. Dies steht im Einklang mit den internationalen Suchtstoffübereinkommen (→ Rn. 28, 29).

I. Der Standpunkt des BtMG 1982. Trotz vielfältiger Kritik hat der Gesetz- 208 geber im Jahre 1982 an dieser Regelung festgehalten, weil brauchbare Kriterien für die geforderte Unterscheidung nicht bestehen, die Unschädlichkeit auch weicher Drogen, insbesondere von Cannabis, nicht nachgewiesen ist und die sogenannten weichen Drogen (jedenfalls nach dem damaligen Verständnis, das heute wieder eine Bestätigung findet (→ Rn. 317, 318)) in gewissem Umfang als Schrittmacher für den Konsum gefährlicherer Betäubungsmittel dienen (BT-Drs. 8/3551, 24).

In der Folgezeit hat sich die Diskussion um die völlige oder teilweise „Freigabe" 209 weicher Drogen, insbesondere von Cannabis, nicht beruhigt. Gleichwohl hat der **Gesetzgeber** auch bei den weitgehenden Änderungen des BtMG in den Jahren seit 1992 (→ Einl. Rn. 10–29) an der getroffenen Entscheidung **festgehalten** (wozu angesichts der zunehmend hohen Wirkstoffgehalte des heute auf dem Markt befindlichen Stoffs (→ Einl. Rn. 150–152; Anh. H) auch jeder Anlass besteht). Als Regulativ für die fehlende Differenzierung steht den Gerichten die Ausschöpfung des Strafrahmens nach beiden Seiten zur Verfügung (BVerfG NJW 2003, 2978; BGH NStZ 1995, 350 = StV 1995, 255).

II. Die Rechtsprechung des BVerfG. In seinem Beschluss v. 9.3.1994 210 (BVerfGE 90, 145 (→ Rn. 2)) hat das BVerfG die Entscheidung des Gesetzgebers als verfassungsgemäß angesehen. Der Beschluss v. 29.6.2004 (NJW 2004, 3620 (→ Rn. 4)) hat dies in vollem Umfang bestätigt. Die im BtMG fehlende Unterscheidung zwischen sogenannten „harten" und „weichen" Drogen verstößt danach schon deswegen nicht gegen Art. 3 Abs. 1 GG, weil die Ausgestaltung der Tatbestände es den Gerichten ermöglicht, der Gefährlichkeit des jeweiligen Betäubungsmittels Rechnung zu tragen (BVerfGE 90, 145 (198) (→ Rn. 2); BVerfG NJW 2003, 2978; PharmR 2005, 374).

Es ist auch kein Verstoß gegen Art. 3 Abs. 1 GG, dass Cannabis anders als Alkohol 211 und Nikotin dem BtMG untersteht (BVerfG NJW 2004, 3620 (→ Rn. 4; aA *Westerhoff* StV 2020, 408 (413, 414) mit nicht ganz neuer Argumentation)). Der **Gleichheitssatz** erfordert es nicht, die Drogen nur nach dem Maß der von ihnen ausgehenden Gesundheitsgefährdung zu bewerten; vielmehr darf der Gesetzgeber auch andere Umstände, insbesondere die verschiedenen Verwendungsmöglichkeiten, ihre Bedeutung für das soziale Zusammenleben, die rechtlichen und tatsächlichen Möglichkeiten einer wirksamen Kontrolle und die Interessen der internationalen Zusammenarbeit, berücksichtigen (BVerfGE 90, 145 (196, 197) (→ Rn. 2)).

Während bei **Alkohol** eine Verwendung dominiert, die nicht zu Rauschzuständen führt, steht beim Konsum von Cannabisprodukten typischerweise die Erzeugung eines Rauschs im Vordergrund (BVerfGE 90, 145 (196, 197) (→ Rn. 2)). **Nikotin** wiederum ist kein Betäubungsmittel.

212 Die Aufnahme von Cannabis in den Katalog der Betäubungsmittel verstößt auch nicht gegen den Grundsatz der **Verhältnismäßigkeit** (BVerfGE 90, 145 (184) (→ Rn. 2); BVerfG NJW 2004, 3620 (→ Rn. 4)). Zwar wurden die von Cannabis ausgehenden Gefahren für die Gesundheit im Jahre 1994 geringer eingeschätzt als im Jahre 1981. Gleichwohl bestehen aber sowohl nach der Beurteilung von 1994 (BVerfGE 90, 145 (182) (→ Rn. 2)) als auch nach der nach der von 2004 (BVerfG NJW 2004, 3620 (→ Rn. 4)) Risiken und Gefahren, die nicht unbeträchtlich sind. Die neueren Erkenntnisse zur Gefährlichkeit von Cannabis haben dies bestätigt (→ Rn. 303–320; → Einl. Rn. 150–152).

213 Um einen Verstoß gegen das Übermaßverbot zu vermeiden, sind allerdings die **Strafverfolgungsorgane** gehalten, bei solchen Verhaltensweisen von Strafe abzusehen (§ 31a), die ausschließlich den gelegentlichen Eigenverbrauch geringer Mengen von Cannabisprodukten vorbereiten und nicht mit einer Fremdgefährdung verbunden sind (→ § 31a Rn. 22).

214 Auch ist der **Gesetzgeber** zur Beobachtung und Überprüfung der Auswirkungen des Gesetzes verpflichtet, wobei er auch zu beurteilen hat, ob und inwieweit die Freigabe von Cannabis zu einer Trennung der Drogenmärkte führen und damit zur Zurückdrängung des Drogenkonsums beitragen kann (BVerfGE 90, 145 (194) (→ Rn. 2); zur Fragwürdigkeit dieser These → Rn. 319 sowie → Einl. Rn. 160–166).

215 Mit diesem Abmaß kann die (vollständige) Unterstellung der sogenannten „weichen" Drogen, insbesondere von Cannabis, unter das BtMG **verfassungsrechtlich als geklärt** gelten (auch → Rn. 4). Dabei fällt vor allem ins Gewicht, dass aus der Verfassung keine Verpflichtung des Gesetzgebers hergeleitet werden kann, die gesetzliche Behandlung einer Droge nach ihrem Suchtpotential auszurichten. Die Kammerentscheidung vom 17.12.1969 (zit. bei *Messmer* ZRP 1970, 80 mkritAnm *Kreuzer* ZRP 1971, 111 (112)) ist damit durch das BVerfG selbst richtiggestellt worden.

Kapitel 11. Neue Drogen

216 Bereits seit jeher hat es sich als **Problem der Positivliste** (→ Rn. 12, 19) erwiesen, dass (meist neue) psychoaktive Stoffe als Drogen gehandelt und missbraucht wurden, die (noch) nicht in eine der Anlagen des BtMG aufgenommen waren. Ein Verstoß gegen das **BtMG** kommt in solchen Fällen **nicht** in Betracht.

217 **A. Designerdrogen.** Den Umstand der Beschränkung auf einen bestimmten, genau bezeichneten Stoff (→ Rn. 12, 14, 19) machten sich die Hersteller von Substanzen zunutze, die früher als **Designerdrogen** bezeichnet wurden, während heute der Begriff **„neue psychoaktive Stoffe (NpS)"** gebräuchlich ist (→ Rn. 218). Zur tatsächlichen und rechtlichen Entwicklung → NpSG Einl. Rn. 2–21.

218 **B. Die neuen psychoaktiven Stoffe (NpS), sog. Legal Highs, Research Chemicals.** Etwa seit dem Jahre 2005 wird der europäische Markt mit neuen psychoaktiven Stoffen (NpS) überschwemmt, die sich irreführend als **„Legal Highs"** bezeichnen und so den Eindruck ihrer gesundheitlichen Unbedenklichkeit erwecken. Zum Teil werden diese Stoffe auch als Reinsubstanzen **(Research Chemicals)** auf den Markt gebracht, aus denen sich der Konsument seinen Stoff selbst zusammen mischen kann. Zur tatsächlichen und rechtlichen Entwicklung, insbesondere **zur Behandlung als Arzneimittel,** → NpSG Einl. Rn. 5–21.

Alle diese Stoffe werden seit dem 26.11.2016 durch das **Neue-psychoaktive-** 219
Stoffe-Gesetz (NpSG) v. 21.11.2016 (BGBl. I S. 2615) erfasst, das nicht auf
Einzelstoffe, sondern auf Stoffgruppen abstellt. Den Stoffgruppen unterfallende
Einzelstoffe, die sich als nicht nur gering psychoaktiv und als in besonderer Weise
gesundheitsgefährdend erweisen sowie in größerem Ausmaß missbräuchlich
verwendet werden, sollen auch **weiterhin enumerativ in die Anlagen** des
BtMG aufgenommen werden (BT-Drs. 18/8579, 16). Vom Zeitpunkt der Aufnahme an unterfallen sie dann nur noch dem BtMG (→ Rn. 27; → NpSG Einl.
Rn. 25, 26).

C. Unterstellungen unter das BtMG. Mittlerweile ist eine Vielzahl dieser 220
neuen psychoaktiven Stoffe dem BtMG unterstellt worden. Je nach ihrem fehlenden oder gegebenen therapeutischen Potential wurden sie in die Anlage I oder II
aufgenommen:

mit Wirkung v. 22.1.2009 (22. BtMÄndV v. 19.1.2009 (BGBl. I S. 49)) 221
− in **Anlage II**
  − die synthetischen Cannabinoide CP 47,497, CP 47,497-C6-Homolog, CP
    47,497-C8-Homolog, CP 47,497-C9-Homolog und JWH-018,

mit Wirkung v. 22.1.2010 (24. BtMÄndV v. 18.12.2009 [BGBl. I S. 3944]: 222
− in **Anlage I**
  − das Cathinon-Derivat 4-Methylmethcathinon (Mephedron),
− in **Anlage II**
  − die synthetischen Cannabinoide CP 47,497, CP 47,497-C6-Homolog, CP
    47,497-C8-Homolog, CP 47,497-C9-Homolog und JWH-018 (sämtlich
    bereits in der 22. BtMÄndV unterstellt), JWH-019 (1-Hexyl-3-(1-naphtoyl)
    indol) und JWH-073 (1 Butyl-3-(1-naphtoyl)indol),
− in **Anlage III**
  − das Opioid Tapentadol;
zur Beschreibung und Wirkung der Stoffe im Einzelnen s. BR-Drs. 812/09;

mit Wirkung v. 26.7.2012 (26. BtMÄndV v. 20.7.2012 (BGBl. I S. 1639); das in- 223
soweit in BGH 2 StR 22/13, und 4 StR 403/14, genannte Inkrafttretensdatum
(1.1.2013) ist falsch, da sich Art. 3 S. 2 der Verordnung nur auf Art. 1 Nr. 3 (Tilidin)
bezieht):
− in **Anlage I**
  − das Amfetaminderivat 4-Fluoramfetamin (4-FA, 4-FMP),
− in **Anlage II**
  − die Amfetaminderivate 4-FluorMetamfetamin (4-FMA), p-Methoxyethylamfetamin (PMEA) und 4-Methylamfetamin,
  − die synthetischen Cannabinoide 1-Adamantyl(1-pentyl-1H-indol-3-yl)methanon, AM 694, JWH-007, JWH-015, JWH-081, JWH-122, JWH-200,
    JWH-203, JWH-210, JWH-250 (1-Pentyl-3-(2-methoxyphenylacetyl)indol), JWH-251 und RCS-4,
  − die Cathinonderivate Butylon, Ethcathinon, Flephedron (4-Fluormethcathinon, 4-FMC), Methedron (4-Methoxymethcathinon, PMMC), 3,4-Methylendioxypyrovaleron (MDPV), 4-Methylethcathinon (4-MEC), Methylon
    (3,4-Methylendioxy-N-methcathinon, MDMC) und Naphyron,
  − das Cocain-Derivat, 4-Fluortropacocain und
  − die Piperazin-Derivate p-Fluorphenylpiperazin (p-FPP), Methylbenzylpiperazin (MBZP) und 3-Trifluormethylphenylpiperazin (TFMPP);
zur Beschreibung und Wirkung der Stoffe im Einzelnen s. BR-Drs. 317/12,

BtMG § 1   Erster Abschnitt. Begriffsbestimmungen

224 **mit Wirkung v. 17.7.2013** (27. BtMÄndV v. 9.7.2013 [BGBl. I S. 2274]):
- in **Anlage I**
  - die Amfetaminderivate Dimethoxymetamfetamin (DMMA) und Methiopropamin (MPA),
  - das Phencyclidin-Derivat Methoxetamin (MXE),
- in **Anlage II**
  - die synthetischen Cannabinoide AKB-48 (APINACA), AKB-48F, AM-1220, AM-1220-Azepan, AM-2201, AM-2232, AM-2233 5-Fluorpentyl-JWH-122 (MAM-2201), JWH-307, RCS-4 ortho-Isomer (o-RCS-4), UR-144 und 5-Fluor-UR-144 (XLR-11),
  - die Phenylethylamine *("Benzo Furies")* 5-APB, 6-APB,
  - die Cathinonderivate Buphedron, 3,4-Dimethylmethcathinon (3,4-DMMC), 3-Fluormethcathinon (3-FMC), Pentedron, α-Pyrrolidinovalerophenon (α-PVP)
  - den Stoff Ethylphenidat (Analogon von Methylphenidat [Ritalin])
- in **Anlage III**
  - die Benzodiazepine Etizolam und Phenazepam,
  - der Stoff Lisdexamfetamin;

zur Beschreibung und Wirkung der Stoffe im Einzelnen s. BR-Drs. 434/13;

225 **mit Wirkung v. 13.12.2014** (28. BtMÄndV v. 5.12.2014 (BGBl. I S. 1999)):
- in **Anlage I**
  - die Amfetaminderivate 2-Fluormethamfetamin (2-FMA), 3-Fluormethamfetamin (3-FMA), Thienoamfetamin (Thiopropamin),
  - die synthetischen Cathinone Ethylon (bk-MDEA, MDEC), Pentylon (bk-MBDP), N-Ethylbuphedron (NEB), 4-Methylbuphedron (4 MeMABP), 3-Methylmethcathinon (3-MMC) und 4-Ethylmethcathinondie (4-EMC),
  - die Phenylethylamin-Derivate 2C-C, 2C-D (2C-M), 2C-E, 2C-P, die Derivate dieser C-Serie 25B-NBOMe (2C-B-NBOMe), 25C-NBOMe (2C-C-NBOMe) und 25I-NBOMe (2C-I-NBOMe) sowie 5-(2-Aminopropyl)indol (5-IT),
- in **Anlage II**
  - das Amfetaminderivat 2,5-Dimethoxy-4-iodamfetamin (DOI)
  - die synthetischen Cannabinoide AB-FUBINACA, AB-PINACA, APICA (SDB-001, 2NE1), BB-22 (QUCHIC), EAM-2201 (5-Fluor-JWH-210), FDU-PB-22, FUB-PB-22, PB-22 (QUPIC), 5F-PB-22, STS-135 (5F-2NE1), THJ-2201 (AM-2201 Indazol-Analogon),
  - das Cocain-Derivat Dimethocain (DMC, Larocain)
  - das synthetische Opioid AH 7921 (Doxylam) und
  - das Piperidin-Derivat Desoxypipradrol (2-DPMP);

zur Beschreibung und Wirkung der Stoffe im Einzelnen s. BR-Drs. 490/14;

226 **mit Wirkung v. 23.5.2015** (29. BtMÄndV v. 18.5.2015 (BGB. I S. 723)):
- in **Anlage II**
  - das Amfetaminderivat 4,4'-DMAR (para-Methyl-4-methylaminorex),
  - die synthetischen Cannabinoide Stoffe AB-CHMINACA, 5F-ABICA (5F-AMBICA, 5-Fluor-ABICA,5-Fluor-AMBICA), 5F-AB-PINACA (5-Fluor-AB-PINACA), 5F-AMB (5-Fluor-AMB), 5F-SDB-006, SDB-006 und THJ-018 (JWH-018 Indazol-Analogon),
  - das synthetische Opioid MT-45;

zur Beschreibung und Wirkung der Stoffe im Einzelnen s. BR-Drs. 135/15;

227 **mit Wirkung v. 21.11.2015** (30. BtMÄndV v. 11.11.2015 (BGBl. I S. 1992)):
- in **Anlage I**
  - das Cathinon-Derivat Clephedron (4-CMC, 4-Chlormethcathinon),

Kap. 11. Neue Drogen　　　　　　　　　　　　　　　　　　§ 1　BtMG

- in **Anlage II**
  - die Benzodiazepine Diclazepam (2'-Chlordiazepam) und Flubromazepam
  - die synthetischen Cannabinoide MDB-CHMICA und NM-2201 (CBL-2201),
  - das Phencyclidin-Derivat 3-Methoxyphencyclidin (3-MeO-PCP),

zur Beschreibung und Wirkung der Stoffe im Einzelnen s. BR-Drs. 399/15;

mit Wirkung v. 9.6.2016 (31. BtMÄndV v. 31.5.2016 (BGBl. I S. 1282)): 228
- in **Anlage I**
  - das Phenetylamin-Derivat 25N-NBOMe (2C-N-NBOMe),
- in **Anlage II**
  - die synthetischen Cannabinoide ADB-CHMINACA (MAB-CHMINACA), ADB-FUBINACA, AMB-FUBINACA (FUB-AMB), 5F-ADB (5F-MDMB-PINACA) und 5F-MN-18 (AM-2201 Indazolcarboxamid-Analogon),

zur Beschreibung und Wirkung der Stoffe im Einzelnen s. BR-Drs. 147/16;

mit Wirkung v. 21.6.2017 (18. VO zur Änderung von Anlagen des BtMG v. 229
16.6.2017 (BGBl. I S. 1670)):
- in **Anlage II**
  - die synthetischen Cannabinoide AMB-CHMICA (MMB-CHMICA), 5Cl-AKB-48 (5C-AKB-48, AKB-48Cl, 5Cl-APINACA, 5C-APINACA), 5Cl-JWH-018 (JWH-018 N [5-Chlorpentyl]-Analogon), MDMB-CHMCZCA (EGMB-CHMINACA), MMB-2201 (5F-AMB-PICA, 5F-MMB-PICA), NE-CHMIMO (JWH-018 N-[Cyclohexylmethyl]-Analogon),
  - das Cathinonderivat Alpha-PVT (α-PVT, alpha-Pyrrolidinopentiothiophenon),
  - die Opioide Acetylfentanyl (Desmethylfentanyl), Acryloylfentanyl (Acrylfentanyl, ACF), Butyrfentanyl (Butyrylfentanyl), Furanylfentanyl (FU-F), U-47700;

zur Beschreibung und Wirkung der Stoffe im Einzelnen s. BR-Drs. 282/17;

mit Wirkung v. 13.7.2018 (VO zur Änderung betäubungsmittelrechtlicher und 230
anderer Vorschriften v. 2.7.2018 (BGBl. I S. 1078)):
- in **Anlage II**
  - die synthetischen Cannabinoide CUMYL-PEGACLONE (SGT-151) und CUMYL-5F-P7AICA (5-Fluor-CUMYL-5F-P7AICA, SGT 263);

zur Beschreibung und Wirkung der Stoffe im Einzelnen s. BR-Drs. 144/18.

mit Wirkung v. 18.7.2019 (VO zur Änderung der Anlage des Neue-psy- 231
choaktive-Stoffe-Gesetzes und von Anlagen des Betäubungsmittelgesetzes v. 12.7.2019 (BGBl. I S. 1083))
- in **Anlage II**
  - die synthetischen Cannabinoide CUMYL-4CN-BINACA (SGT-78) und CUMYL-5F-PEGACLONE (5F-Cumyl-PeGaClone, 5F-SGT-151),
  - die Fentanyl-Derivate Cyclopropylfentanyl, 4-Fluorisobutyrfentanyl (4-Fluorisobutyrylfentanyl, 4F-iBF, p-FIBF), Methoxyacetylfentanyl, Ocfentanil (A-3217) und Tetrahydrofuranylfentanyl (THF-F),
  - das synthetische Opioid U-48800;

zur Beschreibung und Wirkung der Stoffe s. *Hastedt* in BeckOK BtMG Anlage II Rn. 46a, 46b, 49a, 80a, 118a, 136a, 158a, 166a.

mit Wirkung v. 21.12.2019 (19. VO zur Änderung v. Anlagen des Betäubungs- 232
mittelgesetzes v. 17.12.2019 (BGBl. I S. 2850))
- **in Anlage II**
  - das Cathinonderivat *N*-Ethylnorpentylon (Ephylon, bk-EBDP, bk-Ethyl-K),

– die Fentanyl-Derivate Orthofluorfentanyl (2-Fluorfentanyl, 2F-F, 2-FF, o-FF) und Parafluorbutyrylfentanyl (Parafluorbutyrfentanyl, 4-Fluorbutyrfentanyl, 4F-BF, PFBF);

zur Beschreibung und Wirkung der Stoffe s. *Hastedt* in BeckOK BtMG Anlage II Rn. 70a, 137a, 139a.

233 Weitere Unterstellungen

mit Wirkung v. 17.7.2020 (20. VO zur Änderung von Anlagen des Betäubungsmittelgesetzes v. 10.7.2020 [BGBl. I S. 1691])
– **in Anlage II**
– das synthetische Cannabinoid 5F-MDMB-PICA (5F-MDMB-2201).

zur Beschreibung und Wirkung des Stoffs s. BR-Drs. 270/20, S. 4, 5;

233a mit Wirkung v 21.1.2021 (21. VO zur Änderung von Anlagen des Betäubungsmittelgesetzes v 14.1.2021 (BGBl. I S. 70)
– **in Anlage II**
– das synthetische Cannabinoid 4F-MDMB-BINACA (4F-MDMB-BUTINACA, 4F-ADB),
– das Benzodiazepin Flualprazolam (2-Fluor-Alprazolam, SCHEMBL 7327360, Flu-Alp),
– die Cathinonderivate α-Pyrrolidinohexanophenon (Alpha-PHP, α-PHP, PV-7) und N-Ethylhexedron (Ethyl-Hexedron, HexEn, Ethyl-Hex, NEH),
– die synthetischen Opioide Crotonylfentanyl und Valerylfentanyl.

Die Änderung beruht auf der 63. Sitzung der CND vom 4.3.2020.

233b mit Wirkung v 22.5.2021 (32. VO zur Änderung betäubungsmittelrechtlicher Vorschriften v. 18.5.2021 (BGBl. I S. 1096)
– **in Anlage II**
– das synthetische Cannabinoid MDMB-4en-PINACA
– die synthetischen Opioide Isotonitazen und 2-Methyl-AP-237,
– **in Anlage III**
– das Benzodiazepin Remimazolam.

Zur Beschreibung und Wirkung der Stoffe s BR-Drs 190/21 S. 5 bis 8.

234 D. (Bisher) dem BtMG nicht unterstellte Stoffe. Auf dem Markt befindlich, aber bisher dem BtMG nicht unterstellt, ist die **Kratompflanze** und die sie enthaltenden Wirkstoffe (Mitragynin, 7-Hydroxymitragynin). Auf der Grundlage der Entscheidung des EuGH v. 10.7.2014 (EuZW 2014, 742 mAnm *Müller* = NStZ 2014, 461 mAnm *Ewald/Volkmer* = StV 2014, 598; 2015, 166 – *synthetische Cannabinoide* mAnm *Oğlakcıoğlu*) sollen diese Substanzen trotz ihrer auch pharmazeutischen Verwendung auch keine Arzneimittel sein (OLG Köln NStZ-RR 2016, 50 = PharmR 2016, 46). Ebenso sollen die sie enthaltenden Badesalze nicht unter das LFBG fallen, weil dieses, soweit es sich auf Lebensmittel beziehe, nicht dem Grundsatz der Normenklarheit entspreche (dabei wurde Art. 100 GG übersehen), und weil die Badesalze auch nicht als kosmetische Mittel angesehen werden könnten, weil sie nicht als solche verwendet würden (OLG Köln NStZ-RR 2016, 50). Zu dieser Pflanze s. auch World Drug Report 2018 Buch 1 S. 11.

Kapitel 12. Prodrugs; insbesondere GBL

235 Auch für die sog. **Prodrugs,** bei denen die psychowirksame Substanz **erst nach der Aufnahme** in den Körper entsteht (→ AMG § 2 Rn. 80; *Rennert* NVwZ 2008, 1179 (1183); *Dettling* PharmR 2006, 58 (64)), griff die Rechtsprechung auf das Arzneimittelrecht zurück (so BGHSt 54, 243 (→ Rn. 24); BGH 5 StR 224/08, für GBL (→ Rn. 592–595)).

Ein solcher Rückgriff kommt bei GBL auch **nach dem Urteil des EuGH v.** 236
10. 7. 2014 (→ Rn. 234) weiterhin in Betracht (s. *Volkmer* in Körner/Patzak/Volkmer AMG Rn. 7 2 d; *Patzak/Volkmer/Ewald* NStZ 2014, 463). GHB, das nach der Einnahme von GBL in kürzester Zeit durch Metabolisierung entsteht (→ Rn. 592), ist ein Betäubungsmittel der Anlage III und damit grundsätzlich geeignet, der Gesundheit zuträglich zu sein. Dass dies im Einzelfall nicht zutrifft, kann ebensowenig wie sonst beim Missbrauch eines Arzneimittels zum Verlust der Arzneimitteleigenschaft führen. Geht man ferner davon aus, dass die Wirkung von GBL metabolischer Natur ist (→ AMG § 2 Rn. 80, 81), ist es auch ohne Bedeutung, dass es selbst keine psychoaktive Wirkung hat. Zu weiteren gesundheitsfördernden Wirkungen s. *Patzak* in Körner/Patzak/Volkmer AMG Rn. 72 d.

Kapitel 13. Streckmittel

Der Umgang mit einem **Streckmittel,** namentlich der Transport, kann bereits 237
den Tatbestand des Handeltreibens mit Betäubungsmitteln erfüllen Sind die hierfür geltenden, engen Voraussetzungen (→ § 29 Rn. 235–251, 604; 783–794) nicht erfüllt oder **nicht nachzuweisen,** so kann, wenn ein Arzneimittel als Streckmittel verwendet wird, ein Rückgriff auf das AMG in Betracht kommen. Dies gilt jedenfalls dann, wenn das Streckmittel nicht nur der Volumenvergrößerung (die allerdings meist mit „einfacheren Lösungen" möglich ist (BGH NStZ 2008, 530 = StraFo 2008, 85)) dient.

In Betracht kommt dies namentlich für das in der Praxis häufig vorkommende 238
Paracetamol/Coffein-Gemisch (KG NStZ-RR 2011, 353; *Volkmer* in Körner/Patzak/Volkmer Stoffe Teil 2 Rn. 68–70), das auch geeignet ist, die Wirkung von Heroin zu überlagern und zu verstärken sowie unerwünschten Nebenwirkungen vorzubeugen (BGH NStZ 2008, 530 (→ Rn. 237)). Dem steht nicht entgegen, dass das Gemisch sich mit Heroin vermischt werden muss (→ AMG § 2 Rn. 18). Ebensowenig ist erforderlich, dass der Stoff in eine arzneiliche Verarbeitungsform gebracht ist (*Volkmer* in Körner/Patzak/Volkmer Stoffe Teil 2 Rn. 66). Zur **Verschreibungspflicht** des Paracetamol/Coffein-Gemischs → AMG § 48 Rn. 62.

Auch bei Streckmitteln wird nicht selten ein in **der Qualität gemindertes** Arz- 239
neimittel (§ 8 Abs. 1 AMG) vorliegen (BGH NStZ 2008, 530 (→ Rn. 237)). Ebenso kann ein **bedenkliches** Arzneimittel iSd § 5 AMG gegeben sein. Ob es sich auch um ein **verschreibungspflichtiges** Arzneimittel (→ AMG § 43 Rn. 4) handelt, richtet sich nach den Umständen des Einzelfalls (AMVV Anlage 1). Dies gilt auch für **Lidocain.**

Kapitel 14. Die Betäubungsmittel der Anlage I

A. Allgemeines. In der Anlage I sind die Betäubungsmittel aufgeführt, die nicht 240
verkehrsfähig sind und deswegen in aller Regel nur illegal umgesetzt werden. Sie haben zum Teil ein großes Missbrauchspotential oder werden in Deutschland nicht zu therapeutischen Zwecken eingesetzt. Bei Cannabis (→ Rn. 257–260) und bei Heroin (→ Rn. 398–402) hat sich dies geändert.

B. Betäubungsmittel der Anlage I dürfen nicht verschrieben, verabreicht 241
oder einem anderen zum unmittelbaren Verbrauch überlassen werden (§ 13 Abs. 1 S. 3). Der Umgang mit ihnen darf (durch das BfArM) nur ausnahmsweise und nur zu wissenschaftlichen oder anderen im öffentlichen Interesse liegenden Zwecken erlaubt werden (§ 3 Abs. 2).

I. Zahl und Art der unterstellten Stoffe. Die Anlage I enthält nach dem 242
Stand v. 31. 3. 2021 178 Positionen (Stoffe und Isomere). Hinzu kommen unter bestimmten Voraussetzungen und mit bestimmten Ausnahmen

- die Ester, Ether und Molekülverbindungen, wenn sie nicht in einer anderen Anlage verzeichnet sind (Anlage I erster Gedankenstrich),
- die Salze der in Anlage I aufgeführten Stoffe (Anlage I zweiter Gedankenstrich),
- die Zubereitungen der in Anlage I aufgeführten Stoffe, wenn sie nicht nach Anlage I dritter Gedankenstrich (→ Rn. 243) ausgenommen sind,
- die Stereoisomere der in der in den Anlagen I bis III aufgeführten Stoffe, wenn sie als Betäubungsmittel missbräuchlich verwendet werden sollen (Anlage I vierter Gedankenstrich; → Rn. 156–161),
- Stoffe nach § 2 Abs. 1 Nr. 1 Buchstabe b–d mit einem in den Anlagen I bis III aufgeführten Stoff, wenn ein Missbrauch zu Rauschzwecken vorgesehen ist (Anlage I fünfter Gedankenstrich Alt. 1; → Rn. 174, 188) und
- die zur Reproduktion oder Gewinnung von Stoffen nach § 2 Abs. 1 Nr. 1 Buchstabe b–d geeigneten biologischen Materialien, wenn ein Missbrauch zu Rauschzwecken vorgesehen ist (Anlage I fünfter Gedankenstrich Alt. 2; → Rn. 178–183, 189, 190).

243 **Zubereitungen** aus Stoffen der Anlage I scheiden gemäß Anlage I dritter Gedankenstrich aus dem Anwendungsbereich des BtMG aus, wenn sie ausschließlich diagnostischen oder analytischen Zwecken dienen, ohne am oder im menschlichen oder tierischen Körper angewendet zu werden, und wenn entweder ihr Gehalt an einem oder mehreren Betäubungsmitteln jeweils 0,001 % nicht übersteigt oder die Stoffe in den Zubereitungen isotopenmodifiziert sind (Buchst. a). Ebenfalls aus dem Anwendungsbereich des BtMG scheiden die Zubereitungen aus, die besonders ausgenommen sind (Buchst. b).

244 **II. Einzelne Betäubungsmittel der Anlage I.** Bekannte oder bemerkenswerte Betäubungsmittel der Anlage I sind[2]:

245 **1. Amfetaminderivate, Amfetamine (ohne Ecstasy). a) Herkunft, Unterstellungen.** Während Amfetamin selbst in der Anlage III enthalten ist, finden sich seine Derivate sowohl in der Anlage I als auch in der Anlage II. Schon länger bekannt sind die (früher) häufigen Inhaltsstoffe von Ecstasy (→ Rn. 348–351) sowie Metamfetamin (→ Rn. 478–493). Auch innerhalb der **neuen psychoaktiven Stoffe** bilden die Amfetaminderivate eine wichtige Stoffgruppe. Soweit sie dem BtMG unterstellt sind, wurden sie, wenn von ihnen eine therapeutische Nutzung nicht zu erwarten war, in die Anlage I aufgenommen; die anderen, die möglicherweise therapeutisch genutzt werden können, wurden der Anlage II zugeordnet (→ Rn. 459; BR-Drs. 317/12, 8; 434/13, 6). Die neu in Anlage I aufgenommenen Amfetaminderivate und der Zeitpunkt ihrer Unterstellung unter das BtMG ergeben sich aus → Rn. 223, 224–226.

246 **b) Wirkung.** Die Stoffe gleichen in ihren Wirkungen und Nebenwirkungen Amfetamin oder Metamfetamin. Wegen der Einzelheiten wird auf BR-Drs. 317/12, 434/13, 490/14 und BR-Drs. 135/15 verwiesen.

247 **2. Cannabis/Haschisch/Marihuana. a) Herkunft, Geschichte.** Haschisch und Marihuana werden in erster Linie aus den weiblichen (zu den männlichen → Rn. 261) Pflanzen der Gattung Cannabis (Hanf) gewonnen (zu den verschiedenen Sorten der Gattung s. *Patzak/Goldhausen* NStZ 2011, 76; das Gesetz macht zwischen ihnen keinen Unterschied). Zu **Haschisch** (shit, khif) wird das Harz der Blüten und Fruchtstände verwendet, zu **Marihuana** (grass, pot, reefer, stick, tea, weed) die getrockneten und zerkleinerten Blüten, Stängel, Sprossspitzen und Blätter. Große Bedeutung haben mittlerweile die **Cannabisblüten** gewonnen. **Haschisch**- oder **Cannabisöl** (number one, the one, Liquid-Haschisch, Liquid Mari-

---

[2] Eine Beschreibung aller Betäubungsmittel der Anlage 1 enthält *Hastedt* in BeckOK BtMG Anlage I Rn. 1–174.

Kap. 14. Betäubungsmittel der Anlage I § 1 BtMG

huana) ist ein Cannabiskonzentrat, das durch Auflösung von Cannabisharz oder Marihuana in Lösungsmitteln, aber auch synthetisch hergestellt wird. Zu den Vertriebsformen und Sorten → Rn. 285–289.

aa) Anbau und Produktion. Cannabis wird mittlerweile in nahezu allen Ländern der Erde angebaut (World Drug Report 2019 Buch 5 S. 10). Dies gilt auch für Europa, wobei die Produktion hier in erster Linie auf **Marihuana** ausgerichtet ist. Das in Deutschland sichergestellte Marihuana stammte in der Regel aus westeuropäischem **Indooranbau** (→ Rn. 250), namentlich in Deutschland, den Niederlanden, Belgien und Spanien, aber auch aus dem **Outdooranbau** (→ Rn. 251) in Albanien. Der Schmuggel von größeren Mengen Marihuana von Albanien nach Westeuropa erfolgte über Italien oder die Balkanstaaten. (DBDD 2020 Drogenmärkte S. 5). 248

Haschisch wird vor allem im Nahen/Mittleren Osten/Südwestasien, in Nordafrika und in West- und Zentraleuropa produziert (World Drug Report 2018 Buch 3 S. 39, 41). Der Großteil des in Deutschland sichergestellten Haschischs stammt aus Marokko und wurde über die Niederlande, häufig auch über Spanien und Frankreich, hierher verbracht (DBDD 2020 Drogenmärkte S. 5). 249

In Europa und Deutschland stark zugenommen hat vor allem der **Indooranbau.** Cannabispflanzen, meist von hoher Qualität, können in den verschiedensten Innenräumen unter besonderen Wachstumsbedingungen (optimale Temperatur, Luftfeuchte, Lichtverhältnisse) in einer Weise aufgezogen werden, dass die Zeit zwischen Anpflanzung und Ernte deutlich kürzer ist als beim Outdooranbau (*Patzak* in Körner/Patzak/Volkmer Stoffe Teil 1 Rn. 32). Sie können hier auch unbestäubt und damit ohne Samenbildung (Sinsemilla) heranwachsen, wobei die weiblichen Pflanzen in extremer Weise die Blütenbildung verstärken, um eine ausreichende Befruchtung zu erreichen. Zum Anbau im Einzelnen s. *Patzak/Goldhausen* NStZ 2014, 384. 250

Demgegenüber zeichnen sich die im **Outdooranbau** unter natürlichen Bedingungen herangezogenen Pflanzen auf Grund des mitteleuropäischen Klimas durch einen hohen Blattanteil und wenig Blütenstände aus. Ihr THC-Wert ist niedrig (*Patzak* in Körner/Patzak/Volkmer Stoffe Teil 1 Rn. 31). Dennoch nimmt der Anbau auch hier zu. 251

bb) Cannabis als Rauschmittel. Cannabisprodukte sind seit langem als Rauschmittel bekannt. Besonders weite Verbreitung fanden sie in den islamischen Ländern, wo sie als Ersatz für den vom Koran verbotenen Alkohol gebraucht wurden. In Europa gewannen sie im neunzehnten Jahrhundert als Grundstoffe für Arzneimittel Bedeutung und waren auch als Beimischung zu Tabakprodukten beliebt. Mit der „flower-power-Bewegung" fand Cannabis in den sechziger Jahren des letzten Jahrhunderts breiten Eingang in die westlichen Gesellschaften. In neuerer Zeit gewinnt die Hanfpflanze auch wieder an legaler wirtschaftlicher Bedeutung (**Nutzhanf,** → Rn. 283) und wird mittlerweile auch in der Medizin eingesetzt (→ Rn. 257–260). Cannabis ist weltweit (World Drug Report 2018 Buch 1 S. 1) und in Deutschland (→ Einl. Rn. 64, 69, 70) mit weitem Abstand die am **häufigsten gebrauchte** illegale Droge. 252

cc) Cannabis als Mittel der Religionsausübung. → § 3 Rn. 95, 96. 253

dd) Cannabis als Lebensmittel/Nahrungsergänzungsmittel. Seit der Wiederentdeckung des Hanfs als Nutzpflanze wird der Markt überschwemmt von Hanfprodukten, die vom Cannabiscognac über Cannabisbier bis zum Hanflutscher reichen. Zu Speiseölen auf Hanfbasis im Straßenverkehr s. *Alt/Reinhardt* BA 1996, 347. Unabhängig von ihrer lebensmittelrechtlichen Beurteilung richtet sich ihre **betäubungsmittelrechtliche** Zulässigkeit nach der Position Cannabis (Marihuana) der Anlage I und ihren Ausnahmen. Danach ist zwischen Produkten, die aus **Samen (Buchst. a)** und solchen, die aus **anderen Pflanzenteilen (Buchst. b)** hergestellt werden, zu unterscheiden: 254

- Produkte, die aus **Cannabissamen (Ausnahme a)** hergestellt werden, sind betäubungsmittelrechtlich zulässig (→ Rn. 263–270; → § 24a Rn. 37; *Patzak* in Körner/Patzak/Volkmer Stoffe Teil 1 Rn. 42; *Rottmeier* PharmR 2020, 446 (447); *Sachs/Bergstedt* GRUR-Prax 2020, 202 (203)); sie sind keine Betäubungsmittel und unterliegen daher, auch wenn sie vom Endnutzer verwendet oder konsumiert werden, nur den lebensmittelrechtlichen Regeln (→ Rn. 255);
- **Hanferzeugnisse nach Ausnahme b** (→ Rn. 271–278; → § 24a Rn. 36, 37) unterliegen nur dann nicht dem Betäubungsmittelrecht, wenn der Verkehr mit ihnen ausschließlich gewerblichen oder wissenschaftlichen Zwecken dient. Da der Konsum keine solche Verwendung darstellt (→ Rn. 276), ist der Verkehr mit Cannabislebensmitteln/Nahrungsergänzungsmitteln nicht schon deswegen erlaubt, weil sie aus dem dort genannten Hanf hergestellt sind (*Patzak* in Körner/Patzak/Volkmer Stoffe Teil 1 Rn. 46). Vielmehr kommen ein erlaubter Konsum und damit auch der Verkauf zu diesem Zweck nur in Betracht, wenn das Cannabisprodukt entweder kein THC (*Patzak* in Körner/Patzak/Volkmer Stoffe Teil 1 Rn. 48; *Rottmeier* PharmR 2020, 446 (449)) oder nur eine solch geringe Menge enthält, dass sie nicht zu einer messbaren Wirkstoffmenge zusammengefasst werden kann (→ Rn. 277). Andernfalls liegt ein Betäubungsmittel vor.

255 **Lebensmittelrechtlich** legen die für die Lebensmittelüberwachung zuständigen Behörden bei der Beurteilung, ob ein Hanferzeugnis den lebensmittelrechtlichen Anforderungen entspricht, die Richtwerte des BfR für THC zugrunde (Antwort der Bundesregierung BT-Drs. 19/11377 S. 3). Das BfR hat sich dabei der Festlegung der EFSA angeschlossen (Stellungnahme v. 17.2.2021; OVG Lüneburg BeckRS 2019, 32302 Rn. 48), wonach die **akute Referenzdosis** (ARfD), die über die Nahrung mit einer Mahlzeit oder innerhalb eines Tages **ohne erkennbares Risiko** aufgenommen werden kann, **0,001 mg Δ9-THC pro Kilogramm Körpergewicht** beträgt. Betäubungsmittel sind keine Lebensmittel (§ 2 Abs. 2 LBFG, Art. 2 S. 3 Buchst. g VO (EG) 178/2002). Der lebensmittelrechtliche Richtwert hat daher für Betäubungsmittel (im Sinne des ÜK 1961, auch Blätter (Art. 28 Abs. 3 ÜK 1961), und des ÜK 1971) **keine Bedeutung** und kann auch im Hinblick auf den Zweck der Regelung (*Patzak* in Körner/Patzak/Volkmer § 2 Rn. 17) nicht auf diese übertragen werden (*Patzak* in Körner/Patzak/Volkmer § 2 Rn. 17; Stoffe Rn. 48; *Rottmeier* PharmR 2020, 446 (448); aA → 5. Aufl., *Kieser/Köbler* A&R 2021, 59 sowie das BfArM (FAQ: „Sind Nutzhanf-/CBD-Produkte aus betäubungsmittelrechtlicher Sicht verkehrsfähig?")). Liegt ein Lebensmittel vor, ist unabhängig von der Frage der Richtwerte stets zu prüfen, ob das Erzeugnis in den Anwendungsbereich der Verordnung (EU) 2015/2283 über **neuartige Lebensmittel** fällt (BT-Drs. 19/11377 S. 3); solche Lebensmittel dürfen in der EU nur nach einer Zulassung in den Verkehr gebracht werden.

256 **ee) Cannabis als Kosmetikum.** Anders als der Konsum von Lebensmitteln soll die Verwendung oder der Verbrauch von Kosmetika auch durch den Endnutzer eine gewerbliche Nutzung darstellen (*Sachs/Bergstedt* GRUR-Prax 2020, 202 (204); eher skeptisch *Rottmeier* PharmR 2020, 446 (448 Fn. 19); unklar *Patzak* in Körner/Patzak/Volkmer Stoffe Rn. 48). Überzeugend ist dies nicht. Ein Endnutzer, der ein Kosmetikum bei sich anwendet, handelt ebensowenig gewerblich wie der Konsument eines Lebensmittels. Betäubungsmittelrechtlich gelten daher dieselben Grundsätze wie bei Lebensmitteln (→ Rn. 254). Kosmetikrechtlich sind Betäubungsmittel verbotene Stoffe, die Kosmetika nicht enthalten dürfen (Art. 14 Abs. 1 Buchst. a, Anhang II Nr. 306 VO (EG) Nr. 1223/2009). Allerdings verweist der Anhang enger als Art. 2 S. 3 Buchst. g VO (EG) 178/2002 nicht generell auf das ÜK 1961, sondern lediglich auf Stoffe, die in den Tabellen I und II des ÜK 1961 aufgeführt sind (*Sachs/Bergstedt* GRUR-Prax 2020, 202 (204)), also nicht Samen und Blätter.

Kap. 14. Betäubungsmittel der Anlage I § 1 BtMG

ff) Cannabis als Medizin. Die sich bei der Anwendung von Cannabis in der 257
Medizin stellenden Fragen sind in → § 3 Rn. 108–145 zusammenfassend dargestellt. Hinsichtlich der Behandlung von Cannabis (Marihuana) in den **Anlagen I bis III** ergibt sich nach der 25. BtMÄndV v. 11.5.2011 (BGBl. I S. 821) und nach dem Gesetz v. 6.3.2017 (BGBl. I S. 403) folgendes:

Nach **Anlage III Position Cannabis** in der Fassung des Gesetzes v. 6.3.2017 258
(→ Rn. 257) kann Cannabis aus einem Anbau, der zu medizinischen Zwecken unter staatlicher Kontrolle erfolgt ist, sowie in Zubereitungen, die als Fertigarzneimittel zugelassen sind, ärztlich verschrieben werden (→ § 3 Rn. 114–132). Eine Ausnahmeerlaubnis nach § 3 Abs. 2 ist für den Erwerb daher nicht mehr erforderlich. Die Aufnahme in Anlage III entbebt die **Teilnehmer am Betäubungsmittelverkehr** (Anbauer, Hersteller und Großhändler) allerdings **nicht** von den **Erfordernis** der betäubungsmittelrechtlichen und arzneimittelrechtlichen **Erlaubnisse** (BT-Drs. 18/8965, 18), namentlich der Erlaubnis nach § 3 Abs. 1 Nr. 1. Eine Erlaubnis nach § 3 Abs. 1 Nr. 2 reicht nicht aus, weil Cannabis auch weiterhin keine ausgenommene Zubereitung darstellt.

Die Einfügung in **Anlage II** (Position Cannabis [Marihuana]), die durch die 259
25. BtMÄndV erfolgt war, wurde durch das Gesetz v. 6.3.2017 (→ Rn. 257) gestrichen, da die Regelung dieser Position in Anlage III (verkehrsfähige und verschreibungsfähige Betäubungsmittel) auch die Verkehrsfähigkeit umfasst.

Im Übrigen verbleibt Cannabis in **Anlage I** (Position Cannabis) und ist damit, 260
soweit keine der Ausnahmen a bis d eingreift, verkehrs- und verschreibungsunfähig (BT-Drs. 18/8965, 19). Dies gilt für Marihuana und für Haschisch.

b) Anwendungsbereich des BtMG, Ausnahmen. Cannabis ist in der Anlage I 261
mit zwei Positionen vertreten (außerdem sind die Wirkstoffe [THC] gesondert aufgeführt). Während die Position Cannabis (Marihuana) Pflanzen und Pflanzenteile (nicht Pflanzenbestandteile; zum THC s. vorstehend) der zur Gattung Cannabis gehörenden Pflanzen umfasst (zum Verhältnis zu Anlage I fünfter Gedankenstrich → Rn. 171), erfasst die Position Cannabisharz (Haschisch) ihr abgesondertes Harz. Die **männliche Pflanze** enthält nur geringe Wirkstoffanteile (*Täschner* Cannabis S. 61). Obwohl daher in erster Linie die weibliche Pflanze zu Rauschzwecken genutzt wird (*Geschwinde* Rauschdrogen Rn. 50), wird im Betäubungsmittelrecht nicht zwischen ihr und den männlichen Pflanzen unterschieden (s. *Patzak* in Körner/Patzak/Volkmer BtMG § 1 Rn. 24). Die Erlaubnispflicht (und Strafbarkeit) gilt daher auch für diese (*Patzak/Goldhausen* NStZ 2014, 384 (385)). Der geringere Wirkstoffgehalt ist bei der Strafzumessung zu berücksichtigen. Entsprechendes gilt für die zweigeschlechtlichen Pflanzen (*Patzak* in Körner/Patzak/Volkmer Stoffe Teil 1 Rn. 6).

Für die Position **Marihuana** sind im Unterschied zur Position Cannabisharz fünf 262
Ausnahmen vorgesehen (Buchst. a–e):

aa) Samen (Buchst. a). Die erste Ausnahme betrifft den Samen. Sie beruht dar- 263
auf, dass dieser (wegen der dort fehlenden Drüsenhaare (Stellungnahme des BfR vom 8.11.2018 S. 6)) kein THC enthält (*Patzak* in Körner/Patzak/Volkmer BtMG § 2 Rn. 26; *Oğlakcıoğlu* in MüKoStGB BtMG Rn. 68; *Cremer/Schaeffer* in Hügel/Junge/Lander/Winkler Anlage I Rn. 1). Im Grundsatz ist der Umgang mit dem Samen von Cannabis daher in allen Verkehrsformen straffrei. Da auch die Produkte THC-frei sein müssten, darf Hanfsamen insbesondere zu gewerblichen Zwecken, etwa zur Herstellung von Ölen oder Backwaren, verwendet werden (→ Rn. 254).

Etwas anderes gilt dann, wenn der Cannabissamen **zum unerlaubten Anbau** 264
bestimmt ist (Anlage I Position Cannabis [Marihuana] Buchst. a). In diesen Fällen ist der Umgang mit ihm in allen Verkehrsformen von Anfang an strafbar (*Oğlakcıoğlu* in MüKoStGB BtMG Rn. 68). Dies gilt etwa für den Einführer solcher Samen, für

den Betreiber eines Headshops oder auch den Erwerber. Die Vorschrift ist nicht verfassungswidrig (BVerfG 20.1.2000 – 2 BvR 1994/99).

265 Unerlaubt ist der Anbau, wenn **keine Erlaubnis** (nach § 3 Abs. 2) vorliegt und auch **keine Ausnahme** nach Anlage I Position Cannabis [Marihuana] Buchst. c oder d eingreift. Hiervon kann außerhalb einer landwirtschaftlichen Produktion regelmäßig ausgegangen werden (*Oğlakcıoğlu* in MüKoStGB BtMG Rn. 69). Zur Ausnahme c (Rübenzüchtung) → Rn. 282, zur Ausnahme d (Nutzhanf) → Rn. 283. Die Ausnahme b (gewerblicher oder wissenschaftlicher Umgang) scheidet von vornherein aus, da sie für den Anbau nicht gilt (→ Rn. 274).

266 **Zum unerlaubten Anbau bestimmt** ist der Samen dann, wenn er hierfür verwendet werden soll (*Oğlakcıoğlu* in MüKoStGB BtMG Rn. 70). Wer diese Bestimmung getroffen hat, ist unerheblich (→ Rn. 160, 161, 176). Dies kann auch der Erwerber sein, der den Samen in einem Hanfladen kauft (BayObLGSt 2002, 135 (→ Rn. 15)). Für den Betreiber des Ladens liegt Handeltreiben mit zum unerlaubten Anbau bestimmtem Samen (Betäubungsmittel nach Anlage I Position Cannabis [Marihuana] Buchst. a) vor, weil er weiß oder damit rechnet und es billigend in Kauf nimmt (*Oğlakcıoğlu* in MüKoStGB BtMG Rn. 70) oder sich um eines anderen erstrebten Zieles willen damit abfindet; dass der Erwerber den Samen zum unerlaubten Anbau verwendet; dasselbe gilt, wenn ihm dies gleichgültig ist (→ Vor § 29 Rn. 415–420).

267 Die **Umstände,** aus denen sich der **(bedingte) Vorsatz** in Bezug auf den **unerlaubten Anbau** herleiten kann, können sich insbesondere aus dem hohen Preis, dem Angebot in zählbaren Körnermenge (BR-Drs. 881/97, 39), aus der Beschreibung (zB Sorte, Blüte- und Erntezeit, Höhe, Ertrag, THC-Gehalt, Besonderheiten in Geschmack und Geruch) oder aus dem Angebot weiteren Zubehörs (zB Beleuchtungs- und Bewässerungsanleitungen und -geräten, Rauchzubehör) ergeben. Dass der Samen als Vogelfutter uä angeboten wird, ändert daran nichts; dasselbe gilt für Mahnhinweise, dass die Samen nicht zum Anbau verwendet werden dürfen.

268 Die Bestimmung kann (von dem Besitzer) auch dann noch getroffen werden, wenn der Samen **zunächst zu einem anderen Zweck,** etwa als Vogelfutter, erworben wurde. Die Strafbarkeit tritt in einem solchen Falle dann ein, wenn die neue Bestimmung in irgendeiner Form, etwa durch Abzählen und/oder Verpacken erkennbar geworden ist.

269 Da Cannabissamen kein THC enthält (→ Rn. 263) und dieses sich erst später bei der Aufzucht der Pflanzen je nach Pflege entwickelt, können **selbst große Mengen von Samen** nicht zu einem Handeltreiben in nicht geringer Menge (§ 29a Abs. 1 Nr. 2) führen; im Hinblick auf die beträchtliche Samenmenge, den hohen Verkaufswert, das erhebliche Anbauvolumen und zukünftige THC-Potential ist jedoch zu prüfen, ob ein besonders schwerer Fall des Handeltreibens nach § 29 Abs. 3 S. 1 vorliegt (OLG Düsseldorf NStZ 1999, 88 = BA 1999, 180 mAnm *Meurer;* LG Stuttgart DRsp Nr. 2004/3014; *Oğlakcıoğlu* in MüKoStGB BtMG Rn. 70).

270 Die Regelung für Cannabissamen geht als **Sondervorschrift** der Anlage I fünfter Gedankenstrich vor. Die allgemeine Regelung, wonach ein Missbrauch der zu gewinnenden Organismen zu Rauschzwecken vorgesehen sein muss, tritt daher zurück (*Oğlakcıoğlu* in MüKoStGB BtMG Rn. 68). Entscheidend ist allein der unerlaubte Anbau.

271 **bb) Gewerblicher oder wissenschaftlicher Umgang (Buchst. b).** Nicht unter das BtMG fallen Pflanzen und Pflanzenteile, wenn
– sie aus dem Anbau in Ländern der EU mit zertifiziertem Saatgut von Sorten stammen, die am 15.3. des Anbaujahres in dem in Artikel 9 der Delegierten Verordnung (EU) Nr. 639/2014 v. 11.3.2014 genannten gemeinsamen Sortenkatalog für landwirtschaftliche Pflanzenarten (s. Anh. E 3) aufgeführt sind, **oder**
– ihr Gehalt an THC 0,2% nicht übersteigt (→ Rn. 273),

Kap. 14. Betäubungsmittel der Anlage I § 1 **BtMG**

und der Verkehr mit ihnen (ausgenommen der Anbau (→ Rn. 274)) ausschließlich gewerblichen oder wissenschaftlichen Zwecken (→ Rn. 275–277) dient, die einen Missbrauch zu Rauschzwecken ausschließen (→ Rn. 278–281). Diese etwas unübersichtliche Regelung bedeutet:

(a) Hanf aus zertifiziertem Saatgut. Der Hanf muss aus zertifiziertem Saatgut 272 von Sorten stammen, die am 15.3. des Anbaujahres in dem in Artikel 9 der Delegierten Verordnung (EU) Nr. 639/2014 v. 11.3.2014 genannten gemeinsamen Sortenkatalog für landwirtschaftliche Pflanzenarten (s. Anh. E 3) aufgeführt sind.

(b) Hanf aus anderem Saatgut oder aus dem Anbau in Nicht-EU-Ländern 273 darf nur dann zu gewerblichen oder wissenschaftlichen Zwecken verwendet werden, wenn der THC-Gehalt 0,2% nicht übersteigt.

(c) Keine Geltung für den Anbau. Die Ausnahmen (→ Rn. 272, 273) gelten 274 nicht für den Anbau. Dieser ist immer erlaubnispflichtig (*Patzak* in Körner/Patzak/Volkmer BtMG § 2 Rn. 14). Etwas anderes gilt nur für das Anbauen von **Nutzhanf** durch ein **Unternehmen der Landwirtschaft** gemäß Buchst. d, das lediglich anzeigepflichtig ist (dazu → § 24a Rn. 11–44).

(d) Gewerbliche oder wissenschaftliche Zwecke. Der Verkehr mit dem 275 wirkstoffarmen Hanf (→ Rn. 272, 273) darf ausschließlich gewerblichen oder wissenschaftlichen Zwecken dienen, die den Missbrauch zu Rauschzwecken ausschließen (→ Rn. 278–277). Diese Voraussetzung gilt für **beide Alternativen** des Buchst. b (OLG Hamm BeckRS 2016, 13673; krit. *Oğlakcıoğlu* NStZ-RR 2017, 297). Zu den wissenschaftlichen Zwecken → § 3 Rn. 71–84. Gewerbliche Zwecke sind insbesondere dann gegeben, wenn der Hanf verarbeitet werden soll, ein unbedenkliches Produkt, etwa Papier, Seile oder Textilien, entstanden ist (OLG Hamm BeckRS 2016, 13673 (s. o.); LG Ravensburg NStZ 1998, 306).

Kein gewerblicher Zweck ist der **Konsum** (BayObLGSt 2002, 135 (→ Rn. 15); 276 OLG Zweibrücken BeckRS 2010, 13810; OLG Hamm BeckRS 2016, 13673 (→ Rn. 275)), etwa von sog. **Knasterhanf**, aber auch von **Lebensmitteln** oder **Getränken** (→ Rn. 254, 255. Zur Herstellung von Lebensmitteln → Rn. 255. Kein gewerblicher Zweck ist aber auch die **Verwendung** als Seil, Papier, Textil, Kosmetikum oder Dämmmaterial, soweit sie nicht in einem Gewerbebetrieb erfolgt.

Die gewerblichen oder wissenschaftlichen Zwecke müssen **bei jedem Teilneh-** 277 **mer** an dem Verkehrsvorgang einschließlich des **Endnutzers** (BayObLGSt 2002, 135 (→ Rn. 15); OLG Zweibrücken BeckRS 2010, 13810; OLG Hamm BeckRS 2016, 13673 (→ Rn. 275)) gegeben sein. Bei der Weitergabe des Hanfs muss daher gewährleistet sein, dass auch die Abnehmer ausschließlich den Zweck der Weiterverarbeitung zu unbedenklichen Produkten verfolgen (OLG Hamm BeckRS 2016, 13673 (→ Rn. 275); LG Ravensburg NStZ 1998, 306; *Patzak* in Körner/Patzak/Volkmer BtMG § 2 Rn. 16). Dies ist bei der Abgabe von Pflanztöpfen mit je sechs Pflanzen Faserhanf in einem Head Shop nicht gegeben (LG Ravensburg NStZ 1998, 306). In einem solchen Falle greift die Ausnahme im Hinblick auf → Rn. 278 auch bei dem Abgebenden nicht ein. Dasselbe gilt bei der Veräußerung zum Rauchen als **Knasterhanf** (BayObLGSt 2002, 135 (→ Rn. 15)), als **Räucherhanf** oder als **Duftkissen** (OLG Zweibrücken BeckRS 2010, 13810).

(e) Ausschluss des Missbrauchs zu Rauschzwecken. Die gewerblichen oder 278 wissenschaftlichen Zwecke müssen einen Missbrauch zu Rauschzwecken ausschließen. Dieser Begriff deckt sich nicht völlig mit dem des Missbrauchs nach der Definition der WHO (→ Rn. 159–161, 176).

Trotz des geringen Wirkstoffgehalts ist ein Missbrauch des in Buchst. b genannten 279 Hanfs zu Rauschzwecken nicht ausgeschlossen. Zur **Erzielung einer psychotropen Wirkung** reichen beim Rauchen lediglich 5 bis 10 mg Δ 9 THC oder 1,7 bis

BtMG § 1 Erster Abschnitt. Begriffsbestimmungen

10 g Faserhanf-Pflanzenmaterial aus (AG Obernburg 27.3.1998 bei *Körner,* 6. Aufl. 2007, § 29 Rn. 76). Zum sogenannten **Knasterhanf** → Rn. 276, 277.

280 Ein Missbrauch zu Rauschzwecken ist nicht ausgeschlossen, wenn der Täter **in einem Ladengeschäft** Topfpflanzen auch von THC-armem Hanf zum Verkauf bereithält. Der Täter betreibt daher illegalen Anbau und illegalen Handel.

281 Auch der Ausschluss des Missbrauchs zu Rauschzwecken muss bei **jedem Teilnehmer** an dem Verkehrsvorgang gegeben sein (→ Rn. 277; OLG Hamm BeckRS 2016, 13673 (→ Rn. 275)). Akut wird dies vor allem beim Erwerber.

282 **cc) Schutzstreifen bei der Rübenzüchtung (Buchst. c).** Nicht unter das BtMG fallen Pflanzen und Pflanzenteile von Cannabis, wenn die Pflanzen als Schutzstreifen bei der Rübenzüchtung gepflanzt und vor der Blüte vernichtet werden. Auf die Sorte des Hanfs und seinen THC-Gehalt kommt es insoweit nicht an (*Winkler* in Hügel/Junge/Lander/Winkler § 29 Rn. 2.2.2).

283 **dd) Nutzhanf (Buchst. d).** dazu im Einzelnen → § 24a Rn. 11–44.

284 **ee) Herstellung von Zubereitungen zu medizinischen Zwecken (Buchst. e).** → Rn. 257.

285 **c) Vertriebsformen.** In der Regel kommt **Haschisch** gepresst, selten auch als Pulver in den Handel. Aussehen und Stärke werden von dem Saatgut, den Anbaubedingungen (Klima, Boden) und der Art (Wärme, Licht, Feuchtigkeit) und Dauer der Lagerung bestimmt. Bekannte Sorten sind Schwarzer Afghane oder Schimmelafghan, Schwarzer Nepalese, Schwarzer Kongo, Brauner Pakistani, Super Zero, Grüner Marokkaner (khif), Grüner Türke, Roter oder Blonder Libanese (derzeit kaum noch auf dem Markt) und Primera. Haschischpulver kann leicht mit dem Haarfärbemittel Henna verwechselt werden. Zum **THC-Gehalt** → Einl. Rn. 151, 152; → Vor § 29 Rn. 998–1007 sowie Anh. H Tab. 2.2.

286 Je dunkler die Farbe des Haschischs, desto besser ist im Allgemeinen die **Qualität** (*Rübsamen* NStZ 1991, 310 (312)). Bei der Lagerung halbiert sich der THC-Gehalt innerhalb weniger Wochen (*Patzak* in Körner/Patzak/Volkmer Stoffe Teil 1 Rn. 16; s. auch BGHR BtMG § 30 Abs. 1 Nr. 4 Nicht geringe Menge 1 (3 StR 430/86)); dies gilt nicht bei Verschweißung in Plastik-Alufolie (Verbundfolie).

287 **Marihuana** wird meist (in Ziegelform oder Ballen) gepresst, manchmal auch in Stäbchen („sticks") gedreht vertrieben, neuerdings (vor allem in der Schweiz und den Niederlanden) auch in Form von sogenannten Duftkissen, Duftsäcklein, Hanfkissen oder Hanfsäcklein (*Hansjakob* Kriminalistik 1999, 273, 512; zur Strafbarkeit in der Schweiz s. BG SJZ 2000, 394). Marihuana kommt auch als grünes bis braunes Pulver vor, wobei es sich nur schwer von Haschisch unterscheiden lässt; notfalls ist Wahlfeststellung zulässig (BayObLGSt 1973, 105). Bekannte Sorten sind Jamaikaner, Nederwiet (Kush), Dutchwiet, [Afghaan] Skunk und Shiva-Shanti oder Sinsemilla (besonders THC-haltig, da die Bestäubung verhindert wurde). Zum Knasterhanf → Rn. 276, 277, 279. Zum **THC-Gehalt** → Einl. Rn. 151, 152; → Vor § 29 Rn. 1008–1015 sowie Anh. H Tab. 2.1, 2.3.

288 Seit einiger Zeit erscheint Marihuana auch in Form von **Blüten (Cannabis flos) und Blütenständen** auf dem Markt (sog. **Dolden**). Marihuana in dieser Form zeichnet sich durch eine dichte, gelblich bis bräunliche Konsistenz aus und lässt sich von dem einfachen, meist dunkelgrünen Blattmaterial gut unterscheiden (*Patzak/ Goldhausen* NStZ 2007, 195 (196)). Es hat eine besonders hohe Wirkstoffkonzentration (Anh. H Tab 2.1).

289 **Cannabiskonzentrat (Haschischöl)** ist eine dunkelbraune sirupähnliche Flüssigkeit, die sich mit zunehmendem Alter verfestigt (s. auch Anh. H Fn. 7). Vor allem in der Schweiz wird in Hanfläden gepresstes Marihuana, mit Haschischöl an-

gereichert, in Form von „Hanftalern" angeboten. Zum THC-Gehalt → Vor § 29 Rn. 1016 sowie Anh. H Tab 2.4.

d) Konsumformen. Haschisch und Marihuana werden meist mit Tabak vermischt geraucht (Joint, Shillum, Bong) oder in Tee getrunken. Haschisch wird auch gekaut oder gegessen (zB in Plätzchen, Kuchen oder Schokolade). Haschischöl wird meist geraucht, nachdem es auf Tabak, Zigaretten oder Zigarren aufgebracht wurde. **290**

d) Wirkung. Mit der allgemeinen Wirkung von Cannabis haben sich das BVerfG in seinen Beschlüssen vom 9.3.1994 (E 90, 145 (→ Rn. 2) und 29.6.2004 (NJW 2004, 3620 (→ Rn. 4) sowie der BGH in seinem Beschluss vom 20.12.1995 (BGHSt 42, 1 (→ Rn. 2) eingehend befasst. Soweit sich seither **neuere Erkenntnisse** ergeben haben, sind sie in den nachstehenden Ausführungen berücksichtigt (zur **Wirkung im Straßenverkehr** s BVerfG NJW 2002, 2378 (→ Rn. 62, 302, 315). **291**

aa) Wirkstoffe, THC, CBN, CBD. Die Wirkung der Cannabisprodukte beruht vornehmlich auf dem Stoff **Δ9-Tetrahydrocannabinol (THC)**. Er dient als Maßstab für die Qualität des „Stoffs". Im natürlichen Cannabis wird THC durch eine Fülle weiterer Wirk- und Duftstoffe ergänzt, die es in seiner Wirkung beeinflussen (BVerfGE 90, 145 (179) (→ Rn. 2). Einer dieser Wirkstoffe ist **Cannabinol (CBN)**, das etwa ¹⁄₁₀ der Wirksamkeit von THC aufweist (*Geschwinde* Rn. 188; *Patzak* in Körner/Patzak/Volkmer Stoffe Teil 1 Rn. 16). **292**

Der bekannteste dieser Wirkstoffe ist **Cannabidiol (CBD)**, das mittlerweile in einer **Unzahl verschiedenster Produkte** auf dem Markt ist (*Rottmeier* PharmR 2020, 446–453; *Böhm/Stadler* A&R 2020, 210–217). **293**
- **CBD ist psychotrop unwirksam**, kann aber die Wirkung von THC abschwächen (*Patzak* in Körner/Patzak/Volkmer Stoffe Teil 1 Rn. 16), allerdings bei einer geringen Menge CBD und einer größeren Menge THC dessen Wirkung auch verstärken (LG Braunschweig BeckRS 2020, 11999 Rn. 196).
- **CBD** ist **kein Betäubungsmittel**; dies gilt jedenfalls dann, wenn es synthetisch hergestellt worden ist. Aber auch, wenn es als Reinstoff auftritt, der von der Pflanze gewonnen wurde, fällt es als Bestandteil (→ § 2 Rn. 37) nicht unter das BtMG (s. Wissenschaftliche Dienste des Deutschen Bundestages Gutachten vom 4.2.2020 WD 9 – 3000 – 046/19 S. 6). Etwas anderes gilt, wenn die CBD-Produkte noch als Pflanzenteile angesehen werden können. Insoweit kann der vorläufigen Position der Europäischen Kommission gefolgt werden, wonach das als Extrakt oder Tinktur aus den Blüten oder Fruchtständen der Cannabispflanze gewonnene CBD in den Anwendungsbereich des Anhangs I des Ük 1961 fällt (dazu BT-Drs. 19/22866 S. 3). Dasselbe gilt für Cannabiszubereitungen (s. BT-Drs. 19/22866 S. 4).
- auch **nach dem Urteil des EuGH** v 19.11.2020 (A&R 2020, 284 mAnm *Witt/Pech* = BeckRS 2020, 31297) ist CBD kein Betäubungsmittel; das in einem Mitgliedstaat ordnungsgemäß hergestellte CBD genießt daher **den Schutz des freien Warenverkehrs.** Das Urteil bezieht sich auf einen **Reinstoff** (Rn. 55: „keine andere Verbindung als CBD mit Ausnahme von Verunreinigungen"), der aus der gesamten Pflanze hergestellt war. Auch nach deutschem Recht lag daher kein Betäubungsmittel vor (s. o.).
- **CBD-Produkte** dürfen **kein THC** (Betäubungsmittel der Anlage I) **enthalten;** die CND ist dem Vorschlag der WHO, Cannabidiolpräparate, die vorherrschend CBD enthalten und nicht mehr als 0,2% THC, von der internationalen Kontrolle auszunehmen, nicht gefolgt (→ Rn. 31). Enthalten die Produkte THC, gelten die hierfür maßgeblichen Regeln (→ Rn. 254–256).
- **CBD-Produkte** können **Arzneimittel** sein (→ AMG § 2 Rn. 2 bis 81; *Kieser/Köbler* A&R 2021, 59). Sie unterliegen dann allen Regeln des Arzneimittelrechts; dies gilt insbesondere für die Produktion und bei Fertigarzneimitteln für

BtMG § 1 Erster Abschnitt. Begriffsbestimmungen

die Zulassung. Sie sind ferner verschreibungspflichtig (→ AMG § 48 Abs. 1 Nr. 1, Anl. 1 zur AMVV).

- **CBD-Produkte** können **Medizinprodukte** sein, wenn das Produkt „medizinischen Zwecken" dient und seine bestimmungsgemäße Hauptwirkung im oder am menschlichen Körper weder durch pharmakologisch oder immunologisch wirkende Mittel noch durch Metabolismus erreicht wird, also tatsächlich überwiegend eine physikalische Wirkung entfaltet (§ 3 Nr. 1 MPG); allerdings wird CBD in aller Regel pharmakologische Wirkung zugeschrieben (*Böhm/Stadler* A&R 2020, 210 (212); s. auch die Werbung, die es als „Allheilmittel" anpreist.
- **CBD-Produkte** können **keine Lebensmittel** sein, wenn sie ein Betäubungsmittel sind (Art. 2 Buchst. g VO (EG) Nr. 178/2002); s. auch → Rn. 32. Sind sie danach ein Lebensmittel, bedarf es einer Zulassung nach der Novel-Food-Verordnung (BT-Drs. 19/22866 S. 3; VGH Mannheim NJW 2020, 353; OVG Münster A&R 2021, 91 = BeckRS 2021, 3423). Nahrungsergänzungsmittel gehören zu den Lebensmitteln (§ 1 NemV).
- **CBD-Produkte** können **kosmetische Mittel** sein, sofern sie keine Betäubungsmittel, Arzneimittel oder Nahrungsmittel sind, insbesondere äußerlich zu kosmetischen Zwecken angewendet werden (*Böhm/Stadler* A&R 2020, 210 (214, 215).

294 Neben THC und anderen Wirkstoffen enthalten Cannabisprodukte regelmäßig einen Anteil an **THC-Säuren (THCA),** die nicht psychotrop wirken und nicht dem BtMG unterliegen. Sie wandeln sich jedoch unter Hitzeeinfluss (zB beim Rauchen, Herstellen von Teeaufgüssen, Backen von Plätzchen) in THC um und wirken so auf den Konsumenten ein. Deswegen sind sie sowohl beim Schuldumfang als auch bei der Ermittlung der nicht geringen Menge in die Bestimmung des Wirkstoffgehalts einzubeziehen (BGHSt 34, 372 = NJW 1987, 2881 = StV 1987, 391, 535 mAnm *Endriß/Logemann; Megges/Rübsamen/Steinke/Wasilewski* MDR 1986, 457 (458)).

295 Bei der Beurteilung einer **Analyse** ist darauf zu achten, ob diese unter Hitzeeinfluss erfolgt ist. Bei der Gaschromatographie als der üblichen Analysemethode ist dies gegeben. Bei Verfahren ohne eine solche Hitzeeinwirkung muss eine entsprechende Probenvorbereitung erfolgen (*Endriß/Logemann* StV 1987, 535). Verfahren ohne Hitzeeinwirkung sind insbesondere die Hochdruckflüssigkeitschromatographie (HPLC), die Dünnschicht- oder Papierchromatographie sowie andere flüssig-flüssig Verteilungsverfahren, die UV-Absorptions-Spektrometrie und die NMR-Spektrometrie.

296 **bb) Akute Wirkungen.** Die Wirkung von Cannabis hängt noch stärker als bei anderen Drogen von der psychischen Gestimmtheit (**set,** → Rn. 125) und den sozialen Umgebungsfaktoren (**setting,** → Rn. 125) ab (BVerfGE 90, 145 (179) (→ Rn. 2); *Geschwinde* Rauschdrogen Rn. 296–302). Im Übrigen lassen sich die akuten Wirkungen von Cannabis nach verschiedenen Gesichtspunkten beschreiben (*Uchtenhagen* in Kreuzer BtMStrafR-HdB § 1 Rn. 31):

297 **(a) Nach der Konsumform:** Beim Rauchen ist der Wirkungsgrad bis zu dreimal höher als bei der oralen Aufnahme (*Joachimski/Haumer* BtMG Rn. 20; *Megges/Rübsamen/Steinke/Wasilewski* MDR 1986, 457 (458)). Die Wirkung beginnt hier innerhalb von Minuten, erreicht nach 15 Minuten ihr Maximum und fängt nach etwa 30 bis 60 Minuten an, wieder abzuklingen, wobei sie nach rund drei Stunden weitgehend beendet ist (*Müller/Nedopil* Forensische Psychiatrie S. 158: nach vier bis sechs Stunden). Bei oraler Aufnahme beginnt die Wirkung etwa nach einer Stunde, kann aber bis zu zwölf Stunden anhalten (BVerfGE 90, 145 (179) (→ Rn. 2)).

298 **(b) Nach dem zeitlichen Ablauf:** es können drei Phasen unterschieden werden (*Klintschar* in Duttge/Holm-Hadulla/Müller/Steuer Cannabis S. 83–93, 85, 86). In der akuten Phase (bis ein bis zwei Stunden nach dem Konsum) dominiert eine zentrale Dämpfung, die in eine euphorische Grundstimmung übergeht. In der subakuten Phase (bis vier bis sechs Stunden nach dem Konsum) herrscht eine heitere, ausgelassene Grundstimmung bis zu euphorischen Zuständen vor. In der postakuten Phase (bis 12 bis 24 Sunden nach dem Konsum) kommt es zu einer apathischen Stimmung, in der den Konsumenten der innere Antrieb fehlt, Dinge zu erledigen und sie deswegen versuchen, Aktivitäten zu vermeiden.

(c) Nach der Dosierung: es lassen sich vier Wirkungsgrade feststellen (*Schulz/* **299** *Wasilewski* Kriminalistik 1979, 11 (13); *Joachimski/Haumer* BtMG Rn. 22): 2 mg THC führen zu einer milden Euphorie. Bei 7 mg THC ergeben sich geringe Veränderungen sensorischer Art mit beeinträchtigtem Zeitempfinden. Bei 15 mg THC zeigen sich deutliche Veränderungen im Körpergefühl, sensorische Störungen, Verkennungen und Halluzinationen (*Uchtenhagen* in Kreuzer BtMStrafR-HdB § 1 Rn. 31). Bei 20 mg THC überwiegen dysphorische Wirkungen mit Übelkeit, Erbrechen und unangenehmen Körpergefühlen. Hierauf gestützt, geht der BGH in stRspr (BGHSt 42, 1 (→ Rn. 2) mwN) davon aus, dass sich die erforderliche „Wirkmenge" für einen durchschnittlichen Cannabisrausch **(Konsumeinheit)** auf 15 mg THC beläuft (→ § 29a Rn. 80, 84).

(d) Nach dem Inhalt des Rauscherlebnisses: eine wesentliche Wirkung von **300** Cannabis besteht darin, bereits vorhandene Gemütszustände zu verstärken. **Subjektiv** kann dies für den Konsumenten zu positiv empfundenen Eindrücken, insbesondere einer heiteren bis euphorischen Stimmung, einer Intensivierung und Sensibilisierung der Wahrnehmung bis zu angenehm erscheinenden Halluzinationen führen. Es kann sich in einem **atypischen Rauschverlauf** („bad trip") aber auch eine depressive und angstbesetzte Stimmung einstellen, die sich bis zu Horrorvorstellungen, Panik, Verwirrtheit und Größenverzerrungen steigern kann (wobei dies allerdings selten sein soll und nur bei unerfahrenen Konsumenten vorkommen soll (*Krumdiek* NStZ 2008, 437 (438))). Eine ursprünglich gehobene Stimmung kann aber auch auf Grund der dämpfenden Wirkung der Cannabisprodukte in Niedergeschlagenheit, Müdigkeit und Apathie umschlagen (*Eberth/Müller* BtMR Rn. 26; *Joachimski/Haumer* BtMG Rn. 21). Zu den atypischen Rauschverläufen s. insbesondere *Kannheiser* NZV 2000, 57 (64, 65).

Objektiv vermindern sich Konzentration und Aufmerksamkeit (*Duttge/Steuer* **301** MedR 2015, 799 (800); *Hoch/Schneider* Cannabis-Kurzbericht S. 2: „kognitive Beeinträchtigungen"). Es kommt zu Wahrnehmungsveränderungen. Die Fähigkeit des Konsumenten zu kritisch abwägender Reflexion lässt nach, gelegentlich wird auch das Schamgefühl beeinträchtigt (*Müller/Nedopil* Forensische Psychiatrie S. 159). Es entwickeln sich Denk- und Gedächtnisstörungen (*Duttge/Steuer* MedR 2015, 799 (800)). Die Konsumenten neigen zu illusionären Verkennungen und situativer Desorientiertheit. Sie begeben sich in erhebliche Gefahr, wobei Selbstüberschätzung, erhöhte Risikobereitschaft und Kritikschwäche eine wesentliche Rolle spielen (*Müller/Nedopil* Forensische Psychiatrie S. 159).

Erhebliche Auswirkungen hat der Konsum von Cannabisprodukten auf die **302** **Fahrtüchtigkeit** (s. dazu *König* in LK-StGB § 316 Rn. 146, 148, 157 mwN; *Kannheiser* NZV 2000, 57; *Duttge/Steuer* MedR 2015, 799 (800); *Hoch/Schneider* Cannabis-Kurzbericht S. 3 sowie → Vor § 29 Rn. 1658). Im Cannabisrausch und während einer mehrstündigen Abklingphase ist die Fahrtüchtigkeit aufgehoben (BVerfG NJW 2002, 2378 (→ Rn. 62)). Allerdings soll es bei einmaligem oder gelegentlichem Cannabiskonsum nicht überwiegend wahrscheinlich sein, dass der Betroffene außer Stande ist, seine zeitweilige Fahruntüchtigkeit rechtzeitig zu erkennen oder trotz einer solchen Erkenntnis von der aktiven Teilnahme am Straßenverkehr abzusehen (BVerfG NJW 2002, 2378). Mit der hohen Zahl der Drogenfahrten (→ Vor § 29 Rn. 1645, 1646) steht dies nicht im Einklang.

BtMG § 1   Erster Abschnitt. Begriffsbestimmungen

303   **cc) Längerfristige Wirkungen.** Zu den längerfristigen Wirkungen von Cannabis kann heute (*Duttge/Steuer* MedR 2015, 799; *Hoch/Schneider* Cannabis-Kurzbericht S. 2–4; *Thomasius* in Duttge/Holm-Hadulla/Müller/Steuer Cannabis S. 27–38; zum Versuch einer Relativierung → Einl. Rn. 155–157) festgestellt werden (zur Behandlungsbedürftigkeit → Rn. 313, 314):

304   **(a) Kognitive Störungen, insbesondere bei Jugendlichen, AMS.** Bereits früher konnte im Wesentlichen als unstreitig angesehen werden, dass ein regelmäßiger und anhaltender Konsum von Cannabis zu Verhaltensstörungen, Realitätsverlust, Lethargie, Gleichgültigkeit, Angstgefühlen und Depressionen führen kann (BVerfGE 90, 145 (180) (→ Rn. 2); BGHSt 42, 1 (→ Rn. 2); *Kannheiser* NZV 2000, 57 (58, 60)). Mittlerweile hat sich gezeigt, dass ein solcher Konsum auch mit teilweise länger dauernden **kognitiven Störungen**, namentlich einer Beeinträchtigung der Wahrnehmung, des Arbeitsgedächtnisses, weiterer Gedächtnis- und Aufmerksamkeitsfunktionen und mit Störungen der Wortflüssigkeit einhergeht, wobei insbesondere Jugendliche davon betroffen sind (*Patzak* in Körner/Patzak/Volkmer Stoffe Teil 1 Rn. 23; *Hoch/Schneider* Cannabis-Kurzbericht S. 2; *Patzak/Marcus/Goldhausen* NStZ 2006, 259 (262) mwN;).

305   Offensichtlich nimmt der Gebrauch von Cannabis Einfluss auf die Entwicklung der noch unreifen neuronalen Regelkreise und vermag die **Reifungsprozesse** des jugendlichen Gehirns nachhaltig **negativ zu beeinflussen** (*Duttge/Steuer* MedR 2015, 799 (801); *Patzak/Marcus/Goldhausen* NStZ 2006, 259 (262, 263); *Thomasius* MschrKrim 2006, 107 (117, 118)). Besondere Vorsicht ist bei jungen Jugendlichen geboten (bereits *Schneider* StV 2000, 230 (231); s. auch die in BA 2002, 465 zitierten Forschungsergebnisse).

306   Anerkannt ist auch, dass der hochfrequente, stark dosierte Konsum (mehr als fünf Joints pro Woche (*Patzak/Marcus/Goldhausen* NStZ 2006, 259 (262, 263))) mit **schulischen** oder **beruflichen Anforderungen** kaum in Einklang zu bringen ist (bereits *Schneider* StV 2000, 230 (231); *Hoch/Schneider* Cannabis-Kurzbericht S. 3: „geringerer Bildungserfolg"; relativierend *Krumdiek* NStZ 2008, 437 (440, 441)). Die Durchschnittsnoten der Schulzeugnisse sind deutlich schlechter; der Intelligenzquotient soll um durchschnittlich vier IQ-Punkte abnehmen (*Patzak/Marcus/Goldhausen* NStZ 2006, 259 (262, 263); *Duttge/Steuer* MedR 2015, 799 (801): acht Punkte; krit. *Thomasius* MschrKrim 2006, 107 (118)). Eine Untersuchung bei Postarbeitern in den USA ergab, dass diejenigen, die bei der Einstellung positiv auf Cannabis getestet worden waren, 55% **mehr Arbeitsunfälle** hatten, 85% häufiger Verletzungen erlitten und zu 75% häufiger der Arbeit ferngeblieben waren als ihre Kollegen (*Patzak* in Körner/Patzak/Volkmer Stoffe Teil 1 Rn. 23).

307   Darüber hinaus werden die Wirkungen, die von dem fortgesetzten Konsum von Cannabis ausgehen können (dazu *Kaiser* Kriminologie § 54 Rn. 28), unterschiedlich beurteilt. Dies gilt insbesondere für die Verursachung des sogenannten **amotivationalen Syndroms (AMS)**, einer Einstellungs- und Wesensänderung, die durch Gleichgültigkeit, Passivität, Antriebsarmut und Willensschwäche gekennzeichnet ist und bis zum Rückzug aus dem sozialen Leben führen kann (*Täschner* in Kreuzer BtMStrafR-HdB § 16 Rn. 61–63; *Müller/Nedopil* Forensische Psychiatrie S. 159; *Aden/Stolle/Thomasius* Sucht 2011, 215 (220)). Umstritten ist hier, ob die ausschlaggebende Ursache für diese Entwicklung die Droge oder die Persönlichkeitsstruktur des Konsumenten ist (BVerfGE 90, 145 (180) (→ Rn. 2); *Kannheiser* NZV 2000, 57 (61); *Patzak* in Körner/Patzak/Volkmer Stoffe Teil 1 Rn. 22; *Krumaiek* NStZ 2008, 437 (441); zw. *Kreuzer* DRiZ 1991, 173 (175); *Stock* in Kreuzer BtMStrafR-HdB § 13 Rn. 499; Kaiser Kriminologie § 55 Rn. 29). Übereinstimmung besteht, dass das AMS nur mit einem dauernden Konsum **höherer Dosierungen** einhergeht (BVerfGE 90, 145 (180) (→ Rn. 2)) die aber heute auf Grund

Kap. 14. Betäubungsmittel der Anlage I § 1 BtMG

des **höheren THC-Gehalts** leicht erreicht werden (generell abl. zum AMS *Schneider* StV 2000, 230 (231); *Böllinger* KJ 1994, 405 (412))).

Die **unmittelbaren gesundheitlichen Schäden** wurden bei mäßigem Gebrauch von Cannabis als eher gering angesehen (BVerfGE 90, 145 (180) (→ Rn. 2); BGHSt 42, 1 (→ Rn. 2)). Ob dies im Hinblick auf den höheren THC-Gehalt und die neueren Forschungen (*Thomasius* MschrKrim 2006, 107 (115)), namentlich zur Auslösung paranoider Psychosen durch chronischen Cannabiskonsum (*Müller/Nedopil* Forensische Psychiatrie S. 159; *Kannheiser* NZV 2000, 57 (61, 62); *Patzak/Marcus/Goldhausen* NStZ 2006, 259 (263–265); *Duttge/Steuer* MedR 2015, 799 (801); relativierend *Krumdiek* NStZ 2008, 437 (440)), auch heute noch aufrechterhalten werden kann, erscheint zweifelhaft. **Nach neueren Untersuchungen** (dazu *Duttge/Steuer* MedR 2015, 799 (801)) werden als schwerer wiegende körperliche Folgewirkungen chronisch-obstruktive Lungenerkrankungen, Brechanfälle und Bauchkoliken (sog. Cannabis-Hyperemesis-Syndrom), Herzrhythmusstörungen bis hin zu Vorhofflimmern, ein erhöhtes Risiko für Tumorerkrankungen im Kopf- Hals- oder Lungenbereich, Beeinträchtigungen des Reproduktionssystems (zB hinsichtlich der Reifung der Eizellen, der embryonalen Gehirnentwicklung, Geburtskomplikationen; männliche Infertilität) sowie allgemein eine deutliche Schwächung der Immunabwehr aufgeführt. 308

(b) Psychosen, weitere psychische Auffälligkeiten. Cannabiskonsum kann bei höherer Dosierung zu einer relativ kurz dauernden schizophrenieähnlichen Symptomatik führen, die mitunter als **toxische Psychose** bezeichnet wird (*Patzak* in Körner/Patzak/Volkmer Stoffe Teil 1 Rn. 24; *Thomasius* MschrKrim 2006, 107 (117)). 309

Epidemiologische Untersuchungen der letzten Jahre an Patienten mit psychischen Auffälligkeiten zeigen, dass der Konsum von Cannabis aber auch mit einem deutlich erhöhten Risiko einhergeht, an einer **nicht toxischen Schizophrenie** (*Huber* Psychiatrie S. 535), **Depression** oder **Angststörung** zu erkranken, insbesondere, wenn der Konsum bereits im jungen Jugendalter begonnen hat (*Patzak* in Körner/Patzak/Volkmer Stoffe Teil 1 Rn. 24; *Duttge/Steuer* MedR 2015, 799 (801); s. auch *Hoch/Schneider* Cannabis-Kurzbericht S. 4). Auch bei vorsichtiger Beurteilung ist der Konsum von Cannabis jedenfalls bei einer entsprechenden Prädisposition ein bedeutsamer Risikofaktor für die Auslösung einer Schizophrenie und sonstiger psychischer Störungen (*Kannheiser* NZV 2000, 57 (61, 62); *Patzak/Marcus/Goldhausen* NStZ 2006, 259 (263–265); *Sagel-Grande* MschrKrim 2004, 37 (42); *Geschwinde* Rauschdrogen Rn. 496–500). Auch die in DBBD 2011 S. 155 mitgeteilte **Kohortenstudie** (Zahl der Probanden: 1923 [aus der allgemeinen Bevölkerung]; Beobachtungszeit: zehn Jahre] zeigt, dass Cannabiskonsum **signifikant das Risiko** für das Auftreten psychotischer Symptome erhöht (s. auch *Hoch/Schneider* Cannabis-Kurzbericht S. 4). Umso verfehlter muss der Versuch einer Relativierung von *Krumdiek* NStZ 2008, 437 (440)) erscheinen. 310

(c) Physische, psychische Abhängigkeit; Entzug; Toleranzbildung. Früher wurde davon ausgegangen, dass Cannabis „wohl" (BGHSt 42, 1 (→ Rn. 2); stärker verneinend BVerfGE 90, 145 (180) (→ Rn. 2)) nicht zur körperlichen Abhängigkeit führt; dies **wird heute anders gesehen** (*Patzak* in Körner/Patzak/Volkmer Stoffe Teil 1 Rn. 25; *Thomasius* MschrKrim 2006, 107 (113, 114); *Duttge/Steuer* MedR 2015, 799 (801); *Hoch/Schneider* Cannabis-Kurzbericht S. 4; relativierend *Krumdiek* NStZ 2008, 437 (442)). Dasselbe gilt von den **Entzugserscheinungen,** die früher als „gelegentlich" und „schwach" bezeichnet wurden (*Körner,* 6. Aufl. 2007, BtMG Anh. C 1 Rn. 253; *Kannheiser* NZV 2000, 57 (64)), heute als grippeähnlich charakterisiert werden (*Patzak* in Körner/Patzak/Volkmer Stoffe Teil 1 Rn. 25; *Thomasius* MschrKrim 2006, 107 (114); BGH 1 StR 579/09; 581/09: „keine schwerwiegenden Entzugserscheinungen, die eine internistische Behandlung erfordern"). Allerdings können in neuerer Zeit auch schwerere For- 311

BtMG § 1   Erster Abschnitt. Begriffsbestimmungen

men (vor allem Unruhe, Aggressivität, Appetitlosigkeit, Schwitzen) festgestellt werden (*Müller/Nedopil* Forensische Psychiatrie S. 159; *Duttge/Steuer* MedR 2015, 799 (801)). Im Übrigen stehen die sozialen Folgen der psychischen Abhängigkeit (Verlust familiärer und schulischer Interessen, Wechsel der Freunde, Unruhezustände, Gereiztheit, Angst, depressive Verstimmung bis hin zu Suizidgedanken) den Folgen der physischen Abhängigkeit kaum nach (*Bock* FS Kaiser, 1999, 699 (702)).

312   Abgesehen vom chronischen Missbrauch hoher Dosen wird eine **Toleranzbildung** nicht angenommen (BVerfGE 90, 145 (180) (→ Rn. 2); *Krumdiek* Cannabisprohibition S. 133; unklar *Eberth/Müller* BtMR Rn. 26). Allerdings kann ein solcher Missbrauch bei den heutigen THC-Werten wesentlich häufiger als früher erreicht werden.

Bereits früher anerkannt war die Möglichkeit der **psychischen Abhängigkeit** (BVerfG NJW 2004, 3620 (→ Rn. 4); *Uchtenhagen* in Kreuzer BtMStrafR-HdB § 1 Rn. 31; *Müller/Nedopil* Forensische Psychiatrie S. 1591), wobei das Suchtpotential allerdings als sehr gering eingeschätzt wurde (BVerfGE 90, 145 (180) (→ Rn. 2); BGHSt 42, 1 (→ Rn. 2); auch jetzt noch *Krumdiek* Cannabisprohibition S. 138). **Nach neueren Forschungen** und im Hinblick auf die gestiegenen Wirkstoffgehalte kann dies nicht aufrechterhalten werden. Im Jahre 2005 wiesen 9,7 % der weiblichen und 18,7 % der männlichen Konsumenten von Cannabis eine **Abhängigkeit** von diesem Rauschgift auf (*Thomasius* MschrKrim 2006, 113; *Geschwinde* Rauschdrogen Rn. 451: ein paar Prozent; *Krumdiek* NStZ 2008, 437 (442): 2 % bis 4 %).

313   Im Jahre 2019 betrug die **Hauptdiagnose Cannabis** (Cannabinoide) in Deutschland bei der ambulanten Betreuung Drogenabhängiger 45,2 %, deutlich vor den Opioiden mit 23,1 % (DBDD 2020 Behandlung S. 13, 15). Bei den Personen, die erstmalig in suchtspezifischer Behandlung sind, steht Cannabis mit 64,7 % an erster Stelle, vor den Opioiden mit 31,7 % (DBDD 2020 Behandlung S. 13). Ebenso stellen bei der stationären Betreuung im Jahre 2019 die Fälle mit der Hauptdiagnose Cannabis (Cannabinoide) mit 29,4 % vor den Opioiden mit 13,7 % die stärkste Gruppe (DBDD 2020 Behandlung S. 13).

314   Umstritten ist, **welcher Personenkreis** für die Entwicklung einer psychischen Abhängigkeit in Betracht kommt (*Böllinger* KJ 1994, 405 (412); *Böllinger* StV 1996, 317 (319); *Kannheiser* NZV 2000, 57 (60, 61)). Ob angesichts der heutigen Zahlen noch davon ausgegangen werden kann, dass bei den Betroffenen überwiegend bereits früher psychische Probleme bestanden haben (*Schneider* StV 2000, 230 (231); *Körner*, 6. Aufl. 2007, BtMG Anh. C 1 Rn. 253; *Krumdiek* Cannabisprohibition S. 137; *Krumdiek* NStZ 2008, 437 (443)), erscheint zweifelhaft.

315   **(d) Fahreignung.** Vor allem in den Fällen, in denen über einen längeren Zeitraum erheblicher Drogenmissbrauch geübt wurde, kann der Konsum von Cannabis eine dauerhafte fahreignungsrelevante Absenkung der körperlich-geistigen Leistungsfähigkeit des Konsumenten nach sich ziehen (BVerfG NJW 2002, 2378; aA noch *Böllinger* KJ 1994, 405 (412)). Darüber hinaus wird der Eintritt chronischer Beeinträchtigungen bei besonders gefährdeten Personengruppen – etwa bei Jugendlichen in der Entwicklungsphase oder bei Personen, die mit latent vorhandenen Psychosen vorbelastet sind – als möglich angesehen.

316   Im Übrigen hat THC die Eigenschaft, sich im Fettgewebe **anzureichern** und erst nach und nach in den Kreislauf zurückzukehren. Spitzenwerte werden im Gewebe nach vier bis fünf Tagen erreicht. Die Eliminationshalbwertzeit aus dem Gewebe beträgt sieben Tage. Regelmäßiger und starker Konsum kann daher zu einer beträchtlichen Anreicherung im Körper führen (BVerfG NJW 2002, 2378).

317   **(e) Einstiegsdroge/Schrittmacherfunktion.** Cannabis wurde in der Vergangenheit oft als Einstiegsdroge bezeichnet. Dies ist insofern richtig, als eine große Zahl (etwa 71 %) der Konsumenten harter Drogen ihre (illegale) Drogenkarriere

Kap. 14. Betäubungsmittel der Anlage I § 1 BtMG

mit Haschisch oder Marihuana begonnen haben (BGHSt 42, 1 (→ Rn. 2); *Bock* FS Kaiser, 1999, 699 (702); krit. *Böllinger* StV 1996, 317 (318); *Kreuzer* BtMStrafR-HdB § 2 Rn. 84; → § 3 Rn. 157–167). Auf der anderen Seite bedeutet dies nicht, dass der Konsum von Cannabisprodukten zwangsläufig zu einer harten Droge führen muss. Es wird derzeit noch angenommen, dass es keine „Schrittmacherfunktion" auf Grund einer stofflichen Eigenart von Cannabis gibt (BVerfGE 90, 145 (181) (→ Rn. 2); BGHSt 42, 1 (→ Rn. 2); *Schneider* StV 2000, 230 (231)), allerdings könnte auch dies auf Grund einer Untersuchung des Karolinska Institute in Stockholm (*Ellgren/Spano/Hurd* Neuropsychopharmacologie, advance online publication v. 5.7.2006; die Untersuchung bezieht sich auf Ratten) fraglich geworden sein; s. auch *Caulkins/Kleiman* in Oxford Handbook S. 285.

Wegen des **Heranführens an Rauschdrogen** (dazu BVerfG NJW 2004, 3620 (→ Rn. 4)) und der Kontakte zur Szene kann aber gleichwohl von einer solchen Funktion gesprochen werden (*Bock* FS Kaiser, 1999, 699 (702); *Müller/Nedopil* Forensische Psychiatrie S. 159). Die spezifische Bedeutung von Cannabis für den Einstieg in den Konsum anderer Drogen zeigt sich auch daran, dass der Konsum von Cannabis in einem jüngeren Lebensalter neben der Verfügbarkeit der Droge ein Prädikator eines späteren Ecstasy-Konsums ist (DBDD 2005 S. 25). 318

Davon abgesehen ist es schon mit Rücksicht auf die Ursachen der Drogenabhängigkeit (→ Rn. 66–84) wesentlich **zu kurz gegriffen,** wenn das Phänomen des Umsteigens allein auf einen einheitlichen Drogenmarkt zurückgeführt wird (dessen Existenz ohnehin zweifelhaft ist (→ Einl. Rn. 160–166)). Vielmehr spricht einiges dafür, dass bereits die Gewöhnung an weiche Drogen die „Schwellenangst" gegenüber harten Drogen vermindert (*Patzak* in Körner/Patzak/Volkmer Stoffe Teil 1 Rn. 26; *Cremer-Schaeffer* Cannabis S. 46; *Schwind* Kriminologie § 27 Rn. 15; *Müller/Nedopil* Forensische Psychiatrie S. 159). Auch erscheint es plausibel, dass der Umstieg durch die **gleichen Faktoren** erleichtert wird wie der Einstieg, namentlich durch die in → Rn. 70–78 genannten Risikofaktoren (*Kreuzer* in Kreuzer BtMStrafR-HdB § 3 Rn. 166, 167). 319

(f) Echorausch-Effekt (flash-back) Noch weitgehend unerforscht ist der sogenannte Echorausch-Effekt, bei dem es sich um einen fiktiven Rauschzustand nach drogenfreien Zeiträumen handelt (BVerfG NJW 2002, 2378 (→ Rn. 62); Iten S. 121; *Weiler/Schütz* in Kreuzer BtMStrafR-HdB § 8 Rn. 42, 43; *König* in LK-StGB § 316 Rn. 146; *Huber* Psychiatrie S. 535; *Müller/Nedopil* Forensische Psychiatrie S. 159; *Kannheiser* NZV 2000, 57 (63); *Maatz/Mille* DRiZ 1993, 15 (18)). Jedenfalls kann dieses Phänomen nur innerhalb eines absehbaren Zeitraumes nach dem Drogenkonsum auftreten können (BVerfGE 89, 69 = NJW 1993, 2365). Ein für die Fahreignung relevanter Mangel lässt sich mit dem Risiko eines flash-back jedenfalls nicht begründen (BVerfG NJW 2002, 2378 (→ Rn. 62)). 320

3. Cathinon, Cathin, Methcathinon, Khat-Strauch. a) Herkunft, Geschichte. Der Khat-Strauch ist in Afrika von Äthiopien über Liberia bis Südafrika und in Asien vor allem im Jemen verbreitet (BGHSt 49, 306 (→ Rn. 173)); neuerdings wird er auch in Madagaskar, Afghanistan und Turkestan angebaut (AG Lörrach StV 2000, 625 mAnm *Endriß/Logemann*). Die Pflanze hat glänzende grüne oder weinrote elliptische, gezackte Blätter; der Strauch kann im Plantagenbau bis zu zehn Meter hoch werden. Sein Hauptwirkstoff ist **Cathinon** (BGHSt 49, 306 (→ Rn. 173)). Ein weiterer Wirkstoff ist **Cathin** (D-Norpseudroephedrin), das in der Vergangenheit als Hauptwirkstoff angesehen worden war. **Methcathinon** (Ephedron, Cat, Jeff), das ebenfalls in der Anlage I aufgeführt ist, ist ein Derivat des Cathin (dazu *Endriß/Logemann* StV 2000, 625 (627)). Zu weiteren **Cathinonderivaten** → Rn. 328. 321

BtMG § 1 Erster Abschnitt. Begriffsbestimmungen

322 **b) Zur Anwendung des BtMG auch auf den Khat-Strauch.** Der Khat-Strauch gehört zu den Pflanzen, die bis zum Inkrafttreten der 10. BtMÄndV am 1.2.1998 dem BtMG nicht unterstellt waren (→ Rn. 162). Seit der 10. BtMÄndV werden auch der Strauch und seine Teile vom BtMG erfasst (→ Rn. 163–166, 169, 173, 174), wenn ein Missbrauch zu Rauschzwecken vorgesehen ist (→ Rn. 175–177).

323 Für den **Samen** gilt uneingeschränkt die Anlage I fünfter Gedankenstrich in der Fassung zunächst der 15. und 19. BtMÄndV und des Gesetzes vom 17.7.2009 (→ Rn. 166, 178–183). Danach kommt es nicht darauf an, ob der Samen selbst einen der in den Anlagen I bis III aufgeführten Stoffe enthält. Entscheidend ist allein, ob er als biologisches Material zur Gewinnung von Pflanzen geeignet ist, die diese Wirkstoffe enthalten (→ Rn. 178–180), und ob ein Missbrauch dieser Pflanzen zu Rauschzwecken vorgesehen ist (→ Rn. 183). Der Umgang mit dem Samen ist dann von Anfang an in jeder Verkehrsform strafbar. Darauf, dass mit dem Versuch des Anbauens der Pflanze begonnen wird, kommt es nicht an.

324 **c) Konsumformen, Vertriebsformen.** Die psychotrope Wirkung von Khat ist in Äthiopien und im Jemen seit Jahrhunderten bekannt. Als Droge werden vorwiegend die jungen Blätter und Zweigspitzen verwendet, die von den Konsumenten, häufig in Khat-Sitzungen (BGHSt 49, 306 (→ Rn. 173)), gekaut oder als Tee getrunken werden.

325 Der Wirkstoffgehalt der Khat-Blätter schwankt nach Herkunft, Anbaugebiet und Qualität erheblich. Bei der Lagerung wird ein großer Teil des Cathinons innerhalb von wenigen Tagen in das achtmal schwächere Cathin umgewandelt (BGHSt 49, 306 (→ Rn. 173)). Wegen der unterschiedlichen Qualität und der chemischen Instabilität des Cathinon, die durch enzymatische Reduktion beim Welken, Trocknen, Lagern oder unsachgemäßen Verarbeiten innerhalb weniger Tage gekennzeichnet sei, kann es nach Auffassung des OLG Frankfurt a. M. (*Kotz/Rahlf* NStZ-RR 2009, 193 = StraFo 2008, 257) dazu kommen, dass in Deutschland gehandeltes Khat keinen Wirkstoffgehalt hat.

326 Den höchsten Gehalt an Cathinon enthalten junge, bereits blatttragende Triebe mit 0,01–0,3 Gewichtsprozent (BGHSt 49, 306 (→ Rn. 173)). Die Blätter werden daher möglichst in **frischem Zustand** konsumiert, wobei im Lauf einer Sitzung pro Person ein bis zwei Khat-Bündel (ca. 100–200 g Blattmasse) verbraucht werden (BGHSt 49, 306). Dies entspricht einer Wirkstoffmenge von 50–120 mg, wobei das Verhältnis von Cathinon und Cathin eine erhebliche Spannbreite ausweisen kann (BGHSt 49, 306).

327 **d) Wirkung.** Die Wirkungen sind denen des Amfetamins sehr ähnlich, wobei seine Stärke etwa der Hälfte des Amfetamins entspricht (BGHSt 49, 306 (→ Rn. 173)). Auf einen anfänglichen Erregungszustand mit geistiger Wachheit, Tatkraft, Heiterkeit und Euphorie folgt nach etwa zwei Stunden eine Phase der abgeklärten Gelassenheit, die in Depressionen endet (BGHSt 49, 306). Nach wiederholtem Konsum entwickelt sich rasch eine psychische Abhängigkeit (BGHSt 49, 306). Bei hohen Dosen und chronischem Missbrauch ergeben sich Abstumpfung und Apathie (*Patzak* in Körner/Patzak/Volkmer Stoffe Teil 1 Rn. 344), deren negative Folgen vor allem in einer Beeinträchtigung der Arbeitsfähigkeit bestehen. Es entwickelt sich keine Toleranz; körperliche Abhängigkeit fehlt. Gelegentliche Entzugssymptome treten in relativ milder Form auf.

328 **4. Cathinonderivate, Cathinone. a) Herkunft, Unterstellungen.** Die **Cathinone** sind eine der am häufigsten anzutreffenden Stoffgruppen der **neuen psychoaktiven Substanzen** (→ Rn. 218). Je nach ihrem fehlenden oder vorhandenen therapeutischen Potential wurden sie in die Anlage I oder II aufgenommen (zu den Cathinonen der Anlage II → Rn. 469). Die seit dem Jahr 2010 der **Anlage I**

Kap. 14. Betäubungsmittel der Anlage I § 1 BtMG

unterstellten Cathinone sind in den → Rn. 222, 225, 227, 229, 233 aufgeführt. Zu Mephedron → Rn. 416–418.

b) Wirkung. Die Stoffe haben ein für Cathinonderivate und Amfetaminderivate typisches Wirkungs- und Nebenwirkungsprofil. Wegen der Einzelheiten wird auf BR-Drs. 812/09, 490/14, 399/15, 282/17 verwiesen. 329

5. Diamorphin (Heroin, Diacethylmorphin). Diamorphin ist lediglich eine andere Bezeichnung für Heroin. Nach Satz 3 der Vorbemerkungen zu Spalte 2 ist die Bezeichnung wissenschaftlich nicht eindeutig und muss daher in Verbindung mit der chemischen Stoffbezeichnung (Spalte 3) verwendet werden. Im Übrigen wird auf die Ausführungen zu Heroin (→ Rn. 368–402) Bezug genommen. 330

6. Dimethyltryptamin (DMT), Ayahuasca, Daime, Yag. a) Herkunft, Geschichte. DMT ist ein Tryptaminderivat, das erstmals 1931 synthetisch hergestellt wurde. Erst um 1950 wurde es als Pflanzenbestandteil entdeckt. Insoweit findet es sich in den Blättern des tropischen Strauchs Psychotria viridis, in der Waldliane Oco Yage, im San Pedro Kaktus und anderen südamerikanischen Pflanzen (*Patzak* in Körner/Patzak/Volkmer Stoffe Teil 1 Rn. 416). 331

Die **Verbreitung** in Deutschland ist gering. Im Jahre 2014 wurde ein Labor festgestellt. Allerdings wird in den Medien immer wieder über die Droge und den damit verbundenen Kult (→ Rn. 336) berichtet. 332

b) Die Anwendung des BtMG auch auf die DMT-haltigen Pflanzen. Bis zum Inkrafttreten der 10. BtMÄndV am 1.2.1998 waren die DMT-haltigen Pflanzen den betäubungsmittelrechtlichen Vorschriften nicht unterstellt (→ Rn. 162). Seit der 10. BtMÄndV werden auch sie vom BtMG erfasst (→ Rn. 163–166, 169, 173), wenn ein Missbrauch zu Rauschzwecken vorgesehen ist (→ Rn. 175–177). Für den Samen gilt dasselbe wie für den Khat-Strauch (→ Rn. 323). 333

c) Vertriebsformen, Konsumformen. DMT ist eine kristalline, farblose Substanz (*Geschwinde* Rauschdrogen Rn. 1645). Es wird injiziert, geschnupft, geraucht oder nach dem Verdampfen auf einer Folie inhaliert (*Patzak* in Körner/Patzak/Volkmer Stoffe 1 Rn. 418). Oral appliziert ist es nicht wirksam, da es vom körpereigenen Enzym Monoaminooxidase (MAO) schnell abgebaut wird. 334

Um dies zu vermeiden, kombinierten brasilianische Indianer den Strauch Psychotria viridis oder die Waldliane Oco Yage mit der Liane **Ayahuasca** (Banisteriopsis caapi), die das Alkaloid Harmalin enthält, in einem Trank, der Ayahuasca, Huasca, Daime oder Yag genannt wird (s. *Patzak* in Körner/Patzak/Volkmer Stoffe Teil 1 Rn. 419, 426). Harmalin hemmt das Enzym MAO im menschlichen Körper, so dass das DMT in das zentrale Nervensystem gelangen und dort wirksam werden kann. 335

d) Die Ayahuasca-„Kirchen". In Brasilien haben sich in den letzten Jahrzehnten mehrere synkretistische „Kirchen" gebildet, die Ayahuasca als „Sakrament" benutzen. Eine davon ist die „Santo Daime Kirche", die mittlerweile auch in **Europa,** Japan und den USA auftritt. Der Trank **Daime** wird bei den Ritualen der „Kirche" in mehreren Durchgängen getrunken. Er wird auch an Kinder abgegeben. 336

e) Wirkung. Beim Injizieren wird die wirksame Dosis von DMT mit 0,7–1,0 mg/kg Körpergewicht angegeben (*Geschwinde* Rauschdrogen Rn. 1645), während beim Rauchen 20 mg ausreichen sollen. Die Wirkung setzt schlagartig nach drei bis fünf Minuten (*Geschwinde* Rauschdrogen Rn. 1645) ein und dauert weniger als eine Stunde (*Patzak* in Körner/Patzak/Volkmer Stoffe Teil 1 Rn. 417). Sie ist stark halluzinogen; es entstehen farbenreiche Sinnestäuschungen und Trunkenheit (*Patzak* in Körner/Patzak/Volkmer Stoffe Teil 1 Rn. 417). Hohe gesundheitliche Gefahren ergeben sich aus der Hemmung des Enzyms MAO, das benötigt 337 wird, um toxische Reaktionen bei bestimmten serotoninhaltigen Lebensmitteln (zB Käse, Bananen, Schokolade) zu unterbinden.

338 Bei **regelmäßigem Konsum** kann es relativ schnell zu schwerwiegenden Persönlichkeitsveränderungen kommen bis hin zu schizoiden Psychosen.

339 **7. Ecstasy, Herbal Ecstasy, Liquid Ecstasy. a) Herkunft, Geschichte.** Unter dem Namen Ecstasy („XTC", „E", „E-Teil") werden seit Ende der 80er Jahre in Tabletten- oder Kapselform verschiedene Substanzen (häufig Amfetaminderivate (→ Rn. 340)), vertrieben, die vor allem im Zusammenhang mit der sogenannten Techno-Szene mit langdauernden Tanzpartys (Raves) und Musikgroßveranstaltungen erhebliche Bedeutung gewonnen haben. Ecstasy ist eine beliebte Modedroge (Party- oder Discodroge), die ihren Absatz vor allem bei jungen Menschen sucht und findet. Zu Herbal Ecstasy → Rn. 353, zu Liquid Ecstasy → Rn. 354, 589.

340 Bei ihrem Aufkommen enthielten Ecstasy-Tabletten in aller Regel die **Amfetaminderivate** MDMA und MDE, seltener MDA und MBDB (s. Anh. H), manchmal auch DOB. Alsbald wurde der in der Szene eingeführte Namen dazu genutzt, auch andere Substanzen abzusetzen, namentlich Amfetamin (BGHSt 42, 255 = NJW 1997, 810 m. Bespr. *Schreiber* S. 777 = NStZ 1997, 132 mAnm *Cassardt*).

341 Nachdem in den letzten Jahren bei den **Monopräparaten** (sie enthalten nur einen psychotropen Wirkstoff) m-CPP eine große Rolle gespielt hatte, dominiert seit dem Jahre 2015 wieder MDMA, gefolgt in weitem Abstand von 2-CB, Amfetamin, m-CPP (→ Rn. 476, 477), MDA und Methamfetamin (Anh. H Tab. 4.1, 4.2). **Kombipräparate** treten nur noch in einem geringen Umfang auf (Anh. H Tab. 4.1, 4.2). Allerdings muss der Konsument mit noch nicht in den Anlagen zum BtMG enthaltenen neuen psychoaktiven Stoffen, mit Gemischen aus Arzneimitteln und Betäubungsmitteln, mit reinen Arzneistoffen und mit sog. Drogen (Herbal-Ecstasy (→ Rn. 353)) rechnen. Die Tabletten oder Kapseln enthalten ferner **Beimengungen** und Streckmittel, am häufigsten Cellulose, Lactose, Coffein und Magnesiumstearat (DBBD 2018 Drogenmärkte S. 12). Die sich meist auf den Tabletten befindlichen Logos bieten keinen Schutz (→ Rn. 355).

342 Nach einem starken **Rückgang** in den Jahren seit 2002 haben die Sicherstellungsmengen von Ecstasy seit dem Jahre 2012 wieder zugenommen, wenn auch der Höchstwert von 2001 (4.576.504 KE) auch in den Jahren seit 2015 (2015: 967.410 KE; 2016: 2.218.050 KE; 2017: 693.638 KE; 2018 (MDMA): 704.801) bei weitem nicht erreicht werden konnte (Bundeslagebild RG 2017 Tab 2.1; für 2018 s. DBDD 2019 Drogenmärkte S. 11).

343 Fast ausschließlich kommen die Tabletten, bei denen ein **Herkunftsnachweis** geführt werden konnte, aus den Niederlanden (DBDD 2020 Drogenmärkte S. 7). Zur Bekämpfung synthetischer Drogen haben die Niederlande im Jahre 1997 eine Zentralstelle für synthetische Drogen (**Unit Synthetic Drugs, USD**) mit dem Sitz in Eindhoven geschaffen, die landesweit zuständig ist und mit den internationalen und deutschen Behörden eng zusammenarbeitet.

344 Die Amfetaminderivate sind ebenso wie Amfetamin selbst (→ Rn. 518) synthetische Drogen. Sie werden in **Untergrundlabors** oder illegal in Laboratorien hergestellt. Vorlage für Untergrundchemiker sind nicht selten die Bücher der Eheleute Ann und Alexander Shulgin „PIHKAL" (Phenetylamines, I Have Known And Loved), erschienen 1991, und „TIHKAL" (Tryptamines, I Have Known And Loved), erschienen 1997 (*Patzak* in Körner/Patzak/Volkmer Stoffe Teil 1 Rn. 325), die bei Durchsuchungen nicht selten gefunden werden.

345 Unter dem Namen Ecstasy werden oder wurden am häufigsten **Amfetaminderivate,** nicht selten aber auch **andere Stoffe** vertrieben.

aa) Amfetaminderivate. Häufige, wenn auch nicht gleich häufig, unter dem 346
Namen Ecstasy vertriebene **Amfetaminderivate** sind:

(a) MDMA (Methylendioxymetamfetamin). MDMA (Szenename: „Adam") 347
ist derzeit der am häufigsten (im Jahre 2017: 98,4% der Monopräparate [DBDD 2018
Drogenmärkte S. 12]) festgestellte Wirkstoff. Es wurde im Jahre 1912 im Rahmen
der Arzneimittelforschung entdeckt, aber als gesundheitsgefährlich nicht als Arzneimittel verwendet. In den siebziger Jahren fand es in die Drogenszene der USA
und Europas Eingang (*Patzak* in Körner/Patzak/Volkmer Stoffe Teil 1 Rn. 325).
MDMA untersteht seit der 1. BtMÄndV vom 5.8.1984 (BGBl. I S. 1081) dem
BtMG. Überholt erscheint die Einordnung als weiche Droge (→ Rn. 365, 526; aA
KG StV 1998, 427).

(b) MDA (Tenamfetamin). MDA wurde im Jahre 1910 zunächst als Appetit- 348
zügler entwickelt, wegen seiner gefährlichen Nebenwirkungen jedoch nicht auf
den Markt gebracht (*Patzak* in Körner/Patzak/Volkmer Stoffe Teil 1 Rn. 326).
MDA untersteht seit der 1. BtMÄndV (→ Rn. 347) dem BtMG. Es spielt derzeit
im Zusammenhang mit Ecstasy keine Rolle.

(c) MDE/MDEA (Methylendioxyethylamfetamin). MDE (Szenename: 349
„Eve", „Eva") wurde im Jahre 1980 erstmals synthetisiert und beschrieben (*Patzak*
in Körner/Patzak/Volkmer Stoffe Teil 1 Rn. 327; *Forstenhäusler* Kriminalistik 1993,
533 (536)). Es wurde wiederholt in der Psychiatrie getestet, hat sich jedoch nicht als
brauchbar erwiesen. MDE wurde mit der 3. BtMÄndV v. 28.2.1991 (BGBl. I
S. 712) dem BtMG unterstellt. MDE wurde früher oft als MDEA bezeichnet. Es
spielt derzeit im Zusammenhang mit Ecstasy keine Rolle.

(d) MBDB ([1-(1,3-Benzodioxol-5-yl)butan-2-yl](methyl)azan). MBDB 350
wurde im Jahre 1986 im Rahmen der Forschung entwickelt, um den Wirkungsmechanismus der Amfetaminderivate besser kennen zu lernen (*Forstenhäusler* Kriminalistik 1993, 533 (536)). Es wurde durch die 6. BtMÄndV vom 14.9.1995
(BGBl. I S. 1161) dem BtMG unterstellt. Dabei ist es mit Ausnahme eines Zwischenspiels vom 28.9.1996 bis 1.2.1997 verblieben (BGBl. 1997 I S. 65; 1998 I
S. 74). Es spielt derzeit bei Ecstasy keine Rolle.

(e) DOB (Brolamfetamin). DOB wurde erstmals 1971 synthetisiert und war 351
zunächst als Ersatz für das bereits verbotene LSD sehr beliebt (*Forstenhäusler* Kriminalistik 1993, 533 (535)). DOB untersteht seit der 1. BtMÄndV (→ Rn. 347) dem
BtMG. Seither hat es an Bedeutung verloren.

bb) Andere Stoffe. An den Erfolg von Ecstasy versuchten auch die Lieferanten 352
anderer Stoffe anzuknüpfen, indem sie ihre Substanzen ebenfalls als „Ecstasy" deklarierten.

(a) Herbal-Ecstasy. So werden unter dem Namen **„herbal-ecstasy"** („herbal 353
XTC", „Bio-Ecstasy", „Ecstasy light", „Pulse", „Trance") Tabletten und Kapseln
vertrieben, die ohne Verwendung von Amfetamin oder Amfetaminderivaten hergestellt sind und dem BtMG nicht unterliegen (*Volkmer* in Körner/Patzak/Volkmer
Stoffe Teil 2 Rn. 184). Sie können neben pflanzlich wirksamen Bestandteilen auch
Mineralien, Vitamine oder antriebssteigernde Inhaltsstoffe aufweisen und werden
in dieser Form den sogenannten „smart drugs" (→ Rn. 205, 206) zugerechnet.
Häufig bestehen sie aus einer Mischung von Guarana, Coffein, Taurin und Ephedrin, wovon Ephedrin rezeptpflichtig ist, so dass die Strafvorschriften des AMG eingreifen.

(b) Liquid Ecstasy (GHB, GBL). In der Szene wird seit den 90er Jahren unter 354
der Bezeichnung „Flüssig-Ecstasy", „Liquid-ecstasy" (Kriminalistik 1998, 470) eine
Flüssigkeit vertrieben, die mit Ecstasy nichts gemein hat (*Patzak* in Körner/Patzak/
Volkmer Stoffe Teil 1 Rn. 508). Es handelt sich um **GHB** (γ-Hydroxybutirat

BtMG § 1   Erster Abschnitt. Begriffsbestimmungen

[Hydroxybuttersäure]) oder zunehmend um **GBL** (γ-Butyrolacton). Auf → Rn. 589–595 wird verwiesen.

355   **b) Vertriebsformen, Konsumformen.** Ecstasy wird in der Regel in Form von weißen oder bunten Tabletten, seltener in Kapselform vertrieben; zu Liquid-ecstasy → Rn. 590. Die Tabletten sind meist mit einem Prägesymbol in Form einer Figur, eines Tieres, eines Buchstabens oder einer Pflanze versehen (Logo). Ein Rückschluss von einem Logo auf einen bestimmten Wirkstoff, Wirkstoffgehalt oder eine bestimmte Zusammensetzung ist **nicht möglich.** Das Symbol sollte daher nicht als Markenzeichen bezeichnet werden. Die Risiken des Konsumenten werden noch dadurch vergrößert, dass „erfolgreiche" Motive ohne Rücksicht auf den Wirkstoff häufig kopiert werden.

356   Ecstasy wird in der Regel **oral** konsumiert (BGHSt 42, 255 (→ Rn. 340)) und nur selten geraucht, inhaliert oder injiziert. Die durchschnittliche Konsumeinheit wird für MDE bei oraler Einnahme mit 120 mg MDE-Base (= 140 mg MDE-Hydrochlorid) angenommen (BGHSt 42, 255 (→ Rn. 340); BGH 2 StR 86/08). Bei MDMA liegt sie bei 80 mg Base (BGH 2 StR 86/08). Zur Häufigkeit der Wirkstoffe und Wirkstoffgehalte s. Anh. H.

357   **c) Wirkung.** Obwohl die fünf Amfetaminderivate (zum Teil auch Amfetamin, → Rn. 340) unter dem gleichen Namen **Ecstasy** auf dem Markt sind, ist ihre Wirkung nicht einheitlich, so dass der Konsument auch deswegen ein nicht zu unterschätzendes Risiko eingeht. Dieses wird noch verstärkt durch Wirkstoffkombinationen (die derzeit allerdings sehr selten sind (→ Rn. 341), oder Beifügung anderer Substanzen (BGHSt 42, 255 (→ Rn. 340)). Zu den Wirkungen der Amfetaminderivate s. auch *Forstenhäusler* Kriminalistik 1993, 533; *Cassardt* NStZ 1995, 257). MDA, MDMA und MDE sind in ihren psychischen Auswirkungen einander am ähnlichsten und mit Einschränkungen mit denen des Amfetamins vergleichbar (BGHSt 42, 255 (→ Rn. 340)).

358   **aa) Akute Wirkungen.** Mit der (akuten) Wirkung von **MDE** hat sich der BGH (BGHSt 42, 255 (→ Rn. 340)) ausführlich befasst, wobei er auch auf **MDA** und **MDMA** eingegangen ist (zu MDMA s. auch LG Stuttgart NStZ 1989, 326; 1990, 286 mAnm *Endriß/Logemann;* BGH NStZ 1993, 287 = StV 1993, 474 zu MDE s. LG Köln StV 1994, 193). Nach seinen Feststellungen gehören die drei Amfetaminderivate zu den **Entaktogenen**, die primär gefühlssteigernd (Gefühle der Leistungssteigerung, Bewusstseinserweiterung, Euphorie und des gesteigerten Wahrnehmungs- und Einfühlungsvermögens) wirken und ein erhöhtes Kommunikationsbedürfnis mit sich bringen. Bei hoher Dosierung können bei MDA und (selten) bei MDE Halluzinationen mit stark verzerrten Wahrnehmungen eintreten (BGHSt 42, 255 (→ Rn. 340)).

359   MBDB wird wie MDA, MDMA und MDE nach einer neueren Klassifizierung ebenfalls zu den **Entaktogenen** gezählt. Ihm werden keine halluzinogenen Eigenschaften zugeschrieben; stattdessen soll es zu einer Intensivierung des Gefühlslebens kommen (OLG Frankfurt a. M. NJW 1996, 3090 = StV 1996, 488; *Forstenhäusler* Kriminalistik 1993, 533 (536)).

360   **DOB** zeigt eine halluzinogene Wirkung ähnlich der des MDA, jedoch mit einer rund 100-fach stärkeren Intensität. DOB gehört zu den stärksten bekannten psychotropen Stoffen (*Patzak* in Körner/Patzak/Volkmer Stoffe Teil 1 Rn. 361). Die durchschnittliche Konsumdosis beträgt 2 mg (*Forstenhäusler* Kriminalistik 1993, 533 (535); *Patzak* in Körner/Patzak/Volkmer Stoffe Teil 1 Rn. 361: 0,5 bis 2 mg), wobei es meist oral zugeführt wird. Die Wirkung tritt langsam ein (nach ein bis zwei Stunden; *Patzak:* 30 Minuten) und kann zwischen 24 und 36 Stunden andauern. DOB ist eine gefährliche Substanz, die den Konsumenten zu Wahnvorstellungen, Tobsuchtsanfällen und sonstigen aggressiven Verhaltensweisen antreibt

Kap. 14. Betäubungsmittel der Anlage I § 1 BtMG

(*Patzak* in Körner/Patzak/Volkmer Stoffe Teil 1 Rn. 361; *Geschwinde* Rauschdrogen Rn. 1498). Zu DOB s. auch *Fritschi/Megges/Rübsamen* NStZ 1991, 470.

Als **tödlich wirkende Dosis** werden für MDMA und MDE 500 mg angegeben, 361
für DOB 30 mg (*Patzak* in Körner/Patzak/Volkmer Stoffe Teil 1 Rn. 361); gesicherte Erkenntnisse liegen jedoch nicht vor. Für vorgeschädigte Personen (mit Bluthochdruck oder Herz- und Kreislaufschwäche) ist der Konsum von Amfetaminderivaten wegen drohender Hirnblutungen oder Kreislaufzusammenbrüchen sehr gefährlich (BGHSt 42, 255 (→ Rn. 340)).

Generell wird die **Gefährlichkeit** von Ecstasy durch **szenetypische Begleit-** 362
umstände des Konsums verstärkt. Zu der Erhöhung der Körpertemperatur durch das Betäubungsmittel kommt infolge des langen, intensiven Tanzens ein zusätzlicher Temperaturanstieg, der mit einem massiven Flüssigkeitsverlust verbunden ist. Körperliche Warnsignale werden durch die Droge unterdrückt. Herz- und Kreislaufversagen, Fieber- und Schockzustände, Herzrhythmusstörungen, zentrale Krämpfe und Leberversagen können die Folge sein (BGHSt 42, 255 (→ Rn. 340)). Die sich daraus ergebenden Gefahren erhöhen sich noch durch die noch nicht abschließend geklärte **Wechselwirkung** der Amfetaminderivate mit anderen Betäubungsmitteln, Alkohol oder Medikamenten (BGHSt 42, 255 (→ Rn. 340)).

Bei entsprechend disponierten Personen kann die durch den Konsum von 363
Amfetaminderivaten bewirkte Enthemmung die Suizidneigung fördern (BGHSt 42, 255 (→ Rn. 340)). Auch sonst kommen **Todesfälle** nach dem Konsum von Ecstasy vor, namentlich bei Überhitzung und Austrocknung oder bei Dosen über 200 mg (*Uchtenhagen* in Kreuzer BtMStrafR-HdB § 1 Rn. 67).

bb) Längerfristige Wirkungen. Bei Dauerkonsum können die Amfetaminde- 364
rivate zu „**flash-backs**" (→ Rn. 320), seelischer Anspannung, Schlaflosigkeit und Erschöpfung führen; auch können sie latent vorhandene Depressionen und Psychosen aufdecken (BGHSt 42, 255 (→ Rn. 340)).

Hinweise auf eine **physische Abhängigkeit** haben sich bisher nicht ergeben. 365
Allerdings kann MDMA zu hoher, MDE zu mittlerer **psychischer** Abhängigkeit führen (BGHSt 42, 255 (→ Rn. 340)). Generell wird die psychische Abhängigkeit bei Amfetaminderivaten als etwas weniger ausgeprägt bezeichnet als bei Amfetamin selbst; gleichwohl sei die Art der Abhängigkeit vergleichbar (*Cassardt* NStZ 1995, 257 (260); *Megges* Kriminalistik 1986, 224). Zu **Dosissteigerungen** führt der Konsum anders als bei Amfetamin in aller Regel nicht (BGHSt 42, 255 (→ Rn. 340)).

Mehrere, gezielt auf Gedächtnisleistungen abstellende Studien haben bei Ecstasy- 366
Konsumenten relative **Defizite der mittelfristigen Merkfähigkeit und Lern-**
leistung in Abhängigkeit vom Ausmaß des Konsums aufgedeckt. Die Beeinträchtigungen korrelieren im allgemeinen mit der Dauer und der Häufigkeit des Ecstasy-Konsums, dennoch können prinzipiell nicht nur sehr stark Konsumierende, sondern auch relativ moderate Gelegenheitskonsumenten davon betroffen sein (*Gouzoulis-Mayfrank et al.* Der Nervenarzt Bd. 73 [2002], (405 – 421)).

cc) Gefährlichkeit. Von der Rechtsprechung der Strafgerichte wird Ecstasy als 367
Betäubungsmittel mittlerer Gefährlichkeit angesehen und nicht den harten Drogen zugeordnet (BGH StV 1999, 436), so dass die Gefährlichkeit des Rauschgifts keinen wesentlichen (BayObLGSt 2001, 12) Strafschärfungsgrund abgeben darf (BGHR BtMG § 29 Strafzumessung 12 = StV 1990, 494; Strafzumessung 24 = NStZ 1993, 287; OLG Karlsruhe StV 1996, 675); allerdings besteht auch kein Anlass zu einer Strafmilderung; deswegen verfehlt KG StV 1998, 427. Das **BVerfG** (NJW 1998, 669 (→ Rn. 10)) zählt die Amfetamine zu den **harten Drogen.** Dies entspricht neueren Erkenntnissen, setzt sich allerdings in der Rechtsprechung der Strafgerichte nicht durch (→ Rn. 526; → Vor § 29 Rn. 946).

BtMG § 1 Erster Abschnitt. Begriffsbestimmungen

368 **8. Heroin (Diacetylmorphin, Diamorphin). a) Herkunft, Geschichte.** Heroin wird in mehreren Verfahrensschritten aus Rohopium abgeleitet (zu Opium → Rn. 619). Es wurde gegen Ende des 19. Jahrhunderts als Arzneimittel entwickelt, wobei es vor allem gegen Morphinsucht und Hustenreiz wirken sollte. Nachdem seine Suchtwirkung erkannt war, wurde es als Medikament vom Markt genommen. In Deutschland ist der Umgang mit Heroin grundsätzlich verboten und kann nur ausnahmsweise zu wissenschaftlichen oder anderen im öffentlichen Interesse liegenden Zwecken erlaubt werden (§ 3 Abs. 2). Etwas anderes gilt für Diamorphin (Heroin), das zur Herstellung von Zubereitungen, die zur Substitutionsbehandlung zugelassen sind, bestimmt ist (→ Rn. 399, 401).

369 **Zentrum der Opiumproduktion** ist Afghanistan, das in der Zeit von 2014–2018 zusammen mit Myanmar und Mexiko 96% der Weltopiumernte erzeugte (World Drug Report 2019 Buch 3 S. 30). Das Opium wird in Afghanistan selbst, aber auch in Pakistan, Iran und der Russischen Föderation zu Heroin verarbeitet. Die Produktion findet über bestimmte **Schmuggelrouten** ihren Weg in die Verbraucherländer. Die wichtigste Rolle spielt immer noch die traditionelle **Balkanroute** (EBDD 2020 S. 51), die über Pakistan, den Iran, die Türkei, Bulgarien, Rumänien, Ungarn, Österreich nach Deutschland und in die Niederlande führt. Immer größere Bedeutung erlangt die sog. **südliche Route,** auf der das Heroin aus dem Iran oder Pakistan auf dem Luft- oder Seeweg entweder unmittelbar oder über west-, süd- und ostafrikanische Länder nach Europa gelangt (EBDD 2019 S. 26). Weitere Routen sind die sog. nördliche Route sowie eine neue Heroinroute, die gegenwärtig durch den südlichen Kaukasus und über das Schwarze Meer erschlossen wird (EBDD 2019 S. 26).

370 Seit Ende der 90er Jahre wird auf dem deutschen Markt Heroin mit heller bis weißer Färbung festgestellt (**weißes Heroin,** fälschlich auch **Thai-Heroin** genannt). Es handelt sich um Heroinhydrochlorid mit einem Reinheitsgrad von 60% bis über 90%, das die üblicherweise enthaltenen Nebenalkaloide Narcotin und Papaverin nicht oder nur in sehr geringen Anteilen enthält. Es stammt aus Zentralasien, neuerdings auch aus Afghanistan (EBDD 2019 S. 26) und wird vor allem von Aussiedlern aus der ehemaligen Sowjetunion eingeführt, vertrieben, aber auch konsumiert. Manchmal wird unter dem Namen „weißes Heroin" auch Fentanyl (→ Rn. 580–584) vertrieben.

371 **b) Herstellung, Vertriebsformen.** Bei der Verarbeitung von Rohopium zu Heroin ergeben sich mehrere Stufen, wobei auch die Zwischenprodukte auf den Markt kommen:

372 **aa) Heroin Nr. 1** (Morphinbase) entsteht aus der Verarbeitung von Rohopium mit Wasser, Löschkalk und Ammoniumchlorid; es ist eine weiße oder braune pulverige Substanz mit einem Wirkstoffgehalt von 60% bis 80% nebst Verunreinigungen (*Geschwinde* Rauschdrogen Rn. 2197–2199). In Zitronen- oder Essigsäure gelöste Morphinbase wird (in Europa nur noch selten) als „M-Tinke" vertrieben. Zur „Berliner Tinktur" → Rn. 613.

373 **bb) Heroin Nr. 2** (Heroinbase) entsteht nach dem Zusatz weiterer Stoffe, insbesondere des dem GÜG (Anh. D 1) unterliegenden Grundstoffs Essigsäureanhydrid. Es ist ungereinigtes Diacetylmorphin vor der Umwandlung in ein Salz und ohne Zusätze und Streckmittel. Heroinbase ist ein graues bis braunes, wasserunlösliches (→ Rn. 141) Pulver, das nur bedingt (unter Verwendung von Zitronen- oder anderen Säuren und Erhitzen) zum Injizieren, wohl aber zum Rauchen geeignet ist (*Geschwinde* Rauschdrogen Rn. 2202–2204). Die **Base** hat das Heroinhydrochlorid mittlerweile **weitgehend vom Markt verdrängt** (→ Rn. 375).

374 **cc) Heroin Nr. 3** (Heroinhydrochlorid) entsteht nach dem Zusatz von Salzsäure. Es ist eine graubraune, körnige und krümelige, wasserlösliche (→ Rn. 142), bereits gereinigte Substanz mit einem Wirkstoffgehalt von 30% bis 40%, die in der Szene als „brown sugar" oder „Hongkong-rocks" bezeichnet wird (*Geschwinde* Rauschdrogen Rn. 2205–2208). Beim Vertrieb wird es regelmäßig mit Zusätzen gestreckt. Bis etwa 1977 beherrschte es in Deutschland den Markt.

dd) Heroin Nr. 4 war seit etwa 1977 (→ Rn. 374) marktbeherrschend; seit einigen Jahren wird es **von der Heroinbase verdrängt** (*Patzak* in Körner/Patzak/Volkmer BtMG § 29 a Rn. 83: zu vier Fünfteln). Es ist ebenfalls Heroinhydrochlorid, das aber auf Grund von Reinigungsprozessen einen höheren Wirkstoffgehalt (60% bis 90%) hat. Heroin Nr. 4 ist ein weißes kristallines, in der Praxis aber meist braun-beige-farbenes Pulver (*Geschwinde* Rauschdrogen Rn. 2209, 2210), das ebenfalls gestreckt wird, so dass der Wirkstoffgehalt bis unter 10% sinken kann (s. Anh. H). Zum weißen Heroin oder Thai-Heroin → Rn. 370. 375

c) Konsumformen. Heroin wird vor allem intravenös injiziert, aber auch geschnupft, geraucht, inhaliert und subkutan gespritzt. Von allen Konsumformen hat die **intravenöse Injektion** („Schuss") die stärkste Wirkung (→ Rn. 138). Sie wird bevorzugt, weil sie weniger Stoff benötigt und – jedenfalls zunächst – den ersehnten „kick" (→ Rn. 379) zur Folge hat. Wegen des schlagartigen Anflutens des Wirkstoffs im Gehirn ist bei der intravenösen Injektion die Gefahr einer Atemlähmung infolge Überdosis (→ Rn. 388) besonders hoch. Hinzu kommt die Gefahr der Infektion durch nicht sterile Spritzen, die wegen des üblichen Mehrfachgebrauchs („needle-sharing") wesentlich zur Verbreitung von Hepatitis und HIV beigetragen haben. 376

Seit 1992 nimmt in Europa das **Folienrauchen** („chinezen") zu, bei dem auf einer Aluminiumfolie Heroin erhitzt und mit einem Röhrchen inhaliert wird; in Fernost ist das Inhalieren seit langem bekannt. Heroin kann auch geraucht werden, indem es in eine Zigarette eingeführt wird; die Wirksamkeit ist jedoch deutlich geringer, da das Heroin zu 90% verbrennt (*Uchtenhagen* Ärztliche Verschreibung [1997] S. 4). Die Gefahr der Abhängigkeit wird durch diese Konsumformen gleichwohl nicht vermieden. Dasselbe gilt für das **Schnupfen** („sniffen"). Es ist zwar weniger gefährlich als das Injizieren, führt aber ebenfalls zur Abhängigkeit. Darüber hinaus bleibt ein Dauerkonsument in aller Regel nicht dabei, sondern geht schon aus Kostengründen zur intravenösen Injektion über (→ Rn. 137, 376). 377

d) Wirkung. Neben der Dosierung und der Qualität (Reinheit) des Stoffs sind für die Wirkung von Heroin eine Reihe weiterer Faktoren mitbestimmend (→ Rn. 125). Heroin wirkt in einem fortgesetzten Suchtstadium anders als zu Beginn, der „kick" (→ Rn. 379) bleibt aus; das Betäubungsmittel wird letztlich nur noch konsumiert, um den Entzugserscheinungen zu entgehen. Wesentlich sind auch die körperliche und seelische Verfassung, insbesondere die Erwartungshaltung des Konsumenten, und die Umgebungsfaktoren (→ Rn. 397). 378

aa) Akute Wirkungen. Nach einer (intravenösen) Injektion gelangt der Wirkstoff über die Blutbahn schlagartig in das Gehirn, was zu einem sofort einsetzenden, überwältigenden Glücksgefühl führt („kick", „flash", „rush"). Danach entwickelt sich ein wohliges Gefühl der Wärme, Geborgenheit und Ausgeglichenheit; Schwierigkeiten und Belastungen erscheinen unbedeutend, Ängste und Unlust werden verdrängt. Das Selbstvertrauen hebt sich. Die Stimmung wird insgesamt euphorisch (*Patzak* in Körner/Patzak/Volkmer Stoffe Teil 1 Rn. 292). Reizempfindlichkeit und Sinneswahrnehmungen gehen zurück; der Konsument hat den Eindruck einer umfassenden Befriedigung seiner Bedürfnisse (*Maatz/Mille* DRiZ 1993, 15 (21); *Täschner* NStZ 1993, 322 (324)). 379

Bei **langjährig Abhängigen** werden der plötzliche Wirkungseintritt (flash) und das Hochgefühl (high) individuell sehr unterschiedlich beurteilt (Uchtenhagen 380

[1997] S. 28). Die subjektiven Empfindungen des „Einfahrens", das Wärmegefühl und die Euphorie werden aber auch von ihnen registriert.

381 **(a) Die einzelnen Phasen.** Als charakteristisch können fünf Phasen angesehen werden (*Täschner* NStZ 1993, 322 (324); *Brühl* DrogenR S. 26, wobei dieser die beiden ersten und die beiden letzten Phasen jeweils zusammenfasst, so dass sich bei ihm drei Stadien ergeben):

382 **(aa) Intoxikation.** Das Stadium der Intoxikation schließt sich unmittelbar an die Injektion an und kann einige Minuten dauern; der Konsument wirkt in dieser Zeit schläfrig („zu", „stoned").

383 **(bb) Wohlgefühl.** Das Stadium des Wohlgefühls („subjektiver Normalzustand") mit einer euphorischen Stimmung (→ Rn. 379) hält etwa zwei bis drei Stunden an (*Brühl* DrogenR S. 26).

384 **(cc) Ahnung des Entzugs.** In dem Stadium der Ahnung des beginnenden Entzuges klingt die vorhergehende Phase allmählich aus; der Zustand der Ausgeglichenheit („balance"), der ebenfalls zwei bis drei Stunden dauern kann (*Brühl* DrogenR S. 26), geht in extreme Wachheit über.

385 **(dd) Beginnender Entzug:** die Konsumenten werden unruhig, sind sensibilisiert und beginnen, nach Stoff zu suchen. Es zeigen sich erste, noch schwache Entzugserscheinungen.

386 **(ee) Der Entzug** (Szenename: „turkey"; „cold turkey" = Entzug ohne begleitende Medikamente) zeichnet sich durch Erscheinungen aus wie Pulsbeschleunigung, Schweißausbrüche, starke Unruhe, Schlaflosigkeit, Erbrechen, Durchfälle und Herzkreislaufstörungen, die einen lebensbedrohenden Umfang annehmen können (LSG Schleswig-Holstein MedR 1993, 152). Der Entzug beginnt meist sieben bis acht Stunden nach der Injektion, erreicht seinen Höhepunkt nach 36 bis 48 Stunden (*Iten* S. 189) und kann bis zu zehn Tagen dauern.

387 Die Angst vor den **Entzugserscheinungen** führt dazu, dass der Abhängige alles daran setzt, dieses Stadium nicht zu erreichen. Er sucht mit allen Mitteln, seinen Vorrat zu sichern, und ist dazu auch bereit, Straftaten zu begehen oder sich der Prostitution hinzugeben. Zum Einfluss auf die Schuldfähigkeit → Vor § 29 Rn. 475, 476, 501–503. Kritisch zur Macht der Entzugserscheinungen *C. Nestler* in Kreuzer BtMStrafR-HdB § 11 Rn. 153–163.

388 **(b) Gefährlichkeit, Todesfälle.** Heroin wirkt dämpfend auf das Zentrale Nervensystem (*Schreiber* Kriminalistik 1995, 534 (535); NStZ 1996, 425). Dabei ist nach dem Schmerzzentrum zunächst das Atemzentrum betroffen. Eine Überdosis, etwa auf Grund einer (auch temporären) Überempfindlichkeit des Konsumenten oder einer Unterschätzung des Reinheitsgrades kann daher infolge Atemlähmung zum Tod führen.

389 Die **tödliche Dosis** für einen nicht Drogenabhängigen kann bei 50 mg Heroinhydrochlorid angesetzt werden (BGHSt 32, 162 = NJW 1984, 675 = NStZ 1984, 221 mAnm *Körner*). Infolge der Toleranzbildung liegt die gefährliche Dosis bei einem Dauerkonsumenten wesentlich höher und kann bis zu 250 mg reichen (*Bovens/Bernhard* Kriminalistik 2003, 313 (316)).

390 **bb) Längerfristige Wirkungen.** Die längerfristigen Wirkungen werden vor allem von der Suchtpotenz des Heroins bestimmt, die die stärkste aller im BtMG genannten Rauschmittel ist (*Patzak* in Körner/Patzak/Volkmer Stoffe Teil 1 Rn. 202; *Täschner* NStZ 1993, 322 (323)):

391 **(a) Psychische Abhängigkeit.** Heroin führt – jedenfalls bei dazu disponierten (→ Rn. 69–75) Personen – zu einer schweren psychischen Abhängigkeit mit einem zwanghaften Verlangen nach stets erneuter Zufuhr der Droge. Um deren Beschaffung kreist das gesamte Denken des Konsumenten **(Opiathunger)**. Sein Interesse

an der Umwelt konzentriert sich auf die Bedürfnisse seines Körpers, so dass er mit der Besorgung und dem möglichst ungestörten Konsum des Betäubungsmittels nahezu vollständig beschäftigt ist und einer regelmäßigen Arbeit nicht mehr nachgehen kann (*Geschwinde* Rauschdrogen Rn. 2355 2356). Im Vergleich zu Cocain- oder Alkoholabhängigen bleibt die geistige Leistungsfähigkeit jedoch verhältnismäßig lange erhalten und kann deswegen zur Beschaffung des Betäubungsmittels eingesetzt werden (*Geschwinde* Rauschdrogen Rn. 2358).

Die Abhängigkeit kann schon nach **wenigen Injektionen** eintreten (BGHSt 32, 162 (→ Rn. 389)), nach *Geschwinde* Rauschdrogen Rn. 2362; ebenso *Müller/Nedopil* Forensische Psychiatrie S. 157) nach etwa sieben bis zehn Injektionen innerhalb von einer bis zwei Wochen. Dabei kann davon ausgegangen werden, dass binnen zweieinhalb bis drei Monaten nach der ersten Injektion das Suchtstadium erreicht ist (*Geschwinde* Rauschdrogen Rn. 2362). 392

(b) Physische Abhängigkeit. Hinzu kommt die besonders stark ausgeprägte physische Abhängigkeit, die mit heftigen und schmerzhaften Entzugserscheinungen einhergeht (→ Rn. 386). Zuletzt geht es dem Abhängigen nur noch darum, sich in einer einigermaßen erträglichen körperlichen und seelischen Verfassung zu erhalten. 393

(c) Toleranzbildung. Zugleich entwickelt sich eine hohe Toleranz (→ Rn. 50). Der Körper stellt sich auf das Betäubungsmittel ein, die Empfindlichkeit des Zentralen Nervensystems nimmt ihm gegenüber ab (*Schreiber* NStZ 1996, 425 (426)). Die Tagesdosis muss ständig gesteigert werden, um ein annäherndes Drogenerlebnis zu erzielen oder wenigstens die Entzugserscheinungen auf ein noch leidliches Maß zurückzuführen (*Patzak* in Körner/Patzak/Volkmer Stoffe Teil 1 Rn. 203). Bei langjährig Abhängigen soll allerdings eine stabile Dosierung erreicht werden können (*Uchtenhagen* Ärztliche Verschreibung S. 26). 394

cc) Weitere Folgen. Heroinabhängige verfallen psychisch und physisch (BGHSt 32, 162 (→ Rn. 389)). Häufig anzutreffen sind eine labile Stimmungslage, Schlaflosigkeit, Zittern, Impotenz und Koordinationsstörungen; hinzu treten ein weitgehender Kräfteverfall aufgrund Muskelschwunds und Zahnverfall wegen des bevorzugten Konsums von Süßigkeiten und sogenannter „junk food" (*Geschwinde* Rauschdrogen Rn. 2371–2373). 395

Auf der anderen Seite gibt es Heroinkonsumenten, die das Betäubungsmittel **kontrolliert** zu sich nehmen, der Polizei und Justiz nicht bekannt werden und einem Beruf nachgehen (*Körner,* 6. Aufl. 2007, Anh. C 1 Rn. 63; *Kreuzer* BtMStrafR-HdB § 3 Rn. 233; s. auch *Knecht* Kriminalistik 1995, 443 (444) und → Rn. 87 für die Vietnam-Heimkehrer). Auch wachsen Konsumenten zu einem gewissen Anteil, der auf ein bis zwei Drittel geschätzt wird (*Geschwinde* Rauschdrogen Rn. 2485–2488), vornehmlich zwischen dem 35. und 45. Lebensjahr aus der Sucht heraus **(maturing out)**, wobei nicht geklärt ist, in welchem Umfang dies auf Selbst- oder Spontanheilungen zurückzuführen ist (*Geschwinde* Rauschdrogen Rn. 2485–2488; *Körner,* 6. Aufl. 2007, § 35 Rn. 156–158). Meist werden Eltern, Ehegatten oder andere Lebenspartner oder Freunde die Rolle des Therapeuten übernommen haben (*Körner,* 6. Aufl. 2007, § 35 Rn. 157). Das maturing out ist ein wesentliches Argument für die Überlebenshilfe (→ Einl. Rn. 181–201) als vierte Säule der Drogenpolitik. 396

dd) Begleitumstände der Illegalität. Es wird daher behauptet, die Gefährlichkeit des Heroins sei im Wesentlichen auf die Besonderheiten der illegalen Drogenszene und die bedrückenden Umstände des Konsums zurückzuführen. Ob und inwieweit Heroin auch ohne diese Begleitumstände **gesundheitsgefährlich** ist, ist nicht abschließend geklärt (s. *Schreiber* Kriminalistik 1995, 534; NStZ 1996, 425 mwN). Fest steht, dass wie bei anderen Betäubungsmitteln das Dosis-Wirkungs- 397

Verhältnis nicht stets gleich ist und dass es in seiner toxischen Wirkung deswegen nicht berechenbar wirkt.

398 **e) Heroin (Diamorphin) als Substitutionsmittel.** Bisher war Heroin allein in Anlage I aufgenommen und damit weder verkehrs- noch verschreibungsfähig. Durch das Gesetz zur diamorphingestützten Substitutionsbehandlung v. 15.7.2009 (BGBl. I S. 1801) wurde eine differenzierte Umstufung vorgenommen:

399 Mit der Einfügung in **Anlage III** (Position Diamorphin) wurde die Verschreibungsfähigkeit hergestellt, jedoch nur für zugelassene Zubereitungen und nur zum Zwecke der Substitution; es besteht daher keine Verschreibungsfähigkeit für **individuelle Rezepturen** oder für **andere Indikationen,** etwa eine Schmerzbehandlung (BT-Drs. 16/11515, 10). Die Verschreibung darf nur durch den behandelnden Arzt in einer von der zuständigen Landesbehörde zugelassenen Einrichtung erfolgen (→ § 13 Rn. 127, 132; 159–169). Diamorphin wird damit nicht zur ausgenommenen Zubereitung, sondern es bleibt ein Betäubungsmittel, das (in eingeschränktem Umfang) lediglich verschreibungsfähig ist und für das das betäubungsmittelrechtliche Regime nach wie vor gilt.

400 Dies gilt auch für die Herstellung und die Abgabe (→ § 4 Rn. 39) von Diamorphin in der Form der Anlage III durch den **pharmazeutischen Unternehmer.** Anders als für den Apotheker oder Tierarzt (§ 4 Abs. 1 Nr. 1 Buchst. a, c, Abs. 2 Buchst. a, c; allerdings für andere Betäubungsmittel) ist für ihn für diese Tätigkeiten eine Ausnahme von der Erlaubnispflicht nicht vorgesehen, so dass er neben der arzneimittelrechtlichen Erfordernissen der Erlaubnis des BfArM nach § 3 Abs. 1 Nr. 1 bedarf.

401 Mit der Einfügung in **Anlage II** (Position Diamorphin) wird die Verkehrsfähigkeit hergestellt, jedoch ausschließlich zur Herstellung von Zubereitungen zu medizinischen Zwecken. Der pharmazeutische Unternehmer, der Zubereitungen zu diesen Zwecken herstellen will, bedarf daher neben den arzneimittelrechtlichen Vorschriften der Erlaubnis nach § 3 Abs. 1 Nr. 1; eine Herstellungserlaubnis nach § 3 Abs. 1 Nr. 2 reicht nicht aus, weil Diamorphin in einer Zubereitung, die zur Substitutionsbehandlung zugelassen ist, keine ausgenommene Zubereitung darstellt (→ Rn. 399). Auf der anderen Seite ist auch eine Ausnahmeerlaubnis nach § 3 Abs. 2 nicht erforderlich, da Diamorphin, sofern es zur Herstellung von Zubereitungen zu medizinischen Zwecken bestimmt ist, nunmehr in Anlage II aufgenommen und damit verkehrsfähig ist.

402 Im Übrigen bleibt Diamorphin in **Anlage I** (Position Heroin) und ist damit verkehrs- und verschreibungsunfähig.

403 **9. LSD (Lysergid). a) Herkunft, Geschichte.** LSD wurde im Jahre 1938 im Rahmen der pharmazeutischen Forschung entwickelt. Es basiert auf den Indolalkaloiden des Mutterkornpilzes, dessen Giftigkeit seit jeher bekannt ist („St. Antonius Feuer"). Heute wird LSD meist halbsynthetisch (aus Ergotamintartrat [Ergotamin ist ein Grundstoff im Sinne des GÜG, s. Anh. D 1–2.2]) in illegalen Labors hergestellt (*Geschwinde* Rauschdrogen Rn. 752).

404 LSD wurde bis vor 40 Jahren in den USA in der Psychotherapie angewendet. Seit 1962 fand es in die amerikanischen Protest- und Studentenbewegung Eingang und wurde als **Wunderdroge** zur Bewusstseinserweiterung propagiert. Von dort kam es dann nach Deutschland, wo es aber die Bedeutung von Cannabis nicht erreicht (*Patzak* in Körner/Patzak/Volkmer Stoffe Teil 1 Rn. 474).

405 **b) Anwendung des BtMG auf den Pilz.** Bis zum Inkrafttreten der 10. BtMÄndV am 1.2.1998 waren die Pilze und damit auch der Mutterkornpilz (Claviceps purpurea) dem BtMG nicht unterstellt (→ Rn. 162). Soweit ein Missbrauch zu Rauschzwecken vorgesehen ist (→ Rn. 175–177), gilt dies nicht mehr (→ Rn. 185–190). Der Mutterkornpilz (Sklerotium) ist ein biologisches Material, das zwar keinen in den Anlagen I bis III genannten Stoff enthält, wohl aber einen solchen (Lysergsäure; *Schmidtbauer/vom Scheidt* Rauschdrogen-HdB S. 208), der zur Gewinnung von Lysergid (Anlage I) geeignet ist. Er unterfällt daher der Anlage I fünfter Gedankenstrich (→ Rn. 180–183).

c) Vertriebsformen. LSD ist eine farb-, geruch- und geschmacklose Substanz. 406 Sie wird meist auf Löschpapier- oder Kartonbogen, die durch Perforation in einzelne kleine Quadrate aufgeteilt sind (BGHSt 35, 43 = NStZ 1988, 28 mAnm *Winkler*), oder auf Würfel- oder Traubenzucker aufgeträufelt, manchmal auch in (meist winzige) Tabletten- oder Kapselform gebracht, sofern es (etwa im Großhandel) nicht als Flüssigkeit vertrieben wird. Bogen und Tabletten sind häufig mit einem Logo versehen, die meist bekannte Comic-Figuren oder politische Motive zeigen. Die Mehrzahl der im illegalen Handel befindlichen LSD-Trips weist einen Wirkstoffgehalt von 20 bis 40 µg auf (BGHSt 35, 43).

d) Konsumformen. LSD wird oral mit der Trägersubstanz eingenommen oder 407 in Getränken gemischt konsumiert. Die durchschnittliche Konsumeinheit liegt bei 20 µg; als eine in der Regel sicher wirksame Dosis werden 50 µg angesehen. Wegen dieser sehr kleinen Mengen muss die Dosierung bei der Herstellung sehr fein erfolgen (*Joachimski/Haumer* BtMG Rn. 29).

e) Wirkung. LSD ist das stärkste bekannte Halluzinogen (→ Rn. 128). Wie auch 408 sonst werden aber auch hier die Art und die Stärke des Rauscherlebnisses von den sozialen, seelischen und biologischen Bedingungen des Konsumenten geprägt und sind daher sehr unterschiedlich (→ Rn. 125).

aa) Akute Wirkungen. Etwa eine halbe Stunde nach der oralen Aufnahme 409 nimmt die Konzentrationsfähigkeit ab. Es entwickeln sich Farbvisionen und eine hochempfindliche Reizbarkeit von Gehör und Haut. Der Konsument glaubt, seinen Körper verlassen zu haben und durch Raum und Zeit zu reisen (trip). Dabei können auch unangenehme Ereignisse zurückkehren und Angstpsychosen und Panikreaktionen hervorrufen; der Horrortrip ist die häufigste Komplikation (BGHSt 35, 43 (→ Rn. 406)). Der Rauschzustand kann bis zu zwölf Stunden anhalten. Als physische Wirkungen können Tremor und Schwindel auftreten, Übelkeit und Brechreiz, Ohrensausen, Blutdruckabfall, Hyperthermie und Parästhesien (BGHSt 35, 43 (→ Rn. 406)).

In jedem LSD-Rausch kann es zu **gefährlichen Zwischenfällen,** auch Gewalt- 410 akten (*Patzak* in Körner/Patzak/Volkmer Stoffe Teil 1 Rn. 480), kommen, wobei vor allem die Verkennung der Situation, schwere Verwirrtheitszustände und die Überschätzung der eigenen Fähigkeiten im Vordergrund stehen (*Uchtenhagen* in Kreuzer BtMStrafR-HdB § 1 Rn. 80). Eine letale Dosis konnte bisher nicht festgestellt werden (BGHSt 35, 43 (→ Rn. 406)).

bb) Längerfristige Wirkungen. LSD führt bei wiederholtem Gebrauch zu 411 psychischer Abhängigkeit; eine physische wurde bisher nicht beobachtet (BGHSt 35, 43 (→ Rn. 406)). Schon nach mehreren Tagesdosen, die unmittelbar aufeinander folgen, kann sich eine erhebliche Toleranz (→ Rn. 50) entwickeln, die sich durch eine Dosissteigerung nicht ausgleichen lässt und eine Konsumpause von mehreren Tagen erfordert (BGHSt 35, 43 (→ Rn. 406)). Nicht ganz selten wird ein **Echorausch** (flash-back) beobachtet, der noch „lange" nach dem letzten Rauschgiftkonsum auftreten kann und von intensiven Angstgefühlen und Desorientiertheit begleitet ist (BGHSt 35, 43 (→ Rn. 406); *Geschwinde* Rauschdrogen Rn. 737, 738). Bei chronischer Einnahme kann sich auch eine irreversible Wesensveränderung einstellen (*Huber* Psychiatrie S. 536).

10. 5-Methoxy-DMT (5-Meo-DMT). a) Herkunft. 5-Meo-DMT ist ein 412 Tryptaminderivat, das in mehreren Pflanzen (zB Yopo-Baum) und in einem milchigweißen Schleim enthalten ist, den einige **amerikanische Kröten**

BtMG § 1 Erster Abschnitt. Begriffsbestimmungen

(→ Rn. 194) hinter den Ohren absondern. 5-Meo-DMT ist seit dem 10.10.2000 (14./15. BtMÄndV) dem BtMG unterstellt. Das Krötensekret enthält auch den psychoaktiven Wirkstoff **Bufotenin** (5-Hydroxy-DMT [5-Hyo-DMT]), der anders als 5-Meo-DMT **nicht** dem BtMG unterfällt (*Patzak* in Körner/Patzak/Volkmer Stoffe Teil 1 Rn. 429). Das Sekret der in Deutschland heimischen Kröten weist zu wenig Wirkstoff auf, um als Betäubungsmittel interessant zu sein (*Patzak* in Körner/Patzak/Volkmer Stoffe Teil 1 Rn. 433). Die beiden Derivate 5-Meo-DMT und 5-Hyo-DMT finden sich oft in einer natürlichen Wirkstoffkombination mit Dimethyltryptamin (DMT). Zu diesem → Rn. 331–338.

413   **b) Die Anwendung des BtMG auf die Kröten/Krötensekrete.** Die Unterstellung unter das BtMG erfasst nicht nur den Wirkstoff, sondern über Anlage I fünfter Gedankenstrich auch das Sekret und die Kröte selbst (→ Rn. 166, 193–196).

414   **c) Konsumformen.** Die Sekrete der Kröten werden entweder direkt oral konsumiert oder getrocknet und geraucht. Die Samen des Yopo-Baumes werden fermentiert, geröstet und dann zu einem Pulver zerrieben, das geschnupft wird. Die Rinde der Muskatnussgewächse, in denen sich der Wirkstoff ebenfalls findet, wird verkocht, getrocknet, pulverisiert und ebenfalls geschnupft.

415   **d) Wirkung.** 5-Meo-DMT wird eine starke halluzinogene Wirkung zugeschrieben; die Krötensekrete sollen stärker wirken als DMT (*Patzak* in Körner/Patzak/Volkmer Stoffe Teil 1 Rn. 431).

416   **11. Mephedron (4-Methylmethcathinon, 4-MMC). a) Herkunft.** (Mephedron (4-Methylmethcathinon; Szenenamen: 4-MMC, M-Cat, MM-Cat, Meph, Drone, Meow, Bounce, Subcoca) stammt ursprünglich aus Israel. Seit einigen Jahren wird es auch in Westeuropa vertrieben. **Mephedron** ist eine synthetische Substanz aus der Stoffgruppe der **Cathinone,** die ihrerseits den Phenylethylaminen (Weckaminen) zuzuordnen sind; es ist ein Derivat von Methcathinon (BR-Drs. 812/09, 6) und wurde mit Wirkung v. 22.1.2010 (24. BtMÄndV v. 18.12.2009 (BGBl. I S. 3944)) in die Anlage I zum BtMG aufgenommen. Zu weiteren **Cathinonderivaten** → Rn. 328, 469.

417   **b) Vertriebsformen, Konsumformen.** Mephedron ist ein weißes bis leicht gelbes fein- bis grobkristallines Pulver. Es kommt auch in Tabletten- oder Kapselform vor. Bis zum Verbot wurde es vor allem in Internetshops als angeblich legale Alternative zu Cocain, Ecstasy oder Amfetaminen angepriesen. Dabei wurde es meist als Badesalz, Pflanzendünger oder Lufterfrischer getarnt. Mephedron wird in der Regel oral oder nasal eingenommen, teilweise aber auch intravenös injiziert (*Patzak/Volkmer* NStZ 2011, 498 (499)).

418   **c) Wirkung.** Beim Konsum von Mephedron tritt ein stark euphorischer Rauschzustand ein (BR-Drs. 812/09, 6). Die aufputschende Wirkung des Stoffs ist mit der des Amfetamin und seiner Derivate (Ecstasy) zu vergleichen (BR-Drs. 812/09, 6; *Patzak/Volkmer* NStZ 2011, 498 (499)). Als Nebenwirkungen treten Kopfschmerzen, Übelkeit, Schwindel, Zittern, Schweißausbrüche, Fieber, Tachykardie (Herzrasen), Hypertonie (Bluthochdruck), Lethargie, Angst- und Unruhezustände, Verwirrtheit, Halluzinationen und Psychosen auf (BR-Drs. 812/09, 6). Zu den Wirkungen weiterer **Cathinonderivate** → Rn. 329, 470

419   **12. Mescalin. a) Herkunft, Geschichte.** Mescalin ist der Hauptwirkstoff des in Mexiko und Texas verbreiteten Peyote- oder Peyotlkaktus, der von den Ureinwohnern seit jeher als Rauschmittel genutzt wurde (*Patzak* in Körner/Patzak/Volkmer Stoffe Teil 1 Rn. 329, 334) sowie des in Südamerika, namentlich in Peru, verbreiteten San-Pedro-Kaktus, der seit 2000 Jahren als Kultpflanze für die Indianer dient (*Patzak* in Körner/Patzak/Volkmer Stoffe Teil 1 Rn. 335). Um 1890 wurde Mescalin erstmals isoliert und um die Jahrhundertwende in Deutschland synthetisiert. Es

Kap. 14. Betäubungsmittel der Anlage I   § 1 BtMG

hat heute keine medizinische Bedeutung mehr und ist nur illegal auf dem Markt (*Patzak* in Körner/Patzak/Volkmer Stoffe Teil 1 Rn. 332).

Während **Peyotl** ein kleiner, behaarter, dornenloser, graugrüner Kugelkaktus ist, 420 ist der **San-Pedro-Kaktus** ein stachelloser Säulenkaktus, der mehrere Meter hoch werden kann (*Patzak* in Körner/Patzak/Volkmer Stoffe Teil 1 Rn. 334, 335).

b) Die Anwendung des BtMG auch auf die Kakteen. Die in → Rn. 419 ge- 421 nannten Kakteen gehören zu den Pflanzen, die bis zum Inkrafttreten der 10. BtMÄndV am 1. 2. 1998 den betäubungsmittelrechtlichen Vorschriften nicht unterstellt waren (→ Rn. 162). Seit der 10. BtMÄndV werden auch sie und ihre Teile vom BtMG erfasst (→ Rn. 163–166, 169, 173, 174), wenn ein Missbrauch zu Rauschzwecken vorgesehen ist (→ Rn. 175–177). Für den Samen gilt dasselbe wie für den Khat-Strauch (→ Rn. 323).

c) Vertriebsformen, Konsumformen. Mescalin wird meist als Salz (vor allem 422 Hydrochlorid (→ Rn. 142)) in der Form eines weißen kristallinen Pulvers, manchmal aber auch als Flüssigkeit vertrieben (*Patzak* in Körner/Patzak/Volkmer Stoffe Teil 1 Rn. 332). Es wird in der Regel oral aufgenommen. Der Peyotlkaktus wird in Scheiben geschnitten, getrocknet und dann als Getränk zubereitet; der San-Pedro-Kaktus wird in Scheiben geschnitten, aufgekocht und anderen Getränken beigemischt; manchmal wird er auch getrocknet und pulverisiert (*Patzak* in Körner/Patzak/Volkmer Stoffe Teil 1 Rn. 334, 335).

d) Wirkung. Die Dosis liegt bei oraler Aufnahme zwischen 420 und 700 mg, 423 durchschnittlich 300 mg (*Patzak* in Körner/Patzak/Volkmer Stoffe Teil 1 Rn. 331; *Joachimski/Haumer* BtMG Rn. 31: 200 bis 500 mg). Höhere Dosen können zu Leberschäden, auch zum Tod durch Atemlähmung führen. Zu Beginn des Rausches ergeben sich häufig Schwindelgefühle und Übelkeit bis zum Erbrechen. Sonst sind die Wirkungen ähnlich denen des LSD einschließlich des „bad-trip". Bei mehrfachem Konsum entwickelt sich eine Toleranz (→ Rn. 50), die sich beim Absetzen der Droge langsam wieder zurückbildet. Chronischer Konsum führt zu psychischer, nicht aber physischer Abhängigkeit (*Patzak* in Körner/Patzak/Volkmer Stoffe Teil 1 Rn. 330).

13. Phencyclidin (PCP, Engelsstaub). a) Herkunft, Geschichte. Die 424 Grundsubstanz Phencyclidin ist seit 1926 bekannt. 1956 wurde sie unter dem Namen Sernyl in den USA in die Tiermedizin eingeführt. Ab 1963 war sie zur Narkoseprämedikation am Menschen zugelassen, musste aber schon 1965 wegen ihrer starken Nebenwirkungen vom Markt genommen werden (*Geschwinde* Rauschdrogen Rn. 1678). 1967 wurde PCP als tiermedizinisches Präparat (Sernylan) wieder auf den Markt gebracht, wo es sich vor allem bei Affen als Beruhigungsmittel bewährte (Szenename „Affentranquilizer"). 1979 wurde in den USA die legale Produktion eingestellt.

Bereits seit 1967 wurde PCP aber in **illegalen Labors** hergestellt und verbreitete 425 sich als besonders preiswertes Mittel (slum drug) unter zahlreichen Namen (zB hog [high as a dog], peace-pill, peace-powder, angels-dust, star-dust, dust, green, star-tripper oder kombiniert mit Crack als „space-base") in der amerikanischen Drogenszene (*Patzak* in Körner/Patzak/Volkmer Stoffe Teil 1 Rn. 402, 404). Seit 1977 kommt PCP auch in Deutschland vor (*Forstenhäusler* Kriminalistik 1993, 533 (537)). Eine solch starke Verbreitung wie in den USA hat es bisher nicht erreicht (Patzak in Körner/Patzak/Volkmer Stoffe Teil 1 Rn. 402, 404; *Joachimski/Haumer* BtMG Rn. 32). Es muss allerdings damit gerechnet werden, dass PCP auch als LSD oder Ecstasy angeboten wird.

Von PCP bestehen zahlreiche **Varianten,** die zu einem erheblichen Teil ebenfalls 426 der Anlage I unterstellt sind (*Patzak* in Körner/Patzak/Volkmer Stoffe Teil 1 Rn. 403, 409–415a). Auch → Rn. 432.

Weber

BtMG § 1   Erster Abschnitt. Begriffsbestimmungen

427   **b) Vertriebsformen, Konsumformen.** PCP ist eine puderförmige oder kristalline Substanz von weißer bis bräunlicher Farbe. Es wird als Pulver, in Tabletten, Kapseln, Ampullen oder als Lösung angeboten. Als Pulver oder Lösung bietet es die Möglichkeit, andere Stoffe, etwa Marihuana oder Tabak, auch Tee oder Gewürzpflanzen (zB Petersilie), damit zu bestäuben oder zu beträufeln. PCP wird oral eingenommen, geschnupft, geraucht oder injiziert (*Patzak* in Körner/Patzak/Volkmer Stoffe Teil 1 Rn. 406; *Geschwinde* Rauschdrogen Rn. 1686; *Forstenhäusler* Kriminalistik 1993, 533 (537)).

428   **c) Wirkung.** PCP wirkt vorwiegend halluzinogen und anästhesierend.

429   **aa) Akute Wirkungen.** Beim Rauchen tritt die Wirkung nach etwa zwei bis drei Minuten ein; sie erreicht das Maximum nach etwa einer halben Stunde, hält vier bis sechs Stunden an und klingt im Laufe eines Tages wieder ab. Bei der oralen Aufnahme beginnt die Wirkung nach etwa 30 Minuten (*Forstenhäusler* Kriminalistik 1993, 533 (537)), beim Injizieren sofort (*Patzak* in Körner/Patzak/Volkmer Stoffe Teil 1 Rn. 407).

430   Die Wirkung von PCP hängt stark **von der Dosis ab** (*Forstenhäusler* Kriminalistik 1993, 533 (537)). In niedrigen Dosen von 1 bis 5 mg führt PCP zu Euphorie, einem Gefühl des Schwebens und zu Unruhe und Antriebssteigerung; dies kann in eine ängstliche Stimmungslage und Depression umschlagen (*Patzak* in Körner/Patzak/Volkmer Stoffe Teil 1 Rn. 407). In mittleren Dosen (bis zu 10 mg intravenös oder etwa 10 mg oral) tritt eine analgetische und anästhesierende Wirkung hinzu. In Armen und Beinen ergeben sich Taubheitsgefühle. Konzentrations- und Wahrnehmungsvermögen mindern sich. Es kommt zu Agitiertheit, Realitätsverlust, Halluzinationen, Orientierungslosigkeit und einer allgemeinen Reizbarkeit bei einer weitgehenden Reizabschirmung. Bei höheren Dosen (10 bis 20 mg) entwickeln sich nicht selten Rausch- und Erregungszustände, die bis zu epileptiformen Anfällen, Gewalttätigkeiten und schizophrenieartigen Psychosen reichen (*Patzak* in Körner/Patzak/Volkmer Stoffe Teil 1 Rn. 407; *Geschwinde* Rauschdrogen Rn. 1708). Wird PCP an mehreren Tagen genommen, so sind Nachwirkungen bis zu 30 Tagen festzustellen; es kommt zu häufigen **flash-backs** (*Forstenhäusler* Kriminalistik 1993, 533 (537)).

431   **bb) Längerfristige Wirkungen.** Eine körperliche Abhängigkeit entsteht nicht, jedoch führt längerer Gebrauch zu schizophrenieähnlichen Zuständen (*Geschwinde* Rauschdrogen Rn. 1715), schweren Depressionen, Angstzuständen, Verwirrtheit, Vereinzelungsgefühlen und Gewalttätigkeiten bis zu Tötungsdelikten und zum Suizid (*Patzak* in Körner/Patzak/Volkmer Stoffe Teil 1 Rn. 407; *Forstenhäusler* Kriminalistik 1993, 533 (537)).

432   **14. Phencyclidinderivate.** Ein Stoff, der aus der Gruppe der Phencyclidine abgeleitet ist, ist **Methoxetamin (MXE).** Er ist speziell für die Distribution auf illegalen Märkten entwickelt worden und hat sich in Europa einschließlich Deutschland seit Ende 2010 weiter verbreitet. Er wurde mit Wirkung vom 17.7.2013 (→ Rn. 224) dem BtMG unterstellt.

433   Die **Wirkung** von Methoxetamin ist mit der anderer Halluzinogene vergleichbar. Symptome sind Euphorie, starker Bewegungsdrang, Bewusstseinserweiterung und visuelle Halluzinationen; weitere negative Effekte sind der Verlust des Zeit- und Raumgefühls, Kopfschmerzen, unkontrolliertes Schwitzen, starke Verwirrtheit, Herzrhythmusstörungen, Angstzustände, das Gefühl völliger Gleichgültigkeit, auch Gedächtnislücken (BR-Drs. 434/13, 6, 7).

434   Weitere **Phencyclidinderivate,** die der Anlage I unterstellt sind, sind Etyclidin (PCE), PCPr, PPP, Rolicyclidin (CPy/PHP), PCPr und Tenocyclidin (TCP) (s. *Patzak* in Körner/Patzak/Volkmer Stoffe Teil 1 Rn. 403, 409–414).

Kap. 14. Betäubungsmittel der Anlage I §1 **BtMG**

15. Phenetylamine. Phenethylamin 25N-NBOMe ist eng verwandt mit 25I- 435
NBOMe, 25B-NBOMe und 25C-NBOMe, die bereits mit der 28. BtMÄndV
dem BtMG unterstellt wurden (→ Rn. 225). Für 25I-NBOMe wurde auf Grund
schwerer Intoxikationen und Todesfälle ein Verfahren zur Risikobewertung EU-
Recht durchgeführt und anschließend die Einführung von Kontrollmaßnahmen
beschlossen. Bei 25N-NBOMe ist von einer vergleichbaren Wirksamkeit auszugehen (BR-Drs. 147/16, 5). Die Unterstellung unter das BtMG erfolgte mit
Wirkung v. 9. 6. 2016 (→ Rn. 228).

16. Phenylethylamine. a) Herkunft, Unterstellungen. Schon länger be- 436
kannte Phenylethylamine (2C-B, 2C-D, 2C-T-2, 2-T-7) sind bereits früher in die
Anlage I aufgenommen worden. Auch innerhalb **der neuen psychoaktiven Substanzen** bilden die **Phenylethylamine** eine wichtige Stoffgruppe. Auch sie wurden, soweit sie dem BtMG unterstellt wurden und keine therapeutische Potenz aufweisen, in die Anlage I aufgenommen (→ Rn. 225).

b) Wirkung. Die Stoffe haben eine entaktogene und LSD-ähnliche halluzino- 437
gene Wirkung. Wegen der Einzelheiten wird auf BR-Drs. 490/14, 11 verwiesen.

17. Psilocybin, Psilocin. a) Herkunft, Geschichte. Psilocybin und in gerin- 438
gerer Konzentration Psilocin finden sich in einer Vielzahl von Pilzen. Psilocybin
wurde im Jahre 1958 im Rahmen der pharmazeutischen Forschung aus dem südamerikanischen Blätterpilz Teonanacatl (Psilocybe mexicana), dessen berauschende
Wirkung den Ureinwohnern seit jeher bekannt war, isoliert und zunächst in der
Medizin verwendet.

b) Halluzinogene Pilze. Weltweit sind etwa 100 Arten bekannt, die Psilocy- 439
bin/Psilocin enthalten (Szenenamen: Zauberpilze, Narrische Schwammerl, Psilos,
Magic Mushrooms, Shrooms). Sie finden sich auch in Mitteleuropa. Am bekanntesten ist der **spitzkegelige Kahlkopf** (Psilocybe semilanceata), der Weiden mit alten natürlichen Dungablagerungen sowie grasige und nährstoffreiche Stellen bevorzugt und bis auf Höhen von 1.700 m anzutreffen ist. Der Pilz zählt zu den
potentesten halluzinogenen Arten; es konnten bei Exemplaren aus wilder Sammlung Psilocybingehalte bis zu 1,34%, in der Schweiz gar bis zu 2,02% festgestellt
werden.

Neben den Kahlköpfen gibt es **weitere Familien,** die halluzinogene Formen 440
enthalten können; dazu gehören die Träuschlinge (Stropharia), Düngerlinge (Panaeoli), Flämmlinge (Gymnopili), Samthäubchen (Conocybe), Risspilze (Inocybe),
Hypholomae, Amanitaceae (Wulstlinge) und Plutei (*Patzak* in Körner/Patzak/
Volkmer Stoffe Teil 1 Rn. 447–464; *Geschwinde* Rauschdrogen Rn. 1124, 1125).

Von den tropischen Arten ist vor allem der **mexikanische Kahlkopf** (Psilocybe 441
mexicana; Teonacatl-Pilz) bekannt geworden. Er bildet Sklerotien (→ § 2 Rn. 26)
aus, die ebenfalls Psilocybin (0,3%) und Psilocin (0,1%) enthalten. Sie werden als
„Trüffel" oder „Philosophers Stones" vertrieben. Bekannt ist auch der Psilocybe
(Stropharia) cubensis, der unter dem Namen **„Magic Mushroom"** verkauft wird.

c) Zur Anwendung des BtMG auch auf die Pilze. Bis zum Inkrafttreten 442
der 10. BtMÄndV am 1. 2. 1998 waren die Pilze dem BtMG nicht unterstellt
(→ Rn. 162). Soweit ein Missbrauch zu Rauschzwecken vorgesehen ist
(→ Rn. 175–177), gilt dies nicht mehr (→ Rn. 185–190). Sowohl der eigentliche
Pilz (Mycel einschließlich Sklerotien) als auch die Fruchtkörper (Pilz im Sinne
der Umgangssprache) und die Sporen sind biologische Materialien, die, sofern sie
einen in den Anlagen I bis III genannten Wirkstoff nicht bereits selbst enthalten,
jedenfalls zur Gewinnung von Organismen mit diesen Wirkstoffen geeignet sind
(→ Rn. 180–183). Sie unterfallen daher der Anlage I fünfter Gedankenstrich.

d) Vertriebsformen, Konsumformen. Psilocybin wird auf dem Drogenmarkt 443
als weißes Pulver oder als geruchlose Flüssigkeit vertrieben. Psilocybinhaltige Pilze

BtMG § 1 Erster Abschnitt. Begriffsbestimmungen

gehören zum Angebot eines jeden Smart-shop (→ Rn. 205). Von dort können über das Internet oder Drogenzeitschriften komplette Sortiments zum **Indooranbau** bezogen werden (*Patzak* in Körner/Patzak/Volkmer Stoffe Teil 1 Rn. 465, 466). Beliebt ist auch der Handel mit Pilzen, die in sogenannten Duftkissen oder Duftsäcklein („Airfresher" (BayObLGSt 2002, 135 (→ Rn. 15))) vertrieben werden (*Patzak* in Körner/Patzak/Volkmer Stoffe Teil 1 Rn. 466). Mittlerweile werden sie aber auch in großen Mengen (vgl. BGH NJW 2007, 524 (→ Rn. 186)) im Indooranbau erzeugt.

444 Die Pilze können **frisch oder getrocknet** verwertet werden, als Teeaufguss oder Pilzsuppe, pulverisiert mit Fruchtsaft, Kakao oder Schokolade oder mit Tabak geraucht. Bei frischen Pilzen muss der Verzehr möglichst bald erfolgen (spätestens nach zwei bis drei Tagen im Kühlschrank), da sich die Pilzeiweiße rasch zu gefährlichen Toxinen zersetzen.

445 **e) Wirkung.** Psilocybin wird im Körper rasch in Psilocin umgebaut, wobei aus 10 mg Psilocybin 7,18 mg Psilocin entstehen; der aktive Wirkstoff ist daher das Psilocin (BayObLGSt 2002, 33 = StV 2003, 81). Psilocybin/Psilocin wirken stark halluzinogen. Ihr Wirkungsspektrum, ihre Wirkung und ihre Gefährlichkeit entsprechen dem des LSD, mit dem auch eine Kreuztoleranz (→ Rn. 51) besteht. Die Intensität des Rauschs mit starken euphorischen Zuständen und visuellen/auditiven Halluzinationen nimmt etwa zwei bis drei Stunden zu und klingt dann langsam ab, bis nach sechs bis acht Stunden ein relativer Normalzustand erreicht ist.

446 **Nachwirkungen** sind nicht häufig, jedoch kann es noch nach Tagen zu einer erhöhten motorischen Aktivität und zu einer ängstlich gespannten Stimmung kommen (*Geschwinde* Rauschdrogen Rn. 1173). Eine physische Abhängigkeit ist nicht beobachtet worden; wohl aber entwickelt sich eine psychische Abhängigkeit vom Halluzinogentyp. Es kommt rasch zu einer ausgeprägten Toleranzbildung (→ Rn. 50), die bei Absetzen der Droge aber wieder zurückgeht.

447 Die wirksame Dosis für einen Erwachsenen liegt zwischen 4 und 8 mg **Psilocin**, wobei 4 mg leichtere Stimmungsschwankungen hervorrufen, während 6 bis 12 mg zu einem akut psychotischen Bild führen; die üblicherweise psychedelisch wirksame Einzeldosis beträgt 8 mg Psilocin; mit Sicherheit halluzinogen wirken 10 mg, so dass eine **Konsumeinheit** nicht höher als 10 mg zu veranschlagen ist; bei **Psilocybin** beträgt sie 0,014 g (BayObLGSt 2002, 33 (→ Rn. 445)).

448 In den Pilzen ist der **Wirkstoffgehalt** (meist Psilocybin) nach Pilzart und Exemplaren unterschiedlich. Bei getrockneten Pilzen liegt er zwischen 0,1% und 2,0% des Gewichts, bei frischen zwischen 0,01% und 0,2% (*Geschwinde* Rauschdrogen Rn. 1117). Bei einer Konsumeinheit von 10 mg Psilocin (→ Rn. 447) werden für einen Rauschzustand 1,4 bis 14 g getrocknete und 14 bis 140 g frische Pilze benötigt; bei den beiden häufigsten Arten (Psilocybe cubensis und Psilocybe semilanceata) sind dies 2,8 g getrocknete oder 28 g frische Pilze.

449 **f) Das Verbot des BtMG und der freie Warenverkehr.** Auch der Umgang mit frischen Pilzen (paddo's) ist in den Niederlanden seit 1.12.2008 verboten, wenn sie Psilocybin oder Psilocin enthalten (*Körner*, 6. Aufl. 2007, Anh. C 1 Rn. 391). Aber auch schon vorher verstieß das deutsche Umgangsverbot nicht gegen das Recht des freien Warenverkehrs in der EU (→ 4. Auflage § 1 Rn. 441, 442).

450 **18. Salvia divinorum. a) Herkunft.** Salvia divinorum (Azteken-, Zauber- oder Wahrsagesalbei) ist eine ausdauernde krautige Pflanze, die bis zu 2 m hoch wird. Sie enthält Inhaltsstoffe vom Typ Neoclerodanditerpene, von denen einige zu den stärksten im Pflanzenreich existenten psychoaktiven Substanzen gehören (BT-Drs. 48/08, 6). Die Pflanze stammt aus Mexiko und wurde dort als Zauberdroge zu religiösen und medizinischen Zwecken verwendet (*Volkmer* in Körner/ Patzak/Volkmer Stoffe Teil 2 Rn. 224). In der westlichen Welt ist das Interesse an

der Pflanze seit den 80er Jahren erheblich gestiegen. Sie wird zunehmend auch in Deutschland missbraucht (BR-Drs. 48/08, 6).

b) Anwendung des BtMG. Die Pflanze wurde durch die 21. BtMÄndV mit Wirkung vom 1.3.2008 der Anlage I unterstellt. Die Unterstellung erfasst die gesamte Pflanze und alle Pflanzenteile und damit auch **Früchte** und **Samen**. Eine Ausnahme ist nicht vorgesehen. Die Regelung geht als Sondervorschrift dem fünften Gedankenstrich der Anlage I vor, so dass Salvia divinorum einschließlich des Samens in vollem Umfang dem für die Anlage I geltenden Regime untersteht, ohne dass es darauf ankommt, ob der Samen einen Wirkstoff enthält und ob ein Missbrauch der aus ihm entstehenden Pflanze zu Rauschzwecken vorgesehen ist. 451

c) Konsumformen. Die Blätter von Salvia divinorum werden gekaut, inhaliert oder geraucht. Der gepresste Saft der Pflanze wird im Mund hin- und hergespült (*Volkmer* in Körner/Patzak/Volkmer Stoffe Teil 2 Rn. 224) und nicht geschluckt, da der Wirkstoff im Magen-Darm-Trakt zerstört wird (*Geschwinde* Rauschdrogen Rn. 1366). Auch Extrakt ist im Handel. 452

d) Wirkung. Der Konsum kann zu schweren Bewusstseinsveränderungen, Psychosen und anderen gesundheitlichen Störungen führen (BR-Drs. 48/08, 6). 453

Kapitel 15. Die Betäubungsmittel der Anlage II

A. Allgemeines. Die Anlage II enthält die verkehrsfähigen, aber nicht verschreibungsfähigen Betäubungsmittel. Der Umgang mit ihnen darf ohne die Einschränkungen des § 3 Abs. 2 erlaubt werden (§ 3 Abs. 1), sofern nicht ohnehin nach § 4 eine Ausnahme von der Erlaubnispflicht besteht. Dagegen dürfen Betäubungsmittel der Anlage II nicht verschrieben, verabreicht oder einem anderen zum unmittelbaren Verbrauch überlassen werden (§ 13 Abs. 1 S. 3). 454

B. Die Betäubungsmittel der Anlage II dienen in der Regel der **Pharmaindustrie** als Roh- oder **Ausgangsstoffe** oder fallen dort als Zwischenprodukte oder Halbsynthetika an. Anders als die Betäubungsmittel der Anlage I haben sie daher (mittelbar) medizinische Bedeutung und können sich legal im Verkehr befinden. Sie werden häufig auch als **Grundstoffe** bezeichnet, sind jedoch von den Grundstoffen im Sinne des GÜG (Anh. D 1) streng zu unterscheiden (§ 2 Nr. 1 GÜG). 455

I. Zahl und Art der unterstellten Stoffe. Die Anlage II enthält nach dem Stand v. 31.3.2021 190 Positionen (Stoffe und Isomere). Hinzu kommen unter bestimmten Voraussetzungen und mit bestimmten Ausnahmen 456
– die Ester, Ether und Molekülverbindungen der in der Anlage II sowie die Ester und Ether der in der Anlage III aufgeführten Stoffe, ausgenommen γ-Hydroxybuttersäure (GHB), wenn sie nicht in einer anderen Anlage verzeichnet sind und das Bestehen solcher Ester, Ether und Molekülverbindungen möglich ist (Anlage II erster Gedankenstrich),
– die Salze der in Anlage II aufgeführten Stoffe, wenn das Bestehen solcher Salze möglich ist, sowie die Salze und Molekülverbindungen der in Anlage III aufgeführten Stoffe, wenn das Bestehen solcher Salze und Molekülverbindungen möglich ist und sie nicht ärztlich, zahnärztlich oder tierärztlich angewendet werden (Anlage II zweiter Gedankenstrich), und
– die Zubereitungen der in Anlage II aufgeführten Stoffe, sofern sie nicht nach Anlage II dritter Gedankenstrich (→ Rn. 457) ausgenommen sind.

Zu den Isomeren → Rn. 156–161.

Ähnlich wie bei Anlage I scheiden **Zubereitungen** aus Stoffen der Anlage II aus dem Anwendungsbereich des BtMG aus (Anlage II dritter Gedankenstrich Buchst. a), wenn sie ausschließlich diagnostischen oder analytischen Zwecken die- 457 nen, ohne am oder im menschlichen oder tierischen Körper angewendet zu werden und wenn entweder ihr Gehalt an einem oder mehreren Betäubungsmitteln, bei Lyophilisaten und entsprechend zu verwendenden Stoffgemischen in der gebrauchsfertigen Lösung, 0,01 % nicht übersteigt oder die Stoffe in den Zubereitungen isotopenmodifiziert sind. Ebenso gilt das BtMG nicht, wenn die Zubereitung in der Anlage II **besonders ausgenommen** ist (Anlage II dritter Gedankenstrich Buchst. b).

458 **II. Einzelne Betäubungsmittel der Anlage II.** Bekannte oder bemerkenswerte Betäubungsmittel der Anlage II sind[3]:

459 **1. Amfetaminderivate, Amfetamine (ohne Ecstasy). a) Herkunft, Unterstellungen unter das BtMG.** Neben den Amfetaminderivaten, die bereits länger bekannt sind (→ Rn. 245) oder in die Anlage I aufgenommen wurden (→ Rn. 245), wurden im Zuge der Verbreitung der **neuen psychoaktiven Substanzen,** auch Amfetaminderivate festgestellt, die therapeutisches Potential aufweisen und deswegen der Anlage II zugeordnet wurden. Die einzelnen Stoffe und der Zeitpunkt ihrer Unterstellung unter das BtMG ergeben sich aus → Rn. 223, 226.

460 **b) Wirkung.** In ihren Wirkungen und Nebenwirkungen ähneln die Stoffe dem Amfetamin. Wegen der Einzelheiten wird auf BR-Drs. 317/12, 8, BR-Drs. 490/14, 12 und BR-Drs. 135/15 verwiesen.

461 **2. Benzodiazepine (Diclazepam, Flubromazepam). a) Herkunft, Unterstellung unter das BtMG.** Viele Benzodiazepine sind in der Anlage III enthalten (→ Rn. 527–530) und können daher verschrieben werden. In neuerer Zeit gelangen aber auch Benzodiazepine auf den Markt, die aus der Pharmaforschung der 1960er Jahre stammen, aber nicht als Arzneimittel zugelassen wurden. Sie wurden mit Wirkung v. 21.11.2015 der Anlage II unterstellt (→ Rn. 227). Zu einem weiteren Benzodiazepin → Rn. 233b.

462 **b) Wirkung.** Diclazepam und Flubromazepam sind Stoffe mit starker und lange anhaltender Wirkung. Im Übrigen entspricht ihr Wirkungsbild im Wesentlichen dem angstlösenden und sedierenden Muster der Benzodiazepine (BR-Drs. 399/15, 6).

463 **3. Cannabinoide, synthetische (Spice, Sence, Smoke etc). a) Herkunft, Geschichte.** Die synthetischen Cannabinoide sind eine wesentliche Stoffgruppe der neuen psychoaktiven Substanzen, die seit dem Jahre 2005 unter der irreführenden Bezeichnung „Legal Highs" als Kräutermischung, Räuchermischung etc auf den deutschen Markt drängten (→ Rn. 218). Sie werden konsumiert, um einen Rauschzustand mit dem Ziel der Entspannung, Stimmungsregulation oder Intensivierung von Sinneseindrücken herbeizuführen. Die Stoffe können im Labor mit geringem technischem Aufwand und leicht zu beschaffenden Bestandteilen kostengünstig hergestellt werden. Die Spice-Produkte der ersten Generation enthielten neben dem Wirkstoff CP 47,497-C8-Homolog als Hauptwirkstoff JHW-018. Nach seiner Aufnahme in die Anlage II zum BtMG (→ Rn. 464) wurde er durch andere synthetische Cannabinoide, zB JWH-073, aber auch durch weitere, teilweise hochpotente Wirkstoffe, ersetzt. Die synthetischen Cannabinoide gehören zu den Aminoalkylindolen der JWH-Gruppe, die seit 1989 von dem amerikanischen Chemiker John W. Huffmann (JWH) zur Behandlung von Schmerz- und Krebspatienten erforscht wurden (zum Ganzen BGH 1 StR 302/13, insoweit in NJW 2015, 969 und NStZ 2015, 226 nicht abgedruckt).

464 **b) Unterstellungen unter das BtMG (Anlage II).** Zu den einzelnen Stoffen und den Zeitpunkt ihrer Unterstellung → Rn. 221–233.

---

[3] Eine Beschreibung aller Betäubungsmittel der Anlage II enthält *Hastedt* in BeckOK BtMG Anlage II Rn. 1–169.

Kap. 15. Betäubungsmittel der Anlage II § 1 BtMG

c) Vertriebsformen, Konsumformen. Zum Verkauf werden die syntheti- 465
schen Cannabinoide mit Pflanzenmaterial vermischt. Die Verteilung der Wirkstoffe
innerhalb der pflanzlichen Trägermasse ist ungleichmäßig; die Wirkstoffkonzentration schwankt stark, wobei der Wirkstoffgehalt in den letzten Jahren erheblich
auf bis zu 30% gestiegen ist. Die Verbreitung erfolgt vor allem in Head- und
Smartshops sowie über einschlägige Onlineshops, wo die Ware als Kräuter- oder
Räuchermischung, die nicht zum Verzehr geeignet sei, verkauft wird. Zugleich
wird im Internet auf ihre berauschende Wirkung beim Rauchen hingewiesen
(BR-Drs. 812/09, 7). Für die Konsumenten selbst ist nicht erkennbar, dass sie Produkte konsumieren, die nicht nur aus komplexen Mischungen exotischer Kräuter
und Aromastoffe zusammengesetzt sind, sondern mit hochwirksamen synthetischen
Cannabinoiden in unbekannter und schwankender Dosierung versetzt sind (BR-
Drs. 812/09, 7). Allerdings werden zunehmend auch einzelne Wirkstoffe zum
Selbstmischen angeboten (BR-Drs. 399/15, 5). Konsumiert werden die Kräuter-
oder Räuchermischungen durch Rauchen im Joint oder in der Wasserpfeife.

d) Wirkung. Die Wirkung tritt beim Rauchen innerhalb weniger Minuten ein 466
und hält bei JWH-018 ein bis zwei Stunden, bei CP 47,497-C8-Homolog vier bis
sechs Stunden an (BGH 1 StR 302/13 (→ Rn. 463)). Die Stoffe wirken ähnlich wie
Cannabis, wobei die Potenz gegenüber THC allerdings um ein Vielfaches (bei
JWH-018 und CP 47,497-C8-Homolog mindestens um das Dreifache (BGH 1
StR 302/13)) erhöht ist (BR-Drs. 812/09, 7). Das Rauscherlebnis hängt wie bei
Cannabis stark von set und setting (→ Rn. 125, 296) ab und ist auch inhaltlich dem
von Cannabis vergleichbar (→ Rn. 300). Wie bei Cannabis kann es auch zu atypischen Rauschverläufen („bad trip") kommen, die denen bei Cannabis (→ Rn. 300)
entsprechen (s. *Patzak/Volkmer* NStZ 2011, 498 (499)).

Bei klinischen Notfällen nach dem Konsum von Produkten, denen diese Stoffe 467
zugesetzt waren, haben sich erhebliche unerwünschte Nebenwirkungen auf das
Herz-, Kreislauf- und Nervensystem ergeben. Häufig treten Herzrasen und Angst-
zustände auf; auch kann es zur Bewusstlosigkeit kommen (BR-Drs. 812/09, 7). Das
Suchtpotential entspricht mindestens dem von Cannabis (BR-Drs. 812/09, 7). Zu
Wirkungen, Nebenwirkungen und Suchtpotential von JWH-018, JWH-073, CP
47,497-C8-Homolog und CP 47,497 im Einzelnen s. BGH 1 StR 302/13
(→ Rn. 463), zu den übrigen in die Anlage II aufgenommenen s. die einschlägigen
Bundesratsdrucksachen (→ Rn. 221–233).

4. Cannabis zur Herstellung von Zubereitungen zu medizinischen Zwe- 468
cken. Die Aufnahme in die Anlage II beruhte auf der 25. BtMÄndV (→ Rn. 257).
Durch das Gesetz v. 6.3.2017 (BGBl. I S. 403) wurde sie im Hinblick auf die neugefasste Position Cannabis in Anlage III gestrichen.

5. Cathinone (Cathinonderivate). a) Unterstellungen. Nach der Aufnahme 469
von Mephedron (→ Rn. 416) in die Anlage I sind **weitere Cathinonderivate** auf
den Markt gekommen, die ebenfalls angeblich harmlosen Produkten (Badesalz,
Pflanzendünger oder Lufterfrischer etc) zugesetzt werden. Von ihnen wurden inzwischen neun dem BtMG (Anlage II) unterstellt. Zu den einzelnen Stoffen und
den Zeitpunkt ihrer Unterstellung → Rn. 223, 224, 229 und 232, 239.

b) Konsumform, Wirkung. Die Cathinonderivate werden meist gesnieft, 470
manchmal aber auch injiziert (*Patzak/Volkmer* NStZ 2011, 498 (499)). Sie gehören
wie Amfetamin und dessen Derivate (MDMA) zur Gruppe der Stimulantien
(→ Rn. 130). Nach dem **Konsum** kommt es wie bei Amfetamin (→ Rn. 523) zu
einer gesteigerten Aktivität, Ausdauer und Wachheit sowie wie bei Ecstasy
(→ Rn. 358) zu entaktogenen Wirkungen (*Patzak/Volkmer* NStZ 2011, 498
(499)). Nach Ende der stimulierenden Wirkung kann es zu pathologischen Er-
schöpfungszuständen kommen (*Patzak/Volkmer* NStZ 2011, 498 (499)). Der Dau-

erkonsum kann zu psychischen Störungen, wie Depressionen, Verwirrtheit oder Verfolgungswahn führen; bei der Aufnahme hoher Dosen können auch schwere Störungen des Herz-Kreislaufsystems bis zu einem tödlichen Ausgang die Folge sein (*Patzak/Volkmer* NStZ 2011, 498 (499)). Zu den Wirkungen, Nebenwirkungen und Suchtpotential im Einzelnen s. die einschlägigen Bundesratsdrucksachen (BR-Drs. 317/12, BR-Drs. 434/13, BR-Drs. 282/17), zu Pentedron außerdem BGH NStZ-RR 2017, 47.

471 **6. Cocastrauch (Erythroxylum coca). a) Verbreitung, Geschichte.** Der Cocastrauch (Kokastrauch, Erythroxylum coca) stammt aus Südamerika. Dort ist auch heute noch sein Hauptanbaugebiet, insbesondere in Bolivien, Kolumbien und Peru. Die Heimat des Cocastrauchs sind die Ostabhänge der Anden. Seit einiger Zeit gewinnt im Amazonasbecken eine für das Tiefland gezüchtete Varietät („Epadu") an Bedeutung, die zwar einen geringeren Wirkstoffgehalt aufweist, aber besonders kostengünstig geerntet werden kann (*Geschwinde* Rauschdrogen Rn. 2551). Bestandteil der Anlage II sind auch die Varietäten Erythroxylum bolivianum und spruceanum sowie die kolumbianische Varietät Erythroxylum novogranatense.

472 Die Anlage II erfasst die gesamte Pflanze und alle Pflanzenteile und damit auch **Früchte** und **Samen**. Die Regelung geht als Sondervorschrift der Anlage I fünfter Gedankenstrich vor, so dass Erythroxylum coca einschließlich des Samens in vollem Umfang dem für die Anlage II geltenden Regime untersteht, ohne dass es darauf ankommt, ob der Samen einen Wirkstoff enthält und ob ein Missbrauch der aus ihm entstehenden Pflanze zu Rauschzwecken vorgesehen ist.

473 **b) Konsumformen, Wirkung.** Seit jeher werden die Blätter des Cocastrauchs von den Ureinwohnern mit Asche oder Kalkstaub vermischt gekaut, um Hunger, Müdigkeit oder andere körperliche Beschwerden zu überwinden Beim Kauen gelangt nur ein Teil des Alkaloids Cocain in die Blutbahn. Deswegen kommt es bei einem erfahrenen Coca-Kauer nur selten zu einer ausgeprägten Sucht (*Hoffmann* Kriminalistik 1998, 702 (703)).

474 Wird aber die tägliche Menge von etwa 50 g erheblich überschritten, entwickeln sich in aller Regel Lethargie, Verhaltensstörungen und erhöhte Krankheitsanfälligkeit (*Patzak* in Körner/Patzak/Volkmer Stoffe Teil 1 Rn. 103). Für den europäischen Markt hat der Cocastrauch nur insofern Bedeutung, als er als Grundstoff für die Cocainproduktion dient (→ Rn. 536).

475 **7. Diamorphin zur Herstellung von Zubereitungen zu medizinischen Zwecken.** Die Aufnahme in die Anlage II beruht auf dem Gesetz v. 15.7.2009 (→ Rn. 398). Sie gilt **ausschließlich** für Diamorphin, das zur Herstellung von Zubereitungen zu medizinischen Zwecken bestimmt ist (→ Rn. 401).

476 **8. Meta-Chlorphenylpiperazin (m-CPP). a) Herkunft, Geschichte.** Die Piperazine, die an sich der Arzneimittelherstellung (Antidepressiva) dienen, werden häufig als Partydrogen missbraucht. Vor einigen Jahren, heute nur noch selten (DBBD 2018/Drogenmärkte S. 12), wurden sie in Tabletten- oder Kapselform auch als **Ecstasy** angeboten. Der Wirkstoff **m-CPP** wird seit Mitte 2005 mit den verschiedensten Logos auf den Markt gebracht (BR-Drs. 48/08, 8; *Patzak* in Körner/Patzak/Volkmer Stoffe Teil 1 Rn. 395). Manchmal wird es auch ohne Logo als bunte oder gesprenkelte Tablette („Multi-Colored-Tablette") vertrieben. **Szenenamen** sind Arleqin, Regenboogje, Schmetterlinge, Jenaer Smarties (*Patzak* in Körner/Patzak/Volkmer Stoffe Teil 1 Rn. 395). Die Unterstellung von m-CPP unter das BtMG ist mit Wirkung vom 1.3.2007 erfolgt.

477 **b) Wirkung.** m-CPP bewirkt schwach halluzinogene Vorstellungen mit Glücksgefühlen und optischen Wahrnehmungsveränderungen. Es hat aber ausgeprägte und schwere Nebenwirkungen wie Depressionen, Angst- und Unruhezuständen, Übelkeit und Erbrechen (*Patzak* in Körner/Patzak/Volkmer Stoffe Teil 1 Rn. 395), Nervosität und Schweratmigkeit (BR-Drs. 48/08, 8).

9. Metamfetamin (Crystal, Speed, ICE, Crank, YABA, Shabu). a) Formen. Metamfetamin ist in drei Formen in der Anlage II enthalten; hinzu tritt das Levamfetamin:

- **Levmetamfetamin/Levometamfetamin** (chemische Formel: (R)-(Methyl) (1-phenylpropan-2-yl)azan) ist das linksdrehende Enantiomer des Metamfetamins,
- **Metamfetamin** (chemische Formel: (2S)-N-Methyl-1-phenylpropan-2-amin) ist das rechtsdrehende Enantiomer (→ § 2 Rn. 14),
- **(RS)Metamfetamin/Metamfetaminracemat** (chemische Formel: *(RS)*-(Methyl)(1-phenylpropan-2-yl)azan) ist das Gemisch aus gleichen Teilen (Racemat (→ § 2 Rn. 16)) der rechtsdrehenden und der linksdrehenden Form (BGHSt 57, 60 = NJW 2012, 400 = A&R 2012, 34 mAnm *Winkler*).

Bei der legalen industriellen Herstellung aus Ephedrin oder Pseudoephedrin entsteht die rechtsdrehende Form (LG Verden StV 2010, 689). Ein Racemat deutet daher eher auf eine illegale Herstellung hin (aber → Rn. 479).

Bei den derzeit auf dem **deutschen Drogenmarkt** gehandelten „Crystal"-Zubereitungen handelt es sich fast ausschließlich um die **rechtsdrehende Variante**, die nach bisherigen Erkenntnissen etwa 5mal ZNS (Zentralnervensystem) aktiver als das Levometamfetamin ist. Bei den untersuchten Proben wurde bislang nur in wenigen Einzelfällen das Racemat und nur in einem Fall das Levometamfetamin nachgewiesen (*Patzak/Dahlenburg* NStZ 2016, 615). Weder das Racemat noch das Levometamfetamin können vom Konsumenten mit „Crystal" verwechselt werden, da sich die Gesamterscheinungsform von „Crystal" nach Aussehen, Geruch und Wirkweise deutlich von ihnen unterscheidet. Die Sulfat-Form des Racemats ist zudem nicht rauchbar. Unter „Crystal" ist daher nahezu ausschließlich die rechtsdrehende Form des Metamfetamins zu verstehen.

Die auf dem deutschen Drogenmarkt gehandelten „Crystal"-Zubereitungen weisen einen durchschnittlichen **Wirkstoffgehalt** zwischen 70% bis 77% Metamfetamin (Base) auf (*Patzak/Dahlenburg* NStZ 2016, 615)

b) Herkunft, Geschichte. Metamfetamin (Methamphetamin) wurde Mitte der 30er Jahre in Deutschland als sogenanntes Weckamin entwickelt und 1937 patentiert. 1938 kam es unter dem Namen Pervitin auf den Markt. Im zweiten Weltkrieg wurde es vor allem von Kampffliegern verwendet, um sich wachzuhalten, aufzuputschen und risikofreudiger zu machen (Nazi-Crank, Hitlers Droge). Im Jahre 1988 wurde Pervitin vom Markt genommen. Metamfetamin weist eine nahe chemische Verwandtschaft zu Amfetamin auf, in das es durch Stoffwechseleinwirkung umgebaut werden kann (BGH 2 StR 86/08; BayObLG StV 2004, 323 = NZV 2004, 267). Der zunehmende Missbrauch führte im Jahre 2008 zu einer Umstufung aus der Anlage III in die Anlage II des BtMG. Zusammenfassend zu Metamfetamin s. BGHSt 53, 89 = NJW 2009, 863 = NStZ 2009, 393 = StV 2009, 360; *Knecht* Kriminalistik 2002, 402; s. aber nunmehr BGHSt 57, 60 (→ Rn. 478).

Das Hydrochlorid des Metamfetamins kommt in Pulver-/Tablettenform **(YABA, Crank)** und in kristalliner Form **(ICE, Shabu, Crystal, Speed)** vor. Beide Formen sind in Nordamerika und Ostasien (Thailand, Philippinen, Myanmar, Japan, China) weit verbreitet (*Geschwinde* Rauschdrogen Rn. 3335–3340). Zu den Hauptproduktionsländern gehören China, die USA und Mexiko. In Europa beschränkt sich der Markt von YABA bislang auf das asiatische Rotlichtmilieu. Hauptproduktionsstätte von **Crystal** ist Tschechien; seit Kurzem kommt es auch aus den benachbarten Grenzregionen (EBDD 2019 S. 32).

483 Zu beachten ist, dass auch Methylaminorex als **ICE** bezeichnet wird (*Geschwinde* Rauschdrogen Rn. 3963). Bei diesem handelt es sich um ein Betäubungsmittel der Anlage I, das amfetamin-ähnliche Wirkungen aufweist (*Geschwinde* Rauschdrogen Rn. 3963).

484 **c) Konsumformen.** Metamfetamintabletten werden geschluckt; sie können aber auch zerrieben und dann geschnupft oder mittels einer Folie oder Glaspfeife geraucht werden. Kristallines Metamfetamin wird gewöhnlich in Cellophantütchen oder Glasphiolen angeboten, manchmal mit einer Glaspfeife. Das **Rauchen** (dazu → Rn. 489) ist derzeit die häufigste Form des Konsums (BGHSt 53, 89 (→ Rn. 481)); das Rauschgift wird aber auch geschnupft, oral eingenommen oder intravenös injiziert.

485 **d) Wirkung.** Die Gefährlichkeit von Metamfetamin wird vom 2. (BGHSt 53, 89 (→ Rn. 481)) und vom 3. Strafsenat (BGHSt 57, 60 (→ Rn. 478)) des BGH unterschiedlich eingeschätzt, wobei sich die Entscheidung des 2. Strafsenats auf die rechtsdrehende Form des Metamfetamins, die des 3. Strafsenats auf das Racemat bezieht. Der 3. Strafsenat betont aber zugleich, dass unterschiedliche Grenzwerte für die beiden Formen nicht gerechtfertigt seien. Zur Gefährlichkeit im Rahmen der **Strafzumessung** → Vor § 29 Rn. 947.

486 **aa) Metamfetamin (rechtsdrehend)** ((2S)-N-Methyl-1-phenylpropan-2-amin). Zu dieser rechtsdrehenden Form des Metamfetamins hat der 2. Strafsenat (BGHSt 53, 89 (→ Rn. 481)) festgestellt (ähnlich *Patzak/Dahlenburg* NStZ 2016, 615): schon 3 mg genügen, um auf die meisten Menschen anregend zu wirken. Die empfohlene Einzeldosis betrage in der Medizin 3 bis 6 mg, die maximale Tagesdosis 15 mg. Orale Dosierungen über 20 mg können bei Nicht-Gewöhnten bereits erhebliche psychische und vegetative Nebenwirkungen auslösen (BGHSt 53, 89 (→ Rn. 481)). Die in den letzten Jahren sichergestellten Tabletten enthielten zwischen 25 und 48 mg Metamfetaminhydrochlorid (BGHSt 53, 89 (→ Rn. 481)). Nebenwirkungen und toxische Effekte (→ Rn. 487–491) treten bereits nach dem Konsum üblicher Dosen auf. Verstärkt werden sie durch Inhalation, Dauergebrauch und Mischkonsum (BGHSt 53, 89 (→ Rn. 481)). Eine einigermaßen sichere Dosierung für den Einzelnen lässt sich nicht vorhersagen, weil die aktuelle Verfassung (Set) und die jeweiligen Umgebungsbedingungen (Setting) den Grad der Wirkung beeinflussen (BGHSt 53, 89 (→ Rn. 481)).

487 Die Wirkung ähnelt der von Cocain. Nach einem **schnell einsetzenden Kick** kommt es zu einer längeren Phase (durchschnittlich zwölf Stunden (BGHSt 53, 89 (→ Rn. 481))) der Euphorie (→ Rn. 488) mit Neigung zu aggressiven Handlungen und der Gefahr atypischer Rauschverläufe (*Geschwinde* Rauschdrogen Rn. 3578). Daran schließt sich eine „down"-Phase an, die bis zu zwei Tagen dauern kann. Sie ist geprägt von Abgeschlagenheit und stark depressiver Verstimmung, die ein neues Verlangen auslöst (BGHSt 53, 89 (→ Rn. 481)), manchmal auch von Wahnvorstellungen, Halluzinationen und Anzeichen paranoider Schizophrenie (*Geschwinde* Rauschdrogen Rn. 3579).

488 Metamfetamin ist eine **stark stimulierende** Droge (BayOblG StV 2004, 323 (→ Rn. 481)). Es wirkt anregend und euphorisierend, steigert subjektiv die Leistungsfähigkeit und Ausdauer und unterdrückt das Hungergefühl und die körperliche Erschöpfung (BGHSt 53, 89 (→ Rn. 481)). Akut toxische Effekte sind zentrale Erregung mit psychiatrischen und neurologischen Komplikationen wie von Todesangst, Schwindel und Übelkeit begleitete Panikattacken, halluzinatorische Zustände mit räumlicher Desorientierung, paranoide und/oder affektive Psychosen, akute depressive Episoden, bei polytoxikomanen Konsumenten Intoxikationspsychosen mit Beziehungs- und Verfolgungswahn, bei Überdosierung cerebrale Krampfanfälle, Hirninfarkte und generalisierte Angststörungen (BGHSt 53, 89

Kap. 15. Betäubungsmittel der Anlage II § 1 **BtMG**

(→ Rn. 481)). Aufgrund ihrer Selbstüberschätzung und Aggressivität sind Verkehrsunfälle der Konsumenten wegen ihres zu schnellen, unkontrollierten, unberechenbaren und risikobereiten Fahrstils häufiger zu erwarten (BayObLG StV 2004, 323 (→ Rn. 481)).

Während bei oraler Aufnahme nur ein Teil der aufgenommenen Dosis das Gehirn erreicht, kommt es bei intravenöser Injektion und noch mehr bei **Inhalation/Rauchen** zur schnellen Aufnahme hoher Drogenanteile im Gehirn, so dass eine ungewöhnlich starke Rauschwirkung erzeugt wird, die der von Crack vergleichbar ist. Dabei ist die Bioverfügbarkeit wegen des niedrigen Verdampfungspunkts noch höher als bei Crack (BGHSt 53, 89 (→ Rn. 481)). 489

Bei **längerem Gebrauch** treten Schädigungen von Lungen, Leber und Nieren auf, sowie Halluzinationen bis hin zu Psychosen mit Wahnvorstellungen, die sich vom Erscheinungsbild kaum von endogenen Psychosen aus dem schizophrenen Formenkreis unterscheiden (BGHSt 53, 89 (→ Rn. 481)). Hinzu treten extreme Reizbarkeit, Aggressivität und Gewalttätigkeit. 490

Vor allem wenn es geraucht wird, hat Metamfetamin ein ähnlich hohes **Suchtpotential** wie Crack (*Geschwinde* Rauschdrogen Rn. 3582). Es macht nach wenigen Dosen süchtig. Zwar ist eine körperliche Abhängigkeit nicht beobachtet worden, die psychische Abhängigkeit ist jedoch sehr stark (BGHSt 53, 89 (→ Rn. 481)). Die Toleranzbildung ist hoch, so dass die Dosis rasch gesteigert werden muss (BGHSt 53, 89 (→ Rn. 481)). Das typische Konsummuster mit einer Stimulierung durch Metamfetamin und einer Sedierung durch Cannabis, Benzodiazepine oder Heroin führt schließlich zur Polytoxikomanie (BGHSt 53, 89 (→ Rn. 481)). Der Entzug kann zu schwersten Depressionen führen bis zu suizidalen Tendenzen. 491

bb) *(RS)*-**Metamfetamin/Metamfetaminracemat** *((RS)*-(Methyl)(1-phenylpropan-2-yl)azan). Zu dieser Form hat der 3. Strafsenat (BGHSt 57, 60 (→ Rn. 478)) festgestellt: In den USA würden Amfetamin und Metamfetamin weitgehend unterschiedslos in der Medizin eingesetzt. Die übliche Dosis betrage in beiden Fällen 5 mg alle 4 bis 6 Stunden; für die Langzeitbehandlung von Kindern werde eine tägliche Dosis von 25 mg (Metamfetamin) und 30 mg (Amfetamin) empfohlen. 20 bis 30 mg könnten daher bei missbräuchlicher Einnahme keine hohe Dosis darstellen. Dosen zwischen 25 und 60 mg würden schon von Erstkonsumenten eingenommen. In der Medizin würden Mengen zwischen 5 und 30 mg als niedrige Dosen bezeichnet, die für die klinische Erprobung geeignet seien. Die Annahme, Metamfetamin verfüge über eine verbesserte Lipophilie (Fettlöslichkeit) mit gesteigerter Bioverfügbarkeit und Wirkung, sei nicht tragfähig. Ebensowenig lasse sich die größere Gefährlichkeit mit der Konsumform des Rauchens begründen; die Bioverfügbarkeit betrage lediglich 67% der aufgenommenen Dosis, was der oralen Aufnahme entspreche. Auch könnten nach den vorhandenen Studien die Anflutungseffekte von Metamfetamin und Cocain nicht gleichgesetzt werden. 492

Eine **unterschiedliche Behandlung** von rechtsdrehendem Metamfetamin und Racemat sei nicht gerechtfertigt. Tierversuche hätten den Nachweis erbracht, dass Metamfetamin nach der Aufnahme im Körper größtenteils zu Amfetamin metabolisiert werde, so dass zu vermuten sei, dass bei chronischem Missbrauch die Gesamtwirkung von dem Amfetamin bestimmt werde. Zwar dürfte die Toxizität des Racemats nur etwa 30 bis 50% des rechtsdrehenden Metamfetamins betragen. Beide riefen jedoch insbesondere in Bezug auf das Herz-Kreislaufsystem vergleichbare pharmakodynamische Wirkungen hervor; die entsprechende Dosis des linksdrehenden Metamfetamins sei demgegenüber wirkungslos geblieben. Es sei daher anzunehmen, dass das im Racemat enthaltene linksdrehende Metamfetamin die Metabolisierung des rechtsdrehenden Metamfetamins in rechtsdrehendes Amfetamin fördere. 493

BtMG § 1 Erster Abschnitt. Begriffsbestimmungen

494 cc) **Levmetamfetamin/Levometamfetamin (linksdrehend)** ((R)-(Methyl) (1-phenylpropan-2-yl)a-zan)) ist praktisch nicht wirksam (BGHSt 57, 60 = NJW 2012, 400 = A&R 2012, 34 mAnm *Winkler*). Nach *Geschwinde* (→ Rn. 3374) soll die zentralnervöse Wirksamkeit gegenüber der rechtsdrehenden Form um ein Drittel bis ein Viertel vermindert sein.

495 **10. Mohnstrohkonzentrat.** Von den zahlreichen Mohnsorten wird im Wesentlichen nur der Schlafmohn – Papaver somniferum – (→ Rn. 626–635) zur Erzeugung von Opium genutzt (→ Rn. 619–625); er wird deswegen von den internationalen Suchtstoffübereinkommen auch als Opiummohn bezeichnet.

496 Während der Schlafmohn selbst der Anlage III unterliegt, ist das aus ihm hergestellte **Mohnstrohkonzentrat** der Anlage II zugeordnet. Diese Zuordnung geht als Sondervorschrift der Anlage I fünfter Gedankenstrich vor (→ Rn. 171). Als Mohnstroh gelten alle Teile des Opiummohns nach dem Mähen (Art. 1 Abs. 1 Buchst. r ÜK 1961) mit Ausnahme des Samens (zum Samen → Rn. 630–632). Mohnkonzentrat ist das bei der Verarbeitung von Pflanzen- und Pflanzenteilen der Art Papaver somniferum zur Konzentration der Alkaloide anfallende Material.

497 Der Missbrauch von Mohnstroh ist vor allem in den Ländern des ehemaligen Ostblocks verbreitet (*Thamm* in Kreuzer BtMStrafR-HdB § 4 Rn. 294 Fn. 177). Ein Sud aus Mohnstroh wird als Tee getrunken oder als Suppe **(Makiwara)** gegessen (*Patzak* in Körner/Patzak/Volkmer Stoffe Teil 1 Rn. 159). Wird die Suppe unter Zusatz von Chemikalien weiter verdickt, entsteht das sogenannte Kompott (**Polski-Kompott,** Danziger Heroin), das bis zu 60% (Patzak in Körner/Patzak/ Volkmer Stoffe Teil 1 Rn. 159) oder 70% (*Geschwinde* Rauschdrogen Rn. 1845) der Heroinstoffe aufweist und injiziert wird.

498 **11. Opioide, synthetische.** In den letzten Jahren sind auf dem illegalen Drogenmarkt zunehmend synthetische Opioide erschienen, die morphinartige Eigenschaften aufweisen und an Opioidrezeptoren wirken. Sie werden als Ersatz für Heroin verwendet und stellen wegen ihrer hohen Potenz ein besonders großes Risiko dar. Durch die 18. VO zur Änderung von Anlagen des BtMG v. 16.6.2017 (→ Rn. 229) wurden mit Wirkung v. 21.6.2017 die folgenden Stoffe dem BtMG unterstellt: Acetylfentanyl (Desmethylfentanyl), Acryloylfentanyl (Acrylfentanyl, ACF) Butyrfentanyl (Butyrylfentany), Furanylfentanyl (FU-F), U-47700. Dabei handelt es sich bei den vier erstgenannten um Derivate von Fentanyl, so dass von vergleichbaren Wirkungen auszugehen ist. Im Übrigen wird auf die BR-Drs. 282/17 verwiesen. Zu dem neu in die Anlage aufgenommenen synthetischen Opioid U-48800 → Rn. 231 zu weiteren in Anl. II aufgenommenen Opioiden → Rn. 233a, 233b.

499 **12. Papaver bracteatum (Türkenmohn, Papaver orientale).** Während Schlafmohn (Papaver somniferum) der Anlage III unterliegt, ist die Mohnart **Papaver bracteatum** (Papaver orientale, Türkenmohn) der Anlage II zugeordnet (zum Verhältnis zu Anlage I fünfter Gedankenstrich → Rn. 171). Nicht dem BtMG unterliegt die Pflanze, wenn sie Zierzwecken dient. Mohn der Art Papaver bracteatum enthält im wesentlichen Thebain, so dass anders als für den Schlafmohn (Anlage III) nicht zusätzlich vorgeschrieben ist, dass ihm das Morphin entzogen wurde. Etwaige Morphinwerte würden daher nicht dazu führen, dass zu Zierzwecken dienende Pflanzen dem BtMG unterliegen (OLG Düsseldorf MDR 1989, 1020).

500 Der **Samen** von Papaver bracteatum wird durch die Anlage II generell von der Geltung des BtMG ausgenommen, ohne dass eine Rückausnahme für den Anbau vorgesehen wäre. Für ihn gilt daher dasselbe wie für den Samen von Papaver somniferum (→ Rn. 630–632).

501 **13. Phencyclidinderivate.** Zu den neuen psychoaktiven Substanzen gehört 3-MeO-PCP (3-Methoxyphencyclidin). Dieser Stoff gehört strukturell zur Gruppe der Arylcyclohexylamine und ist das 3-Methoxy-Derivat von Phencyclidin (An-

lage I). Konsumenten beschreiben 3-MeO-PCP als eine wie ein dissoziatives Anästhetikum wirkende Droge. Eine arzneiliche Anwendung des Stoffs ist für Deutschland bislang nicht bekannt geworden. Eine Verwendung in der wissenschaftlichen Forschung ist jedoch nicht auszuschließen, so dass der Stoff in Anlage II aufzunehmen war, und zwar mit Wirkung v. 21.11.2015 (→ Rn. 227).

14. Phenylethylamine. a) Herkunft, Unterstellung. Innerhalb der neuen 502 psychoaktiven Substanzen bilden die **Phenylethylamine** eine wichtige Gruppe. Soweit sie dem BtMG unterstellt wurden und therapeutisches Potential haben, wurden sie in die Anlage II aufgenommen. Danach wurden der Anlage II zugeordnet mit Wirkung v. 17.7.2013 (→ Rn. 224) die Substanzen 5-APB und 6-APB. Zu einem weiteren Phenetylaminderivat s → Rn. 228.

b) Wirkung. Sie werden unter dem Namen „Benzo Fury" vertrieben. Ihre Wirkung ist vergleichbar der von MDA und MDMA (BR-Drs. 434/13, 8). 503

15. Piperazine, Piperazinderivate. Bereits durch die 21. BtMÄndV v. 504 18.2.2008 (BGBl. I S. 246) war **BZB** (Benzylpiperazin) in die Anlage II aufgenommen worden. Nach dem Verbot von m-CPP (→ Rn. 476) kamen **weitere Piperazine** auf den Markt, die ebenfalls als „Legal highs" vertrieben wurden. Von ihnen wurden mit Wirkung v. 26.7.2012 (→ Rn. 223) (p-Fluorphenylpiperazin **(p-FPP),** Methylbenzylpiperazin **(MBZP)** und 3-Trifluormethylphenylpiperazin **(TFMPP)** der Anlage II zugeordnet.

In ihrer **Wirkung** entsprechen sie nach BR-Drs. 317/12, 10 der von m-CPP 505 (dazu → Rn. 477).

16. Piperidinderivate. Aus der Gruppe der Piperidinderivate wurde bisher das 506 Stimulans Desoxypipradrol (2-DPMP) der Anlage II unterstellt (→ Rn. 225). Der Stoff stammt wie Pipradrol aus der Pharmaforschung. Eine arzneiliche Anwendung, insbesondere als Fertigarzneimittel, ist für Deutschland derzeit nicht bekannt (BR-Drs. 490/14, 12).

Kapitel 16. Die Betäubungsmittel der Anlage III

A. Allgemeines. Die Anlage III enthält die verkehrs- und verschreibungsfähi- 507 gen Betäubungsmittel. Der Umgang mit ihnen darf ohne die Einschränkungen des § 3 Abs. 2 erlaubt werden (§ 3 Abs. 1), sofern nicht ohnehin nach § 4 eine Ausnahme von der Erlaubnispflicht besteht.

B. Die Betäubungsmittel der Anlage III dürfen verschrieben werden. Ihre 508 Verschreibung liegt nach § 13 Abs. 1 S. 1 in der Hand der Ärzte, Zahnärzte und Tierärzte.

I. Zahl und Art der unterstellten Stoffe. Die Anlage III zählt nach dem Stand 509 v. 31.3.2021 86 Positionen (Stoffe und Isomere) auf. Hinzu kommen unter bestimmten Voraussetzungen und mit bestimmten Ausnahmen
- die **Salze und Molekülverbindungen** der in der Anlage III aufgeführten Stoffe, wenn sie nach den Erkenntnissen der medizinischen Wissenschaft ärztlich, zahnärztlich oder tierärztlich angewendet werden (Anlage II erster Gedankenstrich); andernfalls fallen sie unter Anlage II (Anlage II zweiter Gedankenstrich),
- die **Zubereitungen** der in der Anlage III aufgeführten Stoffe, sofern sie nicht nach Anlage II zweiter Gedankenstrich aus der Anwendung des BtMG ausscheiden (→ Rn. 510) oder besondere Regeln für sie gelten (→ Rn. 511–515).

Die Ester und Ether der in der Anlage III aufgeführten Stoffe sind, wenn sie nicht in einer anderen Anlage verzeichnet sind, Bestandteil der Anlage II (Anlage II erster Gedankenstrich). Zu den Isomeren → Rn. 156–161.

BtMG § 1   Erster Abschnitt. Begriffsbestimmungen

510   Ähnlich wie bei den Anlagen I und II scheiden **Zubereitungen** aus Stoffen der Anlage III aus dem Anwendungsbereich des BtMG aus, wenn sie ausschließlich diagnostischen oder analytischen Zwecken dienen, ohne am oder im menschlichen oder tierischen Körper angewendet zu werden, wenn entweder ihr Gehalt an einem oder mehreren Betäubungsmitteln, bei Lyophilisaten und entsprechend zu verwendenden Stoffgemischen in der gebrauchsfertigen Lösung, 0,01 % nicht übersteigt oder die Stoffe in den Zubereitungen isotopenmodifiziert sind.

511   **II. Ausgenommene Zubereitungen.** Auch in der Anlage III sind bestimmte Zubereitungen **besonders ausgenommen,** so dass sie von der Geltung des BtMG freigestellt sind. Dies gilt mit Rücksicht auf die Internationalen Suchtstoffübereinkommen (Art. 3 Abs. 2, 3 S. 1 Ük 1971) jedoch nicht für die **Einfuhr, Ausfuhr** und **Durchfuhr** (Anlage III zweiter Gedankenstrich Buchst. b Satz 2). Werden solche ausgenommenen Zubereitungen, etwa in Form von Medikamenten, die einen in Anlage III aufgeführten Wirkstoff enthalten, ohne Erlaubnis nach § 3 in das Ausland verbracht, liegt daher eine **unerlaubte Ausfuhr** nach § 29 Abs. 1 S. 1 Nr. 1 vor (BGHSt 56, 52 = NJW 2011, 1462 = NStZ-RR 2011, 119, 461 mablAnm *Kotz* = StV 2011, 549 mablAnm *Oğlakcıoğlu*]; BGH NStZ-RR 2013, 279 = A&R 2013, 199 mzustAnm *Winkler;* BeckRS 2019, 38531; krit. *Oğlakcıoğlu* in MüKoStGB BtMG § 2 Rn. 27, der allerdings nicht berücksichtigt, dass die Ermächtigung des § 1 Abs. 2 S. 2 namentlich im Hinblick auf Art. 3 Abs. 2, 3 S. 1 ÜK 1971 auch die Befugnis umfasst, die Zwecke zu bestimmen, für die der Stoff ausgenommen wird; auf der anderen Seite wäre die Heilung eines etwa gegebenen Mangels durch die bloße Neubekanntmachung v. 1.3.1994 nicht möglich (aA *Bohnen* in BeckOK BtMG Rn. 23.1)). Dies gilt auch dann, wenn die Ausfuhr lediglich einen Teilakt des Handeltreibens darstellt; auch für den Schuldspruch ist dann nur die Ausfuhr maßgeblich (BGHSt 56, 52 (s. o.); 1 StR 579/09).

512   In einem solchen Falle gelten dann auch die für die Aus- oder Einfuhr maßgeblichen **Qualifikationen** (BGHSt 56, 52 (→ Rn. 511); BGH BeckRS 2019, 38531). Ebenso kann bei der Aus-, Ein- und Durchfuhr ein **besonders schwerer Fall** nach § 29 Abs. 3 verwirklicht sein (BGHSt 56, 52 (→ Rn. 511); 1 StR 579/09). Ein Korrektiv dieser gesetzlichen Regelung in Form einer **zwingenden** Anwendung der Vorschriften über den minder schweren Fall oder Nichtanwendung eines Regelbeispiels kommt **nicht** in Betracht (BGHSt 56, 52 (→ Rn. 511); 1 StR 579/09). Das **BVerfG** hat die gegen diese BGH-Entscheidungen eingelegte Verfassungsbeschwerde nicht angenommen (*Oğlakcıoğlu* in MüKoStGB BtMG § 2 Rn. 30).

513   Beruht die Ausfuhr auf **Scheinrezepten,** die von beteiligten Ärzten für ihnen unbekannte Personen unkontrolliert ausgestellt worden waren, ist es rechtsfehlerhaft, strafmildernd zu berücksichtigen, dass es sich um Medikamente gehandelt habe, die einen therapeutischen Anwendungsbereich hätten (BGH NStZ-RR 2013, 279 (→ Rn. 511)).

514   Von dieser Regelung (→ Rn. 511) besteht für Zubereitungen mit Codein und Dihydrocodein wiederum eine **Rückausnahme,** so dass deren Einfuhr, Ausfuhr und Durchfuhr entsprechend dem ÜK 1961 dem BtMG nicht unterliegt (BR-Drs. 881/97, 45); zur Verschreibung und Abgabe → Rn. 569.

515   Eine zweite **Rückausnahme,** allerdings **nur für die Genehmigung nach § 11,** wurde für Buchst. b der Position Barbital eingeführt. Ausgenommene Zubereitungen dieser Art dürfen ohne eine solche Genehmigung ein-, aus- oder durchgeführt werden, wenn nach den Umständen eine missbräuchliche Verwendung dieser Diagnostika nicht zu befürchten ist (Anlage III zweiter Gedankenstrich Buchst. b Satz 3).

III. Einzelne Betäubungsmittel der Anlage III. Bekannte oder bemerkens- 516
werte Betäubungsmittel der Anlage III sind:[4]

1. Amfetamin (Amphetamin, „speed"). a) Formen. Amfetamin ist in 517
dreierlei Form in den Anlagen zum BtMG enthalten:
- **Dexamfetamin** (chemische Formel: (S)-1-phenylpropan-2-ylazn) ist das rechtsdrehende Enantiomer (→ § 2 Rn. 14) des Amfetamins (Anlage III),
- **Levamfetamin** (chemische Formel: (R)-1-phenylpropan-2-ylazan) ist das linksdrehende Enantiomer (Anlage II),
- **(RS)Amfetamin** (chemische Formel: *(RS)*-1-phenylpropan-2-ylazan) ist das Gemisch aus gleichen Teilen (Racemat (→ § 2 Rn. 16)) der rechtsdrehenden und der linksdrehenden Form (BGHSt 57, 60 (→ Rn. 478)), aufgenommen in Anlage III.

Die nachstehenden Ausführungen beziehen sich auf das Racemat. Dexamfetamin wurde im Jahre 2011 zur Behandlung von ADHS zugelassen und ist als Fertigarzneimittel (Attentin®) auf dem Markt (*Patzak* in Körner/Patzak/Volkmer Stoffe Teil 1 Rn. 268 „Go-Pills").

b) Herkunft, Geschichte. Amfetamin ist ein vollsynthetisches Produkt. Es 518
wurde 1887 synthetisiert und seit etwa 1910 in der Medizin zu verschiedenen Zwecken eingesetzt (*Patzak* in Körner/Patzak/Volkmer Stoffe Teil 1 Rn. 277). In der Drogenszene werden Amfetamin, aber auch andere Stoffe, die nicht dem BtMG unterstehen (zB Captagon), als „speed" gehandelt. Aus der Verwendung dieses Wortes kann daher nicht geschlossen werden, dass ein Betäubungsmittel vorliegt (BGHR BtMG § 1 Betäubungsmittel 1 (3 StR 498/99); BGH StV 1992, 66; OLG Köln MDR 1979, 251; 1984, 75). Heute wird Amfetamin auch als „Ecstasy" vertrieben (→ Rn. 340).

Die **Herstellung** von Amfetamin ist einfach und billig. Die Drogenszene wird 519
aus illegalen Laboratorien beliefert, die sich vorwiegend in Belgien, den Niederlanden und Polen sowie in geringerem Maße in den baltischen Staaten und Deutschland befinden (EBDD 2020 S. 27).

c) Vertriebsformen, Konsumformen. Amfetamin wird an den Konsumenten 520
in Form von Tabletten, Kapseln, Dragees, als weißes kristallines Pulver oder als Tropfen- oder Injektionslösung vertrieben (*Forstenhäusler* Kriminalistik 1993, 533 (534)); bei großen Mengen, namentlich im Großhandel, kommt es auch literweise in flüssiger Form auf den Markt. Häufige **Szenenamen** sind Bennies, Copilots, Dexies, Happy pills, Pep pills, Purple hearts (mit Amobarbital), Speedballs (mit Opiaten), Uppers, West-coast-turnarounds (*Körner,* 6. Aufl. 2007, Anh. C 1 Rn. 418).

Amfetamin wird **geschnupft, geschluckt** oder **intravenös injiziert,** wobei in 521
der Regel zur Injektion übergegangen wird (*Megges* Kriminalistik 1986, 224 (225)). Die besonders hohe Toleranzentwicklung (→ Rn. 50) und der Wunsch, stärkere Effekte zu erleben, führen zu einer raschen und erheblichen Dosissteigerung, so dass die Tagesmenge bald ein Mehrhundertfaches der Anfangsdosis erreichen kann (BGHSt 33, 169 = NJW 1985, 2773 = NStZ 1986, 33 mkritAnm *Eberth; Patzak* in Körner/Patzak/Volkmer Stoffe Teil 1 Rn. 270).

d) Wirkungen. Die charakteristischen Wirkungen treten bereits bei Dosen zwi- 522
schen 2,5 und 20 mg ein und verstärken sich bei einer Dosis über 20 mg; die hohe Dosis beginnt für den nicht Amfetamingewöhnten bei 50 mg (BGHSt 33, 169 (→ Rn. 521); 35, 43 (→ Rn. 406); s. auch *Forstenhäusler* Kriminalistik 1993, 533

---

[4] Eine Beschreibung aller Betäubungsmittel der Anlage III enthält *Hastedt* in BeckOK BtMG Anlage III Rn. 1–84.

BtMG § 1 Erster Abschnitt. Begriffsbestimmungen

(534); *Cassardt* NStZ 1995, 257 (260)). Amfetamin ist ein Schrittmacher für die Polytoxikomanie (BGHSt 33, 169 (→ Rn. 521)).

523   aa) Akute Wirkungen. Nach der Aufnahme einer **mäßigen Dosis** von 3 bis 10 mg (*Megges* Kriminalistik 1986, 224; *Forstenhäusler* Kriminalistik 1993, 533 (534): 7,5 bis 15 mg; *Patzak* in Körner/Patzak/Volkmer Stoffe Teil 1 Rn. 270: 5 bis 20 mg; *Geschwinde* Rauschdrogen Rn. 3464: 5 bis 15 mg) entsteht eine leicht euphorische Stimmung mit einem unterdrückten Schlafbedürfnis, gesteigerter Aktivität und zunehmender Gelassenheit und Zufriedenheit (*Megges* Kriminalistik 1986, 224), wobei es auch zu Momenten der Selbstüberschätzung kommt („run" *Patzak* in Körner/Patzak/Volkmer Stoffe Teil 1 Rn. 272). Die Wirkdauer beträgt fünf bis zehn Stunden (*Geschwinde* Rauschdrogen Rn. 3464).

524   Bei **höheren Dosen** überwiegen die negativen Wirkungen schnell die zunächst als positiv empfundene Euphorie. Die Sinneseindrücke werden verzerrt; es kommt zu Unruhe, Erregung, Verwirrtheit, Angst, Aggressivität (speed-run, speed-kill), Depressionen („crash", *Patzak* in Körner/Patzak/Volkmer Stoffe Teil 1 Rn. 272) und psychotischen Zuständen (BGHSt 33, 169 (→Rn. 521); *Geschwinde* Rauschdrogen Rn. 3486, 3632–3634); auch zeigen sich körperliche Symptome wie Erbrechen, Durchfall, Kopfschmerzen, Gefäßkrämpfe, Herzrhythmusstörungen und Kollaps (*Patzak* in Körner/Patzak/Volkmer Stoffe Teil 1 Rn. 272; *Megges* Kriminalistik 1986, 224; *Forstenhäusler* Kriminalistik 1993, 533 (534)).

525   bb) Längerfristige Wirkungen. Amfetaminmissbrauch führt zu einer starken psychischen, nach überwiegender Meinung aber nicht zu einer physischen Abhängigkeit (BGHSt 33, 169 (→ Rn. 521); aA *Uchtenhagen* in Kreuzer BtMStrafR-HdB § 1 Rn. 59), wenn auch körperliche Folgen damit verbunden sind (BGHSt 33, 169). Dazu zählen eine krankhafte Überaktivität, Aggressivität, illusionäre Verkennungen, Depressionen, Depersonalisationserscheinungen, Hyperthermie, Gehirnschädigungen, Kreislaufkollaps oder Herzversagen (BGHSt 33, 169), verbunden mit einem fortschreitenden Verfall der Persönlichkeit und körperlichen Abbauerscheinungen (*Patzak* in Körner/Patzak/Volkmer Stoffe Teil 1 Rn. 272).

526   e) Gefährlichkeit. Zur Gefährlichkeit von Amfetamin → Vor § 29 Rn. 943, 946.

527   2. Benzodiazepine. a) Herkunft, Geschichte. Benzodiazepine (hier Alprazolam, Clonazepam, Diazepam, Etizolam, Lorazepam, Midazolam, Oxazepam, Phenazepam, Temazepam, Tetrazepam, Triazolam) sind verschreibungsfähige Betäubungsmittel der Anlage III. In aller Regel werden sie in Form von ausgenommenen Zubereitungen (dazu → Rn. 511–515) als Arzneimittel (etwa Valium) auf den Markt gebracht. Sie bilden die wichtigste Wirkstoffgruppe der Tranquilizer. Die erste Verbindung dieser Art war Chlordiazepoxid (Librium), das im Jahr 1960 eingeführt wurde (*Patzak* in Körner/Patzak/Volkmer Stoffe Teil 1 Rn. 485); 1963 folgte Diazepam (Valium). Die Benzodiazepine gehören in Deutschland zu den am meisten verschriebenen und missbrauchten Arzneimitteln; jährlich werden hier eine Milliarde Tabletten umgesetzt, davon ein erheblicher Anteil für Kinder und Jugendliche (*Patzak* in Körner/Patzak/Volkmer Stoffe Teil 1 Rn. 486). Zu Etizolam und Phenazepam s. BR-Drs. 434/13, 9.

528   b) Konsumformen, Wirkung, Abhängigkeit. Üblich ist die Tablettenform. In der Medizin werden Benzodiazepine zur Behandlung von Angsterkrankungen, Schlafstörungen, Panikattacken, Epilepsie, Muskelspasmen, Alkoholentzug und zur Prämedikation operativer Eingriffe eingesetzt; sie wirken beruhigend, angst-, erregungs- und spannungslösend und sind gegen Muskelverspannungen wie gegen cerebrale Krämpfe wirksam (BGHSt 56, 52 (→ Rn. 511); 1 StR 579/09). Sie sind in der Regel gut verträglich. Relativ häufig sind Nebenwirkungen wie Müdigkeit, Schläfrigkeit, Schwindel und Benommenheit; seltener sind Kopfschmerzen, Gangunsicherheit, verlängerte Reaktionszeit, Verwirrtheit und Gedächtnisverlust. Bei hohen Dosen können (reversible) Störungen der Motorik eintreten (BGHSt 56, 52 (→ Rn. 511); 1 StR 579/09). Akute Monointoxykationen, die in Ausnahmefällen auch zum Tode führen können, kommen eher selten vor (OVG Lüneburg BeckRS 2015, 45503); werden Benzodiazepine aber gemeinsam mit Alkohol eingenommen, kann dies zu einer Enthemmung mit aggressivem oder feindseligem Verhalten führen (BGHSt 56, 52 (→ Rn. 511); 1 StR 579/09). Auch ist das Risiko einer tödlichen Überdosierung erhöht; dasselbe gilt, wenn Opiate und Benzodiazepine gemeinsam angewendet werden, etwa um die euphorisierende Wirkung der Opiate zu steigern oder die unangenehmen Wirkungen der Psychostimulantien zu vermindern (BGHSt 56, 52 (→ Rn. 511); 1 StR 579/09).

Die größte Gefahr ist die Entwicklung einer **Abhängigkeit** schon bei geringen therapeutischen Dosen ohne Dosissteigerung (Low-Dose-Dependency). Die Toleranzentwicklung und Abhängigkeit können schon einige Wochen nach dem Beginn der Einnahme auftreten; Benzodiazepine dürfen daher nur zur kurzfristigen Behandlung von schwerwiegenden Angst- oder Schlafstörungen eingesetzt werden, die nicht über acht Wochen dauern sollte (BGHSt 56, 52 (→ Rn. 511); 1 StR 579/09). Beim Absetzen kann es zu schweren Entzugserscheinungen, wie Wahrnehmungsstörungen, Psychosen und Krampfanfällen kommen. 529

c) **Gefährlichkeit.** Nach ihrer Gefährlichkeit sind Benzodiazepine hinter den Opioiden, aber deutlich gefährlicher als Cannabis einzuordnen (BGHSt 56, 52 (→ Rn. 511); 1 StR 579/09). Bei der Einnahme von Alkohol oder Opioiden besteht eine weitaus höhere Gefahr, an einer Überdosis zu sterben (OVG Lüneburg BeckRS 2015, 45503). Auch Barbiturate sind gefährlicher, da ihre Toxizität im Rahmen einer Abhängigkeit sehr viel höher ist (BGHSt 56, 52 (→ Rn. 511); 1 StR 579/09). Cannabis ist weniger gefährlich, weil es hier nicht zu einer tödlich verlaufenden Intoxikation oder bedrohlichen Überdosierung kommen kann; auch sind die Entzugserscheinungen milder. 530

3. Buprenorphin (Temgesic, Transtec, Subutex). a) Herkunft, Geschichte. Buprenorphin ist ein halbsynthetisches Opioid, das aus dem Opiumalkaloid Thebain gewonnen werden kann (BGHSt 51, 318 = NJW 2007, 2054). Es wurde zunächst als Analgetikum entwickelt; seine Zulassung in Deutschland erfolgte im Jahr 1980; im Jahr 2000 wurde es auch zur Substitutionstherapie bei Opiatabhängigkeit zugelassen. Der Wirkstoff ist unter den Handelsnamen Temgesic, Transtec und Subutex erhältlich. Temgesic und Transtec werden in der Schmerztherapie bei akuten und chronischen Schmerzen (bei postoperativen Schmerzen, zur Krebsbehandlung) verabreicht. Subutex wird in der Substitutionstherapie verwendet, wobei seine Einnahme sublingual erfolgt (BGHSt 51, 318). Neben der Verwendung in den Kliniken wird Buprenorphin in der Drogenszene als Suchtmittel missbraucht (*Patzak* in Körner/Patzak/Volkmer Stoffe Teil 1 Rn. 220). Dabei kann chronischer Missbrauch zu rascher Dosissteigerung führen (*Geschwinde* Rauschdrogen Rn. 4447). 531

b) **Konsumformen, Wirkung.** Buprenorphin kommt üblicherweise in Tablettenform auf den Markt. Sein therapeutisches Spektrum ist breit. In der Schmerztherapie werden gewöhnlich Einzeldosen zwischen 0,2 und 0,4 mg verabreicht; die Einzeldosen in der Substitutionstherapie reichen von 0,8 mg als Einstiegsdosis bis hin zu 8 mg. Diese Menge, enthalten in Subutex-Tabletten, stellt derzeit den höchsten auf dem Arzneimarkt erhältlichen Wirkstoffgehalt einer Tablette dar (BGHSt 51, 318 (→ Rn. 531)). Buprenorphin hat gewisse euphorisierende Effekte, der „Kick" bleibt jedoch aus. Auch erhebliche Überdosierungen werden regelmäßig ohne wesentliche Nebenwirkungen vertragen. Die orale – anstelle der sublingualen – Einnahme ist weitgehend wirkungslos (BGHSt 51, 318). 532

533 Die Angaben zum Verhältnis der analgetischen **Wirkungsstärke** von Morphin zu Buprenorphin reichen von 1:10 bis zu 1:40. In den Richtlinien zur Substitutionstherapie wird angenommen, dass Buprenorphin gegenüber Methadon eine etwa zehnmal stärkere Wirkung hat (BGHSt 51, 318 (→ Rn. 531)). Die häufige Einnahme führt zu einer Toleranz- und Suchtentwicklung (BGHSt 51, 318 (→ Rn. 531)). Im Vergleich zu Methadon weist es jedoch ein geringeres Risiko von Nebenwirkungen (als solche werden unter anderem Schlaflosigkeit, Kopfschmerzen, Übelkeit, Erbrechen, Tränen- und Nasenfluss, Benommenheit, Frösteln, körperliche Schwäche sowie Atemdepression beschrieben (BGHSt 51, 318 (→ Rn. 531))) und auch ein kleineres Missbrauchs- und Abhängigkeitspotential auf.

534 **c) Buprenorphin als Substitutionsmittel.** Die Akzeptanz von Buprenorphin als Substitutionsmittel hat seit seiner Zulassung stetig zugenommen; zur zahlenmäßigen Entwicklung → Rn. 606. Zu den günstigen pharmakologischen Eigenschaften zählen bei einer vergleichbaren Wirksamkeit wie Methadon die relativ große therapeutische Breite, ein geringeres Missbrauchs- und Abhängigkeitspotential, ein geringerer Opiatbeigebrauch, sowie die Möglichkeit einer Applikation im Abstand von zwei bis drei Tagen (*Kagerer* in Bayerische Akademie für Suchtfragen, Substitution und Fahrerlaubnis, 2002, S. 33).

535 **4. Cannabis (Marihuana) aus kontrolliertem Anbau oder als Fertigarzneimittel.** Nur aus einem Anbau, der zu medizinischen Zwecken unter staatlicher Kontrolle erfolgt, sowie in Zubereitungen, die als Fertigarzneimittel zugelassen sind (G v. 6.3.2017 (BGBl. I S. 403)).

536 **5. Cocain (Kokain). a) Herkunft, Geschichte.** Cocain wird aus den Blättern des Cocastrauchs (→ Rn. 471, 473) hergestellt. Es ist nach Cannabis die weltweit am häufigsten gehandelte Droge. Hauptanbaugebiete sind Kolumbien, Peru und Bolivien, wobei das Cocainhydrochlorid vor allem in Kolumbien hergestellt wird. Die Droge kommt auf dem Luft- oder Seeweg (zunehmend über große Containerhäfen) über Spanien, Belgien, die Niederlande, Frankreich und Italien nach Europa (EBBD 2018 S. 7, 25). Nach Deutschland kommt Cocain vor allem auf dem Landweg aus den Niederlanden, aber auch auf dem Luftweg aus Süd- und Mittelamerika (*Patzak* in Körner/Patzak/Volkmer Stoffe Teil 1 Rn. 118). Besonders reines Cocain wird in der Szene auch als **Flex** oder **Flex-Cocain** gehandelt; unter Flex wird allerdings auch oft Methylendioxypyrovaleron- **MDPV** – (→ Rn. 223) gehandelt.

537 Wie stark Cocain verbreitet ist, zeigen **Abwasserstudien,** die im Jahre 2018 für Amsterdam 932,4 mg täglich auf 1.000 Einwohner, für Zürich 856 mg, für Barcelona 733,2 mg, für Paris 525 mg, für Dortmund 409,4 mg, für Berlin 343,1 mg, für München 187,1 mg und für Dresden 33,3 mg aufweisen (EBBD, Abwasseranalyse und Drogen – eine europäische städteübergreifende Studie, 2019).

538 Die berühmten **Rauschgiftkartelle** von Cali und Medellín sind in den 80er und 90er Jahren zerschlagen worden. An ihre Stelle sind kleinere Einheiten, oft Familienbetriebe, getreten, die gut getarnt in ländlicher Umgebung ansässig sind, auf offene Gewalt verzichten und insgesamt diskreter als die früheren Kartelle arbeiten. Handel und Vertrieb werden von ausländischen Kartellorganisationen übernommen, die in der Andenregion Zweigniederlassungen aufgebaut haben (*Fischermann* in ZEIT Nr. 25/2016).

539 **b) Herstellung, Vertriebsformen.** Die Cocainherstellung erfolgt in mehreren Phasen (*Geschwinde* Rauschdrogen Rn. 2561–2573); dabei kommen auch die Zwischenprodukte auf den Markt:

540 **aa) Cocapaste (Kokapaste); Cocainbase; Cocain Rocks.** Aus den gestampften Cocablättern entsteht nach der Zugabe von Schwefelsäure, Soda und organischen Lösemitteln (Mineralöle, Benzin, Kerosin) ein grau gefärbter Brei, die sogenannte **Cocapaste** (Kokapaste). **Cocapaste** wird als „Bazuco" oder „Bazooko" unmittelbar auf der Straße vertrieben (*Patzak* in Körner/Patzak/Volkmer Stoffe Teil 1 Rn. 145; *Geschwinde* Rauschdrogen Rn. 2892, 2893).

In weitaus größerem Umfang wird die Coca-Paste in mehrfachen Reinigungs- 541 prozessen unter Beifügung von Äther, Azeton, Ammoniak und Pottasche zu der grau bis braun gefärbten **Cocainbase** (Rohcocain) verarbeitet (*Patzak* in Körner/ Patzak/Volkmer Stoffe Teil 1 Rn. 115). Durch Filtrieren entstehen „Cocain Rocks" mit einer Reinheit von 70 bis 80%.

bb) Cocainhydrochlorid. Wird der Cocainbase Salzsäure, Äther oder Azeton 542 beigemischt, so entsteht das weiße feinflockige Cocainhydrochlorid („Schnee", „snow") mit einer Reinheit von 95 bis 99% (s. aber *Rübsamen* NStZ 1991, 310 (311)), das beliebig mit Trauben- oder Milchzucker gestreckt werden kann. Weil es sich in Wasser oder Körperflüssigkeiten gut löst und von den Schleimhäuten leicht aufgenommen wird, lässt es sich gut schnupfen oder injizieren. Dagegen ist es zum Rauchen kaum geeignet. Geraucht werden dagegen Cocainbase (**Free-base** (→ Rn. 552–558) und **Crack** (→ Rn. 559–564)).

c) Konsumformen. Cocain wird in weißer kristalliner Form (→ Rn. 542) ge- 543 schnupft (wobei es mit einem Löffelchen in die Nase eingeführt oder mit einem Strohhalm oder gerollten Geldschein eingesogen wird, manchmal nach Bildung einer „line" mit einer Rasierklinge oder einem Messer auf einem Spiegel); das Schnupfen kann zur Zerstörung der Nasenscheidewand führen. Cocain wird auch geraucht, in Getränken aufgelöst getrunken, subkutan oder intravenös injiziert oder in die Schleimhäute eingerieben (*Patzak* in Körner/Patzak/Volkmer Stoffe Teil 1 Rn. 107).

d) Wirkung. Cocain wirkt insgesamt stimulierend und enthemmend. Genaue, 544 wissenschaftlich gesicherte Erkenntnisse über die Höhe der Einstiegsdosis, die übliche Konsumeinheit, den Tagesbedarf eines Süchtigen und die Entwicklung einer Abhängigkeit liegen nicht vor (BGHSt 33, 133 = NJW 1985, 2773 = StV 1985, 189). Die Angaben für die Einstiegsdosis reichen beim Schnupfen von 12 bis 20 mg über 20 bis 50 mg (*Patzak* in Körner/Patzak/Volkmer Stoffe Teil 1 Rn. 108), 30 mg (BKA), 50 mg (*Megges* Kriminalistik 1983, 62 (63)) bis zu 50 bis 100 mg oder gar 200 mg (*Bovens/Bernhard* Kriminalistik 2003, 313 (315)). Bei der intravenösen Injektion liegen sie zwischen 2 und 16 mg (*Patzak* in Körner/Patzak/Volkmer Stoffe Teil 1 Rn. 108) oder bei 10 mg (BKA), bei oraler Aufnahme bei mindestens 100 mg (*Geschwinde* Rauschdrogen Rn. 2861). Der Tagesbedarf kann sich bei Aufnahme bis auf 30 g steigern. Beim Schnupfen kann von einer **durchschnittlichen Konsumeinheit** von 33 mg Cocainhydrochlorid ausgegangen werden (BayObLG NJW 2003, 2110). Die **tödliche Dosis** soll bei 1 bis 2 g oral und bei 200 bis 300 mg beim Fixen liegen (*Patzak* in Körner/Patzak/Volkmer Stoffe Teil 1 Rn. 132).

aa) Akute Wirkungen. Die akute Wirkung beginnt bei der nasalen Aufnahme 545 etwa nach drei Minuten, bei der Injektion und beim Rauchen nach Sekunden (*Geschwinde* Rauschdrogen Rn. 2755, 2756), wobei in den beiden letzten Fällen die Wirkung schlagartig einsetzt und heftiger ist (*Geschwinde* Rauschdrogen Rn. 2755, 2756). Es lassen sich dann drei Stadien unterscheiden:

(a) Euphorische Phase. Der Cocainrausch beginnt mit einer euphorischen 546 Phase; die Stimmung hebt sich; Aktivität, Kontaktfreudigkeit und Libido nehmen zu, die Denkabläufe werden beschleunigt, Selbstwertgefühl und Risikobereitschaft steigen (*Geschwinde* Rauschdrogen Rn. 2757–2770; *Patzak* in Körner/Patzak/ Volkmer Stoffe Teil 1 Rn. 111). Diese Phase dauert etwa 30 Minuten, nach *Uchtenhagen* in Kreuzer BtMStrafR-HdB § 1 Rn. 54) allerdings nur Sekunden bis zu fünf Minuten.

BtMG § 1 Erster Abschnitt. Begriffsbestimmungen

547 **(b) Rauschstadium.** An sie schließt sich das eigentliche Rauschstadium an, in dem die Euphorie abklingt, und das durch die illusionäre Verkennung alltäglicher Eindrücke und durch mehr angstgetönte Erlebnisinhalte gekennzeichnet ist; taktile Sinnestäuschungen (Hautkribbeln, Kältegefühl) stellen sich ein, auch kann es zu optischen (Pseudo-)Halluzinationen kommen; dagegen fehlen schwere Bewusstseinsstörungen mit Erinnerungsverlust (*Geschwinde* Rauschdrogen Rn. 2771–2777). Bei hohen Dosen wird der Rausch von Halluzinationen geprägt, wobei es zu einer vorübergehenden exogenen Psychose kommen kann (*Geschwinde* Rauschdrogen Rn. 2776). Nach *Uchtenhagen* in Kreuzer BtMStrafR-HdB § 1 Rn. 54) soll diese Phase fünf bis dreißig Minuten dauern (aber →Rn. 548).

548 **(c) Dritte Phase (Ausklingen, Crash).** Nach etwa zwei bis drei Stunden (nach *Uchtenhagen* in Kreuzer BtMStrafR-HdB § 1 Rn. 54 bereits nach 30 Minuten) geht der Cocainrausch in eine depressive Stimmung mit unterschiedlichem Ausmaß über, in der es neben dem starken Verlangen nach einem erneuten Rauscherlebnis („**craving**") zu Schuldgefühlen, Niedergeschlagenheit und Ängsten („post coke blues") kommt (*Geschwinde* Rauschdrogen Rn. 2778–2781; *Patzak* in Körner/Patzak/Volkmer Stoffe Teil 1 Rn. 111; *Joachimski/Haumer* BtMG Rn. 14). Hervortreten ferner Antriebslosigkeit und Erschöpfung (*Uchtenhagen* in Kreuzer BtMStrafR-HdB § 1 Rn. 54). Dagegen gibt es **keine Entzugserscheinungen,** namentlich solche, die „grausamst" erlebt werden könnten; vielmehr geht es um das Verlangen nach weiterer Euphorie (*Dannhorn* NStZ 2005, 453 (454)).

549 **bb) Längerfristige Wirkungen.** Der Dauerkonsum von Cocain führt zu einem allmählichen Verfall der Persönlichkeit (*Geschwinde* Rauschdrogen Rn. 3014) mit einer Vernachlässigung von Hygiene und Ernährung und erheblichen körperlichen Schäden wie Krampfanfällen, Herz- und Leberschäden, Störungen des Zentralnervensystems (*Patzak* in Körner/Patzak/Volkmer Stoffe Teil 1 Rn. 112, 113). Auch geistige Mängel stellen sich ein, insbesondere Konzentrationsschwäche, Antriebsarmut und Wahrnehmungsstörungen (*Geschwinde* Rauschdrogen Rn. 3019).

550 **cc) Abhängigkeit.** Cocain macht jedenfalls beim Schnupfen nicht physisch abhängig; anders beim intravenösen Konsum, beim free-basing und beim Crackrauchen (*Geschwinde* Rauschdrogen Rn. 3025–3027). Dagegen gerät der Konsument in eine solch ausgeprägte psychische Abhängigkeit, dass Cocain in seiner vernichtenden Wirkung auf die Persönlichkeit mit den Opiaten gleichzusetzen ist und zu den stärksten Betäubungsmitteln gerechnet werden muss (*Patzak* in Körner/Patzak/Volkmer Stoffe Teil 1 Rn. 113; *Geschwinde* Rauschdrogen Rn. 3025). Die Suizidrate ist hoch.

551 **e) Gefährlichkeit.** Die Gefährlichkeit von Cocain wird unterschiedlich eingeschätzt (*Kreuzer* NJW 1982, 1310 (1314); *Patzak* in Körner/Patzak/Volkmer Stoffe Teil 1 Rn. 114; *Heinemann/Lockemann/Iwersen/Püschel/Schmoldt* Kriminalistik 1997, 591). Überwiegend wird davon ausgegangen, dass Cocain eine ähnlich gefährliche Droge wie Heroin ist (*Patzak* in Körner/Patzak/Volkmer Stoffe Teil 1 Rn. 113). Cocain kann zumindest eine latente **Aggressionsbereitschaft** aktualisieren und verstärken vgl. BGH StV 2005, 19); auch können psychische Besonderheiten unter Cocaineinfluss ein gewalttätiges, antisoziales Verhalten auslösen (*Körner*, 6. Aufl. 2007, Anh. C 1 Rn. 177, 178).

552 **5a. Free-base. a) Herkunft, Herstellung.** Das als Endprodukt bei der Cocaingewinnung gewonnene Cocainhydrochlorid hat den Nachteil, dass es zum Rauchen wenig geeignet ist. Auch wird beim Schnupfen viel Stoff verbraucht. Seit etwa 1980 hat sich daher in den USA das free-basing eingebürgert, bei dem freie Cocainbase geraucht wird. Seit 1992 tritt es auch in Deutschland auf.

553 Die Cocainbase wird in der Weise **hergestellt,** dass das im Straßenhandel erworbene Cocain mit einer alkalischen Substanz (meist Ammoniak) und Wasser ge-

mischt wird. Dabei wird das Cocainhydrochlorid von seinem Salz getrennt. Anschließend wird die so entstandene Base mit Ethylether extrahiert. Nach dem Verdampfen des Lösungsmittels bleibt die freie Cocainbase (free-base) zurück (*Geschwinde* Rauschdrogen Rn. 2898).

b) Konsumform. Free-base wird ausschließlich geraucht. Dies wird durch ihre 554
besonderen Eigenschaften sehr begünstigt: sie ist relativ hitzebeständig (bis 200 °C) und hat einen ziemlich tiefen Schmelzpunkt (96 °C). Zum Rauchen wird häufig eine Wasserpfeife benutzt (*Uchtenhagen* in Kreuzer BtMStrafR-HdB § 1 Rn. 52). Ein einfacheres Hilfsmittel ist ein mit einer durchstochenen Alufolie versiegelter Topf. Free-basing wird meist in einem nach außen abgeschotteten Konsumentenkreis betrieben.

c) Wirkung. Pro Inhalation werden durchschnittlich 80 bis 100 mg Cocainbase 555
verbraucht (*Uchtenhagen* in Kreuzer BtMStrafR-HdB § 1 Rn. 52). Innerhalb von sechs bis zehn Sekunden tritt eine Rauschwirkung ein, die der des intravenösen Konsums von Cocain vergleichbar ist (sofortiges intensives Wohlbefinden, das allerdings bei wiederholter Inhalation weniger ausgeprägt ist, Überwachheit, Rededrang, gesteigertes Sexualbedürfnis, Irritabilität, Sinnestäuschungen, Wahnstimmung (*Uchtenhagen* in Kreuzer BtMStrafR-HdB § 1 Rn. 52).

Das **Rauschstadium** hält jedoch nur fünf bis zehn Minuten an. Die Wirkung 556
klingt anders als beim Schnupfen nicht langsam aus, sondern endet ganz abrupt (crash). Dies verstärkt den Wunsch nach einer Wiederholung, so dass es zu Konsumexzessen (run, binges) kommen kann, die sich über mehrere Tage bis zum Ausgehen des Stoffs oder bis zur Erschöpfung erstrecken (*Uchtenhagen* in Kreuzer BtMStrafR-HdB § 1 Rn. 52; *Geschwinde* Rauschdrogen Rn. 2901). Zum **Entzug** → Rn. 548.

Langzeitfolgen sind Erkrankungen der Atemwege (schwarzer, bluthaltiger Auswurf), Sehstörungen, Tremor, Schlaflosigkeit, Dysphorie, paranoide Psychosen, 557
auch Herzrhythmusstörungen, Atemstörungen und epileptische Zustände (*Uchtenhagen* in Kreuzer BtMStrafR-HdB § 1 Rn. 52).

Das **Abhängigkeitspotential** ist hoch (*Uchtenhagen* in Kreuzer BtMStrafR-HdB 558
§ 1 Rn. 52). Die Toleranzentwicklung ist erheblich. Die Entzugserscheinungen sind so stark, dass sie für das Vorliegen einer körperlichen Abhängigkeit sprechen.

5 b. Crack. a) Herkunft, Herstellung. Ebenso wie beim free-basing geht das 559
Vordringen von Crack darauf zurück, dass sich Cocainhydrochlorid schlecht rauchen lässt und beim Schnupfen viel Stoff verbraucht wird (→ Rn. 552). Seit 1983 hat sich daher in den USA das Rauchen von Crack verbreitet, das ursprünglich von den Bahamas kam. Seit Beginn der 90er Jahre tritt es auch in Deutschland auf. Es ist hier bislang noch nicht weit verbreitet; Aktuell ist Crack in Deutschland weitgehend auf Hamburg und Hessen begrenzt (*Patzak* in Körner/Patzak/Volkmer Stoffe Teil 1 Rn. 137, 142). **Szenenamen** für Crack sind Rockets, Rocks, Roxanne, Supercoke, free base, Baseball, für Crack hoher Qualität White Cloud, Cloud 9, Super White (*Patzak* in Körner/Patzak/Volkmer Stoffe Teil 1 Rn. 136).

Crack wird in der Weise **hergestellt,** dass Straßencocain (Cocainhydrochlorid) 560
mit Wasser und einer alkalischen Substanz (etwa Natron [Natriumhydrogencarbonat]) unter Hitze verarbeitet wird (*Patzak* in Körner/Patzak/Volkmer Stoffe Teil 1 Rn. 143; *Geschwinde* Rauschdrogen Rn. 2909, 2910). Es entsteht Crack als beigefarbener „pancake". Aus einem Gramm Cocainhydrochlorid können sechs bis acht Portionen Crack hergestellt werden. Reineres Crack (Cocain-Steine) entsteht, wenn eine anorganische Base verwendet wird (*Iten* S. 143). Neuerdings wird auch Lidocain bei der Herstellung von Crack beigemischt (*Patzak* in Körner/Patzak/Volkmer Stoffe Teil 1 Rn. 143).

BtMG § 1   Erster Abschnitt. Begriffsbestimmungen

561   **b) Vertriebsformen, Konsumform.** Der Handel mit Crack unterscheidet sich insofern von dem Handel mit anderen Betäubungsmitteln, als dabei nur mit kleinen Mengen umgegangen wird und jeder „Stein" nur für einen Trip Verwendung findet. Auch wegen des Abbaus der Cocainbase durch Feuchtigkeit wird Crack nicht in größeren Mengen, sondern für den Tagesbedarf hergestellt (*Patzak* in Körner/Patzak/Volkmer Stoffe Teil 1 Rn. 143).

562   Da Crack an der Luft zerfällt, wird es meist in **Folien** oder **Phiolen** verpackt, die den Kapseln von Medikamenten entsprechen. Sie sind wasserdicht und können deswegen auch verschluckt oder in Körperhöhlen transportiert werden. Auch die Verpackung in Glas- oder Plastikröhrchen kommt vor.

563   Crack wird meist in einer Art Wasserpfeife **geraucht,** an der ein Brenner hängt, aber auch in „Base-Pfeifen" aus Metall (*Geschwinde* Rauschdrogen Rn. 2916). Steht ein solches Gerät nicht zur Verfügung, so bauen sich die Crack-Raucher provisorische Hilfsmittel (→ Rn. 554). Der Rauch ist geruchlos. Manchmal wird Crack auch mit Tabak und Marihuana vermischt in Zigaretten konsumiert. Auch die Injektion von Crack kommt mittlerweile vor (*Geschwinde* Rauschdrogen Rn. 2919). Crack- oder Basehäuser gibt es in Deutschland bislang nicht.

564   **c) Wirkung.** Ebenso wie beim free-basing wird beim Rauchen von Crack freie Cocainbase geraucht. Die Wirkungen sind daher gleich. Der Stoff wird in Sekundenschnelle durch die Lungenbläschen resorbiert, so dass die Wirkung schlagartig einsetzt. Der Rauschzustand (trip) dauert nur kurze Zeit, meist nur zwei bis zwanzig Minuten (*Geschwinde* Rauschdrogen Rn. 2918). Auch Inhalt und Verlauf des Rauschs entsprechen denen beim free-basing (→ Rn. 555). Dasselbe gilt für das nahezu unüberwindliche Verlangen nach der nächsten „Crack-Reise", so dass es auch hier zu regelrechten Konsumexzessen kommt, sofern das Rauschgift zur Verfügung steht (*Geschwinde* Rauschdrogen Rn. 2922). Am Ende der „Crack-Reise" steht das depressive Stadium mit Angstgefühlen, Erschöpfung, Selbstvorwürfen, Depressionen und wahnhaften Zuständen, insbesondere Verfolgungswahn (*Patzak* in Körner/Patzak/Volkmer Stoffe Teil 1 Rn. 140, 141). Vor allem in dieser Phase wird der Konsument auch als aggressiv wahrgenommen. Zum **Entzug** → Rn. 548.

565   Auch die **Langzeitwirkung** entspricht der des free-basing (→ Rn. 557). Die Abhängigkeit tritt schneller ein als bei jeder anderen Droge einschließlich Heroin (*Müther* Kriminalistik 1990, 692). Physische Abhängigkeit ist gegeben.

566   **6. Codein. a) Herkunft, Geschichte.** Codein (Methylmorphin) ist eine Ableitung des Morphins, die bereits im Jahre 1832 dargestellt wurde und seither wesentlicher Bestandteil zahlreicher Hustenmittel ist (*Patzak* in Körner/Patzak/Volkmer Stoffe Teil 1 Rn. 188, 189). Es wird aus Thebain in Papaver bracteatum gewonnen, heute aber weitergehend vollsynthetisch hergestellt (*Geschwinde* Rauschdrogen Rn. 4331).

567   **b) Der Anwendungsbereich des BtMG.** Bis zum Inkrafttreten der 10. BtM-ÄndV am 1.2.1998 war Codein Teil der Anlage II. Die auf dem Markt befindlichen Codein-Präparate fielen als ausgenommene Zubereitungen (§ 2 Abs. 1 Nr. 3), die bis zu 2,5% oder (als abgeteilte Form) bis zu 100 mg Codein enthalten durften, nicht unter das BtMG.

568   Sie wurden wie Dihydrocodein (→ Rn. 575) häufig zur **Substitution** (→ § 13 Rn. 90–93) verschrieben und noch häufiger unter Umgehung der für die Substitution geltenden Regeln **missbraucht** (BR-Drs. 881/97, 41). Nur wenige Ärzte, die Codein-Präparate verschrieben, hielten sich an das Erfordernis der ärztlichen Aufsicht, der Kontrolle des Beikonsums und der Einbeziehung des Abhängigen in die notwendigen Behandlungs- und Betreuungsmaßnahmen. Dadurch wurden der Missbrauch dieser Stoffe gefördert und die Abhängigen erheblich gefährdet. Von 155 Drogentoten in München im Jahre 1996 starben 49 unmittelbar durch den

Missbrauch von Codein und Dihydrocodein (BR-Drs. 881/97, 42). Wegen der kurzen Halbwertzeit sind die Codein-Präparate ohnehin für die Substitution nicht geeignet (BR-Drs. 881/97, 42).

Um den Stoff besser unter Kontrolle zu bringen, wurde Codein durch Art. 1 **569** Nr. 2 Buchst. a, Nr. 3 der 10. BtMÄndV in die Anlage III aufgenommen. Zugleich wurde die Regelung für die ausgenommenen Zubereitungen (→ Rn. 567) dahin ergänzt, dass für Zubereitungen, die für **betäubungsmittelabhängige Personen** verschrieben werden, die Vorschriften über das Verschreiben und die Abgabe von Betäubungsmitteln gelten (→ § 13 Rn. 91, 92).

Durch die 15. BtMÄndV wurde diese Regelung auf **alkoholabhängige Perso- 570 nen** ausgedehnt. Damit soll der Umgehung der bisherigen Regelungen vorgebeugt werden, zumal eine solche „Therapie" wissenschaftlich keine Basis hat (BR-Drs. 252/01, 46).

c) Vertriebsformen, Konsumformen. Codein ist ein weißes geruchloses, bit- **571** ter schmeckendes Pulver. Es kommt als Codeinbase, Codeinhydrochlorid und Codeinphosphat in Form von Tabletten, Tropfen oder Sirup (Codein-Saft) in den Handel.

d) Wirkung. Die analgetischen und euphorisierenden Wirkungen des Mor- **572** phins sind bei Codein schwächer ausgeprägt. Codein macht körperlich und psychisch abhängig. Um weiterhin psychotrope Wirkungen erzeugen zu können, ist meist eine erhebliche Dosissteigerung erforderlich (*Geschwinde* Rauschdrogen Rn. 4343). Der Entzug ist wesentlich schwieriger als der von Morphin (s. *Geschwinde* Rauschdrogen Rn. 4346). Zu den Todesfällen nach Codein-Missbrauch → Rn. 568.

7. Diamorphin in Zubereitungen, die zur Substitutionsbehandlung zu- 573 gelassen sind. Die Aufnahme in die Anlage III beruht auf dem Gesetz v. 15.7.2009 (→ Rn. 398). Die Verschreibungsfähigkeit gilt **ausschließlich** für Diamorphin in Zubereitungen, die zur Substitutionsbehandlung zugelassen sind (→ Rn. 399–401).

8. Dihydrocodein. a) Herkunft, Geschichte. Dihydrocodein wurde im Jahre **574** 1911 erstmals chemisch dargestellt. Wie Codein ist es Bestandteil etlicher Hustenmittel; auch als Narkoanalgeticum (DHC-Mundipharma) wird es eingesetzt (*Geschwinde* Rauschdrogen Rn. 4362).

b) Der Anwendungsbereich des BtMG. Die auf dem Markt befindlichen **575** Dihydrocodein-Präparate fielen als ausgenommene Zubereitungen (§ 2 Abs. 1 Nr. 3), die bis zu 2,5% und (als abgeteilte Form) bis zu 100 mg des Wirkstoffs enthalten durften, nicht unter das BtMG; wie Codein wurden sie häufig zur Substitution verschrieben und missbraucht (→ § 13 Rn. 90–93). Aus denselben Gründen wie Codein (→ Rn. 568, 570) wurden sie daher in die Anlage III aufgenommen und hinsichtlich der Verschreibung und Abgabe an Betäubungsmittelabhängige und Alkoholabhängige dem betäubungsmittelrechtlichen Regime unterstellt (→ § 13 Rn. 91, 92).

c) Vertriebsformen, Konsumformen. Dihydrocodein ist in Form von Ta- **576** bletten (zB DHC-Mundipharma als Retardtablette mit 60, 90 oder 120 mg Dihydrocodeintartrat oder 40, 60 oder 80 mg Dihydrocodeinbase), Kapseln (zB Remedacen mit 30 mg Wirkstoff) oder als Saft (DHC-Saft) mit 2,5% Wirkstoff auf dem Markt. Es dient als Hustenmittel gegen akuten und chronischen Reizhusten. Zum Missbrauch durch Opiatabhängige → Rn. 575.

Bei der **regulären** Indikation als Hustenmittel beträgt die Tagesdosis bei DHC- **577** Saft 2 ml (2,5%ige Lösung). Bei Nicht-Opiatabhängigen führt die Aufnahme von 20 ml der 2,5%igen Lösung zum Tode (S. 7 des Gutachtens des Instituts für Rechtsmedizin der LMU München vom 1.2.1996, unveröffentlicht). Die mittlere Substitutionsdosis beträgt 45 ml der 2,5%igen Lösung täglich; zu Substitutionszwecken reicht bei DHC-Saft in 2,5%iger Lösung daher in jedem Fall eine Tagesdosis von 50 ml (Gutachten S. 7, 20). Die auch für hochgradig Opiatgewöhnte tödliche Dosis liegt bei 200 bis 250 ml der 2,5%igen Lösung (Gutachten S. 10, 20). Bei **Remedacen** beträgt die Dosierung im bestimmungsgemäßen Gebrauch morgens und abends eine Kapsel. Drogenabhängige missbrauchen die 10- bis 30-fache Menge (*Körner,* 6. Aufl. 2007, AMG Anh. D I Rn. 56).

578   **d) Wirkung.** Dihydrocodein enthält im Vergleich zu Morphin (→ Rn. 611– 618) ein geringeres Abhängigkeitspotential und besitzt schwächere analgetische und atemdepressorische Wirkungen. Bei Missbrauch ruft Dihydrocodein ähnliche Wirkungen hervor wie Heroin oder Morphin. Da es deutlich schwächer ist, müssen große Dosen konsumiert werden (LSG Schleswig-Holstein MedR 1993, 152). Es flutet wesentlich schneller an als Methadon, so dass es zu einer stärkeren Rauschwirkung als dieses führt.

579   Auf der anderen Seite ist auch seine Abflutung erheblich rascher; die **Entzugserscheinungen** treten daher früher als bei Methadon ein (LSG Schleswig-Holstein MedR 1993, 152). Die Halbwertzeit von Dihydrocodein entspricht mit drei bis vier Stunden der des Heroins, so dass es ebenso wie dieses mindestens dreimal täglich eingenommen werden muss. Der DHC-Entzug ist subjektiv wesentlich unangenehmer und medizinisch schwerer beherrschbar als ein Heroinentzug.

580   **9. Fentanyl. a) Herkunft, Geschichte.** Fentanyl wurde im Jahre 1960 als synthetisches Narkotikum entwickelt (*Patzak* in Körner/Patzak/Volkmer Stoffe Teil 1 Rn. 230; *Geschwinde* Rauschdrogen Rn. 4614). Als solches wird es auch heute noch in der Medizin verwendet, wobei es in Deutschland als Fentanyl-Jansen-Injektionslösung auf dem Markt ist. Es ist ebenfalls Bestandteil mehrerer Kombinationspräparate (Thalamonal, Hypnorm) sowie ein wesentlicher Wirkstoff in Schmerzmittel-Pflastern (OLG Nürnberg BeckRS 2013, 08350).

581   In der **Szene** werden Fentanyle unter den Bezeichnungen China White, Persian White, Indian Brown, Mexican Brown, World's finest Heroin, Cocaine oder auch White Chinaman, Dragon, 999, Crocodile Snow Powder, Egg White gehandelt (*Patzak* in Körner/Patzak/Volkmer Stoffe Teil 1 Rn. 231). Auch wird die Bezeichnung „Synthetisches Heroin" verwendet (wobei derselbe Begriff auch für Ketamin verwendet wird (*Geschwinde* Rauschdrogen Rn. 4652)). Sie stammen aus Untergrundlaboren, wobei umfassende chemische Kenntnisse und eine professionelle Laborausstattung erforderlich sind. Gleichwohl sind sie häufig Inhaltsstoffe von Designerdrogen. Bekannte **Fentanylderivate** sind 3-Methylfentanyl (Mefentanyl, *Patzak* in Körner/Patzak/Volkmer Stoffe Teil 1 Rn. 234), α-Methylfentanyl (AMF, *Patzak* in Körner/Patzak/Volkmer Stoffe Teil 1 Rn. 235), Acetyl-α-methylfentanyl (*Patzak* in Körner/Patzak/Volkmer Stoffe Teil 1 Rn. 236), 3-Methylthiofentanyl (*Patzak* in Körner/Patzak/Volkmer Stoffe Teil 1 Rn. 237) und Carfentanyl (*Patzak* in Körner/Patzak/Volkmer Stoffe Teil 1 Rn. 238), die der Anlage I unterstehen.

582   **b) Konsumformen.** Fentanyle werden geraucht, geschnupft und injiziert (*Geschwinde* Rauschdrogen Rn. 4653). Häufig ist das intravenöse Injizieren, vielfach nach dem Auskochen von Fentanyl-Schmerzmittel-Pflastern. Zum Teil werden die Pflaster nach dem Aufschneiden auch ausgelutscht. Da der Wirkstoff bei der Verwendung nicht völlig verbraucht wird (es verbleiben 28% bis 84% im Pflaster (OLG Nürnberg BeckRS 2013, 08350)), sind auch gebrauchte Pflaster in der Szene begehrt. Die Dosierbarkeit ist problematisch, da die Wirkdosen einiger Derivate im Pikogrammbereich liegen können. Dies birgt im Straßenverkauf die ständige Gefahr einer Überdosierung in sich. Die tödliche Dosis liegt bei Fentanyl für den

Nicht-Opiatgewohnten bei 500 μg; für Opiatgewohnte fehlen belastbare Zahlen (OLG Nürnberg BeckRS 2013, 08350).

c) Wirkung. Fentanyl ist hinsichtlich der Wirksamkeit, des Suchtpotentials und 583 der Gefährlichkeit vergleichbar mit Heroin oder Morphin, jedoch von deutlich höherem Wirkpotential, das das Hundertfache der Morphinwirkung und das Zwanzigfache der Heroinwirkung aufweist (OLG Nürnberg BeckRS 2013, 08350). Auch die toxische Potenz der Fentanyl-Derivate ist deutlich höher als die von Morphin (3-Methylfentanyl: 3.000 mal; α-Methylfentanyl: 200 mal; Acetyl-α-methylfentanyl: 10 mal; 3-Methylthiofentanyl: 1.000 mal; Carfentanil: 7.500 mal (*Patzak* in Körner/Patzak/Volkmer Stoffe Rn. 234–238)). Diese Zahlen dürften im Hinblick auf die Nürnberger Ergebnisse einer Überprüfung bedürfen.

Fentanyle führen zu einem Zustand der **Euphorie** und des **Berauschtseins,** der 584 allerdings meist nur 30 bis 60 Minuten anhält (3-Methylfentanyl wirkt allerdings so lang wie Heroin). Sie wirken gleichzeitig auf das zentrale Nervensystem und den Magen-Darm-Trakt und führen zu einer gefährlichen Verlangsamung der Atmung und des gesamten Stoffwechsels. In den Fällen einer Überdosis kann dies zum Tod durch Herzversagen führen. Die Gefahr der Ausbildung einer physischen und psychischen **Abhängigkeit** vom Opioid-Typ ist sehr hoch. Sie soll sich bereits nach einem Schuss einstellen können.

10. Flunitrazepam (Rohypnol®). a) Herkunft, Geschichte. Flunitrazepam 585 ist ein Benzodiazepinderivat, das erstmals 1972 hergestellt wurde und 1975 auf den europäischen Markt kam. Es ist ein weißes oder gelbliches kristallines Pulver. Missbraucht wurden vor allem die ausgenommenen Zubereitungen, die in Deutschland unter dem Namen Rohypnol® vertrieben wurden. Rohypnol® gehörte zu den am häufigsten verkauften Arzneimitteln. Es ist ein Beruhigungsmittel, das zur Behandlung zahlreicher somatischer und psychischer Störungen genutzt wird. In der Szene wird es unter den Namen „Rosch" oder „Rohys" gehandelt. Häufig wird es von Teilnehmern an Substitutionsprogrammen gebraucht, um den Heroin-flash zu ersetzen (*Patzak* in Körner/Patzak/Volkmer Stoffe Teil 1 Rn. 498). Bei den Drogentoten ist Rohypnol®, vielfach in einer Mixtur mit Heroin, mit einem hohen Anteil vertreten (BR-Drs. 881/97, 44). Aus welchen Gründen die Drogenszene Flunitrazepam bevorzugt, ist pharmakologisch nicht zu erklären (*Uchtenhagen* in Kreuzer BtMStrafR-HdB § 1 Rn. 39). Rohypnol wird auch als **KO-Tropfen** missbraucht (*Missliwetz* Kriminalistik 1991, 56).

b) Der Anwendungsbereich des BtMG. Flunitrazepam ist in die Anlage III 586 aufgenommen. Durch die 25. BtMÄndV (→Rn. 257) wurde die Zulässigkeit ausgenommener Zubereitungen (besonders bedeutsam Rohypnol®) gestrichen, so dass das BtMG insgesamt anzuwenden ist. Zur Herbeiführung einer Abhängigkeit als Körperverletzung s. BayObLG NJW 2003, 371 = JR 2003, 428 mAnm *Freund/Klapp.*

c) Konsumformen. Die meisten (70 bis 80%) Heroinabhängigen konsumieren 587 neben Opiaten Rohypnol®. Dabei werden täglich 15 bis 20 Tabletten eingenommen. Zugenommen hat die intravenöse Einnahme, bei der Rohypnol® aufgekocht und gelöst, vielfach mit Heroin gemischt und fünf- bis sechsmal am Tag gespritzt wird (*Patzak* in Körner/Patzak/Volkmer Stoffe Teil 1 Rn. 497).

d) Wirkung. Bei bestimmungsgemäßem Gebrauch ist Rohypnol® bei schwe- 588 ren Schlafstörungen, Spannungs- und Angstzuständen und bei der Narkosevorbereitung indiziert (*Iten* S. 130). Drogenabhängige missbrauchen es wegen seiner raschen Anflutung im Gehirn als (preiswerten) Ersatz für den Heroin-flash. Danach kann es zu einem verwirrten Trancezustand oder einem Tiefschlaf kommen, aber auch zu Aggressionshandlungen und Gewalttaten, wobei die Zusammenhänge

BtMG § 1 Erster Abschnitt. Begriffsbestimmungen

noch nicht geklärt sein sollen (*Patzak* in Körner/Patzak/Volkmer Stoffe Teil 1 Rn. 598). Der Entzug ist hart.

589 **11. GHB (Hydroxybuttersäure), GBL (γ-Butyrolacton). a) Herkunft, Geschichte, Verbreitung.** GHB ist eine organische Säure mit der chemischen Bezeichnung (γ-Hydroxybutirat [Hydroxybuttersäure]), die in der Szene vielfach unter der Bezeichnung **Flüssig-Ecstasy** oder **Liquid-Ecstasy** vertrieben wird (→ Rn. 354). Weitere Szenenamen sind Liquid X, Salty Water, Evian, Home-Boy, G-Juice, Fantasy, Soap oder Pearl. GHB ist seit dem 1.2.2002 ein verschreibungspflichtiges Betäubungsmittel der Anlage III (16., 17. BtMÄndV), das vor allem zu Narkosezwecken eingesetzt wird.

590 GHB ist eine **farb- und geruchlose Flüssigkeit,** die in der Szene meist in 0,3-Liter-Flaschen (100–300 EUR), Literflaschen (500–700 EUR) oder in Ampullen oder Phiolen mit 0,5 g (5–10 EUR) verkauft wird. Auch als GHB-Pulver oder als GHB-Kits, die die chemischen Komponenten für die Herstellung von GHB enthalten, ist es auf dem Markt (*Patzak* in Körner/Patzak/Volkmer Stoffe Teil 1 Rn. 509).

591 **b) Wirkung.** Die Wirkung von GHB hängt stark von der Dosis ab. In niedrigen Dosen (0,5 bis 1,5 g) wirkt es angstlösend, leicht euphorisierend und sozial öffnend, in der normalen Dosis von 1 bis 2,5 g wirkt es entspannend und sexuell stimulierend (BGHSt 54, 243 (→ Rn. 24); BGH 5 StR 224/08), bei einer Dosis von 2,5 bis 5 g ergeben sich Wahrnehmungsverschiebungen und -störungen; Überdosierungen, namentlich solche über 5 g sind toxisch, überaus riskant und können zum Tode führen (*Patzak* in Körner/Patzak/Volkmer Stoffe Teil 1 Rn. 511). Die bei hohen Dosen eintretende einschläfernde Wirkung wird zum Missbrauch von GHB als **KO-Tropfen** benutzt (*Patzak* in Körner/Patzak/Volkmer Stoffe Teil 1 Rn. 512). Da GHB nach 12 bis 14 Stunden im Körper nicht mehr nachweisbar ist und sich die Opfer an nichts mehr erinnern können, fällt der Nachweis besonders schwer. Auch als **Dopingdroge** wird GHB missbraucht (*Patzak* in Körner/Patzak/Volkmer Stoffe Teil 1 Rn. 513).

592 **c) Exkurs: GBL (γ-Butyrolacton, Butyro-1,4-lacton).** Seit GHB dem BtMG unterstellt wurde, hat der Missbrauch von GBL in der Szene erheblich zugenommen, wo es auch unter den Namen Gamma-GL, BLO oder Blue-Nitro vertrieben wird (*Patzak* in Körner/Patzak/Volkmer Stoffe Teil 1 Rn. 516). GBL ist für die Industrie, namentlich als Lösungsmittel und Ausgangsstoff für Pharmazeutika und Chemikalien unersetzlich. Auch als Reinigungsmittel, etwa bei Graffiti, wird es benutzt, wobei die Konzentration etwa 5% bis 10% beträgt (BGHSt 54, 243 (→ Rn. 24)). GBL ist ein Ester des GHB, der im Körper in weniger als einer Minute **zu GHB metabolisiert** wird (dazu → AMG § 2 Rn. 80, 81). Es wird daher statt GHB als Droge missbraucht (**Prodrug** (→ Rn. 235, 236)), wobei es in großer Reinheit (etwa 99,9%) eingenommen wird (BGHSt 54, 243 (→ Rn. 24)).

593 GBL ist **kein Betäubungsmittel.** Es ist zwar ein Ester des GHB, jedoch nach Anlage II erster Gedankenstrich vom Anwendungsbereich des BtMG ausgenommen (BGHSt 54, 243 (→ Rn. 24)). Wegen der weitaus überwiegenden legalen Verwendung kann es dem BtMG nicht unterstellt werden. GBL ist auch nach der Entscheidung des EuGH v. 10.7.2014 (→ Rn. 236) als Arzneimittel anzusehen (→ Rn. 235, 236), sofern die sonstigen Voraussetzungen hierfür vorliegen.

594 GBL ist eine farblose Flüssigkeit mit schwachem Eigengeruch. In einer Dosis bis zu zweieinhalb Milliliter **wirkt** es euphorisierend, angstlösend und sexuell stimulierend. Schon eine geringe **Überdosierung** oder die Einnahme in Verbindung mit Alkohol kann zu schweren, möglicherweise lebensbedrohlichen gesundheitlichen Beeinträchtigungen wie Krämpfen, Brechreiz, Verwirrung, komatösen Zuständen, Atemstillstand oder Herz- oder Kreislaufversagen führen. Der **dauerhafte Kon-**

sum macht süchtig. Schwerstabhängige müssen die Substanz stündlich einnehmen, um nicht an starken Entzugserscheinungen zu leiden (BGHSt 54, 243 (→Rn. 24)).

Wegen dieser Wirkungen unterliegt GBL dem **Monitoring-System der Industrie.** Dieses bezieht sich auf rauschgiftrelevante Chemikalien, die keiner gesetzlichen Meldepflicht unterliegen und beruht auf freiwilligen Meldungen der Chemie- und Pharmaindustrie sowie Apotheken über verdächtige Transaktionen an die Ermittlungsbehörden (Bundeslagebild RG 2018 S. 12), regelhaft an die Gemeinsame Grundstoffüberwachungsstelle ZKA/BKA-GÜS. Im Jahre 2018 wurden sieben Beschaffungsversuche (mit insgesamt 19.340 Litern) von GBL gemeldet (Bundeslagebild RG 2018 S. 12). 595

12. Levacetylmethadol (Levomethadylacetat, LAAM). Durch § 5 Abs. 4 S. 2 BtMVV in der Fassung der 15. BtMÄndV (BR-Drs. 252/01, 49) wurde Levacetylmethadol (Levomethadylacetat, LAAM) als **Substitutionsmittel** zugelassen. An sich wäre es für die Substitution besonders praktikabel (*Geschwinde* Rauschdrogen Rn. 4582). Allerdings kann es Herzrhythmusstörungen auslösen. Wegen des verzögerten Wirkungseintritts (oral nach zwei bis vier Stunden) kann es auch zu gefährlichen Überdosierungen und Mischintoxikationen führen (*Geschwinde* Rauschdrogen Rn. 4583). Es wurde daher inzwischen vom Markt genommen und ist seit der 23. BtMÄndV v. 19.3.2009 auch nicht mehr als Substitutionsmittel zugelassen (§ 5 Abs. 4 S. 2 Nr. 1 BtMVV). 596

13. Levomethadon, Polamidon. a) Herkunft, Geschichte. Levomethadon (Handelsname: Polamidon) ist die linksdrehende Form (→Rn. 145) des synthetischen Opiats **Methadon** (→Rn. 607), das während des zweiten Weltkrieges als Schmerzmittel entwickelt (*Geschwinde* Rauschdrogen Rn. 4548) und seither zu diesem Zweck vertrieben wurde (OLG Düsseldorf StV 1981, 550). 597

b) Konsumformen, Verwendung. In der Medizin dient Polamidon zur Behandlung starker Schmerzen. Zur Verwendung in der Substitutionstherapie →Rn. 602–605. Levomethadon lässt sich leicht oral applizieren und ist deswegen vorwiegend in Tabletten- oder Tropfenform auf dem Markt, wird aber auch als Injektionslösung vertrieben. Die therapeutische Einzeldosis beträgt bei oraler Gabe 7,5 mg (*Geschwinde* Rauschdrogen Rn. 4558). Zu Rauschzwecken genügt eine intravenös injizierte Dosis von 5 mg; oral sind je nach Gewöhnung des Konsumenten täglich 60 bis 300 mg (als Hydrochlorid) notwendig (AG Nordhorn StV 1983, 23). Um Entzugserscheinungen zu vermeiden, benötigt ein Opiatabhängiger etwa 50 mg (*Wagner* StV 1981, 281 (282)). Zur Dosis im übrigen s. Iten S. 168. 598

c) Wirkung. Levomethadon hat die vierfache analgetische Wirkung des Morphins (*Geschwinde* Rauschdrogen Rn. 4550) und gehört zu den stärksten Opiaten (Universität Göttingen StV 1983, 23; s. auch Iten S. 165, 168). 599

aa) Akute Wirkung. Die (akute) Wirkung von Levomethadon ist ähnlich der von Heroin (OLG Düsseldorf StV 1981, 550), es bewirkt allerdings keinen kick (→Rn. 379) und führt nur zu einem relativ milden high; die starken Stimmungsschwankungen, die nach Heroinkonsum auftreten, erscheinen in der Regel nicht (*Geschwinde* Rauschdrogen Rn. 4560). Ein euphorischer Dämmerzustand wird vermieden (OLG Düsseldorf StV 1981, 550). Bei labilen Personen kann die Stimmung allerdings ins Euphorische umschlagen, bei ungewohnten und hierfür prädestinierten Personen können schon relativ niedrige, im therapeutischen Bereich liegende Dosen zu Benommenheit und Euphorie führen (Gutachten →Rn. 599). Zu Flash-Erlebnissen bei Methadon →Rn. 610. 600

bb) Längerfristige Wirkungen. Sowohl in der suchterzeugenden wie in der rauschfördernden Komponente ist die pharmakologische Wirkung von Levomethadon deutlich schwächer ausgeprägt als bei Heroin (ca. halbe Wirksamkeit) und 601 liegt zwischen Heroin und Morphin (OLG Karlsruhe NJW 1994, 3022 = NStZ 1994, 589; 1995, 195 mAnm *Endriß/Logemann;* aA *Kühne* ZRP 1989, 1 (2)).

602 **d) Substitution.** Polamidon (Levomethadon) ist als Substitutionsmittel bei Opiatabhängigen zugelassen (§ 5 Abs. 4 S. 2 Nr. 1 BtMVV). Da es biochemisch ähnlich wie die anderen Opiate wirkt, dockt es an denselben Rezeptoren wie diese an (*Uchtenhagen* in Kreuzer BtMStrafR-HdB § 1 Rn. 25) und blockiert damit das körperliche Verlangen nach einem Opiumprodukt, insbesondere nach Heroin. Auch die Entzugserscheinungen werden unterdrückt.

603 Es bietet im Rahmen der Substitution zudem den Vorteil, dass es auf Grund seiner langen **Halbwertzeit** bis zu fünfmal länger als Heroin wirkt und den Opiathunger mit einer einmaligen Dosis bis zu 24 Stunden stillen kann (LSG Schleswig-Holstein MedR 1993, 152; *Dannhorn* NStZ 2003, 484).

604 Levomethadon befreit nicht von der Sucht, sondern führt zu einer **Suchtverlagerung,** die wegen der etwas positiveren Eigenschaften des Betäubungsmittels allerdings zu einer gesundheitlichen Stabilisierung und Verbesserung der sozialen Lage des Abhängigen genutzt werden kann (→ § 13 Rn. 66, → BtMVV § 5 Rn. 53–66; *Weber* in Roxin/Schroth MedizinStrafR-HdB S. 729, 736, 737).

605 Die schwächere Wirkung von Levomethadon (→ Rn. 600) führt auf der anderen Seite aber auch dazu, dass die Wirkung den Substituierten häufig nicht genügt und sie an zusätzliche Betäubungsmittel heranzukommen suchen (*Geschwinde* Rauschdrogen Rn. 4561). In diesem **Beikonsum** liegt eine der Hauptschwierigkeiten der Substitution, der deswegen der Vorwurf gemacht wird, der Polytoxikomanie Vorschub zu leisten.

606 Levomethadon ist mittlerweile nur noch das **zweithäufigste Substitutionsmittel.** Am Stichtag 1.7.2018 (Zahlen für 2003 in Klammern) wurden von insgesamt 79.400 (52.700) Substitutionspatienten 35,2% (14,8%) mit Levomethadon, 39,4% (70,9%) mit Methadon 23,1% (12,9%) mit Buprenorphin, 0,1% (1,2%) mit Dihydrocodein, 0,1% (0,2%) mit Codein und 1,0% mit Diamorphin substituiert (Drogen- und Suchtbericht 2019 S. 93).

607 **14. Methadon. a) Herkunft, Geschichte.** Bei der Synthese des synthetischen Opiats Methadon (→ Rn. 597) entsteht das Racemat, das je zur Hälfte aus dem rechtsdrehenden (Dextromethadon) und dem linksdrehenden (Levomethadon, → Rn. 597) Isomer besteht. Die rechtsdrehende Form ist analgetisch weitestgehend unwirksam; das Racemat hat danach etwa die halbe Wirkung des Levomethadons (*Endriß/Logemann* NStZ 1995, 195; *Dannhorn* NStZ 2003, 484).

608 **b) Herstellung, Vertrieb.** Methadon ist in der Drogenszene weit verbreitet. Ein Teil stammt aus Abzweigungen aus der Substitutionsbehandlung, wobei vor allem die Take-home-Verschreibungen (§ 5 Abs. 9 BtMVV) missbraucht werden. Methadon kann aber auch kilo- oder literweise als Pulver oder Lösung in der niederländischen Drogenszene erworben werden, um es dann in Deutschland in Einzelportionen zu verkaufen (*Patzak* in Körner/Patzak/Volkmer Stoffe Teil 1 Rn. 247). Schließlich stammt ein Teil auch aus den Mengen, die unlautere Apotheker im Pharmahandel preiswert erwerben und dann teuer in einzelnen Portionen verkaufen (*Patzak* in Körner/Patzak/Volkmer Stoffe Teil 1 Rn. 247).

609 **c) Methadon als Substitutionsmittel.** Während in der Vergangenheit nur Levomethadon (Polamidon) verschrieben werden durfte, wurde das Racemat unter der **Bezeichnung** Methadon durch die 5. BtMÄndV mit Wirkung v. 1.2.1994 in die Anlage III zum BtMG aufgenommen. Es ist wesentlich preiswerter als Polamidon und wird vor allem zur Substitution eingesetzt. Zur zahlenmäßigen Entwicklung → Rn. 606.

Kap. 16. Betäubungsmittel der Anlage III § 1 BtMG

b) Konsumformen, Verwendung, Wirkung. Konsumformen und Verwendung entsprechen im Wesentlichen denen des Levomethadons. In der Stärke und der Dauer seiner zentral analgetischen Wirkung liegt es etwa in der Mitte zwischen diesem und Morphin. Bei der Injektion kann es zu Flash-Erlebnissen kommen (Uchtenhagen [1997] S. 33). 610

15. Morphin. a) Herkunft, Geschichte. Morphin ist das Hauptalkaloid des Opiums (→ Rn. 619–625). Es wird aus Opium und Mohnstroh hergestellt. Es wurde bereits im Jahre 1806 aus Opium isoliert, seit 1826/1827 kommerziell produziert und unter dem Namen Morphium als schmerzlinderndes Mittel vertrieben. Damit einher ging ein ständig steigender Morphinismus, vor allem unter Angehörigen der Medizinalberufe, Offizieren und Künstlern. Im Jahre 1912 wurde Morphium geächtet, aber nicht verboten (*Patzak* in Körner/Patzak/Volkmer Stoffe Teil 1 Rn. 186). 611

b) Der Anwendungsbereich des BtMG. Die bisher enthaltene Ausnahmeregelung für ausgenommene Zubereitungen wurde durch Art. 1 Nr. 3 der 10. BtMÄndV gestrichen (BR-Drs. 881/97). Zugleich wurde die Position Papaver somniferum um einen dritten Gedankenstrich ergänzt, so dass morphinhaltige Auszüge aus dieser Pflanze ausgenommen bleiben, soweit sie den Grenzwert nicht übersteigen. 612

c) Vertriebsformen, Konsumformen. Auf dem illegalen Drogenmarkt ist Morphin weithin durch Heroin verdrängt worden. Gleichwohl können ab und zu noch Rohmorphin, Morphinbase oder Morphinsalze festgestellt werden, die aber meist zur illegalen Heroinherstellung genutzt werden sollten (*Patzak* in Körner/Patzak/Volkmer Stoffe Teil 1 Rn. 178). **Rohmorphin** ist eine aus Rohopium gewonnene weiße bis bräunliche Substanz, die als Pulver oder gepresste Blöcke in den Handel kommt. Sie wird manchmal als Heroin Nr. 1 bezeichnet (BGH MDR 1973, 554; *Patzak* in Körner/Patzak/Volkmer Stoffe Teil 1 Rn. 179). Zur **Morphinbase** → Rn. 372. Gehandelt werden auch **Morphin-Tabletten** (*Patzak* in Körner/Patzak/Volkmer Stoffe Teil 1 Rn. 181); sie sind weiß oder hellbraun und enthalten Morphinhydrochlorid (meist 10 bis 20 mg) oder Morphinsulfat (meist 32 mg). Einen gewissen Bekanntheitsgrad hat die sogenannte **Berliner Tinktur**, eine Lösung aus Morphiumkarbonat und Essigsäure (OLG Hamm NJW 1973, 1424), erlangt. 613

Morphinbase ist in Wasser kaum löslich und kann deswegen nicht konsumiert werden. Deshalb wird Morphin in Form des Hydrochlorids verwendet. Am wirksamsten und häufigsten ist die **intravenöse Injektion** (BGHSt 35, 179 = NJW 1988, 2962 = NStZ 1988, 462 mAnm *Rübsamen/Steinke*). 614

d) Wirkung. Die therapeutische Dosis beträgt 10 mg bei 70 kg Körpergewicht. Beim illegalen Gebrauch (intravenös) kann von einer Konsumeinheit von 30 mg ausgegangen werden (BGHSt 35, 179 (→ Rn. 614)). In dem Schweizer Versuch (→ Einl. Rn. 193–195), in dem auch Morphin abgegeben wurde, betrug die Tagesdosis 800 mg oral und 130 mg injiziert, wobei durchschnittlich drei Injektionen durchgeführt wurden (*Uchtenhagen* [1997] S. 37). 615

aa) Akute Wirkungen. Morphin wirkt auf das zentrale Nervensystem und zwar sowohl dämpfend als auch erregend. Die dämpfende Komponente besteht insbesondere in der guten analgetischen (schmerzlindernden) Wirkung, wobei andere Sinnesqualitäten nicht beeinträchtigt werden, in einer sedativ-hypnotischen Wirkung, einer atemdepressorischen Wirkung (die eine besondere Gefährdung bedingt), einer hustenstillenden Wirkung und der Dämpfung des Brechzentrums (BGHSt 35, 179 (→ Rn. 614)). Bereits bei therapeutischen Dosen kann sich Euphorie einstellen (BGHSt 35, 179). Entzugserscheinungen zeigen sich nach sechs 616 bis zwölf Stunden; sie können zu sehr bedrohlichen Zuständen bis zum Kreislaufkollaps führen (BGHSt 35, 179).

617 **bb) Längerfristige Wirkungen.** Wiederholter Konsum führt zu psychischer und körperlicher Abhängigkeit, die schon innerhalb weniger Wochen eintreten kann. Schon nach kurzer Zeit bildet sich eine Toleranz aus, die zu erheblichen Dosissteigerungen führt. Es zeigen sich dauernd verengte Pupillen, ein schlechtes gelblich fahles Aussehen, Abmagerung und rasche Stimmungswechsel. Wenn auch die Verstandestätigkeit lange erhalten bleibt, kommt es doch zu einer tiefgreifenden Wesensveränderung. Sie wird begleitet von körperlich-seelischem und sozialem Abstieg (BGHSt 35, 179 (→ Rn. 614)).

618 **e) Gefährlichkeit.** Die Toxizität von Morphin ist erheblich (BGH BeckRS 2016, 21431). Die toxische Dosis beginnt für den Ungewohnten bei 50 mg intravenös. Die akute Vergiftung zeigt sich in einem Koma, fast fehlender Atmung und extrem verengten Pupillen (BGHSt 35, 179 (→ Rn. 614)). Auch die Suchtgefährlichkeit ist sehr hoch. Allerdings wirkt Heroin dreimal stärker als Morphin (BGHSt 35, 179 (→ Rn. 614), nach OLG Nürnberg BeckRS 2013, 08350 fünfmal stärker).

619 **16. Opium. a) Herkunft, Geschichte.** Opium wird in der Anlage III als der geronnene Saft der zur Art Papaver somniferum gehörenden Pflanzen definiert (ebenso Art. 1 Abs. 1 Buchst. p ÜK 1961). Es ist seit langem als Heil- aber auch als Rauschmittel bekannt. Das Hauptproduktionszentrum ist Afghanistan (→ Rn. 369). Der illegale Handel mit Opium spielt in Deutschland im Vergleich zum Heroinhandel keine wesentliche Rolle mehr. Weltweit kommt ihm aber erhebliche Bedeutung zu (*Patzak* in Körner/Patzak/Volkmer Stoffe Teil 1 Rn. 170).

620 **b) Anwendung des BtMG.** Ausgenommen (→ Rn. 153) sind Zubereitungen, die nach einer im homöopathischen Teil des Arzneibuchs beschriebenen Verfahrenstechnik hergestellt sind, wenn die Endkonzentration die sechste Dezimalpotenz nicht übersteigt.

621 **c) Herstellung, Vertriebsform.** Der Saft, aus dem Opium gewonnen wird, ist als weißer Milchsaft in den Wänden der Mohnkapsel enthalten. Tritt er nach dem Anritzen der Kapsel an die Luft, gerinnt er, wird braun und verharzt. Er wird von der Kapsel abgeschabt und dann meist in Brot- (Türkei), Kugel- (Ostindien) oder Stäbchenform gepresst. Das türkische Opium hat in der Regel einen Morphingehalt von 10 bis 12%, das ostindische einen solchen von 8,5%. Opiumstäbchen enthalten zumeist 8,5% Morphin und 4,5% Codein (*Patzak* in Körner/Patzak/Volkmer Stoffe Teil 1 Rn. 167). Zu den einzelnen Formen und ihrer Bedeutung für die nicht geringe Menge s. BGH NStZ-RR 2021, 17.

622 **d) Konsumformen.** Die bekannteste Form des Opiumkonsums ist das Rauchen. Rohopium ist dazu nicht geeignet und muss erst zu Rauchopium (Chandoo) verarbeitet werden. Hierzu wird es geröstet, mit Wasser behandelt und fermentiert (*Patzak* in Körner/Patzak/Volkmer Stoffe Teil 1 Rn. 168). Die Rückstände von gerauchtem Opium (Opiumasche, **Dross**) enthalten noch erhebliche Morphinwerte; sie können deshalb erneut für den Konsum gewonnen werden (LG Berlin NStZ 1985, 128). Opium wird auch gegessen; diese Konsumform hat im Orient geschichtliche Tradition. Nach Auflösung in erhitztem Wasser kann es auch intravenös injiziert werden (**O-Tinke,** *Geschwinde* Rauschdrogen Rn. 2191). Ein Aufguss **getrockneter Mohnkapseln** ergibt den **O-Tee,** wobei vier Kapseln etwa 15 mg Morphinbase ergeben (*Geschwinde* Rauschdrogen Rn. 2192); dazu auch → § 29a Rn. 156–159.

623 **e) Wirkung.** Für die durchschnittliche Konsumeinheit beim Rauchen kann von 1 g Rauchopium ausgegangen werden, was bei einem Anteil von 10% Morphin ungefähr 100 mg Morphin entspricht (LG Köln NStZ 1993, 549 = StV 1993, 529). Der Tagesbedarf eines Opiumrauchers liegt bei 5 bis 15 g Rauchopium (*Uchtenhagen* in Kreuzer BtMStrafR-HdB § 1 Rn. 21). Die Wirkung des Opiums wird

Kap. 16. Betäubungsmittel der Anlage III § 1 BtMG

wesentlich durch das darin enthaltene Morphin bestimmt. Eine Minderung der Bioverfügbarkeit tritt bei Rauchopium nicht ein, weil die Passage über den Magen-Darm-Trakt und die Leber umgangen wird; der Wirkstoff flutet schnell an. Allerdings verbrennt ein schwer zu beziffernder Anteil (BGH BeckRS 2016, 21431).

aa) Akute Wirkungen. In kleinen Dosen wirkt Opium anregend und beruhigend, in größeren betäubend. Der Opiumraucher fällt in einen Schlaf mit einem farbenprächtigen und häufig erotisch geprägten Traumerleben. Das Erwachen ist meist von tiefen Depressionen begleitet (*Geschwinde* Rauschdrogen Rn. 2186). 624

bb) Längerfristige Wirkungen. Sowohl das Abhängigkeitspotential als auch die Langzeitwirkung wird durch den Morphingehalt bestimmt (*Uchtenhagen* in Kreuzer BtMStrafR-HdB § 1 Rn. 21). Danach führt Opium zu einer starken psychischen und körperlichen Abhängigkeit (LG Köln NStZ 1993, 549 (→ Rn. 623)) und zu denselben Gesundheitsbeeinträchtigungen wie Morphin. 625

17. Papaver somniferum (Schlafmohn). a) Herkunft, Geschichte. Weltweit gibt es etwa 100 Mohnsorten, die entweder wild wachsen oder als Zierpflanzen, Ölpflanzen und Gewürzpflanzen angebaut werden (*Röhm* Kriminalistik 1985, 150). Die bekanntesten Arten sind Papaver rhoeas **(Klatsch- oder Feldmohn)**, Papaver orientale **(Türkenmohn)**, Papaver bracteatum, Papaver glaucum und Papaver somniferum **(Schlafmohn, Opiummohn)**. Der Klatschmohn ist nicht dem BtMG unterstellt (*Patzak* in Körner/Patzak/Volkmer Stoffe Teil 1 Rn. 150). Papaver bracteatum wurde früher als Varietät des Türkenmohns angesehen, gilt jedoch jetzt als eigene Art (*Röhm* Kriminalistik 1985, 150); er enthält vorwiegend Thebain und ist der Anlage II unterstellt (→ Rn. 499). 626

Betäubungsmittelrechtlich die größte Bedeutung hat der **Schlafmohn** (Papaver somniferum). Er wird in den internationalen Suchtstoffübereinkommen als „Opiummohn" bezeichnet (→ Rn. 495). Die Pflanze und ihre psychotrope Wirkung sind bereits seit dem 16. Jahrhundert v. Chr. in Ägypten und Kleinasien bekannt. Heute kommt sie in **zwei Formen** vor (*Röhm* Kriminalistik 1985, 150): in einer rot oder violett blühenden Form mit schwarzen Samen, die aus den aufspringenden Kapseln ausgeschüttet werden **(Schüttmohn)**, und in einer weiß blühenden Form mit weißem Samen und Kapseln, die geschlossen bleiben **(Schließmohn)**. 627

Schlafmohn wird in vielen Ländern legal als Ölpflanze angebaut **(Ölmohn)**. Sein Samen ist auch in Mitteleuropa eine beliebte Kuchen-, Gebäck- und Brötchenzutat (→ Rn. 630). Er dient ferner als Grundstoff für die Pharmaindustrie. Hauptanbaugebiete für die legale Produktion sind Indien, die Türkei, Polen, die GUS-Staaten, Rumänien, Tschechien und die Slowakei. Zu den illegalen Hauptanbaugebieten → Rn. 369. 628

b) Der Anwendungsbereich des BtMG. Die Schlafmohnpflanze (einschließlich der Unterart Papaver setigerum) ist gesondert dem BtMG unterstellt (zu [getrockneten] **Schlafmohnkapseln** s. BGH BeckRS 2016, 21431). Die Regelung geht als Spezialvorschrift der Anlage I fünfter Gedankenstrich vor (→ Rn. 171). Sie enthält vier Ausnahmen: 629

aa) Samen. Hauptbestandteil des Samens von Papaver somniferum ist Öl. Er enthält aber auch messbare Mengen von Morphin, Codein und anderen Alkaloiden; er wird ferner beim Ernten mit Milchsaft der Kapsel kontaminiert, wobei dies vor allem für den Schließmohn (→ Rn. 627) gilt (*Andresen/Schmoldt* BA 2004, 191; *Rochholz/Westphal/Wiesbrock/Schütz* BA 2004, 319). Gleichwohl wird er durch Anlage III Position Papaver somniferum generell von der Geltung des BtMG ausgenommen, eine Sonderregelung, die der Anlage I fünfter Gedankenstrich vorgeht. 630

BtMG § 1 Erster Abschnitt. Begriffsbestimmungen

631 Im Grundsatz ist der Umgang mit Mohnsamen daher **in allen Verkehrsformen** straffrei. Der Samen darf deshalb insbesondere zu gewerblichen Zwecken, etwa zur Herstellung von Ölen oder Backwaren verwendet werden (→ Rn. 628, 630). Die Einlassung, ein Opiatbefund im Blut, im Urin oder in den Haaren sei auf den Verzehr von Mohnprodukten zurückzuführen, muss daher keine Schutzbehauptung sein (*Rochholz* et al. BA 2004, 319).

632 Anders als bei Cannabis ist für den Fall einer Bestimmung zum unerlaubten Anbau eine Rückausnahme nicht vorgesehen. Die Strafbarkeit setzt insoweit daher erst ein, wenn mit dem Versuch des **Anbauens der Pflanze** begonnen wird (→ § 29 Rn. 69–71; *Oğlakcıoğlu* in MüKoStGB BtMG § 1 Rn. 68), wobei gleichgültig ist, ob Mohnblumen oder Opium gewonnen werden sollen. Dies gilt auch für die Beihilfe (→ Vor § 29 Rn. 337), die im Verkauf des Samens liegen kann.

633 **bb) Umgang zu Zierzwecken.** Mohnpflanzen und -pflanzenteile unterliegen nicht dem BtMG, wenn der Verkehr mit ihnen Zierzwecken dient und ihr Gehalt an Morphin im getrockneten Zustand 0,02% nicht übersteigt. Ob diese (geringe) Wirkstoffkonzentration von Natur aus vorliegt oder durch das bisher übliche Tauchverfahren erreicht wurde, ist nicht erheblich (BR-Drs. 881/97, 44). Die Ausnahme gilt **nicht** für den **Anbau;** auch der Anbau zu Zierzwecken oder zu einem Verkehr zu Zierzwecken bedarf daher der Erlaubnis und ist gegebenenfalls strafbar. Dasselbe gilt für die Einfuhr, Ausfuhr und Durchfuhr.

634 **cc) Homöopathische Arznei.** Eine weitere Ausnahme (→ Rn. 153) besteht für Zubereitungen, die nach einer im homöopathischen Teil des Arzneibuches beschriebenen Verfahrenstechnik hergestellt sind, wenn die Endkonzentration die vierte Dezimalpotenz nicht übersteigt.

635 **dd) Pflanzenauszüge.** Schließlich sind auch Zubereitungen aus Papaver somniferum ausgenommen (→ Rn. 153), die ohne einen weiteren Stoff der Anlagen I bis III bis zu 0,015% Morphin, berechnet als Base, enthalten (BR-Drs. 881/97, 44). Zusätzlich ist erforderlich, dass sie aus einem oder mehreren sonstigen Bestandteilen in der Weise zusammengesetzt sind, dass das Morphin nicht durch leicht anwendbare Verfahren oder in einem die öffentliche Gesundheit gefährdenden Ausmaß zurückgewonnen werden kann.

636 **18. Zolpidem.** Zolpidem unterscheidet sich in seiner chemischen Struktur zwar von den Benzodiazepinen, weist aber **ähnliche pharmakodynamische Eigenschaften** auf (BGHSt 56, 52 (→ Rn. 511); 1 StR 579/09). Es vermindert die Schlaflatenz, verlängert die Schlafdauer und Schlaftiefe, beeinflusst aber nicht den Schlafrhythmus. Seine Angst, Muskelverspannung oder Krämpfe lösende Wirkung ist gering. Zolpidem wird daher zur Kurzzeitbehandlung von schwerwiegenden Schlafstörungen angewandt und üblicherweise in Tablettenform unmittelbar vor dem Schlafengehen eingenommen. Es wird rasch resorbiert und weist bei einer Halbwertzeit von zweieinhalb Stunden und einer Wirkdauer von sechs Stunden am nächsten Morgen praktisch keine Wirkung mehr auf.

637 Als **Nebenwirkungen** können Schwindel, Kopfschmerzen, Übelkeit, Erbrechen, erhöhte Lichtempfindlichkeit, Depression, Ängstlichkeit und Reizbarkeit eintreten (BGHSt 56, 52 (→ Rn. 511); 1 StR 579/09). Zolpidem vermindert die psychomotorische Leistung und führt zu Gedächtnisschwächen. Bei dem Konsum extrem hoher Dosen kann es einem Koma mit Atemdepressionen kommen. Mischintoxikationen, insbesondere mit Alkohol, sind so gefährlich wie solche bei Benzodiazepinen (→ Rn. 528). Die Einnahme von Zolpidem über mehrere Wochen hinaus kann wie bei den Benzodiazepinen zu einer schweren **Abhängigkeit** führen (→ Rn. 529). Auch die Gefährlichkeit ist ebenso wie bei den Benzodiazepinen (→ Rn. 530) einzustufen (BGHSt 56, 52 (→ Rn. 511); 1 StR 579/09).

Kap. 17. Verordnungsermächtigungen § 1 BtMG

Kapitel 17. Verordnungsermächtigung für die Bundesregierung (Absatz 2)

Die Vorschrift ermächtigt die Bundesregierung, die Anlagen I bis III mit Zustimmung des Bundesrates im Wege der Rechtsverordnung zu ändern oder zu ergänzen. Damit wird eine flexible Regelung ermöglicht, mit der auf die Entwicklung des Drogenmarktes rasch und wirksam reagiert werden kann (BVerfG NJW 1998, 669 (→ Rn. 10)). Absatz 2 greift nur ein, wenn nicht bereits Absatz 4 gegeben ist. 638

I. Formelle Voraussetzungen. Vor dem Erlass der Verordnung sind Sachverständige zu hören. Ihre Zustimmung ist nicht notwendig (BayObLG NStZ 1995, 194). Ihren Kreis bestimmt die Bundesregierung. Seine Zusammensetzung kann allenfalls unter dem Gesichtspunkt gerügt werden, dass die Auswahl willkürlich erfolgt sei (aA wohl *Eberth/Müller* BtMR Rn. 84). 639

II. Materielle Voraussetzungen. Bei der Verordnung sind sowohl wirtschaftliche Belange (zB der Pharmaindustrie) als auch solche der Kontrolle des Betäubungsmittelverkehrs zu beachten. Im übrigen kann die Rechtsverordnung auf drei Gründe gestützt werden: 640

1. Wirkungsweise eines Stoffes (Satz 1 Nr. 1). Auf die Wirkungsweise eines Stoffes, vor allem im Hinblick auf die Verursachung einer **Abhängigkeit,** kann die Verordnung dann gegründet werden, wenn der Stoff zu einem Zustandsbild führt, das der Wirkung eines Betäubungsmittels entspricht *(Joachimski/Haumer* BtMG Rn. 41; *Eberth/Müller* BtMR Rn. 90). Die Wirkungsweise muss nach wissenschaftlicher Erkenntnis festgestellt sein, wobei an deren Grad im Hinblick auf den Gesundheitsschutz keine übermäßigen Maßstäbe anzulegen sind (*Eberth/Müller* BtMR Rn. 91). 641

2. Stoff zur Herstellung eines Betäubungsmittels (Satz 1 Nr. 2). Die Verordnung kann auch auf die Möglichkeit gestützt werden, aus einem Stoff oder unter Verwendung eines Stoffs Betäubungsmittel herstellen zu können (Nr. 2). Diese Regelung ist im Wesentlichen durch das GÜG (Anh. B 1) überholt. 642

3. Sicherheit oder Kontrolle des Betäubungsmittelverkehrs (Nr. 3). Schließlich ist eine Verordnung auch zur Sicherheit oder zur Kontrolle des Verkehrs mit Betäubungsmitteln, anderen Stoffen oder Zubereitungen zulässig, wenn dies wegen des Ausmaßes der missbräuchlichen Verwendung und wegen der unmittelbaren oder mittelbaren Gefährdung der Gesundheit geboten ist. Sicherheit oder Kontrolle des Betäubungsmittelverkehrs ist die Gesamtheit der Maßnahmen und Vorkehrungen, die diesem Zweck dienen und die damit den legalen und illegalen Verkehr mit Betäubungsmitteln erfassen (vgl. BT-Drs. 8/3551, 26). Ein Abhängigkeitspotential muss hier nicht wissenschaftlich nachgewiesen sein (*Winkler* in Hügel/Junge/Lander/Winkler Rn. 7.3). 643

III. Ausnahmen (Satz 2). Satz 2 ermächtigt die Bundesregierung, einzelne Stoffe oder Zubereitungen von der Anwendung des Gesetzes auszunehmen. Zu dem (vergeblichen) Versuch, eine Herausnahme von Cannabis aus den Anlagen im Wege einer Verwaltungsklage zu erreichen s. VG Berlin BeckRS 2018, 39886. 644

IV. Folgen. Mit dem Datum, das sich aus der Verordnung ergibt, oder mit dem Ablauf einer etwaigen Übergangszeit wird der Stoff **zum Betäubungsmittel** der betreffenden Anlage mit allen sich daraus ergebenden Folgen. Grund für die Unterstellung unter das BtMG ist die Gefährlichkeit des Stoffes und diese hängt nicht davon ab, wann er erworben wurde (OLG Stuttgart NStZ 2013, 50 = A&R 2012, 231 insoweit mzustAnm *Winkler*). Entsprechendes gilt, wenn der Stoff aus der Anlage III in die Anlage II oder I **umgestuft** wird oder wenn eine **ausgenommene Zubereitung gestrichen** und der Stoff damit insgesamt dem betäubungsmittelrechtlichen Regime unterstellt wird (*Winkler* A&R 2012, 233 (236)). 645

646 Diese Folgen gelten auch für den **Besitz** (OLG Stuttgart NStZ 2013, 50 (→ Rn. 645)). Benötigt der Besitzer für den Erwerb keine Erlaubnis, wie der Apotheker für Betäubungsmittel der Anlagen II und III (§ 4 Abs. 1 Nr. 1 Buchst. b) oder der Tierarzt für Fertigarzneimittel der Anlage III (§ 4 Abs. 1 Nr. 2 Buchst. b), so kann er die Betäubungsmittel weiter besitzen. Andere Personen (oder der Apotheker oder Tierarzt für andere Betäubungsmittel) müssen innerhalb der Übergangszeit oder, wenn eine solche nicht bestimmt ist, unverzüglich eine Erlaubnis nach § 3 erholen oder sich der Betäubungsmittel in legaler Weise **entledigen** (*Eisele* in Schönke/Schröder Vor § 13 Rn. 42), etwa indem sie sie vernichten oder dem Apotheker zur Vernichtung aushändigen (§ 4 Abs. 1 Nr. 1 Buchst. e; auch → § 4 Rn. 49). Tun sie dies nicht, obwohl es **ihnen möglich** wäre, so folgt die Strafbarkeit aus der von ihrem Willen getragenen Aufrechterhaltung des Besitzes oder seiner Nichtbeendigung (BT-Drs. VI/1877, 9; *Eisele* in Schönke/Schröder StGB Vor § 13 Rn. 42).

647 Deswegen macht sich der Besitzer des **Besitzes in nicht geringer Menge** schuldig, wenn die besessene Menge bei Inkrafttreten der Verordnung oder mit Ablauf der Übergangszeit den Grenzwert zur nicht geringen Menge übersteigt (aA OLG Stuttgart NStZ 2013, 50 = A&R 2012, 231 insoweit mablAnm *Winkler*). Es gibt auch keine Anhaltspunkte dafür, dass die die Erlaubnis betreffenden divergierenden Formulierungen in § 29a Abs. 1 Nr. 2 und § 29 Abs. 1 S. 1 Nr. 3 sachliche Unterschiede ausdrücken sollten (dazu im Einzelnen *Winkler* A&R 2012, 233). Dementsprechend wurden beide Vorschriften seit jeher auch gleich ausgelegt (so ausdrücklich → § 29a Rn. 52).

Kapitel 18. Verordnungsermächtigung für das Bundesministerium für Gesundheit (Absatz 3)

648 Mit dem Vordringen der sog. Designerdrogen erwies sich auch das Verfahren nach Absatz 2 als zu zeitraubend und schwerfällig. Mit der Einfügung des Absatzes 3 wurde das Bundesgesundheitsministerium deswegen ermächtigt, in dringenden Fällen Stoffe und Zubereitungen, die nicht Arzneimittel sind, **ohne Zustimmung des Bundesrates** in die Anlagen I bis III aufzunehmen, wobei auch die Anhörung von Sachverständigen unterbleiben kann. Eine nach Absatz 3 Satz 1 erlassene Verordnung tritt nach einem Jahr außer Kraft. In dieser Zeit kann das Verfahren nach Absatz 2 durchgeführt werden.

649 Die materiellen Voraussetzungen des Absatzes 3 Satz 1 lehnen sich an Absatz 2 Satz 1 Nr. 3 an. Im Unterschied zu dieser Vorschrift darf es sich aber nicht um Arzneimittel handeln. **Arzneimittel** im Sinne des Absatzes 3 sind nur die zugelassenen oder registrierten Arzneimittel des § 2 Abs. 4 AMG (BGHSt 43, 336 (→ Rn. 21); OLG Frankfurt a. M. NJW 1996, 3090 (→ Rn. 359)). Weitere Voraussetzung ist, dass es sich um einen dringenden Fall handelt. Ein solcher liegt vor, wenn die Aufnahme in die Liste der Betäubungsmittel aus Gründen des Gesundheitsschutzes keinen Aufschub duldet (s. § 7 Abs. 2 Bundes-Seuchengesetz).

Kapitel 19. Vereinfachtes Verfahren für Rechtsverordnungen (Absatz 4)

650 Ebenfalls in einem vereinfachten Verfahren können die Anlagen I bis III durch das Bundesgesundheitsministerium geändert werden, wenn dies auf Grund von Änderungen der Anhänge zum ÜK 1961 (Anh. A 1) oder ÜK 1971 (Anh. A 2) oder des Anhangs des Rahmenbeschlusses 2004/757/JI v. 25.10.2004 (Anh. B 3), geändert durch Richtlinie (EU) 2017/2103 v. 15.11.2017, erforderlich ist (Absatz 4).

Kapitel 20. Gerichtliche Prüfung in den Fällen der Absätze 2—4

Ob sich die nach den Absätzen 2—4 erlassenen Rechtsverordnungen im Rahmen 651
der jeweiligen Ermächtigung halten, kann von jedem mit der Sache befassten Gericht selbst entschieden werden (→ Rn. 18). Dabei steht dem Verordnungsgeber bei
der Frage der Erforderlichkeit ein weiter Beurteilungsspielraum zu (*Eberth/Müller*
BtMR Rn. 98, *Joachimski/Haumer* BtMG Rn. 50).

Kapitel 21. Grundlage der Strafbarkeit in den Fällen der Absätze 2—4

Auch soweit die Anlagen I bis III nach den Absätzen 2—4 geändert oder ergänzt 652
wurden, können sie Grundlage einer strafgerichtlichen Verurteilung sein. Sie genügen insbesondere den verfassungsrechtlichen Bestimmtheitserfordernissen (BayObLG NStZ 1995, 194; BVerfG NJW 1998, 669 (→ Rn. 10)). Der jeweilige Straftatbestand, sowie Art und Maß der strafrechtlichen Sanktion werden in den
§§ 29—34 festgelegt. Ob und unter welchen Voraussetzungen ein Betäubungsmittel
(→ Rn. 11) in den Anlagen I bis III aufgenommen werden darf, hat der Gesetzgeber
selbst umschrieben. Dass zur Begründung der Strafbarkeit zusätzlich die Aufnahme
in die Positivliste erforderlich ist, dient vor allem der Rechtsklarheit. Sie ist insbesondere keine Form der Rückverweisung (dazu → § 29 Rn. 1958), sondern dient
nur der näheren Konkretisierung des bereits aus dem Gesetz erkennbaren Verbots
und ist damit eine Verhaltensnorm und keine Sanktionsnorm (dazu *Freund* in
MüKoStGB AMG Vor § 95 Rn. 56).

§ 2 Sonstige Begriffe

(1) **Im Sinne dieses Gesetzes ist**
1. **Stoff:**
   a) **chemische Elemente und chemische Verbindungen sowie deren natürlich vorkommende Gemische und Lösungen,**
   b) **Pflanzen, Algen, Pilze und Flechten sowie deren Teile und Bestandteile in bearbeitetem oder unbearbeitetem Zustand,**
   c) **Tierkörper, auch lebender Tiere, sowie Körperteile, -bestandteile und Stoffwechselprodukte von Mensch und Tier in bearbeitetem oder unbearbeitetem Zustand,**
   d) **Mikroorganismen einschließlich Viren sowie deren Bestandteile oder Stoffwechselprodukte,**
2. **Zubereitung:**
   ohne Rücksicht auf ihren Aggregatzustand ein Stoffgemisch oder die Lösung eines oder mehrerer Stoffe außer den natürlich vorkommenden Gemischen und Lösungen;
3. **ausgenommene Zubereitung:**
   eine in den Anlagen I bis III bezeichnete Zubereitung, die von den betäubungsmittelrechtlichen Vorschriften ganz oder teilweise ausgenommen ist;
4. **Herstellen:**
   das Gewinnen, Anfertigen, Zubereiten, Be- oder Verarbeiten, Reinigen und Umwandeln.

(2) **Der Einfuhr oder Ausfuhr eines Betäubungsmittels steht jedes sonstige Verbringen in den oder aus dem Geltungsbereich dieses Gesetzes gleich.**

BtMG § 2 Erster Abschnitt. Begriffsbestimmungen

Übersicht

	Rn.
A. Inhalt	1
B. Stoffe (Absatz 1 Nr. 1)	2
I. Begriff	2
II. Legaldefinition, Formen	4
1. Chemische Elemente, chemische Verbindungen, deren natürlich vorkommende Gemische und Lösungen (Buchst. a)	6
a) Chemische Elemente	7
b) Chemische Verbindungen	9
aa) Ester	11
bb) Ether	12
cc) Isomere, Stereoisomere, Enantiomere	13
dd) Racemat (Razemat)	16
ee) Molekülverbindungen	17
ff) Salze	18
c) Gemische	19
d) Lösungen	20
2. Pflanzen, Algen, Pilze und Flechten sowie deren Teile und Bestandteile (Buchst. b)	21
a) Pflanzen	22
b) Algen	23
c) Pilze	25
d) Flechten	27
e) Teile von Pflanzen, Algen, Pilzen und Flechten	28
aa) Pflanzenteile	29
(a) Früchte	30
(b) Samen	31
bb) Teile von Algen	32
cc) Teile von Pilzen	33
(a) Fruchtkörper	34
(b) Sporen	35
dd) Teile von Flechten	36
d) Bestandteile von Pflanzen, Algen, Pilze und Flechten	37
3. Tierkörper, Körperteile, Körperbestandteile und Stoffwechselprodukte von Tier und Mensch (Buchst. c)	38
a) Tiere	39
b) Menschen	42
4. Mikroorganismen, einschließlich Viren sowie deren Bestandteile oder Stoffwechselprodukte (Buchst. d)	43
III. Stoffe und Betäubungsmittel	46
C. Zubereitungen (Absatz 1 Nr. 2)	48
D. Ausgenommene Zubereitungen (Absatz 1 Nr. 3)	49
E. Herstellen (Absatz 1 Nr. 4)	53
I. Herstellen und Gewinnen	53
II. Formen der Herstellung	54
1. Gewinnen	55
2. Anfertigen	57
3. Zubereiten	58
4. Be- und Verarbeiten	60
5. Reinigen	63
6. Umwandeln	64
F. Einfuhr (Absatz 2)	65
I. Verbringen	67
II. Die maßgebliche Grenze	72
1. Hoheitsgrenze	73
2. Vorgeschobene Zollstellen	76
3. Vollendung des Europäischen Binnenmarktes	83
4. Übereinkommen von Schengen	89
III. Beginn und Ende der Einfuhr	94

Sonstige Begriffe **§ 2 BtMG**

	Rn.
IV. Der Erlaubnispflichtige	95
V. Einfuhr und Durchfuhr	96
VI. Einfuhr und Handeltreiben	97
G. Ausfuhr (Absatz 2)	98
I. Verbringen	98
II. Beginn und Ende der Ausfuhr	99
III. Der Erlaubnispflichtige	100
IV. Ausfuhr und Durchfuhr	101
V. Ausfuhr und Handeltreiben	102
H. Durchfuhr	103

A. Inhalt

Die Vorschrift enthält **Begriffsbestimmungen,** die für das gesamte Gesetz 1
maßgeblich sind. Sie bewegen sich im Rahmen der internationalen Suchtstoffübereinkommen und knüpfen zum Teil an Begriffe aus dem AMG (§§ 3, 4 Abs. 14) an.

B. Stoffe (Absatz 1 Nr. 1)

I. Begriff. Stoffe unterscheiden sich von den Gegenständen dadurch, dass sie 2
nicht zum Gebrauch, sondern zum **Verbrauch** bestimmt sind, wenn auch nicht
unbedingt schon bei der ersten Anwendung (*Freund* in MüKoStGB AMG § 3
Rn. 1; *Volkmer* in Körner/Patzak/Volkmer AMG Rn. 43; *Müller* in Kügel/Müller/
Hofmann § 3 Rn. 8). Das BtMG erfasst lückenlos alle Be- und Verarbeitungsstadien. Stoffe sind nicht nur die reinen Stoffe, sondern auch rohe und ungereinigte
Materialien, wie sie bei der Herstellung anfallen, gleich in welchem Reinheitsgrad
(Hügel/Junge/Lander/Winkler Rn. 7).

Ein Stoff liegt auch dann vor, wenn es an einer konkreten Berauschungsqualität 3
oder Konsumfähigkeit fehlt oder es sich um geringste **Rückstände** oder **Restsubstanzen** handelt (→ § 1 Rn. 15, 16, 151, 200).

II. Legaldefinition, Formen. § 2 Abs. 1 Nr. 1 wurde durch das am 23.7.2009 4
in Kraft getretene Gesetz v. 17.7.2009 (BGBl. I S. 1990) **neu gefasst.** Dabei wurde
der Begriff des Stoffes der entsprechenden Definition **in § 3 AMG** angepasst. Diese
wiederum geht auf Art. 2 Nr. 3 der **Richtlinie 65/65/EWG** v. 26.1.1965 (ABl. L
22, S 369), ersetzt durch Art. 1 Nr. 3 der **Richtlinie 2001/83/EG** v. 6.11.2001 zur
Schaffung eines Gemeinschaftskodexes für Humanarzneimittel (ABl. L 311, S. 67,
insoweit nicht geändert durch die Richtlinie 2004/27/EG v. 31.3.2004 (ABl. L
136, S. 34)), zurück; dazu → AMG § 2 Rn. 2, 3. Wesentliches Merkmal dieser Bestimmung ist ihre weite Fassung, mit der vermieden werden soll, dass bestimmte
Stoffe von vornherein aus dem Anwendungsbereich der Vorschriften herausfallen.

So werden praktisch **alle nur erdenklichen Substanzen** erfasst, seien sie pflanz- 5
lichen, tierischen, mikroorganischen, unbelebten oder gar menschlichen Ursprungs. Auf dieser Grundlage können die Stoffe nur noch von den Gegenständen
abgegrenzt werden (→ Rn. 2). Diese weite Begriffsbestimmung gilt nunmehr
auch für das BtMG. Die Gesetzesbegründung sieht darin nur eine **Klarstellung**
(BT-Drs. 16/12256, 59). Dies trifft allerdings nur zum Teil zu (→ Rn. 6–45). Auch
macht die Übernahme des arzneimittelrechtlichen Stoffbegriffs in das BtMG in vielen Fällen keinen Sinn, etwa bei den chemischen Elementen oder bei den menschlichen Körperteilen.

1. Chemische Elemente, chemische Verbindungen, deren natürlich vor- 6
kommende Gemische und Lösungen (Buchst. a). Mit dieser Regelung geht
das BtMG in Anlehnung an § 3 Nr. 1 AMG auf sehr kleine Bausteine der Materie
zurück.

BtMG § 2 Erster Abschnitt. Begriffsbestimmungen

7   **a) Chemische Elemente** (derzeit 115 bekannt) sind Stoffe, die aus Atomen gleicher Kernladung bestehen. Sie sind mit chemischen Mitteln nicht mehr zerlegbar, können mit anderen Elementen zu Verbindungen zusammentreten und aus diesen wieder durch chemische Operationen isoliert werden (*Müller* in Kügel/Müller/Hofmann § 3 Rn. 10, 11). Die Elemente werden im Periodensystem der Elemente nach steigender Kernladungszahl angeordnet. Ihre Erfassung als Stoff des BtMG ist neu.

8   Allerdings sind chemische Elemente, die Betäubungsmittel sind, derzeit **nicht bekannt** (etwa anderes gilt für Arzneimittel, etwa Jod). Auch ihre zukünftige Entdeckung ist kaum zu erwarten. Aus der **Anlage I fünfter Gedankenstrich**, in deren Zusammenhang sie eine gewisse praktische Bedeutung hätten erlangen können, sind sie ausgeschlossen (→ § 1 Rn. 168).

9   **b) Chemische Verbindungen** sind Stoffe aus zwei oder mehr Elementen, die in einem festen, gesetzmäßigen Verhältnis chemisch verbunden sind und die durch chemische Methoden auch wieder in ihre Elemente zerlegt werden können (*Müller* in Kügel/Müller/Hofmann § 3 Rn. 11).

10   Chemische Verbindungen gehören seit jeher zu den Stoffen im Sinne des BtMG (§ 2 Abs. 1 Nr. 1 aF). § 2 Abs. 1 Nr. 1 aF nannte ausdrücklich noch deren **Ester, Ether, Isomere, Molekülverbindungen und Salze.** Diese werden in der Neufassung des § 2 Abs. 1 Nr. 1 nicht mehr gesondert aufgeführt, sind aber weiterhin Gegenstand der Anlagen I bis III (Anlagen I und II, jeweils erster und zweiter Gedankenstrich). Zu den Isomeren insoweit → § 1 Rn. 156–161.

11   **aa) Ester** sind organische Verbindungen, die aus der Vereinigung von Alkohol (oder Phenol) mit einer Säure unter Abspaltung von Wasser entstehen (*Oğlakcıoğlu* in MüKoStGB BtMG § 2 Rn. 7).

12   **bb) Ether** sind organische Verbindungen, die aus je zwei Molekülen Alkohol unter Abspaltung von einem Molekül Wasser entstehen; Ether ist die internationale Schreibweise für Äther (*Oğlakcıoğlu* in MüKoStGB BtMG § 2 Rn. 8).

13   **cc) Isomere, Stereoisomere, Enantiomere.** Isomere sind chemische Verbindungen, deren Molekülstrukturen zwar übereinstimmen, die sich auf Grund einer verschiedenen räumlichen Anordnung der Molekülbestandteile jedoch chemisch und physikalisch unterschiedlich verhalten, insbesondere auch unterschiedliche pharmakologische und toxikologische Eigenschaften haben (*Oğlakcıoğlu* in MüKoStGB BtMG § 2 Rn. 9; *Rübsamen* NStZ 1991, 310 (311)). Viele Betäubungsmittel sind **optische Isomere (Stereoisomere),** die sich wie Bild und Spiegelbild zueinander verhalten und die Schwingungsebene des polarisierten Lichts in verschiedene Richtungen drehen (*Oğlakcıoğlu* in MüKoStGB BtMG § 2 Rn. 10). In der chemischen Formel wird häufig die linksdrehende Form (zB Levomethadon) mit einem Minuszeichen (–) oder „l", die rechtsdrehende Form (zB Dextromethadon) mit einem Pluszeichen (+) oder „d" gekennzeichnet.

14   **Stereoisomere** chemischer Verbindungen, die sich in ihrer **Konstitution decken** und sich in den räumlichen Strukturen zu einem Gegenstück verhalten wie zu dessen **Spiegelbild,** werden **Enantiomere** genannt. Bei ihnen werden nach den sog. CIP-Regeln (Cahn-Ingold-Prelog-Nomenklatur) oder der R/S-Übereinkunft die linksdrehende Form mit (R) und die rechtsdrehende Form mit (S) bezeichnet.

15   **Illegale Synthesen** führen aus technischen Gründen und weil die Täter zu einem raschen Ergebnis kommen wollen, meist zu einem **Racemat** (→ Rn. 16; *Rübsamen* NStZ 1991, 310 (311)). Strafrechtlich ist dies in der Regel unproblematisch. Soweit die Stereoisomere nach der „Gelben Liste" oder „Grünen Liste" (→ § 1 Rn. 149) als Betäubungsmittel einzuordnen sind, wurden sie in die Anlagen zum BtMG aufgenommen (BR-Drs. 252/01, 45). Sollten dort nicht aufgeführte

Stereoisomere als Betäubungsmittel missbräuchlich verwendet werden, so unterliegen sie nach dem **vierten Gedankenstrich der Anlage I** ebenfalls dem BtMG (BR-Drs. 252/01, 45); im Einzelnen dazu → § 1 Rn. 156–161, 242.

dd) Racemat (Razemat). Ein Gemisch aus **gleichen** Teilen linksdrehender 16 und rechtsdrehender Formen wird Racemat oder racemisches Gemisch genannt. In der chemischen Formel wird es durch „(±)" (zB bei Methadon) oder (RS) gekennzeichnet.

ee) Molekülverbindungen. Moleküle sind die kleinsten, selbständigen Einhei- 17 ten eines Stoffes (*Oğlakcıoğlu* in MüKoStGB BtMG § 2 Rn. 11). Molekülverbindungen entstehen durch Zusammenlagerung von zwei oder mehreren Molekülen, die untereinander chemische Bindungen ausbilden.

ff) Salze sind Verbindungen, die aus der Einwirkung von Säuren auf Basen unter 18 Wasserabspaltung entstehen. Sie enthalten stets einen geringeren Anteil des Stoffes im Vergleich zur reinen Substanz. Der Wirkstoffgehalt von Salzen ist höher als der von Basen; der Wert der Base ist mit dem Faktor 1,1 zu multiplizieren, um den Wert des Salzes zu erhalten (*Oğlakcıoğlu* in MüKoStGB BtMG § 2 Rn. 12).

c) Gemische sind mechanische Vermengungen aus heterogenen Substanzen, die 19 allerdings **natürlich** vorkommen müssen. Gemische, die Produkte eines Bearbeitungsvorgangs sind, sind Zubereitungen (*Oğlakcıoğlu* in MüKoStGB BtMG § 2 Rn. 13). Die Gemische waren bereits in § 2 Abs. 1 Nr. 1 BtMG aF enthalten. Auf (natürlich vorkommende) Gemische chemischer Elemente und chemischer Verbindungen ist Anlage I fünfter Gedankenstrich nicht anwendbar, da sich diese Anlage auf die in § 2 Abs. 1 Nr. 1 Buchst. a genannten Stoffe nicht bezieht.

d) Lösungen sind homogene Gemische, die aus zwei oder mehr chemisch rei- 20 nen Stoffen bestehen (*Oğlakcıoğlu* in MüKoStGB BtMG § 2 Rn. 14). Sie enthalten einen oder mehrere gelöste Stoffe und ein Lösungsmittel (das in der Regel selbst flüssig ist, eine Lösung sein kann, und meistens in größerer Menge vorhanden ist als der in ihm gelöste Stoff). Der gelöste Stoff kann fest, flüssig oder gasförmig sein. Nr. 1 erfasst nur **natürlich vorkommende** Lösungen, andernfalls handelt es sich um Zubereitungen. Auf (natürlich vorkommende) Lösungen chemischer Elemente und chemischer Verbindungen ist Anlage I fünfter Gedankenstrich nicht anwendbar (→ Rn. 19).

2. Pflanzen, Algen, Pilze und Flechten sowie deren Teile und Bestand- 21 **teile (Buchst. b).** Auch die in Buchst. b genannten Stoffe entsprechen im Wesentlichen dem AMG (§ 3 Nr. 2). Ebenso wie dort kommt es auch hier nicht darauf an, ob sie bearbeitet oder unbearbeitet sind.

a) Pflanzen sind Lebewesen, die unter der Einwirkung des Lichts mit Hilfe von 22 Chlorophyll die von ihnen benötigten Stoffe selbst aufbauen und sich autotroph ernähren, dh die zum Wachsen und Leben notwendigen Substanzen durch Photosynthese selbst herstellen (*Oğlakcıoğlu* in MüKoStGB BtMG § 2 Rn. 16). Unter Pflanze ist das **ganze Gewächs** zu verstehen (*Dahlenburg/Bohnen* in BeckOK BtMG Rn. 13; *Müller* in Kügel/Müller/Hofmann § 3 Rn. 14). Die Pflanzen sind seit jeher Stoffe im Sinne des BtMG (§ 2 Abs. 1 Nr. 1 aF).

b) Algen sind im Wasser lebende, eukariotische (mit Zellkern und Zellmembran 23 versehene), pflanzenartige Lebewesen, die Photosynthese betreiben, jedoch nicht zu den eigentlichen Pflanzen gehören (*Müller* in Kügel/Müller/Hofmann § 3 Rn. 18). Sie können einzellig oder mehrzellig sein. Die Algen wurden neu in das BtMG aufgenommen, sind aber betäubungsmittelrechtlich bislang ohne Relevanz.

Keine Algen sind die **Blaualgen.** Bei ihnen handelt es sich um Bakterien 24 (Cyanobakterien), die zu den Mikroorganismen (Buchst. d) zählen. Sie sind damit

Gegenstand der Bakteriologie, werden aber als historisches Relikt noch von der Botanik behandelt.

25   **c) Pilze.** Obwohl Pilze biologisch vielfach als eigenes Reich angesehen werden, gehörten sie nach der 10., 15. und 19. BtMÄndV betäubungsmittelrechtlich zu den Pflanzen (→ 3. Aufl. § 1 Rn. 172–174, 176–185). Sie werden nunmehr im Gesetz als eigene Stoffe ausdrücklich genannt.

26   Im biologischen Sinne ist der Pilz das Pilzgeflecht, das den Boden, das Substrat oder die Wirtspflanze durchzieht **(Mycel)**. Eine Sonderform des Mycels ist das **Sklerotium**, das aus einer dicht verflochtenen und festen Mycelmasse besteht, die Kälte und Trockenheit widersteht. Was üblicherweise als Pilz betrachtet und geerntet wird, sind nicht die Mycelien, sondern die **Fruchtkörper** (→ Rn. 34).

27   **d) Flechten** sind symbiotische Systeme aus Algen und Pilzen, wobei sich ihre Eigenschaften deutlich von denen der Organismen absetzen, aus denen sie bestehen. Die Flechten wurden neu in das BtMG aufgenommen, sind aber betäubungsmittelrechtlich bislang ohne Relevanz.

28   **e) Teile von Pflanzen, Algen, Pilzen und Flechten.** Ausdrücklich erfasst die Vorschrift nunmehr nicht nur Pflanzenteile, sondern auch die Teile von Pilzen, Algen und Flechten. Auch bei diesen Stoffen kommt es auf eine Bearbeitung nicht an.

29   **aa) Pflanzenteile** sind abgetrennte Teile einer Pflanze, die nicht selbst lebensfähig sind. Dazu gehören Cocablätter, Stängel, Mohnstroh, Blüten und Fruchtstände (*Oğlakcıoğlu* in MüKoStGB BtMG § 2 Rn. 17). Im Unterschied zu den Pflanzenbestandteilen erfasst der Begriff der „Pflanzenteile" nur diese selbst und nicht auch die Stoffe, aus denen sie bestehen (*Müller* in Kügel/Müller/Hofmann § 3 Rn. 15). Die Pflanzenteile gehören seit jeher zu den Stoffen im Sinne des BtMG.

30   **(a) Früchte.** Zu den Pflanzenteilen zählen auch die Früchte (*Müller* in Kügel/Müller/Hofmann § 3 Rn. 15). Früchte sind aus dem Fruchtknoten der Blüte hervorgehende pflanzliche Organe, die den Samen bis zur Reife bergen und meist auch der Samenverbreitung dienen. Sie werden von den Fruchtblättern und dem Stempel, oft unter Beteiligung weiterer Teile der Blüte und des Blütenstandes gebildet. Früchte gibt es daher nur bei Blütenpflanzen. Zu den Früchten gehören namentlich die Mohnkapseln.

31   **(b) Samen.** Obwohl pflanzliche Samen nach ihrer Reife und der Trennung von der Pflanze keim- und damit lebensfähig sind, werden sie den Pflanzenteilen zugerechnet (*Müller* in Kügel/Müller/Hofmann § 3 Rn. 15; s. auch Anlage I Position Cannabis Marihuana Ausnahme a).

32   **bb) Teile von Algen** sind abgetrennte Teile dieser Substanzen. Betäubungsmittelrechtlich sind sie bisher ohne Relevanz.

33   **cc) Teile von Pilzen.** Praktisch bedeutsame Teile von Pilzen sind Fruchtkörper und Sporen. Betäubungsmittelrechtlich wurden sie in der Vergangenheit den Pflanzenteilen zugerechnet, werden aber nunmehr ausdrücklich im BtMG genannt.

34   **(a) Fruchtkörper.** Die Fruchtkörper sind die Träger der Sporen. Da sie aus keiner Blüte hervorgehen, sind sie keine Früchte. In der Praxis werden sie meist als der Pilz angesehen.

35   **(b) Sporen.** Sporen sind Keimzellen, die der ungeschlechtlichen Vermehrung dienen. Für sie gilt dasselbe wie für die Samen. Obwohl auch sie nach ihrer Trennung von dem Fruchtkörper keim- und lebensfähig sind, werden sie zu den Teilen der Pilze gezählt.

36   **dd) Teile von Flechten** sind abgetrennte Teile dieser Substanzen. Betäubungsmittelrechtlich sind sie bisher ohne Relevanz.

f) **Bestandteile von Pflanzen, Algen, Pilze und Flechten.** Bestandteile von 37
Pflanzen sind Stoffe, die die jeweilige Pflanze enthält (*Oğlakcıoğlu* in MüKoStGB
BtMG § 2 Rn. 18); dazu gehören etwa die in ihr vorhandenen Fette, ätherischen
Öle und deren Inhaltsstoffe, zB Alkaloide (Morphin, Codein) oder sonstige Wirkstoffe (THC). Erfasst werden auch die pflanzlichen Ausscheidungen, wie Harze und
Milchsäfte (*Müller* in Kügel/Müller/Hofmann § 3 Rn. 16). Entsprechendes gilt für
die Bestandteile von Algen, Pilzen und Flechten. Die Bestandteile fallen als solche
nur dann unter das BtMG, wenn sie in den Anlagen gesondert aufgeführt sind, zB
Cannabisharz (Haschisch), THC, Opium oder Cocain (*Patzak* in Körner/Patzak/
Volkmer Rn. 38). Auch bei den Bestandteilen ist nicht erheblich, ob sie in bearbeitetem oder unbearbeitetem Zustand vorliegen.

3. Tierkörper, Körperteile, Körperbestandteile und Stoffwechselpro- 38
dukte von Tier und Mensch (Buchst. c). Wesentlich erweitert wird der Stoffbegriff durch Buchst. c. Auch bei diesen Stoffen kommt es nicht darauf an, ob sie in
bearbeitetem oder unbearbeitetem Zustand vorliegen.

a) **Tiere.** Mit der Aufnahme der Tiere in den Stoffbegriff wird eine Lücke ge- 39
schlossen, die in der Vergangenheit nur unvollkommen überbrückt werden konnte
(→ 3. Auflage § 1 Rn. 169). Die Tiere waren in den letzten Jahren zunehmend in
das Blickfeld der Rauschgiftszene und des Betäubungsmittelrechts getreten (→ § 1
Rn. 193–196, 412–415).

Tiere sind Lebewesen, die Sauerstoff zur Atmung benötigen und ihre Energie 40
nicht durch Photosynthese gewinnen; stattdessen ernähren sich Tiere von anderen
tierischen und/oder pflanzlichen Organismen. Bei den Tierkörpern wird der Stoffbegriff auch auf **lebende Tiere** ausgedehnt. Dies kann derzeit bei bestimmten südamerikanischen Kröten betäubungsmittelrechtlich relevant werden (→ § 1 Rn. 194,
412–415). Tierkörper ist der tierische Körper in seiner Gesamtheit (*Müller* in Kügel/Müller/Hofmann § 3 Rn. 22).

(Tierische) **Körperteile** sind abgetrennte, nicht selbst lebensfähige Teile des 41
Tierkörpers (*Müller* in Kügel/Müller/Hofmann § 3 Rn. 23). Ob die Körperteile zu
einem toten oder noch lebenden Tier gehören, ist unerheblich. Zu den Körperteilen zählt auch der **Samen;** er ist damit ebenfalls ein Stoff im Sinne des BtMG. Dasselbe gilt für die **Körperbestandteile** (dazu *Müller* in Kügel/Müller/Hofmann § 3
Rn. 24). In den Stoffbegriff des BtMG neu aufgenommen wurden die **Stoffwechselprodukte** (*Müller* in Kügel/Müller/Hofmann § 3 Rn. 25).

b) **Menschen.** Derzeit noch ohne betäubungsmittelrechtliche Relevanz und im 42
Wesentlichen wohl dem Gleichlauf mit dem AMG, in dem die betreffende Regelung eine wesentlich größere Bedeutung hat, und der Richtlinie 2001/83/EG
(→ Rn. 4) geschuldet ist die Einbeziehung menschlicher Substanzen in den Stoffbegriff des BtMG. Im Unterschied zu den Tieren werden **Körper** lebender oder toter
Menschen in ihrer Gesamtheit nicht erfasst (*Dahlenburg/Bohnen* in BeckOK BtMG
Rn. 19). **Anders** ist dies bei den Körperteilen, etwa dem Blut, den Körperbestandteilen oder den Stoffwechselprodukten, etwa dem Harnstoff.

4. Mikroorganismen einschließlich Viren sowie deren Bestandteile oder 43
Stoffwechselprodukte (Buchst. d). Während sich im früheren Recht lediglich
die Anlage I fünfter Spiegelstrich (Zellkulturen, biologische Materialien) mit
Kleinstlebewesen befasste, werden die Mikroorganismen (und ihre Bestandteile
und Stoffwechselprodukte) nunmehr ausdrücklich in den Stoffbegriff aufgenommen.

Mikroorganismen (umgangssprachlich „Mikroben") sind mikroskopisch kleine 44
Lebewesen, die als einzelne Individuen mit bloßem Auge in der Regel nicht zu erkennen sind. Ihre Größe unterscheidet sich stark. Sie sind meistens Einzeller. Ein
Hauptbeispiel sind **Bakterien.**

45 Das Gesetz zählt zu den Mikroorganismen ausdrücklich auch die **Viren**. Viren haben keinen Stoffwechsel, so dass naturwissenschaftlich streitig ist, ob sie zu den Lebewesen und damit zu den (Mikro)Organismen gehören. Für die Anwendung des BtMG wird dies durch Buchst. d geklärt.

46 **III. Stoffe und Betäubungsmittel.** Die Aufnahme in die Begriffsbestimmung des Stoffes bedeutet nicht, dass jede dieser Substanzen oder Lösungen ein Betäubungsmittel wäre. Zum Betäubungsmittel werden sie nur dann, wenn sie in eine der Anlagen zum BtMG aufgenommen werden (§ 1 Abs. 1).

47 Besondere Bedeutung gewinnt hier **Anlage I fünfter Gedankenstrich** (→ § 1 Rn. 166–198):
- Danach sind alle Stoffe nach § 2 Nr. 1 Buchst. b–d, die **selbst** einen in den Anlagen I bis III aufgeführten Stoff **enthalten**, Betäubungsmittel (der Anlage I).
- Dasselbe gilt für **biologische Materialien**, die zur **Reproduktion oder Gewinnung** eines Stoffes nach Nr. 1 Buchst. b–d, der zudem in eine der Anlagen I bis III aufgenommen ist (→ § 1 Rn. 181), geeignet sind.

In beiden Fällen ist Voraussetzung, dass ein Missbrauch zu Rauschzwecken vorgesehen ist.

C. Zubereitungen (Absatz 1 Nr. 2)

48 Die Begriffsbestimmung lehnt sich eng an Art. 1 Abs. 1 Buchst. s ÜK 1961, Art. 1 Buchst. f ÜK 1971 an. **Zubereitungen** sind danach Stoffgemische oder Lösungen eines oder mehrerer Stoffe außer den natürlich vorkommenden Gemischen und Lösungen (die bereits durch Absatz 1 Nr. 1 erfasst werden). Auf den Aggregatzustand kommt es dabei in Übereinstimmung mit Art. 1 Buchst. f ÜK 1971 nicht an (*Franke/Wienroeder* § 2 Rn. 2).

D. Ausgenommene Zubereitungen (Absatz 1 Nr. 3)

49 Absatz 1 Nr. 3, wonach bestimmte Zubereitungen **nicht den Regeln** des BtMG unterfallen (→ § 1 Rn. 153–155), obwohl sie Betäubungsmittel enthalten, ist vor allem für die Arzneimittelherstellung wichtig. International vertragsrechtlich beruht die Regelung auf Art. 3 Abs. 2 ÜK 1971, wonach eine Zubereitung von bestimmten Kontrollmaßnahmen ausgenommen werden kann, wenn
- der Stoff, aus dem sie hergestellt ist, nicht in Anhang I zu dem Übereinkommen (ÜK 1971) aufgeführt ist,
- die Zubereitung so zusammengesetzt ist, dass keine oder nur eine geringfügige Gefahr des Missbrauchs besteht,
- der Stoff nicht durch unschwer anwendbare Mittel in einer zum Missbrauch geeigneten Menge zurückgewonnen werden kann und
- die Zubereitung deswegen nicht zu einem volksgesundheitlichen und sozialen Problem Anlass gibt.

50 Auf der Grundlage dieser international festgelegten Voraussetzungen hat sich der Gesetzgeber auch bei der Bestimmung der **ausgenommenen Zubereitungen** für das System der Positivliste entschieden: Danach müssen ausgenommene Zubereitungen in den Anlagen als solche bezeichnet sein. Keine ausgenommene Zubereitung ist danach **Diamorphin** (Heroin), auch nicht in einer Zubereitung, die zur Substitutionsbehandlung zugelassen ist (→ § 1 Rn. 399, 401). Zu den **Medikamenten** → § 1 Rn. 153–155.

51 Soweit sich die Anlagen auf ausgenommene Zubereitungen „**in abgeteilter Form**" beziehen, sind darunter die Formen zu verstehen, die als Arznei- oder Darreichungsformen in den Verkehr gelangen, vor allem Tabletten, Kapseln, Zäpfchen und Ampullen, aber auch Behältnisse mit Injektions- oder Tropflösungen, Säften oder Gemischen (*Oğlakcıoğlu* in MüKoStGB BtMG § 2 Rn. 26).

Ausgenommene Zubereitungen sind nicht völlig von der Anwendung des BtMG 52 freigestellt. Da es bei ihrer Produktion (→ Rn. 53−64) leicht möglich wäre, zu höheren Konzentrationen zu gelangen, bedarf es für die **Herstellung** der Erlaubnis nach § 3 Abs. 1 Nr. 2 (→ § 3 Rn. 62, 63). Dasselbe gilt hinsichtlich der ausgenommenen Zubereitungen der Anlage III für die **Aus-, Ein- und Durchfuhr** (→ § 1 Rn. 511−515). Für den sonstigen Umgang mit **ausgenommenen Zubereitungen,** insbesondere das Abgeben oder Handeltreiben gilt das AMG. Dagegen ist die Weitergabe von auf Rezept erlangten **Betäubungsmitteln** ohne Erlaubnis nach BtMG verboten und strafbar (OLG Stuttgart NStZ-RR 2012, 154).

E. Herstellen (Absatz 1 Nr. 4)

I. Herstellen und Gewinnen. Das Herstellen umfasst auch das Gewinnen und 53 ist damit weiter als der Herstellungsbegriff in den Übereinkommen von 1961 und 1988, die die Gewinnung gesondert aufführen (Art. 1 Abs. 1 Buchst. n, t ÜK 1961, Art. 3 Abs. 1 Buchst. a Ziffer i ÜK 1988). Da sich an den Begriff der Gewinnung keine gesonderten Regelungen knüpfen, wurde er in den Herstellungsbegriff aufgenommen (BT-Drs. 8/3551, 27).

II. Die Formen der Herstellung. Das Herstellen umfasst danach sechs ver- 54 schiedene Formen. Dabei kommt es nicht darauf an, ob das Betäubungsmittel, das dabei anfällt, ein Endprodukt ist oder als Zwischenprodukt zur Weiterverarbeitung bestimmt ist. Ebenso ist nicht erforderlich, dass das endgültige Erzeugnis ein Betäubungsmittel darstellt (Hügel/Junge/Lander/Winkler § 3 Rn. 5).

1. Gewinnen ist die Entnahme von Stoffen aus ihrer natürlichen oder künstlich 55 angelegten Umgebung (*Oğlakcıoğlu* in MüKoStGB BtMG § 2 Rn. 32). Dazu gehören das Ernten von Pflanzen, das Abbauen von Mineralien oder die Entnahme von Körperflüssigkeiten. Kennzeichnend ist das Trennen des Betäubungsmittels von den Pflanzen, die es liefern (OLG Hamburg NJW 1978, 2349 = JR 1978, 349 mAnm *Pelchen*), wobei die Trennung auf mechanische oder chemische Weise erfolgen kann (OLG Karlsruhe NStZ-RR 2002, 85 = StV 2002, 431). Das Gewinnen führt wiederum zu einem Naturprodukt (BayObLGSt 1959, 273), das noch kein konsumfähiges Betäubungsmittel sein muss, sondern auch ein Zwischenprodukt sein kann (OLG Karlsruhe NStZ-RR 2002, 85; *Oğlakcıoğlu* in MüKoStGB BtMG § 2 Rn. 32). Das Gewinnen folgt dem Anbauen oder der Aufzucht, so dass diese kein Element des Herstellens sind; auch liegt darin kein Versuch (OLG Hamburg NJW 1978, 2349 (s. o.)).

Typische Beispiele für das Gewinnen sind das Abstreifen des Cannabisharzes, 56 die Ernte von Cannabisblüten und -fruchtständen (OLG Düsseldorf NJW 1985, 693 = NStZ 1985, 30; OLG Karlsruhe NStZ-RR 2002, 85 (→ Rn. 55)), das Abnehmen oder Abschneiden von Hanfblättern (OLG Dresden NStZ-RR 1999, 372; OLG Karlsruhe NStZ-RR 2002, 85 (→ Rn. 55); BayObLG NStZ-RR 2002, 181), das Abzupfen von Cocablättern, das Abschaben des Opiums von den Mohnkapseln oder das Sammeln von psilocybinhaltigen Pilzen (*Oğlakcıoğlu* in MüKoStGB BtMG § 2 Rn. 32). Gleichgültig ist, ob die Pflanzen angebaut werden oder wild wachsen (Hügel/Junge/Lander/Winkler Rn. 16). Ob auch das Trocknen zum Gewinnen gehört (OLG Düsseldorf NJW 1985, 693), kann zweifelhaft sein (unklar BGH NStZ-RR 2015, 14); jedenfalls unterfällt es aber dem Begriff „Bearbeiten" (→ Rn. 60; aA Hügel/Junge/Lander/Winkler Rn. 16, die das Trocknen dem Zubereiten zurechnen).

2. Anfertigen ist die Erzeugung halb- oder vollsynthetischer Betäubungsmittel 57 durch chemische Reaktion (BGH NJW 1998, 836 = NStZ 1998, 258; *Oğlakcıoğlu* in MüKoStGB BtMG § 2 Rn. 33). Dabei ist es unerheblich, ob die Produktion durch Handarbeit oder maschinell erfolgt (Hügel/Junge/Lander/Winkler Rn. 16). Typische Beispiele sind die Herstellung von Heroin oder Cocain. Auch beim Anfertigen müssen die Produkte noch keine fertigen Betäubungsmittel sein (*Patzak* in Körner/Patzak/Volkmer § 29 Teil 3 Rn. 11).

58 **3. Zubereiten** ist in Anlehnung an Absatz 1 Nr. 2 die Fertigung eines Stoffgemisches oder einer Lösung aus einem oder mehreren Betäubungsmitteln mit oder ohne andere Substanzen in einer Form, die in der Natur nicht vorkommt (*Oğlakcıoğlu* in MüKoStGB BtMG § 2 Rn. 34). Die Aufbereitung kann mechanisch oder chemisch erfolgen. Der Stoff (Betäubungsmittel) wird in der Regel so behandelt, dass er im Produkt ganz oder weitgehend vorhanden bleibt (Hügel/Junge/Lander/ Winkler Rn. 16).

59 **Typische Verfahren** sind das Extrahieren, Verdampfen, Lösen, Mahlen oder **Mischen** (Hügel/Junge/Lander/Winkler Rn. 16). Auch das Verschneiden **(Strecken)** gehört hierzu (*Oğlakcıoğlu* in MüKoStGB BtMG § 2 Rn. 34; *Franke/Wienroeder* § 29 Rn. 14; *Joachimski/Haumer* Rn. 13; aA BGH *Holtz* MDR 1978, 6; DRsp Nr. 1999/4951: Verarbeiten), ebenso das Aufkochen von Mohnkapseln zu Opiumsuppe oder zu Opiumtee (BGH StV 1987, 250). Häufige Zusatzstoffe und Streckmittel sind Coffein, Paracetamol, Procain, Lidocain, Lactose, Glucose und Mannit (Anh. H).

60 **4. Bearbeiten, Verarbeiten.** Bearbeiten ist das Einwirken auf einen Stoff mit physikalischen oder chemischen Verfahren, das die äußere Erscheinungsform verändert, aber die Substanz des Stoffes erhält (*Oğlakcıoğlu* in MüKoStGB BtMG § 2 Rn. 35). Dazu gehören insbesondere das Schälen, Schneiden, Pulverisieren, **Portionieren** und Pressen, etwa von Cannabisharz in Platten, das Formen von Rohopium in Kugeln oder Brote oder das Pressen von Tabletten mit Tablettierpressen oder -maschinen (*Patzak* in Körner/Patzak/Volkmer § 29 Teil 3 Rn. 19) oder auch das Trocknen, sofern es nicht zum Gewinnen (→ Rn. 56) gezählt wird (unklar BGH NStZ-RR 2015, 14). Notwendig ist ein Verfahren, wenn daran auch keine allzu hohen Anforderungen gestellt werden dürfen.

61 **Nicht ausreichend** ist es, wenn das Rauschgift lediglich in eine gebrauchsfähige Portion **aufgeteilt** wird, etwa wenn ein Joint oder eine line Cocain „gebaut" werden. Keine Bearbeitung ist das **Kennzeichnen** (s. § 14), **Abpacken** (Verschließen der Behältnisse und Einbringen in die äußere Umhüllung in jeweils bestimmter Menge), **Abfüllen** (Umfüllen in die für die Verbraucher bestimmten Gefäße), **Umfüllen** (Einbringen in andere Behältnisse) oder **Verblistern** (*Patzak* in Körner/Patzak/Volkmer § 29 Teil 3 Rn. 19; *Oğlakcıoğlu* in MüKoStGB BtMG § 2 Rn. 35); in aller Regel gehören diese Handlungen zum Vertriebs- und Verkaufsbereich und fallen deswegen unter das Handeltreiben (→ § 29 Rn. 497).

62 Auch beim **Verarbeiten** wird auf den Stoff mechanisch oder chemisch eingewirkt, jedoch in einer Weise, dass sich die Substanz verändert, ohne dass die chemische Zusammensetzung berührt wird (*Oğlakcıoğlu* in MüKoStGB BtMG § 2 Rn. 35). Dazu gehört auch das **Maskieren**, bei dem die Betäubungsmittel mit Farbstoffen, Chemikalien, oder Eisenspänen vermischt und überlagert werden (*Patzak* in Körner/Patzak/Volkmer § 29 Teil 3 Rn. 20; *Teriet* in BeckOK BtMG Rn. 49). Bearbeiten und Verarbeiten lassen sich nicht trennscharf unterscheiden; beide Begriffe gehen ineinander über und können sich auch überschneiden (Hügel/Junge/Lander/Winkler Rn. 16).

63 **5. Reinigen** ist die Befreiung des Betäubungsmittels von Fremdstoffen. Sie kann mechanisch (zB Sieben, Filtern), durch Flüssigkeiten, durch Versetzen in einen anderen Aggregatzustand oder chemisch erfolgen (*Oğlakcıoğlu* in MüKoStGB BtMG § 2 Rn. 36; s. auch BGH NStZ 1993, 391 = StV 1994, 22 zum Reinigen von

Cocain). Reinigen ist auch das Herausfiltern von Betäubungsmitteln aus Rückständen (*Patzak* in Körner/Patzak/Volkmer § 29 Teil 3 Rn. 15).

6. Umwandeln ist die chemische Umgestaltung eines Betäubungsmittels in ein 64
anderes mit anderen Wirkungen und Eigenschaften (*Patzak* in Körner/Patzak/
Volkmer § 29 Teil 3 Rn. 16, 17), etwa von Morphinbase zu Heroin (*Oğlakcıoğlu* in
MüKoStGB BtMG § 2 Rn. 37).

F. Einfuhr (Absatz 2)

Während im Regierungsentwurf des BtMG 1982 noch eine Legaldefinition für 65
die Ein- und Ausfuhr (sowie Durchfuhr) enthalten war, setzt Absatz 2 diese Begriffe
voraus. Die jetzt in der Vorschrift enthaltene Gleichstellungsklausel hatte ursprünglich vor allem den Sinn, auch das Verbringen von Betäubungsmitteln über die
deutsch/deutsche Grenze als Ein- oder Ausfuhr zu behandeln. Insoweit ist die Vorschrift seit dem 3.10.1990 obsolet.

Nach Art. 1 Abs. 1 Buchst. m ÜK 1961 bedeuten die Begriffe Einfuhr und Aus- 66
fuhr je nach dem Zusammenhang die **körperliche Verbringung** von Suchtstoffen
aus einem Staat in einen anderen (ebenso Art. 1 Buchst. h ÜK 1971) oder aus einem
Hoheitsgebiet eines Staates in ein anderes Hoheitsgebiet desselben Staates.

I. Verbringen. An den Begriff des Verbringens knüpft auch Absatz 2 an. Dieses 67
Merkmal ist dann erfüllt, wenn eine Sache durch eine wie auch immer geartete
Einwirkung eines Menschen über die maßgebliche Grenze (→ Rn. 72–93) geschafft wird (stRspr; s. BGHSt 38, 315 = NJW 1993, 74 = NStZ 1992, 543;
Franke/Wienroeder § 29 Rn. 78). Grenzüberschreitungen, die sich ohne menschlichen Willen vollziehen (etwa durch weidendes Vieh), erfüllen den Tatbestand
nicht (RGSt 40, 326; *Oğlakcıoğlu* in MüKoStGB BtMG § 2 Rn. 55).

Dagegen wird bei dem Verbringen **nicht** vorausgesetzt, dass eine zollamtliche 68
Gestellungspflicht (§ 4 ZollVG) erfüllt oder – bei unerlaubter Einfuhr – verletzt
wird. Die entgegenstehende Rechtsprechung (zB BGHSt 25, 137 = NJW 1973,
814; 31, 215 = NJW 1983, 1276), die wesentlich von dem Tatbestand des Bannbruchs (§ 372 AO aF) geprägt war, hat der BGH ausdrücklich aufgegeben (BGHSt
31, 252 = NJW 1984, 1275 = JR 1984, 81 mAnm *Hübner;* 34, 180 = NJW 1987,
721 = StV 1987, 67; BGHR BtMG § 29 Abs. 1 Nr. 1 Einfuhr 20 = StV 1992, 376
mAnm *Zaczyk*). Dies ist umso mehr begründet, als die Gestellungspflicht inzwischen auch im Tatbestand des Bannbruchs (§ 372 Abs. 1 AO nF) entfallen ist.

Unerheblich ist die **Art des Verbringens** über die Grenze. Es kommt nicht dar- 69
auf an, in welcher Weise das Betäubungsmittel transportiert wird. Es kann auf dem
Luftweg, Seeweg oder Landweg befördert werden. Der Handelnde kann es fahren,
tragen oder an oder in seinem Körper verstecken (BGHSt 38, 315 (→ Rn. 67)). Er
kann es auch durch **Dritte** (Kuriere, Boten, die Post), Tiere (Hunde, Brieftauben),
Geräte (Fallschirme) oder Maschinen (unbemannte Land-, Wasser- oder Luftfahrzeuge) über die Grenze bringen lassen (*Patzak* in Körner/Patzak/Volkmer § 29
Teil 5 Rn. 10). Dabei kommt es nicht darauf an, ob der Dritte eingeweiht oder gutgläubig ist (BGHSt 34, 180 (→ Rn. 68)). Zum Verbringen durch einen anderen
→ § 29 Rn. 933–982; zum Verbringen durch Körperschmuggler → § 29 Rn. 983,
zum Verbringen durch Versendung → § 29 Rn. 984–996.

Schließlich setzt das Verbringen **nicht** voraus, dass das Betäubungsmittel dem 70
Einführer oder der von ihm beauftragten Person während des Importvorgangs oder
zu einem späteren Zeitpunkt im Inland **tatsächlich** zur Verfügung steht (BGHSt
34, 180 (→ Rn. 68); *Franke/Wienroeder* § 29 Rn. 78). Wesentlich ist nur, dass der
Bestimmungsort des Betäubungsmittels **im Inland** liegt (BGHSt 34, 180,,echte
Einfuhrfälle") oder dass es im Inland der tatsächlichen Verfügungsgewalt des Ver-

bringenden unterfällt, mag dieser auch nicht beabsichtigen, es einer Verwendung oder Weitergabe im Inland zuzuführen (BGH LM BtMG Nr. 2 = NJW 1974, 429).

71 Die Einfuhr wird daher grundsätzlich auch nicht dadurch ausgeschlossen, dass das Betäubungsmittel im Zeitpunkt der Grenzüberschreitung bereits unter **zollamtlicher Kontrolle** stand, weil es schon vorher entdeckt worden war (BGH NStZ 1986, 274 = StV 1986, 156; *Franke/Wienroeder* § 29 Rn. 78; s. auch BGHSt 34, 180 (→ Rn. 68)). Nichts anderes gilt, wenn der Transport von Anfang an überwacht wurde (*Franke/Wienroeder* § 29 Rn. 78; aA *Winkler* in Hügel/Junge/Lander/Winkler § 29 Rn. 5.2 für den Fall, dass die Polizei steuernd einwirken konnte). Zur Vollendung der Einfuhr in solchen Fällen → § 29 Rn. 900, zur Beendigung → § 29 Rn. 920 und zu den kontrollierten Transporten → § 29 Rn. 1026–1029.

72 **II. Die maßgebliche Grenze.** Bei der Frage, welche Grenze für die Einfuhr maßgeblich ist, stellten bereits die Internationalen Suchtstoffübereinkommen auf die Hoheitsgrenze ab (→ Rn. 66). Gleichwohl orientierte sich die Rechtsprechung (etwa BGHSt 25, 137 (→ Rn. 68)) zunächst am Wirtschaftsgebiet (§ 4 Abs. 2 Nr. 4 AWG aF) oder Zollgebiet (§ 1 Abs. 2 S. 2, § 2 Abs. 1 ZollG aF). Das BtMG 1982, das in § 2 Abs. 2 auf das Hoheitsgebiet hinzielt, gab der Rechtsprechung den Ansatz zur Wende.

73 **1. Hoheitsgrenze.** Entscheidend ist nunmehr das Verbringen über die **deutsche Hoheitsgrenze** (BGHSt 38, 315 (→ Rn. 67); 56, 162 = NJW 2011, 2065 = StV 2011, 541), wobei es auch hier nicht maßgeblich ist, ob das Betäubungsmittel gestellt werden soll (→ Rn. 68). Ebensowenig wie auf den zollrechtlichen kommt es auf den außenwirtschaftlichen Begriff der Einfuhr (§ 4 Abs. 2 Nr. 6 AWG) an. Der in den verschiedenen Gesetzen verwendete Einfuhrbegriff ist kein einheitlicher und muss für jedes Gesetz nach seinem speziellen Sinn und Zweck ausgelegt werden (BGHSt 31, 215 (→ Rn. 68); 34, 180 (→ Rn. 68)). Bei dem Verkehr mit Betäubungsmitteln steht vor allem der Schutz der Gesundheit im Vordergrund, so dass es sachgerecht ist, auf das Hoheitsgebiet abzustellen.

74 Die deutsche Hoheitsgrenze ist auch dann maßgeblich, wenn das Betäubungsmittel aus dem Ausland unmittelbar in eine deutsche **Freizone** (→ Rn. 85), etwa einen deutschen Freihafen, verbracht wird. Auch in diesen Fällen ist die Einfuhr mit dem Überschreiten der deutschen Hoheitsgrenze vollendet (BGHSt 31, 252 (→ Rn. 68)). Dasselbe gilt bei einer Verbringung in den **Transitbereich eines deutschen Flughafens** bei einer Zwischenlandung (BGHSt 31, 374 = NJW 1983, 1985 = StV 1983, 280). Auch dieser Bereich ist deutsches Hoheitsgebiet.

75 Wie sich auch aus § 2 Abs. 2 ergibt, setzt die Einfuhr voraus, dass die **deutsche** Hoheitsgrenze überschritten wird. Das Verbringen über eine **ausländische** Hoheitsgrenze erfüllt den Tatbestand der Einfuhr **nicht** (BGHSt 56, 162 (→ Rn. 73); BGHR BtMG § 29 Abs. 1 Nr. 1 Einfuhr 37 = NStZ 2000, 150 = StV 2000, 620; BGH NStZ 2015, 579). Daran wird auch durch das Weltrechtsprinzip (§ 6 Nr. 5 StGB) nichts geändert. Meist wird allerdings Handeltreiben oder Beihilfe dazu vorliegen (BGHR BtMG § 29 Abs. 1 Nr. 1 Einfuhr 37 (s. o.)).

76 **2. Vorgeschobene Zollstellen** sind (Zoll-)Abfertigungsplätze auf fremdem Hoheitsgebiet (*Ebner* in MüKoStGB AO § 372 Rn. 29); s. Art. 135 Abs. 4 UZK. Wird das Betäubungsmittel an einer solchen Zollstelle eingeführt, so richtet es sich nach dem jeweiligen völkerrechtlichen Vertrag, ob die Einfuhr bereits vor dem Überschreiten der deutschen Hoheitsgrenze als erfolgt anzusehen ist (BGHR BtMG § 29 Abs. 1 Nr. 1 Einfuhr 25 = NStZ 1992, 338; Einfuhr 30 = NStZ 1993, 287 = StV 1993, 422). Vorgeschobene Zollstellen dienen der Erleichterung des Grenzübergangs und der Grenzabfertigung.

77 **Solche Zollstellen** bestehen auf Grund der folgenden Verträge:
− deutsch-belgisches Abkommen v. 15.5.1956 (BGBl. 1958 II S. 190, 358),

Sonstige Begriffe **§ 2 BtMG**

- deutsch-dänisches Abkommen v. 9.6.1965 (BGBl. 1967 II S. 1521),
- deutsch-französisches Abkommen v. 18.4.1958 (BGBl. 1960 II S. 1533),
- deutsch-luxemburgisches Abkommen v. 16.2.1962 (BGBl. 1963 II S. 141),
- deutsch-niederländisches Abkommen v. 30.5.1958 (BGBl. 1960 II S. 2181), geändert durch Abkommen v. 23.5.1975 (BGBl. 1976 II S. 569),
- deutsch-österreichisches Abkommen v. 14.9.1955 (BGBl. 1957 II S. 581), zuletzt geändert durch Abkommen v. 16.9.1977 (BGBl. 1979 II S. 110),
- deutsch-polnisches Abkommen v. 29.7.1992 (BGBl. 1994 II S. 265),
- deutsch-schweizerisches Abkommen v. 1.6.1961 (BGBl. 1962 II S. 877), geändert durch Abkommen v. 12.4.1989 (BGBl. 1991 II S. 291), und
- deutsch-tschechisches Abkommen v. 19.5.1995 (BGBl. 1996 II S. 18).

Allen Verträgen gemeinsam ist eine Regelung, wonach die für die Grenzabfertigung geltenden Vorschriften des Nachbarstaates (hier Deutschlands) in dem Bereich, in dem dessen Bedienstete die Grenzabfertigung vornehmen dürfen (Zone), so gelten wie im Nachbarstaat (hier Deutschland) und wonach Zuwiderhandlungen so zu behandeln sind, als wenn sie dort begangen wären (jeweils Art. 3 des deutsch-österreichischen, deutsch-polnischen und deutsch-tschechischen Abkommens; in den anderen Verträgen findet sich diese Regelung jeweils in Art. 4). 78

Auch der Begriff der **Grenzabfertigung** ist in den einzelnen Abkommen (im deutsch-polnischen und deutsch-tschechischen Abkommen in Art. 1, sonst in Art. 2) genau bestimmt, wobei darunter die Durchführung aller (formellen und materiellen) Vorschriften zu verstehen ist, die aus Anlass des Grenzübertritts von Personen und der Ein-, Aus- und Durchfuhr von Waren anzuwenden sind. Dazu zählt nach § 1 Abs. 3 ZollVG auch die Überwachung der **Verbote und Beschränkungen** (VuB), zu denen wiederum das BtMG gehört (Art. 134 Abs. 1 S. 2 UZK; *Hoffmann* in Witte Art. 134 Rn. 55). 79

Darüber hinaus enthalten die meisten Verträge **klarstellende Regeln,** die sich auf den Grenzübertritt beziehen. Die Regelung im deutsch-niederländischen Abkommen (Art. 4 Abs. 2) lautet dahin, dass der Übergang über die Grenze im Sinne der Vorschriften über die Grenzabfertigung innerhalb der Zone (→ Rn. 78) stattfindet. Nach der Änderung der Rechtsprechung zur Gestellung (→ Rn. 68) sieht der BGH (BGHR BtMG § 29 Abs. 1 Nr. 1 Einfuhr 30 (→ Rn. 76)) in dieser Vorschrift eine Sonderregelung, die im Verhältnis zu den Niederlanden den Einfuhrbegriff der deutschen Gesetze ergänzt. 80

Die Beschränkung auf die Niederlande hat der **BGH inzwischen aufgegeben** (BGHR BtMG § 29 Abs. 1 Nr. 1 Einfuhr 38 = NStZ 2000, 321 zum deutsch-polnischen Abkommen; ebenso BayObLGSt 2001, 8 = NJW 2001, 2735 zum deutsch-tschechischen Abkommen, ebenso schon BayObLG NJW 1983, 520 zum deutsch-österreichischen Abkommen; *Patzak* in Körner/Patzak/Volkmer § 29 Teil 5 Rn. 27, 122–124). Auch wenn sich eine ausdrückliche Regelung des Übergangs nur im deutsch-niederländischen Abkommen findet, so kann daraus nicht geschlossen werden, dass für die vorgeschobenen Zollstellen in den anderen Staaten etwas anderes gilt. 81

Entscheidend ist nicht die eher zufällige ausdrückliche Regelung des Übergangs über die Grenze, sondern die Geltung des deutschen **materiellen Einfuhrrechts,** das auch nach der Vollendung des Europäischen Binnenmarktes (→ Rn. 83–88) weiterhin die Verbote und Beschränkungen (VuB, → Rn. 79, 88) umfasst. Die Geltung des materiellen deutschen Rechts für die Zone (→ Rn. 78) wird aber durch die allen Verträgen gemeinsame Regelung über die Grenzabfertigung (→ Rn. 79) bestimmt (im Ergebnis ebenso *Werle/Jeßberger* in LK-StGB § 3 Rn. 58–65; *Wettley* in BeckOK BtMG Rn. 60). Es fehlt daher weder an der notwendigen Bestimmtheit (zur Tatbestandsbestimmtheit → § 29 Rn. 205–209), noch wird auf nicht mehr 82

BtMG § 2 Erster Abschnitt. Begriffsbestimmungen

relevante zollamtliche Befugnisse zurückgegriffen (so aber *Franke/Wienroeder* § 29 Rn. 77; *Oğlakcıoğlu* in MüKoStGB BtMG § 2 Rn. 45 zum deutsch-polnischen Abkommen).

83 **3. Die Vollendung des Europäischen Binnenmarktes.** Die Europäische Gemeinschaft verfügte auf dem Gebiet des Strafrechts über keine Kompetenzen. Die Vollendung des Europäischen Binnenmarktes musste schon deswegen auf die strafrechtliche Beurteilung der Einfuhr ohne Auswirkung bleiben.

84 Werden danach Betäubungsmittel über die **deutsche Hoheitsgrenze** geschafft, liegt eine strafrechtlich relevante Einfuhr auch dann vor, wenn es sich um eine **innergemeinschaftliche** Grenze handelt, etwa zwischen Österreich (einschließlich der österreichischen Gemeinden Jungholz und Mittelberg (→ Rn. 87)) und Deutschland.

85 Die deutsche Hoheitsgrenze ist auch maßgeblich, wenn das (deutsche) Gebiet, in das die Betäubungsmittel aus dem Ausland verbracht werden,
– dem Zollgebiet der Union **nicht angehört** (Büsingen und Helgoland, Art. 4 Abs. 1 UZK), oder
– zu einer **deutschen Freizone** (Art. 243 UZK, § 20 ZollVG) gehört, wobei solche Freizonen derzeit in den Freihäfen Bremerhaven und Cuxhaven errichtet sind,
(*Patzak* in Körner/Patzak/Volkmer Rn. 58; *Werle/Jeßberger* in LK-StGB § 3 Rn. 67).

86 Obwohl nach § 1 Abs. 1 ZollV allgemein Waren beim Verkehr über den **Bodensee** aus der Schweiz erst dann eingeführt sind, wenn sie an einen deutschen Hafen, an das deutsche Ufer oder an damit verbundene Anlagen gelangt sind, gilt dies nicht für Betäubungsmittel. Diese sind eingeführt, wenn die deutsche Hoheitsgrenze überschritten ist (→ Vor § 29 Rn. 77). Entsprechendes gilt trotz § 1 Abs. 2 ZollV für die Ausfuhr.

87 Ausschließlich auf die **Hoheitsgrenze** kommt es auch in Beziehung auf die österreichischen Gemeinden **Jungholz** und **Mittelberg** an (*Ebner* in MüKoStGB AO § 372 Rn. 25; von *Patzak* in Körner/Patzak/Volkmer Rn. 57; § 29 Teil 5 Rn. 24, *Oğlakcıoğlu* in MüKoStGB BtMG § 2 Rn. 41; *Wettley* in BeckOK BtMG Rn. 57 wird dies übersehen).

88 Auch für die **verwaltungsrechtliche** Seite der Einfuhr von Betäubungsmitteln ist nicht auf die Zollgrenze (Art. 4 UZK) abzustellen. Das BtMG verweist auch insoweit auf seinen Geltungsbereich (§ 2 Abs. 2) und damit auf das deutsche Hoheitsgebiet. Darin liegt kein Verstoß gegen Unionsrecht. Die Verbote und Beschränkungen (VuB) im Verkehr mit Betäubungsmitteln sind solche nichtwirtschaftlicher Art, die sich nach Art. 134 Abs. 1 S. 2 UZK auch gegenüber dem Grundsatz des freien Warenverkehrs durchsetzen (s. *Küchenhoff* in Wabnitz/Janovsky/Schmitt WirtschaftsStrafR-HdB Kap. 23 Rn. 8).

89 **4. Übereinkommen von Schengen.** An der Maßgeblichkeit der Hoheitsgrenze für die Einfuhr von Betäubungsmitteln hat sich auch durch das Übereinkommen von Schengen v. 14.6.1985 und das SDÜ (Anh. B 5.1) rechtlich nichts geändert.

90 Deutschland hat **Außengrenzen** (Art. 1 SDÜ; Art. 2 Nr. 2 Schengener Grenzkodex (VO (EU) v. 9.3.2016 (ABl. L 77, S. 1)) nur noch zur Ost- und Nordsee sowie auf den Flughäfen, soweit kein Binnenflug (Art. 2 Nr. 3 Schengener Grenzkodex) vorliegt. Die Schweiz ist seit 1.3.2008 dem Schengen-Besitzstand assoziiert (Abkommen mit der EU v. 26.10.2004), so dass auch insoweit keine Personenkontrollen stattfinden. Da die Schweiz (und Liechtenstein) aber nicht Mitglied der

Zollunion sind, wird der Warenverkehr an deren Grenzen weiterhin kontrolliert. In diesem Zusammenhang sind auch Personenkontrollen möglich.

An den **Binnengrenzen** (Art. 1 SDÜ; Art. 2 Nr. 1 Schengener Grenzkodex) soll der Warenverkehr dadurch erleichtert werden, dass die mit Verboten und Beschränkungen (→ Rn. 88) verbundenen Förmlichkeiten bei der Abfertigung der Waren zum freien Verkehr stattfinden und möglichst ins Binnenland verlagert werden (Art. 2 Abs. 4, Art. 120 Abs. 2 SDÜ). Für den legalen Verkehr mit Betäubungsmitteln gilt dies auch für die Kontrollen, die vor der Abschaffung der Grenzkontrollen nach den internationalen Suchtstoffübereinkommen an den Grenzen vorzunehmen waren (Art. 2 Abs. 4, Art. 74 SDÜ). 91

Nicht von rechtlicher, wohl aber von erheblicher praktischer Bedeutung für die Einfuhr von Betäubungsmitteln ist der Wegfall der **Personenkontrollen** an den Binnengrenzen (Art. 2 Abs. 1 SDÜ; Art. 22 Schengener Grenzkodex)). Die vertraglich vorgesehene intensivere Kontrolle an den Außengrenzen (Art. 3–8 SDÜ) sowie innerstaatliche Ausgleichsmaßnahmen vermögen den Wegfall dieses Filters nur zum Teil auszugleichen. Allerdings hat sich die **Schleierfahndung** in Südostbayern auf Grund ihrer aus der Bayerischen Grenzpolizei übernommenen guten personellen und fachlichen Ausstattung als sehr wirksam erwiesen. Mit dem Abbau dieses Personals gingen aber auch die Fahndungserfolge zurück. Mit Wirkung v. 1. 8. 2018 wurde die **Bayerische Grenzpolizei** wiedererrichtet. 92

Auch soweit die Einfuhr von Betäubungsmitteln an einer vorgeschobenen Zollstelle stattfindet (→ Rn. 76–82), ergeben sich aus den Schengener Verträgen für die maßgebliche Grenze **rechtlich** keine Änderungen. Liegt die vorgeschobene Zollstelle in einem Schengen-Staat, so entfallen lediglich die Kontrollen an der Grenze. Der Geltungsbereich der für die Einfuhr maßgeblichen Gesetze bleibt hiervon unberührt (s. auch Art. 2 Abs. 2 SDÜ). Mit Rücksicht auf den Wegfall der Kontrollen ist die praktische Bedeutung dieser Frage jedoch sehr gering. 93

III. Beginn und Ende der Einfuhr. Die Einfuhr beginnt mit dem Zeitpunkt, mit dem im Bereich des Strafrechts der Beginn des Versuchs der Einfuhr anzusetzen ist (→ § 29 Rn. 883–897, 984–996). Handlungen, die strafrechtlich noch als Vorbereitungshandlungen anzusehen sind, bedürfen auch verwaltungsrechtlich keiner Erlaubnis. Zum Beginn des Einfuhrverfahrens s. § 1 BtMAHV. Die Einfuhr ist abgeschlossen, wenn das Betäubungsmittel an seinem Bestimmungsort zur Ruhe gekommen ist (→ § 29 Rn. 919). 94

IV. Der Erlaubnispflichtige (Einführer). Während der Begriff des Einführers im Außenwirtschaftsrecht genau definiert ist (§ 2 Abs. 10 AWG), wird er im Betäubungsmittelrecht vorausgesetzt. Insbesondere enthält auch die auf Grund des § 11 Abs. 2 erlassene BtMAHV keine entsprechende Begriffsbestimmung. Immerhin kann aus § 1 Abs. 1 BtMAHV entnommen werden, dass Einführer nur derjenige ist, der Betäubungsmittel einführen will, nicht aber schon der, der eine fremde Einfuhr nur unterstützt. Die Abgrenzungskriterien für den Einführer im legalen Betäubungsmittelverkehr decken sich daher im Wesentlichen mit denen für die (Mit-)Täterschaft bei der illegalen Einfuhr. Wegen der näheren Einzelheiten wird auf → § 29 Rn. 922–982, 984–996 verwiesen. 95

V. Einfuhr und Durchfuhr. Zur Abgrenzung der Einfuhr von der Durchfuhr → Rn. 70 sowie → § 29 Rn. 901–917, 1421, 1422. Zur Durchfuhr im übrigen → Rn. 103 sowie → § 11 Rn. 6–25. 96

VI. Einfuhr und Handeltreiben. Erfolgt die Einfuhr zum Zwecke des Handeltreibens, so ist sie ein rechtlich unselbständiger, im Handeltreiben aufgehender Teilakt des Betäubungsmittelverkehrs, der neben der Erlaubnis für das Handeltreiben keiner besonderen Erlaubnis nach § 3 bedarf (Hügel/Junge/Lander/Winkler § 3 Rn. 8). Notwendig ist aber für jede Einfuhr eine Genehmigung nach § 11. 97

G. Ausfuhr (Absatz 2)

98 **I. Verbringen.** Die für die Einfuhr geltenden Grundsätze gelten umgekehrt für die Ausfuhr. Dies gilt insbesondere für das Verbringen (→ Rn. 67–71) und die maßgebliche Grenze (→ Rn. 72–93; BGHR BtMG § 29 Abs. 1 Nr. 1 Ausfuhr 1). Obwohl **Büsingen** und **Helgoland** nicht zum Zollgebiet der Union gehören (Art. 4 Zollkodex), werden danach Betäubungsmittel, die aus dem Inland dorthin verbracht werden, in betäubungsmittelrechtlicher Hinsicht **nicht ausgeführt.** Ebenso liegt keine Ausfuhr vor, wenn Betäubungsmittel aus dem Inland in eine deutsche Freizone (→ Rn. 85) verbracht werden.

99 **II. Beginn und Ende der Ausfuhr.** Die Ausfuhr beginnt mit dem Zeitpunkt, mit dem im Bereich des Strafrechts der Beginn des Versuchs der Ausfuhr anzusetzen ist (→ § 29 Rn. 1038–1041). Handlungen, die strafrechtlich noch als Vorbereitungshandlungen anzusehen sind, bedürfen auch verwaltungsrechtlich keiner Erlaubnis. Zum Beginn des Ausfuhrverfahrens s. § 7 BtMAHV. Die Ausfuhr ist **vollendet,** wenn das Betäubungsmittel die maßgebliche Grenze überschritten hat; sie ist **beendet,** wenn es an seinem Bestimmungsort zur Ruhe gekommen ist (→ § 29 Rn. 1041).

100 **III. Der Erlaubnispflichtige (Ausführer).** Ebenso wie für den Einführer enthält das BtMG auch für den Ausführer keine Begriffsbestimmung. Dasselbe gilt für die BtMAHV, deren § 7 allerdings entnommen werden kann, dass – ähnlich wie bei der Einfuhr – nur derjenige Ausführer ist, wer Betäubungsmittel selbst ausführt, nicht aber, wer eine fremde Ausfuhr nur unterstützt. Es können daher die Grundsätze herangezogen werden, die umgekehrt für den Einführer gelten (→ Rn. 95).

101 **IV. Ausfuhr und Durchfuhr.** Zur Abgrenzung der Ausfuhr von der Durchfuhr → Rn. 70 sowie → § 29 Rn. 1421, 1422. Zur Durchfuhr im übrigen → Rn. 103 sowie → § 11 Rn. 6–25.

102 **V. Ausfuhr und Handeltreiben.** Erfolgt die Ausfuhr zum Zwecke des Handeltreibens, so ist sie ein rechtlich unselbständiger, im Handeltreiben aufgehender Teilakt des Betäubungsmittelverkehrs, der neben der Erlaubnis für das Handeltreiben keiner besonderen Erlaubnis nach § 3 bedarf. Notwendig ist aber für jede Ausfuhr eine Genehmigung nach § 11.

H. Durchfuhr

103 Mit der Durchfuhr befasst sich Absatz 2 nicht (mehr). Die im Regierungsentwurf enthaltene Legaldefinition hat stattdessen in § 11 Abs. 1 S. 2 Eingang gefunden. Auf die Ausführungen zu § 11 wird Bezug genommen. Mit der unerlaubten Durchfuhr befasst sich § 29 Abs. 1 S. 1 Nr. 5.

Zweiter Abschnitt. Erlaubnis und Erlaubnisverfahren

§ 3 Erlaubnis zum Verkehr mit Betäubungsmitteln

(1) **Einer Erlaubnis des Bundesinstitutes für Arzneimittel und Medizinprodukte bedarf, wer**
1. **Betäubungsmittel anbauen, herstellen, mit ihnen Handel treiben, sie, ohne mit ihnen Handel zu treiben, einführen, ausführen, abgeben, veräußern, sonst in den Verkehr bringen, erwerben oder**
2. **ausgenommene Zubereitungen (§ 2 Abs. 1 Nr. 3) herstellen will.**

(2) **Eine Erlaubnis für die in Anlage I bezeichneten Betäubungsmittel kann das Bundesinstitut für Arzneimittel und Medizinprodukte nur aus-**

nahmsweise zu wissenschaftlichen oder anderen im öffentlichen Interesse liegenden Zwecken erteilen.

Übersicht

	Rn.
Einführung	1
Kapitel 1. Die Erlaubnis nach Absatz 1 Nr. 1	2
A. Die Erlaubnisfähigkeit	2
B. Der (Verwaltungs-)Akt der Erlaubnis	5
I. Zuständigkeit	6
II. Wirkung der Erlaubnis	7
C. Die erlaubnispflichtigen Tatbestände	12
I. Betäubungsmittel	15
II. Tätigkeit im Ausland	17
III. Verkehrsformen	19
1. Anbauen	20
a) Handlung	21
aa) Umfang	22
bb) Unternehmenstatbestand	23
cc) Motiv	24
b) Nutzhanf	25
c) Pilze	26
2. Herstellen	27
3. Handeltreiben	28
a) Handlung	32
b) Die Facetten des Handeltreibens	37
4. Einführen und Ausführen	38
5. Abgeben	40
a) Abgrenzung	41
b) Handlung	42
6. Veräußern	43
a) Abgrenzung	44
b) Handlung	45
7. Inverkehrbringen	46
a) Abgrenzung	47
b) Handlung	48
8. Erwerben	49
a) Abgrenzung	50
b) Handlung	51
c) Zweck des Erwerbs	52
D. Erlaubnisfreie Tatbestände	54
I. Durchfuhr	55
II. Besitz	56
III. Konsum	57
IV. Sichverschaffen	58
V. Vernichten	59
E. Pflicht zur Erteilung der Erlaubnis	60
Kapitel 2. Die Erlaubnis nach Absatz 1 Nr. 2	62
Kapitel 3. Die Erlaubnis nach Absatz 2	64
A. Die zusätzlichen Anforderungen nach Absatz 2	67
I. Die Erlaubnis als Ausnahme	68
II. Die Voraussetzungen im einzelnen	70
1. Wissenschaftliches Interesse	71
a) Verhältnis zum öffentlichen Interesse	72
b) Trägerschaft	75
c) Inhalt	76
2. Öffentliches Interesse	85
a) Medizinische Versorgung der Bevölkerung	87

	Rn.
b) Therapie eines Einzelnen	88
c) Cannabis als Medizin	94
d) Cannabis als Mittel der Religionsausübung	95
e) Cannabis als Mittel der Kunstausübung	97
f) Cannabis zur Behandlung einer Alkoholsucht	98
g) Keine Ausnahmeerlaubnis zum Erwerb von Betäubungsmitteln zur Selbsttötung	99
B. Die Ermessensentscheidung	100
Exkurs I. Rechtfertigender/Entschuldigender Notstand (§§ 34, 35 StGB)	102
A. Möglichkeit einer Verschreibung oder Ausnahmeerlaubnis	104
B. Sperrwirkung rechtlich geordneter Verfahren	105
C. Eigenanbau/Erwerb von Pflanzen/Pflanzenteilen	106
D. Entschuldigender Notstand (§ 35 StGB)	107
Exkurs II: Cannabis als Medizin	108
A. Der therapeutische Nutzen von Cannabis	109
B. Die verschiedenen Wege zum erlaubten Umgang mit Cannabisprodukten	113
I. Die ärztliche Verschreibung	114
1. Im Rahmen einer ärztlichen Behandlung und nur als letztes Mittel	115
2. Verschreibung von Cannabis aus einem Anbau zu medizinischen Zwecken	116
3. Verschreibung von Zubereitungen, die als Fertigarzneimittel zugelassen sind	119
a) In Deutschland zugelassene Fertigarzneimittel	119
b) Außerhalb Deutschlands zugelassene Fertigarzneimittel	122
4. Verschreibung von Rezepturarzneimitteln	125
5. Kostenübernahme durch die gesetzlichen Krankenkassen	126
II. Die Erteilung einer Ausnahmeerlaubnis durch das BfArM	133
1. Im öffentlichen Interesse liegender Zweck	134
a) Ärztliche Indikation	135
b) Vorhandensein verschreibungsfähiger Arzneimittel	137
aa) Medizinische Wirksamkeit	138
bb) Erhältlichkeit, Erschwinglichkeit, Erstattungsfähigkeit	139
2. Ausnahmeerlaubnis wofür?	140
a) Erwerb von Cannbisextrakt/Cannabisblüten	141
b) Eigenanbau von Cannabis	142
3. Die weiteren Voraussetzungen (§§ 5–10)	143
4. Vereinbarkeit mit den Internationalen Suchtstoffübereinkommen	144

Einführung

1 Die Vorschrift des § 3 leitet den Zweiten Abschnitt des BtMG ein, der die Erlaubnis für die Teilnahme am Betäubungsmittelverkehr und das Erlaubnisverfahren behandelt. Durch das 3. BtMG-ÄndG wurden ein Erlaubnistatbestand für Drogenkonsumräume (§ 10a) und durch das Gesetz v. 15.7.2009 ein Erlaubnistatbestand für Einrichtungen zur Substitutionsbehandlung mit Diamorphin (§ 13 Abs. 3 S. 2 Nr. 2a) eingefügt. Wer ohne Erlaubnis nach § 3, § 10a oder § 13 Abs. 3 S. 2 Nr. 2a am Betäubungsmittelverkehr teilnimmt, handelt verboten und macht sich nach § 29 strafbar, wenn nicht eine Ausnahme nach § 4 vorliegt.

Kapitel 1. Die Erlaubnis nach Absatz 1 Nr. 1

2 **A. Die Erlaubnisfähigkeit.** Die Erlaubnis nach § 3 bezieht sich auf den Betäubungsmittelverkehr **im engeren Sinn.** Dieser umfasst den Kreis der Handlungen, die erlaubnisfähig sind, insbesondere solche aus dem Bereich der Herstellung, des Handels und der Verwendung für wissenschaftliche Zwecke (*Cremer-Schaeffer* in Hügel/Junge/Lander/Winkler Rn. 1).

In einem weiteren Sinn gehören zum Betäubungsmittelverkehr auch Tätigkeiten im **medizinischen Bereich,** insbesondere die Verschreibung, Verabreichung oder Verbrauchsüberlassung durch den Arzt oder die Abgabe durch den Apotheker (*Cremer-Schaeffer* in Hügel/Junge/Lander/Winkler Rn. 1). Sie bedürfen keiner Erlaubnis nach § 3; die Zulässigkeit dieser Tätigkeiten ist in § 4 Abs. 1, § 13 geregelt. Dies schließt es nicht aus, dass eine **(Ausnahme-)Erlaubnis** nach § 3 Abs. 2 auch zu **therapeutischen Zwecken** erteilt werden kann (→ Rn. 88–143). § 3 gilt auch im Rahmen einer klinischen Prüfung (→ AMG Vor § 40 Rn. 13–17). Hiervon macht § 4 Abs. 1 Nr. 6 eine Ausnahme für den Erwerb des Betäubungsmittels durch einen Probanden. Entsprechendes gilt für die Patienten eines Härtefallprogramms nach Art. 83 VO (EG) 726/2004. 3

Durch die neu eingeführten § 10a und § 13 Abs. 3 S. 2 Nr. 2a hat der Begriff der Erlaubnisfähigkeit eine **Erweiterung** erfahren. 4

B. Der (Verwaltungs-)Akt der Erlaubnis. § 3 ist die **zentrale Vorschrift** des BtMG (BT-Drs. 8/3551, 27). Wegen der von den Betäubungsmitteln ausgehenden Gefahren ist die Regelung als Verbot mit Erlaubnisvorbehalt ausgestaltet (BGH NStZ-RR 2017, 144; OVG Münster BeckRS 2015, 53907). Dies entspricht den Vorgaben der Internationalen Suchtstoffübereinkommen (Art. 29, 30 ÜK 1961, Art. 7, 8 ÜK 1971) und ist verfassungsrechtlich unbedenklich (BVerfGE 90, 145 (174) = NJW 1994, 1577 m. Bespr. *Kreuzer* NJW 1994, 2400 = NStZ 1994, 397 mAnm *Nelles/Velten* NStZ 1994, 366 = StV 1994, 298 m. Bespr. *Schneider* StV 1994, 390 = JZ 1994, 860 mAnm *Gusy*). 5

I. Zuständig für die Erteilung einer Erlaubnis nach § 3 (anders für die Erlaubnisse nach § 10a (→ § 10a Rn. 52, 53) und § 13 Abs. 3 S. 2 Nr. 2a (→ § 13 Rn. 159)) ist ausschließlich das **BfArM.** Dieses wird damit in die Lage versetzt, einen Gesamtüberblick über den legalen Betäubungsmittelverkehr zu gewinnen und ihn durch geeignete Maßnahmen zu kontrollieren und zu steuern. Im Strafverfahren wird damit zugleich die Feststellung erleichtert, ob ein illegaler Betäubungsmittelverkehr vorliegt. 6

II. Wirkung. Die Erlaubnis wirkt konstitutiv. Strafrechtlich hat sie tatbestandsausschließende Wirkung (→ § 29 Rn. 31). Sie ist ein begünstigender, gestaltender Verwaltungsakt, der, soweit nicht die besonderen Regeln des BtMG eingreifen, nach dem VwVfG zu behandeln ist. Unabhängig von einer etwaigen materiellrechtlichen Unrichtigkeit ist die Erlaubnis wirksam und vom Strafrichter zu beachten (**Verwaltungsakzessorietät;** BGHSt 50, 105 = NJW 2005, 2095 = StV 2005, 330 für ausländerrechtliche Erlaubnisse; BGH NStZ 2016, 733 mAnm *N. Nestler* für Ausfuhrerlaubnisse; *Patzak* in Körner/Patzak/Volkmer Rn. 3), solange sie nicht (ex nunc oder gar ex tunc) **zurückgenommen** (§ 48 VwVfG) oder **aufgehoben** (§ 49 VwVfG) ist (→ § 10 Rn. 2–15). Nur unter den Voraussetzungen des § 44 VwVfG ist sie **nichtig.** 7

Hierzu genügt **nicht,** dass sie durch **arglistige Täuschung, Drohung** oder **Bestechung** erlangt wurde (BGHSt 50, 105 (→ Rn. 7); *Sternberg-Lieben* in Schönke/Schröder StGB Vor § 32 Rn. 63a; *Müller* in BeckOK VwVfG § 48 Rn. 69). Entscheidend ist der formale Gesichtspunkt der Wirksamkeit. Dass eine nach verwaltungsrechtlichen Vorschriften wirksam erteilte Erlaubnis im Strafrecht grundsätzlich Tatbestandswirkung haben muss, ergibt sich auch aus dem Bestimmtheitsgebot des Art. 103 Abs. 2 GG. Etwas anderes kann nur dort gelten, wo das **Gesetz selbst** einer durch Täuschung erschlichenen oder durch Drohung oder Bestechung erlangten Erlaubnis die Wirksamkeit abspricht (BGHSt 50, 105 8

BtMG § 3   Zweiter Abschnitt. Erlaubnis und Erlaubnisverfahren

(→ Rn. 7)). Die insoweit in Betracht kommende Vorschrift des § 330d StGB gilt aber nur für die im 29. Abschnitt des StGB genannten (Umwelt-)Straftaten (*Heger* in Lackner/Kühl § 330d Rn. 5; wohl auch BGHSt 50, 105 (→ Rn. 7)) und daher nicht für Betäubungsmitteldelikte.

9   Die Erlaubnis kann allgemein oder für den Einzelfall erteilt werden. Sie ist **personenbezogen,** wobei sie auch auf juristische Personen und nicht rechtsfähige Personenvereinigungen lauten kann (Hügel/Junge/Lander/Winkler § 5 Rn. 2; *Franke/Wienroeder* Rn. 5). Wie sich insbesondere aus § 8 Abs. 3 ergibt, ist sie nicht übertragbar und kann weder verpachtet noch vererbt werden (*Weinzierl* in BeckOK BtMG § 8 Rn. 10; Hügel/Junge/Lander/Winkler § 8 Rn. 5). Sie ist nicht pfändbar (§ 400 BGB) und fällt nicht in die Insolvenzmasse (§ 36 InsO). Auch steuerlich kann sie nicht bewertet werden (*Weinzierl* in BeckOK BtMG § 8 Rn. 10; Hügel/Junge/Lander/Winkler § 8 Rn. 5). Zur Wirkung sonstiger nachträglicher Änderungen bei den Grundlagen für die Erlaubnis s. § 8 Abs. 3 und die Erläuterungen hierzu.

10   Die Erlaubnis wird für bestimmte **Betriebsstätten** erteilt (§ 5 Abs. 1 Nr. 1, § 7 S. 2 Nr. 3). Deren Aufgabe oder Verlegung führt zu ihrem Erlöschen (Hügel/Junge/Lander/Winkler § 8 Rn. 6), es sei denn, dass die Verlegung innerhalb eines Gebäudes erfolgt (§ 8 Abs. 3 S. 2).

11   Die Erlaubnis muss **vor der Eröffnung** des Betäubungsmittelverkehrs vorliegen; dass sie hätte erteilt werden können oder müssen **(Erlaubnisfähigkeit),** genügt **nicht** (*Rudolphi* NStZ 1984, 193 (198); *Winkelbauer* NStZ 1988, 201 (203) für wasserrechtliche Genehmigungen). Die Erlaubnis wirkt nur für den, dem sie erteilt wurde, also nicht für etwaige Vertragspartner. Sie gilt **nur in dem Umfang,** der in ihr bestimmt ist. Da eine Erlaubnis zur Begehung von Straftaten nicht erteilt werden kann, erstreckt sie sich lediglich auf den Umgang (Handeltreiben, Abgeben, Veräußern) mit einem Partner, **der seinerseits erlaubt** handelt (LG Koblenz NStZ 1984, 272; *Franke/Wienroeder* Rn. 2).

12   **C. Die erlaubnispflichtigen Tatbestände.** Der Kreis der erlaubnispflichtigen Tatbestände ist in §§ 3, 10a, 13 Ab. 3 S. 2 Nr. 2a **abschließend** bestimmt. Tätigkeiten, die nicht zu den dort genannten Handlungen gehören (zB Durchfuhr (→ Rn. 55), Besitz (→ Rn. 56) oder Vernichtung (→ Rn. 59)), sind nicht erlaubnispflichtig; eine andere Frage ist die der Strafbarkeit (§ 29 Abs. 1 S. 2 Nr. 3 (Besitz), Nr. 5 (Durchfuhr)). Zum Vermitteln → Rn. 34.

13   **Gewerbsmäßigkeit** wird häufig vorliegen. Sie ist aber nicht Voraussetzung für die Erlaubnispflicht. Auch wer nur einmal und ohne jeden Eigennutz tätig wird, handelt nach § 3 verboten und macht sich nach § 29 strafbar, wenn er keine Erlaubnis hat.

14   Die **erlaubnispflichtigen Handlungen** für die Fälle des § 3 sind in Absatz 1 Nr. 1 beschrieben (weitere erlaubnispflichtige Handlungen enthalten §§ 10a, 13 Abs. 3 S. 2 Nr. 2a):

15   **I. Betäubungsmittel.** Vorab ist zu berücksichtigen, dass die Erlaubnispflicht auf Grund der Anlagen I bis III je nach der Art des Betäubungsmittels und der Verkehrsform entfallen kann, weil bestimmte Substanzen unter bestimmten Voraussetzungen oder in Bezug auf bestimmte Handlungen nicht als Betäubungsmittel angesehen werden oder von der Geltung des BtMG ausgenommen werden.

16   Nicht dazu gehört **Diamorphin** (Heroin), auch wenn es zur Herstellung von Zubereitungen zu medizinischen Zwecken bestimmt ist (Anlage II) oder in Zubereitungen, die zur Substitutionsbehandlung zugelassen sind (Anlage III). Auch dann bleibt Diamorphin ein **Betäubungsmittel,** das lediglich verkehrs- und verschreibungsfähig ist. Für den Verkehr (→ Rn. 2) mit ihm ist daher eine Erlaubnis nach Absatz 1 Nr. 1 notwendig (*Weinzierl* in BeckOK BtMG § 3 Rn. 7). Entspre-

Erlaubnis zum Verkehr mit Betäubungsmitteln § 3 BtMG

chendes gilt für **Cannabis** aus einem Anbau, der zu medizinischen Zwecken unter staatlicher Kontrolle erfolgt, sowie in Zubereitungen, die als Fertigarzneimittel zugelassen sind (*Weinzierl* in BeckOK BtMG § 3 Rn. 7).

II. Tätigkeit im Ausland. Dagegen bedarf keiner deutschen Erlaubnis nach § 3, 17 wer **im Ausland** auf Grund einer dort erteilten Erlaubnis handelt (→ § 29 Rn. 27–30; *Patzak* in Körner/Patzak/Volkmer Rn. 28). Eine solche genügt allerdings nicht bei der Vermittlung von Auslandsgeschäften aus dem Inland (→ Rn. 18) oder bei sonstiger Inlandsberührung.

Da das (eigennützige) Vermitteln ein Fall des Handeltreibens ist, bedarf der Vermittler, der **im Inland tätig ist,** auch dann einer Erlaubnis, wenn die von ihm vermittelten Umsatzgeschäfte ohne Inlandsberührung im Ausland abgewickelt werden (Hügel/Junge/Lander/Winkler Rn. 6); dabei kommt es nicht darauf an, ob der Stoff im Ausland betäubungsmittelrechtlichen Vorschriften unterliegt. Dasselbe gilt, wenn ein Händler sonst im Inland über die Lieferung von Betäubungsmitteln im Ausland verhandelt (*Patzak* in Körner/Patzak/Volkmer Rn. 29; s. auch BGH NJW 1996, 735 = NStZ 1996, 286 für den Waffenhandel).

III. Verkehrsformen. Die einzelnen Verkehrsformen, derentwegen eine Er- 19 laubnispflicht nach § 3 in Betracht kommt, sind:

1. Anbauen. Vor allem wegen des vermeintlich ungünstigen Klimas spielte der 20 Anbau von Betäubungsmittelpflanzen in Deutschland früher nur eine geringe Rolle, so dass er bis zum BtMG 1982 noch straflos bleiben konnte. Mittlerweile haben namentlich der **Anbau von Cannabis** (→ § 1 Rn. 250, 251) und die **Aufzucht von psilocybinhaltigen Pilzen** (→ § 1 Rn. 443) eine erhebliche Bedeutung erlangt.

a) Handlung. Der Anbau hat die Produktion von Betäubungsmitteln (→ § 29 21 Rn. 50–53) mit landwirtschaftlichen Mitteln zum Ziel (→ § 29 Rn. 54).

aa) Umfang. Nicht erforderlich ist, dass der Anbau der Betäubungsmittel in 22 landwirtschaftlichem Umfang oder in einem landwirtschaftlichen Betrieb erfolgt (→ § 29 Rn. 59). Umgekehrt setzt die Befreiung von der Erlaubnispflicht beim Nutzhanf gerade voraus, dass der Anbau in einem landwirtschaftlichen Betrieb erfolgt (→ § 24a Rn. 16–18).

bb) Unternehmenstatbestand. Der Anbau ist ein Unternehmenstatbestand, 23 der den Eintritt des erstrebten Erfolges nicht voraussetzt (→ § 29 Rn. 72). Die Erlaubnispflicht besteht unabhängig von den **Erfolgschancen.** Auch wenn die Pflanze, etwa wegen der klimatischen Bedingungen oder wegen ihrer biologischen Eigenart (zB männliche Hanfpflanze), keinen Wirkstoff entwickeln kann, steht der Anbau unter Erlaubnisvorbehalt (→ § 29 Rn. 54).

cc) Motiv. Die Erfüllung des Tatbestands ist bei den klassischen Betäubungsmit- 24 telpflanzen (Cannabis, Coca, Schlafmohn, auch Salvia divinorum) von dem mit dem Anbau verfolgten Zweck grundsätzlich unabhängig (→ § 29 Rn. 57). Etwas anderes kommt nur in Betracht, wenn die Pflanze bei der Verfolgung bestimmter Zwecke nicht als Betäubungsmittel eingestuft wird (→ § 29 Rn. 58). Umgekehrt erfüllt der Anbau von Pflanzen den Tatbestand, wenn die Voraussetzungen der Anlage I fünfter Gedankenstrich erfüllt sind (→ § 29 Rn. 58).

b) Nutzhanf. Keiner Erlaubnis nach § 3, sondern einer Anzeige nach § 24a be- 25 darf der Anbau von Nutzhanf, sofern er in einem landwirtschaftlichen Betrieb und in landwirtschaftlichem Umfang erfolgt (→ § 24a Rn. 11–44).

c) Pilze. Auch Pilze können angebaut werden. Soweit sie Betäubungsmittel sind 26 (→ § 1 Rn. 185–190), ist der Anbau erlaubnispflichtig. Die Ausführungen zum Anbau von Pflanzen gelten entsprechend (→ Rn. 21–24). Etwas anderes gilt für die Aufzucht von Tieren (→ § 29 Rn. 54).

27 **2. Herstellen.** Zur Herstellung von Betäubungsmitteln → § 2 Rn. 53–64. Die Erlaubnis zum Herstellen umfasst nicht die Befugnis, die zur Herstellung erforderlichen Substanzen, sofern sie ebenfalls unter das BtMG fallen, zu erwerben oder die hergestellten Stoffe oder Zubereitungen zu verkaufen oder außerhalb des Betriebsgeländes zu besitzen.

28 **3. Handeltreiben.** Das Handeltreiben ist ein **zentraler Begriff** des Betäubungsmittelrechts. Es ist der Oberbegriff für alle eigennützigen Bestrebungen, die entfaltet werden, um den Umsatz von Betäubungsmitteln zu ermöglichen oder zu fördern (stRspr; → § 29 Rn. 165–353). Der Begriff des Handeltreibens war bereits in § 2 Abs. 1 des Opiumgesetzes v. 20.12.1920 (RGBl. 1921 S. 2) enthalten und wurde schon damals in einem über die Handelsgeschäfte (§ 1 HGB) hinausreichenden Sinn verstanden (*Schneidewin* in Stenglein Bd. I OpiumG § 2 Anm. 9; *Weber* Handeltreiben S. 136, 137). Allerdings war das unerlaubte Handeltreiben damals nicht strafbewehrt. Diese Bewehrung wurde durch das Opiumgesetz v. 10.12.1929 (RGBl. I S. 215) nachgeholt (*Weber* Handeltreiben S. 137–139).

29 Der Begriff des Handeltreibens greift immer dann ein, wenn eine Tätigkeit auf den **Umsatz** eines Betäubungsmittels gerichtet ist. Absatz 1 Nr. 1 bringt dies dadurch zum Ausdruck, dass Einfuhr, Ausfuhr, Abgabe, Veräußerung, sonstiges Inverkehrbringen und Erwerb nur dann einer **eigenen Erlaubnis** bedürfen, wenn **nicht Handel getrieben** wird. Andernfalls gehen diese Formen in der Erlaubnis zum Handeltreiben auf. Allerdings ist diese Erlaubnis nach § 9 Abs. 1 auf die Formen und Teilakte zu beschränken, in denen sich das Handeltreiben im konkreten Fall vollzieht (Hügel/Junge/Lander/Winkler Rn. 8).

30 Im Bereich des **legalen Betäubungsmittelverkehrs** haben die Verkehrsformen außerhalb des Handeltreibens vor allem für die Verwendung von Betäubungsmitteln zu wissenschaftlichen Zwecken Bedeutung. Bei der Verfolgung des **illegalen Betäubungsmittelverkehrs** dienen sie als Auffangtatbestand für die Fälle, in denen ein Handeltreiben nicht vorliegt oder nicht nachgewiesen werden kann (BT-Drs. 8/3551, 28).

31 Die weite Auslegung des Begriffs des Handeltreibens hat in der **strafrechtlichen** Literatur erhebliche **Kritik** erfahren (→ § 29 Rn. 173–175). Diese hat sich allerdings nicht durchsetzen können (→ § 29 Rn. 176–229).

32 **a) Handlung.** Handeltreiben ist jede eigennützige, auf Umsatz gerichtete Tätigkeit. Dabei kommt es nicht darauf an, ob sie gewerbsmäßig erfolgt oder Wiederholungsabsicht besteht. Auch gelegentliche oder einmalige Handlungen bedürfen der Erlaubnis (→ § 29 Rn. 170). Der Begriff reicht daher über den des Handelsgewerbes nach § 1 HGB hinaus.

33 Ein **Umsatzgeschäft** liegt stets dann vor, wenn der rechtsgeschäftliche Übergang eines Betäubungsmittels von einer Person auf eine andere bewirkt werden soll (→ § 29 Rn. 256). Auf eine **örtliche Verlagerung** des Betäubungsmittels kommt es dabei **nicht** an (Hügel/Junge/Lander/Winkler Rn. 6), ebenso wenig, ob der Handelnde Verfügungsgewalt über das Betäubungsmittel hat (→ § 29 Rn. 284, 285).

34 Zum Handeltreiben gehört daher auch das **Vermitteln,** sofern es eigennützig erfolgt (BT-Drs. 5/3551, 27; → § 29 Rn. 425–441). Einer Erlaubnis bedürfen deshalb auch die Kommissionäre, Handelsmakler, Broker und Handelsvertreter. Bei fest angestellten Firmenvertretern und Pharmareferenten genügt die Erlaubnis der Firma, für die sie tätig sind (Hügel/Junge/Lander/Winkler Rn. 6).

35 **Spediteure, Frachtführer** und **Lagerhalter** betreiben zwar ein Handelsgewerbe iSd § 1 HGB. Sie sind jedoch nach § 4 Abs. 1 Nr. 5 von dem Erfordernis einer Erlaubnis befreit, wenn sie für einen befugten Teilnehmer am Betäubungsmittelverkehr tätig sind.

Dagegen bedarf einer Erlaubnis, wer als **selbständiger** Gewerbetreibender einen 36
Dosierautomaten und ein **Computersystem** für die Dosierung, Verabreichung und Abrechnung von Methadonrationen im Rahmen der ambulanten Substitutionstherapie betreibt (str., s. *Patzak* in Körner/Patzak/Volkmer Rn. 20). Etwas anderes gilt, wenn der Betroffene als Hilfsperson des Arztes oder Apothekers mit dem Dosierautomaten und Computersystem lediglich die Vergabe und Abrechnung der Methadonrationen durchführt (*Patzak* in Körner/Patzak/Volkmer Rn. 20) oder wenn der Arzt den Dosierautomaten als **Applikationshilfe** selbst bedient. Allerdings dürfen die Rationen **nicht im Voraus** hergestellt werden (*Patzak* in Körner/Patzak/Volkmer BtMVV § 5 Rn. 69).

b) Die Facetten des Handeltreibens. Der Begriff des Handeltreibens weist 37
zahlreiche Facetten auf, die im Wesentlichen im strafrechtlichen Bereich entwickelt wurden und im legalen Betäubungsmittelverkehr keine Rolle spielen. Die Darstellung dieser Einzelheiten gehört deswegen in den Zusammenhang der Strafvorschriften. Auf → § 29 Rn. 354–572 wird insoweit verwiesen.

4. Einführen und Ausführen. Dienen die Einfuhr, Ausfuhr oder Durchfuhr 38
(→ § 2 Rn. 65–103) einem (eigennützigen) Umsatzgeschäft, so sind sie lediglich unselbständige Teilakte des **Handeltreibens** und bedürfen keiner (eigenen) Erlaubnis (→ Rn. 29).

Wer (auch im Rahmen des Handeltreibens) Betäubungsmittel ein- oder ausführen will, bedarf zusätzlich zu der nach § 3 erforderlichen Erlaubnis noch für jeden 39
Einzelfall einer **Genehmigung** des BfArM (§ 11). Während die Erlaubnis die Teilnahme am Betäubungsmittelverkehr auf befähigte und zuverlässige Personen begrenzen soll, dient die Einzelgenehmigung vor allem der Kontrolle des Umfangs des Verkehrs sowie statistischen Zwecken. Das Verfahren ist in der BtMAHV geregelt.

5. Abgeben. Mit der Erlaubnispflicht soll der Verbreitung der Betäubungsmittel 40
und der Ausweitung der Teilnehmer am Betäubungsmittelverkehr entgegengewirkt werden, auch wenn derjenige, der die Betäubungsmittel weitergibt, nicht eigennützig handelt (→ § 29 Rn. 1117). Neben der Erlaubnispflicht nach § 3 gilt zusätzlich § 12, der die Voraussetzungen für das Abgeben im Einzelfall enthält. Das Verfahren ist in der BtMBinHV geregelt.

a) Abgrenzung. Erfolgt die Abgabe im Rahmen eines eigennützigen Umsatz- 41
geschäfts, so geht sie als unselbständiger Teilakt im Handeltreiben auf (→ Rn. 29). Von der Veräußerung unterscheidet sich die Abgabe dadurch, dass die Veräußerung ein entgeltliches Rechtsgeschäft voraussetzt; die Veräußerung ist daher ein Unterfall der Abgabe (BT-Drs. 8/3551, 43); der Begriff der Abgabe reicht weiter. Bei dem Inverkehrbringen wiederum bedarf es im Unterschied zur Abgabe keiner gezielten Überlassungshandlung.

b) Handlung. Eine Abgabe liegt vor, wenn das Betäubungsmittel durch 42
Übertragung der eigenen tatsächlichen Verfügungsmacht ohne rechtsgeschäftliche Grundlage und ohne Gegenleistung einem anderen so überlassen wird, dass er es nach Belieben verbrauchen oder sonst darüber verfügen kann. Wegen der Einzelheiten wird auf → § 29 Rn. 1117–1124 verwiesen.

▶ Zeitlich begrenzte Suspendierung der Erlaubnispflicht für die Abgabe von Betäubungsmitteln unter Apotheken durch § 5 der SARS-CoV-2-Arzneimittelversorgungsverordnung (abgedruckt in Anh. M).

6. Veräußern. Die Vorschrift hat dieselbe Zielsetzung wie die Erlaubnispflicht 43
für die Abgabe (→ Rn. 40). Ebenso wie bei der Abgabe gilt neben § 3 zusätzlich noch § 12, der die Voraussetzungen für das Abgeben (Veräußern) im Einzelfall enthält. Das Verfahren ist in der BtMBinHV geregelt.

BtMG § 3   Zweiter Abschnitt. Erlaubnis und Erlaubnisverfahren

44   **a) Abgrenzung.** Wie die Abgabe bedarf die Veräußerung keiner eigenen Erlaubnis, wenn eine Erlaubnis zum Handeltreiben vorliegt, da diese auch die Erlaubnis zur Veräußerung umfasst (→ Rn. 29). Im Verhältnis zur Abgabe ist die Veräußerung der Unterfall (→ Rn. 41). Von dem Inverkehrbringen unterscheidet sich das Veräußern dadurch, dass es einer gezielten Überlassungshandlung bedarf.

45   **b) Handlung.** Veräußern ist das Abgeben von Betäubungsmitteln gegen Entgelt aufgrund rechtsgeschäftlicher Vereinbarung, wobei der Veräußerer aber nicht eigennützig handeln darf. Dass das Rechtsgeschäft zivilrechtlich wirksam ist, ist nicht erforderlich (*Joachimski/Haumer* BtMG Rn. 31). Wegen der Einzelheiten wird auf → § 29 Rn. 1061–1075 verwiesen.

46   **7. Inverkehrbringen.** Mit der Erlaubnispflicht für das (sonstige) Inverkehrbringen sollen zur Vermeidung von Lücken (RG JW 1929, 2280) die Verkehrsarten erfasst werden, die sich in ihrer Vielgestaltigkeit den anderen Erlaubnistatbeständen entziehen (*Eberth/Müller* Rn. 13). Wie die entsprechenden Tatbestände bei der Abgabe und der Veräußerung soll sie verhüten, dass Betäubungsmittel zu anderen als den im Gesetz genannten Zwecken in den Verkehr gelangen (→ § 29 Rn. 1153).

47   **a) Abgrenzung.** Das Inverkehrbringen ist ein **Auffangtatbestand,** der hinter den spezielleren Tatbestandsalternativen, insbesondere dem Handeltreiben, Veräußern oder Abgeben, zurücktritt (→ § 29 Rn. 1153).

48   **b) Handlung.** Das (sonstige) Inverkehrbringen umfasst jedes, gleichwie geartete, Eröffnen der Möglichkeit, dass ein anderer die tatsächliche Verfügung über das Betäubungsmittel erlangt. Erfasst wird damit jede Verursachung des Wechsels der Verfügungsgewalt in der Weise, dass der Empfänger nach Belieben mit dem Betäubungsmittel verfahren kann. Wegen der Einzelheiten wird auf → § 29 Rn. 1157–1170 verwiesen.

49   **8. Erwerben.** Eine Erlaubnis zum Erwerb kommt nur in Betracht, wenn der Erwerb nicht der Vorbereitung eines (eigennützigen) Umsatzgeschäftes dient (→ Rn. 29).

50   **a) Abgrenzung.** Erfolgt der Erwerb zum Zwecke gewinnbringender Weiterveräußerung, so geht er als unselbständiger Teilakt des Handeltreibens in diesem auf (→ Rn. 29).

51   **b) Handlung.** Unter Erwerb ist das Erlangen der eigenen tatsächlichen Verfügungsgewalt über das Betäubungsmittel auf abgeleitetem Wege zu verstehen. Wegen der Einzelheiten wird auf → § 29 Rn. 1197–1215 verwiesen.

52   **c) Zweck des Erwerbs.** Der Zweck des Erwerbs ist grundsätzlich nicht wesentlich (→ § 29 Rn. 1213). Etwas anderes gilt, wenn der Erwerb einer späteren Weiterveräußerung dienen soll; dann liegt bereits Handeltreiben vor (→ Rn. 29).

53   Ebenso ist der Zweck **von Bedeutung,** wenn der Erwerber biologische Materialien der Anlage I fünfter Gedankenstrich genannten Art erwirbt, um sie einem anderen als dem dort genannten Zweck zuzuführen. In diesem Fall ist der Tatbestand des § 3 Abs. 1 Nr. 1 nicht erfüllt, weil kein Betäubungsmittel vorliegt (→ § 29 Rn. 1209).

54   **D. Erlaubnisfreie Tatbestände.** Einige praktisch bedeutsame Handlungen im Zusammenhang mit dem Umgang mit Betäubungsmitteln sind von der **Erlaubnispflicht ausgenommen.** Die Gründe hierfür sind unterschiedlich und lassen sich nicht auf eine Grundlinie zurückführen:

55   **I. Durchfuhr.** Im Unterschied zur Ein- oder Ausfuhr bedarf die Durchfuhr (→ § 2 Rn. 103; → § 11 Rn. 7–25) keiner Erlaubnis. Von der Erlaubnispflicht wurde abgesehen, weil die Durchfuhr nicht das Gefährdungspotential wie die anderen Verkehrsformen aufweist und der Durchführende meist nicht im Inland

wohnt (BT-Drs. 8/3551, 27). Die Durchfuhr bedarf auch grundsätzlich (Ausnahme § 13 Abs. 2 BtMAHV) keiner Genehmigung (§ 11 Abs. 1 S. 2 BtMG, § 13 BtMAHV).

II. Besitz. Im legalen Betäubungsmittelverkehr geht dem Besitz immer eine der in Absatz 1 Nr. 1 genannten Handlungen voraus. § 3 sieht daher eine (eigene) Erlaubnis für den Besitz nicht vor. Im illegalen Betäubungsmittelverkehr ist nach § 29 Abs. 1 S. 1 Nr. 3 strafbar, wer Betäubungsmittel besitzt, ohne eine schriftliche Erlaubnis für den **Erwerb** zu haben. Eine Erlaubnis des Besitzes ist daher nicht möglich (nach *Kotz* in MüKoStGB BtMG § 3 Rn. 5 soll der Besitz „mittelbar erlaubnisfähig" sein). Soweit sich aus der Kammerentscheidung des BVerfG vom 20.1.2000 (NJW 2000, 3126 (3127)) etwas anderes ergeben könnte, wird in dieser Entscheidung offenkundig übersehen (→ Rn. 65), dass § 29 Abs. 1 S. 1 Nr. 3 nicht an eine Erlaubnis für den Besitz anknüpft, sondern für den Erwerb. 56

III. Konsum. Anders als in anderen Ländern, etwa Luxemburg, Frankreich, Dänemark, ist der Konsum von Betäubungsmitteln in Deutschland weder erlaubnisfähig, noch strafbar. Dies entspricht der generellen Straflosigkeit der Selbstschädigung im deutschen Recht (*Slotty* NStZ 1981, 321 (322)), enthält jedoch keine Billigung dieses Verhaltens (krit. *Nestler* in Kreuzer BtMStrafR-HdB § 11 Rn. 52), es sei denn, der Konsum beruht auf einer ärztlichen Behandlung (→ § 29 Rn. 1847–1853). 57

IV. Sichverschaffen. Das Sichverschaffen ist ein Auffangtatbestand, der insbesondere das illegale Erlangen von Betäubungsmitteln durch Diebstahl, Unterschlagung und andere Straftaten erfassen soll (→ § 29 Rn. 1261). Da hierzu keine Erlaubnis erteilt werden kann, fehlt der entsprechende Tatbestand im Katalog des § 3 Abs. 1 Nr. 1. Im illegalen Betäubungsmittelverkehr ist nach § 29 Abs. 1 S. 1 Nr. 1 strafbar, wer sich Betäubungsmittel unerlaubt verschafft. 58

V. Vernichtung. Auch eine (gesonderte) Erlaubnis für die Vernichtung von Betäubungsmitteln ist in § 3 nicht vorgesehen. Wird das Betäubungsmittel im legalen Betäubungsmittelverkehr durch den Inhaber der Verfügungsgewalt vernichtet, so ging der Vernichtung stets eine Erlaubnis zum Umgang mit dem Betäubungsmittel voraus. Hatte der Vernichtende keine Verfügungsgewalt, so ist eine Erlaubnis nicht (mehr) notwendig, weil eine Missbrauchsgefahr nach der Vernichtung nicht mehr besteht. Zur Entgegennahme zur Vernichtung → § 4 Rn. 42–64 und zur Art und Weise der Vernichtung s. § 16. 59

E. Pflicht zur Erteilung der Erlaubnis. Die Erteilung der Erlaubnis nach § 3 Abs. 1 Nr. 1 **steht nicht** im Ermessen des BfArM (*Weinzierl* in BeckOK BtMG Rn. 2, 3; Hügel/Junge/Lander/Winkler § 8 Rn. 1; *Joachimski/Haumer* BtMG § 5 Rn. 1; aA OVG Münster A&R 2015, 231 (→ Rn. 5)). Dagegen spricht bereits der Wortlaut, der sich wie § 10a Abs. 1 deutlich von den anderen Vorschriften unterscheidet, in denen ein Ermessen eingeräumt wird (§ 3 Abs. 2, § 5 Abs. 2). Auch bedürfte es des § 5 Abs. 2 nicht, wenn die Erlaubnis ohnehin schon nach Ermessen abgelehnt werden könnte. Schließlich müsste eine Vorschrift, die auch die Erlaubnis zur Herstellung ausgenommener Zubereitungen (§ 3 Abs. 1 Nr. 2) trotz des Fehlens von Versagungsgründen in das Ermessen der Behörde stellt, schon im Hinblick auf Art. 12 GG als fragwürdig erscheinen. 60

Die Erlaubnis ist daher zu erteilen, wenn keine Versagungsgründe nach dem BtMG (§ 5 Abs. 1, § 6 Abs. 1) vorliegen, die für Deutschland geltenden internationalen Verpflichtungen nicht entgegenstehen (§ 5 Abs. 2), auch andere gesetzliche Gründe die Ablehnung nicht gebieten und der Antrag den Erfordernissen (§ 7) entspricht. Die Entscheidung ist in § 8 geregelt; mit Beschränkungen, Befristungen, Bedingungen und Auflagen befasst sich § 9. Wird eine Erlaubnis zum Zweck eines **Suizids** beantragt, so soll sich das (von dem Gericht angenommene (→ Rn. 60)) 61

Ermessen des BfArM zur Versagung der Erlaubnis auf Null reduzieren (OVG Münster A&R 2015, 231 (→ Rn. 5)); zum zwingenden Versagungsgrund des § 5 Abs. 1 Nr. 6 in diesen Fällen → § 5 Rn. 43–45. Zu einer etwaigen Ausnahmeerlaubnis s. → Rn. 99.

Kapitel 2. Die Erlaubnis nach Absatz 1 Nr. 2

62   Nach Absatz 1 Nr. 2 gilt der Erlaubnisvorbehalt auch für die **Herstellung ausgenommener Zubereitungen** (§ 2 Abs. 1 Nr. 3). Diese Sonderregelung ist notwendig, weil ausgenommene Zubereitungen dem BtMG grundsätzlich nicht unterliegen (→ § 1 Rn. 153–155). Im Unterschied zu der umfassenden Regelung der Nr. 1 beschränkt sich die Nr. 2 auf die **Herstellung** (→ Rn. 27), weil bei dieser der Missbrauch am leichtesten möglich ist. Dies entspricht Art. 3 Abs. 3 S. 1 Buchst. a ÜK 1971. Auch in den Fällen des § 3 Abs. 1 Nr. 2 ist das BfArM grundsätzlich zur Erteilung der Erlaubnis verpflichtet (→ Rn. 60).

63   Verwendet der Hersteller bei der Produktion der ausgenommenen Zubereitungen **Betäubungsmittel,** so bedarf er einer Erlaubnis nach Absatz 1 Nr. 1. Die Beschränkung auf die Herstellung gilt dann nicht (→ § 29 Rn. 1302). Bei der Herstellung von **Diamorphin** in Zubereitungen, die zur Substitutionsbehandlung zugelassen sind, greift Absatz 1 Nr. 2 auch deswegen nicht ein, weil dieses Diamorphin keine ausgenommene Zubereitung darstellt, sondern ein Betäubungsmittel bleibt, das lediglich verschreibungsfähig ist (→ Rn. 16). Entsprechendes gilt für **Cannabis** (→ Rn. 16).

Kapitel 3. Die Erlaubnis nach Absatz 2

64   Absatz 1 Nr. 1 bestimmt für die Betäubungsmittel der **Anlagen II und III** die Verkehrsformen, die der Erlaubnis bedürfen, und überlässt die weiteren Voraussetzungen der Erlaubnis den §§ 5–9 (→ Rn. 60). Diese gelten auch für die Ausnahmeerlaubnis nach Absatz 2. Darüber hinaus stellt Absatz 2 an die Erteilung einer Erlaubnis für Betäubungsmittel der **Anlage I** zusätzliche Anforderungen. Er stellt ferner klar, dass im Unterschied zu § 3 Abs. 1 ein Rechtsanspruch auf Erteilung der Erlaubnis nicht besteht (BVerfG NJW 2000, 3126; *Patzak* in Körner/Patzak/Volkmer Rn. 24; *Weinzierl* in BeckOK BtMG Rn. 44), sondern nur ein Anspruch auf fehlerfreie Ermessensausübung (BVerwGE 123, 352 = NJW 2005, 3300).

65   Dagegen enthält Absatz 2 keine Erweiterung der **Verkehrsformen,** die erlaubt werden können (unklar BVerfG NJW 2000, 3126). Die durch die Vorschrift zugelassenen Ausnahmen beziehen sich nur auf die Art der Betäubungsmittel, nicht aber auf andere Voraussetzungen des § 3 Abs. 1. Auch im Wege einer Ausnahmeerlaubnis nach § 3 Abs. 2 kann daher der Besitz (unklar BVerfG NJW 2000, 3126) von Betäubungsmitteln nicht erlaubt werden.

66   Keiner Ausnahmeerlaubnis nach Absatz 2 bedarf der Verkehr mit **Diamorphin,** sofern dieses zu Herstellung von Zubereitungen zu medizinischen Zwecken bestimmt ist, oder in Zubereitungen, die zur Substitutionsbehandlung zugelassen sind (→ Rn. 16). Erforderlich, aber auch ausreichend ist eine Erlaubnis nach Absatz 1 Nr. 1. Entsprechendes gilt für den Verkehr mit **Cannabis** aus einem Anbau, der zu medizinischen Zwecken unter staatlicher Kontrolle erfolgt, sowie in Zubereitungen, die als Fertigarzneimittel zugelassen sind (→ Rn. 16).

67   **A. Die zusätzlichen Anforderungen nach Absatz 2.** Anknüpfungspunkt des Absatzes 2 ist das absolute Verkehrsverbot für alle Betäubungsmittel der Anlage I. Von den zahlreichen Stoffen dieser Anlage konzentriert sich das Interesse an einer Ausnahmeerlaubnis derzeit im Wesentlichen auf Cannabis und Heroin. Besonders bekannt geworden sind die Modellprojekte der Stadt Frankfurt a. M. zur kontrol-

lierten Abgabe von Heroin an Schwerabhängige – DIAPRO – (VG Berlin NJW 1997, 816 = StV 1996, 621 mAnm *Körner; Patzak* in Körner/Patzak/Volkmer Rn. 61) und der Landesregierung von Schleswig-Holstein zur Abgabe von Cannabis in Apotheken (StV 1997, 327; *Patzak* in Körner/Patzak/Volkmer Rn. 67). Auch die deutsche Arzneimittelstudie zur heroingestützten Behandlung Opiatabhängiger, die von der Bundesregierung zusammen mit einigen Ländern und Städten durchgeführt wurde (→ Einl. Rn. 196), bedurfte einer Ausnahmeerlaubnis nach § 3 Abs. 2.

I. Die Erlaubnis als Ausnahme. Nach Absatz 2 darf die Erlaubnis nur ausnahmsweise erteilt werden. Damit soll vermieden werden, dass bestimmte Betäubungsmittel der Anlage I durch die Hintertür verkehrsfähig gemacht werden. Selbst wenn ein öffentliches Interesse gegeben wäre, wäre es danach nicht zulässig, einer ins Gewicht fallenden Zahl von Ärzten die Abgabe von Heroin oder einer erheblichen Zahl von Apothekern das Handeltreiben mit Cannabis zu erlauben (zum richtigen Weg in einem solchen Fall → Rn. 69). 68

Ziele, deren Berücksichtigung sich nicht mehr als **Regelung eines Ausnahmefalles** darstellen, sondern die Regeln des BtMG in ihr Gegenteil verkehren würden, scheiden daher aus (*Patzak* in Körner/Patzak/Volkmer Rn. 48, 59; *Weinzierl* in BeckOK BtMG Rn. 51.2). Der richtige Weg wäre in einem solchen Fall nur die Änderung des Gesetzes oder der Anlagen. In der Kammerentscheidung des BVerfG vom 20.1.2000 (NJW 2000, 3126 m. Bespr. *Wagner* PharmR 2004, 20) wird dieser wesentliche Gesichtspunkt nicht angesprochen. Für die Verwendung von Cannabis in der Medizin ist der Gesetzgeber diesen Weg gegangen (→ Rn. 114). 69

II. Die Voraussetzungen im Einzelnen. Im Übrigen setzt die Erteilung der Ausnahmeerlaubnis voraus: 70

1. Wissenschaftliches Interesse. An erster Stelle wird in Absatz 2 das wissenschaftliche Interesse genannt. 71

a) Verhältnis zum öffentlichen Interesse. Durch die Verknüpfung mit dem sich anschließenden (anderen) öffentlichen Interesse wird jedoch deutlich, dass das wissenschaftliche Interesse keinen isolierten Erlaubnisgrund darstellt, sondern dass stets auch ein öffentliches Interesse gegeben sein muss (*Eberth/Müller* BtMR Rn. 27; *Franke/Wienroeder* Rn. 6; *Joachimski/Haumer* BtMG Rn. 45; Hügel/Junge/ Lander/Winkler Rn. 17.1, 17.2; offengelassen bei VG Berlin NJW 1997, 816 (→ Rn. 67); aA wohl *Patzak* in Körner/Patzak/Volkmer Rn. 36). Forschung aus rein privaten Interessen ohne jeden Bezug zu den Belangen der Allgemeinheit kann daher eine Ausnahme nicht begründen. 72

In aller Regel wird ein wissenschaftliches Vorhaben **auch** im öffentlichen Interesse liegen, nicht weil Forschung und Wissenschaft vom Staat garantiert, geschützt und gefördert werden (so VG Berlin NJW 1997, 816 (→ Rn. 67)), sondern weil es ein gegenwärtiges Anliegen der Allgemeinheit ist, die **Fortschritte** der Wissenschaft **zu nutzen** und aus ihren Erkenntnissen die notwendigen und zutreffenden Schlüsse zu ziehen. 73

Anders kann sich die Frage jedoch stellen, wenn von dem Projekt eine Wirkung ausgeht, die geeignet ist, die Belange der **Allgemeinheit** spürbar zu **beeinträchtigen.** Dies wäre etwa der Fall, wenn man das Vorhaben, namentlich durch die damit verbundene Signalwirkung, die Hemmschwelle, Drogen auszuprobieren, senken oder sonst die Prävention konterkarieren und damit den Schutz noch nicht Abhängiger vermindern würde (vgl. BT-Drs. 15/2331, 1). 74

b) Trägerschaft. Nicht richtig wäre es, einem Projekt das wissenschaftliche Interesse nur deswegen abzuerkennen, weil es von einem privaten Institut oder Forscher, etwa einem interessierten Arzt oder Apotheker, durchgeführt wird. Entscheidend sind das **wissenschaftliche Konzept** und die **Methodik.** Eine generelle 75

Versagung der Erlaubnis, nur weil der Antrag von einem Privaten stammt, wäre daher nicht zulässig.

76 c) **Inhalt.** Wissenschaft ist alles, was nach Inhalt und Form als ernsthafter planmäßiger Versuch zur Ermittlung der Wahrheit anzusehen ist (stRspr; BVerfGE 35, 79 (113) = NJW 1973, 1176; BVerwGE 123, 352 (→ Rn. 64)). Notwendig ist eine systematische Versuchsanlage, die zu einer verallgemeinerungsfähigen Aussage über das Thema der Untersuchung führen kann.

77 In der Natur der Wissenschaft liegt es, dass dabei auf das zu erwartende Ergebnis **nicht abgestellt** werden darf. Um einen Stillstand der wissenschaftlichen Entwicklung zu vermeiden, setzt das wissenschaftliche Interesse auch nicht voraus, dass eine Forschungslücke besteht (VG Berlin NJW 1997, 816 (→ Rn. 67); *Patzak* in Körner/Patzak/Volkmer Rn. 37).

78 Ebenso ist es **nicht Aufgabe** einer behördlichen Erlaubnis oder ihrer Versagung, bestimmte wissenschaftliche Theorien zu stützen oder vor der Möglichkeit neuer Erkenntnisse abzuschirmen (*Eberth/Müller* Rn. 26). Dies gilt nicht nur für Gegenstand und Ziel der Forschung, sondern auch für die Grundsätze der Methodik (VG Berlin NJW 1997, 816 (→ Rn. 67)). Den Behörden (und Gerichten) steht auch insoweit lediglich eine **„qualifizierte Plausibilitätskontrolle"** zu (BVerfG NVwZ 1994, 894; VG Berlin NJW 1997, 816).

79 Im Rahmen dieser Kontrolle muss geprüft werden, ob das Projekt einen **wissenschaftlichen Ansatz** hat. Daran fehlt es nicht schon deswegen, weil es die Untersuchung eines Einzelfalls zum Gegenstand hat. Allerdings muss auch in diesem Fall die Klärung noch unbekannter Sachverhalte das Ziel sein.

80 Das Projekt muss von **fachlich kompetenten, wissenschaftlich** erfahrenen Personen durchgeführt werden. Die wissenschaftlichen Fragestellungen und Untersuchungsmethoden, das Untersuchungsgebiet, die Dauer, die Auswahl der Probanden, die verantwortlichen Personen, die vorgesehenen Räumlichkeiten und die benötigten Betäubungsmittelmengen müssen benannt werden; die einschlägige wissenschaftliche Literatur muss bezeichnet werden (§ 7 Abs. 1 S. 2 Nr. 8). Notwendig ist ferner eine Risikoabschätzung, eine wissenschaftliche Begleitung und Verlaufskontrolle, damit das Projekt bei einer negativen Entwicklung abgebrochen werden kann. Auch muss es reversibel sein: bei seiner Beendigung müssen die Anfangsbedingungen wieder hergestellt werden können (zum Ganzen *Patzak* in Körner/Patzak/Volkmer Rn. 40).

81 Schließlich muss die **Erreichbarkeit der Zielvorstellungen** des Projekts gegeben sein (*Patzak* in Körner/Patzak/Volkmer Rn. 42). Können die vorgegebenen Ziele nach dem Forschungs- und Durchführungsplan nicht erreicht werden, so besteht kein Grund zur Erteilung einer Erlaubnis.

82 Wird davon ausgegangen, dass hinter dem Vorhaben der Stadt Frankfurt a. M. **(DIAPRO)** das Interesse an der Erforschung der Wahrheit steht und nicht der Versuch, einer anderen Drogenpolitik durch die Hintertür den Weg zu bahnen (krit. *Kreuzer* NStZ 1998, 217 (221)), so wird das wissenschaftliche Interesse daran kaum verneint werden können (*Patzak* in Körner/Patzak/Volkmer Rn. 47).

83 Etwas anderes galt wohl für das Projekt der Landesregierung von Schleswig-Holstein zur Abgabe von **Cannabis in Apotheken** (*Patzak* in Körner/Patzak/Volkmer Rn. 41, 43, 49), das nach Durchführung des Widerspruchsverfahrens von der Landesregierung nicht mehr weiter verfolgt wurde. Es hatte eine großflächige Versorgung mit Cannabis zum Ziel, durch die die Zwecke des Gesetzes konterkariert worden wären. Abgesehen davon hätte jeder Apotheker und jeder Kunde eine Erlaubnis nach § 3 Abs. 2 benötigt (→ § 5 Rn. 11).

Dasselbe Ziel hatten auch die Anträge auf die Zulassung von **„Modellver-** 84
suchen", die beim BfArM gestellt wurden (dazu auch Antwort der Bundesregierung auf eine Kleine Anfrage der FDP, BT-Drs. 19/310), sowie die Anträge der FDP im Deutschen Bundestag (dazu → Einl. Rn. 181):
- Das **Bezirksamt Friedrichshain-Kreuzberg (Berlin)** wollte den Verkauf von Cannabis in vier lizensierten „Cannabisfachgeschäften" ermöglichen; der entsprechende Antrag wurde vom BfArM durch Bescheid v. 30.9.2015 abgelehnt, der Widerspruch am v. 28.1.2016 zurückgewiesen; eine Klage wurde nicht erhoben, da das Bezirksamt sie selbst als aussichtslos ansah.
- In eine ähnliche Richtung ging ein geplanter **„Modellversuch"** der **Stadt Münster**, der die Abgabe von bis zu 2 g Cannabis täglich an 100 Personen vorsah; der Antrag der Stadt wurde durch Bescheid des BfArM v. 17.10.2017 bestandskräftig zurückgewiesen.
- Schließlich sollte auch der **Bundesrat** in dieser Richtung tätig werden. Ein Antrag der Länder **Bremen und Thüringen** v. 13.6.2017 auf eine Entschließung des Bundesrates „für eine Möglichkeit wissenschaftlich begleiteter Versuchsprojekte mit kontrollierter Abgabe von Cannabis" wurde mit Beschluss v. 7.7.2017 (BR-Drs. 500/17 (Beschluss)) zurückgewiesen.

2. Öffentliches Interesse. Ein öffentliches Interesse liegt vor, wenn das Vor- 85
haben zumindest auch einem gegenwärtigen Anliegen der Allgemeinheit entspricht (BVerwGE 112, 314 = NJW 2001, 1365; BVerwGE 123, 352 (→ Rn. 64); auch → Rn. 74). Dabei kommt es auf den Zweck des Vorhabens an und nicht darauf, ob es von einer Einzelperson beantragt wird (→ Rn. 75; VG Berlin NJW 1997, 816 (→ Rn. 67)). Eine andere Frage ist die der Zuverlässigkeit (§ 5).

Ein besonders wichtiger Fall des öffentlichen Interesses ist das **wissenschaftliche** 86
Interesse; aber auch andere Zwecke können ein öffentliches Interesse begründen.

a) Die medizinische Versorgung der Bevölkerung. Zu diesen Zwecken ge- 87
hört die medizinische Versorgung der Bevölkerung (§ 6 Abs. 1 Nr. 6). Dies dürfte unbestritten sein, soweit sie über Individualinteressen hinausgeht und einem unbestimmten Kreis von Personen dient (*Wagner* PharmR 2008, 18 (19)).

b) Die Therapie eines Einzelnen. Nicht abschließend geklärt ist dagegen, 88
ob die Therapie eines Einzelnen ein im öffentlichen Interesse liegender Zweck sein kann (dafür BVerfG NJW 2000, 3126 (→ Rn. 69); BVerwGE 123, 352 (→ Rn. 64); 154, 352 = NVwZ 2016, 1413; OVG Münster A&R 2013, 48; 2014, 192; *Patzak* in Körner/Patzak/Volkmer Rn. 58; *Franke/Wienroeder* Rn. 7; aA *Wagner* PharmR 2008, 18; Hügel/Junge/Lander/Winkler Rn. 17.3). Dafür sprechen allerdings die Rechtsgüter, deren Schutz das BtMG dient, und die nicht nur im Schutz der Gesundheit der Bevölkerung im Ganzen (Volksgesundheit), sondern auch im Schutz der Gesundheit des Einzelnen bestehen (→ § 1 Rn. 6). Wird davon ausgegangen, so lässt sich auch der Gesetzeszweck der medizinischen Versorgung der Bevölkerung in dem Sinne verstehen, dass er auch den Schutz des Einzelnen im Blick hat.

Im Übrigen werden von einer Krankheit **immer nur Einzelne** betroffen 89
(BVerwGE 123, 352 (→ Rn. 64)), deren Zahl bei seltenen Krankheiten sehr gering und bei meldepflichtigen Krankheiten auch bekannt sein kann, so dass eine zuverlässige Grenze zu überindividuellen Interessen kaum gezogen werden kann. Für dieses Verständnis spricht auch, dass eine staatliche Unterbindung des Zugangs zu verfügbaren und wirksamen Therapien den **Schutzbereich** des Art. 2 Abs. 1 S. 2 GG sowie die Menschenwürde (Art. 1 GG) berühren würde (BVerwGE 123, 352 (→ Rn. 64)).

Nun sieht das Gesetz einen **eigenen Zugang zur Krankenbehandlung** vor. 90
Nach § 13 Abs. 1 dürfen Ärzte, Zahnärzte und Tierärzte Betäubungsmittel der

Anlage III im Rahmen ihrer Behandlung verschreiben, wenn dies begründet ist; die Verschreibung der in den Anlagen I und II bezeichneten Betäubungsmittel ist unzulässig. Ob ein Betäubungsmittel in die Anlage I aufzunehmen ist, richtet sich nach seiner Gefährlichkeit, seinem therapeutischen Nutzen und nach den internationalen Suchtstoffübereinkommen.

91 Die Entscheidung darüber hat das Gesetz **dem Verordnungsgeber** übertragen (§ 1 Abs. 2–4). Es liegt auf der Hand, dass eine Ausnahmeerlaubnis des BfArM gegenüber diesem gesetzgeberischen Konzept als ein **Fremdkörper** erscheinen muss. Ob daraus aber geschlossen werden kann, dass sie auch unzulässig ist, erscheint eher zweifelhaft (BGHSt 52, 271 = NJW 2008, 2596 = StV 2008, 471; aA *Wagner* PharmR 2004, 18 (19–21); Hügel/Junge/Lander/Winkler Rn. 17.3). Die Vergabe eines Betäubungsmittels im Rahmen einer ärztlichen Behandlung und die Ausnahmeerlaubnis des BfArM haben verschiedene Voraussetzungen. Dabei darf nicht nur § 3 Abs. 2 betrachtet werden, wonach es sich um eine Ausnahme handeln muss (so mit Recht *Wagner* PharmR 2008, 18 (23)), sondern es müssen alle weiteren Beschränkungen in den Blick genommen werden, die für die Erlaubnis gelten (§§ 5–10) und die auch nicht in einem vermeintlich therapeutischen Interesse überspielt werden dürfen.

92 **Kein öffentliches Interesse** besteht an einer Behandlung. die **ärztlich nicht indiziert** oder gar kontraindiziert ist (BVerwGE 123, 352 (→ Rn. 64)). Insoweit gewinnt § 13 Abs. 1 S. 1 auch für die Erteilung einer Ausnahmeerlaubnis Bedeutung. Allein die ärztliche Begründetheit iSd § 13 Abs. 1 S. 1 hat daher auch darüber zu entscheiden, ob bereits die **Möglichkeit** einer Heilung oder Linderung Grundlage einer Ausnahmeerlaubnis sein kann (dies wird von BVerwGE 123, 352 (→ Rn. 64) nicht gesehen); s. auch § 31 Abs. 6 S. 1 Nr. 2 SGB V idF des Gesetzes v. 6.3.2017 (BGBl. I S. 403)). Dasselbe gilt für die Frage, ob die Erteilung einer Ausnahmeerlaubnis schon bei einer Verbesserung der **subjektiven Befindlichkeit** in Betracht kommt (OVG Münster A&R 2014, 192 (→ Rn. 88); wohl auch VG Köln A&R 2011, 96; dagegen bleibt das BVerwG (BVerwGE 123, 352 (→ Rn. 64) auch insoweit an der Oberfläche).

93 **Ebensowenig** besteht ein öffentliches Interesse an der Behandlung mit einem Arzneimittel, das als **bedenkliches Arzneimittel** (→ AMG § 5 Rn. 13–51) nicht in den Verkehr gebracht werden darf. Auch dies ist nicht in das Blickfeld des BVerwG (BVerwGE 123, 352 (→ Rn. 64)) getreten (Hügel/Junge/Lander/Winkler Rn. 17.3).

94 **c) Cannabis als Medizin.** → Rn. 108–144.

95 **d) Cannabis als Mittel der Religionsausübung.** Ebenso ist **kein öffentliches Interesse** gegeben, wenn Cannabis bei rituellen Veranstaltungen, etwa der Rastas, geraucht werden soll (BVerwGE 112, 314 (→ Rn. 85)). Auch hier geht es nur darum, eigene Bedürfnisse zu befriedigen.

96 Eine andere Auslegung des Gesetzes wird auch nicht durch das Grundrecht auf ungestörte **Religionsausübung** (Art. 4 Abs. 2 GG) gefordert (BVerwGE 112, 314 (→ Rn. 85)). Dieses Grundrecht trifft hier mit dem Schutz der Volksgesundheit zusammen, der ebenfalls verfassungsrechtlichen Rang genießt (BVerwGE 112, 314). Im Rahmen der danach gebotenen Abwägung ist namentlich zu berücksichtigen, dass das generelle Verbot des Umgangs mit Cannabis eine geeignete Maßnahme zum Schutz der Volksgesundheit ist, dass Cannabis auch nach den neueren Forschungen nicht als unbedenklich angesehen werden kann (→ Einl. Rn. 149–157; → § 1 Rn. 303–320) und dass das Verbot den internationalen deutschen Verpflichtungen entspricht (BVerwGE 112, 314). Auch würde die Erlaubniserteilung aus religiösen Gründen dem Missbrauch Tür und Tor öffnen und eine fatale Signalwirkung entfalten (BVerwGE 112, 314). Dem stehen auf der anderen Seite diffe-

renzierte strafrechtliche Sanktionsmöglichkeiten gegenüber, mit denen berechtigten Anliegen des Konsumenten Rechnung getragen werden kann (BVerwGE 112, 314).

e) Cannabis als Mittel der Kunstausübung. Entsprechendes gilt, wenn Cannabis aus künstlerischen Zwecken geraucht werden soll (*Patzak* in Körner/Patzak/Volkmer Rn. 53). Auch hier trifft ein Grundrecht (Freiheit der Kunstausübung (Art. 5 Abs. 3 S. 1 GG)) mit dem Schutz der Volksgesundheit zusammen, so dass der in → Rn. 96 beschriebene Abwägungsprozess stattzufinden hat.

f) Cannabis zur Behandlung einer Alkoholsucht. An einem öffentlichen (und wissenschaftlichen) Interesse fehlt es, wenn ein Alkoholkranker den Wunsch hat, seine Alkoholsucht selbst mit Cannabis zu behandeln. Ein solches Vorhaben ist kein gegenwärtiges Anliegen der Allgemeinheit, sondern ein typisches Individualinteresse.

g) Keine Ausnahmeerlaubnis zum Erwerb von Betäubungsmitteln zur Selbsttötung. → § 5 Rn. 43–47.

B. Die Ermessensentscheidung. Auch wenn ein Vorhaben sowohl im wissenschaftlichen als auch im öffentlichen Interesse liegt und keine Versagungsgründe nach § 5 Abs. 1 entgegenstehen (s. VG Berlin NJW 1997, 816 (→ Rn. 67)), steht es im **Ermessen** des BfArM, ob es eine Ausnahmeerlaubnis nach Absatz 2 erteilt (→ Rn. 64). Der Antragsteller hat lediglich einen Anspruch auf ermessensfehlerfreie Entscheidung (BVerfG NJW 2000, 3126; BVerwGE 123, 352 (→ Rn. 64)).

Bei der Ausübung des Ermessens sind alle **Umstände des Einzelfalles** heranzuziehen. Die Behörde kann dabei insbesondere prüfen, ob eine gesicherte Ausgangshypothese besteht, ob eine Kontrollgruppe gebildet wird, ob die Zielgruppe klar definiert ist, welche Erfolgswahrscheinlichkeit besteht und welches Risiko. Schließlich kann sie auch berücksichtigen, welche Auswirkungen, insbesondere für die Ächtung der Drogen und die Glaubwürdigkeit der Drogenprävention, von den betreffenden Projekten ausgehen und welche Signalwirkung sie für die Bevölkerung, insbesondere für Jugendliche, hätten (s. BT-Drs. 15/2331, 1). Zur Ausübung des Ermessens bei der Erlaubnis zum Eigenanbau von Cannabis → Rn. 145.

Exkurs I. Rechtfertigender/Entschuldigender Notstand (§§ 34, 35 StGB)

Wer bei einer **schweren Erkrankung** Betäubungsmittel **im Rahmen einer Eigentherapie** einführte, anbaute, erwarb oder besaß, konnte unter Umständen nach § 34 StGB gerechtfertigt sein (OLG Köln StraFo 1999, 314; OLG Karlsruhe NJW 2004, 3645 = StV 2005, 273; KG NJW 2007, 2425; StV 2003, 167). Allerdings waren schon vor dem Inkrafttreten des Gesetzes v. 6.3.2017 an das Vorliegen einer Notstandslage so hohe Anforderungen zu stellen, dass sie nur in besonders herausragenden Ausnahmefällen in Betracht kam (KG NJW 2007, 2425). Seit dem Inkrafttreten dieses Gesetzes erscheint das Eintreten einer Notstandslage nahezu ausgeschlossen. Gleichwohl werden sich die Täter wohl immer wieder darauf berufen.

Eine Rechtfertigung nach § 34 StGB kommt nur in Betracht, wenn die Gefahr nicht anders als durch die Rettungshandlung abgewendet werden konnte. Daraus folgt insbesondere, dass bei mehreren in Betracht kommenden Alternativen **kein milderes Mittel** zur Verfügung stehen darf (BGH NStZ 2018, 226 = StV 2018, 501; OLG Karlsruhe NJW 2004, 3645 (→ Rn. 102); *Zieschang* in LK-StGB § 34 Rn. 94).

A. Möglichkeit einer Verschreibung oder einer Ausnahmeerlaubnis. Ein solches Mittel sind eine Verschreibung oder auch eine Ausnahmeerlaubnis (wenn auch eine solche jetzt kaum noch in Betracht kommt (→ Rn. 133)). Da rechtlich geordnete Verfahren vorgehen (*Zieschang* in LK-StGB § 34 Rn. 162; *Perron* in Schönke/Schröder StGB § 34 Rn. 41; *Engländer* in Matt/Renzikowski StGB § 34 Rn. 35), muss der Täter versucht haben, eine Verschreibung oder eine Erlaubnis zu erhalten. **Ohne** einen **solchen Versuch** kommt eine Rechtfertigung nach § 34 StGB nicht in Betracht (BGHSt 61, 202 = NJW 2016, 2818 = StV 2017, 310; BGH NStZ 2018, 226 (→ Rn. 103); *Kotz* NStZ-RR 2014, 265 (267); *Zieschang* in LK-StGB § 34 Rn. 161; aA wohl *Erb* in MüKoStGB § 34 Rn. 198 ohne Berücksichtigung der Tatsachenlage). Hat der Täter eine Erlaubnis **nicht eingeholt,** so kommt es darauf, ob die Voraussetzungen der Erlaubnis vorgelegen hätten und zu welchem Ergebnis ein Erlaubnisverfahren geführt hätte, **nicht** an (BGH NStZ 2018, 226 (→ Rn. 103); OLG Frankfurt a. M. StV 2019, 344 mablAnm *Teuter/Diebel* = BeckRS 2018, 13046). Ebenso scheidet eine Rechtfertigung aus, wenn die **Menge** des besessenen Rauschgifts diejenige übersteigt, die zur Linderung der Gesundheitsbeeinträchtigungen erforderlich ist (BGH NStZ 2018, 226 (→ Rn. 103); OLG Frankfurt a. M. StV 2019, 344 (s. o.)).

105 **B. Sperrwirkung rechtlich geordneter Verfahren.** Wird die Verschreibung oder Erlaubnis abgelehnt, so schließt dies die Notstandslage an sich nicht aus. Bei der nach § 34 StGB vorzunehmenden Interessenabwägung ist jedoch zu berücksichtigen, dass das Gesetz die Lösung des Konflikts zwischen dem Interesse des Täters und den Rechtsgütern des BtMG einem besonderen Verfahren und einer besonderen Institution vorbehalten hat, so dass der Täter das Risiko tragen muss, wenn er in diesem Verfahren unterlegen ist (s. *Perron* in Schönke/Schröder StGB § 34 Rn. 41). Auch in diesem Fall scheidet eine Rechtfertigung in aller Regel aus (*Oğlakcıoğlu* in Kotz/Rahlf BtMStrafR Kap. 3 Rn. 104, 105). Etwas anderes kann allenfalls dann in Betracht kommen, wenn die Ablehnung der Verschreibung oder Erlaubnis auf Umständen beruht, bei denen er es nicht in der Hand hat, sie zu ändern.

106 **C. Eigenanbau/Erwerb von Pflanzen/Pflanzenteilen.** Besonders problematisch sind die Fälle, in denen von den Patienten geltend gemacht wird, die verschreibungsfähigen Cannabisarzneimittel seien bei ihnen nicht gleich wirksam wie naturbelassene Pflanzenteile und sie seien deswegen zum Eigenanbau oder Erwerb gezwungen. In aller Regel wird es hier um die subjektive Befindlichkeit der Betroffenen gehen. Ob und inwieweit sie berücksichtigt werden kann, ist eine Frage der ärztlichen Begründetheit im Einzelfall (→ Rn. 92, 136). Im Übrigen wird auf → Rn. 142 verwiesen.

107 **D. Entschuldigender Notstand (§ 35 StGB).** Entsprechendes gilt für den entschuldigenden Notstand (§ 35 StGB), da auch dort eine gegenwärtige, nicht anders abwendbare Gefahr vorausgesetzt wird (*Perron* in Schönke/Schröder StGB § 35 Rn. 13).

Exkurs II: Cannabis als Medizin

108 Die Verwendung von **Cannabis als Medizin** hat zunehmend an Bedeutung gewonnen. Dabei sind die Wege, auf denen Cannabisprodukte erlaubt zu therapeutischen Zwecken erworben werden können, recht unterschiedlich. Es empfiehlt sich daher eine zusammenfassende Darstellung.

109 **A. Der therapeutische Nutzen von Cannabis.** Dass Cannabisprodukte bei verschiedenen Krankheiten **als Medizin** eingesetzt werden können, wird zunehmend erkannt. Allerdings sind sie nicht das Wundermittel, als das sie vielfach gepriesen werden (zurückhaltend auch *Hoch/Friemel/Schneider* Cannabis S. 27; s. dazu auch die Öffentliche Anhörung des Gesundheitsausschusses des Deutschen Bundestags v. 20.3.2019 Prot. Nr. 19/42). Sie sind insbesondere nicht Medikamente der ersten Wahl. Nach der **Arzneimittelkommission der Deutschen Ärzteschaft (AkdÄ)** kann für Patienten, die unter einer Therapie mit zugelassenen Arzneimitteln keine ausreichende Linderung von Symptomen wie Spastik, Schmerzen, Übelkeit oder Erbrechen haben, die Gabe von Cannabinoiden als individueller Therapieversuch erwogen werden, insbesondere in der Palliativmedizin (Cannabinoide in der Medizin – (2015) S. 5); s. auch *Duttge/Steuer* MedR 2015, 799 (802).

Nach Auffassung der AkdÄ gibt es nach der derzeitigen Studienlage **keinen Vorteil** beim Einsatz von Hanfcannabinoiden (Medizinalhanf) oder anderen aus der Cannabispflanze gewonnenen Substanzen gegenüber einer Therapie mit THC als Rezepturarzneimittel oder der Kombination von THC und CBD als Fertigarzneimittel (Cannabinoide in der Medizin S. 5; ebenso BT-Drs. 13/3282, 13: **therapeutisch wirksam** ist vor allem Δ-9-THC; dieses wirkt allerdings auch dann, wenn es nicht geraucht wird). 110

Aus Sicht der AkdÄ ist eine **Ablehnung der Kostenübernahme** durch die Kostenträger **nicht** durch den Verweis auf eine unzureichende wissenschaftliche Datenlage gerechtfertigt, wenn in einem individuellen Heilversuch bei den Patienten bestätigt worden ist, dass die Medikation mit einem cannabinoidhaltigen Arzneimittel effektiv und verträglich ist (Cannabinoide in der Medizin S. 5). 111

Besondere Schwierigkeiten bei der Verwendung von natürlichem Cannabis als Arzneimittel, namentlich von Cannabis aus unkontrolliertem Anbau, ergeben sich daraus, dass der Wirkstoffgehalt nicht bekannt ist; ebenso fehlen Erkenntnisse über Art und Umfang schädlicher Beimengungen, insbesondere von Lösungsmitteln und Schwermetallen. Beim Rauchen kommt hinzu, dass der Rauch krebserregend ist; er enthält die vierfache Menge an Teer gegenüber dem Tabakrauch. 112

B. Die verschiedenen Wege zum erlaubten Umgang mit Cannabisprodukten. Die Möglichkeiten zum erlaubten Umgang (Erwerb, Einfuhr, Anbau, Besitz) mit Cannabis zu medizinischen Zwecken sind nach dem Adressaten, den Voraussetzungen und dem Verfahren unterschiedlich: 113
– eine Möglichkeit besteht in der **Verschreibung** durch den **Arzt** im Rahmen einer ärztlichen Behandlung nach § 13 Abs. 1 (→ Rn. 114–132),
– die andere in der Erteilung einer **Ausnahmeerlaubnis** durch das **BfArM** nach § 3 Abs. 2 (→ Rn. 133–143).

Beide Möglichkeiten bestehen aber nicht nebeneinander, sondern stehen in einem **Stufenverhältnis** (→ Rn. 137, 142).

I. Die ärztliche Verschreibung. Der zunächst zu beschreibende Weg ist die ärztliche Verschreibung. Nach der Änderung der Anlage III durch Gesetz v. 6.3.2017 (BGBl. I S. 403) kann Cannabis verschrieben werden, 114
– der aus einem Anbau stammt, der zu medizinischen Zwecken unter staatlicher Kontrolle nach Art. 23, 28 Abs. 1 Ük 1961 erfolgt ist, oder
– in Zubereitungen, die als Fertigarzneimittel zugelassen sind.

1. Im Rahmen einer ärztlichen Behandlung und nur als letztes Mittel. Maßgeblich für die Verschreibung ist § 13 Abs. 1 S. 1, 2 (BT-Drs. 18/8965, 10). Die Verschreibung ist danach nur erlaubt, wenn der Arzt aufgrund **eigener Prüfung** zu der Überzeugung gelangt ist, dass nach den **anerkannten** Regeln der **medizinischen Wissenschaft** die Anwendung **zulässig** und **geboten** ist. Grundlegende Voraussetzung ist daher immer, dass die Verschreibung (BT-Drs. 18/8965, 10, 19). 115
– **im Rahmen einer ärztlichen Behandlung** (→ § 13 Rn. 20–28) und nicht zu anderen Zwecken vorgenommen wird,
– dass sie **indiziert** ist (→ § 13 Rn. 30–46; 50–56) und
– dass sie **nur das letzte Mittel ist** (§ 13 Abs. 1 S. 2) und insbesondere dann nicht erfolgt, wenn der beabsichtigte Zweck auf andere Weise erreicht werden kann

(→ § 13 Rn. 47–49, dort auch zur Palliativmedizin), etwa durch eine Therapie mit einem Arzneimittel, das kein Betäubungsmittel ist (BT-Drs. 18/8965, 19).

Die zulässige Verordnung von Cannabis setzt mithin voraus, dass der Arzt nicht nur eine **konkrete Diagnose** und eine **entsprechende Indikation** zur Behandlung stellt, sondern auch, dass andere Therapieformen **nicht geeignet** sind (BT-Drs. 18/8965, 19).

Nach § 13 Abs. 2 S. 1 darf das so verschriebene Cannabis ausschließlich **in Apotheken** und ausschließlich gegen Vorlage der ärztlichen Betäubungsmittel-Verschreibung abgegeben werden (BT-Drs. 18/8965, 19).

116 **2. Verschreibung von Cannabis aus einem Anbau zu medizinischen Zwecken unter staatlicher Kontrolle.** Mit der Neuregelung soll insbesondere die Verschreibung von getrockneten Cannabisblüten und Cannabisextrakten in standardisierter Qualität ermöglicht werden (BT-Drs. 18/8965, 18).

117 Cannabis zu medizinischen Zwecken in Form **getrockneter Blüten** ist in der bisher nach Deutschland importierten Form ein Fertigarzneimittel (BT-Drs. 18/8965, 20). Es ist aber hier nicht zugelassen und ist auch keine Zubereitung, so dass auch aus diesem Grund eine Verschreibung nicht möglich war (§ 1 Abs. 1 BtMVV aF). Darauf kommt es künftig nicht mehr an (§ 1 Abs. 1 BtMVV nF), so dass Cannabis in der Form von getrockneten Blüten durch **Betäubungsmittelrezept** verschrieben und auf Grund eines solchen Rezepts in den Apotheken abgegeben werden kann (dazu im Einzelnen *Hoch/Friemel/Schneider* Cannabis S. 29, 30). Eine Standardisierung dieser Form (getrocknete Blüten) ist vorgesehen (BT-Drs. 18/8965, 32), wenn auch nicht in der BtMVV vorgeschrieben (§ 2 Abs. 1 Buchst. a Nr. 2a BtMVV). Wegen des voraussichtlichen höheren Bedarfs soll Cannabis zu medizinischen Zwecken unter staatlicher Kontrolle auch in Deutschland angebaut werden (§ 19 Abs. 2a). Medizinisches Cannabis (Cannabis flos), das vom **Großhändler an die Apotheken** geliefert wird, um dort zu einem Rezepturarzneimittel verarbeitet zu werden, ist selbst noch kein Arzneimittel, sondern ein (Ausgangs-) Stoff (OLG Hamburg A&R 2021, 43); s. → AMG § 2 Rn. 20.

118 Auch **Cannabisextrakt** ist kein in Deutschland zugelassenes Fertigarzneimittel, sodass er bisher ebenfalls nicht als solches verschrieben werden konnte.

119 **3. Verschreibung von Zubereitungen, die als Fertigarzneimittel zugelassen sind.** Bereits mit der Einfügung von Cannabis in die Anlage III (neue Position Cannabis (Marihuana)) durch die 25. BtMÄndV war die Verschreibungsfähigkeit von Cannabis hergestellt worden, allerdings nur in Zubereitungen, die als Fertigarzneimittel zugelassen sind. Daran hat das Gesetz v. 6.3.2017 (→ Rn. 114) nichts geändert. Es gilt danach weiterhin folgendes:

120 **a) In Deutschland zugelassene Fertigarzneimittel.** Die Zulassung muss für Deutschland gültig sein. Dies gilt nicht nur für Zulassungen, die nach § 21 AMG erteilt wurden, sondern auch für Zulassungen im Verfahren der gegenseitigen Anerkennung und im dezentralisierten Verfahren (→ AMG § 25b Rn. 1), sowie für die Genehmigung der Kommission und des Rates (→ AMG § 37 Rn. 2, 3) und, sofern eine entsprechende Rechtsverordnung erlassen wird, für die Zulassung anderer Staaten (→ AMG § 37 Rn. 4, 5).

121 Das erste in neuerer Zeit (→ Rn. 123) in Deutschland zugelassene Fertigarzneimittel ist **Sativex®** (*Hoch/Friemel/Schneider* Cannabis S. 28). Es ist ein Mundspray, das auf natürlichem Cannabis (Pflanzenextrakt) beruht und mit jedem Sprühstoß eine feste Dosis von 2,7 mg THC und 2,5 mg Cannabidiol sowie weitere Bestandteile von Cannabis sativa liefert. Zugelassen ist es für Multiple-Sklerose-Patienten vor allem zur Behandlung der Spastik (dazu OVG Münster A&R 2013, 48 (→ Rn. 88); 2014, 192 (→ Rn. 88)). Zur Verwendung bei anderen Indikationen **(off-label-use)** → Rn. 124. Mittlerweile ist ein weiteres Fertigarzneimittel, **Cane-**

mes®, in Deutschland zugelassen (*Hoch/Friemel/Schneider* Cannabis S. 28). Das Arzneimittel basiert auf dem Wirkstoff Nabilon; Anwendungsgebiet ist die Behandlung von erwachsenen Krebspatienten mit Übelkeit und Erbrechen infolge einer Chemotherapie.

b) Außerhalb Deutschlands zugelassene Fertigarzneimittel. Bis zum Inkrafttreten der 25. BtMÄndV v. 11.5.2011 (BGBl. I S. 821) war Cannabis allein in Anlage I aufgenommen und nicht verschreibungsfähig. Dagegen sind die Wirkstoffe **Dronabinol** seit der 10. BtMÄndV v. 20.1.1998 (BGBl. I S. 74) und **Nabilon** seit der 1. BtMÄndV v. 6.8.1984 (BGBl. I S. 1081) in der Anlage III enthalten. Dronabinol ist aus der Cannabispflanze isoliertes THC, das halbsynthetisch aus Faserhanf hergestellt wird (*Patzak* in Körner/Patzak/Volkmer Stoffe I Rn. 78; *Hoch/Friemel/ Schneider* Cannabis S. 28). Nabilon ist ein vollsynthetisch entwickeltes Cannabinoid (BT-Drs. 18/8965, 18; *Patzak* in Körner/Patzak/Volkmer Stoffe I Rn. 79). 122

Auf Dronabinol beruht das Fertigarzneimittel **Marinol,** das in den USA und Kanada für zwei Indikationen (Appetitlosigkeit bei Gewichtsverlust von AIDS-Patienten, Übelkeit und Erbrechen bei der Chemotherapie von Krebspatienten) zugelassen ist. Auf Nabilon beruht das Fertigarzneimittel **Nabilone,** das in Großbritannien und Spanien für die Anwendungsgebiete Anorexie und Kachexie bei AIDS-Patienten, als Antiemetikum bei Übelkeit und Erbrechen unter Zytostatika oder Bestrahlungstherapie im Rahmen einer Krebstherapie zugelassen ist. Eine deutsche Zulassung (unter der Bezeichnung Cesametic) ist im Jahre 1991 ausgelaufen (BT-Drs. 15/2331, 4). 123

Die beiden Fertigarzneimittel Marinol und Nabilone sind in Deutschland **nicht zugelassen.** Auf Grund der Aufnahme ihres Wirkstoffs in die Anlage III können aber beide im Wege des **Einzelimportes** unter den Voraussetzungen des § 73 Abs. 3 AMG (→ AMG § 73 Rn. 47–53) von einer Apotheke auf vorliegende Bestellung einzelner Personen und gegen Vorlage einer entsprechenden ärztlichen Verschreibung in geringen Mengen nach Deutschland verbracht und dort abgegeben werden (BT-Drs. 17/3810, 4). Ob und inwieweit die Arzneimittel dann weitergehend als die in der Zulassung benannten Indikationen verwendet werden **(oflabel-use),** liegt in der Entscheidung und Verantwortung des behandelnden Arztes. 124

4. Verschreibung von Rezepturarzneimitteln. Die in die Anlage III aufgenommenen Wirkstoffe **Dronabinol** und **Nabilon** können von den Apotheken auch zur Herstellung von **Rezepturarzneimitteln** (→ AMG § 4 Rn. 5–7; → § 13 Rn. 36–42; s. auch BT-Drs. 18/8965, 21) erworben und dann auf Grund eines Betäubungsmittelrezepts abgegeben werden (BT-Drs. 17/3810, 9). 125

5. Kostenübernahme durch die gesetzlichen Krankenkassen. Die monatlichen Behandlungskosten für getrocknete Cannabisblüten liegen bei durchschnittlich 540 EUR pro Patient und können bis zu 1.800 EUR betragen (BT-Drs. 18/8965, 16). Für Dronabinol liegen sie zwischen 250 EUR bis 500 EUR und 720 EUR bis 1.440 EUR (BT-Drs. 18/8965, 17). Während manche gesetzlichen Krankenkassen diese Beträge übernahmen, wurde dies von anderen abgelehnt. Eine Erstattungspflicht aus § 2 Abs. 1a SGB V (Anh. F 1) ergibt sich nur in Einzelfällen, da es sich hierzu um eine lebensbedrohliche, regelmäßig tödliche oder zumindest wertungsmäßig vergleichbare Erkrankung handeln muss; eine Ausdehnung auf andere Erkrankungen aus verfassungsrechtlichen Gründen kommt nicht in Betracht (BVerfG NJW 2016, 1505). Für die privaten Krankenversicherungen liegen Zahlen nicht vor (BT-Drs. 18/8965, 17). 126

Auch die sozialgerichtliche Rechtsprechung (zuletzt LSG Bayern NZS 2016, 287 = BeckRS 2016, 65228; zu dieser Rechtsprechung BVerwGE 154, 352 (→ Rn. 88)) hat einen Erstattungsanspruch abgelehnt. Mit der Einfügung eines Absatzes 6 in § 32 SGB V (Anh. F 1) durch Gesetz v. 6.3.2017 wurde ein **An-** 127

spruch auf Versorgung mit Cannabis in Form von getrockneten Blüten oder Extrakten eingeführt. Die Cannabisprodukte müssen die betäubungsmittel-, arzneimittel- und apothekenrechtlichen Anforderungen erfüllen und vom Arzt verordnet sein. Auch in Deutschland zugelassene Fertigarzneimittel (zB Sativex®) fallen unter diese Regelung (BT-Drs. 18/8965, 30). Die Regelung erfasst auch Dronabinol und Nabilon.

128 **Voraussetzung** der Versorgung nach § 31 Abs. 6 SGB V ist, dass
- bei dem Versicherten eine schwerwiegende Erkrankung vorliegt, für die
- eine allgemein anerkannte, dem medizinischen Standard entsprechende Leistung
  - nicht zur Verfügung steht oder
  - im Einzelfall nach der begründeten Einschätzung des behandelnden Vertragsarztes unter Abwägung der zu erwartenden Nebenwirkungen und unter Berücksichtigung des Krankheitszustandes des Versicherten nicht zur Anwendung kommen kann,
- und eine nicht ganz entfernt liegende Aussicht auf eine spürbare positive Einwirkung auf den Krankheitsverlauf oder auf schwerwiegende Symptome besteht.

Weitere Voraussetzung ist, dass die Verschreibung auf einem **Betäubungsmittelrezept** (§ 8 BtMVV) erfolgt (LSG Thüringen BeckRS 2017, 13778). Die Leistung bedarf bei der ersten Verordnung der **Genehmigung der Krankenkasse**, die vor Beginn der Leistung zu erteilen ist. Die Genehmigung darf nur in begründeten Ausnahmefällen nicht erteilt werden. Wird die Genehmigung im Rahmen der spezialisierten ambulanten Palliativversorgung beantragt, ist über sie binnen drei Tagen zu entscheiden. Keiner erneuten Genehmigung bedarf der Wechsel der Dosierung oder zu anderen getrockneten Blüten oder Extrakten (Satz 4).

129 Eine **Erkrankung** ist **schwerwiegend,** wenn sie lebensbedrohlich ist oder wenn sie aufgrund der Schwere der durch sie verursachten Gesundheitsstörung die Lebensqualität auf Dauer nachhaltig beeinträchtigt (§ 12 Abs. 3 AM-RL).

130 Da Cannabisprodukte nicht die Medikamente der ersten Wahl sind (→ Rn. 109), kommt eine Versorgung mit ihnen nur in Betracht, wenn **andere Therapien versagt** haben. Dies bedeutet nicht, dass der Versicherte zuvor langjährig schwerwiegende Nebenwirkungen ertragen muss; der Arzt soll Cannabisarzneimittel dann anwenden können, wenn er die durch Studien belegten schulmedizinischen Behandlungsmöglichkeiten ausgeschöpft hat (BT-Drs. 18/8965, 21). Eine Therapieoption steht auch dann nicht zur Verfügung, wenn unzumutbare Nebenwirkungen zum Abbruch einer Therapie mit einem zuvor angewendeten Arzneimittel geführt haben (BT-Drs. 18/8953, 6).

131 Weitergehend als § 2 Abs. 1a S. 1 SGB V erfasst die neue Vorschrift auch die Fälle, in denen eine nicht ganz entfernt liegende Aussicht auf eine spürbare positive Einwirkung auf **schwerwiegende Symptome** besteht. Damit werden auch die Konstellationen erreicht, in denen das Cannabisarzneimittel sich nicht gegen die Grunderkrankung richtet (BT-Drs. 18/8965, 21).

132 Da die Wirksamkeit von Cannabisarzneimitteln noch nicht so geklärt ist, wie dies sonst bei der Erstattung von Arzneimitteln aus der gesetzlichen Krankenversicherung erforderlich ist (§ 2 Abs. 1 S. 3 SGB V), soll dies durch eine **nicht-interventionelle Untersuchung** geklärt werden. Damit sollen die notwendigen Erkenntnisse gewonnen werden. Der Begriff der nicht-interventionellen Prüfung ist in § 4 Abs. 23 S. 3 AMG gesetzlich definiert (→ AMG § 4 Rn. 99–101). Der Durchführung der Untersuchung dient die CanBV v. 23.3.2017 (abgedr. in → Anh. J), die das BMG auf Grund der Ermächtigung in § 32 Abs. 6 S. 7 SGB-V erlassen hat.

133 **II. Die Erteilung einer Ausnahmeerlaubnis durch das BfArM.** Der zweite Weg zu einer Therapie mit Cannabis ist die Erteilung einer Ausnahmeerlaubnis zum **Erwerb** von Cannabisprodukten oder zum **Anbau** von Cannabis. Beide Erlaubnisse können auf § 3 Abs. 2 gestützt werden. Zuständig ist das BfArM. Es ist zwar davon auszugehen, dass die Zahl der Anträge nach dem Inkrafttreten des Gesetzes v. 6.3.2017 (→ Rn. 114) kräftig zurückgehen wird, im Hinblick auf die (Wunder)Wirkungen, die natürlichem oder selbst angebauten Cannabis zugeschrieben werden, sind aber weitere Anträge zu erwarten.

1. Im öffentlichen Interesse liegender Zweck. Eine Ausnahmeerlaubnis darf 134 nur zu einem im öffentlichen Interesse liegenden Zweck erteilt werden. Ein solcher Zweck kann auch die Therapie eines Einzelnen sein (→ Rn. 88–93).

a) Ärztliche Indikation. Allerdings kann die Anwendung von Cannabis nur 135 dann im öffentlichen Interesse liegen, wenn sie bei der entsprechenden Krankheit ärztlich indiziert ist. Insoweit kann auch bei Cannabis nicht hinter die Voraussetzungen des § 13 Abs. 1 S. 1 und 2 zurückgegangen werden (→ Rn. 92). Eine sorgfältige ärztliche Indikationsstellung ist daher unerlässlich. Zu den Anforderungen an diese s. → 4. Auflage § 3 Rn. 115–117; BT-Drs. 16/3393, 3, 4). Der Arzt muss sich ferner damit auseinandersetzen, dass und aus welchen Gründen verschreibungsfähige Cannabisprodukte nicht ausreichen (→ Rn. 137, 138). Zumindest in Zweifelsfällen wird auch das Gutachten eines Amtsarztes zu fordern sein.

Im **öffentlichen Interesse** liegt es **nicht**, die Anwendung eines nicht verschrei- 136 bungsfähigen Betäubungsmittels zu erlauben, das medizinisch nicht oder gar kontraindiziert ist (→ Rn. 92). Auch bei Cannabis hat daher allein die ärztliche Begründetheit iSd § 13 Abs. 1 S. 1 darüber zu entscheiden, ob bereits die **Möglichkeit** einer Heilung oder Linderung Grundlage einer Ausnahmeerlaubnis sein kann (→ Rn. 92). Dasselbe gilt für die Frage, ob die Erteilung einer Ausnahmeerlaubnis schon bei einer Verbesserung der **subjektiven Befindlichkeit** in Betracht kommt (→ Rn. 92).

b) Vorhandensein verschreibungsfähiger Arzneimittel. Die Erteilung einer 137 Ausnahmeerlaubnis liegt auch dann nicht im öffentlichen Interesse, wenn dem Betroffenen zur Behandlung seiner Krankheit ein gleich wirksames verschreibungsfähiges Arzneimittel zur Verfügung steht (BVerwGE 123, 352 (→ Rn. 64)). Dabei sind zwei Fragen zu klären:

aa) Medizinische Wirksamkeit. Zunächst kommt es darauf, ob die verschrei- 138 bungsfähigen Cannabisarzneimittel bei der betreffenden Krankheit die gleichen Wirkungen zeigt wie die angestrebte Verwendung von Cannabis (BVerwGE 123, 352 (→ Rn. 64)). Ob dies gegeben ist, ist nicht abschließend geklärt (s. BT-Drs. 18/8965, 21) und muss in jedem Einzelfall entschieden werden (OVG Münster A&R 2014, 192 (→ Rn. 88)).

bb) Erstattungsfähigkeit. Die Kosten müssen jedenfalls dann außer Betracht 139 bleiben, wenn sie von den Krankenkassen erstattet werden oder zu erstatten sind (→ Rn. 126–132). Werden sie nicht erstattet, so ist es eine Frage des Einzelfalls, ob sie dem Patienten zugemutet werden können.

2. Ausnahmeerlaubnis wofür? Namentlich die Schwierigkeiten bei der Ver- 140 wendung von natürlichem Cannabis (→ Rn. 112) schließen es aus, die Ausnahmeerlaubnis für den **Erwerb** oder die **Einfuhr von Pflanzenteilen** (Marihuana) zu erteilen (zum **Anbau** → Rn. 142).

a) Erwerb von Cannabisextrakt/Cannabisblüten (Medizinalhanf). Etwas 141 anderes würde für den Erwerb von Cannabisblüten oder Cannabisextrakt gelten. Diese können jedoch seit dem Gesetz v. 6.3.2017 (→ Rn. 114) verschrieben werden, so dass eine Ausnahmeerlaubnis zum Erwerb nicht mehr in Betracht kommt.

b) Eigenanbau von Cannabis. Bisher kam eine Ausnahmeerlaubnis zum 142 Eigenanbau in Betracht, wenn alle anderen Möglichkeiten (→ Rn. 114–141) aus rechtlichen oder tatsächlichen Gründen erschöpft waren und damit einem Patienten, dessen Erkrankung durch Cannabis gelindert werden konnte, keine gleich wirksame und für ihn erschwingliche Therapiealternative zur Verfügung stand (BVerwGE 154, 352 (→ Rn. 88); VG Köln PharmR 2014, 426; OVG Münster A&R 2014, 192 (→ Rn. 88)). Der Gesetzgeber geht davon aus, dass dies künftig nicht mehr notwendig sein wird (BT-Drs. 18/8965, 10). Nach dieser Gesetzesänderung liegt der Anbau von Cannabis zu medizinischen Zwecken für den Eigenbedarf von Patienten grundsätzlich nicht mehr im öffentlichen Interesse (VG Köln BeckRS 2018, 3273).

143 **3. Die weiteren Voraussetzungen (§§ 5–10).** Weitere Voraussetzung für die Erteilung einer Ausnahmeerlaubnis zum Erwerb oder zum Eigenanbau ist, dass die Fragen der Zuverlässigkeit und Sachkenntnis des Antragstellers, der sonstigen Antragsvoraussetzungen (§ 7) und des legalen Bezugs der Stoffe geklärt und positiv beantwortet sind. Dabei sind die §§ 5, 6 nach der Rechtsprechung des OVG Münster A&R 2013, 48 (→ Rn. 88); 2014, 192 (→ Rn. 88)) lediglich **modifiziert** anzuwenden (dazu im Einzelnen die Anmerkungen zu den §§ 5, 6).

144 **4. Vereinbarkeit mit den Internationalen Suchtstoffübereinkommen.** Der in → Rn. 114–143 beschriebene Umgang mit Cannabis zu **medizinischen Zwecken** ist mit den Internationalen Suchtstoffübereinkommen, insbesondere dem Ük 1961, **vereinbar.** Cannabis ist ein Suchtstoff des Anhangs IV zu Ük 1961; nach Art. 2 Abs. 5 Buchst. b Hs. 1 Ük 1961 sind die Vertragsstaaten verpflichtet, den Umgang mit diesen Suchtstoffen zu verbieten, wenn sie dies nach dem in ihrem Staat herrschenden Verhältnissen für das geeignete Mittel halten, die Volksgesundheit und das allgemeine Wohl zu schützen. Der in → Rn. 114–143 beschriebene Umgang mit Cannabis dient zwar nicht mehr der medizinischen Forschung (Art. 2 Abs. 5 Buchst. b Hs. 2 ÜK 1961), wohl aber der medizinischen Behandlung, ohne dass damit eine Sucht aufrechterhalten oder gefördert wird, und damit der Volksgesundheit und dem allgemeinen Wohl.

145 Im Übrigen führt ein Verstoß gegen die Internationalen Suchtstoffübereinkommen nicht zwingend zu einer **Ablehnung** einer Erlaubnis; vielmehr steht diese nach § 5 Abs. 2 im **Ermessen** des BfArM (→ Rn. 100, 101). Bei der Ausübung des Ermessens sind auch die Schwere der Erkrankung des Patienten, die fehlende alternative Behandlungsmöglichkeit und seine hochrangigen Schutzgüter aus Art. Art. 1, 2 GG zu berücksichtigen.

§ 4 Ausnahmen von der Erlaubnispflicht

(1) **Einer Erlaubnis nach § 3 bedarf nicht, wer**
1. **im Rahmen des Betriebs einer öffentlichen Apotheke oder einer Krankenhausapotheke (Apotheke)**
   a) **in Anlage II oder III bezeichnete Betäubungsmittel oder dort ausgenommene Zubereitungen herstellt,**
   b) **in Anlage II oder III bezeichnete Betäubungsmittel erwirbt,**
   c) **in Anlage III bezeichnete Betäubungsmittel auf Grund ärztlicher, zahnärztlicher oder tierärztlicher Verschreibung abgibt,**
   d) **in Anlage II oder III bezeichnete Betäubungsmittel an Inhaber einer Erlaubnis zum Erwerb dieser Betäubungsmittel zurückgibt oder an den Nachfolger im Betrieb der Apotheke abgibt,**
   e) **in Anlage I, II oder III bezeichnete Betäubungsmittel zur Untersuchung, zur Weiterleitung an eine zur Untersuchung von Betäubungsmitteln berechtigte Stelle oder zur Vernichtung entgegennimmt oder**
   f) **in Anlage III bezeichnete Opioide in Form von Fertigarzneimitteln in transdermaler oder in transmucosaler Darreichungsform an eine Apotheke zur Deckung des nicht aufschiebbaren Betäubungsmittel-**

bedarfs eines ambulant versorgten Palliativpatienten abgibt, wenn die empfangende Apotheke die Betäubungsmittel nicht vorrätig hat,
2. im Rahmen des Betriebs einer tierärztlichen Hausapotheke in Anlage III bezeichnete Betäubungsmittel in Form von Fertigarzneimitteln
   a) für ein von ihm behandeltes Tier miteinander, mit anderen Fertigarzneimitteln oder arzneilich nicht wirksamen Bestandteilen zum Zwecke der Anwendung durch ihn oder für die Immobilisation eines von ihm behandelten Zoo-, Wild- und Gehegetieres mischt,
   b) erwirbt,
   c) für ein von ihm behandeltes Tier oder Mischungen nach Buchstabe a für die Immobilisation eines von ihm behandelten Zoo-, Wild- und Gehegetieres abgibt oder
   d) an Inhaber einer Erlaubnis zum Erwerb dieser Betäubungsmittel zurückgibt oder an den Nachfolger im Betrieb der tierärztlichen Hausapotheke abgibt,
3. in Anlage III bezeichnete Betäubungsmittel
   a) auf Grund ärztlicher, zahnärztlicher oder tierärztlicher Verschreibung,
   b) zur Anwendung an einem Tier von einer Person, die dieses Tier behandelt und eine tierärztliche Hausapotheke betreibt, oder
   c) von einem Arzt nach § 13 Absatz 1a Satz 1
   erwirbt,
4. in Anlage III bezeichnete Betäubungsmittel
   a) als Arzt, Zahnarzt oder Tierarzt im Rahmen des grenzüberschreitenden Dienstleistungsverkehrs oder
   b) auf Grund ärztlicher, zahnärztlicher oder tierärztlicher Verschreibung erworben hat und sie als Reisebedarf
   ausführt oder einführt,
5. gewerbsmäßig
   a) an der Beförderung von Betäubungsmitteln zwischen befugten Teilnehmern am Betäubungsmittelverkehr beteiligt ist oder die Lagerung und Aufbewahrung von Betäubungsmitteln im Zusammenhang mit einer solchen Beförderung oder für einen befugten Teilnehmer am Betäubungsmittelverkehr übernimmt oder
   b) die Versendung von Betäubungsmitteln zwischen befugten Teilnehmern am Betäubungsmittelverkehr durch andere besorgt oder vermittelt oder
6. in Anlage I, II oder III bezeichnete Betäubungsmittel als Proband oder Patient im Rahmen einer klinischen Prüfung oder in Härtefällen nach § 21 Absatz 2 Nummer 6 des Arzneimittelgesetzes in Verbindung mit Artikel 83 der Verordnung (EG) Nr. 726/2004 des Europäischen Parlaments und des Rates zur Festlegung von Gemeinschaftsverfahren für die Genehmigung und Überwachung von Human- und Tierarzneimitteln und zur Errichtung einer Europäischen Arzneimittel-Agentur (ABl. L 136 vom 30.4.2004, S. 1) erwirbt.

(2) Einer Erlaubnis nach § 3 bedürfen nicht Bundes- und Landesbehörden für den Bereich ihrer dienstlichen Tätigkeit sowie die von ihnen mit der Untersuchung von Betäubungsmitteln beauftragten Behörden.

(3) [1]Wer nach Absatz 1 Nr. 1 und 2 keiner Erlaubnis bedarf und am Betäubungsmittelverkehr teilnehmen will, hat dies dem BfArM zuvor anzuzeigen. [2]Die Anzeige muss enthalten:
1. den Namen und die Anschriften des Anzeigenden sowie der Apotheke oder der tierärztlichen Hausapotheke,

2. das Ausstellungsdatum und die ausstellende Behörde der apothekenrechtlichen Erlaubnis oder der Approbation als Tierarzt und
3. das Datum des Beginns der Teilnahme am Betäubungsmittelverkehr.
³Das Bundesinstitut für Arzneimittel und Medizinprodukte unterrichtet die zuständige oberste Landesbehörde unverzüglich über den Inhalt der Anzeigen, soweit sie tierärztliche Hausapotheken betreffen.

Übersicht

	Rn.
Einführung	1
Kapitel 1. Ausnahmen von der Erlaubnispflicht im medizinischen Bereich (Absatz 1)	3
A. Betäubungsmittelverkehr in Apotheken (Absatz 1 Nr. 1)	3
I. Im Rahmen des Betriebs einer Apotheke	6
II. Befreiungstatbestände	11
1. Herstellen (Nr. 1 Buchst. a)	12
2. Erwerben (Nr. 1 Buchst. b)	13
3. Abgeben auf Grund einer Verschreibung (Nr. 1 Buchst. c)	15
a) Betäubungsmittel der Anlage III	16
b) Verschreibung	18
aa) Begriff, Arten	19
bb) Schriftform	22
cc) Bestimmtes Mittel, bestimmte Person	24
dd) Befugnis	25
ee) Wirksamkeit	29
c) Vorlage einer Verschreibung	33
d) Prüfungspflicht des Apothekers	35
e) Begriff des Abgebens	39
4. Zurückgeben; Abgeben an Nachfolger (Nr. 1 Buchst. d)	40
5. Ablieferung/Entgegennahme zur Untersuchung, Weiterleitung oder Vernichtung, Substanzanalyse	42
a) Ablieferung an den Apotheker (Nr. 1 Buchst. e), Substanzanalyse	43
aa) Ausnahme nur für den Apotheker	44
bb) Keine Ausnahme für den Vorlegenden	48
(a) Vorlage durch den Konsumenten	49
(b) Vorlage durch andere Personen	50
(aa) Erwerb	52
(bb) Sichverschaffen	53
(cc) Besitz	54
b) Ablieferung an die Polizei	60
c) Tests durch andere Einrichtungen, Substanzanalyse	61
d) Eigentests	64
5. Abgabe bestimmter Opioide an eine andere Apotheke zur Bewältigung einer ambulanten palliativmedizinischen Krisensituation (Nr. 1 Buchst. f)	65
a) In Anlage III bezeichnete Opioide	68
b) Fertigarzneimittel	69
c) In transdermaler oder transmucosaler Darreichungsform	70
d) Zur Deckung des nicht aufschiebbaren Betäubungsmittelbedarfs eines ambulant versorgten Palliativpatienten	72
e) Begriff des Abgebens	74
B. Betäubungsmittelverkehr in tierärztlichen Hausapotheken (Absatz 1 Nr. 2)	75
I. Im Rahmen des Betriebs einer tierärztlichen Hausapotheke	78
II. Betäubungsmittel	79
III. Verkehrsformen	81
1. Mischen (Nr. 2 Buchst. a)	82

Ausnahmen von der Erlaubnispflicht § 4 BtMG

	Rn.
2. Erwerben (Nr. 2 Buchst. b)	84
3. Abgeben (Nr. 2 Buchst. c)	85
4. Zurückgeben; Abgeben an Nachfolger (Nr. 2 Buchst. d)	86
5. Kein Entgegennehmen zur Untersuchung	87
IV. Der zentrale Begriff der Behandlung	88
V. Hilfspersonal	92
C. Erwerb auf Grund einer Verschreibung, in einer tierärztlichen Hausapotheke oder im Rahmen der ambulanten Palliativversorgung (Absatz 1 Nr. 3)	93
I. Erwerb auf Grund einer Verschreibung (Buchst. a)	94
II. Erwerb in einer tierärztlichen Hausapotheke (Buchst. b)	96
III. Erwerb im Rahmen der ambulanten Palliativversorgung (Buchst. c)	97
D. Einführen und Ausführen (Absatz 1 Nr. 4)	98
I. Grenzüberschreitender Dienstleistungsverkehr (Nr. 4 Buchst. a)	100
II. Reisebedarf (Nr. 4 Buchst. b)	104
E. Gewerbsmäßige Beförderung und Versendung (Absatz 1 Nr. 5)	106
F. Erwerb im Rahmen einer klinischen Prüfung oder eines Härtefallprogramms (Absatz 1 Nr. 6)	111
I. Betäubungsmittel	115
II. Erwerben	117
III. Weitere Voraussetzungen	118
1. Proband in einer klinischen Prüfung	119
a) Begriff	120
b) Erfordernis der Genehmigung	121
2. Patient in einem Härtefall nach § 21 Abs. 2 Nr. 6 AMG	123
Kapitel 2. Dienstliche Tätigkeit von Behörden (Absatz 2)	125
A. Betäubungsmittel und Verkehrsarten	126
B. Bundes- oder Landesbehörden	128
C. Der legale Betäubungsmittelverkehr	132
D. Der illegale Betäubungsmittelverkehr	135
I. Dienstlicher Bereich	136
II. Kreis der befreiten Personen	139
1. Verdeckte Ermittler	140
2. Sonstige nicht offen ermittelnde Beamte	142
3. V-Personen	143
a) Begriff	144
b) Förmlich Verpflichtete	151
c) Nicht förmlich Verpflichtete	153
aa) Handeltreiben	154
bb) Besitz/Erwerb	156
(a) Handeln im Rahmen eines Einsatzplans	157
(b) Handeln außerhalb des Einsatzplans	159
(c) Handeln ohne Einsatzplan	161
III. Irrtumsfragen	163
Kapitel 3. Exkurs: Tatprovokation (Einsatz und Folgen)	167
A. Anwendung	167
B. Grundsatz	168
C. Reihenfolge der Prüfung	171
D. Begriff	173
I. Staatliche Zurechnung	175
II. Einwirkung auf die Zielperson	179
III. Wechselwirkung von Verdacht und Einwirkung	184
E. Einsatzformen	185
F. Überwachung	188
G. Dokumentation, Aktenwahrheit, Aktenvollständigkeit	189
H. Menschenrechtliche und rechtsstaatliche Grenzen des Einsatzes	190
I. Menschenrechtliche Grenzen (Art. 6 MRK)	191
1. Objektive Anhaltspunkte für den Verdacht	193

Weber

	Rn.
2. Verhalten der Ermittlungspersonen	196
3. Die „Beweislast"	197
II. Rechtsstaatliche Grenzen	198
1. Verdacht	199
a) Einsatz gegen eine verdächtige Zielperson	202
aa) Anfangsverdacht	203
bb) Quantensprung	209
b) Einsatz gegen Dritte	216
2. Tatbereitschaft	217
3. Art und Intensität der Einwirkung	221
a) Strafbarkeit der Einwirkung	222
b) Unlauterkeit der Einwirkung	223
c) Unvertretbares Übergewicht der Einwirkung	224
aa) Hartnäckige Einflussnahme	225
bb) Einflussnahme von mehreren Seiten	226
cc) Wesentliche Erleichterung des Geschäfts	227
dd) Einsatz in Vollzugsanstalt ohne Kenntnis der Vollzugsbehörde	228
ee) Tiefere Verstrickung	230
III. Die Abbildung der Judikatur des EGMR in der Rechtsprechung des BGH	232
1. Zum Verdacht	234
2. Zur Tatbereitschaft	239
3. Zu Art und Intensität der Einwirkung	241
4. Ergebnis	242
I. Strafbarkeit des agent provocateur; Disziplinierung	243
J. Beweissituation, Beweiswürdigung	249
K. Folgen der Tatprovokation für die Zielperson (Strafzumessung)	250
I. Vorstadium einer Tatprovokation	251
1. Anlass zur Strafmilderung	252
2. Art der Strafmilderung	255
II. Zulässige Tatprovokation	258
1. Milderung auf Grund jeglicher Einwirkung	259
2. Umfang der Strafmilderung	260
3. Schuldunabhängiger Strafmilderungsgrund	265
4. Ort und Art der Berücksichtigung	268
a) Minderung von Unrecht und Schuld	269
b) Vorliegen eines schuldunabhängigen Strafmilderungsgrundes	272
c) Vollstreckungslösung beim schuldunabhängigen Strafmilderungsgrund	275
III. Konventions-/rechtsstaatswidrige Tatprovokation	276
1. Das Urteil des EGMR v. 25.3.2015	277
2. Der Kammerbeschluss des BVerfG v. 18.12.2014	279
3. Das Urteil des EGMR vom 15.10.2020	281
4. Die Rezeption des Urteils des EGMG in der Rechtsprechung der deutschen Strafgerichte	282
a) Der 2. Strafsenat	283
b) Der 1. Strafsenat	285
c) Der 5. Strafsenat	287
5. Die Strafzumessung	288
a) Nicht verdächtige Zielperson	291
b) Verdächtige Zielperson	296
IV. Tatprovokation und Gewichtung bestimmter Merkmale	301
V. Überwachung, Observation	302
VI. Mehrere Beteiligte	303
VII. Verfahrensrüge, Darstellung im Urteil	305
1. Verpflichtung des Tatgerichts	306
2. Verfahrensrüge	307

	Rn.
Kapitel 4. Anzeigepflicht (Absatz 3)	308
A. Zeitpunkt (Satz 1)	309
B. Inhalt (Satz 2)	310
C. Unterrichtung (Satz 3)	311
D. Zuwiderhandlungen	312

Einführung

Die Vorschrift bestimmt **Ausnahmen** von dem Erlaubnisvorbehalt des § 3. Sie gilt, soweit sie nicht Beschränkungen auf Betäubungsmittel der Anlagen II oder III enthält, auch für die nicht verkehrsfähigen Betäubungsmittel der Anlage I. 1

Die Regelung umfasst **zwei Fallgruppen,** die miteinander keine Verbindung haben: Absatz 1 regelt den Verkehr mit Betäubungsmitteln durch Personen oder Einrichtungen, die sie im Zusammenhang mit therapeutischen Zwecken verwenden. Absatz 2 zielt auf den Umgang mit Betäubungsmitteln im Rahmen der Kontrolle des legalen oder illegalen Betäubungsmittelverkehrs. 2

Kapitel 1. Ausnahmen vom Erlaubnisvorbehalt im medizinischen Bereich (Absatz 1)

A. Betäubungsmittelverkehr in Apotheken (Absatz 1 Nr. 1). Die Vorschrift stellt bestimmte Verkehrsformen, die im Rahmen des Betriebs einer **öffentlichen Apotheke** oder einer **Krankenhausapotheke** anfallen, von der Erlaubnispflicht frei. § 4 Abs. 1 Nr. 1 fasst öffentliche Apotheken (§ 1 ApoG) und Krankenhausapotheken (§ 14 ApoG) in einer Klammerdefinition unter dem Begriff „Apotheke" zusammen. Apotheken sind Geschäftsräume, für die eine Erlaubnis nach dem ApoG erteilt wurde. Für die Apotheken der Bundeswehr, der Bundespolizei und der Bereitschaftspolizeien der Länder (§ 22 ApoG) gilt § 26. 3

Anders als für den Apotheker (Absatz 1 Nr. 1) oder den Tierarzt (Absatz 1 Nr. 2 Buchst. c) ist für die **Abgabe** von **Betäubungsmitteln** durch den **Arzt** oder **Zahnarzt grundsätzlich keine Ausnahme von der Erlaubnispflicht** vorgesehen. Dies wird vielfach übersehen. Ärzte oder Zahnärzte dürfen ohne Erlaubnis nach § 3 Abs. 1 Nr. 1 auch Betäubungsmittel der Anlage III daher **nicht abgeben.** Dies gilt auch für eine Abgabe im **Familienkreis** (VGH München BeckRS 2015, 53909). Sie dürfen Betäubungsmittel lediglich verschreiben, verabreichen oder zum unmittelbaren Verbrauch überlassen (§ 13 Abs. 1), es sei denn, dass (für Ärzte) ein Fall des § 13 Abs. 1a vorliegt. Diese Tätigkeiten bedürfen von vornherein keiner Erlaubnis (§ 3 Abs. 1 Nr. 1), so dass insoweit eine Ausnahme von der Erlaubnispflicht nicht vorgesehen werden musste. Zur Abgabe von Arzneimitteln, die keine Betäubungsmittel sind, sowie von ausgenommenen Zubereitungen →AMG § 43 Rn. 26, 27. 4

Keine Ausnahme von der Erlaubnispflicht besteht auch für die Herstellung oder Abgabe (→ Rn. 39) von **Diamorphin** durch den **pharmazeutischen Unternehmer.** Er bedarf daher für diese Tätigkeiten neben den arzneimittelrechtlichen Erfordernissen der Erlaubnis durch das BfArM (→ § 1 Rn. 400). Im Rahmen des Betriebs einer Apotheke wiederum darf dieser Stoff weder hergestellt, noch erworben oder abgegeben werden (→ Rn. 17). 5

I. Im Rahmen des Betriebs einer Apotheke. Die Erlaubnisfreiheit nach dem BtMG umfasst alle Handlungen, die im Rahmen des Betriebs einer Apotheke anfallen. Sie müssen daher in den Räumen der Apotheke, die in der Erlaubnisurkunde bezeichnet sind (§ 1 Abs. 3 ApoG), vorgenommen werden (*Kotz/Oğlakcıoğlu* in MüKoStGB BtMG § 4 Rn. 7; *Weinzierl* in BeckOK BtMG Rn. 2). Die Erlaubnisfreiheit gilt deswegen nicht für sogenannte **Drugmobils,** es sei denn der Apothe- 6 ker verfügt über eine hierauf bezügliche Apothekenerlaubnis (*Kotz/Oğlakcıoğlu* in MüKoStGB BtMG § 4 Rn. 7).

7 Ebenso werden Handlungen eines Apothekers, die nicht im Rahmen des Betriebs der Apotheke erfolgen, von der Erlaubnisfreiheit nicht erfasst, etwa wenn der Apotheker Betäubungsmittel **abzweigt** oder als **Privatperson** erwirbt (*Patzak* in Körner/Patzak/Volkmer Rn. 1).

8 Dass die Abgabe von **Betäubungsmitteln** im Wege des **Versandhandels** zulässig ist (BT-Drs. 15/1525, 61; *Kieser* PharmR 2008, 413 (415)), dürfte derzeit nicht grundsätzlich verneint werden können (*Weinzierl* in BeckOK BtMG § 13 Rn. 115.1). In einer Bek. v. 18.3.2004 (BAnz. 2004, S. 6104) hat das BMG Betäubungsmittel als nicht geeignet zum Versand angesehen; eine entsprechende Verordnung lag im Jahre 2005 als Entwurf vor, ist aber nicht erlassen worden (Hügel/Junge/Lander/Winkler § 13 Rn. 7.1). Ob der Apotheker im Versandhandel aber seiner Prüfungspflicht (→ Rn. 35–38; § 12 BtMVV) genügen kann sowie erkennbarem Arzneimittelmissbrauch entgegentreten kann (§ 17 Abs. 8 ApBetrO), erscheint zweifelhaft (*Weinzierl* in BeckOK BtMG § 13 Rn. 115.2).

9 Auf der anderen Seite gilt die Befreiung von der Erlaubnispflicht nicht nur für den **Apotheker** (Apothekenleiter, §§ 2, 27 ApBetrO), sondern auch für das **Apothekenpersonal** (Hügel/Junge/Lander/Winkler Rn. 2; *Malek* BtMStrafR Kap. 2 Rn. 320), soweit es im Rahmen seiner berufsrechtlichen Befugnisse tätig wird (§ 3 Abs. 5, § 28 Abs. 3 ApBetrO). Danach gehört die **Abgabe** (ebenso Information und Beratung) von Betäubungsmitteln zu den **pharmazeutischen Tätigkeiten** (§ 1a Abs. 3 ApBetrO), die eigenverantwortlich nur von Apothekern, Apothekerassistenten, Pharmazieingenieuren und Apothekenassistenten vorgenommen werden dürfen (§ 3 Abs. 5 S. 3 ApBetrO). Den in Ausbildung zu diesen Berufen befindlichen Personen, pharmazeutisch-technischen Assistenten und den dazu in Ausbildung Befindlichen ist die Abgabe nur unter Aufsicht eines Apothekers gestattet (§ 3 Abs. 5 S. 3 ApBetrO).

10 **Überhaupt nicht erlaubt** ist die Abgabe den pharmazeutischen Assistenten (§ 3 Abs. 5 S. 4 ApBetrO). Dasselbe gilt für das nichtpharmazeutische Personal (Apothekenhelfer, Apothekenfacharbeiter und pharmazeutisch-technische Angestellte (§ 3 Abs. 5 S. 1 ApBetrO)).

11 **II. Die Befreiungstatbestände.** Der Umfang der Befreiung von der Erlaubnispflicht richtet sich nach der Verkehrsfähigkeit des Betäubungsmittels, wie sie in den Anlagen des BtMG zum Ausdruck kommt. Absatz 1 Nr. 1 enthält fünf Befreiungstatbestände, die in der Praxis unterschiedliches Gewicht haben.

12 **1. Herstellen (Nr. 1 Buchst. a).** Mit der Herstellung von Betäubungsmitteln und ausgenommenen Zubereitungen im Rahmen einer Apotheke befasst sich Nr. 1 Buchst. a (**Rezepturarzneimittel** (§ 1a Abs. 8 ApBetrO)). Er gilt nur für Betäubungsmittel der Anlagen II und III (einschließlich der dort ausgenommenen Zubereitungen). Wenn auch die meisten Arzneimittel nicht mehr in der Apotheke hergestellt werden, so hat die Vorschrift durch die **Substitution** mit Codein-Saft (→ § 13 Rn. 90 und durch die Herstellung von **Cannabis-Arzneimitteln** (→ § 3 Rn. 125) an Bedeutung gewonnen. Zum Begriff der Herstellung → § 2 Rn. 53–64.

13 **2. Erwerben (Nr. 1 Buchst. b).** Von größerer praktischer Bedeutung ist Nr. 1 Buchst. b, der den Erwerb von Betäubungsmitteln der Anlagen II oder III im Rahmen des Betriebs einer Apotheke betrifft. Die ausgenommenen Zubereitungen werden hier nicht erwähnt, weil ihr Erwerb bereits nach § 3 Abs. 1 Nr. 2 nicht erlaubnispflichtig ist.

14 Der **Begriff des Erwerbs** deckt sich insofern nicht mit dem des § 3 Abs. 1 Nr. 1 (→ § 3 Rn. 49), als er auch die Fälle erfasst, die der Vorbereitung des Weiterverkaufs dienen und damit dem Handeltreiben zuzurechnen sind. Auch gilt er sowohl für den Abschluss des schuldrechtlichen Vertrags als auch für die Übereignung und Besitzerlangung (*Weinzierl* in BeckOK BtMG Rn. 7). Er umfasst im Hinblick auf § 11 Abs. 1 jedoch nicht die **Einfuhr** (Hügel/Junge/Lander/Winkler Rn. 5).

3. Abgeben von Betäubungsmitteln auf Grund einer Verschreibung 15
(Nr. 1 Buchst. c). Die Vorschrift bestimmt, dass die Abgabe von Betäubungsmitteln der Anlage III (im Rahmen des Betriebs einer Apotheke (→ Rn. 6–9)) auf Grund ärztlicher, zahnärztlicher oder tierärztlicher Verschreibung keiner Erlaubnis bedarf; insoweit tritt die Verschreibung **an die Stelle** der Erlaubnis. Dass Betäubungsmittel (der Anlage III) nur im Rahmen einer Apotheke und nur gegen Vorlage einer Verschreibung abgegeben werden dürfen, ist in § 13 Abs. 2 S. 1 geregelt. Der erlaubnisfreien Abgabe durch den Apotheker korrespondiert der erlaubnisfreie Erwerb durch den Patienten (Absatz 1 Nr. 3 Buchst. a). **Nicht das Verschreiben** ist daher eine Ausnahme von der Erlaubnispflicht (→ § 13 Rn. 3), sondern das Abgeben oder Erwerben auf Grund einer Verschreibung.

a) Betäubungsmittel der Anlage III. Die Vorschrift gilt nur für Betäubungs- 16
mittel der Anlage III. Der Apotheker, der, auch im Rahmen des Betriebs seiner Apotheke, Betäubungsmittel der Anlagen I oder II abgibt, handelt ohne Erlaubnis nach § 3 und macht sich daher nach § 29 Abs. 1 S. 1 Nr. 1, Abs. 4 strafbar (→ § 13 Rn. 112, → § 29 Rn. 1622).

Dies gilt auch **für Diamorphin,** und zwar auch in Zubereitungen, die zur Sub- 17
stitution zugelassen sind (*Weinzierl* in BeckOK BtMG Rn. 13). Dabei handelt es sich zwar um ein Betäubungsmittel der Anlage III (Position Diamorphin), es darf aber nicht durch Apotheker, sondern nur durch pharmazeutische Unternehmer und nur an anerkannte Einrichtungen abgegeben werden (§ 13 Abs. 2 S. 2). Eine Erlaubnisfreiheit hat der Gesetzgeber für diesen „Sondervertriebsweg Diamorphin" (§ 47b AMG) nicht bestimmt (→ Rn. 5), so dass auch der pharmazeutische Unternehmer nicht nur zur Herstellung, sondern auch zur Abgabe (→ Rn. 39) der Erlaubnis (nach § 3 Abs. 1) bedarf (→ § 13 Rn. 121, 122, → § 29 Rn. 1623).

b) Verschreibung. Die Erlaubnisfreiheit gilt nur für die Abgabe auf Grund einer 18
ärztlichen, zahnärztlichen oder tierärztlichen Verschreibung.

aa) Begriff, Arten. Unter Verschreibung ist nach der Klammerdefinition in § 1 19
Abs. 2 BtMVV ein **ausgefertigtes Betäubungsmittelrezept** zu verstehen. Ein Rezept ist die persönlich von einem Arzt, Zahnarzt oder Tierarzt ausgestellte **schriftliche** (OLG Bamberg BeckRS 2008, 05251) **Anweisung** an einen Apotheker auf Verabfolgung eines bestimmten Mittels (RGSt 62, 284) an eine bestimmte Person (*Kotz/Oğlakcıoğlu* in MüKoStGB BtMG § 4 Rn. 12). Die näheren Einzelheiten für das Rezept ergeben sich aus §§ 8, 9 BtMVV.

Zu den Verschreibungen gehört nach der Klammerdefinition des § 1 Abs. 2 20
BtMVV auch die **Verschreibung für den Praxisbedarf.** Sie besteht in der Anweisung eines Arztes, Zahnarztes oder Tierarztes zur Abgabe des Betäubungsmittels an sich selbst für den Bedarf seiner Praxis Auch sie hat auf einem ausgefertigten Betäubungsmittelrezept zu erfolgen.

Eine besondere Art der Verschreibung ist die **Verschreibung für den Stations-** 21
bedarf, den Notfallbedarf und den Rettungsdienstbedarf, die nach der Klammerdefinition des § 1 Abs. 2 BtMVV in einem **ausgefertigten Betäubungsmittelanforderungsschein** besteht. Verschreibungen für den Stationsbedarf dürfen nur von dem Leiter (oder Vertreter des Leiters in dessen Abwesenheit) eines Krankenhauses oder einer Tierklinik oder einer Teileinheit derselben zur Verabfolgung von Betäubungsmitteln für den Stationsbedarf ausgefertigt werden (§ 2 Abs. 4, § 3 Abs. 3, § 4 Abs. 4 BtMVV). Die Verschreibungen für den Notfallbedarf (§ 5 d BtMVV) und für den Rettungsdienstbedarf (§ 6 BtMVV) erfolgen durch die dort

BtMG § 4   Zweiter Abschnitt. Erlaubnis und Erlaubnisverfahren

beauftragten Ärzte. Die näheren Einzelheiten für den Betäubungsmittelanforderungsschein ergeben sich aus §§ 10, 11 BtMVV.

22 **bb) Schriftform.** Verschreibungen von Betäubungsmitteln für Patienten, Tiere und den Praxisbedarf dürfen nur auf einem **Betäubungsmittelrezept** (dreiteiliges amtliches Formblatt) erfolgen (§ 8 Abs. 1 BtMVV). Die Betäubungsmittelrezepte werden vom BfArM auf Anforderung an den einzelnen Arzt, Zahnarzt oder Tierarzt ausgegeben (§ 8 Abs. 2 S. 1 BtMVV). Entsprechendes gilt für Betäubungsmittelanforderungsscheine (§ 10 Abs. 1, 2 BtMVV). Das Rezept darf nur aus **Deutschland** stammen; auch Rezepte aus EU-Mitgliedstaaten genügen nicht (→ BtMVV § 8 Rn. 2).

23 Das Rezept muss **schriftlich** ausgestellt sein (§ 8 Abs. 1, 6 BtMVV); die erleichterten Verschreibungsgrundsätze aus dem Arzneimittelrecht (→ AMG § 48 Rn. 17–27) können nicht auf die Verschreibung von Betäubungsmitteln nicht übertragen werden; die Schriftform kann daher auch nicht durch einen telefonischen oder persönlichen Kontakt zwischen Arzt oder Apotheker ersetzt werden; die älteren Entscheidungen BayObLGSt 1995, 210 = MedR 1996, 321 mAnm *Körner* und OLG Stuttgart NJW 1966, 412 sind auf Grund des § 8 BtMVV in der Fassung der 10. BtMÄndV v. 20.1.1998 (BGBl. I S. 74) überholt (*Kotz/Oğlakcıoğlu* in MüKoStGB BtMG § 13 Rn. 13). Das Erfordernis der Schriftlichkeit gilt auch für die Notfall-Verschreibung (§ 8 Abs. 6 BtMVV).

24 **cc) Bestimmtes Mittel, bestimmte Person.** Die Verschreibung ist eine Anweisung an den Apotheker zur Verabfolgung eines **bestimmten Mittels** an eine bestimmte Person (→ Rn. 19). Das Arzneimittel muss daher genau bezeichnet werden (§ 9 Abs. 1 Nr. 3, Abs. 2 S. 1, § 11 Abs. 1 Nr. 3 BtMVV). Dasselbe gilt für die **Angabe des Patienten** oder **Tierhalters** (§ 9 Abs. 1 Nr. 1, Abs. 2 S. 1 BtMVV). Bei Verschreibungen für den Praxisbedarf tritt an die Stelle der Bezeichnung des Patienten oder Tierhalters der Vermerk „Praxisbedarf" (§ 9 Abs. 1 Nr. 8, Abs. 2 S. 1 BtMVV). Bei Betäubungsmittelanforderungsscheinen ist die Einrichtung anzugeben, für die der Stationsbedarf bestimmt ist (§ 11 Abs. 1 Nr. 1 BtMVV).

25 **dd) Befugnis.** Die Befugnis zur Verschreibung von Betäubungsmitteln ergibt sich aus § 13 Abs. 1. Danach dürfen Verschreibungen nur von **Ärzten** (§ 2 BÄO), **Zahnärzten** (§§ 1, 8, 13, 14 ZHG) und **Tierärzten** (§ 2 BTÄO) ausgestellt werden. Zu diesem Personenkreis gehören auch die **Dienstleistungserbringer** nach Art. 50 EG-Vertrag, der insoweit auch auf die Staatsangehörigen aller Mitgliedstaaten des Europäischen Wirtschaftsraumes anzuwenden ist (§ 10b BÄO; § 13a ZHG; § 11a BTÄO). Andere ausländische Ärzte bedürfen der Approbation. Verschreibungsbefugt ist auch der Arzt im Praktikum (*Kotz/Oğlakcıoğlu* in MüKoStGB BtMG § 13 Rn. 10).

26 **Heilpraktiker** oder Tierheilpraktiker sind keine Ärzte oder Tierärzte und deswegen nicht verschreibungsberechtigt (*Kotz/Oğlakcıoğlu* in MüKoStGB BtMG § 13 Rn. 11). Etwas anderes gilt für **Dentisten,** die nach § 8 ZHG die Approbation als Zahnarzt erhalten haben.

27 Die Verschreibungsbefugnis reicht nur soweit wie die Approbation. Die Verschreibung muss sich daher in dem Bereich des **Zweiges der ärztlichen Wissenschaft** halten, auf den die Approbation des Arztes lautet. Eine gültige ärztliche Verschreibung liegt danach nicht vor, wenn ein Humanmediziner Betäubungsmittel zur Anwendung auf dem Gebiete der Tierheilkunde verordnet (BGHSt 7, 248 = NJW 1955, 679).

28 An der Verschreibungsbefugnis des Ausstellers fehlt es auch, wenn die Verschreibung **falsch** oder **gefälscht** ist (s. *Patzak* in Körner/Patzak/Volkmer § 29 Teil 17 Rn. 18).

Ausnahmen von der Erlaubnispflicht **§ 4 BtMG**

ee) Wirksamkeit. Wenn die Verschreibung an die Stelle einer Erlaubnis treten 29
soll (→ Rn. 15), muss sie wirksam sein (*Patzak* in Körner/Patzak/Volkmer § 29
Teil 17 Rn. 16). Wesentliche Voraussetzungen hierfür sind die Schriftform
(→ Rn. 23), die Bezeichnung eines bestimmten Betäubungsmittels und einer
bestimmten Person (→ Rn. 24) und die Verschreibungsbefugnis des Ausstellers
(→ Rn. 25–28); dazu OLG Bamberg BeckRS 2008, 5251; *Franke/Wienroeder*
§ 29 Rn. 170; *Pfeil* et al. § 29 Rn. 218.

Nicht dazu gehört die Ausfertigung auf einem **Betäubungsmittelrezept** (OLG 30
Bamberg BeckRS 2008, 5251). Auch eine entgegen § 8 Abs. 6 BtMVV (der Notfall-Verschreibungen für die Substitution ausschließt) ausgestellte **Notfall-Verschreibung** mit Methadon ist daher wirksam und nicht nach § 29 Abs. 1 S. 1 Nr. 7
Buchst. a strafbar (OLG Bamberg BeckRS 2008, 5251; *Weinzierl* in BeckOK BtMG
§ 13 Rn. 122.1).

Ebenfalls **keine Wirksamkeitserfordernisse** für die Verschreibung sind die 31
sonstigen Voraussetzungen, die in § 12 BtMVV für die Belieferung von Betäubungsmitteln aufgestellt sind. Die Verschreibung ist daher nicht unwirksam, wenn
sie nicht eingehalten werden. Dies gilt namentlich von den Höchstmengen der
BtMVV (*Patzak* in Körner/Patzak/Volkmer § 29 Teil 17 Rn. 21, 22) oder der Vorlage des Rezeptes erst nach mehr als sieben Tagen (*Franke/Wienroeder* § 29 Rn. 170).
Wie sich aus § 16 BtMVV ergibt, tritt in solchen Fällen auch keine Strafbarkeit nach
§ 29 Abs. 1 S. 1 Nr. 14 ein (aA *Joachimski/Haumer* BtMG § 29 Rn. 190).

Ist die **Verschreibung unwirksam,** so vermag sie die Erlaubnis an sich nicht zu 32
ersetzen. Gleichwohl tritt keine Strafbarkeit nach § 29 Abs. 1 S. 1 Nr. 1 ein, sondern
es gilt die Privilegierung des § 29 Abs. 1 S. 1 Nr. 7 Buchst. a, wonach nur vorsätzliches Handeln strafbar ist (→ § 29 Rn. 1637, 1645)

c) Vorliegen einer Verschreibung. Nach Absatz 1 Nr. 1 Buchst. c tritt die 33
Erlaubnisfreiheit ein, wenn der Apotheker das Betäubungsmittel auf Grund einer
Verschreibung abgibt. In § 13 Abs. 2 S. 1 wird dies dahin präzisiert, dass die Abgabe
nur **gegen Vorlage** der Verschreibung erfolgen darf. In § 1 Abs. 2 BtMVV wiederum ist bestimmt, dass der Apotheker das Betäubungsmittel nur **nach Vorlage**
des ausgefertigten Betäubungsmittelrezepts oder Betäubungsmittelanforderungsscheins abgeben darf.

Die Verschreibung muss daher dem Apotheker zum Zeitpunkt der Abgabe **kör-** 34
perlich vorliegen und darf nicht erst in Aussicht gestellt sein (→ Rn. 23); *Kotz/
Oğlakcıoğlu* in MüKoStGB BtMG Rn. 12). Der Apotheker darf sich insbesondere
nicht auf das Versprechen einlassen, dass das Rezept nachgereicht werde. Die Verschreibung muss ausgefertigt sein; eine telefonische Verschreibung genügt nicht
(s. auch §§ 8–12 BtMVV). Da die Verschreibung dem Apotheker die Nachprüfung
ermöglichen soll, ob sich die ärztliche Verordnung im Rahmen von BtMG und
BtMVV hält, gilt dies auch dann, wenn das Betäubungsmittel von einem verschreibungsberechtigten Arzt abgeholt wird (OLG Stuttgart NJW 1966, 412).

d) Prüfungspflichten des Apothekers. Bei der Abgabe des Betäubungsmittels 35
hat der Apotheker zunächst zu prüfen, ob die ihm vorgelegte Verschreibung **wirksam** ist (→ Rn. 29–32). Dazu gehört auch die Prüfung, ob sie **falsch oder ge-**
fälscht ist, da es auch in diesen Fällen an der Verschreibungsbefugnis des Ausstellers
fehlt (→ Rn. 28). Auffälligen Anzeichen einer Fälschung muss er nachgehen, gegebenenfalls durch Rückfrage beim Arzt (BGHSt 9, 370 = NJW 1957, 29; *Patzak*
in Körner/Patzak/Volkmer § 29 Teil 17 Rn. 13; s. auch § 17 Abs. 5 ApBetrO).
Ebenso muss er darauf achten, dass die Verschreibung von einem Arzt in dem Bereich des **Zweiges der ärztlichen Wissenschaft** ausgestellt wurde, auf den seine
Approbation lautet (→ Rn. 27).

BtMG § 4   Zweiter Abschnitt. Erlaubnis und Erlaubnisverfahren

36   **Weitere Prüfungspflichten** des Apothekers sind in § 12 BtMVV geregelt. Die dort aufgestellten Regeln sind zwar keine Wirksamkeitserfordernisse der Verschreibung (→ Rn. 31), aber gleichwohl bei der Abgabe von Betäubungsmitteln zu beachten. Betäubungsmittel dürfen daher **nicht abgegeben** werden, wenn für den Abgebenden **erkennbar** ist, dass die Verschreibung nach den §§ 1–4 oder § 7 Abs. 2 nicht ausgefertigt werden durfte (§ 12 Abs. 1 Nr. 1 Buchst. a BtMVV). Dasselbe gilt für einen Betäubungsmittelanforderungsschein, wenn es **erkennbar** ist, dass seine Ausfertigung gegen §§ 1–4, § 7 Abs. 1 oder § 10 Abs. 3 BtMVV verstößt (§ 12 Abs. 1 Nr. 2 Buchst. a BtMVV).

37   **Nicht zu prüfen** hat der Apotheker, ob die Verschreibung **medizinisch begründet** ist. Ob die sachlichen Voraussetzungen für die Verschreibung gegeben sind, hat primär der verschreibende Arzt zu verantworten. Wenn auch der Arzt in erster Linie die Verantwortung für die Begründetheit der Verschreibung trägt, so ist der Apotheker doch nicht seiner beruflichen Pflicht enthoben, jeden Missbrauch von Betäubungsmitteln zu verhüten (BayObLGSt 1966, 45 = NJW 1966, 1878; OLG Bamberg BeckRS 2008, 5251). **Erkennt** der Apotheker daher, dass die ihm vorgelegte Verschreibung **erschlichen** oder **gestohlen** wurde oder dass sie ihrem Inhalt nach der **Umgehung des BtMG** dient, so darf er darauf kein Betäubungsmittel abgeben (→ § 29 Rn. 1638; BGHSt 9, 370 (→ Rn. 35); *Hochstein* in BeckOK BtMG § 13 Rn. 114). Ebensowenig darf er die Verschreibung eines süchtigen Arztes für Praxisbedarf oder eigenen Gebrauch beliefern, wenn er die Sucht des Arztes kennt (BayObLG MDR 1966, 695).

38   Mit Rücksicht auf die Unterstellung unter das betäubungsmittelrechtliche Regime durch die 10./15. BtMÄndV (Anlage III Positionen Codein und Dihydrocodein) darf der Apotheker ein **Normalrezept** für **Codein** oder **Dihydrocodein** nicht beliefern, wenn er die Betäubungsmittel- oder Alkoholabhängigkeit des Empfängers kennt oder vermutet; bei einem bloßen Verdacht muss er mit dem verschreibenden Arzt Rücksprache nehmen (*Winkler* in Hügel/Junge/Lander/Winkler § 29 Rn. 16.2).

39   **e) Begriff des Abgebens.** Ähnlich wie bei dem Erwerb in Buchst. b entspricht der Begriff des Abgebens in Buchst. c nicht dem Parallelbegriff des § 3 Abs. 1 Nr. 1: Während dort die Abgabe in der Übertragung der tatsächlichen Verfügungsgewalt ohne rechtsgeschäftliche Grundlage und ohne Gegenleistung an einen Dritten besteht, ist die **Abgabe** hier der **Oberbegriff** für jede zielgerichtete Entäußerung (*Malek* in Spickhoff Rn. 6), auch auf rechtsgeschäftlicher Grundlage und gegen Entgelt.

40   **4. Zurückgeben; Abgeben an Nachfolger (Nr. 1 Buchst. d).** Von geringerer praktischer Bedeutung als Buchst. c ist Buchst. d, der sich mit der Rückgabe von Betäubungsmitteln der Anlagen II oder III an Inhaber einer Erlaubnis zum Erwerb dieser Betäubungsmittel (meist der Großhändler) oder mit der Abgabe an den Nachfolger im Betrieb der Apotheke befasst. Betriebsnachfolger in diesem Sinne sind Pächter oder Erwerber. Der Empfänger muss entweder Inhaber einer Erlaubnis zum Erwerb der Betäubungsmittel oder nach Nr. 1 Buchst. c zum Erwerb befugt sein.

41   Aus der ersten Alternative der Vorschrift (ebenso wie aus Nr. 2 Buchst. d) ist zu entnehmen, dass bei der Überführung oder Rückführung eines Betäubungsmittels **aus dem legalen** Betäubungsmittelverkehr **in den illegalen** Verkehr eine Abgabe auch dann vorliegt, wenn das Betäubungsmittel an den früheren Inhaber der Verfügungsbefugnis **zurückgegeben** wird (*Patzak* in Körner/Patzak/Volkmer Rn. 11; *Weinzierl* in BeckOK BtMG Rn. 16; *Winkler* in Hügel/Junge/Lander/Winkler § 29 Rn. 8.2; aA *Kotz/Oğlakcıoğlu* in MüKoStGB BtMG Rn. 16 m. rechtspolitischer Argumentation). Auch dann greift der Sinn der strafbewehrten Erlaubnispflicht für

die Abgabe ein, die namentlich das unkontrollierte Inverkehrbringen im Auge hat (s. BGHSt 30, 359 = NJW 1982, 1337 = StV 1982, 260).

5. Entgegennahme zur Untersuchung, Weiterleitung oder Vernichtung; Substanzanalyse. Seit jeher konnten besorgte Personen wirkliche oder vermutete Betäubungsmittel zur Polizei bringen, um sie dort untersuchen oder vernichten zu lassen (→ Rn. 127). Keiner Erlaubnis bedarf auch die Vernichtung durch den Inhaber selbst (→ § 3 Rn. 59). Dagegen war der Apotheker nicht befugt, Betäubungsmittel zur Untersuchung, Weiterleitung an eine berechtigte Stelle oder Vernichtung entgegenzunehmen. 42

a) Ablieferung an den Apotheker (Nr. 1 Buchst. e), Substanzanalyse. Nach der durch G v. 9.9.1992 (BGBl. I S. 1593) eingefügten Nr. 1 Buchst. e bedarf nun auch der Apotheker (und sein Hilfspersonal) keiner Erlaubnis, wenn er Betäubungsmittel, auch solche der Anlage I, zu den genannten Zwecken entgegen nimmt. Ebenso entfällt die Meldepflicht (§ 12 Abs. 2 S. 1). Soweit die Betäubungsmittel zur Untersuchung oder zur Weiterleitung an eine berechtigte Stelle entgegengenommen werden, hat Nr. 1 Buchst. e Bezug zur **Substanzanalyse (drug-checking, drug-testing),** einer Maßnahme der Schadensreduzierung (→ Einl. Rn. 185, 186). Zur Untersuchung durch Bundes- und Landesbehörden oder in deren Auftrag → Rn. 127, 129, 130. Zur Substanzanalyse in Drogenkonsumräumen → § 10a Rn. 123–125. Zu Untersuchungen in anderen Einrichtungen → Rn. 61–64. 43

aa) Ausnahme (nur) für den Apotheker. Die Ausnahme von der Erlaubnispflicht (Nr. 1 Buchst. e) gilt nur für den Apotheker und das Apothekenpersonal (→ Rn. 9). Sie ist auf den Rahmen des Betriebs einer Apotheke beschränkt und erfasst daher nicht Handlungen außerhalb der Geschäftsräume der Apotheke, für die die Apothekenerlaubnis besteht (→ Rn. 6), also grundsätzlich auch nicht Untersuchungen in sogenannten **Drugmobils** (*Patzak* in Körner/Patzak/Volkmer Rn. 14). Handelt der Apotheker **in den Betriebsräumen** der Apotheke, so ist eine betäubungsmittelrechtliche Erlaubnis auch dann nicht notwendig, wenn in der Entgegennahme der Betäubungsmittel nach allgemeinen Kriterien Erwerb oder Besitz zu sehen wäre. Auf eine Güterabwägung nach § 34 StGB kommt es danach nicht an. Keiner Erlaubnis bedarf die Vernichtung im Anschluss an den Test (→ § 3 Rn. 59). 44

Leitet der Apotheker das Betäubungsmittel an eine befugte Untersuchungsstelle, zB das **Zentrallaboratorium deutscher Apotheker (ZLA)** in Eschborn (Tel: 06196 93750; Fax: 06196 93710; E-Mail: info@zentrallabor.com), weiter, so liegt an sich eine Abgabe vor. Nach Nr. 1 Buchst. e bedarf aber auch dieser Vorgang keiner Erlaubnis, so dass auch insoweit Strafbarkeit nicht in Betracht kommt. Nach der Untersuchung im ZLA (*Patzak* in Körner/Patzak/Volkmer Rn. 14) wird die Probe dort vernichtet. 45

Gibt der Apotheker die Probe nach der Untersuchung **zurück,** wie es namentlich im Falle des **drug-checking** (→ Einl. Rn. 185, 186, dort auch zu den Gründen für das Verbot) geschieht, so ist der Tatbestand der **Abgabe** jedenfalls dann erfüllt, wenn dadurch der Kreis derjenigen, die zu den Betäubungsmittel in Beziehung stehen, erweitert wird (→ § 29 Rn. 1123, 1124). Aber auch wenn eine solche Erweiterung nicht vorliegt, kommt eine Abgabe in Betracht, weil das Betäubungsmittel aus dem legalen Betäubungsmittelverkehr in den illegalen Verkehr zurückgeführt wird (→ Rn. 41; *Weinzierl* in BeckOK BtMG Rn. 16; *Winkler* in Hügel/Junge/Lander/Winkler § 29 Rn. 8.2). Aus denselben Gründen kann hier auch, sofern die sonstigen Voraussetzungen gegeben sind, ein unbefugtes Inverkehrbringen gegeben sein (→ § 29 Rn. 1166, 1167). 46

47 Wird das Betäubungsmittel zum Konsum zurückgegeben, so macht sich der Apotheker auch nach § 29 Abs. 1 S. 1 Nr. 11 wegen **Verschaffens einer Gelegenheit** zum unbefugten Verbrauch von Betäubungsmitteln strafbar, weil er mit seiner Untersuchung dem Konsum entgegenstehende Hindernisse ausgeräumt hat (→ § 29 Rn. 1748, 1750, 1838). Dasselbe gilt, wenn die Probe zwar nicht zurückgegeben wird, der Verbrauch der bei dem Konsumenten verbliebenen Betäubungsmittel durch den Test jedoch erleichtert wird. Auch für den Apotheker birgt die Substanzanalyse in Form des **drug-checking** ein erhebliches strafrechtliches Risiko.

48 **bb) Keine Ausnahme für den Vorlegenden.** Die Ausnahme von der Erlaubnispflicht gilt nicht für die Personen, die das Betäubungsmittel dem Apotheker vorlegen. Für sie gelten die allgemeinen Regeln. Danach ist zu unterscheiden, ob die Betäubungsmittel von dem (potentiellen) Konsumenten selbst in die Apotheke gebracht werden oder von Dritten, insbesondere von Eltern oder sonst besorgten Personen (→ Rn. 50).

49 **(a) Vorlage durch den Konsumenten.** Der (potentielle) Konsument wird sich in aller Regel bereits vor der Vorlage wegen Anbauens, Erwerbs, Sichverschaffens oder Besitzes strafbar gemacht haben. In der Hingabe zum Test oder zur Vernichtung liegt dagegen weder eine Abgabe (→ § 29 Rn. 1120) noch ein sonstiges Inverkehrbringen (→ § 29 Rn. 1165), weil die Betäubungsmittel dem Apotheker **nicht zur freien Verfügung** überlassen werden. Werden dem Konsumenten die Betäubungsmittel nach dem Test zurückgegeben, so kommt ein (neuerlicher) Erwerb in Betracht. Zwar wird der Kreis der Empfänger dadurch nicht erweitert, das Betäubungsmittel wird jedoch aus dem legalen (wieder) in den illegalen Betäubungsmittelverkehr übergeführt (→ Rn. 41, 46). Zur Strafbarkeit des Apothekers → Rn. 46, 47.

50 **(b) Vorlage durch andere Personen.** Auch in der Vorlage durch andere Personen liegt weder ein Inverkehrbringen noch eine Abgabe (*Krumm/Ostmeyer* BtmStrafR Rn. 51); insoweit gilt nichts anderes als bei dem Konsumenten (→ Rn. 49).

51 Problematisch ist die Behandlung der Fälle, in denen **Eltern** oder sonst **besorgte Personen** (zB Lehrer, Drogenberater, Ärzte, Anwälte, Geistliche), vorgefundene oder ihnen übergebene Betäubungsmittel aus Gründen der Fürsorge an sich genommen haben, um sie unverzüglich zu vernichten oder zur Untersuchung oder Vernichtung abzuliefern. Zum Teil wird angenommen, die in Betracht kommenden Tatbestände (Erwerben, Sichverschaffen in sonstiger Weise, Besitzen) seien erfüllt, das Verhalten dieser Personen sei aber nach § 34 StGB gerechtfertigt oder jedenfalls entschuldigt (*Kotz* in MüKoStGB, 2. Auflage, BtMG § 29 Rn. 1182–1200 m. intensiver Begründung; *Winkler* in Hügel/Junge/Lander/Winkler § 29 Rn. 10.4; *Malek* BtMStrafR Kap. 2 Rn. 233). Die Rechtsprechung sucht die Lösung im Tatbestand. Dafür könnte sprechen, dass es, wenn das Gesetz schon eine Untersuchung vorsieht, möglich sein sollte, die Betäubungsmittel straffrei dorthin zu bringen, auch wenn die Notstandsvoraussetzungen nicht vorliegen.

52 **(aa) Erwerben.** Haben die Eltern oder anderen besorgten Personen die Betäubungsmittel **einvernehmlich** von dem Vorbesitzer erlangt, so wäre an sich ein Erwerb gegeben. Nicht anders als der Apotheker erlangen sie das Rauschgift jedoch nicht zur freien Verfügung (*Franke/Wienroeder* § 29 Rn. 115), so dass der Tatbestand des Erwerbs nicht gegeben ist. Nur so kann auch erreicht werden, dass sich auch die Kinder und anderen Vorbesitzer nicht wegen Abgabe strafbar machen.

53 **(bb) Sichverschaffen.** Handeln die Eltern oder sonst besorgten Personen **heimlich** oder ohne Einverständnis ihrer Kinder oder sonstiger Inhaber, so kommt

Ausnahmen von der Erlaubnispflicht § 4 BtMG

an sich der Tatbestand des Sichverschaffens in Betracht. Aber auch hier fehlt es an der freien Verfügung, so dass das Sichverschaffen ausscheidet (wohl auch *Winkler* in Hügel/Junge/Lander/Winkler § 29 Rn. 11.3; s. auch BGH NStZ 1995, 544 für das Sichverschaffen bei der Hehlerei (Übernahme einer Sache zur Entsorgung)).

(cc) Besitz. Schwieriger ist die Frage des Besitzes zu beantworten (s. *Patzak* in 54 Körner/Patzak/Volkmer § 29 Teil 13 Rn. 53, 58). Der Besitz setzt ein tatsächliches Herrschaftsverhältnis und den Besitzwillen voraus, der darauf gerichtet ist, sich die Möglichkeit ungehinderter Einwirkung auf die Sache zu erhalten (→ § 29 Rn. 1324–1326). Haben die Eltern oder sonst besorgten Personen bei der Inbesitznahme **noch keine Vorstellung** über die weitere Verwendung des Stoffs und bewahren sie ihn auf, ohne sich Gedanken über den Verbleib zu machen, so werden diese Voraussetzungen meist erfüllt sein (→ § 29 Rn. 1358, 1371; *Franke/Wienroeder* § 29 Rn. 133; *Winkler* in Hügel/Junge/Lander/Winkler § 29 Rn. 13.3.2; *Baae* NStZ 1987, 214; aA LG Freiburg StV 1984, 250), zumal es auf den Zweck oder das Motiv der Inbesitznahme nicht ankommt (→ § 29 Rn. 1355–1360). Allerdings kann in solchen Fällen § 34 StGB in Betracht kommen (BT-Drs. V/2673, 4; *Patzak* in Körner/Patzak/Volkmer § 29 Teil 13 Rn. 53, 58), desgleichen eine rechtfertigende Pflichtenkollision bei Entgegennahme durch einen Rechtsanwalt (OLG Jena StV 2013, 160).

War aber **von Anfang an beabsichtigt,** den Stoff zu vernichten oder einer 55 Apotheke oder der Polizei abzuliefern (→ Rn. 127) und damit aus dem Verkehr zu ziehen, so kommt Besitz in aller Regel nicht in Betracht (OLG Stuttgart MDR 1978, 595; OLG Zweibrücken AnwBl 1983, 126 = DRsp Nr. 1994/291; aA *Patzak* in Körner/Patzak/Volkmer § 29 Teil 13 Rn. 53; *Winkler* in Hügel/Junge/Lander/ Winkler § 29 Rn. 10.4, 13.3.2; *Malek* BtMStrafR Kap. 2 Rn. 233).

Nach der Rechtsprechung (BGHR BtMG § 29 Abs. 1 Nr. 3 Besitz 5 = NStZ 56 2005, 155) soll zwar auch in einem solchen Fall ein **tatsächliches Herrschaftsverhältnis** vorliegen. Es soll jedoch der **Besitzwille** fehlen (BGH NStZ 2005, 155; OLG Stuttgart MDR 1978, 595; OLG Zweibrücken AnwBl 1983, 126 (→ Rn. 55); OLG Hamm NStZ 2000, 600 = StV 2000, 624; s. auch *Winkler* in Hügel/Junge/Lander/Winkler § 29 Rn. 13.3.2; *Malek* BtMStrafR Kap. 2 Rn. 233).

Zutreffender dürfte es sein, darauf abzustellen, dass das von dem Besitztatbestand 57 vorausgesetzte Herrschaftsverhältnis auf eine **gewisse Dauer ausgerichtet** sein muss (→ § 29 Rn. 1361–1364), wenn es auch nicht auf die tatsächliche Dauer ankommt (→ § 29 Rn. 1327, 1361), und dass auch der Besitzwille sich **darauf erstrecken** muss (→ § 29 Rn. 1370). Beide Voraussetzungen sind jedenfalls dann nicht gegeben, wenn die Drogen unverzüglich vernichtet oder zur Polizei oder Apotheke gebracht werden (*Eberth/Müller* BtMR Rn. 50; s. auch BGH NStZ 1982, 190 = StV 1981, 127 für den Fall der sofortigen Rückgabe nach Entdeckung der Drogeneigenschaft). Mit dieser Maßgabe kann der in → Rn. 55, 56 genannten Rechtsprechung daher zugestimmt werden (aA *Patzak* in Körner/Patzak/Volkmer § 29 Teil 13 Rn. 53, 58, *Kotz/Oğlakcıoğlu* in MüKoStGB BtMG § 29 Rn. 1135–1137; *Malek* BtMStrafR Kap. 2 Rn. 233, die lediglich § 34 StGB anwenden wollen). An der **Ausrichtung** auf eine gewisse Dauer fehlt es auch, wenn die zur Untersuchung bestimmten Drogen lediglich von einem Schließfach abgeholt und in die Untersuchungsanstalt gebracht werden (iErg AG Berlin-Tiergarten 2.6.1998 – 267 Ds 170/98; LG Berlin 1.3.1999, 606 – Ds 2/99, bei *Patzak* in Körner/Patzak/Volkmer § 29 Teil 21 Rn. 59).

Ebenso wie beim Konsumenten (→ Rn. 49) selbst liegt in der **Hingabe zum** 58 **Test** weder eine Abgabe noch ein sonstiges Inverkehrbringen, weil die Betäubungsmittel dem Apotheker **nicht zur freien** Verfügung überlassen werden.

59 Werden die Betäubungsmittel nach dem Test an die Eltern oder sonst besorgten Personen, die sie eingereicht haben, **zurückgegeben,** so kommt beim Vorliegen der sonstigen Voraussetzungen auch ein **Erwerb** in Betracht (→ Rn. 41, 46). Zwar wird dadurch der Kreis der Empfänger nicht erweitert, die Betäubungsmittel werden jedoch aus dem legalen wieder in den illegalen Betäubungsmittelverkehr zurückgeführt. Zur Strafbarkeit des Apothekers → Rn. 46, 47.

60 **b) Ablieferung an die Polizei.** Dazu → Rn. 127.

61 **c) Ablieferung an andere Einrichtungen, Substanzanalyse.** Durch § 10a Abs. 4 ist für jegliche Substanzanalyse klargestellt, dass ein Handeln zum Zwecke der harm reduction für sich allein die Erlaubnispflicht/Strafbarkeit nicht ausschließt (→ Einl. Rn. 185, 186, dort auch zu den Gründen für das Verbot). Dies gilt auch für Einrichtungen der Drogenhilfe, gleich in welcher Trägerschaft, sofern es sich nicht um staatliche Einrichtungen handelt. Die Ausnahmevorschriften des Absatzes 1 Nr. 1 Buchst. e und des Absatzes 2 lassen sich auf andere Berufsgruppen nicht ausdehnen. Anders als bei der Einschaltung eines Apothekers **verbleibt** das Betäubungsmittel im **illegalen** Betäubungsmittelverkehr. Dies bedeutet:

62 Das in einer **sonstigen Einrichtung beschäftigte Personal** wird sich in aller Regel nicht wegen Erwerbs strafbar machen, weil es den Stoff nicht zur freien Verfügung erhält (→ § 29 Rn. 1206, 1207; s. *Kotz* in MüKoStGB, 2. Auflage, BtMG § 4 Rn. 15). Häufiger wird dagegen Besitz vorliegen, da es auf dessen Zweck oder Motiv nicht ankommt (→ § 29 Rn. 1358). Wird das Betäubungsmittel nach dem Test an den Konsumenten zurückgegeben, so liegt zwar keine Abgabe vor, wohl aber das Verschaffen einer Gelegenheit zum unbefugten Verbrauch (→ Rn. 46, 47). Dasselbe gilt, wenn die Probe nach dem Test zwar nicht zurückgegeben wird, der Verbrauch der beim Konsumenten verbliebenen Betäubungsmittel durch den Test jedoch erleichtert wird (→ Rn. 47; wohl auch *Patzak* in Körner/Patzak/Volkmer § 29 Teil 21 Rn. 60).

63 Für die Erlaubnispflicht/Strafbarkeit des **Konsumenten** oder anderer abliefernder Personen gelten die allgemeinen Regeln (→ Rn. 49–60).

64 **d) Eigentests.** Um die Übergabe der Probe zu vermeiden, verkaufen manche Einrichtungen an die Konsumenten einen Test für drei Schnellanalysen und beraten sie dann bei der Durchführung des Tests (*Patzak* in Körner/Patzak/Volkmer § 29 Teil 21 Rn. 57). Mit der Hingabe des Testmaterials zur Eigenanalyse wird der Verbrauch der Betäubungsmittel erleichtert, so dass Strafbarkeit wegen Verschaffens einer Gelegenheit zum unbefugten Verbrauch in Betracht kommt (→ § 29 Rn. 1748, 1750, 1838; wohl auch *Patzak* in Körner/Patzak/Volkmer § 29 Teil 21 Rn. 60).

65 **5. Abgabe bestimmter Opioide an eine andere Apotheke zur Bewältigung einer ambulanten palliativmedizinischen Krisensituation (Nr. 1 Buchst. f).** Die durch G v. 19.10.2012 (BGBl. I S. 2192) eingefügte weitere Ausnahme von der Erlaubnispflicht basiert auf § 15 Abs. 2 Nr. 11 ApBetrO, wonach es ausreichend ist, wenn neben dem in jeder Apotheke vorzuhaltenden Basisvorrat an Betäubungsmitteln (Opioide zur Injektion und in oraler Darreichungsform) die in der Regel weniger häufig notwendigen Opioide in transdermaler und transmucosaler Darreichungsform, die vor allem zur Versorgung ambulanter Palliativpatienten benötigt werden, kurzfristig beschaffbar sind.

66 Kann die Belieferung **nicht kurzfristig** über den Großhandel oder durch einen pharmazeutischen Unternehmer sichergestellt werden, so können sie auch über die Apotheken bezogen werden. Diese benötigten für die **Abgabe** bisher eine Erlaubnis des BfArM. Um einen unnötigen Bürokratieaufwand zu vermeiden und im Interesse einer schnellen Betäubungsmittelversorgung von ambulanten Palliativpati-

Ausnahmen von der Erlaubnispflicht §4 BtMG

enten wird auf das Erfordernis der Erlaubnis verpflichtet. Der **Erwerb** durch die empfangende Apotheke ist nach **Buchst. b** erlaubnisfrei.

Die Befreiung von der Erlaubnispflicht bezieht sich nur auf in Anlage III bezeichnete Opioide in Form von Fertigarzneimitteln in transdermaler oder in transmucosaler Darreichungsform und nur auf die Abgabe zur Deckung des nicht aufschiebbaren Betäubungsmittelbedarfs eines ambulant versorgten Palliativpatienten. Für Abgaben, die diese Voraussetzungen nicht erfüllen, gilt die Ausnahme nicht. Sie sind verboten und nach § 29 Abs. 1 S. 1 Nr. 1, Abs. 4 strafbar. 67

a) In Anlage III bezeichnete Opioide. Es muss sich danach um Opioide handeln. Andere Betäubungsmittel, namentlich Cocain, scheiden aus. Dasselbe gilt für **Diamorphin,** da dieses lediglich in Zubereitungen, die zur **Substitutionsbehandlung** zugelassen sind, ein Betäubungsmittel der Anlage III darstellt und außerhalb einer solchen Behandlung, auch zur Schmerztherapie, nicht verwendet werden darf (→ § 1 Rn. 399; *Weinzierl* in BeckOK BtMG Rn. 45). 68

b) Fertigarzneimittel. Es muss sich um Fertigarzneimittel handeln. Der Begriff des **Fertigarzneimittels** ist in § 4 Abs. 1 AMG gesetzlich definiert (→ AMG § 4 Rn. 2–21). 69

c) In transdermaler oder transmucosaler Darreichungsform. Die Ausnahme von der Erlaubnispflicht gilt nur für bestimmte Darreichungsformen. Bei einer **transdermalen** Darreichungsform wird der Wirkstoff durch die Haut aufgenommen. Häufigste Form ist das Pflaster; Systeme, die den Wirkstoff mit der Hilfe von Strom durch die Haut transportieren, sind in der Entwicklung (*Reischl* in Pharmazeutische Zeitschrift Online). 70

Bei der **transmucosalen** Darreichungsform wird der Wirkstoff durch die Schleimhaut aufgenommen. Medikamente in dieser Form eignen sich wegen ihrer raschen Wirkstofffreisetzung besonders gut zur Bekämpfung der sog. **Durchbruchsschmerzen,** zu denen es auch bei fachgerecht eingestellten Tumorpatienten immer wieder kommt, und die durch ein plötzliches und zum Teil unvorhergesehenes Auftreten, eine hohe Schmerzintensität und eine verhältnismäßig kurze Dauer von durchschnittlich 30 Minuten gekennzeichnet sind. 71

d) Zur Deckung des nicht aufschiebbaren Betäubungsmittelbedarfs eines ambulant versorgten Palliativpatienten. Die Abgabe muss die Deckung des Betäubungsmittelbedarfs eines ambulant versorgten Palliativpatienten zum Ziele haben. **Palliativpatienten** sind Patienten mit einer nicht heilbaren, fortschreitenden und weit fortgeschrittenen Erkrankung bei einer zugleich begrenzten Lebenserwartung (§ 37b Abs. 1 S. 1 SGB V). Auch wenn sie am Lebensende geleistet wird und dazu führen kann, dass der Tod infolge der Gabe von Betäubungsmitteln früher eintritt, ist eine palliativ-medizinische Versorgung keine Sterbehilfe, da sie nicht darauf abzielt, den Tod herbeizuführen (OVG Münster A&R 2015, 231 = BeckRS 2015, 53907). 72

Der Patient muss **ambulant** versorgt werden; für Patienten in einem Krankenhaus gilt die Regelung nicht. Eine ambulante Versorgung liegt auch dann vor, wenn der Patient sich in einem Pflegeheim oder einer anderen Einrichtung befindet, wo er von dem Arzt aufgesucht wird. Zum Begriff der Deckung eines **unaufschiebbaren Betäubungsmittelbedarfs** → § 13 Rn. 101. 73

e) Begriff des Abgebens. Zum Begriff des Abgebens wird auf → Rn. 39 verwiesen. 74

B. Betäubungsmittelverkehr in tierärztlichen Hausapotheken (Absatz 1 Nr. 2). Die Vorschrift regelt die Befreiung von der Erlaubnispflicht im Rahmen des Betriebs einer tierärztlichen Hausapotheke **(tierärztliches Dispensierrecht).** Die **Verschreibungen** von Tierärzten sind in § 13 Abs. 1 BtMG, § 4 BtMVV ge- 75 regelt. Das Dispensierrecht steht nur Tierärzten zu; Tierheilpraktiker sind ihnen nicht gleichgestellt (BayObLG NJW 1974, 2060; *Volkmer* in Körner/Patzak/Volkmer AMG § 95 Rn. 299).

76 **Tierärztliche Hausapotheken** dienen dem Erwerb, der Herstellung, der Prüfung, der Aufbewahrung und der Abgabe von Arzneimitteln durch Tierärzte (§ 54 Abs. 2 Nr. 1, 12 AMG, § 1 TÄHV). Der erlaubnisfreie Umgang der Tierärzte mit Betäubungsmitteln wurde durch das G v. 17.7.2009 (BGBl. I S. 1990) in der Folge vorangegangener Änderungen des AMG (→ Rn. 79; BT-Drs. 16/12256, 59) erheblich eingeschränkt. Dies gilt nicht für die tierärztlichen Verschreibungen (§ 13 Abs. 1 BtMG, § 4 BtMVV).

77 Das **tierärztliche Dispensierrecht** ist mit dem Recht des Apothekers zur Veräußerung von Arznei- oder Betäubungsmitteln nicht vergleichbar (*Kluge* in Fuhrmann/Klein/Fleischfresser ArzneimittelR-HdB § 38 Rn. 2). Es lässt die Abgabe nur für die vom Tierarzt behandelten Tiere zu. Aufgabe des Tierarztes ist die Behandlung von Tieren. Nur soweit die Abgabe von Arznei- und Betäubungsmitteln einen Bestandteil dieser Behandlung darstellt, ist die Ausnahme vom Apothekenmonopol gerechtfertigt.

78 **I. Im Rahmen des Betriebs einer tierärztlichen Hausapotheke.** Die in Nr. 2 beschriebenen Handlungen bedürfen nur dann keiner Erlaubnis, wenn sie im Rahmen des Betriebs einer tierärztlichen Hausapotheke erfolgen. Sie sind damit an den Betrieb einer **tierärztlichen Hausapotheke gebunden** (*Kluge* in Fuhrmann/Klein/Fleischfresser ArzneimittelR-HdB § 38 Rn. 4). Tierärzte, die eine solche Apotheke nicht betreiben, können Betäubungsmittel lediglich verschreiben (§ 13 Abs. 1). Da die Abgabe auf Verschreibung den Apotheken vorbehalten ist (§ 13 Abs. 2 S. 1), dürfen Tierärzte auch im Rahmen des Betriebs einer tierärztlichen Hausapotheke solche Verschreibungen nicht beliefern. Gesetzgeberischer Grund ist die Vorstellung, dass die tierärztliche Arzneimittelabgabe ein Bestandteil der tierärztlichen **Behandlung** ist. Zur **Gruppenpraxis** → Rn. 91.

79 **II. Betäubungsmittel.** Betäubungsmittel, mit denen Tierärzte erlaubnisfrei umgehen können, sind nur noch Betäubungsmittel der Anlage III in Form von **Fertigarzneimitteln.** Der Begriff des **Fertigarzneimittels** ist in § 4 Abs. 1 AMG gesetzlich definiert (→ AMG § 4 Rn. 2–21).

80 Die Erlaubnisfreiheit gilt nicht für **Diamorphin,** und zwar auch in Zubereitungen, die zur Substitutionsbehandlung zugelassen sind (→ Rn. 5, 17). Auch darf Diamorphin durch Tierärzte nicht verschrieben werden (§ 4 Abs. 1 Buchst. b BtMVV).

81 **III. Verkehrsformen.** Nach dem G v. 17.7.2009 bedarf der Tierarzt im Rahmen seiner tierärztlichen Hausapotheke für die folgenden Handlungen keiner Erlaubnis:

82 **1. Mischen (Nr. 2 Buchst. a).** Der Tierarzt darf Betäubungsmittel der Anlage III in Form von Fertigarzneimitteln miteinander, mit anderen Fertigarzneimitteln oder mit arzneilich wirksamen Bestandteilen mischen. Die Mischung muss zum Zwecke der Anwendung durch den Tierarzt bei einem von ihm behandelten Tier oder für die Immobilisation eines von ihm behandelten Zoo-, Wild- oder Gehegetieres erfolgen. Hält sich der Tierarzt nicht an diese Beschränkungen, liegt unerlaubte Herstellung in Form des Zubereitens vor (→ § 2 Rn. 58, 59).

83 Da **Tierarzt und Inhaber** der tierärztlichen Hausapotheke identisch sind, wird wie bei Buchst. c darauf abgestellt, dass das Betäubungsmittel für ein Tier bestimmt ist, das von dem Inhaber der tierärztlichen Hausapotheke behandelt wird. Das Herstellen (Mischen) darf nur im Rahmen einer solchen Behandlung erfolgen. Zum Begriff der **Behandlung** → Rn. 88–91.

Ausnahmen von der Erlaubnispflicht § 4 BtMG

2. Erwerben (Nr. 2 Buchst. b). Hinsichtlich der Verkehrsform unverändert geblieben ist Buchst. b. Allerdings dürfen nur noch Betäubungsmittel der Anlage III in Form von Fertigarzneimitteln erworben werden (→ Rn. 79). 84

3. Abgeben (Nr. 2 Buchst. c). Keiner Erlaubnis bedarf der der Tierarzt für die Abgabe von Betäubungsmitteln der Anlage III an den Tierhalter 85
– in Form von **Fertigarzneimitteln** (→ Rn. 79) für ein von ihm **behandeltes** Tier oder
– in Form von **Mischungen** nach Buchst. a zum Zwecke der Immobilisation eines von ihm **behandelten** Zoo-, Wild- oder Gehegetiers.

Die Abgabe darf nur an den Tierhalter erfolgen. Nicht zulässig ist die Abgabe an einen anderen Tierarzt oder sonstige Personen (BGH NStZ 2004, 457 (1 StR 452/02)). Zum Begriff der **Behandlung** → Rn. 88–91.

4. Zurückgeben, Abgeben an Nachfolger (Nr. 2 Buchst. d). Die Vorschrift entspricht Nr. 1 Buchst. d. Auf → Rn. 40, 41 wird verwiesen. 86

5. Kein Entgegennehmen zur Untersuchung. Eine Nr. 1 Buchst. e entsprechende Regelung fehlt in Nr. 2. Sie ist im Rahmen des Betriebs einer tierärztlichen Hausapotheke entbehrlich, weil die betreffenden Betäubungsmittel an den Inhaber einer öffentlichen Apotheke oder Krankenhausapotheke abgegeben werden können. 87

IV. Der zentrale Begriff der Behandlung. Bei der Abgabe ist der Begriff der Behandlung von zentraler Bedeutung. Dabei genügt nicht jede beliebige Behandlung (BGH NStZ 2004, 457 (→ Rn. 85)). Vielmehr sind die Voraussetzungen einer ordnungsgemäßen Behandlung in § 12 Abs. 2 TÄHAV geregelt. Danach ist insbesondere erforderlich, dass die Tiere oder der Tierbestand nach den Regeln der tierärztlichen Wissenschaft in angemessenem Umfang **untersucht** worden sind **und** die Anwendung der Arzneimittel und der Behandlungserfolg vom Tierarzt **kontrolliert** werden (BGH NStZ 2004, 457 (→ Rn. 85)). Eine Fernbehandlung ist danach ausgeschlossen (*Rehmann* § 43 Rn. 6). Insbesondere darf sich der Tierarzt bei der Diagnose nicht auf die Angaben der Tierhalter verlassen und eine eigene Untersuchung unterlassen (BGH NStZ 2004, 457 (→ Rn. 85)). 88

Die **Behandlung** ist eine umfassende Bezeichnung für alle Maßnahmen, die ein Tierarzt im Rahmen seiner Therapiefreiheit, aber bei ordnungsgemäßer Ausübung seines Berufes und unter Berücksichtigung aller gesundheitlichen und wirtschaftlichen Aspekte hinsichtlich Zweck und Erfolg der Behandlung bei einem Tier oder in einem Tierbestand ergreift und die nach dem Stand der medizinischen Wissenschaft zu rechtfertigen sind (*Kluge* in Fuhrmann/Klein/Fleischfresser ArzneimittelR-HdB § 38 Rn. 3). Generell muss die angeordnete Arzneimittelanwendung auf einer durch den Tierarzt gewonnenen Erkenntnis beruhen, der dem Einzelfall angemessene wissenschaftliche Methoden der Untersuchung zugrunde liegen (BayObLGSt 1983, 99). Die Behandlung umfasst auch die Vornahme krankheitsvorbeugender Maßnahmen (*Kluge* in Fuhrmann/Klein/Fleischfresser ArzneimittelR-HdB § 38 Rn. 1), nicht dagegen die Förderung der Tiermast durch das Verschreiben oder die Abgabe von Arzneimitteln. 89

Der **angemessene Umfang der Untersuchung** kann je nach Lage des Falles verschieden sein, er muss aber zumindest eine Diagnose und damit eine exakte Indikation für den Einsatz des Arzneimittels ermöglichen. Bei der beabsichtigten Anwendung von Betäubungsmitteln muss die Diagnose ergeben, dass gerade eine solche indiziert ist (→ § 13 Rn. 141). Bei **Tierbeständen** bezieht sich der angemessene Untersuchungsumfang auf den Bestand, der Tierarzt muss nicht jedes einzelne Tier untersuchen (*Kluge* in Fuhrmann/Klein/Fleischfresser ArzneimittelR-HdB § 38 Rn. 3). Er muss aber auch die Bestandsuntersuchung nach den Regeln der Tiermedizin vornehmen und die Anwendung der Arzneimittel sowie den Behand- 90 lungserfolg kontrollieren (BGH NStZ 2004, 457 (→ Rn. 85)). Bei der beabsichtigten Anwendung von Betäubungsmitteln muss ausgeschlossen werden können, dass die hierfür geltende verschärfte Indikation (§ 13 Abs. 1 S. 3) nicht vernachlässigt wird. Auf **keinen Fall** ausreichend ist danach der Abschluss eines **Betreuungsvertrags**.

91 **Behandelnder Tierarzt** ist nur derjenige, der selbst unmittelbar an der Behandlung beteiligt ist, nicht von selbst alle Angehörigen einer Gruppenpraxis oder eines Beratungsdienstes. Bei einer Gruppenpraxis ist **Abgebender** derjenige, der die Anweisung zur Abgabe erteilt, nicht derjenige, der sie ausführt. Voraussetzung ist, dass er die tatsächliche Verfügungsgewalt über das Arzneimittel innehatte (BayObLGSt 1983, 99; *Volkmer* in Körner/Patzak/Volkmer AMG § 95 Rn. 286).

92 **V. Hilfspersonal** darf apothekenpflichtige Arzneimittel und damit auch Betäubungsmittel nur auf ausdrückliche Weisung des Tierarztes für den betreffenden Einzelfall an Tierhalter aushändigen (§ 2 Abs. 3 TÄHAV).

93 **C. Erwerb auf Grund einer Verschreibung, in einer tierärztlichen Hausapotheke oder im Rahmen der ambulanten Palliativversorgung (Absatz 1 Nr. 3).** Die Vorschrift regelt die Ausnahmen von der Erlaubnispflicht für den **Erwerber** von Betäubungsmitteln, sofern diese an ihn nach Nr. 1 Buchst. c, Nr. 2 Buchst. c oder § 13 Abs. 1 a abgegeben werden. Die Ausnahme bezieht sich nur auf **Betäubungsmittel der Anlage III,** mit Ausnahme der in der Anlage III beschriebenen Form von Diamorphin (→ Rn. 5, 17), aber eingeschlossen den Erwerb von Cannabis als Fertig- oder Rezepturarzneimittel. Der Erwerb mit einer Ausnahmeerlaubnis des BfArM (→ § 3 Rn. 134–155) ist bereits auf Grund der Ausnahmeerlaubnis zulässig. Erwerber kann auch ein Arzt, Zahnarzt oder Tierarzt sein, der die Betäubungsmittel für seinen Praxisbedarf oder als Stationsbedarf empfängt. Dies gilt nicht für die Fälle des § 13 Abs. 1 a.

94 **I. Erwerb auf Grund einer Verschreibung (Buchst. a).** Der Abgabe von Betäubungsmitteln nach Nr. 1 Buchst. c durch den Apotheker korrespondiert der Erwerb durch den Patienten (oder Arzt in den Fällen des Praxis- oder Stationsbedarfs). Nach Nr. 3 Buchst. c bedarf dieser hierzu keiner Erlaubnis, wenn er die Betäubungsmittel auf Grund einer ärztlichen, zahnärztlichen oder tierärztlichen Verschreibung erwirbt. Die Erlaubnis wird durch die Verschreibung ersetzt. Zu den Voraussetzungen der Verschreibung → Rn. 18–38.

95 Danach muss die Verschreibung zulässig und wirksam (→ Rn. 29–32) sein. Sie darf nicht **falsch** oder **gefälscht** (→ Rn. 28; *Kotz/Oğlakcıoğlu* in MüKoStGB BtMG § 29 Rn. 994) oder dem Arzt **abgenötigt** (RG JW 1932, 3351; BGHSt 3, 109; OLG Celle BeckRS 2018, 29520; *Joachimski/Haumer* BtMG Rn. 8) sein oder sich außerhalb des Zweiges der Medizin halten, auf den die **Approbation** des Arztes lautet (→ Rn. 27). Sie darf ferner ihrem Inhalt nach nicht der **Umgehung** der gesetzlichen Vorschriften dienen. Ebensowenig darf sie von dem Erwerber unter **falschem Namen** (OLG Frankfurt a. M. NJW 1956, 1790) oder sonst durch unvollständige oder falsche Angaben, etwa durch Vortäuschung einer Krankheit (BGHSt 9, 370 = NJW 1957, 29), **erschlichen** sein (OLG Celle BeckRS 2018, 29520; *Patzak* in Körner/Patzak/Volkmer § 29 Teil 10 Rn. 23, 24; aA *Kotz/Oğlakcıoğlu* in MüKoStGB BtMG § 29 Rn. 994). Darauf, ob für die Verschreibung eine medizinische Indikation vorlag, kommt es in diesen Fällen nicht an (→ § 29 Rn. 1713; *Winkler* in Hügel/Junge/Lander/Winkler § 29 Rn. 10.2). In den verbleibenden Fällen ist die Kenntnis des Beteiligten maßgeblich. Die Verschreibung ersetzt die Erlaubnis auch nicht, wenn sie der ärztlich nicht begründeten **Selbstversorgung des süchtigen** Arztes dient (*Patzak* in Körner/Patzak/Volkmer § 29 Teil 10 Rn. 23; *Winkler* in Hügel/Junge/Lander/Winkler Rn. 10.2; s. BGH NStZ 2001, 85).

II. Erwerb in einer tierärztlichen Hausapotheke (Buchst. b). Die korre- 96
spondierende Norm zu Nr. 2 Buchst. c ist Nr. 3 Buchst. b. Der Tierhalter muss danach das Betäubungsmittel von dem **behandelnden** Tierarzt aus **dessen Hausapotheke** (→ Rn. 78) zur Anwendung an einem bestimmten Tier erwerben. Nur zu diesem Zweck darf der Tierarzt das Betäubungsmittel abgeben (dazu im Einzelnen → Rn. 85–90). Die Regelung bezieht sich nur noch auf Betäubungsmittel in Form von **Fertigarzneimitteln** (→ Rn. 79–80, 85) oder zum Zwecke der Immobilisation eines von dem Tierarzt behandelten Zoo-, Wild- oder Gehegetiers in Form von **Mischungen** nach Nr. 2 Buchst. a.

III. Erwerb zur Bewältigung einer ambulanten palliativmedizinischen 97
Krisensituation (Buchst. c). Die Vorschrift ist das Gegenstück zu § 13 Abs. 1a S. 1 und begründet für den Erwerb des Patienten, dem der Arzt ein Opioid der Anlage III unter den Voraussetzungen dieser Vorschrift überlässt, eine Ausnahme von der Erlaubnispflicht.

D. Einführen und Ausführen (Absatz 1 Nr. 4). Die Vorschrift regelt Ausnah- 98
men von der **Erlaubnispflicht** für die Einfuhr oder Ausfuhr von Betäubungsmitteln im Rahmen des **grenzüberschreitenden Dienstleistungsverkehrs** (Buchst. a) und **bei Reisebedarf** (Buchst. b). Die Ausnahmen beziehen sich nur auf die Erlaubnis nach § 3, dagegen nicht auf die Genehmigungspflicht nach § 11. Ausnahmen von dieser sind in § 15 BtMAHV geregelt, der auf § 11 Abs. 2 beruht und über die Ausnahmen von der Erlaubnispflicht hinausgeht (zB in Absatz 3). Ausnahmen für die Durchfuhr von Betäubungsmitteln mussten nicht bestimmt werden, weil diese ohnehin keiner Erlaubnis bedarf.

Die in Nr. 4 vorgesehenen Ausnahmen von der Erlaubnispflicht sind auf **Betäu-** 99
bungsmittel der Anlage III mit Ausnahme der in dieser Anlage beschriebenen Form von Diamorphin (→ Rn. 5, 17), aber unter Einschluss von Cannabis in der in → Rn. 93 beschriebenen Form beschränkt. Dies ist enger als die in § 15 BtMAHV geregelten Ausnahmen von der Genehmigungspflicht nach § 11, die sich auch auf Zubereitungen und in der Anlage II aufgeführten Stoffe beziehen (dazu *Sarin* ZRP 1995, 51; Hügel/Junge/Lander/Winkler BtMAHV § 15 Rn. 2).

I. Grenzüberschreitender Dienstleistungsverkehr (Nr. 4 Buchst. a). Die 100
Vorschrift regelt die Ein- und Ausfuhr von Betäubungsmitteln der Anlage III (→ Rn. 99) durch Ärzte, Zahnärzte oder Tierärzte im Rahmen des grenzüberschreitenden Dienstleistungsverkehrs. Die Befreiung von der Erlaubnispflicht (→ Rn. 98) gilt nicht nur für deutsche oder im Inland zugelassene Ärzte, Zahnärzte und Tierärzte (→ Rn. 25), sondern auch für ausländische, soweit ihre Approbation im Inland anerkannt ist.

Im Unterschied zu § 15 BtMAHV enthält Nr. 4 Buchst. a keine **Mengen-** 101
beschränkung. Aus der Einengung auf den grenzüberschreitenden Dienstleistungsverkehr kann aber geschlossen werden, dass nicht jede beliebige Menge mitgeführt werden darf. Für die Genehmigung (§ 11) beschränkt § 15 Abs. 1 Nr. 1 BtMAHV die Ausnahme auf angemessene Mengen.

Über die Wahrnehmung ärztlicher oder tierärztlicher Berufsausübung in **Grenz-** 102
gemeinden bestehen die folgenden zwischenstaatlichen Vereinbarungen (*Cremer-Schaeffer* in Hügel/Junge/Lander/Winkler BtMVV § 2 Rn. 1.3):
– deutsch/belgisches Abkommen v. 28.10.1925 (BGBl. 1959 II S. 924),
– deutsch/niederländische Übereinkunft v. 11.12.1873 (RGBl. 1874 S. 99) und v. 23.2.1898 (RGBl. 1899 S. 221); die Übereinkunft wurde nicht ausdrücklich wieder in Kraft gesetzt, wird aber von Deutschland weiterhin als geltend angesehen,
– deutsch/luxemburgische Übereinkunft v. 4.6.1886 (BGBl. 1954 II S. 718),

- deutsch/schweizerische Übereinkunft v. 29.2.1884 (RGBl. S. 45),
- deutsch/österreichisches Übereinkommen v. 30.6.1931 (BGBl. 1953 II S. 25).

103 Die (ausländischen) Ärzte, Zahnärzte und Tierärzte sind nach diesen Vereinbarungen berechtigt, **Betäubungsmittel zu verschreiben,** wenn dies für in deutschen Grenzgemeinden ansässige Personen oder dort gehaltene Tiere notwendig ist (*Cremer-Schaeffer* in Hügel/Junge/Lander/Winkler BtMVV § 2 Rn. 1.3). Sie sind dabei verpflichtet, sich an die BtMVV zu halten.

104 **II. Mitführen als Reisebedarf (Nr. 4 Buchst. b).** Die Vorschrift regelt die Ausnahme von der Erlaubnispflicht (→ Rn. 98) für die Einfuhr oder Ausfuhr von Betäubungsmitteln der Anlage III (→ Rn. 99), die als Reisebedarf mitgeführt werden. Voraussetzung für die erlaubnisfreie Mitnahme ist eine von einem Arzt, Zahnarzt oder Tierarzt erteilte **Verschreibung.** Dabei ist es zweckmäßig, wenn das Original, eine beglaubigte Abschrift oder auch eine Bescheinigung des Arztes (§ 15 Abs. 1 Nr. 2 BtMAHV) vorgelegt werden kann. Notfalls reichen aber auch Angaben eines Mitreisenden oder andere Mittel der Glaubhaftmachung aus, meist dagegen nicht die bloße Erklärung dessen, der die Betäubungsmittel mitführt (*Joachimski/Haumer* BtMG Rn. 14). Die Regelung gilt auch für Substitutionsmittel. Zum Verbringen in oder aus einem **Schengen-Staat** → BtMAHV § 15 Rn. 3, 4.

105 Die Erlaubnisfreiheit setzt ferner voraus, dass die mitgeführten Betäubungsmittel **Reisebedarf** sind. Dies lässt sich nach der voraussichtlichen Dauer der Reise (§ 15 Abs. 1 Nr. 2 BtMAHV) auf der Grundlage der §§ 2–4 BtMVV ermitteln, wobei die dort genannten Höchstmengen nicht überschritten werden dürfen.

106 **E. Gewerbsmäßige Beförderung, Lagerung, Aufbewahrung, Besorgung, Vermittlung und Versendung (Absatz 1 Nr. 5).** Die Vorschrift befreit gewerbsmäßige Transporteure und andere Gewerbetreibende im Rahmen des **legalen Betäubungsmittelverkehrs** von der Erlaubnispflicht. Damit soll vor allem vermieden werden, dass ihre Tätigkeit unter das Verbot des Handeltreibens nach § 3 Abs. 1 fällt (*Eberth/Müller* BtMR Rn. 14; Hügel/Junge/Lander/Winkler Rn. 9); eine Einbeziehung in das Erlaubnisverfahren erschien wegen des unverhältnismäßigen Verwaltungsaufwands nicht angemessen (BT-Drs. 8/3551, 28).

107 Die Ausnahme gilt für alle Betäubungsmittel (*Eberth/Müller* BtMR Rn. 14). Sie setzt **gewerbsmäßiges** Handeln voraus, wobei sich die Auslegung an strafrechtlichen Kriterien orientiert (→ § 29 Rn. 2002–2022). Es muss danach kein Gewerbe im Sinne der Gewerbeordnung vorliegen, sondern es reicht aus, dass sich der Betroffene aus der Tätigkeit eine fortlaufende Einnahmequelle von einiger Dauer und einigem Umfang beschafft oder beschaffen will (*Kotz/Oğlakcıoğlu* in MüKo-StGB BtMG Rn. 30; *Eberth/Müller* BtMR Rn. 18). Zu den Transporteuren gehört auch die **Deutsche Post AG** (*Kotz/Oğlakcıoğlu* in MüKoStGB BtMG Rn. 30). Eine besondere Regelung zum innerdeutschen Postverkehr gibt es nicht (*Patzak* in Körner/Patzak/Volkmer § 32 Rn. 63). Zum internationalen Postverkehr → § 32 Rn. 25, 26.

108 Weitere Voraussetzung ist, dass Transport, Lagerung und Aufbewahrung (Nr. 5 Buchst. a) oder die Besorgung oder Vermittlung der Versendung (Nr. 5 Buchst. b) ausschließlich zwischen oder für **befugte Teilnehmer** am legalen Betäubungsmittelverkehr (§§ 3, 4) erfolgt. Fehlt die Erlaubnis oder die Ausnahme von der Erlaubnispflicht, so kommt Beihilfe zu einem Delikt nach § 29 in Betracht (*Eberth/Müller* BtMR Rn. 16).

109 Wissen die in Absatz 1 Nr. 5 genannten Personen, dass es sich bei dem Transport- oder Lagergut um Betäubungsmittel handelt, so ist nach den in ihrem Gewerbe geltenden Grundsätzen zu bestimmen, ob und inwieweit ihnen eine **Prüfungspflicht** hinsichtlich der Erlaubnis ihrer Auftraggeber obliegt. Im Zweifelsfall gebietet die Pflicht, sich über das Vorliegen einer Erlaubnis, etwa durch Anfrage beim BfArM,

Sicherheit zu verschaffen (*Kotz/Oğlakcıoğlu* in MüKoStGB BtMG Rn. 30; *Joachimski/Haumer* BtMG Rn. 18; aA *Eberth/Müller* BtMR Rn. 16).

Nr. 5 gilt nur für das **gewerbsmäßige** Handeln. Ob derjenige, der im Rahmen 110 des legalen Betäubungsmittelverkehrs auf dieselbe Weise nur **gelegentlich** tätig wird, anders behandelt werden kann, erscheint zunächst fraglich. Auf der anderen Seite ermöglicht das Erfordernis der Gewerbsmäßigkeit eine gewisse Überwachung durch das BfArM. Auch ist im Falle gewerbsmäßigen Handelns die Erfüllung des notwendigen Sicherungsstandards (§ 15) besser gewährleistet. Dies könnte dafür sprechen, die Vorschrift nicht ausdehnend auf Fälle gelegentlichen Handelns anzuwenden.

G. Erwerb im Rahmen einer klinischen Prüfung oder in Härtefällen 111 **(Absatz 1 Nr. 6).** Nach bisheriger Rechtslage mussten Probanden und Patienten einer klinischen Prüfung oder eines Härtefall-Programms (compassionate use (Art. 83 VO <EG> 726/2004); dazu *Schweim/Behles* A&R 2011, 27) eine **individuelle Erlaubnis** nach § 3 zum Erwerb des Betäubungsmittels **beantragen,** wenn ihnen dieses von dem (Prüf-)Arzt nicht lediglich verabreicht oder zum unmittelbaren Verbrauch überlassen, sondern mitgegeben wird. Die Beantragung dieser Erlaubnisse war für die Betroffenen mit einem erheblichen bürokratischen Aufwand verbunden und verursachte beim BfArM erheblichen Arbeitsaufwand.

Absatz 1 Nr. 6 stellt den **Erwerb** für die Probanden einer klinischen Prüfung und 112 die Patienten eines Härtefallprogramms nach § 21 Abs. 2 Nr. 6 AMG daher erlaubnisfrei. Unberührt bleibt die Erlaubnisfreiheit in den Fällen, in denen das Betäubungsmittel verabreicht oder zum unmittelbaren Verbrauch überlassen wird.

Erlaubnisfrei ist nur der **Erwerb.** Hinzu kommt der **Konsum,** der nie einer Er- 113 laubnis bedarf. Für die Probanden oder Patienten nicht erlaubnisfrei und deswegen verboten (§ 29) ist die Abgabe, Veräußerung oder gar das Handeltreiben mit dem Stoff. Auch das Verabreichen oder die Überlassung zum unmittelbaren Verbrauch an einen anderen ist strafbar. Die **Folge eines Verstoßes** ist daher nicht nur, wie die Gesetzesbegründung meint (BT-Drs. 16/12256, 60), der Ausschluss aus dem Programm, sondern **Strafbarkeit.**

Die Erlaubnisfreiheit gilt nur für den Erwerb durch die betreffenden Probanden 114 oder Patienten. Weiterhin notwendig ist die **Erlaubnis nach § 3** für die **(Prüf) Ärzte** (§ 4 Abs. 25 AMG), die die Betäubungsmittel im Rahmen der klinischen Prüfung oder des Härtefallprogramms einsetzen (BT-Drs. 16/12256, 60). In den Fällen, in denen die Betäubungsmittel durch die Probanden oder Patienten erworben werden, darf sich die Erlaubnis für die (Prüf)Ärzte daher nicht auf die Verabreichung oder Verbrauchsüberlassung beschränken, sondern muss die **Erlaubnis zur Abgabe** umfassen. Deswegen darf der (Prüf)Arzt auch **nicht von sich aus** zur Abgabe an den Probanden oder Patienten übergehen.

I. Betäubungsmittel. Die Erlaubnisfreiheit bezieht sich auf alle Betäubungs- 115 mittel der Anlagen I, II und III. Das Gesetz geht damit, namentlich hinsichtlich der Betäubungsmittel der Anlage I und wohl auch II, erhebliche Risiken ein. Ob sich ein Bedürfnis für eine solch weitgehende Regelung ergeben hat, ist aus der Gesetzesbegründung nicht erkennbar.

Von der Regelung **nicht** erfasst wird **Diamorphin.** Für dieses gilt auf Grund des 116 Gesetzes zur diamorphingestützte Substitutionsbehandlung eine Sonderregelung, die den Erwerb (und die Abgabe) nicht zulässt (§ 13 Abs. 3 S. 2 Nr. 2a BtMG, § 5a BtMVV).

II. Erwerben. Die Erlaubnisfreiheit bezieht sich nur auf den Erwerb durch den 117 Probanden oder Patienten (dazu → Rn. 113).

BtMG § 4 Zweiter Abschnitt. Erlaubnis und Erlaubnisverfahren

118   **III. Weitere Voraussetzungen.** Weitere Voraussetzung ist der Erwerb als Proband im Rahmen einer klinischen Prüfung oder als Patient in einem Härtefall nach § 21 Abs. 2 Nr. 6 AMG in Verbindung mit Art. 83 VO (EG) Nr. 726/2004.

119   **1. Proband in einer klinischen Prüfung.** Begriff, Durchführung und Voraussetzungen einer klinischen Prüfung sind im AMG geregelt; soweit sie sich auf Betäubungsmittel bezieht, sind auch die Vorschriften des BtMG, namentlich § 3, anzuwenden (→ AMG Vor § 40 Rn. 13–17).

120   **a) Begriff.** Die klinische Prüfung wird in § 4 Abs. 23 AMG definiert (→ AMG § 4 Rn. 96–105); zur klinischen Prüfung von Betäubungsmitteln im Besonderen → AMG Vor § 40 Rn. 13–17. Keine klinischen Prüfungen sind **ärztliche Heilversuche** (→ AMG § 4 Rn. 99, 100) oder **nichtinterventionelle Prüfungen** (→ AMG § 4 Rn. 101, 102) einschließlich der **Anwendungsbeobachtungen** (→ AMG § 4 Rn. 103) und **epidemiologischen Studien** (→ AMG § 4 Rn. 104).

121   **b) Erfordernis der Genehmigung** Die Voraussetzungen und die Durchführung einer klinischen Prüfung sind in §§ 40–42b AMG geregelt. Danach bedarf sie insbesondere einer zustimmenden Bewertung der zuständigen Ethik-Kommission und einer **Genehmigung** der zuständigen Bundesoberbehörde (§ 40 Abs. 1 S. 2 AMG) und damit in der Regel des BfArM (§ 77 AMG). **Ohne eine solche Genehmigung** liegt eine klinische Prüfung im Sinne der Nr. 6 **nicht** vor, so dass ein erlaubnisfreier Erwerb der Betäubungsmittel nicht in Betracht kommt. Von Bedeutung ist, dass die Genehmigung in der Regel nach Ablauf einer Frist von 30 Tagen nach Erhalt der vollständigen Antragsunterlagen als erteilt gilt **(implizite Genehmigung)** und nur in bestimmten Fällen schriftlich vorliegen muss (§ 42 Abs. 2 S. 4, 5, 7 AMG).

122   Dass eine **genehmigte klinische Prüfung nicht** vorliegt, ergibt sich meist ohne weiteres aus den Gesamtumständen; sofern nicht ausnahmsweise Anhaltspunkte für eine Genehmigung vorliegen, bedarf es daher keiner ausdrücklichen **Feststellung** ihres Fehlens (BGH NStZ 2009, 403 zur Erlaubnis nach § 3).

123   **2. Patient in einem Härtefall nach § 21 Abs. 2 Nr. 6 AMG.** Die Regelung betrifft Patienten, die sich in einem Härtefallprogramm nach Art. 83 Abs. 1 VO (EG) Nr. 726/2004 (compassionate-use) befinden. Dazu → AMG § 21 Rn. 30, 31. Die näheren Voraussetzungen und das Verfahren sind nunmehr in der **AMHV** geregelt.

124   Danach ist der **individuelle Einsatz** eines nicht genehmigten oder nicht zugelassenen Arzneimittels bei nur einer Patientin oder einem Patienten unter der unmittelbaren Verantwortung eines Arztes **kein Fall** des compassionate-use (§ 1 Abs. 2 AMHV). Ein erlaubnisfreier Erwerb von Betäubungsmitteln nach § 4 Abs. 1 Nr. 6 kommt in diesen Fällen nicht in Betracht.

Kapitel 2. Dienstliche Tätigkeit von Behörden (Absatz 2)

125   Nach Absatz 2 bedürfen Bundes- oder Landesbehörden für den Umgang mit Betäubungsmitteln im Rahmen ihrer **dienstlichen Tätigkeit** keiner Erlaubnis. Dasselbe gilt für die von ihnen mit der Untersuchung von Betäubungsmitteln beauftragten Behörden.

126   **A. Betäubungsmittel und Verkehrsarten.** Absatz 2 gilt für alle Betäubungsmittel, auch soweit sie nicht verkehrsfähig sind (Anlage I), sowie für alle Verkehrsarten des § 3. Voraussetzung ist nur, dass der Umgang mit dem Rauschgift in den Bereich der dienstlichen Tätigkeit der Behörde fällt. Dazu gehört auch die Verwendung als Ausbildungs- oder Anschauungsmaterial, zB durch Polizeibeamte in Schulen oder bei einem Tag der Offenen Tür bei Gerichten oder Staatsanwaltschaften.

Ebenso fällt darunter die Untersuchung von Betäubungsmitteln. **Eltern oder** 127 **sonst besorgte Personen** können wirkliche oder vermutete Betäubungsmittel daher auch **zur Polizei** bringen, um sie dort untersuchen zu lassen. Für das strafrechtliche Risiko des Abliefernden gelten die → Rn. 48–58 entsprechend.

B. Bundes- oder Landesbehörden. Behörden sind ohne Rücksicht auf die 128 konkrete Bezeichnung alle Stellen, die zur Erfüllung öffentlicher Aufgaben mit hoheitlichen Befugnissen ausgestattet sind (BVerfGE 10, 20). Neben den Stellen, die Aufgaben der öffentlichen Verwaltung wahrnehmen (§ 1 Abs. 4 VwVfG) sind dies insbesondere die Staatsanwaltschaften und Gerichte. Dazu gehören aber auch die Gerichtshilfe (§ 160 Abs. 3, § 463 d StPO), die Bewährungshilfe (§ 56 d StGB, § 22 JGG) und die Aufsichtsstellen für Führungsaufsicht (§ 68a StGB, § 463a StPO), sowie die Justizvollzugsanstalten, die ebenfalls im Rahmen der Strafrechtspflege tätig werden (aA *Kotz/Oğlakcıoğlu* in MüKoStGB BtMG Rn. 35); im Übrigen verlangt das Gesetz lediglich eine „dienstliche Tätigkeit". Die Finanzierung einer Stelle (zB Drogenberatungsstelle) durch Bundes- oder Landesmittel macht sie noch nicht zu einer Behörde.

Die Behörde muss eine **Bundes-** oder **Landesbehörde** sein. Nicht darunter fal- 129 len Körperschaften, Anstalten oder Stiftungen des öffentlichen Rechts, auch nicht Bezirke, Landkreise, Gemeinden oder Gemeindeverbände, deswegen nicht die Jugendgerichtshilfe, soweit sie bei den Kommunen angesiedelt ist (*Kotz/Oğlakcıoğlu* in MüKoStGB BtMG Rn. 33), auch nicht die kommunale Drogenberatung. Diese ist daher auch nicht zur Untersuchung von Betäubungsmitteln befugt.

Universitäten (und ihre Institute) sind als Anstalten des öffentlichen Rechts 130 zwar Behörden, aber keine Bundes- oder Landesbehörden im Sinne des Absatzes 2 (*Eberth/Müller* BtMR Rn. 23; s. auch BT-Drs. 8/3551, 28). Werden sie von einer Bundes- oder Landesbehörde mit der **Untersuchung** eines **Betäubungsmittels** beauftragt, so gilt die Befreiung von der Erlaubnispflicht auch für sie (Absatz 2 Alt. 2). Dasselbe gilt für **kommunale Einrichtungen,** die einen solchen Auftrag von einer Bundes- oder Landesbehörde erhalten haben.

Die wissenschaftliche Untersuchung von Urin-, Haar- oder Blutproben auf 131 **Spuren** von **Betäubungsmitteln** (→ § 1 Rn. 92–101) ist nicht Teil des Betäubungsmittelverkehrs und damit auch nicht erlaubnispflichtig. Deswegen bedarf es auch keiner Ausnahme nach § 4 (*Eberth/Müller* BtMR Rn. 23).

C. Der legale Betäubungsmittelverkehr. Die Ausnahme von der Erlaubnis- 132 pflicht ist zunächst für den legalen Betäubungsmittelverkehr von Bedeutung. Sie gilt dort insbesondere für die Dienststellen, die mit der Überwachung des Betäubungsmittel- und Arzneimittelverkehrs befasst sind. Dazu gehören das BfArM, die Bundesanstalt für Landwirtschaft und Ernährung (§ 19 Abs. 3), die obersten Landesbehörden nach § 7 S. 1, §§ 8, 10 Abs. 2, § 10a Abs. 1, 3, § 13 Abs. 3 S. 2 Nr. 2a, die Überwachungsbehörden nach § 19 Abs. 1 S. 3, die Zollbehörden, die Bundespolizei und die Polizeibehörden der Länder.

Soweit Behörden und andere Einrichtungen der **Betäubungsmittelversor-** 133 **gung** der Bundeswehr, der Bundespolizei, des Zivilschutzes und der Bereitschaftspolizeien der Länder dienen, ist § 3 bereits gemäß § 26 Abs. 3, 4 von der Anwendung ausgenommen.

Auf den **Status** der Bediensteten, die für eine Behörde handeln, kommt es im 134 Rahmen des Absatzes 2 nicht an (aA *Kotz/Oğlakcıoğlu* in MüKoStGB BtMG Rn. 36). Die Ausnahme von der Erlaubnispflicht gilt gleichermaßen für Richter, Beamte, Angestellte und Arbeiter, sofern sie für die Behörde handeln. Eine Beschränkung auf hoheitliches Handeln ist dem Gesetz nicht zu entnehmen.

D. Der illegale Betäubungsmittelverkehr. Besondere Bedeutung kommt 135 Absatz 2 bei der Verfolgung des illegalen Betäubungsmittelverkehrs zu. Die Vorschrift stellt klar, dass die Angehörigen der Gerichte, Staatsanwaltschaften, Polizei- und Zollbehörden sowie der sonst in → Rn. 128 genannten Dienststellen für die dienstliche Teilnahme am Verkehr mit Betäubungsmitteln keiner Erlaubnis nach § 3 bedürfen.

136 **I. Dienstlicher Bereich.** Die Befreiung von der Erlaubnispflicht umfasst den gesamten Umgang mit Betäubungsmitteln, der im Rahmen des Dienstes anfällt (BGHR BtMG § 29 Abs. 1 Nr. 3 Besitz 1 = NStZ 1988, 558 = StV 1988, 432). Dazu gehören insbesondere alle Aktivitäten, die der Strafverfolgung dienen, auch der Abschluss von Scheingeschäften oder der Umgang mit Betäubungsmitteln innerhalb oder außerhalb kontrollierter Transporte (*Weinzierl* in BeckOK BtMG Rn. 49).

137 Der dienstliche Bereich wird nicht dadurch verlassen und zu einem privaten Vorgang, dass eine der Verhütung, Unterbindung oder Verfolgung von Straftaten dienende Handlung im Einzelfall **nicht sachgerecht ist** oder eine Grenze **überschreitet,** die durch Richtlinien oder Rechtsvorschriften gezogen ist. Es liegt dann zwar ein unzweckmäßiges oder sogar rechtswidriges, aber immer noch dienstliches Handeln vor (BGHSt 48, 213 = NJW 2003, 2036; *Kotz/Oğlakcıoğlu* in MüKoStGB BtMG Rn. 37; *Weinzierl* in BeckOK BtMG Rn. 49; aA von *Danwitz* StV 1995, 431 (433)). Unberührt bleibt die Strafbarkeit nach anderen Vorschriften.

138 Etwas anderes gilt für Handlungen, die in keinem Zusammenhang mit dienstlichen Aufgaben stehen oder nur **gelegentlich** einer dienstlichen Tätigkeit begangen werden und allein privaten Zwecken dienen (BGHSt 48, 213 (→ Rn. 137); *Weinzierl* in BeckOK BtMG Rn. 50), zB Eigengeschäfte. Bei ihnen wird der dem Dienstherrn zuzurechnende Bereich verlassen und der private Raum betreten.

139 **II. Der Kreis der befreiten Personen.** Die Befreiung gilt für alle Bediensteten der in Absatz 2 genannten Stellen, soweit sie auf Grund ihrer Aufgaben mit Betäubungsmitteln umgehen.

140 **1. Verdeckte Ermittler.** Dies ist insbesondere für die Verdeckten Ermittler von Bedeutung (*Franke/Wienroeder* Rn. 2). Verdeckte Ermittler sind **Beamte** des Polizeidienstes (§ 110a Abs. 2 StPO; dazu *Schneider* NStZ 2004, 359) und damit als Angehörige ihrer Dienststelle gemäß Absatz 2 von der Erlaubnispflicht befreit (*Hund* in Kreuzer BtMStrafR-HdB § 12 Rn. 503). Dies gilt nicht nur für die Beamten der Landespolizei, sondern auch für die Bediensteten des Bundeskriminalamtes, der Bundespolizei, der Hauptzollämter und des Zollfahndungsdienstes (*Köhler* in Meyer-Goßner/Schmitt § 110a Rn. 3, § 163 Rn. 13, 14).

141 Werden Angehörige **ausländischer Dienststellen,** zB der Drug Enforcement Administration (DEA) oder des Criminal Investigation Command (CID) für deutsche Behörden tätig, so sind sie keine Verdeckten Ermittler, sondern V-Personen (BGH NStZ 2007, 713; *Hund* in Kreuzer BtMStrafR-HdB § 12 Rn. 534). Etwas anderes gilt, wenn ihre Tätigkeit im Wege der Rechtshilfe genehmigt wurde oder sich unmittelbar aus internationalen Vereinbarungen ergibt (missverständlich BGH NStZ 2007, 713, der eine ausdrückliche „Gleichstellung" mit inländischen Beamten verlangt).

142 **2. Sonstige nicht offen ermittelnde Beamte.** Keiner Erlaubnis bedürfen auch sonstige nicht offen ermittelnde Beamte, die nur gelegentlich – ohne eine auf Dauer angelegte Legende – verdeckt auftreten, zB Scheinaufkäufer (BT-Drs. 12/989, 42; Nr. II 2.9 der Gemeinsamen Richtlinien der Justizminister/-senatoren und der Innenminister/-senatoren der Länder über die Inanspruchnahme von Informanten sowie über den Einsatz von Vertrauenspersonen (V-Personen) und Verdeckten Ermittlern im Rahmen der Strafverfolgung, abgedr. bei Meyer-Goßner/Schmitt S. 2541; BVerfGE 129, 208 = NJW 2012, 833 (840); *Kotz/Oğlakcıoğlu* in MüKoStGB BtMG Rn. 37; *Hilger* NStZ 1992, 523; *Schneider* NStZ 2004, 359;

krit. *Hund* in Kreuzer BtMStrafR-HdB § 12 Rn. 467–472). Sie sind ebenfalls Angehörige der Strafverfolgungsbehörden und damit gemäß Absatz 2 von der Erlaubnispflicht befreit.

3. V-Personen. Ob die Ausnahme von der Erlaubnispflicht auch für Vertrauenspersonen (V-Personen) der Polizei oder anderer Strafverfolgungsbehörden gilt, ist umstritten. Der BGH hat die Frage offen gelassen (BGHR BtMG § 29 Abs. 1 Nr. 3 Besitz 1 (→ Rn. 136); BGH NStZ 1996, 338 = StV 1996, 424). Zum Ganzen s. Gutachten des DRB, 2019 (dazu Antwort der Bundesregierung BT-Drs. 19/18348). **143**

a) Begriff. Vertrauenspersonen (V-Personen) sind Personen, die, ohne einer Strafverfolgungsbehörde anzugehören, bereit sind, diese bei der Aufklärung von Straftaten in der Regel auf längere Zeit vertraulich zu unterstützen und deren Identität grundsätzlich geheim gehalten wird (Abschn. I Nr. 2.2 der Gemeinsamen Richtlinien (→ Rn. 142) BGH BeckRS 2020, 36377, für den präventiven Bereich s. etwa § 47 Abs. 2 Nr. 3 ZFdG; zu den Informanten s. Abschn. I Nr. 2.1 der Gemeinsamen Richtlinien). V-Personen sind danach **keine Ermittlungsorgane,** sondern Privatpersonen und unterstehen deswegen auch dann, wenn sie auf Anweisung der Polizei handeln, den für Privatpersonen geltenden Regelungen (unklar *Kotz/Oğlakcıoğlu* in MüKoStGB BtMG Rn. 40, 41). Eine andere Frage ist, ob und inwieweit ihr Verhalten, etwa bei einer Tatprovokation (→ Rn. 175–188), dem Staat zuzurechnen ist. **144**

Dieser Grundsatz ist, insbesondere für Fälle der aktiven Informationsbeschaffung, zwar sehr umstritten (*Franke/Wienroeder* Teil II Rn. 75; *Malek* BtMStrafR Kap. 7 Rn. 10–16; 19–32; *Hund* in Kreuzer BtMStrafR-HdB § 12 Rn. 545–552; *Kotz/Oğlakcıoğlu* in MüKoStGB BtMG Rn. 41; *Herzog* StV 2003, 410; *Müssig* GA 2004, 87 (94–103); *Conen* StraFo 2013, 140; *Eisenberg* GA 2014, 404), jedoch der **Standpunkt des geltenden Rechts** (BT-Drs. 12/989, 41; BVerfGE 109, 38 = NJW 2004, 141; BGHSt 40, 211 = NJW 1994, 2904 = StV 1994, 521; 1995, 449 mAnm *Gusy;* 1995, 621 mAnm *Widmaier;* 41, 42 = NJW 1995, 2236 = JZ 1995, 971 mAnm *Fezer; Hilger* NStZ 1992, 523; *Hilger* FS Hanack, 1999, 207 (213)). Der Gesetzgeber des OrgKG wollte bewusst keine V-Leute in der Stellung eines Ermittlungsorgans mit gewissermaßen amtlichen Befugnissen (BT-Drs. 12/989, 41; dazu eingehend *Helgerth/Weber* FS Böttcher, 2007, 489 (518–523)). **145**

Das obiter dictum in dem **Kammerbeschluss des BVerfG** v. 1.3.2000 (NStZ 2000, 489 mAnm *Rogall* = StV 2000, 233, 466 mAnm *Weßlau* = JR 2000, 333 mAnm *Lesch*), wonach der Einsatz einer V-Person „jedenfalls" ohne spezielle gesetzliche Grundlage nicht zulässig sei, entbehrt bislang einer tragfähigen Grundlage und dürfte auch auf Grund des Beschlusses des 2. Senats v. 5.11.2003 (BVerfGE 109, 38 (→ Rn. 145)) überholt sein (zu dem Kammerbeschluss im Einzelnen s. *Helgerth/Weber* FS Böttcher, 2007, 489 (519, 520); inzwischen auch Kammerbeschluss v. 11.1.2005 – 2 BvR 1389/04). Im präventiven Bereich finden sich allerdings zunehmend Regelungen für den „Einsatz von Privatpersonen, deren Zusammenarbeit mit der betreffenden staatlichen Dienststelle nicht bekannt ist" (zB § 45 Abs. 2 Nr. 4 BKAG, § 28 Abs. 2 Nr. 3 BPolG, §§ 21, 31 ZFdG). Rückschlüsse auf das Strafverfahren lassen sich daraus schon im Hinblick auf den ausdrücklich geäußerten Willen des Gesetzgebers (→ Rn. 145 sowie BT-Drs. 16/10121, 16, 25) nicht ziehen (BGH NStZ 2014, 277 = StV 2014, 321), zumal die Substanz dieser Regelungen eher dürftig erscheint (*Helgerth/Weber* FS Böttcher, 1979, 489 (521, 522)). **146**

Verstärkt wird der Standpunkt der strafgerichtlichen Rechtsprechung durch das **Strafverfahrensänderungsgesetz 1999** (StVÄG 1999) v. 2.8.2000 (BGBl. I S. 1253). Dieses Gesetz hatte ausdrücklich zum Ziel, die Vorgaben des Volkszählungsurteils des BVerfG umzusetzen, sah aber trotz der vorangegangenen Kammerentscheidung v. 1.3.2000 keinen Grund, zu diesem Zweck eine besondere Rege- **147**

BtMG § 4 Zweiter Abschnitt. Erlaubnis und Erlaubnisverfahren

lung für die V-Personen einzuführen. Allerdings hat das Gesetz klargestellt (BT-Drs. 14/1484, 23), dass die §§ 161, 163 StPO nicht nur Aufgaben zuweisen, sondern auch Befugnisse begründen – **Ermittlungsgeneralklausel** – (BVerfG NJW 2009, 2876). Seither kann der Streit eigentlich nicht mehr darum geführt werden, ob die aktive Informationsbeschaffung durch eine V-Person einen Eingriff darstellt, sondern nur noch darum, ob sie eine solche Intensität hat, dass sie bei einer Gesamtbetrachtung mit den spezialgesetzlich geregelten Maßnahmen der StPO vergleichbar ist. Angesichts des bunten Bildes, das diese unter verschiedenen historischen Bedingungen entstandenen Regelungen bieten, kann diese Frage leicht zur Glaubensfrage geraten.

148 Es wäre allerdings naiv, die **Probleme nicht zu sehen**, die mit dem Einsatz von V-Leuten verbunden sind. Diese Probleme liegen aber weniger im Rechtlichen als im Faktischen, in der Rekrutierung und Führung dieser Personen und in ihrer Präsentation im Verfahren. Im letzten Punkt kann die audiovisuelle Vernehmung in der Hauptverhandlung, eventuell auch unter optischer und akustischer Abschirmung, zu deutlichen Verbesserungen führen, was wiederum positive Rückwirkungen auf die beiden anderen Problemfelder haben kann.

149 Die Diskussion über den Einsatz von V-Personen wird vielfach dadurch **belastet**, dass er mit dem eines agent provocateur gleichgesetzt oder verquickt wird (*Franke/Wienroeder* StPO Rn. 75; *Malek* BtMStrafR Kap. 7 Rn. 17). Beides ist jedoch strikt zu trennen (→ Rn. 167), wenn auch bei V-Personen ein gleichzeitiges Tätigwerden als agent provocateur besonders häufig ist.

150 Die Stellung von V-Personen als **Privatpersonen** schließt es aus, Absatz 2 **generell** auf sie anzuwenden (*Malek* BtMStrafR Kap. 2 Rn. 57; aA *Joachimski/Haumer* BtMG Rn. 21, enger → § 29 Rn. 342; wohl auch *Patzak* in Körner/Patzak/Volkmer Rn. 34). Dies ist auch weder notwendig noch wünschenswert. Vielmehr muss differenziert werden:

151 **b) Förmlich Verpflichtete.** Die Anwendung des Absatzes 2 kommt in Betracht, wenn die V-Person nach § 1 VerpflichtungsG auf die gewissenhafte Erfüllung ihrer Obliegenheiten förmlich verpflichtet wurde (*Patzak* in Körner/Patzak/Volkmer Rn. 34; *Weinzierl* in BeckOK BtMG Rn. 51; *Franke/Wienroeder* Rn. 2; aA *Malek* BtMStrafR Kap. 2 Rn. 57, wohl auch *Kotz/Oğlakcıoğlu* in MüKoStGB BtMG Rn. 41). Die Verpflichtung nach § 1 Abs. 1 S. 1 und der Hinweis nach § 1 Abs. 2 S. 2 sind wesentlicher Inhalt der förmlichen Verpflichtung; sie können auch mündlich erfolgen. Die Niederschrift (§ 1 Abs. 3 S. 1) und ihre Aushändigung (§ 1 Abs. 3 S. 2) sind zwar keine Wirksamkeitserfordernisse, aber auch nicht bedeutungslos. Werden alle Formerfordernisse des VerpflG missachtet, so ist der Verwaltungsakt der Verpflichtung nichtig (BGH NJW 1980, 846).

152 Mit der Verpflichtung erhält die V-Person die **Stellung** eines für den öffentlichen Dienst besonders Verpflichteten (§ 11 Abs. 1 Nr. 4 StGB) und steht damit in straf- und strafverfahrensrechtlicher Hinsicht einem Amtsträger gleich (→ Rn. 136–138; offengelassen in BGH NJW 1980, 846). Voraussetzung ist aber stets, dass ihm die Behörde einen entsprechenden **Auftrag** erteilt hat (BGHSt 42, 230 = NJW 1996, 3158 = StV 1997, 182).

153 **c) Nicht förmlich Verpflichtete.** Aber auch, wenn eine solche Verpflichtung nicht stattgefunden hat, macht sich die V-Person, die sich an die ihr erteilten Weisungen hält, in aller Regel nicht strafbar (*Patzak* in Körner/Patzak/Volkmer Rn. 34; unklar mit lediglich allgemeinen Erwägungen *Kotz/Oğlakcıoğlu* in MüKoStGB BtMG Rn. 42, 43; s. auch BGH BeckRS 2020, 16377).

154 **aa) Handeltreiben** Strafbarkeit wegen Handeltreibens scheidet schon deswegen aus, weil die V-Person nicht auf einen Umsatz des Betäubungsmittels abzielt, sondern es der Polizei in die Hände spielen will (BGHR BtMG § 29 Abs. 1 Nr. 3 Besitz

1 (→ Rn. 136); BGH NStZ 1996, 338 (→ Rn. 143); 1 StR 13/11), namentlich wenn er sich die Prämie für die Sicherstellung der Drogen verdienen will (BGH NStZ 2008, 41 = StV 2007, 527). Dabei kommt es nicht darauf an, ob einem solchen Handeln der V-Person ein Einsatzkonzept zugrunde liegt oder nicht. Geringfügige Risiken können beim Einsatz der V-Person in Kauf genommen werden; Straflosigkeit kommt aber nicht in Betracht, wenn sie polizeiliche Kontroll- und Überwachungsmaßnahmen nicht ermöglicht oder verhindert (BGH 1 StR 13/11).

Haben die Geschäfte der V-Person lediglich zum Ziel, in der Szene den **Verdacht auszuräumen,** sie sei als Polizeispitzel tätig, ist sie mangels des erforderlichen Eigennutzes ebenfalls nicht wegen Handeltreibens strafbar (→ § 29 Rn. 331). Die Strafbarkeit nach anderen Tatbeständen, zB Besitz, bleibt unberührt. 155

bb) Besitz/Erwerb. Für den Besitztatbestand (entsprechendes gilt für den Erwerb), der grundsätzlich auch von V-Personen erfüllt werden kann (BGHR BtMG § 29 Abs. 1 Nr. 3 Besitz 1 (→ Rn. 136)), ist zu unterscheiden: 156

(a) Handeln im Rahmen eines Einsatzplans. Gehört der Besitz der Betäubungsmittel von vornherein zum Einsatzplan, so ist die V-Person derart in die Tätigkeit der Polizei eingebunden, dass ihr Wirken ähnlich wie bei einem Werkzeug noch der dienstlichen Tätigkeit der Behörde zugerechnet werden muss. Dies gilt vor allem dann, wenn ihr Tätigwerden sich noch im Bereich der Besitzdienerschaft bewegt (s. BGH NStZ 1996, 338 (→ Rn. 143)), ist aber nicht hierauf beschränkt (s. BGHR BtMG § 29 Abs. 1 Nr. 3 Besitz 1 (→ Rn. 136); s. auch BGH BeckRS 2020, 36377). Anderenfalls liefe Absatz 2 auch für die Polizei ins Leere, weil der VP-Führer sich wegen Anstiftung oder Beihilfe zu der Straftat der V-Person strafbar machen würde und auch seine Vorgesetzten nach § 357 StGB dafür eintreten müssten. Ein unerlaubter **Erwerb** scheidet auch deshalb aus, weil der V-Person das Rauschgift nicht zur freien Verfügung zusteht. 157

An der Ausnahme von der Erlaubnispflicht ändert sich auch nichts, wenn der **Einsatzplan** selbst **Bedenken** begegnet, weil er etwa nicht zweckmäßig ist oder die Grenzen überschreitet, die durch Richtlinien oder Rechtsvorschriften gezogen werden (→ Rn. 137; *Joachimski/Haumer* BtMG Rn. 22). Zum Erwerb → Rn. 157. 158

(b) Handeln außerhalb des Einsatzplans. Gehören der Erwerb und/oder Besitz des Rauschgifts nicht zum Einsatzplan, so gelten die allgemeinen Grundsätze, insbesondere die §§ 34, 35 StGB. Danach wird die gewissenhafte V-Person, die dafür sorgt, dass das Betäubungsmittel möglichst rasch aus dem Verkehr gezogen wird, in aller Regel nach § 34 StGB gerechtfertigt sein (s. BGHR BtMG § 29 Abs. 1 Nr. 3 Besitz 1 (→ Rn. 136)). Dies gilt erst recht, wenn sie das Rauschgift entgegennehmen musste, um eine Enttarnung zu vermeiden. 159

Hält die V-Person sich **nicht an diese Regeln,** wird meist kein Anlass bestehen, sie anders als andere Teilnehmer am illegalen Betäubungsmittelverkehr zu behandeln (BGH 3 StR 216/07; *Scherp* bei Körner, 5. Aufl. 2001, § 31 Rn. 126). Dies gilt insbesondere bei Eigengeschäften und sonstigen Straftaten gelegentlich des Einsatzes (→ Rn. 162). 160

(c) Handeln ohne Einsatzplan. Liegt zwar kein Einsatzplan vor, verfährt die V-Person aber verantwortungsbewusst und gewissenhaft, ist sie insbesondere bemüht, das Betäubungsmittel aus dem Verkehr zu bringen, so gelten die Ausführungen in → Rn. 159. 161

Strafbarkeit nach den allgemeinen Regeln tritt dagegen ein, wenn die V-Person ohne Wissen und Auftrag ihrer Dienststelle handelt, insbesondere **Eigengeschäfte** durchführt (*Scherp* bei Körner, 5. Aufl. 2001, § 31 Rn. 126). Dasselbe gilt, wenn die V-Person **gelegentlich** ihres Einsatzes Straftaten begeht, etwa bei einem von ihr durchzuführenden Scheingeschäft Drogen für sich abzweigt (*Scherp* bei Körner, 5. Aufl. 2001, § 31 Rn. 126). 162

163 **III. Irrtumsfragen.** Stellt sich jemand irrig Umstände vor, nach denen er zu dem von der Erlaubnispflicht befreiten Personenkreis gehört, nimmt er also etwa an, er sei von der Polizei als V-Person eingesetzt und handele im Rahmen eines konkreten Einsatzplans, so liegt ein Tatbestandsirrtum nach § 16 Abs. 1 StGB vor (BGH NStZ 1996, 338 (→ Rn. 143)).

164 Nimmt der Beteiligte **allgemein** an, für sein Handeln keiner Erlaubnis zu bedürfen, so ist regelmäßig ein Verbotsirrtum nach § 17 StGB gegeben (BGH NStZ 1996, 338 (→ Rn. 143)).

165 Ein **Verbotsirrtum** liegt in aller Regel auch dann vor, wenn der Beteiligte nicht nur über das allgemeine Erfordernis einer Erlaubnis für den Umgang mit Betäubungsmitteln irrt, sondern sich vorstellt, dass die Polizei im Rahmen ihrer dienstlichen Tätigkeit (Absatz 2) auch ohne konkrete Absprache mit der Beschaffung von Betäubungsmitteln durch ihn einverstanden ist und er deshalb keiner Erlaubnis bedarf (BGH NStZ 1996, 338 (→ Rn. 143)). In einem solchen Fall beruht die irrige Vorstellung, dass es einer solchen Absprache nicht bedürfe und die Einbindung in die „Polizeiaktion" genüge, lediglich auf einer fehlerhaften Bewertung der Grenzen der Erlaubnisfreiheit für den Besitz des Betäubungsmittels. Ein solcher Irrtum ist ein Verbotsirrtum und kein (Erlaubnis-)Tatbestandsirrtum.

166 Bei der Frage der **Vermeidbarkeit** des Verbotsirrtums ist zu berücksichtigen, dass es für einen Laien nicht selbstverständlich ist, dass er sich bei der Inbesitznahme von Betäubungsmitteln auch dann strafbar machen kann, wenn er sie der Polizei zuführen will. Im Zweifel trifft ihn zwar eine Erkundigungspflicht (BGHSt 21, 18 = NJW 1966, 842; NStZ 1996, 338 (→ Rn. 143)), ein vermeidbarer Verbotsirrtum liegt jedoch nur vor, wenn gegen diese schuldhaft verstoßen worden ist (BGH NStZ 2001, 379 = StV 2001, 201). Darüber hinaus muss festgestellt werden, dass die Erkundigung zu einem anderen Ergebnis geführt hätte (BGH NStZ 2001, 379).

Kapitel 3. Exkurs: Tatprovokation (Einsatz und Folgen)

167 **A. Anwendung.** Bei allen drei Gruppen von Personen, die im Rahmen nicht offener Ermittlungen tätig werden (Verdeckte Ermittler, sonstige nicht offen ermittelnde Beamte (NoeP), V-Personen), ist häufig die Frage zu prüfen, ob und inwieweit sie als **agent provocateur** (die abfällige Bezeichnung Lockspitzel ist in diesem Zusammenhang regelmäßig nicht angebracht, s. *Meyer* NStZ 1985, 134) eingesetzt oder sonst gehandelt haben. Dabei sind Zulässigkeit und Voraussetzungen **des Einsatzes** (dazu → Rn. 168–242) von den **Folgen** für das Verfahren gegen die Zielperson einschließlich der Strafbemessung (dazu → Rn. 250–307) zu **unterscheiden.** Zum Ganzen s. Gutachten des DRB (→ Rn. 143).

168 **B. Grundsatz.** Der Einsatz von verdeckt ermittelnden Polizeibeamten (→ Rn. 140, 142) und von V-Personen (→ Rn. 143) zur Bekämpfung besonders gefährlicher und schwer aufklärbarer Kriminalität, zu der auch der Rauschgifthandel gehört, ist notwendig und zulässig. Dies gilt auch dann, wenn diese Personen als **agent provocateur** tätig werden (stRspr; BVerfGE 57, 250 (284) = NJW 1981, 1719 = StV 1981, 381; BVerfG NJW 1995, 651 = NStZ 1999, 95 = StV 1995, 169; 2 BvR 1389/04; 2 BvR 1963/04; BGHSt 32, 345 = NJW 1984, 2300 = StV 1984, 321; 40, 211 = NJW 1994, 2904 = StV 1995, 449; 1995, 621; 41, 42 = NJW 1995, 2236; 45, 321 = NJW 2000, 1123 = NStZ 2000, 269 mAnm *Endriß/Kinzig* = StV 2000, 57 (114) mAnm *Sinner/Kreuzer* = JR 2000, 432 mAnm *Lesch* = JZ 2000, 363 mAnm *Roxin;* 47, 44 = NJW 2001, 2981 = NStZ 2001, 553; 2002, 50 mAnm *Weber* = StV 2001, 492); BGHR BtMG § 29 Strafzumessung 34 = NJW 1998, 767 = StV 1999, 79; BGH NStZ 1994, 335 = StV 1994, 368).

Die Tatprovokation soll nicht künstliche Kriminalität schaffen (→ Rn. 221; *Körner* StV 2002, 449 (452)). Vielmehr hat sie **zum Ziel,** kriminelle Strukturen aufzudecken, ein latentes Kriminalitätspotential zu zerschlagen oder die Fortsetzung von Dauerstraftaten zu verhindern (BGHSt 32, 115 = NJW 1984, 247 = StV 1984, 56; 45, 321 (→ Rn. 168); s. auch Kammerbeschluss des BVerfG v. 2.2.2006 – 2 BvR 1963/04 sowie → Rn. 221). Um dieses Ziel zu erreichen, kann es notwendig werden, die Zielperson zu einer Straftat zu veranlassen, der sie überführt werden kann (BGHSt 45, 321 (→ Rn. 168)). Ihre Grundlage findet die Zulässigkeit einer solchen Tatprovokation in der Gefährlichkeit der zu verlockenden Person und der Notwendigkeit, von ihr ausgehende künftige Straftaten zu unterbinden (BGHSt 45, 321 (→ Rn. 168)).

An diesem Grundsatz hat sich durch die **neuere Rechtsprechung des EGMR,** namentlich durch das Urteil v. 23.10.2014 (*Furcht* NJW 2015, 3631 = NStZ 2015, 379 (412) m. Bespr. *Sinn/Maly* = StV 2015, 405 = JR 2015, 48 (81) mAnm *Petzsche*), und des BGH, namentlich BGHSt 60, 238 = NStZ 2015, 541 = JR 2015, 549; 2016, 78 mAnm *Jahn/Kudlich* und BGHSt 60, 276 = NJW 2016, 91 mAnm *Eisenberg* = NStZ 2016, 52 mAnm *Mitsch* = StV 2016, 70 (129) mAnm *Eidam* = JR 2016, 83 mAnm *Jahn/Kudlich* = StraFo 2015, 492 mAnm *Lochmann;* BGH NStZ 2016, 232; 2018, 355 mAnm *Esser* = StV 2019, 305 m. Bespr. *Conen* 2019, 358) **nichts geändert.** Diese Entscheidungen befassen sich mit der im Hinblick auf Art. 6 Abs. 1 EMRK **konventionswidrigen** Tatprovokation und sind daher nicht für den Grundsatz, sondern nur für die Frage von Bedeutung, wann ein solcher Verstoß vorliegt, und damit für Abgrenzung zwischen zulässiger und unzulässiger Tatprovokation (dazu → Rn. 190–241).

C. Reihenfolge der Prüfung. Nicht jede Einwirkung auf die Zielperson ist bereits eine Tatprovokation (BGHSt 45, 321 (→ Rn. 168); 47, 44 (→ Rn. 168); 60, 238 (→ Rn. 170); BGH NStZ 2016, 232). Bei der Prüfung ergibt sich daher eine bestimmte Reihenfolge:
- Auf einer **ersten Stufe** ist auf Grund der konkreten Vorgehensweise des verdeckt ermittelnden Beamten oder der V-Person zu klären, ob überhaupt eine (staatlich veranlasste) Tatprovokation vorliegt (→ Rn. 173–184). Fehlt es daran, so kommt es für die Zulässigkeit des Einsatzes auf eine **Verdachtslage nicht** an.
- Erst wenn die Einwirkung im konkreten Fall das Maß einer Tatprovokation erreicht hat, ist auf der **zweiten Stufe** zu prüfen, ob die zulässigen Einsatzformen eingehalten sind (→ Rn. 185–187) und ob der Einsatz innerhalb der durch den Grundsatz des fairen Verfahrens (Art. 6 Abs. 1 S. 1 EMRK) und das Rechtsstaatsprinzip gezogenen Grenzen hält (→ Rn. 190). Zu diesen Grenzen gehören als zentrale Schranke der Verdacht (→ Rn. 199–189), sodann die Tatbereitschaft (→ Rn. 217–240) und die Art und die Intensität der Einwirkung (→ Rn. 221–230).
- Wird das Bestehen eines Verdachts festgestellt, so ist auf Grund der Wechselwirkung zwischen Verdacht und Intensität der Einwirkung wieder auf **die erste Stufe zurückzukehren** und zu prüfen, ob auf Grund der Stärke des Verdachts eine intensivere Einwirkung zulässig war, **bevor** die Schwelle der Tatprovokation erreicht war (→ Rn. 184).

Diese Prüfung gilt in erster Linie für die **Konzeption des Einsatzes** des agent provocateur im Ermittlungsverfahren. Sie hat aber auch für die **Folgen des Einsatzes** Bedeutung (dazu → Rn. 250–307), namentlich wenn in seinem Verlauf die Grenzen der Zulässigkeit überschritten wurden.

D. Begriff. Eine Tatprovokation liegt vor, wenn ein Verdeckter Ermittler, ein sonst offen ermittelnder Beamter oder eine von einem Amtsträger geführte Vertrauensperson in einer dem Staat zurechenbaren Weise in Richtung auf das Wecken einer Tatbereitschaft oder eine Intensivierung der Tatplanung **mit einiger Er-**

heblichkeit stimulierend auf die Zielperson **einwirkt** (stRspr; BGHSt 60, 238 (→Rn. 170); 60, 276 (→Rn. 170); BGH NStZ 2016, 232; 2018, 355 (→Rn. 170); StV 2019, 305 (358) m. Bespr. *Conen*).

174 Eine etwas andere Definition verwendet der **EGMR** (→ Rn. 192). Danach liegt eine polizeiliche Provokation vor, wenn sich die beteiligten Polizeibeamten **nicht auf eine weitgehend passive Strafermittlung beschränken**, sondern den Betroffenen derart beeinflussen, dass er zur Begehung einer Straftat **verleitet wird**, die er andernfalls nicht begangen hätte.

175 **I. Staatliche Zurechnung.** Der Einsatz muss danach auf das Handeln staatlicher Organe zurückzuführen sein (BGHSt 45, 321 (336) (→Rn. 168)). Andernfalls würden die dem Staat anvertrauten Rechtsgüter zur Disposition von Privatpersonen gestellt. Die Tatprovokation ist stets staatlich veranlasst, wenn sie durch einen Angehörigen der Polizei oder sonst zuständigen staatlichen Dienststelle durchgeführt wird. Staatlich veranlasst ist die Tatprovokation auch dann, wenn sie von einer **ausländischen** Dienststelle initiiert wird (→Rn. 141).

176 Demgegenüber sind **V-Personen** Privatpersonen. Die Tatprovokation durch eine V-Person ist dem Staat daher nur dann zuzurechnen, wenn sie mit Wissen eines für die Anleitung der V-Person verantwortlichen Amtsträgers geschieht oder dieser sie jedenfalls hätte verhindern können (BGHSt 45, 321 (336) (→Rn. 168)). Dem Staat nicht zuzurechnen ist daher das Verhalten ehemaliger V-Leute, die sich ohne Auftrag oder Billigung der Polizei als agent provocateur betätigen (OLG Düsseldorf NStZ-RR 1999, 281).

177 **Verleitet die Zielperson** ihrerseits eine oder mehrere **andere Personen** zur Mitwirkung (→ Rn. 179–183) bei der Straftat, so kann dieses Verhalten grundsätzlich **nicht** dem Staat zugerechnet werden (BGHSt 45, 321 (→Rn. 168); BGH NStZ 1994, 335 (→Rn. 168); 2005, 43 = StV 2004, 577; offengelassen im Kammerbeschluss des BVerfG 2.2.2006 – 2 BvR 1963/04 und in BGH NStZ 2018, 355 (→Rn. 170)). Etwas anderes kann in Betracht kommen, wenn die Einbeziehung der anderen Personen zum Einsatzplan gehörte oder ihre Einbeziehung auf einer Anweisung der Polizei beruhte (BGH NStZ 2014, 277 (→Rn. 146)). Dasselbe gilt, wenn angesichts der Größe des Geschäfts mit der Zuziehung von Helfern durch die Zielperson gerechnet werden musste und diese durch das staatlich veranlasste Szenario zum Mitmachen veranlasst wurden (BGH NStZ 2014, 277 (→Rn. 146)). Meist wird es sich dabei um die Lieferanten der Zielperson oder sonstige Personen aus der Szene handeln, so dass eine Tatprovokation Unverdächtiger schon deswegen ausscheidet (BGHSt 45, 321 (→Rn. 168)).

178 Dagegen scheint der Umstand, dass nicht der Staat, sondern die ursprüngliche Zielperson eine **andere Person** zur Mitwirkung veranlasst hat, in der **Rechtsprechung des EGMR** bislang **keine Rolle** zu spielen. Ohne auf diesen Gesichtspunkt einzugehen, stellt der Gerichtshof darauf ab, ob in der **anderen Person** die Merkmale erfüllt sind, die eine weitgehend passive Strafermittlung (→Rn. 174) von einer unzulässigen Tatprovokation abgrenzen (EGMR HRRS 2008, 292 – *Pyrgiotakis;* zust. *Gaede/Buermeyer* HRRS 2008, 279 (282); dazu *Eser* NStZ 2018, 358 (360–362). Gesichert ist diese Rechtsprechung allerdings nicht (*Eser* NStZ 2018, 358 (362)).

179 **II. Einwirken auf die Zielperson.** Eine Tatprovokation ist nur gegeben, wenn der Beamte oder die V-Person über das bloße „Mitmachen" hinaus **mit einiger Erheblichkeit** in der Richtung auf den Täter stimulierend **einwirken**, dass die Tatbereitschaft geweckt oder die Tatplanung intensiviert wird (BGHSt 45, 321 (338) (→Rn. 168); 47, 44 (→Rn. 168); 60, 238 (→Rn. 170); BGH NStZ 2016, 232; *Schäfer/Sander/van Gemmeren* Strafzumessung Rn. 851).

Mangels der gebotenen **Erheblichkeit** liegt eine Tatprovokation nicht vor, 180
wenn der Beamte oder die V-Person einen Dritten ohne sonstige Einwirkung lediglich darauf **anspricht**, ob dieser Betäubungsmittel beschaffen könne und der
Dritte sich darauf einlässt (BGHSt 45, 321 (338) (→ Rn. 168); 47, 44 (→ Rn. 168);
60, 238 (→ Rn. 170); BGH NStZ 2016, 232; 2018, 355 (→ Rn. 170); 458;
HRRS 2018, 804 = BeckRS 2018, 17767, dazu *Conen* StV 2019, 358). Dies gilt
auch dann, wenn das Ansprechen auf gut Glück geschieht (BGH NJW 1981, 1626
= StV 1981, 392; 1981, 599 mAnm *Mache*). Eine nachhaltige Einwirkung darf dann
aber nicht erfolgen.

An einer **Einwirkung auf den Täter** fehlt es, wenn der Beamte oder die V-Per- 181
son lediglich auf das Angebot eines Dritten eingehen, Betäubungsmittel zu beschaffen (s. BVerfG 2 BvR 1963/04; BGH NStZ 2009, 405 = StV 2009, 695; *Scherp* bei
Körner, 5. Aufl. 2001, § 31 Rn. 214).

Ebenso fehlt es an einer **relevanten Einwirkung,** wenn der Beamte oder die V- 182
Person an einem Drogengeschäft der Zielperson „mitmachen" (BGHSt 45, 321
(338) (→ Rn. 168); 47, 44 (→ Rn. 168)), auch wenn sich daraus ein Ansporn für
die Zielperson ergibt.

Schließlich ist auch keine Tatprovokation gegeben, wenn lediglich die **offen er-** 183
kennbare Bereitschaft der Zielperson, Straftaten zu begehen oder fortzusetzen,
genutzt wird, indem ihr eine Tatgelegenheit verschafft wird (Nr. 2 Abs. 2 der Richtlinien (→ Rn. 173); BGHSt 45, 321 (338) (→ Rn. 168); 47, 44 (→ Rn. 168)); 60,
238 (→ Rn. 170); BGH NStZ 2016, 232; *Scherp* bei Körner, 5. Aufl. 2001, § 31
Rn. 214). Auf eine Verdachtslage kommt es mangels Tatprovokation auch in diesen
Fällen nicht an.

III. Wechselwirkung von Verdacht und Einwirkung. Zwischen der Stärke 184
eines bestehenden Verdachts und dem Maß der für die Annahme einer Tatprovokation erheblichen Einwirkung besteht eine Wechselwirkung. Je stärker der Verdacht
ist, desto nachhaltiger darf die Stimulierung zur Tat sein, bevor die Schwelle der
Tatprovokation erreicht wird (BGHSt 47, 44 (→ Rn. 168); *Schäfer/Sander/van Gemmeren* Strafzumessung Rn. 851). Wird ein Verdacht festgestellt, so ist daher zur ersten Stufe (→ Rn. 171) zurückzukehren und zu prüfen, ob die konkrete Einwirkung
im Hinblick auf die Stärke des vorliegenden Verdachts das Maß einer Tatprovokation (doch) nicht erreicht.

E. Einsatzformen. Die staatliche Beteiligung an einem Drogengeschäft, die 185
darauf abzielt, Betäubungsmittel **aus dem Verkehr** zu ziehen, ist nicht missbilligenswert (BGHR BtMG § 29 Strafzumessung 34 (→ Rn. 168)). Die Tatprovokation wird in Deutschland daher regelmäßig in der Weise durchgeführt, dass der
agent provocateur als Kaufinteressent oder als Vermittler eines solchen auftritt.
Auch das Auftreten als Verkäufer (aber → Rn. 186) oder Vermittler eines solchen
ist zulässig.

Dagegen können ein Verkauf, der mit einer **Abgabe** von Betäubungsmitteln 186
verbunden ist **(sell-bust-operation; reversed undercover operation),** oder
eine sonstige Abgabe allenfalls dann in Betracht kommen, wenn absolut sichergestellt ist, dass das Rauschgift nicht außer Kontrolle gerät (enger *Hund* in Kreuzer
BtMStrafR-HdB § 12 Rn. 489; *Scherp* bei Körner, 5. Aufl. 2001, § 31 Rn. 108, 148;
Körner StV 2002, 449 (456); krit. *Danwitz* StV 1995, 431; unklar *Kotz/Oğlakcıoğlu*
in MüKoStGB BtMG Rn. 38, 39; offengelassen in BGHR BtMG § 29 Strafzumessung 34 (→ Rn. 168); eher verneinend BGH 3 StR 216/07).

Zulässig ist die **Lieferung von Grundstoffen** an ein Labor (BGHR BtMG § 29 187
Abs. 1 Nr. 1 Handeltreiben 39/40 = NStZ 1993, 584 = StV 1994, 15; Scherp bei
Körner, 5. Aufl. 2001, § 31 Rn. 149; krit. *Hund* in Kreuzer BtMStrafR-HdB § 12
Rn. 490) oder die Bereitstellung von **Transportlogistik** (Scherp bei *Körner*,

5. Aufl. 2001, § 31 Rn. 149), wobei aber das Ziel der späteren Sicherstellung nie aus dem Auge verloren werden darf.

188 **F. Überwachung.** Erteilt die Polizei einen **Auftrag** an eine V-Person, so hat sie die Möglichkeit und die Pflicht, diese zu **überwachen;** eine Ausnahme von der sich daraus ergebenden Zurechnung kommt nur in Betracht, wenn die Polizei mit einem Fehlverhalten der V-Person nicht rechnen konnte (BGHSt 45, 321 (336) (→ Rn. 168) mwN), dagegen nicht schon, wenn sich die V-Person in der Vergangenheit als zuverlässig erwiesen hatte, ohne dass dies näher konkretisierbar war (BGH NStZ 2014, 277 (→ Rn. 146)). Die Schilderungen der V-Person müssen auf ihre Stimmigkeit überprüft werden, objektivierbaren Daten ist nachzugehen (BGH NStZ 2014, 277 (→ Rn. 146)).

189 **G. Dokumentation, Aktenwahrheit, Aktenvollständigkeit.** Im Hinblick auf die zentrale Bedeutung des Anfangsverdachts hat die Staatsanwaltschaft dafür Sorge zu tragen, dass die tatsächlichen Voraussetzungen des Tatverdachts **zeitnah** in den Ermittlungsakten dokumentiert werden (BGH NStZ 2014, 277 (→ Rn. 146); weniger stringent BGHSt 45, 321 (338) (→ Rn. 168)). Es steht nicht im Belieben der Ermittlungsbehörden, ob und zu welchem Zeitpunkt sie Ermittlungsmaßnahmen in den Akten vermerken **(Aktenwahrheit, Aktenvollständigkeit).** Dies ist kein Selbstzweck, sondern soll die ordnungsgemäße Vorbereitung der Hauptverhandlung und die notwendige Transparenz gewährleisten; dazu gehört auch die Angabe des Honorars der V-Person (BGH NStZ 2014, 277 (→ Rn. 146)). Auch der **weitere Fortgang** ist in den Akten festzuhalten.

190 **H. Menschenrechtliche und rechtsstaatliche Grenzen des Einsatzes.** Der Einsatz eines agent provocateur ist nur zulässig, wenn er nicht gegen den Grundsatz des fairen Verfahrens (Art. 6 Abs. 1 S. 1 MRK) verstößt (BGHSt 45, 321 (→ Rn. 168); 60, 238 (→ Rn. 170)) und sich innerhalb der durch das Rechtsstaatsprinzip gezogenen Grenzen hält (stRspr; BGHSt 32, 345 (→ Rn. 168); 60, 238 (→ Rn. 170); BGHSt 60, 276 (→ Rn. 170); NStZ 1994, 335 (→ Rn. 168)).

191 **I. Menschenrechtliche Grenzen (EGMR).** Nach der Rechtsprechung des EGMR (Urt. v. 9.6.1998, EuGRZ 1999, 660 – Teixeira de Castro = NStZ 1999, 47 mAnm *Sommer* = StV 1999, 127 mAnm *Kempf;* dazu auch *Kinzig* StV 1999, 288; Urt. v. 5.2.2008, NJW 2009, 3565 – Ramanauskas; Urt. v. 18.10.2011 NJW 2012, 3502 – Prado Bugallo = NStZ 2013, 175; Urt. v. 23.10.2014, NJW 2015, 3631 – Furcht → Rn. 170; Urt. v. 18.12.2014, EuGRZ 2015, 454 – Scholer = BeckRS 2015, 81215; dazu insgesamt BGH NStZ 2018, 355 → Rn. 170; Urt. v. 15.10.2020, BeckRS 2020, 28627 – Akbay) verstößt es gegen den Grundsatz des fairen Verfahrens (Art. 6 EMRK), wenn Beweismittel verwendet werden, die als **Ergebnis polizeilicher Provokation** gewonnen wurden.

192 Eine **polizeiliche Provokation** liegt vor, wenn sich die beteiligten Polizeibeamten nicht auf eine weitgehend passive Strafermittlung beschränken, sondern den Betroffenen derart beeinflussen, dass er zur Begehung einer Straftat **verleitet wird,** die er **anderenfalls** nicht begangen hätte (so noch (EGMR EuGRZ 2015, 454 Nr. 78 – Scholer (→ Rn. 191)), und zwar mit dem Zweck – durch Beweiserbringung und Einleitung einer Strafverfolgung – die Feststellung einer Straftat zu ermöglichen (EGMR NJW 2009, 3565 – Ramanauskas; NJW 2015, 3631 – Furcht (→ Rn. 170); EuGRZ 2015, 454 – Scholer (→ Rn. 191)). In EGMR EuGRZ 2015, 454 Rn. 90 – Scholer (→ Rn. 191)) wird der Begriff **„anderenfalls"** dahin erläutert, dass die Zielperson die Tat nicht begangen hätte, **wenn statt der Polizei ein „normaler" Kunde an ihn herangetreten wäre.** Bei der Frage, ob die Ermittlungen **„weitgehend passiv"** geführt wurden, prüft der EGMR die Gründe, auf denen die verdeckte Maßnahme beruhte (→ Rn. 193–195) sowie das Verhalten

Ausnahmen von der Erlaubnispflicht § 4 BtMG

der Beamten, die die Maßnahme durchgeführt haben (→ Rn. 196), wobei er den Strafverfolgungsbehörden die „Beweislast" auferlegt (→ Rn. 197):

1. Objektive Anhaltspunkte für den Verdacht. Dabei stellt der Gerichtshof 193 zunächst darauf ab, ob es objektive Anhaltspunkte für den Verdacht gab, dass der Betroffene an kriminellen Aktivitäten beteiligt oder der Begehung von Straftaten zugeneigt war. Solche **Anhaltspunkte sollen fehlen,** wenn der Betroffene nicht vorbestraft ist, kein Ermittlungsverfahren gegen ihn eingeleitet worden war und nichts darauf hindeutete, dass er der Beteiligung am Rauschgifthandel schon zugeneigt war, bevor er von den Polizeibeamten kontaktiert wurde (EGMR EuGRZ 1999, 660 (→ Rn. 191) – Teixeira de Castro; NJW 2009, 3565 – Ramanauskas; NJW 2015, 3631 (→ Rn. 170) – Furcht; EuGRZ 2015, 454 (→ Rn. 191) – Scholer). Dagegen können je nach den Umständen des konkreten Falles die erwiesene Vertrautheit des Betroffenen mit den aktuellen Preisen von Betäubungsmitteln, seine Fähigkeit zu deren kurzfristiger Beschaffung sowie eine Gewinnbeteiligung **ein Hinweis** auf bestehende kriminelle Tätigkeit oder Tatgeneigtheit sein (EGMR NJW 2015, 3631 (→ Rn. 170) – Furcht; EuGRZ 2015, 454 (→ Rn. 191) – Scholer).

Zur **mittelbaren Tatprovokation** → Rn. 178. 194

Für die Entscheidung, ob es objektive Anhaltspunkte für den Verdacht gab, dass 195 die betroffene Person tatgeneigt war, ist **der Zeitpunkt** entscheidend, zu dem die Person **erstmals** von der **Polizei kontaktiert** wurde; dies soll auch dann gelten, wenn der Betroffene nicht wegen des Verdachts einer Verwicklung in den Rauschgifthandel kontaktiert wurde, sondern weil er ein guter Freund der eigentlichen Zielperson war und daher als Mittel für die Kontaktherstellung zu dieser angesehen wurde (EGMR NJW 2015, 3631 (→ Rn. 170) – Furcht). Dazu → Rn. 235.

2. Verhalten der Ermittlungspersonen. Bei der Differenzierung zwischen der 196 **rechtmäßigen Infiltrierung** durch einen Verdeckten Ermittler und der Provokation einer Straftat prüft der EGMR, ob auf den Betroffenen **Druck ausgeübt** wurde, die Straftat zu begehen (EGMR NJW 2015, 3631 Rn. 52 (→ Rn. 170) – Furcht; EuGRZ 2015, 454 (→ Rn. 191) – Scholer). In Rauschgiftfällen hat er festgestellt, dass die Ermittler sich unter anderem dann nicht mehr passiv verhalten, wenn sie von sich aus Kontakt zu der Zielperson aufnehmen, wenn sie ihr Angebot trotz einer anfänglichen Ablehnung erneuern oder darauf beharren, wenn sie sie mit Preisen, die den Marktwert übersteigen, ködern oder wenn sie durch Vorspiegelung von Entzugserscheinungen ihr Mitleid erregen (EGMR EuGRZ 1999, 660 (→ Rn. 191) – Teixeira de Castro; NJW 2009, 3565 – Ramanauskas; NJW 2012, 3502 (→ Rn. 191) – Prado Bugallo; NJW 2015, 3631 (→ Rn. 170) – Furcht; EuGRZ 2015, 454 (→ Rn. 191) – Scholer).

3. Die „Beweislast". Bei der Anwendung der genannten Kriterien haben die 197 Behörden die Beweislast; sie müssen beweisen, dass es keine Anstiftung gegeben hat, vorausgesetzt, dass die Behauptungen des Betroffenen nicht völlig unwahrscheinlich oder unplausibel sind (EGMR NJW 2015, 3631 (→ Rn. 170) – Furcht; EuGRZ 2015, 454 (→ Rn. 191) – Scholer). Diese Beweislastverteilung kann für die Revision nicht in Betracht kommen (→ Rn. 307).

II. Rechtsstaatliche Grenzen (BGH). Nicht innerhalb der durch das Rechts- 198 staatsprinzip gezogenen Grenzen hält sich ein Einsatz, wenn durch die Tatprovokation eine **unverdächtige** und zunächst **nicht tatgeneigte** Person zu einer Straftat verleitet wird (BGHSt 45, 321 (→ Rn. 168); 60, 238 (→ Rn. 170); 60, 276 (→ Rn. 170)). Aber bei bereits bestehendem Anfangsverdacht kann eine rechtsstaatswidrige Tatprovokation vorliegen, wenn die Einwirkung auf die Zielperson im Verhältnis zum Anfangsverdacht „unvertretbar übergewichtig" ist (BGHSt 60, 238 (→ Rn. 170); 60, 276 (→ Rn. 170); BGH NStZ 2014, 277 (→ Rn. 146)). In seinem Urteil v. 4.7.2018 (HRRS 2018, 804 (→ Rn. 180)) prüft der 5. Strafsenat diese Grenzen unter dem **Gesichtspunkt des Art. 6 Abs. 1 EMRK.**

199 **1. Der Verdacht.** Der zentrale Gesichtspunkt ist danach der gegen die Zielperson bestehende Verdacht. Fehlt es daran, so ist die Tatprovokation, sofern eine solche vorliegt (→ Rn. 171, 179–183), nicht zulässig. Zur Dokumentation → Rn. 189.

200 Die neuere deutsche Rechtsprechung hat sich, namentlich unter dem Eindruck der Judikatur des EGMR (→ Rn. 191) dahin entwickelt, dass eine Tatprovokation nur zulässig ist, wenn der agent provocateur gegen eine Person eingesetzt wird, die in einem den **§ 152 Abs. 2, § 160 StPO** vergleichbaren Grad **verdächtig** ist, an einer bereits begangenen Straftat beteiligt gewesen zu sein oder zu einer künftigen Straftat bereit zu sein (BGHSt 45, 321 (337) (→ Rn. 168); 60, 238 (→ Rn. 170); BGH NStZ 2001, 53 = StV 2000, 604).

201 Diese Grenze gilt auch dann, wenn der Beamte oder die V-Person (zunächst) auf der Basis der **Polizeigesetze** eingesetzt war. Die Tatprovokation dient nicht mehr der Gefahrenabwehr, sondern ist darauf gerichtet, potentielle Straftäter bei einer Straftat zu ergreifen und der Strafverfolgung zuzuführen (BGHSt 41, 64 = NJW 1995, 2237 = NStZ 1995, 516 mAnm *Krey/Jaeger* = StV 1995, 281; 1995, 506 mAnm *Weßlau;* 45, 321 (→ Rn. 168); 47, 44 (→ Rn. 168); *Maul* FS BGH, 2000, 569 (574)). Ob an dieser Auffassung unter dem Gesichtspunkt der Rechtsprechung zu **den legendierten Kontrollen** (→ § 29 Rn. 1031) noch festgehalten werden kann, erscheint allerdings fraglich.

202 **a) Einsatz gegen eine verdächtige Zielperson.** Eine zulässige Tatprovokation setzt danach (→ Rn. 199, 200) voraus, dass die Zielperson in einem den § 152 Abs. 2, § 160 StPO vergleichbaren Grad verdächtig ist, an einer bereits begangenen Straftat beteiligt gewesen zu sein oder zu einer künftigen Straftat bereit zu sein.

203 **aa) Anfangsverdacht.** Ausreichend ist danach der sogenannte Anfangsverdacht. Der Verdacht braucht weder dringend noch hinreichend zu sein (*Mavany* in Löwe/Rosenberg § 152 Rn. 27; *Peters* in MüKoStPO § 152 Rn. 36; *Diemer* in KK-StPO § 152 Rn. 7; *Schmitt* in Meyer-Goßner/Schmitt StPO § 152 Rn. 4). Ein **Verdacht** in einem den § 152 Abs. 2, § 160 StPO vergleichbaren Grad liegt vor, wenn zureichende tatsächliche Anhaltspunkte dafür gegeben sind, dass die Zielperson an einer bereits begangenen Straftat beteiligt war oder zu einer künftigen Straftat bereit ist (BGHSt 45, 321 (337) (→ Rn. 168)).

204 Dies ist dann der Fall, wenn eine solche Beteiligung oder Bereitschaft auf Grund konkreter Tatsachen nach kriminalistischer Erfahrung (BVerfG NJW 2015, 851) als möglich erscheint (*Schmitt* in Meyer-Goßner/Schmitt StPO § 152 Rn. 4). Zum Anfangsverdacht genügen auch **entfernte Indizien** (*Diemer* in KK-StPO § 152 Rn. 7; *Schmitt* in Meyer-Goßner/Schmitt StPO § 152 Rn. 4) oder entferntere Verdachtsgründe (BVerfG NJW 1994, 783 = NStZ 1994, 246). Es reicht eine gewisse, wenn auch noch geringe Wahrscheinlichkeit, bei der die Zweifel an der Richtigkeit des Verdachts noch überwiegen dürfen (*Mavany* in Löwe/Rosenberg StPO § 152 Rn. 30). Auch **dürftige** und noch **ungeprüfte Angaben, Gerüchte** und **einseitige Behauptungen** können ausreichen (*Mavany* in Löwe/Rosenberg StPO § 152 Rn. 30), jedenfalls wenn sie auf Grund zusätzlicher Tatsachen plausibel erscheinen (*Diemer* in KK-StPO Rn. 7). Ebenso kann ein **an sich legales Verhalten** einen Anfangsverdacht begründen, wenn weitere Anhaltspunkte hinzutreten (BVerfG NJW 2014, 3085; *Mavany* in Löwe/Rosenberg StPO § 152 Rn. 36; *Peters* in MüKoStPO § 152 Rn. 39). Bei der Bewertung des Anfangsverdachts steht den Strafverfolgungsbehörden ein nicht unerheblicher **Beurteilungsspielraum** zu (BVerfG NJW 2002, 2859; 2014, 3085; BGHSt 45, 321 (340) (→ Rn. 168) mwN; *Mavany* in Löwe/Rosenberg StPO § 152 Rn. 35; *Peters* in MüKoStPO § 152 Rn. 49, 50).

Der Beschluss des BVerfG vom 20.1.2001 (NJW 2001, 1121 = NStZ 2001, 382 = StV 2001, 207; 2001, 322 mAnm *Asbrock* = JZ 2001, 1029 mAnm *Gusy*) steht dem nicht entgegen (aA *Schäfer/Sander/van Gemmeren* Strafzumessung Rn. 852). Er bezieht sich lediglich auf das Merkmal „Gefahr im Verzug", das eine Ausnahme von der sonst gegebenen richterlichen Zuständigkeit begründet, während es im Falle des Anfangsverdachts um eine **Prognoseentscheidung** geht (BVerfG NJW 2002, 2859). Jedenfalls hat das Gericht bei der Prüfung der Tatprovokation der besonderen Entscheidungssituation der Strafverfolgungsbehörden und den situationsbedingten Grenzen ihrer Erkenntnismöglichkeiten Rechnung zu tragen (BVerfG NJW 2001, 1121 (s. o.); *Schäfer/Sander/van Gemmeren* Strafzumessung Rn. 852). Bloße Vermutungen ohne tatsächliche Grundlage genügen allerdings nicht. 205

Konkrete Tatsachen, die einen Anfangsverdacht (→ Rn. 199, 200) begründen können, können bereits vorliegen, wenn sich die Zielperson **in der Szene bewegt** (vgl. BGHSt 45, 321 (341) (→ Rn. 168); BGH NStZ 2001, 53 (→ Rn. 200); *Esser* NStZ 2018, 358 (360); aA *Maul* FS BGH, 2000, 569 (575)). Die Szene hat ihre eigenen Gesetze. Dazu gehört jedenfalls nicht die Scheu vor Straftaten, und sei es auch nur, dass man sich in Form des Checkens daran beteiligt (→ Einl. Rn. 94–101). Nicht selten werden daher weitere Anhaltspunkte vorliegen, die bei einem legalen Verhalten einen Anfangsverdacht begründen können (→ Rn. 204). 206

Ähnliches gilt für den **Konsumenten** illegaler Drogen (vgl. BGHSt 45, 321 (341) (→ Rn. 168); *Esser* NStZ 2018, 358 (360); aA *Maul* FS BGH, 2000, 569 (575)). In der Praxis geht dem Konsum regelmäßig eine Straftat voraus. Die Konsumenten sind in aller Regel auch bereit, um des Konsums willen die Straftat erneut zu begehen. Auch ist ein großer Teil der Konsumenten zugleich Dealer (→ Einl. Rn. 94, 95). 207

Ob eine Zielperson, die nach der Durchführung einiger Geschäfte erklärt, **nicht mehr weiter machen** zu wollen, von nun an als unverdächtig anzusehen ist, ist eine Frage des Einzelfalls, namentlich der Glaubwürdigkeit der Erklärung. Meint ein agent provocateur, die Zielperson mit **strafbaren** oder **unlauteren** Mitteln zu (weiteren) Geschäften veranlassen zu müssen, so spricht dies für die **Ernsthaftigkeit** der Erklärung. Dass in einem solchen Falle der Grundsatz des fairen Verfahrens nach Art. 6 EMRK verletzt ist, liegt auf der Hand (BGH NStZ 2009, 405 (→ Rn. 181); s. auch EGMR NJW 2015, 3631 (→ Rn. 170) – *Furcht*). 208

bb) Quantensprung. Bei der Prüfung des Verdachts muss auch die Straftat in den Blick genommen werden, auf die er sich bezieht. Die Qualität des Verdachts begrenzt den Unrechtsgehalt der Tat, zu der der Verdächtige in zulässiger Weise provoziert werden darf (BGHSt 47, 44 (→ Rn. 168)). Steht das im Rahmen einer Tatprovokation angesonnene Drogengeschäft nach Art und Menge der Drogen nicht mehr in einem angemessenen, deliktsspezifischen Verhältnis zu dem gegen den Provozierten bestehenden Verdacht, so liegt darin eine Verletzung des Grundsatzes des fairen Verfahrens nach Art. 6 Abs. 1 S. 1 EMRK (BGHSt 47, 44 (→ Rn. 168); s. auch BGH NStZ-RR 2010, 289). 209

Ein solcher Verstoß kommt dann in Betracht, wenn eine Zielperson, die bislang lediglich des Handeltreibens mit Haschisch verdächtig war, zu einem **Drogengeschäft mit harten Drogen in großer Meng**e provoziert wird (BGHSt 47, 44 (→ Rn. 168)). Dies gilt auch dann, wenn der zugrunde liegende Straftatbestand derselbe bleibt, da die provozierte Tat durch Art und Menge des Rauschgifts ein besonderes Gepräge erhält **(Quantensprung).** 210

Mangels Einwirkung mit einiger Erheblichkeit schließt dies **eine Nachfrage** nicht aus, ob die Zielperson sich auf ein erheblich unrechtsgesteigertes Drogengeschäft einlässt (BGHSt 47, 44 (→ Rn. 168); auch → Rn. 180). Ebenso wird 211 dadurch nicht ausgeschlossen, dass der nicht offen ermittelnde Beamte oder die V-Person an einem solchen Geschäft **schlicht mitwirken** (BGHSt 47, 44 (→ Rn. 168); auch → Rn. 182).

212 Bei der Beurteilung des Verdachts können neben den tatsächlichen Umständen, die ihn begründen (→ Rn. 203, 204), auch die **deliktsspezifischen Gegebenheiten** mit in Betracht gezogen werden (BGHSt 47, 44 (→ Rn. 168)). Im Hinblick auf die Praxis des unerlaubten Handeltreibens mit Betäubungsmitteln liegt noch keine unzulässige Tatprovokation vor, wenn sich die Zielperson, die des Handeltreibens mit Cannabis verdächtig ist, auf eine ihr angesonnene Intensivierung der Tatplanung, namentlich auf ein Heroingeschäft, ohne weiteres einlässt. Die Tatbereitschaft für ein Geschäft mit harten Drogen liegt hier zwar nicht offen zu Tage, so dass die Tatprovokation nicht bereits auf der ersten Stufe (→ Rn. 171, 183) entfällt. Wohl aber kann auf Grund der deliktsspezifischen Gegebenheiten auch ohne konkrete Manifestierung ein Anfangsverdacht bejaht (zweite Stufe) und die Zielperson zu einem solchen Geschäft veranlasst werden.

213 Dieser auf der Grundlage der deliktsspezifischen Besonderheiten begründete Verdacht trägt jedoch nur **bis zur Entscheidung der Zielperson.** Zeigt sich diese nicht ohne weiteres bereit, sich an der Tat mit dem höheren Unrechtsgehalt zu beteiligen, und geht die qualitative Steigerung ihrer Verstrickung mit einer Einwirkung von einiger Erheblichkeit durch den agent provocateur einher, so liegt eine unzulässige Tatprovokation vor (BGHSt 47, 44 (→ Rn. 168)).

214 Generell zu beachten ist, dass sich die **Qualität des Verdachts** im Verlauf des Einsatzes des agent provocateur hinsichtlich Intensität und Unrechtscharakter **ändern** kann (BGHSt 47, 44 (→ Rn. 168)).

215 Im Falle der → Rn. 210 liegt der **Quantensprung** zu Tage. In anderen Fällen kann er allerdings zweifelhaft sein, so etwa beim Übergang von Cannabis zu einer Droge mittlerer Gefährlichkeit, etwa zu Amfetamin oder Ecstasy (*Weber* NStZ 2002, 50 (51)). Nicht geklärt ist auch, ob es bei der „großen" Menge (BGHSt 47, 44 (→ Rn. 168)) auf die Wirkstoffmenge oder die Gewichtsmenge ankommt, wobei nach der gegebenen Situation die Gewichtsmenge im Vordergrund stehen sollte (*Weber* NStZ 2002, 50 (51); s. auch OLG Hamm NStZ 2003, 279).

216 **b) Einsatz gegen Dritte.** In der Vergangenheit hat die Rechtsprechung (BGH NStZ 1988, 550 mAnm *Endriß* = StV 1987, 435; 1994, 335 (→ Rn. 168); 1995, 505 = StV 1995, 364) im Rahmen einer Güterabwägung auch den Einsatz eines agent provocateur gegen (nicht selbst verdächtige) Dritte zugelassen (s. auch § 100a Abs. 3, § 100c Abs. 3 S. 2 StPO). Nach der Rechtsprechung des EGMR (→ Rn. 170) und der darauf beruhenden Rechtsprechung des BGH (→ Rn. 200) dürfte dieser Weg **nicht mehr gangbar** sein. Dies gilt allerdings nur für die Tatprovokation (→ Rn. 173, 179) selbst, nicht aber für Einwirkungen, die diesen Grad nicht erreichen.

217 **2. Tatbereitschaft.** Von erheblicher Bedeutung für die Frage, ob überhaupt eine Tatprovokation vorliegt und ob sie sich gegebenenfalls im zulässigen Rahmen hält, ist die Tatbereitschaft. An einer Tatprovokation fehlt es, wenn lediglich die **offen erkennbare Bereitschaft** der Zielperson, Straftaten zu begehen oder fortzusetzen, genutzt wird, indem ihr eine Tatgelegenheit verschafft wird, um sie auf diese Weise einer Straftat zu überführen (→ Rn. 183). Auf eine Verdachtslage kommt es in diesem Fall nicht an. Dasselbe gilt, wenn der nicht offen ermittelnde Beamte oder die V-Person einen Dritten ohne sonstige Einwirkung **lediglich darauf anspricht,** ob er Betäubungsmittel beschaffen könne (→ Rn. 180). Ist der Dritte dann sofort tatbereit, so wird die Schwelle der Tatprovokation nicht erreicht.

218 Etwas anderes gilt, wenn **mit einiger Erheblichkeit** stimulierend auf ihn eingewirkt wird, um die Tatbereitschaft zu wecken oder die Tatplanung zu intensivieren. Ob sich dies in den zulässigen Grenzen hält, hängt von dem Bestehen und der Stärke eines Verdachts sowie der Art und Intensität der Einwirkung ab (→ Rn. 184).

Dagegen wird in **einigen neueren Polizeigesetzen,** etwa dem bayerischen 219 PAG (Art. 38 Abs. 4 Nr. 1, 2), es **Vertrauenspersonen** generell verboten,
- in einer Person, die nicht zur Begehung von Straftaten bereit ist, den Entschluss zu wecken, solche zu begehen (Nr. 1) oder
- eine Person zur Begehung einer über ihre erkennbare Bereitschaft hinausgehenden Straftat zu bestimmen (Nr. 2).

Die Behauptung der Gesetzesbegründung (LT-Drs. 17/20425, 57), damit würden lediglich die Grundsätze der Rechtsprechung umgesetzt, trifft im Hinblick auf → Rn. 218 nicht zu. Für Vertrauenspersonen, die im Rahmen der **Strafverfolgung** tätig werden, kann diese gesetzliche Regelung schon deswegen nicht als Maßstab dienen. Sie gilt im Übrigen nicht für Verdeckte Ermittler und sonstige nicht offen ermittelnde Beamte (NoeP).

In den durch den Grundsatz des fairen Verfahrens und das Rechtsstaatsprinzip 220 **gezogenen Grenzen** hält es sich
- wenn die Zielperson bereits zum Drogenhandel **entschlossen** war, die Geschäfte durch eine V-Person vermittelt wurden und als Abnehmer ein verdeckt ermittelnder Zollbeamter auftritt (BGHSt 60, 238 (→ Rn. 170); BGH NStZ 1981, 257 = StV 1981, 276); aber auch → Rn. 226;
- wenn beim Erstkontakt bereits eine Verdachtslage bestand, die Zielperson bei der V-Person nach dem noch gefährlicheren Rauschgift Cocain **nachfragte** und die Gewinnorientierung bei ihr handlungsleitend war, so dass weiteren Beiträgen der V-Person nur noch nachgeordnete Bedeutung zukam; es ist dann auch unschädlich, wenn die V-Person auf eine beschleunigte Abwicklung des Geschäfts drängt (BGH NStZ 2016, 232).

3. Art und Intensität der Einwirkung. Die Grenzen einer zulässigen Tatpro- 221 vokation (auch gegenüber Verdächtigen) sind **überschritten,** wenn sich der agent provocateur zur Herbeiführung des Tatentschlusses strafbarer oder unlauterer Mittel bedient oder wenn die Tatprovokation ein unvertretbares Übergewicht hat (in diesem Sinn dürfte der Kammerbeschluss des BVerfG vom 2.2.2006 – 2 BvR 1963/04 zu verstehen sein, wonach es dem Staat untersagt ist, durch eine intensive Willensbeeinflussung die Begehung von Straftaten zu provozieren, die ohne diese Einwirkung nicht begangen worden wären).

a) Strafbar ist die Drohung mit Hintermännern (BGH StV 1995, 131) oder 222 einer kriminellen Organisation (BGH NStZ 2009, 405 (→ Rn. 181)), mit erheblichen wirtschaftlichen Nachteilen (BGH StV 1995, 131), mit der Aufdeckung für die Zielperson peinlicher Umstände oder die Bedrohung der Zielperson oder ihrer Angehörigen (BGH NStZ 1995, 505 (→ Rn. 216); StV 1991, 460). Eine **konkludente** Drohung genügt (BGH NStZ 2009, 405 (→ Rn. 181)).

b) Unlauter ist die arglistige Ausnutzung einer Not- oder Zwangslage (BGH 223 NStZ 1985, 361 = StV 1985, 272), zB die Überlassung von Heroin an einen Süchtigen zur Belohnung (BGH StV 1982, 53), aber auch das arglistige Vorspiegeln einer solchen Zwangslage, etwa wenn die V-Person der Zielperson vormacht, es bestehe für sie oder für die V-Person (BGHSt 60, 276 (→ Rn. 170)) Leibes- oder Lebensgefahr. Unlauter ist auch die Ausnutzung des vertrauensvollen Kontakts eines in wirtschaftliche Not geratenen Arbeitslosen zum früheren Arbeitgeber (BGH NStZ 1984, 519 = StV 1984, 407) oder das Ausnutzen von Liebesbeziehungen oder Sexualkontakten. Auch aus dem Zusammentreffen mehrerer Mittel kann sich die Unlauterkeit ergeben (BGH NStZ 1985, 361 (s. o.)).

c) Unvertretbares Übergewicht der Tatprovokation. Auch wenn solche 224 Mittel nicht vorliegen, kann die Tatprovokation die zulässigen Grenzen überschreiten, wenn das tatprovozierende Verhalten ein solches Gewicht erlangt hat, dass demgegenüber der eigene Beitrag des Täters in den Hintergrund tritt (BGHSt 32, 345 (→Rn. 168); BGH NStZ 2014, 277 (→Rn. 146); HRRS 2018, 804 (→Rn. 180).

225 **aa) Hartnäckige Einflussnahme.** Ein unvertretbares Übergewicht kann gegeben sein, wenn der wochenlange Widerstand der Zielperson durch ständiges Insistieren und Versprechen von hohen Verdiensten abgebaut wird (BGH NStZ 1984, 519 = StV 1984, 407; OLG Koblenz StV 1991, 429), wenn der total verschuldeten Zielperson ständig hohe Geldsummen vorgezeigt werden oder wenn die Zielperson, die ihr Vorhaben bereits aufgegeben hat, durch Beschaffung von Papieren, hoher Geldbeträge und eines Tatfahrzeugs, sowie durch die erklärte Bereitschaft, sie bei der Organisation des Transportes und beim Absatz der Ware zu unterstützen, zur Fortführung der Tat gedrängt wird (BGH NStZ 1984, 78 = StV 1984, 4).

226 **bb) Einflussnahme von mehreren Seiten.** Ein unvertretbares Übergewicht kann die Tatprovokation auch dann gewinnen, wenn die Zielperson sowohl von einem Scheinaufkäufer als auch von einem Scheinverkäufer der Polizei (BGHR StGB § 46 Abs. 1 V-Mann 2 = StV 1988, 295; BGH NStZ 1994, 39) oder sonst von mehreren Personen (BGH NStZ 2014, 277 (→Rn. 146)) bedrängt wird. aber auch →Rn. 220.

227 **cc) Wesentliche Erleichterung des Geschäfts.** Zu einem unvertretbaren Übergewicht kann auch beitragen, dass die Ermittlungsbehörde das Geschäft durch weiteres Tun wesentlich erleichtert haben (BGH NStZ 2014, 277 (→Rn. 146)).

228 **dd) Einsatz in der Vollzugsanstalt ohne Kenntnis der Vollzugsbehörde.** Der Strafvollzug dient der Resozialisierung von Gefangenen und nicht der Animierung zu weiteren Straftaten. Es geht deswegen nicht an, dass der Auftrag der Vollzugsbehörden durch eine andere staatliche Einrichtung unterlaufen wird. Die Anstaltsleitung ist daher über den Einsatz eines agent provocateur zu unterrichten, damit sie abwägen kann, ob ein solcher Einsatz aus ihrer Sicht verantwortet werden kann (BGH NStZ 2008, 39 = StV 2008, 21).

229 Der Einsatz eines agent provocateur in der Vollzugsanstalt kann vor allem **dann in Betracht kommen,** wenn Aussicht besteht, gefährliche Strukturen von Rauschgiftlieferungen in den Strafvollzug hinein oder einen laufenden gewichtigen Rauschgifthandel mit der Sicherung großer Rauschgiftmengen und/oder Ergreifung gefährlicher Hinterleute aufzudecken (BGH NStZ 2008, 39 (→Rn. 228); aA wohl *Patzak* in Körner/Patzak/Volkmer Vor § 29 Rn. 164). In einem solchen Fall müssen auch gewährte Vollzugslockerungen nicht notwendig widerrufen werden.

230 **ee) Tiefere Verstrickung.** Die Grenzen eines zulässigen Einsatzes werden auch dann nicht gewahrt, wenn die Zielperson durch den agent provocateur tiefer in Schuld und Unrecht verstrickt wird, als es zur Überführung und Bestrafung notwendig ist (BGHR BtMG § 29 Strafzumessung 23 = StV 1993, 115); auch →Rn. 209−215 zum Quantensprung.

231 Dies gilt jedoch nicht, wenn es darum geht, durch **weitere Geschäfte** Mittäter oder **Hintermänner** von Rauschgiftgeschäften und **Lieferquellen** ausfindig zu machen oder **größere Mengen** von Rauschgift aus dem Verkehr zu ziehen (BGH NStZ 1988, 550 (→Rn. 216); 1994, 335 (→Rn. 168); 1995, 506 = StV 1995, 364); s. auch BVerfG 2 BvR 1963/04).

232 **III. Die Abbildung der Judikatur des EGMR in der Rechtsprechung des BGH.** Ob und inwieweit die Kriterien des EGMR zur konventionswidrigen Tatprovokation in der bisherigen Rechtsprechung des BGH abgebildet sind, ist zwischen den Strafsenaten des BGH nicht abschließend geklärt. Während die 1. Senat (BGHSt 60, 238 (→Rn. 170); BGH NStZ 2018, 355 (→Rn. 170)), der 4. Senat (NStZ 2016, 232) und wohl auch der 5. Senat (HRRS 2018, 804 (→Rn. 180)) da-

Ausnahmen von der Erlaubnispflicht § 4 BtMG

von ausgehen, dass die Merkmale des EGMR in der Rechtsprechung des BGH berücksichtigt werden, lässt der 2. Senat (BGHSt 60, 276 (→ Rn. 170)) Zweifel daran anklingen.

Ein Abgleich ergibt folgendes: 233

1. Zum Verdacht. Sind die Kriterien erfüllt, die der EGMR für das Vorliegen 234 eines **Verdachts** aufgestellt hat (→ Rn. 193), so sind in der Regel (eine Ausnahme ist das bloße Vorbestraftsein (BGHSt 60, 276 (→ Rn. 170)); BGH NStZ 2018, 355 (→ Rn. 170)) auch die Voraussetzungen der § 152 Abs. 2, § 160 StPO gegeben. Ob dadurch andere als die vom EGMR genannten Umstände, etwa Zeugenaussagen, die ebenfalls einen Verdacht begründen können, ausgeschlossen werden sollen, wird aus der Rechtsprechung des EGMR, insbesondere auch aus dem Urteil v. 23.10.2014 (EGMR NJW 2015, 3631 (→ Rn. 170) – *Furcht*) nicht klar. Das offene Merkmal, wonach „nichts darauf hindeutete, dass" der Betroffene „der Beteiligung am Rauschgifthandel schon zugeneigt war, bevor er von den Polizeibeamten kontaktiert wurde" (EGMR NJW 2015, 3631), zielt zwar in erster Linie auf den Verdacht der Tatbereitschaft, es spricht aber nichts dagegen, es auch sonst heranzuziehen.

Problematisch ist der **Zeitpunkt,** der nach der Vorstellung des EGMR für das 235 Vorliegen des Verdachts maßgeblich sein soll (→ Rn. 195). Dass es auch dann auf den Zeitpunkt des Erstkontakts ankommen soll, wenn eine Tatprovokation zu diesem Zeitpunkt noch nicht geplant war, **macht keinen Sinn** und lässt sich auch mit den **herkömmlichen Methoden** der Gesetzesauslegung **nicht ohne Widerspruch** zu allen sonstigen, auch besonders eingriffsintensiven, Ermittlungsmaßnahmen in die deutsche Rechtsordnung einpassen. Diese Vorgabe darf daher unbeachtet bleiben (s. BVerfGE 111, 307 = NJW 2004, 3407 = StV 2005, 307; 128, 326 = NStZ 2011, 450).

Ausdrückliche Entscheidungen zum **„Quantensprung"** (→ Rn. 209–215) fin- 236 den sich, soweit ersichtlich, in der Judikatur des EGMR nicht. Die Rechtsprechung zum „Quantensprung" ist jedoch lediglich eine Ausdifferenzierung des erforderlichen Verdachts und liegt damit auf der Linie des EGMR.

Auch zur **Wechselwirkung** zwischen der Stärke des Verdachts und der für die 237 Annahme einer Tatprovokation erheblichen Einwirkung (→ Rn. 184) ist Judikatur des EGMR nicht ersichtlich. Zu einer Anpassung der deutschen Rechtsprechung an die des EGMR besteht aber jedenfalls solange kein Anlass, wie sich dieser nicht ausdrücklich dazu ablehnend geäußert hat.

Dagegen ergeben sich **keine Widersprüche** zwischen der Auferlegung der 238 **„Beweislast"** durch den EGMR (→ Rn. 197) und den Grundsätzen, die für die Beweisführung im deutschen Ermittlungs- und Strafverfahren maßgeblich sind. Eine Ausnahme gilt für die Revision (BGHSt 60, 238 (→ Rn. 170)).

2. Zur Tatbereitschaft. Die Rechtsprechung des EGMR, insbesondere das Ur- 239 teil v. 23.10.2014 (EGMR NJW 2015, 3631 (→ Rn. 170) – *Furcht*), äußert sich zwar zum Verdacht der Tatbereitschaft (→ Rn. 234), behandelt die **offen erkennbare Tatbereitschaft** (→ Rn. 217) der Zielperson jedoch nicht ausdrücklich. Da bereits der auf objektiven Anhaltspunkten beruhende Verdacht der Tatbereitschaft genügt, muss dies erst recht für die offen erkennbare Tatbereitschaft gelten.

Schwieriger sind die Fälle zu beurteilen, in denen ein Dritter **lediglich darauf** 240 **angesprochen** wird, ob er Rauschgift beschaffen könne und dieser sich sofort tatbereit erklärt (→ Rn. 217). Nach der Rechtsprechung des BGH (→ Rn. 180) liegt in diesen Fällen mangels Erheblichkeit der Einwirkung keine Tatprovokation vor. In der **Rechtsprechung des EGMR** (→ Rn. 191) findet sich dieses Abgrenzungsmerkmal bisher nicht. Zu einer Anpassung der deutschen Rechtsprechung an die des EGMR (dazu BGHSt 60, 276 (→ Rn. 170); *Meyer/Wohlers* JZ 2015, 761 (769))

Weber 225

241 **3. Zu Art und Intensität der Einwirkung.** Nach der Rechtsprechung des EGMR (→ Rn. 196) kommt es vor allem darauf an, ob auf den Betroffenen Druck ausgeübt wurde. Wie sich insbesondere aus den vom EGMR für dessen Vorliegen gegebenen Hinweisen ergibt, deckt sich dies mit der deutschen Rechtsprechung.

242 **4. Ergebnis.** Wird davon ausgegangen, dass zu einem vorauseilenden Gehorsam kein Anlass besteht (→ Rn. 237, 240), so stimmen die Rechtsprechung des EGMR, soweit sie nach deutschem Recht zu berücksichtigen ist (→ Rn. 235), und des BGH im Wesentlichen überein. Dies entspricht der Auffassung des 4. (BGH NStZ 2016, 232) und wohl auch des 5. Strafsenats (HRRS 2018, 804 (→ Rn. 180)).

243 **I. Strafbarkeit des agent provocateur; Disziplinierung.** Von der Frage der öffentlich-rechtlichen Legitimation des Einsatzes eines agent provocateur ist die seiner etwaigen Strafbarkeit zu unterscheiden (zur Strafbarkeit und Bestrafung der Zielperson → Rn. 250). Im allgemeinen Strafrecht wird der agent provocateur von der hM grundsätzlich als **straflos** angesehen, wobei die Frage meist bei der Anstiftung diskutiert wird (*Fischer* StGB § 26 Rn. 12; *Lackner/Kühl* StGB § 26 Rn. 4; *Schünemann* in LK-StGB, 12. Aufl. 2007, § 26 Rn. 60–69; *Heine/Weißer* in Schönke/Schröder StGB § 26 Rn. 21–24; *Joecks/Scheinfeld* in MüKoStGB StGB § 26 Rn. 76–82; *Schild* in NK-StGB § 26 Rn. 12; *Kudlich* in BeckOK StGB § 26 Rn. 23.1; s. auch BGH BeckRS 2020, 36377). Soll nach der Vorstellung des agent provocateur die Haupttat nicht zur Vollendung kommen, so fehlt es bereits daran, dass sich der Vorsatz des Anstifters auf eine vollendete Tat erstrecken muss (BGHR BtMG § 29 Abs. 1 Nr. 1 Handeltreiben 69 = NStZ 2007, 531 = StV 2007, 302; dazu *Weber* JR 2007, 400 (403, 404)).

244 Der agent provocateur bleibt aber auch dann straflos, wenn er zwar die Vollendung in Kauf nimmt, jedoch die **erfolgreiche Beendigung** der Tat oder jedenfalls den Eintritt einer Rechtsgutsverletzung verhindern will (BGH StV 1981, 549; OLG Oldenburg wistra 1999, 314; *Fischer* StGB § 26 Rn. 12, *Lackner/Kühl* StGB § 26 Rn. 4; *Heine/Weißer* in Schönke/Schröder § 26 Rn. 23; *Joecks/Scheinfeld* in MüKoStGB § 26 Rn. 77, 78; aA *Schild* in NK-StGB § 26 Rn. 28, der allerdings eine Rechtfertigung nach § 34 für denkbar hält). Dies gilt auch dann, wenn ihm dies nicht gelingt.

245 Die Tatprovokation im **Betäubungsmittelstrafrecht** besteht in aller Regel in der Bestimmung zum Handeltreiben. Unter Handeltreiben ist jedes eigennützige Bemühen zu verstehen, das darauf gerichtet ist, den Umsatz von Betäubungsmitteln zu ermöglichen oder zu fördern (→ § 29 Rn. 168). Auf Grund der besonderen Struktur dieses Tatbestands, die mit dem Begriff des unechten Unternehmensdelikts beschrieben werden kann (→ § 29 Rn. 273–278), tritt die Vollendung auch dann ein, wenn ein Umsatz nicht erreicht werden kann (weil der Vorgang polizeilich überwacht wird), so dass **qualitativ** ein **Versuch** vorliegt. Da sich der Vorsatz des agent provocateur auf dieses Stadium beschränkt, beteiligt er sich an einer Handlung, die sich zwar formal als vollendetes Handeltreibens darstellt, in ihrer **Qualität** aber lediglich eine **Versuchshandlung** ist. Um eine nicht gewollte Ausdehnung der Strafbarkeit zu vermeiden, ist der Grundsatz, dass sich der Vorsatz des Teilnehmers auf die **Vollendung** erstrecken muss, auch hier anzuwenden (s. BGHR BtMG § 29 Abs. 1 Nr. 1 Handeltreiben 69 (→ Rn. 243); auch *Joecks/Scheinfeld* in MüKoStGB § 26 Rn. 80).

246 Im Übrigen sorgt der agent provocateur dafür, dass sich die **abstrakte Gefahr,** die von dem Umgang mit Betäubungsmitteln ausgeht, **nicht verwirklichen kann,** so dass keine materielle Rechtsgutsverletzung eintritt. Auch dies spricht dafür, dass er sich nicht strafbar macht (auch → Rn. 243).

An der Straflosigkeit ändert sich auch nichts, wenn der agent provocateur die 247
Grenzen einer zulässigen Tatprovokation **überschreitet** (aA *Sinner/Kreuzer* StV
2000, 114 (115)). Entscheidend ist das Ziel, das der agent provocateur und die ihn
führenden Beamten verfolgen. Sind sie darauf bedacht, den Umsatz des Rauschgifts
und den Eintritt einer Rechtsgutsverletzung zu verhindern (→ Rn. 243–245), so
kommt Strafbarkeit auch dann nicht in Betracht, wenn sie sich in den Mitteln vergreifen (aA BGH NStZ 2014, 277 (→ Rn. 146), allerdings ohne Begr., bei Verdacht
eines zielstrebig und unbedingt auf einen großen Betäubungsmittelumsatz gerichteten, grob rechtswidrigen Verhaltens der V-Person).

Es ist daher auch nicht möglich, die Drohung mit der Strafbarkeit zur „**Diszipli-** 248
nierung" der Strafverfolgungsbehörden einzusetzen, wie dies von *Sinner/Kreuzer*
StV 2000, 114 (115) vorgeschlagen wird. Zu einer solchen Disziplinierung besteht
auch kein Anlass. In der Praxis hört sich der agent provocateur in der Rauschgiftszene nach **potenten Lieferanten** um, sucht Kontakt zu ihnen oder lässt sich von
ihnen kontaktieren (VG Würzburg 11. 4. 1985 – W1K84A 1271, zitiert bei *Körner,*
4. Auflage, BtMG § 31 Rn. 199). Das Ansprechen harmloser Bürger auf ein
Rauschgiftgeschäft entspricht weder der Interessenlage eines agent provocateur
noch der Praxis.

J. Beweissituation, Beweiswürdigung. Dass die Revisionsgerichte gleich- 249
wohl verhältnismäßig häufig über eine solche Konstellation zu entscheiden haben,
ist **eine Folge der Beweissituation.** Da Verdeckte Ermittler und V-Personen in
der Hauptverhandlung meist nicht präsentiert werden können und der Führungsbeamte als Zeuge vom Hörensagen kein starkes Beweismittel ist (BGHSt 45, 321
(340) (→ Rn. 168); BGH NStZ 2014, 277 (→ Rn. 146); NStZ-RR 2018, 21
= StV 2018, 787; allerdings hat der EGMR (EGMR StraFo 2007, 107 mAnm *Sommer* (11. 9. 2006 – 22007/03 = Sapunarescu) die Vernehmung des Führungsbeamten
und sorgfältige Würdigung seiner Aussage als ausreichend angesehen), gehen die
Tatgerichte in Anwendung des Zweifelssatzes vielfach von den Angaben des Angeklagten aus (*Scherp* bei Körner, 5. Aufl. 2001, § 31 Rn. 218); für die Revisionsgerichte ist dies bindend. Mit der wirklichen Praxis dürfen diese **papierenen** Ergebnisse nicht verwechselt werden. Dass die Tatprovokation für die Zielperson ein
erheblicher Stress-Faktor sein kann, ist eine andere Frage (*Körner* StV 2002, 449).

K. Folgen der Tatprovokation für die Zielperson (Strafzumessung). Wel- 250
che Folgen eine Tatprovokation für die Strafbarkeit der Zielperson und das Verfahren gegen sie hat, ist zum Teil sehr umstritten. Bei der Klärung der betreffenden
Fragen empfiehlt es sich,
– das Vorstadium einer Tatprovokation (→ Rn. 251–257),
– die zulässige Tatprovokation (→ Rn. 258–275) und
– die konventions- oder rechtsstaatswidrige Tatprovokation (→ Rn. 276–300)
zu unterscheiden.

I. Das Vorstadium einer Tatprovokation. Hat die Einwirkung des verdeckt 251
ermittelnden Beamten oder der V-Person auf die Zielperson das Maß einer Tatprovokation **nicht erreicht** (→ Rn. 179–184, 217), so kommt eine Berücksichtigung
der Einwirkung (lediglich) im Rahmen der Strafzumessung in Betracht.

1. Anlass zur Strafmilderung. Allerdings besteht kein Anlass zur Strafmilde- 252
rung (*Oğlakcıoğlu* in MüKoStGB BtMG Rn. § 29 Rn. 593), wenn sich die Zielperson als ohnehin tatbereit erweist und sich die Einwirkung lediglich darauf
beschränkt, dass ihr die erwünschte konkrete Gelegenheit für den von ihr grundsätzlich schon in Aussicht genommenen Absatz von Betäubungsmitteln geboten
wird (→ Rn. 183).

Auch sonst ist es nicht veranlasst, **schematisch** jegliche aktive Beteiligung des 253
verdeckt ermittelnden Beamten oder der V-Person am Tatgeschehen strafmildernd

zu berücksichtigen, weil sie „im weitesten Sinn" bereits Einwirkungscharakter entfalte (*Scherp* bei Körner, 5. Aufl. 2001, § 31 Rn. 207). Eine solche Mitwirkung, die nicht im Hervorrufen des Tatentschlusses besteht, kann im Einzelfall zwar ein Ausmaß annehmen, das eine strafmildernde Berücksichtigung rechtfertigt, zwingend ist dies jedoch nicht.

254 **Eine Strafmilderung** kommt vor allem dann in Betracht, wenn zur Bereitschaft der zur Tat entschlossenen Zielperson **weitere Umstände hinzukommen,** etwa
- wenn die Zielperson erst eine umfangreiche Tätigkeit entfalten muss, etwa weil ihr die notwendigen Verbindungen und Erfahrungen fehlen (BGH NStZ 1992, 488 = StV 1992, 462),
- wenn ein Verdeckter Ermittler der Zielperson erstmals die Tatausführung ermöglicht, indem er Grundstoffe in das betriebsbereite Labor liefert (BGHR BtMG § 29 V-Mann 10 = NStZ 1993, 584 = StV 1994, 15) oder eine Lagerhalle zur Verfügung stellt und einen Abnehmer in Form eines Scheinaufkäufers beschafft (BGH StV 2000, 555) oder
- wenn die Zielperson zwar auf erste Anfrage tatbereit war (→ Rn. 180), jedoch erst die ständigen und zahlreichen Anfragen des agent provocateur und eines zusätzlich als Scheinaufkäufer eingesetzten Polizeibeamten eine maßgebliche Ursache für ihre Bemühungen gesetzt haben, Betäubungsmittel in der geforderten Menge zu erhalten (BGHR StGB § 46 Abs. 1 V-Mann 4).

In diesen Fällen wird je nach Sachlage nicht selten die **Schwelle zur Tatprovokation überschritten** sein, so dass eine Strafmilderung schon deswegen in Betracht kommt.

255 **2. Art der Strafmilderung.** Kommt nach der Art des Tatbestandes eine **Strafrahmenwahl** in Betracht (§§ 29a–30a), so sind in die dabei anzustellende Gesamtwürdigung alle Umstände einzubeziehen, die auch bei der Strafzumessung im engeren Sinn relevant sind (→ Vor § 29 Rn. 739, 792). Dies gilt auch für die Einwirkung auf die Zielperson, die das Maß einer Tatprovokation nicht erreicht. Allerdings wird ein solch schwacher Einfluss für sich allein eher selten eine Strafrahmenverschiebung rechtfertigen können.

256 So genügt eine Berücksichtigung im Rahmen der Strafzumessung im engeren Sinn, wenn die Zielperson durch die (bloße) Frage des agent provocateur auf die **Idee zur Tat** gebracht wurde (BGH StGB § 46 Abs. 1 V-Mann 7).

257 Dem steht es nicht unbedingt entgegen, wenn in BGH NStZ 1994, 289 = StV 1994, 169 ausgeführt wird, es falle bei der Strafzumessung wesentlich (bis zur Unterschreitung der sonst schuldangemessenen Strafe) ins Gewicht, wenn die Zielperson erst durch die Aktivitäten des Verdeckten Ermittlers **auf den Gedanken** des unerlaubten Betäubungsmittelhandels gebracht worden sei; aus der Entscheidung ergibt sich lediglich, dass die Tatprovokation sich gegen einen Nichtverdächtigen richtete (→ Rn. 198); worin die Aktivitäten des Verdeckten Ermittlers bestanden, wird nicht gesagt.

258 **II. Zulässige Tatprovokation.** Wird die Schwelle einer staatlich veranlassten Tatprovokation erreicht (→ Rn. 179–184), war der Einsatz eines agent provocateur aber im Einzelfall **zulässig,** weil
- ein Verdacht bestand (→ Rn. 199–215),
- hinreichende Tatbereitschaft gegeben war (→ Rn. 218, 220),
- die zulässigen Einsatzformen gewahrt (→ Rn. 185–187) und
- die menschenrechtlichen und rechtsstaatlichen Grenzen eingehalten wurden (→ Rn. 191–215),

so darf aus der Zulässigkeit des Einsatzes **nicht geschlossen** werden, die Tatprovokation könne im Verfahren gegen die Zielperson **keine Strafmilderung** herbeiführen (BGHSt 41, 64 (→ Rn. 201)).

Ausnahmen von der Erlaubnispflicht §4 BtMG

1. Milderung aufgrund jeglicher Einwirkung. Vielmehr ist jede Einwirkung 259 eines agent provocateur auf den Täter im Rahmen der Strafzumessung zu würdigen (BGHSt 41, 64 (→ Rn. 201); 45, 321 (325) (→ Rn. 168); BGH NStZ 2018, 355 mAnm *Esser*), und zwar auch dann, wenn alle rechtsstaatlichen Sicherungen beachtet wurden. Strafmildernd ist vor allem zu berücksichtigen, wenn **Tatanreize** geschaffen wurden. Dies kommt etwa in Betracht, wenn das Geschäft mit der Mitwirkung des agent provocateur stand und fiel, wenn der agent provocateur das Geschäftsvolumen hoch angesetzt hatte und wenn er darauf drängte, für eine pünktliche Durchführung zu sorgen (BGH NStZ 1992, 488 = StV 1992, 462).

2. Umfang der Strafmilderung. In welchem Umfang eine Strafmilderung in 260 Betracht kommt, hängt im Wesentlichen davon ab, welches **Ausmaß** die Einflussnahme des agent provocateur auf die Zielperson gehabt hat (BGH NStZ 1992, 488 = StV 1992, 462). Dabei steht dem Gericht, gemessen an der Nachhaltigkeit der Einwirkung (BGHSt 45, 321 (325) (→ Rn. 168)), ein weiter Spielraum zu.

Die Tatprovokation hat objektiv nur **geringes Gewicht,** wenn der Täter nicht 261 nachhaltig gedrängt oder überredet werden musste, wenn er von sich aus Vorstellungen über den möglichen illegalen Transport des Rauschgifts entwickelt und auch sonst keine Bedenken hatte, an den umfangreichen Vorbereitungen für die Tat mitzuwirken (BGHR StGB § 46 Abs. 1 V-Mann 9 = NStZ 1992, 275).

Etwas anderes gilt, wenn **mit einiger Erheblichkeit** auf die verdächtige Ziel- 262 person eingewirkt werden musste, um die Tatbereitschaft zu wecken oder die Tatplanung zu intensivieren (BGHR StGB § 46 Abs. 1 V-Mann 4) oder wenn es sich um ein **bloßes Luftgeschäft** mit polizeilichen V-Personen handelt (BGH NStZ-RR 2000, 57 = StV 1999, 651; StV 2000, 555 = BeckRS 2000, 910; 620 = BeckRS 2000, 3849).

Im Hinblick auf eine unzulässige Köderung der Zielperson (→ Rn. 196) und da- 263 mit nicht mehr als ein zulässiger Fall einer Tatprovokation dürfte es anzusehen sein, wenn V-Personen in Kenntnis der **schlechten finanziellen Situation** der Zielperson diese davon überzeugen, ihre Schulden durch ein Rauschgiftgeschäft loswerden zu können, und sie dann mit einem Verdeckten Ermittler in Verbindung bringen (BGH StV 1995, 247).

Dasselbe gilt, wenn der agent provocateur der Zielperson die Beteiligung am 264 Rauschgifthandel durch die **verlockende Schilderung** eigener Betäubungsmittelgeschäfte schmackhaft macht und dieser Eindruck durch eine zweite V-Person, die sich als Heroinhändler großen Stils aufspielt, noch verstärkt wird (BGH StV 1993, 127), und zwar auch dann, wenn die Zielperson sofort Kontakt zu einem Heroinhändler herstellt (wobei der BGH mit Recht bemerkenswert fand, dass der Händler früher ein Geschäft mit dem V-Mann abgewickelt hatte).

3. Schuldunabhängiger Strafmilderungsgrund. Ein schuldunabhängiger 265 Strafmilderungsgrund kommt bei Einhaltung der rechtsstaatlichen Grenzen der Tatprovokation grundsätzlich **nicht** in Betracht (BGHSt 32, 345 (355) (→ Rn. 168); BGH NStZ 1995, 506 = StV 1995, 366; StV 1994, 368).

Etwas anderes gilt dann, wenn die Zielperson **nicht tatbereit war.** In einem sol- 266 chen Fall ist neben den anderen Milderungsgründen zusätzlich zu berücksichtigen, dass die Zielperson im Interesse der Verbrechensaufklärung und -bekämpfung, wenn auch nicht ohne eigenes Zutun, in Unrecht und Schuld verstrickt wurde (BGH NJW 1986, 75 = StV 1985, 309; 1986, 1764 = NStZ 1986, 162; 1986, 404 mAnm *Puppe* = StV 1986, 100; NStZ 1988, 550 mAnm *Endriß* = StV 1987, 435).

Dasselbe gilt, wenn es darum geht, **durch weitere Geschäfte** Mittäter oder 267 Hintermänner ausfindig zu machen oder weitergehende Mengen Rauschgift aus dem Verkehr zu ziehen (BVerfG 2 BvR 1389/04; 2 BvR 1963/04), und wenn die Zielperson deswegen, wenn auch nicht ohne eigenes Zutun, tiefer in Unrecht und Schuld

Weber 229

verstrickt wird, als dies zu ihrer eigenen Überführung und Bestrafung notwendig ist (BGH NStZ 1988, 550 (→ Rn. 216))

268 **4. Ort und Art der Berücksichtigung.** Die, wenn auch zulässige, Tatprovokation kommt einem vertypten Strafmilderungsgrund nahe (→ Vor § 29 Rn. 781).

269 **a) Minderung von Unrecht und Schuld.** Sie fällt daher bereits bei der **Strafrahmenwahl** erheblich ins Gewicht (BGH NStZ 1993, 584 = StV 1994, 15; NStZ-RR 2000, 57 = StV 1999, 651; StraFo 2005, 345).

270 Auch wenn der Einsatz des agent provocateur sich **innerhalb** der durch das Rechtsstaatsprinzip und Art. 6 EMRK gezogenen Grenzen hält, wird die Annahme eines minder schweren Falles meist naheliegen (BGH StV 2000, 555 = BeckRS 2000, 910). Die ausdrückliche Erörterung bei der **Strafrahmenwahl** ist daher grundsätzlich geboten (BGH 5 StR 356/11). Dasselbe gilt für die Verneinung eines besonders schweren Falls trotz Vorliegens eines Regelbeispiels.

271 Die Tatprovokation hat aber auch Bedeutung für die **Strafzumessung im engeren Sinn**. Sie kann dort auch innerhalb des Ausnahmestrafrahmens strafmildernd gewertet werden (BGHR StGB § 46 V-Mann 4; 12 = StV 1995, 131). Für ein weiteres Zurückgehen wird im Falle einer Tatprovokation, die die rechtsstaatlichen Grenzen einhält, in aller Regel kein Anlass bestehen; allerdings → Rn. 272.

272 **b) Vorliegen eines schuldunabhängigen Strafmilderungsgrunds.** Ist (auch) ein schuldunabhängiger Strafmilderungsgrund gegeben (→ Rn. 265–267), so reicht der Spielraum von der Ablehnung eines besonders schweren Falls trotz Vorliegens eines Regelbeispiels über die Annahme eines minder schweren Falls und das Zurückgehen auf die gesetzliche Mindeststrafe bis zur Einstellung des Verfahrens nach §§ 153, 153a StPO bei Vergehen oder, selbst bei Verbrechen, bis zur Verwarnung mit Strafvorbehalt (BGHSt 32, 345 (355) (→ Rn. 168); 45, 321 (229) (→ Rn. 168)).

273 Dabei sind als **Wertungsgesichtspunkte** insbesondere Grundlage und Ausmaß des Verdachts, Art, Intensität und Zweck der Einflussnahme, Tatbereitschaft, Art und Umfang des Tatbeitrags der Zielperson sowie das Maß der Fremdsteuerung zu berücksichtigen (BGHSt 45, 321 (341) (→ Rn. 168)).

274 In den Fällen, in denen ein **schuldunabhängiger Strafmilderungsgrund** eingreift (→ Rn. 265–267), ist dies in den Urteilsgründen festzustellen und bei der Festsetzung der Rechtsfolgen ausdrücklich zu kompensieren, wobei das Ausmaß der auf Grund des schuldunabhängigen Strafmilderungsgrundes bedingten Strafmilderung exakt zu bestimmen ist (zur Vollstreckungslösung → Rn. 275). Dies gilt auch in den Fällen des Quantensprungs (→ Rn. 209–215).

275 **c) Vollstreckungslösung beim schuldunabhängigen Strafmilderungsgrund.** Der schuldunabhängige Strafmilderungsgrund steht neben den Milderungsgründen, die sich sonst aus der Einwirkung auf die Zielperson ergeben (BGHSt 45, 321 (341) (→ Rn. 168)). Ob die Kompensation deswegen **im Wege der Vollstreckungslösung** (→ Vor § 29 Rn. 1132–1136) vorgenommen werden sollte, ist nicht abschließend geklärt. Die bisherige Rechtsprechung ist eher dagegen (BGH NStZ 2005, 465; 2007, 28; 2008, 39; NStZ-RR 2006, 201).

276 **III. Konventions-/rechtsstaatswidrige Tatprovokation.** Bis zum Jahre 2015 war es ständige Rechtsprechung, die Einwirkung einer konventions-/rechtsstaatswidrigen Tatprovokation ausschließlich im **Bereich der Strafzumessung** auszugleichen (zur Entwicklung und zur Rechtsprechung s. → 4. Aufl., Vor § 29 Rn. 974–980). Ob dies mit der Judikatur des EGMR (dazu → 4. Auflage, Vor § 29 Rn. 981–985) im Einklang stand, war im Schrifttum heftig umstritten (dazu → 4. Aufl., Vor § 29 Rn. 986–990). Nach der Entscheidung des EGMR v.

Ausnahmen von der Erlaubnispflicht   **§ 4 BtMG**

23.10.2014 (NJW 2015, 3631 (→ Rn. 170)) hat sich dieser Streit erneut entzündet und dabei auch die Strafsenate des BGH erreicht.

1. Das Urteil des EGMR v. 23.10.2014. Im U. v. 23.10.2014 (NJW 2015, 277 3631 (→ Rn. 170)) wiederholt der EGMR zunächst seine Rechtsprechung, wonach es in erster Linie Sache der nationalen Behörden sei, Wiedergutmachung für Verstöße gegen die Konvention zu leisten, wobei in den Fällen einer konventionswidrigen Tatprovokation alle als Ergebnis der Provokation gewonnenen Beweismittel ausgeschlossen werden müssten oder ein Verfahren mit vergleichbaren Konsequenzen greifen müsste (→ Rn. 62, 64).

Über diese bisherige Rechtsprechung hinaus vertritt der EGMR nunmehr die 278 Ansicht, dass, von dem Ausschluss derartiger Beweismittel oder einem Verfahren mit vergleichbaren Konsequenzen abgesehen, **alle anderen Maßnahmen nicht** als ausreichend gelten können, um eine angemessene Wiedergutmachung für eine Verletzung von Art. 6 Abs. 1 MRK zu leisten (→ Rn. 68). Selbst eine erhebliche Strafmilderung könne daher, „nicht zuletzt aufgrund der Bedeutung des Materials für den Beweis der Schuld des Beschwerdeführers" als ein Verfahren mit vergleichbaren Konsequenzen wie der Ausschluss der angegriffenen Beweismittel angesehen werden (→ Rn. 69).

2. Der Kammerbeschluss des BVerfG v. 18.12.2014. Die 2. Kammer des 279 2. Senats des BVerfG setzt sich im Beschluss v. 18.12.2014 (NJW 2015, 1083) ausführlich mit der Entscheidung des EGMR v. 23.10.2014 auseinander. Nach deutschem Recht wurzele das Recht auf ein faires Verfahren im Rechtsstaatsprinzip (Art. 20 Abs. 3; Art. 2 Abs. 1, Art. 1 Abs. 1 GG). Dieses fordere aber nicht nur eine faire Ausgestaltung und Anwendung des Strafverfahrensrechts, sondern auch die Berücksichtigung der Belange einer funktionstüchtigen Strafrechtspflege, ohne die der Gerechtigkeit nicht zum Durchbruch verholfen werden könne. Unter diesem Blickpunkt verstoße es nicht gegen das Rechtsstaatsprinzip, wenn die Tatprovokation im Rahmen der **Strafzumessung** berücksichtigt werde. **Verfahrenshindernisse** seien im deutschen Recht eine seltene Ausnahme. Selbst ein Verstoß gegen verbotene Vernehmungsmethoden führe lediglich zu einem Beweisverwertungsverbot (§ 136a Abs. 3 S. 2 StPO). Eine Verfahrenseinstellung könne allenfalls in **extremen Ausnahmefällen** aus dem Rechtsstaatsprinzip hergeleitet werden. Dies könnte etwa in Betracht kommen, wenn es sich bei der Zielperson um einen gänzlich Unverdächtigen handeln würde, der lediglich als Objekt der staatlichen Ermittlungsbehörden einen vorgefertigten Tatplan ohne eigenen Antrieb ausgeführt hätte.

Der EGMR verfolge einen **anderen dogmatischen Ansatz,** indem er die Zu- 280 lässigkeit der Verfahrensdurchführung an sich und der Beweisverwertung in den Mittelpunkt stellt. Ihm sei zwar darin zuzustimmen, dass der Staat unbescholtene Bürger nicht zu Straftaten verleiten darf. Daraus folge jedoch nicht, dass das nationale Rechtssystem dem **dogmatischen Ansatz** des EGMR folgen müsse. Solange die inhaltlichen Anforderungen des Art. 6 Abs. 1 EMRK erfüllt seien, sei es **Sache der nationalen Gerichte,** zu entscheiden, wie diese in die nationalen Strafrechtssysteme einzuordnen sind.

3. Das Urteil des EGMR vom 15.10.2020. Im Urteil vom 15.10.2020 281 (BeckRS 2020, 28627 – Akbay) hält der EGMR an seiner Rechtsprechung fest.

4. Die Rezeption des Urteils des EGMR in der Rechtsprechung der deut- 282 **schen Strafgerichte.** Die Auffassungen innerhalb des BGH sind gespalten.

a) Der 2. Strafsenat. Nach dem Urteil des 2 Strafsenats v. 10.6.2015 (BGHSt 283 60, 276 (→ Rn. 170)) hat die rechtsstaatswidrige Tatprovokation **regelmäßig** ein **Verfahrenshindernis** zur Folge. Dies ergebe sich aus der neueren Rechtsprechung des EGMR (→ Rn. 278), an die die deutschen Gerichte im Rahmen methodisch vertretbarer Gesetzesauslegung gebunden seien. Zwar müsse das nationale Rechtssystem nicht zwingend dem dogmatischen Ansatz des EGMR folgen (BVerfG NJW 2015, 1083), nachdem der EGMR jedoch ausdrücklich festgestellt habe, dass auch eine erhebliche Strafmilderung nicht zu Konsequenzen führe, die einem Ausschluss sämtlicher durch die konventionswidrige Tatprovokation erlangten Beweismittel vergleichbar sind, könne an der Strafzumessungslösung nicht mehr festgehalten werden.

284 Die danach gebotene **Neubewertung** führe zur Annahme eines **Verfahrenshindernisses.** Ein Beweisverwertungsverbot würde dem vom EGMR verfolgten Zweck nur genügen, wenn es auch auf die mittelbar erlangten Beweise erstreckt würde. Die Nichtverwendung dieser Beweise liefe aber im Ergebnis ebenfalls auf ein Verfahrenshindernis hinaus. Demgegenüber füge sich die Annahme eines Verfahrenshindernisses „schonend" in das deutsche Strafrechtssystem ein. Den Umstand, dass es sich manchmal erst auf Grund einer umfassenden Gesamtwürdigung ergebe, teile es mit anderen Verfahrenshindernissen, etwa der Verjährung.

285 **b) Der 1. Strafsenat.** Nach dem Beschluss des 1. Strafsenats v. 19.5.2015 (BGHSt 60, 238 (→ Rn. 170)) begründet Art. 6 MRK im Falle einer konventionswidrigen Tatprovokation auch in der Auslegung des EGMR die Annahme eines **Verfahrenshindernisses grundsätzlich nicht.** Der EGMR stelle zwar auf ein Verfahren „mit vergleichbaren Konsequenzen" ab, was auch die Begründung eines Verfahrenshindernisses umfasse, halte aber selbst mehrere Wege für gangbar, um die Verfahrensfairness zu gewährleisten. Im Übrigen müsse das nationale Rechtssystem nicht zwingend dem dogmatischen Ansatz des EGMR folgen. Solange die von Art. 6 MRK an die Verfahrensfairness gestellten Anforderungen erfüllt würden, überlasse es der EGMR den nationalen Gerichten, zu entscheiden, wie die Anforderungen aus der MRK in das nationale Strafrechtssystem einzugliedern seien.

286 Dem habe die bisherige Rechtsprechung auch in Fällen konventionswidriger Tatprovokation entsprochen. Etwas anderes könne in **extremen Ausnahmefällen** in Betracht kommen, etwa (in Anlehnung an den Kammerbeschluss des BVerfG (→ Rn. 279)) gegen einen (bis dahin) gänzlich Unverdächtigen, der lediglich „als Objekt der staatlichen Ermittlungsbehörden einen vorgefertigten Tatplan ohne eigenen Antrieb ausgeführt hätte". In seinem Urteil v. 7.12.2017 (NStZ 2018, 355 (→ Rn. 170)) lässt der 1. Strafsenat die Frage eines Verfahrenshindernisses offen, hebt aber hervor, dass aus dem Rechtsstaatsgedanken herzuleitende Verfahrenshindernisse eine seltene Ausnahme darstellen, weil das Rechtsstaatsgebot nicht nur die Belange des Beschuldigten, sondern auch das Interesse an einer der materiellen Gerechtigkeit dienenden Strafverfolgung schützt (BVerfG NJW 2015, 1083 (→ Rn. 279–281); BGH BeckRS 2017, 127539).

287 **c) Der 5. Strafsenat.** Auch nach dem Urteil des 5. Strafsenats vom 4.7.2018 (HRRS 2018, 804 (→ Rn. 180)) kommt aus diesen Gründen ein Verfahrenshindernis nur in **extremen Ausnahmefällen,** „also" bei einer besonders hohen Eingriffsintensität in Betracht.

288 **5. Die Strafzumessung.** Wird der Auffassung des **2. Strafsenats** (→ Rn. 283, 284) in den Fällen konventionswidriger Tatprovokation gefolgt, so stellt sich die **Frage der Strafzumessung nicht.**

289 **Anders** ist dies, wenn der Rechtsprechung des **1. Strafsenats** (→ Rn. 285, 286) gefolgt wird, die für den **Regelfall** die bisherige **Strafzumessungslösung** vorsieht. Insoweit gilt:

290 Die Konventionswidrigkeit der Tatprovokation kann sich aus dem **fehlenden Tatverdacht** oder/und der **fehlenden Tatbereitschaft** sowie aus der **Art und Intensität** der Einwirkung ergeben.

Ausnahmen von der Erlaubnispflicht § 4 **BtMG**

a) Nicht verdächtige Zielperson. Richtet sich die Tatprovokation gegen eine 291 unverdächtige (→ Rn. 199–215) Person, so ist schon deshalb eine konventionswidrige Tatprovokation gegeben (BGHSt 45, 321 (335) (→ Rn. 168); 47, 44 (→ Rn. 168); BGH NJW 2009, 1159 = NStZ 285, 405 = StV 2009, 695).

Als weitere **Wertungsgesichtspunkte** sind dabei insbesondere die Art und Intensität sowie der Zweck der Einflussnahme, die Tatbereitschaft, Art und Umfang des Tatbeitrags der Zielperson sowie das Maß der Fremdsteuerung zu berücksichtigen (BGHSt 45, 321 (341) (→ Rn. 168); *Oğlakcıoğlu* in MüKoStGB BtMG § 29 Rn. 597). Auf → Rn. 221–231 wird verwiesen. 292

Der Verstoß gegen den Grundsatz des fairen Verfahrens ist in den **Urteilsgründen festzustellen** und bei der Festsetzung der Rechtsfolgen zu kompensieren (→ Rn. 294). Das Ausmaß der durch das konventionswidrige Handeln bedingten Strafmilderung ist in den Urteilsgründen exakt zu bestimmen (BGHSt 45, 321 (335) (→ Rn. 168)). Ob auch die **Vollstreckungslösung** anzuwenden ist, ist nicht abschließend geklärt (→ Rn. 275). 293

Aus dem Verstoß ergibt sich ein **schuldunabhängiger Strafmilderungsgrund,** der von besonderem Gewicht ist (BGHSt 45, 321 (341) (→ Rn. 168); BGH NStZ 1999, 501 = StV 1999, 631 mAnm *Taschke; Schäfer/Sander/van Gemmeren* Strafzumessung Rn. 856) und innerhalb der gesetzlichen Strafrahmen zur Unterschreitung der sonst schuldangemessenen Strafe führen kann. Wegen der Einzelheiten wird auf → Rn. 272 Bezug genommen. 294

Die Tatprovokation gegen eine unverdächtige Zielperson ist für sich noch **kein extremer Ausnahmefall,** der ein Verfahrenshindernis begründen könnte (→ Rn. 286; BGHSt 60, 238 (→ Rn. 170)). Hinzu kommen müsste, dass die Zielperson lediglich als Objekt der staatlichen Ermittlungsbehörden einen vorgefertigten Tatplan ohne eigenen Antrieb ausgeführt hätte. 295

bb) Verdächtige Zielperson. Richtet sich die Tatprovokation gegen eine verdächtige Zielperson, so ist sie nicht von vornherein unzulässig (→ Rn. 193, 178, → Rn. 199–215). Gleichwohl können auch hier die durch Art. 6 Abs. 1 S. 1 EMRK und das Rechtsstaatsprinzip gesetzten Grenzen überschritten sein. 296

Ob dies der Fall ist, richtet sich nach der **Rechtsprechung des EGMR** (→ Rn. 196) danach, ob die Ermittler sich nicht mehr passiv verhalten, sondern auf die Zielperson **Druck ausgeübt** haben. Dies ist dann gegeben, wenn sie von sich aus Kontakt zu der Zielperson aufgenommen haben, wenn sie ihr Angebot trotz einer anfänglichen Ablehnung erneuert oder darauf beharrt haben, wenn sie die Zielperson mit Preisen, die den Marktwert übersteigen, geködert oder wenn sie durch Vorspiegelung von Entzugserscheinungen ihr Mitleid erregt haben. 297

Die deutsche Rechtsprechung (→ Rn. 221) greift diese Beispielsfälle zum Teil auf, geht aber auch darüber hinaus. Danach sind die Grenzen einer zulässigen Tatprovokation **überschritten,** wenn sich der agent provocateur zur Herbeiführung des Tatentschlusses strafbarer (→ Rn. 222) oder unlauterer (→ Rn. 223) Mittel bedient hat oder wenn die Tatprovokation ein unvertretbares Übergewicht hat (→ Rn. 224–231). Einsatzformen (→ Rn. 185–187), 298

Nicht anders als beim fehlenden Verdacht wird die Zielperson auch hier durch eine Überschreitung der rechtsstaatlich gebotenen Grenzen der Tatprovokation in Unrecht und Schuld verstrickt. Daraus folgt auch hier ein **schuldunabhängiger Strafmilderungsgrund** (BGHSt 32, 345 (→ Rn. 168); BGH NJW 1986, 1764 = NStZ 1986, 404 mAnm *Puppe* = StV 1986, 100). Für seine Feststellung und seinen Umfang gelten die → Rn. 272–275). Auch die für die Frage der Zulässigkeit der Tatprovokation maßgeblichen Wertungsgesichtspunkte (→ Rn. 273) sind mit ihrem vollen Gewicht zu berücksichtigen, da es sich hierbei nicht um Tatbestandsmerkmale, sondern um Merkmale der Strafzumessung handelt. 299

300 Der schuldunabhängige Strafmilderungsgrund kann auch **neben den Milderungsgründen** ins Gewicht fallen, die sich aus der Intensität der Einwirkung auf die Zielperson ergeben. So ist es zu eng, wenn das Gericht nur auf den Druck abstellt, der von dem agent provocateur ausgeübt wurde (BGH NStZ 1994, 335 = StV 1994, 368; 1995, 505 (→ Rn. 216)).

301 **IV. Tatprovokation und Gewichtung bestimmter Merkmale.** Hat der agent provocateur auf Art, Menge oder Wirkstoffgehalt des Rauschgifts, mit dem die Zielperson Handel getrieben hat, Einfluss genommen, so ist eine uneingeschränkte strafschärfende Berücksichtigung dieser Merkmale nicht zulässig (→ Vor § 29 Rn. 948, 959, 966).

302 **V. Überwachung, Observation.** Werden strafbare Handlungen, die von einem agent provocateur veranlasst wurden, so überwacht, dass eine erhebliche Gefährdung des angegriffenen Rechtsgutes ausgeschlossen ist, so kann dies für die Strafzumessung regelmäßig **zusätzlich** unter dem Gesichtspunkt des geringeren Erfolgsunwertes der Tat Bedeutung erlangen (BGH NJW 1986, 1764 (→ Rn. 299); NStZ 2010, 504; StV 2000, 555; *Malek* BtMStrafR Kap. 3 Rn. 78). Ob die Strafe von diesem Strafzumessungsgrund wesentlich bestimmt wird, hängt jedoch von den sonstigen Umständen ab (BGHR StGB § 46 Abs. 1 V-Mann 7 (1 StR 529/89)).

303 **VI. Mehrere Beteiligte.** Die schuldunabhängige Strafmilderung kommt nur den Personen zugute, auf die staatlich eingewirkt worden ist (BGH StV 1994, 368; 1995, 131). Sie kommt daher grundsätzlich (zu den Ausnahmen → Rn. 177) nicht denjenigen zugute, auf die die Zielperson oder andere Beteiligte ihrerseits eingewirkt haben.

304 Allerdings kann **strafmildernd** berücksichtigt werden, wenn die Tatbeteiligung des Angeklagten durch den Einsatz des agent provocateur gegen seinen Mitangeklagten in Gang gesetzt wurde und er sich in Kenntnis des auf seinen Mitangeklagten ausgeübten Drucks zur Mitwirkung bereit erklärt hatte (BGH NStZ 1995, 505 (→ Rn. 216); *Malek* BtMStrafR Kap. 3 Rn. 80).

305 **VII. Verfahrensrüge, Darstellung im Urteil.** Ob die fehlenden Voraussetzungen einer zulässigen Tatprovokation in der Revision nur dann berücksichtigt werden können, wenn eine Verfahrensrüge erhoben wird, ist nicht abschließend geklärt (BGHSt 45, 321 (323) (→ Rn. 168); BGH NStZ 2008, 39 (→ Rn. 228); BGH 2 ARs 33/04). Bislang lässt es die Rechtsprechung ausreichen, wenn in dem angefochtenen Urteil entsprechende Feststellungen getroffen sind (BGH NStZ 2001, 53 (→ Rn. 200); 2008, 39 (→ Rn. 228)). Andernfalls ist eine Verfahrensrüge notwendig (BGH NStZ-RR 2010, 289).

306 **1. Verpflichtung des Tatgerichts.** Eine Verpflichtung des Tatgerichts, die Einhaltung verfahrensrechtlicher Vorschriften in den Urteilsgründen zu dokumentieren, besteht nicht (BGH NStZ 2001, 53 (→ Rn. 200)). Die Aufnahme ausdrücklicher Feststellungen in das Urteil ist dagegen dann geboten, wenn ein Fall unzulässiger Tatprovokation gegeben ist (BGH NStZ 2001, 53).

307 **2. Verfahrensrüge.** Die Verfahrensrüge muss den Anforderungen des § 344 Abs. 2 S. 2 StPO entsprechen. Dazu muss sie den Akteninhalt mitteilen, der Anhaltspunkte für das Bestehen des Anfangsverdachts und einer Tatgeneigtheit des Angeklagten enthält, um dem Revisionsgericht eine ausreichende Prüfung zu ermöglichen (BGHSt 60, 238 (→ Rn. 170); BGH NStZ 2001, 53 (→ Rn. 200)). Dass nach der Rechtsprechung die Beweislast bei den Behörden liegt (→ Rn. 197), vermag daran nichts zu ändern. Eine entsprechende Auslegung des § 344 Abs. 2 S. 2 StPO wäre mit den anerkannten Methoden der Gesetzesauslegung nicht mehr vereinbar (BGHSt 60, 238 (→ Rn. 170)).

Kapitel 4. Anzeigepflicht (Absatz 3)

Um die notwendige Kontrolle zu gewährleisten, sieht Absatz 3 eine Anzeige gegenüber dem BfArM vor. 308

A. Zeitpunkt (Satz 1). Die Anzeige muss vor dem Beginn der Teilnahme am Betäubungsmittelverkehr beim BfArM eingegangen sein; die Absendung genügt nicht (*Joachimski/Haumer* BtMG Rn. 23; aA *Eberth/Müller* BtMR Rn. 24). Dass bereits eine BtM–Nummer zugeteilt wurde, ist nicht erforderlich. 309

B. Inhalt (Satz 2). Den Inhalt der Anzeige regelt Absatz 3 Satz 2. Betreiber der Apotheke (Nr. 1, 2) ist der Inhaber der apothekenrechtlichen Erlaubnis (§§ 1, 9, 14, 16, 17 ApoG). Bei Krankenhausapotheken können das auch juristische Personen oder Personenvereinigungen sein. Namen von angestellten Apothekern sind nicht mitzuteilen. 310

C. Unterrichtung (Satz 3). Bei tierärztlichen Hausapotheken unterrichtet das BfArM die zuständige oberste Landesbehörde. 311

D. Zuwiderhandlungen. Wer vorsätzlich oder fahrlässig entgegen Absatz 3 Satz 1 die Teilnahme am Betäubungsmittelverkehr nicht anzeigt, handelt ordnungswidrig nach § 32 Abs. 1 Nr. 1. 312

§ 5 Versagung der Erlaubnis

(1) **Die Erlaubnis nach § 3 ist zu versagen, wenn**
1. **nicht gewährleistet ist, dass in der Betriebsstätte und, sofern weitere Betriebsstätten in nicht benachbarten Gemeinden bestehen, in jeder dieser Betriebsstätten eine Person bestellt wird, die verantwortlich ist für die Einhaltung der betäubungsmittelrechtlichen Vorschriften und der Anordnungen der Überwachungsbehörden (Verantwortlicher); der Antragsteller kann selbst die Stelle eines Verantwortlichen einnehmen,**
2. **der vorgesehene Verantwortliche nicht die erforderliche Sachkenntnis hat oder die ihm obliegenden Verpflichtungen nicht ständig erfüllen kann,**
3. **Tatsachen vorliegen, aus denen sich Bedenken gegen die Zuverlässigkeit des Verantwortlichen, des Antragstellers, seines gesetzlichen Vertreters oder bei juristischen Personen oder nicht rechtsfähigen Personenvereinigungen der nach Gesetz, Satzung oder Gesellschaftsvertrag zur Vertretung oder Geschäftsführung Berechtigten ergeben,**
4. **geeignete Räume, Einrichtungen und Sicherungen für die Teilnahme am Betäubungsmittelverkehr oder die Herstellung ausgenommener Zubereitungen nicht vorhanden sind,**
5. **die Sicherheit oder Kontrolle des Betäubungsmittelverkehrs oder der Herstellung ausgenommener Zubereitungen aus anderen als den in den Nummern 1 bis 4 genannten Gründen nicht gewährleistet ist,**
6. **die Art und der Zweck des beantragten Verkehrs nicht mit dem Zweck dieses Gesetzes, die notwendige medizinische Versorgung der Bevölkerung sicherzustellen, daneben aber den Missbrauch von Betäubungsmitteln oder die mißbräuchliche Herstellung ausgenommener Zubereitungen sowie das Entstehen oder Erhalten einer Betäubungsmittelabhängigkeit soweit wie möglich auszuschließen, vereinbar ist oder**
7. **bei Beanstandung der vorgelegten Antragsunterlagen einem Mangel nicht innerhalb der gesetzten Frist (§ 8 Abs. 2) abgeholfen wird.**

(2) **Die Erlaubnis kann versagt werden, wenn sie der Durchführung der internationalen Suchtstoffübereinkommen oder Beschlüssen, Anordnungen oder Empfehlungen zwischenstaatlicher Einrichtungen der Suchtstoffkontrolle entgegensteht oder dies wegen Rechtsakten der Organe der Europäischen Union geboten ist.**

Übersicht

	Rn.
A. Inhalt der Vorschrift	1
B. Entscheidungsrahmen	2
C. Die zwingenden Versagungsgründe (Absatz 1)	5
I. Das Fehlen eines Verantwortlichen (Nr. 1)	6
1. Verantwortlicher	7
2. Betriebsstätte	9
II. Fehlende Sachkenntnis, Unvermögen (Nr. 2)	12
III. Fehlende Zuverlässigkeit (Nr. 3)	17
1. Gesamtbewertung	18
2. Verdachtsmomente	19
3. Bedenken	20
4. Modellprojekte; Umgang zu medizinischen Zwecken	23
IV. Fehlen geeigneter Räume, Einrichtungen, Sicherungen (Nr. 4)	25
V. Andere Gründe (Nr. 5)	29
VI. Nicht vereinbar mit den Gesetzeszwecken (Nr. 6)	35
1. Art/Zweck des beantragten Verkehrs	36
2. Zwecke des BtMG	38
a) Sicherstellung der medizinischen Versorgung,	39
b) (Keine) Ermöglichung des Suizids	43
c) Verhinderung von Missbrauch und Betäubungsmittelabhängigkeit	48
d) Zurückdrängung der Organisierten Kriminalität	53
VII. Nichtabhilfe von Mängeln (Nr. 7)	54
D. Fakultativer Versagungsgrund (Absatz 2)	55
I. Die internationalen Verpflichtungen	56
II. Zwischenstaatliche Einrichtungen der internationalen Suchtstoffkontrolle	57
1. Die Kontrollorgane nach den UN-Konventionen	58
a) Generalversammlung, Generalsekretär	59
b) Der Wirtschafts- und Sozialrat (ECOSOC)	60
c) Die Suchtstoffkommission (CND)	62
d) Das internationale Suchtstoffkontrollamt (INCB)	63
e) Unterstützende Funktionen	65
aa) Büro für Drogen und Verbrechen (UNODC)	66
bb) Weltgesundheitsorganisation (WHO)	67
2. Kontrollorgane für die Drogenaktionspläne der EU	68

A. Inhalt der Vorschrift

1 Die Vorschrift regelt die Versagung der Erlaubnis nach § 3. Sie ist darüber hinaus insofern von Bedeutung, als sie in Absatz 1 Nr. 6 eine Definition des **Gesetzeszwecks** enthält, die auch für die Anwendung anderer Vorschriften von Bedeutung ist (BVerfG NJW 2000, 3126; dazu → § 3 Rn. 88). § 5 gilt für die Erlaubnis nach § 3 Abs. 1 und Abs. 2 (*Patzak* in Körner/Patzak/Volkmer Rn. 1). Auch die Erlaubnis für ein **Modellprojekt** darf daher nur erteilt werden, wenn die Voraussetzungen des § 5 erfüllt sind. Bei der **Erlaubnis** zum Umgang mit Cannabis aus **medizinischen Zwecken** (→ § 3 Rn. 133–145) sind die §§ 5–7 modifiziert anzuwenden (→ Rn. 5).

B. Entscheidungsrahmen

Die Erlaubnis des § 3 Abs. 1 darf aus betäubungsmittelrechtlichen Gründen nur 2
abgelehnt werden, wenn ein Versagungsgrund des § 5 vorliegt (*Joachimski/Haumer* BtMG Rn. 1); sie darf also insbesondere nicht von einem Bedürfnis abhängig gemacht werden (BVerwG NJW 1967, 1787). In den Fällen des § 3 Abs. 2 hat das BfArM dagegen einen Ermessensspielraum (→ § 3 Rn. 100, 101). Zum notwendigen Umfang der Erlaubnis und zu etwaigen Nebenbestimmungen → § 9 Rn. 4–16.

Von § 5 abgesehen ist die Erlaubnis auch dann **nicht** zu erteilen, wenn sie gegen 3
andere Rechtsvorschriften verstoßen würde (*Weinzierl* in BeckOK BtMG Rn. 36; Hügel/Junge/Lander/Winkler Rn. 11). Dies kann auch unmittelbar geltendes EU-Recht, namentlich eine Verordnung (Art. 288 Abs. 2 AEUV) sein (→ Rn. 56).

Etwaige Einschränkungen des **erlaubnisfreien Verkehrs** (§ 4) richten sich im 4
Wesentlichen nach berufsrechtlichen Vorschriften.

C. Die zwingenden Versagungsgründe (Absatz 1)

Liegt ein Versagungsgrund des **Absatzes 1** vor, so ist die Erlaubnis **zwingend** zu 5
versagen, sofern die Bedenken nicht durch Beschränkungen, Bedingungen oder Befristungen ausgeräumt werden können. Zu den Auflagen → § 9 Rn. 10. Das BfArM kann vor der Versagung dem Antragsteller Gelegenheit geben, Mängeln des Antrags abzuhelfen (§ 8 Abs. 2; § 5 Abs. 1 Nr. 7 (→ Rn. 54)). § 5 Abs. 1 gilt auch für **Modellprojekte**. Bei der Erlaubnis (→ § 3 Rn. 133–145) zum Umgang mit Cannabis aus **medizinischen** Gründen sind die Versagungsgründe des § 5 Abs. 1 **modifiziert anzuwenden;** sie dürfen insbesondere nicht so gehandhabt werden, dass eine Erlaubnis für Privatpersonen, die sie zu therapeutischen Zwecken nutzen wollen, praktisch ausscheidet oder unzumutbar erschwert wird (OVG Münster A&R 2013, 48 = BeckRS 2013, 46110; 2014, 192 = BeckRS 2014, 53296). Die einzelnen Versagungsgründe sind:

I. Das Fehlen eines Verantwortlichen (Nr. 1). Nach Nr. 1 muss gewährleistet 6
sein, dass in der Betriebsstätte ein **Verantwortlicher** bestellt ist, der für die Einhaltung der betäubungsmittelrechtlichen Vorschriften und der Anordnungen der Überwachungsbehörde die Verantwortung trägt. Seine Stellung entspricht im Wesentlichen der der Sachkundigen Person im Sinne des AMG (§§ 14, 19) und kann mit dieser identisch sein (*Weinzierl* in BeckOK BtMG Rn. 7).

1. Verantwortlicher kann nur eine natürliche Person sein (*Weinzierl* in BeckOK 7
BtMG Rn. 3). Es genügt nicht, dass er im Organisationsplan seiner Funktion nach ausgewiesen ist; vielmehr muss er dem Namen nach bestimmt sein. Der Verantwortliche muss nicht Mitglied der Geschäftsleitung sein, wohl aber muss ihm diese die erforderlichen Kompetenzen übertragen, damit er seine Aufgaben erfüllen kann. Dazu gehört, dass er befugt ist, den am Betäubungsmittelverkehr beteiligten Betriebsangehörigen Weisungen zu geben und deren Einhaltung zu überwachen (*Weinzierl* in BeckOK BtMG Rn. 3; Hügel/Junge/Lander/Winkler Rn. 2).

Auch im Rahmen eines **Modellprojekts** ist es unverzichtbar, dass Verantwort- 8
liche bestellt werden, die für die Einhaltung der betäubungsmittelrechtlichen Vorschriften und der Anordnungen der Überwachungsbehörden zuständig sind und die Verantwortung hierfür tragen (*Patzak* in Körner/Patzak/Volkmer Rn. 4). Dasselbe gilt, wenn der Umgang mit **Cannabis** zu **medizinischen Zwecken** erlaubt (→ § 3 Rn. 133–145) werden soll; als Verantwortliche für Erwerb und Besitz kommen hier der Arzt, der die Betreuung übernommen hat (OVG Münster A&R 2013, 48 (→ Rn. 5)), und für die Abgabe der Apotheker in Betracht. Nach BVerwGE 154, 352 = NVwZ 2016, 1413 = A&R 2016, 192; OVG Münster A&R 2014 (→ Rn. 5) soll die Betreuung durch den Arzt auch in den Fällen des **Eigenanbaues**

von Cannabis in Betracht kommen; mit den sich daraus ergebenden praktischen Schwierigkeiten befassen sich die Gerichte nicht.

9 **2. Betriebsstätte** ist der Standort des Betriebs unter einer bestimmten Hausnummer, nicht die einzelne Produktionsstätte im Rahmen einer Betriebsstätte (BT-Drs. 8/3551, 28). Innerhalb einer Betriebsstätte können mehrere Verantwortliche bestellt sein. Ihre Zuständigkeitsbereiche müssen dann klar abgegrenzt sein (Hügel/Junge/Lander/Winkler Rn. 2) und sollten dem BfArM gemeldet werden.

10 Wird in **mehreren Produktionsstätten,** die Teil einer Betriebsstätte sind, mit Betäubungsmitteln umgegangen, so genügt ein Verantwortlicher. Dasselbe gilt, wenn mehrere Betriebsstätten in benachbarten Gemeinden liegen. Benachbarte Gemeinden sind solche, die mit ihrem Gemeindegebiet aneinandergrenzen (BT-Drs. 8/3551, 28).

11 Die Regelungen für Betriebsstätten gelten auch für **Modellprojekte.** Apotheken können Betriebsstätten sein (*Patzak* in Körner/Patzak/Volkmer Rn. 5). Betriebsstätten müssen auch dann vorhanden sein, wenn, wenn der Umgang mit Cannabis zu **medizinischen Zwecken** erlaubt (→ § 3 Rn. 133–145) werden soll (→ Rn. 28).

12 **II. Fehlende Sachkenntnis; Unvermögen (Nr. 2).** Nach Nr. 2 muss der Verantwortliche über die erforderliche **Sachkenntnis** verfügen und in der Lage sein, die ihm obliegenden Verpflichtungen ständig zu erfüllen. Welche Sachkenntnis gegeben sein muss, ist in § 6 geregelt; zu **Modellprojekten** und zu der Erlaubnis (→ § 3 Rn. 133–145) zum Umgang mit Cannabis aus **medizinischen Zwecken** → Rn. 16.

13 Das weitere Erfordernis, dass der Verantwortliche in der Lage sein muss, seine Verpflichtungen **ständig** zu erfüllen, bedeutet nicht, dass er den Betäubungsmittelverkehr ständig persönlich überwachen muss. Ausreichend ist eine kontinuierliche Wahrnehmung dieser Verantwortung, die eine sichere Überwachung des Betäubungsmittelverkehrs gewährleistet. Dabei hängt die nähere Ausgestaltung der den Verantwortlichen treffenden Verpflichtungen, insbesondere Häufigkeit und Umfang der Kontrollen, von der Art des beantragten Verkehrs ab (BVerwGE 154, 352 (→ Rn. 8)). Auch ist keine ständige Anwesenheit im Betrieb notwendig (Hügel/Junge/Lander/Winkler Rn. 3); dies ergibt sich bereits aus Nr. 1, wonach für mehrere Betriebsstätten in benachbarten Gemeinden ein (gemeinsamer) Verantwortlicher bestellt werden kann. Der Verantwortliche muss jedoch während seiner Abwesenheit die Möglichkeit haben, sich über den Betriebsablauf auch im Einzelnen zu unterrichten und die notwendigen Anordnungen zu treffen.

14 Generell sollte der Verantwortliche nach seiner **sonstigen Arbeitsbelastung** in der Lage sein, die wesentlichen Arbeitsvorgänge mindestens einmal täglich zu kontrollieren und für Rückfragen der Mitarbeiter zur Verfügung zu stehen (*Joachimski/Haumer* BtMG Rn. 5; *Malek* BtMStrafR in Spickhoff Rn. 3). Auch muss er den Belastungen aufgrund seines Alters und seines Gesundheitszustandes gewachsen sein.

15 Die Bestellung eines **Vertreters** ist gesetzlich nicht vorgesehen (Hügel/Junge/Lander/Winkler Rn. 3). Lässt sich die Einhaltung der betäubungsmittelrechtlichen Vorschriften durch Anweisungen an die Betriebsangehörigen nicht (mehr) sicherstellen, etwa bei einer längeren Abwesenheit oder einem großen Betrieb, so ist ein ebenso qualifizierter und befugter Vertreter zu bestellen, der dann zweckmäßig dem BfArM angezeigt werden sollte (*Joachimski/Haumer* BtMG Rn. 5).

16 Auf das Erfordernis der Sachkunde des Verantwortlichen kann auch bei **Modellprojekten** nicht verzichtet werden. Dasselbe gilt für die Erlaubnis (→ § 3 Rn. 133–145) zum Umgang mit Cannabis zu **medizinischen Zwecken;** allerdings kann hier auch der betreuende Arzt zum Verantwortlichen bestellt werden (→ Rn. 8). Nach BVerwGE 154, 352 (→ Rn. 8), OVG Münster A&R 2014, 192

(→ Rn. 5) soll auch die Sachkenntnis ausreichen, die sich der Patient durch den jahrelangen (gerechtfertigten [§ 34 StGB]) Eigenanbau hinsichtlich der von ihm verwendeten Cannabissorte angeeignet hat und die vom BfArM nach § 6 Abs. 2 herangezogen werden könne. Seiner Kontrollfunktion (→ Rn. 13) werde der zum Verantwortlichen bestellte Arzt gerecht, wenn er den Konsumenten kontinuierlich betreut und mit der im Einzelfall gebotenen Häufigkeit und Intensität überprüft, ob dieser seinen Pflichten im Umgang mit dem Betäubungsmittel ordnungsgemäß nachkommt (BVerwGE 154, 352 (→ Rn. 8)).

III. Fehlende Zuverlässigkeit (Nr. 3). Nach Nr. 3 ist die Erlaubnis zu versagen, wenn Tatsachen vorliegen, aus denen sich Bedenken gegen die Zuverlässigkeit des Antragstellers (oder seines gesetzlichen Vertreters), des Verantwortlichen oder der Personen ergeben, die die Gesamtleitung des Unternehmens oder die Leitung des für den Betäubungsmittelverkehr zuständigen Unternehmensbereichs (BT-Drs. 8/3551, 29) innehaben. Zuverlässig ist, wer die Gewähr dafür bietet, die ihm obliegenden Pflichten bei der Durchführung des beantragten Betäubungsmittelverkehrs jederzeit in vollem Umfang zu erfüllen (BVerwGE 154, 352 (→ Rn. 8)). 17

1. Gesamtbewertung. Bei der Prüfung der Zuverlässigkeit ist eine Gesamtbewertung vorzunehmen. Dabei sind insbesondere Art und Umfang der Teilnahme des Betroffenen am Betäubungsmittelverkehr, seine Stellung im Betrieb und seine Person zu berücksichtigen. Etwaige Bedenken, die sich aus seiner Person ergeben, müssen zu seinen Möglichkeiten, den Betäubungsmittelverkehr zu beeinflussen, in Beziehung gesetzt werden. Wegen der Gefahren, die mit dem Umgang mit Betäubungsmitteln verbunden sind, sind dabei hohe Anforderungen zu stellen (Hügel/Junge/Lander/Winkler Rn. 4). 18

2. Verdachtsmomente. Auf der anderen Seite reichen bloße Verdachtsmomente, die nicht in Tatsachen bestehen, zur Verneinung der Zuverlässigkeit nicht aus. Liegen aber Tatsachen vor, die gegen die Zuverlässigkeit sprechen, so wirkt es sich zu Lasten des Antragstellers aus, wenn weitere Aufklärungsmöglichkeiten nicht bestehen (*Joachimski/Haumer* BtMG Rn. 8). 19

3. Bedenken. Tatsachen, aus denen sich Bedenken gegen die Zuverlässigkeit ergeben, liegen vor, wenn der Betroffene wegen Straftaten im Zusammenhang mit der Teilnahme am Betäubungsmittel- oder Arzneimittelverkehr oder mit dem Betrieb eines Gewerbes verurteilt wurde. Auch Ordnungswidrigkeiten aus diesen Bereichen können Zweifel an der Zuverlässigkeit begründen (Hügel/Junge/Lander/Winkler Rn. 4). 20

Ebenso spricht es gegen die Zuverlässigkeit, wenn der Betroffene wegen **anderer Straftaten,** die auf erhebliche charakterliche Mängel schließen lassen, verurteilt wurde oder wenn Umstände vorliegen, die seine Erpressbarkeit begründen (*Weinzierl* in BeckOK BtMG Rn. 12). Bedenken können sich auch aus der schlechten wirtschaftlichen Lage des Antragstellers ergeben (*Weinzierl* in BeckOK BtMG Rn. 12), ebenso wenn Tatsachen vorliegen, die auf körperliche oder geistige Gebrechen hinweisen. Auf ein Verschulden kommt es dabei nicht an (*Joachimski/Haumer* BtMG Rn. 6). 21

Um die gebotene umfassende Persönlichkeitsbeurteilung vornehmen zu können, hat das BfArM das unbeschränkte Recht auf **Auskunft** aus dem Bundeszentralregister (§ 31 BZRG). 22

4. Modellprojekte, Umgang zu medizinischen Zwecken. Auf das Erfordernis der Zuverlässigkeit kann auch bei Modellprojekten nicht verzichtet werden (s. *Patzak* in Körner/Patzak/Volkmer Rn. 10). Es gilt allerdings nicht uferlos, sondern nur für einen bestimmten Personenkreis (Verantwortliche, Antragsteller und deren Vertretungsberechtigte). Soweit im Rahmen eines Modellprojekts zur Abgabe von Cannabis die einzelnen Erwerber zu diesem Personenkreis gehören, ist es richtig, 23 auch von ihnen den Nachweis der Zuverlässigkeit zu fordern (s. etwa Abschn. II 2 des Bescheides des BfArM v. 30.9.2015 (→ § 3 Rn. 84)). Diese Regelung kann auch nicht durch die im BtMG nicht vorgesehene Konstruktion umgangen werden, wonach einem Träger eine planfeststellungsähnliche „Grunderlaubnis" erteilt wird, die ihn zur „Lizensierung" von „Cannabisfachgeschäften" ermächtigt, die dann ihrerseits auf Grund einer Erlaubnis nach § 3 Abs. 1 Cannabis an registrierte Verbraucher abgeben dürfen (Bescheid des BfArM v. 28.1.2016).

24   Auch wenn der Umgang mit Cannabis zu **medizinischen Zwecken** erlaubt (→ § 3 Rn. 133–145) werden soll, kann auf das Erfordernis der Zuverlässigkeit nicht verzichtet werden. Ob sie gegeben ist, ist eine Frage des Einzelfalls. Insbesondere kann sie einem schwerkranken Patienten nicht schon deswegen abgesprochen werden, weil er abhängig geworden ist; dies gilt auch im Hinblick auf § 5 Abs. 1 Nr. 6 (BVerwGE 154, 352 (→ Rn. 8)).

25   **IV. Fehlen geeigneter Räume, Einrichtungen und Sicherungen (Nr. 4).** Nach Nr. 4 müssen geeignete Räume, Einrichtungen und Sicherungen vorhanden sein. Die Eignung bestimmt sich nach Art und Umfang der für die jeweilige Betriebsstätte vorgesehenen Tätigkeit. Bei Herstellungsbetrieben reicht die Vorlage der Herstellungserlaubnis nach § 13 AMG aus (Hügel/Junge/Lander/Winkler Rn. 5).

26   **Anhaltspunkte** für die Anforderungen an Beschaffenheit, Größe und Einrichtung der Betriebsräume und für einen ordnungsgemäßen Betriebsablauf enthält die AMWHV. Auch die Grundsätze einer guten Laborpraxis (GLP) können herangezogen werden (Hügel/Junge/Lander/Winkler Rn. 5). Bei einer wesentlichen Änderung der Betriebsräume ist eine neue Erlaubnis erforderlich (arg. § 7 Abs. 1 Nr. 3).

27   Auch wenn die Betäubungsmittel gegen unbefugte Entnahme nicht ausreichend **gesichert** werden können (dazu Hügel/Junge/Lander/Winkler Rn. 6), darf eine Erlaubnis nicht erteilt werden. Zu den Sicherungsmaßnahmen s. § 15.

28   Das Erfordernis geeigneter Räume, Einrichtungen und Sicherungen für die Teilnahme am Betäubungsmittelverkehr gilt auch dann, wenn der Umgang mit Cannabis zu **medizinischen Zwecken** erlaubt (→ § 3 Rn. 133–145) werden soll. Die verlangten Sicherungsmaßnahmen müssen für den Betroffenen allerdings zumutbar und dem Sicherungszweck angemessen sein; insbesondere sind die Richtlinien des BfArM (→ § 16 Rn. 2) nicht anwendbar (OVG Münster A&R 2014, 192 (→ Rn. 55); s. auch BVerwGE 154, 352 (→ Rn. 8)).

29   **V. Andere Gründe (Nr. 5).** Nach Nr. 5 darf die Erlaubnis auch dann nicht erteilt werden, wenn die Sicherheit oder Kontrolle des Betäubungsmittelverkehrs oder der Herstellung ausgenommener Zubereitungen aus anderen Gründen nicht gewährleistet ist. Die Sicherheit und Kontrolle des Betäubungsmittelverkehrs ist ein „Standardbegriff" des Betäubungsmittelrechts, der dem der öffentlichen Sicherheit und Ordnung im Polizeirecht vergleichbar ist (Hügel/Junge/Lander/Winkler Rn. 7). Er umfasst die Gesamtheit der Maßnahmen und Vorkehrungen, die der Sicherheit und Kontrolle des Betäubungsmittelverkehrs dienen (Hügel/Junge/Lander/Winkler Rn. 7).

30   An der **Sicherheit** und **Kontrolle** des Betäubungsmittelverkehrs fehlt es, wenn nicht sichergestellt ist, dass die Betäubungsmittel nicht dem illegalen Betäubungsmittelverkehr zugeführt werden oder wenn sonstiger Missbrauch nicht ausgeschlossen werden kann. Die Gründe, die nach Nr. 5 zur Versagung herangezogen werden, müssen in ihrem Gewicht im Wesentlichen den anderen Versagungstatbeständen entsprechen.

31   Anders als bei Nr. 3 brauchen aber **keine konkreten Tatsachen** vorzuliegen, aus denen sich eine Gefährdung des Betäubungsmittelverkehrs ergibt. Die Feststellungslast liegt beim Antragsteller (*Eberth/Müller* BtMR Rn. 17): es muss positiv fest-

gestellt werden, dass es auf Grund geeigneter Sicherheitsmaßnahmen nicht möglich ist, dass Betäubungsmittel in den illegalen Verkehr gelangen können. Gleichzeitig muss die missbräuchliche Verwendung durch Betriebsangehörige verhindert werden und deren Gesundheitsgefährdung ausgeschlossen sein (*Eberth/Müller* BtMR Rn. 17).

Bei der Erteilung einer Erlaubnis zum **unkontrollierten Verkehr** mit Cannabis zu den verschiedensten Produktionszwecken, etwa zur Brennstoffentwicklung, wäre die Sicherheit und Kontrolle des Betäubungsmittelverkehrs nicht gewährleistet (*Patzak* in Körner/Patzak/Volkmer Rn. 14). Dasselbe gilt für die nicht medizinisch begründete Erlaubnis zum Anbau von Cannabis zum Eigenverbrauch oder zur Abgabe von Cannabis in Apotheken (s. *Patzak* in Körner/Patzak/Volkmer Rn. 14, 15). 32

Die Sicherheit und Kontrolle des Betäubungsmittelverkehrs muss auch dann gewährleistet werden, wenn der Umgang mit Cannabis zu **medizinischen Zwecken** erlaubt (→ § 3 Rn. 133–145) werden soll. Eine ärztliche Betreuung und Kontrolle kann dazu ausreichen (OVG Münster A&R 2013, 48 (→ Rn. 5); 2014, 192 (→ Rn. 5); enger, mit weiteren Voraussetzungen, BVerwGE 154, 352 (→ Rn. 8)). 33

Je **gefährlicher das Betäubungsmittel** ist, desto höhere Anforderungen sind an die Sicherheitsvorkehrungen zu stellen (*Patzak* in Körner/Patzak/Volkmer Rn. 16). Soll die Verabreichung von Heroin im Rahmen eines Forschungsprojekts erprobt werden, so fehlt es allerdings nicht schon wegen der Gefährlichkeit dieses Betäubungsmittels an der notwendigen Sicherheit und Kontrolle des Betäubungsmittelverkehrs; Voraussetzung ist aber auch hier eine lückenlose ärztliche Kontrolle (VG Berlin NJW 1997, 816 = StV 1996, 621 mAnm *Körner*). Im Hinblick auf das deutlich schwächere Gefahrenpotential der zugelassenen Substitutionsmittel (§ 5 Abs. 6 S. 1 BtMVV) reicht es beim Umgang mit Heroin nicht aus, wenn die ärztliche Überwachung bei der Verabreichung von Heroin nur den Umfang erreicht, wie er in § 5a BtMVV für die Substitution vorgesehen ist (aA wohl VG Berlin NJW 1997, 816). 34

VI. Nicht vereinbar mit den Gesetzeszwecken (Nr. 6). Nach Nr. 6 muss die Erlaubnis versagt werden, wenn die Art und der Zweck des beantragten Verkehrs nicht mit den Zwecken des BtMG vereinbar sind. 35

1. Art und Zweck des beantragten Verkehrs. Unter der Art des beantragten Verkehrs ist die Verkehrsform (zB Herstellung, Handel) zu verstehen. 36

Zweck des beantragten Verkehrs sind die Ziele, die der Antragsteller mit dem Verkehr verfolgt. Welche Zwecke dies sind, hat das BfArM in eigener Zuständigkeit zu ermitteln. Die Angaben des Antragstellers geben dazu zwar wichtige Hinweise; das Institut ist daran jedoch nicht gebunden. 37

2. Zwecke des BtMG. § 5 Abs. 1 Nr. 6 enthält eine Definition der Zwecke des BtMG, die auf Grund der Entwicklung des internationalen Drogenmarktes allerdings nicht mehr ganz vollständig ist (→ Rn. 53). Die Zwecke des BtMG sind nach Nr. 6: 38

a) Sicherstellung der medizinischen Versorgung. Mit Rücksicht auf die therapeutische Bedeutung vieler Betäubungsmittel hat das BtMG zunächst den Zweck, die notwendige medizinische Versorgung der Bevölkerung sicherzustellen. Ein Betäubungsmittel dient diesem Zweck, wenn es wegen seiner pharmakologischen Wirkung zur Heilung oder Linderung von Krankheiten als Arzneimittel angewandt wird. 39

Sofern es eine medizinische Indikation für ihre Verabreichung gibt, ist dieser Zweck auch bei den Betäubungsmitteln der **Anlage I** nicht ausgeschlossen (VG Berlin NJW 1997, 816 (→ Rn. 34)). Forschungsvorhaben, mit denen die Frage der 40

Indikation geklärt werden soll, verstoßen daher nicht von vornherein gegen den Zweck des Gesetzes (VG Berlin NJW 1997, 816).

41 Allerdings ist es zu ungenau, wenn das VG Berlin (NJW 1997, 816 (→ Rn. 34)) jede denkbare medizinische Indikation als ausreichend ansieht, um die Vereinbarkeit mit den Zwecken des Gesetzes iSd § 5 Abs. 1 Nr. 6 festzustellen. Diese Vorschrift setzt nämlich zusätzlich voraus, dass das Betäubungsmittel **zur medizinischen Versorgung** der Bevölkerung **notwendig** ist. Daran fehlt es, wenn andere, weniger gefährliche Mittel denselben medizinischen Zweck erfüllen (§ 13 Abs. 1 S. 2).

42 Die medizinische Versorgung der Bevölkerung umfasst auch die **Therapie eines Einzelnen** (→ § 3 Rn. 88–93). Nicht dazu gehört es, wenn Cannabis an gesunde Personen abgegeben werden soll, um generalpräventive Effekte (Trennung der Märkte) zu überprüfen (→ Einl. Rn. 160–166).

43 **b) (Keine) Ermöglichung des Suizids.** Zur medizinischen Versorgung gehört **nicht** die Ermöglichung einer Selbsttötung. Damit wird keines der für den Einsatz von Betäubungsmitteln anerkannten Ziele (Heilung oder Linderung von Krankheiten) des BtMG verfolgt, so dass die Erteilung einer Erlaubnis (§ 3 Abs. 1) oder Ausnahmeerlaubnis (§ 3 Abs. 2) zu diesem Zweck nicht in Betracht kommt; dies verstößt weder gegen das GG noch gegen die EMRK (OVG Münster A&R 2015, 231 = BeckRS 2015, 53907). Dies gilt auch im Hinblick auf den neuen § 217 StGB (VG Köln BeckRS 2015, 56241; OVG Münster BeckRS 2017, 105600) sowie auf die Nichtigkeit dieser Vorschrift (→ Rn. 46, 47).

44 **Soweit das BVerwG** in seinem Urteil v. 2.3.2017 (BVerwGE 158, 142 = NJW 2017, 2215 m. Bespr. *Schütz/Sitte* NJW 2017, 2155 m. zust. Bespr. *Hufen* NJW 2018, 1524 = MedR 2017, 823 mAnm *Merkel* und Bespr. *Weilert* MedR 2018, 76 = NVwZ 2017, 1452 m. zust. Bespr. *Brade/Tänzer* NVwZ 2017, 1435 = A&R 2017, 124; zust. auch *Oğlakcıoğlu* MedR 2019, 450; ebenso BVerwG NJW 2019, 2789 mzustAnm *Schütz/Sitte* = A&R 2019, 176; offen gelassen OVG Münster BeckRS 2018, 26729) **meint**, im Hinblick auf die Selbstbestimmungsrechts sei in Extremfällen für schwer und unheilbar kranke Patienten eine Ausnahme zu machen, wenn sie wegen ihrer unerträglichen Leidenssituation frei und ernsthaft entschieden haben, ihr Leben beenden zu wollen, und ihnen keine zumutbare Alternative – etwa durch einen palliativmedizinisch begleiteten Behandlungsabbruch – zur Verfügung stehe, kann dem **nicht gefolgt werden.**

45 Schon im Hinblick auf die **Subjektivität** eines jeden Leidens lässt es sich nur schwer vorstellen, dass die Kriterien, die einen Extremfall ausmachen sollen, ein Maßstab für die Entscheidung einer **staatlichen Stelle** über Leben und Tod sein können. Im Übrigen wäre ein **Normenkontrollverfahren** (Art. 100 GG) geboten gewesen (so bereits → 5. Aufl. Rn. 43; nunmehr ausführlich *Di Fabio*, Rechtsgutachten zum Urteil des BVerwG "Erwerbserlaubnis letal wirkender Mittel zur Selbsttötung in existenziellen Notlagen", 2017 S. 50–60). Das Urteil verstößt gegen den Grundsatz der Gewaltenteilung (Art. 20 Abs. 2 GG) und gegen den Gesetzesvorbehalt (Art. 20 Abs. 3 GG) und ist daher verfassungswidrig (*Di Fabio* S. 99).

46 **Das Urteil des BVerfG v. 26.2.2020** (NStZ 2020, 528 mAnm *Brunhöber* = JZ 2020, 627 mAnm *Hartmann* = MedR 2020, 563 mAnm *Duttge* und *Kreß* = A&R 2020, 95 m. Bespr. *Boscheinen* A&R 2020, 56 und *Lindner* MedR 2020, 527; mit Recht krit. *Lang* NJW 2020, 1562) zu § 217 StGB hat daran **nichts geändert.** Das Gericht geht davon aus, dass die Freiheit, sich das Leben zu nehmen, auch die Freiheit umfasst, hierfür bei Dritten Hilfe zu suchen und Hilfe, soweit sie angeboten wird, in Anspruch zu nehmen. Dieses Recht sei auf „fremddefinierte" (dazu → Rn. 45) Situationen wie schwere oder unheilbare Krankheitszustände oder bestimmte Lebens- oder Krankheitsphasen beschränkt. Dies bedeutet nicht, dass der Gesetzgeber die Suizidhilfe nicht regulieren dürfte. Insbesondere steht es ihm frei, ein prozedurales Schutzkonzept zu entwickeln, in das gegebenenfalls auch die Regeln des Betäubungsmittelrechts einbezogen werden können (Urteil Rn. 341, 342). Unberührt muss bleiben, dass es eine Verpflichtung zur Suizidhilfe nicht geben darf (Urteil Rn. 342), s. auch Antwort der BReg BT-Drs. 19/26666.

Eine verfassungskonforme Auslegung des § 5 Abs. 1 Nr. 6 etwa in dem 47 Sinne, dass eine Erlaubnis zum Zwecke des Suizids erteilt werden könnte oder gar müsste, scheidet danach aus (→ Rn. 45). Eine solche Auslegung widerspräche den Absichten des Gesetzgebers und käme damit einer originären judikativen Rechtsetzung gleich (s. BVerfGE 105, 135 (153); BVerfG 2 BvR 2347/15 Rn. 334, 335). Dazu ausführlich VG Köln BeckRS 2020, 35026.

c) Verhinderung von Missbrauch und Betäubungsmittelabhängigkeit. 48 Wegen der von den Betäubungsmitteln ausgehenden Gefahren bezweckt das BtMG ferner, den Missbrauch von Betäubungsmitteln oder die missbräuchliche Herstellung ausgenommener Zubereitungen, sowie das Entstehen oder Erhalten einer Betäubungsmittelabhängigkeit soweit wie möglich auszuschließen.

aa) Begriffe. Zu dem Begriff des Missbrauchs → Rn. 30. Nr. 6 erfasst auch Her- 49 steller oder Händler, weil sie einem solchen Missbrauch Vorschub leisten und das Betäubungsmittel damit selbst missbrauchen. In diesem Sinne ist auch die missbräuchliche Herstellung ausgenommener Zubereitungen zu verstehen. Zur Betäubungsmittelabhängigkeit → § 1 Rn. 33–56. Die Abhängigkeit steht der Erteilung einer Erlaubnis (→ § 3 Rn. 133–145) zum Umgang mit Cannabis zu medizinischen Zwecken nicht entgegen, soweit es sich um eine unvermeidbare Nebenwirkung handelt (BVerwGE 154, 352 (→ Rn. 8)).

bb) Folgen. Sind die mit einem Betäubungsmittel verbundenen **Risiken** des 50 Missbrauchs und der Entstehung oder Erhaltung einer Abhängigkeit **zu hoch,** so darf es nach dem Zweck des Gesetzes auch dann nicht verkehrsfähig gemacht werden, wenn es zur medizinischen Versorgung der Bevölkerung geeignet ist (VG Berlin NJW 1997, 816 (→ Rn. 34)).

Gegen den **Zweck des Gesetzes** würde es auch verstoßen, wenn ein Projekt 51 nicht die Beendigung der Abhängigkeit zum Ziel hätte, mag es auch sonst der gesundheitlichen Stabilisierung des Abhängigen dienen; nicht notwendig ist allerdings, dass die Abstinenz als Nahziel erstrebt wird (VG Berlin NJW 1997, 816 (→ Rn. 34); *Patzak* in Körner/Patzak/Volkmer Rn. 17).

Dem Zweck des Gesetzes würde es ebenso widersprechen, einer Person ohne 52 weiteres die Erlaubnis zum Anbau von Cannabis **zum** Eigenverbrauch zu erteilen (*Weinzierl* in BeckOK BtMG Rn. 26). Dadurch würde der Cannabismissbrauch ausgedehnt, ohne dass dies zur medizinischen Versorgung der Bevölkerung notwendig wäre; etwas anderes kann bei Schwerkranken in Betracht kommen (BVerwGE 154, 352 (→ Rn. 8); OVG Münster A&R 2013, 48 = BeckRS 2013, 46110; *Patzak* in Körner/Patzak/Volkmer Rn. 19, 20).

d) Zurückdrängung der Organisierten Kriminalität. Als weiterer Gesetzes- 53 zweck ist dem BtMG auf Grund der Entwicklung der internationalen Drogenmärkte die Aufgabe zugewachsen, das Vordringen der internationalen Rauschgifthandels und der damit verbundenen Organisierten Kriminalität zurückzudrängen (→ § 1 Rn. 2, 8). Im Hinblick auf den Gesetzeswortlaut spielt dieser Zweck im Rahmen der Nr. 6 jedoch keine unmittelbare Rolle.

VII. Nichtabhilfe von Mängeln (Nr. 7). Nr. 7 knüpft an § 8 Abs. 2 an und soll 54 für die Fälle, in denen ein behebbarer Mangel vorliegt, klare Verhältnisse schaffen. Gehen die Unterlagen noch nach Ablauf der Frist, aber noch vor der Entscheidung über die Erlaubnis ein, so können sie berücksichtigt werden (*Eberth/Müller* BtMR Rn. 36, aA *Joachimski/Haumer* BtMG Rn. 13), zumal auch ein neuer Antrag gestellt werden könnte.

D. Fakultativer Versagungsgrund (Absatz 2)

55 Absatz 2 enthält einen fakultativen Versagungstatbestand für die Fälle, in denen die beantragte Erlaubnis mit den internationalen Verpflichtungen Deutschlands im Widerspruch stehen würde (zu weiteren Ermessensentscheidungen → § 8 Rn. 9).

56 **I. Internationale Verpflichtungen.** Die internationalen Suchtstoffübereinkommen sowie die Maßnahmen der zwischenstaatlichen Einrichtungen der Suchtstoffkontrolle richten sich nicht unmittelbar an den Bürger, sondern an den Staat, so dass keine zwingende Regelung, sondern ein Ermessenstatbestand geschaffen werden konnte. Entsprechendes gilt bei den Rechtsakten der Organe der EU, soweit diese nicht, wie bei Verordnungen (Art. 288 Abs. 2 AEUV), unmittelbar verbindlich sind. Bei unmittelbarer Geltung ist Absatz 2 nicht anwendbar (auch → Rn. 3). Zum Einklang der Substitutionsbehandlung mit Diamorphin und zur Verwendung von Cannabis zu medizinischen Zwecken mit den internationalen Suchtstoffübereinkommen → Einl. Rn. 204–215 und → § 3 Rn. 144, 145. Zur Errichtung einer Cannabis-Agentur s. § 19 Abs. 2a.

57 **II. Zwischenstaatliche Einrichtungen** der Suchtstoffkontrolle sind:

58 **1. Die Kontrollorgane nach den UN-Konventionen.** Zur Umsetzung der UN-Konventionen ist unter dem Dach der Vereinten Nationen ein Kontrollsystem entstanden, das auf den folgenden Einrichtungen beruht:

59 **a) Generalversammlung der Vereinten Nationen; Generalsekretär.** An oberster Stelle steht die Generalversammlung der Vereinten Nationen, die ebenfalls in die Umsetzung der internationalen Suchtstoffübereinkommen eingeschaltet ist (Art. 1 Buchst. k Ük 1961; Art. 24 Ük 1971). Dasselbe gilt für den Generalsekretär (Art. 1 Buchst. v Ük 1961; Art. 1 Buchst. d Ük 1971; Art. 1 Buchst. s Ük 1988).

60 **b) Der Wirtschafts- und Sozialrat – ECOSOC – (Economic and Social Council).** Der Wirtschafts- und Sozialrat ist wie der Sicherheitsrat ein Hauptorgan (Art. 7 Abs. 1 UNO-Charta) der Vereinten Nationen. Er besteht aus 54 Mitgliedern und ist für die internationale Zusammenarbeit auf wirtschaftlichem und sozialem Gebiet zuständig (Art. 62–66 UNO-Charta) Zu den sozialen Fragen gehören auch die Fragen der Gesundheit (Art. 62 UNO-Charta).

61 Für die Behandlung der wirtschaftlichen und sozialen Fragen setzt der Wirtschafts- und Sozialrat **Kommissionen** ein (Art. 68 UNO-Charta). Die **Suchtstoffkommission** ist eine dieser Kommissionen. Die Beschlüsse der Kommission bedürfen in bestimmten Fällen der Genehmigung durch den Rat oder die Generalversammlung (Art. 7 Ük 1961; Art. 2 Abs. 8 Ük 1971, Art. 12 Abs. 7 Buchst. a, c Ük 1988).

62 **c) Die Suchtstoffkommission – CND – (Commission on Narcotic Drugs).** Sie ist eine Fachkommission des ECOSOC (Art. 5, 8 Ük 1961, Art. 17 Ük 1971, Art. 21 Ük 1988), in die derzeit 53 Mitgliedsstaaten gewählt werden. Die Kommission hat die Möglichkeit, sich aller Angelegenheiten anzunehmen, die mit der Zielsetzung der Konventionen im Zusammenhang stehen, und Empfehlungen zur Implementation der Konventionen abzugeben. Die Funktion der Kommission wird als Monitoring, also eine Art „überwachende Begleitung" des Umgangs mit den kontrollierten Stoffen, verstanden (*Albrecht* in Kreuzer BtMStrafR-HdB § 10 Rn. 14). Zu den wichtigsten Aufgaben der Kommission gehört die Entscheidung über die Einbeziehung von Stoffen in die internationale Kontrolle mit verbindlicher Wirkung (Art. 3 Ük 1961, Art. 3 Ük 1971, Art. 21 Ük 1988).

63 **d) Das Internationale Suchtstoffkontrollamt – INCB – (International Narcotics Controll Board).** Das INCB ist eine weitgehend unabhängige Kontrollbehörde, die die Aufgabe hat, die Einhaltung der in den internationalen Suchtstoffübereinkommen enthaltenen Verpflichtungen zu überwachen und die internationale Lage auf dem Gebiet des Anbaus, der Herstellung, der Verarbeitung und des Vertriebs von Betäubungsmitteln zu beobachten (Art. 5 Ük 1961; Art. 18, 19 Ük 1971; Art. 22 Ük 1988). Das INCB besteht aus 13 regierungsunabhängigen Experten aus verschiedenen Disziplinen, die vom ECOSOC gewählt werden. Im INCB ist das Informationssystem angesiedelt, in dessen Rahmen die Vertragsstaaten verpflichtet sind, jährlich Angaben über die Gewinnung, Herstellung, Verwendung und den Verbrauch von Betäubungsmitteln zu machen. Werden diese Informationen nicht gemacht, so kann das INCB in Zusammenarbeit mit dem betroffenen Staat selbst die notwendigen Schätzungen vornehmen.

Hat das INCB konkrete Gründe zu der Annahme, dass die **Ziele** der internationalen Suchtstoffübereinkommen in einem Staat **ernstlich gefährdet** sind, so kann es Maßnahmen zur Beseitigung des vertragswidrigen Zustandes einleiten (Art. 14 Ük 1961; Art. 19 Ük 1971; Art. 22 Ük 1988). Bekannt sind die Jahresberichte, die das INCB erstellt. 64

e) Unterstützende Funktionen. Unterstützende Funktionen haben: 65

aa) Das Büro der Vereinten Nationen für Drogen und Verbrechen – UNODC – (United Nations Office on Drugs and Crime). Das Büro der Vereinten Nationen für Drogen und Verbrechen wurde 1997 gegründet; im Oktober 2002 wurde ihm das Internationale Drogenkontrollprogramm der Vereinten Nationen (United Nations International Drug Programme – UNDCP) einverleibt. Seine wesentlichen Aufgaben bestehen in der Forschung zur Verbesserung des Wissens und Verständnisses über Drogen und Verbrechen, in der Unterstützung der Staaten bei der Entwicklung der Gesetzgebung in diesem Bereich und in der Durchführung feldbasierter technischer Kooperationsprojekte, um die Kapazitäten der Mitgliedstaaten im Kampf gegen Drogen, Verbrechen und Terrorismus zu erhöhen. 66

bb) Die Weltgesundheitsorganisation – WHO – (World Health Organization). Die WHO ist eine Sonderorganisation der Vereinten Nationen, die namentlich durch ihre Arbeitsgruppe „Expert Committee on Drug Dependence **(ECDD)**" gutachtlich bei einer Änderung des Umfangs der der internationalen Kontrolle unterliegenden Stoffe mitwirkt; die bekannten Definitionen des Missbrauchs und der Abhängigkeit wurden vom ECDD entwickelt. Die WHO hat im Rahmen der internationalen Suchtstoffkontrolle eine große Bedeutung. 67

2. (Kontroll-)Organe für die Drogenaktionspläne der EU. Spezielle Organe für die Durchführung ihrer Drogenaktionspläne (→ Einl. Rn. 52) hat die EU nicht geschaffen. Für die Koordinierung ist die **Horizontale Gruppe Drogen – HDG** – zuständig, eine Arbeitsgruppe des Rates, in der alle Mitgliedstaaten vertreten sind. Im Übrigen wird auf die Organe zurückgegriffen, deren Zuständigkeit auch sonst gegeben ist (Mitgliedstaaten, Rat, Kommission, Vorsitz, Eurojust, Europol, EBDD). 68

§ 6 Sachkenntnis

(1) **Der Nachweis der erforderlichen Sachkenntnis (§ 5 Abs. 1 Nr. 2) wird erbracht**
1. **im Falle des Herstellens von Betäubungsmitteln oder ausgenommenen Zubereitungen, die Arzneimittel sind, durch den Nachweis der Sachkenntnis nach § 15 Absatz 1 des Arzneimittelgesetzes,**
2. **im Falle des Herstellens von Betäubungsmitteln, die keine Arzneimittel sind, durch das Zeugnis über eine nach abgeschlossenem wissenschaftlichem Hochschulstudium der Biologie, der Chemie, der Pharmazie, der Human- oder der Veterinärmedizin abgelegte Prüfung und durch**

die Bestätigung einer mindestens einjährigen praktischen Tätigkeit in der Herstellung oder Prüfung von Betäubungsmitteln,
3. im Falle des Verwendens für wissenschaftliche Zwecke durch das Zeugnis über eine nach abgeschlossenem wissenschaftlichem Hochschulstudium der Biologie, der Chemie, der Pharmazie, der Human- oder der Veterinärmedizin abgelegte Prüfung und
4. in allen anderen Fällen durch das Zeugnis über eine abgeschlossene Berufsausbildung als Kaufmann im Groß- und Außenhandel in den Fachbereichen Chemie oder Pharma und durch die Bestätigung einer mindestens einjährigen praktischen Tätigkeit im Betäubungsmittelverkehr.

(2) **Das Bundesinstitut für Arzneimittel und Medizinprodukte kann im Einzelfall von den im Absatz 1 genannten Anforderungen an die Sachkenntnis abweichen, wenn die Sicherheit und Kontrolle des Betäubungsmittelverkehrs oder der Herstellung ausgenommener Zubereitungen gewährleistet sind.**

Übersicht

	Rn.
A. Inhalt der Vorschrift	1
B. Die regelmäßigen Anforderungen (Absatz 1)	2
I. Herstellen von Arzneimitteln (Nr. 1)	3
II. Herstellen anderer Betäubungsmittel (Nr. 2)	5
III. Verwendung für wissenschaftliche Zwecke (Nr. 3)	6
IV. Sonstiger Umgang mit Betäubungsmitteln (Nr. 4)	7
C. Abweichung von den Anforderungen (Absatz 2)	8

A. Inhalt der Vorschrift

1 Die Vorschrift setzt die Anforderungen der Art. 34 Buchst. a ÜK 1961 und Art. 8 Abs. 4 ÜK 1971 in das nationale Recht um. Sie regelt die erforderliche Sachkenntnis des Verantwortlichen (§ 5 Abs. 1 Nr. 2). Wer Verantwortlicher ist, ergibt sich aus § 5 Abs. 1 Nr. 1 (dazu, auch zum Verantwortlichen im Rahmen von **Projekten** → § 5 Rn. 7, 8). An den Nachweis der Sachkunde werden je nach der Art des Betäubungsmittels und des Umgangs mit ihm unterschiedliche Anforderungen gestellt. Bei der Erlaubnis zum Umgang aus medizinischen Zwecken ist § 6 modifiziert anzuwenden (OVG Münster A&R 2013, 48 = BeckRS 2013, 46110).

B. Die regelmäßigen Anforderungen (Absatz 1)

2 Die Anforderungen, die nach § 5 Abs. 1 Nr. 2 regelmäßig an die Sachkenntnis des Verantwortlichen (→ Rn. 1) zu stellen sind, ergeben sich aus Absatz 1:

3 **I. Herstellen von Arzneimitteln (Nr. 1).** Die strengsten Anforderungen muss der Verantwortliche erfüllen, der Betäubungsmittel oder ausgenommene Zubereitungen herstellen will, die Arzneimittel sind. Das Gesetz verlangt hierzu nunmehr den Nachweis der **Sachkenntnis nach § 15 Abs. 1 AMG.** Danach muss der Verantwortliche entweder über die Approbation als Apotheker oder über das Zeugnis über eine nach abgeschlossenem Hochschulstudium der Pharmazie, der Chemie, der Biologie, der Human- oder der Veterinärmedizin abgelegte Prüfung verfügen. In beiden Fällen muss eine mindestens zweijährige praktische Tätigkeit auf dem Gebiet der qualitativen und quantitativen Analyse sowie sonstiger Qualitätsprüfungen von Arzneimitteln hinzukommen. Eine Übergangsregelung findet sich in § 39a.

Ob ein Stoff ein **Arzneimittel** ist, richtet sich nach den **Vorschriften des** 4
AMG. Auf die Erläuterungen zu § 2 AMG kann insoweit verwiesen werden. Dies
gilt auch hinsichtlich der Roh-, Grund- und Ausgangsstoffe.

II. Herstellen anderer Betäubungsmittel (Nr. 2). Etwas geringere Anforde- 5
rungen stellt Nr. 2 an den Nachweis der Sachkenntnis für das Herstellen von Betäubungsmitteln, die keine Arzneimittel sind. Es genügt hier das erfolgreich abgeschlossene wissenschaftliche Hochschulstudium der Biologie, der Chemie, der Pharmazie, der Human- oder Veterinärmedizin und (zusätzlich) eine mindestens einjährige praktische Tätigkeit in der Herstellung oder Prüfung von Betäubungsmitteln.

III. Verwendung für wissenschaftliche Zwecke (Nr. 3). Für die Verwen- 6
dung von Betäubungsmitteln zu wissenschaftlichen Zwecke wird auch auf das Erfordernis der praktischen Tätigkeit verzichtet.

IV. Sonstiger Umgang mit Betäubungsmitteln (Nr. 4). Keine wissenschaft- 7
liche Ausbildung verlangt Nr. 4 für alle anderen Fälle des Umgangs mit Betäubungsmitteln.

C. Abweichung von den Anforderungen (Absatz 2)

Die Vorschrift ermächtigt das BfArM, von den Anforderungen des Absatzes 1 8
abzuweichen, wenn die Sicherheit und Kontrolle des Betäubungsmittelverkehrs oder der Herstellung ausgenommener Zubereitungen darunter nicht leiden. Danach kann sich das Bundesinstitut mit einer anderen als der in Absatz 1 vorgeschriebenen Vorbildung des Verantwortlichen (→ Rn. 1) zufrieden geben. Es kann auch geringere Anforderungen an die Ausbildung stellen; dies kommt aber nur bei einfachen Betriebsabläufen und leicht überschaubaren Anlagen in Betracht (*Joachimski/Haumer* BtMG Rn. 6).

Auch im Rahmen von **Modellprojekten** können geringere Anforderungen an 9
die nach Absatz 1 erforderliche Sachkunde des Verantwortlichen (→ Rn. 1) nur gestellt werden, wenn die Sicherheit oder Kontrolle des Betäubungsmittelverkehrs gewährleistet bleiben. Dasselbe gilt grundsätzlich für die Erlaubnis (→ § 3 Rn. 133–145) zum Umgang mit **Cannabis zu medizinischen Zwecken.** Zu einer **drastischen Absenkung** der Anforderungen bei der Erlaubnis zum Eigenanbau bei einem schwerkranken Konsumenten s. BVerwGE 154, 352 (= NVwZ 2016, 1413 = A&R 2016, 192): hier sollen die Begleitung und Betreuung durch den Hausarzt und die Kenntnis des Konsumenten aufgrund jahrelangen (rechtmäßigen) Eigenanbaus ausreichen.

Zweifelhaft ist, ob das Bundesinstitut die Anforderungen des Absatzes 1 auch 10
verschärfen kann. Die Voraussetzung, dass bei einem Abweichen die Sicherheit und Kontrolle des Betäubungsmittelverkehrs gewährleistet sein muss, spricht eher dagegen (*Patzak* in Körner/Patzak/Volkmer Rn. 8; *Eberth/Müller* BtMR Rn. 11; aA *Weinzierl* in BeckOK BtMG Rn. 11).

Wissenschaftliche Prüfungen sind auch Prüfungen, die im **Ausland** abgelegt 11
wurden; sie müssen aber in Deutschland als Hochschulprüfung anerkannt sein.

§ 7 Antrag

¹Der Antrag auf Erteilung einer Erlaubnis nach § 3 ist in doppelter Ausfertigung beim Bundesinstitut für Arzneimittel und Medizinprodukte zu stellen, das eine Ausfertigung der zuständigen obersten Landesbehörde übersendet. ²Dem Antrag müssen folgende Angaben und Unterlagen beigefügt werden:
1. die Namen, Vornamen oder die Firma und die Anschriften des Antragstellers und der Verantwortlichen,
2. für die Verantwortlichen die Nachweise über die erforderliche Sachkenntnis und Erklärungen darüber, ob und auf Grund welcher Umstände sie die ihnen obliegenden Verpflichtungen ständig erfüllen können,
3. eine Beschreibung der Lage der Betriebsstätten nach Ort (gegebenenfalls Flurbezeichnung), Straße, Hausnummer, Gebäude und Gebäudeteil sowie der Bauweise des Gebäudes,
4. eine Beschreibung der vorhandenen Sicherungen gegen die Entnahme von Betäubungsmitteln durch unbefugte Personen,
5. die Art des Betäubungsmittelverkehrs (§ 3 Abs. 1),
6. die Art und die voraussichtliche Jahresmenge der herzustellenden oder benötigten Betäubungsmittel,
7. im Falle des Herstellens (§ 2 Abs. 1 Nr. 4) von Betäubungsmitteln oder ausgenommenen Zubereitungen eine kurzgefasste Beschreibung des Herstellungsganges unter Angabe von Art und Menge der Ausgangsstoffe oder -zubereitungen, der Zwischen- und Endprodukte, auch wenn Ausgangsstoffe oder -zubereitungen, Zwischen- oder Endprodukte keine Betäubungsmittel sind; bei nicht abgeteilten Zubereitungen zusätzlich die Gewichtsvomhundertsätze, bei abgeteilten Zubereitungen die Gewichtsmengen der je abgeteilte Form enthaltenen Betäubungsmittel und
8. im Falle des Verwendens zu wissenschaftlichen oder anderen im öffentlichen Interesse liegenden Zwecken eine Erläuterung des verfolgten Zwecks unter Bezugnahme auf einschlägige wissenschaftliche Literatur.

Übersicht

	Rn.
A. Inhalt der Vorschrift	1
B. Form, Unterrichtung der obersten Landesbehörde (Satz 1)	2
C. Angaben und Unterlagen (Satz 2)	4
I. Personalien (Nr. 1)	5
II. Nachweise über die Sachkenntnis (Nr. 2)	7
III. Beschreibung der Betriebsstätten (Nr. 3)	9
IV. Beschreibung der Sicherungen (Nr. 4)	10
V. Art des Betäubungsmittelverkehrs (Nr. 5)	11
VI. Art der Betäubungsmittel; voraussichtliche Jahresmenge (Nr. 6)	13
VII. Beschreibung des Herstellungsgangs (Nr. 7)	17
VIII. Erläuterung des verfolgten Zwecks (Nr. 8)	19
D. Zuwiderhandlungen	21

A. Inhalt der Vorschrift

1 Die Vorschrift regelt die Förmlichkeiten des Antrags zur Erteilung der Erlaubnis. Zur Anwendung der Vorschrift bei **Drogenkonsumräumen** → § 10a Rn. 119. § 7 S. 2 Nr. 1–4 ist auch auf die Erlaubnis zum Betrieb einer Einrichtung für die **Substitutionsbehandlung mit Diamorphin** anzuwenden (§ 13 Abs. 3 S. 3).

Modifiziert anwendbar ist § 7 bei der Erlaubnis zum Umgang mit Cannabis aus **medizinischen** Zwecken (OVG Münster A&R 2013, 48 = BeckRS 2013, 46110).

B. Form, Unterrichtung der obersten Landesbehörde (Satz 1)

Nach Satz 1 bedarf der Antrag der **Schriftform.** Er ist in doppelter Ausfertigung 2
unmittelbar beim BfArM oder in den Fällen des § 10 a bei der zuständigen obersten Landesbehörde zu stellen.

Eine Ausfertigung des Antrags übersendet das BfArM der zuständigen **obersten** 3
Landesbehörde. Dies sind die für die Gesundheit zuständigen Landesministerien (s. Anh. F 4). Die Übersendung ist keine Wirksamkeitsvoraussetzung des Antrags oder der Erlaubnis. Ob die oberste Landesbehörde sich zu dem Antrag äußert, steht in ihrem Belieben.

C. Angaben und Unterlagen (Satz 2)

Satz 2 bestimmt zunächst die Angaben und Unterlagen, die dem Antrag auf Er- 4
teilung einer Erlaubnis nach § 3 beizugeben sind. Die Nr. 1–4 und 8 gelten ferner für die Anträge auf Erlaubnis eines Drogenkonsumraums (§ 10 a Abs. 3), während die Nr. 1–4 auch für die Anträge auf Erlaubnis einer Einrichtung zur Substitutionsbehandlung mit Diamorphin maßgeblich sind (§ 13 Abs. 3 S. 3). Zu den **Angaben und Unterlagen,** die den Anträgen beizufügen sind, gehören:

I. Die Personalien (Nr. 1). Anzugeben sind die Personalien (Nr. 1) des Antrag- 5
stellers und des Verantwortlichen einschließlich der Anschriften. Da Verantwortliche nur natürliche Personen sein können, ist bei der Möglichkeit, die Firma anzugeben, nur auf den Antragsteller. Die Angaben müssen so beschaffen sein, dass sie eine Überprüfung der Zuverlässigkeit ermöglichen. Deswegen ist auch die Angabe des Geburtsnamens erforderlich, da dieser Grundlage für die Erholung des Auszugs aus dem Bundeszentralregister ist. Ferner sollten alle Vornamen, das Geburtsdatum, der Geburtsort und die Staatsangehörigkeit angegeben werden. Bei Personenvereinigungen sind zweckmäßig auch die Auszüge aus den entsprechenden Registern beizufügen (Hügel/Junge/Lander/Winkler Rn. 3).

Da Sachkunde und Zuverlässigkeit für **jede einzelne Person** (Antragsteller und 6
Verantwortliche) geprüft werden müssen, genügt es nicht, den Antrag für das gesamte Personal eines Unternehmens oder einer Behörde oder für die Angehörigen eines Berufsstandes oder Mitglieder eines Vereins zu stellen (*Patzak* in Körner/Patzak/Volkmer Rn. 3). Zum Begriff des Verantwortlichen → § 5 Rn. 7, 8.

II. Die Nachweise über die Sachkenntnis (Nr. 2). Beizufügen sind die 7
Nachweise über die Sachkenntnis (Nr. 2) des Verantwortlichen und die Erklärung darüber, dass er die ihm obliegenden Verpflichtungen ständig erfüllen kann. Hierzu gehört auch die Darstellung der Organisation des Betriebs und der Abgrenzung der Verantwortlichkeiten (→ § 5 Rn. 9–11, 12–16).

Die Zuverlässigkeit muss das BfArM selbst feststellen. Allerdings kann es dazu 8
die Vorlage von Unterlagen verlangen, namentlich wenn sich Zweifel an der Zuverlässigkeit ergeben haben. Zur Anforderung eines Auszugs aus dem Bundeszentralregister → § 5 Rn. 22.

III. Die Beschreibung der Betriebsstätten (Nr. 3). Beizufügen ist die Be- 9
schreibung der Betriebsstätten (Nr. 3), wobei jeder Ort anzugeben ist, an dem Tätigkeiten nach § 3 vorgenommen werden. Das Gesetz schreibt vor, dass die Angabe nach Ort, Straße, Hausnummer, Gebäude und Gebäudeteil sowie der Bauweise des Gebäudes zu erfolgen hat. Aus der Beschreibung muss die Lage der einzelnen Betriebsteile (zB Herstellung, Laboratorium, Vertrieb) erkennbar sein (*Patzak* in Kör-

ner/Patzak/Volkmer Rn. 6). Die Flurbezeichnung ist dann mitzuteilen, wenn für die Betriebsstätte keine Hausnummer besteht. In den Fällen des Anbauens von Betäubungsmitteln ist sie stets anzugeben (BT-Drs. 8/3551, 30; Joachimski/Haumer Rn. 5). Die Beifügung von Lageplänen und Bauzeichnungen ist zweckmäßig. Auf die Beschreibung der Betriebsstätten kann auch im Rahmen eines **Modellprojekts** nicht verzichtet werden (s. *Patzak* in Körner/Patzak/Volkmer Rn. 6).

10 **IV. Die Beschreibung der Sicherungen (Nr. 4).** Nach § 15 S. 1 hat derjenige, der am Betäubungsmittelverkehr teilnimmt, die Betäubungsmittel, die sich in seinem Besitz befinden, gesondert aufzubewahren und gegen unbefugte Entnahme sichern. Zu den Sicherungsmaßnahmen s. dort. Nach § 7 S. 2 Nr. 4 sind die Sicherungsmaßnahmen zu beschreiben. Soll der Anbau von Betäubungsmitteln erlaubt werden, so gilt die Vorschrift über § 15 S. 1 hinaus auch für die dann zu treffenden Maßnahmen, etwa Umzäunung des Grundstücks, Kontrollgänge, Bildschirmüberwachung (*Patzak* in Körner/Patzak/Volkmer Rn. 7).

11 **V. Die Art des Betäubungsmittelverkehrs (Nr. 5).** Sie ist einer Verkehrsart des § 3 zuzuordnen, wobei nicht nur die Bezeichnungen des § 3 verwendet, sondern **Sachverhalte** beschrieben werden sollten. Dabei sollte sich der Antragsteller auf die Verkehrsarten beschränken, an denen er tatsächlich teilnehmen will. Die Vorschrift gilt auch für **Modellprojekte** (*Patzak* in Körner/Patzak/Volkmer Rn. 8).

12 **VI. Die Art und die voraussichtliche Jahresmenge (Nr. 6).** Anzugeben sind die Art und die voraussichtliche Jahresmenge (Nr. 6) der Betäubungsmittel, die der Antragsteller herstellen will oder benötigt. Die Bezeichnung der Betäubungsmittel richtet sich dabei nach § 14. Die Mengen können aufgrund des gewöhnlichen Betriebsablaufs geschätzt werden (*Joachimski/Haumer* BtMG Rn. 5).

13 Die Angabe der Menge dient zunächst als Anhaltspunkt für den **Umfang** des beabsichtigten **Betäubungsmittelverkehrs** sowie zur Meldung nach Art. 19 ÜK 1961, Art. 16 Abs. 4 ÜK 1971. Sie wird anhand der Meldungen nach § 18 kontrolliert. Änderungen sind nach § 8 Abs. 3 S. 1 anzuzeigen. Der Bescheid kann dann entsprechend geändert werden (§ 8 Abs. 3 S. 3, § 9 Abs. 2 Nr. 2).

14 Die Mengenangabe dient ferner zur **Errechnung** des **Bestands,** der nach § 9 Abs. 1 S. 2 Nr. 2 ebenfalls in der Erlaubnis geregelt werden muss. Der Bestand wird in der Regel in der Höhe eines ganzen oder halben Jahresbetrags festgelegt (Hügel/Junge/Lander/Winkler Rn. 9).

15 Im Hinblick auf die Verpflichtung des BfArM, die Erlaubnis auf den notwendigen Umfang zu beschränken, kann auf die Angabe der voraussichtlichen Jahresmenge auch im Rahmen eines **Modellprojekts** nicht verzichtet werden (s. *Patzak* in Körner/Patzak/Volkmer Rn. 9). Dies gilt auch mit Rücksicht auf die nach den internationalen Vorschriften (Art. 12, 19 ÜK 1961) gebotene Schätzung des Suchtstoffbedarfs.

16 **VII. Eine Beschreibung des Herstellungsgangs (Nr. 7).** Beizufügen ist eine Beschreibung des Herstellungsgangs (Nr. 7), wenn Betäubungsmittel oder ausgenommene Zubereitungen hergestellt werden sollen. Das Gesetz sieht eine kurzgefasste Beschreibung vor. Diese muss allerdings so genau sein, dass die Erlaubnisbehörde den Herstellungsgang nachvollziehen und insbesondere den Betäubungsmitteldurchsatz im Verhältnis zur Ausbeute beurteilen kann (Hügel/Junge/Lander/Winkler Rn. 10).

17 Sofern dies notwendig ist, müssen in der Beschreibung auch **Betriebs-** und **Geschäftsgeheimnisse** mitgeteilt werden. Im Hinblick auf die Pflicht zur Amtsverschwiegenheit, der die Bediensteten des Bundesinstituts unterliegen (§ 203 StGB), ist dies nicht unzumutbar (*Weinzierl* in BeckOK BtMG Rn. 19).

VIII. Eine Erläuterung des verfolgten Zwecks (Nr. 8). Beizufügen ist eine 18
Erläuterung des verfolgten Zwecks (Nr. 8), wenn die Betäubungsmittel zu wissenschaftlichen Zwecken (einschließlich Zwecken der Analyse oder als Reagens) verwendet werden sollen. In diesem Falle ist auch einschlägige wissenschaftliche Literatur zu benennen.

Inhalt und Umfang der Erläuterungen korrespondieren der qualifizierten Plausibilitätskontrolle, die der Erlaubnisbehörde lediglich zusteht (→ § 3 Rn. 78). 19

D. Zuwiderhandlungen

Wer vorsätzlich oder fahrlässig in einem Antrag unrichtige Angaben macht oder 20
unrichtige Unterlagen beifügt, handelt ordnungswidrig nach § 32 Abs. 1 Nr. 2.

§ 8 Entscheidung

(1) ¹**Das Bundesinstitut für Arzneimittel und Medizinprodukte soll innerhalb von drei Monaten nach Eingang des Antrags über die Erteilung der Erlaubnis entscheiden.** ²**Es unterrichtet die zuständige oberste Landesbehörde unverzüglich über die Entscheidung.**

(2) ¹**Gibt das Bundesinstitut für Arzneimittel und Medizinprodukte dem Antragsteller Gelegenheit, Mängeln des Antrags abzuhelfen, so wird die in Absatz 1 bezeichnete Frist bis zur Behebung der Mängel oder bis zum Ablauf der zur Behebung der Mängel gesetzten Frist gehemmt.** ²**Die Hemmung beginnt mit dem Tage, an dem dem Antragsteller die Aufforderung zur Behebung der Mängel zugestellt wird.**

(3) ¹**Der Inhaber der Erlaubnis hat jede Änderung der in § 7 bezeichneten Angaben dem Bundesinstitut für Arzneimittel und Medizinprodukte unverzüglich mitzuteilen.** ²**Bei einer Erweiterung hinsichtlich der Art der Betäubungsmittel oder des Betäubungsmittelverkehrs sowie bei Änderungen in der Person des Erlaubnisinhabers oder der Lage der Betriebsstätten, ausgenommen innerhalb eines Gebäudes, ist eine neue Erlaubnis zu beantragen.** ³**In den anderen Fällen wird die Erlaubnis geändert.** ⁴**Die zuständige oberste Landesbehörde wird über die Änderung der Erlaubnis unverzüglich unterrichtet.**

Übersicht

	Rn.
A. Inhalt der Vorschrift	1
B. Verfahren und Entscheidung (Absatz 1, 2)	3
I. Frist zur Entscheidung	4
II. Entscheidung	7
1. Pflicht zur Erteilung der Erlaubnis	8
2. Ermessensentscheidung	9
3. Rechtsmittel	10
III. Mitteilung der Entscheidung	11
C. Änderungen in den Entscheidungsgrundlagen (Absatz 3)	12
I. Anzeigepflicht (Satz 1)	12
II. Erfordernis einer neuen Erlaubnis (Satz 2)	14
III. Anpassung der Erlaubnis (Satz 3, 4)	19
D. Zuwiderhandlungen	20

A. Inhalt der Vorschrift

1 Die Vorschrift trägt zwar die Überschrift „Entscheidung", enthält aber im Wesentlichen Vorschriften für das **Verfahren.** In den Fällen des § 3 obliegt die Entscheidung dem BfArM, in den Fällen des § 10a der zuständigen obersten Landesbehörde (§ 10a Abs. 1 S. 1, Abs. 3) und in den Fällen des § 13 Abs. 3 S. 2 Nr. 2a der zuständigen Landesbehörde (§ 13 Abs. 3 S. 4).

B. Verfahren und Entscheidung (Absätze 1, 2)

2 Die nachstehenden Ausführungen beziehen sich nur auf die Erlaubnis nach § 3; zum Verfahren und zur Entscheidung bei **Drogenkonsumräumen** → § 10a Rn. 116–122. Dagegen gilt § 8 Abs. 1 S. 1, Abs. 2, Abs. 3 S. 1–3 auch für die Erlaubnis zum Betrieb einer Einrichtung für die **Substitutionsbehandlung mit Diamorphin** (§ 13 Abs. 3 S. 3); zum Verfahren und zur Erteilung dieser Erlaubnis → § 13 Rn. 159–169.

3 **Die Erteilung** einer Erlaubnis setzt **einen Antrag** voraus (§ 7). Das Gesetz hat zum Ziel, dass möglichst rasch über ihn entschieden wird.

4 **I. Frist (Absatz 1 Satz 1).** Es legt daher fest, dass die Entscheidung über den Antrag innerhalb von drei Monaten nach Eingang getroffen wird. Die Vorschrift gilt auch für Erlaubnisse nach § 13 Abs. 3 S. 2 Nr. 2a. Die Frist von drei Monaten ist auch die Frist, die für eine etwaige Untätigkeitsklage gilt (§ 75 VwGO). Bestehen für die Nichteinhaltung der Frist sachliche Gründe, so bleibt eine solche Klage allerdings ohne Erfolg.

5 Ein **sachlicher Grund** für eine spätere Entscheidung ist es, wenn dem Antragsteller Gelegenheit gegeben wird, Mängel des Antrags zu beheben. Dies stellt **Absatz 2,** der auch für Erlaubnisse nach § 13 Abs. 3 S. 2 Nr. 2a gilt, in der Weise klar, dass die Frist des Absatzes 1 Satz 1 bis zur Behebung der Mängel oder bis zum Ablauf der zur Behebung der Mängel gesetzten Frist gehemmt ist.

6 Nach § 25 VwVfG ist das BfArM zu einem solchen Hinweis **verpflichtet,** wenn der Antrag offensichtlich nur aus Versehen oder Unkenntnis nicht oder nicht richtig gestellt worden ist. Ist dagegen eine Abhilfe nicht möglich, etwa weil der Antrag auf eine Erlaubnis gerichtet ist, die mit dem Gesetz nicht in Einklang steht, bedarf es keiner Gelegenheit, Mängeln des Antrags abzuhelfen (*Eberth/Müller* BtMR Rn. 6).

7 **II. Die Entscheidung.** Die Entscheidung über den Antrag besteht in der Erteilung oder Ablehnung einer Erlaubnis nach § 3. Die Erlaubnis ist ein begünstigender Verwaltungsakt (→ § 3 Rn. 5–11). Wesentliche die betreffende Regelungen finden sich nicht in § 8, sondern an anderer Stelle des Gesetzes. So wird das Erfordernis einer Erlaubnis in § 3 geregelt, § 5 bestimmt die Voraussetzungen, § 9 den notwendigen Umfang einschließlich etwaiger Nebenbestimmungen und § 10 befasst sich mit Rücknahme und Widerruf. Im übrigen ist zu unterscheiden:

8 **1. Pflicht zur Erteilung der Erlaubnis.** Wird eine Erlaubnis für den Verkehr mit Betäubungsmitteln der Anlagen II oder III oder für die Herstellung ausgenommener Zubereitungen beantragt, so ist sie zu erteilen, wenn keine Versagungsgründe nach dem BtMG (§ 5 Abs. 1, § 6 Abs. 1) vorliegen, die für Deutschland geltenden internationalen Verpflichtungen nicht entgegenstehen (§ 5 Abs. 2) und auch andere gesetzliche Gründe die Ablehnung nicht gebieten (→ § 3 Rn. 60, 61).

9 **2. Ermessensentscheidung.** Die Erteilung einer Erlaubnis für den Verkehr mit Betäubungsmitteln der Anlage I steht dagegen – abgesehen von den strengen Voraussetzungen des § 3 Abs. 2 – im pflichtgemäßen Ermessen des BfArM (→ § 3 Rn. 100, 101). Dasselbe gilt, wenn sich bei Betäubungsmitteln der Anlagen II und III und bei der Herstellung ausgenommener Zubereitungen Bedenken aus den deutschen internationalen Verpflichtungen ergeben (§ 5 Abs. 2) oder eine Abweichung von den Sachkundevoraussetzungen des § 6 Abs. 1 erforderlich ist (§ 6 Abs. 2). Bei einer Ermessensentscheidung muss erkennbar sein, von welchen tatsächlichen und rechtlichen Erwägungen das Bundesinstitut ausgegangen ist (VG Berlin NJW 1997, 816 = StV 1996, 621 mAnm *Körner*).

3. Rechtsmittel. Gegen die Versagung der Erlaubnis ist Verpflichtungsklage zulässig (§ 42 Abs. 1 VwGO). Ihr muss ein Widerspruchsverfahren vorangehen, das ebenfalls bei dem BfArM geführt wird (§§ 68, 73 Abs. 1 Nr. 2 VwGO). Zuständiges Gericht für die Klage ist das VG Bonn. 10

III. Mitteilung der Entscheidung. Nach Absatz 1 Satz 2 unterrichtet das BfArM die zuständige oberste Landesbehörde unverzüglich über die Entscheidung. Die Bekanntgabe an den Antragsteller erfolgt nach den allgemeinen Regeln, die für schriftliche Verwaltungsakte gelten. 11

C. Änderungen in den Entscheidungsgrundlagen (Absatz 3)

I. Anzeigepflicht (Satz 1). Im Hinblick auf die besonderen Gefahren des Verkehrs mit Betäubungsmitteln ist der Erlaubnisinhaber weitergehend als sonst im Verwaltungsrecht verpflichtet, Änderungen, die sich nach der Erteilung der Erlaubnis ergeben, dem BfArM anzuzeigen. Die Anzeigepflicht umfasst jede Änderung der in § 7 bezeichneten Angaben. Die Vorschrift gilt auch für Erlaubnisse nach § 10a und § 13 Abs. 3 S. 2 Nr. 2a. 12

Um sicherzustellen, dass aus den Unterlagen des Bundesinstituts jeweils alle wesentlichen Merkmale des Betäubungsmittelverkehrs nach dem jeweils neuesten Stand ersichtlich sind, gilt die Mitteilungspflicht **auch** für Änderungen **geringfügiger Art.** Strafgerichtliche Verurteilungen müssen nicht mitgeteilt werden, da der Antrag nach § 7 darüber keine Angaben enthalten muss (*Eberth/Müller* BtMR Rn. 10); entsprechende Auskünfte kann das BfArM unmittelbar beim **Bundeszentralregister** einholen (§ 39 Abs. 1 Nr. 10 BZRG). Zu den **Mitteilungen** → § 27 Rn. 13, 14, 19, 22. 13

II. Erfordernis einer neuen Erlaubnis (Satz 2). Bei bestimmten, besonders wesentlichen Voraussetzungen für die Erteilung der Erlaubnis begnügt sich das Gesetz nicht mit einer Anzeigepflicht, sondern fordert den Antrag auf Erteilung einer neuen Erlaubnis. Dazu gehören die Art der Betäubungsmittel oder des Betäubungsmittelverkehrs, Änderungen in der Person des Erlaubnisinhabers oder Veränderungen in der Lage der Betriebsstätten (ausgenommen innerhalb eines Gebäudes). Die Vorschrift gilt auch für Erlaubnisse nach § 10a und nach § 13 Abs. 3 S. 2 Nr. 2a. 14

Aus der persönlichen Natur der Erlaubnis ergibt sich, dass sie mit dem **Tod** ihres Inhabers (*Weinzierl* in BeckOK BtMG Rn. 10; *Joachimski/Haumer* Rn. 3, aA *Eberth/Müller* BtMR Rn. 17) erlischt. Sie erlischt auch, wenn der (alleinige) Erlaubnisinhaber aus dem Betrieb ausscheidet. Etwas anderes gilt bei einer (auch schweren) Erkrankung des Inhabers der Erlaubnis, es sei denn, dass sich daraus Bedenken nach § 5 Abs. 1, insbesondere Nr. 3, 5 ergeben. 15

Bei juristischen Personen oder nicht rechtsfähigen Personenvereinigungen erlischt die Erlaubnis mit der **Auflösung** der juristischen Person oder der Personenvereinigung (*Weinzierl* in BeckOK BtMG Rn. 10). Dagegen berührt das Ausscheiden vertretungsberechtigter oder geschäftsführungsbefugter Personen die Erlaubnis nicht; etwas anderes gilt, wenn solche Personen **neu eintreten.** 16

Die Erlaubnis erlischt nach Satz 2 auch bei einer Aufgabe oder Verlegung der **Betriebsstätte,** für die sie erteilt ist. Dies gilt nicht, wenn die Verlegung innerhalb eines Gebäudes erfolgt. 17

18 Satz 2 hat zur Folge, dass bis zur Erteilung der neuen Erlaubnis eine **Teilnahme** am Betäubungsmittelverkehr in der geänderten Form **nicht erfolgen** darf. In der bisherigen Form, mit dem bisherigen Erlaubnisinhaber und in den bisherigen Betriebsstätten darf der Betäubungsmittelverkehr dagegen fortgeführt werden.

19 **III. Anpassung der Erlaubnis (Sätze 3, 4).** Andere Änderungen dürfen sofort umgesetzt werden, ohne dass die Reaktion des BfArM abgewartet werden muss (Hügel/Junge/Lander/Winkler Rn. 7). Ergeben sich aus der Veränderung keine Versagungsgründe nach § 5 Abs. 1, so besteht nach Satz 3 ein **Anspruch** auf Änderung (Anpassung) der Erlaubnis. Auch die Änderung wird der zuständigen obersten Landesbehörde unverzüglich mitgeteilt (Satz 4). Satz 3 gilt auch für Erlaubnisse nach § 13 Abs. 3 S. 2 Nr. 2a.

D. Zuwiderhandlungen

20 Die Fortführung des Betriebs entgegen § 8 Abs. 3 S. 2 ist in den Fällen der Erlaubnis nach § 3 nach § 29 Abs. 1 S. 1 Nr. 1 **strafbar;** dasselbe gilt in den Fällen der Fortführung einer Einrichtung zur Substitutionsbehandlung mit Diamorphin. In den Fällen des § 10a ergibt sich die **Strafbarkeit** aus § 29 Abs. 1 S. 1 Nr. 11 (§ 10a Abs. 3). Wer vorsätzlich oder fahrlässig entgegen Absatz 3 Satz 1, auch in Verbindung mit § 10a Abs. 3 oder § 13 Abs. 3 S. 3 eine Änderung nicht richtig, nicht vollständig oder nicht unverzüglich mitteilt, handelt **ordnungswidrig** nach § 32 Abs. 1 Nr. 3.

§ 9 Beschränkungen, Befristung, Bedingungen und Auflagen

(1) ¹**Die Erlaubnis ist zur Sicherheit und Kontrolle des Betäubungsmittelverkehrs oder der Herstellung ausgenommener Zubereitungen auf den jeweils notwendigen Umfang zu beschränken.** ²**Sie muss insbesondere regeln:**
1. **die Art der Betäubungsmittel und des Betäubungsmittelverkehrs,**
2. **die voraussichtliche Jahresmenge und den Bestand an Betäubungsmitteln,**
3. **die Lage der Betriebsstätten und**
4. **den Herstellungsgang und die dabei anfallenden Ausgangs-, Zwischen- und Endprodukte, auch wenn sie keine Betäubungsmittel sind.**

(2) **Die Erlaubnis kann**
1. **befristet, mit Bedingungen erlassen oder mit Auflagen verbunden werden oder**
2. **nach ihrer Erteilung hinsichtlich des Absatzes 1 Satz 2 geändert oder mit sonstigen Beschränkungen oder Auflagen versehen werden,**

wenn dies zur Sicherheit oder Kontrolle des Betäubungsmittelverkehrs oder der Herstellung ausgenommener Zubereitungen erforderlich ist oder die Erlaubnis der Durchführung der internationalen Suchtstoffübereinkommen oder von Beschlüssen, Anordnungen oder Empfehlungen zwischenstaatlicher Einrichtungen der Suchtstoffkontrolle entgegensteht oder dies wegen Rechtsakten der Organe der Europäischen Union geboten ist.

Übersicht

	Rn.
A. Inhalt und Zweck der Vorschrift	1
B. Gegenstand des Erlaubnisverfahrens	2
C. Umfang und Beschränkungen (Absatz 1, Absatz 2 Nr. 2)	4
I. Die Entscheidung bei der Erteilung (Absatz 1)	5

	Rn.
1. Notwendiger Umfang (Satz 1)	6
2. Beschränkungen (Satz 2)	7
II. Nachträgliche Entscheidungen (Absatz 2 Nr. 2)	9
D. Nebenbestimmungen (Absatz 2)	10
I. Arten der Nebenbestimmungen	11
1. Befristungen	12
2. Bedingungen	13
3. Auflagen	15
II. Ermessen	17
III. Entscheidungszeitpunkt	18
E. Anfechtung	19
F. Zuwiderhandlungen	20

A. Inhalt und Zweck der Vorschrift

Die Vorschrift befasst sich mit dem notwendigen sachlichen Inhalt der Erlaubnis **(Absatz 1)** und mit den Nebenbestimmungen, mit denen sie bei Erlass oder später versehen werden kann **(Absatz 2)**. Ihr Ausgangspunkt ist § 36 Abs. 1 VwVfG, wonach eine Nebenbestimmung einem Verwaltungsakt, auf den ein Anspruch besteht (§ 3 Abs. 1, § 5 Abs. 1, § 10a Abs. 1 S. 1, § 13 Abs. 3 S. 2 Nr. 2a), grundsätzlich nur dann beigefügt werden darf, wenn sie durch Rechtsvorschrift zugelassen ist. Steht der Verwaltungsakt im Ermessen der Behörde (§ 3 Abs. 2, § 5 Abs. 2, § 6 Abs. 2), so darf er nach deren pflichtgemäßem Ermessen mit einer Nebenbestimmung versehen werden, ohne dass es hierfür einer besonderen spezialgesetzlichen Grundlage bedarf. Aus Gründen der Rechtsklarheit sieht § 9 für beide Fallgestaltungen eine einheitliche Regelung vor (BT-Drs. 8/3551, 30). 1

B. Gegenstand des Erlaubnisverfahrens

Der Gegenstand des Erlaubnisverfahrens wird durch den **Antrag** (§§ 7, 10a, 13 Abs. 3 S. 2 Nr. 2a) bestimmt. Über den Antrag darf die Erlaubnis nicht hinausgehen (*Weinzierl* in BeckOK BtMG Rn. 1; *Malek* in Spickhoff Rn. 1). Sie kann zwar dahinter zurückbleiben, darf aber weder mehr noch etwas anderes (aliud) gewähren, als beantragt ist. 2

C. Umfang und Beschränkungen der Erlaubnis (Absatz 1, Absatz 2 Nr. 2)

Während Absatz 1 nur für die Erlaubnis nach § 3 gilt, ist Absatz 2 auch für die Erlaubnisse zum Betrieb eines Drogenkonsumraums (§ 10a Abs. 3) oder einer Einrichtung zur Substitutionsbehandlung mit Diamorphin (§ 13 Abs. 3 S. 3) maßgeblich. 3

Die **Erlaubnis nach § 3** ist gemäß Absatz 1 auf den notwendigen **Umfang** zu beschränken; für die Erlaubnisse zum Betrieb eines Drogenkonsumraums oder zum Betrieb einer Einrichtung zur Substitutionsbehandlung mit Diamorphin ergibt sich dies bereits aus ihrem beschränkten Gegenstand. Beschränkungen können in beiden Fällen auch nachträglich hinzugefügt werden (§ 9 Abs. 2 Nr. 2; § 10a Abs. 3; § 13 Abs. 3 S. 3). In allen Fällen bestimmen die Beschränkungen den Inhalt der Erlaubnis. Der Erlaubnisinhaber, der gegen sie verstößt, handelt außerhalb der verwaltungsrechtlichen Gestattung und damit unerlaubt und strafbar (→ Rn. 20): 4

I. Die Entscheidung bei der Erteilung (Absatz 1).
Absatz 1 gilt nur für die Erlaubnis nach § 3 (→ Rn. 3). Bereits bei ihrer Erteilung ist der Blick auf den notwendigen Umfang und die erforderlichen Beschränkungen zu richten: 5

1. Notwendiger Umfang (Satz 1). Während der Antrag den Rahmen abgibt, in dem sich die Erlaubnis halten muss (→ Rn. 2), wird der Umfang, in dem sie er- 6 teilt werden darf, durch die Sicherheit und Kontrolle des Betäubungsmittelverkehrs und der Herstellung ausgenommener Zubereitungen bestimmt (→ § 5 Rn. 29–34). Im Hinblick auf die Gefahrenquelle, die auch der legale Betäubungsmittelverkehr bildet, schreibt Satz 1 vor, dass die Erlaubnis stets auf den jeweils notwendigen Umfang zu beschränken ist. Dieser ist danach insbesondere auch unter Berücksichtigung der Zwecke des BtMG (→ § 5 Rn. 35–51) festzulegen.

7 **2. Beschränkungen (Satz 2).** Die Vorschrift enthält Beschränkungen, die bei der Entscheidung über die Erlaubnis stets geprüft werden müssen und mit denen sich die Erlaubnis zwingend befassen muss. Grundlage ist auch insoweit der Antrag mit den ihm beizufügenden Unterlagen; wegen der einzelnen Beschränkungen (Satz 2 Nr. 1–4) kann daher auf → § 7 Rn. 9–18 Bezug genommen werden.

8 Die in **Satz 2** enthaltene Aufzählung ist **nicht abschließend** (*Weinzierl* in BeckOK BtMG Rn. 5; *Franke/Wienroeder* Rn. 1). Weitere Beschränkungen sind zulässig, soweit sie aus Gründen der Sicherheit und Kontrolle des Betäubungsmittelverkehrs oder zur Durchführung der internationalen Suchtstoffübereinkommen erforderlich sind (BT-Drs. 8/3551, 30).

9 **II. Nachträgliche Entscheidungen (Absatz 2 Nr. 2).** Sofern dies zur Sicherheit oder Kontrolle des Betäubungsmittelverkehrs oder der Herstellung ausgenommener Zubereitungen erforderlich ist oder wenn die Erlaubnis internationalen Verpflichtungen entgegensteht, ist es zulässig, sie nachträglich inhaltlich zu ändern, insbesondere zu beschränken (Absatz 2 Nr. 2 Halbsatz 1). Diese Vorschrift gilt auch für die Erlaubnisse zum Betrieb eines Drogenkonsumraums oder einer Einrichtung zur Substitutionsbehandlung mit Diamorphin (→ Rn. 3).

D. Nebenbestimmungen (Absatz 2)

10 Über die Beschränkungen des Absatzes 1 hinaus kann die Erlaubnis mit **Nebenbestimmungen** (Befristungen, Bedingungen, Auflagen) versehen werden, sofern die in → Rn. 17 genannten Voraussetzungen vorliegen. Absatz 2 gilt auch für die Erlaubnisse zum Betrieb eines Drogenkonsumraums oder einer Einrichtung zur Substitutionsbehandlung mit Diamorphin (→ Rn. 3). Nach OVG Münster A&R 2014, 192 (= BeckRS 2014, 53296, ebenso *Patzak* in Körner/Patzak/Volkmer Rn. 9; *Weinzierl* in BeckOK BtMG Rn. 13) sollen Nebenbestimmungen auch **zwingende Versagungsgründe** des § 5 „ausräumen" können. Diese Aussage, die sich in der Revisionsentscheidung (BVerwGE 154, 352 (= NVwZ 2016, 1413 = A&R 2016, 192) nicht findet, ist zumindest schief: Nebenbestimmungen können dazu führen, dass bestimmte Versagungsgründe nicht gegeben sind, etwa weil mit ihnen sichergestellt wird, dass die Sicherheit oder Kontrolle des Betäubungsmittelverkehrs nicht gefährdet ist. Deswegen hat das BfArM bei der Entscheidung über die Erlaubnis stets auch die Möglichkeit von Nebenbestimmungen in den Blick zu nehmen.

11 **I. Arten der Nebenbestimmungen.** Die Nebenbestimmungen haben unterschiedliche Wirkungen:

12 **1. Befristungen.** Im Falle der Befristung erlischt die Erlaubnis von selbst mit Ablauf der Frist (§ 36 Abs. 2 Nr. 1 VwVfG), so dass der danach erfolgende Betäubungsmittelverkehr nicht mehr von ihr gedeckt und damit unerlaubt und strafbar ist (→ Rn. 20). Befristungen dienen vor allem der Durchführung des Art. 29 Abs. 2 Buchst. c ÜK 1961.

13 **2. Bedingungen.** Ähnlich wie Befristungen wirken auch die Bedingungen (§ 36 Abs. 2 Nr. 2 VwVfG). Von den Befristungen unterscheiden sie sich dadurch, dass der Eintritt des Ereignisses, von dem sie abhängen, ungewiss ist (*Stelkens* in Stelkens/Bonk/Sachs § 36 Rn. 75). Ist die Erlaubnis danach mit einer **auflösenden**

Bedingung (§ 158 Abs. 2 BGB) versehen, so wird sie mit dem Eintritt der Bedingung von selbst unwirksam; späterer Betäubungsmittelverkehr ist unerlaubt und strafbar (→ Rn. 20).

Ist die Erlaubnis mit einer **aufschiebenden Bedingung** (§ 158 Abs. 1 BGB) versehen, so hängt ihr Wirksamwerden davon ab, dass die Bedingung eingetreten ist. Vor dem Eintritt der Bedingung liegt keine wirksame Erlaubnis vor, und der Betäubungsmittelverkehr ist unerlaubt und strafbar (→ Rn. 20). 14

3. Auflagen. Anders ist dies, wenn die Erlaubnis mit einer Auflage (§ 36 Abs. 2 Nr. 4 VwVfG) verbunden ist. Die Nichterfüllung der Auflage hat nicht von selbst die Unwirksamkeit der Erlaubnis zur Folge, sondern schafft lediglich einen Grund, der zu ihrem Widerruf berechtigt (§ 49 Abs. 2 Nr. 2 VwVfG). Solange dieser nicht wirksam erfolgt ist, besteht die Erlaubnis fort, und der Erlaubnisinhaber handelt nicht unerlaubt im Sinne der strafrechtlichen Vorschriften. Allerdings begeht er eine Ordnungswidrigkeit nach § 32 Abs. 1 Nr. 4. Keine Auflage, sondern ein Teil des Inhalts der Erlaubnis ist die sog. **modifizierende Auflage** (*Weinzierl* in BeckOK BtMG Rn. 10.3). 15

Ob eine **Bedingung** oder eine **Auflage** vorliegt, richtet sich nach dem für den Betroffenen erkennbaren Sinn der Regelung. Ist diese so bedeutsam, dass der Bestand der Erlaubnis erkennbar von ihr abhängen soll, so spricht dies für eine Bedingung (*Stelkens* in Stelkens/Bonk/Sachs § 36 Rn. 87). Bleiben Zweifel, so ist von einer Auflage auszugehen, da diese den Antragsteller weniger belastet (krit. *Stelkens* in Stelkens/Bonk/Sachs § 36 Rn. 88). 16

II. Ermessen. Die Verbindung der Erlaubnis mit einer Nebenbestimmung steht nach Nr. 1 im Ermessen der Erlaubnisbehörde. Voraussetzung ist aber stets, dass die Maßnahme zur Sicherheit oder Kontrolle des Betäubungsmittelverkehrs oder der Herstellung ausgenommener Zubereitungen erforderlich ist oder wegen Rechtsakten der Organe der EU geboten ist. Dem steht es gleich, wenn die Erlaubnis ohne Beifügung einer Nebenbestimmung der Durchführung der internationalen Suchtstoffübereinkommen oder von Entscheidungen oder Empfehlungen zwischenstaatlicher Einrichtungen der Suchtstoffkontrolle entgegenstehen würde. 17

III. Entscheidungszeitpunkt. Die Entscheidung kann bei der Erteilung der Erlaubnis getroffen werden (Absatz 2 Nr. 1). Sie ist aber auch nachträglich möglich (Absatz 2 Nr. 2), und zwar nicht nur durch Beifügung von Auflagen, sondern auch durch Befristung oder Anordnung von Bedingungen. Beide Nebenbestimmungen sind sonstige Beschränkungen im Sinne des Absatzes 2 Nr. 2. 18

E. Anfechtung

Nach neuerer verwaltungsrechtlicher Auffassung sollen nicht nur Auflagen, sondern auch andere Nebenbestimmungen als jedenfalls äußerlich trennbare Teile eines Verwaltungsakts **gesondert angefochten** werden können (*Stelkens* in Stelkens/Bonk/Sachs § 36 Rn. 54–62, *Weinzierl* in BeckOK BtMG Rn. 14.1 je mwN). Auch wenn dieser Auffassung gefolgt wird, so kann die Anfechtung jedenfalls nur Erfolg haben, wenn der Kläger einen Anspruch auf Erlass des Verwaltungsakts ohne die belastende Nebenbestimmung hat. Dies ist insbesondere dann nicht gegeben, wenn der Verwaltungsakt selbst oder die Beifügung der Nebenbestimmung in das Ermessen der Behörde gestellt ist. Wird die Erlaubnis nachträglich geändert, so kann dies gesondert angefochten werden. 19

F. Zuwiderhandlungen

Die Teilnahme am Betäubungsmittelverkehr unter Überschreitung einer Beschränkung, nach Ablauf einer Befristung, vor Eintritt einer aufschiebenden Bedin- 20 gung oder nach Eintritt einer auflösenden Bedingung ist eine **Straftat** nach § 29 Abs. 1 S. 1 Nr. 1. Dies gilt mangels einer Sonderregelung auch für die Erlaubnis zum Betrieb einer Einrichtung zur Substitutionsbehandlung mit Diamorphin (§ 13 Abs. 3 S. 2 Nr. 2a, Abs. 3). In den Fällen des § 10a ergibt sich die Strafbarkeit aus § 29 Abs. 1 S. 1 Nr. 11 (§ 10a Abs. 3). Wer vorsätzlich oder fahrlässig einer vollziehbaren Auflage nach § 9 Abs. 2, auch in Verbindung mit § 10a Abs. 4, zuwiderhandelt, begeht eine **Ordnungswidrigkeit** nach § 32 Abs. 1 Nr. 4. Der Verstoß gegen eine Auflage im Zusammenhang mit einer Erlaubnis nach § 13 Abs. 3 S. 2 Nr. 2a ist, offensichtlich auf Grund eines Redaktionsversehens, nicht bewährt.

§ 10 Rücknahme und Widerruf

(1) ¹**Die Erlaubnis kann auch widerrufen werden, wenn von ihr innerhalb eines Zeitraumes von zwei Kalenderjahren kein Gebrauch gemacht worden ist.** ²Die Frist kann verlängert werden, wenn ein berechtigtes Interesse glaubhaft gemacht wird.

(2) **Die zuständige oberste Landesbehörde wird über die Rücknahme oder den Widerruf der Erlaubnis unverzüglich unterrichtet.**

Übersicht

	Rn.
A. Inhalt der Vorschrift	1
B. Widerruf der Erlaubnis	2
I. Widerruf nach § 49 VwVfG	2
II. Der (weitere) Widerrufsgrund des § 10 Abs. 1	4
III. Ermessen	6
C. Rücknahme der Erlaubnis	7
I. Voraussetzungen	8
II. Ermessen	12
III. Rücknahme für die Vergangenheit	15
D. Unterrichtung der obersten Landesbehörde (Absatz 2)	16

A. Inhalt der Vorschrift

1 Für die Rücknahme oder den Widerruf der Erlaubnis nach §§ 3, 10a oder 13 Abs. 3 S. 2 Nr. 2a gelten die §§ 48, 49 VwVfG. § 10 Abs. 1 enthält **für alle drei Erlaubnisse** einen zusätzlichen, spezifisch betäubungsmittelrechtlichen Widerrufstatbestand, der neben den allgemeinen Widerrufsgründen (§ 49 VwVfG) steht.

B. Widerruf der Erlaubnis

2 **I. Widerruf nach § 49 VwVfG.** Nach § 49 VwVfG kann ein rechtmäßiger Verwaltungsakt, auch nachdem er unanfechtbar geworden ist, ganz oder teilweise widerrufen werden. Dies gilt grundsätzlich auch für die Erlaubnis. Da sie ein begünstigender Verwaltungsakt ist, darf sie nur für die Zukunft widerrufen werden (§ 49 Abs. 2 S. 1 VwVfG).

3 Der Widerruf setzt ferner einen der in § 49 Abs. 2 S. 1 Nr. 1–5 VwVfG im Einzelnen geregelten **Widerrufsgründe** (Widerrufsvorbehalt [Nr. 1], Nichterfüllung einer Auflage [Nr. 2], nachträgliche Änderung der Tatsachenbasis [Nr. 3], Rechtsänderung [Nr. 4], Verhütung oder Beseitigung schwerer Nachteile für das Gemeinwohl [Nr. 5]) voraus. Schließlich darf er nur innerhalb eines Jahres von dem Zeitpunkt an erfolgen, zu dem die Erlaubnisbehörde von den Tatsachen Kenntnis erlangt hat, welche den Widerruf rechtfertigen (§ 49 Abs. 2 S. 2, § 48 Abs. 4 VwVfG).

II. Der (weitere) Widerrufsgrund des § 10 Abs. 1. Die Widerrufsgründe des 4
§ 49 Abs. 2 S. 1 VwVfG werden durch Absatz 1 Satz 1 erweitert. Die Vorschrift
dient der Rechtssicherheit sowie der Übersicht und Kontrolle des Betäubungsmittelverkehrs (BT-Drs. 8/3551, 31) und soll sicherstellen, dass die gebotene Sachkenntnis des Verantwortlichen gewährleistet bleibt (*Joachimski/Haumer* BtMG
Rn. 3). Anders als in den Fällen des § 31 AMG erlischt die Erlaubnis nicht kraft Gesetzes, sondern ihr Erlöschen bedarf des Widerrufs.

Nach Absatz 1 Satz 2 kann die Frist des Satzes 1 **verlängert** werden, wenn ein 5
berechtigtes Interesse glaubhaft gemacht wird. Ein solches Interesse ist jedes schutzwürdige Interesse rechtlicher, wirtschaftlicher oder ideeller Art (*Weinzierl* in
BeckOK BtMG Rn. 8). An die **Glaubhaftmachung** sind keine strengen Anforderungen zu stellen (*Weinzierl* in BeckOK BtMG Rn. 8). Unter Umständen kann die
Erklärung des Erlaubnisinhabers genügen, jedenfalls dann, wenn das berechtigte Interesse offen zu Tage liegt (aA *Joachimski/Haumer* BtMG Rn. 4).

III. Ermessen. Der Widerruf der Erlaubnis steht im Ermessen des BfArM (bei 6
einer Erlaubnis nach § 3), der obersten Landesbehörde (bei einer Erlaubnis nach
§ 10a) oder der zuständigen Landesbehörde (bei einer Erlaubnis nach § 13 Abs. 3
S. 2 Nr. 2a). Dabei ist davon auszugehen, dass der Vertrauensschutz in den Fällen
der § 49 Abs. 2 S. 1 Nr. 3–5 VwVfG bereits im Tatbestand berücksichtigt ist
(s. auch § 49 Abs. 5 VwVfG), so dass der Widerruf im Regelfall vom Gesetz intendiert ist (BVerwG NVwZ 1992, 565; *Sachs* in Stelkens/Bonk/Sachs § 49 Rn. 33). In
den Fällen des § 49 Abs. 2 S. 1 Nr. 1, 2 VwVfG ist dagegen die Basis für einen Vertrauensschutz von vornherein nicht vorhanden (*Sachs* in Stelkens/Bonk/Sachs § 49
Rn. 35).

C. Rücknahme der Erlaubnis

Nach § 48 Abs. 1 S. 1 VwVfG kann ein Verwaltungsakt, auch nachdem er un- 7
anfechtbar geworden ist, ganz oder teilweise mit Wirkung für die Zukunft oder die
Vergangenheit **zurückgenommen** werden, wenn er rechtswidrig ist.

I. Voraussetzungen. Dies gilt grundsätzlich auch für die Erlaubnisse nach §§ 3, 8
10a, 13 Abs. 3 S. 2 Nr. 2a. Zwar sind sie begünstigende Verwaltungsakte (§ 48
Abs. 1 S. 2 VwVfG), sie gewähren jedoch kein Recht auf Geld- oder teilbare Sachleistungen, so dass die einschränkenden Voraussetzungen des § 48 Abs. 2 VwVfG
nicht eingreifen, sondern im Falle der Rücknahme grundsätzlich nur der Vertrauensschaden in Geld auszugleichen ist (§ 48 Abs. 3 VwVfG).

Verwaltungsrechtlich nicht abschließend geklärt ist (*Sachs* in Stelkens/Bonk/ 9
Sachs § 49 Rn. 122, 123 mwN), ob der **Vertrauensschutz** nicht nur bei dem Ausgleich des Vermögensschadens, sondern auch bei der Frage des Widerrufs zu
berücksichtigen ist. Im Hinblick auf die Gefahren, die auch von dem legalen Betäubungsmittelverkehr, dem Betrieb eines Drogenkonsumraums oder einer Einrichtung zur Substitutionsbehandlung mit Diamorphin ausgehen, dürfte das öffentliche
Interesse an der Rücknahme einer rechtswidrigen Erlaubnis das Interesse der Betroffenen jedoch grundsätzlich überwiegen.

Von vornherein entsteht kein schutzwürdiges Vertrauen, wenn der Betroffene 10
den Verwaltungsakt durch **unrichtige** oder **unvollständige Angaben** oder durch
arglistige Täuschung, Drohung oder Bestechung erwirkt hat oder wenn er die
Rechtswidrigkeit des Verwaltungsakts kannte oder infolge grober Fahrlässigkeit
nicht kannte. In diesen Fällen kommt auch ein Ausgleich des Vermögensnachteils
nicht in Betracht (§ 48 Abs. 2 S. 3, Abs. 3 S. 2 VwVfG).

Eine **Rücknahme** ist **nicht mehr möglich,** wenn mehr als ein Jahr seit dem 11
Zeitpunkt verstrichen ist, zu dem die Erlaubnisbehörde Kenntnis von den Tat-

sachen erlangt hat, die die Rücknahme rechtfertigen (§ 48 Abs. 4 S. 1 VwVfG). Dies gilt allerdings nicht in den Fällen der arglistigen Täuschung, Drohung oder Bestechung (§ 48 Abs. 4 S. 2 VwVfG).

12 **II. Ermessen.** Auch dann, wenn die rechtlichen Voraussetzungen für die Rücknahme erfüllt sind, steht diese grundsätzlich im Ermessen der Anordnungsbehörde. Von der Möglichkeit der Rücknahme muss in der Regel dann Gebrauch gemacht werden, wenn **Sicherheitsinteressen** berührt sind (BVerwGE 11, 95 = NJW 1961, 793). Liegt einer der Versagungsgründe des § 5 Abs. 1 Nr. 1–6 vor, so ist die Erlaubnis daher grundsätzlich zurückzunehmen; etwas anderes kommt in den Fällen des § 5 Abs. 2, § 6 Abs. 2 in Betracht (*Weinzierl* in BeckOK BtMG Rn. 7).

13 Die §§ 5, 6 sind auf die Erlaubnis für den Betrieb eines **Drogenkonsumraums nicht** anwendbar (§ 10a Abs. 3). An ihre Stelle tritt die Einhaltung der Mindeststandards nach § 10a Abs. 2 S. 2. Auch hier kann sich die Befugnis zur Rücknahme der Erlaubnis zu einer Pflicht verdichten, wenn **Sicherheitsinteressen** berührt sind, etwa bei Verstößen gegen die Mindeststandards nach § 10a Abs. 2 Nr. 2, 5, 7 oder 9.

14 Entsprechendes gilt für die Erlaubnis zum Betrieb einer Einrichtung zur Substitutionsbehandlung mit **Diamorphin** nach § 13 Abs. 3 S. 2 Nr. 2a. Auch hier kann sich das Rücknahmeermessen zu einer Pflicht verdichten, wenn Sicherheitsinteressen berührt sind, etwa wenn eine zweckdienliche sachliche oder personelle Ausstattung nicht mehr gegeben ist und andere Mittel zur Abhilfe fehlen.

15 **III. Rücknahme für die Vergangenheit.** Die Rücknahme der Erlaubnis kann für die Vergangenheit (**ex tunc**) oder für die Zukunft (**ex nunc**) erfolgen. Im ersten Fall hat der Betroffene zwar am Betäubungsmittelverkehr teilgenommen, ohne dazu befugt gewesen zu sein. Er hat sich dadurch aber nicht strafbar gemacht (*Lenckner/Sternberg-Lieben* in Schönke/Schröder StGB Vor § 32 Rn. 62a; *Schlehofer* in MüKoStGB Vor § 32 Rn. 227; *Müller* in BeckOK VwVfG § 48 Rn. 46), weil die Erlaubnis zum Zeitpunkt seines Handelns bestand. Strafrechtlich wirkt die Rücknahme daher stets nur für die Zukunft. Etwas anderes gilt nur dann, wenn der Verwaltungsakt **nichtig** ist; dazu → § 3 Rn. 7, 8.

D. Unterrichtung der obersten Landesbehörde (Absatz 2)

16 Die oberste Landesbehörde wird von allen Fällen der Rücknahme und des Widerrufs unverzüglich unterrichtet, also nicht nur in den Fällen des § 10 Abs. 1. Dasselbe gilt von der Unterrichtung des BfArM in den Fällen, in denen die Erlaubnis von der obersten Landesbehörde (§ 10a Abs. 3) oder der zuständigen Landesbehörde (§ 13 Abs. 3 S. 2 Nr. 2a) erteilt wurde.

§ 10a Erlaubnis für den Betrieb von Drogenkonsumräumen

(1) ¹**Einer Erlaubnis der zuständigen obersten Landesbehörde bedarf, wer eine Einrichtung betreiben will, in deren Räumlichkeiten Betäubungsmittelabhängigen eine Gelegenheit zum Verbrauch von mitgeführten, ärztlich nicht verschriebenen Betäubungsmitteln verschafft oder gewährt wird (Drogenkonsumraum).** ²**Eine Erlaubnis kann nur erteilt werden, wenn die Landesregierung die Voraussetzungen für die Erteilung in einer Rechtsverordnung nach Maßgabe des Absatzes 2 geregelt hat.**

(2) ¹**Die Landesregierungen werden ermächtigt, durch Rechtsverordnung die Voraussetzungen für die Erteilung einer Erlaubnis nach Absatz 1 zu regeln.** ²**Die Regelungen müssen insbesondere folgende Mindeststandards für die Sicherheit und Kontrolle beim Verbrauch von Betäubungsmitteln in Drogenkonsumräumen festlegen:**

1. Zweckdienliche sachliche Ausstattung der Räumlichkeiten, die als Drogenkonsumraum dienen sollen;
2. Gewährleistung einer sofort einsatzfähigen medizinischen Notfallversorgung;
3. medizinische Beratung und Hilfe zum Zwecke der Risikominderung beim Verbrauch der von Abhängigen mitgeführten Betäubungsmittel;
4. Vermittlung von weiterführenden und ausstiegsorientierten Angeboten der Beratung und Therapie;
5. Maßnahmen zur Verhinderung von Straftaten nach diesem Gesetz in Drogenkonsumräumen, abgesehen vom Besitz von Betäubungsmitteln nach § 29 Abs. 1 Satz 1 Nr. 3 zum Eigenverbrauch in geringer Menge;
6. erforderliche Formen der Zusammenarbeit mit den für die öffentliche Sicherheit und Ordnung zuständigen örtlichen Behörden, um Straftaten im unmittelbaren Umfeld der Drogenkonsumräume soweit wie möglich zu verhindern;
7. genaue Festlegung des Kreises der berechtigten Benutzer von Drogenkonsumräumen, insbesondere im Hinblick auf deren Alter, die Art der mitgeführten Betäubungsmittel sowie die geduldeten Konsummuster; offenkundige Erst- oder Gelegenheitskonsumenten sind von der Benutzung auszuschließen;
8. eine Dokumentation und Evaluation der Arbeit in den Drogenkonsumräumen;
9. ständige Anwesenheit von persönlich zuverlässigem Personal in ausreichender Zahl, das für die Erfüllung der in den Nummern 1 bis 7 genannten Anforderungen fachlich ausgebildet ist;
10. Benennung einer sachkundigen Person, die für die Einhaltung der in den Nummern 1 bis 9 genannten Anforderungen, der Auflagen der Erlaubnisbehörde sowie der Anordnungen der Überwachungsbehörde verantwortlich ist (Verantwortlicher) und die ihm obliegenden Verpflichtungen ständig erfüllen kann.

(3) Für das Erlaubnisverfahren gelten § 7 Satz 1 und 2 Nr. 1 bis 4 und 8, §§ 8, 9 Abs. 2 und § 10 entsprechend; dabei tritt an die Stelle des Bundesinstituts für Arzneimittel und Medizinprodukte jeweils die zuständige oberste Landesbehörde, an die Stelle der obersten Landesbehörde jeweils das Bundesinstitut für Arzneimittel und Medizinprodukte.

(4) Eine Erlaubnis nach Absatz 1 berechtigt das in einem Drogenkonsumraum tätige Personal nicht, eine Substanzanalyse der mitgeführten Betäubungsmittel durchzuführen oder beim unmittelbaren Verbrauch der mitgeführten Betäubungsmittel aktive Hilfe zu leisten.

Übersicht

	Rn.
A. Einführung	1
I. Entstehungsgeschichte	1
II. Zweck	2
III. Terminologie	3
IV. Systematik	4
V. Völkerrechtliche Fragen	7
1. Verpflichtung zur Strafbarkeit des Besitzes	9
2. Verpflichtung zur Strafbarkeit der Beihilfe zum Besitz	16
3. Verstoß gegen den Geist der Suchtstoffübereinkommen	19
4. Folgen der Völkerrechtswidrigkeit	21
B. Die Erlaubnis (Absatz 1)	23

BtMG § 10a Zweiter Abschnitt. Erlaubnis und Erlaubnisverfahren

	Rn.
I. Legaldefinition	24
1. Einrichtung	25
2. Räumlichkeit	26
3. Betäubungsmittelabhängige	27
4. Verbrauch	28
a) Eigenverbrauch, selbst mitgeführte Betäubungsmittel	29
b) Geringe Menge	30
c) Konsumformen	34
5. Ärztlich nicht verschriebene Betäubungsmittel	35
II. Erlaubnis	37
1. Erlaubnispflichtigkeit	38
2. Rechtsanspruch	39
3. Erlaubnisinhaber	41
4. Wirkung	42
III. Erlaubnisbehörde	52
IV. Das Erfordernis einer Rechtsverordnung	54
C. Die Rechtsverordnung (Absatz 2)	55
I. Die Ermächtigung	55
II. Die Mindeststandards und die Verordnungen der Länder	57
1. Sachliche Ausstattung	63
2. Medizinische Notfallversorgung	64
3. Medizinische Beratung/Hilfe zur Risikominderung	65
4. Vermittlung weiterführender/ausstiegsorientierter Angebote	66
5. Verhinderung von Straftaten in Drogenkonsumräumen	67
a) Mindeststandard	69
aa) Andere Straftaten	69
bb) In Drogenkonsumräumen	70
cc) Überwachung	71
dd) Verhinderung	72
ee) Einsatz der Polizei	74
b) Verordnungen der Länder	78
aa) Straftaten nach dem BtMG	79
bb) Andere Straftaten	81
6. Verhinderung von Straftaten im unmittelbaren Umfeld	82
a) Mindeststandard	83
aa) Unmittelbares Umfeld	84
bb) Straftaten	85
cc) Für die öffentliche Sicherheit zuständige Behörden	86
dd) Formen der Zusammenarbeit	87
b) Verordnungen der Länder	94
7. Genaue Festlegung des Benutzerkreises	95
a) Mindeststandard	96
aa) Nach Alter, Art der Drogen und Konsumform	97
bb) Offenkundige Erst- oder Gelegenheitskonsumenten	100
cc) Kontrolle	102
b) Verordnungen der Länder	103
8. Dokumentation und Evaluation	104
a) Mindeststandard	105
b) Verordnungen der Länder	107
9. Ständige Anwesenheit von Fachpersonal	108
a) Mindeststandard	109
b) Verordnungen der Länder	111
10. Verantwortlicher	112
a) Mindeststandard	113
b) Verordnungen der Länder	115
D. Das Erlaubnisverfahren (Absatz 3)	116
I. Zuständigkeit	116
II. Verfahren	118
1. Antrag	119

	Rn.
2. Entscheidung	120
3. Nebenbestimmungen, Rücknahme, Widerruf	122
E. Umfang der Erlaubnis (Absatz 4)	123
I. Keine Substanzanalyse	123
II. Keine Leistung aktiver Hilfe beim unmittelbaren Verbrauch	126
F. Straftaten, Ordnungswidrigkeiten	127
I. Straftaten von Konsumenten	127
II. Straftaten von Betreibern/Personal	128
1. Betäubungsmittelstraftaten	129
a) Handeln außerhalb der Erlaubnis	130
aa) Verschaffen/Gewähren einer Gelegenheit	131
bb) Beihilfe zum unerlaubten Besitz	134
b) Handeln im Rahmen der Erlaubnis	135
aa) Verschaffen/Gewähren einer Gelegenheit	136
bb) Beihilfe zum unerlaubten Besitz	137
2. Allgemeine Straftaten	138
a) Verletzung von Sorgfaltspflichten	139
b) Schaden durch den Konsum	144
3. Verkehrsstraftaten	145
a) Garantenstellung	146
b) Garantenpflichten	147
c) Folgen	148
III. Ordnungswidrigkeiten	149
G. Zivilrechtliche Fragen	150
I. Abwehranspruch gegen einen Drogenkonsumraum	150
II. Ausgleichsanspruch	152
III. Abwehr von Beeinträchtigungen	153

A. Einführung

I. Entstehungsgeschichte. Die Vorschrift wurde durch das 3. BtMG-ÄndG 1 eingeführt und ist am 1.4.2000 in Kraft getreten. Das Gesetz geht auf einen Entwurf der Fraktionen SPD und BÜNDNIS 90/DIE GRÜNEN (BT-Drs. 14/1515) und einen inhaltlich gleichen Entwurf der Bundesregierung (BT-Drs. 14/1830) zurück. Das vom Deutschen Bundestag beschlossene Gesetz fand im Bundesrat am 4.2.2000 zunächst keine Mehrheit. Der von der Bundesregierung angerufene Vermittlungsausschuss schlug eine Ergänzung des § 10a Abs. 2 S. 2 Nr. 4 sowie einige mehr technische Änderungen vor. In dieser Form hat der Deutsche Bundestag das Gesetz am 24.2.2000 beschlossen; der Bundesrat hat ihm am 25.2.2000 zugestimmt.

II. Zweck. Die Vorschrift ist das Kernstück der Regelung, mit der die Fixerstu- 2 ben (zur Entstehungsgeschichte *Ullmann* Kriminalistik 2000, 579) auf eine gesetzliche Grundlage gestellt wurden. Dabei ging der Gesetzgeber (BT-Drs. 14/1515, 1, 6; 14/1830, 1, 6; 14/2345, 1; BT-Prot. 14/53, 4626, 4630; 14/79, 7335) davon aus, dass eine solche Basis geschaffen werden musste, um zu vermeiden, dass Betreiber und Personal sich wegen Verschaffens oder Gewährens einer Gelegenheit zum unbefugten Verbrauch (§ 29 Abs. 1 S. 1 Nr. 10 aF) und Beihilfe zum unerlaubten Besitz von Betäubungsmitteln (§ 29 Abs. 1 S. 2 Nr. 3 BtMG, § 27 StGB) strafbar machen (zum damaligen Meinungsstand s. *Katholnigg* NJW 2000, 1217).

III. Terminologie. Das Gesetz bezeichnet die Einrichtungen, die es legalisieren 3 will, weder nach dem allgemeinen Sprachgebrauch als „Fixerstuben" oder „Fixerräume", noch verharmlosend als „Gesundheitsräume" oder „Drogenhilfestellen", sondern verwendet die neutrale Formulierung **„Drogenkonsumräume"** (zust. *Katholnigg* NJW 2000, 1217 (1218)). Damit wird im Ergebnis auch die Entwicklung aufgefangen, wonach die Räume nach der bundesgesetzlichen Regelung nicht auf den intravenösen Konsum von Opiaten beschränkt sind (Absatz 1 Satz 1, Absatz 2 Satz 2 Nr. 7).

4 **IV. Systematik.** Die Vorschrift führt für den Betrieb eines Drogenkonsumraums einen **neuen Erlaubnistatbestand** ein. Die an § 29 Abs. 1 S. 2 angelehnte, rein strafrechtliche Lösung, wie sie noch dem Entwurf eines Gesetzes zur Änderung des Betäubungsmittelgesetzes v. 19.6.1996 (BT-Drs. 13/4982) zugrunde lag, hat der Gesetzgeber damit nicht übernommen. Für das Vorhaben war dies **ein Gewinn.** Eigentlich nicht recht verständlich und von der historischen Entwicklung losgelöst die Kritik von *Patzak* in Körner/Patzak/Volkmer Teil 20 Rn. 8, Teil 21 Rn. 2, bei der auch die berechtigten Belange der Länder völlig aus dem Blick geraten sind. Die neue Regelung ermöglicht es auf die besonderen Verhältnisse der Länder einzugehen; dass in einem föderalen Staat auch die Strafbarkeit oder ihre Voraussetzungen unterschiedlich geregelt sein können, zeigt bereits die Zulässigkeit von Landesstrafrecht (EGStGB). Auf der anderen Seite ist es sinnvoll, auf bundesgesetzlich definierte Rahmenbedingungen nicht zu verzichten, wenn sich **ein Land** zur Zulassung von Drogenkonsumräumen **entschließt.**

5 Der Erlaubnistatbestand ist **zweistufig** aufgebaut. Wenn auch nicht im Gesetz an erster Stelle, so doch auf der ersten Stufe steht die Entscheidung des Landes, ob es überhaupt Drogenkonsumräume zulassen will (Absatz 2 Satz 1). Entschließt es sich dazu, so kann es die Voraussetzungen für die Erteilung der Erlaubnis durch eine Rechtsverordnung schaffen (Absatz 2 Satz 2). In dieser Verordnung müssen auch bestimmte Mindeststandards für die Sicherheit und Kontrolle beim Verbrauch von Betäubungsmitteln in Drogenkonsumräumen festgelegt werden (Absatz 2 Satz 2).

6 Erst wenn eine Verordnung nach Absatz 2 Satz 1 erlassen ist, kann eine **Erlaubnis** für den Betrieb eines Drogenkonsumraums **beantragt** werden (Absatz 1 Satz 2). Zuständig zur Erteilung ist die oberste Landesbehörde. Das Erlaubnisverfahren ist eigenständig geregelt. Die sonst für die Erlaubnis geltenden Vorschriften des Zweiten Abschnitts des BtMG sind nur zum Teil anwendbar (Absatz 3).

7 **V. Völkerrechtliche Fragen.** In der Drogenpolitik der UNO werden Drogenkonsumräume abgelehnt. Der INCB sieht in ihnen einen Verstoß gegen Wortlaut und Geist der internationalen Suchtstoffübereinkommen (so bereits INCB-Report 1999 Nr. 176, 451; jährlich wiederholt, zuletzt in INCB-Report 2008 Recommendation 29). Auch leiste die Einrichtung solcher Räume der Begehung strafbaren Erwerbs sowie anderer Straftaten einschließlich des Drogenhandels Vorschub (INCB-Report 1998 Nr. 437; 2006 Nr. 177). Auch in den Jahresberichten 2015 (Nr. 139) und 2016 (Nr. 720) zeigt sich der INCB besorgt. Mittlerweile hat der INCB wohl resigniert. Im Jahresbericht 2018 (Nr. 218) werden nur noch die Anstrengungen Deutschlands zur Kenntnis genommen, sicher zu stellen, dass die Drogenkonsumräume gut integriert und Teil eines weiten Drogenhilfesystems sind. Ähnliche Ermahnungen finden sich im INCB-Report 2019 (Nr. 733).

8 Ob die Regelungen über Drogenkonsumräume mit den internationalen Suchtstoffübereinkommen **vereinbar sind,** richtet sich vor allem nach ihren strafrechtlichen Wirkungen. Dabei muss zwischen den Konsumenten (→ Rn. 9–15) und den Betreibern/Personal der Drogenkonsumräume (→ Rn. 16–18) unterschieden werden.

9 **1. Internationale Verpflichtung zur Strafbarkeit des Besitzes.** Bei dem Konsumenten geht es vor allem um die Strafbarkeit des Besitzes von Betäubungsmitteln. Die Verpflichtung zu dessen Strafbarkeit auch in den Fällen, in denen das Rauschgift zum Eigenverbrauch bestimmt ist, beruht insbesondere auf Art. 3 Abs. 2 ÜK 1988. Ihr kann sich Deutschland weder unter Berufung auf seine Verfassungsgrundsätze noch auf die Grundzüge seiner Rechtsordnung entziehen (→ Einl.

Rn. 209, 210). Auch die Definitionsklausel, namentlich des Art. 3 Abs. 11 ÜK 1988, gibt dazu keine Handhabe (→ Einl. Rn. 211–215).

Auch nach der Vorschrift des § 10a wird die **Strafbarkeit des Besitzes,** auch bei 10 Konsumenten, nicht aufgegeben (→ Rn. 51). Art. 3 Abs. 2 ÜK 1988 ist damit in dieser Hinsicht Genüge getan (*Katholnigg* NJW 2000, 1217 (1223)).

Allerdings sieht § 31a Abs. 1 S. 2 vor, dass von der **Verfolgung abgesehen** wer- 11 den **soll,** wenn der Täter in einem Drogenkonsumraum Betäubungsmittel lediglich zum Eigenverbrauch, der nach § 10a geduldet werden kann, in geringer Menge besitzt. Dass Strafbarkeit und Strafverfolgung auseinander fallen, muss noch keinen Verstoß gegen das ÜK 1988 bedeuten. In Art. 3 Abs. 6 des Übereinkommens wird hinsichtlich der Strafverfolgung lediglich gefordert, dass eine nach innerstaatlichem Recht bestehende Ermessensfreiheit so ausgeübt wird, dass die Maßnahmen der Strafrechtspflege größtmögliche Wirksamkeit erlangen, wobei der **Notwendigkeit der Abschreckung** gebührend Rechnung zu tragen ist.

Über das Merkmal des **öffentlichen Interesses** (§ 31a Abs. 1 S. 1) konnte dieser 12 Forderung des ÜK 1988 bislang stets Rechnung getragen werden (→ § 31a Rn. 39–59), so dass sich Bedenken eher aus der praktischen Handhabung der Vorschrift, kaum aber aus ihr selbst ergeben konnten (→ § 31a Rn. 105–108). Diese Brücke kann beim Besitz in Drogenkonsumräumen nicht beschritten werden, da das Merkmal des öffentlichen Interesses in § 31a Abs. 1 S. 2 entfallen ist.

Die **abschreckende Wirkung** iSd Art. 3 Abs. 6 ÜK 1988 kann auch nicht dar- 13 auf eingeengt werden, dass ein Abschreckungseffekt bei zum Konsum entschlossenen Personen, die hierzu lediglich einen Drogenkonsumraum aufsuchen, nicht zu erwarten ist (so aber *Katholnigg* NJW 2000, 1217 (1223)). Entscheidend ist vielmehr die nachteilige Auswirkung auf die allgemeine Abschreckungswirkung des Strafrechts (**negative Generalprävention** (*Kinzig* in Schönke/Schröder StGB Vor §§ 38ff. Rn. 3; *Kühl* in Lackner/Kühl StGB § 46 Rn. 28), die sich daraus ergibt, dass offenkundige Straftaten regelmäßig nicht verfolgt werden. Eher noch stärker wird das Vertrauen in die Bestands- und Durchsetzungskraft der Rechtsordnung (**positive Generalprävention** (*Schneider* in LK-StGB Vor § 46 Rn. 28; *Kinzig* in Schönke/Schröder StGB Vor §§ 38ff. Rn. 3; *Kühl* in Lackner/Kühl StGB § 46 Rn. 28)) durch das Bestehen solch straffreier Räume berührt (BGH NStZ-RR 2008, 253).

Ob dies durch die Möglichkeit ausgeglichen werden kann, dass die Staatsanwalt- 14 schaft beim **Vorliegen besonderer Umstände** die Straftat verfolgen darf, erscheint schon in rechtlicher Hinsicht höchst zweifelhaft. Verstärkt wird dies durch die Praxis, die ein Eingreifen der Staatsanwaltschaft als eher theoretisch erscheinen lässt.

Nun hat der Gesetzgeber die Einrichtung von Drogenkonsumräumen in die 15 **Entscheidung der Länder** gestellt. Drogenkonsumräume stehen mit offenen Drogenszenen (zu diesen → Vor § 29 Rn. 1963, 1964) in einem engen Zusammenhang (*Kreuzer* NStZ 1998, 217 (221); *Deckers* Kriminalistik 2000, 506 (508); s. auch *Bohnen* in BeckOK BtMG Rn. 1). Es ist abzusehen, dass vor allem die Länder, die es nicht zu **offenen Drogenszenen** haben kommen lassen, auch keine Drogenkonsumräume einrichten; den internationalen Verpflichtungen Deutschlands käme dies entgegen.

2. Internationale Verpflichtung zur Strafbarkeit wegen Beihilfe zum Be- 16 **sitz.** Bei den Betreibern und dem Personal von Drogenkonsumräumen steht die internationale Verpflichtung zur Strafbarkeit der Beihilfe zum Besitz im Vordergrund. Nach Art. 3 Abs. 1 Buchst. c Ziffer iv ÜK 1988 sind die Vertragsstaaten verpflichtet, auch die Teilnahme an einer in Art. 3 ÜK 1988 beschriebenen Straftat mit Strafe zu bedrohen. Dieselbe Pflicht gilt nach Art. 3 Abs. 1 Buchst. c Ziffer iv ÜK 1988 für die Erleichterung einer solchen Tat. Auch dieser Verpflichtung kann sich Deutschland nicht unter Berufung auf seine Verfassungsgrundsätze oder die Grundzüge seiner Rechtsordnung entziehen (*Katholnigg* NJW 2000, 1217 (1224)).

17 Die **Beihilfe zum Besitz** von Betäubungsmitteln, die durch den Betrieb von Drogenkonsumräumen geleistet wird, bleibt auch nach dem 3. BtMG-ÄndG zwar grundsätzlich strafbar (→ Rn. 134), sie wird jedoch in dem Umfang, in dem eine Erlaubnis nach § 10a besteht, straffrei (→ Rn. 137).

18 Ein **Verstoß** der Bundesrepublik Deutschland gegen **Art. 3 Abs. 1 Buchst. c Ziffer iv ÜK 1988** ist damit jedenfalls gegeben (aA *Kotz/Oğlakcıoğlu* in MüKo-StGB BtMG Rn. 10). Daran ändert sich auch nichts, wenn Art. 3 Abs. 11 ÜK 1988 herangezogen wird (→ Einl. Rn. 211–215).

19 **3. Verstoß gegen den Geist der Übereinkommen.** Sowohl die Verschaffung und Gewährung einer Gelegenheit zum unerlaubten Verbrauch von Betäubungsmitteln als auch die Beihilfe zum unerlaubten Besitz bewegen sich völkervertragsrechtlich im Bereich des Art. 3 Abs. 2 ÜK 1988. Diese Taten werden als weniger schwerwiegend angesehen. Die Vertragsparteien können anstelle oder zusätzlich zu der Verurteilung oder Bestrafung Maßnahmen zur Behandlung, Aufklärung und Erziehung, Nachsorge, Rehabilitation oder sozialen Wiedereingliederung des Täters vorsehen (Art. 3 Abs. 4 Buchst. d ÜK 1988; ebenso Art. 36 Abs. 1b ÜK 1961, Art. 22 Abs. 1b ÜK 1971).

20 Damit werden die Säulen der **Prävention** und der **Therapie** neben die der Repression gestellt. Drogenkonsumräume gehören aber **nicht dazu**. Bei ihnen stehen weder die Aufklärung und Erziehung, noch die Rehabilitation oder soziale Eingliederung im Vordergrund, sondern sie sind ein Instrument der **harm reduction** (→ Einl. Rn. 187). Soweit § 10a Abs. 2 S. 2 Nr. 4 die Vermittlung weiterführender und ausstiegsorientierter Angebote ins Auge fasst, lässt die Praxis schon im Hinblick auf die mangelnde Ansprechbarkeit der Konsumenten kurz vor und nach dem Konsum nur wenig Positives erwarten. Jedenfalls sind die damit verbundenen Chancen so gering, dass sie die Diskrepanz zu den Vorstellungen der Völkergemeinschaft nicht ausgleichen können (aA *Katholnigg* NJW 2000, 1217 (1224, 1225)).

21 **4. Folgen der Völkerrechtswidrigkeit.** Auf Grund des Verstoßes gegen Art. 3 Abs. 1 Buchst. c Ziffer iv, Abs. 2 ÜK 1988 ist § 10a jedenfalls insoweit völkerrechtswidrig, als er zur Straflosigkeit der Beihilfe zum Besitz von Betäubungsmitteln führt. Eine **völkerrechtskonforme Auslegung** scheidet aus, da sie das mit dem Gesetz Gewollte ins Gegenteil verkehren würde.

22 Gleichwohl hat die **Völkerrechtswidrigkeit** nicht die (Teil-)Nichtigkeit des § 10a zur Folge. Deutschland verletzt mit diesem Gesetz zwar seine völkervertragsrechtlichen Verpflichtungen, das Gesetz verstößt aber nicht gegen eine allgemeine Regel des Völkerrechts (Art. 25 S. 2 GG) und ist deswegen wirksam und von den deutschen Gerichten und Behörden als das spätere Gesetz gegenüber dem Zustimmungsgesetz zum ÜK 1988 anzuwenden (BVerfGE 6, 309 (362, 363) = NJW 1957, 705; BVerfG NJW 2016, 1295 (1298) mabwM *König* und abl. Bespr. *Payandeh*; *Nettesheim* in Maunz/Dürig GG Art. 59 Rn. 186; *Pieper* in BeckOK GG Art. 59 Rn. 43; *Streinz* in Sachs GG Art. 59 Rn. 64a, 65; dazu *Bohnen* in BeckOK BtMG Rn. 7.3).

B. Die Erlaubnis (Absatz 1)

23 Die **grundlegenden Vorschriften** für die Erteilung einer Erlaubnis sind in Absatz 1 enthalten. Dabei enthält **Satz 1** zunächst eine **Legaldefinition** des Drogenkonsumraums und bestimmt im Übrigen das Erfordernis einer Erlaubnis.

Satz 2 legt als **unverzichtbare Voraussetzung** für die Erlaubnis fest, dass die Landesregierung zuvor eine Rechtsverordnung nach Absatz 2 erlassen hat.

I. Legaldefinition. Nach der Klammerdefinition des Satzes 1 ist unter einem 24 Drogenkonsumraum eine Einrichtung zu verstehen, in deren Räumlichkeiten Betäubungsmittelabhängigen eine Gelegenheit zum Verbrauch von mitgeführten, ärztlich nicht verschriebenen Betäubungsmitteln verschafft oder gewährt wird.

1. Einrichtung. Der Drogenkonsumraum, für den eine Erlaubnis erteilt werden 25 kann, setzt somit eine Einrichtung voraus (*Katholnigg* NJW 2000, 1217 (1218)). Dazu ist eine Organisation (§ 12 Abs. 2 Nr. 1 VO-BW: **"Trägerorganisation"**) erforderlich, in der sächliche und persönliche Mittel zu einem bestimmten Zweck bereitgestellt werden. Dies schließt es aus, die Erlaubnis Einzelpersonen zu erteilen, etwa Freunden oder Angehörigen von Drogenabhängigen, die den Konsum in ihren Räumen dulden wollen (*Patzak* in Körner/Patzak/Volkmer Rn. 10; *Bohnen* in BeckOK BtMG Rn. 16; § 2 S. 1 VO-HH; § 11 Abs. 2, 3, § 12 VO-NRW).

2. Räumlichkeit. Es muss danach eine Räumlichkeit vorliegen. Dieser Begriff 26 ist nicht ganz neu. Er findet sich zunächst in Art. 1 Buchst. 1 ÜK 1971, in dem Räumlichkeiten als „Gebäude und Gebäudeteile einschließlich des dazu gehörigen Grundstücks" definiert werden. Dies entspricht dem Sinn und Zweck eines Drogenkonsumraums als einer geschützten Sphäre (s. *Patzak* in Körner/Patzak/Volkmer Rn. 11). Soweit nach § 22 Abs. 1 Nr. 3 S. 2 BtMG noch Einrichtungen und Beförderungsmittel zu den Räumlichkeiten gezählt werden können (*Bohnen* in BeckOK BtMG Rn. 15), ist dies dem Zweck der dort geregelten Betretungsbefugnis geschuldet, die möglichst weit sein sollte. Mobile Drogenkonsumräume (*Bohnen* in BeckOK BtMG Rn. 15.1) entsprechen daher nicht dem Gesetz und dürften nicht erlaubt werden. Allerdings wäre eine entsprechende Erlaubnis nicht nichtig und daher zu beachten. Bei Wohncontainern (*Patzak* in Körner/Patzak/Volkmer Rn. 11) handelt es sich dagegen um überdeckte **bauliche Anlagen**, die damit die Merkmale eines Gebäudes (s. etwa Art. 2 Abs. 2 BayBO) erfüllen.

3. Betäubungsmittelabhängige. Die Räume sollen Betäubungsmittelabhän- 27 gigen die Gelegenheit bieten, Betäubungsmittel zu konsumieren. Die Abhängigkeit muss im Zeitpunkt der Benutzung des Drogenkonsumraums bereits vorliegen. Hiervon muss sich das Personal, wenn es im Rahmen der Erlaubnis handeln will, überzeugen (*Bohnen* in BeckOK BtMG Rn. 17; s. auch *Patzak* in Körner/Patzak/Volkmer § 29 Teil 21 Rn. 48, 49). Die für die Mindeststandards vorgesehene Regelung (Absatz 2 Satz 2 Nr. 7 Halbsatz 2), wonach offenkundige Erst- oder Gelegenheitskonsumenten von der Benutzung auszuschließen sind, dürfte allerdings den Prüfungsmaßstab beschränken (→ Rn. 101).

4. Verbrauch. Nur zum Verbrauch darf dem Nutzer des Raumes Gelegenheit 28 gegeben werden. Davon erfasst wird auch der Besitz, der im Drogenkonsumraum dem Verbrauch vorausgeht. Dabei ist es nicht notwendig, dass es tatsächlich zu einem Konsum kommt. Auch wenn der Abhängige, etwa auf Grund einer Beratung, hiervon absieht, bleibt die Duldung des Besitzes zulässig.

a) Eigenverbrauch, selbst mitgeführte Betäubungsmittel. Da die Betäu- 29 bungsmittel zum Verbrauch mitgeführt sein müssen, darf sie nur der verbrauchen, der sie **selbst mitgeführt** hat (*Katholnigg* NJW 2000, 1217 (1218)). Die Weitergabe mitgeführter Drogen an andere Personen ist ebenso unzulässig wie der Verbrauch von Betäubungsmitteln, die von anderen dorthin mitgeführt wurden (*Kotz/Oǧlakcıoǧlu* in MüKoStGB BtMG Rn. 36; *Bohnen* in BeckOK BtMG Rn. 18). Die Duldung anderer Verkehrsformen, namentlich der Abgabe, der Verabreichung oder Verbrauchsüberlassung, des Erwerbs oder gar des Handeltreibens wird daher von der Erlaubnis nicht umfasst und bleibt strafbar (*Patzak* in Körner/Patzak/Volkmer § 29 Teil 21 Rn. 52; *Katholnigg* NJW 2000, 1217 (1218)). Entscheidend ist, dass die

Betäubungsmittel zum Eigenverbrauch (→ § 29 Rn. 2147–2149) mitgeführt werden (Absatz 2 Satz 2 Nr. 5; s. auch § 31a Abs. 1 S. 2).

30 **b) Geringe Menge.** In Drogenkonsumräumen soll dem Betäubungsmittelabhängigen Gelegenheit gegeben werden, mitgeführte Drogen selbst zu verbrauchen. Es wäre jedoch wohl zu eng, aus dieser Zweckbestimmung zu schließen, dass nur die Menge mitgebracht werden darf, die gerade verbraucht werden soll. Vielmehr dürfte aus Absatz 2 Satz 2 Nr. 5 zu entnehmen sein, dass eine geringe Menge geduldet werden kann, auch wenn sie über eine Konsumeinheit hinausgeht (s. auch § 31a Abs. 1 S. 2).

31 Hierfür spricht auch, dass der Begriff der geringen Menge, der auch in § 29 Abs. 5, § 31a Abs. 1 S. 1, 2 verwendet wird, im Rahmen desselben Gesetzes einheitlich verstanden werden sollte. Es erscheint daher sinnvoll, an die obergerichtliche Rechtsprechung zu § 29 Abs. 5 anzuknüpfen, die überwiegend **drei Konsumeinheiten** (dazu *Kotz/Oğlakcıoğlu* in MüKoStGB BtMG Rn. 37) noch als eine geringe Menge behandelt (→ § 29 Rn. 2115–2122).

32 Dies schließt es nicht aus, dass in der Verordnung nach § 10a Abs. 2 S. 2 engere Grenzen gesetzt werden, etwa eine Beschränkung auf **eine Drogenration** (→ Rn. 59). Ebenso kann eine solche Einschränkung in der Hausordnung erfolgen.

33 Auf keinen Fall kann für die Duldung in einem Drogenkonsumraum auf die Grenzwerte für die geringe Menge abgestellt werden, die in den **Richtlinien der Länder,** namentlich für harte Drogen (→ § 31a Rn. 94), festgelegt wurden (*Bohnen* in BeckOK BtMG Rn. 20; aA *Patzak* in Körner/Patzak/Volkmer § 31a Rn. 122). Diese Richtlinien mit ihren großzügig bemessenen Mengen (→ § 31a Rn. 93–95) sind unter anderen Vorzeichen erlassen worden. Sie sind nicht für Einrichtungen und Orte gedacht, an denen eine **erhöhte Verbreitungsgefahr** besteht. Die Gerichte sind an die Verwaltungsvorschriften mit diesen Grenzwerten ohnehin nicht gebunden (→ § 29 Rn. 2146).

34 **c) Konsumformen.** Das Gesetz enthält keine Beschränkung auf bestimmte Konsumformen, etwa auf den intravenösen Konsum. In den Mindeststandards sind die Konsummuster, für die der Drogenkonsumraum zur Verfügung steht, jedoch näher festzulegen (Absatz 2 Satz 2 Nr. 7; s. § 8 Abs. 3 S. 3 VO-BW; § 10 Abs. 2 S. 1 VO-HH, § 8 Abs. 3 S. 3 VO-NRW).

35 **5. Ärztlich nicht verschriebene Betäubungsmittel.** Die Erlaubnis bezieht sich nicht auf das Dulden des Konsums von Betäubungsmitteln, die ärztlich verschrieben sind, wobei es sich um „zulässigerweise" (§ 29 Abs. 1 S. 1 Nr. 12) verschriebene Betäubungsmittel handeln muss (→ § 29 Rn. 1848–1852; aA *Kotz/Oğlakcıoğlu* in MüKoStGB BtMG Rn. 35). „Ärztlich" verschrieben sind auch Betäubungsmittel, die von Zahnärzten (und Tierärzten) verordnet wurden (§§ 3, 4 BtMVV).

36 Die Vorschrift enthält keine Beschränkung auf bestimmte **Arten von Betäubungsmitteln,** etwa auf Heroin oder Opiate. Sie gilt daher für alle in den Anlagen I bis III aufgeführten Stoffe oder Zubereitungen; auf die Verschreibungsfähigkeit kommt es daher nicht an (*Katholnigg* NJW 2000, 1217 (1218)). Allerdings ist in den Mindeststandards (Absatz 2 Satz 2 Nr. 7) vorzusehen, dass der Kreis der berechtigten Benutzer noch im Hinblick auf die Art der mitgeführten Drogen genau festzulegen ist. Für **Neue psychoaktive Stoffe (NpS)** gilt § 10a nicht; deren Konsum in einem Drogenkonsumraum könnte daher auch nicht mittels einer Rechtsverordnung erlaubt werden (*Bohnen* in BeckOK BtMG Rn. 22).

37 **II. Erlaubnis.** Nach der Legaldefinition des Drogenkonsumraums regelt Satz 1 das Erfordernis der Erlaubnis für den Betrieb solcher Räume.

1. Erlaubnispflichtigkeit. Erlaubnispflichtig ist jedes Betreiben einer Einrich- 38
tung, in deren Räumlichkeiten Betäubungsmittelabhängigen eine Gelegenheit
zum Konsum mitgeführter, nicht ärztlich verschriebener Betäubungsmittel verschafft oder gewährt wird. Das Gesetz geht anscheinend davon aus, dass die Träger
der Drogenhilfe für den Betrieb von Drogenkonsumräumen besondere Einrichtungen schaffen. Notwendig ist dies jedoch nicht. Auch wenn der Drogenkonsumraum von dem Träger der Drogenhilfe ohne Zwischenschaltung einer besonderen
Organisation betrieben wird, kann diesem die Erlaubnis erteilt werden (→ Rn. 25).

2. Rechtsanspruch. Die Erlaubnis bezieht sich auch auf die Betäubungsmittel 39
der Anlage I. Wie bereits der Wortlaut des Absatzes 1 Satz 1 zeigt, steht ihre Erteilung anders als in den in den Fällen des § 3 Abs. 2 jedoch nicht im Ermessen der
Erlaubnisbehörde (aA *Katholnigg* NJW 2000, 1217 (1218)); ein solches Ermessen
kann auch nicht aus den dem Gesetz untergeordneten Verordnungstexten hergeleitet werden (aA *Bohnen* in BeckOK BtMG Rn. 79). Vielmehr hat der Antragsteller
einen Rechtsanspruch, wenn eine Rechtsverordnung vorliegt und keine Versagungsgründe gegeben sind. Als Versagungsgrund kommt insbesondere die Nichterfüllung von Mindeststandards (Absatz 2 Satz 2) in Betracht.

Der Rechtsanspruch des Antragstellers hat **nicht** zum Gegenstand, dass auch 40
die nach Satz 2 erforderliche **Rechtsverordnung erlassen wird.** Sein Anspruch
richtet sich allein gegen die zuständige oberste Landesbehörde. Diese wiederum
darf die Erlaubnis nur erteilen, wenn eine Rechtsverordnung der Landesregierung
vorliegt. Darin, ob sie eine solche Verordnung erlässt, ist die Landesregierung frei
(*Franke/Wienroeder* Rn. 4; *Katholnigg* NJW 2000, 1217 (1218); → Rn. 54, 56).

3. Erlaubnisinhaber. Die Erlaubnis wird dem Träger der Einrichtung erteilt 41
und ist insofern personenbezogen. Auch im Übrigen gelten für sie dieselben
Grundsätze wie für die Erlaubnis nach § 3 (→ § 3 Rn. 9).

4. Wirkung. Die Erlaubnis wirkt konstitutiv. Sie ist ein gestaltender Verwal- 42
tungsakt. Dieser ist, soweit nicht die besonderen Regeln des BtMG eingreifen,
nach dem VwVfG oder, soweit die Länder Verwaltungsverfahrensgesetze erlassen
haben, nach diesen (§ 1 Abs. 3 VwVfG) zu behandeln.

Unter den Voraussetzungen des § 44 Abs. 1 VwVfG oder der entsprechenden 43
Gesetze der Länder ist die Erlaubnis **nichtig.** Nach diesen Vorschriften ist dies insbesondere dann gegeben, wenn eine Rechtsverordnung der Landesregierung
überhaupt nicht vorliegt (*Franke/Wienroeder* Rn. 6; *Katholnigg* NJW 2000, 1217
(1218)). Im Hinblick auf den Wortlaut und den Sinn und Zweck des Gesetzes ist das
Fehlen der Verordnung ein besonders schwerer Mangel, der über die bloße Gesetzlosigkeit hinausgeht und den in § 10a enthaltenen landesrechtlichen Vorbehalt massiv verletzt.

Der Mangel ist auch **offensichtlich,** da er für jeden unvoreingenommenen Be- 44
trachter klar erkennbar ist. Es liegt auf der Hand, dass eine ernsthafte Möglichkeit,
dass der Bescheid doch rechtmäßig sein könnte, nicht besteht (*Schemmer* in BeckOK
VwVfG § 44 Rn. 17).

Liegt eine **Verordnung vor,** so ist von dem mit der Sache befassten Gericht, 45
auch einem Strafgericht, zu prüfen, ob sie **wirksam** ist (stRspr; BVerfGE 1, 184
(201) = NJW 1952, 497; 68, 319 (325, 326) = NJW 1985, 2185; 71, 305 (337)
= NJW 1986, 1483). An der **Wirksamkeit** fehlt es (Art. 80 Abs. 1 S. 2 GG), soweit
sich die Verordnung nicht im Rahmen der Ermächtigung hält (→ Rn. 59). Dies
kommt vor allem dann in Betracht, wenn nicht sämtliche in Absatz 2 Satz 2 aufgeführten Mindeststandards behandelt sind (*Joachimski/Haumer* BtMG Rn. 5).

Ob die Erlaubnis auch in einem solchen Fall nichtig ist (*Katholnigg* NJW 2000, 46
1217 (1218)), lässt sich nicht für alle Fälle gleich beantworten. Die grundsätzliche
Entscheidung, Drogenkonsumräume zuzulassen, hat das Land hier getroffen, so

dass insoweit ein offensichtlicher Mangel nicht vorliegt. Ob gegebene Mängel anderer Art als **offensichtlich** (§ 44 Abs. 1 VwVfG) angesehen werden können, hängt von den Umständen des Einzelfalles ab, namentlich davon, ob es offenkundig ist, dass die Verordnung sich nicht an ihre Aufgabe hält, die Mindeststandards vorzugeben.

47 Ein besonders schwerwiegender Fehler (§ 44 Abs. 1 VwVfG) ist es, wenn die Erlaubnis nicht von der obersten Landesbehörde, sondern einer **anderen** oder auch im Instanzenzug **nachgeordneten Behörde** erteilt wurde. Da eine solche Behörde nach geltendem Recht unter keinen Umständen eine solche Entscheidung treffen durfte, liegt nicht nur eine instanzielle (dazu *Schemmer* in BeckOK VwVfG § 44 Rn. 24), sondern eine absolute Unzuständigkeit vor, die zur Nichtigkeit führt (*Sachs* in Stelkens/Bonk/Sachs § 44 Rn. 111).

48 Im Übrigen ist **die Erlaubnis** unabhängig von einer etwaigen materiell-rechtlichen Unrichtigkeit wirksam, solange sie nicht **zurückgenommen** (§ 48 VwVfG) oder **aufgehoben** (§ 49 VwVfG) ist (→ § 10 Rn. 2–15) wurde. Dies gilt auch dann, wenn sie erschlichen wurde (→ § 3 Rn. 8).

49 Die Erlaubnis muss **vor der Eröffnung** des Drogenkonsumraums vorliegen. Für die vor dem 1.1.1999 bestehenden Einrichtungen gilt die Übergangsvorschrift des § 39.

50 **Die Erlaubnis** wirkt **nur für den,** dem sie erteilt wurde, nicht aber für andere Beteiligte, insbesondere nicht für die Konsumenten. Die Duldung des Konsums auf Grund der Erlaubnis macht diesen nicht zu einem erlaubten, zugelassenen oder befugten Verbrauch (Hügel/Junge/Lander/Winkler § 29 Rn. 20.2). Dementsprechend wurden in § 10a Abs. 2 Nr. 7 die zunächst vorgesehenen Worte „erlaubte Konsummuster" durch „geduldete Konsummuster" ersetzt.

51 **Erst recht nicht zugelassen** oder befugt ist der **Besitz.** Dieser bleibt weiterhin unerlaubt und strafbar (*Bohnen* in BeckOK BtMG Rn. 25). Lediglich der Strafverfolgungszwang wird gelockert (§ 31a Abs. 1 S. 2).

52 **III. Die Erlaubnisbehörde.** Im Bereich des BtMG steht traditionell die Verwaltung des Bundes im Vordergrund, die er durch das BfArM wahrnimmt. Gleichwohl sind den Landesbehörden seit jeher wichtige Aufgaben übertragen, die sie in eigener Zuständigkeit erfüllen. Insbesondere sind die obersten Landesbehörden seit jeher in das Erlaubnisverfahren eingeschaltet (§ 7 Abs. 1 S. 1; § 8 Abs. 1 S. 2, Abs. 3 S. 3; § 10 Abs. 2).

53 **Es ist daher kein Bruch** mit der Tradition, dass das 3. BtMG-ÄndG die Entscheidung über die Erlaubnis den **obersten Landesbehörden** übertragen hat. Seinen Grund findet dies darin, dass ein Drogenkonsumraum nicht ohne Berücksichtigung der örtlichen Drogensituation, der vorhandenen Hilfsangebote für Suchtkranke und der finanziellen Gesamtplanung der Suchtkrankenhilfe eröffnet werden kann (BT-Drs. 14/1515, 6; 14/1830, 6).

54 **IV. Das Erfordernis einer Rechtsverordnung der Landesregierung.** Nach **Satz 2** kann die Erlaubnis nur erteilt werden, wenn die Landesregierung die Voraussetzungen hierfür in einer Rechtsverordnung geregelt hat. Diese Selbstbescheidung des Bundesgesetzgebers war im Gesetzgebungsverfahren nicht unumstritten. Wenn auch manches dafür spricht, dass damit auch die Akzeptanz bei den Ländern erhöht werden sollte (*Franke/Wienroeder* Rn. 4; *Katholnigg* NJW 2000, 1217 (1218)), so hat diese Regelung doch auch **erhebliche sachliche Gründe** für sich (→ Rn. 53) und sollte daher nicht als nur vorgeschoben bezeichnet werden (aA *Franke/Wienroeder* Rn. 4). Auch kommt die Regelung den völkerrechtlichen Verpflichtungen Deutschlands entgegen (→ Rn. 15).

C. Die Rechtsverordnung (Absatz 2)

I. Die Ermächtigung (Satz 1). Satz 1 ermächtigt die **Landesregierungen,** 55 durch Rechtsverordnung die Voraussetzungen für die Erteilung einer Erlaubnis nach Absatz 1 zu regeln. Zusammen mit Absatz 1 Satz 2, wonach ohne eine solche Verordnung keine Erlaubnis erteilt werden kann, wird damit die Entscheidung über die Einrichtung von Drogenkonsumräumen voll in die Hand der Länder gelegt.

Der Erlass einer Rechtsverordnung nach Satz 1 steht in der **freien Entschei-** 56 **dung** der Landesregierungen (*Bohnen* in BeckOK BtMG Rn. 13; *Franke/Wienroeder* Rn. 4; *Joachimski/Haumer* BtMG Rn. 3; *Katholnigg* NJW 2000, 1217 (1218)). Sie sind weder gegenüber potentiellen Betreibern noch gegenüber dem Bund zu einer solchen Rechtsetzung verpflichtet. Im Hinblick auf die unterschiedlichen örtlichen Verhältnisse hat der Bund eine einheitliche Regelung gerade nicht als zweckmäßig angesehen und die Entscheidung über die Einführung von Drogenkonsumräumen deswegen den Ländern übertragen. Gleichgültig, in welcher Weise die Länder von dieser Möglichkeit zur eigenen Entscheidung Gebrauch machen, verstoßen sie nicht gegen Pflichten gegenüber dem Bund, insbesondere auch nicht gegen den Grundsatz des bundesfreundlichen Verhaltens (dazu → § 19 Rn. 14).

II. Die Mindeststandards (Satz 2). Entschließt sich die Landesregierung zur 57 Zulassung von Drogenkonsumräumen, so muss sie die Voraussetzungen für die Erteilung der Erlaubnis in der nach Satz 1 zu erlassenden Rechtsverordnung regeln. Dabei muss sie Mindeststandards für die Sicherheit und Kontrolle beim Verbrauch von Betäubungsmitteln in den Drogenkonsumräumen festlegen. Das Gesetz selbst schreibt zehn Mindeststandards vor (Satz 2 Nr. 1–10). Diese Aufzählung ist **nicht abschließend** (*Patzak* in Körner/Patzak/Volkmer Rn. 19; *Bohnen* in BeckOK BtMG Rn. 33; *Katholnigg* NJW 2000, 1217 (1218)). Der Verordnungsgeber kann, namentlich im Hinblick auf psychosoziale oder therapeutische Angebote, zusätzliche Anforderungen vorgeben.

Er ist dabei nicht auf Regelungen beschränkt, die sich sonst aus der Kompetenz 58 der Länder ergeben (unklar BT-Drs. 14/1515, 6; 14/1830, 6; *Bohnen* in BeckOK BtMG Rn. 34; *Franke/Wienroeder* Rn. 7). Es handelt sich um eine bundesrechtliche Verordnungsermächtigung, die es dem Verordnungsgeber erlaubt, den Ermächtigungsrahmen des Bundesgesetzes **voll auszuschöpfen** (*Katholnigg* NJW 2000, 1217 (1219)). Er muss sich daher nur im Rahmen der allgemeinen Zielsetzung des BtMG halten, soweit die Ermächtigung nicht selbst Grenzen setzt (*Katholnigg* NJW 2000, 1217 (1219)).

Auf der anderen Seite sind die in Satz 2 Nr. 1–10 vorgeschriebenen **Mindest-** 59 **standards** für den Verordnungsgeber **zwingend.** Er muss sie sämtlich in die Verordnung aufnehmen und darf nicht davon abweichen. Die zehn Mindeststandards gehören zu den Regeln, die gemäß Art. 80 Abs. 1 S. 2 GG Inhalt, Zweck und Ausmaß der Verordnungsermächtigung bestimmen (BT-Drs. 14/1515, 6; 14/1830, 6; 14/2345, 10; *Kotz/Oğlakcıoğlu* in MüKoStGB BtMG Rn. 14). Hält sich der Verordnungsgeber nicht daran, so ist die Verordnung nichtig (*Bohnen* in BeckOK BtMG Rn. 35).

Die Mindeststandards dienen der Konkretisierung der Anforderungen, die an 60 Drogenkonsumräume gestellt werden (BT-Drs. 14/1515, 6; 14/1830, 6). Der Verordnungsgeber darf sich daher nicht auf eine Wiederholung des Gesetzestextes oder auf bloße Floskeln beschränken, sondern muss **konkrete Vorgaben** machen (*Kotz/Oğlakcıoğlu* in MüKoStGB BtMG Rn. 14; *Katholnigg* NJW 2000, 1217 (1219)).

61 Rechtsverordnungen über den Betrieb von Drogenkonsumräumen sind von **Berlin, Hamburg, Hessen, Niedersachsen, Nordrhein-Westfalen,** dem **Saarland** und im Jahre 2019 noch von **Baden-Württemberg** erlassen worden (Anh. G).

62 **Die Einhaltung der Standards** dieser Rechtsverordnungen durch den Betreiber der Einrichtung ist eine **Voraussetzung** für die Erteilung der Erlaubnis. Dies gilt für alle Anforderungen, die die Verordnung vorgibt, auch für diejenigen, die der Verordnungsgeber zusätzlich zu den in Satz 2 Nr. 1–10 genannten Mindeststandards vorsieht. Ist der Antragsteller nicht willens oder in der Lage, die Vorgaben zu erfüllen, so ist die Erlaubnis zu versagen.

63 **1. Sachliche Ausstattung (Nr. 1).** Nr. 1 schreibt vor, dass in den Mindeststandards eine zweckdienliche sachliche Ausstattung der Räumlichkeiten vorgesehen werden muss, die als Drogenkonsumraum dienen sollen. Dabei muss es sich um eine echte Konkretisierung der gesetzlichen Regelung handeln (→ Rn. 60). Diese Vorgabe wird von den Verordnungen aller Länder einschließlich Baden-Württemberg erfüllt, wobei sie allerdings unterschiedliche sachliche Gesichtspunkte für so wichtig halten, dass sie in die Verordnung aufnehmen (*Bohnen* in BeckOK BtMG Rn. 36; *Kotz/Oğlakcıoğlu* in MüKoStGB BtMG Rn. 15).

64 **2. Medizinische Notfallversorgung (Nr. 2).** Nach Nr. 2 ist vorzusehen, dass eine sofort einsatzfähige medizinische Notfallversorgung gewährleistet sein muss. Auch dies wird von den Verordnungen der Länder einschließlich Baden-Württemberg geregelt, wobei sich auch hier unterschiedliche Regelungen finden (*Kotz/Oğlakcıoğlu* in MüKoStGB BtMG Rn. 16).

65 **3. Medizinische Beratung/Hilfe zur Risikominderung beim Verbrauch (Nr. 3).** Nach Nr. 3 ist vorzusehen, dass medizinische Beratung und Hilfe zum Zwecke der Risikominderung beim Verbrauch der von den Abhängigen mitgeführten Betäubungsmittel geleistet werden kann. Dazu gehört, dass der Konsument beobachtet und ggebenenfalls direkt angesprochen wird (*Katholnigg* NJW 2000, 1217 (1219)). Die medizinische Beratung und Hilfe muss sich auf die Zwecke der Risikominderung beschränken (§ 10a Abs. 4). Sie erfordert nicht stets ein ärztliches Handeln (*Bohnen* in BeckOK BtMG Rn. 39). Es genügt auch sonstiges Personal, das medizinisch geschult ist. Die Verordnungen der Länder werden den Mindeststandards gerecht (*Kotz/Oğlakcıoğlu* in MüKoStGB BtMG Rn. 17); dies gilt auch für die VO-BW (§ 5 Abs. 1). Unverständlich ist allerdings, dass §§ 4, 5 VO-HE von „Verabreichungsvorgängen" statt von „Konsumvorgängen" sprechen.

66 **4. Vermittlung weiterführender und ausstiegsorientierter Angebote (Nr. 4).** Nach Nr. 4 hat der Verordnungsgeber vorzuschreiben, dass in jedem Drogenkonsumraum weiterführende und ausstiegsorientierte Angebote der Beratung und Therapie vermittelt werden müssen. Hinter der saloppen Sprache („ausstiegsorientiert") verbirgt sich ein besonders ernstes Anliegen. Ausstiegsorientierte Angebote sind solche, die auf Abstinenz abzielen (*Bohnen* in BeckOK BtMG Rn. 40). Das bislang oberste Ziel der Drogenfreiheit hat damit Eingang auch in das 3. BtMG-ÄndG gefunden, wenn auch in einer rechtlich äußerst schwachen Form (*Bohnen* in BeckOK BtMG Rn. 40.1; *Katholnigg* NJW 2000, 1217 (1219)). Auch dieser Mindeststandard wird von den Verordnungen der Länder erfüllt, wobei auch hier verschiedene Regelungen gefunden werden (*Kotz/Oğlakcıoğlu* in MüKoStGB BtMG Rn. 18); dies gilt auch für die VO-BW (§ 5 Abs. 2).

67 **5. Verhinderung von Straftaten in Drogenkonsumräumen (Nr. 5).** Nach Nr. 5 hat der Verordnungsgeber Maßnahmen vorzuschreiben, um in Drogenkonsumräumen Straftaten nach dem BtMG mit Ausnahme des Besitzes von Betäubungsmitteln zum Eigenverbrauch in geringer Menge zu verhindern.

68 **a) Mindeststandard.** Der vom Gesetz geforderte Mindeststandard ist nach den folgenden Merkmalen zu bestimmen:

aa) Andere Straftaten. Maßnahmen zur Verhinderung **anderer** Straftaten als 69
solche nach dem BtMG muss die Verordnung danach nicht vorsehen. Da es aber
nicht in der Absicht des Gesetzes gelegen sein kann, andere Straftaten, etwa Waffendelikte, in Drogenkonsumräumen zuzulassen, kann und sollte die Verordnung
Maßnahmen zur Verhinderung von Straftaten allgemein vorschreiben (*Bohnen* in
BeckOK BtMG Rn. 43.1; *Katholnigg* NJW 2000, 1217 (1220)). Mit einer Anzeigepflicht darf dies nicht verwechselt werden.

bb) In Drogenkonsumräumen. Die Gewährleistung bezieht sich auf die Ver- 70
hinderung von Straftaten **in** Drogenkonsumräumen; zu den Straftaten im unmittelbaren Umfeld s. Nr. 6 (→ Rn. 82−94).

cc) Überwachung. Welche Maßnahmen zu treffen sind, muss der Verordnungs- 71
geber im Einzelnen festlegen. Dazu gehört als erste Stufe die notwendige **Überwachung** (*Bohnen* in BeckOK BtMG Rn. 44). In der Verordnung kann bestimmt
werden, dass hierzu besonderes Personal eingesetzt werden muss (*Katholnigg* NJW
2000, 1217 (1220), dort auch zu den Vorzügen und Nachteilen einer solchen Regelung). Eine Überwachung wird ausdrücklich nur in § 7 Abs. 2 VO-HE und 6
Abs. 2 VO-NRW vorgesehen (s. auch *Bohnen* in BeckOK BtMG Rn. 44).

dd) Verhinderung. Die Straftaten müssen nicht nur durch Überwachung er- 72
kannt werden, sondern das Gesetz fordert auch ihre **Verhinderung.** Um dies zu
erreichen, darf das Personal den Tätern das Rauschgift abfordern und notfalls **wegnehmen,** sofern die unverzügliche Vernichtung oder Ablieferung bei einer Apotheke oder der Polizei vorgesehen ist (→ § 4 Rn. 42).

Der Konsument, der sich mit Worten nicht von einer Straftat abhalten lässt, 73
etwa der Abgabe an einen anderen, muss notfalls **mit unmittelbarem Zwang**
daran gehindert werden (*Katholnigg* NJW 2000, 1217 (1220)). Da die Begehung
einer Straftat eine Verletzung des Hausrechts darstellt, darf der Zwang auch vom
Personal des Drogenkonsumraums ausgeübt werden. Der Konsument darf auch
der Einrichtung verwiesen und ihm ein Hausverbot erteilt werden (*Bohnen* in
BeckOK BtMG Rn. 47).

ee) Einsatz der Polizei. Eine direkte Verbindung zu einer nahe gelegenen Po- 74
lizeidienststelle und Absprachen über den Einsatz der Polizei (*Katholnigg* NJW 2000,
1217 (12120)) liegen auf den ersten Blick zwar nahe. Die Frage muss jedoch in
einem größeren Zusammenhang betrachtet werden und kann nicht auf den Notfalleinsatz beschränkt werden:

Für die Polizei gilt das **Legalitätsprinzip,** das sie zum Einschreiten verpflichtet, 75
wenn zureichende tatsächliche Anhaltspunkte für das Vorliegen einer Straftat gegeben sind (§ 152 Abs. 2, § 163 StPO). Der Konsum mitgeführter, ärztlich nicht
verschriebener Betäubungsmittel ist nicht möglich, ohne dass eine Straftat (unerlaubter Besitz) unmittelbar vorausgegangen ist. Allein der Betrieb eines Drogenkonsumraums begründet daher den Anfangsverdacht (zu dessen Voraussetzungen
→ § 4 Rn. 203−208) für das Begehen solcher Straftaten, so dass die Polizei trotz
der gesetzlichen Regelung **zum Einschreiten** gegen die **Benutzer** verpflichtet ist.

Hiervon wird sie auch durch die neue Vorschrift des § 31a Abs. 1 S. 2 **nicht ent-** 76
bunden. Abgesehen davon, dass diese Gesetzesbestimmung keine Befugnis zum
bloßen Untätigbleiben begründet, gilt sie nur für die **Staatsanwaltschaft** (*Patzak*
in Körner/Patzak/Volkmer § 31a Rn. 110; *Weber* in Symposion Betäubungsmittelstrafrecht S. 139, 159−163). Wesentlich ist daher deren Entscheidung. Gelangt die
Staatsanwaltschaft zu der Auffassung, im Hinblick auf den mit den Drogenkonsumräumen verfolgten Zweck sei die Aufnahme von Ermittlungen in Verfahren, die
ohnehin eingestellt werden sollen, nicht verhältnismäßig (*Weber* in Symposion Betäubungsmittelstrafrecht S. 139, 159−163), so kann sie dies in Form einer **generellen Weisung** an die Polizeibehörden ihres Bezirks weitergeben (*Weber* in Sympo-

sion Betäubungsmittelstrafrecht S. 139, 159–163; iErg *Patzak* in Körner/Patzak/Volkmer § 31a Rn. 111). Dabei können für den Einsatz im Notfall oder auf Anforderung besondere Regelungen getroffen werden.

77 **Wenn danach auch** eine rechtlich tragfähige Lösung für das Zurückstellen von Ermittlungen in Drogenkonsumräumen gefunden werden kann, so bleibt doch der für das **Rechtsbewusstsein der Bürger** nicht gerade förderliche Eindruck, dass unter den Augen der Strafverfolgungsbehörden Straftaten begangen werden, ohne dass diese tätig werden (→ Rn. 13).

78 **b) Verordnungen der Länder.** Werden die Verordnungen der Länder am Mindeststandard Nr. 5 gemessen ergibt sich folgendes (s. auch *Kotz/Oğlakcıoğlu* in MüKoStGB BtMG Rn. 19):

79 **aa) Straftaten nach dem BtMG.** In allen Verordnungen der Länder wird hervorgehoben, dass solche Straftaten, abgesehen vom Besitz zum Eigenverbrauch in geringer Menge, nicht geduldet werden.

80 Die **Maßnahmen,** die zur Durchsetzung dieses Verbots in den einzelnen Verordnungen vorgesehen sind, sind unterschiedlich. Nach sechs Verordnungen (§ 6 Abs. 1 S. 2 VO-BW; § 8 Abs. 1 VO-B, § 8 S. 2 VO-HH, § 6 Abs. 1 VO-NRW, § 7 Abs. 1 VO-HE, § 7 Abs. 2 VO-Saar) ist ein Hinweis auf das Verbot sichtbar auszuhängen. In fünf Verordnungen (§ 6 Abs. 1 S. 1 VO-BW; § 7 VO-B; § 7 Abs. 1, 2 VO-HE; § 6 Abs. 1, 2 VO-NRW; § 8 Abs. 2 VO-Saar) wird die Einrichtung verpflichtet, das Verbot in eine Hausordnung aufzunehmen, deren Einhaltung von dem Personal des Drogenkonsumraumes überwacht werden muss. Ebenfalls fünf Verordnungen gewähren dem Personal entweder unmittelbar oder über die Hausordnung die ausdrückliche Befugnis, das Verbot auch durchzusetzen (§ 6 Abs. 2 S. 1 VO-BW; § 8 S. 3 VO-HH) oder die Straftaten unverzüglich zu unterbinden (§ 8 Abs. 2 VO-B; § 8 Abs. 2 VO-NdS; § 8 Abs. 2 VO-Saar). Nur unmittelbar kommt dies auch in § 6 Abs. 1 S. 2 VO-NRW zum Ausdruck. Unklar bleibt § 7 Abs. 3 VO-HE, wo bei einem erheblichen Verstoß gegen die Hausordnung lediglich von der Befugnis gesprochen wird, den Konsumenten von der weiteren Nutzung des Drogenkonsumraumes auszuschließen.

81 **bb) Andere Straftaten.** Alle Verordnungen **beschränken** sich auf Straftaten nach dem BtMG und werden damit der Selbstverständlichkeit, dass in einem Drogenkonsumraum auch keine anderen Straftaten geduldet werden sollten, **nicht gerecht.** Im Hinblick auf die enge Fassung des Gesetzes (→ Rn. 69) wird die Gültigkeit der Verordnung davon nicht berührt.

82 **6. Verhinderung von Straftaten im unmittelbaren Umfeld (Nr. 6).** Nach Nr. 6 hat der Verordnungsgeber die erforderlichen Formen der Zusammenarbeit des Betreibers des Drogenkonsumraums mit den für die öffentliche Sicherheit zuständigen örtlichen Behörden vorzuschreiben, um Straftaten im unmittelbaren Umfeld des Drogenkonsumraums soweit wie möglich zu verhindern.

83 **a) Mindeststandard.** Dieser Mindeststandard soll der Erfahrung Rechnung tragen, dass Drogenkonsumräume nicht nur für Konsumenten Anziehungspunkte sind, sondern auch für Dealer und andere Straftäter. Die Ansammlung von Drogensüchtigen und Drogendealern sowie die Verunreinigung des Gehsteigs durch Fixerutensilien, Blut und Fäkalien werden in zivilrechtlichen Entscheidungen (BGH NJW 2000, 2901) als mit dem Drogenkonsumraum typischerweise verbunden angesehen.

84 **aa) Unmittelbares Umfeld.** Der Begriff des unmittelbaren Umfelds ist vage und für den Verordnungsgeber schon deswegen kaum näher zu bestimmen, weil die örtliche Lage der (künftigen) Drogenkonsumräume beim Erlass der Rechtsverordnung nicht immer feststeht. Die Verordnung wird sich daher in der Regel auf Richtlinien beschränken müssen, mit denen der Erlaubnisbehörde vorgegeben wird, wie sie das unmittelbare Umfeld für den konkreten Drogenkonsumraum zu bestimmen und zu beschreiben hat (*Katholnigg* NJW 2000, 1217 (1220)).

bb) Straftaten. Anders als der Mindeststandard Nr. 5 erfasst Nr. 6 nicht nur Betäubungsmittelstraftaten, sondern Straftaten allgemein. Das Umfeld von Drogenkonsumräumen bietet nicht nur für die unmittelbare und mittelbare Beschaffungskriminalität (→ Einl. Rn. 103–114), sondern auch für die Folgekriminalität (→ Einl. Rn. 85, 86) einen fruchtbaren Boden. Es wäre daher falsch, den Blick auf Betäubungsmittelstraftaten zu verengen. 85

cc) Für die öffentliche Sicherheit und Ordnung zuständige Behörden. Ersichtlich geht der Mindeststandard davon aus, dass die Formen der Zusammenarbeit (nur) mit den Sicherheits- und Ordnungsbehörden, insbesondere der Polizei, vereinbart werden müssen (s. auch *Katholnigg* NJW 2000, 1217 (1220)). Im Hinblick auf die Stellung der Polizei zur Staatsanwaltschaft im Rahmen der Strafverfolgung (→ Rn. 76) ist dies wesentlich zu kurz gegriffen. Der Verordnungsgeber tut daher gut daran, im Rahmen seiner Befugnis zur Einführung weiterer Standards (→ Rn. 57) auch die Formen der Zusammenarbeit mit der Staatsanwaltschaft vorzugeben. 86

dd) Formen der Zusammenarbeit. Welche Formen der Zusammenarbeit erforderlich sind, hat der Verordnungsgeber zu entscheiden. Dabei kann die Zusammenarbeit mit den Sicherheits- und Strafverfolgungsbehörden nicht darin bestehen, dass ein kontroll- und rechtsfreier Raum entsteht: 87

Für den Konsumenten **auf dem Weg** zum Konsumraum gilt § 31a Abs. 1 S. 2 nicht, sondern nur die allgemeine Regel des § 31a Abs. 1 S. 1. Ob es aus Gründen der Verhältnismäßigkeit gleichwohl zulässig ist, im unmittelbaren Umfeld des Drogenkonsumraums mit Rücksicht auf dessen Zweck (nunmehr auf der Basis des § 31a Abs. 1 S. 1, auf den § 31a Abs. 1 S. 2 ausstrahlt) von Ermittlungen abzusehen, wenn sich der **Anfangsverdacht** lediglich **auf den Besitz** einer geringen Menge richtet, die der Täter im Drogenkonsumraum selbst verbrauchen will, erscheint zweifelhaft, wenn auch gerade noch vertretbar (→ § 31a Rn. 70–72; *Weber* in Symposion Betäubungsmittelstrafrecht S. 139, 164–172; *Bohnen* in BeckOK BtMG Rn. 57). 88

Auf keinen Fall kann die Polizei aber auch hier aus eigener Machtvollkommenheit handeln. Voraussetzung ist stets, dass die Staatsanwaltschaft ihr eine entsprechende **generelle Weisung** erteilt hat (→ Rn. 76). 89

Richtet sich der **Anfangsverdacht** auf eine **andere Straftat,** namentlich auf Handeltreiben, Abgeben oder Veräußern von Betäubungsmitteln, aber auch auf andere Delikte (→ Rn. 85), so fehlt es für das Absehen von Ermittlungen an jeglicher Grundlage. Auch eine generelle Weisung der Staatsanwaltschaft scheidet hier aus (*Bohnen* in BeckOK BtMG Rn. 57). 90

Bereits diese Rechtslage gebietet es, dass sich die Strafverfolgungsbehörden, namentlich die Polizei, aus dem **unmittelbaren Umfeld** des Drogenkonsumraums **nicht zurückziehen** (*Bohnen* in BeckOK BtMG Rn. 57). Sie würden damit ihrer Aufgabe nicht gerecht. Die Erfahrung lehrt, dass ein Rückzug der Strafverfolgungsbehörden die Straßen und Plätze rund um einen Drogenkonsumraum der Dealer- und Konsumentenszene überlässt mit allen ihren negativen Begleiterscheinungen (*Jaeger* in Drs. 254/14 des Gesundheitsausschusses des Deutschen Bundestags S. 40–42). 91

Die Strafverfolgungsbehörden, insbesondere die Polizei, dürfen auch nicht die Augen schließen. Für den **Anfangsverdacht** genügen schon **entferntere Verdachtsgründe,** die es nach kriminalistischer Erfahrung als möglich erscheinen lassen, dass eine verfolgbare Straftat vorliegt; lediglich bloße Vermutungen ohne das 92

Vorliegen von tatsächlichen Anhaltspunkten begründen einen Anfangsverdacht noch nicht (→ § 4 Rn. 202, 203).

93 **Die Polizei** ist im Rahmen der Strafverfolgung auch **nicht befugt,** im Sinne einer vermeintlichen Projektunterstützung „großzügig" zu verfahren. Die Frage, ob ein Anfangsverdacht besteht, ist **keine Ermessensentscheidung,** es besteht lediglich ein gewisser Beurteilungsspielraum (→ § 4 Rn. 203, 204). Die notwendige Verdachtsgewinnung darf daher auch im unmittelbaren Umfeld des Drogenkonsumraums nicht unterbleiben.

94 **b) Verordnungen der Länder.** Auch hier sind die Regelungen der einzelnen Verordnungen nicht einheitlich. In sechs Verordnungen findet sich die Pflicht der Einrichtung, die Auswirkungen des Drogenkonsumraumes auf das unmittelbare Umfeld zu dokumentieren (§ 7 S. 3 VO-BW; § 9 S. 1 VO-HH; § 8 S. 2 VO-HE; § 10 Nr. 3 VO-NdS; § 7 S. 2 VO-NRW; § 9 Abs. 1 S. 4 VO-Saar). Alle Verordnungen sehen auch regelmäßige Kontakte der beteiligten Stellen vor, wobei zu begrüßen ist, dass immerhin fünf (§ 7 S. 1 VO-BW; § 8 S. 1 VO-HE; § 9 Abs. 1 VO-NdS; § 7 S. 1 VO-NRW; § 9 Abs. 1 VO-Saar) über den Mindeststandard der Nr. 6 hinaus auch die Strafverfolgungsbehörden in die Zusammenarbeit mit einbeziehen, § 9 Abs. 1 VO-NdS sinnvollerweise auch die Gemeinde. Schriftliche/verbindliche Festlegungen werden in fünf Verordnungen (§ 9 Abs. 1 VO-B; § 8 S. 1 VO-HE; § 9 Abs. 1 VO-NdS; § 7 S. 1 VO-NRW; § 9 Abs. 1 S. 2 VO-Saar) gefordert. Nach drei Verordnungen (§ 9 Abs. 2 Nr. 1 VO-B; § 9 S. 3 VO-HH; § 9 Abs. 2 Nr. 1 VO-NdS) hat die Einrichtung sich mit den anderen Stellen ins Benehmen zu setzen oder ihre Maßnahmen mit ihnen abzustimmen.

95 **7. Genaue Festlegung des Kreises der berechtigten Benutzer (Nr. 7).** Nach Nr. 7 Halbsatz 1 ist der Kreis der berechtigten Benutzer von Drogenkonsumräumen genau festzulegen, namentlich im Hinblick auf das Alter, die Art der mitgeführten Drogen und die geduldeten Konsummuster. Nach Halbsatz 2 sind offenkundige Erst- oder Gelegenheitskonsumenten von der Benutzung auszuschließen.

96 **a) Mindeststandard.** Die Wiederholung des Begriffs „Festlegung" und die Hinzufügung des Wortes „genaue" machen deutlich, dass die Rechtsverordnung bei der Beschreibung des Benutzerkreises **keine unbestimmten Rechtsbegriffe** verwenden darf, sondern sich ganz konkret festlegen muss (*Katholnigg* NJW 2000, 1217 (1220)).

97 **aa) Festlegung hinsichtlich Alter, Drogenart und Konsumform (Halbsatz 1).** Das Gesetz überlässt es dem Verordnungsgeber zunächst, den Benutzerkreis hinsichtlich des **Alters** festzulegen. Dabei ist es mit Rücksicht auf die Unreife der betroffenen Personen und den sonst gegebenen Eingriff in das Recht der elterlichen Sorge angezeigt, jedenfalls Minderjährige von der Benutzung der Drogenkonsumräume auszuschließen.

98 In der Rechtsverordnung ist auch festzulegen, **welcher Art** die mitgeführten Betäubungsmittel sein dürfen. Von der Beschränkung auf Heroin und andere Opiate hat der Gesetzgeber damit Abschied genommen.

99 Dasselbe gilt für die **Konsummuster.** Obwohl der intravenöse Konsum mit seinen negativen Begleiterscheinungen das Motiv für die Einrichtung der Drogenkonsumräume war, kann in der Verordnung festgelegt werden, dass sie auch für andere Konsumformen, insbesondere das Rauchen, zur Verfügung stehen.

100 **bb) Offenkundige Erst- und Gelegenheitskonsumenten (Halbsatz 2).** Bereits aus der Legaldefinition der Drogenkonsumräume ergibt sich, dass sie nur von **Betäubungsmittelabhängigen** genutzt werden dürfen (→ Rn. 27). Die Nutzung durch andere Personen liegt außerhalb der Erlaubnis, so dass die allgemeinen Regeln über die Strafbarkeit gelten (*Patzak* in Körner/Patzak/Volkmer § 29 Teil 21 Rn. 48). Dabei scheidet eine Strafbarkeit wegen Beihilfe zum unerlaubten Besitz

von Betäubungsmitteln in der Regel aus, da fahrlässige Beihilfe nicht strafbar ist. Ein strafrechtliches Risiko für das Personal von Drogenkonsumräumen besteht jedoch insoweit, als auch das **fahrlässige** Verschaffen oder Gewähren einer Gelegenheit zum unbefugten Verbrauch von Betäubungsmitteln ohne Erlaubnis nach § 10a strafbar ist (§ 29 Abs. 1 S. 2 Nr. 11, Abs. 4).

Es dürfte sich vertreten lassen, dass die Regelung des Halbsatzes 2, wonach **offenkundige Erst- oder Gelegenheitskonsumenten** von der Benutzung auszuschließen sind, im Rahmen der Fahrlässigkeit als Einschränkung des Prüfungsmaßstabs (→ § 29 Rn. 2089) für das Personal herangezogen wird (*Bohnen* in BeckOK BtMG Rn. 66). Da es sich um eine Ausnahme von der grundsätzlichen Strafbarkeit handelt, liegt es im Interesse des Personals, wenn es diese Prüfung sehr ernst nimmt, auch wenn sie im Einzelfall erhebliche Mühe machen kann. Ein weites Schließen der Augen (*Katholnigg* NJW 2000, 1217 (1221)) kann daher mit einem erheblichen strafrechtlichen Risiko verbunden sein (*Bohnen* in BeckOK BtMG Rn. 65). Zum Begriff des Gelegenheitskonsumenten → § 29 Rn. 2172–2172. 101

cc) Kontrolle. Die durch Nr. 7 gebotene Festlegung des Benutzerkreises ist zwangsläufig mit der Kontrolle verbunden, dass der Drogenkonsumraum nur von den zugelassenen Konsumenten genutzt wird. Für die Zugangskontrolle lassen sich die verschiedensten Systeme denken. In der Rechtsverordnung muss dies jedoch nicht geregelt werden. 102

b) Verordnungen der Länder. Die Verordnungen der Länder halten sich sowohl hinsichtlich der persönlichen Voraussetzungen für die Benutzung der Drogenkonsumräume als auch hinsichtlich der Art der mitgeführten Betäubungsmittel und der Konsumformen im Rahmen der Mindeststandards (*Kotz/Oğlakcıoğlu* in MüKoStGB BtMG Rn. 21–23). Dies gilt auch für die VO-BW (§ 8). 103

8. Dokumentation und Evaluation (Nr. 8). Nr. 8 bestimmt, dass in der Rechtsverordnung auch die Dokumentation und Evaluation der Arbeit in den Drogenkonsumräumen vorzuschreiben ist. 104

a) Mindeststandard. Dabei kann sich die Festlegung der **Dokumentation** auf eine bloße Statistik beschränken oder auch höhere Anforderungen stellen (*Katholnigg* NJW 2000, 1217 (1221)), die etwa eine Auswertung nach bestimmten Merkmalen ermöglichen. 105

Dringend notwendig ist eine **Evaluation** der Arbeit in den Drogenkonsumräumen. Sie darf nicht interessengeleitet sein und sollte nicht von der Einrichtung selbst durchgeführt werden (*Bohnen* in BeckOK BtMG Rn. 70). Die Rechtsverordnung kann und sollte eine wissenschaftliche Begleitung vorsehen (*Katholnigg* NJW 2000, 1217 (1221)). 106

b) Verordnungen der Länder. Diesem Anspruch entspricht keine der Verordnungen. Sie begnügen sich im Wesentlichen mit Tagesprotokollen, aus denen sich Ablauf und Umfang der Kontakte von Benutzern, das eingesetzte Personal und besondere Vorkommnisse ersehen lassen. Damit halten sie sich aber noch im Rahmen des Mindeststandards. Die Chance, weiterführende Ziele zu setzen, wurde allerdings vertan (*Bohnen* in BeckOK BtMG Rn. 70). 107

9. Ständige Anwesenheit von Fachpersonal (Nr. 9). Nach Nr. 9 ist die ständige Anwesenheit von persönlich zuverlässigem Personal in ausreichender Zahl festzulegen, das für die Erfüllung der in den Nr. 1–7 genannten Anforderungen fachlich ausgebildet ist. 108

a) Mindeststandard. Der Mindeststandard schreibt nicht vor, in welchem zahlenmäßigen Verhältnis das persönlich zuverlässige und fachlich ausgebildete Personal zu den Benutzern des Drogenkonsumraums stehen muss. Es muss jedoch in ausreichender Zahl vorhanden sein. 109

110 Ob der **Antragsteller** in der Lage ist, diese Vorgabe zu erfüllen, ist zunächst von der Erlaubnisbehörde genau zu überprüfen. Dass der Betreiber sich auch später daran hält, ist im Rahmen der Überwachung (§ 19 Abs. 1 S. 4) zu kontrollieren.

111 **b) Verordnungen der Länder.** Die Verordnungen beschränken sich im Wesentlichen auf die Wiederholung des Mindeststandards (*Bohnen* in BeckOK BtMG Rn. 72–72.6). Dies gilt auch für die VO-BW (§ 10).

112 **10. Verantwortlicher (Nr. 10).** Das Gesetz verzichtet auf eine entsprechende Übernahme der in den §§ 5, 6 geregelten Bedingungen für die Erteilung einer Erlaubnis nach § 3.

113 **a) Mindeststandard.** Stattdessen wird dem Verordnungsgeber aufgegeben, als Mindeststandard festzulegen, dass der Betreiber eine sachkundige Person zu benennen hat, die für die Einhaltung der in den Nr. 1–9 genannten Anforderungen, der Auflagen der Erlaubnisbehörde sowie der Anordnungen der Überwachungsbehörde verantwortlich ist und die ihm obliegenden Verpflichtungen ständig erfüllen kann.

114 Der Verantwortliche muss eine **natürliche Person** sein, die mit dem Namen bestimmt ist (→ § 5 Rn. 7). Die Verordnung sollte auch vorsehen, dass und für welche Fälle ein Vertreter bestellt ist (*Katholnigg* NJW 2000, 1217 (1221)).

115 **b) Verordnungen der Länder.** Die Verordnungen wiederholen im Wesentlichen die Formulierungen des Mindeststandards. Sie enthalten insbesondere keine Vorgaben für die fachliche Qualifikation und den Nachweis der Sachkunde. Zum Teil (Hessen, NRW) sehen sie noch nicht einmal die Verpflichtung zur Nennung einer konkreten Person vor (*Bohnen* in BeckOK BtMG Rn. 73–74.7). Nach § 11 Abs. 1 S. 1 VO-BW sind die „Leitungen" der Drogenkonsumräume kurzer Hand die sachkundige Person.

D. Das Erlaubnisverfahren (Absatz 3)

116 **I. Zuständigkeit.** Anders als in den Fällen des § 3 sind für die Erteilung der Erlaubnis die obersten Landesbehörden zuständig (Absatz 1 Satz 1). Diese treten in den einschlägigen Vorschriften an die Stelle des BfArM.

117 Um im Interesse der **Bundesaufsicht** dem Bundesinstitut die notwendige Übersicht über erteilte Erlaubnisse nach § 10a und deren Änderungen zu verschaffen, tritt dieses als Meldeempfänger an die Stelle der obersten Landesbehörden **(Halbsatz 2).**

118 **II. Verfahren.** Von den Vorschriften des Zweiten Abschnitts hat das Gesetz nur einen Teil für (entsprechend) anwendbar erklärt **(Halbsatz 1).** Nicht anwendbar sind insbesondere die §§ 5, 6; zum Teil sind Mindeststandards an ihre Stelle getreten.

119 **1. Antrag.** Wie die Erlaubnis des § 3 bedarf auch die des § 10a eines Antrags (§ 7 S. 1). Er ist in doppelter Fertigung bei der zuständigen **obersten Landesbehörde** zu stellen. Ihm sind die in § 7 S. 2 Nr. 1–4 und 8 bezeichneten Angaben und Unterlagen beizufügen.

120 **2. Entscheidung.** Die zuständige oberste Landesbehörde soll innerhalb von drei Monaten nach Eingang des Antrags über die Erteilung der Erlaubnis entscheiden (§ 8 Abs. 1). Die Frist wird unter bestimmten Umständen gehemmt (§ 8 Abs. 2).

121 **Von besonderer Bedeutung** ist, dass der Inhaber der Erlaubnis **jede Änderung** der in § 7 bezeichneten Angaben unverzüglich der zuständigen obersten Landesbehörde mitzuteilen hat (§ 8 Abs. 3). Die Mitteilungen müssen in Form und Inhalt den Anforderungen des § 7 entsprechen. In bestimmten Fällen, namentlich bei einer Änderung in der Person des Erlaubnisinhabers oder der Lage der Drogenkonsumräume, ist die Erlaubnis erloschen und es muss eine neue beantragt werden. Vor deren Erteilung darf der Drogenkonsumraum nicht betrieben werden.

3. Nebenbestimmungen, Rücknahme, Widerruf. Es gelten dieselben Regeln wie für die Erlaubnis nach § 3 (→ § 9 Rn. 4–17). Dasselbe gilt für die Rücknahme oder den Widerruf der Erlaubnis (→ § 10 Rn. 2–15); zuständig hierfür ist die oberste Landesbehörde. Das BfArM wird unterrichtet (§ 10 Abs. 2). 122

E. Umfang der Erlaubnis (Absatz 4)

I. Substanzanalyse. Nach Absatz 4 berechtigt die Erlaubnis zum Betrieb eines Drogenkonsumraums das dort tätige Personal **nicht,** eine **Substanzanalyse** der mitgeführten Betäubungsmittel durchzuführen. Dies gilt auch für die Entgegennahme und Weiterleitung an eine befugte Untersuchungsstelle. Da Drogenkonsumräume keine Betriebsräume einer Apotheke sind, würde dies auch dann gelten, wenn dort ein Apotheker beschäftigt wäre. Zur Substanzanalyse → § 4 Rn. 42–60. 123

Nimmt das in einem Drogenkonsumraum **beschäftigte Personal** gleichwohl Betäubungsmittel zur Untersuchung entgegen, so wird meist kein **Erwerb** vorliegen, da es den Stoff nicht zur freien Verfügung erhält (→ § 4 Rn. 52). Dagegen wird der Tatbestand des **Besitzes** häufiger erfüllt sein, da es auf Zweck und Motiv des Besitzes nicht ankommt (→ § 4 Rn. 54–58). Wird das Betäubungsmittel nach dem Test an den Konsumenten zurückgegeben, so liegt zwar keine Abgabe vor, wohl aber das Verschaffen einer Gelegenheit zum unbefugten Verbrauch (→ § 4 Rn. 47). Dasselbe gilt, wenn die Probe zwar nicht zurückgegeben wird, der Verbrauch der beim Konsumenten verbliebenen Betäubungsmittel durch den Test jedoch erleichtert wird (→ § 4 Rn. 47). 124

Für die Erlaubnispflicht/Strafbarkeit des **Konsumenten** gelten die allgemeinen Regeln (→ § 4 Rn. 49) mit der Maßgabe der Einschränkung der Verfolgungspflicht nach § 31a Abs. 1 S. 2. 125

II. Leistung aktiver Hilfe. Absatz 4 stellt ferner klar, dass auch die aktive Hilfe beim unmittelbaren Verbrauch der mitgeführten Betäubungsmittel von der Erlaubnis nicht umfasst wird. Dem in einem Drogenkonsumraum tätigen Personal ist daher nicht erlaubt, aktive Unterstützung des Drogenkonsums zu leisten. Dies gilt namentlich für das Abbinden des Arms und die Desinfektion der Einstichstelle, die Venensuche oder das Aufkochen des Heroins und Aufziehen und Zureichen der Spritze (*Patzak* in Körner/Patzak/Volkmer § 29 Teil 21 Rn. 43). 126

F. Straftaten, Ordnungswidrigkeiten

I. Straftaten der Konsumenten. Es gelten die allgemeinen Vorschriften. Von besonderer Bedeutung ist, dass auch der Besitz einer geringen Menge zum Eigenverbrauch weiterhin strafbar ist (→ Rn. 10, 51). Zu den Straftaten im Drogenkonsumraum → Rn. 67–76, zu den Delikten im unmittelbaren Umfeld → Rn. 82–94. 127

II. Straftaten von Betreibern/Personal. Im Zusammenhang mit dem Betrieb eines Drogenkonsumraums kann sich auch eine strafrechtliche Verantwortung von **Betreiber** und **Personal** ergeben. Dabei sind zunächst die Betäubungsmittelstraftaten (→ Rn. 129–137) von den allgemeinen Straftaten (→ Rn. 138–144) zu unterscheiden. Hinzutreten als Sonderfälle Straftaten im Zusammenhang mit dem Straßenverkehr (→ Rn. 145–148). 128

1. Betäubungsmittelstraftaten. Bei den Betäubungsmittelstraftaten ist wiederum danach zu unterscheiden, ob der **Täter** (Betreiber oder Personal eines Drogenkonsumraums) **innerhalb** oder **außerhalb/ohne** einer Erlaubnis gehandelt hat: 129

BtMG § 10a   Zweiter Abschnitt. Erlaubnis und Erlaubnisverfahren

130   **a) Handeln außerhalb oder ohne Erlaubnis.** Beim Handeln außerhalb oder ohne Erlaubnis kommt Strafbarkeit in mehrfacher Hinsicht in Betracht:

131   **aa) Verschaffen/Gewähren einer Gelegenheit.** Wer ohne Erlaubnis nach § 10a einen Drogenkonsumraum eröffnet oder betreibt, macht sich wegen Verschaffens und Gewährens einer Gelegenheit zum unbefugten Verbrauch von Betäubungsmitteln strafbar (§ 29 Abs. 1 S. 1 Nr. 11). Dasselbe gilt für denjenigen, der sich nicht an den Umfang der Erlaubnis hält (*Patzak* in Körner/Patzak/Volkmer § 29 Teil 21 Rn. 47), etwa den Konsum in einem Nebenraum der Einrichtung duldet, Substanzanalysen durchführt oder beim unmittelbaren Verbrauch der mitgeführten Betäubungsmittel aktive Hilfe leistet (Absatz 4).

132   Ebenso kommt Strafbarkeit nach § 29 Abs. 1 S. 1 Nr. 11 in Betracht, wenn der Betreiber oder das Personal des Drogenkonsumraums **Beschränkungen, Befristungen** oder **Bedingungen** der Erlaubnis nicht einhalten (Absatz 3 Halbsatz 1, § 9 Abs. 2). Zum Verstoß gegen Auflagen → Rn. 149. Dagegen tritt keine Strafbarkeit ein, wenn „der Erlaubnisrahmen nicht ausgefüllt" wird (so aber *Kotz/Oğlakcıoğlu* in MüKoStGB BtMG § 29 Rn. 1506; *Malek* BtMStrafR Kap. 2 Rn. 362). Dies gilt insbesondere, soweit dabei die Mindeststandards herangezogen werden. Diese richten sich an die Erlaubnisbehörde. Sie darf die Erlaubnis nur erteilen, wenn sie erfüllt sind. Ist die Erlaubnis aber erteilt, so sind sie für die Frage, ob der Betreiber unerlaubt handelt, nur maßgeblich, wenn sie in Form einer Beschränkung, Bedingung oder Auflage in den Verwaltungsakt der Erlaubnis eingeflossen sind.

133   Strafbarkeit kommt auch in Betracht, wenn Betreiber oder Personal die **Abgabe,** den **Erwerb** oder gar den **Drogenhandel** im Drogenkonsumraum dulden; je nach Fallgestaltung kann hier auch eine Beihilfe zu dem jeweiligen Delikt in Betracht kommen (*Patzak* in Körner/Patzak/Volkmer § 29 Teil 21 Rn. 52). Strafbarkeit, gegebenenfalls wegen Fahrlässigkeit (§ 29 Abs. 4), kann auch eintreten, wenn ein solches Verhalten der Konsumenten mangels Kontrollen, vielleicht auch noch wohlwollend geduldet wird (*Patzak* in Körner/Patzak/Volkmer § 29 Teil 21 Rn. 52).

134   **bb) Beihilfe zum Besitz.** Zugleich leisten der Betreiber oder das Personal eines Drogenkonsumraums, für den keine Erlaubnis besteht, Beihilfe zum unerlaubten Besitz von Betäubungsmitteln und sind deswegen nach § 29 Abs. 1 S. 1 Nr. 3 BtMG, § 27 StGB strafbar (*Katholnigg* NJW 2000, 1217 (1222, 1224)). Dasselbe kommt in Betracht, wenn der Umfang der Erlaubnis nicht eingehalten wird oder gegen Beschränkungen, Befristungen oder Bedingungen verstoßen wird.

135   **b) Handeln im Rahmen der Erlaubnis.** Soweit der Betreiber und das Personal des Drogenkonsumraums im Rahmen der Erlaubnis handeln, bleiben sie in betäubungsmittelrechtlicher Hinsicht straffrei:

136   **aa) Verschaffen/Gewähren einer Gelegenheit.** Dies gilt nach der ausdrücklichen gesetzlichen Vorschrift des § 29 Abs. 1 S. 1 Nr. 11 zunächst hinsichtlich des Verschaffens oder Gewährens einer Gelegenheit. Bei der Straffreiheit bleibt es auch dann, wenn es trotz regelmäßiger Kontrollen und einer vorschriftsmäßigen Überwachung der Einhaltung der Hausordnung zu Drogengeschäften kommt.

137   **bb) Beihilfe zum unerlaubten Besitz.** Straffreiheit besteht aber auch hinsichtlich der Beihilfe zum unerlaubten Besitz von Betäubungsmitteln (§ 29 Abs. 1 S. 1 Nr. 3 BtMG, § 27 StGB). Die Gesetzesbegründung (BT-Drs. 14/1830, 8) führt hierzu in erster Linie an, es fehle an einem objektiven Fördern des Besitzes, weil das Bereitstellen des Drogenkonsumraums den in der Regel kurzzeitigen Besitz vor dem Konsum nicht ermögliche oder erleichtere. Dies ist zwar nicht überzeugend, weil dem Täter in dem Drogenkonsumraum eine Räumlichkeit gewährt wird, „in der der „Strafverfolgungsdruck etwas zurückgenommen wird" (BT-Drs. 14/1830, 8), so dass ihm der Besitz dort erleichtert wird (*Katholnigg* NJW 2000, 1217 (1224)). Richtig ist jedoch die weitere Überlegung der Entwurfsbegründung (BT-

Drs. 14/1830, 8), wonach die Duldung des Verbrauchs (zwangsläufig) auch den den Konsum begleitenden Besitz ergreift, so dass diese von der Erlaubnis mit umfasst wird (*Katholnigg* NJW 2000, 1217 (1224)).

2. Allgemeine Straftaten. Sowohl in den Fällen, in denen im Rahmen einer Erlaubnis nach § 10 a gehandelt wurde, als auch beim Handeln außerhalb einer Erlaubnis oder ohne Erlaubnis können Betreiber und Personal von Drogenkonsumräumen sich nach den allgemeinen Vorschriften strafbar machen. 138

a) Verletzung von Sorgfaltspflichten. Dem **Personal** von Drogenkonsumräumen obliegt die Rechtspflicht, die mit der Erlaubnis verbundenen (Mindest-) Standards einzuhalten. Es muss dazu zumindest schädliche Folgen, die über die üblichen Folgen des Drogenkonsums hinausgehen, von den Nutzern abwenden (*Hoffmann-Riem* NStZ 1998, 7 (12)). Es hat insbesondere auch dafür einzustehen, dass die Räume und das zur Verfügung gestellte Material hygienisch einwandfrei sind, dass Personen, die in einem bedrohlichen Zustand sind, keine Drogen konsumieren und dass bei Komplikationen sofort ärztliche Hilfe herbeigeschafft wird (*Patzak* in Körner/Patzak/Volkmer § 29 Teil 21 Rn. 50). Werden bei der Einrichtung und Unterhaltung des Drogenkonsumraums, etwa bei der Hygiene, der Notfallversorgung oder der Aufsicht und Betreuung Sorgfaltspflichten verletzt, so kommt Strafbarkeit wegen fahrlässiger Körperverletzung oder Tötung in Betracht. 139

Den **Betreibern** obliegt die Rechtspflicht, für die Bestellung zuverlässigen und geschulten Personals zu sorgen (*Patzak* in Körner/Patzak/Volkmer § 29 Teil 21 Rn. 50). 140

Besteht die Pflichtverletzung in einer **Unterlassung**, so setzt die Strafbarkeit das Bestehen einer Garantenstellung voraus (§ 13 StGB). Bei der Nutzung eines Drogenkonsumraums durch einen Betäubungsmittelabhängigen entsteht eine solche stets dann, wenn ein wirksamer Aufnahmevertrag zustande gekommen oder ein Beratungsverhältnis vorangegangen ist. 141

Aber auch dann, wenn dies nicht der Fall ist, kommt eine Garantenstellung in Betracht, wenn die mit dem Drogenkonsumraum verbundenen Schutzpflichten **tatsächlich übernommen** wurden (*Fischer* StGB § 13 Rn. 41; *Bosch* in Schönke/Schröder StGB § 13 Rn. 28; *Heger* in Lackner/Kühl StGB § 13 Rn. 9). Dem steht nicht entgegen, dass der Drogenkonsumraum die mit dem Konsum verbundenen Risiken vermindern soll und dass er diese Aufgabe meist erfüllt. Gerade deswegen vertraut der Konsument darauf, dass die Sorgfaltspflichten erfüllt werden und ihm von daher keine Gefahr droht (*Bosch* in Schönke/Schröder StGB § 13 Rn. 27). 142

Die Strafbarkeit des Betreibers oder Personals wird auch nicht dadurch ausgeschlossen, dass der Konsument den Drogenkonsumraum aus freien Stücken aufgesucht und genutzt hat. Auch wenn darin eine **Einwilligung** in Maßnahmen gesehen werden könnte, die seine körperliche Integrität berühren, so werden davon Verletzungen der Sorgfaltspflicht nicht erfasst (*Fischer* StGB § 223 Rn. 30; *Eser/Sternberg-Lieben* in Schönke/Schröder StGB § 223 Rn. 51). 143

b) Schaden durch den Konsum. Soweit der Nutzer des Drogenkonsumraums durch den Konsum als solchen Schaden erleidet, namentlich an seiner Gesundheit oder seinem Leben, gelten die Grundsätze über die eigenverantwortliche Selbstgefährdung (→ § 30 Rn. 209–234). 144

3. Verkehrsstraftaten. Besondere Handlungspflichten ergeben sich für das Personal eines Drogenkonsumraums in den sicher äußerst seltenen Fällen, in denen der Konsument nach dem Konsum **mit dem Auto wegfahren** will (*Patzak* in Körner/Patzak/Volkmer § 29 Teil 21 Rn. 51 unter Bezugnahme auf BGHSt 4, 20 = NJW 1953, 551): 145

146 **a) Garantenstellung.** Ob sich eine Garantenstellung (§ 13 StGB) aus **vorausgegangenem Tun** ergibt, erscheint im Hinblick auf die Erlaubnis (§ 10a) zweifelhaft. Sie ergibt sich jedoch aus der Eröffnung einer **besonderen Gefahrenquelle** (*Fischer* StGB § 13 Rn. 60, 62; *Bosch* in Schönke/Schröder StGB § 13 Rn. 11, 43). Der Betrieb eines Drogenkonsumraums ist nicht nur mit Belästigungen des Umfelds, sondern auch mit Gefahren für dieses und die Allgemeinheit verbunden. Durch die Erlaubnis werden diese nicht ausgeschlossen, zumal die §§ 5, 6, die die Gefahren des Betäubungsmittelverkehrs sonst minimieren sollen, bei ihrer Erteilung gerade nicht gelten. Dementsprechend sieht der **Mindeststandard** des Absatzes 2 Satz 2 Nr. 6 vor, dass der Betreiber des Drogenkonsumraums mit den Ordnungsbehörden zusammenarbeiten muss, um Straftaten im unmittelbaren Umfeld des Drogenkonsumraums soweit wie möglich zu verhindern.

147 **b) Garantenpflichten.** Die Garantenstellung verpflichtet Betreiber und Personal, den Konsumenten am Wegfahren mit dem Auto **zu hindern.** Dazu kann der Zündschlüssel weggenommen werden, da die damit verbundene Gewalt nicht verwerflich ist (§ 240 Abs. 2 StGB; s. auch § 34 StGB). Gegebenenfalls muss die Polizei verständigt werden (*Schöch* BA 2005, 354 (357) für den insoweit vergleichbaren Fall der Substitution). Es ist zweckmäßig, entsprechende Regeln in die Hausordnung und die Vereinbarung mit den Ordnungsbehörden (Absatz 2 Satz 2 Nr. 6) aufzunehmen.

148 **c) Folgen.** Beihilfe zu einer Trunkenheitsfahrt ist an sich denkbar, scheidet in aller Regel jedoch aus, da weder die fahrlässige Beihilfe, noch die vorsätzliche Beihilfe zu einer fahrlässigen Haupttat strafbar ist, und sich Vorsatz nur schwer feststellen lässt (*König* in LK-StGB, 12. Aufl. 2007, StGB § 316 Rn. 207). Verursacht der Konsument dagegen die Körperverletzung oder Tötung eines anderen oder kommt er selbst zu Schaden, so kommt fahrlässige Körperverletzung oder Tötung in Betracht.

149 **III. Ordnungswidrigkeiten.** Wer vorsätzlich oder fahrlässig in einem Antrag nach §§ 7, 10a Abs. 3 **unrichtige Angaben** macht oder unrichtige Unterlagen beifügt, handelt ordnungswidrig nach § 32 Abs. 1 Nr. 2. Ordnungswidrig nach § 32 Abs. 1 Nr. 3 handelt, wer vorsätzlich oder fahrlässig entgegen § 8 Abs. 3 S. 1, § 10a Abs. 3 eine **Änderung** nicht richtig, nicht vollständig oder nicht unverzüglich mitteilt. Eine Ordnungswidrigkeit nach § 32 Abs. 1 Nr. 4 begeht schließlich, wer vorsätzlich oder fahrlässig entgegen § 9 Abs. 2, § 10a Abs. 3 einer vollziehbaren **Auflage** zuwiderhandelt.

G. Zivilrechtliche Fragen

150 **I. Abwehranspruch.** Drogenkonsumräume sind in aller Regel für die Nachbarschaft und die Umgebung eine erhebliche Belastung. Sie sind nicht nur für Konsumenten Anziehungspunkte, sondern auch für Dealer und andere Straftäter. Die Ansammlung von Drogensüchtigen und Drogendealern sowie die Verunreinigung des Gehsteigs durch Fixerutensilien, Blut und Fäkalien sind adäquate Folgen des Betriebs und mit dem Drogenkonsumraum typischerweise verbunden (BGH NJW 2000, 2901). Grundsätzlich kommt daher nach § 1004 Abs. 1 BGB ein auf Einstellung des Betriebs gerichteter **Abwehranspruch** der Nachbarn in Betracht (BGH NJW 2000, 2901).

151 Ein solcher Abwehranspruch ist aber dann **ausgeschlossen** (§ 1004 Abs. 2 BGB), wenn die störenden Einwirkungen der Erfüllung von Aufgaben dienen, die im Allgemeininteresse liegen und von öffentlich-rechtlichen Trägern oder von unmittelbar dem öffentlichen Interesse verpflichteten gemeinwichtigen Einrichtungen erfüllt werden (BGH NJW 2000, 2901). Dabei muss bei der Abwägung jedenfalls im Hinblick auf die gesetzliche Regelung (§ 10a) außer Betracht bleiben, ob es sich bei

Drogenkonsumräumen um eine zweckmäßige Einrichtung zur Lösung des Drogenproblems handelt (BGH NJW 2000, 2901).

II. Ausgleichsanspruch. Bleibt es danach dem Nachbarn verwehrt, den primär gegebenen Abwehranspruch durchzusetzen, so tritt an die Stelle des ausgeschlossenen Abwehrrechts ein **nachbarrechtlicher Ausgleichsanspruch,** der einen Ausgleich in Geld gewährt (BGH NJW 2000, 2901). Der Inhalt des Ausgleichsanspruchs richtet sich nach den Grundsätzen der Enteignungsentschädigung. Bei der Beeinträchtigung der gewerblichen Nutzung des Nachbargrundstücks kann dabei unmittelbar der Ertragsverlust zu Grunde gelegt werden. Obergrenze ist der Wert des Objekts (BGH NJW 2000, 2901). 152

III. Abwehr von Beeinträchtigungen. Zusätzlich steht dem Nachbar ein Anspruch auf Abwehr der Beeinträchtigungen zu, die mit dem Drogenkonsumraum **nicht unausweichlich** verbunden sind und zu dessen Erfüllung der Träger des Drogenkonsumraums in der Lage ist (BGH NJW 2000, 2901). Daran fehlt es bei der Unterbindung von Menschenansammlungen oder von Behinderungen des Betretens des Nachbargrundstücks. Insoweit muss die Polizei tätig werden. 153

Dagegen hat der Nachbar einen Anspruch darauf, dass Nutzer des Drogenkonsumraums sein Grundstück **nicht betreten** und **nicht verunreinigen.** Insoweit hat der Träger des Drogenkonsumraums als mittelbarer Störer für diese Beeinträchtigungen einzustehen (BGH NJW 2000, 2901). Dasselbe kommt für das Unterlassen des Zurücklassens von gebrauchten Spritzen in Betracht, wenn festgestellt werden kann, dass sie von Nutzern des Drogenkonsumraums stammen. 154

Dritter Abschnitt. Pflichten im Betäubungsmittelverkehr

§ 11 Einfuhr, Ausfuhr und Durchfuhr

(1) ¹Wer Betäubungsmittel im Einzelfall einführen oder ausführen will, bedarf dazu neben der erforderlichen Erlaubnis nach § 3 einer Genehmigung des Bundesinstituts für Arzneimittel und Medizinprodukte. ²Betäubungsmittel dürfen durch den Geltungsbereich dieses Gesetzes nur unter zollamtlicher Überwachung ohne weiteren als den durch die Beförderung oder den Umschlag bedingten Aufenthalt und ohne dass das Betäubungsmittel zu irgendeinem Zeitpunkt während des Verbringens dem Durchführenden oder einer dritten Person tatsächlich zur Verfügung steht, durchgeführt werden. ³Ausgenommene Zubereitungen dürfen nicht in Länder ausgeführt werden, die die Einfuhr verboten haben.

(2) ¹Die Bundesregierung wird ermächtigt, durch Rechtsverordnung ohne Zustimmung des Bundesrates das Verfahren über die Erteilung der Genehmigung zu regeln und Vorschriften über die Einfuhr, Ausfuhr und Durchfuhr zu erlassen, soweit es zur Sicherheit oder Kontrolle des Betäubungsmittelverkehrs, zur Durchführung der internationalen Suchtstoffübereinkommen oder von Rechtsakten der Organe der Europäischen Union erforderlich ist. ²Insbesondere können
1. **die Einfuhr, Ausfuhr oder Durchfuhr auf bestimmte Betäubungsmittel und Mengen beschränkt sowie in oder durch bestimmte Länder oder aus bestimmten Ländern verboten,**
2. **Ausnahmen von Absatz 1 für den Reiseverkehr und die Versendung von Proben im Rahmen der internationalen Zusammenarbeit zugelassen,**
3. **Regelungen über das Mitführen von Betäubungsmitteln durch Ärzte, Zahnärzte und Tierärzte im Rahmen des grenzüberschreitenden Dienstleistungsverkehrs getroffen und**

4. **Form, Inhalt, Anfertigung, Ausgabe und Aufbewahrung der zu verwendenden amtlichen Formblätter festgelegt**
werden.

Übersicht

	Rn.
A. Inhalt der Vorschrift	1
B. Einfuhr, Ausfuhr (Absatz 1 Satz 1, 3)	2
C. Durchfuhr (Absatz 1 Satz 2)	6
I. Genehmigungspflicht	6
II. Begriff der Durchfuhr	7
1. Betäubungsmittelverkehr mit Nichtmitgliedstaaten der EU	10
a) Zollamtliche Überwachung	11
b) Ohne unnötigen Aufenthalt	13
c) Fehlen einer tatsächlichen Verfügungsmacht	14
aa) Voraussetzungen	15
bb) Folgen	16
2. Betäubungsmittelverkehr mit einem Mitgliedstaat der EU	19
a) Einhalten der Ermächtigung	20
b) Folgen	24
III. Vollendung	26
D. Verfahren bei Einfuhr, Ausfuhr, Durchfuhr (Absatz 2)	27
E. Zuwiderhandlungen	28
I. Straftaten	29
II. Ordnungswidrigkeiten	30
III. Keine Bewehrung	32

A. Inhalt der Vorschrift

1 Die Vorschrift befasst sich mit den Pflichten, die für den Ein-, Aus- oder Durchführenden **im legalen Betäubungsmittelverkehr** bestehen. Das Genehmigungsverfahren sowie das bei der Durchfuhr zu beachtende Verfahren sind in der **BtMAHV** geregelt, die auf der Grundlage des Absatzes 2 erlassen wurde.

B. Einfuhr, Ausfuhr (Absatz 1 Satz 1, 3)

2 **Nach Satz 1** bedarf die Ein- oder Ausfuhr von Betäubungsmitteln in jedem Einzelfall der Genehmigung. Diese tritt neben die Erlaubnis nach § 3. Nur wer eine solche Erlaubnis hat, kann deswegen auch eine Genehmigung nach § 11 erhalten. Auf der anderen Seite hat der Erlaubnisinhaber auf die Erteilung der Genehmigung einen **Rechtsanspruch** (*Patzak* in Körner/Patzak/Volkmer Rn. 12). Die Genehmigung muss **vor** der Ein- oder Ausfuhr vorliegen.

3 Wer nach § 4 Abs. 2, § 26 **keiner Erlaubnis** bedarf, bedarf auch keiner Genehmigung (*Patzak* in Körner/Patzak/Volkmer Rn. 1; *Wettley* in BeckOK BtMG Rn. 20; insoweit gilt ein vereinfachtes Verfahren (§ 14 BtMAHV).

4 Zu den Begriffen der **Einfuhr** und **Ausfuhr** → § 2 Rn. 65–102. Zum Mitführen von Betäubungsmitteln im grenzüberschreitenden Dienstleistungsverkehr durch Ärzte, Zahnärzte oder Tierärzte sowie zur Mitführung als Reisebedarf → § 4 Rn. 98–105 sowie § 15 BtMAHV; dort auch zum Mitführen durch Reisende in einen Schengen-Staat und zur Ausfuhr in Katastrophenfällen.

5 **Ausgenommene Zubereitungen** dürfen nach Satz 3 nicht in Länder ausgeführt werden, die die Einfuhr solcher Zubereitungen verboten haben (Art. 3 Abs. 3 Buchst. c, Art. 13 Abs. 2 ÜK 1971).

C. Durchfuhr (Absatz 1 Satz 2)

I. Genehmigungspflicht. Die Durchfuhr bedarf keiner Erlaubnis nach § 3 6
(→ § 3 Rn. 55). Sie bedarf grundsätzlich auch keiner Genehmigung nach § 11; hiervon gilt eine Ausnahme, wenn die Betäubungsmittel nicht von der nach den internationalen Suchtstoffübereinkommen vorgeschriebenen Ausfuhrgenehmigung oder Ausfuhrerklärung des Ausfuhrlandes begleitet werden (§ 13 Abs. 2 BtMAHV).

II. Begriff der Durchfuhr. Die Durchfuhr hat zur Grundlage, dass das Betäu- 7
bungsmittel in das Inland verbracht, dort befördert und wieder in das Ausland verbracht wird (*Patzak* in Körner/Patzak/Volkmer § 29 Teil 14 Rn. 5). Dies wird von der in § 11 Abs. 1 S. 2 enthaltenen Definition, mit der das Gesetz die von der Rechtsprechung (BGH NJW 1975, 429) entwickelte Begriffsbestimmung aufgenommen hat, vorausgesetzt. Die Durchfuhr ist danach keine Kombination von Einfuhr und Ausfuhr, sondern ein eigenständiger Tatbestand (→ § 29 Rn. 1422).

Die maßgeblichen Grenzen für die Durchfuhr sind wie bei der Ein- und Ausfuhr 8
die **Hoheitsgrenzen** (§ 11 Abs. 1 S. 2); zum deutschen Hoheitsgebiet gehören daher auch die Gebiete, die dem Zollgebiet der Gemeinschaft nicht angehören (Helgoland und Büsingen (→ § 2 Rn. 85)), der Transitbereich von Flughäfen und die deutschen Freizonen (→ § 2 Rn. 74, 85). Ebenso gelten die Grundsätze zu den vorgeschobenen Zollstellen (→ § 2 Rn. 76–82).

Im Übrigen ist seit dem 1.7.2001 (Inkrafttreten der 15. BtMÄndV v. 19.6.2001 9
(BGBl. I S. 1180)) zu unterscheiden:

1. Betäubungsmittelverkehr mit Nichtmitgliedstaaten der EU (Dritt- 10
staaten). Eine Durchfuhr liegt im Betäubungsmittelverkehr mit Drittstaaten nur dann vor, wenn die in § 11 Abs. 1 S. 2 genannten Merkmale erfüllt sind. Ein Betäubungsmittelverkehr mit Drittstaaten ist auch dann gegeben, wenn nur der Einfuhr- oder der Ausfuhrstaat ein Drittstaat ist (*Kotz/Oğlakcıoğlu* in MüKoStGB Rn. 11; aA → § 29 Rn. 1184); auch in einem solchen Falle geht der Betäubungsmittelverkehr über eine innergemeinschaftliche Grenze hinaus.

a) Zollamtliche Überwachung. Die zollamtliche Überwachung umfasst die 11
Maßnahmen der Zollverwaltung zur Sicherung aller zollrechtlichen Belange (s. Art. 5 Nr. 27, Art. 134 UZK). Sie besteht zunächst aus der Wahrnehmung der zollrechtlichen Befugnisse, namentlich an den Grenzen (→ § 21 Rn. 19–32) und in den Binnen- und Grenzzollämtern. Zur zollamtlichen Überwachung gehört aber auch das gesamte System von sonstigen Überwachungsmaßnahmen, deren sich die Zollverwaltung zur Verhinderung und Aufdeckung von Zuwiderhandlungen bedient (*Harder* in Wabnitz/Janovsky/Schmitt WirtschaftsStrafR-HdB, 4. Auflage, Kap. 22 Rn. 7, 8). Die zollamtliche Überwachung ist ihrem Wesen nach eine fortdauernde Maßnahme, die nicht unterbrochen werden kann, ohne dass mit der Unterbrechung die Überwachung entfällt (BFH ZfZ 1971, 113; 1985, 365). Nicht erforderlich ist, dass die Zollverwaltung die Ware ständig bewacht; ausreichend ist, dass sie ständig die Möglichkeit zur Kontrolle hat (BFH ZfZ 1971, 113).

Entscheidend ist danach der **Zugang** zu der der zollamtlichen Überwachung un- 12
terliegenden Ware (s. EuGH BeckRS 2014, 80877; *Küchenhoff* in Wabnitz/Janovsky/Schmitt WirtschaftsStrafR-HdB Kap. 23 Rn. 91). Handlungen oder Unterlassungen, die dazu führen, dass die zuständige Zollbehörde auch nur zeitweise am Zugang zu der Ware oder an der Durchführung der zollrechtlich vorgesehenen Prüfungen gehindert wird, sind eine Entziehung aus der zollamtlichen Überwachung (BGHSt 48, 108 = NJW 2003, 907 = StV 2003, 563) und lassen diese entfallen.

b) Ohne unnötigen Aufenthalt. Weitere Voraussetzung der Durchfuhr ist, dass 13
das Verbringen ohne einen weiteren als den durch die Beförderung oder den Um-

schlag bedingten Aufenthalt erfolgt. Hierzu bestimmt § 13 Abs. 1 S. 2 BtMAHV zusätzlich, dass die Betäubungsmittel während der Durchfuhr keiner Behandlung unterzogen werden dürfen, die geeignet ist, die Beschaffenheit, Kennzeichnung, Verpackung oder Markierung zu verändern.

14   c) **Fehlen einer tatsächlichen Verfügungsmacht.** Schließlich darf dem Durchführenden oder einem Dritten während des Verbringens keine tatsächliche Verfügungsmacht über das Betäubungsmittel zustehen. Soll Deutschland zwar Transitland sein, kann der Durchführende oder ein Dritter aber während des Transits über das Betäubungsmittel in tatsächlicher Hinsicht verfügen, so ist die Gefahr für das Inland nicht geringer als bei einer Einfuhr, so dass es angezeigt ist, auch die für die Einfuhr (und Ausfuhr) geltenden Vorschriften anzuwenden. Dies gilt unabhängig davon, ob von der Verfügungsmacht Gebrauch gemacht wird oder werden soll.

15   aa) **Voraussetzungen.** Die **tatsächliche** Verfügungsgewalt ist gegeben, wenn der Verbringende an das Gepäckstück, das das Betäubungsmittel enthält, ohne Schwierigkeiten herankommen kann und er dies weiß oder damit rechnet und dies billigt oder sich damit abfindet oder wenn ihm jede Möglichkeit gleichgültig ist (→ § 29 Rn. 905), dort auch zur Bedeutung der **rechtlichen** Verfügungsmacht). Tatsächliche Verfügungsgewalt hat auch derjenige, der die Betäubungsmittel am Körper, in Körperöffnungen oder im Körper mit sich trägt (→ § 29 Rn. 983).

16   bb) **Folgen.** Hat derjenige, der Betäubungsmittel durch Deutschland verbringt, im Inland die tatsächliche Verfügungsmöglichkeit über sein Gepäck (→ Rn. 15), so liegt daher **keine Durchfuhr,** sondern, beginnend mit der Möglichkeit des tatsächlichen Zugriffs, eine **Einfuhr** und, wenn die Betäubungsmittel wieder ins Ausland verbracht werden (→ Rn. 7), auch eine **Ausfuhr** vor. Sobald die Merkmale der Einfuhr gegeben sind, tritt die Durchfuhr zurück; auf der anderen Seite ist die Durchfuhr die speziellere Regelung (→ § 29 Rn. 1442).

17   Zu den Folgen für die Durchfuhr im **Luftverkehr** → § 29 Rn. 901–917.

18   Die dort dargestellten Grundsätze gelten entsprechend für **andere Formen** der Durchfuhr, namentlich auch für die Durchfuhr mittels Versendung.

19   **2. Betäubungsmittelverkehr mit einem Mitgliedstaat der EU.** Das Erfordernis der zollamtlichen Überwachung entfällt, wenn die Durchfuhr den Betäubungsmittelverkehr mit einem Mitgliedstaat der EU betrifft (§ 13 Abs. 1 S. 3 BtMAHV). Dies ist nur gegeben, wenn sowohl der Einfuhrstaat als auch der Ausfuhrstaat ein Mitgliedstaat der EU ist (→ Rn. 10).

20   a) **Einhaltung der Ermächtigung.** Ob diese Ausnahme sich noch im Rahmen der gesetzlichen Ermächtigung hält, ist zweifelhaft. Nach § 11 Abs. 2 S. 1 kann die Bundesregierung Vorschriften über die Durchfuhr erlassen, soweit es zur Sicherheit oder Kontrolle des Betäubungsmittelverkehrs, zur Durchführung der internationalen Suchtstoffübereinkommen oder von Rechtsakten der Organe der EU erforderlich ist.

21   **Die beiden letztgenannten** Voraussetzungen liegen **nicht** vor. Insbesondere wird die Neuregelung nicht durch Unionsrecht gefordert. Verbote und Beschränkungen (§ 1 Abs. 3 ZollVG) im Verkehr mit Betäubungsmitteln sind solche nichtwirtschaftlicher Art, die sich nach Art. 134 UZK auch gegenüber dem Grundsatz des freien Warenverkehrs durchsetzen. Auf der anderen Seite steht Unionsrecht auch nicht entgegen.

22   Die Vorschrift soll den grenzüberschreitenden Verkehr zwischen den Mitgliedstaaten der EU erleichtern (BR-Drs. 252/01, 56). Die Ermächtigungsgrundlage (§ 11 Abs. 2) orientiert sich demgegenüber mehr an der Sicherheit und Kontrolle des Betäubungsmittelverkehrs, wobei eher an eine Intensivierung der Überwachung durch die zu erlassende Verordnung gedacht ist (§ 11 Abs. 2 S. 2 Nr. 1). Auf der anderen Seite zeigt § 11 Abs. 2 Satz Nr. 2, 3, dass die Ermächtigung auch zu einer Milderung oder **Abschaffung der Überwachung** genutzt werden kann, wenn die Sicherung und Kontrolle des Betäubungsmittelverkehrs gewahrt bleiben.

Obwohl die Neuregelung beim Betäubungsmittelverkehr mit einem Mitgliedstaat der EU ein **Tatbestandsmerkmal** aus der Definition der Durchfuhr **herausbricht,** dürfte sie daher noch auf die Ermächtigung des § 11 Abs. 2 gestützt werden können. 23

b) Folgen. Unberührt bleiben die anderen Tatbestandsmerkmale der Durchfuhr, namentlich das Erfordernis des Durchführens ohne unnötigen Aufenthalt (→ Rn. 13) und vor allem das Fehlen einer tatsächlichen Verfügungsmacht des Durchführenden oder einer dritten Person (→ Rn. 14−18). 24

Unberührt bleiben auch die Befugnisse der **Bediensteten der Zollverwaltung** im Rahmen der zollamtlichen Überwachung nach § 10 ZollVG (→ § 21 Rn. 19−32). 25

III. Vollendung. Die Durchfuhr ist erst vollendet, wenn das Betäubungsmittel Deutschland verlässt (→ § 29 Rn. 1433). 26

D. Verfahren bei Einfuhr, Ausfuhr, Durchfuhr (Absatz 2)

Das Verfahren ist im Einzelnen in der BtMAHV geregelt. Auf die Erläuterungen zu dieser wird Bezug genommen. 27

E. Zuwiderhandlungen

Die Verstöße gegen § 11 sind unterschiedlich mit Strafe oder mit Geldbuße bedroht. Zum Teil fehlt eine Bewehrung auch ganz. 28

I. Straftaten. Wer entgegen § 11 Abs. 1 S. 2 vorsätzlich Betäubungsmittel (durch Deutschland) durchführt, begeht, sofern nicht bereits eine verbotene Einfuhr (und gegebenenfalls Ausfuhr) gegeben ist, eine Straftat nach **§ 29 Abs. 1 S. 1 Nr. 5** (→ § 29 Rn. 1417−1447). Handelt der Täter fahrlässig, so macht er sich nach § 29 Abs. 4 strafbar. 29

II. Ordnungswidrigkeiten. Wer (bei bestehender Erlaubnis) vorsätzlich oder fahrlässig Betäubungsmittel ohne Genehmigung nach § 11 Abs. 1 S. 1 einführt oder ausführt, handelt ordnungswidrig nach **§ 32 Abs. 1 Nr. 5.** 30

Die in **§ 32 Abs. 1 Nr. 6** vorgesehene Möglichkeit, Zuwiderhandlungen gegen eine nach § 11 Abs. 2 S. 2 Nr. 2−4 erlassene Rechtsverordnung mit Geldbuße zu bedrohen, hat der Verordnungsgeber in § 16 BtMAHV genutzt. Dabei hat er sich auf Verstöße gegen die nach § 12 Abs. 2 S. 2 **Nr. 4** erlassenen Vorschriften beschränkt. Auf → § 32 Rn. 10−12 sowie die Erläuterungen zu § 16 BtMAHV wird verwiesen., zu den Bedenken gegen die dort angewandte **Rückverweisungstechnik** → § 32 Rn. 10. 31

III. Keine Bewehrung. Verstöße gegen eine nach § 11 Abs. 2 S. 2 **Nr. 1** erlassene Verordnung könnten nach **§ 29 Abs. 1 S. 1 Nr. 14** mit Strafe bedroht werden. Hiervon hat der Verordnungsgeber bislang keinen Gebrauch gemacht. 32

Sofern nicht unmittelbar die Strafvorschriften über die Einfuhr, Ausfuhr oder Durchfuhr eingreifen, sind die nach § 11 Abs. 2 S. 2 **Nr. 2** und 3 erlassenen Regelungen, etwa im Reiseverkehr oder grenzüberschreitenden Dienstleistungsverkehr, bislang nicht bewehrt. Eine Bewehrung mit Geldbuße wäre nach § 32 Abs. 1 Nr. 6 möglich (→ Rn. 31). 33

34 Auf Grund der unbefriedigenden Fassung des § 32 Abs. 1 Nr. 6 einer Bewehrung **nicht zugänglich** sind Regelungen, die sich nur auf § 11 Abs. 2 S. 1 stützen (*Katholnigg* GA 1999, 500 (502)). Auf → § 32 Rn. 12 wird verwiesen.

35 Nach deutschem Recht **nicht bewehrt** ist der Verstoß gegen § 11 Abs. 1 S. 3 (Ausfuhr ausgenommener Zubereitungen in Länder, die die Einfuhr verboten haben); s. auch § 29 Abs. 1 S. 1 Nr. 2.

§ 12 Abgabe und Erwerb

(1) **Betäubungsmittel dürfen nur abgegeben werden an**
1. **Personen oder Personenvereinigungen, die im Besitz einer Erlaubnis nach § 3 zum Erwerb sind oder eine Apotheke oder tierärztliche Hausapotheke betreiben,**
2. **die in § 4 Abs. 2 oder § 26 genannten Behörden oder Einrichtungen.**
3. **(weggefallen)**

(2) ¹Der Abgebende hat dem Bundesinstitut für Arzneimittel und Medizinprodukte außer in den Fällen des § 4 Abs. 1 Nr. 1 Buchstabe e unverzüglich jede einzelne Abgabe unter Angabe des Erwerbers und der Art und Menge des Betäubungsmittels zu melden. ²Der Erwerber hat dem Abgebenden den Empfang der Betäubungsmittel zu bestätigen.

(3) **Die Absätze 1 und 2 gelten nicht bei**
1. **Abgabe von in Anlage III bezeichneten Betäubungsmitteln**
    a) **auf Grund ärztlicher, zahnärztlicher oder tierärztlicher Verschreibung im Rahmen des Betriebes einer Apotheke,**
    b) **im Rahmen des Betriebes einer tierärztlichen Hausapotheke für ein vom Betreiber dieser Hausapotheke behandeltes Tier,**
    c) **durch den Arzt nach § 13 Absatz 1a Satz 1,**
2. **der Ausfuhr von Betäubungsmitteln und**
3. **Abgabe und Erwerb von Betäubungsmitteln zwischen den in § 4 Abs. 2 oder § 26 genannten Behörden oder Einrichtungen.**

(4) **Das Bundesministerium für Gesundheit wird ermächtigt, durch Rechtsverordnung ohne Zustimmung des Bundesrates das Verfahren der Meldung und der Empfangsbestätigung zu regeln. Es kann dabei insbesondere deren Form, Inhalt und Aufbewahrung sowie eine elektronische Übermittlung regeln.**

Übersicht

	Rn.
A. Inhalt der Vorschrift	1
B. Die Abgabe im Einzelfall (Absatz 1)	3
I. Die Erwerbsberechtigten	4
1. Abgabe an Inhaber einer Erlaubnis zum Erwerb	5
2. Abgabe an Betreiber einer Apotheker oder tierärztlichen Hausapotheke	6
3. Abgabe an bestimmte Behörden oder Einrichtungen	7
II. Die Prüfungspflicht des Abgebenden	8
C. Die Meldepflicht (Absatz 2)	9
D. Ausnahmen von Abgabeverbot und Meldepflicht (Absatz 3)	10
I. Abgabe im medizinischen Bereich (Nr. 1)	10
1. Auf Grund einer Verschreibung in einer Apotheke (Buchst. a)	11
2. Im Rahmen des Betriebs einer tierärztlichen Hausapotheke (Buchst. b)	12

Abgabe und Erwerb **§ 12 BtMG**

Rn.
3. Abgabe an einen Patienten zur Bewältigung einer palliativ-
   medizinischen Krisensituation (Buchst. c) 13
II. Ausfuhr (Nr. 2) 14
III. Abgabe an bestimmte Behörden und Einrichtungen (Nr. 3) . . 15
E. Verfahren bei der Meldung (Absatz 4) 16
F. Zuwiderhandlungen 17

A. Inhalt der Vorschrift

Während § 3 sich mit der generellen Erlaubnis für die Abgabe (und den Erwerb) 1
von Betäubungsmitteln befasst, regelt § 12 die Abgabe (und teilweise auch den Erwerb) **im Einzelfall**. Die bis zum BtMG 1982 geltende Bezugsscheinpflicht wurde im Interesse der Vereinfachung und Erleichterung des legalen Betäubungsmittelverkehrs im Wesentlichen durch eine Meldepflicht ersetzt.

Abgabe und Erwerb auf Grund ärztlicher, zahnärztlicher und tierärztlicher **Ver-** 2
schreibung im Rahmen des Betriebes einer Apotheke oder tierärztlichen Hausapotheke sind in § 13 geregelt (→ Rn. 11, 12).

B. Die Abgabe im Einzelfall (Absatz 1)

Die Vorschrift enthält eine **Begrenzung des Kreises** der Personen und Stellen, 3
an die Betäubungsmittel abgegeben werden dürfen. Ausnahmen hiervon sind in Absatz 3 geregelt. Wie in den Fällen des § 4 fällt unter die Abgabe auch das **Veräußern** und **Verkaufen** (*Barrot* in BeckOK BtMG Rn. 3; *Eberth/Müller* BtMR Rn. 1). Sofern kein erlaubnisfreier Verkehr (§ 4 Abs. 1 Nr. 1 Buchst. c, f, Nr. 2 Buchst. c) vorliegt, muss der Abgebende Inhaber einer Erlaubnis zur Abgabe sein.

I. Die Erwerbsberechtigten. Der Kreis der Personen, an die Betäubungsmittel 4
abgegeben werden dürfen, ist begrenzt:

1. Abgabe an Inhaber einer Erlaubnis zum Erwerb (Nr. 1). Zulässig ist die 5
Abgabe an Inhaber einer Erlaubnis nach § 3, die zum Erwerb von Betäubungsmitteln berechtigt. Dazu gehört auch die Erlaubnis zum Handeltreiben (Hügel/Junge/Lander/Winkler Rn. 2).

2. Abgabe an Betreiber einer Apotheke oder tierärztlichen Hausapo- 6
theke (Nr. 1). Ebenso dürfen Betäubungsmittel an Betreiber einer Apotheke (→ § 4 Rn. 3) abgegeben werden. Dies gilt auch für die Abgabe bestimmter Opioide an eine andere Apotheke in den Fällen des § 4 Abs. 1 Nr. 1 Buchst. f (→ § 4 Rn. 65–74). Für Betreiber einer tierärztlichen Hausapotheke beschränkt § 4 Abs. 1 Nr. 1 Buchst. c den erlaubnisfreien Erwerb von Betäubungsmitteln auf Betäubungsmittel der Anlage III in Form von Fertigarzneimitteln (→ § 4 Rn. 79). Dies gilt auch für die Abgabe an sie.

3. Abgabe an bestimmte Behörden und Einrichtungen (Nr. 2). Eine Ab- 7
gabe von Betäubungsmitteln ist ferner zulässig an Bundes- oder Landesbehörden im Bereich ihrer dienstlichen Tätigkeit, die von ihnen mit der Untersuchung von Betäubungsmitteln beauftragten Behörden sowie an Einrichtungen, die der Betäubungsmittelversorgung der Bundeswehr, der Bundespolizei, der Bereitschaftspolizei und des Zivilschutzes dienen (§ 4 Abs. 2, § 26). Im Hinblick auf Absatz 3 Nr. 3 greift diese Vorschrift nur ein, wenn die betreffenden Behörden aus dem nichtbehördlichen Bereich erwerben.

II. Die Prüfungspflicht des Abgebenden. Ob die Voraussetzungen für eine 8
zulässige Abgabe vorliegen, hat der Abgebende zu prüfen (*Patzak* in Körner/Patzak/Volkmer Rn. 4; *Barrot* in BeckOK BtMG Rn. 6). Durch Einsichtnahme in die Erlaubnis oder sonstige Unterlagen, notfalls auch durch Rückfrage beim

BfArM, muss er sich davon überzeugen, dass der Erwerber die Betäubungsmittel in Empfang nehmen darf.

C. Die Meldepflicht (Absatz 2)

9 Nach **Absatz 2** ist der Abgebende verpflichtet, dem BfArM unverzüglich jede einzelne Abgabe eines Betäubungsmittels zu melden und dabei sowohl den Erwerber als auch die Art und Menge des Betäubungsmittels mitzuteilen. Der Erwerber hat dem Abgebenden den Empfang des Betäubungsmittels zu bestätigen. Das nähere Verfahren ist in der **BtMBinHV** geregelt.

D. Ausnahmen von Abgabeverbot und Meldepflicht (Absatz 3)

10 **I. Medizinischer Bereich (Nr. 1).** Die Vorschrift korrespondiert den Regelungen über die Erlaubnis:

11 **1. Abgabe in einer Apotheke auf Grund Verschreibung (Buchst. a).** Nach § 4 Abs. 1 Nr. 1 Buchst. c bedarf die Abgabe von Betäubungsmitteln der Anlage III aufgrund einer ärztlichen, zahnärztlichen oder tierärztlichen Verschreibung im Rahmen des Betriebes einer Apotheke keiner Erlaubnis. § 12 Abs. 3 Nr. 1 Buchst. a bestimmt für diese Fälle, dass auch das Verbot des § 12 Abs. 1 nicht gilt. Ebenso entfällt die Meldepflicht nach Absatz 2 und damit auch das Verfahren nach der BtMBinHV.

12 **2. Abgabe im Rahmen einer tierärztlichen Hausapotheke (Buchst. b).** Nach Buchst. b gilt dasselbe bei der Abgabe von Betäubungsmitteln der Anlage III im Rahmen des Betriebes einer tierärztlichen Hausapotheke für ein vom Betreiber dieser Hausapotheke behandeltes Tier. Allerdings gilt dies nur noch für Betäubungsmittel in Form von **Fertigarzneimitteln** (→ § 4 Rn. 79) und, soweit die Abgabe der Immobilisation eines von dem Tierarzt behandelten Zoo-, Wild- oder Gehegetiers dient, in Form von **Mischungen** nach § 4 Abs. 1 Nr. 2 Buchst. a (§ 4 Abs. 1 Nr. 2 Buchst. c).

13 **3. Abgabe an einen Patienten zur Bewältigung einer palliativmedizinischen Krisensituation (Buchst. c).** Die Vorschrift bestimmt, dass der Arzt dem Patienten in einer ambulanten palliativmedizinischen Krisensituation unter den Voraussetzungen des § 13 Abs. 1a Satz 1 ein Betäubungsmittel der Anlage III zur Überbrückung überlassen darf, ohne dass der Patient eine Erwerbserlaubnis haben muss und ohne dass er das Überlassen dem BfArM melden muss. Auch dies gilt nur für Betäubungsmittel in Form von Fertigarzneimitteln (§ 13 Abs. 1a Satz 1).

14 **II. Ausfuhr (Nr. 2).** Nach dieser Vorschrift unterliegt auch die **Ausfuhr** von Betäubungsmitteln **nicht** den Regelungen des Absatzes 1. Die dort geregelte Begrenzung des Erwerberkreises gilt (naturgemäß) nicht in den Fällen, in denen das Betäubungsmittel in das Ausland gebracht wird. Wer dort zum Erwerb von Betäubungsmitteln berechtigt ist, richtet sich primär nach ausländischem Recht, so dass Regelungen über § 11 hinaus nicht notwendig sind. Auch die Meldepflicht nach Absatz 2 entfällt.

15 **III. Abgabe und Erwerb bei bestimmten Behörden und Einrichtungen (Nr. 3).** Nach dieser Vorschrift gelten die Absätze 1 und 2 auch nicht für die Abgabe und den Erwerb von Betäubungsmitteln zwischen den in § 4 Abs. 2 oder § 26 genannten Behörden oder Einrichtungen (→ Rn. 7).

E. Verfahren bei der Meldung (Absatz 4)

16 Das Verfahren ist im Einzelnen in der **BtMBinHV** geregelt. Auf die Erläuterungen zu dieser wird Bezug genommen. Nach der Neufassung durch das AMNOG kann auch eine elektronische Übermittlung vorgesehen werden.

F. Zuwiderhandlungen

Wer vorsätzlich oder fahrlässig entgegen Absatz 1 Betäubungsmittel abgibt oder entgegen Absatz 2 die Abgabe oder den Erwerb nicht richtig, nicht vollständig oder nicht unverzüglich meldet oder den Empfang nicht bestätigt, handelt ordnungswidrig nach § 32 Abs. 1 Nr. 7. Zuwiderhandlungen gegen bestimmte Vorschriften der BtMBinHV sind Ordnungswidrigkeiten nach § 7 BtMBinHV, § 32 Abs. 1 Nr. 6 BtMG.

§ 13 Verschreibung und Abgabe auf Verschreibung

(1) ¹**Die in Anlage III bezeichneten Betäubungsmittel dürfen nur von Ärzten, Zahnärzten und Tierärzten und nur dann verschrieben oder im Rahmen einer ärztlichen, zahnärztlichen oder tierärztlichen Behandlung einschließlich der ärztlichen Behandlung einer Betäubungsmittelabhängigkeit verabreicht oder einem anderen zum unmittelbaren Verbrauch oder nach Absatz 1a Satz 1 überlassen werden, wenn ihre Anwendung am oder im menschlichen oder tierischen Körper begründet ist.** ²**Die Anwendung ist insbesondere dann nicht begründet, wenn der beabsichtigte Zweck auf andere Weise erreicht werden kann.** ³**Die in Anlagen I und II bezeichneten Betäubungsmittel dürfen nicht verschrieben, verabreicht oder einem anderen zum unmittelbaren Verbrauch oder nach Absatz 1a Satz 1überlassen werden.**

(1a) ¹Zur Deckung des nicht aufschiebbaren Betäubungsmittelbedarfs eines ambulant versorgten Palliativpatienten darf der Arzt diesem die hierfür erforderlichen, in Anlage III bezeichneten Betäubungsmittel in Form von Fertigarzneimitteln nur dann überlassen, soweit und solange der Bedarf des Patienten durch eine Verschreibung nicht rechtzeitig gedeckt werden kann; die Höchstüberlassungsmenge darf den Dreitagesbedarf nicht überschreiten. ²Der Bedarf des Patienten kann durch eine Verschreibung nicht rechtzeitig gedeckt werden, wenn das erforderliche Betäubungsmittel
1. bei einer dienstbereiten Apotheke innerhalb desselben Kreises oder derselben kreisfreien Stadt oder in einander benachbarten Kreisen oder kreisfreien Städten nicht vorrätig ist oder nicht rechtzeitig zur Abgabe bereitsteht oder
2. obwohl es in einer Apotheke nach Nummer 1 vorrätig ist oder rechtzeitig zur Abgabe bereitstünde, von dem Patienten oder den Patienten versorgenden Personen nicht rechtzeitig beschafft werden kann, weil
   a) diese Personen den Patienten vor Ort versorgen müssen oder auf Grund ihrer eingeschränkten Leistungsfähigkeit nicht in der Lage sind, das Betäubungsmittel zu beschaffen, oder
   b) der Patient auf Grund der Art und des Ausmaßes seiner Erkrankung dazu nicht selbst in der Lage ist und keine Personen vorhanden sind, die den Patienten versorgen.

³Der Arzt muss unter Hinweis darauf, dass eine Situation nach Satz 1 vorliegt, bei einer dienstbereiten Apotheke nach Satz 2 Nummer 1 vor Überlassung anfragen, ob das erforderliche Betäubungsmittel dort vorrätig ist oder bis wann es zur Abgabe bereitsteht. ⁴Über das Vorliegen der Voraussetzungen nach den Sätzen 1 und 2 und die Anfrage nach Satz 3 muss der Arzt mindestens folgende Aufzeichnungen führen und diese drei Jahre, vom Überlassen der Betäubungsmittel an gerechnet, aufbewahren:

BtMG § 13

1. den Namen des Patienten sowie den Ort, das Datum und die Uhrzeit der Behandlung,
2. den Namen der Apotheke und des kontaktierten Apothekers oder der zu seiner Vertretung berechtigten Person,
3. die Bezeichnung des angefragten Betäubungsmittels,
4. die Angabe der Apotheke, ob das Betäubungsmittel zum Zeitpunkt der Anfrage vorrätig ist oder bis wann es zur Abgabe bereitsteht,
5. die Angaben über diejenigen Tatsachen, aus denen sich das Vorliegen der Voraussetzungen nach den Sätzen 1 und 2 ergibt.

[5]Über die Anfrage eines nach Satz 1 behandelnden Arztes, ob ein bestimmtes Betäubungsmittel vorrätig ist oder bis wann es zur Abgabe bereitsteht, muss der Apotheker oder die zu seiner Vertretung berechtigte Person mindestens folgende Aufzeichnungen führen und diese drei Jahre, vom Tag der Anfrage an gerechnet, aufbewahren:
1. das Datum und die Uhrzeit der Anfrage,
2. den Namen des Arztes,
3. die Bezeichnung des angefragten Betäubungsmittels,
4. die Angabe gegenüber dem Arzt, ob das Betäubungsmittel zum Zeitpunkt der Anfrage vorrätig ist oder bis wann es zur Abgabe bereitsteht.

[6]Im Falle des Überlassens nach Satz 1 hat der Arzt den ambulant versorgten Palliativpatienten oder zu dessen Pflege anwesende Dritte über die ordnungsgemäße Anwendung der überlassenen Betäubungsmittel aufzuklären und eine schriftliche Gebrauchsanweisung mit Angaben zur Einzel- und Tagesgabe auszuhändigen.

(2) [1]Die nach Absatz 1 verschriebenen Betäubungsmittel dürfen nur im Rahmen des Betriebs einer Apotheke und gegen Vorlage der Verschreibung abgegeben werden. [2]Diamorphin darf nur vom pharmazeutischen Unternehmer und nur an anerkannte Einrichtungen nach Absatz 3 Satz 2 Nr. 2a gegen Vorlage der Verschreibung abgegeben werden. [3]Im Rahmen des Betriebs einer tierärztlichen Hausapotheke dürfen nur die in Anlage III bezeichneten Betäubungsmittel und nur zur Anwendung bei einem vom Betreiber der Hausapotheke behandelten Tier abgegeben werden.

(3) [1]Die Bundesregierung wird ermächtigt, durch Rechtsverordnung mit Zustimmung des Bundesrates das Verschreiben von den in Anlage III bezeichneten Betäubungsmitteln, ihre Abgabe auf Grund einer Verschreibung und das Aufzeichnen ihres Verbleibs und des Bestandes bei Ärzten, Zahnärzten, Tierärzten, in Apotheken, tierärztlichen Hausapotheken, Krankenhäusern, Tierkliniken, Alten- und Pflegeheimen, Hospizen, Einrichtungen der spezialisierten ambulanten Palliativversorgung, Einrichtungen der Rettungsdienste, Einrichtungen, in denen eine Behandlung mit dem Substitutionsmittel Diamorphin stattfindet, und auf Kauffahrteischiffen zu regeln, soweit es zur Sicherheit oder Kontrolle des Betäubungsmittelverkehrs erforderlich ist. [2]Insbesondere können
1. das Verschreiben auf bestimmte Zubereitungen, Bestimmungszwecke oder Mengen beschränkt,
2. das Verschreiben von Substitutionsmitteln für Drogenabhängige von der Erfüllung von Mindestanforderungen an die Qualifikation der verschreibenden Ärzte abhängig gemacht und die Festlegung der Mindestanforderungen den Ärztekammern übertragen,
2a. das Verschreiben von Diamorphin nur in Einrichtungen, denen eine Erlaubnis von der zuständigen Landesbehörde erteilt wurde, zugelassen,

2 b. die Mindestanforderungen an die Ausstattung der Einrichtungen, in denen die Behandlung mit dem Substitutionsmittel Diamorphin stattfindet, festgelegt,
3. Meldungen
   a) der verschreibenden Ärzte an das Bundesinstitut für Arzneimittel und Medizinprodukte über das Verschreiben eines Substitutionsmittels für einen Patienten in anonymisierter Form,
   b) der Ärztekammern an das Bundesinstitut für Arzneimittel und Medizinprodukte über die Ärzte, die die Mindestanforderungen nach Nummer 2 erfüllen und Mitteilungen
   c) des Bundesinstitut für Arzneimittel und Medizinprodukte an die zuständigen Überwachungsbehörden und an die verschreibenden Ärzte über die Patienten, denen bereits ein anderer Arzt ein Substitutionsmittel verschrieben hat, in anonymisierter Form,
   d) des Bundesinstitut für Arzneimittel und Medizinprodukte an die zuständigen Überwachungsbehörden der Länder über die Ärzte, die die Mindestanforderungen nach Nummer 2 erfüllen,
   e) des Bundesinstitut für Arzneimittel und Medizinprodukte an die obersten Landesgesundheitsbehörden über die Anzahl der Patienten, denen ein Substitutionsmittel verschrieben wurde, die Anzahl der Ärzte, die zum Verschreiben eines Substitutionsmittels berechtigt sind, die Anzahl der Ärzte, die ein Substitutionsmittel verschrieben haben, die verschriebenen Substitutionsmittel und die Art der Verschreibung

   sowie Art der Anonymisierung, Form und Inhalt der Meldungen und Mitteilungen vorgeschrieben,
4. Form, Inhalt, Anfertigung, Ausgabe, Aufbewahrung und Rückgabe des zu verwendenden amtlichen Formblattes für die Verschreibung sowie der Aufzeichnungen über den Verbleib und den Bestand festgelegt und
5. Ausnahmen von den Vorschriften des § 4 Abs. 1 Nr. 1 Buchstabe c für die Ausrüstung von Kauffahrteischiffen erlassen werden.

³Für das Verfahren zur Erteilung einer Erlaubnis nach Satz 2 Nummer 2a gelten § 7 Satz 2 Nummer 1 bis 4, § 8 Absatz 1 Satz 1, Absatz 2 und 3 Satz 1 bis 3, § 9 Absatz 2 und § 10 entsprechend. ⁴Dabei tritt an die Stelle des Bundesinstitutes für Arzneimittel und Medizinprodukte jeweils die zuständige Landesbehörde, an die Stelle der zuständigen Landesbehörde jeweils das Bundesinstitut für Arzneimittel und Medizinprodukte. ⁵Die Empfänger nach Satz 2 Nr. 3 dürfen die übermittelten Daten nicht für einen anderen als den in Satz 1 genannten Zweck verwenden. ⁶Das Bundesinstitut für Arzneimittel und Medizinprodukte handelt bei der Wahrnehmung der ihm durch Rechtsverordnung nach Satz 2 zugewiesenen Aufgaben als vom Bund entliehenes Organ des jeweils zuständigen Landes; Einzelheiten einschließlich der Kostenerstattung an den Bund werden durch Vereinbarung geregelt.

Übersicht

	Rn.
Einführung	1
I. Bedeutung	1
II. Änderungen	6
Kapitel 1. Die ärztliche Verordnung von Betäubungsmitteln (Absatz 1)	7
A. Die berechtigten Personen	8

	Rn.
B. Betäubungsmittel	11
C. Die ärztlichen Handlungen des Absatzes 1	14
I. Verschreiben	15
II. Verabreichen	16
III. Überlassen zum unmittelbaren Verbrauch	17
IV. Überlassen	18
V. Grundsätzlich nicht zulässig: Mitgeben (Abgabe)	19
D. Ärztliche Behandlung	20
I. Tätigkeit im Rahmen des ärztlichen Heilauftrags	21
1. Heilauftrag	22
2. Untersuchung	27
3. Behandlung einer Betäubungsmittelabhängigkeit	29
II. Indikation (Absatz 1 Sätze 1, 2)	30
1. Ärztlich begründet oder (nur) begründet	33
2. Nur Schulmedizin oder auch Außenseitermethoden	39
3. Die Voraussetzungen einer Abweichung von der Schulmedizin	42
4. Besondere Pflichten bei der Verordnung von Betäubungsmitteln	46
a) Verordnung von Betäubungsmitteln als letztes Mittel (Absatz 1 Satz 2)	47
b) Fachwissen des Arztes	50
c) Behandlungsplan, Überwachung, Dokumentation	54
5. Zusätzliche Pflichten bei Drogenabhängigen	57
E. Beschränkungen der ärztlichen Verordnung	61
I. Beschränkung nach Absatz 1 Satz 3	62
II. Beschränkungen nach der BtMVV	64
F. Substitution	66
I. Die Substitutionsdiskussion	67
II. Die Substitution heute (§§ 5, 5a BtMVV)	72
1. Die ursprüngliche Regelung	73
a) Das Ziel der Abstinenz	74
b) Substitution nur als Teil eines umfassenden Konzepts	75
c) Suchttherapeutische Qualifikation des Arztes	76
d) Vermeidung von Mehrfachsubstitutionen	78
e) Keine Aushändigung des Rezepts an den Abhängigen	79
2. Die Neuordnung durch die 3. BtMVVÄndV	80
III. Der Weg zum heutigen Stand der Substitution	82
1. Die 4. BtMÄndV	83
2. Die 5. BtMÄndV	84
3. Die 10. BtMÄndV	85
4. Die 15. BtMÄndV	86
5. Das Gesetz v. 15.7.2009	87
6. Die 3. BtMVVÄndV	88
IV. Die ehemals „graue" oder „wilde" Substitution	89
1. Codein und Dihydrocodein	90
a) Die Unterstellung unter das betäubungsmittelrechtliche Regime	91
b) Beschränkung auf Ausnahmefälle	93
2. Flunitrazepam/Rohypnol	94
3. Mindestanforderungen an die substituierenden Ärzte	95
V. Die diamorphingestützte Substitutionsbehandlung	96

Kapitel 2. Überlassen von Betäubungsmitteln an Patienten zur Überbrückung in einer palliativmedizinischen Krisensituation (Absatz 1a) ... 97

A. Grundsätzliches	97
B. Die materiellen Voraussetzungen (Sätze 1 und 2)	99
I. Ambulant versorgter Palliativpatient	100
II. Deckung eines nicht aufschiebbaren Betäubungsmittelbedarfs	101

	Rn.
III. Keine rechtzeitige Deckung des Bedarfs durch eine Verschreibung	102
IV. Art und Menge des zu überlassenden Betäubungsmittels	104
C. Verfahren (Sätze 3–5)	106
D. Aufklärung, Gebrauchsanweisung (Satz 6)	108

Kapitel 3. Abgabe von Betäubungsmitteln in Apotheken und tierärztlichen Hausapotheken; Abgabe von Diamorphin (Absatz 2) ... 109

A. Abgabe in Apotheken (Satz 1) ... 110
   I. Im Rahmen des Betriebs ... 111
   II. Betäubungsmittel der Anlage III ... 112
   III. Vorlage einer Verschreibung ... 113
     1. Verschreibung ... 114
     2. Vorlage der Verschreibung ... 115
     3. Prüfungspflicht des Apothekers ... 116
   IV. Abgeben ... 117
   V. Pflichten des Apothekers bei codeinhaltigen Präparaten ... 119
B. Abgabe von Diamorphin (Satz 2) ... 121
   I. Pharmazeutischer Unternehmer ... 123
   II. Anerkannte Einrichtungen ... 127
   III. Vorlage einer Verschreibung; Prüfungspflicht ... 128
     1. Verschreibung ... 129
       a) Begriff, Arten ... 130
       b) Verschreibungsbefugnis ... 132
       c) Wirksamkeit ... 134
     2. Vorlage der Verschreibung ... 135
     3. Prüfungspflicht ... 136
   IV. Zuwiderhandlungen ... 139
C. Abgabe von Betäubungsmitteln in tierärztlichen Hausapotheken (Satz 3) ... 141

Kapitel 4. Verordnungsermächtigung (Absatz 3) ... 145

A. Ermächtigungsgrundlage ... 145
B. Ergänzung durch das 3. BtMG-ÄndG ... 146
   I. Qualifikation der Ärzte (Satz 2 Nr. 2) ... 148
   II. Meldungen und Mitteilungen – Substitutionsregister – (Satz 2 Nr. 3) ... 149
     1. Vermeidung von Mehrfachsubstitutionen (Satz 2 Nr. 3 Buchst. a, c) ... 150
     2. Mitteilungen für statistische Zwecke (Satz 2 Nr. 3 Buchst. e) ... 152
     3. Zweckbindung (Satz 5) ... 153
     4. Organleihe (Satz 6 Halbsatz 1) ... 155
     5. Vereinbarung (Satz 6 Halbsatz 2) ... 157
C. Ergänzung durch das Gesetz zur diamorphingestützten Substitutionsbehandlung ... 158
   I. Anerkannte Einrichtungen (Satz 2 Nr. 2a, 2b) ... 159
   II. Verfahren zur Erteilung der Erlaubnis (Sätze 3, 4) ... 163
   III. Wirkung der Erlaubnis ... 165
D. Zuwiderhandlungen ... 170

Exkurs: Verschreiben, Überlassen oder Verabreichen von Betäubungsmitteln, Suchtersatzstoffen oder sonstigen psychoaktiven Stoffen als Körperverletzung ... 172

A. Bedeutung ... 172
B. Tatbestandsmäßigkeit ... 173
C. Ausschluss des Tatbestands bei eigenverantwortlicher Selbstgefährdung ... 178
   I. Eigenverantwortliche (autonome) Entscheidung des Abhängigen ... 180
   II. Eigenverantwortliche Selbstgefährdung und Garantenstellung ... 181
   III. Der Arzt als Verantwortungsträger ... 182

	Rn.
1. Die Stellung des Arztes und die eigenverantwortliche Selbstgefährdung	183
2. Besondere Aufklärungspflicht bei einer Abweichung von den Regeln der ärztlichen Kunst	185
D. Einwilligung	186
I. Ernstlichkeit, Form, konkludente Einwilligung	188
II. Einwilligungsfähigkeit	191
III. Aufklärung	193
IV. Gesetzliches Verbot, Zwang, Täuschung	196
V. Sittenwidrigkeit	198
VI. Reichweite	206
VII. Risiko-/Gefährdungseinwilligung	207
E. Ärztliche Begründetheit	209
F. Verschreibung zusätzlicher Präparate	210

Einführung

1 **I. Bedeutung.** In der Vorschrift kommt **die ambivalente Natur** des BtMG (→ § 1 Rn. 1, → § 5 Rn. 38–52) besonders deutlich zum Ausdruck. Sie regelt zunächst die **medizinische Versorgung** der Bevölkerung, indem sie die Anwendung von Betäubungsmitteln im Rahmen einer ärztlichen, zahnärztlichen oder tierärztlichen Behandlung grundsätzlich zulässt.

2 **Zugleich schränkt sie** zur Vermeidung des Missbrauchs und der Abhängigkeit von Betäubungsmitteln die **Therapiefreiheit** ein. Dies ist zulässig. Zwar ist es dem Staat grundsätzlich verwehrt, sich in die Vorstellungen von Arzt und Patient über die richtige Behandlung einzumischen, er kann jedoch im Interesse der Gefahrenabwehr die therapeutischen Angebote bewerten und begrenzen und bestimmte, besonders gefahrenbehaftete Bereiche dem Bestimmungsrecht von Arzt und Patient entziehen (*Kern* in Laufs/Kern/Rehborn ArztR-HdB § 3 Rn. 23, 25; *Laufs/Reiling* JZ 1992, 105).

3 Die Vorschrift enthält **keine Ausnahme** von der **Erlaubnispflicht** (→ § 4 Rn. 15; *Hochstein* in BeckOK BtMG Rn. 0; unrichtig daher BGHR BtMG § 13 Abs. 1 Abgabe 1 = A&R 2010, 37 mAnm *Winkler*). Solche Ausnahmen sind ausschließlich in § 4 Abs. 1 enthalten. Sie gelten nur für den Apotheker (§ 4 Abs. 1 Nr. 1) und in bestimmtem Umfang für den Tierarzt (§ 4 Abs. 1 Nr. 2 Buchst. c). Für **Ärzte** und **Zahnärzte** ist auch in § 4 eine solche Ausnahme – nunmehr mit einer Rückausnahme für Ärzte (Absatz 1a) – nicht vorgesehen (→ § 4 Rn. 4). Sie dürfen, sofern nicht ein Fall des Absatzes 1a vorliegt, Betäubungsmittel (auch der Anlage III) daher nur **abgeben,** wenn sie hierfür eine Erlaubnis nach § 3 Abs. 1 Nr. 1 haben. Im Übrigen dürfen sie sie nur verschreiben, verabreichen und zum unmittelbaren Verbrauch überlassen (§ 13 Abs. 1). Für diese Tätigkeiten wird keine Erlaubnis benötigt (§ 3 Abs. 1), so dass eine Ausnahme von der Erlaubnispflicht nicht vorgesehen werden musste (→ § 4 Rn. 4).

4 § 13 gilt nicht für den Umgang mit Betäubungsmitteln im Rahmen einer **klinischen Prüfung** (→ Rn. 21).

5 **Da § 13 keine Ausnahme** von der Erlaubnispflicht darstellt und auch § 4 Abs. 1 eine solche Ausnahme für **pharmazeutische Unternehmer** nicht enthält, bedürfen diese Unternehmer auch für den Umgang mit Diamorphin einer Erlaubnis (→ Rn. 122).

6 **II. Änderungen.** Die Vorschrift ist durch Gesetze v. 3.9.1992 (BGBl. I S. 1593), v. 28.3.2000 (BGBl. I S. 302), v. 15.7.2009 (BGBl. I S. 1801) und v. 19.10.2012 (BGBl. I S. 2192) geändert worden. **Die drei ersten Änderungen** beziehen sich auf die **Substitution.** Mit dem Gesetz v. 3.9.1992 wurde sie auf eine klare Grundlage gestellt (→ Rn. 70). Das Gesetz v. 28.3.2000 hat die Verbesserung der Substitution zum Ziel. Durch das Gesetz v. 15.7.2009 wurde die diamorphingestützte Substitutionsbehandlung zugelassen. Das Gesetz v. 19.10.2012 betrifft die **Palliativmedizin.**

Kapitel 1. Die ärztliche Verordnung von Betäubungsmitteln (Absatz 1)

Absatz 1 regelt die Verschreibung, Verabreichung und Verbrauchsüberlassung von Betäubungsmitteln durch **Ärzte, Zahnärzte** oder **Tierärzte** zu therapeutischen Zwecken: 7

A. Die berechtigten Personen. Während die Verschreibung nur von Ärzten, Zahnärzten und Tierärzten (→ § 4 Rn. 25) vorgenommen werden darf, dürfen die Verabreichung und die Überlassung zum unmittelbaren Verbrauch im Rahmen der Behandlung erfolgen. Hilfskräfte des Arztes dürfen daher keine Betäubungsmittel verschreiben, wohl aber darf die Verabreichung und die Überlassung zum unmittelbaren Verbrauch auch durch **ausgebildete, eingewiesene und kontrollierte Hilfskräfte des Arztes** auf Anweisung des Arztes hin vorgenommen werden (BT-Drs. 8/3551, 32; *Patzak* in Körner/Patzak/Volkmar Rn. 3; *Kotz/Oğlakcıoğlu* in MüKoStGB § 13 Rn. 11; weitergehend *Hochstein* in BeckOK BtMG Rn. 55, der auch Angehörige zu den Berechtigten zählt; allerdings verlangt auch er eine Anordnung des Arztes (→ Rn. 56)). **Nicht** dazu gehören **Sozialarbeiter.** Für das **Pflegepersonal** s. § 5 Abs. 10 BtMVV. 8

Zu den Berechtigten gehören auch ausgebildete **Notfallsanitäter/Rettungsassistenten,** wenn sie im Notfalleinsatz auf Anweisung des (Notfall)Arztes handeln (*Patzak* in Körner/Patzak/Volkmar Rn. 4; *Fehn* MedR 2017, 453 (454); s. auch § 4 Abs. 2 Nr. 2 Buchst. b NotSanG). Für **eigenverantwortlich** durchgeführte **heilkundliche** Maßnahmen gilt nunmehr § 2a NotSanG (Art. 12 des G v. 24.2.2021 (BGBl. I. S. 274)). Danach dürfen Notfallsanitäter bis zum Eintreffen des Notarztes oder bis zum Beginn einer weiteren ärztlichen, auch teleärztlichen, Versorgung heilkundliche Maßnahmen, einschließlich invasiver Art, **eigenverantwortlich** durchführen, wenn sie diese Maßnahmen in der Ausbildung erlernt haben und beherrschen und die Maßnahmen jeweils erforderlich sind, um Lebensgefahr oder wesentliche Folgeschäden von Patienten abzuwenden. Dies gilt auch für das Verabreichen von Betäubungsmitteln. § 34 StGB bleibt hiervon unberührt (BT-Drs. 19/24447 S. 84; 19/26249 S. 92). 9

Diamorphin (→ Rn. 12) darf nur von dem **behandelnden Arzt** einer anerkannten Einrichtung verschrieben und nur innerhalb der Einrichtung verbraucht werden (→ Rn. 159–162; § 5a Abs. 3 BtMVV). Nicht zulässig ist die Verschreibung durch Zahnärzte und Tierärzte (§ 3 Abs. 1 Buchst. b, § 4 Abs. 1 Buchst. b BtMVV). 10

B. Betäubungsmittel. Verschrieben werden dürfen nur Betäubungsmittel der Anlage III; dasselbe gilt für die Verabreichung und die Überlassung zum unmittelbaren Verbrauch (Sätze 1 und 3) sowie die Überlassung nach Absatz 1a. Die Verschreibung von Betäubungsmitteln der Anlage I und II verstößt gegen diese Vorschriften und ist nach § 29 Abs. 1 S. 1 Nr. 6 Buchst. a strafbar (→ § 29 Rn. 1470). Entsprechendes gilt nach § 29 Abs. 1 S. 1 Nr. 6 Buchst. b für die Verabreichung und Überlassung zum unmittelbaren Verbrauch (→ § 29 Rn. 1540, 1549) sowie nach § 29 Abs. 1 S. 1 Nr. 6a für die Überlassung nach Absatz 1a (→ § 29 Rn. 1595). 11

Absatz 1 gilt auch für die Verschreibung, Verabreichung und Verbrauchsüberlassung von **Diamorphin,** sofern dieses in Form eines Betäubungsmittels der Anlage III vorliegt (→ Rn. 10); die **Abgabe** ist demgegenüber in Absatz 2 Satz 2 geregelt (→ Rn. 121, 122; → § 4 Rn. 17). 12

13 Nach § 48 AMG sind auch Stoffe verschreibungspflichtig, die in der Anlage III des BtMG von seiner Geltung **ausgenommen** sind und deswegen **keine Betäubungsmittel** sind. Die Verschreibung solcher Stoffe fällt nur unter die arzneimittelrechtlichen Vorschriften (§ 48 Abs. 1 S. 1 Nr. 1 AMG, § 1 Nr. 1, Anlage 1 Position „Betäubungsmittel" AMVV).

14 **C. Die ärztlichen Handlungen des Absatzes 1.** Absatz 1 regelt drei Fälle des ärztlichen, zahnärztlichen oder tierärztlichen Handelns:

15 **I. Verschreiben.** Verschreiben ist das Ausstellen einer Verschreibung. Zum Begriff, zu den Arten, zu den Erfordernissen und zur Wirksamkeit einer Verschreibung → § 4 Rn. 18–32.

16 **II. Verabreichen.** Nicht anders als das Verschreiben ist nach Absatz 1 Satz 1 das Verabreichen zu behandeln. Verabreichen ist die unmittelbare Anwendung des Betäubungsmittels am Körper des Patienten ohne dessen aktive Mitwirkung (→ § 29 Rn. 1538). Die Betäubungsmittel, die der der Arzt verabreicht, muss er seinem Praxisbedarf (BtMVV § 2 Abs. 3) entnehmen; so darf der Polizeiarzt keine beschlagnahmten Betäubungsmittel verwenden oder der Betriebsarzt eines pharmazeutischen Unternehmens keine Betäubungsmittel aus dem Labor oder dem Vertrieb.

17 **III. Überlassen zum unmittelbaren Verbrauch.** Auch bei der dritten Alternative des Absatzes 1 Satz 1, dem Überlassen zum unmittelbaren Verbrauch, erwirbt der Patient keine Sachherrschaft. Das Betäubungsmittel wird ihm zum sofortigen Gebrauch zugeführt, ohne dass er daran Verfügungsgewalt erlangt (→ § 29 Rn. 1542–1546). Der Patient appliziert sich den Stoff zwar selbst, jedoch muss dies unmittelbar in den Praxisräumen geschehen (BT-Drs. 8/3551, 32).

18 **IV. Überlassen.** Der durch G v. 19.10.2012 (BGBl. I S. 2192) in das BtMG neu eingeführte Begriff des Überlassens wird im Gesetz selbst nicht definiert. Es setzt zwar voraus, dass der Patient das Betäubungsmittel selbst verbraucht, zum Tatbestand gehört dies, anders als im Falle der Verbrauchsüberlassung jedoch nicht. Vielmehr ist davon auszugehen, dass der Patient das Betäubungsmittel erwirbt. Dies ergibt sich auch aus § 4 Abs. 1 Nr. 3 Buchst. c, wonach dieser Erwerb von der Erlaubnispflicht ausgenommen ist. Unter Überlassen ist daher die **Übertragung der tatsächlichen Verfügungsmacht** zu verstehen. Der Patient wird Besitzer des Betäubungsmittels. Inhaltlich liegt daher eine Abgabe vor (*Patzak* in Körner/Patzak/Volkmer § 29 Teil 16 Rn. 4; *Kotz/Oğlakcıoğlu* in MüKoStGB § 29 Rn. 1309).

19 **V. Grundsätzlich nicht zulässig: Mitgeben (Abgabe).** Wird dem Patienten von dem Arzt, Zahnarzt oder Tierarzt das Betäubungsmittel mitgegeben oder ihm sonst zur freien Verfügung überlassen, so liegt eine **Abgabe** (gegebenenfalls Veräußerung, Handeltreiben) vor, die der Erlaubnis nach § 3 bedarf (→ Rn. 3), sofern nicht ein Fall des Absatzes 1a vorliegt (→ Rn. 18). Dies gilt auch für die **Prüfärzte** in den Fällen des § 4 Abs. 1 Nr. 6, da dort lediglich der Erwerb durch die Probanden oder Patienten von der Erlaubnispflicht ausgenommen ist.

20 **D. Ärztliche Behandlung.** Sowohl die Verschreibung von Betäubungsmitteln als auch die Verabreichung und das Überlassen zum unmittelbaren Verbrauch sind nur zulässig, wenn sie im Rahmen einer ärztlichen, zahnärztlichen oder tierärztlichen Behandlung erfolgen. Zur Verordnung von **Cannabis** → § 1 Rn. 257–260, → § 3 Rn. 114–132.

21 **I. Tätigkeit im Rahmen des ärztlichen Heilauftrags.** Eine ärztliche Behandlung setzt voraus, dass der Arzt im Rahmen seines Heilauftrages handelt (BGHSt 29, 6 = NJW 1979, 1943; 2357 mAnm *Kreuzer*: „Einstellung in den Heilplan"; *Helgerth* JR 1992, 170 (171)). Keine ärztliche Behandlung ist die Anwendung von Betäubungsmitteln im Rahmen einer **klinischen Prüfung** (→ AMG § 40 Rn. 1–6).

Kap. 1. Ärztl. Verordnung (Absatz 1) **§ 13 BtMG**

1. Heilauftrag. Aufgabe des Arztes ist es, Leben zu erhalten, Krankheiten zu 22 heilen und Leiden zu lindern (BGHSt 29, 6 (→ Rn. 21)), wozu auch die Behandlung schwerer Schmerzzustände gehört. Betäubungsmittel dürfen daher nur verschrieben werden, wenn sie zum Zwecke der Heilung oder Schmerzlinderung angewendet werden (OVG Münster MedR 1989, 44; 222 m. Bespr. *Hellebrand*) und dies medizinisch unumgänglich ist.

An einem **Heilverfahren fehlt es,** wenn der Arzt das Betäubungsmittel zum 23 Doping, zur Gewichtsabnahme, als Genussmittel oder nur verschreibt, um sich der Drohungen oder Erpressungen seiner Patienten zu erwehren (*Patzak* in Körner/ Patzak/Volkmer § 29 Teil 15 Rn. 20). Dasselbe gilt, wenn er das Betäubungsmittel als Suchtmittel einsetzt, um damit überhöhte Gewinne zu machen oder sonstige Vorteile zu erreichen (*Hochstein* in BeckOK BtMG Rn. 14).

Keinem Zweck der Heilung oder Schmerzlinderung dient die – auch von der 24 Mehrheit der ärztlichen Standesregeln missbilligte – Überlassung von Betäubungsmitteln **zu einer Selbsttötung** (OLG Hamburg NStZ 2016, 530 mAnm *Miebach* = MedR 2017, 139 mAnm *Duttge;* OVG Münster A&R 2015, 231 = BeckRS 2015, 53907; *Patzak* in Körner/Patzak/Volkmer § 29 Teil 15 Rn. 20; *Hochstein* in BeckOK BtMG Rn. 14; aA *Schnorr* NStZ 2021, 76; → § 29 Rn. 1534; → § 30 Rn. 162, 165); nach BVerfG v. 10.12.2020 (1 BvR 1837/19) soll eine Verschreibung oder Verbrauchsüberlassung zu diesem Zweck allerdings zulässig sein. Auch eine **Erlaubnis** zur Abgabe oder zum Erwerb zu diesem Zweck kommt nicht in Betracht (→ § 5 Rn. 43–47). Dies gilt auch nach dem **Urteil des BVerfG v. 26.2.2020** – 2 BvR 2347/15 etc – zu § 217 StGB. Auch hier scheidet eine verfassungskonforme Auslegung aus (→ § 5 Rn. 47). Es ist Sache des Gesetzgebers, ein prozedurales Schutzkonzept zu entwickeln, in das gegebenenfalls auch die Regeln des Betäubungsmittelrechts einbezogen werden können (Urteil Rn. 341, 342).

Dass die Anwendung des Betäubungsmittels therapeutischen Zwecken dienen 25 muss, gilt auch bei der Verschreibung für den **Praxis- oder Stationsbedarf.** Dient sie anderen Aufgaben, etwa der Durchführung von Versuchen, so ist sie nicht zulässig; vielmehr bedarf der Arzt für den Erwerb der Betäubungsmittel einer Erlaubnis nach § 3 (BGHSt 7, 248 = NJW 1955, 679).

Dasselbe gilt, wenn ein Arzt **für sich selbst** zur Befriedigung seiner Sucht Ver- 26 schreibungen ausstellt (BGH NJW 1975, 2349) oder wenn er einen Apotheker durch eine schriftliche Anweisung veranlasst, ihm einen nicht für den Praxisbedarf zu verwendenden Vorrat auszuhändigen, damit er in die Lage versetzt wird, die Betäubungsmittel unter Umgehung der Aufsicht an beliebige Personen zur freien Verfügung zu überlassen (RGSt 62, 369 = JW 1932, 3352 mAnm *Hamburger*).

2. Untersuchung. Eine (ärztliche) Behandlung setzt voraus, dass sich der Arzt 27 durch eine Untersuchung selbst von dem Bestehen, der Art und der Schwere des behaupteten Krankheitszustandes überzeugt und dann aufgrund seiner Diagnose entscheidet, ob und welches Medikament zur Heilung oder Linderung gerade dieses Krankheitszustandes notwendig ist (*Patzak* in Körner/Patzak/Volkmer § 29 Teil 15 Rn. 18). Auf die Angaben des Patienten darf er sich jedenfalls dann nicht verlassen, wenn er ihn nicht kennt. Die **eigene Untersuchung** ist eine unverzichtbare Voraussetzung der Indikation; fehlt sie, so ist dies ein Verstoß gegen § 13 Abs. 1 S. 1 (BGHSt 9, 370 = NJW 1957, 29, 431 mAnm *Traub;* BGH NStZ 2012, 337 = A&R 2012, 89 mAnm *Winkler; Patzak* in Körner/Patzak/Volkmer § 29 Teil 15 Rn. 19; *Hochstein* in BeckOK BtMG Rn. 17, 18; *Kotz/Oğlakcıoğlu* in MüKoStGB Rn. 19; *Winkler* in Hügel/Junge/Lander/Winkler § 29 Rn. 15.2.2; davon geht auch das BayObLG NJW 2003, 371 = JR 2003, 428 mAnm *Freund/Klapp* aus).

28 **Die Untersuchung darf auch nicht** deswegen **unterbleiben,** weil bei bestimmten Krankheiten nur beschränkte Untersuchungsmöglichkeiten vorhanden sind. Das Ziel der Untersuchung ist die Bildung einer ärztlichen Überzeugung davon, dass zur Bekämpfung des selbst festgestellten Krankheitszustandes ein bestimmtes Mittel nötig ist (BayObLGSt 1969, 148 = NJW 1970, 529). Nur durch eine eingehende Untersuchung kann geklärt werden, ob andere (ungefährliche) Mittel ausreichen oder ob ein süchtiger Patient durch Vortäuschen von Krankheitssymptomen versucht, die Verschreibung von Betäubungsmitteln zu erschleichen (*Kreuzer* NJW 1979, 2357).

29 **3. Behandlung einer Betäubungsmittelabhängigkeit.** Zur ärztlichen Behandlung gehört auch die Behandlung einer Betäubungsmittelabhängigkeit. Dies ist mit der Ergänzung des Absatzes 1 Satz 1 durch G v. 3.9.1992 (BGBl. I S. 1593) ausdrücklich klargestellt worden. Damit sollte vor allem die Substitution (→ Rn. 66–96) auf eine sichere rechtliche Grundlage gestellt werden (BR-Drs. 12/934, 5).

30 **II. Indikation (Absatz 1, Sätze 1, 2).** Nach **Absatz 1 Satz 1** ist die Verschreibung eines Betäubungsmittels nur zulässig, wenn die Anwendung am oder im (lebenden) menschlichen oder tierischen Körper begründet ist. Dasselbe gilt für die Verabreichung und die Überlassung zum unmittelbaren Verbrauch.

31 Nach **Absatz 1 Satz 2** ist die Anwendung insbesondere dann nicht begründet, wenn der beabsichtigte Zweck auf andere Weise erreicht werden kann **(ultima ratio).**

32 Bei der **Anwendung dieser Vorschriften** stellen sich zunächst **zwei Fragen,** die in der Diskussion nicht immer auseinander gehalten werden:

33 **1. Ärztlich begründet oder (nur) begründet.** Mit der Fassung des Satzes 1 hat das BtMG 1982 die in § 11 Abs. 1 Nr. 9 Buchst. a BtMG 1971 enthaltene Formulierung, wonach die Anwendung (für die Strafbarkeit) nicht „ärztlich, zahnärztlich oder tierärztlich begründet" sein durfte, nicht übernommen. Es spricht einiges dafür, dass damit eine sachliche Änderung nicht bezweckt war (*Helgerth* JR 1992, 170 (171); *Haffke* MedR 1990, 243 (246) Fn. 37; *Kotz* in HK-AKM Betäubungsmittelrecht Fn. 32; offengelassen in BGHSt 37, 383 = NJW 1991, 2359 m. Bespr. *Moll* NJW 1991, 2334 und *Kühne* NJW 1992, 1547 = NStZ 1991, 439; 1992, 13 mAnm *Hellebrand* = StV 1991, 352 = JR 1992, 168 mAnm *Helgerth* = JZ 1992, 103 mAnm *Laufs/Reiling*).

34 Aber auch, wenn die gesetzgeberische Absicht anders beurteilt wird, so ist die Schranke, dass die ärztliche Verschreibung, Verabreichung oder Verbrauchsüberlassung sich **im Rahmen** einer (ärztlichen) **Behandlung** halten muss, unverändert geblieben (→ Rn. 21).

35 **Die entscheidende Frage** (s. *Hellebrand* ZRP 1991, 414 (417), NStZ 1992, 13 (17); *Laufs/Reiling* JZ 1992, 105 (106)) lautet daher, ob der ärztliche **Behandlungsauftrag** über die Besserung von Krankheit im medizinisch-naturwissenschaftlichen Sinn hinaus auch sogenannte sozialmedizinische Maßnahmen umfasst, wobei darunter solche im Bereich der psychosozialen Faktoren, insbesondere der Wohnungs- und Arbeitssituation, Prostitution, Beschaffungskriminalität und Prävention der Ausbreitung des HIV-Virus, verstanden werden (*Moll* NJW 1991, 2334; aA *Köhler* NJW 1993, 762 (765)).

36 Diese Frage wird nicht nur bei der Verwendung von Betäubungsmitteln kontrovers diskutiert, sondern ist **allgemein umstritten** (für einen solch breiten Behandlungsauftrag *Hochstein* in BeckOK BtMG Rn. 22; *Haffke* MedR 190, 243 (248, 249); *Moll* NJW 1991, 2334 (2335); *Böllinger* JA 1989, 403 (406); *Köhler* NJW 1993, 762 (765), dagegen *Laufs* NJW 1989, 1521 (1522); *Laufs/Reiling* JZ 1992, 105, *Kühne* NJW 1992, 1547 (1548); zw. *Hellebrand* ZRP 1991, 414 (417); NStZ 1992, 13 (17)).

Auch wer dabei die Erweiterung des ärztlichen Handlungsspektrums befürwortet, stößt letztlich doch an die Grenze, dass die Handlung des Arztes im Zusammenhang mit der Anwendung seiner **medizinischen Fachkenntnisse** stehen muss, um zu einer ärztlichen zu werden. Dass sie von einem Arzt vorgenommen wird, reicht dazu nicht (*Kühne* NJW 1992, 1547 (1548)). Die Verhinderung von Beschaffungskriminalität, wie dies der BGH (→ Rn. 33) andeutet, ist eine kriminalpolitische, allenfalls noch soziale Maßnahme, aber keine ärztliche Handlung. 37

Im Rahmen des § 13 spielt die Frage des ärztlichen Behandlungsauftrags im Wesentlichen nur bei der **Substitution** (→ Rn. 66–96) eine Rolle. Sofern mit der Vergabe von Substitutionsmitteln lediglich bezweckt würde, bei gleichzeitiger Aufrechterhaltung der Sucht **nur** auf psychosoziale Belange des Patienten Einfluss zu nehmen, wäre dies vom traditionellen Verständnis ärztlichen Handelns so weit entfernt, dass darin eine ärztliche Behandlung nicht mehr gesehen werden könnte (*Laufs/Reiling* JZ 1992, 105; *Kühne* NJW 1992, 1547 (1548); s. auch BSG NJW 1996, 2450). In dieser Hinsicht könnte die Neuregelung der Substitutionsziele in § 5 Abs. 2 BtMVV durchaus Bedenken begegnen (→ BtMVV § 5 Rn. 58, 59). 38

2. Nur Schulmedizin oder auch Außenseitermethoden. Eine andere Frage ist, wonach sich die Anforderungen richten, die an die (ärztliche) Begründetheit der Verschreibung eines Betäubungsmittels zu stellen sind. Ursprünglich ging die Rechtsprechung (RGSt 62, 369; BGHSt 1, 318 = NJW 1951, 970; 29, 6 (→ Rn. 21)) davon aus, dass für die ärztliche Indikation nur die allgemein oder weitaus überwiegend anerkannten Regeln der ärztlichen Wissenschaft maßgeblich sind. Unter Aufgabe dieser Rechtsprechung hat der BGH mit Beschluss v. 17.5.1991 (→ Rn. 33) entschieden, dass die Regeln der ärztlichen Kunst nicht ohne weiteres mit den Verfahren der Schulmedizin gleichzusetzen seien, weil sonst **medizinisch vertretbare** abweichende Auffassungen in die Gefahr der Strafbarkeit geraten und die Entwicklung neuer Behandlungsmethoden verhindert werde. 39

Gerade auf einem medizinisch umstrittenen Gebiet verbleibt dem **Arzt** danach ein von ihm zu verantwortender **Risikobereich**. Erst wenn dessen Grenze eindeutig überschritten wird, greift die Strafnorm ein. Empfehlungen der ärztlichen Berufsorganisationen sind für den Richter zwar eine Entscheidungshilfe, lösen ihn aber nicht von der Pflicht, auch unter Berücksichtigung abweichender Stellungnahmen in eigener Verantwortung zu entscheiden, ob die Verschreibung des Betäubungsmittels begründet war. Etwas anderes gilt natürlich dann, wenn das Gesetz selbst auf die Richtlinien der Berufsorganisationen verweist (§ 13 Abs. 3 S. 2 Nr. 2 BtMG, § 5 Abs. 12–14 BtMVV). 40

Aus dem Beschluss v. 17.5.1991 (→ Rn. 33) kann **nicht** entnommen werden, dass die Verschreibung von Betäubungsmitteln nunmehr **in das Belieben des Arztes** gestellt sei. Die Grenze, die der Arzt bei Gefahr der Strafbarkeit nicht überschreiten darf, wurde lediglich von der Schulmedizin abgesetzt und zur medizinischen **Vertretbarkeit** der Behandlung vorgeschoben (*Hellebrand* NStZ 1992, 13 (16)). Welche Methode (noch) **vertretbar** ist, lässt sich nach objektiven Kriterien ermitteln (zur Prüfung der Vertretbarkeit s. *Schumacher* MedR 2019, 786). Dabei wird, namentlich bei der Beurteilung von **Grenzsituationen**, vielfach nicht festgestellt werden können, ob das Handeln des Arztes falsch oder richtig war. Seine Entscheidung muss dann akzeptiert werden, aber nicht als Folge eines ärztlichen Beliebens, sondern auf der Grundlage der Erkenntnis, dass sich ärztliche Indikationen häufig nicht mit zwingender Eindeutigkeit stellen lassen (*Laufs/Reiling* JZ 1992, 105 (106)). 41

3. Die Voraussetzungen einer Abweichung von der Schulmedizin. Darf der Arzt danach von der Schulmedizin abweichen (BGH NJW 2011, 1088, 1046 mBspr *Schiemann*, 2856 mAnm *Kudlich* = NStZ 2011, 343, 635 mAnm *Hardtung*; 42

2017, 2685 = MedR 2018, 43; 2020, 1358 = MedR 2020, 379 mAnm *Jansen; Hochstein* in BeckOK BtMG Rn. 23; aA Hügel/Junge/Lander/Winkler Rn. 5.1), so setzt seine Entscheidung doch voraus, dass er die jeweiligen Methoden vergleicht (*Jung* ZStW 97 (1985), 47 (58)), ihre Vorteile, Risiken, Belastungen und Effektivität unter Berücksichtigung aller Umstände des Einzelfalles und des Wohls des konkreten Patienten sorgfältig und gewissenhaft abwägt (BGH NJW 2020, 1358 (s. o.)). dabei dürfen die Untersuchungs- und Behandlungsmöglichkeiten der Schulmedizin nicht aus dem Blick verloren werden (BGH NJW 2017, 2685 (s. o.)). **Die Risikogrenze** ist dort überschritten, wo die Überlegenheit eines anderen Verfahrens allgemein anerkannt ist; wendet er dieses Verfahren nicht an, so liegt darin ein Behandlungsfehler, der allerdings auf Grund der Einwilligung des umfassend aufgeklärten Patienten keine entscheidende Bedeutung gewinnen kann (→ Rn. 185).

43 Es muss danach ein **sachlicher** Grund für die Verwendung einer Methode vorliegen, die von den allgemein anerkannten Regeln der ärztlichen Wissenschaft abweicht (→ Rn. 54). Je schwerer und radikaler der Eingriff in die körperliche Unversehrtheit des Patienten ist, desto höher sind die Anforderungen an die medizinische Vertretbarkeit der gewählten Behandlungsmethode (BGH NJW 2017, 2685 (→ Rn. 42)). Dieser Grund muss auf ärztlichem Gebiet liegen. Der Arzt darf daher nicht nach Belieben Betäubungsmittel verschreiben, nur weil er die Drogenpolitik für verfehlt hält.

44 Wenn sich der Arzt danach gegenüber Methoden, die der Schulmedizin nicht entsprechen, nicht verschließen muss, so muss er auf der anderen Seite auch für die Schwächen und Risiken der von ihm praktizierten Behandlung offen sein. Er muss insbesondere auch die Bereitschaft aufbringen, die **Behandlung abzubrechen,** wenn ihre Erfolglosigkeit erkennbar wird oder das damit verbundene Risiko den möglichen Nutzen zu übersteigen droht (*Eser* ZStW 97 (1985), 1 (13); *Kern* in Laufs/Kern/Rehborn ArztR-HdB § 3 Rn. 33; *Laufs/Reiling* JZ 1992, 105).

45 Die Freiheit der Methodenwahl bedeutet auch nicht, dass sich der Arzt der fachlich gebotenen Sorgfalt entledigen dürfte (*Laufs* NJW 1990, 1505 (1506)). Es treffen ihn im Gegenteil **gesteigerte Sorgfaltspflichten,** wenn er den eingeführten medizinischen Standard verlässt. Diese wachsen mit der Entfernung von den eingeführten Heilverfahren und sind umso höher, je umstrittener die von ihm praktizierte Methode ist (*Laufs/Reiling* JZ 1992, 105). Dies gilt auch für die **Aufklärungspflicht** (*Kern* in Laufs/Kern/Rehborn ArztR-HdB § 3 Rn. 31). So hat er den Patienten darüber aufzuklären, dass die geplante Maßnahme (noch) nicht medizinischer Standard ist und dass unbekannte Risiken derzeit nicht auszuschließen sind (BGH NJW 2011, 1088 (→ Rn. 42); 2020, 1358 (→ Rn. 42)). Verwendet er Arzneimittel oder Medizinprodukte, die in Deutschland nicht zugelassen sind, so hat er auch darüber aufzuklären (BGH NStZ 1996, 34; 1996, 132 mAnm *Ulsenheimer* = StV 1996, 148).

46 **4. Besondere Pflichten bei der Verordnung von Betäubungsmitteln.** Will der Arzt Betäubungsmittel verschreiben, so gehört es zu seinen allgemeinen Sorgfaltspflichten, dass er vor der Verschreibung **mögliche Risikofaktoren** (zB Jugend, Schwangerschaft, Krankheiten, bereits bestehende Drogen- oder Medikamentenabhängigkeit, Alkoholismus) abklärt (zu der erforderlichen Untersuchung → Rn. 27) und mit dem Patienten erörtert, um das Behandlungsrisiko abschätzen und unerwünschte Wirkungen möglichst vermeiden zu können. **Zu den zusätzlichen Anforderungen** bei Patienten, die nicht ausschließbar bereits drogenabhängig sind, → Rn. 57–60.

47 **a) Verordnung von Betäubungsmitteln als letztes Mittel (Absatz 1 Satz 2).** Sodann hat der Arzt zu prüfen, ob das Betäubungsmittel erforderlich (indiziert) ist (BayObLG NJW 2003, 371 (→ Rn. 27)). Dies richtet sich nicht nur nach

dem **kurzfristigen Zweck,** etwa der sofortigen Linderung starker Schmerzen, bei dem das Betäubungsmittel anderen Medikamenten häufig überlegen ist (aber → Rn. 48). Ob es aber richtig ist, aus der bloßen Furcht vor der suchterzeugenden Wirkung dem Patienten die Belastungen eines möglicherweise längeren und schmerzhafteren Heilungsprozesses zuzumuten (*Eberth/Müller* BtMR Rn. 8), erscheint zweifelhaft und ist auch mit der modernen **Schmerzmedizin** nicht vereinbar.

Dies gilt insbesondere für die **Palliativmedizin.** Wie die Aufnahme des Absatzes 48 1a Satz 1 in Absatz 1 Satz 1 zeigt, geht der Gesetzgeber davon aus, dass die Verordnung von Betäubungsmitteln auch dort begründet sein muss. Allerdings geht es hier nicht mehr um das Entstehen einer Sucht, sondern um die Beherrschung von starken Schmerzen und um die Erhaltung der Lebensqualität von Patienten mit einer weit fortgeschrittenen Erkrankung und einer begrenzten Lebenserwartung in einer Zeit, in der die Erkrankung nicht mehr auf eine kurative Behandlung anspricht.

Trotz der Eignung darf das Betäubungsmittel nicht verschrieben werden, wenn 49 der beabsichtigte Zweck auf **andere Weise** erreicht werden kann **(Absatz 1 Satz 2).** Die Prüfung des Arztes hat sich daher auch auf andere, weniger gefährdende Heilmaßnahmen zu erstrecken. Ergibt sie, dass der Heilzweck auch auf andere Weise erreicht werden kann, muss der Arzt aufgrund seiner beruflichen Pflicht, eine Gefährdung des Patienten möglichst zu vermeiden, von der Verschreibung des Betäubungsmittels Abstand nehmen (BGHSt 29, 6 (→ Rn. 21)). Satz 2 gilt auch in den Fällen der **Schmerz-** und der **Palliativmedizin.** Allerdings ist die Ausgangslage hier eine andere. Der beabsichtigte Zweck ist hier nicht mehr ein Heilzweck, sondern die möglichste Schmerzfreiheit.

b) Fachwissen des Arztes. Zu den Pflichten des Arztes, der Betäubungsmittel 50 anwenden will, gehört zunächst, dass er sich das notwendige **Fachwissen** um die Behandlung von Suchtkrankheiten verschafft (*Hochstein* in BeckOK BtMG Rn. 20; *Jung* ZStW 97 (1985), 47 (56); s. OLG Frankfurt a. M. NJW 1991, 763). Nur der Arzt, der über die notwendige Sachkenntnis verfügt, ist in der Lage, eine zutreffende Diagnose zu stellen und die richtige Therapie einzuleiten (BR-Drs. 881/97, 52).

Drogenabhängige Patienten, die rasch und ohne eigenen Einsatz an die be- 51 gehrten Drogen kommen wollen, wenden sich häufig **nicht** an einen in der Behandlung von Suchtkrankheiten erfahrenen Arzt, sondern versuchen, sich bei **anderen Ärzten** die Verschreibung von Betäubungsmitteln zu erschleichen. Ein Arzt, der auf dem Gebiet der Suchtkrankheiten keine Erfahrung hat, ist daher verpflichtet, den Abhängigen an einen darin erfahrenen Arzt zu überweisen oder jedenfalls einen erfahrenen Fachkollegen hinzuziehen.

Die Verschreibung von **Substitutionsmitteln** ist nur Ärzten erlaubt, die die 52 von den Ärztekammern festgelegten Mindestanforderungen an ihre suchttherapeutische Qualifikation erfüllen (§ 5 Abs. 3 BtMVV; Kap. 16 BÄK-Richtlinien (Anh. F 2)). Eine Ausnahme gilt nur, wenn gleichzeitig nicht mehr als zehn Patienten behandelt werden und ein Konsiliarius zugezogen wird (§ 5 Abs. 4 BtMVV). Zu den Mitteilungs- und Meldepflichten des Arztes und zum Substitutionsregister → Rn. 148–157.

Diamorphin darf nur ein (in einer anerkannten (→ Rn. 159–162) Einrichtung 53 tätiger) Arzt verschreiben, dessen suchttherapeutische Qualifikation sich auf die Behandlung mit Diamorphin erstreckt oder der im Rahmen des Modellprojektes „Heroingestützte Behandlung Opiatabhängiger" mindestens sechs Monate ärztlich tätig war (§ 5a Abs. 1 S. 2 Nr. 1 BtMVV).

c) Behandlungsplan, Überwachung, Dokumentation. Neben dem gebote- 54 nen Fachwissen, der erforderlichen Untersuchung und einer sorgfältigen Diagnose gehört zu einer professionellen Anwendung von Betäubungsmitteln die Aufstellung eines **Behandlungsplans** (einschließlich der erforderlichen Dosieranweisung (BayObLG NJW 2003, 371 (→ Rn. 27); VGH München BeckRS 2015, 53909; *Hochstein* in BeckOK BtMG Rn. 28) mit einem klaren **Therapieziel** (VGH München BeckRS 2015, 53909; s. auch BSG NJW 1996, 2450). Der Arzt ist verpflichtet, den Patienten über die Risiken der von ihm angewandten Behandlungsmethode aufzuklären (BGH NJW 1988, 1514; VGH München BeckRS 2015, 53909), Behandlungsalternativen zu prüfen und dem Patienten aufzuzeigen (BGH NJW 1988, 1514; VGH München BeckRS 2015, 53909). Er muss zwar nicht den sichersten therapeutischen Weg wählen; ein höheres Risiko muss aber in den besonderen Sachzwängen des konkreten Einzelfalles oder in einer günstigeren Heilungsprognose eine sachliche Rechtfertigung finden (BGH NJW 1987, 2987; VGH München BeckRS 2015, 53909; *Kern* in Laufs/Kern/Rehborn ArztR-HdB § 3 Rn. 26).

55 Der Arzt muss den **Fortgang der Therapie** ständig überwachen und kontrollieren (VGH München BeckRS 2015, 53909; *Kotz/Oğlakcıoğlu* in MüKoStGB Rn. 24; *Hochstein* in BeckOK BtMG Rn. 29). Dabei muss er vor allem das Risiko einer Selbstschädigung oder Selbstgefährdung im Auge behalten. Verschreibt er Betäubungsmittel, obwohl er Anhaltspunkte dafür hat, dass der Patient zu einer missbräuchlichen Verwendung übergegangen ist, so ist die Anwendung ärztlich nicht mehr begründet (BGHSt 29, 6 (→ Rn. 21); auch → Rn. 58). Zu den Pflichten des Arztes gehört daher eine laufende Kontrolle, wie sich die verschriebenen Mittel auswirken oder ob sie missbraucht werden.

56 Die Untersuchungsergebnisse müssen ausführlich dokumentiert werden, da ohne **Dokumentation** eine sichere Diagnose und ein erfolgversprechender Therapieplan nicht möglich sind (BGH MDR 1978, 1015; *Hochstein* in BeckOK BtMG Rn. 30; *Schmid* NJW 1987, 681; für die Substitution s. § 5 Abs. 11 BtMVV, Kap. 7 BÄK-Richtlinien (Anh. F 2), Nr. 7 MVV-Richtlinien (Anh. F 3)). Dies gilt auch für Behandlungen im **Familienkreis** (VGH München BeckRS 2015, 53909).

57 **5. Zusätzliche Pflichten bei drogenabhängigen Patienten.** Lässt sich bei der Untersuchung (→ Rn. 27, 46) nicht ausschließen, dass der **Patient bereits drogenabhängig** ist, so muss der Arzt berücksichtigen, dass Abhängigen im Zustand des Entzuges nahezu jedes Mittel recht ist, um an das begehrte Betäubungsmittel zu gelangen. Er darf ihren Angaben daher nicht blindlings vertrauen, sondern muss das ihm Mögliche tun, um sich eine eigene Überzeugung davon zu verschaffen, ob das begehrte oder in Betracht kommende Mittel für den konkreten Patienten als Heilmittel geeignet ist. Dabei muss sich der Arzt auch gegenüber nicht kommunikativen, nicht kooperativen und belastenden Patienten durchsetzen, jedoch sollten die Anforderungen **nicht überspannt** werden, insbesondere wenn sich akute Anzeichen für Panik vor dem Entzugssyndrom zeigen (*Böllinger* JA 1989, 403 (412)).

58 Der Arzt muss ferner infolge der abhängigkeitsbedingten Einschränkung der Willensfreiheit des Patienten in Erwägung ziehen, dass dieser das Betäubungsmittel nicht als Heil-, sondern als Suchtmittel verwendet, wenn es ihm zu unkontrolliertem Gebrauch zugänglich gemacht wird (aber → Rn. 182–184). Er muss daher **Vorkehrungen** treffen, um die Gefahr des Missbrauchs der Verschreibung zu vermeiden (BGHSt 29, 6 (→ Rn. 21)). Eine solche Kontrolle kann nicht mit Gebrauchshinweisen, sondern nur durch Einnahme unter eigener oder der Aufsicht zuverlässiger Hilfspersonen erreicht werden.

59 Eine Verschreibung **zu unkontrolliertem Gebrauch** ist dagegen **ärztlich nicht zu verantworten** und deswegen im Sinne des Absatzes 1 nicht begründet (BGHSt 29, 6 (→ Rn. 21)). Der Arzt schafft damit **eine Gefahrenlage,** bei der es

allgemein voraussehbar ist, dass die Mittel an andere abgegeben werden; er kann sich dann nicht darauf berufen, dass die Handlung des Dritten nicht mehr in seinem Verantwortungsbereich lag (BayObLG NJW 2003, 371 (→ Rn. 27)).

Ergibt sich, dass die Sucht mit einer **ambulanten Therapie** nicht zu beherrschen ist, muss sich der Arzt zu einer stationären Therapie entscheiden. 60

E. Beschränkungen der ärztlichen Verordnung. Auch bei einer ärztlich begründeten Anwendung darf der Arzt nicht zu jedem beliebigen Betäubungsmittel greifen, sondern er ist in mehrfacher Hinsicht beschränkt: 61

I. Beschränkung nach Absatz 1 Satz 3. Nach dieser Vorschrift dürfen nur Betäubungsmittel der Anlage III verschrieben, verabreicht oder zum unmittelbaren Verbrauch oder nach Absatz 1a Satz 1 überlassen werden. Zu den Betäubungsmitteln der Anlage III gehört auch **Diamorphin** (Heroin), jedoch nur in Zubereitungen, die zur Substitutionsbehandlung zugelassen sind. In anderer Form bleibt es ein Betäubungsmittel der Anlage I oder, sofern es zur Herstellung von Zubereitungen zu medizinischen Zwecken bestimmt ist, der Anlage II. 62

Allerdings darf **Diamorphin** nur zur Substitution und nur von den behandelnden Ärzten (mit suchttherapeutischer Qualifikation (→ Rn. 53)) in anerkannten Einrichtungen (→ Rn. 159–162) verschrieben und verwendet werden (§ 5a Abs. 3 BtMVV). Zu anderen Zwecken oder von anderen Ärzten darf Diamorphin (Heroin) daher nicht verordnet werden, auch wenn der Arzt dies aus ärztlichen Gründen für angezeigt hält (→ § 1 Rn. 399). Erst recht darf er das gesetzliche Verbot nicht aus drogenpolitischen Gründen unterlaufen, wenn er mit der geltenden Einstufung nicht einverstanden ist. Hält er sich nicht an das Gesetz, macht er sich nach § 29 Abs. 1 S. 1 Nr. 6 Buchst. a strafbar. Wird Diamorphin in Form der Anlage III außerhalb einer anerkannten Einrichtung verschrieben, verabreicht oder zum unmittelbaren Verbrauch überlassen, tritt Strafbarkeit nach § 16 Nr. 5 BtMVV, § 29 Abs. 1 S. 1 Nr. 14 BtMG ein. 63

II. Die Beschränkungen nach der BtMVV (Absatz 3). Entschließt sich der Arzt nach der gebotenen Prüfung zur Anwendung eines Betäubungsmittels, so muss er auch die Beschränkungen beachten, die die BtMVV vorsieht. 64

Die BtMVV soll die Verfahrensqualität sichern; sie enthält daher keine Einschränkung der **Therapiefreiheit,** sondern will die sachgerechte Verwendung der Betäubungsmittel gewährleisten, zu deren Anwendung sich der Arzt im Rahmen der Freiheit der Methodenwahl entschlossen hat (*Laufs/Reiling* JZ 1992, 105 (106)). Zu den Einzelheiten s. die Erläuterungen zur BtMVV. 65

F. Substitution. Seit das Drogenproblem den Bereich des klassischen, sozial eingeordneten Morphinisten und Cocainisten verlassen hat, wird auch in der Öffentlichkeit darüber diskutiert, ob Abhängigen **Ersatzstoffe** gegeben werden sollen (oder können), um sie gesundheitlich zu stabilisieren, aus der Drogenszene herauszulösen und einem geregelten Leben zuzuführen, um sie dann (als Fernziel) zur völligen Drogenfreiheit zu bringen. In den sechziger Jahren kamen Dole und Nyswander in den USA auf den Gedanken, Heroinabhängige mit Hilfe von Methadon auf diesen Weg zu führen (*Dole/Nyswander,* Medical treatment for diacethylmorphine (heroin) addiction, JAMA 1939 (1965), 46–56). 66

I. Die Substitutionsdiskussion. Im Anschluss daran hatte sich eine lebhafte Methadondiskussion entwickelt, die inzwischen zur Ruhe gekommen ist. Während im Ausland mit einer Vielzahl von Modellen (sehr unterschiedliche) Erfahrungen gemacht wurden (*Körner,* 6. Aufl. 2007, Rn. 110–119), wurde die Methadonsubstitution in Deutschland als ein Abgehen vom Ziel der Abstinenz mit großer Zurückhaltung betrachtet, zumal ein von der Therapiekette Niedersachsen in den Jahren 1972–1975 durchgeführter Versuch zunächst als wenig zufriedenstellend angesehen worden war (*v. Hippel* ZRP 1988, 289 (291)). 67

68 Mit dem Auftreten der HIV-Infektion, bei der intravenös Drogenabhängige wegen des verbreiteten needle-sharing (→ § 1 Rn. 376) eine besondere Risikogruppe bilden, wurde die Diskussion in Deutschland heftiger und nahm zeitweise Formen an, die zutreffend als „Glaubenskrieg" bezeichnet werden konnten (*v. Hippel* ZRP 1988, 289; *Winkler* ZRP 1989, 112; *Kühne* ZRP 1989, 1; *Bruns* ZRP 1989, 192; *Hellebrand* ZRP 1989, 161). Dabei verstellte das Schlagwort **„Methadonprogramm"** nicht selten den Blick für eine genaue und differenzierte Betrachtung des Diskussionsgegenstands (*Hellebrand* ZRP 1989, 161 (162)): während bei den einen die Kritik die Sicht zu sehr verdunkelte, wurden von anderen utopische Hoffnungen in solche Programme gesetzt, eine Einschätzung, die heute noch nachwirkt, wenn Vorhaben niedergelassener Ärzte sich hochtrabend als „Substitutionsprogramm" bezeichnen, obwohl sie im Grunde nur in der Vergabe oder gar Rezeptierung von Ersatzmitteln bestehen.

69 Als ein neuer Anstoß in Richtung auf eine breitere Anwendung der Methadonsubstitution wurde der **Beschluss des BGH** v. 17.5.1991 (→ Rn. 33) verstanden, der dem Arzt nicht nur bei der Einhaltung der Substitutionskautelen, sondern auch bei der Indikation einen Risikobereich zubilligt, in dem er strafrechtlichen Folgen nicht zu befürchten hat (→ Rn. 39, 41).

70 Etwa zur gleichen Zeit brachte der **Bundesrat** einen Entwurf zur Ergänzung des § 13 ein (BT-Drs. 12/934, 4, 5), den er auf Initiative Hamburgs im Rahmen des Gesetzgebungspakets zur Bekämpfung der Organisierten Kriminalität (dazu → § 31a Rn. 2) beschlossen hatte. Die Ergänzung hatte zum Ziel, „jeden Zweifel an der rechtlichen Zulässigkeit einer Substitutionsbehandlung durch ausdrückliche Erwähnung im Rahmen des § 13 Abs. 1 BtMG von vornherein auszuschließen" (BT-Drs. 12/934, 5). Damit ging die Begründung über das Ziel des Entwurfs hinaus. Auch bei den Beratungen im Bundesrat war nicht erwogen worden, die Substitution von den sonstigen Voraussetzungen des § 13 Abs. 1, insbesondere von der (ärztlichen) Begründetheit, abzukoppeln. Die Bundesregierung wies deswegen zu Recht darauf hin (BT-Drs. 12/934, 8), dass der vorgesehene Wortlaut ein solches Vorhaben auch nicht tragen würde. Im Übrigen verwies sie auf einen Beschluss der BÄK v. 9.2.1990 zu „Ersatzdrogen-Programmen", der die Substitution unter der Überschrift „Zur zeitlich begrenzten Verordnung von Levomethadon" behandelt.[1] Bundesrat und Bundestag haben den Standpunkt der Bundesregierung akzeptiert; die Ergänzung des § 13 wurde in der vorgesehenen Form beschlossen (Gesetz v. 3.9.1992 (BGBl. I S. 1593)).

71 Die lange Diskussion zur Substitution hat eine nahezu **unübersehbare Literatur** hervorgebracht. Eine umfassende Übersicht zum damaligen Streitstand findet sich bei Winkler in Hügel/Junge/Lander/Winkler § 29 Rn. 15.3. Zur Substitution **im Strafvollzug** → BtMVV § 5 Rn. 183–187.

72 **II. Die Substitution heute (§§ 5, 5a BtMVV).** Heute kann die Substitution zur Behandlung einer Opiatabhängigkeit (BGHR BtMG § 29 Abs. 1 Nr. 6 Verabreichen = NStZ 1998, 414 = StV 1998, 593; nunmehr Opioidabhängigkeit (§ 5 Abs. 1 BtMVV)) im Wesentlichen als akzeptiert angesehen werden (krit. Winkler in Hügel/Junge/Lander/Winkler § 29 Rn. 15.3 vor allem zur heutigen Praxis).

73 **1. Die ursprüngliche Regelung.** Die Akzeptanz der Substitution beruhte auf fünf Grundvoraussetzungen:

---

[1] Der weitere Abschnitt „Der Übergang in eine drogenfreie Behandlung muß angestrebt und der Betroffene dazu gegebenenfalls durch wiederholte Explorationen ermutigt, sie sollte jedoch nicht erzwungen werden" ist eine Handlungsanweisung für die zeitlich begrenzte Substitution und hat keine Langzeitsubstitution im Auge.

a) Das Ziel der Abstinenz. Die Substitution musste – von den Ausnahmen des 74
§ 5 Abs. 1 Nr. 2, 3 BtMVV abgesehen – die Wiederherstellung der Betäubungsmittelabstinenz zum Ziele haben. Dabei konnte es ausreichen, dass dieses Ziel als **Fernziel** angesteuert wird (§ 5 Abs. 1 Nr. 1 BtMVV). Es musste jedoch stets sichergestellt sein, dass eine bestehende Drogensucht mittels der verschriebenen Substitutionsmittel nicht auf Dauer unterstützt wird (BR-Drs. 881/97; BT-Drs. 14/1515, 7; 14/1830, 7). Dies galt auch für die **diamorphingestützte** Substitutionsbehandlung.

b) Substitution nur als Teil eines umfassenden Konzepts. Die Substitution 75
durfte nicht in einer isolierten Vergabe oder Verschreibung von Substitutionsmitteln bestehen, sondern erschien nur als integrierter Bestandteil eines umfassenden Konzepts vertretbar, das medizinische, psychotherapeutische und soziale Maßnahmen einschloss (BT-Drs. 14/1515, 7; 14/1830, 7). Solche Maßnahmen waren (leider nur) für die ersten sechs Monate der diamorphingestützten Substitutionsbehandlung zwingend (§ 5 Abs. 9c S. 2 BtMVV aF).

c) Suchttherapeutische Qualifikation des Arztes. Die Substitution durfte 76
nur von einem Arzt vorgenommen werden, der über eine besondere suchttherapeutische Qualifikation verfügt (§ 5 Abs. 2 Nr. 6 BtMVV aF, Nr. 16 BÄK-Richtlinien aF), es sei denn, es werden gleichzeitig nicht mehr als drei Patienten behandelt und der Arzt zieht einen Konsiliarius zu (§ 5 Abs. 3 BtMVV aF). Auch → Rn. 52 und → Rn. 95. Zu den Mitteilungs- und Meldepflichten des Arztes und zum Substitutionsregister → Rn. 148–157.

Die Notwendigkeit einer **besonderen Qualifikation** des Arztes ergab sich aus 77
den spezifischen Therapiemodalitäten, die bei der Durchführung der Substitution zu beachten waren (BT-Drs. 14/1515, 7; 14/1830, 7). Es musste sichergestellt werden, dass die Drogensucht durch die verschriebenen Substitutionsmittel nicht auf Dauer unterstützt und aufrechterhalten wird (→ Rn. 74). Desgleichen musste verhindert werden, dass Substitutionsmittel dem illegalen Drogenmarkt zugeführt werden (BT-Drs. 14/1515, 7; 14/1830, 7). Schließlich musste der Arzt auch in der Pharmakologie der Opioide besondere Kenntnisse besitzen, da bei der Substitution auf Grund der Toleranzentwicklung der Patienten Wirkstoffmengen verschrieben werden, die normalerweise tödlich sind (BT-Drs. 14/1515, 7; 14/1830, 7).

d) Vermeidung von Mehrfachsubstitution. Schließlich musste vermieden 78
werden, dass Betäubungsmittelabhängige von mehreren Ärzten Substitutionsmittel erhalten. Diese werden dann üblicherweise nicht nur für den Eigenbedarf verwendet, sondern in der Szene gehandelt. Der Vermeidung von Mehrfachsubstitutionen soll das Substitutionsregister dienen, das auf der Grundlage des geänderten § 13 Abs. 3 durch § 5a BtMVV aF eingeführt wurde. Zu den Einzelheiten → Rn. 150–157.

e) Keine Aushändigung des Rezepts an den Abhängigen. Bereits in dem 79
Gesetzentwurf des Bundesrates (→ Rn. 70) war darauf hingewiesen worden (BT-Drs. 12/934, 5), dass durch eine Änderung der BtMVV klarzustellen sein werde, dass ein Betäubungsmittelrezept **auf keinen Fall** an einen Abhängigen ausgehändigt werden darf. Dem war durch § 2a und später § 5 Abs. 5 S. 1 BtMVV aF entsprochen worden.

2. Die Neuordnung der Substitution durch die 3. BtMVVÄndV. Diese 80
Grundvoraussetzungen wurden durch die 3. BtMVVÄndV zum Teil wesentlich abgeschwächt.

– das **Ziel der Abstinenz** ist nur noch in Form einer **Sollvorschrift** vorhanden, wonach es **angestrebt** werden soll (§ 5 Abs. 2 S. 1 BtMVV nF),
– dass die Substitution nur als Teil eines **umfassenden Konzepts** angesehen werden kann, wurde praktisch aufgegeben (→ BtMVV § 5 Rn. 42).

BtMG § 13 Dritter Abschnitt. Pflichten im Betäubungsmittelverkehr

- zur Vermeidung von **Mehrfachsubstitutionen** verlässt sich die 3. BtMVV-ÄndV allein auf das Substitutionsregister; der substituierende Arzt soll sich darum nicht mehr kümmern müssen (BR-Drs. 222/17, 17),
- „zur Vermeidung bürokratischen Aufwands" (BR-Drs. 222/17, 20) ist es nunmehr erlaubt, dem Abhängigen **das Rezept auszuhändigen.**

Geblieben ist das Erfordernis der **suchttherapeutischen** (nunmehr **suchtmedizinischen) Qualifikation** des Arztes.

81 Es kann davon ausgegangen werden, dass mit dieser Neuordnung, deren Rechtsgrundlage ohnehin fragwürdig ist (→ Rn. 88), vor allem den **Forderungen der interessierten Ärzteschaft** entsprochen werden sollte, die die bisherigen Regelungen als ein zu enges Korsett empfunden hat. Dass der illegale Handel mit Substitutionsmitteln, der weithin aus ärztlichen Verschreibungen gespeist wird, mit der Neuregelung eingeschränkt wird, ist angesichts der bisherigen Erfahrungen eher nicht zu erwarten.

82 **III. Der Weg zum heutigen Stand der Substitution.** Die Schritte auf dem Weg zum heutigen Stand der Substitution sind folgende:

83 **1. Die 4. BtMÄndV v. 23.12.1992.** Mit der auf § 13 Abs. 3 beruhenden Einführung des § 2a BtMVV durch die 4. BtMÄndV entsprach der Verordnungsgeber zunächst der Vorgabe des Bundesrates, dass durch eine Änderung der BtMVV sicher gestellt werden müsse, dass ein Betäubungsmittelrezept **auf keinen Fall** an einen Abhängigen ausgehändigt werden darf (→ Rn. 79). Zugleich nutzte er die Gelegenheit dazu, die Kautelen einer professionell durchgeführten Substitution festzulegen. Als Substitutionsmittel war in der Verordnung nur Levomethadon ausdrücklich genannt; die Klausel „oder ein anderes zur Substitution zugelassenes Betäubungsmittel" hatte in der Praxis keine Bedeutung.

84 **2. Die 5. BtMÄndV v. 18.1.1994.** Durch die 5. BtMÄndV wurde Methadon zusätzlich zur Substitutionsbehandlung zugelassen.

85 **3. Die 10. BtMÄndV v. 20.1.1998.** Durch die 10. BtMÄndV wurden die Voraussetzungen und Anforderungen an eine fachgerecht durchgeführte Substitution in § 5 BtMVV neu geordnet und dem neusten Stand angepasst. Zugleich wurde die Substitution mit Codein oder Dihydrocodein geregelt (→ Rn. 90–93).

86 **4. Die 15. BtMÄndV v. 19.6.2001.** Nachdem die Ermächtigungsgrundlage des § 13 Abs. 3 durch das 3. BtMG-ÄndG entsprechend erweitert worden war, wurde § 5 BtMVV durch die 15. BtMÄndV geändert und ein neuer § 5a BtMVV eingefügt. Gegenstand der Änderungen und Ergänzungen sind die Einführung von Buprenorphin und Levacetylmethadol als weiterer Substitutionsmittel (§ 5 Abs. 4 S. 2 BtMVV), das Erfordernis einer suchttherapeutischen Qualifikation des substituierenden Ärzte (§ 5 Abs. 2 Nr. 6 BtMVV) und die Einführung eines Substitutionsregisters zur Vermeidung von Mehrfachsubstitutionen (§ 5a BtMVV). Wegen der Einzelheiten wird auf → Rn. 148–157 sowie auf die Erläuterungen zu den §§ 5, 5a BtMVV Bezug genommen.

87 **5. Das Gesetz v. 15.7.2009.** Durch Gesetz v. 15.7.2009 (BGBl. I S. 1801) wurde die diamorphingestützte Substitutionsbehandlung eingeführt. Sie befasst sich erstmals mit der Vergabe eines Originalstoffs (→ Einl. Rn. 200–205).

88 **6. Die 3. BtMVVÄndV v. 22.5.2017.** Mit der 3. BtMVVÄndV v. 22.5.2017 (BGBl. I S. 1275) wird die Substitution neu geregelt. Die BtMVV stellt im Wesentlichen nur noch den Rahmen der Therapie und ihrer Ziele. Die Regelungen zu Sachverhalten, die unmittelbar ärztlich-therapeutische Bewertungen betreffen, werden in die Richtlinienkompetenz der BÄK überführt (BR-Drs. 222/17, 11). Es spricht einiges dafür, dass die **Ermächtigungsgrundlage** des § 13 Abs. 3 eine solche Regelung **nicht trägt;** auf → BtMVV § 5 Rn. 3–6, 191 wird verwiesen.

Kap. 1. Ärztl. Verordnung (Absatz 1) **§ 13 BtMG**

IV. Die ehemals „graue" oder „wilde" Substitution. Die relativ stringenten 89
Voraussetzungen, die für die Aufnahme und Durchführung der Substitution bestehen und die in § 2a BtMVV und nunmehr in § 5 BtMVV ihren Niederschlag gefunden haben, führten dazu, dass manche Ärzte zu **Substanzen** griffen, die, meist als ausgenommene Zubereitungen, **dem BtMG nicht unterlagen.** Häufiges Motiv dieser Medikation war es, die Regeln einer professionellen Substitution, die sich in einer Allgemeinpraxis nur mit viel Idealismus einhalten lassen, zu unterlaufen, wobei manchmal auch wirtschaftliche Gründe nicht ausgeschlossen werden konnten.

1. Codein und Dihydrocodein. Als Mittel der grauen Substitution dienten 90
meist Codein- oder Dihydrocodein-Präparate in der Form ausgenommener Zubereitungen, insbesondere Remedacen, DHC 60-Mundipharma und Codein- oder DHC-Saft (→ § 1 Rn. 566—572; 574—579). Sie wurden in großen Mengen verschrieben und nicht nur zum Eigenbedarf genutzt, sondern auch in der Szene gehandelt.

a) Die Unterstellung unter das betäubungsmittelrechtliche Regime. 91
Um diesen Missbrauch einzuschränken, wurden ausgenommene Zubereitungen von Codein und Dihydrocodein durch die am 1.2.1998 in Kraft getretene 10. BtMÄndV den Vorschriften über das Verschreiben und die Abgabe von Betäubungsmitteln unterstellt, wenn sie für betäubungsmittelabhängige Personen bestimmt sind (Anlage III Positionen Codein und Dihydrocodein). Durch die 15. BtMÄndV wurde dies auf alkoholabhängige Personen ausgedehnt.

Auf Grund dieser Änderung gelten für die ausgenommenen Zubereitungen von 92
Codein und Dihydrocodein auch die **strafrechtlichen Vorschriften,** die sich mit dem Verschreiben und der Abgabe von Betäubungsmitteln befassen, sofern der Stoff für betäubungsmittelabhängige oder alkoholabhängige Personen bestimmt ist. Der Begriff der Abgabe in Anlage III Positionen Codein und Dihydrocodein umfasst auch die Übertragung der tatsächlichen Verfügungsgewalt auf rechtsgeschäftlicher Grundlage und gegen Entgelt (→ § 4 Rn. 39).

b) Beschränkung auf Ausnahmefälle. Darüber hinaus sollten Codein und 93
Dihydrocodein nur noch in anders nicht behandelbaren Ausnahmefällen zur Substitution zugelassen sein (§ 5 Abs. 3 S. 2 BtMVV in der Fassung der 10. BtMÄndV). Diese Regelung ist auf Grund der mehrmals verlängerten Übergangsvorschrift des § 18 Abs. 1 BtMVV nie in Kraft getreten. Dementsprechend hatte die Unterstellung der ausgenommenen Zubereitungen von Codein und Dihydrocodein unter das BtMG in der Praxis keine nennenswerte Wirkung. Durch § 5 Abs. 4 S. 2 BtMVV in der Fassung der 15. BtMÄndV wurde die Regelung dahin geändert, dass die Verschreibung nur „in begründeten Ausnahmefällen" zulässig ist.

2. Flunitrazepam/Rohypnol. Als Mittel der grauen (wilden) Substitution 94
dienten auch die ausgenommenen Zubereitungen von Flunitrazepam (→ § 1 Rn. 585—588), meist Rohypnol. Mit Wirkung vom 1.2.1998 wurde daher deren Verschreibung den Vorschriften des BtMG unterstellt, sofern sie für betäubungsmittelabhängige Personen bestimmt sind (Art. 1 Nr. 3 der 10. BtMÄndV). Da auch dies nicht ausreichte, um den Missbrauch zu unterbinden, wurde die Zulässigkeit ausgenommener Zubereitungen von Flunitrazepam mit Wirkung v. 1.11.2011 gestrichen (Art. 1 Nr. 3 Buchst. b der 25. BtMÄndV). Auch Rohypnol darf seither nur noch mit Betäubungsmittelrezept verschrieben werden.

3. Mindestanforderungen an die substituierenden Ärzte. Die graue (wilde) 95
Substitution wurde meist von Ärzten durchgeführt, die die notwendigen Mindestanforderungen an eine suchttherapeutische Qualifikation nicht erfüllten (→ Rn. 89). Mit der Aufnahme von Codein und Dihydrocodein als Substitutionsmittel wurden auch die Vorschriften der BtMVV über die notwendige suchttherapeu-

peutische Qualifikation anwendbar (→ Rn. 52, 76, 77). Ob dem ein wesentlicher Erfolgt beschieden war, muss im Hinblick auf die geringen zum Substitutionsregister gemeldeten Zahlen (→ § 1 Rn. 606) bezweifelt werden.

96 **V. Die diamorphingestützte Substitutionsbehandlung.** Anders als bei der bisherigen Substitution wird bei der diamorphingestützten Substitutionsbehandlung ein Originalstoff verwendet. Eine solche Behandlung darf nur in Einrichtungen erfolgen, denen dazu eine Erlaubnis der zuständigen Landesbehörde erteilt wurde (→ Rn. 12, 127, 159–169).

Kapitel 2. Überlassen von Betäubungsmitteln an Patienten zur Überbrückung in einer palliativmedizinischen Krisensituation (Absatz 1 a)

97 **A. Grundsätzliches.** Mit dem durch Gesetz v. 19.10.2012 (BGBl. I S. 2192) eingeführten Absatz 1a wird es ermöglicht, dass der Arzt einem **ambulant** versorgten **Palliativpatienten** zur Deckung eines unaufschiebbaren Betäubungsmittelbedarfs Betäubungsmittel der Anlage III in Form von Fertigarzneimitteln **überlassen** darf, soweit und solange der Bedarf durch eine Verschreibung nicht rechtzeitig gedeckt werden kann. Zugleich wird das Verfahren festgelegt, dass der Arzt dabei beobachten muss. Zum Begriff des Überlassens → Rn. 18.

98 Absatz 1 Sätze 1 und 2 (→ Rn. 48, 49) gelten auch in den Fällen der **Palliativmedizin** (*Patzak* in Körner/Patzak/Volkmer Rn. 34). Wie die Nennung des Absatzes 1a Satz 1 in Absatz 1 Satz 1 zeigt, dürfen Betäubungsmittel daher **auch zur Überbrückung** nur dann überlassen werden, wenn ihre Anwendung am oder im menschlichen Körper begründet ist (BT-Drs. 17/10156, 91) und der beabsichtigte Zweck (zu diesem → Rn. 49) sonst nicht zu erreichen ist.

99 **B. Die materiellen Voraussetzungen (Sätze 1 und 2).** Materielle Voraussetzungen der Überlassung des Betäubungsmittels sind:

100 **I. Ambulant versorgter Palliativpatient.** Es muss sich einen ambulant versorgten Palliativpatienten handeln. Zum Begriff des Palliativpatienten → § 4 Rn. 72, zur ambulanten Versorgung → § 4 Rn. 73.

101 **II. Deckung eines nicht aufschiebbaren Betäubungsmittelbedarfs.** Ein Betäubungsmittelbedarf besteht dann, wenn die Anwendung des Betäubungsmittels am oder im Körper des Patienten ärztlich begründet ist (→ Rn. 48) und der Zweck auf andere Weise nicht erreicht werden kann (→ Rn. 49). Er ist unaufschiebbar, wenn ihn der Patient sofort benötigt, um auftretende starke Schmerzen zu bekämpfen. Das Erfordernis der Deckung dieses Bedarfs ist dann gegeben, wenn der Arzt bei der Versorgung des Palliativpatienten feststellt, dass absehbar eine Situation eintreten wird, in der plötzlich und unvorhersehbar solche Schmerzen, etwa Durchbruchschmerzen (→ § 4 Rn. 71), auftreten.

102 **III. Keine rechtzeitige Deckung des Bedarfs durch eine Verschreibung.** Weitere Voraussetzung ist, dass der Bedarf durch eine Verschreibung nicht rechtzeitig gedeckt werden kann. Dies ist zunächst der Fall, wenn das erforderliche Betäubungsmittel **bei einer dienstbereiten Apotheke** innerhalb desselben Kreises oder derselben kreisfreien Stadt oder in einander benachbarten Kreisen oder kreisfreien Städten nicht vorrätig ist oder nicht rechtzeitig zur Abgabe bereitsteht **(Satz 2 Nr. 1).** Der Arzt hat daher durch Kontaktaufnahme mit einer solchen Apotheke zu klären, ob das benötigte Betäubungsmittel dort vorrätig ist oder rechtzeitig bis zum absehbaren Auftreten der palliativmedizinischen Krisensituation beschafft werden kann. Ist dies der Fall, muss der Betäubungsmittelbedarf grundsätzlich über eine Verschreibung und Abgabe durch die Apotheke gedeckt werden (BT-Drs. 17/10156, 91). Andernfalls, etwa wenn eine rechtzeitige Beschaffung (zB am

Kap. 2. Überlassen in palliativmed. Krisensituation (Absatz 1a)   **§ 13 BtMG**

Wochenende, an Feiertagen oder zur Nachtzeit) nicht möglich ist, darf der Arzt das Betäubungsmittel dem Patienten aus seinem Praxisbedarf oder aus dem Notfallvorrat einer Einrichtung der spezialisierten ambulanten Palliativversorgung überlassen.

Eine Ausnahme von dem Grundsatz, dass der Bedarf im Falle der rechtzeitigen Verfügbarkeit des Arzneimittels durch Verschreibung und Abgabe durch die Apotheke zu decken ist, macht das Gesetz für die Fälle, in denen das Betäubungsmittel **durch den Patienten oder sein Umfeld** nicht rechtzeitig beschafft werden kann **(Satz 2 Nr. 2).** Dies kommt in Betracht, wenn 103

- **die den Patienten versorgenden Personen** diesen, insbesondere auch wegen Art und Ausmaß seiner Erkrankung, nicht oder nicht so lange ohne Versorgung **allein lassen** können, wie es im konkreten Fall, etwa bei größeren Entfernungen oder bei extremen Wetterverhältnissen, nötig wäre **(Buchst. a Alt. 1),** oder
- diese Personen in ihrer **eigenen physischen oder psychischen Leistungsfähigkeit,** etwa aufgrund hohen Lebensalters, eigener Erkrankung oder starker psychischer Belastung durch das Leiden eines schwerstkranken oder sterbenden nahen Angehörigen, so eingeschränkt sind, dass sie nicht in der Lage sind, das Betäubungsmittel zu beschaffen **(Buchst. a Alt. 2)**
- der Patient selbst auf Grund der Art und des Ausmaßes seiner Erkrankung selbst dazu nicht in der Lage ist und keine Personen vorhanden sind, die ihn versorgen **(Buchst. b)**

IV. Art und Menge des zu überlassenden Betäubungsmittels. Bei den Betäubungsmitteln, die der Arzt ausnahmsweise dem Patienten überlassen darf, muss es sich um Betäubungsmittel der Anlage III handeln. Sie dürfen ferner nur in Form von **Fertigarzneimitteln** (→ AMG § 4 Rn. 2–21) überlassen werden. **Eine Beschränkung** auf bestimmte Darreichungsformen, etwa auf eine transdermale oder transmucosale, **besteht nicht** (*Hochstein* in BeckOK BtMG § 13 Rn. 99; aA *Patzak* in Körner/Patzak/Volkmer § 29 Teil Rn. 2; *Kotz/Oğlakcıoğlu* in MüKoStGB Rn. 40; *Winkler* in Hügel/Junge/Lander/Winkler § 29 Rn. 15a.2). 104

Das benötigte Betäubungsmittel darf nur **in einer Menge** überlassen werden, die erforderlich ist, um den Betäubungsmittelbedarf des Patienten bis zur regulären Versorgung über eine Verschreibung und Abgabe durch die Apotheke **überbrückend** zu decken. Die **Höchstüberlassungsmenge** darf den Dreitagesbedarf nicht überschreiten **(Satz 1 Hs. 2).** 105

C. Verfahren (Sätze 3–5). Im Interesse der Sicherheit und Kontrolle des Betäubungsmittelverkehrs schreiben die Sätze 3–5 ein bestimmtes Verfahren vor, das der Arzt und der Apotheker vor der Überlassung des Betäubungsmittels einzuhalten haben. **Der Arzt** muss daher über seine Anfrage bei der Apotheke **(Satz 3)** und über das Vorliegen der Voraussetzungen nach den Sätzen 1 und 2 **Aufzeichnungen** führen, deren Inhalt in **Satz 4** vorgeschrieben ist und die drei Jahre aufzubewahren sind. Entsprechende Dokumentationspflichten obliegen nach **Satz 5** den **Apothekern.** 106

Erfolgt die Anfrage nach Satz 3 nicht, nicht richtig oder nicht rechtzeitig, so ist dies eine **Ordnungswidrigkeit** nach § 32 Abs. 1 Nr. 7a; werden die Aufzeichnungen nach den Sätzen 4 oder 5 nicht, nicht richtig oder nicht vollständig geführt oder nicht drei Jahre lang aufbewahrt, so ist dies eine **Ordnungswidrigkeit** nach § 32 Abs. 1 Nr. 7b. 107

D. Aufklärung, Gebrauchsanweisung (Satz 6). Über die ordnungsgemäße Anwendung der überlassenen Betäubungsmittel muss der Arzt den Patienten und die Personen, die zu dessen Pflege anwesend sind, aufklären. Dies ist insbesondere erforderlich, wenn für weitere Durchbruchsschmerzepisoden ein fentanylhaltiges Spray überlassen wird (BT-Drs. 17/10156, 92). Im Hinblick auf die hohe Wirksamkeit der in Betracht kommenden Betäubungsmittel ist der Arzt ferner verpflichtet, 108

Weber

dem Patienten oder den ihn betreuenden Personen eine schriftliche Gebrauchsanweisung auszuhändigen, in der auch die Einzel- und Tagesdosis angegeben ist.

Kapitel 3. Abgabe von Betäubungsmitteln in Apotheken und tierärztlichen Hausapotheken; Abgabe von Diamorphin (Absatz 2)

109 Nach der Einfügung des neuen Satzes 2 durch das Gesetz v. 15.7.2009 (BGBl. I S. 1801) regelt **Absatz 2** drei Fälle der Abgabe von Betäubungsmitteln:

110 **A. Abgabe in Apotheken (Satz 1).** Nach Satz 1 dürfen die nach Absatz 1 verschriebenen Betäubungsmittel (mit Ausnahme von Diamorphin) nur im Rahmen des Betriebs einer Apotheke (→ § 4 Rn. 6–10) und gegen Vorlage einer Verschreibung abgegeben werden. Zum **Versandhandel** → § 4 Rn. 8.

111 **I. Im Rahmen des Betriebs.** Aus der Formulierung „im Rahmen des Betriebs" einer Apotheke ist zu entnehmen, dass nicht nur der Apotheker selbst, sondern auch das pharmazeutische **Personal** (Hügel/Junge/Lander/Winkler Rn. 7.1) Betäubungsmittel abgeben darf, soweit es im Rahmen seiner berufsrechtlichen Befugnisse tätig wird (→ § 4 Rn. 9, 10).

112 **II. Betäubungsmittel der Anlage III.** Absatz 2 Satz 1 bezieht sich ausschließlich auf Betäubungsmittel der Anlage III, da nur diese verschrieben werden dürfen (Absatz 1 Sätze 1, 3). Die Abgabe von Betäubungsmitteln der Anlagen I und II bedarf der Erlaubnis (§ 4 Abs. 1 Buchst. c), so dass hierfür die allgemeinen Vorschriften gelten, insbesondere §§ 3, 29 Abs. 1 S. 1 Nr. 1, Abs. 4. Die Vorschrift gilt auch nicht für die Abgabe von Diamorphin, und zwar auch dann nicht, wenn es in Form eines Betäubungsmittels der Anlage III vorliegt (→ Rn. 121; → § 4 Rn. 17).

113 **III. Vorlage einer Verschreibung.** Weitere Voraussetzung für die Abgabe ist die Vorlage einer ärztlichen, zahnärztlichen oder tierärztlichen Verschreibung.

114 **1. Verschreibung.** Zum Begriff und zu den Arten, zur Schriftform, zur Bezeichnung des Arzneimittels und des Patienten oder Tierhalters, zur Verschreibungsbefugnis und zur Wirksamkeit einer Verschreibung → § 4 Rn. 18–32.

115 **2. Vorlage der Verschreibung.** Die Verschreibung muss dem Apotheker bei der Abgabe vorliegen. Zu den Voraussetzungen → § 4 Rn. 33, 34.

116 **3. Prüfungspflicht des Apothekers.** Zu den Prüfungspflichten des Apothekers → § 4 Rn. 35–38.

117 **IV. Abgeben.** Nicht anders als in den Fällen des § 4 Nr. 1 Buchst. c (→ § 4 Rn. 39) umfasst der Begriff des Abgebens auch hier die Übertragung der tatsächlichen Verfügungsmacht über das Betäubungsmittel auf rechtsgeschäftlicher Grundlage und gegen Entgelt.

118 Die **Modalitäten** der **Abgabe** von Betäubungsmitteln, sowie das **Aufzeichnen** ihres Bestands und Verbleibs sind in § 12 BtMVV geregelt; dazu → BtMVV § 12 Rn. 2–17.

119 **V. Pflichten des Apothekers bei codeinhaltigen Präparaten.** Ist das Präparat für eine betäubungsmittel- oder alkoholabhängige Person bestimmt, so richtet sich die Abgabe stets nach den betäubungsmittelrechtlichen Vorschriften (→ Rn. 113). Auch dann bleibt die Verschreibung zwar eine Therapieentscheidung des Arztes, an die der Apotheker grundsätzlich gebunden ist. Der Apotheker ist jedoch verpflichtet, bei begründetem Verdacht des Missbrauchs die Abgabe zu verweigern (§ 17 Abs. 8 S. 2 ApBetrO, → § 4 Rn. 35–38).

120 Ein **solcher Verdacht** kommt insbesondere in Betracht (Mitteilung der Bayerischen Landesapothekerkammer Nr. 7/95), wenn

Kap. 3. Abgabe in Apotheken (Absatz 2) **§ 13 BtMG**

- der **Zustand des Kunden** auf Beigebrauch hindeutet, zB weil er erkennbar unter Drogen steht, frische Einstichstellen aufweist, zusätzlich Einmalspritzen verlangt oder stark alkoholisiert ist,
- auf Grund der **bezogenen Menge** oder **sonstiger Umstände,** etwa der Weitergabe vor der Apotheke, der begründete Verdacht besteht, dass das Substitutionsmittel weiter veräußert oder verschenkt wird oder
- auf dem Rezept oder weiteren Rezepten Hilfsmittel oder Arzneimittel **zum Beigebrauch** oder **zusätzlich größere Mengen** anderer Codein- oder Dihydrocodein-Präparate verordnet wurden.

B. Abgabe von Diamorphin (Satz 2). Die Vorschrift soll im Bereich des 121
BtMG den „Sondervertriebsweg Diamorphin" sicherstellen, den das AMG (§ 47b) für den Vertrieb von Diamorphin vorgesehen hat. Danach darf ein diamorphinhaltiges Fertigarzneimittel nicht über den vom AMG üblicherweise vorgesehenen Vertriebsweg (Hersteller/Großhändler/Apotheke) geliefert werden, sondern nur vom **pharmazeutischen Unternehmer** unmittelbar zur **behandelnden Einrichtung.** Damit soll dem Umstand Rechnung getragen werden, dass die zum Schutz von Heroinbeständen, auch in Form von Arzneimitteln, erforderlichen Sicherheitsvorkehrungen von Apotheken nicht erwartet werden können. Auch sollen die Transporte möglichst reduziert werden.

Die Vorschrift bedeutet **nicht,** dass die Abgabe (→ Rn. 117) im Sondervertriebs- 122
weg Diamorphin **erlaubnisfrei** wäre. Anders als für die Abgabe von Betäubungsmitteln im Rahmen des Betriebs einer Apotheke (§ 4 Abs. 1 Nr. 1 Buchst. c) ist für die Abgabe von Diamorphin durch den pharmazeutischen Unternehmer **keine Ausnahme** von der Erlaubnispflicht vorgesehen, so dass dieser für die Abgabe der Erlaubnis des BfArM bedarf (→ Rn. 5; → § 1 Rn. 400; → § 4 Rn. 5, 17).

I. Pharmazeutischer Unternehmer ist bei den hier in Betracht kommenden 123
Substitutionsmittel (Diamorphin) der Inhaber der Zulassung (AMG § 4 Abs. 18 S. 1; → Rn. 74). Diese ist vom pharmazeutischen Unternehmer zu beantragen (§ 21 Abs. 3 AMG). In der Regel ist dies der Hersteller.

Pharmazeutischer Unternehmer ist an sich auch, wer das Arzneimittel unter sei- 124
nem Namen in den Verkehr bringt (§ 4 Abs. 18 S. 2 AMG). Diese Regel kann hier jedoch **nicht praktisch** werden, da ein Vertriebsweg „pharmazeutischer Unternehmer an andere pharmazeutische Unternehmer (§ 47 Abs. 1 Satz 1 Nr. 1 AMG)" durch den „Sondervertriebsweg Diamorphin" (§ 47b AMG) ausgeschlossen ist (*Kügel* in Kügel/Müller/Hofmann § 47 Rn. 4). Zum **Lohnhersteller** → AMG § 4 Rn. 78).

Verantwortlich für das Inverkehrbringen von Diamorphin ist der **Verantwort-** 125
liche für Betäubungsmittel des pharmazeutischen Unternehmers (s. § 12 Abs. 4 S. 3 BtMVV). Dieser trägt insbesondere die Verantwortung für die Einhaltung des Sondervertriebswegs Diamorphin.

Andere Personen dürfen diamorphinhaltige Arzneimittel nicht in den Verkehr 126
bringen (§ 47b Abs. 1 S. 2 AMG). Sie dürfen solche Arzneimittel daher auch nicht vorrätig halten (§ 4 Abs. 17 AMG).

II. Anerkannte Einrichtungen. Diamorphin darf nur an anerkannte Einrich- 127
tungen (§ 13 Abs. 2 S. 2 BtMG, § 47b Abs. 1 S. 1 AMG) abgegeben werden. Die Vorschriften gelten unmittelbar, obwohl sie auf eine bloße Verordnungsermächtigung verweisen, die der Verordnungsgeber an sich erst ausfüllen müsste. Dies ist hier entbehrlich, weil die entsprechenden Vorschriften der Verordnung durch Gesetz selbst geschaffen wurden (§ 5 Abs. 9a–9d BtMVV aF, nunmehr § 5a BtMVV; dazu → Rn. 160).

III. Vorlage der Verschreibung. Die Abgabe darf nur gegen Vorlage einer Ver- 128
schreibung erfolgen.

129 **1. Verschreibung.** Es muss die Verschreibung eines in einer anerkannten Einrichtung behandelnden Arztes vorliegen.

130 **a) Begriff, Arten.** Zum Begriff, zu den Arten und zu den Anforderungen an eine Verschreibung → § 4 Rn. 19–24. Eine Praxisverschreibung ist auch für Diamorphin ausdrücklich vorgesehen (§ 2 Abs. 3 S. 3 BtMVV); eine Stationsverschreibung (§ 2 Abs. 4 BtMVV) kommt dagegen nicht in Betracht.

131 Wie andere Betäubungsmittel darf Diamorphin nur auf einem **Betäubungsmittelrezept** verschrieben werden (§ 8 Abs. 1 BtMVV). Da es nur im Rahmen einer Substitution verordnet werden kann (§ 5a Abs. 3 BtMVV), sollte eine Notfallverschreibung auf einem Normalrezept (§ 8 Abs. 6 BtMVV) eigentlich nicht vorkommen. Gleichwohl dürfte ein entgegen § 8 Abs. 6 BtMVV ausgefertigtes Normalrezept nicht unwirksam sein (→ § 4 Rn. 30), sofern die sonstigen Voraussetzungen eines wirksamen Rezepts vorliegen (*Hochstein* in BeckOK BtMG Rn. 122.1). Allerdings trifft den pharmazeutischen Unternehmer hier eine besondere Prüfungspflicht.

132 **b) Verschreibungsbefugnis.** Anders als bei anderen Betäubungsmitteln sind zur Verschreibung des Arzneimittels Diamorphin ausschließlich **Ärzte** (und entsprechende Dienstleistungserbringer) befugt, dagegen nicht Zahnärzte und Tierärzte. Die Verschreibung darf außerdem nur durch einen in einer **anerkannten Einrichtung behandelnden Arzt** ausgestellt werden (§ 47b Abs. 1 S. 1 AMG). Ob eine solche (→ Rn. 162) gegeben ist, insbesondere ob eine wirksame Erlaubnis der zuständigen Landesbehörde vorliegt (dazu → Rn. 165–169), hat der pharmazeutische Unternehmer vor der Abgabe zu **prüfen** (*Kügel* in Kügel/Müller/Hofmann § 47b Rn. 6). Dabei hat, sofern die Erlaubnis nicht durch eine einwandfreie Urkunde nachgewiesen wird, eine Rückfrage bei der zuständigen Landesbehörde stattzufinden (*Hochstein* in BeckOK BtMG Rn. 121).

133 An der Verschreibungsbefugnis des Ausstellers fehlt es auch in den Fällen der **Fälschung** oder **Verfälschung** (→ § 4 Rn. 28).

134 **c) Wirksamkeit.** Wie auch sonst muss die Verschreibung wirksam sein, um die Abgabe begründen zu können. Die **allgemeinen** Wirksamkeitserfordernisse sind in → § 4 Rn. 29 aufgeführt. **Darüber hinaus** ist eine Verschreibung von Diamorphin mangels Verschreibungsbefugnis auch dann unwirksam, wenn sie nicht von dem **behandelnden Arzt** in einer **anerkannten Einrichtung** ausgefertigt wurde (→ Rn. 132). Dies gilt auch dann, wenn sie von einem Arzt stammt.

135 **2. Vorlage der Verschreibung.** Die Verschreibung muss dem pharmazeutischen Unternehmer zum Zeitpunkt der Abgabe **körperlich vorliegen** und darf nicht erst in Aussicht gestellt sein. Auf → § 4 Rn. 33, 34 wird insoweit verwiesen.

136 **3. Prüfungspflicht.** Nicht anders als dem Apotheker obliegt dem **pharmazeutischen Unternehmer** hinsichtlich der vorgelegten Verschreibung eine Prüfungspflicht (→ § 4 Rn. 29–32, 35–38). Allerdings ist im Hinblick auf die erhebliche kriminelle Energie, die auf die Beschaffung von Heroin, und sei es auch in Form eines Arzneimittels, gerichtet ist (BT-Drs. 16/11515, 10), besondere Aufmerksamkeit geboten. Ein besonderes Augenmerk muss der pharmazeutische Unternehmer auch darauf richten, dass die Verschreibung von einem in einer anerkannten Einrichtung behandelnden Arzt ausgestellt wurde (→ Rn. 132). Weitere Prüfungspflichten sind in § 12 BtMVV geregelt. Die dort aufgestellten Regeln sind zwar keine Wirksamkeitserfordernisse der Verschreibung (→ § 4 Rn. 31), gelten aber auch bei der Abgabe von Diamorphin (→ § 4 Rn. 36).

137 Dagegen hat der pharmazeutische Unternehmer nicht zu prüfen, ob die Verschreibung **medizinisch begründet** ist (§ 13 Abs. 1 S. 2). Es gilt für ihn dasselbe wie für den Apotheker (→ Rn. 116).

Kap. 4. Verordnungsermächtigung (Absatz 3) **§ 13 BtMG**

Die Prüfungspflicht des pharmazeutischen Unternehmers erstreckt sich zwar 138
nicht darauf, ob die **Verschreibung medizinisch** begründet ist, **erkennt** er aber,
dass dies nicht der Fall ist, darf er sie nicht beliefern (→ § 4 Rn. 37). Andernfalls
macht er sich nach der Sondervorschrift des § 29 Abs. 1 S. 1 Nr. 7 Buchst. b strafbar.
Die Anwendung des § 29 Abs. 1 S. 1 Nr. 1, namentlich in Verbindung mit Absatz 4,
ist hier schon im Hinblick auf die Gleichbehandlung mit dem Arzt, der die nicht
indizierte Verschreibung ausgestellt hat, nicht begründet (aA BayObLGSt 1966, 45
= NJW 1966, 1878; *Franke/Wienroeder* § 29 Rn. 171; *Winkler* in Hügel/Junge/Lander/Winkler § 29 Rn. 16.2). Der pharmazeutische Unternehmer ist daher nicht
nach Betäubungsmittelrecht strafbar, wenn er den erkennbaren Mangel tatsächlich
nicht erkannt hat (s. OLG Stuttgart MDR 1978, 692).

IV. Zuwiderhandlungen. Wer als pharmazeutischer Unternehmer entgegen 139
§ 13 Abs. 2 Diamorphin abgibt, macht sich nach § 29 Abs. 1 S. 1 Nr. 7 Buchst. b
strafbar (→ § 29 Rn. 1653–1685). Von der BtMVV wird der pharmazeutische Unternehmer nicht unmittelbar betroffen.

Hat der pharmazeutische Unternehmer **keine Erlaubnis** (→ Rn. 122), so macht 140
er sich nach § 29 Abs. 1 S. 1 Nr. 1, Abs. 4 strafbar, gegebenenfalls in Tateinheit mit
Nr. 7 Buchst. b.

C. Die Abgabe von Betäubungsmitteln der Anlage III in tierärztlichen 141
Hausapotheken (Satz 3). Im Rahmen des Betriebs einer tierärztlichen Hausapotheke (→ § 4 Rn. 76, 78) darf ein Betäubungsmittel abgegeben werden, ohne dass
es einer formellen Verschreibung bedarf. Aus dem Zusammenhang mit Absatz 1
Sätze 1 und 2 ergibt sich, dass die Abgabe auch hier nur zulässig ist, wenn der **beabsichtigte Zweck** auf **andere Weise** als durch die Anwendung eines Betäubungsmittels **nicht erreicht** werden kann.

Seit dem G v. 17.7.2009 bezieht sich die **Abgabebefugnis** nur noch auf Betäu- 142
bungsmittel der Anlage III
- in Form von **Fertigarzneimitteln** (→ AMG § 4 Rn. 2–21) für ein von dem
  Tierarzt **behandeltes** Tier oder
- in Form von **Mischungen** nach § 4 Abs. 1 Nr. 2 Buchst. a zum Zwecke der Immobilisation eines von ihm **behandelten** Zoo-, Wild- oder Gehegetiers.

Die Abgabe darf nur an den **Halter** (→ AMG § 57 Rn. 7–10) eines von dem Be- 143
treiber der tierärztlichen Hausapotheke **behandelten Tieres** erfolgen. Damit
scheidet die Abgabe auf Verschreibung oder Anweisung eines anderen Tierarztes
aus (*Hochstein* in BeckOK BtMG Rn. 125; Hügel/Junge/Lander/Winkler Rn. 8).
Nicht zulässig ist auch die Abgabe an einen anderen Tierarzt oder an sonstige Personen (BGH NStZ 2004, 457 = BeckRS 2003, 07432). Das Betäubungsmittel darf
lediglich durch den Tierarzt oder durch sein Hilfspersonal auf dessen ausdrückliche
Weisung für den betreffenden Einzelfall abgegeben werden (§ 2 Abs. 3 TÄHAV).
Zum Begriff der **Behandlung** → § 4 Rn. 88–91.

Wer entgegen § 13 Abs. 2 S. 3 Betäubungsmittel in einer **tierärztlichen Haus-** 144
apotheke abgibt, macht sich nach § 29 Abs. 1 S. 1 Nr. 7 Buchst. a strafbar (→ § 29
Rn. 1639, 1640).

Kapitel 4. Verordnungsermächtigung (Absatz 3)

A. Ermächtigungsgrundlage. Absatz 3 ist die Ermächtigungsgrundlage für 145
den Erlass einer Rechtsverordnung, mit der ursprünglich das Verschreiben der in
Anlage III bezeichneten Betäubungsmittel, ihre Abgabe auf Grund einer Verschreibung sowie bestimmte Aufzeichnungspflichten im medizinischen Bereich geregelt
werden konnte. Die Bundesregierung hat von der Ermächtigung durch den Erlass
der **BtMVV** Gebrauch gemacht.

BtMG § 13 Dritter Abschnitt. Pflichten im Betäubungsmittelverkehr

146   B. **Ergänzung durch das 3. BtMG-ÄndG.** Durch Art. 1 Nr. 2 des 3. BtMG-ÄndG wurde die Verordnungsermächtigung des § 13 Abs. 3 nicht unerheblich erweitert. Anlass war die vielfach unbefriedigende Qualität substitutionsgestützter Behandlungen in Deutschland, die den Anforderungen gemäß dem internationalen Kenntnisstand weithin nicht entsprach (BT-Drs. 14/1830, 7; BR-Drs. 252/01, 40, 41). Deswegen hatte bereits der Bundesrat entsprechende Regelungen gefordert (BR-Drs. 881/97).

147   Dementsprechend war die **Ergänzung** des § 13 Abs. 3 im Gesetzgebungsverfahren in der Sache **nicht umstritten.** Zwischen Bund und Ländern war lediglich streitig, ob das Substitutionsregister von den obersten Landesgesundheitsbehörden oder einer zentralen Stelle des Bundes zu führen ist. Zu dem gefundenen Kompromiss → Rn. 149–157. Bei der Ergänzung des § 13 Abs. 3 wurden nach der Nr. 1 neue Nr. 2 und 3 eingefügt, wobei die bisherigen Nr. 2 und 3 nunmehr Nr. 4 und 5 wurden.

148   **I. Qualifikation der Ärzte (Satz 2 Nr. 2).** Nach Satz 2 Nr. 2 kann in der Verordnung vorgeschrieben werden, dass das Verschreiben von Substitutionsmitteln von der Erfüllung von Mindestanforderungen an die Qualifikation der verschreibenden Ärzte abhängig gemacht und die **Festlegung der Mindestanforderungen** den Ärztekammern übertragen werden kann. Zu den Gründen für diese Regelung → Rn. 76, 77. Von dieser Ermächtigung hat der Verordnungsgeber in § 5 Abs. 2 S. 1 Nr. 6, Abs. 3 BtMVV aF, § 5 Abs. 3–5 BtMVV nF Gebrauch gemacht. Soweit der Verordnungsgeber **noch weitere Regelungen** der BÄK übertragen hat, ist dies von der **Verordnungsermächtigung wohl nicht gedeckt** (→ Rn. 88).

149   **II. Meldungen und Mitteilungen – Substitutionsregister- (Satz 2 Nr. 3).** Zur Vermeidung von Mehrfachsubstitutionen und für statistische Zwecke sieht Satz 2 Nr. 3 eine Reihe von Meldungen und Mitteilungen vor. Zur Organisation der in Nr. 3 genannten Mitteilungs- und Meldepflichten bestimmt § 5a Abs. 1 BtMVV aF, § 5b Abs. 1 S. 1 BtMVV nF, dass das BfArM ein Substitutionsregister zu führen hat.

150   **1. Vermeidung von Mehrfachsubstitutionen (Satz 2 Nr. 3 Buchst. a, c).** Früher konnte der einzelne Arzt nicht systematisch prüfen, ob ein anderer Arzt für denselben Patienten Substitutionsmittel verschreibt. Dies führte immer wieder zu Mehrfachverschreibungen für dieselbe Person. Die auf diese Weise erworbenen Suchtstoffe wurden nicht nur für den Eigenbedarf verwendet, sondern auch in der Szene gehandelt. Um dies zu verhindern, wurde die Bundesregierung ermächtigt, durch Rechtsverordnung bestimmte Melde- und Mitteilungspflichten einzuführen.

151   Von dieser Ermächtigung hat die Bundesregierung in § 5a Abs. 2–4 BtMVV aF, § 5b Abs. 2–4 BtMVV nF Gebrauch gemacht, deren Kern eine **Meldung** der Verschreibung eines Substitutionsmittels an das Substitutionsregister und einen **Vergleich** der Meldungen bei diesem darstellt. Wird eine Mehrfachsubstitution festgestellt, so haben sich die **betroffenen Ärzte** miteinander abzustimmen (§ 5b Abs. 4 S. 4, 5 BtMVV). Der zuletzt meldende Arzt muss sodann dem BfArM mitteilen, wer die Behandlung fortsetzt. Erforderlichenfalls informiert das BfArM die zuständigen Überwachungsbehörden, um eine Mehrfachverschreibung zu unterbinden (§ 5b Abs. 4 S. 8 BtMVV).

152   **2. Mitteilungen für statistische Zwecke (Satz 2 Nr. 3 Buchst. e).** Damit die obersten Landesgesundheitsbehörden einen Überblick über Art und Umfang der Substitution in ihrem Bereich gewinnen können, kann die Verordnung ferner vorsehen, dass das BfArM ihnen Mitteilungen über die Anzahl der Patienten, der Ärzte, die zum Verschreiben eines Substitutionsmittels berechtigt sind, der Ärzte, die ein Substitutionsmittel verschrieben haben, die verschriebenen Substitutionsmittel und

Kap. 4. Verordnungsermächtigung (Absatz 3) §13 BtMG

die Art der Verschreibung macht. Hiervon hat die Bundesregierung in § 5a Abs. 7 BtMVV aF, § 5b Abs. 7 BtMVV nF Gebrauch gemacht.

3. Zweckbindung (Satz 5). Die an das Substitutionsregister gemeldeten und von diesem übermittelten Daten dürfen nur verwendet werden, soweit dies zur Sicherheit oder Kontrolle des Betäubungsmittelverkehrs erforderlich ist (Satz 5 in Verbindung mit Satz 1). Die Vorschrift gilt unmittelbar. Sie kann durch die in den Sätzen 1 und 2 vorgesehene Rechtsverordnung weder eingeschränkt noch erweitert werden, da sich die Ermächtigung darauf nicht bezieht. Soweit § 5b Abs. 1 S. 2 BtMVV versucht, die Zweckbindung über die gesetzliche Regelung hinaus einzuengen, ist dies daher ohne Bedeutung. 153

Zum **Begriff** der Sicherheit oder Kontrolle des Betäubungsmittelverkehrs → § 5 Rn. 29–34. Soweit die Vorschrift sich an staatliche Stellen wendet, ist die Verwendung des Begriffs unproblematisch. Sie dürfte aber auch bei den Ärzten (Satz 2 Nr. 3 Buchst. c) unbedenklich sein (aA *Katholnigg* NJW 2000, 1217 (1226)). Die Wahrung der Sicherheit des Betäubungsmittelverkehrs ist für den Arzt keine neue Aufgabe (§ 2 Abs. 2, § 4 Abs. 2 BtMVV). Soweit es um die Kontrolle geht, steht für ihn die Vermeidung von Mehrfachsubstitutionen im Vordergrund. 154

4. Organleihe (Satz 6 Hs. 1). Bei welcher Stelle das Substitutionsregister zu führen ist, war im Gesetzgebungsverfahren heftig umstritten. Als Kompromiss setzte sich dann die Konstruktion durch, dass das Substitutionsregister zwar von dem BfArM geführt wird, dieses dabei aber als vom Bund **entliehenes Organ** des jeweiligen Landes handelt. Die Organleihe ist im Bund/Länder/Verhältnis nichts Neues (Art. 96 Abs. 5 GG, § 120 Abs. 6 GVG). Neu ist allerdings, dass die Länder ein Organ des Bundes entleihen, wobei das Bundesinstitut als Organ des jeweils zuständigen Landes handeln soll (Satz 4 Halbsatz 1). 155

Da das Bundesinstitut im Rahmen des Substitutionsregisters als **Landesorgan** handelt, steht die **Aufsicht** über die jeweilige Maßnahme an sich dem jeweils zuständigen Land zu. Eine anderweitige gesetzliche Regelung fehlt. Sie kann jedenfalls nicht ohne weiteres aus der Natur der Sache hergeleitet werden (s. BT-Drs. 14/2345, 11). Auch durch die in Satz 6 Halbsatz 2 vorgesehene Vereinbarung kann eine Regelung mit Außenwirkung nicht getroffen werden. Ähnliche Schwierigkeiten ergeben sich bei der Frage, welche **Vorschriften** das BfArM anzuwenden hat. 156

5. Vereinbarung (Satz 6 Hs. 2). Die Regelung der mit dem Substitutionsregister verbundenen Einzelheiten einschließlich der Kostenerstattung an den Bund weist Satz 6 Halbsatz 2 einer Vereinbarung zwischen dem Bund und den Ländern zu. Regelungen, die mit Eingriffen verbunden sind, können durch eine solche Vereinbarung nicht getroffen werden. 157

C. Ergänzung durch das Gesetz zur diamorphingestützten Substitutionsbehandlung. Eine weitere Ergänzung hat Absatz 3 durch das Gesetz zur diamorphingestützten Substitutionsbehandlung v. 15.7.2009 (BGBl. I S. 1801) erfahren. Dabei wurde nicht nur die Verordnungsermächtigung ergänzt, sondern es wurden auch unmittelbar geltende Regelungen in die Vorschrift aufgenommen. 158

I. Anerkannte Einrichtungen (Satz 2 Nr. 2a, 2b). Absatz 3 wurde zunächst um die Ermächtigung ergänzt, in der Verordnung vorzuschreiben, dass das Verschreiben von Diamorphin nur in Einrichtungen zugelassen ist, denen von der zuständigen Landesbehörde eine **Erlaubnis** erteilt wurde (Satz 2 Nr. 2a). Wie bei § 10a bezieht sich die Erlaubnis auf den Betrieb der Einrichtung. 159

Da in der unmittelbar geltenden Vorschrift des **Absatzes 2 Satz 2** bestimmt ist, dass Diamorphin nur an anerkannte Einrichtungen nach Absatz 3 Satz 2 Nr. 2a abgegeben werden darf, wird die Entscheidung darüber, ob eine **solche Abgabe rechtmäßig** stattfinden kann, letztlich **in die Hand des Verordnungsgebers** (hier der Bundesregierung mit Zustimmung des Bundesrates) gelegt. Dem steht 160

Weber 317

nicht entgegen, dass die BtMVV durch das G v. 15.7.2009 selbst im Sinne des Erfordernisses einer Erlaubnis ergänzt wurde (§ 5 Abs. 9b BtMVV aF, § 5a Abs. 2 BtMVV nF) und dass auch eine Entsteinerungsklausel fehlt. Verordnungen bleiben auch in den Teilen eine Verordnung, die der Gesetzgeber selbst geändert oder eingefügt hat (BVerfG 27.9.2005 – 2 BvL 11/02).

161 In der Verordnung können ferner die **Mindestanforderungen** an die Ausstattung der Einrichtungen, in denen die Behandlung mit dem Substitutionsmittel Diamorphin stattfindet, festgelegt werden (Satz 2 Nr. 2b). Dies enthält eine wesentliche Abweichung von der Regelung der Drogenkonsumräume, wo durch das **Gesetz** bestimmte Mindestanforderungen für die Verordnungen vorgeschrieben sind (§ 10a Abs. 2 S. 2).

162 Immerhin ist unmittelbar aus dem Gesetz zu entnehmen, dass die Erlaubnis nur einer **Einrichtung** erteilt werden kann (Absatz 2 Satz 2). Dazu ist eine Organisation erforderlich, in der sächliche und persönliche Zwecke zu einem bestimmten Zweck bereitgestellt werden (→ § 10a Rn. 25). Dies schließt es aus, die Erlaubnis etwa einem einzelnen Arzt zu erteilen.

163 **II. Verfahren zur Erteilung der Erlaubnis (Sätze 3, 4).** Während die materiellen Voraussetzungen für die Erlaubnis in § 5 Abs. 9b BtMVV aF, § 5a Abs. 2 BtMVV nF geregelt sind, wird für das Verfahren auf die § 7 S. 2 Nr. 1–4, § 8 Abs. 1 S. 1, Abs. 2 und 3 S. 1–3, § 9 Abs. 2, § 10 BtMG verwiesen **(Satz 3)**. Die Regelung gilt unmittelbar; von ihr kann in der Verordnung nicht abgewichen werden. Dasselbe gilt für Satz 4, wonach an die Stelle des BfArM die zuständige Landesbehörde tritt, an die Stelle der zuständigen obersten Landesbehörde das BfArM **(Satz 4)**.

164 **Die §§ 5, 6** sind auf die Erlaubnis für den Betrieb einer Einrichtung zur Substitutionsbehandlung mit Diamorphin **nicht** anwendbar (§ 13 Abs. 3 S. 3). An ihre Stelle tritt die Einhaltung der Voraussetzungen des § 5 Abs. 9b BtMVV aF, § 5a Abs. 2 BtMVV nF, mit der die Ermächtigung des § 13 Abs. 3 S. 2 Nr. 2b im gleichen Gesetz, allerdings nur äußerst dürftig umgesetzt wurde. Gleichwohl besteht, wenn diese Voraussetzungen vorliegen, auf die Erteilung der Erlaubnis ein **Rechtsanspruch.** Daran lässt der Wortlaut des § 5a Abs. 2 BtMVV keinen Zweifel.

165 **3. Wirkung der Erlaubnis.** Nicht anders als die Erlaubnis nach § 3 oder § 10a wirkt die Erlaubnis nach § 13 Abs. 3 S. 2 Nr. 2a **konstitutiv.** Sie ist ein begünstigender, gestaltender Verwaltungsakt, der, soweit nicht die besonderen Regelungen des BtMG eingreifen, nach dem VwVfG oder den Verwaltungsverfahrensgesetzen der Länder (§ 1 Abs. 3 VwVfG) zu behandeln ist.

166 Unabhängig von einer etwaigen materiell-rechtlichen Unrichtigkeit ist die Erlaubnis wirksam und vom Strafrichter zu beachten **(Verwaltungsakzessorietät)**, solange sie nicht zurückgenommen (§ 48 VwVfG) oder widerrufen (§ 49 VwVfG) ist (→ § 3 Rn. 7; → § 10 Rn. 2–15). Nur unter den Voraussetzungen des § 44 VwVfG ist sie nichtig. Hierzu genügt nicht, dass sie erschlichen wurde (→ § 3 Rn. 8).

167 Die Erlaubnis ist **personenbezogen** (Träger der Einrichtung), wobei sie auch auf juristische Personen und nicht rechtsfähige Personenvereinigungen lauten kann (→ § 3 Rn. 9). Wie sich insbesondere aus § 13 Abs. 3 S. 3, § 8 Abs. 3 ergibt, ist sie nicht übertragbar und kann weder verpachtet noch vererbt werden. Sie ist nicht pfändbar (§ 400 BGB) und fällt nicht in die Insolvenzmasse (§ 36 InsO). Auch steuerlich kann sie nicht bewertet werden. Zur Wirkung sonstiger nachträglicher Änderungen bei den Grundlagen für die Erlaubnis s. § 8 Abs. 3 und die Erläuterungen hierzu.

168 Die Erlaubnis wird für **bestimmte Betriebsstätten** erteilt (§ 13 Abs. 3 S. 3, § 7 S. 2 Nr. 3). Deren Aufgabe oder Verlegung führt zu ihrem Erlöschen (→ § 3

Rn. 10), es sei denn, dass die Verlegung innerhalb eines Gebäudes erfolgt (§ 8 Abs. 3 S. 2).

Die Erlaubnis muss vor der Eröffnung des Betäubungsmittelverkehrs vorliegen. **169** Sie wirkt nur für den, dem sie erteilt wurde, also nicht für etwaige Vertragspartner. Sie gilt nur in dem Umfang, der in ihr bestimmt ist.

D. Zuwiderhandlungen. Eine Bewehrung mit **Strafe** ist für den (vorsätz- **170** lichen) Verstoß gegen eine Rechtsverordnung vorgesehen, soweit sich diese auf § 13 Abs. 3 S. 2 Nr. 1, 5 stützt (§ 29 Abs. 1 S. 1 Nr. 14). Hiervon ist in § 16 BtMVV Gebrauch gemacht. Zu den Bedenken gegen die dort angewandte **Rückverweisungstechnik** → § 29 Rn. 1958.

Mit **Geldbuße** können vorsätzliche oder fahrlässige Zuwiderhandlungen gegen **171** eine Verordnung geahndet werden, die sich auf § 13 Abs. 3 Nr. 2, 3 oder 4 stützt (§ 32 Abs. 1 Nr. 6). S. dazu § 17 BtMVV. Weder mit Strafe (§ 29 Abs. 1 S. 1 Nr. 14) noch mit Geldbuße (§ 32 Abs. 1 Nr. 6) kann der Verstoß gegen eine Verordnung bewehrt werden, soweit diese sich auf § 13 Abs. 3 S. 1 stützt (*Katholnigg* GA 1999, 500 (501)).

Exkurs: Verschreiben, Überlassen oder Verabreichen von Betäubungsmitteln, Suchtersatzstoffen oder sonstigen psychoaktiven Stoffen als Körperverletzung

A. Bedeutung. Mit der Unterstellung der in der Praxis am häufigsten miss- **172** brauchten Präparate (→ Rn. 90–95) unter das betäubungsmittelrechtliche Regime hat die Frage, ob und inwieweit bei der Verschreibung von **Betäubungsmitteln** oder **Suchtersatzstoffen** das **allgemeine Strafrecht** eingreifen kann, viel von ihrer praktischen Bedeutung verloren. Gleichwohl ist sie mit Rücksicht auf andere Substanzen weiterhin nicht ohne Gewicht (zur Verschreibung von Diazepam s. BayObLG NJW 2003, 371 (→ Rn. 27)). Von Bedeutung ist die Frage der Körperverletzung vor allem aber auch für die Fälle, in denen Betäubungsmittel, Suchtersatzstoffe oder Medikamente nicht verschrieben, sondern von Nichtärzten anderen überlassen oder verabreicht werden. Dasselbe gilt für die **neuen psychoaktiven Stoffe** (→ § 1 Rn. 216–219), auch soweit sie (noch) nicht dem BtMG unterstellt wurden oder dem NpSG unterliegen.

B. Tatbestandsmäßigkeit. Bei dem Konsumenten können **Betäubungsmit- 173 tel** Wirkungen hervorrufen, die eine **Gesundheitsschädigung** iSd § 223 Abs. 1 StGB darstellen. Dies gilt insbesondere, wenn sie zu Rauschzuständen, körperlichem Unwohlsein – insbesondere nach Abklingen der Rauschwirkungen –, zur Suchtbildung oder zu Entzugserscheinungen führen (BGHSt 49, 34 = NJW 2004, 1054; 2005, 260 mAnm *Duttge* = JR 2004, 387 mAnm *Mosbacher* = JuS 2004, 954 m. Bespr. *Sternberg-Lieben;* BGH NJW 2019, 3253 mzustAnm *Mitsch* = NStZ 2020, 29 mAnm *Magnus,* dazu *Rostalski* HRRS 2020, 211; OLG Zweibrücken BeckRS 2016, 04551). Dies ist jedoch **nicht zwangsläufig** (BGH NJW 2019, 3253 mzustAnm *Mitsch* = NStZ 2020, 29 mAnm *Magnus,* dazu *Rostalski* HRRS 2020, 211); insbesondere beim Konsum leichter Drogen in geringer Dosis müssen die normalen Körperfunktionen nicht derart nachteilig beeinflusst werden, dass von einem – sei es auch nur vorübergehenden – pathologischen Zustand gesprochen werden kann (BGHSt 49, 34 (s. o.); OLG Zweibrücken BeckRS 2016, 04551). Die Delikte gegen die körperliche Unversehrtheit stehen daher mit den in Betracht kommenden Betäubungsmittelstraftaten **in Tateinheit.**

Entsprechendes gilt für die Abgabe von **neuen psychoaktiven Stoffen,** sofern **174** die Ursächlichkeit für eine Gesundheitsbeschädigung festgestellt werden kann.

BtMG § 13 Dritter Abschnitt. Pflichten im Betäubungsmittelverkehr

175 **Für Suchtersatzstoffe,** namentlich für die hierzu missbrauchten **Medikamente,** gilt grundsätzlich nichts anderes. Bei der ärztlichen Verschreibung steht allerdings der Blickpunkt der möglichen Perpetuierung der Sucht und der Zerstörung oder Erschwerung von Therapiemöglichkeiten im Vordergrund; dementsprechend behandelt die Rechtsprechung das ärztlich unbegründete Verschreiben von Medikamenten mit eigenem Suchtpotential als **Körperverletzung,** und zwar sowohl dann, wenn die Sucht durch die verschriebenen Medikamente **hervorgerufen** wurde (BayObLG NJW 2003, 371 (→ Rn. 27)), als auch dann, wenn sie lediglich **verfestigt** oder **aufrechterhalten** wurde (RGSt 77, 17; BGH NJW 1970, 519; BayObLG NJW 2003, 371 (→ Rn. 27); StV 1993, 642 mAnm *Dannecker/Stoffers;* OLG Frankfurt a. M. NJW 1988, 2965; 1991, 763 = NStZ 1991, 235 mAnm *Radloff*).

176 **Von diesem Grundsatz** geht auch das BayObLG in seinem Urteil v. 17.11.1994 (BayObLGSt 1994, 231 = NJW 1995, 797 = MedR 1995, 329 mAnm *Körner*) aus, wobei es feststellt, dass die Verschreibung codeinhaltiger Präparate auch bei einer zeitweiligen Aufrechterhaltung der Sucht **nicht von vornherein** ärztlich unbegründet ist, wenn sie im Rahmen einer Substitutionsbehandlung mit dem Ziel der Abstinenz erfolgt. Eine dem Arzt zuzurechnende Gesundheitsbeschädigung liege allerdings dann vor, wenn die Behandlung zu einer Verschlechterung des Krankheitsbildes (zB Entstehung einer Codein-Sucht oder einer Polytoxikomanie) oder einer vermeidbaren Verlängerung der Sucht führt.

177 Aus der Entscheidung ist nicht zu entnehmen, dass sich die **ärztliche Sorgfalt** nunmehr auf die Vermeidung dieser beiden Folgen beschränken dürfte. Die sonst von den Regeln der ärztlichen Kunst geforderten Pflichten (Fachwissen (→ Rn. 50–52, 76, 77), Untersuchung (→ Rn. 27, 28, 57), Sorgfaltspflichten (→ Rn. 46–49, 209, 210), Behandlungsplan (→ Rn. 54), Überwachung des Fortgangs der Therapie (→ Rn. 55), Vorkehrungen gegen Missbrauch (→ Rn. 58), Konsequenzen bei ausbleibendem Erfolg (→ Rn. 60), Dokumentation (→ Rn. 56)) bleiben davon unberührt (*Körner* MedR 1995, 332 (333); s. auch BayObLG NJW 2003, 371 (→ Rn. 27)).

178 **C. Ausschluss des Tatbestandes bei eigenverantwortlicher Selbstgefährdung.** An der Zurechnung und damit an der Tatbestandsmäßigkeit der Körperverletzung kann es fehlen, wenn der Gesichtspunkt der **eigenverantwortlichen Selbstgefährdung** eingreift (→ § 30 Rn. 158, 159, 209–234; BGH StV 2020, 373). Dabei ist die Beteiligung an einer eigenverantwortlichen Selbstgefährdung oder -verletzung von der **(einverständlichen) Fremdgefährdung** zu unterscheiden. Maßgebliches Abgrenzungskriterium ist die **Trennungslinie** zwischen Täterschaft und Teilnahme (→ § 30 Rn. 211–214; BGH StV 2020, 323). Scheidet die eigenverantwortliche Selbstgefährdung wegen der **Taterrschaft** des Täters aus, ist die Frage der **Einwilligung** (→ Rn. 186–206; → § 30 Rn. 235, 236) **zu prüfen** (BGHSt 49, 34 (→ Rn. 173)); 53, 55 = NJW 2009, 1155 = NStZ 2009, 690 mAnm *Duttge* = JZ 2009, 426 m. Bespr. *Roxin* JZ 2009, 399 und Bespr. *Puppe* GA 2009, 486).

179 **Eine eigenverantwortliche Selbstgefährdung** kann in Betracht kommen, wenn ein Arzt Suchtstoffe **verschreibt** (OLG Zweibrücken NStZ 1995, 89 = JR 1995, 304 mAnm *Horn* = MedR 1995, 331 mAnm *Körner;* BayObLGSt 1994, 231 (→ Rn. 176); BayObLG NJW 2003, 371 (→ Rn. 27)) oder wenn der Täter das Betäubungsmittel, den Suchtersatzstoff oder den neuen psychoaktiven Stoff **veräußert** oder **abgibt**.

180 **I. Eigenverantwortliche (autonome) Entscheidung des Drogenabhängigen.** Die eigenverantwortliche Selbstgefährdung setzt eine autonome Entscheidung des Abhängigen voraus (→ § 30 Rn. 215–226). Eine solche ist nicht gegeben, wenn dem Konsumenten die volle Kenntnis des Risikos, das er eingehen will, die Fähigkeit zur Risikobeurteilung und -abwägung oder die Fähigkeit, nach dieser Erkenntnis zu handeln, fehlt.

II. Eigenverantwortliche Selbstgefährdung und Garantenstellung. Der Gesichtspunkt der eigenverantwortlichen Selbstgefährdung wird nicht dadurch ausgeschlossen, dass der Handelnde eine Garantenstellung gegenüber dem Konsumenten innehat (→ § 30 Rn. 227–233; dies gilt nach der Rechtsprechung auch für das Verhältnis zwischen Arzt und Patient (→ Rn. 184). Durch lose Zusammenschlüsse, etwa von Rauschgiftkonsumenten, wird regelmäßig noch keine Garantenstellung aufgrund einer **Gefahrengemeinschaft** begründet (BGH StV 2020, 323). Auch derjenige, der zwar eine **Gefahrenquelle** schafft, sich dessen aber nicht bewusst ist oder davon nichts weiß, erlangt dadurch keine Garantenstellung (BGH StV 2020, 323). 181

III. Der Arzt als Verantwortungsträger. Das Verhältnis zwischen Arzt und Patient ist nach dem traditionellen Verständnis ein anderes als das zwischen Dealer und Kunde (BGHZ 29, 46 = NJW 1959, 811). Der Arzt ist „Verantwortungsträger" für die Gesundheit seines Patienten (vgl. BGHSt 29, 6 (→ Rn. 21); *Laufs* in Laufs/Kern/Rehborn ArztR-HdB § 4 Rn. 10). Wer als Arzt die Verfügungsgewalt über solch gefährliche Stoffe wie Betäubungsmittel innehat, hat auch eine **besondere Verantwortung** dafür, dass die rechtlichen Bedingungen eingehalten werden, unter denen diese Stoffe in die Hand von Patienten und anderen kommen dürfen (*Freund/Klapp* JR 2003, 431 (434); *Winkler* A&R 2014, 87 (88); 140 (141)). Diese Verantwortung schließt die Pflicht ein, dem Patienten **nicht** in jedem Falle **willfährig** zu sein (*Horn* JR 1995, 304 (305)) und **wider besseres** (ärztliches) **Wissen** Mittel zu verschreiben, von denen er weiß, dass sie den Patienten jedenfalls bei einem unkontrollierten Gebrauch in hohem Maße gefährden (s. *Puppe* GA 2009, 486 (495)). 182

1. Die Stellung des Arztes und die eigenverantwortliche Selbstgefährdung. Aus dieser Stellung des Arztes als Verantwortungsträger und der sich aus dem ärztlichen Behandlungsvertrag ergebenden Garantenpflicht leitete die **frühere Rechtsprechung** (BGH JR 1979, 429 = BeckRS 1978, 31113506) eine besondere Sorgfaltspflicht des Arztes ab, Schaden von seinem Patienten abzuwenden und ihn keinen vermeidbaren Risiken auszusetzen. Der Arzt, der Betäubungsmittel zu unkontrolliertem Gebrauch an Drogenabhängige verordne, sei deswegen nicht Gehilfe einer eigenverantwortlichen Selbstgefährdung, sondern Täter, weil er nicht in Rechnung gestellt habe, dass Drogenabhängige im Zustand des Entzugs jede Kontrolle über sich verlieren und unberechenbar werden, so dass sie insbesondere ein ihnen überlassenes Suchtmittel entgegen ausdrücklicher Anordnung intravenös injizieren. 183

Diese Rechtsprechung hat der BGH inzwischen **ausdrücklich aufgegeben** (BGHSt 59, 150 = NJW 2014, 1680 = NStZ 2014, 709 mAnm *Patzak* = A&R 2014, 131 mkritAnm *Winkler;* BGH MedR 2014, 812 = A&R 2014, 83 mkritAnm *Winkler;* s. auch schon NStZ 2011, 341 = StV 2011, 35, 536 mAnm *Stam* = JZ 2011, 910 mAnm *Puppe* = JR 2011, 267 mAnm *Kotz*) und dem **„Dealer in Weiß"** damit ein **breites Betätigungsfeld** eröffnet. Maßgeblich seien auch im Verhältnis zum Arzt die Kriterien, die auch sonst die eigenverantwortliche Selbstgefährdung bestimmen (→ § 30 Rn. 215–226). Ohne dass dies ausdrücklich gesagt wird, kommt es danach auch auf die **Garantenstellung** des Arztes **nicht** an (→ § 30 Rn. 227–233). 184

2. Aufklärungspflicht bei einer Abweichung von den Regeln der ärztlichen Kunst. Besondere Bedeutung kommt der Aufklärungspflicht zu, wenn der Arzt nicht nur eine Außenseitermethode anwendet (→ Rn. 45), sondern sich über 185 die Regeln der ärztlichen Kunst **hinwegsetzt,** zB wenn er wider jegliche ärztliche Erkenntnis mehrere Präparate verschreibt (→ Rn. 210). Auch der drogenabhängige Patient wird in aller Regel darauf vertrauen, dass er nicht völlig außerhalb der ärztlichen Wissenschaft behandelt wird (→ Rn. 187, 206; möglicherweise anders BGH NStZ 2011, 341 (→ Rn. 184)). Damit er die Tragweite seines Risikos erkennen kann, darf ihn der Arzt darüber nicht im Unklaren lassen. Insoweit ist die Sachlage nicht anders als bei der Verwendung eines nicht zugelassenen Mittels (dazu BGH NStZ 1996, 34 (→ Rn. 45)). Lässt sich der Patient gleichwohl auf eine solche Behandlung ein, so stellt sich die Frage, ob er (wirklich) noch frei entscheiden konnte. Dass **die Einwilligung** in eine standardwidrige Behandlung auch im Falle einer freien Entscheidung **keine rechtfertigende Wirkung** entfalten soll (OLG Hamm MedR 2017, 310 mablAnm *Geier* MedR 2017, 293; dazu *Prütting* MedR 2017, 531; *Kern* in Laufs/Kern/Rehborn ArztR-HdB § 3 Rn. 28; zw. *Jung* ZStW 97 (1985), 47 (56)), erscheint im Hinblick auf das Selbstbestimmungsrecht des Patienten und die auch medizinischen Standards innewohnenden Ungenauigkeiten eher fragwürdig (in diese Richtung auch § 630a Abs. 2 BGB).

186 **D. Einwilligung.** Ist der Tatbestand einer (vorsätzlichen) Körperverletzung erfüllt, so kann die Tat auf Grund einer **Einwilligung** des Verletzten gerechtfertigt sein (zur Risiko- oder Gefährdungseinwilligung → Rn. 207, 208). Dies ist vor allem dann zu prüfen, wenn der Gesichtspunkt der eigenverantwortlichen Selbstgefährdung nicht in Betracht kommt, weil die Tatherrschaft über die Gefährdungshandlung nicht allein bei dem Gefährdeten liegt, etwa bei der einverständlichen Verabreichung von Betäubungsmitteln (→ Rn. 178).

187 Im **medizinischen Bereich** erfüllen ärztliche Maßnahmen, die die körperliche Integrität berühren, nach stRspr **den Tatbestand der Körperverletzung,** sie sind jedoch gerechtfertigt, wenn der Patient in die Behandlung **eingewilligt** hat (stRspr. seit RGSt 25, 375; BGHSt 45, 219 = JR 2000, 470 mAnm *Hoyer*; BGH NStZ-RR 2004, 16 = JR 2004, 251 mAnm *Kuhlen;* zuletzt BGH NJW 2019, 3253 (→ Rn. 173)), wobei sich die Einwilligung ohne anderweitige Aufklärung lediglich auf die lege artis durchgeführte Heilbehandlung bezieht (BGH NStZ-RR 2007, 340 = StV 2008, 189 mAnm *Sternberg-Lieben; Fischer* StGB § 223 Rn. 30; zur Behandlung contra legem artis → Rn. 185). Nach der überwiegenden Auffassung in der Lehre entfällt unter bestimmten Voraussetzungen die Tatbestandsmäßigkeit (*Fischer* StGB § 223 Rn. 19, 20 mwN). Dies hat sich in der Rechtsprechung aber nicht durchgesetzt.

188 **I. Ernstlichkeit, Form, konkludente Einwilligung, mutmaßliche Einwilligung.** Die Einwilligung muss ernstlich sein; eine Schein- oder Scherzerklärung genügt nicht, gleichgültig, ob sie als solche erkennbar ist; ist sie nicht erkennbar, kommt ein Erlaubnistatbestandsirrtum in Betracht (*Sternberg-Lieben* in Schönke/Schröder StGB Vor § 32 Rn. 49, 50).

189 Die Einwilligung bedarf **keiner Form.** Sie kann auch konkludent erteilt werden (BayObLG JR 1961, 73; NJW 1968, 665). Eine solche Einwilligung setzt voraus, dass der Betroffene eine zutreffende Vorstellung vom **konkreten Risikoumfang** hat (BGHSt 40, 341 = NJW 1995, 795 = NStZ 1995, 183 mAnm *Foerster* NStZ 1995, 344). Aus der allgemeinen Gefährlichkeit des (einverständlichen) Verhaltens kann daher nicht schon auf das Vorliegen einer Einwilligung geschlossen werden (*Fischer* StGB § 228 Rn. 7).

190 **Fehlt es an einer ausdrücklichen oder konkludenten** Erklärung der Einwilligung, so kommt, namentlich im medizinischen Bereich, eine **mutmaßliche Einwilligung** in Frage. Sie ist ebenfalls ein Rechtfertigungsgrund (BGH NJW 1988, 2310; 2019, 3253 (→ Rn. 173)) und kommt dann in Betracht, wenn das Einverständnis oder die Einwilligung des Betroffenen nicht rechtzeitig eingeholt werden kann und eine Würdigung aller Umstände die Annahme rechtfertigt, dass dieser, wenn er gefragt werden könnte, seine Zustimmung erklären würde (*Sternberg-Lieben* in Schönke/Schröder StGB Vor § 32 Rn. 54).

II. Einwilligungsfähigkeit. Die Einwilligung setzt weder Geschäftsfähigkeit 191 noch strafrechtliche Schuldfähigkeit voraus. Entscheidend ist die natürliche Einsichts- und Urteilsfähigkeit des Konsumenten (*Fischer* StGB Vor § 32 Rn. 3c); er muss die notwendige Gemütsruhe und Urteilskraft besitzen, um Tragweite und Bedeutung seiner Erklärung zu erkennen, das Für und Wider verständig abzuwägen (BGHR StGB § 228 Einwilligung 1 = NStZ 2000, 87) und seinen Willen danach zu bestimmen (BayObLG NJW 1999, 372 = NStZ 1999, 458 mAnm *Amelung*).

Bei **Suchtkranken** kann dies nicht ohne weiteres angenommen werden 192 (s. BGHSt 49, 34 (→ Rn. 173)). Die Dauer der Abhängigkeit, das Ausmaß von Persönlichkeitsveränderungen, Entzugserscheinungen und der Beschaffungsdruck zum Zeitpunkt der jeweiligen Verabreichung spielen eine wesentliche Rolle (OLG Frankfurt a. M. NJW 1991, 763, das an die Schuldfähigkeit bei Beschaffungstaten anknüpft; dazu → § 30 Rn. 224, 225).

III. Aufklärung. Die Einsichts- und Urteilsfähigkeit muss je nach den Umstän- 193 den durch eine Aufklärung herbeigeführt werden. Dies gilt namentlich im **medizinischen Bereich** (stRspr seit RGSt 66, 181; BGH NJW 2011, 1088 (→ Rn. 42); NStZ 2008, 15; NStZ-RR 2007, 340 (→ Rn. 187)). Aufgabe der Aufklärung ist es, dem Patienten Art, Bedeutung und Tragweite der Behandlung jedenfalls in den Grundzügen erkennbar zu machen, um ihm eine Abschätzung der Chancen und Risiken zu ermöglichen.

Zur Strafbarkeit führt die unterlassene Aufklärung allerdings nur dann, wenn 194 die Einwilligung **sonst nicht erteilt** worden wäre (BGH NStZ 1996, 34 (→ Rn. 45); 2012, 205; NStZ-RR 2004, 16 (→ Rn. 187); 2007, 340 (→ Rn. 187)). Dies ist dem Arzt nachzuweisen; Zweifel gehen zu seinen Gunsten (BGH NStZ 2012, 205; NStZ-RR 2004, 16 (→ Rn. 187)). Bei der Kausalität ist auf das konkrete Entscheidungsergebnis des jeweiligen Patienten abzustellen; es kommt nicht darauf an, dass er sich ohnehin hätte operieren lassen müssen, oder dass ein vernünftiger Patient eingewilligt hätte (BGH NStZ-RR 2004, 16 (→ Rn. 187)).

Eine Einschränkung der Haftung wegen einer **mangelhaften Aufklärung** 195 kann sich auch aus dem **Schutzzweck der Norm** ergeben (BGH NStZ 1996, 34 (→ Rn. 45)). Voraussetzung ist jedoch, dass sich dabei ein Risiko realisiert, das **nicht in den Schutzbereich** der verletzten Aufklärungspflicht fällt.

IV. Gesetzliches Verbot, Zwang, Täuschung. Die Einwilligung darf nicht 196 gegen ein gesetzliches Verbot verstoßen (BayObLG JR 1978, 279). Ob die Schranke einer wirksamen Einwilligung dadurch erreicht wird, dass **die Handlung**, in die eingewilligt wird, **verboten ist**, etwa das Verabreichen von Betäubungsmitteln entgegen § 29 Abs. 1 S. 1 Nr. 6 Buchst. b, ist anders als bei der Frage der Sittenwidrigkeit (dazu → Rn. 201, 202), nicht abschließend geklärt (dafür mit guten Gründen *Sternberg-Lieben* ZIS 2011, 583 (600, 601); nicht erörtert in BGHSt 49, 34 (→ Rn. 173)). Zur **Sittenwidrigkeit** bei einem Verstoß gegen ein Verbot → Rn. 201, 202.

Die Einwilligung ist ferner nur wirksam, wenn sie **nicht** durch **Täuschung** 197 oder **Zwang** erreicht ist (BGHSt 4, 113 = NJW 1953, 1070; 16, 309 = NJW 1962, 682; BGH NJW 1998, 1784 mAnm *Kern* MedR 1998, 518; OLG Hamm NJW 1987, 1043; *Fischer* StGB § 228 Rn. 7; *Sternberg-Lieben* in Schönke/Schröder StGB Vor § 32 Rn. 47, 48; *Kühl* in Lackner/Kühl StGB § 228 Rn. 8). Der Irrtum, der durch die **Täuschung** hervorgerufen worden ist, muss allerdings entweder rechtsgutsbezogen sein oder eine Situation rechtsgutsbezogener Unfreiheit geschaffen haben, die, wäre sie durch entsprechende Drohung herbeigeführt, die Unwirksamkeit der Einwilligung zur Folge hätte (*Sternberg-Lieben* in Schönke/Schröder StGB Vor § 32 Rn. 47). Eine **Drohung** führt jedenfalls dann zur Unwirksamkeit der Einwilligung, wenn sie für den Bedrohten eine verwerfliche Nötigung (§ 240 StGB) darstellt (*Sternberg-Lieben* in Schönke/Schröder StGB Vor § 32 Rn. 48; *Kühl* in Lackner/Kühl StGB § 228 Rn. 8).

198 **V. Sittenwidrigkeit.** Trotz der Einwilligung bleibt die Körperverletzung rechtswidrig, wenn die Tat gegen die guten Sitten verstößt (§ 228 StGB). Ob dies zutrifft, ist nicht nach der Einwilligung, sondern nach der Tat zu beurteilen (BGHSt 49, 34 (→ Rn. 173); BGHR StGB § 228 Einwilligung 1 (→ Rn. 191); 60, 166 = NJW 2015, 1540 mAnm *Mitsch* = NStZ 2015, 270).

199 Dabei ist zweifelhaft, ob auch der **Zweck der Körperverletzung** in die Beurteilung einzubeziehen ist (offengelassen in BGHSt 49, 34 (→ Rn. 173) namentlich für die Fälle positiv-kompensatorischer Zwecke, etwa bei lebensgefährlichen Operationen; dafür wohl BGH NJW 2013, 1379 = NStZ 2013, 342; 2014, 267 mAnm *Hardtung;* 2015, 1540 (s. o.)); generell BGH NJW 2019, 3253 (→ Rn. 173), wonach eine Maßnahme, die medizinisch indiziert sei, grundsätzlich nicht gegen die guten Sitten verstoße.

200 Abgesehen von → Rn. 199 ist die **Grenze zur Sittenwidrigkeit** jedenfalls dann überschritten, wenn bei vorausschauender (ex ante) objektiver Betrachtung aller maßgeblichen Umstände der Tat der Einwilligende durch die Körperverletzungshandlung in **konkrete Todesgefahr** gebracht wird (BGHSt 49, 166 = NJW 2004, 2458; 2005, 260 mAnm *Duttge;* 2005, 1158 mAnm *Kühl* = NStZ 2004, 621; 2005, 40 mAnm *Stree* = JR 2004, 472 mAnm *Hirsch* = JZ 2005, 100 mAnm *Arzt);* 53, 55 (→ Rn. 178) unter Hinweis auf BGHSt 49, 34 (→ Rn. 173); 60, 166 (→ Rn. 198); BGH NJW 2013, 1379 (→ Rn. 199); NStZ 2009, 401 = StV 2011, 3; zust. *Walter* NStZ 2013, 673 (679)).

201 **Das einverständliche illegale Verabreichen von Betäubungsmitteln** (Heroininjektion) war nach der Rechtsprechung des 3. Strafsenats (BGHSt 49, 34 (→ Rn. 173)) nicht schon deswegen sittenwidrig, weil sich der Handelnde nach dem BtMG strafbar macht; auch dass es sich um harte Drogen handelt, reichte für sich nicht aus. Maßgeblich war danach vielmehr, ob und inwieweit durch die Tat **Gesundheits- oder Suchtgefahren** begründet oder verstärkt werden. Nach allgemeinem sittlichen Empfinden war die Grenze moralischer Verwerflichkeit dann überschritten, wenn der Betroffene durch die Injektion bei vorausschauender objektiver Betrachtung in konkrete Todesgefahr gebracht wird (BGHSt 49, 34 (→ Rn. 173)).

202 **Diese Rechtsprechung** hat der 3. Strafsenat **ausdrücklich aufgegeben** (BGHSt 60, 166 Rn. 56 (→ Rn. 198)). Dass das einverständliche illegale Verabreichen von Betäubungsmitteln gegen ein gesetzliches Verbot verstößt (§ 29 Abs. 1 S. 1 Nr. 6 Buchst. b), kann die Sittenwidrigkeit der Tat daher trotz Einwilligung begründen. Dies gilt wiederum **nicht** für **medizinisch indizierte Eingriffe** in die körperliche Unversehrtheit, etwa bei der Verabreichung von Morphin zur Schmerzlinderung kurz vor dem Tod, auch durch einen Nichtarzt (BGH NJW 2019, 3253 (→ Rn. 173)).

203 **Erkennt der Täter** die durch die Heroininjektion eintretende Lebensgefahr **nicht,** so irrt er über die tatsächlichen Voraussetzungen eines Rechtfertigungsgrundes. Ein derartiger **Erlaubnistatbestandsirrtum** ist nach den Regeln des Tatbestandsirrtums gemäß § 16 StGB zu behandeln (→ Vor § 29 Rn. 435; BGHSt 49, 34 (→ Rn. 173); 166 (→ Rn. 200); *Kühl* in Lackner/Kühl StGB § 228 Rn. 11a). Geht man von der **neuen Rechtsprechung** aus (→ Rn. 202), **so kommt es darauf nicht an.** In Betracht kommt allenfalls ein Verbotsirrtum (→ Rn. 204).

Exkurs: Verschreiben, Überlassen, Verabreichen als Körperverletzung § 13 **BtMG**

Irrt der Täter über die **Bewertung** der vorgenommenen Körperverletzung als 204
sittenwidrig, so liegt ein **Verbotsirrtum** vor (BGHSt 49, 166 (→ Rn. 200); *Fischer*
StGB § 228 Rn. 26; *Kühl* in Lackner/Kühl StGB § 228 Rn. 11 a). Dasselbe gilt,
wenn er eine aus diesem Grund **unwirksame** Einwilligungserklärung irrtümlich
für wirksam hält (BGHSt 49, 166 (→ Rn. 200); *Fischer* StGB § 228 Rn. 26). Angesichts der jeweils vorausgesetzten hohen Lebensgefahr ist der Verbotsirrtum in
beiden Fällen **vermeidbar** (BGHSt 49, 166 (→ Rn. 200)).

Wenn die Einwilligung in den Fällen der Sittenwidrigkeit der Tat auch keine 205
rechtfertigende Wirkung haben kann, so ist sie, da sie immerhin tatsächlich vorliegt,
ein **Strafmilderungsgrund** (BGHSt 49, 166 (→ Rn. 200)).

VI. Reichweite. Im medizinischen Bereich ist, soweit die Einwilligung reicht, 206
in der Regel auch das **Misslingen** der Behandlung abgedeckt (*Sternberg-Lieben* in
Schönke/Schröder StGB § 223 Rn. 44 b). Dies gilt aber grundsätzlich nicht, wenn
die Behandlung nicht den Regeln der ärztlichen Kunst entspricht (BGH NStZ-
RR 2007, 340 (→ Rn. 187)); *Fischer* StGB § 223 Rn. 30), da Kunstfehler von der
Einwilligung in der Regel nicht umfasst werden. Bei drogenabhängigen Patienten
ist allerdings auch eine solch weitgehende Einwilligung nicht von vornherein ausgeschlossen (→ Rn. 187).

VII. Risiko-/Gefährdungseinwilligung. Grundsätzlich muss sich die Einwil- 207
ligung auf die Verletzungshandlung und den Verletzungserfolg beziehen (*Rönnau* in
LK-StGB StGB Vor § 32 Rn. 164; *Kühl* in Lackner/Kühl StGB § 228 Rn. 2). Die
Rechtsprechung (BGHSt 49, 34 (→ Rn. 173); 49, 166 (→ Rn. 200)); 53, 55
(→ Rn. 178)) neigt aber zunehmend dazu, die Einwilligungsregeln auch auf Fälle
zu übertragen, in denen das spätere Opfer **in das Risiko des eigenen Todes** eingewilligt und sich dieses anschließend im Rahmen des von der Einwilligung gedeckten Geschehensablaufs verwirklicht hat, so dass letztlich eine Einwilligung
auch bei Fahrlässigkeitsdelikten in Betracht kommt (*Rönnau* in LK-StGB StGB Vor
§ 32 Rn. 165; *Fischer* StGB § 228 Rn. 4; *Kühl* in Lackner/Kühl StGB § 228 Rn. 2 a;
Paeffgen/Zabel in NK-StGB § 228 Rn. 9, 10, 12; aA die frühere Rechtsprechung
(BGHSt 4, 88 = NJW 1953, 912; BGH VRS 17, 277; BGH 4 StR 162/00 und zT
die Literatur, etwa *Sternberg-Lieben* in Schönke/Schröder StGB Vor § 32 Rn. 102;
Roxin JZ 2009, 399 (400); dagegen wiederum mit guten Gründen *Walter* NStZ
2013, 673 (677, 678)).

Allerdings ist auch hier die **Grenze der Sittenwidrigkeit** zu beachten, die 208
jedenfalls dann überschritten ist, wenn bei vorausschauender objektiver Betrachtung aller maßgeblichen Umstände der Tat der Einwilligende durch die Körperverletzungshandlung in **konkrete Todesgefahr** gebracht wird (→ Rn. 200) oder
wenn die Handlung gesetzlich verboten ist (→ Rn. 202). In einem solchen Falle
hat die Einwilligung in das riskante Verhalten keine rechtfertigende Wirkung. Damit scheidet auch die Rechtfertigung einer **fahrlässigen Tötung** (§ 222 StGB) aus,
denn wenn schon die Einwilligung in die Gefährdungshandlung wegen der Höhe
der Gefahr und des Gewichts des konkret drohenden Erfolgs keine rechtfertigende
Wirkung entfalten konnte, gilt dies erst recht für den Erfolg, in dem sich die Gefährdung realisiert hat (BGHSt 49, 34 (→ Rn. 173); 49, 166 (→ Rn. 200)).

E. Ärztliche Begründetheit. Nicht nur im außerstrafrechtlichen Bereich, etwa 209
im Kassenarztrecht, sondern auch für die strafrechtliche Haftung des Arztes (§§ 222,
229 StGB) war es bereits in der Vergangenheit von wesentlicher Bedeutung, ob die
Verordnung eines Betäubungs- oder Suchtersatzmittels im konkreten Fall den Regeln der ärztlichen Kunst entsprach (BSG NJW 1996, 2451 = MedR 1996, 373
mAnm *Schroeder-Printzen* zu Codein/Dihydrocodein). Auch der Grundsatz der eigenverantwortlichen Selbstgefährdung machte diese Prüfung nicht entbehrlich
(→ Rn. 178–185; s. auch *Körner* MedR 1995, 332 (333)). Nach der Änderung der

BtMG § 14   Dritter Abschnitt. Pflichten im Betäubungsmittelverkehr

Anlage III des BtMG durch die 10. BtMÄndV gelten für die Verschreibung ausgenommener Zubereitungen von **Codein, Dihydrocodein** für Betäubungsmittel- und Alkoholabhängige und damit auch für die ärztliche Begründung die Vorschriften des Betäubungsmittelrechts (→ Rn. 30–60).

210 **F. Verschreibung zusätzlicher Präparate.** Neben einem codeinhaltigen Substitutionsmittel besonders problematisch ist die in der Praxis nicht seltene Verschreibung weiterer Präparate. Insbesondere die zusätzliche Verordnung von Barbituraten oder Benzodiazepinen lässt sich regelmäßig medizinisch nicht begründen und kann nur in Ausnahmefällen zur Behandlung einer Sekundärkrankheit noch vertretbar sein (BayObLGSt 1994, 231 (→ Rn. 176); nach BayObLG NJW 2003, 371 (→ Rn. 27) sind Benzodiazepine bei Drogenabhängigen generell kontraindiziert). Die üblicherweise vorgegebenen Schlafstörungen reichen hierzu nicht, zumal Diazepine, insbesondere **Rohypnol**, in der Szene deswegen beliebt sind, weil sie die Rauschwirkung der Codein-/Dihydrocodein-Präparate verstärken. Nach BayObLG NJW 2003, 371 (→ Rn. 27) ist Diazepam lediglich bei bereits benzodiazepinabhängigen Patienten mit einer ausschleichenden Dosierung, die spätestens nach acht Wochen abgeschlossen sein muss, zulässig, Rohypnol auch dann nicht.

§ 14 Kennzeichnung und Werbung

(1) ¹Im Betäubungsmittelverkehr sind die Betäubungsmittel unter Verwendung der in den Anlagen aufgeführten Kurzbezeichnungen zu kennzeichnen. ²Die Kennzeichnung hat in deutlich lesbarer Schrift, in deutscher Sprache und auf dauerhafte Weise zu erfolgen.

(2) Die Kennzeichnung muss außerdem enthalten
1. bei rohen, ungereinigten und nicht abgeteilten Betäubungsmitteln den Gewichtsvomhundertsatz und bei abgeteilten Betäubungsmitteln das Gewicht des enthaltenen reinen Stoffes,
2. auf Betäubungsmittelbehältnissen und – soweit verwendet – auf den äußeren Umhüllungen bei Stoffen und nicht abgeteilten Zubereitungen die enthaltene Gewichtsmenge, bei abgeteilten Zubereitungen die enthaltene Stückzahl; dies gilt nicht für Vorratsbehältnisse in wissenschaftlichen Laboratorien sowie für zur Abgabe bestimmte kleine Behältnisse und Ampullen.

(3) Die Absätze 1 und 2 gelten nicht für Vorratsbehältnisse in Apotheken und tierärztlichen Hausapotheken.

(4) Die Absätze 1 und 2 gelten sinngemäß auch für die Bezeichnung von Betäubungsmitteln in Katalogen, Preislisten, Werbeanzeigen oder ähnlichen Druckerzeugnissen, die für die am Betäubungsmittelverkehr beteiligten Fachkreise bestimmt sind.

(5) ¹Für in Anlage I bezeichnete Betäubungsmittel darf nicht geworben werden. ²Für die in den Anlagen II und III bezeichneten Betäubungsmittel darf nur in Fachkreisen der Industrie und des Handels sowie bei Personen und Personenvereinigungen, die eine Apotheke oder eine tierärztliche Hausapotheke betreiben, geworben werden, für in Anlage III bezeichnete Betäubungsmittel auch bei Ärzten, Zahnärzten und Tierärzten.

Übersicht

	Rn.
A. Völkerrechtliche Grundlage	1
B. Kennzeichnung der Betäubungsmittel (Absätze 1–4)	2
I. Bezeichnung der Betäubungsmittel	3

	Rn.
II. Art der Kennzeichnung	4
III. Mengenangaben	5
IV. Behältnisse, Umhüllungen	6
V. Kennzeichnung in Druckerzeugnissen	8
C. Werbung für Betäubungsmittel (Absatz 5)	10
I. Geltungsbereich	10
II. Begriff der Werbung	11
III. Abgrenzung	13
1. Verherrlichung	14
2. Mitteilung einer Gelegenheit	15
3. Handeltreiben	16
IV. Die gemeinsamen Merkmale der unerlaubten Werbung	17
1. Anpreisung/Ankündigung	18
2. Form der Werbung	19
3. Absatzförderung	20
4. Betäubungsmittel	25
a) Hanf	26
b) Samen, Sporen, Myceln, Tiere	27
aa) Samen von Cannabis	28
bb) Samen von Papaver somniferum/bracteatum	29
cc) Samen von Erythroxylum coca	30
dd) Samen von Salvia divinorum	31
ee) Samen anderer Betäubungsmittelpflanzen	32
ff) Früchte, Sporen, Mycelien, Zellkulturen, Bakterien	33
gg) Tiere, tierische Stoffwechselprodukte	34
c) Rauschgiftähnliche Substanzen, Imitate	35
d) Zubehör, Rauschgiftutensilien	36
e) Verschleierung	37
5. Werbung auch ohne Liefermöglichkeit	38
6. Auslandsbezug	39
a) Ort der Werbung	40
b) Lage der Betäubungsmittel	42
V. Die einzelnen Alternativen des Absatzes 5	43
D. Straftaten, Zuwiderhandlungen	44

A. Völkerrechtliche Grundlage

Die Vorschrift regelt in den Absätzen 1–4 die **Kennzeichnung** der Betäubungs- 1
mittel und erleichtert damit die Kontrolle nach Art. 3 ÜK 1961. In Absatz 5 wird
die **Werbung** für Betäubungsmittel geregelt und damit auch Art. 10 Abs. 2 ÜK
1971 entsprochen (s. auch Art. 3 Abs. 1 Buchst. c Ziffer iii ÜK 1988).

B. Kennzeichnung der Betäubungsmittel (Absätze 1–4)

Absatz 1 Satz 1 legt zunächst fest, dass die **Betäubungsmittel** zu **kennzeich-** 2
nen sind. Dies gilt nicht nur für Erzeugnisse, die für den Endverbraucher bestimmt
sind, sondern bezieht sich auf den gesamten Betäubungsmittelverkehr und umfasst
damit auch Rohstoffe, Grundstoffe oder Zwischenprodukte, soweit sie Betäubungsmittel sind (*Bohnen* in BeckOK BtMG Rn. 2). Für Betäubungsmittel, die Arzneimittel sind, gelten zusätzlich (BGH NJW 1998, 836 = StV 1998, 136) die Vorschriften des AMG, insbesondere dessen § 10 (§ 81 AMG).

I. Bezeichnung der Betäubungsmittel. Bei der Kennzeichnung sind die in 3
den Anlagen zum BtMG aufgeführten Kurzbezeichnungen zu verwenden (Absatz 1
Satz 1). Durch Art. 1 Nr. 1 der 15. BtMÄndV wurde die Bezeichnung der Stoffe
dem internationalen Standard angepasst. Unter Kurzbezeichnung ist danach die Bezeichnung in Spalte 1 (INN) und Spalte 2 zu verstehen (BR-Drs. 252/01, 42). Fehlt

dort eine Bezeichnung, so muss zwangsläufig auf Spalte 3 zurückgegriffen werden. Im Übrigen wird auf → § 1 Rn. 149, 150 verwiesen.

4 II. Art der Kennzeichnung. Nach Absatz 1 Satz 2 müssen die Pflichtangaben in deutscher Sprache, in deutlich lesbarer Schrift und auf dauerhafte Weise angebracht werden. Sie müssen danach eine solche Größe haben und sich so vom Untergrund abheben, dass sie von Personen mit normaler Sehfähigkeit ohne Hilfsmittel gelesen werden können; die Kennzeichnung muss so haltbar sein, dass sie bei üblicher Lagerung nicht ausbleicht oder sonst verlorengeht (*Bohnen* in BeckOK BtMG Rn. 5). Bestimmte Stellen auf den Behältnissen oder äußeren Umhüllungen sind für die Angaben nicht vorgeschrieben.

5 III. Mengenangaben. Da die Kontrolle des legalen Betäubungsmittelverkehrs vorwiegend Mengenkontrolle ist (BT-Drs. 8/3551, 32), schreibt Absatz 2 vor, dass die Kennzeichnung jeweils auch Mengenangaben enthalten muss. Diese umfassen bei abgeteilten Betäubungsmitteln das Gewicht des enthaltenen reinen Stoffes und bei rohen, ungereinigten und nicht abgeteilten Betäubungsmitteln den Gewichtsvomhundertsatz (Absatz 2 Nr. 1).

6 IV. Behältnisse, Umhüllungen. Auch für die Betäubungsmittelbehältnisse und die äußeren Umhüllungen ist eine Kennzeichnung vorgeschrieben (Absatz 2 Nr. 2), wobei für wissenschaftliche Laboratorien und für kleine Behältnisse und Ampullen, die zur Abgabe bestimmt sind, Ausnahmen vorgesehen sind.

7 **Vorratsbehältnisse** in **Apotheken** und **tierärztlichen Hausapotheken** (Absatz 3) bedürfen keiner Kennzeichnung. Damit sollen Überschneidungen mit den Kennzeichnungsvorschriften der ApBetrO und der TÄHV vermieden werden (*Eberth/Müller* BtMR Rn. 7).

8 IV. Kennzeichnung in Druckerzeugnissen. Die Kennzeichnungsvorschriften der Absätze 1 und 2 gelten auch für die Bezeichnung der Betäubungsmittel in **Druckerzeugnissen,** die im legalen Handel üblich sind, insbesondere also für Kataloge, Preislisten und Werbeanzeigen. Die Regelung dient der einheitlichen Bezeichnung und soll verhindern, dass Betäubungsmittel unter Bezeichnungen aufgeführt werden, aus denen nicht erkennbar wird, dass es sich um solche handelt (BT-Drs. 8/3551, 32). Die chemisch-wissenschaftlichen Bezeichnungen sind nur noch als Erläuterungen oder Nebeneinträge zulässig (Hügel/Junge/Lander/Winkler Rn. 5).

9 **Zweifelhaft ist,** ob die Vorschrift auch auf **Onlinepublikationen** angewendet werden kann (*Bohnen* in BeckOK BtMG Rn. 9). Nach ihrem Sinn und Zweck wäre dies auf jeden Fall geboten. Allerdings dürfte eine Anwendung an der Wortlautgrenze scheitern. Auf § 11 Abs. 3 StGB kann nicht zurückgegriffen werden, da eine Verweisung auf diese Vorschrift fehlt.

C. Werbung für Betäubungsmittel (Absatz 5)

10 I. Geltungsbereich. Die Vorschrift gilt für den **legalen und den illegalen Betäubungsmittelverkehr** und betrifft daher nicht nur Erlaubnisinhaber (§ 3), sondern jedermann (*Patzak* in Körner/Patzak/Volkmer § 29 Teil 18 Rn. 7; aA *Joachimski/Haumer* BtMG Rn. 4; *Winkler* in Hügel/Junge/Lander/Winkler § 29 Rn. 17.1; unklar *Malek* BtMStrafR Kap. 2 Rn. 335). Hierfür spricht bereits der Wortlaut, der keine Einschränkung enthält. Es würde auch keinen Sinn machen, die Strafbarkeit, die an § 14 Abs. 5 anknüpft (§ 29 Abs. 1 S. 1 Nr. 8), auf Erlaubnisinhaber zu beschränken. Auch aus Art. 10 Abs. 2 ÜK 1971 kann nichts Gegenteiliges hergeleitet werden (aA *Franke/Wienroeder* § 29 Rn. 177; *Bohnen* in BeckOK BtMG Rn. 12). Dieser Artikel spricht ebenso wie § 14 Abs. 5 lediglich von Werbung. Wie bereits die Präambel zum ÜK 1971 ergibt, ist dessen Zielrichtung keineswegs nur der legale Betäubungsmittelverkehr (aA ohne Begr. *Kotz/Oğlakcıoğlu* in MüKoStGB § 29 Rn. 1379). Für eine allgemeine Geltung spricht im Übrigen auch die Denkschrift zu dem Übereinkommen, in der es heißt: "Absatz 2 verbietet die Werbung in der Öffentlichkeit im Rahmen des Verfassungsrechts"(BT-Drs. 07/4957, 44). Auch LG Karlsruhe BeckRS 2018, 40013 = StV 2019, 400 geht von der Geltung im illegalen Betäubungsmittelverkehr aus.

II. Begriff der Werbung. Der Gesetzgeber hat sich in der Vergangenheit nicht 11 entschließen können, einen Straftatbestand gegen die öffentliche Verherrlichung des Gebrauchs von Drogen einzuführen (*Slotty* ZRP 1981, 321 (323); *Müller/Engelhardt* DRiZ 1981, 30; Hügel/Junge/Lander/Winkler Vor § 29 Rn. 1.7). Absatz 5 (iVm § 29 Abs. 1 Nr. 8) kann diese Lücke nicht schließen, wohl aber Teilbereiche abdecken.

Für Betäubungsmittel wirbt, wer Dritten gegenüber darauf hinweist, dass er 12 bereit ist, Betäubungsmittel zu liefern (*Patzak* in Körner/Patzak/Volkmer § 29 Teil 18 Rn. 7; *Franke/Wienroeder* § 29 Rn. 179). Tathandlung ist danach jede Ankündigung oder Anpreisung, die sich nicht an bestimmte Personen richtet und auf die Förderung des Absatzes von Betäubungsmitteln durch den Werbenden zielt (*Patzak* in Körner/Patzak/Volkmer § 29 Teil 18 Rn. 7; *Malek* BtMStrafR Kap. 2 Rn. 336; *N. Nestler* FG Paulus, 2009, 133 (138)). Sie enthält sowohl eine Bereitschaftserklärung des Verkäufers, grundsätzlich an jedermann Betäubungsmittel zu bestimmten Bedingungen zu verkaufen, als auch eine Einladung an die Kaufinteressenten, ein Kaufangebot abzugeben (*N. Nestler* FG Paulus, 2009, 133 (138)). Wegen der Einzelheiten wird auf → Rn. 17–24 verwiesen.

III. Abgrenzung. Die Werbung ist danach von der Verherrlichung, der Mittei- 13 lung einer Gelegenheit und vom Handeltreiben abzugrenzen:

1. Verherrlichung. Von der Verherrlichung unterscheidet sich die Werbung da- 14 durch, dass sie auf eine konkrete Absatzförderung ausgerichtet ist, während die Verherrlichung eine mehr oder weniger pauschale Lobpreisung von Betäubungsmitteln und ihres Gebrauchs darstellt (*Bohnen* in BeckOK BtMG Rn. 16; *Malek* BtMStrafR Kap. 2 Rn. 335). Werbung ist der Hinweis an Dritte auf die Bereitschaft des Werbenden, Betäubungsmittel zu liefern, verbunden mit der Einladung, beim Werbenden zu kaufen (→ Rn. 12).

2. Mitteilung einer Gelegenheit. Von der Mitteilung einer Gelegenheit zum 15 Erwerb von Betäubungsmitteln (§ 29 Abs. 1 Nr. 10, 11) hebt sich die Werbung dadurch ab, dass der Werbende nicht nur auf eine Gelegenheit zum Erwerb, sondern auf eine eigene Liefermöglichkeit verweist (*Patzak* in Körner/Patzak/Volkmer § 29 Teil 18 Rn. 7). Dabei kann, wie das Beispiel des Handelsvertreters zeigt, die eigene Liefermöglichkeit auch in einer Vermittlung bestehen. Der Namen des Werbenden kann auch verschlüsselt sein; maßgeblich ist, dass der Interessent ihn erreichen kann (*Patzak* in Körner/Patzak/Volkmer § 29 Teil 18 Rn. 7).

3. Handeltreiben. Schließlich unterscheidet sich die Werbung vom Handel- 16 treiben dadurch, dass sie noch kein konkretes Angebot zum Abschluss eines Vertrages an eine bestimmte Person enthält, sondern nur eine Einladung darstellt, ein Kaufangebot zu machen (*Patzak* in Körner/Patzak/Volkmer § 29 Teil 18 Rn. 7). Im Unterschied zum Handeltreiben ist die Werbung danach eine Anpreisung, die sich an nicht bestimmte Personen richtet und geeignet ist, eine unbestimmte Vielzahl von Adressaten zu erreichen (→ § 29 Rn. 379; *Malek* BtMStrafR Kap. 2 Rn. 336; *N. Nestler* FG Paulus, 2009, 133 (138)). Zur Werbung im **Internet** → § 29 Rn. 380–382.

IV. Die gemeinsamen Merkmale der unerlaubten Werbung. Das Verbot 17 der Werbung für Betäubungsmittel hat eine unterschiedliche Reichweite je nach der Anlage, in die das Betäubungsmittel eingeordnet ist (§ 14 Abs. 5 S. 1, 2). Den drei Alternativen gemeinsam sind die folgenden Merkmale:

18 **1. Anpreisung/Ankündigung.** Es muss eine Anpreisung oder Ankündigung vorliegen. Dazu genügt jeder Hinweis auf eine Bezugsquelle von Betäubungsmitteln, die gegenüber der Öffentlichkeit oder sonst auf eine Weise abgegeben wird, dass sie geeignet ist, eine unbestimmte Vielzahl von Adressaten zu erreichen. Eine Werbung liegt auch dann vor, wenn die Anpreisung in **verschleierter Form** erfolgt (→ Rn. 37).

19 **2. Form der Anpreisung/Ankündigung.** Die Anpreisung oder Ankündigung kann in jeder Form und über jedes Kommunikationsmittel erfolgen (*Bohnen* in BeckOK BtMG Rn. 20). Besonders häufig finden sich entsprechende Inserate in Lifestyle-, Hanf- oder Musikzeitschriften oder im **Internet** (*Patzak* in Körner/Patzak/Volkmer § 29 Teil 18 Rn. 14; *N. Nestler* FG Paulus, 2009, 133 (138)).

20 **3. Absatzförderung.** Die Werbung muss auf eine Förderung des Absatzes des Werbenden abzielen (*Malek* BtMStrafR Kap. 2 Rn. 336). Äußerungen wissenschaftlicher, religiöser, politischer, journalistischer oder künstlerischer Art scheiden daher grundsätzlich aus. Etwas anderes kann dann in Betracht kommen, wenn in ihnen eine konkrete oder konkretisierbare Absatzquelle genannt wird; dann kann ein Fall der Werbung oder der Mitteilung einer Gelegenheit (→ Rn. 15) vorliegen.

21 Dass durch die in → Rn. 20 Satz 2 genannten Äußerungen **Einnahmen** durch den Verkauf von Büchern, Schallplatten oder Filmen erzielt werden, erfüllt den Tatbestand des Werbens für Betäubungsmittel noch nicht. Entsprechendes gilt für die Einnahmen der sogenannten „Head-shops" (→ Rn. 36).

22 **Keine Werbung** sind bloße **Verbraucherinformationen,** in denen die Leser- oder Hörerschaft über Qualität und Marktpreise gängiger Cannabissorten unterrichtet wird (*Körner,* 6. Aufl. 2007, § 29 Rn. 1714). Etwas anderes kann dann in Betracht kommen, wenn die Informationen auch Hinweise auf konkrete oder konkretisierbare Absatzquellen enthalten; dann kann ein Fall der Werbung oder der Mitteilung einer Gelegenheit (→ Rn. 15) gegeben sein (zu pauschal daher *Körner,* 6. Aufl. 2007, § 29 Rn. 1714).

23 **Der Absatz muss nicht** darin bestehen, dass die Betäubungsmittel zu Eigentum übertragen werden. Gegen das Werbeverbot des § 14 Abs. 5 S. 1 wird daher auch dann verstoßen, wenn für eine **Miete** oder eine Art **Leasing** geworben wird, wonach der Kunde den Besitz an den Cannabispflanzen nur befristet erlangen soll (*Patzak* in Körner/Patzak/Volkmer § 29 Teil 18 Rn. 16).

24 **Die Gesetzesbegründung** (BT-Drs. 8/3551, 32) hebt hervor, dass sich das Werbeverbot hinsichtlich der in der Anlage III bezeichneten verschreibungsfähigen Betäubungsmittel mit dem des § 8 Abs. 1 HWG deckt. Die Werbung setzt danach in Übereinstimmung mit einer verbreiteten Auffassung zu § 1 HWG **nicht** voraus, dass sie auf eine **unmittelbare** Absatzförderung gerichtet ist; es reicht, wenn sie bestimmte, mit dem angepriesenen Mittel erzielbare Erfolge hervorhebt (BayObLGSt 1956, 284, zw. *Franke/Wienroeder* § 29 Rn. 180).

25 **4. Betäubungsmittel.** Bei dem Stoff, für den geworben wird, muss es sich um ein Betäubungsmittel (→ § 1 Rn. 146–198, 200, 220–232) handeln. Zu den biogenen Drogen und smart-drugs → § 1 Rn. 201–206.

26 **a) Hanf. Nicht** unter das Werbeverbot fallen **Nutzhanf** (Anlage I Position Cannabis Ausnahme Buchst. d (dazu → § 24a Rn. 11–44)) und **anderer Hanf** sowie die daraus hergestellten Hanfprodukte und Arzneimittel, allerdings nur unter den in Anlage I Position Cannabis Ausnahme Buchst. b, c und e genannten Voraussetzungen (→ § 1 Rn. 254–259, 263–283). Auch ein Landwirt darf daher nicht einfach seinen „Hanfernteüberschuss" anbieten (*Patzak* in Körner/Patzak/Volkmer § 29 Teil 18 Rn. 13).

b) Samen, Sporen und Mycelien. Besonders Probleme ergeben sich bei Samen, Sporen und Mycelien. Im Zuge der im In- und Ausland aufblühenden Head-shops, Smart-shops, Hanfläden und ähnlichen Etablissements hat die Werbung für solche Pflanzenteile eine nicht unerhebliche Bedeutung erlangt: 27

aa) Samen von Cannabis. Bezieht sich die Werbung auf den Samen von Cannabis, so verstößt sie dann gegen § 14 Abs. 5 S. 1, wenn der Samen zum unerlaubten Anbau bestimmt ist (→ § 1 Rn. 266–270). Dies wird häufig aus den Umständen geschlossen werden können (→ § 1 Rn. 267; *Patzak* in Körner/Patzak/Volkmer § 29 Teil 18 Rn. 10, 12, 14). 28

bb) Samen von Papaver somniferum/bracteatum. Samen der Mohnpflanzen sind generell von der Geltung des BtMG ausgenommen (→ § 1 Rn. 500, 630–632) und damit keine Betäubungsmittel. Unter das Werbeverbot (des § 14 Abs. 5 S. 2) können sie dann fallen, wenn die Werbung so ausgestaltet ist, dass sie bereits als Werbung für die Pflanze, etwa für deren Anbau, verstanden werden kann. 29

cc) Samen von Erythroxylum coca. Der Samen der Cocapflanze unterliegt generell dem BtMG (→ § 1 Rn. 472) und unterfällt daher ohne weiteres dem Werbeverbot des § 14 Abs. 5 S. 2. In der Praxis spielt dies bislang keine Rolle. 30

dd) Samen von Salvia divinorum. Es gilt dasselbe wie für den Samen von Erythroxylum coca (→ Rn. 30; → § 1 Rn. 451). 31

ee) Samen anderer Betäubungsmittelpflanzen. Samen anderer Betäubungsmittelpflanzen sind Betäubungsmittel, wenn die Voraussetzungen der Anlage I fünfter Gedankenstrich erfüllt sind (dazu → § 1 Rn. 171–183). 32

ff) Früchte, Sporen, Mycelien, Zellkulturen, Bakterien sind ebenfalls Betäubungsmittel, wenn die Voraussetzungen der Anlage I fünfter Gedankenstrich erfüllt sind (dazu → § 1 Rn. 185–190). 33

gg) Tiere, tierische Stoffwechselprodukte. Entsprechendes gilt für Tiere oder tierische Stoffwechselprodukte, etwa wenn für die südamerikanischen Kröten Bufo avarius, Bufo vulgaris oder Bufo marinus oder deren Sekretabsonderungen geworben wird (dazu → § 1 Rn. 192–196). 34

c) Rauschgiftähnliche Substanzen, Imitate. Da nur die Werbung für Betäubungsmittel verboten ist, genügen rauschgiftähnliche Bezeichnungen für Substanzen, die in Wirklichkeit keine Betäubungsmittel sind, nicht. Dasselbe gilt, wenn die Bezeichnungen Betäubungsmittel nur vortäuschen sollen. 35

d) Zubehör, Rauschgiftutensilien. Die Werbung für Zubehör oder Rauschgiftutensilien (Präzisionswaagen, Cocaindöschen, Haschischpfeifen, Lampen für Hanfanbau), die häufig in den sogenannten Head-shops verkauft werden, erfüllt den Tatbestand noch nicht (→ § 1 Rn. 199). Dasselbe gilt für die (mittelbare) Anpreisung des Drogengebrauchs, die darin steckt. Gleichwohl ist der Grat zwischen einer noch hinzunehmenden Reklame und den dicht daneben liegenden Straftatbeständen so schmal, dass das Desinteresse mancher zuständiger Behörden an diesen Aktivitäten nicht einleuchten. 36

e) Verschleierung. Auf der anderen Seite erfüllt es den Tatbestand, wenn in der Werbung verschleiert wird, dass sich hinter dem Angebot neutraler Gegenstände in Wirklichkeit Betäubungsmittel verbergen, etwa wenn Cannabissamen als Vogelfutter, Fischfutter oder Hasenfutter angeboten wird (*Patzak* in Körner/Patzak/Volkmer § 29 Teil 18 Rn. 10) wird oder Duftkissen gegen Asthma und für guten Schlaf angepriesen werden (*Patzak* in Körner/Patzak/Volkmer § 29 Teil 18 Rn. 11). Dies gilt auch, wenn die Anpreisung mit Alibierklärungen (Warnung vor Strafbarkeit, 37

BtMG § 14 Dritter Abschnitt. Pflichten im Betäubungsmittelverkehr

Distanzierung vom Anbau etc) verbunden wird (*Patzak* in Körner/Patzak/Volkmer § 29 Teil 18 Rn. 12).

38 **5. Werbung auch ohne Liefermöglichkeit.** In Übereinstimmung mit dem Handeltreiben setzt die Werbung nicht voraus, dass der Werbende tatsächlich über Betäubungsmittel verfügt, die er liefern kann. Das Gesetz will möglichst vermeiden, dass das Konsuminteresse an Betäubungsmitteln geweckt wird; dies ist aber davon unabhängig, ob die Ankündigung oder Anpreisung einen realen Hintergrund hat.

39 **6. Auslandsbezug.** Ein Auslandsbezug kann in zweierlei Hinsicht gegeben sein (zum internationalen Strafrecht → § 29 Rn. 1696–1698):

40 **a) Ort der Werbung.** Entscheidend für den Verstoß gegen das Werbeverbot ist, ob die Ankündigung oder Anpreisung auch in Deutschland erfolgt ist. Wird eine im Ausland erscheinende Zeitschrift, in der für Betäubungsmittel geworben wird, auch im Inland vertrieben, so ist der Tatbestand des § 14 Abs. 5 daher erfüllt. Dasselbe gilt für andere Medien, gleichgültig, ob die Werbung auf mechanischem oder elektronischem Weg Deutschland erreicht (*Kotz/Oğlakcıoğlu* in MüKoStGB § 29 Rn. 1367).

41 Auf der anderen Seite liegt **kein Verstoß** gegen das Werbeverbot vor, wenn das Werbemittel zwar in Deutschland hergestellt wird, hier aber nicht zur Werbung benutzt wird, etwa wenn Handzettel oder Zeitschriften, die ausschließlich für den ausländischen Markt bestimmt sind, in Deutschland gedruckt werden.

42 **b) Lage der Betäubungsmittel.** Gleichgültig ist, **wo** sich die Betäubungsmittel **befinden,** für die geworben wird. Das Werbeverbot greift auch dann ein, wenn im Inland (→ Rn. 40) für eine Absatzquelle im Ausland geworben wird. Dabei ist es nicht notwendig, dass der Werbende verspricht, die Betäubungsmittel nach Deutschland zu bringen. Auch wenn er dies dem Kunden überlässt, etwa wenn in Deutschland Parzellen von **Hanffeldern** in der **Schweiz** zur Pflege und Ernte angeboten werden (*Patzak* in Körner/Patzak/Volkmer § 29 Teil 18 Rn. 16). Dasselbe gilt, wenn die Betäubungsmittel **nicht importiert** werden sollen und konsumiert werden, etwa wenn der deutsche Pächter einer Hanfparzelle in der Schweiz das von ihm geerntete Cannabis nur am Wochenende oder beim Urlaub in der Schweiz konsumieren will und konsumiert.

43 **V. Die einzelnen Alternativen des Absatzes 5.** Das Werbeverbot hat eine unterschiedliche Reichweite je nach der Anlage, in das die Betäubungsmittel aufgenommen ist. Während für die Betäubungsmittel der Anlage I ein absolutes Werbeverbot (Absatz 5 Satz 1) besteht, gilt für die übrigen Betäubungsmittel nur ein relatives Verbot. Für Betäubungsmittel der Anlage II darf in Fachkreisen der Industrie und des Handels sowie in Apothekerkreisen geworben werden, für Betäubungsmittel der Anlage III zusätzlich auch bei Ärzten, Zahnärzten oder Tierärzten (Absatz 5 Satz 2).

D. Zuwiderhandlungen

44 Wer vorsätzlich oder fahrlässig entgegen den Absätzen 1–4 Betäubungsmittel nicht vorschriftsmäßig kennzeichnet, handelt ordnungswidrig nach § 32 Abs. 1 Nr. 8. Wer entgegen Absatz 5 für Betäubungsmittel wirbt, macht sich nach § 29 Abs. 1 S. 1 Nr. 8 strafbar.

§ 15 Sicherungsmaßnahmen

¹Wer am Betäubungsmittelverkehr teilnimmt, hat die Betäubungsmittel, die sich in seinem Besitz befinden, gesondert aufzubewahren und gegen unbefugte Entnahme zu sichern. ²Das Bundesinstitut für Arzneimittel und Medizinprodukte kann Sicherungsmaßnahmen anordnen, soweit es nach Art oder Umfang des Betäubungsmittelverkehrs, dem Gefährdungsgrad oder der Menge der Betäubungsmittel erforderlich ist.

Übersicht

	Rn.
A. Aufbewahrung und Sicherung (Satz 1)	2
B. Sicherungsmaßnahmen (Satz 2)	3
C. Zuwiderhandlungen	9

Ein nicht unbeträchtlicher Teil der im illegalen Betäubungsmittelverkehr 1 umgesetzten Drogen entstammt dem legalen Verkehr, aus dem sie durch Diebstahl, Unterschlagung oder sonstige unbefugte Entnahme „abgezweigt" wurden.

A. Aufbewahrung und Sicherung (Satz 1)

Um dies möglichst zu verhindern, bestimmt **Satz 1**, dass jeder Besitzer von Be- 2 täubungsmitteln diese gesondert aufzubewahren und gegen unbefugte Entnahme zu sichern hat (Art. 8 Abs. 1 lit. c ÜK 1971). Das BfArM hat in Zusammenarbeit mit den Polizeibehörden **Richtlinien** erarbeitet, in denen die zweckmäßigen Sicherheitsmaßnahmen aufgeführt sind (Richtlinien über Maßnahmen zur Sicherung von Betäubungsmittelvorräten bei Erlaubnisinhabern nach § 3 Betäubungsmittelgesetz (BfArM 4114 (1.07)) und Richtlinien über Maßnahmen zur Sicherung von Betäubungsmittelvorräten im Krankenhausbereich, in öffentlichen Apotheken, Arztpraxen sowie in Alten- und Pflegeheimen (BfArM 4114 – K (1.07)).

B. Sicherungsmaßnahmen (Satz 2)

Nach Satz 2 kann das BfArM unter bestimmten Voraussetzungen konkrete **Si-** 3 **cherungsmaßnahmen** anordnen. Solche Maßnahmen kommen auch bei Forschungsvorhaben in Betracht.

Die Maßnahmen können selbständig getroffen werden und sich dann auch 4 an Teilnehmer des erlaubnisfreien Betäubungsmittelverkehrs (Apotheker, Ärzte, Krankenhäuser, Behörden) richten. Sie können aber auch als Nebenbestimmungen einem Erlaubnisbescheid beigefügt werden.

Wendet sich die Anordnung an einen Einzelnen, so ist sie ein **Verwaltungs-** 5 **akt.** Gilt die Anordnung für eine oder mehrere Gruppen (zB Hersteller oder Anbauer), so liegt eine Allgemeinverfügung vor (§ 35 Abs. 2 VwVfG). Ein Anfechtungsrecht steht in diesen Fällen jedem einzelnen Betroffenen zu.

Ob und gegebenenfalls **welche Auflagen** das BfArM anordnet, steht in seinem 6 **Ermessen.** Da mit den Auflagen in einen laufenden Betrieb eingegriffen wird, ist das öffentliche Interesse an der Sicherheit des Betäubungsmittelverkehrs (§ 5 Abs. 1 Nr. 5) mit dem grundrechtlich geschützten Interesse des Betroffenen an der freien Berufsausübung (Art. 12 GG) abzuwägen.

Als Auflagen kommen insbesondere die Beschaffung von Ladengittern, Warn- 7 anlagen und Panzerschränken in Betracht, soweit erforderlich auch die Beschäftigung von Wachpersonal. Beim Anbau kommen namentlich die Einzäunung der Felder, die elektronische Überwachung (Bewegungsmelder) und die Überwachung

BtMG § 16   Dritter Abschnitt. Pflichten im Betäubungsmittelverkehr

durch Personal in Frage. Da auch die heimliche Entnahme durch Betriebsangehörige möglichst verhindert werden soll, sind auch in dieser Richtung Auflagen möglich (*Joachimski/Haumer* Rn. 4).

8   **Zur bloßen Sicherung** ausgenommener Zubereitungen (§ 3 S. 1 Nr. 3) sind Auflagen durch das BfArM nicht zulässig (*Eberth/Müller* BtMR Rn. 4).

C. Zuwiderhandlungen

9   Wer vorsätzlich oder fahrlässig einer vollziehbaren Anordnung nach Satz 2 zuwiderhandelt, begeht eine Ordnungswidrigkeit nach § 32 Abs. 1 Nr. 9. Verstöße gegen Satz 1 sind nicht eigens mit Strafe oder Geldbuße bedroht. Wer aber Betäubungsmittel fahrlässig so aufbewahrt, dass sie ohne besondere Schwierigkeiten entwendet werden können, kann sich des fahrlässigen Inverkehrbringens von Betäubungsmitteln nach § 29 Abs. 1 S. 1 Nr. 1 schuldig machen (→ § 29 Rn. 1163, 1168; *Eberth/Müller* BtMR Rn. 2; *Joachimski/Haumer* Rn. 6).

§ 16 Vernichtung

(1) ¹Der Eigentümer von nicht mehr verkehrsfähigen Betäubungsmitteln hat diese auf seine Kosten in Gegenwart von zwei Zeugen in einer Weise zu vernichten, die eine auch nur teilweise Wiedergewinnung der Betäubungsmittel ausschließt sowie den Schutz von Mensch und Umwelt vor schädlichen Einwirkungen sicherstellt. ²Über die Vernichtung ist eine Niederschrift zu fertigen und diese drei Jahre aufzubewahren.

(2) ¹Das Bundesinstitut für Arzneimittel und Medizinprodukte, in den Fällen des § 19 Abs. 1 Satz 3 die zuständige Behörde des Landes, kann den Eigentümer auffordern, die Betäubungsmittel auf seine Kosten an diese Behörden zur Vernichtung einzusenden. ²Ist ein Eigentümer der Betäubungsmittel nicht vorhanden oder nicht zu ermitteln, oder kommt der Eigentümer seiner Verpflichtung zur Vernichtung oder der Aufforderung zur Einsendung der Betäubungsmittel gemäß Satz 1 nicht innerhalb einer zuvor gesetzten Frist von drei Monaten nach, so treffen die in Satz 1 genannten Behörden die zur Vernichtung erforderlichen Maßnahmen. ³Der Eigentümer oder Besitzer der Betäubungsmittel ist verpflichtet, die Betäubungsmittel den mit der Vernichtung beauftragten Personen herauszugeben oder die Wegnahme zu dulden.

(3) Absatz 1 und Absatz 2 Satz 1 und 3 gelten entsprechend, wenn der Eigentümer nicht mehr benötigte Betäubungsmittel beseitigen will.

Übersicht

	Rn.
A. Inhalt der Vorschrift	1
B. Vernichtung (Absatz 1)	2
I. Durchführung der Vernichtung	3
II. Zeugen	5
III. Niederschrift	6
C. Aufforderung zur Übersendung und Ersatzvornahme (Absatz 2)	8
I. Aufforderung (Satz 1)	8
II. Ersatzvornahme (Sätze 2, 3)	10
1. Fehlen eines Pflichtigen	11
2. Säumiger Eigentümer	12
D. Nicht mehr benötigte Betäubungsmittel (Absatz 3)	15
E. Exkurs: Sonstige Vernichtung	16
I. Ablieferung in der Apotheke	16

	Rn.
II. Verwertung und Vernichtung im Rahmen eines Strafverfahrens	17
F. Ordnungswidrigkeiten und Straftaten	18

A. Inhalt der Vorschrift

Die Vorschrift hat zum Ziel, Betäubungsmittel, die nicht mehr zum bestimmungsgemäßen Gebrauch geeignet sind oder nicht mehr benötigt werden, möglichst sicher aus dem Verkehr zu ziehen. Auch solche Bestände entfalten für den illegalen Betäubungsmittelverkehr eine große Anziehungskraft und bilden damit eine ständige Gefahrenquelle. 1

B. Vernichtung (Absatz 1)

Um diese Gefahr möglichst zu vermindern, bestimmt **Satz 1,** dass der Eigentümer Betäubungsmittel vernichten muss, die nicht mehr verkehrsfähig sind. Dazu gehören alle, die verdorben sind oder bei denen wegen Überschreitung des Verfalldatums eine einwandfreie Qualität nicht mehr gewährleistet ist (*Patzak* in Körner/Patzak/Volkmer Rn. 4). Die Verkehrsunfähigkeit kann auch dadurch eintreten, dass ein Betäubungsmittel der Anlagen II oder III in die Anlage I aufgenommen wird. 2

I. Durchführung der Vernichtung. Die Vernichtung muss in einer Weise erfolgen, dass das Betäubungsmittel durch physikalische oder chemische Einwirkung (zB Verbrennen oder Zersetzen) zuverlässig und endgültig zerstört wird. Eine auch nur teilweise Rückgewinnung, auch durch schwierige Verfahren, muss ausgeschlossen sein **(Satz 1).** Dass nur der bestimmungsgemäße Gebrauch unmöglich gemacht wird, genügt daher nicht (aA wohl *Joachimski/Haumer* BtMG Rn. 4). Es reicht damit grundsätzlich nicht aus, wenn die Betäubungsmittel vergraben, weggeschüttet oder verarbeitet werden (*Patzak* in Körner/Patzak/Volkmer Rn. 3). Die Vernichtung muss möglichst **umweltfreundlich** durchgeführt werden. Es muss sichergestellt sein, dass es nicht zu schädlichen Auswirkungen auf Mensch und Umwelt kommt. 3

Der Eigentümer muss die Vernichtung nicht selbst vornehmen, sondern kann auch Dritte einschalten (*Hochstein* in BeckOK BtMG Rn. 4). Allerdings müssen dabei die betäubungsmittelrechtlichen Vorschriften eingehalten werden, es darf insbesondere zu keiner Abgabe kommen. 4

II. Zeugen. Die Vernichtung muss in Gegenwart von mindestens zwei Zeugen erfolgen. Sie bedürfen hierzu keiner Erlaubnis. Auch müssen sie keine einschlägigen Erfahrungen auf dem Gebiet des Betäubungsmittelverkehrs haben, wohl aber müssen sie in der Lage sein, die Tragweite des Vorgangs zu erfassen (*Hochstein* in BeckOK BtMG Rn. 4). Im Hinblick auf ihr Zeugnisverweigerungsrecht sollten Angehörige nicht herangezogen werden. 5

III. Niederschrift. Über die Vernichtung ist eine Niederschrift zu fertigen **(Satz 2),** für die eine besondere Form nicht vorgeschrieben ist. Damit sie ihren Zweck erfüllen kann, muss sie jedoch die bei der Vernichtung anwesenden Personen, die Art und Menge der vernichteten Betäubungsmittel sowie Art und Datum der Vernichtung enthalten (Hügel/Junge/Lander/Winkler Rn. 1.2). 6

Auch ein besonderes Formblatt ist für die Niederschrift nicht vorgegeben. Die Vernichtung ist jedoch ein Abgang im Sinne der §§ 13, 14 BtMVV, so dass bei Apotheken, Ärzten und Krankenhäusern der Nachweis des Verbleibs in der Form des § 14 BtMVV zu führen ist. Erlaubnisinhaber sind verpflichtet, die Vernichtung dem BfArM zu melden; hierzu ist ein amtliches Formblatt vorgeschrieben (§ 18 Abs. 1 Nr. 10, Abs. 4). 7

C. Aufforderung zur Übersendung und Ersatzvornahme (Absatz 2)

8 I. Aufforderung (Satz 1). Die Überwachungsbehörden (→ § 19 Rn. 2–5, 7–12, 15) können den Eigentümer auffordern, die Betäubungsmittel zur Vernichtung einzusenden (Satz 1). Die Aufforderung ist ein Verwaltungsakt. Sie steht im Ermessen der Behörde. Richtschnur für seine Ausübung ist die Sicherheit oder Kontrolle des Betäubungsmittelverkehrs. Die Behörde wird von ihrem Ermessen vor allem dann Gebrauch machen, wenn der Eigentümer zu einer sicheren oder umweltschonenden Vernichtung der Betäubungsmittel nicht in der Lage ist. Meist wird es dann notwendig sein, die sofortige Vollziehung anzuordnen (§ 80 Abs. 2 Nr. 4 VwGO).

9 **Die Kosten** für die Versendung und Vernichtung trägt der Eigentümer (Satz 1). Seinen inneren Grund hat dies in der besonderen Gefahr, die er durch seinen Umgang mit Betäubungsmitteln geschaffen hat (*Hochstein* in BeckOK BtMG Rn. 3).

10 II. Ersatzvornahme (Sätze 2, 3). Die Pflicht zur Vernichtung trifft nach Satz 1 den Eigentümer, der die Betäubungsmittel gegebenenfalls hierzu einzusenden hat. Satz 2 regelt die Fälle, in denen die Überwachungsbehörde über die Aufforderung nach Satz 1 hinaus selbst eingreifen muss, um die Vernichtung durchzuführen oder zu erzwingen.

11 1. Fehlen eines Pflichtigen. In den beiden ersten Alternativen des Satzes 2 fehlt es an einem Pflichtigen oder er kann mit verhältnismäßigem Aufwand nicht ermittelt werden. In diesen Fällen kann die Überwachungsbehörde sofort tätig werden und die Betäubungsmittel entweder selbst vernichten oder eine andere Einrichtung oder Person mit der Vernichtung beauftragen. Ein etwaiger Besitzer der Betäubungsmittel ist verpflichtet, sie herauszugeben oder die Wegnahme zu dulden (→ Rn. 14).

12 2. Säumiger Eigentümer. Kommt der Eigentümer seiner Pflicht zur Vernichtung der Betäubungsmittel nicht von sich aus nach, so kann ihm die Überwachungsbehörde eine Frist von drei Monaten setzen, innerhalb der die Betäubungsmittel zu vernichten sind (Satz 2). Auch darin ist ein Verwaltungsakt zu sehen, der ähnlich wie die Aufforderung zu behandeln ist (→ Rn. 8). Lässt der Eigentümer die Frist ungenutzt verstreichen, so werden die notwendigen Maßnahmen von der Überwachungsbehörde getroffen. Der Eigentümer muss sie dulden (→ Rn. 14).

13 Dasselbe gilt, wenn der Eigentümer der Aufforderung zur Übersendung nicht nachkommt, nachdem ihm die dreimonatige Frist gesetzt wurde (Sätze 2 und 3). Der Überwachungsbehörde wird damit ein **eigenständiges Instrumentarium** für die Vollstreckung zur Verfügung gestellt, so dass die Verwaltungsvollstreckungsgesetze des Bundes und der Länder insoweit nicht anwendbar sind (*Hochstein* in BeckOK BtMG Rn. 9; *Engelhardt/App/Schlatmann* § 9 Anm. 2; aA wohl *Eberth/Müller* BtMR Rn. 8). Es bedarf daher weder der Androhung eines bestimmten Zwangsmittels (§ 13 VwVG) noch des Einhaltens einer bestimmten Reihenfolge bei den zu treffenden Maßnahmen.

14 Sowohl der Eigentümer als auch der Besitzer der Betäubungsmittel ist verpflichtet, diese an die mit der Vernichtung beauftragten Personen **herauszugeben** oder die **Wegnahme zu dulden (Satz 3).** Die beauftragten Personen müssen den Auftrag der Überwachungsbehörde nachweisen. Sie sind zur Anwendung der gebotenen Zwangsmittel, notfalls unter Zuhilfenahme der Polizei (§ 15 Abs. 2 S. 2 VwVG), berechtigt (*Hochstein* in BeckOK BtMG Rn. 10). Zum Betreten von Räumen → § 22 Rn. 13–20.

D. Nicht mehr benötigte Betäubungsmittel (Absatz 3)

Die Vorschriften über die Vernichtung gelten auch, wenn der Eigentümer Betäubungsmittel beseitigen will, die er nicht mehr benötigt. Im Hinblick darauf, dass er freiwillig handelt, ist die Regelung über die Zwangsmaßnahmen (Absatz 2 Satz 2) nicht anwendbar. 15

E. Exkurs: Sonstige Vernichtung

I. Ablieferung in der Apotheke. Der Apotheker, der im Rahmen des Betriebs einer öffentlichen Apotheke oder einer Krankenhausapotheke Betäubungsmittel (auch solche der Anlage I) zur Vernichtung entgegennimmt, bedarf hierzu keiner Erlaubnis (§ 4 Abs. 1 Nr. 1 Buchst. e). Der Eigentümer oder Besitzer kann verdorbene oder nicht mehr benötigte Betäubungsmittel daher in der Apotheke abliefern, anstatt sie selbst zu vernichten. 16

II. Verwertung und Vernichtung im Rahmen eines Strafverfahrens. Die Verwertung und Vernichtung von eingezogenen Betäubungsmitteln im Rahmen eines Strafverfahrens richtet sich nach § 75 StVollstrO. Zuständig sind die Strafvollstreckungsbehörden, die dabei im Rahmen des § 4 Abs. 2 handeln. Die Verwertung durch Abgabe darf nur an Personen oder Stellen erfolgen, die zum Erwerb berechtigt sind. Die Abgabe ist nach § 12 zu melden. 17

F. Ordnungswidrigkeiten und Straftaten

Wer vorsätzlich oder fahrlässig entgegen Absatz 1 Betäubungsmittel nicht vorschriftsmäßig vernichtet, eine Niederschrift nicht fertigt oder nicht aufbewahrt oder entgegen Absatz 2 Satz 1 Betäubungsmittel nicht zur Vernichtung einsendet, handelt ordnungswidrig nach § 32 Abs. 1 Nr. 10. Eignet sich der Verwahrer die zu vernichtenden Betäubungsmittel an, lagert er sie oder verkauft sie, so macht er sich wegen Sichverschaffens, Besitzes oder Handeltreibens nach § 29 Abs. 1 S. 1 Nr. 1 strafbar. 18

§ 17 Aufzeichnungen

(1) ¹**Der Inhaber einer Erlaubnis nach § 3 ist verpflichtet, getrennt für jede Betriebsstätte und jedes Betäubungsmittel fortlaufend folgende Aufzeichnungen über jeden Zugang und jeden Abgang zu führen**
1. **das Datum,**
2. **den Namen oder die Firma und die Anschrift des Lieferers oder des Empfängers oder die sonstige Herkunft oder den sonstigen Verbleib,**
3. **die zugegangene oder abgegangene Menge und den sich daraus ergebenden Bestand,**
4. **im Falle des Anbaues zusätzlich die Anbaufläche nach Lage und Größe sowie das Datum der Aussaat,**
5. **im Falle des Herstellens zusätzlich die Angabe der eingesetzten oder hergestellten Betäubungsmittel, der nicht dem Gesetz unterliegenden Stoffe oder der ausgenommenen Zubereitungen nach Art und Menge und**
6. **im Falle der Abgabe ausgenommener Zubereitungen durch deren Hersteller zusätzlich den Namen oder die Firma und die Anschrift des Empfängers.**

²**Anstelle der in Nummer 6 bezeichneten Aufzeichnungen können die Durchschriften der Ausgangsrechnungen, in denen die ausgenommenen**

BtMG § 17 Dritter Abschnitt. Pflichten im Betäubungsmittelverkehr

Zubereitungen kenntlich gemacht sind, fortlaufend nach dem Rechnungsdatum abgeheftet werden.

(2) Die in den Aufzeichnungen oder Rechnungen anzugebenden Mengen sind
1. bei Stoffen und nicht abgeteilten Zubereitungen die Gewichtsmenge und
2. bei abgeteilten Zubereitungen die Stückzahl.

(3) Die Aufzeichnungen oder Rechnungsdurchschriften sind drei Jahre, von der letzten Aufzeichnung oder vom letzten Rechnungsdatum an gerechnet, gesondert aufzubewahren.

Übersicht

	Rn.
A. Inhalt der Vorschrift	1
B. Die Aufzeichnungspflicht (Absatz 1)	2
I. Der Kreis der Aufzeichnungspflichtigen	2
II. Getrennte Führung, Form der Aufzeichnungen	4
III. Zugänge, Abgänge	7
IV. Die notwendigen Angaben	9
1. Datum (Satz 1 Nr. 1)	10
2. Lieferer (Satz 1 Nr. 2)	11
3. Empfänger (Satz 1 Nr. 2)	12
4. Sonstige Herkunft, sonstiger Verbleib (Satz 1 Nr. 2)	13
5. Menge und Bestand (Satz 1 Nr. 3)	14
6. Anbaufläche, Datum der Aussaat (Satz 1 Nr. 4)	15
7. Eingesetzte und hergestellte Stoffe (Satz 1 Nr. 5)	16
8. Empfänger bei der Abgabe ausgenommener Zubereitungen (Satz 1 Nr. 6, Satz 2)	17
C. Die Mengenangaben (Absatz 2)	18
D. Aufbewahrung der Aufzeichnungen (Absatz 3)	19
E. Ordnungswidrigkeiten	20

A. Inhalt der Vorschrift

1 Die Vorschrift regelt die **Aufzeichnungen**, die jeder Erlaubnisinhaber zu führen hat. Sie dienen zunächst der Kontrolle und Überwachung des Betäubungsmittelverkehrs, sind aber zugleich die Grundlage für die nach § 18 zu erstellenden Meldungen, die für die Berichte an das INCB benötigt werden (BT-Drs. 8/3551, 33).

B. Die Aufzeichnungspflicht (Absatz 1)

2 **I. Der Kreis der Aufzeichnungspflichtigen.** Die Vorschrift erfasst nur die **Erlaubnisinhaber** nach § 3, also nicht Apotheker, Ärzte, Zahnärzte und Tierärzte, soweit sie nach § 4 Abs. 1 von der Erlaubnispflicht befreit sind. Für sie gelten die §§ 13, 14 BtMVV. Die Aufzeichnungspflicht gilt auch nicht für Behörden, die nach § 4 Abs. 2 keine Erlaubnis benötigen. Im Hinblick auf die Gefahren, die mit dem Umgang mit Betäubungsmitteln verbunden sind, wird aber erwartet, dass sie auf Grund von Verwaltungsvorschriften entsprechende Aufzeichnungen führen. Für die Asservate der Staatsanwaltschaften gelten die hierfür einschlägigen Vorschriften, insbesondere die Aktenordnung.

3 **Die Aufzeichnungspflicht wendet sich** an den **Inhaber** der Erlaubnis. Er kann sich zu ihrer Erfüllung zwar seiner Betriebsangehörigen bedienen, bleibt jedoch selbst verantwortlich (*Hochstein* in BeckOK BtMG Rn. 1). Es liegt deswegen in seinem eigenen Interesse, wenn er seine Hilfspersonen sorgfältig einweist, anleitet und überwacht (*Joachimski/Haumer* BtMG Rn. 1).

Aufzeichnungen § 17 BtMG

II. Getrennte Führung, Form der Aufzeichnungen. Die Aufzeichnungen 4
sind für jede Betriebsstätte (→ § 5 Rn. 9–11) **getrennt** zu führen **(Satz 1).** Dies bedeutet nicht, dass sie auch in der jeweiligen Betriebsstätte geführt werden müssen; zulässig ist auch eine zentrale Führung für mehrere Betriebsstätten desselben Erlaubnisinhabers (Hügel/Junge/Lander/Winkler Rn. 4). Auch für jedes Betäubungsmittel muss die Aufzeichnung getrennt erfolgen (Satz 1).

Die Aufzeichnungen müssen **fortlaufend** erfolgen. Notwendig ist eine chro- 5
nologische Reihenfolge, so dass die Vorgänge für die überwachenden Personen ohne Schwierigkeiten nachzuvollziehen sind. Fortlaufend sind die Eintragungen nur dann, wenn sie in unmittelbarem zeitlichen Zusammenhang mit den eintragungspflichtigen Vorgängen vorgenommen werden (BayObLG NStE Nr. 1 zu § 32 BtMG; *Patzak* in Körner/Patzak/Volkmer Rn. 2).

An eine **besondere Form** sind die Aufzeichnungen nicht gebunden. Das 6
BfArM hat dazu ein Beispieldokument herausgegeben (BfArM Formular gemäß § 17 BtMG). Die Betäubungsmittel müssen nach § 14 bezeichnet werden. Firmeneigene Bezeichnungen genügen nicht.

III. Zugänge, Abgänge. Die Aufzeichnungen müssen jeden Zugang und Ab- 7
gang erfassen (Satz 1). Diese sind nicht mit Erwerb und Abgabe gleichzusetzen. Unter einem **Zugang** ist jede körperliche Verlagerung des Betäubungsmittels in die Betriebsstätte des Empfängers zu verstehen, und zwar auch dann, wenn kein Wechsel in der Verfügungsgewalt oder den Eigentumsverhältnissen eintritt, etwa wenn sie aus einer anderen Betriebsstätte desselben Erlaubnisinhabers erfolgt (Hügel/Junge/Lander/Winkler Rn. 8; *Joachimski/Haumer* BtMG Rn. 2). Ein Zugang ist auch die Ernte oder die Ausbeute bei der Herstellung von Betäubungsmitteln.

Der **Abgang** ist das Gegenstück des Zugangs. Er ist auch dann gegeben, wenn 8
das Betäubungsmittel verlorengeht, vernichtet wird oder bei einer behördlichen Probenahme entnommen wird (Hügel/Junge/Lander/Winkler Rn. 10; *Joachimski/Haumer* BtMG Rn. 2). Dasselbe gilt für die bei der Herstellung eingesetzten Betäubungsmittel.

IV. Die notwendigen Angaben Die Aufzeichnungen müssen die folgenden 9
notwendigen Angaben enthalten:

1. Datum (Satz 1 Nr. 1). Das anzugebende Datum ist der Tag, an dem der Zu- 10
gang oder Abgang tatsächlich erfolgt ist. Eine Zusammenfassung mehrerer Vorgänge ist auch bei einem sich länger hinziehenden Herstellungsprozess nicht zulässig; sie müssen zumindest tageweise die erzeugten oder verbrauchten Teilmengen erfassen (*Hochstein* in BeckOK BtMG Rn. 11).

2. Lieferer (Satz 1 Nr. 2) ist, wer aufgrund eigener Verfügungsgewalt den 11
Übergang des Betäubungsmittels aus seinem Besitz in den des Aufzeichnungspflichtigen bewirkt (*Joachimski/Haumer* BtMG Rn. 2). Lieferer ist daher nicht der Bote, der das Betäubungsmittel lediglich überbringt, auch nicht derjenige, der die Versendung von Betäubungsmitteln zwischen befugten Teilnehmern am Betäubungsmittelverkehr übernimmt, besorgt oder vermittelt (§ 4 Abs. 1 Nr. 5).

3. Empfänger (Satz 1 Nr. 2) ist, wer vom Aufzeichnungspflichtigen die tat- 12
sächliche Verfügungsgewalt über das Betäubungsmittel erhält, auch hier also nicht der Bote, sondern derjenige, für den das Betäubungsmittel bestimmt ist.

4. Sonstige Herkunft, sonstiger Verbleib (Satz 1 Nr. 2). Wird nicht Verfü- 13
gungsgewalt übertragen, so ist die sonstige Herkunft oder der sonstige Verbleib aufzuzeichnen.

5. Menge und Bestand (Satz 1 Nr. 3). Ebenfalls sind aufzuzeichnen die 14
Menge des Zugangs oder Abgangs sowie der Bestand (gegenwärtiger Umfang des

Besitzes an Betäubungsmitteln) nach Abschluss des Vorgangs. Wie die Mengen zu ermitteln sind, ist in Absatz 2 geregelt.

15 **6. Anbaufläche, Datum der Aussaat (Satz 1 Nr. 4).** In den Fällen des Anbauens sind zusätzlich die Anbaufläche nach Lage und Größe sowie das Datum der Aussaat aufzuzeichnen.

16 **7. Eingesetzte und hergestellte Stoffe (Satz 1 Nr. 5).** Werden Betäubungsmittel hergestellt (darunter fällt auch die Ernte), sind die eingesetzten und hergestellten Betäubungsmittel, die nicht dem Gesetz unterliegenden Stoffe sowie die ausgenommenen Zubereitungen nach Art und Menge aufzuzeichnen. Dies gilt auch bei Endprodukten, die keine Betäubungsmittel sind (Hügel/Junge/Lander/Winkler Rn. 17). Die Vorschrift beruht auf Art. 20 Abs. 1 Buchst. b ÜK 1961, Art. 4 Buchst. b, Art. 16 Abs. 4 Buchst. d ÜK 1971.

17 **8. Angaben bei der Abgabe ausgenommener Zubereitungen (Satz 1 Nr. 6, Satz 2).** Auf Art. 3 Abs. 3 Buchst. b, Art. 11 Abs. 6 ÜK 1971 geht Satz 1 Nr. 6 zurück, wonach bei der **Abgabe ausgenommener Zubereitungen** durch **den Hersteller** zusätzlich der Empfänger zu benennen ist. Nr. 6 durchbricht den Grundsatz, dass der Verkehr mit ausgenommenen Zubereitungen mit Ausnahme der Herstellung nicht dem BtMG unterliegt. Die Aufzeichnungspflicht besteht auch dann, wenn der Empfänger die ausgenommene Zubereitung ohne Erlaubnis nach § 3 erwerben darf. Auf der anderen Seite erfasst die Vorschrift nur die erste Abgabe nach der Produktion, wobei Abgabe im Sinne von Abgang zu verstehen ist (Hügel/Junge/Lander/Winkler Rn. 18). Die Aufzeichnungen nach Nr. 6 können durch die Sammlung der Durchschriften der Ausgangsrechnungen, in denen die ausgenommenen Zubereitungen kenntlich gemacht sind, ersetzt werden (Satz 2).

C. Die Mengenangaben (Absatz 2)

18 Nach Nr. 1 sind als Mengenangaben bei Stoffen und nicht abgeteilten Zubereitungen nur Angaben nach Gewicht zulässig. Dies gilt auch bei flüssigen Betäubungsmitteln, die meist nach Volumen gehandelt werden. Das Gewicht muss daher gesondert ermittelt werden. Bei abgeteilten Zubereitungen ist die Stückzahl maßgeblich **(Nr. 2)**.

D. Die Aufbewahrung der Aufzeichnungen (Absatz 3)

19 Aufzeichnungen und Rechnungsdurchschriften sind drei Jahre gesondert, dh getrennt von anderen Aufzeichnungen, aufzubewahren.

E. Ordnungswidrigkeiten

20 Wer vorsätzlich oder fahrlässig entgegen Absatz 1 oder 2 Aufzeichnungen nicht, nicht richtig oder nicht vollständig führt oder entgegen Absatz 3 Aufzeichnungen oder Rechnungsdurchschriften nicht aufbewahrt, handelt ordnungswidrig nach § 32 Abs. 1 Nr. 11.

§ 18 Meldungen

(1) **Der Inhaber einer Erlaubnis nach § 3 ist verpflichtet, dem Bundesinstitut für Arzneimittel und Medizinprodukte getrennt für jede Betriebsstätte und für jedes Betäubungsmittel die jeweilige Menge zu melden, die**
  1. **beim Anbau gewonnen wurde, unter Angabe der Anbaufläche nach Lage und Größe,**
  2. **hergestellt wurde, aufgeschlüsselt nach Ausgangsstoffen,**

3. zur Herstellung anderer Betäubungsmittel verwendet wurde, aufgeschlüsselt nach diesen Betäubungsmitteln,
4. zur Herstellung von nicht unter dieses Gesetz fallenden Stoffen verwendet wurde, aufgeschlüsselt nach diesen Stoffen,
5. zur Herstellung ausgenommener Zubereitungen verwendet wurde, aufgeschlüsselt nach diesen Zubereitungen,
6. eingeführt wurde, aufgeschlüsselt nach Ausfuhrländern,
7. ausgeführt wurde, aufgeschlüsselt nach Einfuhrländern,
8. erworben wurde,
9. abgegeben wurde,
10. vernichtet wurde,
11. zu anderen als den nach den Nummern 1 bis 10 angegebenen Zwecken verwendet wurde, aufgeschlüsselt nach den jeweiligen Verwendungszwecken und
12. am Ende des jeweiligen Kalenderhalbjahres als Bestand vorhanden war.

(2) Die in den Meldungen anzugebenden Mengen sind
1. bei Stoffen und nicht abgeteilten Zubereitungen die Gewichtsmenge und
2. bei abgeteilten Zubereitungen die Stückzahl.

(3) Die Meldungen nach Absatz 1 Nr. 2 bis 12 sind dem Bundesinstitut für Arzneimittel und Medizinprodukte jeweils bis zum 31. Januar und 31. Juli für das vergangene Kalenderhalbjahr und die Meldung nach Absatz 1 Nr. 1 bis zum 31. Januar für das vergangene Kalenderjahr einzusenden.

(4) Für die in Absatz 1 bezeichneten Meldungen sind die vom Bundesinstitut für Arzneimittel und Medizinprodukte herausgegebenen amtlichen Formblätter zu verwenden.

Übersicht

	Rn.
A. Inhalt der Vorschrift	1
B. Meldepflicht (Absatz 1)	2
C. Die Mengenangaben (Absatz 2)	3
D. Zeitpunkt der Meldung (Absatz 3)	4
E. Formblätter (Absatz 4)	5
F. Ordnungswidrigkeiten	6

A. Inhalt der Vorschrift

Die Vorschrift regelt die **Meldepflicht der Erlaubnisinhaber;** sie gilt nicht für die von der Erlaubnispflicht befreiten Personen und Stellen. Sie dient zunächst der innerstaatlichen Überwachung und Kontrolle des Betäubungsmittelverkehrs, darüber hinaus aber auch der Berichterstattung an das INCB nach Art. 13, 20 ÜK 1961, Art. 16 Abs. 4 ÜK 1971; s. auch Art. 22 ÜK 1988). 1

B. Meldepflicht (Absatz 1)

Die Meldepflicht nach § 18 steht neben der des § 12 Abs. 2 und muss unabhängig von den Meldungen nach dieser Vorschrift erfüllt werden. Wie bei § 17 gilt, dass die Meldung für jede Betriebsstätte und jedes Betäubungsmittel getrennt zu erstatten ist. Ist innerhalb des Meldezeitraums kein meldepflichtiger Vorgang angefallen und liegt auch kein meldepflichtiger Bestand vor, so ist Fehlanzeige zu erstatten (*Joachimski/Haumer* BtMG Rn. 4). Der Inhalt der Meldung ist in Absatz 1 Nr. 1–12 2

BtMG § 18a   Vierter Abschnitt. Überwachung

im Einzelnen vorgeschrieben. Zu den dort verwendeten Begriffen s. zu §§ 2, 3 und 17.

C. Die Mengenangaben (Absatz 2)

3   Für die Mengenangaben gilt dieselbe Regelung wie bei § 17; → § 17 Rn. 1 ff.

D. Zeitpunkt der Meldung (Absatz 3)

4   Die Meldung für die bei einem Anbau gewonnene Menge ist jeweils für das vergangene Kalenderjahr bis spätestens 31.1. zu erstatten. Alle anderen Meldungen müssen zweimal jährlich für das abgelaufene Kalenderhalbjahr abgegeben werden.

E. Formblätter (Absatz 4)

5   Die Meldungen sind auf den vom BfArM herausgegebenen amtlichen Formblättern zu erstatten, die aus dem Internet heruntergeladen werden können (BfArM Formulare Meldung gemäß § 18 BtMG).

F. Ordnungswidrigkeiten

6   Wer vorsätzlich oder fahrlässig entgegen den Absätzen 1–3 Meldungen nicht richtig, nicht vollständig oder nicht rechtzeitig erstattet, handelt ordnungswidrig nach § 32 Abs. 1 Nr. 12.

§ 18a Verbote

(aufgehoben)
Die Vorschrift ist nach Inkrafttreten des GÜG entfallen.

Vierter Abschnitt. Überwachung

§ 19 Durchführende Behörde

(1) ¹Der Betäubungsmittelverkehr sowie die Herstellung ausgenommener Zubereitungen unterliegt der Überwachung durch das Bundesinstitut für Arzneimittel und Medizinprodukte. ²Diese Stelle ist auch zuständig für die Anfertigung, Ausgabe und Auswertung der zur Verschreibung von Betäubungsmitteln vorgeschriebenen amtlichen Formblätter. ³Der Betäubungsmittelverkehr bei Ärzten, Zahnärzten und Tierärzten, pharmazeutischen Unternehmern im Falle der Abgabe von Diamorphin und in Apotheken, sowie im Falle von § 4 Absatz 1 Nummer 1 Buchstabe f zwischen Apotheken, tierärztlichen Hausapotheken, Krankenhäusern und Tierkliniken unterliegt der Überwachung durch die zuständigen Behörden der Länder. ⁴Diese überwachen auch die Einhaltung der in § 10a Abs. 2 aufgeführten Mindeststandards; den mit der Überwachung beauftragten Personen stehen die in den §§ 22 und 24 geregelten Befugnisse zu.

(2) Das Bundesinstitut für Arzneimittel und Medizinprodukte ist zugleich die besondere Verwaltungsdienststelle im Sinne der internationalen Suchtstoffübereinkommen.

(2a) ¹Der Anbau von Cannabis zu medizinischen Zwecken unterliegt der Kontrolle des Bundesinstituts für Arzneimittel und Medizinprodukte. ²Dieses nimmt die Aufgaben einer staatlichen Stelle nach Artikel 23 Absatz 2 Buchstabe d und Artikel 28 Absatz 1 des Einheits-Übereinkommens von 1961 über Suchtstoffe vom 30. März 1961 (BGBl. 1973 II S. 1354) wahr. ³Der Kauf von Cannabis zu medizinischen Zwecken durch das Bundesinstitut für Arzneimittel und Medizinprodukte nach Artikel 23 Absatz 2 Buchstabe d Satz 2 und Artikel 28 Absatz 1 des Einheits-Übereinkommens von 1961 über Suchtstoffe erfolgt nach den Vorschriften des Vergaberechts. ⁴Das Bundesinstitut für Arzneimittel und Medizinprodukte legt unter Berücksichtigung der für die Erfüllung der Aufgaben nach Satz 2 entstehenden Kosten seinen Herstellerabgabepreis für den Verkauf des Cannabis zu medizinischen Zwecken fest.

(3) ¹Der Anbau von Nutzhanf im Sinne des Buchstabens d der Ausnahmeregelung zu Cannabis (Marihuana) in Anlage I unterliegt der Überwachung durch die Bundesanstalt für Landwirtschaft und Ernährung. ²Artikel 45 Absatz 4 Unterabsatz 1 und der Anhang der Durchführungsverordnung (EU) Nr. 809/2014 der Kommission vom 17. Juli 2014 mit Durchführungsbestimmungen zur Verordnung (EU) Nr. 1306/2013 des Europäischen Parlaments und des Rates hinsichtlich des integrierten Verwaltungs- und Kontrollsystems, der Maßnahmen zur Entwicklung des ländlichen Raums und der Cross-Compliance (ABl. L 227 vom 31.7.2014, S. 69) in der jeweils geltenden Fassung gelten entsprechend. ³Im Übrigen gelten die Vorschriften des Integrierten Verwaltungs- und Kontrollsystems über den Anbau von Hanf entsprechend. ⁴Die Bundesanstalt für Landwirtschaft und Ernährung darf die ihr nach den Vorschriften des Integrierten Verwaltungs- und Kontrollsystems über den Anbau von Hanf von den zuständigen Landesstellen übermittelten Daten sowie die Ergebnisse von im Rahmen der Regelungen über die Basisprämie durchgeführten THC-Kontrollen zum Zweck der Überwachung nach diesem Gesetz verwenden.

Übersicht

	Rn.
A. Inhalt der Vorschrift	1
B. Die allgemein zuständigen Behörden (Absatz 1)	2
I. Das Bundesinstitut für Arzneimittel und Medizinprodukte (BfArM)	2
1. Das BfArM als Bundesorgan	5
2. Das BfArM als vom Bund entliehenes Landesorgan	6
II. Die Landesbehörden	7
1. Zuständigkeitsbereich	8
a) Medizinischer Bereich	9
b) Drogenkonsumräume	10
c) Einrichtungen zur Behandlung mit Diamorphin	12
d) Verhütung/Unterbindung/Verfolgung von Straftaten	13
2. Grundsatz des bundesfreundlichen Verhaltens	14
3. Die Landesbehörden im einzelnen	15
C. Besondere Verwaltungsdienststelle	16
D. Die Cannabisagentur	17
E. Die Bundesanstalt für Landwirtschaft und Ernährung (Absatz 3)	22

A. Inhalt der Vorschrift

Die Vorschrift bestimmt die zuständigen Behörden. Es entspricht der deutschen Tradition, die Überwachung (früher Aufsicht) des Betäubungsmittelverkehrs nicht durch Behörden der Länder, sondern des Bundes (Reiches) vornehmen zu lassen. Nach Art. 87 Abs. 3 S. 1 GG kann der Bund für Angelegenheiten, für die ihm die Gesetzgebungszuständigkeit zusteht, durch Bundesgesetz selbständige Bundesoberbehörden errichten. Diese unterstehen der Aufsicht der zuständigen Bundesressorts.

BtMG § 19 Vierter Abschnitt. Überwachung

B. Die allgemein zuständigen Behörden (Absatz 1)

26 **I. Das Bundesinstitut für Arzneimittel und Medizinprodukte (BfArM).** Den Bundesoberbehörden können eigene Exekutivbefugnisse eingeräumt werden, insbesondere das Recht zum Erlass von Verwaltungsakten. Soweit ihre sachliche Zuständigkeit reicht, entsteht ein eigener Verwaltungsraum des Bundes, der die Zuständigkeit von Landesbehörden ausschließt.

27 **Zuständige Bundesoberbehörde** für die Überwachung des Betäubungsmittelverkehrs war das Bundesgesundheitsamt, das durch Gesetz v. 27.2.1952 (BGBl. I S. 121) errichtet worden war. Durch Gesetz v. 24.6.1994 (BGBl. I S. 1416) wurden die zentralen Einrichtungen des Gesundheitswesens neu geordnet, wobei im Geschäftsbereich des Bundesministeriums für Gesundheit das **Bundesinstitut für Arzneimittel und Medizinprodukte (BfArM)** als selbständige Bundesoberbehörde errichtet wurde. Nach Art. 1 § 1 Abs. 3 Nr. 4 dieses Gesetzes wurde dem Institut die Überwachung des Verkehrs mit Betäubungsmitteln übertragen. Es ist damit an die Stelle des aufgelösten Bundesgesundheitsamtes getreten, ohne dass sich an der sachlichen Zuständigkeit etwas geändert hätte.

28 **Das BfArM,** das früher in Berlin untergebracht war, hat seinen Sitz nunmehr in Kurt Georg Kiesinger Allee 3, 53175 Bonn (Telefon: 0228 207–30 oder 01888 307-0; Fax: 0228 207–5210 oder 01888 3070–5210; E-Mail: poststelle@b.farm. de). Innerhalb des Instituts ist die Abteilung 8 (**Bundesopiumstelle** (traditionelle Bezeichnung der Abteilung für Betäubungsmittelverkehr)) zuständig.

29 **1. Das BfArM als Bundesbehörde.** Im Bereich des BtMG steht danach die Verwaltung des Bundes im Vordergrund. Dementsprechend bestimmt **Satz 1,** dass der Betäubungsmittelverkehr und die Herstellung ausgenommener Zubereitungen der Überwachung durch das BfArM unterliegen. Dieses ist auch zuständig für die Entwicklung, Ausgabe und Auswertung der amtlichen Formblätter, die für die Verschreibung von Betäubungsmitteln vorgeschrieben sind **(Satz 2).** Zu den Mitteilungen in diesem Zusammenhang → § 27 Rn. 13, 14).

30 **2. Das BfArM als vom Bund entliehenes Landesorgan.** Durch das 3. BtMG-ÄndG wurde die Führung des Substitutionsregisters dem BfArM übertragen (§ 13 Abs. 3 S. 4), das dabei als vom Bund ausgeliehenes Organ des jeweils zuständigen Landes handelt (→ § 13 Rn. 155, 156).

31 **II. Die Landesbehörden.** Neben den Bundesoberbehörden sind die Landesbehörden (oberste Landesbehörden und Überwachungsbehörden (→ Rn. 15)) nicht konkurrierend oder subsidiär zuständig. Sie können in diesem Bereich nur tätig werden, soweit er ihnen durch das betreffende Gesetz, hier das BtMG, eröffnet ist. Sobald danach aber eine Zuständigkeit der Landesbehörden besteht, führen sie die betreffenden Gesetze, da es sich nicht um Auftragsverwaltung (Art. 85 Abs. 1 GG) handelt, als eigene Angelegenheit aus. Den Bundesoberbehörden stehen insbesondere keine Weisungsbefugnisse gegenüber den Landesbehörden zu (s. *Kirchhof* in Maunz/Dürig GG Art. 84 Rn. 182).

32 **1. Zuständigkeitsbereich.** Der Zuständigkeitsbereich gliedert sich seit dem Gesetz v. 15.7.2009 in drei Bereiche:

33 **a) Medizinischer Bereich (Satz 3).** Seit jeher hat das BtMG den Landesbehörden die Überwachung des Betäubungsmittelverkehrs bei den Ärzten, Zahnärzten und Tierärzten sowie den Apotheken, tierärztlichen Hausapotheken, Krankenhäusern und Tierkliniken zugewiesen (→ § 27 Rn. 10–12). Hinzu kam
- durch G v. 15.7.2009 (BGBl. I S. 1801) die Überwachung der **pharmazeutischen Unternehmer** im Falle der Abgabe von **Diamorphin;** die **Einrichtungen,** in denen das Diamorphin verschrieben und zum unmittelbaren Verbrauch überlassen wird, gehören dagegen zum Betäubungsmittelverkehr bei den Ärzten

und unterliegen deshalb der Überwachung der für diese zuständigen Behörden, sowie
- durch G v. 19.10.2012 (BGBl. I S. 2192) der Verkehr **zwischen den Apotheken** im Falle der helfenden Abgabe (§ 4 Abs. 1 Nr. 1 Buchst. f),

Der Empfang der Anzeigen der öffentlichen Apotheken, Krankenhausapotheken und tierärztlichen Hausapotheken über die **Aufnahme des Betäubungsmittelverkehrs** bleibt dagegen dem BfArM vorbehalten (§ 4 Abs. 3 S. 1).

b) Drogenkonsumräume (Satz 4). Durch das 3. BtMG-ÄndG wurde den 34 obersten Landesbehörden die Entscheidung über die **Erlaubnis** zum Betrieb eines Drogenkonsumraumes zugewiesen (§ 10a Abs. 1). Ferner wurde den Landesbehörden die **Überwachung** der in § 10a Abs. 2 aufgeführten Mindeststandards übertragen (Satz 4).

Den mit der Überwachung beauftragten Personen stehen die in den §§ 22–24 35 geregelten **Befugnisse** zu (Halbsatz 2). Die ausdrückliche Regelung war als notwendig angesehen worden, weil es sich bei dem Betrieb von Drogenkonsumräumen, bei dem lediglich der Eigenverbrauch und der dazu dienende kurzfristige Besitz geduldet wird, nicht um Betäubungsmittelverkehr handele (BT-Drs. 14/1830, 10; 14/2345, 11). Allerdings wurde dabei Art. 1 Buchst. m ÜK 1988 nicht berücksichtigt, der auch den Besitz und die Beihilfe dazu (Art. 3 Abs. 1 Buchst. c Ziffer iv, Abs. 2 Ük 1988) dem (unerlaubten) Betäubungsmittelverkehr zurechnet (*Katholnigg* NJW 2000, 1217 (1221)).

c) Einrichtungen zur Behandlung mit Diamorphin. Durch G v. 15.7.2009 36 wurde den zuständigen Landesbehörden die Entscheidung über die Erteilung einer **Erlaubnis** zum Betrieb einer Einrichtung zur Behandlung mit Diamorphin zugewiesen (§ 13 Abs. 3 S. 2 Nr. 2a). Die Überwachung dieser Einrichtungen obliegt den Behörden, die für die Überwachung des Betäubungsmittelverkehrs bei den Ärzten zuständig sind (→ Rn. 9).

d) Verhütung, Unterbindung und Verfolgung von Straftaten. Die Landes- 37 behörden sind auch zuständig soweit es um die Verhütung oder Unterbindung der Straftaten nach dem BtMG (Sicherheits- und Ordnungsbehörden, Polizei) und um ihre Verfolgung (Staatsanwaltschaft, Polizei) geht.

2. Grundsatz des bundesfreundlichen Verhaltens. Wenn auch dem BfArM 38 keine Weisungsbefugnis gegenüber den Landesbehörden zusteht, so gilt auch im Bereich des Betäubungsmittelrechts der Grundsatz des bundesfreundlichen Verhaltens, der das gesamte verfassungsrechtliche Verhältnis zwischen Bund und Ländern beherrscht (BVerfGE 6, 309 (361) = NJW 1957, 705; 12, 205 (254) = NJW 1961, 547). Dieser wird zwar noch nicht dadurch berührt, dass die Landesbehörden eigene Schwerpunkte setzen; sie dürfen jedoch keine **Drogenpolitik** betreiben, die die Linie des Bundes völlig **konterkariert.** Dies gilt umso mehr, als Deutschland in eine Vielzahl internationaler Verträge eingebunden ist, für deren Einhaltung der Bund nach außen verantwortlich ist (zur Pflicht der Länder in diesem Bereich s. BVerfG NJW 1961, 547).

3. Die Landesbehörden im Einzelnen. Nach Absatz 1 Satz 3, 4 zuständige 39 Landesbehörden sind in
- **Baden-Württemberg** die Regierungspräsidien (VO v. 17.10.2000 (GBl. S. 694)), zuletzt geändert durch VO v. 23.2.2017 (GVBl. S. 99),
- **Bayern** die Kreisverwaltungsbehörden, die Regierungen von Oberbayern und Oberfranken für die Anerkennung von Einrichtungen iSd § 5 Abs. 7 BtMV und § 5 Abs. 9b BtMVV, die Regierung von Niederbayern für die Anerkennung von Einrichtungen nach § 35 Abs. 1 und § 36 Abs. 1 S. 1 BtMG (VO v. 8.9.2013 (GVBl. S. 586)), zuletzt geändert durch VO v. 1.8.2017 (GVBl. S. 402)),

- **Berlin** das Landesamt für Gesundheit und Soziales Berlin, soweit nicht die Bezirksämter zuständig sind (Gesetz v. 4.4.1992 in der Fassung v. 11.10.2006 (GVBl. S. 930), zuletzt geändert durch Gesetz v. 2.2.2018 (GVBl. S. 160),
- **Brandenburg** das Landesamt für Umwelt, Gesundheit und Verbraucherschutz sowie die Landkreise und kreisfreien Städte (VO v. 27.10.1992 (GVBl. S. 693)), geändert durch Gesetz v. 25.1.2016 (GVBl. 2016 I (Nr. 5)),
- **Bremen** der Senator für Arbeit, Frauen, Gesundheit und Soziales (VO v. 7.6.1982 (GBl. S. 166), zuletzt geändert durch ÄndBek v. 24.1.2012 (Brem. GBl. S. 24)),
- **Hamburg** die Behörde für Gesundheit und Verbraucherschutz sowie die Bezirksämter (Anordnung v. 30.12.1986 (Amtl. Anz. Nr. 6 S. 125), zuletzt geändert durch Anordnung v. 29.9.2015 (Amtl. Anz. S. 1697)),
- **Hessen** das für das Gesundheitswesen zuständige Ministerium, das Regierungspräsidium Darmstadt, der Kreisausschuss oder der Magistrat (VO v. 13.5.2011 (GVBl. I S. 195), geändert durch VO v. 31.10.2016 (GVBl. S. 190)),
- **Mecklenburg-Vorpommern** das Landesamt für Gesundheit und Soziales, für den Betäubungsmittelverkehr bei Tierärzten, in tierärztlichen Hausapotheken und Tierkliniken das Landesamt für Landwirtschaft, Lebensmittelsicherheit und Fischerei (VO v. 6.6.2008 (GVBl. MV S. 181), zuletzt geändert durch VO v. 14.9.2014 (GVOBl. MV S. 511)),
- **Niedersachsen** die Ärztekammer, die Zahnärztekammer und die Apothekerkammer (VO v. 25.11.2004 (GVBl. S. 516)), zuletzt geändert durch VO v. 21.7.2015 (Nds. GVBl. S. 301)),
- **Nordrhein-Westfalen** die Kreise und kreisfreien Städte (VO v. 11.12.1990 (GV. NRW S. 659), in der Fassung der VO v. 5.4.2005 (GV. NRW S. 306)), zuletzt geändert durch VO v. 17.12.2019 (GV NRW S. 996)),
- **Rheinland-Pfalz** das Landesamt für Soziales, Jugend und Versorgung (Landesverordnung v. 28.6.1994 (GVBl. RhPf. S. 313), geändert durch Gesetz v. 28.9.2010 (GVBl. RhPf. S. 280)),
- **Saarland** das Ministerium für Soziales, Gesundheit, Frauen und Familie (VO v. 19.2.2013 (ABl. S. 79), geändert durch VO v. 21.4.2015 (ABl. S. 266)),
- **Sachsen** das Regierungspräsidium Leipzig (VO v. 21.3.2006 (Sächs. GVBl. S. 73)),
- **Sachsen-Anhalt** das Landesverwaltungsamt, soweit nicht der Apothekerkammer zugewiesen (VO v. 31.7.2002 (GVBl. LSA S. 328), zuletzt geändert durch VO v. 18.12.2018 (GVBl. LSA S. 443 (444)),
- **Schleswig-Holstein** das Landesamt für soziale Dienste, bei Betäubungsmitteln zur Anwendung bei Tieren das Ministerium für Energiewende, Landwirtschaft, Umwelt und ländliche Räume, das Ministerium für Soziales, Gesundheit, Wissenschaft und Gleichstellung für die Anerkennung von Einrichtungen (LVO v. 11.12.2001 (GVOBl. S. 453)), zuletzt geändert durch LVO v. 16.1.2019 (GVOBl.Schl.H. S. 30) und
- **Thüringen** das Landesverwaltungsamt, im Veterinärwesen die Landräte und kreisfreien Städte, bei staatlichen Anerkennungen das Ministerium für Gesundheit und Soziales (VO v. 4.6.1993 (ThGVBl. S. 348)), zuletzt geändert durch VO v. 8.8.2013 (ThGVBl. S. 208 (239)).

S. zum Ganzen Hügel/Junge/Lander/Winkler Abschn. 2.1. bis 2.16.

C. Besondere Verwaltungsdienststelle (Absatz 2)

40 Nach Art. 17 ÜK 1961, Art. 6 ÜK 1971 sind die Mitgliedstaaten gehalten, zur Durchführung dieser Verträge eine **besondere Verwaltungsdienststelle** einzurichten. Diese Funktion nimmt für Deutschland das BfArM wahr.

D. Die Cannabisagentur (Absatz 2 a)

Um eine ausreichende Versorgung mit Cannabisarzneimitteln in standardisierter 41
Qualität sicherzustellen, sieht der neu eingeführte Absatz 2 a neben dem ohnehin
möglichen Import vor, dass auch der **Anbau von Cannabis** zu medizinischen
Zwecken in Deutschland ermöglicht wird. Satz 1 bestimmt, dass die **Überwachung** dieses Anbaues nicht der BLE (Absatz 3) obliegt, sondern dem BfArM.
Zur Standardisierung s. BT-Drs. 18/8965, 32.

Satz 2 setzt die Vorgaben des Ük 1961 (Anh. A 1) für diesen Anbau um. Nach 42
Art. 23, 28 Abs. 1 des Übereinkommens muss der Staat, der den Anbau gestattet,
eine staatliche Stelle **(Cannabisagentur)** errichten, die die in Art. 23 Abs. 2 Ük
1961 vorgesehenen Aufgaben wahrnimmt. Diese Stelle muss den Anbau genehmigen (Buchst. a, c), nur Anbauer, die eine Genehmigung haben, dürfen den Anbau
betreiben (Buchst. b), alle Anbauer müssen die gesamte Ernte an sie abliefern
(Buchst. d Satz 1), sie hat die geernteten Mengen aufzukaufen und sie körperlich in
Besitz zu nehmen (Buchst. d Satz 2).

Die Aufgaben der staatlichen Stelle nach Art. 23 Abs. 2 Buchst. a (Fest- 43
legung der Parzellen, in denen der Anbau zulässig ist) und c (Festlegung der
Größe der Fläche) Ük 1961 werden durch das BfArM im Rahmen der Erlaubnis
nach den §§ 3–10 wahrgenommen. Der Anbau ohne Erlaubnis ist nach § 29
Abs. 1 S. 1 Nr. 1 strafbar. Die Aufgaben nach Art. 23 Abs. 2 Buchst. d ÜK 1961
(Kauf und Inbesitznahme der Ernte) überträgt **Satz 2** dem **BfArM.** Das BfArM
handelt damit in **verschiedenen rechtlichen Funktionen,** einmal öffentlich-
rechtlich als Bundesopiumstelle für die Überwachung des legalen Betäubungsmittelverkehrs (einschließlich Erlaubniserteilung) und dann zivilrechtlich als
Cannabisagentur (Ankauf/Verkauf). Damit sollen eine umfassende Kontrolle
über Anbau und Abgabe erreicht und Abzweigungen verhindert werden (BT-
Drs. 18/8965, 18).

Nach Satz 3 erfolgt **der Kauf des Cannabis** nach den Vorschriften des **Ver-** 44
gaberechts. Die Cannabisagentur schreibt die zu beschaffenden Mengen aus. Dabei ist bei Erreichen der maßgeblichen Schwellenwerte (§ 106 Abs. 1, 2 Nr. 1
GWB, Art. 4 der Richtlinie 2014/24/EU) Teil 4 des GWB anzuwenden. Die
Agentur vergibt die Aufträge und schließt mit den Anbauern zivilrechtliche Lieferverträge. Die erfolgreichen Bieter sind zur eigenverantwortlichen Erfüllung ihrer
sich aus Zuschlag und Liefervertrag ergebenden Verpflichtungen gehalten; dazu haben sie den Anbau und die Ernte zu organisieren und die dazu notwendigen Genehmigungen zu beantragen, insbesondere die Erlaubnis zum Anbau und zum Verkauf an die Agentur (BT-Drs. 18/8965, 18). Der Zuschlag oder Liefer- oder
Kaufvertrag befreit die jeweiligen Vertragspartner von der Einholung dieser Erlaubnisse nicht.

Die Cannabisagentur verkauft den Cannabis anschließend an Hersteller von 45
Cannabisarzneimitteln, Großhändler oder Apotheken weiter. Hierfür legt das
BfArM seinen Herstellerabgabepreis fest **(Satz 4).** Die bei ihm anfallenden Personal- und Sachkosten sollen über einen die Kosten deckenden Aufschlag refinanziert
werden. Gewinne oder Überschüsse darf das BfArM nicht erzielen.

E. Die Bundesanstalt für Landwirtschaft und Ernährung (Absatz 3)

Durch G v. 4. 6. 1996 (BGBl. I S. 582) wurde **eine neue Behörde** in die Über- 46
wachung des Betäubungsmittelverkehrs eingeschaltet.

Mit dem neu eingeführten **Absatz 3** wurde der Bundesanstalt für Landwirtschaft 47
und Ernährung (BLE) die Aufgabe übertragen, den **Anbau** von **Nutzhanf** zu
überwachen **(Satz 1).**

BtMG § 20   Vierter Abschnitt. Überwachung

48   Satz 2 verweist hinsichtlich der **Überwachung** auf die einschlägigen unionsrechtlichen Regelungen in Verbindung mit den deutschen Durchführungsbestimmungen (Anh. E 2). In diesen Vorschriften finden sich namentlich die für die Überwachung notwendigen Regelungen zur Probeentnahme und -untersuchung und zu Duldungs- und Mitwirkungspflichten.

49   Satz 3 dient dem Bürokratieabbau, indem die Landwirte, die an der Basisprämienregelung teilnehmen, davon entlastet werden, die Saatgutetiketten nacheinander zwei verschiedenen Behörden vorlegen zu müssen (s. auch § 24a Abs. 1 S. 3 Nr. 3).

50   **Die Bundesanstalt** hat **ihren Sitz** in Deichmanns Aue 29, 53179 Bonn (Telefon; 0228 6845-0; Fax: 030 18 10 68 45 34 44; E-Mail: info@ble.de).

§ 20 Besondere Ermächtigung für den Spannungs- oder Verteidigungsfall

(1) ¹Die Bundesregierung wird ermächtigt, durch Rechtsverordnung ohne Zustimmung des Bundesrates dieses Gesetz oder die auf Grund dieses Gesetzes erlassenen Rechtsverordnungen für Verteidigungszwecke zu ändern, um die medizinische Versorgung der Bevölkerung mit Betäubungsmitteln sicherzustellen, wenn die Sicherheit und Kontrolle des Betäubungsmittelverkehrs oder der Herstellung ausgenommener Zubereitungen gewährleistet bleiben. ²Insbesondere können
1. Aufgaben des Bundesinstitutes für Arzneimittel und Medizinprodukte nach diesem Gesetz und auf Grund dieses Gesetzes erlassenen Rechtsverordnungen auf das Bundesministerium übertragen,
2. der Betäubungsmittelverkehr und die Herstellung ausgenommener Zubereitungen an die in Satz 1 bezeichneten besonderen Anforderungen angepasst und
3. Meldungen über Bestände an
   a) Betäubungsmitteln,
   b) ausgenommenen Zubereitungen und
   c) zur Herstellung von Betäubungsmitteln erforderlichen Ausgangsstoffen oder Zubereitungen, auch wenn diese keine Betäubungsmittel sind,

angeordnet werden. ³In der Rechtsverordnung kann ferner der über die in Satz 2 Nr. 3 bezeichneten Bestände Verfügungsberechtigte zu deren Abgabe an bestimmte Personen oder Stellen verpflichtet werden.

(2) **Die Rechtsverordnung nach Absatz 1 darf nur nach Maßgabe des Artikels 80a Abs. 1 des Grundgesetzes angewandt werden.**

(3) *(weggefallen)*

Erläuterung

1   Die Vorschrift enthält **besondere Regelungen** für den Spannungs- oder Verteidigungsfall (Art. 80a Abs. 1 GG). Sie ermächtigt die Bundesregierung zum Erlass von Rechtsverordnungen, um in diesen besonderen Situationen die medizinische Versorgung der Bevölkerung mit Betäubungsmitteln sicherzustellen.

2   Anders als dies die Stellung des Wortes „angeordnet" im verkündeten Text (Absatz 1 Satz 2) vermuten ließe, kann sich eine Anordnung allein auf die in Nr. 3 geregelten Meldungen beziehen, nicht jedoch auf die anderen Nummern des Satzes 2. Es handelt sich um ein offensichtliches Verkündungsversehen (*Hochstein* in BeckOK BtMG Rn. 2).

§ 21 Mitwirkung anderer Behörden

(1) Das Bundesministerium der Finanzen und die von ihm bestimmten Zollstellen wirken bei der Überwachung der Einfuhr, Ausfuhr und Durchfuhr von Betäubungsmitteln mit.

(2) ¹Das Bundesministerium der Finanzen kann im Einvernehmen mit dem Bundesministerium des Innern, für Bau und Heimat die Beamten der Bundespolizei, die mit Aufgaben des Grenzschutzes nach § 2 des Bundespolizeigesetzes betraut sind, und im Einvernehmen mit dem Bayerischen Staatsminister des Innern, für Bau und Heimat die Beamten der Bayerischen Grenzpolizei mit der Wahrnehmung von Aufgaben betrauen, die den Zolldienststellen nach Absatz 1 obliegen. ²Nehmen die im Satz 1 bezeichneten Beamten diese Aufgaben wahr, gilt § 67 Abs. 2 des Bundespolizeigesetzes entsprechend.

(3) Bei Verdacht von Verstößen gegen Verbote und Beschränkungen dieses Gesetzes, die sich bei der Abfertigung ergeben, unterrichten die mitwirkenden Behörden das Bundesinstitut für Arzneimittel und Medizinprodukte unverzüglich.

Übersicht

	Rn.
A. Inhalt der Vorschrift	1
B. Einsatz der Zollverwaltung (Absatz 1)	2
I. Die Behörden der Bundeszollverwaltung	3
II. Die Aufgaben der Bundeszollverwaltung	8
1. Zollverwaltung	9
2. Zollfahndungsdienst	11
a) Abgabenordnung	12
b) Zollfahndungsdienstgesetz	14
III. Die Befugnisse der Bundeszollverwaltung	18
1. Die betäubungsmittelrechtlichen Befugnisse	19
2. Die zollrechtlichen Befugnisse	20
a) Anlasslose Kontrolle im grenznahen Raum (§ 10 Abs. 1, § 14 ZollVG)	23
b) Anlasskontrolle im sonstigen Hoheitsgebiet (§ 10 Abs. 2 ZollVG)	25
c) Durchsuchung von Personen (§ 10 Abs. 3 ZollVG)	27
d) Überholung (§ 10 Abs. 3a ZollVG)	28
e) Vorlage von Postsendungen an die Staatsanwaltschaft (§§ 5, 12 S. 2 ZollVG)	30
f) Sonstige Vorlage an die Staatsanwaltschaft (§ 12 S. 1 ZollVG)	32
g) Exkurs: Vorlagepflicht der Postdienstleister außerhalb von Zollverfahren (§ 39 Abs. 4a PostG)	33
3. Die strafprozessualen Befugnisse	34
a) Anknüpfung: Steuerstraftat (Zollstraftat)	35
aa) Steuerhinterziehung	36
bb) Bannbruch	38
b) Ermittlungskompetenz der Hauptzollämter	41
c) Ermittlungskompetenz der Zollfahndungsämter	45
aa) Erforschung von Straftaten	46
bb) Aufdeckung und Ermittlung unbekannter Steuerfälle	48
4. Befugnisse nach dem Zollfahndungsdienstgesetz (ZFdG)	50
a) Zollfahndungsämter	51
b) Zollkriminalamt	52
C. Einsatz der Bundespolizei und der Bayerischen Grenzpolizei (Absatz 2)	53
D. Meldepflicht (Absatz 3)	55

BtMG § 21   Vierter Abschnitt. Überwachung

A. Inhalt der Vorschrift

1   Die Vorschrift regelt in **Absatz 1** die Aufgaben der Zollverwaltung bei der Überwachung des Betäubungsmittelverkehrs. **Absatz 2** befasst sich mit der Heranziehung von Beamten der Bundespolizei und der Bayerischen Grenzpolizei zu den Aufgaben der Zolldienststellen. **Absatz 3** regelt die Unterrichtungspflicht gegenüber dem Bundesinstitut für Arzneimittel und Medizinprodukte.

B. Der Einsatz der Zollverwaltung (Absatz 1)

2   Die Vorschrift sieht vor, dass das **BMF** und die von ihm bestimmten **Zollstellen** bei der Überwachung der Einfuhr, Ausfuhr und Durchfuhr von Betäubungsmitteln mitwirken. Die Mitwirkung umfasst auch die Kontrolle dieser Verkehrsarten im Rahmen des Handeltreibens.

3   **I. Die Behörden der Bundeszollverwaltung.** Die Bundeszollverwaltung wird als bundeseigene Verwaltung mit eigenem Verwaltungsunterbau geführt. Sie ist Bestandteil der Bundesfinanzverwaltung und dem Bundesfinanzministerium unterstellt. Ihr organisatorischer Aufbau ist im FVG und ZFdG festgelegt (§ 17 Abs. 1 ZollVG (Anh. C 1)). Oberste Behörde ist das **BMF** (§ 1 Nr. 1 FVG). Ihm nachgeordnet als Bundesoberbehörde ist die **Generalzolldirektion** (§ 1 Nr. 2 FVG). Die Generalzolldirektion mit ihrem Hauptsitz in Bonn gliedert sich in neun Direktionen; eine davon (das **Zollkriminalamt**) ist für den Zollfahndungsdienst zuständig (§ 5a Abs. 2 FVG; § 1 ZFdG)). Örtliche Behörden der Zollverwaltung sind die 41 **Hauptzollämter** einschließlich ihrer 252 Dienststellen **(Zollämter)** und die acht **Zollfahndungsämter** (§ 1 Nr. 3 FVG).

4   **Für den Betäubungsmittelverkehr** ist namentlich die **Grenzaufsicht** von Bedeutung. Für sie sind als örtliche Behörden die Hauptzollämter zuständig (§ 12 Abs. 2 FVG). Dabei obliegen die Sicherung des deutschen Teils der Grenze des Zollgebiets der Union und die Überwachung des grenznahen Raums (§ 14 Abs. 1 ZollVG) sowie der anderen der Grenzaufsicht unterworfenen Gebiete (§ 14 Abs. 4 ZollVG) dem **Grenzaufsichtsdienst der Zollverwaltung** (§ 17 Abs. 4 S. 1 ZollVG). Zu diesem gehören alle Zollbediensteten – einschließlich der Bediensteten des Wasserzolldienstes –, die in der Grenzaufsicht tätig sind (§ 17 Abs. 4 S. 2 ZollVG).

5   **Teil des Grenzaufsichtsdienstes** sind die **Kontrolleinheiten Grenznaher Raum (KEG).** Sie sind dem Sachgebiet C (Kontrolleinheiten) der Hauptzollämter angegliedert. Entsprechendes gilt für die **Kontrolleinheiten See (KES, Wasserzoll)** und die **Kontrolleinheiten Flughafen Überwachung (KEFÜ)** und **Flughafen Reiseverkehr (KEFR).** Ihre Angehörigen sind Ermittlungspersonen der Staatsanwaltschaft.

6   Eine Ausgleichsmaßnahme zu dem Abbau der Grenzkontrollen an den Binnengrenzen sind die **Kontrolleinheiten Verkehrswege (KEV)**, die aus den Mobilen Kontrollgruppen (MKG) entstanden sind. Sie sind ebenfalls dem Sachgebiet C (Kontrolleinheiten) der Hauptzollämter angegliedert und für die Kontrolle der Einhaltung der Verbote und Beschränkungen (→ Rn. 9, 38) **außerhalb des grenznahen Raumes** (→ Rn. 25, 26) zuständig. Auch ihre Angehörigen sind Ermittlungspersonen der Staatsanwaltschaft.

7   Im Hinblick auf die sich überschneidenden Zuständigkeiten wurden seit 1970 und vermehrt seit 1990 aus Zoll und Polizei **Gemeinsame Ermittlungsgruppen (GER)** gebildet, deren Aufgabe die Bekämpfung der mittleren, schweren und organisierten Rauschgiftkriminalität ist. Namentlich mit Rücksicht auf die Zuständigkeit der Zollverwaltung nach § 12a ZollVG wurden ferner gemeinsame **Finan-**

zermittlungsgruppen (oder Clearingstellen) aus Zoll und Polizei geschaffen, deren Aufgabe vor allem in der Bekämpfung der Geldwäsche besteht.

II. Die Aufgaben der Bundeszollverwaltung. Die Mitwirkung der Zollverwaltung bei der Überwachung der Verbringung von Betäubungsmitteln ist **nicht** auf den legalen Betäubungsmittelverkehr beschränkt (*Patzak* in Körner/Patzak/Volkmer Rn. 7; *Wamers* Marktbeobachtung S. 86; aA *Franke/Wienroeder* Rn. 1; *Kramer* wistra 1990, 169 (175)). Auch aus § 21 Abs. 3 ergibt sich nichts anderes; er soll lediglich eine Mitteilungspflicht begründen (*Joachimski/Haumer* BtMG Rn. 4). 8

1. Zollverwaltung. Eine parallele Aufgabenzuweisung für die Zollverwaltung enthält § 1 Abs. 3 ZollVG, wonach die zollamtliche Überwachung die Einhaltung der gemeinschaftlichen oder nationalen Vorschriften sichert, die das Verbringen von Waren in das, durch das und aus dem **deutschen Hoheitsgebiet** verbieten oder beschränken **(Verbote und Beschränkungen).** Zu diesen Waren gehören die Betäubungsmittel. 9

Nach § 1 Abs. 6 ZollVG erfüllt die Zollverwaltung ferner die Aufgaben, die ihr durch **andere Rechtsvorschriften** zugewiesen sind. § 21 BtMG knüpft daran an. Nach § 386 Abs. 1 AO ermittelt das Hauptzollamt ferner bei Steuerstraftaten (§ 369 AO). Dass auch Zollstraftaten Steuerstraftaten sind, wird durch den Klammerzusatz „Zollstraftaten" dokumentiert. 10

2. Zollfahndungsdienst. Die Aufgabenzuweisung für den Zollfahndungsdienst ist für den hier in Betracht kommenden Bereich in zwei Gesetzen geregelt: 11

a) Abgabenordnung. Nach § 208 Abs. 1 S. 1 Nr. 1 AO haben die Zollfahndungsämter die Aufgabe, Steuerstraftaten (Zollstraftaten) zu erforschen. 12

Darüber hinaus ist ihnen die Aufdeckung und Ermittlung unbekannter Steuerfälle **(Vorfeldermittlungen)** zugewiesen (§ 208 Abs. 1 S. 1 Nr. 3 AO). Die Erfüllung dieser Aufgabe setzt keinen Anfangsverdacht voraus; es genügt ein hinreichender Anlass, der bereits dann gegeben ist, wenn auf Grund konkreter Momente oder allgemeiner Erfahrung ein Tätigwerden angezeigt ist (BFH BStBl. 1988 S. 359). 13

b) Zollfahndungsdienstgesetz. Eine detaillierte Aufgabenzuweisung für die Zollfahndung enthält das ZFdG. 14

aa) Zollfahndungsämter. Danach wirken die Zollfahndungsämter bei der Überwachung des Außenwirtschaftsverkehrs und des grenzüberschreitenden Warenverkehrs mit (§ 5 Abs. 1 ZFdG). Zur Verhütung und Verfolgung von Straftaten und Ordnungswidrigkeiten, zur Aufdeckung unbekannter Straftaten sowie zur Vorsorge für künftige Strafverfahren im Zuständigkeitsbereich der Zollverwaltung haben sie insbesondere die erforderlichen Informationen zu beschaffen und auszuwerten (§ 5 Abs. 2 ZFdG). Auch die Zollfahndungsämter können daher bereits im Vorfeldbereich (→ Rn. 13) tätig werden. 15

bb) Zollkriminalamt. Aus dem umfangreichen Aufgabenkatalog des Zollkriminalamts (§§ 3, 4 ZFdG) ist für die Bekämpfung der Betäubungsmittelkriminalität vor allem § 3 Abs. 5 von Bedeutung, wonach es die Ermittlungen der Zollfahndungsämter koordiniert, lenkt und unterstützt. Auch kann es in Fällen von besonderer Bedeutung die Aufgaben der Zollfahndungsämter auf dem Gebiet der Strafverfolgung selbst wahrnehmen (§ 4 Abs. 1 ZFdG). 16

Es wirkt ferner bei der **Überwachung des grenzüberschreitenden Warenverkehrs** insbesondere durch Maßnahmen zur Verhütung und Verfolgung von Straftaten und Ordnungswidrigkeiten, zur Aufdeckung unbekannter Straftaten sowie zur Vorsorge für künftige Strafverfahren im Zuständigkeitsbereich der Zollverwaltung mit (§ 4 Abs. 3 ZFdG). Auch dem Zollkriminalamt ist damit der Vorfeldbereich (→ Rn. 13) eröffnet. 17

BtMG § 21   Vierter Abschnitt. Überwachung

18   **III. Befugnisse der Bundeszollverwaltung.** § 21 Abs. 1 BtMG weist der Zollverwaltung lediglich **Aufgaben** zu, begründet jedoch noch **keine Befugnisse.** Diese sind anderen Vorschriften zu entnehmen. Die Zollverwaltung kann dabei auf vier Quellen zurückgreifen (*Hochstein* in BeckOK BtMG Rn. 1):
- die betäubungsmittelrechtlichen Vorschriften der §§ 22–24,
- die zollrechtlichen Regelungen des ZollVG, insbesondere die §§ 5, 10–12, 14, 17 Abs. 4 ZollVG,
- die strafprozessualen Befugnisse nach den §§ 208, 386, 402, 404 AO,
- die Befugnisse der Zollfahndung nach §§ 6, 16, 24, 26 ZFdG.

19   **1. Die betäubungsmittelrechtlichen Befugnisse.** Die betäubungsmittelrechtliche Überwachung knüpft an die Begriffe der Einfuhr, Ausfuhr und Durchfuhr des BtMG (§ 2 Abs. 2, § 11 Abs. 1 S. 2) an und bezieht sich damit auf die deutsche **Hoheitsgrenze,** nicht auf die Grenze des Zollgebiets der Union. Zu den Einzelheiten s. die Erläuterungen zu den §§ 22–24.

20   **2. Die zollrechtlichen Befugnisse.** Auch die zollamtliche Überwachung (→ § 11 Rn. 11, 12) setzt im Bereich der Verbote und Beschränkungen (§ 1 Abs. 3 ZollVG) bei der Verbringung einer Ware über die deutsche **Hoheitsgrenze** an. Sie erfasst daher auch den Betäubungsmittelverkehr zwischen Deutschland und einem anderen Mitgliedstaat der EU, und zwar auch dann, wenn das Betäubungsmittel nicht zuvor über die Zollgrenze der Union (Art. 4 UZK) gebracht worden war.

21   Die Befugnisse der Zollverwaltung bei der zollamtlichen Überwachung sind ein besonders geeignetes Mittel zur Bekämpfung des illegalen Betäubungsmittelverkehrs. **Maßnahmen im Vorfeld** sind der Streifendienst und die sonstigen Überwachungsmaßnahmen, die die Zollverwaltung durch ihren Grenzaufsichtsdienst (→ Rn. 4) durchführt.

22   **Zollrechtlich zulässigen Maßnahmen,** etwa der Durchsuchung eines Gegenstandes, steht nicht entgegen, dass zum Zeitpunkt der Fahrzeuguntersuchung bereits ein **Anfangsverdacht einer Straftat** gegen den Betroffenen vorlag, der auch ein Vorgehen nach §§ 102, 105 StPO ermöglicht hätte (sog. **legendierte Kontrollen**). Auf → § 29 Rn. 1031 wird verwiesen.

23   **a) Anlasslose Kontrolle im grenznahen Raum (§ 10 Abs. 1, § 14 ZollVG).** Besondere Befugnisse bestehen im grenznahen Raum, der allerdings nur entlang des deutschen Teils der Zollgrenze der Union besteht (§ 14 Abs. 1 ZollVG), und den Räumen, die das BMF der Grenzaufsicht unterstellt hat (§ 14 Abs. 4 ZollVG). In diesen Bereichen dürfen die Bediensteten der Zollverwaltung **Grundstücke** mit Ausnahme von Gebäuden **betreten** und **befahren,** ohne dass dazu ein besonderer Anlass vorliegen muss (§ 14 Abs. 2 S. 1 ZollVG).

24   Ebenso dürfen sie, ohne dass dazu ein besonderer Anlass bestehen muss, **Personen** und **Beförderungsmittel anhalten** (§ 10 Abs. 1 S. 1 ZollVG). Sie haben das Recht zur Ausweiskontrolle, das Recht, an Bord und von Bord von Fahrzeugen aller Art zu gelangen, das Recht zur Kontrolle von Gepäck, Beförderungsmitteln und Ladung (§ 10 Abs. 1 S. 2–6 ZollVG). Unberührt bleiben die **Befugnisse der Finanzbehörde,** insbesondere der Hauptzollämter und der Zollfahndungsstellen nach §§ 209–211 AO (§ 10 Abs. 1 ZollVG).

25   **b) Anlasskontrolle im sonstigen Hoheitsgebiet (§ 10 Abs. 2 ZollVG).** Die in → Rn. 23, 24 genannten Befugnisse stehen der Zollverwaltung für örtlich und zeitlich begrenzte **Kontrollen** auch außerhalb des grenznahen Raumes zu, wenn Grund zu der Annahme besteht, dass Waren, die der zollamtlichen Überwachung (→ Rn. 9) unterliegen, von Personen oder in Beförderungsmitteln mitgeführt werden (§ 10 Abs. 2 ZollVG). Damit ist es möglich, im gesamten deutschen Hoheitsgebiet solche Kontrollen durchzuführen.

Im Unterschied zum Anfangsverdacht nach § 152 Abs. 2 StPO sind danach zureichende tatsächliche Anhaltspunkte für eine Zuwiderhandlung **nicht** erforderlich. Es genügen nicht nur entfernte Indizien, die bereits für einen Anfangsverdacht (→ § 4 Rn. 203–208) ausreichen würden, sondern auch **allgemeine kriminalistische, zöllnerische** oder **steuerrechtliche Erfahrungen,** wonach an einem bestimmten Ort oder in einem bestimmten Segment in einem verstärkten Maße mit einem überwachungsbedürftigen Sachverhalt zu rechnen ist (*Harder* in Wabnitz/Janovsky/Schmitt WirtschaftsStrafR-HdB, 4. Auflage, Kap. 22 Rn. 15; *Rüsken* in Klein AO § 208 Rn. 41–42 c). Ins Blaue hinein darf allerdings auch hier nicht ermittelt werden. Keine Ermittlung ins Blaue ist es, wenn der Zollverwaltung Hinweise dafür vorliegen, dass in einer bestimmten Branche oder Berufssparte bestimmte typische Fälle gehäuft auftreten (*Rüsken* in Klein AO § 208 Rn. 41–42 c). 26

c) Durchsuchung von Personen (§ 10 Abs. 3 ZollVG). Bei der Durchsuchung von Personen wird zwischen dem grenznahen Raum (→ Rn. 23) und den anderen Bereichen nicht unterschieden: Stets müssen zureichende tatsächliche Anhaltspunkte dafür vorliegen, dass die betreffenden Personen vorschriftswidrig Waren mitführen, die der zollamtlichen Überwachung (→ Rn. 9) unterliegen (§ 10 Abs. 3 ZollVG). Im Hinblick darauf, dass § 10 Abs. 1, 2 ZollVG das bloße Anhalten von Personen bereits in einem weitergehenden Umfang zulässt, gilt § 10 Abs. 3 ZollVG für die Anhaltung nur, wenn diese allein dem Zweck der Durchsuchung einer Person dienen soll. 27

d) Überholung (§ 10 Abs. 3 a ZollVG). Nach § 10 Abs. 3 a ZollVG kann im Rahmen der Erfassung des Warenverkehrs durch Überholung am Ort der Gestellung (oder einem anderen geeigneten Ort) geprüft werden, ob der Gestellungspflicht vollständig genügt worden ist. Der Pflicht zur Gestellung unterliegen auch illegal eingeführte Betäubungsmittel. Zwar entsteht für sie keine Zollschuld (Art. 83 Abs. 2 Buchst. b UZK). Dies entbindet jedoch weder von der Pflicht zur ordnungsgemäßen Beförderung (Art. 135–137 UZK, §§ 2, 3 ZollVG), noch von der zur Gestellung (Art. 139 UZK, § 4 ZollVG). 28

Die **Überholung** kommt einer Durchsuchung von Frachtgut, Reisegepäck und Beförderungsmitteln gleich. Anders als den Beschuldigten im Strafprozess treffen den Gestellungspflichtigen jedoch weitgehende Mitwirkungspflichten (§ 10 Abs. 3 a S. 3–6 ZollVG). 29

e) Vorlage von Postsendungen an die Staatsanwaltschaft (§§ 5, 12 S. 2 ZollVG). Sofern Postsendungen nicht bereits nach dem UZK oder anderen unionsrechtlichen Vorschriften zu gestellen sind, haben **Postdienstleister** Postsendungen der zuständigen Zollstelle spätestens am nächsten Werktag anzuzeigen und auf Verlangen zur Nachprüfung vorzulegen, wenn zureichende tatsächliche Anhaltspunkte dafür bestehen, dass mit ihnen Waren unter Verstoß gegen VuB ein-, aus- oder durchgeführt werden (§ 5 Abs. 1 S. 1 Nr. 1 ZVG). Zur Überprüfung, ob die Postdienstleister dieser Pflicht nachkommen, und zur weiteren Überprüfung des Postverkehrs werden den Zollbediensteten in § 10 Abs. 4 ZVG weitgehende Befugnisse eingeräumt. 30

Die nach § 5 Abs. 1 S. 1 Nr. 1 ZollVG (→ Rn. 30) vorgelegten Sendungen können von den Zollbediensteten geöffnet und geprüft werden (§ 10 Abs. 4 a S. 3 ZollVG). Ergeben sich dabei zureichende tatsächliche Anhaltspunkte für eine Straftat, so werden die Sendungen und die dazugehörigen Verwaltungsvorgänge **der Staatsanwaltschaft zugeleitet** (§ 12 S. 2 ZollVG). Dasselbe gilt, wenn sich bei der Gestellung einer Postsendung solche Anhaltspunkte ergeben. Das Brief- und Postgeheimnis wird insoweit eingeschränkt (§ 10 Abs. 5 ZollVG). Die Einschränkung bezieht sich allerdings nur auf die Befugnis zur Vorlage an die Staatsanwaltschaft und deren Prüfung. Das **weitere Verfahren** richtet sich, da die Eigenschaft als Postsen- 31 dung nicht verloren geht, nach §§ 99, 100 StPO (BGHSt 23, 229 = NJW 1970, 1331; *Patzak* in Körner/Patzak/Volkmer Rn. 13).

32 **f) Sonstige Vorlage an die Staatsanwaltschaft (§ 12 S. 1 ZollVG).** Auch wenn sich außerhalb des Postverkehrs bei der zollamtlichen Überwachung zureichende tatsächliche Anhaltspunkte für einen Verstoß gegen ein Verbringungsverbot ergeben und diese Anhaltspunkte durch Nachprüfung nicht entkräftet werden, werden die Waren und die dazugehörenden Verwaltungsvorgänge der Staatsanwaltschaft oder im Falle einer Ordnungswidrigkeit der zuständigen Verwaltungsbehörde vorgelegt (§ 12 S. 1 ZollVG).

33 **g) Exkurs: Vorlagepflicht der Postdienstleister außerhalb von Zollverfahren (§ 39 Abs. 4a PostG).** Außerhalb des Zollverfahrens bestehen Vorlagepflichten der Postdienstleister nach § 39 Abs. 4a PostG idF des G v. 9.3.2021 (BGBl. I S. 324). Dasselbe gilt bei etwaigen Straftaten nach §§ 95, 96 AMG, § 4 AntiDopG, § 4 NpSG.

34 **3. Die strafprozessualen Befugnisse.** An den zentralen Begriff der Steuerstraftat (Zollstraftat) knüpft die Ausübung der strafprozessualen Befugnisse durch die Zollverwaltung an (§§ 208, 386, 399, 402, 404 AO). Steuerstraftaten (Zollstraftaten) sind vor allem Steuerhinterziehung und Bannbruch (§ 369 Abs. 1 Nr. 1, 2 AO).

35 **a) Anknüpfungspunkt: Steuerstraftat (Zollstraftat).** Bei der Verbringung von Betäubungsmitteln scheidet Steuerhinterziehung (§ 370 AO) aus, weil Steuern oder Zölle (§ 3 Abs. 1 S. 2 AO) nicht verkürzt werden (→ Rn. 36, 37). Dagegen kommt Bannbruch (§ 372 AO) als Anknüpfungspunkt in Betracht (→ Rn. 38–40).

36 **aa) Steuerhinterziehung.** In drei grundlegenden Entscheidungen hat der EuGH (NStZ 1981, 185 = StV 1981, 274; NStZ 1983, 79 mAnm *Endriß* = StV 1983, 12; NStZ 1984, 268 mAnm *Endriß* = StV 1984, 150) festgestellt, dass die Mitgliedstaaten der EG (nunmehr EU) nicht befugt sind, **Zölle** und **Einfuhrumsatzsteuer** auf eingeschmuggelte Betäubungsmittel zu erheben. Art. 212 S. 2 Zollkodex 1992 (nunmehr Art. 83 Abs. 2 Buchst. b UZK) hat diese Rechtsprechung übernommen. Für **Dopingmittel**, deren Einfuhr und Durchfuhr nach § 4 Abs. 1 Nr. 3, § 2 Abs. 3 AntiDopG verboten und strafbar ist, gilt dies nur, soweit sie **Suchtstoffe** oder **psychotrope Stoffe** sind oder enthalten (Art. 83 Abs. 2 Buchst. b UZK). Dasselbe gilt für neue psychoaktive Substanzen (§§ 3, 4 NpSG).

37 Auch aus **Art. 212 S. 3 Zollkodex 1992** (nunmehr Art. 83 Abs. 3 UZK) ergibt sich nichts anderes (*Kramer* wistra 1990, 169 (170); *Bender* wistra 1990, 285 (286); *Traub* in Witte Art. 83 Rn. 26; aA *Wamers* Kriminalist 1988, 196 (197)). Die dort enthaltene Fiktion reicht für das deutsche Strafrecht nicht aus. Schon im Hinblick auf die insoweit fehlende strafrechtliche Kompetenz der EG (EU) kann § 370 AO nur auf der Grundlage des deutschen Rechts ausgelegt werden. Danach setzt die Steuerhinterziehung aber die Verkürzung eines tatsächlich entstandenen Steueranspruchs voraus.

38 **bb) Bannbruch.** Dagegen kommt Bannbruch (§ 372 AO) als geeigneter Anknüpfungspunkt in Betracht: Auch der Bannbruch ist eine Steuerstraftat (§ 369 Abs. 1 Nr. 2 AO). Zu den von ihm bewehrten Verbringungsverboten gehören auch die Verbote des BtMG, NpSG und des AntiDopG.

39 Der **Tatbestand** des Bannbruchs wird auch **nicht** dadurch **ausgeschlossen,** dass die illegale Verbringung von Betäubungsmitteln zugleich nach dem BtMG strafbar ist. Die Subsidiarität (des einfachen) Bannbruchs (§ 372 Abs. 2 AO) gilt nur für die Strafdrohung, nicht aber für den Tatbestand (BGHSt 25, 137 = NJW 1973, 814; 25, 215 = NJW 1973, 1707). An der Natur des Bannbruchs als einer **Steuerstraftat** ändert dies nichts (*Jäger* in Joecks/Jäger/Randt § 372 Rn. 83), so dass die Ermittlungszuständigkeit der Zollbehörden weiterhin durch ihn begründet wird (*Beckemper* HRRS 2013, 443 (445)). Da eine Bestrafung wegen Bannbruchs nicht in Betracht kommt, ist dieser auch nicht in den Schuldspruch aufzunehmen (BGH StV 1981, 277).

Da es um einen Verstoß gegen ein Verbringungsverbot geht, kommt auch die **Nichtverfolgung** nach § 32 Abs. 1 ZollVG nicht in Betracht (*Jäger* in Joecks/ Jäger/Randt § 372 Rn. 8). Etwas anderes gilt nur dann, wenn die Verbringung des Betäubungsmittels nicht unerlaubt war, so dass lediglich ein Verstoß gegen abgabenrechtliche Bestimmungen vorliegt. 40

b) Ermittlungskompetenz der Hauptzollämter. Nach § 386 Abs. 1 S. 1 AO ermitteln die Finanzbehörden, hier die Hauptzollämter (§ 386 Abs. 1 S. 2 AO), bei dem Verdacht einer Steuerstraftat/Zollstraftat den Sachverhalt; dabei führen sie das Ermittlungsverfahren in den Grenzen des § 399 Abs. 1 AO und der §§ 400, 401 AO selbständig, wenn die Tat ausschließlich eine Steuerstraftat/Zollstraftat darstellt (und kein Haft- oder Unterbringungsbefehl ergangen ist (§ 386 Abs. 2 AO)). Auch in diesen Verfahren ist eine frühzeitige Unterrichtung der Staatsanwaltschaft geboten, wenn die Sache voraussichtlich nicht mit einem Strafbefehlsantrag erledigt werden kann (BGHSt 54, 9 = NJW 2009, 2319 = StV 2009, 684; dazu *Theile* ZIS 2009, 446). 41

Da der Schmuggel von Betäubungsmitteln aber **nicht ausschließlich** eine Steuerstraftat/Zollstraftat darstellt, kommt eine selbständige Durchführung des Ermittlungsverfahrens durch das Hauptzollamt nicht in Betracht (§ 386 Abs. 2 Nr. 1 AO); vielmehr ist die Leitung des Verfahrens von der Staatsanwaltschaft zu übernehmen (*Randt* in Joecks/Jäger/Randt AO § 386 Rn. 10, 12, 13). 42

Im Verfahren der Staatsanwaltschaft hat das Hauptzollamt – neben den Befugnissen nach § 399 Abs. 2 S. 2 AO (Maßnahmen nach den für die Ermittlungspersonen der Staatsanwaltschaft geltenden Vorschriften) – **dieselbe Stellung** wie die **Polizei** nach der StPO (§ 402 Abs. 1 AO). Nicht anders als die Polizei kann es im Rahmen des § 163 Abs. 1 S. 1 StPO tätig werden, ohne dass ein besonderer Auftrag der Staatsanwaltschaft vorliegt. In diesem Rahmen ist es, soweit dies auch der Polizei möglich ist, auch zulässig, dass es seine Ermittlungen zu Ende führt und die Staatsanwaltschaft erst durch Übersendung der Verhandlungen von der Tat in Kenntnis setzt. Zu einer Beschränkung der Ermittlungen auf das Notwendigste (so aber *Randt* in Joecks/ Jäger/Randt § 402 Rn. 7) besteht hier ebenso wenig Anlass wie bei der Polizei. 43

Im Rahmen dieser unselbständigen Ermittlungsbefugnisse, die es von der Staatsanwaltschaft ableitet, kann das Hauptzollamt bei **Tateinheit** (BGHSt 36, 283 = NJW 1990, 845 = NStZ 1990, 123; weitergehend OLG Braunschweig wistra 1998, 71 (93) mablAnm *Bender*: § 264 StPO) mit einer Steuerstraftat/Zollstraftat auch die **nichtsteuerliche Tat** ermitteln, ohne die Sache zuvor an die Staatsanwaltschaft abgeben zu müssen (*Randt* in Joecks/Jäger/Randt AO § 386 Rn. 27). 44

c) Ermittlungskompetenzen der Zollfahndungsämter. Soweit sich die Zuständigkeit der Zollfahndungsämter auf die AO stützt (zum ZFdG → Rn. 50, 51), sind ihre Kompetenzen unterschiedlich: 45

aa) Erforschung von Steuerstraftaten. Bei der Erfüllung ihrer Aufgabe, Steuerstraftaten zu erforschen (§ 208 Abs. 1 S. 1 Nr. 1 AO; → Rn. 12), haben die Zollfahndungsämter dieselben Ermittlungsbefugnisse wie die Hauptzollämter (§ 208 Abs. 1 S. 2 AO). 46

Sie haben ferner dieselben Rechte und Pflichten wie die **Polizei im Strafverfahren** (§ 404 S. 1 AO). Darüber hinaus stehen ihnen die in § 399 Abs. 2 S. 2 AO genannten Befugnisse (→ Rn. 43) sowie das Recht zur Durchsicht von Papieren zu (§ 404 S. 2 Hs. 1 AO). Ihre Beamten sind Ermittlungspersonen der Staatsanwaltschaft (§ 404 S. 2 Hs. 2 AO). Auf → Rn. 41–44 wird verwiesen. 47

bb) Aufdeckung und Ermittlung unbekannter Steuerfälle. Bei der Erfüllung ihrer Aufgabe zur Aufdeckung und Ermittlung unbekannter Steuerfälle 48

(§ 208 Abs. 1 S. 1 Nr. 3 AO; → Rn. 13) haben die Zollfahndungsämter ebenfalls die Ermittlungsbefugnisse, die den Hauptzollämtern zustehen (§ 208 Abs. 1 S. 2 AO). Zusätzlich verfügen sie über die Befugnisse nach § 404 S. 2 Hs. 1 AO (→ Rn. 45). § 208 Abs. 1 S. 1 Nr. 3 AO bezieht sich nur auf unbekannte Steuerfälle und nicht auf Steuerstraftaten; der Bannbruch wird damit nicht erfasst (*Küchenhoff* in Wabnitz/Janovsky/Schmitt WirtschaftsStrafR-HdB Kap. 23 Rn. 25).

49 Da die Wahrnehmung der Aufgabe nach § 208 Abs. 1 S. 1 Nr. 3 AO zumindest auch die Entdeckung von Straftaten zum Ziel hat, liegt in der Verwendung der dabei gewonnenen Erkenntnisse im Ermittlungs- und Strafverfahren keine Zweckänderung; so dass sie grundsätzlich hier **verwertet werden** können (*Patzak* in Körner/Patzak/Volkmer Rn. 13). Zu den Tatsachen und Beweismitteln, die sich aus dem Besteuerungsverfahren ergeben, s. § 393 Abs. 2 AO.

50 **4. Die Befugnisse nach dem Zollfahndungsdienstgesetz (ZFdG).** Weit reichende Befugnisse für den Zollfahndungsdienst (Zollfahndungsämter und Zollkriminalamt) ergeben sich aus dem ZFdG.

51 **a) Zollfahndungsämter.** Soweit die Zollfahndungsämter Ermittlungen durchführen (→ Rn. 15), haben sie dieselben Rechte und Pflichten wie die Polizei im Strafverfahren; ihre Beamten sind Ermittlungspersonen der Staatsanwaltschaft (§ 52 ZFdG). Namentlich für den präventiven Bereich steht ihnen ein umfangreicher Befugniskatalog zur Verfügung (§§ 39–51 ZFdG).

52 **b) Zollkriminalamt.** Das Zollkriminalamt ist gegenüber den Zollfahndungsämtern weisungsberechtigt (§ 25 ZFdG). Ihm stehen ferner die Befugnisse der Hauptzollämter zu; seine Beamten sind Ermittlungspersonen der Staatsanwaltschaft (§ 52 Satz 2 ZFdG). Namentlich im präventiven Bereich verfügt es über einen umfangreichen Befugniskatalog (§§ 39–51, 71–83 ZFdG).

C. Einsatz der Bundespolizei und der Bayerischen Grenzpolizei (Absatz 2)

53 Nach Absatz 2 kann das BMF im Einvernehmen mit dem BMI Beamte der Bundespolizei und im Einvernehmen mit dem Bayerischen Staatsministerium des Innern Beamte der Bayerischen Grenzpolizei mit der Wahrnehmung von Aufgaben betrauen, die den Zolldienststellen nach Absatz 1 oblagen. Die Beamten haben dann dieselben Befugnisse wie die Bediensteten des Zolls und stehen unter der **Fachaufsicht** der Zollverwaltung (*Patzak* in Körner/Patzak/Volkmer Rn. 14; *Joachimski/Haumer* BtMG Rn. 3). Nehmen die Bediensteten die Aufgaben nach Absatz 1 wahr, gilt § 67 Abs. 2 BPolG entsprechend.

54 Die **Bayerische Grenzpolizei** ist seit 1.4.1998 in die Landespolizei eingegliedert (Gesetz v. 26.7.1997 (GVBl. S. 342)). Ihre Aufgaben an der Grenze wurden danach von besonderen Einheiten dieser Polizei wahrgenommen. Da es sich bei der Eingliederung lediglich um eine organisatorische Maßnahme handelte, stand der Fortbestand der Regelung nicht in Frage. Mittlerweile ist die Bayerische Grenzpolizei innerhalb der Landespolizei wieder ein eigener Verband mit einer eigenen Direktion und einer eigenen Aufgabenzuweisung (Art. 5 POG).

D. Meldepflicht (Absatz 3)

55 Nach Absatz 3 sind die mitwirkenden Behörden verpflichtet, jeden Verdacht eines Verstoßes gegen das BtMG unverzüglich dem BfArM zu melden. Die Meldung ist danach nicht in ihr Ermessen gestellt (Hügel/Junge/Lander/Winkler Rn. 4). Sind die Betäubungsmittel zugleich Arzneimittel gilt auch § 68 AMG.

§ 22 Überwachungsmaßnahmen

(1) ¹Die mit der Überwachung beauftragten Personen sind befugt,
1. Unterlagen über den Betäubungsmittelverkehr oder die Herstellung oder das der Herstellung folgende Inverkehrbringen ausgenommener Zubereitungen einzusehen und hieraus Abschriften oder Ablichtungen anzufertigen, soweit sie für die Sicherheit oder Kontrolle des Betäubungsmittelverkehrs oder der Herstellung ausgenommener Zubereitungen von Bedeutung sein können,
2. von natürlichen und juristischen Personen und nicht rechtsfähigen Personenvereinigungen alle erforderlichen Auskünfte zu verlangen,
3. Grundstücke, Gebäude, Gebäudeteile, Einrichtungen und Beförderungsmittel, in denen der Betäubungsmittelverkehr oder die Herstellung ausgenommener Zubereitungen durchgeführt wird, zu betreten und zu besichtigen, wobei sich die beauftragten Personen davon zu überzeugen haben, dass die Vorschriften über den Betäubungsmittelverkehr oder die Herstellung ausgenommener Zubereitungen beachtet werden. ²Zur Verhütung dringender Gefahren für die öffentliche Sicherheit und Ordnung, insbesondere wenn eine Vereitelung der Kontrolle des Betäubungsmittelverkehrs oder der Herstellung ausgenommener Zubereitungen zu besorgen ist, dürfen diese Räumlichkeiten auch außerhalb der Betriebs- und Geschäftszeit sowie Wohnzwecken dienende Räume betreten werden; insoweit wird das Grundrecht auf Unverletzlichkeit der Wohnung (Artikel 13 des Grundgesetzes) eingeschränkt. ³Soweit es sich um industrielle Herstellungsbetriebe und Großhandelsbetriebe handelt, sind die Besichtigungen in der Regel alle zwei Jahre durchzuführen,
4. vorläufige Anordnungen zu treffen, soweit es zur Verhütung dringender Gefahren für die Sicherheit oder Kontrolle des Betäubungsmittelverkehrs oder der Herstellung ausgenommener Zubereitungen geboten ist. ²Zum gleichen Zweck dürfen sie auch die weitere Teilnahme am Betäubungsmittelverkehr oder die weitere Herstellung ausgenommener Zubereitungen ganz oder teilweise untersagen und die Betäubungsmittelbestände oder die Bestände ausgenommener Zubereitungen unter amtlichen Verschluss nehmen. ³Die zuständige Behörde (§ 19 Abs. 1) hat innerhalb von einem Monat nach Erlass der vorläufigen Anordnungen über diese endgültig zu entscheiden.

(2) Die zuständige Behörde kann Maßnahmen gemäß Absatz 1 Nr. 1 und 2 auch auf schriftlichem Wege anordnen.

Übersicht

	Rn.
A. Bedeutung der Überwachung, Zuständigkeit	1
B. Die mit der Überwachung beauftragten Stellen	3
C. Überwachung und Anfangsverdacht	6
D. Die einzelnen Maßnahmen (Absatz 1)	7
I. Einsicht in Unterlagen (Nr. 1)	7
II. Verlangen von Auskünften (Nr. 2)	13
III. Betretungs- und Besichtigungsrechte (Nr. 3)	16
1. Geschäftsräume während der Geschäftszeit (Satz 1)	19
2. Geschäftsräume außerhalb der Geschäftszeit (Satz 2)	20
3. Wohnräume (Satz 2)	21
4. Industrielle Herstellungsbetriebe, Großhandelsbetriebe (Satz 3)	23

	Rn.
IV. Vorläufige/endgültige Anordnungen (Nr. 4)	24
E. Schriftliche Anordnungen (Absatz 2)	29
F. Niederschrift	30
G. Drogenkonsumräume	31

A. Bedeutung der Überwachung, Zuständigkeit

1 Wegen der mit dem **Betäubungsmittelverkehr** und der Herstellung ausgenommener Zubereitungen verbundenen Gefahren kommt einer wirksamen **behördlichen Überwachung** eine besondere Bedeutung zu. Die Überwachung betrifft nicht nur den **Betäubungsmittelverkehr** im engeren Sinn (→ § 3 Rn. 2), sondern auch den **medizinischen Bereich** (→ § 3 Rn. 3), der von der Erlaubnispflicht befreit ist, insbesondere Ärzte (VGH München BeckRS 2019, 17486; *Malek* BtMStrafR Kap. 6 Rn. 18) und Apotheker. Die Vorschrift gilt ferner bei der Überwachung der Einhaltung der Mindeststandards in **Drogenkonsumräumen** (→ Rn. 31).

2 Die Überwachung obliegt grundsätzlich dem BfArM (§ 19 Abs. 1 S. 1), im medizinischen Bereich einschließlich der pharmazeutischen Unternehmer und der Einrichtungen, in denen Diamorphin verschrieben und verabreicht wird, und hinsichtlich der Mindeststandards bei Drogenkonsumräumen den zuständigen Behörden der Länder (§ 19 Abs. 1 S. 3, 4), im grenzüberschreitenden Verkehr auch den Zollstellen (§ 21 Abs. 1) und den nach § 21 Abs. 2 bestellten Polizeibeamten. Zum Anbau von Nutzhanf → § 19 Rn. 22–26 sowie die Erläuterungen zu § 24a.

B. Die mit der Überwachung beauftragten Stellen

3 Die **zuständigen Behörden** können mit der Überwachung nicht nur ihre Bediensteten beauftragen, sondern auch **Privatpersonen** mit einer ausreichenden Qualifikation (*Hochstein* in BeckOK BtMG Rn. 1). Diese werden zwar nicht als beliehene Unternehmer tätig, wohl aber als sogenannte Verwaltungshelfer (*Herdegen* in Maunz/Dürig GG Art. 1 Abs. 3 Rn. 101; *Hochstein* in BeckOK BtMG Rn. 1), deren Handeln unmittelbar der Behörde zugerechnet wird, von der sie bestellt sind, und als deren Verwaltungshandeln gilt (OVG Koblenz BeckRS 2010, 25601). Sie bedürfen daher keiner Erlaubnis nach § 3.

4 Namentlich im Hinblick auf die **Betriebs- und Privatgeheimnisse,** die ihnen bei der Überwachung bekannt werden, sind die damit **beauftragten Privatpersonen** nach § 1 Abs. 1 Nr. 1 VerpflichtungsG auf die gewissenhafte Erfüllung ihrer Obliegenheiten zu verpflichten (*Hochstein* in BeckOK BtMG Rn. 1). Für die von ihnen zu beobachtende Verschwiegenheit gelten dann dieselben Regeln wie für Amtsträger (§ 203 Abs. 2 Nr. 2 StGB).

5 Die mit der Überwachung beauftragten Behörden können auch **Sachverständige** zuziehen (§ 26 Abs. 2 Nr. 2 VwVfG). Handelt es sich dabei um private Untersuchungsinstitute und nehmen diese bei ihrer Tätigkeit am Betäubungsmittelverkehr teil, so bedürfen sie einer Erlaubnis nach § 3.

C. Überwachung und Anfangsverdacht/Gefahrenabwehr

6 Die Überwachung nach § 22 dient **nicht** der Erforschung strafbarer Handlungen, sondern der Prüfung, ob die Teilnehmer am Betäubungsmittelverkehr ihre Pflichten erfüllen und die Sicherheit des Betäubungsmittelverkehrs damit gewährleistet ist. Sie ermöglicht eine **ständige Kontrolle,** die von einem konkreten Anlass, insbesondere dem Anfangsverdacht einer Zuwiderhandlung, unabhängig ist (VGH München BeckRS 2019, 17486). Ergeben sich bei der Kontrolle jedoch zureichende tatsächliche Anhaltspunkte für eine Straftat oder Ordnungswidrigkeit, so können die mit der Überwachung befassten Behörden neben den Rechten nach §§ 22, 23 auch von den Befugnissen Gebrauch machen, die ihnen sonst bei der Verfolgung von Straftaten oder Ordnungswidrigkeiten zustehen (*Joachimski/Haumer* BtMG Rn. 1). Dasselbe gilt von ihren Befugnissen zur Gefahrenabwehr (OVG Saarlouis *Kotz/Rahlf* NStZ-RR 2004, 193 (197) = DRsp Nr. 2004/2031 zu dem an einen Arzt gerichteten Verbot, Betäubungsmittel zu verschreiben).

D. Die einzelnen Maßnahmen (Absatz 1)

I. Einsicht in Unterlagen (Nr. 1). Nach Nr. 1 sind die Überwachungsbehörden zur Einsicht in Unterlagen befugt. Um die Herstellung ausgenommener Zubereitungen besser überwachen zu können, dürfen sie dabei auch Unterlagen einsehen, die den Absatz durch den Hersteller betreffen. 7

Zu den Unterlagen gehören nicht nur die nach dem BtMG zu führenden, sondern **alle geschäftlichen** Bücher und Aufzeichnungen, die eine potenzielle Relevanz (*Hochstein* in BeckOK BtMG Rn. 6) für die Sicherheit und Kontrolle des Betäubungsmittelverkehrs haben können. Dies gilt auch, wenn sie im Wege der elektronischen Datenverarbeitung erstellt wurden. Das Einsichtsrecht bezieht sich dabei nicht nur auf die EDV-Ausdrucke, sondern auch auf die Daten, die in einem Rechner gespeichert sind. Hierzu dürfen auch die Dateien des Computers daraufhin durchgesehen werden, ob sich dort Aufzeichnungen befinden, die einen, wenn auch nur mittelbaren, Bezug zum Verkehr mit Betäubungsmitteln haben. Der Einsicht unterliegt auch Werbematerial, im Hinblick auf das Verbot der Vorzensur (Art. 5 Abs. 1 S. 3 GG) aber nur dann, wenn es sich bereits im Verkehr befindet oder zur Abgabe bereit liegt. 8

Die Befugnis zur Einsichtnahme bedeutet, dass die mit der Überwachung beauftragten Personen von dem **gesamten Inhalt** der Unterlagen Kenntnis verschaffen dürfen. Dazu gehören auch Aufzeichnungen, die Betriebsgeheimnisse betreffen (*Hochstein* in BeckOK BtMG Rn. 4). Die Überwachungsbehörde kann und sollte allerdings abwägen, ob der Zweck der Einsicht auch unter Berücksichtigung der Verschwiegenheitspflicht (→ Rn. 4) in einem angemessenen Verhältnis zu der möglichen Gefährdung des Betriebsgeheimnisses steht. 9

Die Einsichtnahme kann auch durch anlasslose Routine- und Stichprobenkontrollen erfolgen; eine konkrete Gefahr ist hierzu nicht erforderlich (VGH München BeckRS 2019, 17486). Das Einsichtsrecht umfasst auch **ärztliche Behandlungsunterlagen** (OVG Münster BeckRS 2015, 49770). Dabei ist im Rahmen der Verhältnismäßigkeitsprüfung der besonderen Schutzwürdigkeit des Arzt-Patienten-Verhältnisses (§ 203 Abs. 1 StGB) Rechnung zu tragen (VGH München BeckRS 2019, 17486). 10

Das Recht zur Einsicht besteht an sich **nur in den** Betriebs- und Geschäftsräumen des Teilnehmers am Betäubungsmittelverkehr. Die mit der Überwachung beauftragten Personen sind berechtigt, Abschriften, Ablichtungen oder digitale Kopien anzufertigen; sie können als Unterstützungshandlung (→ § 24 Rn. 5) auch verlangen, dass die Ablichtungen für sie gefertigt werden (*Hochstein* in BeckOK BtMG Rn. 6). Nach VGH München (BeckRS 2019, 17486) soll der Betroffene auch **zur Übersendung der Unterlagen** verpflichtet werden können. 11

Voraussetzung für diese Maßnahmen ist, dass die Unterlagen für die Sicherheit oder Kontrolle des Betäubungsmittelverkehrs oder der Herstellung ausgenommener Zubereitungen **von Bedeutung sein können.** Ob sie tatsächlich von Bedeutung sind, muss nicht an Ort und Stelle entschieden werden (*Hochstein* in BeckOK BtMG Rn. 6). 12

BtMG § 22   Vierter Abschnitt. Überwachung

13   **II. Verlangen von Auskünften (Nr. 2).** Nach Nr. 2 dürfen die mit der Überwachung beauftragten Personen von natürlichen und juristischen Personen oder von Personenvereinigungen Auskünfte verlangen. Die Vorschrift ist nach **ihrem Wortlaut** uferlos, **in der Sache** aber auf die Personen **begrenzt**, denen die Erfüllung der betäubungsmittelrechtlichen Pflichten obliegt, deren Überwachung das Auskunftsverlangen dient (→ Rn. 6). In Betracht kommen vor allem die in § 5 Abs. 1 Nr. 3 genannten Personen sowie aus dem medizinischen Bereich Ärzte und Apotheker.

14   Für **Betriebsangehörige, Endverbraucher, Patienten** oder **sonstige Personen** gilt § 22 Abs. 2 **nicht** (aA *Hochstein* in BeckOK BtMG Rn. 8; → § 24 Rn. 1; *Cremer-Schaeffer* in Hügel/Junge/Lander/Winkler Rn. 3). Sie haben keine eigenständigen Plichten im Betäubungsmittelverkehr und sind keine Beteiligten. Vielmehr sind sie **Zeugen** oder **sachverständige Zeugen,** so dass sie nach den Vorschriften des VwVfG, insbesondere § 26 Abs. 1 S. 2 Nr. 3, befragt werden können. Eine Pflicht zur Auskunftserteilung besteht im Verwaltungsverfahren allerdings nicht (→ § 24 Rn. 6).

15   **Die Auskunftspflicht** erstreckt sich auf alle Vorgänge und Tatsachen, die mit dem Verkehr mit Betäubungsmitteln in Zusammenhang stehen, einschließlich solcher, die zum Widerruf oder zur Rücknahme der Erlaubnis führen können.

16   **III. Betretungs- und Besichtigungsrechte (Nr. 3).** Nach Nr. 3 steht den mit der Überwachung beauftragten Personen ein Betretungs- und Besichtigungsrecht zu. Die Besichtigung dient der Information der Überwachungsbehörde und umfasst auch die Suche nach bestimmten Gegenständen, insbesondere nach unzulässig vorhandenen Betäubungsmitteln, ohne dass es eines bestimmten Verdachts bedarf (*Hochstein* in BeckOK BtMG Rn. 11; *Cremer-Schaeffer* in Hügel/Junge/Lander/Winkler Rn. 7). Fotografische Aufnahmen sind zulässig. Verschlossene Räume, Behälter und Behältnisse müssen geöffnet werden (*Hochstein* in BeckOK BtMG Rn. 11).

17   **Bei der Besichtigung** ist eine **Vorankündigung nicht** vorgesehen (*Hochstein* in BeckOK BtMG Rn. 12; *Cremer-Schaeffer* in Hügel/Junge/Lander/Winkler Rn. 6). Die Betriebe können auch in Abwesenheit der in § 5 Abs. 1 Nr. 3 bezeichneten Personen betreten und besichtigt werden (*Hochstein* in BeckOK BtMG Rn. 12; *Cremer-Schaeffer* in Hügel/Junge/Lander/Winkler Rn. 6). Den Überwachungsbehörden oder den von ihnen beauftragten Personen obliegt es jedoch, spätestens mit dem Betreten der nicht allgemein zugänglichen Geschäfts- und Betriebsräume den Verantwortlichen davon zu unterrichten, dass sie von ihrem Zutrittsrecht nach Nr. 3 Gebrauch machen. Einzelheiten des Besichtigungszwecks und der Kontrollmaßnahmen brauchen nicht genannt zu werden. Die mit der Überwachung beauftragten Personen müssen sich auf Verlangen legitimieren. Der Betrieb kann verlangen, dass sie die erforderlichen Schutzmaßnahmen, etwa die Anlegung von Schutzbekleidung, einhalten.

18   Die Betretung und Besichtigung wird bei **Grundstücken, Einrichtungen** und **Beförderungsmitteln** im Wesentlichen nur durch die für das Verwaltungshandeln allgemein geltenden Grundsätze, insbesondere den Grundsatz der Verhältnismäßigkeit, beschränkt. Bei Gebäuden und Gebäudeteilen ist im Hinblick auf das Grundrecht der Unverletzlichkeit der Wohnung (Art. 13 GG) danach zu unterscheiden, welchen Zwecken die Räume dienen und zu welchem Zeitpunkt sie betreten werden sollen:

19   **1. Geschäftsräume während der Geschäftszeit (Satz 1).** Während der Geschäftszeit dürfen **Geschäftsräume** betreten und besichtigt werden, ohne dass weitere Voraussetzungen vorliegen müssen; dasselbe gilt für **Arbeits- und Betriebsräume** während der Arbeits- und Betriebszeit (*Hochstein* in BeckOK BtMG Rn. 14).

Solche Räume unterliegen zwar dem Schutz des Art. 13 Abs. 1 GG; das bloße Betreten und Besichtigen in den genannten Zeiten ist aber weder eine Durchsuchung iSd Art. 13 Abs. 2 GG noch ein Eingriff oder eine Beschränkung iSd Art. 13 Abs. 7 GG. Vielmehr stellt der Zutritt im Hinblick auf die Öffnung der Räume durch den Inhaber von vornherein keine Beeinträchtigung des Rechts auf Unverletzlichkeit der Wohnung dar (BVerfGE 32, 54 = NJW 1971, 2299; *Hochstein* in BeckOK BtMG Rn. 14; *Cremer-Schaeffer* in Hügel/Junge/Lander/Winkler Rn. 5).

2. Geschäftsräume außerhalb der Geschäftszeit (Satz 2). Außerhalb der 20 Geschäftszeit dürfen **Geschäftsräume** nur betreten werden, wenn dies zur Verhütung dringender Gefahren für die öffentliche Sicherheit und Ordnung notwendig ist, insbesondere wenn eine Vereitelung der Kontrolle des Betäubungsmittelverkehrs oder der Herstellung ausgenommener Zubereitungen zu besorgen ist; dasselbe gilt für das Betreten und Besichtigen von **Arbeits- und Betriebsräumen** außerhalb der Arbeits- und Betriebszeit. Es ist nicht notwendig, dass die dringende Gefahr bereits vorliegt („Verhütung"). Ausreichend ist, dass die Betretung und Besichtigung dem Zwecke dient, einen Zustand nicht eintreten zu lassen, der seinerseits eine dringende Gefahr für die öffentliche Sicherheit und Ordnung darstellen würde (s. BVerfGE 17, 232 = NJW 1964, 1067).

3. Wohnräume (Satz 2). Dieselben Einschränkungen wie für Geschäftsräume 21 außerhalb der Geschäftszeit (→ Rn. 20) gelten für Wohnräume. Solche Räume verlieren ihren Charakter als Wohnraum nicht, wenn in ihnen **zugleich** eine gewerbliche oder berufliche Tätigkeit ausgeübt wird (BVerfGE 32,73 = NJW 1971, 2299; *Hochstein* in BeckOK BtMG Rn. 14; aA *Cremer-Schaeffer* in Hügel/Junge/Lander/Winkler Rn. 5). Für sie gelten deswegen die Einschränkungen des Absatzes 1 Nr. 3 Satz 2 auch dann, wenn die Räume während der Betriebs- und Geschäftszeit betreten werden.

Es ist Aufgabe des BfArM, dafür zu sorgen, dass **in Wohnräumen kein erlaub-** 22 **nispflichtiger** Verkehr mit Betäubungsmitteln stattfindet (§ 5 Abs. 1 Nr. 4). Werden Geschäfts-, Betriebs- oder Arbeitsräume nach Erteilung der Erlaubnis zum Wohnen zweckentfremdet, so ist dies nach § 8 Abs. 3 anzuzeigen. Ihre Betretung und Besichtigung ist jedenfalls zur Entscheidung darüber, ob die Erlaubnis widerrufen werden soll, zulässig.

4. Industrielle Herstellungsbetriebe und Großhandelsbetriebe (Satz 3). 23 Industrielle Herstellungsbetriebe und Großhandelsbetriebe sind in der Regel alle zwei Jahre zu besichtigen.

IV. Vorläufige/endgültige Anordnungen (Nr. 4). Die mit der Überwachung 24 beauftragten Personen können bereits während der Inspektion vorläufige Anordnungen treffen, wenn dies zur Verhütung dringender Gefahren für die Sicherheit oder Kontrolle des Betäubungsmittelverkehrs geboten ist **(Satz 1).** Unter dieser Voraussetzung dürfen sie auch die weitere Teilnahme am Betäubungsmittelverkehr ganz oder teilweise untersagen und die Betäubungsmittelbestände unter amtlichen Verschluss nehmen **(Satz 2).** Diese vorläufigen Entscheidungen sind Verwaltungsakte, für die die allgemeinen Regeln der Verwaltungsverfahrensgesetze des Bundes und der Länder gelten.

Die Überwachungsbehörden (§ 19 Abs. 1 S. 1, 3) sind verpflichtet, innerhalb 25 eines Monats nach dem Erlass einer vorläufigen Anordnung über diese **endgültig** zu entscheiden. Damit wird eine entsprechende Verpflichtung dieser Behörden begründet. Nach Ablauf der Frist verliert die vorläufige Anordnung ihre Wirkung gegenüber dem Betroffenen (VG Neustadt BeckRS 2015, 49666). Sie kann danach nicht mehr bestätigt werden. Die Überwachungsbehörde ist jedoch nicht gehindert, auch ohne eine solche Bestätigung eine endgültige Entscheidung zu treffen (→ Rn. 26).

26 Die in Nr. 4 Satz 2 geregelten **Befugnisse** stehen der Überwachungsbehörde **auch ohne eine gleichlautende vorläufige Anordnung** zu; insbesondere kann die Entscheidung getroffen werden, dass die weitere Teilnahme am Betäubungsmittelverkehr teilweise (Vornahme von Substitutionsbehandlungen) untersagt wird und die Betäubungsmittelbestände unter amtlichen Verschluss genommen werden (VGH München BeckRS 2009, 36374; VG Neustadt BeckRS 2015, 49666). Die vorläufigen Anordnungen sind nach dem Zweck des Gesetzes ein zusätzliches Instrument, welches ein sofortiges Einschreiten ermöglichen soll. Der sofortige Erlass eines Verwaltungsakts ohne Vorläufigkeitscharakter wird dadurch nicht versperrt (*Hochstein* in BeckOK BtMG Rn. 18).

27 **Außerhalb einer Praxisüberprüfung** kann die Überwachungsbehörde, sofern dies nach Landesrecht möglich ist, auf der **Grundlage der Polizeigesetze** (hier § 8 SaarPolG) einem Arzt die Verschreibung von Betäubungsmitteln ganz oder teilweise untersagen, wobei dieses Verbot allerdings an die konkrete Gefahrenlage angepasst sein muss (OVG Saarlouis *Kotz/Rahlf* NStZ-RR 2004, 193 (197) = DRsp Nr. 2004/2031; *Patzak* in Körner/Patzak/Volkmer Rn. 3).

28 Auch kommt eine Anregung an das BfArM in Betracht, die **Ausgabe von Betäubungsmittelrezepten** nach § 8 Abs. 2 S. 2 BtMVV zu **versagen** (OVG Saarlouis *Kotz/Rahlf* NStZ-RR 2004, 193 (197) (→ Rn. 27)).

E. Schriftliche Anordnungen (Absatz 2)

29 Maßnahmen nach Absatz 1 Nr. 1 und 2 können auch schriftlich angeordnet werden.

F. Niederschrift

30 Es ist üblich, dass bei der Kontrolle eine Niederschrift gefertigt wird, die nach Beendigung der Besichtigung dem Betriebsleiter oder der sonst verantwortlichen Person zur Unterschrift vorgelegt wird. Eine Pflicht zur Abzeichnung besteht nicht. Zeichnet die verantwortliche Person ab, so besteht die Vermutung dafür, dass sie die in der Niederschrift festgehaltenen Tatsachen als zutreffend anerkannt hat (*Joachimski/Haumer* BtMG Rn. 14). Ergeben sich aus der Niederschrift Beanstandungen, so kann die Behörde ihre Behebung verlangen. Der Bescheid ist ein Verwaltungsakt (→ Rn. 24).

G. Drogenkonsumräume

31 § 22 gilt entsprechend für die Überwachung der Mindeststandards (→ § 10a Rn. 57–115) bei Drogenkonsumräumen (§ 19 Abs. 1 S. 4). Die Überwachung obliegt den zuständigen Behörden der Länder.

§ 23 Probenahme

(1) ¹**Soweit es zur Durchführung der Vorschriften über den Betäubungsmittelverkehr oder die Herstellung ausgenommener Zubereitungen erforderlich ist, sind die mit der Überwachung beauftragten Personen befugt, gegen Empfangsbescheinigung Proben nach ihrer Auswahl zum Zwecke der Untersuchung zu fordern oder zu entnehmen.** ²**Soweit nicht ausdrücklich darauf verzichtet wird, ist ein Teil der Probe oder, sofern die Probe nicht oder ohne Gefährdung des Untersuchungszwecks nicht in Teile von gleicher Qualität teilbar ist, ein zweites Stück der gleichen Art wie das als Probe entnommene zurückzulassen.**

(2) ¹**Zurückzulassende Proben sind amtlich zu verschließen oder zu versiegeln.** ²Sie sind mit dem Datum der Probenahme und dem Datum des Tages zu versehen, nach dessen Ablauf der Verschluss oder die Versiegelung als aufgehoben gelten.

(3) **Für entnommene Proben ist eine angemessene Entschädigung zu leisten, soweit nicht ausdrücklich darauf verzichtet wird.**

Übersicht

	Rn.
A. Inhalt der Vorschrift	1
B. Probe und Gegenprobe (Absatz 1)	2
I. Die Entnahme der Probe (Satz 1)	2
II. Die Gegenprobe (Satz 2)	7
C. Behandlung zurückzulassender Proben (Absatz 2)	9
D. Entschädigung (Absatz 3)	12

A. Inhalt der Vorschrift

Die Vorschrift regelt die Entnahme von Proben. Sie gilt für alle Teilnehmer am 1
Betäubungsmittelverkehr und die Hersteller ausgenommener Zubereitungen.

B. Probe und Gegenprobe (Absatz 1)

I. Die Entnahme der Probe (Satz 1). Die Probe darf routinemäßig entnom- 2
men werden. Ihre Entnahme bedarf keiner besonderen Begründung; insbesondere
ist ein Verdacht von Unregelmäßigkeiten nicht erforderlich (*Hochstein* in BeckOK
BtMG Rn. 2; Hügel/Junge/Lander/Winkler Rn. 1). Die Probenahme ist rechtlich
ein Sonderfall der öffentlich-rechtlichen Beschlagnahme (*Pfeil/Hempel/Schiedermair/Slotty* BtMR Rn. 5). Auf die Eigentumsverhältnisse kommt es dabei nicht an.

Proben können nicht nur von Betäubungsmitteln genommen werden, sondern 3
von **allen Gegenständen** und **Stoffen,** die den Vorschriften über den Verkehr mit
Betäubungsmitteln unterliegen. Dazu gehören auch Ausgangs-, Zwischen- und
Endprodukte, die keine Betäubungsmittel sind (§ 9 Abs. 1 S. 2 Nr. 4). Entsprechendes gilt für Verpackungen, Etiketten und im Verkehr befindliches Werbematerial
(§ 14).

Die Probe muss nicht in dem Betrieb gezogen werden, der einen **etwaigen** 4
Verstoß zu verantworten hätte. Sie dient zunächst der Überprüfung, ob das Material, dem sie entnommen ist, ordnungsgemäß ist. Dann erst ist zu ermitteln, wer
etwaige Unregelmäßigkeiten zu vertreten hat. Es ist daher zulässig, in einem
Großhandelsbetrieb Proben der Erzeugnisse eines Herstellungsbetriebs zu entnehmen, um diesen zu kontrollieren (*Eberth/Müller* BtMR Rn. 4). Die Verantwortung
des Großhandelsbetriebs dafür, dass die von ihm vertriebenen Betäubungsmittel
den Vorschriften entsprechen, bleibt davon unberührt.

Bei der Probenahme ist dem Betroffenen eine **Empfangsbescheinigung** auszu- 5
händigen. Diese dient auch dem Nachweis des Verbleibs des Betäubungsmittels
(§ 17), so dass sie keine bloße Formsache ist. Ihr Fehlen verleiht dem Betroffenen
das Recht, sich jedenfalls der Mitnahme der Probe zu widersetzen (*Eberth/Müller*
BtMR Rn. 6). Auf der anderen Seite ist die Verwertung der Untersuchungsergebnisse nicht unzulässig, wenn bei der Probenahme keine Empfangsbescheinigung
ausgestellt wurde.

In der **Empfangsbescheinigung** sind nicht nur die entnommene Menge und 6
deren Bezeichnung zu vermerken, sondern auch der Bestand, aus dem die Probe
entnommen wurde einschließlich der genauen Beschreibung des Entnahmeorts,

des Herstellungsvorgangs und des Zeitpunkts der Entnahme (*Joachimski/Haumer* BtMG Rn. 5).

7 **II. Die Gegenprobe (Satz 2).** Sofern er nicht ausdrücklich darauf verzichtet, ist dem Betriebsinhaber eine Gegenprobe zu hinterlassen. Sie soll es ihm ermöglichen, durch einen Sachverständigen seiner Wahl Vergleichsergebnisse feststellen zu lassen. Zu der Untersuchung durch ein privates Institut → § 22 Rn. 4.

8 Unterlässt die Behörde das Zurücklassen einer Gegenprobe, so begeht sie eine Amtspflichtverletzung. Ein **Verwertungsverbot** im Ordnungswidrigkeitenverfahren oder Strafprozess wird damit **nicht** begründet (*Rehmann* § 65 Rn. 1 mwN für das Arzneimittelrecht).

C. Behandlung zurückzulassender Proben (Absatz 2)

9 **Zurückzulassende Proben,** insbesondere Gegenproben, sind amtlich zu verschließen oder zu versiegeln (Satz 1). Sie gehen ebenso wie die Probe in staatliches Eigentum über (Hügel/Junge/Lander/Winkler Rn. 3) und sind auch strafrechtlich (§ 136 StGB) gegen eine unbefugte Wegnahme oder Öffnung geschützt. Ein mit der Untersuchung beauftragter vereidigter Sachverständiger ist zur Lösung des Verschlusses oder Siegels vor Ablauf der in → Rn. 10 genannten Frist befugt (*Hochstein* in BeckOK BtMG Rn. 1; *Joachimski/Haumer* BtMG Rn. 2; Hügel/Junge/Lander/Winkler Rn. 3; aA *Eberth/Müller* BtMR Rn. 8; *Pfeil/Hempel/Schiedermair/Slotty* BtmR Rn. 13). Für das AMG ist dies in § 10 Abs. 3 AMGVwV ausdrücklich klargestellt.

10 Für den Fall, dass der Betroffene keine Untersuchung durch einen Sachverständigen beabsichtigt, ist die Gegenprobe auch mit dem Datum des Tages zu versehen, nach dessen Ablauf der Verschluss oder die Versiegelung als **aufgehoben** gelten (Satz 2).

11 Auf die Gegenprobe kann **verzichtet** werden. Der Verzicht bedarf keiner Form. Aus Gründen der Beweissicherung empfiehlt es sich jedoch, ihn schriftlich erklären zu lassen oder in die Niederschrift über die Besichtigung einen entsprechenden Vermerk aufzunehmen.

D. Entschädigung (Absatz 3)

12 **Nach Absatz 3** ist für Probe und Gegenprobe eine Entschädigung zu leisten, soweit nicht ausdrücklich darauf verzichtet wird. Maßgeblich ist der Wiederbeschaffungswert der entnommenen Gegenstände (*Joachimski/Haumer* BtMG Rn. 3). Schuldner ist der Bund, und zwar auch dann, wenn die Probe im Auftrag einer Landesbehörde entnommen wurde (*Joachimski/Haumer* BtMG Rn. 3). Führt die Probenahme zu einem Straf- oder Bußgeldverfahren, so ist die Entschädigung Bestandteil der Verfahrenskosten (s. *Schmitt* in Meyer-Goßner/Schmitt StPO § 464a Rn. 2).

§ 24 Duldungs- und Mitwirkungspflicht

(1) **Jeder Teilnehmer am Betäubungsmittelverkehr oder jeder Hersteller ausgenommener Zubereitungen ist verpflichtet, die Maßnahmen nach den §§ 22 und 23 zu dulden und die mit der Überwachung beauftragten Personen bei der Erfüllung ihrer Aufgaben zu unterstützen, insbesondere ihnen auf Verlangen die Stellen zu bezeichnen, in denen der Betäubungsmittelverkehr oder die Herstellung ausgenommener Zubereitungen stattfindet, umfriedete Grundstücke, Gebäude, Räume, Behälter und Behältnisse zu öffnen, Auskünfte zu erteilen sowie Einsicht in Unterlagen und die Entnahme der Proben zu ermöglichen.**

(2) **Der zur Auskunft Verpflichtete kann die Auskunft auf solche Fragen verweigern, deren Beantwortung ihn selbst oder einen seiner in § 383 Abs. 1 Nr. 1 bis 3 der Zivilprozeßordnung bezeichneten Angehörigen der Gefahr strafgerichtlicher Verfolgung oder eines Verfahrens nach dem Gesetz über Ordnungswidrigkeiten aussetzen würde.**

Übersicht

	Rn.
A. Inhalt der Vorschrift	1
B. Die Verpflichteten	2
C. Die einzelnen Pflichten (Absatz 1)	3
I. Duldungspflicht	3
II. Unterstützungspflicht	4
III. Auskunftspflicht	6
D. Auskunftsverweigerungsrecht (Absatz 2)	7
E. Drogenkonsumräume	8
F. Ordnungswidrigkeiten	9

A. Inhalt der Vorschrift

Während die §§ 22, 23 die Befugnisse der mit der Überwachung beauftragten 1 Personen regeln, legt § 24 die **Duldungs- und Mitwirkungspflichten** der Betroffenen fest. Die Vorschrift gilt für alle Teilnehmer am Betäubungsmittelverkehr und Hersteller von ausgenommenen Zubereitungen sowie für die Überwachung der Drogenkonsumräume (→ Rn. 8).

B. Die Verpflichteten

Verpflichtete sind wie in § 22 die in § 5 Abs. 1 Nr. 3 genannten Personen, aus 2 dem medizinischen Bereich namentlich Ärzte und Apotheker sowie die Betreiber von Drogenkonsumräumen (§ 22 Nr. 1, 13).

C. Die einzelnen Pflichten (Absatz 1)

I. Duldungspflicht. Die Pflicht zur Duldung, die Absatz 1 an erster Stelle 3 nennt, besteht in der Verpflichtung des Betroffenen, die Kontrollmaßnahmen hinzunehmen, ohne sich zu widersetzen oder sonst die Vornahme der Handlung zu behindern.

II. Unterstützungspflicht. Dagegen umfasst die Unterstützungspflicht, die 4 Absatz 1 ohne zusätzliche Voraussetzungen neben die Duldungspflicht stellt, auch die Verpflichtung, gegebenenfalls aktiv tätig zu werden, damit die Kontrollperson ihre Aufgaben wahrnehmen kann. Aus Absatz 1 Halbsatz 2 ist zu entnehmen, dass zuvor eine Aufforderung durch die Kontrollperson ergehen muss.

Absatz 1 Halbsatz 2 führt eine Reihe von Unterstützungsmaßnahmen auf, wobei 5 die Aufzählung **nicht abschließend** ist. Nicht aufgeführt sind beispielsweise die Fertigung von Ablichtungen gegen das übliche Entgelt oder die entgeltliche Abgabe geeigneter Gefäße oder Umhüllungen zur Aufbewahrung von Proben (*Hochstein* in BeckOK BtMG Rn. 2; *Joachimski/Haumer* BtMG Rn. 3). Der Kreis der Mitwirkungspflichten wird durch §§ 22, 23 begrenzt.

III. Auskunftspflicht. Die Auskunftspflicht korrespondiert dem Recht, eine 6 Auskunft zu verlangen. Sie betrifft daher die Personen, die nach § 22 Abs. 1 Nr. 2 auskunftspflichtig sind (→ § 22 Rn. 13). Sie gilt **nicht für Betriebsangehörige, Endverbraucher, Patienten** oder **sonstige Personen** (→ § 22 Rn. 14; *Cremer-Schaeffer* in Hügel/Junge/Lander/Winkler § 24 Rn. 1; aA *Hochstein* in BeckOK BtMG § 24 Rn. 1). Anderenfalls ergäbe sich im Hinblick auf § 32 Abs. 1 Nr. 13

eine Art bußgeldbewehrter Zeugenpflicht für Personen, denen keinerlei eigenständige betäubungsmittelrechtliche Pflichten obliegen. Auch aus § 26 Abs. 3 S. 1 VwVfG kann eine Auskunftspflicht daher nicht hergeleitet werden.

D. Auskunftsverweigerungsrecht (Absatz 2)

7 Um eine Selbstbelastung oder eine Belastung enger Angehöriger zu vermeiden, gewährt Absatz 2 dem Auskunftspflichtigen das Recht, die Auskunft auf solche Fragen zu **verweigern**, deren Beantwortung ihn selbst oder einen Angehörigen (§ 383 Abs. 1 Nr. 1–3 ZPO) der Gefahr strafgerichtlicher Verfolgung oder eines Verfahrens nach dem OWiG aussetzen würde. Eine Pflicht zur Belehrung über das Auskunftsverweigerungsrecht besteht im Unterschied zum Ermittlungs- und Strafverfahren nicht (*Joachimski/Haumer* BtMG Rn. 5; aA *Eberth/Müller* BtMR Rn. 5).

E. Drogenkonsumräume

8 § 23 gilt entsprechend für die Überwachung der Mindeststandards (→ § 10a Rn. 56–114) in Drogenkonsumräumen (§ 19 Abs. 1 S. 4). Die Überwachung obliegt den zuständigen Behörden der Länder

F. Ordnungswidrigkeiten

9 Wer vorsätzlich oder fahrlässig einer Duldungs- oder Mitwirkungspflicht nach Absatz 1 nicht nachkommt, handelt ordnungswidrig nach § 32 Abs. 1 Nr. 13. Die Vorschrift gilt nicht bei der Überwachung von Drogenkonsumräumen.

§ 24a Anzeige des Anbaus von Nutzhanf

¹**Der Anbau von Nutzhanf im Sinne des Buchstabens d der Ausnahmeregelung zu Cannabis (Marihuana) in Anlage I ist bis zum 1. Juli des Anbaujahres in dreifacher Ausfertigung der Bundesanstalt für Landwirtschaft und Ernährung zur Erfüllung ihrer Aufgaben nach § 19 Abs. 3 anzuzeigen.** ²**Für die Anzeige ist das von der Bundesanstalt für Landwirtschaft und Ernährung herausgegebene amtliche Formblatt zu verwenden.** ³**Die Anzeige muss enthalten:**

1. **den Namen, den Vornamen und die Anschrift des Landwirtes, bei juristischen Personen den Namen des Unternehmens der Landwirtschaft sowie des gesetzlichen Vertreters,**
2. **die dem Unternehmen der Landwirtschaft von der zuständigen Berufsgenossenschaft zugeteilte Mitglieds-/Katasternummer,**
3. **die Sorte unter Beifügung der amtlichen Etiketten, soweit diese nicht im Rahmen der Regelungen über die Basisprämie der zuständigen Landesbehörde vorgelegt worden sind,**
4. **die Aussaatfläche in Hektar und Ar unter Angabe der Flächenidentifikationsnummer; ist diese nicht vorhanden, können die Katasternummer oder sonstige die Aussaatfläche kennzeichnende Angaben, die von der Bundesanstalt für Landwirtschaft und Ernährung anerkannt worden ist, wie zum Beispiel Gemarkung, Flur und Flurstück, angegeben werden.**

⁴**Erfolgt die Aussaat von Nutzhanf nach dem 1. Juli des Anbaujahres, sind die amtlichen Etiketten nach Satz 3 Nummer 3 bis zum 1. September des Anbaujahres vorzulegen.** ⁵**Die Bundesanstalt für Landwirtschaft und Ernährung übersendet eine von ihr abgezeichnete Ausfertigung der Anzeige unverzüglich dem Antragsteller.** ⁶**Sie hat ferner eine Ausfertigung der Anzeige den zuständigen Polizeibehörden und Staatsanwaltschaften auf de-**

ren Ersuchen zu übersenden, wenn dies zur Verfolgung von Straftaten nach diesem Gesetz erforderlich ist. ⁷Liegen der Bundesanstalt für Landwirtschaft und Ernährung Anhaltspunkte vor, dass der Anbau von Nutzhanf nicht den Voraussetzungen des Buchstabens d der Ausnahmeregelung zu Cannabis (Marihuana) in Anlage I entspricht, teilt sie dies der örtlich zuständigen Staatsanwaltschaft mit.

Übersicht

	Rn.
A. Inhalt der Vorschrift	1
I. Überwachung des Anbaus von Nutzhanf (Sätze 1–5)	3
II. Mitteilung auf Ersuchen (Satz 5)	7
III. Mitteilung bei Anhaltspunkten für einen Verstoß (Satz 6)	8
IV. Ordnungswidrigkeiten, Straftaten	9
B. Exkurs: der Umgang mit Nutzhanf	11
I. Gesetzliche Grundlagen	12
II. Definition	13
III. Voraussetzungen	15
1. Unternehmen der Landwirtschaft	16
a) Unternehmen	17
b) Landwirtschaft	18
2. Zusätzliche Voraussetzungen	19
a) Voraussetzungen des § 1 Abs. 4 ALG	20
b) Beihilfeberechtigung nach EU-Recht	24
3. Zertifiziertes Saatgut	25
4. Strafrechtliche Folgen	26
IV. Verkehrsformen	29
1. Anbau	30
2. Andere Verkehrsformen	31
a) Die Ausnahme b (gewerbliche/wissenschaftliche Zwecke, die einen Missbrauch zu Rauschzwecken ausschließen)	36
b) Die Ausnahme a (Samen)	37
V. Überwachung	38
1. Anbau	39
a) Überwachungsbehörde	40
b) Vorschriften für die Überwachung	41
2. Andere Verkehrsformen	42
a) Überwachungsbehörde	43
b) Vorschriften für die Überwachung	44

A. Inhalt der Vorschrift

Die Vorschrift wurde durch G v. 4.4.1996 (BGBl. I S. 582) in das BtMG eingefügt, durch G v. 17.7.2000 (BGBl. I S. 1990) modernisiert und durch G v. 20.5.2015 (BGBl. I S. 725) an die geänderten EU-Vorschriften angepasst. Sie regelt die **Anzeigepflicht** des **Landwirts**, der Nutzhanf anbauen will, und die **Mitteilungspflichten** der **BLE**. Sie erfasst damit nur einen Teilbereich der Überwachung, die im Übrigen in § 19 Abs. 3 S. 2 und 3 geregelt ist. 1

Zum **Umgang** mit **Nutzhanf** im Einzelnen → Rn. 11–44. Zum Begriff des Nutzhanfs → Rn. 13–26. 2

I. Überwachung des Anbaus von Nutzhanf (Sätze 1–5). Wenn der Anbau von Nutzhanf auch keiner Erlaubnis (§ 3) bedarf, bedeutet dies doch nicht, dass er von jeglicher Überwachung freigestellt ist. Vielmehr ist er nach Satz 1 spätestens bis zum 1.7. des Anbaujahres der BLE **anzuzeigen**, damit diese ihrer Überwachungsaufgabe nach § 19 Abs. 3 nachkommen kann (→ Rn. 39–41). Erfolgt die Aussaat später, so sind die amtlichen Etiketten bis zum 1.9. vorzulegen. 3

BtMG § 24a   Vierter Abschnitt. Überwachung

4   **Für die Anzeige** sind bestimmte Angaben vorgeschrieben, die auf dem von der BLE herausgegebenen amtlichen Formblatt zu machen sind (Sätze 2 und 3). Von besonderer Bedeutung sind dabei die **amtlichen Etiketten,** die der Anzeige beizufügen sind, soweit sie nicht im Rahmen der Regelungen über die Basisprämie der zuständigen Landesbehörde vorgelegt worden sind (Satz 3 Nr. 3). Von erheblicher Bedeutung ist auch die Angabe der **Aussaatfläche** (Satz 3 Nr. 4).

5   Damit der Antragsteller die Erstattung der Anzeige **nachweisen** kann, wird ihm von der BLE eine von ihr abgezeichnete Ausfertigung der Anzeige unverzüglich übersandt (Satz 5).

6   Zur **Überwachung** durch die BLE → Rn. 39–41 sowie → § 19 Rn. 22–26.

7   **II. Mitteilung auf Ersuchen (Satz 6).** Auf Ersuchen der Staatsanwaltschaft oder der Polizei hat die BLE eine Ausfertigung der Anzeige zu übersenden, wenn dies zur Verfolgung von Straftaten nach dem BtMG erforderlich ist. Dies kommt insbesondere dann in Betracht, wenn die Polizei ein Feld mit Hanfpflanzen entdeckt hat und nun geprüft werden muss, ob die Voraussetzungen für den Anbau gegeben sind, insbesondere ob der Hanf den geforderten niedrigen THC-Gehalt aufweist.

8   **III. Mitteilung bei Anhaltspunkten für einen Verstoß (Satz 7).** Verfügt die BLE über Anhaltspunkte, dass der Anbau von Nutzhanf nicht den Vorschriften entspricht, so ist sie **verpflichtet,** dies der Staatsanwaltschaft mitzuteilen. Die Bundesanstalt hat danach nicht zu beurteilen, ob sich aus den Anhaltspunkten bereits ein Anfangsverdacht für eine Straftat ergibt; diese Beurteilung steht allein der Staatsanwaltschaft zu.

9   **IV. Ordnungswidrigkeiten, Straftaten.** Wer vorsätzlich oder fahrlässig den Anbau von Nutzhanf nicht, nicht richtig, nicht vollständig oder nicht rechtzeitig anzeigt, handelt ordnungswidrig nach § 32 Abs. 1 Nr. 14.

10   **Bedienstete der BLE,** die **entgegen Satz 7** Anhaltspunkte für einen vorschriftswidrigen Anbau von Hanf nicht der Staatsanwaltschaft mitteilen, können sich wegen **Strafvereitelung im Amt** (§ 258a StGB) strafbar machen (*Patzak* in Körner/Patzak/Volkmer Rn. 12).

B. Exkurs: Der Umgang mit Nutzhanf

11   **Die betäubungsmittelrechtliche Behandlung** des Umgangs mit **Nutzhanf** bereitet in der Praxis immer wieder Schwierigkeiten. Zu einem erheblichen Teil rührt dies daher, dass die einschlägigen Vorschriften über die Anlage I, das BtMG, das ALG, die InVeKoSV und europäische Vorschriften verstreut sind und dass sie auch in ihrem Zusammenwirken nicht immer leicht zu durchschauen sind. Auch kommen Aufbau und Formulierung der Ausnahmen der Position Cannabis (Marihuana) in Anlage I dem Verständnis nicht gerade entgegen.

12   **I. Gesetzliche Grundlagen.** Ausdrückliche Regelungen über den Nutzhanf finden sich in der Anlage I (Position Cannabis (Marihuana) Buchst. d, in § 19 Abs. 4 (Überwachungsbehörde), in § 24a (Anzeigepflicht), in § 32 Abs. 1 Nr. 14 (Ordnungswidrigkeit bei Verstoß gegen die Anzeigepflicht), in der InVeKoSV v. 24.2.2015 (BGBl. I S. 166, zuletzt geändert durch VO v. 29.1.2021 (BGBl. I S. 146) und in mehreren EU-Verordnungen, nämlich
- VO (EU) Nr. 1306/2013 v. 17.12.2013 (ABl. 2013 L 347, S. 349), letzte konsolidierte Fassung v. 29.12.2020,
- VO (EU) Nr. 1307/2013 v. 17.12.2013 (ABl. 2013 L 347, S. 608), letzte konsolidierte Fassung v. 29.12.2020,
- DVO (EU) Nr. 809/2014 v. 17.7.2014 (ABl. 2014 L 227, S. 69), letzte konsolidierte Fassung v. 13.7.2020, und

Anzeige des Anbaus von Nutzhanf **§ 24a BtMG**

– Delegierte VO (EU) Nr. 639/2014 v. 11.3.2014 (ABl. 2014 L 181, S. 1), letzte konsolidierte Fassung v. 1.1.2019.

Verwiesen wird ferner auf das ALG (Anh. E 1).

II. Definition. Was unter Nutzhanf zu verstehen ist, ergibt sich aus der Anlage I 13
Position Cannabis (Marihuana) Buchst. d. Danach handelt es sich um Pflanzen und Pflanzenteile der zur Gattung Cannabis gehörenden Pflanzen, wenn sie
– von Unternehmen der Landwirtschaft angebaut werden,
  – die entweder Unternehmen im Sinne des § 1 Abs. 4 ALG sind, mit Ausnahme von Unternehmen der Forstwirtschaft, des Garten- und Weinbaus, der Fischzucht, der Teichwirtschaft, der Imkerei, der Binnenfischerei und der Wanderschäferei (Anh E 1), oder
  – die für eine Beihilfegewährung nach der VO (EU) Nr. 1307/2013 (→ Rn. 12) in der jeweils geltenden Fassung in Betracht kommen,
– **und** der Anbau **ausschließlich** aus **Zertifiziertem Saatgut** von Sorten erfolgt, die am 15. März des Anbaujahres in dem in Art. 9 der Delegierten VO (EU) Nr. 639/2014 (→ Rn. 12) genannten gemeinsamen Sortenkatalog für landwirtschaftliche Pflanzenarten aufgeführt sind; diese Sorten werden in der **Sortenliste** der BLE für jedes Jahr bekanntgemacht (§ 29 InVeKoSV (→ Rn. 12).

Mit dem Abstellen **auch** auf die **EU-Beihilfeberechtigung** sollte die Diskre- 14
panz zwischen dem nationalen Recht und dem Gemeinschaftsrecht ausgeglichen werden, die sich nach dem früheren Recht ergeben hatte (BR-Drs. 252/01, 44). Zur zweckmäßigen Reihenfolge der strafrechtlichen Prüfung → Rn. 26.

III. Voraussetzungen. Insgesamt setzt die Anlage I Position Cannabis (Mari- 15
huana) Buchst. d (Nutzhanf) folgendes voraus:

1. Unternehmen der Landwirtschaft. Der Anbau muss durch ein Unterneh- 16
men der Landwirtschaft erfolgen. Dies gilt zunächst für die Unternehmen im Sinne von § 1 Abs. 4 ALG. Aber auch die Unternehmen, die für eine Beihilfegewährung nach EU-Recht in Betracht kommen, müssen Unternehmen der Landwirtschaft sein:

a) Unternehmen. Es muss danach ein Unternehmen vorliegen. Unternehmer 17
ist, wer seine berufliche Tätigkeit selbständig ausübt (§ 1 Abs. 2 S. 2 ALG; dort auch zu den Mitgliedern juristischer Personen oder sonstiger Personenvereinigungen). Kein Unternehmer ist daher die Privatperson, die die Landwirtschaft **nicht als Beruf,** etwa als Liebhaberei (*Teriet* in BeckOK BtMG Rn. 11) oder **nicht selbständig** ausübt (*Patzak* in Körner/Patzak/Volkmer Rn. 6).

b) Landwirtschaft. Das Unternehmen muss ein Unternehmen der Landwirt- 18
schaft sein. Daran fehlt es, wenn es **nicht auf Bodenbewirtschaftung** beruht (§ 1 Abs. 2 S. 1 ALG).

2. Zusätzliche Erfordernisse. Nutzhanf darf nicht durch jedes Unternehmen 19
der Landwirtschaft angebaut werden. Vielmehr ist dies nur zulässig, wenn es sich um ein Unternehmen handelt, das die Voraussetzungen des § 1 Abs. 4 ALG erfüllt oder das für eine Beihilfe für Hanf nach EU-Recht in Betracht kommt.

a) Voraussetzungen des § 1 Abs. 4 ALG. Erfüllt das Unternehmen die Voraus- 20
setzungen des § 1 Abs. 4 ALG, so ist der Anbau von Nutzhanf (aus zertifiziertem Saatgut) stets zulässig. Dies ist namentlich dann gegeben, wenn der Landwirt bei einer landwirtschaftlichen Alterskasse versichert ist oder sich von der Versicherungspflicht hat befreien lassen.

Zwingend notwendig ist dies **nicht.** Für das Betäubungsmittelrecht kommt es 21
auf die in § 1 Abs. 2 ALG genannte **Mindestgröße** (Absatz 5) **nicht** (mehr) an (aA *Patzak* in Körner/Patzak/Volkmer Rn. 6). Die Forderung nach Einhaltung der

Weber 369

Mindestgröße wurde gestrichen, um eine Ungleichbehandlung landwirtschaftlicher Unternehmen zu vermeiden (→ Rn. 14; BR-Drs. 252/01, 44). Von der (nicht mehr erforderlichen) Mindestgröße des **Unternehmens** ist die Mindestgröße der **Parzelle** zu unterscheiden, für die ein Beihilfeantrag gestellt wird (→ Rn. 24).

22 Nach § 1 Abs. 4 S. 2 ALG gehören zur **Bodenbewirtschaftung** nur die wirtschaftlichen Tätigkeiten von nicht ganz kurzer Dauer, die der Unternehmer zum Zwecke einer **überwiegend planmäßigen** Aufzucht von Bodengewächsen ausübt. Ein wirtschaftlich sinnvoller und nicht nur **der Liebhaberei** dienender Anbau von Nutzhanf setzt eine solche Tätigkeit voraus. Nur bei einem solchen Betrieb ist auch die notwendige Kontrolle gewährleistet (s. BR-Drs. 899/95, 5).

23 **Während § 1 Abs. 4 ALG** den Begriff des Unternehmens der Landwirtschaft auf Forstbetriebe, Gartenbaubetriebe, Winzereien und Betriebe der Fischzucht, der Teichwirtschaft, der Binnenfischerei, der Imkerei und der Wanderschäferei erweitert, wird dies durch Anlage I Position Cannabis (Marihuana) Buchst. d **wieder zurückgenommen.** Damit soll die Ausnahme auf einen wirtschaftlich sinnvollen Anbau beschränkt, eine wirksame Kontrolle des Anbaus ermöglicht und einem unerlaubten Anbau entgegengewirkt werden (BR-Drs. 899/95, 5).

24 **b) Beihilfegewährung nach EU-Recht.** Die Beihilfefähigkeit ist nunmehr in der VO (EU) Nr. 1307/2013 (→ Rn. 12) geregelt, Art. 32 Abs. 6, Art. 35 Abs. 3 (Erwägungen Nr. 28, 31). Weitere Regelungen finden sich in der DVO (EU) Nr. 809/2014 (→ Rn. 12), namentlich Art. 1 Buchst. f, Art. 17 Abs. 7, Art. 45 (Erwägungen Nr. 45, 46) und in der InVeKoSV (→ Rn. 12, Anh. E 2). Die Parzelle, für die ein Antrag gestellt wird, muss **mindestens 0,3 ha** betragen (§ 18 InVeKoSV). Regelungen zum Kontrollsystem enthält die VO (EU) Nr. 1306/2013 (→ Rn. 12).

25 **3. Zertifiziertes Saatgut.** Der Anbau muss sowohl in den Fällen, in denen das Unternehmen die Voraussetzungen des § 1 Abs. 4 ALG erfüllt, als auch in den Fällen, in denen es für eine Beihilfe nach Unionsrecht in Betracht kommt, **ausschließlich aus Zertifiziertem Saatgut** von Sorten erfolgten, die am 15.3. des Anbaujahres in dem in Art. 9 der Delegierten VO (EU) Nr. 639/2014 (→ Rn. 12) genannten gemeinsamen Sortenkatalog für landwirtschaftliche Pflanzenarten aufgeführt sind. Die zulässigen Sorten sind in der **Sortenliste** des BLE aufgeführt (Anh. E 2). Von besonderer Bedeutung sind dabei die amtlichen Etikette, mit denen dieses Saatgut zu versehen ist.

26 **4. Strafrechtliche Beurteilung.** Bei der strafrechtlichen Beurteilung empfiehlt es sich, mit der Feststellung zu beginnen, ob der Anbau von einem **Unternehmen der Landwirtschaft** (→ Rn. 16–18) vorgenommen wurde. Beim Anbau durch andere Personen oder Betriebe, etwa durch Headshops, ist die Ausnahme d zur Position Cannabis Marihuana der Anlage I nicht erfüllt und der Anbau nach § 29 Abs. 1 S. 1 Nr. 1 strafbar.

27 Wurde der Hanf von einem Unternehmen der Landwirtschaft angebaut, so erscheint es zweckmäßig, nunmehr die Frage zu prüfen, ob er aus **Zertifiziertem Saatgut** (→ Rn. 25) einer Sorte stammt, die die Kommission am 15.3. des Anbaujahres in den gemeinsamen **Sortenkatalog** für landwirtschaftliche Pflanzenarten aufgenommen hat (s. Sortenliste Anh. E 3). Dies ergibt sich, soweit keine Anhaltspunkte dafür bestehen, dass diese mit dem ausgesäten Saatgut nicht übereinstimmen, aus den **amtlichen Etiketten**, die noch beim Anbauenden vorhanden sind, oder im Rahmen der Regelungen über die einheitliche Betriebsprämie der zuständigen Landesbehörde oder im Rahmen der Anzeige nach § 19 der BLE vorgelegt wurden.

Anzeige des Anbaus von Nutzhanf § 24a **BtMG**

Ist auch diese Voraussetzung erfüllt, so kommt es darauf an, ob der Anbau von 28 einem Unternehmen der Landwirtschaft stammt, das die zusätzlichen Voraussetzungen des **§ 1 Abs. 4 ALG** (→ Rn. 19–23) oder für eine **Beihilfegewährung** nach EU-Recht (→ Rn. 24), erfüllt. Diese Voraussetzungen lassen sich ohne Unterstützung der **Fachbehörden** nur schwer feststellen. Mit guten Gründen hatte ein früherer Entwurf daher vorgesehen, dass die Ausnahme für den Nutzhanf nur dann eingreifen sollte, wenn die Berechtigung zur Beantragung einer Beihilfe von der zuständigen Landesstelle beglaubigt war. Dass diese sehr sinnvolle Regelung entfallen ist, ist zu bedauern. Unberührt bleibt die Befugnis der Strafverfolgungsbehörden, eine Auskunft des zuständigen **Amts für Landwirtschaft** zu der Frage zu verlangen, ob der betreffende Betrieb für eine Beihilfegewährung nach EU-Recht in Betracht kommt (§ 161 Abs. 1 StPO) und ob er entsprechende Anträge gestellt hat.

IV. Verkehrsformen. Die in Anlage I Position Cannabis (Marihuana) Buchst. d 29 für **Nutzhanf** geregelte **Ausnahme** von der Geltung des BtMG ist **stärker begrenzt** als es zunächst den Anschein hat:

1. Anbau. Sie beschränkt sich **ausschließlich auf den Anbau.** Dies ergibt sich 30 sowohl aus dem Wortlaut als auch aus der Systematik des Gesetzes, insbesondere aus Buchst. b, wo wiederum der Anbau von der dort geregelten Ausnahme ausgeschlossen ist. Schließlich sprechen auch Sinn und Zweck der Regelung dafür: Ziel der Ausnahme ist es, das Potential der alten Nutzpflanze Hanf zur industriellen und möglicherweise energetischen Verwendung zu erschließen und sie in den entsprechenden gewerblichen Kreislauf zubringen, nicht aber den Zugang für mögliche Drogenkonsumenten zu erleichtern (BayObLGSt 2002, 135 = NStZ 2003, 270; OLG Zweibrücken BeckRS 2010, 13810; LG Ravensburg NStZ 1998, 306).

2. Andere Verkehrsformen. Nutzhanf ist daher **keineswegs generell** von der 31 Geltung des BtMG ausgenommen. Vielmehr ist das BtMG auf alle Verkehrsformen mit Ausnahme des Anbaus in vollem Umfang anzuwenden. Dies gilt auch für den Hanfanbaubetrieb selbst. Die Ausnahme **gilt daher nicht mehr** für die **Ernte,** da diese als Gewinnung (§ 2 Abs. 1 Nr. 4) bereits zur Herstellung gehört (→ § 2 Rn. 55, 56), für die Lagerung und auch nicht für die Verarbeitung (§ 2 Abs. 1 Nr. 4), die Veräußerung, die Abgabe, den Erwerb, das Sichverschaffen oder das Handeltreiben. Zu den sich an den Anbau anschließenden Verkehrsformen → Rn. 35–37.

Nicht einschlägig sind dagegen die Regeln über die ausgenommenen Zubereitungen (§ 2 Abs. 1 Nr. 2, 3, § 29 Abs. 1 S. 1 Nr. 2). Nutzhanf ist keine solche, da er auf dem Halm weder ein Stoffgemisch noch eine Lösung darstellt und außerdem natürlich vorkommt (§ 2 Abs. 1 Nr. 2). Während oder nach der Verarbeitung ist er jedoch nicht mehr ausgenommen, sondern untersteht der Anlage I mit den dort geregelten Ausnahmen. 32

Wer also etwa Nutzhanf auf dem Felde aberntet und mit nach Hause nimmt, 33 wer sich von dem Hanfanbauer Pflanzen oder Pflanzenteile geben lässt oder sie von diesem, in einem Hanfladen oder von einer sonstigen Person erwirbt, **handelt unerlaubt** (§ 3 Abs. 1) und verstößt gegen § 29 Abs. 1 S. 1 Nr. 1. Dasselbe gilt für den Hanfanbauer, Hanfladen oder sonstige Personen, die den Nutzhanf abgeben, veräußern oder damit Handel treiben. Dass der Hanf aus einem zulässigen Anbau stammt, ändert daran nichts. Die, mehr ohnehin aus zweifelhaften Quellen stammenden, Zertifizierungsurkunden sind daher ohne Bedeutung.

Werden **lebende Pflanzen,** etwa in Töpfen, veräußert, so liegt sowohl beim 34 Veräußerer als auch beim Erwerber zugleich ein unerlaubter Anbau vor (LG Ravensburg NStZ 1998, 306). Dies gilt auch für den Hanfanbaubetrieb, da ein solcher

BtMG § 25 Vierter Abschnitt. Überwachung

Anbau von der Ausnahme in Anlage I Position Cannabis (Marihuana) Buchst. d nicht erfasst wird.

35   **Einer Erlaubnis** (§ 3) bedarf der sich an den Anbau anschließende Umgang mit Nutzhanf, insbesondere die Ernte, jedoch **dann nicht,** wenn eine **weitere Ausnahme** zu der Position Cannabis (Marihuana) der Anlage I eingreift; in einem solchen Falle ist auch keine Strafbarkeit nach § 29 Abs. 1 S. 1 gegeben. Solche weiteren Ausnahmen sind:

36   **a) Die Ausnahme b (gewerbliche/wissenschaftliche Zwecke, die einen Missbrauch zu Rauschzwecken ausschließen).** Zu den Voraussetzungen der Ausnahme → § 1 Rn. 271–281. Die Ausnahme schließt sich nahtlos an die Ausnahme unter Buchst. d (Nutzhanf) an. Sie greift ein, sobald, etwa mit der Ernte, die Grenze des Anbaus überschritten wird, und stellt **auch den weiteren Verkehr** mit Nutzhanf von der Geltung des BtMG frei, sofern ihre Voraussetzungen erfüllt sind.

37   **b) Die Ausnahme a (Samen).** Neben der Ausnahme b kommt auch die Ausnahme a der Anlage I Position Cannabis (Marihuana) in Betracht, wenn Samen, der aus dem Anbau von Nutzhanf gewonnen wurde, in den weiteren Verkehr gegeben wird. Dieser Samen ist von der Geltung des BtMG ausgenommen, sofern er nicht zum unerlaubten Anbau bestimmt ist. Cannabissamen (auch wenn er nicht von Nutzhanf stammt) ist daher in weiterem Umfang von der Geltung des BtMG ausgenommen als Nutzhanf (→ § 1 Rn. 263–270).

38   **V. Überwachung.** Auch bei der Überwachung ist zwischen dem Anbau und den anderen Verkehrsformen zu unterscheiden:

39   **1. Anbau.** Dies zeigt sich sowohl bei der Überwachungsbehörde als auch bei den Vorschriften, die für die Überwachung gelten (§ 19 Abs. 3):

40   **a) Überwachungsbehörde.** Nach § 19 Abs. 3 S. 1 ist Überwachungsbehörde für den Anbau von Nutzhanf die BLE (→ Rn. 6).

41   **b) Vorschriften für die Überwachung.** Die Überwachung richtet sich gemäß § 19 Abs. 3 S. 2 nicht nach den Vorschriften des BtMG, sondern nach den Vorschriften des EU-Rechts in Verbindung mit den deutschen Durchführungsbestimmungen (→ § 19 Rn. 24).

42   **2. Andere Verkehrsformen.** Für die Verkehrsformen, die nicht Anbau sind, gelten auch bei Nutzhanf die allgemeinen Vorschriften des BtMG.

43   **a) Überwachungsbehörde.** Es gelten die allgemeinen Vorschriften, insbesondere § 19 Abs. 1 S. 1. Zuständige Behörde ist daher das BfArM.

44   **b) Vorschriften für die Überwachung.** Auch hier gelten die allgemeinen Vorschriften des BtMG, insbesondere die §§ 22–24.

§ 25 Gebühren und Auslagen

(1) **Das Bundesinstitut für Arzneimittel und Medizinprodukte erhebt für seine individuell zurechenbaren öffentlichen Leistungen nach diesem Gesetz und den auf Grund dieses Gesetzes erlassenen Rechtsverordnungen Gebühren und Auslagen.**

(2) **Das Bundesministerium wird ermächtigt, durch Rechtsverordnung ohne Zustimmung des Bundesrates die gebührenpflichtigen Tatbestände näher zu bestimmen und dabei feste Sätze oder Rahmensätze vorzusehen.**

A. Kostenpflicht (Absatz 1)

Die individuell zurechenbaren Leistungen des BfArM sind kostenpflichtig **(Absatz 1)**. Der Begriff dieser Leistungen ist in § 3 Abs. 1, 2 BGebG definiert. **Gebühren** sind öffentlich-rechtliche Geldleistungen, die der Gebührengläubiger vom Gebührenschuldner für individuell zurechenbare öffentliche Leistungen erhebt (§ 3 Abs. 4 BGebG). **Auslagen** sind nicht von der Gebühr umfasste Kosten, die die Behörde für individuell zurechenbare Leistungen im Einzelfall nach § 12 Abs. 1, 2 BGebG erhebt (§ 3 Abs. 5 BGebG). 1

B. Die Betäubungsmittel-Kostenverordnung – BtMKostV – (Absatz 2)

Die **Höhe** der Gebühren und Auslagen bestimmt sich nach der auf der Grundlage des Absatzes 2 erlassenen BtMKostV v. 20.6.2009 (BGBl. I S. 1675), zuletzt geändert duch VO v. 18.8.2019 (BGBl. I S. 1356). 2

C. Außerkrafttreten

§ 25 wird mit Wirkung v. 1.10.2021 aufgehoben (Art. 4 Abs. 7, Art. 7 Abs. 3 des Gesetzes v. 18.7.2016 (BGBl. I S. 1666). 3

Fünfter Abschnitt. Vorschriften für Behörden

§ 26 Bundeswehr, Bundespolizei, Bereitschaftspolizei und Zivilschutz

(1) Dieses Gesetz findet mit Ausnahme der Vorschriften über die Erlaubnis nach § 3 auf Einrichtungen, die der Betäubungsmittelversorgung der Bundeswehr und der Bundespolizei dienen, sowie auf die Bevorratung mit in Anlage II oder III bezeichneten Betäubungsmitteln für den Zivilschutz entsprechende Anwendung.

(2) ¹In den Bereichen der Bundeswehr und der Bundespolizei obliegt der Vollzug dieses Gesetzes und die Überwachung des Betäubungsmittelverkehrs den jeweils zuständigen Stellen und Sachverständigen der Bundeswehr und der Bundespolizei. ²Im Bereich des Zivilschutzes obliegt der Vollzug dieses Gesetzes den für die Sanitätsmaterialbevorratung zuständigen Bundes- und Landesbehörden.

(3) Das Bundesministerium der Verteidigung kann für seinen Geschäftsbereich im Einvernehmen mit dem Bundesministerium in Einzelfällen Ausnahmen von diesem Gesetz und den auf Grund dieses Gesetzes erlassenen Rechtsverordnungen zulassen, soweit die internationalen Suchtstoffübereinkommen dem nicht entgegenstehen und dies zwingende Gründe der Verteidigung erfordern.

(4) Dieses Gesetz findet mit Ausnahme der Vorschriften über die Erlaubnis nach § 3 auf Einrichtungen, die der Betäubungsmittelversorgung der Bereitschaftspolizeien der Länder dienen, entsprechende Anwendung.

(5) *(weggefallen)*

Übersicht

	Rn.
A. Inhalt der Vorschrift, weitere Regelungen	1
B. Entsprechende Anwendung des BtMG (Absatz 1)	2
C. Vollzug des BtMG (Absatz 2)	5
D. Verordnungsermächtigung (Absatz 3)	7

BtMG § 26

	Rn.
E. Bereitschaftspolizei (Absatz 4)	8
F. Stationierungstruppen	10

A. Inhalt der Vorschrift, weitere Regelungen

1 Das BtMG gilt grundsätzlich auch für die Teilnahme von **Behörden** am Betäubungsmittelverkehr. Eine Ausnahmeregelung enthält § 4 Abs. 2. Weitere Ausnahmen bestimmt § 26. Mit der Abgabe von Betäubungsmitteln an die in § 26 genannten Stellen oder der Abgabe und dem Erwerb zwischen ihnen befasst sich § 12 Abs. 1 Nr. 3, Abs. 2 Nr. 3.

B. Entsprechende Anwendung des BtMG (Absatz 1)

2 Nach Absatz 1 ist das BtMG auf Einrichtungen, die der Betäubungsmittelversorgung der **Bundeswehr** und der **Bundespolizei** dienen, grundsätzlich entsprechend anzuwenden. Dasselbe gilt für die Bevorratung von in den Anlagen II und III zum BtMG bezeichneten Betäubungsmitteln für den **Zivilschutz**.

3 Von der entsprechenden Anwendung **ausgeschlossen** ist die Regelung über die Erlaubnis nach § 3. Dasselbe gilt für die Vorschriften, die eine Erlaubnis voraussetzen, insbesondere die §§ 4–10, 17 und 18 (*Eberth/Müller* BtMR Rn. 1).

4 Diese Regelung gilt nicht nur für die Dienststellen der Bundeswehr, der Bundespolizei oder des Zivilschutzes selbst, sondern auch für Einrichtungen, die **keine Bundes-** oder **Landesbehörden** sind, aber für sie Aufgaben wahrnehmen. Nicht dazu gehören Hersteller oder Händler, die Betäubungsmittel an die in Absatz 1 genannten Institutionen liefern (Hügel/Junge/Lander/Winkler Rn. 1).

C. Vollzug des BtMG (Absatz 2)

5 Im Bereich der **Bundeswehr** und der **Bundespolizei** wird das BtMG von deren Stellen und Sachverständigen selbst vollzogen. Bundeswehr und Bundespolizei sind danach in ihren Bereichen für den Vollzug des BtMG selbst verantwortlich und bedürfen für den Verkehr mit Betäubungsmitteln keiner einer Erlaubnis nach § 3. Für die Einzelgenehmigungen nach § 11s. § 14 BtMAHV). Abweichend von § 19 obliegt ihnen auch die **Überwachung** (Satz 1).

6 Entsprechendes gilt für den Bereich des **Zivilschutzes**. Dort obliegt der Vollzug des BtMG den für die Bevorratung von Sanitätsmaterial zuständigen Bundes- und Landesbehörden (Satz 2). Dies gilt, wie der Wortlaut der Vorschrift zeigt, nicht für die Überwachung (*Hochstein* in BeckOK BtMG Rn. 3; aA *Patzak* in Körner/Patzak/Volkmer Rn. 4; *Joachimski/Haumer* BtMG Rn. 2).

D. Verordnungsermächtigung (Absatz 3)

7 Die Vorschrift enthält eine Verordnungsermächtigung für das BMV (im Einvernehmen mit dem BMG), von der dieses bisher noch keinen Gebrauch gemacht hat.

E. Bereitschaftspolizei (Absatz 4)

8 Das BtMG gilt grundsätzlich auch entsprechend für Einrichtungen, die der Betäubungsmittelversorgung der **Bereitschaftspolizeien** der Länder dienen. Wie bei Bundeswehr und Bundespolizei sind auch hier die Vorschriften über die Erlaubnis nach § 3 einschließlich der Regelungen, die eine Erlaubnis voraussetzen, von der entsprechenden Anwendung **ausgeschlossen**.

9 Anders als bei Bundeswehr und Bundespolizei obliegt der Vollzug des BtMG, namentlich die **Überwachung** des Betäubungsmittelverkehrs, bei den Bereitschaftspolizeien der Länder jedoch dem BfArM und den anderen Überwachungsbehörden nach § 19. Für die Einfuhr und Ausfuhr gilt § 11 (s. auch § 14 BtMAHV).

F. Stationierungstruppen

Nach Art. 47 Abs. 1 NTS-ZA darf Deutschland den Truppen der Verbündeten keine ungünstigeren Bedingungen gewähren als der Bundeswehr. Daraus folgt, dass § 26 Abs. 1 und 2 (ebenso wie § 12 Abs. 1 Nr. 2) auf diese Truppen entsprechend anzuwenden ist (Hügel/Junge/Lander/Winkler Rn. 3). Die Stationierungskräfte bedürfen daher für den Verkehr mit Betäubungsmitteln weder einer Erlaubnis nach § 3, noch unterliegen sie der Überwachung durch die deutschen Behörden (s. im übrigen Art. II NTS).

Dabei hat sich **folgendes Verfahren** entwickelt (*Patzak* in Körner/Patzak/Volkmer Rn. 3): Die zuständige Dienststelle der Stationierungskräfte fordert die benötigten Betäubungsmittel bei einer deutschen zuständigen Stelle an, die die Betäubungsmittel mit einer Abgabemeldung übergibt und eine Kopie an das BfArM sendet. Die Dienststelle der Stationierungskräfte bestätigt dem BfArM den Empfang und übernimmt die weitere Überwachung der Betäubungsmittel.

§ 27 Meldungen und Auskünfte

(1) ¹**Das Bundeskriminalamt meldet dem Bundesinstitut für Arzneimittel und Medizinprodukte jährlich bis zum 31. März für das vergangene Kalenderjahr die ihm bekanntgewordenen Sicherstellungen von Betäubungsmitteln nach Art und Menge sowie gegebenenfalls die weitere Verwendung der Betäubungsmittel.** ²**Im Falle der Verwertung sind der Name oder die Firma und die Anschrift des Erwerbers anzugeben.**

(2) **Die in § 26 bezeichneten Behörden haben dem Bundesinstitut für Arzneimittel und Medizinprodukte auf Verlangen über den Verkehr mit Betäubungsmitteln in ihren Bereichen Auskunft zu geben, soweit es zur Durchführung der internationalen Suchtstoffübereinkommen erforderlich ist.**

(3) ¹**In Strafverfahren, die Straftaten nach diesem Gesetz zum Gegenstand haben, sind zu übermitteln**
1. **zur Überwachung und Kontrolle des Verkehrs mit Betäubungsmitteln bei den in § 19 Abs. 1 Satz 3 genannten Personen und Einrichtungen der zuständigen Landesbehörde die rechtskräftige Entscheidung mit Begründung, wenn auf eine Strafe oder eine Maßregel der Besserung und Sicherung erkannt oder der Angeklagte wegen Schuldunfähigkeit freigesprochen worden ist,**
2. **zur Wahrnehmung der in § 19 Abs. 1 Satz 2 genannten Aufgaben dem Bundesinstitut für Arzneimittel und Medizinprodukte im Falle der Erhebung der öffentlichen Klage gegen Ärzte, Zahnärzte und Tierärzte**
   a) **die Anklageschrift oder eine an ihre Stelle tretende Antragsschrift,**
   b) **der Antrag auf Erlass eines Strafbefehls und**
   c) **die das Verfahren abschließende Entscheidung mit Begründung; ist mit dieser Entscheidung ein Rechtsmittel verworfen worden oder wird darin auf die angefochtene Entscheidung Bezug genommen, so ist auch diese zu übermitteln.**

²**Die Übermittlung veranlasst die Strafvollstreckungs- oder die Strafverfolgungsbehörde.**

(4) **Die das Verfahren abschließende Entscheidung mit Begründung in sonstigen Strafsachen darf der zuständigen Landesbehörde übermittelt werden, wenn ein Zusammenhang der Straftat mit dem Betäubungsmit-**

BtMG § 27 Fünfter Abschnitt. Vorschriften für Behörden

telverkehr besteht und die Kenntnis der Entscheidung aus der Sicht der übermittelnden Stelle für die Überwachung des Betäubungsmittelverkehrs erforderlich ist; Absatz 3 Satz 1 Nr. 2 Buchstabe c zweiter Halbsatz gilt entsprechend.

Überschrift

	Rn.
A. Inhalt der Vorschrift	1
B. Meldungen durch das Bundeskriminalamt (Absatz 1)	2
C. Auskunft durch die in § 26 bezeichneten Behörden (Absatz 2)	4
D. Mitteilungen zur Sicherheit des Betäubungsmittelverkehrs (Absätze 3, 4)	5
I. Betäubungsmittelsachen (Absatz 3)	9
1. Mitteilungen an die Landesbehörden (Satz 1 Nr. 1, Satz 2)	10
2. Mitteilungen an das Bundesinstitut (Satz 1 Nr. 2, Satz 2)	13
II. Andere Strafsachen (Absatz 4)	15
E. Sonstige Mitteilungen (§§ 13–17 EGGVG)	18
I. Mitteilungen an die betäubungsmittelrechtlichen Erlaubnisbehörden	19
II. Mitteilungen an andere Erlaubnisbehörden	20
III. Sonstige Mitteilungen nach dem EGGVG	22
IV. MiStra	23

A. Inhalt der Vorschrift

1 **Nach der Ergänzung durch Art. 7 JuMiG** hat die Vorschrift einen eher heterogenen Inhalt. Während die beiden ersten Absätze im Wesentlichen die Erfüllung der internationalen Meldepflichten der Bundesregierung ermöglichen sollen, dienen die Mitteilungen nach den Absätzen 3 und 4 der Sicherheit und Kontrolle des Betäubungsmittelverkehrs.

B. Meldungen durch das Bundeskriminalamt (Absatz 1)

2 Nach Art. 20 Abs. 1 Buchst. d ÜK 1961, Art. 16 Abs. 1 Buchst. b, Abs. 3 ÜK 1971, Art. 20 ÜK 1988 sind dem **Suchtstoffamt** oder dem **Generalsekretär** jährlich die beschlagnahmten Mengen von Suchtstoffen und die Verfügung darüber zu melden. **Absatz 1** soll die Erfüllung dieser Meldepflicht ermöglichen.

3 **Zentrale Stelle,** bei der die Rauschgiftsofortmeldungen der Polizei- und Zolldienststellen (Nachrichtenaustausch bei Rauschgiftdelikten) sowie die Mitteilungen der Staatsanwaltschaften und Gerichte zusammengefasst werden, ist das **Bundeskriminalamt.** Dieses ist verpflichtet, die ihm bekannt gewordenen Sicherstellungen von Betäubungsmitteln sowie ihre weitere Verwendung jährlich dem BfArM mitzuteilen **(Satz 1).** Im Falle der Verwertung der Betäubungsmittel sind auch die Personendaten des Erwerbers anzugeben **(Satz 2).**

C. Auskunft durch die in § 26 bezeichneten Behörden (Absatz 2)

4 **Ebenfalls der Durchführung** der internationalen Suchtstoffübereinkommen dient **Absatz 2.** Die Vorschrift enthält eine besonders geregelte Pflicht zur Amtshilfe und ersetzt die nach § 18 vorgeschriebenen Meldungen, zu denen die in § 26 genannten Behörden nicht verpflichtet sind, da sie keine Erlaubnis nach § 3 benötigen. Die Auskunftspflicht ist auf die Informationen beschränkt, die zur Erfüllung der Pflichten aus den internationalen Suchtstoffübereinkommen notwendig sind. Dabei ist zu berücksichtigen, dass die Meldungen vor allem auch dazu dienen, den von Deutschland anzumeldenden Bedarf zutreffend einzuschätzen (Hügel/Junge/Lander/Winkler Rn. 2).

D. Mitteilungen zur Sicherheit des Betäubungsmittelverkehrs (Absätze 3, 4)

Völlig andern Zwecken dienen die Mitteilungen nach den neu eingefügten **Absätzen 3 und 4.** Sie sollen zur Sicherheit des Betäubungsmittelverkehrs dadurch beitragen, dass den zuständigen Behörden Erkenntnisse vermittelt werden, die für die Zuverlässigkeit von Personen und Einrichtungen, die mit Betäubungsmitteln umgehen, oder sonst für die Überwachung des Betäubungsmittelverkehrs von Bedeutung sind.

Die **Absätze 3 und 4** regeln nur die Mitteilungen, die von der mitteilenden Stelle **von sich aus** gemacht werden. Mitteilungen **auf Ersuchen** der Überwachungsbehörden richten sich nach den Regeln über die Erteilung von Auskünften und die Akteneinsicht (§ 474 Abs. 2–5, §§ 477, 478 StPO, Nr. 182–188 RiStBV).

Schließlich regeln die Absätze 3 und 4 nur die Mitteilungen, die an die **Überwachungsbehörden** (§ 19 Abs. 1) gemacht werden, nicht aber die Mitteilungen, die an die Erlaubnisbehörden (§§ 3, 10a, 13 Abs. 3 S. 2 Nr. 2a) zu machen sind; zu diesen → Rn. 19.

Bei den Mitteilungen, die an die **Überwachungsbehörden** gehen, **unterscheidet** das Gesetz zwischen den Mitteilungen, die in Betäubungsmittelsachen zu machen sind, und solchen, die sich aus Verfahren wegen anderer Straftaten ergeben.

I. Mitteilungen in Betäubungsmittelsachen (Absatz 3). Die Vorschrift bezieht sich im Wesentlichen auf den medizinischen Bereich (§ 19 Abs. 1 S. 2 und 3).

1. Mitteilungen an die Landesbehörden (Satz 1 Nr. 1, Satz 2). In Verfahren, die Betäubungsmittelstraftaten von Ärzten, Zahnärzten, Tierärzten, pharmazeutischen Unternehmern einschließlich ihres Personals oder in Apotheken, tierärztlichen Hausapotheken, Krankenhäusern, Tierkliniken oder Einrichtungen, in denen Diamorphin verschreiben oder verabreicht wird, zum Gegenstand haben (§ 19 Abs. 1 S. 3), übermitteln die Strafvollstreckungsbehörden (Staatsanwaltschaften oder Jugendrichter als Vollstreckungsleiter) die rechtskräftige Entscheidung, wenn auf Geld- oder Freiheitsstrafe oder eine Maßregel der Besserung und Sicherung erkannt oder der Angeklagte wegen Schuldunfähigkeit (§ 20 StGB) freigesprochen wurde.

Die Mitteilungspflicht nach Nr. 1 ist **zwingend.** Sie entsteht mit dem rechtskräftigen Abschluss des Verfahrens. Nach § 13 Abs. 2, § 14 Abs. 1 Nr. 4 EGGVG kann **nach Ermessen** der mitteilenden Stelle (Staatsanwaltschaft oder Gericht) bereits **früher** eine Mitteilung gemacht werden, wenn die Daten auf eine Verletzung von Pflichten schließen lassen, die bei der Ausübung des Berufs zu beachten sind oder in anderer Weise geeignet sind, Zweifel an der Eignung, Zuverlässigkeit oder Befähigung hervorzurufen (*Hochstein* in BeckOK BtMG Rn. 5). In Nr. 26 MiStra wird durch Verwaltungsvorschrift für bestimmte Fälle eine **Mitteilungspflicht** begründet.

Absatz 3 Satz 1 Nr. 1 enthält ein offensichtliches Redaktionsversehen. Während in Absatz 4 die Mitteilungen in allgemeinen Strafsachen auch insoweit geregelt sind, als die Landesbehörden die **Mindeststandards in Drogenkonsumräumen** überwachen (§ 19 Abs. 1 S. 4), fehlt eine entsprechende Regelung gerade für die Verfahren, denen Betäubungsmittelstraftaten zugrunde liegen. Dies macht keinen Sinn, zumal die Überwachungsbedürftigkeit bei Drogenkonsumräumen jedenfalls nicht geringer ist als bei Ärzten, Apotheken und Krankenhäusern. Allerdings ist in diesen Fällen eine fakultative Mitteilung nach § 13 Abs. 2, § 14 Abs. 1 Nr. 4 EGGVG zulässig.

BtMG § 27 Fünfter Abschnitt. Vorschriften für Behörden

13 2. **Mitteilungen an das BfArM (Satz 1 Nr. 2, Satz 2).** Zur Wahrnehmung der im Zusammenhang mit der Ausgabe von Betäubungsmittelrezepten und Betäubungsmittelanforderungsscheinen stehenden Aufgaben des BfArM (§ 19 Abs. 1 S. 2), insbesondere zur Versagung der Ausgabe bei Missbrauchsgefahr (§ 8 Abs. 2 S. 2 BtMVV), sieht Nr. 2 in Betäubungsmittelsachen gegen Ärzte, Zahnärzte und Tierärzte bereits die Mitteilung der Erhebung der öffentliche Klage (Buchst. a, b) vor. Mitzuteilen ist (dann) auch die das Verfahren abschließende Entscheidung, und zwar auch bei einer Einstellung oder einem Freispruch (Buchst. c).

14 Auch die Mitteilungen nach Satz 1 Nr. 2 sind **zwingend.** Unberührt bleiben die Mitteilungsbefugnisse **nach Ermessen** gemäß § 13 Abs. 2, § 14 Abs. 1 Nr. 4 EGGVG (→ Rn. 11), die bereits vor Erhebung der öffentlichen Klage gelten (*Hochstein* in BeckOK BtMG Rn. 5). Durch Nr. 26 MiStra wird durch Verwaltungsvorschrift für bestimmte Fälle eine **Mitteilungspflicht** begründet.

15 **II. Mitteilungen in anderen Strafsachen (Absatz 4).** Auch in anderen Strafsachen können Mitteilungen gemacht werden, wenn ein Zusammenhang mit dem Betäubungsmittelverkehr besteht und die Kenntnis der Entscheidung aus der Sicht der Staatsanwaltschaft oder des Gerichts für die **zuständige Landesbehörde** (§ 19 Abs. 1 S. 3, 4) für die Überwachung des Betäubungsmittelverkehrs erforderlich ist.

16 **Die Vorschrift** sieht erst die Mitteilung der das Verfahren abschließenden Entscheidung vor. Dies kann sich vielfach als zu spät erweisen. Jedenfalls in den Fällen der **Gefahrenabwehr** nach § 17 Nr. 3–5 EGGVG) ist auch eine **frühere Mitteilung** zulässig (*Hochstein* in BeckOK BtMG Rn. 5).

17 Mitteilungen nach Absatz 4 an die zuständige Landesbehörde können auch gemacht werden, wenn dies zur Überwachung der Mindeststandards beim Betrieb eines **Drogenkonsumraums** erforderlich ist (§ 19 Abs. 1 S. 4). Dass im Gesetzgebungsverfahren die Auffassung vertreten worden war, der Betrieb eines Drogenkonsumraums rechne nicht zum Betäubungsmittelverkehr, steht dem im Hinblick auf Art. 1 Buchst. m ÜK 1988 nicht entgegen (→ § 19 Rn. 11).

E. Sonstige Mitteilungen (§§ 13–17 EGGVG)

18 **§ 27 Abs. 3, 4 regelt** nur einen relativ **kleinen Teil** der betäubungsmittelrechtlich **wichtigen Mitteilungen,** die im Rahmen der Bearbeitung von Betäubungsmittelverfahren und anderen Strafsachen anfallen. Die Vorschriften beschränken sich auf den engen Bereich der Sicherung des Betäubungsmittelverkehrs und sind auch dort nicht erschöpfend (→ Rn. 9–17). Weitere Mitteilungsbefugnisse ergeben sich aus den §§ 13–17 EGGVG (*Hochstein* in BeckOK BtMG Rn. 6). Als solche kommen insbesondere in Betracht:

19 **I. Mitteilungen an die betäubungsmittelrechtlichen Erlaubnisbehörden.** § 27 Abs. 3, 4 befasst sich nicht mit den Mitteilungen, die aus Strafverfahren an die Behörden zu machen sind, die für die Erteilung betäubungsmittelrechtlicher Erlaubnisse zuständig sind. Mit Rücksicht auf die Gleichbehandlung mit anderen Erlaubnissen richten sich diese Mitteilungen nach § 13 Abs. 2, § 14 Abs. 1 Nr. 7, Abs. 2 EGGVG. Zusätzlich sind Mitteilungen aus Gründen der Gefahrenabwehr nach § 17 Nr. 3–5 EGGVG zulässig. In beiden Fällen kommt es nicht darauf an, ob das Verfahren ein Betäubungsmitteldelikt oder ein andere Straftat zum Gegenstand hat.

20 **II. Mitteilungen an andere Erlaubnisbehörden.** Mitteilungen an andere Erlaubnisbehörden sind nach § 13 Abs. 2, § 14 Abs. 1 Nr. 7, Abs. 2 EGGVG zulässig. Zusätzlich kommen Mitteilungen aus Gründen der Gefahrenabwehr nach § 17 Nr. 3–5 EGGVG in Betracht.

In der Praxis besonders wichtig ist eine möglichst frühzeitige Unterrichtung der **Fahrerlaubnisbehörden.** Zu den Gefahren für die Sicherheit gehören auch die Gefahren für die Verkehrssicherheit (*Henrichs* NJW 1999, 3152 (3154)), so dass Staatsanwaltschaften und Gerichten eine entsprechende Mitteilungsbefugnis zusteht. Meist werden die erforderlichen Mitteilungen bereits von der Polizei, für die nach § 2 Abs. 12 StVG eine eigene Regelung besteht, gemacht sein. 21

III. Sonstige Mitteilungen nach dem EGGVG. Neben den Mitteilungen nach den Absätzen 3 und 4 oder den Mitteilungen, die im Zusammenhang mit einer betäubungsmittelrechtlichen Erlaubnis von Bedeutung sind (§ 14 Abs. 1 Nr. 7 EGGVG, → Rn. 19), stehen die sonstigen Mitteilungen nach dem EGGVG, etwa für Entscheidungen in Strafsachen (§ 13 Abs. 1 Nr. 3 EGGVG), Mitteilungen bei Straftaten von Bediensteten der Überwachungsbehörden oder sonstigen Dienststellen (§ 13 Abs. 2, § 14 Abs. 4–6, Abs. 2 EGGVG), Mitteilungen zur Verfolgung von Straftaten oder Ordnungswidrigkeiten (§ 13 Abs. 2, § 17 Nr. 1 EGGVG), für Verfahren der internationalen Rechtshilfe (§ 13 Abs. 2, § 17 Nr. 2 EGGVG) oder zur Gefahrenabwehr (§ 13 Abs. 2, § 17 Nr. 3–5 EGGVG) oder wenn eine Mitteilung aus anderen Gründen erforderlich ist (§ 13 Abs. 2 EGGVG). 22

IV. MiStra. Die Form der Mitteilung nach § 27 Abs. 3, 4, ist in Nr. 50 MiStra geregelt. Mit den Mitteilungen bei Angehörigen der Heilberufe befasst sich Nr. 26 MiStra, mit den Mitteilungen bei Erlaubnisinhabern Nr. 39. Im Übrigen gelten die allgemeinen Regeln der Nr. 1 Abs. 3 MiStra. 23

§ 28 Jahresbericht an die Vereinten Nationen

(1) ¹**Die Bundesregierung erstattet jährlich bis zum 30. Juni für das vergangene Kalenderjahr dem Generalsekretär der Vereinten Nationen einen Jahresbericht über die Durchführung der internationalen Suchtstoffübereinkommen nach einem von der Suchtstoffkommission der Vereinten Nationen beschlossenen Formblatt.** ²**Die zuständigen Behörden der Länder wirken bei der Erstellung des Berichtes mit und reichen ihre Beiträge bis zum 31. März für das vergangene Kalenderjahr dem Bundesinstitut für Arzneimittel und Medizinprodukte ein.** ³**Soweit die im Formblatt geforderten Angaben nicht ermittelt werden können, sind sie zu schätzen.**

(2) ¹**Die Bundesregierung wird ermächtigt, durch Rechtsverordnung mit Zustimmung des Bundesrates zu bestimmen, welche Personen und welche Stellen Meldungen, nämlich statistische Aufstellungen, sonstige Angaben und Auskünfte, zu erstatten haben, die zur Durchführung der internationalen Suchtstoffübereinkommen erforderlich sind.** ²**In der Verordnung können Bestimmungen über die Art und Weise, die Form, den Zeitpunkt und den Empfänger der Meldungen getroffen werden.**

A. Völkerrechtliche Verpflichtung

Nach Art. 18 Abs. 1 ÜK 1961, Art. 16 Abs. 1 ÜK 1971, Art. 20 ÜK 1988 haben die Vertragsparteien dem Generalsekretär der Vereinten Nationen jeweils einen Jahresbericht über die Auswirkungen der internationalen Suchtstoffübereinkommen einzureichen. 1

B. Jahresbericht (Absatz 1)

Diese völkerrechtliche Pflicht wird durch Satz 1 in deutsches Recht umgesetzt. Satz 2 hat zum Ziel, der Bundesregierung eine feste Basis für die von ihr zu erstattenden Berichte zu verschaffen. Da ein exaktes Meldesystem über die Zahl der 2

BtMG Vor §§ 29 ff. Sechster Abschnitt. Straftaten und Ordnungswidrigkeiten

Betäubungsmittelabhängigen und der Personen, die Betäubungsmittel missbrauchen, bisher nicht besteht, sieht Satz 3 insbesondere in diesem Bereich die Möglichkeit der Schätzung vor.

C. Verordnungsermächtigung (Absatz 2)

3   Die Vorschrift enthält eine Verordnungsermächtigung, von der die Bundesregierung bisher keinen Gebrauch gemacht hat.

Sechster Abschnitt. Straftaten und Ordnungswidrigkeiten

Vorbemerkungen zu §§ 29 ff.

Die Anwendung des Allgemeinen Teils des Strafgesetzbuchs in Betäubungsmittelsachen

Übersicht

	Rn.
Kapitel 1. Das Betäubungsmittelstrafrecht	1
Kapitel 2. Betäubungsmittelstrafrecht und allgemeines Strafrecht	9
Kapitel 3. Befreiung von der deutschen Gerichtsbarkeit (Exterritorialität/Immunität)	11
A. Staatenimmunität (§ 20 Abs. 2 GVG)	14
I. Handlungsbezogene Immunität (ratione materiae)	15
II. Statusbezogene Immunität (ratione personae)	17
III. Dauerndes/vorübergehendes Strafverfolgungshindernis	19
B. Diplomatischer/konsularischer Dienst, Sonderbotschafter (§§ 18, 19 GVG)	21
C. Amtliche Einladung (§ 20 Abs. 1 GVG)	25
D. Nachweis der Immunität	26
Kapitel 4. NATO-Truppenstatut, Partnerschaft für den Frieden	27
Kapitel 5. Internationales Strafrecht, ne bis in idem	31
A. Anknüpfungspunkte, Natur und Wirkungen	31
I. Objektive Strafbarkeitsbedingung	32
II. Verfahrensvoraussetzung	34
III. Konkurrenz von Rechtsordnungen	35
1. Schengener Durchführungsübereinkommen (SDÜ)	37
a) Rechtskräftige Aburteilung	40
b) Im übrigen	42
aa) Abgeurteilt	44
bb) Rechtskräftig	49
(a) Entscheidungen mit beschränkter Rechtskraftwirkung	50
(aa) Wirkung im Entscheidungsstaat	51
(bb) Wirkung in den anderen Vertragsstaaten	52
(b) Abwesenheitsurteile	54
cc) Identität der Tat	55
c) Vollstreckung	60
d) Ort der Tat; der deutsche Vorbehalt	64
2. EG-ne-bis-in-idem-Übk	68
3. Vertrag von Lissabon, EU-Grundrechte-Charta	70
B. Die Anknüpfungspunkte im Einzelnen	72
I. Inlandstaten (§ 3 StGB)	73
1. Inland (§ 3 StGB)	73

	Rn.
2. Ort der Tat (§ 9 StGB)	81
a) Handlungsort (Tätigkeitsort)	84
b) Erfolgsort	92
c) Transitstraftaten	102
d) Internet-Delikte	106
aa) Handlungsort	107
bb) Erfolgsort	108
e) Teilnahme (§ 9 Abs. 2 StGB)	110
II. Taten auf deutschen Schiffen oder in deutschen Luftfahrzeugen (§ 4 StGB)	113
III. Weltrechtsprinzip (§ 6 Nr. 5 StGB)	119
1. Vereinbarkeit mit dem Völkerrecht; legitimierende Anknüpfungspunkte	120
2. Vertrieb	125
3. Teilnahme	131
4. Unbefugt	133
5. Tateinheitliche Delikte	134
IV. Geltung für Auslandstaten in anderen Fällen (§ 7 StGB)	135
1. Gegen Deutsche gerichtete Auslandstaten (§ 7 Abs. 1 StGB)	136
a) Straftatbestand am Tatort	137
aa) Materielle Strafbarkeit	140
bb) Umfang der Geltung	142
b) Tatort ohne Strafgewalt	143
2. Auslandstaten Deutscher (§ 7 Abs. 2 Nr. 1 StGB)	144
3. Stellvertretende Strafrechtspflege (§ 7 Abs. 2 Nr. 2 StGB)	146
a) Straftatbestand am Tatort	147
b) Auslieferungsfähigkeit nach dem IRG	149
c) Keine Auslieferung	150
Kapitel 6. Typen und Struktur der Betäubungsmittelstraftaten	155
A. Begehungsdelikte, Unterlassungsdelikte	156
B. Tätigkeitsdelikte, unechte Unternehmensdelikte	160
C. Erfolgsdelikte, Verletzungsdelikte, konkrete Gefährdungsdelikte	162
D. Abstrakte Gefährdungsdelikte; potentielle (abstrakt-konkrete) Gefährdungsdelikte	165
E. Eigenhändige Delikte, unechte/echte Sonderdelikte	168
Kapitel 7. Vorbereitung, Versuch, Vollendung, Beendigung, Versuch der Beteiligung	171
A. Die Versuchsstrafbarkeit im Betäubungsmittelstrafrecht	171
I. Einfluss der Struktur der Betäubungsmittelstraftaten	172
1. Unechte Unternehmensdelikte	173
2. Erfolgsdelikte	174
3. Qualifikationen, Regelbeispiele	175
4. Erfolgsqualifizierte Delikte	176
II. Untauglicher Versuch	177
B. Vorbereitungshandlung und Versuch	180
I. Verwirklichung eines Tatbestandsmerkmals	181
II. Ausführungsnahe Handlung	182
1. Keine Zwischenakte	184
2. Tatplan, Rechtsgutsgefährdung	186
III. Versuch bei Mittätern	188
IV. Versuch bei mittelbarer Täterschaft	192
V. Typische Vorbereitungshandlungen	196
C. Versuch und Vollendung	198
D. Vollendung und Beendigung	199
E. Rücktritt, fehlgeschlagener Versuch	201
F. Vorbereitungshandlungen, Versuch der Beteiligung (§§ 30, 31 StGB)	207
I. Die geplante Tat (Verbrechen)	208
1. Vorstellung des/der Beteiligten	209
a) Verbrechensnatur der geplanten Tat	210

	Rn.
b) Konkretisierung der geplanten Tat	212
2. Besondere persönliche Merkmale	214
a) Strafbegründende persönliche Merkmale	215
b) Strafmodizierende persönliche Merkmale	217
3. Nicht im Falle der Beihilfe	220
II. Versuch der Anstiftung (§ 30 Abs. 1 StGB)	221
III. Sichbereiterklären (§ 30 Abs. 2 Alt. 1 StGB)	227
IV. Annahme des Erbietens eines anderen (§ 30 Abs. 2 Alt. 2 StGB)	229
V. Verabredung (§ 30 Abs. 2 Alt. 3 StGB)	231
VI. Konkurrenzen	236
VII. Rücktritt vom Versuch der Beteiligung (§ 31 StGB)	237

Kapitel 8. Täterschaft, Teilnahme ... 241

A. Die Beteiligung im Betäubungsmittelstrafrecht ... 241
B. Formen der Täterschaft ... 245
   I. Unmittelbare Täterschaft (§ 25 Abs. 1 Alt. 1 StGB) ... 246
   II. Mittelbare Täterschaft (§ 25 Abs. 1 Alt. 2 StGB) ... 248
      1. Die Tatbestandsmäßigkeit ... 251
         a) Eigenhändige Delikte ... 252
         b) Echte Sonderdelikte ... 253
         c) Unechte Sonderdelikte ... 255
      2. Fälle mittelbarer Täterschaft ... 256
      3. Konkurrenzen ... 257
   III. Mittäterschaft (§ 25 Abs. 2 StGB) ... 258
      1. Auszuscheidende Fälle ... 260
      2. Tatbeitrag ... 262
      3. Gemeinsamer Tatplan ... 265
      4. Sukzessive Mittäterschaft ... 266
      5. Folgen der Mittäterschaft ... 271
      6. Mittäterexzess ... 272
      7. Konkurrenzen ... 274
   IV. Nebentäterschaft ... 277
C. Formen der Teilnahme, notwendige Teilnahme ... 279
   I. Notwendige Teilnahme ... 280
   II. Anstiftung (§ 26 StGB) ... 283
      1. Handlung des Anstifters ... 285
      2. Ursächlichkeit ... 287
      3. Formen der Anstiftung ... 289
      4. Vorsatz ... 293
      5. Haupttat ... 297
      6. Versuch ... 298
      7. Konkurrenzen ... 300
      8. Strafzumessung ... 305
   II. Beihilfe (§ 27 StGB) ... 306
      1. Hilfeleistung ... 308
         a) Objektive Förderung ... 309
         b) Neutrale Handlungen, berufstypische Handlungen ... 317
      2. Formen der Beihilfe ... 322
         a) Physische Beihilfe ... 323
         b) Psychische Beihilfe ... 324
         c) Billigung, Dabeisein ... 327
         d) Unterlassen ... 331
         e) Sukzessive Beihilfe ... 332
         f) Beihilfe und andere Beteiligungsformen ... 333
         g) Prüfungsgrundsatz ... 336
      3. Die Haupttat ... 337
      4. Innerer Tatbestand ... 343
         a) Der Vorsatz zur Unterstützung ... 344
         b) Kenntnis von der Haupttat ... 349
      5. Versuch ... 354
      6. Konkurrenzen ... 355

	Rn.
a) Förderung durch eine (Beihilfe-)Handlung	356
b) Förderung durch mehrere (Beihilfe-)Handlungen	359
7. Akzessorietät	363
8. Strafzumessung beim Gehilfen	364
D. Abgrenzung von Täterschaft und Teilnahme	367
I. Vorabklärung	369
1. Eigenhändige eigennützige Tatbestandsverwirklichung	370
2. Echte Sonderdelikte	371
II. Art des Tatbeitrags	372
III. Willensrichtung	375
1. Art und Umfang des Tatbeitrags	382
2. Grad des eigenen Interesses am Tatererfolg	383
3. Die Tatherrschaft oder der Wille dazu	384
IV. Beurteilungsspielraum in Grenzfällen	386
E. Versuch der Beteiligung (§§ 30, 31 StGB)	387

Kapitel 9. Schuldformen; Irrtumsfragen 388
A. Die Schuldformen im Betäubungsmittelstrafrecht 388
B. Vorsatz 389
   I. Tatbestandsmerkmale 390
      1. Deskriptive Tatbestandsmerkmale 399
      2. Normative Tatbestandsmerkmale 400
   II. Das Wissenselement 402
      1. Konkretisierung, Abweichungen im Kausalverlauf 404
      2. Kenntnis, Bedeutungskenntnis, Parallelwertung in der Laiensphäre 407
      3. Gewissheitsvorstellung, Möglichkeitsvorstellung 409
   III. Das Willenselement 410
      1. Unbedingter (direkter) Vorsatz 411
         a) Absicht (dolus directus 1. Grades) 412
         b) Wissentlichkeit (dolus directus 2. Grades) 413
         c) Beabsichtigter, aber ungewisser Erfolg mit sicherer Nebenfolge 414
      2. Bedingter (indirekter Vorsatz) 415
   IV. Vorsatz bei den Unterlassungsdelikten. Echte Unterlassungsdelikte 421
   V. Vorsatz als Schuldelement, natürlicher Vorsatz 424
C. Die Fahrlässigkeit 426
D. Zusammentreffen von Vorsatz und Fahrlässigkeit 427
E. Irrtumsfragen 428
   I. Tatbestandsirrtum 429
      1. Gegenstand 431
         a) Strafänderungsgründe 432
         b) Deskriptive und normative Merkmale 433
         c) Merkmale von Rechtfertigungsgründen 435
      2. Folge 438
      3. Der umgekehrte Irrtum (untauglicher Versuch) 439
   II. Verbotsirrtum 441
      1. Unrechtsbewusstsein 442
      2. Folge, Vermeidbarkeit 447
      3. Der umgekehrte Irrtum (Wahndelikt) 452
         a) Irrtum über die Existenz einer Strafnorm 453
         b) Irrtum über eine bestehende Rechtfertigungsnorm 456
         c) Irrtum über normative Tatbestandsmerkmale 458
            aa) Irrtum über die tatsächlichen Voraussetzungen 459
            bb) Unzutreffende Bedeutungskenntnis des Tatbestandsmerkmals 460
   III. Irrtum über Umstände, die nicht zum Tatbestand gehören 462

Kapitel 10. Schuldfähigkeit und Betäubungsmittelabhängigkeit 465
A. Ausgangspunkt 465

	Rn.
B. Grundsatz	469
I. Schuldunfähigkeit, erheblich verminderte Schuldfähigkeit	470
II. Betäubungsmittelabhängigkeit und Schuldunfähigkeit/ erheblich verminderte Schuldfähigkeit	472
C. Der Vorgang der Prüfung	481
I. Übersicht, Prüfungsreihenfolge	482
II. Feststellung der Betäubungsmittelabhängigkeit	483
III. Zuordnung der Betäubungsmittelabhängigkeit	488
1. Zuordnung zu den biologischen Merkmalen	490
a) Betäubungsmittelabhängigkeit mit organischem Befund	491
b) Betäubungsmittelabhängigkeit ohne organischen Befund	492
c) Drogenrausch, Entzugserscheinungen	493
2. Zu den Kriterien der Rspr. für die Schuldfähigkeitsbeurteilung	494
a) Schwerste Persönlichkeitsveränderungen	495
b) Akute oder drohende Entzugserscheinungen	501
c) Akute Rauschzustände	504
IV. Zusammenhang mit der Tat	512
V. Die Auswirkungen auf die Schuldfähigkeit	515
1. Fehlen einer relevanten Fallgruppe	516
2. Vorliegen einer relevanten Fallgruppe	519
a) Schuldunfähigkeit (§ 20 StGB)	520
aa) Einsichtsunfähigkeit	522
bb) Steuerungsunfähigkeit	524
b) Erhebliche Verminderung der Schuldfähigkeit (§ 21 StGB)	525
aa) Erheblich verminderte Einsichtsfähigkeit	527
bb) Erheblich verminderte Steuerungsfähigkeit	528
D. Folgen	534
E. Verfahren, Sachverständigengutachten, Aufgabenverteilung	539
F. Actio libera in causa	547
Kapitel 11. Konkurrenzen, Bewertungseinheit	551
A. Die Konkurrenzen im Betäubungsmittelstrafrecht	551
B. Vorliegen einer Handlung	552
I. Handlung im natürlichen Sinn	553
II. Tatbestandliche Handlungseinheit. Eine	555
1. Voraussetzungen	556
a) Mehraktige oder zusammengesetzte Delikte	557
b) Sukzessive Ausführungshandlungen	558
c) Handlungskomplexe	560
2. Folgen	564
III. Rechtliche Handlungseinheit	565
IV. Natürliche Handlungseinheit	569
V. Dauerdelikte	574
1. Grundsatz	575
2. Konkurrenzen	577
3. Prozessuales	582
VI. Fortgesetzte Handlung	587
VII. Bewertungseinheit	588
1. Grundlagen, Anwendungsbereich	589
a) Ausgangspunkt	590
b) Anwendungsbereich	593
c) Folgen	595
2. Tätigkeitsakte, Umfang der Bewertungseinheit	597
3. Derselbe Güterumsatz, Gesamtmenge	603
a) Absprachen, Angebote	604
aa) Bewertungseinheit gegeben	605
bb) Keine Bewertungseinheit; Lieferung nach Bedarf	612
cc) Probelieferungen	614
b) Einheitlicher Verkaufsvorrat	615

Vorbemerkungen zu den §§ 29 ff. **Vor §§ 29 ff. BtMG**

Rn.
c) Der aufgefüllte, „nie versiegende" Verkaufsvorrat, Silotheorie 621
4. Die Anwendung des Zweifelssatzes 629
   a) Fehlen konkreter Anhaltspunkte 630
   b) Vorliegen konkreter Anhaltspunkte 633
      aa) Zeitlicher und örtlicher Zusammenhang 634
      bb) Andere Anhaltspunkte 641
   c) Zuordnung von Verkaufsmengen zu Erwerbsmengen .. 647
   d) Verwertung zum Nachteil 653
5. Bewertungseinheit bei der Beihilfe 654
6. Bewertungseinheit bei Bandenhandel 655
7. Bewertungseinheit bei Veräußerung/Abgabe 658
8. Bewertungseinheit bei Handeltreiben/Anbauen/Herstellen 659
9. Prozessuales 667
C. Tateinheit/Idealkonkurrenz 671
   I. Voraussetzungen der Tateinheit 672
      1. (Teil-)Identität 674
      2. Sonderfälle beim Handeltreiben 682
         a) Tateinheit beim gleichzeitigen Verkauf 683
            aa) Zusammentreffen in einem Zahlungsvorgang . 685
            bb) Verknüpfung von Zahlungs- und Abholvorgängen 689
               (a) Überschneidung der objektiven Ausführungshandlungen 690
               (b) Einheitliche Tat im Sinne einer natürlichen Handlungseinheit 692
            cc) Folgen 695
         c) Tateinheit beim Besitz verschiedener zum Handeltreiben bestimmter Rauschgiftmengen 697
      3. Tateinheit durch Klammerwirkung 698
   II. Folgen der Tateinheit; Sperrwirkung 701
   III. Strafklageverbrauch 703
D. Tatmehrheit/Realkonkurrenz 704
   I. Voraussetzungen 705
   II. Folgen 707
E. Konkurrenzen bei mehreren Beteiligten 709
F. Gesetzeskonkurrenz, Gesetzeseinheit 710
   I. Formen der Gesetzeskonkurrenz 711
      1. Spezialität 712
      2. Subsidiarität 714
      3. Konsumtion 715
      4. Mitbestrafte (straflose) Nachtat 716
   II. Sonderfall: Geldwäsche (§ 261 StGB) 717
   III. Folgen 721
      1. Sperrwirkung 722
      2. Privilegierende Spezialität 724

Kapitel 12. Die Strafzumessung in Betäubungsmittelsachen ... 725
A. Vorbemerkung 725
B. Allgemeine Grundsätze 726
   I. Grundlagen 727
   II. Bestimmendes Prinzip: Gesamtwürdigung 733
   III. Bewertungsrichtung 735
C. Die Schritte der Strafzumessung 736
   I. Die einzelnen Schritte 737
   II. Gesamtwürdigung 738
      1. Strafrahmenwahl 739
      2. Strafzumessung im engeren Sinn 740
      3. Weitere Entscheidungen 741
   III. Reihenfolge 742
D. Erster Schritt: Strafrahmenwahl 744
   I. Gesamtwürdigung 746

	Rn.
II. Prüfung bei Strafmilderung	748
1. Vergehenstatbestände (§ 29 Abs. 1, 2, 4, 6, § 30b)	749
a) Vertypte Milderungsgründe (§ 49 StGB)	750
b) Gesamtschau	751
c) Einzelne vertypte Milderungsgründe	752
aa) Unechte Unterlassungsdelikte (§ 13 Abs. 2 StGB)	753
bb) Vermeidbarer Verbotsirrtum (§ 17 S. 2 StGB)	754
cc) Verminderte Schuldfähigkeit (§ 21 StGB)	755
(a) Regelmäßige Verringerung der Schuld	756
(b) Schulderhöhende Umstände	757
(c) Vorverschulden	759
(aa) Alkoholrausch	760
(bb) Drogenrausch	764
(cc) Beurteilungsspielraum	768
dd) Versuch (§ 23 Abs. 2 StGB)	769
ee) Beihilfe (§ 27 Abs. 2 S. 2 StGB)	771
ff) Strafbegründende besondere persönliche Merkmale (§ 28 Abs. 1 StGB)	773
gg) Versuch der Beteiligung (§ 30 Abs. 1 S. 2, Abs. 2 StGB)	779
hh) Aufklärungshilfe (§ 31 BtMG, § 46b StGB)	780
ii) Tatprovokation	781
2. Die Verbrechenstatbestände des BtMG (§§ 29a–30a)	782
a) Begriff des minder schweren Falles	785
aa) Gesamtwürdigung	787
bb) Abwägung	789
b) Der Kreis der einzubeziehenden Umstände	792
aa) Allgemeine Strafmilderungsgründe	794
(a) Art, Menge, Wirkstoffmenge	797
(b) Die niedrige nicht geringe Menge	800
(c) Verwendungszweck, Eigenverbrauch	805
(d) Betäubungsmittelabhängigkeit	811
(e) Schwache Beteiligungsformen	816
(aa) Schwache Täterschaftsformen	817
(bb) Beihilfe	818
(f) Bedingter Vorsatz	819
(g) Tatprovokation	820
(h) Besondere Verführungs- oder Beherrschungssituationen	821
(i) Regelmäßig bei Kurieren vorliegende Umstände	822
(j) Polizeiliche Überwachung, Sicherstellung	823
(k) Luftgeschäft	824
(l) Abstandnahme vom Geschäft	825
(m) Verurteilung durch ein ausländisches Gericht	826
bb) Vertypte Milderungsgründe	827
(a) Vorliegen eines vertypten Milderungsgrundes	828
(b) Vorliegen mehrerer vertypter Milderungsgründe	832
cc) Zusammentreffen allgemeiner Strafmilderungsgründe mit vertypten Milderungsgründen	833
(a) Verbot der Doppelverwertung vertypter Milderungsgründe (§ 50 StGB)	834
(b) Der nicht benötigte vertypte Milderungsgrund	836
(c) Verfahren	837
c) Ausschöpfung des Sonderstrafrahmens	843
d) Mehrere Beteiligte, Beihilfe	844
e) Tateinheitliches Zusammentreffen	848
III. Prüfung bei Strafschärfung (besonders schwere Fälle, § 29 Abs. 3)	849
E. Zweiter Schritt: Die Strafzumessung im engeren Sinn (Strafhöhenbestimmung)	850

	Rn.
I. Gerechter Schuldausgleich	852
1. Erhebliche Über- oder Unterschreitung	853
2. Gleichbehandlung mit anderen Tätern	858
II. Andere Strafzwecke	862
1. Generalprävention und ihre Grenzen	863
a) Allgemeines	863
b) Grenzen	866
2. Spezialprävention (§ 46 Abs. 1 S. 2 StGB)	871
3. Sicherung der Allgemeinheit	873
III. Unterschreitung der schuldangemessenen Strafe	874
IV. Orientierung durch den Strafrahmen	879
1. Einstieg in den Strafrahmen	884
2. Mindestmaß	889
a) Tatbestand mit Sonderstrafrahmen	890
b) Tatbestand ohne Sonderstrafrahmen	893
3. Höchstmaß	894
4. Gesamtwürdigung	897
V. Verbot der Doppelverwertung	900
1. Merkmale der Strafvorschriften und weitere Umstände	903
a) Geltung des Doppelverwertungsverbots	904
b) Keine Geltung des Doppelverwertungsverbots	914
2. Merkmale von allgemeinen Vorschriften	921
3. Zusammenfassung von Tatbeständen	926
VI. Fehlen von Strafschärfungs- oder Strafmilderungsgründen	930
VII. Häufige Strafzumessungserwägungen in Betäubungsmittelsachen	938
1. Art des Betäubungsmittelverkehrs, Tateinheit bei Eigenverbrauch	939
2. Art der Beteiligung an der Tat	940
3. Art des Betäubungsmittels, Gefährlichkeit	941
4. (Gewichts-)Menge des Betäubungsmittels	952
5. Wirkstoffmenge und Wirkstoffgehalt	961
a) Nicht geringe Menge	962
b) Vorstellungen des Täters	968
c) Notwendige Feststellungen	969
aa) Erforderlichkeit	970
bb) Untersuchung möglich	975
cc) Untersuchung nicht möglich	977
(a) Festgestellte Tatumstände	978
(b) Teilmengen, Parallelverfahren	979
(c) Umständeorientierte Schätzung	981
(d) Notfalls Annahme der Mindestqualität	986
d) Zulässige und unzulässige Schlussfolgerungen	987
e) Schlussfolgerungen bei einzelnen Betäubungsmitteln	993
aa) Amfetamin	994
bb) Cannabis	997
(a) Cannabisharz (Haschisch)	998
(aa) Statistische Auswertung	999
(bb) Einzelne Schlussfolgerungen	1005
(b) Cannabiskraut (Marihuana (Stängel-, Blätter-, Blütengemische))	1008
(c) Cannabiskraut (Marihuana (Blüten, Blütenstände, sog. Dolden))	1013
(d) Haschischöl (Cannabiskonzentrat)	1016
cc) Cocain	1017
dd) Ecstasy	1022
ee) Heroin	1028
6. Staatliche Beteiligung, polizeiliche Überwachung/Observation, Sicherstellung	1031
7. Tatprovokation	1034

	Rn.
8. Ausländereigenschaft, Ausweisung, Abschiebung	1035
a) Grundsatz	1037
b) Besonderheiten	1041
aa) Missbrauch des Gastrechts	1042
bb) Diskreditierung anderer Ausländer/Asylbewerber	1043
cc) Höhere Strafen im Heimatland	1044
dd) Fremder Kulturkreis	1046
ee) Strafempfindlichkeit eines Ausländers, Überstellung	1049
ff) Ausweisung, Abschiebung	1054
9. Nicht für den deutschen Markt bestimmt	1056
10. Not eines Kuriers	1057
11. Körperschmuggler	1058
12. Rückfall, Substitution	1060
13. Vorleben, Vorstrafen, nicht angeklagte/abgeurteilte Straftaten	1062
14. Lebensführung, moralisierende Erwägungen	1069
15. Berufliche Stellung	1073
16. Untersuchungshaft	1076
17. Strafempfindlichkeit, Schwangerschaft, Trennung von der Familie	1078
18. Verletzung mehrerer Gesetz	1082
a) Tateinheit	1082
b) Tatmehrheit	1083
19. Nebenstrafen, Nebenfolgen	1084
20. Prozessverhalten	1086
a) Geständnis	1087
b) Verständigung, Absprache	1090
c) Leugnen, Falschbezichtigung	1093
d) Schweigen	1098
e) Spurenbeseitigung	1100
f) Die planmäßige Verminderung des Überführungsrisikos	1101
21. Verfahrensverzögerung, Zeitabstand, Verfahrensdauer	1102
a) Langer zeitlicher Abstand zur Tat	1103
b) Belastung durch lange Verfahrensdauer	1104
c) Rechtsstaatswidrige Verfahrensverzögerung (Art. 6 Abs. 1 S. 1 MRK)	1107
aa) Die Rechtsprechung des EGMR	1108
(a) Ermittlung der Verfahrensdauer	1110
(b) Angemessenheit der Verfahrensdauer	1112
(aa) Komplexität des Falles	1113
(bb) Verhalten der zuständigen Behörden und Gerichte	1114
(cc) Verhalten des Beschwerdeführers	1115
(dd) Bedeutung der Sache für den Beschwerdeführer	1116
bb) Die Rechtsprechung des BGH	1117
(a) Vollstreckungsmodell	1118
(b) Prüfung	1120
(aa) Ermittlung des Zeitabstands zwischen Tat und Urteil	1121
(bb) Ermittlung der Verfahrensdauer	1122
(cc) Kompensation durch bloße Feststellung	1131
(dd) Ziffernmäßige Kompensation, Ausmaß	1132
(ee) Urteilsformel	1137
(ff) Jugendsachen	1138
(gg) Untersuchungshaft	1139
(c) Verfahrensrüge	1142
22. Unterlassene Belehrung nach Art. 36 Abs. 1 Buchst. b S. 3 WÜK	1146
23. Früheres Einschreiten der Ermittlungsbehörden	1150

	Rn.
24. Sonstige Verstöße gegen Verfahrensrecht	1151
25. Härteausgleich	1152
a) Methode	1153
b) Ausländische Verurteilungen	1154
aa) Gemeinsame Aburteilung möglich	1155
bb) Gemeinsame Aburteilung nicht möglich	1156
VIII. Wahl der Strafart, kurze Freiheitsstrafe	1157
1. Allgemein	1158
2. Sonderfall: Kurze Freiheitsstrafe (§ 47 StGB)	1159
a) Besondere Umstände	1160
b) Unerlässlichkeit, Gesamtwürdigung	1164
c) Verhältnis zu Art. 12 Abs. 1 EGStGB	1171
F. Die Gesamtstrafenbildung	1172
I. Strafrahmen	1173
II. Strafzumessung im engeren Sinn	1174
G. Die Strafaussetzung zur Bewährung (§ 56 StGB)	1177
I. Die Voraussetzungen der Strafaussetzung	1178
1. Die Aussetzung nach Absatz 1	1179
a) Grundlage der Prognose	1181
b) Zweifelssatz	1189
c) Prognose bei Drogenabhängigen	1192
d) Einbeziehung begleitender Maßnahmen	1202
2. Die Aussetzung nach Absatz 2	1204
3. Verteidigung der Rechtsordnung (Absatz 3)	1212
II. Folgen	1217
III. Die Gestaltung der Strafaussetzung	1218
1. Bewährungszeit (§ 56a StGB)	1219
2. Auflagen (§ 56b StGB)	1220
3. Weisungen (§ 56c StGB)	1222
4. Zusagen (§ 56c Abs. 4 StGB)	1236
5. Bewährungshilfe (§ 56d StGB)	1237
IV. Nachträgliche Entscheidungen (§ 56e StGB)	1238
V. Widerruf der Strafaussetzung (§ 56f StGB)	1239
1. Begehung einer Straftat (§ 56f Abs. 1 S. 1 Nr. 1 StGB)	1241
a) Maßgebliche Zeit	1242
b) Feststellung der neuen Tat	1244
aa) Rechtskräftige Verurteilung	1245
bb) Nicht rechtskräftige Verurteilung	1246
cc) Rechtskräftiger Strafbefehl	1247
dd) Nicht rechtskräftiger Strafbefehl	1248
ee) Feststellungen als erkennendes Gericht	1249
ff) Geständnis	1250
gg) Verfahrenseinstellungen	1256
hh) Überzeugung des Widerrufsgerichts	1257
c) Nichterfüllung der Erwartung	1258
d) Aussetzung der neuen Strafe, Geldstrafe	1263
2. Verstoß gegen eine Weisung (§ 56f Abs. 1 S. 1 Nr. 2 Alt. 1 StGB)	1264
a) Gröblicher oder beharrlicher Verstoß	1265
b) Anlass zu der Besorgnis neuer Straftaten	1268
3. Sichentziehen der Bewährungsaufsicht (§ 56f S. 1 Nr. 2 Alt. 2 StGB)	1270
4. Verstoß gegen eine Auflage (§ 56f Abs. 1 S. 1 Nr. 3 StGB)	1272
5. Zusätzliche Voraussetzungen des Widerrufs (§ 56f Abs. 2 StGB)	1273
a) Weitere Auflagen oder Weisungen (§ 56f Abs. 2 S. 1 Nr. 1 StGB)	1275
b) Bewährungs-, Unterstellungszeitverlängerung (§ 56f Abs. 2 S. 1 Nr. 2, S. 2 StGB)	1276
aa) Bewährungszeit	1277

	Rn.
bb) Unterstellungszeit	1281
6. Folgen des Widerrufs	1282
7. Anrechnung von Leistungen (§ 56 f Abs. 3 StGB)	1286
VIII. Straferlass (§ 56 g Abs. 1 StGB)	1287
IX. Widerruf des Straferlasses (§ 56 g Abs. 2 StGB)	1289
H. Die Darlegung der Strafzumessung im Urteil	1290
I. Bestimmende Umstände	1291
II. Die besonderen Begründungserfordernisse	1293
III. Die sachlich-rechtliche Begründungspflicht	1294

Kapitel 13. Die Unterbringung in der Entziehungsanstalt in Betäubungsmittelsachen (§ 64 StGB) 1299

A. Einführung	1299
B. Zweck, Verhältnis zu anderen Maßnahmen	1300
I. Zweck	1301
II. Verhältnis zu anderen freiheitsentziehenden Maßregeln	1302
1. Psychiatrisches Krankenhaus	1303
2. Sicherungsverwahrung	1305
III. Verhältnis zu sonstigen Maßnahmen	1308
C. Verfahren, Zuziehung eines Sachverständigen	1309
D. Voraussetzungen des § 64 StGB	1313
I. Hang zum Konsum berauschender Mittel im Übermaß	1314
1. Hang	1315
2. Konsum berauschender Mittel	1325
3. Im Übermaß	1326
II. Anlasstat (im Rausch begangen oder auf Hang zurückzuführen), Symptomwert	1327
III. Gefahr weiterer erheblicher Taten	1336
1. Zeitpunkt	1337
2. Begründete Wahrscheinlichkeit	1338
a) Gefahr bei Drogenabhängigen	1340
b) Nicht notwendig vergleichbare Taten	1343
c) Gesamtwürdigung	1344
d) Abwendung durch andere Mittel	1345
IV. Erfolgsaussicht (§ 64 S. 2 StGB)	1346
1. Hinreichend konkrete Erfolgsaussicht	1347
a) Therapiefähigkeit	1352
b) Therapieunwilligkeit	1355
c) Voraussichtlich lange Therapiedauer	1358
d) Organisatorische Ausgestaltung des Vollzugs	1359
2. Folgen fehlender Erfolgsaussicht	1363
V. Verhältnismäßigkeit (§ 62 StGB)	1365
E. Anordnung/Sollvorschrift	1366
F. Aussetzung zugleich mit der Anordnung (§ 67 b StGB)	1367
G. Vollstreckungsreihenfolge (§ 67 StGB)	1371
I. Vollstreckungsreihenfolge bei verschiedenen Entscheidungen	1372
II. Vollstreckungsreihenfolge bei einer Entscheidung (Absatz 1)	1374
1. Grundsatz	1375
2. Vorwegvollzug der Strafe (Absatz 2)	1376
a) Die allgemeine Ausnahme (Absatz 2 Satz 1)	1377
b) Die Ausnahmen für die Entziehungsanstalt (Absatz 2 Sätze 2, 3)	1385
c) Ausnahme bei zu erwartender Ausreise (Absatz 2 Satz 4)	1391
H. Mehrfache Anordnung der Maßregel (§ 67 f StGB)	1392
I. Verfahrensrechtliches, Revision	1393
J. Verlegung in den Strafvollzug	1397
I. Aussichtslosigkeit der Behandlung (§ 67 d Abs. 5 S. 1 StGB)	1398
II. Überschreiten der Höchstdauer der Maßregel (§ 67 d Abs. 1 StGB)	1402
III. Beendigung der Maßregel (§ 67 Abs. 5 S. 2 Hs. 2 StGB)	1403
K. Überweisung in den Vollzug einer anderen Maßregel (§ 67 a StGB)	1405

Vorbemerkungen zu den §§ 29ff.   **Vor §§ 29ff.   BtMG**

                                                                                                  Rn.

Kapitel 14. Die Unterbringung im psychiatrischen Krankenhaus in Betäubungsmittelsachen (§ 63 StGB) 1407
A. Zweck 1407
B. Verhältnis zu anderen freiheitsentziehenden Maßregeln 1408
    I. Entziehungsanstalt 1409
    II. Sicherungsverwahrung 1410
    III. Verhältnis zu sonstigen Maßnahmen 1411
C. Verfahren, Zuziehung eines Sachverständigen 1412
D. Voraussetzungen 1413
    I. Anlasstat 1414
    II. Im Zustand der §§ 20, 21 StGB 1416
    III. Länger dauernder psychischer Defekt 1419
    IV. Gesamtwürdigung 1424
        1. Gefährlichkeit 1425
           a) Infolge seines Zustandes, Kausalität 1426
           b) Zu erwarten 1427
           c) Erhebliche Straftaten 1429
        2. Für die Allgemeinheit gefährlich 1430
E. Zwingende Vorschrift, Vollstreckungsreihenfolge 1431
F. Urteilsgründe 1432

Kapitel 15. Die Unterbringung in der Sicherungsverwahrung in Betäubungsmittelsachen (§ 66 StGB) 1433
A. Zweck. Die Sicherungsverwahrung 1433
B. Verhältnis zu anderen freiheitsentziehenden Maßregeln 1436
C. Verhältnis zur Bemessung der Freiheitsstrafe 1437
D. Die formellen Voraussetzungen 1438
    I. Anordnung nach zwei Katalogvorverurteilungen (Abs. 1) . . . 1439
        1. Die Anlassverurteilung 1440
        2. Die Vorverurteilungen 1442
        3. Die Vorverbüßungszeiten 1446
        4. Auslandsverurteilungen 1448
        5. Verjährung 1449
    II. Anordnung ohne Vorverurteilung bei drei Taten (Abs. 2), Ermessenvorschrift 1451
        1. Drei Katalogstraftaten 1454
        2. Für jede Tat Freiheitsstrafe von mindestens einem Jahr verwirkt 1456
        3. Verurteilung zu Freiheitsstrafe von mindestens drei Jahren . . 1458
        4. Auslandstaten 1459
        5. Verjährung 1460
    III. Die formellen Voraussetzungen des Absatzes 3; Ermessensvorschrift 1461
        1. Anordnung nach einer Vorverurteilung bei einer Katalogtat (Abs. 3 S. 1) 1463
        2. Anordnung ohne Vorverurteilung bei zwei Katalogtaten (Abs. 3 S. 2) 1467
E. Die materiellen Voraussetzungen (§ 66 Abs. 1 Nr. 4, Abs. 2, 3 StGB) 1470
    I. Hang 1472
    II. Erhebliche Straftaten 1482
    III. Gefährlichkeit für die Allgemeinheit 1488
    IV. Gesamtwürdigung 1491
        1. Täterpersönlichkeit 1493
        2. Symptomtaten 1494
F. Entscheidung 1495
G. Überweisung in den Vollzug einer anderen Maßregel 1498
H. Vorbehaltene Sicherungsverwahrung (§ 66a StGB) 1499
I. Nachträgliche Anordnung der Unterbringung in der Sicherungsverwahrung (§ 66b StGB) 1500

Rn.

Kapitel 16. Verbindung freiheitsentziehender Maßregeln (§ 72 StGB) 1501
A. Gleichzeitiges Vorliegen der Voraussetzungen mehrerer Maßregeln 1501
B. Abwendung der Gefahr durch eine Maßregel (Absatz 1) 1503
C. Unsicherheiten über den Erfolg (Absatz 2) 1505
D. Vollstreckungsreihenfolge (Absatz 3) 1506

Kapitel 17. Die Entziehung der Fahrerlaubnis in Betäubungsmittelsachen 1507
A. Die Entziehung durch die Strafgerichte (§ 69 StGB) 1510
   I. Der regelmäßige Eignungsmangel gemäß § 69 Abs. 2 StGB .. 1511
     1. Trunkenheit im Verkehr (§ 316 StGB) 1512
       a) Tathandlung 1513
         aa) Im Verkehr 1514
         bb) Führen 1515
         cc) Fahrzeuge 1516
         dd) Im Zustand der Fahrunsicherheit 1517
         ee) „Andere berauschende Mittel" 1519
           (a) Wirkungen 1521
           (b) Entzugserscheinungen, Drogenabhängigkeit ... 1522
           (c) Die besonderen Probleme bei Substitutionsmitteln 1523
           (d) Mischkonsum 1527
           (e) Absolute/relative Fahrunsicherheit 1529
           (f) Keine (Beweis-)Grenzwerte für eine absolute Fahrunsicherheit 1530
           (g) Relative Fahruntüchtigkeit 1534
             (aa) Blut-Wirkstoffbefund 1535
             (bb) Ausfallerscheinungen 1543
         ff) Ursächlichkeit des Rauschmittelkonsums 1554
       b) Subjektiver Tatbestand 1555
         aa) Vorsatz 1556
         bb) Fahrlässigkeit 1557
    2. Straßenverkehrsgefährdung (§ 315 c StGB) 1559
       a) § 315c Abs. 1 Nr. 1 Buchst. a, Abs. 3 StGB 1560
         aa) Tathandlung 1561
           (a) Straßenverkehr 1562
           (b) Führen eines Fahrzeugs im Zustand der Fahrunsicherheit 1564
           (c) Konsum anderer berauschender Mittel 1565
           (d) Gefährdung 1566
             (aa) Mitfahrer (Beifahrer) 1569
             (bb) Tatbeteiligte 1571
             (cc) Einwilligung, einverständliche Selbstgefährdung 1572
             (dd) Das von dem Täter geführte Fahrzeug 1573
             (ee) Ausbleiben/Eintreten des Schadens 1574
           (e) Ursächlichkeit 1575
         bb) Subjektiver Tatbestand 1576
       b) § 315c Abs. 1 Nr. 1 Buchst. b, Abs. 3 StGB 1577
         aa) Tathandlung 1578
         bb) Subjektiver Tatbestand 1581
    3. Die Vergehen nach §§ 316, 315c StGB als Eignungsmangel 1582
    4. Entschädigung 1584
   II. Der Eignungsmangel wegen anderer Taten (§ 69 Abs. 1 StGB) 1585
    1. Die bisherige Rechtsprechung 1586
    2. Der Beschluss des Großen Senats v. 27.4.2005 1587
    3. Zeitpunkt 1592
B. Entziehung durch die Fahrerlaubnisbehörde (§ 3 StVG, § 46 FeV) . . 1593
   I. Mangelnde Eignung, Anlage 4 zur FeV 1594

Vorbemerkungen zu den §§ 29 ff. **Vor §§ 29 ff. BtMG**

Rn.
1. Die Regeltatbestände der fehlenden/bedingten Eignung
   (Anlage 4 Nr. 9) 1597
   a) Einnahme von Betäubungsmitteln – außer Cannabis –
      (Nr. 9.1) 1598
   b) Einnahme von Cannabis (Nr. 9.2) 1603
      aa) Regelmäßige Einnahme (Nr. 9.2.1) 1604
      bb) Gelegentliche Einnahme (Nr. 9.2.2) 1607
         (a) Breiter Anwendungsbereich folgenlosen
             Konsumierens 1609
         (b) Die Ausnahmen 1610
            (aa) Mangelnde Trennung von Konsum und
                 Fahren 1611
            (bb) Zusätzlicher Gebrauch anderer Stoffe 1614
            (cc) Persönlichkeitsstörungen 1615
            (dd) Kontrollverlust 1616
   c) Abhängigkeit von Betäubungsmitteln – einschließlich
      Cannabis – (Nr. 9.3) 1617
2. Arzneimittelmissbrauch (Nr. 9.4) 1618
3. Ausnahmen von den Regeltatbeständen (Vorb. zur Anlage 4) 1620
4. Abstinenz (Nr. 9.5 der Anlage 4) 1622
II. Folge, Wirkung 1625
III. Verfahren, Anforderung von Gutachten (§ 46 Abs. 3 FeV) .. 1630
   1. Abhängigkeit, Konsum, Missbrauch (§ 14 Abs. 1 S. 1 FeV) .1632
   2. Besitz (§ 14 Abs. 1 S. 2 FeV) 1634
   3. Gelegentliche Einnahme von Cannabis (§ 14 Abs. 1 S. 3 FeV) 1635
   4. Weitere Fälle der Anordnung (§ 14 Abs. 2 FeV) 1636
   5. Verweigerung der Untersuchung, Nichtbeibringung des
      Gutachtens (§ 11 Abs. 8 FeV) 1637
IV. Mitteilungen (§ 2 Abs. 12 StVG) 1638

**Kapitel 18. Ordnungswidrigkeit nach § 24a Abs. 2, 3 StVG,
Fahrverbot (§ 25 Abs. 1 S. 2 StVG)** 1639
A. Einführung 1639
B. Tathandlung 1640
   I. Führen, Kraftfahrzeug, Straßenverkehr 1641
   II. Unter der Wirkung 1642
      1. Anlage zu § 24a Abs. 2 1643
      2. Beschluss der Grenzwertkommission 1645
      3. Der Beschluss des BVerfG v. 21.12.2004 1646
      4. Die Rechtsprechung der Oberlandesgerichte 1647
      5. Substanznachweis nach Konsum von Lebensmitteln;
         Passivrauchen 1648
      6. Ahndbarkeit trotz Nichterreichens der Werte 1649
   III. Die Medikamentenklausel (Satz 3) 1650
C. Beteiligung 1651
D. Der subjektive Tatbestand 1653
   I. Der Bezugspunkt des Schuldvorwurfs 1654
   II. Der „länger" zurückliegende Drogenkonsum 1658
E. Geldbuße, Fahrverbot 1659
F. Jugendliche und Heranwachsende 1661

**Kapitel 19. Die Anwendung des Jugendstrafrechts in
Betäubungsmittelsachen** 1663
A. Erziehungsgedanke 1664
B. Diversion, ambulante Maßnahmen 1665
C. Jugendarrest 1670
D. Jugendstrafe 1674
   I. Jugendstrafe wegen schädlicher Neigungen (§ 17 Abs. 2 Alt. 1
      JGG) 1675
      1. Erhebliche Persönlichkeitsmängel 1676
         a) Begehungsmodalitäten 1677

	Rn.
b) Tatmotive	1679
c) Lebensumstände	1680
d) Symptomcharakter der Tat	1682
e) Zeitpunkt	1683
2. Gefahr weiterer Straftaten	1688
3. Notwendigkeit längerer Gesamterziehung	1690
II. Jugendstrafe wegen Schwere der Schuld (§ 17 Abs. 2 Alt. 2 JGG)	1691
1. Gewicht der Tat	1694
2. Die innere Tatseite	1701
3. Notwendigkeit erzieherischer Gründe	1702
III. Bemessung (§ 18 JGG)	1703
IV. Aussetzung (§ 21 JGG)	1713
1. Aussetzung nach Absatz 1	1714
2. Aussetzung nach Absatz 2	1717
V. Aussetzung der Verhängung (§ 27 JGG)	1718
VI. Vorbewährung (§§ 57, 61–61b JGG)	1720
E. Maßregeln der Besserung und Sicherung (§ 7 Abs. 1 JGG)	1723
I. Absehen von Zuchtmitteln/Jugendstrafe (§ 5 Abs. 3 JGG)	1724
II. Unterbringung in der Entziehungsanstalt	1727
III. Unterbringung im psychiatrischen Krankenhaus	1730
IV. Entziehung der Fahrerlaubnis	1731
V. Führungsaufsicht	1733
F. Einziehung	1734
G. Ordnungswidrigkeiten	1735
H. Heranwachsende (§ 105 JGG)	1736
I. Gleichstellung mit einem Jugendlichen (§ 105 Abs. 1 Nr. 1 JGG)	1737
II. Jugendverfehlung (§ 105 Abs. 1 Nr. 2 JGG)	1741
I. Taten in verschiedenen Alters- und Reifestufen (§§ 32, 105 JGG)	1742
I. Gleichzeitige Aburteilung	1743
1. Schwergewicht	1745
2. Anwendung von Jugendstrafrecht	1750
3. Anwendung von allgemeinem Strafrecht	1751
II. Keine gleichzeitige Aburteilung	1752
1. Rechtskräftige Verurteilung nach Jugendstrafrecht	1753
2. Rechtskräftige Verurteilung nach allgemeinem Strafrecht	1755
a) Schwergewicht: Jugendstrafrecht	1757
b) Schwergewicht: allgemeines Strafrecht	1759
J. Verfahren	1761
Kapitel 20. Berufsverbot, Widerruf der Approbation	1763
A. Berufsverbot (§ 70 StGB)	1763
B. Widerruf der Approbation (§ 5 Abs. 2 BÄO)	1771
Kapitel 21. Gefährdung der Sicherheit außerhalb des Straßenverkehrs	1774
A. Bahn –, Schiffs- und Flugverkehr	1775
I. Gefährdung des Bahn-, Schiffs- und Luftverkehrs (§ 315a StGB)	1776
II. Trunkenheit im Verkehr (§ 316 StGB)	1779
III. Entziehung der Erlaubnis zum Führen von Kraftfahrzeugen	1780
B. Gefährdungen im Arbeitsleben und im Sport	1781
Kapitel 22. Betäubungsmittel in anderen Rechtsgebieten	1783
A. Betäubungsmittel im Zivilrecht	1784
B. Betäubungsmittel im Arbeitsrecht	1790
C. Betäubungsmittel im Disziplinarrecht	1794
I. Beamte, Richter	1795
II. Soldaten	1800
D. Betäubungsmittel im Schulrecht	1808
E. Betäubungsmittel im Gewerberecht	1811
F. Betäubungsmittel im Gaststättenrecht	1812

	Rn.
Kapitel 23. Platzverweisung, Aufenthaltsverbot	1816
A. Offene Drogenszenen als Störung	1817
B. Platzverweisung, Aufenthaltsverbot	1819
Kapitel 24. Strafbarkeit im Ausland	1821

Kapitel 1. Das Betäubungsmittelstrafrecht

Das Opiumgesetz von 1929 war noch als Verwaltungsgesetz konzipiert, bei 1 dem der legale Betäubungsmittelverkehr im Vordergrund stand. Die Strafbewehrung erfasste zwar bereits die wesentlichen Verkehrsformen, sah aber nur eine Höchststrafe von drei Jahren Gefängnis vor. Strafgerichtliche Verurteilungen waren selten (zB 373 Fälle im Jahre 1933).

Auch das BtMG 1972 konnte im Wesentlichen noch dieser Linie folgen, wenn 2 auch die aus den USA nach Deutschland übergreifende Drogenwelle schon erste Wirkungen zeigte. Die Strafbewehrung hielt sich mit einer Höchststrafe von drei Jahren Freiheitsstrafe weiterhin im Bereich des **Vergehens.** Für besonders schwere Fälle war als Strafzumessungsregel eine Strafschärfung von einem Jahr bis zu zehn Jahren Freiheitsstrafe vorgesehen (§ 11 Abs. 4).

Mit dem BtMG 1982 wurden erstmals **Verbrechenstatbestände** in das Betäu- 3 bungsmittelrecht eingeführt (§ 30), wobei im Wesentlichen vier Regelbeispiele aus dem früheren § 11 Abs. 4 als Grundlage dienten. Zugleich wurde das Höchstmaß des Regelstrafrahmens auf vier Jahre Freiheitsstrafe angehoben (§ 29 Abs. 1).

In den Jahren 1993 und 1994 wurden die **Verbrechenstatbestände** durch das 4 OrgKG und das Verbrechensbekämpfungsgesetz weiter ausgebaut, wobei vor allem der internationale Bandenhandel und der Schutz der Jugend im Vordergrund standen. Durch das OrgKG wurde außerdem das Höchstmaß des Regelstrafrahmens auf **fünf** Jahre Freiheitsstrafe erhöht, insbesondere um Spannungen zu dem Strafrahmen für die gleichzeitig eingeführte Geldwäsche (§ 261 StGB) zu vermeiden.

Mit dieser stetigen Verschärfung hat das Betäubungsmittelstrafrecht auf eine 5 Entwicklung reagiert, in der ein Land mit hoher Kaufkraft, offenen Grenzen und einer freiheitlichen Gesellschaft zwangsläufig zu einem interessanten Drogenmarkt werden musste. Verhindern konnte es diese Entwicklung nicht. Da die Ursachen im Wesentlichen **außerhalb des Strafrechts** liegen, konnte dies auch nicht erwartet werden (→ Einl. Rn. 124; → § 1 Rn. 68–84).

Das Betäubungsmittelstrafrecht verstößt **nicht** gegen das **Grundgesetz** 6 (→ Einl. Rn. 125, → § 1 Rn. 210–215). Dies gilt auch, soweit es konsumorientierte Verhaltensweisen mit Strafe bedroht oder sich auf sogenannte weiche Drogen bezieht (BVerfGE 90, 145 = NJW 1994, 1577; 1994, 2400 mAnm *Kreuzer* = NStZ 1994, 397; 1994, 366 mAnm *Nelles/Velten* = StV 1994, 298; 1994, 390 mAnm *Schneider* = JZ 1994, 860 mAnm *Gusy;* BVerfG NJW 1997, 1910; 2003, 2978; 2004, 3620 = StraFo 2004, 310 mAnm *Endriß;* 2007, 1193; NStZ 1997, 498; PharmR 2005, 374; 18.6.2006 – 2 BvR 1441/06). Zu den **Rechtsgütern** des Betäubungsmittelstrafrechts → § 1 Rn. 3–8.

Die Tatbestände des Betäubungsmittelstrafrechts sind von wenigen Ausnahmen 7 abgesehen (zB § 30 Abs. 1 Nr. 3) ihrer Natur nach **abstrakte Gefährdungsdelikte** (→ Rn. **165,** 166). Der Gesetzgeber geht davon aus, dass die beschriebenen Handlungsweisen für die geschützten Rechtsgüter typischerweise gefährlich sind und daher schon als solche einen Angriff auf diese bedeuten (*Graßhof* BVerfGE 90, 145 (199) (→ Rn. 6)). Zur **verfassungsrechtlichen** Unbedenklichkeit dieser Delikte → Rn. 165.

BtMG   Vor §§ 29 ff.   Sechster Abschnitt. Straftaten und Ordnungswidrigkeiten

8   **Die Vorverlagerung** des Strafrechtsschutzes durch Einbeziehung abstrakt gefährlicher Handlungen ist vor allem dann ein geeignetes und erforderliches Mittel zum Rechtsgüterschutz, wenn ein Universalrechtsgut, wie etwa die Gesundheit der Bevölkerung, betroffen ist (dazu im Einzelnen *Weber* Handeltreibenden S. 403–412 mwN). Die Bestrafung von Handlungen, die ein solches Rechtsgut verletzen oder konkret gefährden, würde keinen ausreichenden Schutz bieten. Die Gefahr für solche Rechtsgüter entsteht häufig durch Massenverstöße, die in ihrer Summierung das jeweilige Rechtsgut bedrohen, während die Gefahr, die von der einzelnen Handlung ausgeht, nicht immer erheblich ist. Gleichwohl leistet der Täter auch in einem solchen Falle einen eigenen Beitrag zu der Rechtsgüterbedrohung, für den er einzustehen hat (*Graßhof* BVerfGE 90, 145 (199) (→ Rn. 6)).

Kapitel 2. Betäubungsmittelstrafrecht und allgemeines Strafrecht

9   **Die besondere Struktur** des Betäubungsmittelstrafrechts bringt es mit sich, dass es in der Praxis stets in der Gefahr steht, sich vom allgemeinen Strafrecht zu entfernen und ein **Eigenleben** zu beginnen (krit. zum Standort im Nebenstrafrecht *Kreuzer* ZRP 1975, 206 (207)). Wenn es auch übertrieben ist, von einer „verderblichen Isolation" des Betäubungsmittelstrafrechts (so *Köhler* MDR 1992, 739) zu sprechen, so war es richtig und notwendig, dass der BGH den Zusammenhang mit dem allgemeinen Strafrecht betont und die Anwendung der dort geltenden Prinzipien einfordert (BGHSt 50, 252 = NJW 2005, 3790 = NStZ 2006, 171 = StV 2006, 19; 2006, 634 mablAnm *Krumdiek/Wesemann* = JR 2006, 171 m. zust. Bespr. *Weber* JR 2006, 139; dazu auch *Rahlf* FS Strauda, 2006, 243 (254, 255)). Allerdings ist in neuerer Zeit erneut eine Entwicklung eingetreten, die sich wieder vom allgemeinen Strafrecht entfernt (→ § 29 Rn. 748, 750, 758, 759).

10   **Im Folgenden** werden die wesentlichen Grundsätze des Allgemeinen Teils des Strafrechts **in Bezug auf die betäubungsmittelrechtlichen Besonderheiten** dargestellt[1]. Wegen der allgemein strafrechtlichen Grundlagen im Übrigen wird auf Rechtsprechung und Schrifttum zum StGB verwiesen.

Kapitel 3. Befreiung von der deutschen Gerichtsbarkeit (Exterritorialität/Immunität)

11   **Die Befreiung** von der deutschen Gerichtsbarkeit (Exterritorialität; in neueren Übereinkommen „Immunität" genannt) ist auch im Betäubungsmittelrecht nicht ohne Bedeutung. Sie ist in den §§ 18, 19, 20 Abs. 2 GVG geregelt, die ihrerseits auf völkerrechtliche Übereinkommen und Vereinbarungen sowie auf die allgemeinen Regeln des Völkerrechts (Art. 25 GG) verweisen; hinzu kommt noch eine besondere Regelung für Repräsentanten anderer Staaten und ihre Begleitung, die sich auf Einladung der Bundesrepublik Deutschland in Deutschland aufhalten (§ 20 Abs. 1 GVG). Die für eine Befreiung in Betracht kommenden **Personen** sind im RdSchr. des AA v. 15.9.2015 ((GMBl. S. 1206) (auszugsweise abgedr. bei Meyer-Goßner/Schmitt GVG § 18 Rn. 11) aufgeführt.

12   **Umfang und Grenzen** der Immunität werden von den Gerichten ohne Bindung an die Auffassung der Bundesregierung, namentlich des AA, geprüft (*Ambos* in MüKoStGB StGB Vor § 3 Rn. 130; *Barthe* in KK-StPO GVG § 20 Rn. 2). Gerichtliche Entscheidungen, die gegen die Immunität verstoßen, sind nichtig und nicht nur anfechtbar (BGHZ 182, 10 = NJW 2009, 3164; *Barthe* in KK-StPO GVG § 18 Rn. 7; aA *Schmitt* in Meyer-Goßner/Schmitt GVG § 18 Rn. 4; *Ambos* in

---

[1] Dagegen gibt es keinen „Allgemeinen Teil des Betäubungsmittelstrafrechts", mag dies als Titel einer Doktorarbeit *(Oğlakcıoğlu)* auch seinen Reiz haben.

Kap. 3. Befreiung v. d. dt. Gerichtsbarkeit **Vor §§ 29 ff. BtMG**

MüKoStGB StGB Vor § 3 Rn. 130; *Böttcher* in Löwe/Rosenberg, 26. Aufl. 2006, GVG § 18 Rn. 6). Strafverfolgungsmaßnahmen gegen befreite Personen sind unzulässig (BGH NStZ 2013, 600). Erkenntnisse, die unter Verstoß gegen die Immunität erworben sind, unterliegen einem **Verwertungsverbot** (BGHSt 36, 396 = JZ 1991, 1031 mkritAnm *Schroeder*; BGH NStZ 2013, 600; *Schmitt* in Meyer-Goßner/Schmitt GVG § 19 Rn. 4); in Verfahren gegen **andere** dürfen sie allerdings verwertet werden (BGHSt 37, 30 = NJW 1990, 1801 = NStZ 1990, 401).

Bei der Frage, ob eine Person von der Strafverfolgung befreit ist, ist zwischen der **Staatenimmunität** und der **diplomatischen Immunität** zu unterscheiden (*Ambos* in MüKoStGB Vor § 3 Rn. 106, 107). 13

A. Staatenimmunität (§ 20 Abs. 2 GVG). Nach den allgemeinen Regeln des Völkerrechts darf kein Staat über Hoheitsakte eines anderen Staates zu Gericht sitzen. Er darf daher auch nicht vor den nationalen Gerichten verklagt werden. Diese Befreiung von der Gerichtsbarkeit eines anderen Staates gilt zunächst für den **Staat** (als juristische Person) selbst. Sie gilt aber auch für die **Amtsträger**, die für den Staat gehandelt haben (BGH NJW 1979, 1101). Allerdings ist diese Immunität von der des Staates abgeleitet. Nur dieser kann darauf verzichten. Auch kann sie die **Existenz** dieses Staates nicht überdauern (*Ambos* in MüKoStGB Vor § 3 Rn. 106 mwN). Die Immunität der Amtsträger kann **in zweierlei Formen** auftreten: 14

I. Handlungsbezogene Immunität (ratione materiae). Die meisten Amtsträger genießen Immunität nur für Handlungen, mit denen sie **hoheitlich dienstlich** (acta iure imperii) tätig geworden sind (*Ambos* in MüKoStGB Vor § 3 Rn. 106 mwN). Diese Handlungen sind dem Staat selbst zuzurechnen (BGH NJW 1979, 1101; BVerwG NJW 1989, 678). **Hoheitlich dienstliche** Handlungen **(Amtshandlungen)** sind alle Akte, die dem Staat in Verfolgung seiner politischen Ziele zuzurechnen sind, wobei das Handeln offen als fremdstaatliches (Amts-)Handeln erkennbar sein muss; darunter können auch unrechtmäßige oder gar strafbare Handlungen fallen (*Folz/Soppe* NStZ 1996, 576 (578)). Zur **Dauer** → Rn. 19. Für **nicht-hoheitlich-dienstliche** (acta iure gestionis) oder rein private Handlungen gilt die handlungsbezogene Immunität nicht, da sie kein hoheitliches Handeln des Staates darstellen. 15

Welcher Natur die Handlung ist, ist nach nationalem Recht abzugrenzen (BVerfGE 16, 27 = NJW 1963, 1732). Einen **Kernbereich** hoheitlich dienstlicher Handlungen bilden die Ausübung auswärtiger und militärischer Gewalt, der Gesetzgebung, Polizeigewalt und Rechtspflege (BVerfGE 16, 27 (s. o.)). 16

II. Statusbezogene Immunität (ratione personae). Dagegen schützt die Immunität ratione personae ihren Inhaber vor jedem hoheitlichen Zugriff eines fremden Staates (*Wirth* NStZ 2001, 665 (666)). Sie gilt daher auch für **nicht-hoheitlich-dienstliche** und für **rein private** Handlungen. Die statusbezogene Immunität steht vor allem **Staatsoberhäuptern** mit begleitenden Angehörigen und sonstigem Gefolge zu (*Barthe* in KK-StPO GVG § 20 Rn. 2) zu (OLG Köln NStZ 2000, 667; 2001, 665 mAnm *Wirth; Folz/Soppe* NStZ 1996, 576). Sie greift auch dann ein, wenn das Staatsoberhaupt (mit Angehörigen und sonstigem Gefolge (*Barthe* in KK-StPO GVG § 20 Rn. 2)) in **nichtamtlicher** Eigenschaft Deutschland besucht. Zur Dauer → Rn. 20. 17

Entsprechendes gilt für die **Chefs** und **Mitglieder** ausländischer **Regierungen** (nebst Angehörigen und sonstiger Begleitung), allerdings nur, wenn sie Deutschland in **amtlicher Eigenschaft** besuchen (*Schmitt* in Meyer-Goßner/Schmitt GVG § 20 Rn. 4). 18

III. Dauerndes/vorübergehendes Strafverfolgungshindernis. Die handlungsbezogene Immunität (ratione materiae) gilt zeitlich unbegrenzt und damit über die Amtszeit hinaus (*Ambos* in MüKoStGB Vor § 3 Rn. 128; *Kreicker* ZIS 2012, 19

BtMG Vor §§ 29ff. Sechster Abschnitt. Straftaten und Ordnungswidrigkeiten

107 (116, 117)). Sie wirkt gegen alle Staaten (erga omnes) mit Ausnahme desjenigen, für den gehandelt wurde (*Kreicker* ZIS 2012, 107 (116, 117)).

20 Demgegenüber wirkt die **statusbezogene** Immunität nur **während der Amtszeit;** danach genießen die betreffenden Personen nur noch insoweit Immunität, als sie hoheitlich-dienstlich gehandelt haben und deswegen ratione materiae von der Gerichtsbarkeit anderer Staaten befreit sind (→ Rn. 15, 19).

21 B. Diplomatischer/konsularischer Dienst, Sonderbotschafter (§§ 18, 19 GVG). Bei Angehörigen des diplomatischen oder konsularischen Dienstes gilt die Immunität **nur in dem Staat,** bei dem sie **akkreditiert** sind (BVerfGE 96, 68 = NJW 1998, 50 = NStZ 1998, 144 mAnm *Faßbender;* BGH NStZ 2004, 402; NStZ-RR 2018, 386); sie müssen sich ferner in **amtlicher Eigenschaft** hier aufhalten (BGH NStZ 2004, 402). Art. 40 WÜD dehnt den Schutz auf Reisen durch einen **Drittstaat** aus, deren Zweck ausschließlich der Transit mit dem Ziel ist, den Empfangs- oder Entsendestaat zu erreichen; ein privater Urlaub in einem Drittstaat fällt nicht nicht darunter (BGH NStZ-RR 2018, 386).

22 Nicht zum diplomatischen/konsularischen Dienst zählen **Sonderbotschafter** (ad-hoc-Botschafter); ist der Sonderbotschafter allerdings mit einer politischen Aufgabe (Sondermission) betraut, die hinreichend konkret ist, kann auf Grund einer Vereinbarung der beteiligten Staaten Immunität in Betracht kommen (BGHSt 32, 275 = NJW 1984, 2048 = JR 1985, 77 mAnm *Oehler*). Die Absprache kann auch noch nach der Einreise getroffen werden. Eine lediglich ad personam zugesicherte Immunität hat keine Wirkung (*Endriß/Malek* BtMStrafR § 2 Rn. 8).

23 Die **Immunität** erfasst
– bei Angehörigen des **diplomatischen** Dienstes auch private Handlungen (Art. 31 WÜD; **personale Immunität** (*Folz/Soppe* NStZ 1996, 576)),
– bei Mitgliedern **konsularischer** Vertretungen nur solche Handlungen, die sie in Wahrnehmung konsularischer Aufgaben vorgenommen haben (**Amtsimmunität;** Art. 43 Abs. 1 WÜK), wobei ein enger sachlicher Zusammenhang bestehen muss (BGH NStZ 2013, 600; OLG Köln NJW 2004, 3273 mwN), und
– bei **Honorarkonsuln,** die Angehörige des Empfangstaates und dort ständig ansässig sind, nur Amtshandlungen in Wahrnehmung ihrer konsularischen Aufgaben (**Amtshandlungsimmunität;** Art. 1 Abs. 3, Art. 71 WÜK); sie erfasst enger als die Amtsimmunität nur die Amtshandlung selbst (OLG Zweibrücken NStZ 2013, 601; nicht gesehen von OLG Karlsruhe NJW 2004, 3273).

24 Die diplomatische Immunität gilt auch für Handlungen, die **nicht rechtmäßig** sind (BGH NStZ 2013, 600 für die Wahrnehmung konsularischer Aufgaben). Sie ist grundsätzlich ein **vorübergehendes Verfahrenshindernis;** nach ihrem Wegfall kann der Täter auch für Taten, die während ihres Bestehens begangen wurden, verfolgt werden. Dies gilt **nicht** für **Amtshandlungen,** die im Empfangsstaat vorgenommen wurden (Art. 39 Abs. 2 S. 2 WÜD; BVerfGE 96, 98 (→ Rn. 21)). auch → Rn. 15.

25 C. Amtliche Einladung (§ 20 Abs. 1 GVG). Die Vorschrift gilt für die **nicht** bereits von → Rn. 17 erfassten Repräsentanten ausländischer Staaten und deren Begleitung, die sich auf amtliche Einladung der Bundesrepublik Deutschland hier aufhalten. Sie wurde eingeführt, um den Besuch *Erich Honneckers* in der Bundesrepublik Deutschland zu ermöglichen. Sie gilt ratione personae auch für nichthoheitlich-dienstliche und private Handlungen (*Ambos* in MüKoStGB StGB Vor § 3 Rn. 112), allerdings nur während der Amtszeit. Danach gilt die Immunität nur noch für hoheitliche Tätigkeiten (→ Rn. 15).

26 D. Nachweis der Immunität. Beruft sich eine Person auf ihre Immunität, so kann verlangt werden, dass der **Nachweis** durch Vorlage entsprechender Urkunden, insbesondere der ihr ausgestellten Ausweise (Teil 1 Abschn. C des RdSchr. des

AA (→ Rn. 11)), oder auf andere Weise, etwa durch die Delegationsliste, geführt wird. In eiligen Fällen kann eine Auskunft des Auswärtigen Amtes – Protokoll – Berlin (Telefon: 030 5000 3411 oder 0228 99172533 oder außerhalb der Dienstzeit 030 50002911; Telefax: 0188817–3402; E-Mail: poststelle@auswaertiges-amt.de) eingeholt werden. Bei Befreiungen im konsularischen Bereich sind die Staats- oder Senatskanzleien der Länder für die Auskunft zuständig. Bis zur Klärung der Befreiung kann die **Strafverfolgung fortgesetzt** werden (*Endriß/Malek* BtMStrafR § 2 Rn. 8).

Kapitel 4. NATO-Truppenstatut, Partnerschaft für den Frieden

Auch die in Deutschland **stationierten ausländischen Truppen** sind teilweise von der deutschen Gerichtsbarkeit befreit. Maßgeblich ist für die NATO-Truppen das NTS mit Zusatzabkommen (NTS-ZA) und für die Truppen der Staaten, die an der Partnerschaft für den Frieden teilnehmen, das PfP-Truppenstatut, das im Wesentlichen dieselben Regeln enthält. Die Abkommen gelten nicht nur für die Mitglieder der Truppe (militärisches Personal), sondern auch für deren Angehörige sowie für das zivile Gefolge und dessen Angehörige (Art. I NTS). Deutsche Staatsangehörige unterstehen allein der deutschen Gerichtsbarkeit, es sei denn, sie sind Mitglieder der Truppe (Art. VII Abs. 4 NTS). 27

Im Übrigen ist zwischen der **ausschließlichen Gerichtsbarkeit** des **Entsendestaates** (Art. VII Abs. 1 Buchst. a, Abs. 2 Buchst. a NTS), der des **Aufnahmestaates** (Art. VII Abs. 1 Buchst. b, Abs. 2 Buchst. b NTS) und der **konkurrierenden Gerichtsbarkeit** (Art. VII Abs. 3 NTS) zu unterscheiden. Bei den in Deutschland stationierten Truppen kommen für das Betäubungsmittelrecht nur die beiden letzten Möglichkeiten in Betracht, wobei in aller Regel die konkurrierende Gerichtsbarkeit gegeben ist. 28

Liegt ein solcher Fall vor und wurde die Tat nicht in Ausübung des Dienstes begangen (Art. VII Abs. 3 Buchst. a Ziffer ii NTS), so steht nach Art. VII Abs. 3 Buchst. b NTS das **Vorrecht** zur Ausübung der Gerichtsbarkeit an sich den deutschen Behörden zu. Deutschland hat auf dieses Vorrecht jedoch nach Art. 19 NTS-ZA allgemein **verzichtet** (Teil II des Unterzeichnungsprotokolls zum Zusatzabkommen), wobei der Verzicht im Einzelfall von der Staatsanwaltschaft zurückgenommen werden kann (Art. 19 Abs. 3 NTS-ZA). 29

Der Verzicht lässt die (subsidiäre) **Geltung des deutschen Strafrechts** unberührt. Scheidet der Soldat aus der Truppe aus, so kann er nach deutschem Recht verfolgt werden, und zwar auch dann, wenn der Staatsanwaltschaft den Verzicht nicht zurückgenommen hatte (BGHSt 28, 96 = NJW 1978, 2457 mAnm *Oehler* JR 1980, 126). Auch im Übrigen kann das Verfahren von den deutschen Behörden aufgenommen werden, sofern nicht der in Art. VII Abs. 8 NTS vereinbarte Grundsatz des ne bis in idem (OLG Stuttgart NJW 1977, 1019) entgegensteht. Die Aufnahme kommt etwa in Betracht, wenn die Militärbehörden nicht in angemessener Frist tätig werden (*Eser/Weißer* in Schönke/Schröder StGB Vor §§ 3–7 Rn. 70). 30

Kapitel 5. Internationales Strafrecht, ne bis in idem

A. Anknüpfungspunkte, Natur und Wirkungen. Das deutsche internationale Strafrecht gilt auch für Betäubungsmittelstraftaten. Es knüpft im Wesentlichen an das Territorialitätsprinzip (§ 3 StGB) und das Flaggenprinzip (§ 4 StGB) an. Für das Betäubungsmittelstrafrecht mit seinen internationalen Bezügen sind aber auch das Weltrechtsprinzip (§ 6 Nr. 5 StGB), das aktive Personalitätsprinzip (§ 7 Abs. 1 Nr. 1 StGB) und der Grundsatz der stellvertretenden Strafrechtspflege (§ 7 Abs. 1 Nr. 2 StGB) von erheblicher Bedeutung. 31

32 **I. Objektive Strafbarkeitsbedingung.** Die für das internationale Strafrecht (einschließlich der §§ 8–10 StGB) maßgeblichen Umstände gehören nicht zum gesetzlichen Tatbestand, sondern sind objektive Strafbarkeitsbedingungen und müssen deswegen vom Vorsatz nicht umfasst werden (*Fischer* StGB Vor §§ 3–7 Rn. 30; *Eser/Weißer* in Schönke/Schröder StGB Vor §§ 3–7 Rn. 85; *Ambos* in MüKoStGB Vor § 3 Rn. 3; diff. *Werle/Jeßberger* in LK-StGB Vor § 3 Rn. 471–475). Es spielt daher keine Rolle, wenn der Täter, der in den Niederlanden Haschisch zum Weiterverkauf in Deutschland liefert, sich über den Umfang der deutschen Gerichtsbarkeit irrt (BGHSt 27, 30 = NJW 1977, 507 = JR 1977, 426 mAnm *Oehler*).

33 **Ein Verbotsirrtum** wegen mangelnden Unrechtsbewusstseins bleibt dagegen möglich (*Werle/Jeßberger* in LK-StGB StGB Vor § 3 Rn. 475; *Ambos* in MüKoStGB StGB Vor § 3 Rn. 3). Allerdings genügt dazu nicht, dass der Täter in Unkenntnis seiner Strafbarkeit und des anzuwendenden Strafgesetzes gehandelt hat; erst recht kommt es nicht auf die (noch speziellere) Kenntnis der Strafbarkeit nach deutschem Recht an (BGHSt 45, 97 = NJW 1999, 2908 = NStZ 2000, 31 mAnm *Börger* = StV 1999, 422 mAnm *Neumann* = JR 2000, 379 mAnm *Döllinger*). Ob ein Verbotsirrtum vorliegt, beurteilt sich nach dem Rechtsgut, das der betreffende Straftatbestand schützt (§ 17 S. 1 StGB). Der Täter unterliegt daher einem Verbotsirrtum, wenn er die vom verwirklichten Straftatbestand umfasste spezifische Rechtsgutsverletzung (hier Strafvereitelung) nicht als Unrecht erkennt (BGHSt 45, 97).

34 **II. Verfahrensvoraussetzung.** Trotz des materiellen Charakters des (deutschen) internationalen Strafrechts ist die Anwendbarkeit des deutschen Strafrechts eine Verfahrensvoraussetzung. Ihr Fehlen führt zur **Einstellung des Verfahrens** (BGHSt 34, 1 = NJW 1986, 2895 = StV 1986, 473 mAnm *Herzog;* BGHR StGB § 7 Abs. 2 Nr. 2 Verfahrenshindernis 1 = NJW 1995, 1844), nicht zum Freispruch.

35 **III. Konkurrenz von Rechtsordnungen.** Im Hinblick auf die verschiedenen Anknüpfungspunkte, die sich auch im ausländischen Recht finden, kann es zu einer Konkurrenz mehrerer anwendbarer Rechtsordnungen kommen. Anders als im internationalen Privatrecht ist **im Strafrecht jedes Gericht,** das über den Fall entscheidet, zur Anwendung **seines eigenen, inländischen Rechts** verpflichtet (BGHSt 6, 176 = NJW 1954, 1252), wobei Vorfragen auch nach ausländischem Recht zu entscheiden sein können (*Eser* in Schönke/Schröder StGB Vor §§ 3–9 Rn. 57). Darauf, welches Recht das mildeste ist, kommt es nicht an (s. BVerfGE 92, 277 (324) = NJW 1995, 1811 = StV 1995, 357).

36 Ebensowenig gilt das **Verbot der Doppelbestrafung** (BVerfGE 12, 62 = NJW 1961, 867; BGHSt 34, 334 = NJW 1987, 2168 = JR 1988, 160 mAnm *Rüter/Vogler;* BGH NJW 1999, 1270 = NStZ 1998, 149 mAnm *van den Wyngaert/Lagodny*), und zwar auch dann nicht, wenn für die im Ausland abgeurteilte Tat das Weltrechtsprinzip gilt (BGH NJW 1999, 1270 (s. o.); NStZ 1986, 312 = StV 1986, 292). Allerdings wird dieser Grundsatz in völkerrechtlichen Vereinbarungen zunehmend auf die Verurteilung durch **Gerichte verschiedener Staaten** ausgedehnt:

37 **1. Schengener Durchführungsübereinkommen (SDÜ).** Von besonderer Bedeutung ist dabei **Art. 54 SDÜ** (Anh. B 5.1). Das SDÜ gilt derzeit zwischen Deutschland, Belgien, Dänemark, Estland, Finnland, Frankreich, Griechenland, Island, Italien, Lettland, Liechtenstein, Litauen, Luxemburg, Malta, Niederlande, Norwegen, Österreich, Polen, Portugal, Schweden, Schweiz, Slowakei, Slowenien, Spanien, Tschechische Republik und Ungarn. Bulgarien, Rumänien und Kroatien wenden den Schengenacquis nur teilweise an. Großbritannien, Irland und Zypern sind keine Schengen-Staaten.

38 Nach Art. 54 SDÜ besteht ein **Verfolgungshindernis,** wenn der Beschuldigte durch eine andere Vertragspartei wegen **derselben Tat** rechtskräftig abgeurteilt wurde und im Falle einer Verurteilung die Sanktion vollstreckt ist, gerade vollstreckt wird oder nach dem Recht des Urteilsstaates nicht mehr vollstreckt werden kann (zusammenfassend dazu *Schomburg* NJW 2000, 1833).

Zur Entscheidung darüber, wie diese Vorschrift auszulegen ist, ist in Deutschland seit der Einbeziehung des Schengen-Besitzstands in den Rahmen der EU der **EuGH zuständig** (Gesetz v. 6.8.1998 (BGBl. I S. 2035)), dem das **deutsche Fachgericht** die Frage zur Vorabentscheidung **vorzulegen hat** (BGH NJW 2002, 2653 (s. o.) = NStZ 2002, 661 mAnm *Hecker* = JZ 2002, 1175 mAnm *Vogel*; zu Ausnahmen für das letztinstanzliche nationale Gericht s. BGH NJW 2002, 2653 (s. o.) sowie *Radtke* NStZ 2001, 662 (663). Unter Berücksichtigung der Rechtsprechung des EuGH kann von folgendem ausgegangen werden: 39

a) Rechtskräftige Aburteilung. Unstreitig ist, dass eine rechtskräftige Aburteilung iSd Art. 54 SDÜ dann vorliegt, wenn eine **Verurteilung** (BGH NStZ 1998, 149 (→ Rn. 36); 1999, 250 = StV 1999, 244 mAnm *Schomburg;* BayObLGSt 2000, 78 = NStZ-RR 2001, 245 = StV 2001, 263) durch eine **gerichtliche** Entscheidung erfolgt ist, die nach dem nationalen Recht des Urteilsstaates (*Radtke* NStZ 2001, 662) zu einem Strafklageverbrauch führt (BGH NStZ-RR 2020, 122). Gerichtliche Strafverfügungen nach österreichischem Recht stehen daher einem gerichtlichen Urteil gleich (BayObLGSt 2000, 78 (s. o.)). Gerichtliche Entscheidungen sind auch **Abwesenheitsurteile** (EuGH NJW 2009, 3149 = *Bourquain* = NStZ 2009, 454; BGHSt 56, 11 = NJW 2011, 1014 = NStZ-RR 2011, 7). 40

Dasselbe gilt, wenn der Angeklagte durch das Gericht **freigesprochen** wurde (BGHSt 45, 123 = NJW 1999, 3134 = NStZ 1999, 579 m. Bespr. *Bohnert/Lagodny* NStZ 2000, 636 = StV 1999, 478 mkritAnm *Kühne;* 46, 307 = NStZ 2001, 557; 2001, 662 mAnm *Radtke* = StV 2001, 495). Dies gilt auch dann, wenn der Freispruch aus **Mangel an Beweisen** erfolgt ist (EuGH NJW 2006, 3406 *van Straaten* = NStZ 2007, 410 = JZ 2007, 245 mAnm *Kühne*). Keine Sperre bewirkt dagegen ein **Einstellungsurteil** nach § 260 **Abs. 3 StPO;** anders bei Einstellung wegen eines endgültigen Verfahrenshindernisses (EuGH NJW 2006, 3403 – Gasparini = NStZ 2007, 408 wegen „Freispruchs" wegen Verjährung; *Kotz/Oğlakcıoğlu* in MüKoStGB Vor § 29 Rn. 174). 41

b) Im übrigen stellen sich im Wesentlichen **vier Fragen:** 42
– einmal geht es darum, ob und inwieweit Entscheidungen **nichtgerichtlicher** Stellen die Sperre des Art. 54 SDÜ bewirken können (→ Rn. 44–48);
– die zweite Frage betrifft die **Anforderungen,** welche an die **Rechtskraft** der Entscheidungen gerichtlicher oder nichtgerichtlicher Stellen gestellt werden müssen, damit die Sperrwirkung eintritt (→ Rn. 49–53);
– bei der dritten Frage geht es um die **Identität derselben Tat** (→ Rn. 55–58);
– und schließlich ist zu klären, unter welchen Voraussetzungen von einer **Vollstreckung** gesprochen werden kann (→ Rn. 60–63).

Zu allen vier Fragen liegen mittlerweile **Entscheidungen des EuGH** vor (→ Rn. 40, 44, 54, 55, 61). Das maßgebliche Auslegungskriterium, das der Gerichtshof allen diesen Entscheidungen zugrundelegt, ist die **Freizügigkeit innerhalb der EU.** Dieses Recht sei nur dann effektiv gewährleistet, wenn der Urheber einer Handlung wisse, dass er sich, wenn er in einem Vertragsstaat freigesprochen oder verurteilt worden ist und die Strafe vollstreckt ist, im Schengen Gebiet bewegen kann, ohne befürchten zu müssen, dass er in einem anderen Vertragsstaat verfolgt wird. Verfahrensrechtliche oder rein formale Aspekte müssten demgegenüber zurückstehen. Ein möglicherweise auf das Erfordernis einer gerichtlichen Entscheidung hinzielender Wille der Vertragsparteien stamme aus der Zeit vor der Einbeziehung des Schengen-Besitzstands in den Rahmen der EU. Auf dieser Grundlage ist von Folgendem auszugehen: 43

BtMG Vor §§ 29 ff. Sechster Abschnitt. Straftaten und Ordnungswidrigkeiten

44 **aa) Abgeurteilt.** Aburteilungen iSd Art. 54 SDÜ sind nicht nur gerichtliche Entscheidungen oder Entscheidungen, an denen die Gerichte mitgewirkt haben, sondern auch Entscheidungen **anderer Stellen,** namentlich der Staatsanwaltschaft, die die Strafverfolgung (und sei es auch nur in einem bestimmten Umfang (→ Rn. 49–53)) durch Anordnung einer Sanktion beenden (EuGH NJW 2003, 1173 – **1.** Gözütok: niederländische transactie; **2.** Klaus Brügge: § 153 a StPO m. Bespr. *Stein* NJW 2003, 1162 = NStZ 2003, 332 mAnm *Thym* und Bespr. *Radtke/ Busch* NStZ 2003, 281 = StV 2003, 201; 2003,s 313 mAnm *Mansdörfer* = JZ 2003, 303 mAnm *Kühne* und Bespr. *Böse* GA 2003, 744; NJW 2016, 2939 – Kossowski mAnm *Gaede;* BGH NJW 2016, 3044). Die Behörde muss in der nationalen Rechtsordnung lediglich zur Mitwirkung bei der Strafrechtspflege berufen sein (Nr. 28, 29).

45 **Rechtsprechung,** die das Verfolgungshindernis des Art. 54 SDÜ mit der Begründung **verneint,** es habe **keine gerichtliche** Entscheidung oder Mitwirkung vorgelegen, kann daher nicht mehr ohne weiteres herangezogen werden. Dies gilt etwa für Strafverkenntnisse einer österreichischen Bezirkshauptmannschaft (BayObLGSt 2000, 78 (→ Rn. 40)) oder für die belgische „transactie" (dazu bislang BGH NStZ 1998, 149 (→ Rn. 36); NJW 1999, 1270 = NStZ 1999, 250 = StV 1999, 244 mAnm *Schomburg*).

46 **Notwendig ist,** dass die Entscheidung **nach einer Prüfung in der Sache** ergangen ist (EuGH NJW 2014, 3010 m. Bespr. *Gaede* NJW 2014, 2990; NJW 2016, 2939 – Kossowski mAnm *Gaede;* BGH NJW 2016, 3044). Daran fehlt es, wenn die Einstellung erfolgt ist, weil der Beschuldigte die Aussage verweigert hatte und der Geschädigte und ein Zeuge vom Hörensagen in Deutschland wohnten, so dass sie nicht hätten vernommen werden können.

47 **Notwendig ist ferner,** dass das Verfahren mit einer **Sanktion** beendet wird (*Hackner* NStZ 2011, 425). Dazu genügt es, dass die Entscheidung von der **Erfüllung bestimmter Auflagen** abhängt, durch die das dem Beschuldigten zur Last liegende Verhalten geahndet wird (Nr. 29). An diesem Merkmal und nicht am Mangel einer gerichtlichen Entscheidung (OLG Karlsruhe NStZ-RR 1997, 285; aA *Lagodny* NStZ 1997, 265 (266); *Schomburg* StV 1997, 383 (385)) scheitert daher die Sperrwirkung einer staatsanwaltschaftlichen Einstellung nach § 170 Abs. 2 StPO. Keine Sperrwirkung entfaltet daher auch die Einstellung nach § 153 Abs. 1 S. 1 StPO, auch wenn ein Gericht daran beteiligt ist (*Hackner* NStZ 2011, 425 (429); aA Strafgericht *Eupen* wistra 1999, 479).

48 **Keine Sperrwirkung** tritt ein, wenn ein Gericht das Verfahren für beendet erklärt, nachdem die Staatsanwaltschaft beschlossen hat, das Strafverfahren nur deshalb nicht fortzusetzen, weil in einem anderen Mitgliedstaat Strafverfolgungsmaßnahmen gegen denselben Beschuldigten wegen derselben Tat eingeleitet worden sind, und ohne dass eine Prüfung in der Sache erfolgt ist (EuGH NJW 2005, 1337 – Miraglia).

49 **bb) Rechtskräftig.** Problematischer ist die Frage der Rechtskraft. Sie ist jedenfalls dann gegeben, wenn die Strafklage **endgültig verbraucht** ist (EuGH NJW 2014, 3010 mBespr *Gaede* NJW 2014, 2990; NJW 2016, 2939 mAnm *Gaede* – Kossowski; BGH NJW 2016, 3044). In EuGH NJW 2003, 1173 (→ Rn. 44) spricht der EuGH an mehreren Stellen (Nr. 30, 34, 39, 41, 42, 43, 45, 48) von einer „endgültig verbrauchten Strafklage" (ebenso EuGH NJW 2011, 983 – Mantello = NStZ 2011, 466), von einer „endgültig beendeten Strafverfolgung" (ebenso EuGH NStZ-RR 2009, 109 – Turansky = StV 2009, 168) oder von „Strafklageverbrauch" (dazu auch *Kühne* JZ 2003, 305 (307)), obwohl jedenfalls die deutsche Verfahrensbeendigung nach § 153a Abs. 1 StPO nur einen beschränkten Strafklage-

verbrauch bewirkt. Mit dem mehrmaligen Zusatz „der in Rede stehenden Art" trägt der EuGH dem Rechnung.

(a) Entscheidungen mit beschränkter Rechtskraftwirkung. Bei der Frage, 50 welche Folgerungen sich aus der Anwendung des Art. 54 SDÜ auf Entscheidungen mit beschränkter Rechtskraftwirkung ergeben, ist zu unterscheiden:

(aa) Wirkung im Entscheidungsstaat. Keine Auswirkungen ergeben sich für 51 die Fortsetzung der Strafverfolgung im Entscheidungsstaat. Die Kompetenz des EuGH erstreckt sich lediglich auf die Auslegung des Übereinkommens und dementsprechend befasst sich das Urteil auch nur mit der Anwendung des Art. 54 SDÜ. In Deutschland darf und muss (§ 152 Abs. 2 StPO; *Schmitt* in Meyer-Goßner/Schmitt StPO § 153a Rn. 54) daher das Verfahren bei einer Erledigung nach § 153a StPO wieder aufgenommen werden, wenn sich die Tat als Verbrechen darstellt; neue Tatsachen oder Beweismittel sind dazu nicht erforderlich. Allerdings maßt sich der EuGH im Falle *Åkerberg Fransson* (EuZW 2013, 202 mAnm *Weiß* 2013, 287 = NJW 2013, 1415 m. Bespr. *Rabe* = JZ 2013, 613; NVwZ 2013, 561 mAnm *Gooren* = JuS 2013, 568 mAnm *Streinz*) auch die Entscheidung der Frage an, ob ne bis in idem einem neuen innerstaatlichen Verfahren entgegensteht.

(bb) Wirkung in den anderen Vertragsstaaten. Für die Strafverfolgung in 52 den anderen Vertragsstaaten des SDÜ gilt dagegen die Sperrwirkung des Art. 54. Dies bedeutet zunächst, dass die beschränkte Rechtskraftwirkung einer Verfahrensbeendigung im Entscheidungsstaat nicht die Möglichkeit zu einer Verfolgung in einem anderen Vertragsstaat eröffnet, auch wenn dessen Zuständigkeit begründet ist. Insoweit kann der Verurteilte darauf vertrauen, dass die „Aburteilung" in einem Mitgliedstaat die Sache für ihn erledigt hat.

Dies gilt auch dann, wenn die **Bedingungen erfüllt** sind, unter denen im Entscheidungsstaat die **Strafverfolgung fortgesetzt** werden könnte (anders noch die vierte Auflage), etwa wenn sich die Tat bei einer Einstellung nach § 153a StPO als Verbrechen darstellt. Insoweit ist für den Täter im Entscheidungsstaat zwar nur ein beschränktes Vertrauen entstanden. Ob die Bedingungen erfüllt sind, unter denen die Strafverfolgung fortgesetzt werden könnte, kann jedoch nur aus der Sicht des Entscheidungsstaats beurteilt werden. Es ergibt sich damit eine **Zuständigkeitskonzentration** auf diesen Staat (EuGH NJW 2014, 3010 – M m. Bespr. *Gaede* NJW 2014, 2990). 53

(b) Abwesenheitsurteile. Auch (französische) Abwesenheitsurteile können 54 rechtskräftig werden. Darauf, dass sie nicht unmittelbar vollstreckbar sind, sondern ein neues Verfahren in Anwesenheit des Verurteilten voraussetzen, kommt es nicht an (EuGH NJW 2009, 3149 (→ Rn. 40) – Bourquain).

cc) Identität der Tat. Der Tatbegriff im Sinne des Art. 54 SDÜ ist **autonom** 55 auszulegen; seine Auslegung richtet sich nicht nach den strafrechtlichen Kriterien der Vertragsstaaten (EuGH NJW 2011, 983 – Mantello (→ Rn. 49)); BGHSt 59, 120 = NJW 2014, 1025 = JR 2015, 215 mAnm *Zehetgruber* = StV 2014, 459 mAnm *Hecker*; BGH NStZ 2009, 457 mAnm *Lagodny*; NStZ-RR 2019, 259; 2020, 122). Entscheidend ist die „Identität der materiellen Tat, verstanden als das Vorhandensein eines **Komplexes** unlösbar miteinander **verbundener Tatsachen,** unabhängig von der rechtlichen Qualifizierung dieser Tatsachen oder von dem geschützten rechtlichen Interesse" (EuGH NJW 2006, 1781 – van Esbroeck = NStZ 2006, 659 mAnm *Radtke* NStZ 2008, 162 und mAnm *Bauer* NStZ 2009, 455 = StV 2006, 393; NJW 2006, 3403 – Gasparini (→ Rn. 41); 2006, 3406 – van Straaten (→ Rn. 41); 2007, 3412 – Kretzinger = NStZ 2008, 166; 2007, 3416 – Kraaijenbrink = NStZ 2008, 164; 2011, 983 – Mantello (→ Rn. 49); BGH NJW NStZ-RR 2019, 259; 2020, 122).

56 Um dies zu beurteilen, müssen die nationalen Gerichte feststellen, ob die materiellen Taten, um die es in den beiden Verfahren geht, einen Komplex von Tatsachen darstellen, die in **zeitlicher** und **räumlicher Hinsicht** sowie nach ihrem **Zweck** unlösbar miteinander verbunden sind (EuGH aaO (→ Rn. 55)). Die Verbindung muss eine **objektive** sein; nicht ausreichend ist, dass der Täter mit einheitlichem Vorsatz gehandelt hat (EuGH NJW 2007, 3416 (→ Rn. 55) – Kraaijenbrink; BGHSt 59, 120 (→ Rn. 55); BGH NStZ-RR 2019, 259; 2020, 122). Die **teilweise Identität des Rauschgifts** ist eine solche objektive Verbindung (BGH NStZ-RR 2019, 259).

57 Ebenso sind strafbare Handlungen, die in der **Ausfuhr** von Betäubungsmitteln aus einem Staat und der **Einfuhr** in einen anderen Staat bestehen, grundsätzlich als dieselbe Tat anzusehen, wobei die abschließende Beurteilung Sache der nationalen Gerichte ist (EuGH NJW 2006, 1781 – van Esbroeck (→ Rn. 55); 2006, 3403 – Gasparini (→ Rn. 41); 2006, 3406 – van Straaten (→ Rn. 41); 2007, 3412 – Kretzinger (→ Rn. 55)). Dabei ist es **nicht** notwendig, dass die in den betreffenden Vertragsstaaten in Rede stehenden **Drogenmengen** oder die **Personen,** die an der Tat beteiligt waren, **identisch** sind (EuGH NJW 2006, 3406 – van Straaten (→ Rn. 41)).

58 **Letztlich ist die Prüfung,** ob der Grad der Identität und des Zusammenhangs aller zu vergleichenden tatsächlichen Umstände nach dem in → Rn. 55, 56 genannten Kriterium den Schluss zulässt, dass es sich um dieselbe Tat handelt, **Sache der nationalen Gerichte** (EuGH NJW 2007, 3416 (→ Rn. 55) – Kraaijenbrink; BGH BeckRS 2019, 32428). Dabei hat die Frage, ob nach deutschem Recht Tateinheit oder Tatmehrheit vorliegt, keine Bedeutung (BGH BeckRS 2019, 32428).

59 **Danach ist** auch nach der Rechtsprechung des BGH (NStZ 2009, 457 mAnm *Lagodny*) eine **einheitliche Schmuggelfahrt** durch mehrere EU-Mitgliedstaaten eine Tat iSd Art. 54 SDÜ. Entscheidend sind allerdings die Umstände des Einzelfalles. So kann eine wesentliche Unterbrechung eine Zäsur bilden. Auch kann ein längeres Zwischenlagern dazu führen, dass die Ware zur Ruhe gekommen ist. Ähnliches gilt, wenn der genaue Ablauf des Transports bei Beginn der Fahrt noch nicht feststeht, und noch Entscheidungen der Hintermänner eingeholt werden müssen (BGH NStZ 2009, 457).

60 **c) Vollstreckung.** Als Vollstreckung ist es auch anzusehen, wenn eine Strafe zur Bewährung ausgesetzt ist (EuGH NJW 2007, 3412 (→ Rn. 55) – Kretzinger; BGHSt 46, 187 = NJW 2001, 692 = NStZ 2001, 163 = StV 2001, 262; BGH NStZ 2009, 457 mAnm *Lagodny;* BeckRS 2019, 32428; aA OLG Saarbrücken NStZ 1997, 245 = StV 1997, 359; 1997, 383 mkritAnm *Schomburg*). Dasselbe gilt bei einem gnadenähnlichen Absehen von weiterer Vollstreckung unter Ausweisung, hier durch ein spanisches Gericht (OLG München NStZ 2001, 614 = StV 2001, 495; 2002, 71 mAnm *Hecker*) oder von der Erfüllung der von der Staatsanwaltschaft erteilten Auflagen (EuGH NJW 2003, 1173 (→ Rn. 44) – Gözütok, Brügge).

61 **Die Voraussetzung,** dass das Urteil nicht mehr vollstreckt werden kann, liegt auch dann vor, wenn die Entscheidung **zu keinem Zeitpunkt,** auch vor einer Amnestie oder dem Eintritt der Verjährung, unmittelbar **vollstreckt** werden konnte, weil es sich um ein (französisches) Abwesenheitsurteil handelte, das mit dem Ergreifen des Täters entfallen wäre (EuGH NJW 2009, 3149 (→ Rn. 40) – Bourquain).

62 **Keine Vollstreckung** liegt dagegen vor, wenn der Verurteilte zur Bezahlung einer Geldstrafe lediglich aufgefordert wird (OLG Saarbrücken NStZ 1997, 245 (→ Rn. 60)). Dasselbe gilt, wenn der Täter sich der Vollstreckung einer unbedingten Strafe **entzieht.** Dies gilt auch dann, wenn er kurzfristig in **Polizei- und U-Haft** genommen wurde und dies auf die Strafe anzurechnen ist (BGH NStZ 2009,

457 mAnm *Lagodny*). Auch wenn ein ausländischer Staat einen Antrag auf **Auslieferung** zur Vollstreckung (eines italienischen Abwesenheitsurteils) oder auf Übernahme der Vollstreckung stellen könnte, aber nicht getan hat, liegt keine Vollstreckung vor (BGHSt 56, 11 (→ Rn. 40)).

Hat das Gericht für die Tat **mehrere Strafen** verhängt, so entsteht ein Verfolgungshindernis erst dann, wenn bei allen Strafen die Voraussetzungen des Art. 54 SDÜ eingetreten sind (EuGH NJW 2014, 3007 – Spasic m. Bespr. *Gaede* NJW 2014, 2990; OLG Saarbrücken NStZ 1997, 245 = StV 1997, 359; 1997, 383 mkritAnm *Schomburg*). 63

d) Ort der Tat; der deutsche Vorbehalt. Auf der Grundlage des Art. 55 SDÜ hat Deutschland bei der Ratifikation des SDÜ erklärt (BGBl. 1994 II S. 631), es sei durch Art. 54 SDÜ nicht gebunden, wenn die Tat, die dem ausländischen Urteil zugrunde liegt, ganz oder teilweise **in deutschem Hoheitsgebiet** begangen wurde. 64

Der Vorbehalt greift dann nicht ein, wenn die Tat nicht, auch nicht zum Teil, in Deutschland begangen wurde (BGHSt 46, 189 (→ Rn. 60)). Er gilt daher auch nicht für eine auf einem deutschen Schiff oder **Hoher See** begangene Straftat, wenn diese im Ausland abgeurteilt worden ist (LG Mannheim NStZ-RR 1996, 147). Mit § 4 StGB wird lediglich die Geltung des deutschen Strafrechts angeordnet, nicht aber wird dadurch ein schwimmendes oder fliegendes Territorium geschaffen (→ Rn. 116). 65

In dem Vorbehalt nicht wiederholt wurde **die Rückausnahme** des Art. 55 Abs. 1 Buchst. a SDÜ, wonach diese Ausnahme nicht gilt, wenn die Tat teilweise im Hoheitsgebiet des Urteilsstaates begangen wurde. Im Hinblick auf diese Entscheidung des nationalen Gesetzgebers ist die Rückausnahme von den deutschen Behörden und Gerichten nicht anzuwenden; darauf, ob Deutschland im Verhältnis zu den anderen Vertragsstaaten berechtigt war, den Vorbehalt ohne Rückausnahme zu erklären, kommt es innerstaatlich nicht an (BayObLGSt 2000, 78 (→ Rn. 40); aA BGHSt 46, 307 (→ Rn. 41); BGH 5 StR 596/96, wonach der Vorbehalt „im Sinne von Art. 55 Abs. 1 a Halbs. 2 SDÜ zu interpretieren" sei). 66

Tat im Sinne des Vorbehalts ist der geschichtliche Vorgang ohne Beschränkung auf seine rechtliche Qualifikation, wie er in dem anzuerkennenden Urteil aufgeführt ist (Satz 2 des Vorbehalts). 67

2. EG-ne-bis-in-idem-Übk. Ein Verfolgungshindernis wird auch durch Art. 1 des Übereinkommens zwischen den Mitgliedstaaten der Europäischen Gemeinschaften über das Verbot der doppelten Strafverfolgung vom 25.5.1987, begründet (Anh. B 5.2). Das Übereinkommen ist zwischen Belgien, Dänemark, Deutschland, Frankreich, Irland, Italien, den Niederlanden, Österreich und Portugal in Kraft. 68

Art. 1 entspricht nach **Wortlaut und Inhalt** dem Art. 54 SDÜ (BGHSt 45, 123 (→ Rn. 41); 46, 189 (→ Rn. 60); BayObLGSt 2000, 78 (→ Rn. 40)). Auf → Rn. 38–63 kann daher verwiesen werden. Auch Art. 2, der die Möglichkeit von **Vorbehalten** vorsieht, entspricht dem SDÜ. Deutschland hat dazu denselben Vorbehalt wie zum SDÜ erklärt. Auf → Rn. 64–67 kann verwiesen werden. 69

3. Vertrag von Lissabon, EU-Grundrechte-Charta. Nach Art. 6 Abs. 1 S. 1 des Vertrags von Lissabon erkennt die Union die Rechte, Freiheiten und Grundsätze an, die in der Charta der Grundrechte der Europäischen Union (GRCh), niedergelegt sind; **die GRCh** und die **Verträge** (zur Europäischen Union) sind **rechtlich gleichrangig** (Art. 6 Abs. 1 S. 2 EUV). Nach Art. 50 GRCh darf niemand wegen einer Straftat, derentwegen er bereits in der Union nach dem Gesetz verurteilt oder freigesprochen worden ist, in einem Strafverfahren erneut verfolgt oder bestraft werden. 70

71 **Zwischen den Schengen-Staaten** gilt dies nur nach Maßgabe **des Art. 54 SDÜ** (EuGH NJW 2014, 3007 – Spasic m. Bespr. *Gaede* NJW 2014, 2990; BVerfG 2 BvR 148/11; BGH NJW 2011, 1014 (→ Rn. 40); *Hackner* NStZ 2011, 425 {429}; aA *Schomburg/Suominen-Picht* NJW 2012, 1190 (1191): *Merkel/Scheinfeld* ZIS 2012, 206; *Radtke* NStZ 2012, 479 (481)). Die im Entscheidungsstaat verhängte Sanktion muss daher vollstreckt sein oder gerade vollstreckt werden; bei mehreren Strafen gilt dies für alle (EuGH NJW 2014, 3007, s. o.).

72 **B. Die Anknüpfungspunkte im Einzelnen.** Nach den §§ 3–7 StGB gilt das **deutsche Strafrecht** in den folgenden Fällen:

73 **I. Inlandstaten (§ 3 StGB).** Nach § 3 StGB ist das deutsche Strafrecht auf alle Taten anzuwenden, die im Inland begangen wurden. Deutsches Strafrecht ist die Gesamtheit aller Normen des Bundes und der Länder, die die tatbestandlichen Voraussetzungen und Rechtsfolgen rechtswidriger Taten regeln. (*Fischer* StGB Vor §§ 3–7 Rn. 2; → § 3 Rn. 2; *Ambos* in MüKoStGB StGB § 3 Rn. 4). Dazu gehören auch **nichtstrafrechtliche** Vorschriften, soweit sie für die Voraussetzungen und Folgen rechtswidriger Taten von Bedeutung sind. An sich würde dies auch für die §§ 1–4, 11–13 BtMG gelten; im Hinblick auf → § 29 Rn. 26, 27, 31 kommt dies jedoch nicht zum Tragen.

74 **1. Inland (§ 3 StGB).** Zum Inland gehören das **Landgebiet** (einschließlich der Binnengewässer), das dem Festland vorgelagerte **nationale Eigengewässer** (zB Meeresbuchten, Seehäfen) und das daran oder an das Festland anschließende **Küstenmeer.** Die zulässige Breite des Küstenmeeres mit 12 Seemeilen (Art. 3 SRÜ), ausgehend von der nach dem SRÜ (Art. 4–16) maßgeblichen Basislinie, hat die Bundesregierung in der Nordsee ausgeschöpft; in der Ostsee ist das Küstenmeer in Teilgebieten schmäler (Proklamation v. 19.10.1994 (BGBl. I S. 3428)).

75 **Nicht zum Inland** gehört die an das Küstenmeer angrenzende **Anschlusszone,** deren Breite 24 Seemeilen von der Basislinie an beträgt (Art. 33 Abs. 2 SRÜ). Der Küstenstaat kann in ihr die erforderliche Kontrolle zur Verhinderung und Ahndung von bestimmten Verstößen, insbesondere gegen Zoll- und Gesundheitsgesetze, ausüben (Art. 33 Abs. 1 SRÜ). Dazu gehört auch das BtMG.

76 Dagegen ist die **deutsche ausschließliche Wirtschaftszone** (Art. 57 SRÜ, Proklamation v. 25.11.1994 (BGBl. II S. 3769)) für das Betäubungsmittelrecht **ohne Bedeutung** (§ 5 Nr. 11 StGB). Dasselbe gilt für den Festlandsockel (Art. 76 SRÜ). Beide Gebiete gelten insoweit als **Hohe See** (→ Rn. 114).

77 **Vom Bodensee** gehört der Überlinger See ganz zu Deutschland, der Untersee ist bis zur Mittellinie räumlich getrennt (RGSt 57, 368), am Obersee ist die Grenzziehung umstritten (*Fischer* StGB Vor §§ 3–7 Rn. 15), wobei die Schweiz von einer Realteilung in Seemitte und Österreich von einem Kondominium ausgeht, während Deutschland sich keiner der beiden Auffassungen endgültig angeschlossen hat (*Strätz* JuS 1991, 900). Das Bodenseeabkommen v. 1.6.1973 (BGBl. 1975 II S. 1406) regelt die Strafrechtshoheit nicht; diese wird allein durch die §§ 3–7 StGB bestimmt (OLG Karlsruhe NZV 1995, 365). Zur Einfuhr von Betäubungsmitteln → § 2 Rn. 86. S. ferner *Allgaier* BayVBl. 2005, 554.

78 **Bei den Flüssen als Grenze** ist der Grenzverlauf meist vertraglich geregelt (s. die bei *Werle/Jeßberger* in LK-StGB StGB § 3 Rn. 37 zitierten Verträge), sonst entscheidet die Flussmitte oder der Talweg (Fahrbahn der flussabwärts fahrenden Schiffe), bei **Grenzbrücken** die Brückenmitte (RGSt 9, 378). Die **internationalen Ströme** stehen zwar in ihrer ganzen Breite Schifffahrt und Handel zur Verfügung, im Übrigen haben die Uferstaaten aber ihre **Hoheitsrechte** behalten (*Fischer* StGB Vor §§ 3–7 Rn. 16; *Werle/Jeßberger* in LK-StGB StGB § 3 Rn. 34). Für fremde Schiffe in deutschen Häfen solcher Ströme gilt daher das deutsche Strafrecht. Bei

Kap. 5. Internationales Strafrecht, ne bis in idem **Vor §§ 29 ff. BtMG**

nicht schiffbaren Flüssen ist die geografische Mittellinie des Wasserlaufs die Grenze (*Böse* in NK-StGB StGB § 3 Rn. 5).

Inland ist auch **der Luftraum** über den in → Rn. 74–78 als Inland bezeichne- 79 ten Gebieten (BGHSt 53, 265 = NJW 2009, 3735 = NStZ 2009, 464; *Werle/Jeßberger* in LK-StGB StGB § 3 Rn. 51), ebenso der Raum unter Tage (*Fischer* StGB Vor §§ 3–7 Rn. 17).

Zum Inland gehören ferner die **deutschen Freizonen** (→ § 2 Rn. 74, 85) sowie 80 die **Transitbereiche** der deutschen Flughäfen (→ § 2 Rn. 74). Zu den **vorgeschobenen Zollstellen** → § 2 Rn. 76–82. Auch Geschäfts- und Wohnräume ausländischer **Diplomaten** gehören trotz deren Exterritorialität zum Inland (RGSt 69, 54; OLG Köln NJW 1982, 2740; *Fischer* StGB Vor §§ 3–7 Rn. 19); dort begangene Taten sind daher Inlandstaten (*Werle/Jeßberger* in LK-StGB StGB § 3 Rn. 68). Umgekehrt sind die deutschen Auslandsvertretungen nicht Inland (OLG Köln NStZ 2000, 39); eine dort begangene Tat ist eine Auslandstat (*Werle/Jeßberger* in LK-StGB StGB § 3 Rn. 69).

2. Ort der Tat (§ 9 StGB). Nach § 9 Abs. 1 StGB ist die Tat an jedem Ort be- 81 gangen, an dem der Täter gehandelt hat oder (bei Unterlassungsdelikten) hätte handeln müssen **(Tätigkeitsort)** oder an dem der Erfolg eingetreten ist oder nach der Vorstellung des Täters eintreten sollte **(Erfolgsort).** § 9 Abs. 2 StGB enthält Sonderregeln für die **Teilnahme.**

Maßgeblich ist die **Tat im prozessualen Sinn** (§ 264 StPO). Wenn auch nur 82 Teile von ihr einen inländischen Tatort begründen, ist sie insgesamt als Inlandstat anzusehen (*Heger* in Lackner/Kühl StGB § 9 Rn. 4). Erst recht gilt dies, wenn eine Tat im materiell-rechtlichen Sinn vorliegt. Auch wenn nur ein Teil der Betäubungsmittel in Deutschland veräußert und der Rest im Ausland gefunden wird, unterliegt die gesamte einheitliche Tat des Handeltreibens dem deutschen Strafrecht (BGH NStZ 1986, 415).

Bei dem **unbefugten Vertrieb von Betäubungsmitteln** gilt nach § 6 Nr. 5 83 StGB das deutsche Strafrecht auch für Taten, die im Ausland begangen sind (→ Rn. 119–125). In der Praxis hat § 9 StGB für die Anwendung des deutschen (materiellen) Betäubungsmittelstrafrechts daher nur Bedeutung, wenn kein Fall des Vertriebs (→ Rn. 125) vorliegt. Unberührt bleibt natürlich seine Geltung für den Gerichtsstand (§ 7 StPO).

a) Handlungsort (Tätigkeitsort). Ein **Handlungsort** (Tätigkeitsort) ist bei 84 Begehungsdelikten überall dort gegeben, wo der Täter eine auf die Tatbestandsverwirklichung gerichtete Tätigkeit entfaltet oder versucht hat (*Werle/Jeßberger* in LK-StGB StGB § 9 Rn. 10), beim Handeltreiben damit an jedem Ort, an dem ein Teilakt verwirklicht wurde (BGHR StGB § 9 Abs. 1 Tatort 9 = NStZ 2007, 287); im Übrigen → Rn. 83. Dies gilt auch für den Transit (→ Rn. 105). Dabei reicht es für einen inländischen Handlungsort nicht aus, wenn der Täter im Ausland eine Körperbewegung vornimmt, die Effekte im Inland hat (BGHSt 46, 212 = NJW 2001, 624 = NStZ 2001, 305 mAnm *Hörnle* = StV 2001, 395 mAnm *Kudlich* = JZ 2001, 1194 mkritAnm *Lagodny* = JR 2001, 429 mkritAnm *Jeßberger*); dagegen kann ein inländischer **Erfolgsort** gegeben sein (→ Rn. 92–101). Zu den **Internetdelikten** → Rn. 106–109.

Bei aktivem Tun wird der **Handlungsort** durch den Aufenthaltsort des Täters 85 bestimmt (BGH NStZ 2015, 81 mAnm *Becker* = StV 2016, 106). Bei **Unterlassungsdelikten** kommen alle Orte in Betracht, an denen sich der Täter während der Dauer seiner Pflicht zum Tätigwerden aufhält (Aufenthaltsort) oder an denen er die gebotene Handlung hätte vornehmen können und müssen (Vornahmeort). Außerdem sind alle Orte potentielle Handlungsorte, an die sich der Unterlassungs-

BtMG Vor §§ 29 ff. Sechster Abschnitt. Straftaten und Ordnungswidrigkeiten

täter hätte begeben können und müssen, um zu handeln (*Ambos* in MüKoStGB StGB § 9 Rn. 14).

86 **Liegen mehrere Tätigkeitsakte** vor, so sind auch mehrere Tätigkeitsorte möglich (*Franke/Wienroeder* Einf. Rn. 5). Dies kommt im Betäubungsmittelrecht insbesondere dann in Betracht, wenn im Rahmen einer Bewertungseinheit (→ Rn. 588−668) mehrere Handlungen zu einer Tat des Handeltreibens zusammengefasst werden (BGH NStZ 1986, 415).

87 **Bei Mittäterschaft** genügt es, wenn im Inland nur ein Tatbeitrag eines Mittäters geleistet wird (BGH NJW 2002, 3486 = NStZ 2003, 269; 1991, 2498 = StV 1991, 415; HRRS 2012, 205; OLG Karlsruhe NStZ-RR 1998, 314 = StV 1998, 603); es reicht also die Handlung eines Mittäters im Inland (BGH NStZ-RR 2009, 197). Dies gilt auch dann, wenn die Tatbeiträge der im Ausland handelnden Mittäter straflos sind (*Werle/Jeßberger* in LK-StGB StGB § 9 Rn. 53). Der Beitrag des Mittäters kann unter bestimmten Umständen (→ Rn. 89, 90) auch in einer **Vorbereitungshandlung** bestehen. **Nicht** zugerechnet werden Tatorte von **Exzesshandlungen** (*Hartmann* in HK-GS StGB § 9 Rn. 2).

88 **Bei mittelbarer Täterschaft** ist Tatort **auch** der Ort, an dem die Mittelsperson gehandelt hat (RGSt 67, 138; BGH wistra 1991, 135; OLG Schleswig wistra 1998, 31 (70) mAnm *Döllel*). Ihre Tätigkeit ist dem (mittelbaren) Täter auch in örtlicher Hinsicht zuzurechnen, so dass auch alle Orte, an denen das Werkzeug tätig geworden ist, für den Täter als Tatort gelten (*Fischer* StGB § 9 Rn. 3a; *Böse* in NK-StGB StGB § 9 Rn. 5).

89 Eine **Versuchshandlung** im Inland genügt, auch wenn die Tat nachher im Ausland vollendet wird (*Hartmann* in HK-GS § 9 Rn. 2). Durch **Vorbereitungshandlungen** wird ein Tatort dann begründet, wenn sie dem (Mit-)Täter nach den Regeln über die **Mittäterschaft** als Tatanteil zugerechnet werden (BGHSt 39, 88 = NJW 1993, 1405 = NStZ 1993, 180 = StV 1993, 239 = JR 1993, 291 mAnm *Küpper;* BGHR StGB § 9 Abs. 1 Tatort 4 = NJW 1999, 2683 = NStZ 2000, 95 mAnm *Körner* = StV 1999, 432; BGH NStZ-RR 2009, 197). Daher liegt ein inländischer Tatort vor, wenn der Erwerb eines **PKW im Inland** einen Tatbeitrag zum Handeltreiben im Ausland darstellt (BGH NStZ 1996, 502). Dasselbe gilt, wenn die Beteiligten in Deutschland übereinkommen, ein Rauschgiftgeschäft in Kolumbien zu tätigen und abzuwickeln (BGH StGB § 9 Abs. 1 Tatort 4 (→ Rn. 89)).

90 Auch wenn eine Vorbereitungshandlung **selbständig mit Strafe bedroht ist** (zB nach § 30 Abs. 2 StGB), kann sie einen Tatort begründen (BGHR StGB § 9 Abs. 1 Tatort 4 (→ Rn. 89)); *Fischer* StGB § 9 Rn. 3). Dies gilt auch dann, wenn sie wegen Subsidiarität zurücktritt, nachdem die Tat ausgeführt wurde (BGHSt 39, 88 (→ Rn. 89); *Fischer* StGB § 9 Rn. 3).

91 **Entsprechendes gilt** für Handlungen, die nach der Tatbestandsverwirklichung (Vollendung) **bis zur Beendigung der Tat** vorgenommen werden, wenn der Täter noch tatbestandlich oder über die Vollendung hinaus tatbestandstypisch handelt und dadurch der Angriff auf das betroffene Rechtsgut fortdauert oder verstärkt wird (*Ambos* in MüKoStGB StGB § 9 Rn. 9). Dies kommt etwa in Betracht, wenn die im Ausland übergebenen Betäubungsmittel in Deutschland verkauft und dann aus dem Erlös bezahlt werden sollen (BGH NStZ 1997, 286). Handlungen nach Vollendung können einen Tatort auch dann begründen, wenn sie zu einer Tatbeteiligung führen, etwa einer sukzessiven Mittäterschaft (unklar *Werle/Jeßberger* in LK-StGB StGB § 9 Rn. 12). Zur Beendigung bei **Erfolgsdelikten** → Rn. 93, 99.

92 **b) Erfolgsort.** Ein Tatort ist auch dort begründet, wo zum **Tatbestand gehörende Erfolg** eingetreten ist oder nach der Vorstellung des Täters eintreten sollte, mag er auch woanders eingetreten sein. Auch bei Vornahme der Tathandlung im Ausland soll das deutsche Strafrecht Anwendung finden, sofern es im Inland zu

der Schädigung oder Gefährdung von Rechtsgütern kommt, deren Vermeidung Zweck der jeweiligen Strafvorschrift ist (BGHSt 42, 235 = NJW 1997, 138; 1997, 2292 mAnm *Ambos* = NStZ 1997, 228 = StV 1997, 21 mAnm *Neumann;* 1997, 264 mAnm *Horn* = JZ 1997, 22 mAnm *Hruschka* = JR 1997, 133 mAnm *Spendel*). Damit soll erreicht werden, dass allen auf deutschem Hoheitsgebiet befindlichen Rechtsgütern der gleiche Schutz zuteilwird (*v. Heintschel-Heinegg* in BeckOK StGB StGB § 9 Rn. 1). Zu den **Internetdelikten** → Rn. 106–109.

Der Erfolg muss in einer von der tatbestandsmäßigen Handlung räumlich und/ 93 oder zeitlich **abtrennbaren Außenweltsveränderung** bestehen (BGH NStZ 2015, 81 (→ Rn. 85); 2017, 146 = StV 2018, 97; *Kudlich/Berberich* NStZ 2019, 633 (637)). Dabei sind angesichts der ausdrücklichen Anknüpfung an den gesetzlichen Tatbestand nur solche Tatfolgen erfolgsortbegründend, die für die **Verwirklichung** des Tatbestands (noch) **erheblich** sind (BGHSt 51, 29 = NJW 2006, 1984 m. Bespr. *Satzger* = NStZ 2006, 401 = StV 2006, 456; BGH NStZ-RR 2007, 48; *Heger* in Lackner/Kühl StGB § 9 Rn. 2; *Eser/Weißer* in Schönke/Schröder StGB § 9 Rn. 6).

Tatortbegründend wirken danach **Erfolgsqualifizierungen** (zB der Eintritt 94 des Todes in den Fällen des § 30 Abs. 1 Nr. 3), **nicht** aber die Verwirklichung von **Regelbeispielen,** da die Strafzumessung nicht zum Tatbestand gehört (*Böse* in NK-StGB StGB § 9 Rn. 9; aA *Heger* in Lackner/Kühl StGB § 9 Rn. 2). Tatortbegründend wirken auch **objektive Strafbarkeitsbedingungen,** etwa die Begehung einer rechtswidrigen Tat im Inland, nachdem der Täter sich im Ausland in einen Rausch versetzt hat (BGHSt 42, 235 (→ Rn. 92)).

Bei schlichten Tätigkeitsdelikten ist fehlt es an einer von der Handlung ab- 95 trennbaren Außenweltveränderung. Ein Erfolgsort kommt daher nicht in Betracht, so dass nur der Ort der Handlung maßgeblich ist und nicht auch der, an dem etwa eine Beeinträchtigung des geschützten Rechtsguts eintritt (*Fischer* StGB § 9 Rn. 4; *Ambos* in MüKoStGB StGB § 9 Rn. 35; *Eser/Weißer* in Schönke/Schröder StGB § 9 Rn. 6b; *Heger* in Lackner/Kühl StGB § 9 Rn. 2). Zu den schlichten Tätigkeitsdelikten wird auch das **Handeltreiben** gerechnet (BGH NJW 2002, 3486 (→ Rn. 87); OLG Karlsruhe NStZ-RR 1998, 314 (→ Rn. 87)). Für den Tatort kommt es daher allein darauf an, wo **gehandelt** wurde (→ Rn. 84–91, 105). Im Übrigen → Rn. 83.

Bei konkreten Gefährdungsdelikten gehört der Eintritt der Gefahr zum Tat- 96 bestand (BGH NJW 1991, 2498 (→ Rn. 87); KG NJW 1991, 2501; *Fischer* StGB § 9 Rn. 4d). Der Erfolgsort wird daher dadurch bestimmt, wo sich die gefährdeten Rechtsgüter bei Gefahreintritt befinden (BayObLG NJW 1957, 1328; OLG Köln NJW 1968, 954). Konkrete Gefährdungsdelikte finden sich im **Betäubungsmittelstrafrecht** nur in Gestalt eines **Regelbeispiels** für einen besonders schweren Fall (§ 29 Abs. 3 S. 2 Nr. 2), das aber einen Erfolgsort nicht begründen kann (→ Rn. 94).

Nicht anders als die abstrakten Gefährdungsdelikte (→ Rn. 98) sind die **abs-** 97 **trakt-konkreten** oder **potentiellen Gefährdungsdelikte** (zu diesen → § 29 Rn. 271) zu behandeln (BGH NStZ 2017, 146 (→ Rn. 93)); die frühere Rechtsprechung (BGHSt 46, 212 (→ Rn. 84)) ist mit dieser Entscheidung aufgegeben worden. Dieser Deliktstyp kommt im **Betäubungsmittelstrafrecht** allerdings **nicht** vor. Insbesondere gehört das Handeltreiben nicht dazu (→ § 29 Rn. 270).

Die meisten Delikte des Betäubungsmittelstrafrechts sind (rein) **abstrakte Ge-** 98 **fährdungsdelikte.** Bei diesen wird ein tatbestandsmäßiger Erfolg nicht vorausgesetzt, so dass auch ein (inländischer) **Erfolgsort** nicht bestimmt werden kann (→ Rn. 93). Ein zum Tatbestand gehörender Erfolg tritt auch nicht an dem Ort ein, an dem die abstrakte Gefahr in eine konkrete umgeschlagen ist oder umschlagen kann (BGH NStZ 2015, 81 (→ Rn. 85); *Eser/Weißer* in Schönke/Schröder StGB § 9 Rn. 6a). Zu den **Internet**-Delikten → Rn. 106–109.

99 **Zur Verwirklichung** des Tatbestands zählt auch die **Beendigung;** allerdings können Auswirkungen der Tat, die für die Verwirklichung des gesetzlichen Tatbestands nicht mehr von Bedeutung sind, einen Tatort nicht begründen (BGH NStZ-RR 2007, 48; BayObLG NJW 1992, 1248; *Heger* in Lackner/Kühl StGB § 9 Rn. 2). Da die **Einfuhr** erst **beendet** ist, wenn das Rauschgift im deutschen Hoheitsgebiet zur Ruhe gekommen ist, liegt auch bei dem Täter, der nur im Ausland tätig geworden ist, ein inländischer Tatort vor (BGH NStZ 1997, 286). Die Grenze dürfte dort gezogen werden können, wo noch eine Beteiligung an der Tat, etwa in Form der sukzessiven Mittäterschaft oder Beihilfe, möglich wäre (→ Rn. 91).

100 **Kein Erfolgsort** für den **Veräußerer** ist der Ort, an dem sein **Abnehmer,** der das Rauschgift erhalten und das Entgelt bezahlt hat, das Rauschgift weiterveräußert (OLG Karlsruhe NStZ-RR 1998, 314 (→ Rn. 87)). Zum Zeitpunkt der Weiterveräußerung durch den Abnehmer war das Handeltreiben des Veräußerers beendet. Der Veräußerer ist, sofern nicht die besonderen Voraussetzungen hierfür gegeben sind, auch nicht Mittäter oder Teilnehmer am Handeltreiben seines Abnehmers (→ Rn. 260, 281), so dass sich auch daraus kein Tatort ergeben kann (BGH NJW 2002, 3486 (→ Rn. 87); OLG Karlsruhe NStZ-RR 1998, 314 (→ Rn. 87)).

101 **Der Vorsatz** des Täters muss sich **nicht** darauf erstrecken, dass der Erfolg im Inland eintritt. Ein inländischer Tatort wird daher auch dann begründet, wenn der Täter hiervon keine Kenntnis hat (→ Rn. 32). Etwas anderes gilt dann, wenn, wie bei der **Einfuhr** von Betäubungsmitteln, der Erfolgseintritt im Inland zum Tatbestand gehört.

102 **c) Transitstraftaten.** Transitvorgänge, bei denen das Handeln des Täters und der zum Tatbestand gehörende Erfolg im Ausland liegen und die nur durch ein kausales Zwischengeschehen im Inland miteinander verknüpft sind, sind im Betäubungsmittelrecht nicht selten (zB der Transport von Betäubungsmitteln durch Kuriere oder die Versendung mit der Post oder als Frachtgut aus dem Ausland über das Inland in das Ausland).

103 **Häufig handelt** es sich dabei um Fälle der **mittelbaren Täterschaft,** wobei der Kurier oder das Transportpersonal als bös- oder gutgläubiges Werkzeug dienen (*Ambos* in MüKoStGB StGB § 9 Rn. 23). Es gilt dann der Grundsatz, dass ein Tatort an jedem Ort begründet ist, an dem das Werkzeug tätig geworden ist (→ Rn. 88). Bei Kurieren kann, wenn auch nach der neueren Rechtsprechung seltener, ein Fall der **Mittäterschaft** vorliegen, so dass das Handeln im Inland dem Mittäter im Ausland zugerechnet wird (→ Rn. 87). Ist der Kurier nur **Gehilfe** gelten die → Rn. 110, 111.

104 Im Übrigen kann bei Betäubungsmitteln auch **der Transitvorgang selbst** gegen Strafvorschriften verstoßen. Nach § 29 Abs. 1 S. 1 Nr. 5 ist die Durchfuhr von Betäubungsmitteln verboten, wenn sie gegen § 11 Abs. 1 S. 2 verstößt (→ § 29 Rn. 1421, 1422). In diesen Fällen liegt stets auch ein inländischer Tatort vor (*Böse* in NK-StGB StGB § 9 Rn. 6; *Hartmann* in HK-GS StGB § 9 Rn. 2). Ein solcher ist dann auch insoweit begründet, als sich das deutsche Strafrecht auf den auslandsbezogenen Teil erstreckt und dieser Teil mit dem Transitvorgang rechtlich zusammentrifft (s. *Fischer* StGB § 9 Rn. 3).

105 **Dient der Transport** von Betäubungsmitteln dem gewinnbringenden Absatz, so ist der Tätigkeitsort für das Delikt des **Handeltreibens überall** dort gegeben, wo ein Teilakt des Handeltreibens verwirklicht wurde, also auch an den Orten, durch die das Rauschgift lediglich durchbefördert wurde (BGHR StGB § 9 Abs. 1 Tatort 9 (→ Rn. 84)).

d) Internet-Delikte. Betäubungsmittelstraftaten, bei denen das Internet eine 106
Rolle spielt, sind im Wesentlichen das Handeltreiben (§ 29 Abs. 1 S. 1 Nr. 1), die
unerlaubte Werbung (§ 29 Abs. 1 S. 1 Nr. 8), die öffentliche Mitteilung einer Gelegenheit zum(r) unbefugten Erwerb/Abgabe (§ 29 Abs. 1 S. 1 Nr. 10), die öffentliche Mitteilung einer Gelegenheit zum unbefugten Verbrauch außerhalb eines
Drogenkonsumraums (§ 29 Abs. 1 S. 1 Nr. 11) und die öffentliche oder durch Verbreiten von Schriften erfolgte Aufforderung zum unbefugten Verbrauch von Betäubungsmitteln (§ 29 Abs. 1 S. 1 Nr. 12). Hiervon hat das das 60. G zur Änd. des Strafgesetzbuches v. 30.11.2020 (BGBl. I S. 2600) mWv 1.1.2021 die Worte „Schriften
(§ 11 Absatz 3 des Strafgesetzbuches" durch die Worte „eines Inhalts (§ 11 Absatz 3
des Strafgesetzbuches" ersetzt. Anders als für § 111 StGB (neuer § 5 Nr. 5a Buchst. a
StGB) ist eine Änderung der international-strafrechtlichen Vorschriften für § 29
Abs. 1 Satz 1 Nr. 12 BtMG nicht erfolgt.

aa) Handlungsort. Stellt der Täter die strafbaren Inhalte **von Deutschland aus** 107
ins Netz, so ist in Deutschland ein **Handlungsort** gegeben, auch wenn der Server
im Ausland steht (*Fischer* StGB § 9 Rn. 5 b; *Ambos* in MüKoStGB StGB § 9 Rn. 26).
Werden strafbare Inhalte aber allein durch Handlungen **im Ausland** auf einem ausländischen Server abgelegt, ist ein deutscher **Handlungsort** nicht begründet (*Fischer* StGB § 9 Rn. 5 c), und zwar auch dann nicht, wenn von Deutschland aus auf
den Server zugegriffen werden kann (BGH NStZ 2015, 81 (→ Rn. 85); *Eser/Weißer* in Schönke/Schröder StGB § 9 Rn. 7 d). Dadurch, dass eine durch mediale
Übertragung transportierte Handlung in einem weiteren Umkreis ihre Wirkung
entfaltet, entsteht kein weiterer **Handlungsort;** der Radius der Wahrnehmbarkeit
einer Handlung ist nicht Teil ihrer selbst (BGH NStZ 2015, 81).

bb) Erfolgsort. Ein inländischer Erfolgsort kommt bei den Erfolgsdelikten im 108
Sinne der allgemeinen Deliktslehre (zB Beleidigung) und bei den konkreten Gefährdungsdelikten (→ Rn. 96) in Betracht, nicht dagegen bei den (abstrakt-konkreten) potentiellen Gefährdungsdelikten (→ Rn. 97), die im Betäubungsmittelstrafrecht allerdings nicht vorkommen.

Auch bei (rein) **abstrakten Gefährdungsdelikten** kommt ein inländischer **Er-** 109
folgsort nicht in Betracht (→ Rn. 98). Dies gilt auch für den Ort, an dem die abstrakte Gefahr in eine konkrete umgeschlagen ist oder umschlagen kann (→ Rn. 98;
Eser/Weißer in Schönke/Schröder StGB § 9 Rn. 7 a). Zu den vielfältigen Versuchen,
gleichwohl einen inländischen Erfolgsort zu begründen s. *Eser/Weißer* in Schönke/
Schröder StGB § 9 Rn. 7 c, 8; *Ambos* in MüKoStGB StGB § 9 Rn. 29–34).

e) Teilnahme (§ 9 Abs. 2 StGB). Tatort ist sowohl der Tätigkeits- oder Erfolgs- 110
ort der vollendeten, versuchten oder vorgestellten (BGH NJW 1991, 2498
(→ Rn. 87)) **Haupttat** (→ Rn. 81–102) als auch der Ort der **Teilnahme** (§ 9
Abs. 2 S. 1 StGB; s. dazu OLG Schleswig NStZ-RR 1998, 313). Danach kann eine
Beihilfe zur Einfuhr von Betäubungsmitteln auch dann nach deutschem Recht bestraft werden, wenn der Gehilfe ausschließlich im Ausland tätig geworden ist (BGH
MDR 1986, 508). Bei versuchter Beteiligung (§ 30 StGB) begründet auch der Begehungsort des in Aussicht genommenen Verbrechens einen Tatort (*Heger* in Lackner/Kühl StGB § 9 Rn. 3).

Hat der Teilnehmer an einer **Auslandstat** im **Inland** gehandelt, so gilt für die 111
Teilnahme das deutsche Strafrecht, auch wenn die Tat nach dem Recht des Tatorts
nicht mit Strafe bedroht ist (§ 9 Abs. 2 S. 2 StGB; BGHSt 47, 134 = NJW 2002, 452
= NStZ 2002, 210 = StV 2002, 256; BGHR StGB § 9 Tatort 4 (→ Rn. 89)). Es
reicht daher aus, dass die **Haupttat nach deutschem Recht strafbar** wäre, wenn
sie im Inland begangen worden wäre (*Werle/Jeßberger* in LK-StGB StGB § 9
Rn. 50). Dies gilt auch dann, wenn der Teilnehmer Ausländer ist und sich nach
dem Recht seines Heimatstaates verhält (*Werle/Jeßberger* in LK-StGB StGB § 9

Rn. 51). Zur Beteiligung am Handeln des Inhabers einer **ausländischen Erlaubnis** → § 29 Rn. 29, 30.

112 Ergibt sich die Anwendbarkeit deutschen Strafrechts aus dem **Weltrechtsprinzip** (§ 6 Nr. 5 StGB), so gilt dies auch für im Ausland begangene Beihilfehandlungen (BGHR StGB § 6 Weltrechtsprinzip 2 = NStZ 2007, 288).

113 **II. Taten auf deutschen Schiffen oder in deutschen Luftfahrzeugen (§ 4 StGB).** Dem Territorialitätsprinzip eng verwandt ist das **Flaggenprinzip**, dessen Geltung § 4 StGB für Schiffe und Luftfahrzeuge anordnet. Die Berechtigung zum Führen der Bundesflagge oder des deutschen Staatszugehörigkeitszeichens ergibt sich für Schiffe aus dem FlaggenrechtsG und für Luftfahrzeuge aus dem Luftverkehrsgesetz (LuftVG), für die Seestreitkräfte aus der Anordnung des Bundespräsidenten vom 25.5.1956 (BGBl. I S. 447). Zu den Schiffen gehören auch die **Binnenschiffe** (*Fischer* StGB § 4 Rn. 3; *Hartmann* in HK-GS StGB § 4 Rn. 3), das noch nicht verlassene, bewegungsfähige (BGH NJW 1952, 1135) **Wrack** und der Zubehör von Schiffen, etwa **Rettungsboote** (*Hartmann* in HK-GS StGB § 4 Rn. 3). Zum Begriff des **deutschen Strafrechts** → Rn. 73.

114 Nach **Art. 92 SRÜ** unterliegt ein Schiff oder Luftfahrzeug auf **Hoher See** der Hoheitsgewalt des Staates, dessen Flagge oder Staatszugehörigkeitszeichen es (berechtigt) führt. § 4 StGB geht über diesen räumlichen Bereich hinaus: die Tat wird stets so behandelt, als wäre sie im Inland begangen. Das deutsche Strafrecht gilt deswegen auch für Taten, die während der Liegezeit des Schiffs oder Luftfahrzeugs in einem ausländischen Hafen oder Flughafen begangen werden (BGHSt 53, 265 (→ Rn. 79); *Fischer* StGB § 4 Rn. 2; *Eser/Weißer* in Schönke/Schröder StGB § 4 Rn. 7; *Ambos* in MüKoStGB StGB § 4 Rn. 1). Besonders in diesen Fällen kann sich eine Konkurrenz zur Strafgewalt eines ausländischen Staates ergeben (→ Rn. 35); s. dazu Art. 27 Abs. 1 Buchst. c SRÜ, wonach die grundsätzliche Zurückhaltung des Küstenstaates bei Betäubungsmitteldelikten nicht gilt.

115 **Das Flaggenprinzip** ist eine **Folge des Schutzprinzips.** Jeder, der sich einem deutschen Schiff oder Luftfahrzeug anvertraut, soll den gleichen Schutz genießen, gleichgültig (*Fischer* StGB § 4 Rn. 2; *Ambos* in MüKoStGB StGB § 4 Rn. 2), ob er Deutscher oder Ausländer ist oder ob der Täter die deutsche oder eine andere oder keine Staatsangehörigkeit besitzt.

116 Mit § 4 StGB wird nur die Geltung des deutschen Strafrechts angeordnet; die Vorschrift enthält insoweit nur eine **Erstreckung der Strafgewalt.** Das deutsche Schiff oder Luftfahrzeug wird damit nicht zu einem schwimmenden deutschen Territorium (LG Mannheim NStZ-RR 1996, 147; *Ambos* in MüKoStGB StGB § 4 Rn. 5; offen gelassen in BGHSt 53, 265 (→ Rn. 79)). Die Tat ist daher nicht im Inland begangen (zur Geltung des SDÜ → Rn. 65). Auf der anderen Seite sind auch **ausländische Schiffe** und Luftfahrzeuge nach § 3 StGB dem deutschen Strafrecht unterworfen, wenn sie sich innerhalb des deutschen Hoheitsgebiets befinden (*Fischer* StGB § 4 Rn. 3; *Eser/Weißer* in Schönke/Schröder StGB § 4 Rn. 8).

117 **Ist das Schiff** oder Luftfahrzeug **nicht berechtigt,** die Bundesflagge oder das deutsche Staatszugehörigkeitszeichen zu führen, so ist das deutsche Strafrecht nur nach den allgemeinen Regeln anwendbar. So gilt das deutsche Strafrecht nach § 3 StGB, wenn sich das Fahrzeug in einem deutschen Hafen oder Lufthafen befindet oder das Küstenmeer befährt oder überfliegt (*Eser/Weißer* in Schönke/Schröder StGB § 4 Rn. 8, 9).

118 **Art. 17 ÜK 1988** sieht bestimmte Maßnahmen der internationalen Unterstützung und Rechtshilfe vor, wenn ein Schiff in dem begründeten Verdacht steht, die Freiheit der Schifffahrt für den unerlaubten Verkehr mit Betäubungsmitteln zu missbrauchen. Diese Regelungen werden durch das Übereinkommen v. 31.1.1995 zur **Durchführung des Artikels 17 des Übereinkommens** der Vereinten Nationen gegen den unerlaubten Verkehr mit Suchtstoffen und psychotropen Stoffen (BGBl. 1998 II S. 2233), für Deutschland in Kraft seit 1.5.2000 (BGBl. II S. 1313) verstärkt, wobei insbesondere das Aufbringen und Durchsuchen eigener und fremder Schiffe geregelt wird.

III. Weltrechtsprinzip (§ 6 Nr. 5 StGB). Die Vorschrift ordnet die Geltung 119 des deutschen Strafrechts (→ Rn. 73) für Auslandstaten an, sofern ein unbefugter **Vertrieb** von Betäubungsmitteln vorliegt. **Des Rückgriffs** auf § 6 Nr. 5 StGB bedarf es **nicht,** wenn, wie es beim Handeltreiben häufig der Fall ist, bereits ein inländischer Tatort gegeben ist.

1. Vereinbarkeit mit dem Völkerrecht; legitimierende Anknüpfungs- 120 **punkte** § 6 Nr. 5 StGB ist Ausdruck des Weltrechtsprinzips und verstößt nicht gegen eine allgemeine Regel des Völkerrechts (BGHSt 27, 30 (→ Rn. 32); 34, 334 (→ Rn. 36); BGH NStZ 2015, 568 mAnm *Schiemann*), insbesondere auch nicht gegen das Prinzip der Nichteinmischung. Dies gilt auch, wenn der unmittelbar betroffene Staat bereit ist, die Strafverfolgung zu übernehmen (BGHR StGB § 6 Nr. 5 Vertrieb 2 = StV 1992, 155), wenn der Täter von seinem Heimatstaat bereits abgeurteilt wurde oder wenn er von seinem Heimatstaat oder einem Drittstaat nach Deutschland ausgeliefert wurde (BGHSt 34, 334 (→ Rn. 36); 61, 290 = NJW 2017, 1043 mAnm *Heim* = NStZ 2017, 295 = JR 2017, 394 mAnm *Schiemann* = StV 2017, 250).

Ob es über den Wortlaut der Vorschrift **hinaus erforderlich** ist, dass im Ein- 121 zelfall ein **legitimierender Anknüpfungspunkt** (Inlandsbezug) besteht (BVerfG NJW 2001, 1848 = JZ 2001, 975 mAnm *Kadelbach;* BGHSt 45, 65 = NJW 2000, 251 = NStZ 1999, 396 mAnm *Ambos* = StV 1999, 604 = JZ 1999, 1176 mAnm *Werle* = JR 2000, 202 mAnm *Nill-Theobald;* BGH StGB § 6 Weltrechtsprinzip 1 = NJW 2001, 2728 = JR 2002, 79 mAnm *Hilgendorf;* ähnlich bereits BGHSt 27, 30 (→ Rn. 32); 34, 334 (→ Rn. 36)), ist nicht abschließend geklärt. Während der 2. Strafsenat des BGH in einem **Anfragebeschluss v. 18.3.2015** (NStZ 2015, 568, dazu *Afshar* HRRS 2015, 331 (332)) an einem solchen Erfordernis festhält, wird dies vom 1. Strafsenat in seinem **Antwortbeschluss v. 16.12.2015** (BeckRS 2016, 5665) im Hinblick auf den Wortlaut der Vorschrift, ihren Sinn und Zweck sowie die Systematik des Gesetzes in Abrede gestellt, zumal auch den Nichteinmischungsgrundsatz mit Blick auf das Ük 1988 einen Inlandsbezug nicht gebiete. Dies habe keine grenzenlose Strafverfolgungspflicht der deutschen Behörden zur Folge (§ 153c StPO). Vielmehr werde ein deutsches Strafverfahrens schon aus praktischen Gründen nur in Betracht kommen, wenn der Täter sich in Deutschland aufhält oder hierher ausgeliefert wird.

In seinem **abschließenden Urteil v. 7.11.2016** (BGHSt 61, 290 (→ Rn. 120)) 122 schließt sich der 2. Strafsenat im Wesentlichen dem 1. Strafsenat an, folgt ihm auch in dem zu entscheidenden Fall, in dem es um einen in seinem Heimatstaat verurteilten und von diesem gleichwohl ausgelieferten Täter ging, lässt es aber offen, ob im Übrigen eine Einschränkung des Anwendungsbereichs des § 6 Nr. 5 StGB aus völkerrechtlichen Gründen geboten ist.

Im **Betäubungsmittelstrafrecht** genügt, soweit man weiterhin einen Inlands- 123 bezug fordert (etwa *Eser/Weißer* in Schönke/Schröder StGB § 5 Rn. 6; *Ambos* in MüKoStGB § 6 Rn. 13; *Heger* in Lackner/Kühl StGB § 6 Rn. 1; *Patzak* in Körner/ Patzak/Volkmer Vor § 29 Rn. 277; *Kotz/Oğlakcıoğlu* in MüKoStGB Vor § 29 Rn. 119) die Verletzung eines deutschen Interesses, etwa wenn das Rauschgift auch nach Deutschland gelangt ist (BGHSt 34, 334 (→ Rn. 36)), wenn der Rauschgifterlös in Deutschland gewaschen wurde (OLG Celle NStZ-RR 2011, 54), wenn Inlandstaten mit Auslandstaten verknüpft sind (BGHR StGB § 6 Nr. 5 Vertrieb 2 (→ Rn. 120)), oder der Täter an einer solchen Tat beteiligt ist.

BtMG Vor §§ 29 ff. Sechster Abschnitt. Straftaten und Ordnungswidrigkeiten

124 Ein **Anknüpfungspunkt** besteht auch dann, wenn der Täter seinen Wohnsitz im Inland hat und sich regelmäßig hier aufhält (BGHSt 42, 292 = NStZ 2001, 658 = StV 2001, 506), wenn er im Inland ergriffen wird (BGHR StGB § 6 Nr. 5 Vertrieb 2 (→ Rn. 120)) und sei es auch nach einer Auslieferung (BGHSt 61, 290 (→ Rn. 120); aA *Fischer* StGB § 6 Rn. 5b; *Kotz/Oğlakcıoğlu* in MüKoStGB Vor § 29 Rn. 120), oder wenn die Kuriere in Deutschland angeworben wurden oder hier ihren Kurierlohn erhalten haben (OLG Celle NStZ-RR 2011, 54).

125 **2. Vertrieb.** Betäubungsmittel vertreibt, wer allein oder durch seine Mitwirkung ihren in der Regel entgeltlichen (→ § 29 Rn. 1090) Absatz an andere fördert (BGHSt 34, 1 (→ Rn. 34); BGHR StGB § 6 Nr. 5 Weltrechtsprinzip 2 (→ Rn. 112); BGH 2 StR 360/04; 2 StR 201/11; *Werle/Jeßberger* in LK-StGB StGB § 6 Rn. 72). Andere (*Fischer* StGB § 6 Rn. 5a; *Eser/Weißer* in Schönke/Schröder StGB § 6 Rn. 6; *Böse* in NK-StGB StGB § 6 Rn. 13; *Heger* in Lackner/Kühl StGB § 6 Rn. 2) verstehen unter Vertrieb jede Tätigkeit, durch die ein Betäubungsmittel entgeltlich in den Besitz eines anderen gebracht werden soll.

126 Der 2. Strafsenat des BGH (NStZ 2012, 335 mkritAnm *Patzak;* ebenso *v. Heintschel-Heinegg* in BeckOK StGB StGB § 6 Rn. 4) **verknüpft** beide Formulierungen und zieht daraus im Anschluss an *Schrader* NJW 1986, 2874 (2476) den Schluss, dass der Begriff des Vertriebs **autonom** auszulegen sei und insbesondere von den zahlreichen Teilakten des Handeltreibens nur solche erfasse, die **unmittelbar** auf Weitergabe gerichtet sind (ebenso BGHSt 61, 290 (→ Rn. 120)), so dass der **Besitz** nicht darunter falle (zust. *Fischer* StGB § 6 Rn. 5a; *Ambos* NStZ 2013, 46; *v. Heintschel-Heinegg* in BeckOK StGB StGB § 6 Rn. 4; zum Besitz im Einzelnen → Rn. 127, 131, 132). **Zwingend** ist diese Einschränkung **nicht.** Aus dem Wortsinn ist sie nicht zu entnehmen. *Schrader* NJW 1986, 2874 (2476) leitet sie aus dem Begriff „distribution" in Art. 5 des Haager Abkommens (→ Einl. Rn. 3) ab, den er mit „Weitergabe" übersetzt. Gerade dieser Begriff wurde vom deutschen Gesetzgeber aber nicht übernommen.

127 **Der Vertrieb** umfasst auch den **Erwerb,** sofern er unselbständiger Teil des Handeltreibens ist (BGHSt 27, 30 (→ Rn. 32); 34, 1 (→ Rn. 34); BGH StV 1990, 550; *v. Heintschel-Heinegg* in BeckOK StGB StGB § 6 Rn. 4; *Heger* in Lackner/Kühl StGB § 6 Rn. 2; *Patzak* in Körner/Patzak/Volkmer Vor § 29 Rn. 279; *Kotz/Oğlakcıoğlu* in MüKoStGB Vor § 29 Rn. 124; aber → Rn. 126). Dasselbe gilt für den **Besitz** und **andere** auf den Umsatz gerichtete Tätigkeiten, namentlich das Anbauen oder Herstellen (*Patzak* in Körner/Patzak/Volkmer Vor § 29 Rn. 279; aber → Rn. 126), jedenfalls sofern darin **täterschaftliches** Handeltreiben zu sehen ist und sie in diesem gehen aufgehen (zur **Teilnahme** → Rn. 131, 132).

128 Nicht zum Vertrieb gehört der Erwerb zum **Eigenverbrauch,** unabhängig davon, ob er entgeltlich (Ankauf) oder unentgeltlich erfolgt (BGHSt 34, 1 (→ Rn. 34); BGHR StGB § 6 Nr. 5 Vertrieb 1 = StV 1992, 65; BGH StV 2010, 131). Dasselbe gilt für das **Anbauen**, das **Herstellen** oder den **Besitz** von Betäubungsmitteln, wenn sie dem **Eigenverbrauch** dienen (*Fischer* StGB § 6 Rn. 5a; *Werle/Jeßberger* in LK-StGB StGB § 6 Rn. 73) oder zum Handeltreiben lediglich eine Beihilfehandlung darstellen (→ Rn. 132).

129 **Ebensowenig** wie das Handeltreiben (→ § 29 Rn. 280, 284) setzt der Vertrieb von Betäubungsmitteln voraus, dass das zum Umsatz bestimmte Betäubungsmittel zur Stelle ist oder dem Vertreibenden sonst **zur Verfügung steht.** Der Vertrieb setzt **keinen Absatzerfolg** voraus (BGHSt 61, 290 (→ Rn. 120)); auch **Scheingeschäfte** erfüllen den Begriff (BGHSt 61, 290 (→ Rn. 120)).

130 Dasselbe gilt, wenn die Beteiligten den Stoff, mit dem sie handeln, irrtümlich **für Betäubungsmittel halten** (→ § 29 Rn. 281–283, 2200; offen gelassen in BGHR StGB § 9 Abs. 1 Tatort 4 (→ Rn. 89); aA *Kotz/Oğlakcıoğlu* in MüKoStGB Vor § 29

Rn. 123; *Franke/Wienroeder* § 29 Rn. 8). In allen Fällen ist das Bestreben der Beteiligten auf den Umsatz von Betäubungsmitteln gerichtet. Ein sachlicher Grund für eine unterschiedliche Behandlung zwischen dem Tätigwerden im Inland und im Ausland ist nicht ersichtlich.

3. Teilnahme. § 6 Nr. 5 StGB gilt auch für im Ausland begangene **Teilnahmehandlungen** zum unerlaubten Handeltreiben, sofern sich diese auf den unbefugten Vertrieb von Betäubungsmitteln beziehen (BGHR StGB § 6 Nr. 5 Weltrechtsprinzip 2 (→ Rn. 112)). § 6 Nr. 5 StGB erfasst daher auch die Kuriertätigkeit (BGH NStZ 2012, 335 mAnm *Patzak*) oder das Anwerben oder Vermitteln von Drogenkurieren (*Hartmann* in HK-GS StGB § 6 Rn. 7), so dass auch die darin liegende Beihilfe zum Handeltreiben dem Weltrechtsprinzip unterliegt. 131

Ob dies auch für **die Handlungen gilt, in denen** die Beihilfe ganz oder teilweise besteht, etwa den **Besitz** (der ja täterschaftlich begangen wird), ist nicht abschließend geklärt: während der 3. Strafsenat des BGH (NStZ 2010, 521) eine Tendenz in dieser Richtung erkennen lässt, sieht der 2. Strafsenat (NStZ 2012, 335 mkritAnm *Patzak,* gegen Patzak *Ambos* NStZ 2013, 46 aus völkerrechtlichen Gründen; dagegen auch *Winkler* in Hügel/Junge/Lander/Winkler Vor § 29 Rn. 6.1.2) in einem solchen Besitz keinen Vertrieb, offensichtlich weil dieser noch nicht unmittelbar auf die Weitergabe gerichtet sei (→ Rn. 125). **Richtig ist,** dass die Tateinheit zwischen (täterschaftlichem) Besitz und Beihilfe zum Handeltreiben für den Besitz die Anwendung des § 6 Nr. 5 nicht zu begründen vermag (→ Rn. 134). Eine Unterscheidung zwischen **vertriebsorientiertem** Besitz und **statisch angelegtem** Besitz (*Patzak* in Körner/Patzak/Volkmer Vor § 29 Rn. 282) ist daher nicht möglich. 132

4. Unbefugt ist der Vertrieb, wenn der Täter ohne die am Tatort erforderliche Erlaubnis handelt; maßgeblich ist insoweit das Recht des Tatorts (*Ambos* in MüKo-StGB § 6 Rn. 11); eine mit völkerrechtlichen Vorgaben unvereinbare „Befugnis" ist unbeachtlich (*Böse* in NK-StGB StGB § 6 Rn. 13). **Zusätzlich** ist erforderlich, dass der Vertrieb auch nach deutschem Recht unerlaubt ist (*Werle/Jeßberger* in LK-StGB StGB § 6 Rn. 76; *Eser/Weißer* in Schönke/Schröder StGB § 6 Rn. 6; *Satzger* in Satzger/Schluckebier/Widmaier StGB § 6 Rn. 8). 133

5. Tateinheitliche Delikte. Eine – auch entsprechende – **Anwendung** des § 6 Nr. 5 StGB auf **andere** als die in dieser Vorschrift genannten Tatbestände ist wegen des Verbots der strafbegründenden Analogie auch in den Fällen der **Tateinheit** ausgeschlossen (BGHSt 45, 65 (→ Rn. 121)). Solche Delikte sind daher auszuscheiden oder nach den für sie geltenden Regeln, etwa nach § 7 Abs. 2 Nr. 2 StGB zu behandeln (s. BGH NStZ 2012, 335 mAnm *Patzak*). 134

IV. Geltung für Auslandstaten in anderen Fällen (§ 7 StGB). Liegen die Voraussetzungen des § 6 Nr. 5 StGB nicht vor, so kommt die Anwendung des deutschen Strafrechts (→ Rn. 73) für eine im Ausland begangene Betäubungsmittelstraftat dann in Betracht, wenn die Tat sich gegen einen Deutschen richtete (§ 7 Abs. 1 StGB) oder der Täter zur Zeit der Tat (§ 8 StGB) Deutscher war oder es nach der Tat geworden ist (§ 7 Abs. 2 Nr. 1 StGB) oder wenn ein Fall der Stellvertretenden Strafrechtspflege vorliegt (§ 7 Abs. 2 Nr. 2 StGB). Weitere Voraussetzung ist, dass die Tat am Tatort mit Strafe bedroht ist oder dass der Tatort keiner Strafgewalt unterliegt. 135

1. Gegen Deutsche gerichtete Auslandstaten (§ 7 Abs. 1 StGB). Die Tat ist gegen einen Deutschen gerichtet, wenn durch sie ein Rechtsgut betroffen ist, dessen Inhaber ein Deutscher ist. Dabei muss es sich um ein Individualrechtsgut handeln. Dies kommt auch im Betäubungsmittelrecht in Betracht, da zu dessen geschützten Rechtsgütern auch das Individualrechtsgut der Gesundheit des Einzelnen (→ § 1 Rn. 6) gehört. Weitere Voraussetzung ist, dass der Träger des Rechtsguts 136

BtMG Vor §§ 29 ff. Sechster Abschnitt. Straftaten und Ordnungswidrigkeiten

bestimmt oder zumindest bestimmbar ist (*Ambos* in MüKoStGB StGB § 7 Rn. 25; *Eser/Weißer* in Schönke/Schröder StGB § 7 Rn. 11). Im Betäubungsmittelrecht kommt dies namentlich in den Fällen des Verabreichens oder Überlassens zum unmittelbaren Gebrauch (§ 29 Abs. 1 S. 1 Nr. 6 Buchst. b, § 29a Abs. 1 Nr. 1, § 30 Abs. 1 Nr. 2, 3 BtMG) in Betracht. (*Kotz/Oğlakcıoğlu* in MüKoStGB Vor § 29 Rn. 147).

137 **a) Straftatbestand am Tatort.** Am Tatort mit Strafe bedroht ist die Tat, wenn die konkrete Tat iSd § 264 StPO am Tatort einen Straftatbestand erfüllt und nicht nur Verwaltungsunrecht darstellt (BGHSt 27, 5 = NJW 1976, 2354).

138 **Nicht notwendig ist,** dass sich der ausländische Tatbestand mit dem deutschen **deckt** oder **denselben Rechtsgedanken** verfolgt (hM; *Werle/Jeßberger* in LK-StGB StGB § 7 Rn. 30; *Ambos* in MüKoStGB StGB § 7 Rn. 6). Es genügt, wenn die Tat iSd § 264 StPO am Ort ihrer Begehung unter irgendeinem rechtlichen Gesichtspunkt mit Strafe bedroht ist (BGHSt 42, 275 = NJW 1997, 951 = NStZ 1997, 437 = StV 1997, 70; BGHR StGB § 7 Abs. 2 Strafbarkeit 3 = NJW 1997, 334 = NStZ 1997, 89 = StV 1996, 664; offen gelassen in BGH NStZ 2017, 146 (→ Rn. 93)).

139 Eine andere Frage ist, ob die beiden Rechtsordnungen nicht jeweils spezifisch inländische Rechtsgüter schützen, so dass es deswegen an einer **identischen Norm** fehlt (*Fischer* StGB Vor § 3 Rn. 10). Im **Betäubungsmittelstrafrecht** ist dies **nicht** gegeben, da dieses nicht auf den Schutz der Gesundheit der Bevölkerung im Inland beschränkt ist (BGH NStZ-RR 1996, 116; StV 1996, 427 mAnm *Köberer*).

140 **aa) Materielle Strafbarkeit.** Ausreichend ist, dass die Tat am Tatort **materiell** strafbar ist. Materielle Strafausschlussgründe sind daher zu berücksichtigen, solange sie nicht dem **internationalen** ordre public widersprechen (*Werle/Jeßberger* in LK-StGB StGB § 7 Rn. 37–40).

141 **Prozessuale Verfolgungsvoraussetzungen** oder Verfahrenshindernisse des ausländischen Rechts bleiben dagegen außer Betracht (BGHSt 20, 22 = NJW 1964, 2359; BGH NStZ-RR 2000, 208; 2011, 245; *Fischer* StGB § 7 Rn. 7; *Werle/Jeßberger* in LK-StGB StGB § 7 Rn. 44, 45; *Ambos* in MüKoStGB StGB § 7 Rn. 13). Erst recht ist es ohne Bedeutung, wenn die Tat im Ausland nach Opportunitätsgesichtspunkten nicht verfolgt würde (OLG Düsseldorf NStZ 1985, 268; StV 2013, 707; BeckRS 2013, 18044; *Werle-Jeßberger* in LK-StGB StGB § 3 Rn. 50; *Ambos* in MüKoStGB StGB § 7 Rn. 14; aA *Satzger* in Satzger/Schluckebier/Widmaier StGB § 7 Rn. 23).

142 **bb) Umfang der Geltung.** Trifft ein Tatbestand des Tatortrechts auf das Täterverhalten zu, so führt dies **zur umfassenden Geltung** aller Vorschriften des deutschen Strafrechts (*Werle/Jeßberger* in LK-StGB StGB § 7 Rn. 32) einschließlich aller Qualifikationen und ohne Rücksicht darauf, welches Recht das mildere ist (*Franke/Wienroeder* Einf. Rn. 11; *Böse* in NK-StGB StGB § 7 Rn. 10). Die tateinheitliche Verurteilung wegen einer bestimmten Begehungsweise ist daher auch dann möglich, wenn diese als selbständige Tat im ausländischen Recht nicht strafbar wäre (BGHR StGB § 7 Abs. 2 Strafbarkeit 3 (→ Rn. 138)).

143 **b) Tatort ohne Strafgewalt.** Keiner Strafgewalt unterliegt der Tatort auf Hoher See, in der Arktis und Antarktis und in Gebieten, in denen keine Staatsgewalt ausgeübt wird („failed states"), auch wenn dies nur phasenweise der Fall ist (*Werle/Jeßberger* in LK-StGB StGB § 7 Rn. 51–53), einschließlich des Luftraums über der Hohen See und den genannten Gebieten.

144 **2. Auslandstaten Deutscher (§ 7 Abs. 2 Nr. 1 StGB).** Das deutsche Strafrecht gilt auch, wenn der Täter zur Zeit der Tat Deutscher war oder wenn er es nach der Tat geworden ist. Das deutsche Strafrecht gilt damit auch für Neubürger.

Auch hier ist es ausreichend, dass die Tat am Tatort **unter irgendeinem Ge-** 145
sichtspunkt materiell strafbar ist (BGHR StGB § 7 Abs. 2 Strafbarkeit 4 = NStZ-
RR 2000, 208; OLG Celle StV 2001, 516 = JR 2002, 34 mAnm *Hoyer; Fischer*
StGB § 7 Rn. 10; *Ambos* in MüKoStGB StGB § 7 Rn. 13; *Eser/Weißer* in Schönke/
Schröder StGB § 7 Rn. 4; aA *Böse* in NK-StGB StGB § 7 Rn. 15; offen gelassen in
BGH NStZ 2017, 146 (→ Rn. 93)) oder dass der Tatort keiner Strafgewalt unterliegt, so dass insoweit auf → Rn. 137–143 verwiesen werden kann. Die grundsätzliche Strafbarkeit des Besitzes von Betäubungsmitteln (zB in der Schweiz oder den
Niederlanden) reicht danach aus (*Werle/Jeßberger* in LK-StGB StGB § 7 Rn. 33). Bei
der Bestimmung der Straffolgen ist allerdings auf Art und Maß des (milderen) Tatortrechts Rücksicht zu nehmen. Dies gilt auch dann, wenn der Täter bereits **zur**
Zeit der Tat Deutscher war (BGH NStZ 2017, 146 (→ Rn. 93); aA OLG Karlsruhe NStZ-RR 2010, 48).

3. Stellvertretende Strafrechtspflege (§ 7 Abs. 2 Nr. 2 StGB). Ist der Täter 146
einer Auslandstat nicht Deutscher, so gilt das deutsche Strafrecht (→ Rn. 73), wenn
er im Inland betroffen und, obwohl das Auslieferungsgesetz seine Auslieferung nach
der Art der Tat zuließe, nicht ausgeliefert wird, weil ein Auslieferungsersuchen
nicht gestellt oder abgelehnt wird oder die Auslieferung nicht ausführbar ist. Die
stellvertretende Strafrechtspflege folgt aus dem Interesse daran, dass ein ausländischer Straftäter durch Eintritt in den Staat, der ihn ergreift, aber nicht ausliefert
oder ausliefern kann, einer gerechten Verfolgung nicht entgeht (BGH NStZ 2019,
460).

a) Straftatbestand am Tatort. Auch hier ist Voraussetzung, dass die Tat am 147
Tatort mit Strafe bedroht ist (→ Rn. 137–142) oder der Tatort keiner Strafgewalt
unterliegt (→ Rn. 143). Ebenso wie dort sind **Verfahrenshindernisse** des Tatortrechts nicht zu berücksichtigen (*Scholten* NStZ 1994, 266 (268, 269); in diese Richtung auch BGHR StGB § 7 Abs. 2 Strafbarkeit 1 = NStZ 1992, 508; 2 = JR 1994,
169 mBespr *Lagodny/Pappas* JR 1994, 162; aA OLG Düsseldorf MDR 1992, 1161;
Ambos in MüKoStGB StGB § 7 Rn. 13; *Eser/Weißer* in Schönke/Schröder StGB § 7
Rn. 6; *Werle/Jeßberger* in LK-StGB StGB § 7 Rn. 46, 47; *Schomburg/Lagodny* StV
1994, 393 (395); offen gelassen, aber eher zweifelnd BGH NStZ-RR 2000, 208).

Erst recht gilt dies, wenn die Tat lediglich nach der **tatsächlichen Praxis** der 148
Tatortjustiz **nicht** verfolgt wird (*Oehler* JR 1977, 425; aA *Kotz/Oǧlakcıoǧlu* in
MüKoStGB Vor § 29 Rn. 154, 155; *Ambos* in MüKoStGB StGB § 7 Rn. 14; *Eser/*
Weißer in Schönke/Schröder StGB § 7 Rn. 7; *Werle/Jeßberger* in LK-StGB StGB § 7
Rn. 50; *Böse* in NK-StGB StGB § 7 Rn. 15), und zwar auch dann, wenn dieser Pra-
xis eine hinreichend manifestierte kriminalpolitische Grundsatzentscheidung der
Verfolgungsorgane zu Grunde liegt (aA *Eser/Weißer* in Schönke/Schröder StGB
§ 7 Rn. 7).

b) Auslieferungsfähigkeit nach dem IRG. Weitere Voraussetzung ist, dass der 149
Täter nicht ausgeliefert wird, obwohl das Auslieferungsgesetz nach der **Art der Tat**
die Auslieferung zuließe. Entscheidend ist danach die Auslieferungsfähigkeit nach
den §§ 3–9 IRG, nach den in § 1 Abs. 3 IRG genannten völkerrechtlichen Vereinbarungen und für die Auslieferung an einen Mitgliedstaat der EU die §§ 78–83b
IRG. Bei Betäubungsmittelstraftaten ist die Auslieferungsfähigkeit stets gegeben.

c) Keine Auslieferung. Schließlich muss feststehen, dass der Täter tatsächlich 150
nicht ausgeliefert wird (BGHSt 18, 283 = NJW 1963, 1162), weil ein Ersuchen innerhalb angemessener Frist nicht gestellt oder abgelehnt wird oder die Auslieferung
nicht durchführbar ist. Diese Gründe sind abschließend. Soweit mit den betreffenden Staaten ein Auslieferungsverkehr besteht, ist (durch die zuständige Behörde
(→ Rn. 152)) die Auslieferung sowohl dem **Tatortstaat** als auch dem **Heimat-**
staat des Täters **anzubieten** (BGHSt 18, 283 (s. o.); BGHR StGB § 7 Abs. 2 Nr. 2

Auslieferung 1; Verfahrenshindernis 1 (→ Rn. 34)). Die Praxis, dies mit einer angemessenen Frist zur Stellung eines Auslieferungsersuchens zu verbinden, kann nunmehr auf das Gesetz selbst gestützt werden (BT-Drs. 15/3482, 25). Geht innerhalb der Frist oder sonst in angemessener Zeit kein Ersuchen ein, so gilt das deutsche Strafrecht. Ein Europäischer Haftbefehl steht einem Auslieferungsersuchen gleich (OLG Stuttgart StV 2004, 546). Dasselbe gilt für die Ausschreibung im Schengener Informationssystem der zweiten Generation, SIS II (§ 83a Abs. 2 IRG).

151 Ist es evident (*Franke/Wienroeder* Einf. Rn. 12a), dass einem Auslieferungsersuchen nicht entsprochen würde, kann das Angebot der Auslieferung unterbleiben (BGH NJW 1991, 3104). Dasselbe gilt, wenn mit einem Auslieferungsbegehren **nicht zu rechnen** ist (*Ambos* in MüKoStGB StGB §7 Rn. 29) oder die Auslieferung aus tatsächlichen Gründen (zB wegen schwerer Erkrankung) voraussichtlich endgültig nicht ausführbar ist.

152 **Die Prüfung und Feststellung,** ob die Voraussetzungen der Nichtauslieferung vorliegen, obliegt nicht dem Gericht, sondern der **nach Auslieferungsrecht** (§§ 74, 74a IRG) zuständigen Stelle. Dies sind das BMJ (das im Einvernehmen mit dem Auswärtigen Amt und gegebenenfalls anderen betroffenen Bundesministerien) entscheidet sowie die auf Grund der Zuständigkeitsvereinbarung vom 28.4.2004 (BAnz. 2004, S. 11494) zuständigen Landesjustizministerien.

153 **Die nach Auslieferungsrecht** zuständige Stelle entscheidet auch allein darüber, ob der **Auslieferungsverkehr** mit einem Staat **eröffnet** werden soll (die Frage einer etwaigen Eröffnung wird in BGH NStZ 2019, 460 nicht gestellt). Eine Verpflichtung, die Auslieferung in einem solchen Fall anzubieten, besteht für sie nicht. Dies ist auch strafrechtlich zu beachten.

154 Solange nicht geklärt ist, dass ein Auslieferungsersuchen nicht gestellt wird oder die Auslieferung nicht erfolgt, liegt ein **Verfahrenshindernis** vor. Da dieses behoben werden kann, kommt eine Beendigung des Verfahrens nicht in Betracht. Vielmehr muss sich das Gericht um die Beseitigung des Hindernisses bemühen und insbesondere eine Entscheidung der zuständigen Stelle herbeiführen (BGHSt 18, 283 (→ Rn. 150); BGHR StGB § 7 Abs. 2 Verfahrenshindernis 1 (→ Rn. 34)). Maßgeblicher Zeitpunkt für die Beurteilung der Auslieferungsfähigkeit ist der der Urteilsverkündung in der **letzten Tatsacheninstanz** (BGHR StGB § 7 Abs. 2 Nr. 2 Auslieferung 2 = NJW 2001, 3717 = NStZ 2001, 588).

Kapitel 6. Typen und Struktur der Betäubungsmittelstraftaten

155 **Die meisten Deliktstypen,** die im Allgemeinen Strafrecht vorkommen, finden sich auch im Betäubungsmittelstrafrecht. Dabei können sich auch hier die verschiedenen Deliktskategorien überschneiden. So ist das Handeltreiben sowohl ein Tätigkeitsdelikt als auch ein abstraktes Gefährdungsdelikt.

156 **A. Begehungsdelikte, Unterlassungsdelikte.** Wie im Allgemeinen Strafrecht stehen auch im Betäubungsmittelstrafrecht die **Begehungsdelikte,** bei denen der Tatbestand durch aktives Tun verwirklicht wird, im Vordergrund.

157 **Echte Unterlassungsdelikte** finden sich im Betäubungsmittelstrafrecht nicht. Auch **das Besitzen** (§ 29 Abs. 1 S. 1 Nr. 3) in Form der Aufrechterhaltung des Besitzes, das ein solches Delikt darstellen soll (*Oğlakcıoğlu* BtMStrafR AT S. 105–115), kommt hierfür nicht in Betracht, wenn man mit Gesetzesbegründung (BT-Drs. VI/1877, 9) und Rechtsprechung (→ § 29 Rn. 1331, 1365, 1366, 1370) davon ausgeht, dass auch diese Form auf dem (fortdauernden) Herrschaftswillen des Besitzers und damit auf seinem kausalen Verhalten beruhen muss (*Walter* in LK-StGB StGB Vor § 13 Rn. 36).

Etwas anderes gilt für die **unechten Unterlassungsdelikte.** § 13 StGB ist auch 158
im Betäubungsmittelstrafrecht anwendbar. Soweit es sich dabei um Erfolgsdelikte
(→ Rn. 162) handelt, ist dies unbestritten. Ob § 13 StGB auch auf Tätigkeitsdelikte
anwendbar ist, ist im Allgemeinen Strafrecht nicht abschließend geklärt. Überwiegend (*Bosch* in Schönke/Schröder StGB § 13 Rn. 3; *Freund* in MüKoStGB § 13
Rn. 227, 232; 234; *Heuchemer* in BeckOK StGB § 13 Rn. 4; offengelassen bei *Fischer* StGB § 13 Rn. 2 und *Gaede* in NK-StGB § 13 Rn. 2) wird allerdings angenommen, dass der Begriff des „Erfolgs" in § 13 StGB in einem weiten Sinne zu
verstehen ist und auch die Verwirklichung eines schlichten Begehungstatbestands
erfasst. Geht man hiervon (jedenfalls für die abstrakten Gefährdungsdelikte (*Heger*
in Lackner/Kühl StGB § 13 Rn. 6)) aus, so können auch die Tätigkeitsdelikte des
Betäubungsmittelstrafrechts (→ Rn. 160) durch Unterlassen begangen werden
(allgM; aA *Oğlakcıoğlu* BtMStrafR AT S. 356, 390).

Auch für die Garantenpflichten gelten die allgemeinen Regeln. Zu beachten 159
ist auch hier, dass die sich aus den einzelnen Garantenstellungen ergebenden Garantenpflichten einen **unterschiedlichen Umfang** und **Inhalt** haben (BGH NJW
2017, 2609 mAnm *Schiemann* = NStZ 2018, 34 mAnm *Kudlich* = JR 2018, 72
mAnm *Jäger* = JuS 2018, 179 mAnm *Eisele*). So sind Eheleute jedenfalls bei bestehender Lebensgemeinschaft zwar verpflichtet, einander vor Leibes- und Lebensgefahren zu schützen (BGH NStZ 2017, 219 mAnm *Jäger*), nicht jedoch Straftaten
des anderen zu verhindern oder ihn davon abzuhalten (*Fischer* StGB § 13 Rn. 24).
Für den Grundstücks- oder Wohnungsinhaber gilt entsprechendes (→ § 29 Rn. 90,
91). Auch können Betäubungsmittel eine **Gefahrenquelle** sein, so dass den Inhaber
die Pflicht trifft, dafür zu sorgen, dass sie nicht weiterverbreitet werden (s. auch
§§ 15, 16). Nicht in Bezug auf ein Betäubungsmitteldelikt, wohl aber in einem betäubungsmittelrechtlichen Kontext steht die Garantenpflicht, die sich aus der Verabreichung oder Überlassung eines Betäubungsmittels ergeben kann (**Ingerenz,**
→ § 30 Rn. 228).

B. Tätigkeitsdelikte, unechte Unternehmensdelikte. Ein großer und ge- 160
wichtiger Teil der Betäubungsmittelstraftaten, namentlich das Handeltreiben, aber
auch das Anbauen und Herstellen, sind **Tätigkeitsdelikte,** bei denen ein durch
die Handlung verursachter Erfolg nicht erforderlich ist, sondern das bloße Tätigwerden genügt (*Heger* in Lackner/Kühl StGB Vor § 13 Rn. 32). Das häufigste
Tätigkeitsdelikt im Betäubungsmittelstrafrecht ist das Handeltreiben (→ § 29
Rn. 264–269).

Eine besondere Form der Tätigkeitsdelikte sind Delikte, die mit einem Ar- 161
beitsbegriff als **unechte Unternehmensdelikte** bezeichnet werden können. Prototyp ist auch hier das Handeltreiben. Zu den Besonderheiten dieser Delikte → § 29
Rn. 273–278.

C. Erfolgsdelikte, Verletzungsdelikte, konkrete Gefährdungsdelikte. Ein 162
anderer Teil der Betäubungsmittelstraftaten sind **Erfolgsdelikte.** Bei ihnen muss
neben der Tathandlung noch ein davon unterscheidbarer Erfolg in der Außenwelt
eintreten (BGH NStZ 2017, 146 (→ Rn. 93); *Fischer* StGB Vor § 13 Rn. 18; *Kudlich*
in Satzger/Schluckebier/Widmaier StGB Vor § 13 Rn. 27). Häufige Erfolgsdelikte
im Betäubungsmittelstrafrecht sind Einfuhr, Ausfuhr, Durchfuhr, Abgabe und Erwerb.

Besteht der Erfolg in der Schädigung des geschützten Rechtsguts, liegt ein 163
Verletzungsdelikt vor. Ein solches Delikt findet sich im Betäubungsmittelstrafrecht nur in Form einer Qualifikation (§ 30 Abs. 1 Nr. 3).

Zu den Erfolgsdelikten gehören auch die **konkreten Gefährdungsdelikte,** bei 164
denen das Gesetz schon die Gefahr als einen Erfolg der Tat ansieht (*Fischer* StGB Vor
§ 13 Rn. 18). Auch die konkreten Gefährdungsdelikte sind im Betäubungsmittel-

strafrecht nicht bei den Grunddelikten, sondern nur in Form eines Regelbeispiels (§ 29 Abs. 3 S. 2 Nr. 2) vertreten.

165 **D. Abstrakte Gefährdungsdelikte; potentielle (abstrakt-konkrete) Gefährdungsdelikte.** Mit Ausnahme der § 29 Abs. 3 S. 2 Nr. 2, § 30 Abs. 1 Nr. 3 sind alle Straftaten des Betäubungsmittelstrafrechts abstrakte Gefährdungsdelikte. Dies gilt im Hinblick auf die gefährdeten Rechtsgüter (→ § 1 Rn. 3–8) auch für die Erfolgsdelikte (→ Rn. 162). Abstrakte Gefährdungsdelikte sind jedenfalls zum Schutz hochrangiger Rechtsgüter **verfassungsrechtlich** unbedenklich (BVerfG BeckRS 2020, 2216 Rn. 269–271). Zu diesen Rechtsgütern gehören auch die des Betäubungsmittelstrafrechts (→ § 1 Rn. 3–8).

166 Bei den **abstrakten Gefährdungsdelikten** verlangt der Tatbestand nicht den Eintritt einer Gefahr (→ Rn. 7, 8; *Walter* in LK-StGB StGB Vor § 13 Rn. 65), sondern beschreibt ein bloßes Tun (oder Unterlassen), das deshalb strafbar ist, weil es leicht eine konkrete Gefahr auslösen kann (*Fischer* StGB Vor § 13 Rn. 19; *Eisele* in Schönke/Schröder StGB Vor § 13 Rn. 129). Es werden nur die Bedingungen einer generellen Gefährlichkeit umschrieben, ohne die Gefährdung eines bestimmten Objekts vorauszusetzen; das beschriebene Verhalten ist für sich schon strafwürdiges Unrecht (→ Rn. 7; *Heger* in Lackner/Kühl StGB Vor § 13 Rn. 32).

167 Im Betäubungsmittelstrafrecht **nicht** vertreten sind die **potentiellen** oder **abstrakt-konkreten Gefährdungsdelikte**, bei denen der Gesetzgeber zwar eine Auswahl der als gefährlich in Betracht kommenden Handlungen getroffen hat, das Gericht aber gleichwohl festzustellen hat, ob eine solche Handlung im Einzelfall tatsächlich zu einer Gefährdung geeignet ist (BGHSt 46, 212 = NJW 2001, 624; 2001, 1535 mAnm *Vec* = NStZ 2001, 305 mAnm *Hörnle* = StV 2001, 395 mAnm *Kudlich* = JZ 2001, 1198 mAnm *Lagodny* = JR 2001, 432 mAnm *Jeßberger*; BGH NJW 1999, 2129; *Fischer* StGB Vor § 13 Rn. 19; *Heine/Bosch* in Schönke/Schröder StGB Vor § 306 Rn. 4–6a; *Heger* in Lackner/Kühl StGB Vor § 13 Rn. 32). Auch das **Handeltreiben** gehört **nicht** dazu (→ § 29 Rn. 271, 272).

168 **E. Eigenhändige Delikte, unechte/echte Sonderdelikte.** Bei den **eigenhändigen Delikten** besteht das maßgebliche Unrecht weniger in der Gefährdung eines Rechtsguts als in der eigenhändigen Vornahme der strafbaren Handlung (*Eisele* in Schönke/Schröder StGB Vor § 13 Rn. 131; *Kühl* in Lackner/Kühl StGB § 25 Rn. 3). **Eigenhändige Delikte** kommen im **Betäubungsmittelstrafrecht nicht** vor (BGHSt 48, 189 = NJW 2003, 1540 = NStZ 2003, 435 mAnm *Altenhain;* 2003, 561 mAnm *Erb* = StV 2003, 282; *Weber* NStZ 2002, 601; s. auch BGH NJW 2002, 1437 = NStZ 2002, 440 = StV 2002, 486 m. Bespr. *Nestler* StV 2002, 504). Bei allen Tatbeständen dieses Rechtsgebiets steht der Schutz der Rechtsgüter des BtMG im Vordergrund; der Unwert des Delikts wird daher nicht erst durch die eigenhändige Vornahme verwirklicht.

169 **(Mit)Täter** oder **mittelbarer Täter** eines **echten Sonderdelikts** kann nur sein, wem eine bestimmte **Sonderpflicht** obliegt, wobei diese die Strafbarkeit **begründen** muss (*Eisele* in Schönke/Schröder StGB Vor § 13 Rn. 131; *Heine/Weißer* in Schönke/Schröder StGB Vor § 25 Rn. 82, 83; *Heger* in Lackner/Kühl StGB Vor § 13 Rn. 33). Solche Tatbestände sind im **Betäubungsmittelstrafrecht**
- das **Überlassen von Betäubungsmitteln** an ambulant versorgte Palliativpatienten (§ 29 Abs. 1 S. 1 Nr. 6a (→ § 29 Rn. 1609)),
- die **Abgabe von Betäubungsmitteln** durch den Apotheker oder Tierarzt (§ 29 Abs. 1 S. 1 Nr. 7 Buchst. a (→ § 29 Rn. 1642)),
- die **Abgabe von Diamorphin** in der Form der Anlage III durch den pharmazeutischen Unternehmer (§ 29 Abs. 1 S. 1 Nr. 7 Buchst. b (→ § 29 Rn. 1676)),

- das **Veräußern, Abgeben** und **Sonstige Inverkehrbringen** (BGH PharmR 2016, 40; *Oğlakcıoğlu* in *Kotz/Rahlf* BtMStrafR Kap. 3 Rn. 260; *Horn* NJW 1977, 2229 (2334); *Krack* in MüKoStGB StGB § 314 Rn. 18; *Wolters* in Satzger/ Schluckebier/Widmaier StGB § 314 Rn. 21) **von Betäubungsmitteln** (§ 29 Abs. 1 S. 1 Nr. 1), die **nur von dem Inhaber der tatsächlichen Verfügungsgewalt** über das Betäubungsmittel begangen werden können (→ § 29 Rn. 1086, 1130, 1177), und
- der **Besitz von Betäubungsmitteln** (→ § 29 Rn. 1377).

Hier ist der **Sonderpflichtige** stets Täter, gleichgültig, wie sein Tatbeitrag sich nach sonstigen Kriterien darstellen würde; für den Beteiligten, bei dem die **Sonderpflicht fehlt,** kommt lediglich Teilnahme in Betracht, für die § 28 Abs. 1 StGB gilt (*Heine/Weißer* in Schönke/Schröder StGB Vor § 25 Rn. 82).

Bei den unechten Sonderdelikten ist der Sonderpflichtige Täter oder Teilnehmer nach diesem Delikt. Für den nicht Sonderpflichtigen kommt Täterschaft nach dem Grunddelikt in Betracht; die Teilnehmer sind gemäß § 28 Abs. 2 StGB wegen Teilnahme an dem Grunddelikt zu bestrafen (*Heine/Weißer* in Schönke/ Schröder StGB Vor § 25 Rn. 82); bei der Strafzumessung kann berücksichtigt werden, dass sich die Teilnahme gerade auf eine **qualifizierte und damit schwerere Haupttat** bezogen hat (*Kudlich* in BeckOK StGB StGB § 28 Rn. 22; *Fischer* StGB § 28 Rn. 13). 170

Kapitel 7. Vorbereitung, Versuch, Vollendung, Beendigung, Versuch der Beteiligung

A. Die Versuchsstrafbarkeit im Betäubungsmittelstrafrecht. Für eine Versuchsstrafbarkeit ist im Betäubungsmittelstrafrecht verhältnismäßig wenig Raum. Zum Teil ist dies darin begründet, dass ein strafbarer Versuch nicht bei allen Vergehen nach dem BtMG vorgesehen ist (§ 29 Abs. 2). Der Hauptgrund liegt in der Struktur der Tatbestände, bei denen es sich häufig um (unechte) Unternehmensdelikte handelt (→ Rn. 173). Schließlich lässt der Begriff des Handeltreibens in der weiten Ausdehnung, die er in der Rechtsprechung erfahren hat, für einen Versuch nur wenig Raum (→ § 29 Rn. 195, 573). 171

I. Einfluss der Struktur der Betäubungsmittelstraftaten Im Zusammenhang mit der Versuchsstrafbarkeit gewinnt die unterschiedliche Struktur, die die Tatbestände im Betäubungsmittelstrafrecht aufweisen, besondere Bedeutung: 172

1. Unechte Unternehmensdelikte. Bei den unechten Unternehmensdelikten (→ Rn. 160) kommt der Versuch vor allem in Form des **untauglichen Versuchs** (→ Rn. 177) vor, etwa wenn der Täter beim Anbauen die Pflanze irrtümlich für Hanf oder beim Herstellen die von ihm erzeugte Substanz irrtümlich für Amfetamin hält. Dies gilt allerdings nicht beim Handeltreiben, da es dort auf das tatsächliche Vorhandensein eines Betäubungsmittels nicht ankommt (→ § 29 Rn. 219, 284). 173

2. Erfolgsdelikte (→ Rn. 162–165) sind erst dann vollendet, wenn ein konkret umschriebener Erfolg eingetreten ist. Häufige Erfolgsdelikte im Betäubungsmittelrecht sind die Einfuhr, Ausfuhr und Durchfuhr, die Veräußerung, die Abgabe und der Erwerb. 174

3. Qualifikationen, Regelbeispiele. Ein besonders gewichtiger Teil der Betäubungsmitteldelikte sind Qualifikationen (§§ 29a–30a). Der Versuch einer **Qualifikation** kann nicht früher beginnen als der Versuch des Grunddelikts (BGH NJW 2017, 1189 = NStZ 2017, 86 mAnm *Engländer*; *Kühl* NStZ 2004, 387 (388)). Die Verwirklichung eines erschwerenden Umstands führt daher nur dann zum Versuch, wenn sie sich auch in Bezug auf den Grundtatbestand als unmittel- 175 bares Ansetzen darstellt; dass das qualifizierende Merkmal bereits verwirklicht wurde, genügt daher nicht (BGH NStZ 2015, 207). Wird umgekehrt der qualifizierende Umstand erst verwirklicht, nachdem der Versuch des Grunddelikts begonnen hat, so beginnt der Versuch der Qualifikation erst mit dem unmittelbaren Ansetzen zu dieser (BGH NStZ 1995, 339 mAnm *Wolters* = StV 1996, 147; *Fischer* StGB § 22 Rn. 36; *Kühl* in Lackner/Kühl StGB § 22 Rn. 10). Zum Versuch bei **Regelbeispielen** → § 29 Rn. 2066–2070.

176   **4. Erfolgsqualifizierte Delikte.** Im Betäubungsmittelstrafrecht gibt es nur ein erfolgsqualifiziertes Delikt (§ 30 Abs. 1 Nr. 3). Auf → § 30 Rn. 168–172 wird verwiesen.

177   **II. Untauglicher Versuch.** Untauglich ist ein Versuch, der von vornherein **nicht gelingen kann**, weil Tatbestandsmerkmale fehlen, die der Täter irrig für gegeben hält (BGHSt 6, 251 = NJW 1954, 1576; *Fischer* StGB § 22 Rn. 39; *Eser/Bosch* in Schönke/Schröder StGB § 22 Rn. 60). Die Untauglichkeit des Versuchs ergibt sich aus einem Mangel im Vorstellungsbild des Täters, der einer Umkehrung des Tatbestandsirrtums entspricht (stRspr; BGHSt 42, 268 = NJW 1997, 750 = NStZ 1997, 431 mAnm *Kudlich* = StV 1997, 417 = JR 1997, 468 mAnm *Arzt*; *Fischer* StGB § 22 Rn. 43; *Eser/Bosch* in Schönke/Schröder StGB § 22 Rn. 68, 69), wobei sich dieser Mangel auf die Tauglichkeit des Objekts, des Mittels oder des Subjekts beziehen kann. Erkennt der Täter die Untauglichkeit seines Tuns, so fehlt ihm der Vollendungswille; ein Versuch liegt dann nicht vor (*Hillenkamp* in LK-StGB, 12. Aufl. 2007, StGB § 22 Rn. 179). Zum **fehlgeschlagenen** Versuch → Rn. 202–205.

178   Der untaugliche Versuch ist dem **Betäubungsmittelstrafrecht** nicht fremd. Meist handelt es sich dabei um einen Irrtum über das Objekt der Tat, etwa wenn der Täter eine harmlose Substanz erwirbt, die er für Cocain hält, wenn er eine Pflanze anbaut, die er irrtümlich für Hanf hält, wenn er eine Substanz herstellt, die er für MDE hält oder wenn er sich ein Rezept erschleicht, obwohl er es auch ordnungsgemäß erhalten hätte (OLG Celle BeckRS 2018, 29520). Für das **Handeltreiben** gelten allerdings besondere Regeln, da es hierbei auf das tatsächliche Vorhandensein eines Betäubungsmittels nicht ankommt (→ Rn. 173).

179   Der untaugliche Versuch ist **strafbar** (allgM; *Fischer* StGB § 22 Rn. 40 mwN).

180   **B. Vorbereitungshandlung und Versuch.** Für die Abgrenzung des Versuchs von den Vorbereitungshandlungen gelten auch im **Betäubungsmittelstrafrecht** die Grundsätze des allgemeinen Strafrechts (BGHSt 36, 249 (→ Rn. 186)). Nach § 22 StGB beginnt der Versuch, wenn der Täter nach seinen Vorstellungen von der Tat zur Verwirklichung des Tatbestands unmittelbar ansetzt. Vorbereitungshandlungen sind danach die vor dem Versuchsbeginn liegenden Tätigkeiten, die zwar auf die Verwirklichung des Tatbestands hinzielen, aber noch nicht unmittelbar dazu ansetzen (*Fischer* StGB § 22 Rn. 5). Zu strafbaren Vorbereitungshandlungen s. § 30 StGB (→ Rn. 207–240).

181   **I. Verwirklichung eines Tatbestandsmerkmals.** Die Schwelle zum Versuch ist in der Regel überschritten, wenn der Täter ein Teilstück der tatbestandsmäßigen Handlung bereits verwirklicht hat (BGHR StGB § 22 Ansetzen 30 = NJW 2002, 1057 = NStZ 2002, 309 = StV 2002, 538 = JR 2002, 383 mAnm *Jäger*; BGH NStZ 2015, 207 = StV 2015, 793; 2018, 648; 2019, 18 mAnm *Hinderer*; OLG Bamberg NStZ 1982, 247; diff. *Hoffmann-Holland* in MüKoStGB StGB § 22 Rn. 106–108; *Hillenkamp* in LK-StGB, 12. Aufl. 2007, StGB § 22 Rn. 92–95). **Ausnahmsweise** kann es dennoch an einem unmittelbaren Ansetzen zur Tat fehlen, wenn der Täter damit noch nicht zu der die Strafbarkeit **begründenden** eigentlichen Rechtsverletzung ansetzt; ob dies der Fall ist, hängt von seiner Vorstellung über das unmittelbare Einmünden seiner Handlungen in die Erfolgsverwirklichung ab. Gegen einen Versuch spricht deshalb, dass es zur Herbeiführung des Erfolges noch eines weiteren – neuen – Willensimpulses bedarf (BGH NStZ 2015, 207 (s. o.)). Stets ist es wichtig, die tatbestandsmäßige Ausführungshandlung genau zu bestimmen. Im Hinblick auf **die Struktur** der Tatbestände des **Betäubungsmittelstrafrechts** ist dies hier von besonderer Bedeutung. Zum Handeltreiben → § 29 Rn. 609–626.

II. Ausführungsnahe Handlung. Auf der anderen Seite setzt der Versuch **182 nicht** voraus, dass bereits ein Tatbestandsmerkmal verwirklicht ist (BGHR StGB § 22 Ansetzen 38 = NStZ 2014, 447; BGH NStZ 2015, 207 (→ Rn. 181)); ein unmittelbares Ansetzen liegt auch dann vor, wenn der Täter eine Handlung vornimmt, die (nach seiner Vorstellung) einer tatbestandsmäßigen Handlung **so dicht vorgelagert ist,** dass sie in ungestörtem Fortgang ohne jegliche (nach der Vorstellung des Täters) noch erforderliche Zwischenakte unmittelbar in die **Ausführungshandlung einmündet** (stRspr; BGHSt 43, 177 = NJW 1997, 3453 = m. Bespr. *Wolters* NJW 1998, 578 = NStZ 1998 mAnm *Otto* = JZ 1998, 209 m. Bespr. *Roxin* = JR 1998, 291 mAnm *Gössel;* BGHR StGB § 22 Ansetzen 27 = NStZ 2000, 589 = StV 2001, 272; 2001, 34 = NStZ 2006, 331 = StV 2007, 187 mAnm *Schuhr;* BGH NJW 2010, 623 = NStZ 2010, 209 = StV 2010, 354; NStZ 2015, 207 (→ Rn. 181); 2018, 648; 2019, 18 mAnm *Hinderer;* 2019, 79 mAnm *Eidam*) oder mit ihr in einem **unmittelbaren räumlichen** und **zeitlichen Zusammenhang** steht (BGHR StGB § 22 Ansetzen 36 = NStZ 2013, 156; BGH NJW 2010, 623 (s. o.); NStZ 2015, 207 (→ Rn. 181); 2018, 648; 2019, 18 mAnm *Hinderer;* 2019, 79 mAnm *Eidam*).

Diese abstrakten Maßstäbe bedürfen im Hinblick auf die Vielzahl der Sach- **183** verhaltsgestaltungen stets der **wertenden Konkretisierung** unter Beachtung der Umstände des Einzelfalls (BGHR StGB § 22 Ansetzen 30 (→ Rn. 181); 34 (→ Rn. 182); 38 (→ Rn. 182); BGH NStZ 2011, 517 = StV 2012, 526 mAnm *Saliger;* 2018, 648; 2019, 18 mAnm *Hinderer;* 2019, 79 mAnm *Eidam*):

1. Keine Zwischenakte. Wesentlich ist zunächst das Übergehen in die Tat- **184** bestandserfüllung ohne Zwischenakte. Bedarf es daher eines **weiteren Willensimpulses,** damit das Tun des Täters unmittelbar in die Tatbestandshandlung einmündet, so liegt noch **kein Versuch** vor (BGH NJW 2010, 623 (→ Rn. 182); NStZ 2015, 207 (→ Rn. 181)). Im Betäubungsmittelstrafrecht kommt dies vor allem bei der **Einfuhr** in Betracht, etwa wenn der Täter vor dem Grenzübertritt noch in einem Hotel im Grenzbereich übernachtet oder bei sonstigen vorgelagerten Handlungen und Zwischenakten (→ § 29 Rn. 887–889). Eines weiteren Willensimpulses bedarf es auch dann, wenn der Täter die Durchführung seines Vorhabens von **bestimmten Bedingungen** abhängig macht (BGHR StGB § 22 Ansetzen 37 = NStZ 2013, 579). Dasselbe soll auch dann gelten, wenn in **zeitlicher Hinsicht eine deutliche Zäsur** zwischen dem ersten Stadium und der geplanten (!) Fortsetzung des Tatplans gegeben ist (BGH NStZ 2015, 207 (→ Rn. 181)).

Greifen bei einer bandenmäßigen Begehung die einzelnen Tatbeiträge nach **185** einem festen Ablaufplan ineinander, stehen sie nach dem Tatplan in einem engen zeitlichen Zusammenhang und wird die zeitliche Abfolge durch das eingespielte System von Tatbeiträgen gewährleistet, so kann bereits in dem Ansetzen zu dem ersten Tatbeitrag der Beginn des Versuchs zu sehen sein (BGH NStZ 2011, 517 (→ Rn. 183)). Dies gilt jedenfalls dann, wenn es auf Grund der gleichsam automatisierten Abfolge keines neuen Willensimpulses der durch die Bandenabrede miteinander verbundenen Mittäter bedarf.

2. Tatplan, Rechtsgutsgefährdung. Weitere Gesichtspunkte sind die **Dichte 186 des Tatplans** oder der **Grad der Rechtsgutsgefährdung,** der aus der Sicht des Täters durch die Handlung bewirkt wird (BGHR StGB § 22 Ansetzen 30 (→ Rn. 181); 34 (→ Rn. 182)). Die Handlung muss nach dem Tatplan des Täters unmittelbar zur Tatbestandserfüllung führen oder in einem unmittelbaren zeitlichen und räumlichen Zusammenhang mit dieser stehen und damit das geschützte Rechtsgut in eine konkrete Gefahr bringen (BGHSt 30, 363 = NJW 1982, 1164 = NStZ 1982, 197; 36, 249 = NJW 1990, 654 = NStZ 1989, 579 = StV 1989, 52; 40, 299 = NJW 1995, 142 = NStZ 1995, 120 = StV 1995, 128; BGH NStZ 2011, 517 (→ Rn. 183)), so dass sich der Schaden unmittelbar anschließen kann (BGHSt 40, 299 (s. o.); BGHR StGB § 22 Ansetzen 30 (→ Rn. 181)). Dies kann etwa beim **Handeltreiben** in Betracht kommen, wenn der Kurier, der am **vereinbarten Treffpunkt vergeblich** auf den Überbringer des Rauschgifts oder des Verkaufserlöses gewartet hatte, nach seinem Tatplan alles getan hatte, um in den Besitz des Rauschgifts oder des Verkaufserlöses zu gelangen (BGH NJW 2008, 1460 = NStZ 2008, 465 m. insoweit zust. Anm. *Weber* = StV 2008, 417) oder wenn das Einbringen von Cannabis in eine JVA nur noch von der Zustimmung des angegangenen Gefangenen abhängt (OLG München NStZ 2011, 464).

187 Dabei darf dieses subjektive **Abgrenzungskriterium** nicht unterschätzt werden. Ob ein bestimmtes Verhalten den letzten Teilakt vor einer tatbestandsmäßigen Handlung darstellt, kann nur auf der Grundlage des konkreten Täterplans festgestellt werden. Baut der Täter **Betäubungsmittel in ein Fahrzeug** ein, das er selbst über die Grenze bringen will, so hat der Versuch mit dem Einbau noch nicht begonnen (→ § 29 Rn. 889). **Anders kann** dies sein, wenn Personen, die von dem Betäubungsmittel nichts wissen, das Fahrzeug über die Grenze bringen sollen (→ Rn. 192–195), wobei auch hier wieder ein Versuch der Einfuhr ausscheiden kann, wenn sie vor dem Grenzübertritt noch weitere Weisungen abwarten sollen.

188 **III. Versuch bei Mittätern.** Soll die Tat nach dem Tatplan von mehreren Mittätern ausgeführt werden, so treten alle Mittäter **einheitlich** in das Versuchsstadium ein, sobald auch nur einer von ihnen zur Tatbegehung (→ Rn. 184; BGH NStZ 1981, 99) unmittelbar ansetzt (hM; BGHSt 39, 236 = NJW 1993, 2251 = NStZ 1993, 489; 1994, 263 mAnm *Hauf* = StV 1993, 467; 40, 299 (→ Rn. 186); BGHR StGB § 22 Ansetzen 27 (→ Rn. 182); *Fischer* StGB § 22 Rn. 21, 21a; *Hoffmann-Holland* in MüKoStGB StGB § 22 Rn. 139; *Hillenkamp* in LK-StGB, 12. Aufl. 2007, StGB § 22 Rn. 174). Jeder Tatbeteiligte muss sich die im Rahmen des Tatplans liegenden Tatbeiträge der anderen zurechnen lassen **("Gesamtlösung")**.

189 Die Gesamtlösung gilt auch beim **untauglichen Versuch.** Nicht umstritten ist dies für die Fälle, in denen der unmittelbar Handelnde **irrig glaubt,** einen Tatbeitrag zu leisten, etwa wenn er (bezogen auf die **Einfuhr**), zu Unrecht annimmt, das von ihm im Ausland aufgegebene Paket enthalte Cocain (BGHSt 39, 236 (→ Rn. 188); BGHR StGB § 22 Ansetzen 23; BGH NStZ 2004, 110; 2004, 697 mablAnm *Krack;* s. *Fischer* StGB § 22 Rn. 22; *Hoffmann-Holland* in MüKoStGB StGB § 22 Rn. 141).

190 Dagegen soll eine Zurechnung der Handlung eines nur (noch) **zum Schein mitwirkenden** Mittäters nicht in Betracht kommen (str.; BGHSt 39, 236 (→ Rn. 188)), da sich seine Handlung für ihn selbst nicht (mehr) als mittäterschaftlicher Tatbeitrag darstelle. Dagegen spricht, dass dem Mittäter nicht der Vorsatz des unmittelbar Handelnden zugerechnet wird, sondern dessen Ausführungshandlung (*Fischer* StGB § 22 Rn. 22a). Ein **inneres Abstandnehmen** genügt daher nicht (BGHR StGB § 25 Abs. 2 Mittäter 35 = NStZ 2012, 508 = StraFo 2012, 284). Eine Straffreiheit des unmittelbar Handelnden kann sich nach § 24 StGB ergeben, der nach § 28 Abs. 2 StGB den anderen nicht zugutekommt (BGHSt 39, 236; *Fischer* StGB § 22 Rn. 22a).

191 Eine Zurechnung und damit eine Bestrafung wegen (untauglichen) Versuchs kommt auch dann in Betracht, wenn die „Ausführungshandlung" eines **vermeintlichen Mittäters** nach der Vorstellung des Täters zur Tatbestandserfüllung führen soll und nach natürlicher Auffassung auch zur Tatbestandserfüllung führen kann (str.; BGHSt 40, 299 (→ Rn. 186); BGH NStZ 2004, 110; 2004, 697 mAnm *Krack; Fischer* StGB § 22 Rn. 23, 23a mwN zum Streitstand). Aber auch dann muss der „Mittäter" die ihm nach dem Tatplan zugedachte Handlung auch **tatsächlich ausführen;** daher liegt keine versuchte Einfuhr vor, wenn er weiß, dass das von ihm aufgegebene Paket kein **Cocain** enthält (BGH NStZ 2004, 110; 2004, 697 mAnm *Krack*).

IV. Versuch bei mittelbarer Täterschaft. Bei mittelbarer Täterschaft ist ein **192** Versuch jedenfalls dann gegeben, wenn das Tatwerkzeug unmittelbar zur Tat angesetzt hat (*Eser/Bosch* in Schönke/Schröder StGB § 22 Rn. 54a). **Darüber hinaus** kann auch die Einwirkung des Hintermannes auf den Tatmittler bereits den Beginn des Versuchs darstellen. Dies macht die Abgrenzung nach den allgemeinen Regeln jedoch nicht entbehrlich (BGHSt 40, 257 = NJW 1995, 204 = NStZ 1995, 80 = StV 1995, 408). Danach liegt ein Versuch jedenfalls dann vor, wenn der (mittelbare) Täter die nach seiner Vorstellung erforderliche Einwirkung auf den Tatmittler abgeschlossen und das Tatgeschehen aus der Hand gegeben hat (BGH NJW 2021, 330 = NStZ 2021, 92 mAnm *Kretschmer; Eser/Bosch* in Schönke/Schröder StGB § 22 Rn. 54a; *Hoffmann-Holland* in MüKoStGB StGB § 22 Rn. 137). Dazu muss er sich **nicht jeglichen Einflusses** begeben haben (BGHSt 40, 257 (s. o.)). Es genügt, wenn er nach seiner Überzeugung dem Geschehen seinen Lauf lassen kann, etwa wenn bei der **Einfuhr** der Absender das Paket mit dem Rauschgift bei der Post einliefert oder es als Reisegepäck oder Frachtgut bei der Bahn aufgibt (→ § 29 Rn. 986, 989, 991, 993).

Da der mittelbare Täter nicht schlechter gestellt werden darf als der Alleintäter, **193** ist **zusätzlich erforderlich,** dass das betroffene Rechtsgut nach der Vorstellung des mittelbaren Täters beim Abschluss der Einwirkung unmittelbar gefährdet ist (BGHSt 43, 177 (→ Rn. 182); BGHR StGB § 22 Ansetzen 27 (→ Rn. 182); OLG München NJW 2006, 3364 mAnm *Schiemann; Fischer* StGB § 22 Rn. 27). Dies ist dann gegeben, wenn der Tatmittler im engen zeitlichen Zusammenhang mit der Einwirkung durch den mittelbaren Täter nach dessen Erwartung die Tat begehen wird (BGHSt 43, 177 (→ Rn. 182); BGH NJW 2021, 330 = NStZ 2021, 92 mAnm *Kretschmer;* NStZ 2000, 589 = StV 2001, 272; OLG München NJW 2006, 3364).

Der Versuch hat daher **noch nicht begonnen,** wenn das Werkzeug nicht alsbald oder innerhalb eines überschaubaren Zeitraumes (BGHR StGB § 22 Ansetzen **194** 28 = NStZ 2001, 474), sondern erst nach einer gewissen Zeitspanne oder zu einem gewissen Zeitpunkt tätig werden soll, etwa wenn bei einer **geplanten Einfuhr** der als Kurier missbrauchte Tourist noch in einem Grenzort noch weitere Anweisungen abwarten soll. Die Gefahr für das geschützte Rechtsgut konkretisiert sich erst mit dem Ansetzen zur Tat durch das Werkzeug (BGHSt 40, 257 (→ Rn. 192); BGHR StGB § 22 Ansetzen 27 (→ Rn. 182)).

Insgesamt ist daher entscheidend, ob nach dem Tatplan die **Einzelhandlungen 195** des Täters **in ihrer Gesamtheit** schon einen derartigen Angriff auf das geschützte Rechtsgut darstellen, dass es bereits gefährdet ist und der Schaden sich unmittelbar anschließen kann (BGHSt 43, 177 (→ Rn. 182); BGHR StGB § 22 Ansetzen 27 (→ Rn. 182; BGH NJW 2021, 330 = NStZ 2021, 92 mAnm *Kretschmer*)). Danach kann in der **Übergabe von Rauschgift** an einen Boten, der es nach einem Ausgang in die Justizvollzugsanstalt einschmuggeln soll, eine versuchte Abgabe liegen (BayObLGSt 2003, 116 = NStZ 2004, 401).

V. Typische Vorbereitungshandlungen sind in der Regel das Beschaffen, **196** Herstellen oder Bereitstellen von Tatwerkzeugen, das Aufsuchen oder Sichaufhalten am Tatort (es sei denn, die Tat schließt sich unmittelbar an (BGHSt 39, 236 (→ Rn. 188)) oder der Täter hat alles Erforderliche getan (→ Rn. 186)), das Auskundschaften und Schaffen von Gelegenheiten (BayObLGSt 1984, 25) oder die

Beseitigung von Hindernissen. Dienen diese Handlungen dem Umsatz von Betäubungsmitteln, so kann allerdings bereits versuchtes oder sogar **vollendetes Handeltreiben** in Betracht kommen. Auf die Ausführungen zum Handeltreiben wird insoweit verwiesen (→ § 29 Rn. 573–607).

197 Ob eine Vorbereitungshandlung oder ein Versuch gegeben ist, lässt sich im Übrigen **nicht für alle Fälle einheitlich** beurteilen, sondern hängt vom Tatplan und den äußeren Umständen ab (BGHSt 36, 249 (→ Rn. 186)). Dementsprechend vielgestaltig ist die Rechtsprechung. Auf die Erörterung bei den einzelnen Tatbeständen wird verwiesen.

198 **C. Versuch und Vollendung.** Der Versuch setzt voraus, dass es nicht zur Vollendung der Tat gekommen ist. Bei den Betäubungsmittelstraftaten, die zu den (unechten) Unternehmensdelikten zählen (→ Rn. 173), genügt zur Vollendung die Vornahme der im Tatbestand beschriebenen Handlung, bei denjenigen, die zu den Erfolgsdelikten gehören (→ Rn. 174), tritt Vollendung erst dann ein, wenn der konkret umschriebene Erfolg eingetreten ist, etwa wenn das Betäubungsmittel die Hoheitsgrenze überschritten hat.

199 **D. Vollendung und Beendigung.** Sind alle Merkmale des gesetzlichen Tatbestands erfüllt, so ist die Tat **vollendet,** zB bei der **Einfuhr** mit dem Verbringen über die Grenze (BGHR StGB § 9 Abs. 1 Tatort 3 = NStZ 1997, 286). **Beendet** ist sie dann, wenn das Geschehen über die Erfüllung des Tatbestands hinaus zu einem tatsächlichen Abschluss gekommen ist (BayObLG NJW 1980, 412; *Fischer* StGB § 22 Rn. 6; *Eser/Bosch* in Schönke/Schröder StGB Vor § 22 Rn. 4), insbesondere die Umstände eingetreten sind, die das Unrecht der Tat mitprägen. Dazu ist nicht erforderlich, dass sie von der objektiven Tatbestandsumschreibung erfasst werden; es genügt, wenn sie das materielle Unrecht der Tat vertiefen, weil sie den Angriff auf das geschützte Rechtsgut perpetuieren oder gar intensivieren (BGHSt 52, 300 = NJW 2008, 3076 mAnm *Dann* = NStZ 2008, 567 = StV 2009, 182 mAnm *Gless/Geth*; krit. *Kühl* in Lackner/Kühl StGB Vor § 22 Rn. 2; *Zaczyk* in NK-StGB § 22 Rn. 6).

200 Damit ist die **Struktur des gesetzlichen Tatbestandes** auch für die Frage der **Beendigung** von entscheidender Bedeutung (*Franke/Wienroeder* Einf. Rn. 19; *Zaczyk* in NK-StGB § 22 Rn. 6). So ist die Einfuhr von Betäubungsmitteln (auch) beendet, sobald die Betäubungsmittel polizeilich sichergestellt werden (→ § 29 Rn. 920). Handeltreiben, das das Vorhandensein des Rauschgifts oder die Verfügbarkeit darüber nicht voraussetzt, ist dagegen trotz polizeilicher Sicherstellung noch möglich (→ § 29 Rn. 286–288). Bei der Abgabe wiederum fallen Vollendung und Beendigung zusammen (→ § 29 Rn. 1128).

201 **E. Rücktritt, fehlgeschlagener Versuch.** Der **Rücktritt vom Versuch** ist ein persönlicher Strafaufhebungsgrund (BGHSt 59, 193 = NJW 2014, 1752 = StV 2014, 480). Er hat im Betäubungsmittelstrafrecht **keine erhebliche Bedeutung.** Eine Hauptursache hierfür ist die Ausgestaltung wesentlicher Tatbestände, namentlich des Handeltreibens, zu (unechten) Unternehmensdelikten (→ Rn. 173), bei denen sehr früh Vollendung eintritt. Die Auffassung, die bei den unechten Unternehmensdelikten einen Rücktritt auch von der vollendeten Tat zulassen will (s. *Heger* in Lackner/Kühl StGB § 11 Rn. 19), hat sich nicht durchsetzen können (*Fischer* StGB § 11 Rn. 28c; diff. *Hecker* in Schönke/Schröder StGB § 11 Rn. 49; *Radtke* in MüKoStGB StGB § 11 Rn. 140; *Saliger* in NK-StGB § 11 Rn. 61, 62). Am ehesten, und auch nur außerhalb des Handeltreibens, kommt bei den (unechten) Unternehmensdelikten ein Rücktritt noch in den Fällen des untauglichen Versuchs (→ Rn. 177), etwa beim Anbauen oder Herstellen, in Betracht.

202 Auch bei den **Erfolgsdelikten,** namentlich der Einfuhr, ist der Zeitraum, der für einen Rücktritt in Betracht kommt, verhältnismäßig eng (*Franke/Wienroeder* Einf.

Kap. 7. Versuchsstrafbarkeit **Vor §§ 29 ff. BtMG**

Rn. 20). Vielfach ist auch ein Rücktritt nicht möglich, weil der Versuch **fehlgeschlagen** ist (→ Rn. 203).

Ein strafbefreiender Rücktritt kommt nur in Betracht, wenn der Versuch **203 nicht fehlgeschlagen** ist (stRspr; zuletzt BGH NStZ-RR 2020, 102; *Fischer* StGB § 24 Rn. 6–13; krit. *Schroeder* NStZ 2009, 9 m. Erwiderung *Roxin* NStZ 2009, 319; *Gössel* GA 2012, 65). Ein fehlgeschlagener Versuch liegt vor, wenn die Tat **nach Misslingen** des zunächst **vorgestellten Tatablaufs**
– mit den bereits eingesetzten oder anderen nahe liegenden Mitteln **objektiv** nicht mehr vollendet werden kann, ohne dass eine ganz neue Handlungs- und Kausalkette in Gang gesetzt wird, und der Täter dies **erkennt** (stRspr; BGH NJW 2015, 2898 mAnm *Kudlich* = NStZ 2015, 571 mAnm *Oğlakcıoğlu*; NStZ 2015, 26; 2015, 332 mablAnm *Puppe*; 2016, 207; 2019, 198; 2020, 82; NStZ-RR 2017, 335; 2019, 137; 2020, 102) oder
– der Täter **subjektiv** die Vollendung **nicht mehr** (BGHR StGB § 22 Ansetzen 36 (→ Rn. 182); BGH NStZ 2016, 70; 2019, 198; NStZ-RR 2016, 73; 2019, 137) oder **nicht ohne ein erneutes Ansetzen**, etwa mit der Folge einer zeitlichen Zäsur und einer Unterbrechung des unmittelbaren Handlungsfortgangs **für möglich hält** (BGH NStZ 2014, 396; 2015, 26; 2016, 720; 2020, 82; StV 2018, 482; s. auch BGH NStZ 2013, 705 mAnm *Becker*).

Tritt der Täter **vor diesen Zeitpunkten** zurück, so ist dies als (strafbefreiender) freiwilliger Rücktritt vom unbeendeten Versuch zu bewerten (BGH NStZ 2014, 634 (s. o.)). Dasselbe gilt, wenn der Täter auf ein Weiterhandeln verzichtet, obwohl er die Vollendung der Tat im unmittelbaren Handlungsfortgang, wenn auch mit anderen Mitteln, noch für möglich hält (BGH NStZ-RR 2017, 335).

Maßgeblich ist in beiden Fällen nicht der ursprüngliche Tatplan, sondern der **204 Erkenntnishorizont** des Täters **nach Abschluss** der letzten Ausführungshandlung (BGH NStZ 2009, 688; 2014, 396 (→ Rn. 203); 2016, 332; 2016, 720; 2020, 82; NStZ-RR 2014, 240; 2020, 102). Hält er die Vollendung der Tat im unmittelbaren Handlungsfortgang noch für möglich, wenn auch mit anderen Mitteln, dann ist der Verzicht auf ein Weiterhandeln als freiwilliger Rücktritt vom unbeendeten Versuch zu bewerten (BGH NStZ 2007, 91; 2009, 688 = NStZ-RR 2009, 355; NStZ-RR 2017, 71). Dies gilt auch dann, wenn der Versuch objektiv zwar fehlgeschlagen ist, der Täter dies aber nicht erkennt (BGH NStZ 2015, 331 = NStZ-RR 2015, 105). Fehlgeschlagen ist der Versuch erst, wenn der Täter die Vorstellung hat, dass es zur Herbeiführung des Erfolgs eines erneuten Ansetzens bedürfte (BGH NStZ 2009, 688 (s. o.))

An einer **zeitlichen Zäsur fehlt es,** wenn es sich bei dem gescheiterten Anlauf **205** und dem neuen Anlauf, auf den der Täter schließlich verzichtet hat, um einen **einheitlichen Lebensvorgang** handelt (BGH NStZ-RR 2003, 199). Bei einem **mehraktigen Geschehen** ist der Rücktritt vom Versuch hinsichtlich eines Einzelakts ausgeschlossen, wenn dieser Einzelakt bereits als fehlgeschlagener Versuch zu werten ist (BGH NStZ-RR 2019, 137). Sind die Einzelakte allerdings Teile eines durch die subjektive Zielsetzung des Täters verbundenen, örtlich und zeitlich einheitlichen Geschehens, so entscheidet sich die Frage, ob der Versuch fehlgeschlagen ist, allein nach der subjektiven Sicht des Täters nach Abschluss seiner letzten Ausführungshandlung (BGH NStZ 2015, 26 (→ Rn. 203); 332 mablAnm *Puppe*; 2017, 149; 2019, 137).

Liegt ein Fall des **fehlgeschlagenen Versuchs nicht vor,** so ist **206**
– zunächst zwischen einem **unbeendeten** (§ 24 Abs. 1 S. 1 Alt. 1 StGB) und einem **beendeten** (§ 24 Abs. 1 S. 1 Alt. 2 StGB) Versuch zu unterscheiden; beendet ist der Versuch, wenn der Täter nach der letzten Ausführungshandlung glaubt, alles zur Erfüllung des Tatbestands Erforderliche getan zu haben, dies für

möglich hält oder wenn er sich keine Vorstellung über die Folgen seines Tuns macht oder ihm der Erfolg gleichgültig ist (BGH NStZ 2020, 340; NStZ-RR 2019, 368);
– zu prüfen, ob der Rücktritt **freiwillig** ist; Freiwilligkeit ist dann gegeben, wenn der Täter **aus autonomen Motiven** gehandelt hat und subjektiv noch in der Lage war, das zur Vollendung der Tat Notwendige zu tun (BGH NStZ 2020, 341 mAnm *Jäger*); dass der Anstoß zum Umdenken von außen kam oder die Abstandnahme von der Tat erst nach dem Einwirken eines Dritten oder einem Verhalten des Geschädigten erfolgt, stellt für sich die Autonomie der Entscheidung des Täters nicht in Frage (BGH NStZ 2020, 81).

207 **F. Vorbereitungshandlungen, Versuch der Beteiligung (§§ 30, 31 StGB).** Außerhalb der konsumorientierten Straftaten kennt das Betäubungsmittelstrafrecht verhältnismäßig viele **Verbrechenstatbestände.** Dies hat zur Folge, dass hier der Versuch der Beteiligung eher häufiger ist als im allgemeinen Strafrecht. Praktisch werden vor allem die Fälle, in denen eine zugesagte oder verabredete **täterschaftliche** Beteiligung, etwa bei dem Transport (→ § 29 Rn. 559) oder bei der Einfuhr (→ § 30 Rn. 167) von Rauschgift nicht zum Tragen kommt.

208 **I. Die geplante Tat (Verbrechen).** Beide Absätze des § 30 StGB setzen voraus, dass die geplante Tat ein Verbrechen ist. Da mit den Ausführungshandlungen noch nicht begonnen wurde, besteht die Tat nur in der **Vorstellung** des/der Beteiligten (*Cornelius* in BeckOK StGB StGB § 30 Rn. 4).

209 **1. Vorstellung des/der Beteiligten.** Es kommt es daher auch nur auf die Vorstellung des/der Beteiligten an.

210 **a) Verbrechensnatur der geplanten Tat.** Dies gilt auch hinsichtlich der Verbrechensnatur der geplanten Tat. So muss sich der Vorsatz des Beteiligten (Täter des § 30 StGB) im Falle des § 30 Abs. 1 StGB darauf erstrecken, dass durch sein Verhalten der Tatentschluss im Haupttäter geweckt und dieser eine **als Verbrechen** mit Strafe bedrohte Handlung begehen wird (*Fischer* StGB § 30 Rn. 4; *Heine/Weißer* in Schönke/Schröder StGB § 30 Rn. 4). Sein Vorsatz muss daher insbesondere auch die **Vollendung** der geplanten Tat umfassen.

211 Da es nur auf die Vorstellung des/der Beteiligten ankommt, sind etwaige **Irrtümer ohne Bedeutung.** Es ist danach unerheblich, ob die geplante Tat hätte begangen oder vollendet werden können. Es ist deshalb nicht erforderlich, dass bestimmte Merkmale, die die Tat zum Verbrechen qualifizieren, in Wirklichkeit gegeben sind oder eintreten können (*Fischer* StGB § 30 Rn. 5; *Heine/Weißer* in Schönke/Schröder StGB § 30 Rn. 7; *Kühl* in Lackner/Kühl StGB § 30 Rn. 2). Der Beteiligte des § 30 StGB muss die Tat auch nicht rechtlich richtig einordnen (*Fischer* StGB § 30 Rn. 5). Er muss sie allerdings, wenn auch irrtümlich, als vorsätzliche und schuldhafte Tat erfassen (*Fischer* StGB § 30 Rn. 5). Kennt er den fehlenden Vorsatz oder die mangelnde Schuldfähigkeit des erfolglos Angestifteten, kommt (versuchte) mittelbarer Täterschaft in Betracht und § 30 scheidet aus (*Fischer* StGB § 30 Rn. 5; *Heine/Weißer* in Schönke/Schröder StGB § 30 Rn. 4).

212 **b) Konkretisierung der geplanten Tat.** Die in Aussicht genommene Tat muss in der Vorstellung des Täters des § 30 StGB konkretisiert sein (BGH NJW 2013, 1106 = NStZ 2013, 334). Wieweit die Konkretisierung reichen muss, hängt wesentlich von der **Art der Tat** ab (*Fischer* StGB § 30 Rn. 10). Die Art der Ausführung muss nicht in allen Einzelheiten feststehen (BGH NStZ 2009, 497); sie muss aber in ihren wesentlichen Grundzügen konkretisiert sein (BGH NStZ 2019, 655 mAnm *Cornelius* = JR 2019, 199), und zwar, namentlich bei der versuchten Anstiftung, in der Weise, dass der andere sie begehen könnte, wenn er wollte (BGHR StGB § 30 Abs. 1 S. 1 Bestimmen 3 = NStZ 1998, 347 (401) mkritAnm *Kretschmer* und Bespr.

Graul JR 1999, 249). Eine konkrete Gefährdung des Rechtsguts ist nicht erforderlich (BGHR StGB § 30 Abs. 1 S. 1 Bestimmen 3 (s. o.); *Fischer* StGB § 30 Rn. 10a).

Diese Regeln gelten grundsätzlich auch im **Betäubungsmittelstrafrecht**. Beim **Handeltreiben** kann die geplante Tat zwar auch das Gesamtgeschäft (→ Rn. 339) sein, soll der Haupttäter aber lediglich einen Teilakt der Bewertungseinheit verwirklichen, etwa den Transport des Rauschgifts oder Rauschgifterlöses, so kommt es lediglich auf diesen Teilakt an. Weitere Kenntnisse vom Gesamtgeschäft muss er nicht haben (→ § 29 Rn. 172). Beim Handeltreiben durch den Umgang mit anderen Stoffen oder Gegenständen muss sich die Vorstellung auch darauf erstrecken, dass dieser Umgang im Rahmen eines angebahnten (mindestens bis zum Versuch) oder laufenden Rauschgiftgeschäfts erfolgt (→ § 29 Rn. 242, 243). 213

2. Besondere persönliche Merkmale. Schwierigkeiten bereitet die Frage, ob § 30 StGB auch bei Verbrechen anwendbar ist, die diese Qualität nur durch besondere persönliche Merkmale erlangen. Von Bedeutung ist dies vor allem in den Fällen, die bei Durchführung der Haupttat Teilnahme wären, nämlich der versuchten Anstiftung (§ 30 Abs. 1 StGB), des Sichbereiterklärens zu einer Anstiftung (§ 30 Abs. 2 Alt. 1 StGB) und der Annahme des Anerbietens zu einer Anstiftung (§ 30 Abs. 2 Alt. 2 StGB). 214

a) Strafbegründende persönliche Merkmale. Strafbegründende persönliche Merkmale, die nur bei dem präsumtiven Haupttäter/anzustiftender Person vorliegen, fallen nach § 28 Abs. 1 StGB auch dem Vorbereitenden zur Last (*Fischer* StGB § 30 Rn. 7; *Heine/Weißer* in Schönke/Schröder StGB § 30 Rn. 12; krit. *Zaczyk* in NK-StGB StGB § 30 Rn. 29). Im **Betäubungsmittelstrafrecht** kann dies in den Fällen der → Rn. 169 praktisch werden, wenn ein Verbrechen (§§ 29a, 30 Abs. 1 Nr. 2, 3, § 30 Abs. 1 Nr. 1 BtMG) gegeben wäre. Die Strafe ist nach § 28 Abs. 1 StGB und noch einmal nach § 30 Abs. 1 S. 2 StGB zu mildern (*Fischer* StGB § 30 Rn. 7; *Heine/Weißer* in Schönke/Schröder StGB § 30 Rn. 11). 215

Liegen die **strafbegründenden** persönlichen Merkmale **lediglich** beim Vorbereitenden (zB erfolglosen Anstifter) vor, so ist zu unterscheiden: weiß dieser, dass dem präsumtiven Haupttäter das strafbegründende Merkmal fehlt, ist § 30 StGB nicht anwendbar, da der Haupttäter die Tat nicht als Täter begehen könnte; nimmt der Vorbereitende irrig ein strafbegründendes Merkmal bei dem Haupttäter an, so liegt ein untauglicher Versuch vor, der § 30 Abs. 1 StGB unterfällt (*Fischer* StGB § 30 Rn. 7; *Heine/Weißer* in Schönke/Schröder StGB § 30 Rn. 7, 12). 216

b) Strafmodizierende persönliche Merkmale. Bei strafmodifizierenden Merkmalen gilt § 28 Abs. 2 StGB (*Fischer* StGB § 22 Rn. 8). Es kommt für die Qualifikation als Verbrechen nicht auf den Vorbereitenden an, sondern auf den **präsumtiven Haupttäter/anzustiftende Person** (BGHSt 6, 308 = NJW 1954, 1693; 53, 174 = NJW 2009, 1221 = NStZ 2009, 322 = JR 2010, 359 mkritAnm *Mitsch;* BGH NStZ 2006, 34 = StV 2008, 233; 1 StR 627/16; *Jescheck/Weigend* StrafR § 65 I 4; *Heine/Weißer* in Schönke/Schröder StGB § 30 Rn. 14; *Cornelius* in BeckOK StGB StGB § 30 Rn. 4; aA *Kühl* in Lackner/Kühl StGB § 30 Rn. 2; krit. *Fischer* StGB § 30 Rn. 9). Im **Betäubungsmittelstrafrecht** kann dies vor allem in Fällen der bandenmäßigen Begehung (§ 30 Abs. 1, § 30a Abs. 1) praktisch werden. 217

Fehlt dem Vorbereitenden selbst das strafschärfende besondere persönliche Merkmal, das nach seiner Kenntnis bei dem präsumtiven Haupttäter/anzustiftender Person vorliegen würde, so ändert dies nichts an der Bewertung der Haupttat als Verbrechen. Der Vorbereitende ist aus dem Strafrahmen des Grunddelikts zu verurteilen (BGHSt 53, 174 (→ Rn. 217); krit. *Fischer* StGB § 30 Rn. 9). Der Strafrahmen des Grunddelikts ist nach § 30 Abs. 1 S. 2 StGB (einmal) zu mildern (BGHSt 53, 174 (→ Rn. 217)). 218

219 **Im umgekehrten Fall** ist wiederum zu unterscheiden: weiß der Vorbereitende, dass bei dem präsumtiven Haupttäter das strafschärfende Merkmal nicht gegeben ist, ist § 30 StGB nicht anwendbar, es sei denn, das Grunddelikt ist ohnehin ein Verbrechen (etwa § 29 a Abs. 1 Nr. 2 in den Fällen des § 30 a Abs. 1 Nr. 1). Nimmt der Teilnehmer irrig ein strafschärfendes Merkmal bei dem präsumtiven Haupttäter an, so liegt ein untauglicher Versuch vor, der § 30 Abs. 1 StGB unterfällt.

220 **3. Nicht im Falle der Beihilfe.** Allerdings darf dabei nicht übersehen werden, dass auf der Vorbereitungsebene liegende Aktivitäten, die **lediglich als Beihilfe** zu werten wären, den Tatbestand des § 30 StGB nicht erfüllen. Dies gilt insbesondere von der Zusage eines Tatbeitrags, der rechtlich als Beihilfe zu dem Verbrechen anzusehen ist (BGHSt 47, 214 = NJW 2002, 1662 = NStZ 2002, 318 = StV 2002, 191; 53, 174 (→ Rn. 217); BGHR BtMG § 30 a Abs. 1 Bandenhandel 2 = NJW 2001, 1289 = NStZ 2001, 323 = StV 2001, 459; StGB § 30 Abs. 2 Verabredung 6 = NStZ-RR 2002, 74 = StV 2002, 421; BGH NStZ-RR 2015, 343). Als Folge der undifferenzierten Beihilferechtsprechung des BGH bei den Kurieren ist diese Konstellation nicht mehr selten und kann zu empfindlichen Strafbarkeitslücken führen.

221 **II. Versuch der Anstiftung (§ 30 Abs. 1 StGB).** Strafgrund des § 30 Abs. 1 StGB ist die Gefahr, die sich aus dem Ingangsetzen eines selbständig und unbeherrschbar weiter wirkenden Kausalverlaufs ergibt; wer einen anderen zur Begehung eines Verbrechens auffordert, setzt damit Kräfte in Bewegung, über die er nicht mehr die volle Herrschaft behält (BGHR StGB § 30 Abs. 1 S. 1 Bestimmen 3 (→ Rn. 212); BGH NJW 2013, 1106 (→ Rn. 212)). Die Vorschrift erfasst sowohl die versuchte Anstiftung als auch die versuchte Anstiftung zur Anstiftung (versuchte Kettenanstiftung). Die versuchte Anstiftung zur Beihilfe ist nicht strafbar (BGH wistra 2004, 265; *Fischer* StGB § 30 Rn. 11).

222 Der **Grund für die Erfolglosigkeit** des Anstiftungsversuchs ist ohne Bedeutung. Im Wesentlichen gibt es die folgenden Formen:
– der in Aussicht genommene Täter versteht die Aufforderung nicht (RGSt 47, 230) oder lehnt die Tat von vornherein ab und fasst damit erst gar keinen Tatentschluss (**misslungene Anstiftung**)
– er ändert später seine Meinung oder wird (durch widrige Umstände) verhindert und führt die Tat den Tatentschluss deshalb nicht aus (**erfolglose Anstiftung**) oder
– der Anstiftungsversuch wird für die Haupttat nicht ursächlich, weil der andere schon vorher zur Tat entschlossen war (**untaugliche Anstiftung**)

(*Heine/Weißer* in Schönke/Schröder StGB § 30 Rn. 20; s. auch *Joecks/Scheinfeld* in MüKoStGB StGB § 30 Rn. 40, 41; *Kühl* in Lackner/Kühl StGB § 30 Rn. 4).

223 **Diese Formen** kommen auch in den Fällen der **versuchten Kettenanstiftung** in Betracht, wenn der Anstiftende den Angestifteten erfolgreich dazu bestimmt, einen Dritten zur Begehung der Haupttat zu veranlassen und es aus den in → Rn. 222 genannten Gründen nicht dazu kommt. Dem Anstifter kann es aber auch misslingen, den Angestifteten zu überzeugen, auf den Dritten einzuwirken. Auch dieser Versuch ist nach § 30 Abs. 1 StGB strafbar, wobei die Frage der Konkretisierung hier besonders problematisch werden kann (*Joecks/Scheinfeld* in MüKoStGB StGB § 30 Rn. 41). Zum Handeltreiben im **Betäubungsmittelstrafrecht** allerdings → Rn. 213.

224 § **30 Abs. 1 StGB** erfordert in objektiver Hinsicht eine **Bestimmungshandlung** und auf der subjektiven Seite einen **doppelten Anstiftervorsatz** (BGHSt 62, 96 = NJW 2017, 2134 mAnm *Kudlich*). Für die Bestimmungshandlung sind die allgemeinen Versuchsgrundsätze maßgeblich, so dass die Strafbarkeit beginnt, wenn der Anstiftende zur Bestimmungshandlung ansetzt (*Fischer* StGB § 30 Rn. 13), etwa mit dem Beginn des Gesprächs oder der Absendung eines entsprechenden Briefs (BGHSt 8, 261 = NJW 1956, 229; *Heine/Weißer* in Schönke/Schröder StGB § 30

Rn. 18; *Joecks/Scheinfeld* in MüKoStGB StGB § 30 Rn. 35, 36). Ob die Erklärung den anderen erreicht, ist nicht erheblich (BGHSt 8, 261 (s. o.); *Heine/Weißer* in Schönke/Schröder StGB § 30 Rn. 18; *Joecks/Scheinfeld* in MüKoStGB StGB § 30 Rn. 37). Ein bloßes argumentatives Vorbereiten des Terrains, etwa Hinweise auf Vorteile und geringe Risiken, genügt nicht (*Fischer* StGB § 30 Rn. 13). In subjektiver Hinsicht muss der Anstifter wollen (BGHSt 62, 96 (s. o.)) dass der Anzustiftende den Tatentschluss fasst **(Bestimmungsvorsatz),** und er muss darüber hinaus auch die (vollendete) Tat wollen **(Tatvorsatz).**

Die Bestimmungshandlung und der Vorsatz müssen sich auf eine **hinreichend** 225 **konkretisierte** Tat richten (→ Rn. 212, 213). Der Adressat muss eine bestimmte Person oder eine Mehrheit individuell feststellbarer Personen sein, aus der sich zumindest einer zur Tat entschließen soll (BayObLG JR 1999, 83 mAnm *Radtke; Heine/Weißer* in Schönke/Schröder StGB § 30 Rn. 19).

Bedingter Vorsatz reicht aus; es genügt, dass der Anstifter billigend in Kauf 226 nimmt, (→ Rn. 416) oder sich um eines anderen erstrebten Zieles willen damit abfindet (→ Rn. 416), dass der präsumtive Haupttäter/anzustiftende Person seine Erklärung ernst nimmt und ihr entsprechend handelt, oder dass er aus Gleichgültigkeit mit jeder Folge einverstanden ist (→ Rn. 417). Einer darüber **hinausgehenden Ernstlichkeit** bedarf es nicht (BGHSt 44, 99 = NJW 1998, 2835 = NStZ 1998, 615 mAnm *Roxin* = StV 1998, 650 = JZ 1999, 156 mAnm *Bloy;* BGH NJW 2013, 1106 (→ Rn. 212); NStZ 1998, 403 = JR 1999, 426 mAnm *Geerds*). Am **Tatvorsatz** (→ Rn. 224) fehlt es, wenn der Anstifter davon ausging, ohne seine Mitwirkung könne die Tat nicht begangen werden (BGHSt 18, 160 = NJW 1963, 358; BGH NStZ 1998, 403 (s. o.)) oder wenn er die Tat verhindern will (agent provocateur; *Heine/Weißer* in Schönke/Schröder StGB § 30 Rn. 28).

III. Sichbereiterklären (§ 30 Abs. 2 Alt. 1 StGB) ist die Erklärung, eine hin- 227 reichend konkretisierte (→ Rn. 212, 213) Tat (Verbrechen; → Rn. 214–219) als Täter (→ Rn. 220) begehen zu wollen oder eine bestimmte dritte Person zu einem Verbrechen anzustiften (dazu BGHSt 53, 174 (→ Rn. 217)). Anders als in den Fällen des § 30 Abs. 1 StGB wird die Willenserklärung damit von dem präsumtiven Täter abgegeben. Die Tathandlung kann in einem aktiven Sicherbieten oder als Reaktion in der Annahme einer Aufforderung bestehen (BGHSt 62, 96 (→ Rn. 224); *Joecks/Scheinfeld* in MüKoStGB StGB § 30 Rn. 43).

Die bloße Kundgabe, ein Verbrechen begehen zu wollen, erfüllt den Tat- 228 bestand nicht; vielmehr muss die Erklärung darauf gerichtet sein, **sich** gegenüber dem **Adressaten zu binden,** etwa durch die Annahme einer durch diesen gemachten Aufforderung oder in Form eines aktiven Sicherbietens in der Erwartung, dass der Adressat dem Deliktsplan zustimmen werde; die beabsichtigte Selbstbindung macht es erforderlich, dass die Erklärung **ernst gemeint** sein muss (BGHSt 62, 96 (→ Rn. 224); BGH NJW 2015, 1032 mAnm *Schiemann* = NStZ 2015, 455; NStZ-RR 2018, 221). Wer sich nur zum Schein erklärt, ein Verbrechen zu begehen, dem fehlt der Wille zur Ausführung und Vollendung der Haupttat, so dass Strafbarkeit mangels Vorsatzes nicht eintritt (BGHSt 6, 347; *Joecks/Scheinfeld* in MüKoStGB StGB § 30 Rn. 46). Dem Adressaten **zugehen** muss die Erklärung nicht (BGH GA 1963, 126; *Heine/Weißer* in Schönke/Schröder StGB § 30 Rn. 22; *Schünemann* in LK-StGB, 12. Aufl. 2007, StGB § 30 Rn. 88; aA *Joecks/Scheinfeld* in MüKoStGB StGB § 30 Rn. 48; *Letzgus* in HK-GS StGB § 30 Rn. 55; offen gelassen in BGHSt 63, 161 = NJW 2019, 449 = NStZ 2019, 199 = JR 2019, 257 mAnm *Mitsch* = StV 2020, 88; *Fischer* StGB § 30 Rn. 15). Sie ist von der subjektiven Einstellung des Erklärungsempfängers **unabhängig,** so dass dessen innerer Vorbehalt, die Tat nicht zu wollen, eine Strafbarkeit nicht hindert (BGHSt 62, 96 (→ Rn. 224)).

229 **IV. Annahme des Erbietens eines anderen (§ 30 Abs. 2 Alt. 2 StGB).** Annahme des Erbietens ist die Erklärung des Einverständnisses damit, dass ein anderer, der sich zur Begehung einer hinreichend konkretisierten (→ Rn. 212, 213) Tat (Verbrechen; → Rn. 214–219) als Täter (→ Rn. 220) bereiterklärt hat, die Tat ausführt oder dass er dazu anstiftet. Es muss also ein entsprechendes Sicherbieten vorausgegangen sein (*Joecks/Scheinfeld* in MüKoStGB StGB § 30 Rn. 49). Die Form der Annahme ist gleichgültig; sie kann ausdrücklich oder durch schlüssige Handlung erfolgen (*Joecks/Scheinfeld* in MüKoStGB StGB § 30 Rn. 49).

230 Nicht erforderlich ist, dass das Anerbieten selbst **ernst gemeint** war, solange der Annehmende es für ernst hält (str.; BGHSt 10, 388 = NJW 1957, 1770; 1958, 30 mablAnm *Blei; Fischer* StGB § 30 Rn. 17; *Heine/Weißer* in Schönke/Schröder StGB § 30 Rn. 23; *Kühl* in Lackner/Kühl StGB § 30 Rn. 6; aA *Joecks/Scheinfeld* in MüKoStGB StGB § 30 Rn. 50). Auf der Seite des **Annehmenden** ist der erforderliche Vorsatz gegeben, wenn der Annehmende damit rechnet, dass der andere auf Grund seiner Erklärung die Haupttat ausführen und zur Vollendung bringen werde, auch wenn seine Annahmeerklärung nicht ernstlich war (BGHSt 62, 96 (→ Rn. 224)). Unbeachtlich ist der geheime Vorbehalt, die Tatvollendung nicht zu wollen (BGHSt 62, 96; *Fischer* StGB § 30 Rn. 17).

231 **V. Verabredung (§ 30 Abs. 2 Alt. 3 StGB).** Die Verabredung eines Verbrechens ist im **Betäubungsmittelstrafrecht** die praktisch wichtigste strafbare Vorbereitungshandlung. Eine solche Verabredung setzt den (auch konkludent gefassten) **Entschluss** von mindestens **zwei Personen** voraus, jeweils **als Mittäter** ein bestimmtes **Verbrechen** oder eine gemeinsame Anstiftung dazu zu begehen (BGHSt 53, 174 (→ Rn. 217); 62, 96 (→ Rn. 224); BGH NStZ 2011, 570 mAnm *Weigend* = NStZ-RR 2012, 40 mAnm *Reinbacher;* 2019, 655 mAnm *Cornelius*). Notwendig ist, dass die Beteiligten eine **einigermaßen konkrete gemeinsame Vorstellung** von der mittäterschaftlich zu begehenden Tat haben (BGH NStZ 2007, 697 = StraFo 2007, 468). Nicht erforderlich ist die Festlegung aller Einzelheiten der in Aussicht genommenen Tat; insbesondere müssen Ort, Zeit und Art der Ausführung nicht festgelegt sein, sie dürfen aber auch nicht völlig im Vagen bleiben (BGH NStZ 2019, 655 (s. o.)). Die Tat muss in ihren wesentlichen Grundzügen konkretisiert sein (BGH NStZ 2007, 697 (s. o.)). Dabei reicht es aus, wenn von zwei alternativ vorgesehenen Begehungsweisen eine ein Verbrechen darstellt (BGH NStZ 1998, 510; *Fischer* StGB § 30 Rn. 19; *Joecks/Scheinfeld* in MüKoStGB StGB § 30 Rn. 56).

232 Der Tatentschluss muss **endgültig** gefasst sein. Nicht ausreichend sind bloße Gedankenspiele, Verbrechensfantasien (BGH NStZ 2001, 570 (→ Rn. 231)) oder Vorbesprechungen zur Abwägung der Erfolgschancen (BGHR StGB § 30 Beteiligung 1 (3 StR 275/93); *Fischer* StGB § 30 Rn. 19), auch nicht eine **bloße Tatgeneigtheit** (BGH NStZ 2009, 497). Auf der anderen Seite kann ein ernstlicher Wille zur Ausführung auch dann vorliegen, wenn sich die Beteiligten nur unter **Tarnnamen** kennen; entscheidend ist, dass sie sich gegenseitig an ihrer Abmachung festhalten können (BGH NStZ 2001, 570 (→ Rn. 231)). Setzt die verabredete Tat die gleichzeitige Präsenz der Mittäter bei Tatbegehung voraus, ist eine völlige Anonymität letztlich ausgeschlossen; deren spätere Auflösung muss dann Teil des konkreten Tatplans sein (BGH NStZ 2001, 570 (→ Rn. 231)).

233 **Die Ausführung** der geplanten Tat kann noch vom Eintritt einer **Bedingung** abhängig sein (BGHSt 12, 306 = NJW 1959, 777), wenn nur die Entscheidung über das Ob der Tat getroffen ist. Daran fehlt es, wenn der Tatentschluss des anderen mit der Vornahme einer ausstehenden Mitwirkungshandlung des Initiators steht und fällt (BGHSt 18, 160 (→ Rn. 226); BGHR StGB § 30 Abs. 1 S. 1 Bestimmen 3 (→ Rn. 212)). Möglich ist auch, dass mehrere Begehungsmöglichkeiten ins Auge gefasst werden (BGHSt 12, 306 (s. o.)).

Die sich verabredenden Personen müssen **gleichrangig zueinander** stehen; 234
eine Verabredung von Täter und Teilnehmer reicht nicht (BGH NStZ 1993, 137;
NStZ-RR 2002, 74 = StV 2002, 421). Wer nur Gehilfe sein will, will sich nicht
verabreden (*Joecks/Scheinfeld* in MüKoStGB StGB § 30 Rn. 54). Die notwendige
Konkretisierung (→ Rn. 212, 213) muss sich daher auch auf die **mittäterschaftliche** Begehungsweise erstrecken (BGH NStZ 2007, 697 (→ Rn. 231); *Fischer*
StGB § 30 Rn. 19). Ein potentieller Gehilfe bleibt straflos. Allerdings kann sich der
andere Beteiligte wegen Bereiterklärung oder erfolgloser Anstiftung strafbar
machen (*Joecks/Scheinfeld* in MüKoStGB StGB § 30 Rn. 54).

Der subjektive Tatbestand der Verabredung ist **nur** für den Beteiligten erfüllt, 235
der die Ausführung der Tat **ernsthaft** will (BGHSt 62, 96 (→ Rn. 224); BGHR
StGB § 30 Abs. 2 Mindestfeststellungen 1 = StV 1994, 528; BGH NStZ 1998, 403
= JR 1999, 426 mAnm *Geerds*; *Fischer* StGB § 30 Rn. 20; aA *Heine/Weißer* in
Schönke/Schröder StGB § 30 Rn. 29; diff. *Joecks/Scheinfeld* in MüKoStGB StGB
§ 30 Rn. 64, 65). Auf der anderen Seite ist auch der **fest Entschlossene nicht** wegen **Verabredung** strafbar, wenn der andere den inneren Vorbehalt hat, sich nicht
als Mittäter an der Tat zu beteiligen; in Betracht kommen dann Sichbereiterklären
in Form des Erbietens und für den anderen die Annahme eines Anerbietens
(BGHSt 62, 96 (→ Rn. 224); Ein bloß geheimer Vorbehalt führt nur dann zur Straflosigkeit, wenn der Täter davon ausgeht, die Tat könne ohne sein Mitwirkung
nicht begangen werden (*Fischer* StGB § 30 Rn. 20).

VI. Konkurrenzen. Die Konkurrenzverhältnisse richten sich bei jedem Beteiligten allein nach seinen Tathandlungen (BGH NJW 2013, 483 = NStZ 2013, 33). 236
Tathandlung ist die Verabredung oder sonstige Handlung nach § 30 StGB. Verabreden die Beteiligten daher die Begehung mehrerer Verbrechen, so wird das Delikt
des § 30 StGB in gleichartiger Idealkonkurrenz verwirklicht (BGHSt 56, 170
= NJW 2011, 2375 = NStZ 2012, 438 mkritAnm *Duttge* = NStZ-RR 2011, 368
= JR 2011, 425 mAnm *Bachmann/Goeck*).

VII. Rücktritt vom Versuch der Beteiligung (§ 31 StGB). Von dem Versuch der Beteiligung kann unter den Voraussetzungen des § 31 StGB **zurückgetreten** werden, sofern kein fehlgeschlagener Versuch gegeben ist (BGH StV 2008, 237
248) oder, wie meist beim **Handeltreiben**, gar Vollendung vorliegt, so dass bereits
§ 30 StGB nicht eingreift. Auch in den Fällen des § 30 StGB ist der Rücktritt ein
persönlicher Strafaufhebungsgrund.

Für ihn genügt in den Fällen des **§ 31 Abs. 1 Nr. 1 StGB** das bloße Aufgeben der 238
Einwirkung auf den anderen, solange dieser noch keinen Tatentschluss gefasst hat
und auch keine Gefahr entstanden ist, dass er die Tat begeht (BGH StV 2008, 248).
Besteht eine solche Gefahr, muss der Täter sie abwenden.

Im Falle des **§ 31 Abs. 1 Nr. 2 StGB** genügt es, dass der Täter sein Vorhaben auf- 239
gibt. Dass dies in äußerlich erkennbarer Weise geschieht, ist nicht erforderlich
(BGH NStZ 2001, 570 (→ Rn. 231)). Bei einer geplanten unerlaubten **Einfuhr**,
für die kein bestimmter Termin festgelegt war, kommt der Rücktritt gemäß § 31
Abs. 1 Nr. 2 StGB auch dann noch in Betracht, wenn der Täter das Vorhaben aufgibt, nachdem der Kurierflug zweimal verschoben worden war (BGH NStZ-RR
2003, 137 = StV 2003, 217).

Im Falle des **§ 31 Abs. 1 Nr. 3 StGB** ist die Verhinderung der Tat erforderlich. In 240
der Regel setzt dies positives Tun voraus. Es kommt aber auch Unterlassen in Betracht, etwa, wenn der Zurücktretende weiß, dass ohne ihn die Tat nicht begangen
werden kann, (BGHR BtMG § 29 Abs. 1 Nr. 1 Handeltreiben 68 = NStZ 2007,
287 = StV 2007, 82) oder wenn alle Beteiligten übereinkommen, von der Tat
(§ 31 Abs. 1 Nr. 3 StGB) oder ihrer Vollendung (§ 24 Abs. 2 S. 1 StGB) abzusehen
(BGH NStZ-RR 2016, 367).

Kapitel 8. Täterschaft, Teilnahme

241 A. Die Beteiligung im Betäubungsmittelstrafrecht. Nicht anders als die Tatbestände des Besonderen Teils des StGB wenden sich die Tatbestände des Betäubungsmittelstrafrechts an **eine einzelne Person.** Dies gilt auch dort, wo diese als eine von mehreren Personen angesprochen wird, zB als Mitglied einer Bande (§ 30 Abs. 1 Nr. 1). Die Tatbestände haben damit den unmittelbaren (Allein-)Täter im Auge, dh denjenigen, der die Tat selbst begeht (§ 25 Abs. 1 Alt. 1 StGB).

242 **Haben mehrere Personen** an der Verwirklichung des Tatbestandes mitgewirkt, so muss die Frage ihrer **Beteiligung** (§ 28 Abs. 2 StGB) geklärt werden. Dabei ist auch für die Straftaten des Betäubungsmittelstrafrechts zwischen Täterschaft und Teilnahme zu unterscheiden (§§ 25–27 StGB). Besonderheiten gibt es namentlich beim Handeltreiben (→ Rn. 247, 370). Für den Bereich der Ordnungswidrigkeiten (§ 32 BtMG) gilt dagegen der Einheitstäterbegriff nach § 14 OWiG.

243 **Treffen in einer Person** mehrere Formen der Beteiligung an derselben Tat **zusammen,** so geht die **weniger schwere** in der **schwereren auf** (*Heine/Weißer* in Schönke/Schröder StGB Vor § 25 Rn. 47), zB die versuchte Anstiftung (BGHR StGB § 30 Abs. 1 S. 1 Konkurrenzen 6 = NStZ 2000, 197 = StV 2000, 136 mAnm *Schlothauer*) oder Anstiftung in der (Mit-)Täterschaft (BGH NStZ 1994, 29 = StV 1994, 168) oder die Beihilfe in der Anstiftung (BGH NStZ 1994, 29 (s. o.)). Etwas anderes kommt dann in Betracht, wenn der Beteiligte nach einem fehlgeschlagenen Versuch der Anstiftung sich einer **auf einem neuen Entschluss** beruhenden Anstiftung zum Versuch schuldig macht (BGHSt 44, 91 = NJW 1998, 2684 = NStZ 1999, 25 mAnm *Beulke* = StV 2000, 350).

244 Wegen des grundsätzlichen **Vorrangs der (Mit-)Täterschaft** gegenüber Beteiligungsversuchen tritt **Subsidiarität** ein, wenn der erfolglos Anstiftende die Tat schließlich selbst **als Täter** oder **Mittäter** begeht (BGHR StGB § 30 Abs. 1 S. 1 Konkurrenzen 6 (→ Rn. 243)). Auch die **Verabredung** zu einem Verbrechen tritt hinter die Haupttat als subsidiär zurück (BGH BeckRS 2012, 13120). Trotz der Subsidiarität können zwei Taten im prozessualen Sinn vorliegen (BGHR StPO § 264 Abs. 1 Tatidentität 31 = NStZ 2000, 216).

245 **B. Formen der Täterschaft.** Neben der unmittelbaren **(Allein-)Täterschaft** sind in § 25 StGB auch die anderen Formen der Täterschaft geregelt. Nach § 25 Abs. 1 Alt. 2 StGB ist auch Täter, wer die Tat durch einen anderen begeht **(mittelbare Täterschaft).** Schließlich wird nach § 25 Abs. 2 StGB auch der als Täter bestraft, der die Tat gemeinschaftlich mit anderen begeht **(Mittäterschaft).**

246 **I. Unmittelbare Täterschaft (§ 25 Abs. 1 Alt. 1 StGB).** Unmittelbarer Täter ist, wer alle Tatbestandsmerkmale **in seiner Person** (eigenhändig) erfüllt, zB das Betäubungsmittel in eigener Person über die Hoheitsgrenze bringt (BGHSt 38, 315 = NJW 1993, 74 = NStZ 1992, 545 = StV 1992, 578 = JuS 1993, 1003 mAnm *Wiegmann;* BGHR StGB § 25 Abs. 1 Begehung, eigenhändige 1; BGHR BtMG § 29 Abs. 1 Nr. 1 Handeltreiben 12 (1 StR 451/88); 25 (3 StR 395/90); Einfuhr 34 (3 StR 79/94); 36 = NStZ-RR 2000, 22; § 30 Abs. 1 Nr. 4 Täter 1 (2 StR 568/91); BGH NJW 1999, 436 = NStZ 1999, 83 = StV 1999, 94; NStZ-RR 1999, 186 = StV 1999, 427; BeckRS 2017, 119046; *Fischer* StGB § 25 Rn. 3; *Schünemann* in LK-StGB, 12. Aufl. 2007, StGB § 25 Rn. 53–58; *Joecks/Scheinfeld* in MüKoStGB StGB § 25 Rn. 41, 42). Auf **seine Beweggründe,** insbesondere darauf, ob er im eigenen oder fremden Interesse handelt, kommt es dabei nicht an (BGHSt 38, 315 (s. o.); BGHR BtMG § 29 Abs. 1 Nr. 1 Einfuhr 36 (s. o.); BGH NJW 1999, 436 (s. o.); NStZ-RR 2021, 104). Etwas anderes soll allenfalls in **extremen Ausnahmefällen** in Betracht kommen (BGH NStZ 1987, 224; NStZ-RR 1999, 186 (s. o.); gegen solche Ausnahmen *Schünemann* in LK-StGB, 12. Aufl.

2007, StGB § 25 Rn. 53–58; *Ingelfinger* in HK-GS StGB § 25 Rn. 9; *Hoyer* in SK-StGB StGB § 25 Rn. 31; entschieden dafür *Hillenkamp* FS Schünemann, 2015, 407 (419)). Bisher haben sich in der Rechtsprechung solche Ausnahmefälle nicht ergeben. Zur **Mittäterschaft** → Rn. 262.

Der Satz, wonach derjenige (unmittelbarer) Täter ist, der alle Tatbestandsmerkmale in seiner Person (eigenhändig) erfüllt, gilt **nicht für das Handeltreiben** (→ § 29 Rn. 638–641). Stellt sich die Einfuhr als Teilakt des Handeltreibens dar, so kann daher hinsichtlich des Einführens Täterschaft, hinsichtlich des Handeltreibens bloße Beihilfe vorliegen (BGH NStZ 2003, 90 = StV 2003, 279; NStZ-RR 1999, 24; StV 1999, 429). 247

II. Mittelbare Täterschaft (§ 25 Abs. 1 Alt. 2 StGB). Mittelbarer Täter ist, wer die Tat durch **einen anderen** begeht (§ 25 Abs. 1 Alt. 2 StGB) und damit die Tatbestandsmerkmale nicht selbst verwirklicht, sondern sich dazu eines **Werkzeugs oder Tatmittlers** bedient (BGHSt 48, 108 = NJW 2003, 907 = NStZ 2003, 550 = StV 2003, 563). Voraussetzungen sind ein Defizit des Vordermanns (Ausnahme → Rn. 249, 250) und eine überlegene, die Handlung des Tatmittlers steuernde Stellung des Hintermanns (BGHSt 48, 108). Aus welchen Gründen sich die beherrschende Stellung des Hintermanns ergibt, ist nicht entscheidend. Maßgeblich ist die Position, die den unmittelbar Handelnden als bloßes Werkzeug erscheinen lässt. Zum **Versuch** bei mittelbarer Täterschaft → Rn. 192, 194. 248

Werkzeug oder Tatmittler kann in aller Regel **nicht** sein, wer den Tatbestand vorsätzlich, rechtswidrig und schuldhaft verwirklicht (*Kühl* in Lackner/Kühl StGB § 25 Rn. 2). Etwas anderes kann für das **Handeln in Machtstrukturen** in Betracht kommen, in denen die Hintermänner (als Täter hinter dem Täter) die ausführenden Figuren reibungslos und austauschbar einsetzen können (**mittelbare Täterschaft kraft Organisationsherrschaft;** BGHSt 40, 218 = NJW 1994, 2703 = NStZ 1994, 537; 1995, 26 mAnm *Jakobs* = StV 1994, 534 = JZ 1995, 49 mAnm *Roxin;* BGH NStZ 2004, 457 = JR 2004, 245 mkritAnm *Rotsch* = StoffR 2004, 90 mAnm *Pauly;* 2008, 89; *Fischer* StGB § 25 Rn. 11–15; *Schünemann* in LK-StGB, 12. Aufl. 2007, StGB § 25 Rn. 122; krit. *Heine/Weißer* in Schönke/Schröder StGB § 25 Rn. 30; *Joecks/Scheinfeld* in MüKoStGB StGB § 25 Rn. 152–158; *Rotsch* NStZ 1998, 491; *Rotsch* ZStW 112 (2000), 561; *Küpper* GA 1998, 519 (524)). Solche Organisationsstrukturen finden sich allen Bereichen des organisierten Verbrechens (*Kühl* in Lackner/Kühl StGB § 25 Rn. 2; *Ambos* GA 1998, 226 (239)). 249

Dies gilt auch für den **professionell organisierten Rauschgifthandel** und **-schmuggel.** Soweit es um den Handel geht, wird allerdings ein erheblicher Teil der in Betracht kommenden Fälle bereits von der Weite des Tatbestands des Handeltreibens erfasst, so dass es eines Rückgriffs auf die Rechtsfigur vom Täter hinter dem Täter nur dann bedarf, wenn ein Handeln oder die Kenntnis des Organisators im Hinblick auf ein konkretes Umsatzgeschäft nicht festgestellt werden kann (s. BGH NStZ 2004, 457 (→ Rn. 249)). Etwas anderes kommt bei der Einfuhr in Betracht. 250

1. Die Tatbestandsmäßigkeit muss **in der Person des mittelbaren Täters** gegeben sein. Alle äußeren und inneren Tatbestandsmerkmale müssen von ihm und nicht vom Werkzeug erfüllt werden. Darauf, ob das Werkzeug tatbestandsmäßig handelt, kommt es nicht an. 251

a) Eigenhändige Delikte können daher **nicht** in mittelbarer Täterschaft begangen werden; sie kommen im Betäubungsmittelstrafrecht nicht vor (→ Rn. 168). 252

b) Echte Sonderdelikte (→ Rn. 169) lassen ebenfalls **keine mittelbare Täterschaft** zu, wenn der Hintermann die Sondereigenschaft **nicht** hat; dass sie beim Werkzeug vorliegt, genügt nicht (*Fischer* StGB § 25 Rn. 10). Auch dann kann der 253

Hintermann immer nur Anstifter oder Gehilfe sein, sofern überhaupt die Voraussetzungen dieser Beteiligungsformen vorliegen.

254 Auf der anderen Seite ist der **Sonderpflichtige** bei den echten Sonderdelikten stets Täter (→ Rn. 169). Darauf, wie sich sein Tatbeitrag darstellt, kommt es nicht an (*Heine/Weißer* in Schönke/Schröder StGB Vor § 25 Rn. 82, 83); auch eine Duldung ohne aktive Mitwirkung reicht aus (*Jakobs* NStZ 1995, 26). Für den **Teilnehmer** (→ Rn. 256, 261) gilt § 28 Abs. 1 StGB (*Horn* NJW 1977, 2329 (2334)).

255 c) **Unechte Sonderdelikte** können dagegen auch in mittelbarer Täterschaft begangen werden (→ Rn. 170).

256 **2. Fälle mittelbarer Täterschaft.** Fälle der mittelbaren Täterschaft sind vor allem dann gegeben, wenn das Werkzeug den Tatbestand nicht erfüllt, im Tatbestandsirrtum handelt, gerechtfertigt, schuldunfähig oder vermindert schuldfähig ist, wenn der unmittelbar Ausführende nur Gehilfe ist (BGHSt 2, 169 = NJW 1952, 554) oder nicht die zur Begehung eines echten Sonderdelikts notwendige Eigenschaft hat (*Heine/Weißer* in Schönke/Schröder StGB § 25 Rn. 20, 21). Insoweit gelten im Betäubungsmittelstrafrecht keine Besonderheiten.

257 **3. Konkurrenzen.** Bei mehreren Beteiligten ist für jeden nach der Art seines individuellen Tatbeitrags selbständig zu ermitteln, ob Tateinheit oder Tatmehrheit gegeben ist (BGHSt 40, 218 (→ Rn. 249); 49, 306 = NJW 2005, 163 = NStZ 2005, 163; 452 mAnm *Weber* = StV 2005, 273; BGH StV 2008, 576 = StraFo 2008, 299). Dies gilt auch für den **mittelbaren Täter**. Maßgeblich ist **allein sein Tatbeitrag.** Besteht dieser in einer Handlung, so werden die von seinen Werkzeugen begangenen Straftaten in seiner Person in Tateinheit verbunden (BGHSt 40, 218 (→ Rn. 249); BGH NJW 2004, 390 = NStZ-RR 2004, 9; NStZ-RR 2003, 265 = StV 2004, 21). Kann die Zahl seiner Tatbeiträge nicht aufgeklärt werden, ist Tateinheit anzunehmen (BGH NJW 1995, 2933; NStZ 1997, 121; 2000, 532).

258 **III. Mittäterschaft (§ 25 Abs. 2 StGB).** Die Mittäterschaft, namentlich ihre Abgrenzung von anderen Beteiligungsformen, kann im Betäubungsmittelstrafrecht in tatsächlicher wie in rechtlicher Hinsicht erhebliche Schwierigkeiten bereiten. Bei vielen Taten bleiben die Hauptverantwortlichen im Hintergrund. Auf der anderen Seite ergeben sich aus der Struktur mancher Betäubungsmitteldelikte, namentlich aus dem Handeltreiben, besondere Fragen. Zur **Abgrenzung** von Mittäterschaft und Beihilfe → Rn. 367–384. Zum **Versuch** bei Mittäterschaft → Rn. 188, 191. Zur **Scheinmittäterschaft** und **vermeintlichen** Mittäterschaft → Rn. 190, 191.

259 **Mittäterschaft** ist das bewusste und gewollte Zusammenwirken mehrerer bei Begehung derselben Tat. Dabei ist notwendig, dass **jeder Beteiligte** im Sinne eines zumindest konkludent gefassten gemeinschaftlichen Willensentschlusses mit seinem Beitrag **nicht bloß fremdes Tun fördern will,** sondern seinen Beitrag derart in eine gemeinschaftliche Tat einfügt, dass dieser im Sinne eines arbeitsteiligen Vorgehens Teil einer gemeinschaftlichen Tätigkeit sein soll; dabei muss der Beteiligte seinen Beitrag als Teil der Tätigkeit des anderen und umgekehrt dessen Tun als Ergänzung seines eigenen Tatanteils wollen (stRsp; BGHR StGB § 25 Abs. 2 Mittäter 29 = NStZ 1997, 336 = StV 1998, 129; BGH NStZ 2016, 400; 2017, 713; 2020, 22 mAnm *Kulhanek;* NStZ-RR 2012, 120; 2018, 40). Nicht ausreichend ist ein einseitiges Einverständnis und dessen Betätigung (BGHR StGB § 25 Abs. 2 Mittäter 29 (s. o.)), ebensowenig die bloße Anwesenheit bei der Tat eines anderen und die Billigung der Tat; es bedarf zumindest einer, möglicherweise spontan und stillschweigend, getroffenen **Vereinbarung,** die Tat zu begehen (BGH NStZ 2003, 85).

260 **1. Auszuscheidende Fälle.** Keine Mittäterschaft liegt vor, wenn das Zusammenwirken durch die **Art der Deliktshandlung** notwendig vorgegeben ist (OLG Karlsruhe NStZ-RR 1998, 314 (→ Rn. 87)). Daher besteht beim **Handeltreiben**

zwischen Verkäufer und Käufer keine **Mittäterschaft,** sondern jeweils selbständige Täterschaft der Beteiligten (BGHSt 42, 255 = NJW 1997, 810 m. Bespr. *Schreiber* NJW 1997, 777 = NStZ 1997, 132 mAnm *Cassardt* = StV 1997, 665; für Mittäterschaft o. Begr. BGH NStZ-RR 1997, 375 = StV 1997, 592). Aus dem gleichen Grund liegt darin auch keine **Beihilfe** (BGH NJW 2002, 3486 (→ Rn. 87); BGH BeckRS 2008, 21833). Zur notwendigen Teilnahme → Rn. 280, 281.

Mittäter kann nur sein, wer auch unmittelbarer Täter sein könnte (*Joecks/* **261** *Scheinfeld* in MüKoStGB StGB § 25 Rn. 189). Als Mittäter scheidet daher aus, wem bei einem **echten Sonderdelikt** (→ Rn. 169) die besondere Täterqualität fehlt (BGHSt 14, 123 = NJW 1960, 971; *Kühl* in Lackner/Kühl StGB § 25 Rn. 9; *Joecks/Scheinfeld* in MüKoStGB StGB § 25 Rn. 190). Zu den **eigenhändigen** Delikten, bei denen dasselbe gelten würde, → Rn. 252.

2. Tatbeitrag. Mittäter ist zunächst jeder, der **alle Tatbestandsmerkmale** **262** **selbst** erfüllt; er ist unmittelbarer Täter iSd § 25 Abs. 1 StGB und leistet deshalb in aller Regel nicht nur Hilfe zur Tat eines anderen, sondern begeht sie (gemeinschaftlich mit anderen) selbst (BGHSt 38, 315 (→ Rn. 246)). Mittäterschaft ist daher in solchen Fällen auch dann gegeben, wenn der Täter lediglich im Interesse und auf Initiative eines anderen handelt (BGHSt 38, 315 (→ Rn. 246); BGHR BtMG § 29 Abs. 1 Nr. 1 Einfuhr 36 (→ Rn. 246)). Er kann sich nicht darauf berufen, dass er keinen Täterwillen gehabt habe und nur einem anderen behilflich sein wollte (BGHR StGB § 25 Abs. 1 Begehung, eigenhändige 3 (1 StR 266/93)) oder dass er aus Gefälligkeit gehandelt habe (BGHR BtMG § 29 Abs. 1 Nr. 1 Einfuhr 36 (→ Rn. 246)). Zu den Besonderheiten beim Handeltreiben → Rn. 370.

Auf der anderen Seite setzt die Mittäterschaft **nicht** voraus, dass der Mittäter am **263** **Kerngeschehen** mitwirkt (BGH NStZ 2020, 22 mAnm *Kulhanek* 2020, 556; 730 mAnm *Kudlich*), am Tatort anwesend ist (BGH NStZ 2003, 253; 2020, 22) oder **auch nur eines der Tatbestandsmerkmale** selbst erfüllt (BGH NStZ-RR 2004, 40). Vielmehr kann sie auch dann vorliegen, wenn der Mittäter sich auf eine Tätigkeit beschränkt, die für sich allein nicht zum Tatbestand gehört, die aber andere Mittäter bei deren tatbestandlichem Handeln unterstützt (BGH NJW 1992, 1905 = NStZ 1992, 495). Voraussetzung ist allerdings, dass sich diese Mitwirkung nicht als bloße Förderung fremden Tuns, sondern als Teil der Tätigkeit aller darstellt (BGH NStZ 2003, 253; 2020, 556).

Unter dieser Voraussetzung kann die Mitwirkung eines Mittäters daher auch **264** in der Beteiligung an **Vorbereitungs-** oder sonstigen **Unterstützungshandlungen** bestehen (stRspr; BGHSt 40, 299 (→ Rn. 186); 56, 170 (→ Rn. 236); BGHR BtMG § 29 Abs. 1 Nr. 1 Handeltreiben 37 = NJW 1993, 2389 = NStZ 1993, 444 = StV 1993, 473; 1993, 62 = StV 2005, 666; § 30a Abs. 1 Bandenhandel 2 (→ Rn. 220); BGH NStZ 1999, 609 = JR 2000, 423 mAnm *Krack;* 2009, 25 = StV 2009, 410; 2020, 22; NStZ-RR 2012, 209; 2018, 40; 2019, 73; aA zum Teil das Schrifttum, s. etwa *Schünemann* in LK-StGB, 12. Aufl. 2007, StGB § 25 Rn. 182–185 mwN). Sie kann auch auf dem Wege psychischer Einwirkung geleistet werden (BGH NStZ 1984, 413 = StV 1984, 423; NStZ-RR 2004, 40: „geistige Mitwirkung"). Dazu ist erforderlich, dass die Tatbegehung objektiv erleichtert oder gefördert wird und dass dies dem unterstützenden Tatgenossen bewusst ist (BGH NStZ-RR 2018, 40). Zu den untergeordneten Beiträgen eines Beteiligten → Rn. 373.

3. Gemeinsamer Tatplan. In aller Regel wird in den Fällen, in denen die sons- **265** tigen Voraussetzungen der Mittäterschaft vorliegen, auch ein gemeinsamer Tatplan gegeben sein (*Weber* NStZ 2008, 467 (468, 469)). Die Anforderungen an einen solchen Plan sind gering (*Schild* in NK-StGB StGB § 25 Rn. 137). So kann er auch erst während der Tatausführung gefasst werden, auch **konkludent** (BGH NStZ-RR

BtMG Vor §§ 29 ff. Sechster Abschnitt. Straftaten und Ordnungswidrigkeiten

2011, 200), etwa durch **arbeitsteilige Tatausführung** (BGHR StGB § 25 Abs. 2 Willensübereinstimmung 1 (4 StR 604/86) BGH NJW 2020, 2900 mAnm *Grünewald;* BGH NStZ 1999, 510; *Schünemann* in LK-StGB, 12. Aufl. 2007, StGB § 25 Rn. 173). Die Mittäter brauchen sich auch nicht zu kennen, sofern sich jeder nur bewusst ist, dass neben ihm noch ein oder mehrere andere mitwirken und diese von dem gleichen Bewusstsein erfüllt sind (RGSt 58, 279; BGHSt 50, 160 = NJW 2005, 2629 = NStZ 2006, 174 = StV 2005, 555; 2006, 526 mAnm *Kindhäuser;* BGH NStZ 2010, 348; *Heine/Weißer* in Schönke/Schröder StGB § 25 Rn. 72; *Schünemann* in LK-StGB, 12. Aufl. 2007, StGB § 25 Rn. 173; *Roxin* AT II § 25 Rn. 192).

266 **4. Sukzessive Mittäterschaft.** Die Mittäterschaft kann sich auch sukzessiv ergeben (zur geplanten sukzessiven Mittäterschaft → Rn. 270). **Im Betäubungsmittelstrafrecht** ist dies nicht selten. Sukzessive Mittäterschaft liegt vor, wenn sich eine Person einer zunächst fremden Tat nach deren Beginn und vor ihrer Beendigung in Kenntnis und unter Billigung des bisherigen Tatablaufs **als Mittäter anschließt** und ihr Handeln noch Einfluss auf den Eintritt des tatbestandsmäßigen Erfolgs hat (BGH NStZ 2010, 146; 2016, 211; 2019, 513). Auch dabei müssen die Tatbeiträge aber im wechselseitigen Einverständnis geleistet werden. Daher kann dem Hinzutretenden das vorangegangene Tatgeschehen nur angelastet werden, soweit er davon billigend Kenntnis genommen hat, bevor er seinen Tatbeitrag leistete (BGHR StGB § 25 Abs. 2 Mittäter 21 = NStZ 1996, 227 = StV 1996, 258).

267 **Sofern diese Voraussetzungen** erfüllt sind und er an der Vollendung der erschwerten Tat mitwirkt, sind dem später hinzukommen Mittäter auch die **tatbestandlichen Erschwerungen** zuzurechnen, die bereits vor seinem Anschluss verwirklicht wurden (BGH NStZ 2004, 263 = StV 2004, 207). Dies gilt auch für **Regelbeispiele.** Bei ihnen ist allerdings für jeden Beteiligten gesondert auf Grund einer Gesamtwürdigung zu beurteilen, ob ein besonders schwerer Fall vorliegt (BGH StV 1994, 240). Zur Strafzumessung im übrigen s. BGH StV 1998, 129.

268 **Ist dieses Geschehen** schon **vollständig abgeschlossen,** so führt auch die Billigung und Ausnutzung der dadurch geschaffenen Lage **nicht** zu einer strafrechtlichen Verantwortung hierfür (BGHR StGB § 25 Abs. 2 Mittäter 27 = NStZ 1997, 272 = StV 1997, 580; BGH NJW 2020, 2900 mAnm *Grünewald;* NStZ 1994, 123 = StV 1994, 241; 2016, 524; 2019, 513; 2020, 727 mAnm *Kulhanek;* NStZ-RR 2014, 338). Dies gilt nicht nur, wenn das Gesamtgeschehen aus mehreren selbständigen, zeitlich aufeinander folgenden Straftaten besteht, sondern auch, wenn eine Tatbestandsvariante vorliegt, die vom Mittäter vor Hinzutritt des Beteiligten vollständig erfüllt worden ist (BGHR StGB § 25 Abs. 2 Mittäter 27 (s. o.)). Ebenso scheidet sukzessive Mittäterschaft aus, wenn der Hinzutretende die weitere Tatausführung nicht mehr fördern konnte, weil schon alles getan war und sein Tun ohne Einfluss auf den Ablauf des Geschehens blieb (BGH NStZ 1998, 565 = StV 1998, 649; 2019, 513).

269 **Sukzessive Mittäterschaft** ist auch **nach Vollendung** der Tat möglich, sofern sie nur **vor der Tatbeendigung** erfolgt (BGH NStZ 2007, 592 = StV 2008, 65; NStZ-RR 1997, 319). Voraussetzung ist, dass der (sukzessiv handelnde) Mittäter selbst vor der Beendigung der Tat einen Beitrag zur Tatbestandsverwirklichung geleistet hat (BGH NStZ 2007, 592). Nicht ausreichend ist, dass er die Mitwirkung vorher zugesagt hat (BGHSt 48, 52 = NJW 2003, 446 = NStZ 2003, 211 = StV 2003, 562).

270 **Sukzessive Mittäterschaft** kann auch **von vornherein geplant** sein. Dies ist etwa dann gegeben, wenn bereits im ursprünglichen Tatplan vorgesehen ist, dass der Mittäter seinen Tatbeitrag zwischen Vollendung und Beendigung erbringt (BGH NStZ 1999, 609 (→ Rn. 264)). Nach BGH NStZ 1999, 609 soll in einem

solchen Fall die Vollendung für den sukzessiven Mittäter bereits eintreten können, bevor er seinen eigenen Tatbeitrag geleistet hat (krit. dazu wohl mit Recht *Krack* JR 2000, 424).

5. Folgen der Mittäterschaft. Alle Mittäter haften im Umfang der Willensübereinstimmung für **die Tat im Ganzen**. Da die Mittäterschaft auf dem Prinzip des arbeitsteiligen Handelns beruht, sind dem Mittäter die Tatbeiträge der anderen Tatbeteiligten zuzurechnen (BGHR StGB § 263 Täterschaft 2 (3 StR 461/00)). Zur Zurechnung der **Gesamtmenge** bei **gemeinsamen Einkaufsreisen** → § 29 Rn. 1343, 1379, bei **Einkaufsgemeinschaften** zum Handeltreiben → § 29 Rn. 670–674. Zu den Folgen bei nur **zum Schein mitwirkenden** Mittätern oder **vermeintlichen Mittätern** → Rn. 190, 191. 271

6. Mittäterexzess. Mittäter haften nur im Rahmen ihres Vorsatzes. Das Handeln eines anderen Mittäters, das über das gemeinsam Gewollte hinausgeht **(Exzess)**, kann ihnen daher nicht zugerechnet werden (stRsp; BGH NStZ 2012, 563). Allerdings kann sich das gemeinsam Gewollte im Laufe der Tat ändern. Im Falle einer solchen **tatsituativen Vorsatzerweiterung** ist jeder der Mittäter für den Erfolg der Tat verantwortlich (BGH NStZ 2013, 400). 272

Die Zurechnung erfordert **keine ins Einzelne** gehende Vorstellung von den Handlungen eines anderen Mittäters; regelmäßig werden daher dessen Handlungen, mit denen nach den Umständen des Falles **zu rechnen war,** vom Willen des Mittäters umfasst, auch wenn er sie sich nicht im Einzelnen vorgestellt hat (BGH NStZ 2012, 563; 2013, 400). Ebenso ist er für jede Ausführungsart einer von ihm gebilligten Straftat verantwortlich, wenn er mit der Handlungsweise des Mittäters **einverstanden** oder sie ihm zumindest **gleichgültig** war (BGH NStZ 2013, 400). Ein Mittäterexzess liegt nur bei einem **wesentlich** vom gemeinsamen Tatplan **abweichenden** Ablauf vor (BGH NStZ 2017, 272). 273

7. Konkurrenzen. Ob bei einem Mittäter eine oder mehrere Handlungen vorliegen, richtet sich allein nach **seinem** Tatbeitrag (BGH NStZ 2017, 306; auch → Rn. 257). Nicht maßgeblich ist die Zahl der tatbestandsmäßigen Handlungen, die von den anderen Tatbeteiligten begangen wurden (BGHSt 40, 218 (→ Rn. 249); BGH NJW 2004, 2840 = StV 2004, 532; NStZ 2004, 505; NStZ-RR 2013, 372). Im Zweifel ist Tateinheit anzunehmen (BGH NJW 1995, 2933; NStZ 1997, 121; 2000, 532; NStZ-RR 2019, 239). 274

Leistet ein Mittäter für alle oder einige Einzeltaten einer Serie einen **individuellen,** nur je diese fördernden **Tatbeitrag,** so sind ihm diese Taten, sofern keine natürliche Handlungseinheit vorliegt, (gegebenenfalls neben dem Organisationsdelikt (BGH NStZ 2015, 334)) als tatmehrheitlich begangen zuzurechnen (BGH NStZ-RR 2013, 372; 2015, 41; 2017, 306; 2019, 239). Ob andere Mittäter die einzelnen Delikte tatmehrheitlich begangen haben, bleibt ohne Belang (→ Rn. 276). 275

Fehlt es an einer solchen individuellen Tatförderung, erbringt der Täter aber **im Vorfeld** oder **während des Laufs** der Deliktsserie Tatbeiträge, durch die alle oder mehrere Einzeltaten seiner Tatgenossen gleichzeitig gefördert werden (BGH NStZ 2013, 641; NStZ-RR 2013, 372; 2018, 42; 2 StR 291/16), oder erschöpfen sich seine Tatbeiträge im Aufbau und in der Aufrechterhaltung des Betriebs, namentlich in seiner Leitung **(uneigentliches Organisationsdelikt),** werden ihm die gleichzeitig geförderten einzelnen Straftaten als tateinheitlich begangen (gleichartige Tateinheit) zugerechnet (BGH NJW 2014, 324; NStZ 2017, 340; NStZ-RR 2004, 342; 2013, 79; 2017, 306; 2018, 42; 2019, 239), da sie in seiner Person durch den einheitlichen Tatbeitrag zu einer Handlung iSd § 52 Abs. 1 StGB verknüpft werden. Ob die Mittäter die einzelnen Delikte tatmehrheitlich begangen haben, ist demgegenüber ohne Belang (BGH NStZ 2013, 641; NStZ-RR 2003, 265; 2017, 306; 276

2018, 42; 2019, 239). Der Strafrahmen ist dann unmittelbar dem mehrfach tateinheitlich verletzten Strafgesetz zu entnehmen (BGH NStZ-RR 2004, 342). Als Fall der Tateinheit führt das uneigentliche Organisationsdelikt nicht zur Zusammenrechnung von Rauschgiftmengen (BGH BeckRS 2019, 38531).

277 **IV. Nebentäterschaft** ist ein **zufälliges Zusammentreffen** mehrerer Fälle von Alleintäterschaft (BGHR StGB § 25 Abs. 2 Nebentäter 1 = StV 1992, 160; BtMG § 29 Abs. 1 Nr. 1 Handeltreiben 39 = NStZ 1994, 91 = StV 1994, 15). Sie ist gegeben, wenn jeder der Handelnden durch sein Tun alle gesetzlichen Tatbestandsmerkmale **allein** erfüllt. Von der Mittäterschaft unterscheidet sie sich dadurch, dass die Beteiligten **nicht** auf die Begehung einer gemeinsamen Tat abzielen, zu der jeder einen Beitrag leisten soll (*Kühl* in Lackner/Kühl StGB § 25 Rn. 8; *Küpper* GA 1998, 519 (525)).

278 Im Hinblick auf die Natur der Nebentäterschaft (→ Rn. 277) sind Nebentäter wie Alleintäter zu behandeln (BtMG § 29 Abs. 1 Handeltreiben Nr. 39 (→ Rn. 277); *Franke/Wienroeder* Einf. Rn. 22). Der Handelnde muss daher alle Tatbestandsmerkmale **allein** erfüllen (*Franke/Wienroeder* Einf. Rn. 22).

279 **C. Formen der Teilnahme, notwendige Teilnahme.** Teilnahme ist die Mitwirkung an einer fremden Rechtsgutverletzung. Strafgrund ist die Förderung oder Mitverursachung der vom Täter begangenen Tat. Die Teilnahme setzt das Vorliegen einer fremden Tat (Haupttat) voraus, die auch in einem (mit Strafe bedrohten) Versuch bestehen kann (→ Rn. 354). Als Haupttat genügt eine rechtswidrige Tat; die Schuld des Täters ist nicht erheblich (§ 29 StGB). Allerdings muss die fremde Tat vorsätzlich begangen sein (§§ 26, 27 StGB).

280 **I. Notwendige Teilnahme.** Erfordert ein Tatbestand zu seiner Erfüllung notwendig die Beteiligung **zweier oder mehrerer Personen,** zB bei der Verabreichung oder Überlassung von Betäubungsmitteln zum unmittelbaren Verbrauch, so liegt ein Fall der **notwendigen Teilnahme** vor:

281 **Eine Teilnahme,** die in einem solchen Falle das Maß dessen **nicht überschreitet,** was zur Verwirklichung des Tatbestandes notwendig ist, bleibt straflos. Wer sich ein Betäubungsmittel injizieren lässt, macht sich daher nicht wegen Beihilfe zur Verabreichung eines Betäubungsmittels strafbar (KG JR 1991, 169; *Fischer* StGB Vor § 25 Rn. 7; *Heine/Weißer* in Schönke/Schröder StGB Vor § 25 Rn. 43; *Joecks/Scheinfeld* in MüKoStGB Vor § 26 Rn. 34). Da auch der Konsum straflos ist, bleibt der Konsument völlig straffrei (KG JR 1991, 169). Ebenso kann im täterschaftlichen Handeltreiben des Verkäufers keine Beihilfe zu dem durch den Erwerb und die Weiterveräußerung begründeten Handeltreiben seines Abnehmers gesehen werden (BGH NJW 2002, 3486 (→ Rn. 87)).

282 **Auch die Mitwirkung** des durch den Tatbestand **Geschützten** ist nicht nach der betreffenden Vorschrift strafbar (*Fischer* StGB Vor § 25 Rn. 7; *Heine/Weißer* in Schönke/Schröder StGB Vor § 25 Rn. 42; *Joecks/Scheinfeld* in MüKoStGB Vor § 26 Rn. 33), und zwar auch dann, wenn er das Maß der notwendigen Mitwirkung, etwa durch eine Anstiftung, überschreitet (*Schünemann* in LK-StGB, 12. Aufl. 2007, StGB Vor § 32 Rn. 26). Eine Dispositionsbefugnis über das ihn betreffende, verletzte Rechtsgut muss dem Geschützten dabei nicht zukommen (*Schünemann* in LK-StGB, 12. Aufl. 2007, StGB Vor § 26 Rn. 30). Der Minderjährige, der eine Person über 21 Jahre veranlasst, Betäubungsmittel an ihn abzugeben, ist daher nicht wegen Anstiftung zu einem Verbrechen nach § 29a Abs. 1 Nr. 1 strafbar.

283 **II. Anstiftung (§ 26 StGB)** ist die Bestimmung eines anderen zu einer vorsätzlichen rechtswidrigen Tat, wobei der andere die Tatherrschaft hat. Dem Haupttäter muss (auch dem Anstifter) **nicht bekannt** sein (*Heine/Weißer* in Schönke/Schröder StGB § 26 Rn. 15).

Anstiftung setzt **kein eigenes Interesse** am Taterfolg voraus. Anstifter kann auch 284 sein, wer kein ideelles oder materielles Interesse am Taterfolg hat (BGHR StGB § 26 Bestimmen 4 = NStZ 2000, 421).

1. Handlung des Anstifters. Bestimmen ist das Verursachen des Tatentschlusses 285 in dem anderen. Zum Bestimmen als kommunikativer Akt → § 30a Rn. 50, 51. Zu den Mitteln der Bestimmung → § 30a Rn. 52. Wird dem Täter eine **Rechtsauskunft** erteilt, die ihn zu der Tat veranlasst, so kommt es darauf an, ob die Auskunft sich im Rahmen des Vertretbaren hält (*Kühl* in Lackner/Kühl StGB § 26 Rn. 2).

Ausreichend ist, dass die an den Täter gerichteten Aufforderungen zur Tatbe- 286 gehung **die Tat im Kern** kennzeichnen. Eines alle Einzelheiten der Tatausführung festlegenden Tatplans bedarf es dagegen nicht (BGH BeckRS 2005, 12571).

2. Ursächlichkeit. Die Willensbeeinflussung muss nicht die alleinige Ursache 287 für das Verhalten des Täters sein; bloße **Mitursächlichkeit** genügt (BGHSt 45, 373 = NJW 2000, 1877 = NStZ 2000, 321 = StV 2000, 260; BGHR StGB § 26 Bestimmen 4 (→ Rn. 284); BGH NStZ 1994, 29 = StV 1994, 16; 2017, 401 mAnm *Immel;* NStZ-RR 2018, 80 = StV 2018, 508).

Ist der andere zu einer konkreten Tat allerdings bereits fest entschlossen **(omni-** 288 **modo facturus),** so kann die Anstiftung für die Tat nicht mehr ursächlich werden (BGHSt 45, 373 (→ Rn. 287); BGH NStZ 2017, 401 mAnm *Immel*), und es kommt nur noch psychische Beihilfe (BGH NStZ-RR 1996, 1 = StV 1996, 2; *Fischer* StGB § 26 Rn. 4) oder (bei Verbrechen) versuchte Anstiftung (§ 30 StGB) in Betracht. Etwas anderes gilt, wenn der Angestiftete nur allgemein tatbereit, aber noch nicht zu einer bestimmten Tat (→ Rn. 293, 294) entschlossen ist (BGHSt 45, 373 (→ Rn. 287); BGH NStZ 1994, 29 (→ Rn. 287); 2017, 401 mAnm *Immel*), oder wenn er noch schwankend war (BGHR StGB § 26 Bestimmen 4 (→ Rn. 284)). Dies gilt auch, wenn er die Tatbereitschaft aufgezeigt hat oder sogar selbst die Initiative zu den Taten ergriffen hat (BGH NStZ 2017, 401 mAnm *Immel*). Lediglich allgemein tatbereit (zum Handeltreiben → § 29 Rn. 379, 380; zur Einfuhr → § 29 Rn. 947) zeigt sich ein Dealer, der **eine Internetseite** mit Drogenangeboten unterhält (BGH NStZ-RR 2018, 80 (→ Rn. 287); LG Ravensburg NStZ-RR 2008, 256). Das Bestimmen zur Änderung von bloßen Tatmodalitäten ist grundsätzlich noch keine Anstiftung, sondern Beihilfe, es sei denn, dass es sich auf eine Qualifikation bezieht.

3. Formen der Anstiftung. Eine Anstiftungshandlung kann auch in mittelbarer 289 Täterschaft oder als Mittäter vorgenommen werden. Als mittelbarer Täter stiftet an, wer einen Vordermann als Werkzeug dazu veranlasst, den Haupttäter zu der Tat zu bestimmen (*Kudlich* in BeckOK StGB § 26 Rn. 26.1). Die Regeln für die **mittelbare Täterschaft** gelten für die Teilnahme durch ein Werkzeug entsprechend (BGHSt 8, 137 = NJW 1955, 1642; *Heine/Weißer* in Schönke/Schröder StGB § 26 Rn. 5).

Bestimmen mehrere gemeinschaftlich einen anderen zu dessen Tat **(Mitan-** 290 **stiftung),** so finden die Regeln über die Mittäterschaft entsprechende Anwendung (*Heine/Weißer* in Schönke/Schröder StGB § 26 Rn. 5 mwN).

Anstiftung zur Anstiftung ist als sogenannte **Kettenanstiftung** mittelbare 291 Anstiftung zur Haupttat (BGHSt 40, 218 (→ Rn. 249); 307 = NJW 1995, 1564 = NStZ 1995, 126 = StV 1995, 70 = JR 1995, 70 m. Bespr. *Weber* JR 1995, 403; *Fischer* StGB § 26 Rn. 9; *Heine/Weißer* in Schönke/Schröder StGB § 26 Rn. 15). Dabei ist ohne Bedeutung, wie viele Personen zwischen dem ersten Anstifter und dem Haupttäter stehen (BGHSt 40, 218 (s. o.)) oder ob der Anstifter diese, ihre Zahl (BGH NStZ 1994, 29 (→ Rn. 287)) oder die Person des Haupttäters kennt (*Fischer* StGB § 26 Rn. 9; *Heine/Weißer* in Schönke/Schröder StGB § 26 Rn. 15).

BtMG Vor §§ 29 ff.   Sechster Abschnitt. Straftaten und Ordnungswidrigkeiten

292   Wer einen anderen **anstiftet, als Gehilfe** dem Haupttäter Unterstützung zu leisten, macht sich als (mittelbarer) Gehilfe zur Haupttat strafbar (→ Rn. 333; *Heine/ Weißer* in Schönke/Schröder StGB § 26 Rn. 15), da die Beihilfe selbst keine teilnahmefähige Haupttat bildet (*Hoyer* in SK-StGB StGB § 26 Rn. 32). Aus denselben Gründen kann die **Beihilfe zur Anstiftungshandlung** eines anderen auch nur als Beihilfe zur Haupttat erfasst werden (→ Rn. 333).

293   **4. Vorsatz.** Der Vorsatz des Anstifters ist ein **doppelter:** er muss sich einerseits auf die Anstiftungshandlung (s. BGH NStZ 2020, 487; NStZ-RR 2021, 49; BeckRS 2017, 124320) und andererseits auf eine bestimmte, ausreichend konkretisierte Handlung beziehen, die die Voraussetzungen einer vorsätzlich begangenen rechtswidrigen Tat erfüllt (Hervorrufen des Tatentschlusses; zum bedingten Vorsatz BGH NStZ-RR 2021, 49). Diese rechtswidrige Tat muss nach der Vorstellung des Anstifters **vollendet werden** sollen (BGHR BtMG § 29 Abs. 1 Nr. 1 Handeltreiben 69 = NStZ 2007, 531 = StV 2007, 302 m. Bespr. *Weber* JR 2007, 400 (403, 404); *Fischer* StGB § 27 Rn. 12; *Schünemann* in LK-StGB, 12. Aufl. 2007, StGB § 26 Rn. 60; *Heine/Weißer* in Schönke/Schröder StGB § 26 Rn. 17). Anstifter ist auch **nicht,** wer zwar die Vollendung der Tat in Kauf nimmt, aber deren Beendigung oder jedenfalls den Eintritt einer Rechtsgutsverletzung verhindern will (*Fischer* StGB § 26 Rn. 12; *Kühl* in Lackner/Kühl StGB § 26 Rn. 4; *Heine/Weißer* in Schönke/Schröder StGB § 26 Rn. 23). Zur Strafbarkeit des **agent provocateur** → § 4 Rn. 243–248).

294   **Dem Vorsatz** muss die Vorstellung der wesentlichen Dimensionen des Unrechts der Haupttat zugrunde liegen (*Kühl* in Lackner/Kühl StGB § 26 Rn. 5). Er muss sich auf die Ausführung einer nicht in allen Einzelheiten, wohl aber in ihren wesentlichen Merkmalen und Grundzügen (Hauptmerkmalen) **konkretisierten Tat** richten (BGH NStZ-RR 2004, 40). Nicht erforderlich ist, dass der Anstifter solche Einzelheiten wie Tatort, Tatzeit und Tatopfer in seine Vorstellung aufnimmt und die jeweils unmittelbar handelnde Person im Einzelfall individuell kennt (BGHSt 40, 218 (→ Rn. 249); 42, 332 = NJW 1997, 1317 = NStZ 1997, 234). Er muss das Angriffsziel oder die Angriffsrichtung maßgeblich beeinflussen wollen (*Kühl* in Lackner/Kühl StGB § 26 Rn. 5). Die Aufforderung an einen individuell unbestimmten Personenkreis genügt dazu nicht.

295   **Ebenso nicht genügend konkret** ist die Bestimmung eines anderen zur Begehung irgendwelcher **unbestimmten** oder **nur nach dem gesetzlichen Tatbestand umschriebenen** Taten. Auch eine etwas weitergehende Individualisierung durch die Angabe abstrakter Tatobjekte (Heroin) oder Tattypen (Übernahme von Kurierfahrten) genügen nicht (*Kühl* in Lackner/Kühl StGB § 26 Rn. 5).

296   **Bedingter Vorsatz** (→ Rn. 415–417) reicht aus(BGHSt 44, 99 = NJW 1998, 2835 = NStZ 1998, 615 mAnm *Roxin* = StV 1998, 650 = JZ 1999, 157 mAnm *Bloy;* 50, 1 = NJW 2005, 996 = NStZ 2005, 381 = StV 2005, 662 = JZ 2005, 902 mAnm *Puppe* = JR 2005, 477 mAnm *Jäger;* BGH NStZ-RR 2013, 281 = StV 2013, 705; s. auch BGH NStZ-RR 2021, 49).

297   **5. Haupttat.** Die Haupttat muss mindestens in das Stadium des Versuchs gelangt sein (→ Rn. 299). Sie muss dem Vorsatz des Anstifters in ihren wesentlichen Merkmalen entsprechen. Die Haupttat kann auch ein echtes Sonderdelikt sein (*Heine/ Weißer* in Schönke/Schröder StGB § 26 Rn. 30) sein; in diesen Fällen gilt § 28 Abs. 1 StGB (vgl. → Rn. 254). Zu den eigenhändigen Delikten → Rn. 252.

298   **6. Versuch.** Eine versuchte Anstiftung zu **Vergehen** ist nicht strafbar (*Fischer* StGB § 26 Rn. 2). Bei einer versuchten Anstiftung zu **Verbrechen** gilt § 30 StGB (→ Rn. 221–226). Ein Fall des § 30 StGB kann auch vorliegen, wenn der Anstifter zu einem Verbrechen, etwa der Einfuhr einer nicht geringen Menge (§ 30 Abs. 1

Nr. 4), anstiftet, der Haupttäter aber nur ein Vergehen begeht, indem er nur eine Normalmenge einführt (*Heine/Weißer* in Schönke/Schröder StGB § 26 Rn. 25).

Strafbar ist die Anstiftung zu einer Tat, die dann im **Stadium des Versuchs** steckengeblieben ist, sofern deren Versuch mit Strafe bedroht ist (*Joecks/Scheinfeld* in MüKoStGB StGB § 26 Rn. 8; *Kühl* in Lackner/Kühl StGB § 26 Rn. 7. 299

7. Konkurrenzen. Mehrere Einwirkungshandlungen des Anstifters, die auf die Erregung desselben Tatentschlusses abzielen, begründen nur eine Anstiftung (BGH StV 1993, 456; 2 StR 198/95; *Schünemann* in LK-StGB, 12. Aufl. 2007, StGB § 26 Rn. 96). 300

Ob im Übrigen bei einem Anstifter eine oder mehrere Handlungen vorliegen, richtet sich allein nach **seinem Tatbeitrag** (→ Rn. 257, 274). (Seine) Straftat im Sinne der §§ 52, 53 StGB ist die Anstiftung, nicht die Haupttat. Bestimmt der Anstifter daher durch **eine Aufforderung** den Haupttäter zu mehreren Tathandlungen, so begeht er mehrere Straftaten in Idealkonkurrenz (*Schünemann* in LK-StGB, 12. Aufl. 2007, StGB § 26 Rn. 96; *Heine/Weißer* in Schönke/Schröder StGB § 26 Rn. 16), der Haupttäter kann dagegen in Realkonkurrenz handeln (*Hoyer* in SK-StGB StGB § 26 Rn. 33). 301

Nur eine Anstiftung in Idealkonkurrenz liegt daher auch dann vor, wenn der Anstifter durch dieselbe Handlung **mehrere Haupttäter** zu einer oder gar zu mehreren Straftaten anstiftet (BGHR StGB § 52 Abs. 1 Handlung, dieselbe 33 (5 StR 251/00); *Fischer* StGB § 26 Rn. 19; *Heine/Weißer* in Schönke/Schröder StGB § 26 Rn. 16). Tat im Sinne der §§ 52, 53 StGB ist auch hier die Anstiftung, nicht die Haupttat (RGSt 70, 26; *Heine/Weißer* in Schönke/Schröder StGB § 26 Rn. 16). 302

Der **fehlgeschlagene Versuch** einer Anstiftung (§ 30 Abs. 1 StGB) ist gegenüber einer **späteren Anstiftung** zum Versuch (→ Rn. 299) eine rechtlich selbständige Handlung, wenn diese auf einem neuen Entschluss beruht; dies gilt auch dann, wenn das Tatobjekt dasselbe geblieben ist (BGHSt 44, 91 (→ Rn. 243)). In der Regel liegen dann auch zwei Taten im prozessualen Sinn vor (BGHSt 44, 91). 303

Zum Zusammentreffen von **Anstiftung und Täterschaft** an derselben Tat → Rn. 243. Ob für die Abgrenzung von Anstiftung und Täterschaft der **Zweifelssatz** gilt oder die Grundsätze von der **Wahlfeststellung**, ist nicht abschließend geklärt (offen gelassen in BGH NStZ 2009, 258; *Fischer* StGB § 1 Rn. 36). 304

8. Strafzumessung. Der Anstifter ist **gleich einem Täter** zu bestrafen (§ 26 StGB). Dies bedeutet nicht, dass das Gericht bei der Strafzumessung nicht abstufen und das Verhalten des Anstifters nicht als strafwürdiger ansehen kann. Der Veranlasser und Hintermann einer unerlaubten Einfuhr kann härter bestraft werden als derjenige, der etwa einen Drogenschmuggel ausführt. Der Angriff der Finanziers und Drahtzieher auf die Rechtsgüter des BtMG ist nicht selten von größerem Gewicht (BGHSt 38, 315 (→ Rn. 246)). 305

II. Beihilfe (§ 27 StGB). Die Beihilfe und ihre verschiedenen Formen haben durch die neue Rechtsprechung des BGH zur Unterstützung eines Fremdumsatzes beim **Handeltreiben** (Kuriere, Depothalter, Plantagenarbeiter etc.) eine bisher ungeahnte Bedeutung erlangt. Im Hinblick auf die zahlreichen **Fallstricke**, die sich bei der Beihilfe ergeben, ist die Rechtsanwendung für die Praxis wesentlich schwieriger geworden. 306

Gehilfe ist, wer vorsätzlich dem Täter zu dessen vorsätzlich begangener rechtswidriger Tat Hilfe leistet (§ 27 Abs. 1 StGB). Der Haupttäter braucht dabei von der Mitwirkung des Gehilfen nichts zu wissen (→ Rn. 313). Noch weniger muss er sich durch diese Mitwirkung in seinem Willen beeinflussen lassen (*Hoyer* in SK-StGB StGB § 27 Rn. 1). Auch dem **omnimodo facturus** kann Beihilfe geleistet werden (BGH NJW 2017, 401 mAnm *Immel; König* NJW 2002, 1623). 307

308 1. **Hilfeleistung.** Voraussetzung der Beihilfe ist eine Hilfeleistung.

309 a) **Objektive Förderung.** Als solche ist grundsätzlich jede Handlung anzusehen, welche die Tatbestandsverwirklichung des Haupttäters in ihrer konkreten Gestalt in irgendeiner Weise **objektiv fördert** oder **erleichtert** (BGHSt 42, 135 = NJW 1996, 2517 = NStZ 1997, 273 mAnm *Kindhäuser* = StV 1997, 411 mAnm *Schlehofer* = JR 1997, 297 mAnm *Loos;* 46, 107 = NJW 2000, 3010 = StV 2000, 492 = JZ 2000, 1178 mAnm *Kudlich;* 51, 144 = NJW 2007, 384 = NStZ 2007, 230 mAnm *Widmaier* = StV 2007, 59; 53, 55 = NJW 2009, 1155 = NStZ 2009, 690; 61, 252 = NJW 2017, 458 mAnm *Grünewald* = NStZ 2017, 158 mAnm *Rommel* = JZ 2017, 255 mAnm *Safferling* = JR 2017, 83 mAnm *Roxin;* BGHR BtMG § 29 Abs. 1 Nr. 1 Handeltreiben 77; BGH NJW 2010, 248; 2017, 498; NStZ 2017, 337 mAnm *Kudlich;* 2019, 461). Wirkt sich der Beitrag **in keiner Weise** aus, so liegt keine Beihilfe vor (BGH NJW 2008, 1460 (→ Rn. 186); BayObLG NJW 2002, 1663; m. Bespr. *König* 2002, 1623). Zum **omnimodo facturus** → Rn. 307. Zur (gleichzeitigen) Beihilfe zu der Tat des **Käufers** und des **Verkäufers** von **Betäubungsmitteln** → Rn. 357.

310 **Nicht notwendig ist,** dass sich die auf Unterstützung des Haupttäters gerichtete Handlung des Gehilfen auf die Begehung der Haupttat im Sinne der Bedingungstheorie **kausal auswirkt** (stRspr; BGHSt 8, 390; 46, 107 (→ Rn. 309); 51, 144 (→ Rn. 309); 61, 252 (→ Rn. 309); BGHR StGB § 27 Abs. 1 Vorsatz 8; BtMG § 29 Abs. 1 Nr. 1 Handeltreiben 77 (→ Rn. 309); BGH NJW 2010, 248; 2017, 498; NStZ 2008, 284 (m. abl. Bespr. *Krumdiek* StV 2009); 2012, 316; 2017, 337 mAnm *Kudlich;* 2019, 461; NStZ-RR 2015, 343; BeckRS 2020, 21883; zu abweichenden Stimmen s. BGH NStZ 2008, 284).

311 **Es kommt daher nicht darauf an,** dass der Haupttäter die Tat **auch ohne den Beitrag** des Gehilfen **begangen** hätte. Vielmehr genügt es, dass die Handlung des Gehilfen die Haupttat zu irgendeinem Zeitpunkt zwischen Versuchsbeginn und Beendigung erleichtert oder fördert, ihre Erfolgsaussichten erhöht oder ihre Auswirkungen intensiviert (BGH NStZ 2008, 284 (→ Rn. 310); 2012, 264; 2017, 337 mAnm *Kudlich;* 2019, 461). Zu einer **früheren** Hilfeleistung → Rn. 314, 315. Zu der Förderung oder Erleichterung durch **Zusagen** → Rn. 312, 325.

312 Ebenso reicht es aus, wenn der Gehilfe den Haupttäter in **seinem schon gefassten Entschluss bestärkt** (BGH NJW 2017, 401 mAnm *Immel*) und ihm ein erhöhtes Gefühl der Sicherheit vermittelt (BGHR StGB § 27 Abs. 1 Hilfeleisten 8 = NStZ 1993, 535; BGH NStZ 1999, 609 (→ Rn. 264); 2012, 316). Dies kommt etwa dann in Betracht, wenn der Täter dem Gehilfen im Rahmen seines Tatplans eine bestimmte Aufgabe überträgt und der Gehilfe zusagt, den Beitrag zu leisten (BGH NStZ 1999, 609 (→ Rn. 264)). Auch die Zusage zur Unterstützung kann ausreichen (BGH BeckRS 2008, 21844).

313 Auf der anderen Seite muss die Hilfeleistung dem Haupttäter **nicht zur Kenntnis** gelangen (→ Rn. 306; BGHR StGB § 27 Abs. 1 Vorsatz 8; BtMG § 29 Abs. 1 Nr. 1 Handeltreiben 77 (→ Rn. 309); BGH StV 1981, 72). Zum untauglichen Mittel → Rn. 346.

314 **Die Handlung des Gehilfen** muss die Haupttat zu **irgendeinem Zeitpunkt** zwischen **Versuchsbeginn** und **Beendigung** (→ Rn. 338) erleichtert oder fördern (→ Rn. 311). Dies bedeutet nicht, dass sie erst zu einem solchen Zeitpunkt vorgenommen werden kann. Vielmehr genügt schon die Unterstützung einer **vorbereitenden Handlung** (BGHSt 28, 346 = NJW 1979, 1721; 46, 107 (→ Rn. 309); 61, 252 (→ Rn. 309); BGHR StGB § 27 Abs. 1 Hilfeleisten 22 = NJW 2001, 2409 = NStZ 2001, 364; BGH NStZ 2017, 337 mAnm *Kudlich;* NStZ-RR 1999, 218; BeckRS 2020, 21883) oder eine Unterstützung längere Zeit vor Begehung der Haupttat in deren **Vorbereitungsphase** (BGHSt 53, 55

(→ Rn. 309); 61, 252 (→ Rn. 309)), solange die Teilnahmehandlung mit dem Willen und dem Bewusstsein geleistet wird, die Haupttat zu fördern.

Beihilfe kann auch schon **vor der Entschließung des Haupttäters** zur Tat 315 geleistet werden (RGSt 28, 287; BGHSt 2, 344 = NJW 1952, 1146; 61, 252 (→ Rn. 309); NStZ 2012, 264; *Schünemann* in LK-StGB, 12. Aufl. 2007, StGB § 27 Rn. 38). Auch hier genügt in subjektiver Hinsicht bedingter Vorsatz; der Gehilfe muss seinen eigenen Tatbeitrag sowie die wesentlichen Merkmale der Haupttat, insbesondere deren Unrechts- und Angriffsrichtung, zumindest für möglich halten und billigen; Einzelheiten der Haupttat braucht der Gehilfe auch hier nicht zu kennen und auch keine bestimmte Vorstellung von ihr zu haben (→ Rn. 349, 351).

Der Beihilfehandlung darf nicht jede **Eignung zur Förderung der Haupt-** 316 **tat** fehlen (zur Eignung beim Gehilfenvorsatz → Rn. 346) oder **erkennbar nutzlos** für das Gelingen der Haupttat sein (BGH NJW 2010, 284; NStZ 2016, 463). Eine fehlgeschlagene oder nutzlose Beihilfehandlung ist keine vollendete Beihilfe, sondern ein strafloser (untauglicher) Beihilfeversuch (BGH NJW 2008, 1460 (→ Rn. 186). Zur Eignung der Beihilfe beim Handeltreiben → § 29 Rn. 745, 746; dasselbe wie dort gilt bei den anderen unechten Unternehmensdelikten des Betäubungsmittelstrafrechts.

b) Neutrale Handlungen, berufstypische Handlungen. Äußerlich neutrale 317 berufsübliche Verhaltensweisen können von Dritten zur Begehung einer Straftat ausgenutzt werden. Nicht jede Handlung, die sich im Ergebnis objektiv tatfördernd auswirkt, kann daher als (strafbare) Beihilfe gewertet werden. Die danach **erforderliche Einschränkung** der Beihilfestrafbarkeit hat innerhalb des subjektiven Tatbestands aufgrund einer wertenden Betrachtung im Einzelfall zu erfolgen (BGHSt 46, 107 (→ Rn. 309); 50, 331 = NJW 2006, 522 = NStZ 2006, 214 = StV 2006, 301; BGHR StGB § 27 Abs. 1 Hilfeleisten 20 = NStZ 2000, 34; 2000, 164 m. Bespr. *Wohlers* = StV 2000, 479; Hilfeleisten 22 (→ Rn. 314)):

Weiß der Hilfeleistende **nicht,** wie der von ihm geleistete Beitrag vom Haupt- 318 täter verwendet wird, und hält er es lediglich **für möglich,** dass sein Tun zur Begehung einer Straftat ausgenutzt wird, so ist sein Handeln regelmäßig keine strafbare Beihilfe, es sei denn, das von ihm erkannte Risiko strafbaren Verhaltens des Unterstützten war derart hoch, dass er sich mit seiner Hilfeleistung die Förderung eines erkennbar tatgeneigten Täters angelegen sein ließ (BGHSt 50, 331 (→ Rn. 317); BGH NStZ 2017, 337 mAnm *Kudlich;* 461; 2018, 328 mAnm *Kudlich;* NStZ-RR 2021, 7; StV 2017, 292 = BeckRS 2016, 00457).

Zielt das **Handeln** des Haupttäters dagegen **ausschließlich** auf eine strafbare 319 Handlung und **weiß dies** der Hilfeleistende, so ist sein Tatbeitrag als Beihilfe zu werten, weil dann sein Tun den „Alltagscharakter" verliert, als Solidarisierung mit dem Täter zu deuten ist und deshalb auch nicht mehr als sozialadäquat angesehen werden kann (BGHSt 46, 107 (→ Rn. 309); 50, 331 (→ Rn. 317); BGH NStZ 2017, 461; 2018, 328 mAnm *Kudlich*).

Ähnliches soll auch für anderes **neutrales Alltagshandeln** gelten, etwa die 320 Überlassung eines Fahrzeugs, das dann zu Kurierfahrten genutzt wird (OLG Düsseldorf StV 2003, 626).

Eine erlaubte Mitwirkung kommt auch dann in Betracht, wenn Tatbestände der 321 Beihilfe **zu eigenen Strafvorschriften** verselbständigt wurden, etwa § 29 Abs. 1 S. 1 Nr. 10 oder 11. Wer im Rahmen eines **Alltagsgeschäfts** einem Drogenabhängigen Feuerzeuge, Zitronen oder einen Löffel verkauft, macht sich daher nicht strafbar (→ § 29 Rn. 1753, 1844).

2. Formen der Beihilfe. Beihilfe kann als physische (technische) oder psychi- 322 sche (intellektuelle) Hilfe geleistet werden.

323 **a) Physische Beihilfe.** Mit der physischen Beihilfe soll die Tat in der Weise physisch unterstützt werden, dass die Tatausführung selbst gefördert wird (BGH NJW 2008, 1460 (→ Rn. 186); s. *Fischer* StGB § 27 Rn. 10).

324 **b) Psychische Beihilfe.** Dagegen wirkt die psychische Beihilfe auf die Psyche des Täters (BGH NJW 2008, 1460 (→ Rn. 186)), indem sie ihn in Tatplan, Tatentschluss oder Tatausführungswillen bestärkt (BGHSt 61, 252 (→ Rn. 309); *Fischer* StGB § 27 Rn. 11) und damit die Tat fördert (*Schünemann* in LK-StGB, 12. Aufl. 2007, StGB § 27 Rn. 15).

325 Schon wegen dieser Unterschiede verbietet es sich, **fehlgeschlagene** oder sonst **nutzlose Gehilfenbeiträge** oder deren **Zusage** stets in eine psychische Beihilfe umzudeuten (BGH NJW 2008, 1460 (→ Rn. 186)). Dass in der – auch fehlgeschlagenen oder nutzlosen – Förderung der Tat ihre Kenntnis (BGH NStZ 2016, 463) und regelmäßig auch ihre Billigung liegt, reicht zur psychischen Beihilfe in der Regel nicht aus (→ Rn. 327–329). Eine **Zusage** kann allerdings dann **eine psychische Beihilfe darstellen,** wenn sie den Haupttäter in die Lage versetzt, von weiteren Maßnahmen abzusehen (→ § 29 Rn. 554–559, 603).

326 **Notwendig ist** die Feststellung eines **konkreten Tatbeitrags** (BGH NStZ 2012, 316; 2016, 463), durch den der Täter in seinem Entschluss zur Tat **bestärkt** (BGH NStZ 2012, 316) und ihm ein **erhöhtes Gefühl der Sicherheit** vermittelt wird (BGHR StGB § 27 Abs. 1 Hilfeleisten 8 (→ Rn. 312)). Damit die Grenzen zur Unterlassung nicht verwischt werden, muss der Tatbeitrag des Gehilfen aber auch in diesen Fällen **durch Handeln** erbracht werden (BGHR StGB § 27 Abs. 1 Hilfeleisten 14 = NStZ 1995, 490 = StV 1995, 363). Etwas anderes gilt natürlich, wenn Beihilfe durch Unterlassen (§ 13 StGB) in Betracht kommt

327 **c) Billigung, Dabeisein.** Dass jemand von den Rauschgiftgeschäften eines anderen Kenntnis hat und **sie billigt,** erfüllt für sich die Voraussetzungen strafbarer Beihilfe noch nicht (BGH NJW 2008, 1460 (→ Rn. 186); NStZ 1999, 451 = StV 1999, 430; 2005, 229 = StV 2005, 273; 2019, 461; BeckRS 2020, 21883). Hinzukommen muss ein die Tatbegehung objektiv fördernder Beitrag im Sinne **aktiven Tuns** (BGHR StGB § 27 Abs. 1 Unterlassen 5 = NStZ 1993, 233 = StV 1993, 357; Vorsatz 8; BGH NStZ 1996, 563 = StV 1996, 432; 1999, 451 (s. o.); 2019, 461). Auch muss sich der Gehilfe dieser Wirkung **bewusst sein** (BGH NJW 2008, 1460 (→ Rn. 186); NStZ 1996, 563 (s. o.)).

328 **Die bloße Billigung** genügt auch dann **nicht,** wenn der Betreffende einen **Teil der Beute** beansprucht (BGH NStZ 1993, 385 = StV 1993, 468), sich am **Konsum** beteiligt (BGH StV 1999, 212), einen **Betrag aus dem Erlös** erhält (BGH 2 StR 505/11) oder sonst am **Taterfolg interessiert** ist (*Kühl* in Lackner/Kühl StGB § 27 Rn. 4). Ebenso reicht es nicht aus, wenn **ein Wohnungsinhaber** sich darauf beschränkt, den Verkauf von Betäubungsmitteln aus seiner Wohnung (BGH NStZ 1999, 451 (→ Rn. 327)) oder Rauschgiftgeschäfte in der Wohnung (BGH StV 1999, 212) zu **dulden;** dazu → § 29 Rn. 96, 97.

329 Auf der anderen Seite kann die Hilfeleistung in der **Billigung der Tat** bestehen, wenn sie gegenüber dem Täter zum Ausdruck gebracht, dieser dadurch im Tatentschluss oder in seiner Bereitschaft, ihn weiter zu verfolgen, bestärkt wird, und der Gehilfe sich dessen bewusst ist (BGH NStZ 2002, 139; NStZ-RR 2016, 136; *Joecks/Scheinfeld* in MüKoStGB StGB § 27 Rn. 12). Zum **Prüfungsgrundsatz** → Rn. 336.

330 Beihilfe kann auch durch die **Anwesenheit am Tatort** (BGH NStZ 2002, 139; NStZ-RR 2016, 136) oder durch das **Dabeisein bei der Tat,** etwa durch die **Begleitung** bei einem **Rauschgifttransport,** geleistet werden (BGHR StGB § 27 Abs. 1 Hilfeleisten 12 = StV 1994, 175; 1994, 15 = NStZ-RR 1996, 48 = StV 1996, 87; BtMG § 29 Abs. 1 Nr. 1 Handeltreiben 56 (2 StR 468/00); Einfuhr 42 = NStZ 2010, 224 = StV 2010, 129; BGH NStZ 1983, 462 mAnm *Winkler* = StV

1983, 283); 2005, 229 (→ Rn. 327); NStZ-RR 2018, 368; 2019, 74). **Voraussetzung** ist auch hier, dass die Tat dadurch in ihrer konkreten Gestaltung gefördert oder erleichtert worden ist (→ Rn. 310), ohne dass allerdings der Erfolg der Haupttat mitverursacht worden sein muss (→ Rn. 310). Auch in diesem Fall muss aber ein **durch aktives Tun** erbrachter Tatbeitrag des Gehilfen festgestellt werden (BGH NStZ 2019, 461; NStZ-RR 1996, 290 = StV 1996, 659; 2001, 40), etwa indem er seine Anwesenheit (positiv) einbringt, um den Haupttäter zu unterstützen (BGHR StGB § 27 Abs. 1 Hilfeleisten 14 (→ Rn. 326)). Dasselbe gilt, wenn der Beteiligte sich in Kenntnis des geplanten Rauschgiftgeschäfts zu der Begleitung des Rauschgifthändlers bereit erklärt, ihn damit in **seinem Tatentschluss stärkt** und ihm ein **erhöhtes Gefühl der Sicherheit** vermittelt (BGHR BtMG § 29 Beweiswürdigung 15 (4 StR 241/96); BGHR StGB § 13 Abs. 1 Unterlassen 5 = NStZ 2000, 83 = StV 2000, 195; BGH NStZ 1985, 318; NStZ-RR 2010, 255). Nicht ausreichend ist auch bei Anwesenheit am Tatort die **bloße Billigung** (BGH NStZ-RR 2016, 136; 3 StR 178/12; *Joecks/Scheinfeld* in MüKoStGB StGB § 27 Rn. 12). Zum **Prüfungsgrundsatz** → Rn. 336.

d) Unterlassen. Beihilfe kann auch **durch Unterlassen geleistet** werden 331 (BGHR StGB § 27 Abs. 1 Unterlassen 5 (→ Rn. 330); BtMG § 29 Abs. 1 Nr. 1 Einfuhr 42 (→ Rn. 330); BGH NStZ 2009, 321). Voraussetzung ist, dass eine Rechtspflicht zum Handeln (Garantenpflicht) besteht (§ 13 StGB). Ob dies der Fall ist, richtet sich auch im Betäubungsmittelstrafrecht nach allgemeinen strafrechtlichen Grundsätzen. So ist ein **Wohnungsinhaber nicht** ohne weiteres verpflichtet, Rauschgiftgeschäfte in seiner Wohnung zu unterbinden (→ § 29 Rn. 95); anders, wenn weitere Umstände hinzutreten (→ § 29 Rn. 90, 91, 95). Nach den Grundsätzen der **Geschäftsherrenhaftung** kann sich aus der Stellung als Betriebsinhaber/ Vorgesetzter eine Garantenpflicht zur Verhinderung von Straftaten (Handeltreiben) von Mitarbeitern ergeben. Sie ist auf die Verhinderung betriebsbezogener Straftaten beschränkt und umfasst nicht solche, die der Mitarbeiter lediglich bei Gelegenheit seiner Tätigkeit begeht. Betriebsbezogen ist eine Tat dann, wenn sie einen inneren Zusammenhang mit der betrieblichen Tätigkeit des Mitarbeiters oder mit der Art des Betriebes aufweist (BGH NStZ 2018, 648). Auch beim Unterlassen richtet sich die **Abgrenzung** zur **Mittäterschaft** nach den allgemeinen Grundsätzen (BGH NStZ 2009, 321); zu diesen → Rn. 367–384.

e) Sukzessive Beihilfe. Beihilfe kann auch vorliegen, wenn jemand in Kenntnis 332 und Billigung des bisherigen Tatgeschehens in dieses eintritt, sein Einverständnis sich auf den kriminellen Gesamtplan bezieht und es auch die Kraft hat, dass ihm die einheitliche Straftat als solche strafrechtlich zugerechnet wird (BGH NStZ 1994, 123 (→ Rn. 268)). Auch im Übrigen gelten dieselben Grundsätze wie bei der sukzessiven Mittäterschaft (→ Rn. 266–269). Zur (sukzessiven) Beihilfe nach Vollendung der Haupttat → Rn. 338.

f) Beihilfe und andere Beteiligungsformen. Beihilfe kann auch **zur Anstif-** 333 **tung** geleistet werden, wenn der Gehilfe mit seinen Tatbeiträgen im Wesentlichen (nur) die Anstiftungshandlungen des Anstifters unterstützen will (BGHR StGB § 26 Bestimmen 4 (→ Rn. 284)). Dies kommt namentlich in Betracht, wenn der Gehilfe dem Anstifter anheimstellt, ob es zur Anstiftung kommen soll (BGHR StGB § 26 Bestimmen 4 (→ Rn. 284). Beihilfe zur Anstiftung ist als Beihilfe zur Haupttat zu bestrafen (BGHR StGB § 26 Bestimmen 4 (→ Rn. 284); OLG Bamberg NJW 2006, 2935). Dasselbe gilt für die **Anstiftung** zur **Beihilfe.** Auch sie ist lediglich als (mittelbare) Beihilfe zur Haupttat strafbar (→ Rn. 292; RGSt 59, 396; BGHSt 7, 236; BGH NStZ 2009, 392 = StraFo 2009, 38).

Ebenso kann **Beihilfe** auch **zur Beihilfe** geleistet werden (BGH NStZ 2016, 334 463). Auch wer die Tatförderung eines (weiteren) Gehilfen unterstützt, leistet dem Täter Hilfe (BGHR StGB § 27 Abs. 1 Hilfeleisten 22 = NJW 2001, 2409 = NStZ

2001, 364; BtMG § 29 Abs. 1 Nr. 1 Handeltreiben 77 (→ Rn. 309)), so dass eine (mittelbare) Beihilfe zur Haupttat anzunehmen ist (*Hoyer* in SK-StGB StGB § 27 Rn. 37). Eine doppelte Strafmilderung nach § 27 Abs. 2 S. 2 StGB kommt daher nicht in Betracht. Ebenso muss in Fällen dieser Art nicht entschieden werden, ob die Personen, die durch die Beihilfehandlungen unterstützt wurden, als Täter oder ihrerseits nur als Gehilfen anzusehen sind (BGHR (BGHR StGB § 27 Abs. 1 Hilfeleisten 22 (s. o.)). Im Übrigen gelten dieselben Grundsätze wie sonst für die Beihilfe auch (BGHR BtMG § 29 Abs. 1 Nr. 1 Handeltreiben 77 (→ Rn. 309)).

335 Zum Zusammentreffen von **Beihilfe und anderen Beteiligungsformen** an derselben Tat → Rn. 243. Auf das Verhältnis von Täterschaft und Beihilfe ist der **Zweifelssatz** analog anzuwenden (BGHSt 23, 203 = NJW 1970, 668; 1970, 1052 mAnm *Fuchs; Fischer StGB* § 1 Rn. 36; für unmittelbare Anwendung BGHR StGB § 25 Abs. 2 Tatinteresse 4 (3 StR 109/88); BGH 4 StR 369/11). Zur (gleichzeitigen) Beihilfe an der Tat des **Käufers** und des **Verkäufers** von Betäubungsmitteln → Rn. 357.

336 g) **Prüfungsgrundsatz.** Stets bedarf es **sorgfältiger und genauer Feststellungen** dazu, dass und wodurch die Tatbegehung in ihrer konkreten Gestalt objektiv gefördert und erleichtert wurde (BGHR StGB § 27 Abs. 1 Hilfeleisten 14 (→ Rn. 326), 15 = NStZ-RR 1996, 48 = StV 1996, 87; BGH NStZ 2019, 461; NStZ-RR 2001, 40) **und** dass der Gehilfe sich dessen **bewusst** war (BGHR StGB § 27 Abs. 1 Unterlassen 5 (→ Rn. 327); Hilfeleisten 14 (→ Rn. 326); Hilfeleisten 15; NStZ-RR 1996, 48 = StV 1996, 87; NStZ-RR 1996, 290 (→ Rn. 330)). So kann das bloße Dabeisein das Handeltreiben fördern, für die zugleich gegebene Einfuhr jedoch ohne Bedeutung sein (BGHR BtMG § 29 Abs. 1 Nr. 1 Einfuhr 35 = NStZ 1998, 517).

337 **3. Die Haupttat.** Die Haupttat, die auch ein **Sonderdelikt** sein kann (*Fischer* StGB § 27 Rn. 3), muss tatbestandsmäßig sein. Sie muss zumindest in das **Stadium des Versuchs** gelangt sein (BGHR BtMG § 29 Abs. 1 Nr. 1 Handeltreiben 43 = StV 1994, 429; § 30a Abs. 1 Bandenhandel 2 (→ Rn. 220); BGH NStZ 1994, 501; StraFo 2005, 82; *Kühl* in Lackner/Kühl StGB § 27 Rn. 8). Bleibt sie im Vorbereitungsstadium stecken, so tritt für den Gehilfen keine Strafbarkeit ein. Insbesondere kommt auch keine Strafbarkeit nach § 30 StGB in Betracht, da die Zusage oder Verabredung eines Tatbeitrags, der rechtlich als Beihilfe zu werten wäre, die Voraussetzungen des § 30 StGB nicht erfüllt (→ Rn. 220).

338 Dagegen kann (sukzessive) Beihilfe auch noch **nach Vollendung** der Haupttat, jedoch **nur bis zur Beendigung** geleistet werden (BGHSt 61, 252 (→ Rn. 309); BGH NJW 2013, 2211; 2017, 498; NStZ 2012, 264; 2013, 463; BayObLG NStZ-RR 1999, 299; diff. *Joecks/Scheinfeld* in MüKoStGB § 27 Rn. 18–25). Dies gilt trotz der Weite des Tatbestands auch für das Handeltreiben (BGH NStZ-RR 2020, 252). Ob in einem solchen Fall Beihilfe zur Haupttat oder Begünstigung/Strafvereitelung vorliegen, hängt von der Willensrichtung des Handelnden ab (BGHR StGB § 27 Abs. 1 Hilfeleisten 1). **Nach der Beendigung** der Tat ist Beihilfe nicht mehr möglich; insbesondere vermag das nachträgliche Einverständnis keine Beihilfe zu begründen (BGHR StGB § 46 Abs. 2 Beihilfe 1 (2 StR 606/93); BGH NStZ 2012, 264).

339 **Haupttat beim Handeltreiben** mit Betäubungsmitteln ist das **Gesamtgeschäft** (Bewertungseinheit, in der alle Betätigungen zusammengefasst sind, die sich auf den Umsatz desselben Betäubungsmittels richten). Hierfür spricht, dass dieses auch sonst für die Fragen der Beteiligung entscheidend ist (→ § 29 Rn. 699). Außerdem scheidet der Teilakt, durch den das Handeltreiben verwirklicht wird, schon deswegen als Haupttat aus, weil er in der Regel die Beihilfehandlung darstellt (→ Rn. 341). Es erscheint auch wenig sinnvoll, im Gesamtgeschäft nicht die Bewertungseinheit zu sehen, in der alle Betätigungen zusammengefasst sind, die sich auf den Umsatz desselben Betäubungsmittels beziehen, sondern einen „außertatbestandlichen Bezugsbegriff auf Beteiligtenebene" (*Schnürer* S. 109). Mit Recht weist *Schnürer* (S. 107, 108) allerdings daraufhin, dass in der neuen Rechtsprechung des BGH auf die Feststellung der Haupttat trotz des postulierten Prüfungsgrundsatzes (→ Rn. 336) kein oder allenfalls geringes Gewicht gelegt wird. Allerdings verlangt BGH NStZ-RR 2021, 78 **konkrete Feststellungen.**

Da der Gehilfe einen **fremden Umsatz unterstützt,** sind ferner die hierfür geltenden Grundsätze maßgeblich (→ § 29 Rn. 306–308). Ist der Gehilfe mit dem Rauschgift selbst befasst, so liegt stets eine **konkretisierbare Haupttat** vor, da er selbst einen Teilakt dieser Tat verwirklicht (→ Rn. 352); weitere Kenntnisse vom Gesamtgeschäft muss er nicht haben (→ § 29 Rn. 172). Ist eine Befassung mit dem Rauschgift nicht gegeben, so kommt es darauf an, ob ein bestimmtes Umsatzgeschäft mit Betäubungsmitteln läuft oder angebahnt ist (→ Rn. 352). Zur weiteren Konkretisierung der Haupttat → Rn. 349–353. 340

In der Praxis wird das Gesamtgeschäft regelmäßig in der Weise unterstützt, dass der Gehilfe einen **Teilakt** des Handeltreibens, etwa den Transport des Rauschgifts, selbst verwirklicht oder sonst einen Beitrag dazu leistet. Kommt der vorgesehene **Teilakt nicht zustande,** fällt etwa die Kurierfahrt aus, so fehlt es in der Regel zwar nicht an an einer konkretisierbaren Haupttat (Gesamtgeschäft), es mangelt jedoch an einem Ansetzen zur der in Aussicht genommenen Teilnahmehandlung (→ § 29 Rn. 590, 592–595), so dass Straflosigkeit eintritt. Etwas anderes kann in Betracht kommen, wenn eine **Zusage** festgestellt werden kann, die sich fördernd auf das Gesamtgeschäft ausgewirkt hat (→ Rn. 325). 341

Der Haupttäter muss **rechtswidrig** und **vorsätzlich** handeln. Nicht notwendig ist, dass die Haupttat auch schuldhaft verwirklicht wird. Handelt der Täter gerechtfertigt, so ist die Beihilfe nicht strafbar (§ 27 Abs. 1 StGB). Ebenso kommt Beihilfe zu einer fahrlässigen Tat nicht in Betracht; zu prüfen ist ein eigenes Fahrlässigkeitsdelikt. 342

4. Innerer Tatbestand. Der Gehilfe muss vorsätzlich eine fremde Tat fördern und darf nicht selbst Täterwillen haben. **Fahrlässige** Beihilfe ist nicht strafbar (BGHSt 1, 283; *Fischer* StGB § 27 Rn. 20). Der **Vorsatz** des Gehilfen muss ein **doppelter** sein: 343

a) Der Vorsatz zur Unterstützung. Er muss sich einerseits auf die Unterstützungshandlung als solche, dh in ihrer unterstützenden Wirkung (BGH NStZ 1983, 462; 1985, 318; BayObLG NStZ 1999, 627; *Kühl* in Lackner/Kühl StGB § 27 Rn. 7) und andererseits auf eine bestimmte, hinreichend konkretisierte (→ Rn. 349–353) Handlung beziehen, welche die Voraussetzung einer vorsätzlich begangenen rechtswidrigen Tat erfüllt. 344

Wie bei der Anstiftung (→ Rn. 293) muss sich der **Vorsatz des Gehilfen** darauf erstrecken, dass die Haupttat **vollendet** wird (BGHR BtMG § 29 Abs. 1 Nr. 1 Handeltreiben 69 (→ Rn. 293)). Dabei reicht es bei **unechten Unternehmensdelikten** (→ Rn. 173), bei denen Versuchshandlungen als Vollendung bestraft werden, nicht aus, wenn sich der Vorsatz nur auf die formale Vollendung bezieht; hier muss sich der Vorsatz auch auf den Eintritt des materiellen Vollendungs-Erfolgs erstrecken, so dass der Gehilfe sich – zumindest mit bedingtem Vorsatz – vorgestellt haben muss, dass es zu dem Betäubungsmittelumsatz kommt (BGHR BtMG § 29 Abs. 1 Nr. 1 Handeltreiben 69 (→ Rn. 293); *Fischer* StGB § 27 Rn. 27). 345

Ähnlich wie beim agent provocateur fehlt es am Vorsatz, wenn der Gehilfe annimmt, dass sein Tun **ungeeignet** sei, die Haupttat zu fördern, und dass diese deshalb lediglich zum Versuch gedeihen könne (*Fischer* StGB § 27 Rn. 26 a; *Joecks/Scheinfeld* in MüKoStGB StGB § 27 Rn. 111; zur (objektiven) Eignung → Rn. 316). 346

Bedenken gegen einen Gehilfenvorsatz ergeben sich auch dann, wenn der Beitrag des Betreffenden zum Gelingen der Tat für ihn erkennbar **an sich nicht erfor-** 347 derlich und auch für die Art der Tatausführung ohne Bedeutung ist (BGHR StGB § 27 Abs. 1 Vorsatz 4 (2 StR 239/88); 8 (→ Rn. 310); Hilfeleisten 15 = NStZ-RR 1996, 48 = StV 1996, 87).

348 Ob der Gehilfe den **Erfolg der Haupttat** wünscht oder ihn **lieber vermeiden würde,** ist dagegen nicht erheblich (BGHSt 53, 55 (→ Rn. 309)); es reicht, dass die Hilfe an sich geeignet ist, die fremde Haupttat zu fördern oder zu erleichtern, und der Hilfeleistende dies weiß (BGHSt 46, 107 (→ Rn. 309); BGHR StGB § 27 Abs. 1 Vorsatz 1 (3 StR 292/86)). Unter dieser Voraussetzung fehlt es auch dann nicht am Vorsatz, wenn der Gehilfe dem Täter ausdrücklich erklärt, er missbillige die Haupttat (BGHSt 46, 107 (→ Rn. 309); BGHR StGB § 13 Abs. 1 Garantenstellung 18 (3 StR 7/01); *Fischer* StGB § 27 Rn. 23; *Kühl* in Lackner/Kühl StGB § 27 Rn. 7).

349 **b) Kenntnis von der Haupttat.** Anders als der Anstifter findet der Gehilfe die Konzeption der geplanten Tat bereits vor (zur Haupttat beim **Handeltreiben** → Rn. 339). Während der Anstifter eine bestimmte Tat vor Augen hat, erbringt der Gehilfe einen von der Haupttat losgelösten Beitrag (BGH NStZ 2017, 274). Die Anforderungen an den Konkretisierungsgrad der Vorstellung von der Haupttat sind daher beim Gehilfen geringer als bei der Anstiftung (BGHSt 42, 135 (→ Rn. 309); *Heine/Weißer* in Schönke/Schröder StGB § 27 Rn. 29; *Kühl* in Lackner/Kühl StGB § 27 Rn. 7). Es genügt, wenn er über die Haupttat **wenigstens in Umrissen** Bescheid weiß (BGHR BtMG § 29 Abs. 1 Nr. 1 Handeltreiben 66 = NStZ 2007, 102 = StV 2007, 80). Dazu reicht es aus, wenn er den wesentlichen Unrechtsgehalt und die Angriffsrichtung der Haupttat in seine Vorstellung aufgenommen hat (BGHSt 42, 135 (→ Rn. 309); 51, 144 (→ Rn. 309); BGHR StGB § 27 Abs. 1 Vorsatz 6 (3 StR 448/89); 9 (3 StR 30/95); BGH NStZ 1990, 501; 2012, 264). Eine **Besonderheit** gilt beim **Handeltreiben,** bei dem der Gehilfe in aller Regel einen Teilakt der Haupttat selbst verwirklicht (→ Rn. 339–341).

350 **Nicht notwendig ist die Kenntnis** einer über den Tatbestand hinausgehenden konkreten **Unrechtsdimension** der tatsächlich ausgeführten Haupttat; allerdings ist der Schuldspruch auf die vom Vorsatz des Gehilfen erfassten Taten zu beschränken, wenn der Haupttäter etwa eine größere Zahl von rechtswidrigen Taten begeht, als es sich der Gehilfe vorgestellt hatte; waren die weiteren Taten für den Gehilfen vorhersehbar, so können sie ihm als verschuldete Tatauswirkungen strafschärfend angelastet werden (BGHSt 51, 144 = NJW 2007, 384 = NStZ 2007, 230 mAnm *Widmaier* = StV 2007, 59).

351 **Einzelheiten der Tat** muss der Gehilfe nicht kennen (BGHSt 47, 134 (→ Rn. 111); BGH NStZ 2012, 264) und auch keine bestimmte Vorstellung von ihr haben (BGH NStZ 2011, 399; 2012, 264). So muss er grundsätzlich nicht wissen, wann, wo, gegenüber wem und unter welchen besonderen Umständen die Tat ausgeführt wird (BayObLG NJW 1991, 2582 = JR 1992, 428 mAnm *Wolf; Heine/ Weißer* in Schönke/Schröder StGB § 27 Rn. 29; *Joecks/Scheinfeld* in MüKoStGB StGB § 27 Rn. 104); auch von der Person des Haupttäters ist keine genaue Kenntnis notwendig (BGHSt 3, 65 = NJW 1952, 1062; *Heine/Weißer* in Schönke/Schröder StGB § 27 Rn. 29; *Kühl* in Lackner/Kühl StGB § 27 Rn. 7). Im **Betäubungsmittelstrafrecht** ist diese Konstellation sehr häufig, etwa bei Kurieren (→ Rn. 349). Zur Unkenntnis von der Art des Betäubungsmittels → Rn. 365. Eine **Abweichung** des tatsächlichen vom vorgestellten **Kausalverlauf** ist dann ohne Bedeutung, wenn sie sich innerhalb der Grenzen des nach allgemeiner Lebenserfahrung Voraussehbaren hält und keine andere Bewertung der Tat rechtfertigt (BGHR BtMG § 29 Abs. 1 Nr. 1 Handeltreiben 46 (3 StR 149/94); BGH NStZ 1999, 513 = StV 1999, 644); auch → Rn. 405, 406.

Kap. 8. Täterschaft, Teilnahme **Vor §§ 29 ff. BtMG**

Der Gehilfe muss aber wissen oder damit rechnen und sich damit abfinden, dass 352
er eine **bestimmte fremde Tat unterstützt** (BGHR BtMG § 29 Abs. 1 Nr. 1
Handeltreiben 43 (→ Rn. 337)). Im Falle des **Handeltreibens** muss dabei zwischen dem Umgang mit dem Rauschgift selbst, mit den Erlösen, mit Kaufgeld und mit anderen Stoffen (Streckmitteln) und Gegenständen unterschieden werden (→ § 29 Rn. 232–235). In den beiden ersten Fällen (Umgang mit Rauschgift oder Erlösen) ist die notwendige **Konkretisierung der Haupttat** gegeben, wenn der Gehilfe selbst mit dem Rauschgift (oder den Erlösen) befasst war oder wenn sich die Beihilfe auf ein bestimmtes laufendes oder angebahntes (mindestens bis zum Versuch gediehenes) Umsatzgeschäft (→ Rn. 339, 341) mit Betäubungsmitteln bezieht (→ § 29 Rn. 306–308). Ein solches Geschäft wird auch beim Kaufgeld in der Regel vorliegen (→ § 29 Rn. 235). Im letzten Fall (Umgang mit anderen Stoffen) ist erforderlich, dass ein konkretes Geschäft mit Betäubungsmitteln zumindest angebahnt sein oder laufen muss (→ § 29 Rn. 245–247).

Allerdings kann **Beihilfe schon dann** in Betracht kommen, wenn der Gehilfe 353
dem Täter ein entscheidendes Tatmittel willentlich an die Hand gibt und damit bewusst das **Risiko erhöht,** dass eine durch den Einsatz gerade dieses Mittels typischerweise geförderte Haupttat verübt wird (BGHSt 42, 135 (→ Rn. 309); BGH NStZ 2017, 274).

5. Versuch. Versuchte Beihilfe ist nicht strafbar (BGH NJW 2008, 1460 354
(→ Rn. 186); NStZ 2009, 392 (→ Rn. 333); *Fischer* StGB § 27 Rn. 29), auch nicht unter dem Gesichtspunkt des § 30 StGB (→ Rn. 220). Strafbar ist dagegen die Beihilfe zu einer versuchten Haupttat (BGH StraFo 2005, 82 (5 StR 356/04); *Fischer* StGB § 27 Rn. 29), sofern deren Versuch mit Strafe bedroht ist. In diesem Fall kommt auch eine doppelte Strafmilderung in Betracht (*Murmann* in Satzger/Schluckebier/Widmaier StGB § 27 Rn. 16; s. auch BGH StV 1994, 305 = wistra 1994, 139).

6. Konkurrenzen. Ob bei einem Gehilfen eine oder mehrere Handlungen vor- 355
liegen, richtet sich zunächst (aber → Rn. 359) **nach seinem Tatbeitrag** (→ Rn. 257). Die Tat des Gehilfen ist seine Beihilfehandlung. Abzustellen ist daher zunächst nicht auf die Anzahl der Haupttaten, sondern auf die diesen **jeweils genau zuzuordnenden,** konkret festgestellten Beihilfebeiträge (BGH NStZ 1999, 451 (→ Rn. 327)).

a) Förderung durch eine (Beihilfe-)Handlung. Fördert der Gehilfe durch 356
eine Handlung oder durch eine auf einen einheitlichen Entschluss gegründete Unterlassung (BGHR StGB § 13 Abs. 1 Unterlassen 5 (→ Rn. 330)) **mehrere rechtlich selbständige Straftaten** des Haupttäters (oder sogar mehrerer Haupttäter), so liegt, da die Tat des Gehilfen seine Beihilfehandlung ist, nur **eine,** und zwar in **in Tateinheit begangene** (BGHR BtMG § 29a Abs. 1 Nr. 2 (5 StR 555/10); StGB § 52 Abs. 1 Handlung dieselbe 38 (2 StR 629/11); BGH NStZ 2014, 702; NStZ-RR 2014, 305; 2020, 206), **Beihilfe** im Rechtssinne vor (RGSt 70, 26; BGHSt 49, 306 (→ Rn. 257); 63, 29 = NStZ 2016, 39; BGHR BtMG § 29 Abs. 1 Nr. 1 Handeltreiben 59 = NStZ-RR 2003, 309 = StV 2003, 618; BGH NJW 2013, 2211; NStZ 1999, 451 (→ Rn. 327); 2020, 403).

Fördert der Gehilfe sowohl die Taten des **Verkäufers als auch** die des **Käufers** 357
von **Betäubungsmitteln,** so kommt es darauf an, in wessen Auftrag und wessen Interesse er gehandelt hat, von wem er etwa entlohnt wurde; hierin liegt bei wertender Betrachtung der Schwerpunkt des Rechtsgutsangriffs; die notwendigerweise stets auch gegebene Beihilfe zum Handeltreiben des anderen tritt dann im Wege der **Subsidiarität** zurück (BGH NStZ-RR 2012, 280 = StV 2012, 286; 2013, 147).

Die Akzessorietät der Beihilfe zur Haupttat bleibt unberührt. Dass der Ge- 358
hilfe mehrere materiell selbständige Rauschgiftgeschäfte unterstützt, die sich erst in

ihrer Gesamtheit auf eine nicht geringe Menge beziehen, kann daher nicht dazu führen, dass er der Beteiligung an einem Verbrechen schuldig ist, sondern dies kann nur im Rahmen der Strafzumessung berücksichtigt werden (BGHSt 49, 306 (→ Rn. 257)). Stellt der Gehilfe etwa für 70 Straßenverkäufe das Auslieferungsfahrzeug, so liegt Beihilfe zu 70 Vergehen des Handeltreibens vor (*Winkler* NStZ 2006, 328 (329)). Beim Haupttäter ist Realkonkurrenz gegeben.

359 **b) Förderung durch mehrere (Beihilfe-)Handlungen.** Hat ein Gehilfe dagegen mit mehreren Beihilfehandlungen an **derselben Haupttat** mitgewirkt, so liegt nur eine Beihilfe vor (BGH NStZ 2008, 471; 2020, 403), da sich das vom Gehilfen begangene Unrecht nur aus der Haupttat ergibt (BGHSt 47, 134 (→ Rn. 111); 63, 29 (→ Rn. 356); s. auch BGH NJW 2000, 3012; NStZ 1999, 513 (→ Rn. 351); StV 2005, 666; *Fischer* StGB § 27 Rn. 34).

360 Wegen der **Akzessorietät der Beihilfe** gilt dies auch dann, wenn die Haupttat aus mehreren Handlungen besteht, die zu einer **Bewertungseinheit** (→ Rn. 588–668) zusammengefasst sind. Daher werden mehrere an sich selbständige Beihilfehandlungen zu einer Tat im Rechtssinne verbunden, wenn dies nach den Grundsätzen der Bewertungseinheit bei den Taten, zu denen Beihilfe geleistet wurde, der Fall ist (BGH NStZ 1999, 451 (→ Rn. 327); 2014, 465; 2015, 226; NStZ-RR 2008, 386; 2012, 280 (→ Rn. 357); 2013, 147; 2014, 180; 2015, 113; 2020, 375; *Fischer* StGB § 27 Rn. 34). Zur Klammerwirkung in diesen Fällen → Rn. 699.

361 Fördert der Gehilfe aber **nur einzelne dieser Handlungen,** etwa einige Verkaufsfälle, und nicht auch diejenigen, die zur Zusammenfassung zur Bewertungseinheit führen, namentlich den Einkauf, so ist die Annahme von mehreren Beihilfehandlungen zum Handeltreiben sachgerecht (BGHR BtMG § 29 Bewertungseinheit 22 = NStZ-RR 2004, 146).

362 **Fördert der Gehilfe** durch mehrere Beihilfehandlungen **mehrere selbständige Taten,** so dass den Haupttaten jeweils eigenständige Beihilfehandlungen zugeordnet werden können, liegt **Tatmehrheit** vor (BGHSt 63, 29 (→ Rn. 356); BGHR StGB § 13 Abs. 1 Unterlassen 5 (→ Rn. 330); BGH NJW 2009, 690 = NStZ 2009, 159 = StV 2009, 169 mAnm *Beulke/Witzigmann* StV 2009, 394); NStZ 2020, 403; NStZ-RR 2020, 206). Im Falle des Unterlassens setzt dies einen auf die jeweilige Tat konkretisierten Vorsatz voraus (BGH StGB § 13 Abs. 1 Unterlassen 5 (→ Rn. 330)).

363 **7. Akzessorietät.** Die Beihilfe ist nur strafbar, wenn der Haupttäter vorsätzlich eine rechtswidrige Tat begeht. Bleibt die Tat hinter dem zurück, was der Gehilfe sich vorgestellt hat, so haftet er, da versuchte Beihilfe nicht strafbar ist, nur im Rahmen der durchgeführten Tat (*Hoyer* in SK-StGB StGB § 27 Rn. 35). Stellt sich der Gehilfe vor, es werde mit Betäubungsmitteln gehandelt, während der Haupttäter nur **mit Imitaten** Handel trieb (§ 29 Abs. 6), so kann auch der Gehilfe nur wegen Beihilfe zum Handeltreiben nach § 29 Abs. 6 verurteilt werden (BGH NStZ 1994, 441). Begeht der Haupttäter eine andere Tat als der Gehilfe sich vorgestellt hat (aliud-Verhältnis), scheidet mangels Strafbarkeit der versuchten Beihilfe jede Teilnahmestrafbarkeit aus (*Heine/Weißer* in Schönke/Schröder StGB § 27 Rn. 31; *Hoyer* in SK-StGB StGB § 27 Rn. 35). Zur Akzessorietät in den Fällen der **Bewertungseinheit** → Rn. 360.

364 **8. Strafzumessung beim Gehilfen.** Maßgeblich für die Bemessung der Strafe beim Gehilfen ist das Maß **seiner** Schuld. Entscheidend ist daher das **Gewicht seiner Beihilfehandlung,** wenn auch unter Berücksichtigung der Schwere der Haupttat (BGHR StGB § 250 Abs. 2 Gesamtbetrachtung 8 (3 StR 244/91); BGH *Detter* NStZ 2002, 416 (3 StR 26/02)); NStZ-RR 2003, 264 = StraFo 2003, 246; 5 StR 12/11). Die Kenntnis des Gehilfen von Art und Umfang der Haupttat ist deshalb zwar zu berücksichtigen; ebenso wesentlich (aber → Rn. 844) sind aber Art

Kap. 8. Täterschaft, Teilnahme Vor §§ 29 ff. BtMG

und Umfang seiner Gehilfentätigkeit (BGHR StGB § 250 Abs. 2 Gesamtbetrachtung 8 (3 StR 244/91)).

Bei **Betäubungsmitteldelikten** ist zu berücksichtigen, dass die Art der Betäubungsmittel im Hinblick auf das unterschiedliche Gefährdungspotential wesentliches Kriterium für den Unrechtsgehalt der Haupttat ist und deshalb grundsätzlich vom Gehilfenvorsatz umfasst sein muss (BGHSt 42, 135 (→ Rn. 309); BGH NStZ 1990, 502; BayObLGSt 2001, 70 = NStZ-RR 2002, 53). Lassen sich konkrete Feststellungen hierzu nicht treffen, so ist nach dem Zweifelssatz von der für den Gehilfen günstigsten Betäubungsmittelart auszugehen, die nach den Umständen in Betracht kommt. Für die Anwendung des Zweifelssatzes ist aber kein Raum, wenn der Gehilfe **bewusst** über wesentliche Einzelheiten der Haupttat **im unklaren bleibt** und damit zu erkennen gibt, dass ihm alle nach Sachlage in Betracht kommenden Tatmodalitäten recht sind (BayObLGSt 2001, 70 (s. o.)). 365

Die Beihilfe ist ein **vertypter Milderungsgrund**; gemäß § 27 Abs. 2 S. 2 StGB ist die Strafe nach § 49 Abs. 1 (zwingend) zu mildern (→ Rn. 771). Zur etwaigen **doppelten Strafmilderung** → Rn. 772. Zur Strafrahmenverschiebung wegen eines **minder schweren Falles** → Rn. 844–847. 366

D. Abgrenzung von Täterschaft und Teilnahme. Für die Abgrenzung von Täterschaft und Teilnahme gelten auch im Betäubungsmittelrecht die Grundsätze des allgemeinen Strafrechts (stRsp; BGHSt 38, 315 (→ Rn. 246) für die Einfuhr; BGHSt 51, 219 = NJW 2007, 1220 = NStZ 2007, 338 = StV 2007, 338 = JR 2007, 298 mAnm *Puppe;* dazu *Weber* JR 2007, 400 (407, 408); BGH NStZ 2003, 90 (→ Rn. 247); StV 2019, 317 = BeckRS 2018, 38500). Wonach die Abgrenzung vorzunehmen ist, wird im allgemeinen Strafrecht intensiv diskutiert. Während das Schrifttum im Wesentlichen auf objektive Merkmale, insbesondere die Tatherrschaft abstellt (*Schünemann* in LK-StGB, 12. Aufl. 2007, StGB § 25 Rn. 11; *Kühl* in Lackner/Kühl StGB Vor § 25 Rn. 6 je mwN), bevorzugt die Rechtsprechung eine Kombination von objektiven und subjektiven Kriterien, die im Wege einer wertenden Betrachtung zu beurteilen sind (*Fischer* StGB Vor § 25 Rn. 4; *Heine/Weißer* in Schönke/Schröder StGB Vor § 25 Rn. 63–71), im Schrifttum (etwa Roxin Täterschaft § 43 Rn. 192; *Heine/Weißer* in Schönke/Schröder StGB Vor § 25 Rn. 64; *Joecks/Scheinfeld* in MüKoStGB StGB § 25 Rn. 31) **normative Kombinationstheorie** genannt. 367

Im praktischen Ergebnis wirken sich die unterschiedlichen Ansätze in aller Regel nicht entscheidend aus. Auch im Schrifttum wird anerkannt, dass mit der Verbindung von objektiven und subjektiven Elementen fast durchweg vertretbare Ergebnisse erzielt werden (*Heine/Weißer* in Schönke/Schröder StGB Vor § 25 Rn. 67), wenn auch „schillernde Strafwürdigkeitserwägungen" beklagt werden (*Heine/Weißer* in Schönke/Schröder StGB Vor § 25 Rn. 67). Auch **im Betäubungsmittelstrafrecht** kann daher von der Auffassung der Rechtsprechung ausgegangen werden. 368

I. Vorabklärung. Die Abgrenzung lässt sich in zwei Punkten durch eine Vorabklärung erleichtern: 369

1. Eigenhändige eigennützige Tatbestandsverwirklichung. Hat der Beteiligte alle Tatbestandsmerkmale eigenhändig erfüllt, so ist er regelmäßig Täter (→ Rn. 246) oder Mittäter (→ Rn. 262). Das Abgrenzungsmerkmal versagt, wenn der Beteiligte im Falle des **Handeltreibens** einen **fremden** Umsatz gefördert hat (→ Rn. 247). Auf der anderen Seite scheidet beim Handeltreiben jegliche Form der Täterschaft aus, wenn der Beteiligte **nicht eigennützig** handelt (→ § 29 Rn. 636). 370

2. Echte Sonderdelikte. Täter eines echten Sonderdelikts kann nur sein, wem die bestimmte Sonderpflicht obliegt; fehlt es daran, so ist nur Teilnahme möglich 371

BtMG Vor §§ 29 ff. Sechster Abschnitt. Straftaten und Ordnungswidrigkeiten

(→ Rn. 253–254). Auf der anderen Seite ist der Sonderpflichtige stets Täter, unabhängig davon, wie sich sein Tatbeitrag darstellt (→ Rn. 253–254). Im Betäubungsmittelstrafrecht gilt dies vor allem für die Fälle der Abgabe (→ Rn. 169).

372 **II. Art des Tatbeitrags.** Ein weiteres wesentliches Abgrenzungskriterium ist die Art des Tatbeitrags (stRspr; vgl. BGHSt 34, 124 (→ Rn. 373)). Zwar setzt die Mittäterschaft nicht voraus, dass der Beteiligte ein Tatbestandsmerkmal selbst erfüllt, so dass sie auch bei bloßen Vorbereitungs- oder Unterstützungshandlungen gegeben sein kann (→ Rn. 262–264).

373 Jedoch deutet eine **ganz untergeordnete** Tätigkeit mangels Tatherrschaft in aller Regel schon **objektiv** darauf hin, dass der Beteiligte nur Gehilfe ist (BGHSt 34, 124 = NJW 1986, 2584 = StV 1986, 434; 56, 170 (→ Rn. 236); BGHR BtMG § 29 Abs. 1 Nr. 1 Handeltreiben 6 = NStZ 1988, 507; 25 (3 StR 395/90); 65 = NStZ 2006, 455; BGH NStZ 2007, 531 = StV 2008, 20; NStZ-RR 2010, 318; BeckRS 2020, 13810). Ob der geplante Tatbeitrag erheblich ist, richtet sich nicht allein nach der vereinbarten Arbeitsteilung, sondern auch nach dem späteren Tatablauf, etwa wenn der Beteiligte stärker als geplant eingreifen muss oder eingreift. Ob eine (ganz) untergeordnete Tätigkeit vorliegt, hängt von der Art der Tätigkeit und nicht von der Stellung des Beteiligten in der Hierarchie ab (→ § 29 Rn. 754–757).

374 Besteht der Tatbeitrag in den **Diensten als Fahrer** des für die Hin- und Rückfahrt verwendeten eigenen PKW und lässt sich auch ein eigenes Interesse an der Tat nicht feststellen, so spricht dies eher für Beihilfe; etwas anderes kommt dann in Betracht, wenn der Tatbeitrag für das Gelingen der Tat eine **ganz besondere Bedeutung** hat (BGHR StGB § 27 Gehilfe 1 = StV 2001, 462).

375 **III. Willensrichtung.** Liegt danach ein für die Mittäterschaft geeigneter Tatbeitrag vor, so ist für ihre Abgrenzung von den anderen Formen der Beteiligung die innere Haltung **(Willensrichtung)** maßgeblich (stRspr; BGHSt 34, 124 (→ Rn. 373) BtMG § 29 Abs. 1 Nr. 1 Handeltreiben 6 (2 StR 63/88); 9 = NStZ 1988, 507; 14 (2 StR 539/88); 25 (→ Rn. 373); 62 = StV 2005, 666; BGH NStZ 2006, 578; 2009, 321).

376 Dabei kommt es darauf an, ob der Tatbeitrag als bloße **Förderung fremden Tuns** oder als **eigene, vom Täterwillen getragene** Tathandlung erscheint (BGHSt 51, 219 (→ Rn. 367); BGHR BtMG § 29 Abs. 1 Nr. 1 Handeltreiben 62 (→ Rn. 375); BGH NStZ-RR 2010, 139; 2012, 209). Eine eigene Tathandlung kann **beim Handeltreiben** auch bei der Unterstützung eines **Fremdumsatzes** vorliegen → § 29 Rn. 771.

377 **Mittäterschaft** liegt vor, wenn der Beteiligte seinen Beitrag derart in eine gemeinschaftliche Tat einfügt, dass dieser als Teil der Tätigkeit des andern und umgekehrt dessen Tätigkeit als Ergänzung des eigenen Tatbeitrags erscheint und wenn er dies auch will (BGHSt 56, 170 (→ Rn. 236); NStZ 2007, 531 (→ Rn. 373); 2020, 556; NStZ-RR 2012, 209).

378 Ob dieses **enge Verhältnis zur Tat** vorliegt, ist in **wertender Betrachtung** nach den gesamten von der Vorstellung des Beteiligten umfassten Umständen zu beurteilen (stRspr; BGHSt 56, 170 (→ Rn. 236); BGHR BtMG § 29 Abs. 1 Nr. 1 Handeltreiben 9 (→ Rn. 373); 54 = NStZ-RR 2000, 278; 62 (→ Rn. 375); BGH NStZ 2003, 90 (→ Rn. 247); 2007, 531 (→ Rn. 373); 2009, 25 (→ Rn. 264); 2020, 22; 2020, 344; 556; 600; NStZ-RR 2012, 209). Dabei muss **die innere Einstellung** in aller Regel aus dem äußeren Tatgeschehen abgeleitet werden. Wie es im Wesen einer Gesamtbetrachtung liegt, können **Defizite** in einem Bereich durch eine stärkere Ausprägung anderer Kriterien **ausgeglichen** werden (BGH NStZ 2020, 22 mAnm *Kulhanek;* StV 2020, 226).

Wesentliche Anhaltspunkte für die wertende Betrachtung sind 379
- die Art des Tatbeitrags und dessen Bedeutung für die Herbeiführung des Taterfolgs (zur eigenhändigen Erfüllung aller Tatbestandsmerkmale → Rn. 370),
- der Grad des eigenen Interesses am Erfolg,
- der Umfang der Tatbeteiligung, sowie
- die Tatherrschaft oder zumindest der Willen zu ihr, so dass Durchführung und Ausführung der Tat maßgeblich vom Willen des Beteiligten abhängen

(stRspr; BGHSt 56, 170 (→ Rn. 236); BGHR BtMG § 29 Abs. 1 Nr. 1 Handeltreiben 54 = NStZ-RR 2000, 278; 56 (2 StR 468/00); 62 (→ Rn. 375); BGH NStZ 2007, 531 (→ Rn. 373); 2009, 321; 2017, 713; 2020, 22 mAnm *Kulhanek* 2020, 730 mAnm Kudlich; NStZ-RR 2010, 139; StV 2019, 317 (→ Rn. 367); 2020, 226; im Schrifttum (→ Rn. 367) **normative Kombinationstheorie** genannt).

Die Annahme von Mittäterschaft erfordert **nicht** in jedem Fall eine Mitwirkung 380 am **Kerngeschehen;** sie kann vielmehr auch durch eine nicht ganz untergeordnete Beteiligung an **Vorbereitungshandlungen** begründet werden, sofern der Tatbeitrag sich nicht als bloße Förderung fremden Tuns, sondern als Teil der Tätigkeit aller darstellt (→ Rn. 263, 264).

Insgesamt kommt Mittäterschaft vor allem in Betracht, wenn der Beteiligte in der 381 Rolle eines **gleichberechtigten Partners** an der Tat mitgewirkt hat (BGHR BtMG § 29 Abs. 1 Nr. 1 Handeltreiben 39 = NStZ 1994, 91 = StV 1994, 15; 62 (→ Rn. 375); BGH NStZ 1984, 413 (→ Rn. 264)). **Notwendig ist dies jedoch nicht** (BGHR BtMG § 29 Abs. 1 Nr. 1 Handeltreiben 54 (→ Rn. 377)). Dagegen ist Mittäterschaft eher zu verneinen, wenn sich der Tatbeitrag des Beteiligten in untergeordneten Tätigkeiten erschöpft, etwa wenn seine Mitwirkung **nicht unbedingt erforderlich** war (BGH StV 1999, 428). Dies darf nicht damit verwechselt werden, ob der Organisator einer Tat möglicherweise einen anderen Tatbeteiligten gefunden hätte (→ § 29 Rn. 762, 770).

1. Art und Umfang des Tatbeitrags. Ausgangspunkt sind die konkreten Auf- 382 gaben des Beteiligten und deren Gewicht für die gesamte Tat (BGH NStZ-RR 2002, 74). Sie sind mit Blick auf den **jeweiligen Tatbestand,** zB Einfuhr oder Handeltreiben, zu würdigen. Je nach Tatbestand können sich danach unterschiedliche Ergebnisse ergeben (→ Rn. 247). Bei der Gewichtung des Tatbeitrags darf nicht, zumindest nicht allein, auf die Stellung des Beteiligten im Gefüge einer Organisation abgestellt werden (→ § 29 Rn. 754–757; *Weber* NStZ 2008, 467 (468)).

2. Grad des eigenen Interesses am Taterfolg. In aller Regel steigt das Inter- 383 esse mit dem Anteil an dem Ergebnis des Geschäfts. Entscheidend ist dabei weniger, ob eine Gewinnbeteiligung oder ein fester Betrag vereinbart wurde, als vielmehr die Relation zwischen dem in Rede stehenden Vorteil und dem Gesamtergebnis. Auch hier ist wesentlich, dass die Würdigung mit Blick auf den konkreten Tatbestand vorzunehmen ist. Wer einen Tatbeitrag ohne Rücksicht auf einen erfolgreichen Ausgang der Tat erbringt, hat regelmäßig kein primäres Interesse am Taterfolg, so dass Beihilfe naheliegt (BGH StV 1998, 540). Auf der anderen Seite kann **ein eigenes Interesse** nicht deswegen verneint werden, weil die Entlohnung nach herkömmlichen mitteleuropäischen Maßstäben eher gering erscheint; von Bedeutung ist, dass das Entgelt **in der Heimat der Täter** für mehrere Monate zum Leben genügt hätte (BGHSt 56, 170 (→ Rn. 236)). Zum **Gewicht des Interesses** gegenüber den anderen Merkmalen → § 29 Rn. 656, 774; *Weber* NStZ 2008, 467 (468, 469)).

3. Die Tatherrschaft oder der Wille dazu. Von Bedeutung ist, ob der Betei- 384 ligte die Durchführung und den Ausgang der Tat, sei es auch nur durch Planung und Organisation (*Kühl* in Lackner/Kühl StGB § 25 Rn. 11), wesentlich mitgestaltet hat oder jedenfalls mitbestimmen wollte. Tatherrschaft hat auch, wer willens und in der Lage ist, einen wesentlichen Teilabschnitt eines komplexen Tatgeschehens zu steuern oder darauf einzuwirken (*Oğlakcıoğlu* in MüKoStGB § 29 Rn. 410), jedenfalls dann, wenn das **Gesamtgeschäft** mit der Verwirklichung des Teilakts steht oder fällt (**funktionelle Tatherrschaft** (*Roxin* StrafR AT II § 25 Rn. 188; *Roxin* Täterschaft S. 313, 315; *Kühl* in Lackner/Kühl StGB § 25 Rn. 11; *Schünemann* in LK-StGB, 12. Aufl. 2007, StGB § 25 Rn. 156; *Hoyer* in SK-StGB StGB § 25 Rn. 108, 109; *Murmann* in Satzger/Schluckebier/Widmaier StGB § 25 Rn. 42; s. BGHSt 56, 170 (→ Rn. 236) für einen Fall des sog. Skimmings sowie NStZ 2008, 273: **„eine für das Gelingen der Tat wesentliche Funktion";** aA BGH NStZ 2018, 144 mablAnm *Jäger*). In einem solchen Fall übt der einzelne Beteiligte nicht nur die Herrschaft über seinen Tatteil aus, sondern wegen der Bedeutung für die Gesamttat zugleich die Herrschaft über diese (*Roxin* Täterschaft S. 313, 315; *Schünemann* in LK-StGB, 12. Aufl. 2007, StGB § 25 Rn. 156). Ob ein Tatbeitrag eine notwendige Funktion erfüllt, ist nicht aus der ex-post-Perspektive, sondern ex ante zu betrachten (*Hoyer* in SK-StGB StGB § 25 Rn. 109 mwN).

385 Ob dem **Tatherrschaftswillen** eine eigenständige Bedeutung zukommt oder ob er lediglich eine Voraussetzung der Tatherrschaft darstellt (*Roxin* Täterschaft § 43 Rn. 192), ist nicht abschließend geklärt. Jedenfalls kann dieser Wille eine eigenständige Bedeutung nur dann erlangen, wenn der Beteiligte **keine Tatherrschaft** hatte, wohl aber den Willen dazu. Fälle dieser Art mögen zwar selten sein, sie kommen aber vor. So hat der BGH (BGHSt. 56, 170 (→ Rn. 236)) Mittäterschaft angenommen, wenn Durchführung und Ausgang der Tat zumindest **aus der subjektiven Sicht** des Tatbeteiligten maßgeblich auch von seinem Willen abhängen. Zu einem weiteren Fall → § 29 Rn. 664.

386 **IV. Beurteilungsspielraum in Grenzfällen.** In Grenzfällen ist dem Gericht ein Beurteilungsspielraum eröffnet (BGHSt 48, 360 = NJW 2004, 169 = NStZ 2004, 155 = StV 2004, 20; BGH NStZ 2007, 531 (→ Rn. 373); 2012, 46; 2020, 600; NStZ-RR 2010, 51; *Fischer* StGB Vor § 25 Rn. 4a; krit. *Harder* NStZ 2021, 193). Lässt das angefochtene Urteil erkennen, dass das Gericht die einschlägigen Maßstäbe erkannt und vollständig gewürdigt hat, so kann das gefundene Ergebnis vom Revisionsgericht auch dann nicht als rechtsfehlerhaft beanstandet werden, wenn eine andere tatrichterliche Beurteilung möglich erschienen wäre (BGHSt 48, 360 (s. o.); BGH NStZ 2003, 253; NStZ-RR 2017, 5; 2018, 50 = StV 1018, 300; 2019, 72).

387 **E. Versuch der Beteiligung (§§ 30, 31 StGB).** Da es dabei um die Strafbarkeit von Vorbereitungshandlungen geht (*Fischer* StGB § 30 Rn. 2) wird der Versuch der Beteiligung im Zusammenhang mit dem Versuch behandelt. Auf → Rn. 207–238 wird verwiesen.

Kapitel 9. Schuldformen; Irrtumsfragen

388 **A. Die Schuldformen im Betäubungsmittelstrafrecht.** Sowohl im Gesetz wie in der Praxis des Betäubungsmittelstrafrechts stehen die vorsätzlichen Straftaten (§ 15 StGB) im Vordergrund. Zwar können einige Tatbestände des BtMG auch fahrlässig verwirklicht werden (§ 29 Abs. 4), in ihrer praktischen Bedeutung sind sie jedoch gering. Die Leichtfertigkeit als eine gesteigerte Form der Fahrlässigkeit spielt nur in einer Vorschrift (§ 30 Abs. 1 Nr. 3) eine Rolle (→ § 30 Rn. 183–193).

389 **B. Vorsatz.** Die übliche, wenn auch nicht ganz präzise Kurzformel beschreibt Vorsatz als Wissen und Wollen der Tatbestandsverwirklichung (*Fischer* StGB § 15 Rn. 3; *Joecks/Kulhanek* in MüKoStGB § 16 Rn. 13; *Kühl* in Lackner/Kühl StGB § 15 Rn. 3). Er enthält damit ein **Wissens**- und ein **Willenselement.** Beides muss sich auf die **Tatbestandsmerkmale** erstrecken. Der Täter muss den nach Gegenstand, Zeit und Ort bestimmten Verstoß in allen wesentlichen Beziehungen in seine Vorstellung und seinen Willen aufgenommen haben (BGHR StGB § 15 Vorsatz 3

(2 StR 682/93)). Der Vorsatz muss **zur Zeit der Tatbegehung** vorliegen (BGH NStZ 2018, 27 mAnm *Engländer; Vogel/Bülte* in LK-StGB StGB § 15 Rn. 52; *Fischer* StGB § 15 Rn. 3). Erfährt der Täter erst später, dass es sich bei der Substanz, die er erworben hat, um Betäubungsmittel handelt, so liegt kein strafbarer Erwerb vor; in Betracht kommt strafbarer Besitz, wenn er sich ihrer nicht entledigt (→ § 29 Rn. 1369).

I. Tatbestandsmerkmale sind die Umstände, die nach dem jeweiligen Delikt 390 den gesetzlichen Tatbestand bilden. Dazu gehören auch die ungeschriebenen Merkmale (*Sternberg-Lieben/Schuster* in Schönke/Schröder StGB § 15 Rn. 16). Dasselbe gilt für die **Kausalität** zwischen Handlung und Erfolg, etwa bei der Einfuhr (BGHR BtMG § 29 Abs. 1 Nr. 1 Einfuhr 13 = StV 1989, 477; 22 = NStZ 1991, 537 = StV 1992, 375; Handeltreiben 46 (3 StR 149/94)). **Kein Tatbestandsmerkmal** ist die **Art des Betäubungsmittels** (→ Rn. 462−464; → § 1 Rn. 147); der Vorsatz muss sich daher nicht darauf erstrecken. S. auch → § 29 Rn. 6.

Wie Tatbestandsmerkmale werden die Merkmale eines **Regelbeispiels** (im 391 Betäubungsmittelrecht lediglich § 29 Abs. 3 S. 2) behandelt (*Vogel/Bülte* in LK-StGB StGB § 16 Rn. 94; *Fischer* StGB § 16 Rn. 11 (diff. § 15 Rn. 2)). Dasselbe gilt für die Umstände, die einen **unbenannten besonders schweren** Fall (§ 29 Abs. 3 S. 1) begründen (*Vogel/Bülte* in LK-StGB StGB § 16 Rn. 95; *Fischer* StGB § 16 Rn. 11; *Sternberg-Lieben/Schuster* in Schönke/Schröder StGB § 15 Rn. 29/30).

Auch sonst gelten für den **Rechtsfolgenausspruch** grundsätzlich die zum Vor- 392 satz beim Schuldspruch entwickelten Prinzipien (BayObLG NStZ-RR 2003, 310; diff. *Sternberg-Lieben/Schuster* in Schönke/Schröder StGB § 15 Rn. 31). Handelt es sich um objektive Umstände, so können sie zu Ungunsten des Täters jedenfalls dann berücksichtigt werden, wenn er sie gekannt hat. Dies gilt auch für die unrechtssteigernden Tatmodalitäten, zu denen namentlich die typischen Strafzumessungsumstände des **Betäubungsmittelrechts** (zB Art, Menge, Wirkstoffmenge des Betäubungsmittels (→ Rn. 938−1073)) gehören.

Enthält das Urteil hierzu keine oder nur unklare Feststellungen, so berührt dies 393 nicht nur den Rechtsfolgenausspruch; auch dem **Schuldspruch** kann **der Boden entzogen** werden (→ Rn. 395, 941, 957, 970, 971, da der Schuldgehalt der Tat auch nicht mehr in groben Zügen erkennbar wird (BGH StV 2004, 602; BayObLGSt 1999, 178 = NStZ 2000, 210; BayObLG NStZ-RR 2000, 22 = StV 2001, 335; StV 1998, 590; OLG Hamburg StV 2000, 608; OLG Hamm Blutalkohol 2007, 41; OLG München BeckRS 2010, 30585). Ein solcher Fall liegt **nicht** vor, wenn festgestellt ist, dass es sich tatsächlich um Betäubungsmittel handelt und nach ihrem Bruttogewicht ausgeschlossen werden kann, dass die Grenze zur nicht geringen Menge iSd § 29a Abs. 1 Nr. 2 überschritten ist oder ein Fall des § 29 Abs. 5 vorliegt (OLG Celle NStZ-RR 2012, 59 unter ausdrücklicher Aufgabe seiner früheren Rechtsprechung).

Der **Schuldgehalt** ist **auch noch erkennbar,** wenn mit fünf Cracksteinen für 394 200 DM Handel getrieben wurde und zwei Cracksteine verschluckt wurden (OLG Frankfurt a. M. NStZ-RR 2003, 23; ebenso OLG Hamburg *Kotz/Rahlf* NStZ-RR 2004, 193 (196) für 1,8 g und 5 g Marihuana). Dagegen reicht es bei einem Metamfetamingemisch nicht aus, wenn die Qualität als durchschnittlich und der Wirkstoffgehalt als deutlich unter 18% bezeichnet wird (BayObLG StV 2003, 627).

Fehlt es an den erforderlichen Feststellungen (→ Rn. 393), so ist in der Regel 395 auch eine **Beschränkung der Berufung** auf den Rechtsfolgenausspruch, insbesondere auf die Frage der Strafaussetzung zur Bewährung, nicht wirksam (BayObLG NStZ-RR 2000, 22 (→ Rn. 393); OLG München BeckRS 2010, 30585; *Kotz* StRR 2008, 367 (370)). Der Strafausspruch ist zwar grundsätzlich allein anfechtbar; dies setzt jedoch voraus, dass die **Schuldfeststellungen eine ausrei-**

chende Grundlage für die Strafzumessung bilden (s. BGH NStZ 2014; 635). Etwas anderes kann in Betracht kommen, wenn ausnahmsweise die in Frage kommende Qualität den Schuldumfang nicht bestimmt und das Strafmaß nicht entscheidend beeinflussen kann (→ Rn. 972).

396 Die strafschärfende Berücksichtigung eines Umstands ist auch dann zulässig, wenn dem Täter insoweit **Fahrlässigkeit** zur Last liegt (BGH NStZ 2020, 553 = StV 2020, 390 mAnm *Oğlakcıoğlu*). Dies gilt zumindest dann, wenn bei dem betreffenden Delikt auch Fahrlässigkeit strafbar ist (*Kinzig* in Schönke/Schröder StGB § 46 Rn. 26b) so wie dies bei den meisten Betäubungsmitteldelikten gemäß § 29 Abs. 4 gegeben ist. Ist dort die Gewichts- und/oder Wirkstoffmenge größer, als der Täter es sich vorstellt, so darf der von seinem Vorsatz nicht umfasste Mehrmenge als tatschulderhöhend (§ 46 Abs. 1 S. 1 StGB) gewertet und mithin strafschärfend berücksichtigt werden, wenn ihn insoweit der Vorwurf der **Fahrlässigkeit** trifft (→ Rn. 427, 953, 968; BGHR BtMG § 30 Beweiswürdigung 1 = StV 1996, 90; BGH NJW 2011, 2067 = NStZ 2011, 460; NStZ 2018, 553). Dasselbe gilt, wenn ihm hinsichtlich des Alters seines Abnehmers Fahrlässigkeit zur Last fällt (BGH NStZ 2006, 173).

397 Nicht abschließend geklärt ist, ob dies auch dann gilt, wenn eine **bestimmte schwere Folge** als Grundlage einer Strafschärfung dienen soll. Jedenfalls dann, wenn die Folge die Verwirklichung der vom Täter geschaffenen typischen Gefahr darstellt, zB wenn der Täter Rauschgift verkauft hat, das wegen der darin enthaltenen Verunreinigungen zu schweren Gesundheitsschäden führt, genügt in Anlehnung an § 18 StGB bezüglich der Folge auch Fahrlässigkeit (*Horn/Wolters* in SK-StGB, 9. Auflage, StGB § 46 Rn. 104, 105; aA *Sternberg-Lieben/Schuster* in Schönke/Schröder StGB § 15 Rn. 31).

398 Nicht zu den Tatbestandsmerkmalen gehören die **objektiven Strafbarkeitsbedingungen** (*Fischer* StGB § 16 Rn. 27) zB wenn die Anwendung des deutschen Strafrechts (→ Rn. 32), die **Rechtswidrigkeit** der Tat (*Kühl* in Lackner/Kühl StGB § 15 Rn. 6), die **Schuldfähigkeit** (*Fischer* StGB § 16 Rn. 19) und die persönlichen **Strafausschließungs-** und **Strafaufhebungsgründe** (*Fischer* StGB § 16 Rn. 27).

399 **1. Deskriptive Tatbestandsmerkmale.** Die Tatbestandsmerkmale können beschreibender, im Allgemeinen sinnlich wahrnehmbarer Natur sein. Dazu gehören Sachen, etwa Pflanzen und Pflanzenteile, chemische Verbindungen, Stoffgemische (§ 2 Abs. 1) oder überhaupt die natürlichen oder synthetischen Substanzen, die wegen ihrer psychotropen Eigenschaften in die Anlagen I bis III zum BtMG aufgenommen wurden, aber auch Vorgänge, die sinnlich wahrgenommen werden können, wie das Anbauen, Herstellen, Einführen, Ausführen, öffentlich Auffordern.

400 **2. Normative Tatbestandsmerkmale.** Die Tatbestandsmerkmale können aber auch so geartet sein, dass sie sich nur mit Hilfe eines Aktes geistigen Verstehens (*Joecks/Kulhanek* in MüKoStGB § 16 Rn. 70), namentlich einer Wertung, erschließen lassen (*Fischer* StGB § 16 Rn. 4; *Sternberg-Lieben/Schuster* in Schönke/Schröder StGB § 15 Rn. 19). Ein Musterbeispiel für ein normatives Tatbestandsmerkmal ist der **Gegenstand des Betäubungsmittelrechts selbst** (OLG Köln StV 2018, 521 = BeckRS 2017, 107138): Betäubungsmittel sind nur Stoffe, die in den der Anlagen zum BtMG aufgenommen sind. Ein weiteres praktisch sehr bedeutsames normatives Merkmal ist das **Handeltreiben.** Ebenso gehören dazu die Durchfuhr, die Verschreibung, die Werbung, die Gelegenheit und die nicht geringe Menge (*Fischer* StGB § 16 Rn. 4).

401 Auch reine **Rechtsbegriffe** können (normative) Tatbestandsmerkmale sein (BGHSt 42, 268 = NJW 1997, 750 = NStZ 1997, 431 = JR 1997, 468 mAnm *Arzt*; *Kühl* in Lackner/Kühl StGB § 15 Rn. 5). Dies gilt etwa für den Begriff „unerlaubt" in § 29 Abs. 1 S. 1 Nr. 1 oder „ohne Erlaubnis nach § 3 Abs. 1 Nr. 2" in § 29

Abs. 1 S. 1 Nr. 2). Die beiden Begriffe zählen zugleich zu den **gesamttatbewertenden** Tatbestandsmerkmalen, die ein Unterfall der normativen Merkmale sind (→ § 29 Rn. 34).

II. Das Wissenselement. Auf der **Wissensseite** setzt der Vorsatz voraus, dass 402 sich der Täter **zur Zeit der Handlung** (BGH NStZ 2004, 201 mAnm *Schneider* = StV 2004, 79) des Vorliegens aller Umstände bewusst ist, die zum gesetzlichen Tatbestand gehören. Dieses Wissen muss zwar **aktuell** sein. Hierzu genügt jedoch ein **„sachgedankliches Mitbewusstsein"**, das das Vorstellungsbild des Täters begleitet (BGHR StGB § 15 Vorsatz, bedingter 11 (1 StR 538/99); BayObLG NJW 1977, 1974; *Sternberg-Lieben/Schuster* in Schönke/Schröder StGB § 15 Rn. 51; *Joecks/Kulhanek* in MüKoStGB § 16 Rn. 78; *Kühl* in Lackner/Kühl StGB § 15 Rn. 9; *Vogel/Bülte* in LK-StGB StGB § 15 Rn. 138–139a). Bloßes nicht in das Bewusstsein gelangtes Wissen oder ein nur potentielles Bewusstsein genügt nicht (BGH NStZ 2004, 201 (s. o.)).

Die Vorstellung muss **alle Tatumstände** umfassen, die der Tatbestand voraussetzt, 403 ferner die Vornahme der Tathandlung, den tatbestandsmäßigen Erfolg und den Kausalverlauf. Zum Wissenselement bei der Herbeiführung einer weiteren Sucht durch einen Arzt anlässlich einer Substitutionsbehandlung → Rn. 407.

1. Konkretisierung, Abweichungen im Kausalverlauf. Nicht notwendig ist, 404 dass die Vorstellung des Täters und das tatsächliche Geschehen vollkommen übereinstimmen. Es genügt ein solches Maß an Konkretisierung, dass der wesentliche Gehalt der Tatumstände in der Vorstellung des Täters widerspiegelt (*Kühl* in Lackner/Kühl StGB § 15 Rn. 10). Die auch im allgemeinen Strafrecht eher seltenen Fälle des Fehlgehens der Tat (aberratio ictus) und der Verwechslung mit einem gleichwertigen Angriffsgegenstand (error in persona vel obiecto) spielen im **Betäubungsmittelstrafrecht** keine Rolle.

Etwas anderes gilt für die **Abweichungen im Kausalverlauf,** die vor allem bei 405 der Einfuhr von Betäubungsmitteln vorkommen. Sofern sie unwesentlich sind, lassen sie den Vorsatz unberührt. **Unwesentlich** sind sie dann, wenn sie sich innerhalb der Grenzen des nach allgemeiner Lebenserfahrung Voraussehbaren halten und keine andere Bewertung der Tat erfordern (BGHSt 38, 32 = NJW 1991, 3161 = NStZ 1991, 537 = StV 1992, 375 = JR 1992 mAnm *Graul;* 56, 162 = NJW 2011, 2065 = NStZ 2012, 41 = StV 2011, 541; 61, 141 = NStZ 2016, 472 mAnm *Maier* = StV 2016, 640; BGHR BtMG § 29 Abs. 1 Nr. 1 Einfuhr 13 (→ Rn. 390); Handeltreiben 46 (3 StR 149/94)). **Dasselbe** gilt, wenn beide Kausalverläufe gleichwertig sind (BGH NStZ 2002, 475).

Ist eine wesentliche Abweichung gegeben, so scheidet meist **nicht nur Vollendung,** 406 sondern **auch Versuch** aus, es sei denn, dass die Tat zu dem Zeitpunkt, zu dem sie den abweichenden Verlauf nahm, schon das Versuchsstadium erreicht hatte (BGHR BtMG § 29 Abs. 1 Nr. 1 Einfuhr 13 (→ Rn. 390); BGH NJW 2002, 1057 = NStZ 2002, 309).

2. Kenntnis, Bedeutungskenntnis, Parallelwertung in der Laiensphäre. 407 Zu der Kenntnis, die der Täter haben muss, zählt zunächst die Kenntnis der tatsächlichen Umstände, etwa, dass es sich bei dem Stoff um Cannabis und nicht um Henna handelt oder dass der angebaute Hanf den Grenzwert für Nutzhanf überschreitet. Aus **allgemeinen Erwägungen,** etwa, dass nicht alle Drogenabhängigen polytoxikoman sind, darf das konkrete Wissen des Arztes von der fehlenden Polytoxikomanie seines Patienten noch nicht gefolgert werden (BayObLG NJW 2003, 371 = JR 2003, 428 mAnm *Freund/Klapp*).

Namentlich bei den **normativen Tatbestandsmerkmalen** muss der Täter 408 nicht nur die reinen Tatsachen kennen, sondern auch deren Bedeutung richtig erfassen **(Bedeutungskenntnis).** Dazu braucht er nicht die aus den gesetzlichen Be-

Weber 459

griffen folgende rechtliche Wertung exakt zu vollziehen. Vielmehr genügt die sog. **Parallelwertung in der Laiensphäre:** erforderlich ist, dass er die Tatsachen kennt, die dem normativen Begriff zugrunde liegen, und auf der Grundlage dieses Wissens den sozialen Sinngehalt des Tatbestandsmerkmals richtig begreift (allgM; BGH NJW 2018, 1486 = NStZ-RR 2018, 142 = StV 2019, 29; NStZ 2008, 87; 2020, 167; BGH NJW 2019, 3392: „sozialer Bedeutungsgehalt"). Dies ist etwa im Hinblick auf das Tatbestandsmerkmals Betäubungsmittel gegeben, wenn der Täter weiß, dass er mit einem suchtfördernden oder psychotropen Stoff umgeht (→ Rn. 433); die Art des Betäubungsmittels muss er nicht kennen (OLG Köln StV 2018, 521 (→ Rn. 400)). Zu den Folgen des **Fehlens** der Bedeutungskenntnis → Rn. 433.

409 **3. Gewissheitsvorstellung, Möglichkeitsvorstellung.** Der Täter kann die Verwirklichung des Tatbestands als sicher kennen oder voraussehen **(Gewissheitsvorstellung)** oder er kann das Vorliegen der Tatumstände auch nur für möglich halten oder mit der Möglichkeit ihres Eintritts rechnen **(Möglichkeitsvorstellung).** Bedingter (indirekter) Vorsatz kann nur auf der Basis der Möglichkeitsvorstellung gegeben sein (*Kühl* in Lackner/Kühl StGB § 15 Rn. 18).

410 **III. Das Willenselement.** Der Täter muss zu der Tat auch in einer **Willensbeziehung** stehen. Er muss die von ihm erkannte Gewissheit oder Möglichkeit der Tatbestandsverwirklichung in seinen Willen aufnehmen und sich für sie entscheiden. Dabei kann die voluntative Beziehung von verschiedener Intensität sein:

411 **1. Unbedingter (direkter) Vorsatz.** Der direkte Vorsatz tritt in verschiedenen Formen auf:

412 **a) Absicht (dolus directus 1. Grades)** ist gegeben, wenn der Täter die Verwirklichung des Tatbestands in dem Sinne erstrebt, dass es ihm auf die Erreichung des tatbestandlichen Erfolgs ankommt (BGH NStZ 2017, 216; *Vogel/Bülte* in LK-StGB StGB § 15 Rn. 79); sein Wille ist auf diesen Erfolg gerichtet (*Kühl* in Lackner/Kühl StGB § 15 Rn. 20; *Fischer* StGB § 15 Rn. 8: „herausgehobener **Willensfaktor**"; s. *Sternberg-Lieben/Schuster* in Schönke/Schröder StGB § 15 Rn. 66). Die Tatbestandsverwirklichung muss weder der Endzweck noch das Motiv seines Handelns sein. Auch ist es unerheblich, ob der Täter den beabsichtigten Erfolg für sicher, wahrscheinlich oder nur für möglich gehalten hat und ob er ihn wünscht oder bedauert (hM; BGHSt 21, 283 = NJW 1967, 2319; BGHR StGB § 15 Vorsatz bedingter 5 (4 StR 539/87); *Joecks/Kulhanek* in MüKoStGB § 16 Rn. 24, 31, 59).

413 **b) Wissentlichkeit (dolus directus 2. Grades)** liegt vor, wenn der Täter handelt, obwohl er weiß oder als sicher voraussieht, dass er den Tatbestand verwirklicht (BGH NStZ 2017, 216; *Vogel/Bülte* in LK-StGB StGB § 15 Rn. 91; *Kühl* in Lackner/Kühl StGB § 15 Rn. 21; *Fischer* StGB § 15 Rn. 9: „herausgehobener **Wissensfaktor**"). Wissentlich wird im StGB im Sinne direkten Vorsatzes verwendet (*Fischer* StGB § 15 Rn. 9). Da der Täter die Handlung will, will er letztlich auch das, was er als deren sichere Folge voraussieht, mag ihm auch der Erfolg unerwünscht sein oder er ihn innerlich ablehnen (*Vogel/Bülte* in LK-StGB StGB § 15 Rn. 93; *Joecks/Kulhanek* in MüKoStGB § 16 Rn. 28). Ein besonderes Wollenselement ist für die Wissentlichkeit daher nicht erforderlich (*Vogel/Bülte* in LK-StGB StGB § 15 Rn. 93). Tatbestände, die Wissentlichkeit verlangen, kommen im **Betäubungsmittelstrafrecht nicht** vor. Im Antidopingrecht ist dies für den Fall der Vorteilsabsicht umstritten (s. *Putzke* in HK-ADG § 3 Rn. 15, 16).

414 **c) Beabsichtigter, aber ungewisser Erfolg mit sicherer Nebenfolge.** Direkter Vorsatz liegt auch hinsichtlich der Folgen vor, die der Täter als sicher voraussieht, wenn ihm ein angestrebter, aber nicht für sicher gehaltener Erfolg gelingt (*Fischer* StGB § 15 Rn. 8; *Vogel/Bülte* in LK-StGB StGB § 15 Rn. 95).

2. Bedingter (indirekter Vorsatz) setzt voraus, dass der Täter den Eintritt des 415
tatbestandlichen Erfolges als möglich und nicht ganz fernliegend erkennt
(→ Rn. 409, 416; BGH NStZ 2017, 342 mAnm *Hoven*). Daher liegt kein vorsätzliches Inverkehrbringen vor, wenn der Täter glaubt, das Rauschgift werde mit dem
Inhalt des Abfalleimers der Vernichtung zugeführt (BGH JR 1988, 119 mAnm *Jakobs*), und kein Handeltreiben, wenn der Täter es nicht für möglich hält, dass sein
Geschäftspartner liefern kann (*Weber* NStZ 2004, 66 (67)).

Zu dem intellektuellen Element, dass der tatbestandsmäßige Erfolg möglich 416
und nicht ganz fernliegend ist (BGH NJW 2014, 64; NStZ 1999, 507; NStZ-RR
2013, 342), tritt als **voluntatives Element** hinzu, dass der Täter die Tatbestandsverwirklichung **billigend in Kauf nimmt** (so eine häufig gebrauchte Formel)
oder sich um eines anderen erstrebten Zieles willen **damit abfindet** (BGHZ 197,
225 = NJW 2014, 64 = JZ 2014, 303; BGH NJW 1999, 2533 = StV 1999, 577
= JR 2000, 299 mAnm *Ingelfinger*; NStZ 2012, 86; 2016, 211; 2017, 342 mAnm
Hoven; *Fischer* StGB § 15 Rn. 12), mag ihm auch der **Erfolgseintritt unerwünscht** sein (BGHSt 36, 1 = NJW 1989, 781 = NStZ 1989, 114 = JR 1989,
115 mAnm *Helgerth*; 56, 277 = NJW 2011, 2895 m. Bespr. *Kudlich* 2011, 2856
= NStZ 2012, 86 = StV 2012, 91; BGHZ 197, 225 (s. o.); BGH NJW 1999, 2533
(s. o.); 2020, 2900 mAnm *Grünewald*; NStZ 2016, 211; StV 2014, 601 = A&R
2014, 83 mAnm *Winkler*). **Dieses andere Ziel** muss **festgestellt** werden (BayObLG NJW 2003, 371 (→ Rn. 407)). Eine Billigung des Erfolgs liegt dann nahe,
wenn der Täter sein Vorhaben trotz äußerster Gefährlichkeit durchführt, ohne auf
einen glücklichen Ausgang vertrauen zu können, oder wenn er es dem Zufall überlässt, ob sich die von ihm erkannte Gefahr verwirklicht (BGHZ 197, 225 (s. o.)).

Bedingten Vorsatz hat auch, wer aus **Gleichgültigkeit** mit jeder eintretenden 417
Möglichkeit einverstanden ist (BGHSt 40, 304 = NJW 1995, 974 = NStZ 1995,
121= StV 1995, 296; BGHZ 197, 225(→ Rn. 416); NStZ 2016, 211). Zur **Gleichgültigkeit** im Übrigen → Rn. 954, 968.

Zum bedingten Vorsatz beim **Umgang mit Drogen** → Rn. 968; zum Vorsatz 418
bei **Drogenkurieren** → Rn. 955, 956.

Bewusste Fahrlässigkeit liegt vor, wenn der Täter mit der als möglich erkann- 419
ten Tatbestandsverwirklichung **nicht einverstanden ist** und **ernsthaft**, nicht nur
vage, darauf vertraut, der tatbestandsmäßige Erfolg werde nicht eintreten (BGHSt
7, 363 = NJW 1955, 1688; 36, 1 (→ Rn. 416); 56, 277 (→ Rn. 416); BGH NJW
1999, 2533 (→ Rn. 416) 2020, 2900 mAnm *Grünewald*; NStZ 2007, 150; 2012,
86; NStZ-RR 2012, 105; StV 2014, 601 (→ Rn. 416)). Auch dann, wenn sich der
Täter des mit seinem Handeln verbundenen besonders großen Gefahrenpotentials
bewusst ist, ist eine Gesamtabwägung (→ Rn. 420) unter Einbeziehung des Zieles
des Täters erforderlich (BayObLG NJW 2003, 371 (→ Rn. 407)).

Die Prüfung, ob Vorsatz oder Fahrlässigkeit vorliegt, erfordert eine **Gesamt-** 420
schau aller objektiven und subjektiven Tatumstände (BGH NZV 2016, 189). Dabei muss das voluntative Merkmal als innere Tatsache in aller Regel aus **äußeren
Indizien** geschlossen werden (BGH NStZ 2008, 451). Dabei muss zunächst geklärt
werden, ob der Täter den Eintritt des Tatumstandes zumindest für möglich gehalten
hat; sodann ist zu fragen, ob aber und ernsthaft auf das Ausbleiben vertraut
hat (*Joecks/Kulhanek* in MüKoStGB § 16 Rn. 65). **Als Indikatoren** kommen das
Gewicht und die Nähe der Gefahr, die Motivation des Täters und sein Wissensstand, der Grad seiner Intelligenz, Einsichts- und Steuerungsfähigkeit, seine seelische Belastung, etwa durch Drogen, die Gefährlichkeit seines Vorgehens, namentlich das Eingehen eines hohen Risikos (BayObLG NJW 2003, 371 (→ Rn. 407)),
und seine Vermeidebemühungen, sein Nachtatverhalten und die Besonderheit seiner Persönlichkeit in Betracht (*Kühl* in Lackner/Kühl StGB § 15 Rn. 25).

421 **IV. Vorsatz bei den Unterlassungsdelikten. Echte Unterlassungsdelikte** finden sich im Betäubungsmittelstrafrecht **nicht.** Begehungsdelikte, die auch durch Unterlassen begangen werden können (**unechte Unterlassungsdelikte,** § 13 StGB), sind dagegen auch in der Praxis **nicht selten** und in der letzten Zeit eher häufiger geworden (→ Rn. 753). Dazu gehören auch das Handeltreiben (→ § 29 Rn. 60, 90, 95, 97; *Ebert/Müller* BtMR S. 99–108) sowie andere Tätigkeitsdelikte.

422 **Der Vorsatz setzt** bei ihnen voraus, dass der Täter die **tatbestandsmäßige Situation** kennt, aus der sich seine Pflicht zum Handeln ergibt. Er muss danach nicht nur die für das Begehungsdelikt erforderlichen Merkmale, sondern auch **die Umstände** erkennen, **aus denen sich** die Möglichkeit und Zumutbarkeit der zur Erfolgsabwendung gebotenen Handlung sowie seine Garantenstellung ergeben (BGHSt 16, 155 = NJW 1961, 1682; *Fischer* StGB § 16 Rn. 17; *Kühl* in Lackner/Kühl StGB § 15 Rn. 7). Der Eigentümer eines Grundstücks muss daher wissen oder es für möglich halten, dass auf seinem Grundstück Cannabis angebaut wird und er muss sich der tatsächlichen und rechtlichen Möglichkeit bewusst sein, das Rauschgift zu entfernen.

423 Dagegen gehört die **Handlungspflicht als solche** nicht zum Tatbestand, so dass sich der Vorsatz darauf nicht erstrecken muss. Dies gilt auch für die **Garantenpflicht** (BGHSt 16, 155 (→ Rn. 422); 19, 295 = NJW 1964, 1330) und die **Zumutbarkeit** (etwas anderes gilt für die **Umstände,** aus denen sich die Zumutbarkeit ergibt (→ Rn. 422)). Wer in Kenntnis aller Umstände, aus denen sich seine Handlungspflicht ergibt, glaubt, nicht zum Handeln verpflichtet zu sein, unterliegt danach einem nach § 17 StGB zu beurteilenden Gebotsirrtum.

424 **V. Vorsatz als Schuldelement, natürlicher Vorsatz.** Der Vorsatz ist ein wertfreier psychologischer Sachverhalt. Spätestens seit der Einführung des § 17 StGB ist geklärt, dass das Bewusstsein (Einsicht), Unrecht zu tun, kein Merkmal des Vorsatzes darstellt. Vielmehr stellt der **Vorsatz** ein **selbständiges,** vom normativen Schuldelement **unabhängiges Schuldelement** dar (so im Wesentlichen die Rspr., während die Lehre ihn vielfach als Teil der tatbestandsmäßigen Handlung ansieht, *Kühl* in Lackner/Kühl StGB § 15 Rn. 34).

425 **Der natürliche Tatvorsatz** wird nicht berührt, wenn der Täter infolge seines Zustands Tatsachen verkennt, die jeder geistig Gesunde richtig erkannt hätte (stRspr; BGH NStZ-RR 2008, 334; 2015, 273).

426 **C. Die Fahrlässigkeit.** Die Fahrlässigkeitsdelikte des Betäubungsmittelrechts sind in § 29 Abs. 4 geregelt. Die Fahrlässigkeit wird deswegen dort behandelt (→ § 29 Rn. 2084–2095; auch → AMG Vor § 95 Rn. 100–112).

427 **D. Zusammentreffen von Vorsatz und Fahrlässigkeit.** Dieselbe Tathandlung kann bei Verletzung desselben Rechtsguts **nicht gleichzeitig** als vorsätzliche und als fahrlässige angesehen werden; die fahrlässige ist subsidiär (BGH NJW 2011, 2067 (→ Rn. 396); NStZ 2015, 587). Dies gilt auch dann, wenn der Täter hinsichtlich einer Teilmenge der Gesamtmenge vorsätzlich und hinsichtlich der anderen Teilmenge fahrlässig gehandelt hat; es liegt dann insbesondere auch keine Tateinheit zwischen einer Tat nach § 29 Abs. 1 S. 1 Nr. 1 und § 29 Abs. 4 vor (BGH NJW 2011, 2067 (→ Rn. 396)). Dass hinsichtlich der anderen Teilmenge Fahrlässigkeit gegeben ist, kann allerdings strafschärfend berücksichtigt werden (→ Rn. 396).

428 **E. Irrtumsfragen.** Das Gesetz unterscheidet zwischen dem Irrtum des Täters über Tatumstände (**§ 16 StGB, Tatbestandsirrtum**) und dem Irrtum des Täters über die Rechtswidrigkeit seines Verhaltens (**§ 17 StGB, Verbotsirrtum**). Während der Tatbestandsirrtum den Vorsatz des Täters ausschließt, wobei die Strafbarkeit wegen fahrlässiger Begehung unberührt bleibt (§ 16 Abs. 1 S. 2 StGB), berührt der Verbotsirrtum den Vorsatz nicht.

I. Tatbestandsirrtum. Ein Tatbestandsirrtum (§ 16 Abs. 1 S. 1 StGB) liegt vor, 429 wenn der Täter bei Begehung der Tat ein in Wirklichkeit gegebenes **Tatbestandsmerkmal** (→ Rn. 431) nicht kennt oder darüber irrt. Unkenntnis ist nicht schon dann gegeben, wenn dem Täter lediglich ungewiss ist, ob ein in Betracht gezogenes Tatbestandsmerkmal vorhanden ist. Ungewissheit begründet daher noch keinen Tatbestandsirrtum (*Sternberg-Lieben/Schuster* in Schönke/Schröder StGB § 16 Rn. 4).

Nach § 16 Abs. 2 StGB zählt auch die irrtümliche Annahme eines Umstandes, 430 der eine **Privilegierung** begründet, zu dem Irrtum über Tatumstände. Anders als in den Fällen des Absatzes 1 ist hier eine positive Vorstellung („Annahme") von dem Vorliegen eines solchen Umstands notwendig.

1. Gegenstand des Tatbestandsirrtums können alle Merkmale sein, auf die sich 431 der Vorsatz bezieht (→ Rn. 390–400):

a) Strafänderungsgründe. Ein Tatbestandsirrtum kann daher auch bei Merk- 432 malen gegeben sein, welche die Strafbarkeit **erhöhen.** Sind sie dem Täter unbekannt, so ist nur hinsichtlich des Grunddelikts Vorsatz gegeben. Für Merkmale eines Regelbeispiels oder Umstände, die einen unbenannten besonders schweren Fall begründen, gilt § 16 Abs. 1 S. 1 StGB entsprechend (*Fischer* StGB § 16 Rn. 11); bei der irrtümlichen Annahme von Umständen, die einen minder schweren Fall begründen würden, ist § 16 Abs. 2 StGB analog anzuwenden (*Fischer* StGB § 16 Rn. 11).

b) Deskriptive und normative Merkmale. Gegenstand eines Tatbestandsirr- 433 tums können auch normative Tatbestandsmerkmale (→ Rn. 400) sein. Eindeutig ist dies, wenn sich der Irrtum oder die Unkenntnis auf die Tatsachen bezieht, die dem normativen Merkmal zugrunde liegen, zB der Kurier hält die ihm mitgegebene Substanz (Cocain) irrtümlich für das Streckmittel Lidocain (*Franke/Wienroeder* Einf. Rn. 36; *Joachimski/Haumer* § 29 Rn. 275). Ein Tatbestandsirrtum liegt aber auch vor, wenn der Täter auf Grund der von ihm (nur) auf Laienart erwarteten Wertung die **Bedeutungskenntnis** (→ Rn. 408) des Merkmals **nicht erlangt** (*Sternberg-Lieben/Schuster* in Schönke/Schröder StGB § 15 Rn. 43, 43a). Dies kann etwa gegeben sein, wenn der Täter, so man ihm dies glauben will, Haschisch für „so etwas Ähnliches wie Tabak" hält (= Irrtum über die Eigenschaft als Betäubungsmittel) oder wenn man ihm glaubt, dass er „Speed" nicht für ein Betäubungsmittel gehalten hat (OLG Köln MDR 1984, 75).

Hat der Täter die Bedeutungskenntnis, legt er das normative Tatbestands- 434 merkmal aber gleichwohl zu seinen Gunsten aus, etwa weil er meint, für sein Vorhaben bestehe eine Lücke im Gesetz, so liegt ein bloßer Subsumtionsirrtum vor (BGH NJW 2018, 1486 (→ Rn. 408); NStZ 2020, 167). Ein **Subsumtionsirrtum** ist gegeben, wenn der Täter sich **über die Zuordnung eines** an sich zutreffend erkannten **Sachverhalts zu einem Deliktstatbestand** irrt (*Oğlakcıoğlu* in MüKoStGB Vor § 29 Rn. 78), etwa wenn der Täter weiß, dass die Cannabispflanze unter das BtMG fällt, aber meint, dies gelte nicht für junge Pflanzen ohne THC oder für Faserhanf (deswegen insoweit verfehlt LG Ravensburg NStZ 1998, 306). Dasselbe gilt, wenn der Täter irrtümlich annimmt, der von ihm hergestellte Stoff, dessen Art und Beschaffenheit er kennt, sei noch nicht in die Anlagen zum BtMG aufgenommen und unterstehe deswegen noch nicht diesem Gesetz (*Franke/Wienroeder* Einf. Rn. 36; *Joachimski/Haumer* § 29 Rn. 276); zum **NpSG** → NpSG § 4 Rn. 14). Der Subsumtionsirrtum lässt den Vorsatz unberührt (BGH NStZ 2007, 644; 2008, 87; NStZ-RR 2003, 55; *Fischer* StGB § 16 Rn. 13); der Täter bleibt weiterhin strafbar. Der Subsumtionsirrtum kann aber **relevant** werden, wenn er zu einem **Verbotsirrtum** führt, weil der Täter annimmt, sein Verhalten sei nicht rechtswidrig (BGH NStZ 2020, 167; *Vogel/Bülte* in LK-StGB StGB § 16 Rn. 109; *Fischer* StGB § 16 Rn. 13). Zu dem Merkmal „unerlaubt" → § 29 Rn. 35–44).

435 c) **Merkmale von Rechtfertigungsgründen.** Nimmt der Täter irrtümlich einen Sachverhalt an, der die Merkmale eines Rechtfertigungsgrundes erfüllen würde **(Erlaubnistatbestandsirrtum)**, so ist dies entsprechend § 16 Abs. 1 S. 1 StGB als Tatbestandsirrtum zu behandeln (stRspr; BGHSt 45, 219 = 2000, 1341 = NStZ 2000, 603 mAnm *Kargl/Kirsch* = StV 2001, 258 = JR 2000, 470 mAnm *Hoyer;* 49, 34 = NJW 2004, 1054; 2005, 260 mAnm *Duttge* = NStZ 2004, 204 = JR 2004, 390 mAnm *Mosbacher;* BGH NStZ 1996, 34; 1996, 132 mAnm *Ulsenheimer* = StV 1996, 148; 1996, 338 = StV 1996, 424; 1997, 32 mAnm *Jordan;* 2012, 205; 2020, 725). In der Lehre wird der Erlaubnistatbestandsirrtum als Irrtum eigener Art bezeichnet, der den Vorsatz als Tatbestandsvorsatz unberührt lasse und erst auf der Schuldebene relevant werde (*Fischer* StGB § 16 Rn. 22d; *Kühl* in Lackner/Kühl StGB § 17 Rn. 15; Vor § 25 Rn. 9; aA *Rönnau* in LK-StGB StGB Vor § 32 Rn. 96), was vor allem für die Teilnahme von Bedeutung ist; ob der BGH mit seinem Urteil v. 2.11.2011 (NStZ 2012, 272 mAnm *Engländer* = StV 2012, 334 mAnm *Mayer/Mandla*) einen entsprechenden Richtungswechsel vornehmen wollte, erscheint allerdings zweifelhaft.

436 **Beruht der Irrtum** auf einer fehlerhaften Bewertung der **rechtlichen Voraussetzungen** oder **Grenzen** des Rechtfertigungsgrundes (BGHSt 45, 219 (→ Rn. 435); BGH NStZ 1996, 338 (→ Rn. 435)) oder geht der Täter von einem Rechtfertigungsgrund aus, den das Recht nicht oder nicht in dieser Form kennt, so liegt ein **Verbotsirrtum** vor (BGH NStZ 2003, 596; *Sternberg-Lieben/Schuster* in Schönke/Schröder StGB § 16 Rn. 19), der zum Teil auch **Erlaubnisirrtum** oder **indirekter Verbotsirrtum** genannt wird (BGH NStZ 2003, 596; *Kühl* in Lackner/Kühl StGB § 17 Rn. 19).

437 Da die **tatbestandlichen** Voraussetzungen eines Rechtfertigungsgrundes sowohl **deskriptiver** wie **normativer** Natur sein können, ergeben sich hier grundsätzlich dieselben Fragen wie bei der Kenntnis der entsprechenden Merkmale des gesetzlichen Tatbestandes (→ Rn. 399, 400, 433).

438 **2. Folge** des Tatbestandsirrtums ist, dass der Täter **ohne Vorsatz** handelt. Dies gilt auch dann, wenn der Tatbestandsirrtum **verschuldet** war (BGH StV 1999, 369; *Sternberg-Lieben/Schuster* in Schönke/Schröder StGB § 16 Rn. 11). Zur Unkenntnis von Strafänderungsgründen → Rn. 432. In allen Fällen bleibt nach § 16 Abs. 1 S. 2 StGB die Strafbarkeit wegen fahrlässiger Begehung unberührt (BGH StV 1999, 369).

439 **3. Der umgekehrte Irrtum (untauglicher Versuch).** Hält der Täter irrtümlich einen Tatumstand für gegeben, so kommt ein **untauglicher Versuch** (→ Rn. 173, 177–179) in Betracht. Tatbestandsirrtum und Versuch stehen zueinander im Verhältnis der Reziprozität (*Sternberg-Lieben/Schuster* in Schönke/Schröder StGB § 16 Rn. 6; *Kühl* in Lackner/Kühl StGB § 16 Rn. 7). Nimmt der Täter irrig die Voraussetzungen eines schwereren Tatbestands an, so steht der Versuch des qualifizierten Delikts mit dem vollendeten Grunddelikt in Tateinheit. Verkennt der Täter das Vorliegen eines privilegierenden Umstandes, so entfällt die Privilegierung. In den Fällen des Handeltreibens ist statt Versuchs Vollendung gegeben (→ Rn. 173).

440 **Ein (strafbarer) untauglicher Versuch** kommt auch dann in Betracht, wenn die Handlungen des Täters **aus tatsächlichen Gründen** nicht zum Erfolg führen können, etwa wenn die Indoor-Anlage des Täters zum Anbau von Cannabis nicht taugt. In diesem Fall fehlt es an einem tauglichen Mittel. An einem tauglichen Objekt fehlt es, wenn der Täter Pflanzen pflegt in der Annahme, dass es sich um Cannabispflanzen handelt, oder wenn er sonst annimmt, bei dem Stoff handele es sich

um Rauschgift (BGH NStZ 2002, 439). Beim Handeltreiben ist auch dann Vollendung gegeben.

II. Verbotsirrtum. Ein Verbotsirrtum liegt vor, wenn dem Täter bei der Begehung der Tat das Bewusstsein (zur Aktualität → Rn. 402 sowie *Kühl* in Lackner/ Kühl StGB § 17 Rn. 3) fehlt, Unrecht zu tun (Unrechtsbewusstsein). Der **Verbotsirrtum** lässt den **Vorsatz unberührt.** Er kann daher nur im Rahmen der Schuld Bedeutung erlangen (BGH NStZ 1996, 236). Erst wenn festgestellt ist, dass der objektive und subjektive Tatbestand (Vorsatz oder Fahrlässigkeit) erfüllt ist, kann er sachgerecht erörtert werden (BGH NStZ 1996, 236). 441

1. Unrechtsbewusstsein. Das Unrechtsbewusstsein setzt **nicht** voraus, dass der Täter Kenntnis von der Strafbarkeit seines Verhaltens (BGH NStZ 1996, 236) oder gar der Höhe der angedrohten Strafe hat; erst recht kommt es auf die Kenntnis der Strafbarkeit nach deutschem Recht nicht an (BGHSt 45, 97 = NJW 1999, 2908 = StV 2000, 422 mAnm *Neumann* = JR 2000, 377 mAnm *Dölling*). **Ausreichend** ist es, wenn der Täter **wusste,** gegen die **Rechtsordnung** zu verstoßen (BGHSt 52, 227 = NStZ 2009, 275; BGH NStZ 1996, 236). Daher ist das Unrechtsbewusstsein auch dann gegeben, wenn der Täter glaubt, er verletze nur zivilrechtliche oder öffentlich-rechtliche Normen (BGHSt 56, 227 (s. o.)) oder begehe nur eine Ordnungswidrigkeit (BGHSt 11, 263 = NJW 1958, 109; BGH NJW 1995, 737 = StV 1994, 653). Noch kein Unrechtsbewusstsein begründet dagegen seine Annahme, nur gegen die sittliche oder soziale Ordnung zu verstoßen (BGHSt 52, 227 (s. o.)). Zum Erfordernis der Beziehung auf eine spezifische Rechtsgutsverletzung → Rn. 444. 442

Auch wenn der Täter **es nur für möglich** hält, Unrecht zu tun, hat er das Unrechtsbewusstsein, wenn er diese Möglichkeit wie beim bedingten Vorsatz in seinen Willen aufnimmt (BGHSt 45, 148 = NJW 1999, 3568 = NStZ 1999, 621; 1999, 369 mAnm *Dahs;* BGH NStZ 1996, 236; *Vogel/Bülte* in LK-StGB StGB § 17 Rn. 27). Auf der anderen Seite setzt der Verbotsirrtum ein positives Bewusstsein, rechtmäßig zu handeln, nicht voraus. Unrechtsbewusstsein hat in der Regel auch derjenige, der die Verbindlichkeit der Norm für sich ablehnt, weil er als **Überzeugungstäter** sich bewusst gegen die Rechtsordnung auflehnt (*Fischer* StGB § 17 Rn. 3b), zB weil er das deutsche Drogenstrafrecht für falsch hält. 443

Das Unrechtsbewusstsein muss sich auf die **spezifische Rechtsgutsverletzung** des in Betracht kommenden Tatbestandes beziehen (BGH NStZ 1996, 236; *Fischer* StGB § 17 Rn. 4; *Vogel/Bülte* in LK-StGB StGB § 17 Rn. 21) und kann daher im Falle der Tateinheit teilbar sein (*Sternberg-Lieben/Schuster* in Schönke/ Schröder StGB § 17 Rn. 8). Dabei genügt die Einsicht, dass die Tat Unrecht der im Tatbestand beschriebenen Art ist (OLG Stuttgart NStZ 1993, 344). 444

Ist sich der Täter des **Unrechts des Grunddelikts** (zB Handeltreiben) bewusst und kennt er die Umstände, die die Qualifikation ausmachen (zB Mitführen einer Schusswaffe), so erstreckt sich sein Unrechtsbewusstsein auch auf die **Qualifikation** (BGHSt 42, 123 = NJW 1996, 2804 = NStZ 1996, 499 mAnm *Kessler* = StV 1996, 670 mAnm *Seelmann;* krit. *Vogel/Bülte* in LK-StGB StGB § 17 Rn. 22). Dies gilt jedenfalls dann, wenn der strafferhöhende Umstand (Führen einer Schusswaffe) schon für sich strafrechtliches Unrecht bedeutet und der Täter hiervon Kenntnis hat. 445

Nicht erheblich ist, worauf die Unkenntnis des Verbots beruht. So kann der Täter in Unkenntnis der Verbotsnorm oder in der irrigen Annahme handeln, seine Tat sei erlaubt, wobei dies wieder darauf beruhen kann, dass er sich über das Vorhandensein, die Voraussetzungen oder die Grenzen eines **Rechtfertigungsgrundes** irrt (zur Abgrenzung vom Tatbestandsirrtum → Rn. 435, 436). 446

BtMG   Vor §§ 29ff.   Sechster Abschnitt. Straftaten und Ordnungswidrigkeiten

447   **2. Folge, Vermeidbarkeit.** Konnte der Täter den Verbotsirrtum **nicht vermeiden,** so handelt er ohne Schuld und bleibt straffrei (§ 17 S. 1 StGB). Andernfalls kann die Strafe nach § 49 Abs. 1 StGB gemindert werden. **Unvermeidbar** ist ein Verbotsirrtum dann, wenn der Täter trotz der ihm nach den Umständen des Falles, seiner Persönlichkeit sowie seines Lebens- und Berufskreises zuzumutenden Anspannung des Gewissens die Einsicht in das Unrechtmäßige seines Tuns nicht zu gewinnen vermochte (BGHSt 21, 18 = NJW 1966, 842; BGH NStZ 1996, 338 (→ Rn. 435); 2000, 307; 2020, 167; BeckRS 2019, 38531). Das setzt voraus, dass er alle seine geistigen Erkenntniskräfte eingesetzt und etwa aufkommende Zweifel durch Nachdenken oder erforderlichenfalls durch Einholung von Rat **(Erkundigungspflicht)** beseitigt hat (BGHSt 21, 18 (s. o.)).

448   **Wird die Rechtsauffassung** des Täters durch eine **gerichtliche** oder **behördliche Entscheidung** (BGH NStZ 2000, 364) oder durch eine **Rechtsauskunft** einer sachkundigen, unvoreingenommenen und mit der Erteilung der Auskunft keinerlei Eigeninteresse verfolgenden Person (BGHSt 40, 257 = NJW 1995, 204 = NStZ 1995, 80 = StV 1995, 408) bestätigt, begründet dies die **Unvermeidbarkeit eines Irrtums,** wenn der Täter auf die Richtigkeit der Entscheidung oder Auskunft vertraut hat und nach den Umständen vertrauen durfte (BGH NStZ 2000, 307). Wer dagegen eine gesetzliche Regelung spitzfindig unter Ausnutzung vermeintlicher Regelungslücken zu unterlaufen versucht, darf dabei nicht auf Mindermeinungen oder vom allgemeinen Sprachgebrauch abweichende fachwissenschaftliche Definitionen vertrauen (BayObLGSt 2002, 135 = NStZ 2003, 270; OLG Zweibrücken BeckRS 2010, 13810). Unzutreffende Auskünfte **unzuständiger Behörden** können nur dann zur Unvermeidbarkeit des Irrtums führen, wenn sich für den Täter die fehlende Zuständigkeit und Beurteilungskompetenz nicht aufdrängt (BGH BeckRS 2019, 38531).

449   Dabei ist der **Rat eines Rechtsanwalts** nicht schon deshalb vertrauenswürdig, weil er von einer kraft ihrer Berufsstellung vertrauenswürdigen Person erteilt ist (BGH NStZ 2000, 307; BeckRS 2019, 38531; OLG Braunschweig StV 1998, 492). Maßgebend ist, ob der Rechtsrat aus der Sicht des Anfragenden nach eingehender sorgfältiger Prüfung erfolgt und von der notwendigen Sachkenntnis getragen ist (BGH BeckRS 2019, 38531; OLG Frankfurt a. M. NStZ-RR 2003, 2639). Auskünfte, die erkennbar vordergründig und mangelhaft sind oder lediglich als Feigenblatt dienen sollen, können den Täter nicht entlasten (BGH NStZ 2000, 307; 2013, 461). Bei komplexen Sachverhalten und erkennbar schwierigen Rechtsfragen ist regelmäßig ein detailliertes, schriftliches **Gutachten** erforderlich (BGH NStZ-RR 2009, 13; BeckRS 2019, 38531).

450   Wer mit **psychoaktiven Substanzen** umgeht, weiß, dass er sich in einem rechtlich sensiblen Bereich bewegt. Es ist ihm daher auch zuzumuten, qualifizierten Rechtsrat einzuholen. Dies gilt erst recht, wenn er sich als **Betreiber eines Headshops** im unmittelbaren Dunstkreis des Betäubungsmittelhandels bewegt. Er unterliegt damit gesteigerten Erkundigungs- und Prüfungspflichten, an die strenge Anforderungen zu stellen sind und darf sich dann insbesondere nicht auf die Auskünfte des Produzenten einer Räucherhanf-Mischung verlassen (OLG Zweibrücken BeckRS 2010, 13810; *Fischer* StGB § 17 Rn. 12; aA BGHSt 63, 11 = NJW 2018, 961 mAnm *Becker* = NStZ 2018, 223 mAnm *Oğlakcıoğlu* zur Fahrlässigkeit im Rahmen des § 29 Abs. 4).

451   Hat der Täter **die Erkundigung unterlassen,** so muss festgestellt werden, dass er die richtige Auskunft erhalten hätte (BGH BeckRS 2019, 38531); andernfalls war die Unterlassung nicht kausal (überwiegende M; zum Streitstand s. *Fischer* StGB § 17 Rn. 15; *Sternberg-Lieben/Schuster* in Schönke/Schröder StGB § 17 Rn. 22; *Joecks/Kulhanek* in MüKoStGB StGB § 17 Rn. 71).

3. Der umgekehrte Irrtum (Wahndelikt). Hält der Täter sein Handeln irr- 452
tümlich für rechtswidrig, so begeht er ein Wahndelikt. Im Gegensatz zum untauglichen Versuch ist das Wahndelikt straflos (*Fischer* StGB § 22 Rn. 49; *Eser/Bosch* in
Schönke/Schröder StGB § 22 Rn. 78). Der Täter irrt hier nicht über das Vorliegen
von Tatbestandsmerkmalen, sondern über die Reichweite der strafrechtlichen
Norm (umgekehrter Subsumtionsirrtum). Ein solcher Irrtum, der auch im Bereich
des **Betäubungsmittelstrafrechts** vorkommt, kann auf unterschiedlichen **normativen** Fehlannahmen beruhen (*Eser/Bosch* in Schönke/Schröder StGB § 22
Rn. 78):

a) **Irrtum über die Existenz einer Strafnorm.** Der Täter glaubt, sich strafbar 453
zu machen, weil er an die Existenz einer Strafnorm glaubt, die es entweder überhaupt nicht gibt oder jedenfalls nicht in dem von dem Täter angenommenen Anwendungsbereich (*Fischer* StGB § 22 Rn. 50; *Eser/Bosch* in Schönke/Schröder StGB
§ 22 Rn. 79). Dies kommt etwa in Betracht, wenn der Täter den Konsum von Betäubungsmitteln für strafbar hält. Fälle dieser Art sind **straflos,** weil der Täter keine
strafrechtlichen Verbote schaffen kann.

Dasselbe gilt, wenn der Täter irrtümlich annimmt, eine von ihm hergestellte 454
Substanz, deren chemische Beschaffenheit er kennt, **falle unter das BtMG** und sei
damit ein Betäubungsmittel (zur Ausnahme für das Handeltreiben → Rn. 173). Ein
(strafbarer) **untauglicher Versuch** liegt dagegen vor, wenn der Täter über die chemische Beschaffenheit der Substanz irrt und annimmt, es handele sich um MDE
und werde deswegen vom BtMG erfasst (→ Rn. 178; *Fischer* StGB § 22 Rn. 54);
zum Handeltreiben s. auch hier → Rn. 173. Es zeigt sich damit, dass die Formulierung, der Täter habe irrtümlich angenommen, dass die Substanz ein Betäubungsmittel sei (unter das BtMG falle), zu ungenau ist, um die zutreffenden rechtlichen
Folgerungen zu ermöglichen (zur Ausnahme beim Handeltreiben → Rn. 173).

Im Hinblick darauf, dass das **Fehlen** einer betäubungsmittelrechtlichen **Erlaub-** 455
nis ein **Tatbestandsmerkmal** des § 29 darstellt (→ § 29 Rn. 31–34), gehören in
diesen Bereich auch die Fälle, in denen der Täter irrtümlich annimmt, sein (von
ihm im Tatsächlichen genau erkanntes) Handeln **bedürfe einer Erlaubnis,** obwohl dies, etwa nach § 4, nicht notwendig ist, etwa wenn ein Apotheker, dem ein
Betäubungsmittel der Anlage I zur Untersuchung übergeben wird, annimmt, Annahme und Besitz desselben seien verboten.

b) **Irrtum über eine bestehende Rechtfertigungsnorm.** Ein **Wahndelikt** 456
liegt auch vor, wenn der Täter (trotz zutreffender Kenntnis der tatsächlichen Umstände) eine bestehende **Rechtfertigungsnorm nicht kennt** oder die **Grenzen**
dieses Rechtfertigungsgrunds **verkennt** (BGH NJW 1994, 1357 = NStZ 1994,
29; *Eser/Bosch* in Schönke/Schröder StGB § 22 Rn. 80). Fälle dieser Art wären im
Betäubungsmittelstrafrecht nicht ganz selten, wenn die betäubungsmittelrechtliche
Erlaubnis ein Rechtfertigungsgrund wäre. Da aber ihr Fehlen als Tatbestandsmerkmal anzusehen ist (→ § 29 Rn. 31–34), gehören sie letztlich zu Abschn. a
(→ Rn. 453–455).

Kein (strafloses) Wahndelikt, sondern ein (strafbarer) untauglicher Versuch ist 457
dagegen gegeben, wenn der Täter vom tatsächlichen Vorliegen einer objektiv
rechtfertigenden Situation **nichts weiß** (*Eser/Bosch* in Schönke/Schröder StGB
§ 22 Rn. 81; offen gelassen in BGHSt 56, 11 = NJW 2011, 1014 = NStZ-RR
2011, 7).

c) **Irrtum über normative Tatbestandsmerkmale.** Dehnt der Täter auf 458
Grund falscher Auslegung normativer Merkmale den Anwendungsbereich strafrechtlicher Verbote irrtümlich aus, so kann dies sowohl in den Bereich des untauglichen Versuchs als auch des Wahndelikts fallen.

BtMG Vor §§ 29 ff.   Sechster Abschnitt. Straftaten und Ordnungswidrigkeiten

459   **aa) Irrtum über die tatsächlichen Voraussetzungen.** Hat der Täter falsche Vorstellungen von den tatsächlichen Voraussetzungen eines strafrechtlichen Tatbestandsmerkmals, so liegt ein (gegebenenfalls strafbarer) **Versuch** (beim Handeltreiben Vollendung) vor, auch wenn die irrtümlichen Vorstellungen auf unzutreffenden Rechtsvorstellungen beruhen (*Fischer* StGB § 22 Rn. 54; *Eser/Bosch* in Schönke/Schröder StGB § 22 Rn. 83). Dies kommt etwa in Betracht, wenn der Täter annimmt, er habe eine größere Menge qualitativ hochwertigen Heroins eingeführt, während er in Wirklichkeit an einen besonders stark verschnittenen Stoff geraten ist, der die Grenze zur nicht geringen Menge nicht überschreitet (dazu → § 30 Rn. 274 sowie zum Handeltreiben → § 29a Rn. 192–194; zu anderen Verkehrsformen → § 29a Rn. 192, 196, 197).

460   **bb) Unzutreffende Bedeutungskenntnis des Tatbestandsmerkmals.** Erfasst die unzutreffende Bedeutungskenntnis des Täters das strafrechtliche Tatbestandsmerkmal selbst und stellt er sich vor, der von ihm zutreffend erfasste Sachverhalt erfülle ein bestimmtes Tatbestandsmerkmal, so liegt ein (insoweit strafloses) Wahndelikt vor (*Fischer* StGB § 22 Rn. 54; *Eser/Bosch* in Schönke/Schröder StGB § 22 Rn. 83). Dies ist etwa gegeben, wenn der Täter die (minderwertige) Beschaffenheit des von ihm eingeführten Rauschgifts kennt, aber gleichwohl annimmt, er habe damit eine nicht geringe Menge eingeführt.

461   Der umgekehrte Fall hierzu ist der des **unbeachtlichen Subsumtionsirrtums:** der Täter kennt die Beschaffenheit des von ihm eingeführten Rauschgifts genau, er hält die Grenze für die nicht geringe Menge aber für höher als sie ist. In einem solchen Fall liegt eine vollendete Tat der Einfuhr einer nicht geringen Menge vor (→ § 30 Rn. 275; → § 29a Rn. 199).

462   **III. Irrtum über Umstände, die nicht zum Tatbestand gehören.** Irrt der Täter über die Art des Betäubungsmittels, etwa wenn er das von ihm transportierte Heroin für Amfetamin hält, so liegt kein Subsumtionsirrtum vor, sondern ein Irrtum über einen Umstand, der nicht zum Tatbestand gehört, weil das BtMG zwischen den einzelnen Betäubungsmitteln nicht unterscheidet (→ Rn. 390). Auch ein solcher Irrtum ist unbeachtlich (*Vogel/Bülte* in LK-StGB StGB § 16 Rn. 75, 76; s. auch BGHR StGB § 30 Abs. 1 Nr. 4 Vorsatz 2 = StV 1990, 53).

463   Worauf der **Irrtum zurückzuführen** ist, ist nicht erheblich. Es kommt daher für die Beachtlichkeit des Irrtums nicht darauf an, ob der Täter von seinem Auftraggeber getäuscht wurde, ob er selbst einem Irrtum unterlegen ist oder ob er sich nur im Koffer vergriffen hat.

464   **Etwas anderes** gilt für die **Strafzumessung.** Das Maß der Schuld wird wesentlich auch von der Gefährlichkeit des Rauschgifts bestimmt. Deswegen kommt es insoweit darauf an, welche Vorstellungen der Täter sich von dem Betäubungsmittel und seinem Wirkstoffgehalt gemacht hat (BGHR § 30 Abs. 1 Nr. 4 Vorsatz 2 (→ Rn. 462)). Zur Fahrlässigkeit in diesem Zusammenhang → Rn. 396.

Kapitel 10. Schuldfähigkeit und Betäubungsmittelabhängigkeit

465   **A. Ausgangspunkt.** Grundlage für die Beurteilung der Auswirkungen der Betäubungsmittelabhängigkeit auf die Schuldfähigkeit sind die §§ 20, 21 StGB. Sie gelten auch für die Bewertung akuter Rauschzustände nach dem Konsum von Drogen, gleichgültig ob es sich bei dem Konsumenten um einen Abhängigen oder Nichtabhängigen handelt. Steht die **Schuldunfähigkeit** zur Zeit der Tathandlung (→ Rn. 466) fest oder ist sie nicht sicher auszuschließen, so ist eine strafrechtliche Verantwortlichkeit wegen vorverlagerter Schuld nach den Grundsätzen der **actio libera in causa** (→ Rn. 547–550) und Strafbarkeit wegen **Vollrauschs** (§ 323a StGB) zu prüfen. Wer Alkohol mit einem Betäubungsmittel konsumiert, muss

grundsätzlich damit rechnen, dass die Wirkung des Alkohols durch das Betäubungsmittel erheblich gesteigert werden kann. Dasselbe gilt umgekehrt. Zum Mischkonsum, auch mit Alkohol → Rn. 509–511.

Schuldunfähigkeit und verminderte Schuldfähigkeit sind **keine Dauereigenschaften,** sondern bewirken den Ausschluss oder die Verminderung der Schuld nur in Bezug auf eine bestimmte Tat (BGHSt 49, 45 = NJW 2004, 1810 = NStZ 2004, 437 = StV 2005, 15; BGH NJW 2009, 1979; NStZ 2012, 44). Eine Schuldunfähigkeit oder erheblich verminderte Schuldfähigkeit „an sich" gibt es nicht. **Entscheidend** ist die **Zeit der Tathandlung** (BGH NStZ-RR 2009, 198; NStZ 2012, 44); zur actio libera in causa → Rn. 547–550. Bei der Beurteilung der Schuldfähigkeit ist daher nicht entscheidend auf den Konsum oder die Sucht an sich, sondern auf den **tatzeitbezogenen Zustand** des Täters bzw. seinen **aktuellen Intoxikationszustand** zur Zeit der Begehung der Tat abzustellen. Werden zwei Tatbestände durch eine Handlung verwirklicht, etwa beim Erwerb oder Anbau von Betäubungsmitteln zum Verkauf und zum Eigenbedarf, ist die Schuldfähigkeitsbeurteilung **nicht teilbar** (BGH NStZ 2012, 44; NStZ-RR 2014, 212). 466

Bleiben bei der Klärung der Schuldunfähigkeit oder verminderten Schuldfähigkeit **nicht behebbare Zweifel,** so ist zugunsten des Täters zu entscheiden (BGHR StGB § 20 Bewusstseinsstörung 1; § 21 Ursachen, mehrere 1 = BeckRS 1986, 31101208; 13 = BeckRS 1995, 03780; *Fischer* StGB § 20 Rn. 67). Dies gilt allerdings nur, wenn sich die Zweifel auf die **tatsächlichen** Grundlagen und Anknüpfungspunkte für die Beurteilung der Schuldfähigkeit beziehen (BGH StV 2013, 560); für die rechtliche Bewertung der zur Schuldfähigkeit getroffenen Feststellungen gilt dies nicht (BGHSt 43, 66 = NJW 1997, 2460 = StV 1997, 460; BGH NJW 2006, 3506 = NStZ-RR 2006, 335; NStZ 2011, 106). Schließlich ist die erheblich eingeschränkte Schuldfähigkeit des Täters zur Tatzeit keine bestimmte Beweistatsache und kein tauglicher Gegenstand eines **Beweisantrags;** eine Wahrunterstellung kommt nur in Frage, wenn damit die Aufklärungspflicht nicht verletzt wird (BGH NStZ 2011, 106). 467

Ist gemäß dem Zweifelsgrundsatz von der Schuldunfähigkeit oder verminderten Schuldfähigkeit auszugehen, so steht das **sicheren Feststellungen** absolut gleich. Daher darf der verminderten Schuldfähigkeit weder bei der Strafrahmenwahl noch bei der Strafzumessung im engeren Sinn nur deswegen eine geringere Bedeutung beigemessen werden, weil sie nicht positiv festgestellt wurde (BGHR StGB § 21 Strafrahmenverschiebung 17; BGH NStZ 2014, 510; NStZ-RR 2006, 6; StV 1999, 490). 468

B. Grundsatz. Das StGB geht davon aus, dass die volle Schuldfähigkeit des erwachsenen Menschen der Normalfall ist (*Schäfer/Sander/van Gemmeren* Strafzumessung Rn. 943). Dem liegt die Vorstellung zugrunde, dass jeder Mensch über einen freien Willen verfügt, nach dem er handeln kann (BGHSt 2, 194 = NJW 1952, 593 = JZ 1952, 335; BGHSt 18, 87 = NJW 1963, 355; dazu *Schöch* in LK-StGB, 12. Aufl. 2007, StGB § 20 Rn. 15–30; zur neueren **Hirnforschung** s. *Fischer* StGB Vor § 13 Rn. 9–11a; *Eisele* in Schönke/Schröder StGB Vor § 13 Rn. 110a, 110b; *Kühl* in Lackner/Kühl StGB Vor § 13 Rn. 26a; *Schöch* in LK-StGB, 12. Aufl. 2007, StGB § 20 Rn. 25–30). In den §§ 20, 21 StGB bezeichnet das Gesetz – anknüpfend an vier Eingangsmerkmale – die Ausnahmefälle, in denen dieser **Normalzustand nicht** vorliegt, weil das Handeln des Täters von Kräften bestimmt wurde, die er nicht oder nur schwer zu beherrschen vermochte. 469

I. Schuldunfähigkeit, erheblich verminderte Schuldfähigkeit. Die **Schuldunfähigkeit** ist in § 20 StGB geregelt. Das Gesetz nennt dort vier (sogenannte biologische) Eingangsmerkmale oder „Eingangsvoraussetzungen" (krankhafte seelische Störung, tiefgreifende Bewusstseinsstörung, Intelligenzminderung 470 und schwere andere seelische Abartigkeit), die die Fähigkeit des Täters, das Unrecht der Tat einzusehen oder nach dieser Einsicht zu handeln, ausschließen können. Der hierfür verwendete Begriff „psychologische Komponente" erscheint irreführend, da es um eine normative Bewertung des Zusammenhangs zwischen Störung und Tat geht (*Fischer* StGB § 20 Rn. 45a; *Kühl* in Lackner/Kühl StGB § 20 Rn. 13). Kein Eingangsmerkmal ist die **Furcht** (BGHR StGB § 21 BtM-Auswirkungen 14). Die Schuldfähigkeit kann bei tateinheitlich begangenen Rauschgiftdelikten nur einheitlich beurteilt werden (vgl. BGH NStZ 2012, 44 zum Handeltreiben in Tateinheit mit Besitz von Betäubungsmitteln).

471 Mit der **erheblichen Verminderung der Schuldfähigkeit** befasst sich § 21 StGB, der ebenfalls an die Eingangsvoraussetzungen des § 20 StGB anknüpft. Bei Anwendung beider Vorschriften ist stets zwischen der Einsichtsfähigkeit und der Steuerungsfähigkeit zu unterscheiden.

472 **II. Betäubungsmittelabhängigkeit und Schuldunfähigkeit/erheblich verminderte Schuldfähigkeit.** Auf Grund der Vielzahl möglicher Ursachen, der verschiedenen Formen und Ausprägungen sowie der unterschiedlichen körperlichen und psychischen Folgen entzieht sich die **Betäubungsmittelabhängigkeit** (→ § 1 Rn. 33−56) **als solche** einer klaren Zuordnung zu den Merkmalen des § 20 StGB (BGH NStZ 2013, 519; *Fischer* StGB § 20 Rn. 41). Sind bereits hirnorganische Abbauprozesse eingetreten, so liegt eine krankhafte seelische Störung vor (→ Rn. 491). Geht die Betäubungsmittelabhängigkeit mit einem Verfall der Persönlichkeit einher, namentlich mit einer Depravation (→ § 1 Rn. 52), so ist eine (schwere) seelische Störung in Betracht zu ziehen (→ Rn. 492, 495). Eine akute Intoxikation (Drogenrausch) wird meist den krankhaften seelischen Störungen zugerechnet, während andere sie zu den tiefgreifenden Bewusstseinsstörungen zählen (→ Rn. 493).

473 Trotz einer langen Reihe von Entscheidungen, die sich mit den Auswirkungen der Betäubungsmittelabhängigkeit auf die Schuldfähigkeit befassen, hat der BGH (anders BayObLG NJW 1999, 1794) bislang nahezu durchweg davon **abgesehen,** die Betäubungsmittelabhängigkeit einem der vier Merkmale **zuzuordnen** (*Blau* JR 1987, 206 (207); *Theune* NStZ 1997, 57 (60, 61)). Dass sich diese eher pragmatische Rechtsprechung auf Grund der Urteile des 1. Strafsenats v. 17.4.2012 (NStZ 2013, 53) und des 4. Strafsenats v. 12.3.2013 (NStZ 2013, 519 = StV 2013, 691), die von einer Zuordnung zu den Eingangsmerkmalen ausgehen, grundlegend geändert hat, ist bislang nicht erkennbar. Die Frage der Einsichtsfähigkeit lässt der BGH meist unerörtert (anders BGHR StGB § 21 BtM-Auswirkungen 7 = NStZ 1990, 384).

474 Statt dessen richtet er den Blick unmittelbar auf die **Steuerungsfähigkeit** und geht in stRspr davon aus, dass die **Betäubungsmittelabhängigkeit** für sich gesehen weder eine **Schuldunfähigkeit** noch eine **erhebliche Verminderung** der Schuldfähigkeit begründet (BGHR StGB § 21 BtM-Auswirkungen 2 = NJW 1988, 501 = StV 1987, 427; 6 (2 StR 172/89); 8 (3 StR 510/89) = BeckRS 1990, 06708; 11 (3 StR 423/90); 12 (3 StR 276/95) = BeckRS 1995, 31079930; 13 = StV 2001, 451; 14 (1 StR 147/03); 15 = NStZ-RR 2004, 39; 16 = NJW 2006, 1301 = NStZ 2006, 151; 2006, 453 mablAnm *Dannhorn* = StV 2006, 185; 18 = NStZ 2014, 213; BGH NJW 2002, 150 = NStZ 2001, 642; NJW 2002, 2043 = NStZ 2002, 542 = StV 2002, 423; NStZ 2013, 519 = StV 2013, 691; NStZ-RR 1997, 227; 2006, 88; 2017, 167; StV 2012, 203).

475 Vielmehr sind nach Rspr. (BGH NStZ 2021, 77; 2019, 136 mwN; 2017, 167; weitere Nachweise → Rn. 474) und Lit. (*Patzak* in Körner/Patzak/Volkmer vor §§ 29 ff. Rn. 8; *Malek* BtMStrafR Kap. 3 Rn. 41, 46; *Eberth/Müller* BtMR Rn. 179, 183; *Streng* in MüKoStGB StGB § 20 Rn. 105; *Theune* NStZ-RR 2003,

Kap. 10. Schuldfähigkeit, Betäubungsmittelabhängigkeit **Vor §§ 29 ff. BtMG**

225 (Beweisregel); krit. *Wächtler* StV 2003, 184 (187)) bei einem Rauschgiftsüchtigen Auswirkungen auf die Schuldfähigkeit nur ausnahmsweise möglich, wenn
– **langjähriger Betäubungsmittelkonsum** zu schwersten Persönlichkeitsveränderungen geführt hat,
– der Täter unter **starken Entzugserscheinungen gelitten** und durch sie dazu getrieben wurde, sich mittels einer Straftat Drogen zu verschaffen oder
– unter Umständen dann, wenn er das Delikt im Zustand eines **aktuellen Rausches** verübt hat oder wenn er
– aus **Angst vor nahe bevorstehenden Entzugserscheinungen** handelt, die er schon als äußerst unangenehm („intensivst" oder „grausamst") erlitten hat.

Wird das Rauschgift erst nach dem **Tatentschluss** konsumiert, so muss dieser Konsum nach den Grundsätzen der actio libera in causa (→ Rn. 547–550) außer Betracht bleiben (BGH NStZ 2002, 31; 2003, 535). Eine Schuldfähigkeitsbeeinträchtigung ist auch dann ohne Bedeutung, wenn der Täter das Heroin vor den einzelnen Taten konsumiert, um seine **Angst zu verlieren** (BGH BeckRS 2008, 14056).

Dass auch die **Angst** vor solchen **Entzugserscheinungen,** die der Abhängige schon als äußerst unangenehm („intensivst" oder **„grausamst")** erlebt hat und als nahe bevorstehend einschätzt, **mitunter** zu einer wesentlichen Beeinträchtigung der Steuerungsfähigkeit führen **kann**, hat die Rspr. zunächst für die Fälle der **Heroinsucht** (→ § 1 Rn. 382–384; 387–394) anerkannt (BGH NStZ 2013, 53; BGHR StGB § 21 BtM-Auswirkungen 5 = NJW 1989, 2336 = NStZ 1989, 430 = StV 1989, 386; 7 = NStZ 1990, 384; 9 = StV 1991, 66; 11 (→ Rn. 474); 16 (→ Rn. 474); 18 (→ Rn. 474); BGH NJW 2002, 150 = NStZ 2001, 642; BayObLG NJW 1999, 1794). Dass diese Voraussetzungen gegeben sind, hat das Gericht auf der Grundlage von Tatsachen nachvollziehbar festzustellen (BGH NStZ 2012, 44). Zu den Einzelheiten → Rn. 501–503. 476

Auf die **Abhängigkeit von anderen Drogen** kann der für die Heroinabhängigkeit entwickelte Grundsatz nicht ohne weiteres übertragen werden. Seine Anwendung ist vielmehr eine Frage des Einzelfalls (*Winkler* NStZ 2007, 328 (330)). Bei der Prüfung hat das Gericht auf die konkrete Erscheinungsform der Sucht beim Täter abzustellen und deren Verlauf sowie die **suchtbedingte Einengung des Denk- und Vorstellungsvermögens** in die Gesamtwürdigung des Zustands des Täters einzubeziehen, wobei ihm ein nur eingeschränkt revisionsrechtlich überprüfbarer Spielraum zusteht (BGHR StGB § 21 BtM-Auswirkungen 5 (5 StR 175/89); 16 (→ Rn. 474); BeckRS 2017, 105127). Dies gilt etwa für **Amfetamin** (BGH NStZ 2001, 83 = StV 2001, 564; NStZ-RR 1997, 227). Auch bei **Cocain** ist eine auf schweren Entzugserscheinungen beruhende erhebliche Steuerungsfähigkeitsverminderung nicht ausgeschlossen (BGH BeckRS 2017, 105127; BGHR StGB § 21 BtM-Auswirkungen 10 (3 StR 436/90); 12 (3 StR 276/95); BGH NStZ 2013, 53; mit Recht krit. *Dannhorn* NStZ 2005, 453 f.), ebenso nicht bei **Crack** (BGHR StGB § 21 BtM-Auswirkungen 16 (→ Rn. 474); krit. *Dannhorn* NStZ 2005, 453 f.)). Für **Cannabis** hat der BGH (NStZ-RR 2013, 346) die Frage namentlich im Hinblick auf die neuerdings festzustellende erhöhte Toxizität (→ Einl. Rn. 154, 155) offen gelassen. 477

Die in → Rn. 476, 477 beschriebene Variante scheidet regelmäßig aus, wenn der Täter bei den Taten **Zugriff auf Rauschgift** hatte. Das Bestreben, einen Vorrat an Betäubungsmitteln bereit zu halten, um unangenehme körperliche Folgewirkungen zu vermeiden, sowie ein „Suchtdruck" sind lediglich generelle Merkmale gewichtigerer Formen der Drogenabhängigkeit, die ihrerseits eine verminderte Schuldfähigkeit aber nicht zu begründen vermögen (BGH NStZ-RR 2013, 346). 478

479 Gleichwohl ist die Rspr. des BGH **nicht so restriktiv,** wie dies die ständig gebrauchte Formel (→ Rn. 475) vermuten ließe. Vor allem bei Opiatabhängigen oder Polytoxikomanen wurde eine **Verminderung** der Schuldfähigkeit (§ 21 StGB) nicht selten auch dort bejaht, wo weder eine schwerste Persönlichkeitsveränderung noch ein akuter Rausch oder Entzugserscheinungen festgestellt waren (*Theune* NStZ 1997, 57 (60); strenger BGH NJW 2002, 150 = NStZ 2001, 642; NStZ 2001, 82 (83); 85; NStZ-RR 2001, 12; 2001, 81; 2004, 78). Das Fehlen eindeutiger Bewertungsgrundsätze in der bisherigen Rechtsprechung des BGH wird daher nicht ganz ohne Grund beklagt (*Theune* NStZ 1997, 57 (60)).

480 Da die Abhängigkeit von Drogen für sich gesehen keine erhebliche Verminderung der Steuerungsfähigkeit begründet, liegt regelmäßig kein **Erörterungsmangel** vor, wenn bei Straftaten von Drogenabhängigen die Voraussetzungen des § 21 StGB nicht behandelt werden. Eine solche Erörterung ist aber dann geboten, wenn die Voraussetzungen der → Rn. 475–477 in Betracht kommen (BGHR StGB § 21 BtM-Auswirkungen 18 (→ Rn. 474)) sowie immer dann, wenn das Urteil – etwa zum Leben oder Vorleben des Angeklagten – Feststellungen enthält, nach denen sich eine nähere Prüfung der in → Rn. 475 dargelegten Ausnahmen aufdrängt (BGH NStZ-RR 2017, 167 zur nicht erörterten Persönlichkeitsdepravation beim Angeklagten, dessen Leben sich nur um Finanzierung, Erwerb und Konsum von Rauschgift dreht).

481 **C. Der Vorgang der Prüfung.** Trotz des Fehlens eindeutiger Bewertungsgrundsätze (→ Rn. 479) lässt sich eine Strukturierung vornehmen. Dabei ist wesentlich, dass es nach der Rspr. des BGH (→ Rn. 474; strenger BayObLG NJW 1999, 1794; eine Zuordnung vornehmend auch BGH NStZ 2013, 53; 2013, 519 = StV 2013, 691) weniger auf die Zuordnung einer festgestellten Betäubungsmittelabhängigkeit zu einem biologischen Merkmal des § 20 StGB ankommt (→ Rn. 490) als auf die Erfüllung eines der vier Kriterien, nach denen die Betäubungsmittelabhängigkeit ausnahmsweise zur Schuldunfähigkeit oder verminderten Schuldfähigkeit führen kann (→ Rn. 475–477).

482 **I. Übersicht, Prüfungsreihenfolge.** Das Tatgericht hat danach schrittweise folgende Prüfungsreihenfolge einzuhalten:
– Feststellung der Betäubungsmittelabhängigkeit (→ Rn. 483–486),
– Zuordnung der festgestellten Betäubungsmittelabhängigkeit (→ Rn. 490),
    – zu den biologischen Merkmalen – optional – (→ Rn. 490) – (→ Rn. 491–493),
    – zu den nach der Rechtsprechung primär relevanten Merkmalen (→ Rn. 494–508),
– Feststellung des Zusammenhangs der Betäubungsmittelabhängigkeit mit der Tat (→ Rn. 512–514),
– Auswirkungen der Betäubungsmittelabhängigkeit auf die Schuldfähigkeit (→ Rn. 515)
    – Fehlen der relevanten Merkmale (→ Rn. 516–518),
    – Vorliegen eines relevanten Merkmals (→ Rn. 519),
        – Schuldunfähigkeit – § 20 StGB – (→ Rn. 520–523),
        – erheblich verminderte Schuldfähigkeit – § 21 StGB – (→ Rn. 525–527).

483 **II. Feststellung der Betäubungsmittelabhängigkeit.** Zunächst ist es unerlässlich, festzustellen, ob eine Betäubungsmittelabhängigkeit (→ § 1 Rn. 33–56) vorliegt. Dazu müssen die Einzelheiten über die Art der Drogen, die Dauer des Konsums, die Dosierung und gegebenenfalls ihre Entwicklung sowie sonstige Umstände, die Hinweise auf das Ausmaß der Abhängigkeit geben können, möglichst genau geklärt werden. Dabei wird häufig der Einsatz eines psychiatrischen Sachverständigen erforderlich sein (näher → Rn. 540ff.; zu den in Betracht kommenden Mitteln und Methoden § 1 Rn. 92–101). Das Gericht darf von einer Abhängigkeit **nicht einfach ausgehen,** sondern muss prüfen, ob sie tatsächlich vorliegt, nicht vorliegt oder nicht sicher ausgeschlossen werden kann (BGHR StGB § 21 BtM-Auswirkungen 12 (→ Rn. 474)). Dabei ist das Gericht nicht gehalten, die Angaben des Beschuldigten ohne Anhaltspunkte als unwiderlegbar hinzunehmen (BGH NStZ-RR 2009, 59); auch → § 29 Rn. 730.

Die **Aussagekraft** auch eines quantifizierten Nachweises von Drogen und ihrer **484** Abbauprodukte im Blut, im Urin und in den Haaren ist im Hinblick auf die Frage der Steuerungsfähigkeit eines Täters bei der Tat nur begrenzt (BGH NStZ 2013, 53; *Kaspar* in Satzger/Schluckebier/Widmaier StGB § 20 Rn. 48); es kommt vielmehr auf eine Gesamtabwägung aller Umstände an. Daher sind im Rahmen einer **Gesamtschau** aufgrund der psychodiagnostischen Merkmale unter ergänzender Verwertung der Blut-, Urin- und Haarbefunde (hinsichtlich des Drogenkonsums) Rückschlüsse auf die **Tatzeitbefindlichkeit** des Täters und sein Leistungsverhalten zu ziehen (BGH NStZ 2013, 53). Hierzu bedarf es regelmäßig des Einsatzes eines psychiatrischen Sachverständigen (→ Rn. 540ff.).

Ob der Täter zur Tatzeit betäubungsmittelabhängig war, ist eine **Tatsachen- 485 frage** (BGHSt 43, 66 (→ Rn. 467); BGH NStZ-RR 1997, 225), bei deren Klärung sich das Gericht sachverständiger Hilfe bedienen kann (→ Rn. 539–541). Die Sachverständigen ziehen zunehmend die internationalen **Klassifikationssysteme ICD-10** (derzeit ICD-10-GM 2016) und **DSM-5** (→ § 1 Rn. 37–42) heran. Im Hinblick auf deren begrenzte Aussagekraft (→ § 1 Rn. 37, 38; *Fischer* StGB § 20 Rn. 7, 7a mwN) dürfte die manchmal erhobene Forderung (BGH NStZ 2001, 83; ähnlich BGH NStZ 2007, 518; 2013, 519), im Urteil müsse dargelegt werden, ob und inwieweit der Sachverständige die allgemeinen psychiatrischen Kriterien einer Substanzabhängigkeit gemäß ICD-10 oder DSM-IV-TR als erfüllt angesehen hat, zu weit gehen (s. auch BGH NStZ 1999, 630). Zur **Heranziehung eines Sachverständigen** und zur **Aufgabenverteilung** zwischen diesem und dem Gericht → Rn. 539–545.

Hat der Sachverständige allerdings eines der anerkannten Klassifikationssysteme **486** herangezogen, und sind die dort festgelegten allgemeinen psychiatrischen Kriterien einer Substanzabhängigkeit **nicht erfüllt,** so sind in der Regel auch keine forensisch-psychiatrischen Folgerungen möglich (BGH NStZ 2001, 83; *Schäfer/Sander/van Gemmeren* Strafzumessung Rn. 531).

Liegt dagegen **ein Zustandsbild** nach ICD-10 oder DSM-5 **vor,** so besagt dies **487** für sich zwar noch nichts über das Ausmaß drogeninduzierter psychischer Störungen und ist für die Schuldfähigkeitsbeurteilung rechtlich nicht verbindlich. Gleichwohl weist eine solche Zuordnung in der Regel auf eine nicht ganz geringfügige Beeinträchtigung hin, der das Gericht mit Hilfe des Sachverständigen nachgehen muss (BGHSt 49, 45 (→ Rn. 466); BGH NStZ 1999, 630; 2001, 83; 2013, 519; NStZ-RR 1998, 189 = StV 1998, 342; OLG Karlsruhe StV 2004, 477). Eine Aussage dahin, dass die Schuldfähigkeit iSd §§ 20, 21 StGB berührt ist, treffen die Klassifikationssysteme ICD-10 und DSM-5 nicht. Die Aufnahme eines bestimmten Krankheitsbildes entbindet das Gericht daher nicht davon, **konkrete Feststellungen** zum Ausmaß der vorhandenen Störung zu treffen und ihre Auswirkungen auf die Tat darzulegen; dies verlangt eine Auseinandersetzung mit dem konkreten Verhalten des Täters vor, während und nach der Tat und nachvollziehbare Feststellungen im Urteil dazu, wie sich das Zustandsbild bzw. die Diagnose **bei Tatbegehung konkret ausgewirkt** hat. (BGH BeckRS 2009, 25034; 2019, 26443).

III. Zuordnung der Betäubungsmittelabhängigkeit Die Zuordnung einer **488** festgestellten Betäubungsmittelabhängigkeit zu den biologischen Merkmalen des § 20 StGB leidet unter der Vielgestaltigkeit dieser Störung (→ Rn. 472). In der Rechtsprechung des BGH wird auf eine solche Zuordnung meist verzichtet (→ Rn. 473, 474; anders BayObLG NJW 1999, 1794). Nunmehr hat der BGH

(NStZ 2013, 53; 2013, 519) die Abhängigkeit als stoffgebundene Suchterkrankung sowohl der schweren anderen seelischen Störung und – vor allem bei körperlicher Abhängigkeit – der krankhaften seelischen Störung zugeordnet. Die begriffliche Einordnung hat für das Ergebnis in der Regel keine Konsequenzen (BGHSt 37, 231 = NStZ 1991, 481 = StV 1991, 60; *Perron/Weißer* in Schönke/Schröder StGB § 20 Rn. 17; *Schäfer/Sander/van Gemmeren* Strafzumessung Rn. 979).

489 Haben bei der Tat mehrere Faktoren zusammengewirkt und kommen daher **mehrere Eingangsmerkmale zugleich** in Betracht, so dürfen diese nicht isoliert beurteilt werden; vielmehr ist eine Gesamtwürdigung vorzunehmen (BGH NStZ 2013, 519; NStZ-RR 2004, 260).

490 **1. Zuordnung zu den biologischen Merkmalen.** Sofern **gleichwohl** eine solche Zuordnung vorgenommen werden soll oder muss (BGH NStZ 2013, 53; 2013, 519; BayObLG NJW 1999, 1794), gilt folgendes:

491 **a) Betäubungsmittelabhängigkeit mit organischem Befund.** Geht die Betäubungsmittelabhängigkeit mit einem organischen Befund einher, so ist sie den **krankhaften seelischen Störungen** zuzurechnen (BGH NStZ 2013, 53; 2013, 519; *Kühl* in Lackner/Kühl StGB § 20 Rn. 4; *Perron/Weißer* in Schönke/Schröder StGB § 20 Rn. 10; *Streng* in MüKoStGB StGB § 20 Rn. 32; *Schäfer/Sander/van Gemmeren* Strafzumessung Rn. 946; wohl auch *Fischer* StGB § 20 Rn. 41). Dies kommt jedenfalls dann (weitergehend *Theune* NStZ 1997, 57 (58); *Täschner* NJW 1984, 638) in Betracht, wenn langjähriger Betäubungsmittelkonsum zu schwersten Persönlichkeitsveränderungen (→ Rn. 475), auch in dem von der Rechtsprechung entwickelten weiteren Sinn (→ Rn. 495–498), geführt hat.

492 **b) Betäubungsmittelabhängigkeit ohne organischen Befund.** Fehlt es an einem organischen Befund, so ist die Betäubungsmittelabhängigkeit den **anderen seelischen Abartigkeiten** zuzuordnen (BGH NStZ 2013, 53; 2013, 519; *Fischer* StGB § 20 Rn. 41; *Schöch* in LK-StGB, 12. Aufl. 2007, StGB § 20 Rn. 92, 116). Dieses Merkmal umfasst die Veränderungen der Persönlichkeit, die nicht pathologisch bedingt sind, also nicht auf nachweisbaren oder postulierbaren (vermuteten) organischen Prozessen oder Defekten beruhen (BGHSt 35, 76 = NJW 1988, 2054 = NStZ 1988, 69 = StV 1988, 527; BGHR StGB § 21 seelische Abartigkeit 14 = BeckRS 1990, 31096607; BGH NStZ-RR 2000, 298; 2008, 335).

493 **c) Drogenrausch, Entzugserscheinungen.** Nicht abschließend geklärt ist auch die Zuordnung des „normalen" (nicht pathologischen) **Drogenrauschs.** Während er von manchen den tiefgreifenden Bewusstseinsstörungen zugerechnet wird (*Perron/Weißer* in Schönke/Schröder StGB § 20 Rn. 13, 17 mwN), wird er zunehmend als krankhafte seelische Störung angesehen (BGHSt 43, 66 = NJW 1997, 2460; BGH NStZ-RR 2009, 79 (zum Alkoholrausch); *Fischer* StGB § 20 Rn. 11; *Kühl* in Lackner/Kühl StGB § 20 Rn. 4; *Schöch* in LK-StGB, 12. Aufl. 2007, StGB § 20 Rn. 116; *Streng* in MüKoStGB StGB § 20 Rn. 36; *Schild* in NK-StGB StGB § 20 Rn. 84), da er medizinisch eine Intoxikation darstellt und die auf krankhaften Zuständen beruhenden Bewusstseinsstörungen bereits von der ersten Alternative des § 20 StGB erfasst werden. Zu den **Entzugserscheinungen** → Rn. 501.

494 **2. Zu den Kriterien der Rspr. für die Schuldfähigkeitsbeurteilung.** Sodann ist zu klären, ob die von der Rspr. aufgestellten Kriterien (→ Rn. 475–477) erfüllt sind, bei denen die Betäubungsmittelabhängigkeit zur Aufhebung oder erheblichen Verminderung der Schuldfähigkeit (in aller Regel der Steuerungsfähigkeit) führen kann. Entscheidend ist die **Tatzeitbefindlichkeit** des Täters. Diese ist im Rahmen einer Gesamtschau aufgrund der psychodiagnostischen Kriterien festzustellen; dabei sind Nachweise von Drogen und ihrer Abbauprodukte im Blut, im Urin und in den Haaren heranzuziehen, denen allein aber nur eine begrenzte Aussagekraft zukommt (BGH NStZ 2013, 53). Nicht ausreichend für die Anwendung

Kap. 10. Schuldfähigkeit, Betäubungsmittelabhängigkeit **Vor §§ 29 ff. BtMG**

des § 21 StGB ist die Behauptung eines Heroindealers, er habe von einer größeren Heroinmenge einige Hits verbraucht, sei drogenabhängig und konsumiere seit längerer Zeit Heroin (BGH NJW 1981, 1221 = StV 1981, 237). Ebenso kann das Gericht beim Schnupfen von einem Gramm 40%igem Heroin pro Woche und fehlendem Suchtverhalten eine erhebliche Verminderung der Steuerungsfähigkeit verneinen (BGHR BtMG § 29 Abs. 3 Nr. 4 Menge 9); dasselbe gilt für das tägliche Schnupfen von 0,4 g Cocain (BGH DRsp Nr. 1994/50) oder bei drogenfreien Phasen während längerer Auslandsaufenthalten, erhaltener Sozialstruktur, fehlender massiver Depravation und fehlendem körperlichen Abbau (BGH NJW 2002, 150 = NStZ 2001, 642).

a) Schwerste Persönlichkeitsveränderungen. Eine Aufhebung oder erhebliche Verminderung der Schuldfähigkeit kommt dagegen in Betracht, wenn der langjährige Konsum von Betäubungsmitteln zu schwersten Persönlichkeitsveränderungen geführt hat (→ Rn. 475). Obwohl diese Formulierung auf organische Abbauprozesse hindeutet (*Joachimski/Haumer* § 29 Rn. 287) und vereinzelt (BGHR StGB § 21 BtM-Auswirkungen 3 = StV 1988, 198 mAnm *Kamischke* = JR 1987, 206 mAnm *Blau*) auch eine Depravation (→ § 1 Rn. 52) gefordert wird, werden entsprechende Feststellungen sonst nicht verlangt. 495

Ausreichend sind **gewichtige psychische Veränderungen** (BGH BeckRS 1990, 06708); s. auch BGHR StGB § 21 BtM-Auswirkungen 3 (→ Rn. 495); enger BayObLG NJW 1999, 1794). Ob solche vorliegen, ist auf Grund einer **Gesamtwürdigung** festzustellen, bei der auf die konkrete Erscheinungs- und Verlaufsform der Sucht abzustellen ist. Zu berücksichtigen sind ferner die Persönlichkeit des Täters und deren Entwicklung, die Vorgeschichte, der unmittelbare Anlass und die Ausführung der Tat sowie das Verhalten nach der Tat (BayObLG NJW 1999, 1794). Gesichtspunkte, die zum Cannabismissbrauch entwickelt wurden, dürfen dabei nicht ohne weiteres auf die Heroinabhängigkeit übertragen werden (BGHR StGB § 21 BtM-Auswirkungen 5 (→ Rn. 476); 7 (→ Rn. 473)). 496

Solche gewichtigen psychischen Veränderungen **liegen vor,** wenn langjähriger abnormer Haschischgebrauch zu einer Persönlichkeitsveränderung mit Leistungsnachlass, aggressiven Impulsen und Mangel an sozialem Interesse geführt hat (BGH NStZ 1993, 339 = StV 1994, 76 mAnm *Gebhardt*), wenn die Abhängigkeit mit anderen Umständen, etwa Alkoholismus (OLG Köln NStZ 1981, 437) oder Diabetes (BGH StV 1989, 103) zusammentrifft, wenn der Haschischkonsum zu einer Psychose geführt hat (BGHR StGB § 21 BtM-Auswirkungen 4 = NStZ 1989, 17 = StV 1989, 386), in Fällen einer Polytoxikomanie oder wenn langjähriger Heroinkonsum zur Folge hatte, dass der Täter teilweise sogar unfähig war, Beschaffungsfahrten zu unternehmen oder daran teilzunehmen (BGH StV 1991, 156). 497

Auch die typische **süchtige Umstrukturierung** eines langjährig Opiatabhängigen (*Täschner* Blutalkohol 1993, 313 (317)) kann die Voraussetzungen einer solchen Persönlichkeitsveränderung erfüllen (s. BGHR StGB § 21 BtM-Auswirkungen 5 (→ Rn. 476); 16 (→ Rn. 474)). Dies gilt zumindest dann, wenn auch die Willensfunktion beeinträchtigt ist. Bei einem langjährig oder hochgradig Heroinabhängigen besagt sein Leistungsverhalten noch nichts über seine Hemmungsfähigkeit, die gleichwohl erheblich gemindert sein kann (BGH StV 1991, 156; 1994, 303). Liegt im Zusammenhang mit Drogenabhängigkeit eine dissoziale Persönlichkeitsstörung mit Verwahrlosungsanzeichen vor, ist eine genaue Prüfung des Gewichts dieser Veränderung erforderlich (BGH *Detter* NStZ 1992, 170). 498

Ob eine festgestellte schwere Persönlichkeitsstörung die Folge einer Betäubungsmittelabhängigkeit ist oder auf andere Umstände zurückzuführen ist, ist manchmal nicht leicht zu klären. Gleichwohl sollte auf die Klärung nicht verzichtet werden, weil die **Ermittlung der Ursache** wichtige Anhaltspunkte für die Art der psychi- 499 schen Auswirkungen und für die Bestimmung des Grades der Schuldfähigkeit liefert (*Jähnke* in LK-StGB, 11. Aufl. 1984, StGB § 20 Rn. 41; aA *Theune* NStZ 1997, 57 (58)).

500 Eine Diagnose ist kein Beleg für ein Eingangsmerkmal. Die von Sachverständigen oft verwendete Diagnose der **„dissozialen Persönlichkeitsstörung"** (nach ICD-10: F60.2) oder der „antisozialen Persönlichkeitsstörung" (nach DSM-IV: 301.7) hat nur begrenzte Aussagekraft (BGHSt 44, 338 = NJW 1999, 1792; 49, 45 (→ Rn. 466); BGH NStZ 2000, 585; 1999, 395 mAnm *Winckler/Foerster* NStZ 2000, 192) und belegt allein noch kein Eingangsmerkmal bzw. noch keine andere seelische Abartigkeit (BGH NStZ-RR 2008, 104; BeckRS 2019, 21490). Gleiches gilt für eine **„kombinierten Persönlichkeitsstörung"** (BGH NStZ-RR 2004, 105). Notwendig ist eine für das Revisionsgericht nachvollziehbare Gesamtschau, ob die Störungen in ihrem Gewicht den krankhaften seelischen Störungen entsprechen und Symptome aufweisen, die in ihrer Gesamtheit das Leben des Täters schwer und mit ähnlichen Folgen stören, belasten oder einengen, wie dies bei krankhaften seelischen Störungen der Fall ist (BGH NStZ 2006, 154; 2009, 258; NStZ-RR 2008, 104; 2010, 7). Dazu bedarf es **konkreter Feststellungen zu den handlungsleitenden Auswirkungen der Störung im Tatzeitpunkt;** die bloße Mitteilung der Diagnose genügt keinesfalls. Auch die Diagnose der kombinierten Persönlichkeitsstörung ist nicht mit einer „schweren anderen seelischen Abartigkeit" iSd § 20 StGB gleichzusetzen, sondern für die Schuldfähigkeitsbeurteilung entscheidend sind der Ausprägungsgrad und der Einfluss auf die soziale Anpassungsfähigkeit (BGH BeckRS 2018, 18141; 2019, 21490).

501 **b) Akute oder drohende Entzugserscheinungen.** Die psychische Wirkung von starken Entzugserscheinungen (→ Rn. 477) ist den krankhaften seelischen Störungen zuzuordnen (*Täschner* NJW 1984, 638; *Blau* JR 1987, 206f.; aA *Perron/Weißer* in Schönke/Schröder StGB § 20 Rn. 13, 17, die von einer tiefgreifenden Bewusstseinsstörung ausgehen). Dabei macht es keinen Unterschied, ob sie bereits eingetreten sind oder nahe bevorstehen.

502 Verfügt der Täter zur Tatzeit noch über einen **Vorrat** an Betäubungsmitteln, so steht dies einer erheblichen Verminderung der Steuerungsfähigkeit entgegen (BGHR StGB § 21 BtM-Auswirkungen 12 für zwei Briefchen Cocain). An einer erheblichen Verminderung kann es auch fehlen, wenn der Vorrat **zu Ende geht** und der Täter erste Entzugserscheinungen verspürt (BGH NJW 2002, 150 = NStZ 2001, 642). Etwas anderes gilt, wenn der Vorrat durch die Tat **erst geschaffen werden** soll, um dem Rauschgift nicht ständig hinterher jagen zu müssen (BGHR StGB § 21 BtM-Auswirkungen 7 = NStZ 1990, 384). Bei Beschaffungsdelikten kommt die **Aufhebung** der Steuerungsfähigkeit nur in seltenen Ausnahmefällen, zB in Kombination mit Persönlichkeitsveränderungen, in Frage (BGH NStZ 2013, 53).

503 **Drohende Entzugserscheinungen** können eine erhebliche Verminderung der Steuerungsfähigkeit nur dann begründen, wenn die Tatbegehung **maßgeblich von der Angst** vor ihnen bestimmt gewesen ist (→ Rn. 476). Dazu muss sie der Abhängige schon als **äußerst unangenehm** („grausamst") erlebt haben und als **nahe bevorstehend** einschätzen; dies ist im **Urteil** tatsachenfundiert darzulegen (BGH NStZ 2012, 44), das sich auch zu Art und Intensität der befürchteten Entzugserscheinungen verhalten muss (BGH BeckRS 2018, 35966). Die Angst des Abhängigen vor Entzugserscheinungen muss diesen unter ständigen Druck setzen und ihn zu Straftaten treiben, die unmittelbar oder mittelbar der Beschaffung des Suchtmittels dienen (BGH NStZ 2001, 85). Daran fehlt es, wenn das beherrschende Motiv für einen Raubüberfall die Sorge ist, wegen Mietschulden die Wohnung räumen zu müssen (BGH NStZ-RR 2001, 81) oder wenn der Täter stets Geld hat, um seinen Bedarf an Betäubungsmitteln zu decken (BGH NStZ 2012, 44).

Kap. 10. Schuldfähigkeit, Betäubungsmittelabhängigkeit Vor §§ 29 ff. BtMG

c) **Akute Rauschzustände.** Der akute Rausch nach dem Konsum von Betäu- 504
bungsmitteln wird heute überwiegend nicht den tiefgreifenden Bewusstseinsstörungen, sondern den krankhaften seelischen Störungen zugeordnet (→ Rn. 493); letztlich kann dies jedoch offen bleiben, weil sich Rechtsfolgen daraus nicht ergeben (BGHSt 37, 231 = NStZ 1991, 481; BGH StV 1982, 69; s. auch BGH StV 2005, 19; *Perron/Weißer* in Schönke/Schröder StGB § 20 Rn. 13). Dem akuten Rausch dürfte der **flash-back** (zu Cannabis → § 1 Rn. 320, zu Ecstasy → § 1 Rn. 364, zu LSD → § 1 Rn. 411 und zu PCP § 1 Rn. 430) gleichzusetzen sein, der sich durch die Symptome eines schweren Rausches auszeichnet (s. auch *Schöch* in LK-StGB, 12. Aufl. 2007, StGB § 20 Rn. 117).

Die Beurteilung eines akuten Rauschzustandes nach dem Konsum von Betäu- 505
bungsmitteln ist im Einzelfall nicht einfach. Es bedarf dazu der Feststellung einer **massiven psychopathologischen Symptomatik** im Sinne von Realitätsverlust, Halluzinationen oder Wahnvorstellungen (BGH NStZ 2001, 83 = StV 2001, 564). Dass, zumal bei einem erfahrenen Drogenkonsumenten, einige Züge aus der Wasserpfeife einen Cannabisrausch ausgelöst haben könnten, liegt fern und bedarf zumindest eingehender Begründung. Einzubeziehen sind auch Auswirkungen einer **Kombinationswirkung** von Stoffen und ggf. weiterer hinzutretender Umstände (vgl. → Rn. 510 ff.; ferner zur Gesamtwirkung von Alkohol, geschnüffeltem Tonikum und weiterer Umstände BGH BeckRS 1995, 03780).

An zuverlässigen Maßstäben zur nachträglichen Bestimmung der Wirkmenge 506
und zur Beurteilung der Schuldfähigkeit aufgrund der **konsumierten Menge** fehlt es. Auch gibt es keine gesicherten Erfahrungswerte über den Abbau von Betäubungsmitteln, die – wie beim Alkohol – eine Bestimmung der Intoxikationswerte für die Tatzeit zuließen (*Theune* NStZ 1997, 57 (61)). Gleichwohl sind festgestellte Betäubungsmittel oder deren Abbauprodukte für die Beurteilung der Schuldfähigkeit immer von Bedeutung (BGHR StGB § 21 BtM-Auswirkungen 10). Zu berücksichtigen ist, dass Betäubungsmittel zum Teil erhebliche Abbauzeiten (→ § 1 Rn. 97–101) haben (BGHR StGB § 21 Ursachen mehrere 6 = StV 1988, 294).

Bei einem abgrenzbaren Rauschzustand nach dem Konsum von Betäubungsmit- 507
teln kann das **äußere Verhaltensbild** des Täters eine ausreichende Grundlage für die Beurteilung bilden, ob die Steuerungsfähigkeit vermindert war (BGHR StGB § 21 BtM-Auswirkungen 4 (→ Rn. 497); *Täschner* NJW 1984, 638; aA BGH StV 1988, 294). Es gilt aber auch hier der Grundsatz, dass ein erhalten gebliebenes **Leistungsverhalten,** insbesondere ein situationsgerechtes und planmäßiges Handeln, einer erheblichen Verminderung der Steuerungsfähigkeit **nicht** entgegenzustehen braucht (BGH NStZ-RR 1996, 289 = StV 1996, 536). Dies gilt namentlich nach dem Konsum von **Cocain,** das zu Stimmungsaufhellung, Euphorie, einem Gefühl gesteigerter Leistungsfähigkeit und zu mehr Aktivität führt und damit ein Leistungsverhalten offenbart, das nicht von Einschränkungen oder Beeinträchtigungen des äußeren Leistungsverhaltens getragen sein muss (BGHR StGB § 21 BtM-Auswirkungen 17 = StV 2013, 693).

Ein **typischer (mittlerer) Cannabisrausch** lässt das Bewusstsein und die Ori- 508
entierung unberührt und führt allenfalls zu einer leichten Benommenheit (Geschwinde Rn. 163). Dabei lässt das aktive Eingreifen in Geschehensabläufe bei dem Berauschten nach. Dies kann gegen eine erhebliche Verminderung der Steuerungsfähigkeit sprechen (BGHR StGB § 21 BtM-Auswirkungen 13). Ein **Cocainrausch** kann dagegen zur erheblichen Verminderung der Steuerungsfähigkeit führen (BGH StV 2005, 19).

Auch ein **Zusammenwirken** von mehreren Betäubungsmitteln oder von Be- 509
täubungsmitteln und anderen die psychische Verfassung beeinflussenden Faktoren bewirkt häufig eine Beeinträchtigung der Schuldfähigkeit. Dies gilt vor allem

dann, wenn der Täter neben Betäubungsmitteln **Alkohol** zu sich genommen hat (BGH StV 1992, 569 (Heroin und Alkohol); 1988, 294 (Alkohol, Codein und Heroin); 1989, 103 (Alkohol und Medinox); 1994, 634 (Alkohol und Haschisch; Heroin- und Cocainkonsum in früheren Jahren); NStZ-RR 1996, 289 (Alkohol, LSD, Cocain, Ecstasy und Haschisch); NStZ 1998, 496 (Alkohol und Haschisch); StV 2000, 612 (Alkohol und Cocain); StV 2000, 622 (Alkohol und Cocain); NStZ-RR 2009, 184 (Alkohol und Cannabis); BGH BeckRS 2011, 19933 (Alkohol und Metamfetamin)).

510 Sowohl **Alkohol** als auch **Cocain** sind berauschende Mittel, deren Konsum zu einem Rauschzustand und zu einer dadurch bedingten Enthemmung führen können (BGH StV 2005, 19). Bei einem kombinierten Konsum kann das Cocain die alkoholbedingte Enthemmung zusätzlich verstärken (BGH StV 2000, 612), wobei es zugleich die alkoholbedingte Dämpfung des Antriebsniveaus vermindern kann (BGH NStZ 2001, 88 = StV 2001, 622; dazu *Winkler* NStZ 2001, 301 (304)).

511 Beim Zusammentreffen von **Levomethadon** und einem atypischen Cannabisrausch kann Schuldunfähigkeit gegeben sein, wenn der Täter an einer Überempfindlichkeit gegen Rauschmittel leidet (BGH bei *Theune* NStZ 1997, 57 (61)). Auch sonst ist die Möglichkeit der **Wirkungsumkehr** zu beachten; so kann der zunehmende Gebrauch von Schlafmitteln dazu führen, dass nicht mehr die beruhigende, sondern eine anregende Wirkung vorherrscht (*Theune* NStZ 1997, 57 (61)).

512 **IV. Zusammenhang mit der Tat.** Die Betäubungsmittelabhängigkeit muss sich in der Tat ausgewirkt haben (BGH NJW 1997, 3101 = NStZ 1998, 296 = StV 1997, 628 = JR 1998, 204 mAnm *Blau;* NStZ-RR 1998, 106; 1998, 188 = StV 1998, 342; *Schöch* in LK-StGB, 12. Aufl. 2007, StGB § 20 Rn. 116). Notwendig ist, dass sie die Tat mitgeprägt hat, wobei eine Ursächlichkeit im Sinne einer nicht wegzudenkenden Bedingung nicht erforderlich ist (BGH StV 1986, 14). Die Feststellung des Zusammenhangs kann nicht durch eine allgemeine Diagnose ersetzt werden (BGH NStZ-RR 2008, 39). Hilfreich ist die Klärung, ob es sich bei der Tat um ein (direktes oder indirektes) **Beschaffungsdelikt** (→ Einl. Rn. 106–117) handelt (*Täschner/Wanke* MschrKrim 57 (1974), 151 (153); *Täschner* Blutalkohol 1993, 313 (318); BVerwG NJW 1993, 2632). Bei Transaktionen größerer Mengen Heroin (mehrere hundert Gramm) ist ein Zusammenhang mit der Sucht meist nicht gegeben; fallen Stoffmengen als Gewinn an, die etwa 10 g Heroin überschreiten, so ist zu prüfen, ob nicht andere Motivationen die Straftat bedingt haben (*Täschner* Blutalkohol 1993, 313 (318); BGHR StGB § 21 BtM-Auswirkungen 14).

513 Eine Drogenabhängigkeit, die sich **nicht tatmotivierend** ausgewirkt hat, ist ohne Bedeutung (*Schöch* in LK-StGB, 12. Aufl. 2007, StGB § 20 Rn. 116). Dient ein Raubüberfall nicht der Beschaffung von Geld für neuen Stoff, sondern nur der Aufbesserung der wirtschaftlichen Lage, so ist der notwendige Zusammenhang nicht gegeben (BGHR StGB § 21 BtM-Auswirkungen 2 = NJW 1988, 501; seelische Abartigkeit). Dasselbe gilt, wenn mit dem Geld Mietschulden bezahlt werden sollen (BGH NStZ-RR 2001, 81 = StV 2003, 430) oder wenn der Abhängige Vermögensdelikte unterschiedlichen Charakters begeht mit einer langfristigen Planung zukünftigen Suchtmittelzugriffs (BGH NStZ 2001, 85).

514 Anders liegt es, wenn die Tat der **Finanzierung des Konsums** oder der Begleichung von **Drogenschulden** dient. So muss es auch bei einem von langer Hand vorbereiteten Banküberfall an dem notwendigen Zusammenhang nicht fehlen, wenn das erbeutete Geld zur Bezahlung von alten Drogenschulden „dringend" benötigt wurde und der Täter noch in der Tatnacht eine andere Stadt aufsucht, um Cocain-Steine zu kaufen, die er nach Rückkehr sofort konsumiert (BGHR StPO § 261 Sachkunde 2 = BeckRS 1998, 30031531). Der notwendige Zusammenhang ist auch gegeben bei einem **seit zehn Jahren Drogenabhängigen** mit einer disso-

Kap. 10. Schuldfähigkeit, Betäubungsmittelabhängigkeit Vor §§ 29 ff. BtMG

zialen Persönlichkeit und psychischer Erkrankung, der nach dem Konsum von Heroin und Cocain Banküberfälle begeht, um seinen Drogenkonsum zu finanzieren (BGH NStZ 1999, 135 = StV 1999, 312).

V. Die Auswirkungen auf die Schuldfähigkeit. Sodann ist zu prüfen, ob im 515 konkreten Fall Schuldunfähigkeit oder verminderte Schuldfähigkeit vorliegt:

1. Fehlen einer relevanten Fallgruppe. Liegt keine der relevanten Fallgrup- 516 pen (→ Rn. 475, 476, 488–508) vor, so verbleibt es bei der bloßen Betäubungsmittelabhängigkeit. Diese führt jedoch für sich, auch wenn ein biologisches Eingangsmerkmal gegeben ist (BGH NStZ 2013, 53), weder zur Schuldunfähigkeit noch zur verminderten Schuldfähigkeit (→ Rn. 474, 475). Die Abhängigkeit kann aber ggf. einen minder schweren Fall begründen oder als allgemeiner Strafmilderungsgrund bedeutsam werden (→ Rn. 518).

In einem solchen Falle befindet sich der Täter gewissermaßen im „Normalzu- 517 stand" der Betäubungsmittelabhängigkeit. Dabei ist er in der Regel als **steuerungsfähig** anzusehen (zur Strafzumessung in einem solchen Fall → Rn. 516, 518, 811). Der Abhängige, bei dem keine gewichtigen psychischen Veränderungen vorliegen und dem seinem Körper die normale Dosis zugeführt hat, so dass er weder unter Entzugserscheinungen noch einer Intoxikation leidet, wirkt nicht nur äußerlich ausgeglichen, sondern verliert auch die Fähigkeit zu kontrolliertem Handeln im Wesentlichen nicht (*Täschner* Blutalkohol 1993, 313 (317, 319)). Allerdings darf dabei nicht allein auf das äußere Bild abgestellt werden (*Täschner* Blutalkohol 1993, 313 (317, 319)).

Wird der Grad einer Schuldunfähigkeit oder einer verminderten Schuldfähigkeit 518 nicht erreicht, so kommt die Betäubungsmittelabhängigkeit gleichwohl als **allgemeiner Strafmilderungsgrund** in Betracht und gibt Anlass zur Prüfung eines minder schweren Falls (→ Rn. 806 ff.). Dies gilt besonders, wenn durch den Drogenkonsum das Hemmungsvermögen herabgesetzt war (→ Rn. 516, 811; BGH *Schoreit* NStZ 1991, 325 (327) = BeckRS 1990, 31085185; StV 1993, 71; 1989, 103; *Malek* BtMStrafR Kap. 3 Rn. 41, 49) oder wenn die Tat nur die Finanzierung des Eigenkonsums dienen sollte.

2. Vorliegen einer relevanten Fallgruppe. Liegen eine oder mehrere der rele- 519 vanten Fallgruppen (→ Rn. 475, 476) vor, so ist zu prüfen, ob Schuldunfähigkeit oder erheblich verminderte Schuldfähigkeit in Betracht kommt (zur Prüfungsreihenfolge → Rn. 812–814):

a) Schuldunfähigkeit (§ 20 StGB). Zunächst ist zu prüfen, ob der Täter das 520 Unrecht der Tat eingesehen hat oder einsehen konnte; erst dann stellt sich die Frage der Steuerungsfähigkeit (BGHR StGB § 63 Schuldunfähigkeit 1; BeckRS 2012, 23337). Die Anwendung des § 20 StGB kann **nicht zugleich** auf die Aufhebung der Einsichtsfähigkeit und der Steuerungsfähigkeit gestützt werden (BGH *Detter* NStZ 2000, 578; BeckRS 2012, 23337 sowie → Rn. 522, 523, 527). Vielmehr ist zwischen Aufhebung der Einsichts- und Steuerungsfähigkeit zu differenzieren (BGH NStZ-RR 2017, 203 (205)).

Eine Aufhebung der Schuldfähigkeit auf Grund bestehender Betäubungsmittel- 521 abhängigkeit ist regelmäßig ausgeschlossen (*Täschner* Blutalkohol 1993, 313 (319); *Theune* NStZ 1997, 57 (59)).

aa) Einsichtsunfähigkeit. Die Einsichtsfähigkeit wird von der Betäubungsmit- 522 telabhängigkeit meist nicht betroffen (*Glatzel* StV 1996, 799 (800); *Schäfer/Sander/ van Gemmeren* Strafzumessung Rn. 979). Auch in der Rspr. spielt sie nur eine geringe Rolle. Gleichwohl kommen solche Störungen bei schweren Rauschzuständen sowie bei Amfetaminabhängigen oder langjährigen Konsumenten von Cocain oder Mescalinderivaten vor (*Glatzel* Kriminalistik 1996, 799 (800)).

BtMG Vor §§ 29 ff. Sechster Abschnitt. Straftaten und Ordnungswidrigkeiten

523 Fehlt dem Täter bei Begehung der Tat die Fähigkeit, das Unrecht der Tat einzusehen **und** beruht dies auf einer in § 20 StGB genannten psychischen Störung, so ist der Täter nach § 20 StGB **schuldunfähig;** auf die Vorwerfbarkeit des Fehlens der Unrechtseinsicht kommt es dann nicht an (BGH NStZ-RR 2014, 337). Beruht die fehlende Unrechtseinsicht auf anderen Gründen, stellt sich die Frage **des Verbotsirrtums** (§ 17 StGB). Zur erheblich **verminderten** Einsichtsfähigkeit → Rn. 527.

524 **bb) Steuerungsunfähigkeit.** War der Täter in der konkreten Tatsituation einsichtsfähig, stellt sich die – in Fällen des Rauschgiftkonsums eher praktisch werdende – Frage nach seiner **Steuerungsunfähigkeit.** Diese liegt vor, wenn der Täter trotz Unrechtseinsicht auch bei Aufbietung aller ihm eigenen Widerstandskräfte seinen Willen nicht durch vernünftige Erwägungen dahin bestimmen kann, die geplante Tat zu unterlassen (BGH BeckRS 2010, 18742; BGHR StGB § 20 BtM-Auswirkungen 1). Das kann auch dann in Betracht kommen, wenn der Täter noch imstande ist, zwischen mehreren möglichen Tatopfern und Tatorten eine Wahl zu treffen; dass der Süchtige die Tatorte für die geplanten Raubüberfälle ausgesucht hat, reicht daher nicht, um seine Schuldfähigkeit anzunehmen. Es ist nur ein Beweisanzeichen dafür, dass er noch imstande war, sich normgemäß zu verhalten (BGH BeckRS 2010, 18742). Eine Steuerungsunfähigkeit kann vor allem im Bereich der **direkten Beschaffungskriminalität** (→ Einl. Rn. 103–105) in Betracht kommen (*Täschner/Wanke* MschrKrim 57 (1974), 151 (154); *Täschner* Blutalkohol 1993, 313 (318)), allerdings nur in **seltenen Ausnahmefällen,** etwa in Kombination mit Persönlichkeitsveränderungen (BGH NStZ 2013, 53).

525 **b) Erhebliche Verminderung der Schuldfähigkeit (§ 21 StGB).** Wesentlich häufiger als eine Schuldunfähigkeit wird in der Praxis eine erhebliche Verminderung der Schuldfähigkeit festgestellt.

526 Dabei kann wegen der unterschiedlichen Rechtsfolgen (→ Rn. 527, 528) die Anwendung des § 21 StGB **nicht zugleich** auf die erhebliche Verminderung der Einsichtsfähigkeit und der Steuerungsfähigkeit gestützt werden (BGHSt 40, 341 = NJW 1995, 795 = NStZ 1995, 183; BGH NStZ-RR 2015, 273).

527 **aa) Erheblich verminderte Einsichtsfähigkeit.** Ist bei der Begehung der Tat die Fähigkeit zur Unrechtseinsicht zwar vorhanden, aber eingeschränkt, so kann die Einsicht gegeben sein oder auch nicht. Es ist daher ist zu differenzieren:
– Der Täter, der trotz verminderter Einsichtsfähigkeit tatsächlich **Einsicht** in das Unrecht der Tat **gehabt** hat, ist, sofern er nicht in der Steuerungsfähigkeit erheblich eingeschränkt ist, voll schuldfähig (stRspr; BGHSt 21, 27 = NJW 1966, 1275; 40, 341 (→ Rn. 526); BGH NJW 2014, 2738 = NStZ-RR 2014, 337 = StV 2015, 214; NStZ-RR 2015, 273; 2017, 239; BeckRS 2016, 13683).
– **Fehlt** ihm die Einsicht, so ist weiter zu unterscheiden:
  – ist dem Täter das Fehlen der Einsicht **vorzuwerfen,** so ist, um Wertungswidersprüche gegenüber § 17 S. 2 StGB zu vermeiden, § 21 StGB anzuwenden (BGH NJW 2014, 2734 (s. o.); NStZ-RR 2016, 271),
  – ist ihm das Fehlen der Einsicht **nicht vorzuwerfen,** greift § 20 StGB ein mit der Folge, dass eine Bestrafung ausscheidet (BGH NStZ 2011, 336 = StraFo 2011, 100; NStZ-RR 2015, 273; 2016, 271; BeckRS 2015, 10912).

528 **bb) Erheblich verminderte Steuerungsfähigkeit.** Von den beiden Alternativen des § 21 StGB hat die erhebliche Verminderung der Steuerungsfähigkeit in der Praxis die weitaus größere Bedeutung. Die Steuerungsfähigkeit ist dann **gemindert,** wenn das Hemmungsvermögen des Täters gegenüber dem Durchschnitt von Personen, die keine psychische Störung aufweisen, herabgesetzt ist, der Täter daher den Tatanreizen weniger Widerstand entgegensetzen kann als der Durchschnittsmensch (*Fischer* StGB § 21 Rn. 8; *Schöch* in LK-StGB, 12. Aufl. 2007, StGB § 21

Kap. 10. Schuldfähigkeit, Betäubungsmittelabhängigkeit **Vor §§ 29 ff. BtMG**

Rn. 15; *Streng* in MüKoStGB StGB § 21 Rn. 17; *Schäfer/Sander/van Gemmeren* Strafzumessung Rn. 956).

Die Verminderung ist dann **erheblich,** wenn sich die Fähigkeit des Täters, sich 529 normgemäß zu verhalten, in einem solchen Maß verringert hat, dass die Rechtsordnung dies bei der Durchsetzung ihrer Verhaltenserwartungen nicht übergehen darf (BGH NJW 2009, 1979; *Schöch* in LK-StGB, 12. Aufl. 2007, StGB § 21 Rn. 23). Entscheidend sind die Anforderungen, die die Rechtsordnung an jedermann stellt (BGHSt 43, 66 = NJW 1997, 2460); BGHR StGB § 21 BtM-Auswirkungen 15 = NStZ-RR 2004, 39; BGH NJW 2006, 386 = NStZ 2006, 444; NJW 2009, 1979; NStZ 2005, 149; NStZ-RR 2010, 73). **Jedermannsprobleme** im Umgang mit Versuchungssituationen reichen daher nicht (*Streng* in MüKoStGB StGB § 21 Rn. 17). Die Anforderungen an jedermann sind umso höher, je schwerer das Delikt ist (BGH NJW 2006, 386 (→Rn. 531); NStZ 2005, 149; NStZ-RR 2008, 338; StV 2005, 15; *Kühl* in Lackner/Kühl StGB § 21 Rn. 1).

Die Beurteilung setzt eine **Gesamtwürdigung** voraus (BGHSt 43, 66 = NJW 530 1997, 2460; BGH NJW 2009, 1979; *Fischer* StGB § 21 Rn. 7 a). Dabei erfolgt die Prüfung in einem aus mehreren Schritten bestehenden Verfahren (BGH NStZ-RR 2007, 74; 2008, 338 jeweils unter Hinweis auf *Boetticher/Nedopil/Bosinski/Saß* NStZ 2005, 57). Zu der Prüfung im Falle der **Betäubungsmittelabhängigkeit** → Rn. **482.**

Ob die Verminderung **erheblich** ist, ist eine **Rechtsfrage,** die das Gericht ohne 531 Bindung an die Äußerungen von Sachverständigen zu beurteilen hat; BGH NJW 2006, 386 = NStZ 2006, 444; NStZ 2005, 149; NStZ-RR 2017, 37). Dabei fließen normative Erwägungen ein (BGHSt 49, 45 (→Rn. 466); BGHR StGB § 21 BtM-Auswirkungen 14; BGH NJW 2009, 1979; NStZ 2007, 639; NStZ-RR 2010, 73).

Der **Zweifelssatz** ist auf diese rechtliche Bewertung nicht anwendbar (BGH 532 NJW 2006, 3506 = NStZ-RR 2006, 335; NStZ 2000, 24; 2005, 149). Bei der Frage der Erheblichkeit kommt dem Richter ein **Beurteilungsspielraum** zu (*Fischer* StGB § 21 Rn. 7 b; *Schäfer/Sander/van Gemmeren* Strafzumessung Rn. 953).

Ist das Vorliegen eines **Eingangsmerkmals** festgestellt, liegt regelmäßig zumin- 533 dest die Annahme einer erheblichen Beeinträchtigung der Steuerungsfähigkeit nahe. Eine andere Annahme bedarf in einem solchen Falle einer besonderen Begründung, die auch erkennen lassen muss, dass sich das Gericht bewusst war, eine vom Regelfall abweichende Entscheidung zu treffen (BGH NStZ-RR 2017, 37). Wird im Falle einer schweren anderen seelischen Störung (→ Rn. 492) der Grad einer **schweren** Abweichung erreicht (BGHSt 37, 397 = NStZ 1991, 428), so führt dies regelmäßig auch zu einer erheblich verminderten Steuerungsfähigkeit (BGH NStZ 1996, 380; 1997, 485; 1997, 334 mkritAnm *Winckler/Foerster* = StV 1997, 127; *Fischer* StGB § 21 Rn. 8; krit. *Schöch* in LK-StGB, 12. Aufl. 2007, StGB § 21 Rn. 25; zw. *Glatzel* Kriminalistik 1996, 799 (801)).

D. Folgen. Liegen die Voraussetzungen des **§ 20 StGB** vor und kommen An- 534 ordnungen nach §§ 63, 64 StGB nicht in Frage, so ist das Verfahren einzustellen (§ 170 Abs. 2 StPO), die Eröffnung abzulehnen (§§ 203, 204 StPO) oder – nach Eröffnung – der Täter freizusprechen.

Bei der **erheblichen Verminderung** der Schuldfähigkeit lässt **§ 21 StGB** eine 535 Herabsetzung des Strafrahmens nach § 49 Abs. 1 StGB zu, ohne sie vorzuschreiben. Das Gericht muss sich daher nach seinem pflichtgemäßen Ermessen (BGHSt 49, 239 = NJW 2004, 3350 = NStZ 2004, 678 = StV 2004, 591 = NJ 2005, 44 mAnm *König*) entscheiden, ob es von dieser Möglichkeit Gebrauch machen oder die erheblich verminderte Schuldfähigkeit (nur) innerhalb des sonst anzuwendenden Strafrahmens berücksichtigen will (BGH StV 1982, 523). Zu dieser Entscheidung → Rn. 537, **751, 755–768**.

536 Stets zu beachten ist: Das Vorliegen eines vertypten Milderungsgrunds wie § 21 StGB kann – für sich allein oder im Zusammenwirken mit allgemeinen Milderungsgründen – einen **minder schweren Fall** begründen. Wegen der durch die stRspr des BGH vorgeschriebenen Prüfungsreihenfolge steht es nicht im Belieben des Gerichts, die Strafmilderung entweder durch Anwendung des § 49 Abs. 1 StGB oder durch Annahme eines im Gesetz vorgesehenen minder schweren Falles zu gewähren (→ Rn. 796 ff.). Vielmehr ist **vorrangig** zu prüfen und zu entscheiden, ob ein minder schwerer Fall vorliegt (BGH NStZ 2019, 409; NStZ-RR 2017, 168; weitere Rspr. bei *Maier* in MüKoStGB StGB § 46 Rn. 118 ff.). Ist die Annahme eines minder schweren Falls ohne Rückgriff auf § 21 StGB gerechtfertigt oder geboten, kann dessen Strafrahmen nach §§ 21, 49 Abs. 1 StGB gemildert werden. Liegt auch unter Berücksichtigung der erheblich verminderten Schuldfähigkeit kein minder schwerer Fall vor, kann der Normalstrafrahmen nach § 49 Abs. 1 StGB abgesenkt werden. Hierüber hat das Gericht nach pflichtgemäßem Ermessen zu entscheiden und zu beachten, dass bei Vorliegen des § 21 StGB der Schuldgehalt der Tat regelmäßig verringert und die Strafrahmenverschiebung zu gewähren ist, wenn dem nicht schulderhöhende Umstände, die die Schuldminderung kompensieren, entgegenstehen. Der Grund für die Versagung der Milderung muss umso gewichtiger sein, je gravierender sich die Beibehaltung des Regelstrafrahmens auswirkt (BGH BeckRS 2019, 21490; NStZ-RR 2019, 302).

537 Wurde § 21 StGB zur Begründung eines minder schweren Falls herangezogen oder der Strafrahmen nach §§ 21, 49 StGB abgesenkt, so ist in beiden Fällen der Strafmilderungsgrund für die **Strafzumessung im engeren Sinn** nicht verbraucht. Die verminderte Schuldfähigkeit ist daher auch dort noch zu berücksichtigen. Dies gilt allerdings nicht für das Wertungsergebnis als solches (→ Rn. 892–899).

538 Zu prüfen ist ferner, ob nach § 64 StGB eine **Unterbringung** in der Entziehungsanstalt oder eine **andere Maßregel** angeordnet werden muss. Dabei ist zu beachten, dass die Anwendung des § 64 StGB keine Beeinträchtigung oder gar erhebliche Verminderung der Schuldfähigkeit verlangt (BGH BeckRS 2004, 8845); es kommt allein auf die Voraussetzungen des § 64 StGB an. Bei Schuldunfähigkeit kommt eine selbständige Anordnung nach § 71 StGB in Betracht.

539 **E. Verfahren, Sachverständigengutachten, Aufgabenverteilung.** Das Fehlen eindeutiger Bewertungsgrundsätze zu den Auswirkungen der Drogenabhängigkeit auf die Schuldfähigkeit (→ Rn. 479) wirkt sich auch **verfahrensrechtlich** aus (*Theune* NStZ 1997, 57 (61)). Im Ergebnis wird sich eine – frühzeitige – Einschaltung eines psychiatrischen Sachverständigen für die Fallaufklärung und die Verfahrensdurchführung – auch über die Fälle des § 246a StPO – hinaus als zweckmäßig und förderlich erweisen. Zwar soll einerseits grundsätzlich kein Anlass bestehen, die Schuldfähigkeit unter Hinzuziehung eines Sachverständigen zu prüfen (BGHR BtMG § 29 Abs. 3 Nr. 4 Menge 9; BGH *Schoreit* NStZ 1982, 64; DRsp Nr. 1994/50); andererseits wird die Einschaltung eines solchen bereits deshalb verlangt, weil die festgestellte Heroinabhängigkeit jedenfalls bei der Strafzumessung im engeren Sinn bedeutsam werden könne (BGH DRsp Nr. 1994/615). Auch wenn **pauschale unbelegte Behauptungen** jahrelangen Drogenkonsums regelmäßig nicht ausreichen (BGH NStZ 2000, 483 = StV 2000, 598), sollte der Tatrichter mögliche Änderungen und/oder Ergänzungen einer Einlassung frühzeitig mit einkalkulieren. So erweist sich ein Sachverständiger etwa als notwendig, wenn das Gericht jahrelangen Drogenkonsum feststellt und die Einlassung, kurz vor der Tat drei verschiedene Drogen konsumiert zu haben, nicht für widerlegt erachtet (BGH NStZ 2009, 48). Zu beachten ist, dass nur ein psychiatrischer Sachverständiger psychische Störungen und Beeinträchtigungen der psychischen Funktionsfähigkeit beurteilen kann; dies unterfällt nicht dem Fachgebiet eines **Toxikologen** (BGH BeckRS 2018, 35121).

Sofern auf Grund möglichst genauer Feststellungen, insbesondere zum Betäubungsmittelkonsum, eine nennenswerte Betäubungsmittelabhängigkeit des Täters **nicht ausgeschlossen** werden kann, ist das Gericht daher auf der sicheren Seite, wenn es einen Sachverständigen zuzieht (*Theune* NStZ 1997, 57 (61)). Etwas anderes kann dann in Betracht kommen, wenn es ausnahmsweise über die notwendige Sachkunde verfügt (BGHR StGB § 21 BtM-Auswirkungen 15 (NStZ-RR 2004, 39); BGH NStZ 2013, 53) oder wenn die Beschaffung von Drogen nicht das vorrangige Motiv für die Tat war (BGH NJW 1988, 501 = NStZ 1988, 191 = StV 1988, 427; *Theune* NStZ 1997, 57 (61)). 540

Die **Hinzuziehung eines Sachverständigen** ist dann, wenn die Anwendung des § 64 StGB im Raum steht sowie in den weiteren Fällen des **§ 246a StPO zwingend;** zu bedenken ist dabei auch die weite Auslegung der Merkmale des § 64 StGB durch die Rspr. des BGH. Sie erscheint darüber hinaus auch immer dann **geboten,** wenn sich **Auffälligkeiten** finden oder besondere Umstände vorliegen. Dies kommt vor allem in Betracht, wenn sich Anhaltspunkte für eine **langjährige Drogenkarriere** (BayObLGSt 1999, 83; OLG Köln MDR 1976, 684) oder eine **Polytoxikomanie** ergeben, wenn Entzugserscheinungen oder Persönlichkeitsveränderungen festgestellt werden können oder, etwa mit Blick auf die Einlassung des Angeklagten, aufzuklären sind. Ein Gutachter wird regelmäßig auch notwendig sein, wenn **frühere Therapien,** gescheiterte Therapieversuche oder Verurteilungen nach dem BtMG vorliegen oder wenn einer Spontantat (Totschlag) eine gravierende Dogenbeschaffungsmotivation zugrunde liegt (BGH NStZ 2003, 370), ebenso, wenn es um die Auswirkungen einer **Mischintoxikation** geht (BGH BeckRS 2018, 35121 zu Auswirkungen von Cannabis mit weiteren chemischen Substanzen). 541

Aufgabe des Sachverständigen ist es, dem Gericht die medizinisch-psychiatrischen Anknüpfungstatsachen im Hinblick auf die Diagnose einer psychischen Störung, deren Schweregrad und deren innere Beziehung zur Tat zu vermitteln (BGH NStZ 2013, 53 = StV 2013, 694). Er hat dazu die Störung anhand der relevanten Merkmale (→ Rn. 519) darzulegen und darzutun, in welchem Ausmaß die Einsichts- oder Steuerungsfähigkeit aus fachwissenschaftlicher Sicht bei der Tat beeinträchtigt waren. Dabei wird von ihm **keine juristisch normative** Aussage erwartet, sondern eine **empirisch vergleichende** über das Ausmaß der Beeinträchtigung des Täters, etwa im Vergleich zum Durchschnittsmenschen oder anderen Straftätern (BGH NStZ 2013, 53 = StV 2013, 694; NStZ-RR 2013, 309 = StV 2013, 440). 542

Die Beurteilung, ob eines der relevanten Merkmale (→ Rn. 519) vorliegt (BGH NStZ-RR 2013, 309), **ob** sich dies in der Tat **ausgewirkt** hat und **ob** dies zur Schuldunfähigkeit oder einer erheblich verminderten Schuldfähigkeit geführt hat, ist eine **Rechtsfrage.** Dabei ist insbesondere die Frage der Erheblichkeit der Verminderung der Einsichts- oder Steuerungsfähigkeit normativ geprägt (BGHSt 53, 221 = NJW 2009, 1979 = NStZ 2009, 510 = StV 2009, 641). Das abschließende Urteil über die Einsichts- oder Steuerungsfähigkeit ist **ausschließlich Sache des Gerichts** (BGHSt 8, 113 = NJW 1955, 1642; 49, 45 (→ Rn. 466); BGHR StGB § 21 BtM-Auswirkungen 14; BGH NStZ 2013, 53 = StV 2013, 694; BeckRS 2018, 35121), das auch insoweit in eigener Verantwortung zu entscheiden hat (BGHSt 43, 66 = NJW 1997, 2460; 53, 221 (s. o.); NStZ-RR 2010, 202; 2019, 44; 2013, 309 = StV 2013, 440). Das Gericht hat die Darlegungen des Sachverständigen daher auf Grund des Ergebnisses der Beweisaufnahme (BGH NStZ 2009, 258 = NStZ-RR 2008, 338) zu überprüfen und rechtlich zu 543 bewerten. Außerdem ist es verpflichtet, seine Entscheidung in einer für das Revisionsgericht nachprüfbaren Weise zu begründen (BGH BeckRS 2018, 23171 mwN).

544 Die **Anforderungen an die Darlegung** sachverständiger Äußerungen **im Urteil** zur Bewertung und revisionsrechtlichen Überprüfung sind zwar von den Umständen des Einzelfalls abhängig. Stets gilt, dass der Inhalt des erstatteten Gutachtens nicht übergangen werden darf. Liegt **in einfacher gelagerten Fällen** ein in sich stimmiges, in seinen Feststellungen und Beurteilungen ohne weiteres nachvollziehbares Sachverständigengutachten vor, genügen häufig – nach dessen zusammenfassender Darstellung – knappe Ausführungen, aus denen insbesondere folgt, dass sich das Gericht erkennbar bewusst war und danach entschieden hat, dass es allein seine Aufgabe ist, eigenverantwortlich das abschließende normative Urteil über die Einsichts- oder Steuerungsfähigkeit zu treffen, auch wenn es dem Sachverständigen letztlich uneingeschränkt folgt; unnötige Wiederholungen sind auch in diesem Bereich zu vermeiden (BGH NStZ 2013, 53 = StV 2013, 694). Hingegen sind **in komplexeren Fällen** die wesentlichen Anknüpfungstatsachen und Schlussfolgerungen des Sachverständigen in für das Revisionsgericht nachprüfbarer Weise im Urteil darzustellen (BGH NStZ-RR 2019, 44; BeckRS 2019, 4762). Das gilt auch für die **Bewertung voneinander abweichender Gutachten,** wobei zusätzlich darzulegen ist, wie sich die Sachverständigen zur Bewertung des jeweils anderen Gutachters verhalten haben (BGH NStZ 2019, 240).

545 **Nicht ausreichend** ist allerdings, wenn das Gericht sich dem Sachverständigengutachten pauschal anschließt (BGH BeckRS 2011, 22404) oder nur darauf verweist, der Gutachter sei als langjährig erfahren bekannt (BGH BeckRS 2019, 4762) oder lediglich ausführt, es habe die sachverständigen Ausführungen im Rahmen seiner Erkenntnismöglichkeiten auf Widersprüche und Verstöße gegen wissenschaftliche Denkgesetze geprüft und solche nicht gefunden (BGH NJW 2012, 791 = NStZ 2012, 103 = StV 2011, 709 = StraFo 2011, 359). Dies gilt erst recht dann, wenn die sachverständigen Äußerungen nicht ohne weiteres nachvollziehbar sind, Lücken aufweisen oder im Widerspruch zu sonstigen Feststellungen und Bewertungen des Gerichts stehen (BGH NStZ 2013, 53 = StV 2013, 694). Will das Gericht von dem Gutachten des in der Hauptverhandlung gehörten Sachverständigen **abweichen,** kann es auf die Hinzuziehung eines weiteren Sachverständigen nur verzichten, wenn es die für eine abweichende Beurteilung erforderliche Sachkunde besitzt; diese Sachkunde kann auch aus dem Gutachten stammen und ist im Urteil darzulegen (BGH BeckRS 2018, 35121).

546 **Maßgeblich** ist zwar nur das in der Hauptverhandlung erstattete **mündliche Gutachten** (BGH NStZ-RR 2016, 150); der Vorlage eines schriftlichen Gutachtens zur Vorbereitung der Hauptverhandlung bedarf es nicht (BGH NJW 2010, 544 = NStZ 2010, 156; aA *Deckers/Heusel* StV 2009, 7). Dennoch empfiehlt sich ein vorbereitendes Gutachten in komplizierten oder solchen Fällen, in denen § 66 StGB im Raum steht. **Widersprechen** sich ein schriftlich erstattetes und das mündliche Gutachten in einem entscheidenden Punkt, so muss diese Abweichung näher begründet werden; das Gericht muss sich mit dem Widerspruch auseinandersetzen (BGH NStZ-RR 2016, 150).

547 **F. Actio libera in causa.** An sich verlangen die §§ 20, 21 StGB eine **Koinzidenz von Tat und Schuld** („bei Begehung der Tat"). Ein schuldunfähiger oder vermindert schuldfähiger Täter kann aber unter dem gewohnheitsrechtlich legitimierten Gesichtspunkt der vorverlagerten Schuld **(actio libera in causa)** als voll verantwortlich angesehen werden, wenn er den Zustand fehlender oder verminderter Schuldfähigkeit vorsätzlich oder fahrlässig herbeigeführt und gewusst oder nicht bedacht hat, dass er in diesem Zustand eine bestimmte, nicht notwendig schon in allen Einzelheiten konkretisierte Tat begehen werde (BGH NJW 1977, 590; NStZ

1992, 536 = StV 1993, 356); zu den einzelnen Modellen für diese Rechtsfigur und zu den Bedenken dagegen s. *Fischer* StGB § 20 Rn. 49–55; *Eschelbach* in BeckOK StGB § 20 Rn. 71.1). Dies ist etwa dann gegeben, wenn der Täter das Rauschgift erst **nach dem Tatentschluss** konsumiert oder wenn er es vor den einzelnen Taten zu sich nimmt, um seine **Angst** zu verlieren (→ Rn. 475).

Weder eine vorsätzliche noch eine fahrlässige actio libera in causa kommen dagegen in Betracht, wenn der Täter **bei Beginn** der Rauschmitteleinnahme **schuldunfähig** war (*Müller-Dietz* NStZ 1994, 336; *Fischer* StGB § 20 Rn. 49) oder wenn er das Rauschgift erst nach dem Tatentschluss konsumierte. Auf der anderen Seite ist es **nicht** notwendig, dass die Einnahme der Rauschmittel zum **Zweck der leichteren Durchführung** der Tat erfolgt; ausreichend ist es, wenn der Täter, zur Tat entschlossen, die Rauschmittel zu sich nimmt, obwohl er unter Billigung des Erfolgs damit rechnet, dass er die Tat im Zustand rauschmittelbedingter Schuldunfähigkeit begehen werde (BGH NStZ 2002, 28). 548

Die Tat muss dem Tatbestand nach **feststehen;** ein konkretes Tatobjekt muss der Täter nicht im Auge haben (BGH NJW 1977, 590). Geht es um die Beschaffung von Betäubungsmitteln, deren Besitz und das Handeltreiben mit ihnen, so kann dies ausreichen (BGH NJW 1977, 590; s. auch BGH NStZ 2002, 31). 549

Ob und inwieweit die Anwendbarkeit der actio libera in causa im Betäubungsmittelstrafrecht durch die **Einschränkung dieses Rechtsinstituts** durch den 4. Strafsenat (BGHSt 42, 235= NJW 1997, 138) berührt wird, hängt davon ab, ob diese sich nur auf „verhaltensgebundene eigenhändige Delikte" (*Kaspar* in Satzger/Schluckebier/Widmaier StGB § 20 Rn. 99) bezieht oder auch andere Deliktskategorien, namentlich alle schlichten Tätigkeitsdelikte, erfasst. Die Literatur ist nahezu unübersehbar (s. die Zusammenstellung bei *Perron/Weißer* in Schönke/Schröder StGB § 20 Rn. 33). Die spätere Rechtsprechung (BGH NStZ 2002, 28; BGH NStZ 1999, 448; 2000, 584 m. Bespr. *Streng* JuS 2001, 540) neigt deutlich zu einer Beschränkung auf die in der Entscheidung des 4. Strafsenats genannten Delikte. Da es im Betäubungsmittelstrafrecht keine eigenhändigen Delikte gibt (→ Rn. 252), hätte die Einschränkung hier keine Bedeutung. Dehnt man sie aber auf schlichte Tätigkeitsdelikte aus, würde eine Reihe von Tatbeständen (→ Rn. 173) erfasst. Übrig blieben dann nur noch die Erfolgsdelikte (→ Rn. 174), wobei es für deren fahrlässige Begehung der Rechtsfigur der actio libera in causa nicht bedürfen soll (BGHSt 42, 235 (s. o.); krit. *Hirsch* NStZ 1997, 230). 550

Kapitel 11. Konkurrenzen, Bewertungseinheit

A. Die Konkurrenzen im Betäubungsmittelstrafrecht. Die Behandlung mehrerer Gesetzesverletzungen richtet sich auch im Betäubungsmittelrecht grundsätzlich nach den Regeln, die im allgemeinen Strafrecht gelten. Zwar ergeben sich aus den betäubungsmittelrechtlichen Tatbeständen, insbesondere dem zentralen Begriff des Handeltreibens und dem Auffangtatbestand des Besitzes, einige Besonderheiten, sie stellen die grundsätzliche Geltung der §§ 52–55 StGB und der hierzu entwickelten Grundsätze jedoch nicht in Frage. Sie haben auch keinen Einfluss auf die Konkurrenz von Betäubungsmittelstraftaten mit den Straftaten des allgemeinen Strafrechts, etwa der Unfallflucht oder des Fahrens ohne Fahrerlaubnis. Eine zentrale Rolle im Betäubungsmittelstrafrecht spielt die **Bewertungseinheit** (→ Rn. 588–668). 551

B. Vorliegen einer Handlung. Um die Konkurrenzformen abgrenzen zu können, ist im Betäubungsmittelstrafrecht ebenso wie im allgemeinen Strafrecht zunächst zu klären, ob **eine** Handlung vorliegt: 552

BtMG Vor §§ 29 ff. Sechster Abschnitt. Straftaten und Ordnungswidrigkeiten

553 **I. Handlung im natürlichen Sinn.** Eine Handlung (Handlung im natürlichen Sinn) ist zunächst gegeben, wenn sich **ein Willensentschluss** in einem **Ausführungsakt** erschöpft (BGHSt 1, 20 = NJW 1951, 203; 18, 26 = NJW 1962, 2163; 1963, 116 mAnm *Hellmer;* 63, 1 = NJW 2018, 2905 mAnm *Oğlakcıoğlu* = NStZ 2019, 89 mAnm *Immel* = StV 2019, 326 = JR 2018, 655 mAnm *Kudlich; Rissing-van Saan* in LK-StGB StGB Vor § 52 Rn. 9), wenn also **ein** Willensschluss zu **einer** Körperbewegung führt (*Sternberg-Lieben/Bosch* in Schönke/Schröder StGB Vor § 52 Rn. 11). Die natürliche Handlung ist immer auch rechtlich eine Handlung. Wie viele Erfolge durch sie hervorgerufen wurden, ist ohne Belang (*Rissing-van Saan* in LK-StGB StGB Vor § 52 Rn. 9). Es ist auch ohne Bedeutung, ob durch die eine Willensbetätigung mehrere höchstpersönliche Rechtsgüter, etwa die Gesundheit mehrerer Menschen verletzt oder gefährdet werden (BGHSt 1, 20 (s. o.); 16, 397 = NJW 1962, 645; *Rissing-van Saan* in LK-StGB StGB Vor § 52 Rn. 9).

554 Auf der anderen Seite **begründet** die **bloße Gleichzeitigkeit** zweier Willensbetätigungen noch **keine Handlung** im natürlichen Sinn. Werden mehrere Straftatbestände zur gleichen Zeit erfüllt, so ist eine Handlung im natürlichen Sinn deswegen nur dann gegeben, wenn dies durch **dieselbe Willensbetätigung** geschieht (BGHSt 18, 26 (→ Rn. 553)).

555 **II. Tatbestandliche Handlungseinheit.** Eine Handlung liegt auch dann vor, wenn mehrere natürliche Handlungen durch den Tatbestand des Gesetzes zu einer Einheit verknüpft werden (tatbestandliche Handlungseinheit). Die Handlungseinheit ergibt sich in diesen Fällen nicht aus dem natürlichen Geschehensablauf, sondern aus **der Fassung des Gesetzes** (*Rissing-van Saan* in LK-StGB StGB Vor § 52 Rn. 23).

556 1. **Voraussetzungen.** Im Wesentlichen gibt es drei Fallgestaltungen:

557 **a) Mehraktige oder zusammengesetzte Delikte.** In Betracht kommt dies zunächst bei mehraktigen oder zusammengesetzten Delikten, die auf mehreren Handlungen im natürlichen Sinne aufbauen (s. BGHSt 41, 113 = NJW 1995, 2045 = StV 1995, 460 = JR 1996, 335 mAnm *Wolfslast/Schmeissner;* 63, 1 (→ Rn. 553)). Dies gilt auch dann, wenn der verwirklichte zweite Akt vom Tatbestand nur als subjektives Merkmal vorausgesetzt wird. Fälle dieser Art sind im **Betäubungsmittelstrafrecht** nicht häufig. Im Wesentlichen beschränken sie sich auf die Anwendung des § 29 Abs. 1 S. 1 Nr. 9 (Erschleichen von Verschreibungen).

558 **b) Sukzessive Ausführungshandlungen.** Eine tatbestandliche Handlungseinheit liegt auch dann vor, wenn die der Tatbestandsvollendung dienenden Teilakte sich als **sukzessive Ausführungshandlungen eines einheitlichen Tatentschlusses** darstellen (BGH NJW 1998, 619 im Anschluss an BGHSt 41, 368 = NJW 1996, 936 = NStZ 1996, 429 mAnm *Beulke/Satzger* = StV 1996, 312 = JR 1996, 513 mAnm *Puppe*), wobei der Wechsel des Angriffsmittels nicht von entscheidender Bedeutung ist (BGHSt 44, 91 (→ Rn. 243)). Ihre Grenze findet die tatbestandliche Handlungseinheit dort, wo der Täter nicht mehr strafbefreiend zurücktreten kann, weil er sein Ziel **vollständig erreicht** hat oder der Versuch **fehlgeschlagen** ist (BGHSt 41, 368 (s. o.); 44, 91 (→ Rn. 243); BGH NJW 1998, 619 mAnm *Wilhelm* NStZ 1999, 80). Zum fehlgeschlagenen Versuch → Rn. 202–205.

559 Sofern solche (sukzessive Ausführungs-)Handlungen **auf einen Umsatz abzielen,** werden sie im Betäubungsmittelstrafrecht von der sich aus dem Handeltreiben ergebenden tatbestandlichen **Bewertungseinheit** (→ Rn. 588–668) erfasst. Auch sonst hat diese Fallgestaltung mit Rücksicht auf die Struktur der meisten betäubungsmittelrechtlichen Tatbestände (→ Rn. 171) nicht die Bedeutung wie im allgemeinen Strafrecht.

c) **Handlungskomplexe.** Anders ist dies bei der weiteren Variante der tatbestandlichen Handlungseinheit. Hier fasst das Gesetz in pauschalierender, weit gefasster Form verschiedene natürliche Handlungen **(Handlungskomplex)** in einem Tatbestand zusammen, der insgesamt als eine Tat erfasst wird (BGHSt 45, 65 (→ Rn. 121); BGH NJW 2011, 2448 = NStZ 2012, 147 mAnm *Müller;* 63, 1 (→ Rn. 553); *von Heintschel-Heinegg* in MüKoStGB StGB § 52 Rn. 28; *Sternberg-Lieben/Bosch* in Schönke/Schröder StGB Vor § 52 Rn. 16–19; *Kühl* in Lackner/Kühl StGB Vor § 52 Rn. 10). 560

Ein Musterbeispiel im Betäubungsmittelstrafrecht ist das **Handeltreiben** (*Rissing-van Saan* in LK-StGB StGB Vor § 53 Rn. 46), in dem eine Vielzahl von Teilakten zusammengefasst ist. Die daraus gebildete tatbestandliche **Bewertungseinheit** ist auch in der Praxis von außerordentlicher Bedeutung. Sie wird daher unter → Rn. 588–668 gesondert behandelt. 561

Dagegen begründet die **Gewerbsmäßigkeit** keine Handlungseinheit (BGHSt 46, 146 = NJW 2001, 163 = NStZ 2001, 140 = StV 2000, 664). 562

Zur tatbestandlichen Handlungseinheit gehören auch **die Dauerdelikte** (BGHSt 63, 1 (→ Rn. 553); *Kühl* in Lackner/Kühl StGB Vor § 52 Rn. 11); im Betäubungsmittelrecht gilt dies vor allem für den **Besitz** von Betäubungsmitteln (→ § 29 Rn. 1326). Die Dauerdelikte werden ebenfalls unten gesondert behandelt (→ Rn. 574–586). 563

2. Folgen. In den Fällen der tatbestandlichen Handlungseinheit liegt nur **eine Tat** vor. Sie darf **nicht mit Tateinheit gleichgesetzt** werden, sondern ist gegebenenfalls deren Voraussetzung. Daher liegt keine gleichartige Idealkonkurrenz vor, wenn ein solcher Tatbestand durch eine aus mehreren Einzelhandlungen bestehende Handlungseinheit erfüllt wird, etwa beim Handeltreiben durch Einfuhr, Besitz und Absatz des Betäubungsmittels (BGHSt 30, 28 = NJW 1981, 1325 = NStZ 1981, 147 = StV 1981, 180). Anders als dies § 52 StGB voraussetzt, liegt hierin nur eine einmalige, nicht aber eine mehrmalige Verwirklichung desselben Tatbestands (BGHSt 30, 28). 564

III. Rechtliche Handlungseinheit. Es ist nicht selten, dass die Auslegung eines Tatbestands ergibt, dass er sowohl durch eine Handlung im natürlichen Sinn, als auch durch eine Mehrzahl solcher Handlungen verwirklicht werden kann. Dies kommt etwa dann in Betracht, wenn der Täter durch mehrere Einzelhandlungen, von denen bereits jede den Tatbestand erfüllt, einen gemeinsamen Erfolg herbeiführt, so dass die einzelnen Handlungen nur als Teilstück eines einheitlichen Ganzen erscheinen (*Sternberg-Lieben/Bosch* in Schönke/Schröder StGB Vor § 52 Rn. 17; *Sowada* NZV 1995, 465). Im Unterschied zu den in → Rn. 558, 559 genannten Fällen ist hier bereits durch die erste Einzelhandlung Vollendung eingetreten. 565

Im Betäubungsmittelrecht kommt dies vor allem bei der **Herstellung** in Betracht und gilt auch dann, wenn der Herstellungsvorgang, etwa durch Ruhezeiten, mehrmals unterbrochen wird. Dabei macht es keinen Unterschied, ob der Täter während der Tat den Vorsatz erweitert, sich etwa während des Herstellungsvorgangs entschließt, mehr Betäubungsmittel zu produzieren als er ursprünglich vorgehabt hatte. Dasselbe gilt, wenn er alsbald nach der Tat erneut in gleicher Weise tätig wird, etwa wenn er feststellt, dass die bisher hergestellten Betäubungsmittel zu seinem Zweck noch nicht ausreichen. 566

Schließlich kann, soweit nicht bereits eine tatbestandliche Handlungseinheit (→ Rn. 558, 559, auch → Rn. 569) gegeben ist, **eine rechtliche Handlungseinheit** auch dann in Betracht kommen, wenn der Täter seinen **teilweise ausgeführten Plan** zwar im Augenblick aufgegeben oder irrig für voll verwirklicht gehalten hat, ihn aber sofort danach aufgreift und zu Ende führt (BGHSt 4, 219 = NJW 567

1953, 1357; BGH NJW 1990, 2896) oder wenn er den Erfolg nach einem unerwarteten Fehlschlag doch noch mit mehreren nacheinander benutzten Mitteln zu erreichen sucht (BGHSt 10, 129 = NJW 1957, 595; s. dazu die neuere Rechtsprechung zum fehlgeschlagenen Versuch (→ Rn. 203–205)). Im **Betäubungsmittelrecht** gilt dies vor allem für die Fälle der Anstiftung, wenn der Anstifter mit mehreren Einwirkungshandlungen auf das Hervorrufen desselben Tatentschlusses hinzielt (BGH StV 1983, 456).

568 Stets ist Voraussetzung, dass eine **gewisse Kontinuität**, insbesondere ein räumlicher und zeitlicher Zusammenhang (BGH NJW 1994, 1670 = NStZ 1994, 535 mAnm *Haft* = StV 1994, 367), und eine innere Beziehung der einzelnen Handlungsakte zueinander bestehen. Beruhen diese auf einem neuen Entschluss und besteht keine innere Beziehung zur früheren Ausführungshandlung, so liegt auch keine rechtliche Handlungseinheit vor. Dies gilt etwa dann, wenn es dem Täter, der nacheinander mehrere Mittel zur Herbeiführung des Erfolgs verwendet, ursprünglich gerade auf die Verwendung eines bestimmten Mittels angekommen war (BGHSt 10, 129 (→ Rn. 567)).

569 **IV. Natürliche Handlungseinheit.** Umstritten ist, ob diese Fälle nicht ohnehin zur tatbestandlichen Handlungseinheit zu zählen sind und ob darüber hinaus **eine natürliche Handlungseinheit** anzuerkennen ist. Überwiegend (dagegen etwa *von Heintschel-Heinegg* in MüKoStGB StGB § 52 Rn. 52). wird eine **natürliche Handlungseinheit** dann angenommen, wenn zwischen mehreren, strafrechtlich erheblichen Verhaltensweisen ein derart enger räumlicher, zeitlicher und sachlicher Zusammenhang besteht, dass sich das gesamte Tätigwerden bei natürlicher Betrachtungsweise (objektiv) auch für einen Dritten als ein einheitlich zusammengefasstes Tun darstellt und die einzelnen Betätigungsakte durch ein gemeinsames subjektives Element, etwa einen einheitlichen Tatentschluss (BGH NStZ-RR 2019, 173), miteinander verbunden sind (BGHSt 41, 368 (→ Rn. 558); 46, 146 (→ Rn. 562); 63, 1 (→ Rn. 553); BGH NStZ 2005, 263 mAnm *Puppe;* 2016, 594; 2020, 345; NStZ-RR 2012, 241; 2020, 306). Dies kommt etwa in Betracht, wenn nach einer einheitlichen Beschaffung von **Cannabisstecklingen** diese in engem zeitlichen Zusammenhang in verschiedenen Räumen der Cannabisplantage angebaut werden; es liegt dann eine einheitliche Tat des Anbaus von Betäubungsmitteln vor (BGH NStZ-RR 2019, 218). Bei **mehreren Tatbeteiligten** ist für jeden nach der Art seines Tatbeitrags die konkurrenzrechtliche Bewertung selbständig zu treffen (BGH NStZ-RR 2020, 306).

570 Ein **zeitlicher Abstand** zwischen den Einzelakten steht der Annahme einer Tat dann entgegen, wenn dieser erheblich ist und einen augenfälligen Einschnitt bewirkt, etwa der Fehlschlag eines Versuchs, von dem der Täter nicht mehr strafbefreiend zurücktreten kann (BGH NStZ 2020, 345). Dagegen soll **eine Unterbrechung** von fünf Tagen den Zusammenhang nicht ausschließen, wenn sich der Besitz auf dieselbe Rauschgiftmenge bezieht, die der Täter innerhalb desselben Rauschgiftgeschäfts zu zwei Übergabeorten transportiert (BGH NStZ 1996, 338 (→ Rn. 435)).

571 Handlungen gegen **höchstpersönliche Rechtsgüter** verschiedener Personen können nur unter besonderen Umständen zu einer Tat im Sinne einer natürlichen Handlungseinheit verbunden werden (BGHSt 45, 65 (→ Rn. 121); BGH NStZ 2016, 594; NStZ-RR 2006, 284; 2010, 140).

572 Da es für die natürliche Handlungseinheit darauf ankommt, wie **die Lebensauffassung** das äußere Tatbild beurteilt (OLG Stuttgart NJW 1964, 1913), steht das einheitliche **objektive** Erscheinungsbild im Vordergrund. Die **Einheitlichkeit des Täterentschlusses** tritt dahinter zurück. Ist sie gegeben, so liegt darin zwar ein bedeutsames Element (→ Rn. 569, BGH NStZ-RR 2019, 173), erforderlich ist sie jedoch nicht (*Fischer* StGB Vor § 52 Rn. 4; aA wohl BGH NStZ 1996, 493 = StV 1996, 605); es genügt auch die Verknüpfung durch ein gemeinsames subjektives Element anderer Art (BGH StV 1996, 481), etwa dieselbe Willensrichtung (*Kühl* in Lackner/Kühl StGB Vor § 52 Rn. 5) oder durch „das weiterhin erforderliche subjektive Element des einheitlichen Willens" (BGHSt 63, 1 (→Rn. 553)); →Rn. 694.

Auf der anderen Seite **reicht** die **Einheitlichkeit des Willensentschlusses** (der Täter hat den Entschluss zur Begehung mehrerer Taten gleichzeitig gefasst) **für sich nicht aus,** um eine natürliche Handlungseinheit zu begründen (BGHSt 41, 113 (→Rn. 557); 46, 146 (→Rn. 562); BGH NJW 1995, 1766 = MDR 1995, 731 = NZV 1995, 156; 1995, 465 m. Bespr. *Sowada; Fischer* StGB Vor § 52 Rn. 4). Im Einzelfall kann bei der Frage der natürlichen Handlungseinheit dem Richter ein **Beurteilungsspielraum** eröffnet sein (BGH NStZ-RR 1998, 68). 573

V. Dauerdelikte sind Straftaten, bei denen der Täter den von ihm in deliktischer Weise geschaffenen rechtswidrigen Zustand **willentlich aufrechterhält oder** durch tatbestandserhebliche Handlungen **weiter verwirklicht,** so dass sich der strafrechtliche Vorwurf sowohl auf die Herbeiführung als auch auf die Aufrechterhaltung des rechtswidrigen Zustandes bezieht (BGHSt 36, 255 = NJW 1990, 194 = NStZ 1990, 36 = StV 1990, 64; 42, 215 = NJW 1996, 3424 = NStZ 1997, 79 = StV 1997, 19; BGHSt 60, 308 = NJW 2016, 657 = NStZ 2016, 464 m. abl. Bespr. *van Lessen* NStZ 2016, 446). 574

1. Grundsatz. Obwohl der Tatbestand immer wieder erfüllt wird, liegt nur eine Tat vor (*Sternberg-Lieben/Bosch* in Schönke/Schröder StGB Vor § 52 Rn. 81). Dauerdelikte werden mit der Begründung des rechtswidrigen Zustandes **vollendet,** aber erst mit dessen Wiederaufhebung **beendet** (*Fischer* StGB Vor § 52 Rn. 57; *Kühl* in Lackner/Kühl StGB Vor § 52 Rn. 11). Ein betäubungsmittelrechtliches Dauerdelikt ist der unerlaubte Besitz (→ § 29 Rn. 1326). 575

Bezieht sich der Vorwurf nur auf die Herbeiführung, nicht aber die Aufrechterhaltung des rechtswidrigen Zustands, ist ein **Zustandsdelikt** gegeben, bei dem die Fortsetzung für das Delikt ohne Bedeutung ist (*Fischer* StGB Vor § 52 Rn. 58; *Sternberg-Lieben/Bosch* in Schönke/Schröder StGB Vor § 52 Rn. 82). 576

2. Konkurrenzen. Straftaten, die nur **gelegentlich** eines Dauerdelikts begangen werden, stehen mit ihm in Realkonkurrenz (BGH NStZ 1997, 508; OLG Koblenz NJW 1978, 716). Bloße Gleichzeitigkeit der Handlungen genügt zur Tateinheit nicht (→Rn. 672; *Fischer* StGB Vor § 52 Rn. 25). Decken sich dagegen die **Ausführungshandlungen** der Dauerstraftat und eines anderen Delikts zumindest teilweise, so liegt Tateinheit vor (→Rn. 672). Dabei muss das andere Delikt einen tatbestandserheblichen Tatbeitrag zum Dauerdelikt darstellen (BGH NStZ 1981, 401; 2004, 694 mAnm *Bohnen* = StV 2005, 256; *Fischer* StGB Vor § 52 Rn. 60). Zur **prozessualen Seite** → Rn. 582–586. 577

Ob die **Ausführungshandlungen sich wirklich decken,** ist im konkreten Fall für die einzelnen Tatbestände genau zu prüfen (BGH NStZ 1997, 508; s. auch BayObLG NJW 1991, 2360 = NStZ 1993, 202 mAnm *Neuhaus*). Noch keine Tateinheit ergibt sich aus bloßem gleichzeitigen Besitz; notwendig ist **funktionaler Zusammenhang** zwischen beiden Besitzlagen (BGH NStZ-RR 2013, 82). Daran fehlt es beim bloßen gleichzeitigen Besitz von Betäubungsmitteln und von **Sprengstoffen** (KG NStZ-RR 2008, 48) oder von **Waffen** (BGH BeckRS 2020, 21332); s auch →Rn. 580. Anderes kann in Betracht kommen, wenn der Täter eine **Waffe** und Rauschgift in Taschen seiner Jacke mit sich führt (OLG Hamm NStZ 2019, 695). **Keine Tateinheit** besteht zwischen dem Besitz von Rauschgift und einem **Ladendiebstahl** (offengelassen von OLG Braunschweig StV 2002, 241, aufgegeben in NStZ-RR 2015, 26). Wird Rauschgift bei einer **Fahrt,** die **nicht** 578 der **Aufrechterhaltung** oder **Absicherung** des Drogenbesitzes dient, lediglich mitgeführt, liegt Tatmehrheit mit § 24a Abs. 2 StVG vor (BVerfG 2 BvR 111/06; OLG Braunschweig NStZ-RR 2015, 26 (BeckRS 2014, 19751)); etwas anderes gilt, wenn **die Begehung** der Verkehrsordnungswidrigkeit **dazu dient,** die Betäubungsmittel zu transportieren, zu finanzieren, an einen sicheren Ort zu bringen, sie zu verstecken, dem staatlichen Zugriff zu entziehen (BGH NStZ 2004, 694 (→ Rn. 577)) oder damit **Handel zu treiben** (BGH NStZ-RR 2013, 320; 2017, 123).

579 **Tateinheit kommt** daher auch in Betracht, wenn Rauschgift und Waffen im gleichen Fahrzeug **eingeführt** werden. Dies gilt dann auch für die Einfuhr als Teilakt des Handeltreibens. Dasselbe gilt, wenn der Täter **bei der Einfuhr** das Fahrzeug **ohne Fahrerlaubnis** oder im Zustand der **Trunkenheit** führt (BGHR BtMG § 29 Strafklageverbrauch 7 = StV 1995, 62); in einem solchen Fall besteht eine unlösbare innere Verknüpfung zwischen den beiden Handlungen, die über die bloße Gleichzeitigkeit hinausgeht und den notwendigen Bedingungszusammenhang begründet (BGH StraFo 2009, 167 zu § 24a Abs. 2 StVG; BGH BeckRS 2018, 23200). Entsprechendes gilt für den **Transport** von Rauschgift **zu Kunden** des Fahrers und damit für das **Handeltreiben** (BGH NStZ 2013, 320; StraFo 2011, 413).

580 **Tateinheit** zwischen **Besitz** als Teilakt des Handeltreibens und Verstößen gegen das **WaffG** soll auch dann vorliegen, wenn der Täter **in einem Koffer** Betäubungsmittel und Schusswaffen **transportiert** (BGHR StGB § 52 Abs. 1 Handlung dieselbe 27; BGH DRsp Nr. 1994/3306). Dem wird wohl nur für den Fall zugestimmt werden können, dass auch der Transport dem Handeltreiben dienen sollte (s. BGH DRsp 1997/3652 sowie → Rn. 578). Ebenso liegt Tateinheit vor, wenn eine **Abgabe** von Betäubungsmitteln gezielt ein **Folgedelikt** (Sexualdelikt) ermöglichen soll (BGH 4 StR 371/08).

581 **Tateinheit liegt** auch dann vor, wenn der Täter die **Beseitigung** des von ihm geschaffenen Dauerzustandes mit einer Straftat **unmittelbar verhindert,** etwa wenn er eine Unfallflucht begeht, um den unerlaubten Besitz an Betäubungsmitteln zu sichern und aufrecht zu erhalten (*Sternberg-Lieben* in Schönke/Schröder StGB Vor § 52 Rn. 91; s. auch BGH NStZ 2004, 694 (→ Rn. 577): „**Fluchtfahrt**"), wenn der Waffenbesitz den Drogenbesitz **absichern** sollte (OLG Bremen StV 2018, 480) oder wenn **Widerstand gegen Vollstreckungsbeamte** (und Körperverletzung) geleistet wird, um die Entdeckung der Drogen zu verhindern und sich in ihrem Besitz zu erhalten (OLG Celle BeckRS 2020, 20281).

582 **3. Prozessuales.** Ob verschiedene Urteile dieselbe Tat im prozessualen Sinn (§ 264 StPO, Art. 103 Abs. 3 GG) betreffen, ist **unabhängig von dem Begriff der Tateinheit** zu beurteilen, weil die Institute der Tateinheit und der Tatidentität verschiedene Zwecke verfolgen (BVerfG 2 BvR 111/06; BGH 1 StR 542/11; KG NStZ-RR 2012, 155; *Schmitt* in Meyer-Goßner/Schmitt StPO § 264 Rn. 12–13). Allerdings stellt ein durch **Tateinheit** zusammengefasster Sachverhalt in aller Regel auch eine Tat im prozessualen Sinn dar (BVerfG 2 BvR 2125/04; 2 BvR 111/06; BGHSt 59, 120 (→ Rn. 55); BGH NStZ 2009, 705 = StraFo 2009, 288; KG NStZ-RR 2012, 155). Ausnahmen hiervon sind aber möglich, insbesondere wenn das materielle Recht rechtliche Handlungseinheiten bildet, die mehrere ihrer Natur nach selbständige Sachverhalte in sich aufnehmen (BVerfGE 56, 22 = NJW 1981, 1423 = NStZ 1981, 230 = StV 1981, 323 für § 129 StGB); dies gilt namentlich bei sich lange hinziehenden Delikten wie Organisations- oder Dauerstraftaten sowie bei Bewertungseinheiten (BGHSt 59, 120 (→ Rn. 55)).

583 Umgekehrt sind mehrere **in Tatmehrheit** stehende Taten grundsätzlich auch **prozessual selbständig** (BGHSt 59, 120 (→ Rn. 55); NStZ 2009, 705 (→ Rn. 582)).

Kap. 11. Konkurrenzen, Bewertungseinheit   Vor §§ 29 ff.   BtMG

Sie bilden nur dann eine einheitliche prozessuale Tat, wenn die einzelnen Handlungen nicht nur äußerlich ineinander übergehen, sondern wegen der ihnen zugrunde liegenden Vorkommnisse unter Berücksichtigung ihrer strafrechtlichen Bedeutung **auch innerlich derart miteinander verknüpft** sind, dass der Unrechts- und Schuldgehalt der einen Handlung nicht ohne die Umstände, die zu der anderen Handlung geführt haben, richtig gewürdigt werden kann und ihre getrennte Würdigung und Aburteilung als unnatürliche Aufspaltung eines einheitlichen Lebensvorgangs empfunden würde (BVerfG 2 BvR 2125/04; 2 BvR 111/06; BGH NJW 2005, 836 = NStZ 2005, 514 mAnm *Harro* = StV 2005, 211 = JR 2005, 170 mAnm *Kudlich;* NStZ 2009, 705 (→Rn. 582); 2012, 461; NStZ-RR 2015, 378). Der **Lebensvorgang,** aus dem die zugelassene Anklage einen strafrechtlichen Vorwurf herleitet, umfasst alle damit zusammenhängenden und darauf bezüglichen Vorkommnisse, selbst wenn diese in der Anklageschrift nicht ausdrücklich erwähnt sind (BGH 1 StR 542/11). Ein **zeitliches** Zusammentreffen der einzelnen Handlungen ist weder erforderlich noch ausreichend; maßgeblich ist die **sachliche** Verknüpfung (BGH 1 StR 542/11).

Danach besteht **keine Tatidentität** beim **zeitgleichen Besitz** von Betäubungs-   584
mitteln und Sprengstoff (KG NStZ-RR 2008, 48). Dasselbe gilt für das **Mitführen** von Rauschgift bei einer Fahrt unter **Drogeneinfluss,** die **nicht** der Aufrechterhaltung oder Absicherung des Drogenbesitzes dient (BVerfG 2 BvR 111/06; BGH NStZ 2004, 694 (→Rn. 577); OLG Hamm NStZ-RR 2010, 254; KG NStZ-RR 2012, 155), oder wenn **Waffen** und Betäubungsmittel lediglich gleichzeitig mitgeführt werden (→Rn. 578). Dasselbe gilt für das **Fahren ohne Fahrerlaubnis** (OLG Hamm StV 2017, 301). **Anders** ist dies, wenn das Mitsichführen der Betäubungsmittel bei der Fahrt in einem inneren Beziehungs- und Bedingungszusammenhang mit dem Fahrvorgang steht, etwa wenn die Fahrt **gerade dem Transport** der Drogen dient, namentlich um sie an einen sicheren Ort zu bringen (BGH NStZ 2009, 705 (→Rn. 582); 2012, 709) oder wenn die Drogen **zu ihrer Sicherung** im Fahrzeug aufbewahrt werden (BGH BeckRS 2018, 23200). Dies gilt auch dann, wenn der Täter aus Gefälligkeit jemanden mitnimmt. Tatidentität, gegebenenfalls sogar Tateinheit, besteht, wenn der Täter im Zusammenhang mit dem versuchten Erwerb von Drogen einen **versuchten Totschlag** begeht (BGH 1 StR 542/11).

Ist durch die **Aburteilung der Trunkenheitsfahrt** auch die Strafklage für den   585
unerlaubten Besitz von Betäubungsmitteln in nicht geringer Menge (§ 29a Abs. 1 Nr. 2) verbraucht, so darf der Täter auch nicht mehr **für die Delikte bestraft** werden, deren Teilakt der Besitz bildet (Handeltreiben; BGH NStZ 2012, 709) oder die in Tateinheit mit dem Besitz stehen und deshalb (auch) prozessual eine Tat bilden (BGH NStZ 2009, 705 (→Rn. 582)).

Tatidentität liegt auch vor, wenn der Täter **bei der Einfuhr** das Fahrzeug ohne   586
Fahrerlaubnis oder im Zustand der Trunkenheit führt (BGHR BtMG § 29 Strafklageverbrauch 7 (→Rn. 579)), oder wenn er einen Rauschgifttransport aus den Niederlanden durch ein anderes Fahrzeug sichert und beim Grenzübertritt in seinem eigenen Fahrzeug einige Joints mit sich führt (BGH StV 2010, 120). Ebenso tritt durch eine Verurteilung wegen des Waffendelikts Strafklageverbrauch für das Betäubungsmitteldelikt ein, wenn der Täter in seinem Fahrzeug gleichzeitig Waffen und Rauschgift **einführt** (*Endriß/Malek* BtMStrafR § 8 Rn. 20; OLG Braunschweig NStZ-RR 1997, 80).

VI. Fortgesetzte Handlung. Bis zum Beschluss des BGH v. 3.5.1994 (BGHSt   587
40, 138 = NJW 1994, 1663 = NStZ 1994, 383 = StV 1994, 306) spielte die Rechtsfigur der fortgesetzten Handlung im Betäubungsmittelrecht eine große Rolle. Dazu und zur Aufgabe dieser Rechtsfigur s. →5. Auflage, Rn. 588–592.

BtMG Vor §§ 29 ff. Sechster Abschnitt. Straftaten und Ordnungswidrigkeiten

588 **VII. Bewertungseinheit.** Bereits unter der Geltung des BtMG 1972 ging die Rechtsprechung (BGHSt 25, 290 = NJW 1974, 959; 30, 28 (→ Rn. 564)) im Zusammenhang mit dem illegalen Handeltreiben mit Betäubungsmitteln davon aus, dass der Gesetzgeber mit den Strafvorschriften des Betäubungsmittelrechts einen **möglichst vollständigen Katalog** der Begehungsformen aufstellen wollte, die dazu geeignet sind, Betäubungsmittel unkontrolliert in einer die Allgemeinheit gefährdenden Weise in den Verkehr zu bringen. Dabei habe er in Kauf genommen, dass sich im Einzelfall mehrere dieser Begehungsformen decken oder überschneiden können, ohne dass sich die Frage nach Tateinheit, Tatmehrheit oder Gesetzeskonkurrenz zu stellen braucht. Das BtMG 1982 hat die zentrale Bedeutung des Handeltreibens auch im Wortlaut des § 29 Abs. 1 S. 1 Nr. 1 zum Ausdruck gebracht (→ § 29 Rn. 182).

589 **1. Grundlagen, Anwendungsbereich.** Die Bewertungseinheit ist ein Fall der tatbestandlichen Handlungseinheit (→ Rn. 560; BGHSt 63, 1 (→ Rn. 553); *Rissing-van Saan* in LK-StGB Vor § 29 Rn. 47; *Patzak* in Körner/Patzak/Volkmer § 29 Teil 4 Rn. 293; *Puppe* in NK-StGB § 52 Rn. 19 nennt diese tatbestandliche Handlungseinheit Erfolgseinheit, da sie durch die Identität des Erfolges begründet werde). Mehrere **natürliche,** jeweils den Tatbestand erfüllenden Handlungen werden als eine **rechtliche Handlung** bewertet und abgeurteilt (BGHR BtMG § 29 Bewertungseinheit 22 (→ Rn. 361); BGH NStZ 2016, 415 mAnm *Patzak*). Eine tatbestandliche Handlungseinheit besteht auch zwischen mehreren Akten der Beteiligung an einer Straftat (*Puppe* in NK-StGB § 52 Rn. 20).

590 **a) Ausgangspunkt.** Ausgangspunkt ist der Begriff des Handeltreibens (→ Rn. 555, 560, 561; deshalb mit Recht krit. zur Ausdehnung auf alle Absatzdelikte *Rissing-van Saan* in LK-StGB StGB Vor § 52 Rn. 57; *v. Heintschel-Heinegg* in MüKoStGB StGB § 52 Rn. 44). Handeltreiben ist jede eigennützige, auf den Umsatz von Betäubungsmitteln gerichtete Tätigkeit (→ § 29 Rn. 169). Dabei werden **alle Teilakte vom Erwerb** (dazu zählen auch Anbauen, Herstellen oder Sichverschaffen (→ Rn. 659)) **bis zum Absatz,** die sich auf **dasselbe Betäubungsmittel** beziehen, durch den gesetzlichen Tatbestand in dem pauschalierenden Begriff des Handeltreibens zu einer Bewertungseinheit zusammengefasst.

591 **Die Bewertungseinheit** erfasst **alle** (und nur die (BGH NStZ 2012, 517; NStZ-RR 2016, 315) Betätigungen, die sich auf den **Umsatz desselben Betäubungsmittels** richten. **Bereits mit dem Erwerb** (→ Rn. 590) und Besitz dieses Betäubungsmittels ist der Tatbestand des Handeltreibens **in Bezug auf die Gesamtmenge erfüllt;** zu der Bewertungseinheit gehören als unselbständige Teilakte dann auch alle späteren Veräußerungsakte (BGHSt 25, 290 (→ Rn. 588); 30, 28 (→ Rn. 564); 40, 138 (→ Rn. 587); 51, 324 = NJW 2007, 2274 = NStZ 2007, 529; BGHR BtMG § 29 Bewertungseinheit 4 = NJW 1995, 2300 = StV 1995, 417; 6 = NJW 1996, 469 = NStZ 1996, 93 = StV 1996, 95; 13 = StV 1997, 470; 21 = NJW 2002, 1810 = NStZ 2002, 438 = StV 2002, 257 = JR 2003, 31 mAnm *Puppe;* 22 (→ Rn. 361); BGH NStZ 2007, 112 = StV 2007, 16; 2012, 337 = StV 2013, 157; NStZ-RR 2019, 115; 2020, 147; BeckRS 2016, 9983). Auf der anderen Seite können sich die von dem Täter verwirklichten Teilakte **auf andere Weise,** etwa durch Strecken, auf die Gesamtmenge beziehen; am **Erwerb** muss er nicht beteiligt sein (BGHR BtMG § 29 Bewertungseinheit 23). Die Bewertungseinheit erfasst auch **Abgaben an Minderjährige** (BGH NStZ-RR 2013, 347).

592 **Die Verbindung zu einer Bewertungseinheit** beruht auf dem **objektiven Tatbestand** und ist von subjektiven Merkmalen nicht abhängig (*v. Heintschel-Heinegg* in MüKoStGB StGB § 52 Rn. 39); insbesondere kommt es nicht darauf an, ob der Täter sämtliche Tätigkeiten von vornherein in seinen Plan aufgenommen hatte oder ob er sich erst im Laufe der Absatzbemühungen zu ihnen entschlossen hat (BGH BtMG § 29 Abs. 1 Nr. 1 Handeltreiben 27 = StV 1993, 308; 45 = NStZ

1995, 37 = StV 1995, 26; BGH NStZ 1997, 379). Es kommt daher auch nicht darauf an, ob die Verkaufsaktivitäten des Täters auf verschiedenen Entschlüssen beruhen.

b) Anwendungsbereich. Eine Bewertungseinheit kommt nur in Betracht, wenn der **Erwerb** des Betäubungsmittels oder eines Betäubungsmittelvorrats für sich **strafbewehrt** ist; ist dies nicht gegeben und greift eine Strafnorm des BtMG erst mit der Weitergabe aus dem Vorrat entnommener Teilmengen ein, so fehlt es an einem die Einzeltaten zu einer Bewertungseinheit verbindenden einheitlichen Güterumsatz (BGH NStZ 2012, 337 (→ Rn. 591)). Ob etwas anderes in Betracht kommt, wenn die **Erwerbshandlungen** zu einem **Vorrat** führen, dessen Innehaben (Vorrätighalten) mit Strafe bedroht ist (BGH NStZ 2012, 218 = PharmR 2012, 158 mAnm *Krüger* = A&R 2012, 128 mAnm *Winkler* für das Inverkehrbringen; s. aber die Rechtsprechung in → Rn. 616), ist nicht abschließend geklärt. 593

Ist ein strafbarer Erwerb gegeben (→ Rn. 593), so kommt eine Bewertungseinheit bei allen **Absatzdelikten** (zB Handeltreiben, Veräußern, Abgeben) in Betracht (BGHR BtMG § 29 Bewertungseinheit 6 (→ Rn. 591); 10 = NStZ 1997, 243 = StV 1997, 470; 15 = NStZ 1998, 89 = StV 1997, 636; BGH NStZ 2004, 109 = StV 2003, 619; StV 2007, 562; 3 StR 81/12; krit. mit Recht *Rissing-van Saan* in LK-StGB StGB Vor § 52 Rn. 57; *v. Heintschel-Heinegg* in MüKoStGB StGB § 52 Rn. 44), **nicht** aber bei der **Ausfuhr** (BGH BeckRS 2019, 38531) oder bei **Erwerbshandlungen** (BGHR BtMG § 29 Bewertungseinheit 10 (s. o.); *Franke/Wienroeder* Einf. Rn. 43; krit. *Körner* StV 1998, 626), und zwar auch **nicht** beim **wiederholten Auffüllen** eines **Drogenvorrats** (BGH NStZ 2013, 48); auch → Rn. 621, 622. Auch bei einem nach und nach erfolgten Erwerb aus einer nicht versiegten Gesamtmenge oder demselben Vorrat des Verkäufers liegt aber auf der Seite des (bloßen) **Erwerbers** keine Bewertungseinheit vor (BGHR BtMG § 29 Bewertungseinheit 10 (→ Rn. 594); BGH NStZ-RR 2011, 25; *Rissing-van Saan* in LK-StGB StGB Vor § 52 Rn. 53). Zur Bewertungseinheit beim Bandenhandel → Rn. 655, bei Abgabe und Veräußerung, namentlich an Personen unter 18 Jahren → Rn. 658. 594

c) Folgen. Die Zusammenfassung zu einer Bewertungseinheit hat zur Folge, dass die im Rahmen desselben Güterumsatzes aufeinanderfolgenden Teilakte keine mehrfache Verwirklichung des Tatbestandes darstellen, sondern stets **nur als eine Tat** (zB des Handeltreibens) anzusehen sind (→ Rn. 564). Der Täter, der zur gewinnbringenden Veräußerung desselben Rauschgifts verschiedene Aktivitäten entfaltet, verwirklicht daher den Tatbestand nicht mehrfach, sondern die von ihm vorgenommenen Einzeltätigkeiten sind als unselbständige Teilakte ein und desselben Handeltreibens und damit ein und derselben Tat anzusehen (BGHR BtMG § 29 Abs. 1 Nr. 1 Konkurrenzen 4 (2 StR 69/92)). Es liegt daher auch **keine Tateinheit** (unklar BGH NStZ-RR 2011, 25) oder **Idealkonkurrenz** vor (→ Rn. 564). 595

Zu den **prozessualen** Folgen → Rn. 667–670. 596

2. Tätigkeitsakte, Umfang der Bewertungseinheit. In die Bewertungseinheit des Handeltreibens fallen alle auf denselben Güterumsatz bezogenen Tätigkeitsakte, insbesondere Erwerb (→ Rn. 590), Einfuhr, sonstige Transporte, Verwahren, Besitzen (→ Rn. 600), Strecken und die allmähliche Veräußerung in Teilmengen (BGH NStZ 1994, 495; 1 StR 184/03) oder auch sonst mehrere Fälle des Handeltreibens, die dieselbe Rauschgiftmenge betreffen (BGHR BtMG § 29 Bewertungseinheit 1 = NJW 1995, 739 = NStZ 1995, 193 = StV 1995, 256). Dasselbe gilt, wenn der Täter das Rauschgift wiederholt erfolglos einem Abnehmer anbietet (BGH NStZ 2020, 226). 597

Zur Bewertungseinheit des Handeltreibens gehören die **erforderlichen Zahlungsvorgänge** (→ § 29 Rn. 457–479), unabhängig davon, ob der Handelnde als 598

Abnehmer oder als Lieferant tätig wird (BGH NStZ-RR 2020, 317). Eine andere Frage ist, ob sie geeignet sind, mehrere an sich selbständige Taten des Handeltreibens zur Tateinheit zu verbinden; dazu → Rn. 684–694. Ebenso zählt zur Bewertungseinheit die **Ablieferung des Gewinns**. Das Weiterleiten von Erlösen aus einem Betäubungsmittelgeschäft ist keine eigenständige Tat, wenn der Täter bereits in anderer Weise an demselben Geschäft beteiligt war (→ § 29 Rn. 479).

599 **Zur Bewertungseinheit** des Handeltreibens gehören ferner alle Handlungen, die der Abwicklung des Geschäfts dienen, auch die Geltendmachung von **Reklamationen** und der **Umtausch** bei demselben Lieferanten in einwandfreie Ware; erst mit dem Abschluss der Reklamation ist die Tat beendet (→ § 29 Rn. 423).

600 **Auch der Besitz** fällt in die Bewertungseinheit des Handeltreibens, wenn die Betäubungsmittel gewinnbringend verkauft werden sollen (BGHR BtMG § 29 Bewertungseinheit 6 (→ Rn. 591); 9 = NStZ-RR 1997, 144). Eine andere Frage ist, ob der Besitz in der Lage ist, mehrere selbständige Taten des Handeltreibens zur Tateinheit zu verklammern (→ Rn. 619, 624; BGHR BtMG § 29 Bewertungseinheit 10 (→ Rn. 594)).

601 **Keine Bewertungseinheit** besteht, wenn dem Täter Rauschgift, das er zum Zwecke des Handeltreibens innehatte, **gestohlen wird** und er es sich (ebenfalls zum Zwecke des Handeltreibens) gewaltsam **wieder beschafft** (BGHSt 43, 252 = NJW 1998, 168 = NStZ 1998, 251 mAnm *Erb* = StV 1998, 26; 482 mablAnm *Fürstenau*); dazu ausführlich *Hellebrand* GS Schlüchter, 1998, 485; aA BGH NStZ 1997, 508; s. *Zschockelt* NStZ 1998, 238 (240)). Mit dem Diebstahl war das frühere Handeltreiben **beendet**. Dasselbe gilt, wenn der Täter annimmt, das Rauschgift sei gestohlen (während es in Wirklichkeit von der Polizei sichergestellt ist); der Versuch, es von dem vermeintlichen Dieb wiederzuerlangen, ist ein (untauglicher) Versuch des Handeltreibens (BGH BeckRS 2019, 29546). Eine Bewertungseinheit ergibt sich auch nicht daraus, dass nicht das gesamte Rauschgift gestohlen wurde, sondern der Täter eine Probe hiervon weiterhin in Besitz hatte. Die beiden Mengen stammten nach der gewaltsamen Wiederbeschaffung des gestohlenen Rauschgifts nicht (mehr) aus dem Erwerb einer Gesamtmenge (BGHSt 43, 252 (s. o.)). Zum sich anschließenden **gemeinsamen Besitz** → Rn. 624, 625.

602 **Nichts anderes gilt**, wenn der Täter dem Dritten das Rauschgift ohne Gewalt wegnimmt, aber auch dann, wenn der Dritte, der für sich Gewahrsam an dem Betäubungsmittel begründet hatte, es **freiwillig herausgibt**. Auch in diesem Fall war durch die Begründung von eigenem Gewahrsam durch den Dritten eine Zäsur eingetreten. **Die Suche** nach **verlorenem Rauschgift** gehört dagegen noch zur Bewertungseinheit (vgl. BGHSt 43, 252 (→ Rn. 601) unter Bezugnahme auf BGH 2 StR 217/84).

603 **3. Derselbe Güterumsatz, Gesamtmenge.** Der entscheidende Gesichtspunkt bei der Bewertungseinheit ist, dass sich die Bemühungen des Täters auf dasselbe Rauschgift **(denselben Güterumsatz, Gesamtmenge)** beziehen. Dabei lassen sich mehrere Gruppen unterscheiden (zu den Fällen, in denen in tatsächlicher Hinsicht Unklarheit besteht, so dass die Anwendung des Zweifelssatzes zu prüfen ist, → Rn. 629–653):

604 **a) Absprachen, Angebote.** Lassen sich Absprachen oder Angebote feststellen, so kommt eine Bewertungseinheit immer dann in Betracht, wenn sie sich auf **die Lieferung einer Gesamtmenge** beziehen. In diesen Fällen ist der Tatbestand des Handeltreibens (mit der Gesamtmenge) bereits mit der Absprache oder dem Verkaufsangebot erfüllt.

605 **aa) Bewertungseinheit gegeben.** Eine Bewertungseinheit liegt daher vor, wenn die Beteiligten eine **Gesamtmenge vereinbaren**, die der Täter absprachegemäß **in Teilmengen** zu liefern hat (BGHR BtMG § 29 Bewertungseinheit 4

(→ Rn. 591); BGH *Zschockelt* NStZ 1995, 324; StV 1998, 595). Dasselbe gilt, wenn der Täter die Gesamtmenge zwar einheitlich liefern sollte, es sich dann aber herausstellt, dass er nur nach und nach liefern kann (BGH NStZ 1997, 136 = StV 1997, 471; StV 1996, 650).

Ebenso verbindet die Vereinbarung, eine **konkrete Gesamtmenge in Teilmengen** zu liefern (Handeltreiben), nicht nur die Teilakte der Veräußerung, sondern auch die zur Erfüllung der Abrede erfolgten **mehreren Einfuhren** zu einer Tat (BGHR BtMG § 29a Abs. 1 Nr. 2 Gesamtmenge 1; BGH NStZ 1997, 136 (→ Rn. 605); *Rissing-van Saan* in LK-StGB StGB Vor § 52 Rn. 52), wobei in den Fällen einer nicht geringen Menge Tateinheit mit dem Handeltreiben besteht (→ § 30 Rn. 283, → § 29a Rn. 210). 606

Hat der Täter mit seinem Abnehmer ein Geschäft über eine **Gesamtmenge** vereinbart, so liegt eine Bewertungseinheit auch dann vor, wenn der Täter zunächst **nur über einen Teil** dieser Gesamtmenge verfügt, den Rest aber hinzuerwirbt und die beiden Mengen mischt und streckt, um sie seinem Abnehmer zu übergeben. Dass die Teilmengen **an unterschiedlichen Tagen** erworben wurden, steht der Bewertungseinheit nicht entgegen (BGHR BtMG § 29 Bewertungseinheit 18 = NStZ-RR 1999, 250 = StV 1998, 595). 607

Hat der Täter vor dem Geschäft über die Gesamtmenge aus der zunächst erworbenen Teilmenge **bereits Verkäufe** getätigt, so werden **auch diese** mit dem Verkauf der Gesamtmenge zu einer Bewertungseinheit verbunden (BGHR BtMG § 29 Bewertungseinheit 18 (→ Rn. 607)). 608

Hat der Täter mit dem Abnehmer die Lieferung einer **bestimmten Menge gegen Vorkasse** vereinbart, so gehören zu dieser Tat auch der gescheiterte Versuch, die Betäubungsmittel anzukaufen, der Erwerb von einem anderen Lieferanten und die Lieferung an den Abnehmer, mit der die Liefervereinbarung erfüllt wird (BGH NStZ 1996, 442 = StV 1996, 483). Dasselbe gilt, wenn eine erste Lieferung Betäubungsmittel bestellt und bezahlt wird, das Geschäft wegen einer Observation jedoch **abgebrochen** und der Kaufpreis zurückgegeben wird, und die Lieferung desselben Rauschgifts unter Einsatz desselben Kaufgeldes einen Monat später erfolgt (BGH StraFo 2011, 241 (5 StR 39/11)). 609

Eine Bewertungseinheit ist auch gegeben, wenn der Täter eine **Gesamtmenge anbietet**, der Abnehmer aber nur Teilmengen abnimmt (BGHR BtMG § 29 Bewertungseinheit 7 (5 StR 469/65)); in diesem Falle ist der Tatbestand des Handeltreibens bereits mit dem Angebot erfüllt (→ Rn. 604). 610

Ebenso liegt eine **Bewertungseinheit** vor, wenn der Täter im Zuge langwieriger Verkaufsverhandlungen **mehrere bindende Verkaufsangebote** macht, die auf einen Entschluss beruhen und eine **einheitliche** – noch zu liefernde – Menge von bis zu 2 kg Cocain betreffen (BGHR BtMG § 29 Bewertungseinheit 19 = NStZ 2000, 207). Zu gescheiterten Erwerbsversuchen, um die Lieferzusage zu erfüllen, → Rn. 609. 611

bb) Keine Bewertungseinheit; Lieferung nach Bedarf. Keine Bewertungseinheit entsteht dagegen durch Liefervereinbarungen, nach denen **je nach Bedarf** zu liefern ist; die Einzellieferungen erfolgen hier auf Grund immer neuer Bestellungen; die Ausgangsvereinbarung ist dagegen zu unbestimmt (BGHR BtMG § 29 Bewertungseinheit 4 (→ Rn. 591)). Auch die Einbeziehung der Lieferungen in ein eingespieltes Bezugs- und Vertriebssystem reicht hierzu nicht aus (BGHR BtMG § 29 Bewertungseinheit 17 = NStZ 1998, 360 = StV 1998, 595; *Zschockelt* NStZ 1996, 222). Allerdings kann sich in beiden Fällen eine Bewertungseinheit daraus ergeben, dass der Täter aus einem Gesamtvorrat veräußert (→ Rn. 615–620). 612

Eine Bewertungseinheit entsteht **nicht** schon allein daraus, dass die Verkäufe nur an **einen einzigen Abnehmer** erfolgen (BGH *Zschockelt* NStZ 1998, 238 (2 StR 613

237/97)). Etwas anderes gilt nur dann, wenn eine Absprache oder ein Angebot über eine Gesamtmenge erfolgt sind oder wenn die Lieferungen aus einem einheitlichen Verkaufsvorrat (→ Rn. 615–620) stammen.

614 **cc) Probelieferungen.** Bei Probelieferungen ist danach zu unterscheiden, ob sie der Vorbereitung eines Geschäfts über eine bestimmte Menge Rauschgift (Gesamtmenge) dienen oder im Rahmen einer Vereinbarung, nach Bedarf zu liefern, vorgenommen werden. Im ersten Fall bilden sie mit den Aktivitäten im Rahmen des Hauptgeschäfts eine Bewertungseinheit (BGHR BtMG § 29 Bewertungseinheit 1 (→ Rn. 597)). Im zweiten Fall ist auch eine Probelieferung gesondert zu behandeln (BGHR BtMG § 29 Bewertungseinheit 4 (→ Rn. 591)), es sei denn, sie stammt aus einem Gesamtvorrat, über den der Täter verfügt (→ Rn. 615–620).

615 **b) Einheitlicher Verkaufsvorrat.** Liegt eine Absprache über eine Gesamtmenge **nicht vor,** so kann sich eine Bewertungseinheit daraus ergeben, dass der Täter sich einen zum Verkauf bestimmten **Gesamtvorrat verschafft** oder **darüber verfügt** (→ Rn. 616–618). Bereits damit ist der Tatbestand des Handeltreibens in Bezug auf die Gesamtmenge erfüllt; zu dieser Tat gehören dann auch alle späteren Betätigungen, die auf den Vertrieb desselben Rauschgifts gerichtet sind (BGHR BtMG § 29 Bewertungseinheit 18 (→ Rn. 607); 22 (→ Rn. 361); BGH NStZ 1998, 360 = StV 1998, 595; NStZ-RR 2019, 250; StV 2007, 562 (→ Rn. 594)). Dies gilt auch dann, wenn dem Erwerber zugleich (in einer natürlichen Handlung) Betäubungsmittel ausgehändigt werden, die nicht aus der Vorratsmenge stammen (BGH NStZ-RR 2008, 385).

616 In der Regel wird der einheitliche Verkaufsvorrat aus einem **einheitlichen Erwerbsvorgang** stammen (zum Erwerb in mehreren Vorgängen → Rn. 618). Die Verkaufsvorgänge werden durch den **Erwerb** der zum Verkauf bestimmten **Gesamtmenge** zu einer Bewertungseinheit verbunden, weil sie im Rahmen desselben Güterumsatzes erfolgen (BGH NStZ 2008, 470; NStZ-RR 2019, 250; 2020, 147; StV 2007, 562 (→ Rn. 594)). Entscheidend ist der **einheitliche Erwerbsakt;** allein der **gleichzeitige Besitz** verschiedener Betäubungsmittel aus verschiedenen Erwerbsvorgängen begründet eine Bewertungseinheit für verschiedene Verkaufsgeschäfte nicht (→ Rn. 619; BGHR BtMG § 29 Bewertungseinheit 9 (→ Rn. 600); 20 = NStZ 2000, 540; BGH NStZ 2008, 470; 2012, 340; 2017, 711 = StV 2018, 505; 2020, 42; aber → Rn. 593). Es kann allerdings **Tateinheit** bestehen (BGH NStZ-RR 2020, 147.

617 **Der einheitliche Erwerbsvorgang** kann sich auch auf **verschiedene Betäubungsmittelarten,** zB Cannabis und Amfetamin beziehen, so dass auch in einem solchen Fall eine Bewertungseinheit zwischen dem Erwerb und der sukzessiven Abgabe der unterschiedlichen Betäubungsmittel besteht (BGH NStZ-RR 2002, 52; 2012, 121; StV 1999, 431; s. auch BGH NStZ 2008, 470).

618 **Der Täter kann** einen einheitlichen Verkaufsvorrat aber auch in der Weise anlegen, dass er erst **mehrere Erwerbsmengen zu einem Gesamtvorrat ansammelt,** auch durch das Ansammeln **mehrerer Ernten** (dazu im Einzelnen → Rn. 661), bevor er mit dem Verkauf beginnt (BGH NStZ 2017, 711 (→ Rn. 616); NStZ-RR 2020, 147). Zum Mischen verschiedener Mengen → Rn. 621. Auch in einem solchen Fall liegt in Form einer Bewertungseinheit eine einheitliche Tat des Handeltreibens vor, die auch die Erwerbsakte erfasst (BGHR BtMG § 29 Bewertungseinheit 18 (→ Rn. 607); BGH NJW 2003, 300; NStZ-RR 2012, 121). In diesen Fällen kann auch eine nicht geringe Menge (§ 29a) entstehen (BGH NStZ 2017, 711 (→ Rn. 616)). Dienen die Erwerbshandlungen zugleich dem Eigenbedarf, so stehen sie mit dem Handeltreiben in Tateinheit (BGH NJW 2003, 300).

Kap. 11. Konkurrenzen, Bewertungseinheit Vor §§ 29 ff. BtMG

Etwas anderes gilt dann, wenn die Betäubungsmittel **von vornherein** zu **unterschiedlichem** Handel bestimmt sind und nie zu einem Gesamtvorrat oder Depot verbunden waren (BGHR BtMG § 29 Bewertungseinheit 9 (→ Rn. 600); BGH NStZ 2016, 421 = NStZ-RR 2016, 173). Die bloße zeitliche Überschneidung des Besitzes ist nicht in der Lage, eine **Bewertungseinheit** für die verschiedenen Verkaufsgeschäfte zu begründen (→ Rn. 616; BGH NJW 2003, 300; NStZ 2000, 431; NStZ 2016, 421 (s. o.); 2017, 711 (→ Rn. 616); NStZ-RR 2016, 345); zur hiervon zu unterscheidenden **Tateinheit** → Rn. 623). 619

Die Bewertungseinheit besteht unabhängig von der **Zahl der Abnehmer**, wenn die einzelnen Verkäufe aus einem Vorrat getätigt werden (BGH StV 2002, 235). Sie entfällt auch nicht deswegen, weil der Täter beim Erwerbsvorgang noch keine konkrete Vorstellung von den einzelnen Abnehmern oder Absatzmengen hatte oder wenn die Verkaufsakte auf mehreren **späteren Entschlüssen** beruhten (→ Rn. 592). Ist der Täter wegen eines Verkaufs verurteilt worden, so kann die Strafklage verbraucht sein; ob dies in tatsächlicher Hinsicht gegeben ist, ist nach dem Zweifelssatz zu entscheiden (BGH StV 2002, 235); dazu → Rn. 629, 633, 642. 620

c) Der aufgefüllte, „nie versiegende" Verkaufsvorrat, Silotheorie. Füllt der Täter einen zum Verkauf bereit gehaltenen Rauschgiftvorrat vor der vollständigen Entleerung des Depots jeweils durch neue Lieferungen wieder auf, so reicht dies nicht, die Verkäufe aus der ursprünglichen Menge mit den Verkäufen aus dem aufgefüllten Bestand zu einer **Bewertungseinheit** zu verbinden (BGHR BtMG § 29 Abs. 1 Nr. 1 Handeltreiben 44 = NStZ 1994, 494; 45 (→ Rn. 592); Bewertungseinheit 20 (→ Rn. 616); BGH NStZ 1997, 243 = StV 1997, 470; *Zschockelt* NStZ 1995, 323 (324)); StraFo 1996, 131 (134); *Rissing-van Saan* in LK-StGB StGB Vor § 52 Rn. 53; *v. Heintschel-Heinegg* in MüKoStGB StGB § 52 Rn. 42). Insbesondere kann der gleichzeitige Besitz verschiedener zum Handeltreiben bestimmter Mengen aus verschiedenen Liefervorgängen (BGH NJW 2003, 300; NStZ 2000, 431; NStZ-RR 2015, 113) keine **Bewertungseinheit** begründen (BGHSt 43, 252 (→ Rn. 601); BGH NStZ 2020, 42). Hiervon zu unterscheiden ist die **Vereinbarung** einer Gesamtmenge (→ Rn. 607, 608). Zum **Mischen** der verschiedenen Rauschgiftmengen → Rn. 626. 621

Die vom 2. Strafsenat des BGH vertretene sogenannte **Silotheorie** (BGHR BtMG § 29 Bewertungseinheit 3 = NStZ 1994, 547; 9 (→ Rn. 600); offengelassen in Bewertungseinheit 4 (→ Rn. 591)), hat sich **nicht durchgesetzt** (dazu *Winkler* NStZ 2001, 301 (302); 2002, 191 (192)) und wurde inzwischen vom 2. Strafsenat **insgesamt aufgegeben** (BGH NStZ 2013, 48; dazu *Schmidt* NJW 2013, 2865 (2869)). 622

Eine andere Frage ist die der **Tateinheit** (*Rissing-van Saan* in LK-StGB StGB Vor § 52 Rn. 54; *v. Heintschel-Heinegg* in MüKoStGB StGB § 52 Rn. 54). Während es sich bei der Bewertungseinheit um einen Fall der **tatbestandlichen Handlungseinheit** handelt (→ Rn. 589) stehen sich bei der Tateinheit zwei grundsätzlich selbständige Taten des Handeltreibens gegenüber, die in ihren **tatbestandlichen Ausführungshandlungen** ganz oder teilweise identisch sind (→ Rn. 671), etwa wenn sich Teilakte des Handeltreibens mit verschiedenen Rauschgiftmengen überschneiden (*Rissing-van Saan* in LK-StGB StGB Vor § 52 Rn. 54), wenn der Täter zwei verschiedene, zu unterschiedlichen Zeitpunkten erworbene oder geerntete Rauschgiftmengen oder Teilmengen aus ihnen **gleichzeitig verkauft** (BGH NStZ 2017, 711 (→ Rn. 616); 2019, 511; NStZ-RR 2015, 113; 2018, 4883) oder **anbietet,** Bestellungen **entgegennimmt** oder **ausführt** (BGH NStZ-RR 2018, 184) oder wenn zwei unabhängig voneinander beschaffte Rauschgiftmengen **zusammen einem Abnehmer** ausgehändigt (BGH NStZ-RR 2012, 24) oder zu diesem **transportiert** werden (BGH NStZ-RR 2013, 147); in den beiden letzten Fällen nimmt der BGH allerdings eine Bewertungseinheit an; ausdrücklich gegen eine 623

Bewertungseinheit BGH NStZ 2017, 711 (→ Rn. 616)), auch → Rn. 661, 674. Eine **Zusammenrechnung** der Wirkstoffgehalte scheidet in den Fällen der **Tateinheit** aus (BGH NStZ 2017, 711 (→ Rn. 616)).

624 Die **bloße Gleichzeitigkeit** zweier Handlungen ist allerdings nicht in der Lage, **Tateinheit** zu begründen (→ Rn. 672); notwendig ist eine (teilweise) **Identität der Ausführungshandlungen.** Auch der gleichzeitige **Besitz zweier Rauschgiftmengen,** der jeweils einen Teilakt des Handeltreibens darstellt, genügt daher **für sich allein** hierzu nicht (BGHSt 43, 252 (→ Rn. 601); BGH NStZ 1997, 243 (→ Rn. 621); 1997, 344; 2019, 414; NStZ-RR 1999, 119; 2019, 154; 2020, 284).

625 Tateinheit kann aber dann in Betracht kommen, wenn die **Art und Weise der Besitzausübung** über eine bloße Gleichzeitigkeit hinausgeht und im Einzelfall die Wertung rechtfertigt, dass, etwa wegen eines räumlichen und zeitlichen Zusammenhangs, die tatsächliche Ausübung des Besitzes über die eine Menge **zugleich die tatsächliche Besitzausübung** über die andere darstellt (BGH NStZ 2020, 42; NStZ-RR 2015, 378; 2019, 154; 2020, 82; 284; StV 2019, 329 = BeckRS 2018, 22775; *Rissing-van Saan* in LK-StGB StGB Vor § 52 Rn. 54; offensichtlich gehen BGH NStZ 2017, 711 (→ Rn. 616); NStZ-RR 2018, 184; 2018, 352; BeckRS 2019, 1279 ohne weiteres hiervon aus, etwa wenn beide Mengen in einem Behältnis (BGH NStZ-RR 2019, 313) oder Raum (BGH NStZ-RR 2020, 82) aufbewahrt werden; zur Aufbewahrung zweier Mengen für ein Entgelt → Rn. 674; zum gleichzeitigen Besitz einer vom Handeltreiben nicht betroffenen Menge (etwa Eigenbedarf) → Rn. 618). Auf die (fehlende) Klammerwirkung des Besitzes (→ Rn. 700) kommt es in diesen Fällen nicht an.

626 Eine **Bewertungseinheit** kommt dagegen in Betracht, wenn der Täter die zu verschiedenen Zeitpunkten erworbenen und zum Verkauf bestimmten Rauschgiftmengen **miteinander mischt** (BGHSt 60, 134 = NJW 2015, 969 = NStZ 2015, 226 = StV 2015, 636; *Patzak* in Körner/Patzak/Volkmer § 29 Teil 4 Rn. 295). In diesen Fällen wird aus mehreren verschiedenen Mengen eine andere, neue Rauschgiftmenge hergestellt. Diese wird nun ihrerseits Gegenstand des Handeltreibens mit der Folge, dass auch frühere Verkäufe aus den Ursprungsmengen in die einheitliche Bewertung des Güterumsatzes einbezogen werden und mit den späteren Teilakten aus der neuen Menge eine einheitliche Tat bilden können (BGHR BtMG § 29 Bewertungseinheit 18 (→ Rn. 607); *Rissing-van Saan* in LK-StGB StGB Vor § 52 Rn. 54, die mit guten Gründen hinsichtlich der früheren Verkäufe auch Tatmehrheit erwägt).

627 **Der fortdauernde Besitz** eines Teils des Rauschgifts reicht zur Begründung einer Bewertungseinheit nicht aus, wenn der andere Teil gestohlen wird und der Täter sich ihn gewaltsam wieder beschafft (→ Rn. 601).

628 Auf der anderen Seite wird der Ausgangspunkt für die Bewertungseinheit nicht zutreffend gesehen, wenn bei einem Umgang **mit verschiedenen Rauschgiften** (zB Cocain, Amfetamin und Ecstasy) eine Bewertungseinheit nicht möglich sein soll (so aber BGH NStZ 2000, 262; zust. *Winkler* NStZ 2001, 301; wie hier *Malek* BtMStrafR Kap. 2 Rn. 239; ebenso wohl BGH NStZ 2008, 470; NStZ-RR 2002, 52). Entscheidend ist nicht die Art des Betäubungsmittels, sondern derselbe Güterumsatz oder der einheitliche Verkaufsvorrat.

629 **4. Die Anwendung des Zweifelssatzes.** Lässt sich im Verfahren nicht klären, ob die an sich selbständigen Rauschgiftgeschäfte dieselbe Menge betrafen, so ist von selbständigen Handlungen auszugehen, es sei denn, es haben sich **konkrete** (BGH StV 1998, 595: hinreichende tatsächliche) **Anhaltspunkte** dafür ergeben, dass die Lieferungen aus derselben Erwerbsmenge stammten (BGHR BtMG § 29 Bewertungseinheit 4 (→ Rn. 591); 12 = NStZ 1997, 344; 15 (→ Rn. 594); 21

(→ Rn. 591); BGH NStZ 1999, 192; NStZ-RR 2006, 55; 2019, 115); auch
→ Rn. 620. Zur (nicht zulässigen) **Wahlfeststellung** → Rn. 667.

a) Fehlen konkreter Anhaltspunkte. Fehlen konkrete Anhaltspunkte, so sind 630
festgestellte Einzelverkäufe nicht schon deswegen zu einer Bewertungseinheit zusammenzufassen, weil die **nicht näher konkretisierte Möglichkeit** besteht, dass die zugrundeliegenden Einzelmengen ganz oder teilweise aus einem Gesamtvorrat stammen könnten (BGHR BtMG § 29 Bewertungseinheit 5 (5 StR 122/95); 8 = NStZ 1997, 137; 14 = NStZ-RR 1997, 344 = StV 1997, 636; 17 (→ Rn. 612); BGH NJW 2012, 3461 = NStZ-RR 2012, 278; NStZ-RR 2018, 286; 2019, 245). Eine **willkürliche Zusammenfassung** kommt nicht in Betracht (BGHR BtMG § 29 Bewertungseinheit 21 (→ Rn. 591); BGH NStZ 2012, 218; NStZ-RR 2006, 55; 2018, 184).

Auch der **Zweifelssatz** gebietet in einem solchen Falle die Annahme einer einheitlichen Tat **nicht** (BGH NStZ 2012, 218; 2012, 517; NStZ-RR 2013, 46; 2018, 184; 2019, 115). Dazu → § 29 Rn. 732, 733. 631

Dies gilt auch dann, wenn der Angeklagte **schweigt** (BGH StV 2006, 184) oder 632
den Vorwurf **pauschal bestreitet.** Lässt sich aus diesem Grund nicht weiter aufklären, ob die an sich selbständigen Rauschgiftgeschäfte dieselbe Rauschgiftmenge betrafen, so verlangt der **Zweifelssatz nicht,** allein deshalb eine Gesamtmenge zugunsten des Angeklagten anzunehmen. Seine Rechte werden nicht dadurch verkürzt, dass das Gericht an sich mögliche günstige Schlüsse, für die es aber keine tatsächliche Grundlage gibt, nicht zieht (BGHR BtMG § 29 Bewertungseinheit 4 (→ Rn. 591).

b) Vorliegen konkreter Anhaltspunkte. Haben sich dagegen konkrete, nicht 633
widerlegbare (BGH NStZ-RR 2002, 52) Anhaltspunkte dafür ergeben, dass sich jeweils mehrere Verkaufsakte auf dieselbe Erwerbsmenge bezogen haben, so ist von einer Bewertungseinheit auszugehen. In einem solchen Falle ist dann ein **sicherer Nachweis** für die Annahme einer Bewertungseinheit **nicht** erforderlich (BGHR BtMG § 29 Abs. 1 Bewertungseinheit 4 (→ Rn. 591); StV 2001, 460; *Fischer* StGB Vor § 52 Rn. 18; *Franke/Wienroeder* § 29 Rn. 69).

aa) Zeitlicher und örtlicher Zusammenhang. Solche Umstände ergeben 634
sich noch **nicht allein** aus einem engen zeitlichen und örtlichen Zusammenhang der festgestellten **Einzelverkäufe** (BGHR BtMG § 29 Bewertungseinheit 4 (→ Rn. 591); 6 (→ Rn. 591); BGH StV 1998, 595). Etwas anderes gilt aber dann, wenn **zusätzliche** Gesichtspunkte hinzutreten (BGH NStZ-RR 2002, 52):

So spricht es für die Lieferung aus einer erworbenen (Gesamt-)Menge, wenn **der** 635
Erwerb einer etwas größeren Betäubungsmittelmenge in einem (ganz) engen zeitlichen und örtlichen Zusammenhang mit dem Weiterverkauf oder der Abgabe in der Größenordnung einzelner Konsumeinheiten an Endverbraucher steht (BGHR BtMG § 29 Bewertungseinheit 6 (→ Rn. 591)). Dasselbe gilt, wenn in engem zeitlichen Zusammenhang 5 g-Portionen aus **demselben Vorrats-Erddepot** verkauft werden, in dem zahlreiche solche Portionen vorrätig gehalten werden (BGH *Winkler* NStZ 1999, 232 (233)), oder wenn ein sukzessiver Verkauf **aus einem Versteck** heraus erfolgt, in dem ein weit über die Einzellieferungen hinausgehender Verkaufsvorrat festgestellt wurde (BGHR BtMG § 29 Bewertungseinheit 17 (→ Rn. 612); BGH *Winkler* NStZ 1999, 232 (233)) oder wenn ein **größerer Vorrat** zusammen mit **Feinwaagen** und **Verpackungsmaterial** festgestellt werden (BGH BeckRS 2018, 17706). Ein ganz enger zeitlicher Zusammenhang soll genügen, wenn Kleinstverkäufe über einen Zeitraum von fünf Monaten durchgeführt wurden (BGH *Winkler* NStZ 2001, 301).

Eine Bewertungseinheit kommt ferner in Betracht, wenn feststeht, dass der 636
Täter etwa im gleichen Zeitraum bei vier Fahrten **jeweils eine größere Menge**

aus den Niederlanden eingeführt hat; der Verkauf kann dann einer dieser Taten zugeordnet werden, ohne dass es einer näheren Aufklärung bedarf (BGH NStZ 1999, 192).

637 Ein Zusammenhang mit einer neu erworbenen (Gesamt-)Menge liegt auch dann nahe, wenn der Täter noch **mit dem Portionieren** des Rauschgifts befasst ist (BGHR BtMG § 29 Bewertungseinheit 6 (→ Rn. 591)).

638 Für die Lieferung **aus einer Gesamtmenge** spricht es, wenn festgestellt werden kann, dass der Täter aus bezogenen größeren Mengen jeweils eine **bestimmte Zahl von Konsumeinheiten** hergestellt und vertrieben hat (BGHR BtMG § 29 Bewertungseinheit 11 = NStZ 1997, 192). Ebenso ist von der Lieferung **aus einer Gesamtmenge** auszugehen, wenn zwei Geschäfte in einem engen zeitlichen Zusammenhang zueinander stehen, das Betäubungsmittel in beiden Fällen **die gleiche Qualität** aufweist und es von dem Täter für einen anderen verwahrt wurde (BGH StV 1994, 658).

639 Verkauft der Täter **regelmäßig an zwei Tagen** pro Woche jeweils an mehrere Personen Haschisch in kleinen Mengen und erwirbt er gleichfalls regelmäßig an zwei Tagen pro Woche Cocain auf Grund einer festen Lieferbeziehung, so liegt es nahe, dass er die jeweilige Tagesverkaufsmenge Haschisch ebenfalls von seinem Dealer bezieht, so dass in Form der Tagesverkaufsmenge Haschisch jeweils eine Gesamtmenge vorliegt (BGH *Zschockelt* NStZ 1996, 223 = StV 1996, 263). Dasselbe gilt, wenn der Täter als „Läufer" einer Dealerbande die von seinen Abnehmern bei ihm vorbestellten Mengen **täglich** von der Bande **zugeteilt erhält,** zumal wenn er ein Tageshonorar erhält (BGH NStZ-RR 1999, 218).

640 Geht einem in Aussicht genommenen größeren Rauschgiftgeschäft über eine bestimmte Menge ein **Probekauf** voraus, der der Qualitätsprüfung dienen soll, so liegt es nahe, dass auch die Probelieferung aus einer bereitgehaltenen Gesamtmenge stammt (BGHR BtMG § 29 Bewertungseinheit 1 (→ Rn. 597)).

641 **bb) Andere Anhaltspunkte.** Auch wenn ein enger zeitlicher und örtlicher Zusammenhang der Einzelverkäufe nicht festgestellt werden kann, können sich konkrete Anhaltspunkte für eine Gesamtmenge ergeben, die eine Bewertungseinheit nahelegen:

642 Dies kommt etwa in Betracht, wenn feststeht oder konkrete Anhaltspunkte dafür vorliegen (BGH StV 1998, 594), dass der Täter einen **Drogenvorrat zum Verkauf** bereitgehalten hat und es sich nicht ausschließen lässt, dass die ihm nachgewiesenen Einzelveräußerungen aus diesem Vorrat stammten (BGH NStZ-RR 1996, 344; StV 1998, 594; 2002, 235 für einen **täglichen Verkaufsvorrat**). Dies gilt auch dann, wenn die festgestellten Verkaufsmengen die Gewichtsmenge des Vorrats („Block") übersteigen, sofern feststeht, dass der Täter gestrecktes Heroin veräußerte und es sich bei dem „Block" um Heroin mit einem erheblichen Reinheitsgehalt handelte (BGHR BtMG § 29 Abs. 1 Bewertungseinheit 2 = StV 1995, 301; s. auch Bewertungseinheit 17 (→ Rn. 612)), zumal wenn auch Streckmaterial gefunden wird. Erst recht kommt ein **einheitlicher Gesamtvorrat** und damit eine Bewertungseinheit in Betracht, wenn (im Kühlschrank) eine größere Menge Amfetamin und im Wohnzimmer neben Verpackungstüten und Feinwaagen mehrere abgabeüblichen Kleinmengen vorgefunden werden (BGH NStZ 2012, 340 = StV 2012, 411 mAnm *Oğlakcıoğlu*).

643 Dass es sich um **dasselbe Rauschgift** handelt, ist auch dann anzunehmen, wenn der Plan einer Lieferung nach dem **Scheitern des ursprünglich** geschlossenen Geschäftes nicht aufgegeben wurde und eine neue Verkaufsvereinbarung erfolgt (*BGHR* BtMG Bewertungseinheit 1 (→ Rn. 597)).

644 Konkrete Anhaltspunkte für ein Geschäft über dasselbe Rauschgift bestehen auch dann, wenn **zunächst eine größere Menge angeboten** wurde, dann zwei

Kap. 11. Konkurrenzen, Bewertungseinheit **Vor §§ 29 ff. BtMG**

Teillieferungen erfolgten und schließlich eine Vereinbarung über eine Menge getroffen wurde, die zusammen mit den beiden Teillieferungen die zunächst angebotene Menge nicht übersteigt (BGHR BtMG § 29 Bewertungseinheit 7 (→ Rn. 610)). Auch → Rn. 610.

Konkrete Anhaltspunkte dafür, dass das Rauschgift aus einer oder mehreren 645 Erwerbsmengen stammt, ergeben sich daraus, dass der Täter das Betäubungsmittel vor dem Weiterverkauf selbst **portioniert,** in „Bubbles" **umpackt** und **bunkert** (BGHR BtMG § 29 Bewertungseinheit 13 (→ Rn. 591)).

Liefert der Täter dagegen **bei Bedarf** (→ Rn. 612), so ergeben sich daraus, dass 646 er **nur über ein Versteck** verfügt, noch keine konkreten Anhaltspunkte dafür, dass er dort auch größere Mengen als die jeweiligen Verkaufsmengen lagert. Da der Lieferant im Regelfall das Rauschgift seinerseits beschaffen muss, besteht auch kein Erfahrungssatz dahin, dass es sich bei dem mehrmaligen Absatz von Betäubungsmitteln an denselben Abnehmer jeweils um Teillieferungen aus einer gelagerten Gesamtmenge handelt, zumal es wegen des Entdeckungsrisikos auch nicht der Praxis im Rauschgifthandel entspricht, dass der Zwischenhändler größere Mengen als nötig verwahrt (BGHR BtMG § 29 Bewertungseinheit 4 (→ Rn. 591); s. auch BGH StV 1998, 595).

c) Zuordnung von Verkaufsmengen zu Erwerbsmengen. Ergeben sich 647 konkrete Anhaltspunkte dafür, dass an sich selbständige Rauschgiftgeschäfte dieselbe Rauschgiftmenge betreffen, so sind sie zuzuordnen und zu Bewertungseinheiten zusammenzufassen; dies kommt stets in Betracht, wenn sich feststellen lässt, wie der Täter die jeweiligen Einkaufsmengen in Verkaufsmengen aufgeteilt hat (BGHR BtMG § 29 Bewertungseinheit 11 (→ Rn. 638)). Steht fest, dass der Täter das Rauschgift vor dem Verkauf in kleinere Einheiten umgepackt und teilweise gebunkert hat, muss das Gericht die Möglichkeit des Erwerbs in einem Akt bedenken (BGHR BtMG § 29 Bewertungseinheit 13 (→ Rn. 591)).

Können dagegen zu den **Erwerbsmengen keinerlei Feststellungen** getroffen 648 werden (→ Rn. 649) und **fehlen ausreichende Anhaltspunkte,** die es rechtfertigen könnten, bestimmte Einzelverkäufe einer erworbenen Gesamtmenge zuzuordnen, so sind die festgestellten **Einzelverkäufe** als **selbständige Taten** zu behandeln, da andernfalls lediglich eine willkürliche Zusammenfassung in Betracht käme (BGHR BtMG § 29 Bewertungseinheit 8 (→ Rn. 630); 14 (→ Rn. 630); 21 (→ Rn. 591); BGH NStZ-RR 2002, 52; 2012, 280; krit. *Malek* BtMStrafR Kap. 2 Rn. 135).

Allerdings sind **naheliegende** Aufklärungsmöglichkeiten auszuschöpfen. Dabei 649 wird ein **unverhältnismäßiger Aufklärungsaufwand** nicht verlangt (BGH BeckRS 2015, 19172), da es nur um die konkurrenzmäßige Zusammenfassung innerhalb eines festgestellten Schuldumfangs geht (BGHR BtMG § 29 Bewertungseinheit 21 (→ Rn. 591); BGH NStZ-RR 2012, 121; 2012, 280). Dies gilt auch, **wenn es naheliegt,** dass jeweils eine gewisse Anzahl Verkaufsmengen aus größeren Vorräten stammen (BGHR BtMG § 29 Bewertungseinheit 14 (→ Rn. 630); BGH NStZ 2012, 280; *Zschockelt* NStZ 1998, 239). Es ist dann – innerhalb des feststehenden Gesamtschuldumfangs – zunächst der Versuch einer **umständeorientierten Schätzung** zu unternehmen (BGHR BtMG § 29 Bewertungseinheit 21 (→ Rn. 591); § 29 Abs. 1 Nr. 1 Handeltreiben 66 (→ Rn. 349); BGH NStZ 2012, 218; NStZ-RR 2012, 121; 2013, 46).

Bei dieser Schätzung dürfen dem rechnerisch ermittelten Teil des Gesamt- 650 geschehens (Summe der Verkäufe) bestimmte strafrechtlich relevante Verhaltensweisen (Einkäufe) im Wege der Schätzung zugeordnet werden, wobei die Feststellung der Zahl der Einzelakte (Einkäufe) und die Verteilung der Gesamtsumme auf diese unter Beachtung des Zweifelssatzes zu erfolgen hat (BGHR BtMG § 29

Bewertungseinheit 21 (→ Rn. 591)). Bei der Schätzung können auch Erfahrungen des Gerichts zu den Einkaufsgewohnheiten bei anderen vergleichbaren Fällen einfließen (*Winkler* NStZ 2003, 247 (248)).

651 **Eine Zuordnung** der einzelnen Verkaufsgeschäfte zu den jeweiligen Erwerbsmengen **ist dann entbehrlich,** wenn davon auszugehen ist, dass die festgestellten Einzelverkäufe aus zwei oder mehr Erwerbsmengen stammen und wenn jede der Erwerbsmengen größer als die Summe der Einzelverkaufsmengen ist (BGHR BtMG § 29 Bewertungseinheit 6 (→ Rn. 591)).

652 Die Annahme einer Bewertungseinheit darf nicht zu einer **Vernachlässigung der** erforderlichen **Feststellungen** führen. Steht fest, dass der Täter die nachgewiesene große Zahl von Einzelverkäufen aus mehreren Vorratskäufen (Beschaffungsfahrten) getätigt hat, so dürfen die Anzahl der Beschaffungsfahrten und die hierbei erworbenen Mengen **nicht willkürlich** (anders an Hand der Umstände (→ Rn. 650)) **geschätzt** oder auf **bloße Vermutungen** gestützt werden, die auf einer nicht tragfähigen Grundlage beruhen (BGH NStZ-RR 1997, 17; 2012, 280). Andernfalls würde der Angeklagte letztlich wegen willkürlich angenommener Straftaten verurteilt. Soweit eine Zuordnung möglich ist, ist sie vorzunehmen. **Die nicht zusammen passenden** Einkaufs- und Verkaufshandlungen sind dagegen jeweils **als selbständige Taten** zu behandeln (BGH NStZ 1997, 344; NStZ-RR 2012, 280).

653 **d) Verwertung zum Nachteil.** Grundsätzlich sind mehrere natürliche Handlungen auch mehrere Taten im Rechtssinne (BGHR BtMG § 29 Abs. 1 Bewertungseinheit 4 (→ Rn. 591)). Dabei muss es verbleiben, wenn sich der Sachverhalt nicht weiter aufklären lässt und die Zusammenfassung zu einer Tat den Täter rechtlich benachteiligen würde. Daher darf **nicht unterstellt** werden, dass der Täter eine größere Menge Betäubungsmittel zur Veräußerung vorrätig gehalten hat, wenn er durch die Annahme des damit verwirklichten unerlaubten Besitzes einer nicht geringen Menge beschwert würde (BGHR BtMG § 29 Abs. 1 Bewertungseinheit 4 (→ Rn. 591); BGH NStZ 2008, 470). Auch eine Zusammenrechnung mehrerer Teilmengen zu einer Gesamtmenge, die erst ihrerseits die Grenze der nicht geringen Menge erreicht oder überschreitet, darf nur im Falle der **Erweislichkeit** (BGHR BtMG § 29 Abs. 1 Bewertungseinheit 4 = → Rn. 591); 5 = → Rn. 630); 14 (1 StR 146/97); 21 (→ Rn. 591); BGH NStZ 2012, 517; NStZ-RR 2002, 52) erfolgen (*Fischer* StGB Vor § 52 Rn. 18; *Winkler* NStZ 2003, 247 (248)).

654 **5. Bewertungseinheit bei der Beihilfe.** Auf → Rn. 355–360 wird Bezug genommen.

655 **6. Bewertungseinheit bei Bandenhandel.** Die Grundsätze der Bewertungseinheit gelten auch für den Bandenhandel (BGH NJW 1994, 3020 = NStZ 1994, 496 = StV 1994, 659; 2007, 1221 = NStZ 2007, 101; NStZ 1996, 442 = StV 1996, 483; NStZ-RR 2003, 186). Auch der Bandenhandel verbindet die im Rahmen desselben Umsatzes aufeinander folgenden Teilakte vom Erwerb bis zur Veräußerung zu einer Bewertungseinheit, so dass eine einheitliche Tat des Bandenhandels immer dann anzunehmen ist, wenn ein und derselbe Güterumsatz Gegenstand der strafrechtlichen Bewertung ist. Auch der Teilakt der unerlaubten Einfuhr wird hiervon umfasst (BGH NJW 1994, 3020 (s. o.); 2007, 1221 (s. o.)).

656 Bezieht sich der Vorsatz der Täter auf den sukzessiven Verkauf einer **einheitlich erworbenen oder übernommenen** Rauschgiftmenge, so liegt mit Rücksicht auf die Zusammenfassung in einer Bewertungseinheit nur eine Tat vor. Dies kann mangels mehrerer selbständiger Taten dazu führen, dass eine **bandenmäßige Begehung nicht** festgestellt werden kann (BGH NStZ 1996, 442 (→ Rn. 655)).

Ist eine **Tätergruppe so organisiert,** dass ein Täter die nicht geringe Gesamt- 657
menge erwirbt, der zweite für das Strecken, Portionieren und die Organisation des
Straßenhandels sorgt, während der dritte diese Menge in 70 Einzelverkäufen (in jeweils normaler) Menge absetzt, so sind die beiden ersten Täter wegen (bandenmäßigen) Handeltreibens in nicht geringer Menge zu verurteilen, während der
Dritte wegen 70 Fällen des (bandenmäßigen) Handeltreiben schuldig ist, da sich
seine Tatbeiträge immer nur auf die jeweilige Einzelmenge beziehen (*Winkler*
NStZ 2006, 328 (329) unter Hinweis auf BGH BtMG § 29 Bewertungseinheit 23
(3 StR 150/05)).

7. Bewertungseinheit bei Veräußerung/Abgabe. Die Grundsätze der 658
Bewertungseinheit sind auch für das Veräußern und Abgeben von Betäubungsmitteln aus einer einheitlichen Erwerbsmenge maßgeblich (→ Rn. 593). Es liegt dann
nur eine Veräußerung oder Abgabe vor. Dies gilt auch für die Abgabe von Betäubungsmitteln an Personen unter 18 Jahren (BGHR BtMG § 29 Bewertungseinheit
15 (→ Rn. 594); BGH NStZ 2004, 109 (→ Rn. 594); 2006, 464 = StV 2006, 292;
StV 2007, 562; BayObLG NStZ-RR 1998, 373); wird aus der gleichen Erwerbsmenge teils an Erwachsene verkauft, teils an Minderjährige abgegeben, führt dies
zur Tateinheit zwischen Handeltreiben und Abgabe an Minderjährige (BGH NStZ
2004, 105; 109 (→ Rn. 594)).

8. Bewertungseinheit bei Handeltreiben/Anbauen/Herstellen. Das An- 659
bauen/Herstellen von Betäubungsmitteln zum Verkauf **und** die späteren Veräußerungsgeschäfte bilden eine Bewertungseinheit (→ § 29 Rn. 121, 157). Diese entfällt
nicht deswegen, weil der Täter beim Anbau oder der Herstellung noch nicht weiß,
wann, wo und an wen er die Betäubungsmittel veräußern will (→ Rn. 620; *Malek*
BtMStrafR Kap. 2 Rn. 134).

Hat der Täter die zu einem **sukzessiven Weiterverkauf** bestimmte Menge **in** 660
einem Akt angebaut, so liegt eine einheitliche Tat (genauer = Bewertungseinheit)
des Handeltreibens vor, da sich die mehreren Verkaufsakte auf dieselbe Rauschgiftmenge beziehen (BGH NStZ 2009, 648).

Dagegen sind mehrere **gesonderte Anbauvorgänge** grundsätzlich für sich 661
selbständige, zueinander in Tatmehrheit stehende Taten des **Handeltreibens**
(BGH NStZ 2019, 414; NStZ-RR 2020, 82); dies gilt auch dann, wenn sie auf derselben **Produktionsfläche** erfolgt sind (BGHSt 58, 99 = NJW 2013, 1318; 2013,
2865 mAnm *Schmidt;* BGHR BtMG § 29 Abs. 1 Nr. 1 Anbau 2 = NStZ 2005, 650).
Erfolgen daher **mehrere Anbauvorgänge hintereinander** und werden die daraus stammenden Pflanzen **jeweils** verkauft, so sind mehrere selbständige Taten des
Handeltreibens gegeben (BGH BeckRS 2015, 8389).

Werden dagegen **mehrere** der durch die einzelnen **Anbauvorgänge** erzielten 662
Erträge in **einheitlichen Umsatzgeschäft** veräußert, führt dies zu einer Teilidentität der tatbestandlichen Ausführungshandlungen und damit zu **einer** Tat
des Handeltreibens (BGH BeckRS 2015, 8389) und bei einer **Vermischung** der
Ernten zu einer **Bewertungseinheit** (BGH NStZ-RR 2019, 218). Dabei kommt
es nicht darauf an, ob die Pflanzen gleichzeitig oder nacheinander in einer oder
mehreren Plantagen angebaut worden sind. Maßgeblich ist allein der **jeweilige
Verkaufsvorgang.** Dieser stellt die Zäsur des Anbaus dar, mit dem sich die Tat des
Handeltreibens konkretisiert und die zur Produktion des verkauften Betäubungsmittels notwendigen Anbauvorgänge von denen abtrennt, die der Erzeugung der
nächsten Lieferung und damit der nächsten Tat des Handeltreibens dienen (BGH
NStZ 2019, 414; BeckRS 2015, 8389).

Der Verkauf ist auch dann maßgeblich, wenn er aus einer oder mehreren Plan- 663
tagen mit Pflanzen **unterschiedlicher Reifungsgrade** erfolgt, die sukzessiv nach
ihrer Reife geerntet werden (und aus verschiedenen Anbauvorgängen stammen

(→ Rn. 660)). Auch hier stellt der Verkauf die Zäsur des Anbaus dar, der die zur Erzeugung des verkauften Betäubungsmittels notwendigen Anbauvorgänge von der späteren Produktion abgrenzt (BGH BeckRS 2015, 8389) und hier zur Tatmehrheit führt.

664 **Tatmehrheit liegt** auch vor, wenn mit der **Aufzucht der Pflanzen** aus dem nachfolgenden Anbauvorgang **noch vor der Ernte** der zuvor gezüchteten Pflanzen begonnen wurde. Dann ist nur eine zeitliche Überschneidung gegeben, die für eine tateinheitliche Verbindung nicht ausreicht (→ Rn. 624; BGH NStZ 2019, 414). Der **bloße gleichzeitige Besitz** der bereits abgeernteten, zum Verkauf bereitliegenden Blüten einerseits und der noch auf dem Halm befindlichen Blüten hat nicht die Kraft, die getrennten Handelstätigkeiten zur Tateinheit zu verbinden (BGH NStZ 2019, 414; NStZ-RR 2020, 82).

665 Im Übrigen gilt für **den Verkauf** folgendes:
– Veräußert der Täter mehrere Ernten in einem einheitlichen Umsatzgeschäft, **ohne sie vorher** zu einem **Gesamtvorrat angesammelt** zu haben (→ Rn. 618), so führt dies **nicht** zur **Bewertungseinheit,** wohl aber zur **Tateinheit** (→ Rn. 623, 674; BGH NStZ 2021, 53; StraFo 2011, 356).
– **Sammelt** der Täter mehrere Ernten zu einem **Gesamtvorrat an,** bevor er mit dem Verkauf beginnt, so liegt eine **Bewertungseinheit** vor, die auch die Anbauvorgänge umfasst (BGHSt 58, 99 (→ Rn. 661); BGH NStZ 2021, 53; NStZ-RR 2020, 82; StraFo 2011, 356 (3 StR 485/10)).

Zu weiteren Varianten (Eigenkonsum, sich entwickelnde Menge) → § 29 Rn. 122.

666 Zum Anbau von **Stecklingen** → Rn. 569.

667 **9. Prozessuales.** Werden Teilakte, die **Gegenstand des Verfahrens** sind und in die Bewertungseinheit fallen, gesondert abgeurteilt, so ist dies ein Verstoß gegen das Verbot der **Doppelbestrafung** (BGH NStZ-RR 2008, 88). Auch in eine **Wahlfeststellung** dürfen die Teilakte daher nicht einbezogen werden (BGH NStZ-RR 2008, 88).

668 Fällt eine Straftat, die in Tatmehrheit zu einer anderen angeklagt ist, dadurch weg, dass sie in eine **Bewertungseinheit** einbezogen wird, so ist der Angeklagte insoweit **freizusprechen,** da nur so der **Eröffnungsbeschluss** ausgeschöpft wird (BGH NStZ 1997, 90). Dies gilt dann nicht, wenn sämtliche Einzelverkäufe erwiesen sind und sich damit als Bestandteil der Tat darstellen, derentwegen die Verurteilung erfolgt (BGHR StPO § 260 Abs. 1 Teilfreispruch 14 (3 StR 176/02); BGH NStZ 2004, 109 (→ Rn. 594)).

669 Nicht abschließend geklärt ist, ob bei der **Anklage eines Teilakts** stets die **gesamte Tat** Gegenstand des Verfahrens ist (so BGH NStZ 1994, 495; wohl auch BGH 3 StR 457/00). Dagegen spricht vor allem die uferlose Ausdehnung der Kognitionspflicht des Gerichts; häufig liegt auch kein einheitlicher Lebensvorgang vor, so dass die getrennte Aburteilung nicht als unnatürliche Aufspaltung eines einheitlichen Geschehens erscheint (BGHSt 43, 252 (→ Rn. 601); *Hellebrand* GS Schlüchter, 1998, 485).

670 Ebenso wie bei Dauerdelikten hat ein **rechtskräftiges Urteil** bei der Bewertungseinheit eine **Zäsurwirkung.** Teilakte, die **nach** diesem Urteil verwirklicht werden, werden von ihm nicht erfasst, so dass sie in einer neuerlichen Entscheidung abgeurteilt werden können (OLG Karlsruhe NStZ-RR 1998, 80 = StV 1998, 28; OLG Hamm NStZ 2011, 102). Dies folgt schon daraus, dass der gerichtlichen Kognitionspflicht kein Verhalten unterliegen kann, das dem Urteil nachfolgt (BGH 1 StR 526/08; OLG Hamm NStZ 2011, 102). Daher kommt es auch nicht darauf an, ob die spätere Veräußerung auf einer von Anfang an gegebenen kontinuierlichen Willensrichtung des Täters beruht (OLG Karlsruhe NStZ-RR 1998, 80).

C. Tateinheit/Idealkonkurrenz. Tateinheit entsteht, wenn eine Handlung 671 (→ Rn. 553–668), die einen Tatbestand verwirklicht, zugleich einen anderen Tatbestand in der Weise erfüllt, dass sich die Ausführungshandlungen der mehreren Straftaten zumindest teilweise decken (stRspr; BGHSt 18, 29 = NJW 1962, 2310). Liegt eine **rechtliche** Handlungseinheit vor, namentlich eine Bewertungseinheit (→ Rn. 589, 623), so ist damit noch keine Idealkonkurrenz gegeben; hinzukommen muss die mehrmalige Verletzung desselben Gesetzes oder die Verletzung mehrerer Gesetze (→ Rn. 595; *Rissing-van Saan* in LK-StGB StGB Vor § 52 Rn. 106). Zur prozessualen Seite, insbesondere zum **Strafklageverbrauch** → Rn. 703.

I. Voraussetzungen der Tateinheit. Die bloße Gleichzeitigkeit der Verletzung 672 mehrerer Tatbestände genügt hierzu nicht (BGHSt 43, 317 = NJW 1998, 1001 = NStZ 1998, 300; 1999, 306 mAnm *Mommsen;* 46, 146 (→ Rn. 562); BGH NStZ 2004, 694 (→ Rn. 577); 2014, 162; NStZ-RR 2013, 82; 2019, 173). Vielmehr muss eine **Ausführungshandlung** für das eine Delikt zumindest **zum Teil zugleich** eine **Ausführungshandlung** für das andere Delikt darstellen (→ Rn. 577; 624; BGHSt 27, 66 = NJW 1977, 442; 63, 1 (→ Rn. 553); BGH NStZ-RR 2010, 140; 2013, 320).

Bei einem gleichzeitigen Zusammentreffen mehrerer Straftaten sind daher **die** 673 **Ausführungshandlungen** der einzelnen Delikte **genau zu bestimmen** (BGH NStZ 1997, 508). Von besonderer Bedeutung ist dies bei den **Dauerdelikten;** insoweit wird auf → Rn. 577–581 verwiesen. Nicht ausreichend ist die Teilidentität von Vorbereitungshandlungen (→ Rn. 680). Zum Zusammentreffen von Handlungen im Stadium des Versuchs → Rn. 680, nach der Vollendung → Rn. 681.

1. (Teil-)Identität. Ein teilweises Überschneiden der tatbestandlichen Ausfüh- 674 rungshandlungen des Handeltreibens ist gegeben, wenn der Täter zwei Rauschgiftmengen für denselben Auftraggeber am selben Ort für **ein Entgelt aufbewahrt,** das er zusammen mit der ersten Rauschgiftmenge erhalten hat (BGH NStZ-RR 1999, 119). Dasselbe gilt, wenn der Täter zwei verschiedene, zu unterschiedlichen Zeitpunkten erworbene Rauschgiftmengen oder Teilmengen aus ihnen **gleichzeitig verkauft** (→ Rn. 623), zum Anbauen → Rn. 661. Der gleichzeitige Verkauf von Ecstasy und Amfetamin ist eine natürliche Handlung und damit materiell- und prozessrechtlich eine Tat, und zwar unabhängig davon, ob der Täter die Betäubungsmittel gemeinsam erworben hatte (BGH 4 StR 130/03).

Ebenso soll zwischen dem unerlaubten Handeltreiben mit 5 kg Marihuana (das 675 der Täter im Auto mit sich führte) und dem gleichzeitigen Besitz von 300 g Haschisch, das vom Handeltreiben **nicht betroffen** war und das der Täter zum Eigenverbrauch zu Hause aufbewahrte, Tateinheit bestehen (BGH StV 1998, 593). Dem kann zugestimmt werden, wenn das Rauschgift aus derselben Erwerbsmenge stammte.

Die (Teil-) Identität muss im **objektiven Tatbestand** bestehen (BGHSt 63, 1 676 (→ Rn. 553)). Ein Zusammentreffen in subjektiven Tatbestandsteilen reicht nicht aus (BGHSt 43, 149 = JR 1999, 75 mAnm *Arzt;* BGH NStZ-RR 2010, 140).

Tateinheit entsteht daher **nicht** dadurch, dass der Täter ein **einheitliches Ziel** 677 (BGHSt 43, 149 (→ Rn. 676); 43, 317 (→ Rn. 672); 46, 146 (→ Rn. 562); BGH NStZ 2014, 162) oder einen **Endzweck** verfolgt (BGHSt 33, 163 = NJW 1985, 1967; 43, 252 (→ Rn. 601); BGH NStZ 2014, 162; NStZ-RR 2019, 173), dass die Taten demselben **Beweggrund (Motiv)** entspringen (BGHSt 7, 149 = NJW 1955, 509; 22, 208 = NJW 1968, 1973; 43, 317 (→ Rn. 672); 46, 146 (→ Rn. 562); BGH NStZ 2014, 162; NStZ-RR 2019, 173), dass der Täter den Entschluss zur Begehung mehrerer Taten **gleichzeitig** gefasst hat (BGHSt 43, 149 (→ Rn. 676); 46, 146 (→ Rn. 562)), oder dass eine **Mittel-Zweck-Verknüpfung** (→ Rn. 678) oder eine **Grund-Folge-Beziehung** besteht (BGH NStZ-RR 2019, 173).

BtMG Vor §§ 29 ff. Sechster Abschnitt. Straftaten und Ordnungswidrigkeiten

678 Tateinheit erfordert, dass die tatbestandsrelevanten Handlungen **tatsächlich** teilweise zusammentreffen; nicht ausreichend ist die **bloße Absicht** ihrer Ausführung (BGH NStZ 2008, 42; NStZ-RR 2015, 217). Ebensowenig reicht es zur Begründung von Tateinheit aus, wenn die Tat nach dem Plan des Täters die **Voraussetzung** für die Begehung einer anderen Tat ist oder sonst eine Mittel-Zweck-Verknüpfung besteht (BGHSt 43, 252 (→ Rn. 601); 43, 317 (→ Rn. 672)). Dies ist vor allem in den Fällen der **mittelbaren Beschaffungskriminalität** (→ Einl. Rn. 106–114) von Bedeutung. So besteht zwischen einem Raub, der begangen wurde, um Betäubungsmittel kaufen zu können, und dem anschließenden Erwerb der Betäubungsmittel keine Idealkonkurrenz (BGH StGB § 52 Abs. 1 Handlung dieselbe 25 (5 StR 478/91)). Auch eine Grund-Folge-Beziehung reicht nicht aus (BGHSt 43, 317 (→ Rn. 672)).

679 Da es nur auf das Zusammentreffen im objektiven Tatbestand ankommt, wird Tateinheit durch **Verschiedenheit der Schuldformen** nicht ausgeschlossen. Tateinheit ist daher auch zwischen vorsätzlichen und fahrlässigen Straftaten möglich (stRspr; BGHSt 1, 278 = NJW 1951, 810; BGH NJW 1971, 153).

680 Die (Teil-) Identität muss sich auf Ausführungshandlungen beziehen. Ein Zusammentreffen in einer **Vorbereitungshandlung** genügt daher nicht (BGHSt 46, 146 (→ Rn. 562); BGH NStZ 1985, 70; BayObLG NStZ 1986, 173; *Rissing-van Saan* in LK-StGB § 52 Rn. 23). Ebensowenig reicht das Zusammentreffen von **Versuchshandlungen** aus (dagegen *Sternberg-Lieben/Bosch* in Schönke/Schröder StGB § 52 Rn. 10 mwN), es sei denn, dass diese die verschiedenen Tatbestände bereits teilweise verwirklichen (BGHSt 16, 397 = NJW 1962, 645; *v. Heintschel-Heinegg* in MüKoStGB StGB § 52 Rn. 46).

681 Tateinheit ist unter bestimmten Voraussetzungen auch noch **nach der Vollendung** eines Delikts **bis zur Beendigung** möglich (stRspr; BGHSt 26, 24 = NJW 1975, 320; BGHR StGB § 249 Abs. 1 Konkurrenzen 3 = NStZ-RR 2000, 367; BGH NJW 2014, 871; NStZ 1993, 77; *Rissing-van Saan* in LK-StGB § 52 Rn. 22; *Sternberg-Lieben/Bosch* in Schönke/Schröder StGB § 52 Rn. 11/13), etwa wenn eine Tat mit Handlungen zusammentrifft, die der Beendigung des Delikts dienen (BGHSt 46, 146 (→ Rn. 562); BGHR StGB § 249 Abs. 1 Konkurrenzen 3 (s. o.); BGH NStZ 1995, 588) oder nach der Vollendung der Tat den Tatbestand desselben Strafgesetzes noch einmal erfüllen (zB Dauerdelikte).

682 **2. Sonderfälle beim Handeltreiben.** In der Praxis bereiten die nachfolgenden Fallgestaltungen nicht selten Probleme (s. dazu auch *Mayer* StV 2020, 415):

683 a) **Tateinheit beim gleichzeitigen Verkauf.** → Rn. 623.

684 b) **Tateinheit beim Handeltreiben durch Zahlungs- oder Abholvorgänge.** Die zwischen den Strafsenaten des BGH entstandene Streitfrage, ob und inwieweit **Zahlungsvorgänge** mehrere sonst selbständige Taten des Handeltreibens zur Tateinheit verbinden können, ist durch den **Beschluss des Großen Senats für Strafsachen v. 10. 7. 2017** (BGHSt 63, 1 (→ Rn. 553)) in weiten Teilen geklärt. Auch für Fallgestaltungen, die nicht unmittelbar von der Entscheidung betroffen werden, kann diese als sichere Grundlage herangezogen werden.

685 aa) **Zusammentreffen in einem Zahlungsvorgang.** Tateinheit kommt in Betracht, wenn beide Delikte **in einem Zahlungsvorgang** zusammentreffen. In diesen Fällen ist die Ausführungshandlung für das eine Delikt zumindest zum Teil **zugleich** eine Ausführungshandlung für das andere Delikt (→ Rn. 672). Auch das Erfordernis, dass die (Teil-)Identität im **objektiven** Tatbestand bestehen muss (→ Rn. 676), ist hier erfüllt.

686 Tateinheit kommt auch in Betracht, wenn der Käufer, der die erste Lieferung nur teilweise bezahlt hat, den Rest **in einer Summe** mit dem Preis der zweiten Lieferung **bezahlt** (BGH 2 StR 527/07), wenn eine **Anzahlung** auf die zweite

506 Weber

Lieferung geleistet wird (BGH NStZ-RR 2015, 114) oder wenn **bei der Teilzahlung** einer vorangegangenen Lieferung ein weiteres Rauschgiftgeschäft eingeleitet wird, bei dessen vereinbarter Lieferung **sowohl** der Kaufpreis für das weitere Geschäft **als auch** auch der noch fehlende **Restbetrag** aus dem ersten Geschäft **bezahlt** werden soll (BGHR BtMG § 29 Abs. 1 Nr. 3 Konkurrenzen 5 (2 StR 47/93); § 29 Strafzumessung 29 (2 StR 514/95); BGH 4 StR 253/13).

Dasselbe gilt für **gleichzeitige Verhandlungen** über das Eintreiben des Kaufpreises für bereits gelieferte Betäubungsmittel und über weitere Lieferungen mit dem Ergebnis einer **gleichzeitigen Bezahlung** der ersten und der weiteren Lieferungen (BGHR BtMG § 29 Abs. 1 Nr. 3 Konkurrenzen 5 (→ 686)) oder für die Bezahlung gekaufter Betäubungsmittel durch **Verrechnung** mit gelieferten Betäubungsmitteln (BGH 2 StR 184/04). Wird statt auf die Bezahlung oder Verrechnung bereits auf die **Verhandlungen** hierzu abgestellt, so kommt auch eine einheitliche Tat im Sinne einer natürlichen Handlungseinheit in Betracht (→ Rn. 692–694). 687

Dagegen kommt **keine Tateinheit** in Frage, wenn lediglich die **bloße Absicht** des Kassierens oder Bezahlens oder der sonstigen Vornahme von Ausführungshandlungen, die beide Geschäfte betreffen (BGH NStZ-RR 2015, 217), besteht (→ Rn. 678). Ebenso ist **Tateinheit nicht** möglich, wenn Abnehmer und Lieferant **nicht identisch** sind; es genügt daher nicht, wenn der Zahlungsempfänger in einem Fall Lieferant und im anderen Vermittler ist, der die Zahlung insoweit für fremde Rechnung entgegengenommen hat (BGH 1 StR 105/07). 688

bb) Verknüpfung von Zahlungs- und Abholvorgängen. Bei einer Verknüpfung von Zahlungs- und Abholvorgängen unterscheidet der Große Senat (→ Rn. 682) zwei Fallgestaltungen: 689

(a) Überschneidung der objektiven Ausführungshandlungen. Hat der Täter bei aufeinanderfolgenden Umsatzgeschäften die zweite Lieferung **bereits bestellt,** so ist das **Aufsuchen** des Lieferanten zur Abholung dieser Betäubungsmittel ein Teilakt des Handeltreibens mit dieser Lieferung; dient das Aufsuchen zugleich der Übermittlung des Entgelts für die erste Lieferung, so treffen **beide Ausführungshandlungen** im objektiven Tatbestand zusammen und es liegt **Tateinheit** vor (BGH NStZ 2019, 413 = StV 2019, 329; 2020, 238; NStZ-RR 2019, 251). Dasselbe gilt, wenn der Kurier, der die bestellte (Zweit)Lieferung überbringt, den Kaufpreis für die vorangegangene Lieferung entgegennimmt (BGH BeckRS 2018, 8231; iErg BGH NStZ-RR 2020, 317) oder wenn der Täter bei der Bezahlung eine neue Lieferung vereinbart (BGH BeckRS 2021, 3710; Leitsatz in NStZ-RR 2021, 110 zumindest schief). Darauf, ob das Aufsuchen des Lieferanten oder Abnehmers einen eigenen nicht unerheblichen Unrechts- und Schuldgehalt aufweist, kommt es nicht an (BGHSt 63, 1 (→ Rn. 553)). 690

Keine (Teil-)Identität der objektiven Ausführungshandlungen besteht, wenn bereits zuvor erworbenes Rauschgift **bezahlt** und bei der Geldübergabe weiteres Rauschgift **bestellt** wird (BGHR BtMG § 29 Abs. 1 Nr. 1 Konkurrenzen 8 = NStZ 2011, 97; BGH NStZ-RR 2021, 16; 110) oder wenn bei der **Bezahlung** der Erstlieferung die Zweitlieferung **übergeben** wird (BGH NStZ-RR 2014, 81; aA BGH NStZ 2011, 97 = StV 2010, 684). Ob eine natürliche Handlungseinheit in Betracht kommt, entscheidet sich danach, ob diese Handlungen im Rahmen einer bestehenden Lieferbeziehungen erfolgen (→ Rn. 692–694). 691

(b) Einheitliche Tat im Sinne einer natürlichen Handlungseinheit. Die Bezahlung einer zuvor „auf Kommission" erhaltenen Betäubungsmittelmenge aus Anlass der Übernahme einer weiteren Betäubungsmittelmenge verbindet für sich die beiden Umsatzgeschäfte noch nicht zu einer einheitlichen Tat im Sinne einer natürlichen Handlungseinheit. Es wird zwar am selben Ort und zur selben Zeit gehandelt, die Bezahlung der Erstlieferung und die Bestellung oder Übergabe der 692

Zweitlieferung sind jedoch gesonderte Handlungen, die das Tatbestandsmerkmal des Handeltreibens jeweils nur für die betreffende Lieferung erfüllen.

693 Etwas anderes gilt dann, wenn dies **im Rahmen einer bestehenden Lieferbeziehung** erfolgt (BGH NStZ-RR 2019, 251; 2020, 48; 238). Beide Betätigungen sind für sich genommen zwar Bestandteile zweier unterschiedlicher Umsatzgeschäfte, so dass eine (einzige) Bewertungseinheit nicht in Betracht kommt. Jedoch stehen beide Betätigungsakte aufeinander folgend in einem unmittelbaren räumlichen und zeitlichen Zusammenhang. In **objektiver Hinsicht** erscheinen sie daher **vor dem Hintergrund der** zwischen den Beteiligten **bestehenden Lieferbeziehung** als ein einheitliches, zusammengehöriges Tun und nicht nur wie in den Fällen der →Rn. 691 als ein gelegentliches Zusammentreffen zweier Tatbestände (BGHSt 63, 1 (→Rn. 553)).

694 Auch das erforderliche **subjektive Element** des einheitlichen Willens (BGHSt 63, 1 (→Rn. 553); dazu auch → Rn. 572), von dem die einzelnen Betätigungsakte getragen sein müssen, ist regelmäßig gegeben. Zwar erfüllen beide Betätigungen das Tatbestandsmerkmal des Handeltreibens nur für die jeweilige Lieferung. Gemeinsame Grundlage ist aber der regelmäßig über die einzelnen Umsatzgeschäfte hinausreichende Wille von Lieferant und Abnehmer, im Rahmen einer über ein Einzelgeschäft hinausreichenden Lieferbeziehung nicht nur ein Umsatzgeschäft zu tätigen und insgesamt aus mehreren Rauschgiftgeschäften größtmöglichen Gewinn zu erzielen (BGHSt 63, 1 (→Rn. 553)).

695 cc) Folgen. Ist Tateinheit gegeben, so liegt ein Fall der **gleichartigen Tateinheit** (§ 52 Abs. 1 Alt. 2 StGB) vor. Es handelt sich um eine Tat in mehreren (nach der Anzahl der Einzelgeschäfte) rechtlich zusammentreffenden Fällen. Anders als grundsätzlich in den Fällen der Bewertungseinheit hat dies **nicht zur Folge,** dass die **Wirkstoffgehalte** der Betäubungsmittel aus den einzelnen Umsatzgeschäften **zusammengerechnet** werden dürften (→ § 29a Rn. 175).

696 In **prozessualer** Hinsicht sind die Betäubungsmittelgeschäfte **eine Tat iSd § 264 StPO** und unterliegen insgesamt der richterlichen Kognitionspflicht. Einzelne Lieferungen können daher Gegenstand der Hauptverhandlung sein, auch wenn die Anklageschrift nicht darauf eingegangen ist (BGH NStZ-RR 2018, 351). Auf der anderen Seite führt die Verurteilung auch zum **Strafklageverbrauch** für die noch nicht entdeckten Fälle. Namentlich weil dies nur für die Beziehungen zwischen demselben Lieferanten und demselben Abnehmer in Betracht kommt (→ Rn. 688), erscheint dies beherrschbar.

697 c) **Tateinheit beim Besitz verschiedener zum Handeltreiben bestimmter Rauschgiftmengen** → Rn. 624, 625. Zum gleichzeitigen Besitz von **zum Eigenkonsum** bestimmten Mengen s. → § 29 Rn. 1393.

698 3. **Tateinheit durch Klammerwirkung.** Tateinheit kann auch dadurch entstehen, dass zwei Delikte durch ein drittes, mit dem sie jeweils in Idealkonkurrenz stehen, verklammert werden. Die Tateinheit wird in diesen Fällen dadurch geschaffen, dass Ausführungshandlungen der verbindenden Straftat zur Erfüllung der anderen Tatbestände mitwirken. Verklammernde Delikte können Handlungseinheiten jeder Art (→ Rn. 555–668) sein. Häufig sind es Dauerdelikte. Nicht erforderlich ist, dass die verbindende Straftat mitabgeurteilt werden kann (BGHR BtMG § 29 Abs. 1 Nr. 1 Konkurrenzen 3 (3 StR 109/90)). Ebensowenig ist es von Bedeutung, dass das verbindende Delikt nach §§ 154, 154a StPO ausgeschieden wurde (BGH NStZ 1989, 20; NStZ-RR 2013, 82). Zur Tat im prozessualen Sinn → Rn. 582–586.

699 **Um zu vermeiden,** dass durch das Hinzutreten einer leichteren Tat zwei an sich selbständige, schwerere Taten zu der milderen Form der Tateinheit verklammert werden, kommt eine Klammerwirkung nur in Betracht, wenn entweder das Bindeglied selbst die schwerste Straftat darstellt oder wenn zwischen ihm und den an sich selbständigen Straftaten annähernde **Wertgleichheit** besteht (BGHSt 18, 26 (→ Rn. 553); BGHR StGB § 46 Abs. 2 Wertungsfehler 33 = NStZ 2008, 42; BGH NStZ 1993, 133; 2011, 577). Eine Verklammerung tritt auch dann ein, wenn nur **eine** der zu verklammernden Taten schwerer als das Bindeglied wiegt (BGHSt 31, 29 = NJW 1982, 2080; BGH NJW 2014, 871 = NStZ 2014, 272 mAnm *Becker*; StV 2018, 504), da auch in diesen Fällen eine ungerechtfertigte Besserstellung vermieden wird. Beruht die Verklammerung auf der **Akzessorietät der Beihilfe** (→ Rn. 360), so verbleibt es bei Tateinheit, auch wenn die annähernde Wertgleichheit nicht gegeben ist (BGH NStZ-RR 2013, 147).

Der **Wertvergleich** hat sich weniger an einer abstrakt generalisierenden Betrachtungsweise auszurichten (Verbrechen/Vergehen; unterschiedlich hohe Strafrahmen), als **an der konkreten Gewichtung der Taten,** so dass auch ein Vergehen in einem besonders schweren Fall, ein gleichwertiges Bindeglied zwischen Verbrechen in minder schweren Fällen sein kann (BGHSt 33, 4 = NJW 1984, 2838 = StV 1984, 465; BGH NStZ 2011, 577; NStZ-RR 2013, 147). Im Betäubungsmittelstrafrecht spielt die Frage vor allem bei der Ablehnung der Verklammerung durch den Besitz eine Rolle (zB BGHSt 42, 162 = NJW 1996, 2802 = NStZ 1996, 604 = StV 1996, 668; BGHR BtMG § 29 Abs. 1 Nr. 1 Handeltreiben 45 (→ Rn. 592)). 700

II. Folgen der Tateinheit; Sperrwirkung. Die Strafe ist dem Gesetz zu entnehmen, das die schwerste Strafe androht (§ 52 Abs. 2 S. 1 StGB). Hierbei kommt es nicht auf die Regelstrafrahmen an, sondern es sind gegebenenfalls die besonderen Strafrahmen heranzuziehen, die auf Grund vorliegender Strafschärfungs- und Strafmilderungsgründe maßgeblich sind (BGHR StGB § 52 Abs. 2 Androhen 1; BGH NStZ 1981, 301). 701

Dabei darf der **Strafrahmen eines idealkonkurrierenden Delikts** nicht unterschritten werden (**Sperrwirkung;** § 52 Abs. 2 S. 2 StGB). Auch dabei kommt es nicht auf die Regelstrafrahmen, sondern auf die gegebenenfalls konkret in Betracht kommenden Sonderstrafrahmen an (BGH NStZ 2004, 109 (→ Rn. 594); 5 StR 51/06). Es macht auch keinen Unterschied, ob die eine Gesetzesverletzung ein Verbrechen, die andere ein Vergehen darstellt (s. BGH NStZ 2004, 109 (→ Rn. 594)). Trifft gewerbsmäßiges Handeltreiben mit dem minder schweren Fall eines Verbrechens nach § 29a Abs. 1 Nr. 1, Abs. 2 oder § 30 Abs. 1 Nr. 2, Abs. 2 zusammen, so beträgt die Mindeststrafe daher ein Jahr, es sei denn, die Regelwirkung des § 29 Abs. 3 S. 2 Nr. 1 ist ausnahmsweise zu verneinen (BGH NStZ 2004, 109 (→ Rn. 594)). Zur Sperrwirkung bei **Gesetzeskonkurrenz** → Rn. 722, 723. 702

III. Strafklageverbrauch. Auf → Rn. 582–586 wird Bezug genommen. 703

D. Tatmehrheit/Realkonkurrenz. Tatmehrheit liegt vor, wenn der Täter durch mehrere selbständige strafbare Handlungen entweder dasselbe Gesetz mehrmals oder mehrere verschiedene Gesetze verletzt (§ 53 StGB). Die Konkurrenz kommt hier nur dadurch zustande, dass die mehreren Handlungen gleichzeitig abgeurteilt werden oder hätten abgeurteilt werden können (§ 55 StGB, § 460 StPO). 704

I. Voraussetzungen. Die Realkonkurrenz setzt eine **Mehrheit selbständiger Straftaten** voraus. Dies ist bei einer Mehrheit natürlicher Handlungen dann gegeben, wenn nicht nach den in → Rn. 553–668 dargestellten Grundsätzen eine Handlung im rechtlichen Sinn vorliegt. Es können aber auch mehrere rechtliche Handlungseinheiten selbständig nebeneinander stehen. Die **mehrfache Beteiligung** an derselben Tat ist in der Regel rechtlich nur eine Handlung; maßgebend ist die schwerste Beteiligungsform (→ Rn. 243). 705

Bleibt zweifelhaft, ob die tatsächlichen Voraussetzungen der Tateinheit oder der Tatmehrheit vorliegen, so ist nach dem Zweifelssatz von dem für den Angeklagten günstigeren Sachverhalt auszugehen, so dass in aller Regel Tateinheit anzunehmen ist (BGHR BtMG § 29 Abs. 1 Nr. 1 Konkurrenzen 3 (→ Rn. 698); BGH 706

NStZ-RR 1998, 234; StV 2002, 601). Zur Anwendung des Zweifelssatzes in den Fällen der Bewertungseinheit → Rn. 629–652.

707 **II. Folgen.** Es ist eine Gesamtstrafe zu bilden, die in einer Erhöhung der verwirkten höchsten Strafe besteht (§ 54 Abs. 1 S. 1 StGB). Bei der Findung der angemessenen Gesamtstrafe handelt es sich um einen **eigenen Strafzumessungsvorgang,** dem jeder Schematismus fremd ist (BGH NStZ-RR 2009, 200). Im Einzelnen dazu → Rn. **1172–1176.**

708 Zum **Strafklageverbrauch** wird auf → Rn. 582–584 verwiesen.

709 **E. Konkurrenzen bei mehreren Beteiligten.** Sind an einer Tat **mehrere Personen** beteiligt, so muss die Frage der Konkurrenz für jeden Beteiligten gesondert geprüft werden (im Einzelnen → Rn. 257 (mittelbare Täterschaft); → Rn. 274, 276 (Mittäterschaft); → Rn. 300–304 (Anstiftung); → Rn. 355–362 (Beihilfe)).

710 **F. Gesetzeskonkurrenz, Gesetzeseinheit.** Bei der Gesetzeskonkurrenz verstößt die Handlung nach dem Wortlaut zwar gegen mehrere Strafgesetze, jedoch ergibt sich aus deren Verhältnis, dass in Wirklichkeit nur eines anwendbar ist, weil der Unrechtsgehalt der Tat schon damit erschöpfend erfasst und abgegolten wird (BGHSt 25, 373 = NJW 1974, 2098; 46, 24 = NJW 2000, 1878 = NStZ 2000, 369; 2001, 31 mAnm *Kindhäuser* = StV 2000, 667 mAnm *Kudlich* = JR 2001, 70 mAnm *Stein*). Bei der Prüfung, ob ein Gesetz zurücktritt, sind die verletzten Rechtsgüter, die Tatbestände, die das Gesetz zu ihrem Schutze aufstellt, und deren Unrechtsgehalt maßgeblich (BGHSt 28, 13 = NJW 1978, 2040). Die Verletzung des durch den einen Tatbestand geschützten Rechtsgutes muss eine, wenn nicht notwendige, so doch regelmäßige Erscheinungsform der Verwirklichung des anderen Tatbestandes sein (BGHSt 25, 373 (s. o.); 41, 113 (→ Rn. 557)).

711 **I. Formen der Gesetzeskonkurrenz.** Gesetzeskonkurrenz kommt sowohl bei Handlungseinheit als auch bei Handlungsmehrheit in Betracht (*Rissing-van Saan* in LK-StGB StGB Vor § 52 Rn. 110). **Formen** der Gesetzeskonkurrenz sind:

712 **1. Spezialität.** Spezialität liegt vor, wenn ein Strafgesetz alle Merkmale einer anderen Strafvorschrift aufweist und sich nur dadurch von dieser unterscheidet, dass es wenigstens noch ein Merkmal enthält, das den in Frage kommenden Sachverhalt unter einem genaueren (spezielleren) Gesichtspunkt erfasst (BGHSt 49, 34 (→ Rn. 435); 53, 288 = NJW 2009, 2611 = NStZ 2009, 504; *Fischer* StGB Vor § 52 Rn. 40a). Der spezielle Tatbestand geht hier vor. Im Betäubungsmittelrecht kommt dies vor allem bei den Qualifikationen in Betracht.

713 Ist der Tatbestand der Spezialvorschrift **nicht erfüllt,** kann auf das allgemeine Delikt zurückgegriffen werden. Der Rückgriff ist allerdings ausgeschlossen, wenn der Täter durch die Spezialvorschrift privilegiert werden soll **(privilegierende Spezialität);** ob die speziellere Vorschrift den Täter begünstigen wollte, ist nach dem Zweck der Vorschrift, dem inneren Zusammenhang der miteinander konkurrierenden Bestimmungen und dem Willen des Gesetzgebers zu entscheiden (BGHSt 49, 34 (→ Rn. 435); 53, 288 (→ Rn. 712)).

714 **2. Subsidiarität.** Subsidiarität ist gegeben, wenn ein Gesetz zurücktritt, das nur dann gelten soll, wenn kein anderer Tatbestand eingreift (*Fischer* StGB Vor § 52 Rn. 41; *Rissing-van Saan* in LK-StGB StGB Vor § 52 Rn. 144). Sie kann ausdrücklich angeordnet sein (etwa § 372 Abs. 2 AO gegenüber § 29 Abs. 1 S. 1 Nr. 1 (Einführen)), oder sich ergeben, wenn das geschützte Rechtsgut und die Angriffsrichtung dieselben sind oder wenn ein leichteres Delikt im Tatbestand eines schwereren enthalten ist, etwa der Versuch gegenüber der tateinheitlich begangenen Vollendung (*Fischer* StGB Vor § 52 Rn. 41; aA *Puppe* in NK-StGB StGB Vor § 52 Rn. 21: Spezialität). Subsidiarität ist etwa gegeben, wenn der **Besitz** als Auffangtatbestand hinter andere Tatbestände zurücktritt (BGH NStZ 2009, 705 (→ Rn. 582)).

3. Konsumtion. Konsumtion ist gegeben, wenn ein Gesetz, ohne dass Spezia- 715
lität vorliegt, seinem Wesen und Sinn nach ein anderes Gesetz so umfasst, dass dieses
in ihm aufgeht (*Fischer* StGB Vor § 52 Rn. 43; *Rissing-van-Saan* in LK-StGB
StGB Vor § 52 Rn. 164). Dies kommt in Betracht, wenn eine Tatbestandsverwirklichung die regelmäßige Erscheinungsform einer anderen ist (s. etwa BGHSt 54,
140 = NJW 2010, 248 = NStZ 2010, 171; 2010, 457 mAnm *Mosbacher* = StV
2010, 247 mAnm *Möller*).

4. Mitbestrafte (straflose) Nachtat. Die mitbestrafte Nachtat ist eine grund- 716
sätzlich selbständige Tat, durch welche der Erfolg einer Vortat (nur) ausgenutzt
oder gesichert wird (BGH NStZ 2008, 396) und der gegenüber der Vortat kein eigenständiger Unrechtsgehalt zukommt. Voraussetzung ist, dass beide Straftaten sich
gegen denselben Geschädigten richtet, dass kein neues Rechtsgut verletzt wird und
der durch sie verursachte Schaden nicht über den durch die Haupttat entstandenen
Schaden hinausgeht (BGH NStZ 2009, 38).

II. Sonderfall: Geldwäsche (§ 261 StGB). Nach der Änderung des § 261 717
StGB durch G v. 9.3.2021 (BGBl. I S. 327) sind **alle Straftaten** des Betäubungsmittelstrafrechts **taugliche Vortaten** der Geldwäsche (§ 261 Abs. 1, 2, 6 StGB);
zur Kritik *Gercke/Jahn/Paul* StV 2021, 330. Die Feststellungen zur Vortat müssen
nur noch belegen, dass es sich um eine rechtswidrige Tat (§ 11 Abs. 1 Nr. 5 StGB)
handelt. Dabei muss die Tat keinem bestimmten Tatbestand zugeordnet werden.
Es muss aber ohne vernünftigen Zweifel **ausgeschlossen** sein, dass das Geld **legal**
erlangt wurde Täter und Teilnehmer der Vortat müssen nicht bekannt sein, ebenso
wenig Tatort und Tatmodalität (BGH NStZ 2016, 538).

Nicht ausgeschlossen ist die Strafbarkeit wegen Geldwäsche, wenn die Betei- 718
ligung an der Vortat **nicht,** etwa mangels Verschuldens, oder wegen Tatbestandsirrtums nur nach einem **milderen** Gesetz **strafbar** ist (BT-Drs. 13/8651, 11). Dagegen geht die **Beihilfe an der Vortat** der Geldwäsche vor, wenn Beihilfe und
Geldwäschehandlung identisch sind (BGH NJW 2009, 1617 (→ Rn. 719)). Bleibt
es **zweifelhaft,** ob der Täter an der Vortat beteiligt war, ist er im Wege einer Post-
pendenzfeststellung nach § 261 StGB zu verurteilen (BGH NJW 2000, 3725; NStZ
1995, 500; NStZ-RR 1997, 359).

Wegen **Geldwäsche** kann **nicht** bestraft werden, wer wegen **Beteiligung** an 719
der **Vortat** strafbar ist (§ 261 Abs. 9 S. 2 StGB). Darin ist ein persönlicher Strafaus-
schließungsgrund zu sehen, der in der Sache eine Konkurrenzregel darstellt
(BGHSt 48, 240 = NJW 2003, 1880 = NStZ 2003, 444; 2003, 609 mAnm *Arloth*
= StV 2003, 425; 2004, 113 mAnm *Sternsmann/Sotelsek* = JR 2003, 474 (453)
mkritBspr *Kudlich;* BGH NJW 2000, 3725 = NStZ 2000, 653; 2009, 1617 mAnm
Rettenmaier = NStZ 2009, 328 = JZ 2009, 745 mAnm *Fahl*). Die Vorschrift greift
jedoch nur dann ein, wenn die **Beteiligung** an der Vortat **sicher festgestellt** werden kann (BGHSt 50, 224 = NJW 2005, 3207 = NStZ 2005, 237 = StV 2005, 494
= JR 2006, 432 mAnm *Krack*) und der Täter deswegen verurteilt werden kann
(BGH NStZ 2016, 538; 2017, 167). Dies gilt auch dann, die Vortat auf einer **Wahlfeststellung** beruht (BGHSt 62, 164 = NJW 2017, 2842 = NStZ 2018, 41 = StV
2017, 811 mAnm *Stuckenberg*).

Unter den Wortlaut des § 261 StGB, insbesondere des Absatzes 2, fallen **viele** 720
Betäubungsmitteldelikte selbst. Da es auf einen zeitlichen Abstand zwischen
Vortat und Geldwäschehandlung nicht ankomme und allein entscheidend sei, dass
sich beide auf denselben Gegenstand bezögen, soll auch in diesen Fällen § 261
Abs. 9 S. 2 StGB eingreifen (BGH NJW 2000, 3725 (→ Rn. 719)). Es erscheint
daher richtiger, die **Betäubungsmitteldelikte** insgesamt als die **speziellen
Vorschriften** anzusehen, hinter die die Geldwäsche zurücktritt (*König* Organhan-
del S. 229, 230; *Fischer* StGB § 261 Rn. 18; *Oğlakcıoğlu* in MüKoStGB § 29 Rn. 103;

ebenso BGHSt 43, 158 = NJW 1997, 3323 = NStZ 1998, 42 = StV 1997, 589, allerdings nur für die Beihilfe; BGH NStZ-RR 1998, 26).

721 **III. Folgen.** Die Gesetzeskonkurrenz hat zur Folge, dass das verdrängte Gesetz nicht unmittelbar zur Anwendung kommt. Es wird auch in der Urteilsformel nicht erwähnt, gleichwohl ist es nicht bedeutungslos (zur Sperrwirkung bei **Tateinheit** → Rn. 702).

722 **1. Sperrwirkung.** Das zurücktretende Gesetz entfaltet eine **Sperrwirkung**. Seine **Mindeststrafe** darf nicht unterschritten werden (BGHR BtMG § 30a Abs. 3 Strafzumessung 1 = NJW 2003, 1679 = NStZ 2003, 440 = StV 2003, 285; BGH NStZ-RR 2009, 214; 2018, 217; 2020, 216), es sei denn, dass das anzuwendende Gesetz eine mildere lex specialis ist (→ Rn. 724). Beim Vergleich der Mindeststrafen gilt eine **konkrete Betrachtung,** so dass auch spezialgesetzliche im Allgemeinen Teil des StGB vorgesehene Strafmilderungsgründe zu berücksichtigen sind (BGH NStZ-RR 2021, 18; 2018, 217). Kommt daher im konkreten Fall ein Sonderstrafrahmen (für minder schwere oder besonders schwere Fälle (BGHSt 25, 290 (NJW 1974, 959))) in Betracht, so ist dieser maßgeblich. Entsprechendes gilt, wenn der Regelstrafrahmen nach § 49 StGB zu mildern ist (BGH NStZ-RR 2018, 217). Auch kann die Erfüllung von Merkmalen oder Tatmodalitäten des verdrängten Gesetzes strafschärfend berücksichtigt werden, wenn diese gegenüber dem Tatbestand des angewandten Gesetzes selbständiges Unrecht enthalten (BGHSt 1, 152; 19, 188 = NJW 1964, 559; BGH NStE Nr. 40 zu § 52 StGB).

723 Der Streit, ob im Falle der Sperrwirkung nicht nur der Mindeststrafrahmen des verdrängten Gesetzes, sondern auch dessen **Höchststrafrahmen** maßgeblich ist, ist mittlerweile erledigt. Der 3. Strafsenat hält an seiner Auffassung, wonach der gesamte Strafrahmen des verdrängten Gesetzes maßgeblich sei, im Hinblick auf die Rechtsprechung der anderen Strafsenate nicht fest (BGH NJW 2021, 175 = NStZ 2021, 52 = BeckRS 2020, 24300). Im Falle des § 30a gilt daher die Obergrenze des § 30a Abs. 3.

724 **2. Privilegierende Spezialität.** Auf der anderen Seite verdrängt das speziellere Gesetz die höhere Mindeststrafe des verdrängten Gesetzes, sofern der Täter durch die Spezialvorschrift privilegiert werden soll; dazu → Rn. 713.

Kapitel 12. Die Strafzumessung in Betäubungsmittelsachen

725 **A. Vorbemerkung.** Im Betäubungsmittelstrafrecht gelten für die Strafzumessung dieselben Regeln wie im allgemeinen Strafrecht (§§ 46–51 StGB). Gleichwohl haben sich auf Grund der besonderen Verhältnisse des unerlaubten Umgangs mit Betäubungsmitteln einige Strafzumessungsgesichtspunkte entwickelt (zB Art und Gefährlichkeit des Rauschgifts, Menge und Wirkstoffmenge des Betäubungsmittels, psychische Verfassung des – ggf. drogenabhängigen – Täters, Besonderheiten aufgrund geleisteter Aufklärungshilfe oder einer Tatprovokation), die den Betäubungsmittelsachen in der Praxis ein **besonderes Gepräge** geben. An der Geltung der auf der Grundlage des Allgemeinen Teils des StGB entwickelten Grundsätze der Strafzumessung und dem revisionsrechtlichen Prüfungsmaßstab für die tatrichterliche Zumessung ändert sich dadurch jedoch nichts. Eine reine **„Mengenrechtsprechung"** ist mit den allgemeinen Grundsätzen der Strafzumessung nicht zu vereinbaren (BGH BeckRS 2019, 34391; NStZ-RR 2011, 284). Der **Zweifelssatz** gilt auch bei der Strafzumessung (BGH NStZ-RR 2018, 333). Zur Strafzumessung in Betäubungsmittelsachen *Schäfer/Sander/van Gemmeren* Strafzumessung Rn. 1748–1818; *Maier* in MüKoStGB StGB § 46 Rn. 359ff., 583ff.

726 **B. Allgemeine Grundsätze.** Nicht anders als sonst für die Strafzumessung gelten im Betäubungsmittelstrafrecht die folgenden allgemeinen Grundsätze:

I. Grundlagen. Grundlagen der Strafzumessung sind in erster Linie die 727 **Schwere der Tat** und ihre Bedeutung für die verletzte Rechtsordnung sowie der Grad der persönlichen **Schuld** des Täters (BGHR StGB § 46 Abs. 1 Begründung 2 = NJW 1987, 2685 = NStZ 1987, 405 = StV 1987, 387). Dabei sind Unrecht und Schuld aufeinander bezogen: das Unrecht der Tat darf bei der Bemessung der Strafe nur in dem Umfang berücksichtigt werden, in dem es aus dem schuldhaften Verhalten des Täters erwachsen ist. Auf der anderen Seite kann die strafrechtlich relevante Schuld nur in einem bestimmten tatbestandsmäßigen Geschehen und seinen Auswirkungen erfasst werden. Bei der Bemessung der Strafzumessungsschuld spielen Ausmaß und Intensität des **Handlungs- und Erfolgsunwerts** eine erhebliche Rolle.

Mit den für die einzelnen Delikte festgelegten unterschiedlichen **Strafrahmen** 728 und den für bestimmte Fallgestaltungen (zB Versuch, Teilnahme, verminderte Schuldfähigkeit, Aufklärungshilfe, minder schwere oder besonders schwere Fälle) vorgesehenen Regelungen hat der Gesetzgeber eine inhaltliche Bestimmung und **erste Gewichtung** von Unrecht und Schuld vorgenommen (BGHR StGB § 46 Abs. 1 Begründung 2 (→ Rn. 727); *Kühl* in Lackner/Kühl StGB § 46 Rn. 6). Innerhalb dieser Rahmen ist die richtige Strafe in Anwendung des § 46 StGB und der dazu ergangenen höchstrichterlichen Rechtsprechung zu finden.

Es steht danach **nicht** im **Belieben** des Richters, welchen Umständen er im 729 konkreten Fall Bedeutung für die Strafzumessung beimisst und welchen nicht (BGHR StGB § 46 Abs. 1 Begründung 2 (→ Rn. 727); *Fischer* StGB § 46 Rn. 14). Da die Schwere der Tat und der Grad der Schuld Grundlage der Strafzumessung sind, dürfen nur solche Tatsachen verwertet werden, die diese Elemente kennzeichnen oder aus denen Folgerungen zugunsten oder zu Lasten des Täters gezogen werden können.

Dabei gelten für die **Feststellung** der einzelnen Umstände dieselben Regeln wie 730 für die Tatsachen, die für den Schuldspruch bestimmt sind (BGHR StGB § 46 Abs. 1 Begründung 2 (→ Rn. 727)). Dies gilt insbesondere für den Zweifelssatz (BGH NStZ-RR 2018, 333; StV 2000, 656; BeckRS 2008, 17693). Auch die Strafzumessungstatsachen **müssen** daher **erwiesen sein** und sind im Urteil darzulegen (zB BGH BeckRS 2018, 14797 für einen hohen Wirkstoffgehalt). Kann das Gericht keine sicheren Feststellungen treffen, so darf sich dies nicht zu Lasten des Täters auswirken; auf Vermutungen oder Pauschalbewertungen ohne Tatsachenkern darf sich das Urteil auch bei der Strafzumessung nicht stützen (stRspr; BGH NStZ 1991, 182; 1997, 336; 2006, 96; NStZ-RR 1997, 17; 2004, 41; StV 2000, 656; *Malek* BtMStrafR Kap. 3 Rn. 12). Da für jede Einzeltat der gerechte Schuldausgleich zu finden ist, darf das Gericht nur solche Strafzumessungsumstände heranziehen, die der **konkreten Einzeltat** zugeordnet werden können (BGH BeckRS 2018, 9797).

Ist nach dem **Zweifelssatz** (→ Rn. 730) von einem bestimmten Sachverhalt aus- 731 zugehen, so steht dies auch im Bereich der Strafzumessung sicheren Feststellungen absolut gleich. Den entsprechenden Umständen darf deswegen keine mindere Bedeutung beigemessen werden (→ Rn. 468).

Hilfserwägungen zur Strafzumessung sind **unzulässig** (BGHSt 7, 359; 55, 174 732 = NJW 2010, 3106 = NStZ 2011, 270 mAnm *Altenhain* = StV 2010, 578 mAnm *Eisenberg;* BGH NStZ 1998, 305; *Detter* NStZ 2009, 487). Die Strafe muss dem Gesamtverhalten des Angeklagten entsprechen, wie es tatsächlich festgestellt und rechtlich zu beurteilen ist. Solche Hilfserwägungen sind dann auch unzulässig, wenn sie das Gericht nur für den Fall anstellt, dass es einen anderen Strafrahmen für dieselbe Tat zu Grunde gelegt hätte oder dass von ihm eigentlich als wesentlich angesehene Strafzumessungsgründe aus Rechtsgründen nicht hätten berücksichtigt werden dürfen.

733 **II. Bestimmendes Prinzip: Gesamtwürdigung.** Bestimmendes Prinzip der Strafzumessung ist die Gesamtwürdigung (Gesamtbetrachtung, Gesamtbewertung, Gesamtabwägung, Gesamtschau), die das Gericht **bei allen Schritten** des Strafzumessungsvorgangs vorzunehmen hat (→ Rn. 738–741). Die Gesamtwürdigung ist im Betäubungsmittelstrafrecht von besonderer Bedeutung, weil hier die Gefahr eines Übergewichts einzelner Strafzumessungsgründe, insbesondere der (Wirkstoff-)Menge eines Betäubungsmittels, besonders hoch ist (*Kreuzer* BtMStrafR-HdB § 4 Rn. 247: „Strafverunzug"; *Endriß/Malek* BtMStrafR § 13 Rn. 53). Zur besonderen Problematik bei den südamerikanischen Körperschmugglern → Rn. 1058, 1059.

734 An einer Gesamtwürdigung fehlt es, wenn die für den Täter sprechenden Gesichtspunkte **nur einzeln** betrachtet werden mit den Worten, dieser oder jener Umstand reiche für sich allein nicht aus (BGH *Zschockelt* NStZ 1995, 327 = BeckRS 1994, 31080444); dasselbe gilt für den umgekehrten Fall, wenn **nur einseitig Milderungsgründe** angegeben werden und die erforderliche Darstellung und Gesamtabwägung unterbleiben (BGH NStZ 2000, 254; BeckRS 2004, 873). Ebenso wenig genügt es, Zumessungsfaktoren ohne Bewertung und Gewichtung **nur aufzuzählen** (BGH BeckRS 2017, 130131 Rn. 22).

735 **III. Bewertungsrichtung.** Bevor das Gericht zur Gesamtabwägung schreitet, muss es die Bewertungsrichtung der einzelnen Strafzumessungsgründe festlegen (*Gribbohm* in LK-StGB, 11. Aufl. 1984, StGB § 46 Rn. 57). Es muss sich dabei darüber klar werden, ob es den betreffenden Umstand strafschärfend oder strafmildernd auf die Waagschale legen will. Dabei kann derselbe Umstand zwar zu einem milderen Strafrahmen führen, bei der Strafzumessung im engeren Sinn aber erschwerend wirken, zB wenn es nur durch Zufall bei einem Versuch geblieben ist (*Schäfer/Sander/van Gemmeren* Strafzumessung Rn. 1160). Der Festlegung der Bewertungsrichtung wiederum muss die Prüfung vorangehen, ob der Umstand überhaupt geeignet ist, einen Beitrag zur Bewertung der Tat zu leisten (→ Rn. 729).

736 **C. Die Schritte der Strafzumessung.** Der Vorgang der Strafzumessung lässt sich zweckmäßig **in drei Schritte** gliedern (*Schäfer/Sander/van Gemmeren* Strafzumessung Rn. 882; *Joachimski/Haumer* § 29 Rn. 294; in der Sache ebenso *Franke/Wienroeder* Vor § 29 Rn. 6, 26, 59, 65; anders *Fischer* StGB § 46 Rn. 13: fünf Schritte):

737 **I. Die einzelnen Schritte** sind:
– Strafrahmenwahl (→ Rn. 739, 744–849),
– Strafzumessung im engeren Sinn/Strafhöhenbestimmung (→ Rn. 740, 850–1151),
– weitere Entscheidungen, zB Strafart und § 47 StGB (→ Rn. 1157–1171), Gesamtstrafenbildung (→ Rn. 1172–1176), Strafaussetzung zur Bewährung (→ Rn. 1177–1289), Maßregeln der Besserung und Sicherung (→ Rn. 1299–1505).

738 **II. Gesamtwürdigung.** Bei jedem Schritt hat eine Gesamtwürdigung (→ Rn. 733, 734) stattzufinden:

739 **1. Strafrahmenwahl.** In die Strafrahmenwahl sind alle Umstände einzubeziehen, die für die Wertung von Tat und Täter in Betracht kommen, bei den besonders schweren Fällen allerdings nur die, die der Tat selbst innewohnen oder mit ihr in Zusammenhang stehen (→ § 29 Rn. 1983; *Maier* in MüKoStGB StGB § 46 Rn. 111 ff.). Dies gilt auch für die Umstände, die für die Strafzumessung im engeren Sinn relevant sind (→ Rn. 740, 897; *Schäfer/Sander/van Gemmeren* Strafzumessung Rn. 885). Zu berücksichtigen sind auch das Verbot der **Doppelverwertung** nach

Kap. 12. Strafzumessung in Betäubungsmittelsachen   **Vor §§ 29 ff. BtMG**

§ 46 Abs. 3 StGB (→ Rn. 900–929) sowie die Grundsätze zum Fehlen von Strafschärfungs-/Strafmilderungsgründen Rn. 930–937.

2. Strafzumessung im engeren Sinn. Auch bei der Strafzumessung im engeren Sinn sind in die Gesamtwürdigung alle Umstände einzubeziehen, die für die Wertung von Tat und Täter von Bedeutung sein können. Umstände, die für die Strafrahmenwahl maßgeblich waren, sind **nicht verbraucht** und deswegen noch einmal zu berücksichtigen (→ Rn. 897–899), wenn auch möglicherweise **mit geringerem Gewicht** (→ Rn. 743). Umstände, die keine Tatmodalitäten sind, scheiden gemäß § 46 Abs. 3 StGB allerdings aus (→ Rn. 900–929).   740

3. Weitere Entscheidungen. Auch die weiteren Entscheidungen haben auf der Grundlage einer Gesamtwürdigung zu erfolgen. Dabei können alle Umstände, die schon bei der Strafrahmenwahl und der Strafzumessung im engeren Sinn gewertet wurde, **noch einmal** berücksichtigt werden (*Schäfer/Sander/van Gemmeren* Strafzumessung Rn. 889).   741

III. Reihenfolge. Die drei Schritte sind nacheinander vorzunehmen. Dass dabei auf allen drei Stufen dieselben Umstände heranzuziehen sind, kann in den Urteilsgründen zu Wiederholungen führen; dies muss jedoch grundsätzlich hingenommen werden (*Schäfer/Sander/van Gemmeren* Strafzumessung Rn. 892). **Bloße Bezugnahmen** auf die Erwägungen des vorhergehenden Schrittes sind fehlerträchtig, denn sie sind nur dann zulässig, wenn die betreffenden Merkmale für die Strafrahmenwahl und die Strafzumessung im engeren Sinn in Gewicht und Bewertungsrichtung vollständig gleich sind (*Schäfer/Sander/van Gemmeren* Strafzumessung Rn. 892); auch → Rn. 898. Trifft dies nicht zu, etwa wenn die verhängte Strafe im ermittelten Mindeststrafrahmen deutlich überschreitet, kann dies zur Urteilsaufhebung führen (BGH NStZ 1987, 504; BGH NStZ-RR 2008, 288 = StraFo 2008, 39).   742

Die Abwägung muss auch deswegen auf jeder Stufe neu vorgenommen werden, weil das **Gewicht der Umstände sich ändern kann**. Denn auch solche Umstände, die eine Strafrahmenmilderung begründet haben, sind bei der Zumessung ieS nochmals mit verringertem Gewicht in die Gesamtwürdigung einzustellen (BGH BeckRS 2019, 35652; 2019, 35559; *Maier* in MüKoStGB StGB § 50 Rn. 13, 14). Reichen ein oder mehrere **mildernde** oder **erschwerende** Umstände gerade nicht aus, einen minder schweren oder besonders schweren Fall zu begründen, so kommt ihnen bei der Einordnung der Tat in den Sonderstrafrahmen kein besonderes mildernder oder erschwerendes, sondern nur noch geringeres Gewicht mehr zu (BGH NStZ 2014, 41). Entsprechendes gilt, wenn erschwerende Umstände zur Verneinung eines minder schweren Falles geführt haben (BGH BeckRS 2013, 12242). Umgekehrt haben mildernde oder erschwerende Umstände, die zu einer Strafrahmenverschiebung gerade nicht mehr ausreichen, im Rahmen des Regelstrafrahmens besondere Bedeutung (*Schäfer/Sander/van Gemmeren* Strafzumessung Rn. 891 mwN; s. auch BGH NStZ-RR 1998, 295).   743

D. Erster Schritt: Strafrahmenwahl. Zunächst ist der **gesetzliche Strafrahmen** zu ermitteln, aus dem im konkreten Fall die Strafe zu entnehmen ist. Sind keine Besonderheiten in der Sache oder in der rechtlichen Regelung gegeben, so steht der Rahmen auf Grund der Strafvorschrift sofort fest. Im Betäubungsmittelstrafrecht sind diese Fälle aber eher selten. Meist stehen mehrere Strafrahmen zur Verfügung, aus denen der zutreffende zu ermitteln ist.   744

Die Bestimmung des Strafrahmens muss der Strafzumessung im engeren Sinn (Strafhöhenbestimmung) **stets vorausgehen**. Nur wenn sich der Richter über den zur Verfügung stehenden Strafrahmen im Klaren ist, kennt er die Orientierungspunkte, innerhalb derer die Strafe zu finden ist (stRspr; BGH NStZ 1983, 407; BeckRS 2004, 6429; *Götting* NStZ 1998, 542).   745

BtMG Vor §§ 29 ff. Sechster Abschnitt. Straftaten und Ordnungswidrigkeiten

746 I. Gesamtwürdigung. Im Hinblick auf die entscheidende Bedeutung des Strafrahmens für die Bemessung der Strafe kann seine Bestimmung nur auf der Grundlage einer Gesamtwürdigung (→ Rn. 733, 734) erfolgen (stRspr; BGH NJW 1970, 1196; BGHSt 35, 148 = NJW 1988, 2749 = NStZ 1988, 494 = StV 1988, 147; BGHR BtMG § 30 Abs. 2 Gesamtwürdigung 3; BeckRS 1995, 31082072). Das Tatgericht muss die Schritte und Erwägungen bei der Bestimmung des Strafrahmens überprüfbar darlegen. Eine ständige Fehlerquelle liegt dabei in der Nichtbeachtung der gebotenen Prüfungsreihenfolge (*Maier* in MüKoStGB StGB § 46 Rn. 118 ff.).

747 Der **Kreis der Umstände,** die in die – im Urteil darzulegende – Gesamtwürdigung einzubeziehen sind, ist in den Fällen der Strafmilderung und der Strafschärfung nicht gleich (zu den vertypten Milderungsgründen → Rn. 751, zu den minder schweren Fällen → Rn. 787 ff., zu den besonders schweren Fällen → § 29 Rn. 1983).

748 II. Prüfung bei Strafmilderung. Kommt eine Strafmilderung in Betracht, so ist zunächst zu prüfen, ob das jeweilige Strafgesetz lediglich einen (Normal-)Strafrahmen enthält oder ob es für minder schwere Fälle einen Sonderstrafrahmen zur Verfügung stellt. Im **Betäubungsmittelstrafrecht** entscheidet sich dies stets zwischen den **Vergehen** und **Verbrechen.** Während die Vergehenstatbestände keinen Sonderstrafrahmen für einen minder schweren Fall aufweisen (§§ 29, 30b), sind alle Verbrechenstatbestände (§§ 29a–30a) damit ausgestattet. Da es geboten ist, beim Vorhandensein eines Sonderstrafrahmens mit der Prüfung eines minder schweren Falls zu beginnen (stRspr, zusf. *Maier* in MüKoStGB StGB § 46 Rn. 118 ff.; *Goydke* FS Odersky, 1996, 371 (379)), ergibt sich im Betäubungsmittelstrafrecht eine **unterschiedliche Prüfungsreihenfolge,** je nachdem, ob ein **Vergehen** oder ein **Verbrechen** vorliegt.

749 1. Vergehenstatbestände (§ 29 Abs. 1, 2, 4, 6, § 30b). Da die Vergehenstatbestände des BtMG (§§ 29, 30b) keinen Sonderstrafrahmen für minder schwere Fälle vorsehen, kann sich bei ihnen ein **milderer Strafrahmen nur dann** ergeben, wenn ein besonderer gesetzlicher Milderungsgrund nach § 49 StGB (sog. **vertypter Milderungsgrund**) vorliegt. **Allgemeine Strafmilderungsgründe** (→ Rn. 794–826) können hier den Strafrahmen nicht beeinflussen; **anders** liegt es bei den **besonders schweren Fällen** (→ § 29 Rn. 1991).

750 a) Vertypte Milderungsgründe (§ 49 StGB). Es ist daher zunächst zu klären,
– ob ein vertypter Milderungsgrund gegeben ist (dazu → Rn. 752–781) und
– ob und inwieweit der Strafrahmen nach § 49 StGB gemildert werden muss (bei zwingenden Milderungsgründen) oder gemildert werden kann (bei fakultativen Milderungsgründen); dazu → Rn. 751.

Wie § 31 BtMG führen die in den → Rn. 752–780 aufgeführten vertypten Strafmilderungsgründe (entweder zwingend oder fakultativ) sämtlich zur Anwendung des **§ 49 Abs. 1 StGB.** Wegen der sich daraus ergebenden **Strafrahmen** kann deshalb auf → § 31 Rn. 191–213 verwiesen werden; die dort genannten Ober- und Untergrenzen gelten auch für die anderen vertypten Strafmilderungsgründe.

751 b) Gesamtschau. Sofern die Strafmilderung **nicht zwingend ist,** ist die Entscheidung auf der Grundlage einer Gesamtschau der Tatumstände im weitesten Sinne sowie der Persönlichkeit des Täters zu treffen. Dabei haben die für den betreffenden Strafmilderungsgrund typischen Gesichtspunkte besonderes Gewicht (BGH NStZ 1993, 134; 1995, 285).

752 c) Einzelne vertypte Milderungsgründe. Die praktische Bedeutung der einzelnen vertypten Milderungsgründe im Betäubungsmittelrecht ist unterschiedlich:

753 aa) Unechte Unterlassungsdelikte (§ 13 Abs. 2 StGB) kommen im Betäubungsmittelstrafrecht namentlich seit der Erweiterung des Betäubungsmittelbegriffs durch die 10., 15. und 19. BtMÄndV sowie des Gesetzes v. 17.7.2009 (→ § 1 Rn. 159–194) zunehmend häufiger vor (zB beim Anbauen (→ § 29 Rn. 84, 89, 91)). Bei der Prüfung ist zunächst zu klären, ob das Unterlassen im konkreten Fall leichter wiegt als die Verwirklichung des Tatbestands durch positives Tun. Dabei sind vor allem die Umstände zu berücksichtigen, die etwas dazu aussagen können (BGH NJW 1998, 3068 = NStZ 1998, 245 = StV 1998, 536 = JR 1999, 293 mablAnm *Rudolphi*), etwa wenn die Grenze zum Unzumutbaren erreicht wird (*Bosch* in Schönke/Schröder StGB § 13 Rn. 64; *Schäfer/Sander/van Gemmeren* Strafzumessung Rn. 938). Die Prüfung ist jedoch **nicht** auf **unterlassensbezogene** Kriterien **beschränkt** (BGH NJW 1998, 3068 (s. o.); BeckRS 2015, 11495 = StraFo 2015, 290; aA *Weigend* in LK-StGB § 13 Rn. 100; *Freund* in MüKoStGB § 13 Rn. 304; *Kühl* in Lackner/Kühl StGB § 13 Rn. 18), sondern muss auch eine umfassende Würdigung aller sonstigen Umstände enthalten.

bb) Vermeidbarer Verbotsirrtum (§ 17 S. 2 StGB). Fälle dieser Art sind in 754 der Praxis des Betäubungsmittelstrafrechts nicht ganz selten (→ Rn. 441–451). Ob zu mildern und welcher Strafrahmen anzuwenden ist, richtet sich in erster Linie nach dem **Grad der Vermeidbarkeit** (*Schäfer/Sander/van Gemmeren* Strafzumessung Rn. 941), also danach, wie leicht für den Täter seine Pflicht erkennbar war (*Sternberg-Lieben/Schuster* in Schönke/Schröder StGB § 17 Rn. 26). Danach wird eine Minderung des Strafrahmens im **Betäubungsmittelstrafrecht** im Hinblick auf die allgemein bekannten Gefahren des Umgangs mit Betäubungsmitteln und die geltende strenge Regelung nicht ohne weiteres in Betracht kommen. Dem steht nicht entgegen, die geminderte Schuld im Rahmen des Regelstrafrahmens zu berücksichtigen (*Schäfer/Sander/van Gemmeren* Strafzumessung Rn. 941; *Joecks/Kulhanek* in MüKoStGB StGB § 17 Rn. 78).

cc) Verminderte Schuldfähigkeit (§ 21 StGB). In der Praxis kommt der 755 Klärung der Schuldfähigkeit, besonders im Zusammenhang mit einer Betäubungsmittelabhängigkeit (→ Rn. 465–550), erhebliche Bedeutung zu. Dabei ist zu beachten, dass der Konsum von Betäubungsmitteln und/oder die Abhängigkeit allein für die Annahme des § 21 StGB nicht genügen; zu weiteren Grundlinien → Rn. 472 ff. Liegt § 21 StGB vor, kann dies allein oder im Zusammenhang mit weiteren Milderungsgründen bei den Verbrechenstatbeständen einen minder schweren Fall begründen oder eine Strafrahmenverschiebung nach § 49 Abs. 1 StGB auslösen; zur Prüfungsreihenfolge und zum Vorrang des minder schweren Falls → Rn. 784, 793 ff. Ob das Gericht eine Strafrahmenverschiebung nach § 21 StGB iVm § 49 Abs. 1 StGB vornimmt, hat es nach seinem **pflichtgemäßen Ermessen** (→ Rn. 768) aufgrund einer Gesamtabwägung aller schuldrelevanten Umstände und unter Hinzuziehung eines Sachverständigen zu entscheiden. Die für den Alkoholrausch entwickelten Kriterien lassen sich nicht auf die Bewertung von Beeinträchtigungen des Täters durch Betäubungsmitteleinflüsse übertragen. Die Versagung der Milderung kommt in Frage, wenn sich aufgrund der persönlichen und situativen Verhältnisse des Einzelfalls das **Risiko** der Begehung von Straftaten **vorhersehbar signifikant** erhöht hatte (so BGHSt 49, 239 (→ Rn. 535); BGH NStZ 2006, 274; 2008, 619; 620; 2009, 496); zu weiteren Fallgruppen → Rn. 756 ff.

(a) Regelmäßige Verringerung der Schuld. Im Rahmen dieser Ermessens- 756 entscheidung ist zu berücksichtigen, dass der Schuldgehalt der Tat bei einer erheblichen Verminderung der Schuldfähigkeit **in aller Regel** verringert ist (BGHSt 49, 239 (→ Rn. 535); BGH NJW 2018, 1180 mAnm *Jahn* = NStZ 2018, 273 = NStZ-RR 2018, 199; NStZ-RR 2016, 74; *Fischer* StGB § 21 Rn. 18; *Schöch* in LK-StGB, 12. Aufl. 2007, StGB § 21 Rn. 41; *Perron/Weißer* in Schönke/Schröder StGB § 21 Rn. 14). Eine **Strafrahmenverschiebung** ist daher in der Regel vorzunehmen, es sei denn, dass

BtMG Vor §§ 29 ff. Sechster Abschnitt. Straftaten und Ordnungswidrigkeiten

- andere, die Schuld des Täters **erhöhende Umstände** dem entgegenstehen oder
- der Täter die Begehung von Straftaten vorausgesehen hat oder hätte sie voraussehen können **(Vorverschulden),** etwa weil er aus früheren Erfahrungen weiß, dass er unter Alkohol- oder Drogeneinfluss zur Begehung von Straftaten neigt (BGH NJW 1997, 2460; NStZ-RR 2014, 238; 2016, 74).

757 **(b) Schulderhöhende Umstände.** Die schulderhöhenden Umstände müssen festgestellt werden. Sie können nicht in der generellen Neigung des Täters zu delinquentem Verhalten gesehen werden (BGHR StGB § 21 Strafrahmenverschiebung 30 = NStZ 1999, 135), müssen die Schuldseite der konkreten Tat (zB Tatausführung mit besonderer Brutalität, besonderer Handlungsintensität, mehrere Opfer) betreffen und dürfen nicht Ausdruck und Folge der Minderung der Hemmungsfähigkeit sein (stRspr, zB BGH BeckRS 2019, 16363).

758 **Schuldfremde Erwägungen,** etwa solche der General- oder Spezialprävention, scheiden aus (BGHSt 20, 264 = NJW 1965, 2016; *Schöch* in LK-StGB, 12. Aufl. 2007, StGB § 21 Rn. 44; *Perron/Weißer* in Schönke/Schröder StGB § 21 Rn. 15). Auch ist es nicht zulässig, **bestimmte Täter,** etwa Drogenabhängige, oder **bestimmte Taten,** namentlich Betäubungsmittelstraftaten oder Beschaffungstaten, von der Strafmilderung auszunehmen (*Fischer* StGB § 21 Rn. 21; *Perron/Weißer* in Schönke/Schröder StGB § 21 Rn. 15).

759 **(c) Vorverschulden.** Von den Gründen, die eine Strafrahmenverschiebung ausschließen können, sind die Tatmodalitäten und Tatmotive (*Fischer* StGB § 21 Rn. 22; *Schöch* in LK-StGB, 12. Aufl. 2007, StGB § 21 Rn. 47, 48) im Betäubungsmittelstrafrecht von eher geringer Bedeutung. Etwas anderes gilt für den Gesichtspunkt des **Vorverschuldens** (*Fischer* StGB § 21 Rn. 24; *Schöch* in LK-StGB, 12. Aufl. 2007, StGB § 21 Rn. 49). Ein solches kann sowohl in einem **selbst zu verantwortenden** Alkoholrausch als auch in einem solchen Drogenrausch zu finden sein.

760 **(aa) Alkoholrausch.** Beim Alkoholrausch besteht Übereinstimmung dahin, dass eine Strafrahmenverschiebung regelmäßig zu versagen ist, wenn der Täter aufgrund früherer Erfahrungen **weiß** oder **wissen muss,** dass er nach Rauschmittelkonsum **zu Straftaten** (mit ähnlicher Zielrichtung (BGH NStZ-RR 2010, 234)) **neigt** (BGH NJW 1997, 2460; BGH NStZ 1986, 114; 2006, 274; NStZ-RR 2006, 185; 2014, 238; *Fischer* StGB § 21 Rn. 25; *Schöch* in LK-StGB, 12. Aufl. 2007, StGB § 21 Rn. 52). Die Frage, ob bei einer **selbst zu verantwortenden Trunkenheit** die Strafrahmenverschiebung auch dann abgelehnt werden kann, wenn der Täter noch keine Erfahrungen hinsichtlich seiner Neigung zur Straftaten gemacht hat bzw. wenn keine vorhersehbare signifikante Risikoerhöhung festgestellt, hat der **Große Senat für Strafsachen** entschieden. Nach seinem Beschluss v. 24.7.2017 (NJW 2018, 1180 (→ Rn. 756)) kann eine selbstverschuldete Trunkenheit im Rahmen der gebotenen Gesamtwürdigung die Versagung der Strafrahmenmilderung auch dann tragen, wenn **keine vorhersehbare signifikante Erhöhung** des Risikos der Begehung von Straftaten auf Grund der persönlichen oder situativen Verhältnisse des Einzelfalls festgestellt ist. Denn die risikosteigernde Wirkung von Alkohol ist allgemein bekannt und das eigenverantwortliche Sichbetrinken stellt einen schulderhöhenden Umstand dar.

761 Ein Alkoholrausch ist **nicht verschuldet,** wenn der Täter **alkoholkrank** oder **alkoholüberempfindlich** ist (BGH NStZ 2009, 258 (→ Rn. 543); 2012, 687). Eine Alkoholerkrankung liegt regelmäßig vor, wenn der Täter den Alkohol aufgrund eines unwiderstehlichen oder ihn weitgehend beherrschenden Hanges trinkt (BGHSt 49, 239 (→ Rn. 535); BGHR StGB § 21 Strafrahmenverschiebung 33 = NStZ 2004, 495; BGH NStZ 2005, 166; 2009, 258; BeckRS 2007, 00731). Etwas anderes kann in Betracht kommen, wenn ein Rest von Steuerungsfähigkeit hinsichtlich der Alkoholaufnahme erhalten geblieben ist (BGH BeckRS 2005, 05542).

Ebenso ist es nicht ohne weiteres ausgeschlossen, auch einem **alkoholabhängi-** 762 **gen** Täter zwar nicht die Alkoholisierung als solche vorzuwerfen, wohl aber (bei insoweit noch vorhandener Hemmungsfähigkeit), dass er sich bewusst in eine **gewaltträchtige Situation** begeben hat, obwohl er wusste oder wissen musste, dass er sich dort infolge seiner Beherrschung durch den Alkohol nur eingeschränkt werde steuern können (BGHSt 49, 239 (→ Rn. 535); BGH NStZ 2008, 619).

Eine Versagung der Strafmilderung scheidet in der Regel auch aus, wenn die er- 763 hebliche Verminderung der Schuldfähigkeit auf einer für den Täter **schicksalhaft** auftretenden krankhaften seelischen Störung (BGH NJW 1997, 2460) oder einer gegenüber der Alkoholabhängigkeit im Vordergrund stehenden **Persönlichkeitsstörung** (BGH NStZ 2005, 166 (→ Rn. 761)) beruht, auf welche die Alkoholaufnahme zurückzuführen ist (BGH NStZ-RR 2010, 74). Ohne konkrete Anhaltspunkte darf dies zugunsten des Täters nicht unterstellt werden (BGH NJW 2004, 3350 (3355)).

(bb) Drogenrausch. Im Hinblick auf die differenzierte und gegenüber Alkohol 764 weniger vorhersehbare Wirkung von Drogen können die vom **Großen Senat für Strafsachen** für den (bloßen) selbstverschuldeten Alkoholrausch aufgestellten Grundsätze (→ Rn. 760), auf den (bloßen) selbstverschuldeten Drogenrausch **nicht übertragen** werden (so ausdrücklich BGH (GSSt) NJW 2018, 1180 (→ Rn. 756)). Eine **Versagung der Strafmilderung** kann allerdings in Betracht kommen, wenn in der Person des Täters oder in der Situation Umstände vorliegen, die das **Risiko der Begehung von Straftaten vorhersehbar signifikant** erhöht haben, so etwa
- wenn der Täter ein solches Verhalten (zB Gewalttätigkeit) bereits zuvor unter vergleichbarem Drogeneinfluss gezeigt hat (BGHSt 49, 239 (→ Rn. 535); BGH StV 2005, 19),
- wenn er vorsätzlich aggressionsfördernde Präparate eingenommen hat (BGHR StGB § 21 Strafrahmenverschiebung 39 = NStZ 2006, 98),
- wenn er sich bewusst in eine gefahrerhöhende Tatsituation begeben hat, etwa bei Drogenkonsum in gewaltbereiten Gruppen oder in gewaltbereiten Situationen (BGHR StGB § 21 Strafrahmenverschiebung 39 = NStZ 2006, 98) oder
- wenn ihm bei Gewaltdelikten bekannt war, dass sich sein Aggressionspotential oder seine Neigung zu Straftaten durch den Betäubungsmittelkonsum erhöht (BGH NStZ-RR 2007, 43).

Regelmäßig kein schulderhöhender Faktor ist die **selbstverschuldete Drogen-** 765 **sucht** mit der Folge, dass der Süchtige trotz Kenntnis von der Wirkungsweise des Rauschgifts nicht von ihm loskommt (BGHR StGB § 21 Strafrahmenverschiebung 10 = BeckRS 1987, 31094524; NStZ 1999, 135 = StV 1999, 312). Deswegen darf die Strafmilderung auch nicht allein mit der Begründung abgelehnt werden, der süchtige Täter habe die Folgen des Betäubungsmittelkonsums gekannt und dennoch Drogen zu sich genommen (BGH *Theune* NStZ 1997, 57).

Auch wenn der Täter nach einiger Zeit der Abstinenz wieder in die Drogen- 766 abhängigkeit **zurückgefallen** ist, kann nicht allein deswegen von der Strafrahmenmilderung abgesehen werden (BGH NStZ 1992, 547 = StV 1992, 570). Der Rückfall in die Drogenabhängigkeit ist kein schulderhöhender Umstand, der den verringerten Schuldgehalt ausgleichen kann. Vielmehr muss zusätzlich festgestellt werden, aus welchen Gründen dem Täter vorzuwerfen ist, sich in den Zustand der verminderten Schuldfähigkeit versetzt zu haben (BGHR StGB § 21 Strafrahmenverschiebung 19 = BeckRS 1990, 31084634).

Die Ablehnung der Strafmilderung kann auch nicht allein darauf gestützt wer- 767 den, der Täter habe sich nach Entlassung aus der Haft nicht sofort um einen **The-**

rapieplatz bemüht (OLG Celle StV 1983, 203); etwas anderes kann für die Weigerung gelten, therapeutische Hilfen anzunehmen (*Schöch* in LK-StGB, 12. Aufl. 2007, StGB § 21 Rn. 58), es sei denn, die Weigerung habe ihre Ursache in dem die vermindernde Schuld begründenden Umstand (OLG Celle StV 1983, 203).

768 **(cc) Beurteilungsspielraum.** Die Bewertung der Umstände des konkreten Einzelfalls und die Entscheidung über die – im Urteil zu erörternde – Strafrahmenwahl und die fakultative Strafrahmenverschiebung sind grundsätzlich Sache des Tatrichters. Seine Bewertung unterliegt nur eingeschränkter revisionsrechtlicher Überprüfung und ist regelmäßig hinzunehmen, sofern die dafür wesentlichen tatsächlichen Grundlagen hinreichend ermittelt und bei der Wertung ausreichend berücksichtigt worden sind (BGHSt 49, 239 (→ Rn. 535); BGHR StGB § 21 Strafrahmenverschiebung 37 = NStZ 2005, 151; BGH StV 2005, 19; BeckRS 2020, 18288). Auch wenn § 21 StGB nicht vorliegt, kann eine Abhängigkeit einen minder schweren Fall oder die Ablehnung eines besonders schweren Falls rechtfertigen.

769 **dd) Versuch (§ 23 Abs. 2 StGB).** Der Versuch ist bei den meisten Delikten des Betäubungsmittelrechts strafbar (§ 29 Abs. 2, §§ 29a–30a). Im Hinblick auf den Zuschnitt einiger praktisch bedeutsamer Tatbestände, insbesondere des Handeltreibens, hat die Versuchsstrafbarkeit gleichwohl nicht die Bedeutung wie im allgemeinen Strafrecht (→ Rn. 171). Bei der Bewertung ist eine **Gesamtschau** der Tatumstände vorzunehmen, wobei die **versuchsbezogenen Umstände** (zB Nähe der Tatvollendung, Gefährlichkeit des Versuchs, aufgewandte kriminelle Energie) **besonderes Gewicht** haben (BGHR StGB § 23 Abs. 2 Strafrahmenverschiebung 2 = JZ 1988, 367; BGH NJW 2013, 1545; NStZ 2009, 203; NStZ-RR 2010, 305; 2011, 111; 2014, 136; 2014, 239; 2017, 134; 2018, 102), wenn auch die Bewertung darauf nicht beschränkt werden darf (str.; BGHR StGB § 23 Strafrahmenverschiebung 12; BGH NStZ 2004, 620; NStZ-RR 2003, 72 (s. o.); 2014, 9; *Fischer* StGB § 23 Rn. 4; *Franke/Wienroeder* Vor § 29 Rn. 20). Ein alleiniges Abstellen auf die Nähe zur Tatvollendung und die entfaltete krimineller Energie (BGH NStZ-RR 2014, 136) oder auf das Nachtatverhalten (BGH NStZ-RR 2010, 305) ist nicht zulässig.

770 Die Strafmilderung nach § 23 Abs. 2 StGB darf **nicht** mit der Begründung versagt werden, dass der Täter alles getan habe, um den Erfolg herbeizuführen oder dass der Erfolg nur auf **Grund eines Zufalls** nicht eingetreten sei (BGH NStZ 2010, 512; BGHR StGB § 23 Abs. 2 Strafrahmenverschiebung 13; *Fischer* StGB § 23 Rn. 3, 4a; anders wohl BGH NJW 2013, 1545; ausf. *Herzberg/Hoffmann-Holland* in MüKoStGB § 23 Rn. 23–38). Ist bei der Ablehnung einer Strafrahmenverschiebung bereits auf die Vollendungsnähe und Gefährlichkeit des Versuchs abgestellt worden, darf dies bei der **Strafzumessung im engeren Sinn** nicht erneut zu Lasten des Täters herangezogen werden (BGH BeckRS 2016, 09870 = NStZ-RR 2016, 242 (red. Ls.) = StV 2016, 562 = StraFo 2016, 422).

771 **ee) Beihilfe (§ 27 Abs. 2 S. 2 StGB).** Der vertypte Strafmilderungsgrund der Beihilfe hat im **Betäubungsmittelstrafrecht** durch die neuere Rechtsprechung zur Unterstützung eines Fremdumsatzes beim Handeltreiben (Kuriere, Depothalter etc) eine überragende Bedeutung erlangt. Er führt – soweit er nicht zur Begründung eines minder schweren Falles verbraucht wurde – **zwingend** zur Strafrahmenabsenkung nach § 49 Abs. 1 StGB. Die Frage einer Abwägung stellt sich daher für **diesen Strafrahmen** nicht (anders bei der Prüfung, ob wegen der Beihilfe ein minder schwerer Fall angenommen werden kann (→ Rn. 818), und bei der Strafzumessung im engeren Sinn). Die Urteilsgründe müssen erkennen lassen, dass das Gericht sich der Möglichkeiten bei der Strafrahmenwahl bzw. der zwingenden Strafmilderung bewusst war.

Ist die Anwendung des § 27 StGB **ausschließlich** darauf zurückzuführen, dass 772 dem Beteiligten die **Täterqualität** für die betreffende Tat fehlt, etwa wegen des Fehlens der tatsächlichen Sachherrschaft bei der Abgabe oder dem Besitz von Betäubungsmitteln (→ Rn. 169), so kommt eine **(doppelte) Strafmilderung** nach § 28 Abs. 1 StGB neben der des § 27 Abs. 2 S. 2 StGB **nicht** in Betracht, da die beiden Milderungsgründe nur **eine** gemeinsame tatsächliche Grundlage haben (BGHSt 26, 53 = NJW 1975, 837; BGH NJW 2011, 2526; StV 1994, 305; *Fischer* StGB § 28 Rn. 7; *Heine/Weißer* in Schönke/Schröder StGB § 28 Rn. 24; *Kühl* in Lackner/Kühl StGB § 50 Rn. 5; *Schäfer/Sander/van Gemmeren* Strafzumessung Rn. 1067). Etwas anderes gilt dann, wenn der Tatbeteiligte einen Tatbeitrag geleistet hat, der auch sonst nur als Beihilfe zu werten wäre.

ff) Strafbegründende besondere persönliche Merkmale (§ 28 Abs. 1 773 **StGB).** § 28 StGB enthält eine Ausnahme von der strengen Akzessorietät der Teilnahme. Dabei behandelt § 28 Abs. 1 StGB die strafbegründenden, § 28 Abs. 2 StGB die strafmodifizierenden besonderen persönlichen Merkmale. Ein vertypter Milderungsgrund ist lediglich § 28 Abs. 1 StGB. Er gilt nur für **Teilnehmer.**

Die beiden Absätze des § 28 StGB haben **gemeinsam,** dass ein **besonderes** 774 **persönliches Merkmal** vorliegen muss. Besondere persönliche Merkmale sind nach der Klammerdefinition des § 14 Abs. 1 StGB, auf die § 28 Abs. 1 StGB verweist, besondere persönliche Eigenschaften, Verhältnisse oder Umstände.

Persönliche **Eigenschaften** sind körperliche, physische oder rechtliche Wesens- 775 merkmale eines Menschen, etwa **Alter,** Geschlecht oder Schwachsinn (*Fischer* StGB § 28 Rn. 4). Persönliche **Verhältnisse** sind die Beziehungen des Menschen zu seiner Umwelt, etwa die Stellung als Besitzer einer Sache (*Fischer* StGB § 28 Rn. 5) oder als **Bandenmitglied** (BGH NStZ 2008, 575 = StraFo 2008, 215; BeckRS 2007, 19665). Persönliche **Umstände** sind die persönlichen Merkmale, die nicht zu den Eigenschaften oder Verhältnissen gehören, etwa **Gewerbs-** oder **Berufsmäßigkeit** (*Heine/Weißer*) in Schönke/Schröder StGB § 28 Rn. 14).

Keine persönlichen Merkmale sind die **tatbezogenen** Merkmale, die im 776 Schwergewicht die Tat und nicht die Persönlichkeit des Täters umschreiben (BGHSt 39, 326 = NJW 1994, 271 = NStZ 1994, 181 = StV 1995, 250; BGHSt 41, 1 = NJW 1995, 1764 = NStZ 1995, 405 = StV 1995, 409). Zu den tatbezogenen Merkmalen gehören in der Regel die Umstände, die eine besondere Gefährlichkeit des Täterverhaltens anzeigen oder die Ausführungsart des Delikts beschreiben (BGHSt 39, 326 (s. o.); 41, 1 (s. o.)). Ein typisches tatbezogenes Merkmal ist das **Mitsichführen einer Waffe** nach § 30a Abs. 2 Nr. 2 (→ § 30a Rn. 182).

Zusätzlich zu einem besonderen persönlichen Merkmal setzt der vertypte Milde- 777 rungsgrund des **§ 28 Abs. 1 StGB** voraus, dass dieses Merkmal die Strafbarkeit **begründen** muss. Ob dies gegeben ist, hängt von der Auslegung der einzelnen Tatbestände und ihrem Verhältnis zueinander ab. Ein strafbegründendes Merkmal ist die **Inhaberschaft** der **tatsächlichen Verfügungsgewalt** bei der Veräußerung, bei der Abgabe oder beim Inverkehrbringen (→ Rn. 169).

Fehlt ein besonderes persönliches Merkmal, das die Strafbarkeit **begründet,** 778 beim Anstifter oder Gehilfen, so ist die Strafe nach § 49 Abs. 1 StGB **zwingend** zu mildern (§ 28 Abs. 1 StGB). Zur etwaigen doppelten Milderung bei der Beihilfe → Rn. 772. **Fehlt** dagegen ein **strafmodifizierendes** besonderes persönliches Merkmal bei einem Beteiligten, so ist die Strafe nach § 28 Abs. 2 StGB für diesen **zwingend** aus dem **Grunddelikt** zu entnehmen (BGH NStZ 2008, 575 = StraFo 2008, 215).

gg) Versuch der Beteiligung (§ 30 Abs. 1 S. 2, Abs. 2 StGB). Die Vorschrift 779 kommt **nur bei Verbrechen** (§§ 29a–30a) in Betracht. Zu den Voraussetzungen → Rn. 207–238. Die Strafmilderung ist hier ebenfalls **obligatorisch.** Ihr Umfang richtet sich vor allem nach dem in dem Versuch der Beteiligung enthaltenen Bedrohungspotential und dem Ausmaß, in dem die Abrede bereits ins Werk gesetzt ist; von Bedeutung ist auch, wie nahe die schon vorliegenden Ausführungsakte dem Stadium des Tatbeginns gekommen sind (BGH NStZ 1997, 83 = StV 1997, 241; *Fischer* StGB § 30 Rn. 19.

780 **hh) Aufklärungshilfe (§ 31 BtMG, § 46b StGB).** In der Praxis von erheblicher Bedeutung ist der vertypte Strafmilderungsgrund des § 31 BtMG (→ § 31 Rn. 1 ff.). Auch die allgemeine Kronzeugenregelung (§ 46b StGB) kann im Betäubungsmittelstrafrecht Bedeutung erlangen (→ § 31 Rn. 20, 21).

781 **ii) Tatprovokation.** Kein gesetzlich vertypter Strafmilderungsgrund ist die Tatprovokation. In der praktischen Anwendung kommt sie jedoch einem solchen gleich. Im Einzelnen → § 4 Rn. 251–257 (für das Vorstadium), → § 4 Rn. 268, 270 (für die zulässige Tatprovokation), → § 4 Rn. 291, 296 (für die unzulässige Tatprovokation).

782 **2. Die Verbrechenstatbestände des BtMG (§§ 29a–30a).** Bei Verbrechen kann sich eine Strafmilderung
– auf Grund eines oder mehrerer vertypten Milderungsgründe (→ Rn. 750–781)
– auf Grund eines minder schweren Falles oder
– auf Grund eines Zusammentreffens der beiden Formen

ergeben.

783 Die **vertypten Milderungsgründe** gelten auch für die Verbrechenstatbestände und können dort zu einer Milderung des Regelstrafrahmens führen (§ 49 StGB). Darüber hinaus stellen alle Verbrechenstatbestände des BtMG für **minder schwere Fälle** einen Sonderstrafrahmen zur Verfügung. Die Milderung des Regelstrafrahmens gemäß § 49 StGB wird dadurch nicht ausgeschlossen. Da der vertypte Milderungsgrund allein oder in Verbindung mit allgemeinen Milderungsfaktoren auch dazu führen kann, statt einer Strafrahmenmilderung nach § 49 StGB den Sonderstrafrahmen für den minder schweren Fall heranzuziehen (→ Rn. 827–841), ergibt sich, insbesondere in Verbindung mit § 50 StGB, eine komplizierte, mit mannigfachen Fallstricken verbundene Prüfung (→ Rn. 833–841).

784 Es ist stets **geboten** (BGH NStZ-RR 2018, 104; NStZ 2019, 409f.), in diesen Fällen nicht mit der Prüfung einer Milderung des Regelstrafrahmens nach § 49 StGB, sondern mit der **Prüfung des minder schweren Falles zu beginnen.** Erst wenn feststeht, welcher Strafrahmen der weiteren Prüfung zugrunde zu legen ist, macht es Sinn, gegebenenfalls nach den Grundsätzen des § 49 StGB die Ober- und Untergrenze des Rahmens zu berechnen.

785 **a) Begriff des minder schweren Falles.** Ein minder schwerer Fall liegt dann vor, wenn das gesamte Tatbild einschließlich aller subjektiven Momente und der Täterpersönlichkeit vom Durchschnitt der erfahrungsgemäß gewöhnlich vorkommenden Fälle in einem solch erheblichen Maße abweicht, dass die Anwendung des Ausnahmestrafrahmens geboten erscheint (stRspr; BGHSt 62, 90 = NJW 2017, 2776 mAnm *Oğlakcıoğlu* = NStZ 2018, 228 = StV 2018, 506; BGHR BtMG § 30a Abs. 3 Strafzumessung 1 (→ Rn. 722); BGH NStZ 2000, 254 = NStZ-RR 2000, 358; 2009, 37; NStZ-RR 2015, 14; 2015, 217; 2016, 110; *Fischer* StGB § 46 Rn. 84). Nicht erforderlich sind ein Ausnahmefall, eine Ausnahmetat, außergewöhnliche Umstände oder besonders bedeutende Milderungsgründe (BGH NStZ-RR 2015, 174).

786 Nicht abschließend geklärt ist, ob der **Durchschnitt** der erfahrungsgemäß gewöhnlich vorkommenden Fälle an Hand der gesamten Bandbreite des jeweiligen Tatbestandes (BGH NStZ-RR 2015, 217: **alle Fälle der Einfuhr**) zu ermitteln ist oder ob auf typische Begehungsweisen (etwa Drogenkuriere oder Körperschmugg-

aa) Gesamtwürdigung. Ob ein minder schwerer Fall vorliegt, ist auf der 787 Grundlage einer **Gesamtwürdigung** von Tat und Täter zu entscheiden (BGHSt 62, 90 (→Rn. 785); BGH NStZ 2009, 37; NStZ-RR 2004, 80); dabei sind **alle** Umstände heranzuziehen (BGH NStZ-RR 2009, 139; 2009, 204), die für die Wertung der Tat und des Täters in Betracht kommen, gleichgültig ob sie der Tat selbst **innewohnen, sie begleiten,** ihr **vorausgehen** oder **nachfolgen** (stRspr; BGH NJW 1975, 1174; 2017, 2776; BGHSt 62, 90 (→Rn. 785); BGH NStZ 2007, 529; NStZ-RR 2009, 203; 2013, 150; 2015, 14) oder sonst **außerhalb des Tathergangs** liegen, aber Schlüsse auf das Schuldmaß zulassen (BGHSt 4, 8 = NJW 1953, 591; *Kinzig* in Schönke/Schröder StGB Vor § 38 Rn. 55).

Eine Bewertung **nur des engeren Tatgeschehens** ist nicht ausreichend (BGH 788 *Detter* NStZ 1990, 174; NStZ-RR 2014, 349), ebensowenig das bloße Herausgreifen von **Einzelaspekten** (BGH BeckRS 2014, 17478 Rn. 14; 2004, 873) wie etwa die mindere Gefährlichkeit einer Waffe (BGHR BtMG § 30a Abs. 3 Strafzumessung 1 (→Rn. 722)) oder die Art des Betäubungsmittels (BGHR BtMG § 29 Strafzumessung 33 = NStZ 1998, 254: „weiche" Droge).

bb) Abwägung. Die wesentlichen straferschwerenden und strafmildernden 789 Umstände sind **gegeneinander** abzuwägen (BGHR StGB vor § 1/minder schwerer Fall Gesamtwürdigung 8; BGH NStZ-RR 2013, 150; BeckRS 2012, 3860), und zwar für jeden Tatbestand gesondert (→Rn. 848). Dabei dürfen strafschärfende und strafmildernde Umstände **nicht isoliert** betrachtet oder nur aufgezählt werden, sondern müssen in ihrem Zusammenhang der Gesamtwürdigung zugrunde gelegt werden (→Rn. 734, 746).

Besonders eingehend ist das Vorliegen eines minder schweren Falles zu prüfen, 790 wenn ein Verbrechenstatbestand, etwa die Einfuhr von Betäubungsmitteln in nicht geringer Menge (§ 30 Abs. 1 Nr. 4), Fälle von **unterschiedlicher Schwere** umfasst (BGHSt 31, 163 = NJW 1983, 692 = NStZ 1983, 174; BGH StV 2000, 621). Auch beim Vorliegen eines vertypten Milderungsgrundes muss sich das Gericht regelmäßig und vorrangig näher damit auseinandersetzen, ob es einen minder schweren Fall bejahen kann (→Rn. 833ff.).

Die Abwägung ist **Sache des Tatrichters.** Es ist seine Aufgabe, auf der Grund- 791 lage des umfassenden Eindrucks, den er in der Hauptverhandlung von der Tat und der Persönlichkeit des Täters gewonnen hat, die wesentlichen entlastenden und belastenden Umstände festzustellen und gegeneinander abzuwägen. Welchen Umständen er bestimmendes Gewicht beimisst, ist im Wesentlichen seiner Beurteilung überlassen (BGH NStZ-RR 2008, 153; BeckRS 2011, 1481; 2020, 18288). Ein **beträchtliches Überwiegen** der mildernden Umstände genügt (BGH NStZ-RR 2015, 174; 2019, 185). Trotz des tatrichterlichen Beurteilungsspielraums muss die **Strafrahmenwahl nachvollziehbar** sein. Das ist bei einer Anwendung des Normalstrafrahmens trotz des eindeutigen Überwiegens der strafmildernden Faktoren nicht mehr der Fall (BGH NStZ-RR 2019, 185).

b) Der Kreis der einzubeziehenden Umstände. In die Gesamtwürdigung 792 sind grundsätzlich **alle Umstände** einzubeziehen, die für die Wertung von Tat und Täter in Betracht kommen (→Rn. 787). Dazu gehören
- sowohl die allgemeinen Strafmilderungsgründe (→Rn. 794–826), einschließlich der typischen Erwägungen im Betäubungsmittelstrafrecht (→Rn. 938– 1142),
- als auch die vertypten Milderungsgründe (→Rn. 752–780; zum Modus der Berücksichtigung →Rn. 827–841).

Einige **Fallstricke** können vermieden werden, wenn bereits bei der Strafrahmenwahl alle wesentlichen be- und entlastenden Umstände herangezogen und diese dann auch bei der Strafzumessung im engeren Sinn erneut angesprochen werden; ihre Berücksichtigung bei der Strafrahmenwahl hat nicht zur Folge, dass sie bei der Strafzumessung im engeren Sinn verbraucht wären (→ Rn. 740, 743, 794, 897–899). Zu berücksichtigen sind auch das **Doppelverwertungsverbot** nach § 46 Abs. 3 StGB (→ Rn. 900–929) sowie die Grundsätze zum **Fehlen** von Strafschärfungs- und Strafmilderungsgründen (dazu → Rn. 930–937).

793 Bei der **Prüfung** ist (zB BGH BeckRS 2019, 16363; 2016, 109921; NStZ 2017, 524) im Hinblick auf das mögliche Zusammentreffen mit einem vertypten Milderungsgrund und die sich dann ergebende **zwingende Prüfungsreihenfolge** (→ Rn. 837) mit der Erörterung der allgemeinen Strafmilderungsgründe zu beginnen (*Maier* in MüKoStGB StGB § 50 Rn. 11; → § 46 Rn. 118 ff.):

794 aa) Allgemeine Strafmilderungsgründe. Zu den Umständen, die in die Gesamtwürdigung einzubeziehen sind, gehören zunächst die allgemeinen Strafmilderungsgründe. Dazu zählen namentlich alle Gesichtspunkte, die auch für die Strafzumessung im engeren Sinn maßgeblich sind (→ Rn. 938–1142). Sie werden dadurch **nicht verbraucht**, sondern sind bei der Strafzumessung im engeren Sinn mit ihrem verbleibenden Gewicht (→ Rn. 743) erneut zu berücksichtigen (→ Rn. 792).

795 Ein minder schwerer Fall kommt vor allem dann in Betracht, wenn allgemeine Strafmilderungsgründe **gehäuft** auftreten (zB BGH BeckRS 2018, 26598). **Nur ein,** wenn auch gewichtiger, **allgemeiner Strafmilderungsgrund** genügt dagegen in der Regel zur Begründung eines minder schweren Falles **nicht** (*Schäfer/Sander/van Gemmeren* Strafzumessung Rn. 1117).

796 Folgende **allgemeine Strafmilderungsgründe** geben im Betäubungsmittelstrafrecht besonders häufig Anlass zur Prüfung, ob ein minder schwerer Fall vorliegt:

797 (a) Art, Menge, Wirkstoffmenge. Diese Strafzumessungsfaktoren (→ Rn. 941–1025) prägen den Unrechtsgehalt von Betäubungsmitteldelikten regelmäßig wesentlich und stellen daher **bestimmende Zumessungsfaktoren** dar. Sie spielen nicht nur bei der Strafzumessung im engeren Sinn, sondern schon bei der Frage, ob ein minder schwerer Fall in Betracht kommt, eine erhebliche Rolle (*Kotz/Oğlakcıoğlu* in MüKoStGB § 29a Rn. 132 ff.). Dies gilt bei allen Verbrechenstatbeständen des BtMG, nicht nur bei denjenigen, die ausdrücklich an eine (Wirkstoff-)Menge anknüpfen. Da die Strafe nach dem Maß der individuellen Schuld zuzumessen und entscheidend ist, ob der Fall insgesamt minder schwer wiegt, gibt es keine reine „Mengenrechtsprechung" (BGH BeckRS 2019, 34391). Fehlerhaft ist auch das Abstellen auf einzelne Umstände. **Allein** das Vorliegen **weicher Drogen** begründet daher noch keinen minder schweren Fall (*Schäfer/Sander/van Gemmeren* Strafzumessung Rn. 1749 Fn. 244). Auch allein die **Art des Rauschgifts** ist für sich genommen nicht geeignet, einen minder schweren Fall abzulehnen (BGH NStZ 2020, 231 (232)). Die **mittlere Gefährlichkeit** eines Betäubungsmittels stellt für sich genommen weder einen Strafschärfungs- noch einen Milderungsgrund dar (BGH BeckRS 2019, 7360).

798 Auch die **Menge** (Gewichtsmenge) und die Wirkstoffmenge bzw. das Maß der Überschreitung des Grenzwerts zur nicht geringen Menge prägen nahezu jedes Betäubungsmitteldelikt wesentlich, sodass diesen Umständen im Rahmen der Strafzumessung eigenständige Bedeutung zukommt (→ Rn. 800 ff.; 952). Dies gilt allerdings eher in dem Sinne, dass eine große Gewichtsmenge nicht vernachlässigt werden darf. Bei der Prüfung eines minder schweren Falls ist die (kleine) Gewichtsmenge von geringerer Bedeutung.

In Fällen, welche überwiegend den Handel **mit synthetischen Drogen** auf der **Techno-Szene** durch Personen betreffen, die der Szene und ihren Konsumgewohnheiten selbst verbunden sind, soll die Annahme eines minder schweren Falls oder die Verhängung der Mindeststrafe bei Anwendung des Regelstrafrahmens keiner eingehenderen Begründung bedürfen (BGH NJW 1996, 2316 = NStZ 1996, 339 = StV 1996, 373). Dagegen sprechen aber die spezifischen Gefahren, die gerade von dem Handel in dieser Szene ausgehen (→ § 1 Rn. 362; BGHSt 42, 255 (→ Rn. 260)) und die nicht dadurch geringer werden, dass sie von Personen stammen, die den Konsumenten vertraut sind. 799

(b) Die niedrige nicht geringe Menge. Die (Wirkstoff-)Menge des Rauschgifts spielt (auch) bei der Strafrahmenwahl im Rahmen der Gesamtabwägung (→ Rn. 787–791) in den Fällen eine besondere Rolle, in denen die nicht geringe Menge ein **Qualifikationsmerkmal** ist (§ 29a Abs. 1 Nr. 2, § 30 Abs. 1 Nr. 4, § 30a Abs. 1, 2 Nr. 2). Je stärker bei diesen Tatbeständen die Grenze zur nicht geringen Menge überschritten ist, desto eher kommt eine Ablehnung eines minder schweren Falles in Betracht und umgekehrt (BGHSt 62, 90 (→ Rn. 785)). 800

Da eine nur **geringe Grenzwertüberschreitung** unterhalb des Durchschnittsfalles (→ Rn. 785) liegt, ist sie ein wesentliches Kriterium für die Annahme eines minder schweren Falles (BGHSt 62, 90 (→ Rn. 785)). Wird die Mindestgrenze nur **unwesentlich** überstiegen, ist daher regelmäßig ein minder schwerer Fall in Erwägung zu ziehen (BGH NStZ 2020, 231 (232)). Dies kommt etwa beim Übersteigen des Grenzwertes um das 1,8-fache (BGH NStZ-RR 2017, 47), um das 1,91-fache (BGH NStZ-RR 2018, 217 = StV 2018, 486), um das Doppelte (BGH NStZ-RR 2017, 180 = StV 2018, 487), um das Zweieinhalbfache (BGH NStZ-RR 2016, 141) oder das Dreifache (BGH BeckRS 2016, 09855) in Betracht. Demgegenüber hält BGH NStZ-RR 2017, 48 es für „äußerst zweifelhaft", ob in dem Überschreiten um das Dreifache noch eine geringe Überschreitung zu sehen ist. Trotz dieser Differenzen ist zu beachten, dass die Gesamtumstände des Einzelfalls maßgeblich sind und entscheidend ist, ob der Fall insgesamt minder schwer wiegt. Daher schließt auch die Überschreitung der nicht geringen Menge um ein Vielfaches für sich genommen die Anwendung des minder schweren Falls nicht aus. So wird etwa das 7,5-fache (BGHSt 62, 90 (→ Rn. 785))), das 7,8-fache und das 14-fache (BGH BeckRS 2016, 18887) genannt, ohne dabei auf weitere Umstände (etwa → Rn. 802, 803, 805) einzugehen. Das Überschreiten der nicht geringen Menge um das 8-Fache rechtfertigt nicht das Absehen von einem minder schweren Fall, wenn ein eindeutiges Überwiegen mildernder Faktoren vorliegt (BGH NStZ-RR 2019, 185). 801

Vor allem im Grenzbereich der nicht geringen Menge entbindet danach die Erfüllung einer Qualifikation nicht von der Pflicht zur Abwägung, ob in der Tat oder in der Person des Täters Umstände vorliegen, die Unrecht oder Schuld deutlich vom Regelfall nach unten abheben und die Annahme eines minder schweren Falls rechtfertigen (BGH StV 1984, 286). Dies gilt erst recht dann, wenn es sich um **weiche Drogen** handelt (BGHSt 31, 163 = NJW 1983, 692 = NStZ 1983, 174; BGHR BtMG § 30 Abs. 2 Wertungsfehler 1; BGH StV 1985, 369), der **Täter abhängig** ist und/oder mit dem Geschäft seinen **Eigenbedarf** decken oder finanzieren will (BGHR BtMG § 30 Abs. 2 Strafrahmenwahl 3 = NStZ 1990, 384 = StV 1990, 303; Wertungsfehler 2 = NStZ 1993, 434; BGH StV 2000, 621) oder sonst einer oder mehrere der in → Rn. 805–826 aufgeführten Gesichtspunkte vorliegen. 802

Liegen gleichzeitig **mehrere gewichtige Strafmilderungsgründe** (hochgradige Opiatabhängigkeit, Betäubungsmittel überwiegend zum Eigenverbrauch bestimmt, Sicherstellung bereits an der Grenze) vor, so schließt auch ein **wesentliches** Übersteigen des Grenzwertes der nicht geringen Menge (hier das 11fache der nicht geringen Menge (BGHR BtMG § 30 Abs. 2 Strafrahmenwahl 3 (→ Rn. 802); Wer- 803 tungsfehler 2 (= NStZ 1993, 434) die Annahme eines minder schweren Falles nicht ohne weiteres aus (BGH StV 1997, 638; OLG Hamm StV 2001, 178). Dasselbe gilt bei einem Heroin- und Cocaingemisch von 30 g (BGH *Schoreit* NStZ 1992, 325). Zu weiteren Mengen → Rn. 807.

804 Zur Behandlung der **niedrigen nicht geringen Menge** im Rahmen der **Strafzumessung im engeren Sinn** → Rn. 963–965.

805 **(c) Verwendungszweck, Eigenverbrauch.** Der Schuldumfang wird wesentlich von dem Verwendungszweck bestimmt. Es ist daher zwingend notwendig, den Eigenverbrauchsanteil **konkret zu bestimmen** (BGH NStZ-RR 2018, 113).

806 Auch wenn der Umgang mit der nicht geringen Menge (überwiegend) dem Eigenverbrauch dient, kann die Annahme eines minder schweren Falles naheliegen (BGHR BtMG § 30 Abs. 2 Eigenverbrauch 1 = NStE Nr. 11 zu § 30 BtMG; Strafrahmenwahl 3 = NStZ 1990, 384; Wertungsfehler 2 = NStZ 1993, 434; BGH NStZ 1990, 285; StV 2000, 621). Dasselbe gilt, wenn die Betäubungsmittel zusätzlich für eine **nahestehende Person** bestimmt sind (BGH *Schoreit* NStZ 1992, 325).

807 Sind die Betäubungsmittel zum **Eigenverbrauch** bestimmt, schließt dann je nach den Umständen und dem Hinzukommen weiterer Gesichtspunkte auch der Umgang mit dem Doppelten (BGHR BtMG § 30 Abs. 2 Wertungsfehler 1), dem Vierfachen (BGHR BtMG § 30 Abs. 2 Wertungsfehler 2 = NStZ 1993, 434) oder auch dem 11-fachen der nicht geringen Menge (BGHR BtMG § 30 Abs. 2 Strafrahmenwahl 3 = NStZ 1990, 384) einen minder schweren Fall nicht aus).

808 Geht das Gericht davon aus, dass der Täter Betäubungsmittel zum Eigenverbrauch besessen hat, so darf die **rein abstrakte Möglichkeit** der Weitergabe an Dritte nicht strafschärfend berücksichtigt werden, wenn keine Anhaltspunkte dafür ersichtlich sind, dass der Täter anderen Sinnes geworden ist (BayObLG NJW 1998, 769 = NStZ 1998, 261 = StV 1998, 81; StV 1998, 590; OLG Bamberg BeckRS 2015, 12780). Die Verwertung der sich aus dem Besitz auch einer größeren Menge ergebenden abstrakten Gefahr der Weitergabe verstößt gegen § 46 Abs. 3 StGB. Aber auch → Rn. 949.

809 In Fällen überwiegenden Eigenverbrauchs steht auch die **Tateinheit** zwischen Einfuhr/Handeltreiben und Erwerb der Annahme eines minder schweren Falles nicht entgegen, da die **Mehrheit** der zugleich verwirklichten Tatbestände hier mangels Gefährdung der Allgemeinheit **nicht** strafschärfend berücksichtigt werden darf; sie gibt vielmehr zu milderer Beurteilung Anlass (BGHR BtMG § 29 Strafzumessung 11 = StV 1991, 105; § 30 Abs. 2 Wertungsfehler 2 = NStZ 1993, 434; BGH BeckRS 1999, 30050234; StV 1998, 599 sowie → Rn. 939).

810 Ebensowenig darf strafschärfend berücksichtigt werden, dass der Täter die Betäubungsmittel zwar **zum Handeltreiben** gekauft, dann aber einen Teil **selbst verbraucht** hat; auch in diesem Fall hat der Eigenverbrauch die in den Verkehr gelangte Menge verkürzt (BayObLG NStZ 1998, 532).

811 **(d) Betäubungsmittelabhängigkeit** des Täters (→ Rn. 465–550) muss stets Anlass zur Prüfung sein, ob ein minder schwerer Fall vorliegt. Auch wenn sie den Schweregrad des § 21 StGB nicht erreicht, kann sie bei der Strafrahmenwahl, zumal im Zusammentreffen mit weiteren mildernden Umständen, einen minder schweren Fall begründen (→ Rn. 518; BGHR StGB § 46 Abs. 1 Strafhöhe 6 = NStZ 1992, 381; BtMG § 30 Abs. 2 Eigenverbrauch 1 = NStE Nr. 11 zu § 30 BtMG; Strafrahmenwahl 3 = NStZ 1990, 384; aA *Perron/Weißer* in Schönke/Schröder StGB § 21 Rn. 25). Sie kann zudem das Gewicht des schärfenden Zumessungskriteriums der Rückfallgeschwindigkeit reduzieren (vgl. BGH NStZ-RR 2020, 178). Eine Prüfung des minder schweren Falls ist zudem bei Mengen im Grenzbereich der nicht geringen Menge angezeigt (→ Rn. 801).

Kap. 12. Strafzumessung in Betäubungsmittelsachen **Vor §§ 29 ff. BtMG**

Kommt verminderte Schuldfähigkeit in Betracht (→ Rn. 465–550), so ist im 812 Hinblick auf § 50 StGB (→ Rn. 834–841) gleichwohl zunächst zu prüfen, ob die **Betäubungsmittelabhängigkeit** (unabhängig von den Voraussetzungen des § 21 StGB) allein oder in Verbindung mit anderen Strafmilderungsgründen einen minder schweren Fall begründet (→ Rn. 837; BGH NStZ-RR 2008, 73; StraFo 2008, 173). Dies kann etwa dann gegeben sein, wenn ein hochgradig opiatabhängiger Täter mit Betäubungsmitteln in nicht geringen Mengen umgeht, die überwiegend zum Eigenverbrauch bestimmt sind (BGHR BtMG § 30 Abs. 2 Strafrahmenwahl 3 = NStZ 1990, 384; Eigenverbrauch 1 = NStE Nr. 11 zu § 30 BtMG).

Liegt danach ein **minder schwerer Fall** bereits unabhängig von der verminderten Schuldfähigkeit vor, so kann dieser Ausnahmestrafrahmen auf Grund des vertypten Milderungsgrundes des § 21 StGB noch einmal gemildert werden (→ Rn. 838; BGH NStZ 1985, 367; StraFo 2008, 173; *Schäfer/Sander/van Gemmeren* Strafzumessung Rn. 1122, 1123, 1152–1155). Die verminderte Schuldfähigkeit muss nicht positiv feststehen; es reicht aus, dass sie nicht ausgeschlossen werden kann (→ Rn. 468). 813

Eine erheblich verminderte Schuldfähigkeit infolge schwerer Drogensucht führt 814 **nicht zwingend** zu einem minder schweren Fall; dies gilt auch dann, wenn die Drogenabhängigkeit Triebfeder der Straftaten war, der noch junge Täter Kontakt zur Drogenberatung aufgenommen und eine Therapiezusage erhalten hat. Da es auch auch in einem solchen Fall entscheidend auf die Gesamtwürdigung ankommt, können andere Umstände (dreimalige Einfuhr, Überschreiten der nicht geringen Menge um mehr als das 60fache, Verwirklichung mehrerer Tatbestände, Vorstrafe wegen Handeltreibens mit Betäubungsmitteln, Bewährungsbruch unter besonders erschwerenden Umständen) so erheblich ins Gewicht fallen, dass eine Abweichung vom ordentlichen Strafrahmen nicht angezeigt ist (BGHR BtMG § 30 Abs. 2 Gesamtwürdigung 3 = BeckRS 1988, 31086880).

Die Ablehnung eines minder schweren Falles wegen voller Verantwortlichkeit 815 kann auch unter dem Gesichtspunkt der **actio libera in causa** (→ Rn. 547–550) in Betracht kommen (BGH BeckRS 1989, 31098879).

(e) Schwache Beteiligungsformen. Ein minder schwerer Fall kann für einen 816 Beteiligten auch auf Grund seines geringen Tatbeitrags gegeben sein (zur Frage des minder schweren Falls bei mehreren Beteiligten → Rn. 844–847):

(aa) Schwache Täterschaftsformen. Ähnelt das objektive Tatbeitrag in seinem Gewicht einer Beihilfehandlung („schwache" Täterschaft), so kann dies, namentlich im Grenzbereich der nicht geringen Menge, zu einem minder schweren Fall führen (BGH BeckRS 2018, 11894; StV 1981, 278 mAnm *Michalke*; *Patzak* in Körner/Patzak/Volkmer § 29a Rn. 132a). Dasselbe gilt, wenn der Tatbeitrag eines nur mit Geldstrafe vorbestraften, geständigen Täters nahe bei dem eines Gehilfen liegt und er nur tätig geworden ist, um seinen eigenen Rauschgiftbedarf zu decken und eine Unterkunft zu haben (BGHR StGB vor § 1/minder schwerer Fall Gesamtwürdigung, unvollständige 11). 817

(bb) Beihilfe. Die Beihilfe ist ein vertypter Milderungsgrund, bei dem die Strafe 818 zwingend zu mildern ist (§ 27 Abs. 2 S. 2 StGB). Für die Bewertung der Gehilfentat und den danach heranzuziehenden Strafrahmen kommt es nicht in erster Linie auf die Haupttat an; entscheidend ist, mit welchem Gewicht sich die Beihilfe selbst darstellt (BGH BeckRS 1989, 31099304). Der Tatbeitrag des Gehilfen kann im Vergleich zu anderen erfahrungsgemäß vorkommenden Beihilfehandlungen der betreffenden Fallgruppe aber auch so gering sein, dass er bereits – unabhängig von der Beihilfequalität – einen minder schweren Fall begründet; in diesem Fall treffen ein allgemeiner Strafmilderungsgrund und ein vertypter Milderungsgrund zusammen, so dass der Strafrahmen des minder schweren Falls nach → Rn. 837 zudem nach § 27 Abs. 2, § 49 Abs. 1 StGB abzusenken ist (→ Rn. 838; BGHR BtMG § 29 Abs. 3 Nr. 4 Gehilfe 2; BGH StV 1992, 372; *Patzak* in Körner/Patzak/Volkmer § 29a Rn. 133). Ergibt sich dagegen der minder schwere Fall aufgrund des vertypten Milderungsgrundes der Beihilfe, steht einer nochmaligen Strafrahmenverschiebung § 50 StGB entgegen.

819 **(f) Bedingter Vorsatz.** Der Umstand, dass der Täter mit bedingtem Vorsatz gehandelt hat, kann auch bei der Strafrahmenwahl zu seinen Gunsten gewertet werden; dies darf jedoch nicht schematisch geschehen; vielmehr ist eine Würdigung der Umstände des Einzelfalls vorzunehmen (BGH BeckRS 2015, 03560).

820 **(g) Tatprovokation.** Der Umstand, dass bei der Tat ein agent provocateur beteiligt war, ist bereits bei der **Strafrahmenwahl** in die Gesamtwürdigung miteinzubeziehen. Dies gilt erst recht, wenn er Einfluss auf Art, Menge oder Wirkstoffgehalt der Betäubungsmittel genommen hat (→ Rn. 948, 959, 966). Zur Tatprovokation im Einzelnen → § 4 Rn. 167–304.

821 **(h) Besondere Verführungs- oder Beherrschungssituationen** können ebenfalls zur Annahme eines minder schweren Falles führen, etwa wenn eine Frau ohne eigene kriminelle Initiative sich dem beherrschenden Einfluss ihres älteren und überlegenen Mannes nicht entziehen kann (BGH BeckRS 1977, 00270); dasselbe gilt für Erpressungssituationen.

822 **(i) Regelmäßig bei Kurieren vorliegende Umstände.** Die in → Rn. 1058 genannten Milderungsgründe, treffen so oder ähnlich auf nahezu alle Rauschgiftkurieren zu. Ihnen kommt daher für ein Abweichen vom Regelstrafrahmen nur geringe Bedeutung zu; dies gilt auch dann, wenn bei dem Täter geordnete Lebensverhältnisse vorliegen (OLG Hamm *Kotz/Rahlf* NStZ-RR 2013, 129 (131) = BeckRS 2013, 01942)

823 **(j) Polizeiliche Überwachung, Sicherstellung.** Hierbei handelt es sich um bestimmende und separat zu behandelnde Strafmilderungsfaktoren (BGH NStZ 2021, 54). Ein minder schwerer Fall ist daher immer dann in Erwägung zu ziehen bzw. muss sich aufdrängen (BGH NStZ-RR 2013, 249), wenn wegen **polizeilicher Überwachung** eine Gefährdung der Allgemeinheit von vornherein ausgeschlossen oder doch deutlich vermindert war (stRspr; BGH NStZ 2013, 662; BeckRS 2017, 118219; NStZ-RR 2015, 248; 2011, 370; BGH StV 1991, 565; StV 1991, 460). Dabei ist zu berücksichtigen, dass einer zugleich gegebenen **Tatprovokation** gegenüber der polizeilichen Überwachung des Geschäfts eine eigenständige Bedeutung zukommt (BGHR BtMG § 29 Strafzumessung 2). Dasselbe gilt für die **Sicherstellung** der Betäubungsmittel, bei der sich die Berücksichtigung geradezu aufdrängen muss (BGH NStZ-RR 2012, 153; 2013, 249; 2014, 249; 2015, 248). Tatprovokation, Überwachung und Sicherstellung sind bestimmende Strafzumessungsgründe, die im Urteil schon bei der Strafrahmenwahl zu erörtern sind (BGH NStZ-RR 2017, 179; 2018, 218; StV 2018, 486). Dies gilt auch in den Fällen des **Besitzes** (OLG Naumburg BeckRS 2017, 124235). Zur Berücksichtigung bei der Strafzumessung im engeren Sinn → Rn. 1031, zur Beteiligung eines agent provocateur → Rn. 1034.

824 **(k) Luftgeschäft.** Auch sonst liegt die Annahme eines minderschweren Falls bei einem auf polizeiliche Initiative veranlassten bloßen „Luftgeschäft" stets nahe (BVerfG StV 1995, 169; BGH NStZ-RR 2000, 57 = StV 1999, 650; StV 2000, 620; NStZ 1999, 501 zu einem bisher Unverdächtigen). Ein **Luftgeschäft** liegt **nicht** vor, wenn das Drogengeschäft eine konkrete und auch existierende Betäubungsmittellieferung betrifft (BVerfG BeckRS 2002, 30231482).

825 **(l) Abstandnahme vom Geschäft.** Ein minder schwerer Fall (des Handeltreibens) ist auch dann zu prüfen, wenn der Täter von der Einfuhr (BGH StV 1981, 278 mAnm *Michalke*) oder der Lieferung des Rauschgifts Abstand nimmt, auch

wenn die Gründe hierfür nicht aufgeklärt werden können (BGH StV 1984, 201) oder wenn das Rauschgift wegen Benzingeruchs nur bedingt brauchbar und absetzbar war und der Täter es deswegen vernichten wollte oder vernichtet hat (BGH 2 StR 262/79).

(m) Verurteilung durch ein ausländisches Gericht. Schließlich kann ein minder schwerer Fall in Betracht zu ziehen sein, wenn der Täter alsbald nach Tatbegehung durch ein ausländisches Gericht bestraft wurde und er die Tat als gesühnt ansehen konnte (BGHR BtMG § 30 Abs. 2 Gesamtwürdigung 2 = StV 1988, 18; BGH NStZ 1986, 312 = StV 1986, 292). Zu den Auslandsverurteilungen im Übrigen, insbesondere auch im Hinblick auf Art. 54 SDÜ und Art. 1 EG-ne-bis-in-idem Übk., → Rn. 37–68. 826

bb) Vertypte Milderungsgründe. Zu den in die Gesamtwürdigung (→ Rn. 787) einzubeziehenden Umständen gehören auch die vertypten Milderungsgründe (→ Rn. 750–780) sowie die Tatprovokation (→ Rn. 781). Sind die Voraussetzungen eines solchen Milderungsgrundes gegeben, ist auch hier vorrangig ein im Gesetz vorgesehener minder schwerer Fall vor einer Strafmilderung durch Anwendung des § 49 StGB zu prüfen (stRspr; BGH NStZ 1999, 610; NStZ-RR 2004, 14; *Fischer* StGB § 50 Rn. 3; *Maier* in MüKoStGB StGB § 46 Rn. 118 ff.; *Kühl* in Lackner/Kühl StGB § 50 Rn. 2; *Kinzig* in Schönke/Schröder StGB § 50 Rn. 3; *Goydke* FS Odersky, 1996, 371 (379)): 827

(a) Vorliegen eines vertypten Milderungsgrundes. Wie aus § 50 StGB zu entnehmen ist, kann schon ein einzelner vertypter Milderungsgrund für sich schwer wiegen, dass er im Rahmen der Gesamtabwägung den Ausschlag für die Annahme eines minder schweren Falles gibt. Dabei macht es keinen Unterschied, ob die Strafmilderung fakultativ oder obligatorisch ist (BGHSt 32, 133 = NJW 1984, 745 = NStZ 1984, 73; BGHSt 40, 73 = NJW 1994, 1885 = NStZ 1994, 290 = StV 1994, 375; BGHR StGB § 49 Abs. 1 Strafrahmenwahl 1; BGH NStZ 1987, 72; NStZ-RR 1996, 181; *Schäfer/Sander/van Gemmeren* Strafzumessung Rn. 929). 828

Rechtfertigt ein vertypter Milderungsgrund im konkreten Fall die Annahme eines minder schweren Falles, so steht **das Gericht vor der Wahl,** entweder gemäß § 49 StGB den Regelstrafrahmen zu mindern oder den Strafrahmen der Vorschrift zum minder schweren Fall zu entnehmen (→ Rn. 827). Hinsichtlich der Höchststrafe ist dies für alle Verbrechen des Betäubungsmittelstrafrechts von Bedeutung (§ 49 Abs. 1 Nr. 2 StGB), hinsichtlich der Mindeststrafe für die Verbrechen nach § 30 und § 30a BtMG (§ 49 Abs. 1 Nr. 3 StGB). 829

Diese Wahl ist auf der Grundlage einer **Gesamtwürdigung** aller für die Bewertung von Tat und Täter in Betracht kommenden Umstände zu treffen (BGHR StGB vor § 1/minder schwerer Fall Strafrahmenwahl 4; BGH NStZ 1984, 118). Die Urteilsgründe müssen erkennen lassen, dass sich das Gericht **beider Möglichkeiten bewusst war** (BGHSt 33, 92 = NJW 1985, 1406 = StV 1985, 107; BGHR BtMG § 30 Abs. 2 Strafrahmenwahl 2 = StV 1989, 393; BGH NStZ 1994, 485 = StV 1994, 426; 2005, 705 = StV 2006, 401 = StraFo 2005, 469; OLG Köln StV 2008, 582; *Fischer* StGB § 50 Rn. 5; *Kühl* in Lackner/Kühl StGB § 50 Rn. 2). auch → Rn. 842. 830

Das Gericht ist zwar **nicht verpflichtet,** der Strafzumessung den jeweils **günstigsten** Strafrahmen zugrunde zu legen (BGHR StGB § 177 Strafrahmenwahl 1; BGH NStZ 1999, 610; 2014, 510; StV 1988, 385; *Kühl* in Lackner/Kühl StGB § 50 Rn. 2; *Franke/Wienroeder* Vor § 29 Rn. 23; *Goydke* FS Odersky, 1996, 371 (380); aA *Theune* in LK-StGB § 50 Rn. 15; *Kotz* in MüKoStGB § 29a Rn. 170–172); vielmehr hat es im Rahmen der gebotenen Gesamtwürdigung pflichtgemäß zu entscheiden und darzulegen, aus welchen Gründen es den milde- 831 ren Strafrahmen des minder schweren Falles nicht für angemessen hält (BGH BeckRS 2015, 11092; BGH NStZ 2014, 510; 1982, 200; *Fischer* StGB § 50 Rn. 5; *Kühl* in Lackner/Kühl StGB § 50 Rn. 2). Zum Maßstab → Rn. 839. Bleiben aber Zweifel, so läuft dies auf die Anwendung des günstigeren Strafrahmens hinaus (BGHSt 33, 92 (= NJW 1985, 1406); *Fischer* StGB § 50 Rn. 5). Der Zweifelssatz gilt dabei allerdings nicht (BGH BeckRS 2015, 11092).

832 **(b) Vorliegen mehrerer vertypter Milderungsgründe.** Mehrere vertypte Milderungsgründe können zu einer mehrfachen Strafmilderung führen (BGH NStZ-RR 2018, 104). Voraussetzung ist, dass sie jeweils eine selbständige sachliche Grundlage haben (→ Rn. 772).

833 **cc) Zusammentreffen allgemeiner Strafmilderungsgründe mit vertypten Milderungsgründen.** Treffen ein oder mehrere allgemeine Strafmilderungsgründe, die einen minder schweren Fall begründen können, mit einem oder mehreren vertypten Milderungsgründen zusammen, so gilt folgendes:

834 **(a) Verbot der Doppelverwertung vertypter Milderungsgründe (§ 50 StGB).** Nach § 50 StGB darf ein Umstand, der allein oder zusammen mit anderen die Annahme eines minder schweren Falles begründet und der zugleich ein besonderer gesetzlicher Milderungsgrund nach § 49 StGB ist, nur einmal berücksichtigt werden. Dies gilt aber **nur für die Strafrahmenwahl** (BGHR StGB § 50 Strafhöhenbemessung 5; BGH NStZ-RR 1998, 295; *Goydke* FS Odersky, 1996, 371 (381)) und auch dort nur für die Fälle, in denen ein vertypter Milderungsgrund nach § 49 StGB vorliegt (BGH NStZ 1987, 504), nicht aber für die Strafzumessung im engeren Sinn (→ Rn. 740, 743, 897–899); dort sind Umstände, die zur Strafrahmenmilderung führten, nochmals mit verringertem Gewicht zu berücksichtigen (BGH BeckRS 2019, 35652).

835 Das Verbot des § 50 StGB greift nur dann ein, wenn **dieselben Tatsachen** (allein oder mit anderen) den Strafrahmen mehrfach mildern würden (BGHR StGB § 50 Abs. 1 Mehrfachmilderung 1 (3 StR 287/86); 2 (2 StR 226/87); BGH NStZ 2001, 642). Hat dagegen jeder Milderungsgrund eine selbständige tatsächliche Grundlage (BGH NStZ 1981, 299), so ist eine mehrfache Milderung möglich (*Fischer* StGB § 50 Rn. 7; *Kinzig* in Schönke/Schröder StGB § 50 Rn. 5).

836 **(b) Der nicht benötigte vertypte Milderungsgrund.** Eine mehrfache Milderung ist rechtlich auch dann zulässig, wenn der vertypte Milderungsgrund für die Annahme eines minder schweren Falles nicht benötigt wird, weil andere oder allgemeine Strafmilderungsgründe dafür ausreichen (BGHR StGB § 49 Abs. 1 Strafrahmenwahl 3 (3 StR 506/87); § 50 Mehrfachmilderung 1 (3 StR 287/86); BGH NStZ 1999, 610; 2008, 338 = StV 2008, 355; 2012, 271; StraFo 2008, 173; *Fischer* StGB § 50 Rn. 4; *Kühl* in Lackner/Kühl StGB § 50 Rn. 3).

837 **(c) Verfahren.** Bei der Strafrahmenwahl ist daher im Sinne einer nach stRspr aller BGH-Strafsenate zwingend **vorgegebenen Prüfungsreihenfolge** (BGH NStZ 2012, 271; 2015, 696; 2017, 524; NStZ-RR 2013, 168; 2015, 275; weitere Rspr. bei *Maier* in MüKoStGB StGB § 46 Rn. 118 ff.) **nacheinander** zu erwägen (BGH NStZ 2008, 338; BeckRS 2008, 01462; NStZ-RR 2015, 155; BeckRS 2017, 132679; 2018, 26598),
– ob schon die allgemeinen Strafmilderungsgründe (→ Rn. 794–826) für die Annahme eines minder schweren Falles ausreichen (→ Rn. 838),
– ob erst das Hinzutreten des vertypten Milderungsgrundes die Tat als minder schweren Fall erscheinen lässt (→ Rn. 839, 840) oder
– ob auf Grund der anzustellenden Gesamtwürdigung der wegen des vertypten Milderungsgrundes nach § 49 StGB gemilderte Regelstrafrahmen besser zur Ahndung des Unrechts geeignet ist (→ Rn. 841)

(BGH NStZ 1999, 610). Im Einzelnen bedeutet dies:

Kap. 12. Strafzumessung in Betäubungsmittelsachen **Vor §§ 29 ff. BtMG**

Führen schon die **allgemeinen** Strafmilderungsgründe zur Annahme eines min- 838
der schweren Falles, so bleibt damit die Möglichkeit erhalten, den Strafrahmen auf
Grund des **noch nicht verbrauchten** vertypten Milderungsgrundes nach § 49
Abs. 1 StGB weiter zu mildern (→ Rn. 836).

Reichen die allgemeinen Strafmilderungsgründe nicht aus, so ist zu prüfen, ob 839
der vertypte Milderungsgrund **allein oder zusammen** mit den anderen Umständen einen minder schweren Fall begründen kann (BGH NStZ 1999, 610; 2012,
271; 2013, 50; NStZ-RR 2010, 336; 2012, 271; 2013, 7; 2015, 155; *Kühl* in
Lackner/Kühl StGB § 50 Rn. 3) und ob diese Möglichkeit **zu wählen ist**
(→ Rn. 829–831). Bei dieser Wahl hat das Gericht zu erwägen, ob das Schwergewicht der Milderung bei dem vertypten Milderungsgrund oder bei den anderen
Umständen liegt (*Fischer* StGB § 50 Rn. 5). Zur Entscheidung im Zweifel
→ Rn. 831.

Ergibt sich erst auf Grund der Einbeziehung des vertypten Strafmilderungsgrun- 840
des ein minder schwerer Fall und trifft das Gericht eine entsprechende Wahl, so
führt dies zu **keiner vollständigen Sperrung der Milderungsgründe.** Zwar
darf der Strafmilderungsgrund als solcher wegen der Sperrwirkung des § 50 StGB
nicht nochmals gewertet werden (BGH *Detter* NStZ 2000, 578; NStZ 2012, 271;
OLG Hamm StV 2004, 490; *Fischer* StGB § 50 Rn. 4); dies gilt für die fakultativen
wie obligatorischen Milderungsgründe gleichermaßen (BGH NStZ 1987, 72).
Dennoch ist es geboten, diejenigen Milderungsfaktoren, die die Strafrahmenverschiebung begründeten, bei der Zumessung ieS nochmals mit verringertem Gewicht heranzuziehen (BGH BeckRS 2019, 35652; *Maier* in MüKoStGB StGB
§ 50 Rn. 13, 14).

Reicht auch der vertypte Milderungsgrund (gegebenenfalls zusammen mit den 841
anderen Umständen) **nicht aus,** um einen minder schweren Fall zu begründen,
oder trifft das Gericht keine entsprechende Wahl, weil der (wegen des vertypten
Milderungsgrundes) nach § 49 Abs. 1 StGB gemilderte Regelstrafrahmen besser
zur Ahndung des Unrechts geeignet ist (BGH NStZ 1999, 610; → Rn. 837), so hat
es bei der Anwendung des § 49 Abs. 1 StGB auf den Regelstrafrahmen **sein Bewenden** (BGH NStZ 2012, 271; 2017, 524; NStZ-RR 2015, 155; *Kühl* in Lackner/Kühl StGB § 50 Rn. 3).

Das **Urteil** muss erkennen lassen, dass sich das Gericht der unterschiedlichen 842
Milderungsmöglichkeiten bewusst gewesen ist und insoweit eine Ermessensentscheidung getroffen hat (OLG Hamm StV 2004, 490; auch → Rn. 830, 831). Danach ist die **ausdrückliche Erörterung** eines minder schweren Falls, zumal beim
Vorliegen eines vertypten Milderungsgrundes, regelmäßig geboten. Die Anforderungen an die Erörterungspflicht sind einzelfallabhängig – je nachdem, ob sich die
Heranziehung des Ausnahmestrafrahmens aufdrängt, als vertretbar erscheint oder
sich nur als fern liegende Möglichkeit erscheint. Das Revisionsgericht überprüft
nicht nur die Einhaltung der Prüfungsreihenfolge, sondern auch die Begründungen
für die Ablehnung eines minderschweren Falls bzw. der Versagung einer Strafrahmenmilderung nach § 49 Abs. 1 StGB (näher *Maier* in MüKoStGB StGB § 46
Rn. 136 ff.). Im Einzelfall kann etwa trotz eines vertypten Milderungsgrundes
(hier: § 31 Nr. 1) die Erörterung eines minder schweren Falls ausnahmsweise entbehrlich sein, wenn es angesichts aller für die Bewertung des Täters und der Taten
bedeutsamen Umstände, namentlich mit Blick auf die eingeführten und zum Handeltreiben bestimmten Drogenmengen und den Feststellungen zum Lade- und Sicherungszustand der mitgeführten Pistole, auf der Hand liegt, dass kein minderschwerer Fall gegeben ist (BGH NStZ-RR 2010, 57).

c) Ausschöpfung des Sonderstrafrahmens. Hat sich das Gericht für einen 843
minder schweren Fall entschieden, so muss es den dadurch eröffneten Strafrahmen

seiner Entscheidung uneingeschränkt zugrunde legen; nicht zulässig ist eine Kombination, auch nicht im Sinne einer Meistbegünstigung des Täters (BGH NStZ 1999, 610).

844 d) **Mehrere Beteiligte, Beihilfe.** Die Gesamtwürdigung ist **für jeden Beteiligten gesondert** vorzunehmen (BGH BeckRS 2002, 2886). Ist die Haupttat nicht als minder schwer einzustufen, folgt hieraus nicht ohne weiteres, dass dies auch für die Tat des Gehilfen gilt (BGHR StGB § 250 Abs. 2 Gesamtbetrachtung 8; BGH BeckRS 2011, 8172). Für die Bewertung und Gewichtung einer **Teilnahmehandlung** kommt es daher in erster Linie auf den Unwert des vom Teilnehmer erbrachten Tatbeitrags sowie auf die dadurch verwirklichte und von seiner Person bestimmte Schuld an und erst in zweiter Linie und nur mittelbar auf das mit der Haupttat verwirklichte Unrecht (→ Rn. 364); maßgeblich ist, ob die **Beihilfe selbst** sich – unter Berücksichtigung des Gewichts der Haupttat – als minder schwerer Fall darstellt (BGH NStZ 2000, 83; 2003, 439 = StV 2003, 284; NStZ-RR 2003, 264; BeckRS 2011, 8172).

845 Danach sind vor allem die **nur den Gehilfen** betreffenden Umstände von Bedeutung, zB Gewicht und Umfang seines Tatbeitrags, seine Abhängigkeit vom Haupttäter, ein nur gelegentliches Tätigwerden, das Maß seiner Schuld. Daneben ist zwar das **Gewicht der Haupttat** zu berücksichtigen, doch darf wegen ihrer Schwere allein nicht ohne Weiteres ein minder schwerer Fall für den Gehilfen ausgeschlossen werden (BGH StV 1992, 372).

846 Unrechts- und Schuldgehalt der Haupttat muss ferner **von der Vorstellung** des Gehilfen **umfasst** werden; war ihm nur bewusst, dass er eine erhebliche Menge Rauschgift transportierte, die „zumindest" den Grenzwert zur nicht geringen Menge überschritt, darf die tatsächlich gehandelte, weit darüber hinausgehende Menge nicht strafschärfend berücksichtigt werden (BGH StV 2001, 462). Zur strafschärfenden Berücksichtigung von Fahrlässigkeit → Rn. 396; zur Gleichgültigkeit des Beteiligten → Rn. 418, 953, 968.

847 Auf der anderen Seite darf ein minder schwerer Fall nicht schon deswegen angenommen werden, weil der Betroffene **nur Beihilfe** geleistet hat und keinen Einfluss auf die Tatgestaltung hatte. Ist der Tatbeitrag des Gehilfen als solcher nicht gering zu bewerten, so kann das Vorliegen des vertypten Milderungsgrundes des § 27 Abs. 2 StGB allein oder mit weiteren Milderungsgründen allerdings Anlass zur Annahme eines minder schweren Falles geben (BGHR StGB vor § 1/minder schwerer Fall, Strafrahmenwahl 3; BGH NStZ 2003, 439 = StV 2003, 284; StV 1992, 372; BeckRS 2002, 2886; 2002, 20). Zu dem Fall, dass der Tatbeitrag auch ohne Berücksichtigung der **Beihilfequalität gering** ist, → Rn. 818. Zu einer etwaigen **doppelten Strafmilderung** → Rn. 772.

848 e) **Tateinheitliches Zusammentreffen.** Treffen zwei Delikte, die einen minder schweren Fall vorsehen, tateinheitlich zusammen, so ist zur Klärung der Frage, welches Gesetz die schwerste Strafe androht (§ 52 Abs. 2 StGB), die Prüfung für jeden Tatbestand gesondert anzustellen (BGHR StGB vor § 1/minder schwerer Fall, Prüfungspflicht 1). Steht diese Vorschrift von vornherein fest, so sind zusätzliche Erörterungen zu dem Gesetz, aus dem die Strafe nicht zu entnehmen ist, nicht notwendig (*Franke/Wienroeder* Vor § 29 Rn. 8). Zur Berücksichtigung der Mindeststrafe idealkonkurrierender Delikte → Rn. 701.

849 III. **Prüfung bei Strafschärfung (besonders schwere Fälle, § 29 Abs. 3).** Einen Sonderstrafrahmen für besonders schwere Fälle enthält das BtMG in § 29 Abs. 3 S. 1 für alle Vergehenstatbestände mit Ausnahme der Fahrlässigkeitsdelikte (§ 29 Abs. 4) und des Umgangs mit Imitaten (§ 29 Abs. 6). Auf → § 29 Rn. 1974–1990 wird verwiesen. Für bestimmte Tatbestände sind in § 29 Abs. 3 S. 2

Regelbeispiele vorgesehen. Insoweit wird auf → § 29 Rn. 2001–2075 Bezug genommen.

E. Zweiter Schritt: Die Strafzumessung im engeren Sinn (Strafhöhenbe- 850
stimmung). Nach der Bestimmung des Strafrahmens ist innerhalb der Eckpunkte, die durch ihn festgelegt werden, die nach Art und Maß schuldangemessene Strafe zu finden (*Schäfer/Sander/van Gemmeren* Strafzumessung Rn. 886). Auch dies hat auf der Grundlage einer Gesamtwürdigung zu geschehen (→Rn. 733, 734, 740, 897–899). Dabei sind die für die Strafrahmenwahl maßgeblichen Gesichtspunkte **noch einmal** zu berücksichtigen, wenn auch möglicherweise mit geringerem Gewicht (→Rn. 897–899).

Ausgangspunkt ist § 46 Abs. 1 S. 1 StGB. Danach darf Strafe nur im Umfang 851
der Schuld verhängt werden. Dieser Umfang steht nicht punktgenau fest. Wegen der Komplexität der Bewertung der Schuld und der Schwierigkeit ihrer Erfassung, insbesondere auf Grund der Unzulänglichkeit der menschlichen Erkenntnis, lässt sich nur ein Schuldrahmen **(Spielraum)** finden, innerhalb dessen die Strafe unter Berücksichtigung der anerkannten Strafzwecke zuzumessen ist (stRspr; BGHSt 29, 319 = NJW 1981, 692 = NStZ 1981, 99 = JR 1981, 334 mAnm *Bruns;* BGHR StGB § 46 Abs. 1 Spezialprävention 2; BGH NStZ 1993, 584; 2001, 333; wistra 2006, 257; 2008, 58; 5 StR 392/02; *Fischer* StGB § 46 Rn. 20; *Maier* in MüKoStGB StGB § 46 Rn. 35 ff.; *Kühl* in Lackner/Kühl StGB § 46 Rn. 24, 25; *Schäfer/Sander/van Gemmeren* Strafzumessung Rn. 828–838; dagegen zum Teil die Lehre, wobei die praktischen Unterschiede gering sind, s. *Kühl* in Lackner/Kühl StGB § 46 Rn. 25 a).

I. Gerechter Schuldausgleich. Die Zuordnung der Strafe zur Schuld hat zur 852
Folge, dass sie sich nicht von ihrer **Bestimmung als gerechtem Schuldausgleich** lösen darf (stRspr; BGHSt 34, 345 = NJW 1987, 3014 = NStZ 1987, 450 mAnm *Bruns* = StV 1987, 337; BGHR StGB § 46 Abs. 1 Strafhöhe 14 = StV 2000, 553; BGH NStZ 2006, 568; 2016, 614 mAnm *Patzak* et al = StV 2017, 295; NStZ-RR 2015, 140; *Fischer* StGB § 46 Rn. 19):

1. Erhebliche Über- oder Unterschreitung. Dies gilt nach oben wie nach 853
unten (stRspr, BGHSt 29, 319 (→Rn. 851); BGH NStZ 1990, 334; 2006, 568; 2007, 288; NStZ-RR 2007, 137; 2015, 240). Eine Lösung von ihrer Bestimmung kann vorliegen, wenn die Höhe der Strafe das für vergleichbare Fälle dieser Art übliche Maß erheblich über- oder unterschreitet (BGHR BtMG § 29 Strafzumessung 26; StGB § 46 Abs. 1 Beurteilungsrahmen 8 = NStZ 1990, 84; 9 = StV 1990, 494; 11 = StV 1992, 271; 12 = StV 1993, 71; BGH StV 1996, 661; wistra 2008, 58).

Hat das Tatgericht sich **„in der Oktave vergriffen"**, dh die Grenzen des vertret- 854
baren Rahmens, innerhalb derer die schuldangemessene Strafe zu finden ist, nach oben oder unten überschritten, greift das Revisionsgericht ein (näher *Maier* in MüKoStGB StGB § 46 Rn. 81 ff.), wie nachfolgende **Beispiele** – die jeweils vor dem Hintergrund der **Einzelfallumstände** zu sehen sind – zeigen. Nicht mehr in einem angemessenen Verhältnis zum Grad der persönlichen Schuld steht zB eine Freiheitsstrafe von zwei Jahren, wenn der Täter mit 2,7 kg Cocainhydrochlorid (die 540fache nicht geringe Menge) Handel getrieben und 600 g Cocainhydrochlorid (die 120fache nicht geringe Menge) in Besitz gehabt hat (BGHR BtMG § 29 Strafzumessung 27 = NStZ 1994, 494). Dasselbe wurde angenommen für eine Freiheitsstrafe von zwei Jahren für die Einfuhr von 1.015 g Heroin mit mehr als 412 g HHCl (BGH NStZ-RR 2007, 321) und für Einzelstrafen von je sieben Jahren für die Einfuhr von je 1 kg Cocain mit insgesamt 1, 93 kg KHCl (BGH BeckRS 1996, 31091209).

Als unangemessen niedrig beanstandet wurde eine Freiheitsstrafe von zwei Jahren 855
bei Handeltreiben mit 32,5 kg (315fache nicht geringe Menge) Haschisch (BGHR

BtMG § 29 Strafzumessung 8 = NStZ 1990, 84) oder für eine Freiheitsstrafe von 18 Monaten bei Handeltreiben und Einfuhr von 11,7 kg Haschisch (BGHR BtMG § 29 Strafzumessung 33 = NStZ 1998, 254, dort auch zur fehlerhaften Annahme eines minder schweren Falles).

856 Dagegen kann eine Freiheitsstrafe von 12 Jahren eine **Überschreitung** darstellen, wenn der Täter lediglich dafür gesorgt hat, dass 35 kg Cocain von einem Schiff an Land gebracht werden (BGH StV 1996, 661). Dasselbe soll für eine Freiheitsstrafe von 11 Jahren sechs Monaten gelten für die Einfuhr von 61 kg Cocain bei allerdings erheblichen mildernden Umständen (BGH NStZ-RR 2010, 181). Hingegen blieb eine Freiheitsstrafe von 12 Jahren wegen des in Deutschland entdeckten Transports von 9, 11 kg Kokain mit der 1570fachen nicht geringen Menge KHCl von Amsterdam nach Albanien trotz Geständnisses des drei Jahre vor der Tat im Ausland einschlägig vorverurteilten Angeklagten unbeanstandet (BGH BeckRS 2017, 135593).

857 Eine Überschreitung soll auch eine Freiheitsstrafe von sieben Monaten für den **Besitz** von 19,3 g Haschisch darstellen, auch wenn der Täter bereits mehrfach einschlägig vorbestraft ist (OLG Hamm NStZ-RR 2014, 214).

858 **2. Gleichbehandlung mit anderen Tätern.** Strafen dürfen nicht schematisch festgesetzt werden (*Schäfer/Sander/van Gemmeren* Strafzumessung Rn. 870). Dies gilt besonders im Betäubungsmittelstrafrecht, weil dort die Gefahr einer Orientierung an bestimmten äußerlichen Merkmalen, etwa der Menge des Betäubungsmittels, besonders groß ist. Das Gericht muss daher die Strafe für jeden Täter nach dem Maß seiner Schuld gesondert festsetzen (BGH StV 1998, 481; *Fischer* StGB § 46 Rn. 22). Es muss dabei beachten, dass gegen Mittäter verhängte Strafen in einem gerechten Verhältnis zueinander stehen müssen (BGH NStZ-RR 2009, 71 = StV 2009, 351 = StraFo 2009, 118; StV 2003, 555). Die jeweiligen Strafmaße müssen in einem **sachgerechten, nachprüfbaren Verhältnis** zur Strafe anderer Beteiligter stehen; dies gilt nicht nur bei **Aburteilung derselben Tat** in demselben Verfahren, sondern mit Einschränkungen auch dann, wenn in einem Verfahren **im Kern vergleichbare Tatvorwürfe** gegen verschiedene Beteiligte abgeurteilt werden (BGH NStZ-RR 2017, 40). Etwaige Unterschiede müssen näher erläutert werden, wenn sie sich nicht aus der Sache selbst ergeben (BGH NStZ-RR 2009, 71 (s. o.); 2017, 40). Dies gilt im Grundsatz auch dann, wenn einer der Täter nach Jugendstrafrecht verurteilt wird (BGH NStZ 2009, 382 = StV 2009, 352).

859 Diese Verpflichtung besteht zunächst dann, wenn die Tatbeteiligten in **einem Urteil** abgeurteilt werden (BGHSt 56, 262 = NJW 2011, 2597 = NStZ 2011, 689 = StV 2011, 722 = JR 2012, 249 mAnm *Streng;* BGH BeckRS 2014, 13111). Sie kann auch gegeben sein, wenn die Kammer **in derselben Besetzung** (einschließlich der Schöffen), etwa in einem abgetrennten Verfahren, gegen andere Tatbeteiligte entscheidet, so dass das andere Verfahren gerichtsbekannt ist (BGHSt 56, 262 (s. o.)).

860 Dagegen kommt es auf die **Strafpraxis anderer Gerichte** oder **Spruchkörper** im selben Tatkomplex oder desselben Gerichts oder Spruchkörpers in anderen Fällen nicht an. Eine vergleichende Strafzumessung kommt nicht in Betracht (*Malek* BtMStrafR 3. Kap. Rn. 10). Die Strafschärfung oder -milderung allein im Hinblick auf die Rechtsfolgen, die eine andere Kammer desselben Gerichts im gleichen Tatkomplex verhängt hat, ist daher nicht zulässig, weil das Gericht dann nicht die nach eigener Wertung angemessene Strafe verhängt (BGHR StGB § 55 Bemessung 2 = NStZ-RR 2002, 105; BGHSt 56, 262 (→Rn. 859); NStZ-RR 1997, 196). In anderen Urteilen verhängte Strafen führen daher zu keiner, wie auch immer beschaffenen, rechtlichen Bindung des Gerichts (BGHSt 56, 262 (→Rn. 859); StV 2008, 295 mAnm *Köberer*). Vielmehr muss die Strafe für jeden Angeklagten unter

Abwägung aller in Betracht kommenden Umstände **aus der Sache selbst** gefunden werden (BGHSt 56, 262 (→ Rn. 859); NStZ-RR 2009, 71).

Keine Bedenken bestehen, wenn das Gericht eine **eigene Entscheidung** über die Rechtsfolgen getroffen hat und hierbei lediglich die in Parallelsachen erkannte Strafhöhe mit hat einfließen lassen (BGH NStZ-RR 1997, 196; StV 2008, 295). Die Gleichmäßigkeit des Strafens ist ein Gebot der Gerechtigkeit und kann als solches in die Strafzumessungserwägungen einbezogen werden (BGH StGB § 46 Abs. 2 Wertungsfehler 23 = BeckRS 2011, 19973). Dabei darf das Gericht nur die in den anderen Fällen angeführten Strafzumessungsgründe im Rahmen eigener Erwägungen verwerten, und dies auch nur, soweit es sie selbst billigt (BGHSt 56, 262 (→ Rn. 859)). Ein bestimmender Strafzumessungsgesichtspunkt liegt darin nicht (BGH StV 2008, 295). 861

II. Andere Strafzwecke. Auch die Berücksichtigung anderer Strafzwecke darf nicht dazu führen, dass die Grenzen des gerechten Schuldausgleichs bzw. des Spielraums (→ Rn. 851) verlassen werden (allgM; BGHSt 38, 372 = NJW 1993, 338 = NStZ 1993, 142 = StV 1993, 1; BGH BGHR StGB § 46 Abs. 1 Begründung 2 (→ Rn. 727); Spezialprävention 2; 8 = BeckRS 1994, 04942; 10 = BeckRS 1995, 05777; Schuldausgleich 21 = BeckRS 1990, 31083222 (auch zur fehlerhaften Berücksichtigung der Gefährlichkeit des Täters); BGHR BtMG § 29 Strafzumessung 7 = BeckRS 1989, 31099728 zur fehlerhaft begründeten Abschreckung von Kurieren; BGH NStZ 1993, 584; NStZ-RR 2001, 81 = StV 2003, 430 zur – noch – zulässigen Erwägung der Abschreckung aufgrund der Einbettung in weitere Strafzwecke; krit. *Foth* NStZ 1990, 219 (220)). 862

1. Generalprävention und ihre Grenzen. a) Allgemeines. Die Berücksichtigung generalpräventiver Gesichtspunkte bei der Strafzumessung ist nach stRspr (BGHSt 20, 264 = NJW 1965, 2016; 28, 318; 45, 270 = NJW 2000, 443; BGHR StGB § 46 Abs. 1 Generalprävention 6 = NStZ 1992, 275; 8; BGH NJW 1980, 1344; NStZ 1995, 77; 1996, 79; 1997, 336; StV 2005, 387; BeckRS 2004, 4652; teilweise dagegen *Kinzig* in Schönke/Schröder StGB § 46 Rn. 5) zulässig. Zu den zu beachtenden Grenzen → Rn. 866 ff. Dabei darf das Gericht den generalpräventiven Aspekt nicht auf die persönliche Situation des Täters („Angehöriger ärmerer Schichten") und auf sein Herkunftsgebiet (Südamerika) verengen, sondern muss ihn allgemein auf die Anreize für den Drogenhandel erstrecken, den zu niedrige Strafen im Inland bieten (BGH NStZ 1995, 77). 863

In der Rspr. des BGH spielt die Generalprävention „eine eher zurückgedrängte Rolle" (BGHSt 45, 270 = NJW 2000, 443), obwohl im **Betäubungsmittelstrafrecht** der Generalprävention auf Grund der von Deutschland eingegangenen **internationalen Verpflichtungen** (Art. 3 Abs. 6 ÜK 1988) besondere Bedeutung zukommt. Danach sind die Maßnahmen der Strafrechtsrechtspflege in Betäubungsmittelsachen so zu gestalten, dass der Notwendigkeit der Abschreckung von diesen Straftaten gebührend Rechnung getragen wird. 864

Die Heranziehung dieser Vertragsbestimmung darf **nicht** mit einer **unmittelbaren Anwendung** des Übereinkommens verwechselt werden. Dieses enthält auch in Art. 3 Abs. 6 nur Staatenverpflichtungen (*Albrecht* in Kreuzer BtMStrafR-HdB § 10 Rn. 26). Mit dem Inkraftsetzen des Übereinkommens hat Deutschland jedoch anerkannt, dass die gebührende Berücksichtigung auch der Abschreckung Bestandteil seines Straf- und Strafverfahrensrechts in Betäubungsmittelsachen ist. Aufgrund ihrer verfassungsrechtlichen Verpflichtung zur **völkerrechtskonformen Auslegung** sind die deutschen Gerichte und Behörden gehalten, dies bei der Auslegung des deutschen Rechts zu berücksichtigen (→ § 29 Rn. 187, 1981, 2147). Wegen dieser eigenen verfassungsrechtlichen Verpflichtung auch der Gerichte der 865

Länder kommt es auf die föderale Struktur der Bundesrepublik Deutschland nicht an (zw. *Albrecht* in Kreuzer BtMStrafR-HdB § 10 Rn. 32).

866 **b) Grenzen.** Dies darf allerdings nicht über die **engen Grenzen** hinwegtäuschen, die für strafschärfende Erwägungen aus Gründen der Generalprävention in dreierlei Hinsicht bestehen: sie dürfen nur innerhalb des Bereichs **der schuldangemessenen Strafe** (Spielraum, → Rn. 851) berücksichtigt werden (allgM; BGH NStZ 1997, 336; 2002, 489; StV 2005, 387; BeckRS 2013, 240; *Fischer* StGB § 46 Rn. 12; *Maier* in MüKoStGB StGB § 46 Rn. 69 ff.; *Schäfer/Sander/van Gemmeren* Strafzumessung Rn. 840). Zudem hat das Gericht zu berücksichtigen, dass sich der Gesetzgeber mit höheren Strafrahmen wie bei § 30 für die Einfuhr bereits vom Gedanken der Generalprävention leiten ließ (BayObLGSt 2003, 12). Schließlich sind regelmäßig zusätzliche Feststellungen erforderlich (→ Rn. 868).

867 Deshalb dürfen nach der Rechtsprechung (BGHR StGB § 46 Abs. 1 Generalprävention 6 = NStZ 1992, 275; BGH NStZ-RR 2013, 240; BeckRS 2005, 8637) **generalpräventive Gesichtspunkte** bei der Strafzumessung grundsätzlich nur verwertet werden, wenn sie **außerhalb** der vom Gesetzgeber bei der Aufstellung des Strafrahmens bereits berücksichtigten **allgemeinen Abschreckung** liegen. Dem ist im Hinblick auf § 46 Abs. 3 StGB zuzustimmen, soweit damit zum Ausdruck gebracht werden soll, dass der Gesichtspunkt der allgemeinen Abschreckung nicht lediglich unter Heranziehung der Tatbestandsmerkmale strafschärfend berücksichtigt werden darf (BayObLGSt 2003, 12; 88, 70 = NStZ 1988, 570 = StV 1988, 434 unter Hinweis auf *Mösl* NStZ 1983, 160 (162)).

868 Überdies wird in stRspr verlangt, dass **generalpräventive Elemente** grundsätzlich (s. BGH *Holtz* MDR 1989, 111; *Schäfer/Sander/van Gemmeren* Strafzumessung Rn. 841–845) nur dann verwertet werden dürften, wenn sich eine **gemeinschaftsgefährliche Zunahme** solcher oder ähnlicher Straftaten bereits feststellen lässt; dies ist im Urteil darzulegen (BGHR StGB § 46 Abs. 1 Generalprävention 6 = NStZ 1992, 275; BGH NStZ-RR 2004, 105; 2013, 240; 2018, 170 (Steuerhinterziehung); StV 1994, 464; 2005, 387; BeckRS 2005, 10656 = StraFo 2005, 51; BeckRS 2009, 87427 zur fehlerhaften Abschreckung von Kurieren und ihren Auftraggebern; BeckRS 2011, 428 und 2008, 11716 zur fehlerhaften Anführung generalpräventiver Erwägungen ohne Begründung; BayObLGSt 2003, 12).

869 Der hiergegen erhobene Einwand, dass dann so lange zugewartet werden müsste, bis die Generalprävention auf „gemeinschaftsgefährliche" Weise versagt habe (*Foth* NStZ 1990, 219 (220); *Gribbohm* in LK-StGB, 11. Aufl. 1984, StGB § 46 Rn. 37), hat sich – auch im Betäubungsmittelstrafrecht – nicht durchgesetzt, auch wenn sich letztlich die Rechtsprechung vereinzelt über das Erfordernis der Feststellung einer gemeinschaftsgefährlichen Zunahme selbst hinwegzusetzen scheint. So konnte in einem Fall der Schutzgelderpressung offen bleiben, ob sie in Deutschland bereits in bedrohlichem Umfang praktiziert wird, da der Gesetzgeber diese Kriminalitätsform nicht im Auge hatte (BGHR StGB § 46 Abs. 1 Generalprävention 6 = NStZ 1992, 275; nach BGH BeckRS 2002, 4082 war die milde Strafe wenig geeignet, bei Bekämpfung der um sich greifenden Korruption die wünschenswerte generalpräventive Wirkung zu entfalten.

870 Bei **Betäubungsmitteldelikten** wird eine gemeingefährliche Zunahme als allgemeinkundig angesehen und braucht in der Hauptverhandlung nicht erörtert zu werden (BGHR BtMG § 29 Strafzumessung 14 = *Schoreit* NStZ 1991, 327; *Endriß/Malek* BtMStrafR § 13 Rn. 18; nicht erörtert von BGH 3 StR 430/09; 3 StR 393/10). Überholt erscheint es, wenn dies nicht für die Zunahme in den Justizvollzugsanstalten gelten soll (so aber BayObLGSt 1988, 70 (→ Rn. 867)). Gegebenenfalls dürfte es nicht schwer fallen, die entsprechende Statistik von der Justizvollzugs-

anstalt (OLG Düsseldorf NStE Nr. 80 zu § 46 StGB) oder der Vollzugsabteilung des Landesjustizministeriums zu erhalten.

2. Spezialprävention (§ 46 Abs. 1 S. 2 StGB). Auch die Spezialprävention 871 kann (innerhalb des Spielraums (→ Rn. 851)) berücksichtigt werden (BGH NStZ 2003, 495 = StV 2003, 222). Zwar darf das Ziel, längere Zeit behandelnd auf den Täter einzuwirken, das Gericht nicht dazu veranlassen, diesem eine höhere Strafe aufzuerlegen, als es seiner Schuld entspricht (BGH *Holtz* MDR 1991, 294); innerhalb des Spielraums kann dem Strafzweck der Spezialprävention jedoch Raum gegeben werden und die Strafe gemildert oder geschärft werden (BVerfG StraFo 2007, 369 = BeckRS 2006, 18575; 2008, 151 = BeckRS 2007, 32414 Rn. 50; BGHR StGB § 46 Abs. 1 Spezialprävention 2 = NStZ 1993, 584; 3 = StV 1991, 513). Dabei steht nicht entgegen, wenn die Umstände, die in (spezial-) präventiver Hinsicht zur Strafschärfung führen, gleichzeitig schuldmindernd zu berücksichtigen sind (BGHR StGB § 46 Abs. 1 Spezialprävention 2 = NStZ 1993, 584). Schuld und Prävention können bei der Strafzumessung eine gegenläufige Wirkung haben.

Bei der Verhängung einer sehr hohen Freiheitsstrafe nach allgemeinem Strafrecht 872 gegen einen **Heranwachsenden** sind die von einer solchen Strafe für sein zukünftiges Leben in der Gesellschaft zu erwartenden Auswirkungen (§ 46 Abs. 1 S. 2 StGB) besonders eingehend zu prüfen; dies gilt vor allem für einen Täter, der keine echte Chance für eine positive Entwicklung hatte, auch nicht durch erzieherische Einwirkung im Jugendstrafvollzug (BGH NStZ 2003, 495).

3. Sicherung der Allgemeinheit. Der Aspekt der Sicherung der Allgemeinheit 873 rechtfertigt keine Strafe, die über das schuldangemessene Maß hinausgeht (BGHSt 20, 264 = NJW 1965, 2016; BGHR StGB § 46 Abs. 1 Schuldausgleich 21 = BeckRS 1990, 31083222). Dem Zweck, gefährliche Täter zu bessern oder die Allgemeinheit zu schützen, tragen die Maßregeln der Besserung und Sicherung Rechnung. Bei der Strafzumessung ist nach § 46 Abs. 1 S. 2 StGB jedoch auch die **Wechselwirkung von Strafe und Maßregel** zu berücksichtigen (*Fischer* StGB § 46 Rn. 7); dies darf aber nicht zur Unterschreitung der schuldangemessenen Strafe führen (BGH NStZ 2002, 535; NJW 1981, 692).

III. Unterschreitung der schuldangemessenen Strafe. Ob die schuldange- 874 messene Strafe aus besonderen (meist spezialpräventiven) Gründen unterschritten werden darf, ist nicht abschließend geklärt (*Kinzig* in Schönke/Schröder Vor § 38 Rn. 21 mwN; abl. BGH NStZ 2002, 535 = StV 2002, 480 im Hinblick auf Berücksichtigung der Sicherungsverwahrung). Übereinstimmung besteht dahin, dass eine Unterschreitung der gesetzlichen Mindeststrafe auf keinen Fall in Betracht kommt (vgl. BGH NStZ-RR 2004, 235). Die Rspr. des BGH erkennt zu Recht Fallgruppen an, in denen eine Unterschreitung der an sich schuldangemessenen Strafe möglich ist (→ Rn. 877).

Ebensowenig darf allein zu dem Zweck, die Strafe **zur Bewährung aussetzen** 875 zu können, eine **schuldunterschreitende** Strafe verhängt werden (vgl. BVerfG BeckRS 2006, 21453; BGHSt 29, 319 (→ Rn. 851); 46, 207 = NJW 2001, 1436 = StV 2001, 232 = JR 2001, 426 mAnm *König*; BGHR StGB § 46 Abs. 1 Begründung 19 = NStZ 1993, 538; Schuldausgleich 29 = NStZ 1992, 489 = StV 1992, 570; BGH NJW 2004, 2248; NStZ 1993, 584; 2001, 311; NStZ-RR 2008, 369; *Kinzig* in Schönke/Schröder StGB § 56 Rn. 6; *Groß* in MüKoStGB § 56 Rn. 11). Zulässig ist es dagegen, namentlich zur Vermeidung unbeabsichtigter Nebenwirkungen des Strafvollzugs, die Strafe im Rahmen des Spielraums (→ Rn. 851) zu senken (BGH *Holtz* MDR 1992, 16; NStZ 1993, 584; StV 1995, 130; *Kinzig* in Schönke/Schröder StGB § 56 Rn. 6).

Auch dürfen Freiheitsstrafe und Geldstrafe so **miteinander verbunden** werden, 876 dass sie zusammen das Maß des Schuldangemessenen erreichen (BGHSt 46, 207

BtMG   Vor §§ 29 ff.   Sechster Abschnitt. Straftaten und Ordnungswidrigkeiten

(→ Rn. 875); BGHR StGB § 46 Abs. 1 Schuldausgleich 34 = StV 1997, 633; AO § 373 Abs. 2 Nr. 3 Schmuggel, bandenmäßiger 1 = NStZ 1999, 571 = StV 1999, 424; *Groß* in MüKoStGB § 56 Rn. 11). Dies gilt auch dann, wenn ohne die zusätzliche Geldstrafe eine Freiheitsstrafe erforderlich wäre, die nicht ausgesetzt werden könnte (BGHSt 46, 207 (→ Rn. 875)).

877   Als besondere Umstände, die zur **Unterschreitung** der schuldangemessenen Strafe Anlass geben können, werden insbesondere **Tatprovokation** (BGH NStZ 1999, 501; BeckRS 1994, 10174), erheblicher **Eigenschaden** oder schwere Erkrankung (HIV-Infektion) des Täters mit der Gefahr, dass ihm nur noch eine **geringe Lebenserwartung** bleibt (BGHR StGB § 46 Abs. 1 Schuldausgleich 25 = NStZ 1991, 527 = StV 1991, 514; BGH NJW 1987, 2882) genannt. Auch wenn es keinen Rechtssatz des Inhalts gibt, dass jeder Straftäter schon nach dem Maß der verhängten Strafe die Gewissheit haben muss, im Anschluss an die Strafverbüßung in die Freiheit entlassen zu werden, muss ihm unter Vollstreckungsgesichtspunkten eine realistische Chance verbleiben, wieder in Freiheit zu kommen (BGH NStZ 2018, 331; NJW 2006, 2129 = NStZ 2006, 489 mkritAnm *Nobis* = JR 2007, 271 m. zust. Bespr. *Streng*). Auch in Fällen geleisteter besonders umfangreicher **Aufklärungshilfe** ist die Unterschreitung der noch schuldangemessenen Sanktionierung denkbar; dies hat auch der Gesetzgeber gesehen (näher *Maier* in MüKoStGB § 46b Rn. 8). Zur Kompensation **rechtsstaatswidriger Verfahrensverzögerungen** ist das Vollstreckungsmodell an die Stelle der zuvor praktizierten Strafabschlagslösung – auch zur Vermeidung der Unterschreitung von Strafuntergrenzen – getreten (BGH NJW 2008, 860 (863 ff.)).

878   Die in → Rn. 877 genannten Umstände sind im Wesentlichen als Strafzumessungsgesichtspunkte anerkannt (zum Lebensalter s. *Fischer* StGB § 46 Rn. 42; zur Tatprovokation → Rn. 1034; *Fischer* StGB § 46 Rn. 66, 67; *Kinzig* in Schönke/Schröder StGB § 46 Rn. 13; zur überlangen Verfahrensdauer → Rn. 1102–1142; *Fischer* StGB § 46 Rn. 68, 69; *Maier* in MüKoStGB § 46 Rn. 404 ff.; zur Erkrankung s. *Patzak* in Körner/Patzak/Volkmer Vor § 29 Rn. 144, 145). Die praktische Bedeutung der Streitfrage ist daher letztlich gering.

879   **IV. Orientierung durch den Strafrahmen.** Mit dem Strafrahmen (→ Rn. 744–848) legt das Gesetz die äußersten Grenzen fest, innerhalb derer die Strafe zu finden ist (zur Praxis s. *Götting* NStZ 1998, 542). Er umfasst sowohl die denkbar leichtesten als auch die denkbar schwersten Fälle (BGHR StGB § 46 Abs. 1 Strafhöhe 14 = StV 2000, 553).

880   Der Strafrahmen enthält zugleich eine **gesetzgeberische Vorbewertung** des Unrechts (BVerfGE 105, 135 = NJW 2002, 1779 = JZ 2002, 552) durch den Gesetzgeber, die auch für den Richter maßgeblich ist (BGHR StGB § 46 Abs. 1 Begründung 2 (→ Rn. 727)). Mindest- und Höchstmaß des Rahmens sind daher nicht nur Grenzwerte, sondern zugleich Orientierungspunkte für die Strafzumessung (*Kinzig* in Schönke/Schröder StGB Vor § 38 Rn. 40, 44).

881   Es empfiehlt sich daher, den Strafrahmen in Zahlen **im Urteil** anzugeben. Sieht das Gericht davon ab, so liegt kein Rechtsfehler vor, wenn sich der Rahmen bereits aus den angewendeten Strafvorschriften ergibt (BGH NStZ-RR 2009, 43 = StraFo 2009, 291; BeckRS 2006, 06710). Steht hingegen fest oder ist zu besorgen, dass das Gericht von einem falschen Rahmen ausgegangen ist, ist ein Beruhen des Strafausspruchs auf diesem Rechtsfehler häufig nicht auszuschließen; eine Ausnahme bilden Fälle, in denen die Strafrahmengrenzen für die Strafbemessung ersichtlich irrelevant waren (vgl. BGH NStZ-RR 2018, 104; *Schäfer/Sander/van Gemmeren* Strafzumessung Rn. 1408).

882   Der Richter darf den Wertmaßstab des Gesetzes nicht durch einen eigenen Maßstab ersetzen. Das Gericht ist an die **gesetzgeberische Wertung gebunden** und

darf sie nicht missachten (BGHR BtMG § 29 Strafzumessung 27 = NStZ 1994, 494). Es ist daher nicht zulässig, dass es in einem Fall mittlerer Schwere die mögliche Mindeststrafe verhängt, weil es diese für leichtere Fälle für zu hoch hält (BGH NStZ 1984, 117).

Auf der anderen Seite kann trotz einer großen Menge (75 kg Heroin) und Wirkstoffmenge (35 kg) bei einer Gesamtstrafe von neun Jahren sechs Monaten bei dem Hinzutreten erheblicher mildernder Umstände nicht davon gesprochen werden, dass das Gericht den **Wert- und Zweckvorstellungen des Gesetzes** nicht gerecht geworden ist (BGH StV 2000, 613). 883

1. Einstieg in den Strafrahmen. Für den Einstieg in den Strafrahmen kann der tatsächliche Durchschnittsfall oder Regelfall als Anhalt (Basisbeurteilung) dienen (*Fischer* StGB § 46 Rn. 17; *Gribbohm* in LK-StGB, 11. Aufl. 1984, § 46 Rn. 62, 266; *Kühl* in Lackner/Kühl StGB § 46 Rn. 32, 48; *Schäfer/Sander/van Gemmeren* Strafzumessung Rn. 1164–1169). 884

Der **Regelfall** wird an den praktisch am häufigsten vorkommenden Fällen gemessen. Er ist mit der rechnerischen Mitte des Strafrahmens (denkbarer Durchschnittsfall) nicht identisch, sondern liegt wegen der Weite des Rahmens, der auch die denkbar schwersten Fälle erfassen muss, **notwendig darunter** (stRspr; BGHSt 27, 2 = NJW 1976, 2355 = JR 1977, 164 mAnm *Bruns;* BGHSt 34, 355 = NJW 1987, 2593 = NStZ 1988, 85 mAnm *Meyer* = StV 1987, 330; BGHR StGB § 46 Abs. 1 Durchschnittsfall 2 = StV 1994, 182; s. auch *Horn* NStV 1986, 168; zur Praxis s. *Götting* NStZ 1998, 542 (546)); zu den Ausnahmestrafrahmen → Rn. 887. 885

Danach muss der Richter die Tat auf der Grundlage aller für die Strafzumessung relevanten Gesichtspunkte in den gesetzlichen Strafrahmen einordnen, wobei Festpunkte **allein** die Ober- und Untergrenze des gefundenen Strafrahmens sein dürfen (BGH NStZ-RR 2006, 270; StV 2010, 480). Dabei wird durch den **Regelfall** (→ Rn. 885) insoweit eine Orientierungshilfe geleistet, als für ihn eine Strafe in der unteren Hälfte des Strafrahmens angemessen ist (BGHSt 27, 2 (→ Rn. 885); 34, 355 (→ Rn. 885); *Fischer* StGB § 46 Rn. 17; *Kühl* in Lackner/Kühl StGB § 46 Rn. 48; ebenso *Schäfer/Sander/van Gemmeren* Strafzumessung Rn. 1168 für die Alltagskriminalität). Dem entspricht die ständige Praxis (*Götting* NStZ 1998, 542 (546)). 886

Etwas anderes gilt im Falle einer Strafrahmenverschiebung für den **Ausnahmestrafrahmen,** weil dieser nicht für den denkbar schwersten und denkbar leichtesten Fall zu gelten hat, sondern nur ein bestimmtes Spektrum erfasst (BGHSt 34, 355 (→ Rn. 885); mit Recht krit. *Fischer* StGB § 46 Rn. 17a). 887

Die Orientierung am Regelfall bedeutet **nicht,** dass die Strafe auf Grund **arithmetischer Erwägungen** gefunden werden dürfte (BGH NStZ-RR 2010, 75; 2009, 43 = StraFo 2009, 291). Maßgeblich ist allein eine Gesamtwürdigung (→ Rn. 897). 888

2. Mindestmaß. Dass der gesetzliche Strafrahmen mit dem Mindestmaß die denkbar leichtesten Fälle erfasst, bedeutet nicht, dass die Mindeststrafe nur festgesetzt werden darf, wenn sich ein leichterer Fall als der abzuurteilende nicht denken lässt (BGHR StGB § 46 Abs. 1 Strafhöhe 14 = StV 2000, 553; BGH NStZ 1988, 497 = StV 1988, 487). Bei der Frage, wann das Mindestmaß des Strafrahmens in Betracht kommt, ist zu unterscheiden, ob ein Sonderstrafrahmen für minder schwere Fälle vorgesehen ist oder nicht: 889

a) Tatbestand mit Sonderstrafrahmen. Ist ein solcher vorgesehen und geht das Gericht davon aus, dass die strafschärfenden Gesichtspunkte mit der Wahl des Regelstrafrahmens ausreichend berücksichtigt wurden, so kann es **dessen Mindestmaß** dann festsetzen, wenn die strafmildernden Umstände so überwiegen, dass die belasteten Faktoren zurücktreten (BGH NStZ 1988, 497 = StV 1988, 487) oder wenn es in einer umfassenden Würdigung den strafmildernden Gesichts- 890 punkten ein solches Gewicht beimisst, dass ihm die Mindeststrafe des Regelstrafrahmens angemessen erscheint (BGHR StGB § 46 Abs. 1 Strafhöhe 14 = StV 2000, 553).

891 Hingegen darf das Gericht nicht vom Gesetzgeber festgesetzte Strafrahmen durch nach seiner Einschätzung angemessene Rahmen ersetzen und deshalb trotz erheblicher strafschärfender Faktoren die Mindeststrafe verhängen (BGH NStZ 1984, 117). Dennoch kommen Fälle vor, in denen das Gericht trotz **mehrerer Strafschärfungsgründe** die Mindeststrafe des Regelstrafrahmens ohne Rechtsfehler verhängen kann (BGH StV 1993, 521; OLG Düsseldorf StV 1997, 251). Dies kann auch dann in Betracht kommen, wenn die Tat zwar nicht als minder schwerer Fall zu werten ist, aber einem solchen nahekommt (BGH NStZ 1984, 359 mAnm *Zipf*; OLG Düsseldorf StV 1997, 251).

892 Auch bei der Festsetzung der Mindeststrafe des Regelstrafrahmens muss die **Begründung ergeben,** aus welchen Gründen auf einen der Eckpunkte des Strafrahmens zurückgegriffen und nicht auf eine Strafe innerhalb des sich kraft gesetzlicher Vorbewertung des Unrechts ergebenden Rahmens zurückgegriffen wurde (BGH NStZ 1992, 489 = StV 1992, 570). Zum Handel mit synthetischen Drogen auf der **Techno-Szene** → Rn. 799.

893 **b) Tatbestand ohne Sonderstrafrahmen.** Ist kein Sonderstrafrahmen für minder schwere Fälle vorgesehen, so kommt die Mindeststrafe dann in Betracht, wenn die Schuld des Täters an der unteren Grenze des Regelfalles (→ Rn. 885) liegt (OLG Hamm OLGSt Nr. 43 zu § 11 BtMG aF), ohne jedoch auf die denkbar leichteste Schuld beschränkt zu sein (BGHR StGB § 46 Abs. 1 Strafhöhe 14 = StV 2000, 553; BGH NStZ 1992, 489 (→ Rn. 892)). Neben erheblichen Strafmilderungsgründen dürfen keine wesentlichen Strafschärfungsgründe vorliegen (OLG Frankfurt a. M. NJW 1980, 654). Andernfalls müssen die strafmildernden Umstände so deutlich überwiegen, dass die Erschwerungsgründe nicht mehr ins Gewicht fallen (BGH NStZ 1984, 359 mAnm *Zipf*).

894 **3. Höchstmaß.** Das Höchstmaß der Strafe ist nicht auf den theoretisch denkbar schwersten Fall beschränkt, sondern deckt einen **Bereich schwerer Fälle** ab, in denen entweder **keine Milderungsgründe** zu erkennen sind (*Mösl* DRiZ 1979, 166) – andernfalls könnte die Höchststrafe nie verhängt werden, denn es sind insbesondere im Betäubungsmittelrecht immer Fälle denkbar, die noch schwereres Gewicht haben (*Patzak* in Körner/Patzak/Volkmer Vor § 29 Rn. 76 unter Hinweis auf BGH 2 StR 605/81) – oder in denen das Gericht vorhandene Milderungsgründe berücksichtigt, aber aufgrund einer **Vielzahl strafschärfender Faktoren** dennoch die Höchststrafe verhängt hat (BGH NStZ 1983, 268).

895 Das Höchstmaß muss nicht deshalb unterschritten werden, weil der Täter noch eine **zweite gleichartige Tat** begangen hat, die im Verhältnis zur ersten Tat noch schwerwiegender ist; es ist daher zulässig, für jeden der beiden Fälle die Höchststrafe festzusetzen (BGH MDR 1973, 554). Ebenso kann trotz unterschiedlicher Tatbeiträge und Schuld **gegen zwei Täter** auf die Höchststrafe erkannt werden; Voraussetzung ist nur, dass jede Strafe im Verhältnis zu anderen Straftätern in ähnlich gelagerten Fällen angemessen ist (BGH NStZ 1983, 268). Das Vorliegen einzelner **strafmildernder Umstände** steht der Verhängung der Höchststrafe nicht entgegen (BGH NJW 2008, 1239 = StV 2008, 181; ebenso BGH NStZ 1995, 500 = StV 1995, 522 für die Höchststrafe des Regelstrafrahmens).

896 Bei der Verhängung der Höchststrafe müssen die **Urteilsgründe** erkennen lassen, dass das Vorhandensein strafmildernder Umstände geprüft wurde (BGH NJW 2008, 1239 = StV 2008, 181), auch wenn deren Vorliegen oder Auswirkung auf die Strafhöhe im Ergebnis verneint wird (BGH NStZ 1983, 268; MDR 1978, 623).

4. Gesamtwürdigung. Auch die Strafzumessung im engeren Sinn erfolgt auf der Grundlage einer Gesamtwürdigung (→ Rn. 733, 734). Bei dieser sind die für die Strafrahmenwahl maßgeblichen Zumessungsgesichtspunkte **noch einmal** heranzuziehen und zu berücksichtigen, wenn auch möglicherweise mit geringerem Gewicht (BGH BeckRS 1987, 31103967; BGHR StGB § 46 Abs. 2 Gesamtbewertung 2 = NStZ 1987, 504; 4 = StV 1985, 54; § 46 Abs. 1 Begründung 21 = NStZ 1997, 337; BGH NStZ 1992, 538; NStZ-RR 1998, 295; StV 1998, 601; *Schäfer/ Sander/van Gemmeren* Strafzumessung Rn. 887). § 50 StGB steht nicht entgegen (→ Rn. 834). So ist es etwa fehlerhaft, die zur Begründung eines minder schweren Falls herangezogene Sucht des Täters oder den Milderungsgrund des § 21 StGB bei der konkreten Zumessung nicht erneut zu würdigen (BGH BeckRS 1987, 31103991; 1999, 30045700). Zur Änderung des Gewichts → Rn. 743. 897

Grundsätzlich nicht ausreichend ist dabei eine **pauschale Bezugnahme** (BGHR StGB § 46 Abs. 1 Begründung 15 = StV 1991, 396; BGH NStZ 1984, 214). Etwas anderes kommt in Betracht, wenn bei der Diskussion des Strafrahmens alle wesentlichen Gesichtspunkte abgehandelt wurden und die einzelnen Umstände jetzt kein anderes Gewicht (→ Rn. 743) haben können (BGHR StGB § 46 Abs. 1 Begründung 21 = NStZ 1997, 337; BGH StV 1993, 521; *Schäfer/Sander/van Gemmeren* Strafzumessung Rn. 892) oder wenn sie angesichts des Tatbilds und der Tatfolgen in ausreichendem Maße die Prüfung erlaubt, ob das Gericht sich von rechtsfehlerfreien Erwägungen hat leiten lassen (BGHSt 42, 43 = NJW 1996, 2044 = NStZ 1996, 491 = StV 1996, 478). 898

Zu beachten ist, dass nur die **tatsächlichen Umstände,** die zu einer Strafrahmenverschiebung geführt haben, auch bei der Strafzumessung im engeren Sinn zu berücksichtigen sind, nicht dagegen das abstrakt-rechtliche Wertungsergebnis als solches. Es ist daher nicht zulässig, innerhalb des Ausnahmestrafrahmens zugunsten des Täters zu werten, dass die Tat nur versucht wurde oder dass er unter den Voraussetzungen des § 21 StGB gehandelt hat; zulässig und geboten ist dagegen die erneute Verwertung der konkret-tatsächlichen Besonderheiten der Tat (stRspr; BGH BeckRS 2019, 35652; BGH NJW 1989, 3230 = NStZ 1990, 30; NStZ-RR 2000, 166; StV 1998, 601; *Detter* NStZ 1998, 182). Nochmals zu berücksichtigen sind also die den jeweiligen vertypten Milderungsgrund näher konkretisierenden Tatumstände (BGH NStZ-RR 2000, 166), etwa bei einer Versuchstat (BGH NJW 1989, 3230) oder bei erfolgter Strafrahmenverschiebung nach § 31 (BGH BeckRS 2019, 35559). Insgesamt kommt den **vertypten Milderungsgründen** bei der Strafzumessung im engeren Sinn gegenüber den anderen Strafzumessungsgründen nur noch **eine geringere Bedeutung** zu (BGH BeckRS 2019, 35652; NStZ-RR 2000, 166). 899

V. Verbot der Doppelverwertung. Nach § 46 Abs. 3 StGB ist die strafschärfende oder strafmildernde Berücksichtigung von Umständen nicht zulässig, die schon Merkmale des gesetzlichen Tatbestandes sind. Sie waren für den Gesetzgeber bei der Aufstellung des Strafrahmens maßgeblich und werden von ihm an jedem Punkt desselben vorausgesetzt, so dass sie zur Differenzierung innerhalb des gemeinsamen Strafrahmens nicht geeignet sind (BGHSt 37, 153 = NJW 1991, 185 = NStZ 1991, 33 = StV 1991, 255 mAnm *Neumann* und *Weßlau* = JZ 1991, 932 mAnm *Grasnick;* dazu eingehend *Fahl* ZStW 111 (1999), 156). 900

Das **Verbot der Doppelverwertung** gilt 901
– für die Merkmale der **einzelnen Strafvorschriften** einschließlich weiterer Umstände (→ Rn. 903–920),
– für die Merkmale der Tatbestände des **allgemeinen Teils des StGB** (→ Rn. 921–925) und
– für die **Zusammenfassung** von Tatbeständen (→ Rn. 926–929).

BtMG Vor §§ 29 ff. Sechster Abschnitt. Straftaten und Ordnungswidrigkeiten

902 Im **Betäubungsmittelstrafrecht** wird das Doppelverwertungsverbot im Wesentlichen beim **Handeltreiben** akut. Das Feld, in dem beide Formen zusammentreffen, wird nicht ganz zu Unrecht als **Minenfeld** bezeichnet (*Schmidt* NJW 2011, 3007 (3012)). Es lässt sich allerdings entschärfen, wenn berücksichtigt wird, dass das Doppelverwertungsverbot beim Handeltreiben in **viererlei Gestalt** für die Strafzumessung relevant werden kann:
– im Zusammenhang mit Tatbestandsmerkmalen (→ Rn. 905–907),
– bei der Frage, ob nicht nur auf Tatbestandsmerkmale, sondern auch auf regelmäßige Begleiterscheinungen des Delikts abzustellen ist (→ Rn. 910–913),
– bei der Frage, ob eine Tatmodalität vorliegt, die strafschärfend berücksichtigt werden kann (→ Rn. 916–920),
– im Zusammenhang mit der Zusammenfassung von Tatbeständen (→ Rn. 926–929).

Hinzu kommen die Fragen, die sich aus einer etwaigen strafschärfenden Berücksichtigung des Fehlens von Strafmilderungsgründen ergeben (→ Rn. 931–936).

903 **1. Merkmale der Strafvorschriften und weitere Umstände.** § 46 Abs. 3 StGB gilt zunächst für die Doppelverwertung von Tatbestandsmerkmalen. Von ihnen zu unterscheiden sind die **Modalitäten** der Tatausführung, für die § 46 Abs. 3 StGB nicht gilt. Rspr.-Übersichten in NStZ-RR 2018, 233; 2020, 1.

904 **a) Geltung des Doppelverwertungsverbots.** § 46 Abs. 3 StGB bezieht sich zunächst auf die Merkmale des gesetzlichen Tatbestandes.

905 **Tatbestandsmerkmal** beim unerlaubten **Handeltreiben** ist die Eigennützigkeit, die im Streben nach Gewinn oder sonstigen persönlichen Vorteilen besteht. Daher darf das (nicht übersteigerte) **Gewinnstreben** beim Handeltreiben mit Betäubungsmitteln nicht strafschärfend berücksichtigt werden, sodass die strafschärfende Berücksichtigung der Gewinnerzielungsabsicht (BGH BeckRS 2018, 8314; 2017, 128752) oder der Tatbegehung zur Verbesserung des Lebensstandards aus rein monetärem Interesse (BGH BeckRS 2018, 24262) § 46 Abs. 3 StGB verletzt (s. auch BGHR § 46 Abs. 3 Handeltreiben 1; BGH NJW 1980, 1344; NStZ 2000, 137; 2013, 46; NStZ-RR 2010, 255; 2011, 271). Zum Ausnahmefall eines übersteigerten Gewinnstrebens → Rn. 919 und BGH NStZ-RR 1997, 50; 2010, 24. Auch die strafschärfende Erwägung, der Täter habe mit dem Handeltreiben die **gefährlichste Alternative** der §§ 29, 29a verwirklicht, verstößt regelmäßig gegen § 46 Abs. 3 StGB; besonders dann, wenn nicht erkennbar wird, was der Täter über das zur Tatbestandsverwirklichung hinaus Erforderliche getan hat (vgl. BGH BeckRS 2019, 28835 („bedenklich"); 2017, 111456; 1999, 30046625 („bloße Leerformel")).

906 **Tatbestandsmerkmale** sind auch die Merkmale von **Qualifikationen**. Daher darf etwa das Gericht bei § 30a Abs. 2 nicht die „besondere Gefährlichkeit des bewaffneten Handeltreibens" oder bei § 30 Abs. 1 Nr. 2 nicht das „Abwickeln von Drogengeschäften ohne Rücksicht auf das Alter der Abnehmer" strafschärfend bewerten (BGH BeckRS 2010, 20289). Im Rahmen der § 30 Abs. 1 Nr. 1, § 30a Abs. 1 darf **nicht strafschärfend** berücksichtigt werden, dass sich mehrere Beteiligte zu einer **Bande** zusammengeschlossen haben. Ebenso wenig darf dem Täter **eine erhöhte kriminelle Energie** angelastet werden, wenn sich diese gerade aus strafbarkeitsbegründenden Umständen bzw. den Merkmalen einer Qualifikation (Bewaffnung, nicht geringe Menge) ergibt (BGH NStZ-RR 2018, 251; 2001, 295). Entsprechendes kann in Betracht kommen, wenn sich die erhebliche kriminelle Energie aus dem planmäßgen und arbeitsteiligen Vorgehen mit den anderen Bandenmitgliedern ergeben sollt (BGH NStZ-RR 2018, 105). Anderes gilt für eine strafschärfende Berücksichtigung **mittäterschaftlichen Handelns im Rahmen eines Bandendelikts** (BGH NStZ 2019, 657); hier wird ein Verstoß gegen

§ 46 Abs. 3 StGB verneint, weil auch ein Gehilfe Bandenmitglied sein kann und Bandenmitgliedschaft keine intensivere Form der Mittäterschaft, sondern ihr gegenüber ein aliud darstellt. Auch Umstände, die zum **Zusammenschluss der Bande** geführt haben, sind kein Tatbestandsmerkmal. So kann strafmildernd berücksichtigt werden, dass der Zusammenschluss der Täter auf persönlicher Verbundenheit beruhte und damit nicht dem Bild üblicher Bandenkriminalität entsprach (BGH NStZ-RR 2009, 320).

Ebenso wird **kein Tatbestandsmerkmal** doppelt verwertet, wenn **strafschärfend** berücksichtigt wird, dass der Zusammenschluss **aus rein wirtschaftlichen Gründen** erfolgt ist. Soweit dies bei täterschaftlicher Begehung unzulässig sein soll (BGH NStZ-RR 2010, 253), weil Handeltreiben Eigennützigkeit voraussetzt, wird zwar übersehen, dass es hierbei nicht um die Eigennützigkeit des Handeltreibens geht, sondern um das darüber hinausgehende Gewinnstreben, das die Beteiligten zur Bildung einer Bande veranlasst hat, jedoch dürfte dieser über das tatbestandsmäßige hinausgehende Teil der eigennützigkeit in der Praxis kaum abschichtbar sein, sodass das Tatgericht auf eine entspr. strafschärfende Erwägung verzichten sollte. Eine andere Frage ist, ob sich ein Verbot der Strafschärfung daraus ergibt, dass auf ein Regeltatbild abzustellen ist (→ Rn. 910) oder dass dem Motiv des Zusammenschlusses die notwendige Unterscheidungskraft fehlt (→ Rn. 913). 907

Der innere Grund für das Verbot der Doppelverwertung (→ Rn. 900) ist auch bei den **Regelbeispielen** gegeben, so dass das Verbot auch bei ihnen eingreift (BGH NStZ-RR 2004, 262; 2015, 77 = StV 2015, 636 zur Gewerbsmäßigkeit; StV 1993, 302; 521; OLG Karlsruhe StV 2000, 83; *Fischer* StGB § 46 Rn. 76a). Dabei gilt dies nicht nur für die Modalitäten, die ein Regelbeispiel darstellen, sondern auch für solche, die in ihrem Schweregrad als den Regelbeispielen gleichwertig angesehen werden (BGH NStZ 1998, 132 Nr. 16). 908

Ebenso gilt das Doppelverwertungsverbot für die **kriminalpolitischen Grundgedanken** der Strafvorschrift (s. BGH NJW 1994, 1078 = NStZ 1994, 183), für Umstände, die den **Anlass zu ihrer Schaffung** bildeten (BGH NStZ-RR 2004, 80 = StraFo 2004, 104) und für die **gesetzgeberischen Intentionen,** die mit ihr verfolgt werden (BGH NStZ-RR 1996, 316 = StV 1996, 605; *Maier* in MüKo-StGB § 46 Rn. 538). Im Hinblick auf den Schutzzweck des BtMG (→ § 1 Rn. 3) ist es nicht zulässig, strafschärfend zu berücksichtigen, dass eine **Gefährdung Dritter** wegen des Handeltreibens bestanden habe (BGH BeckRS 2017, 134581). 909

Nicht abschließend geklärt ist die Frage, ob sich das Verbot der Doppelverwertung auch auf Umstände bezieht, die zwar **keine notwendige,** wohl aber eine **regelmäßige Begleiterscheinung** des Delikts und für die Tat typisch sind. Für diejenigen, die von einem **Regeltatbild** oder einem **normativen Normalfall** ausgehen (*Kühl* in Lackner/Kühl StGB § 46 Rn. 32, 45; *Stree/Kinzig* in Schönke/Schröder StGB § 46 Rn. 45a; dagegen *Streng* in NK-StGB § 46 Rn. 140; *Eschelbach* in Satzger/Schluckebier/Widmaier StGB § 46 Rn. 207, 208) ist das Verbot der Verwertung solcher Umstände eine zwangsläufige Folge ihres Standpunkts, auch wenn sie dies nicht immer auf § 46 Abs. 3 StGB stützen (*Kühl* in Lackner/Kühl StGB § 46 Rn. 32, 45). Mit Rücksicht auf die Verwertung der Figuren des Regeltatbildes und des normativen Normalfalls durch die Rechtsprechung (BGHSt 34, 345 (→ Rn. 852) 37, 153 (→ Rn. 900); s. aber BGH StV 1997, 520; OLG Düsseldorf GA 1994, 76; OLG Frankfurt a. M. StV 1997, 639) sollten solche Fälle **eigentlich nicht** als eine Frage des § 46 Abs. 3 StGB erscheinen. 910

Gleichwohl hat die Rechtsprechung das Verbot der Verwertung von Umständen, die zwar keine notwendige, wohl aber eine **regelmäßige Begleiterscheinung** des Delikts und für die Tat typisch sind, in der Vergangenheit auf § 46 Abs. 3 StGB gestützt und geht auch heute noch immer wieder davon aus (BGH NStZ-RR 2004, 911

80 = StraFo 2004, 104; StV 1994, 306; ohne Begründung BGH NStZ-RR 2015, 239). Teils wird ausdrücklich auf das „regelmäßige Tatbild des Drogenhandels" (BGH BeckRS 2018, 8231) bzw. den „Normalfall des Handeltreibens" (BGH BeckRS 2019, 1271) abgestellt.

912 Unterschiedlich beantwortet wird die Frage, ob beim **Handeltreiben** strafschärfend berücksichtigt werden darf, dass der Täter seine **Abnehmer in Straftaten verstrickt** hat. Dies hat der 2. Strafsenat des BGH als unzulässig, weil mit dem Handeltreiben typischerweise verbunden, angesehen (BGHR StGB § 46 Abs. 3 Handeltreiben 5 = StraFo 2004, 214), während der 4. Strafsenat von einer zulässigen Erwägung ausgeht (BGHSt 44, 361 = NJW 1999, 1724). Die Zulässigkeit dieser Erwägung sollte von den Einzelfallumständen abhängig gemacht und bei intensivem Einwirken auf potentielle Kunden bzw. Abnehmer nicht beanstandet werden. Zu Zwischenhändlern und der Hierarchie der Händler → Rn. 918. Nicht strafschärfend berücksichtigt werden darf, dass die gehandelten Drogen überwiegend **in den Verkehr gelangt** sind (BGH NJW 2018, 2908 = NStZ-RR 2018, 217; NStZ-RR 2018, 185 = StV 2018, 488; BeckRS 2018, 14797), dass die Gefahr bestanden habe, dass sie in Verkehr gelangen (BGH BeckRS 2019, 1271) oder dass durch das Inverkehrbringen andere **Personen gefährdet** werden (BGH BeckRS 2019, 8558).

913 Auch wenn das (einfache) **Gewinnstreben** beim Handeltreiben in der Regel nur eine solch geringe Unterscheidungskraft aufweist, dass es die Tat **nicht zu prägen** vermag (→ Rn. 914), ist bei strafschärfenden Erwägungen, die den **Ausprägungsgrad der Gewinnerzielungsabsicht** betreffen, äußerste Zurückhaltung geboten. Zunächst darf das nicht übersteigerte Gewinnstreben beim Handeltreiben nicht strafschärfend berücksichtigt werden (→ Rn. 905). Dies gilt aber auch für Modifikationen; **unzulässig** – weil gegen § 46 Abs. 3 StGB verstoßend – ist es etwa auch, dem Täter vorzuwerfen, er habe ausschließlich gewinnorientiert bzw. aus reiner Gewinnsucht gehandelt (BGH NStZ-RR 2017, 345), er habe primär aus Gewinnstreben gehandelt (BGH NStZ-RR 2017, 147) oder ihm anzulasten, er habe „nicht unter Not gelitten, sondern bewusst Handel getrieben, um sich eine dauerhafte Einnahmequelle zu verschaffen" (BGH BeckRS 2018, 14797). Entsprechendes gilt grundsätzlich für die Verstrickung der Abnehmer in Straftaten beim Handeltreiben (→ Rn. 905); anders im Falle eines Zwischenhändlers (→ Rn. 918).

914 b) Keine Geltung des Doppelverwertungsverbots. Von den Umständen, die für die Erfüllung des Tatbestands notwendig sind (oder ihn auch nur regelmäßig begleiten (dazu → Rn. 905–913)), sind die **Modalitäten der Tatausführung** zu unterscheiden. Hierzu gehören alle objektiven Tatumstände, die über die Merkmale des gesetzlichen Tatbestandes hinausgehen und die Tat **im Einzelfall** begleiten oder prägen (BGHSt 37, 153 (→ Rn. 900)). Sie gehören zur Art der Ausführung der Tat (§ 46 Abs. 2 S. 2 StGB) und sind damit für die Strafzumessung erheblich, wenn sie über ein hinreichendes Gewicht und eine hinreichende Unterscheidungskraft zu anderen Modalitäten der Tatausführung verfügen (BGHSt 37, 153; BayObLG NStZ-RR 1997, 134).

915 Ihre strafschärfende Berücksichtigung setzt in **subjektiver** Hinsicht allerdings voraus, dass der Täter den Umstand, der sich als unrechtssteigernde Tatmodalität darstellt, kannte oder zumindest damit rechnete und dies auch billigte oder sich damit abfand oder aus Gleichgültigkeit mit jeder Möglichkeit einverstanden war (→ Rn. 416, 417). Es gilt hier nichts anderes als bei den Merkmalen einer Qualifikation oder eines Regelbeispiels (BayObLG NStZ-RR 1997, 134; auch → Rn. 968). Die Tatmodalität muss ferner **vorwerfbar** sein, darf ihre Ursache also nicht in einer von dem Täter nicht zu vertretenden geistig-seelischen Beeinträchtigung haben (BGH StV 2001, 615). In den Fällen des § 21 StGB bedeutet dies, dass der Täter

Kap. 12. Strafzumessung in Betäubungsmittelsachen   **Vor §§ 29ff. BtMG**

zwar auch für die Tatmodalität verantwortlich ist, jedoch nur nach dem Maß der geminderten Schuld (BGH StV 2001, 615).

Zu den Tatmodalitäten, die strafschärfend berücksichtigt werden können, gehören etwa die **Fortsetzung des Drogenhandels** trotz Missachtung der von einer vorangegangenen Durchsuchung ausgehenden Warnfunktion (BGH NJW 2018, 2908 = NStZ-RR 2018, 217), die besondere **Gefährlichkeit** oder die **große Menge** oder **Wirkstoffmenge** des Betäubungsmittels bei Handeltreiben oder Einfuhr (BGH BeckRS 2006, 08960) oder auch die Förderung der **Organisierten Kriminalität** beim gewerbsmäßigen Handeltreiben, sofern ein umfangreiches Bezugs- und Vertriebssystem gegeben ist (BGHSt 40, 374 = NJW 1995, 1166 = NStZ 1995, 203 = StV 1995, 60). Beim Handeltreiben mit reinem Heroin darf strafschärfend gewertet werden, dass dem Täter **durch Streckung** eine erhebliche Vergrößerung der Handelsmenge im Straßenverkauf möglich war (BGH BeckRS 2012, 1452). 916

Zu den strafschärfend verwertbaren Tatmodalitäten gehört beim **Handeltreiben** auch ein **professionelles** Vorgehen und eine darin zum Ausdruck kommende hohe kriminelle Energie (BGHSt 45, 58 = NJW 1999, 2604 = StV 1999, 524). Dies kann auch in Fällen des Handels mit **Kleinstmengen** gegeben sein, wenn der Täter, und sei es innerhalb von fünf Tagen, einen großen Abnehmerkreis erreicht, der sich vorwiegend aus jungen Leuten zusammensetzt (BGHSt 45, 58). Da der Grund für die Berücksichtigung des professionellen Vorgehens in der hohen kriminellen Energie liegt, darf sein **Vorgehen** auch dann strafschärfend berücksichtigt werden, wenn es Erfolg gehabt hat (aA BayObLG NJW 1998, 769 (→ Rn. 808), das dann nur den Erfolg bewerten will). 917

Strafschärfend darf berücksichtigt werden, dass der Täter als **Zwischenhändler** innerhalb der Drogenhierarchie auf einer höheren Ebene agiert hat (BGHSt 48, 40 = NJW 2003, 300 = NStZ 2003, 257 m. Bespr. *Rönnau* 2003, 367 = StV 2003, 158), ebenso, dass er **mehrere Teilakte** des Handeltreibens verwirklicht hat (BGHSt 44, 361 = NJW 1999, 1724). 918

Berücksichtigt werden darf beim Handeltreiben nur das besonders verwerfliche, den Rahmen des Tatbestandsmäßigen **deutlich übersteigende Gewinnstreben** (BGH NStZ-RR 1997, 50; 2010, 24; *Franke/Wienroeder* Vor § 29 Rn. 55; *Schäfer/Sander/van Gemmeren* Strafzumessung Rn. 999; auch → Rn. 936; etwas weitergehend BGH NStZ-RR 2010, 25: „überzogenes Gewinnstreben"), **nicht** dagegen das dem Handeltreiben **immanente übliche** Gewinnstreben (→ Rn. 905). Das „Handeln allein aus Geldgier" belegt ohne entsprechende Feststellungen noch kein überzogenes Gewinnstreben (BGH NStZ-RR 2016, 315 = StV 2017, 293 = BeckRS 2016, 12155). 919

Keine Frage des Doppelverwertungsverbots, sondern eine der Strafschärfung wegen des Fehlens von Strafmilderungsgründen ist es, wenn das Gericht die **ausschließlich gewinnorientierte Motivation** des Handeltreibenden strafschärfend berücksichtigt (→ Rn. 932). 920

2. Merkmale von allgemeinen Vorschriften. Das Doppelverwertungsverbot gilt auch für die Merkmale der Vorschriften des Allgemeinen Teils des StGB. So ist es nicht zulässig, strafschärfend zu berücksichtigen, dass es sich bei der Tat um ein **Verbrechen** handelt; dasselbe gilt für die Berücksichtigung ihres Gewichts im Gefüge der anderen Straftatbestände (*Theune* in LK-StGB StGB § 46 Rn. 270). 921

Ebenso wenig darf strafschärfend berücksichtigt werden, dass der Täter die **Tat überhaupt begangen** hat (BGH BeckRS 2018, 17699). So ist es etwa unzulässig, im Rahmen der Strafzumessung zu berücksichtigen, dass sich der Täter **trotz positiver Kenntnis von der hohen Straferwartung** nicht von der Begehung der Tat abhalten ließ (BGH NStZ-RR 2016, 74), dass er **Zweifel,** die bei ihm unmittelbar vor Tatbegehung aufgekommen waren, **beiseite gewischt** (BGH NStZ-RR 922

2016, 74) oder dass er sich aus **freien Stücken** zur Tat entschlossen hat (BGH StV 2018, 488) oder dass ihm die hohe Strafdrohung bekannt war (BGH NStZ-RR 2016, 74).

923 Dasselbe gilt, wenn dem Täter strafschärfend zur Last gelegt wird, er habe die Tat begangen, anstatt **davon Abstand zu nehmen** (BGHR StGB § 46 Abs. 2 Wertungsfehler 14; BGH NStZ-RR 2002, 106; 2009, 73; 2011, 90; 271). Das Gericht darf auch nicht zum Nachteil werten, dass der Täter die Tat trotz Bedenken nach Zögern doch begangen hat (BGH NJW 2018, 246), dass er seine Tatbeteiligung **nicht zurückgewiesen** hat (BGH 2 StR 35/11), die **Tat nicht abgebrochen** hat (BGH BeckRS 2018, 17699; StraFo 2004, 27), dass er sich von vorangegangenen Fehlschlägen **nicht abhalten** ließ (BGH NStZ-RR 2001, 295), dass er nicht versucht habe, den Eintritt des Erfolgs zu **verhindern** (BGHR StGB § 46 Abs. 3 Vollendung 1; 4 StR 308/03) oder dass er **nicht** in einem entschuldigenden **Notstand** gehandelt habe (BGH StV 1991, 557).

924 Strafschärfend darf auch nicht berücksichtigt werden, dass es **nicht** dem Täter zu verdanken ist, wenn die Tat **nur bis zum Versuch** gediehen ist (→ Rn. 770; BGH NStZ-RR 2006, 137), dass der Täter nicht zurückgetreten ist (BGH 4 StR 422/05), dass der Gehilfe (mit dem Täter) gemeinschaftlich handelte (BGHR StGB § 46 Abs. 3 Beihilfe 2 = StV 1992, 570), dass sein Mitwirken die Tatbereitschaft gestärkt hat (BGH NStZ 1998, 404 = StV 1998, 656) oder dass dem Täter kein Rechtfertigungsgrund zur Seite stand (BGH StV 1997, 519).

925 Unzulässig ist es auch, dem **Gehilfen** strafschärfend zur Last zu legen, er habe mit seiner Beihilfehandlung die Bereitschaft des Haupttäters zur Tatbegehung gefördert (BGH NStZ 1998, 404 (→ Rn. 924); wistra 2000, 463). Entsprechendes gilt, wenn dem **Anstifter** strafschärfend zur Last gelegt wird, er sei der eigentliche Initiator der Tat (BGH StV 2002, 190). **Mittäterschaft** kann eine erhöhte Strafwürdigkeit begründen, sie besagt aber noch nichts über die Tatschuld des einzelnen Beteiligten; die strafschärfende Berücksichtigung der Mittäterschaft selbst, ohne die konkreten Umstände der Tatbeteiligung in den Blick zu nehmen, verstößt gegen § 46 Abs. 3 StGB (BGH NStZ 2016, 525; NStZ-RR 2016, 74).

926 3. Zusammenfassung von Tatbeständen. In der Rechtsprechung wird die Reichweite des Verbots der Doppelverwertung in den Fällen, in denen der Gesetzgeber verschiedene Tatbestände oder mehrere Tatalternativen in eine Strafvorschrift aufgenommen hat, im Wesentlichen für das Handeltreiben diskutiert (*Franke/Wienroeder* Vor § 29 Rn. 55–57). Ohne dass darüber absolute Klarheit besteht (s. *Detter* FS BGH, 2000, 679 (700)), kann davon ausgegangen werden, dass die strafschärfende Erwägung, das **Handeltreiben** sei **die verwerflichste Variante** des § 29 Abs. 1 S. 1 Nr. 1 jedenfalls dann zulässig ist, wenn ihr im Einzelfall ein **gewichtiges Handeltreiben** zugrunde liegt (BGHR StGB § 46 Abs. 3 Handeltreiben 4 = NJW 2000, 597 = NStZ 2000, 95 = StV 2000, 73; BGH 5 StR 356/99; *Schäfer/Sander/van Gemmeren* Strafzumessung Rn. 1807; *Franke/Wienroeder* Vor § 29 Rn. 57; weitergehend BGH NJW 1980, 1344; NStZ 1986, 368). Das Gericht sollte dennoch in solchen Fällen auf die Tatumstände, etwa die besonders große Menge oder die besondere Gefährlichkeit des Rauschgifts abstellen und nicht auf die Verwerflichkeit der Variante des Handeltreibens.

927 Damit wird die Gefahr, dass diese Erwägung als nicht tragfähige **bloße Leerformel** beanstandet wird (BGHSt 44, 361 = NJW 1999, 1724), vermieden. Dies gilt besonders, wenn ihr im konkreten Einzelfall eine weniger gewichtigere Tatvariante, gemessen an der gesamten Anwendungsbreite des § 29 Abs. 1 S. 1 Nr. 1, zugrunde liegt (BGHR StGB § 46 Abs. 3 Handeltreiben 4 (→ Rn. 926); BtMG § 29 Strafzumessung 35 = NStZ-RR 2000, 57). Zudem ist zu berücksichtigen, dass der Begriff des Handeltreibens weit ausgelegt wird und Handlungen sehr unterschiedlicher Intensität erfasst (BGH StGB § 46 Abs. 3 Handeltreiben 4 (→ Rn. 926)). Eine solche weniger gewichtige Tatvariante ist gegeben, wenn ein bislang unbestrafter Täter auf Grund einer **Tatprovokation** im Wesentlichen vergebliche Bemühungen entfaltet, die von dem agent provocateur bestellte und dem Umfang nach maßgeblich bestimmte Cocainmenge zu beschaffen (BGHR BtMG § 29 Strafzumessung 35 = NStZ-RR 2000, 57; BGH BeckRS 1999, 30068198).

Nicht zulässig ist es, dem Täter **ohne tatsächliche Substanz** in Form von Umständen, die die Tat prägen, straferschwerend zur Last zu legen, dass er den Verstoß gegen das BtMG in der Form des Handeltreibens begangen hat (BGH *Detter* NStZ 1998, 503: „bedenkenlos verkauft"; OLG Frankfurt a. M. StV 1997, 639). Ebenso unzulässig ist es, für das Handeltreiben eine Strafe aus dem unteren Bereich des Strafrahmens **generell** abzulehnen, weil dieser Bereich leichteren Formen der Betäubungsmittelkriminalität vorbehalten sei (s. BGHSt 44, 361 (→ Rn. 912)). 928

Die weitergehende Rechtsprechung (BGH NJW 1980, 1344; NStZ 1986, 368; dazu *Schäfer/Sander/van Gemmeren* Strafzumessung Rn. 1807), wonach der Richter im Einzelfall bei der Gewichtung von Unrecht und Schuld **andere Tatbestandsvarianten** in den Blick nehmen darf, die das Gesetz mit derselben Strafe bedroht, und wonach dann, wenn diese unterschiedliche Schweregrade haben, als belastendes Moment gewertet werden darf, dass der Täter eine der schwereren Begehungsweisen verwirklicht hat, muss damit **für die praktische Anwendung** als letztlich **aufgegeben** angesehen werden (BGHR StGB § 46 Abs. 3 Handeltreiben 4 (→ Rn. 926)). 929

VI. Fehlen von Strafschärfungs- oder Strafmilderungsgründen. Der vielfach anzutreffende Satz (zB BGH NStZ 2013, 46; 2017, 277 mAnm *Kett-Straub;* NStZ-RR 2011, 90), das Fehlen eines Strafmilderungsgrundes dürfe nicht strafschärfend, das Fehlen eines Strafschärfungsgrundes dürfe nicht strafmildernd berücksichtigt werden, **bedeutet nur,** dass das Gericht sich bei der Strafzumessung an die von ihm festgestellten Tatsachen zu halten hat und die Strafe **nicht** an einem **hypothetischen Sachverhalt** messen darf, der zu dem zu beurteilenden keinen Bezug hat (BGHSt 34, 345 (→ Rn. 852); 40, 307 = NJW 1995, 1564 = NStZ 1995, 126 = StV 1995, 70 = JR 1995, 403 mAnm *Weber;* weitergehend *Niemöller* GA 2012, 337). 930

Führt das Gericht aus, dass der Täter **nicht** aus **wirtschaftlicher Not** gehandelt hat oder dass er **nicht drogenabhängig** ist, so liegt darin zunächst nur die Feststellung, dass diese Umstände im konkreten Fall nicht vorliegen. Ob dies bei der Strafzumessung aber berücksichtigt werden darf, entscheidet sich danach, ob das Fehlen dieser Umstände für die Bewertung der Tat von Bedeutung (**„prägend"**) ist. Danach ist es regelmäßig unzulässig, eine fehlende Abhängigkeit zum Nachteil des Täters zu berücksichtigen (BGH BeckRS 2018, 8314; 24262; vgl. auch BGH NStZ-RR 2016, 74: Verwendung der Beute zu einer Urlaubsreise statt zur Erfüllung von Verbindlichkeiten). 931

Ebenso wird beanstandet, wenn das Gericht, jedenfalls ohne die erforderliche Gesamtwürdigung im konkreten Einzelfall, die **ausschließlich gewinnorientierte Motivation** im Unterschied zu dem häufig vorkommenden Fall strafschärfend berücksichtigt, dass der Täter nur Handel treibt, weil er keinen anderen Weg sieht, die Mittel zur Befriedigung seiner eigenen Sucht aufzubringen (BGH NJW 2006, 2645 = NStZ 2006, 620 = StV 2006, 630; NStZ-RR 2010, 24; 2011, 90; 2013, 81; großzügiger BGHR BtMG § 29 Abs. 1 Nr. 1 Handeltreiben 15; StGB § 46 Abs. 3 Handeltreiben 2; BGH NStZ 2002, 398; NStZ-RR 1997, 50). 932

Generell erscheint bei solchen Wendungen **große Zurückhaltung** angezeigt (*Schäfer/Sander/van Gemmeren* Strafzumessung Rn. 1163, 1810), wenn auch nicht immer ein durchgreifender Rechtsfehler vorliegen muss (BGH NStZ-RR 2009, 933

166; enger BGH NStZ-RR 2011, 271; BGH 5 StR 12/11; 2 StR 35/11 mit allerdings zu pauschaler Begründung):

934 Erscheint die Tat **besonders verwerflich**, weil aus Motiven gehandelt wurde, für die wegen der guten wirtschaftlichen Lage kein Verständnis aufgebracht werden kann, so steht einer strafschärfenden Berücksichtigung nichts im Wege (BGH NStZ 1987, 550; aA BGH StV 1993, 132; wohl auch BGH StV 1991, 64). **Unzulässig** ist es dagegen, wenn strafschärfend gewertet wird, dass sich der Täter nicht in einer gravierenden Notlage befand (BGH NStZ-RR 2018, 286; BayObLGSt 93, 135), dass „keine spontane Tat ohne Anlass" vorliege, dass der Täter „ohne Druck oder Beeinflussung Dritter" und auch nicht „aus einer Notsituation heraus" gehandelt habe (BGH NStZ 2013, 46) oder dass er dem Auftraggeber einer Tat keinen Gefallen schuldete (BGH NStZ-RR 2013, 81 = StraFo 2013, 33).

935 **Drogenabhängigkeit** des Täters kann im Allgemeinen strafmildernd berücksichtigt werden. Unzulässig ist es jedoch, eine fehlende Drogenabhängigkeit oder eine ungelöste Suchtproblematik beim Handeltreiben straferschwerend zu berücksichtigen. Denn dies liefe darauf hinaus, das Fehlen eines mildernden Zumessungsfaktors straferschwerend zu bewerten (BGH BeckRS 2020, 20155; 2018, 8314; 2018, 24262; NStZ-RR 2013, 81 = StraFo 2013, 33; StV 1991, 64; 2018, 508).

936 Ein besonders verwerfliches, den Rahmen des Tatbestandsmäßigen deutlich übersteigendes Gewinnstreben **(Profitgier)** kann strafschärfend berücksichtigt werden (→ Rn. 919). Dafür reicht es allerdings nicht aus, dass sich der Täter nicht in finanziellen Schwierigkeiten befunden hat und auch nicht selbst drogenabhängig ist *(Joachimski/Haumer* § 29 Rn. 314).

937 Auf der anderen Seite kann der Umstand, dass der Täter **kein** Verhalten gezeigt hat, durch das er den Tatbestand noch eines **weiteren Strafgesetzes** verwirklicht hätte, **nicht strafmildernd** berücksichtigt werden (BGH NStZ 2007, 464; NStZ-RR 2010, 337). Dasselbe gilt für die erstaunlichen Strafmilderungsgründe, wonach durch die Festnahme anderer Dealer eine Marktlücke entstanden sei und dass der Angeklagte durch sein Geständnis es den Abnehmern erspart habe, vor Gericht auszusagen (BGH NStZ-RR 2008, 234).

938 **VII. Häufige Strafzumessungserwägungen in Betäubungsmittelsachen.** Die besonderen Verhältnisse des illegalen Verkehrs mit Betäubungsmitteln haben zu einer Reihe von Strafzumessungserwägungen geführt, die für **Betäubungsmittelsachen typisch** sind und in einer **Vielzahl von Verfahren** gelten. Dabei ist zu beachten, dass auch die Umstände herangezogen werden können, die bereits bei der Strafrahmenwahl berücksichtigt wurden; sie sind keineswegs verbraucht (→ Rn. 739, 792, 794, 897).

939 **1. Art des Betäubungsmittelverkehrs, Tateinheit bei Eigenverbrauch.** Eine volle Ausschöpfung des Strafrahmens kommt grundsätzlich nur bei den Delikten in Betracht, die auf einen Umsatz von Betäubungsmitteln abzielen *(Joachimski/ Haumer* § 29 Rn. 300). Danach ist der Erwerb oder die Einfuhr von Betäubungsmitteln zum **Eigenverbrauch** in aller Regel milder zu beurteilen als eine Tat, die auf einen Umsatz gerichtet ist (BGHR BtMG § 29 Strafzumessung 11 (→ Rn. 809); BGH StV 2004, 602; BayObLGSt 95, 27 sowie → Rn. 926–929). Die tateinheitliche Begehung zweier Tatbestände durch den Erwerb von Betäubungsmitteln, die teils zum Eigenverbrauch, teils zum Verkauf bestimmt sind, darf daher **nicht strafschärfend** berücksichtigt werden (→ Rn. 809). Erwirbt der Täter eine Rauschgiftmenge, die teils zum gewinnbringenden Weiterverkauf, teils zum Eigenkonsum bestimmt ist, darf dem **Schuldumfang des Handeltreibens** allein die für den Weiterverkauf vorgesehene Menge zugrunde gelegt werden. Dementsprechend ist zu berücksichtigen, wenn ein Täter zwar eine große Rauschgiftmenge ordert, aber nur mit einem Teil davon selbst Handel treiben will und Teilmengen an andere Per-

sonen zum eigenständigen Handeltreiben durch diese abgibt (vgl. BGH BeckRS 2019, 12435).

2. Art der Beteiligung an der Tat. Von erheblicher Bedeutung ist die Art der Beteiligung. Auch bei Mittäterschaft stellen Art und Umfang der Tatbegehung einen ins Gewicht fallenden Strafzumessungsgrund dar (BGH StV 1995, 199; 1996, 661). Dies gilt insbesondere dann, wenn der Tatbeitrag des Mittäters nur dem eines Gehilfen nahe kommt (→ Rn. 816, 817). Zwar kann auch der Kurier den Tatbestand des Handeltreibens erfüllen, er ist aber nicht der Drahtzieher des Rauschgifthandels. Deswegen kann sein Tatbeitrag milder bewertet werden (BGH StV 1990, 109); nach der neueren Rechtsprechung ist hier ohnehin in aller Regel Beihilfe gegeben (→ § 29 Rn. 710). Zu den Körperschmugglern → Rn. 1058. 940

3. Art des Betäubungsmittels, Gefährlichkeit. Wegen der unterschiedlichen Wirkung auf den Konsumenten weichen die einzelnen Betäubungsmittel schon unabhängig von ihrer Menge und ihrem Wirkstoffgehalt in ihrer Gefährlichkeit erheblich voneinander ab. Dies gilt auch für Haschisch und Marihuana (BGH 5 StR 146/09). Bei der Strafzumessung im konkreten Einzelfall ist zu berücksichtigen, dass sich der Gefährlichkeitsgrad aus verschiedenen **Faktoren** wie Art, Wirkstoffkonzentration, Gesamtmenge und Wirkstoffmenge zusammensetzt, dass sich diese **überschneiden** und daher insoweit dem Täter nicht mehrfach nachteilig angelastet werden dürfen (vgl. BGH BeckRS 2019, 26444 zur vom Tatrichter nicht berücksichtigten Wechselwirkung zwischen Gefährlichkeit des Betäubungsmittels und Festsetzung des Grenzwerts der nicht geringen Menge). Dennoch stellt die unterschiedliche Gefährlichkeit ein **wesentliches Element von Unrecht und Schuld** des Verstoßes gegen das BtMG dar und muss daher im Rechtsfolgenausspruch zum Ausdruck kommen. Insoweit müssen sich die Vorstellungen des Täters auch auf die Art des Betäubungsmittels erstrecken (BayObLG StV 1998, 590; *Zschockelt* NStZ 1998, 238). Enthält das Urteil hierzu keine oder nur unklare Feststellungen, so kann auch dem **Schuldspruch** der Boden entzogen werden; es gilt insoweit dasselbe wie bei der Wirkstoffmenge (→ Rn. 393–395, 970, 971). 941

Im Rahmen der Strafzumessung kommen der Rauschgiftmenge, der Art des Rauschgifts und seiner Gefährlichkeit eine **eigenständige Bedeutung** zu (BGHSt 40, 73 (→ Rn. 828); BGHR BtMG § 29 Strafzumessung 18 = NJW 1992, 380 = NStZ 1991, 591 = StV 1991, 564; BGH NStZ 2016, 614; 2017, 180). Voraussetzung ist, dass der Täter sie in seine Vorstellungen aufgenommen hat (BGHR BtMG § 29 Strafzumessung 5 = *Schoreit* NStZ 1990, 332). Zur Fahrlässigkeit und Gleichgültigkeit → Rn. 396, 418, 953, 968. Zu den notwendigen Feststellungen → Rn. 915, 969, 393–395. 942

Bei der Frage der **Gefährlichkeit** gehen die Strafsenate des BGH in mittlerweile stRspr von einem Stufenverhältnis aus (zB BGH NStZ-RR 2019, 185; NStZ 2016, 614 (1. Senat) (→ Rn. 852); 2 StR 202/13; NStZ-RR 2018, 185 (3. Senat); BeckRS 2018, 28287 (4. Senat). Dieses **Stufenverhältnis** reicht von den sogenannten „harten" Drogen (wie Heroin, Fentanyl, Cocain und Crack) über Amfetamin, das auf der Gefährlichkeitsskala einen **mittleren Platz** einnimmt, bis hin zu den sogenannten „weichen" Drogen (wie Cannabis). Zur Einstufung von Crystal bzw. Metamphetamin (→ Rn. 947) als harte Droge (BGH NStZ 2020, 229 (231)). 943

Es kann danach **strafschärfend** berücksichtigt werden, dass der Tat Betäubungsmittel **höherer Gefährlichkeit** zugrunde lagen (BGH NStZ-RR 1998, 148; StV 2000, 613; BayObLG StV 1988, 434; KG JR 1995, 34). Diese Einordnung kann unabhängig von der im Einzelfall gegebenen Wirkstoffkonzentration erfolgen (s. BGH NStZ-RR 2013, 81 (→ Rn. 934); aA OLG Frankfurt a. M. BeckRS 2015, 16299). Umgekehrt ist es zulässig, **strafmildernd** zu berücksichtigen, dass sich die 944

Tat auf Haschisch als einer Droge mit **minderer Gefährlichkeit** bezog (BGHR StGB § 27 Tatinteresse 1 = StV 1987, 203; KG JR 1995, 34).

945 **Nicht strafschärfend** darf dagegen der Umgang mit Betäubungsmitteln **mittlerer Gefährlichkeit** gewertet werden. Dies sind Drogen, bei denen die Gefahren, die auf Grund ihres Suchtpotentials und ihrer Missbrauchsgefährlichkeit von ihnen ausgehen, nicht größer sind als das Gefahrenpotential, das jedem Rauschmittel innewohnt und das zu seiner Aufnahme in die Anlagen I bis III geführt hat (BayObLG StV 2002, 261).

946 Soweit **Amfetamin** und seine Derivate zu den Betäubungsmitteln **mittlerer Gefährlichkeit** gerechnet werden (BGH NStZ 2016, 614 (→ Rn. 852); 2018, 185), ist dies nicht unumstritten (dafür für Amfetamin: BGHR BtMG § 29 Strafzumessung 12 = StV 1990, 494; 24 = NStZ 1993, 287 = StV 1993, 422; BGH NStZ-RR 2018, 185; offen gelassen in BGH NStZ-RR 2013, 81; für MDMA: KG StV 1998, 427; offen gelassen in BayObLG StV 2002, 261). Im Hinblick auf ihre Eigenschaften und Wirkungen (→ § 1 Rn. 359–369; 518–523) erscheint jedoch die Auffassung des **BVerfG** (NJW 1998, 669 = NStZ-RR 1997, 342 = StV 1998, 405) zutreffender, wonach die Amfetamine zu den harten Drogen zählen (*Patzak* in Körner/Patzak/Volkmer Vor § 29 Rn. 212; zw. *Rahlf* in MüKoStGB, 2. Auflage, § 29 Rn. 620). Auf keinen Fall liegt in einem solchen Fall ein Grund für eine Strafmilderung vor.

947 Nicht restlos geklärt scheint, an welcher Stelle der Skala **Metamfetamin** einzuordnen ist (dazu BGH NStZ 2020, 229 (231); offen gelassen in BGH NStZ-RR 2017, 180). Die Einordnung leidet darunter, dass in den beiden gegenläufigen Entscheidungen (BGH NStZ 2016, 614 (→ Rn. 852); BGH BeckRS 2015, 13123), die sich mit Metamfetamin befassen, nicht festgestellt wird, auf welche der drei Formen, in denen Metamfetamin auftritt (→ § 1 Rn. 478–494), sich die Entscheidung bezieht. Im Hinblick auf ihre hohe Gefährlichkeit (→ § 1 Rn. 486–491) **verfehlt** wäre eine Einordnung der **rechtsdrehenden** Form als Droge „mittlerer Gefährlichkeit" (*Patzak/Dahlenburg* NStZ 2016, 615). Dagegen erscheint eine solche Einordnung bei dem Recemat (→ § 1 Rn. 492, 493) und bei Levmetamfetamin (→ § 1 Rn. 494), die in Deutschland allerdings fast nicht auftreten (→ § 1 Rn. 479), eher vertretbar. Der 5. Strafsenat (BGH BeckRS 2017, 111478) verweist auf die Gleichbehandlung von Crystal bzw. Metamphetamin mit der harten Droge Crack und beanstandet daher die **strafschärfende Berücksichtigung der Einordnung von Metamphetamin als harter Droge** zu Recht nicht.

948 Die Bedeutung der Gefährlichkeit **wird dann relativiert,** wenn ein **agent provocateur** gerade auf die Lieferung solcher Drogen hingewirkt hat (auch → Rn. 959, 966 sowie → § 4 Rn. 298).

949 Im Hinblick darauf, dass bei „bestimmungsgemäßem Gebrauch" nur eine straflose Selbstgefährdung in Betracht kommt, darf die Gefährlichkeit eines Betäubungsmittels dem Täter, der es **ausschließlich zum Eigenbedarf** erworben oder besessen hat, nicht zur Last gelegt werden (BayObLG StV 1993, 29; KG StV 1994, 244; 1994, 313; OLG Frankfurt a. M. BeckRS 2010, 5911; OLG München BeckRS 2012, 03257). Dasselbe gilt von der **Selbstgefährdung** eines Körperschmugglers (BayObLGSt 2003, 12 = *Kotz/Rahlf* NStZ-RR 2004, 193 (194) = StV 2003, 623). Dies gilt aber nur dann, wenn aus tatsächlichen Gründen eine **Gefährdung anderer** praktisch ausgeschlossen ist; birgt der Erwerb oder der Besitz des Betäubungsmittels dagegen die Gefahr in sich, dass es an Dritte weitergegeben wird, oder lässt sich die Gefahr der Weitergabe sonst nicht ausschließen, so ist die strafschärfende Berücksichtigung der Gefährlichkeit der Droge nicht unzulässig (KG JR 1995, 34; OLG München StraFo 2014, 437). Bei **Körperschmugglern**

liegt die Gefahr der Weitergabe auf der Hand. Zur **abstrakten** Gefahr der Weitergabe → Rn. 808.

Hat der Konsum den **Tod des Konsumenten** oder eine schwere Gesundheits- 950
beeinträchtigung zur Folge, so kann dies als verschuldete Auswirkung der Tat (§ 46
Abs. 2 StGB) strafschärfend berücksichtigt werden (→ Rn. 396; 397), sofern nicht
ohnehin § 30 Abs. 1 Nr. 3 eingreift. Dem steht insbesondere der Grundsatz der eigenverantwortlichen Selbstgefährdung nicht entgegen (BGHR BtMG § 29 Strafzumessung 21 = NStZ 1992, 489 = StV 1993, 128 mAnm *Hoyer*). Zu den Einzelheiten → § 30 Rn. 160–166.

Die Art des Betäubungsmittels muss durch die notwendigen **Ermittlungen ge-** 951
klärt werden. Grundsätzlich gilt dasselbe wie bei der Wirkstoffmenge (→ Rn. 970,
971). Gerade bei kleinen Rauschgiftmengen wird oft nur ein sogenannter **Schnelltest** (→ § 1 Rn. 95) durchgeführt. Auf einen Schnelltest kann eine Verurteilung
nicht gestützt werden; vielmehr bedarf er einer Bestätigung durch ein anerkanntes
substanzspezifisches Analyseverfahren (→ § 1 Rn. 95; OLG Hamm StV 1999, 420).
Auch eine ergänzende optische Überprüfung kann jedenfalls bei Heroin nicht zu
der notwendigen Sicherheit beitragen (OLG Hamm StV 1999, 420).

4. (Gewichts-)Menge des Betäubungsmittels. Für den Umfang der getätig- 952
ten Rauschgiftgeschäfte und das Maß der entfalteten kriminellen Energie ist auch
die (Gewichts-)Menge der Betäubungsmittel von Bedeutung, die dem Täter zugerechnet werden kann. Ihr kommt neben der Art des Betäubungsmittels, seiner
Gefährlichkeit und seinem Wirkstoffgehalt eine **eigenständige Bedeutung** zu
(BGHR BtMG § 29 Strafzumessung 18 (→ Rn. 942); 26 (2 StR 308/93); § 30 a
Abs. 2 Strafzumessung 1 = StV 2004, 603; BGH StV 2000, 613; krit. *Endriß* R 13
Rn. 47). Danach darf bei einer großen Rauschgiftmenge mit einem geringen
Wirkstoffgehalt die Menge nicht außer Betracht bleiben, denn sie ist Ausdruck des
Geschäftsvolumens. Auf der anderen Seite muss auch die **geringe Wirkstoffkonzentration** berücksichtigt werden, und zwar sowohl bei der Strafrahmenwahl als
auch bei der Strafzumessung im engeren Sinn (BGH 3 StR 465/11).

Voraussetzung ist, dass der Täter den großen Umfang der Menge in seine **Vor-** 953
stellung aufgenommen hat (BayObLG StV 1998, 590), wobei es genügt, wenn er
dies billigend in Kauf nimmt (BGH NStZ-RR 1997, 121) oder sich damit abfindet
(→ Rn. 416; 915, 968); zu Anhaltspunkten für die Vorstellung des Täters auch
→ Rn. 418. Ist die Menge größer, so darf der von seinem Vorsatz nicht umfasste
Teil nur dann strafschärfend berücksichtigt werden, wenn ihn insoweit der Vorwurf
der **Fahrlässigkeit** trifft (→ Rn. 396; 397, 427).

War ihm die Menge **gleichgültig** und war er damit bereit, Betäubungsmittel in 954
jeder Größenordnung zu befördern, so erfasst sein Vorsatz die tatsächlich transportierte Menge (→ Rn. 417, 968), es sei denn, diese lag völlig außerhalb des in Betracht kommenden Rahmens (BGHR BtMG § 29 Beweiswürdigung 16 = NStZ
1999, 467 = StV 1999, 432; BGH NStZ-RR 1997, 121; 2004, 281; 2017, 345).

Drogenkuriere, die die Menge der Betäubungsmittel nicht überprüfen und 955
darauf auch keinen Einfluss nehmen können und die mit ihrem Auftraggeber kein
persönliches Vertrauensverhältnis verbindet, müssen in der Regel damit rechnen,
dass ihnen mehr übergeben wird, als ihnen offenbart wird (BGH StV 2018, 480
= FDStrafR 2017, 394552 mablAnm *S. Weber*). Lassen sie sich darauf ein, etwa
weil ihnen die transportierte Menge gleichgültig ist, so nehmen sie die Einfuhr der
Mehrmenge **billigend in Kauf** (→ Rn. 968; BGHR BtMG § 29 Beweiswürdigung 16 (→ Rn. 954)). Besteht zwischen dem Kurier und dem Auftraggeber keine
persönliche Beziehung, liegt dies nahe (BGH NStZ-RR 2017, 345). Zur Gleichgültigkeit → Rn. 954.

956 Etwas anderes kann (neben einer persönlichen Beziehung (→ Rn. 955)) in Betracht kommen, wenn der Kurier nach der Menge bezahlt wird und wahrscheinlich ist, dass er die tatsächlich transportierte Menge später erfährt (BGHR BtMG § 29 Beweiswürdigung 16 (→ Rn. 954)) oder wenn sonst Umstände vorliegen, aus denen er die Überzeugung gewinnen kann, sein Auftraggeber habe ihm die Wahrheit gesagt (BGH NStZ-RR 2004, 281). Zur Beweiswürdigung, wenn der Täter sich dahin einlässt, er habe das von ihm transportierte Heroin für Haschisch gehalten, s. BGH StV 1998, 589. auch → Rn. 953, 968.

957 Der (Mindest-)Umfang der Schuld kann nicht beurteilt werden, wenn nicht die Menge des Betäubungsmittels, mit dem der illegale Verkehr stattgefunden hat, festgestellt wird (BGHR BtMG § 29 Strafzumessung 18 (→ Rn. 942)). Lassen sich Feststellungen auf eine andere Weise nicht treffen, so kann die Menge auf der Grundlage vorhandener Beweisanzeichen **geschätzt** werden (BGH NStZ-RR 1997, 121). Enthält das Urteil zu der Menge aber keine oder nur unklare Feststellungen, so kann auch dem **Schuldspruch** der Boden entzogen werden; es gilt dasselbe wie bei der Wirkstoffmenge (→ Rn. 393–395, 970, 971).

958 Kann ein Zeuge nur vage Angaben zur Menge oder Qualität des Rauschgifts machen, ist das Gericht gehalten, die notwendigen Feststellungen im Wege der **Schätzung** nach den dazu von der Rechtsprechung entwickelten Grundsätzen (→ Rn. 981–985) zu treffen (BGH 1 StR 147/11). Es sollte nicht versuchen, an Hand **mathematischer Berechnungen,** die auf vagen Parametern aufbauen, zu einer exakten Bestimmung der Menge zu gelangen. Derartige Berechnungen können allerdings dazu dienen, die Angaben der Auskunftsperson einer Plausibilitätskontrolle zu unterziehen (BGH 1 StR 147/11).

959 Die Bedeutung der Menge wird **relativiert,** wenn ein **agent provocateur** darauf hingewirkt hat, dass der Täter mit einer möglichst großen Menge Handel treibt (BGHR BtMG § 29 Strafzumessung 15 = StV 1991, 565; 16 = StV 1991, 460; 28 = NStZ 1995, 506 = StV 1995, 364; BGH NStZ 1994, 335 = StV 1994, 369; 1997, 136 (→ Rn. 605); StV 1998, 600 (Ls.); dazu auch → § 4 Rn. 298. Ferner → Rn. 948, 966.

960 Bei der Berücksichtigung der Menge kommt es vor allem auf die Menge der Betäubungsmittel an, die bei der **Einzeltat** eingeführt und mit der dort Handel getrieben wurde. Die **Gesamtmenge** aus mehreren Einzeltaten ist daher nicht für die Einzel- sondern erst für die **Gesamtstrafenbildung** bestimmend (BGHR StGB § 46 Abs. 3 Handeltreiben 6 = StV 2013, 149; BGH NStZ-RR 2015, 47). Soweit dagegen eingewandt wird, dass die Einzeltat eines Serientäters ein anderes Gewicht als die einzelne Tat eines Einmaltäters hat (*Winkler* NStZ 2012, 257 (260)), ist dies keine Frage der Menge, sondern der Person des Täters.

961 **5. Wirkstoffmenge und Wirkstoffgehalt.** Das Unrecht einer Betäubungsmittelstraftat und die Schuld des Täters werden maßgeblich durch die Wirkstoffkonzentration und die Wirkstoffmenge bestimmt (BGH NStZ-RR 2011, 90; 2012, 339; StV 2013, 703). Sie sind daher nicht nur die maßgeblichen Merkmale für die Bestimmung der nicht geringen Menge (→ § 29a Rn. 63–65), namentlich, wenn es sich um einen Grenzfall handelt (BGH NStZ-RR 2011, 90), sondern auch sonst die wesentlichen Umstände für die Beurteilung der Schwere der Tat und des Schuldumfangs (BGHR BtMG § 29 Strafzumessung 8 = NStZ 1990, 84; 12 (→ Rn. 946); 18 (→ Rn. 942); § 30a Abs. 2 Strafzumessung 1 (→ Rn. 952); BGH NStZ-RR 2002, 52; BayObLGSt 95, 27). Da jedoch §§ 46 ff. StGB auch bei der Aburteilung von Rauschgiftkriminalität uneingeschränkt gelten und die Strafe nach der individuellen Schuld zuzumessen ist, scheidet eine reine „Mengenrechtsprechung" aus (BGH BeckRS 2019, 34391). Zu den Folgen für die Ermittlungen und das Verfahren → Rn. 395, 969–974. Die Feststellung des Wirkstoffgehalts ist auch bei einem auf einer **Verständigung** beruhenden Urteil **unverzichtbar** (BGH StV 2013, 703).

a) Nicht geringe Menge. Solange das (Tatbestands-)Merkmal der nicht geringen Menge (§ 29a Abs. 1 Nr. 2, § 30 Abs. 1 Nr. 4; § 30a Abs. 1, Abs. 2 Nr. 2) **nicht erreicht** wird, so dass der Grundtatbestand des § 29 anzuwenden ist, ist die verhältnismäßig hohe Wirkstoffmenge des Betäubungsmittels bei der Strafzumessung stets strafschärfend zu berücksichtigen. Dasselbe gilt, wenn die betreffende Begehungsweise nicht mit einer Qualifikation versehen ist; in einem solchen Fall kommt auch die Prüfung eines (unbenannten) besonders schweren Falles (§ 29 Abs. 3 S. 1) in Betracht. 962

Anders ist dies in den Fällen der § 29a Abs. 1 Nr. 2, § 30 Abs. 1 Nr. 4; § 30a Abs. 1, Abs. 2 Nr. 2, in denen die **nicht geringe Menge** zu den **Tatbestandsmerkmalen** gehört. Da die nicht geringe Menge eines Betäubungsmittels nach der Menge des darin enthaltenen Wirkstoffes bestimmt wird (→ § 29a Rn. 64–66), darf die Tatbegehung mit einer nicht geringen Menge für sich genommen nicht berücksichtigt werden (§ 46 Abs. 3 StGB). Jedoch kann das Maß der Überschreitung des Grenzwerts in die Strafzumessung einfließen, soweit es sich nicht lediglich um eine Überschreitung in einem **Bagatellbereich** handelt, wodurch praktisch allein die Erfüllung des Qualifikationstatbestands festgestellt ist. Die nur geringfügige Überschreitung der nicht geringen Menge stellt einen Strafmilderungsgrund dar. 963

Wo diese **Bagatellgrenze** verläuft, richtet sich nach den Umständen des Einzelfalls. Ob sie annähernd beim 1,91-fachen, beim Doppelten, beim zweieinhalbfachen oder bei der dreifachen nicht geringen Menge liegt oder ob die Bagatellgrenze bei Überschreitung des Grenzwerts zur nicht geringen Menge um ein Drittel (zu diesen Fallgestaltungen → Rn. 801) noch eingehalten ist, lässt (BGHSt 62, 90 (→ Rn. 785)) offen. Das Überschreiten um das 7,5-fache ist jedenfalls nicht in derart gering, dass dies nach § 46 Abs. 3 StGB aus der Gesamtschau aller Strafzumessungsgründe ausscheiden müsste (BGHSt 62, 90 (→ Rn. 785)). 964

Jenseits einer die Grenze zur Erfüllung des Qualifikationstatbestands nur unwesentlich überschreitenden Wirkstoffmenge (→ Rn. 963, 964) hat die **Überschreitung** des Grenzwertes grundsätzlich **strafschärfende** Bedeutung; soweit der 2. Senat in früheren Entscheidungen (→ Rn. 801) bemerkt hat, die geringfügige Überschreitung sei ein Strafmilderungsgrund, wird dies aufgegeben (BGHSt 62, 90 (→ Rn. 785)). 965

Ist die Menge des Wirkstoffs auf die Einwirkung eines **agent provocateur** zurückzuführen, so wird ihre Bedeutung dadurch **relativiert** (auch → Rn. 948, 959; → § 4 Rn. 298). 966

Zur Behandlung der (niedrigen) nicht geringen Menge im Rahmen der **Strafrahmenwahl** → Rn. 800, 801. 967

b) Vorstellungen des Täters. Voraussetzung einer strafschärfenden Berücksichtigung der Wirkstoffmenge ist, dass diese von den Vorstellungen des Täters umfasst war (BGH NStZ-RR 1997, 121; BayObLG StV 1998, 590), wobei es genügt, wenn er dies billigend in Kauf nimmt (BGH NStZ-RR 1997, 121), sich damit abfindet oder sie ihm gleichgültig ist (→ Rn. 416; 915, 954). Zur Fahrlässigkeit → Rn. 396, 953. Wer Umgang mit Drogen hat, ohne ihren Wirkstoffgehalt zu kennen oder zuverlässige Auskunft darüber erhalten zu haben, ist bei Fehlen sonstiger Anhaltspunkte (zu solchen → Rn. 956) im Allgemeinen mit jedem Reinheitsgrad einverstanden, der nach den Umständen in Betracht kommt (BGH NStZ-RR 1997, 121; OLG München NStZ-RR 2006, 55; 2006, 456 mAnm *Kotz*; s. auch BGH BtMG § 29 Beweiswürdigung 16 (→ Rn. 954) zur (Gewichts-)Menge). 968

c) Notwendige Feststellungen. Am Wirkstoffgehalt eines Betäubungsmittels wird in der Regel seine Qualität gemessen. Je besser die Qualität, desto gefährlicher 969 ist das Betäubungsmittel. Da der Wirkstoffgehalt nach stRspr einen bestimmenden Strafzumessungsfaktor darstellt, ist der Wirkstoffgehalt im Urteil festzustellen (BGH NStZ-RR 2017, 377 mwN). Ein hoher Wirkstoffgehalt bzw. eine gute Qualität des Rauschgifts dürfen strafschärfend berücksichtigt werden (vgl. BGH NStZ 1981, 483).

970 **aa) Erforderlichkeit.** Danach sind konkrete Feststellungen zum Wirkstoffgehalt nicht nur zur Ermittlung einer nicht geringen Menge, sondern generell zur **Bestimmung des Schuldumfangs** erforderlich (→ Rn. 392; stRspr; BGH NStZ-RR 2017, 377; BGHSt 40, 73 (→ Rn. 828); 44, 361 (→ Rn. 912); BGHR BtMG § 29 Abs. 1 Nr. 1 Handeltreiben 66 (→ Rn. 349); § 29 Strafzumessung 32; BGH NStZ 2008, 471; StV 2006, 184; BayObLG StV 2003, 627; OLG München BeckRS 2010, 30585). Fehlen sie oder sind sie unklar, so kann dies auch dem **Schuldspruch** den Boden entziehen (→ Rn. 393–395). Allerdings wird der Schuldspruch wegen Handeltreibens in nicht geringer Menge **nicht beeinträchtigt,** wenn angesichts der Menge der gehandelten Rauschgifts oder nach den Vorstellungen der Beteiligten zur Qualität auszuschließen ist, dass die Grenze zur nicht geringen Menge unterschritten wird (BGH NStZ-RR 2016, 247; 2018, 286).

971 Dagegen kann für die **schuldangemessene Festsetzung der Strafe** auf konkrete Feststellungen zum **Wirkstoffgehalt** grundsätzlich **nicht verzichtet** werden (BGHR BtMG § 29 Abs. 1 Nr. 1 Handeltreiben 66 (→ Rn. 349); § 29a Abs. 1 Nr. 2 Menge 15 = NStZ 2006, 173; BGH NStZ-RR 2016, 247; 2017, 377; StV 2008, 471; BeckRS 2018, 4883). Er ist daher nach den → Rn. 974–1030 zu ermitteln.

972 Etwas anderes kommt dann in Betracht, wenn **ausgeschlossen ist,** dass dadurch das **Strafmaß beeinflusst** werden kann (BGHR BtMG § 29 Abs. 1 Nr. 1 Schuldumfang 1 (2 StR 214/88); 2 (4 StR 626/89); BGH NStZ 1990, 395; *Rahlf* in MüKoStGB, 2. Auflage, Vor § 29 Rn. 66) oder dass sich sonst **Nachteile** für den Angeklagten ergeben haben (OLG Nürnberg bei *Kotz* StRR 2008, 367 (369)). Geht das Gericht von einer **geringen Menge** aus, die zum **Eigenkonsum** bestimmt ist, sind danach Feststellungen zum Mindestwirkstoffgehalt **nicht geboten** (BayObLG NJW 2003, 2110 = StV 2003, 625; OLG München NStZ 2006, 579; OLG Hamm BeckRS 2016, 16069; *Patzak* in Körner/Patzak/Volkmer § 29 Teil 29 Rn. 33). Dies gilt auch dann, wenn das Gericht zwar eine geringe Menge annimmt, von der Möglichkeit der Einstellung nach § 29 Abs. 5 aber keinen Gebrauch macht (BayObLG NJW 2003, 1681; OLG Hamm BeckRS 2016, 16069; aA *Kotz* StRR 2008, 367 (369)). Allerdings ist das Gericht nicht gehindert, auch in diesem Bereich **konkrete Feststellungen** zu treffen (BayObLG NJW 2003, 2110 (s. o.)). Hat es dies getan, so ist die Frage, ob eine geringe Menge vorliegt, ausschließlich nach diesen Feststellungen zu beantworten (BayObLG 2003, 2110 (s. o.)).

973 Handelt es sich um den **Verkauf** von Kleinstmengen bis zu drei Konsumeinheiten, so soll nach OLG Celle (StV 2018, 524 = BeckRS 2018, 132556) ausnahmsweise die Einholung eines **Sachverständigengutachtens** unverhältnismäßig sein und statt dessen eine Schätzung (→ Rn. 978–985) stattfinden. Auch von einer **Schätzung** könne im Ausnahmefall abgesehen werden, wenn der Wirkstoffgehalt bei Abweichung vom durchschnittlichen Wirkstoffgehalt keinen bestimmenden Einfluss auf die Strafzumessung habe; dies überzeugt.

974 Bei den Feststellungen reicht es **nicht** (mehr (→ Rn. 1004, 1001)) aus, **nur die zu Grunde gelegte Qualität** („gut", „durchschnittlich", „schlecht", „erheblich gestreckt") zu benennen oder sonstige allgemeine Attribute zu verwenden (BGH NStZ-RR 2008, 319; 2018, 285; StV 2004, 602; StraFo 2007, 242; OLG München BeckRS 2012, 03257; zw. OLG München BeckRS 2013, 03389). Etwas anderes kommt nur in Betracht, wenn sich aus den Urteilsgründen oder aus allgemei-

nem Erfahrungswissen ein **Bezugsrahmen** entnehmen lässt, der die Ableitung eines bestimmten Wirkstoffanteils zweifelsfrei ermöglicht (BGH NStZ 2012, 339 = StV 2012, 409). Sonst muss ein **konkreter (Mindest-)Wirkstoffgehalt** in Gewichtsprozenten oder als Gewichtsmenge angegeben werden (zu dessen Ermittlung →Rn. 975–1030).

bb) Untersuchung möglich. Konkrete Feststellungen zum Wirkstoffgehalt 975 bereiten dann keine Schwierigkeiten, wenn die Betäubungsmittel sichergestellt wurden und untersucht werden können (*Steinke* ZRP 1992, 413). Als Befundtatsache des Gutachtens kann der Wirkstoffgehalt dann im Wege der Gutachtenserstattung durch den Sachverständigen oder durch Verlesung nach § 256 Abs. 1 StPO in die Hauptverhandlung eingeführt werden (BGH StV 2001, 667). Ist eine Untersuchung möglich, so kann auf sie regelmäßig **nicht verzichtet** werden (BGHR BtMG Strafzumessung 32 = NStZ 1996, 498; BGH NStZ 2006, 173; NStZ-RR 2017, 377; s. auch BGH NStZ 2012, 339). Eine Ausnahme gilt nur in den Fällen der →Rn. 972.

Bei größeren Mengen sichergestellten Rauschgifts reicht es in der Regel aus, 976 einen repräsentativen Teil **stichprobenweise** untersuchen zu lassen und im Wege der Schätzung von den gefundenen Ergebnissen auf den Wirkstoffgehalt der gesamten Menge hochzurechnen (BGHR BtMG § 29a Abs. 1 Nr. 2 Menge 17 = StV 2008, 9 = StraFo 2007, 509; BGH NStZ-RR 2013, 377). Entsprechendes gilt für die Auswahl von **repräsentativen Pflanzen** aus einer **Cannabis-Plantage** (OLG München BeckRS 2010, 30554). Bei solchen Plantagen kann nach Zahl und Wuchshöhe der Pflanzen das Gewicht geschätzt werden; Anhaltspunkte für den THC-Gehalt können sich auch aus der Untersuchung noch nicht erntereifer Pflanzen ergeben (BGH NStZ 2005, 455). Generell bietet es sich an, nach den Empfehlungen der Projektgruppe „Probengewinnung" der kriminaltechnischen Einrichtungen des Bundes und der Länder vorzugehen (*Toxichem* Krimtech 2012, 179 (Beschreibung in *Patzak/Goldhausen* NStZ 2014, 384 (386)). Bei einem Beweisantrag auf Untersuchung der gesamten Menge kann sich das Gericht durch Vernehmung des sachverständigen Zeugen die Überzeugung verschaffen, dass die Proben für die Gesamtmenge repräsentativ waren und den Beweisantrag gestützt auf die so vermittelte Sachkunde zurückweisen (BGH NStZ 2005, 455; *Winkler* NStZ 2008, 444 (446)).

cc) Untersuchung nicht möglich. Aber auch, wenn das Betäubungsmittel 977 nicht sichergestellt wurde oder aus sonstigen Gründen eine Untersuchung nicht möglich ist, sind alle Aufklärungsmöglichkeiten auszuschöpfen (BGH NStZ-RR 2011, 90; StV 2013, 703). Im Urteil ist darzulegen, von welcher **Mindestqualität** und damit welchem Wirkstoffgehalt das Gericht ausgeht (BGH NStZ 2008, 471; 2007, 102; 1985, 221; NStZ-RR 2002, 52; 2006, 88 = StV 2006, 184; StV 2008, 9 = StraFo 2007, 509; *Patzak* in Körner/Patzak/Volkmer Vor § 29 Rn. 314).

(a) Festgestellte Tatumstände. Dazu sind zunächst die festgestellten Tat- 978 umstände heranzuziehen. Dies gilt etwa für den Preis (→Rn. 989, 990), die Herkunft (Verpackung, Verplombung, Aussehen), die Handelsstufe, die Qualität des Lieferanten, die Möglichkeit des Streckens (→Rn. 991), für fehlende Reklamationen oder für die Beurteilung durch andere Tatbeteiligte oder Kontaktpersonen (BGH NStZ-RR 2016, 247), namentlich wenn ihre Fähigkeit festgestellt wird, die Rauschgiftqualität zu beurteilen (→Rn. 989, 990).

(b) Teilmengen, Parallelverfahren. Konnte nur eine **Teilmenge** untersucht 979 werden, so darf daraus auf den Wirkstoffgehalt der Gesamtmenge geschlossen werden, es sei denn, es liegen Anhaltspunkte für eine unterschiedliche Konzentration vor (BGH NStZ 2008, 471; StV 2008, 9 = StraFo 2007, 509; *Patzak* in Körner/Patzak/Volkmer Vor § 29 Rn. 311; auch →Rn. 976, 989).

980 Entsprechendes gilt für die Erkenntnisse aus einem **Parallelverfahren** (BGH NStZ-RR 2008, 122; 2012, 339; StV 2013, 703; 1 StR 562/07; *Patzak* in Körner/Patzak/Volkmer Vor § 29 Rn. 311); dabei dürfen diese Erkenntnisse nicht als gerichtskundig behandelt, sondern müssen durch förmliche Beweiserhebung in das Verfahren eingeführt werden (BGH NStZ 2016, 123).

981 (c) **Umständeorientierte Schätzung.** Können auch auf diese Weise hinreichend sichere Feststellungen nicht getroffen werden, so darf der Wirkstoffgehalt nach einer sorgfältigen Würdigung der im konkreten Einzelfall in der Hauptverhandlung festgestellten Beweisanzeichen **geschätzt werden** (BGHSt 44, 361 (→ Rn. 912); BGHR BtMG § 29a Abs. 1 Nr. 2 Menge 13 = StV 2004, 602; 15 = NStZ 2006, 173; § 30 Abs. 1 Nr. 4 nicht geringe Menge 7; BGH NStZ-RR 1997, 121; 2016, 315 (→ Rn. 919); 2017, 377; StV 2008, 9; 2013, 703; 2017, 293). Dabei hat es der BGH (bei Cannabisharz) für zulässig gehalten, an Hand der **Qualitätsangaben der Verbraucher** auf Grund der **statistischen Verteilung** des THC-Gehalts untersuchter Proben Schlüsse auf den Wirkstoffgehalt zu ziehen (BGHSt 42, 1 = NJW 1996, 794 = NStZ 1996, 139 (195) mAnm *Körner* = StV 1996, 95; 1996, 317 mAnm *Böllinger* = JZ 1996, 799 mAnm *Kreuzer*). Dies kommt auch für andere Betäubungsmittel in Betracht.

982 Für den **Vorgang der Schätzung** wird von Patzak (*Patzak* in Körner/Patzak/Volkmer Vor § 29 Rn. 312) ein Zwei-Stufen-Modell vorgeschlagen:
– zunächst ist durch Vernehmung der Tatbeteiligten oder auf andere Weise (→ Rn. 978) die Qualität des Betäubungsmittels festzustellen (sehr schlechte Qualität, schlechte Qualität, durchschnittliche Qualität, gute Qualität, sehr gute Qualität),
– hat das Gericht eine Qualitätsstufe ermittelt, so hat es nunmehr darzulegen, welchen Wirkstoffgehalt es daraus ableitet (→ Rn. 974). Dabei darf es auch auf **Erfahrungen** zurückgreifen, etwa auf Werte, die bei Untersuchungen über bestimmte (längere) Zeiträume festgestellt wurden (BGHSt 42, 1 (→ Rn. 981); BGHR BtMG § 29a Abs. 1 Nr. 2 Menge 15 = NStZ 2006, 173; 3 StR 285/00; *Patzak* in Körner/Patzak/Volkmer Vor § 29 Rn. 312; *Franke/Wienroeder* Anh. StPO Rn. 13; *Winkler* NStZ 2005, 315 f.). In diesem Zusammenhang gewinnen die Ergebnisse des **Statistischen Auswerteprogramms Rauschgift (SAR)** der kriminaltechnischen Laboratorien **(Anh. H)**, das seit 1993 geführt wird, Bedeutung (BGHR BtMG § 29a Abs. 1 Nr. 2 Menge 15 (s. o.); BGH NStZ-RR 2012, 339). S. allerdings Vorbemerkung zum Anh. H. Zum (untauglichen) Versuch einer **mathematischen Berechnung** → Rn. 958.

983 Bei der Schätzung können die **örtlichen Gegebenheiten,** etwa die Nähe von Flug- oder Seehäfen oder die Beherrschung des Marktes durch Gruppierungen, die das Rauschgift aus bestimmten Quellen beziehen, berücksichtigt werden; Voraussetzung ist, dass das Gericht seine Erfahrungen im eigenen Bezirk nachvollziehbar in den Urteilsgründen darlegt (BGH NStZ-RR 2015, 77)

984 **Der Zweifelssatz** gilt auch bei der Schätzung. Das Gericht ist jedoch nicht gezwungen, von der denkbar schlechtesten Qualität auszugehen, sondern muss sich unter Berücksichtigung des Zweifelssatzes eine Überzeugung von der Konzentration bilden, die zweifellos vorgelegen hat (→ Rn. 631, 632; BGHR BtMG § 29 Abs. 3 Nr. 4 Menge 6 = *Schoreit* NStZ 1990, 332; BGH NStZ 1986, 232; NStZ-RR 2012, 339; 3 StR 427/06; BayObLG StV 2004, 603; OLG München NStZ-RR 2011, 89). Bei **Kleinmengen** ist zu Gunsten des Beschuldigten von einer schlechteren Konzentration auszugehen (BGHSt 42, 1 = NJW 1996, 794 = NStZ 1996, 139 (195) mablAnm *Körner* = StV 1996, 95; 1996, 317 mablAnm *Böllinger* = JZ 1996, 798 mablAnm *Kreuzer*).

Der Zweifelsatz verpflichtet das Gericht **nicht,** von dem durch eine tragfähige 985 Schätzung ermittelten Wirkstoffgehalt noch einen **Sicherheitsabschlag** vorzunehmen (BGH 1 StR 562/07); dies kann im Einzelfall eher Zweifel an der Richtigkeit der Schätzung begründen (BGH StraFo 2004, 398). Ist bei einer sichergestellten Menge ein THC-Gehalt von 15% festgestellt worden, so bedarf ein **Sicherheitsabschlag von 8%** bei den nicht sichergestellten Mengen jedenfalls einer **besonderen Begründung** (BGH NStZ-RR 2017, 282).

(d) Notfalls Annahme der Mindestqualität. Können nach → Rn. 978–985 986 keine hinreichend sichere Feststellungen getroffen werden, so ist von dem für den Angeklagten günstigsten Mischungsverhältnis auszugehen, das nach den Umständen in Betracht kommt (BGHSt 33, 8 = NJW 1985, 1404 = NStZ 1984, 556 = StV 1984, 466 mAnm *Endriß*; 44, 361 = NJW 1999, 1724; BGH NStZ 1985, 221; 1985, 273; 1990, 395; NStZ-RR 2012, 339; BayObLG StV 2003, 627; *Patzak* in Körner/Patzak/Volkmer Vor § 29 Rn. 314).

d) Zulässige und unzulässige Schlussfolgerungen. Grundsätzlich müssen 987 Schlussfolgerungen denkgesetzlich möglich sein (BGH NJW 1998, 838 = NStZ 1996, 145 = StV 1995, 564); nicht notwendig ist, dass sie zwingend sind (BGH NStZ-RR 2007, 300).

Möglich und zulässig ist der Schluss, dass das **früher eingeführte** Rauschgift 988 (Heroin) dieselbe Qualität hatte wie das sichergestellte (BGH StV 1988, 325). Entsprechendes gilt, wenn das Rauschgift immer vom **gleichen Verkäufer** zum annähernd gleichen Preis erworben wurde (BayObLG StV 2003, 627).

Bei der Feststellung der Qualität dürfen auch die **Drogenerfahrung der Kon-** 989 **taktperson** und ihre Fähigkeit, die Rauschgiftqualität zu beurteilen, herangezogen werden (BGH DRsp Nr. 1994/51; *Patzak* in Körner/Patzak/Volkmer Vor § 29 Rn. 333). Dasselbe gilt von dem Preis, den der Abnehmer nach Prüfung des Rauschgifts bezahlt hat (BGH DRsp Nr. 1994/51). Bezeichnet ein Zeuge die Qualität des Heroins durchgängig als mittel bis gut und wurde eine sichergestellte Teilmenge untersucht, so darf das Gericht seiner Entscheidung den **Wirkstoffgehalt der Teilmenge** zugrunde legen.

Anknüpfungspunkt für die Schätzung des Wirkstoffgehalts kann neben dem vom 990 Angeklagten bezahlten Einkaufspreis oder dem erzielten Verkaufserlös pro Gramm auch der Umstand sein, dass die jeweiligen **Erwerber** die Qualität des Rauschgifts **nicht beanstandet** hatten (BGH 3 StR 285/00; 3 StR 562/00).

Bei der Bestimmung des Wirkstoffgehalts darf auch darauf abgestellt werden, dass 991 der für den Handel bestimmte Stoff **noch gestreckt** werden konnte, ohne dass dadurch (wie etwa fehlende Reklamationen aus der Szene zeigten) dessen Eignung zum gewinnbringenden Verkauf in Frage gestellt wurde. Dabei muss jedoch festgestellt werden, dass der Täter das Rauschgift tatsächlich gestreckt hat (BGHR BtMG § 29 Strafzumessung 30 = NStZ-RR 1996, 281 = StV 1996, 548).

Hat der Täter mehrere Zubereitungen mit **unterschiedlichem Wirkstoff-** 992 **gehalt** in Besitz und entnimmt er dem Vorrat eine bestimmte Menge zum Verkauf, so darf das Gericht nicht den durchschnittlichen Wirkstoffgehalt zugrundelegen, sondern nur den geringsten (BGH 2 StR 455/88).

e) Schlussfolgerungen bei einzelnen Betäubungsmitteln. Unter der Vor- 993 aussetzung, dass alle Aufklärungsmöglichkeiten ausgeschöpft und weitere Feststellungen nicht möglich sind, ergeben sich bei einzelnen Betäubungsmitteln die folgenden Erfahrungswerte und Schlussfolgerungen:

a) Amfetamin. Zu den **statistischen Angaben** s. Anh. H Tab 1 sowie 994 → Rn. 982. Wie sich aus der Tabelle ergibt, steigt der Wirkstoffgehalt seit 2011 stark an. Da er bei Amfetamin nicht von der Größe der sichergestellten Menge abhängt, wird in den Tabellen nicht zwischen Straßenhandel und Großhandel differenziert (DBBD 2016/Drogenmärkte S. 12).

995 Aus **allgemeinem Erfahrungswissen** ergibt sich kein Bezugsrahmen, der eine weitere Konkretisierung ermöglichen könnte (BGH NStZ 2012, 339 = StV 2012, 409). Amfetaminzubereitungen können auf jeder Handelsstufe durch die Beimengung von Zusatzstoffen leicht in ihrer Zusammensetzung verändert werden. Sie sind daher mit Wirkstoffkonzentrationen zwischen weniger als 5% und bis zu 80% erhältlich; auf der letzten Handelsstufe werden infolge mehrfacher Streckung häufig nur noch Zubereitungen mit einer geringen Wirkstoffkonzentration umgesetzt (BGH NStZ 2012, 339 (s. o.); StV 2004, 602); s. auch die unterschiedlichen Wirkstoffgehalte bei BGHSt 33, 169 = NJW 1985, 2773 = NStZ 1986, 33 mAnm *Eberth* = StV 1985, 280).

996 Weist ein **aufgefundener Zubereitungsrest** bei einem konsequent durchgehaltenen Mischungsverhältnis nur einen Anteil von 16,86% Amfetaminbase auf, so darf das Gericht nicht ohne weiteres von der nach dem Sachverständigengutachten zu erwartenden Ausbeute von 20% ausgehen; zumindest ist der Widerspruch zu erörtern (BGH *Schoreit* NStZ 1992, 324 = DRsp 1998/19470; insoweit nicht zutreffend *Patzak* in Körner/Patzak/Volkmer Vor § 29 Rn. 364). Anders kann dies beim Handeltreiben sein (BGH StV 2006, 136).

997 **b) Cannabis.** Einen Erfahrungssatz, dass der THC-Gehalt in Cannabisharz 10% beträgt, gibt es nicht (OLG Frankfurt a. M. NJW 1986, 2836). Dagegen gibt es umfangreiche Erkenntnisse zur Qualität von Haschisch und Marihuana sowie zur Häufigkeit der Wirkstoffgehalte (BGHSt 42, 1 (→ Rn. 981); *Patzak* in Körner/Patzak/Volkmer Vor § 29 Rn. 337–349; *Rahlf* in MüKoStGB, 2. Auflage, Vor § 29 Rn. 68–80).

998 **(a) Cannabisharz (Haschisch).** Für Haschisch liegen seit 1993 statistische Ergebnisse (→ Rn. 981) vor. Außerdem hat sich die Rechtsprechung in einer Reihe von Fällen zu möglichen Anknüpfungspunkten geäußert.

999 **(aa) Statistische Auswertung.** S. Anh. H Tab 2.2 sowie → Rn. 982. Wie sich aus der Tabelle ergibt, steigt der Wirkstoffgehalt (Median) seit 2010 wieder kräftig an.

1000 Der BGH hat seine grundlegende Entscheidung v. 20.12.1995 (BGHSt 42, 1 (→ Rn. 981)) auf die Proben der **Jahre 1993 und 1994** gestützt. Seither haben sich die Wirkstoffgehalte namentlich aufgrund der Züchtung von Hochleistungssorten, die auch in Deutschland auf den Markt gebracht werden, erheblich erhöht (*Patzak/Goldhausen* NStZ 2007, 195).

1001 Die Mindestwerte für **sehr gute Qualität** (10% THC) und **mittlere** Qualität (5% THC) hat der BGH in seinem Urteil v. 16.2.2000 (BGHR BtMG § 29 Strafzumessung 37) bestätigt. Im Beschluss v. 1.8.2006 (NStZ-RR 2006, 350) hat er klargestellt, dass der Bereich der **mittleren (= durchschnittlichen) Qualität** von 5 bis zu 8% THC reicht.

1002 Die auf den Jahren 1993 und 1994 beruhende Beurteilung erscheint aufgrund der **deutlich gestiegenen Wirkstoffgehalte überholt** (*Patzak/Marcus/Goldhausen* NStZ 2006, 259; *Patzak/Goldhausen* NStZ 2007, 195; *Winkler* NStZ 2007, 317 (319); *Schmidt* NJW 2007, 3252 (3255, 3256)). *Patzak/Goldhausen* (NStZ 2007, 195 (196)) haben dazu die in Spalte 3 genannten Vorschläge gemacht. Die vierte Spalte enthält die Vorschläge, die *Patzak* in *Patzak* in Körner/Patzak/Volkmer Vor § 29 Rn. 324 auf der Grundlage der Untersuchungen des **Jahres 2009** gemacht hat. Es spricht einiges dafür, dass von diesen Zahlen ausgegangen werden kann, zumal auf Grund der Haltung des BKA (s. Vorbemerkung zum Anh. H) andere veröffentlichte Zahlen nicht zur Verfügung stehen.

Kap. 12. Strafzumessung in Betäubungsmittelsachen **Vor §§ 29 ff. BtMG**

Cannabisharz (Haschisch)

Qualitätsstufe	BGHSt 42, 1 1995	Patzak/ Goldhausen 2007	Patzak (→ Vor § 29 Rn. 324)
• **Nicht wirkende Qualität** (gegebenenfalls Imitat) 1994: 2% der Proben bis zu 1% THC	0% THC		
• **sehr schlechte Qualität** 1994: 6,1% der Proben unter 3% THC 2005: 7,8% der Proben unter 3% THC 2009: 6,9% der Proben unter 3% THC	1% THC; Gewichtsmenge: 750 g	2% THC; Gewichtsmenge: 375 g	2% THC
• **schlechte Qualität** 1994: 14,8% der Proben bis 5% THC 2005: 14,0% der Proben bis 6% THC 2009: 26,6% der Proben mit 3% – 6%	3% THC; Gewichtsmenge: 250 g	5% THC; Gewichtsmenge: 150 g	4,5% THC
• **Durchschnittsqualität** 1994: 58,5% der Proben bis 8% THC 2005: 49,1% der Proben bis 11% THC 2009: 30,0% der Proben mit 6% – 9%	5% THC; Gewichtsmenge: 150 g	9% THC; Gewichtsmenge: 83 g	7,5% THC (Durchschnittswert 1993 bis 2012: 7,67%)
• **gute Qualität** 1994: 12,7% der Proben bis 10% THC 2005: 20,3% der Proben bis 15% THC 2009: 22,2% der Proben mit 9% – 13%	8% THC; Gewichtsmenge: 100 g	12% THC; Gewichtsmenge: 62 g	11% THC
• **sehr gute Qualität** 1994: 5,9% der Proben mehr als 10% 2005: 8,8% der Proben mehr als 15% 2009: 14,3% der Proben mit 13% und mehr	10% THC; Gewichtsmenge: 75 g	15% THC; Gewichtsmenge: 50 g	> 13% THC

Zur Notwendigkeit der Angabe eines **konkreten Wirkstoffgehalts** → Rn. 974, **1003** 981. Eine solche Angabe ist auch deshalb notwendig, weil sich der Wirkstoffgehalt auf Grund neuer Zuchttechniken ständig **erhöht** und auch lokalen Schwankungen unterliegt (BGH NStZ 2012, 339).

Die **Gewichtsmenge** der **nicht geringen Menge** beträgt nach dem Urteil des **1004** BGH v. 20.12.1995 (BGHSt 42, 1 (→ Rn. 981)) bei schlechter Qualität etwa 250 g, bei Durchschnittsqualität etwa 150 g und bei guter Qualität etwa 100 g.

(bb) Einzelne Schlussfolgerungen. zunächst → Rn. 975–992. Aus der **Her- 1005 kunft** (zB Roter Libanese; Grüner Marokkaner), dem Erwerbs- und (marktüblichen) Wiederverkaufspreis und dem Fehlen von Reklamationen aus der Szene darf das Gericht bei Haschisch den Schluss auf eine mittlere Qualität (mit 6% THC-Gehalt; auch → Rn. 1002) ziehen, ohne gegen den Zweifelssatz zu verstoßen (BGHR BtMG § 29 Abs. 3 Nr. 4 Menge 6 = *Schoreit* NStZ 1990, 332). Ebenso darf das Gericht von einer durchschnittlichen Qualität (5% THC, auch → Rn. 1002) ausgehen, wenn der Abnehmer den Stoff **bei einem Test** als durchschnittlich befunden hat, der Täter das Rauschgift wiederholt beim gleichen Lieferanten im 5-Kilobereich bezogen hat und es im Inland im Großhandel ohne Beanstandungen absetzen konnte (BGH DRsp Nr. 1994/720).

1006 Der Wert von 0,14% THC, der in der Rechtsprechung (BGH StV 1984, 26; BGH DRsp Nr. 1994/717) genannt wird, ist eine **Ausnahmeerscheinung** (s. auch *Endriß/Malek* BtMStrafR § 13 Rn. 49), zumal der Zeitraum der Lagerung und die Analysemethode nicht bekannt sind (BGHR BtMG § 30 Abs. 1 Nr. 4 Nicht geringe Menge 1 = NStE Nr. 21 zu § 29 BtMG).

1007 Allerdings darf das Gericht angesichts der Häufigkeit, in der Haschisch mit einem Wirkstoffgehalt von bis zu 2% auftritt (→Rn. 997; Anh. H), auch bei **Haschisch schlechter Qualität** jedenfalls dann nicht ohne weiteres von einem THC-Gehalt von 2,5% ausgehen, wenn der Wirkstoffgehalt im Grenzbereich der nicht geringen Menge liegt (BGH StV 2001, 461 = StraFo 2001, 68). Auch wenn der Raucher einiger Pieces den Stoff als mittelmäßig bis schlecht bezeichnete, darf das Gericht einen THC-Gehalt von 3% zugrunde legen, wenn der Täter regelmäßig Kilomengen zu einem nicht ungewöhnlichen Preis in den Niederlanden erworben und in Deutschland mit Gewinn abgesetzt hat (BGHR BtMG § 30 Abs. 1 Nr. 4 Nicht geringe Menge 1 (→Rn. 1006)).

1008 **(b) Cannabiskraut (Marihuana (Stängel-, Blätter-, Blütengemische)).** Zu den **statistischen Angaben** s. Anh. H Tab 2.3 sowie →Rn. 982. Wie Tab 2.3 zeigt, liegt der Wirkstoffgehalt (Median) seit 2010 bei etwa 2%.

1009 Zum Zeitpunkt des Urteils vom 20.12.1995 schwankte der THC-Gehalt von Marihuana so stark, dass signifikante Häufungen nicht erkennbar waren (BGHSt 42, 1 (→Rn. 981)). Nach den Entscheidungen v. 16.2.2000 (BGHR BtMG § 29 Strafzumessung 37 = StV 2000, 318); 20.3.2001 – 1 StR 12/01 und 9.6.2004 (BGHR BtMG § 29a Abs. 1 Nr. 2 Menge 13 = StV 2004, 602) soll der Wirkstoffgehalt bei Marihuana **durchschnittlicher Qualität** bei 2% bis allenfalls 5% THC liegen. Dies ist allerdings nicht zwingend, so dass es nicht fehlerhaft ist, wenn das Gericht einen höheren Wirkstoffgehalt zugrunde legt (BGH NStZ-RR 2015, 77). Als Höchstkonzentration waren früher (BVerfGE 90, 145 (→Rn. 6); *Joachimski/ Haumer* § 1 Rn. 18) 10% THC genannt worden. Diese Konzentration wird heute weit überschritten (im Jahre 2004 51,6% (→Einl. Rn. 154)).

1010 Noch stärker als bei Haschisch stellt sich bei Marihuana (Stängel-, Blätter-, Blütengemische) die Frage, ob die von der Rechtsprechung entwickelten Qualitätsstufen **noch der Wirklichkeit entsprechen.** *Patzak/Goldhausen* (NStZ 2007, 195 (197)) haben für Marihuana (Stängel-, Blätter-, Blütengemische) die in der Spalte 3 genannten Zahlen vorgeschlagen. Für die vierte Spalte gilt dasselbe wie bei Haschisch (→Rn. 1002):

Cannabiskraut (Marihuana (Stängel-, Blätter-, Blütengemisch))

Qualitätsstufe	BGHSt 42, 1 1995	Patzak/ Goldhausen 2007	Patzak (→ Vor § 29 Rn. 325)
• **sehr schlechte Qualität** 2005: 33,3% der Proben unter 2%THC 2009: 20% der Proben unter 1% THC		1% THC; Gewichtsmenge: 750 g	< 1% THC
• **schlechte Qualität** 2005: 16,9% der Proben bis 4% THC 2009: 27% der Proben mit 1% – 2%	< 2% THC	3% THC; Gewichtsmenge: 250 g	1,5% THC

Kap. 12. Strafzumessung in Betäubungsmittelsachen   Vor §§ 29 ff. BtMG

Qualitätsstufe	BGHSt 42, 1 1995	Patzak/ Goldhausen 2007	Patzak (→ Vor § 29 Rn. 325)
• **Durchschnittsqualität** 2005: 15,4% der Proben bis 8% THC 2009: 31,5% der Proben mit 2% – 5%	2% bis 5% THC	6% THC; Gewichtsmenge: 125 g	3,5% THC (Durchschnittswert 2005 bis 2012: 3,63%)
• **gute Qualität** 2005: 13,1% der Proben bis 11% THC 2009: 12,3% der Proben mit 5% – 8%	> 5% THC + mehr	9% THC; Gewichtsmenge: 83,3 g	6,5% THC
• **sehr gute Qualität** 2005: 21,6% der Proben mehr als 11% 2009: 10,4% der Proben mehr als 8%		11% THC; Gewichtsmenge: 68,2 g	> 8% THC

Nach *Kotz/Rahlf* (NStZ-RR 2010, 199 f.) erwartet der erfahrene Cannabis- 1011
Konsument **als mittlere Qualität** einen Wirkstoffgehalt von 5% bis 8% THC.
Auch gibt es zum Teil erhebliche Schwankungen der mittleren Qualitäten auf den
regionalen Märkten, je nach der Entfernung von den Grenzen zur Schweiz oder
den Niederlanden (*Kotz/Rahlf* NStZ-RR 2010, 199 (199 f.)).

Zur Notwendigkeit der Feststellung eines **konkreten** Wirkstoffgehalts 1012
→ Rn. 974, 981, 1003.

(c) Cannabiskraut (Marihuana (Blüten, Blütenstände, sog. Dolden)). 1013
S. Anh. H Tab 2.1. Marihuana in Form von Blüten und Blütenständen wird in der
SAR seit 2005 gesondert erhoben. Der Wirkstoffgehalt (Median) ist seit 2010 von
11,2% auf 13,1% im Jahr 2018 gestiegen.

Patzak/Goldhausen (NStZ 2007, 195 (197)) haben für Marihuana (Blüten, Blü- 1014
tenstände) die in der Spalte 2 genannten Zahlen vorgeschlagen. Für die dritte Spalte
gilt dasselbe wie bei Haschisch (→ Rn. 1002).

Cannabiskraut (Marihuana (Blüten, Blütenstände)); auch → Rn. 997.

Qualitätsstufe	Patzak/ Goldhausen 2007	Patzak (→ Vor § 29 Rn. 326)
• **sehr schlechte Qualität** 2005: 5,2% der Proben unter 5% THC 2009: 5,1% der Proben unter 4% THC	3% THC; Gewichtsmenge: 250 g	< 4% THC
• **schlechte Qualität** 2005: 20,7% der Proben bis 10% THC 2009: 19,9% der Proben mit 4% – 9%	7% THC; Gewichtsmenge: 107,1 g	6,5% THC
• **Durchschnittsqualität** 2005: 53,2% der Proben bis 15% THC 2009: 41,7% der Proben mit 9% – 13%	12% THC; Gewichtsmenge: 62,5 g	11% THC (= Durchschnittswert 2005 bis 2012)
• **gute Qualität** 2005: 17,6% der Proben bis 18% THC 2009: 22,7% der Proben mit 13% – 16%	15% THC; Gewichtsmenge: 50 g	14,5% THC

Qualitätsstufe	Patzak/ Goldhausen 2007	Patzak (→ Vor § 29 Rn. 326)
• **sehr gute Qualität** 2005: 3,36% der Proben mehr als 18% 2009: 10,6% der Proben mit 16% und mehr	18% THC; Gewichtsmenge: 41,7 g	>16%THC

1015 Zur Notwendigkeit der Feststellung eines **konkreten** Wirkstoffgehalts → Rn. 974, 981, 1003.

1016 **(d) Haschischöl (Cannabiskonzentrat)** hat bei schlechter Qualität eine THC-Konzentration von unter 15%, kann aber als sehr gute Qualität bis zu 70% erreichen (BVerfGE 90, 145 (→ Rn. 6)). Eine gute Qualität hat es bei einem THC-Gehalt von 40% bis 60% (BGH StV 1984, 26). Proben aus den Jahren 2000 und 2001 weisen allerdings deutlich niedrigere Wirkstoffgehalte auf (Anh. H Tab 2.4). In einem Fall aus dem Februar 2015 ergab sich ein THC-Gehalt von 51% (BGH NStZ 2016, 414).

1017 **cc) Cocain.** Zu den **statistischen Angaben** s. Anh. H Tab 3 sowie → Rn. 982. Der im Großhandel festgestellte Wirkstoffgehalt (Median) lag im Jahre 2018 bei 79,8%.

1018 Aus einem Ursprungsland in größeren Mengen geliefertes, noch original verpacktes Cocain hat sehr oft einen hohen Wirkstoffgehalt. Gleiches gilt aber nicht für den Handel mit kleineren Mengen in Europa. Es gibt daher keinen Erfahrungssatz, dass Cocain üblicherweise ohne Beimengungen verkauft wird (BGH StV 1985, 148).

1019 Eine **gute Qualität** ist bei Cocain bereits bei einem Wirkstoffgehalt von 40% gegeben (BGH NStZ-RR 1996, 281 (→ Rn. 991); StV 1996, 214; 2000, 613; 3 StR 125/99; OLG Naumburg BeckRS 2013, 22085). Für eine gute Qualität spricht, dass der Transport im Zwischenhandel erfolgte und die überbrachte Geldsumme von 24.000 Schweizer Franken nur ein Teil des Kaufpreises war; zudem erhielt der Beteiligte für den Transport den hohen Kurierlohn von 2.000 EUR (BGH BeckRS 2009, 27067). Bei einem Konsumenten und Händler, der grundsätzlich darauf bedacht ist, gute Qualität einzukaufen, kann ausgeschlossen werden, dass er Cocain mit einem Wirkstoffanteil von weniger als 25% CHC erworben hat (BGH StV 2006, 136). Bei **durchschnittlicher** Qualität kann von einem Wirkstoffgehalt von 30% ausgegangen werden (OLG Naumburg BeckRS 2013, 22085).

1020 Für **gestrecktes Straßencocain** hat das BKA im Jahre 2009 einen Wirkstoffanteil von durchschnittlich 34% ermittelt; der Durchschnitt der vorherigen zehn Jahre lag bei 36% (OLG Naumburg BeckRS 2013, 22085).

1021 Zur Notwendigkeit der Feststellung eines **konkreten** Wirkstoffgehalts → Rn. 974, 981.

1022 **dd) Ecstasy.** Zu den **statistischen Angaben** s. Anh. Tab 4.1 und 4.2 sowie → Rn. 982. Im SAR werden die Tabletten und Kapseln als Konsumeinheiten (KE) bezeichnet. Dies kann insofern zu Missverständnissen führen, als in der Rechtsprechung (BGHSt 42, 255 (→ Rn. 260); BGH NStZ 2006, 173) mit „durchschnittlicher Konsumeinheit" (120 mg) die Einheit genannt wird, die zur Erzielung des gewünschten Rauschzustands durchschnittlich konsumiert wird. Dies können mehrere Tabletten oder Kapseln sein.

1023 Bei der Feststellung des Wirkstoffgehalts nicht sichergestellter oder nur stichprobenartig untersuchter Ecstasy-Tabletten kann jedenfalls seit dem Jahre 2012 nach dem Zweifelssatz davon ausgegangen werden, dass der Wirkstoff in **MDMA** bestand (Anh. H Tab 4.1), dessen Suchtpotential zudem am geringsten ist (LG Kassel

NStZ-RR 1996, 344). Der Anteil von **m-CPP** ist seit 2012 drastisch gesunken (Anh. H Tab 4.1).

Die unterschiedlichen Wirkstoffkombinationen und Schwankungen in der **1024** Wirkstoffkonzentration lassen eine ausreichend sichere Feststellung einer Mindestkonzentration pro Tablette, die in der Praxis erfahrungsgemäß nicht unterschritten wird, nicht zu (BGHSt 42, 255 (→ Rn. 260)); damit ist allein die Zahl der Tabletten nicht aussagekräftig. Dies steht aber einer **Schätzung des Wirkstoffgehalts** nicht entgegen (BGHSt 44, 361 (→ Rn. 912)). Allerdings bedarf es im Hinblick auf den Zweifelssatz hier in besonderem Maße aussagekräftiger objektiver, den Einzelfall betreffender Grundlagen. Solche sind gegeben, wenn eine Lieferung der Tabletten untersucht werden konnte und ein Zeuge bestätigt, dass die Qualität der Tabletten in allen Fällen gleich gewesen sei (BGHSt 44, 361).

Hat der Täter die Tabletten stets **aus derselben Quelle** bezogen und beim Tes- **1025** ten keine wesentlichen Wirkungsunterschiede feststellen können, so kann dem Urteil derselbe Wirkstoffanteil zugrunde gelegt werden wie bei den Tabletten, die sichergestellt wurden (LG Kassel NStZ-RR 1996, 344). Dasselbe gilt, wenn **ein Zeuge bekundet,** dass die Qualität der Tabletten in allen Fällen gleich war, zumal wenn das Gericht noch einen Sicherheitsabschlag von etwa 10% macht (BGHSt 44, 361 = NJW 1999, 1724); aber → Rn. 985, 986.

Bei einem durchschnittlichen Wirkstoffgehalt von 26 mg MDA pro Tablette im **1026** Jahre 2001 (SAR 2001) ist es nicht verfehlt, eine **gute Qualität** mit einem Wert von jedenfalls 30 mg je Tablette anzusetzen; 50 mg sind dagegen zu hoch (BGH StraFo 2004, 398).

Zur Notwendigkeit der Feststellung eines **konkreten** Wirkstoffgehalts **1027** → Rn. 974.

ee) Heroin. Zu den **statistischen Angaben** s. Anh. H Tab 5.1 und 5.2 sowie **1028** → Rn. 982.

Heroin wird mit unterschiedlichem Reinheitsgehalt in der Rauschgiftszene an- **1029** geboten. Es gibt daher keinen Erfahrungssatz, dass Heroin mit einem bestimmten Wirkstoffgehalt gehandelt wird (OLG München 4 St RR 23/08 bei *Kotz* StRR 2008, 367 (369)). Ebenso wenig gibt es einen Erfahrungssatz, welchen Wirkstoffgehalt Heroin „durchschnittlicher Qualität" aufweist (OLG München 4 St RR 16/08 bei *Kotz* StRR 2008, 367 (369); OLG München *Kotz/Rahlf* NStZ-RR 2013, 129 (130), oder dass eingeführtes türkisches Heroin einen Basenanteil von mindestens 60% hat (BGH 2 StR 593/83; *Patzak* in Körner/Patzak/Volkmer Vor § 29 Rn. 334). Ebensowenig rechtfertigt die Annahme, dass Heroin bis auf 25% gestreckt wird, von diesem Wert auszugehen, da auch Zubereitungen mit wesentlich geringerem Heroinanteil gehandelt werden (Anh. H; BGH StV 1982, 207; *Patzak* in Körner/Patzak/Volkmer Vor § 29 Rn. 334). Auch genügen bloße statistische Erwägungen für die Annahme eines Heroingehalts von 15% nicht; hinzutreten müssen konkrete Feststellungen (BayObLG StV 2004, 603). Heroin mit einem Wirkstoffanteil von 100% Heroinhydrochlorid im Kleinhandel ist unwahrscheinlich (BGHR BtMG § 29 Beweiswürdigung 6 = StV 1992, 278); s. aber neuerdings die zunehmende Bedeutung von **„weißem Heroin",** fälschlich auch Thai-Heroin genannt (→ § 1 Rn. 380).

Enthält das Urteil begründete Feststellungen zum Wirkstoffgehalt der Ur- **1030** sprungsmenge, zum Mischungsverhältnis beim Strecken, zum Preis und zur Akzeptanz bei den Abnehmern, so darf das Gericht auch **ohne Zuziehung** eines Sachverständigen auf einen Heroinbasengehalt von jedenfalls 40% schließen (BGHR BtMG § 29 Abs. 3 Nr. 4 Menge 9). Ist das Gericht selbst sachkundig und sieht es den Spielraum bei der Beurteilung des Reinheitsgehaltes, so braucht sich ihm die

Anhörung eines Chemikers zur Frage, ob theoretisch ein niedrigerer Reinheitsgehalt vorstellbar wäre, nicht aufzudrängen (BGH NStZ 1986, 232).

1031 6. Staatliche Beteiligung, polizeiliche Überwachung/Observation, Sicherstellung. Staatliche Beteiligungshandlungen an Drogengeschäften sind stets als gewichtige Strafzumessungsgesichtspunkte zu berücksichtigen; dazu reicht es nicht aus, wenn das Gericht ausführt, die Taten seien während der laufenden Ermittlungen erfolgt (BGH NStZ 2013, 99 = StV 2012, 415). Dies gilt vor allem dann, wenn auch Verdeckte Ermittler eingesetzt wurden.

1032 Hat der Drogentransport unter solch engmaschiger **Überwachung** durch die Polizei stattgefunden, dass eine tatsächliche Gefährdung durch das Rauschgift ausgeschlossen war, so ist dies ein bestimmender Strafzumessungsgrund (BGH NStZ 2013, 662; BeckRS 2017, 102347; StV 2004, 604). Dieser Strafmilderungsgrund steht **eigenständig** neben dem ebenfalls bestimmenden Strafmilderungsgrund (BGHR BtMG § 29 Strafzumessung 10; BGH NStZ 2010, 504; NStZ-RR 2007, 237 = StV 2007, 574; BGH 5 StR 66/05), der sich daraus ergibt, dass die Betäubungsmittel, etwa infolge einer **Sicherstellung, nicht in den Verkehr gelangt** sind (BGH NJW 2014, 327; NStZ 2013, 662; NStZ-RR 2014, 249; 2018, 218; StV 2018, 486). Dies gilt auch in den Fällen des **Besitzes** (OLG Naumburg BeckRS 2017, 124235). Auch eine **nachträgliche Sicherstellung** muss strafmildernd berücksichtigt werden (BGH NStZ 2006, 577; NStZ-RR 2006, 220; 2012, 153). Zur Berücksichtigung bei der Strafrahmenwahl → Rn. 823, zur Beteiligung eines agent provocateur → Rn. 1034.

1033 Entsprechendes gilt, wenn das Handeln des Täters (Betreuung und Kontrolle einer Cannabisplantage) unter **vollständiger Observation** der Polizei stattgefunden hat (BGH NStZ 2010, 51).

1034 7. Tatprovokation. Die Betäubungsmittelkriminalität ist das Hauptanwendungsgebiet der Tatprovokation. Die Frage, welche Folgen sich daraus für das Verfahren und die Strafzumessung gegen die Zielperson ergeben, stellt sich hier besonders oft. Sie sind auch besonders umstritten (zusf. *Maier* in MüKoStGB StGB § 46 Rn. 213–215). Auf → § 4 Rn. 250–307 wird Bezug genommen.

1035 8. Ausländereigenschaft, Ausweisung, Abschiebung. Im Jahre 2019 betrug der Anteil der nichtdeutschen Tatverdächtigen an den Betäubungsmittelstraftaten 27,25%, am illegalen Handel und Schmuggel mit Cannabis 35,68, mit Heroin 49,62% und mit Cocain 60,92 (→ Einl. Rn. 67). Dieser hohe Anteil ausländischer Straftäter, der sich in der täglichen Erfahrung der Gerichte widerspiegelt, kann dazu verführen, die Ausländereigenschaft bei der Strafzumessung strafschärfend zu berücksichtigen.

1036 Auf der anderen Seite ist nicht zu übersehen, dass viele Ausländer vor den desolaten Verhältnissen in ihrem Heimatland geflohen sind, dass sie in Deutschland andere Vorstellungen von einem geordneten Zusammenleben antreffen und dass sie sich in die neuen Lebensverhältnisse erst hineinfinden müssen. Dies veranlasst die Gerichte vielfach dazu, die Ausländereigenschaft strafmildernd berücksichtigen.[2]

1037 a) Grundsatz. Beides entspricht nicht dem Gesetz. Die **Ausländereigenschaft** als solche darf weder straferschwerend (BGHR StGB § 46 Abs. 2 Lebensumstände 13 = NStZ 1993, 337) noch strafmildernd (BGHR StGB § 46 Abs. 2 Lebensumstände 17 = NJW 1997, 403 = NStZ 1997, 77 = StV 1997, 183 mAnm *Ventzke*; BGH NStZ 1999, 130; NStZ 2007, 328; NStZ-RR 2010, 337; *Patzak* in Körner/Patzak/Volkmer Vor § 29 Rn. 226) berücksichtigt werden. Der Pass des Täters eignet sich weder zur Strafschärfung noch zur Entlastung (*Ventzke* StV 1997, 183).

---

[2] Wieweit sich die unkontrollierte Masseneinwanderung in der zweiten Hälfte des Jahres 2015 und dem ersten Quartal 2016 auswirken wird, ist noch nicht abzusehen.

Dies ergibt sich zwar **nicht aus Art. 3 Abs. 3 GG** (aA BGHR StGB § 46 Abs. 2 **1038** Lebensumstände 12; BGHSt 43, 233 = NJW 1998, 690 = NStZ 1998, 142 mzustAnm *Schomburg* = StV 1998, 67 mablAnm *Weider* = JZ 1998, 634; zust. *Lagodny* JZ 1998, 569), dessen absolutes Gleichbehandlungsgebot für das Verhältnis von Ausländern und Deutschen nicht gilt (BVerfGE 51, 1 (30) = NJW 1979, 2295; BGHR § 46 Abs. 2 Lebensumstände 13 = NStZ 1993, 337). Wohl aber ist die **Staatsangehörigkeit des Täters** grundsätzlich für die Bewertung seiner Schuld ohne Bedeutung (BGHR § 46 Abs. 2 Lebensumstände 13 (s. o.); OLG Düsseldorf StV 1995, 526). Zu den Ausnahmen → Rn. 1042.

Dasselbe gilt für seinen Status als **Asylbewerber,** der grundsätzlich als Strafschär- **1039** fungsgrund ausscheidet (BGHR StGB § 46 Abs. 2 Ausländer 4; BGH NJW 2017, 1491). Zu den Ausnahmen → Rn. 1042.

Nach der Rechtsprechung soll insbesondere das **Maß der Pflichtwidrigkeit** **1040** (§ 46 Abs. 2 S. 2 StGB) durch die Ausländereigenschaft nicht beeinflusst werden. Eine **gesteigerte Pflicht,** sich im Gastland straffrei zu führen, soll den Ausländer nicht treffen (BGHR § 46 Abs. 2 Lebensumstände 13 = NStZ 1993, 337). Auf der anderen Seite sind die an ihn zu stellenden Anforderungen aber auch nicht geringer als bei einem deutschen Staatsangehörigen.

b) Besonderheiten. Auch wenn danach die Ausländereigenschaft strafzumes- **1041** sungsrechtlich neutral ist, so stehen mit ihr doch einige Gesichtspunkte im Zusammenhang, die bei der Strafzumessung Gewicht erlangen können oder auch nicht dürfen:

aa) Missbrauch des Gastrechts. Nicht zulässig ist es, wenn ohne weitere Sub- **1042** stanz auf den Missbrauch des Gastrechts (BGHR StGB § 46 Abs. 2 Lebensumstände 12; 13 = NStZ 1993, 337) oder die Enttäuschung des Ausländern entgegengebrachten Vertrauens (BGH NStZ-RR 2006, 137) abgehoben wird. Anders ist dies, wenn damit ein Sachverhalt beschrieben wird, bei dem die Tat durch die Ausländereigenschaft des Täters oder seine Stellung als Asylbewerber in einer für die Schuldgewichtung erheblichen Weise geprägt wird. Dies kann in Betracht kommen, wenn der Täter bereits in der Absicht einreist, hier Straftaten zu begehen oder wenn er besondere Vorteile missbraucht oder sich erschleicht, die ihm gerade mit Rücksicht auf seine Ausländereigenschaft gewährt werden (BGHR StGB § 46 Abs. 2 Lebensumstände 13 = NStZ 1993, 337). Liegt **kein Zusammenhang zwischen Einreise und Straftat** vor, sollte auf die strafschärfende Erwägung, der Angeklagte sei kurz nach seiner Einreise in die Bundesrepublik straffällig geworden, verzichtet werden (BGH BeckRS 2019, 28843).

bb) Diskreditierung anderer Ausländer/Asylbewerber. Nicht zulässig ist **1043** die strafschärfende Berücksichtigung des Beitrags zur Diskreditierung anderer Ausländer, die der Täter mit seiner Tat geleistet hat (BGH NJW 2017, 1491). Zwar können als verschuldete Auswirkungen der Tat auch solche Tatfolgen berücksichtigt werden, die nicht in einem unmittelbaren Zusammenhang mit dem strafbaren Verhalten stehen; Voraussetzung ist jedoch, dass sie geeignet sind, das Tatbild zu prägen und die Bewertung der Schuldschwere zu beeinflussen. Auch muss es sich um Folgen handeln, die in den Schutzbereich der strafrechtlichen Norm fallen, deren Verletzung dem Täter vorgeworfen wird. Dies alles ist hier nicht gegeben (BGHR StGB § 46 Abs. 2 Lebensumstände 13 = NStZ 1993, 337).

cc) Höhere Strafen im Heimatland. Nicht zulässig ist es, strafschärfend zu be- **1044** rücksichtigen, dass der Täter in seinem Heimatland mit einer deutlich höheren Strafe hätte rechnen müssen (BGHR StGB § 46 Abs. 2 Wertungsfehler 28 = NStZ-RR 1996, 71 = StV 1996, 205). Die nach deutschem Recht zu verhängende Strafe darf nicht deswegen höher ausfallen, weil die Tat nach dem Heimatrecht des Täters mit einer schärferen Strafe geahndet worden wäre.

1045 Zulässig ist dagegen die Erwägung, dass **Drogenhändlern** der **Anreiz** genommen werden müsse, wegen der im Ausland drohenden besonders harten Strafen den Rauschgifthandel nach Deutschland zu verlagern (BGHR StGB § 46 Abs. 2 Wertungsfehler 28 (→ Rn. 1044); BGH NStZ 1982, 112 = JZ 1982, 771). Dieser strenge Maßstab muss dann aber auch an deutsche Drogenhändler angelegt werden.

1046 dd) **Fremder Kulturkreis.** Nicht zulässig ist es, Taten eines aus einem fremden Kulturkreis stammenden Täters generell milder zu beurteilen (BGHR StGB § 46 Abs. 2 Kulturkreis, fremder 1 = NStZ 1996, 80 = StV 1996, 25; 2 = NStZ-RR 1997, 1 = StV 1997, 183 mAnm *Ventzke*). In Deutschland gilt das deutsche Strafrecht und diesem unterliegen auch Nichtdeutsche (BGH 3 StR 587/98). Auch für die Auslegung des Gesetzes sind die **Vorstellungen** der **deutschen Rechtsgemeinschaft** maßgeblich (BGHR StGB § 46 Abs. 2 Kulturkreis, fremder 1 (s. o.); BGH NJW 1995, 602 = NStZ 1995, 79 = StV 1996, 208 mAnm *Fahrichs;* NStZ 2004, 505; 2018, 92). Andernfalls würde § 3 StGB im Wege der Auslegung unterlaufen.

1047 Eine andere Frage ist, ob **eingewurzelte Vorstellungen** des Täters, die es ihm schwerer machen, eine Norm zu befolgen, strafmildernd berücksichtigt werden können. Solche Vorstellungen können auch mit der Herkunft aus einem fremden Kulturkreis verbunden sein. Dies ist etwa bei einem noch bestehenden Konflikt zwischen den verschiedenen Normenwelten möglich (BGHR StGB § 46 Abs. 2 Kulturkreis, fremder 2 (→ Rn. 1046)).

1048 Die strafmildernde Berücksichtigung fremder Vorstellungen und Verhaltensmuster kommt allerdings nur in Betracht, wenn festgestellt ist, dass sie im **Einklang mit der fremden Rechtsordnung** stehen (BGH NStZ-RR 1998, 298; 3 StR 587/98). Andernfalls ist eine Strafmilderung in aller Regel auch dann nicht am Platze, wenn das Verhalten im Herkunftsland weniger schwer wiegt oder sogar den gesellschaftlichen Vorstellungen dort entsprechen mag (BGHR StGB § 46 Abs. 1 Kulturkreis, fremder 1 (→ Rn. 1046)). Dass der Täter in seinem Heimatland bei seinem Tun **staatliche Unterstützung** erfuhr, ist für sich allein ebenfalls noch kein Strafmilderungsgrund (BGHR StGB § 46 Abs. 2 Ausländer 1 = NStZ 1997, 79 = StV 1997, 184 mAnm *Ventzke* = JZ 1996, 1192). Etwas anders kann dann gelten, wenn er daraus auf geringeres Unrecht schließen durfte.

1049 ee) **Strafempfindlichkeit eines Ausländers, Überstellung.** Nicht zulässig ist es, allein aufgrund der Ausländereigenschaft strafmildernd zu berücksichtigen, dass der Täter besonders strafempfindlich sei (BGHSt 43, 233 (→ Rn. 1038); BGHR § 46 Abs. 2 Lebensumstände 17 (→ Rn. 1037); Ausländer 2; BGH NStZ 2004, 493; 2006, 35; 2007, 328; NStZ-RR 2007, 12; *Maier* in MüKoStGB § 46 Rn. 297; zur Strafempfindlichkeit auch → Rn. 1078–1081). Ob der Vollzug einer Freiheitsstrafe außergewöhnliche Wirkungen auf einen Täter hat, hängt nicht von seinem Pass ab, sondern von seinen gesamten persönlichen Verhältnissen, zu denen natürlich auch Verständigungsprobleme, abweichende Lebensgewohnheiten und erschwerte familiäre Kontakte (BGH NStZ 1999, 130; 2007, 328) oder auch der Verlust einer in Deutschland aufgebauten beruflichen Existenz (BGH NStZ 2007, 288) gehören können.

1050 Zu berücksichtigen ist auch, dass manche dieser Schwierigkeiten, etwa Sprachprobleme, mit zunehmender Haftdauer **an Bedeutung verlieren** (BGHR § 46 Abs. 2 Lebensumstände 17 (→ Rn. 1037)). Erst recht kommt eine Strafmilderung nicht in Betracht, wenn der Ausländer Angehörige in Deutschland hat und die deutsche Sprache beherrscht (BGH NStZ-RR 2007, 12). Eine sich aus dem Strafvollzug in Deutschland ergebende besondere Härte kann unter bestimmten Umständen ein bestimmender Strafmilderungsgrund (§ 267 Abs. 3 S. 1 StPO) sein.

Eine strafmildernde Berücksichtigung von Erschwernissen der Haft kommt auch 1051 dann nicht in Betracht, wenn es der Täter in der Hand hat, zur **Strafvollstreckung** in sein **Heimatland** überstellt zu werden (BGHR StGB § 46 Abs. 2 Ausländer 1 (→ Rn. 1048); BGHSt 43, 233 (→ Rn. 1038)). Stimmt er der Überstellung nicht zu, so ist dies ein Zeichen, dass es an einer besonderen Belastung fehlt.

Stimmt der Täter zu, so soll das Gericht eine **Stellungnahme der Staats-** 1052 **anwaltschaft** zur Überstellungsfrage einholen, die dann indizielle Wirkung für eine Überstellung haben soll (BGHSt 43, 233 (→ Rn. 1038); dazu *Lagodny* JZ 1998, 568 (569); zu den Bedenken s. *Weider* StV 1998, 68 (69, 70)). Bindungswirkung kann einer solchen Erklärung schon deswegen nicht zukommen, weil der Staatsanwaltschaft das Urteil noch nicht bekannt ist. Es ist daher für diese auch nicht möglich, eine Entscheidung ihrer vorgesetzten Behörden, zu denen im Übrigen nicht nur der Generalstaatsanwalt gehört (§ 147 Nr. 2 GVG), herbeizuführen.

Bleibt in der Hauptverhandlung offen, ob eine Überstellung in Betracht kommt, 1053 und wird die Strafe wegen der besonderen Strafempfindlichkeit des ausländischen Täters deswegen milder bemessen, so ist dies von der Vollstreckungsbehörde im Rahmen ihres Ermessens bei der **späteren Prüfung** der Überstellung zu berücksichtigen. In aller Regel wird dann zu einer solchen Maßnahme kein Anlass bestehen.

ff) Ausweisung, Abschiebung. Ausländerrechtliche Folgen sind grundsätzlich 1054 **kein bestimmender Strafmilderungsgrund.** Dies war bereits für die nach dem früheren Recht vorgesehene zwingende Ausweisung anerkannt und gilt nach dem neuen § 53 Abs. 1, 2 AufenthG, wonach generell eine Abwägung zwischen Ausweisungsinteresse (§ 54 AufenthG) und Bleibeinteresse (§ 55 AufenthG) vorzunehmen ist, umso mehr (BGH NStZ-RR 2018, 41 = StV 2018, 559). Eine andere Bewertung kommt nur in Betracht, wenn im Einzelfall **zusätzliche Umstände** hinzutreten, welche die Beendigung des Aufenthalts im Inland als **besondere Härte** erscheinen lassen (BGHR StGB § 46 Abs. 2 Lebensumstände 17 (→ Rn. 1037); Ausländer 6 = NStZ 2002, 196; BGH NStZ-RR 2004, 11; 2018, 41 = StV 2018, 559). Diese Umstände müssen sich von den notwendig oder erfahrungsgemäß mit einer Ausweisung verbundenen Belastungen in klar erkennbarer Weise nachhaltig unterscheiden (BGH NStZ 2012, 147 = NStZ-RR 2012, 42).

Es ist daher auch **nicht** zulässig, eine drohende **Ausweisung** ohne weiteres straf- 1055 mildernd zu berücksichtigen (BGHR StGB § 46 Abs. 2 Lebensumstände 17 (→ Rn. 1037); BGH NStZ 2012, 147). Dies gilt erst recht, wenn der Verurteilte nach der Haftentlassung ohnehin das Bundesgebiet verlassen hätte.

9. Nicht für den deutschen Markt bestimmt. Unzulässig ist es, strafmildernd 1056 zu berücksichtigen, dass das Rauschgift nicht für den deutschen Markt bestimmt war (BGHR StGB § 46 Abs. 1 Strafhöhe 10 = NStZ 1996, 238 = StV 1996, 427 mAnm *Köberer*; BGH NJW 2003, 1131 = NStZ 2003, 270 = StV 2003, 286; NStZ-RR 2016, 17). Die Bekämpfung des Rauschgifthandels ist im Interesse des Gesundheitsschutzes ein weltweites Anliegen (§ 6 Nr. 5 StGB). Dass das BtMG für die Durchfuhr keine Qualifikationen vorsieht, steht dem nicht entgegen, da Deutschland bei einer Durchfuhr nur als Transitstaat betroffen ist. Im Übrigen steht für besonders schwere Fälle der Durchfuhr ein Strafrahmen zur Verfügung, der nicht geringer als der eines Verbrechenstatbestandes ist (§ 29 Abs. 3 S. 1).

10. Not eines Kuriers. Bei der Einfuhr von Betäubungsmitteln kann auch die 1057 verzweifelte wirtschaftliche und persönliche Not des von Hintermännern benutzten Kuriers zur Annahme eines minder schweren Falles führen (BGHR BtMG 29 Strafzumessung 7 (→ Rn. 862); 20 = StV 1992, 70). Zur Strafzumessung bei Körperschmugglern → Rn. 1058, 1059.

BtMG Vor §§ 29 ff. Sechster Abschnitt. Straftaten und Ordnungswidrigkeiten

1058 **11. Körperschmuggler.** Die Fälle, in denen Rauschgiftkuriere vornehmlich aus südamerikanischen Ländern, mittlerweile auch über den Umweg Afrika, gegen Belohnung inkorporiertes Cocain auf dem Luftwege ins Inland bringen, sind in den sie kennzeichnenden, typischen Grundzügen **weitgehend ähnlich.** Dies gilt auch für die Strafmilderungsgründe. Sie treffen auf nahezu alle Rauschgiftkuriere der hier in Rede stehenden Art zu. Dies gilt namentlich für das Geständnis (das meist ohnehin nicht zu vermeiden war), die bisherige Unbestraftheit, das in wirtschaftlicher Not gründende Tatmotiv, die untergeordnete Stellung als bloß ausführendes Werkzeug, der Umstand, dass das sichergestellte Rauschgift den Markt nicht mehr erreicht, und schließlich den Aspekt der mit dem Strafvollzug in Deutschland für einen Ausländer verbundenen Härte (dazu aber → Rn. 1049–1053).

1059 Wegen dieser Ähnlichkeit, muss sich die Differenzierung der Strafen **mehr als sonst** an der Menge und dem Wirkstoffanteil des transportierten Rauschgifts orientieren (BGHR StGB § 46 Abs. 1 Strafhöhe 10 (→ Rn. 1056); BGH NStZ-RR 1996, 84; anders für die Strafrahmenwahl BGH NStZ-RR 2015, 217 (→ Rn. 786)). Danach ist eine Freiheitsstrafe von zwei Jahren sechs Monaten bei der Einfuhr von 500 g Cocain durch einen bezahlten Kurier unvertretbar milde. Zur (unzulässigen) Berücksichtigung der **Selbstgefährdung** eines Körperschmugglers → Rn. 949. Zur planmäßigen Verminderung des **Überführungsrisikos** durch Körperschmuggel → Rn. 1101.

1060 **12. Rückfall, Substitution.** Ist der Täter nach einiger Zeit der Abstinenz wieder in die Drogenabhängigkeit zurückgefallen, so ist dies allein kein schulderhöhender Umstand, der einen nach § 21 StGB verringerten Schuldgehalt ausgleichen kann (→ Rn. 765, 766). Auch darf dem Täter ein Verhalten, das die **Folge seiner Sucht** ist, nicht als erhebliche Rechtsfeindlichkeit angelastet werden, zumal wenn die Sucht durch eine vom Täter ordnungsgemäß abgeschlossene Therapie nicht beeinflusst werden konnte (BGHR § 46 Abs. 2 Wertungsfehler 3).

1061 Unterzieht sich der drogenabhängige Täter nach der Tat einer **Substitutionsbehandlung,** so ist dies nach § 46 Abs. 2 S. 2 StGB bei der erforderlichen Gesamtwürdigung von Tat und Täterpersönlichkeit zu berücksichtigen (KG StV 1997, 250). Zur Prognose im Rahmen des § 56 StGB → Rn. 1179–1203.

1062 **13. Vorleben, Vorstrafen, nicht angeklagte/abgeurteilte Straftaten.** Obwohl von jedem Bürger erwartet werden kann, dass er nicht straffällig wird, ist die bisherige straffreie Lebensführung für die Strafzumessung nicht neutral; die Unbestraftheit des Angeklagten stellt einen Strafmilderungsgrund dar (stRspr; BGH BeckRS 2014, 21422 Rn. 24ff.; 2016, 20611 Rn. 15; NStZ 1988, 70 = StV 1988, 60; BGH StV 1996, 205; *Maier* in MüKoStGB StGB § 46 Rn. 274; krit. *Frisch* GA 89, 338 (358)). Allerdings braucht der strafmildernde Umstand der Straffreiheit auch nicht überbewertet zu werden (BGH NStZ 1988, 70). Dies gilt insbesondere dann, wenn der Täter sich erst kurze Zeit in Deutschland aufgehalten hat (OLG Bamberg NStZ-RR 1997, 3).

1063 Ist der Täter nach der Tat **erneut straffällig** geworden, so darf dies strafschärfend berücksichtigt werden, wenn die neuen Straftaten nach ihrer Art und nach der Persönlichkeit des Täters auf Rechtsfeindlichkeit, Gefährlichkeit und die Gefahr künftiger Rechtsbrüche schließen lassen (BGH NStZ-RR 2010, 7) und so Hinweise auf den Unrechtsgehalt der früher begangenen Tat und die innere Einstellung des Täters zu ihr geben (BGH NStZ-RR 2016, 7). Auch die strafschärfende Berücksichtigung weiterer, nach der Tat erfolgter Verurteilungen **(Nachstrafen)** wegen vor dem Delikt begangener Straftaten ist zulässig (BGH NStZ-RR 2010, 40).

1064 **Bei Vorstrafen** ist entscheidend, ob und inwieweit dem Täter in Bezug auf die konkrete Tat vorzuwerfen ist, dass er sich die früheren Verurteilungen nicht hat zur Warnung dienen lassen (*Kühl* in Lackner/Kühl StGB § 46 Rn. 37). Bereits diese

Kap. 12. Strafzumessung in Betäubungsmittelsachen **Vor §§ 29 ff. BtMG**

Warnfunktion kann Grundlage einer Strafschärfung sein (BGHSt 43, 106 = NJW 1997, 2828 = StV 1998, 16 = JR 1998, 117 mkritAnm *Loos*). Insoweit ist insbesondere von Bedeutung, ob die Vorstrafen einschlägig sind, ihre Zahl und die Rückfallursache; hinzu kommt der Zumessungsfaktor der Rückfallgeschwindigkeit (BGH NStZ-RR 2019, 227).

Allerdings dürfen die Vorstrafen nur dann strafschärfend berücksichtigt werden, 1065 wenn der Täter nach seinen intellektuellen Fähigkeiten und seiner allgemeinen Motivierbarkeit imstande war, die **Warnung durch die Vorstrafe** zu verstehen und sich nach ihr zu richten (*Maier* in MüKoStGB StGB § 46 Rn. 276). Dabei ist der suchtbedingte Rückfall eines betäubungsmittelabhängigen Täters grundsätzlich anders zu beurteilen als der Rückfall anderer Täter (BGH NStZ 1992, 547; OLG Karlsruhe StV 1996, 673). Bei einem drogenabhängigen Täter, den weder zahlreiche Verurteilungen noch eine Unterbringung in einer Entziehungsanstalt von einem alsbaldigen Rückfall abhalten konnten, ist nicht ohne weiteres anzunehmen, dass er hierzu auch in der Lage war (OLG Köln NStZ 1981, 437; StV 1982, 228).

Auch die **Schwere der Vortaten** und die **Art und Weise ihrer Begehung** 1066 können strafschärfend herangezogen werden; allerdings muss das Gericht hierzu die notwendigen Feststellungen treffen. Dies kann durch Verlesung der Gründe des früheren Urteils geschehen, soweit nicht die Aufklärungspflicht oder Beweisanträge weitere Beweiserhebungen gebieten (BGHSt 43, 106 (→ Rn. 1064)).

Strafschärfend können auch **Auslandsverurteilungen** berücksichtigt werden, 1067 wenn die Tat nach deutschem Recht strafbar (BT-Drs. 16/13673, 6) und nicht tilgungsreif wäre (BGH NStZ-RR 2012, 305). Die ausländische Verurteilung muss nicht im BZR eingetragen sein. Ihre Berücksichtigung setzt allerdings Feststellungen voraus, die eine Überprüfung der Verwertbarkeit ermöglichen (BGH NStZ-RR 2007, 368 = StV 2007, 632 = StraFo 2007, 422); dies gilt auch für die Tilgungsreife (BGH NStZ-RR 2020, 217). Verurteilungen in einem anderen **EU-Staat** haben die gleichen Wirkungen wie innerstaatliche Verurteilungen (Art. 3 Abs. 1 Rahmenbeschluss 2008/675/JI v. 24. 7. 2008 (ABl. 2008 L 220); BGH NStZ-RR 2012, 305). Zum Härteausgleich bei Gesamtstrafenfähigkeit → Rn. 1154–1156. Der Grundsatz der **Spezialität** verbietet es, strafbare Handlungen strafschärfend zu berücksichtigen, für die eine Auslieferung nicht bewilligt ist.

Nicht angeklagte/abgeurteilte Straftaten dürfen strafschärfend berücksich- 1068 tigt werden, wenn sie prozessordnungsgemäß und so bestimmt festgestellt sind, dass sie in ihrem wesentlichen Unrechtsgehalt abzuschätzen sind und eine unzulässige strafschärfende Berücksichtigung eines bloßen Verdachts ausgeschlossen werden kann (BGH NJW 2014, 3259 = NStZ-RR 2014, 340; NStZ 2015, 466; NStZ-RR 2016, 8). Sie müssen ferner für die Beurteilung der Persönlichkeit des Täters bedeutsam sein und Rückschlüsse auf seine Tatschuld zulassen (BGH NJW 2014, 645 = NStZ 2014, 202 = StV 2014, 475). Wird eine nach der angeklagten Tat begangene Straftat schärfend berücksichtigt, darf dies nicht zu einer Doppelbestrafung führen; das Gericht darf die andere Tat nicht durch eine Straferhöhung faktisch mit aburteilen.

14. Lebensführung, moralisierende Erwägungen. Umstände der allgemei- 1069 nen Lebensführung des Täters dürfen nur berücksichtigt werden, wenn sie wegen ihrer engen Beziehung zur Tat Schlüsse auf den Unrechtsgehalt zulassen oder Einblicke in die innere Einstellung des Täters zur Tat gewähren (stRspr; BGHR StGB § 46 Abs. 2 Vorleben 8; 27; BGH NStZ-RR 2001, 295 = StV 2001, 572; 2010, 25; *Maier* in MüKoStGB StGB § 46 Rn. 203).

Nicht zulässig ist daher der **Vorwurf einer Lebensführungsschuld,** etwa wenn 1070 einem nicht vorbestraften Täter zur Last gelegt wird, er habe ohne Arbeitseinkommen ein aufwendiges Leben geführt und sich in einem kriminellen Umfeld bewegt

(BGH StV 1981, 178), er habe ein Leben ohne Verantwortung mit einer unrealistischen Anspruchshaltung geführt (BGHR StGB § 46 Abs. 2 Vorleben 9) oder er habe durch eigene Schuld eine sichere Arbeitsstelle aufgegeben, sich von der Familie getrennt und in ein fremdes Milieu begeben (BGHR StGB § 46 Abs. 2 Vorleben 12).

1071 Dasselbe gilt für den Vorwurf, er habe keine Anstrengungen unternommen, um **seinen Lebenswandel zu ändern,** zeige eine ignorante Grundhaltung gegenüber der Rechtsordnung und habe sein persönliches Schicksal ignoriert (BGH NStZ-RR 2007, 195 = StV 2007, 408). Unzulässig ist auch die Erwägung, der Täter habe während des laufenden Verfahrens Drogen konsumiert, wenn es sich um **straflosen Eigenkonsum** handelt (BGH NStZ-RR 2016, 141).

1072 Auf den Vorwurf einer Lebensführungsschuld deuten auch **moralisierende Erwägungen** hin (BGH StV 2006, 228). Sie begründen zudem die Gefahr einer gefühlsmäßigen, auf unklaren Erwägungen beruhenden Strafzumessung (BGHR StGB § 46 Abs. 1 Begründung 2; BGH NStZ 2002, 646; 2003, 543 = StV 2003, 558 = StraFo 2003, 215; 2006, 96; NStZ-RR 2007, 195 = StV 2007, 408; 2010, 25 „eigennütziges Wesen").

1073 **15. Berufliche Stellung.** Ebenso darf die berufliche Stellung des Täters nur dann strafschärfend berücksichtigt werden, wenn zwischen ihr und der Straftat eine innere Beziehung in der Weise besteht, dass sich aus dem Beruf besondere Pflichten ergeben, deren Verletzung für die abzuurteilende Tat Bedeutung hatte (BGHR StGB § 46 Abs. 1 Begründung 2 (→ Rn. 727); § 46 Abs. 2 Wertungsfehler 31 = NStZ 2000, 366 = NStZ-RR 2000, 361; Lebensumstände 19 = StV 2002, 540; BGH NStZ 1981, 258; 1988, 175; StV 1990, 439; *Maier* in MüKoStGB StGB § 46 Rn. 296). Es muss in das Maß der Pflichtwidrigkeit **erhöhender Zusammenhang** zwischen Beruf und Tat bestehen (BGH NStZ 2000, 137; 2003, 543 = StV 2003, 558 = StraFo 2003, 215). Dazu genügt nicht, dass der Täter Arzt (BGH *H. W. Schmidt* MDR 1993, 1152) oder Berufsschullehrer ist (BGH NStZ 2000, 137). Etwas anderes kommt im Betäubungsmittelstrafrecht bei **Amtsträgern** in Betracht, wenn die Tat mit dem Amt in Zusammenhang steht (Art. 3 Abs. 5 Buchst. e ÜK 1988). Zu der gebotenen Berücksichtigung des Übereinkommens → Rn. 865.

1074 Im Hinblick auf § 46 Abs. 1 S. 2 StGB sind **Einbußen** in der beruflichen Stellung des Täters strafmildernd zu bewerten (BGHR StGB § 46 Abs. 1 Schuldausgleich 5 = NStZ 1987, 172), namentlich wenn die Grundlage für die berufliche Existenz verloren geht und der Beruf die alleinige berufliche Basis des Täters bildet (BGH NStZ-RR 2016, 8; StV 1996, 604).

1075 In Betracht kommt dies namentlich bei dem Ausschluss aus der **Anwaltschaft** (BGH BeckRS 2019, 26452; NStZ 2015, 277; 1987, 550; BGH NStZ-RR 2010, 202), dem Widerruf der **Approbation** (BGHR StGB § 46 Abs. 1 Schuldausgleich 23 = StV 1991, 157; BGH StV 1996, 604; StV 2004, 71), dem Verlust eines gesicherten Arbeitsplatzes **im öffentlichen Dienst** oder einer entsprechenden Anwartschaft (BGH StV 2000, 662), der **Entlassung eines Beamten** und dem Verlust seiner Versorgungsansprüche (BGHSt 35, 148 = NJW 1988, 2749 = NStZ 1988, b494, 485 m. Bespr. *Streng* = StV 1988, 147 = JZ 1988, 466 mAnm *Bruns;* BGH NStZ 1997, 61; NStZ-RR 2006, 3073; 2010, 39; 2019, 39), auch bei Ruhestandsbeamten (BGHR StGB § 46 Abs. 1 Schuldausgleich 2; BGH NStZ 2006, 393; NStZ-RR 1997, 195). Die Berücksichtigung muss bereits bei der **Strafrahmenwahl** erfolgen (BGH NStZ-RR 1997, 195), wenn sie auch nicht notwendig zur Annahme eines minderschweren Falles führen muss (BGH NStZ-RR 2010, 39).

Kap. 12. Strafzumessung in Betäubungsmittelsachen **Vor §§ 29 ff. BtMG**

16. Untersuchungshaft. Der **Vollzug** von Untersuchungshaft stellt grundsätzlich **keinen Strafmilderungsgrund** dar (stRspr, zB BGH NStZ 2019, 81; 1999, 193; 2005, 212; 2011, 100; 2015, 466; NStZ-RR 2014, 106; 2015, 170; 2017, 105; aA BGH StV 1993, 245); denn bei Verhängung einer Freiheitsstrafe wird die Untersuchungshaft nach § 51 Abs. 1 S. 1 StGB auf die zu vollstreckende Strafe angerechnet. Ihr kann deshalb allenfalls dann mildernde Wirkung zukommen, wenn **keine** ohnehin **zu verbüßende Freiheitsstrafe** verhängt wird oder wenn besondere Umstände hinzutreten, etwa weil die Untersuchungshaft mit besonders einschneidenden Sicherungsmaßnahmen oder Beschränkungen verbunden war; denn mildernd können nur überdurchschnittliche Belastungen, die dem Täter durch das Verfahren entstehen, berücksichtigt werden. Erst recht verbietet sich eine zusätzliche Strafmilderung, wenn eine Freiheitsstrafe (nur) deshalb zur Bewährung ausgesetzt werden kann, weil der Angeklagte durch die Untersuchungshaft hinreichend beeindruckt ist (BGH NStZ-RR 2014, 106). Erstmaliger Vollzug von Untersuchungshaft (BGHR StGB § 46 Abs. 2 Lebensumstände 21 = NJW 2006, 2645 = NStZ 2006, 620 = StV 2006, 630) oder Krankheit während der U-Haft (BGH StV 1984, 151 zu einer Haftpsychose) können dann strafmildernd sein, wenn damit ungewöhnliche, über die üblichen deutlich hinausgehende Beschwernisse verbunden sind (BGH NStZ 2012, 147; NStZ-RR 2017, 105; *Fischer* StGB § 46 Rn. 70). 1076

Will das Gericht wegen **besonderer Umstände** den Vollzug der Untersuchungshaft mildernd bei der Strafzumessung berücksichtigen, so müssen diese in den Urteilsgründen dargelegt werden (BGHR StGB § 46 Abs. 2 Lebensumstände 21 (→ Rn. 1076)). 1077

17. Strafempfindlichkeit, Schwangerschaft, Trennung von der Familie. Die Strafempfindlichkeit beeinflusst die Wirkung der Strafe auf den Täter. Eigenschaften oder Umstände in der Person des Täters lassen das Gewicht der Freiheitsstrafe für den Einzelnen unterschiedlich erscheinen. Es ist daher ein Gebot des Gleichheitssatzes, dass durch Milderung der Strafe ein Ausgleich geschaffen werden muss, wenn den Täter wegen bestimmter, in seiner Person liegender Umstände die Strafe wesentlich härter trifft (BGHSt 44, 125 = NJW 1998, 3286 = NStZ 1998, 566 = StV 1998, 651; BGH StV 2008, 139). 1078

Damit ein messbarer Unterschied vorliegt, müssen diese Umstände die Bewertungsschwelle überschritten haben. Als Zumessungsgründe kommen nur Umstände von einigem Gewicht in Betracht. Nur eine **erheblich** erhöhte Strafempfindlichkeit ist daher durch angemessene Herabsetzung der sonst verwirkten Strafe auszugleichen (BGHSt 44, 125 (→ Rn. 1078)). Besteht eine solche Strafempfindlichkeit, so ist sie grundsätzlich bereits bei der **Strafrahmenwahl** zu berücksichtigen (BGHSt 44, 125). 1079

Eine **Schwangerschaft** und die Tatsache, dass die Täterin während der Haft ein Kind zur Welt bringen wird, können im Einzelfall die Strafempfindlichkeit erhöhen und damit einen Strafmilderungsgrund darstellen; die Regel ist dies jedoch nicht (BGHSt 44, 125 (→ Rn. 1078)). Dasselbe gilt für die **Trennung von der** in Deutschland lebenden **Familie;** diese ist eine zwangsläufige Folge der Verurteilung zu einer unbedingten Freiheitsstrafe und als solche kein die Strafe mildernder Gesichtspunkt (BGH NStZ 2011, 100). 1080

Die Frage der Strafempfindlichkeit stellt sich in der Regel **schuldunabhängig.** Eine an sich veranlasste Milderung darf daher grundsätzlich nicht mit der Erwägung abgelehnt werden, dass der Täter in Kenntnis seiner erhöhten Strafempfindlichkeit, etwa einer Schwangerschaft, gehandelt hat (BGHSt 44, 125 (→ Rn. 1078)). 1081

18. Verletzung mehrerer Gesetze. a) Tateinheit. In der Regel ist das **tateinheitliche** Zusammentreffen mehrerer Straftatbestände, nicht aber das Aufgehen in einem Tatbestand (BGH NStZ 2010, 233 = StV 2010, 133 = StraFo 2010, 80), 1082 geeignet, den Unrechts- und Schuldgehalt einer Tat zu erhöhen, so dass eine strafschärfende Berücksichtigung in Betracht kommt (BGHR BtMG § 29 Strafzumessung 11 = StV 1991, 105; *Fischer* StGB § 46 Rn. 58; *Stree/Kinzig* in Schönke/Schröder StGB § 46 Rn. 47; *Malek* BtMStrafR Kap. 3 Rn. 111). Dies gilt jedoch nicht bei der tateinheitlichen Begehung zweier Tatbestände durch den Erwerb von Betäubungsmitteln, die teils zum **Eigenverbrauch,** teils zum **Handeltreiben** bestimmt sind (→ Rn. 809, 939, ferner → Rn. 926–929).

1083   **b) Tatmehrheit.** Es gelten §§ 53–55 StGB. Bei Tatmehrheit kann die wiederholte Begehung gleichartiger Straftaten Ausdruck einer von Tat zu Tat geringer werdenden **Hemmschwelle** sein und deswegen strafmildernd wirken (BGH NStZ 1995, 244 = StV 1995, 173; *Maier* in MüKoStGB StGB § 46 Rn. 367). Hat der Täter von vornherein eine Vielzahl von Taten geplant, stellt das Absinken der Hemmschwelle im Verlauf der Tatserie keinen Milderungsgrund dar (BGH NStZ 2018, 537). Ein enger **zeitlicher, sachlicher und situativer Zusammenhang** der Taten führt in der Regel zu einem engen Zusammenzug der Einzelstrafen (BGH StV 2003, 555) und damit einer geringeren Erhöhung der Einsatzstrafe; abzustellen ist auf das Gesamtgewicht der Taten. Auch für die **Begründung** der Gesamtstrafenhöhe gilt § 267 Abs. 3 S. 1 StPO; mitzuteilen sind die bestimmenden Erwägungen. In einfachen Fällen kann das Gericht auf die bei Festsetzung der Einzelstrafen dargelegten Erwägungen Bezug nehmen (BGH BeckRS 2019, 16110; 2017, 126148). Die Begründungsanforderungen sind umso höher, je mehr sich die Gesamtstrafe der unteren oder oberen Grenze des Zulässigen nähert (BGH BeckRS 2017, 126148). Entscheidend ist der Gesamtunrechts- und Gesamtschuldgehalt der Taten; das Gericht darf sich nicht an der Summe der Einzelstrafen orientieren (BGH NStZ-RR 2018, 171; NStZ 2013, 108). Zum Härteausgleich → Rn. 1152 ff.

1084   **19. Nebenstrafen, Nebenfolgen.** Ordnet das Gericht die **Einziehung** nach § 74 Abs. 1, Abs. 2 StGB an, so muss es sich bewusst sein, dass es sich um eine Nebenstrafe und damit um einen Teil der Strafzumessungsentscheidung handelt; daher ist eine Gesamtschau mit der Hauptstrafe erforderlich, um insgesamt zu einer schuldangemessenen Reaktion zu gelangen (BGH NStZ 2018, 526; 2018, 616 (618); NStZ-RR 1996, 56 = StV 1996, 206; StV 1994, 76). Hat der einzuziehende Gegenstand beträchtlichen oder nicht unerheblichen Wert, ist dieser im Urteil festzustellen und der Einfluss der Einziehung auf die Bemessung der Hauptstrafe zu erörtern (BGH BeckRS 2018, 18277); dazu auch → § 33 Rn. 343, 344.

1085   Dagegen ist die mit der **Einziehung des Erlangten bzw. des Werts von Taterträgen** nach §§ 73 ff. StGB nF verbundene Vermögenseinbuße kein Strafmilderungsgrund; dies gilt auch nach der Neuregelung der Vermögensabschöpfung (BGH NStZ 2018, 366; NStZ-RR 2018, 240; zur alten Rechtslage BGH NJW 1995, 2235 = NStZ 1995, 491 = StV 1995, 297; BGH NStZ 2006, 568). Dasselbe gilt in der Regel für die **Erweiterte Einziehung** von Taterträgen (BGH NJW 1995, 2235) oder die **Einziehung des Wertes** von Taterträgen (BGHR StGB § 46 Abs. 1 Schuldausgleich 38 = NStZ 2001, 312). Im Einzelnen dazu → § 33 Rn. 103–105, 135, 221, 246.

1086   **20. Prozessverhalten.** Das Prozessverhalten (Geständnis, Leugnen) darf nicht um seiner selbst willen strafmildernd oder strafschärfend berücksichtigt werden.

1087   **a) Geständnis.** Ein Geständnis stellt regelmäßig einen bestimmenden und strafmildernd wirkenden Zumessungsfaktor dar (*Schäfer/Sander/van Gemmeren* Strafzumessung Rn. 679 mwN; *Maier* in MüKoStGB StGB § 46 Rn. 317 ff.). Das **Ausmaß des strafmildernden Gewichts** hängt von den Einzelfallumständen ab; wesentlich können Beweislage, Zeitpunkt sowie Art und Weise der Abgabe des Geständnisses sein. Dass es regelmäßig nur dann ein zulässiger Strafzumessungsgrund sein soll, wenn es Schlüsse auf das Maß der persönlichen Schuld oder der Gefährlichkeit des Täters zulässt (BGHSt 1, 105; BayObLGSt 95, 27), wenn es zur Aufdeckung bisher unbekannter Straftaten führt (BGH *Schoreit* NStZ 1988, 353 = StV 1987, 487), wenn es von Schuldeinsicht und Reue getragen ist (BGH NStZ-RR 2017, 105) oder wenn es das Verfahren wesentlich fördert (BayObLGSt 95, 27), namentlich, wenn es die Verurteilung überhaupt oder wegen einer schwereren Begehungsweise erst ermöglicht (BGH NStZ 2006, 568), auch wenn sich der Täter stellt, ohne dass Tatverdacht gegen ihn bestand (BGH NStZ 2006, 270), erscheint zu eng. Wegen einer Distanzierung des Täters von der Tat oder der bewussten Wahrnehmung der Verantwortung für eigenes Fehlverhalten kann es auch die Tat in einem etwas milderen Licht erscheinen lassen (*Kühl* in Lackner/Kühl StGB § 46 Rn. 43). Auch ein nicht aus Einsicht und Reue abgelegtes Geständnis kann dazu angetan sein, zur Wiederherstellung des Rechtsfriedens beizutragen und Genugtuungswirkung für Opfer wie Allgemeinheit zu entfalten (BGH NStZ 2000, 366).

Dem Geständnis darf besonders dann kein zu hoher **Stellenwert** beigemessen werden, wenn es durch **erdrückende Bew**eise ausgelöst wird (BGH BeckRS 2018, 13154; NStZ-RR 2014, 106), etwa wenn das Rauschgift bei dem Täter gefunden wird, oder wenn es sich nur dem Verfahrensstand anpasst und nicht umfassend ist (BGHR StGB § 46 Abs. 2 Verteidigungsverhalten 7) oder wenn es sonst von **prozesstaktischen Erwägungen** bestimmt ist (BGH NStZ 2014, 453 = NStZ-RR 2014, 10) oder wenn es sich gar nur auf bereits rechtskräftig festgestellte Umstände bezieht (BGH BeckRS 2016, 20130). Bei der Bewertung des Geständnisses ist auch die **materielle Rechtslage,** die sich ohne es ergeben würde, heranzuziehen. Geht das Gericht irrig davon aus, der Täter hätte nur sonst wegen Besitzes und nicht wegen Handeltreibens verurteilt werden können, so folgt daraus auch eine zu starke Gewichtung des Geständnisses (BayObLGSt 95, 27). 1088

Von der Position einer grundsätzlich zurückhaltenden **Bewertung des Geständnisses** ist die Rechtsprechung auch im Betäubungsmittelstrafrecht weit abgerückt (BGHSt 50, 40 = NJW 2005, 1440; 1985 mAnm *Widmaier* = NStZ 2005, 389; 2005, 580 mAnm *Dahs* = StV 2005, 311; 2005, 421 mAnm *Duttge/Schoop;* 2006, 485 mAnm *Meyer-Goßner* = JR 2005, 435 mAnm *Rieß;* dazu *Kühl* in Lackner/Kühl StGB § 46 Rn. 43; *Meyer-Goßner* FS Böttcher, 1979, 105; *Kühne* in Löwe/Rosenberg Einl. G Rn. 58–66; *Duttge* FS Böttcher, 1979, 53; *Fischer* NStZ 2007, 433). Auch einem **Teilgeständnis** oder dem Einräumen von Teilen der Tatbestandsverwirklichung kommt regelmäßig strafmildernde Bedeutung zu (vgl. dazu BGH BeckRS 2010, 21233; NStZ-RR 2010, 237). 1089

b) Verständigung, Absprache. Die **Verständigung im Strafverfahren** hat in § 257c StPO eine **gesetzliche Grundlage** erfahren (G v. 29.7.2009 (BGBl. I S. 2353)). Das Gesetz ist verfassungsgemäß; allerdings obliegt dem Gesetzgeber eine Beobachtungs- und Überprüfungspflicht (BVerfGE 133, 168 = NJW 2013, 1058 = NStZ 2013, 295). Informelle Absprachen außerhalb des gesetzlichen Regelungskonzepts sind unzulässig. Haben Erörterungen stattgefunden, ist genauestens auf die Einhaltung der Mitteilungspflichten gemäß § 243 Abs. 4 StPO zu achten. Nach § 257c Abs. 2 S. 1, 3 StPO soll Bestandteil jeder Verständigung ein **Geständnis** sein. Die große praktische Bedeutung, die das prozesstaktisch motivierte Geständnis in der Praxis erlangt hatte, hat damit in das Gesetz Eingang gefunden. Trotz der damit verbundenen Problematik erkennt die Gesetzgebung im Anschluss an die Rechtsprechung vornehmlich aus Gründen der Prozessökonomie die strafmildernde Wirkung solcher Geständnisse an und lässt es auch zu, dem Angeklagten schon vor dem Urteil eine noch nicht auf ein bestimmtes Maß konkretisierte Milderung in Aussicht zu stellen (§ 257c Abs. 3 StPO). Dabei dürfen Ober- und Untergrenzen, nicht aber eine exakte Strafhöhe **(Punktstrafe)** genannt werden 1090

(§ 257 c Abs. 3 S. 2 StPO); eine solche ist unzulässig (BGH NStZ 2011, 231; 2011, 648). Ebenso unzulässig ist eine Verständigung über den **Schuldspruch** (257 c Abs. 3 S. 3 StPO), etwa über den Wegfall der bandenmäßigen Begehung (BGH NStZ 2011, 231), über sämtliche **Maßregeln** der Besserung und Sicherung und die Anwendung von Jugend- oder Erwachsenenstrafrecht. Die Auffassung, eine **Strafrahmenverschiebung,** und sei es auch nur hinsichtlich eines besonders schweren oder minder schweren Falls, könne **nicht** Gegenstand einer Verständigung sein (BVerfGE 133, 168 (s. o.)), überzeugt nicht; sie ergibt sich weder aus dem Gesetz noch berücksichtigt sie die zahlreich vorgesehenen Sonderstrafrahmen (überzeugend BGH NStZ 2017, 363; *Schneider* NStZ 2014, 192 (195)).

1091 Vielmehr ist die Ermittlung des in Aussicht gestellten **Strafrahmens** unter freier Würdigung aller Umstände des Falles sowie der allgemeinen Strafzumessungserwägungen vorzunehmen (§ 257 c Abs. 3 S. 2 StPO). Der **Unterschied** zwischen den erörterten **Strafgrenzen** muss daher noch mit der strafmildernden Wirkung eines Geständnisses erklärbar sein (→ Rn. 1088, 1089), andernfalls erscheint der Versuch einer Absprache als unzulässiges Druckmittel **("Sanktionsschere")** zur Erwirkung eines verfahrensverkürzenden Geständnisses und damit als Verstoß gegen § 136 a StPO (BGH NStZ 2008, 170 = StV 2007, 619; 2011, 592 = StV 2011, 202 = wistra 2011, 139). Verständigungsgegenstand kann auch eine **Bewährungsentscheidung** sein; dabei sind ggf. beabsichtigte Auflagen als Bestandteil der Rechtsfolgenentscheidung in die Verständigung einzubeziehen (BGH NStZ 2018, 420). Auch die Höhe der Kompensation für einen Verstoß gegen Art. 6 Abs. 1 EMRK kann Verständigungsgegenstand sein (BGH NJW 2016, 972).

1092 Die Bereitschaft des Beschuldigten, wegen eines bestimmten Sachverhalts eine Strafe hinzunehmen, entbindet das Gericht weder von der Aufklärungspflicht noch von der Geltung des § 46 StGB; es darf das Maß des Schuldangemessenen weder über- noch unterschreiten. Insbesondere obliegt ihm die **Pflicht zu prüfen,** ob das daraufhin abgelegte Geständnis dem Urteil zu Grunde gelegt werden darf (§ 257 c Abs. 1 S. 2 StPO). Es ist daher zu untersuchen, ob es mit dem Ermittlungsergebnis zu vereinbaren ist, ob es in sich stimmig ist und eine Überzeugungsbildung ermöglicht, ob es überhaupt ein strafrechtlich relevantes Verhalten einräumt und welche Strafnorm in welcher Begehungsweise hierdurch verletzt wurde (BGH NStZ 2008, 54 = NStZ-RR 2007, 307 = StV 2007, 579). All dies gilt natürlich auch bei einem **Geständnis zu Lasten Dritter;** auch hier befreit eine Absprache mit einem oder mehreren Mitangeklagten das Gericht keinesfalls davon, bzgl. aller Angeklagter die soeben dargelegten Prüfungspflichten und Anforderungen einzuhalten. Gleiches gilt schließlich in Fällen, in denen die Verurteilung des Angeklagten auf der Belastungsaussage eines Zeugen basiert, die seinem Geständnis in der gegen ihn geführten Hauptverhandlung entsprechen, das Gegenstand einer Absprache war; hier ist zudem die Glaubhaftigkeit der Belastungsaussage unter Einbeziehung von Zustandekommen und Inhalt der Absprache nachvollziehbar zu würdigen (BGH NStZ 2008, 173 = StV 2008, 60. Die **Urteilsgründe** müssen in allen Fällen eines Geständnisses bzw. einer zustande gekommenen Verständigung die Mindestanforderungen des § 267 StPO erfüllen.

1093 c) **Leugnen, Falschbezichtigung.** Auf der anderen Seite darf auch **hartnäckiges Leugnen,** selbst nach einem rechtskräftigen Schuldspruch (BGH NStZ 2012, 626; StV 1999, 206), sowie sonst zulässiges Verteidigungsverhalten nicht strafschärfend berücksichtigt werden (BGH NStZ-RR 2003, 106; 2017, 71; 2017, 250; StV 2002, 74). Dies gilt auch bei wechselnden Einlassungen unter Anpassung an die Beweislage (BGH StV 2002, 74).

1094 Etwas anderes kann ausnahmsweise dann in Betracht kommen, wenn der Täter bei seiner Verteidigung ein Verhalten an den Tag legt, das die Besorgnis begründet, er behalte sich vor, erneut straffällig zu werden, oder das sonst auf seine **besondere**

Rechtsfeindschaft oder Gefährlichkeit schließen lässt (BGH BeckRS 2018, 23215; NStZ-RR 2017, 2500; BGH NStZ 2012, 626; 2014, 396; StV 2002, 74; zw. BGH StV 1996, 661). Dies ist noch nicht gegeben, wenn der Täter seine eigene Rolle **beschönigt** (BGH StV 1996, 661; 2002, 74).

Ein leugnender Angeklagter kann auch **keine Reue oder Schuldeinsicht** zeigen (BGH NStZ-RR 2017, 71); dies gilt auch nach Rechtskraft eines Schuldspruchs (BGH NStZ-RR 2014, 205). Ebenso unzulässig ist es, dem Angeklagten anzulasten, er zeige sich unbelehrbar, bagatellisiere die Tat, entschuldige sich nicht oder unternehme keine Wiedergutmachungsbemühungen (*Maier* in MüKoStGB StGB § 46 Rn. 310 mwN). Fehlende Reue darf nur zu Lasten des Angeklagten berücksichtigt werden, wenn sie auf eine **rechtsfeindliche Gesinnung** hinweist (BGH NStZ-RR 2017, 71). Mit einem zulässigen Verteidigungsverhalten kann eine rechtsfeindliche Gesinnung nicht begründet werden (BGH NStZ-RR 2009, 148 = StV 2009, 80; StV 1999, 657 = StraFo 1999, 412). 1095

Auch das **Dulden einer Falschaussage** in der Hauptverhandlung kann nur zu Lasten des Angeklagten gewertet werden, wenn es Ausdruck von Rechtsfeindlichkeit und Uneinsichtigkeit ist (BGH NStZ 2019, 537; NStZ-RR 2003, 106; BGHR StGB § 46 Abs. 2 Nachtatverhalten 20 = StV 1994, 125; Verteidigungsverhalten 12 = StV 1994, 125). Dies kommt insbesondere dann in Betracht, wenn der Angeklagte die Zeugen zu den Falschaussagen zu seinen Gunsten veranlasst oder sie in Kenntnis ihrer Bereitschaft hierzu als Zeugen benannt hat (BGH NStZ-RR 2015, 305). 1096

Der Angeklagte kann sich auch damit verteidigen, dass er anderen die **Schuld an der Tat zuschiebt;** auch wenn sich die Anschuldigungen als haltlos erweisen, darf eine Strafschärfung grundsätzlich nicht erfolgen (BGH NStZ 2007, 463). Dies gilt auch dann, wenn der Angeklagte versucht, einen Zeugen als Haupttäter vorzuschieben oder ihn als unglaubwürdig hinzustellen (BGH BeckRS 2014, 11018; StV 2001, 618). Anders kann es sich dann verhalten, wenn er dadurch neues Unrecht schafft, mit seinem Verhalten weitere Ziele verfolgt, die ein ungünstiges Licht auf ihn werfen (BGH NStZ-RR 1997, 99; StV 2001, 618; 1 StR 195/02) oder wenn sonst Umstände hinzukommen, nach denen sich das Verteidigungsverhalten als Ausdruck einer zu missbilligenden Einstellung darstellt. Ein solcher Umstand kann auch darin gesehen werden, dass der Angeklagte einen völlig Unschuldigen der Tatbegehung bezichtigt (BGH NStZ 2007, 463) oder die Falschbelastung mit einer Verleumdung oder Herabwürdigung einhergeht (BGH BeckRS 2019, 29693). 1097

d) Schweigen. Weder aus einer durchgehenden noch aus einer anfänglichen **Aussageverweigerung** und damit auch nicht zu dem **Zeitpunkt,** zu dem sich der Angeklagte einlässt, dürfen nachteilige Schlüsse gezogen werden (BGH NJW 2016, 732 = NStZ 2016, 59 mAnm *Miebach;* NStZ 2016, 220). Das Recht zu schweigen, umfasst auch das Recht, zu **bestimmten Einzelfragen** Angaben zu verweigern (BGH NStZ-RR 1996, 71; s. auch BGHSt 45, 367 = NJW 2000, 1962 = NStZ 2000, 386; BGHR StPO § 261 Aussageverhalten 16 = NStZ 1999, 47; 19 = NStZ 2000, 594 = StV 2000, 598). Es darf sich nicht strafschärfend auswirken, dass der Täter seine **Hintermänner nicht nennt** (BGHR StGB § 46 Abs. 2 Nachtatverhalten 23 = StV 1996, 88; BGH NStZ-RR 1996, 71). Ebensowenig darf die strafmildernde Bedeutung eines Geständnisses versagt werden, weil der Angeklagte zu einer **anderen Tat (§ 264 StPO) geschwiegen** hat (BGHR StGB § 46 Abs. 2 Geständnis 3; s. auch BGHSt 45, 367 (s. o.); BGHR StPO § 261 Aussageverhalten 16 = NStZ 1999,47); 19 (s. o.)). Zur strafprozessualen Verwertung des Schweigens s. *Schneider* NStZ 2017, 73 ff. (126 ff.) 1098

1099 Um keinen Fall einer späten Einlassung nach anfänglichem Schweigen, sondern um einen **Wechsel der Einlassung** handelt es sich, wenn sich der Angeklagte, der sich im Ermittlungsverfahren zum Tatvorwurf geäußert hat, in der Hauptverhandlung erst spät einlässt; deswegen darf dies zu seinem Nachteil verwertet werden (BGH NStZ-RR 2010, 53).

1100 e) **Spurenbeseitigung.** Der Versuch, sich durch Spurenbeseitigung der Strafverfolgung zu entziehen, ist als solcher kein zulässiger Strafschärfungsgrund (BGH NStZ 2011, 512; NStZ-RR 2004, 105; BeckRS 2016, 20992), und zwar auch dann nicht, wenn sich der Täter umsichtig verhält (BGH StraFo 2004, 278) oder kaltblütig vorgeht (BGH NStZ 2011, 512). Etwas anderes kommt dann in Betracht, wenn das Nachtatverhalten eine rechtsfeindliche Einstellung dokumentiert oder gar neues Unrecht schafft (BGH BeckRS 2018, 20316; NStZ 2011, 512). Zur planmäßigen **Verminderung des Überführungsrisikos** bei der Tat → Rn. 1101.

1101 f) **Die planmäßige Verminderung des Überführungsrisikos** darf als Ausdruck erheblicher krimineller Energie und die Tat prägenden Umstand strafschärfend berücksichtigt werden, wenn der Täter hierzu besondere Vorkehrungen trifft, etwa indem er sich maskiert oder sonst sein Aussehen verändert, Handschuhe trägt oder Kleidung oder Fluchtfahrzeug wechselt (BGH StV 1998, 652 mAnm *Jahn;* BGH NStZ 2000, 586). Entsprechendes gilt, wenn er damit die Durchführung der Tat erleichtern will, etwa durch szenetypische Kleidung (BGHSt 45, 58 (→ Rn. 917)), oder wenn die **Drogen inkorporiert** transportiert werden (BGH 3 StR 171/09; 5 StR 509/09). Etwas anderes gilt für das bloße Ausnutzen des ihm von der Natur vorgegebenen äußeren Erscheinungsbildes, etwa wenn der Täter als Schwarzafrikaner davon ausgeht, es sei für Europäer unmöglich, ihn zu identifizieren (BGH NStZ 2000, 586). Ebensowenig darf ihm zur Last gelegt werden, er habe seine Überführung nicht erleichtert, indem er keine auf ihn hindeutenden Hinweise geschaffen habe (BGH NStZ-RR 2015, 239).

1102 **21. Verfahrensverzögerung, Zeitabstand, Verfahrensdauer.** Verfahrensverzögerungen sind in **Betäubungsmittelsachen** nicht selten. Kommt es zu einem außergewöhnlich langen Abstand zwischen Tat und Urteil oder einer sehr langen Dauer des Verfahrens, so sind die folgenden **drei unterschiedlichen und voneinander unabhängigen Strafmilderungsgründe** zu bedenken (BGHR StGB § 46 Abs. 2 Verfahrensverzögerung 13 = NJW 1999, 1198 = NStZ 1999, 181 = StV 1999, 206; BGH NJW 2007, 3294 mAnm *Peglau* = StV 2007, 523; 2008, 14 mAnm *I. Roxin* = JR 2008, 31 mAnm *Weber* = StraFo 2007, 513 mAnm *Salditt*); NStZ-RR 2007, 195; *Weber* JR 2008, 36):

1103 a) **Langer zeitlicher Abstand zur Tat.** Bereits der lange zeitliche Abstand zwischen Tat und Urteil kann zu einem wesentlichen **Strafmilderungsgrund** führen, ohne dass es dabei auf die Dauer des Verfahrens selbst ankommt (BGHR StGB § 46 Abs. 2 Verfahrensverzögerung 13 (→ Rn. 1102); BGH NStZ-RR 2002, 166; 2007, 195; BeckRS 2018, 34951). Allein durch einen solchen Zeitraum kann das Strafbedürfnis abnehmen (BGH NJW 2007, 3294 (→ Rn. 1102); StV 2009, 638 = StraFo 2009, 391 = wistra 2009, 347). Auf die Ursache des langen Zeitabstands kommt es nicht an; die mildernde Berücksichtigung ist auch dann möglich, wenn der lange zeitliche Abstand sachlich bedingt war (BGH NStZ-RR 2016, 7) und kann sich besonders dann zugunsten des Täters auswirken, wenn sich dieser seither straffrei geführt hat. Auch dort, wo sich die abzuurteilenden Fälle über einen langen Zeitraum verteilen, ist der Zeitabstand zwischen Taten und Urteil und die erheblichen Abstände zwischen den Einzeltaten zu berücksichtigen (BGH BeckRS 2015, 11087).

1104 b) **Belastung durch lange Verfahrensdauer.** Unabhängig von dem Strafmilderungsgrund des langen Zeitabstands kann einer überdurchschnittlich langen **Ver-**

fahrensdauer eine **eigenständige strafmildernde Bedeutung** zukommen, wenn sie mit besonderen Belastungen verbunden ist (BGH NStZ-RR 2017, 305); dies kann auch dann gegeben sein, wenn die Verfahrensdauer sachliche Gründe hatte und nicht von den Strafverfolgungsorganen zu vertreten ist (BGHSt 52, 124 = NJW 2008, 860 mAnm *Ignor* 2209 = NStZ 2008, 234 mAnm *Bußmann* und *Volkmer* 668 = StV 2008, 133 = JZ 2008, 428 mAnm *Gaede;* BGHR StGB § 46 Abs. 2 Verfahrensverzögerung 13 (→ Rn. 1102); BGH NJW 2007, 3294 (→ Rn. 1102); NStZ-RR 2007, 195; 2016, 7). Bei Betrachtung der Verfahrensdauer ist nicht nur das Hauptverfahren, sondern auch das Ermittlungs- und Zwischenverfahren einzubeziehen (BGH NZWiSt 2018, 347).

Die **Belastungen,** die für den Betroffenen mit dem Verfahren verbunden sind **1105** (→ Rn. 1104) und die sich umso stärker mildernd auswirken, je mehr Zeit zwischen dem Zeitpunkt, in dem er von den Ermittlungen erfährt, und dem Verfahrensabschluss verstreicht, sind bei der Strafzumessung unabhängig davon zu berücksichtigen, ob die Verfahrensdauer durch eine rechtsstaatswidrige Verzögerung mitbedingt ist (BGHSt 52, 124 (→ Rn. 1104); BGH StV 2009, 638 (→ Rn. 1103)). Durch die Kompensationsentscheidung wegen einer rechtsstaatswidrigen Verfahrensverzögerung (→ Rn. 1107–1145) wird der (überlangen) Verfahrensdauer nicht ihre Bedeutung als Strafzumessungsgrund genommen.

Lediglich der hiermit zwar faktisch eng verschränkte, rechtlich jedoch gesondert **1106** zu bewertende Gesichtspunkt, dass eine überlange Verfahrensdauer (teilweise) auf einem konventions- und rechtsstaatswidrigen Verhalten der Behörden beruht, wird aus dem **Vorgang der Strafzumessung herausgelöst** und durch die bezifferte Anrechnung auf die iSd § 46 StGB angemessene Strafe gesondert ausgeglichen (BGH NStZ-RR 2011, 239; StV 2009, 638 (→ Rn. 1103)).

c) Rechtsstaatswidrige Verfahrensverzögerung (Art. 6 Abs. 1 S. 1 MRK). **1107** Die Verfahrensdauer kann auch Anlass zur Prüfung bieten, ob das Recht des Beschuldigten auf Entscheidung in angemessener Zeit (Art. 6 Abs. 1 S. 1 MRK) verletzt ist (BGHSt 52, 124 (→ Rn. 1104); BGHR StGB § 46 Abs. 2 Verfahrensverzögerung 13 (→ Rn. 1102); BGH NStZ-RR 2007, 195). Bei geringfügigen Verletzungen des Beschleunigungsgebots genügt zur Kompensation die Feststellung, dass Art. 6 Abs. 1 S. EMRK verletzt wurde, gravierendere Verstöße erfordern als Kompensation einen Vollstreckungsabschlag (näher → Rn. 1132 ff.).

aa) Die Rechtsprechung des EGMR. Die Kriterien dafür, ob eine konven- **1108** tionswidrige Verfahrensverzögerung vorliegt, waren in der Rechtsprechung des EGMR, BVerfG und BGH nicht gleich (*Krehl/Eidam* NStZ 2006, 1; *Krehl* StV 2006, 408; *Paeffgen* StV 2007, 487; *Nack* FS Strauda, 2006, 425; *Weber* JR 2008, 36 (38)). In der Entscheidung des Großen Senats für Strafsachen vom 17. 1. 2008 (BGHSt 52, 124 (→ Rn. 1104)), ergangen auf Vorlagebeschluss des 3. Strafsenats vom 23. 8. 2007 (NJW 2007, 3294 (→ Rn. 1102)), hat der BGH insofern eine Annäherung an die Rechtsprechung des EGMR vollzogen, als das Gewicht der Tat und das Maß der Schuld hier keine Rolle mehr spielen sollen. In der neuesten Rechtsprechung des BGH wird dies allerdings nicht mehr deutlich (→ Rn. 1133).

Nach der Rechtsprechung des EGMR ist die Prüfung in **zwei Schritten** vorzu- **1109** nehmen (EGMR EuGRZ 1978, 406 – *König; Demko* HRRS 2005, 283 (284)).

(a) Ermittlung der Verfahrensdauer. Am Anfang steht die Ermittlung der **1110** Verfahrensdauer. Das Verfahren **beginnt** mit der Anklage (Art. 6 Abs. 1 S. 1 EMRK), Darunter ist die **offizielle Anzeige** der zuständigen Behörde an den Betroffenen zu verstehen, dass ihm eine Straftat vorgeworfen wird (EGMR EuGRZ 1983, 371 – *Eckle;* wistra 2004, 177 – *Hennig;* BGH NStZ-RR 2001, 294); ein „inoffizielles" Erfahren genügt nicht (OLG Hamm NStZ-RR 2009, 318).

1111 Das Verfahren **endet** mit der abschließenden Bestimmung der Strafe, gegebenenfalls also mit der Gesamtstrafenbildung (EGMR EuGRZ 1983, 371 – Eckle; in diesem Sinne wohl auch BGHR EMRK Art. 6 Abs. 1 Verfahrensverzögerung 19 = NStZ 2004, 504).

1112 **(b) Angemessenheit der Verfahrensdauer.** Im zweiten Schritt ist die Angemessenheit der Verfahrensdauer zu prüfen (*Demko* HRRS 2005, 283 (285)). Dabei sind vier Kriterien im Rahmen einer Gesamtbewertung zu würdigen:

1113 **(aa) Komplexität des Falles.** Zunächst ist die Komplexität des Falles zu prüfen (EGMR NJW 2001, 2694 – Kudla; 2015, 3359 – Peter; EuGRZ 1983, 371 – Eckle; *Demko* HRRS 2005, 283 (286, 290)). Diese kann sowohl aus den besonderen rechtlichen Schwierigkeiten als auch aus tatsächlichen Ermittlungsschwierigkeiten hergeleitet werden.

1114 **(bb) Verhalten der zuständigen Behörden und Gerichte.** Sodann ist das Verhalten der zuständigen Behörden zu beurteilen, wobei jedem einzelnen Verfahrensabschnitt eine eigenständige Bedeutung zuzukommen scheint (EGMR NJW 2001, 2694 – Kudla; 2015, 3359 – Peter; wistra 2004, 177 – Hennig; *Demko* HRRS 2005, 283 (286, 287, 290, 291)); demnach käme es auf die Gesamtverfahrensdauer nicht an (so wohl auch BVerfG 2006, 672; demgegenüber → Rn. 1123), was nicht gerade dazu beitragen würde, die Strafverfolgungsbehörden zu einem besonderen Einsatz zum Ausgleich der Verzögerung anzuspornen.

1115 **(cc) Verhalten des Beschwerdeführers.** Von wesentlicher Bedeutung ist auch das Verhalten des Beschwerdeführers (EGMR NJW 2015, 3359). Dabei darf ihm die Ausnutzung prozessualer Rechte zwar nicht angelastet werden, sie kann aber andererseits auch dem Staat nicht zugerechnet werden (EGMR EuGRZ 1983, 371 – Eckle; *Demko* HRRS 2005, 283 (287); BGH StV 2010, 228). Ebensowenig darf ihm angelastet werden, dass er die Behörden/Gerichte nicht gemahnt hat (EGMR NJW 2015, 3359 – Peter).

1116 **(dd) Bedeutung der Sache für den Beschwerdeführer.** Schließlich ist auch die Bedeutung der Sache für den Beschwerdeführer zu würdigen (EGMR NJW 2015, 3359 – Peter), etwa wenn es um seine berufliche Existenz geht oder wenn er in Haft ist und an Depressionen leidet (EGMR EuGRZ 1978, 406 – König; NJW 2001, 2694 – Kudla; *Demko* HRRS 2005, 283 (287, 291)).

1117 **bb) Die Rechtsprechung des BGH.** Für die Rechtsprechung des BGH gilt folgendes:

1118 **(a) Vollstreckungsmodell.** Zunächst ist zu beachten, dass sich die erforderliche Kompensation einer rechtsstaatswidrigen Verfahrensverzögerung, sofern nicht ausnahmsweise eine Verfahrenseinstellung nach §§ 153, 153a StPO (BVerfG 2 BvR 1182/08; BGH StV 2008, 299) oder in extremen Fällen ein Verfahrenshindernis von Verfassungs wegen (BVerfG 2 BvR 1182/08) in Betracht kommt, in Anlehnung an § 51 StGB nach dem **Vollstreckungsmodell** richtet (BGHSt 52, 124 (→ Rn. 1104)). Sie ist keine Frage der Strafzumessung, sondern von dieser abzuschichten (BGH BeckRS 2016, 04206; NJW 2007, 3294 (→ Rn. 1102). Die Kompensation nach dem Vollstreckungsmodell gilt für Geld- und Freiheitsstrafen gleichermaßen und stellt einen am Entschädigungsgedanken orientierten eigenen rechtlichen Weg neben der Strafzumessung im engeren Sinn dar, so dass der Strafausspruch und die Kompensationsentscheidung grundsätzlich selbständig nebeneinander stehen und auch getrennt voneinander zu beurteilen sind (BGH BeckRS 2016, 04206; StV 2009, 638 (→ Rn. 1103)); 2010, 228). Bei der **Strafrahmenwahl** darf sie – anders als Zeitablauf und Verfahrensdauer – **nicht** berücksichtigt werden (BGH NStZ-RR 2008, 368). Die Kompensationsentscheidung ist **isoliert anfechtbar** (BGH NStZ-RR 2014, 21) und kann Verständigungsgegenstand sein.

Weitere Konsequenz des Vollstreckungsmodells ist es, dass es für alle **strafrechtlichen** und **außerstrafrechtlichen Folgen,** die sich aus der Höhe der Strafe ergeben, allein auf die Strafe ankommt, die **nicht** durch Anrechnung vermindert ist (BGHSt 52, 124 (→Rn. 1104); BGH NJW 2007, 3294 (→Rn. 1102)). Der Abschlag bleibt außer Betracht. 1119

(b) Prüfung. Bei einem langen Zeitabstand zwischen Tat und Urteil und/oder bei einem lang dauernden Verfahren ist danach wie folgt vorzugehen (BGHSt 52, 124 (→Rn. 1104); BGH 1 StR 238/08): 1120

(aa) Ermittlung des Zeitabstands zwischen Tat und Urteil. Zunächst ist der Zeitabstand zwischen der Tat und dem Urteil festzustellen (→Rn. 1103). 1121

(bb) Ermittlung der Verfahrensdauer. Sodann ist zu klären, welcher Zeitraum zwischen der Eröffnung des Tatvorwurfs (→Rn. 1110) und der abschließenden Bestimmung der Strafe (→Rn. 1111) **bei zeitlich angemessener Verfahrensgestaltung** als erforderlich anzusehen ist (BGH BeckRS 2008, 22239; StV 2008, 633 = StraFo 2008, 513); dieser Zeitraum ist bei der Berechnung der Dauer der in den Verantwortungsbereich der Justiz fallenden Verfahrensverzögerung **nicht** zu berücksichtigen (BGH NStZ 2009, 472 = StV 2009, 241; BeckRS 2015, 17042; wistra 2009, 271). 1122

Das Verfahren ist danach **insgesamt** zu betrachten (BGH NStZ 2012, 152; NStZ-RR 2009, 92 = StV 2009, 118; StV 2010, 228). Verzögerungen in einem Verfahrensabschnitt können daher durch eine besondere **Beschleunigung** in anderen Verfahrensabschnitten **ausgeglichen** werden (BGHR EMRK Art. 6 Abs. 1 Verfahrensverzögerung 19 = NStZ 2004, 504; BGH NStZ-RR 2002, 219; 2006, 50; 2011, 239; StV 2008, 633 = StraFo 2008, 513; 2010, 228; StraFo 2009, 245; demgegenüber →Rn. 1114). 1123

Die rechtsstaatswidrige Verfahrensverzögerung muss nicht von einer Justizbehörde zu verantworten sein; vielmehr kommt jede **staatliche Stelle** in Frage, etwa eine von der Meldebehörde verzögerte Ausschreibung zur Aufenthaltsermittlung (BGH NStZ 2010, 230 = StV 2009, 693). Dagegen sind Verfahrensverzögerungen durch **ausländische Staaten** nicht zu kompensieren (BGH NJW 2011, 3314 = NStZ 2012, 152 = StV 2012, 81 = JR 2012, 254 mAnm *Stiebig*). 1124

Nicht jedes Versäumnis der Ermittlungsbehörden vermag einen zu kompensierenden Verstoß gegen Art. 6 EMRK zu begründen. Dies gilt insbesondere dann, wenn sie nicht völlig untätig waren und der Vorwurf allein dahin geht, sie hätten möglicherweise noch intensiver ermitteln können. Etwas anderes kann bei ganz erheblichen, kaum verständlichen Ermittlungsfehlern in Betracht kommen (BGH NJW 2009, 3734). 1125

Dass eine rechtsstaatswidrige Verfahrensverzögerung **nicht** schon deshalb vorliegt, weil **das Revisionsgericht** zur Korrektur eines dem Tatrichter unterlaufenen – nicht eklatanten – Rechtsfehlers dessen Urteil aufheben und die Sache zu neuer – zeitaufwendiger – Bearbeitung an die Vorinstanz zurückverweisen muss, liegt danach auf der Hand (BGH BeckRS 2014, 20660; s. auch BGHR StPO § 358 Abs. 1 Bindungswirkung 3; BGH NJW 2006, 1529; 2008, 307 = NStZ 2008, 168; NStZ-RR 2010, 40). Dasselbe gilt von einer Verzögerung durch ein **Anfrageverfahren** (BGH BeckRS 2015, 04135; NStZ 2018, 104), wobei allerdings eine Gesamtdauer des Revisionsverfahrens von drei Jahren das Beschleunigungsverbot verletzen kann (BGH NStZ-RR 2018, 199). 1126

Nicht jede **geringfügige Verzögerung** ist bereits unangemessen und rechtsstaatswidrig (BGH BeckRS 2008, 22239; 2 StR 283/08). Insbesondere führt ein **vorübergehender Engpass** in der Arbeits- und Verhandlungskapazität der Strafverfolgungsbehörden nicht zu einem Verstoß gegen Art. 6 Abs. 1 S. 1 EMRK (BGH BeckRS 2008, 22239; StraFo 2005, 24); anders liegt es, wenn wegen **gene-** 1127 reller Überlastung nicht alsbald verhandelt werden kann (BGH NJW 2008, 2451).

1128 Bislang nicht abschließend geklärt ist die Frage, ob die Berücksichtigung einer rechtsstaatswidrigen Verfahrensverzögerung die **Erhebung einer Verzögerungsrüge** (§ 198 Abs. 3 S. 1, § 199 Abs. 1 GVG) voraussetzt. Stimmen, die dies bejahen (LG Düsseldorf NStZ 2018, 623; *Sommer* StV 2012, 110; *Gercke/Heinisch* NStZ 2012, 300 (303f.)) überzeugen nicht. Es spricht bereits nichts dafür, dass der Gesetzgeber eine Schlechterstellung des Angeklagten durch weitere Rügeerfordernisse beabsichtigte. Für den Fall, dass die Feststellung eines Konventionsverstoßes begehrt wird, hat der BGH die Notwendigkeit der Verzögerungsrüge bereits verneint und im Übrigen offen gelassen (NStZ-RR 2015, 23; gegen das Erfordernis einer Verzögerungsrüge auch *Schäfer/Sander/van Gemmeren* Strafzumessung Rn. 792; *Graf* in Graf StPO GVG § 199 Rn. 20ff.; *Maier* in MüKoStGB StGB § 46 Rn. 513).

1129 Die maßgeblichen Umstände kann sich das Gericht als gerichtskundige Tatsachen im Wege **des Freibeweises** verschaffen (BGHR StGB § 46 Abs. 2 Verfahrensverzögerung 13 (→ Rn. 1102); BGH BeckRS 2008, 22239). Die sich daraus ergebende Verfahrensverzögerung ist im Urteil **konkret** (dazu *Weber* JR 2008, 36 (37)) festzustellen.

1130 Diese Feststellung dient zunächst als **Grundlage für die Strafzumessung;** das Gericht hat insofern in wertender Betrachtung zu entscheiden, ob und in welchem Umfang der zeitliche Abstand zwischen Tat und Urteil (→ Rn. 1103, 1121) und/ oder die besonderen Belastungen, denen der Angeklagte wegen der überlangen Verfahrensdauer ausgesetzt war (→ Rn. 1104, 1105), bei der Straffestsetzung zu berücksichtigen sind (→ Rn. 1103–1106). Einer Bezifferung des Maßes der Strafmilderung bedarf es nicht. Die entsprechenden Erörterungen sind als bestimmende Strafzumessungsfaktoren in den Urteilsgründen kenntlich zu machen (BGH NStZ-RR 2008, 368 (s. o.); 2011, 239).

1131 **(cc) Kompensation durch bloße Feststellung.** Anschließend ist zu prüfen, ob vor diesem Hintergrund die ausdrückliche Feststellung der rechtsstaatswidrigen Verfahrensverzögerung zur Kompensation genügt (BGH NJW 2011, 3314; NStZ 2012, 152; NStZ-RR 2009, 248; BeckRS 2014, 00505). Ist dies der Fall, so muss diese Feststellung zumindest in den **Urteilsgründen** klar hervortreten. Eine Aufnahme in den Urteilstenor ist allerdings unschädlich (*Fischer* StGB § 46 Rn. 132; Aufnahme in die Beschlussformel durch BGH BeckRS 2019, 9931). Eine **bloße Feststellung genügt** meist, wenn der Angeklagte während der Verfahrensverzögerung nicht in Haft war und auch sonst eine besondere Belastung nicht erkennbar ist (BGH NStZ-RR 2009, 339; 3 StR 494/09: Ausgleich einer Verfahrensverzögerung von einem Jahr durch bloße Feststellung; 5 StR 186/16). Die **Dauer der Verzögerung** ist bereits bei der Strafzumessung nach § 46 StGB zu berücksichtigen (BGH NStZ 2012, 370).

1132 **(dd) Ziffernmäßige Kompensation, Ausmaß.** Reicht die bloße Feststellung als Entschädigung nicht aus, so hat das Gericht festzulegen, welcher **bezifferte Teil** der Strafe zur Kompensation der Verzögerung als vollstreckt gilt und dies in den Urteilstenor aufzunehmen.

1133 Bei der **Bemessung** sind die Einzelfallumstände entscheidend; maßgebliche Kriterien sind vor allem der Umfang der staatlich zu verantwortenden Verzögerung, die Gesamtdauer des Verfahrens, Art und Schwere des Tatvorwurfs (ebenso BVerfG 2 BvR 1182/08), der Umfang und die Schwierigkeit des Verfahrens (→ Rn. 1113), das Maß des Fehlverhaltens der Strafverfolgungsorgane (→ Rn. 1114), das Verhalten des Beschwerdeführers (→ Rn. 1115) sowie die mit dem andauernden Verfahren verbundenen Belastungen für den Beschuldigten (→ Rn. 1116). Die maßgebenden

Kriterien sind festzustellen und zu berücksichtigen (BGH NStZ 2009, 287; 2009, 472; NStZ-RR 2011, 239; 2018, 199; wistra 2009, 271).

Dabei muss im Auge behalten werden, dass der zeitliche Abstand zwischen Tat **1134** und Urteil (→ Rn. 1103) und/oder die besonderen Belastungen des Angeklagten (→ Rn. 1104) **bereits** in die Strafbemessung **eingeflossen** sind, so dass es nur noch um einen Ausgleich für die rechtsstaatswidrige Verursachung dieser Umstände geht (BGH NStZ 2012, 152; NStZ-RR 2011, 239; BeckRS 2015, 10170; 2016, 04206). Dies schließt es aus, den Anrechnungsmaßstab des § 51 Abs. 1 S. 1 StGB heranzuziehen und das Maß der Anrechnung mit dem Umfang der Verzögerung gleichzusetzen (BGH NStZ-RR 2018, 199; BeckRS 2015, 05559); vielmehr wird sich die Anrechnung häufig auf einen **eher geringen Bruchteil der Strafe** zu beschränken haben (BGH NStZ 2012, 152; NStZ-RR 2008, 368; 2018, 199; StV 2010, 479; BeckRS 2015, 05559). Insbesondere würde eine überzogene Berücksichtigung des Zeitfaktors den Zielen effektiver Verteidigung der Rechtsordnung zuwiderlaufen (BGH NJW 2011, 3314 (→ Rn. 1124)).

So kann dies, wenn die Staatsanwaltschaft in einer Jugendsache fast **acht Monate** **1135** für die Gegenerklärung benötigt hat, mit einer **Anrechnung von einem Monat** auf die verhängten Jugendstrafen von drei Jahren sechs Monaten kompensiert werden (BGH StV 2009, 93). Dabei spielt auch eine Rolle, dass die Haftbefehle nach Verkündung des Urteils aufgehoben und die Jugendlichen so die Möglichkeit hatten, sich die Einweisung in den offenen Vollzug und die Halbstrafe zu verdienen.

Bei der Frage der **Belastung für den Beschuldigten** kommt es darauf an, wie **1136** sich die eingetretene Verzögerung konkret auf den jeweiligen Angeklagten ausgewirkt hat (BGH NStZ 2008, 234; 2009, 287). Dabei ist die Belastung durch ein schwebendes Verfahren sowohl von der persönlichen Situation eines Angeklagten als auch von der Art und Höhe der zu erwartenden Strafe und möglichen Auswirkungen der Strafe abhängig (BGH BeckRS 2016, 10822). Dies kann dazu führen, dass trotz gleichlanger konventionswidriger Verfahrensverzögerung bei **mehreren,** zu unterschiedlich langen Freiheitsstrafen verurteilten **Straftätern** das Maß der Kompensation **nicht identisch** ist (BGH NStZ 2009, 287; NJW 2009, 307 zur nicht möglichen Anwendung des § 357 StPO).

(ee) Urteilsformel. In die Urteilsformel ist die nach den Kriterien des § 46 **1137** StGB zugemessene Strafe aufzunehmen; gleichzeitig ist dort auszusprechen, welcher bezifferte Teil dieser Strafe als Entschädigung für die überlange Verfahrensdauer als vollstreckt gilt. Dabei empfiehlt es sich, diesen Zeitraum nicht als Bruchteil der verhängten Strafe anzugeben, sondern nach § 39 StGB zu bemessen (BGH 2 StR 248/09). Ist eine **Gesamtstrafe** gebildet, so ist die Anrechnung **nur auf diese** vorzunehmen; nur diese ist der Bezugspunkt für die Entschädigung einer rechtsstaatswidrigen Verfahrensverzögerung; die Einzelstrafen stehen hierfür nicht zur Verfügung (BGH BeckRS 2009, 24581).

(ff) Jugendsachen. Gerade in Jugendsachen sind die Strafverfolgungsbehörden **1138** und Gerichte wegen des das JGG beherrschenden Erziehungsgedankens gehalten, alles zu tun, um unnötige Verfahrensverzögerungen auszuschließen (BGHR EMRK Art. 6 Abs. 1 S. 1 Verfahrensverzögerung 15 = NStZ 2003, 364 = StV 2003, 388; BGH NStZ 2010, 94 = StV 2009, 93 = StraFo 2009, 23). Die Möglichkeit, einen Verstoß gegen Art. 6 Abs. 1 S. 1 EMRK festzustellen, besteht in Jugendverfahren uneingeschränkt. Auch das Vollstreckungsmodell ist anwendbar. Dies gilt jedenfalls dann, wenn Jugendstrafe allein wegen der Schwere der Schuld verhängt wird (BGH NJW 2018, 2062; NStZ 2010, 94 (s. o.); 2011, 524; 2012, 152). Dasselbe gilt, wenn sie **auch** wegen schädlicher Neigungen verhängt wurde (BGH NJW 2018, 2062; s. auch BGH NStZ 2011, 524). Erzieherische Belange können in der Regel auch im Rahmen des Vollstreckungsmodells berücksichtigt werden;

im Übrigen ist die tatsächliche Verbüßungsdauer auch sonst nicht selten niedriger als die verhängte Strafe, etwa bei Anrechnung von U-Haft (BGH NJW 2018, 2062). Nur dort, wo die Festsetzung der Höhe der Jugendstrafe allein auf erzieherischen Gesichtspunkten beruht und ein Vollstreckungsabschlag zur Unterschreitung des notwendigen Erziehungsbedarfs führte, scheidet die Anwendung des Vollstreckungsmodells aus.

1139 **(gg) Untersuchungshaft.** Liegt neben dem Verstoß gegen Art. 6 Abs. 1 S. 1 EMRK auch ein Verstoß gegen Art. 5 Abs. 3 EMRK vor, so erscheint es zumindest zweckmäßig, beide Verstöße gesondert zu erwägen (BGHSt 52, 124 (→ Rn. 1104) unter Hinweis auf EGMR StV 2006, 474 mAnm *Pauly;* BGH NStZ 2010, 229 = StV 2009, 692; BGH StV 2010, 228), zumal eine Verletzung von Art. 5 Abs. 3 EMRK nicht zwangsläufig auch einen Verstoß gegen Art. 6 Abs. 1 S. 1 EMRK darstellt (BGH 1 StR 238/08).

1140 **Ist U-Haft konventionswidrig vollzogen** worden, so ist die Kombination aus der Anrechnung der U-Haft auf die Strafe (§ 51 Abs. 1 S. 1 StGB) und der möglichen Verfolgung des vor Zivilgerichten geltend zu machenden unmittelbaren Schadensersatzanspruches aus Art. 5 Abs. 5 EMRK, der auch einen Schmerzensgeldanspruch erfassen kann, grundsätzlich geeignet, die Opfereigenschaft des Angeklagten iSd Art. 34 EMRK entfallen zu lassen (BGH NStZ 2010, 229 = StV 2009, 692).

1141 Ist allerdings über die Anrechnung nach § 51 Abs. 1 S. 1 StGB hinaus eine weitere Anrechnung **noch möglich,** so gilt der **Vorrang** der **Naturalrestitution** vor einer Verweisung auf den Schadensersatzanspruch (BGH NStZ 2010, 229 = StV 2009, 692). Bei minder schweren Verstößen kommt dabei vor dem Hintergrund der Anrechnung eines **lediglich zur Unzeit** erlittenen Freiheitsentzuges die bloße Feststellung des Konventionsverstoßes als ausreichende Kompensation in Betracht (BGH NStZ 2010, 229 (s. o.)). Ob dies der Fall ist, hängt von der Dauer der rechtsstaatswidrig erlittenen U-Haft und ihrer Wirkung auf den später Verurteilten ab. Bei etwaiger weitergehender gegen Art. 6 Abs. 1 EMRK verstoßender Verfahrensverzögerung ist eine einheitliche Kompensation auszusprechen (BGH NStZ 2010, 229 (s. o.)).

1142 **(c) Verfahrensrüge.** Der Revisionsführer, der eine rechtsstaatswidrige Verfahrensverzögerung bis zum Erlass des tatrichterlichen Urteils und bis zum Ablauf der Revisionsbegründungsfrist geltend machen will, muss nach stRspr grundsätzlich eine **Verfahrensrüge** erheben (BGH BeckRS 2018, 16019; BGHSt 49, 342 = NStZ 2005, 223; 2005, 390 mAnm *Sander* = JR 2005, 187 mAnm *Wohlers;* BGHSt 54, 135 = NJW 2009, 3734 = NStZ 2010, 531; 2010, 650 mAnm *Maier* = StV 2011, 610; BGH NJW 2007, 2647 = NStZ 2008, 118; NStZ 2014, 635; NStZ-RR 2008, 384; 2014, 21). Gleiches gilt, wenn der Angeklagte beanstandet, Art, Ausmaß und Umstände einer Verzögerung seien zu seinen Lasten nicht oder nicht genügend festgestellt (BGH NStZ-RR 2014, 21).

1143 Ausnahmsweise reicht die Sachrüge dann aus, wenn sich die Voraussetzungen einer rechtsstaatswidrigen Verzögerung **bereits aus den Urteilsgründen** und/ oder aus von Amts wegen zu berücksichtigenden Akteninhalten ergeben (BVerfG 2 BvR 1305/07; BGH NJW 2006, 1073 = NStZ-RR 2006, 50; NStZ-RR 2006, 177 = StV 2006, 241). Dasselbe gilt, wenn sich bei der auf die Sachrüge veranlassten Prüfung ausreichende Anhaltspunkte ergeben, die das Gericht zur Untersuchung einer rechtsstaatswidrigen Verfahrensverzögerung **hätten drängen müssen;** wird eine solche Verzögerung von ihm überhaupt nicht thematisiert oder lediglich als Umstand in der Reihe der Strafmilderungsgründe erwähnt, so liegt ein Erörterungsmangel vor (BVerfG 2 BvR 1305/07; BGH NStZ 2004, 639; NStZ-RR

2006, 50; 2007, 71; BGH BeckRS 2006, 01991; zu unterschiedlichen Nuancierungen der Strafsenate des BGH *Maier* in MüKoStGB StGB § 46 Rn. 518).

Eine Verfahrensrüge muss auch dann erhoben werden, wenn geltend gemacht wird, aufgrund der Verzögerung sei das Verfahren wegen eines von Verfassungs wegen anzunehmenden **Verfahrenshindernisses einzustellen** (str.; BGH 5 StR 330/03; *Meyer-Goßner* NStZ 2003, 169; *Wohlers* JR 2005, 187 (188, 189)); zu einem solchen – auf extreme Ausnahmefälle zu beschränkenden – Verfahrenshindernis s. BVerfG BeckRS 2008, 31925; BGH NStZ 2006, 625). 1144

Bei der Erhebung der Verfahrensrüge dürfen die Anforderungen an den Umfang der Darstellung **nicht überzogen** werden. Allerdings ist ein realistischer Überblick über den tatsächlichen Ablauf des Strafverfahrens zu geben (BGH NJW 2008, 2451; zu Einzelheiten *Maier* in MüKoStGB StGB § 46 Rn. 515 ff.). Da das Verfahren insgesamt zu beurteilen ist (→ Rn. 1123), muss dies regelmäßig mit dem Zeitpunkt beginnen, in dem der Beschuldigte von der Einleitung des Ermittlungsverfahrens Kenntnis erlangt (BGH NStZ-RR 2009, 92 (→ Rn. 1123)). 1145

22. Unterlassene Belehrung nach Art. 36 Abs. 1 Buchst. b S. 3 WÜK. Um den konsularischen Vertretungen die Wahrnehmung ihrer Aufgaben zu erleichtern, verpflichtet Art. 36 Abs. 1 Buchst. b S. 1 WÜK die zuständigen Behörden, die konsularische Vertretung des Entsendestaates unverzüglich zu unterrichten, wenn im Konsularbezirk ein Angehöriger dieses Staates festgenommen wird und **der Betroffene dies verlangt.** Diese Pflicht begründet ein subjektives Recht des einzelnen Staatsangehörigen (BVerfG NJW 2007, 499 = NStZ 2007, 159 = StV 2008, 1 = JZ 2007, 891 mAnm *Burchard;* BGHSt 52, 110 = NJW 2008, 1090 = NStZ 2008, 356 = StV 2008, 172), über das er **zu belehren ist** (Art. 36 Abs. 1 Buchst. b S. 3 WÜK). Die Belehrungspflicht knüpft allein an die Staatsangehörigkeit eines Vertragsstaats an. Sie gilt auch für Ausländer mit Lebensmittelpunkt im Inland und setzt keine ausländerspezifische oder situationsbedingte Hilflosigkeit voraus (BGHSt 52, 110 (s. o.); BGH NJW 2008, 307 = NStZ 2008, 168 = StV 2008, 5). 1146

Die **Belehrungspflicht entsteht,** sobald die zuständige Behörde Kenntnis von der Staatsangehörigkeit des Festgenommenen erlangt hat oder sich Anhaltspunkte dafür ergeben, dass er Ausländer ist, und gilt daher auch **für Polizei und Zoll** (BVerfG NJW 2007, 499 (503) (→ Rn. 1146); BGHSt 52, 119 (→ Rn. 1146)). Die Verletzung der Belehrungspflicht wird nicht dadurch geheilt, dass der Festgenommene nach einer späteren Belehrung konsularische Hilfe ablehnt (BGSt 52, 110 (→ Rn. 1146)). 1147

Wird die Belehrungspflicht verletzt, so kann sich daraus **ein Verwertungsverbot** ergeben (BVerfG NJW 2011, 207 = StV 2011, 329; 2011, 369 mAnm *Gless/Peters;* BGH StV 2011, 603 = StraFo 2011, 319). Maßgeblich hierfür ist eine **Abwägung** zwischen dem durch den Verfahrensverstoß bewirkten Eingriff in die Rechtsstellung des Beschuldigten und den Strafverfolgungsinteressen des Staates, wobei auf den Schutzzweck der verletzten Norm ebenso abzustellen ist wie auf die Umstände, Hintergründe und Auswirkungen der Rechtsverletzung im Einzelfall (BVerfG NJW 2011, 207 (s. o.); BGH StV 2011, 603 (s. o.)). Ein **Widerspruch** gegen die Verwertung ist jedenfalls solange nicht notwendig, solange die Belehrung nach Art. 36 WÜK nicht nachgeholt ist (BGH StV 2011, 603 (s. o.)). 1148

Ob dem Verurteilten für die unterlassene Belehrung eine **Kompensation bei der Strafzumessung** zu gewähren ist, ist zwischen den Senaten des BGH streitig. Da der Verstoß gegen die völkerrechtlich verankerte Unterrichtungspflicht aus Art. 36 Abs. 1 Buchst. b WÜK grundsätzlich nicht folgenlos bleiben könne, geht der **5. Strafsenat** (NJW 2008, 307 (→ Rn. 1146)) jedenfalls in Fällen einer erheblichen Bestrafung und eines nicht nur kurzfristig fortwirkenden Verstoßes von einer **Pflicht zur Kompensation** aus, wobei diese nach der Vollstreckungslösung 1149

(→ Rn. 1117–1119) erfolgen müsse (zust. *Schomburg/Schuster* NStZ 2008, 593). Demgegenüber lehnt der **3. Strafsenat** (BGHSt 52, 110 (→ Rn. 1146)) – ihm zuneigend der **4.** Strafsenat (StV 2011, 603 = StraFo 2011, 319) – eine Kompensation zu Recht ab, weil die Folgen etwaiger Verstöße gegen das Verfahrensrecht in den §§ 337, 338, 353, 354 StPO abschließend geregelt seien und die Rechtsprechung zum Ausgleich rechtswidriger Verfahrensverzögerungen auf den Besonderheiten der EMRK beruhten. Im Einzelfall kann der Verstoß nach Abwägung zu einem Verwertungsverbot führen.

1150 **23. Früheres Einschreiten der Ermittlungsbehörden.** Aus Art. 6 Abs. 1 EMRK lässt sich kein Anspruch auf Strafverfolgung gegen sich selbst herleiten (BGHR EMRK Art. 6 Abs. 1 Verfahrensverzögerung 1 = NStZ-RR 2003, 172; BGH 1 StR 335/07). Auch § 152 Abs. 2 StPO enthält zum Zeitpunkt des Einschreitens gegen einen Beschuldigten keine Regelung (BVerfG BeckRS 2003, 25546). Maßgeblich ist die Einschätzung der Strafverfolgungsbehörden, die ihre Entscheidung auch nach der Prozessökonomie und der Ermittlungstaktik treffen können (BVerfG BeckRS 2003, 25546; BGH NStZ 2008, 685). Dies gilt jedenfalls, solange kein Fall der Strafvereitelung im Amt vorliegt (BGHR EMRK Art. 6 Abs. 1 Verfahrensverzögerung 1 (s. o.)). Es darf daher nicht strafmildernd berücksichtigt werden, dass die Behörden früher hätten einschreiten können (BGH NStZ 2007, 635; 2015, 466).

1151 **24. Sonstige Verstöße gegen Verfahrensrecht.** Bei sonstigen Verstößen gegen Verfahrensvorschriften, etwa § 136a StPO, gelten die entsprechenden verfahrensrechtlichen Folgen (BGHSt 52, 110 (→ Rn. 1146); auch → Rn. 1149). Die Strafzumessung kann hiervon nur beeinflusst werden, wenn die Vorgänge mit der Tat selbst zusammenhängen, strafähnliche Auswirkungen haben oder Verletzungen der EMRK durch Strafmilderung auszugleichen sind (OLG Frankfurt a. M. NStZ-RR 2003, 23); *Kühl* in Lackner/Kühl StGB § 46 Rn. 44). Daran fehlt es, wenn der Täter nach dem Eingeständnis, zwei Cracksteine verschluckt zu haben, unter Androhung von Zwang ein Brechmittel einnimmt (OLG Frankfurt a. M. NStZ-RR 2003, 23). Aus heutiger Sicht soll ein **Brechmitteleinsatz** nicht zulässig sein (EGMR NJW 2006, 3117; BGH NJW 2010, 2595 mAnm *Eidam* = StV 2010, 678; *Patzak* in Körner/Patzak/Volkmer § 29 Teil 5 Rn. 57), so dass auch nicht damit gedroht werden dürfe. Richtigerweise dürfte auf die **Verhältnismäßigkeit** abzustellen sein (*Schmitt* in Meyer-Goßner/Schmitt StPO § 81a Rn. 22; *Ritzert* in Beck-OK StPO § 81a Rn. 12.2 mit umfangreicher Begr.). Zulässig ist das **Öffnen der Mundhöhle** unter Zwang zum Auffinden von Beweismitteln (OLG Celle NStZ 1998, 87) und die Vergabe von **Abführmitteln** (OLG Karlsruhe NStZ 2005, 399 = StV 2005, 376; *Patzak* in Körner/Patzak/Volkmer § 29 Teil 5 Rn. 45). Zum Ganzen s. auch *Oğlakcıoğlu/Henne-Bruns/Wittau* NStZ 2011, 73.

1152 **25. Härteausgleich.** Scheitert eine nach § 55 StGB an sich mögliche Gesamtstrafenbildung daran, dass die zunächst verhängte Strafe bereits vollstreckt, verjährt oder erlassen ist, so ist die darin liegende Härte bei der Bemessung der nunmehr zu verhängenden Strafe auszugleichen. Dies gilt auch dann, wenn die Zäsurwirkung einer früheren Strafe die Bildung einer Gesamtstrafe verhindert (BGHSt 41, 310 = NJW 1996, 667 = NStZ 1996, 382 mAnm *Peters* = StV 1996, 206; BGHSt 46, 179 = NJW 1998, 3725 = NStZ 1999, 182 mAnm *Stree* = StV 1999, 599 = JR 1999, 514 mAnm *Bringewat*). Fehlt es dagegen an einem ausgleichsbedürftigen Nachteil, etwa wenn die Vollstreckung der früheren Strafe nach Ablauf der Bewährungszeit erlassen wurde, kommt ein Härteausgleich nicht in Betracht (BGH NStZ-RR 1996, 291; 2004, 330; StV 2007, 82).

1153 **a) Methode.** Bei **zeitigen Freiheitsstrafen** ist nicht nach dem Vollstreckungsmodell (so noch BGHR StGB § 55 Abs. 1 S. 1 Härteausgleich 18 = NStZ 2010, 387; BGH 5 StR 343/10; 5 StR 100/11) zu verfahren, sondern der Härteausgleich ist auf der Ebene der Strafzumessung bei Bemessung der Strafe für die nun abzuurteilende Tat vorzunehmen (BGH NJW 2011, 868 = StV 2011, 158; NStZ-RR 2018, 42). Werden mehrere Taten abgeurteilt, ist der Härteausgleich nur auf der Ebene der Gesamtstrafe vorzunehmen. Bei lebenslanger Freiheitsstrafe wird der Härteausgleich im Weg der Vollstreckungslösung gewährt (*Fischer* StGB § 55 Rn. 22a).

b) Ausländische Verurteilungen. In Betäubungsmittelsachen liegen nicht selten ausländische Verurteilungen vor, die in die Gesamtstrafenbildung nicht einbezogen werden können, weil diese nur deutsche Urteile erfasst (BGHSt 43, 79 = NJW 1997, 1993 = NStZ 1997, 384 = StV 1997, 349; BGHR 30; BGH NJW 2000, 1964; 2020, 3185 = NStZ 2021, 217). Dies gilt auch nach dem Rahmenbeschluss 2008/675/JI (→ Rn. 1067)). Der EuGH (BeckRS 2017, 125373) fordert eine Gleichsetzung in- und ausländischer Strafen bei der Strafzumessung. Bei der Frage, ob in solchen Verfahren ein Härteausgleich zu gewähren ist, sind **zwei Fallgestaltungen** zu unterscheiden: 1154

aa) Gemeinsame Aburteilung möglich. Hätten die im Ausland und im Inland begangenen Straftaten vom zeitlichen Ablauf her miteinander abgeurteilt werden können, ist ein bezifferter Härteausgleich zu gewähren; darauf, ob ein Gerichtsstand für die im Ausland begangene Tat auch in Deutschland gegeben ist, weil es sich um Straftaten gegen international geschützte Rechtsgüter handelt oder der Täter Deutscher ist, kommt es nicht mehr an (BGH NJW 2020, 3185 mwN). Dies kommt namentlich in den Fällen des unbefugten Vertriebs von Betäubungsmitteln (§ 6 Nr. 5 StGB) in Betracht. Eine Berücksichtigung des Gesamtstrafübels erfolgt dann als strafzumessungsrelevanter Aspekt bei Festsetzung der neuen Strafe – unter Bezifferung des abzuziehenden Teils – oder durch Bildung einer fiktiven Gesamtstrafe unter Heranziehung der ausländischen Strafe, die sodann gemindert wird. Entscheidend ist ein angemessener Ausgleich (BGH NJW 2020, 3185 (3187)). 1155

bb) Gemeinsame Aburteilung nicht möglich. Hätte wegen der im Ausland begangenen Tat ein Strafverfahren in Deutschland überhaupt nicht oder nur im Wege der stellvertretenden Strafrechtspflege (§ 7 Abs. 2 Nr. 2 StGB) durchgeführt werden können, kommt ein Härteausgleich nicht in Betracht. Die Möglichkeit der Verhängung einer milderen Gesamtstrafe in einem einzigen Verfahren in Deutschland hat hier nicht bestanden, so dass eine Strafmilderung aus diesem Grund ein zusätzlicher, nicht gerechtfertigter Vorteil für den Täter wäre (BGHR § 55 Abs. 1 S. 1 Härteausgleich 16 = NStZ 2010, 30). 1156

VIII. Wahl der Strafart, kurze Freiheitsstrafe. Die grundlegende Strafvorschrift im Betäubungsmittelrecht (§ 29) droht wahlweise Freiheitsstrafe oder Geldstrafe an. Hat sich das Gericht für die Anwendung des Regelstrafrahmens des § 29 entschieden, so ist deswegen zunächst die **Strafart** festzulegen. 1157

1. Allgemein. Dabei ist nach den Grundsätzen des § 46 StGB auf Grund einer Gesamtwürdigung (→ Rn. 733) festzustellen, ob eine Geldstrafe ausreicht und zu berücksichtigen, dass der Gesetzgeber mit der Regelung des § 47 StGB kurze Freiheitsstrafen soweit als möglich zurückdrängen wollte (*Fischer* StGB § 47 Rn. 2). Von einer Geldstrafe darf nicht abgesehen werden, weil die Tagessatzhöhe wegen der **Einkommensverhältnisse** des Täters (Bezieher von Arbeitslosengeld II) sehr niedrig ausfallen müsste (BayObLGSt 1993, 214 = StV 1994, 244; NJW 1995, 3264; 1996, 798; StV 1995, 472), weil der Täter kein eigenes Einkommen hat (BayObLG StV 1994, 244) oder zu befürchten ist, die Geldstrafe werde von seinen Eltern bezahlt (str., BayObLGSt 1993, 214 (s. o.); BayObLG StV 1995, 472). 1158

2. Sonderfall: Kurze Freiheitsstrafe (§ 47 StGB). Einer besonderen Würdigung und Begründung im Urteil bedarf nach § 47 StGB die Verhängung einer kurzen Freiheitsstrafe. Sie ist nur zulässig, wenn in der Tat oder der Persönlichkeit des 1159

Täters besondere Umstände vorliegen, die eine Freiheitsstrafe zur Einwirkung auf den Täter oder zur Verteidigung der Rechtsordnung unerlässlich machen (Absatz 1). Dies gilt auch dann, wenn das Gesetz keine Geldstrafe androht (Absatz 2). Bei der Feststellung dieser Umstände muss **jede Schematisierung unterbleiben.** Dies gilt auch von der Nichtanwendung auf bestimmte Tat- oder Tätergruppen (OLG Frankfurt a. M. StV 1997, 252; OLG Hamburg StV 2000, 353; *Maier* in MüKoStGB StGB § 47 Rn. 14ff.)

1160 a) **Besondere Umstände** liegen vor, wenn entweder bestimmte Tatsachen die konkrete Tat in einer bestimmten Beziehung aus dem Durchschnitt der praktisch vorkommenden Taten dieser Art herausheben oder wenn bestimmte Eigenschaften und Verhältnisse beim Täter diesen von durchschnittlichen Tätern solcher Taten unterscheiden (BayObLG NJW 1995, 3264; 1996, 798; StV 1995, 472; OLG Frankfurt a. M. StV 1995, 27; 1996, 651; 1997, 252; OLG Köln StV 1999, 8; OLG Hamburg StV 2000, 353; OLG Karlsruhe StV 2005, 275). Zu berücksichtigen sind dabei die Umstände der zu beurteilenden Taten und deren Schuldgehalt, die Zahl, das Gewicht und der zeitliche Abstand von Vorstrafen, sowie die Lebensverhältnisse des Täters einschließlich etwaiger positiver Veränderungen (OLG Frankfurt a. M. StV 1997, 252).

1161 **Zu den besonderen Umständen in der Tat** können Art, Menge und Wirkstoffgehalt des veräußerten Betäubungsmittels gehören, wenn die dadurch herbeigeführte Gefährdung Dritter ein Ausmaß erreicht hat, das die Tat aus den durchschnittlich vorkommenden Veräußerungsfällen deutlich heraushebt (BayObLG StV 1995, 588; OLG Frankfurt a. M. StV 1997, 252; OLG Karlsruhe StV 2005, 275; *Maier* in MüKoStGB StGB § 47 Rn. 17). Dagegen ist die Gefährlichkeit des Rauschgifts (Heroin) für sich noch kein besonderer Umstand, der die Tat von einem Durchschnittsfall abhebt (BayObLG StV 1995, 472; KG StV 1998, 427; OLG Karlsruhe StV 2005, 275; *Maier* in MüKoStGB StGB § 47 Rn. 18). Dies gilt auch bei hinzutretender psychischer Labilität des Täters. Kein besonderer Tatumstand ist es, dass Kleindealer Geldstrafen in ihre Preisgestaltung einkalkulieren können (OLG Frankfurt a. M. StV 1996, 651; *Maier* in MüKoStGB StGB § 46 Rn. 17).

1162 Eine Freiheitsstrafe kann ausnahmsweise auch bei einem **Ersttäter** und einer **geringen Menge** angebracht sein, wenn es sich erkennbar um eine Warenprobe für eine große Handelsmenge handelt (*Patzak* in Körner/Patzak/Volkmer Vor §§ 29ff. Rn. 43). Dasselbe kommt bei **Kleindealern,** auch von Cannabis, in Betracht, die in der Szene laufend angetroffen werden und wegen des Entdeckungsrisikos nur eine kleine Menge mit sich führen (*Patzak* in Körner/Patzak/Volkmer Vor §§ 29ff. Rn. 43). Desgleichen kann in einem **langjährigen** vorausgegangenen **Drogenkonsum** ein besonderer Umstand zu sehen sein, auch wenn es nicht zu einschlägigen Vorverurteilungen gekommen ist (BayObLGSt 1994, 206). Beim Erwerb von Betäubungsmitteln ist ein wesentlicher Umstand, ob es sich um einen Gelegenheitstäter oder Probierer handelt oder eine auf **dauerhafte,** regelmäßige Belieferung angelegte **Geschäftsbeziehung** aufgebaut wurde (BayObLG NJW 1995, 3264).

1163 **Das Vorliegen besonderer Umstände in der Person** darf nicht schematisch aus Zahl oder Art der Vorstrafen (OLG Karlsruhe StV 2005, 275; KG StV 2007, 35), eines Bewährungsbruchs (OLG Karlsruhe NJW 2003, 1825; OLG Frankfurt a. M. StV 2004, 382; KG StV 2007, 35) oder der gleichzeitigen Aburteilung mehrerer Fälle geschlossen werden. Auch wenn diesen Fallgestaltungen indizielle Bedeutung für die Schuld zukommt, können sie nur dann als besondere Umstände angesehen werden, wenn sie ein die gewöhnlichen Fälle deutlich übertreffendes Maß an Pflichtwidrigkeit belegen (OLG Karlsruhe NJW 2003, 1825; KG StV 2007, 35). Ein solches Maß kann erreicht werden, wenn der Täter aus prinzipieller rechtsfeindlicher Gesinnung handelt, wenn Geldstrafen auf ihn ohne Wirkung bleiben (KG StV 2007, 35) oder wenn Vorverurteilungen, eine laufende Bewährungszeit oder gar bereits verbüßte Strafhaft auf ihn keinerlei oder keine ausreichende Warnwirkung auszuüben vermochten. Ein **geringes Tatunrecht,** etwa die bloße Selbstgefährdung durch Besitz einer minimalen Menge Heroin (OLG Oldenburg *Kotz/ Rahlf* NStZ-RR 2009, 193 (196)), oder der **Bagatellcharakter** einer Tat stehen der Verhängung einer Freiheitsstrafe **nicht** entgegen (OLG Stuttgart NJW 2006, 1222; OLG Hamm NStZ-RR 2014, 214; KG StV 2007, 35); jedoch kann das **Übermaßverbot** in solchen Fällen gebieten, trotz vorhandener Strafschärfungsgründe auf die Mindeststrafe zu erkennen. Besonderes Gewicht gewinnt das Übermaßverbot beim Besitz geringer, ausschließlich zum eigenkonsum vorgesehener Drogen (vgl. BGH BeckRS 2007, 13864; 2014, 12418; OLG Karlsruhe NJW 2003, 1825).

b) Unerlässlichkeit, Gesamtwürdigung. Die kurze Freiheitsstrafe muss zur Einwirkung auf den Täter oder zur Verteidigung der Rechtsordnung unerlässlich sein. Dies bedeutet, dass sie sich aufgrund einer Gesamtwürdigung (OLG Frankfurt a. M. StV 2004, 382; KG StV 2007, 35) aller die Tat und den Täter kennzeichnenden Umstände als unverzichtbar erweisen muss (OLG Frankfurt a. M. StV 1997, 252; OLG Hamburg StV 2000, 353; OLG Karlsruhe StV 2005, 275; OLG Hamm Blutalkohol 2007, 41), wobei auch die zugunsten des Täters sprechenden Umstände zu berücksichtigen sind (BGH StV 1994, 370). Nicht ausreichend ist, dass die Verhängung der Freiheitsstrafe lediglich geboten (angebracht, sinnvoll, präventiv Erfolg versprechend) ist (BGH StraFo 2011, 500). Vielmehr muss das Gericht zum Ergebnis kommen, dass eine Geldstrafe den spezial- oder generalpräventiven Strafzweck nicht mehr erfüllen kann. 1164

Verfehlt ist es, wenn in der Rechtsprechung, wenn auch nur vereinzelt, angenommen wird, in besonders geringfügigen Fällen stehe das **Übermaßverbot** der Verhängung einer Freiheitsstrafe **stets entgegen** (OLG Stuttgart NJW 2002, 3188; OLG Karlsruhe NJW 2003, 1825; dagegen zutreffend OLG Stuttgart NJW 2006, 1222 = NStZ 2007, 37; OLG Köln BeckRS 2015, 19593). Dagegen spricht schon, dass das Gesetz auch für die Begehung von Straftaten, die sich auf geringwertige Sachen oder Leistungen beziehen, auch Freiheitsstrafe androht; auch wäre eine schematische Gleichbehandlung von Ersttätern und vielfach Vorbestraften die Folge (*Maier* in MüKoStGB StGB § 47 Rn. 49). 1165

Nicht ausreichend ist es, wenn das Gericht ohne tatsächliche Grundlage die Verhängung einer Geldstrafe für sachwidrig hält, weil Geldstrafen in die Rauschgiftpreise **einkalkuliert** würden (OLG Frankfurt a. M. StV 1996, 651) oder die Täter sich sonst auf drohende oder verhängte Sanktionen einrichten (*Franke/Wienroeder* Vor § 29 Rn. 62). Anders wäre dies zu beurteilen, wenn hierfür tatsächliche Anhaltspunkte vorliegen. 1166

Ebensowenig reicht der Hinweis aus, dass der Täter als Angehöriger einer **bestimmten Nationalität** zu einer Personengruppe gehöre, die typischerweise an den Umschlagplätzen der Stadt als Kleindealer in Erscheinung trete (OLG Frankfurt a. M. StV 1996, 651; *Patzak* in Körner/Patzak/Volkmer Vor § 29 Rn. 48); auch die Begründung, gegenüber Ausländern könne die Rechtsordnung nur durch kurze Freiheitsstrafen durchgesetzt werden, ist nicht tragfähig (OLG Schleswig BeckRS 2013, 20140). **Anders** ist dies, wenn keine bloße Schlussfolgerung aus der Nationalität gezogen wird, sondern Anhaltspunkte für eine weitgehende Verstrickung in die Rauschgiftszene vorliegen (OLG Frankfurt a. M. StV 1996, 651). Eine Freiheitsstrafe ist auch dann unerlässlich, wenn das Verhalten eines Kleindealers von einer besonders dreisten und nachhaltigen Begehungsweise geprägt ist, etwa indem er es, obwohl er inzwischen festgenommen worden war, unbeeindruckt fortsetzt (OLG Hamburg NStZ 2016, 433). 1167

1168 Das Kriterium der Unerlässlichkeit einer kurzen Freiheitsstrafe bezieht sich nicht auf die Abgrenzung zu längeren Freiheitsstrafen, sondern zu Geldstrafen. Es ist daher nicht zulässig, Freiheitsstrafen unter sechs Monaten mit der Begründung zu verhängen, der Verurteilte bedürfe **keiner längeren** Freiheitsstrafe, sondern **einer Therapie** (BGH StV 2007, 129 = StraFo 2007, 163). Ebensowenig darf statt einer **schuldangemessenen Geldstrafe** eine Freiheitsstrafe verhängt werden, um dem Täter eine Therapie zuteil werden zu lassen (BGH StV 2007, 129 (s. o.)). Zur gebotenen Prüfung, ob die Verhängung einer kurzen Freiheitsstrafe entbehrlich ist, kann auch die Auseinandersetzung mit der Frage gehören, ob die **Kombination einer Geldstrafe mit einem Fahrverbot** eine ausreichende Sanktionierung darstellt, sofern der Angeklagte über eine Fahrerlaubnis verfügt (OLG Stuttgart Die Justiz 2019, 200).

1169 Die **Verteidigung der Rechtsordnung** gebietet die Verhängung einer Freiheitsstrafe, wenn eine Geldstrafe für das allgemeine Rechtsempfinden unverständlich erscheinen würde und das Vertrauen der Bevölkerung in die Unverbrüchlichkeit des Rechts und den Schutz der Rechtsordnung vor kriminellen Angriffen erschüttert werden könnte (BGHSt 24, 40 = NJW 1971, 439; BayObLG StV 1995, 472; OLG Düsseldorf StV 1993, 195; OLG Hamburg StV 2000, 353; *Franke/Wienroeder* Vor § 29 Rn. 61).

1170 Die Notwendigkeit der Verhängung einer Freiheitsstrafe kann sich auch aus einer **Zunahme der einschlägigen Delikte** ergeben. Dies muss dann aber durch entsprechende Statistiken für das betreffende Delikt belegt werden (OLG Hamburg StV 2000, 353).

1171 **c) Verhältnis zu Art. 12 Abs. 1 EGStGB.** Nach Art. 12 Abs. 1 EGStGB tritt neben eine ausschließlich angedrohte Freiheitsstrafe wahlweise Geldstrafe, wenn die Strafdrohung kein besonderes Mindestmaß enthält. Strafdrohungen dieser Art gibt es im Betäubungsmittelstrafrecht nicht. Allerdings können vertypte Strafmilderungsgründe oder minder schwere Fälle auch hier zu einer solchen Strafdrohung führen. Jedenfalls bei einem vertypten Strafmilderungsgrund, der **zwingend** zu einer Strafrahmenverschiebung führt, ist Art. 12 Abs. 1 EGStGB anzuwenden, so dass nach dem Ermessen des Gerichts Geldstrafe (bis zu 360 Tagessätzen) verhängt werden kann, ohne dass geprüft werden muss, ob nach § 47 Abs. 2 S. 1 StGB eine Freiheitsstafe zu verhängen ist (BGH NStZ 2015, 398; 2016, 153 mablAnm *Drees*).

1172 **F. Die Gesamtstrafenbildung.** Die Gesamtstrafenbildung, ein eigenständiger Strafzumessungsvorgang wird auch in **Betäubungsmittelsachen** vielfach vernachlässigt (*Winkler* NStZ 2010, 685 (688)). Nicht selten finden sich pauschale Formulierungen, die die Gesamtstrafe nicht begründen können, vor allem bei einer starken Erhöhung der Einsatzstrafe, etwa von einem Jahr Freiheitsstrafe für die Einfuhr von 193 g Haschisch auf fünf Jahre Freiheitsstrafe bei zahlreichen weiteren Einzelstrafen, die insgesamt lediglich 177 g Haschisch betroffen haben (BGH NStZ-RR 1997, 228).

1173 **I. Strafrahmen.** Auch die Gesamtstrafe hat einen **Strafrahmen,** dessen Untergrenze höher als die höchste der verwirkten Einzelstrafen (Einsatzstrafe) ist (§ 54 Abs. 1 S. 2 StGB). Die Obergrenze liegt unter der Summe der Einzelstrafen, darf jedoch bei Freiheitsstrafen 15 Jahre und bei Geldstrafen 720 Tagessätze nicht übersteigen (§ 54 Abs. 2 StGB).

1174 **II. Strafzumessung im engeren Sinn.** Bei der Strafzumessung im engeren Sinn ist eine zusammenfassende Würdigung der Person des Täters und der einzelnen Straftaten erforderlich (§ 54 Abs. 1 S. 3 StGB). Bei der **Gesamtschau der Taten** sind dabei namentlich ihr Verhältnis zueinander, insbesondere ihr Zusammenhang, ihre größere oder geringere Selbständigkeit, die Häufigkeit der Begehung, die Gleichheit oder Verschiedenheit der verletzten Rechtsgüter und Begehungsweisen sowie das Gesamtgewicht des abzuurteilenden Sachverhalts (BGH NStZ-RR 2017, 105; 2018, 171), namentlich die **Gesamtmenge des Rauschgifts** und die sich daraus ergebenden Folgen, zu berücksichtigen (BGH NStZ-RR 1997, 228). Demgegenüber hat die bloße Summe der Einzelstrafen in der Regel nur ein geringes Gewicht (BGH NStZ-RR 2003, 295). Je näher die Gesamtstrafe dieser Summe kommt, desto notwendiger ist intensive Begründung (BGH NStZ-RR 2018, 171). Unzulässig sind schematische oder mathematische Vorgehensweisen.

Besteht zwischen einzelnen gleichartigen Taten ein enger sachlicher, zeitlicher und situativer **Zusammenhang,** so muss die Erhöhung der Einsatzstrafe in der Regel geringer ausfallen (BGH NStZ-RR 2012, 183; 2016, 638; 2017, 105). Andererseits kann in einer Tatwiederholung in schneller Folge je nach den Umständen des Einzelfalles ein Indiz für eine **besondere kriminelle Energie** gesehen werden, so dass eine Strafschärfung angebracht ist (BGH NJW 2010, 3176 = NStZ 2011, 32; NStZ-RR 2016, 638). 1175

Bei der Würdigung der **Person des Täters** ist seine Strafempfindlichkeit, die größere oder geringere Schuld im Hinblick auf das Gesamtgeschehen, die innere Einstellung zu den Taten sowie die Auswirkungen der Gesamtstrafe auf das künftige Leben des Verurteilten zu erörtern (BGH NStZ-RR 1997, 228). Dagegen darf sich die Höhe der Gesamtfreiheitsstrafe **nicht** wesentlich an den (formellen) Voraussetzungen des § 35 Abs. 3 Nr. 2 ausrichten, um es dem Täter zu ermöglichen, eine **stationäre Drogenentwöhnungstherapie** anzutreten (BGH NStZ 2009, 441). Anders kann dies zu beurteilen sein, wenn der Täter sich bereits in einer Therapie befindet, die Erfolg verspricht (BGH NStZ-RR 2012, 183). 1176

G. Die Strafaussetzung zur Bewährung (§ 56 StGB). Bei Freiheitsstrafen von nicht mehr als zwei Jahren schließt sich an die Strafzumessung im engeren Sinn die Prüfung an, ob die Strafe zur Bewährung ausgesetzt werden kann. Diese Prüfung darf mit der **Strafzumessung,** etwa zur Erreichung einer noch aussetzungsfähigen Strafe, **nicht vermischt** werden (BGH NStZ 2008, 693; NStZ-RR 2019, 116). Trotz §§ 35, 36 BtMG gilt dies auch dann, wenn der Täter betäubungsmittelabhängig ist. Die Strafaussetzung nach § 56 StGB geht als Maßnahme des Erkenntnisverfahrens der **Zurückstellung** der Strafvollstreckung nach §§ 35, 36 BtMG **vor** (allgM; *Fischer* StGB § 56 Rn. 2; *Volkmer* in Körner/Patzak/Volkmer § 35 Rn. 479). Sie darf auch sonst mit Fragen der **Vollstreckung** vermischt werden (BGH NStZ-RR 2014, 138). 1177

I. Die Voraussetzungen der Strafaussetzung sind je nach der Höhe der verhängten Strafe unterschiedlich (zur zusätzlichen Verhängung von Geldstrafen, um eine nicht mehr aussetzungsfähige Freiheitsstrafe zu vermeiden → Rn. 876): 1178

1. Die Aussetzung nach Absatz 1. Neben der Verurteilung zu Freiheitsstrafe von **nicht mehr als einem Jahr** ist die begründete Erwartung erforderlich, dass der Täter sich schon die Verurteilung zur Warnung dienen lassen wird und künftig auch ohne die Einwirkung des Strafvollzugs keine Straftaten mehr begehen wird. Eine solche Erwartung ist dann gegeben, wenn eine **durch Tatsachen begründete Wahrscheinlichkeit** straffreier Führung vorliegt (BayObLGSt 2000, 74; OLG Braunschweig NStZ-RR 1998, 186; *Fischer* StGB § 56 Rn. 4); der Maßstab des § 57 StGB, wonach für die Reststrafenaussetzung die Anforderungen an die Aussicht auf künftige Straffreiheit umso höher anzusetzen sind, je schwerer die in Betracht kommenden Taten wiegen (BGH NStZ-RR 2018, 126), lässt sich nicht auf § 56 StGB übertragen. Vielmehr gilt für die Prognose iSv § 56 Abs. 1 StGB durchweg, dass die Wahrscheinlichkeit straffreien Verhaltens größer als diejenige neuer Straftaten sein muss (BGH NStZ-RR 2005, 38; NStZ 1997, 594). Die zu befürchtenden Straftaten müssen nicht einschlägig sein (BayObLG NStZ-RR 2003, 105). Stützt sich die Prognose bei extrem negativer strafrechtlicher Vergangenheit 1179 allein auf einen medizinisch erfolgreichen Abschluss einer noch zu absolvierenden Langzeittherapie, so handelt es sich um eine bloße **Hoffnung,** die eine Strafaussetzung nicht begründen kann (BayObLG NStZ-RR 2003, 105).

1180 Dass die Erwartung künftiger Straffreiheit zur Überzeugung des Gerichts vorliegen muss, bedeutet nicht, dass eine sichere Gewähr verlangt wird (BGHR StGB § 56 Abs. 1 Sozialprognose 7; 14; BayObLG StV 1992, 15; zur (Un-)Sicherheit der Prognose s. *Gebhardt* in Kreuzer BtMStrafR-HdB § 19 Rn. 42). Bei Prüfung der – ausreichenden – **Wahrscheinlichkeit** im oben dargelegten (→ Rn. 1179) Sinn ist auch die Wirkung begleitender Maßnahmen (→ Rn. 1201–1203) zu berücksichtigen (BGHR StGB § 56 Abs. 1 Sozialprognose 19 = NJW 1991, 3289 = StV 1991, 414; 21 = StV 1992, 63). Nicht ausreichend ist es, wenn das Gericht annimmt, eine Strafverbüßung werde nicht zur Besserung des Täters beitragen (BGHR StGB § 56 Abs. 2 Aussetzung, fehlerhafte 1).

1181 **a) Grundlage der Prognose** ist eine individuelle Würdigung aller Umstände (Gesamtwürdigung (BayObLG 4 St RR 56/2002)), die einen Schluss auf das künftige Verhalten des Täters zulassen (BGHR StGB § 56 Abs. 1 Sozialprognose 31; BGH StV 1995, 414). Dabei sind auch die Gesichtspunkte heranzuziehen, die schon für die Strafrahmenwahl und die Strafzumessung im engeren Sinn bedeutsam waren; sie sind nicht verbraucht.

1182 Die **Gesamtwürdigung** ist nicht auf die in § 56 Abs. 1 S. 2 StGB beispielhaft genannten Gesichtspunkte beschränkt (*Kinzig* in Schönke/Schröder StGB § 56 Rn. 33). Allerdings sind die Schwere der Schuld und die Umstände der Tat nur insoweit von Bedeutung, als sie Rückschlüsse auf das künftige Verhalten zulassen. Auch generalpräventive Gesichtspunkte, insbesondere die Verteidigung der Rechtsordnung, scheiden bei der Prognose aus (BGHR StGB § 56 Abs. 1 Sozialprognose 13; OLG Braunschweig NStZ-RR 1998, 186). Besondere Umstände iSd § 56 Abs. 2 StGB sind regelmäßig auch für die Prognose von Belang (BGHR StGB § 56 Abs. 1 Sozialprognose 31).

1183 Bei **einschlägigen Vorstrafen** und **Bewährungsversagen** (zum Bewährungsversagen bei Drogenabhängigen → Rn. 1198) ist eine positive Prognose nur unter besonderen Umständen gerechtfertigt (BayObLGSt 2000, 74; BayObLG 4 St RR 56/2002), vor allem, wenn die Vorstrafen gewichtig sind und noch nicht lange zurückliegen (BGH NStZ-RR 2003, 105). Auf der anderen Seite schließen sie eine neuerliche Strafaussetzung nicht aus (BGH NStZ 2007, 638; NStZ-RR 2005, 38; 2012, 201). Eine günstige Veränderung der Lebensverhältnisse (Stabilisierung) ist ein für die Prognose entscheidender Gesichtspunkt, der einen positiven Umstand darstellen kann. Dies gilt insbesondere dann, wenn die Ursache für die Begehung der Straftaten entfällt (BGH NStZ 1990, 334; StV 1990, 304; BayObLG StV 1994, 186).

1184 Die Prognose wird **nicht dadurch positiver,** dass der Täter nicht nur einschlägige, sondern auch noch andersartige Taten begangen hat (BayObLG NStZ-RR 2003, 105). Auf der anderen Seite soll strafrechtlich irrelevantes Verhalten eine ungünstige Prognose nicht begründen können (BGH NStZ-RR 2003, 264 = StV 2003, 669), was in dieser Allgemeinheit sicher nicht richtig ist.

1185 **Tatsachen,** die einen Straftatbestand erfüllen (können), etwa der Fund von Rauschgift bei dem Täter, dürfen für die zu treffende Prognose auch ohne rechtskräftige Verurteilung herangezogen werden (OLG Braunschweig NStZ-RR 2014, 357).

1186 **Ungünstige Lebensverhältnisse,** insbesondere ein fehlender fester Wohnsitz und keine abgeschlossene Berufsausbildung, reichen zur Begründung für eine negative Prognose regelmäßig nicht aus; sie bilden lediglich keine Grundlage für eine positive Prognose, wie dies bei einem festen Wohnsitz oder einer sicheren Arbeitsstelle der Fall wäre (BGH NStZ-RR 2007, 138 = StV 2007, 298 = StraFo 2007, 211).

Unerheblich ist, ob der Täter etwaige ungünstige Umstände **verschuldet** hat (*Fischer* StGB § 56 Rn. 5; *Kühl* in Lackner/Kühl StGB § 56 Rn. 9). Eine negative Prognose kann daher auch auf Eigenschaften gestützt werden, die auf einer krankhaften Grundlage oder auf Persönlichkeitsdefiziten beruhen (BGHSt 10, 287 = NJW 1957, 1287). Zur Prognose bei **Drogenabhängigen** → Rn. 1192–1201. Allerdings führen eine höchst ungewisse Zukunft als Asylbewerber sowie Schwierigkeiten im Heimatland im Falle einer Abschiebung noch nicht zu einer ungünstigen Prognose (BGHR StGB § 56 Abs. 1 Sozialprognose 29 = StV 1995, 414). 1187

Ebenso wie die schuldangemessene Strafe nicht aus **general-** oder **spezialpräventiven Erwägungen** überschritten werden darf, steht auch die Entscheidung über die Gewährung von Strafaussetzung zur Bewährung unter dieser Prämisse (BGH NStZ-RR 1999, 136 = StV 2000, 18). Sie darf daher nicht aus diesen Gründen versagt werden. Bestreitet der Angeklagte die Tat, darf eine ungünstige Prognose nicht auf das **Fehlen von Schuldeinsicht und Reue** gestützt werden (BGH NStZ-RR 2018, 105). 1188

b) Zweifelssatz. Für die Tatsachen, die der Prognose zugrunde zu legen sind, gilt der Zweifelssatz (BayObLG StV 1994, 186 (→ Rn. 1183); aA mit guten Gründen *Schäfer/Sander/van Gemmeren* Strafzumessung Rn. 204, 205: ist unsicher, ob der Angeklagte eine feste Arbeit gefunden hat, so darf dies nicht zu seinen Gunsten unterstellt werden; Grundlage der Prognose ist vielmehr die Tatsache, dass dieser Umstand unsicher ist). Die **Umstände,** auf die die Verneinung der günstigen Prognose gestützt wird, müssen daher feststehen; Vermutungen genügen nicht (BGHR StGB § 56 Abs. 1 Sozialprognose 24; BGH NStZ-RR 1998, 327). 1189

Bei dem **Prognoseurteil** selbst handelt es sich dagegen um eine Schlussfolgerung, auf die der **Zweifelssatz nicht** anwendbar ist. Nach dem Wortlaut und Sinn des Gesetzes kann eine günstige Prognose nur gestellt werden, wenn die Wahrscheinlichkeit einer künftigen straffreien Führung (im in → Rn. 1180 genannten Sinn) zur **Überzeugung** des Gerichts feststeht (*Kühl* in Lackner/Kühl StGB § 56 Rn. 8). Zweifel gehen daher zu Lasten des Täters (BGH StV 1992, 106; OLG Düsseldorf JR 1988, 72 mAnm *Greger;* OLG Oldenburg NStZ-RR 2007, 197; OLG Hamburg NStZ-RR 2017, 72; *Fischer* StGB § 56 Rn. 4a; *Kühl* in Lackner/Kühl StGB § 56 Rn. 8; *Schäfer/Sander/van Gemmeren* Strafzumessung Rn. 204). Nicht ausreichend ist daher auch, wenn das Gericht eine günstige Prognose lediglich nicht ausschließen kann (BGHR StGB § 56 Abs. 1 Sozialprognose 13; OLG Hamburg NStZ-RR 2017, 72). 1190

Bei der Beurteilung der Sozialprognose darf sich das Gericht grundsätzlich **eigene Sachkunde** (§ 244 Abs. 4 S. 1 StPO) zutrauen; etwas anderes kommt beim Vorliegen besonderer Befunde in Betracht, die aber konkret vorgetragen werden müssen (BayObLG NStZ 2003, 105 = JR 2003, 294 mAnm *Ingelfinger; Fischer* StGB § 56 Rn. 4a). 1191

c) Prognose bei Drogenabhängigen. Für die Prognose bei Drogenabhängigen (auch → § 36 Rn. 59–66, 69, 70) hat die Rechtsprechung Grundsätze entwickelt, die einer Therapie entgegenkommen und es ermöglichen, jeden positiven Ansatz zu nutzen. In der Praxis wird allerdings vielfach der Fehler begangen, den Täter in Freiheit zu setzen, bevor die Therapie begonnen hat bzw. ohne dass der nahtlose Übergang aus der Haft in die Therapieeinrichtung gesichert ist. 1192

Eine günstige Sozialprognose bei Drogenabhängigen setzt **nicht** voraus, dass der Täter zur Zeit der Entscheidung **drogenfrei** ist; wesentlich ist die Erwartung einer künftigen straffreien Führung (OLG Braunschweig StV 1998, 493; *Franke/Wienroeder* Vor § 29 Rn. 65), auch mit Hilfe einer Substitutionstherapie (BayObLG StV 1193

1992, 15). Eine nicht auf konkrete Tatsachen gestützte Annahme, der in ein Substitutionsprogramm eingegliederte Täter könne durch Beikonsum illegaler Drogen erneut straffällig werden, kann allein eine ungünstige Prognose nicht rechtfertigen (OLG Braunschweig NStZ-RR 1998, 186). Das Fehlen einer günstigen Prognose kann auch nicht allein mit der **unbehandelten Drogensucht** des Angeklagten begründet werden, wenn sich aus den Urteilsfeststellungen weitere, für ihn günstige Umstände ergeben (BGH NStZ-RR 2010, 107). Einen Erfahrungssatz, wonach bei einem Drogenabhängigen grundsätzlich die **Gefahr neuer erheblicher Straftaten** besteht, gibt es **nicht** (BGHR StGB § 46 Abs. 3 Handeltreiben 6 = StV 2013, 149).

1194 Eine positive Prognose wird bei einem **Süchtigen,** der über einen langen Zeitraum Straftaten als Folge der Sucht begangen hat, weder durch frühere noch durch erneute gleich gelagerte Straftaten ausgeschlossen, wenn zugleich die Unterbringung in der Enziehungsanstalt angeordnet oder die Einbindung in einer Einrichtung nach § 56c Abs. 3 Nr. 2 StGB erfolgt (BGH NStZ-RR 2012, 202) oder sonst besondere Umstände hinzutreten. Eine **Substitutionsbehandlung** kann einen solchen Umstand darstellen (BGHR StGB § 56 Abs. 1 Sozialprognose 19 (→ Rn. 1180); 21 (→ Rn. 1180); BayObLGSt 1992, 159 = NJW 1993, 805 = StV 1993, 365; KG StV 1997, 250).

1195 Notwendig ist, dass die **Substitution auf gesetzlicher Grundlage** (§§ 5, 5a BtMVV) durchgeführt wird (OLG Braunschweig StV 1998, 493; *Franke/Wienroeder* Vor § 29 Rn. 65). „Programme" der grauen oder wilden Substitution (→ § 13 Rn. 89) genügen nicht. Zur ordnungsgemäßen Substitution → § 13 Rn. 72–81 sowie die Anmerkungen zu §§ 5, 5a BtMVV).

1196 Eine günstige Prognose kommt daher insbesondere in Betracht, wenn der Täter psychosozial betreut wird, die **Methadonsubstitution erfolgreich verläuft,** er von Beikonsum frei ist, eine hohe Motivation aufweist, ein drogenfreies Leben zu führen, sich innerlich von der Drogenszene distanziert hat und die Fortführung einer langdauernden Substitutionsbehandlung durch entsprechende Weisungen im Bewährungsbeschluss sichergestellt ist (BGHR StGB § 64 Zusammenhang, symptomatischer 1 = NStZ-RR 1997, 231 = StV 1998, 541).

1197 **Erneute Straffälligkeit** muss bei einem Therapiewilligen einer Strafaussetzung nicht entgegen stehen, wenn die rasche Rückfälligkeit die Folge hochgradiger Sucht war (BayObLG StV 1992, 15). Dies gilt auch bei der Beschaffungskriminalität Drogenabhängiger (→ Einl. Rn. 103–114), wenn sie sich im Anschluss an die Tat einer Therapie unterziehen (OLG Düsseldorf StV 1998, 214).

1198 Auch das in einem **Bewährungsversagen** liegende Indiz für eine negative Prognose kann durch besondere Umstände entkräftet werden, die nunmehr eine günstige Prognose erlauben (OLG Düsseldorf StV 1996, 321; BayObLG 4 St RR 56/2002). Dazu gehören bei einem Heroinabhängigen ein grundlegender **Einstellungswandel,** wie er in einer Substitutionsbehandlung zum Ausdruck kommen kann (BayObLG StV 1992, 15; OLG Braunschweig StV 1992, 588; NStZ-RR 1998, 186; OLG Düsseldorf StV 1996, 218; 1998, 216), oder eine sonstige **Stabilisierung** der Lebensverhältnisse (BGH StV 1992, 13; BayObLGSt 1992, 159 (→ Rn. 1194)).

1199 Bei echter Therapiebereitschaft wird eine günstige Prognose auch nicht durch die Erfahrung ausgeschlossen, dass bei einem Drogenabhängigen ein Rückfall in ein Betäubungsmitteldelikt häufig **vorprogrammiert** ist (BGHR StGB § 56 Abs. 1 Sozialprognose 19 (→ Rn. 1180); 21 (→ Rn. 1180); BGH NJW 1991, 3289; StV 1992, 63; *Lesting* MschrKrim 1993, 320). Ebensowenig besteht ein absoluter Erfahrungssatz, nur eine stationäre Entzugsbehandlung könne zum Erfolg führen (OLG Düsseldorf StV 1993, 476).

Allerdings bedarf es besonders eingehender Begründung, wenn die günstige Prognose **allein** auf eine Therapie oder auf Therapiewilligkeit gestützt werden soll (BayObLGSt 1992, 159 (→ Rn. 1194)). Auch steht **mangelnde Einsicht** in die Notwendigkeit eigener Heroinabstinenz trotz des in nächster Nähe erlebten Drogentods zweier Bekannter einer günstigen Sozialprognose entgegen (BGH StV 1993, 127 mAnm *Hoyer*). 1200

Wird die günstige Prognose nur deswegen verneint, weil die **Kostenzusage** für eine Langzeittherapie noch fehlt, so müssen die näheren Umstände hierfür (Verhalten des Täters, etwaige Bemühungen des Gerichts) dargelegt werden. Auch ist zu prüfen, ob die Zwischenzeit bis zum Therapieantritt durch Maßnahmen, die die Bewährung begleiten, straffrei überstanden werden kann (OLG Düsseldorf NJW 1993, 805 = StV 1993, 251). Konnte eine Therapie aus Gründen, die der Täter nicht zu vertreten hat, noch nicht angetreten werden, so ist die suchtbedingte Begehung einer Straftat **während einer laufenden Bewährung** grundsätzlich kein Hinderungsgrund für eine erneute Strafaussetzung (BGHR StGB § 56 Abs. 1 Sozialprognose 19 (→ Rn. 1180); *Franke/Wienroeder* Vor § 29 Rn. 65). 1201

d) Einbeziehung begleitender Maßnahmen. Bei der Beurteilung der Prognose muss sich das Gericht auch der Frage zuwenden, ob begleitende Maßnahmen, insbesondere Auflagen und Weisungen in Betracht kommen, die die weitere Entwicklung des Täters positiv beeinflussen können und geeignet sind, einer Rückfallgefahr zu begegnen (BGHR StGB § 56 Abs. 1 Sozialprognose 21 (→ Rn. 1180)). Dabei ist insbesondere zu prüfen, ob eine Therapieweisung nach § 56c Abs. 3 StGB Erfolg verspricht (BGHR StGB § 56 Abs. 1 Sozialprognose 21). Zur Weisung, sich einer **Heilbehandlung** zu unterziehen, → Rn. 1233, 1234. 1202

Damit eine Therapie möglichst sofort begonnen werden kann, kann es die **Fürsorgepflicht** des Gerichts gebieten, dass dieses sich selbst um einen Therapieplatz bemüht (BGHR StGB § 56 Abs. 1 Sozialprognose 19). 1203

2. Die Aussetzung nach Absatz 2. Neben der günstigen Sozialprognose (→ Rn. 1179–1203), mit der sich das Gericht auch bei Prüfung der Voraussetzungen des § 56 Abs. 2 StGB **stets auseinandersetzen** muss (BGH BeckRS 2018, 15997; NStZ 2009, 441) und die **stets vorrangig** zu prüfen ist (→ Rn. 1210), setzt die Aussetzung einer Freiheitsstrafe **von mehr als einem Jahr bis zu zwei Jahren** voraus, dass nach einer Gesamtwürdigung von Tat und Persönlichkeit des Täters besondere Umstände vorliegen. 1204

Besondere Umstände sind Milderungsgründe von besonderem Gewicht, die eine Strafaussetzung trotz des erheblichen Unrechts- und Schuldgehalts, der sich in der Strafhöhe widerspiegelt, als nicht unangebracht und den vom Strafrecht geschützten Interessen zuwider laufend erscheinen lassen (stRspr; BGHSt 29, 370 = NJW 1981, 409; BGHR StGB § 56 Abs. 2 Gesamtwürdigung 6; BGH NStZ 2018, 29). Je näher die Strafe an der Obergrenze der aussetzungsfähigen Strafe liegt, desto gewichtiger müssen diese Umstände sein (BGHSt 29, 370 (s. o.); BGH NJW 2016, 2349; NStZ 1999, 111 = StV 2001, 676). Die besonderen Umstände müssen der Tat **keinen Ausnahmecharakter** verleihen; es reicht aus, wenn sie eine Strafaussetzung trotz des erheblichen Unrechtsgehalts als nicht unangebracht und als den vom Strafrecht geschützten Interessen zuwiderlaufend erscheinen lassen (BGH NStZ 2009, 441). Aus Sicht der heutigen Lebenswirklichkeit erscheint es nicht mehr vertretbar, Zukunftssorgen eines Asylbewerbers, der mit Rauschgift handelte, weil ihm die Untätigkeit, zu der er auf Grund des für ihn geltenden Arbeitsverbots gezwungen war, besonders unerträglich erschien, als besonderen Umstand zu bewerten (so aber BGH StV 1991, 560; *Patzak* in Körner/Patzak/Volkmer Vor § 29 Rn. 85). 1205

1206 Notwendig ist eine **Gesamtwürdigung** von Tat und Persönlichkeit des Täters (BGHR StGB § 56 Abs. 2 Gesamtwürdigung 5 = StV 1993, 533; 6; BGH NStZ-RR 2007, 232; 5 StR 610/07). Darin sind alle für die Strafaussetzung bedeutsamen Umstände einzubeziehen (*Fischer* StGB § 56 Rn. 23; BGH 3 StR 76/94). Dabei darf zulässiges Verteidigungsverhalten des Angeklagten, der den Schuldvorwurf bestreitet, nicht zu seinen Lasten gewertet werden (BGH NStZ 2009, 441 (→ Rn. 1204); StV 1999, 602). Dass die Tat innerhalb einer Bewährungszeit begangen wurde, schließt für sich die Strafaussetzung nicht aus (BGH NJW 2014, 3797 = NStZ-RR 2015, 41 = StV 2015, 174).

1207 Lediglich **einfache,** allgemeine, gewöhnliche oder durchschnittliche Milderungsgründe können eine Aussetzung nach § 56 Abs. 2 StGB nicht begründen. Jedoch kann ein **Zusammentreffen** solcher Faktoren die Bedeutung besonderer Umstände im Sinne der Vorschrift erlangen (BGH NJW 1990, 2897 = NStZ 1990, 488; NStZ 2010, 147 = StV 2009, 695; 2018, 29; NStZ-RR 1999, 281; 2010, 107; 2016, 9). Dies gilt auch bei **Verstößen gegen das BtMG** (BGHR StGB § 56 Begründung 1 (3 StR 358/95); § 56 Abs. 2 Gesamtwürdigung 1 (3 StR 103/87); 2 (3 StR 62/89); 7 (2 StR 387/89); unzureichende 4 (2 StR 255/88); Umstände, besondere 7 (2 StR 374/88); BGH 2 StR 390/97; *Franke/Wienroeder* Vor § 29 Rn. 67). Auch ein **Geständnis** (BGH NStZ-RR 2007, 375; 2012, 202), **Schuldeinsicht** (BGH NStZ-RR 2005, 38) oder ein langes Zurückliegen der Tat (BGH NStZ 2009, 441) zählen zu den zu berücksichtigenden Faktoren; in die Gesamtwürdigung einzustellen sind auch geleistete Aufklärungshilfe, ein Aufklärungsbemühen oder ein geleisteter oder angestrebter Schadensausgleich. Dagegen darf das Vorliegen besonderer Umstände **nicht** deswegen verneint werden, weil der Angeklagte **nicht geständig** war (BGH NStZ-RR 2012, 202).

1208 Der Berücksichtigung als besonderer Umstand iSd § 56 Abs. 2 StGB steht nicht entgegen, dass der Umstand bereits bei der Findung des Strafrahmens, der Strafzumessung im engeren Sinne oder bei der Prognose berücksichtigt wurde; er ist damit **nicht verbraucht** (BGHR StGB § 56 Abs. 2 Gesamtwürdigung, unzureichende 3; BGH NJW 2014, 3797 (→ Rn. 1206); NStZ 2009, 441; 2010, 147; 2018, 29; NStZ-RR 2006, 375; 2010, 107; StV 2003, 670; 2013, 85; 2014, 138; *Fischer* StGB § 56 Rn. 20).

1209 Auch Umstände, die **nach der Tat** eingetreten sind, können besondere Umstände sein (arg. § 56 Abs. 2 S. 2 StGB). Dazu gehören das ernsthafte Bemühen, Drogenabhängigkeit zu überwinden (BGH StV 1992, 13), die Leistung von Aufklärungshilfe nach § 31 (BGH NStZ 1983, 218; 1983, 416; NStZ-RR 1997, 231; 2014, 138), eine positive Änderung und Stabilisierung der Lebensverhältnisse (BGH NStZ 2003, 423 = StV 2003, 331; StV 1992, 156) oder auch die lange U-Haft, durch deren Anrechnung die Freiheitsstrafe fast verbüßt ist (BGH NStZ 2010, 147 = StV 2009, 695).

1210 Zu den zu berücksichtigenden Umständen gehört auch eine **positive Sozialprognose;** deshalb ist stets **vorab** darüber zu befinden (→ Rn. 1204; BGH NJW 2014, 3797 (→ Rn. 1206); NStZ 1997, 434; NStZ-RR 2003, 264; 2007, 375; StV 2003, 670). Sie kann dabei den Ausschlag geben (OLG Hamm Blutalkohol 2007, 41).

1211 Desgleichen können besondere Umstände auch in der **Vorgeschichte** der Tat zu finden sein, etwa in der Verstrickung in die Tat durch einen agent provocateur (OLG Koblenz MDR 1991, 787). Auch können konkrete spezialpräventive Bedürfnisse, etwa die Wahrnehmung von therapeutischen Chancen bei einem Betäubungsmittelabhängigen, ins Gewicht fallen (OLG Köln NJW 1986, 2328; *Tröndle* MDR 1982, 1 (4)).

Kap. 12. Strafzumessung in Betäubungsmittelsachen **Vor §§ 29 ff. BtMG**

3. Verteidigung der Rechtsordnung (Absatz 3). Nach Absatz 3 darf eine 1212
Freiheitsstrafe von mindestens sechs Monaten nicht zur Bewährung ausgesetzt werden, wenn die Verteidigung der Rechtsordnung die Vollstreckung gebietet. Dies ist dann gegeben, wenn die Aussetzung im Hinblick auf schwerwiegende Besonderheiten des Einzelfalls für das allgemeine Rechtsempfinden als schlechthin unverständlich erscheinen müsste und das Vertrauen der Bevölkerung in die Unverbrüchlichkeit des Rechts und den Schutz der Rechtsordnung vor kriminellen Angriffen erschüttern könnte (BGHSt 53, 311 = NJW 2009, 3379 = NStZ 2009, 637 = StV 2009, 644 = StraFo 2009, 390; BGH NStZ 2015, 27; 2018, 29; NStZ-RR 2015, 241).

Auch insoweit ist eine **Gesamtwürdigung** von Tat und Täter vorzunehmen 1213
(BGH NStZ 1994, 336; NStZ 2001, 319; BayObLGSt 1993, 216; BayObLG NStZ-RR 2003, 105; JR 2003, 297 mAnm *Verrel*), wobei auch die Sozialprognose (BayObLG NStZ-RR 1998, 299) und etwaige Milderungsgründe einzubeziehen sind und auf den Gesichtspunkt abzustellen ist, ob es gerade wegen dieser Tat oder dieses Täters zur Durchsetzung der Rechtsordnung geboten ist, die Strafe zu vollstrecken. Entscheidend ist dabei das Rechtsempfinden der über die Besonderheiten des Einzelfalles aufgeklärten Bevölkerung, wobei allerdings die Meinung von Einzelpersonen indizielle Bedeutung haben kann (OLG Karlsruhe NStZ-RR 1996, 200; StV 1994, 188). Die Spezialprävention ist kein geeignetes Kriterium (BayObLG NStZ-RR 1998, 299).

Die Annahme, bei einer Verurteilung zu einer Freiheitsstrafe von einem Jahr 1214
sechs Monaten könne die Aussetzung der nach Anrechnung **langandauernder U-Haft** (neun Monate) verbleibenden Reststrafe auf das Unverständnis der Bevölkerung stoßen und deren Rechtstreue ernstlich gefährden, liegt fern (BGH NStZ-RR 1999, 281).

Es ist nicht zulässig, eine ganze **Deliktsgruppe generell** von der Strafaussetzung 1215
zur Bewährung auszuschließen (BGH NStZ 2001, 319; NStZ-RR 2005, 38; 2 StR 665/10). Dies gilt auch für die **Straftaten nach dem BtMG** und trotz ihrer gemeinschaftsschädlichen Zunahme (BGH StV 1989, 150; 1990, 548). Etwas anderes kann in Betracht kommen, wenn das Vorgehen des Täters Merkmale der Organisierten Kriminalität aufweist (BGHSt 53, 311 (→ Rn. 1212)). Entscheidend sind immer die Besonderheiten des Einzelfalles (BGH *Schoreit* NStZ 1993, 377). Auch für den **Handel mit Heroin und Cocain** gilt trotz der besonderen Gefährlichkeit dieser Betäubungsmittel nichts anderes (BGHR § 56 Abs. 3 Verteidigung 2; BGH NStZ-RR 1999, 281).

Konsumiert der Täter keine Drogen und hat er **allein zur Gewinnerzielung** 1216
große Mengen Betäubungsmittel eingeführt und damit Handel getrieben, so kann dies für die Annahme sprechen, die Verteidigung der Rechtsordnung gebiete die Strafvollstreckung (BGH 1 StR 660/92). Bei **mehrfachem Einschmuggeln** von Haschisch in eine Justizvollzugsanstalt ist die Versagung der Strafaussetzung zur Verteidigung der Rechtsordnung geboten (BGH NStZ-RR 2008, 319).

II. Folgen Liegen die Voraussetzungen der Aussetzung vor, so ist sie in den Fäl- 1217
len des Absatzes 1 obligatorisch. Es ist danach nicht zulässig, die Strafaussetzung zu versagen und die Bemühungen um Rehabilitation dem nachrangigen (Vollstreckungs-)Verfahren nach §§ 35, 36 zu überlassen (OLG Oldenburg StV 1991, 420). Im Falle des Absatzes 2, der die Aussetzung in das pflichtmäßige Ermessen des Gerichts stellt (dazu BGH NStZ-RR 2006, 202), wäre ein solches Abschieben ins Vollstreckungsverfahren sachwidrig (*Kühl* in Lackner/Kühl StGB § 56 Rn. 22).

III. Die Gestaltung der Strafaussetzung Die nähere Ausgestaltung der Strafaus- 1218
setzung einschließlich des Widerrufs und des Straferlasses sind in den §§ 56a–56g

BtMG Vor §§ 29 ff. Sechster Abschnitt. Straftaten und Ordnungswidrigkeiten

StGB geregelt. Für die Aussetzung **nach** § 36 BtMG gelten sie entsprechend (§ 36 Abs. 4 BtMG).

1219 **1. Bewährungszeit (§ 56 a StGB).** Die Festlegung der Bewährungszeit obliegt dem Gericht. Ihre Höchstdauer beträgt fünf Jahre, die Mindestdauer zwei Jahre. In deren Rahmen sind nachträgliche Änderungen möglich (§ 56 a Abs. 2 S. 2 StGB), sofern dies aufgrund der Entwicklung des Verurteilten veranlasst ist (*Fischer* StGB § 56 a Rn. 3; *Kühl* in Lackner/Kühl StGB § 56 a Rn. 2 a).

1220 **2. Auflagen (§ 56 b StGB)** dienen jedenfalls primär der Genugtuung für begangenes Unrecht (OLG Dresden StV 2009, 531). Sie haben einen strafähnlichen Charakter und sind besonders für Täter geeignet, die zwar der Aufsicht und Unterstützung während der Bewährungszeit nicht bedürfen, denen aber das von ihnen begangene Unrecht vor Augen geführt werden muss (*Kühl* in Lackner/Kühl StGB § 56 b Rn. 1). Sie müssen klar und bestimmt sein (OLG Dresden StV 2009, 531). Der Katalog der Auflagen in § 56 b Abs. 2 StGB ist erschöpfend; andere Auflagen sind nicht zulässig (BVerfG NJW 1995, 2279 = NStZ 1995, 25 = StV 1995, 87).

1221 Im Bereich der Strafaussetzung bei **Drogenabhängigen** haben die Auflagen keine große Bedeutung. Im Hinblick auf die damit verbundene Eigenverantwortlichkeit könnte an sich die Möglichkeit des **Anerbietens** nach § 56 b Abs. 3 StGB nutzbar gemacht werden, die Praxis macht hiervon jedoch im Betäubungsmittelstrafrecht ebenso wenig Gebrauch wie im allgemeinen Strafrecht.

1222 **3. Weisungen (§ 56 c StGB).** Dagegen spielen die Weisungen in der Praxis des **Betäubungsmittelstrafrechts** eine erhebliche Rolle (zu häufigen Weisungen → Rn. 1225). Weisungen sollen die Lebensführung des Verurteilten beeinflussen und ihm zumindest mittelbar auch bei der Vermeidung von Straftaten helfen (BVerfG NJW 1993, 3315 = NStZ 1993, 482 = StV 1993, 465; OLG Köln NStZ 1994, 509 = StV 1995, 31 = mkritBspr *Bringewat* BewH 1994, 463).

1223 Der Katalog der Weisungen in § 56 c Abs. 2, 3 StGB ist **nicht erschöpfend.** Andere Weisungen sind zulässig. Sie dürfen jedoch nicht gesetzwidrig sein, namentlich nicht gegen das Grundgesetz verstoßen (BVerfG NJW 1983, 442). Sie müssen auch hinreichend **bestimmt** sein, so dass der Verurteilte die Möglichkeit eines Widerrufs abschätzen kann (BVerfG StV 2012, 481; OLG Frankfurt a. M. NStZ-RR 1997, 2; 2003, 199). Art, Umfang, Zeit und Ort des gebotenen Verhaltens müssen durch das Gericht soweit konkretisiert werden, dass Verstöße einwandfrei festgestellt werden können (*Kühl* in Lackner/Kühl StGB § 56 c Rn. 2). Bei einer Therapieweisung muss das Gericht daher auch die Einrichtung sowie die Art und Häufigkeit der wahrzunehmenden Termine bestimmen (OLG Frankfurt a. M. NStZ-RR 2003, 199). Zur Bestimmtheit einer Nachsorgetherapieweisung s. OLG Stuttgart NStZ-RR 2014, 249 = BeckRS 2014, 11799.

1224 Unzulässig sind Weisungen, die zur Bedeutung der begangenen Tat außer Verhältnis stehen oder sonst gegen den Grundsatz der **Verhältnismäßigkeit** verstoßen. Letzteres kann in Betracht kommen, wenn der bisherige Therapeut die Behandlung als abgeschlossen bezeichnet; zwingend ist dies jedoch nicht, da es Sache des Gerichts ist, die weitere Behandlungsbedürftigkeit festzustellen.

1225 Im Hinblick auf ihren Zweck (→ Rn. 1222) sind Weisungen nicht zulässig, die **ausschließlich** der Sicherung (OLG Koblenz NStZ 1987, 24 mAnm *Meyer*) oder der Überwachung (OLG Köln NStZ 1994, 509 (→ Rn. 1222)) dienen. Die Weisung an einen Drogenabhängigen, keine Betäubungsmittel mehr zu konsumieren, sich nicht an Orten aufzuhalten, wo Betäubungsmittel konsumiert werden, und während der Bewährungszeit insgesamt zehn Urinproben unter Aufsicht und nach Aufforderung durch das Gericht abzugeben **(Konsum- und Kontrollweisung),** ist wegen ihrer mittelbar präventiven Wirkung zulässig (BVerfG NJW 1993, 3315

(→ Rn. 1222); *Kotz/Rahlf* BtMStrafR-Kotz Kap. 8 Rn. 461). Zur Weisung, sich einem Drogen-Screening mittels **Blutuntersuchung** zu unterziehen → Rn. 1233.

Für die Weisung, den behandelnden Arzt oder Therapeuten **von der Schwei- 1226 gepflicht zu entbinden,** fehlt es derzeit an einer gesetzlichen Grundlage (BVerfG MedR 2006, 586). Dagegen ist die Weisung, Beginn und Fortgang der Therapie durch Vorlage entsprechender Bescheinigungen nachzuweisen, zulässig (BVerfG MedR 2006, 586). Nicht beanstandet hat das BVerfG, dass sich die Gerichte eine entsprechende Entbindungserklärung vorlegen lassen. Weigert sich der Proband, eine solche Erklärung abzugeben, so kann es an der günstigen Prognose fehlen.

Auf § 56 c Abs. 2 Nr. 1 StGB kann das Verbot gestützt werden, sich in der **Dro- 1227 genszene** (BVerfG NJW 1993, 3315 (→ Rn. 1222)) oder an anderen verrufenen Orten aufzuhalten. Dasselbe gilt für die Weisung, eine **Arbeits- oder Lehrstelle** anzunehmen (OLG Hamm NStZ 1985, 310) oder vorübergehend in gemeinnützigen Einrichtungen zu arbeiten.

§ 56 c Abs. 2 Nr. 1 StGB wurde bisher als Basis für den **elektronisch überwach- 1228 ten Hausarrest** angesehen (str.; s. *Fischer* StGB § 56 c Rn. 6). Um den Kontakt zur Szene zu unterbinden, wäre er grundsätzlich auch bei Drogenabhängigen denkbar. Dies würde noch verstärkt, wenn über das Meldesystem auch der Drogengehalt in Blut und Urin mitgeteilt würde (*Weichert* StV 2000, 335 (336)). Seit der Einführung der elektronischen Fußfessel in das Recht der Führungsaufsicht (§ 68b Abs. 1 S. 1 Nr. 12 StGB) durch das Gesetz v. 22.12.2010 (BGBl. I S. 2300) dürfte sich allerdings im Umkehrschluss ergeben, dass sie als Weisung nach § 56 c StGB nicht zulässig ist (*Ostendorf* in NK-StGB StGB § 56 c Rn. 1).

Eine Grundlage für die **Meldepflicht** bei Gericht oder einer anderen Stelle ist 1229 § 56 Abs. 2 Nr. 2 StGB. Diese Regelung ist auch eine tragfähige Basis für die Pflicht, den Wohnungswechsel mitzuteilen (aA OLG Köln NStZ 1994, 509 (→ Rn. 1222)).

§ 56 c Abs. 2 Nr. 3 StGB dient der Unterbrechung des Kontakts mit Kriminel- 1230 len und der Verhütung des Missbrauchs Abhängiger zur Begehung von Straftaten (BGH *Holtz* MDR 1978, 623). § 56 c Abs. 2 Nr. 4 StGB richtet sich gegen den Besitz von Gegenständen, die dem Verurteilten Gelegenheit oder Anreiz zu weiteren Straftaten bieten können. Dazu gehören Waffen, Fälschungsmittel, aber auch Gegenstände, die in der Drogenszene gebraucht werden, zB Feinwaagen, Bongs, Shillums oder Injektionsgeräte.

Vor allem für den Bereich der **Nachsorge** kann die Weisung von Bedeutung 1231 sein, in einem geeigneten Heim Aufenthalt zu nehmen **(§ 56 c Abs. 3 Nr. 2 StGB).** Sie darf nur mit Einwilligung des Verurteilten erteilt werden. Diese kann bis zur Erteilung der Weisung zurückgenommen werden (*Kühl* in Lackner/Kühl StGB § 56 c Rn. 9). Eine spätere Rücknahme berührt die Rechtmäßigkeit der Weisung nicht (BGHSt 36, 97 = NJW 1989, 1556 = NStZ 1989, 265 = StV 1989, 352 = JR 1990, 71 mkritAnm *Terhorst;* OLG Hamburg NStZ 1992, 301). Zum Widerruf bei einer Rücknahme der Einwilligung → Rn. 1267.

Die Weisung, sich einer **Entziehungskur** zu unterziehen **(§ 56 c Abs. 3 Nr. 1** 1232 **StGB),** kommt in Betracht, wenn noch keine Entwöhnungsbehandlung durchgeführt wurde (→ § 35 Rn. 69–94). Die Weisung muss klar erkennen lassen, was der Proband bis zu welchem Zeitpunkt zu tun hat. Ist das **Bestimmtheitsgebot** nicht gewahrt, kann ein Verstoß des Probanden nicht als Grundlage für einen Widerruf herangezogen werden.

Die Weisung, sich einer **Heilbehandlung** zu unterziehen, bedarf dann der Ein- 1233 willigung des Verurteilten, wenn die Heilbehandlung mit einem körperlichen Eingriff verbunden ist (§ 56 Abs. 3 Nr. 1 StGB). **Körperliche Eingriffe** sind Maßnahmen, bei denen die Integrität des Körpers verletzt wird (s. *Kinzig* in Schönke/

Schröder StGB § 56c Rn. 23). Eine psychotherapeutische Behandlung ist zwar eine Heilbehandlung (OLG Hamm NStZ 2000, 373; *Fischer* StGB § 56c Rn. 12), jedoch kein Eingriff (BT-Drs. 13/9062, 8; aA wohl *Gründel* NJW 2002, 2987). Etwas anderes gilt für die Vergabe von Medikamenten (*Schöch* NJW 1998, 1257 (1260)), namentlich in der Phase des (körperlichen) Entzugs (→ § 35 Rn. 69–75), oder für eine Substitutionsbehandlung (§§ 5, 5a BtMVV), weil dort von außen in die Integrität des Körpers eingegriffen wird. In den Rahmen einer Heilbehandlung (mit körperlichem Eingriff) kann auch die Weisung fallen, sich einem **Drogen-Screening** mittels **Blutuntersuchung** zu unterziehen (*Kropp* StV 2002, 284).

1234 Anders als die Zurückstellung der Strafvollstreckung, die weiterhin die Bereitschaft des Verurteilten zu einer Therapie erfordert (§ 35 Abs. 1 S. 1), kann die Strafaussetzung danach mit der Weisung zu einer (ambulanten, psychotherapeutischen) Behandlung auch dann verbunden werden, wenn der Verurteilte **nicht zustimmt** (krit. hierzu *Schöch* NJW 1998, 1257 (1250)). In der Sache wird es in solchen Fällen vielfach an der notwendigen günstigen Prognose fehlen. Ist die Prognose auch ohne die Weisung günstig, so ist von der Weisung abzusehen (§ 56c Abs. 1 S. 1 StGB). Für die Anwendung der Regelung verbleibt daher nur das verhältnismäßig schmale Segment, in dem das Gericht bei einer grundsätzlich günstigen Prognose im Unterschied zu der Vorstellung des Verurteilten der Auffassung ist, dass dieser noch der Hilfe und Unterstützung durch eine psychosoziale Begleitung bedarf.

1235 Kein körperlicher Eingriff ist die **Abnahme einer Haarprobe** zur Drogenkonsumkontrolle; eine entsprechende Weisung bedarf daher keiner Zustimmung des Verurteilten (OLG München (2. Strafsenat) NJW 2010, 3527 = NStZ 2011, 162; aA OLG München (3. Strafsenat) NStZ 2011, 94; OLG Nürnberg BeckRS 2011, 29312).

1236 **4. Zusagen (§ 56c Abs. 4 StGB).** Therapeutisch genutzt werden könnte auch die Möglichkeit des § 56c Abs. 4 StGB, wonach das Gericht von Weisungen vorläufig absehen kann, wenn der Verurteilte entsprechende Zusagen macht und deren Einhaltung zu erwarten ist. Die Zusagen können über die dem Gericht **möglichen Weisungen hinausgehen** (*Fischer* StGB § 56c Rn. 14). Namentlich bei Drogenabhängigen erscheint die Nutzung dieser Regelung vielfach sinnvoll. Wie bei dem Anerbieten (→ Rn. 1221) macht die Praxis hiervon allerdings keinen Gebrauch.

1237 **5. Bewährungshilfe (§ 56d StGB).** Die Weisung, sich der Aufsicht und Leitung eines Bewährungshelfers zu unterziehen, ist eine besonders effiziente Maßnahme im Rahmen der Strafaussetzung, die auch bei **Drogenabhängigen** sehr sinnvoll ist. Es ist daher bedauerlich, dass sie wegen der hohen Belastung der Bewährungshelfer auf dringliche Fälle beschränkt werden muss. Zur Bewährungshilfe s. *Gebhardt* in Kreuzer BtMStrafR-HdB § 19 Rn. 83–99.

1238 **IV. Nachträgliche Entscheidungen (§ 56e StGB).** Um der Entwicklung des Verurteilten gerecht werden zu können, sieht § 56e StGB vor, dass die Entscheidung über Auflagen und Weisungen nachträglich getroffen, geändert oder aufgehoben werden kann. Dies gilt auch zu Ungunsten des Verurteilten, wenn die nachträgliche Entscheidung in seinem Interesse liegt (OLG Frankfurt a. M. NStZ-RR 1996, 220; StV 2003, 345; *Fischer* StGB § 56e Rn. 1; diff. *Kühl* in Lackner/Kühl StGB § 56e Rn. 2, 3). Eine bloße Änderung der Bewertungsmaßstäbe allein reicht allerdings nicht (OLG Stuttgart NStZ-RR 2004, 362; *Fischer* StGB § 56e Rn. 2).

1239 **V. Widerruf der Strafaussetzung (§ 56f StGB).** Der Widerruf der Strafaussetzung ist für drei Fälle des Bewährungsversagens vorgeschrieben, sofern es nicht ausreicht, weitere Auflagen oder Weisungen zu erteilen oder die Bewährungs- oder Unterstellungszeit zu verlängern (vgl. § 56f Abs. 2 StGB). Liegen die Voraussetzungen vor, so ist der Widerruf zwingend. Es gibt insbesondere **keine** Möglichkeit, die Entscheidung **zurückzustellen,** um die weitere Legalbewährung abzuwarten (OLG Hamburg NStZ-RR 2005, 221).

Grundlage des Widerrufs sind: **1240**

1. Begehung einer Straftat (§ 56 f Abs. 1 S. 1 Nr. 1 StGB). Die Straftat muss **1241** alle materiellen Voraussetzungen der Strafbarkeit erfüllen, insbesondere schuldhaft begangen sein. Daran kann es fehlen, wenn vernünftige Zweifel an der Schuldfähigkeit infolge einer langjährigen Betäubungsmittelabhängigkeit bestehen (KG StV 1988, 26). Die Tat kann auch **im Ausland** begangen sein (KG NStZ 2015, 165).

a) Maßgebliche Zeit. Nach § 56 f Abs. 1 S. 1 Nr. 1 StGB muss die Tat **während 1242 der Bewährungszeit** begangen sein. Dies ist auch dann gegeben, wenn die in diese Zeit fallende Tat (zB Besitz von Betäubungsmitteln) gegenüber einer vor der Bewährungszeit begangenen Tat (zB Erwerb von Betäubungsmitteln) subsidiär ist (OLG Düsseldorf NJW 1995, 1975 = NStZ 1995, 256).

§ 56 f Abs. 1 S. 2 StGB enthält eine **Ausdehnung der für den Widerruf maß- 1243 geblichen Zeit**
– auf die Zeit zwischen der Entscheidung über die Strafaussetzung und deren Rechtskraft und
– bei nachträglicher Gesamtstrafenbildung auf die Zeit zwischen der Entscheidung über die Strafaussetzung in einem einbezogenen Urteil und der Rechtskraft der Entscheidung über die Gesamtstrafe.

Zur Begehung einer Tat nach Verlängerung der Bewährungszeit → Rn. 1277.

b) Feststellung der neuen Tat. Die Praxis hatte sich in der Vergangenheit da- **1244** mit begnügt, dass die neue Tat aufgrund prozessordnungsgemäß getroffener Feststellungen zur Überzeugung des Gerichts, das über den Widerruf der Aussetzung zu entscheiden hatte, feststand (BVerfG NJW 1987, 43 = NStZ 1987, 118 = StV 1987, 13). Insoweit hat sich auf Grund eines Urteils des EGMR v. 3.10.2002 (NJW 2004, 43 = StV 2003, 82 mAnm *Pauly;* dazu *Peglau* NStZ 2004, 248) eine erhebliche Änderung ergeben, die im Wesentlichen aus der Unschuldsvermutung (Art. 6 Abs. 2 EMRK) hergeleitet wird. Danach kann von folgendem ausgegangen werden (*Krumm* NJW 2005, 1832):

aa) Rechtskräftige Verurteilung. Ist wegen der neuen Tat ein rechtskräftiges **1245** Urteil ergangen, so kann sich das Widerrufsgericht, auf dieses Urteil stützen (BVerfG NJW 2005, 817 = NStZ 2005, 204). Tragen die Gründe des Urteils den Schuldspruch nicht oder erweisen sie sich sonst nicht als hinreichende Grundlage für die Überzeugung des Widerrufsgerichts, so können auch die Akten ausgewertet werden (KG NStZ-RR 2005, 94; *Krumm* NJW 2005, 1832 (1833)). Eine andere rechtliche Würdigung als das Ausgangsgericht dürfte dagegen nicht in Betracht kommen (*Krumm* NJW 2005, 1832; aA KG NStZ-RR 2005, 94). Das Urteil kann auch das eines **ausländischen Gerichts** sein (KG NStZ 2015, 165).

bb) Nicht rechtskräftige Verurteilung. Dass die Verurteilung rechtskräftig ist, **1246** hat der EGMR (→ Rn. 1244) nicht gefordert. Auch aus der Rechtsprechung des BVerfG (NJW 2005, 817 = NStZ 2005, 204) ergibt sich dies nicht. Wesentlich ist die Feststellung der Schuld, nicht deren Rechtskraft (*Peglau* NStZ 2004, 248 (251); *Krumm* NJW 2005, 1832 (1833)). Auch nicht rechtskräftige Verurteilungen reichen daher aus (OLG Hamm StV 2007, 195 mAnm *Kraft* für den Fall einer Berufungsbeschränkung auf das Strafmaß; aA OLG Stuttgart NJW 2005, 83; *Leipold* NJW-Spezial 2005, 41). Entscheidend ist, ob sich das widerrufende Gericht eine Überzeugung von der neuen Tat, etwa durch ein richterliches Geständnis oder einen dokumentierten Rauschgiftfund, bilden kann.

BtMG   Vor §§ 29 ff.   Sechster Abschnitt. Straftaten und Ordnungswidrigkeiten

1247   **cc) Rechtskräftiger Strafbefehl.** Ist der Strafbefehl rechtskräftig, so steht dies einer Verurteilung gleich (OLG Hamm NStZ-RR 2008, 25; *Fischer* StGB § 56 f Rn. 7; aA OLG Nürnberg NJW 2004, 2032; KG NStZ-RR 2001, 136). Auch das Strafbefehlsverfahren ist ein rechtsstaatliches Verfahren. Inhaltliche Mindestanforderungen an das Verfahren, das zur neuen Verurteilung führt, insbesondere eine Hauptverhandlung, hat der EGMR (→ Rn. 1244) nicht gestellt (*Krumm* NJW 2005, 1832 (1833)).

1248   **dd) Nicht rechtskräftiger Strafbefehl.** Dagegen kann der Widerruf auf einen nicht rechtskräftigen Strafbefehl nicht gestützt werden (OLG Nürnberg NJW 2004, 2032; *Fischer* StGB § 56 f Rn. 7 a).

1249   **ee) Feststellungen als erkennendes Gericht.** Fehlt es an einem rechtskräftigen Urteil (Strafbefehl), so können Feststellungen, die das Widerrufsgericht als erkennendes Gericht in einer Hauptverhandlung zu der neuen Tat getroffen hat, ebenfalls verwertet werden (EGMR NJW 2004, 43 (→ Rn. 1244); OLG Jena StV 2003, 574; OLG Nürnberg NJW 2004, 2032; *Peglau* NStZ 2004, 248 (249)).

1250   **ff) Geständnis.** Nach dem Urteil des EGMR v. 3.10.2002 (→ Rn. 1244) kann der Widerruf auch auf ein „Schuldgeständnis" des Probanden gestützt werden. Auch nach der neueren nationalen Rechtsprechung reicht ein glaubhaftes Geständnis hierzu aus (BVerfG NJW 2005, 817 = NStZ 2005, 204; OLG Stuttgart NJW 2005, 83; OLG Zweibrücken NStZ-RR 2005, 8; aA LG Potsdam StV 2009, 363 unter Außerachtlassung der neueren Rechtsprechung).

1251   Dies gilt jedenfalls dann, wenn das Geständnis **vor einem Richter** abgelegt wurde (OLG Düsseldorf NJW 2004, 790; OLG Köln NStZ 2004, 685; StV 2009, 151; *Fischer* StGB § 56 f Rn. 7, 7 a) und wenn es dann auch im Rechtsmittelverfahren aufrechterhalten bleibt (OLG Stuttgart NJW 2005, 83).

1252   Ausführungen zur Qualität des Geständnisses hat der EGMR (NJW 2004, 43 (→ Rn. 1244)) nicht gemacht. Zwar war in dem Verfahren Nr. 15871/89 der Kommission, das der EGMR zitiert (Nr. 65), das Geständnis im Beisein des Verteidigers vor einem Richter abgelegt worden (StV 1992, 282), aber der EGMR hat darauf aber nicht abgestellt. Es spricht daher nichts dagegen, auch ein unter rechtsstaatlichen Bedingungen abgelegtes glaubhaftes Geständnis **gegenüber der Polizei** oder **der Staatsanwaltschaft** als taugliche Grundlage für den Widerruf heranzuziehen (Krumm NJW 2005, 1832 (1834); wohl auch OLG Jena NStZ-RR 2003, 316 = StV 2003, 575; StV 2003, 574; aA wohl OLG Düsseldorf NJW 2004, 790).

1253   Entsprechendes gilt für die Frage, ob das Geständnis im **Beisein eines Verteidigers** abgelegt sein muss (so wohl *Peglau* NStZ 2004, 248 (249)). Aus der Entscheidung des EGMR (NJW 2004, 43 (→ Rn. 1244)) zum „Schuldgeständnis" ergibt sich dies nicht (→ Rn. 1252). Auch sonst spricht nichts für ein solches Erfordernis.

1254   Das Geständnis muss **in einer Vernehmungssituation** abgelegt sein. Nicht ausreichend ist ein Geständnis gegenüber dem Bewährungshelfer (OLG Schleswig NStZ 2004, 628; *Krumm* NJW 2005, 1832 (1834)).

1255   Dass das Geständnis nach der Widerrufsentscheidung **widerrufen** wird, macht diese nicht unzulässig (OLG Zweibrücken NStZ-RR 2005, 8; *Krumm* NJW 2005, 1832 (1834); wohl auch *Peglau* NStZ 2004, 248 (249)). Erfolgt der Widerruf noch vorher, so kann die Entscheidung auf das Geständnis nicht gestützt werden (EGMR NJW 2016, 3645; OLG Hamm StV 2004, 83).

1256   **gg) Verfahrenseinstellungen.** Wird das Verfahren wegen der neuen Straftat nach den §§ 153, 153 a StPO eingestellt, so kann ein Widerruf auf diese Straftat nicht gestützt werden (*Krumm* NJW 2005, 1832 (1834 f.)). Etwas anderes gilt, wenn der Proband in dem Verfahren aber ein glaubhaftes Geständnis abgelegt hat. Aus welchen Gründen das Geständnis prozessual überholt sein sollte (AG Lüdinghausen NJW 2005, 84; *Krumm* NJW 2005, 1832 (1835); *Leipold* NJW-Spezial 2005, 41 (42)), ist nicht erkennbar.

hh) Überzeugung des Widerrufsgerichts. Folgt man der Rechtsprechung 1257 des EGMR (NJW 2004, 43 (→ Rn. 1244)), so ist es nicht zulässig, dass das Widerrufsgericht seine Überzeugung auf eine andere als die in → Rn. 1245–1256 genannte Weise gewinnt. Dagegen spricht an sich der Wortlaut des Satzes 1 Nr. 1. Auch werden bei den Widerrufsgründen des Satzes 1 Nr. 2 und 3 ähnliche Anforderungen nicht gestellt (*Fischer* StGB § 56f Rn. 6).

c) Nichterfüllung der Erwartung. Die Begehung der neuen Straftat muss auf- 1258 grund einer Gesamtwürdigung (OLG Düsseldorf StV 1994, 200; 1996, 45) zeigen, dass sich die Erwartung, die der Strafaussetzung zugrunde lag, nicht erfüllt hat.

Unter dieser Erwartung ist zunächst die Wahrscheinlichkeit straffreier Führung 1259 (→ Rn. 1179–1203) zu verstehen, die der Strafaussetzung zugrunde lag. Unter diesem Blickpunkt ist daher zu prüfen, ob die neue Straftat die **Sozialprognose,** die auch bei der Aussetzung mehrerer Strafen nur einheitlich sein kann (OLG Braunschweig NStZ-RR 2012, 93), des Verurteilten **in Frage stellt.** Die neue Straftat ist zwar ein Indiz für die Enttäuschung der Erwartung, die in den Verurteilten gesetzt wurde, sie muss einer günstigen Prognose jedoch nicht durchweg entgegenstehen (BGH NStZ 2010, 83). Der Widerruf dient nicht der Ahndung des Bewährungsbruchs (KG StV 2010, 311). Er kommt vielmehr nur dann in Betracht, wenn im Zeitpunkt der Entscheidung nach der gebotenen **Gesamtwürdigung** aller maßgeblichen Umstände unter **Einbeziehung** der neuen Tat die erforderliche günstige Prognose nicht mehr gegeben ist (hM; s. BVerfG NStZ 1994, 558 mwN; OLG Stuttgart StV 2003, 346; OLG Hamm StV 2008, 299).

Es ist jedoch nicht ausgeschlossen, bei der Frage des Widerrufs neben spezialprä- 1260 ventiven Gesichtspunkten auch die Strafzwecke des **gerechten Schuldausgleichs** und der **Verteidigung der Rechtsordnung** zu berücksichtigen, so dass trotz günstiger Prognose ein Widerruf zulässig ist (BVerfG NStZ 1994, 558). Für Betäubungsmittelstraftaten gewinnt Art. 3 Abs. 7 ÜK 1988 (→ Rn. 863, 864) auch in diesem Zusammenhang Gewicht, da für den Widerruf nichts anderes gelten kann als für die Strafaussetzung selbst.

Kann ein Drogenrückfall **therapeutisch genutzt** werden, so muss er nicht zu 1261 einer ungünstigen Prognose führen (BayObLGSt 1992, 159 (→ Rn. 1194). Dasselbe gilt, wenn eine wesentliche Änderung der Lebensführung es erwarten lässt, dass der Verurteilte sich nunmehr straffrei führen wird (OLG Düsseldorf StV 1996, 218; OLG Hamm *Kotz/Rahlf* NStZ-RR 2009, 193 (196); StraFo 2008, 299). Eine solche Änderung kann darin liegen, dass er sich einer Substitutionsbehandlung bis zum Beginn einer Langzeittherapie unterzieht (OLG Düsseldorf StV 1996, 218), eine vollstationäre Drogentherapie angetreten hat (OLG Schleswig StV 2008, 592) oder sonst begründete Aussicht besteht, dass er seine Abhängigkeit durch eine Therapie beherrschen lernt (OLG Celle StV 1987, 260).

Macht sich der Verurteilte in der Bewährungszeit in einem **schwerwiegenden** 1262 **Falle** wegen **Handeltreibens** strafbar, so wird in der Regel der Widerruf der Strafaussetzung geboten sein (→ Rn. 1260; *Patzak* in Körner/Patzak/Volkmer § 36 Rn. 101). Etwas anderes kann etwa dann in Betracht kommen, wenn der neuen Straftat nur geringes Gewicht zukommt (OLG Stuttgart NStZ-RR 2002, 106) oder wenn der Verurteilte nur zur Finanzierung seines Konsums gehandelt hat, die Strafvollstreckung wegen der neuen Tat nach § 35 zurückgestellt wurde und der Verurteilte mit einer Verlängerung der Bewährungszeit zur Fortführung der Therapie angehalten werden kann.

d) Aussetzung der neuen Strafe, Geldstrafe. Wird die wegen der neuen Tat 1263 verhängte Strafe zur Bewährung ausgesetzt, so liegt es nahe, dass sich das Widerrufsgericht der zeit- und sachnäheren Prognose anschließt. Dies gilt dann nicht, wenn die Prognoseentscheidung inhaltlich nicht nachvollzogen werden kann (OLG Düsseldorf StV 1998, 214 (216); OLG Celle *Kotz/Rahlf* NStZ-RR 2003, 161). Entsprechendes gilt für eine **Geldstrafe** (OLG Nürnberg StV 2001, 411).

1264 **2. Verstoß gegen eine Weisung (§ 56f Abs. 1 S. 1 Nr. 2 Alt. 1 StGB).** Die Vorschrift setzt zunächst voraus, dass der Verurteilte gröblich oder beharrlich gegen eine Weisung verstoßen hat.

1265 **a) Gröblicher oder beharrlicher Verstoß.** Ein gröblicher Verstoß ist die schuldhafte, nach objektivem Gewicht und Vorwerfbarkeit schwerwiegende (OLG Hamburg NStZ-RR 2004, 364) Zuwiderhandlung gegen eine zulässige und dem Täter bekannt gemachte Weisung. Ein beharrlicher Verstoß braucht dagegen nicht schwer zu sein; hierzu ist die wiederholte Zuwiderhandlung in ablehnender Haltung gegen den Zweck der Weisung erforderlich. Eine Abmahnung ist nicht notwendig (*Kühl* in Lackner/Kühl StGB § 56f Rn. 6).

1266 In **Betäubungsmittelsachen** kommt vor allem der Verstoß gegen die Weisung in Betracht, sich einer Heilbehandlung oder Entziehungskur (§ 56c Abs. 3 Nr. 1 StGB) zu unterziehen oder sich in einem geeigneten Heim Aufenthalt zu nehmen (§ 56c Abs. 3 Nr. 2 StGB). Wird die Therapie von der Einrichtung aus disziplinarischen Gründen beendet und der Verurteilte entlassen, so ist hierin im Regelfall ein grober und beharrlicher Verstoß gegen eine Weisung zu sehen (OLG Düsseldorf NStZ 2002, 53; *Fischer* StGB § 56f Rn. 10b).

1267 Die Weisung zu einer Entziehungskur oder einem Heimaufenthalt ist nur **mit Einwilligung** des Verurteilten zulässig. Für die Heilbehandlung gilt dies nur dann, wenn sie mit einem körperlichen Eingriff verbunden ist (→ Rn. 1233). Nimmt der Verurteilte seine Einwilligung nach der Erteilung der Weisung **zurück**, so entzieht dies dem weiteren Heimaufenthalt zwar die Rechtsgrundlage, steht aber einem Widerruf nach § 56f Abs. 1 S. 1 Nr. 2 StGB nicht entgegen, sofern dessen Voraussetzungen sonst erfüllt sind (BGHSt 36, 97 (→ Rn. 1231); OLG Hamburg NStZ 1992, 301; *Fischer* StGB § 56f Rn. 10b). Daran fehlt es, wenn der Verurteilte aus seiner Sicht die Einwilligung nachträglich aus verständlichen Gründen für verfehlt hält und er sein Einverständnis nicht nur vorgetäuscht hatte (BGHSt 36, 97). Dies kommt etwa dann in Betracht, wenn der Verurteilte bei Ankunft in der Einrichtung mehrere Personen mit Drogen antrifft, er seine Zweifel an der Eignung unverzüglich der Staatsanwaltschaft mitteilt und sich in eine substititionsgestützte Therapie begibt (OLG Düsseldorf NStZ-RR 2002, 166 = StV 2003, 292).

1268 **b) Anlass zu der Besorgnis neuer Straftaten.** Auch ein gröblicher oder beharrlicher Verstoß gegen eine Weisung führt nur dann zum Widerruf der Strafaussetzung, wenn der Verurteilte dadurch Anlass zu der Besorgnis gibt, dass er erneut Straftaten begehen wird (§ 56f Abs. 1 S. 1 Nr. 2 StGB). Der Verstoß allein begründet diese Besorgnis noch nicht (BVerfG NStZ-RR 2007, 338; OLG Düsseldorf StV 1996, 443; OLG Zweibrücken JR 1991, 290 mAnm *Horn*).

1269 Vielmehr ist auf der Grundlage einer **Gesamtwürdigung** des Verhaltens des Verurteilten während der Bewährungszeit eine erneute Prognose zu stellen (BVerfG NStZ-RR 2007, 338; OLG Koblenz NStZ-RR 1996, 301; OLG Düsseldorf StV 1996, 443). Dabei kann unterstützend auch nachträglich bekannt gewordenes früheres Verhalten herangezogen werden (*Fischer* StGB § 56f Rn. 11). Erscheinen die Verstöße als bloße Ausweich- oder Trotzreaktionen, so kommt ein Widerruf nicht in Betracht; etwas anderes gilt, wenn sich in ihnen die Nähe oder Anfälligkeit des Verurteilten zu kriminellem Verhalten zeigt, so dass weitere Straftaten zu besorgen sind (*Frank* MDR 1982, 355).

1270 **3. Sichentziehen der Bewährungsaufsicht (§ 56f S. 1 Nr. 2 Alt. 2 StGB).** Dem gröblichen oder beharrlichen Verstoß gegen eine Weisung steht es gleich, wenn sich der Verurteilte der Aufsicht und Leitung eines Bewährungshelfers beharrlich entzieht. Dies ist dann gegeben, wenn es der Verurteilte immer wieder oder auf längere Dauer unmöglich macht, dass der Bewährungshelfer auf ihn Einfluss nehmen kann (*Fischer* StGB § 56f Rn. 10). Häufig wird dies durch einen Ortswechsel geschehen, muss aber nicht der Fall sein.

Auch der Verstoß gegen die Bewährungsaufsicht führt nur dann zum Widerruf, wenn er Anlass zu der Besorgnis gibt, dass der Verurteilte erneut Straftaten begehen wird (→ Rn. 1268). **1271**

4. Verstoß gegen eine Auflage (§ 56f Abs. 1 S. 1 Nr. 3 StGB). Nach dieser Vorschrift kommt ein Widerruf der Strafaussetzung dann in Betracht, wenn der Verurteilte gegen eine Auflage gröblich oder beharrlich verstößt. Zusätzliche Voraussetzungen wie in den Fällen der Nr. 1, 2 sind hier nicht vorgesehen (OLG Hamburg NStZ-RR 2004, 364; *Fischer* StGB § 56f Rn. 12). Durch einen Auflagenverstoß wird der Strafaussetzung auch dann die Basis entzogen, wenn er keinen Anlass zu einer ungünstigen Sozialprognose gibt (BT-Drs. 7/1261, 6; *Fischer* StGB § 56f Rn. 12). Der Widerruf wegen Nichtbezahlung einer Auflage setzt voraus, dass der Verurteilte zahlungs- bzw. leistungsfähig war, was im Widerrufsbeschluss darzulegen ist (OLG Düsseldorf NStZ-RR 1997, 323). **1272**

5. Zusätzliche Voraussetzungen des Widerrufs (§ 56f Abs. 2 StGB). Vor dem Widerruf hat das Gericht zu prüfen, ob nicht andere Maßnahmen ausreichen. Dies ist dann gegeben, wenn die Erwartung besteht, die derzeit ungünstige Prognose könne durch Fortsetzung oder Änderung der bisher getroffenen Maßnahmen soweit verbessert werden, dass sie den Widerruf nicht mehr begründet (OLG Düsseldorf NStZ 1994, 559 = StV 1995, 31; *Kühl* in Lackner/Kühl StGB § 56f Rn. 9). Eine solche Erwartung kann begründet sein, wenn bei einem **Drogenabhängigen** erfolgversprechende Therapiemöglichkeiten bestehen, namentlich wenn die Drogenabhängigkeit noch nicht lange andauert, die Verbüßung von Freiheitsstrafe erstmalig bevorsteht und stationäre Langzeittherapien bislang nicht stattgefunden haben (OLG Jena StV 2007, 194). **1273**

Die zulässigen Maßnahmen sind: **1274**

a) Weitere Auflagen oder Weisungen (§ 56f Abs. 2 S. 1 Nr. 1 StGB). Als Weisung kommt bei einem Drogenabhängigen insbesondere die Aufnahme einer Langzeittherapie in Betracht (OLG Celle StV 1988, 260; OLG Düsseldorf StV 1994, 199). Auch die Weisung einer Substitutionsbehandlung (zur Einwilligung des Verurteilten hierzu → Rn. 1233) kann unter Umständen ausreichend sein (LG Berlin StV 1991, 170). **1275**

b) Bewährungs-, Unterstellungszeitverlängerung (§ 56f Abs. 2 S. 1 Nr. 2, S. 2 StGB). Reicht es aus, die Bewährungszeit oder die Unterstellungszeit zu verlängern, so ist ebenfalls von einem Widerruf abzusehen: **1276**

aa) Bewährungszeit. Eine Verlängerung der Bewährungszeit kommt in Betracht, wenn dadurch ein Warnungserfolg zu erwarten ist. Die Verlängerung kann auch dann noch erfolgen, wenn die Bewährungszeit bereits abgelaufen ist (BVerfG NStZ 1995, 437 = StV 1996, 160 mablAnm *Lammer* und *Bringewat* BewH 1996, 167). **1277**

Eine **Straftat,** die der Verurteilte in diesem Zeitraum begangen hat, kann allerdings nur dann zu einem Widerruf der Strafaussetzung führen, wenn der Täter (zB aufgrund einer Mitteilung des Gerichts) von der sich unmittelbar anschließenden Bewährungszeit Kenntnis hatte oder damit rechnen musste (BVerfG NStZ 1995, 437 (→ Rn. 1277); enger OLG Hamm StV 1998, 215). **1278**

1279 Die Bewährungszeit kann nur verlängert werden, wenn der Beschluss ergeht, bevor die in ihm **neu festgesetzte** Bewährungszeit abgelaufen ist (OLG Celle NStZ 1991, 206; KG JR 1993, 76; OLG Düsseldorf StV 1996, 218).

1280 Nach § 56f Abs. 2 S. 2 StGB darf die Bewährungszeit nicht um mehr **als die Hälfte** der zunächst bestimmten Zeit verlängert werden. Diese Regelung schließt die bereits nach §§ 56e, 56a Abs. 2 S. 2 StGB bestehenden Verlängerungsmöglichkeiten nicht aus. Zu den sich daraus ergebenden Grenzen für die Verlängerung s. insbesondere *Dölling* NStZ 1989, 345; OLG Düsseldorf MDR 1994, 142; 1994, 931; NStZ-RR 1996, 185.

1281 **bb) Unterstellungszeit.** In bestimmten Fällen kann es auch genügen, die Zeit der Unterstellung unter Bewährungsaufsicht (§ 56d Abs. 1 StGB) zu verlängern. Allerdings sollte die Bewährungsaufsicht nur ausnahmsweise über drei Jahre ausgedehnt werden.

1282 **6. Folgen des Widerrufs.** Liegt ein Widerrufsgrund vor und kann auch nicht nach § 56f Abs. 2 StGB von einem Widerruf abgesehen werden, so ist das Gericht zum Widerruf verpflichtet (OLG Düsseldorf NStZ 2000, 55; *Kühl* in Lackner/Kühl StGB § 56f Rn. 7); eine **Zurückstellung** des Widerrufs kommt **nicht** in Betracht (OLG Jena StV 2007, 194). Es ist auch nicht zulässig, die gesetzliche Regelung mit dem Grundsatz der Verhältnismäßigkeit zu überspielen (*Kühl* in Lackner/Kühl StGB § 56f Rn. 7; SK-Schall § 56f Rn. 17; aA OLG Zweibrücken StV 1989, 540). Ist die Tat symptomatisch dafür, dass der Täter seine kriminelle Lebensführung nicht geändert hat, so kommt es auf ihn Gewicht nicht an.

1283 Ein **Aufschub** der Entscheidung über den Widerruf kommt in Betracht, wenn in dem Verfahren wegen der neuen Tat die Strafvollstreckung nach § 35 zurückgestellt ist (→ § 35 Rn. 18; OLG Celle StV 1998, 216; OLG Düsseldorf StV 1998, 215). Weitere Ausnahmen sind grundsätzlich nicht zu machen; bei einer sachgerechten Auslegung sind sie auch nicht notwendig (→ Rn. 1284; *Kühl* in Lackner/Kühl Rn. § 56f Rn. 7).

1284 So kommt eine Zurückstellung der Entscheidung über den Widerruf nicht deswegen Betracht, weil der **Verurteilte untergetaucht ist.** In einem solchen Falle kann die Anhörung des Verurteilten unterbleiben. Der Widerrufsbeschluss kann nach § 40 StPO öffentlich zugestellt werden. Das rechtliche Gehör wird dann entsprechend § 33a StPO nachgeholt (OLG Nürnberg NStZ-RR 1999, 106).

1285 Allerdings kann ein an sich gebotener Widerruf aus Gründen der Rechtssicherheit und des Vertrauensschutzes **unzulässig werden,** wenn die Entscheidung über ihn unangemessen lange hinausgezögert wird und der Verurteilte mit ihr nicht mehr zu rechnen braucht (KG NJW 2003, 2468). Dabei gibt es keine festen Fristen; maßgeblich ist, ob die Verzögerung unter Berücksichtigung ihrer Dauer einen sachlichen Grund hatte oder ob das Verfahren unsachlich verschleppt worden ist, so dass der Verurteilte nach den Umständen des Einzelfalls darauf vertrauen konnte, dass er nicht mehr erfolgt (OLG Düsseldorf NStZ-RR 1997, 254; OLG Saarbrücken NStZ-RR 2009, 95; KG NStZ-RR 2014, 271). Das Gericht, bei dem das Widerrufsverfahren anhängig ist, kann **durch Hinweise Klarheit schaffen,** indem es den Verurteilten nach Ablauf der Bewährungszeit darauf hinweist, dass er nicht auf einen Straferlass vertrauen kann, sondern mit Maßnahmen iSd § 56f StGB rechnen muss.

1286 **7. Anrechnung von Leistungen (§ 56f Abs. 3 StGB).** Wird die Strafaussetzung widerrufen, so werden Leistungen, die der Verurteilte zur Erfüllung der Bewährungsmaßnahmen erbracht hat, nicht erstattet. Das Gericht kann sie jedoch auf die Strafe anrechnen. Dabei ist ein angemessener Ausgleich unter Berücksichtigung der Gesichtspunkte der Genugtuung und Sühne dafür zu gewähren, dass Leistungen nicht erstattet werden (OLG Hamm StV 2001, 413).

VIII. Straferlass (§ 56g Abs. 1 StGB). Wird die Strafaussetzung nicht widerrufen, so ist die Strafe nach Ablauf der Bewährungszeit zu erlassen. Der Erlass setzt voraus, dass das Gericht sich davon überzeugt hat, dass ein Widerrufsgrund nicht vorliegt (BGH NStZ 1993, 235). Sind noch weitere Verfahren anhängig, so ist die Entscheidung über den Straferlass zurückzustellen (*Fischer* StGB § 56g Rn. 2). Sie darf jedoch nicht ungebührlich lange hinausgezögert werden (BGH NStZ 1993, 235). Die Zurückstellung bedeutet nicht, dass damit auch die Bewährungszeit verlängert wäre (BVerfG NJW 2009, 3570 = StraFo 2009, 377). 1287

Die Strafe ist auch zu erlassen, wenn anstelle des Widerrufs eine Verlängerung der Bewährungszeit in Betracht kommt, aber wegen Erreichens des Höchstmaßes nicht mehr möglich ist (OLG Celle StV 1990, 115; NStZ 1991, 206; OLG Düsseldorf NStZ 1994, 559; aA *Stree* NStZ 1992, 153 (160)). 1288

IX. Widerruf des Straferlasses (§ 56g Abs. 2 StGB). Das Gericht kann innerhalb bestimmter zeitlicher Grenzen den Straferlass widerrufen, wenn der Verurteilte, auch im Ausland (*Fischer* StGB § 56g Rn. 1, 4), wegen einer in der Bewährungszeit begangenen vorsätzlichen Straftat zu Freiheitsstrafe von mindestens sechs Monaten verurteilt wird. 1289

H. Die Darlegung der Strafzumessung im Urteil. Die Darlegung der Strafzumessung im Urteil richtet sich zunächst nach § 267 Abs. 3 StPO. Zu den Besonderheiten bei der Tatprovokation → Rn. § 4 Rn. 302–304 und bei der Verfahrensverzögerung → Rn. 1143. Im übrigen gilt: 1290

I. Bestimmende Umstände. Nach § 267 Abs. 3 S. 1 StPO ist keine erschöpfende Aufzählung notwendig, sondern nur eine Darlegung der bestimmenden Umstände, dh der Tatsachen und Erwägungen, die für die Strafrahmenbestimmung, die Art der Strafe und die Strafhöhe Bedeutung haben können (BGH NStZ-RR 2014, 320; 2015, 240; *Schäfer/Sander/van Gemmeren* Strafzumessung Rn. 1352). Dazu gehören vor allem die Tatsachen und Erwägungen, die für den Schuldumfang maßgeblich sind (zB Art der Tatbegehung, Art, Menge und Qualität des Betäubungsmittels, Folgen der Tat, Sicherstellung, polizeiliche Überwachung, Art und Intensität einer Tatprovokation (dazu aber → § 4 Rn. 305–307) sowie im Hinblick auf die gebotene Gesamtwürdigung die persönlichen Verhältnisse des Täters. 1291

Was als **wesentlicher Strafzumessungsgrund** anzusehen ist, ist unter Berücksichtigung der Besonderheiten des **Einzelfalls** vom Tatrichter zu entscheiden (BGH NStZ-RR 2015, 240). Allerdings gilt: je mehr sich die Strafe dem **oberen oder unteren Bereich** des Strafrahmens nähert, desto eingehender sind die maßgebenden Gründe darzulegen (BGHR StGB § 46 Abs. 1 Beurteilungsrahmen 7; BGH StV 1991, 396). 1292

II. Die besonderen Begründungserfordernisse. Waren in der Hauptverhandlung Umstände behauptet worden, die einen vertypten Milderungsgrund begründet hätten, so müssen sich die Urteilsgründe auch für die Strafzumessung dazu aussprechen (§ 267 Abs. 2 StPO). Dasselbe gilt, wenn ein minder schwerer oder ein besonders schwerer Fall angenommen oder entgegen einem in der Hauptverhandlung gestellten Antrag verneint wird (§ 267 Abs. 3 S. 2, 3 Hs. 2 StPO) oder ein besonders schwerer Fall trotz Erfüllung eines Regelbeispiels nicht angenommen wird (§ 267 Abs. 3 S. 3 Hs. 1 StPO). 1293

III. Die sachlich -rechtliche Begründungspflicht. Neben den sich aus § 267 StPO ergebenden Pflichten hat die Revisionsrechtsprechung eine sachlich-rechtliche Begründungspflicht der Tatgerichte entwickelt. Sie leitet diese aus ihrer Aufgabe her, auf Sachrüge die sachliche Richtigkeit des Urteils zu überprüfen. Eine solche Prüfung sei nur möglich, wenn das Urteil die Überlegungen und Erwägungen mitteile, die nach dem materiellen Recht für die Bestimmung der Rechtsfolgen nahe liegen, und die Feststellungen dazu enthalten (stRspr; BGHR StPO § 267 1294

BtMG Vor §§ 29 ff. Sechster Abschnitt. Straftaten und Ordnungswidrigkeiten

Abs. 3 S. 2 Strafrahmenwahl 1; *Schäfer/Sander/van Gemmeren* Strafzumessung Rn. 1349). Dabei genügt auch hier eine Mitteilung der bestimmenden Tatsachen und Erwägungen; eine erschöpfende Aufzählung ist nicht notwendig (*Schäfer/Sander/van Gemmeren* Strafzumessung Rn. 1361).

1295 Aus dem Urteil muss sich danach regelmäßig ergeben, **dass eine Gesamtwürdigung** stattgefunden hat. Nur wenn die für die Abwägung erheblichen Umstände die Annahme eines minder schweren Falles als **fernliegend** erscheinen lassen, ist es nach sachlichem Recht nicht geboten, darauf näher einzugehen (BGHR StGB vor § 1/minder schwerer Fall Gesamtwürdigung 1 = StV 1988, 250; 7; BtMG § 29 Abs. 3 Strafrahmenwahl 5 = NJW 1989, 1680 = NStZ 1988, 367 = StV 1989, 202).

1296 Ebenso muss grundsätzlich **der Strafrahmen** angegeben werden. Hiervon kann nur abgesehen werden, wenn die angewandte Strafvorschrift weder besonders schwere noch minder schwere Fälle vorsieht, das Gericht keine vertypten Strafmilderungsgründe angenommen hat und sie auch fernliegend erscheinen und die erkannte Strafe sich weder der Mindest- noch der Höchststrafe nähert und daraus erkennbar wird, das das Gericht von dem richtigen Strafrahmen ausgegangen ist (OLG Düsseldorf StV 2001, 224).

1297 Wie viel **Begründungsaufwand** betrieben werden muss, bestimmt sich danach, ob die Anwendung des Ausnahmestrafrahmens sich aufdrängt, lediglich als vertretbar erscheint oder sich etwa nur als nicht ganz fernliegende Möglichkeit darstellt (BGHR StGB vor § 1/minder schwerer Fall Gesamtwürdigung 7). Dies gilt für allgemeine Strafmilderungsgründe ebenso wie für einen vertypten Milderungsgrund (BGHR StGB vor § 1/minder schwerer Fall Gesamtwürdigung 1 (→ Rn. 1295)).

1298 Zu Fällen, die überwiegend den Handel mit synthetischen Drogen auf der **Techno-Szene** durch Personen betreffen, die dieser Szene und ihren Konsumgewohnheiten verbunden sind, → Rn. 799.

Kapitel 13. Die Unterbringung in der Entziehungsanstalt in Betäubungsmittelsachen (§ 64 StGB)

1299 **A. Einführung.** Die freiheitsentziehenden Maßregeln des allgemeinen Strafrechts (Unterbringung in der Entziehungsanstalt gemäß § 64 StGB, im psychiatrischen Krankenhaus gemäß § 63 StGB und in der Sicherungsverwahrung nach §§ 66, 66a StGB) gelten auch in Betäubungsmittelsachen.

1300 **B. Zweck, Verhältnis zu anderen Maßnahmen.** Am häufigsten ist die Unterbringung in der Entziehungsanstalt.

1301 **I. Zweck.** Die Unterbringung in der Entziehungsanstalt dient vorrangig der **Sicherung der Allgemeinheit** (BGH NStZ-RR 1996, 257), will aber diesen Zweck durch die Behandlung des Betroffenen erreichen (BVerfGE 91, 1 = NJW 1995, 1077 = NStZ 1994, 578 m. Bespr. *Rebsam-Bender, van der Haar* und *Dessecker* NStZ 1995, 158; 1995, 315 (318) = StV 1994, 594 m. Bespr. *Müller-Gerbes* StV 1996, 633 = JR 1995, 353 m. Bespr. *Müller-Dietz*). Erforderlich ist, dass bei einem erfolgreichen Verlauf der Behandlung jedenfalls das Ausmaß der Gefährlichkeit des Täters deutlich herabgesetzt wird; andernfalls ist die Unterbringung in der Entziehungsanstalt nicht zulässig (BGHR StGB § 64 Zusammenhang, symptomatischer 4 = NStZ 2003, 86; *van Gemmeren* in MüKoStGB § 64 Rn. 1).

1302 **II. Verhältnis zu anderen freiheitsentziehenden Maßregeln.** Die Voraussetzungen der Unterbringung in der Entziehungsanstalt und anderer freiheitsentziehender Maßregeln (psychiatrisches Krankenhaus; Sicherungsverwahrung) können gleichzeitig erfüllt sein. Zur Verbindung in solchen Fällen → Rn. 1303, 1305 sowie 1501–1505.

1. Psychiatrisches Krankenhaus. Liegen die Voraussetzungen der § 64 StGB **1303** und § 63 StGB gleichzeitig vor (→ Rn. **1421–1423**), so können beide Maßnahmen nebeneinander angeordnet werden (BGH NStZ-RR 2006, 103; StV 1998, 72). Die Anordnung der Unterbringung im psychiatrischen Krankenhaus ist nach § 72 Abs. 1 S. 2 StGB aber nicht zulässig, wenn deren Zweck durch die Unterbringung in der Entziehungsanstalt erreicht werden kann (BGH NStZ 2000, 469; NStZ-RR 1996, 162; StV 1998, 72). Zu der im Rahmen des § 72 Abs. 1 StGB zu stellenden Prognose → Rn. **1505**.

Die Unterbringung nach § 64 StGB wird nicht dadurch ausgeschlossen, dass eine **1304** psychische **Störung** (hier Borderline-Störung) zwar Anlass für die Entwicklung der Abhängigkeit war, aber nicht dazu führt, dass der Täter bei einer erfolgreichen Behandlung seiner Sucht im gleichen Maße gefährlich ist (BGH NStZ 2007, 326). Auf der anderen Seite kommt unter bestimmten Voraussetzungen auch die Unterbringung nach § 63 StGB in Betracht. Wegen der Einzelheiten wird auf → Rn. **1421–1423** verwiesen.

2. Sicherungsverwahrung. Liegen die Voraussetzungen für die Unterbringung **1305** in der Entziehungsanstalt und in der Sicherungsverwahrung **gleichzeitig** vor, so können auch diese beiden Maßregeln **nebeneinander** angeordnet werden (BGHR StGB § 66 Abs. 1 Erheblichkeit 4 = § 72 Sicherungszweck 5 = NJW 2000, 3015 = NStZ 2000, 587; 2001, 322 mAnm *Neubacher* = StV 2000, 615 mAnm *Janssen*; § 67 Abs. 2 Vorwegvollzug, teilweiser 14; BGH NStZ-RR 2011, 5). Kann der von dem Täter ausgehenden Gefahr allein durch die Maßregel nach § 64 StGB begegnet werden, so ist gemäß § 72 Abs. 1 StGB nur die Unterbringung in der Entziehungsanstalt anzuordnen (BGH NStZ-RR 1997, 291; 2009, 383; 2019, 245 (246)).

Allerdings setzt das Absehen von der Sicherungsverwahrung **ein hohes Maß an** **1306** **prognostischer Sicherheit** voraus, dass mit der Unterbringung in der Entziehungsanstalt die vom Angeklagten ausgehende Gefahr beseitigt werden kann (BGH NStZ 2009, 442; 2014, 203 mAnm *Piel* = NStZ-RR 2014, 172; NStZ-RR 2011, 5; 2011, 204; 2019, 245 (246)). Wird die Erwartung des Gerichts enttäuscht, kann Sicherungsverwahrung nicht mehr angeordnet werden. Zur Sicherheit der zu stellenden Prognose im Übrigen → Rn. **1505**.

Bei **Unsicherheiten über den Erfolg** der milderen Maßnahme sind nach § 72 **1307** Abs. 2 StGB **kumulativ beide Maßregeln** anzuordnen und nach § 72 Abs. 3 die **Vollstreckungsreihenfolge** zu bestimmen (BGHR StGB § 64 Zusammenhang, symptomatischer 5; § 72 Sicherungszweck 5 (→ Rn. **1305**); BGH NStZ 2009, 442; 2014, 203 (→ Rn. **1306**); NStZ-RR 2008, 336; 2011, 5; 2012, 106). Dabei ist die Unterbringung in der **Entziehungsanstalt** im Zweifel grundsätzlich **vor der Sicherungsverwahrung** zu vollziehen, weil eine erfolgreiche Entziehungskur die Voraussetzungen für eine Aussetzung der Sicherungsverwahrung oder günstigere Bedingungen für deren Vollzug schaffen kann (BGH NStZ 2015, 210 mAnm *Becker*); die Frage der Gefahr für die Allgemeinheit bei Vollzugslockerungen im Maßregelvollzug soll demgegenüber keine Rolle spielen (BGH NStZ-RR 2016, 138).

III. Verhältnis zu sonstigen Maßnahmen. § 64 StGB hat **Vorrang** vor **§§ 35,** **1308** **36 BtMG,** da diese erst im Vollstreckungsverfahren eingreifen und keinen Einfluss auf das Erkenntnisverfahren haben können (stRspr; BGHR StGB § 64 Ablehnung 7; 8; BGH NStZ 2009, 441 = StraFo 2009, 209; NStZ-RR 2012, 314; 2016, 209; 2017, 239; BeckRS 2020, 20308). Liegen die Voraussetzungen des § 64 StGB vor, muss das Gericht die Unterbringung anordnen und darf nicht auf die Möglichkeit des § 35 verweisen. Auch der Täter hat **kein Wahlrecht** (BGH NStZ-RR 2016, 209; 2018, 275). Deshalb ist die Unterbringung auch dann anzuordnen, wenn der Täter sich bereit erklärt, freiwillig in eine **ambulante** (BGH NStZ-RR 1996, 196) oder **stationäre** (BGH NStZ-RR 2012, 203) Therapie zu gehen, oder wenn das Gericht die Erteilung von Bewährungsweisungen für ausreichend hält (BayObLGSt 1995, 19 = NStZ-RR 1996, 29). Auch in diesen Fällen liegt keine Unverhältnismäßigkeit der Unterbringung vor. Schließlich ist zu beachten, dass das Tatgericht mit einer in den Urteilsgründen erteilten Zustimmung nach § 35 der Sache nach bereits den Hang und den symptomatischen Zusammenhang iSv § 64 StGB bejaht, sodass dort, wo sich dem Urteil nicht entnehmen lässt, dass die weiteren Voraussetzungen des § 64 StGB nicht erfüllt sind, eine (teilweise) Urteilsaufhebung unvermeidlich wird (BGH BeckRS 2019, 28817).

1309 **C. Verfahren, Zuziehung eines Sachverständigen.** Die Voraussetzungen für eine Anordnung nach § 64 StGB müssen **sicher feststehen**. Für die Anwendung des Zweifelssatzes besteht – anders als bei § 21 StGB – kein Raum (BGH NStZ-RR 2019, 308). Häufig kommt es auf die Sachrüge hin zu **Urteilsaufhebungen**, weil das Gericht bei Prüfung der Voraussetzungen einen zu engen Maßstab angelegt (zB BGH BeckRS 2019, 21232) oder eine Anordnung nach § 64 StGB nicht erörtert, obwohl dazu nach den Feststellungen zum Alkohol- oder Rauschgiftkonsum Anlass bestanden hätte (zB BGH BeckRS 2019, 16231; 2020, 22370). Dass nur der Angeklagte Revision eingelegt hat, hindert die Nachholung der Unterbringungsanordnung nicht (stRspr, zB BGH BeckRS 2019, 21232; 2019, 26436).

1310 Nach § 246a S. 2 StPO ist ein **Sachverständiger** hinzuziehen, wenn das Gericht die Unterbringung erwägt. Ob diese Erwägung konkret sein muss (BT-Drs. 16/1110, 25) oder ob ein Sachverständiger nur dann nicht eingeschaltet werden muss, wenn eine Unterbringung mangels Erfolgsaussicht offensichtlich nicht in Betracht kommt (BT-Drs. 16/5137, 11), ist nicht abschließend geklärt (dazu *Schalast* NStZ 2017, 433 (434)). Jedenfalls ist das Gericht sowohl bei der Feststellung eines Hanges als auch bei der erforderlichen Gefährlichkeitsprognose gehalten, sich sachverständiger Hilfe zu bedienen (BGH NStZ 2012, 46); dies kann nicht durch die in anderen Verfahren erworbene und andere Täter betreffende „eigene Sachkunde" des Gerichts ersetzt werden (BGH 5 StR 334/09). Zur **Form** des Gutachtens → Rn. 546.

1311 Verwendet der Gutachter **Prognoseinstrumente**, insbesondere **statistische Erkenntnisse**, so hat das Gericht zu beachten, dass diese dem Gutachter lediglich im Sinne einer Beurteilungshilfe dazu dienen dürfen, möglichst umfassende und damit auch treffsichere Prognosebeurteilungen im Einzelfall vorzunehmen (*Boetticher et al.* NStZ 2009, 478). Eine Verurteilung kann allein darauf nicht gestützt werden (BGH NStZ 2009, 227 = StV 2009, 118 = StraFo 2009, 72; 2009, 323; 2009, 499; NStZ-RR 2010, 203). Vielmehr bedarf es einer individuellen Prognose (BGH NStZ-RR 2014, 271). Dazu ist zusätzlich eine differenzierte Einzelfallanalyse durch den Sachverständigen erforderlich.

1312 Diese hat **das Gericht selbstständig zu überprüfen** und im Urteil darzulegen, warum es dem Sachverständigen folgt oder auch nicht folgt. Dies hat es vorzunehmen, ohne dass es selbst versucht, die „Scores" der Prognoseinstrumente zu interpretieren und dies in den Urteilsgründen als seine Überzeugung darzustellen (*Boetticher et al.* NStZ 2009, 478). Greift das Gericht, dem Sachverständigen folgend, auf statistische Prognoseinstrumente zurück, so ist die Angabe, welche Prozent- oder Punktwerte der Angeklagte als Testergebnis erreicht hat, nicht ausreichend; vielmehr ist im Einzelnen anzugeben, welche der maßgeblichen Kriterien bei dem Angeklagten erfüllt sind und welche nicht (BGH NStZ-RR 2010, 77). Statistische Prognoseelemente haben zwar nur einen geringen Beweiswert, gleichwohl kann ihnen nicht nahezu jeglicher Beweiswert abgesprochen werden (BGH NStZ-RR 2017, 307).

D. Voraussetzungen des § 64 StGB. Die Voraussetzungen der Unterbringung 1313
in der Entziehungsanstalt haben zunächst durch BVerfGE 91, 1 (→ Rn. 1301) und
dann durch den durch Gesetz v. 16.7.2007 (BGBl. I S. 1327) eingefügten Satz 2 (bei
Streichung des Absatzes 2) eine einschneidende Änderung erfahren, die sich im
Wesentlichen auf die Erfolgsaussicht einer Unterbringungsanordnung bezieht. Der
BGH fasst die Merkmale des § 64 StGB (zusf. Darstellung bei *Boetticher et al.* NStZ
2019, 560) sehr weit auf.

I. Hang zum Konsum berauschender Mittel im Übermaß. § 64 StGB setzt 1314
zunächst das Bestehen eines **Hangs** voraus, Alkohol oder andere Drogen im Übermaß zu sich zu nehmen. **Altersgrenzen** bestehen nicht (BGH BeckRS 2019,
21918 für einen 18jährigen Angeklagten; BeckRS 2020, 13936 zur Kombination
der Anordnung mit Jugendstrafe). Eine der wesentlichen Schwierigkeiten bei der
Feststellung des Hangs liegt darin, dass das Vorliegen oder Nichtvorliegen einzelner
Kriterien keinen automatischen Rückschluss auf das Bestehen bzw. Nichtbestehen
eines Hangs erlaubt.

1. Hang. Ein Hang liegt vor, wenn eine chronische, auf Sucht beruhende kör- 1315
perliche Abhängigkeit gegeben ist oder (ohne körperliche Abhängigkeit) eine eingewurzelte, auf psychische Disposition zurückgehende oder durch Übung erworbene intensive Neigung besteht, immer wieder Rauschmittel im Übermaß zu
konsumieren, wobei diese Neigung noch nicht den Grad physischer Abhängigkeit
erreicht haben muss (stRspr; BGHR StGB § 64 Abs. 1 Hang 1; BGH NStZ 2004,
384; NStZ-RR 2011, 242; 2012, 271; 2013, 150; 2016, 113; BeckRS 2019, 5407;
2019, 21918; 2019, 24155; zum Hang aus forensisch-psychiatrischer Sicht *Dannhorn* NStZ 2010, 366). Bei der Anwendung dieser weit aufzufassenden Definition
ist zu beachten:

Körperliche (physische) **Abhängigkeit** (→ § 1 Rn. 47, 48) ist zwar nicht not- 1316
wendig (stRspr; BGHR StGB § 21 BtM-Auswirkungen 15 (→ Rn. 474); BGH
NStZ 2007, 697 (→ Rn. 231); NStZ-RR 2012, 106; 2013, 340; 2016, 246; 2018,
72; BeckRS 2019, 30604). Körperliche Abhängigkeit und/oder eine körperliche
Entzugssymptomatik sind aber in der Regel sichere Zeichen für einen Hang (BGH
BeckRS 2009, 87422:erhebliche Indizwirkung; BGH BeckRS 2010, 13553: sicheres Indiz; *Fischer* StGB § 64 Rn. 9). Eine **psychische Abhängigkeit genügt**
(→ Rn. 1319). Deswegen kann auch bei einem regelmäßigen Konsum von **Cannabis** ein Hang gegeben sein (BGHR StGB § 64 Anordnung 2; Hang 1 = NStZ
1993, 339 = StV 1994, 76 mAnm *Gebhardt;* BGH NStZ 2002, 142; BeckRS 2019,
16231; *van Gemmeren* in MüKoStGB § 64 Rn. 19); auch ein „grundsätzlich täglicher" Cannabiskonsum kann trotz zeitweiser Abstinenz bereits ausreichen (BGH
BeckRS 2019, 30604).

Intervalle der Abstinenz stehen einem Hang nicht entgegen (BGH NStZ-RR 1317
2010, 216; 2012, 271; 2018, 105; 2018, 140); ebenso nicht, dass der Angeklagte
wiederholt oder kurzzeitig in der Lage war, seinen Rauschmittelkonsum zu verringern oder einzustellen (BGH BeckRS 2019, 21232; 2019, 30604; 2020, 20308).
Solche Umstände sprechen indes für eine Erfolgsaussicht iSv § 64 S. 2 StGB (BGH
BeckRS 2010, 29486). Auch eine **milde Entzugssymptomatik** oder das Fehlen
ausgeprägter Entzugssymptome (BGH NStZ-RR 2012, 271) schließt den Hang
nicht aus (BGH NStZ-RR 2018, 140; 2019, 175; BeckRS 2010, 13553). Zu nur
zeitweisem Konsum → Rn. 1321.

Ähnliches gilt für die **Depravation** (→ § 1 Rn. 52). Auch sie ist für das Bestehen 1318
eines Hangs nicht erforderlich (BGHR StGB § 64 Abs. 1 Hang 8; BGH NStZ-RR
2008, 8; 2013, 340; 2016, 113); auf der anderen Seite kann ihrem Fehlen ebenso
wie ihrem Vorliegen eine nicht unerhebliche indizielle Bedeutung zukommen

(BGHR StGB § 64 Abs. 1 Hang 8; BGH NStZ 2007, 697 (→ Rn. 231); NStZ-RR 2009, 59; 2019, 245 (246)).

1319 Ausreichend ist eine **psychische Abhängigkeit** (→ § 1 Rn. 45, 46) im Sinne einer eingewurzelten auf psychischer Disposition beruhenden oder durch Übung erworbenen intensiven Neigung, Rauschmittel im Übermaß zu konsumieren (→ Rn. 1315, 1316; BGH NStZ 2004, 384 = StV 2004, 36; 2007, 697 (→ Rn. 231); BeckRS 2009, 87210; NStZ-RR 2016, 246; *Schöch* in LK-StGB, 12. Aufl. 2007, StGB § 64 Rn. 45; *van Gemmeren* in MüKoStGB § 64 Rn. 23). Eine suchtbedingte Abhängigkeit kann auch dann die Annahme eines Hanges begründen, wenn sie **nicht** den Schweregrad einer seelischen Störung (→ Rn. 492) im Sinne **der §§ 20, 21 StGB** erreicht (BGH NStZ-RR 2003, 295; 2007, 193; 2009, 170; 2016, 246), sodass auch ein **voll schuldfähiger** Täter nach § 64 StGB untergebracht werden kann (→ Rn. 1328, 1335; BGH BeckRS 2003, 06417; *van Gemmeren* in MüKoStGB § 64 Rn. 23). Hat die psychische Abhängigkeit zu Beschaffungskriminalität geführt, kommt es auf ihren Grad oder ihre Ausprägung im Einzelnen nicht an (BGH NStZ-RR 2019, 275).

1320 Für den Hang kommen die verschiedenen Abhängigkeitstypen (→ § 1 Rn. 53) in Betracht. Die Neigung muss sich allerdings **nicht** auf ein bestimmtes Rauschmittel beziehen (BGH BeckRS 2007, 11154). Gerade in den Fällen der **Polytoxikomanie** ist die Suchtmittelabhängigkeit in der Regel besonders ausgeprägt, ohne dass Abstinenzphasen hieran etwas ändern (→ § 1 Rn. 54–56; BGH BeckRS 2010, 30922; 2010, 29486). Eine **Substitution** mit Methadon oder Buprenorphin (BGH BeckRS 2003, 06417) deutet auf einen Hang hin, da sie Opiatabhängigkeit voraussetzt (BGHR § 64 Abs. 1 Hang 7; BGH NStZ 2003, 484 mablAnm *Dannhorn;* NStZ-RR 2018, 13; 2019, 245). In der Regel wird dies nur in den Fällen des Beikonsums praktisch werden.

1321 Einerseits setzt der Hang keinen regelmäßigen Konsum voraus. Zwar begründen allein **gelegentlicher** (BGH NStZ-RR 2013, 150; 2016, 242) oder auch häufiger **Rauschmittelkonsum** und die Begehung von Straftaten im Rausch noch keinen Hang (BGHR StGB § 64 Abs. 1 Hang 1 (→ Rn. 1316); 6 = NStZ-RR 1997, 291; BGH NStZ 2004, 384; NStZ-RR 2004, 365 = StraFo 2004, 246). Auch dann, wenn der Täter in der Lage ist, seinen Konsum zu **kontrollieren,** liegt regelmäßig **kein Hang** vor (BGH StR 139/01; s. aber BGH BeckRS 2019, 30604). Ein kontrollierter Konsum fehlt aber bei einem Täter, bei dem Geldmangel nicht zur Abstinenz führt und der die Tat zur Fortsetzung des Konsums begeht (BGH BeckRS 2019, 21918). Dennoch ist andererseits nicht erforderlich, dass die Gewöhnung auf täglichen oder häufig wiederholten Konsum des Rauschgifts zurückgeht; es kann genügen, dass der Täter **von Zeit zu Zeit** oder **bei passender Gelegenheit** dem Hang folgt (BGH NStZ-RR 2009, 137; 2018, 140; 2019, 238; 2019, 202); auch phasenweise Unterbrechungen des Konsums oder Abstinenzzeiten schließen den Hang nicht aus (vgl. BGH BeckRS 2019, 34058). Die Grenze liegt dort, wo die Neigung zum Rauschmittelkonsum **handlungsleitend** wird (BGH NStZ-RR 2013, 150; s. auch BGHSt 50, 188 = NJW 2005, 3155 = NStZ 2006, 278 = StV 2005, 546 für den Hang bei der Sicherungsverwahrung; *Fischer* StGB § 64 Rn. 8).

1322 **Typisches Merkmal** für die Abhängigkeit ist das **Entzugssyndrom** (*Fischer* StGB § 64 Rn. 9). Das Fehlen erheblicher Entzugserscheinungen kann daher gegen einen Hang sprechen (BGHR StGB § 64 Abs. 1 Gefährlichkeit 3; Hang 3 = BeckRS 1991, 31085282), muss dies aber nicht (BGH NStZ-RR 2010, 216; StV 2008, 405; BeckRS 2010, 13553). Da die Anwendung des § 64 StGB körperliche Abhängigkeit nicht voraussetzt, ist nicht erforderlich, dass körperliche Entzugserscheinungen (→ § 1 Rn. 48) festgestellt werden (BGHR StGB § 64 Abs. 1 Hang 8; BGH NStZ 2004, 681). Auch die für die **psychische Abhängigkeit** typischen Symptome (→ § 1 Rn. 45, 46) können auf einen Hang hinweisen. Für die Annahme des Hangs ist von erheblicher indizieller Bedeutung, ob der Täter sozial gefährlich oder gefährdet erscheint; das kommt bei **Beeinträchtigung von Gesundheit, Arbeits- und Leistungsfähigkeit** sowie bei **Beschaffungskriminalität** in Betracht (stRspr, BGH BeckRS 2019, 34058; näher → Rn. 1326).

Der Hang muss zum Zeitpunkt der **Hauptverhandlung** bestehen (BGH NStZ- 1323 RR 2001, 295). Er muss **positiv festgestellt** werden (BGH NStZ-RR 2003, 106; 2006, 104). Zweifel sind zu Gunsten des Angeklagten zu lösen und stehen der Maßregelanordnung entgegen; eine zu Unrecht angeordnete Unterbringung nach § 64 StGB beschwert den Angeklagten (BGHR BtMG § 30a Abs. 2 Gegenstand 5 = NStZ 2004, 111; BGH NStZ 2004, 681; NStZ-RR 2001, 295; 2003, 106; BeckRS 2009, 25653). Auf der anderen Seite sind massive Hinweise auf eine fortbestehende Abhängigkeit auch dann in die Beweiswürdigung mit einzubeziehen, wenn die Selbsteinschätzung des Angeklagten, er habe die Abhängigkeit überwunden, aktuell durch negative Blutanalysen gestützt wird (BGH NStZ-RR 2009, 184). Die Aussicht, in den Genuss einer Halbstrafenentlassung nach § 67 Abs. 2 S. 3, Abs. 5 StGB zu gelangen, kann Angeklagte zu stark **übertriebenen Konsumangaben** verleiten; die Darstellungen zu Drogenkarriere und Konsummengen sind daher unter Sachverständigen und dem Gericht sorgfältig anhand der Lebenssituation eines Angeklagten und der Untersuchungsbefunde zu prüfen (*Boetticher et al* NStZ 2019, 561).

Der chronische Rauschmittelmissbrauch oder die Abhängigkeit von berauschen- 1324 den Substanzen trifft nicht selten mit **anderen psychischen Störungen** zusammen. Die Anwendung des § 64 StGB ist nicht deswegen ausgeschlossen, weil außer dem Rauschmittelgebrauch noch andere Persönlichkeitsmängel oder -störungen eine Disposition zur Begehung von Straftaten begründen (BGH NStZ 2004, 681; 2005, 629 = NStZ-RR 2005, 304; 2007, 326; BeckRS 2010, 28424), sofern der notwendige symptomatische Zusammenhang festgestellt werden kann (→ Rn. 1329; BGH NStZ-RR 2018, 273). Dies gilt insbesondere für Störungen, die erst durch den Suchtstoffmissbrauch entstanden sind (BGH BeckRS 2001, 30163176).

2. Konsum berauschender Mittel. Berauschende Mittel sind solche, die in ih- 1325 ren Auswirkungen denen des Alkohols vergleichbar sind. Dazu gehören vor allem Stoffe und Zubereitungen, die zur Herbeiführung einer Enthemmung und zur Beseitigung von Unlustgefühlen geeignet sind, insbesondere die **Betäubungsmittel nach den Anlagen I bis III** zum BtMG (*Fischer* StGB § 64 Rn. 5; *Schöch* in LK-StGB, 12. Aufl. 2007, StGB § 64 Rn. 75) einschließlich Cannabis (*Schöch* in LK-StGB, 12. Aufl. 2007, StGB § 64 Rn. 76) sowie entsprechende Arzneimittel (*van Gemmeren* in MüKoStGB § 64 Rn. 18, 19).

3. Im Übermaß. Die berauschenden Mittel müssen im **Übermaß** konsumiert 1326 werden. Dies setzt eine Überschreitung des gesundheitlich Verträglichen (BGH NStZ/M 1981, 425 (427)) in einem Maße voraus, dass der **Täter sozial gefährdet oder gefährlich erscheint** (BGH NStZ 2005, 210; 2019, 265; NStZ-RR 2011, 242; 2017, 239; 2017, 370; BeckRS 2019, 21918; 2019, 21232; 2019, 34058). Eine solche Gefährdung und Gefährlichkeit kommt nicht nur bei einem Rauschmittelkonsum in Frage, der Gesundheit, Arbeits- und Leistungsfähigkeit erheblich beeinträchtigt, sondern insbesondere auch bei **Beschaffungskriminalität** in Betracht (BGH NStZ 2005, 210; NStZ-RR 2012, 204; 2017, 370; 2018, 72; 2018, 105; 273; 2019, 175; BeckRS 2019, 21232; 30604; 2019, 34058). Auch **Vorstrafen** wegen Betäubungsmitteldelikten oder eine Verstrickung in Schulden aus Betäubungsmittelkäufen können darauf hinweisen (BGH BeckRS 2019, 24155). Dem Umstand, dass der Täter in seiner **Gesundheit**, seiner **Arbeits- und Leistungsfähigkeit** wesentlich beeinträchtigt ist (BGHR StGB § 21 BtM-Auswirkungen 15; BGH NStZ 2007, 697; NStZ-RR 2011, 242; 2012, 204; 2016, 113;

2017, 370), kommt lediglich indizielle Bedeutung zu (BGH NStZ-RR 2019, 175; BeckRS 2019, 23763; 2019, 5407). Das **Fehlen** dieser Beeinträchtigungen schließt das Vorliegen eines Hanges zum Konsum im Übermaß, vor allem bei Beschaffungskriminalität, **nicht** notwendig **aus** (BGH NStZ-RR 2012, 204; 2013, 340; 2014, 271; 2016, 138; 2016, 246; 2017, 370; 2018, 72; 2018, 218; BeckRS 2019, 5407; 2019, 24293); gleiches gilt für das Ausbleiben ausgeprägter Entzugssymptome und Intervalle der Abstinenz (BGH NStZ-RR 2019, 175). Liegt ein Abhängigkeitssyndrom vor, darf dem Erhalt der Arbeitsfähigkeit keine zu große indizielle Bedeutung beigemessen werden (BGH BeckRS 2019, 24293). Bei langandauernder **Drogenabstinenz** eines sozial integrierten Rauschgifthändlers vor, während und nach der Tat kann es am Hang jedoch fehlen (BGH NStZ-RR 2016, 113). Dass der Täter aufgrund seiner Abhängigkeit sozial gefährdet oder gefährlich erscheint, ist im Fall der Anordnung der Maßregel in den **Urteilsgründen** mit entsprechenden Feststellungen zu belegen, etwa durch die Ursächlichkeit des Konsums für begangene oder die Gefahr künftiger Straftaten (BGH BeckRS 2004, 7623). Einen Erfahrungssatz, dass bei psychischer Drogenabhängigkeit grundsätzlich die Gefahr neuer erheblicher Straftaten bestehe, gibt es nicht (BGH BeckRS 1991, 31085282).

1327 **II. Anlasstat (im Rausch begangen oder auf Hang zurückzuführen), Symptomwert.** Der von § 64 StGB geforderte symptomatische Zusammenhang liegt nach stRspr vor, wenn der Hang zum Missbrauch von Rauschmitteln allein oder zusammen mit anderen Umständen dazu beigetragen hat, dass der Täter eine erhebliche rechtswidrige Tat begangen hat und dies bei unverändertem Verhalten auch für die Zukunft zu erwarten ist (BGH NStZ-RR 2019, 308 mwN; BeckRS 2019, 37837). Der Täter muss also wegen einer rechtswidrigen Tat verurteilt werden, die er im Rausch begangen hat oder die auf seinen Hang zurückzuführen ist. Dabei ist die erste Alternative nur ein Unterfall der zweiten (BGH NJW 1990, 3282 = NStZ 1991, 128 = JR 1991, 102 mAnm *Stree;* BGH NStZ-RR 2006, 204; 2012, 72). Stets muss die Tat **ihre Wurzel** in dem Hang finden, als Symptomwert für diesen haben, indem sich in ihr die hangbedingte Gefährlichkeit des Täters äußert (BGH NStZ-RR 2016, 169; 2019, 308; BeckRS 2017, 139627; 2019, 24293; 2019, 37837). Zur Erheblichkeit → Rn. 1334.

1328 **Im Rausch begangen** ist die Tat, wenn sie während des für das jeweilige Rauschmittel typischen, die geistig-psychischen Fähigkeiten beeinträchtigenden Intoxikationszustands begangen worden ist (BGH NStZ-RR 2012, 72). Auch eine solche Tat muss ihre Wurzeln in einem Hang finden (→ Rn. 1327). **Auf den Hang geht** die Tat zurück, wenn sie mit der Gewöhnung in ursächlichem Zusammenhang steht (BGH NStZ-RR 2016, 169; *Stree/Kinzig* in Schönke/Schröder StGB § 64 Rn. 10). Dies kommt auch dann in Betracht, wenn der Täter bei Begehung der Tat **voll schuldfähig** war (BGHR BtMG § 29 Abs. 1 Nr. 1 Handeltreiben 55 = NStZ-RR 2001, 118; BGH BeckRS 2017, 139627; *Fischer* StGB § 64 Rn. 14); auch → Rn. 1335.

1329 **In beiden Fällen** muss die Tat **Symptomwert** für den Hang des Täters zum Missbrauch von Betäubungsmitteln haben; seine hangbedingte Gefährlichkeit muss sich in ihr äußern (BGHR StGB § 64 Abs. 1 Hang 2 (→ Rn. 1327); Rausch 1 (→ Rn. 1327); § 64 Zusammenhang, symptomatischer 2 = NStZ 2000, 25; BGH NStZ-RR 2006, 204; 2016, 169). **Mitursächlichkeit** des Hangs für die Taten oder ihr Ausmaß genügt (BGH NStZ-RR 2019, 140). Deshalb reicht es aus, dass der Hang **neben anderen Umständen** (BGH NStZ 2009, 204 (→ Rn. 1332); 258 (→ Rn. 543); 2010, 83; NStZ-RR 2011, 209; 2013, 74; 340; 2017, 336; 2018, 13) mit dazu beigetragen hat, dass der Täter erhebliche rechtswidrige Taten begangen hat, und dies bei unverändertem Suchtverhalten auch für die Zukunft zu besorgen ist (BGH BeckRS 2019, 37837; BGHR StGB § 64 Zusammenhang, symptomatischer 5; BGH NJW 2015, 2898 (→Rn. 203); NStZ-RR 2004, 78; 2011, 309; 2017, 239; 2019, 140), mithin die konkrete Tat **in dem Hang ihre Wurzel findet** (BGH NStZ-RR 2014, 75; 2016, 113; 2019, 107).

Ein symptomatischer Zusammenhang kommt auch in Betracht, wenn ein evident gewordener Hang lediglich Einfluss **auf die Qualität** und **Intensität** der bisherigen Straftaten hatte und ihm ein solcher Einfluss auch auf die künftigen zu befürchtenden Straftaten zukommen kann (BGH NStZ-RR 2006, 104; 2017, 336; 2019, 140; 2020, 338). 1330

Der symptomatische Zusammenhang zwischen Hang und Anlasstat **muss sicher feststehen;** hierfür bedarf es bei Taten, die nicht auf die Erlangung von Rauschmitteln selbst oder von Geld zu deren Beschaffung abzielten, besonderer, diese Feststellung begründender Umstände (BGH NStZ-RR 2016, 173; BeckRS 2014, 7395; 2019, 37837). Stets ist eine sorgfältige umfassende Analyse der konkreten Bedingungen erforderlich (BGH NStZ-RR 2019, 244). 1331

Daran kann es fehlen, wenn ein Banküberfall über Tage hinweg ohne nennenswerte Einwirkung eines Rauschmittels vorbereitet wird, und zwar auch dann, wenn der Täter abhängig ist und sich zur Tatzeit in einem Rausch befand (BGH StGB § 64 Abs. 1 Hang 2 (→Rn. 1327)), wenn der Raubüberfall durchgeführt wird, um Schulden aus dem Erwerb von Rauschgift zu bezahlen (BGH NStZ 2004, 494 = StV 2004, 595), oder wenn die Tat, die auch eine Betäubungsmittelstraftat sein kann und bei der der Täter unter Einfluss von Rauschgift stehen kann, der **Finanzierung des allgemeinen Lebensbedarfs** (und damit mittelbar des Drogenkonsums) dient (BGH NStZ 2009, 204 = StV 2009, 15; 586 mAnm *Jung*; BeckRS 2004, 7623) oder der **Gewinnerzielung** (BGH NStZ-RR 2016, 173). 1332

Der gebotene symptomatische Zusammenhang liegt nach stRspr vor allem bei **zwei** Fallgruppen nahe: bei Delikten, bei denen der Täter erheblich unter dem **Einfluss des Rauschmittels** stand, hinsichtlich dessen auch sein Hang besteht (BGH NStZ-RR 2020, 338) sowie bei **Beschaffungskriminalität,** also bei Taten, die begangen werden, um Rauschmittel oder Geld für ihre Beschaffung zu erlangen (BGH NStZ-RR 2019, 244; BeckRS 2019, 37837) und wird danach häufig bei Verstößen gegen das BtMG (BGH NStZ-RR 2002, 331), Diebstahl in Apotheken, Rezeptfälschungen oder sonstiger unmittelbarer oder mittelbarer **Beschaffungskriminalität** (BGH NJW 2010, 1892; NStZ 2009, 261; NStZ-RR 2009, 48 = StraFo 2009, 30; 2013, 150; 2016, 113; 2018, 105; BeckRS 2019, 5407) gegeben sein. Zwingend ist dies jedoch nicht, etwa wenn der Täter bewusst während der Tat nicht unter Drogen stand (BGH NStZ-RR 1998, 142). Ein symptomatischer Zusammenhang liegt dagegen vor oder nahe, wenn der Täter einen schweren **Raub** begeht, um **Schulden** bei seinem Dealer zu tilgen und sich weiterhin Drogen zu verschaffen (BGH NStZ-RR 2009, 383) oder wenn es kaum vorstellbar erscheint, dass der Täter seinen erheblichen aus dem Rauschgiftkonsum resultierenden **Finanzbedarf** ohne kriminelle Mittel decken kann oder die Tat nach einem **Drogenrückfall** und/oder beging, um mit der Beute Rauschgift zu kaufen und so einem **drohenden Entzug** zu entgehen (BGH NStZ-RR 2019, 244 (245)). 1333

Bei **Einfuhr** oder **Handeltreiben** liegt ein symptomatischer Zusammenhang eher fern, wenn sich die Tat **auf andere Arten** von Drogen bezieht als der Hang des Täters (BGHR StGB § 21 BtM-Auswirkungen 15 (→Rn. 474)). Der symptomatische Zusammenhang scheidet regelmäßig aus, wenn die Taten allein zur Finanzierung des Lebensbedarfs oder nur der Gewinnerzielung dienten, wenn es zur Zeit der Tat abstinenten Täter nur darum ging, das erworbene Rauschgift **mit Gewinn zu veräußern** (BGH NStZ-RR 2016, 113), das gilt selbst dann, wenn er gelegentlich selbst Suchtmittel konsumiert (BGH BeckRS 2019, 37837). Dasselbe gilt, wenn der Täter sich mit seinen jeweiligen Mittätern unabhängig von seinem **aktu-** 1334 ellen **Suchtverlangen** jeweils spontan, wenige Stunden vor den Taten, zu deren Ausführung entschlossen hat (BGH NStZ 2007, 697 (→ Rn. 231)) oder bei einer **Eifersuchtstat** am Liebhaber und Dealer, selbst wenn sich die Täterin auch die Drogenquelle erhalten wollte (BGH NStZ-RR 2006, 204). An die **Erheblichkeit** der Tat, zu der der Hang beigetragen haben muss, sind nur geringe Anforderungen zu stellen. Auch wenn es genügt, dass dass der Hang nur zu einem Teil mehrerer Taten beigetragen hat, scheiden jedenfalls **Bagatelltaten** wie der Besitz geringer, zum Eigenverbrauch bestimmter Rauschgiftmengen, wenn sie die Geringfügigkeitsgrenze des § 29 Abs. 5 nicht überschreiten, aus (BGH NStZ-RR 2019, 308).

1335 Anders als bei § 63 StGB kommt es für die Unterbringung in einer Entziehungsanstalt **nicht** darauf an, dass der Täter bei der Begehung der Tat **schuldunfähig** oder **vermindert schuldfähig** war (BGHR StGB § 64 Abs. 1 Rausch 1 = StV 1998, 75; BGH NStZ 2003, 12; NStZ-RR 2004, 78; 2009, 170; 2013, 74). Der symptomatische Zusammenhang wird schließlich nicht dadurch ausgeschlossen, dass außer dem Hang noch weitere **Persönlichkeitsmängel** des Täters eine Disposition für die Begehung von Straftaten begründen (BGH NStZ-RR 2019, 245; BeckRS 2019, 24293). Entscheidend ist allein, dass im Einzelfalle im Rausch der Anreiz für die Begehung liegt (BGH BeckRS 2017, 139627). auch → Rn. 1316.

1336 **III. Gefahr weiterer erheblicher Taten.** Weitere Voraussetzung ist die Gefahr, dass der Täter zumindest auch (BGH NStZ-RR 2004, 78) infolge seines Hanges **erhebliche rechtswidrige** Taten begehen wird. Die erforderliche **Gefährlichkeitsprognose** ist auf der Grundlage einer Gesamtwürdigung (→ Rn. 1344) zu treffen, bei der auch der Grundsatz der Verhältnismäßigkeit (§ 62 StGB) mit einzubeziehen ist. Die Gefahr weiterer Straftaten wird nicht dadurch ausgeschlossen, dass der Täter bei der Begehung der Anlassstat voll schuldfähig war (→ Rn. 1328, 1335). Die geforderte Gefahr kann auch allein durch die Anlassstat begründet werden (BGHR StGB § 64 Abs. 1 Gefährlichkeit 2; 7; BGH NStZ-RR 2004, 204 = StV 2004, 601). Die **Erheblichkeitsschwelle** liegt unter der des § 63 StGB; eine Gefahr für die Allgemeinheit muss so gegeben sein (BGH NStZ-RR 2010, 238). Zu erwartende Verbrechen nach dem BtMG gelten grundsätzlich als erheblich (BGH NStZ-RR 2008, 234). Ausreichend ist auch der Besitz in nicht geringer Menge zum **Eigenkonsum**. Zwar lässt er nur eine die Selbstschädigung des Täters erwarten ist, jedoch setzt § 64 StGB – anders als § 63 StGB – keine Gefahr für die Allgemeinheit voraus (vgl. BGH BeckRS 2019, 25416). Der Erwerb kleinerer Mengen zum Eigenkonsum genügt hingegen nicht (BGH NStZ 1994, 280). Die Feststellung der Erheblichkeit ist eine Rechtsfrage.

1337 **1. Zeitpunkt.** Maßgeblicher Zeitpunkt für die Prognose ist derjenige der tatrichterlichen Aburteilung (BGH NStZ-RR 2018, 275), nicht das Ende eines der Unterbringung vorangehenden Strafvollzuges (BGHR StGB § 64 Abs. 2 Aussichtslosigkeit 6 = StV 1998, 72; BGH NStZ-RR 1997, 97; StV 1998, 73; s. BayObLG JR 1995, 513 mAnm *Müller-Dietz*).

1338 **2. Begründete Wahrscheinlichkeit.** Die Gefahr weiterer Straftaten kann nur angenommen werden, wenn die begründete oder naheliegende Wahrscheinlichkeit besteht, dass der Täter zumindest auch infolge seines Hanges erhebliche rechtswidrige Straftaten begehen wird. Eine allgemeine Gefährdung oder eine bloße Wiederholungsmöglichkeit genügen nicht (BGH BeckRS 2019,; BGHR StGB § 64 Abs. 1 Gefährlichkeit 3; 5 = NStZ 1994, 280 = StV 1994, 313).

1339 Der Anordnung der Maßregel steht nicht entgegen, dass **neben der Abhängigkeit** auch andere, etwa charakterbedingte, Gründe oder Persönlichkeitsmängel zukünftige Straftaten erwarten lassen (BGH NStZ-RR 1997, 231; BeckRS 2000, 3833).

a) **Gefahr bei Drogenabhängigen.** Es ist typisch für eine hangbedingte Gefährlichkeit, wenn der abhängige Täter straffällig wird, um in den Besitz von Betäubungsmitteln (auch zum Handeltreiben) zu gelangen (BGH NStZ-RR 2002, 331). Dies gilt auch bei Taten der mittelbaren Beschaffungskrimonalität, etwa einem Raub (BGH NStZ-RR 2009, 383). Allerdings gibt es **keinen Erfahrungssatz**, dass bei einem psychisch Drogenabhängigen grundsätzlich die Gefahr neuer erheblicher Straftaten besteht (BGHR StGB § 64 Abs. 1 Gefährlichkeit 3; BGH StV 1996, 538 mAnm *Weider*). Eine lediglich abstrakte Wiederholungsgefahr reicht als Tatsachengrundlage nicht aus (BGH NStZ-RR 2016, 242; StV 1996, 538). Allerdings kann der **bloße Willen** des Täters, künftig abstinent zu leben, noch keine positive Prognose begründen (BGH BeckRS 2007, 03792), auch wenn er freiwillig **therapeutische Hilfen** oder eine ambulante Therapie in Anspruch nehmen will (BGH NStZ-RR 1996, 196; BeckRS 2004, 7430; 2006, 6379). 1340

Bei **Opiatsüchtigen** ist die Gefahr weiterer erheblicher Straftaten meist anzunehmen (BGH NStZ 2005, 210; NStZ-RR 2002, 331). 1341

Soweit nur zu erwarten ist, dass der Täter künftig **kleine Rauschgiftmengen** zum **Eigenkonsum** erwirbt, kann das für sich allein eine Unterbringung nach § 64 StGB nicht rechtfertigen (BGHR StGB § 64 Abs. 1 Gefährlichkeit 5 (→ Rn. 1338); BGH StV 1996, 538; BeckRS 2004, 8119; OLG Düsseldorf NStZ-RR 2012, 183 = StV 2012, 291). 1342

b) **Nicht notwendig vergleichbare Taten.** Auf der anderen Seite ist nicht erforderlich, dass die zu befürchtenden Taten der Anlasstat gleich oder ähnlich sind. Eine über den symptomatischen Zusammenhang hinausgehende Konnexität zwischen der Abhängigkeit und zu erwartenden Straftaten ist jedoch nicht erforderlich (BGH NStZ-RR 2007, 368). 1343

c) **Gesamtwürdigung.** Anders als in § 63 StGB ist eine Gesamtwürdigung zwar nicht gesetzlich vorgeschrieben, jedoch ist es unerlässlich, dass sich das Gericht anhand des Vorlebens des Täters und der Entwicklung seines Hangs gegebenenfalls mit sachverständiger Hilfe eine tragfähige Urteilsgrundlage darüber verschafft, inwiefern künftige Taten wahrscheinlich sind. Wichtige Anhaltspunkte für die Rückfallgefahr können sich zunächst aus der Persönlichkeit des Täters, seinem Vorleben und bisherigem Rauschmittelkonsum und seiner Lebenssituation ergeben. Bedeutsam sind ebenso Art, Anzahl, Gewicht und zeitliche Abfolge seiner Vorstrafen; dabei ist auch darauf einzugehen, ob es trotz der Verbüßung von Strafhaft zu erneutem Rauschmittelkonsum und erneuter, ggf. einschlägiger Straffälligkeit kam (BGH BeckRS 2019, 26436; BGHR StGB § 64 Abs. 1 Gefährlichkeit 4). Zur Verwendung von **Prognoseinstrumenten** und **statistischen Erkenntnissen** durch den Sachverständigen → Rn. 1311, 1312. 1344

d) **Abwendung durch andere Mittel.** Von der Anordnung der Unterbringung darf mit Rücksicht auf andere Mittel auch dann nicht abgesehen werden, wenn das Gericht diese für geeignet und ausreichend hält (→ Rn. 1308). 1345

IV. Erfolgsaussicht (§ 64 S. 2 StGB). Durch Gesetz v. 16.7.2007 (BGBl. I S. 1327) wurde Absatz 2 gestrichen und durch Satz 2 ersetzt. Mit der Neuregelung wurde eine Entscheidung des BVerfG (BVerfGE 91, 1 (→ Rn. 1301)) umgesetzt. 1346

1. Hinreichend konkrete Erfolgsaussicht. Nach Satz 2 setzen Anordnung und Vollzug der Maßregel voraus, dass eine hinreichend konkrete Aussicht besteht, den Süchtigen **zu heilen** oder über eine **erhebliche Zeitspanne** (→ Rn. 1349) vor dem Rückfall in die akute Sucht zu bewahren. Die konkrete Erfolgsaussicht der Maßregel muss **positiv festgestellt** und dort, wo sie sich nicht von selbst versteht, mit konkreten Umständen begründet werden (BGH NStZ-RR 2019, 140; BeckRS 2009, 10284; 2020, 27781). Auf der anderen Seite ist sie nicht allein deswegen zu verneinen, weil der Täter besser in einer Betreuungsform außerhalb des 1347

Maßregelvollzugs zu behandeln wäre (BGH NStZ-RR 2010, 234). Notwendig ist eine **Gesamtwürdigung** der Täterpersönlichkeit und aller sonstigen prognoserelevanten Umstände (BGH NJW 2015, 2898 (→ Rn. 203)). **Prognoseungünstige Umstände** wie langjähriger verfestigter Suchtmittelmissbrauch, wiederholt erfolglos gebliebene oder sonst geschleiterte und/oder abgebrochene Therapien oder Rückfälle nach Entzügen dürfen nicht übergangen werden (vgl. BGH NStZ-RR 2019, 140 BeckRS 2020, 27781). Allein ein gescheiterter, lasnge Jahre zurückliegender Therapieversuch belegt aber noch nicht die Erfolglosigkeit jedweden Therapieansatzes (BGH BeckRS 2007, 03792). Auch ein pauschaler Verweis auf geringe **Deutschkenntnisse** genügt nicht, um die Erfolgsaussicht zu verneinen. Zu berücksichtigen ist, dass bereits Sprachkenntnisse ausreichen, die eine Verständigung im Alltag ermöglichen und dass der Angeklagte seine Deutschkenntnisse während eines Strafvorwegvollzugs verbessern kann (BGH NStZ-RR 2019, 174 mBespr *Müller-Metz* NStZ-RR 2019, 175; BGH NStZ-RR 2018, 273). Ob der Angeklagte die deutsche Schriftsprache beherrscht, ist irrelevant (BGH NStZ-RR 2013, 241). Weitgehende Sprachunkundigkeit kann das Absehen von der Unterbringung nahelegen (BGH StV 2019, 267).

1348 Erforderlich ist danach **die Prognose,** dass bei erfolgreichem Verlauf jedenfalls das **Ausmaß der Gefährlichkeit** des Täters nach Frequenz und krimineller Intensität der von ihm zu befürchtenden Straftaten **deutlich herabgesetzt** wird (BGH NStZ 2003, 86; NStZ-RR 2002, 298) und dass sich in Persönlichkeit und Lebensumständen des Täters konkrete Anhaltspunkte finden, die einen solchen Verlauf erwarten lassen (BGH NStZ-RR 2009, 48; *Fischer* StGB § 64 Rn. 19). **Nicht ausreichend** ist es, wenn lediglich **nicht ausgeschlossen** werden kann, dass eine konsequente Therapie an dem Hang des Angeklagten etwas ändern könne oder die Therapie als nicht aussichtslos einzustufen sei (BGH BeckRS 2010, 21062; BeckRS 2011, 14184; 2008, 21009).

1349 Die **Zeitspanne** der Rückfallfreiheit muss **erheblich** sein. Der Gesetzgeber hat den Vorschlag der Bundesregierung („nicht unerhebliche Zeit") nicht übernommen (BT-Drs. 16/5137, 4, 10), so dass ein längerer Zeitraum erforderlich ist (BGH NStZ-RR 2010, 141; 5 StR 378/08).

1350 Ein **Therapiewunsch** und ein **ernsthafter Behandlungswille** vermögen eine Erfolgsaussicht nicht zu begründen, wenn andere Umstände bzw. **prognoseungünstige Faktoren** dagegen sprechen (BGH NStZ-RR 2018, 305; BeckRS 2019, 3591520); dies gilt besonders bei einem langjährig verfestigtem Abhängigkeitssyndrom, vielfachen Vorstrafen und einer **dissozialen Charakterstruktur** als Mitursache für die Taten (BGH BeckRS 2019, 28845) und/oder gescheiterten Therapieversuchen (BGH NStZ-RR 2020, 338). Auch darf die **Therapierbarkeit des Täters** nicht von vornherein als gegeben angesehen werden; sie bedarf einer verlässlichen Tatsachengrundlage (BGH NStZ-RR 2019, 140).

1351 **Maßgeblicher Zeitpunkt** für die Prognose über den hinreichend konkreten ist der der tatrichterlichen Hauptverhandlung. Die vom Gericht als prognostisch bedeutsam bewerteten Umstände müssen zu diesem Zeitpunkt vorliegen. Noch ungewisse positive Veränderungen und lediglich mögliche Wirkungen künftiger Maßnahmen genügen als tragfähige Anknüpfungstatsachen nicht (BGH NStZ-RR 2018, 275 mAnm *Müller-Metz*)

1352 **a) Therapiefähigkeit.** An der Therapiefähigkeit fehlt es nicht, wenn der Täter bereits eine Therapie absolviert hat und rückfällig geworden ist; dasselbe gilt für erfolglos gebliebene Entgiftungsversuche, die er selbst durchgeführt hat (BGH NStZ-RR 1997, 131 = StV 1998, 73) oder sonstige Therapieversuche (BGH 5 StR 257/93).

Die Unterbringung kommt auch in Betracht, wenn der Täter in einer Substitu- 1353
tionsbehandlung steht, daneben jedoch weiterhin Cocain konsumiert (**Beikonsum**) und die Motivation zu völliger Drogenfreiheit bei ihm nicht besteht; als Therapieziel für die Unterbringung kann dann ausreichen, ihn vom Beikonsum anderer Betäubungsmittel zu befreien (BGH NStZ 1996, 274).

Die Unterbringung bietet dann keine hinreichend konkrete Erfolgsaussicht, 1354
wenn die Fortsetzung einer langjährigen Substitutionsbehandlung, verbunden mit dem alsbaldigen Aufbau einer sozialen Umgebung, als **einzige Möglichkeit** in Betracht kommt, den Angeklagten vor einem Rückfall in die akute Sucht zu bewahren (BGH NStZ-RR 1997, 231 = StV 1998, 541).

b) Therapieunwilligkeit. Therapieunwilligkeit lässt allein noch nicht auf man- 1355
gelnde Erfolgschancen schließen (BGH 5 StR 545/06), zumal die Möglichkeit besteht, dass der Betroffene sich nach einer gewissen Anpassungszeit der Notwendigkeit der Behandlung öffnen und an ihr mitwirken wird (BGH NStZ-RR 1997, 34; 2004, 263; 2011, 309). Sie kann aber ein **Indiz für eine mangelnde Erfolgsaussicht** sein (BGH NJW 2000, 3015 = NStZ 2000, 587; 2001, 322 mAnm *Neubacher* = StV 2000, 615 mAnm *Jansen*; NStZ-RR 2009, 277; 2017, 310). Allerdings sind in einer Gesamtwürdigung stets die **Gründe und Wurzeln des Motivationsmangels** festzustellen und zu überprüfen, ob die Therapiebereitschaft durch die Behandlung geweckt werden kann (BGH NStZ-RR 2007, 171; 2009, 277; 2011, 203; 2012, 307; 2016, 246; 2018, 13; 2018, 302).

Für die Ablehnung der Unterbringung genügt es daher nicht, darauf zu verwei- 1356
sen, dass **der Täter erklärt**, nicht an der Therapie mitwirken zu wollen. Notwendig ist auch in diesem Falle eine **Gesamtwürdigung** der Täterpersönlichkeit unter Berücksichtigung aller erheblichen Umstände (→ Rn. 1355), um zu klären, ob die konkrete Aussicht besteht, dass die Therapiebereitschaft für eine erfolgversprechende Behandlung geweckt werden kann (BGH NStZ-RR 1996, 85; 1996, 163; 1998, 70; 2007, 171; 2011, 308; BeckRS 2018, 26598). Ist der Täter entschlossen, an einer Entziehungsbehandlung nicht mitzuwirken, so kann dies für das Fehlen einer hinreichend konkreten Erfolgsaussicht sprechen, wenn zu der Therapieunwilligkeit mehrere in der Vergangenheit **gescheiterte Entgiftungsversuche** hinzukommen (BGH NStZ-RR 2010, 9). Gleiches gilt, wenn der Täter jede Entwöhnungsbehandlung und auch seine vollständige Entgiftung kategorisch ablehnt und im zurückliegenden Jahrzehnt **zahlreiche Therapieversuche gescheitert** sind (BGH BeckRS 2000, 3850).

Gerade bei längeren Freiheitsstrafen sind auch die durch das G v. 16.7.2007 1357
(BGBl. I S. 1327) eingeführten **neuen Regeln zur Vollstreckungsreihenfolge** (§ 67 Abs. 2 S. 2 StGB) zu berücksichtigen, die zudem die Möglichkeit eröffnen, im Rahmen der vorweg zu vollziehenden Strafe nach dem Strafvollzugsgesetzen eine Sozialtherapie durchzuführen. Eine im Urteilszeitpunkt vorhandene persönlichkeitsbedingte Therapieunwilligkeit muss daher der Anordnung der Unterbringung in der Entziehungsanstalt nicht entgegenstehen (BGH NStZ 2010, 42).

c) Voraussichtlich lange Therapiedauer. Die Streitfrage, ob die notwendige 1358
Erfolgsaussicht zu verneinen ist, wenn bis zur Erzielung eines Behandlungserfolgs mit einer voraussichtlichen Therapiedauer von mehr als zwei Jahren zu rechnen ist (dazu zuletzt BGH NStZ 2015, 43; 2017, 296) wurde durch eine Änderung des § 64 S. 2 StGB durch G v. 8.7.2016 (BGBl. I S. 1610) dahin entschieden, dass in den Fällen, in denen zugleich eine Freiheitsstrafe verhängt wurde, die verlängerte Höchstfrist nach § 67d Abs. 1 S. 3 StGB maßgeblich ist. Danach ist in diesen Fällen die Unterbringung in der Entziehungsanstalt nicht mehr von vornherein auf zwei Jahre beschränkt; die Höchstfrist verlängert sich um die Dauer des nach § 67 Abs. 4 StGB anrechenbaren Teils der Freiheitsstrafe. Dies bedeutet, dass die Unterbrin-

gung nach § 64 StGB auch dann angeordnet werden kann, wenn ausnahmsweise eine Behandlungsdauer von mehr als 2 Jahren zu prognostizieren ist (BGH NStZ-RR 2017, 139; 2018, 72). Damit ist diejenige Rspr. (zB BGH NStZ-RR 2014, 212) überholt, nach der eine Unterbringungsanordnung auszuscheiden hatte, wenn mit einer erfolgreichen Therapie nicht innerhalb von zwei Jahren gerechnet werden kann. Nach den Motiven des Gesetzgebers soll eine mehr als zweijährige Behandlungsdauer allerdings auf **Ausnahmefälle** beschränkt bleiben; er verweist mit Recht darauf, dass „sinnvolle Behandlungen kaum über drei Jahre hinausgehen sollten" und eine „vernünftige Prognose über einen längeren Behandlungszeitraum ohnehin nur schwer möglich scheint." (BT-Drs. 18/7244, 25).

1359 **d) Organisatorische Ausgestaltung des Vollzugs.** Die Unterbringung wird nicht durch Umstände ausgeschlossen, die unabhängig von der Persönlichkeit des Täters ausschließlich die organisatorische Ausgestaltung und praktische Durchführung der Maßregel betreffen, insbesondere das Fehlen eines geeigneten Therapieplatzes oder sonstiger organisatorischer Rahmenbedingungen (BGHSt 36, 199 = NJW 1989, 2337 = NStZ 1990, 78 mAnm *Lorbacher* = StV 1989, 431; BGHR StGB § 64 Abs. 2 Aussichtslosigkeit 3; 6 = StV 1998, 72; BGH NStZ-RR 1997, 97). Dies gilt, sofern die Voraussetzungen für eine Ausnahme nicht gegeben sind (→ Rn. 1308), auch nach der Neufassung des § 64 S. 1 StGB (aber auch → Rn. 1345).

1360 Einem **eindeutigen Gesetzesbefehl** darf die Gefolgschaft nicht deshalb versagt werden, weil die Exekutive nicht die zu seiner Durchführung erforderlichen Mittel bereit hält (BVerfG NJW 2006, 427 = StV 2006, 420 = StraFo 2005, 499). Allerdings ist es nicht geboten, dass bereits zum Zeitpunkt des im Einzelfall nicht vorhersehbaren Vollstreckungsbeginns ein für den jeweiligen Verurteilten geeigneter Platz in einer Maßregeleinrichtung vorgehalten wird. Von den Vollstreckungs- und Vollzugsbehörden kann der auf den konkreten Einzelfall bezogene Behandlungsbedarf nicht ohne weiteres antizipiert werden. Die sogenannte **Organisationshaft** ist daher nicht schlechterdings unzulässig.

1361 Verfassungsrechtlich geboten ist es indes, dass die Vollstreckungsbehörden auf den konkreten, von der Rechtskraft des jeweiligen Urteils abhängigen Behandlungsbedarf **unverzüglich reagieren** und in beschleunigter Weise die Überstellung des Verurteilten in eine geeignete Einrichtung, welche sich unter Umständen auch außerhalb des jeweiligen Landes befinden kann, herbeiführen muss (BVerfG NJW 2006, 427 (→ Rn. 1360)).

1362 Außer Betracht bleiben müssen auch die **erhöhte Fluchtgefahr** bei Lockerungen im Maßregelvollzug (BGH NStZ-RR 2002, 7 = StV 2001, 678 mAnm *Stange*), es sei denn es treten kriminogene Störungen hinzu (→ Rn. 1308), ebenso die im Strafvollzug besser gewährleistete **Drogenfreiheit** (BGH StraFo 2004, 359) oder dass der Täter wegen seiner hohen Intelligenz für eine **Gruppentherapie** nicht geeignet sei (BGH NStZ-RR 1997, 97 = StV 1998, 72).

1363 **2. Folgen fehlender Erfolgsaussicht.** Scheidet die **Anordnung** (zu späteren Entscheidungen → Rn. 1397–1406) der Unterbringung in der Entziehungsanstalt aus, weil eine hinreichend konkrete Erfolgsaussicht der Therapie nicht besteht, so ist eine Unterbringung im **psychiatrischen Krankenhaus** in Betracht zu ziehen, wenn zwischen dem seelischen Zustand des Täters und seiner Gefährlichkeit, etwa bei einer krankhaften Sucht (BGH NStZ-RR 1996, 56), ein symptomatischer Zusammenhang besteht (BGHSt 44, 338 = NJW 1999, 1792; BGHSt 44, 369 = NJW 1999, 3422 = StV 1999, 486); dazu auch → Rn. 1304, 1324, 1409, 1416, 1419–1423.

1364 Hat die Gesamtwürdigung des Täters und seiner Taten ergeben, dass er infolge eines Hanges zu erheblichen Straftaten für die Allgemeinheit gefährlich ist, so ist die Unterbringung in der **Sicherungsverwahrung** in Erwägung zu ziehen, wenn auch die formellen Voraussetzungen (§ 66 Abs. 1 Nr. 1, 2; Abs. 2, 3 StGB) hierfür gegeben sind (BGH NJW 2000, 3015 = NStZ 2000, 587).

V. Verhältnismäßigkeit (§ 62 StGB). Zwischen dem Eingriff in die Freiheit, 1365 der mit der Unterbringung verbunden ist, und der Bedeutung der begangenen und zu erwartenden Taten sowie der von dem Täter ausgehenden Gefahr darf kein eindeutiges Missverhältnis bestehen (BGH NJW 1970, 1242; NStZ-RR 1997, 2; *Weider* StV 1996, 538 (539)). Ob dies gegeben ist, ist in einer **Gesamtbetrachtung** zusammenfassend zu würdigen. Insbesondere gibt es kein Gebot, dass die Dauer der Maßregel die Dauer der erkannten Freiheitsstrafe nicht überschreiten dürfe (BGH NStZ-RR 2011, 309). Es ist ferner zu klären, ob eine Aussetzung der Vollstreckung nach § 67b StGB in Betracht kommt (BGH NStZ 2010, 692).

E. Anordnung/Sollvorschrift. Die Neufassung des Satzes 1 gebietet selbst 1366 dann, wenn ihre Voraussetzungen festgestellt sind, die Anordnung der Maßregel **nicht mehr zwingend** (Sollvorschrift). Damit soll einer Blockierung von Therapieplätzen durch Verurteilte mit ungünstiger Prognose entgegengewirkt werden. Dem Gericht ist allerdings kein freies Ermessen eingeräumt; vielmehr darf es, wenn ein Hang und eine konkrete Erfolgsaussicht festgestellt sind, nur **in Ausnahmefällen** von der Anordnung absehen (BGH NStZ 2010, 42; NStZ-RR 2008, 73; 2010, 307). Als solche wurden im Gesetzgebungsverfahren (BT-Drs. 16/1344, 12) vor allem **mangelnde Sprachkenntnisse** (dazu aber → Rn. 1.342 und BGH NStZ 2012, 689; NStZ-RR 2013, 241: Grundkenntnisse genügen, Beherrschung der Schriftsprache nicht notwendig; ähnlich BGH NStZ-RR 2018, 273), eine **bevorstehende Ausweisung** bzw. Abschiebung wegen damit verbundener erhöhter Fluchtgefahr oder das Vorliegen **kriminogener Persönlichkeitsmerkmale,** die eine Erprobung unter Lockerungsbedingungen nicht zulassen, genannt (BGH StV 2008, 138; NStZ 2009, 204). Meist wird es in diesen Fällen bereits an der konkreten Erfolgsaussicht fehlen. Dass das Gericht sein **Ermessen ausgeübt hat,** muss aus der Entscheidung für das Revisionsgericht nachprüfbar hervorgehen (BGH BeckRS 2010, 29486; NJW 2008, 2662 = NStZ 2008, 392 = StV 2008, 300). Nicht berücksichtigt werden darf dabei, dass der Angeklagte eine Behandlung nach § 35 vorzieht.

F. Aussetzung zugleich mit der Anordnung (§ 67b StGB). Begründen **be-** 1367 **sondere Umstände** die Erwartung, dass der Zweck der Unterbringung auch dadurch erreicht werden kann, dass ihre Vollstreckung zur Bewährung ausgesetzt wird, so muss das Gericht die Aussetzung anordnen (Absatz 1 Satz 1), es sei denn, dass zugleich eine zu vollstreckende Freiheitsstrafe verhängt wird (Absatz 1 Satz 2).

Solche Umstände können in der Tat, in der Person des Täters oder in seiner ge- 1368 genwärtigen oder künftigen Lage liegen. Sie müssen erwarten lassen, dass die von ihm ausgehende Gefahr weiterer Taten abgewendet oder so abgeschwächt wird, dass der Verzicht auf den Vollzug der Unterbringung verantwortet werden kann (BGHSt 34, 313 = NJW 1987, 2312 = NStZ 1987, 364 = StV 1988, 361; BGH NStZ 2007, 465 = StV 2007, 412; NStZ-RR 2010, 171; *Fischer* StGB § 67b Rn. 3). Die günstige Prognose muss zur Überzeugung des Gerichts bestehen; der Zweifelssatz gilt insoweit nicht (→ Rn. 1189, 1190).

Für sich genommen begründet das **Eintreten der Führungsaufsicht** mit der 1369 Bestellung eines Bewährungshelfers und der Erteilung von Weisungen noch nicht die Voraussetzungen des § 67b Abs. 1 StGB (BGH NStZ 2007, 465 = StV 2007, 412). Etwas anderes kommt dann in Betracht, wenn die damit gegebene Überwachung und das Risiko, bei Nichterfüllung der Weisungen mit dem Vollzug der Unterbringung rechnen zu müssen, **im konkreten Fall tatsächlich** eine hinreichende Gewähr dafür bieten, der Täter werde sich einer erfolgversprechenden ambulanten Therapie unterziehen, so dass die Erwartung gerechtfertigt ist, der Zweck der Maßregel werde auch ohne deren Vollzug erreicht werden (BGH NStZ 2007, 465 = StV 2007, 412; NStZ-RR 2010, 171; 2011, 75 = StV 2011, 275).

1370 Auch eine auf **Landesrecht** beruhende Unterbringung kann ein besonderer Umstand sein, sofern sie besser geeignet ist, den Täter zu heilen (BGHSt 34, 313 (→ Rn. 1368); BGH NStZ 2007, 465 = StV 2007, 412; NStZ-RR 2010, 171). Dasselbe gilt für eine **zivilrechtliche** Unterbringung nach § 1906 Abs. 1 BGB (BGH NStZ 2007, 465 (→ Rn. 1368); NStZ-RR 2010, 171). Beide Maßnahmen können aber nicht Gegenstand einer Bewährungsweisung sein (BGH NStZ 2007, 465 = StV 2007, 412). Als besonderer Umstand kommt auch eine **Betreuung** in Betracht, wenn der Betroffene mit gerichtlicher Genehmigung in einem Heim oder einer Einrichtung des **betreuten Wohnens** untergebracht wird, wo auch die regelmäßige Einnahme der Medikamente gewährleistet ist (BGH NJW 2002, 2573 = NStZ 2002, 367 = StV 2001, 679).

1371 **G. Vollstreckungsreihenfolge (§ 67 StGB).** Ordnet das Gericht **neben** der Unterbringung in der Entziehungsanstalt oder im psychiatrischen Krankenhaus **Freiheitsstrafe** an, so ist nach § 67 Abs. 1 StGB die Maßregel vor der Strafe zu vollziehen. § 67 StGB gilt nur, wenn Freiheitsstrafe und Unterbringung **in einer Entscheidung** angeordnet werden (BGH NStZ-RR 2010, 207; *Fischer* StGB § 67 Rn. 2). Zur Vollstreckungsreihenfolge bei der Anordnung **mehrerer Maßregeln** → Rn. 1506.

1372 **I. Vollstreckungsreihenfolge bei verschiedenen Entscheidungen.** Beruhen Maßregel und Freiheitsstrafe auf verschiedenen Entscheidungen, so richtet sich die Vollstreckungsreihenfolge nach § 44b StVollstrO. Die Entscheidung obliegt der Vollstreckungsbehörde (OLG Hamm NStZ 1999, 535; *Maier* in MüKoStGB § 67 Rn. 14; Pohlann/Jabel/Wolf § 44b Rn. 6). Die Anfechtbarkeit richtet sich nach § 23 EGGVG.

1373 **Tritt** die zu vollstreckende Freiheitsstrafe nach dem Beginn der Unterbringung **erst hinzu,** so sollte die Vollstreckungsbehörde möglichst rasch eine Entscheidung der **Gnadenbehörde** darüber herbeiführen, ob im Falle einer erfolgreichen Therapie die Strafe im Gnadenwege (wiederum) zur Bewährung ausgesetzt werden kann (für Bayern Nr. 6 der Bek. v. 22.6.2006 (BayJMBl. S. 91), zuletzt geändert durch Bek. v. 29.6.2015 (BayJMBl. S. 82)). Nur wenn ein Gnadenerweis nicht möglich erscheint, sollte die Vollstreckungsbehörde den Vorwegvollzug der Strafe anordnen.

1374 **II. Vollstreckungsreihenfolge bei einer Entscheidung (Absatz 1).** Diese Fallgestaltung hat das Gesetz im Auge.

1375 **1. Grundsatz.** Grundlage des Absatzes 1 ist die Vorstellung des Gesetzgebers, bei einem Täter, dessen Taten auf seiner Abhängigkeit beruhen, solle möglichst umgehend mit der Behandlung begonnen werden, weil dies am ehesten einen dauerhaften Erfolg verspreche (BGH NStZ 2010, 84). Gerade bei hohen Freiheitsstrafen gehe es darum, den Verurteilten möglichst frühzeitig von seinem Hang zu befreien, damit er in der Haft an der Verwirklichung des Vollzugsziels mitarbeiten könne (BGHSt 37, 160 = NJW 1990, 3281 = NStZ 1990, 586 = StV 1991, 560; BGH NStZ-RR 1999, 10; StV 2002, 481; StraFo 2006, 299).

1376 **2. Vorwegvollzug der Strafe (Absatz 2).** Absatz 2 in der Fassung des Gesetzes v. 16.7.2007 (BGBl. I S. 1327) enthält Regelungen zur Änderungen der Vollstreckungsreihenfolge, von denen
– die Sätze 1 und 4 für Maßregeln nach § 63 und § 64 StGB,
– die Sätze 2 und 3 nur für Maßregeln nach § 64 StGB
gelten.

Kap. 13. Unterbringung in der Entziehungsanstalt **Vor §§ 29 ff. BtMG**

a) Die allgemeine Ausnahme (Absatz 2 Satz 1). Nach Absatz 2 Satz 1 ist der 1377
vollständige oder teilweise Vorwegvollzug der Strafe **zwingend** (*Fischer* StGB § 67
Rn. 4) anzuordnen, wenn der Zweck der Maßregel dadurch **leichter zu erreichen**
ist. Dies setzt eine entsprechende Feststellung voraus. Bleibt dies offen, so ist die
Umkehrung der Vollstreckungsreihenfolge nicht zulässig (BGH NStZ 1993, 437;
BGH 1 StR 330/01).

Andere Gründe, vor allem solche der vermeintlichen Zweckmäßigkeit, recht- 1378
fertigen den Vorwegvollzug nicht (BGH NStZ 1986, 427; *Fischer* StGB § 67 Rn. 7).
Dasselbe gilt von dem Mangel an geeigneten Therapieplätzen (BGH NStZ 1981,
492 mkritAnm *Scholz;* 1982, 132; NStZ 1990, 103) oder Therapiemodellen (LG
Hamburg MDR 1981, 778).

Absatz 2 Satz 1 ist vor allem anwendbar, wenn der **Vorwegvollzug** der ganzen 1379
oder teilweisen Strafe als **sinnvolle Vorstufe** der Behandlung für deren Zwecke erforderlich ist (BGHSt 33, 285 = NJW 1986, 141 = NStZ 1986, 139 mAnm *Wen-
disch* = StV 1986, 17; BGH NStZ 1986, 524; StraFo 2006, 299; *Maier* in MüKo-
StGB § 67 Rn. 30). Will das Gericht dies annehmen, so muss es dies **mit auf den
Einzelfall** abgestellten, **nachprüfbaren** Erwägungen begründen (BGH NStZ
2010, 84). Dabei muss es deutlich machen, dass es sich um einen Ausnahmefall handelt, bei dem die zugrunde gelegten Umstände in der Person des konkreten Verurteilten **besonderes Gewicht** erlangt haben.

Ein Abweichen von der Vollstreckungsreihenfolge kann grundsätzlich damit 1380
gerechtfertigt werden, dass die Behandlung im Maßregelvollzug der **Entlassung
in Freiheit** unmittelbar **vorausgehen** sollte, weil ein sich anschließender Strafvollzug die positiven Auswirkungen des Maßregelvollzugs wieder gefährden
würde (BGH NStZ 2010, 84). Bestätigt wird dies durch den neuen Satz 4. Allerdings ist auch hier eine Darlegung in Bezug auf den **konkreten Verurteilten** erforderlich (NStZ 2010, 84); NStZ-RR 2003, 295; StV 2002, 481; 5 StR 374/07).

In der **Erzeugung eines Leidensdrucks** wird zum Teil ein tragfähiger Ansatz- 1381
punkt für die Umkehrung der Vollstreckungsreihe gesehen (BGHSt 33, 285
(→ Rn. 1379); BGH NJW 1988, 216 = NStZ 1987, 574 = JZ 1988, 378; NStZ
2002, 533 = StV 2002, 478; *Ziegler* in BeckOK StGB StGB § 67 Rn. 7.2). Unstreitig ist dies nicht (*Kinzig* in Schönke/Schröder StGB § 67 Rn. 11 mwN). Jedenfalls
sollte diesem Gesichtspunkt nur aufgrund sachverständiger Beratung nach gründ-
licher Prüfung des Einzelfalls Gewicht beigemessen werden (BGH StGB § 67
Abs. 2 Zweckerreichung, leichtere 10).

Entsprechendes gilt für den Vorwegvollzug der Freiheitsstrafe mit der Begrün- 1382
dung, hierdurch werde die **Therapiemotivation** geweckt und verstärkt (BGH
StraFo 2006, 299). Grundsätzlich kann ein Mangel an Therapiebereitschaft am
ehesten im Maßregelvollzug überwunden werden (BGH NStZ-RR 1999, 10;
StraFo 2006, 299). Etwas anderes kommt in Betracht, wenn konkrete Umstände
dies nahelegen (BGH NStZ-RR 2002, 26).

Auch die **pauschale** Annahme, die Erfolgschancen einer Entziehungskur seien 1383
um so höher, je länger die **vorangegangene Zeit** der **Drogenabstinenz** gewesen
sei, kann eine Änderung der Vollstreckungsreihenfolge für sich allein nicht rechtfertigen (BGHR StGB § 67 Abs. 2 Vorwegvollzug, teilweiser 9; Zweckerreichung,
leichtere 11).

Sofern nicht nach den Sätzen 2 und 3 auf die Halbstrafe abzustellen ist 1384
(→ Rn. 1385–1390), muss das Gericht der sich durch den (teilweisen) Vorwegvollzug der Strafe ergebenden **Zusatzbelastung** grundsätzlich dadurch Rechnung
tragen, dass nur soviel Freiheitsstrafe vorweg vollzogen wird, dass ihre Dauer zusammen mit der voraussichtlichen Dauer des Maßregelvollzugs zwei Drittel der Strafe
ausmachen (BGHR StGB § 67 Abs. 2 Vorwegvollzug, teilweiser 7; 10; 15 = NStZ-

BtMG Vor §§ 29ff. Sechster Abschnitt. Straftaten und Ordnungswidrigkeiten

RR 2000, 7; 16 = NStZ-RR 2001, 93; BGH NStZ-RR 2001, 93; 2003, 295). Wird diese Zeit überschritten, so bedarf es besonderer Darlegung, ob dies noch mit dem Rehabilitationsinteresse vereinbar ist (BGHR StGB § 67 Abs. 2 Vorwegvollzug 6; teilweiser 7; BGH NStZ 2007, 30); unzulässig ist das Überschreiten nicht (BGH NJW 1988, 216 (→ Rn. 1381)).

1385 **b) Die Ausnahmen für die Entziehungsanstalt (Absatz 2 Sätze 2, 3).** Die neuen Sätze 2 und 3 greifen die Rechtsprechung auf, die sich – wenn auch mit viel Mühe – bereits zu der früheren Fassung des § 67 Abs. 2 StGB entwickelt hatte (*Fischer* StGB § 67 Rn. 10). Von Bedeutung ist, dass nunmehr der **Halbstrafenzeitpunkt** (§ 67 Abs. 5 S. 1 StGB) maßgeblich ist (BGH NStZ 2008, 212 = StraFo 2008, 82; NStZ-RR 2012, 71). Ein Beurteilungsspielraum steht dem Gericht insoweit nicht mehr zu (BGH NJW 2008, 1173 = NStZ 2008, 213 = StV 2008, 180; NStZ 2010, 32; BeckRS 2013, 06497). Dies gilt auch dann, wenn eine Halbstrafenaussetzung nicht in Betracht kommt (BGH NStZ-RR 2008, 182 = StV 2008, 306; StV 2008, 248; 2008, 635; BGH BeckRS 2009, 24830; *Fischer* StGB § 67 Rn. 11a).

1386 Das Gericht hat danach eine **bestimmte Dauer** des **Vorwegvollzugs** der Freiheitsstrafe festzusetzen (BGH 1 StR 233/08; 1 StR 515/09; BeckRS 2011, 4343; *Schöch* in LK-StGB, 12. Aufl. 2007, StGB § 67 Rn. 67; *Fischer* StGB § 67 Rn. 11a). Eine genaue Berechnung der vorweg zu vollstreckenden Strafe ist danach unerlässlich. Dabei ist wie folgt vorzugehen (*Volkmer* in Körner/Patzak/Volkmer § 35 Rn. 549):

1387 Zunächst ist auf Grund der konkreten Umstände (BGH NJW 2008, 1173 = NStZ 2008, 213 = StV 2008, 180) die voraussichtliche Dauer der Suchtbehandlung bis zur Erzielung eines Therapieerfolgs zu ermitteln (BGH NStZ-RR 2009, 172; 2 StR 622/10). Dabei genügt es nicht, lediglich eine „übliche" Therapiedauer von ein bis zwei Jahren festzusetzen (BGH Winkler NStZ 2011, 390). Vielmehr ist auf Grund der für den konkreten Angeklagten zutreffenden Umstände zu klären, welche Therapiedauer sich für ihn voraussichtlich ergeben wird (*Fischer* StGB § 67b Rn. 11b).

1388 Diese Dauer ist so zu bemessen, dass einschließlich der voraussichtlichen Dauer der Unterbringung der Halbstrafenzeitpunkt erreicht wird. Die voraussichtliche Dauer der **Unterbringung** muss **bestimmt** festgestellt werden (BGH NStZ-RR 2010, 141; BGH 1 StR 515/09; *Fischer* StGB § 67 Rn. 11b), wobei das Gericht auf Grund der **konkreten Umstände** eine Prognose zu treffen hat, wie lange die Suchtbehandlung bis zur Erzielung eines Behandlungserfolgs voraussichtlich dauern wird (BGH NStZ-RR 2009, 172; BeckRS 2009, 26069). Sind mehrere Strafen (die in einem Urteil verhängt wurden) zu vollstrecken, so sind sie zusammenzurechnen (BGH NStZ-RR 2010, 306 (307)).

1389 Bei der Bestimmung der Dauer der vorweg zu vollziehenden Strafe bleibt die erlittene **Untersuchungshaft** außer Betracht (BGH NStZ-RR 2010, 171; 2014, 107; 453). Sie ist nach § 51 Abs. 1 StGB von der Vollstreckungsbehörde auf den vorweg zu vollziehenden Teil der Strafe anzurechnen (BGH NJW 2008, 1173 (→ Rn. 1387); NStZ-RR 2014, 107).

1390 Da es sich bei § 67 Abs. 2 S. 2 StGB um eine Sollvorschrift handelt, hat das Gericht bei **aktuell dringender Therapiebedürftigkeit** weiterhin die Möglichkeit, es beim Vorwegvollzug der Maßregel zu belassen (BGH NStZ-RR 2008, 142; 2 StR 392/07; BT-Drs. 16/1110, 14; *Fischer* StGB § 67 Rn. 12). Eine solche Therapiebedürftigkeit muss allerdings festgestellt werden (BGH 5 StR 624/07).

1391 **c) Ausnahme bei zu erwartender Ausreise (Absatz 2 Satz 4).** Bei Maßregeln nach den §§ 63, 64 StGB soll das Gericht den (vollständigen) Vorwegvollzug der Strafe anordnen, wenn der Verurteilte vollziehbar zur Ausreise verpflichtet ist

Kap. 13. Unterbringung in der Entziehungsanstalt **Vor §§ 29 ff. BtMG**

und zu erwarten ist, dass sein Aufenthalt in Deutschland während oder unmittelbar nach Verbüßung der Strafe beendet wird. Zur Vollziehbarkeit ist keine Bestandskraft der aufenthaltsbeendenden Maßnahme erforderlich; es genügt das Vorliegen einer vollziehbaren Ausreisepflicht nach § 58 Abs. 2 S. 2 AufenthG (OLG Celle StV 2009, 194; dazu *Jung* StV 2009, 212). Die Entscheidung kann auch nachträglich getroffen und geändert werden (§ 67 Abs. 3 S. 2, 3 StGB).

H. Mehrfache Anordnung der Maßregel (§ 67 f StGB). Ordnet das Gericht 1392 wegen einer neuen, **nach** der früheren Verurteilung begangenen Tat erneut die Unterbringung in der Entziehungsanstalt an, so ist die frühere Maßregel erledigt. Es läuft dann eine neue Höchstfrist von zwei Jahren; die bisherige Vollzugszeit wird nicht angerechnet (*Fischer* StGB § 67 f Rn. 1). Ist die Tat **vor** der früheren Verurteilung begangen, gehen die Regeln über die Gesamtstrafenbildung vor (BGH NStZ-RR 2011, 243). Die früher angeordnete Maßregel ist aufrechtzuerhalten (§ 55 Abs. 2 StGB). Der Vollzug läuft unter Anrechnung seiner bisherigen Dauer weiter (*Fischer* StGB § 67 f Rn. 2).

I. Verfahrensrechtliches, Revision. Auch wenn nur der Angeklagte Revision 1393 eingelegt hat, hat das Revisionsgericht auf die allgemeine Sachrüge zu prüfen, ob das Tatgericht zu Recht von der Anordnung der Unterbringung **abgesehen** hat (stRspr; BGHSt 37, 5 = NJW 1990, 2143; BGH BeckRS 2020, 10625; *Fischer* StGB § 64 Rn. 28); das G v. 16.7.2007 (BGBl. I S. 1327) hat daran nichts geändert (BGH NStZ 2009, 261). Das **Verschlechterungsverbot** gilt insoweit **nicht** (§ 358 Abs. 2 S. 2 StPO).

Lässt sich nicht ausschließen, dass im Falle einer Unterbringung die Strafe niedriger 1394 ausgefallen wäre, so hebt das Revisionsgericht auch den **Strafausspruch** auf (stRspr, BGHR StGB § 64 Anordnung 2 (→ Rn. 1316); Ablehnung 7 (→ Rn. 1308)). Dies unterbleibt, wenn **ausgeschlossen** werden kann, dass bei Unterbringung auf eine niedrigere Strafe erkannt worden wäre (stRspr; BGH NStZ 2003, 484 = StV 2003, 276).

Der Angeklagte kann die **Nichtanordnung** der Unterbringung von seinem Re- 1395 visionsangriff **ausschließen** (stRspr; BGHSt 38, 362 = NJW 1993, 477 = NStZ 1993, 97 = StV 1992, 572 = JR 1993, 430 mAnm *Hanack;* BGH NStZ 2009, 204; StV 2012, 303). Dies ist allerdings nur dann wirksam, wenn der Strafausspruch nach dem inneren Zusammenhang des Urteils in tatsächlicher und rechtlicher Hinsicht **unabhängig** von der Frage der Unterbringung beurteilt werden kann (BGHSt 38, 362 (→ Rn. 1395); BGH NStZ 2009, 441). Auch wenn eine Unterbringung nach § 63 StGB in Betracht kommt, ist die Ausnahme unwirksam (BGH NStZ-RR 2009, 170). Dasselbe gilt mit Rücksicht auf § 5 Abs. 3 JGG im **Jugendstrafrecht** (BGH NStZ-RR 1998, 188 = StV 1998, 342).

Durch die **Nichtanordnung** der Unterbringung ist der Angeklagte **nicht be-** 1396 **schwert** (BGHSt 28, 237 = NJW 1979, 1941; 37, 5 = NJW 1990, 2143; 38, 4 = NJW 1991, 3162 = NStZ 1991, 501 (362); BGH NStZ 2007, 213; *Fischer* StGB § 64 Rn. 28). Diese Frage hatte der BGH (NStZ-RR 2000, 43; StV 2001, 100) ausdrücklich offengelassen, inzwischen aber wieder im obigen Sinne entschieden (BGH NStZ 2009, 261; NStZ-RR 2011, 308). Dies gilt auch nach der Novellierung der §§ 64, 67 StGB (BGH NStZ-RR 2011, 308).

J. Verlegung in den Strafvollzug Eine Verlegung aus der Entziehungsanstalt in 1397 den Strafvollzug kommt in drei Fällen in Betracht:

I. Aussichtslosigkeit der Behandlung (§ 67 d Abs. 5 S. 1 StGB). Die Vor- 1398 schrift greift ein, sobald sich ergibt, dass eine **hinreichend konkrete Aussicht** auf einen Behandlungserfolg entgegen der anfänglichen Prognose nicht besteht (OLG Frankfurt a. M. NStZ-RR 2002, 299). Eine Mindestfrist ist in der Neufassung des § 67 d Abs. 5 StGB nicht mehr bestimmt. Allerdings kommt dies erst dann in Betracht, wenn die negative Prognose **auf zuverlässiger Tatsachengrundlage** gerechtfertigt ist und zuvor andere Maßnahmen geprüft wurden. Bei langjährig Drogenerkrankten ist ein Rückfall für sich genommen noch kein ausreichender Belegfür das Scheitern der Therapie (OLG Braunschweig NStZ-RR 2014, 356).

1399 Die Erledigungserklärung bedeutet nicht, dass der Verurteilte stets in die Freiheit zu entlassen wäre; hat er noch Strafe zu verbüßen, so ist er vielmehr in den Strafvollzug zu verlegen (KG NStZ 2001, 166; *Pollähne/Böllinger* in NK-StGB StGB § 67d Rn. 41, 42).

1400 Die Maßregel ist bis zur **Rechtskraft** der Entscheidung weiter zu vollstrecken, auch wenn eine weitere Anrechnung nicht möglich ist, weil zwei Drittel der Strafe als verbüßt gelten (OLG Frankfurt a. M. NStZ-RR 2006, 387).

1401 Mit der Entlassung tritt **Führungsaufsicht** ein (§ 67d Abs. 5 S. 2 StGB), und zwar unabhängig davon, ob noch Strafe zu verbüßen ist (OLG Düsseldorf NStZ 1996, 567; *Fischer* StGB § 67d Rn. 21) und ohne dass es auf eine Prognoseentscheidung ankommt (*Fischer* StGB § 67d Rn. 21).

1402 **II. Überschreiten der Höchstdauer der Maßregel (§ 67d Abs. 1 StGB).** Eine Verlegung aus dem Maßregelvollzug in den Strafvollzug kommt auch dann in Betracht, wenn die Höchstdauer der Maßregel überschritten ist (KG NStZ 2001, 166). Dazu § 67d Abs. 1 S. 1, 3 StGB.

1403 **III. Beendigung der Maßregel (§ 67 Abs. 5 S. 2 Hs. 2 StGB).** Nach dieser Vorschrift kann das Gericht den Vollzug der Strafe anordnen, wenn Umstände in der Person des Verurteilten dies angezeigt erscheinen lassen. Umstände in der Person sind solche in der Persönlichkeit des Verurteilten, wie sie sich im Einzelfall auch in den Taten und den sie begleitenden Umständen ausdrücken, sowie allgemein spezialpräventive Belange, nicht hingegen Gründe der allgemeinen Abschreckung (KG NStZ 2001, 166).

1404 Die Verlegung kommt daher in Betracht, wenn die Behandlung in der Entziehungsanstalt nicht mehr erforderlich ist, die **Gefährlichkeit** des Verurteilten aber fortbesteht, etwa wenn die Sucht nicht die alleinige Ursache der Tat war (*Fischer* StGB § 67 Rn. 27). Die Verlegung ist aber auch sachdienlich und angezeigt, wenn neben der Unterbringung eine mehrjährige Freiheitsstrafe verhängt wurde, von der nach Erreichung des Zwecks der Maßregel **noch ein Großteil zu vollstrecken** ist (KG NStZ 2001, 166).

1405 **K. Überweisung in den Vollzug einer anderen Maßregel (§ 67a StGB).** Kann die Resozialisierung dadurch besser gefördert werden, so kann der Verurteilte nachträglich in den Vollzug der Unterbringung im psychiatrischen Krankenhaus überwiesen werden (§ 67a Abs. 1 StGB). Nicht möglich ist dagegen eine Überweisung in die Sicherungsverwahrung oder die Nachholung der Anordnung derselben (BGHR StGB § 72 Sicherungszweck 5 (→ Rn. 1305)).

1406 An der **Rechtsnatur** der im Erkenntnisverfahren angeordneten Unterbringung wird durch die Überweisung in den Vollzug einer anderen Maßregel nichts geändert (*Fischer* StGB § 67a Rn. 9). Absatz 4 stellt ausdrücklich klar, dass sich auch die Fristen für die Dauer der Unterbringung und ihre Überprüfung nach der im Urteil angeordneten Maßregel richten.

Kap. 14. Unterbringung im psychiatrischen Krankenhaus **Vor §§ 29 ff. BtMG**

Kapitel 14. Die Unterbringung im psychiatrischen Krankenhaus in Betäubungsmittelsachen (§ 63 StGB)

A. Zweck. Die Unterbringung im psychiatrischen Krankenhaus (§ 63 StGB) **1407** dient vor allem dem Schutz der Allgemeinheit vor **kranken,** aber **gefährlichen** Rechtsbrechern (BGH NStZ 1990, 122; 1995, 588; 1998, 35). Sie setzt nicht voraus, dass Heilungsaussichten bestehen. Auch auf eine fehlende Therapierbarkeit kommt es nicht an; vielmehr reicht der Sicherungszweck aus (BGH NStZ 1998, 35; BeckRS 1999, 30053787; s. auch BVerfG NStZ-RR 2002, 122). Dagegen können bloße Belange der Gesundheit die Unterbringung nicht rechtfertigen (BGH NStZ-RR 2016, 306). Die **Vorschrift gilt auch,** wenn **nur Betäubungsmitteldelikte zu erwarten** sind; auch diese sind, wie die Gesetzesbegründung (BT-Drs. 18/7244, 20) ausdrücklich hervorhebt, Straftaten, durch welche die Opfer seelich oder körperlich erheblich **gefährdet** werden können (→ Rn. 1429).

B. Verhältnis zu anderen freiheitsentziehenden Maßregeln. Die Vorausset- **1408** zungen der Unterbringung nach § 63 StGB und anderer freiheitsentziehender Maßregeln (Entziehungsanstalt; Sicherungsverwahrung) können gleichzeitig erfüllt sein. Zur Verbindung in solchen Fällen → Rn. 1409, 1410 sowie 1501–1505.

I. Entziehungsanstalt. Wegen des Verhältnisses zur Unterbringung in der **1409** Entziehungsanstalt wird zunächst auf → Rn. 1303 verwiesen. Liegen die Voraussetzungen des § 63 StGB nicht vor, so kann die Unterbringung im psychiatrischen Krankenhaus **nicht darauf gestützt werden,** dass die Unterbringung in der Entziehungsanstalt keinen Erfolg verspricht (BGH StV 2001, 677). Allerdings gibt BGHSt 44, 338 = NJW 1999, 1792 zu erwägen, ob nicht auch in Extremfällen einer langjährig verfestigten (chronifizierten) und in einer Entziehungsanstalt nicht mehr behandelbaren Alkoholsucht, sofern sie die psychische Befindlichkeit des Betroffenen im Sinne der §§ 20, 21 StGB dauerhaft beeinträchtigt, ein Zustand vorliegt, der für sich allein schon die Unterbringung des Süchtigen in einem psychiatrischen Krankenhaus gebietet.

II. Sicherungsverwahrung. Gegenüber der Unterbringung nach § 63 StGB ist **1410** die Unterbringung in der Sicherungsverwahrung „kein geringeres, sondern ein anderes Übel", zumal beide Maßregeln zeitlich unbegrenzt sind. Jedoch erweist sich die Unterbringung nach § 63 StGB schon deshalb regelmäßig als die weniger beschwerende Maßregel, weil ihr Vollzug grundsätzlich vor dem Vollzug der Strafe stattfindet und auf die Strafe angerechnet wird (§ 67 Abs. 1, 4 StGB). Auch aus diesem Grund ist – und zwar unabhängig von der Frage der Therapierbarkeit – der Maßregelanordnung nach § 63 StGB in der Regel gegenüber der Sicherungsverwahrung der Vorrang einzuräumen (BGHSt 42, 306 = NJW 1997, 875; BGH BeckRS 2007, 06624; NStZ-RR 2007, 138; NStZ 1998, 35).

III. Verhältnis zu sonstigen Maßnahmen. Die Notwendigkeit der Unter- **1411** bringung nach § 63 StGB kann nicht durch minder einschneidende Maßnahmen außerhalb der strafrechtlichen Maßregeln aufgehoben werden. Das Subsidiaritätsprinzip gilt allein für die Frage der **Vollstreckung,** nicht der Anordnung. Für die **Anordnung** ist es daher ohne Bedeutung, ob die von dem Täter ausgehende Gefahr durch eine konsequente medizinische Behandlung, durch Überwachung der Medikation oder die Bestellung eines Betreuers (von BGH NStZ-RR 2012, 39 offensichtlich übersehen) oder Bewährungshelfers abgewendet werden kann (BGH NStZ 2009, 260 = NStZ-RR 2009, 260; NStZ-RR 2017, 309).

C. Verfahren, Zuziehung eines Sachverständigen. Kommt die Unterbrin- **1412** gung des Täters in einem psychiatrischen Krankenhaus in Betracht, so ist in der Hauptverhandlung ein Sachverständiger über den Zustand des Täters und die Behandlungsaussichten zu vernehmen (§ 246a StPO). Im Übrigen wird auf → Rn. 1310–1312 verwiesen.

1413 **D. Voraussetzungen.** Die Unterbringung im psychiatrischen Krankenhaus hat die folgenden Voraussetzungen:

1414 **I. Anlasstat.** Es muss eine rechtswidrige Tat vorliegen. Dazu muss der äußere Tatbestand eines Verbrechens oder Vergehens erfüllt sein. Der subjektive Tatbestand ist im Sinne des **natürlichen Vorsatzes** (→ Rn. 425) ebenfalls festzustellen (BGH BeckRS 2013, 20184; 1989, 31092899; BGHSt 3, 287 = NJW 1953, 11; *Fischer* StGB § 63 Rn. 3; *Kinzig* in Schönke/Schröder StGB § 63 Rn. 7). Auch muss die Handlung rechtswidrig sein. Liegt ein Rechtfertigungsgrund vor, ist § 63 StGB nicht anwendbar (BGH NStZ 1996, 433). Irrtümer, die allein auf dem die Schuldfähigkeit ausschließenden oder vermindernden Zustand beruhen, sind nicht zugunsten des Täters zu berücksichtigen (stRspr; BGHSt 3, 287 (s. o.); 10, 355 = NJW 1957, 1484; NStZ-RR 2003, 11; 2003, 420; 2004, 10; *Kinzig* in Schönke/Schröder StGB § 63 Rn. 7; aA *Kühl* in Lackner/Kühl StGB § 63 Rn. 2).

1415 **Die Anlasstat** muss zwar selbst **nicht erheblich** iSd § 63 StGB sein (BGH NJW 2016, 341). Ist sie aber nicht erheblich im Sinne von Satz 1, so darf nach dem durch G v. 8.7.2016 (BGBl. I S. 1610) eingefügten **Satz 2** die Unterbringung nur angeordnet werden, wenn **besondere Umstände** die Erwartung rechtfertigen, dass der Täter infolge seines Zustandes derartige erhebliche rechtswidrige Taten begehen wird. Besondere Umstände sind konkrete Gegebenheiten in der Tat oder in der Person des Täters, die Rückschlüsse auf den Grad der von dem Täter ausgehenden Gefahr erlauben (BT-Drs. 18/7244, 23); sie können bei einer drohenden Vielzahl weniger schwerer Taten, einer Tendenz zur Serie und/oder durch den drohenden Gesamtschaden gegeben sein (BGH NStZ-RR 2017, 171).

1416 **II. Im Zustand der §§ 20, 21 StGB.** Die Tat muss im Zustand zumindest **möglicher** Schuldunfähigkeit oder **sicher** erheblich verminderter Schuldfähigkeit begangen sein, auf welchem die Begehung der Tat beruht (BGH NStZ 2004, 197; 2009, 86; NStZ-RR 2013, 141; 2014, 243; *Fischer* StGB § 63 Rn. 11). Dies muss **positiv und zweifelsfrei** festgestellt sein (BGHSt 34, 22 = NJW 1986, 2893; BGH NStZ 2009, 86; 2015, 387; BeckRS 2019, 26443), wobei es genügt, dass entweder die Voraussetzungen des § 20 StGB oder die des § 21 StGB sicher gegeben sind (BGHSt 18, 167 = NJW 1963, 547 = JZ 1963, 605 mablAnm *Foth;* BGH BeckRS 2019, 24653; 2019, 26443). Allerdings darf grundsätzlich nicht offen bleiben, welches der Eingangsmerkmale der §§ 20, 21 StGB vorliegt (BGH NStZ 2009, 86; NStZ-RR 2004, 38; 2008, 274; NJW 2016, 341).

1417 Ebenso muss entschieden werden, ob die Störung **die Einsichts-** oder **die Steuerungsfähigkeit** aufgehoben oder vermindert hat (BGH NStZ-RR 2003, 232; 2004, 38; *Fischer* StGB § 63 Rn. 22). Allein auf die Feststellung erheblich verminderter Einsichtsfähigkeit kann eine Anordnung nach § 63 StGB nicht gestützt werden. Auch die Feststellung, die Einsichtsfähigkeit sei nicht ausschließbar aufgehoben gewesen, belegt eine zumindest erheblich verminderte Schuldfähigkeit nicht positiv. Hat der der Täter trotz verminderter Einsichtsfähigkeit die Einsicht, so ist er voll schuldfähig (→ Rn. 527), so dass weder § 21 StGB noch § 63 StGB anwendbar ist (BGH NStZ-RR 2012, 366). Die Feststellung einer generell verminderten Einsichtsfähigkeit (ohne Feststellung der fehlenden Einsicht) reicht daher nicht (BGH NStZ-RR 2009, 161); vielmehr kommt es darauf an, ob der Täter die **Einsicht im konkreten Fall** hatte oder nicht. Erkannte er das Unrecht der Tat, handelte er – unbeschadet seiner eingeschränkten Einsichtsfähigkeit – voll schuldhaft; im anderen Fall ist § 21 StGB nur anwendbar, wenn ihm das Fehlen der Unrechtseinsicht vorzuwerfen ist. Kann ein solcher Vorwurf nicht erhoben werden, greift § 20 StGB ein (stRspr, zB BGH BeckRS 2019, 24653; 2019, 23764).

Kap. 14. Unterbringung im psychiatrischen Krankenhaus **Vor §§ 29 ff. BtMG**

Maßgeblich ist der Zeitpunkt der **Begehung der Tat,** bei aktivem Tun daher 1418 derjenige, zu dem der Täter gehandelt hat. Die Schuldunfähigkeit/verminderte Schuldfähigkeit müssen daher zu diesem Zeitpunkt vorgelegen haben (BGH NStZ-RR 2015, 275).

III. Länger dauernder psychischer Defekt. Darüber hinaus muss der zur Zeit 1419 der Tat bestehende Zustand der eines **länger dauernden geistigen Defekts** sein (BGHSt 44, 369 = NJW 1999, 3422; BGH NJW 2016, 341; NStZ 2009, 86; NStZ-RR 2013, 141; 2017, 272). Nicht notwendig ist, dass der Zustand eingeschränkter Einsichts- oder Steuerungsfähigkeit durchgängig und dauerhaft besteht; es genügt, dass der Zustand der Grunderkrankung dauerhaft besteht (BGH NStZ-RR 2009, 136).

Betäubungsmittelabhängigkeit, die **nicht** auf einer psychischen Störung be- 1420 ruht, reicht grundsätzlich nicht aus. Dasselbe gilt, wenn eine persönlichkeitsgestörte Person unter Drogen Straftaten begeht (BGHSt 44, 338 = NJW 1999, 1792; BGH NStZ-RR 1997, 102; StV 2001, 677). Persönlichkeitsstörungen, die infolge eines lang andauernden Betäubungsmittelmissbrauchs eingetreten sind, können die Anwendung des § 63 StGB nicht begründen, und zwar auch dann nicht, wenn sie die Behandlung in der Entziehungsanstalt schwierig machen (*Fischer* StGB § 63 Rn. 18).

Eine Unterbringung nach § 63 StGB kommt aber dann in Betracht, wenn eine 1421 **Suchterkrankung** auf einem **psychischen Defekt** beruht, der, ohne pathologisch zu sein, in seinem Schweregrad einer krankhaften seelischen Störung im Sinne von §§ 20, 21 StGB gleichkommt und das **Fortbestehen der Sucht** bedingt (stRspr; BGHSt 44, 338 = NJW 1999, 1792; BGH NStZ 2002, 197; NStZ-RR 2006, 38). Unter dieser Voraussetzung kommt es auch nicht darauf an, dass die Suchterkrankung auf einem von der Sucht selbst unterscheidbaren, eigenständigen psychischen Defekt beruht; entscheidend ist, dass die Störung für den Fortbestand der Sucht ursächlich ist und damit das entscheidende Hindernis für eine erfolgreiche Behandlung der Sucht darstellt (BGHSt 44, 338 = NJW 1999, 1792).

Der Anwendung des § 63 StGB steht in einem solchen Falle auch nicht entgegen, 1422 dass die verminderte Schuldfähigkeit **nicht auf die psychische Störung,** sondern auf den Alkoholkonsum zurückzuführen ist. § 63 StGB setzt nicht voraus, dass die als Zustand in Frage kommende Persönlichkeitsstörung unmittelbar das Tatgeschehen ausgelöst hat; es reicht vielmehr aus, dass sie Ursache für eine suchtbedingte Alkoholisierung war, die aktuell zu der erheblichen Minderung der Schuldfähigkeit bei Begehung der Tat geführt hat (BGHSt 44, 338 = NJW 1999, 1792). Für den **Drogenkonsum** gilt dies entsprechend (→ Rn. 1423).

Ist die erhebliche Verminderung der Steuerungsfähigkeit auf das Zusammenwir- 1423 ken von Persönlichkeitsstörung und **Betäubungsmittelkonsum** zurückzuführen, so ist regelmäßig erforderlich, dass der Täter an einer **krankhaften Betäubungsmittelabhängigkeit** leidet, in krankhafter Weise **betäubungsmittelüberempfindlich** ist oder an einer länger andauernden **geistig-seelischen Störung** leidet, bei der bereits geringer Betäubungsmittelkonsum oder andere alltägliche Ereignisse die erhebliche Beeinträchtigung der Schuldfähigkeit auslösen können und dies getan haben (BGH NStZ-RR 1999, 267). Dies gilt auch, wenn das Suchtmittel in **Alkohol** (BGH NStZ-RR 2014, 207; NJW 2016, 341) oder **Medikamenten** besteht (BGH NStZ-RR 1999, 267) oder eine **Polytoxikomanie** vorliegt (BGH BeckRS 2007, 06624). Zu einer Überempfindlichkeit gegenüber Cannabis auf Grund frühkindlicher Hirnschädigung s. BGH NStZ 1996, 334 = StV 1997, 18.

IV. Gesamtwürdigung. Die in den Urteilsgründen darzulegende Gesamtwür- 1424 digung des Täters und seiner Tat (BGH NStZ-RR 2014, 15; 2007, 73) muss ergeben, dass von ihm infolge seines Zustandes erhebliche rechtswidrige Taten, durch welche die Opfer seelisch oder körperlich erheblich geschädigt oder gefährdet werden oder schwerer wirtschaftlicher Schaden angerichtet wird, zu erwarten sind und er deshalb für die Allgemeinheit gefährlich ist. Bei dieser Gesamtwürdigung müssen in einer erschöpfenden **Abwägung** (BGH NStZ-RR 2007, 73 = StraFo 2007, 119) unter Einbeziehung der gesamten **Persönlichkeit** des Täters, seines **Vorlebens,** der von ihm begangenen **Anlasstaten** und ggf. der konkreten Sachverhalte früherer Taten (BGH BeckRS 2019, 25008; BGH NStZ-RR 2006, 136; 2007, 73) die Bedeutung begangener und zu erwartender Taten sowie der Grad der vom Täter ausgehenden Gefahr zu der Schwere des mit der Maßregel verbundenen außerordentlichen Eingriffs ins Verhältnis gesetzt werden (BGH StV 1999, 489). Zur Verwendung von Prognoseinstrumenten, namentlich statistischer Methoden → Rn. 1311, zu Prognosegutachten *Boetticher et al.* NStZ 2019, 559.

1425 **1. Gefährlichkeit.** Von dem Täter müssen infolge seines Zustandes erhebliche rechtswidrige Taten zu erwarten sein, durch welche die Opfer seelisch oder körperlich erheblich geschädigt oder gefährdet werden oder schwerer wirtschaftlicher Schaden angerichtet wird. Bei der Gefährlichkeitsprognose dürfen auch bereits getilgte Eintragungen verwertet werden (BGH NStZ 2017, 579). Taten, durch die sich der Täter allein selbst gefährdet, genügen nicht (BGH NStZ-RR 2019, 373; näher → Rn. 1425).

1426 **a) Infolge seines Zustandes, Kausalität.** Die Taten müssen Ausfluss des Zustands des Täters sein. Sie müssen mit dem Defekt in einem ursächlichen und symptomatischen Zusammenhang stehen (stRspr; BGHSt 34, 22 = NJW 1986, 2893; BGH NStZ-RR 2003, 232; 2009, 78). Nötig ist, dass die Tatbegehung durch den Zustand (mit)ausgelöst worden ist und dass auch die für die Zukunft zu erwartenden Taten sich als Folgewirkung dieses Zustandes darstellen (BGH NJW 1998, 2986; BGH NStZ 1991, 528; NStZ-RR 2004, 331). Nicht auereichend ist es, wenn in Person oder Taten des Täters letztlich nur Eigenschaften und Verhaltensweisen hervortreten, die sich im Rahmen dessen halten, was auch bei **schuldfähigen Menschen anzutreffen** und **übliche Ursache** für strafbares Verhalten ist (BGH NStZ-RR 2016, 76). Die Ursachen der Störung und ihre Auswirkungen auf die Schuldfähigkeit müssen daher zweifelsfrei festgestellt werden (→ Rn. 1416, 1417).

1427 **b) Zu erwarten.** Die Taten müssen zu erwarten sein. Es muss danach wahrscheinlich sein, dass sie begangen werden, wenn die Maßregel nicht angeordnet wird, wobei eine **Wahrscheinlichkeit „höheren Grades"** erforderlich ist (stRspr; BGH NStZ 2008, 210; 2015, 387; NStZ-RR 2012, 107; 2013, 42; 2014, 243; BGH BeckRS 2019, 25008). Eine lediglich latente Gefahr (BGH NStZ-RR 2009, 198; 2011, 240) und die bloße Möglichkeit zukünftiger Begehung reichen nicht (BGH NJW 2005, 1591 = NStZ-RR 2005, 72; 2005, 3584 = NStZ-RR 2005, 303 = StV 2005, 545; NStZ 2008, 210; NStZ-RR 2009, 198). Nicht notwendig ist, dass die von dem Täter ausgehende Gefahr eine ständige ist oder dass eine hohe Wahrscheinlichkeit besteht (BGHR StGB § 63 Gefährlichkeit 6 = BeckRS 1988, 31086856; 4 StR 67/98; *Fischer* StGB § 63 Rn. 35). Daher steht **ein aktueller Behandlungserfolg** der Unterbringungsanordnung nicht entgegen, wenn in absehbarer Zeit mit einer erneuten Verschlechterung des Zustands und deshalb mit erneuten Taten zu rechnen ist.

1428 Maßgeblich ist der **Zeitpunkt der Hauptverhandlung** (BGHSt 44, 338 = NJW 1999, 1792; BGH NStZ-RR 2006, 136; StV 2006, 579; BeckRS 2014, 11833), **nicht** der der Entlassung aus einer vorangehenden Strafhaft (*Kühl* in Lackner/Kühl StGB § 63 Rn. 8) oder der Anlasstat. Hat sich seit der Tat eine weitere Krankheit entwickelt, die auf **dieselbe Defektquelle** zurückgeht, so kann die Unterbringung auch darauf gestützt werden (BGH NStZ-RR 2004, 331).

c) **Erhebliche Straftaten.** Mit der durch G v. 8.7.2016 (→ Rn. 1415) erfolgten 1429
Neufassung des (nunmehrigen) Satzes 1 wird § 63 StGB dahin präzisiert, dass Taten
zu erwarten sein müssen, durch welche die Opfer **seelisch oder körperlich erheblich geschädigt oder gefährdet** werden oder schwerer wirtschaftlicher Schaden angerichtet wird; dazu im Einzelnen BT-Drs. 18/7244, 18–22. Da die Straftaten nach dem BtMG jedenfalls auch Leben und Gesundheit individuell Betroffener schützen sollen (→ § 1 Rn. 3, 6; BGHR StGB § 66 Abs. 1 Erheblichkeit 4; BGH NJW 2000, 3015 = NStZ 2000, 587; 2001, 322 mAnm *Neubacher* = StV 2000, 615 mAnm *Janssen; Rissing-van Saan* in LK-StGB StGB § 66 Rn. 159) können dies auch **Betäubungsmitteldelikte** sein (BT-Drs. 18/7244, 20). Voraussetzung ist jedoch, dass sie **nicht ausschließlich auf die Selbstschädigung des Täters** gerichtet sind, weil § 63 StGB auf erwartete Taten, die andere schädigen oder gefährden, abstellt. Danach scheiden Anbau und Vorratshaltung allein zum Eigenkonsum als Grundlage für eine Gefährlichkeitsprognose aus (BGH NStZ-RR 2019, 373). Die zu erwartenden Taten müssen zumindest dem Bereich der **mittleren Kriminalität** zuzuordnen sein. Die (abstrakte) Gefährdung durch diese Delikte reicht aus (*Peglau* NJW 2016, 2298 (2300)). Hingegen scheiden Bagatelltaten aus.

2. **Für die Allgemeinheit gefährlich.** Aus der Erwartung der rechtswidrigen 1430
Taten muss sich der Schluss der Gefährlichkeit des Täters für die Allgemeinheit ergeben. Dies ist dann gegeben, wenn die zu erwartenden Taten den Rechtsfrieden der Allgemeinheit zu stören geeignet sind (*Fischer* StGB § 63 Rn. 40; *Kühl* in Lackner/Kühl StGB § 63 Rn. 7). Für das Maß der Gefährdung sind Häufigkeit, Rückfallfrequenz und Gewicht der bedrohten Rechtsgüter durch drohende Taten erheblich (BVerfG NStZ-RR 2019, 272). Richten sich die Straftaten **nur gegen eine bestimmte Person** oder haben sie dort ihre alleinige Ursache, so bedarf die Annahme, dass der Täter für die Allgemeinheit gefährlich ist, genauer Prüfung und Darlegung (BGH NJW 2016, 343 = NStZ-RR 2015, 305; NStZ-RR 2018, 139). Dass der Täter gefährlich ist, kann auch schon eine erste Straftat belegen (BGH NStZ-RR 2003, 232). Dass nach bisheriger Rspr. Taten zum Nachteil des **Klinikpersonals** oder von **Mitpatienten** während einer Unterbringung aus Verhältnismäßigkeitsgründen oder bei der Gefährlichkeitsprognose nur eingeschränkt verwertbar sind (BGH NStZ-RR 2009, 169; 2011, 102), überzeugt aus den in BGH BeckRS 2019, 27298 dargelegten Gründen nicht; danach sind Besonderheiten der Unterbringungssituation nur zu würdigen, wenn dazu konkreter Anlass, zB bei Taten zum Nachteil besonders geschulter Pflegekräfte oder in Belastungssituationen, besteht. Sind Mitpatienten Opfer geworden, bedarf es regelmäßig keiner zusätzlichen Begründung.

E. **Zwingende Vorschrift, Vollstreckungsreihenfolge.** Sind die Voraussetz- 1431
ungen des § 63 StGB erfüllt, hat das Gericht kein Ermessen. Vielmehr ist die Unterbringungsanordnung **zwingend** und muss auch dann erfolgen, wenn in einem früheren Verfahren schon dieselbe Maßregel angeordnet worden war (BGHSt 50, 199 = BeckRS 2005, 10205 = JR 2006, 316 mablAnm *Pollähne*). Darauf, ob die Unterbringung eine Heilung oder Besserung des Zustands des Verurteilten erwarten lässt, kommt es nicht an (BGH NStZ 1990, 123). Ebenso wenig wird ein Erfolg der Therapie vorausgesetzt; vielmehr verfolgt die Unterbringung auch einen bloßen Sicherungszweck (BGH NStZ 2002, 533). Zur **Verhältnismäßigkeit** → Rn. 1365. Zur **Aussetzung** → Rn. 1367–1370. Für die **Vollstreckungsreihenfolge** gelten die → Rn. 1371–1384, 1391. Zur **Überweisung** in den Vollzug der Unterbringung in der Entziehungsanstalt → Rn. 1405, 1406.

F. **Urteilsgründe.** Im Urteil muss das Tatgericht die Anordnungsvoraussetzung- 1432
en im Einzelnen sorgfältig darlegen, besonders, wie sich die festgestellte, einem Merkmal der §§ 20, 21 StGB unterfallende Erkrankung in der jeweiligen Tatsituation auf die Einsichts- oder Steuerungsfähigkeit des Angeklagten konkret aus-

gewirkt hat und warum die Anlasstat(en) auf den entsprechenden psychischen Zustand zurückzuführen sind (BGH BeckRS 2019, 26443; red. Ls. NStZ-RR 2019, 372; BeckRS 2020, 22791; zu den Anforderungen an die Urteilsgründe auch → Rn. 500, 544–546, 1416, 1417, 1424).

Kapitel 15. Die Unterbringung in der Sicherungsverwahrung in Betäubungsmittelsachen (§ 66 StGB)

1433 **A. Zweck.** Die **Sicherungsverwahrung** dient dem **Schutz der Allgemeinheit** vor gefährlichen Tätern im Bereich der schweren Kriminalität, die schuldfähig sind und mit sonstigen Mitteln des Strafrechts nicht (mehr) erreicht werden können (*Ullenbruch/Drenkahn/Morgenstern* in MüKoStGB StGB § 66 Rn. 4). Dieser Sicherungszweck schließt es nicht aus, dass der Vollzug auf Resozialisierung des Untergebrachten ausgerichtet sein und damit auf eine Beendigung der Maßregel abzielen muss. Die **Sicherungsverwahrung** gilt auch im **Betäubungsmittelstrafrecht** (→ Rn. 1434, 1441, 1482–1486).

1434 In der Praxis des **Betäubungsmittelstrafrechts** spielte die Sicherungsverwahrung in der Vergangenheit keine Rolle (s. aber BGHR StGB § 66 Abs. 1 Erheblichkeit 4.(→ Rn. 1429)). Erst mit der Diskussion um ihre Erweiterung ist sie auch hier wieder in das Blickfeld getreten (*Winkler* NStZ 2001, 301 (303)). Mit der Neufassung des § 66 Abs. 1 S. 1 Nr. 1 Buchst. b StGB durch G v. 22.12.2010 (BGBl. I S. 2300) hat der Gesetzgeber **ausdrücklich anerkannt**, dass auch **Betäubungsmittelstraftaten** zu Sicherungsverwahrung führen können. Seit 1.6.2013 **ist diese Regelung** nach einem auf dem Urteil des BVerfG v. 5.4.2011 (NJW 2011, 1931) beruhenden **Zwischenspiel** (BGH NStZ 2012, 32) wieder in Kraft (Art. 316f Abs. 1 EGStGB idF des G v. 5.12.2012 (BGBl. I S. 2425)), und zwar ohne die Maßgabe, die das Bundesverfassungsgericht in seinem Urteil vom 4.5.2011 allein wegen der Verletzung des Abstandsgebotes aufgestellt hatte (OLG Hamm StV 2020, 40 mAnm *Dessecker* = BeckRS 2018, 33966).

1435 Im Wesentlichen folgen die Regeln ihrer Anwendung in Betäubungsmittelsachen denen des allgemeinen Strafrechts. **Betäubungsmittelrechtliche Besonderheiten** finden sich vor allem bei der Frage der erheblichen Straftaten und des Hangs (§ 66 Abs. 1 Nr. 4 StGB).

1436 **B. Verhältnis zu anderen freiheitsentziehenden Maßregeln.** Die Voraussetzungen der Sicherungsverwahrung und anderer freiheitsentziehender Maßregeln (Entziehungsanstalt; psychiatrisches Krankenhaus) können grundsätzlich gleichzeitig erfüllt sein. Zur Verbindung in solchen Fällen → Rn. 1501–1505. Zur Sicherungsverwahrung im Verhältnis zur Unterbringung in der Entziehungsanstalt → Rn. 1305, 1306 und zur Unterbringung im psychiatrischen Krankenhaus → Rn. 1410.

1437 **C. Verhältnis zur Bemessung der Freiheitsstrafe.** Zwischen der Bemessung der Strafe und der Anordnung der Sicherungsverwahrung besteht **kein unmittelbarer und notwendiger Zusammenhang;** die Zumessung der Strafe folgt grundsätzlich der Schuld des Täters; allerdings sind die Wirkungen, die von ihr für das künftige Leben des Täters zu erwarten sind, zu berücksichtigen (BGHR StGB § 66 Strafausspruch 1 = NStZ 1994, 280; BGH NStZ-RR 2004, 202). Die Berücksichtigung der Maßregel bei der Strafbemessung ist daher nicht ausgeschlossen; sie darf jedoch nicht zur Unterschreitung der schuldangemessenen Strafe führen (BGH NStZ 2002, 535 = StV 2002, 480).

1438 **D. Die formellen Voraussetzungen.** Die formellen Voraussetzungen der primären Sicherungsverwahrung ergeben sich aus § 66 Abs. 1 Nr. 1 Buchst. b, Nr. 2, 3, S. 2, Abs. 2, 3 StGB. Zur vorbehaltenen Sicherungsverwahrung → Rn. 1499. Bei der primären Sicherungsverwahrung ist zwischen der **zwingenden** Anordnung nach **Absatz 1** und der **fakultativen** Anordnung nach den **Absätzen 2 und 3** zu unterscheiden:

I. Anordnung nach zwei Katalogvorverurteilungen (Abs. 1) Die Anordnung von Sicherungsverwahrung nach § 66 Abs. 1 StGB setzt in formeller Hinsicht voraus: 1439
- Verurteilung wegen einer Katalogtat zu Freiheitsstrafe von mindestens zwei Jahren (→ Rn. 1440); zu den Katalogtaten gehören
  - Verbrechen nach §§ 29a–30a BtMG (§ 66 Abs. 1 S. 1 Nr. 1 Buchst. b, S. 2 StGB),
  - Vergehen nach § 145a StGB, sofern die Führungsaufsicht für eine Straftat nach den §§ 29a–30a BtMG angeordnet wurde oder eingetreten ist (§ 66 Abs. 1 S. 1 Nr. 1 Buchst. c StGB),
  - vorsätzliche Vergehen nach § 323a StGB, sofern die im Rausch begangene Tat eine rechtswidrige Tat nach den §§ 29a–30a BtMG darstellt (§ 66 Abs. 1 S. 1 Nr. 1 Buchst. c),
- zweimalige Vorverurteilung wegen einer Katalogtat jeweils zu Freiheitsstrafe von mindestens einem Jahr (Nr. 2), dazu → Rn. 1442–1445, 1448–1450,
- Vorverbüßung wegen einer oder mehrerer dieser Strafen für die Zeit von mindestens zwei Jahren oder zwei Jahre im Maßregelvollzug (Nr. 3), dazu → Rn. 1446, 1447.

1. Die Anlassverurteilung. Der Täter muss wegen einer Katalogtat zu Freiheitsstrafe von mindestens zwei Jahren verurteilt werden. Dazu gehören auch die Teilnahme, der Versuch oder der Versuch der Beteiligung. Bei einer Gesamtstrafe muss eine Einzelstrafe mindestens zwei Jahre betragen, da die erforderliche Freiheitsstrafe wegen **einer** Tat verwirkt sein muss (BGH NJW 1972, 834; NStZ 2002, 536; *Fischer* StGB § 66 Rn. 25). Die Tatzeit muss nach der Rechtskraft der Vorverurteilungen (BGHSt 35, 6 = NJW 1988, 1274 = StV 1987, 531) und nach der Verbüßung von mindestens zwei Jahren Freiheitsstrafe liegen. Eine hohe Strafe darf nicht allein deswegen verhängt werden, um die Sicherungsverwahrung zu ermöglichen (BGH NStZ 2001, 595). 1440

Die in Nr. 1 Buchst. b bezeichneten **Betäubungsmittelstraftaten** sind sämtlich Katalogtaten (*Kinzig* in Schönke/Schröder Rn. 13; *Dessecker* in NK-StGB Rn. 42). Die Einschränkung, wonach konkrete Umstände für die Gefahr von Leib und Leben anderer vorliegen müssten (so aber OLG Nürnberg StV 2015, 179), ist mit dem Gesetz nicht vereinbar und kann auch aus dem Grundsatz der Verhältnismäßigkeit nicht hergeleitet werden. Zur **Gefährlichkeit** → Rn. 1482–1486. 1441

2. Die Vorverurteilungen. Nach Nr. 2 muss der Täter wegen Katalogtaten, die er vor der neuen Tat begangen hat, mindestens zweimal jeweils zu Freiheitsstrafe von mindestens einem Jahr verurteilt worden sein. Er muss die Warnfunktion eines rechtskräftigen Urteils zweimal missachtet haben; die Tat, die der zweiten Verurteilung zugrunde liegt, darf daher erst nach Rechtskraft der ersten Verurteilung begangen worden sein (BGH NStZ-RR 2009, 137 = StV 2009, 406). Die Strafe kann auch zur **Bewährung ausgesetzt** sein (*Fischer* StGB § 66 Rn. 26). 1442

Verurteilungen zu **Gesamtstrafe** gelten nur als **eine** Verurteilung (Absatz 4 Satz 1). In der Gesamtstrafe muss mindestens eine Einzelstrafe ein Jahr Freiheitsstrafe erreichen (BGHSt 34, 321 = NJW 1987, 2313 = StV 1987, 390; BGH NStZ-RR 1998, 135; 2004, 12; 5 StR 340/09). 1443

Als Vorverurteilungen kommen auch Verurteilungen zu **Jugendstrafe** in Betracht (BGHR StGB Abs. 3 Katalogtat 2 = NStZ-RR 2002, 183; BGH NJW 1999, 3723 = NStZ 2000, 138 mAnm *Schöch* = StV 2000, 254; NStZ-RR 2002, 29; *Fischer* StGB § 66 Rn. 26; aA *Eisenberg/Schlüter* NJW 2001, 190). 1444

1445 **Einheitsjugendstrafen** (§ 31 JGG) stehen einer Gesamtstrafe gleich (BGHSt 26, 152; BGH NJW 1985, 2839). Voraussetzung ist, dass sie deren Voraussetzungen (§§ 53–55 StGB) erfüllen (*Kühl* in Lackner/Kühl StGB § 66 Rn. 6). Auch muss festgestellt werden, dass der Richter im früheren Verfahren wenigstens für eine der Vortaten eine Jugendstrafe von mindestens einem Jahr verhängt hätte, wenn er diese Tat als Einzeltat gesondert abgeurteilt hätte (BGH NStZ 1996, 331; 2015, 510; 2017, 650; NStZ-RR 2014, 43). Entscheidend ist, wie der frühere Richter dies beurteilt hätte; eine eigene Strafzumessung darf der Richter, der über die Sicherungsverwahrung zu entscheiden hat, nicht vornehmen (BGH NJW 1999, 3723 (→ Rn. 1444); NStZ 2002, 29; 2015, 510; 2017, 650).

1446 **3. Die Vorverbüßungszeiten.** Nach Nr. 3 muss der Täter vor der Anlasstat mindestens zwei Jahre Freiheitsstrafe wegen einer in Nr. 1 genannten Tat verbüßt haben oder sich in einer freiheitsentziehenden Maßregel befunden haben. Dabei gelten Untersuchungshaft oder andere Freiheitsentziehungen, die auf die Strafe angerechnet werden, als verbüßte Strafe (Absatz 4 Satz 2). Dies gilt allerdings nur, wenn ein Freiheitsentzug Grundlage der Anrechnung war (*Fischer* StGB § 66 Rn. 30). Nach **§ 36 Abs. 1, 3 BtMG** angerechnete Zeiten zählen **nicht** als verbüßte Strafen (*Fischer* StGB § 66 Rn. 30; *Stree/Kinzig* in Schönke/Schröder Rn. 23).

1447 Der Freiheitsentzug muss **wegen der in Nr. 1 genannten Straftaten** erfolgt sein. Dazu reicht es aus, wenn die Verbüßung wegen **einer** der in Nr. 1 genannten Taten erfolgt ist. Bei einer Gesamtstrafe bezieht sich die Verbüßung auf alle darin enthaltenen Einzelstrafen; darin muss jedoch mindestens eine Einzelstrafe von einem Jahr wegen einer Vorsatztat enthalten sein (→ Rn. 1443).

1448 **4. Auslandsverurteilungen** stehen gemäß Absatz 4 Satz 5 Verurteilungen im Inland gleich; dies gilt sowohl für Nr. 1 als auch für Nr. 2.

1449 **5. Verjährung.** Es darf noch keine Verjährung nach Absatz 4 Sätze 3, 4 eingetreten sein. **Entscheidend** sind dabei die **Tatzeiten;** auf die Verurteilungen oder Strafverbüßungen kommt es nicht an (*Fischer* StGB § 66 Rn. 42). Dies gilt auch bei Gesamtstrafen. Maßgeblich ist die Beendigung der Tat.

1450 Die Vorschrift bezieht sich zunächst immer nur auf die Frist zwischen einer und der ihr folgenden Tat. Dabei sind nur **solche Taten relevant,** die zur Begründung der formellen Voraussetzungen der Nr. 1, 2 heranzuziehen sind und für die deswegen auch (Einzel-)Strafen von mindestens einem Jahr verhängt worden sein müssen (BGH NStZ 1987, 84 = StV 1987, 5). Die Vorschrift gilt auch für die Frist zwischen der letzten Vortat und der Anlasstat (*Fischer* StGB § 66 Rn. 42).

1451 **II. Anordnung ohne Vorverurteilung bei drei Taten (Abs. 2), Ermessensvorschrift.** Die Regelung des Absatzes 2 richtet sich in erster Linie gegen unentdeckt gebliebene gefährliche Serientäter. Zusätzliche Anwendungsvoraussetzungen können aus dieser gesetzgeberischen Zielsetzung jedoch nicht hergeleitet werden (BGH NStZ 1999, 614 = StV 2000, 257).

1452 **Absatz 2 ist eine Ermessensvorschrift.** Das Gericht darf aber nach seinem Ermessen von der Anordnung der Sicherungsverwahrung nur absehen, wenn **konkrete Anhaltspunkte erwarten** lassen, dass der Täter auf Grund der Wirkungen eines langjährigen Strafvollzugs und diesen begleitender resozialisierender oder therapeutischer Maßnahmen zum Strafende eine günstige Prognose gestellt werden kann; bloß denkbare günstige Veränderungen und Wirkungen künftiger Maßnahmen im Strafvollzug reichen nicht aus (BGH NStZ 2013, 707).

1453 In **formeller Hinsicht** setzt Absatz 2 voraus:
– Begehung dreier Katalogstraftaten (→ Rn. 1454, 1455, 1459, 1460),
– durch die jeweils Freiheitsstrafe von mindestens einem Jahr verwirkt ist (→ Rn. 1456, 1457),

– Verurteilung wegen einer oder mehrerer dieser Taten zu Freiheitsstrafe von mindestens drei Jahren (→ Rn. 1458).

1. Drei Katalogstraftaten. Der Täter muss mindestens (BGH NStZ 2002, 536) 1454 drei Katalogstraftaten (→ Rn. 1439) begangen haben. Diese müssen rechtlich selbständig und einer selbständigen Aburteilung fähig sein. Nicht ausreichend sind daher Taten, die zu einer Bewertungseinheit zusammengefasst sind. Dagegen ist bei gewerbsmäßiger Begehung jede einzelne Handlung als selbständige Tat anzusehen. Unschädlich ist, wenn für die einzelnen Taten eine Gesamtstrafe zu bilden ist, sofern die Einzelstrafen eine Höhe von einem Jahr erreichen. Wenigstens eine der Katalogtaten muss der Täter als Erwachsener begangen haben (BGH NStZ 2015, 510).

Von den drei Katalogstraftaten muss mindestens **eine zur Aburteilung** ste- 1455 hen, während die übrigen schon abgeurteilt sein können (BGH NStZ 2015, 510; NStZ-RR 2010, 142). Nicht abgeurteilte und in dem Verfahren auch nicht zur Aburteilung stehende Taten scheiden aus (BGHSt 25, 44 = NJW 1973, 154; *Kühl* in Lackner/Kühl StGB § 66 Rn. 8).

2. Für jede Tat Freiheitsstrafe von mindestens einem Jahr verwirkt. Für 1456 jede der drei Taten muss Freiheitsstrafe von mindestens einem Jahr verwirkt sein. Verwirkt ist die Strafe dann, wenn eine Verurteilung bereits ergangen ist (BGH NStZ-RR 2010, 142) oder wenn sie in dem Verfahren, in dem über die Sicherungsverwahrung zu entscheiden ist, erfolgt (BGH NJW 1999, 3723 (→ Rn. 1444); NStZ 2015, 510; NStZ-RR 2021, 73). Bei früherer Verurteilung zu Gesamtstrafe entscheiden die Einzelstrafen, da Absatz 2 auf die Schwere der Taten, nicht auf eine Vorverurteilung abstellt (*Kinzig* in Schönke/Schröder StGB § 66 Rn. 52).

Freiheitsstrafen sind auch **Jugendstrafen,** allerdings nur bei den Vorverurteilun- 1457 gen (*Kühl* in Lackner/Kühl StGB § 66 Rn. 9). Zu der Behandlung von **Einheitsjugendstrafen** → Rn. 1445. Keine Freiheitsstrafen sind freiheitsentziehende Maßregeln.

3. Verurteilung zu Freiheitsstrafe von mindestens drei Jahren. Der Täter 1458 muss wegen einer oder mehrerer der drei Taten zu Freiheitsstrafe von mindestens drei Jahren verurteilt werden. Hierbei kommen drei Varianten vor (s. *Fischer* StGB § 66 Rn. 33):
– Verurteilung wegen aller drei Strafen zu einer Gesamtstrafe von mindestens drei Jahren; enthält die Gesamtstrafe auch Einzelstrafen, die die Voraussetzungen des § 66 Abs. 2 StGB nicht erfüllen, so ist aus den anderen Strafen eine fiktive Gesamtstrafe zu bilden, die drei Jahre erreichen muss (BGH NJW 1995, 3263 = StV 1996, 541 mAnm *Dölling* = JZ 1995, 1245),
– Verurteilung wegen zweier der Taten zu einer Gesamtstrafe von mindestens drei Jahren oder
– Verurteilung wegen nur einer Tat zu einer Freiheitsstrafe von drei Jahren.

4. Auslandstaten. Die Taten, derentwegen die Verurteilung erfolgt, können 1459 auch im Ausland begangen sein, sofern das deutsche Strafrecht auf sie anwendbar ist (§§ 4–9 StGB). Für Taten, die bereits abgeurteilt sind (→ Rn. 1455), gilt Absatz 4 Satz 5, so dass auch Auslandsverurteilungen genügen.

5. Verjährung. Ebenso wie in den Fällen des Absatzes 1 darf noch keine Verjäh- 1460 rung nach Absatz 4 Sätze 3, 4 eingetreten sein (*Kühl* in Lackner/Kühl StGB § 66 Rn. 11).

III. Die formellen Voraussetzungen des Absatzes 3; Ermessensvor- 1461 **schrift.** Der ursprünglich durch G v. 26.1.1998 (BGBl. I S. 160) neu eingeführte Absatz 3 (der bisherige Absatz 3 wurde Absatz 4) bezieht sich nach der Neufassung durch G v. 22.12.2010 (auch) auf Katalogstraftaten nach § 66 Abs. 1 S. 1 Nr. 1

BtMG Vor §§ 29 ff. Sechster Abschnitt. Straftaten und Ordnungswidrigkeiten

Buchst. b und gilt damit auch für die Verbrechenstatbestände des BtMG. Auch Absatz 3 ist eine **Ermessensvorschrift;** zur Ausübung des Ermessens → Rn. 1452.

1462 Absatz 3 enthält zwei Sätze, die jeweils **eigenständige** formelle Voraussetzungen für die Anordnung der Sicherungsverwahrung aufstellen:

1463 **1. Anordnung nach einer Vorverurteilung bei einer Katalogtat (Abs. 3 S. 1).** Absatz 3 Satz 1 knüpft an Absatz 1 an und bestimmt im Wesentlichen, dass bereits **eine** Vorverurteilung ausreicht, um Sicherungsverwahrung anordnen zu können.

1464 In **formeller Hinsicht** setzt Absatz 3 Satz 1, soweit die Vorschrift für Betäubungsmittelsachen einschlägig ist, voraus:
– Verurteilung wegen eines Verbrechens nach §§ 29a–30a BtMG oder wegen eines vorsätzlichen Vergehens nach § 323a StGB, soweit die im Rausch begangene Tat ein solches Verbrechen wäre, zu Freiheitsstrafe von mindestens zwei Jahren,
– (mindestens) einmalige Vorverurteilung wegen einer oder mehrerer Katalogtaten zu Freiheitsstrafe von mindestens drei Jahren,
– Vorverbüßung wegen einer oder mehrerer dieser Strafen für die Zeit von mindestens zwei Jahren oder Aufenthalt im Vollzug einer freiheitsentziehenden Maßregel für diese Zeit (Absatz 3 Satz 1, Absatz 1 Nr. 2).

1465 Als Vorverurteilung genügt auch eine **Gesamtfreiheitsstrafe** (von mindestens drei Jahren), sofern ihr ausschließlich (BGH NStZ 2005, 89 = StV 2004, 481) Katalogtaten zugrunde liegen (BGHSt 48, 100 = NStZ 2003, 254 mkritAnm *Ullenbruch* = StV 2003, 158; BGH StV 2004, 481) oder eine Einzelstrafe von mindestens drei Jahren für eine Katalogtat in ihr enthalten ist. Für **Einheitsjugendstrafen** gilt dies entsprechend. Im Übrigen gelten hinsichtlich der formellen Voraussetzungen für Absatz 3 Satz 1 im Wesentlichen dieselben Grundsätze wie für Absatz 1. Auf → Rn. 1440 (Anlassverurteilung), → Rn. 1448–1450 (Vorverurteilung) und → Rn. 1446, 1447 (Vorverbüßung) kann daher grundsätzlich Bezug genommen werden.

1466 Als **Anlassverurteilung** genügt eine Einzelstrafe von zwei Jahren auch dann, wenn sie für eine Katalogtat verhängt wurde, die mit einer Nichtkatalogtat in **Tateinheit** steht. Voraussetzung für die Anordnung der Sicherungsverwahrung ist in diesem Fall, dass die abgeurteilten Taten eine hinreichend sichere Grundlage für die Gefährlichkeitsprognose bilden; die Voraussetzungen des Absatzes 1 Nr. 3 sind dann besonders sorgfältig zu prüfen (BGH NJW 1999, 3723 (→ Rn. 1444)).

1467 **2. Anordnung ohne Vorverurteilung bei zwei Katalogtaten (Abs. 3 S. 2).** Absatz 3 Satz 2 knüpft an Absatz 2 an und bestimmt, dass schon **zwei** der genannten Straftaten ausreichen, um Sicherungsverwahrung anordnen zu können.

1468 In **formeller Hinsicht** setzt Absatz 3 Satz 2, soweit die Vorschrift für Betäubungsmittelsachen einschlägig ist, voraus:
– Begehung von zwei Verbrechen nach §§ 29a–30a BtMG oder Vergehen nach § 323a StGB, soweit die im Rausch begangene Tat ein solches Verbrechen wäre,
– durch die jeweils Freiheitsstrafe von mindestens zwei Jahren verwirkt ist,
– Verurteilung wegen einer oder mehrerer dieser Taten zu Freiheitsstrafe von mindestens drei Jahren.

1469 Im Übrigen gelten hinsichtlich der formellen Voraussetzungen für Absatz 3 Satz 2 dieselben Grundsätze wie für Absatz 2. Auf → Rn. 1454, 1455, 1459, 1460 (Anlasstaten), → Rn. 1456, 1457 (Verwirkung von Freiheitsstrafe in der erforderlichen Höhe) und → Rn. 1458 (Verurteilung zu Freiheitsstrafe in der erforderlichen Höhe) kann daher Bezug genommen werden.

E. Die materiellen Voraussetzungen (§ 66 Abs. 1 Nr. 4, Abs. 2, 3 StGB). 1470

Gemeinsame materielle Voraussetzung für die Anordnung der Sicherungs- 1471
verwahrung nach den Absätzen 1–3 ist, dass die Gesamtwürdigung des Täters und
seiner Taten ergibt, dass er infolge eines Hanges zu erheblichen Straftaten für die
Allgemeinheit gefährlich ist.

I. Hang. Das Merkmal „Hang" verlangt einen eingeschliffenen inneren Zustand 1472
des Täters, der ihn immer wieder neue Straftaten begehen lässt (BGH NStZ-RR
2014, 271; StV 2020, 11). Hangtäter ist derjenige,
- der **dauerhaft** zu Straftaten **entschlossen** ist (BGH NStZ 2020, 346; NStZ-RR 2010, 203; 2014, 271; 2016, 77; 2020, 339; 2021, 43), dazu → Rn. 1474,
- der auf Grund einer **fest eingewurzelten Neigung** (→ Rn. 1476) immer wieder straffällig wird, wenn sich die Gelegenheit bietet (BGH NStZ 2020, 346; NStZ-RR 2010, 203; 2014, 271; 2016, 77; 2020, 339; 2021, 43), dazu → Rn. 1475, oder
- der **willensschwach** ist und aus innerer Haltosigkeit Tatanreizen nicht zu widerstehen vermag (BGH NStZ 2020, 346; NStZ-RR 2010, 203; 2014, 271; 2016, 77; 2020, 339; 2021, 43), dazu → Rn. 1478.

Der Hang als „eingeschliffenes Verhaltensmuster" ist ein **Rechtsbegriff,** der
dem Sachverständigenbeweis nicht zugänglich ist. Er ist ein auf Grund umfassender
Vergangenheitsbetrachtung festgestellter gegenwärtiger Zustand. Seine Feststellung
obliegt nach sachverständiger Beratung dem Gericht in eigener Verantwortung
(BGH NStZ-RR 2018, 369). Dabei müssen Gesichtspunkte, die **sowohl hangbegründende als auch hangkritische Deutungsmöglichkeiten** zulassen, unter
beiden Aspekten in den Blick genommen werden (BGH NStZ-RR 2021, 43).

Entscheidend ist das **Bestehen** des Hangs, **nicht dessen Ursache** (BGH NJW 1473
1980, 1055 mkritBspr *Frommel* NJW 1981, 1083 = JR 1980, 340 mAnm *Hanack;*
NStZ 2014, 203 mAnm *Piel*). Es macht daher keinen Unterschied, ob er auf Veranlagung beruht oder durch irgendwelche Umstände erworben oder gesteigert worden ist (*Fischer* StGB § 66 Rn. 49). Deshalb scheidet, selbst wenn sich eine **Monokausalität der Suchterkrankung** eines Täters für dessen Kriminalität
ausnahmsweise feststellen lässt, die Annahme eines Hanges im Sinne von § 66
StGB neben der eines Hanges im Sinne von § 64 StGB nicht aus, mit der Folge,
dass sich nach § 72 StGB bestimmt (dazu → Rn. 1501–1505), ob eine oder beide
Maßregeln anzuordnen sind (BGH NStZ-RR 2011, 5).

Hangtäter ist zunächst der **professionelle Straftäter,** der einen kriminellen 1474
Lebensstil und ein kriminelles Selbstbild entwickelt hat und **entschlossen** ist, seinen Unterhalt ganz oder teilweise durch Straftaten zu bestreiten (→ Rn. 1472).
Dazu können auch Drogendealer gehören (BGH NStZ 2004, 505), namentlich,
wenn sie die Ebene des Konsumentendealers verlassen haben (zu den Stufen bei
der Verschaffungskriminalität → Einl. Rn. 87–101).

Der Hang kann aber auch darauf beruhen, dass der Täter auf Grund einer **fest** 1475
eingewurzelten Neigung – gleich welcher Genese – immer wieder straffällig
wird, wenn sich ihm die Gelegenheit bietet (→ Rn. 1472, 1476). Ein Hang kann
daher auch bei Gelegenheits- oder Augenblickstaten zu bejahen sein (BGH NStZ
2014, 203 mAnm *Piel*).

Die **fest eingewurzelte Neigung** kann auf einer charakterlichen Anlage beru- 1476
hen oder durch Übung erworben sein (BGH NStZ 2000, 578; 2008, 27); sie muss
den Täter immer wieder straffällig werden lassen, wenn sich die Gelegenheit dazu
bietet (BGH NStZ 2000, 578; 2008, 27; NStZ-RR 2010, 77; krit. *Kinzig* NStZ
1998, 14; zum Hang aus forensisch-psychiatrischer Sicht *Dannhorn* NStZ 2010, 366).

Liegt die fest eingewurzelte Neigung des Täters zur Begehung von Straftaten 1477
schon nach seiner bisherigen Lebensführung **objektiv auf der Hand,** so kommt
es nicht darauf an, welcher psychologische oder psychiatrische Befund diesem Per-

sönlichkeitsbild entspricht (BGH NStZ-RR 2008, 39). Auch darauf, ob dem Täter daraus ein Vorwurf zu machen ist, kommt es nicht an.

1478 **Ein Hang** kommt auch in Betracht, wenn der Täter willensschwach ist und **aus innerer Haltlosigkeit** Tatanreizen nicht genügend widerstehen kann (→ Rn. 1472) und so jeder neuen Versuchung zum Opfer fällt (BGH NJW 1980, 1055 (→ Rn. 1473); NStZ 2003, 310 (→ Rn. 1473); NStZ-RR 2004, 202). Die Gefährlichkeit dieser Täter liegt darin, dass sie auf einen äußeren Anstoß reagieren, dem andere nicht nachgeben würden. Bei der Prüfung ist auch die Frage der **Tatprovokation** nicht ohne Bedeutung (BGHR StGB § 66 Abs. 1 Hang 9 (2 StR 342/95)). Ist die Tat **allein** durch eine äußere Tatsituation oder Augenblickserregung verursacht worden, kommen die §§ 66, 66a StGB nicht in Betracht (BGH NStZ 2014, 203 mAnm *Piel*).

1479 **Bei Drogenabhängigen** wird vielfach ein Hang vorliegen, Betäubungsmittel im Übermaß zu sich zu nehmen (→ Rn. 1314–1326). Dies ist mit dem von § 66 Abs. 1 Nr. 3 StGB geforderten Hang zur Begehung von Straftaten nicht gleichzusetzen. Diese Voraussetzung ist aber dann gegeben, wenn sich der Abhängige die Mittel zur Finanzierung seiner Sucht durch Straftaten, namentlich durch Handeltreiben, beschafft (BGHR § 66 Erheblichkeit 4 (→ Rn. 1429)).

1480 Die Feststellung eines Hangs wird durch eine **positive Gefährlichkeitsprognose** (→ Rn. 1488, 1490) **nicht ersetzt** (BGHSt 50, 188 (→ Rn. 1321); BGH NStZ-RR 2010, 203; 2018, 369). Der Hang ist nur ein (wesentliches) Kriterium der Prognose. Er bezeichnet einen **gegenwärtigen** Zustand, der aufgrund einer umfassenden Betrachtung der Vergangenheit festgestellt wird. Die Gefährlichkeitsprognose schätzt demgegenüber die Wahrscheinlichkeit dafür ein, ob sich der Täter **in Zukunft** trotz des Hanges keine erheblichen Straftaten mehr begehen wird (BGHSt 50, 188 (→ Rn. 1321); BGH NStZ-RR 2010, 203; 2018, 369).

1481 Der **Grad der Eingeschliffenheit** beeinflusst hierbei die **Beurteilung der Höhe** der Wahrscheinlichkeit. Zwar ist die ausreichende Wahrscheinlichkeit regelmäßig gegeben, wenn die Hangtätereigenschaft festgestellt ist (BGHSt 50, 121 = NJW 2005, 2022 = NStZ 2005, 561 = StV 2005, 388; BGHR StGB § 72 Sicherungszweck 6 (2 StR 486/01); BGH NStZ 1988, 496; 2009, 566); es sind aber auch Fälle denkbar, in denen dies nicht so ist (BGHSt 50, 121 (s. o.); BGHR StGB § 66 Abs. 1 Gefährlichkeit 1 (1 StR 393/87)).

1482 **II. Erhebliche Straftaten.** Der Hang muss auf erhebliche Straftaten gerichtet sein. Dies bedeutet, dass diese den Rechtsfrieden in empfindlicher oder besonders schwerwiegender Weise stören müssen, wobei dies von der Schwere, aber auch von der Häufigkeit der zu erwartenden Taten und der Rückfallgeschwindigkeit abhängt (BGH NStZ-RR 2002, 38; 2003, 73). In Betracht kommen vor allem solche Taten, die in den Deliktskatalog des § 66 Abs. 1 S. 1 Nr. 1 Buchst. a–c StGB fallen und mit mindestens einem Jahr Freiheitsstrafe zu ahnden wären; ein weiteres gewichtiges Kriterium ist die schwere körperliche oder seelische Schädigung des Opfers, wobei aber auch damit keine abschließende Festlegung verbunden ist (BGH NStZ-RR 2018, 305 = StV 2020, 8).

1483 Die **absolute Einschränkung** auf Taten, durch die die Opfer körperlich oder seelisch schwer geschädigt werden, entspricht deswegen **nicht dem Gesetz,** das insoweit von „namentlich" spricht. Es ist daher **nicht verständlich,** wenn das OLG Nürnberg (StV 2015, 179 = BeckRS 2014, 18253; in diesem Sinne auch *Volkmer* in Körner/Patzak/Volkmer § 35 Rn. 579; *Fischer* Rn. 61 unter Berufung auf BGH NStZ 2012, 32, was allerdings nicht die geltende Rechtslage betrifft (→ Rn. 1434)), meint, auch aufgrund der neuen gesetzlichen Vorschriften (richtig: wieder in Kraft gesetzten Vorschriften (→ Rn. 1434)) dürften keine geringeren Anforderungen an die Anordnung einer Sicherungsverwahrung gestellt werden als unter der unmittelbaren Geltung der vom BVerfG aufgestellten Grundsätze. Das BVerfG hatte den wesentlichen Inhalt des damals geltenden Rechts selbst nicht beanstandet, sondern vielmehr das Defizit an Regelungen, die die Anforderungen des verfassungsrechtlichen Abstandsgebotes erfüllen, gerügt (BT-Drs. 17/9874, 11). Der Gesetzgeber trug daher keine Bedenken, hinsichtlich der Anordnungsvoraussetzungen den Gesetzesstand vom 1.1.2011 wieder in Kraft zu setzen (BT-Drs. 17/9874, 11; OLG Hamm StV 2020, 40 (→ Rn. 1434)) und im Übrigen, das Abstandsgebot zu regeln. Im Übrigen können auch **Betäubungsmitteldelikte** diese Voraussetzung erfüllen (→ Rn. 1429), etwa bei der Abgabe an Minderjährige.

Auch **Straftaten der mittleren Kriminalität**, etwa wenn Freiheitsstrafe von einem Jahr verwirkt wäre, können erhebliche Straftaten sein (BGH NStZ-RR 2003, 73); in einem solchen Falle bedarf die Verhältnismäßigkeit besonders eingehender Erörterung (BGH StV 2000, 254). Die Erwartung, der Täter werde **Betäubungsmittel** nur portionsweise und nur an erwachsene Abhängige abgeben, steht der Sicherungsverwahrung nicht entgegen (BGHR StGB § 72 Sicherungszweck 5 (→ Rn. 1305)). 1484

Auch die **allgemeine** und **abstrakte Gefährlichkeit** von Straftaten kann Grundlage der Anordnung von Sicherungsverwahrung sein (BGHR StGB § 66 Abs. 1 Erheblichkeit 4 (→ Rn. 1429); BGH NJW 1980, 1055 (→ Rn. 1473)). Dies kommt etwa für zu erwartende **Einfuhren** und den **Absatz** von Heroin im **Kilobereich** in Betracht (BGH NStZ 2002, 537). Dass bei der **Abgabe von Betäubungsmitteln** vielfach weder der Erwerber noch die Auswirkungen der Abgabe auf ihn festgestellt werden können, schließt die Anordnung der Sicherungsverwahrung daher nicht aus (BGHR StGB § 66 Abs. 1 Erheblichkeit 4 (→ Rn. 1429)). Ebensowenig lässt der Aspekt der Selbstgefährdung der Erwerber die Abgabe als minder gefährliche Straftat erscheinen; auch deren Abhängigkeit vermag daran nichts zu ändern. 1485

Dies steht damit in Einklang, dass die in § 66 Abs. 1 S. 1 Nr. 1 Buchst. b StGB genannten Straftaten **Katalogstraftaten** sind (→ Rn. 1441). Dass sie gleichwohl nicht oder nur unter Einschränkungen geeignet sein sollen, die Gefährlichkeit nach Nr. 4 zu begründen (so aber OLG Nürnberg StV 2015, 179; in diesem Sinne wohl auch *Volkmer* in Körner/Patzak/Volkmer § 35 Rn. 580), ist daher nicht zu begründen (auch → 1483). 1486

Schließlich sind **erhebliche Straftaten** nicht nur zu befürchten, wenn ungewöhnlich große Mengen von Rauschgift abgegeben werden sollen; vielmehr liegt in aller Regel eine erhebliche Straftat vor, wenn **nicht geringe Mengen im Sinne des BtMG** abgesetzt werden sollen (BGHR StGB § 66 Abs. 1 Erheblichkeit 4 (→ Rn. 1429)). 1487

III. Gefährlichkeit für die Allgemeinheit. Auf Grund des Hanges zu erheblichen Straftaten muss der Täter **für die Allgemeinheit** gefährlich sein. Hangtäterschaft und Gefährlichkeit für die Allgemeinheit sind keine identischen Merkmale (BGH NStZ 2020, 346). Die Gefährlichkeit ist gegeben, wenn die bestimmte (BGH NStZ-RR 2003, 108; 2008, 304) Wahrscheinlichkeit besteht, dass er auch in Zukunft Straftaten begehen wird und diese eine erhebliche Störung des Rechtsfriedens darstellen (BGHR StGB § 72 Sicherungszweck 6 (2 StR 486/01)). Dabei können sich die zu erwartenden Taten auch gegen einen **begrenzten Personenkreis** oder eine **Einzelperson** richten (BGH NStZ-RR 2014, 28). 1488

Die **Wahrscheinlichkeit weiterer Straftaten** ist in der Regel gegeben, wenn die Eigenschaft als Hangtäter festgestellt ist (→ Rn. 1481). Nur wenn zwischen der letzten Hangtat und der Urteilsverkündung neue Umstände eingetreten sind, die die Wahrscheinlichkeit künftiger Taten entfallen lassen, kann die Gefährlichkeit 1489 entfallen; dabei müssen diese Umstände feststehen (BGHR StGB § 72 Sicherungszweck 6; BGH NStZ 2009, 566).

1490 **Maßgeblicher Zeitpunkt** für die Gefährlichkeitsprognose ist grundsätzlich (BGH NStZ 2002, 535 (→ Rn. 1437)) der Zeitpunkt der **Verurteilung** (§ 66 Abs. 1 Nr. 4 StGB; stRspr; zuletzt BGH NStZ 2015, 510; zum Vorbehalt der Sicherungsverwahrung → Rn. 1499). Ob die Gefährlichkeit zum Zeitpunkt der Entlassung noch besteht, muss grundsätzlich der Überprüfung nach § 67c Abs. 1 StGB vorbehalten bleiben (BGH NStZ-RR 2004, 202). Zur Berücksichtigung der Wirkung eines langjährigen Strafvollzugs und des Alters des Täters im Rahmen des Ermessens nach § 66 Abs. 2, 3 StGB → Rn. 1497.

1491 **IV. Gesamtwürdigung.** Das Vorliegen eines Hangs (BGH NStZ-RR 2009, 11) sowie die Prognose der Gefährlichkeit erfordern eine **eingehende und umfassende Gesamtwürdigung** der Täterpersönlichkeit sowie der äußeren Umstände der Taten und der sie begleitenden Vorstellungen und Beweggründe (BGH NStZ 2001, 595). Daher können rein statistische Erkenntnisse über die Rückfallwahrscheinlichkeit bei bestimmten Deliktsgruppen die Prognose der Gefährlichkeit nicht stützen (BGH NStZ 2009, 323). Zur Leistungsfähigkeit solcher Instrumente → Rn. 1311. Kann die Gefährlichkeit nicht mit hinreichender Sicherheit festgestellt werden, so kommt der Vorbehalt der Sicherungsverwahrung (§ 66a StGB) in Betracht (→ Rn. 1499).

1492 **Die Feststellung** eines Hanges obliegt – nach sachverständiger Beratung – dem **Richter in eigener Verantwortung** (→ Rn. 1472; BGH NStZ-RR 2010, 203; 2020, 339).

1493 **1. Täterpersönlichkeit.** Das Gericht muss daher alle Umstände aufklären, die für die Persönlichkeit des Täters Bedeutung haben (BGH NStZ 2001, 595).

1494 **2. Symptomtaten.** In die Gesamtbetrachtung müssen nicht nur die Anlasstaten, sondern auch die die formellen Voraussetzungen der Sicherungsverwahrung begründenden Symptomtaten einbezogen werden (BGH NStZ 2001, 595; NStZ-RR 2009, 11). Handelt es sich bei den Symptomtaten um solche ganz verschiedener Art, ist ihr Indizwert besonders sorgfältig zu prüfen (BGH NStZ 2008, 453; NStZ-RR 2003, 107 = StV 2003, 158; BGH 3 StR 206/09).

1495 **F. Entscheidung.** Liegen die formellen und materiellen Voraussetzungen der Sicherverwahrungs vor, so sind die Folgen unterschiedlich:

1496 In den Fällen des **Absatzes 1** ist die Anordnung der Sicherungsverwahrung **obligatorisch**. Davon unberührt bleibt der Verhältnismäßigkeitsgrundsatz des § 62 StGB, der allerdings nur eine äußerste Schranke bildet (*Kühl* in Lackner/Kühl StGB § 62 Rn. 2). Zur Verhältnismäßigkeit → Rn. 1365.

1497 In den Fällen der **Absätze 2 und 3** steht die Anordnung der Sicherungsverwahrung dagegen im **Ermessen** des Gerichts. Das Urteil muss erkennen lassen, dass das Gericht sich seines Ermessens bewusst gewesen ist (BGH NStZ 2010, 270). Bei der Ausübung des Ermessens sind die Wirkungen eines langjährigen Strafvollzugs sowie die mit dem Fortschreiten des Lebensalters erfahrungsgemäß eintretenden Haltungsänderungen wichtige Kriterien (BGH NStZ 2010, 270). Allerdings muss eine Haltungsänderung **sicher zu erwarten** sein (BGHR StGB § 66 Abs. 2 Ermessensentscheidung 3 (2 StR 348/88); 6 (4 StR 17/98); BGH NStZ 2002, 30; 2016, 337). Nur denkbare positive Veränderungen und Wirkungen künftiger Maßnahmen im Strafvollzug, reichen nicht aus (BGH NStZ 2015, 510; 2016, 337; NStZ-RR 2005, 337; 2010, 77). Zur Verhältnismäßigkeit → Rn. 1365 und zum Verhältnis zur Bemessung der Höhe der zu verhängenden Freiheitsstrafe → Rn. 1437.

1498 **G. Überweisung in den Vollzug einer anderen Maßregel.** Sie richtet sich nach § 67a Abs. 2, 3, 4 S. 2 StGB (dazu *Fischer* StGB § 67a Rn. 4–6).

H. Vorbehaltene Sicherungsverwahrung (§ 66a StGB).
Die durch G v. 21.8.2002 (BGBl. I S. 3344) eingeführte Maßnahme soll keine neue Maßregel darstellen (§ 61 StGB). Sie kommt in Betracht, wenn bei der Verurteilung wegen einer in § 66 Abs. 3 S. 1 StGB genannten Tat **nicht mit hinreichender Sicherheit** feststellbar ist, aber **wahrscheinlich ist,** dass der Täter infolge eines Hanges zu erheblichen Straftaten, namentlich zu solchen, durch welche die Opfer seelisch oder körperlich schwer geschädigt werden, zum Zeitpunkt der Verurteilung für die Allgemeinheit gefährlich ist, und wenn die übrigen Voraussetzungen des § 66 Abs. 3 StGB erfüllt sind. Sie setzt einen Hang voraus (BGH NStZ 2019, 658; NStZ-RR 2013, 204), gilt andererseits aber für alle Hangtäter und kommt daher auch bei den Verbrechen des BtMG in Betracht. Zum Verfahren s. § 275a StPO. **1499**

I. Nachträgliche Anordnung der Unterbringung in der Sicherungsverwahrung (§ 66b StGB). Nach § 66b StGB kann bei einer **Fehleinweisung** in das psychiatrische Krankenhaus nachträglich die Unterbringung in der Sicherungsverwahrung angeordnet werden, sofern deren Voraussetzungen vorliegen. **1500**

Kapitel 16. Verbindung freiheitsentziehender Maßregeln (§ 72 StGB)

A. Gleichzeitiges Vorliegen der Voraussetzungen mehrerer Maßregeln. Die freiheitsentziehenden Maßregeln schließen sich nicht gegenseitig aus. Es können auch die Voraussetzungen mehrerer Maßregeln gleichzeitig erfüllt sein. Für diesen Fall regelt § 72 StGB die von dem erkennenden Gericht zu treffenden Entscheidungen. Maßgeblich ist stets der Zeitpunkt der Hauptverhandlung. **1501**

An einem **gleichzeitigen Vorliegen fehlt es,** wenn bei der Unterbringung in der Entziehungsanstalt eine hinreichend konkrete Aussicht eines Behandlungserfolgs **nicht** besteht (→ Rn. 1346–1359); in einem solchen Falle darf eine solche von vornherein nicht angeordnet werden (BGH NStZ 2014, 203 (→ Rn. 1306)). Zur Unterbringung im psychiatrischen Krankenhaus in einem solchen Fall → Rn. 1363, zur Unterbringung in der Sicherungsverwahrung → Rn. 1364. **1502**

B. Abwendung der Gefahr durch eine Maßregel (Absatz 1). Liegen dagegen die Voraussetzungen mehrerer Maßregeln gleichzeitig vor, kann die Gefahr weiterer rechtswidriger Taten aber durch **eine** Maßregel abgewendet werden (Maßregelzweck), so ist nur diese anzuordnen (Absatz 1 Satz 1). Unter mehreren geeigneten Maßregeln ist dabei die auszuwählen, die den Täter am wenigsten beschwert (Absatz 1 Satz 2). **1503**

Die Entscheidung, ob der Maßregelzweck durch **eine** konkrete Maßregel erfüllt wird, erfordert **eine Prognose.** An **deren Sicherheit** dürfen keine geringeren Anforderungen gestellt werden als an die Prognose, ob mit Rücksicht auf künftige Entwicklungen vom Wegfall einer im Zeitpunkt der Hauptverhandlung noch bestehenden Gefährlichkeit ausgegangen werden kann (BGHR StGB § 72 Sicherungszweck 5 (→ Rn. 1305)). Zum Absehen von der Anordnung der **Sicherungsverwahrung** im Hinblick auf eine Unterbringung in der **Entziehungsanstalt** → Rn. 1305–1307. Die hinreichend konkrete Aussicht eines Therapieerfolgs, die für die **Entziehungsanstalt** genügt, reicht daher nicht ohne weiteres aus, um von der Anordnung der Sicherungsverwahrung abzusehen (BGHR StGB § 72 Sicherungszweck 5 (→ Rn. 1305)). Etwas anderes kommt für die Unterbringung im **psychiatrischen Krankenhaus** (BGH NStZ 2009, 258 (→ Rn. 543)) in Betracht, es sei denn, die Gefährlichkeit besteht auch nach Wegfall des von § 63 StGB vorausgesetzten Zustandes fort (BGH NStZ 2002, 533 = StV 2002, 478). **1504**

C. Unsicherheiten über den Erfolg (Absatz 2). Bei Unsicherheiten über den Erfolg der Unterbringung in der **Entziehungsanstalt** gilt der Grundsatz, dass die **1505**

Maßregeln gemäß § 72 Abs. 2 StGB **kumulativ** anzuordnen sind (→ Rn. 1305– 1307). Dagegen schließen zweifelhafte Heilungsaussichten die bloße Anordnung der Unterbringung im **psychiatrischen Krankenhaus** und das Absehen von der Sicherungsverwahrung nicht ohne weiteres aus (BGH NStZ 2002, 533 (→ Rn. 1504)).

1506 **D. Vollstreckungsreihenfolge (Absatz 3).** Ordnet das Gericht mehrere Maßregeln an, so bestimmt es die Vollstreckungsreihenfolge, wobei es sich an der bestmöglichen Erreichung des Maßregelzwecks zu orientieren hat. Auch für diese ist der Zeitpunkt der Hauptverhandlung maßgeblich (*Fischer* StGB § 72 Rn. 12). Zur Vollstreckungsreihenfolge bei Entziehungsanstalt und Sicherungsverwahrung → Rn. 1307.

Kapitel 17. Die Entziehung der Fahrerlaubnis in Betäubungsmittelsachen

1507 Der illegale Umgang mit Betäubungsmitteln kann Einfluss auf die **Eignung zum Führen** von Kraftfahrzeugen haben und ist daher auch für die Fahrerlaubnis von Bedeutung. Wie bei anderen Eignungsmängeln kann die Fahrerlaubnis im Strafverfahren nach § 69 StGB durch die Strafgerichte (→ Rn. 1510–1591) und im Verwaltungsverfahren (§ 3 StVG, § 46 FeV) durch die Fahrerlaubnisbehörden (→ Rn. 1592–1637) entzogen werden. Hinzu kommt ein Fahrverbot, das im Zusammenhang mit einer Ordnungswidrigkeit nach § 24a StVG in der Regel festgesetzt wird (§ 25 Abs. 1 S. 2 StVG); dazu → Rn. 1638–1670).

1508 Zu den **gefährlichsten Wirkungen** der Betäubungsmittel gehört ihr Einfluss auf die **Fahrsicherheit**. Deren Beeinträchtigung durch Drogen spielt in der Praxis eine beträchtliche und zunehmende Rolle. Die entdeckten (registrierten) Fahrten unter Drogeneinfluss (ohne Alkohol) sind von 12.800 im Jahre 2002 auf 45.337 im Jahre 2019 gestiegen.[3] Lediglich eine von 600 Fahrten unter Drogeneinfluss wird entdeckt (DBDD 2006 S. 115). Im Jahre 2019 waren Fahrer unter Drogeneinfluss an 2.349 Verkehrsunfällen mit Personenschaden beteiligt, bei denen 52 Personen getötet und 858 schwer verletzt wurden.[4]

1509 Die **Bereitschaft, unter Drogeneinfluss** zu fahren, ist von der Häufigkeit des Konsums abhängig: 60% der Gelegenheitskonsumenten haben keine Bedenken, nach dem Drogenkonsum ihr Fahrzeug zu lenken; bei den Dauerkonsumenten erhöht sich dieser Anteil auf 91% (*Vollrath/Krüger* Blutalkohol 2002, Supplement 1, S. 32 (35)). Drogen, insbesondere Cannabis, Amfetamine und Ecstasy, werden subjektiv als „kaum verkehrsgefährdend" beurteilt. Die Wahrscheinlichkeit von der Polizei entdeckt zu werden, wird als außerordentlich gering (unter 5%) eingeschätzt (*Vollrath/Krüger* Blutalkohol 2002, Supplement 1, S. 32 (37)).

1510 **A. Die Entziehung durch die Strafgerichte (§ 69 StGB).** Nach § 69 Abs. 1 StGB entzieht das Gericht dem Täter die Fahrerlaubnis, wenn er bei oder im Zusammenhang mit dem Führen eines Kraftfahrzeugs eine rechtswidrige Tat begangen hat, aus der sich ergibt, dass er **zum Führen von Kraftfahrzeugen ungeeignet** ist. Der Eignungsmangel kann darauf zurückzuführen sein, dass der Täter nicht in der Lage ist, das Fahrzeug sicher zu führen oder dass ihm die erforderliche Zuverlässigkeit fehlt.

1511 **I. Der regelmäßige Eignungsmangel gemäß § 69 Abs. 2 StGB.** Ist die Tat ein Vergehen der Trunkenheit im Verkehr (§ 316 StGB) oder der Gefährdung des Straßenverkehrs (§ 315c StGB), so ist der Täter in der Regel als ungeeignet zum Führen von Kraftfahrzeugen anzusehen (§ 69 Abs. 2 Nr. 1, 2 StGB). Grund der Ent-

---

[3] Kraftfahrtbundesamt, Fahreignungsregister (FAER) 2019.
[4] Statistisches Bundesamt, Verkehrsunfälle, 2019 Tab 6.9.4.

ziehung ist in diesen Fällen der Eignungsmangel, der sich daraus ergibt, dass der Täter trotz **fehlender Fahrsicherheit** ein Fahrzeug geführt hat.

1. Trunkenheit im Verkehr (§ 316 StGB). Von den Vergehenstatbeständen, die in diesem Zusammenhang die Entziehung der Fahrerlaubnis als Regeltatbestand begründen, hat die größte praktische Bedeutung die Trunkenheit im Verkehr (§ 316 StGB). 1512

a) Tathandlung. Die Tathandlung besteht in dem Führen eines Fahrzeugs im Verkehr, obwohl der Täter wegen Alkohols oder anderer berauschender Mittel nicht in der Lage ist, das Fahrzeug sicher zu führen. 1513

aa) Im Verkehr. Aus dem Klammerhinweis (§§ 315–315 d) ergibt sich, dass die Vorschrift für alle von diesen Vorschriften geschützten Verkehrsarten gilt. Im gegebenen Zusammenhang kommt es aber im Wesentlichen auf den **Straßenverkehr** an. Dieser umfasst nur Vorgänge im (faktisch) öffentlichen Verkehrsraum (→ Rn. 1561, 1562). 1514

bb) Führen. Das Führen eines Fahrzeugs erfordert es, dass der Täter das Fahrzeug unmittelbar in Bewegung setzt oder es unter Handhabung seiner technischen Vorrichtungen während der Fahrbewegung lenkt, wobei nicht notwendig ist, dass ein Kraftfahrzeug mit der ihm eigenen Motorkraft bewegt wird (BGHSt 36, 341 = NJW 1990, 1245 = NStZ 1990, 232). Wesentliches Element des Führens ist der **Bewegungsvorgang** (BGHSt 35, 390 = NJW 1989, 723 = StV 1989, 305 = JR 1990, 30 mkritAnm *Hentschel*). Im Einzelnen ist hier vieles umstritten. Wegen der Einzelheiten wird auf *Fischer* StGB § 315 c Rn. 3 a–3 c, *König* in LK-StGB, 12. Aufl. 2007, StGB § 315 c Rn. 10–43, § 316 Rn. 9, 9 a verwiesen. 1515

cc) Fahrzeuge. Fahrzeuge sind Gegenstände, die zur Fortbewegung auf dem Boden bestimmt und geeignet sind (*König* in LK-StGB, 12. Aufl. 2007, StGB § 315 c Rn. 7). Dazu gehören Kraftfahrzeuge (§ 1 Abs. 2 StVG), Fahrräder, E-Scooter (Elektrokleinstfahrzeuge (Elektrokleinstfahrzeuge-VO (eKFV))), Fuhrwerke und, soweit sie am Straßenverkehr teilnehmen (§ 315 d StGB), auch Schienenbahnen. Keine Fahrzeuge im Sinne der StVO, sondern dem Fußgängerbereich zugeordnet (§ 24 Abs. 1 StVO) sind Rodelschlitten, Tretroller einschließlich der sogenannten Kickboards, Kinderwagen und Kinderfahrräder, Rollschuhe und Inlineskates (LG Landshut SpuRt 2016, 129). Dies sollte auch für den strafrechtlichen Fahrzeugbegriff maßgeblich sein (*König* in LK-StGB, 12. Aufl. 2007, StGB § 315 c Rn. 8). Dagegen erscheint zweifelhaft, ob auch für die elektromotorunterstützten Fahrräder **(Pedelecs)** die Wertung des § 1 Abs. 3 StVG übernommen werden kann, wonach sie auch bei laufender Motorunterstützung unter bestimmten Voraussetzungen (→ Rn. 1640) keine Kraftfahrzeuge sind (*König* in Hentschel/König/Dauer StGB § 316 Rn. 17). 1516

dd) Im Zustand der Fahrunsicherheit. Der Täter muss außer Stande sein, das Fahrzeug sicher zu führen. An der Fahrsicherheit fehlt es, wenn die Gesamtleistungsfähigkeit des Fahrzeugführers, namentlich infolge Enthemmung oder geistig-seelischer oder körperlicher Leistungsausfälle, so weit herabgesetzt ist, dass er nicht mehr fähig ist, ein Fahrzeug der jeweiligen Verkehrsart über eine längere Strecke, und zwar auch beim plötzlichen Eintritt schwieriger Verkehrslagen, sicher zu steuern (BGHSt 13, 83 = NJW 1959, 1047; 21, 157 = NJW 1967, 116; 44, 219 = NJW 1999, 226; 1999, 1770 mkritBspr *Schreiber* = NStZ 1999, 407 mAnm *Berz* = StV 1999, 199; BGH NZV 2008, 528 m. Bespr. *König* NZV 2008, 492 = JR 2009, 120 mAnm *Herzog/Laustetter*). 1517

Die inhaltliche Bestimmung der Fahrunsicherheit kann nicht **losgelöst** von **Erkenntnissen** der **Medizin** und der **Toxikologie** getroffen werden. Der Begriff unterfällt aber nicht allein rechts- oder verkehrsmedizinischer oder auch toxikolo- 1518 gischer Beurteilung, sondern ist ein **Rechtsbegriff,** dessen normative Ausfüllung in erster Linie eine richterliche Aufgabe ist (BGHSt 44, 219 (→ Rn. 1517)).

1519 ee) **„Andere berauschende Mittel".** Grundsätzlich sind alle psychotropen Stoffe, die in die Anlagen I bis III zum BtMG aufgenommen wurden, „andere berauschende Mittel" iSd § 316 StGB (allgM; Nr. 9.1 der Anlage 4 zur FeV; OLG Düsseldorf StV 1994, 376; NStZ 2000, 12 = StV 1999, 22 = JR 1999, 474 mAnm *Hentschel;* umfassend *König* in LK-StGB, 12. Aufl. 2007, StGB § 316 Rn. 144– 146c). Sie sind **generell-abstrakt** (BGHSt 44, 219 (→ Rn. 1517)) in der Lage, die Fahrtüchtigkeit aufzuheben. Zur **individuell-konkreten** Fahrunsicherheit → Rn. 1529–1552.

1520 Dies gilt nicht nur für die **klassischen Rauschdrogen,** sondern auch für die **in Anlage III** aufgenommenen Wirkstoffe, die Inhaltsstoffe von **Arzneimitteln** sind (*König* in LK-StGB, 12. Aufl. 2007, StGB § 316 Rn. 167–172). Dabei spielt es keine Rolle, ob das Medikament als ausgenommene Zubereitung (§ 2 Abs. 1 Nr. 3; dazu → § 1 Rn. 153–155; → § 2 Rn. 49–52) ganz oder teilweise von den betäubungsmittelrechtlichen Vorschriften ausgenommen ist (*König* in LK-StGB, 12. Aufl. 2007, StGB § 316 Rn. 142a; anders die FeV (→ Rn. 1599)). Bei den **neuen psychoaktiven Stoffen** (sog. Legal Highs etc, s. NpSG Einl. Rn. 2–13) ist zu unterscheiden: generell sollten von dem Gesetz nur Stoffe in Stoffgruppen erfasst werden, die psychoaktiv sind (→ NpSG § 2 Rn. 13, 14). Es lässt sich aber nicht ausschließen, dass das Gesetz auch einen Stoff erfasst, der diese Eigenschaft nicht aufweist (→ NpSG § 2 Rn. 15–18). Anders als ein dem BtMG unterstellter Stoff ist eine dem NpSG unterliegende Substanz daher nicht von vornherein ein berauschendes Mittel. Auf der anderen Seite können auch Stoffe, die weder dem BtMG noch dem NpSG unterfallen, berauschende Mittel sein (*König* in Hentschel/König/Dauer StGB § 316 Rn. 62).

1521 (a) **Wirkungen.** Die akuten Wirkungen der praktisch bedeutsamen Betäubungsmittel sind in den Erläuterungen zu § 1 beschrieben. Bei den im Straßenverkehr am häufigsten auftretenden Betäubungsmitteln kann im Übrigen verwiesen werden (auch → Rn. 1601) für
- **Amfetamin, Designer-Amfetamine (Ecstasy)** auf → § 1 Rn. 523–525 (Amfetamin) und → § 1 Rn. 357–367 (Ecstasy); zum flash-back → § 1 Rn. 364; zusätzlich OLG München NJW 2006, 1606 für **Amfetamin;** OLG Düsseldorf NStZ-RR 2000, 12 = StV 1999, 22 = JR 1999, 474 mAnm *Hentschel* für **MDE;** VGH Mannheim NZV 2002, 475 für **MDMA;** *König* in LK-StGB, 12. Aufl. 2007, StGB § 316 Rn. 146a; *Harbort* NZV 1998, 15;
- **Cannabis** auf → § 1 Rn. 315, 316, zum flash-back → § 1 Rn. 320; zusätzlich BT-Drs. 16/2264 sowie BVerfGE 90, 145 (181) (→ Rn. 6); BVerfG NJW 2002, 2378 = StV 2002, 593; BGHSt 42, 1 (→ Rn. 981); BGH NJW 2007, 2567 = NStZ-RR 2007, 242; OLG Zweibrücken NStZ-RR 2004, 149 = StV 2004, 322; OLG München NZV 2006, 274; OLG Jena StraFo 2007, 300; OLG Saarbrücken NStZ-RR 2015, 228; *König* in LK-StGB, 12. Aufl. 2007, StGB § 316 Rn. 146; keine Rolle spielt es, ob Cannabis durch **Passivrauchen** aufgenommen wurde (VGH Mannheim VerkMitt 2004, 69; VGH München BeckRS 2008, 28054);
- **Cathinon** auf → § 1 Rn. 327, zusätzlich *König* in LK-StGB, 12. Aufl. 2007, StGB § 316 Rn. 146a;
- **Cocain, Free-base, Crack** auf → § 1 Rn. 545–550 (Cocain), → § 1 Rn. 555–558 (Free-base) und → § 1 Rn. 564 (Crack); zusätzlich BT-Drs. 13/3764, 5; BGHSt 44, 219 (→ Rn. 1517); BayObLG StV 1997, 255; VGH Mannheim NZV 2002, 296; 2002, 477; *König* in LK-StGB, 12. Aufl. 2007, StGB § 316 Rn. 146; *Schreiber* NJW 1999, 1770;

Kap. 17. Entziehung der Fahrerlaubnis; Strafgerichte **Vor §§ 29 ff. BtMG**

- **Codein, Dihydrocodein** auf → § 1 Rn. 572 (Codein), → § 1 Rn. 578, 579 (Dihydrocodein); zusätzlich → Rn. 1526 sowie *König* in LK-StGB, 12. Aufl. 2007, StGB § 316 Rn. 146a;
- **Fentanyl, Fentanyl-Derivate** auf → § 1 Rn. 583, 584;
- **Flunitrazepam, Rohypnol** auf → § 1 Rn. 588; der Beschl. des OLG Köln v. 21. 12. 1990 (NZV 1991, 158) ist überholt;
- **Heroin, Morphin** auf → § 1 Rn. 376–386 (Heroin) und → § 1 Rn. 616, 617 (Morphin); zusätzlich BT-Drs. 13/3764, 5; BGHSt 44, 219 (→ Rn. 1517); BGH Blutalkohol 2008, 309; VGH Mannheim NZV 1993, 45; *König* in LK-StGB, 12. Aufl. 2007, StGB § 316 Rn. 146; *Schreiber* NJW 1999, 1770;
- **JWH-018** und andere **synthetische Cannabinoide (Spice, Sence, Smoke, Skunk)** § 1 Rn. 466, 467;
- **LSD** auf → § 1 Rn. 409–411; zum flash-back → § 1 Rn. 411; zusätzlich *König* in LK-StGB, 12. Aufl. 2007, StGB § 316 Rn. 146a;
- **Meta-Chlorphenylpiperazin (m-CPP)** auf → § 1 Rn. 477;
- **Metamfetamin (Crank, YABA, ICE, Shabu, Crystal-Speed)** auf → § 1 Rn. 485–494; OVG Bautzen BeckRS 2020, 34679; *König* in LK-StGB, 12. Aufl. 2007, StGB § 316 Rn. 146a;
- **Methadon/Levomethadon** auf → § 1 Rn. 610 (Methadon) und → Rn. 600, 601 (Levomethadon); zusätzlich OVG Bremen NJW 1994, 3031 = NZV 1994, 206; → Rn. 1523–1526; *König* in LK-StGB, 12. Aufl. 2007, StGB § 316 Rn. 146a;
- **Psilocybin, Psilocin** auf → § 1 Rn. 445, 446.

Zum **Mischkonsum** → Rn. 1527, 1528. Zu **Entzugserscheinungen** → Rn. 1522.

(b) Entzugserscheinungen, Drogenabhängigkeit. Die Fahrunsicherheit ist **1522** auch dann rauschmittelbedingt, wenn sie durch **Entzugserscheinungen** herbeigeführt wurde, die durch einen **aktuellen** Drogenkonsum ausgelöst wurden und so Rauschwirkung und Entzugssyndrom (→ § 1 Rn. 58–60) untrennbar ineinander übergegangen sind (*König* in LK-StGB, 12. Aufl. 2007, StGB § 316 Rn. 158, 158a, 165; *Hecker* in Schönke/Schröder StGB § 316 Rn. 5; *König* NZV 2008, 492 (493); BGH NZV 2008, 528 (→ Rn. 1517) erörtert die Entzugserscheinen nur unter dem Gesichtspunkt des körperlichen Mangels nach § 315c Abs. 1 Nr. 1 Buchst. b StGB). Allerdings muss auch hier festgestellt werden, ob sich die auf Grund der Entzugserscheinungen bestehenden Leistungseinbußen auf die Wahrnehmungs- und Reaktionsfähigkeit oder die Risikobereitschaft des Täters ausgewirkt haben (BGH NZV 2008, 528 (→ Rn. 1517)). Zum Nachweis → Rn. 1541. Dagegen werden die Folgewirkungen, die der **Drogengebrauch auf längere Sicht** mit sich bringt, namentlich die **Drogenabhängigkeit,** auch wenn sie generell mit einem geistigen und körperlichen Verfall verbunden ist, von § 316 StGB nicht erfasst; diese Vorschrift, die auch ein folgenloses Verhalten unter Strafe stellt, soll den Gefahren begegnen, die sich aus einem akuten Zustand der Trunkenheit ergeben (*König* in LK-StGB, 12. Aufl. 2007, StGB § 316 Rn. 158b, 165; *König* NZV 2008, 492 (493)).

(c) Die besonderen Probleme bei Substitutionsmitteln. Besondere Pro- **1523** bleme bereiten Betäubungsmittel, die im Rahmen einer Substitutionsbehandlung konsumiert werden namentlich Levomethadon (Polamidon) und Methadon (*Gebert* MedR 1994, 483; *Berghaus/Friedel* NZV 1994, 377; *Staak* Blutalkohol 1993, 321). Wer als Opiatabhängiger mit diesen Mitteln substituiert wird, ist grundsätzlich nicht geeignet, ein Kraftfahrzeug zu führen (OVG Hamburg NJW 1997, 3111; OVG Saarlouis NJW 2006, 2651; VGH München BeckRS 2018, 30647; *Weber* in Roxin/Schroth MedizinStrafR-HdB S. 729, 766, 767). Zur strafrechtlichen Verantwortlichkeit des **Arztes** s. *Weber* in Roxin/Schroth MedizinStrafR-HdB S. 729, 767, 768.

1524 Nur in seltenen **Ausnahmefällen** ist eine andere Beurteilung möglich, wenn besondere Umstände dies im Einzelfall rechtfertigen (VGH München BeckRS 2018, 30647). Hierzu gehören eine mehr als einjährige regelmäßige Methadonsubstitution, eine psychosoziale stabile Integration, die Freiheit von Beikonsum anderer psychoaktiver Substanzen, einschließlich Alkohol, seit mindestens einem Jahr, nachgewiesen durch geeignete, regelmäßige und zufällige Kontrollen (zB Urin, Haar) während der Therapie, der Nachweis für Eigenverantwortung und Therapie-Compliance sowie das Fehlen einer Störung der Gesamtpersönlichkeit (Nr. 3.14.1 der Begutachtungsleitlinien; s. auch OVG Hamburg NJW 1997, 3111; VGH München BeckRS 2018, 30647; *Weber* in Roxin/Schroth MedizinStrafR-HdB S. 727, 766; *Schöch* Blutalkohol 2005, 354 (357) hält im Einzelfall auch eine kürzere Zeit für ausreichend). Zur Klärung, ob in einem solchen Fall die Fahreignung vorliegt, bedarf es eines günstigen medizinisch-psychologischen Gutachtens (MPU) (OVG Saarlouis NJW 2006, 2651).

1525 **Fälle ohne Beikonsum** sind in der Praxis sehr selten (*Musshoff/Banaschak/Madea* Blutalkohol 2001, 325: vier von 98 untersuchten Fällen). Vorherrschend ist ein Mischkonsum mit bis zu fünf Drogen, wobei Benzodiazepine an erster Stelle stehen, gefolgt von Morphin, Alkohol, Cannabinoiden und Cocain.

1526 **Codein** und **Dihydrocodein** wirken, wenn sie bestimmungsgemäß als Arzneimittel eingesetzt werden, schwach sedierend, schmerzstillend und hustenlindernd (→ Rn. 1521). Morphin-Wirkungen treten bei der therapeutischen Dosierung nicht ein; allerdings werden Codein und Dihydrocodein meist im Rahmen der so genannten grauen oder wilden Substitution verschrieben (→ § 13 Rn. 89, 90). **In der hohen Dosis,** in der sie hier konsumiert werden, kommt es zu schweren Rauschzuständen (*König* in LK-StGB, 12. Aufl. 2007, StGB § 316 Rn. 146a), die Fahrsicherheit ihrer noch stärker beeinträchtigen als Methadon (*Schöch* Blutalkohol 2005, 354 (355)). Dasselbe gilt für die – zulässige – Verschreibung in begründeten Ausnahmefällen (→ § 13 Rn. 93).

1527 **(d) Mischkonsum.** Fälle, in denen bei Drogenverdacht in einer Blut- oder Urinprobe nur ein Rauschmittel gefunden wird, sind sehr selten. Meist findet sich ein Zusammentreffen von zwei oder mehr Suchtmitteln in den verschiedensten Kombinationen. Sehr häufig ist die Kombination mit **Alkohol** (*König* in LK-StGB, 12. Aufl. 2007, StGB § 316 Rn. 130–138), wobei ein Zusammentreffen von Alkohol und Cannabis (*König* in LK-StGB, 12. Aufl. 2007, StGB § 316 Rn. 145a), aber auch von Alkohol und Cocain (*König* in LK-StGB, 12. Aufl. 2007, StGB § 316 Rn. 145a; *Toennes/Kauert* Blutalkohol 2000, 434) im Vordergrund stehen. Seltener ist die Kombination von Alkohol mit Heroin oder anderen Opiaten; hier findet sich am häufigsten eine Mischintoxikation mit anderen illegalen Drogen oder Medikamenten (*König* in LK-StGB, 12. Aufl. 2007, StGB § 316 Rn. 145a).

1528 **Die Wechselwirkungen,** namentlich die **Wirkungsverstärkungen,** die durch die Kombination von Betäubungsmitteln mit Alkohol oder von mehreren illegalen Drogen entstehen, sind noch weitgehend ungeklärt und wegen der Komplexität der Materie in absehbarer Zeit auch nicht abschließend zu klären (*König* in LK-StGB, 12. Aufl. 2007, StGB § 316 Rn. 132, 147). Generell kann gesagt werden, dass Heroin und andere Opiate/Opioide (zB Morphin, (Levo-)Methadon, Codein, Dihydrocodein) sowie Cannabis die Wirkung des Alkohols verstärken (*König* in LK-StGB, 12. Aufl. 2007, StGB § 316 Rn. 133). Amfetamin (Speed), Designer-Amfetamine (Ecstasy) und Cocain mildern zwar die sedierende Wirkung des Alkohols ab, führen aber zu einer erhöhten Zahl von Fehlreaktionen (*König* in LK-StGB, 12. Aufl. 2007, StGB § 316 Rn. 133); s. auch → Rn. 509, 510.

1529 **(e) Absolute/relative Fahrunsicherheit.** Die Unterscheidung zwischen absoluter und relativer Fahrunsicherheit betrifft nicht den Grad der Beeinträchtigung, sondern die Art des Nachweises (stRsp; BGH NZV 2008, 528 (→ Rn. 1517)). Der **Beweisgrenzwert** liegt bei Alkohol bei einer BAK von 1,1 Promille. Werden diese festgestellt, so wird unwiderleglich vermutet **(absolute Fahrunsicherheit)**, dass der Täter fahrunsicher war. Liegt der festgestellte Wert darunter, so bedarf es zur Feststellung der Fahrunsicherheit weiterer Beweisanzeichen, namentlich von Ausfallerscheinungen oder anderen Auffälligkeiten.

(f) Keine (Beweis-)Grenzwerte für eine absolute Fahrunsicherheit. Dass 1530 der akute Drogenrausch angesichts seiner Wirkungen (→ Rn. 1521–1528) zu einer erheblichen Beeinträchtigung der Fahrsicherheit führt, ist im wesentlichen unbestritten (BVerfGE 90, 145 (181) (→ Rn. 6); BGHSt 42, 1 (→ Rn. 981) für Cannabis; BGHSt 44, 219 (→ Rn. 1517) für harte Drogen; *König* in LK-StGB, 12. Aufl. 2007, StGB § 316 Rn. 148). Auf der anderen Seite wird überwiegend angenommen, dass die Fahrtüchtigkeit nicht stets während der Dauer des Rauschs aufgehoben ist **(Nullwert)**, so dass absolute Fahruntüchtigkeit anzunehmen wäre (*König* in LK-StGB, 12. Aufl. 2007, StGB § 316 Rn. 148).

Wenn dies auch auf lange Sicht nicht ausgeschlossen erscheint (Empfehlung des 1531 Arbeitskreises III des 40. Deutschen Verkehrsgerichtstages vom 23./25. 1. 2002; weniger hoffnungsvoll *König* in LK-StGB, 12. Aufl. 2007, StGB § 316 Rn. 148a; nicht möglich *Maatz* et al. NZV 2016, 460 (462)), so können jedenfalls derzeit **keine Grenzwerte der Blut-Wirkstoff-Konzentration** für die Annahme absoluter Fahruntüchtigkeit nach Drogenkonsum bestimmt werden (s. die Ergebnisse des Symposiums des Bundes gegen Alkohol und Drogen im Straßenverkehr am 11. 4. 2008 in Leipzig, abgedr. in Blutalkohol 2008 Supplement 1 S. 1–35 *König* in Hentschel/König/Dauer StGB § 316 Rn. 63). Anders als beim Alkohol liegen **gesicherte Erfahrungswerte** zu den Dosis-Wirkungsbeziehungen bislang **nicht** vor (s. auch Verkehrsgerichtstag 2011):
- für **Amfetamin** OLG Zweibrücken 1 Ss 5/04;
- für **Benzodiazepine** BGH NJW 2000, 3654 = NStZ 2001, 245,
- für **Cannabis** OLG München NStZ-RR 2007, 187; OLG Jena StraFo 2007, 300; OLG Hamm Blutalkohol 2007, 41; OLG Zweibrücken NStZ-RR 2004, 247 = NZV 2005, 164, zust. *König/Seitz* DAR 2006, 121; OLG Saarbrücken NStZ-RR 2015, 228; *Maatz* et al. NZV 2016, 460; aA AG Berlin-Tiergarten NStZ-RR 2012, 59 ab 20 ng/ml THC;
- für **Cocain** BGH NStZ 2012, 324; BayObLG StV 1997, 255; KG (3) 1 Ss 329/01; OLG Zweibrücken StV 2003, 624 = Blutalkohol 2003, 323 mAnm *Rittner;* OLG Saarbrücken Blutalkohol 2004, 72;
- für **Cocain** und **Heroin** BGHSt 44, 219 (→ Rn. 1517);
- für **Heroin** BGH NZV 2008, 528 (→ Rn. 1517); OLG Hamm StRR 2007, 356 mAnm *Burhoff;*
- für **Ecstasy** BayObLG Blutalkohol 2002, 392; OLG Düsseldorf NStZ-RR 2000, 12 (→ Rn. 1521) – MDE;

insgesamt s. *König* in LK-StGB, 12. Aufl. 2007, StGB § 316 Rn. 148a, 153; *Haase/ Sachs* NZV 2008, 221. Dasselbe gilt für den Nachweis **verschiedener Drogenwirkstoffe** im Blut (für THC, Amfetamin und Metamfetamin BGH NStZ 2009, 280 = StV 2009, 359; für Benzoylecgonin BGH NStZ 2012, 324).

Allein mit dem Nachweis von Drogenwirkstoffen im Blut kann die Annahme 1532 der Fahrunsicherheit daher nicht begründet werden. Dies gilt auch für den sogenannten **CIF-Wert (Cannabis-Influence-Factor)** von 10,0, den eine Gruppe von Wissenschaftlern entwickelt hat (*König* in LK-StGB, 12. Aufl. 2007, StGB § 316 Rn. 148a; *Patzak/Bohnen* BtMR Kap. 4 Rn. 18). Dieser Faktor kann allerdings als ein wichtiger Indikator für die drogenbedingte Fahrunsicherheit gelten (OLG Jena StraFo 2007, 300 (→ Rn. 1531)).

1533 Die fehlenden (Beweis)Grenzwerte wirken sich auch auf die Fälle aus, in denen eine **Verbindung mit Alkohol** besteht. Der Alkohol- und Drogenwert können nicht addiert werden. So reicht es zur Annahme von Fahrunsicherheit nicht aus, dass im Blut des Täters etwa eine Stunde nach der Fahrt neben einer MDE-Konzentration von 63 ng/ml eine BAK von 0,81 Promille festgestellt wurde, (OLG Düsseldorf NStZ-RR 2000, 12 (→ Rn. 1521)).

1534 **(g) Relative Fahruntüchtigkeit.** Der Nachweis der Fahruntüchtigkeit kann daher derzeit grundsätzlich nur auf Grund des konkreten rauschmittelbedingten Leistungsbildes des Betreffenden im Einzelfall geführt werden (BGH 44, 219 (→ Rn. 1517); BGH NZV 2008, 528 (→ Rn. 1517)); dazu bedarf es neben einem positiven Blut-Wirkstoffbefund (aber → Rn. 1539–1542) regelmäßig weiterer aussagekräftiger Beweisanzeichen (BGH NZV 2008, 528).

1535 **(aa) Blut-Wirkstoffbefund.** Von den Körpersubstanzen, in denen Betäubungsmittel festgestellt werden können, ist primär auf den Befund im Blut abzustellen. Da die Nachweisdauer dort nur kurz bemessen ist (→ § 1 Rn. 97, 98), wird damit ein zeitnaher Konsum bewiesen, so dass auch die Annahme drogenbedingter Leistungsstörungen zur Tatzeit gerechtfertigt ist (*König* in LK-StGB, 12. Aufl. 2007, StGB § 316 Rn. 155). Eine Rückrechnung ist jedenfalls derzeit nicht möglich (*König* in LK-StGB, 12. Aufl. 2007, StGB § 316 Rn. 152).

1536 Ob der Täter zur Zeit der Fahrt unter der Wirkung von Cannabis gestanden hat, kann nicht an Hand der **THC-Carbonsäure (THC-COOH)** festgestellt werden; diese ist ein Metabolit (rauschunwirksames Abbauprodukt von THC), das bei dauerndem oder gewohnheitsmäßigem Konsum von Cannabis im Blut angereichert und nur sehr langsam abgebaut wird; der Wert lässt nur Rückschlüsse darauf zu, inwieweit der Betroffene **dauerhaft** Cannabis konsumiert (OLG Frankfurt a. M. NStZ-RR 2011, 384; Patzak/Bohnen BtMR Kap. 4 Rn. 5).

1537 **Die Rauschwirkung** tritt in aller Regel rasch ein, wobei allerdings nach den einzelnen Betäubungsmitteln und den Konsumformen zu unterscheiden ist (s. hierzu die Beschreibung der einzelnen Betäubungsmittel → § 1 Rn. 230–637).

1538 **Je stärker die** im Blut festgestellte **Wirkstoffkonzentration** ist, desto geringer können die Anforderungen an Art und Ausmaß der drogenbedingten Ausfallerscheinungen (→ Rn. 1543–1552) sein (BGH 44, 219 (→ Rn. 1517); OLG Saarbrücken NStZ-RR 2015, 228; OLG Jena StraFo 2007, 300 (→ Rn. 1531)); entsprechendes gilt, wenn eine Mischintoxikation verschiedener Substanzen vorliegt, von denen anzunehmen ist, dass sie sich in ihrer Wirkung verstärken (*König* in LK-StGB, 12. Aufl. 2007, StGB § 316 Rn. 161). Will das Gericht dies berücksichtigen, so muss es einen Sachverständigen hinzuziehen.

1539 **Liegt kein Blut-Wirkstoffbefund** vor oder ist er **negativ,** so schließt dies nicht anders als bei Alkohol die Verwirklichung des Tatbestands des § 316 StGB nicht aus (*Hecker* in Schönke/Schröder StGB § 316 Rn. 5; *König* in LK-StGB, 12. Aufl. 2007, StGB § 316 Rn. 156–160; *König* NZV 2008, 492 (493)). Anders als in den Fällen des § 24a Abs. 2 StVG ist eine bestimmte Blut-Wirkstoff-Konzentration bei § 316 StGB kein Tatbestandsmerkmal.

1540 Von Bedeutung ist dies vor allem dann, wenn es zu Störungen **über die Nachweisdauer hinaus** kommen kann, etwa bei Cannabis, wo verkehrsmedizinisch relevante Wirkungen bis etwa neun bis zehn Stunden nach Konsumende andauern können (*König* in LK-StGB, 12. Aufl. 2007, StGB § 316 Rn. 157; BVerfG NJW 2002, 2378 (→ Rn. 1521): mehrstündige Abklingphase), bei Dauerkonsumenten sogar bis zu 24 Stunden oder länger (*Kannheiser* NZV 2000, 57 (64)). Ähnliches gilt für LSD (*König* in LK-StGB, 12. Aufl. 2007, StGB § 316 Rn. 157).

1541 **Bedeutung** gewinnt dies auch dann, wenn der Täter beim Führen des Fahrzeugs **unter Entzugserscheinungen** stand (→ Rn. 1522). Auch hier ist nicht erforderlich, dass sich für den Zeitpunkt der Fahrt noch aktive Wirkstoffe im Blutserum nachweisen lassen (→ Rn. 1539); es schadet daher nicht, wenn nach einem Heroinkonsum im Blut kein Morphin mehr festgestellt werden kann (*König* NZV 2008, 492 (493)).

Dasselbe gilt für die **Drogenabhängigkeit** als solche. Zwar verfügen Drogenabhängige generell nicht über die Eignung zum Führen von Kraftfahrzeugen (→ Rn. 1616). § 316 StGB (anders § 315c Abs. 1 Nr. 1 Buchst. b StGB) erfasst aber nur das Fahren im akuten Zustand der Trunkenheit oder des Drogenrauschs (KG VRS 15, 414; *König* in LK-StGB, 12. Aufl. 2007, StGB § 316 Rn. 165; *König* NZV 2008, 492 (494); aA wohl *Salger* DAR 1986, 383 (386)). Es gilt hier nichts anderes als bei anderen geistigen und körperlichen Mängeln, die sich noch nicht im Eintritt eines Gefahrerfolgs gezeigt haben. 1542

(bb) Ausfallerscheinungen. Die relative Fahruntüchtigkeit setzt voraus, dass neben dem Wirkstoffbefund (→ Rn. 1535–1542) aussagekräftige, zusätzliche Beweisanzeichen dafür festgestellt werden, dass der Betreffende in seiner psycho-physischen Leistungsfähigkeit so vermindert ist, dass er den Anforderungen des Verkehrs nicht mehr durch rasches, angemessenes und zielbewusstes Handeln zu genügen vermag (BGHSt 37, 89 = NJW 1990, 2393 = NStZ 1990, 491; 44, 219 (→ Rn. 1517); OLG Frankfurt a. M. NStZ-RR 2002, 17; OLG Saarbrücken NStZ-RR 2015, 228). Auf die Feststellung einer Ausfallerscheinung kann daher nicht verzichtet werden. Zur polizeilichen Beweissicherung s. *Becker/May* Kriminalistik 2004, 173. 1543

Zeigen kann sich dies im **Fahrverhalten**, etwa bei einer auffälligen, regelwidrigen oder auch sorglosen und leichtsinnigen Fahrweise (KG (3) 1 Ss 329/01; *Patzak/Bohnen* BtMR Kap. 4 Rn. 20). 1544

Notwendig ist dies allerdings nicht. Die Ausfallerscheinung muss sich **nicht in einem Fahrfehler** ausgewirkt haben oder sonst das Fahrverhalten selbst betreffen (BGHSt 44, 219 (→ Rn. 1517); OLG Frankfurt a. M. NStZ-RR 2002, 17; OLG Zweibrücken StV 2004, 322; OLG München NStZ-RR 2007, 187; *Patzak/Bohnen* BtMR Kap. 4 Rn. 22, 23). Vielmehr kann die erhebliche Beeinträchtigung des Reaktions- oder Wahrnehmungsvermögens auch aus dem Leistungsverhalten des Kraftfahrers vor, während und nach der Tat abgeleitet werden. 1545

Voraussetzung ist aber immer, dass die Beeinträchtigung **auf das Rauschmittel** (einschließlich Entzug) **zurückzuführen** ist (→ Rn. 1553; BGH NStZ 2009, 280 (→ Rn. 1531)). Dies ist nur dann gegeben, wenn der Täter die inkriminierte Verhaltensweise ohne den Drogeneinfluss einschließlich Entzug nicht gezeigt hätte. Zu hohe Geschwindigkeit oder auch ein außergewöhnlich fehlerhaftes und risikoreiches Fahrverhalten (BGH NZV 2008, 528 (→ Rn. 1517)) reicht daher nur, wenn der Einfluss des Rauschmittels hierfür zumindest mitursächlich war (*Hentschel* JR 1999, 476 (478)). 1546

Zum Nachweis einer **entzugsbedingten** Fahrunsicherheit ist daher darzulegen, dass unter Berücksichtigung der langjährigen Heroinabhängigkeit des Täters die festgestellten (Händezittern, Übelkeit, Schweißausbrüche, gestörtes Temperaturempfinden und Konzentrationsschwierigkeiten) und gegebenenfalls weitere typische Entzugserscheinungen Auswirkungen auf die Wahrnehmungs- und/oder Reaktionsfähigkeit des Täters hatten oder zu einer erhöhten Risikobereitschaft oder Selbstüberschätzung geführt haben (BGH NZV 2008, 528 (→ Rn. 1517)). 1547

Vielfach werden sich **Auffälligkeiten in der Anhaltesituation** ergeben, etwa bei 1548
- **abnormer Pupillenreaktion** (BayObLG DAR 2002, 132; OLG Saarbrücken NStZ-RR 2015, 228), geröteten Augen, kaum Reaktion auf Lichtreize, verzögerte Reaktion der Augen beim Pupillenreaktionstest (OLG Jena StraFo 2007,

BtMG Vor §§ 29 ff. Sechster Abschnitt. Straftaten und Ordnungswidrigkeiten

300 (→ Rn. 1531)); sehr langsames Verengen und Öffnen der Pupillen („Rebound-Effekt", OLG Zweibrücken NStZ-RR 2004, 257 (→ Rn. 1531); dazu Patzak/Bohnen BtMR Kap. 4 Rn. 26);
- **Lidflattern** (OLG Saarbrücken NStZ-RR 2015, 228);
- **schwerfälligem Antwortverhalten** (BayObLGSt 1996, 164 = NJW 1997, 1381 = NStZ 1997, 240 = StV 1997, 254; dazu *Mettke* NZV 2000, 199 (201)), Mühe bei der Beantwortung von Fragen, lallende verwaschene Aussprache (OLG Frankfurt a. M. NStZ-RR 2002, 17; BayObLG DAR 2002, 132); verzögertes Antwortverhalten (OLG Saarbrücken NStZ-RR 2015, 228);
- **starker Benommenheit** (OLG Frankfurt a. M. NStZ-RR 2002, 17; BayObLG DAR 2002, 132), leicht unsicherem Gang (BGHSt 44, 219 (→ Rn. 1517); OLG Frankfurt a. M. NStZ-RR 2002, 17);
- **schneller Ermüdung,** Schläfrigkeit, Teilnahmslosigkeit, Desinteresse, Nervosität (OLG Düsseldorf (NStZ-RR 2000, 12 (→ Rn. 1521)), nicht kältebedingtem Zittern (OLG München NStZ-RR 2007, 187);
- **Unbekümmertheit,** Sorglosigkeit oder Einschränkung der Kritikfähigkeit (*Hentschel* JR 1999, 476 (478); aA wohl OLG Zweibrücken StV 2003, 624; 2004, 322 = Blutalkohol 2004, 469, 422 m. Bespr. *Scheffler/Halecker*) für Stimmungsschwankungen, gesteigerten Bewegungsdrang, äußere Unruhe, übersteigerte Motorik und Sprunghaftigkeit im Denkablauf);
- **Verhaltensauffälligkeiten,** Beeinträchtigungen der Körperbeherrschung wie Stolpern oder Schwanken (OLG Saarbrücken NStZ-RR 2015, 228), unbesonnenes Benehmen bei Polizeikontrollen, Verhaltensauffälligkeiten bei der ärztlichen Untersuchung (KG (3) 1 Ss 329/01).

1549 Eine detaillierte Übersicht über **harte Kriterien,** die bei den einzelnen Drogen **sichere** Hinweise für die die Fahruntüchtigkeit ergeben können, geben *Haase/Sachs* (NZV 2008, 221; s. auch *Haase/Sachs* DAR 2006, 61). Bei **hohen Wirkstoffgehalten** kann bereits **ein** Anzeichen ausreichen (OLG Zweibrücken NStZ-RR 2004, 247 (→ Rn. 1531)).

1550 **Dabei reicht es nicht,** wenn diese Auffälligkeiten festgestellt werden. Stets muss zusätzlich geklärt werden, ob sie auf den **Einfluss des Rauschmittels zurückzuführen** sind (OLG Düsseldorf NStZ-RR 2000, 12 (→ Rn. 1521); OLG Frankfurt a. M. NStZ-RR 2002, 17). Benommenheit, verwaschene Aussprache und eine abnorme Pupillenreaktion können in Verbindung mit der Feststellung eines Betäubungsmittels im Blut eine ausreichende Grundlage für die Annahme einer Fahruntüchtigkeit sein (BayObLG DAR 2001, 132).

1551 **Auch Hinweise** für Leistungseinbußen, die sich **außerhalb der Anhaltesituation** ergeben, können aussagekräftige Beweisanzeichen für mangelnde Fahrsicherheit sein (*König* in LK-StGB, 12. Aufl. 2007, StGB § 316 Rn. 154).

1552 Auch im Falle einer **Flucht vor der polizeilichen Festnahme** kann eine deutlich unsichere, waghalsige und fehlerhafte Fahrweise für eine drogenbedingte Fahruntüchtigkeit sprechen (s. BGH NZV 2001, 265; 2008, 528 (→ Rn. 1517)). Eine Kollision mit der geöffneten Tür des vor ihm stehenden Polizeifahrzeugs belegt dies jedoch noch nicht; vielmehr ist in die Prüfung miteinzubeziehen, dass der Täter die Gefahr der Kollision zwar erkannt hat, sie aber im Interesse seiner Flucht in Kauf genommen hat (BGH NStZ-RR 2001, 173 = StV 2000, 618).

1553 In der Praxis eine ins Gewicht fallende Rolle spielen die von dem Konsumenten **nicht beeinflussbaren Pupillenreaktionen** (→ Rn. 1548), die bei bestimmten Betäubungsmitteln eintreten, so etwa die Pupillenengstellung (Miosis) bei Heroin oder Pupillenweitstellung (Mydriasis), wie sie bei Cannabis diskutiert wird (*König* in LK-StGB, 12. Aufl. 2007, StGB § 316 Rn. 162). Die Feststellung einer solchen Reaktion genügt noch nicht (BGH 44, 219 (→ Rn. 1517); OLG Frankfurt a. M.

NStZ-RR 2002, 17; OLG Hamm Blutalkohol 2006, 231; s. auch OLG Düsseldorf NStZ-RR 2000, 12 (→ Rn. 1521); *Patzak/Bohnen* BtMR Kap. 4 Rn. 26). Vielmehr muss mit Hilfe eines Sachverständigen aufgeklärt werden, ob sie **im konkreten Fall** zu einer Sehbehinderung geführt hat (OLG Frankfurt a. M. NStZ-RR 2002, 17; OLG Zweibrücken NStZ-RR 2004, 247 (→ Rn. 1531); OLG Hamm Blutalkohol 2006, 231; krit. *Schreiber* NJW 1999, 1770 (1772)).

ff) Ursächlichkeit des Rauschmittelkonsums. Die Wirkung des Rauschmittels muss für den Zustand der Fahrunsicherheit ursächlich gewesen sein (→ Rn. 1546, 1547). Dazu genügt, wenn sie eine der Ursachen gewesen ist, also bloß **mitursächlich** war (*König* in LK-StGB, 12. Aufl. 2007, StGB § 316 Rn. 179). 1554

b) Subjektiver Tatbestand. Der Tatbestand kann vorsätzlich (Absatz 1) oder fahrlässig (Absatz 2) verwirklicht werden. Der Vorsatz muss sich sowohl auf das Führen eines Fahrzeugs im Verkehr als auch auf die Fahruntüchtigkeit beziehen. 1555

aa) Vorsatz. Bei Alkohol wird Vorsatz in der Rechtsprechung nur zurückhaltend angenommen (*König* in LK-StGB, 12. Aufl. 2007, StGB § 316 Rn. 192–194), wobei davon ausgegangen wird, dass mit überhöhtem Alkoholgenuss ein Verlust an Erkenntnis- und Kritikfähigkeit einhergeht. Zum bedingten Vorsatz s. BGH NZV 2015, 400 mAnm *Sandherr*. Für **illegale Drogen** gilt nichts anderes (*König* in LK-StGB, 12. Aufl. 2007, StGB § 316 Rn. 207). Hier wie dort dürfte es daher vor allem darauf ankommen, ob dem Täter wahrnehmbare Ausfallerscheinungen vor und während der Tat nachgewiesen werden können (*König* in LK-StGB, 12. Aufl. 2007, StGB § 316 Rn. 207). Entsprechendes gilt für **Medikamente,** wobei hier ein entsprechend formulierter Beipackzettel, den der Konsument nachweislich gelesen hat, oder ärztliche Hinweise von Bedeutung sein können (*König* in LK-StGB, 12. Aufl. 2007, StGB § 316 Rn. 208). 1556

bb) Fahrlässigkeit. Bei Alkohol ist Fahrlässigkeit regelmäßig gegeben, wenn der Täter infolge bewusster Aufnahme von Alkohol in relevanter Menge objektiv fahrunsicher geworden ist. Der Führer eines Fahrzeugs hat mit großer Sorgfalt zu prüfen, ob er trotz des Alkoholkonsums in der Lage ist, das Fahrzeug sicher zu führen. Über Zweifel darf er sich nicht hinwegsetzen (*König* in LK-StGB, 12. Aufl. 2007, StGB § 316 Rn. 210). 1557

Dieselben Grundsätze gelten auch bei der Einnahme anderer berauschender Mittel (*König* in LK-StGB, 12. Aufl. 2007, StGB § 316 Rn. 210, 225, 225 a). Der Fahrzeugführer muss hier zusätzlich die **Unberechenbarkeit der Drogen,** insbesondere atypische Rauschverläufe in Rechnung stellen. Der Kraftfahrer darf ein Fahrzeug nur führen, wenn er sich der Gefahrlosigkeit der Fahrt sicher sein kann; vertraut er auf ungesicherter Grundlage zu Unrecht auf den vollständigen Abbau und die Wirkungslosigkeit der Droge, so handelt er fahrlässig (*König* DAR 2007, 626 (628); iErg OLG Zweibrücken DAR 2002, 135). Bezugspunkt der Fahrlässigkeit ist der Eintritt der Fahrunsicherheit, nicht das Erreichen eines bestimmten Werts der Blut-Wirkstoff-Konzentration (*König* in LK-StGB, 12. Aufl. 2007, StGB § 316 Rn. 210). 1558

2. Straßenverkehrsgefährdung (§ 315 c StGB). Der Umgang mit Betäubungsmitteln kann für die Verwirklichung des Tatbestands in zweifacher Hinsicht von Bedeutung sein: während **der akute Rausch** unter dem Gesichtspunkt des Absatzes 1 Nr. 1 **Buchst. a** zu würdigen ist, fällt die **Betäubungsmittelabhängigkeit** unter Absatz 1 Nr. 1 **Buchst. b.** Beide Tatbestände sind stets im Zusammenhang mit **Absatz 3** zu prüfen, der das Handeln bei Fahrlässigkeit regelt. 1559

a) § 315 c Abs. 1 Nr. 1 Buchst. a, Abs. 3 StGB. Die Vorschrift betrifft das Handeln bei einem **akuten Rausch.** 1560

aa) Tathandlung. Die Tathandlung entspricht in einigen Tatbestandsmerkmalen dem § 316 StGB, weicht zum Teil aber auch davon ab: 1561

BtMG Vor §§ 29 ff. Sechster Abschnitt. Straftaten und Ordnungswidrigkeiten

1562 (a) **Straßenverkehr.** Anders als § 316 StGB gilt § 315 c StGB nur für den Straßenverkehr. Zum Straßenverkehr gehört nur der öffentliche Verkehr. Öffentlicher Verkehr ist der Verkehr auf Wegen und Plätzen, die jedermann oder bestimmten Gruppen von Verkehrsteilnehmern (zB Bürgersteige, Fußgängerwege, Radwege, Autobahnen) dauernd oder vorübergehend zur Benutzung offenstehen (stRspr; BGHSt 16, 7 = NJW 61, 1124)).

1563 **Auf die Eigentumsverhältnisse** oder eine **Widmung** im Sinne des öffentlichen Rechts kommt es **nicht** an. Es reicht aus, wenn der Verfügungsberechtigte die Benutzung durch einen nicht näher bestimmten Personenkreis oder eine **nach allgemeinen Merkmalen bestimmten** größeren Personengruppe (BGH NZV 1998, 418; *König* in LK-StGB, 12. Aufl. 2007, StGB § 315b Rn. 6) ausdrücklich oder stillschweigend duldet. Wegen der Einzelfälle wird auf *Fischer* StGB § 315b Rn. 3, 4, *König* in LK-StGB, 12. Aufl. 2007, StGB § 315b Rn. 7, 8 verwiesen.

1564 (b) **Führen eines Fahrzeugs im Zustand der Fahrunsicherheit.** Übereinstimmung mit § 316 StGB besteht, soweit der Tatbestand des § 315 c Abs. 1 Nr. 1 Buchst. a StGB voraussetzt, dass der Täter ein Fahrzeug führt, obwohl er nicht in der Lage ist, das Fahrzeug sicher zu führen. Insoweit kann auf → Rn. 1515−1553 verwiesen werden. Insbesondere ist es auch für § 315 c StGB nicht erforderlich, dass es sich bei dem geführten Fahrzeug um ein Kraftfahrzeug handelt (*Heger* in Lackner/Kühl StGB § 315 c Rn. 3).

1565 (c) **Konsum anderer berauschender Mittel.** Übereinstimmung mit § 316 StGB besteht ferner darin, dass die Fahrunsicherheit auf den Konsum anderer berauschender Mittel zurückzuführen sein muss (→ Rn. 1519−1553).

1566 (d) **Gefährdung.** Zusätzlich verlangt § 315 c Abs. 1 Nr. 1 Buchst. a, auch in Verbindung mit Absatz 3, die Gefährdung von Leib oder Leben eines anderen Menschen oder fremder Sachen von bedeutendem Wert (wobei bei letzteren auch ein bedeutender Schaden gedroht haben muss (BGH NStZ 2010, 216; StV 2008, 580)). Eine solche Gefährdung ist gegeben, wenn das Führen des Fahrzeugs im Zustand rauschbedingter Fahrunsicherheit über die ihm innewohnende latente Gefährlichkeit hinaus im Hinblick **auf einen bestimmten Vorgang** in eine **kritische Situation** geführt hat.

1567 **In dieser Situation** muss die Sicherheit einer bestimmten Person oder Sache so stark beeinträchtigt worden sein, dass es **nur noch vom Zufall abhing,** ob das Rechtsgut verletzt wurde oder nicht; erforderlich ist ein „Beinahe-Unfall", also ein Geschehen, bei dem ein unbeteiligter Beobachter zu der Einschätzung gelangt, dass das noch einmal gut gegangen ist (BGH NJW 1995, 3131 = NStZ 1996, 83 mAnm *Berz* = NZV 1995, 325; 1995, 469 m. Bespr. *Hauf;* 1996, 329 = JR 1997, 113 mAnm *Renzikowski;* NStZ 2013, 167).

1568 **Für die Fahruntüchtigkeit** im Zusammenhang mit dem **Konsum illegaler Drogen** sind vor allem die folgenden Situationen von Bedeutung:

1569 (aa) **Mitfahrer (Beifahrer).** Für die Annahme einer konkreten Gefahr reicht es nicht aus, dass sich Menschen oder Sachen in enger räumlicher Nähe zu dem Täterfahrzeug befunden haben. Dies gilt namentlich für den Mitfahrer. Von seiner konkreten Gefährdung kann erst gesprochen werden, wenn der auf dem Rausch des Fahrers beruhende Fahrfehler zu einem Beinahe-Unfall geführt hat (BGH NJW 1995, 3131 (→ Rn. 1566)).

1570 Soweit in BGH NJW 1995, 3131 (→ Rn. 1566) eine Ausnahme für den Fall gemacht wird, dass die rauschbedingte Beeinflussung des Fahrers einen solchen Grad erreicht hat, dass er nicht mehr in der Lage ist, kontrollierte Fahrmanöver auszuführen, dürfte dies im Hinblick auf BGH NJW 1996, 329 (→ Rn. 1566) überholt sein (*König* in LK-StGB, 12. Aufl. 2007, StGB § 315 c Rn. 152).

Kap. 17. Entziehung der Fahrerlaubnis; Strafgerichte   Vor §§ 29 ff. BtMG

(bb) Tatbeteiligte. Ob Tatbeteiligte (Anstifter, Gehilfen) von dem Schutz- 1571
bereich des § 315 c StGB ausgenommen sind, ist nicht abschließend geklärt (BGH
NStZ 2013, 167 geht allerdings von einer gefestigten Rechtsprechung aus, wonach
Teilnehmer aus dem Schutzbereich der Vorschrift ausschieden). Überwiegend wird
eine Ausnahme von dem Schutz daraus hergeleitet, dass der Teilnehmer auf der
Seite des Täters und nicht stellvertretend für die Gemeinschaft steht (BGH NJW
1991, 1120; NStZ 1992, 233; 1995, 31; NStZ-RR 1998, 150; 1999, 120; *Heger* in
Lackner/Kühl StGB § 315 c Rn. 25; aA *König* in LK-StGB StGB § 315 c Rn. 160,
§ 315 b Rn. 71–74 b sowie ein Teil der Lehre (s. bei *König* in LK-StGB, 12. Aufl.
2007, StGB § 315 b Rn. 73)).

(cc) Einwilligung, einverständliche Selbstgefährdung. Im Hinblick auf das 1572
Universalrechtsgut der Sicherheit des Straßenverkehrs kann es auch auf eine Einwilligung der Gefährdeten nicht ankommen (*König* in LK-StGB, 12. Aufl. 2007, StGB
§ 315 c Rn. 161). Dasselbe gilt für die einverständliche Selbstgefährdung.

(dd) Das von dem Täter geführte Fahrzeug. In einer seit Jahrzehnten gefes- 1573
tigten Rechtsprechung wird das von dem Täter geführte Fahrzeug als Tatmittel aus
dem Tatbestand ausgenommen (BGHSt 11, 148 = NJW 1958, 469; 27, 40; BGH
NStZ 1999, 120; NZV 2000, 213; dagegen mit eingehender Begründung *König* in
LK-StGB, 12. Aufl. 2007, StGB § 315 c Rn. 168–168 f).

(ee) Ausbleiben/Eintreten des Schadens. Die Annahme einer Gefahr wird 1574
nicht dadurch ausgeschlossen, dass ein Schaden ausgeblieben ist, weil sich der Gefährdete – etwa aufgrund überdurchschnittlich guter Reaktionen – oder weil es
dem Täter – für den objektiven Beobachter überraschend – gelungen ist, sein Fahrzeug noch rechtzeitig anzuhalten (BGH NJW 1995, 3131 (→ Rn. 1566)). Auf der
anderen Seite ergibt sich aus dem **Eintritt des Schaden**s (an einem in § 315 c StGB
genannten Rechtsgut) stets, dass die Gefahr vorgelegen hat (*Heger* in Lackner/Kühl
StGB § 315 c Rn. 22).

(e) Ursächlichkeit. Ursache der Gefahr muss das Führen eines Fahrzeugs im 1575
rauschbedingten Zustand der Fahrunsicherheit sein. Dies ist dann gegeben, wenn
auszuschließen ist, dass es ohne die Fahrunsicherheit nicht zum Eintritt der Gefahr
gekommen wäre (*König* in LK-StGB, 12. Aufl. 2007, StGB § 315 c Rn. 171). Eine
nur **gelegentlich** des Fahrverhaltens entstehende Gefahr genügt nicht (BGH
NStZ 2007, 222 = StV 2007, 414).

bb) Subjektiver Tatbestand. Absatz 1 Nr. 1 Buchst. a verlangt sowohl in Bezug 1576
auf die Fahruntüchtigkeit als auch auf die Gefahr Vorsatz. Nach Absatz 3 ist auch
strafbar, wer die Gefahr fahrlässig verursacht (Absatz 3 Nr. 1) oder fahrlässig handelt
und die Gefahr fahrlässig verursacht (Absatz 3 Nr. 2).

b) § 315 c Abs. 1 Nr. 1 Buchst. b, Abs. 3 StGB. Die Vorschrift betrifft das 1577
Führen eines Fahrzeugs, obwohl der Täter infolge geistiger oder körperlicher Mängel nicht in der Lage ist, das Fahrzeug sicher zu führen.

aa) Tathandlung. Die Tathandlung entspricht in den meisten Merkmalen der 1578
des § 315 c Abs. 1 Nr. 1 Buchst. a StGB. Dies gilt für die Tatbestandsmerkmale
– des Straßenverkehrs (→ Rn. 1561, 1562),
– des Führens eines Fahrzeugs im Zustand der Fahrunsicherheit (→ Rn. 1563),
– der Gefährdung bestimmter Rechtsgüter (→ Rn. 1565–1573) und
– der Ursächlichkeit (→ Rn. 1574).

Keine Übereinstimmung besteht lediglich hinsichtlich der Ursache der Fahrunsicherheit: während sie bei Nr. 1 Buchst. a auf den Konsum anderer berauschender
Mittel zurückzuführen sein muss, muss sie bei Nr. 1 Buchst. b auf geistige oder körperliche Mängel zurückgehen.

BtMG Vor §§ 29 ff. Sechster Abschnitt. Straftaten und Ordnungswidrigkeiten

1579 Anders als im Fahrerlaubnisrecht sind **charakterliche Mängel** keine Mängel iSd § 315c Abs. 1 Nr. 1 Buchst. b StGB (*König* in LK-StGB, 12. Aufl. 2007, StGB § 315c Rn. 48a). Dasselbe gilt für die mangelnde technische Beherrschung des Fahrzeugs oder die Ungeschicklichkeit des Fahrzeugführers (*Fischer* StGB § 315c Rn. 4a; *König* in LK-StGB, 12. Aufl. 2007, StGB § 312c Rn. 48a).

1580 Dagegen ist die **Betäubungsmittelabhängigkeit** einschließlich der damit einhergehenden Verfallserscheinungen ein geistiger Mangel im Sinne dieser Vorschrift (→ Rn. 1616; *König* in LK-StGB, 12. Aufl. 2007, StGB § 315c Rn. 63; *König* NZV 2008, 492 (494)). Führt sie zur Fahrunsicherheit und kommt es deswegen zu einer Gefährdung der in § 315c Abs. 1 StGB genannten Rechtsgüter, so ist der Tatbestand der Straßenverkehrsgefährdung erfüllt. **Entzugserscheinungen,** bei denen aktueller Drogenkonsum und Entzugssyndrom ineinander übergegangen sind, fallen bereits unter den Tatbestand des Buchst. a (→ Rn. 1522), sonst kommt auch Buchst. b in Betracht (BGH NZV 2008, 528 (→ Rn. 1517) wendet insgesamt nur Buchst. b an). Auch der **Echorausch** würde unter Buchst. b fallen (*König* in LK-StGB, 12. Aufl. 2007, StGB § 315c Rn. 63).

1581 **bb) Subjektiver Tatbestand.** Absatz 1 Nr. 1 Buchst. b verlangt sowohl in Bezug auf die Fahruntüchtigkeit als auch die Gefahr Vorsatz. Nach Absatz 3 ist auch strafbar, wer die Gefahr fahrlässig verursacht (Absatz 3 Nr. 1) oder fahrlässig handelt und die Gefahr fahrlässig verursacht (Absatz 3 Nr. 2).

1582 **3. Die Vergehen nach §§ 316, 315c StGB als Eignungsmangel.** Die Vergehen nach § 316, 315c StGB sind Regelbeispiele für einen Eignungsmangel und begründen daher regelmäßig die Entziehung der Fahrerlaubnis (§ 69 Abs. 2 Nr. 1, 2 StGB). Das Gesetz geht davon aus, dass diese Taten im Regelfall einen solchen Grad des Versagens und der Verantwortungslosigkeit des Täters offenbaren, dass damit zugleich der Eignungsmangel feststeht, ohne dass es einer weiteren Prognose bedarf (*Kinzig* in Schönke/Schröder StGB § 69 Rn. 34).

1583 **Liegen keine Anhaltspunkte** dafür vor, dass die Tat **ausnahmsweise** von der Regel abweicht und ergeben spätere Umstände auch kein anderes Bild, so kann das Gericht **aus der Indiztat** auf die Ungeeignetheit des Täters schließen. Einer Gesamtwürdigung bedarf es nicht; aus dem Urteil muss lediglich erkennbar sein, dass die Möglichkeit einer Ausnahme gesehen wurde (OLG Düsseldorf NZV 1988, 29).

1584 **4. Entschädigung.** Kann in der Blutprobe THC nachgewiesen werden, so hat der Kraftfahrer die vorläufige Entziehung der Fahrerlaubnis grob fahrlässig verursacht, so dass er nach § 5 Abs. 2 S. 1 StrEG eine Entschädigung nicht verlangen kann (BGHR StrEG § 5 Abs. 2 S. 1 Fahrlässigkeit, grobe 7 (4 StR 428/98); BayObLGSt 1994, 71 = NJW 1994, 2427). Mit Inkrafttreten des Gesetzes vom 28. 4. 1998 (BGBl. I S. 810)) liegt ohnehin eine Ordnungswidrigkeit vor.

1585 **II. Der Eignungsmangel wegen anderer Taten (§ 69 Abs. 1 StGB).** Der Eignungsmangel kann sich auch aus anderen als den in § 69 Abs. 2 StGB genannten Taten ergeben. Grundlage für die Beurteilung des Mangels ist auch hier **die Tat.** Im Hinblick auf den allgemeinen Bewertungsmaßstab, den Absatz 2 vorgibt, müssen die Taten in ihrem Gewicht den dort aufgeführten Delikten im Wesentlichen gleichkommen (*Kinzig* in Schönke/Schröder StGB § 69 Rn. 49).

1586 **1. Die bisherige Rechtsprechung.** In der Vergangenheit ging die Rechtsprechung (BGH NStZ 1992, 586; 2000, 26) davon aus, dass Betäubungsmittelgeschäfte, namentlich das Handeltreiben, in aller Regel eine erhebliche charakterliche Unzuverlässigkeit belegten, die auch die Ungeeignetheit des Täters zum Führen von Kraftfahrzeugen ergaben, wenn er nur im Rahmen der Tat solches geführt hatte.

1587 **2. Der Beschluss des Großen Senats v. 27. 4. 2005.** Diese Rechtsprechung wurde durch den Großen Senat für Strafsachen (BGHSt 50, 93 = NJW 2005, 1957 = StV 2005, 551 = JZ 2006, 102 mAnm *Duttge* = Blutalkohol 2005, 315 mAnm

Lampe) aufgegeben. Danach dient § 69 StGB nicht der allgemeinen Kriminalitätsbekämpfung, sondern allein der Sicherheit des Straßenverkehrs. Die Entziehung der Fahrerlaubnis kommt daher nur in Betracht, wenn die Anlasstat tragfähige Rückschlüsse darauf zulässt, dass der Täter bereit ist, die Sicherheit des Straßenverkehrs seinen eigenen kriminellen Interessen unterzuordnen. Maßstab hierfür ist die Gefährlichkeit des Täters für den Straßenverkehr; Grundlage dieser Beurteilung ist die Anlasstat.

Ist **diese Tat für den Verkehr nicht spezifisch,** so kann sich die Ungeeignet- 1588 heit des Täters aus ihr nur ergeben, wenn konkrete Umstände der Tatausführung im Zusammenhang mit einer **Gesamtwürdigung von Tat und Täter** Anhaltspunkte dafür ergeben, dass er bereit ist, zur Erreichung seiner – auch nicht kriminellen – Ziele die Sicherheit des Verkehrs zu beeinträchtigen (BGHSt 50, 93 (→ Rn. 1586); BGH NStZ-RR 2012, 282 = NZV 2012, 495; 2019, 209).

Dabei sind auch Umstände aus dem **Vorleben des Täters** oder **seiner Tatvor-** 1589 **bereitung** in die Beurteilung einzubeziehen, sofern sich daraus tragfähige Schlüsse auf eine mögliche Gefährdung der Verkehrssicherheit ziehen lassen; dafür kann es genügen, dass der Täter im Zusammenhang mit der Tat naheliegend mit einer Situation gerechnet hat oder rechnen musste, in der es zu einer Gefährdung oder Beeinträchtigung des Verkehrs kommen konnte. (BGHSt 50, 93 (→ Rn. 1586)). Eine **Prognose,** dass der Täter mit Wahrscheinlichkeit auch künftig Zusammenhangstaten begehen und dabei die Sicherheit des Straßenverkehrs beeinträchtigen werde, ist **nicht** zu verlangen (BGHSt 50, 93 (→ Rn. 1586)).

Die Entziehung der Fahrerlaubnis kann danach in Betracht kommen, wenn 1590 sich der Täter bei einer vergleichbaren früheren Straftat, etwa auf der Flucht, **verkehrsgefährdend verhalten** hat, oder wenn aufgrund objektiver Umstände bei der Tat mit alsbaldiger Verfolgung und Flucht zu rechnen war (BGHSt 50, 93 (→ Rn. 1586)).

Dagegen sind Belange der Verkehrssicherheit nicht ohne weiteres berührt, wenn 1591 der Täter im Fahrzeug **Rauschgift transportiert** (BGH NStZ 2012, 282 (→ Rn. 1587); 2015, 579); ein allgemeiner Erfahrungssatz, dass Transporteure von Rauschgift im Fall von Verkehrskontrollen zu besonders riskanter Fahrweise entschlossen sind, besteht nicht (BGHSt 50, 93 (→ Rn. 1586); BGH NStZ 2015, 579; NStZ-RR 2012, 282). Dies gilt jedenfalls dann, wenn besondere Vorkehrungen gegen eine Entdeckung des Rauschgifts getroffen worden sind (BGHSt 50, 93 (→ Rn. 1586); BGH StV 2006, 186).

3. Zeitpunkt. Dass die charakterliche Unzuverlässigkeit im Tatzeitpunkt vor- 1592 gelegen hat, reicht zur Entziehung der Fahrerlaubnis nicht aus. Vielmehr muss sie noch im Zeitpunkt der **Verurteilung** fortbestehen (BGH NStZ-RR 2003, 74 = StV 2003, 69).

B. Entziehung durch die Fahrerlaubnisbehörde (§ 3 StVG, § 46 FeV). Au- 1593 ßerhalb einer strafgerichtlichen Verurteilung kann die Fahrerlaubnisbehörde die Fahrerlaubnis **entziehen,** wenn sich der Erlaubnisinhaber als ungeeignet zum Führen von Kraftfahrzeugen erweist (§ 3 Abs. 1 StVG, § 46 Abs. 1 S. 1 FeV). Auch eine **ausländische** Fahrerlaubnis kann nach diesen Vorschriften mit Geltung für das Inland entzogen werden (EuGH NZV 2017, 81 mAnm *Ternig*).

I. Mangelnde Eignung, Anlage 4 zur FeV. Neben dem erheblichen oder 1594 wiederholten Verstoß gegen verkehrsrechtliche Vorschriften oder Strafgesetze (OVG Koblenz NJW 2000, 2442) kommt dies insbesondere beim Umgang mit Betäubungsmitteln im Sinne des BtMG, mit psychoaktiv wirkenden Arzneimitteln oder mit anderen psychoaktiven Stoffen in Betracht (§ 46 Abs. 1 S. 2 FeV, Nr. 9 der Anlage 4 zur FeV), wenn dadurch die Eignung zum Führen von Kraftfahrzeugen ausgeschlossen ist.

1595 **Wesentliche Grundlage** für die Entziehung der Fahrerlaubnis ist danach die **Anlage 4 zur FeV.** Dieser Teil der VO enthält in Nr. 9 eine Bewertung der Auswirkungen bestimmter Verhaltensweisen und Erkrankungen auf die Eignung zum Führen von Kraftfahrzeugen, die auf wissenschaftlicher Grundlage beruht (OVG Koblenz Blutalkohol 2001, 73; DAR 2001, 183). Wesentlich ist, dass die in der Anlage 4 vorgenommene Bewertung jeweils nur für den **Regelfall** gilt (Nr. 1, 3 Satz 1 der Vorbemerkung zur Anlage 4; BVerwG NJW 2009, 2151). Die Behörden und Gerichte sind daran gebunden, solange keine Umstände im Einzelfall vorliegen, die ausnahmsweise eine andere Beurteilung rechtfertigen (OVG Koblenz Blutalkohol 2001, 73; DAR 2001, 183).

1596 Die Rechtsprechung der **Verwaltungsgerichte** zu den einschlägigen Vorschriften der FeV ist nicht einheitlich und nur noch schwer überschaubar. Zu einem erheblichen Teil ist dies auf die Sonderbehandlung von Cannabis zurückzuführen. Im Wesentlichen kann von folgendem ausgegangen werden:

1597 **1. Die Regeltatbestände der fehlenden/bedingten Eignung (Anlage 4 Nr. 9).** Bei der Bewertung der Auswirkungen der einzelnen Substanzen unterscheidet die Anlage 4 zur FeV zwischen der Einnahme (Nr. 9.1, 9.2) und der Abhängigkeit (Nr. 9.3) von Betäubungsmitteln im Sinne des BtMG und bei der Einnahme wiederum zwischen anderen Betäubungsmitteln (Nr. 9.1) und Cannabis (Nr. 9.2).

1598 **a) Einnahme von Betäubungsmitteln – außer Cannabis – (Nr. 9.1).** Im Unterschied zu Cannabis enthält die Nr. 9.1 für die **anderen** Betäubungsmittel eine einheitliche Regelung für alle Einnahmeformen. Eine Einnahme setzt einen **willentlichen** Konsum voraus. Wer einen unwissentlichen Konsum behauptet, muss einen detaillierten, in sich schlüssigen und glaubhaften Sachverhalt vortragen, der einen solchen Geschehensablauf als ernsthaft möglich erscheinen lässt (VGH München zfs 2016, 175). Dass der Betroffene in einem gefahrgeneigten Umfeld keine besondere Vorsorge getroffen hat, um einen unbewussten Drogenkonsum auszuschließen (VG Schwerin BeckRS 2016, 40234), kann mit einem willentlichen Konsum nicht ohne weiteres gleichgesetzt werden; in Betracht kommt dies in den Fällen des bedingten Vorsatzes (→ Rn. 415–417).

1599 **Betäubungsmittel** sind alle Betäubungsmittel im Sinne des BtMG. Nicht dazu gehören die **Neuen psychoaktiven Substanzen.** Sie sind aber grundsätzlich psychoaktiv wirkende Stoffe und fallen daher unter Nr. 9.4 der Anlage 4; es gilt für sie dasselbe wie in → Rn. 1520.

1600 **Betäubungsmittel** sind dagegen die Betäubungsmittel der Anlage III. Werden sie **ohne ärztliche Verschreibung** konsumiert, so ist der Tatbestand der Nr. 9.1 der Anlage 4 zur FeV erfüllt (VGH München BeckRS 2014, 51266; 2015, 43093). Sind sie dagegen **ärztlich verschrieben,** so richtet sich die Fahreignung nach Nr. 9.4 und 9.6.2 (dazu → Rn. 1617); diese Vorschriften enthalten speziellere Anforderungen für Eignungsmängel, die aus dem Gebrauch von psychoaktiven Arzneimitteln resultieren, und sind daher Spezialvorschriften (VGH München NJW 2019, 2419 = NZV 2019, 543 mAnm *Hühnermann;* OVG Münster NZV 2019, 599). Arzneimittel sind die **ausgenommenen Zubereitungen** (→ § 1 Rn. 153–155; → § 2 Rn. 49–52), ebenso die **Substitutionsmittel** (§ 5 Abs. 6 BtMVV); zur Fahrsicherheit bei diesen → Rn. 1523–1525.

1601 Nach Nr. 9.1 der Anlage 4 zur FeV ist bei der **Einnahme** von Betäubungsmitteln (mit Ausnahme von Cannabis) die **Fahreignung nicht** gegeben. Diese normative Wertung entfaltet eine **strikte Bindungswirkung,** solange keine Umstände des Einzelfalls vorliegen, die ausnahmsweise eine andere Beurteilung rechtfertigen (VGH München BeckRS 2018, 30647). Dabei **kommt es nicht darauf** an, ob es sich um einen erst- oder einmaligen Konsum handelt (VGH

Mannheim NJW 2011, 1303; OVG Greifswald NJW 2012, 548; VGH Kassel NJW 2012, 2294; OVG Saarlouis BeckRS 2018, 6970; 2018, 32915; VGH München BeckRS 2018, 30647), ob eine Fahrt unter Drogeneinfluss erfolgte (VGH Mannheim NJW 2011, 1303; VGH Kassel NJW 2012, 2294; OVG Saarlouis BeckRS 2018, 6970), ob konkrete Ausfallserscheinungen vorlagen (VGH München BeckRS 2018, 30647; OVG Bautzen BeckRS 2020, 34679) oder sonst ein Zusammenhang mit dem Straßenverkehr besteht (OVG Greifswald NJW 2012, 548; VGH München BeckRS 2018, 30647); zum Ganzen *Zwerger* in Haus/Zwerger § 7 Rn. 25, 26). Die Einnahme darf daher **nicht** mit einem **aktuellen Konsum** gleichgesetzt werden. Auf der anderen Seite rechtfertigt der bloße **Besitz** noch nicht die Annahme einer Einnahme; etwas anderes gilt, wenn der Betroffene angibt, die Drogen zum **Eigenbedarf** zu besitzen (OVG Saarlouis BeckRS 2018, 6970).

Zu einzelnen Betäubungsmitteln hat sich die **Rechtsprechung** inzwischen geäußert: **1602**
- zu **Amfetamin** VGH München BeckRS 2008, 47849; zfs 2016, 175; OVG Bremen Blutalkohol 2001, 65 mkritAnm *Bode* DAR 2002, 24; VGH Mannheim NJW 2014, 2517 ("speed"); OVG Lüneburg. Blutalkohol 2004, 475; OVG Saarlouis BeckRS 2018, 6970; 2018, 32915; VG Gelsenkirchen NZV 2020, 656; aA VGH Kassel zfs 2002, 599; gegen diesen OVG Lüneburg. DAR 2003, 432 = VerkMitt 2003, 72);
- zu **Cocain** OVG Koblenz Blutalkohol 2001, 73; OVG Saarlouis BeckRS 2008, 35005; 2018, 4026; OVG Hamburg NJW 2008, 1465; VGH Mannheim NJW 2011, 1303; OVG Greifswald NJW 2012, 548;
- zu **Codein/Dihydrocodein** VGH München Blutalkohol 2008, 84; auch → Rn. 1526;
- zu **Diazepam/Nordiazepam** VGH München Blutalkohol 2008, 84;
- zu **Ecstasy (MDA, MDMA)** OVG Koblenz Blutalkohol 2000, 272, OVG Weimar Blutalkohol 2003, 255; VGH München BeckRS 2008, 27644; 2009, 33877; 2020, 16896; OVG Saarlouis BeckRS 2018, 4026;
- zu **Heroin** VGH München Blutalkohol 2008, 84; BeckRS 2018, 30647; OLG Hamm 4 Ss 159/07;
- zu **Khat** VGH Kassel NJW 2012, 2294 = NZV 2013, 101; aA OVG Münster BeckRS 2008, 40612;
- zu **Morphin** VGH München Blutalkohol 2008, 84;
- zu **Metamfetamin** VGH München BeckRS 2008, 27560; 2008, 27893; zfs 2016, 175; OVG Bautzen BeckRS 2020, 34679; auch → Rn. 1521;
- zu **Methadon/Levomethadon** VGH München BeckRS 2007, 30720; auch → Rn. 1523–1525;
- zu **Psilocin-Pilze** OVG Saarlouis BeckRS 2018, 6970.

b) Einnahme von Cannabis (Nr. 9.2). Für die Einnahme von Cannabis hat **1603** der Verordnungsgeber auf der Grundlage der verfassungsgerichtlichen Rechtsprechung (BVerfGE 89, 69 = NJW 1993, 2365 = NZV 1993, 413; 1994, 129 m. Bespr. *Epping*) ein **Stufenmodell** vorgegeben, mit dem diesem Rauschgift eine Sonderstellung zugewiesen wird. Diese kann sich auch auf die neuere Rechtsprechung des BVerfG (NJW 2002, 2378 (→ Rn. 1521)) stützen. Anders als bei Alkohol ist eine **Rückrechnung** aus einem bei einer Blutprobe festgestellten THC-Wert **nicht** möglich (VGH München NJW 2014, 407). Zu Cannabis als **verordnetes Arzneimittel** → Rn. 1617

aa) Regelmäßige Einnahme (Nr. 9.2.1). Nicht geeignet zum Führen von **1604** Kraftfahrzeugen ist, wer regelmäßig Cannabis konsumiert (Nr. 9.2.1). **Regelmäßigkeit** ist dann gegeben, wenn Cannabis täglich oder nahezu täglich konsumiert wird (BVerwGE 133, 186 = NJW 2009, 2151 = NZV 2009, 357; BVerwG NJW 2015, 2439). In einem solchen Falle kann mit hinreichender Wahrscheinlichkeit von Veränderungen des Leistungsvermögens und der Persönlichkeit des Konsumenten ausgegangen werden, die unabhängig vom aktuellen Konsum die Leistungsfähigkeit herabsetzen und als verkehrsbezogen gefährlich betrachtet werden können. Ein regelmäßiger Konsum schließt die Fahreignung per se aus, ohne dass noch weitere tatbestandliche Voraussetzungen erfüllt sein müssen (BVerwGE 133, 186 (→ Rn. 1603); BVerwG NJW 2009, 2151; 2015, 2439).

1605 Feststellungen zu den **Konsumgewohnheiten** eines Cannabiskonsumenten können mittels **Blutanalyse** getroffen werden, wobei auf die Konzentration des Metaboliten **THC-COOH (THC-Carbonsäure)** abgestellt wird. Allerdings besteht auch hier keine Einigkeit darüber, von welchem Grenzwert an ein **regelmäßiger** Konsum anzunehmen ist (OVG Saarlouis VerkMitt 2003, 39: mehr als 75 ng/ml; OVG Lüneburg NVwZ-RR 2003, 899; OVG Schleswig zfs 2020, 297; VGH München BeckRS 2019, 8661: 150 ng/ml, wenn die Blutprobe zeitnah nach einer Verkehrskontrolle entnommen worden ist).

1606 Bei der Frage einer **regelmäßigen Einnahme** kann ein **früherer Drogenkonsum** auch dann herangezogen werden, wenn ein medizinisch-psychologisches Gutachten zu dem Ergebnis gekommen war, dass eine längere Drogenabstinenz vorliegt und wenn danach die Fahrerlaubnis wieder erteilt worden war (OVG Bremen NJW 2011, 3595; NZV 2008, 319; aA OVG Magdeburg BeckRS 2007, 20242). Haben sich die Annahmen in einem Gutachten als nicht zutreffend erwiesen, ist die Behörde nicht gehindert, eine erneute Beurteilung der Eignung zum Führen von Kraftfahrzeugen unter Einbeziehung auch der früheren Vorfälle vorzunehmen.

1607 bb) **Gelegentliche Einnahme (Nr. 9.2.2).** Als gelegentliche Einnahme ist jede Einnahme anzusehen, die hinter einer regelmäßigen Einnahme zurückbleibt (OVG Hamburg Blutalkohol 2006, 165; *Geiger* DAR 2003, 1 (3)). Dies würde an sich auch den einmaligen Konsum erfassen (so OLG Hamburg NJW 2006, 1367). Schon mit dem Wortsinn wäre dies nur schwerlich vereinbar. Die neuere Rechtsprechung (BVerwG NJW 2015, 2439; 2019, 3395 mAnm *Stuttmann;* VGH München NJW 2016, 1974; 2601; zfs 2016, 595) geht daher davon aus, dass eine gelegentliche Einnahme gegeben ist, wenn der Betroffene in **zumindest zwei selbstständigen** Konsumvorgängen Cannabis zu sich genommen hat und diese Konsumvorgänge einen gewissen, auch zeitlichen Zusammenhang aufweisen. Mit einem solchen Konsum wird die dem „Einmaltäter" zugutekommende Annahme widerlegt, es habe sich um einen einmaligen „Probierkonsum" gehandelt, dessen Wiederholung nicht zu erwarten sei.

1608 **Wissenschaftlich belegt** ist, dass THC nach einem Einzelkonsum nur vier bis sechs Stunden im Blut nachweisbar ist, lediglich bei regelmäßigem oder wiederholtem Konsum kann THC auch länger nachgewiesen werden (VGH München NJW 2016, 1974; VGH Mannheim BeckRS 2013, 45578, bestätigt durch BVerwG NJW 2015, 2439; in diesem Sinne auch VGH München NJW 2014, 407). Als nachgewiesen kann ein gelegentlicher Konsum dann angesehen werden, wenn die Konzentration von THC-COOH mehr als 100 ng/ml beträgt (VGH Kassel NJW 2009, 1523; VGH München NJW 2016, 1974). Räumt der Betroffene einen Konsumakt zwei Tage vor der Blutentnahme ein und weist die Blutprobe 3,5 ng/ml auf, so weist dies darauf hin, dass ein weiterer Konsumakt stattgefunden haben muss (VGH Kassel NJW 2019, 1093).

1609 (a) **Breiter Anwendungsbereich folgenlosen Konsumierens.** Gleichwohl ergibt sich ein breiter Anwendungsbereich des folgenlosen Konsumierens, der von der zweimaligen bis zur etwas weniger als täglichen Einnahme reicht. Durch die in Nr. 9.2.2 vorgesehenen Ausnahmen wird dieses für die **Verkehrssicherheit bedenkliche** Ergebnis etwas abgeschwächt:

(b) Die Ausnahmen. Von der regelmäßigen Eignung gibt es die folgenden Ausnahmen: **1610**

(aa) Mangelnde Trennung von Konsum und Fahren. Danach ist zum Füh- **1611** ren von Kraftfahrzeugen nicht geeignet, wer den Konsum von Cannabis und das Fahren nicht zu trennen vermag. Dies ist dann gegeben, wenn der Konsument fährt, obwohl eine durch den Drogenkonsum bedingte **Beeinträchtigung** seiner Fahrtüchtigkeit **nicht auszuschließen ist** (BVerfG NJW 2002, 2379 = NZV 2002, 422; BVerwG NJW 2015, 2439 = NZV 2015, 256 mAnm *Gehrmann*; 2019, 3395 mAnm *Stuttmann*). Die Entscheidung des VGH München (11 Cs 06.2806), wonach eine signifikante Erhöhung des Unfallrisikos erforderlich sei, ist damit überholt.

Eine zur **Annahme mangelnder Fahreignung** führende Gefahr für die Sicher- **1612** heit des Straßenverkehrs ist bereits ab einem im Blutserum festgestellten **THC-Wert von 1,0 ng/ml** anzunehmen (BVerwG NJW 2019, 3395 mAnm *Stuttmann* mwN). Dies gilt im Hinblick auf den maßgeblichen Gefährdungsmaßstab (→ Rn. 1610) auch unter Berücksichtigung der Empfehlung der Grenzwertkommission (BAK 2015, 322; 2016, 409) vom September 2015 (BVerwG NJW 2019, 3395 mAnm *Stuttmann* mwN). Auf konkrete körperliche oder geistige Ausfallerscheinungen kommt es nicht an, ebenso wenig auf die Zeitspanne, die seit dem Konsum verstrichen ist, oder auf die subjektive Befindlichkeit des Fahrzeugführers (OVG Schleswig NJW 2015, 2202). Auch ein „Sicherheitsabschlag" vom gemessenen Wert ist nicht erforderlich, wenn der THC-Gehalt in der Blutprobe lege artis nach den Richtlinien der Gesellschaft für Toxikologische und Forensische Chemie ermittelt wird (BVerwG NJW 2015, 2439).

Das mangelnde Trennvermögen kann sich auch **aus anderen Umständen,** **1613** etwa einer Bagatellisierung, ergeben. Nicht ausreichen soll allerdings das Mitführen von Cannabis im Fahrzeug (OVG Hamburg Blutalkohol 2004, 280; VGH Mannheim Blutalkohol 2004, 285; OVG Koblenz NJW 2009, 1522).

(bb) Zusätzlicher Gebrauch anderer Stoffe. Ungeeignet zum Führen von **1614** Kraftfahrzeugen ist auch, wer zusätzlich zu der gelegentlichen Einnahme von Cannabis Alkohol oder andere psychoaktiv wirkende Stoffe gebraucht. Diese Regelbewertung verletzt nicht den Grundsatz der Verhältnismäßigkeit; Voraussetzung ist allerdings ein Mischkonsum, der eine kombinierte Rauschwirkung zur Folge haben kann (BVerwGE 148, 230 = NJW 2014, 1318; BVerfG 1 BvR 234/14). Auf den Zeitpunkt der Einnahme kommt es im Übrigen nicht an (VGH Mannheim NJW 2014, 410). Der Mischkonsum, namentlich von Cannabis und Alkohol und Cannabis und Cocain, ist in der Praxis besonders häufig (→ Rn. 1527, 1528).

(cc) Persönlichkeitsstörungen. Die Eignung fehlt auch dann, wenn neben der **1615** gelegentlichen Einnahme von Cannabis eine Störung der Persönlichkeit vorliegt. Störungen der Persönlichkeit sind auch deren nachteilige Veränderung (*Kannheiser* NZV 2000, 57 (61, 62)). Da solche Störungen in der Regel einen gewohnheitsmäßigen Konsum voraussetzen, kommt die Alternative vor allem dann in Betracht, wenn der Betroffene von diesem zu einem gelegentlichen Konsum übergegangen ist. Die Vorschrift gilt aber auch dann, wenn die Störung mit dem Konsum von Cannabis oder anderen Betäubungsmitteln nicht im Zusammenhang steht.

(dd) Kontrollverlust. An der Eignung fehlt es auch dann, wenn der Betroffene **1616** nicht in der Lage ist, seinen Betäubungsmittelkonsum zu kontrollieren. Hiervon kann etwa ausgegangen werden, wenn es ihm nicht gelingt, in der Zeit vor der Begutachtung auf den Konsum zu verzichten (OVG Koblenz Blutalkohol 2001, 73).

c) Abhängigkeit von Betäubungsmitteln – einschließlich Cannabis – **1617** **(Nr. 9.3).** Nach Nr. 9.3 der Anlage 4 ist zum Führen von Kraftfahrzeugen nicht geeignet, wer von Betäubungsmitteln abhängig ist (BR-Drs. 443/98, 261). Dies gilt auch für Cannabis. Zum Begriff der Abhängigkeit verweisen Nr. 3.13.2, 3.14.1 der Begutachtungsleitlinien auf die ICD-10 (→ § 1 Rn. 36).

1618   **2. Arzneimittelmissbrauch (Nr. 9.4).** Nach Nr. 9.4 der Anlage 4 zur FeV liegt **bei missbräuchlicher Einnahme** psychoaktiv wirkender Arzneimittel und anderer psychoaktiv wirkender Stoffe keine Eignung vor. Eine missbräuchliche Einnahme ist bei einem regelmäßigen übermäßigen Gebrauch gegeben (Nr. 9.4). Anders als in Nr. 9.2.1 ist ein regelmäßiger Gebrauch bereits dann gegeben, wenn er nicht nur sporadisch vorkommt (VGH München SVR 2019, 272 = zfs 2019, 414). Bei einem regemäßigen **Mischkonsum** aus legal und illegal erworbenem **Cannabis** gilt nicht das Arzneimittelprivileg der Nr. 9.4, sondern allein Nr. 9.2.1 (VGH Mannheim NZV 2017, 291; VGH München NZV 2019, 543).

1619   Bei einer **ärztlichen Verordnung** von **Medizinalcannabis** kommt es auf die Frage, ob der Betroffene den Konsum von Cannabis und das Führen von Kraftfahrzeugen trennen kann, nicht an; **stattdessen** ist maßgeblich, ob er den Stoff zuverlässig nur nach der ärztlichen Verordnung einnimmt, keine dauerhaften Auswirkungen auf die Leistungsfähigkeit festzustellen sind und die Grunderkrankung oder vorliegende Symptomatik keine verkehrsmedizinisch relevante Ausprägung aufweist, die eine sichere Verkehrsteilnahme beeinträchtigt; zudem darf nicht zu erwarten sein, dass der Betroffene in Situationen, in denen seine Fahrsicherheit durch Auswirkungen der Erkrankung oder der Medikation beeinträchtigt ist, am Straßenverkehr teilnehmen wird (VG Düsseldorf BeckRS 2019, 28529).

1620   **3. Ausnahmen von den Regeltatbeständen (Vorb. zur Anlage 4).** Wie sich insbesondere aus Nr. 1, 3 Satz 1 der Vorb. zur Anlage 4 ergibt, enthält die Anlage Bewertungen nur für den Regelfall (→ Rn. 1594).

1621   Nach Nr. 3 Satz 2 der Vorbemerkung sind **Kompensationen gegenüber dem Regelfall** namentlich durch besondere menschliche Veranlagung, durch Gewöhnung, durch besondere Einstellung oder durch besondere Verhaltenssteuerungen oder -umstellungen möglich. Ergeben sich im Einzelfall in dieser Hinsicht Zweifel, so kann eine medizinisch-psychologische Begutachtung angezeigt sein (Nr. 3 Satz 3 der Vorb.).

1622   **4. Abstinenz (Nr. 9.5 der Anlage 4).** Nach Entgiftung und Entwöhnung ist die Eignung für das Führen von Kraftfahrzeugen wieder gegeben, wenn eine einjährige Abstinenz festgestellt werden kann (Nr. 9.5).

1623   Damit der Betroffene nach dem Ablauf dieser Zeit nicht alsbald wieder in sein früheres Konsumverhalten zurückfällt, setzt die Wiedererlangung der Fahreignung über die Abstinenz hinaus **die Prognose voraus,** dass die Verhaltensänderung von Dauer ist. Dazu muss zu einer positiven Veränderung der körperlichen Befunde ein stabiler, tief greifender Einstellungswandel hinzugetreten sein, der es wahrscheinlich macht, dass der Betroffene auch in Zukunft die notwendige Abstinenz einhält (VGH München BeckRS 2009, 37516).

1624   Zum Beleg für einen solchen Einstellungswandel reicht ein ärztliches Gutachten, dass der Betroffene keine Betäubungsmittel konsumiert und konsumieren wird, nicht aus. Notwendig ist eine kombinierte **medizinisch-psychologische Begutachtung** (MPU) (VGH München BeckRS 2009, 37516). Erst recht kann aus einer kurzzeitigen (hier zweimonatigen) Abstinenz noch nicht auf das Vorliegen einer stabilen Abstinenz geschlossen werden (OVG Saarlouis VerkMitt 2003, 39).

1625   **II. Folge, Wirkung.** Ist der Inhaber der Fahrerlaubnis zum Führen eines Kraftfahrzeugs nicht geeignet, so ist die Entziehung zwingend vorgeschrieben (§ 3 Abs. 1 S. 1 StVG, § 46 Abs. 1 S. 1 FeV). Ein Ermessen steht der Fahrerlaubnisbehörde nicht zu (*Dauer* in Hentschel/König/Dauer StVG § 3 Rn. 23). Der Betroffene kann auf die Fahrerlaubnis auch verzichten; eine besondere Form für den Verzicht ist nicht vorgeschrieben; auch eine Ablieferung des Führerscheins ist nicht notwendig (*Dauer* in Hentschel/König/Dauer StVG § 2 Rn. 25).

Die mangelnde Eignung muss **erwiesen sein;** bloße Zweifel, auch wenn sie ernst und nicht aufklärbar sind, genügen nicht (*Dauer* in Hentschel/König/Dauer StVG § 3 Rn. 24). Notwendig ist eine umfassende Würdigung aller Eigenschaften, Fähigkeiten und Verhaltensweisen des Inhabers der Fahrerlaubnis, die für die Beurteilung seiner Gefährlichkeit relevant sind. Der Betroffene braucht noch keine Verkehrsgefahr verursacht zu haben; die von einem ungeeigneten Kraftfahrer ausgehende latente Gefahr kann sich auch nach jahrelanger Unauffälligkeit im Verkehr jederzeit verwirklichen (VGH Mannheim NZV 1993, 45; 1997, 199). 1626

Für die Entscheidung kommt es auf die Sach- und Rechtslage bei **Abschluss des Verwaltungsverfahrens** (letzte Behördenentscheidung) an (stRspr; BVerwGE 99, 249 = NZV 1996, 84; BVerwG NJW 2010, 3318). Spätere Ereignisse können allenfalls insoweit von Bedeutung sein, als sie Rückschlüsse auf die Eignung im maßgeblichen Zeitpunkt zulassen (*Dauer* in Hentschel/König/Dauer StVG § 3 Rn. 32). 1627

Durch die Entziehung **erlischt** die (deutsche) Fahrerlaubnis (§ 3 Abs. 2 S. 1 StVG; § 46 Abs. 5 S. 1 FeV). Auch eine ausländische Fahrerlaubnis kann entzogen werden, was zum Erlöschen des Rechts zum Führen von Kraftfahrzeugen in Deutschland führt (§ 3 Abs. 1 S. 2, Abs. 2 S. 2 StVG, § 46 Abs. 5 S. 2 FeV). Zur Pflicht, den Führerschein abzuliefern s. § 3 Abs. 2 S. 3 StVG, § 47 FeV. 1628

Die Entziehung wird erst mit der Bestandskraft des entziehenden (gestaltenden) Verwaltungsakts wirksam. Unter den Voraussetzungen des § 80 Abs. 2 Nr. 4 VwGO kann die Fahrerlaubnisbehörde die **sofortige Vollziehbarkeit** anordnen. 1629

III. Verfahren, Anforderung von Gutachten (§ 46 Abs. 3 FeV). Das Verfahren der Fahrerlaubnisbehörde ist in § 3 Abs. 1 S. 3, § 2 Abs. 7, 8 StVG, § 46 Abs. 3 FeV geregelt. Nach § 46 Abs. 3 FeV muss sie tätig werden, wenn Tatsachen bekannt werden, die Bedenken begründen, dass der Inhaber einer Fahrerlaubnis zum Führen von Kraftfahrzeugen ungeeignet oder nur bedingt geeignet ist. Für das Verfahren verweist § 46 Abs. 3 FeV auf die §§ 11–14 FeV. Steht die Nichteignung zur Überzeugung der Fahrererlaubnisbehörde fest, so kann sie **die Entziehung** der Fahrerlaubnis anordnen, ohne die Beibringung eines Gutachtens anzufordern (§ 11 Abs. 7 FeV). Bei dem **erstmaligen** Verstoß eines **gelegentlichen** Cannabiskonsumenten gegen das **Trennungsgebot** kommt dies allerdings regelmäßig nicht in Betracht; vielmehr ist dann in der Regel nach § 14 Abs. 1 S. 3 FEV ein Gutachten (MPU) einzuholen (BVerwG NJW 2019, 3395 mAnm *Struttmann*). Entsprechendes gilt für ein **zweimaliges** Führen eines Kfz unter Cannabiseinfluss (OVG Münster NJW 2020, 2047) oder für das kumulative Vorliegen des fehlenden Trennens mit einer weiteren Zusatztatsache im Sinne der Nr. 9.2.2 der Anlage 4 (OVG Münster NJW 2020, 1010). Ein Abweichen von dieser Regel kann dann in Betracht kommen, wenn der Fahrer aktiv Vorbereitungen trifft, um bei einer Verkehrskontrolle den Cannabiskonsum zu verschleiern (OVG Bremen NJW 2019, 3402). 1630

Die **zentrale Vorschrift** zur Klärung von Eignungszweifeln im Hinblick auf Betäubungsmittel, andere psychoaktive Substanzen und Arzneimittel ist **§ 14 FeV.** Danach müssen oder können **Gutachten angefordert** werden. Die Formalien der Anforderung sind in § 11 Abs. 6 FeV geregelt. Die Anforderung eines Gutachtens ist kein Verwaltungsakt, sondern lediglich eine Aufklärungsmaßnahme (*Dauer* in Hentschel/König/Dauer FeV § 11 Rn. 25). Sie kann daher nicht selbständig, sondern nur im Rahmen der Entziehung der Fahrerlaubnis angefochten werden. 1631

1. Abhängigkeit, Konsum, Missbrauch (§ 14 Abs. 1 S. 1 FeV). Nach § 14 Abs. 1 S. 1 FeV ist die Beibringung eines **ärztlichen** Gutachtens (§ 11 Abs. 2 S. 3 FeV) anzuordnen, wenn Tatsachen die Annahme begründen, dass die folgenden Voraussetzungen vorliegen: 1632

BtMG Vor §§ 29 ff. Sechster Abschnitt. Straftaten und Ordnungswidrigkeiten

- Abhängigkeit von Betäubungsmitteln oder anderen psychoaktiven Stoffen (Nr. 1),
- Einnahme von Betäubungsmitteln (Nr. 2),
- missbräuchliche Einnahme von psychoaktiv wirkenden Arzneimitteln oder anderen psychoaktiv wirkenden Stoffen (Nr. 3).

1633 Ein **Ermessen** steht der Fahrerlaubnisbehörde **nicht** zu (s. *Patzak* in Körner/Patzak/Volkmer Vor § 29 Rn. 457). Bei **Cannabis** ist erforderlich, dass hinreichend konkrete Anknüpfungspunkte für einen regelmäßigen Cannabiskonsum oder neben dem gelegentlichen Konsum die weiteren in Nr. 9.2.2. der Anlage 4 zur FeV genannten Tatsachen vorliegen. Dabei genügt es, wenn die Anhaltspunkte bei vernünftiger, lebensnaher Einschätzung die ernsthafte Besorgnis begründen, dass diese Merkmale gegeben sind (VGH Mannheim NJW 2003, 3004).

1634 **2. Besitz (§ 14 Abs. 1 S. 2 FeV).** Nach § 14 Abs. 1 S. 2 FeV kann die Beibringung eines **ärztlichen** Gutachtens angeordnet werden, wenn der Betroffene Betäubungsmittel widerrechtlich besitzt oder besessen hat. Bei **Cannabis** wird die Anordnung durch den einmalig festgestellten bloßen Besitz für sich allein noch nicht gerechtfertigt; hinzutreten müssen verlässliche Anhaltspunkte für eine der Varianten der Nr. 9.2 der Anlage 4 zur FeV (OVG Koblenz NJW 2009, 1522; VGH Kassel NJW 2011, 1691).

1635 **3. Gelegentliche Einnahme von Cannabis (§ 14 Abs. 1 S. 3 FeV).** Bei Cannabis kann die Beibringung eines **medizinisch-psychologischen** Gutachtens (§ 11 Abs. 3 FeV) dann angeordnet werden, wenn eine gelegentliche Einnahme vorliegt und weitere Tatsachen Zweifel an der Fahreignung begründen (zum Verstoß gegen das Trennungsverbot beim erstmaligen Konsum s. Fn. 1629). Die gelegentliche Einnahme muss feststehen (*Dauer* in Hentschel/König/Dauer FeV § 14 Rn. 19). Hierzu können alle Beweismittel, insbesondere labortechnische Methoden, herangezogen werden. Steht die gelegentliche Einnahme nicht fest, ist zunächst ein ärztliches Gutachten nach Satz 1 Nr. 2 einzuholen (VGH München DAR 2006, 349; *Dauer* in Hentschel/König/Dauer FEV § 14 Rn. 19).

1636 **4. Weitere Fälle der Anordnung (§ 14 Abs. 2 FeV).** Die Beibringung eines **medizinisch-psychologischen** Gutachtens ist für die Zwecke nach § 14 Abs. 1 FeV anzuordnen, wenn
- die Fahrerlaubnis aus einem der in § 14 Abs. 1 FeV genannten Gründe durch die Fahrerlaubnisbehörde oder ein (Straf-)Gericht entzogen war (Nr. 1),
- zu klären ist, ob der Betroffene noch abhängig ist oder – ohne abhängig zu sein – weiterhin die in § 14 Abs. 1 FeV genannten Substanzen einnimmt oder
- wiederholt Zuwiderhandlungen im Straßenverkehr nach § 24a StVG begangen wurden.

1637 **5. Verweigerung der Untersuchung, Nichtbeibringung des Gutachtens (§ 11 Abs. 8 FeV).** Von besonderer Bedeutung ist § 11 Abs. 8 FeV, wonach die Fahrerlaubnisbehörde **auf die Nichteignung schließen** darf, wenn der Inhaber sich weigert, sich untersuchen zu lassen oder wenn er ein angefordertes Gutachten nicht fristgemäß beibringt. Ein solcher Rückschluss ist allerdings nur zulässig, wenn die Anforderung des Gutachtens formell und materiell **rechtmäßig**, insbesondere anlassbezogen und verhältnismäßig war und der Betroffene sich ohne ausreichenden Grund geweigert hat, der Anordnung zu folgen (stRsp; BVerwGE 137, 10 = NJW 2010, 3318). Die Voraussetzungen der Anforderung sind in § 14 FeV, ihre Form ist in § 11 Abs. 6 FeV geregelt.

1638 **IV. Mitteilungen (§ 2 Abs. 12 StVG).** Nach § 2 Abs. 12 StVG hat die Polizei Informationen über Tatsachen, die auf nicht nur vorübergehende Mängel hinsichtlich der Eignung einer Person zum Führen von Kraftfahrzeugen schließen lassen, den Fahrerlaubnisbehörden zu übermitteln, soweit dies aus der Sicht der Polizei für die Überprüfung der Eignung erforderlich ist. Für die Gerichte und Staatsanwaltschaften gilt die Mitteilungspflicht nach Nr. 45 MiStra sowie § 14 Abs. 1 Nr. 7 Buchst. b EGGVG (dazu → § 27 Rn. 21 und → § 31a Rn. 73–75, 147, 160).

Kapitel 18. Ordnungswidrigkeit nach § 24a Abs. 2, 3 StVG, Fahrverbot (§ 25 Abs. 1 S. 2 StVG)

A. Einführung. Nachdem Untersuchungen ergeben hatten, dass ein erheblicher Anteil der Blutproben, die verkehrsauffälligen Kraftfahrern entnommen worden waren, illegale Drogen enthielten, wurde § 24a StVG durch Gesetz v. 28.4.1998 (BGBl. I S. 810) dahin ergänzt, dass **ordnungswidrig** handelt, wer vorsätzlich oder fahrlässig unter der Wirkung eines der in der Anlage zu § 24a StVG genannten berauschenden Mittel im Straßenverkehr ein Kraftfahrzeug führt (§ 24a Abs. 2 S. 1; Abs. 3). Nach § 24a Abs. 2 S. 2 StVG liegt eine solche Wirkung vor, wenn eine in der Anlage aufgeführte Substanz im Blut nachgewiesen wird. Von erheblicher praktischer Bedeutung ist vor allem das **Fahrverbot**, das auf Grund der Vorschrift angeordnet werden kann (§ 25 StVG). **1639**

B. Tathandlung ist das Führen eines Kraftfahrzeugs unter der Wirkung eines in der Anlage zu § 24a Abs. 2 StVG genannten berauschenden Mittels im Straßenverkehr. **1640**

I. Führen, Kraftfahrzeug, Straßenverkehr. Zum Begriff des **Führens** → Rn. 1515. Anders als §§ 315c, 316 betrifft § 24a Abs. 2 StVG nur das Führen eines Kraftfahrzeugs. **Kraftfahrzeuge** sind Landfahrzeuge, die durch Maschinenkraft bewegt werden, ohne an Bahngleise gebunden zu sein (§ 1 Abs. 2 StVG). Dazu gehören auch die in § 1 EKFV genannten Elektrokleinstfahrzeuge (Segways, E-Scooter, elektronische Einräder). Nach § 1 Abs. 3 StVG sind keine Kraftfahrzeuge Fahrräder mit elektromotorischer Tretunterstützung bis 25 km/h und solche Fahrräder mit tretunabhängiger Anfahr- oder Schiebehilfe bis zu 6 km/h (**Pedelecs**). Kraftfahrzeuge sind dagegen Fahrräder mit elektromotorischer Tretunterstützung, bei denen die Motorunterstützung erst bei einer höheren Geschwindigkeit als 25 km/h unterbrochen wird, und Fahrräder mit elektromotorischer Tretunterstützung mit tretunabhängigem Zusatzantrieb schneller als 6 km/h (§ 63a StVZO; *Dauer* in Hentschel/König/Dauer StVG § 1 Rn. 23–27). Zum Begriff des **Straßenverkehrs** → Rn. 1561, 1562. **1641**

II. Unter der Wirkung eines in der Anlage zu § 24a Abs. 2 genannten berauschenden Mittels: **1642**

1. Anlage zu § 24a Abs. 2: Liste der berauschenden Mittel und Substanzen, in der Fassung der VO v. 6.6.2007 (BGBl. I S. 1045) **1643**

Berauschende Mittel	Substanzen
Cannabis	Tetrahydrocannabinol (THC)
Heroin	Morphin
Morphin	Morphin
Cocain	Cocain
Cocain	Benzoylecgonin
Amfetamin	Amfetamin
Designer-Amfetamin	Methylendioxyamfetamin (MDA)
Designer-Amfetamin	Methylendioxyethylamfetamin (MDE)
Designer-Amfetamin	Methylendioxymethamfetamin (MDMA)
Metamfetamin	Metamfetamin

Die Anlage zu § 24a Abs. 2 StVG enthält **keine Grenzwerte.** Das Gesetz geht danach von einer Null-Wert-Grenze aus, die stets überschritten ist, wenn die Substanz überhaupt festgestellt werden kann. Allerdings ging der der Gesetzgeber dabei **1644** davon aus, dass eine drogenbedingte Leistungsminderung erst dann eintritt, wenn die Konzentration des Wirkstoffs im Blut eine solche Höhe erreicht hat, dass ein zuverlässiger blutanalytischer Nachweis möglich ist (Stein NZV 1999, 441 (452)). Zur Bestimmung dieses Nachweises wurde die sogenannte **Grenzwertkommission** eingerichtet, der Wissenschaftler und Behördenvertreter angehören. Die von dieser Kommission festgesetzten Grenzwerte waren ursprünglich als analytische Grenzwerte gedacht: der Wert sollte von allen forensisch toxikologischen Laboren in Deutschland sicher festgestellt werden können, so dass die Entscheidung zwischen positivem und negativem Ergebnis nicht von der Qualität des Labors abhing. Daher sollten nur Konzentrationen erfasst werden, die deutlich oberhalb des Nullwertes liegen (*Haase/Sachs* NZV 2008, 221).

1645 **2. Beschluss der Grenzwertkommission.** Die Beschlusslage der Grenzwertkommission lautet derzeit (Beschl. v. 22.5.2007 (BA 2007, 311)) wie folgt:

„Am 15.06.2007 ist die Verordnung zur Änderung der Anlage zu § 24a des Straßenverkehrsgesetzes und anderer Vorschriften in Kraft getreten. In die Anlage sind drei weitere Substanzen aufgenommen worden: Cocain, Metamfetamin und Methylendioxyamfetamin. Zielsetzung ist die effizientere Verfolgung von Fahrten unter dem Einfluss dieser Drogen.

Nach eingehender Diskussion empfiehlt die Grenzwertkommission auf einstimmigen Beschluss vom 22.05.2007, zur Feststellung der Ordnungswidrigkeit die folgenden analytischen Grenzwerte anzuwenden:

Tetrahydrocannabinol	1 ng/mL Serum
Benzoylecgonin	75 ng/mL Serum
Cocain	10 ng/mL Serum
Morphin	10 ng/mL Serum
Amfetamin	25 ng/mL Serum
Methylendioxymetamfetamin	25 ng/mL Serum
Methylendioxymethylamfetamin	25 ng/mL Serum
Methylendioxyamfetamin	25 ng/mL Serum
Metamfetamin	25 ng/mL Serum

Konzentrationen in dieser Höhe können bei Anwendung der Richtlinien der Gesellschaft für Toxikologische und Forensische Chemie (GTFCh) sowohl sicher nachgewiesen als auch quantitativ präzise und richtig bestimmt werden (Analytische Grenzwerte).

Die Grenzwerte enthalten einen entsprechenden Sicherheitszuschlag. Die Bestimmungsgrenze des individuellen analytischen Verfahrens, die angibt, ab welcher Konzentration eine exakte Quantifizierung möglich ist, darf nicht höher Grenzwert sein. Messwerte, die unterhalb der Bestimmungsgrenze des Verfahrens liegen, sind mit dem Zusatz „circa" (abgekürzt „ca.") zu versehen. In diesen Fällen ist im Befundbericht unter Angabe der richtliniengemäß ermittelten Bestimmungsgrenze darauf hinzuweisen, dass der Messwert unterhalb der Bestimmungsgrenze liegt."

1646 **3. Der Beschluss des BVerfG v. 21.12.2004.** Die mit der Vorschrift eingeführte Null-Wert-Grenze wurde in der Rechtsprechung als verfassungsrechtlich unbedenklich angesehen (BayObLG NJW 2003, 1681 = NZV 2003, 252). Allerdings war die Zweite Kammer des Ersten Senats des BVerfG anderer Auffassung. Durch Beschluss v. 21.12.2004 (NJW 2005, 349; 2005, 1026 m. Bespr. *Schreiber* = NZV 2005, 272 mAnm *Bönke*) forderte sie eine verfassungskonforme Auslegung dahin, dass nicht jeder Nachweis im Blut ausreicht, sondern eine Konzentration gefordert werden muss, die eine **psychoaktive Wirkung** auf den menschlichen Körper haben **kann**. Bei weniger als 0,5 ng THC sei eine solche Wirkung zu verneinen. Bei Einführung der Vorschrift sei der Gesetzgeber davon ausgegangen, dass Nachweis- und Wirkungsgrenze identisch sind. Auf Grund der verbesserten Analysemethoden sei diese Annahme überholt. Die Kammer hat zwar keinen Grenzwert festgelegt, aber **Sympathie** mit einem **Grenzwert von 1,0 ng/ml THC** erkennen lassen, wobei die Entscheidung dahin zu verstehen ist, dass nicht auf Blut, sondern auf das (Blut)Serum abgestellt wird (OLG Brandenburg SVR 2008, 31).

4. Die Rechtsprechung der Oberlandesgerichte. Die Oberlandesgerichte 1647 schlossen sich dieser Rechtsprechung an und übernahmen den Befund der Grenzwertkommission zunächst zu **THC** (Zweibrücken NJW 2005, 2168 = StV 2005, 443; Koblenz Blutalkohol 2014, 351; Karlsruhe Blutalkohol 2014, 355; Frankfurt a. M. NStZ-RR 2007, 249; Düsseldorf BeckRS 2016, 19216) und später auch zu den anderen in der Anlage zu § 24a Abs. 2 StVG genannten Mittel und Substanzen (**Amfetamin:** München NJW 2006, 1606 = NStZ 2006, 535 = StV 2006, 531; Zweibrücken NJW 2005, 2168; Celle NStZ 2009, 711; Koblenz NStZ-RR 2014, 322; **Benzoylecgonin:** Bamberg Blutalkohol 2007, 253; Hamm NZV 2007, 248; Zweibrücken Blutalkohol 2009, 335; **Opiate:** Köln DAR 2005, 699; Bamberg Blutalkohol 2007, 255). Beim Konsum **mehrerer Betäubungsmittel** dürfen die festgestellten Werte grundsätzlich (evtl. anders bei Substanzen mit nahezu identischen neuropharmakologischen Eigenschaften (*Patzak* in Körner/Patzak/Volkmer Vor § 29 Rn. 412)) **nicht addiert** werden (→ Rn. 1659; OLG Koblenz NJW 2009, 1222). Werden die Werte erreicht, so muss eine **konkrete Beeinträchtigung** des Betroffenen, etwa eine geminderte Fahrtüchtigkeit, **nicht** nachgewiesen werden (*Patzak* in Körner/Patzak/Volkmer Vor § 29 Rn. 408; *Haase/Sachs* NZV 2008, 221).

5. Substanznachweis nach Konsum von Lebensmitteln; Passivrauchen. 1648 Der Konsum von **hanfhaltigen Lebensmitteln** führt nicht zu einem positiven THC-Befund im Blut oder Urin (*Patzak* in Körner/Patzak/Volkmer Vor § 29 Rn. 414). **Morphin** kann dagegen nach dem Verzehr mohnhaltiger Lebensmittel in Blut oder Urin nachgewiesen werden; allerdings kann der Grenzwert von 10 mg/ml im Blut nur durch den Konsum unrealistisch großer Mengen von Mohnsamen oder -kuchen erreicht werden (*Patzak* in Körner/Patzak/Volkmer Vor § 29 Rn. 414; *Eisenmenger* NZV 2006, 24 (26)). Auch durch intensives **Passivrauchen** von **Cannabis** wird der Grenzwert von 1,0 ng/ml THC im Blut nicht erreicht (*Patzak* in Körner/Patzak/Volkmer Vor § 29 Rn. 415; *Schimmel* et al. Blutalkohol 2010, 269).

6. Ahndbarkeit trotz Nichterreichens der Werte. Zeigen sich auf Grund des 1649 Rauschmittelkonsums **verkehrsrelevante Leistungsbeeinträchtigungen,** so kommt eine Ahndung nach § 24a StVG (oder § 316 StGB) auch dann in Betracht, wenn die Wirkstoffkonzentration unterhalb des analytischen Grenzwerts liegt. Auch in einem solchen Falle hat der Täter unter der Wirkung der Substanz gehandelt (*König* in Hentschel/König/Dauer StVG § 24a Rn. 21b). Das Erreichen des analytischen Grenzwerts ist weder ein Tatbestandsmerkmal (*König* in Hentschel/König/Dauer StVG § 24a Rn. 21b; *Janker* in Burmann/Heß/Hühnermann/Jahnke StVG § 24a Rn. 5a) noch eine objektive Bedingung der Strafbarkeit (OLG Koblenz NJW 2009, 1222; OLG Celle NStZ 2009, 711). Eine Wirkung (Fahruntüchtigkeit/eingeschränkte Fahrtüchtigkeit) kann im konkreten Einzelfall auch unterhalb der Grenzwerte der Grenzwertkommission vorliegen und nachgewiesen werden (OLG Bamberg (Senat) DAR 2007, 272 gegen OLG Bamberg (Einzelrichter) DAR 2006, 286 mablAnm *König;* OLG Bamberg NStZ-RR 2019, 126; OLG München NJW 2006, 1606; OLG Celle NStZ 2009, 711; OLG Koblenz NJW 2009, 1222; *Haase/Sachs* NZV 2008, 221; aA OLG Jena NStZ 2013, 114; *Patzak* in Körner/Patzak/Volkmer Vor § 29 Rn. 413).

III. Die Medikamentenklausel (Satz 3). Satz 1 ist nicht anzuwenden, wenn 1650 die Substanz aus der bestimmungsgemäßen Einnahme eines für den konkreten Krankheitsfall **verschriebenen Arzneimittels** herrührt (**Satz 3;** dazu *Bönke* NZV 1998, 393 (396)). Die Einnahme muss bestimmungsgemäß sein. Daran fehlt es, wenn die ärztliche Verschreibung nicht eingehalten wird (VGH München SVR

2019, 272 (→ Rn. 1617)), namentlich bei einem Missbrauch (BT-Drs. 18/8953, 11) oder einer Überdosierung (OLG Bamberg NStZ 2019, 528). Die Regelung gilt auch für **Cannabis** (→ Rn. 1617). Eine Verurteilung nach §§ 315c, 316 StGB wird durch Satz 3 nicht ausgeschlossen (→ Rn. 1520; BT-Drs. 18/8953, 11).

1651 **C. Beteiligung.** Die Ordnungswidrigkeit nach § 24a Abs. 2 StVG ist ein **eigenhändiges Delikt** (Bohnert/Krenberger/Krumm § 14 Rn. 14; *Krumm* NJW 2011, 1259). „Täter" kann nur der Fahrzeugführer selbst sein. Kein Führer ist die Begleitperson beim Fahren ab Siebzehn (*Krumm* NJW 2011, 1259). Allerdings sind nach § 14 Abs. 1 S. 2 OWiG auch „Anstifter" und „Gehilfen" Beteiligte und machen sich ebenfalls der Ordnungswidrigkeit nach § 24a Abs. 2 StVG schuldig (**Einheitstäterbegriff**).

1652 **Der Halter,** der einer Person, die Rauschmittel im Körper hat, die Führung seines Kraftfahrzeugs überlässt, begeht eine selbstständige Ordnungswidrigkeit nach § 31 Abs. 2, § 69a Abs. 5 Nr. 3 StVZO, wenn er diesen Zustand des Fahrers kannte oder aus Fahrlässigkeit nicht kannte (*Hühnermann* in Burmann/Heß/Hühnermann/Jahnke StVG § 24a Rn. 8).

1653 **D. Der subjektive Tatbestand.** Die Ordnungswidrigkeit kann vorsätzlich (§ 24a Abs. 2 StVG) oder fahrlässig (§ 24a Abs. 3 StVG) begangen werden.

1654 **I. Der Bezugspunkt des Schuldvorwurfs.** Die für den Schuldvorwurf entscheidenden Voraussetzungen beziehen sich nicht auf den Konsumvorgang, sondern auf die **Wirkung** des berauschenden Mittels zum Tatzeitpunkt (*König* NStZ 2009, 425 (426)). Auch wer unverschuldet Drogen zu sich genommen hat, dies später bemerkt oder bemerken kann und seine Fahrt gleichwohl antritt oder fortsetzt, handelt ordnungswidrig nach § 24a StVG. Es ist daher zumindest ungenau, wenn in einigen Entscheidungen (OLG Hamm NZV 2005, 428; OLG Karlsruhe Blutalkohol 2007, 101; OLG Brandenburg Blutalkohol 2008, 134) gesagt wird, dass sich der Schuldvorwurf nicht nur auf den Konsumvorgang, sondern auch die Wirkung erstrecken müsse. Richtig ist, dass die Rauschwirkung zur Tatzeit keine objektive Strafbarkeitsbedingung ist, sondern ein Tatbestandsmerkmal, auf das sich die subjektive Tatseite erstrecken muss (OLG Brandenburg 1 Ss (OWi) 291 B/06).

1655 **Der Betroffene** muss daher die zum Tatzeitpunkt bestehende **Wirkung der Droge** entweder erkannt haben oder zumindest hätte erkennen können. Diese Wirkung ist ein normatives Tatbestandsmerkmal (→ Rn. 400, 408). Der Täter muss daher die aus dem gesetzlichen Begriff folgende rechtliche Wertung nicht exakt nachvollziehen. Dies gilt insbesondere für das Erreichen einer bestimmten Wirkstoffkonzentration oder für die Wirkungsweise der Droge. Er muss auch keine Fahrunsicherheit oder sonstige Leistungsbeeinträchtigungen an sich wahrnehmen (KG NZV 2003, 250; *König* NStZ 2009, 425 (426)). Es genügt, wenn seine Vorstellung den Umstand umfasst, dass der Drogenwirkstoff möglicherweise noch **nicht bis zur Wirkungslosigkeit** abgebaut ist (*Stein* NZV 1999, 441 (448); *König* NStZ 2009, 425 (426)).

1656 Bemerkt der Betroffene vor oder bei der Fahrt den Einfluss des Rauschmittels, liegt **Vorsatz** vor (BayObLG Blutalkohol 2006, 47; OLG Brandenburg 1 Ss (OWi) 291 B/06). **Fahrlässigkeit** ist gegeben, wenn der Betroffene die Möglichkeit der fortdauernden, wenn auch womöglich subjektiv nicht spürbaren, Rauschwirkung hätte erkennen können. Dabei hat der Kraftfahrer die Unberechenbarkeit von Rauschdrogen in Rechnung zu stellen (OLG Saarbrücken NJW 2007, 309; OLG Brandenburg BeckRS 2007, 10312).

1657 Fahrlässigkeit kommt auch in Betracht, wenn der Täter in einem Szenelokal aus **fremden Gläsern** trinkt und dabei ohne sein Wissen Amfetamin aufnimmt (KG NZV 2003, 250 mAnm *Stein*).

II. Der „länger" zurückliegende Drogenkonsum. Die Streitfrage, ob das **1658**
Gericht aus dem Erreichen des analytischen Grenzwerts auch bei einem **länger** zurückliegenden Drogenkonsum auf ein objektiv und subjektiv sorgfaltswidriges (fahrlässiges) Verhalten des Kraftfahrers schließen darf, hat der BGH mit Beschluss vom 14.2.2017 (BGHSt 62, 42 = NStZ 2017, 480 = NZV 2017, 227 mAnm *Krenberger*) dahin entschieden, dass ein solcher Schluss beim Fehlen gegenläufiger Beweisanzeichen zulässig ist. Er hat damit der „Stundenarithmetik" (*König* NStZ 2009, 425) einiger Oberlandesgerichte (zuletzt KG NStZ 2015, 412) eine deutliche Absage erteilt und der Verwirrung, die sich nicht aus dem Gesetz ergab, sondern allein auf der Rechtsprechung dieser Gerichte beruhte, ein deutliches Ende gesetzt.

E. Geldbuße, Fahrverbot. Für den vorsätzlichen Verstoß kann eine **Geldbuße** **1659**
bis zu 3.000 EUR festgesetzt werden (§ 24a Abs. 4 StVG). Für fahrlässiges Handeln beläuft sich der Höchstsatz danach auf 1.500 EUR (§ 17 Abs. 2 OWiG). Die Regelgeldbuße beträgt nach Nr. 242 BKatV für die **fahrlässig** begangene Ordnungswidrigkeit 500 EUR, bei einer Voreintragung erhöht sie sich auf 1.000 EUR, bei mehreren auf 1.500 EUR. Nach § 3 Abs. 4a BKatV ist dieser Betrag zu verdoppeln, wenn die Ordnungswidrigkeit **vorsätzlich** begangen wurde.

Nach § 25 Abs. 1 S. 2 StVG, § 4 Abs. 3 BKatV ist von der Verwaltungsbehörde **1660**
oder dem Gericht in der Regel ein **Fahrverbot** bis zu drei Monaten anzuordnen. Diese Regelung ist verhältnismäßig und verfassungskonform (BayObLGSt 2003, 252). Nach Nr. 242 BKatV beträgt das Regelfahrverbot für die fahrlässige Ordnungswidrigkeit einen Monat, bei einer oder mehreren Voreintragungen drei Monate. Ein **Absehen vom Fahrverbot** ist möglich, kommt aber nur in Betracht, wenn die Tatumstände so sehr aus dem Rahmen üblicher Begehungsweise herausfallen, dass die Vorschrift über das Regelfahrverbot offensichtlich nicht darauf zugeschnitten wäre, oder dass die Anordnung eine Härte ganz außergewöhnlicher Art bedeuten würde (*König* in Hentschel/König/Dauer StVG § 25 Rn. 18).

F. Jugendliche und Heranwachsende. Die Ordnungswidrigkeit des § 24a **1661**
Abs. 2, 3 StVG kann auch durch Jugendliche (unter den Voraussetzungen des § 3 JGG) und Heranwachsende verwirklicht werden (§ 12 Abs. 1 OWiG). Bestehen gegen die Verantwortlichkeit des Jugendlichen keine Bedenken, so kommt als **Sanktion** nur die Geldbuße in Betracht. Erziehungsmaßregeln und Zuchtmittel lässt das Gesetz nicht zu, da den Bußgeldbehörden die für die wesensfremde Befugnis, erzieherische Maßnahmen anzuordnen, nicht übertragen werden sollte (*Rengier* in KK-OWiG OWiG § 12 Rn. 12).

Etwas anderes gilt für das **Vollstreckungsverfahren.** Hier ermöglicht das Gesetz **1662**
(§ 78 Abs. 4, § 98 OWiG) gegebenenfalls aus erzieherischen Gründen eine jugendgemäße Vollstreckung der Geldbuße (nur) unter Mitwirkung des Jugendrichters und anstelle der Geldbuße (*Rengier* in KK-OWiG OWiG § 12 Rn. 13).

Kapitel 19. Die Anwendung des Jugendstrafrechts in Betäubungsmittelsachen

Im Jugendstrafrecht steht der **Erziehungszweck** im Vordergrund. Dies gilt auch **1663**
für die **Betäubungsmitteldelikte** (zu Drogenkriminalität und Jugendstrafrecht s. *Brunner/Dölling* Einf. I Rn. 49–51b). Auch bei ihnen ist es nicht zulässig, die Belange der Erziehung dem Gesichtspunkt der Schuld unterzuordnen. Nicht anders als sonst im Jugendstrafrecht (BGHSt 15, 224 = NJW 1961, 278; 1961, 687 mablAnm *Grethlein;* BGHR JGG § 18 Abs. 2 Strafzwecke 2; BGH NStZ 1994, 124; BGH 3 StR 136/06; *Eisenberg* § 2 Rn. 3) dürfen auch Gesichtspunkte der **Generalprävention** bei der Anwendung von Jugendstrafrecht in Betäubungsmittelsachen **nicht** berücksichtigt werden (zusf. Janssen JA 2020, 854).

BtMG Vor §§ 29 ff. Sechster Abschnitt. Straftaten und Ordnungswidrigkeiten

1664 **A. Erziehungsgedanke.** Der Erziehungsgedanke liegt dem geltenden Recht zugrunde (nunmehr ausdrücklich in § 2 Abs. 1 JGG idF des Gesetzes v. 13.12.2007 (BGBl. I S. 2894)) und ist daher trotz der daran geäußerten Kritik (s. etwa Albrecht (2000) S. 63; *Ostendorf* Grundl. z. §§ 1–2 Rn. 4; *Ostendorf* StV 2002, 436; gegen die Kritik namentlich *Kreuzer* NJW 2002, 2345; *Kornprobst* JR 2002, 309) für die Rechtsanwendung bestimmend (*Brunner/Dölling* Einf. II Rn. 4, 4a; *Diemer* in Diemer/Schatz/Sonnen § 5 Rn. 5). Wenn auch eine Erziehungseuphorie nicht angebracht ist und es sich immer wieder zeigt, dass Erziehung nicht ganz ohne Strafe auskommt, so wäre es verfehlt, bei der **Drogenkriminalität** Jugendlicher und Heranwachsender die erzieherischen Möglichkeiten des Jugendstrafrechts nicht auszuschöpfen.

1665 **B. Diversion, ambulante Maßnahmen.** Es ist daher nicht angebracht, in den Fällen des Umgangs mit geringen Mengen von Betäubungsmitteln zum Eigenverbrauch schematisch nach § 29 Abs. 5, § 31 a BtMG zu verfahren, statt im Rahmen der **Diversion** (zu dieser *Böttcher/Weber* NStZ 1990, 561 (562–564)) die §§ 45, 47 JGG anzuwenden (→ § 29 Rn. 2105, 2106; → § 31 a Rn. 19).

1666 Auch sonst stehen die **ambulanten Maßnahmen** (*Böttcher/Weber* NStZ 1990, 561 (564–566)) des Jugendstrafrechts in ihrer gesamten Breite auch in den Fällen der **Betäubungsmittelkriminalität** zur Verfügung, wenn sich auch in der Praxis aufgrund von Persönlichkeitsbild, Motivation, Art und Umfang des Drogengebrauchs, Verstrickung in die Drogenszene und zur Verfügung stehenden personellen und organisatorischen Möglichkeiten bestimmte Anwendungsmuster herausgebildet haben (s. zu den **Weisungen** bei Drogentätern *Brunner/Dölling* JGG § 10 Rn. 23a, 24; zu den **Auflagen** s. *Brunner/Dölling* JGG § 15 Rn. 24).

1667 Eine **besondere Weisung** ist in § 10 Abs. 2 JGG vorgesehen, wonach dem Täter auferlegt werden kann, sich einer ambulanten oder stationären **Entziehungskur** zu unterziehen (*Nehring* in BeckOK JGG § 10 Rn. 56; *Eisenberg* § 10 Rn. 62–69; NK-JGG JGG § 10 Rn. 28). Die Weisung setzt keine Abhängigkeit oder keinen Hang voraus und kann daher schon bei wiederholtem Suchtmittelmissbrauch ergriffen werden (*Nehring* in BeckOK JGG § 10 Rn. 56). Ob und inwieweit sie Sinn macht, hängt von Art, Dauer und Umfang des Drogengebrauchs, Motivation und Persönlichkeitsstruktur des Jugendlichen, seinen allgemeinen Erziehungsbedürfnissen und den vorhandenen besonderen personellen und sächlichen Hilfsmitteln ab (*Eisenberg/Kölbel* JGG § 10 Rn. 63–63b); dadurch kann der Einsatz eines Sachverständigen nötig werden. Die Weisung darf keine Umgehung der Unterbringung nach §§ 7, 93a JGG sein (*Eisenberg/Kölbel* JGG § 10 Rn. 60; *Brunner/Dölling* JGG § 10 Rn. 18; Albrecht S. 192). Zur Kontrolle kommen dieselben Möglichkeiten in Betracht wie bei → Rn. 1678 (*Eisenberg/Kölbel* JGG § 10 Rn. 67). Dies gilt auch für den Ungehorsamsarrest (aA LG Marburg NStZ-RR 2006, 122). Keine Entziehungskur iSd § 10 Abs. 2 JGG ist die Substitution (zu dieser → § 13 Rn. 72–81; §§ 5, 5a BtMVV).

1668 Weniger weit als die Maßnahme nach § 10 Abs. 2 JGG geht die **Weisung,** sich des Umgangs mit Betäubungsmitteln zu enthalten und zum Nachweis der Drogenfreiheit **Urinproben** abzugeben Rechtliche Bedenken gegen eine solche Weisung bestehen nicht (→ Rn. 1225). Dies gilt auch im Jugendstrafrecht. Ein anderes Ergebnis folgt insbesondere auch nicht aus § 11 Abs. 3, § 15 Abs. 3 S. 2 JGG (aA *Hoferer* NStZ 1997, 172). Der Ungehorsamsarrest tritt insoweit lediglich an die Stelle der sonst nicht vorhandenen Sanktion der (widerrufenen) Freiheitsstrafe, so dass daraus Besonderheiten nicht hergeleitet werden können.

1669 Die **Laufzeit** der Weisung ist im Urteil festzulegen (BGH *Böhm* NStZ-RR 2001, 321). Auch sonst muss die Weisung im Urteil mit der erforderlichen **Klarheit** und **Bestimmtheit** gefasst werden (BGH *Böhm* NStZ-RR 2001, 321). Wird der

Verurteilte angewiesen, Kontakt zur Drogenberatung zu halten, so muss die Ausgestaltung der Kontaktaufnahme im Urteil erfolgen (LG Bielefeld StV 2001, 175; *Böhm* NStZ-RR 2001, 321).

C. Jugendarrest. Der Jugendarrest (§ 16 JGG) soll den Jugendlichen durch eine 1670 eher kurze Intervention zur Auseinandersetzung mit sich selbst veranlassen und Hilfen zur Bewältigung der die Straffälligkeit fördernden Umstände leisten (*Eisenberg/ Kölbel* JGG § 16 Rn. 4). Er kommt bei noch nicht Drogenabhängigen, auch noch bei kleineren Dealern in Betracht, die ab und zu auch selbst konsumieren. Voraussetzung ist, dass der Täter für den Arrest überhaupt noch ansprechbar ist (*Brunner/ Dölling* JGG § 16 Rn. 28, 29), was im Hinblick auf die Karriere, die Jugendliche bereits hinter sich haben (*Pütz* in BeckOK JGG § 16 Rn. 2–10), vielfach nicht der Fall ist. Bei Abhängigen scheidet Jugendarrest aus (*Brunner/Dölling* JGG § 16 Rn. 29). Dies kann in den Fällen zu Schwierigkeiten führen, in denen Ungehorsamsarrest angebracht wäre (*Brunner/Dölling* JGG § 11 Rn. 11). Zum Jugendarrest und seiner Vollstreckung s. *Böttcher/Weber* NStZ 1991, 7.

Schon seit langem wurde in großen Teilen der jugendstrafrechtlichen Praxis die 1671 Möglichkeit gefordert, neben einer zur Bewährung ausgesetzten Jugendstrafe Jugendarrest verhängen zu können (sog. **Warnschussarrest** oder „**Warnarrest**"; der Begriff „Einstiegsarrest" sollte ob seiner Doppeldeutigkeit nicht verwendet werden). Damit sollte vor allem dem Eindruck entgegengewirkt werden, dass die jungen Verurteilten die Strafaussetzung gewissermaßen als Freispruch empfinden, was insbesondere im Vergleich zu weniger belasteten Mitverurteilten, die Jugendarrest antreten mussten, als besonders ungerecht erschien. Auf der anderen Seite bestanden gegen den Warnschussarrest aber auch eine Reihe von Bedenken, die nicht von der Hand zu weisen waren (dazu zuletzt und zusammenfassend *Kreuzer* ZRP 2012, 101 (102)).

Der Gesetzgeber hat hier eine salomonische Lösung gefunden und durch Gesetz 1672 v. 4.9.2012 (BGBl. I S. 1854) den **Warnschussarrest eingeführt,** ihn aber von Voraussetzungen abhängig gemacht, die die Bedenken in den Hintergrund treten lassen (§ 16a JGG). Unter diesen Umständen erweist er sich als eine zu begrüßende **Erweiterung des jugendrichterlichen Instrumentariums,** zumal er dazu genutzt werden kann, Jugendstrafen auch dort zur Bewährung auszusetzen, wo dies ohne ihn nicht möglich wäre (§ 21 Abs. 1 S. 2 JGG).

Auf den ersten Blick scheidet der **Warnschussarrest** wie der Jugendarrest 1673 selbst (→ Rn. 1670) bei **Drogenabhängigen** aus. Ob er dazu genutzt werden kann, die Weichen für weitergehende Maßnahmen, insbesondere eine Therapie, zu stellen, muss die jugendrichterliche Praxis, die noch nie durch einen Mangel an (positivem) Erfindungsreichtum aufgefallen ist, erweisen. Bei **Nichtdrogenabhängigen** kommt der Warnschussarrest anders als der sonstige Jugendarrest bei erheblicheren Delikten in Betracht, die bereits zu einer Jugendstrafe führen, wobei diese allerdings, gegebenenfalls unter Berücksichtigung des Warnschussarrestes (§ 21 Abs. 1 S. 2 JGG), noch aussetzungsfähig sein muss.

D. Jugendstrafe ist nach § 17 Abs. 2 JGG zu verhängen, wenn wegen der schäd- 1674 lichen Neigungen, die in der Tat hervorgetreten sind, Erziehungsmaßregeln oder Zuchtmittel zur Erziehung nicht ausreichen oder wenn wegen der Schwere der Schuld Strafe erforderlich ist.

I. Jugendstrafe wegen schädlicher Neigungen (§ 17 Abs. 2 Alt. 1 JGG). 1675 Schädliche Neigungen sind anlagebedingte oder durch unzulängliche Erziehung oder Umwelteinflüsse bedingte **Persönlichkeitsmängel,** die ohne längere **Gesamterziehung** die Gefahr weiterer Straftaten, die nicht nur gemeinlästig oder Bagatelldelikte sind (BGHR JGG § 17 Abs. 2 Schädliche Neigungen 5 = NStZ 1992, 431 = StV 1992, 528; 10 = NStZ 2002, 89 = NStZ-RR 2002, 20), **befürchten**

BtMG Vor §§ 29 ff. Sechster Abschnitt. Straftaten und Ordnungswidrigkeiten

lassen (stRspr; BGHSt 11, 169 = NJW 1958, 638; NStZ 2010, 280; 2013, 287; 2016, 681; 2018, 658).

1676 **1. Erhebliche Persönlichkeitsmängel.** Persönlichkeitsmängel sind Mängel in der Charakterbildung. Auf ihre Entstehungszusammenhänge kommt es nicht an (BGHSt 11, 169; 16, 261 = NJW 1961, 2359; *Brunner/Dölling* JGG § 17 Rn. 12b; *Brögeler* in BeckOK JGG § 17 Rn. 6; krit. *Radtke* in MüKoStGB StGB § 17 Rn. 31; *Eisenberg/Kölbel* JGG § 17 Rn. 23).

1677 **a) Begehungsmodalitäten.** Anhaltspunkte für das Vorliegen von Persönlichkeitsmängeln können sich aus der Art und Weise der Tatausführung ergeben, etwa bei einem **professionellen Vorgehen.** Dazu reicht das **wiederholte Handeltreiben** auch mit **harten Drogen** für sich genommen nicht aus, jedenfalls sofern es sich um Gelegenheitstaten handelt; etwas anderes gilt für die Eingliederung in den organisierten Drogenhandel oder wenn sich sonst weitere Umstände ergeben, die für ein professionelles Vorgehen sprechen (OLG Hamm StV 2005, 69).

1678 Der **Erwerb** von Betäubungsmitteln lässt nicht ohne weiteres Rückschlüsse auf Mängel in der Charakterbildung zu, die zur Begründung schädlicher Neigungen ausreichen (OLG Köln StV 1993, 531; s. dagegen OLG Köln *Böhm* NStZ-RR 2001, 322). Dies gilt auch beim Erwerb harter Drogen (OLG Zweibrücken StV 1989, 313; s. auch *Brunner/Dölling* JGG § 17 Rn. 13; *Eisenberg/Kölbel* JGG § 17 Rn. 28).

1679 **b) Tatmotive.** Erhebliche indizielle Bedeutung für das Vorliegen von Persönlichkeitsmängeln kommen auch den Tatmotiven zu (*Radtke* in MüKoStGB StGB § 17 Rn. 35). Gegen einen Mangel spricht es, wenn es sich um Gelegenheits-, Konflikts- oder Notdelikt handelt (BGHSt 11, 169 = NJW 1961, 2359; BGHR JGG § 17 Abs. 2 Schädliche Neigungen 8; OLG Hamm NStZ-RR 1999, 377). Gegen einen Persönlichkeitsmangel kann es auch sprechen, wenn die Tat unter dem Einfluss anderer zustande gekommen ist, etwa in den Fällen der Tatprovokation oder unter dem Druck der peer-group. Allerdings kann die leichte Beeinflussbarkeit wiederum einen Persönlichkeitsmangel begründen (BGHSt 11, 169 = NJW 1961, 2359; *Brögeler* in BeckOK JGG § 17 Rn. 11).

1680 **c) Lebensumstände.** Von erheblicher Bedeutung sind auch die Lebensumstände des Täters namentlich in Bezug auf seine **soziale, familiäre, schulische oder berufliche Situation.** So sprechen eine geordnete schulische Laufbahn mit Abschluss und anschließender Berufsausbildung sowie die Tätigkeit im erlernten Beruf gegen das Vorliegen eines Persönlichkeitsmangels (BGH NStZ 2010, 280). Dasselbe gilt für die Einbindung in die Familie oder die Rückkehr in familiäre Bindungen, die mit einer gewissen informellen Sozialkontrolle einhergehen (BGH NStZ 2010, 280).

1681 Ein Persönlichkeitsmangel kommt dagegen in Betracht, wenn ein wiederholtes, von dem Täter zu verantwortendes **Scheitern beruflicher Integrationsmaßnahmen,** die Verweigerung gemeinnütziger Arbeit bei der Gewährung von Sozialhilfe und eine umgehende Fortsetzung der Verstöße gegen das BtMG auch nach einer vorübergehenden Inhaftierung und Verurteilung zu einer Bewährungsstrafe gegeben sind (BGHR JGG § 17 Abs. 2 Schädliche Neigungen 9).

1682 **d) Symptomcharakter der Tat.** Die Persönlichkeitsmängel müssen in der Tat hervorgetreten sein. Die verfahrensgegenständliche Tat muss danach symptomatisch für die Persönlichkeitsmängel sein (BGH StV 1985, 419; *Radtke* in MüKoStGB Rn. 40; *Eisenberg/Kölbel* JGG § 17 Rn. 33).

1683 **e) Zeitpunkt.** Die erheblichen Persönlichkeitsmängel müssen schon **vor der Tat,** wenn auch verborgen, im Charakter des Täters angelegt sein (stRspr; BGHSt

16, 261; BGHR JGG § 17 Abs. 2 Schädliche Neigungen 5; 7 = StV 1996, 268; 9 (2 StR 79/01); BGH NStZ 2010, 280; 2013, 287; 2016, 681; 2018, 658).

Sie können daher auch **bei der ersten Tat** des Jugendlichen in Betracht kommen, sofern sie schon vor der Tat entwickelt waren und auf sie Einfluss gehabt haben (BGHR JGG § 17 Abs. 2 Schädliche Neigungen 10). Die Annahme dieser Voraussetzungen bedarf jeweils einer eingehenden Begründung (BGH StV 1993, 531; 1998, 391; OLG Zweibrücken StV 1990, 508 = JR 1990, 304 mAnm *Brunner*). 1684

Dasselbe gilt, wenn zwar **Vortaten vorliegen,** die aber so **gering** zu bewerten sind (§§ 45, 47 JGG), dass sie für das Vorhandensein schädlicher Neigungen nicht herangezogen werden können (BGH NStZ-RR 2015, 323; OLG Köln StV 1993, 531). So ist eine Vorahndung in Form einer richterlichen Ermahnung wegen unerlaubter Einfuhr von Betäubungsmitteln noch kein ausreichender Hinweis auf einen Persönlichkeitsmangel (BGH *Böhm* NStZ 1988, 490 (491)). 1685

Dafür, dass bereits bei der jetzt zu verhandelnden Tat Persönlichkeitsmängel vorlagen, spricht es, wenn der Täter **zeitnah nach dieser Tat** ein Betäubungsmitteldelikt begangen hat, das rechtskräftig mit Freiheitsstrafe geahndet wurde (BGHR JGG § 17 Abs. 2 Schädliche Neigungen 9). 1686

Die schädlichen Neigungen müssen auch noch zum **Urteilszeitpunkt** bestehen (stRspr; BGH NStZ 1992, 431; 2013, 287; 2016, 682; NStZ-RR 2015, 154; 2015, 323). Dies muss an Hand aller Umstände des Einzelfalls festgestellt werden. Dieses Erfordernis weist dem **Nachtatverhalten** und der Entwicklung der Lebenssituation des Täters nach der Tat eine erhebliche Bedeutung zu (*Radtke* in MüKoStGB StGB § 17 Rn. 42–45; *Brögeler* in BeckOK JGG § 17 Rn. 10). 1687

2. Gefahr weiterer Straftaten. Die Entscheidung darüber, ob die Gefahr künftiger erheblicher Straftaten besteht, ist eine **Prognoseentscheidung.** Grundlage der Prognose sind die als Anzeichen für Persönlichkeitsmängel festgestellten Tatmodalitäten und Lebensumstände des Täters (*Radtke* in MüKoStGB StGB § 17 Rn. 46). Die befürchteten Straftaten müssen von einigem Gewicht sein (*Böhm* NStZ-RR 1999, 289) und dürfen nicht nur bagatellarischen oder gemeinlästigen Charakter tragen (BGH NStZ 2002,89; KG StV 2011, 582). 1688

Die Gefahr weiterer Straftaten erscheint zweifelhaft, wenn der Jugendliche **aus Angst** an weiteren Taten nicht mehr mitgewirkt hat (BGHR JGG § 17 Abs. 2 schädliche Neigungen 4) oder die **Zusammenarbeit mit einer Bande beendet,** keine Drogengeschäfte mehr tätigt und einer Arbeit nachgeht (BGH StV 1998, 331). Dasselbe gilt, wenn der nicht vorbestrafte, in wirtschaftlich und sozial geordneten Verhältnissen lebende Täter die aus seinem strafbaren Verhalten (Handel mit Haschisch und LSD über ein Jahr) **notwendigen Konsequenzen,** namentlich eine Distanzierung von der Szene, selbst gezogen hat (OLG Brandenburg StV 1999, 658) oder wenn zwischen Begehung und Aburteilung eine längere Zeit (zwei oder eineinhalb Jahre) liegt, in der der Täter straffrei war (BGH NStZ-RR 2015, 155; 2015, 323). 1689

3. Notwendigkeit längerer Gesamterziehung. Jugendstrafe wegen schädlicher Neigungen darf nur angeordnet werden, wenn sonstige Sanktionen, die nach der Schuld des Täters ebenfalls infrage kommen, keine ausreichenden Einwirkungsmöglichkeiten eröffnen, um der aufgrund der vorhandenen Persönlichkeitsmängel bestehenden Rückfallgefahr entgegen zu wirken (OLG Karlsruhe StV 2007, 3; *Radtke* in MüKoStGB StGB § 17 Rn. 47). Allerdings müssen diese Maßnahmen geeignet sein, weitere Straftaten zu verhindern (OLG Zweibrücken NStZ-RR 1998, 118). Auch aus Gründen der Verhältnismäßigkeit darf nicht auf weniger einschneidende Maßnahmen ausgewichen werden, wenn diese erkennbar 1690 nicht ausreichen, die schädlichen Neigungen zu verringern (*Brögeler* in BeckOK JGG § 17 Rn. 14).

1691 **II. Jugendstrafe wegen Schwere der Schuld (§ 17 Abs. 2 Alt. 2 JGG).** Jugendstrafe wegen Schwere der Schuld ist erforderlich, wenn im Hinblick auf das Ausmaß der Schuld ein Absehen von Strafe zugunsten von Erziehungsmaßregeln oder Zuchtmitteln in einem unerträglichem Widerspruch zum allgemeinen Gerechtigkeitsempfinden stehen würde (*Brunner/Dölling* JGG § 17 Rn. 14; *Schöch* in Meier/Rössner/Schöch JugendStrafR § 11 Rn. 12; *Laue* NStZ 2016, 102).

1692 Der Schuldgehalt der Tat ist **jugendspezifisch** zu bestimmen (BGH NJW 2016, 2050; NStZ 2018, 659; *Radtke* in MüKoStGB JGG § 17 Rn. 58, 70). Die Schwere der Schuld wird daher nicht vorrangig anhand des äußeren Unrechtsgehalts der Tat und ihrer Einordnung nach dem allgemeinen Strafrecht bestimmt. Vielmehr ist in erster Linie auf die **innere Tatseite** abzustellen (BGH NJW 2016, 2050; NStZ 2014, 408; 2017, 648; 2018, 659; NStZ-RR 2016, 325). Dem äußeren Unrechtsgehalt der Tat und dem Tatbild kommt keine **selbständige** Bedeutung zu (krit. *Radtke* in MüKoStGB StGB § 17 Rn. 70). Sie sind jedoch **insofern** von Belang, als hieraus Schlüsse auf die charakterliche Haltung, die Persönlichkeit und die Tatmotivation des Jugendlichen gezogen werden können (BGH NJW 2016, 2050; NStZ 2013, 638 = StraFo 2012, 469; 2017, 648; 2018, 659; NStZ-RR 2015, 155; 2016, 325). Entscheidend ist, ob und in welchem Umfang sich die charakterliche Haltung, die Persönlichkeit und die Tatmotivation des Täters in der Tat in vorwerfbarer Schuld manifestiert haben (BGHSt 15, 224 = NJW 1961, 278; BGH NJW 2016, 2050; NStZ 2017, 648; 2018, 659; NStZ-RR 2015, 325).

1693 Die Schwere der Schuld bemisst sich demnach nach dem **Gewicht der Tat** und der **persönlichkeitsbegründenden Beziehung** des Jugendlichen zu seiner Tat (stRspr; BGHSt 15, 224; BGH NStZ 2012, 164 = NStZ-RR 2012, 92; 2013, 289).

1694 **1. Gewicht der Tat.** Basis der Schuldbeurteilung ist die Schwere des Tatunrechts. Dabei lässt sich die Schwere der Schuld allein nicht mit einem bloßen Verweis auf den **Verbrechenscharakter** der Tat begründen (BGH NStZ 2013, 289). Dieser ist nur insofern von Belang, als aus ihm Schlüsse auf die Persönlichkeit des Täters und die Schwere der Schuld gezogen werden können (stRspr; BGHSt 15, 224 (→ Rn. 1673); BGHR JGG § 18 Abs. 2 Strafzwecke 5 = NStZ 1996, 496; 1998, 39 mAnm *Dölling* = StV 1998, 336 mAnm *Streng;* BGH NJW 2010, 1539 = NStZ 2010, 281 = StV 2010, 515; NStZ 2012, 164; 2014, 407; NStZ-RR 2015, 155).

1695 Ebensowenig kann die Schwere der Schuld **pauschal** mit einer **hohen Strafdrohung** begründet werden (BGH NStZ-RR 1996, 120; StV 1998, 391). Allerdings behalten die Strafrahmen des allgemeinen Strafrechts insoweit ihre Bedeutung, als in ihnen die Bewertung des Tatunrechts zum Ausdruck kommt (BGH NStZ-RR 2015, 155). Zu den minder schweren Fällen → Rn. 1697, 1698.

1696 Nur von mittelbarer Bedeutung ist daher auch die **Einstufung der Tat** im StGB oder BtMG (*Brunner/Dölling* JGG § 17 Rn. 14). Auch wenn die Einfuhr von Betäubungsmitteln als Verbrechen ausgestaltet ist, folgt daraus nicht notwendig, dass die Schwere der Schuld eine Jugendstrafe erfordert (OLG Zweibrücken StV 1990, 508 (→ Rn. 1684); OLG Hamm StV 2007, 175). Ebensowenig reicht es aus, wenn lediglich auf die große Menge des Rauschgifts und die Zahl der Taten (OLG Hamm StV 2001, 175) hingewiesen wird

1697 Auf der anderen Seite zeigt sich die Bewertung des Tatunrechts durch den Gesetzgeber auch in den gesetzlich vorgesehenen **Strafschärfungen** und **Strafmilderungen**. Auch das Jugendgericht muss deswegen feststellen, ob ein solcher Fall vorliegt und dies in seine Bewertung mit einzubeziehen (BGH NStZ-RR 2015, 155; zw. BGH BeckRS 2007, 8323). Zur **Aufklärungshilfe** → § 31 Rn. 217.

Liegt daher bei der **Einfuhr von Haschisch** nach allgemeinem Strafrecht wegen **1698** einer nur geringfügigen Überschreitung der nicht geringen Menge (zu einer wesentlichen Überschreitung s. OLG Hamm StV 2001, 178) die Annahme eines **minder schweren Falles** nahe (→ Rn. 800, 801), so ist dies auch bei der Verhängung einer Jugendstrafe von Gewicht (OLG Zweibrücken StV 1994, 599; OLG Köln StV 2001, 178). Dasselbe gilt, wenn aus anderen Gründen ein minder schwerer Fall in Betracht kommt (OLG Hamm StV 2001, 178). Umgekehrt kann die Verneinung der Schwere der Schuld dadurch beeinflusst sein, dass das Gericht zu Unrecht einen minder schweren Fall angenommen hat (BGH NStZ-RR 2001, 215).

Die Schwere der Schuld ist vor allem dann zu bejahen, wenn der Jugendliche **1699** ein **Kapitalverbrechen** oder eine **andere besonders schwere** Tat (BGHR JGG § 17 Abs. 2 Schwere der Schuld 2 = NStZ-RR 1998, 317 = StV 1998, 332; 3 = StV 2005, 66; BGH NStZ 2016, 102 mablAnm *Laue;* StraFo 2005, 42; besonders hierzu krit. *Brögeler* in BeckOK JGG § 17 Rn. 16.1), etwa Rauschgiftschmuggel (BGH StV 1998, 335; aber → Rn. 1705), begeht. An der notwendigen Schwere der Tat fehlt es bei einem Vergehen mit vergleichsweise geringem Gewicht, auch wenn es niederträchtig und bedenkenlos begangen wird (BGHR JGG § 17 Abs. 2 Schwere der Schuld 2 (s. o.); 3 (s. o.); OLG Frankfurt a. M. StV 2009, 92: **Handeltreiben** mit Crack (1,27 g Cocainhydrochlorid)). Zur Verhängung von Jugendstrafe bei Drogendealern s. im übrigen *Brunner/Dölling* JGG § 17 Rn. 17 a.

In den Fällen der **Teilnahme** ist vorrangig auf die Schuld des Teilnehmers abzustellen (BGH NStZ 2012, 164 (→ Rn. 1703)). **1700**

2. Die innere Tatseite. Schweres Tatunrecht ist notwendige, aber nicht hinreichende Bedingung der Schwere der Schuld iSd § 17 Abs. 2 JGG. Entscheidend ist dagegen **die innere Tatseite** als persönliche Vorwerfbarkeit der Tat (krit. hierzu *Streng* JugendStrafR Rn. 432). Dazu ist maßgeblich, inwieweit sich die charakterliche Haltung und die individuelle Persönlichkeit (einschließlich ihres geistigen und sittlichen Reife) sowie die Tatmotivation des Täters in vorwerfbarer Schuld niedergeschlagen haben (BGH NStZ-RR 2014, 119). Dies hat zur Folge, dass auch schwere Taten nicht zwangsläufig das für § 17 Abs. 2 JGG notwendige Maß an Schuld aufweisen. **1701**

3. Notwendigkeit erzieherischer Gründe. Das Gebot des gerechten Schuldausgleichs hat auch im Jugendstrafrecht einen nicht zu unterschätzenden Stellenwert ein. Dies folgt bereits aus der Bedeutung der Strafrahmen des Erwachsenenstrafrechts; so ist auch im Jugendstrafrecht abzuklären, ob vertypte Milderungsgründe vorliegen und ob diese bei einem erwachsenen Täter eine Strafrahmenabsenkung rechtfertigen würden (BGH BeckRS 2016, 16023). Nicht abschließend geklärt ist, ob die **Verhängung** von Jugendstrafe wegen der Schwere der Schuld immer voraussetzt, dass die Jugendstrafe zur Zeit der Urteilsfindung auch aus erzieherischen Gründen zum Wohle des Jugendlichen erforderlich ist (so die frühere stRspr; BGHSt 15, 224 (→ Rn. 1673); BGH NStZ-RR 1998, 317; *Eisenberg* § 17 Rn. 34, 34 a; *Brögeler* in BeckOK JGG § 17 Rn. 20; mit Recht aA *Brunner/Dölling* JGG § 17 Rn. 14 a–15 b; *Radtke* in MüKoStGB StGB § 17 Rn. 58–61; *Streng* StV 1998, 336). Allerdings soll die Jugendstrafe bei schwerster Kriminalität ausschließlich auf den Gedanken der Sühne und des Schuldausgleichs gestützt werden können (OLG Hamm NStZ-RR 2005, 58; OLG Düsseldorf StraFo 2007, 475; dazu *Dölling* NStZ 2009, 193). In der **neueren Rechtsprechung** bahnt sich zu Recht eine Abkehr von dem zusätzlichen Erfordernis der Erziehungsbedürftigkeit an (aA *Brögeler* in BeckOK JGG § 17 Rn. 20). Denn das Merkmal der Schwere der Schuld hebt auf **1702**

das Maß der Einzelschuld iSv Strafzumessungsschuld ab. Ab einem gewissen Schweregrad genügt das Ausmaß der Einzeltatschuld als hinreichende Bedingung für die Verhängung von Jugendstrafe; besonders bei im Verurteilungszeitpunkt bereits erwachsenen Tätern kommt es auf die Erziehungsfähigkeit und -bedürftigkeit nicht an (BGH NStZ 2013, 658; 2016, 101; BeckRS 2019, 7352). Die Verhängung von Jugendstrafe ist damit auch dann möglich, wenn ein **Erziehungsbedarf nicht mehr festgestellt** werden kann (BGH BeckRS 2019, 32558). Schon zuvor fanden sich Entscheidungen, in denen es ohne weiteres akzeptiert wird, dass das Tatgericht Jugendstrafe „wegen der Schwere der Schuld" verhängt hat (BGH NJW 2005, 765 = NStZ 2005, 219 = StV 2005, 63; BGH 4 StR 498/05; 3 StR 329/07; 5 StR 411/08). Dem ist zuzustimmen; Wortlaut des § 17 Abs. 2 JGG, die Motive sowie das verfassungsrechtlich verankerte Schuldprinzip sprechen für diese Auffassung (näher *Maier* in MüKoStGB StGB § 46 Rn. 44). Auch bei einem solchen Verständnis der Schwere der Schuld kann die Höhe der Strafe nach jugendspezifischen Kriterien bestimmt werden (vgl. BGH NStZ-RR 2018, 358; BeckRS 2019, 25540). Da es sich letztlich um nicht entscheidungstragende Erwägungen handelte, blieb bislang eine Klärung durch den Großen Senat aus.

1703 **III. Bemessung (§ 18 JGG).** Die Bemessung der Jugendstrafe richtet sich nach § 18 JGG. Danach sind in erster Linie erzieherische Zwecke und Erfordernisse maßgeblich, während dem äußeren Unrechtsgehalt der Tat insoweit keine selbständige Bedeutung zukommt (BGH NStZ 2009, 585; 2016, 683). Die erzieherischen Belange werden allerdings verfehlt, wenn die Strafe so gering bemessen wird, dass das Maß der Schuld verniedlicht wird (BGH NStZ-RR 1996, 120; s. auch BGH NStZ 2009, 585; NStZ-RR 2020, 30).

1704 Der **Erziehungsgedanke** hat bei der Strafzumessung auch dann Vorrang, wenn die Jugendstrafe allein wegen der **Schwere der Schuld** verhängt wird (BGHR JGG § 18 Abs. 2 Erziehung 8 = StV 1993, 532; 9 (4 StR 367/94); BGH NJW 2005, 765; NStZ 2013, 287; 2014, 407; 2016, 683; 2017, 648; NStZ-RR 2016, 325; 2017, 231; s. auch BGH 5 StR 411/08: „entscheidend mitbestimmend"). Jedenfalls müssen **die Urteilsgründe** ergeben, dass dem Erziehungsgedanken die ihm zukommende Beachtung geschenkt worden ist (BGH NStZ 2009, 585; NStZ-RR 2010, 88; 2020, 30) und das Gewicht des Tatunrechts gegen die Folgen der Strafe für die weitere Entwicklung des Täters abgewogen worden ist (BGH NStZ 2014, 407; 2016, 614 (→ Rn. 852); NStZ-RR 2012, 186; 2015, 154; 2016, 683). Hat sich der Verurteilte in Untersuchungshaft befunden, so muss das Gericht erörtern, welche erzieherischen Wirkungen sie auf ihn gehabt hat und ob gleichwohl noch ein erheblicher Erziehungsbedarf besteht (BGH NStZ 2016, 105).

1705 Ist der Verurteilte zum **Urteilszeitpunkt bereits erwachsen,** so hat der Erziehungsgedanke nur geringes Gewicht (BGH NStZ 2016, 680); es kann sogar erwogen werden, ihn in einem solchen Fall insgesamt nicht mehr als taugliches Strafzumessungskriterium anzusehen (BGH NStZ 2016, 101).

1706 Neben der Erziehungswirksamkeit sind auch **andere Strafzwecke,** insbesondere das Erfordernis des **gerechten Schuldausgleichs** (BGHR JGG § 18 Abs. 2 Strafzwecke 4 = NStZ 1996, 232; 6 = NStZ 2007, 522; 2008, 95 mAnm *Eisenberg/Schmitz;* BGH NStZ 2017, 648; NStZ-RR 2010, 290; 2016, 325) und der **gerechten Sühne** (BGH NStZ 1996, 232; 2017, 648; NStZ-RR 1997, 21; 2016, 325; StraFo 2005, 42) zu beachten.

1707 Allerdings darf das **Gewicht des Tatunrechts** auch hier nicht in den Vordergrund gestellt werden (BGHR JGG § 18 Abs. 2 Strafzwecke 4 NStZ 1996, 232; BGH 5 StR 495/08), sondern es muss gegen die Folgen der Strafe für die weitere Entwicklung des Verurteilten abgewogen werden (BGH NStZ-RR 1996, 120;

2010, 290). Die Verhängung von Jugendstrafe wegen **des Handeltreibens mit Betäubungsmitteln für 20 EUR** kann sich von einem gerechten Schuldausgleich lösen und damit unverhältnismäßig sein (OLG Hamm NStZ-RR 2004, 152). Auf der anderen Seite muss auch eine **erziehungsschädliche Verharmlosung** vermieden werden (BGHR JGG § 17 Abs. 2 Schädliche Neigungen 10 = NStZ 2002, 89 = NStZ-RR 2002, 2).

Bei **Betäubungsmittelstraftaten** hängt die für die Feststellung des Schuldumfangs wesentliche Tatschwere regelmäßig von Art, Menge und Wirkstoffgehalt des Rauschgifts ab (BGHR BtMG § 29 Strafzumessung 18 (→ Rn. 942)). Damit vom objektiven Schuldumfang her das Gewicht der Taten hinreichend genau beurteilt werden kann, bedarf es daher auch für die Bemessung der Jugendstrafe insoweit ausreichender Feststellungen (*Franke/Wienroeder* Vor § 29 Rn. 73). **1708**

Bei der Verhängung einer **langen Jugendstrafe** ist zu erwägen, ob eine Anstaltserziehung über fünf Jahre hinaus Erfolg verspricht. In der Rechtsprechung wird dies zum Teil verneint (BGHR JGG § 18 Abs. 2 Strafzwecke 4 (→ Rn. 1706)), so dass erzieherische Gründe allein die Verhängung einer Jugendstrafe von mehr als fünf Jahren nicht gebieten könnten (BGH NStZ 1997, 29 = NStZ-RR 1996, 317). Auf der anderen Seite ist aber aus der gesetzgeberischen Wertung in § 18 Abs. 1 S. 2 JGG zu entnehmen, dass auch die Verhängung einer fünf Jahre übersteigenden Jugendstrafe zur erzieherischen Einwirkung geboten sein kann (BGHR JGG § 18 Abs. 2 Strafzwecke 5 (→ Rn. 1694); BGH NStZ 1998, 39 mAnm *Dölling* = StV 1998, 336 mAnm *Streng;* NStZ-RR 1997, 281; 1998, 285; StV 1998, 333). **1709**

Im Übrigen kann sich die Berechtigung einer langen Strafe auch aus **anderen Strafzwecken** ergeben. Jedoch ist zu beachten, dass dabei nicht auf den äußeren Unrechtsgehalt, sondern auf die Schuld abzustellen ist (→ Rn. 1713). Auch wenn ein noch junger Heranwachsender **bandenmäßig mit geringen Mengen Heroin** Handel getrieben hat, ist daher eine Jugendstrafe von neun Jahren nicht ohne weiteres angemessen (BGHR JGG § 18 Abs. 2 Strafzwecke 4 (→ Rn. 1706)). **1710**

Regelmäßig stehen Erziehungsgedanke und Schuldausgleich auch **nicht** in einem **gravierenden Spannungsverhältnis.** Die charakterliche Haltung und das Persönlichkeitsbild, wie sie in einer besonders schweren Tat zum Ausdruck kommen, erweisen sich für die Bewertung der Schuld als ebenso bedeutsam wie für das Erziehungsbedürfnis (BGHR § 18 Abs. 2 Strafzwecke 6 = NStZ 2007, 522; BGH NStZ-RR 1996, 120; 2010, 290; 2016, 325). **1711**

Da das Jugendstrafrecht eine dem allgemeinen Strafrecht vergleichbar enge Bindung an tatbestandsbezogene Strafrahmen nicht kennt, entfaltet das Verbot der **Doppelverwertung** nach § 46 Abs. 3 StGB keine eigenständige Bedeutung (BGHR JGG § 18 Abs. 2 Strafzwecke 6 (→ Rn. 1706); BGH NStZ 2008, 693; 2014, 409). **Erwägungen zur Strafzumessung** dürfen auch im Jugendstrafrecht mit solchen zur Strafaussetzung nicht vermengt werden (BGH NStZ 2008, 693 = StV 2009, 90). Zur Kompensation wegen **Verfahrensverzögerung** → Rn. 1138. **1712**

IV. Aussetzung (§ 21 JGG). Ähnlich wie im allgemeinen Strafrecht hängt die Strafaussetzung im Jugendstrafrecht von der Höhe der verhängten Strafe ab. Dabei sind die Voraussetzungen unterschiedlich: **1713**

1. Aussetzung nach Absatz 1. Die Aussetzung einer Jugendstrafe von nicht mehr als einem Jahr setzt die Erwartung (→ Rn. 1179) voraus, dass der Verurteilte künftig einen **rechtschaffenen Lebenswandel** führen wird **(Satz 1).** Trotz des von § 56 Abs. 1 StGB abweichenden Wortlauts ist wie dort die Erwartung zukünftigen straffreien Verhaltens maßgeblich und entscheidend (*Eisenberg/Kölbel* JGG § 21 Rn. 14; *Radtke* in MüKoStGB StGB § 21 Rn. 17; *Nehring* in BeckOK JGG § 21 Rn. 8). In **Satz 2** wird der sog. **Warnschussarrest** fruchtbar gemacht: das Ge- **1714**

richt setzt danach die Strafe auch dann aus, wenn die Erwartung eines rechtschaffenen Lebenswandels erst dadurch begründet wird, dass auch ein Jugendarrest nach § 16a JGG verhängt wird.

1715 Zur Prognose im Übrigen, insbesondere bei Drogenabhängigen, → Rn. 1179–1201. Der **Erziehungsgedanke** kann dabei zu weitergehenden Entscheidungen führen. Das Ziel sollte es sein, durch geeignete Weisungen den Probanden zu leiten und zu motivieren und mit Unterstützung des Bewährungshelfers eine therapeutische Kette (*Brunner/Dölling* JGG § 21 Rn. 23, 24) aufzubauen. Wichtig ist auch das Umfeld, insbesondere Elternhaus, Freunde, Schule, Arbeit und Vereine.

1716 Eine Versagung der Aussetzung aus Gründen der **Verteidigung** der Rechtsordnung ist nicht zulässig (allgM; BGH *Böhm* NStZ 1994, 530; *Brunner/Dölling* JGG § 21 Rn. 8). Eine Verbindung mit Jugendarrest **(Warnschussarrest)** ist dagegen nunmehr möglich (→ Rn. 1714).

1717 **2. Aussetzung nach Absatz 2.** Auch eine Jugendstrafe von mehr als einem Jahr bis zu zwei Jahren kann bei einer günstigen Prognose ausgesetzt werden, wenn nicht die Vollstreckung im Hinblick auf die **Entwicklung** des Jugendlichen geboten ist (§ 21 Abs. 2 JGG). Danach ist die Strafaussetzung bei guter Prognose die Regel, jedoch scheidet eine Automatik, wie in § 21 Abs. 1 JGG, aus (*Böttcher/Weber* NStZ 1991, 7 (8); s. auch *Nehring* in BeckOK JGG § 21 Rn. 16). Die Formel **greift ein**, wenn Umstände in der bisherigen und absehbaren Entwicklung des Jugendlichen eine positive Prognose zwar nicht ausschließen, die Aussetzung aber aus anderen Gründen als verfehlt erscheinen lassen, zB bei schweren Straftaten gut eingeordneter Jugendlicher, bei denen eine Bewährungsstrafe auch mit Blick auf den jungen Straftäter schlechterdings unangemessen wäre und von diesem als unverständliche Milde empfunden würde (*Böttcher/Weber* NStZ 1991, 7 (8)). **Generalpräventive Gründe** scheiden auch hier aus. Dagegen ist eine Verbindung mit Jugendarrest **(Warnschussarrest)** nunmehr möglich.

1718 **V. Aussetzung der Verhängung (§ 27 JGG).** Sie kommt dann in Betracht, wenn nach Erschöpfung aller Ermittlungsmöglichkeiten nicht mit Sicherheit beurteilt werden kann, ob **schädliche Neigungen** von solchem Umfang vorliegen, dass eine Jugendstrafe erforderlich ist. Die Vorschrift gilt nicht, wenn sich das Vorliegen schädlicher Neigungen nicht sicher klären lässt (BGH BeckRS 2021, 1801; str., OLG Düsseldorf *Böhm* NStZ 1990, 529 = MDR 1990, 466; *Brunner/Dölling* JGG § 27 Rn. 6).

1719 Ist Jugendstrafe wegen der **Schwere der Schuld** erforderlich, ist § 27 JGG nicht anwendbar. Dagegen ist eine Verbindung mit Jugendarrest **(Warnschussarrest)** nunmehr möglich (→ Rn. 1714).

1720 **VI. Vorbewährung (§§ 57, 61–61b JGG).** Im Bereich der sog. Vorbewährung hatte sich in der Praxis viel Wildwuchs ergeben, der zu einer regional und in der konkreten Ausgestaltung sehr unterschiedlichen Nutzung dieses Instituts geführt hatte (BT-Drs. 17/9389, 8). Durch das Gesetz v. 4.9.2012 (→ Rn. 1682) wurde für die sinnvollen und angemessenen Verfahrensgestaltungen ein gesetzlicher, rechtsstaatlichen Anforderungen genügender Rahmen geschaffen:

1721 **Wie bisher** ist dann, wenn der Richter die Strafaussetzung im Urteil abgelehnt hat, eine nachträgliche Anordnung nur zulässig, wenn seit Erlass des Urteils **Umstände hervorgetreten** sind, die allein oder in Verbindung mit den bereits bekannten Umständen die Strafaussetzung rechtfertigen; diese Regelung gilt nunmehr auch dann, wenn die Entscheidung über die Strafaussetzung nicht einem **nachträglichen Beschluss vorbehalten** hat oder wenn es die Strafaussetzung in einem solchen Beschluss abgelehnt hat (§ 57 Abs. 2 JGG).

Die Voraussetzungen für den Vorbehalt einer nachträglichen Aussetzungs- 1722
entscheidung werden in einem neuen § 61 JGG geregelt. Danach kommt der Vorbehalt in in Betracht,
- wenn bestimmte Umstände eine beim Urteil noch nicht mögliche positive Prognose demnächst möglich erscheinen lassen **(Absatz 1)** oder
- wenn eine solche möglicherweise zwar schon zum Urteilszeitpunkt gerechtfertigt wäre, jedoch zunächst weitere Ermittlungen notwendig sind **(Absatz 2)**.

Der Vorbehalt muss **im Urteil** selbst ausgesprochen werden **(Absatz 3 Satz 2)**. Im Falle eines Vorbehalts kann auch ein **Warnschussarrest** verhängt werden **(Absatz 3 Satz 1)**. Die (verlängerbare) **Höchstfrist**, binnen der die vorbehaltene Entscheidung ergehen muss, beträgt sechs Monate (§ 61a Abs. 1 JGG). Weitere Bestimmungen, namentlich zu Auflagen, Weisungen und einer Betreuung durch die Bewährungs- oder Jugendgerichtshilfe enthält § 61b JGG.

E. Maßregeln der Besserung und Sicherung (§ 7 Abs. 1 JGG). Von den Maß- 1723
regeln der Besserung und Sicherung können bei **Betäubungsmittelstraftaten** im Jugendstrafrecht die Unterbringung in der Entziehungsanstalt (→ Rn. 1301–1406), die Unterbringung im psychiatrischen Krankenhaus (→ Rn. 1407–1431), die Entziehung der Fahrerlaubnis (→ Rn. 1507–1637) und die Führungsaufsicht (§ 34 BtMG) angeordnet werden (§ 7 Abs. 1 JGG). Die Unterbringung in der Sicherungsverwahrung wegen einer Betäubungsmittelstraftat kommt nicht in Betracht (§ 7 Abs. 2, 3 JGG).

I. Absehen von Zuchtmitteln/Jugendstrafe (§ 5 Abs. 3 JGG). Nach § 5 1724
Abs. 3 JGG ist von Zuchtmitteln oder Jugendstrafe abzusehen, wenn die Unterbringung im psychiatrischen Krankenhaus oder in der Entziehungsanstalt die Ahndung entbehrlich macht. Die Vorschrift eröffnet damit die Möglichkeit, von der an sich erforderlichen Anordnung von Zuchtmitteln oder Jugendstrafe abzusehen, wenn sie als zusätzliche erzieherische Maßnahme wegen der Maßregelanordnung nicht erforderlich ist, und trägt damit dem Gedanken der **Einspurigkeit** freiheitsentziehender Maßnahmen im Jugendstrafrecht Rechnung (BGHSt 39, 92 = NJW 1993, 1404 = NStZ 1993, 187 = StV 1993, 533 = JZ 1993, 530 mAnm *Eisenberg* = JR 1993, 515 mAnm *Brunner*; BGH NJW 2009, 2694).

Bei der Unterbringung im **psychiatrischen Krankenhaus** kann in der Regel 1725
von einer Entbehrlichkeit von Zuchtmitteln und Jugendstrafe ausgegangen werden (BGHR JGG § 5 Abs. 3 Absehen 1 = StV 1993, 534; BGH 2 StR 240/09; *Altenhain/Laue* in MüKoStGB § 5 Rn. 24; *Eisenberg/Kölbel* JGG § 5 Rn. 28). Bei der Unterbringung in der **Entziehungsanstalt** kommt dies in der überwiegenden Zahl der Fälle in Betracht (*Eisenberg/Kölbel* JGG § 5 Rn. 28; s. auch BGH NJW 2009, 2694). Dies gilt auch in den Fällen, in denen die Zurückstellung der Strafvollstreckung (§§ 35, 38 BtMG) vorgesehen ist (→ § 38 Rn. 5; aA *Eisenberg/Kölbel* JGG § 5 Rn. 28).

Stellt das Gericht die Entbehrlichkeit fest, so ist das Absehen von der Anordnung 1726
eines Zuchtmittels oder der Jugendstrafe **zwingend;** stellt es sie nicht fest, so müssen Zuchtmittel oder Strafe neben der Unterbringung angeordnet werden (*Altenhain/Laue* in MüKoStGB JGG § 5 Rn. 24). Die Anwendung des § 5 Abs. 3 JGG ist stets in den **Urteilsgründen** zu erörtern (stRspr; BGH NJW 2009, 2694; NStZ 2004, 296). Dies gilt auch dann, wenn es nach Lage des Falles eher fern liegt, dass die Maßregel die Ahndung durch Jugendstrafe entbehrlich macht (BGH NStZ-RR 2009, 277 = StraFo 2009, 300; krit. *Altenhain/Laue* in MüKoStGB JGG § 5 Rn. 25).

II. Unterbringung in der Entziehungsanstalt. Bei der Anordnung der Un- 1727
terbringung in der Entziehungsanstalt ist im Hinblick auf die Ziele des Jugendstraf-

verfahrens besonders eingehend zu prüfen, ob die Maßregel erforderlich ist (BGHSt 37, 373 = NStZ 1991, 384 = StV 1991, 424). Ein Ermessen ist dem Richter trotz der missverständlichen Fassung des § 7 JGG nicht eingeräumt. Er darf nicht von der Unterbringung absehen, nur weil er eine freiwillige Therapie für sinnvoll hält (s. *Diemer* in Diemer/Schatz/Sonnen JGG § 7 Rn. 2). Wegen des Zusammenhangs zwischen Strafe und Unterbringung (§ 5 Abs. 3 JGG) kommt nur eine einheitliche Vorbewährung nach § 61 Abs. 1 JGG in Frage (BGH BeckRS 2020, 13936).

1728 Wird die Unterbringung neben einer Jugendstrafe angeordnet, so gilt für die **Reihenfolge** der **Vollstreckung** § 67 StGB (BGHR StGB § 67 Abs. 2 Zweckerreichung, leichtere 7; BGH NJW 2009, 2694 (→ Rn. 1734)). Es ist daher auch § 67 Abs. 2 S. 2 StGB anzuwenden, wonach das Gericht neben einer zeitigen Freiheitsstrafe von über drei Jahren bestimmen soll, dass ein Teil der Strafe vor der Maßregel zu vollziehen ist; für die Bemessung dieses Teils gilt § 67 Abs. 2 S. 3 StGB (BGH NJW 2009, 2694).

1729 Bei Jugendlichen und, soweit materielles Jugendstrafrecht angewandt wurde (BGH NJW 2009, 2694), bei Heranwachsenden wird die Unterbringung in der Entziehungsanstalt in einer **Einrichtung** vollzogen, in der die für eine Behandlung erforderlichen besonderen therapeutischen Mittel und sozialen Hilfen zur Verfügung stehen (§ 93a Abs. 1 JGG). Solche Einrichtungen bestehen in Bayern (Parsberg mit 56 Plätzen), Niedersachsen (Brauel mit 76 Plätzen auch für Verurteilungen der Gerichte der Länder Berlin, Bremen, Hamburg, Rheinland-Pfalz und Schleswig-Holstein) und Nordrhein-Westfalen (Marsberg mit 80 Plätzen). In den anderen Ländern wird die Unterbringung in den Einrichtungen für Erwachsene vollzogen.

1730 **III. Unterbringung im psychiatrischen Krankenhaus.** Für die Unterbringung im psychiatrischen Krankenhaus gelten die allgemeinen Regeln (→ Rn. 1407–1431). Bei der hinsichtlich der **Gefahrenprognose** anzustellenden Gesamtwürdigung des Jugendlichen und seiner Tat (→ Rn. 1424–1430) sind neben der Würdigung der Anlasstat die Gesamtpersönlichkeit des Täters, insbesondere die Art seiner Erkrankung, sein ganzes Vorleben, seine allgemeinen Lebensbedingungen und alle sonst in Frage kommenden maßgeblichen Umstände berücksichtigen (BGHSt 37, 373 (→ Rn. 1727); BGH NJW 1951, 450). Notwendig sind positive Indizien für eine gewisse Wahrscheinlichkeit, dass der Jugendliche aufgrund seines Defekts (auch) künftig erhebliche rechtswidrige Taten begehen wird. Im Rahmen der Verhältnismäßigkeitsprüfung (→ Rn. 1365, 1431) ist wie auch sonst das Sicherheitsbedürfnis der Allgemeinheit gegen den Eingriff in die Freiheit abzuwägen. Danach kommt die Unterbringung nur in Ausnahmefällen in Betracht (BGHSt 37, 373 (→ Rn. 1727); BGH NStZ 1998, 86 = StV 1998, 340). Auch bei schwereren Delikten kann der Vollzug der Jugendstrafe ausreichend sein, um die von dem Jugendlichen ausgehende Gefahr zu beseitigen (BGHSt 37, 373 (s. o.)).

1731 **IV. Entziehung der Fahrerlaubnis.** Auch für die Entziehung der Fahrerlaubnis gelten im Jugendstrafrecht die allgemeinen Regeln. Als Verurteilung iSd § 69 StGB ist auch die Anordnung von Erziehungsmaßregeln oder Zuchtmitteln oder ein Schuldspruch nach § 27 JGG anzusehen (BGHSt 6, 394 = NJW 1955, 72).

1732 Die **Regelvermutung** des § 69 Abs. 2 StGB gilt auch im Jugendstrafrecht. Sie beruht auf gesicherten Erfahrungen und gilt ausnahmslos für jeden Kraftfahrer. Sie dient dem Schutz der Allgemeinheit, so dass nicht ersichtlich ist, weshalb Jugendliche insoweit einer anderen Beurteilung unterliegen sollten (*Fischer* StGB § 69 Rn. 22; *Wölfl* NZV 1999, 70; aA LG Oldenburg Blutalkohol 1985, 186; 1988, 199). Eine andere Frage könnte im allgemeinen Strafrecht allenfalls die der Ungeeignetheit sein. Im **Betäubungsmittelstrafrecht** spielt dies keine Rolle, da die fehlende (charakterliche) Eignung bei einer Teilnahme am Straßenverkehr unter Drogeneinfluss auf der Hand liegt.

V. Führungsaufsicht. Hinsichtlich der Führungsaufsicht im Jugendstrafrecht wird auf → § 34 Rn. 27, 28 verwiesen. 1733

F. Einziehung. Die Vorschriften über die Einziehung sind auch im Jugendstrafrecht anwendbar (§ 2 Abs. 2, § 8 Abs. 3 JGG). Ist das Erlangte im Vermögen des Jugendlichen oder Heranwachsenden nicht mehr vorhanden, besteht die Möglichkeit, die Einziehung des Wertes von Taterträgen anzuordnen (BGHSt 55, 174 (→ Rn. 732)). Wie im Erwachsenenrecht ist bei Verurteilungen nach Jugendstrafrecht die Anwendung der §§ 73ff. StGB zwingend (BGH NStZ-RR 2021, 60). Nach aA folgt aus § 8 Abs. 3 S. 1 JGG folgt, im Ermessen des Gerichts (so der 1. Strafsenat des BGH im Anfragebeschluss NStZ 2019, 682). Die zwischen den Senaten umstrittene Frage wurde dem Großen Senat vorgelegt (BGH BeckRS 2020, 18436). 1734

G. Ordnungswidrigkeiten. In Betracht kommt praktisch lediglich die Ordnungswidrigkeit nach § 24a Abs. 2, 3 OWiG. Auf → Rn. 1661, 1662 wird verwiesen. 1735

H. Heranwachsende (§ 105 JGG). Nach § 105 JGG wird das Jugendstrafrecht auf Heranwachsende angewendet, wenn die Gesamtwürdigung der Persönlichkeit des Täters ergibt, dass er zur Zeit der Tat nach seiner sittlichen oder geistigen Entwicklung noch einem Jugendlichen gleich stand (§ 105 Abs. 1 Nr. 1 JGG), oder wenn es sich nach der Art, den Umständen oder den Beweggründen der Tat um eine Jugendverfehlung handelte (§ 105 Abs. 1 Nr. 2 JGG). 1736

I. Gleichstellung mit einem Jugendlichen (§ 105 Abs. 1 Nr. 1 JGG). Ein Heranwachsender ist einem Jugendlichen gleichzustellen, wenn es sich bei ihm um einen noch ungefestigten, in der Entwicklung stehenden, prägbaren Menschen handelt, bei dem in größerem Umfang **noch Entwicklungskräfte wirken** (BGHSt 12, 116 = NJW 1959, 159; 36, 37 = NJW 1989, 1490; BGHR JGG § 105 Abs. 1 Nr. 1 Entwicklungsstand 7 = NJW 2002, 73 = NStZ 2002, 204 mAnm *Walter;* BGH NStZ 2003, 495; 2013, 289). Ob dies, namentlich bei Auffälligkeiten in seiner sittlichen und geistigen Entwicklung (BGH NStZ 1984, 467; 1995, 84 = StV 1995, 154) gegeben ist, ist auf Grund einer **Gesamtwürdigung** festzustellen, bei dem Gericht ein weiter Beurteilungsspielraum zusteht (BGH NStZ 2003, 495 (s. o.); 2013, 287). 1737

Hat der Heranwachsende **seine Entwicklung abgeschlossen,** so kommt die Anwendung von Jugendstrafrecht auch dann nicht in Betracht, wenn er noch einem Jugendlichen gleichsteht. Kann nicht mehr erwartet werden, dass er über die erreichte Entwicklungsstufe hinaus gelangt und die im Jugendstrafrecht vorgesehenen Rechtsfolgen bei ihm wirksam werden können, so ist Erwachsenenstrafrecht anzuwenden (BGHR JGG § 105 Abs. 1 Nr. Entwicklungsstand 7 (→ Rn. 1737); NStZ-RR 2003, 186 = StV 2003, 460). Allerdings ist die Einschätzung völliger Entwicklungsunfähigkeit mit der gebotenen prognostischen Sicherheit nur ausnahmsweise möglich (BGHR JGG § 105 Abs. 1 Nr. Entwicklungsstand 7 (→ Rn. 1737); BGH NStZ-RR 2003, 186). Zur Verhängung einer sehr hohen Freiheitsstrafe nach allgemeinem Strafrecht gegen einen Heranwachsenden → Rn. 872. 1738

§ 105 Abs. 1 Nr. 1 JGG stellt **keine Vermutung** für die Anwendung des einen oder anderen Rechts auf (BGHR JGG § 105 Abs. 1 Nr. Entwicklungsstand 7 (→ Rn. 1737)). Bleiben nach Erschöpfung aller Aufklärungsmöglichkeiten Zweifel, ob eine Reifeverzögerung vorliegt, so ist Jugendstrafrecht anzuwenden (BGHSt 36, 37 (→ Rn. 1737); BGH NStZ 2004, 294; *Schlehofer* in BeckOK JGG § 105 Rn. 10). 1739

In die gebotene Gesamtwürdigung ist auch ein früher und massiver **Drogenkonsum** einzubeziehen, insbesondere wenn dieser zur Anwendung des § 21 StGB 1740

BtMG Vor §§ 29 ff. Sechster Abschnitt. Straftaten und Ordnungswidrigkeiten

geführt hat (BGH StV 1994, 608). Dabei wird die bewusste Ablehnung überkommener Werte durch den jungen Menschen nicht selten darauf hindeuten, dass seine Entwicklung noch nicht abgeschlossen ist und er noch prägbar ist (BGH StV 1994, 608). Neben sonstigen Reifeverzögerungen führt auch die **Drogenabhängigkeit** nicht selten zu einer Verzögerung oder Unterbrechung der sozialen Reifung (*Altenhain/Laue* in MüKoStGB § 105 Rn. 34; *Brunner/Dölling* JGG § 105 Rn. 31), so dass die Prüfung des Entwicklungsstadiums bei Drogenkonsumenten besondere Sorgfalt erfordert (*Malek* BtMStrafR Kap. 3 Rn. 62). Dabei kommt es nicht darauf an, ob harte oder weiche Drogen konsumiert werden.

1741 **II. Jugendverfehlung (§ 105 Abs. 1 Nr. 2 JGG).** Ob eine Jugendverfehlung vorliegt, richtet sich unabhängig vom generellen Reifegrad des Täters danach, ob die konkrete Tat nach ihrem äußeren Erscheinungsbild oder nach den Beweggründen des Täters Merkmale jugendlicher Unreife aufweist; ein solches für Jugendliche typisches Verhalten offenbart sich insbesondere in einem Mangel an Ausgeglichenheit, Besonnenheit und Hemmungsvermögen (BGH NStZ 1987, 366; 2014, 408). Auch bei dieser Prüfung hat das Gericht einen weiten Beurteilungsspielraum (BGH NStZ-RR 1999, 26; 2003, 186). Leichtere Verstöße gegen das BtMG können Jugendverfehlungen sein (s. *Altenhain/Laue* in MüKoStGB JGG § 105 Rn. 34).

1742 **I. Taten in verschiedenen Alters- und Reifestufen (§§ 32, 105 JGG).** Im **Betäubungsmittelstrafrecht** ist nicht selten über Taten zu entscheiden, die in verschiedenen Alters- und Reifestufen begangen wurden.

1743 **I. Gleichzeitige Aburteilung.** Werden die Taten gleichzeitig abgeurteilt, und sind sie teilweise nach Jugendstrafrecht und teilweise nach allgemeinem Strafrecht zu beurteilen, so hat das Gericht festzustellen, bei welchen Taten das **Schwergewicht** liegt und dann alle Taten **einheitlich** entweder nach Jugendstrafrecht oder nach allgemeinem Strafrecht **abzuurteilen** (BGH NStZ 2016, 101). Dies gilt auch, wenn der Täter einen Teil der Taten als Erwachsener begangen hat (BGHSt 37, 34 = NJW 1990, 3157 = NStZ 1991, 185 mAnm *Ostendorf* = StV 1990, 505 = JR 1990, 481 mAnm *Eisenberg;* BGH StV 1994, 608).

1744 Eine gleichzeitige Aburteilung liegt auch dann vor, wenn ein Berufungs- und ein erstinstanzliches Verfahren beim Landgericht **verbunden werden;** dies gilt auch dann, wenn in der Berufungssache der Schuldspruch bereits rechtskräftig ist (BGHSt 29, 67 = DRsp 1994/5206).

1745 **1. Schwergewicht.** Wo das Schwergewicht liegt, hat das Gericht im Rahmen einer **Gesamtabwägung** nach seinem pflichtgemäßen Ermessen zu entscheiden. Dabei darf nicht allein auf die Zahl der Taten und ihren Unrechtsgehalt abgestellt werden; sie sind nur Anzeichen für das Maß des rechtsbrecherischen Willens des Täters neben anderen, etwa Persönlichkeit, Reife, weitere Entwicklung, Motive (BGH NStZ 1986, 219; 2003, 493 = StV 2004, 58 = StraFo 2003, 201; *Eisenberg* § 32 Rn. 11).

1746 Vielmehr kommt es vor allem auf die **Ermittlung der Tatwurzeln** und der Persönlichkeitsentwicklung des Täters an. Ist eine nach dem 21. Lebensjahr begangene Tat nur die Folge oder der Ausfluss der früheren Taten, so kann daraus geschlossen werden, dass das Schwergewicht bei diesen liegt (stRspr; BGH NJW 1986, 1504 = NStZ 1986, 219; *Böhm* NStZ-RR 1999, 289 (290); *Brunner/Dölling* JGG § 32 Rn. 3; krit. *Schlehofer* in BeckOK JGG § 32 Rn. 11). Namentlich im **Betäubungsmittelstrafrecht** ist dies nicht selten.

1747 Oft liegt das Schwergewicht bei einer **herausragenden** Tat oder einem solchen **Tatteil** einer Dauerstraftat oder Bewertungseinheit, wobei dies nicht der objektiv schwerste Verstoß sein muss (*Schatz* in Diemer/Schatz/Sonnen § 32 Rn. 38). Besondere Bedeutung kommt auch der **einleitenden Tat** („auslösende Bedeutung"

(BGH 3 StR 171/09)) oder der **ersten schweren Tat** zu (*Schatz* in Diemer/ Schatz/Sonnen § 32 Rn. 39).

Nicht abschließend geklärt ist, ob das Schwergewicht **vom Zeitpunkt** des **Urteils** oder der **letzten Tat** aus zu beurteilen ist. Da bei der Sanktionierung auch Umstände zu berücksichtigen sind, die nach der Tat eingetreten sind (§ 46 Abs. 2 StGB), spricht einiges dafür, dass auf den Zeitpunkt des Urteils abzustellen ist (hM; *Brunner/Dölling* JGG § 32 Rn. 4; *Eisenberg/Kölbel* JGG § 32 Rn. 14; *Schlehofer* in BeckOK JGG § 32 Rn. 15; aA OLG Bremen MDR 1991, 569; *Schatz* in Diemer/ Schatz/Sonnen § 32 Rn. 41; NK-JGG JGG § 32 Rn. 13. 1748

Lässt sich **nicht eindeutig erkennen,** dass das Schwergewicht bei den Straftaten liegt, die nach Jugendstrafrecht zu beurteilen wären, oder ist die Bedeutung beider Tatgruppen **etwa gleich verteilt,** so ist insgesamt **allgemeines Strafrecht** anzuwenden (BGHSt 12, 129 = NJW 1959, 156; BGHR JGG § 32 Schwergewicht 4 = StV 1998, 657; BGH NStZ 2005, 644; 2016, 101; NStZ-RR 2008, 323 = StraFo 2008, 396; aA NK-JGG JGG § 32 Rn. 14; *Schatz* in Diemer/Schatz/Sonnen § 32 Rn. 33). 1749

2. Anwendung von Jugendstrafrecht. Ist einheitlich Jugendstrafrecht anzuwenden, so sind auch nur die Sanktionen des Jugendstrafrechts zulässig (BGHSt 29, 67 (→ Rn. 1754)). Auch die Strafzumessung hat allein nach jugendstrafrechtlichen Gesichtspunkten zu erfolgen. Die Bildung von Einzelstrafen, auch für die Taten, auf die sonst allgemeines Strafrecht angewendet worden wäre, kommt nicht in Betracht. 1750

3. Anwendung von allgemeinem Strafrecht. Ist das allgemeine Strafrecht anzuwenden, so sind nur die Sanktionen des allgemeinen Strafrechts zulässig. Es sind für alle Taten einschließlich derjenigen, auf die sonst Jugendstrafrecht angewendet worden wäre, Einzelstrafen festzusetzen und dann eine Gesamtstrafe zu bilden. Die Strafzumessung erfolgt allein nach den Kriterien des allgemeinen Strafrechts. 1751

II. Keine gleichzeitige Aburteilung. Ist es nicht zu einer gleichzeitigen Aburteilung gekommen, so ist zu unterscheiden: 1752

1. Rechtskräftige Verurteilung nach Jugendstrafrecht. Liegt eine rechtskräftige, noch nicht erledigte Verurteilung nach Jugendstrafrecht vor und ist wegen einer Tat, die der Täter als **Erwachsener** begangen hat, eine Strafe nach allgemeinem Strafrecht zu verhängen, so bleiben die beiden Strafen selbständig. Insbesondere kann aus der Jugendstrafe und der Freiheitsstrafe weder eine Einheitsjugendstrafe noch eine Gesamtstrafe gebildet werden (BGHSt 36, 270 = NJW 1990, 523 = StV 1990, 158; BGH NStZ 1998, 151). § 105 Abs. 2 JGG gilt nur für den Fall einer neuen Verurteilung wegen einer Heranwachsendentat. Da es an einer planwidrigen Gesetzeslücke fehlt, ist auch eine entsprechende Anwendung des § 32 JGG nicht möglich (BGH NStZ 1998, 151). 1753

Die daraus folgende **Härte** für den Angeklagten ist bei der nach Erwachsenenstrafrecht zu verhängenden Strafe **auszugleichen.** Soweit im Erwachsenenstrafverfahren die Bildung einer Gesamtstrafe erforderlich ist, ist dies schon bei Festsetzung der Einzelstrafen zu berücksichtigen, wenn die Gesamtstrafe die Härte nicht ausgleichen kann (BGHSt 36, 270 (→ Rn. 1753)). 1754

2. Rechtskräftige Verurteilung nach allgemeinem Strafrecht. Liegt eine rechtskräftige, noch nicht erledigte Verurteilung zu Freiheitsstrafe vor wegen einer Tat, die der Täter als Heranwachsender oder Erwachsener (BGHSt 37, 34 (→ Rn. 1753)) begangen hat, so kann diese in eine einheitliche Jugendstrafe einbezogen werden (BGHSt 40, 1 = NJW 1994, 744 = NStZ 1994, 132 = StV 1994, 303). 1755

Die Einbeziehung darf jedoch **nicht automatisch** erfolgen (BGHSt 40, 1 (→ Rn. 1755)). Vielmehr muss ihr auch eine **Neubeurteilung der früher ab-** 1756

geurteilten Tat hinsichtlich der Frage vorangehen, ob aufgrund neuer Erkenntnisse für sie Jugendstrafrecht anwendbar ist. Diese Neubeurteilung muss auf der Grundlage einer Gesamtbewertung aller Taten, also der bereits abgeurteilten und der neu angeklagten, vorgenommen werden (BGHSt 37, 34 (→ Rn. 1743); 40, 1 (→ Rn. 1755)). Kriterium hierfür ist nach § 32 S. 1 JGG, ob das Schwergewicht bei den Straftaten liegt, die nach Jugendstrafrecht zu beurteilen wären. Dabei hat das einbezogene Urteil im Strafausspruch seine Wirkung verloren; der nunmehr entscheidende Richter hat die Sanktion selbständig und losgelöst von der früheren Strafe zu bestimmen (BGHSt 37, 34 (→ Rn. 1743); BGH StV 1998, 345).

1757   a) **Schwergewicht: Jugendstrafrecht.** Kommt das Gericht zum Ergebnis, dass das Schwergewicht bei den nach Jugendstrafrecht zu beurteilenden Taten liegt, so ist eine Einheitsjugendstrafe unter Einbeziehung des früheren Urteils zu bilden (BGHSt 37, 34 (→ Rn. 1743)). Dabei ist die Höhe der Einheitsjugendstrafe unabhängig vom Strafausspruch der einbezogenen Entscheidung zu bestimmen.

1758   Nach § 105 Abs. 2, § 31 Abs. 3 JGG kann das Gericht aber auch **von der Einbeziehung** der Erwachsenenverurteilung in die neue Verurteilung **absehen**, wenn die Voraussetzungen hierfür erfüllt sind (BGHSt 37, 34 (→ Rn. 1743)).

1759   b) **Schwergewicht: allgemeines Strafrecht.** Sieht das Gericht das Schwergewicht nicht bei der nach Jugendstrafrecht beurteilten Tat, so ist einheitlich das allgemeine Strafrecht anzuwenden: auch für die Tat, die ursprünglich nach Jugendstrafrecht beurteilt wurde, ist eine Einzelstrafe nach allgemeinem Strafrecht zu verhängen und sodann gegebenenfalls mit der rechtskräftigen Freiheitsstrafe eine Gesamtstrafe zu bilden (BGHSt 40, 1 (→ Rn. 1755)). Ob dies auch dann gelten soll, wenn der Täter die später abzuurteilende Tat noch als Jugendlicher begangen hat, ist nicht abschließend geklärt (dagegen BGH NJW 1978, 384).

1760   Nach § 105 Abs. 2, § 31 Abs. 3 JGG kann das Gericht aber auch **von der Einbeziehung** der Erwachsenenverurteilung in die neue Verurteilung **absehen**, wenn die Voraussetzungen hierfür erfüllt sind (BGHSt 40, 1 (→ Rn. 1755)).

1761   **J. Verfahren.** Über die Verfehlungen Jugendlicher und Heranwachsender entscheiden die **Jugendgerichte** (§§ 33, 107 JGG). Sie sind auch für die Straftaten nach dem **BtMG** zuständig. Die Richter bei den Jugendgerichten sollen erzieherisch befähigt und in der Jugenderziehung erfahren sein (§ 37 JGG). Bestellt das Präsidium den Ermittlungsrichter für die Tätigkeiten im Ermittlungsverfahren zum Jugendrichter, so liegt darin kein Verstoß gegen Art. 101 Abs. 1 S. 1 GG (vgl. BVerfG NStZ 2005, 279 m. zust. Bespr. *Reichenbach* NStZ 2005, 617).

1762   Auch die Jugendstaatsanwälte sollen erzieherisch befähigt sein (§§ 37, 36 JGG). Auf der anderen Seite setzt die sachgerechte Bearbeitung von **Betäubungsmittelsachen** voraus, dass die **Jugendstaatsanwälte** die „Szene" kennen. Es ist deswegen zweckmäßig, dass die Verfahren nach dem BtMG von den Staatsanwälten bearbeitet werden, die auch sonst für diese -Verfahren zuständig sind (aA *Eisenberg* NStZ 1994, 67; weiter NK-JGG JGG § 36 Rn. 6: bei ihnen unverzichtbaren Spezialkenntnissen). Diese sind in ihrem speziellen Bereich Jugendstaatsanwälte und haben damit auch die Erziehungsaufgaben des JGG zur Geltung zu bringen. Im Jugendstrafrecht steht der **Erziehungszweck** im Vordergrund. Dies gilt auch für die **Betäubungsmitteldelikte** (zu Drogenkriminalität und Jugendstrafrecht s. *Brunner/Dölling* Einf. I Rn. 49–51 b). Auch bei ihnen ist es nicht zulässig, die Belange der Erziehung dem Gesichtspunkt der Schuld unterzuordnen. Nicht anders als sonst im Jugendstrafrecht (BGHSt 15, 224 = NJW 1961, 278; 1961, 687 mablAnm *Grethlein;* BGHR JGG § 18 Abs. 2 Strafzwecke 2; BGH NStZ 1994, 124; BGH BeckRS 2006, 8001; *Eisenberg* § 2 Rn. 3) dürfen auch Gesichtspunkte der **Generalprävention** bei der Anwendung von Jugendstrafrecht in Betäubungsmittelsachen **nicht** berücksichtigt werden.

Kapitel 20. Berufsverbot, Widerruf der Approbation

A. Berufsverbot (§ 70 StGB). Nach § 70 Abs. 1 StGB kann das Gericht dem **1763** Täter die Ausübung des Berufs, Berufszweiges, Gewerbes oder Gewerbezweiges auf die Dauer von bis zu fünf Jahren (oder für immer (§ 70 Abs. 1 S. 2 StGB)) verbieten, wenn der Täter eine rechtswidrige Tat **unter Missbrauch** seines Berufs oder Gewerbes oder unter **grober Verletzung** der damit verbundenen Pflichten begangen hat und die **Gesamtwürdigung** des Täters und der Tat die Gefahr erkennen lässt, dass er bei weiterer Ausübung des Berufs erhebliche rechtswidrige Taten dieser Art begehen wird (BGH NStZ 2010, 170 = A&R 2009, 234 mAnm *Winkler*).

Die **erste Variante** setzt voraus, dass der Täter die Tat **unter Missbrauch des** **1764** **Berufs oder Gewerbes** begangen hat. Ein solcher **Missbrauch** liegt vor, wenn der Täter unter bewusster Missachtung der ihm gerade durch seinen Beruf oder sein Gewerbe gestellten Aufgaben seine Tätigkeit ausnutzt, um einen diesen Aufgaben zuwiderlaufenden Zweck zu verfolgen (BGH NStZ-RR 2020, 75). Dazu **genügt** ein **bloß äußerer Zusammenhang** in dem Sinne, dass der Beruf dem Täter lediglich die Möglichkeit gibt, Straftaten zu begehen, **nicht** (BGH NStZ 2016, 110; 2020, 75; StV 2008, 80 = StraFo 2007, 426). Vielmehr muss die Tat Ausfluss der jeweiligen Berufs- oder Gewerbetätigkeit sein und so symptomatisch die Unzuverlässigkeit des Täters **in seinem Beruf** erkennen lassen (BGH NStZ 1999, 500; 2016, 110; NStZ-RR 2020, 75; StV 2008, 80 (s. o.)).

Ein solcher **Zusammenhang besteht** jedenfalls dann, wenn ein Anästhesist für **1765** die Behandlung von Patienten bereitgehaltene Opiate stiehlt, sie sich während der Dienstzeit injiziert und unter dem Einfluss der Opiate seinen Dienst versieht (OLG Frankfurt a. M. NJW 2001, 908 = NStZ-RR 2001, 16). **Daran fehlt es,** wenn ein Krankenpfleger im Krankenhaus Medikamente entwendet und diese dann dazu verwendet, seine Freundinnen widerstandslos zu machen (BGH StV 2008, 80 (→ Rn. 1774)) oder wenn ein Arzt Zugriff zu Medikamenten hat, die er seinen Opfern verabreicht (BGH NStZ-RR 2020, 75).

Etwas anderes gilt, wenn eine **Krankenschwester,** zu deren Obliegenheiten der **1766** Umgang mit Betäubungsmitteln gehört, in dem Krankenhaus, in dem sie angestellt ist, Morphium stiehlt (OLG Hamburg NJW 1955, 1568 in ausdrücklicher Abgrenzung zu anderen Angestellten des Krankenhauses). Ebenso liegt der gebotene Zusammenhang vor, wenn ein **Arzt** sachwidrig Betäubungsmittel **verschreibt** (BGH NJW 1975, 2249; *Kotz* in Kotz/Rahlf BtMStrafR Kap. 8 Rn. 1044; *Kinzig* in Schönke/Schröder StGB § 70 Rn. 10).

Die **zweite Variante** setzt voraus, dass die Tat unter **grober Verletzung** der mit **1767** dem Beruf oder Gewerbe **verbundenen Pflichten** begangen wurde. Der Täter muss danach solchen Pflichten zuwiderhandeln, die ihm für die Ausübung seines Berufs oder Gewerbes durch Gesetz, Vertrag oder öffentlich-rechtliche Anstellungsverfügung auferlegt sind. Auch insoweit bedarf es eines **berufstypischen Zusammenhangs** der Tat zu der ausgeübten beruflichen Tätigkeit (BGH NStZ-RR 2020, 75). Fahrlässige Pflichtverletzungen reichen aus, sofern sie unter Strafe gestellt sind (*Kinzig* in Schönke/Schröder StGB § 70 Rn. 11). In den in → Rn. 1775, 1776 genannten Fällen liegt in aller Regel auch eine gröbliche Verletzung von Berufspflichten vor.

Typisch für die zweite Variante ist der **Gastwirt,** der in seinem Lokal den straf- **1768** baren Umgang mit Betäubungsmitteln duldet oder fördert (§ 29 Abs. 1 S. 1 Nr. 10, 11). Der Gastwirt ist daher verpflichtet, die notwendigen Maßnahmen gegen strafbare Handlungen zu treffen und insbesondere Verstöße gegen das BtMG zu unter-

1769 **Ein Berufsverbot** kommt auch bei **erstmaliger** Verurteilung in Frage (BGH NStZ 2002, 198; 2004, 457 (→ Rn. 249)). Allerdings sind in solchen Fällen grundsätzlich besonders strenge Anforderungen an die Annahme weiterer Gefährlichkeit des Täters zu stellen (BGHR StGB § 70 Abs. 1 Pflichtverletzung 6 = NStZ 1995, 124; BGH NStZ 2004, 457 (→ Rn. 249)). Dabei kann eine Rolle spielen, dass der Täter seine auf die Begehung der Straftaten ausgerichtete Praxisorganisation auch nach einer Durchsuchung nicht geändert hat, so dass es zu einer weiteren Straftat gekommen ist und dass berufsgerichtliche Vorahndungen vorliegen (BGH NStZ 2004, 457 (→ Rn. 249)).

1770 **Das strafgerichtliche Berufsverbot** ist von den Berufs- und Gewerbeuntersagungen der Verwaltungsbehörden grundsätzlich unabhängig (*Fischer* StGB § 70 Rn. 17). Es wird auch nicht dadurch ausgeschlossen, dass der Täter Beamter ist (BGHR StGB § 70 Konkurrenzen 3 = NStZ 2002, 198).

1771 **B. Widerruf der Approbation (§ 5 Abs. 2 BÄO).** Von besonderer Bedeutung ist der Widerruf der Approbation. Sie kommt in Betracht, wenn der Arzt sich eines Verhaltens schuldig macht, aus dem sich iSd § 3 Abs. 1 Nr. 2 BÄO die Unwürdigkeit oder Unzuverlässigkeit zur Ausübung des ärztlichen Berufs ergibt (VG Regensburg MedR 2017, 64 = BeckRS 2016, 46601; *Kangarani/Hampe* MedR 2014, 797 (801)). Ein Arzt ist zur Ausübung des ärztlichen Berufs unwürdig, wenn er durch sein Verhalten nicht mehr das für die Ausübung seines Berufes unabdingbar nötige Vertrauen besitzt (BVerwG NJW 1999, 3425; NVwZ-RR 2019, 1048 = MedR 2020, 685 mAnm *Wolf*; OVG Lüneburg BeckRS 2015, 45503). Dies ist dann gegeben, wenn der Arzt eine schwere, gemeingefährliche, gemeinschädliche oder gegen die Person gerichtete, von der Allgemeinheit besonders missbilligte, ehrenrührige Straftat begangen hat. Auf den Zusammenhang mit der ärztlichen Tätigkeit kommt es dann nicht an (BVerwG BeckRS 2003, 21187; *Spickhoff* BÄO § 5 Rn. 21). Je geringer die Schwere und der Unrechtsgehalt der Straftat sind, ein desto größeres Gewicht kommt ihrer Berufsbezogenheit zu (VG Regensburg MedR 2017, 64). Darauf, ob die ärztliche Verfehlung in der Öffentlichkeit bekanntgeworden ist, kommt es nicht an (zum Ganzen s. *Kotz/Oǧlakcıoǧlu* NStZ-RR 2015, 265 (270)).

1772 Der **wiederholte Verstoß** gegen die gesetzlichen Regeln der **Substitutionsbehandlung** kann den Widerruf der Approbation begründen (OVG Lüneburg BeckRS 2014, 47430), ebenso die Verschreibung einer **großen Menge** (900 Tabletten) eines flunitrazepamhaltigen Medikaments auf fünf Normalrezepten (OVG Lüneburg BeckRS 2015, 45503). Bei der Entscheidung über den Widerruf dürfen die in einem rechtskräftigen Strafurteil oder Strafbefehl enthaltenen **tatsächlichen** und **rechtlichen Feststellungen** regelmäßig zur **Grundlage** der Beurteilung des Arztes gemacht werden (BVerwG BeckRS 2011, 54061; OVG Lüneburg BeckRS 2014, 47430). Etwas anderes gilt dann, wenn gewichtige Anhaltspunkte für deren Unrichtigkeit bestehen, etwa wenn Wiederaufnahmegründe iSd § 359 StPO vorliegen oder sich die offensichtliche Unrichtigkeit der strafgerichtlichen Feststellungen aufdrängt (BVerwG BeckRS 2014, 48928; VGH München BeckRS 2014, 59401).

1773 Unter den Voraussetzungen des § 6 BÄO kommt auch die Anordnung des **Ruhens der Approbation** in Betracht (dazu OVG Saarlouis MedR 2006, 661).

Kapitel 21. Gefährdung der Sicherheit außerhalb des Straßenverkehrs

1774 Nicht anders als im Straßenverkehr führt der Konsum von Betäubungsmitteln der Anlagen I bis III auch **außerhalb** des **Straßenverkehrs** zu erheblichen Gefährdungen. So wurde am Flugsimulator die längste Dauer der Cannabiswirkung nach nur

Kap. 21. Gefährd. d. Sicherheit außerh. d. Straßenverkehrs **Vor §§ 29 ff. BtMG**

einmaliger inhalativer Aufnahme beobachtet (*Schmidt/Scheer/Berghaus* Kriminalistik 1995, 241 (244)).

A. Bahn –, Schiffs- und Flugverkehr. Ein erhebliches Gefahrenpotential bilden Betäubungsmittel im Bahn-, Schiffs- und Luftverkehr. Das StGB versucht, dem mit zwei Straftatbeständen zu begegnen: 1775

I. Gefährdung des Bahn-, Schiffs- und Luftverkehrs (§ 315 a StGB). Nach § 315 a Abs. 1 Nr. 1 StGB ist strafbar, wer ein Schienen- oder Schwebebahnfahrzeug, ein Schiff oder ein Luftfahrzeug führt, obwohl er infolge des Konsums berauschender Mittel oder infolge geistiger oder körperlicher Mängel nicht in der Lage ist, das Fahrzeug sicher zu führen, und dadurch Leib oder Leben eines anderen oder fremde Sachen von bedeutendem Wert gefährdet. Nach Absatz 3 ist auch strafbar, wer die Gefahr fahrlässig verursacht oder fahrlässig handelt und die Gefahr fahrlässig verursacht. 1776

Schienenbahnen sind neben der Eisenbahn alle Klein- und Werksbahnen, schienengebundene Drahtseil- und Zahnradbahnen, Schienenbusse, Hochbahnen und U-Bahnen, nicht dagegen Schienenbahnen, soweit sie am Straßenverkehr teilnehmen (§ 315 d StGB). **Schwebebahnen** sind insbesondere Seilbahnen und Sessellifte, nicht dagegen Schlepplifte (*Fischer* StGB § 315 Rn. 5; *König* in LK-StGB, 12. Aufl. 2007, StGB § 315 Rn. 14). **Schiffe** sind See- und Binnenschiffe sowie Wasserfahrzeuge aller Art ohne Rücksicht auf ihre Größe (*Fischer* StGB § 315 Rn. 6; *König* in LK-StGB, 12. Aufl. 2007, StGB § 315 Rn. 15). **Luftfahrzeuge** sind alle für ihre Bewegung im Luftraum bestimmten Geräte (§ 1 Abs. 2 LuftVG), wenn sie der Beförderung von Personen und Gütern dienen (*Hecker* in Schönke/Schröder StGB § 315 Rn. 6). Auch Fallschirmspringer, Drachen- und Gleitschirmflieger zählen zum Luftverkehr (*König* in LK-StGB, 12. Aufl. 2007, StGB § 315 Rn. 16; *Hecker* in Schönke/Schröder StGB § 315 Rn. 6). 1777

§ 315 a StGB entspricht im Übrigen dem § 315 c StGB, so dass auf die Ausführungen zu dieser Vorschrift (→ Rn. 1558–1575) Bezug genommen werden kann. 1778

II. Trunkenheit im Verkehr (§ 316 StGB). Die Strafvorschrift über die Trunkenheit im Verkehr (§ 316 StGB) gilt, wie sich aus der Klammerdefinition des „Verkehrs" ergibt, für alle Verkehrsarten und damit auch für den Bahn-, Schiffs- und Luftverkehr. Auf die Erläuterungen zu § 316 StGB (→ Rn. 1512–1557) kann daher Bezug genommen werden. 1779

III. Entziehung der Erlaubnis zum Führen von Kraftfahrzeugen. Da die Tat (§§ 315 a, 316 StGB) nicht bei oder im Zusammenhang mit dem Führen eines Kraftfahrzeugs oder unter Verletzung der Pflichten eines Fahrzeugführers begangen wurde, kommt gemäß § 69 StGB eine Entziehung der Fahrerlaubnis durch die Strafgerichte nicht in Betracht. Dagegen kann sie durch die **Fahrerlaubnisbehörden** entzogen werden (§ 3 StVG, § 46 FeV). Auf → Rn. 1592–1637 wird verwiesen. Desgleichen kommt ein Entzug der besonderen Erlaubnisse, etwa der Erlaubnis zum Führen eines Luftfahrzeugs, durch die zuständigen Behörden in Betracht. 1780

B. Gefährdungen im Arbeitsleben und im Sport. Auch im Arbeitsleben, etwa bei der Bedienung von Maschinen, bilden Betäubungsmittel eine erhebliche Gefahrenquelle. Dies gilt auch für Cannabis. 1781

Dasselbe gilt im **Sport.** Während etwa das Doping insbesondere Gefahren für den Sportler selbst mit sich bringt, ergeben sich bei bestimmten Sportarten durch den Konsum von Betäubungsmitteln vor allem Gefahren für andere. So ist auf Skipisten und in Langlaufloipen nicht mehr nur der Alkohol, sondern zunehmend auch Cannabis anzutreffen. Noch stärker gilt dies für Snowboarder, meist aus den Niederlanden oder sonst aus dem Norden, bei denen der Konsum von Cannabis vielfach „dazu gehört". 1782

Kapitel 22. Betäubungsmittel in anderen Rechtsgebieten

1783 Der Konsum von Betäubungsmitteln oder der Umgang mit ihnen ist für die verschiedensten Rechtsgebiete von Bedeutung:

1784 **A. Betäubungsmittel im Zivilrecht.** Die **Aufbewahrung** von Cannabis in einer Mietwohnung ist kein vertragsgemäßer Gebrauch der Mietsache (BGH JR 2018, 615 mAnm *Hinz*). Der **Anbau** von Cannabis in einer solchen Wohnung (AG Köln WuM 2008, 595), auf deren Balkon oder im zugehörigen Keller (AG Hamburg-Blankenese WuM 2008, 137) begründet die fristlose Kündigung des Mietvertrags (*Kotz* in Kotz/Rahlf BtMStrafR Kap. 13 Rn. 354). Dies gilt erst recht, wenn nicht geringe Mengen zu erwarten sind (LG Ravensburg WuM 2001, 608; *Körner*, 6. Aufl. 2007, Anh. C 1 Rn. 301). Der Anbau von Betäubungsmitteln (dasselbe gilt für andere Verkehrsformen, namentlich das Herstellen oder Handeltreiben (AG Pinneberg NJW-RR 2003, 944 in der Wohnung) ist eine schwere Verletzung des Vertrauensverhältnisses zwischen den Parteien. Nicht entscheidend ist dabei, dass das Verbrechensmerkmal der nicht geringen Menge erreicht wird.

1785 **Die fristlose Kündigung** eines **Gewerberaums,** der für den Betrieb einer Facharztpraxis für Psychiatrie und Psychotherapie gemietet wurde, ist zulässig, wenn in der Praxis trotz Abmahnung Drogenersatztherapien angeboten werden (LG Bonn ZMR 2010, 518).

1786 Im Schadensersatzrecht ist zu beachten, dass die **eigenverantwortliche Selbstgefährdung** im Zivilrecht nur zu einem Mitverschulden führt; der Dealer hat sich daher an den Beerdigungskosten für seinen Abnehmer zu beteiligen (LG Hechingen NJW 2002, 1729).

1787 Der **Kfz-Haftpflichtversicherer** kann wegen eines Unfalls bei einer rauschmittelbedingten Fahrt Rückgriff gegen den Versicherungsnehmer nehmen (OLG Bamberg NJW-RR 2006, 1406).

1788 Zu den zivilrechtlichen Fragen im Zusammenhang mit dem Betrieb eines **Drogenkonsumraumes** → § 10a Rn. 150−154.

1789 Im **Wohnungseigentumsrecht** kann der Betrieb einer städtischen Methadon-Abgabestelle (heute: Drogenkonsumraum) mit der Teilungserklärung vereinbar sein, wenn das Teileigentum zur Ausübung eines „beliebigen Gewerbes oder Berufes" genutzt werden darf, die nähere Umgebung des in der Innenstadt gelegenen Gebäudes durch vielgestaltige Gewerbebetriebe gekennzeichnet ist und das Teileigentum durch einen separaten Eingang erreichbar ist (OLG Düsseldorf ZMR 2002, 446). Auch ohne diese Umstände und Vorkehrungen soll der Betrieb einer psychosozialen Beratungs- und Behandlungsstelle für Alkohol- und Drogenprobleme in einer Teileinheit, die in der Teilungserklärung als „gewerbliche Raumeinheit" bezeichnet ist, zulässig sein (LG Freiburg WuM 2003, 421).

1790 **B. Betäubungsmittel im Arbeitsrecht.** Einem **Laboranten,** der in einem Lebensmittelbetrieb die Qualität von Kaffee zu prüfen hat, kann fristlos gekündigt werden, wenn er während der Arbeit Heroinportionen abpackt, den Heroinverkauf vorbereitet und damit Mitarbeiter sowie die Käufer des Kaffees gefährdet (*Körner*, 6. Aufl. 2007, Anh. C 1 Rn. 114).

1791 **Dem Barkeeper** einer Diskothek kann fristlos gekündigt werden, wenn er Drogen (1 g Haschisch, 4 g Cocain) am Arbeitsplatz hat, namentlich wenn der Arbeitgeber dies ausdrücklich verboten hat (*Körner*, 6. Aufl. 2007, Anh. C 1 Rn. 303).

1792 Dasselbe gilt für einen **Heimerzieher,** der trotz des im Heim bestehenden generellen Drogenverbots an dem Cannabisverbrauch eines ihm anvertrauten Heiminsassen mitwirkt (BAG NJW 2001, 1301).

Zu den **arbeitsrechtlichen Fragen** im Übrigen s. umfänglich *Künzl* in Kotz/ 1793
Rahlf BtMStrafR Kap. 13 Rn. 1–142.

C. Betäubungsmittel im Disziplinarrecht. In disziplinarrechtlicher Hinsicht 1794
kann der Umgang mit Betäubungsmitteln sowohl bei Beamten und Richtern als
auch bei Soldaten eine Rolle spielen. Hier wie dort kommt es wesentlich darauf
an, ob der Umgang im dienstlichen Bereich, namentlich in den Diensträumen
oder der Kaserne, oder außerhalb des Dienstes stattgefunden hat.

I. Beamte, Richter. Verstöße gegen das BtMG haben im Hinblick auf die mit 1795
diesem Gesetz verfolgten Ziele und geschützten Rechtsgüter (→ § 1 Rn. 3–8) erhebliche disziplinare Relevanz (BVerwGE 103, 316 = NVwZ 1997, 587). Verstößt
ein Beamter auch **außerhalb des Dienstes** gegen Strafvorschriften, die wichtige
Gemeinschaftsbelange schützen sollen und damit einem bedeutsamen staatlichen
Anliegen dienen, so wirkt sich dies auf das öffentlich-rechtliche Dienst- und Treue-
verhältnis aus, in dem der Beamte zu seinem Dienstherrn steht; ein Beamter, der
durch einen Verstoß gegen das BtMG den mit diesem Gesetz verfolgten Zielen zuwiderhandelt, missachtet wichtige Vorschriften zum Schutze der Bevölkerung und
offenbart eine grob sozialschädliche Haltung, die mit der besonderen Rechtsbezie-
hung und Pflichtenstellung nicht vereinbar ist, in der sich ein Beamter zum Staat
und damit zur Allgemeinheit befindet (BVerwGE 103, 316 (s. o.)). Ein Verstoß gegen Vorschriften des BtMG ist daher grundsätzlich iSd § 77 Abs. 1 S. 2 BBG in besonderem Maße geeignet, die dem Beamten zukommende Achtung und seine
dienstliche Vertrauenswürdigkeit in bedeutsamer Weise zu beeinträchtigen
(BVerwGE 103, 316 (s. o.); VGH München BeckRS 2010, 53763; OVG Lüneburg.
BeckRS 2010, 50651).

Allerdings gibt es für die Bewertung der Verstöße gegen das BtMG **keine ein-** 1796
heitlichen Disziplinarmaßgrundsätze (BVerwG NVwZ-RR 1998, 569). Vielmehr wird das disziplinare Gewicht solcher Verstöße im Hinblick auf die Variations-
breite der möglichen Verwirklichungsformen pflichtwidrigen Verhaltens von den
besonderen **Umständen des Einzelfalls** bestimmt (BVerwGE 103, 316
(→ Rn. 1805); BVerwG NVwZ 1999, 881; NVwZ-RR 1998, 569; BeckRS 2000,
30426760).

Das außerdienstliche Handeltreiben mit Anabolika durch einen **Polizei-** 1797
beamten kann die Entfernung aus dem Dienst begründen, wenn nicht Milderungsgründe vorliegen, die eine geringere Disziplinarstrafe als noch vertretbar erscheinen lassen (BVerwG NVwZ 1999, 881). Ein **Polizeihauptkommissar**,
der außerdienstlich Beihilfe zum Handeltreiben mit Betäubungsmitteln in nicht geringer Menge geleistet hat, ist dagegen aus dem Dienst zu entfernen (OVG Münster
NVwZ-RR 1999, 649; VGH Mannheim NVwZ-RR 2010, 493). Dasselbe gilt
für einen **Polizeibeamten** wegen des regelmäßigen Konsums von Haschisch und
Speed (VG Berlin 80 A 27.05) oder wegen des wiederholten Erwerbs von Cannabis
und Nähe zum Drogenlieferanten (OVG Koblenz NVwZ-RR 2003, 877), für
einen **Studienrat** wegen der Verabredung zur Einfuhr von 50 kg Haschisch (OVG
Lüneburg. BeckRS 2010, 50651), für einen **Verwaltungsobersekretär** wegen des
Handeltreibens mit Haschisch in nicht geringer Menge (VGH München BeckRS
2010, 53763) oder für den Besitz und Konsum von Heroin (VGH Mannheim DL
16 S. 5/07). Dagegen soll der mehrmals festgestellte Konsum von Cannabis nicht
ausreichen (VG Magdeburg BeckRS 2012, 53403); allerdings dürften die angefochtenen Verfügungen hier den Sachverhalt nicht ausgeschöpft haben.

Die Entfernung aus dem Dienst ist auch dann anzuordnen, wenn die Taten 1798
(nach Untersuchungshaft von 13 Monaten) nur mit einer Gesamtgeldstrafe von
240 Tagessätzen zu je 40 Euro geahndet worden sind. Für die disziplinäre Ahndung
gelten andere Grundsätze als im Strafverfahren. Dabei kommt es insbesondere

nicht darauf an, ob die Handlungen des Beamten schon zu einer Gefährdung der mit dem BtMG verfolgten Ziele geführt haben oder ob eine solche Gefährdung wegen der Einschaltung eines Verdeckten Ermittlers nicht bestanden hat (OVG Münster NVwZ-RR 1999, 649).

1799 Für eine ärztlich nicht vertretbare Suchtbehandlung besteht kein **Anspruch auf Beihilfe** gegen den Diensthern (VG Sigmaringen BeckRS 2007, 21898).

1800 **II. Soldaten.** Der strafbare Besitz oder Erwerb von Cannabisprodukten stellt für Soldaten nicht nur einen Verstoß gegen die Pflicht zum treuen Dienen (§ 7 SG), sondern auch eine Verletzung der Dienstpflicht nach § 17 Abs. 2 SG dar. Dasselbe gilt auch für den Konsum oder eine Weitergabe an Dritte (BVerwGE 103, 148 = NJW 1995, 2240).

1801 Auch der **einmalige Konsum von Cannabis** ist eine Verletzung der Pflicht nach § 17 Abs. 2 S. 1 SG (BVerwGE 103, 148 (→ Rn. 1810); OVG Lüneburg. NVwZ-RR 2007, 784). Der Haschisch konsumierende Soldat entspricht nicht dem Bild des pflichtgetreu handelnden Soldaten und weckt Zweifel an seiner Zuverlässigkeit. Das Ansehen der Bundeswehr sowie die Achtung und das Vertrauen, die sein Dienst als Soldat erfordern, gebieten es, dass er sich jeglichen Rauschgiftkonsums enthält (BVerwG NJW 2001, 242). Dabei kommt es nicht darauf an, ob der Soldat das Cannabis selbst erworben hat.

1802 Der einmalige Haschischkonsum eines Soldaten gefährdet auch die **militärische Ordnung und das Ansehen der Bundeswehr** ernstlich. Er reizt andere Soldaten zur Nachahmung an und leistet so einer allgemeinen Disziplinlosigkeit Vorschub. Damit wird auch die Einsatzbereitschaft der Soldaten erheblich beeinträchtigt (BVerwG NJW 2001, 242). Zur Entlassung eines Soldaten wegen des Rauchens von Haschisch s. VGH München NVwZ 2000, 1203.

1803 Ein Soldat, der einer Zivilbediensteten **heimlich Ecstasy in den Kaffee** gibt, begeht ein so schwerwiegendes Dienstvergehen, dass er grundsätzlich aus dem Dienst entfernt werden muss (BVerwG NJW 1998, 1730).

1804 Für den unbefugten Umgang mit Betäubungsmitteln **außerhalb des Dienstes** gelten die Grundsätze, die disziplinarrechtlich auch sonst für die Begehung von **Straftaten** maßgeblich sind.

1805 Ein Soldat, der als Drogenkurier aktiv **am Drogenhandel teilnimmt**, zerstört das Vertrauen seines Diensthern und macht sich jedenfalls als Offizier untragbar. Dies gilt auch für den **wiederholten Erwerb, Besitz** und **Eigenkonsum** von Cocain wegen der Gefahr gravierender Langzeitfolgen oder kurzfristiger psychischer und physischer Selbstschädigung. Hat sich ein Soldat durch ein derartiges Versagen als Vorgesetzter nachhaltig disqualifiziert, so hat er die disziplinäre Höchstmaßnahme (Entfernung aus dem Dienst bei aktiven Soldaten; Aberkennung des Ruhegehalts bei früheren Soldaten) verwirkt (BVerwG NJW 2001, 242).

1806 Verschafft sich oder besitzt ein Soldat eine **große Menge** an Betäubungsmitteln, die einen mehr als nur gelegentlichen Eigenkonsum oder die Weitergabe an zahlreiche Dritte ermöglicht, kommt jedenfalls eine Dienstgradherabsetzung in Betracht. Dies ist jedenfalls beim Besitz von mehr als 100 Konsumeinheiten unterschiedlicher Betäubungsmittel der Fall (BVerwG BeckRS 2017, 105171).

1807 Zu **wehrrechtlichen** Fragen im Übrigen s. umfänglich *Dau* in Kotz/Rahlf BtMStrafR Kap. 13 Rn. 159–230.

1808 **D. Betäubungsmittel im Schulrecht.** Auch in schulrechtlicher Hinsicht gewinnt der unbefugte Umgang mit Betäubungsmitteln zunehmend an Bedeutung (s. auch *Kotz* in Kotz/Rahlf BtMStrafR Kap. 13 Rn. 366–376). Dies gilt vor allem dann, wenn er im Umkreis der Schule stattfindet.

So rechtfertigen der Konsum von Haschisch und die Herstellung von Kontakten zwischen Schülern und der Rauschgiftszene im Umfeld der Schule durch einen Schüler dessen **Ausschluss von der Schule** auf Dauer (OVG Koblenz NJW 1996, 1690 = JuS 1997, 473 mAnm *Hufen*). Dasselbe gilt bei der Verleitung von Mitschülern zum Drogenkonsum auf dem Schulweg (VGH München NJW 2018, 3600) oder der Weitergabe von Marihuana an Schüler (VGH München BeckRS 2002, 11416; 2003, 30902), auch wenn es zum Selbstkostenpreis abgegeben wird (VGH München NVwZ-RR 1998, 239). Einer vorherigen **Androhung** der Entlassung bedarf es in solchen Fällen **nicht** (OVG Münster BeckRS 2015, 51046). 1809

Die Vereinbarung einer fristlosen Kündigung wegen Haschischkonsums des Schülers durch eine Allgemeine Geschäftsbedingung in einem **Privatschulvertrag** ist unwirksam; die Kündigung kann aber unmittelbar auf § 626 BGB gestützt werden (OLG Karlsruhe BeckRS 2004, 09829). 1810

E. Betäubungsmittel im Gewerberecht. Nach § 35 GewO ist die Ausübung eines Gewerbes ganz oder teilweise zu untersagen, wenn Tatsachen auf die Unzuverlässigkeit des Gewerbetreibenden schließen lassen. Als unzuverlässig ist dabei anzusehen, wer nicht die Gewähr dafür bietet, dass das Gewerbe zukünftig ordnungsgemäß betrieben wird (BVerwG DVBl 1971, 277 (I C 6.69)). Dies kommt noch nicht deswegen in Betracht, wenn der Gewerbetreibende mit Gegenständen handelt, die dem unbefugten Verbrauch (zB Bongs, shillum, Jointpapier) oder dem unerlaubten Anbau (zB Literatur) von Betäubungsmitteln dienen, es sei denn, er duldet einen strafbaren Missbrauch oder lehnt die Zusammenarbeit mit der Polizei ab (VGH München NVwZ-RR 1998, 233; s. auch *Patzak* in Körner/Patzak/Volkmer § 29 Teil 21 Rn. 37). 1811

Zu Betäubungsmitteln im **Gewerberecht** im Übrigen s. *Kotz* in Kotz/Rahlf BtMStrafR Kap. 13 Rn. 323–334).

F. Betäubungsmittel im Gaststättenrecht. Nach § 15 Abs. 2 GastG ist die Erlaubnis zum Betrieb einer Gaststätte zu widerrufen, wenn Tatsachen eintreten, die die Annahme begründen, dass der Erlaubnisinhaber die für den Gewerbebetrieb erforderliche **Zuverlässigkeit** nicht mehr besitzt. Unzuverlässig ist der Gastwirt, wenn er nach dem Gesamteindruck nicht die Gewähr dafür bietet, dass er sein Gewerbe im Einklang mit den gesetzlichen Vorschriften einwandfrei führen wird (BVerwGE 18, 305). 1812

Daran fehlt es, wenn der **Gastwirt nicht willens** oder **nicht in der Lage** ist, den Drogenkonsum oder Drogenhandel in seinen Governrs zu unterbinden (*Patzak* in Körner/Patzak/Volkmer § 29 Teil 20 Rn. 55), etwa weil es ihm an der notwendigen Aufmerksamkeit oder Durchsetzungskraft fehlt, weil er Personal und Geld sparen will oder selbst drogenabhängig ist. 1813

Der Gastwirt trägt für die Aufrechterhaltung der öffentlichen Ordnung und die Einhaltung der gesetzlichen Vorschriften in seinem Lokal die Verantwortung. Dabei hat er **alle Möglichkeiten auszuschöpfen,** Verstöße gegen das BtMG zu unterbinden (→ Rn. 1778; VGH München GewArch 2001, 172 = BeckRS 2001, 20547; *Patzak* in Körner/Patzak/Volkmer § 29 Teil 20 Rn. 49). Dazu gehören gegebenenfalls eine Vermehrung der Kontrollen im Lokal, auch durch Verstärkung des Aufsichts- und Bedienungspersonals (*Patzak* in Körner/Patzak/Volkmer § 29 Teil 20 Rn. 50), eine Intensivierung der Eingangskontrollen und Anordnung und Überwachung von Lokalverboten (VGH München GewArch 2001, 172 (s. o.); *Patzak* in Körner/Patzak/Volkmer § 29 Teil 20 Rn. 51), die Umgestaltung der Betriebsräume und/oder des Veranstaltungsprogramms (VGH München GewArch 2001, 172 (s. o.); *Patzak* in Körner/Patzak/Volkmer § 29 Teil 20 Rn. 52, 53) und eine verbesserte Zusammenarbeit mit der Polizei (VGH München GewArch 2001, 1814

172 (s. o.); *Patzak* in Körner/Patzak/Volkmer § 29 Teil 20 Rn. 54). Haben diese Maßnahmen keinen Erfolg, so ist ihm zuzumuten, das Lokal zumindest vorübergehend zu schließen (VGH München GewArch 2001, 172 (s. o.); *Patzak* in Körner/Patzak/Volkmer § 29 Teil 20 Rn. 55). Die **Verlängerung der Sperrzeit** einer Diskothek, die als eingeführter Ort des Drogenhandels bekannt ist, kann ein geeignetes Mittel zur Einschränkung des Rauschmittelmissbrauchs sein (VGH München BayVBl. 1999, 630).

1815 Zu **gaststättenrechtlichen** Fragen im Zusammenhang mit **Drogen** im Übrigen s. *Kotz* in Kotz/Rahlf BtMStrafR Kap. 13 Rn. 335–350.

Kapitel 23. Platzverweisung, Aufenthaltsverbot

1816 Namentlich zur Bekämpfung offener Drogenszenen gehen Polizei- und Verwaltungsbehörden zunehmend dazu über, **Platzverweisungen** oder **Aufenthaltsverbote** gegenüber Angehörigen der Drogenszene anzuordnen. Grundlage ist das Landesrecht, wobei meist die Polizeigesetze herangezogen werden.

1817 **A. Offene Drogenszenen als Störung.** Voraussetzung ist, dass eine Störung der öffentlichen Sicherheit vorliegt. Die **offene Drogenszene** stellt nicht nur in ihren Einzelhandlungen, sondern auch als kollektives Geschehen eine solche Störung dar (OVG Münster NJW 2001, 2194 = Kriminalistik 2001, 112):

1818 **Offene Drogenszenen** sind geprägt von kranken und abhängigen jungen Menschen, die zum Teil am Rande der Verwahrlosung leben und deren Lebensinhalt darin besteht, für Nachschub an Stoff zu sorgen. Durch das Anbieten von Drogen an Dritte besteht die Gefahr, dass bislang Unbeteiligte in diesen Sog. geraten und sich der Kreis der Süchtigen weiter ausbreitet. Auf Grund der Vielzahl weggeworfener gebrauchter Spritzen besteht eine erhöhte Verletzungs- und Infektionsgefahr. Die zum Schutz der Szene sich bildenden Personenansammlungen begünstigen die Abschirmungspraktiken der Drogenhändler und behindern oder vereiteln das polizeiliche Einschreiten. Auch besteht die Gefahr, dass ganze Stadtviertel in ihrer sozialen Struktur verändert werden, weil sie wegen des Gefahrenpotentials gemieden werden (OVG Münster NJW 2001, 2194 (→ Rn. 1827); VGH München NVwZ 2000, 454 = BayVBl. 2000, 85; 2000, 336 m. Bespr. *Kappeler*; 2001, 1291).

1819 **B. Platzverweisung, Aufenthaltsverbot** Während die Platzverweisung der Abwehr einer vorübergehenden Gefahr dient, ist das **Aufenthalts-** oder dauerhafte **Betretungsverbot** auf die Abwehr länger dauernder Gefahren ausgerichtet (VGH München NVwZ 2001, 1291). Beide Maßnahmen können einen Beitrag dazu leisten, den Drogenhandel zu erschweren; dass sie das Grundproblem nicht generell zu beseitigen vermögen, macht sie nicht zu ungeeigneten Maßnahmen (VGH München NVwZ 2001, 1291).

1820 Die Platzverweisung ist in den **Polizeigesetzen der Länder** ausdrücklich geregelt. In einigen Gesetzen finden sich auch Regelungen für das **Aufenthaltsverbot,** etwa in Art. 11 des bayerischen Polizeiaufgabengesetzes oder in § 17 Abs. 2 des niedersächsischen Gefahrenabwehrgesetzes. Soweit ausdrückliche Regelungen nicht vorhanden sind, kann das Aufenthaltsverbot auf die in den jeweiligen Ländern geltende polizeiliche Generalklausel gestützt werden (OVG Bremen NJW 1999, 1350 = NVwZ 2000, 314, 261 m. Bespr. *Hecker* = JuS 1999, 1027 m. Bespr. *Brodersen*).

Kapitel 24. Strafbarkeit im Ausland

1821 Sofern nicht das Weltrechtsprinzip (→ Rn. 119–133) eingreift, kommt es nach dem deutschen internationalen Strafrecht (§ 7 StGB) für die Frage, ob auf eine im Ausland begangene Tat das deutsche Strafrecht anwendbar ist, stets auch auf das Tatortrecht (→ Rn. 137–142, 147, 148) an, es sei denn, der Tatort unterliegt keiner Strafgewalt (→ Rn. 143).

Da nahzu **alle Staaten der Erde** (darunter alle Länder der EU und die Schweiz) dem Suchtstoffübereinkommen 1988 beigetreten sind (BGBl. Fundstellennachweis B 2015 S. 850), kann davon ausgegangen werden, dass der Umgang mit den dem ÜK 1961 und dem ÜK 1971 unterliegenden Substanzen in allen deutschen Nachbarstaaten **materiell** strafbar ist.[5]

1822

Ausnahmen gelten für
– die **Schweiz:**
  – (Geld)Buße (keine Strafe) beim unbefugten vorsätzlichen Konsum von Betäubungsmitteln oder beim Begehen einer Widerhandlung gegen Art. 19 BetMG (unbefugter Umgang mit Betäubungsmitteln) zum eigenen Konsum (§ 19a Ziff. 1 BetMG; *Patzak* in Körner/Patzak/Volkmer Vor § 29 Rn. 560),
  – Straflosigkeit von Vorbereitungshandlungen zum Eigenkonsum einer geringfügigen Menge oder zur Abgabe unter einer solchen Menge zum gleichzeitigen und gemeinsamen Konsum mit einer Person über 18 Jahre (Art. 19b Abs. 1 BetMG); 10 g eines Betäubungsmittels des Wirkungstyps Cannabis gelten nach Art. 19b Abs. 2 BetMG als geringfügige Menge (*Patzak* in Körner/Patzak/Volkmer Vor § 29 Rn. 559),
– **Tschechische Republik:** Geldbuße beim Besitz von Betäubungsmitteln in geringer Menge (*Patzak* in Körner/Patzak/Volkmer Vor § 29 Rn. 565, 566):
  – bis 1,5 g Metamfetamin oder 0,5 g Metamfetaminbase (0,6 g bei Hydrochlorid),
  – bis 1,5 g Heroin oder 0,2 g Heroinbase (0,22 g bei Hydrochlorid),
  – bis 1 g Cocain oder 0,54 g Cocainbase (0,6 g bei Hydrochlorid),
  – bis 4 Ecstasy-Pillen (MDMA, MDA, MDE) oder 0,34 g der jeweiligen Base (0,4 g bei Hydrochlorid),
  – bis 10 g Marihuana oder 1 g THC,
  – bis 5 g Haschisch oder 1 g THC,
  – bis zu 40 psilocybinhaltige Sporenfrüchte oder 0,05 g Psilocybin.
Ordnungswidrig ist zudem der Anbau von bis zu fünf Cannabispflanzen zum Eigenkonsum.

1823

§ 29 Straftaten

(1) [1]**Mit Freiheitsstrafe bis zu fünf Jahren oder mit Geldstrafe wird bestraft, wer**
1. **Betäubungsmittel unerlaubt anbaut, herstellt, mit ihnen Handel treibt, sie, ohne Handel zu treiben, einführt, ausführt, veräußert, abgibt, sonst in den Verkehr bringt, erwirbt oder sich in sonstiger Weise verschafft,**
2. **eine ausgenommene Zubereitung (§ 2 Abs. 1 Nr. 3) ohne Erlaubnis nach § 3 Abs. 1 Nr. 2 herstellt,**
3. **Betäubungsmittel besitzt, ohne zugleich im Besitz einer schriftlichen Erlaubnis für den Erwerb zu sein,**
4. *(weggefallen)*
5. **entgegen § 11 Abs. 1 Satz 2 Betäubungsmittel durchführt,**

---

[5] Eine Übersicht über die Rechtslage in allen Staaten der EU und der Schweiz enthält die Ausarbeitung der Wissenschaftlichen Dienste des Deutschen Bundestags v. 8.12.2010, WD 9 – 3000–201/10 „Legalisierung von Drogen in den Ländern der Europäischen Union und in der Schweiz".

6. entgegen § 13 Abs. 1 Betäubungsmittel
   a) verschreibt,
   b) verabreicht oder zum unmittelbaren Verbrauch überlässt,
6a. entgegen § 13 Absatz 1a Satz 1 und 2 ein dort genanntes Betäubungsmittel überlässt,
7. entgegen § 13 Abs. 2
   a) Betäubungsmittel in einer Apotheke oder tierärztlichen Hausapotheke,
   b) Diamorphin als pharmazeutischer Unternehmer
   abgibt,
8. entgegen § 14 Abs. 5 für Betäubungsmittel wirbt,
9. unrichtige oder unvollständige Angaben macht, um für sich oder einen anderen oder für ein Tier die Verschreibung eines Betäubungsmittels zu erlangen,
10. einem anderen eine Gelegenheit zum unbefugten Erwerb oder zur unbefugten Abgabe von Betäubungsmitteln verschafft oder gewährt, eine solche Gelegenheit öffentlich oder eigennützig mitteilt oder einen anderen zum unbefugten Verbrauch von Betäubungsmitteln verleitet,
11. ohne Erlaubnis nach § 10a einem anderen eine Gelegenheit zum unbefugten Verbrauch von Betäubungsmitteln verschafft oder gewährt, oder wer eine außerhalb einer Einrichtung nach § 10a bestehende Gelegenheit zu einem solchen Verbrauch eigennützig oder öffentlich mitteilt,
12. öffentlich, in einer Versammlung oder durch Verbreiten eines Inhalts (§ 11 Abs. 3 des Strafgesetzbuches) dazu auffordert, Betäubungsmittel zu verbrauchen, die nicht zulässigerweise verschrieben worden sind,
13. Geldmittel oder andere Vermögensgegenstände einem anderen für eine rechtswidrige Tat nach Nummern 1, 5, 6, 7, 10, 11 oder 12 bereitstellt,
14. einer Rechtsverordnung nach § 11 Abs. 2 Satz 2 Nr. 1 oder § 13 Abs. 3 Satz 2 Nr. 1, 2a oder 5 zuwiderhandelt, soweit sie für einen bestimmten Tatbestand auf diese Strafvorschrift verweist.

²Die Abgabe von sterilen Einmalspritzen an Betäubungsmittelabhängige und die öffentliche Information darüber sind kein Verschaffen und kein öffentliches Mitteilen einer Gelegenheit zum Verbrauch nach Satz 1 Nr. 11.

(2) In den Fällen des Absatzes 1 Satz 1 Nr. 1, 2, 5 oder 6 Buchstabe b ist der Versuch strafbar.

(3) ¹In besonders schweren Fällen ist die Strafe Freiheitsstrafe nicht unter einem Jahr. ²Ein besonders schwerer Fall liegt in der Regel vor, wenn der Täter
1. in den Fällen des Absatzes 1 Satz 1 Nr. 1, 5, 6, 10, 11 oder 13 gewerbsmäßig handelt,
2. durch eine der in Absatz 1 Satz 1 Nr. 1, 6 oder 7 bezeichneten Handlungen die Gesundheit mehrerer Menschen gefährdet.

(4) Handelt der Täter in den Fällen des Absatzes 1 Satz 1 Nr. 1, 2, 5, 6 Buchstabe b, Nr. 10 oder Nr. 11 fahrlässig, so ist die Strafe Freiheitsstrafe bis zu einem Jahr oder Geldstrafe.

(5) Das Gericht kann von einer Bestrafung nach den Absätzen 1, 2 und 4 absehen, wenn der Täter die Betäubungsmittel lediglich zum Eigenverbrauch in geringer Menge anbaut, herstellt, einführt, ausführt, durchführt, erwirbt, sich in sonstiger Weise verschafft oder besitzt.

Straftaten **§ 29 BtMG**

(6) **Die Vorschriften des Absatzes 1 Satz 1 Nr. 1 sind, soweit sie das Handeltreiben, Abgeben oder Veräußern betreffen, auch anzuwenden, wenn sich die Handlung auf Stoffe oder Zubereitungen bezieht, die nicht Betäubungsmittel sind, aber als solche ausgegeben werden.**

Übersicht

	Rn.
Einführung	1
A. Die Tatbestände	1
B. Der Strafrahmen	2
C. Betäubungsmittel	3
I. Die in den Anlagen I bis III aufgeführten Betäubungsmittel	4
II. Keine Betäubungsmittel	7
III. Harte/weiche Drogen	11
IV. Illegale Drogen als Gegenstand von Eigentums- oder Vermögensdelikten	13
1. Eigentumsdelikte	14
2. Vermögensdelikte	18
Abschnitt 1. Die grundlegenden Strafvorschriften (Absatz 1)	24
Kapitel 1. Die Tatbestände des Absatzes 1 Satz 1 Nr. 1	25
A. Bedeutung	25
B. Gemeinsames Merkmal „unerlaubt"	26
I. Unerlaubt	27
II. Wirkung der Erlaubnis	31
III. Irrtümer im Zusammenhang mit der Erlaubnis	35
1. Fälle des Irrtums	36
2. Fälle des umgekehrten Irrtums	42
C. Rechtswidrigkeit, Notstand (§§ 34, 35 StGB)	45
D. Subjektiver Tatbestand, Konkurrenzen, Strafzumessung	46
Teil 1. Anbauen (Absatz 1 Satz 1 Nr. 1 Alt. 1)	47
A. Völkerrechtliche Grundlage	47
B. Grundtatbestand	48
C. Tathandlung	49
I. Betäubungsmittel	50
1. Gesondert dem BtMG unterstellte Pflanzen	51
2. Betäubungsmittel nach Anlage I fünfter Gedankenstrich	52
II. Anbauen	54
1. Anbauer	55
2. Motiv	57
3. Formen	59
4. Anbauen durch Unterlassen	60
5. Eigentum am Grundstück/an der Wohnung	65
6. Eigentum an Samen und Pflanzen	66
III. Unerlaubt	67
D. Vorbereitung, Versuch, Vollendung, Beendigung	68
E. Täterschaft, Teilnahme	75
I. Täterschaft	76
II. Beihilfe	77
III. Sonderfall: Zwei- oder Mehrpersonenverhältnisse	78
1. Übersicht	79
2. Anbauen durch den Nutzungsberechtigten	80
3. Anbauen durch andere Personen als den Nutzungsberechtigten	82
a) Strafbarkeit der anderen Person	83
b) Strafbarkeit des Nutzungsberechtigten	84
aa) Zur Verfügung stellen	85
bb) Einverständnis, Billigung, Mitkonsum	88
(a) (Mit)Täterschaft, auch durch Unterlassen	89

	Rn.
(b) Beihilfe	92
cc) Dulden	96
4. Anbauen bei gemeinsamer Nutzungsberechtigung	98
F. Handeln im Ausland	99
I. Inlandstat/Auslandstat	100
II. Deutsche Staatsangehörige/Neubürger	103
III. Ausländische Staatsangehörige/Staatenlose	104
IV. Anbauen als Vorstufe eines Güterumsatzes	106
G. Subjektiver Tatbestand	107
I. Vorsatz	108
II. Irrtumsfälle	110
III. Fahrlässigkeit (Absatz 4)	115
H. Konkurrenzen	116
I. Anbauen und Anbauen	117
II. Anbauen und Herstellen	118
III. Anbauen und Besitzen	119
IV. Anbauen und Handeltreiben	121
V. Anbauen und Geldwäsche	124
I. Strafzumessung	125
I. Strafrahmenwahl	126
II. Strafzumessung im engeren Sinn	127
III. Weitere Entscheidungen	128

Teil 2. Herstellen (Absatz 1 Satz 1 Nr. 1 Alt. 2) ... 129

A. Völkerrechtliche Grundlage	129
B. Grundtatbestand	130
C. Tathandlung	131
I. Betäubungsmittel	132
II. Herstellen	133
III. Unerlaubt	135
D. Vorbereitung, Versuch, Vollendung, Beendigung	136
E. Täterschaft, Teilnahme	141
F. Handeln im Ausland	144
G. Subjektiver Tatbestand	145
I. Vorsatz	146
II. Irrtumsfälle	148
III. Fahrlässigkeit (Absatz 4)	153
H. Konkurrenzen	154
I. Strafzumessung	159
I. Strafrahmenwahl	160
II. Strafzumessung im engeren Sinn	161
III. Weitere Entscheidungen	162

Teil 3. Handeltreiben (Absatz 1 Satz 1 Nr. 1 Alt. 3) ... 163

A. Völkerrechtliche Grundlage	163
B. Grundtatbestand	165
C. Tathandlung	166
I. Betäubungsmittel	167
II. Begriff des Handeltreibens	168
1. Definition, Bewertungseinheit	169
2. Die weite Auslegung in der Kritik	173
3. Der Beschluss des Großen Senats vom 26.10.2005	176
a) Die Kontinuität in Rechtsprechung und Gesetzgebung	177
b) Der Rahmenbeschluss der Europäischen Union	183
c) Kriminalpolitische Erfordernisse	189
d) Der enge Anwendungsbereich für den Versuch	195
e) Der enge Anwendungsbereich für Vorbereitungshandlungen	198
f) Kein Verstoß gegen den Schuldgrundsatz	200
g) Kein Verstoß gegen den Bestimmtheitsgrundsatz	204
aa) Tatbestandsbestimmtheit	205

	Rn.
bb) Wortlautschranke	210
(a) Möglicher Wortsinn als Grenze	211
(b) Handeltreiben als Tätigkeit	214
(c) Erkennbarkeit nach außen	215
(d) Folgen	216
(aa) Absatzorientierte Beschaffung	217
(bb) Vorhandensein, Verfügungsmöglichkeit	219
(cc) Scheindrogen (Imitate, andere Stoffe)	220
(dd) Polizeiliche Überwachung, Sicherstellung, Verdecke Ermittler, V-Personen	225
(ee) Andere Stoffe oder Gegenstände	226
4. Der Beschluss des BVerfG vom 18.9.2006	227
5. Spätere Kritik	228
6. Das Handeltreiben, ein uferloser Tatbestand?	229
III. Der Tatbestand im Einzelnen	230
1. Handlung	231
a) Objekt der Handlung	232
aa) Betäubungsmittel	233
bb) Erlöse	234
cc) Kaufgeld	235
dd) Andere Stoffe oder Gegenstände	236
(a) Grundstoffe, Ausgangsstoffe	237
(aa) Konkretisierung	240
(1) Mittäterschaft	241
(2) Beihilfe	245
(3) Alleintäterschaft	248
(bb) Abgrenzung	249
(b) Streckmittel, Laborgeräte, Schmuggelfahrzeuge, Anmietung von Räumen etc	251
(c) Fehlende Konkretisierung	252
b) Arten der Handlung	253
c) Völlig untergeordnete Handlungen	255
2. Ausrichtung auf einen (Güter-)Umsatz	256
a) Umsatzgeschäft	257
b) Endziel	259
aa) Gerichtet	263
bb) Tätigkeitsdelikt	264
cc) Abstraktes Gefährdungsdelikt, potentielles Gefährdungsdelikt	270
dd) Unechtes Unternehmensdelikt	273
ee) Folgen	279
(a) Vorhandensein der oder von Betäubungsmittel(n)	280
(b) Scheindrogen (Imitate und andere Stoffe)	281
(c) Verfügungsmöglichkeit, Beschaffungsmöglichkeit	284
(d) Polizeiliche Kontrolle, Sicherstellung, Beschlagnahme	286
(e) Verdeckte Ermittler/V-Personen, Scheinverhandlungen	290
(f) Vorgespiegelte Kauf- oder Verkaufsabsicht (Rip-Dealer)	292
c) Erkennbarkeit, Feststellungen	293
d) Verwirklichung	295
e) Förderung eines Fremdumsatzes	296
aa) Täterschaft	299
(a) Eigennützigkeit	300
(b) Konkretisierung	301
(aa) Alleintäterschaft	302
(bb) Mittäterschaft	304

	Rn.
bb) Beihilfe	306
3. Eigennützigkeit	309
a) Begriff	313
b) Gewinn, sonstige Vorteile	321
aa) Gewinn	322
bb) Sonstige Vorteile	323
(a) Materielle Vorteile	324
(b) Immaterielle Vorteile	329
cc) Mittelbare Vorteile	334
c) Erwartung	336
d) Umsatzbezogenheit	341
aa) Fehlende Bestimmung	342
bb) Entstehung aus einem anderen Vorgang	345
e) Teilmengen	347
f) Feststellungen	348
IV. Erscheinungsformen des Handeltreibens	354
1. Rechtsgeschäfte, Zusammenhang mit Rechtsgeschäften	355
a) Verkaufsgeschäfte	357
aa) Schuldrechtlicher Vertrag	358
bb) Lieferung, Übereignung, Entgegennahme des Entgelts	360
cc) Vorhandensein, Scheindrogen (Imitate oder andere Stoffe)	362
dd) Verfügungsmöglichkeit, Beschaffungsmöglichkeit	363
ee) Polizeiliche Überwachung, Sicherstellung, Scheinverhandlungen	366
b) Kaufgeschäfte (Zwischenhandel)	367
aa) Schuldrechtlicher Vertrag	370
bb) Lieferung, Übereignung, Bezahlung	371
cc) Vorhandensein, Scheindrogen (Imitate oder andere Stoffe)	372
dd) Verfügungsmöglichkeit, Beschaffungsmöglichkeit	373
ee) Polizeiliche Überwachung, Sicherstellung, Scheinverhandlungen	374
ff) Verwirklichung	375
c) Vorbereitung, Anbahnung eines Verkaufs oder Kaufs, Verkaufs-/Kaufbemühungen	376
aa) Initiativen auf Seiten des Verkäufers	377
(a) Vorbereitungshandlungen	378
(b) Werbebemühungen, Internet	379
(c) Besitz	383
(d) Verbindliche Angebote	385
(aa) Formen	387
(1) Anbieten	388
(2) Aufsuchen von Bestellungen	390
(3) Entgegennehmen von Bestellungen	393
(bb) Zugang	394
(cc) Form	395
(dd) Ernstlichkeit, Scheinangebote	396
(ee) Keine engeren Anforderungen	397
(e) Sonderfall: Absatzbemühungen bei zur Verfügung stehendem Rauschgift	398
bb) Initiativen auf Seiten des Käufers (Zwischenhändlers)	400
(a) Vorbereitungshandlungen	401
(b) Ernsthafte Kaufverhandlungen	403
(aa) Zur Frage der Einigung	407
(bb) Der von Anfang an erfolglose Käufer	409
(cc) Zugang	412
(dd) Inhalt	413
(ee) Ernstlichkeit, Scheinangebote	414

	Rn.
(ff) Keine engeren Anforderungen	415
(gg) Verwirklichung	416
d) Besondere Formen des Verkaufs/Kaufs, Tausch, Rückgabe	417
aa) Probenkauf, Testen	418
bb) Vertrauenskauf	420
cc) Dreiecksgeschäfte, Kompensationsgeschäfte	421
dd) Tausch (barter trading), Tauschbemühungen	422
ee) Rückgabe, Reklamation, Umtausch	423
e) Sonstige Verpflichtungsgeschäfte	424
f) Vermittlungsgeschäfte	425
g) Vermittlungsbemühungen	433
aa) Vorbereitungshandlungen	434
bb) Ernsthaftes Anerbieten zur Vermittlung	435
h) Kommissionsgeschäfte, Kommissionsangebote	442
i) Sonstige Provisionsgeschäfte	444
j) Darlehens-, Finanzierungs- und sonstige Geldgeschäfte	445
k) Dienst- und Werkverträge	449
l) Arbeitsverträge	450
m) Sonstige Tätigkeiten im Umfeld von Verhandlungen oder Umsatz	451
n) Handlungen nach Geschäftsabschluss, Zahlungsvorgänge	455
aa) Übereignungsvorgänge	456
bb) Zahlungsvorgänge	457
(a) Unterste Ebene der Handelskette	461
(b) Großhandel	467
(c) Nicht beendeter Rauschgiftumsatz	468
(aa) Eingespieltes Bezugs- und Vertriebssystem	469
(bb) Organisierter Waren- und Finanzzyklus	473
(cc) Im Rahmen einer Organisation	477
(dd) Geldwäsche, Begünstigung, Strafvereitelung	478
(d) Einbindung in anderer Weise	479
2. Tatsächliche Handlungen	480
a) Einführen, Ausführen	482
b) Durchführen	486
c) Anbauen von Betäubungsmitteln; Einrichten, Betrieb einer Plantage	489
d) Herstellen	491
aa) Grundform	492
bb) Mischen, Strecken, Portionieren, Abwiegen	493
cc) Abfüllen, Umfüllen, Abpacken, Kennzeichnen	497
e) Besitzen, Lagern in Verkaufsabsicht (Vorrätighalten)	498
aa) Besitzen als Handeltreiben	499
bb) Nähere Begründung	502
cc) Folgen	510
f) Feilhalten, Feilbieten	511
aa) Feilhalten	512
bb) Feilbieten	516
g) Absatzorientierte Beschaffung, Inbesitznahme	518
aa) Abgeleiteter Erwerb	519
bb) Nicht abgeleiteter Erwerb	521
(a) Sichverschaffen	522
(b) Sichverschaffen durch Diebstahl/Raub	524
h) Besitzen für einen anderen, Depothaltung	526
i) Kuriertätigkeit, Botentätigkeit	534
aa) Umsatz	538
bb) Objekte	540
(a) Rauschgift	541
(b) Rauschgifterlöse	542
(c) Kaufgeld	543

	Rn.
(d) Grundstoffe, Streckmittel und andere Stoffe/ Gegenstände	544
(e) Sonstige Gegenstände, Informationen	545
cc) Einfordern des Kurierlohns	546
dd) Überwachung der Kuriertätigkeit	547
ee) Andere Handlungen im Zusammenhang mit der Kuriertätigkeit	548
j) Transporte	549
k) Chauffeurdienste, sonstige Fahrdienste	550
l) Zusagen	554
m) Wohnungsinhaber	560
n) Gastwirte, Spielsalons, andere Etablissements	564
o) Entsorgung von Cannabispflanzenabfällen	565
p) Weitere tatsächliche Handlungen im Zusammenhang mit Rauschgiftgeschäften	566
aa) Kaufgeld	567
bb) Aufsuchen des Lieferanten	570
cc) Sonstige tatsächliche Handlungen	571
V. Unerlaubt	572
D. Vorbereitung, Versuch, Vollendung, Beendigung	573
I. Kernbereich, problematischer Bereich	574
II. Vorbereitung oder Versuch	576
1. Die in Aussicht genommene Tat	578
a) Betäubungsmittel als Objekte der Tat	581
aa) Befassung mit dem Rauschgift	582
bb) Fehlende Befassung	583
(a) Rechtsgeschäfte, Zusammenhang mit Rechtsgeschäften	585
(b) Tatsächliche Handlungen	588
(aa) Befördern, Kuriertätigkeit	589
(bb) Anbauen von Betäubungsmitteln, Einrichten einer Plantage	596
(1) Handlungen ohne unmittelbaren Bezug auf Betäubungsmittel	597
(2) Handlungen mit unmittelbarem Bezug auf Betäubungsmittel	599
(cc) Herstellen, andere tatsächliche Handlungen	602
(dd) Zusagen	603
b) Andere Gegenstände oder Stoffe	604
c) Kaufgeld	607
2. Versuch der Beteiligung	608
III. Versuch oder Vollendung	609
1. Handlungen im Vorfeld eines Umsatzes	610
a) Rechtsgeschäfte, Zusammenhang mit Rechtsgeschäften	611
b) Tatsächliche Handlungen	614
2. Nichterreichbarkeit eines Umsatzes	618
a) Scheindrogen (Imitate und andere Stoffe)	619
b) Sichergestelltes Rauschgift	623
c) Polizeibeamte, V-Personen als Käufer	624
IV. Vollendung	627
1. Auch bei weiteren Handlungen	628
2. Unabhängig vom Erfolg	629
V. Beendigung	630
E. Täterschaft, Teilnahme	632
I. Voraussetzungen und Formen	633
II. Abgrenzung	634
1. Vorabklärung	635
a) Bedeutung der Eigennützigkeit	636
b) Beihilfe trotz eigenhändiger Erfüllung aller Tatbestandsmerkmale	638

		Rn.

    2. Art des Tatbeitrags, ganz untergeordnete Tätigkeiten 642
    3. Willensrichtung 645
       a) Art, Umfang und Bedeutung des Tatbeitrags 650
       b) Tatherrschaft und Wille dazu 654
       c) Grad des eigenen Interesses am Taterfolg 656
    4. Gemeinsamer Tatplan 663
    5. Differenzierung nach Teilmengen 664
  III. Erscheinungsformen von Täterschaft und Teilnahme 665
    1. Verkauf, Kauf, Zwischenhandel, Kommission, ... 666
    2. Einkaufsgemeinschaft, Sammeleinkauf 670
    3. Vermittlungsgeschäfte 675
    4. Arbeitsverträge 680
    5. Sonstige Tätigkeiten im Umfeld von Verhandlungen oder
       Umsatz 681
    6. Besitzen für einen anderen, Depothaltung 688
    7. Kuriertätigkeit, Botentätigkeit, Transporte 691
       a) Beförderungsobjekte 692
       b) Beförderung von Rauschgift 693
          aa) Die neue Rechtsprechung des BGH 695
             (a) Das Gesamtgeschäft als maßgeblicher Bezugs-
                punkt 699
             (b) Untergeordnete Tätigkeit 701
             (c) Die Kuriertätigkeit im Rahmen des Gesamt-
                geschäfts 702
                (aa) Reine Kuriertätigkeit 703
                (bb) Über den Transport hinausgehende
                    Aktivitäten 713
                    (1) Beteiligung am An-/Verkauf; Eigen-
                        initiative 714
                    (2) Sonstiges eigenes Interesse am Gesamt-
                        geschäft 716
                    (3) Bedeutender Tatbeitrag in Bezug zum
                        Gesamtgeschäft 721
                (cc) Einbindung in gleichberechtigte arbeits-
                    teilige Durchführung des Gesamtgeschäfts . 730
                (dd) Erleichterte Feststellungen, Zweifelssatz ... 731
             (d) Folgen der neuen Rechtsprechung 734
                (aa) Konkretisierung der Haupttat 737
                (bb) Versuch 739
                (cc) Förderung der Haupttat 744
                (dd) Nutzlose/fehlgeschlagene Förderungshand-
                    lungen 745
                (ee) Auswirkungen auf Auslandstaten 747
          bb) Stellungnahme zu der neuen Rechtsprechung 748
          cc) Kritik im Einzelnen 753
             (a) Pauschalbeurteilung der Kuriertätigkeit als un-
                tergeordnete Tätigkeit 754
             (b) Abkehr von den sonst geltenden Abgrenzungs-
                Kriterien 758
                (aa) Bedeutung des Tatbeitrags 761
                (bb) Tatherrschaft oder der Wille dazu 763
                    (1) Tatherrschaft hinsichtlich des Teilakts . . 764
                    (2) Tatherrschaft hinsichtlich des Gesamt-
                        geschäfts 770
                    (3) Grad des eigenen Interesses am Taterfolg 774
       c) Beförderung von Rauschgifterlösen 781
       d) Beförderung von Kaufgeld 782
       e) Beförderung von Streckmitteln, Grundstoffen, anderen
          Stoffen oder Gegenständen 783
          aa) Streckmittel 784

	Rn.
(a) Der Kurier wird mit dem Streckmittel gestellt	785
(aa) Mittäterschaft	786
(bb) Alleintäterschaft	789
(cc) Beihilfe	790
(dd) Handeltreiben mit einem Imitat	791
(ee) Verstoß gegen das AMG	792
(b) Das Streckmittel wird/ist verarbeitet	793
bb) Grundstoffe, andere Stoffe oder Gegenstände	795
f) Leitung und Überwachung des Kuriers, Organisation	796
g) Andere Handlungen im Zusammenhang mit einer Kuriertätigkeit, Werbung	797
h) Zusagen der Kuriertätigkeit	801
i) Botentätigkeit	802
j) Transporte	803
8. Beschaffen, Lagern, Liefern von Streckmitteln, Grundstoffen und anderen Stoffen oder Gegenständen	804
9. Chauffeur- oder sonstige Fahrdienste; Beifahrer	806
10. Beschaffen durch eine Straftat (Diebstahl)	813
11. Wohnungsinhaber	814
12. Neutrale oder berufstypische Handlungen	815
13. Cannabiszuchtanlage (Plantage), Erfahrungssätze	816
IV. Folgen der Mittäterschaft	820
V. Folgen der Teilnahme, Besonderheiten	821
1. Anstiftung	822
2. Beihilfe	823
F. Handeln im Ausland	824
G. Subjektiver Tatbestand	827
I. Vorsatz	828
II. Irrtumsfälle	831
1. Geltung der allgemeinen Regeln	832
2. Umgekehrter Irrtum	836
3. Irrtümer im Zusammenhang mit der Erlaubnis	840
III. Fahrlässigkeit	841
H. Konkurrenzen	842
I. Betäubungsmittelstraftaten	844
1. Bewertungseinheit	845
a) Grundsatz	846
b) Zu den einzelnen Tatbeständen	847
c) Reichweite	848
2. Tateinheit	849
a) Handeltreiben und Eigenverbrauch	850
b) Handeltreiben und Handeltreiben	853
aa) Zusammentreffen in Zahlungs- und Abholvorgängen, Umtausch	854
bb) Gleichzeitige Aufbewahrung, gleichzeitiger Verkauf, gleichzeitiger Besitz	855
cc) Aufgefüllter, nie versiegender Verkaufsvorrat, Silotheorie	856
3. Zusammentreffen mit Qualifikationen	857
4. Beihilfe; Beihilfe und andere Begehungsweisen	858
5. Verschaffen, Gewähren oder Mitteilen einer Gelegenheit	862
6. Bereitstellen von Geldmitteln und anderen Gegenständen	863
II. Allgemeine Straftaten	864
I. Strafzumessung	866
I. Strafrahmenwahl	867
II. Strafzumessung im engeren Sinn	868
III. Weitere Entscheidungen	869

Teil 4. Einführen (Absatz 1 Satz 1 Nr. 1 Alt. 4) 870
A. Völkerrechtliche Grundlage 870
B. Grundtatbestand 871

	Rn.
C. Tathandlung	872
I. Betäubungsmittel	873
II. Einführen (Verbringen)	874
1. Einzelheiten der Tathandlung	875
2. Abweichung vom vorgestellten Kausalverlauf	876
III. Unerlaubt	881
D. Vorbereitung, Versuch, Vollendung, Beendigung	882
I. Vorbereitungshandlungen/Versuch	883
1. Unmittelbarer zeitlicher und räumlicher Zusammenhang	885
2. Vorgelagerte Handlungen und Zwischenakte	887
3. Versuch bei der Einfuhr durch Bahn-, Flug- und Schiffsreisende	890
4. Versuch bei der Einfuhr durch Kraftfahrer	894
5. Versuch bei der Einfuhr durch Radfahrer und Fußgänger	897
II. Versuch/Vollendung	898
1. Inländischer Bestimmungsort („echte Einfuhrfälle")	899
2. Transit	901
a) Handgepäck	907
b) Am oder im Körper	908
aa) Am Körper, in Körperöffnungen	909
bb) Im Körper	910
c) Reisegepäck	911
aa) Tatsächliche Verfügungsgewalt des Reisenden	912
bb) Fehlende tatsächliche Verfügungsgewalt	913
cc) Anforderungen an die tatsächliche Verfügungsgewalt	914
dd) Anforderungen an die subjektive Tatseite	916
d) Frachtgepäck	917
III. Vollendung/Beendigung	918
E. Täterschaft, Teilnahme	922
I. Eigenhändiges Verbringen	924
II. Verbringen durch einen anderen	933
1. Grundsatz	935
2. Die Anwendung im Einzelnen	940
a) Bestellung/Erwerb im Ausland	941
aa) Besteller/Erwerber	942
(a) Mittäterschaft	943
(b) Teilnahme, Internet	947
bb) Lieferant/Verkäufer	952
cc) Finanzier	954
dd) Chauffeur	958
b) Begleitung beim Transport	961
c) Sonstige Mitwirkung bei Rauschgifttransporten	971
d) Anstiftung	975
e) Zurechnung der von einem anderen mitgeführten Menge	976
F. Einfuhr durch Körperschmuggler	983
G. Einfuhr durch Versendung	984
I. Postversand	985
II. Aufgabe als Reisegepäck bei der Bahn	988
III. Aufgabe als Reisegepäck im Flugverkehr	990
IV. Aufgabe als Reisegepäck im Schiffsverkehr	992
V. Aufgabe als Frachtgut	995
H. Handeln im Ausland	997
I. Subjektiver Tatbestand	1000
I. Vorsatz	1001
II. Irrtumsfälle	1005
III. Fahrlässigkeit (Absatz 4)	1007
J. Konkurrenzen	1008
I. Betäubungsmittelstraftaten	1009
1. Zum Besitz	1010
2. Zum Handeltreiben	1011

	Rn.
3. Zu Ausfuhr und Durchfuhr	1014
II. Abgabendelikte	1016
1. Zur Steuerhinterziehung	1017
2. Zum Bannbruch	1018
III. Allgemeine Straftaten	1019
K. Strafzumessung	1022
I. Strafrahmenwahl	1023
II. Strafzumessung im engeren Sinn	1024
III. Weitere Entscheidungen	1025
L. Kontrollierte Transporte	1026
I. Grundlagen	1027
II. Voraussetzungen	1028
III. Folgen	1029
IV. Verfahren	1030
M. Legendierte Konrollen	1031

Teil 5. Ausführen (Absatz 1 Satz 1 Nr. 1 Alt. 5) ... 1032
A. Völkerrechtliche Grundlage ... 1032
B. Grundtatbestand ... 1033
C. Tathandlung ... 1034
  I. Betäubungsmittel ... 1035
  II. Ausführen ... 1036
  III. Unerlaubt ... 1037
D. Vorbereitung, Versuch, Vollendung, Beendigung ... 1038
E. Täterschaft, Teilnahme ... 1042
F. Handeln im Ausland ... 1043
G. Subjektiver Tatbestand ... 1046
  I. Vorsatz ... 1047
  II. Irrtumsfälle ... 1050
  III. Fahrlässigkeit (Absatz 4) ... 1052
H. Konkurrenzen ... 1053
I. Strafzumessung ... 1054
  I. Strafrahmenwahl ... 1055
  II. Strafzumessung im engeren Sinn ... 1056
  III. Weitere Entscheidungen ... 1057

Teil 6. Veräußern (Absatz 1 Satz 1 Nr. 1 Alt. 6) ... 1058
A. Völkerrechtliche Grundlage ... 1058
B. Zielsetzung, praktische Bedeutung ... 1059
C. Grundtatbestand ... 1060
D. Tathandlung ... 1061
  I. Betäubungsmittel ... 1062
  II. Veräußern ... 1063
    1. Veräußerer ... 1064
    2. Empfänger ... 1067
    3. Zu freier Verfügung ... 1069
    4. Entgeltliches Rechtsgeschäft ... 1071
    5. Keine Eigennützigkeit ... 1072
    6. Erweiterung des Kreises ... 1074
  III. Unerlaubt ... 1076
E. Vorbereitung, Versuch, Vollendung, Beendigung ... 1077
  I. Vorbereitungshandlungen/Versuch ... 1078
  II. Vollendung ... 1081
  III. Beendigung ... 1084
F. Täterschaft, Teilnahme ... 1085
G. Handeln im Ausland ... 1090
H. Subjektiver Tatbestand ... 1091
  I. Vorsatz ... 1092
  II. Irrtumsfälle ... 1094
  III. Fahrlässigkeit (Absatz 4) ... 1096
I. Konkurrenzen ... 1097

	Rn.
I. Betäubungsmittelstraftaten	1098
1. Zum Besitz	1099
2. Zum Erwerb und anderen Verkehrsformen	1100
3. Zur Abgabe	1102
4. Zum Handeltreiben	1103
5. Zum Abgeben in einer Apotheke	1104
6. Zum Verschaffen, Gewähren, Mitteilen einer Gelegenheit	1105
II. Allgemeine Straftaten	1106
J. Strafzumessung	1108
I. Strafrahmenwahl	1109
II. Strafzumessung im engeren Sinn	1110
III. Weitere Entscheidungen	1111

Teil 7. Abgeben (Absatz 1 Satz 1 Nr. 1 Alt. 7) ... 1112
A. Völkerrechtliche Grundlage ... 1112
B. Zielsetzung, praktische Bedeutung ... 1113
C. Grundtatbestand ... 1114
D. Tathandlung ... 1115
   I. Betäubungsmittel ... 1116
   II. Abgeben ... 1117
      1. Abgebender ... 1118
      2. Empfänger ... 1119
      3. Zur freien Verfügung ... 1120
      4. Ohne rechtsgeschäftliche Grundlage und ohne Gegenleistung ... 1121
      5. Erweiterung des Kreises ... 1123
   III. Unerlaubt ... 1125
E. Vorbereitung, Versuch, Vollendung, Beendigung ... 1126
F. Täterschaft, Teilnahme ... 1129
G. Handeln im Ausland ... 1134
H. Subjektiver Tatbestand ... 1135
   I. Vorsatz ... 1136
   II. Irrtumsfälle ... 1138
   III. Fahrlässigkeit (Absatz 4) ... 1140
I. Konkurrenzen ... 1141
J. Strafzumessung ... 1146
   I. Strafrahmenwahl ... 1147
   II. Strafzumessung im engeren Sinn ... 1148
   III. Weitere Entscheidungen ... 1149
K. Exkurs: Weitergabe von Rauschgift durch Schwangere und Mütter ... 1150

Teil 8. Sonstiges Inverkehrbringen (Absatz 1 Satz 1 Nr. 1 Alt. 8) 1152
A. Völkerrechtliche Grundlage ... 1152
B. Zielsetzung, praktische Bedeutung ... 1153
C. Grundtatbestand ... 1154
D. Tathandlung ... 1155
   I. Betäubungsmittel ... 1156
   II. Inverkehrbringen ... 1157
      1. Inverkehrbringender ... 1158
      2. Neuer Inhaber der Verfügungsmacht ... 1164
      3. Freie Verfügung ... 1165
      4. Erweiterung des Kreises ... 1166
      5. Unterlassen ... 1168
      6. Typische Beispiele ... 1170
   III. Unerlaubt ... 1171
E. Vorbereitung, Versuch, Vollendung, Beendigung ... 1172
   I. Beginn des Versuchs ... 1173
   II. Vollendung ... 1174
   III. Beendigung ... 1175
F. Täterschaft, Teilnahme ... 1176
G. Handeln im Ausland ... 1179

		Rn.

- H. Subjektiver Tatbestand 1180
  - I. Vorsatz 1181
  - II. Irrtumsfälle 1183
  - III. Fahrlässigkeit (Absatz 4) 1185
- I. Konkurrenzen 1186
- J. Strafzumessung 1189
  - I. Strafrahmenwahl 1190
  - II. Strafzumessung im engerin Sinn 1191
  - III. Weitere Entscheidungen 1192

Teil 9. Erwerben (Absatz 1 Satz 1 Nr. 1 Alt. 9) 1193
- A. Völkerrechtliche Grundlage 1193
- B. Grundtatbestand 1194
- C. Tathandlung 1195
  - I. Betäubungsmittel 1196
  - II. Erwerben 1197
    1. Erwerber 1199
    2. Zur freien Verfügung 1206
    3. Abgeleiteter Erwerb 1212
    4. Zweck des Erwerbs 1213
    5. Erweiterung des Kreises 1214
  - III. Unerlaubt 1216
- D. Vorbereitung, Versuch, Vollendung, Beendigung .. 1217
  - I. Vorbereitungshandlungen/Versuch 1218
  - II. Vollendung 1223
  - III. Beendigung 1224
- E. Täterschaft, Teilnahme 1225
  - I. Der tatsächliche Empfänger 1226
  - II. Der Empfang durch einen anderen 1230
- F. Handeln im Ausland 1232
- G. Subjektiver Tatbestand 1233
  - I. Vorsatz 1234
  - II. Irrtumsfälle 1236
  - III. Fahrlässigkeit (Absatz 4) 1238
- H. Konkurrenzen 1239
  - I. Betäubungsmittelstraftaten 1241
    1. Zum Besitz 1242
    2. Zum Handeltreiben 1243
    3. Zur Einfuhr 1246
    4. Zur Veräußerung und Abgabe 1247
    5. Zum unerlaubten Verschreiben 1248
    6. Zum Erschleichen einer Verschreibung 1249
    7. Zum Verschaffen/Gewähren/Mitteilen einer Gelegenheit .. 1250
  - II. Allgemeine Straftaten 1251
- I. Strafzumessung 1253
  - I. Strafrahmenwahl 1254
  - II. Strafzumessung im engeren Sinn 1255
  - III. Weitere Entscheidungen 1256

Teil 10. In sonstiger Weise Sichverschaffen (Absatz 1 Satz 1 Nr. 1 Alt. 10) 1257
- A. Völkerrechtliche Grundlage 1257
- B. Grundtatbestand 1258
- C. Tathandlung 1259
  - I. Betäubungsmittel 1260
  - II. Sichverschaffen (in sonstiger Weise) 1261
    1. Sichverschaffender 1262
    2. Zur freien Verfügung 1264
    3. Kein abgeleiteter Erwerb 1265
    4. Zweck des Sichverschaffens 1269
    5. Erweiterung des Kreises 1271

	Rn.

D. Vorbereitung, Versuch, Vollendung, Beendigung 1274
  I. Beginn des Versuchs 1275
  II. Vollendung 1276
  III. Beendigung 1277
E. Täterschaft, Teilnahme 1278
F. Handeln im Ausland 1279
G. Subjektiver Tatbestand 1280
  I. Vorsatz 1281
  II. Irrtumsfälle 1283
  III. Fahrlässigkeit (Absatz 4) 1284
H. Konkurrenzen 1285
  I. Betäubungsmittelstraftaten 1287
    1. Zum Handeltreiben 1288
    2. Zu den anderen Betäubungsmittelstraftaten 1290
  II. Allgemeine Straftaten 1291
I. Strafzumessung 1293
  I. Strafrahmenwahl 1294
  II. Strafzumessung im engeren Sinn 1295
  III. Weitere Entscheidungen 1296

Kapitel 2. Herstellen ausgenommener Zubereitungen (Absatz 1 Satz 1 Nr. 2) 1297
A. Völkerrechtliche Grundlage 1297
B. Grundtatbestand 1298
C. Tathandlung 1299
  I. Ausgenommene Zubereitungen 1300
  II. Herstellen 1301
  III. Ohne Erlaubnis 1303
D. Vorbereitung, Versuch, Vollendung, Beendigung 1304
E. Täterschaft, Teilnahme 1305
F. Herstellen ausgenommener Zubereitungen im Ausland . 1306
G. Subjektiver Tatbestand 1307
  I. Vorsatz 1308
  II. Irrtumsfälle 1309
  III. Fahrlässigkeit 1310
H. Konkurrenzen 1311
I. Strafzumessung 1312
  I. Strafrahmenwahl 1313
  II. Strafzumessung im engeren Sinn 1314
  III. Weitere Entscheidungen 1315

Kapitel 3. Besitzen (Absatz 1 Satz 1 Nr. 3) 1316
A. Völkerrechtliche Grundlage 1316
B. Bedeutung, Strafgrund 1318
C. Grundtatbestand 1320
D. Tathandlung 1321
  I. Betäubungsmittel 1322
  II. Besitzen 1324
    1. Tatsächliches Herrschaftsverhältnis 1328
      a) Tatsächliche Verfügungsgewalt 1329
        aa) Beginn 1331
        bb) Formen 1335
          (a) Eigenbesitzer/Fremdbesitzer 1336
          (b) Mittelbarer Besitzer 1339
          (c) Mitbesitzer 1342
            (aa) Gemeinsame Anschaffung/Bestellung . 1343
            (bb) Gemeinsame Wohnung 1344
            (cc) Kraftfahrzeug 1351
          (d) Besitzdiener/Besitzherr 1352
      b) Motiv, Zweck 1355
      c) Dauer 1361

	Rn.
2. Willen zum Besitz	1365
III. Ohne schriftliche Erlaubnis zum Erwerb	1372
E. Vollendung, Beendigung	1375
F. Täterschaft, Teilnahme	1377
G. Handeln im Ausland	1383
H. Subjektiver Tatbestand	1385
I. Vorsatz	1386
II. Irrtumsfälle	1390
I. Konkurrenzen	1392
I. Gleichzeitiger Besitz	1393
II. Besitz als Auffangtatbestand	1395
1. Zurücktreten	1397
a) Besitz und Anbau	1400
b) Besitz und Handeltreiben	1401
c) Besitz und andere Begehungsweisen	1405
d) Besitz einer nicht geringen Menge	1407
2. Klammerwirkung	1408
III. Zusammentreffen mit allgemeinen Straftatbeständen	1409
IV. Wahlfeststellung	1410
V. Strafklageverbrauch	1411
J. Strafzumessung	1412
I. Strafrahmenwahl	1413
II. Strafzumessung im engeren Sinn	1414
III. Weitere Entscheidungen	1415

Kapitel 4. Bereitstellen von Geldmitteln (Absatz 1 Satz 1 Nr. 4) 1416

Kapitel 5. Durchführen (Absatz 1 Satz 1 Nr. 5) 1417

A. Völkerrechtliche Grundlage	1417
B. Grundtatbestand	1418
C. Tathandlung	1419
I. Betäubungsmittel	1420
II. Durchführen	1421
III. Entgegen § 11 Abs. 1 S. 2	1423
1 Betäubungsmittelverkehr mit einem Drittstaat	1424
a) Ohne zollamtliche Überwachung	1425
b) Unnötiger Aufenthalt	1426
c) Tatsächliches Zurverfügungstehen	1427
2. Betäubungsmittelverkehr mit einem Mitgliedstaat der EU	1428
D. Vorbereitung, Versuch, Vollendung, Beendigung	1429
I. Vorbereitungshandlungen	1430
II. Versuch	1431
III. Vollendung, Beendigung	1433
E. Täterschaft, Teilnahme	1434
F. Handeln im Ausland	1435
G. Subjektiver Tatbestand	1436
I. Vorsatz	1437
II. Irrtumsfälle	1439
III. Fahrlässigkeit (Absatz 4)	1440
H. Konkurrenzen	1441
I. Strafzumessung	1444
I. Strafrahmenwahl	1445
II. Strafzumessung im engeren Sinn	1446
III. Weitere Entscheidungen	1447

Kapitel 6a. Verschreiben entgegen § 13 Abs. 1 (Absatz 1 Satz 1 Nr. 6 Buchst. a) 1448

A. Völkerrechtliche Grundlage	1448
B. Bedeutung	1449
C. Bestimmtheitsgrundsatz (Art. 103 Abs. 2 GG)	1451
D. Grundtatbestand	1453
E. Tathandlung	1454

	Rn.
I. Betäubungsmittel	1455
II. Entgegen § 13 Abs. 1	1456
1. Gemeinsames Merkmal: Verschreiben	1458
a) Verschreibung	1459
b) Geltungsbereich der Strafvorschrift	1460
c) Verschreiben und andere Begehungsweisen (Veräußern, Abgeben, Inverkehrbringen, Handeltreiben)	1461
2. Betäubungsmittel der Anlage III	1462
a) Verschreiben durch Nichtärzte	1463
b) Verschreiben durch Ärzte	1464
aa) Fehlen einer ärztlichen Behandlung	1465
bb) Fehlen einer ärztlichen Indikation	1466
cc) Sonderfall: Substitution	1467
3. Betäubungsmittel der Anlagen I und II	1470
F. Vollendung, Beendigung	1471
G. Täterschaft, Teilnahme	1472
H. Handeln im Ausland	1475
I. Subjektiver Tatbestand	1477
I. Nichtärzte	1478
II. Ärzte	1479
J. Konkurrenzen	1484
I. Betäubungsmittelstraftaten	1485
II. Allgemeine Straftaten	1490
K. Strafzumessung	1494
I. Strafrahmenwahl	1495
II. Strafzumessung im engeren Sinn	1496
III. Weitere Entscheidungen	1497
L. Exkurs: Unerlaubtes Verschreiben im Rahmen der Substitution	1499
I. Substitution mit Levomethadon, Methadon, Buprenorphin	1501
1. Strafbarkeit nach § 29 Abs. 1 S. 1 Nr. 14	1502
2. Strafbarkeit nach § 29 Abs. 1 S. 1 Nr. 6 Buchst. a, § 13 Abs. 1	1503
a) Die BÄK-Richtlinien	1505
b) Zuwiderhandlungen gegen die Regelung der Substitution	1507
c) Die Substitutionsbehandlung in der Rechtsprechung	1508
aa) Verstöße gegen die allgemeinen Voraussetzungen der Substitution	1509
bb) Verstöße gegen die besonderen Voraussetzungen einer Take-Home-Verschreibung	1510
d) Weitere Anforderungen an eine Substitutionsbehandlung	1512
e) Vorsatz	1513
f) Massenabfertigung	1514
3. Strafbarkeit nach § 29 Abs. 1 S. 1 Nr. 1	1515
II. Substitution mit Codein und Dihydrocodein	1518
1. Strafbarkeit nach § 29 Abs. 1 S. 1 Nr. 14	1519
2. Strafbarkeit nach § 29 Abs. 1 S. 1 Nr. 6 Buchst. a	1521
3. Strafbarkeit nach § 29 Abs. 1 S. 1 Nr. 1	1522
III. Substitution mit Diamorphin	1523
1. Strafbarkeit nach § 29 Abs. 1 S. 1 Nr. 14	1524
2. Strafbarkeit nach § 29 Abs. 1 S. 1 Nr. 6 Buchst. a	1527
3. Strafbarkeit nach § 29 Abs. 1 S. 1 Nr. 1	1529
IV. Berufsrechtliche und verwaltungsrechtliche Folgen	1530

Kapitel 6b. Verabreichen, Überlassen zum unmittelbaren Verbrauch emtgegen § 13 Abs. 1 (Absatz 1 Satz 1 Nr. 6 Buchst. b) 1532

A. Völkerrechtliche Grundlage	1532
B. Grundtatbestand	1533
C. Tathandlungen	1534
I. Betäubungsmittel	1535
II. Entgegen § 13 Abs. 1	1536

	Rn.
1. Verabreichen	1537
a) Gemeinsames Merkmal: Verabreichen	1538
b) Betäubungsmittel der Anlage III	1539
c) Betäubungsmittel der Anlagen I, II	1540
2. Überlassen zum unmittelbaren Verbrauch	1541
a) Gemeinsames Merkmal: Überlassen zum unmittelbaren Verbrauch	1542
b) Betäubungsmittel der Anlage III	1547
c) Betäubungsmittel der Anlage I, II	1549
D. Vorbereitung, Versuch, Vollendung, Beendigung	1553
E. Täterschaft, Teilnahme	1556
F. Handeln im Ausland	1559
G. Subjektiver Tatbestand	1561
I. Vorsatz	1562
II. Irrtumsfälle	1564
III. Fahrlässigkeit (Absatz 4)	1565
H. Konkurrenzen	1566
I. Betäubungsmittelstraftaten	1567
II. Allgemeine Straftaten	1571
I. Strafzumessung	1572
I. Strafrahmenwahl	1573
II. Strafzumessung im engeren Sinn	1574
III. Weitere Entscheidungen	1575
J. Exkurs: Unerlaubtes Verabreichen, Überlassen zum unmittelbaren Verbrauch im Rahmen der Substitution	1576
I. Substitution mit Levomethadon, Methadon, Buprenorphin	1577
1. (Keine) Strafbarkeit nach § 29 Abs. 1 S. 1 Nr. 14	1578
2. Strafbarkeit nach § 29 Abs. 1 S. 1 Nr. 6 Buchst. b	1579
3. Strafbarkeit nach § 29 Abs. 1 S. 1 Nr. 1, Abs. 4	1580
II. Substitution mit Codein und Dihydrocodein	1582
1. (Keine) Strafbarkeit nach § 29 Abs. 1 S. 1 Nr. 14	1583
2. Strafbarkeit nach § 29 Abs. 1 S. 1 Nr. 6 Buchst. b	1584
3. Strafbarkeit nach § 29 Abs. 1 S. 1 Nr. 1, Abs. 4	1585
III. Substitution mit Diamorphin	1587
1. Strafbarkeit nach § 29 Abs. 1 S. 1 Nr. 14	1588
2. Strafbarkeit nach § 29 Abs. 1 S. 1 Nr. 6 Buchst. b	1589
3. Strafbarkeit nach § 29 Abs. 1 S. 1 Nr. 1, Abs. 4	1590
IV. Berufsrechtliche und verwaltungsrechtliche Folgen	1591
Kapitel 6 c. Überlassen an ambulant versorgte Palliativpatienten entgegen § 13 Abs. 1 a (Absatz 1 Satz 1 Nr. 6 a)	**1592**
A. Völkerrechtliche Grundlage	1592
B. Grundtatbestand	1593
C. Tathandlung	1594
I. Betäubungsmittel der Anlage III, Fertigarzneimittel	1595
II. Überlassen	1597
III. Entgegen § 13 Abs. 1 a S. 1 und 2	1598
1. Ambulant versorgter Palliativpatient	1599
2. Zur Deckung eines nicht aufschiebbaren Betäubungsmittelbedarfs	1600
3. Keine rechtzeitige Deckung des Bedarfs durch eine Verschreibung (Satz 2)	1603
a) Fehlende Beschaffung durch eine Apotheke (Nr. 1)	1604
b) Nicht mögliche Beschaffung durch versorgende Personen (Nr. 2)	1605
4. Menge des zu überlassenden Betäubungsmittels (Satz 1 Hs. 2)	1606
IV. Verstoß gegen die Aufklärungs- und Anleitungspflichten des § 13 Abs. 1 a S. 6	1607
D. Vollendung, Beendigung	1608
E. Täterschaft, Teilnahme	1609

		Rn.
F.	Handeln im Ausland	1610
G.	Subjektiver Tatbestand	1611
H.	Konkurrenzen	1612
I.	Strafzumessung	1615
	I. Strafrahmenwahl	1616
	II. Strafzumessung im engeren Sinn	1617
	III. Weitere Entscheidungen	1618

Kapitel 7a. Abgeben in Apotheken und tierärztlichen Hausapotheken entgegen § 13 Abs. 2 (Absatz 1 Satz 1 Nr. 7 Buchst. a) ... 1619

A. Völkerrechtliche Grundlage ... 1619
B. Grundtatbestand ... 1620
C. Tathandlung ... 1621
  I. Betäubungsmittel der Anlage III, Fertigarzneimittel ... 1622
  II. Abgeben ... 1625
  III. Entgegen § 13 Abs. 2 ... 1628
    1. Abgabe in einer Apotheke ... 1629
      a) Im Rahmen des Betriebs einer Apotheke ... 1630
      b) Vorlage einer Verschreibung ... 1631
        aa) Verschreibung ... 1632
        bb) Vorlage ... 1633
        cc) Prüfungspflichten des Apothekers ... 1634
    2. Abgabe in einer tierärztlichen Hausapotheke ... 1639
D. Vollendung, Beendigung ... 1641
E. Täterschaft, Teilnahme ... 1642
F. Handeln im Ausland ... 1643
G. Subjektiver Tatbestand ... 1645
H. Konkurrenzen ... 1646
I. Strafzumessung ... 1649
  I. Strafrahmenwahl ... 1650
  II. Strafzumessung im engeren Sinn ... 1651
  III. Weitere Entscheidungen ... 1652

Kapitel 7b. Abgeben von Diamorphin als pharmazeutischer Unternehmer entgegen § 13 Abs. 2 (Absatz 1 Satz 1 Nr. 7 Buchst. b) ... 1653

A. Völkerrechtliche Grundlage ... 1653
B. Grundtatbestand ... 1654
C. Tathandlung ... 1655
  I. Diamorphin in der Form der Anlage III ... 1656
  II. Abgeben ... 1657
  III. Abgeben als pharmazeutischer Unternehmer ... 1658
  IV. Entgegen § 13 Abs. 2 ... 1660
    1. Anerkannte Einrichtung ... 1661
    2. Vorlage einer Verschreibung, Prüfungspflichten ... 1662
      a) Verschreibung ... 1663
        aa) Begriff, Arten ... 1664
        bb) Verschreibungsbefugnis ... 1665
        cc) Wirksamkeit ... 1666
      b) Vorliegen ... 1668
      c) Prüfungspflichten ... 1669
D. Vollendung, Beendigung ... 1675
E. Täterschaft, Teilnahme ... 1676
F. Handeln im Ausland ... 1677
G. Subjektiver Tatbestand ... 1680
H. Konkurrenzen ... 1681
I. Strafzumessung ... 1682
  I. Strafrahmenwahl ... 1683
  II. Strafzumessung im engeren Sinn ... 1684
  III. Weitere Entscheidungen ... 1685

Kapitel 8. Werben für Betäubungsmittel entgegen § 14 Abs. 5 (Absatz 1 Satz 1 Nr. 8) 1686
A. Völkerrechtliche Grundlage 1686
B. Zweck 1687
C. Grundtatbestand 1688
D. Tathandlung 1689
  I. Betäubungsmittel 1690
  II. Entgegen § 14 Abs. 5 1691
E. Vollendung, Beendigung 1694
F. Täterschaft, Teilnahme 1695
G. Handeln im Ausland 1696
H. Subjektiver Tatbestand 1699
I. Konkurrenzen 1700
J. Strafzumessung 1701
  I. Strafrahmenwahl 1702
  II. Strafzumessung im engeren Sinn 1703
  III. Weitere Entscheidungen 1704

Kapitel 9. Erschleichen einer Verschreibung (Absatz 1 Satz 1 Nr. 9) 1705
A. Völkerrechtliche Grundlage 1705
B. Zweck 1706
C. Tathandlung 1707
  I. Betäubungsmittel 1708
  II. Angaben 1709
  III. Unrichtigkeit, Unvollständigkeit 1711
  IV. Ziel 1713
  V. Empfänger der Angaben 1715
D. Vollendung, Beendigung 1717
E. Täterschaft, Teilnahme 1719
F. Handeln im Ausland 1720
G. Subjektiver Tatbestand 1721
H. Konkurrenzen 1722
I. Strafzumessung 1725
  I. Strafrahmenwahl 1726
  II. Strafzumessung im engeren Sinn 1727
  III. Weitere Entscheidungen 1728

Kapitel 10. Verschaffen, Gewähren, öffentliches oder eigennütziges Mitteilen einer Gelegenheit zum unbefugten Erwerb und zur unbefugten Abgabe, Verleiten zum unbefugten Verbrauch (Absatz 1 Satz 1 Nr. 10) 1729
A. Inhalt 1729
B. Völkerrechtliche Grundlage 1732
C. Entstehung, Zweck 1734
D. Bedeutung 1738
E. Tathandlung 1739
  I. Betäubungsmittel 1740
  II. Verschaffen einer Gelegenheit 1741
    1. Gelegenheit 1742
      a) Neuheit 1743
      b) Omnimodo facturus 1746
      c) Substanzanalyse, drug-checking 1748
    2. Verschaffen 1749
      a) Enge Verbindung zur geförderten Handlung 1751
      b) Verschaffen durch Unterlassen 1755
    3. Einem anderen 1758
    4. Unbefugter Erwerb, unbefugte Abgabe 1759
    5. Zur Frage der Eigennützigkeit 1761
  III. Gewähren einer Gelegenheit 1762
    1. Gelegenheit 1763

		Rn.

  2. Gewähren 1764
  3. Einem anderen 1767
  4. Unbefugter Erwerb, unbefugte Abgabe 1768
  5. Zur Frage der Eigennützigkeit 1769
 IV. Öffentliches oder eigennütziges Mitteilen einer Gelegenheit . . 1770
  1. Gelegenheit 1771
  2. Mitteilen 1772
  3. Öffentlich oder eigennützig 1774
   a) Öffentlich 1776
    aa) Mündliche Äußerungen 1777
    bb) Schriftliche Äußerungen 1778
    cc) Äußerungen in einem elektronischen Netz 1779
    dd) Auslandsberührung 1783
   b) Eigennützig 1784
  4. Unbefugter Erwerb, unbefugte Abgabe 1785
 V. Verleiten zum unbefugten Verbrauch 1786
  1. Entwicklung 1787
  2. Verleiten 1788
  3. Unbefugter Verbrauch 1791
F. Vollendung, Beendigung 1792
 I. Vollendung 1793
 II. Beendigung 1796
G. Täterschaft, Teilnahme 1797
H. Handeln im Ausland 1799
I. Subjektiver Tatbestand 1802
 I. Vorsatz 1803
 II. Irrtumsfälle 1807
 III. Fahrlässigkeit (Absatz 4) 1808
J. Konkurrenzen 1812
 I. Betäubungsmittelstraftaten 1813
 II. Allgemeine Straftaten 1815
K. Strafzumessung 1817
 I. Strafrahmenwahl 1818
 II. Strafzumessung im engeren Sinn 1819
 III. Weitere Entscheidungen 1820

Kapitel 11. Verschaffen, Gewähren, öffentliches oder eigennütziges Mitteilen einer Gelegenheit zum unbefugten Verbrauch außerhalb einer Einrichtung nach § 10a (Absatz 1 Satz 1 Nr. 11) 1821

A. Entstehung, Zweck 1821
B. Zur Kritik an der Regelung 1824
C. Bedeutung 1825
D. Inhalt, Wesen 1827
E. Völkerrechtliche Fragen 1831
F. Grundtatbestand 1834
G. Tathandlung 1835
 I. Betäubungsmittel 1836
 II. Verschaffen einer Gelegenheit 1837
  1. Gelegenheit 1838
   a) Neuheit von Möglichkeiten 1839
   b) Omnimodo facturus 1840
  2. Verschaffen 1841
   a) Enge Verbindung zur geförderten Handlung 1842
   b) Verschaffen durch Unterlassen 1845
  3. Einem anderen 1846
  4. Unbefugter Verbrauch 1847
   a) Begriff 1848
   b) Natur 1853
  5. Handeln ohne Erlaubnis nach § 10a 1854
   a) Tatbestandsmerkmal 1855

	Rn.
b) Erlaubnis	1856
c) Im Rahmen der Erlaubnis	1857
6. Fragen der Eigennützigkeit	1858
III. Gewähren einer Gelegenheit	1860
1. Gelegenheit	1861
2. Gewähren	1862
3. Einem anderen	1863
4. Unbefugter Verbrauch	1864
5. Handeln ohne Erlaubnis nach § 10a	1865
6. Zur Frage der Eigennützigkeit	1866
IV. Öffentliches oder eigennütziges Mitteilen einer Gelegenheit	1867
1. Gelegenheit	1868
2. Mitteilen	1869
3. Öffentlich oder eigennützig	1870
4. Unbefugter Verbrauch	1872
5. Außerhalb einer Einrichtung nach § 10a	1873
H. Vollendung, Beendigung	1876
I. Täterschaft, Teilnahme	1877
J. Handeln im Ausland	1878
K. Subjektiver Tatbestand	1879
I. Vorsatz	1880
II. Irrtumsfälle	1885
III. Fahrlässigkeit (Absatz 4)	1886
L. Konkurrenzen	1887
I. Betäubungsmittelstraftaten	1888
II. Allgemeine Straftaten	1889
M. Strafzumessung	1891
I. Strafrahmenwahl	1892
II. Strafzumessung im engeren Sinn	1893
III. Weitere Entscheidungen	1894

Kapitel 12. Auffordern zum unbefugten Verbrauch (Absatz 1 Satz 1 Nr. 12) ... 1895

A. Völkerrechtliche Grundlage	1895
B. Tathandlung	1896
I. Aufforderung	1897
1. Verlangen	1898
2. Ernstlichkeit	1901
3. Adressatenkreis	1902
II. Art und Weise der Aufforderung	1903
1. Öffentlich	1904
2. In einer Versammlung	1905
3. Durch Verbreiten eines Inhalts	1906
a) Inhalt	1907
b) Verbreiten	1909
III. Nicht zulässigerweise verschriebene Betäubungsmittel	1915
IV. Auch bei Erfolglosigkeit der Aufforderung	1916
C. Vollendung, Beendigung	1917
D. Täterschaft, Teilnahme	1919
E. Handeln im Ausland	1920
F. Subjektiver Tatbestand	1923
G. Konkurrenzen	1925
H. Strafzumessung	1926
I. Strafrahmenwahl	1927
II. Strafzumessung im engeren Sinn	1928
III. Weitere Entscheidungen	1929

Kapitel 13. Bereitstellen von Vermögenswerten (Absatz 1 Satz 1 Nr. 13) ... 1930

A. Völkerrechtliche Grundlage	1930
B. Zweck, Natur	1931

	Rn.
C. Tathandlung	1933
I. Vermögensgegenstände	1934
II. Bereitstellen	1937
III. Rechtswidrige Tat	1941
D. Vollendung, Beendigung	1944
E. Täterschaft, Teilnahme	1945
F. Handeln im Ausland	1946
G. Subjektiver Tatbestand	1949
H. Konkurrenzen	1952
I. Strafzumessung	1953
I. Strafrahmenwahl	1954
II. Strafzumessung im engeren Sinn	1955
III. Weitere Entscheidungen	1956

Kapitel 14. Verstoß gegen eine Rechtsverordnung (Absatz 1 Satz 1 Nr. 14) 1957
A. Inhalt und Bedeutung 1957
B. Vollendung, Beendigung 1959
C. Täterschaft, Teilnahme 1960
D. Subjektiver Tatbestand 1961
E. Konkurrenzen 1962
F. Strafzumessung 1963
    I. Strafrahmenwahl 1964
    II. Strafzumessung im engeren Sinn 1965
    III. Weitere Entscheidungen 1966

Abschnitt 1 a. Abgabe von sterilen Einmalspritzen (Absatz 1 Satz 2) 1967

Abschnitt 2. Strafbarkeit des Versuchs (Absatz 2) 1971
A. Völkerrechtliche Grundlage 1971
B. Tatbestände 1972
C. Erläuterungen 1973

Abschnitt 3. Besonders schwere Fälle (Absatz 3) 1975
A. Völkerrechtliche Grundlage 1975
B. Rechtsnatur 1976
C. Strafrahmenwahl 1980
    I. Der unbenannte besonders schwere Fall (Absatz 3 Satz 1) 1981
        1. Gesamtwürdigung 1983
            a) Voraussetzungen 1985
            b) Leitlinie: Suchtstoffübereinkommen 1988 1987
            c) Auswirkung von Strafmilderungsgründen 1991
        2. Versuch 1993
        3. Mehrere Beteiligte 1994
        4. Vorsatz 1996
    II. Die Regelbeispiele (Absatz 3 Satz 2) 1997
        1. Gesamtwürdigung 1998
        2. Prüfungsreihenfolge 2000
D. Die Regelbeispiele im Einzelnen (Satz 2 Nr. 1, 2) 2001
    I. Gewerbsmäßiges Handeln (Nr. 1) 2002
        1. Tathandlung 2004
            a) Absicht wiederholter Tatbegehung 2006
            b) Einnahmequelle 2015
                aa) Umfang 2017
                bb) Dauer 2022
        2. Versuch 2023
        3. Mehrere Beteiligte 2025
        4. Subjektiver Tatbestand 2026
        5. Konkurrenzen 2027
    II. Gefährdung der Gesundheit mehrerer Menschen (Nr. 2) 2028
        1. Tathandlung 2029

		Rn.
	a) Gesundheitsgefährdung	2030
	aa) Gefährdung	2031
	bb) Gesundheit	2032
	b) Mehrere Menschen	2034
	2. Versuch	2035
	3. Mehrere Beteiligte	2036
	4. Subjektiver Tatbestand	2037
	5. Konkurrenzen	2038

E. Die Anwendung der Regelbeispiele 2039
  I. Vorliegen eines Regelbeispiels 2040
    1. Gesamtwürdigung 2042
    2. Kompensation 2045
      a) Allgemeine Strafmilderungsgründe 2046
      b) Vertypte Milderungsgründe 2048
      c) Tatprovokation 2049
      d) Urteilsgründe 2050
  II. Nichtvorliegen eines Regelbeispiels 2054
    1. Engere Analogiewirkung 2055
    2. Weitere Analogiewirkung 2056
    3. Gegenschlusswirkung 2059
  III. Vertypte Milderungsgründe und Regelbeispiele 2060
  IV. Versuch 2066
    1. Versuchtes Grunddelikt/versuchtes Regelbeispiel 2068
    2. Vollendetes Grunddelikt/versuchtes Regelbeispiel 2069
    3. Versuchtes Grunddelikt/vollendetes Regelbeispiel 2070
  V. Mehrere Beteiligte, Beihilfe 2071
  VI. Vorsatz 2072
  VII. Konkurrenzen 2073
  VIII. Verfahren, Urteil 2074

Abschnitt 4. Fahrlässigkeitstatbestände (Absatz 4) 2076
A. Völkerrechtliche Grundlagen 2076
B. Tatbestände 2077
C. Tathandlungen 2079
D. Versuch 2081
E. Täterschaft, Teilnahme 2082
F. Fahrlässigkeit 2084
  I. Objektive Sorgfaltspflichtverletzung 2087
  II. Objektive Vorhersehbarkeit 2090
  III. Subjektive Vorhersehbarkeit 2091
  IV. Subjektive Pflichtwidrigkeit (Vermeidbarkeit) 2093
  V. Potentielles Unrechtsbewusstsein 2094
  VI. Zumutbarkeit 2095
G. Konkurrenzen 2096
H. Verfahren 2097

Abschnitt 5. Absehen von Strafe (Absatz 5) 2098
A. Völkerrechtliche Grundlage 2098
B. Ausgangspunkt, Zweck 2100
C. Anwendungsbereich 2102
  I. Hauptverhandlung, Ermittlungsverfahren 2103
  II. Jugendstrafrecht 2105
  III. Strafzumessungsregel 2107
D. Der Chakter der Vorschrift als Ermessensnorm 2108
E. Tatbestandliche Voraussetzungen 2109
  I. Handlungen 2110
  II Art der Betäubungsmittel 2111
  III. Täter (Vorbelastung) 2113
  IV. Geringe Menge 2115
    1. Konsumeinheit 2116
      a) Wirkstoffgehalt 2117

	Rn.
aa) Vorhandene Untersuchung	2118
bb) Fehlende Untersuchung	2119
b) Konsumform	2120
c) Gewöhnung des Konsumenten	2121
d) Weitere Merkmale	2122
2. Grenzwerte bei den einzelnen Betäubungsmitteln	2123
a) Amfetamin	2124
b) Cannabis	2125
c) Cocain	2128
d) Ecstasy	2131
e) Heroin	2132
f) Metamfetamin (Crystal, Crystal speed)	2133
g) Psilocin, Psilocybin	2135
h) Andere Betäubungsmittel	2136
3. Mehrfacher Erwerb, unterschiedliche Betäubungsmittel	2137
4. Die Diskussion zur geringen Menge	2141
5. Richtlinien der Länder	2145
V. Eigenverbrauch	2147
VI. Sonstige Voraussetzungen	2150
F. Die Ausübung des Ermessens	2153
I. Generalprävention	2154
II. Harte Drogen	2155
III. Fremdgefährdung	2157
1. Tatort	2158
2. Person des Täters	2163
3. Art und Weise der Tat	2165
4. Teilnahme am Verkehr; sicherheitsrelevante Tätigkeiten	2166
IV. Umstände in der Person	2167
1. Dauerkonsumenten	2168
2. Wiederholungstäter	2171
3. Gelegenheitskonsumenten	2172
G. Verfahren	2177
Abschnitt 6. Handeltreiben, Abgeben, Veräußern von Imitaten (Absatz 6)	2184
A. Gesetzeszweck	2184
B. Tathandlungen	2187
I. Handeltreiben, Abgeben, Veräußern	2188
II. Stoffe und Zubereitungen	2189
III. Die als Betäubungsmittel ausgegeben werden	2190
C. Vollendung, Beendigung	2196
D. Täterschaft, Teilnahme	2198
E. Handeln im Ausland	2200
F. Subjektiver Tatbestand	2201
G. Konkurrenzen	2205
H. Strafzumessung	2206
I. Strafrahmenwahl	2207
II. Strafzumessung im engeren Sinn	2208
III. Weitere Entscheidungen	2209

Einführung

A. Die Tatbestände des § 29 sind die Grundlage für die Beurteilung der kleineren bis mittleren Betäubungsmittelkriminalität. Dazu gehören in erster Linie Erwerb und Abgabe kleinerer Mengen, Handeltreiben damit und schließlich die Randkriminalität (*Joachimski/Haumer* BtMG Rn. 2), zB die unzulässige Verschreibung oder die Erschleichung von Verschreibungen. **1**

B. Der Strafrahmen beträgt Freiheitsstrafe bis zu fünf Jahren oder Geldstrafe, in besonders schweren Fällen Freiheitsstrafe nicht unter einem Jahr (§ 29 Abs. 3 S. 1). **2**

Für bestimmte Delikte sind Regelbeispiele vorgesehen (§ 29 Abs. 3 S. 2). Zur Wahl zwischen Freiheitsstrafe und Geldstrafe → Vor § 29 Rn. 1157, 1158; zur Anordnung kurzer Freiheitsstrafen → Vor § 29 Rn. 1159–1171; zu den besonders schweren Fällen → Rn. 1975–2075.

3 **C. Betäubungsmittel.** Gegenstand aller Straftatbestände sind Betäubungsmittel (→ § 1 Rn. 146–198). Nach der Legaldefinition des § 1 Abs. 1 sind dies die in den Anlagen I bis III zum BtMG aufgeführten Stoffe und Zubereitungen. Betäubungsmittel sind auch **Anhaftungen** und **Restsubstanzen** (→ § 1 Rn. 200); zum Besitz → Rn. 1323. Die Betäubungsmitteleigenschaft **entsteht mit der Aufnahme** in eine der Anlagen zum BtMG. Zu den Folgen, insbesondere im Hinblick auf die Strafbarkeit → § 1 Rn. 645–647. Dass es sich bei dem vorgefundenen Stoff um ein Betäubungsmittel handelt, kann **nicht** auf Grund eines **ESA-Schnelltests** festgestellt werden (OLG Celle BeckRS 2014, 17828).

4 **I. Die in den Anlagen I bis III aufgeführten Stoffe und Zubereitungen.** Betäubungsmittel sind zunächst die Stoffe, die in einer der Anlagen mit ihrer Kurzbezeichnung und chemischen Bezeichnung aufgeführt sind (→ § 1 Rn. 146, 148–150). Betäubungsmittel sind aber auch die Stoffe und Zubereitungen, die am Ende der jeweiligen Anlage in Gedankenstrichen und ohne Einzelaufführung genannt sind, insbesondere Salze, Ester, Ether oder Molekülverbindungen der in der betreffenden Anlage aufgeführten Stoffe; zu den **Stereoisomeren** → § 1 Rn. 156–161.

5 Von besonderer Bedeutung ist die **Anlage I fünfter Gedankenstrich,** wonach
– Stoffe nach § 2 Abs. 1 Nr. 1 Buchst. b–d mit in der Anlage I oder einer anderen Anlage aufgeführten Stoffen sowie
– die zur Reproduktion oder Gewinnung von Stoffen nach § 2 Abs. 1 Nr. 1 Buchst. b–d (dazu → § 1 Rn. 181) geeigneten biologischen Materialien

ebenfalls Betäubungsmittel (der Anlage I) **darstellen,** wenn ein Missbrauch zu Rauschzwecken vorgesehen ist (→ § 1 Rn. 163–198).

6 **Die Art des Betäubungsmittels** ist für den Schuldspruch **nicht** wesentlich. Steht fest, dass sich die Tat auf einen Stoff bezieht, der dem BtMG unterfällt, und bleibt lediglich offen, um welchen Stoff es sich handelt, steht dies dem Schuldspruch nicht entgegen (BGH NStZ-RR 2021, 141 = BeckRS 2021, 3562). Einer Wahlfeststellung bedarf es nicht. Bei der Strafzumessung ist auf das Betäubungsmittel mit der geringeren Gefährlichkeit abzustellen.

7 **II. Keine Betäubungsmittel.** Nur beschränkt unter das BtMG fallen die **ausgenommenen Zubereitungen** (→ § 1 Rn. 153–155, → § 2 Rn. 49–52). Zu ihnen zählen vor allem viele Medikamente.

8 Keine Betäubungsmittel sind **Betäubungsmittelutensilien** (→ § 1 Rn. 199); etwas anderes gilt für **Anhaftungen** und **Rückstände** (→ Rn. 3).

9 **Keine Betäubungsmittel** im Sinne des BtMG sind die neuen psychoaktiven Substanzen **(NPS);** sie werden mittlerweile von dem NpSG erfasst (→ § 1 Rn. 218, 219). Keine Betäubungsmittel sind die **Prodrugs** (→ § 1 Rn. 235, 236) und die **Streckmittel** (→ § 1 Rn. 237–239); sie können aber Arzneimittel sein.

10 Ob sogenannte **biogene Drogen** (→ § 1 Rn. 201–204) Betäubungsmittel sind, hängt davon ab, ob sie einen in den Anlagen I bis III aufgeführten Wirkstoff enthalten. Sie können aber auch Arzneimittel sein (→ § 1 Rn. 204). Entsprechendes gilt für die sogenannten **„Smart-drugs"** (→ § 1 Rn. 205, 206).

11 **III. -Harte/weiche Drogen.** Nicht anders als die anderen Bestimmungen des BtMG unterscheiden auch die Strafvorschriften nicht zwischen sogenannten harten und weichen Drogen (→ § 1 Rn. 207–215). Dies ist **nicht verfassungswidrig** (BVerfGE 90, 145 = NJW 1994, 1577; 1994, 2400 mAnm *Kreuzer* = NStZ 1994, 397, 366 mAnm *Nelles/Velten* = StV 1994, 298 (390) mAnm *Schneider* = JZ 1994,

860 mAnm *Gusy;* BVerfG NJW 2003, 2978; 2004, 3620 = StraFo 2004, 310 mAnm *Endriß;* PharmR 2005, 374).

Als **Regulativ** steht den Gerichten die Ausschöpfung des Strafrahmens in beiden Richtungen zur Verfügung (→ § 1 Rn. 209; BGH NStZ 1995, 350 = StV 1995, 255). Hinzu tritt die Möglichkeit, in bestimmten Fällen des Eigenbedarfs nach § 29 Abs. 5, § 31a von der Verfolgung abzusehen. 12

IV. Illegale Drogen als Gegenstand von Eigentums- oder Vermögensdelikten. Illegal erworbene Drogen können Gegenstand von Eigentums- oder Vermögensdelikten sein. 13

1. Eigentumsdelikte. Sie können **fremde** Sachen sein. Sie sind verkehrsfähig und können in jemandes Eigentum stehen. Zwar kann das Eigentum an ihnen nach den Verbotsvorschriften des BtMG in Verbindung mit § 134 BGB grundsätzlich nicht rechtsgeschäftlich übertragen werden. Gleichwohl ist der Erwerb von Eigentum im Ausland oder durch Realakt (→ § 33 Rn. 126) möglich. Sie können daher taugliches Objekt eines **Diebstahls** (BGH NStZ 2010, 222; NStZ-RR 2009, 22) oder eines **Raubes** (BGH NJW 2006, 72 = NStZ 2006, 170 = StV 2006, 18; 2015, 2898 mAnm *Kudlich* = NStZ 2015, 571 mAnm *Oğlakcıoğlu* = StV 2015, 630; StraFo 2015, 216 (4 StR 538/14)) **sein**. 14

Die **Absicht rechtswidriger Zueignung** ist auch dann gegeben, wenn der Täter das entwendete Rauschgift im unmittelbaren Anschluss an die Tat **konsumieren** will (BGH StraFo 2015, 216 (→ Rn. 14)). 15

Ist dem Täter das Rauschgift durch **verbotene Eigenmacht** weggenommen worden und versucht er, sich den Besitz gewaltsam wieder zu beschaffen, so kann er sich **nicht** auf **Besitzkehr** (§ 859 Abs. 2 BGB) berufen, da der damit wiederhergestellte Besitz wiederum zu einer strafrechtswidrigen Besitzlage führen würde (BGH NJW 2015, 1898 (→ Rn. 14)). 16

Diese Rechtsprechung stellte **der Anfragebeschluss des 2. Strafsenats** v. 1.6.2016 (NStZ 2016, 596 mzustAnm *Krell* = JR 2017, 81 mAnm *Schäfer* = JA 2016, 790 mablAnm *Jäger* = JuS 2016, 848 mzustAnm *Jahn* und zust. Bespr. *Bechtel* JR 2017, 197) in Frage. **Überzeugend** war dies **nicht** (→ 5. Auflage, Rn. 17). Der 5. und der 1. Strafsenat sind dieser Auffassung denn auch entgegengetreten (NStZ-RR 2017, 110 (112)). Auch der 2. Strafsenat hat sie in anderer Besetzung nicht geteilt (BGHSt 61, 263 = NJW 2017, 1559; BGH NStZ-RR 2017, 111). Mit Rücksicht darauf hält der 2. Strafsenat **an der Anfrage nicht fest** (BGH NStZ-RR 2018, 15). 17

2. Vermögensdelikte. In seinem Vermögen ist auch derjenige geschädigt, der rechtmäßig erworbenes Vermögen, insbesondere eine Geldleistung im Rahmen eines verbotenen oder sittenwidrigen Geschäfts einsetzt, ohne die vereinbarte Gegenleistung zu erhalten (BGH NJW 2002, 2117 = NStZ 2003, 151 mAnm *Kindhäuser/Wallau;* 2005, 476 mAnm *Sowada* = NStZ-RR 2002, 214 = StV 2002, 425 = JR 2003, 164 mAnm *Engländer; Beukelmann* in BeckOK StGB § 263 Rn. 47; aA *Perron* in Schönke/Schröder StGB § 263 Rn. 150). **Betrug** ist daher auch beim unerlaubten **Handeltreiben** mit Betäubungsmitteln möglich. 18

Dem **Käufer** von Rauschgift, der durch Betrug zu einer **Geldzahlung** veranlasst wird, um das vereinbarte Rauschgift zu erhalten, kann daher gegen den Verkäufer ein Schadensersatzanspruch gemäß § 823 Abs. 2 BGB, § 263 StGB zustehen. Dieser kann, wenn er mit Nötigungsmitteln durchgesetzt wird, der Absicht unrechtmäßiger Bereicherung entgegenstehen (BGH NJW 2002, 2117 (→ Rn. 18)). Dass er mit solchen Mitteln durchgesetzt wird, macht den begehrten Vorteil nicht rechtswidrig (BGH NStZ 2011, 519). 19

Überlässt dagegen der **Händler (Verkäufer)** seinem Kunden, der ihn über seine Zahlungsfähigkeit und -willigkeit getäuscht hat, die **verkauften Drogen** ohne 20

Kaufpreiszahlung, hat er keinen Anspruch auf **deren Rückgabe,** denn eine derartige Forderung ist wegen unzulässiger Rechtsausübung mit Treu und Glauben unvereinbar (BGHSt 48, 322 = NJW 2003, 3283 = NStZ 2004, 37; 2004, 387 mAnm *Kühl* = NStZ 2005, 476 mAnm *Sowada* = StV 2003, 612). Der Kaufvertrag ist nichtig (§ 134 BGB). Bereicherungsansprüche bestehen nicht (§ 817 S. 2 BGB). Ein Schadensersatzanspruch (§ 823 Abs. 2 BGB, § 263 StGB) wäre auf Herstellung des Besitzes der Drogen und damit eines strafbaren Zustands gerichtet. Dies ist der maßgebliche Unterschied zu dem Fall, in dem der betrogene Käufer sein Geld zurückwill (→ Rn. 19).

21   **Dem Verkäufer** steht daher nach Verbrauch der Drogen durch den Kunden auch kein Anspruch **auf Geldersatz** zu (BGH NStZ 2008, 626 = StV 2009, 353 mAnm *Kindhäuser* = StraFo 2008, 438). Will er die Bezahlung der Betäubungsmittel mit Nötigungsmitteln durchsetzen, erstrebt er demgemäß eine unrechtmäßige Bereicherung iSd § 253 Abs. 1 StGB (BGHSt 48, 322 (→ Rn. 20)).

22   Ein **Irrtum des Erpressers** über die Unrechtmäßigkeit der von ihm erstrebten Bereicherung liegt nicht schon dann vor, wenn er sich nach den Anschauungen der einschlägigen kriminellen Kreise als berechtigter Inhaber eines Anspruchs gegen das Opfer fühlt. Maßgeblich ist vielmehr, ob er sich vorstellt, dass dieser Anspruch auch von der Rechtsordnung anerkannt wird und er seine Forderung demgemäß mit gerichtlicher Hilfe in einem Zivilprozess durchsetzen könnte (BGHSt 48, 322 (→ Rn. 20); BGH NStZ 2008, 626 (→ Rn. 21)).

23   Diese Rechtsprechung stellte **der Anfragebeschluss des 2. Strafsenats** v. 1. 6. 2016 (NStZ 2016, 596 (→ Rn. 17)) in Frage. Der 4. und der 3. Strafsenat sind dieser Auffassung entgegengetreten (NStZ-RR 2017, 44; 2017, 244). Auch der 2. Strafsenat hat sie in anderer Besetzung nicht geteilt (BGHSt 61, 263 (→ Rn. 17); BGH NStZ-RR 2017, 111). Mit Rücksicht darauf hat der 2. Strafsenat hat von einer Vorlage an den Großen Senat abgesehen (BGH NStZ-RR 2017, 341 mAnm *Müller-Metz;* ebenso BGH NStZ 2018, 104).

Abschnitt 1. Die grundlegenden Strafvorschriften (Absatz 1)

24   § 29 Abs. 1 enthält die grundlegenden Tatbestände des Betäubungsmittelstrafrechts. Die anderen Strafvorschriften, insbesondere die Verbrechenstatbestände der §§ 29a–30a bauen im Wesentlichen darauf auf.

Kapitel 1. Die Tatbestände des Absatzes 1 Satz 1 Nr. 1

25   **A. Bedeutung.** Von den Tatbeständen des Absatzes 1 wiederum enthält Satz 1 Nr. 1 die zentralen Vorschriften, deren Bedeutung die der anderen deutlich übertrifft. Absatz 1 Satz 1 Nr. 1 ist die strafrechtliche Bewehrung des § 3 Abs. 1 und damit ein Kernstück des gesamten Betäubungsmittelrechts. Die Vorschrift soll jeden illegalen Betäubungsmittelverkehr erfassen, wobei auch Überschneidungen der einzelnen Begehungsweisen in Kauf genommen werden.

26   **B. Gemeinsames Merkmal: unerlaubt.** Gemeinsames Merkmal der Tatbestände des Absatzes 1 Satz 1 Nr. 1 ist das unerlaubte Handeln. Zur **Erlaubnisfähigkeit** → § 3 Rn. 2–4.

27   **I. Unerlaubt.** Das Merkmal „unerlaubt" wurde durch das Ausführungsgesetz Suchtstoffübereinkommen 1988 v. 2. 8. 1993 (BGBl. I S. 1407) eingeführt und löste das Merkmal „ohne Erlaubnis nach § 3 Abs. 1" ab. Damit sollte klargestellt werden, dass es für die Frage der Erlaubnis auf das Recht des **Begehungsorts** (§ 9 StGB) ankommt (*Kotz/Oğlakcıoğlu* in MüKoStGB § 3 Rn. 41). Liegt dieser im Inland (→ Vor § 29 Rn. 74–112), so ist eine Erlaubnis des BfArM nach § 3 erforderlich. Die Wirkung dieser Erlaubnis endet an der deutschen Hoheitsgrenze (BT-Drs.

12/3533, 16). Wer im Ausland legal mit Betäubungsmitteln umgehen will, bedarf daher der Erlaubnis der zuständigen ausländischen Behörde.

Auf der anderen Seite kann derjenige, der (ausschließlich) **im Ausland** aufgrund einer dort erteilten Erlaubnis tätig wird, auch auf der Grundlage des § 6 Nr. 5 StGB nicht bestraft werden. Entscheidend ist danach nicht eine Erlaubnis des BfArM, sondern ob der konkrete Umgang mit Betäubungsmitteln im Ausland durch die Erlaubnis einer ausländischen Behörde gedeckt ist (BT-Drs. 12/3533, 16). 28

Im Inland liegt der auch dann, wenn **bei Mittäterschaft** der Tatbeitrag nur eines Mittäters (→ Vor § 29 Rn. 87) im Inland liegt; dasselbe gilt für das Handeln des Werkzeugs bei **mittelbarer Täterschaft** (→ Vor § 29 Rn. 88). Es wird so angesehen, als ob jeder Mittäter im Inland gehandelt hätte; ebenso wird der mittelbare Täter so behandelt, als ob er im Inland tätig gewesen wäre. Im Hinblick auf die Voraussetzungen der Mittäterschaft (→ Vor § 29 Rn. 258–276) und der mittelbaren Täterschaft (→ Vor § 29 Rn. 248–257) sind diese daher ungeachtet des Vorliegens einer ausländischen Erlaubnis als Erlaubnispflichtige iSd § 3 Abs. 1 anzusehen und mangels einer deutschen Erlaubnis strafbar; zum Sonderfall des Besitzes → Rn. 1373. 29

Etwas anderes gilt für den **Gehilfen,** der im **Inland,** etwa als Zulieferer von nicht selbst dem BtMG unterliegenden Gegenständen oder Substanzen, den Inhaber einer ausländischen Erlaubnis unterstützt. Zwar gilt für das Handeln eines Teilnehmers nach § 9 Abs. 2 S. 2 StGB das deutsche Strafrecht, auch wenn die Haupttat im Ausland nicht mit Strafe bedroht ist. Allerdings muss die **Haupttat nach deutschem Recht strafbar** sein, wenn sie im Inland begangen worden wäre (→ Vor § 29 Rn. 111). Daran fehlt es, wenn im Inland auf Grund einer Erlaubnis gehandelt worden wäre. 30

II. Wirkung der Erlaubnis. Im Betäubungsmittelstrafrecht hat die Erlaubnis nicht nur rechtfertigende, sondern **tatbestandsausschließende** Wirkung (BGH NJW 1996, 1604 = NStZ 1996, 338 = StV 1996, 424; *Patzak* in Körner/Patzak/Volkmer § 29 Teil 1 Rn. 9; *Eberth/Müller* BtMR Rn. 22; *Winkelbauer* NStZ 1988, 201 (202); krit. *Walter* in LK-StGB StGB Vor § 13 Rn. 53; aA *Kotz/Oğlakcıoğlu* in MüKoStGB § 3 Rn. 39, 40; *Malek* BtMStrafR Kap. 2 Rn. 52; *Ebert/Müller* BtMR S. 106). Das Fehlen der Erlaubnis ist damit **Tatbestandsmerkmal** (→ Rn. 33), so dass an sich stets festzustellen wäre, ob die konkrete Tathandlung einer Erlaubnis bedurfte oder ob ein Ausnahmefall (§§ 4, 10a) vorlag. Bedurfte es einer Erlaubnis, so wäre an sich zu prüfen, ob eine solche vorlag, welchen Umfang sie hatte und ob und inwieweit sie wirksam war. Allerdings ergibt sich das Fehlen der Erlaubnis meist ohne weiteres aus den Gesamtumständen. Sofern nicht ausnahmsweise Anhaltspunkte für eine Erlaubnis vorliegen, bedarf es daher **keiner ausdrücklichen Feststellung** ihres Fehlens (BGH NStZ 2009, 403). Das Wort „unerlaubt" muss nicht in den **Tenor** aufgenommen werden, wenn dies auch üblich und unschädlich ist (BGH 1 StR 90/14). 31

Keine Ausnahme von der Erlaubnispflicht enthalten die „Ausnahmen", die sich in den Anlagen I bis III finden, etwa für die Position Cannabis in Anlage I. Bei ihnen fehlt es bereits am Tatbestandsmerkmal des Betäubungsmittels. Da das Fehlen der Erlaubnis aber ebenfalls ein Tatbestandsmerkmal ist, sind die Folgen, etwa in den Irrtumsfällen, nicht unterschiedlich. 32

Die Prüfungspflicht (→ Rn. 31) gilt auch für das Merkmal **„unerlaubt".** Mit der Umbenennung der früheren Fassung durch das Ausführungsgesetz Suchtstoffübereinkommen 1988 hat sich im Hinblick auf das Ziel der Neufassung (→ Rn. 27) nichts daran geändert, dass das Fehlen der Erlaubnis zum Tatbestand der Strafvorschriften gehört. Es ist lediglich klargestellt, dass bei (reinen) Auslandstaten auch eine ausländische Erlaubnis den Tatbestand ausschließt. 33

BtMG § 29 Sechster Abschnitt. Straftaten und Ordnungswidrigkeiten

34 **Das Merkmal „unerlaubt"** gehört zu den normativen Tatbestandsmerkmalen (→ Vor § 29 Rn. 400, 401). Es ist ein **gesamttatbewertendes Merkmal,** das die (Gesamt-)Bewertung mit umfasst, die sonst dem allgemeinen Rechtswidrigkeitsurteil vorbehalten ist (*Sternberg-Lieben/Schuster* in Schönke/Schröder StGB § 15 Rn. 22; *Rönnau* in LK-StGB StGB Vor § 13 Rn. 40; *Kühl* in Lackner/Kühl StGB § 15 Rn. 16; krit. *Walter* in LK-StGB StGB Vor § 13 Rn. 56, 57). Für den Vorsatz genügt die Kenntnis der tatsächlichen Umstände, die das Unwerturteil begründen, zB das Fehlen einer Erlaubnis oder der tatsächlichen Voraussetzungen des § 4. Das Unwerturteil selbst ist dagegen nach den Regeln über den Verbotsirrtum zu behandeln (→ Rn. 38).

35 **III. Irrtümer im Zusammenhang mit der Erlaubnis.** Zu den Irrtumsfragen im Allgemeinen → Vor § 29 Rn. 428–464; dort auch zum Wahndelikt (→ Vor § 29 Rn. 452–461). Die nachfolgenden Ausführungen befassen sich mit den Irrtümern, die sich im Zusammenhang mit der **Erlaubnis** ergeben können:

36 **1. Fälle des Irrtums.** Nimmt der Täter irrig an, **er habe eine Erlaubnis,** so liegt ein Tatbestandsirrtum vor (BGH NStZ 1996, 338 (→ Rn. 31); *Patzak* in Körner/Patzak/Volkmer § 29 Teil 2 Rn. 61; *Kotz/Oğlakcıoğlu* in MüKoStGB § 3 Rn. 45). Dasselbe gilt, wenn der Täter über die **tatsächliche Beschaffenheit** des Stoffes irrt (*Patzak* in Körner/Patzak/Volkmer § 29 Teil 2 Rn. 60; *Kotz/Oğlakcıoğlu* in MüKoStGB StGB § 3 Rn. 46; *Endriß/Malek* BtMStrafR § 12 Rn. 4) und deswegen annimmt, er brauche keine Erlaubnis, etwa wenn er das von ihm transportierte Cocain für das Streckmittel Lidocain hält (*Franke/Wienroeder* Vor § 29 Rn. 36; *Joachimski/Haumer* BtMG Rn. 275). Dies gilt erst recht, wenn er die Substanz oder deren Träger überhaupt nicht mit einem Betäubungsmittel **in Beziehung bringt,** etwa wenn er nicht erkennt, dass in seinem Garten Cannabispflanzen wachsen, die aus Vogelfutter stammen. Beruht der Irrtum auf Fahrlässigkeit, so kommt Bestrafung wegen fahrlässiger Begehung in Betracht (§ 16 Abs. 1 S. 2 StGB), sofern diese strafbar ist (§ 29 Abs. 4).

37 Ein **Tatbestandsirrtum** ist auch gegeben, wenn sich der Täter **irrig Umstände** vorstellt, die die Eigenschaft des Stoffs als Betäubungsmittel ausschließen, zB wenn er beim Anbau von Nutzhanf irrig annimmt, das Saatgut sei zertifiziert, der THC-Gehalt der von ihm angebauten Sorte halte sich innerhalb der vorgeschriebenen Grenzen oder sein Betrieb erfülle die tatsächlichen Voraussetzungen für den Anbau von Nutzhanf (*Oğlakcıoğlu* in MüKoStGB § 3 Rn. 46). Dasselbe gilt, wenn er irrig von einem Sachverhalt ausgeht, demzufolge eine **Ausnahme von der Erlaubnispflicht** nach § 4 besteht (BGH NStZ 1996, 338 (→ Rn. 31); *Oğlakcıoğlu* in MüKoStGB BtMG § 3 Rn. 47). Da das Fehlen der Erlaubnis im Betäubungsmittelstrafrecht zum Tatbestand und nicht zur Rechtswidrigkeit gehört, sollte von einem Erlaubnistatbestandsirrtum (→ Vor § 29 Rn. 435) allerdings hier nicht gesprochen werden (undeutlich BGH NStZ 1996, 338 (→ Rn. 31)).

38 Ein **Verbotsirrtum** (→ Vor § 29 Rn. 429, 442–451) liegt vor, wenn der Täter zwar weiß, dass er keine Erlaubnis zum Verkehr mit Betäubungsmitteln hat, aber trotz zutreffender **Kenntnis der Tatsachen nicht erkennt,** dass er einer solchen bedarf (BGH NJW 2018, 3467 mAnm *Brand* = StV 2019, 753 mAnm *Szesny* = JR 2019, 409 mAnm *Papathanasiou*). Dies kommt etwa in Betracht, wenn der Täter annimmt, der Stoff, dessen tatsächliche Beschaffenheit er kennt (→ Rn. 35), falle nicht oder noch nicht unter das BtMG (**Subsumtionsirrtum;** → Vor § 29 Rn. 434; *Oğlakcıoğlu* BtMStrafR AT S. 297, 298; aA BGH BeckRS 2017, 134284, wo die Frage eines Subsumtionsirrtums nicht gesehen wird) und möglicherweise BGH StV 1992, 155) oder er dürfe Nutzhanf, der zulässig angebaut worden war, beliebig erwerben und weiter veräußern (→ § 24a Rn. 31–37).

39 Ein **Subsumtionsirrtum** liegt auch vor, wenn der Täter zwar Bedeutungskenntnis hat, das normative Tatbestandsmerkmal (→ Rn. 34) aber gleichwohl **zu**

Kap. 1. Tatbestände des Abs. 1 S. 1 Nr. 1 **§ 29 BtMG**

seinen Gunsten auslegt, etwa wenn er weiß, dass die Cannabispflanze unter das BtMG fällt, aber annimmt, dies gelte nicht für junge Pflanzen ohne THC (→ Vor § 29 Rn. 434), oder wenn er glaubt, Cannabispflanzen, die weniger als 0,2% THC enthalten, seien keine Betäubungsmittel und dürften aufgezogen und veräußert werden (*Patzak* in Körner/Patzak/Volkmer § 29 Teil 2 Rn. 65).

Auch wenn der Täter irrig annimmt, **keiner Erlaubnis** zu bedürfen, etwa weil 40 der Umgang mit Cannabis durch das BVerfG **erlaubt worden sei,** liegt ein **Verbotsirrtum** (→ Rn. 38) vor (BGH NJW 1994, 61 = NStZ 1993, 594 = StV 1994, 128; NStZ 1996, 338 (→ Rn. 31); *Joachimski/Haumer* BtMG Rn. 280). Ein Verbotsirrtum in Form des Erlaubnisirrtums oder „**indirekten Verbotsirrtums**" (BGH NStZ 2003, 596) ist gegeben (→ Vor § 29 Rn. 436), wenn der Täter die Grenzen der Erlaubnisfreiheit falsch bewertet, etwa wenn er annimmt, der Anbau von Nutzhanf bedürfe auch außerhalb eines landwirtschaftlichen Betriebes keiner Erlaubnis, oder er dürfe zur Aufdeckung eines Rauschgifthandels auch ohne Absprache mit der Polizei Betäubungsmittel in Besitz nehmen (BGH NStZ 1996, 338 (→ Rn. 31)).

Irrt der Täter über Umstände, die **nicht zum Tatbestand gehören,** etwa 41 über die **Art des Betäubungsmittels,** liegt kein Subsumtionsirrtum vor, sondern ein Irrtum, der für die Schuldfrage (anders für die Strafzumessung) schon deswegen nicht beachtlich ist, weil er kein Merkmal betrifft, das zum Tatbestand gehört. Auch insoweit gelten die allgemeinen Regeln (→ Vor § 29 Rn. 462–464).

2. Fälle des umgekehrten Irrtums. Nach denselben Kriterien sind auch die 42 Fälle des umgekehrten Irrtums zu behandeln, wenn der Täter irrtümlich annimmt, er bedürfe einer Erlaubnis:

Hält der Täter einen **tatsächlichen Umstand** für gegeben, der in Wirklichkeit 43 nicht vorliegt, so kommt ein **untauglicher Versuch** in Frage (→ Vor § 29 Rn. 439, 440). Dies kommt etwa in Betracht, wenn der Täter **zum Eigenverbrauch** ein Pulver erwirbt, das er für Cocain hält, während es sich in Wirklichkeit um ein pures Streckmittel handelt. Eine bedeutsame Ausnahme gilt für das **Handeltreiben;** hier ist Vollendung gegeben (→ Rn. 220–224, 362, 372, 619–622, 837).

Hält der Täter, der die **tatsächlichen Umstände** zutreffend erkennt, sein 44 Handeln **irrtümlich für rechtswidrig,** so begeht er ein (strafloses) **Wahndelikt** (→ Vor § 29 Rn. 452–461). Dies kommt etwa in Betracht, wenn der Täter irrtümlich annimmt, die Herstellung einer zum Eigenverbrauch bestimmten Substanz, deren Beschaffenheit er kennt, bedürfe einer Erlaubnis, weil sie in die Anlagen zum BtMG aufgenommen sei, oder wenn ein Apotheker meint, er dürfe keine Betäubungsmittel der Anlage I zur Untersuchung annehmen (→ Vor § 29 Rn. 456). Auch hier gilt anderes für das Handeltreiben (→ Rn. 838, 839).

C. Rechtswidrigkeit, Notstand (§§ 34, 35 StGB). Es gelten die allgemeinen 45 Regeln. Zum **rechtfertigenden** Notstand (§ 34 StGB) bei V-Personen → § 4 Rn. 159, 161, beim Umgang mit Cannabis durch Schmerzpatienten → § 3 Rn. 102–106. Ein **entschuldigender** Notstand (§ 35 StGB) kann in Betracht kommen, wenn der Täter unter dem Druck von Hintermännern handelt, die ihn bereits dreimal durch Schüsse verletzt haben und seine Familie bedrohen (BGH DRsp Nr. 1997/17050 (1 StR 439/91); BGHR BtMG § 29 Beweiswürdigung 11 (1 StR 665/92); die Voraussetzungen dieser Vorschrift, namentlich die zur Zumutbarkeit entwickelten Kriterien (*Fischer* StGB § 35 Rn. 10–14) sind allerdings intensiv zu prüfen. Zum entschuldigenden Notstand bei Schmerzpatienten → § 3 Rn. 107.

D. Subjektiver Tatbestand, Konkurrenzen, Strafzumessung. Der subjek- 46 tive Tatbestand, die Konkurrenzen und die Strafzumessung werden jeweils bei den einzelnen Delikten behandelt.

Teil 1. Anbauen (Absatz 1 Satz 1 Nr. 1 Alt. 1)

47 **A. Völkerrechtliche Grundlage.** Die völkerrechtliche Verpflichtung zur Strafbewehrung des unerlaubten Anbauens von Betäubungsmitteln ergibt sich aus Art. 36 Abs. 1a ÜK 1961, Art. 3 Abs. 1a Ziffer ii, Abs. 2 ÜK 1988. In beiden Abkommen bezieht sie sich auf den Anbau des Opiummohns, des Cocastrauchs und der Cannabispflanze. Soweit das Verbot durch die 10. BtMÄndV auf den Anbau anderer Pflanzen erstreckt wurde (Anlage I fünfter Gedankenstrich), steht dies im Einklang mit der Tendenz der internationalen Suchtstoffübereinkommen.

48 **B. Grundtatbestand.** Grundlage der Strafvorschrift ist der Erlaubnistatbestand des § 3 Abs. 1 Nr. 1. Auf die Erläuterungen zu → § 3 Rn. 20–26 wird daher zunächst verwiesen. Dort auch zum Zweck der Erlaubnispflicht.

49 **C. Tathandlung.** Unter Strafe gestellt ist das unerlaubte Anbauen von Betäubungsmitteln.

50 **I. Betäubungsmittel** sind die in den Anlagen I bis III aufgeführten Stoffe, soweit sie angebaut werden können.

51 **1. Gesondert dem BtMG unterstellte Pflanzen.** Dies sind zunächst die Pflanzen, die gesondert in eine der Anlagen zum BtMG aufgenommen sind, sowie ihre Früchte und Samen, soweit für diese nichts anderes bestimmt ist (→ § 1 Rn. 171, 172):
- **Cannabis** einschließlich der männlichen Pflanzen (→ § 1 Rn. 261), soweit nicht eine Ausnahme vorliegt (→ § 1 Rn. 261–284); hier ist vor allem zu beachten, dass der **Samen** dem BtMG nicht unterliegt, es sei denn, dass er zum unerlaubten Anbau bestimmt ist (→ § 1 Rn. 263–270).
- **Salvia divinorum, Azteken- oder Zaubersalbei** (→ § 1 Rn. 448); die Unterstellung unter das BtMG erfasst die Pflanze und Pflanzenteile einschließlich der Früchte und Samen; eine Ausnahme ist nicht vorgesehen.
- **Erythroxylum coca** einschließlich ihrer in der Anlage II aufgeführten Varietäten (→ § 1 Rn. 471); auch hier erfasst die Unterstellung unter das BtMG die Pflanze und Pflanzenteile einschließlich Früchte und Samen; eine Ausnahme ist nicht vorgesehen.
- **Papaver bracteatum, Papaver orientale, Türkenmohn** (→ § 1 Rn. 499, 500); ausgenommen ist der Anbau zu Zierzwecken. Ebenfalls nicht dem BtMG unterliegt der Samen (→ § 1 Rn. 500); eine Rückausnahme wie bei Cannabis ist hier nicht vorgesehen.
- **Papaver somniferum, Schlafmohn** (→ § 1 Rn. 626); ausgenommen sind **Samen** (eine Rückausnahme ist nicht vorgesehen (→ § 1 Rn. 630–632)) und der **Verkehr zu Zierzwecken** mit einer Rückausnahme für den Anbau (→ § 1 Rn. 633).

52 **2. Betäubungsmittel nach Anlage I fünfter Gedankenstrich.** Nach Anlage I fünfter Gedankenstrich sind Betäubungsmittel auch Pflanzen, Pflanzenteile oder Pflanzenbestandteile (entsprechendes gilt für **Pilze**),
- die einen in den Anlagen I bis III aufgeführten Stoff enthalten, oder
- zur Reproduktion oder Gewinnung solcher Stoffe geeignet sind,

sofern ein Missbrauch zu Rauschzwecken vorgesehen ist (→ § 1 Rn. 163–191).

53 Zu dieser Gruppe zählen der **Khatstrauch** (→ § 1 Rn. 321, 322), die **DMT-haltigen** Pflanzen (→ § 1 Rn. 333), der **Mutterkornpilz** (→ § 1 Rn. 405) die **mescalinhaltigen Kakteen** (→ § 1 Rn. 421) und die **psilocybinhaltigen Pilze** (→ § 1 Rn. 442).

54 **II. Anbauen.** Der Anbau hat die Produktion von Betäubungsmitteln mit landwirtschaftlichen Mitteln zum Ziel (OLG Hamburg NJW 1978, 2349 = JR 1978,

349 mAnm *Pelchen*). **Anbauen** ist die Aussaat von Samen und die Aufzucht von Pflanzen (*Oğlakcıoğlu* in MüKoStGB Rn. 23). Dabei kommt es auf die **Erfolgschancen nicht** an (OLG München BeckRS 2009, 11744); auch wenn die Pflanze wegen des Klimas oder ihrer biologischen Eigenart keinen Wirkstoff entwickeln kann, liegt Anbauen vor (*Teriet* in BeckOKBtMG Rn. 3; *Slotty* NStZ 1981, 321 (323); auch → Rn. 72. **Kein** Anbauen ist die **Aufzucht von Tieren** (*Teriet* in BeckOKBtMG Rn. 1); hier würde die Wortlautgrenze überschritten.

1. Anbauer. Der Begriff des Anbauens umfasst Aussaat, Pflege und Aufzucht. 55 Zum Anbau gehört als Teil der Pflege auch das Auslichten, Kreuzen, Aufbinden, Stützen sowie wohl noch das Einzäunen oder Schützen der Anbaufläche (*Patzak* in Körner/Patzak/Volkmer § 29 Teil 2 Rn. 24). Dabei erfüllt jede dieser Handlungen den Tatbestand. Anbauer kann daher auch sein, wer die Pflanze nicht ausgesät hat, sondern sie lediglich pflegt oder aufzieht. Ebenso hat den Tatbestand erfüllt, wer Samen so in die Erde eingebracht hat, dass aus ihm eine Pflanze selbständig heranwachsen kann (→ Rn. 72).

Der Anbau muss vom **menschlichen Willen** getragen sein (→ Rn. 61; *Fischer* 56 StGB Vor § 13 Rn. 3; *Malek* BtMStrafR Kap. 2 Rn. 244; *Krumm/Ostmeyer* BtmStrafR Rn. 62), da andernfalls kein Verhalten im strafrechtlichen Sinne vorliegt (*Walter* in LK-StGB StGB Vor § 13 Rn. 30). Das selbständige Aufwachsen von Pflanzen, etwa von Pilzen, die als Betäubungsmittel missbraucht werden können, auf Almen, Wiesen, sonst im freien Gelände oder in Gärten ist daher kein Anbauen. Dasselbe gilt für Cannabis, der sich aus vom Wind oder den Vögeln zerstreutem Vogelfutter entwickelt hat (*Patzak* in Körner/Patzak/Volkmer § 29 Teil 2 Rn. 19).

2. Motiv. Grundsätzlich ohne Bedeutung sind die Motive des Anbaus; es spielt 57 daher keine Rolle, ob er aus religiösen, politischen, wirtschaftlichen, künstlerischen, medizinischen, biologischen oder wissenschaftlichen Interessen oder Zwecken erfolgt (*Patzak* in Körner/Patzak/Volkmer § 29 Teil 2 Rn. 21; *Franke/Wienroeder* § 29 Rn. 5). Zum Anbauen von Cannabis aus medizinischen Gründen → § 1 Rn. 257–260 sowie → § 3 Rn. 162, zum Anbau aus religiösen Gründen → § 3 Rn. 95, 96, zum Anbau zur Erzeugung von Lebensmitteln/Nahrungsergänzungsmitteln → § 1 Rn. 254–256, zum Nutzhanf → § 24a Rn. 11–44. Zum Anbauen mit dem Ziel des Verkaufs → Rn. 121.

Das Motiv des Anbauens ist aber dann **von Bedeutung,** wenn die Pflanze bei 58 der Verfolgung bestimmter Zwecke nicht als Betäubungsmittel eingestuft wird. Dies gilt etwa bei Hanf (*Slotty* NStZ 1981, 321 (323); *Patzak* in Körner/Patzak/Volkmer § 29 Teil 2 Rn. 22; *Cremer-Schaeffer* in Hügel/Junge/Lander/Winkler § 3 Rn. 3), wenn er als Schutzstreifen bei der Rübenzüchtung gepflanzt und vor der Blüte vernichtet wird (Anlage I Position Cannabis (Marihuana) Buchst. c), oder bei Papaver bracteatum, wenn die Pflanze Zierzwecken dient (Anlage II). Umgekehrt erfüllt der Anbau anderer Pflanzen den Tatbestand, wenn die Voraussetzungen der Anlage I fünfter Gedankenstrich erfüllt sind (→ § 1 Rn. 163–167, 169–183). Für Pilze oder andere Stoffe, die angebaut werden können, gilt dies entsprechend (→ § 1 Rn. 184–191).

3. Formen. Der Anbau muss weder in landwirtschaftlichem Umfang erfolgen 59 noch in einem landwirtschaftlichen oder gärtnerischen Betrieb, er kann in der freien Natur, sondern kann auch in Hallen, Treibhäusern, Wohnungen, Saatkästen, Blumentöpfen oder in Form der Hydrokultur vorgenommen werden (*Patzak* in Körner/Patzak/Volkmer § 29 Teil 2 Rn. 20). Es genügt die Aufzucht auch nur einer Pflanze (OLG Düsseldorf NJW 1985, 693 = NStZ 1985, 30; s. auch BGH StraFo 2010, 170 (4 StR 524/09)). Auch die **Pflege** von Betäubungsmittelpflanzen, etwa in einem Blumen- oder sonstigen Ladengeschäft, stellt Anbauen dar (LG Ravensburg NStZ 1998, 306). Umgekehrt setzt der zulässige Anbau von Nutzhanf gerade voraus, dass er in einem landwirtschaftlichen Betrieb erfolgt (→ § 24a Rn. 16–18).

60 **4. Anbauen durch Unterlassen.** Der strafbare Anbau kann auch durch Unterlassen begangen werden. Voraussetzung ist jedoch, dass eine sich aus einer Garantenstellung ergebende Rechtspflicht (§ 13 StGB) besteht, die Pflanzen zu entfernen (*Winkler* in Hügel/Junge/Lander/Winkler Rn. 2.3.1). Die Garantenpflicht wird meist nur im Zusammenhang mit dem Eigentum oder Besitz an einem Grundstück, einer Wohnung oder sonstigen Räumen behandelt (→ Rn. 90, 91), kann sich aber auch aus allen anderen Umständen ergeben, die eine Garantenstellung begründen (*Fischer* StGB § 13 Rn. 10–74; *Bosch* in Schönke/Schröder StGB § 13 Rn. 17–59).

61 **Wachsen** auf einem Grundstück, etwa auf einer Alm, einer Wiese, sonst im freien Gelände oder auch in einem Garten, psilocybinhaltige Pilze, Cannabis oder andere Betäubungsmittelpflanzen **ohne menschlichen Willen,** so ist dies kein Anbauen, sondern ein Naturereignis (→ Rn. 56).

62 Erkennt der Verantwortliche für das Grundstück die Betäubungsmittelpflanzen oder Pilze und **beseitigt sie nicht,** macht er sich grundsätzlich **nicht** wegen Anbauens strafbar. Zwar kann der Tatbestand auch durch Unterlassen erfüllt werden (→ Rn. 60). Durch Eigentum oder Besitz, etwa aus einem Pachtvertrag (BGHR BtMG § 29 Abs. 1 Nr. 1 Anbau 1 = NStZ 1990, 285 = StV 1990, 263), an dem Grundstück wird die erforderliche Garantenstellung in aller Regel jedoch noch nicht begründet (→ Rn. 90, 91); dies gilt auch für eine Wohnung. Unberührt bleibt die Frage der Garantenstellung aus anderen Gründen (→ Rn. 60).

63 Auch stellt sich, namentlich beim Aufwachsen im freien Gelände, die Frage der **Möglichkeit** zur **Verhinderung** des Erfolgs (*Fischer* StGB § 13 Rn. 77–79) sowie der **Zumutbarkeit** der Handlung (*Fischer* StGB § 13 Rn. 80–82; *Weigend* in LK-StGB StGB § 13 Rn. 68).

64 Da in aller Regel keine Garantenstellung und damit keine Beseitigungspflicht besteht (→ Rn. 62), ist der Eigentümer oder Besitzer eines Grundstücks, einer Wohnung oder sonstiger Räume auch **nicht** verpflichtet, **diese Objekte** nach dem Vorhandensein von Betäubungsmittelpflanzen **zu durchsuchen.**

65 **5. Eigentum am Grundstück/an der Wohnung.** Das Anbauen setzt nicht voraus, dass der Anbauende Eigentümer oder sonstiger Nutzungsberechtigter (zB Mieter oder Pächter) des Grundstücks ist, auf dem der Anbau stattfindet (→ Rn. 76). Daher kann auch eine andere Person Täter des Anbauens sein. Zum Anbau bei Zwei- oder Mehrpersonenverhältnissen → Rn. 78–98.

66 **6. Eigentum an Samen und Pflanze.** Mit der Aussaat erlangt der Grundstückseigentümer das Eigentum an den Samen (§ 94 Abs. 1 S. 2 BGB). Es verbleibt ihm auch an den heranwachsenden Pflanzen (§ 94 Abs. 1 S. 1 BGB) und an den Früchten (§ 99 Abs. 1 BGB), und zwar auch nach der Ernte (§ 953 BGB); zur Pacht s. § 956 BGB. § 134 BGB gilt insoweit nicht, da der Erwerb durch Realakt erfolgt (BGH NJW 2006, 72 (→ Rn. 14); *Patzak* in Körner/Patzak/Volkmer § 29 Teil 2 Rn. 26; *Vitt* NStZ 1992, 221).

67 **III. Unerlaubt.** Weiteres Tatbestandsmerkmal ist das Fehlen einer Erlaubnis (→ Rn. 26–44). Das Fehlen ergibt sich meist aus den Gesamtumständen und muss daher nicht ausdrücklich festgestellt werden (→ Rn. 31).

68 **D. Vorbereitung, Versuch, Vollendung, Beendigung.** Der Versuch ist strafbar (§ 29 Abs. 2). Für die Abgrenzung der einzelnen Stadien gelten die Grundsätze des allgemeinen Strafrechts (→ Vor § 29 Rn. 171–206).

69 Der **Versuch des Anbauens** beginnt mit dem Heranschaffen des Saatguts an eine vorbereitete Fläche (BGH NJW 2011, 1461 = NStZ 2011, 459 = StV 2011,

540 = JR 2011, 453 mAnm *Weber; Teriet* in BeckOKBtMG Rn. 14; *Patzak* in Körner/Patzak/Volkmer § 29 Teil 2 Rn. 69), da erst dann unmittelbar zur tatbestandsmäßigen Handlung angesetzt wird. Sind nach dem Tatplan noch weitere vorbereitende Handlungen notwendig, bevor mit dem Ausbringen der Saat begonnen wird, so beginnt der Versuch erst mit deren Abschluss (*Franke/Wienroeder* Rn. 49; *Oğlakcıoğlu* in Kotz/Rahlf BtMStrafR Kap. 3 Rn. 230).

Bis zu diesen Zeitpunkten ist auch der Umgang mit **Samen** in Bezug auf **das** 70 **Anbauen** (zu anderen Tatbeständen → Rn. 71) nur eine Vorbereitungshandlung und deswegen **insoweit** nicht strafbar. Dies gilt auch, wenn der Erwerber von Anfang an mit dem Samen Pflanzen heranziehen will. Ebenfalls zu den **Vorbereitungshandlungen** gehören die Bereitstellung des Saatguts (*Oğlakcıoğlu* in MüKoStGB Rn. 77; *Franke/Wienroeder* Rn. 7; aA wohl *Joachimski/Haumer* BtMG Rn. 10) und die Vorbereitung des Bodens (*Patzak* in Körner/Patzak/Volkmer § 29 Teil 2 Rn. 69; *Oğlakcıoğlu* in MüKoStGB Rn. 77), eines Aufzuchtbeetes oder eines Gewächshauses (OLG München BeckRS 2009, 11744) oder das Bereithalten von Samenkästen oder einer Aufzuchtanlage (OLG München BeckRS 2009, 11744).

Unabhängig hiervon kann der Umgang mit dem **Samen selbst** eine Straftat 71 sein (für Cannabis → § 1 Rn. 263–270, für Erythroxylum coca → § 1 Rn. 469, für Salvia divinorum → § 1 Rn. 448, für andere **Pflanzen** und für die **Sporen** von Pilzen → § 1 Rn. 173–183, 185–190). Vom Anwendungsbereich des BtMG weiterhin **nicht** erfasst ist der Samen von Papaver bracteatum (→ § 1 Rn. 500) und Papaver somniferum (→ § 1 Rn. 630–632). Verkauf und Erwerb dieser Samen bedürfen keiner Erlaubnis; auch der Besitz ist nicht verboten. Etwas anderes gilt dagegen für den Umgang mit **Setzlingen** aller dieser Arten (offen gelassen in BGH NJW 2011, 1461 (→ Rn. 69)); sie sind Pflanzen, die als solche dem BtMG unterfallen (*Weber* JR 2011, 454 (455)).

Der Anbau ist ein (unechtes) **Unternehmensdelikt** (→ Rn. 273–278; → Vor 72 § 29 Rn. 161; OLG München BeckRS 2009, 11744; *Teriet* in BeckOKBtMG Rn. 3, 13), das zur **Vollendung** keinen Erfolg, namentlich nicht Keimfähigkeit des Saatguts (→ § 1 Rn. 182; *Malek* BtMStrafR Kap. 2 Rn. 246; aA *Oğlakcıoğlu* in MüKoStGB Rn. 83: „Versuch"), die Verwendung einer tauglichen Anbaumethode (aA *Oğlakcıoğlu* in Kotz/Rahlf BtMStrafR Kap. 3 Rn. 231) oder die Entstehung eines Wirkstoffs (OLG München BeckRS 2009, 11744; *Franke/Wienroeder* Rn. 6) voraussetzt (→ § 3 Rn. 23). Dies erschließt sich, wenn auf den Grundtatbestand (§ 1 Abs. 1) zurückgegangen wird; das Erfordernis einer Erlaubnis kann nicht davon abhängen, ob der Samen keimfähig oder die Anbaumethode tauglich ist. Auch auf die Erntereife oder die Erfolgschancen (→ Rn. 54) kann es danach nicht ankommen.

Der Anbau ist daher **bereits vollendet,** wenn der Samen so in die Erde **ein-** 73 **gebracht** ist, dass aus ihm eine Pflanze selbständig heranwachsen kann (OLG München BeckRS 2009, 11744); *Winkler* in Hügel/Junge/Lander/Winkler Rn. 2.3.1; *Oğlakcıoğlu* in Kotz/Rahlf BtMStrafR Kap. 3 Rn. 231); eine (weiterreichende) Pflege erfordert die Vollendung nicht (*Franke/Wienroeder* Rn. 7). Zum Anbau gehört auch die **Aufzucht** bis zum Ansetzen der Ernte (OLG München BeckRS 2009, 11744). Anbauen kann daher auch dann vorliegen, wenn der Täter die Betäubungsmittelpflanze nicht ausgesät hat, sondern (nur) pflegt.

Der Anbau ist **beendet,** wenn der Täter oder ein Dritter **zur Ernte ansetzt** 74 (BGH 1 StR 476/04; OLG München BeckRS 2009, 11744; 2010, 30554). Die Ernte, die auch von Dritten vorgenommen werden kann, gehört nicht mehr zum Anbauen, sondern ist als Gewinnen Teil der Herstellung (→ § 2 Rn. 55, 56; OLG Dresden NStZ-RR 1999, 372; OLG München BeckRS 2009, 11744; *Patzak* in Körner/Patzak/Volkmer § 29 Teil 2 Rn. 71; *Oğlakcıoğlu* in MüKoStGB Rn. 86, 87). Erst recht gilt dies für das Trocknen (OLG Dresden NStZ-RR 1999, 372).

Zur Ernte und damit zum Herstellen in der Form des Gewinnens gehört auch das Abschneiden der Hanfblätter (BayObLGSt 2001, 166 = NStZ-RR 2002, 181; OLG Karlsruhe NStZ-RR 2002, 85 = StV 2002, 431). Zu den Konkurrenzen → Rn. 116–121.

75 **E. Täterschaft und Teilnahme** richten sich nach den allgemeinen Regeln. Auf die → Vor § 29 Rn. 241–386 wird zunächst verwiesen.

76 **I. Täterschaft.** Täter kann jeder sein, der selbst anbaut oder sonst am Anbau mitwirkt. Häufig wird dies der Eigentümer, Pächter oder sonstige Besitzer des Grundstücks, der Wohnung oder der sonstigen Räume sein. Notwendig ist dies nicht (*Franke/Wienroeder* Rn. 8). Ebensowenig muss der Anbauende Eigentümer oder Besitzer des Samens sein. Wer Betäubungsmittelpflanzen bei der Aufzucht betreut und damit alle Tatbestandsmerkmale des Anbauens **eigenhändig** erfüllt, ist daher **Täter** (→ Vor § 29 Rn. 370); dies gilt auch dann, wenn er unter dem Druck von Hintermännern handelt (übersehen von BGHR BtMG § 29a Abs. 1 Nr. 2 Besitz 6 (5 StR 555/10); dazu *Weber* JR 2011, 454 (455)). Zum Anbauen auf einem Grundstück oder in einer Wohnung bei Zwei- oder Mehrpersonenverhältnissen → Rn. 78–98.

77 **II. Beihilfe.** Wer die Bemühungen des Täters zum Anbau von Betäubungsmitteln durch Hilfstätigkeiten, etwa die Beschaffung von Anbauzubehör oder Anleitungsbüchern unterstützt, kann sich wegen Beihilfe strafbar machen. Ohne den **Bezug zu konkreten Anbaubemühungen** erfüllt die Abgabe dieser Materialien den Tatbestand der Beihilfe noch nicht (→ Vor § 29 Rn. 352).

78 **III. Sonderfall: Zwei- oder Mehrpersonenverhältnisse.** Wird eine Wohnung, in der Betäubungsmittel angebaut werden, von zwei oder mehr Personen bewohnt oder haben zu einem entsprechenden Grundstück oder Raum zwei oder mehr Personen Zugang, so ist für die Frage des Anbauens (für den **Besitz** gelten besondere Regeln (→ Rn. 1344–1350)) zunächst zu klären, **wem** die **Nutzungsberechtigung** (meist als Eigentümer, Mieter, Pächter oder sonstiger Inhaber) zusteht.

79 **1. Übersicht. Je nachdem** ist dann zu **unterscheiden:**
– Anbauen durch den Nutzungsberechtigten (→ Rn. 80, 81)
– Anbauen durch andere Personen als den Nutzungsberechtigten, namentlich Mitbewohner (→ Rn. 82–97)
  – Strafbarkeit der anderen Person (→ Rn. 83)
  – Strafbarkeit des Nutzungsberechtigten (→ Rn. 84–97)
    – Zur Verfügung Stellen (→ Rn. 85, 87)
    – Einverständnis, Billigung, Mitkonsum (→ Rn. 88–95)
      – (Mit)Täterschaft, auch durch Unterlassen (→ Rn. 89–91)
      – Beihilfe, auch durch Unterlassen (→ Rn. 92–95)
    – Dulden (→ Rn. 96, 97)
– Anbauen bei gemeinsamer Nutzungsberechtigung (→ Rn. 98).

80 **2. Anbauen durch den Nutzungsberechtigten.** Erfolgt der Anbau durch den Nutzungsberechtigten der Wohnung oder des Grundstücks, so gelten keine Besonderheiten; da er alle Tatbestandsmerkmale des Anbauens eigenhändig erfüllt, ist er **Täter** (→ Vor § 29 Rn. 246). Zum Anbauen durch Unterlassen → Rn. 90, 91.

81 Ob und inwieweit sich die **Mitbewohner** der Wohnung oder Mitnutzer des Grundstücks wegen (mit-)täterschaftlichen Anbauens oder Beihilfe zum Anbau strafbar machen, richtet sich nach den allgemeinen Regeln (→ Vor § 29 Rn. 241–386).

82 **3. Anbauen durch andere Personen als den Nutzungsberechtigten.** In der Praxis häufig sind die Fälle, in denen der Anbau nicht durch den Nutzungsberechtigten erfolgt, sondern **durch andere Personen,** namentlich Mitbewohner oder Mitnutzer, etwa Ehepartner oder Lebensgefährten:

Kap. 1. Tatbestände des Abs. 1 S. 1 Nr. 1 § 29 BtMG

a) Strafbarkeit der anderen Person. Das Anbauen setzt nicht voraus, dass der 83
Täter Eigentümer oder sonstiger Nutzungsberechtigter der Wohnung oder des
Grundstücks ist. Auch wer in fremden Wohnungen oder auf fremden Grundstücken Betäubungsmittel anbaut, erfüllt daher eigenhändig alle Tatbestandsmerkmale
des Anbauens und ist damit Täter (→ Rn. 76).

b) Strafbarkeit des Nutzungsberechtigten der Wohnung. Schwieriger ist in 84
diesen Fällen die Frage zu beantworten, ob und inwieweit sich (auch) der **Nutzungsberechtigte** (der selbst nicht anbaut) strafbar macht. Dabei stellen sich in unterschiedlichen Kombinationen Fragen des positiven Tuns oder Unterlassens und
der Täterschaft und Beihilfe (zum Besitz in solchen Fällen → Rn. 1344–1350):

aa) Zur Verfügung Stellen; sonstige aktive Unterstützung. Stellt der Nut- 85
zungsberechtigte sein Grundstück oder seine Wohnung zum Anbau von Betäubungsmitteln **zur Verfügung,** so leistet er einen **aktiven** Tatbeitrag zur Verwirklichung der Straftat des Anbauens. Es ist daher **positives Tun** gegeben (BGHR
StGB § 27 Abs. 1 Hilfeleisten 10 = NStZ 1994, 92; BtMG § 29 Abs. 1 Nr. 1 Handeltreiben 60 = NStZ-RR 2003, 153 = StV 2003, 280; BGH NStZ 1999, 451
= StV 1999, 430; 2010, 221 = StV 2010, 128; 5 StR 106/17). Ein Zur-Verfügung-Stellen setzt in der Regel voraus, dass der Wohnungsinhaber **bereits bei der
Überlassung** der Wohnung oder der **Aufnahme des Täters** von der geplanten
Verwendung der Wohnung wusste (BGH NStZ-RR 2013, 249; StraFo 2016, 215
(4 StR 459/15)) und die Aufnahme nicht allein aus persönlichen Gründen erfolgte
(BGH NStZ 2014, 164). Daran fehlt es, wenn der aufgenommene Lebensgefährte
erst nach einiger Zeit mit der Aufzucht oder dem Drogenhandel beginnt; in einem
solchen Fall liegt Unterlassen (→ Rn. 90, 97) vor (BGH NStZ-RR 2012, 58).

Positives Tun kommt auch dann in Betracht, wenn der Wohnungsinhaber den 86
Drogenanbau **sonst aktiv unterstützt,** etwa die Betäubungsmittel für oder gemeinsam mit dem Täter **in Besitz nimmt** und **verwahrt,** wenn er den Anbau in
der Wohnung **gestattet** (BGH NStZ 2014, 164 für das Handeltreiben) oder wenn
er **zusagt,** den Anbau künftig hinzunehmen (BGH StraFo 2016, 215 (→ Rn. 85)
für das Handeltreiben).

Eine andere Frage ist, ob der Inhaber **(Mit-)Täter oder nur Gehilfe** ist. Dies 87
richtet sich nach den allgemeinen Grundsätzen, die für die Abgrenzung von Täterschaft und Teilnahme gelten (→ Vor § 29 Rn. 367–386). Hat er ein besonderes eigenes Interesse an dem Anbau, etwa wenn er sich Vorteile verspricht, auch in Form
eines Anteils an den Betäubungsmitteln, wird häufig (Mit-)Täterschaft vorliegen
(BGHR StGB § 27 Abs. 1 Hilfeleisten 10 (→ Rn. 85)). Mittäterschaft liegt vor,
wenn der Beteiligte noch vor Inbetriebnahme der Plantage gegen eine Beteiligung
am Verkaufserlös ausdrücklich sein Einverständnis mit dem Cannabis-Anbau in seiner Halle erklärt (BGH 2 StR 591/15).

bb) Einverständnis, Billigung, Mitkonsum. Stellt der Inhaber die Wohnung 88
oder das Grundstück nicht zur Verfügung, sondern hat er lediglich davon Kenntnis,
dass ein anderer, meist der Lebensgefährte oder ein sonstiger (Mit)Bewohner, dort
Betäubungsmittel anbaut, und ist er damit einverstanden, so ist zu unterscheiden:

(a) (Mit)Täterschaft, auch durch Unterlassen. Anders als in den Fällen, in 89
denen der Nutzungsberechtigte die Wohnung oder das Grundstück zur Verfügung
stellt, scheidet Mittäterschaft durch **aktives Tun** hier von vornherein aus. Die Mittäterschaft setzt anders als die Beihilfe ein bewusstes und gewolltes Zusammenwirken voraus; an dieser Willensübereinstimmung fehlt es, wenn der Beteiligte die Tat
eines andern lediglich einseitig billigt und unterstützt (OLG Karlsruhe NStZ-RR
1998, 27 = StV 1998, 80; KG NStZ-RR 1996, 345 = StV 1996, 488; *Heine/Weißer*
in Schönke/Schröder StGB § 25 Rn. 72).

90 Auch **(Mit)Täterschaft durch Unterlassen** kommt hier in der Regel nicht in Betracht, da es an einer Garantenstellung fehlt. Der Eigentümer, Mieter, Pächter (BGHR BtMG § 29 Abs. 1 Nr. 1 Anbau 1 (→ Rn. 62)) oder sonstige Besitzer eines Grundstücks oder einer Wohnung, hat als solcher (zu anderen Garantenstellungen → Rn. 60) für rechtswidrige Handlungen, die von Mitbewohnern oder Dritten auf dem Grundstück oder in der Wohnung begangen werden, strafrechtlich nur dann einzustehen, wenn besondere Umstände hinzutreten, die eine Rechtspflicht zum Handeln begründen (BGHR StGB § 13 Abs. 1 Garantenstellung 10 = NJW 1993, 76 = StV 1993, 28; 18; BtMG § 29 Abs. 1 Nr. 1 Handeltreiben 60 (→ Rn. 85); 67 = NStZ-RR 2006, 349 = StV 2007, 81; BGH NStZ-RR 2009, 184 = StV 2010, 128; 2012, 58; 2013, 249; StraFo 2016, 215 (→ Rn. 85); OLG Karlsruhe StV 2007, 306 = StraFo 2007, 162).

91 **Solche Umstände** können darin bestehen, dass die Wohnung wegen ihrer besonderen Beschaffenheit oder Lage eine Gefahrenquelle darstellt, die der Wohnungsinhaber so zu sichern und zu überwachen hat, dass sie nicht die Ausführung von Straftaten erleichtert (BGHSt 30, 391 = NJW 1982, 1235 = NStZ 1982, 245; BGH StGB § 13 Abs. 1 Garantenstellung 18; § 27 Abs. 1 Hilfeleistung 7 = NJW 1993, 76 = StV 1993, 28; BtMG § 29 Abs. 1 Nr. 1 Handeltreiben 60 (→ Rn. 85); BGH NStZ 2010, 221 (→ Rn. 85)) Die Wohnung darf nicht nur Tatort, sondern muss **Tatförderungsmittel** sein (*Kühl* StrafR AT (2005) § 18 Rn. 115; *Kühl* JuS 2007, 497 (502); *Oğlakcıoğlu* in Kotz/Rahlf BtMStrafR Kap. 3 Rn. 211). Dass sie über einen verwilderten Garten verfügt, der zum Anbau von Cannabis geeignet ist, genügt dazu nicht (OLG Zweibrücken NStZ-RR 2000, 119); etwas anderes gilt für eine Wohnung, die mit einer **Anlage für den Indoor-Anbau** ausgestattet ist. Ist der Inhaber nach **öffentlichem Recht** für den Zustand der Wohnung verantwortlich, ergibt sich daraus nicht ohne Weiteres, dass er auch für die Abwendung von Betäubungsmittelstraftaten einzustehen hat (BGH 3 StR 407/12).

92 **(b) Beihilfe.** Anders als für die Mittäterschaft genügt für die Beihilfe auch die einseitige Unterstützung. Eine solche Unterstützung in Form **psychischer Beihilfe** kann auch in der Billigung der Straftat zu sehen sein (→ Vor § 29 Rn. 329). Allerdings gilt dies nur dann, wenn durch die **Billigung** die Tatbegehung in ihrer konkreten Gestalt objektiv gefördert oder erleichtert wurde und dies dem Gehilfen auch bewusst war (BGH NStZ-RR 2013, 249). Dasselbe gilt für das **Dabeisein** bei der Tat (→ Vor § 29 Rn. 330).

93 Fehlt es an **einer solchen Förderung** oder an dem **Bewusstsein des Gehilfen,** so reichen die Kenntnis und Billigung des Rauschgiftanbaus oder -vertriebs auch für die Beihilfe (durch **aktives Tun**) nicht aus (→ Vor § 29 Rn. 327, 328; BGHR BtMG § 29 Abs. 1 Nr. 1 Handeltreiben 60 (→ Rn. 85); 67 (→ Rn. 90); BGH NStZ 1999, 451 (→ Rn. 85); 2010, 221 (→ Rn. 85); NStZ-RR 2021, 17). Dies gilt auch dann, wenn der Beteiligte einen **Teil der Beute** erwartet (BGH NStZ 1999, 451 (→ Rn. 85)) oder beansprucht (BGH NStZ 1993, 385 = StV 1993, 468), sonst am Tatterfolg interessiert ist (*Kühl* in Lackner/Kühl StGB § 27 Rn. 4) oder Geldbeträge zur gemeinsamen Lebensführung erhält (OLG Karlsruhe StV 2007, 306 (→ Rn. 90)). Nichts anderes gilt für die Billigung der Tat, die im Mitkonsum zum Ausdruck kommt.

94 Stets bedarf es daher **sorgfältiger und genauer Feststellungen** dazu, dass und durch welche Unterstützungshandlungen die Tatbegehung in ihrer konkreten Gestalt objektiv gefördert und erleichtert wurde (BGHR StGB § 27 Abs. 1 Hilfeleisten 14 = NStZ 1995, 490 = StV 1995, 363; 1995, 15; BGH NStZ 1999, 451 (→ Rn. 85); 2010, 221 (→ Rn. 85)) und dass der Gehilfe sich dessen bewusst war (BGHR StGB § 27 Abs. 1 Unterlassen 5 = NStZ 1993, 233 = StV 1993, 357; BGH NStZ-RR 1996, 290 = StV 1996, 659).

Lassen sich solche Feststellungen nicht treffen, so ist **Beihilfe durch Unterlas-** 95
sen zu prüfen (→ Vor § 29 Rn. 331). Eine solche kommt jedoch nur in Betracht
(BGHR StGB § 13 Abs. 1 Unterlassen 5 = NStZ 2000, 83 = StV 2000, 195;
BtMG § 29 Abs. 1 Nr. 1 Handeltreiben 60 (→ Rn. 85); 67 (→ Rn. 90)) wenn eine
Rechtspflicht zum Handeln bestand (§ 13 StGB). Das Bestehen einer Garantenstel-
lung richtet sich auch hier nach allgemeinen strafrechtlichen Grundsätzen. Aus der
Eigenschaft als Eigentümer oder Besitzer eines Grundstücks oder einer Wohnung,
ergibt sich eine solche Garantenstellung in aller Regel noch nicht (BGH NStZ-
RR 2013, 249; StraFo 2016, 215 (→ Rn. 85)); es gilt hier nichts anderes als im Falle
der Täterschaft (→ Rn. 90, 91). Zur **Geschäftsherrenhaftung** → Vor § 29
Rn. 331.

cc) **Dulden.** Beschränkt sich das Verhalten des Nutzungsberechtigten einer 96
Wohnung oder eines Grundstücks auf ein bloßes Hinnehmen oder Dulden des Anbaus durch einen anderen, so leistet er zu der Tat keinen positiven Beitrag. Die **bloße
Kenntnis** vom illegalen Anbau der Betäubungsmittel und die tatsächliche Einwirkungsmöglichkeit reichen zur Tatbestandsverwirklichung durch **aktives Tun** nicht
aus (→ Vor § 29 Rn. 328; BGHR BtMG § 29 Abs. 1 Nr. 1 Handeltreiben 67
(→ Rn. 90); BGH NStZ 1999, 451 (→ Rn. 85); NStZ-RR 2009, 184 (→ Rn. 90);
2021, 17; OLG Karlsruhe NStZ-RR 1998, 27 = StV 1998, 80; StV 2007, 306
(→ Rn. 90)).

Auch ein **strafrechtlich relevantes Unterlassen** ist in aller Regel **nicht** ge- 97
geben, da der Nutzungsberechtigte eines Grundstücks oder einer Wohnung, als solcher (zu anderen Garantenstellungen → Rn. 60) für rechtswidrige Handlungen, die
auf dem Grundstück oder in der Wohnung von Mitbewohnern oder Dritten begangen werden, grundsätzlich nicht einzustehen hat (→ Rn. 90, 91,
95). Zur **Geschäftsherrenhaftung** → Vor § 29 Rn. 331.

4. Gemeinsame Nutzungsberechtigung. Sind zwei oder mehrere Personen 98
nutzungsberechtigt, etwa bei einem gemeinsamen Mietvertrag, so ist der Anbauende stets Täter (→ Rn. 80). Für den anderen kommt es darauf an, ob er seine Nutzungsberechtigung zur Verfügung stellt (→ Rn. 85, 87), den Anbau billigt
(→ Rn. 88–95) oder ihn bloß duldet (→ Rn. 96, 97).

F. Handeln im Ausland. Sofern das Anbauen von Betäubungsmitteln im Aus- 99
land nicht nur eine bloße Vorstufe zu einem Güterumsatz und damit zum Handeltreiben darstellt (→ Rn. 106), ist zu unterscheiden (beim Vorliegen einer ausländischen Erlaubnis s. die zum Teil abweichenden Regeln in → Rn. 27–30):

I. Inlandstat/Auslandstat. Zunächst ist zu klären, ob es sich um eine Inlands- 100
oder Auslandstat handelt. Auf → Vor § 29 Rn. 73–112 wird verwiesen. Haben bei
mittelbarer Täterschaft der Täter oder das Werkzeug (auch) im Inland gehandelt,
so liegt eine Inlandstat vor; dasselbe gilt, wenn bei **Mittäterschaft** ein Tatbeitrag im
Inland geleistet wurde (→ Vor § 29 Rn. 87, 88; auch → Rn. 29).

Hat ein **Teilnehmer** im **Inland** gehandelt, so ist die Teilnahme (Anstiftung/Bei- 101
hilfe) auch dann eine (strafbare) Inlandstat, wenn die Haupttat im Ausland begangen wurde, jedoch nach deutschem Recht strafbar wäre, wenn sie im Inland begangen worden wäre (→ Vor § 29 Rn. 110, 111; auch → Rn. 30). Dies gilt auch dann,
wenn sie am Tatort nicht mit Strafe bedroht ist (§ 9 Abs. 2 S. 2 StGB).

Ebenso ist die Teilnahme gemäß § 9 Abs. 2 S. 1 StGB eine (strafbare) Inlandstat, 102
wenn der **Teilnehmer** zwar ausschließlich im **Ausland** tätig war, die Haupttat jedoch im Inland begangen wurde (BGH MDR 1986, 508; *Ambos* in MüKoStGB
StGB § 9 Rn. 36).

II. Deutsche Staatsangehörige/Neubürger. Für den Anbau von Betäu- 103
bungsmitteln durch Personen, die zur Zeit der Tat Deutsche (→ Rn. 104) waren
oder es nach der Tat geworden sind, gilt das deutsche Strafrecht, wenn die Tat am

Tatort mit Strafe bedroht ist oder der Tatort keiner Strafgewalt unterliegt (§ 7 Abs. 2 Nr. 1 StGB). Im Einzelnen dazu → Vor § 29 Rn. 144, 145.

104 **III. Ausländische Staatsangehörige/Staatenlose.** Das Anbauen von Betäubungsmitteln durch Ausländer im Ausland unterliegt grundsätzlich (→ Rn. 105) **nicht** dem deutschen Strafrecht (§§ 3, 6 Nr. 5, § 7 Abs. 2 Nr. 2 StGB). Ausländer ist jeder, der nicht Deutscher ist, also auch der Staatenlose (*Fischer* StGB § 7 Rn. 5). Deutscher ist auch, wer neben der deutschen auch eine ausländische Staatsangehörigkeit hat (*Fischer* StGB § 7 Rn. 5).

105 **Ist die Tat am Tatort** mit Strafe bedroht oder unterliegt der Tatort keiner Strafgewalt, so gilt das deutsche Strafrecht, wenn der (ausländische) Täter **im Inland betroffen** wird, obwohl das Auslieferungsgesetz seine Auslieferung nach der Art der Tat zuließe, nicht ausgeliefert wird, weil ein Auslieferungsersuchen nicht gestellt oder abgelehnt wird oder die Auslieferung nicht ausführbar ist (§ 7 Abs. 2 Nr. 2 StGB). Im Einzelnen dazu → Vor § 29 Rn. 146–154.

106 **IV. Anbauen als Vorstufe eines Güterumsatzes.** Geht der Anbau einem Güterumsatz voraus, namentlich im Falle des Handeltreibens, so gilt nach § 6 Nr. 5 StGB das deutsche Strafrecht unabhängig von dem Recht des Tatorts (→ Rn. 121, 491). Wegen der Einzelheiten wird auf → Vor § 29 Rn. 119–134 verwiesen. Beim Vorliegen einer ausländischen Erlaubnis → Rn. 826.

107 **G. Subjektiver Tatbestand.** Die Strafbarkeit nach Absatz 1 Satz 1 Nr. 1 verlangt Vorsatz (→ Rn. 108, 109). Kann **der Nachweis** vorsätzlichen Handelns **nicht geführt** werden, so hat das Gericht im Rahmen seiner **Pflicht zur erschöpfenden Aburteilung** (BGH NStZ 1983, 174; 2010, 222 = NStZ-RR 2010, 53; BeckRS 1999, 30070917; 2016, 21431) die fahrlässige Begehung (Absatz 4; → Rn. 115) zu prüfen.

108 **I. Vorsatz.** Der Vorsatz (→ Vor § 29 Rn. 389–425) muss sich auf das unerlaubte Anbauen von Betäubungsmitteln (→ Rn. 4, 6; 10) beziehen. Bedingter Vorsatz (→ Vor § 29 Rn. 415–420) reicht aus. Zur Behandlung der (fehlenden) Erlaubnis im Rahmen des Vorsatzes → Rn. 31, 34, 36–44.

109 Im **Rahmen der Schuld** (anders bei der Strafzumessung) muss sich der Vorsatz weder auf die **Art** des Betäubungsmittels (→ Rn. 41) noch auf seine **Menge** oder **Wirkstoffmenge** (wenn nicht eine Qualifikation in Rede steht) erstrecken. Es genügt wenn der Täter, auch auf Grund einer Pararallelwertung in der Laiensphäre, erkennt, **dass** es sich um **Rauschgift handelt** (BGH BeckRS 2016, 21431). Dem **Schuldspruch** kann allerdings **der Boden entzogen werden**, wenn infolge fehlender oder unklarer Feststellungen zu Art, Menge und Wirkstoffgehalt der Schuldgehalt der Tat auch nicht mehr in groben Zügen erkennbar wird (→ Vor § 29 Rn. 393–395).

110 **II. Irrtumsfälle.** Irrt der Täter über die Pflanzen, die er ausgesät hat, über ihre tatsächlichen Eigenschaften oder über ihren (unzulässigen) Verwendungszweck (→ § 1 Rn. 166, 169–183, 185–190), so kommt ein **Tatbestandsirrtum** in Betracht; es ist dann die fahrlässige Begehung zu prüfen (→ Rn. 115). Dasselbe gilt bei **tatsächlichen** Irrtümern im Zusammenhang mit der **Erlaubnis** (→ Rn. 36, 37). Auch sonst gelten für den Tatbestandsirrtum beim Anbauen die allgemeinen Regeln (→ Vor § 29 Rn. 429–438).

111 **Nimmt der Täter an,** für die Aussaat oder das Anbauen, das auch in einer Pflege im Ladengeschäft bestehen kann, sei eine Erlaubnis nicht erforderlich oder die von ihm angebauten Pflanzen, deren Eigenschaften er kennt, fielen nicht unter das BtMG, so kommt ein **Verbotsirrtum** in Frage (→ Rn. 38; *Patzak* in Körner/Patzak/Volkmer § 29 Teil 2 Rn. 66; *Franke/Wienroeder* Rn. 9). Zu weiteren Irrtümern im Zusammenhang **mit der Erlaubnis** → Rn. 39, 40. Zum Verbotsirrtum im Übrigen → Vor § 29 Rn. 441–451.

Kap. 1. Tatbestände des Abs. 1 S. 1 Nr. 1 § 29 BtMG

Irrt der Täter über Umstände, die **nicht zum Tatbestand gehören,** etwa 112
über die Art des Betäubungsmittels, liegt kein Subsumtionsirrtum vor, sondern ein
Irrtum, der für die Schuldfrage (anders für die Strafzumessung) schon deswegen
nicht beachtlich ist, weil er kein Merkmal betrifft, das zum Tatbestand gehört
(→ Rn. 41).

Schließlich gelten beim Anbauen auch für den **umgekehrten Irrtum** die all- 113
gemeinen Regeln: (untauglicher) **Versuch** (→ Vor § 29 Rn. 439, 440; **Wahndelikt**
(→ Vor § 29 Rn. 452–461).

Die **Erlaubnis** ist Tatbestandsmerkmal und kein Rechtfertigungsgrund. Zu den 114
Irrtümern im Zusammenhang mit der Erlaubnis → Rn. 35–44, 110, 111.

III. Fahrlässigkeit (Absatz 4). Nach Absatz 4 ist die fahrlässige Begehung straf- 115
bar; dazu → Rn. 2076–2097. Die Fahrlässigkeit kann sich auch auf die vorgesehene
missbräuchliche Verwendung der Betäubungsmittel (→ § 1 Rn. 158–161) oder darauf beziehen, dass ein Missbrauch zu Rauschzwecken vorgesehen ist (→ § 1
Rn. 166, 169–183, 185–190). Zum **Zusammentreffen** von Vorsatz und Fahrlässigkeit bei verschiedenen **Teilmengen** → Rn. 2096.

H. Konkurrenzen. Zu den Konkurrenzen zunächst → Vor § 29 Rn. 551–587, 116
671–724.

I. Anbauen und Anbauen. Gesonderte Anbauvorgänge stehen grundsätzlich 117
in Tatmehrheit zu einander (zum Handeltreiben → Rn. 121, 123). Dies gilt auch
dann, wenn der Anbau auf derselben Produktionsfläche (→ Vor § 29 Rn. 661) erfolgt oder wenn die Setzlinge aus einer Mutterpflanze geklont wurden (*Patzak/
Goldhausen* NStZ 2014, 384 (387); aA *Anger/Wesemann* StV 2013, 180).

II. Anbauen und Herstellen. Zwischen **Anbauen** und **Herstellen** (in Form 118
des Gewinnens) besteht **Tatmehrheit** (BayObLGSt 2001, 166 (→ Rn. 74); *Teriet*
in BeckOKBtMG Rn. 19; *Patzak* in Körner/Patzak/Volkmer § 29 Teil 2 Rn. 94;
Oğlakcıoğlu in MüKoStGB Rn. 97–100). Sie sind zwei verschiedene Handlungen;
insbesondere ist der Anbau noch kein Versuch der Herstellung (OLG Hamburg
NJW 1978, 2349 = JR 1978, 349 mAnm *Pelchen*). Sie treffen auch nicht in der
Ernte zusammen, da mit deren Beginn der Anbau beendet ist (→ Rn. 74). Es besteht daher auch keine Tateinheit. Schließlich tritt der Anbau auch hinter die Herstellung nicht zurück (aA *Franke/Wienroeder* Rn. 10, 21; *Joachimski/Haumer* BtMG
Rn. 17, 24), da er weder einen Auffangtatbestand darstellt noch sonst die Voraussetzungen für Gesetzeskonkurrenz (→ Vor § 29 Rn. 710–724) vorliegen. Schließlich
ist auch der Besitz (→ Rn. 119) nicht in der Lage, die beiden Handlungen zu verbinden (*Patzak* in Körner/Patzak/Volkmer § 29 Teil 2 Rn. 95; *Oğlakcıoğlu* in
MüKoStGB Rn. 101).

III. Anbauen und Besitzen. Wer Betäubungsmittel **anbaut,** kann daran auch 119
Besitz haben, etwa bei der Aufzucht auf dem Balkon, in der (Miet-)Wohnung
(OLG Karlsruhe StV 1998, 80) oder wenn er sonst Besitz an den Pflanzen und/oder
und damit die tatsächliche Sachherrschaft über die Pflanzen ausübt (BGHR BtMG
§ 29 Abs. 1 Nr. 1 Anbau 1 (→ Rn. 62); s. auch BayObLG NJW 1998, 769 = NStZ
1998, 261; OLG Karlsruhe NStZ-RR 2002, 85 (→ Rn. 74)). Besitz an den Pflanzen kann aber nicht nur der Eigentümer oder Pächter des Grundstücks haben, sondern auch ein Dritter (BGHR BtMG § 29 Abs. 1 Nr. 1 Anbau 1 (→ Rn. 62); *Malek*
BtMStrafR Kap. 2 Rn. 220). Zur fehlenden Sachherrschaft in einem Fall des Anbauens → Rn. 1329. Zu Besitz und Anbau im Übrigen → Rn. 1400. Zum Besitz
an einer **im Wald versteckten** Outdoor-Plantage (→ Rn. 1329, 1365 oder an
Cannabispflanzen in einem **Maisfeld** → Rn. 1365.

Der Besitz tritt als Auffangtatbestand grundsätzlich hinter den Anbau zurück 120
(BGHR BtMG § 29 Abs. 1 Nr. 1 Anbau 1 (→ Rn. 62); *Patzak* in Körner/Patzak/
Volkmer § 29 Teil 2 Rn. 96). **Sobald** die Wirkstoffmenge der Pflanzen jedoch die

Grenze zur nicht geringen Menge **überscheitet,** wird der Anbau von dem **Verbrechenstatbestand** des Besitzes **verdrängt** (BGHR BtMG § 29a Abs. 1 Nr. 2 Besitz 6 (→ Rn. 76); BGH NStZ 2015, 14; 2018, 226; *Oğlakcıoğlu* in MüKoStGB Rn. 97; aA OLG Düsseldorf NStZ 1999, 88 = Blutalkohol 1999, 180 mablAnm *Meurer; Malek* BtMStrafR Kap. 2 Rn. 247: Tateinheit). Zum **Besitz** in nicht geringer Menge bei einer **sich entwickelnden Menge** im Übrigen → § 29a Rn. 221.

121 **IV. Anbauen und Handeltreiben.** Zielt der Anbau auf die spätere gewinnbringende Veräußerung der Betäubungsmittel, so ist er Teil des **Handeltreibens** (BVerfG NJW 2007, 1193; BGH NStZ 2021, 53; *Patzak* in Körner/Patzak/Volkmer § 29 Teil 2 Rn. 91; *Oğlakcıoğlu* in MüKoStGB Rn. 91, 92; *Weber* NStZ 2004, 66 (68, 69); aA *Krumdiek/Wesemann* StV 2006, 634 (636, 637); krit. *Niehaus* JR 2005, 192 (195)). Bestätigt wird dies durch die Aufnahme des Anbauens in Art. 2 Abs. 1 Buchst. b des EU-Rahmenbeschlusses v. 25.10.2004 (→ Rn. 163, 183–186). Das Anbauen geht damit als **unselbständiger Teilakt** in der Bewertungseinheit des Handeltreibens auf (BGH NStZ 2019, 82; 2019, 414).

122 Dasselbe gilt für das **Handeltreiben in nicht geringer Menge** (BGHR BtMG § 29a Abs. 1 Nr. 2 Handeltreiben 4 (1 StR 476/04); 5 (3 StR 409/08); Besitz 6 (5 StR 555/10) dazu *Weber* JR 2011, 454; BGH NJW 2011, 1461 (→ Rn. 69); 2011, 2529 = StV 2011, 552). Zum **Handeltreiben** bei einer **sich entwickelnden Menge** → § 29a Rn. 166, zum **Anbauen** bei einer solchen → § 29a Rn. 167. Zum Anbauen in **Plantagen** → Rn. 490.

123 **Zu den Konkurrenzen** bei verschiedenen **Anbau- und Verkaufsvariationen** → Vor § 29 Rn. 659–665. Zum Anbau von **Stecklingen** → Vor § 29 Rn. 569. Hat der Täter einen Teil der Betäubungsmittel zum **Eigenkonsum** und einen Teil zum Verkauf angebaut, so stehen Anbauen und Handeltreiben in Tateinheit.

124 **IV. Anbauen und Geldwäsche.** Der illegale Anbau von Betäubungsmitteln ist taugliche Vortat zur **Geldwäsche** (§ 261 Abs. 1, 2, 6 StGB). Dazu → Vor § 29 Rn. 717–720; *Oğlakcıoğlu* in MüKoStGB Rn. 101–106.

125 **I. Strafzumessung.** Bestimmendes Prinzip der Strafzumessung ist die **Gesamtwürdigung;** sie ist bei allen Schritten des Strafzumessungsvorgangs vorzunehmen (→ Vor § 29 Rn. 733, 734). Zur Strafzumessung im Übrigen → Vor § 29 Rn. 725–1238. Zum Absehen von der Bestrafung (Absatz 5) → Rn. 2098–2183. Zu den Sanktionen des Jugendstrafrechts → Vor § 29 Rn. 1672–1771. Zur Darlegung der Strafzumessung im Urteil → Vor § 29 Rn. 1290–1298.

126 **I. Strafrahmenwahl.** Der (Normal-)Strafrahmen beträgt Freiheitsstrafe bis zu fünf Jahren oder Geldstrafe (→ Rn. 2). Ein besonders schwerer Fall führt zu einer Mindeststrafe von einem Jahr Freiheitsstrafe (§ 29 Abs. 3 S. 1); ein solcher Fall liegt in der Regel vor, wenn der Täter gewerbsmäßig handelt oder die Gesundheit mehrerer Menschen gefährdet (§ 29 Abs. 3 S. 2). Zur Strafrahmenwahl bei besonders schweren Fällen → Rn. 1980–1996; zur Anwendung der Regelbeispiele → Rn. 2039–2075.

127 **II. Strafzumessung im engeren Sinne.** Auch hier hat eine **Gesamtwürdigung** stattzufinden (→ Vor § 29 Rn. 850). Zu den Umständen, die **im Allgemeinen** für die Strafzumessung im engeren Sinn maßgeblich sind, → Vor § 29 Rn. 852–937:
- zum gerechten Schuldausgleich einschließlich der Gleichbehandlung mehrerer Täter (→ Vor § 29 Rn. 852–861),
- zu den anderen Strafzwecken (→ Vor § 29 Rn. 862–873),
- zum Unterschreiten der schuldangemessenen Strafe (→ Vor § 29 Rn. 874–878),
- zur Orientierung durch den Strafrahmen (→ Vor § 29 Rn. 879–899),
- zum Verbot der Doppelverwertung (→ Vor § 29 Rn. 900–929) und

Kap. 1. Tatbestände des Abs. 1 S. 1 Nr. 1 §29 BtMG

— zum Fehlen von Strafschärfungs- oder Strafmilderungsgründen (→ Vor § 29 Rn. 930—937).

Zu den Umständen, die im **Betäubungsmittelstrafrecht häufig** heranzuziehen sind, → Vor § 29 Rn. 938—1156. Zur **Wahl der Strafart** → Vor § 29 Rn. 1157, 1158, zur kurzen Freiheitsstrafe → Vor § 29 Rn. 1159—1171. Zur **Gesamtstrafenbildung** → Vor § 29 Rn. 1172—1176.

III. Weitere Entscheidungen. Zur Strafaussetzung zur Bewährung → Vor § 29 **128** Rn. 1177—1237, zum Widerruf der Strafaussetzung → Vor § 29 Rn. 1239—1289. Zu den freiheitsentziehenden Maßregeln → Vor § 29 Rn. 1299—1506. Zur Entziehung der Fahrerlaubnis → Vor § 29 Rn. 1507—1591. Zum Berufsverbot → Vor § 29 Rn. 1772—1779. Zur Einziehung der Betäubungsmittel → § 33 Rn. 410—426. Zur Einziehung im Übrigen s. bei § 33. In den Fällen des § 29 Abs. 3 kann Führungsaufsicht angeordnet werden (§ 34).

Teil 2. Herstellen (Absatz 1 Satz 1 Nr. 1 Alt. 2)

A. Völkerrechtliche Grundlage. Die völkerrechtliche Verpflichtung zur Straf- **129** bewehrung der unerlaubten Herstellung ergibt sich aus 36 Abs. 1a ÜK 1961, Art. 5, 7 Buchst. b, Art. 22 Abs. 1a ÜK 1971, Art. 3 Abs. 1a Ziffer i ÜK 1988.

B. Grundtatbestand. Grundlage der Strafvorschrift ist der Erlaubnistatbestand **130** des § 3 Abs. 1 Nr. 1 in Verbindung mit § 2 Abs. 1 Nr. 4. Auf die Erläuterungen zu diesen Vorschriften (→ § 2 Rn. 53—64, → § 3 Rn. 27) wird zunächst verwiesen. Dort auch zum Zweck der Vorschrift und zu dem Tatbestand im Einzelnen, insbesondere zu den Formen der Herstellung.

C. Tathandlung. Unter Strafe gestellt ist das unerlaubte Herstellen von Betäu- **131** bungsmitteln.

I. Betäubungsmittel sind die in den Anlagen I bis III zum BtMG aufgeführten **132** Stoffe und Zubereitungen. Zu den Einzelheiten sowie zu den Stoffen, die nicht darunter fallen, → Rn. 3—10.

II. Herstellen. Das Herstellen ist in § 2 Abs. 1 Nr. 4 legal definiert (→ Rn. 130). **133** Mit der Definition sollte der Herstellungsprozess möglichst vollständig bis zum endgültigen Produkt erfasst werden (*Eberth/Müller* BtMR Rn. 10), wobei es nicht darauf ankommt, ob Naturprodukte mechanisch oder chemisch verändert oder sonst behandelt werden oder ob zusammengesetzte Produkte oder vollsynthetische Betäubungsmittel erzeugt, umgestaltet oder sonst behandelt werden.

Zur **Abgrenzung** der einzelnen Formen der Herstellung hat sich die Rechtspre- **134** chung bisher nur beiläufig geäußert (BGH NStZ 1993, 391 = StV 1994, 22). Im Hinblick auf die Anknüpfung der Strafbewehrung an den übergeordneten Begriff der Herstellung erscheint eine trennscharfe Abgrenzung der Herstellungsformen untereinander auch strafrechtlich nicht zwingend geboten (*Malek* BtMStrafR Kap. 2 Rn. 248).

III. Unerlaubt. Weiteres Tatbestandsmerkmal ist das Fehlen einer Erlaubnis **135** (→ Rn. 26—44, 27—31). Das Fehlen ergibt sich meist aus den Gesamtumständen und muss daher nicht ausdrücklich festgestellt werden (→ Rn. 31).

D. Vorbereitung, Versuch, Vollendung, Beendigung. Der Versuch ist straf- **136** bar (§ 29 Abs. 2). Für die Abgrenzung der einzelnen Stadien gelten die Grundsätze des allgemeinen Strafrechts (→ Vor § 29 Rn. 171—206).

Bloße **Vorbereitungshandlungen** sind danach Anschaffung, Anmietung, Ein- **137** richtung oder Besitz von Laborräumen, Laborgeräten oder Fahrzeugen, das Bereitstellen der Geräte oder der Auftrag an einen Chemiker (*Patzak* in Körner/Patzak/Volkmer § 29 Teil 3 Rn. 49, 50; *Oğlakcıoğlu* in MüKoStGB Rn. 182, 183). Dasselbe gilt für die Anschaffung oder Lieferung von Grundstoffen (BGHR BtMG § 29 Abs. 1 Nr. 1 Handeltreiben 39 = NStZ 1994, 91 = StV 1994, 15). Diese Handlungen können allerdings nach §§ 3, 19 GÜG (Anh. D 1) strafbar sein (LG Kleve NStZ-RR 1997, 211).

138 Der **Versuch** beginnt, wenn Handlungen vorgenommen werden, die zwar noch nicht den Tatbestand des Herstellens erfüllen, jedoch als **ausführungshahe Handlung** nach dem Tatplan unmittelbar, ohne Zwischenakte, in die Herstellung einmünden können (→ Vor § 29 Rn. 182–187), etwa das Starten der Maschinen oder das erste Einfüllen (OLG Karlsruhe ZfZ 1973, 155; aA *Oğlakcıoğlu* in MüKoStGB Rn. 190: Vollendung). Sofern nach dem Tatplan nicht noch Zwischenakte notwendig sind, genügt es auch, wenn die Ausgangsstoffe in eine enge räumliche Beziehung zu den Produktionsmitteln gebracht werden (*Patzak* in Körner/Patzak/Volkmer Teil 3 Rn. 53; *Joachimski/Haumer* BtMG Rn. 19).

139 Auch die Herstellung ist ein (**unechtes**) **Unternehmensdelikt** (→ Rn. 273–278; BGHSt 43, 336 = NJW 1998, 836 = NStZ 1998, 258 = StV 1998, 136; *Teriet* in BeckOKBtMG Rn. 44; *Patzak* in Körner/Patzak/Volkmer § 29 Teil Rn. 55; *Malek* BtMStrafR Kap. 2 Rn. 252; aA *Oğlakcıoğlu* in MüKoStGB Rn. 189), so dass für Versuchshandlungen nur wenig Raum bleibt. Schon mit der Aufnahme der Drogenherstellung (BGHR BtMG § 29 Abs. 1 Nr. 1 Handeltreiben 40 = NStZ 1993, 584 = StV 1994, 15; möglicherweise enger BGHSt 43, 336 (s. o.)) und damit mit dem Beginn des Herstellungsvorgangs tritt **Vollendung** ein (*Franke/Wienroeder* Rn. 18; *Joachimski/Haumer* BtMG Rn. 20). Sie bedarf weder des Eintritts des erstrebten Erfolgs noch eines Zwischenergebnisses (*Franke/Wienroeder* Rn. 18; enger möglicherweise BGHSt 43, 336 (s. o.): Vor- oder Zwischenprodukt), so dass bei der Ernte deren Beginn genügt (*Joachimski/Haumer* BtMG Rn. 20). Nicht notwendig ist auch, dass bereits mit einem Betäubungsmittel gearbeitet wird.

140 **Beendet** ist die Herstellung, wenn der Herstellungsprozess zu Ende geführt und keine weitere Veränderung des gewonnenen Produkts beabsichtigt ist (*Oğlakcıoğlu* in MüKoStGB Rn. 191; *Franke/Wienroeder* Rn. 18). Der Täter muss alle Einzeltätigkeiten, die nach seinem Tatplan zur Herstellung erforderlich sind, erledigt haben. Dazu gehört auch das Verwiegen, Verpacken und Beschriften der hergestellten Betäubungsmittel (*Oğlakcıoğlu* in MüKoStGB Rn. 191; *Joachimski/Haumer* BtMG Rn. 21). Das Produkt kann auch ein Zwischenprodukt sein; es ist daher nicht notwendig, dass das Produktionsergebnis konsumfertig oder als Betäubungsmittel brauchbar ist. Entscheidend ist nur, dass der Täter eine weitere Veränderung nicht beabsichtigt (*Oğlakcıoğlu* in MüKoStGB Rn. 191; *Joachimski/Haumer* BtMG Rn. 21).

141 **E. Täterschaft und Teilnahme** richten sich nach den allgemeinen Regeln (→ Vor § 29 Rn. 241–386). Täter, mittelbarer Täter oder Mittäter kann einschließlich des Geldgebers **jeder am Herstellungsprozess Beteiligte** sein. Nicht notwendig ist, dass ihm die Ausgangsstoffe oder Produktionsmittel gehören oder das Endprodukt wirtschaftlich zusteht (*Malek* BtMStrafR Kap. 2 Rn. 255). Danach kann auch Mittäter sein, wer durch Überlassen von Geld und Räumen die Herstellung von Betäubungsmitteln fördert.

142 Nicht ohne weiteres (Mit-)Täter sind Personen, die am Herstellungsprozess nur als **Arbeitnehmer** oder in einer **arbeitnehmerähnlichen Stellung** tätig sind (*Franke/Wienroeder* Rn. 19) oder lediglich am Rande des eigentlichen Herstellungsprozesses mitgewirkt haben, etwa bei der Suche nach geeigneten Laborräumen oder der Beschaffung chemischer Grundstoffe (BGHR BtMG § 29 Abs. 1 Nr. 1 Handeltreiben 21; 39 (→ Rn. 137)). Erfüllen sie alle Tatbestandsmerkmale des Herstellens eigenhändig, so sind sie allerdings Täter (→ Rn. 76; *Oğlakcıoğlu* in MüKoStGB Rn. 178).

Werden Betäubungsmittel durch **Mitbewohner** oder sonstige Dritte insbesondere auf einem **fremden Grundstück** oder in einer **fremden Wohnung** hergestellt, so gelten die Grundsätze für das Anbauen von Betäubungsmitteln an diesen Orten entsprechend. Auf → Rn. 78–98 wird Bezug genommen. 143

F. Handeln im Ausland. Für das Herstellen von Betäubungsmitteln im Ausland gelten dieselben Grundsätze wie für das Anbauen. Auf → Rn. 99–106 kann daher verwiesen werden (beim Vorliegen einer ausländischen Erlaubnis s. die zum Teil abweichenden Regeln in → Rn. 27–30). 144

G. Subjektiver Tatbestand. Die Strafbarkeit nach Absatz 1 Satz 1 Nr. 1 verlangt Vorsatz (→ Rn. 146, 147). Kann **der Nachweis** vorsätzlichen Handelns **nicht geführt** werden, so hat das Gericht im Rahmen seiner Pflicht zur erschöpfenden Aburteilung (→ Rn. 107) die fahrlässige Begehung (Absatz 4; → Rn. 153) zu prüfen. 145

I. Vorsatz. Der Vorsatz (→ Vor § 29 Rn. 389–425) muss sich auf das unerlaubte Herstellen von Betäubungsmitteln (→ Rn. 132) beziehen. Bedingter Vorsatz (→ Vor § 29 Rn. 415–420) genügt. Zur Behandlung der (fehlenden) Erlaubnis im Rahmen des Vorsatzes → Rn. 31, 34, 36–44. 146

Im **Rahmen der Schuld** (anders bei der Strafzumessung) muss sich der Vorsatz weder auf die **Art** des Betäubungsmittels (→ Rn. 41) noch auf seine **Menge** oder **Wirkstoffmenge** (wenn nicht eine Qualifikation in Rede steht) erstrecken. Es genügt wenn der Täter, auch Grund einer Pararallelwertung in der Laiensphäre, erkennt, **dass** es sich um **Rauschgift handelt** (BGH BeckRS 2016, 21431). Zur Behandlung fehlender oder unklarer **Feststellungen** und zur etwaigen Auswirkung auf den Schuldspruch → Rn. 109. 147

II. Irrtumsfälle. Irrt der Täter über die Substanzen, die er herstellt, über ihre tatsächlichen Eigenschaften oder über ihren (unzulässigen) Verwendungszweck (→ § 1 Rn. 166, 168–183, 185–190), so kommt ein **Tatbestandsirrtum** in Betracht; es ist dann die fahrlässige Begehung zu prüfen (→ Rn. 153). Dasselbe gilt bei **tatsächlichen** Irrtümern im Zusammenhang mit der **Erlaubnis** (→ Rn. 36, 37). Auch sonst gelten für den Tatbestandsirrtum beim Herstellen die allgemeinen Regeln (→ Vor § 29 Rn. 429–438). 148

Meint der der Täter irrtümlich, für die Herstellung sei eine Erlaubnis nicht erforderlich, so kommt ein **Verbotsirrtum** in Betracht (→ Rn. 38). Nimmt er irrtümlich an, die von ihm hergestellte Substanz, deren Art und Beschaffenheit er kennt, falle (noch) nicht unter das BtMG, etwa weil die Aufnahme in eine Anlage zum BtMG noch nicht erfolgt sei, liegt ein **Subsumtionsirrtum** vor (→ Rn. 38). Auch sonst gelten für den Verbotsirrtum die allgemeinen Regeln (→ Vor § 29 Rn. 441–451). 149

Kein Subsumtionsirrtum ist der Irrtum über Umstände, die **nicht zum Tatbestand gehören** (→ Rn. 41), etwa über die Art des Betäubungsmittels; ein solcher Irrtum ist für die Schuldfrage (anders für die Strafzumessung) nicht beachtlich (→ Rn. 41). 150

Schließlich gelten beim Herstellen auch für den **umgekehrten Irrtum** die allgemeinen Regeln: (untauglicher) **Versuch** (→ Vor § 29 Rn. 439, 440; (BGH NStZ 2002, 439 für das Abgeben)); **Wahndelikt** (→ Vor § 29 Rn. 452–461). 151

Die **Erlaubnis** ist Tatbestandsmerkmal und kein Rechtfertigungsgrund. Zu den Irrtümern im Zusammenhang mit der Erlaubnis im Übrigen → Rn. 35–44, 148, 149. 152

III. Fahrlässigkeit (Absatz 4). Nach Absatz 4 ist die fahrlässige Begehung strafbar; dazu → Rn. 2076–2097. Die Fahrlässigkeit kann sich auch auf die vorgesehene missbräuchliche Verwendung (→ § 1 Rn. 158–161) oder darauf beziehen, dass ein Missbrauch zu Rauschzwecken vorgesehen ist (→ § 1 Rn. 166, 169–183, 153

185–190). Zum **Zusammentreffen** von Vorsatz und Fahrlässigkeit bei verschiedenen **Teilmengen** → Rn. 2096.

154 H. **Konkurrenzen.** Zu den Konkurrenzen zunächst → Vor § 29 Rn. 551–587, 671–724. Zur rechtlichen Handlungseinheit bei der Herstellung → Vor § 29 Rn. 565–568.

155 Zum Verhältnis der Herstellung zum **Anbau** → Rn. 74, 116. Wer Betäubungsmittel herstellt, erlangt in der Regel daran auch **Besitz**. Dieser tritt als Auffangtatbestand jedoch hinter die Herstellung zurück (BayObLGSt 2001, 166 (→ Rn. 74)); es gilt insoweit dasselbe wie beim Anbau (→ Rn. 119).

156 Anders als der Anbau von Betäubungsmitteln **in nicht geringer Menge** ist die Herstellung einer solchen Menge ein Verbrechen nach § 29a Abs. 1 Nr. 2. Wird, etwa im Rahmen der Ernte, eine nicht geringe Menge gewonnen und damit hergestellt, tritt das Besitzen in nicht geringer Menge anders als beim Anbauen (→ Rn. 119) hinter das Herstellen in nicht geringer Menge zurück (OLG Karlsruhe NStZ-RR 2002, 85 (→ Rn. 74)).

157 Ist die Herstellung auf den späteren gewinnbringenden Absatz der Betäubungsmittel gerichtet, so ist sie ein **unselbständiger Teilakt des Handeltreibens** und geht darin auf (→ Rn. 491–496). Hat der Täter einen Teil der Betäubungsmittel zum Eigenkonsum und einen Teil zum Verkauf hergestellt, so stehen Herstellen und Handeltreiben in Tateinheit (*Patzak* in Körner/Patzak/Volkmer § 29 Teil 3 Rn. 97).

158 Die illegale Herstellung von Betäubungsmitteln ist taugliche Vortat zur **Geldwäsche** (§ 261 Abs. 1, 2, 6 StGB). Dazu → Vor § 29 Rn. 717–720; *Oğlakcıoğlu* in MüKoStGB Rn. 203.

159 I. **Strafzumessung.** Der Vorgang der Strafzumessung richtet sich nach denselben Regeln, die auch für das Anbauen gelten. Zu den Grundsätzen der Strafzumessung s. daher → Rn. 125.

160 I. **Strafrahmenwahl.** Auf → Rn. 126 wird verwiesen.

161 II. **Strafzumessung im engeren Sinne.** Auf → Rn. 127 wird Bezug genommen.

162 III. **Weitere Entscheidungen.** Auf → Rn. 128 wird verwiesen.

Teil 3. Handeltreiben (Absatz 1 Satz 1 Nr. 1 Alt. 3)

163 A. **Völkerrechtliche Grundlage, Unionsrecht.** Die völkerrechtliche Verpflichtung zur Strafbewehrung des unerlaubten Handeltreibens ergibt sich aus Art. 36 Abs. 1a ÜK 1961, Art. 5, 7 Buchst. b, Art. 22 Abs. 1a ÜK 1971, Art. 3 Abs. 1a Ziffer i, iii ÜK 1988.

164 **Für den Begriff** des Handeltreibens von erheblicher Bedeutung ist der **Rahmenbeschluss** 2004/757/JI des Rates der Europäischen Union v. 25.10.2004 zur Festlegung von Mindestvorschriften über die Tatbestandsmerkmale strafbarer Handlungen und die Strafen im Bereich des illegalen Drogenhandels (ABl. L 335), geändert durch Richtlinie (EU) 2017/2103 v. 15.11.2017 (ABl. L 305), Auszug abgedr. in Anh. B 3); dazu im Einzelnen → Rn. 183–186.

165 B. **Grundtatbestand.** Grundlage der Strafvorschrift ist der **Erlaubnistatbestand** des § 3 Abs. 1 Nr. 1. Auf die Erläuterungen zu § 3 (→ Rn. 28–37) wird daher zunächst verwiesen. Dort auch zu Entstehungsgeschichte und Zweck der Erlaubnispflicht. Dass der Begriff des Handeltreibens nicht nur für die Strafvorschrift sondern auch für das **Tätigwerden des BfArM** brauchbar sein muss, wird bei den Bemühungen der **strafrechtlichen** Literatur zur Einschränkung des Tatbestandes (→ Rn. 173–175) in aller Regel nicht beachtet

Kap. 1. Tatbestände des Abs. 1 S. 1 Nr. 1 § 29 BtMG

C. Tathandlung. Unter Strafe gestellt ist das unerlaubte Handeltreiben mit Betäubungsmitteln. Dabei weist der Begriff des Handeltreibens eine Vielzahl von Facetten auf, die im Wesentlichen im illegalen Betäubungsmittelverkehr entwickelt wurden und auch nur hier von Bedeutung sind. 166

I. Betäubungsmittel sind die in den Anlagen I bis III zum BtMG aufgeführten Stoffe und Zubereitungen. Zu den Einzelheiten → Rn. 3–12. Zu den Scheindrogen → Rn. 220–223, 281–283, 362, 372, 619–622. 167

II. Der Begriff des Handeltreibens. Nach stRspr ist der Begriff des Handeltreibens „**weitest**" (RG DJZ 1932 Sp. 808 = DRsp Nr. 1994/1) oder **jedenfalls „weit"** (BGHSt 51, 219 = NJW 2007, 1220 = NStZ 2007, 338 = StV 2007, 338 = JR 2007, 298 mAnm *Puppe;* dazu *Weber* JR 2007, 400 (407, 408); 63, 1 = NJW 2018, 2905 mAnm *Oğlakcıoğlu* = NStZ 2019, 89 mAnm *Immel* = StV 2019, 326 = JR 2018, 655 mAnm *Kudlich;* BGHR BtMG § 29 Abs. 1 Nr. 1 Handeltreiben 70 = NJW 2007, 1221 = NStZ 2007, 100 = StV 2006, 639) **auszulegen.** Er ist danach weit gespannt und reicht von einfachen, rein tatsächlichen Handlungen bis zu komplizierten Finanztransaktionen. 168

1. Definition, Bewertungseinheit. Unter Handeltreiben ist jedes eigennützige Bemühen zu verstehen, das darauf gerichtet ist, **den Umsatz** von Betäubungsmitteln zu **ermöglichen** oder zu **fördern** (BVerfG NJW 2007, 1193; BGHSt 50, 252 = NJW 2005, 3790 = NStZ 2006, 171 = StV 2006, 19; 2006, 634 mablAnm *Krumdiek/Wesemann* = JR 2006, 171 m. zust. Bespr. *Weber* JR 2006, 139; dazu auch *Rahlf* FS Strauda, 2006, 243 (254, 255); 51, 219 (→ Rn. 168); 63, 1 (→ Rn. 168); BGHR BtMG § 29 Abs. 1 Nr. 1 Handeltreiben 70 (→ Rn. 168); 77 (3 StR 445/10); § 29 Bewertungseinheit 19 = NStZ 2000, 207). Die Tat kann auch **durch Unterlassen** begangen werden (*Ebert/Müller* BtMR S. 99–108; auch → Rn. 90, 91, 560 sowie → Vor § 29 Rn. 158, 159). 169

Handeltreiben liegt daher auch dann vor, wenn es sich um eine **einmalige** oder **gelegentliche** Tätigkeit handelt (BGHSt 6, 246 = NJW 1954, 1537; 1954 1898 mAnm *Topf;* 29, 239 = NJW 1980, 2204; 31, 145 = NJW 1983, 636 = NStZ 1983, 124 = StV 1983, 108 = JR 1983, 431 mAnm *Schmid;* 34, 124 = NJW 1986, 2584 = StV 1986, 434; 38, 58 = NJW 1992, 382 = NStZ 1992, 87 = StV 1992, 66; BGHR BtMG § 29 Abs. 1 Nr. 1 Handeltreiben 1 = NJW 1987, 720 = StV 1986, 527; 19 (3 StR 313/89); 28 = NJW 1992, 380 = NStZ 1992, 38 = StV 1992, 516 mablAnm *Roxin;* 31 = StV 1992, 517 mablAnm *Roxin;* 36 = StV 1993, 474; 54 = NStZ-RR 2000, 278; § 29 Bewertungseinheit 19 (→ Rn. 169); BGH NStZ 2006, 577 = NStZ-RR 2006, 277 = StV 2007, 83; NStZ-RR 2019, 117). **Gewerbsmäßigkeit** ist nicht erforderlich (→ Rn. 212). 170

Das Handeltreiben gehört zu den Delikten, bei denen mehrere natürliche Handlungen durch den Tatbestand des Gesetzes zu einer (Bewertungs-)Einheit verknüpft werden (→ Vor § 29 Rn. 588–670). Die **Bewertungseinheit** erfasst **alle** (und nur die (BGH NStZ 2012, 517)) Betätigungen, die sich auf den **Umsatz desselben Betäubungsmittels** richten. Bereits mit dem **ersten Teilakt** ist der Tatbestand des Handeltreibens **vollendet.** Zu der Bewertungseinheit gehören als unselbständige Teilakte auch die späteren Veräußerungsaktivitäten und Zahlungsvorgänge, wobei die im Rahmen desselben Güterumsatzes aufeinander folgenden Teilakte keine mehrfache Verwirklichung des Tatbestands darstellen, sondern stets nur als eine Tat des Handeltreibens anzusehen sind (→ Vor § 29 Rn. 595; BGHSt 30, 28 = NJW 1981, 1325 = NStZ 1981, 147 = StV 1981, 180). 171

Die Bewertungseinheit beruht auf dem **objektiven Tatbestand** und ist von subjektiven Merkmalen nicht abhängig. Sie entfällt daher nicht deswegen, weil der Täter bei dem von ihm verwirklichten Teilakt keine konkrete Vorstellung von den weiteren Teilakten des Gesamtgeschäfts, namentlich dem Umsatz der Betäubungs- 172

BtMG § 29 Sechster Abschnitt. Straftaten und Ordnungswidrigkeiten

mittel, hatte (→ Vor § 29 Rn. 592). Es kann daher auch nicht darauf ankommen, ob diese Teilakte von ihm oder von anderen verwirklicht werden.

173 **2. Die weite Auslegung in der Kritik.** An der weiten Definition des Handeltreibens hat die Rechtsprechung trotz der in der Literatur (*Strate* ZRP 1987, 314; *Roxin* StV 1992, 517; *Kreuzer* FS Miyazawa, 1995, 177 (185); *Krack* JuS 1995, 585; NStZ 1998, 462; *Harzer* StV 1996, 336; *Nestler* in Kreuzer BtMStrafR-HdB § 11; *Paul* StV 1998, 623; NStZ 1998, 222; *Zaczyk* JR 1998, 256; *Endriß* NStZ 1998, 463; *Endriß/Kinzig* NJW 2001, 3217; *Paeffgen* FG BGH, 2000, 695–735; *Ebert/ Müller* BtMR S. 203; *Schwitters* Vorverlagerung der Strafbarkeit S. 174, 175; *Weider* S. 15–25; auch schon *Topf* NJW 1954, 1898; *Liemersdorf/Miebach* MDR 1979, 981) geäußerten Kritik **stets festgehalten** (s. etwa BGHR BtMG § 29 Abs. 1 Nr. 1 Handeltreiben 36 (→ Rn. 170); 50 = NStZ-RR 1997, 85 = StV 1996, 662; 52 = NStZ 1999, 467 = StV 2000, 80; § 29 Bewertungseinheit 19 (→ Rn. 169); BGH NStZ 2003, 434; wistra 2001, 379). Auch das betäubungsmittelrechtliche Schrifttum ist der Rechtsprechung gefolgt (*Körner*, 5. Aufl. 2001, Rn. 199; *Franke/Wienroeder*, 2. Auflage, Rn. 64; *Winkler* in Hügel/Junge/Lander/Winkler Rn. 4.1.1; *Joachimski/Haumer* § 3 Rn. 7; *Endriß/Malek*, 2. Auflage, Rn. 120, 121, krit. jedoch Fn. 430 und *Endriß/Malek* BtMStrafR § 12 Rn. 3; *Webel* BtMR S. 62–64; *Wagner/Kallin/Kruse* Rn. 33).

174 **Aufgegriffen** wurde die Kritik dagegen im **Anfragebeschluss des 3. Strafsenats** des BGH StV 2003, 501, 619 mAnm *Roxin* = NStZ 2004, 105 m. Bespr. *Weber* NStZ 2004, 66 = JR 2005, 209 m. Bespr. *Niehaus* JR 2005, 192 = StraFo 2003, 391 mAnm *Gaede;* dazu auch *Gaede* HRRS 2004, 165; 2005, 250; *Schmidt* NJW 2005, 3250; *Rahlf* FS Strauda, 2006, 243 (251, 252)), mit dem dieser eine umfassende Neubestimmung des Begriffs in Form eines auf dem Waffenrecht aufbauenden Katalogs (Abschn. 2 Nr. 9 der Anlage 1 zu § 1 Abs. 4 WaffG) anstrebte.

175 Von den **Strafsenaten des BGH** ließ lediglich der 4. Senat größere Sympathie für die beabsichtigte Vorlage erkennen, wobei er allerdings eine eigene Definition entwickelte (27.1.2004 – 4 ARs 23/03); die anderen Senate, davon der 2. und der 5. Senat in ihrer Mehrheit, wollten die bisherige Auslegung nicht aufgeben (25.3.2004 – 1 ARs 21/03; NStZ-RR 2004, 183 = StraFo 2004, 251; 22.1.2004 – 5 ARs 46/03; dazu *Gaede* HRRS 2004, 165; *Rahlf* FS Strauda, 2006, 243 (252, 253)) Gleichwohl hielt der **3. Strafsenat** im **Vorlagebeschluss** v. 13.1.2005, NJW 2005, 1589 = StV 2005, 334 = JR 2005, 258; dazu *Gaede* HRRS 2005, 250; *Rahlf* FS Strauda, 2006, 243 (253)) an seiner Auffassung fest. Da es nach dem Anfrageverfahren aber für aussichtslos hielt, eine Mehrheit für eine Neubestimmung zu gewinnen, legte er dem Großen Senat lediglich die Frage vor, ob es für vollendetes Handeltreiben ausreicht, wenn der Täter beim Ankauf der Betäubungsmittel zwar in ernsthafte Verhandlungen eintritt, aber keine Einigung mit dem Lieferanten erzielt. Erfasst wurde damit nur noch eine Facette des Handeltreibens.

176 **3. Der Beschluss des Großen Senats vom 26.10.2005.** Aber auch in diesem Punkt ist ihm der Große Senat für Strafsachen des BGH im Beschluss v. 26.10.2005 (BGHSt 50, 252 (→ Rn. 169); zustimmend der Große Senat im Beschluss v. 10.7.2017, BGHSt 63, 1 (→ Rn. 168)) nicht gefolgt und hat im Übrigen in vollem Umfang an der traditionellen Definition des Handeltreibens festgehalten. Er stützt sich dazu auf die Entwicklung der Definition in Rechtsprechung und Gesetzgebung, auf die für eine weite Auslegung sprechenden kriminalpolitischen Erfordernisse und auf die geringere Überzeugungskraft der für eine Einschränkung vorgebrachten Gründe. Im Übrigen hebt er hervor, dass die weite Definition mit dem EU-Rahmenbeschluss vom 25.10.2004 (→ Rn. 163, 183–186) in Einklang stehe.

177 **a) Die Kontinuität in Gesetzgebung und Rechtsprechung.** In der Tat kann sich die weite Auslegung auf eine Rechtsprechung von über 70 Jahren stützen (*We-*

Kap. 1. Tatbestände des Abs. 1 S. 1 Nr. 1 § 29 BtMG

ber Handeltreiben S. 131–152). Ihr vorangegangen war ein (freisprechendes) Urteil des RG v. 8.5.1929 (RGSt 63, 161), in dem dieses die im OpiumG 1920 (RGBl. 1921 S. 2) noch fehlende Strafbewehrung des Handels auch damit begründet hatte, die Gefährdung der Volksgesundheit infolge des Missbrauchs von Rauschgiften könne nicht schon durch den Abschluss des schuldrechtlichen Vertrags, sondern erst durch das Inverkehrbringen des Stoffs herbeigeführt werden.

Von dieser Überlegung hatte sich der **Gesetzgeber** allerdings **nicht überzeu-** 178
gen lassen: bereits im Opiumgesetz 1929 (RGBl. 1929 I S. 215) wurde der Handel auch in die Strafvorschrift (§ 10 Abs. 1 Nr. 1) aufgenommen, um Lücken zu schließen, die im Wesentlichen in der bisherigen Straflosigkeit der Handelsagenten und Handelsmakler gesehen wurden, die ohne Erlaubnis Geschäfte mit Betäubungsmitteln vermittelten, ohne diese „in die Hand zu bekommen" (RT-Drs. IV/1386, 10). Auch das RG kam auf seine Erwägung nicht mehr zurück und entschied bereits im ersten zum OpiumG 1929 veröffentlichten Urteil v. 25.4.1932 (RG DJZ 1932 Sp. 808 (→ Rn. 168)), dass der Begriff des Handeltreibens „weitest" auszulegen sei und jede eigensüchtige, auf den Umsatz von Betäubungsmitteln gerichtete Tätigkeit umfasse.

Diese Rechtsprechung wurde vom BGH **unverändert fortgeführt** 179
(→ Rn. 169–173). Soweit dies in Abrede gestellt wird (*Krumdiek/Wesemann* StV 2006, 634 (635)), wird dies aus einer vereinzelt gebliebenen Entscheidung des 3. Strafsenats (BGHSt 30, 277 = NJW 1982, 708 = NStZ 1982, 163 = StV 1982, 169) hergeleitet, der die anderen Senate von Anfang an nicht gefolgt waren (BGHSt 30, 359 = NJW 1982, 1337 = NStZ 1982, 250 = StV 1982, 260; *Rahlf* in MüKo-StGB, 2. Auflage, Rn. 299; *Franke/Wienroeder* Rn. 44) und die der 3. Senat selbst bereits vor mehr als 25 Jahren aufgegeben hat (BGHR BtMG § 29 Abs. 1 Nr. 1 Handeltreiben 35 = NStZ 1993, 43).

Es besteht auch **kein Gegensatz** zwischen den Entscheidungen des BGH v. 180
7.1.1981 (BGHSt 30, 28 (→ Rn. 171)) und v. 21.7.1993 (BGHR BtMG § 29 Abs. 1 Nr. 1 Handeltreiben 39 (→ Rn. 137)). Dass sich die letztgenannte Entscheidung um „Korrektive" bemüht (*Krumdiek/Wesemann* StV 2006, 634 (635)), beruht in Übereinstimmung mit der ständigen Rechtsprechung (→ Rn. 236–251) darauf, dass sie sich nicht auf Betäubungsmittel, sondern auf Grundstoffe bezieht.

Dass auch dem **Gesetzgeber** bei den Änderungen des Betäubungsmittelrechts 181
die traditionelle Definition des Handeltreibens vor Augen stand, ergibt sich sowohl aus dem Regierungsentwurf zum BtMG 1982 (BT-Drs. 8/3551, 27) als auch aus der Begründung zum Ausführungsgesetz Suchtstoffübereinkommen 1988 v. 2.8.1993 (BT-Drs. 12/3533, 18), in denen ausdrücklich auf diese Auslegung hingewiesen wird (*Weber* JR 2006, 139 (141)). Auch das OrgKG ging von der weiten Definition aus, die bis dahin praktisch keine Kritik erfahren hatte (*Helgerth/Weber* FS Böttcher, 2007, 489 (510)). Entsprechendes gilt für die Übernahme des Begriffs des Handeltreibens in das KWKG (BT-Drs. 11/4609, 9), das AMG (BT-Drs. 13/9996, 15, 16) und das TPG (BT-Drs. 13/4355, 29, 30). Dass die damit beabsichtigte Rezeption nicht vollständig gelungen ist (*Weber* Handeltreiben S. 553–565), steht dem nicht entgegen. Auch **nach dem Beschluss** des Großen Senats für Strafsachen v. 26.10.2005 (BGHSt 50, 252 (→ Rn. 169)) hat der Gesetzgeber in zwei neuen Gesetzen den betäubungsmittelrechtlichen Begriff des Handeltreibens rezipiert (AntiDopG v. 10.12.2015 (BT-Drs. 18/4898, 24) und NpSG v. 21.11.2016 (BT-Drs. 18/8579, 19)).

Der Gesetzgeber des BtMG 1982 (und nunmehr auch der des AntiDopG) griff 182
darüber hinaus die Rechtsprechung (BGHSt 25, 290 = NJW 1974, 959; BGH NJW 1979, 1259) auf, wonach das Handeltreiben die **umfassendere Begehungs-form** darstellt, in der die anderen Verkehrsformen als Teilakte aufgehen (BGH StV

2003, 601 (→ Rn. 174)), und brachte dies sowohl in § 3 Abs. 1 als auch in § 29 Abs. 1 (S. 1) Nr. 1 mit dem Einschub „ohne Handel zu treiben" zum Ausdruck. Im **legalen Betäubungsmittelverkehr** war damit klargestellt, dass die Erlaubnis zum Handeltreiben auch die Erlaubnis zu den anderen Verkehrsformen (ohne Anbauen und Herstellen) umfasst (→ § 3 Rn. 29, 30). Für den **illegalen Betäubungsmittelverkehr** sollten die anderen Begehungsweisen als Auffangtatbestände für die Fälle dienen, in denen Handeltreiben nicht vorliegt oder nicht nachgewiesen werden kann (BT-Drs. 8/3551, 28); sie sollten im Handeltreiben aufgehen können, daneben aber selbständige Bedeutung behalten (BT-Drs. 8/3551, 36). Dass die Strafbewehrung des Handeltreibens ursprünglich eingeführt wurde, um Lücken zu füllen (*Liemersdorf/Miebach* MDR 1979, 981), kann jedenfalls nach dieser Gesetzesänderung keine Rolle mehr spielen.

183 **b) Der EU-Rahmenbeschluss vom 25.10.2004.** Der EU-Rahmenbeschluss v. 25.10.2004 (→ Rn. 164) enthält in Art. 2 Abs. 1 einen Katalog von Handlungen, die die Mitgliedstaaten als „Straftaten in Verbindung mit illegal Handel mit Drogen und Grundstoffen" unter Strafe stellen müssen. Der Katalog entspricht in vollem Umfang dem Art. 3 Abs. 1 Buchst. a Ziffer i bis iii ÜK 1988. Durch die Änderung v. 15.11.2017 (→ Rn. 164) wurde er auf die Neuen Psychoaktiven Stoffe erstreckt.

184 Anders als ein ursprünglicher Vorschlag der Kommission v. 27.6.2001 (ABl. 2001 C 270 E, S. 144) enthält **der Rahmenbeschluss** keine ausdrückliche Definition des illegalen Drogenhandels, sondern einen Katalog von Straftaten „in Verbindung mit" illegalem Drogenhandel. Die Ermächtigung in Art. 31 Abs. 1 Buchst. e EUV ging demgegenüber dahin, „Mindestvorschriften über die Tatbestandsmerkmale" zu schaffen. Daran hält der Rahmenbeschluss in seiner Überschrift auch fest. Verstärkt wird dies durch die Erwägung (3), wonach Mindestvorschriften über Tatbestandsmerkmale als erforderlich angesehen werden, um einen gemeinsamen Ansatz bei der Bekämpfung des illegalen Drogenhandels zu ermöglichen. Dem würde es nicht gerecht, wenn sich der Rahmenbeschluss in einer bloßen Wiederholung dessen erschöpfen würde, was auf Grund des Art. 3 Abs. 1 Buchst. a Ziffer i bis iii Ük 1988 ohnehin gilt.

185 Entsprechend der Ermächtigung (Art. 31 Abs. 1 Buchst. e EUV), der Überschrift und dem in der Erwägung (3) niedergelegten Zweck entspricht es daher am ehesten den Zielen des Rahmenbeschlusses, wenn die in ihm genannten Handlungen **als Teilakte (Tatbestandsmerkmale)** des „illegalen Drogenhandels" behandelt werden (*Oğlakcıoğlu* in MüKoStGB Rn. 246). In welcher Form dies geschieht, steht den Mitgliedstaaten frei (Art. 34 Abs. 2 S. 2 Buchst. b S. 2 EUV). Sie können das Ziel des Rahmenbeschlusses auch dadurch erreichen, dass sie einen generellen Begriff wie den des Handeltreibens verwenden. Dabei dürfen sie allerdings hinter den Katalog des Rahmenbeschlusses nicht zurückgehen. Vielmehr muss der Begriff des Handeltreibens in einem solchen Falle so ausgelegt werden (können), dass alle Elemente des Rahmenbeschlusses darin enthalten sind. Andernfalls wäre der Gesetzgeber unionsrechtlich (Art. 34 Abs. 2 S. 2 Buchst. b S. 2 EUV) verpflichtet, die Strafbarkeit gesondert (wieder) auf den Umfang des Rahmenbeschlusses zu erweitern. In der traditionellen Auslegung entspricht das deutsche Recht den Vorgaben des Rahmenbeschlusses (*Oğlakcıoğlu* in MüKoStGB Rn. 247).

186 **Ersichtlich deswegen** hat eine **förmliche Umsetzung** des Rahmenbeschlusses durch den deutschen Gesetzgeber bisher nicht stattgefunden. Rahmenbeschlüsse sind zwar nicht unmittelbar wirksam (Art. 34 Abs. 2 S. 2 Buchst. b S. 3 EUV), die nationalen Gerichte sind nach der Rechtsprechung des EuGH (NJW 2005, 2839 – Fall *Pupino* m. Bespr. *Wehnert* NJW 2005, 3760 = StV 2006, 1 (36) mkritAnm *Tinkl* = JZ 2005, 838 mablAnm *Hillgruber* und Bespr. *Gärditz/Gusy* GA 2006, 225; *Masing* NJW 2006, 264 (266); ebenso BVerfG NJW 2016, 1149 Rn. 77 m. Bespr. *Sauer*) unionsrechtlich aber verpflichtet, das nationale Recht im

Rahmen der Auslegung soweit wie möglich an Wortlaut und Zweck des Rahmenbeschlusses auszurichten, um das mit ihm angestrebte Ergebnis zu erreichen (**rahmenbeschlusskonforme Auslegung**). Eine Auslegung, die hinter den Rahmenbeschluss zurückginge, wäre damit nicht vereinbar (*Oğlakcıoğlu* in MüKoStGB Rn. 247).

Eine rahmenbeschlusskonforme Auslegung ist allerdings dann nicht möglich, 187 wenn sie mit **allgemeinen Rechtsgrundsätzen** des deutschen Strafrechts **nicht vereinbar ist** (BGHSt 54, 216 = NJW 2010, 1979 (1986) mAnm *Bader* = StV 2010, 304 = StraFo 2010, 166). Dies ist bei den im Rahmenbeschluss v. 25.10.2004 enthaltenen Formen des Handeltreibens nicht gegeben, da sie dem deutschen Recht entsprechen. Soweit die neue Rechtsprechung das Befördern im Wesentlichen der Beihilfe zuweist (→ Rn. 695–729), wird dies durch die allgemeinen Rechtsgrundsätze des deutschen Strafrechts nicht gefordert, zumal bei dieser schematischen Anwendung die sonst für die Abgrenzung von Täterschaft und Teilnahme maßgeblichen Kriterien weithin unberücksichtigt bleiben (→ Rn. 750, 758–780).

Nichts anderes würde für eine **völkerrechtskonforme Auslegung** gelten, zu 188 der die deutschen Gerichte verfassungsrechtlich verpflichtet sind (stRspr; BVerfG NJW 2007, 499 = NStZ 2007, 159 = StV 2008, 1; *Gärditz/Gusy* GA 2006, 225 (232); Satzger S. 523, 524; *Weber* Handeltreiben S. 183, 184; s. auch *Hillgruber* JZ 2005, 841 (843)).

c) **Kriminalpolitische Erfordernisse.** Das Handeltreiben ist die gefahrenträchtigste Form des unerlaubten Umgangs mit Rauschgift. Unmittelbarer als konsumorientierte Begehungsweisen begründet es primär und typisch eine Gefährdung fremder Rechtsgüter; der Handel weckt und unterhält die Nachfrage nach Betäubungsmitteln, beutet die Schwäche und Abhängigkeit anderer aus und führt zu einer unkontrollierten Verbreitung von Drogen auch in den besonders gefährdeten Personenkreisen (BVerfGE 90, 145 (186) (→ Rn. 11)). 189

Das Delikt des Handeltreibens vollzieht sich in einem Kriminalitätsbereich, 190 der sich von der allgemeinen Kriminalität **strukturell wesentlich unterscheidet** (→ Einl. Rn. 89–93). Der illegale Drogenmarkt ist durch Arbeitsteilung, Konspiration, Tarnung und ein organisiertes hierarchisches System gekennzeichnet, das das Risiko der Entdeckung gezielt vom kompetenten Täter höherer Ebene auf die zunehmend schwächeren Täter der unteren Ebene verlagert mit der Folge, dass häufig nur Teilakte des Gesamtgeschehens festgestellt werden können (BGHSt 50, 252 (→ Rn. 169)). Nur ein Tatbestand, der schon bei relativ niedrigen Anforderungen erfüllt ist, kann den Feststellungs- und Beweisschwierigkeiten Rechnung tragen, die sich aus diesen Besonderheiten ergeben.

Der Begriff des Handeltreibens in der traditionellen Auslegung entspricht 191 diesen Anforderungen. Seine **besondere Leistungsfähigkeit** zeigt sich zunächst daran, dass er unmittelbar und unabhängig von den Tatbeiträgen anderer die (Führungs-)Personen des internationalen Drogenhandels zu erfassen vermag, die zwar keinen unmittelbaren Kontakt zum Stoff und zum Endkonsumenten haben und weit davon entfernt agieren (*Patzak* in Körner/Patzak/Volkmer § 29 Teil 4 Rn. 31), jedoch in aller Regel das schwerere Unrecht verwirklichen (BGH 25.3.2004 – 1 ARs 21/03), so dass eine Behandlung als Teilnehmer dem objektiven **Gewicht der Tat** nicht gerecht würde. Zur Annahme von Mittäterschaft müsste jeweils ein gemeinsamer Tatentschluss und eine gemeinschaftliche Tatausführung festgestellt werden; auch fehlt es an der für die Mittäterschaft gebotenen horizontalen Struktur der Rollenverteilung (*Roxin* FS Grünwald, 1999, 549 (554); *Bloy* GA 1996, 425 (440)).

Schließlich scheidet eine Verurteilung wegen mittelbarer Täterschaft **kraft Organisationsherrschaft** (Täter hinter dem Täter, BGHSt 40, 218 = NJW 1994, 2703 192

= NStZ 1994, 537; 1995, 26 mAnm *Jakobs* = StV 1994, 534 = JZ 1995, 45 mAnm *Roxin;* Roxin Täterschaft § 24; *Joecks/Scheinfeld* in MüKoStGB § 25 Rn. 141–164; *Fischer* StGB § 25 Rn. 11–15) praktisch aus, da die Strukturen im Rahmen des organisierten Verbrechens anders als politische Machtapparate von vornherein auf Tarnung und Verschleierung angelegt sind. Die Merkmale, die in diesen Fällen die Tatherrschaft begründen, insbesondere die regelhaften Abläufe aufgrund Fungibilität und organisationsspezifischer Tatbereitschaft (*Roxin* FS Schroeder, 2006, 387 (394–397)), können daher kaum je nachgewiesen werden.

193 Aber auch in den **nachfolgenden Stufen** (→ Einl. Rn. 94–101) entspricht die weite Auslegung den kriminalpolitischen Erfordernissen, da sie auch die große Zahl der Figuren unmittelbar erfasst, die sich sonst um den gewinnbringenden Umsatz von Betäubungsmitteln bemühen, ohne unmittelbare Verfügungsgewalt über das Rauschgift zu haben (*Weber* Handeltreiben S. 199).

194 Die Notwendigkeit einer weiten Interpretation folgt auch aus der **Marktsituation.** Der Markt ist durch ein Überangebot von Rauschgift geprägt; der Angebotsdruck ist hoch (→ Einl. Rn. 69–71). Bei einer solchen Lage wird jeder, der ernsthafte Kauf- oder Verkaufsverhandlungen über Rauschgift aufnimmt oder dies erkennen lässt, den Umsatz von Betäubungsmitteln in anderer Weise zu fördern oder zu unterstützen, zu einem interessanten Ansprechpartner für die Drogenverteilungssysteme und damit zu einer Gefahrenquelle für die durch das BtMG geschützten Rechtsgüter.

195 d) Der enge Anwendungsbereich für den Versuch. Seit jeher gehörte der Vorwurf, die traditionelle Auslegung des Begriffs des Handeltreibens lasse entgegen § 29 Abs. 2 keinen angemessenen Anwendungsbereich für den Versuch übrig, zu den zentralen Punkten der Kritik (s. die in → Rn. 173 Genannten; ferner *Roxin* StV 2003, 517 (518–520); *Gaede* StraFo 2003, 392 (393, 394); HRRS 2004, 165 (168–170); *Niehaus* JR 2005, 192 (194, 196); ebenso Anfragebeschluss v. 10.7.2003 (→ Rn. 174)). Der Große Senat begegnet dem mit dem Bemerken, § 29 Abs. 2 trage mit einer technischen Regelung allein der Vorgabe des § 23 Abs. 1 StGB Rechnung (s. auch BVerfG NJW 2007, 1193).

196 So einfach diese Überlegung erscheint, so wenig lässt sich dagegen vorbringen (aA *Krumdiek/Wesemann* StV 2006, 634 (637)). Dies zeigt auch ein Blick auf die Verbrechen. Für diese hat der Gesetzgeber die generelle Strafbarkeit des Versuchs vorgesehen (§ 23 Abs. 1 StGB), **nicht weil** hier stets ein Kriminalitätsfeld von gewissem Umfang besteht, das dem Versuch einen Anwendungsbereich von gewisser Weite eröffnet (es fehlt etwa beim versuchten Besitz in nicht geringer Menge (§ 29a Abs. 1 Nr. 2)), **sondern weil** es sich bei den Verbrechen um die schwereren Formen strafwürdigen Verhaltens handelt.

197 Beim Handeltreiben kommt, worauf der Große Senat ausdrücklich hinweist, hinzu, dass es nur **eine von mehreren** Tatalternativen darstellt, für die die Strafbarkeit des Versuchs angeordnet ist (§ 29 Abs. 2). Selbst wenn beim Handeltreiben nur ein enger Anwendungsbereich für den Versuch bestehe, so verblieben dreizehn Handlungsformen, bei denen der Versuch einen solchen Bereich vorfinde. Diese Überlegung lässt sich auch auf den Tatbestand des Handeltreibens selbst übertragen. Die Erscheinungsformen des Handeltreibens sind vielgestaltig (→ Rn. 168). Auch wenn davon ausgegangen wird, dass es auch hier einen Versuch geben muss, so muss dies nicht bedeuten, dass dies für jede Variante des Handeltreibens im gleichen Umfang gelten muss.

198 e) Der enge Anwendungsbereich für Vorbereitungshandlungen. Auf derselben Ebene wie beim Versuch liegt es, wenn unter Hinweis auf § 30 StGB Tathandlungen aus dem Begriff des Handeltreibens ausgeschieden werden, die den dort genannten Alternativen entsprechen (*Roxin* StV 1992, 517 (519, 520); *Paul*

Kap. 1. Tatbestände des Abs. 1 S. 1 Nr. 1 § 29 BtMG

StV 1998, 623 (625); *Schwitters* Vorverlagerung der Strafbarkeit S. 53–57; *Niehaus* JR 2005, 192 (194); ebenso Anfragebeschluss v. 10.7.2003 (→ Rn. 174)). Der Gesetzgeber ist grundsätzlich nicht gehindert, Handlungen, die bei anderen Delikten als Vorbereitungshandlungen anzusehen wären, mit Vollendungsstrafe zu bedrohen (im Kernstrafrecht zB §§ 83, 149, 275, 310 StGB). Im Betäubungsmittelrecht war er dazu **völkerrechtlich** sogar verpflichtet (Art. 36 Abs. 2 Buchst. a Ziffer ii ÜK 1961; Art. 22 Abs. 2 Buchst. a Ziffer ii ÜK 1971; Art. 3 Abs. 1 Buchst. a Ziffer iii bis v, Buchst. c Ziffer ii, iv ÜK 1988).

Dass es dem Gesetzgeber mit der Vorverlagerung der Strafbarkeit ins Vorfeld 199 ernst war, wird aber insbesondere durch § 29 Abs. 1 S. 1 Nr. 10 belegt (BGH 25.3.2004 – 1 ARs 21/03; aA *Krumdiek/Wesemann* StV 2006, 634 (636)). Es wäre im Übrigen ein **Wertungswiderspruch,** wenn der Täter, der einem anderen eine Gelegenheit zur unbefugten Abgabe von Betäubungsmitteln eigennützig mitteilt, nach dieser Vorschrift mit Vollendungsstrafe belegt würde, während der Täter, der sich zur Lieferung von Rauschgift bereit erklärt hat, weil er eine reelle Chance dazu sah, allenfalls Versuchsstrafbarkeit zu fürchten hätte, wenn er nicht vereinbarungsgemäß liefern kann (dazu → Rn. 285).

f) Kein Verstoß gegen den Schuldgrundsatz. Im Anfragebeschluss v. 200 10.7.2003 (→ Rn. 174) und Vorlagebeschluss v. 13.1.2005 (→ Rn. 175), hatte der 3. Strafsenat hervorgehoben, die weite Auslegung des Begriffs des Handeltreibens werde dem Grundsatz nicht gerecht, Handlungen im Vorfeld, die eine geringere Gefährlichkeit aufwiesen, unter eine niedrigere Strafdrohung zu stellen. Die Abgrenzung von Vorbereitung, Versuch und Vollendung trage dem Gebot verhältnismäßiger Abstufung staatlichen Strafens besser Rechnung. Nach dem Schuldgrundsatz seien Tatbestand und Rechtsfolge sachgerecht aufeinander abzustimmen (zust. *Roxin* StV 2003, 619 (620); *Gaede* StraFo 2003, 392 (393, 394); HRRS 2004, 165 (168–170); *Krumdiek/Wesemann* StV 2006, 634 (638); ähnlich *C. Nestler* in Kreuzer BtMStrafR-HdB § 11 Rn. 357).

Der Große Senat des BGH verweist demgegenüber auf die §§ 29–30a, die eine 201 **sachgerechte Abstimmung** von Tatbestand und Rechtsfolge enthielten; insbesondere sei es aufgrund der Weite der Strafrahmen immer möglich, dem unterschiedlichen Unrechts- und Schuldgehalt der Tat Rechnung zu tragen. Deren Berücksichtigung auf der Ebene der Strafzumessung sei ausreichend.

Nicht anders ist das BVerfG in der Entscheidung v. 17.1.1979 (BVerfGE 50, 202 205 = NJW 1979, 1039) verfahren, auf die sich der 3. Strafsenat ausdrücklich stützt. Das BVerfG verneint dort eine Verpflichtung des Gesetzgebers, den Diebstahl geringwertiger Sachen als Ordnungswidrigkeit oder Übertretung zu qualifizieren. Vielmehr ermögliche es der weite Strafrahmen des § 242 StGB, auch bei einem solchen Diebstahl stets eine Strafe zu verhängen, die in einem gerechten Verhältnis zur Schwere der Tat und der Schuld des Täters stehe (ebenso BVerfG NJW 2007, 1193; BVerfG 26.2.2008 – 2 BvR 392/07). Entscheidend ist danach nicht, ob eine Abstufung innerhalb des Tatbestandes stattfindet, sondern ob die gesetzliche Regelung insgesamt eine Rechtsfolge ermöglicht, die den Betroffenen nicht übermäßig belastet.

Dass die mindere Gefährlichkeit einer Handlung nicht zwangsläufig zu einer **Ab-** 203 **stufung im Tatbestand** führen muss, ergibt sich auch aus der verfassungsgerichtlichen Behandlung der sogenannten weichen Drogen. So ist es von Verfassungswegen nicht geboten, den Besitz von Cannabis tatbestandlich anders zu behandeln als den von sogenannten harten Drogen (BVerfG NJW 2003, 2978; 2 BvR 1772/02). Die Berücksichtigung auf der Strafzumessungsebene reicht aus.

g) Kein Verstoß gegen den Bestimmtheitsgrundsatz (Art. 103 Abs. 2 204 **GG).** Der 3. Strafsenat hatte den Anfragebeschluss v. 10.7.2003 (→ Rn. 174) auch darauf gestützt, dass die weite Auslegung des Begriffs des Handeltreibens dem Bestimmtheitsgrundsatz „nur unzureichend gerecht" werde. Damit hatte der Senat die Kritik aufgegriffen, die im Schrifttum unter dem Gesichtspunkt des Art. 103 Abs. 2 GG an der weiten Auslegung geübt wird, wobei zum Teil auf die Schwierigkeiten bei der Abgrenzung von Vorbereitung, Versuch und Vollendung sowie von Täterschaft und Teilnahme mit der Gefahr der Einebnung und Verwischung – **Gebot der Tatbestandsbestimmtheit** – (*Paul* NStZ 1998, 222; StV 1998, 623 (624); *Neuhaus* NStZ 2001, 38 (40); *Gaede* StraFo 2003, 392 (394); *Roxin* StV 2003, 619 (620)), zum Teil auf die **Wortlautschranke** (*Krack* JuS 1995, 58; *Harzer* StV 1996, 336; *Niehaus* JR 2005, 192 (193); *Ebert/Müller* BtMR S. 36, 37; *Schwitters* Vorverlagerung der Strafbarkeit S. 46–48; 51) abgestellt wird.

205 **aa) Tatbestandsbestimmtheit.** Zum Verstoß gegen das Gebot der Tatbestandsbestimmtheit bezieht sich der Große Senat auf zwei Kammerbeschlüsse des Zweiten Senats des BVerfG v. 25.2.1993 – 2 BvR 2229/92 und 24.10.1999 – 2 BvR 1906/99, von denen vor allem die neuere Entscheidung gerade die problematischen Aspekte der weiten Auslegung des Begriffs des Handeltreibens im Blick hat. Die Kammer hebt hervor, dass der Bestimmtheitsgrundsatz nicht dazu zwinge, im Strafrecht auf die Verwendung auslegungsfähiger Begriffe zu verzichten.

206 Es entspricht der ständigen Rechtsprechung des BVerfG (s. etwa BVerfG NJW 2007, 1666 mAnm *Simon*), dass das Gebot der Gesetzesbestimmtheit die Verwendung von Begriffen, die in besonderem Maße der **Deutung durch den Richter** bedürfen, nicht ausschließt. Dies gilt auch für Strafvorschriften (stRspr, BVerGE 124, 300 = NJW 2010, 47 = JZ 2010, 298; BVerfG NJW 2003, 1030 = JZ 2004, 303 mAnm *Seebode;* 2005, 349; 2008, 3627 = NStZ 2009, 83; 2004, 84 mAnm *Simon* = NStZ-RR 2009, 138 mablAnm *Foth* = JR 2009, 210 mAnm *Kudlich;* BeckRS 2020, 5226). Auch liegt dem Begriff des Handeltreibens eine über Jahrzehnte **gefestigte Rechtsprechung** zugrunde (zu diesem Gesichtspunkt s. etwa BVerfG NJW 2003, 1030 (s. o.); 2008, 3627 (s. o.); 2016, 3648), die der Gesetzgeber zudem mehrfach ausdrücklich in Bezug genommen hat (→ Rn. 181, 182).

207 **Zwar kann in Grenzfällen zweifelhaft sein,** ob ein Verhalten noch unter den Begriff des Handeltreibens fällt. Wegen der notwendigen Allgemeinheit und Abstraktheit der Gesetzesform ist dies aber unvermeidlich. Ausreichend ist in solchen Fällen, dass für den Normadressaten wenigstens das **Risiko einer Bestrafung** erkennbar ist (stRspr, BVerfGE 105, 135 (153) = NJW 2002, 1779; 124, 300 (→ Rn. 206); 126, 170 = NJW 2010, 3209 = NStZ 2010, 626 = StV 2010, 264 = JR 2011, 273; BVerfG NJW 2007, 1666; 2008, 3627 (→ Rn. 206); NJOZ 2010, 1433). Daran kann aber sowohl bei den Tätigkeiten im Vorfeld als auch in den Fällen, in denen ein Umsatz mangels (verfügbarer) Betäubungsmittel nicht erreicht werden kann, kein Zweifel sein.

208 Dass in der traditionellen Auslegung das Stadium der Vollendung bereits früh eintritt, führt nicht zur Unbestimmtheit des Tatbestands (BVerfG NJW 2007, 1193). Auch dass die **Abgrenzung von Versuch und Vollendung** schwierig sein kann (allerdings → Rn. 574–626), macht den Tatbestand ebenso wenig unbestimmt wie bei anderen Strafvorschriften. Nicht notwendig ist, dass der Normadressat die rechtliche Kategorie erfasst, in die die Rechtsprechung sein Verhalten einordnet (aA wohl *Krumdiek/Wesemann* StV 2006, 634 (638)). Andernfalls könnten sich nur noch Juristen strafbar machen, und auch diese nicht immer. Dasselbe gilt für die Abgrenzung von der Vorbereitung. Wer sich (vermeintlich) noch im Vorbereitungsstadium einer strafbaren Handlung bewegt, muss sich gedanklich mit den Grenzen strafbaren Verhaltens auseinandersetzen; dies schließt die Vorstellung mit ein, sich bei einer Fehlinterpretation strafbar zu machen (BVerfG NJW 2006, 2684).

209 Soweit es um die **Abgrenzung von Täterschaft und Teilnahme** geht, behilft sich die Rechtsprechung damit, dass trotz der eigenhändigen Erfüllung des Tat-

Kap. 1. Tatbestände des Abs. 1 S. 1 Nr. 1 § 29 BtMG

bestands anhand der allgemeinen Kriterien geprüft wird, ob Täterschaft oder Teilnahme vorliegt (→ Rn. 638, 639). Auch wenn dies als Korrektur einer zu weiten Tatbestandsausdehnung angesehen wird (*Roxin* StV 1992, 517 (518); *Paul* StV 1998, 623 (625)), macht dies den Tatbestand nicht unbestimmt, da die allgemeinen Kriterien gelten und die Abgrenzungsschwierigkeiten daher nicht größer sind als bei anderen Tatbeständen.

bb) Wortlautschranke. Die traditionelle Auslegung des Begriffs des Handeltreibens überschreitet weder insgesamt noch in einzelnen Facetten die Wortlautschranke. 210

(a) Möglicher Wortsinn als Grenze. Maßgeblich ist der für den Adressaten erkennbare und verstehbare Wortlaut des gesetzlichen Tatbestands, wobei die äußerste zulässige Grenze der Interpretation durch den möglichen Wortsinn markiert wird (stRspr; BVerfG NJW 2007, 1193; 2008, 3346; 3627 (→ Rn. 206); NJOZ 2010, 1433; BGH NJW 2007, 524 = NStZ 2007, 286 = StV 2007, 300). Dabei ist dieser aus der Sicht des Normadressaten, also grundsätzlich nach dem allgemeinen Sprachverständnis der Gegenwart, zu bestimmen; maßgeblich ist der umgangssprachliche Gebrauch (BVerfG NJW 2008, 3627 (→ Rn. 206); NJOZ 2010, 1433; BGH NJW 2007, 524 (s. o.)), sofern nicht ein engerer juristischer Sprachgebrauch festzustellen ist. 211

Ein **engerer juristischer Sprachgebrauch** zum Handeltreiben besteht nicht. Die Legaldefinition im Waffenrecht (Abschn. 2 Nr. 9 der Anlage 1 zu § 1 Abs. 4 WaffG) scheidet schon deswegen aus, weil sie, jedenfalls in einer Alternative, Gewerbsmäßigkeit voraussetzt, während diese im Betäubungsmittelrecht lediglich ein Regelbeispiel für einen besonders schweren Fall (§ 29 Abs. 3 S. 2 Nr. 1) darstellt und deswegen nicht Voraussetzung des Grundtatbestands sein kann (*Niehaus* JR 2005, 192 (195)). Auch auf das HGB kann nicht zurückgegriffen werden (BGH 25. 3. 2004 – 1 ARs 21/03; *Ebert/Müller* BtMR S. 29, 30; aA wohl *Niehaus* JR 2005, 192 (193)), da die an der Tätigkeit eines ehrbaren Kaufmanns orientierten Begriffe des Handelsrechts nicht geeignet sind, den Realitäten eines illegalen, auf Verschleierung angelegten und weithin von offener oder struktureller Gewalt beherrschten Marktes gerecht zu werden. 212

Maßgeblich ist daher der **umgangssprachliche Gebrauch** (→ Rn. 211). Eine umfassende Analyse hat dazu *Ebert* (S. 28–38) vorgelegt. Danach wird unter Handeltreiben eine (meist gewerbliche) Tätigkeit verstanden, die die (möglichst gewinnbringende) Vermittlung, die absatzorientierte Beschaffung oder den Absatz von Waren zum Gegenstand hat. Die traditionelle Definition des Handeltreibens hält sich in diesem Rahmen. 213

(b) Handeltreiben als Tätigkeit. Dabei reicht es aus, dass die Tätigkeit auf einen Umsatz gerichtet ist. Auch nach dem allgemeinen Sprachgebrauch setzt das Handeltreiben keinen (Umsatz-)Erfolg voraus (aA *Roxin* StV 2003, 619 (621)). Dass das Gesetz den Schwerpunkt auf die Tätigkeit und nicht auf den Erfolg legt, ergibt sich bereits aus dem Verbum „treiben", in dem die Aktivität beschrieben wird und nicht deren Ergebnis (so schon *Ebert* S. 32, 33; nunmehr ebenso BVerfG NJW 2007, 1193: „auf Handel gerichtetes Tun"). 214

(c) Erkennbarkeit. Nicht notwendig ist, dass sich die Absicht des Umsatzes in einem nach außen erkennbaren Akt manifestiert (→ Rn. 293; aA *Ebert* S. 36, 37; *Neuhaus* NStZ 2001, 39). Meist wird ein solcher Akt vorliegen; vielfach wird der Händler, der Ware einkauft oder sich sonst verschafft, aber auch ein Interesse daran haben, dass seine Verkaufsabsicht zunächst nicht erkannt wird. Auch in Art. 2 Abs. 1 Buchst. c des EU-Rahmenbeschlusses (→ Rn. 163, 183–186) wird eine Manifestation der (Verkaufs-)Absicht nicht gefordert. 215

216 **(d) Folgen.** Aus den vorstehenden Grundsätzen ergeben sich die nachstehenden Folgen:

217 **(aa) Absatzorientierte Beschaffung.** Das Handeltreiben umfasst auch die absatzorientierte Beschaffung (BGHR BtMG § 30a Abs. 2 Sichverschaffen 2 (3 StR 224/09); BGH NStZ-RR 2014, 344). Es ist daher nicht auf Tätigkeiten beschränkt, die in einem auf Entäußerung gerichteten Tun die Sache dem Erwerber näher bringen (aA *Harzer* StV 1996, 336). Dies ergibt sich sogar für den ehrbaren Kaufmann aus dem früheren § 1 Abs. 2 Nr. 1 HGB („Anschaffung und Weiterveräußerung von Waren") und entspricht für den Drogenhandel auch Art. 2 Abs. 1 Buchst. c des EU-Rahmenbeschlusses v. 25.10.2004 (→ Rn. 163, 183–186). Auch die Definition des Waffenhandels in Abschn. 2 Nr. 9 der Anlage 1 zu § 1 Abs. 4 WaffG enthält die Beschaffung in Form des Ankaufens.

218 **Im Rahmen des möglichen Wortsinns** hält es sich ferner, wenn Handeltreiben auch dann angenommen wird, wenn der Täter die Waren, die er vertreiben will, nicht auf abgeleitetem Wege, sondern **durch Straftaten** beschafft (→ Rn. 524, 525; aA *Ebert* S. 147–150). § 29 Abs. 1 S. 1 Nr. 1 enthält als Teilakt des Handeltreibens auch das Sichverschaffen in sonstiger Weise (→ Rn. 182), mit dem auch das Erlangen von Betäubungsmitteln durch Eigentumsdelikte erfasst werden soll. Das für das Handeltreiben notwendige **„konsensuale Element"** (*Niehaus* JR 2005, 192) ergibt sich aus dem beabsichtigten **Umsatz**, der auch einem solchen Erwerb zugrunde liegen muss. Dass es auf der Beschaffungsseite auf dieses Element nicht ankommen kann, zeigt die Beschaffung durch Urproduktion in Form des Anbauens oder Herstellens (s. BVerfG NJW 2007, 1193). Dass der Diebstahl nicht mit Zustimmung des Bestohlenen erfolgt, vermag einen entscheidenden Unterschied nicht zu begründen (aA *Skoupil* BtM S. 136).

219 **(bb) Vorhandensein, Verfügungsmöglichkeit.** Es entspricht ferner dem allgemeinen Sprachgebrauch, wenn auch mit Waren, die **nicht existieren**, etwa noch nicht produziert sind, Handel getrieben werden kann (→ Rn. 280; ebenso Anfragebeschluss v. 10.7.2003 (→ Rn. 174)). Es kommt daher nicht darauf an, ob die zum Umsatz bestimmten Drogen **vorhanden sind** (→ Rn. 280; BGHSt 6, 246 (→ Rn. 170); 58, 99 = NJW 2013, 1318 = NStZ 2013, 546 = StV 2013, 702; BGHR BtMG § 29 Abs. 1 Nr. 1 Handeltreiben 4 = NJW 1986, 2869 = NStZ 1986, 557 = StV 1986, 527; BGH NJW 1999, 2683 = NStZ 2000, 95 mAnm *Körner* = StV 1999, 432; BGH NStZ 2004, 110; StraFo 2009, 344) oder **objektiv zur Verfügung** stehen (→ Rn. 280; BGHSt 58, 99 (s. o.); BGH NJW 1994, 2162 = NStZ 1994, 441 = StV 1995, 524 m. abl. Bespr. *Harzer* StV 1996, 336 und abl. Bespr. *Krack* JuS 1995, 585; StraFo 2009, 344). Entscheidend ist die **Abrede** (→ Rn. 280; BGHR BtMG § 29a Abs. 1 Nr. 2 Menge 1 = NStZ 2006, 577 = NStZ-RR 2006, 350; 4 StR 164/04) oder die **sonstige auf Umsatz gerichtete Handlung**, etwa die begonnene Aufzucht von Pflanzen (BGHSt 58, 99 (s. o.)). Mit ihr ist die Tat vollendet (BGH StraFo 2009, 344 (3 StR 107/09)).

220 **(cc) Scheindrogen (Imitate oder andere Stoffe).** Auch wenn sich die Abrede oder andere Handlung in Wirklichkeit auf eine Scheindroge (Imitat oder anderer Stoff) bezieht, hält es sich innerhalb des Sprachgebrauchs, wenn dies (noch) als Handeltreiben mit Betäubungsmitteln angesehen wird (→ Rn. 281; BGHSt 6, 246 (→ Rn. 170); BGHR BtMG § 29a Abs. 1 Nr. 2 Handeltreiben 30 (→ Rn. 223); BGH NJW 1999, 2683 (→ Rn. 219); NStZ 2003, 434 = StraFo 2003, 182) *Oğlakcıoğlu* in MüKoStGB Rn. 348–350; aA *Krack* JuS 1995, 585; *Krack* NStZ 1998, 462; *Niehaus* JR 2005, 192; *Skoupil* BtM S. 128, 129; zw. BGHR BtMG § 29 Abs. 1 Nr. 1 Handeltreiben 66 = NStZ 2007, 102; dazu *Rahlf* FS Strauda, 2006, 243 (260); *Weber* JR 2007, 400 (404, 405); *Winkler* NStZ 2007, 317 (318)).

Kap. 1. Tatbestände des Abs. 1 S. 1 Nr. 1 § 29 BtMG

Nichts anders sind auch die Fälle zu behandeln, in denen die Stoffe, auf die 221
sich die Abrede bezieht, zwar vorhanden, aber zum Zeitpunkt der Tat (Ankauf,
Einfuhr), **noch nicht dem BtMG unterstellt waren** (s. BGHSt 60, 134
= BeckRS 2015, 3560 (1 StR 302/13)).

Entscheidend ist die **Abrede** oder **sonstige** auf Umsatz gerichtete **Handlung** 222
(→ Rn. 219, 281). Beziehen sich diese auf ein Betäubungsmittel, so liegt ein Handeltreiben mit Betäubungsmitteln vor, mag das Objekt des Geschäfts in Wirklichkeit auch nur eine Scheindroge oder ein anderer Stoff sein. Deutlich wird dies, wenn die **Gegenleistung** betrachtet wird: Für das Betäubungsmittel wird der Preis bezahlt oder ausgehandelt, nicht für den anderen Stoff. Niemand würde auf den Gedanken kommen, es habe kein Diamantenhandel vorgelegen, wenn statt der Diamanten Kieselsteine geliefert werden oder sich die Diamanten als falsch herausstellen (dagegen soll nach *Skoupil* BtM S. 127 der missglückte Diamantenhandel ein Handel mit Kieselsteinen oder auch „Betrug, Täuschung oder Hintergehung" sein; der von einem Vertragspartner insgeheim verfolgte Zweck vermag den Charakter des Geschäfts jedoch nicht zu ändern; dementsprechend behandelt das bürgerliche Recht ein solches Geschäft weiterhin als Handel mit Diamanten und gewährt das Recht, es anzufechten (§ 123 BGB)).

Erst recht gilt dies, wenn **in Erfüllung** einer ernst gemeinten Vereinbarung oder 223
eines ernst gemeinten Angebots über Betäubungsmittel ein Stoff geliefert wird, den der andere Vertragspartner fälschlicherweise für das Rauschgift hält (→ Rn. 622; BGHR BtMG § 29 Abs. 1 Nr. 1 Handeltreiben 30 = NStZ 1992, 191 = StV 1992, 118; BGH NStZ-RR 2006, 350; StV 1997, 638; zust. *Winkler* NStZ 2007, 317 (318); *Weber* JR 2007, 400 (405)).

Die Ausführungen zu den Scheindrogen (→ Rn. 220–223) gelten nicht nur für 224
den Verkäufer, sondern auch für den mit der Absicht gewinnbringender Veräußerung handelnden **Erwerber** der vermeintlichen Betäubungsmittel (BGH NJW 1999, 2683 (→ Rn. 219)).

(dd) Überwachung, Sicherstellung, verdeckt ermittelnde Beamte, 225
V-Personen. Es entspricht dem allgemeinen Sprachgebrauch, wenn auch mit Betäubungsmitteln, die wegen **polizeilicher Kontrolle,** Sicherstellung oder Beschlagnahme nicht (mehr) **verfügbar** sind, Handel getrieben werden kann (→ Rn. 286, 288; aA *Krack* JuS 1995, 585 (586); *Ebert* S. 152, 153; zw. BGH NJW 2008, 1460 = NStZ 2008, 465 mablAnm *Weber* = StV 2008, 417 = JR 2008, 339 mablAnm *Krack* = StraFo 2008, 213; zust. Bespr. *Krumdiek* HRRS 2008, 288; dagegen BGHR BtMG § 29 Abs. 1 Nr. 1 Handeltreiben 72 = NJW 2008, 2276 = NStZ 2008, 573 = StV 2008, 420 = StraFo 2008, 310; NStZ 2010, 522 = StV 2010, 683). Entscheidend ist auch hier die Absprache oder sonstige auf Umsatz gerichtete Handlung. Entsprechendes gilt, wenn an dem Geschäft auf der einen oder anderen Seite oder – etwa beim Vermitteln – auch auf beiden Seiten **Verdeckte Ermittler,** sonstige nicht offen ermittelnde Beamte oder V-Personen teilnehmen (→ Rn. 290).

(ee) Andere Stoffe oder Gegenstände. Soweit geltend gemacht wird, die Be- 226
schaffung von Verpackungsmaterial oder die Präparierung eines Schmuggelfahrzeugs überschreite die Wortlautschranke (*Roxin* StV 2003, 619 (620)), wird übersehen, dass solche Handlungen den Begriff des Handeltreibens nur erfüllen, wenn die Tätigkeit auf ein bestimmtes Umsatzgeschäft mit Betäubungsmitteln zumindest in dem Sinne zielt, dass ein konkretes Geschäft angebahnt ist oder läuft (→ Rn. 241–251). Dies steht im Wesentlichen im Einklang mit der Konkretisierung der Haupttat bei der Beihilfe (*Heine/Weißer* in Schönke/Schröder StGB § 27 Rn. 29; *Kühl* in Lackner/Kühl StGB § 27 Rn. 7).

BtMG § 29 Sechster Abschnitt. Straftaten und Ordnungswidrigkeiten

227 **4. Der Beschluss des BVerfG v. 18.9.2006.** Die traditionelle weite Auslegung des Begriffs des Handeltreibens wurde auch durch Kammerbeschluss des BVerfG v. 18.9.2006 (NJW 2007, 1193) bestätigt. Dabei hat sich das Gericht insbesondere mit Art. 103 Abs. 2 GG und dem Schuldgrundsatz befasst und dabei ausgeführt, die Auslegung des Handeltreibens als jede eigennützige, auf den Umsatz von Betäubungsmitteln gerichtete Tätigkeit werde vom Wortsinn („Treiben" als auf Handel gerichtetes Tun) noch erfasst. Der enge Anwendungsbereich für den Versuch sei kein Problem der Normbestimmtheit, sondern Ergebnis der Normintention. § 29 Abs. 1 S. 1 Nr. 1 sei im Zusammenhang einer Gesetzgebung zu sehen, die auf eine möglichst umfassende Bekämpfung der Drogenkriminalität gerichtet ist. Auch der Schuldgrundsatz sei nicht verletzt, da die Tatbestände es erlaubten, unterschiedlich gewichtige Verhaltensweisen einer abgestuften Strafandrohung zu unterwerfen.

228 **5. Spätere Kritk.** Auch nach den Entscheidungen des Großen Strafsenats des BGH (→ Rn. 176) und des BVerfG (→ Rn. 227) werden in der strafrechtlichen Literatur die Bemühungen um eine Einschränkung des Begriffs fortgesetzt.
– So soll nach *Oğlakcıoğlu* (BtMStrafR AT S. 496; *Oğlakcıoğlu* in MüKoStGB Rn. 370, 371) das Handeltreiben in „einer (ausdrücklichen oder konkludenten) **Erklärung mit Umsatzwillen**" bestehen, „die ernsthaft auf den Abschluss eines Rechtsgeschäfts mit Betäubungsmitteln gerichtet ist oder dieses tatsächlich herbeiführt". Abgesehen davon, dass diese Definition mit der Entstehungsgeschichte der Strafbewehrung des Handeltreibens (→ Rn. 177, 178), der Fortschreibung durch die spätere Gesetzgebung (→ Rn. 181) und der Benennung tatsächlicher Handlungen als Teilakte des Handeltreibens (Einführen, Ausführen) widerspricht und auch mit dem EU-Rahmenbeschluss v. 25.10.2004 (→ Rn. 163, 183–186) nicht in Einklang steht, unterlässt es *Oğlakcıoğlu,* die einzelnen Merkmale seiner Definition auf ihre Tauglichkeit abzuklopfen und beschränkt sich auf die Erwartung einer „Demontage der h. M."(S. 502).
– Ähnliche Bedenken bestehen auch gegen den Begriff des Handeltreibens als „eigennützige, auf den Betäubungsmittelumsatz gerichtete Tätigkeit, in welcher **Organisationsmacht** im Hinblick auf das Gesamtgeschäft zum Ausdruck kommt" (*Schnürer* BtM S. 211). Die Organisationsmacht ist ein Umstand, der für Täterschaft spricht, kann aber nicht im Wege der Auslegung zu einem Tatbestandsmerkmal umfunktioniert werden.

229 **6. Das Handeltreiben, ein uferloser Tatbestand?** Trotz der Entscheidungen des Großen Senats für Strafsachen und des BVerfG ist anzunehmen, dass die Behauptung, das Handeltreiben sei ein uferloser Tatbestand, in der Welt bleiben wird (s. etwa *Krumdiek/Wesemann* StV 2006, 634 (638); *Krumdiek* StV 2009, 385 (388); *Oğlakcıoğlu* in MüKoStGB Rn. 357–361; zurückhaltender *Rahlf* FS Strauda, 2006, 243 (257, 258)). Wie die nähere Überprüfung zeigen wird, hat sie gleichwohl **keine Grundlage.** Wenn die Grenzen zwangsläufig auch weit gezogen sein mögen, so hat das Handeltreiben auch in der traditionellen Auslegung **Konturen,** die sich namentlich aus dem BtMG selbst, aus anderen Vorschriften des Nebenstrafrechts, aus europarechtlichen Regelungen und aus den internationalen Suchtstoffübereinkommen ergeben. Wegen der Einzelheiten wird auf die nachfolgenden Abschnitte III (Tatbestand im Einzelnen) und IV (Erscheinungsformen) verwiesen.

230 **III. Der Tatbestand im Einzelnen.** Abgesehen von dem Fehlen der Erlaubnis (→ Rn. 572) müssen **drei Merkmale** erfüllt sein, damit der Tatbestand des Handeltreibens gegeben ist (→ § 3 Rn. 32):

231 **1. Handlung.** Es muss eine Handlung vorliegen. Darunter fällt **jegliche Tätigkeit** (BGHSt 25, 290 (→ Rn. 182); 30, 359 (→ Rn. 179); 34, 124 (→ Rn. 170) BGHR BtMG § 29 Abs. 1 Handeltreiben 4 (→ Rn. 219); 7 (1 StR 76/88); 18 (3 StR 120/89); 36 (→ Rn. 170); 50 (→ Rn. 173).

Kap. 1. Tatbestände des Abs. 1 S. 1 Nr. 1 **§ 29 BtMG**

a) Objekt der Handlung. Objekt der Handlung können verschiedene Stoffe 232
oder Gegenstände sein:

aa) Betäubungsmittel. Die Handlung wird sich meist unmittelbar auf Betäu- 233
bungsmittel (→ Rn. 167) beziehen. Notwendig ist dies jedoch nicht.

bb) Erlöse. Da auch Zahlungsvorgänge den Begriff des Handeltreibens erfüllen 234
können (→ Rn. 457–459), kann Objekt der Handlung auch der Erlös aus dem
Umsatz von Betäubungsmitteln sein (→ Rn. 457–476).

cc) Kaufgeld. Auch das Einsammeln oder die sonstige Beschaffung, die Be- 235
förderung oder die sonstige Übermittlung von Kaufgeld ist auf den Umsatz von
Betäubungsmitteln gerichtet. In der Regel wird hier ein im Raume stehendes, angebahntes oder laufendes (→ Rn. 241–243, 246) Umsatzgeschäft mit Betäubungsmitteln vorliegen, so dass (vollendetes) Handeltreiben in Betracht kommt
(→ Rn. 567–569). Zur Förderung eines **fremden Umsatzes** durch den Umgang
mit Kaufgeld → Rn. 302, 303.

dd) Andere Stoffe oder Gegenstände. Auch sonst kann sich die Handlung mit 236
Stoffen oder Gegenständen befassen, die selbst keine Betäubungsmittel sind, aber bei
der Herstellung, dem Transport oder dem sonstigen Umgang mit zum Umsatz be-
stimmten Drogen verwendet werden sollen, etwa **Grundstoffen** (BGHSt 47, 134
= NJW 2002, 452 = NStZ 2002, 210 = StV 2002, 256; BGHR BtMG § 29 Abs. 1
Nr. 1 Handeltreiben 39 (→ Rn. 137); 62 = StV 2005, 666), **Streckmitteln**
(BGHR BtMG § 29 Abs. 1 Nr. 1 Handeltreiben 37 = NJW 1993, 2389 = NStZ
1993, 444 = StV 1993, 473; 43 = StV 1994, 429; BGH NStZ 1994, 501), **Labor-
geräten** (BGHSt 47, 134 (s. o.); BGHR BtMG § 29 Abs. 1 Nr. 1 Handeltreiben 21
(→ Rn. 142); 40 (→ Rn. 139)), **Schmuggelfahrzeugen** (BGHSt 50, 252
(→ Rn. 169); BGHR BtMG § 30a Abs. 1 Bandenhandel 2 = NJW 2001, 1289
= NStZ 2001, 323 = StV 2001, 459; aA BGH StV 2003, 501 (→ Rn. 174); *Paul* StV
1998, 623 (625); *Roxin* StV 2003, 619 (620)) oder der **Anmietung von Räumen.**

(a) Grundstoffe, Ausgangsstoffe. In Art. 1 Abs. 1 Buchst. c des EU-Rahmen- 237
beschlusses v. 25.10.2004 (→ Rn. 183–186) wird auch das Herstellen, Befördern
oder Verteilen von Grundstoffen (Ausgangsstoffen) aufgeführt. Für das Handeltreiben mit Betäubungsmitteln ist dies allerdings nicht aussagekräftig, weil der Rahmenbeschluss sich ausdrücklich auch mit Grundstoffen befasst. Auf der anderen
Seite kann daraus auch nichts gegen die traditionelle deutsche Auffassung hergeleitet werden. Art. 2 Abs. 1 Buchst. c des Rahmenbeschlusses gilt wie § 19 Abs. 1 Nr. 1
GÜG bereits dann, wenn der Täter nur allgemein weiß, dass die Grundstoffe der
illegalen Herstellung von Drogen dienen.

Für die Beurteilung als **Handeltreiben mit Betäubungsmitteln** reicht dieses 238
allgemeine Wissen jedoch nicht aus. Wie sich bereits dem systematischen Zusammenhang mit § 19 Abs. 1 Nr. 1 GÜG entnehmen lässt, begründet die Belieferung mit Grundstoffen auch in Kenntnis ihres Verwendungszwecks für sich allein
noch keinen Verstoß gegen das BtMG (BGHSt 47, 134 (→ Rn. 236); BGHR
BtMG § 29 Abs. 1 Nr. 1 Handeltreiben 37 (→ Rn. 236); 39 (→ Rn. 137); 62
(→ Rn. 236); BGH StV 1995, 524). Mit dem Verkauf der Drogen ist der Grund-
stoffhändler in der Regel nicht befasst; sein Geschäft ist abgeschlossen, wenn der
Grundstoff geliefert und bezahlt ist (BGHR BtMG § 29 Abs. 1 Nr. Handeltreiben
62 (→ Rn. 236)).

Gleichwohl kann beim Umgang mit **Grundstoffen** Handeltreiben mit **Betäu-** 239
bungsmitteln in **dreierlei Form** in Betracht kommen: der Händler oder Transporteur des Grundstoffs kann je nach Tatherrschaft und Tatinteresse
– Mittäter (→ Rn. 241–244)
– oder Gehilfe (→ Rn. 245–247) des Betäubungsmittelhändlers sein;

- unter bestimmten Umständen ist auch Alleintäterschaft durch Förderung eines fremden Umsatzes (→ Rn. 248) möglich.

Zur Abgrenzung von Täterschaft und Beihilfe → Rn. 249, 250.

240 **(aa) Konkretisierung.** In allen drei Fällen bedarf die Tat der Konkretisierung. Maßgeblich ist dabei das (Handels-)Geschäft mit **Betäubungsmitteln**.

241 **(1) Mittäterschaft.** Mittäterschaft setzt nicht voraus, dass sich der Täter an der eigentlichen Tatbestandsverwirklichung beteiligt; ausreichend ist ein Beitrag, der diese fördert und der auch eine **Vorbereitungshandlung** sein kann (→ Vor § 29 Rn. 264). In einem solchen Fall muss jedoch ein **tatbestandliches Handeltreiben anderer** festgestellt werden, in das der Beteiligte in der Weise als Mittäter eingebunden ist, dass er auf Grund eines gemeinsamen Tatplans seinen Tatbeitrag zum Handeltreiben mit Betäubungsmitteln durch die Gewährung eines Darlehns (BGHR BtMG § 29 Abs. 1 Nr. 1 Handeltreiben 22 = NJW 1991, 305 = StV 1990, 549), durch die Beschaffung des Grundstoffs (BGHR BtMG § 29 Handeltreiben 62 (→ Rn. 236) oder eines Schmuggelfahrzeugs (BGHR § 30a Abs. 1 Bandenhandel 2 (→ Rn. 236)) erbracht hat.

242 **Zwar verbindet** das Handeltreiben alle im Rahmen eines Güterumsatzes aufeinander folgenden Teilakte zu einer Bewertungseinheit (→ Rn. 171, 172; BGHR BtMG § 29 Abs. 1 Nr. 1 Handeltreiben 62 (→ Rn. 236); § 30a Abs. 1 Bandenhandel 2 (→ Rn. 236)). Erforderlich ist aber stets, dass die Tätigkeit auf die Ermöglichung oder Förderung eines **konkreten Umsatzgeschäfts** mit Betäubungsmitteln in dem Sinne **zielt** (BGHSt 47, 134 (→ Rn. 236); BGHR BtMG § 29 Abs. 1 Nr. 1 Handeltreiben 62 (→ Rn. 236)), dass ein konkretes Geschäft **im Raume steht** (OLG Hamm StV 2005, 271; *Krumm/Ostmeyer* BtmStrafR Rn. 40). Das bloße allgemeine Wissen, dass der Stoff im Rahmen des Umsatzes von Betäubungsmitteln verwendet werden soll, genügt nicht (→ Rn. 238).

243 **Wenn gefordert wird,** dass ein konkretes Geschäft bereits **angebahnt ist** oder **läuft** (BGHR BtMG § 29 Abs. 1 Nr. 1 Handeltreiben 37 (→ Rn. 236); 43 (→ Rn. 236); § 30a Abs. 1 Bandenhandel 2 (→ Rn. 236)), so darf dies **nicht** so verstanden werden, dass dies bereits **zum Zeitpunkt** der Erbringung des Tatbeitrags, der ja in einer Vorbereitungshandlung bestehen kann, geschehen sein muss. Ist der Tatbeitrag im Hinblick auf ein konkretes Umsatzgeschäft mit Betäubungsmitteln erbracht worden, so reicht es aus, wenn dieses Geschäft **nach** der Leistung des Tatbeitrags des Mittäters mindestens bis zum Versuch gedieh (→ Rn. 241).

244 **Die Einzelheiten** des (im Raume stehenden, angebahnten, laufenden oder durchgeführten) Umsatzgeschäfts braucht der Täter nicht zu kennen (BGHSt 47, 134 (→ Rn. 236); BGHR BtMG § 29 Abs. 1 Nr. 1 Handeltreiben 39 (→ Rn. 137)). Es kann daher die Feststellung genügen, dass aus den Grundstoffen Betäubungsmittel hergestellt wurden, die dann verkauft wurden (BGHSt 47, 134 (→ Rn. 236); BGHR BtMG § 29 Abs. 1 Nr. 1 Handeltreiben 62 (→ Rn. 236); BGH NStZ 2015, 598), zu einem konkreten Verkauf bestimmt waren oder dazu hätten hergestellt werden sollen (*Oğlakcıoğlu* in MüKoStGB Rn. 343). Lässt sich die Zahl dieser Umsatzgeschäfte nicht feststellen, so ist gegebenenfalls von einer Tat auszugehen (BGHSt 47, 134 (→ Rn. 236)). Mehrere Tatbeiträge zu dieser Tat sind als eine Tat anzusehen (BGHSt 47, 134 (→ Rn. 236); BGH NStZ 1997, 121).

245 **(2) Beihilfe.** Eine konkretisierbare Haupttat muss auch in den Fällen der Beihilfe festgestellt werden (BGHR BtMG § 29 Abs. 1 Nr. 1 Handeltreiben 43 (→ Rn. 236); § 29 Abs. 6 Handeltreiben 1 (2 StR 491/97); § 30a Abs. 1 Bandenhandel 2 (→ Rn. 236); BGH NStZ 1994, 501; StV 1995, 524). Auch die Strafbarkeit der Beihilfe fordert, dass die Haupttat mindestens versucht ist (→ Vor § 29 Rn. 337).

246 **Haupttat** beim Handeltreiben ist das **Gesamtgeschäft** (Bewertungseinheit, in der alle Betätigungen zusammengefasst sind, die sich auf den Umsatz desselben Betäubungsmittels richten (→ Vor § 29 Rn. 339–342)). Der Gehilfe muss über die

Haupttat **wenigstens in Umrissen** Bescheid wissen; er braucht zwar die Einzelheiten der Tat nicht zu kennen, er muss aber wissen, dass er eine bestimmte fremde Tat unterstützt (→ Vor § 29 Rn. 349–353). Auch in diesem Falle muss daher ein **konkretes Umsatzgeschäft** mit Betäubungsmitteln **im Raume stehen** (→ Rn. 242, 243). Mit dem (zutreffenden) Schluss, dass der Grundstoff letztlich zum unerlaubten Handel mit Betäubungsmitteln bestimmt ist, ist noch keine konkrete Haupttat festgestellt (BGH NStZ 1994, 501; StV 1994, 429; 1995, 524). Auch der Umstand, dass ein Rauschgifthändler bisher aus Grundstoffen Betäubungsmittel hergestellt hat und zu erwarten ist, dass er dies wieder tun wird, genügt nicht. Soweit auch hier gefordert wird, dass das Umsatzgeschäft bereits angebahnt sein oder laufen muss (BGHR BtMG § 29 Abs. 1 Nr. 1 Handeltreiben 43 (→ Rn. 236); 66 (→ Rn. 220); BGH NStZ 1994, 501), gilt im Hinblick darauf, dass die Beihilfe bereits vor Beginn der Haupttat geleistet werden kann (→ Vor § 29 Rn. 314, 315) dasselbe wie bei der Mittäterschaft (→ Rn. 243).

Ausreichend ist auch hier **die Feststellung,** dass aus den Grundstoffen Betäubungsmittel hergestellt wurden, die dann verkauft wurden (BGHSt 47, 134 (→ Rn. 236); BGHR BtMG § 29 Abs. 1 Nr. 1 Handeltreiben 39 (→ Rn. 137); 62 (→ Rn. 236); § 29 Abs. 6 Handeltreiben 1; BGH NStZ 2015, 598; StV 1995, 587), zu einem konkreten Verkauf bestimmt waren oder dazu hätten hergestellt werden sollen (→ Rn. 244); die Einzelheiten dieser Tat brauchte der Beteiligte nicht zu kennen. Das Handeltreiben mit Grundstoffen (§ 19 Abs. 1 Nr. 1 GÜG) steht damit in Tateinheit (BGHR BtMG § 29 Abs. 1 Nr. 1 Handeltreiben 62 (→ Rn. 236)). Lässt sich die Zahl dieser Umsatzgeschäfte nicht feststellen, so ist gegebenenfalls von einer Haupttat auszugehen (BGHSt 47, 134 (→ Rn. 236)). Mehrere Beihilfehandlungen zu dieser Tat sind als eine Beihilfe anzusehen (→ Vor § 29 Rn. 359, 360). 247

(3) (Allein-)Täterschaft. Auch die eigennützige Förderung fremder Umsatzgeschäfte mit Betäubungsmitteln ohne mittäterschaftliche Beteiligung anderer kann Handeltreiben sein (→ Rn. 296–300, 302, 303). Dies kommt aber nur in Betracht, wenn der Beteiligte entweder mit dem Rauschgift selbst befasst ist (was hier entfällt) oder unmittelbar in das Rauschgiftgeschäft in der Weise eingebunden ist, dass seine Handlung einen Teilakt des Handeltreibens darstellt (→ Rn. 302, 303). Das bloße Wissen, wozu der Grundstoff diente, genügt dazu nicht (BGHR BtMG § 29 Abs. 1 Nr. 1 Handeltreiben 62 (→ Rn. 236)). 248

(bb) Abgrenzung. Mittäterschaft kommt nur in Betracht, wenn festgestellt werden kann, dass der Lieferant **mit Täterwillen** im Zusammenwirken mit anderen aufgrund eines gemeinsamen Tatplans durch die Lieferung des Grundstoffs seinen Tatbeitrag zum Handeltreiben mit Betäubungsmitteln erbracht hat (BGHR BtMG § 29 Abs. 1 Nr. 1 Handeltreiben 37 (→ Rn. 236); 62 (→ Rn. 236)). Ob der Beteiligte ein solch enges Verhältnis zum Rauschgiftgeschäft hatte, ist nach den gesamten Umständen, die von der Vorstellung des Beteiligten erfasst wurden, in wertender Betrachtung zu beurteilen, wobei der entscheidende **Bezugspunkt** das (Rauschgift-)**Handelsgeschäft** ist (BGHR BtMG § 29 Abs. 1 Nr. 1 Handeltreiben 62 (→ Rn. 236)). Wegen der Einzelheiten wird auf → Rn. 634–662 verwiesen. 249

Entsprechendes gilt für die **Alleintäterschaft** durch Förderung eines fremden Umsatzes (dazu → Rn. 302, 303). Scheiden die beiden Täterschaftsformen aus, kommt Beihilfe in Betracht. 250

(b) Streckmittel, Laborgeräte, Schmuggelfahrzeuge, Anmietung von Räumen etc. Entsprechendes (→ Rn. 237–250) gilt für den Umgang mit Streckmitteln, Laborgeräten, Schmuggelfahrzeugen oder anderen Stoffen oder Gegenständen, die bei der Herstellung von oder dem sonstigen Umgang mit zum Umsatz bestimmten Betäubungsmitteln verwendet werden sollen (→ Rn. 236), oder für die 251

Anmietung eines Hauses zum Anbauen oder zur Herstellung von Betäubungsmitteln (→ Rn. 69, 137, 138, 596).

252 **(c) Fehlende Konkretisierung.** Ist die notwendige Konkretisierung nicht gegeben, so kommt bei Grundstoffen Handeltreiben nach § 19 Abs. 1 Nr. 1 GÜG in Betracht. Bei Streckmitteln sind § 29 Abs. 6 sowie ein etwaiger Verstoß gegen das AMG zu prüfen (→ § 1 Rn. 237–239). Im Übrigen ist § 29 Abs. 1 S. 1 Nr. 13 (→ Rn. 1934–1945, 1952) in Erwägung zu ziehen; dies gilt insbesondere beim **Kaufgeld** (→ Rn. 446). Unter bestimmten Umständen, namentlich wenn der Beteiligte zur Beschaffung der Grundstoffe oder anderen Stoffe oder Gegenstände Geld oder andere Vermögenswerte erhalten hat, kommt auch Geldwäsche (§ 261 StGB) in Betracht (BGHR BtMG § 30 a Abs. 1 Bandenhandel 2 (→ Rn. 236)).

253 **b) Arten der Handlung.** Das Handeltreiben setzt keinen ständigen Umgang mit Betäubungsmitteln oder einen auf den Handel gerichteten Betrieb voraus (RGSt 51, 38; RG JW 1933, 2772 mzustAnm *Fraeb* = DRsp Nr. 1994/2). Auch die nur **gelegentliche** oder **einmalige** Tätigkeit kann Handeltreiben sein (→ Rn. 170). Insbesondere ist Gewerbsmäßigkeit nicht erforderlich (→ Rn. 212). Auch sonst setzt das Handeltreiben nicht voraus, dass es sich um eine Tätigkeit handelt, die bei natürlicher Betrachtung eine solche eines Händlers ist (BGHSt 30, 359 (→ Rn. 179); 1 ARs 21/03). Die entgegenstehende Entscheidung des 3. Strafsenats (BGHSt 30, 277 (→ Rn. 179)) hat dieser aufgegeben (→ Rn. 179).

254 Wegen der **Vielzahl der Tätigkeiten,** die Handeltreiben sein können, wird auf Abschn. IV (Erscheinungsformen) Bezug genommen.

255 **c) Völlig untergeordnete Tätigkeiten.** Handlungen im Sinne der Definition des Handeltreibens sind auch völlig untergeordnete Tätigkeiten. Dass eine solche Tätigkeit vorliegt, ist kein Abgrenzungskriterium zum Handeltreiben (so aber *Strate* ZRP 1987, 314 (316); *Schwitters* Vorverlagerung der Strafbarkeit S. 33–36; *Endriß/ Malek* BtMStrafR § 12 Rn. 11; missverständlich BGHSt 29, 239 (→ Rn. 170); BGH 4 StR 408/77; wohl auch BGHR BtMG § 29 Abs. 1 Nr. 1 Handeltreiben 9 = NStZ 1988, 507; *Winkler* in Hügel/Junge/Lander/Winkler Rn. 4.1.3), sondern dient lediglich der **Abschichtung von Täterschaft und Teilnahme** (BGHSt 34, 124 (→ Rn. 170); BGHR BtMG § 29 Abs. 1 Nr. 1 Handeltreiben 25 (3 StR 395/90); 39 (→ Rn. 137); 56 (2 StR 468/00); 57 = StV 2002, 489; BGH NStZ-RR 2004, 183).

256 **2. Ausrichtung auf einen (Güter-)Umsatz.** Die große Zahl von Möglichkeiten zur Verwirklichung des Tatbestands, die sich aus dem Abstellen auf jegliche Tätigkeit ergibt, erhält dadurch eine **Zielrichtung,** dass die Betätigung auf einen Umsatz von Betäubungsmitteln gerichtet sein muss (BGHSt 29, 239 (→ Rn. 170); 30, 277 (→ Rn. 179); BGHR BtMG § 29 Abs. 1 Nr. 1 Handeltreiben 18 (→ Rn. 231); 19 (→ Rn. 170); 28 (→ Rn. 170)).

257 **a) Umsatzgeschäft.** Ein Umsatzgeschäft liegt vor, wenn die einverständliche Übertragung des Betäubungsmittels von einer Person auf eine andere bewirkt werden soll (stRspr; BGHSt 30, 277 (→ Rn. 179); BGHR BtMG § 29 Abs. 1 Nr. 1 Handeltreiben 18 (→ Rn. 231); 19 (→ Rn. 170); 28 (→ Rn. 170); 77 (→ Rn. 169); krit. *Oğlakcıoğlu* in MüKoStGB Rn. 310). Auf eine tatsächliche (örtliche) Verlagerung kommt es dabei nicht an (→ § 3 Rn. 33). Auch ist nicht notwendig, dass der Handelnde rechtliche Verfügungsgewalt über das Betäubungsmittel hat.

258 In aller Regel ergibt sich das **Ziel eines Güterumsatzes** bereits aus der Art der Handlung, etwa beim Verkaufen oder Vermitteln. In anderen Fällen, etwa beim Ankaufen, Aufbewahren oder Lagern zum Verkauf, bedarf die Klärung der Zielrichtung einer genauen Prüfung. Die Feststellungen hierzu (→ Rn. 293) lassen sich nicht durch Vermutungen ersetzen (*Patzak* in Körner/Patzak/Volkmer § 29 Teil 4 Rn. 46; *Oğlakcıoğlu* in MüKoStGB Rn. 311).

b) Endziel. Ziel des Vorgangs muss es sein, das Rauschgift auf dem Weg zum Kon- 259
sumenten weiterzubringen; darin liegt der missbilligte „Erfolg" (BGH StV 1981, 549;
Oğlakcıoğlu in MüKoStGB Rn. 311). Deshalb ist eine Warenbewegung, durch die das
Rauschgift **der Polizei zugespielt** werden soll, kein Handeltreiben (BGHR BtMG
§ 29 Abs. 1 Nr. 1 Handeltreiben 10 = NStZ 1988, 58 = StV 1988, 432; StV 1981,
549), auch wenn sich der V-Mann die **Prämie** für die Ergreifung der Täter und
Sicherstellung der Drogen verdienen will (BGH NStZ 2008, 41 = StV 2007, 527).

Dasselbe gilt, wenn der Täter ernsthaft mit **Anwesenheit und Eingreifen der** 260
Polizei rechnet und nur im Vertrauen darauf das Geschäft fördert (BGH StV
1981, 549; *Endriß/Malek* BtMStrafR § 12 Rn. 6). Dies kommt auch dann in Betracht,
wenn der Täter auf eigene Faust und ohne Kenntnis der Polizei tätig wird
(BGHR BtMG § 29 Abs. 1 Nr. 1 Handeltreiben 10 (→ Rn. 259)).

Zur (fehlenden) Strafbarkeit von **V-Personen** → § 4 Rn. 143–162 und **agents** 261
provocateurs → § 4 Rn. 243–248.

An dem Ziel, das Rauschgift auf dem Weg zum Konsumenten weiterzubringen, 262
fehlt es auch bei einem Erwerb zum **Eigenverbrauch** (→ Rn. 849, 851).

aa) Gerichtet. Es reicht aus, dass die Handlung auf den Umsatz von Betäubungs- 263
mitteln gerichtet ist (→ Rn. 214; BVerfG NJW 2007, 1193; BGHR § 29 Abs. 1
Nr. 1 Handeltreiben 77 (→ Rn. 169)). Nicht notwendig ist, dass es zur Anbahnung
bestimmter Geschäfte gekommen ist (BVerfG NJW 2007, 1193; BGHSt 29, 239
(→ Rn. 170); BGHR BtMG § 29 Abs. 1 Nr. 1 Handeltreiben 19 (→ Rn. 170);
BGH NStZ 1996, 48). Etwas anderes gilt für Stoffe oder Gegenstände, die selbst
keine Betäubungsmittel sind, aber bei dem Umgang mit zum Umsatz bestimmten
Betäubungsmitteln verwendet werden sollen (→ Rn. 236–251).

bb) Tätigkeitsdelikt. Erst recht ist nicht erforderlich, dass Umsatzgeschäfte **tat-** 264
sächlich erfolgt sind (BVerfG NJW 2007, 1193; BGHSt 29, 239 (→ Rn. 170); 30,
359 (→ Rn. 179); BGHR BtMG § 29 Abs. 1 Nr. 1 Handeltreiben 61 = StV 2005,
271 = StraFo 2005, 42; 70 (→ Rn. 168); 77 (→ Rn. 169); § 29 Bewertungseinheit
19 (→ Rn. 169)) oder dass die Ware **den Markt** tatsächlich **erreicht** hat (BGH
StV 1981, 238; *Oğlakcıoğlu* in MüKoStGB Rn. 312). Handeltreiben ist ein Tätigkeits-
und **kein Erfolgsdelikt** (BVerfG NJW 2007, 1193; BGHR § 29 Abs. 1
Nr. 1 Handeltreiben 77 (→ Rn. 169); BGH NJW 2002, 3846 = NStZ 2003, 269).

Es kommt daher auch **nicht** darauf an, ob die Tätigkeit den **Umsatz wirklich** 265
gefördert hat (stR.spr; BGHSt 30, 277 (→ Rn. 179); 30, 359 (→ Rn. 179);
BGHR BtMG § 29 Abs. 1 Nr. 1 Handeltreiben 1 (→ Rn. 170); 19 (→ Rn. 170); 77
(→ Rn. 169); BGH NStZ-RR 2014, 43) oder **dazu** (konkret oder generell) **geeig-**
net war (→ Rn. 271, 272; BGH NStZ-RR 2014, 43).

Insbesondere ist ein **Umsatzerfolg nicht notwendig;** vielmehr reicht es aus, 266
wenn die entfaltete Tätigkeit auf die Übertragung von Betäubungsmitteln **abzielt**
(→ Rn. 214; BVerfG NJW 2007, 1193; BGHR BtMG § 29 Abs. 1 Nr. 1 Handeltreiben 28 (→ Rn. 170); BGH NJW 1994, 2162 (→ Rn. 219); OLG München NStZ
2011, 464). Soweit in der Rechtsprechung auf eine Tätigkeit abgestellt wurde, die
den Umsatz fördert (zB BGHSt 29, 239 (→ Rn. 170)), sollte damit nichts Abweichendes zum Ausdruck gebracht werden (BGHSt 30, 277 (→ Rn. 179)).

Das **Erfordernis eines Umsatzerfolgs** kann auch **nicht** aus dem Urteil des 267
BGH v. 3.6.1981 (StV 1981, 549) hergeleitet werden (aA *Roxin* StV 1992, 517
(519); 2003, 619 (620–622); *Harzer* StV 1996, 336 (337)). Selbst wenn ihm dies
entnommen werden könnte, wäre dies durch das **später** in Kraft getretene **BtMG**
1982 überholt. Mit dem Einschub „ohne Handel zu treiben" hat dieses Gesetz
klargestellt, dass auch weit vor dem Umsatz liegende Tätigkeiten, etwa das Einführen oder Ausführen von Betäubungsmitteln, den Tatbestand des Handeltreibens erfüllen können (→ Rn. 182).

268 Auch mit dem Begriff des Handeltreibens, der seit jeher auch **einseitige Handelsaktivitäten** (zB Feilhalten) und die absatzorientierte Beschaffung umfasst (→ Rn. 217), wäre eine solche Beschränkung nicht vereinbar. Sie würde auch der Entstehungsgeschichte der Strafbewehrung des Handeltreibens (→ Rn. 177, 178) und der Fortschreibung durch die spätere Gesetzgebung (→ Rn. 181) widersprechen.

269 Schließlich wäre sie nicht im Einklang mit dem **EU-Rahmenbeschluss** v. 25.10.2004 (→ Rn. 163, 183–186), der ebenfalls zahlreiche Handlungsformen enthält, die keinen Umsatzerfolg voraussetzen (zB Feilhalten, Anbauen, Herstellen, Einführen, Ausführen). Nichts anderes ist auch aus Art. 3 des Rahmenbeschlusses zu entnehmen. Wie sich aus dessen Absatz 1 ergibt, geht er zwar davon aus, dass die in Art. 2 aufgeführten Handlungen auch versucht werden können; dies bezieht sich jedoch nur auf die Handlungen selbst, nicht aber auf einen Umsatzerfolg.

270 **cc) Abstraktes Gefährdungsdelikt, potentielles Gefährdungsdelikt.** Das Handeltreiben ist ein abstraktes Gefährdungsdelikt (*Malek* BtMStrafR Kap. 2 Rn. 143; *Weber* Handeltreiben S. 309, 310, 313, 403–412). Zu den Merkmalen dieser Delikte → Vor § 29 Rn. 166.

271 Das Handeltreiben ist **kein potentielles** (abstrakt-konkretes) **Gefährdungsdelikt** (in diese Richtung allerdings *Endriß* NStZ 1998, 463; *Schwitters* Vorverlagerung der Strafbarkeit S. 145, 146; *Bensch* Handeltreiben S. 87; wohl auch *Gaede* StraFo 2003, 392 (396); HRRS 2004, 165 (171); 2005, 250 (253); dagegen *Skoupil* BtM S. 85 Fn. 505 im Anschluss an *Weber* Handeltreiben S. 466). Zu den Merkmalen dieser Delikte → Vor § 29 Rn. 167.

272 Die Delikte, die bisher als potentielle Gefährdungsdelikte angesehen werden (§ 130 Abs. 1, 3; § 311 Abs. 1, § 326 Abs. 1 Nr. 4 StGB, § 34 Abs. 2 Nr. 3 AWG), enthalten jeweils die **„Eignungsformel"**, die das Delikt „zu einem abstrakt-konkreten Gefährdungsdelikt macht" (BGHSt 46, 212 = NJW 2001, 624; 2001, 1535 mAnm *Vec* = NStZ 2001, 305 mAnm *Hörnle* = StV 2001, 395 mAnm *Kudlich* = JZ 2001, 1198 mAnm *Lagodny* = JR 2001, 432 mAnm *Jeßberger*). In § 29 Abs. 1 S. 1 Nr. 1 ist eine solche Formel nicht enthalten. Aber auch wenn davon ausgegangen wird, dass es auf den Wortlaut nicht ankommt (*Schwitters* Vorverlagerung der Strafbarkeit S. 145), finden sich im Betäubungsmittelrecht keinerlei Anhaltspunkte, die eine solche Einordnung begründen könnten. Insbesondere fehlt jeder Hinweis auf den Gegenstand der (gedachten) Eignungsformel, der denn auch manchmal schlicht mit dem Rechtsgut gleichgesetzt wird (*Schwitters* Vorverlagerung der Strafbarkeit S. 145, 146). Auf diese Weise müssten alle abstrakten Gefährdungsdelikte zu der Untergruppe (BGHSt 46, 212 (s. o.)) der potentiellen Gefährdungsdelikte zusammenschrumpfen.

273 **dd) Unechtes Unternehmensdelikt.** Das Handeltreiben wird vielfach als unechtes Unternehmensdelikt bezeichnet (→ Vor § 29 Rn. 161; BGHR BtMG § 29 Abs. 1 Nr. 1 Handeltreiben 69 = NStZ 2007, 531 = StV 2007, 302; dazu *Weber* JR 2007, 400 (403, 404); BGH 1 ARs 21/03; *Franke/Wienroeder* Rn. 23; *Winkler* in Hügel/Junge/Lander/Winkler Rn. 4.1.1; *Joachimski/Haumer* BtMG Rn. 27; *Malek* BtMStrafR Kap. 2 Rn. 143; krit. BGH StV 2003, 501 (→ Rn. 174); *Paul* StV 1998, 623 (624); *Krack* NStZ 1998, 462; *Endriß* NStZ 1998, 463; *Neuhaus* NStZ 2001, 39 (41); *Ebert* S. 115–128; 203; *Schwitters* Vorverlagerung der Strafbarkeit S. 87–90; *Endriß/Kinzig* NJW 2001, 3217 (3218)).

274 **Unechte Unternehmensdelikte** zeichnen sich dadurch aus, dass es dem Täter zwar um einen Erfolg geht (der tatbestandsmäßig allerdings nicht umschrieben ist), dass das Gesetz es für die Vollendung jedoch genügen lässt, dass er bestimmte Handlungen vornimmt, die **auf den Erfolg gerichtet** sind (OLG München BeckRS 2009, 11744 zum Anbauen; *Hilgendorf* in LK-StGB StGB § 11 Rn. 88;

Radtke in MüKoStGB § 11 Rn. 143; aA *Wolters* Unternehmensdelikt S. 298, 299, der Strukturgleichheit mit den echten Unternehmensdelikten verlangt). Innerer Grund hierfür sind die Feststellungs- und Beweisschwierigkeiten, die mit dem Abstellen auf den Erfolgseintritt verbunden wären (*Gribbohm* in LK-StGB, 11. Auflage, StGB § 11 Rn. 94, 95). Dies gilt auch für das Handeltreiben mit Betäubungsmitteln (BGH 1 ARs 21/03).

Auf der anderen Seite ist eine Kategorie der unechten Unternehmensdelikte im Allgemeinen Teil des Strafrechts **nicht vorgesehen** (BGH StV 2003, 501 (→ Rn. 174); BGHSt 50, 252 (→ Rn. 169); krit. auch *Sowada* GA 1988, 195). Als **Arbeitsbegriff,** mit dem der in → Rn. 274 beschriebene Regelungsinhalt eines Tatbestands schlagwortartig gekennzeichnet werden kann, erfüllt der Begriff in der Praxis gleichwohl seinen Zweck (*Weber* JR 2006, 139 (144)). Mehr sollte ihm freilich auch nicht zugeschrieben werden (*Teriet* in BeckOKBtMG Rn. 57.1; s. allerdings BGHR BtMG § 29 Handeltreiben 69 (→ Rn. 273); dazu *Weber* JR 2007, 400 (403, 404)). 275

Insbesondere ist die Einordnung als unechtes Unternehmensdelikt eine Folge der Auslegung des jeweiligen Tatbestands und **kein Auslegungselement** (ähnlich *Hilgendorf* in LK-StGB StGB § 11 Rn. 87; *Radtke* in MüKoStGB § 11 Rn. 144; *Franke/ Wienroeder* BtMG § 29 Rn. 23; *Wolters* Unternehmensdelikt S. 293; *Skoupil* BtM S. 93). Aus dem Begriff können daher auch keine Schlüsse gezogen werden (nicht überzeugend daher *Krack* JuS 1995, 585 (587); *Harzer* StV 1996, 336 (337); *Paul* NStZ 1998, 222 (223); *Bensch* Handeltreiben S. 81–90; *Krumdiek/Wesemann* StV 2006, 634 (638); zum Ganzen *Weber* Handeltreiben S. 263, 264). 276

Es kann daher auch nur an Hand des **einzelnen Tatbestandes** entschieden werden, ob die in ihm beschriebenen Handlungen **geeignet** sein müssen, den Erfolg herbeizuführen. Beim Handeltreiben würde ein solches Erfordernis den **Deliktscharakter verändern** und das Handeltreiben zu einem potentiellen (→ Rn. 271, 272) oder gar konkreten Gefährdungsdelikt umgestalten. 277

Im Hinblick auf die gesetzgeberische Entscheidung beim Handeltreiben kommt es hier auch nicht darauf an, ob und in welchem Umfang die Konstellation **des untauglichen Objekts sonst** von unechten Unternehmensdelikten erfasst wird (dazu *Hecker* in Schönke/Schröder StGB § 11 Rn. 51; *Hilgendorf* in LK-StGB StGB § 11 Rn. 90; *Radtke* in MüKoStGB § 11 Rn. 146; *Bensch* Handeltreiben S. 75–90). 278

ee) Folgen. Daraus, dass es auf einen erfolgten Umsatz nicht ankommt, ergeben sich allgemein die nachstehenden Folgen: 279

(a) Vorhandensein der oder von Betäubungsmittel(n). Vollendetes Handeltreiben setzt nicht voraus, dass die zum Umsatz bestimmten Betäubungsmittel **vorhanden** sind (→ Rn. 219), dass eine bestimmte Betäubungsmittelmenge **objektiv zur Verfügung** steht (→ Rn. 219) oder dass die Stoffe (bereits) **dem BtMG unterstehen** (→ Rn. 221). Entscheidend ist die **Abrede** oder die **sonstige** auf Umsatz gerichtete **Handlung** (→ Rn. 219, 221). 280

(b) Scheindrogen (Imitate oder andere Stoffe). Vollendetes Handeltreiben kommt daher auch dann in Betracht, wenn sich die Abrede oder sonstige auf Umsatz gerichtete Handlung in Wirklichkeit auf eine Scheindroge bezieht (→ Rn. 220, 221). Handeltreiben liegt erst recht vor, wenn in Erfüllung einer ernst gemeinten Vereinbarung oder eines solchen Angebots statt der Betäubungsmittel Stoffe geliefert werden, die der andere Vertragspartner fälschlicherweise für das Rauschgift hält (→ Rn. 223). 281

Keine ausdrücklichen Hinweise für die Behandlung der Scheindrogen ergeben sich aus dem **EU-Rahmenbeschluss** v. 25.10.2004 (→ Rn. 163, 183–186). Soweit dies aus den veröffentlichten Materialien entnommen werden kann, hat die deutsche Auffassung während des Rechtsetzungsverfahrens keine Rolle gespielt. 282

BtMG § 29   Sechster Abschnitt. Straftaten und Ordnungswidrigkeiten

Sie ist insbesondere in der Studie (*André Decourriere*, Legislation and regulations on drug trafficking in the EU member states, Brüssel, Februar 2001), die die Kommission zur Rechtslage in den Mitgliedstaaten erholt hatte (KOM(2001)259 endgültig, 2001/0114 (CNS), ABl. 2001 C 304 E, S. 172, Erläuterung zu Art. 1), nicht ausdrücklich erwähnt. Immerhin wird in ihr (S. 3) auf die weite Auslegung und die deutsche Definition hingewiesen (*Weber* Handeltreiben S. 528 Fn. 290). Letztlich kann die Frage aber dahinstehen, weil der Rahmenbeschluss lediglich Mindestvorschriften enthält.

283   Die Behandlung der Scheindrogen (→ Rn. 281) gilt nicht nur für den Verkäufer, sondern auch für den mit der Absicht gewinnbringender Veräußerung handelnden **Erwerber** der vermeintlichen Betäubungsmittel (→ Rn. 224).

284   **(c) Verfügungsmöglichkeit, Beschaffungsmöglichkeit.** Vollendetes Handeltreiben setzt nicht voraus,
– dass der Täter über das angebotene Rauschgift **verfügen** kann (RG DJZ 1992, Sp. 808 (→ Rn. 168); BGHSt 38, 58 (→ Rn. 170); BGHR BtMG § 29 Abs. 1 Nr. 1 Handeltreiben 29 = NJW 1992, 382 = NStZ 1992, 87 = StV 1992, 66; 61 (→ Rn. 264); 70 (→ Rn. 168); § 29 Bewertungseinheit 19 (→ Rn. 169); BGH StV 2018, 336 = BeckRS 2018, 26598; StV 2003, 501 (→ Rn. 174)),
– dass das zum Umsatz bestimmte Rauschgift **zur Stelle ist** oder sich schon **im Besitz** des Täters befindet (BGHSt 25, 290 (→ Rn. 182); BGHR BtMG § 29 Abs. 1 Nr. 1 Handeltreiben 4 (→ Rn. 219); 61 (→ Rn. 264); 70 (→ Rn. 168); § 29 Bewertungseinheit 19 (→ Rn. 169); BGH StraFo 2009, 344 (3 StR 107/09)),
– dass der Täter auch nur über eine gesicherte **Bezugsquelle** (BGHR BtMG § 29 Abs. 1 Nr. 1 Handeltreiben 31 (→ Rn. 170); BGH StV 2019, 336 (s. o.)) oder **Lieferantenzusage** (BGHR BtMG § 29 Abs. 1 Nr. 1 Handeltreiben 61 (→ Rn. 264); 70 (→ Rn. 168); § 29 Bewertungseinheit 19 (→ Rn. 169)) **verfügt** oder
– sonst eine **Beschaffungs-** oder **Liefermöglichkeit** (BGHR BtMG § 29 Abs. 1 Nr. 1 Handeltreiben 69 (→ Rn. 273)) **besitzt** (→ Rn. 363–365).

285   Es genügt, dass er eine **reelle Chance** sieht, sich das Betäubungsmittel beschaffen zu können (BGHR BtMG § 29 Abs. 1 Nr. 1 Handeltreiben 28 (→ Rn. 170); 31 (→ Rn. 170); 61 (→ Rn. 264); § 29 Bewertungseinheit 19 (→ Rn. 169); BGH StraFo 2009, 344 (→ Rn. 284)). Schlägt diese Erwartung fehl, so ändert dies wegen der eingetretenen Vollendung an der Tatbestandserfüllung nichts mehr (→ Rn. 363–365); es ist jedoch bei der Strafzumessung zu berücksichtigen. Nicht erforderlich ist, dass der Täter die reelle Chance auf Grund bereits bestehender Kontakte sieht (BGHR BtMG § 29 Abs. 1 Nr. 1 Handeltreiben 28 (→ Rn. 170) im Unterschied zu BtMG § 29 Abs. 1 Nr. 1 Handeltreiben 31 (→ Rn. 170)); maßgeblich ist das Bewusstsein einer solchen Chance, nicht der Umstand, worauf dieses beruht.

286   **(d) Polizeiliche Kontrolle, Sicherstellung, Beschlagnahme.** Vollendetes Handeltreiben kommt auch dann noch in Betracht, wenn die Betäubungsmittel zum Zeitpunkt des Tätigwerdens des Beteiligten bereits unter polizeilicher Kontrolle standen, sichergestellt oder beschlagnahmt waren (→ Rn. 225; BGHR BtMG § 29 Abs. 1 Nr. 1 Handeltreiben 28 (→ Rn. 170)); 50 (→ Rn. 173); 52 (→ Rn. 173); § 29 Strafzumessung 34 = NJW 1998, 767; BGH NJW 2004, 2162 = NStZ 1994, 441 = StV 1995, 524; NStZ 2007, 635; 2010, 522 (→ Rn. 225); *Patzak* in Körner/Patzak/Volkmer § 29 Teil 4 Rn. 86; *Oğlakcıoğlu* in MüKoStGB Rn. 312; aA *Roxin* StV 1992, 517 (519); *Krack* JuS 1995, 585 (586, 587); *Harzer* StV 1996, 336 (338); *Kreuzer* FS Miyazawa, 1995, 177 (189); *Ebert* S. 152, 153; *Schwitters* Vorverlagerung der Strafbarkeit S. 146; *Skoupil* BtM S. 123; *Hecker* NStZ

2000, 208 (209); zw. BGH NJW 2008, 1460 (→ Rn. 225); dagegen BGH NJW 2008, 2276 (→ Rn. 225)).

Zwar können Verkaufsgeschäfte oder andere Handlungen den Rauschgiftumsatz 287 dann objektiv nicht mehr fördern, da es aber auf den Umsatzerfolg (und die Eignung zu dessen Herbeiführung (→ Rn. 277)) **nicht ankommt** (→ Rn. 266–268), kann der Tatbestand gleichwohl erfüllt sein, wenn das polizeiliche Einschreiten **dem Täter nicht bekannt war** (BGH NStZ 2010, 522 (→ Rn. 225)).

Ebenso ist das Handeltreiben trotz polizeilicher Kontrolle oder Sicherstellung des 288 Betäubungsmittels noch möglich, wenn das Eintreiben des Kaufpreises und die Weiterleitung an den Lieferanten oder dessen Hintermänner im Rahmen eines eingespielten **Bezugs- und Vertriebssystems** oder eines **organisierten Finanzzyklus** stattfinden und damit der nächsten Rauschgiftlieferung den Boden bereiten (→ Rn. 469–477).

Aus dem **EU-Rahmenbeschluss** v. 25.10.2004 (→ Rn. 163, 183–186) ergibt 289 sich nichts anderes. Bei keiner der dort genannten Handlungsformen spielt es eine Rolle, ob das Rauschgift unter polizeilicher Kontrolle stand, sichergestellt oder beschlagnahmt war, zumal auch der Rahmenbeschluss keinen Umsatzerfolg voraussetzt (→ Rn. 269).

(e) Verdeckt ermittelnde Beamte, V-Personen; Scheinverhandlungen. Voll- 290 endetes Handeltreiben liegt auch dann vor (*Oğlakaoğlu* in MüKoStGB Rn. 312; aA *Endriß* NStZ 1988, 463 (464); *Malek* BtMStrafR Kap. 2 Rn. 149; *Schwitters* Vorverlagerung der Strafbarkeit S. 146; aber → Rn. 277), wenn auf einer oder beiden Seiten des Umsatzgeschäfts Verdeckte Ermittler, sonstige nicht offen ermittelnde Beamte oder V-Personen tätig geworden sind (BGH NStZ 1981, 257 = StV 1981, 276; 1994, 39; 2021, 52) oder wenn sich ein solcher Beamter oder eine V-Person nur zum Schein an den Kaufverhandlungen beteiligt (BGHSt 30, 277 (→ Rn. 179); BGHR BtMG § 29 Bewertungseinheit 19 (→ Rn. 169); *Patzak* in Körner/Patzak/Volkmer § 29 Teil 4 Rn. 85). Zur Begründung wird auf → Rn. 287 verwiesen.

Vollendetes Handeltreiben kommt namentlich auch dann in Betracht, wenn der 291 verdeckt ermittelnde Beamte oder die V-Person **auf der Käuferseite** tätig geworden sind. Auf → Rn. 624–626 wird insoweit verwiesen. Nichts anderes ergibt sich auch aus dem EU-Rahmenbeschluss v. 25.10.2004 (→ Rn. 163, 183–186). In Betracht kommen hier im Wesentlichen die Tatmodalitäten des Anbietens, Verkaufens und Vermittelns. Bei keiner dieser Handlungsformen spielt es eine Rolle, wer auf der Erwerberseite tätig ist, zumal auch der Rahmenbeschluss keinen Umsatzerfolg voraussetzt (→ Rn. 269).

(f) Vorgespiegelte Kauf- oder Verkaufsabsicht (Rip-Dealer). Vollendetes 292 Handeltreiben liegt auch dann vor, wenn der angesprochene Vertragspartner die Betäubungsmittel nicht kaufen oder verkaufen will, sondern eine Verkaufs- oder Kaufabsicht nur vorspiegelt, um das Geld oder die Betäubungsmittel mit Gewalt oder auf andere Weise an sich zu bringen (*Patzak* in Körner/Patzak/Volkmer § 29 Teil 4 Rn. 87).

c) Erkennbarkeit, Feststellungen. Nicht erforderlich ist, dass nach außen 293 sichtbar wird, dass eine auf Umsatz gerichtete Handlung vorliegt; insbesondere ist eine äußerlich erkennbare, auf die Veräußerung der Ware gerichtete Tätigkeit nicht notwendig (→ Rn. 215; BGHSt 30, 359 (→ Rn. 179); BayObLGSt 1995, 27 (→ Rn. 499); *Franke/Wienroeder* Rn. 26; aA *Ebert* BtMR S. 172–175). Auch aus dem Wortlaut ergibt sich ein solches Erfordernis nicht (→ Rn. 214, 215). Maßgeblich ist, ob der Täter eine Handlung vorgenommen hat, in der sein Wille, Umsatzgeschäfte abzuschließen, seinen Niederschlag gefunden hat (BVerfG NJW 2007, 1193). Er muss daher **nach seiner Vorstellung** eine **umsatzfördernde Maßnahme** vorgenommen haben (BGH NStZ 1981, 263 = StV 1981, 235). Dies kann sich auch aus den Umständen, insbesondere der Menge der Betäubungsmittel, der Beschaffung von Waagen und Verpackungsmaterial, der Art der Verpackung und der Art und dem Ort der Aufbewahrung ergeben (BVerfG NJW 2007, 1193; *Oğlakcıoğlu* in MüKoStGB Rn. 311).

294 Wenn die **Absicht gewinnbringender Weiterveräußerung** danach auch nicht nach außen sichtbar sein muss, so ergibt sie sich nicht von selbst, sondern muss, etwa anhand der vorstehenden Umstände, **im Urteil festgestellt** werden.

295 **d) Verwirklichung.** Ist die Absicht gewinnbringender Veräußerung festgestellt (→ Rn. 294), so kommt es nicht darauf an, ob der Täter sie auch in die Tat umsetzt oder umsetzen kann. Da das Merkmal des Handeltreibens bereits mit den Verkaufs- oder Kaufbemühungen erfüllt ist, ist nicht erheblich, ob der Verkäufer die Betäubungsmittel tatsächlich übereignet, der Käufer sie später weiter veräußert oder ob entsprechende Geschäfte angebahnt oder sonst umsatzfördernde Maßnahmen vorgenommen werden (BGHR BtMG § 29 Abs. 1 Nr. 1 Handeltreiben 35 (→ Rn. 179)). Ebenso wenig ist von Belang, wenn ein Teil des Rauschgifts **gestohlen,** ein anderer Teil von den Zollbehörden **sichergestellt** und der Rest vom Täter **weggeworfen** wird (BGHR BtMG § 29 Abs. 1 Nr. 1 Handeltreiben 49).

296 **e) Förderung eines Fremdumsatzes.** Der Umsatz, der gefördert werden soll, muss nicht der eigene sein. Täter des Handeltreibens kann auch sein, wer einen fremden Umsatz fördert (stRspr; BGHSt 29, 239 (→ Rn. 170); 34, 124 (→ Rn. 170); BGHR BtMG § 29 Abs. 1 Nr. 1 Handeltreiben 19 (→ Rn. 170); 37 (→ Rn. 236); 65 = NStZ 2006, 455; BGH NStZ 2006, 577 (→ Rn. 170); NStZ-RR 2006, 88 = StV 2006, 184; *Oğlakcıoğlu* in MüKoStGB Rn. 315).

297 **Eine solche Förderung** ist daher **nicht** stets oder auch nur überwiegend **Beihilfe.** Dass der Umsatz, der gefördert wird, nicht der eigene sein muss, ist auch in der neueren Judikatur, die sich im Anschluss an die Kurierrechtsprechung (→ Rn. 691–747) entwickelt hat, **nicht ausdrücklich aufgegeben** worden (zuletzt BGH 3 StR 166/17 für den Fall einer Depothaltung). Die Fälle, in denen auch auf der Grundlage dieser Rechtsprechung Mittäterschaft in Betracht kommt, mögen selten sein, ausgeschlossen sind sie, namentlich in Organisationen, jedoch nicht.

298 Ob bei der **Förderung eines Fremdumsatzes** Täterschaft oder Teilnahme vorliegt, richtet sich nach den allgemeinen Kriterien (→ Rn. 632–805). Im Übrigen lassen sich die **einschlägigen Fragen** wie folgt gliedern:
- Täterschaft (→ Rn. 299–305),
  - Eigennützigkeit (→ Rn. 300),
  - Konkretisierung (→ Rn. 301–305),
    - Alleintäterschaft (→ Rn. 302, 303),
    - Mittäterschaft (→ Rn. 304, 305),
- Beihilfe (→ Rn. 306–308),
  - Konkretisierung (→ Rn. 306–308).

299 **aa) Täterschaft.** Zusätzlich zu den allgemeinen Kriterien hat die Täterschaft die folgenden Voraussetzungen:

300 **(a) Eigennützigkeit.** Zunächst ist erforderlich, dass der Beteiligte eigennützig handelt (→ Rn. 636). Wer lediglich fremden Eigennutz fördert, ohne selbst eigennützig zu handeln, kommt als (Mit-)Täter des Handeltreibens nicht in Betracht (→ Rn. 636). Auf der anderen Seite schließt das eigennützige Handeln die Beihilfe nicht aus (→ Rn. 638).

301 **(b) Konkretisierung.** Das Rauschgiftgeschäft muss darüber hinaus konkretisiert sein:

302 **(aa) Alleintäterschaft.** Alleintäterschaftliches Handeltreiben durch Förderung eines fremden Umsatzes kommt nur in Betracht, wenn der Beteiligte entweder mit

Kap. 1. Tatbestände des Abs. 1 S. 1 Nr. 1 § 29 BtMG

dem Rauschgift **selbst befasst** ist (zB als Kurier) oder sonst in ein konkretes Rauschgiftgeschäft **eingebunden** ist (BGHSt 29, 239 (→ Rn. 170); 34, 124 (→ Rn. 170); BGHR BtMG § 29 Abs. 1 Nr. 1 Handeltreiben 37 (→ Rn. 236); 39 (→ Rn. 137); 62 (→ Rn. 236); § 29 Abs. 6 Handeltreiben 1 (→ Rn. 245); *Körner,* 6. Aufl. 2007, Rn. 459; s. auch BGHSt 47, 134 (→ Rn. 236)).

Während die erste Aussage klar ist, bedarf die zweite der **Präzisierung** dahin, 303 dass die Einbindung in das Rauschgiftgeschäft in der Weise erfolgen muss, dass die Handlung des Beteiligten einen **Teilakt des Handeltreibens** darstellt (zB Einsammeln, Befördern oder sonstiges Übermitteln von Kaufgeld (→ Rn. 235, 567–569)). Dies wird zwar von der Rechtsprechung bisher nicht ausdrücklich gefordert, ergibt sich aber daraus, dass die Handlung nur unter dieser Voraussetzung einen Teil der Bewertungseinheit (→ Rn. 171) darstellt, so dass der Tatbestand des Handeltreibens auch dann erfüllt ist, wenn der Beteiligte mit dem (späteren) Absatz des Rauschgifts oder mit dem Gesamtgeschäft nicht befasst ist (→ Rn. 172).

(bb) Mittäterschaft. Ist der Beteiligte mit dem Rauschgift befasst, etwa als 304 Kurier, so ist das Geschäft auch hinsichtlich einer Mittäterschaft hinreichend konkretisiert. Im Hinblick auf die Bewertungseinheit, die alle im Rahmen eines Güterumsatzes aufeinander folgenden Teilakte zu einer Tat des Handeltreibens verbindet, ist das Vorliegen eines bestimmten Betäubungsmittelgeschäfts hier nicht fraglich. Entscheidend ist lediglich die Abgrenzung zur Beihilfe. Insoweit wird auf → Rn. 632–805 verwiesen.

Bezieht sich die Handlung nicht unmittelbar auf Betäubungsmittel, sondern auf 305 **Grundstoffe** oder andere Stoffe oder Gegenstände, gelten die → Rn. 241–251. Zur Abgrenzung von der Beihilfe wird auf → Rn. 249 verwiesen.

bb) Beihilfe. Eine konkretisierbare Haupttat muss auch dann festgestellt werden, 306 wenn der Beteiligte den **fremden** Umsatz als Gehilfe fördert. Haupttat ist das **Gesamtgeschäft** (→ Rn. 246). Dabei ist zu unterscheiden, ob der Gehilfe mit dem Rauschgift selbst befasst ist oder ob sein Beitrag sich auf andere Handlungen bezieht. Ist der Beteiligte mit dem Rauschgift selbst befasst, so liegt stets eine konkretisierbare Haupttat vor, da er selbst einen Teilakt dieser Tat verwirklicht (→ Rn. 582, 638–641); weitere Kenntnisse vom Gesamtgeschäft muss er nicht haben (→ Rn. 172, 828).

In den anderen Fällen muss sich der Beitrag des Gehilfen auf ein **bestimmtes** 307 **Umsatzgeschäft** mit Betäubungsmitteln beziehen (→ Rn. 245, 246, 242, 243). Einzelheiten der Haupttat muss der Gehilfe nicht kennen (→ Rn. 246). Insbesondere muss er grundsätzlich nicht wissen, wann, wo, gegenüber wem und unter welchen besonderen Umständen die Tat ausgeführt wird; auch von der Person des Haupttäters ist keine genaue Kenntnis notwendig (→ Vor § 29 Rn. 349–353). Ebenso kommt es nicht darauf an, ob der Haupttäter die Tat auch ohne seine Unterstützung durchgeführt hätte (→ Vor § 29 Rn. 311).

Diese Grundsätze (→ Rn. 306, 307) gelten auch dann, wenn das Gesamtgeschäft 308 von dem Gehilfen in der Weise unterstützt wird, dass er einen **Teilakt des Handeltreibens,** etwa den Transport von Rauschgift, selbst verwirklicht oder sonst einen Beitrag dazu leistet (→ Vor § 29 Rn. 341).

3. Eigennützigkeit. Weitere tatbestandsmäßige Voraussetzung des Handeltreibens 309 ist die Eigennützigkeit (Eigennutz). Sie dient als **weiteres Regulativ** für den weitgefassten Bereich von Bemühungen, die den Begriff des Handeltreibens kennzeichnen (BayObLG BeckRS 1999, 08188). Sie ist ferner ein Gradmesser für das **Tatinteresse,** welches nach der Rechtsprechung (dazu → Rn. 656, 660, 774, 775) maßgebliche Bedeutung für die Frage erlangt, ob der Beteiligte Täter oder Teilnehmer ist (BGH NStZ-RR 2014, 213).

310 Auch Tätigkeiten, die auf den Umsatz des Betäubungsmittels gerichtet sind, sind **kein Handeltreiben,** wenn der Täter sie aus anderen als eigennützigen Motiven vornimmt (stRspr; BGHSt 28, 308 = NJW 1979, 1260; 31, 145 (→ Rn. 170); 34, 124 (→ Rn. 170); BGHR BtMG § 29 Abs. 1 Nr. 1 Handeltreiben 15 = StV 1989, 201; 33 = StV 1992, 420; BGH NStZ 2006, 578; NStZ-RR 2001, 118; 2 StR 590/11). Dies kann etwa im Rahmen des sog. „**social supplys**" in Betracht kommen, bei dem sich Drogenkonsumenten – auch aus altruistischen Gründen – gegenseitig unter die Arme greifen (*Oğlakcıoğlu* in MüKoStGB Rn. 333).

311 **Fehlt die Eigennützigkeit,** so kann der Beteiligte nicht **(Mit-)Täter** des Handeltreibens sein (→ Rn. 300, 636). Dies schließt nicht aus, dass neben der Teilnahme am Handeltreiben Täterschaft bei einer **anderen Begehungsweise** des § 29 (zB Einfuhr, Erwerb oder Besitz) gegeben ist.

312 **Die Eigennützigkeit** ist kein die Strafbarkeit begründendes **besonderes persönliches Merkmal** iSd § 28 Abs. 1 StGB, so dass keine (weitere) Strafrahmenverschiebung nach § 28 Abs. 1, § 49 Abs. 1 StGB in Betracht kommt, wenn sie bei dem Gehilfen fehlt (BGHR StGB § 28 Abs. 1 Merkmal 1 = NStZ 2000, 432). Sie ist lediglich Bestandteil des die Tat beschreibenden Tatbestandsmerkmals des Handeltreibens und damit dessen tatbestandsmäßige Voraussetzung (krit. nunmehr *Oğlakcıoğlu* in MüKoStGB Rn. 318).

313 **a) Begriff.** Eigennützig handelt der Täter, dem es auf seinen persönlichen Vorteil, insbesondere auf die Erzielung von Gewinn ankommt (stRspr; BGHSt 28, 308 (→ Rn. 310); BGHR BtMG § 29 Abs. 1 Nr. 1 Handeltreiben 11 (2 StR 345/88); 33 (→ Rn. 310); BGH NStZ-RR 2020, 112). Sein Tun muss vom **Streben nach Gewinn** geleitet sein oder – objektiv messbar (→ Rn. 329) – er muss sich sonst **irgendeinen persönlichen Vorteil** davon versprechen (BGHSt 34, 124 (→ Rn. 170)), durch den er materiell oder immateriell besser gestellt wird (BGHR BtMG § 29 Abs. 1 Nr. 1 Handeltreiben 80; BGH NStZ 2006, 578; NStZ-RR 2016, 212; StV 2019, 337).

314 Daran fehlt es, wenn der Beteiligte Betäubungsmittel **verschenkt** (Abgabe), zum **Selbstkosten-** oder **Einstandspreis** veräußert (→ Rn. 340; BGHR BtMG § 29 Abs. 1 Nr. 1 Handeltreiben 15 (→ Rn. 310); § 29a Abs. 1 Nr. 2 Besitz 3 = NStZ-RR 1997, 49; BGH NStZ 2012, 516; 2020, 228), sie **sonst hergibt** (Abgabe), auf **fremde Rechnung** verkauft (Veräußerung) oder wenn er lediglich den **Eigennutz eines anderen unterstützt** (BGH 4 StR 117/12), etwa indem er das Rauschgift **für einen anderen** verkauft, ohne dass ihm der Erlös wenigstens zeitweise wirtschaftlich zur Verfügung steht (BGH BeckRS 2009, 25660), oder indem er **aus Freundschaft** bei der Beschaffung von Betäubungsmitteln mitwirkt. Dasselbe gilt, wenn der Täter Cocain zum **Selbstkostenpreis** an seinen Händler zum Zweck des **Tauschs** in Heroin weitergibt (Erwerb (von Heroin) in Tateinheit mit Veräußerung (von Cocain), BGHR BtMG § 29 Abs. 1 Nr. 1 Handeltreiben 55 = NStZ-RR 2001, 118) oder wenn er mit Rauschgift **Geldschulden tilgt,** wobei dieses aber nur in Höhe des Selbstkostenpreises angerechnet wird (BGHR BtMG § 29 Abs. 1 Nr. 1 Handeltreiben 80 (2 StR 410/12)).

315 **Keine Eigennützigkeit** liegt vor, wenn ein Beteiligter ausschließlich in dem Bestreben nach **Rückgewinnung einer Sache** handelt, die er vorher zur Durchführung des Rauschgiftgeschäfts **verpfändet** hatte (BGH NStZ 1982, 384). In einem solchen Falle richten sich Streben und Erwartung nur auf den Ausgleich eines bereits erbrachten Aufwands (*Franke/Wienroeder* § 29 Rn. 37). In Betracht kommt Beihilfe zum Handeltreiben (BGH NStZ 1982, 384).

316 **aa) Gewinnstreben.** Dass das Gewinnstreben ungewöhnlich oder übersteigert ist, ist nicht erforderlich. Dies ist auch mit dem Begriff „Eigensucht", wie er manchmal in der Rechtsprechung verwendet wird, nicht verbunden (BGHSt 28,

308 (→ Rn. 310); *Rahlf* in MüKoStGB 2. Aufl. 2013 Rn. 377; *Franke/Wienroeder* Rn. 33). Es genügt, dass der Täter das Betäubungsmittel mit Gewinn veräußern will. Dazu ist es nicht notwendig, dass das von ihm verlangte Entgelt den Marktpreis übersteigt oder auch nur erreicht (*Oğlakcıoğlu* in MüKoStGB Rn. 317).

bb) Motiv. Unerheblich ist, aus welchem Grund der Täter den Gewinn oder 317 Vorteil erzielen will (BGH StV 1981, 238). Eigennützigkeit liegt daher auch dann vor, wenn der Täter mit dem die Unkosten übersteigenden Teil des Erlöses oder der Entlohnung seinen **Eigenverbrauch** decken will (→ Rn. 343; *Franke/Wienroeder* Rn. 36).

Ebenso liegt Eigennützigkeit vor, wenn der Täter den Gewinn, der ihm selbst zu- 318 fließt, später **an einen Dritten weitergeben** oder sonst für ihn verwenden will (*Franke/Wienroeder* Rn. 33). Daher ist täterschaftliches Handeltreiben gegeben, wenn der Beteiligte den Erlös, der zunächst an ihn geflossen ist (BGHSt 34, 124 (→ Rn. 170)), an seinen Bruder abführen will, um ihm die Mittel für eine Ausbildung zu verschaffen (BGHSt 28, 308 (→ Rn. 310)) oder ihm bei der Vertuschung eines Diebstahls zu helfen (BGH NStZ 2006, 578 (→ Rn. 310)).

Hiervon zu unterscheiden sind die Fälle, in denen der Beteiligte schon bei der 319 Veräußerung des Rauschgifts und Entgegennahme des Kaufpreises **für andere Personen** handelt, **ohne selbst** einen Gewinn oder Vorteil zu erstreben (OLG Düsseldorf StV 1992, 15; *Oğlakcıoğlu* in MüKoStGB Rn. 322). Dies kommt namentlich dann in Betracht, wenn er das Betäubungsmittel für andere veräußert und den Erlös abführt, ohne dass dieser ihm auch nur zeitweise wirtschaftlich zur Verfügung gestanden hätte (BGHSt 34, 124 (→ Rn. 170); BGH StV 1992, 232; *Franke/Wienroeder* Rn. 33); dass der Beteiligte Ort und Zeit der Lieferung bestimmen und eigene Aktivitäten entfalten kann, ändert daran nichts, da es hier um eine Frage der Eigennützigkeit geht. Dasselbe gilt, wenn der Beteiligte mit dem Geld eines Dritten für diesen Betäubungsmittel kauft (OLG Düsseldorf StV 1992, 233).

Entscheidend ist, ob es sich in dem jeweiligen Fall (→ Rn. 318, 319) um einen 320 eigenen Gewinn oder Vorteil handelt, den der Täter nach Belieben verwenden kann, oder ob ein fremder Gewinn oder Vorteil vorliegt, den der Täter weiterzureichen hat (*Oğlakcıoğlu* in MüKoStGB Rn. 322). Ein **eigener Vorteil** ist noch **nicht** festgestellt, wenn der Beteiligte einen solchen für die **Bande** erstrebt, der er angehört (BGH NStZ 2013, 550).

b) Gewinn oder sonstige Vorteile. Die Eigennützigkeit kann sich in Gewinn 321 oder in sonstigen Vorteilen ausdrücken. Liegen eigennützige Beweggründe vor, so reicht dies auch dann, wenn der Täter daneben auch durch andere Gründe motiviert wurde, etwa durch **verwandtschaftliche Verbundenheit** (BGH 2 StR 106/04; *Franke/Wienroeder* Rn. 34) oder **Drohung** (BtMG § 29 Abs. 1 Nr. 1 Handeltreiben 25 (→ Rn. 255)).

aa) Gewinn. Der Gewinn muss nicht in Geld bestehen (BGH NStZ 2018, 552). 322 Häufig sind Entlohnungen in Betäubungsmitteln, nicht selten auch in Diebesgut, Hehlerware, Falschgeld oder in dem Erlass von Spielschulden (BGHR BtMG § 29 Abs. 1 Nr. 1 Handeltreiben 25 (→ Rn. 255)) oder anderen Schulden (BGH 1 StR 159/07), etwa aus früheren Betäubungsmittelgeschäften. Auf die **Höhe des Gewinns** kommt es nicht an. Ohne Bedeutung ist daher, in welchem Verhältnis der Verkaufspreis zum üblichen Marktwert steht.

bb) Sonstige Vorteile. Ausreichend sind Vorteile irgendwelcher Art. **Vorteile** 323 sind dem Täter unentgeltlich gewährte Leistungen, auf die er keinen Anspruch hat und die ihn materiell oder immateriell besser stellen (BGH StV 1981, 238; *Oğlakcıoğlu* in MüKoStGB Rn. 323). Sie können auch in der **Vermeidung** eines sonst eintretenden Nachteils bestehen (BGH NJW 1993, 76 = NStZ 1992, 594 = StV 1993, 75; *Franke/Wienroeder* Rn. 38); allerdings muss auch hier eine Besserstellung festgestellt werden, die in der Praxis meist im Erlass von Schulden oder der Hingabe zur Schuldentilgung (BGH NStZ-RR 2021, 141) besteht. Kein Vorteil entsteht, wenn Betäubungsmittel, die der Täter zum Ausgleich von Schulden hingibt, nur **mit dem Einkaufspreis** angerechnet werden (BGH 2 StR 410/12).

324 **(a) Materielle Vorteile.** Zu den sonstigen Vorteilen gehören alle geldwerten Leistungen, zB das kostenlose **Nutzen einer Wohnung** (BGHR BtMG § 29 Abs. 1 Nr. 1 Handeltreiben 42 (2 StR 203/94)), das Erhalten einer **Übernachtungsmöglichkeit** in Amsterdam (BGH 4 StR 165/85), die Erhaltung der **Arbeitsmöglichkeit** und **Unterkunft** in einer Gaststätte (BGH 2 StR 161/04), das Erlangen von Auskünften, Hinweisen oder **Tips,** etwa auf weitere Abnehmer oder Bezugsquellen (*Winkler* in Hügel/Junge/Lander/Winkler Rn. 4.1.2; *Franke/Wienroeder* Rn. 38; aA *Oğlakcıoğlu* in MüKoStGB Rn. 326) oder das Gewinnen von **Unterstützung** bei Erwerb, Absatz oder Besitz (zB Verwahrung (BGH NJW 1980, 1344 = MDR 1980, 412; krit. *Oğlakcıoğlu* in MüKoStGB Rn. 326). Auch das Interesse an der Aufrechterhaltung einer gewinnbringenden **Geschäftsverbindung** kann ausreichen (*Franke/Wienroeder* Rn. 32; aA *Oğlakcıoğlu* in MüKoStGB Rn. 326; *Joachimski/Haumer* § 3 Rn. 19; s. auch BGHR BtMG § 29 Abs. 1 Nr. 1 Handeltreiben 14 (2 StR 539/88)), ebenso die Möglichkeit, etwas **hinzu zu verdienen** (BGH NStZ-RR 2004, 146), dagegen nicht die Erwartung, bei **künftigen,** allerdings noch **unbestimmten Rauschgiftgeschäften** beteiligt zu werden (BGH StraFo 2012, 423 (3 StR 174/12)).

325 **Liefert der Zuhälter** Heroin an die für ihn tätigen Prostituierten, damit sie weiterhin für ihn tätig sind, so liegt der materielle Nutzen in der sicheren Erwartung, seinen Anteil am Prostitutionserlös zu erhalten (*Oğlakcıoğlu* in MüKoStGB Rn. 326: im Anteil selbst). Der Vorteil für den Gastwirt, der Betäubungsmittel **zum Einkaufspreis** an seine Gäste verkauft, um sie an sich zu binden, liegt im Gewinn aus **Gastwirtstätigkeit** (BGH StraFo 2004, 180 (1 StR 517/03); *Oğlakcıoğlu* in MüKoStGB Rn. 326); zur Unmittelbarkeit des Vorteils → Rn. 335, zur Umsatzbezogenheit → Rn. 344.

326 Ein Vorteil ist auch dann gegeben, wenn der Täter die Leistung im **Rahmen anderer Dienste** erbringt, für die er eine Entlohnung erhält. Eigennützigkeit liegt daher auch dann vor, wenn die Rauschgiftgeschäfte in einem engen Zusammenhang mit einem Arbeitsverhältnis (*Patzak* in Körner/Patzak/Volkmer § 29 Teil 4 Rn. 156) stehen, der Täter für seine Dienstleistung insgesamt (und damit auch für die Rauschgiftgeschäfte) entlohnt wird und Anhaltspunkte für ein ausschließlich selbstloses Verhalten fehlen (BGH NStZ-RR 1996, 20; *Franke/Wienroeder* Rn. 32; s. auch BGH NStZ–RR 2004, 146 (→ Rn. 324)). Zur Förderung des Umsatzes von Betäubungsmitteln im Rahmen eines Arbeitsverhältnisses näher → Rn. 327, 450.

327 **Eigennützigkeit kann** auch dann vorliegen, wenn der Täter durch seinen Tatbeitrag seinen **Arbeitsplatz sichern** will (→ Rn. 334, 450), etwa indem er mit dem von ihm vermittelten Rauschgiftgeschäft einen Beitrag zur Sanierung der Firma leisten will, bei der er beschäftigt ist (BGHR BtMG § 29 Abs. 1 Nr. 1 Handeltreiben 14 (→ Rn. 324)). Dieses Ziel muss in der Hauptverhandlung positiv festgestellt werden. Die Feststellung, der Beteiligte sei bei dem (Haupt-)Täter als Arbeitnehmer beschäftigt gewesen und habe Lohn bezogen, genügt dazu noch nicht (BGH NStZ-RR 1996, 374); aber auch → Rn. 326.

328 **Ein Vorteil** kann auch in der Möglichkeit bestehen, von dem (Haupt-)Täter einen Teil des Heroins **als Belohnung** zu erhalten (OLG München BeckRS 2010, 30555) oder zumindest bei ihm später zu günstigen Konditionen Heroin einkaufen zu können (BGH NStZ 1996, 498).

(b) Immaterielle Vorteile. Vorteile immaterieller Art begründen Eigennützig- 329
keit nur dann, wenn sie nicht nur den Empfänger in irgendeiner Weise besser stellen, sondern auch einen **objektiv messbaren** (BGH NStZ 2019, 93 = StV 2018, 483; 2020, 552; NStZ-RR 2016, 212; StV 2019, 337), dh quantifizierbaren (*Wagner/Kallin/Kruse* Rn. 35) Inhalt haben (BGHR BtMG § 29 Abs. 1 Nr. 1 Handeltreiben 34 = NJW 1993, 76 = NStZ 1992, 594 = StV 1993, 75; 41 = NStZ 1994, 398; BGH NJW 1985, 2654; NStZ-RR 2005, 88). Ob dies gegeben ist, ist aufgrund einer **zurückhaltenden Auslegung** festzustellen (BGH NStZ 2019, 93 (s. o.); NStZ-RR 2000, 234 = StV 2000, 619; StV 2002, 254).

(aa) An einem Vorteil dieser Art **fehlt es,** wenn der Beteiligte nur mitwirkt, 330
um eine **Liebesbeziehung** aufrecht zu erhalten (BGHR BtMG § 29 Abs. 1 Nr. 1 Handeltreiben 34 (→ Rn. 329); *Oğlakcıoğlu* in MüKoStGB Rn. 329) oder weil er sich für eine hohe Verurteilung seines Vaters (an wem??) rächen will (BGH 4 StR 555/03). Dasselbe gilt, wenn der Beteiligte einem Landsmann, dessen Hilfe und Wohlwollen er sicher sein durfte, **gefällig sein** will (BGH *Schoreit* NStZ 1993, 329) oder aus **Dankbarkeit** handelte (BGH NStZ 2021, 51). Kein Vorteil mit objektiv messbarem Inhalt ist das Hoffen auf das **Wohlwollen** des Rauschgiftabnehmers (offengelassen in BGH NStZ-RR 1997, 86) oder das Erlangen „von Hilfe und Wohlwollen, welcher Art sie auch immer" (BGH 5 StR 120/92; *Oğlakcıoğlu* in MüKoStGB Rn. 329) oder die Hoffnung auf **ideelle Anerkennung** bei den anderen Tätern (BGH *Winkler* NStZ 2008, 444). Einer objektiven Bewertung entzieht sich auch das Unterbleiben von angedrohten **Repressalien** (BGH NStZ-RR 2000, 234 (→ Rn. 329)). Dasselbe gilt, wenn die Gegenleistung darin besteht, **Schutz vor Gewalt zu versprechen,** also eine sonst zu erwartende Gewaltanwendung zu unterlassen oder zu verhindern. Darin liegt kein Vorteilsversprechen, sondern eine Drohung (BGH 2 StR 352/14).

Auch das Bestreben, den Verdacht auszuräumen, ein **Polizeispitzel** zu sein, ist 331
einer objektiven Bewertung nicht zugänglich (BGHR BtMG § 29 Abs. 1 Nr. 1 Handeltreiben 41 (→ Rn. 329)). Ähnliches gilt von der **Minderung des Entdeckungsrisikos,** die bei einem arbeitsteiligen Zusammenwirken eintreten mag (BGH NStZ 2019, 93 (→ Rn. 329)).

Einer objektiven Bewertung nicht zugänglich ist das Bestreben, einen **be-** 332
drängenden Lieferanten loszuwerden (BGH 2 StR 519/85; *Oğlakcıoğlu* in MüKoStGB Rn. 329), die **Sorge** um die Familie und die eigene Person (BGH *Schoreit* NStZ 1990, 329), der **vage Wunsch,** über die Möglichkeit einer Schönheitsoperation beraten zu werden (BGH 3 StR 424/04) oder wenn der Täter es als **Anerkennung** angesehen hat, bei der Beschaffung von Drogen um Hilfe gebeten zu werden (BGH 4 StR 33/08). Aus der Bezeichnung als **Freundschaftsdienst** kann ohne nähere Darlegung nicht entnommen werden, ob diese einen objektiv messbaren Inhalt gehabt und den Täter besser gestellt hat (BGH StV 2002, 254; 2 StR 590/11).

(bb) Ein Vorteil liegt dagegen vor, wenn der Täter sich **sexuelle Leistungen** 333
gegen Rauschgift erkauft (BGHR BtMG § 29a Abs. 1 Nr. 1 Überlassen 1 = NStZ 1997, 89 = StV 1996, 664; zw. *Oğlakcıoğlu* in MüKoStGB Rn. 328). Dasselbe gilt für die Tilgung der Darlehensschuld eines nahen Angehörigen, die der Täter als seine **familiäre Pflicht** ansieht (BGHR BtMG § 29 Abs. 1 Nr. 1 Handeltreiben 48 (2 StR 329/95); zw. *Oğlakcıoğlu* in MüKoStGB Rn. 328). Eine quantifizierbare immaterielle Besserstellung kann auch in der Erhaltung oder Stärkung der **familiären Verbundenheit** des Täters liegen (BGH NStZ 2006, 578 (→ Rn. 310)).

cc) Mittelbare Vorteile. Der Vorteil muss **nicht unmittelbar** aus dem Um- 334
satzgeschäft resultieren (BGH NStZ-RR 2016, 212; BeckRS 2018, 14695). Auch Gewinne oder Vorteile, die dem Täter nur mittelbar zufließen, können das Merkmal der Eigennützigkeit erfüllen (BGH StV 1981, 238; 2008, 123; *Franke/Wienro-*

eder Rn. 38; aA *Joachimski/Haumer* § 3 Rn. 19). Dazu gehört etwa die Erhaltung des Arbeitsplatzes, die sich der Täter davon verspricht, dass er seinem Arbeitgeber zur Sanierung der Firma ein Rauschgiftgeschäft vermittelt (→ Rn. 327), oder wenn ein zunächst nicht zahlungsfähiger Schuldner erst durch das Rauschgiftgeschäft in Stand gesetzt wird, den Zahlungsanspruch des Täters zu begleichen (BGH StV 2008, 123). Zur notwendigen Umsatzbezogenheit → Rn. 343, 344.

335   **Eigennützigkeit liegt vor,** wenn der Täter einem anderen eine Bezugsquelle (für Amfetamin) vermittelt, weil er sich erhofft, dass dieser mit den erzielten Gewinnen **seine Schulden bei ihm** bezahlt (BGH StV 2008, 123). Dasselbe gilt, wenn der Täter erwartet, durch spätere Weitergabe **von Informationen** aus einem Betäubungsmittelgeschäft **an die Polizei** von dieser ein Entgelt zu erhalten (BGH NStZ-RR 2016, 212) oder wenn der Täter Betäubungsmittel unter dem Einkaufspreis verkauft, um die Abnehmer an sich zu binden und dann lukrative Geschäfte mit ihnen abzuschließen (BGH BeckRS 2015, 19172). Zur notwendigen Umsatzbezogenheit → Rn. 343, 344.

336   **c) Erwartung.** Nicht notwendig ist, dass der Täter aus dem Umsatzgeschäft tatsächlich einen Gewinn oder sonstigen Vorteil erlangt hat oder erlangen kann. Ausreichend ist die Gewinnerzielungsabsicht (BGH 2 StR 16/01) oder dass der Täter sich einen Gewinn oder Vorteil erwartet (BGH NStZ 1986, 232; *Schoreit* NStZ 1993, 330; StV 1984, 248; BeckRS 2018, 14695).

337   **aa) Grundlage.** Nicht erforderlich ist, dass die Erwartung auf einer Absprache, etwa einer Provisionsabrede, beruht. Es reicht aus, dass der Handelnde **sich vorstellt** oder auch nur **darauf hofft** (BGH NStZ 1996, 498) oder insgeheim **damit rechnet** (*Winkler* in Hügel/Junge/Lander/Winkler Rn. 4.1.2), für seine Tätigkeit einen Vorteil zu erlangen. Dazu genügt es, wenn er aufgrund von Bemerkungen, Hinweisen oder früheren Geschäften (BGH StV 2002, 254) mit einem Entgelt rechnen konnte oder wenn die Leistung den Umständen nach nur gegen eine Vergütung zu erwarten war (*Patzak* in Körner/Patzak/Volkmer § 29 Teil 4 Rn. 153). Kann festgestellt werden, dass nach Art und Umfang der auf Umsatz gerichteten Tätigkeit andere als eigennützige Beweggründe ausscheiden, so lässt sich die Erwartung eines Vorteils **aus den Umständen** ableiten (→ Rn. 348–352). Nicht ausreichend ist der vage Wunsch, über die Möglichkeit einer Schönheitsoperation beraten zu werden (BGH 3 StR 424/04).

338   **An der Erwartung fehlt es,** so lange der Täter **unschlüssig ist,** ob er das in seinem Besitz befindliche Betäubungsmittel mit Gewinn weiter veräußern oder den Strafverfolgungsbehörden aushändigen soll (BGHR BtMG § 29 Abs. 1 Nr. 1 Handeltreiben 53 = NStZ 1999, 572; BGH NStZ 2001, 39 mablAnm *Neuhaus*). Die Erwägung, statt der Unterrichtung der Polizei mit Gewinn am Rauschgiftumsatz mitzuwirken, ist noch keine Erwartung eines Vorteils; zu dieser wird die Überlegung erst dann, wenn sich der Täter für die Mitwirkung entschließt. Zum Stadium der Überlegung bei der Inbesitznahme → Rn. 501.

339   **bb) Umfang.** Konkrete Vorstellungen über den Umfang der Vorteile müssen bei dem Beteiligten nicht vorliegen (*Joachimski/Haumer* § 3 Rn. 18, 21), insbesondere muss er sich kein bestimmtes Entgelt vorstellen (BGH NStZ 1996, 498).

340   Auch auf die Höhe des Gewinns, den sich der Täter erwartet, kommt es **nicht** an. Voraussetzung ist jedoch, dass er nach Abzug seiner Kosten einen Gewinn überhaupt erzielen will. Sofern auch die Erwartung eines sonstigen Vorteils nicht festgestellt werden kann (etwa → Rn. 325, 335), ist daher keine Eigennützigkeit gegeben, wenn Betäubungsmittel **zum Selbstkostenpreis** oder **Einstandspreis** abgegeben werden (→ Rn. 314) Eine solche Fallgestaltung ist auch dann nicht ausgeschlossen, wenn die Beteiligten das Rauschgift abwiegen (KG StV 1998, 591).

d) Umsatzbezogenheit. Das Merkmal der Eigennützigkeit bezieht sich auf den 341
Umsatz des Betäubungsmittels. Der Gewinn oder die sonstigen Vorteile müssen
daher gerade **durch den Umsatz** erzielt werden und sich aus **dem konkreten
Umsatzgeschäft** selbst ergeben (BGH NStZ 2004, 457 (1 StR 453/02); 2012,
516). Außerhalb des Umsatzes liegende Vorteile reichen nicht (BGHR BtMG § 29
Abs. 1 Nr. 1 Handeltreiben 26 = StV 1992, 65; BGH NJW 1986, 794 = NStZ
1986, 127 = StV 1986, 61; 102; *Oğlakcıoğlu* in MüKoStGB Rn. 331).

aa) Fehlende Bestimmung. An einem umsatzbezogenen Vorteil fehlt es, wenn 342
ein gewinnbringender Umsatz des Betäubungsmittels nicht beabsichtigt ist. Daher
liegt auch beim Kurier kein Handeltreiben vor, wenn sein Auftraggeber das Betäubungsmittel lediglich zum Eigenverbrauch erwirbt (→ Rn. 538; BGHR BtMG § 29
Abs. 1 Nr. 1 Handeltreiben 13 (3 StR 333/88)); da der Kurier den Vorteil nicht für
die Förderung eines Umsatzes erhält, gilt dies auch dann, wenn er für seine Leistungen bezahlt wird (BGHR BtMG § 29 Abs. 1 Nr. 1 Handeltreiben 13 (s. o.)).

Dagegen ist ein **umsatzbezogener Vorteil** gegeben, wenn der Täter Betäu- 343
bungsmittel umsetzt, um mit dem Gewinn seinen **Eigenbedarf zu finanzieren**
(BGH StV 1984, 248). Entscheidend ist die Förderung oder Vornahme des Umsatzes, nicht die Verwendung des Gewinns (→ Rn. 317; BGH NStZ 2006, 578
(→ Rn. 310)). Dasselbe gilt, wenn der Täter Betäubungsmittel für einen anderen in
der Erwartung umsetzt, als Entlohnung Rauschgift für den eigenen Verbrauch zu
erhalten (BGH NStZ 1996, 498). Zur Mittelbarkeit eines Vorteils → Rn. 334, 335.

Ein umsatzbezogener Vorteil liegt auch vor, wenn der Täter erwartet, durch 344
spätere Weitergabe von Informationen aus einem Umsatzgeschäft **an die Polizei**
von dieser ein Entgelt zu erhalten (BGH NStZ-RR 2016, 212) oder oder wenn er
Betäubungsmittel unter dem Einkaufspreis verkauft, um die Abnehmer in der Erwartung **späterer lukrativer Geschäfte** an sich zu binden (BGH BeckRS 2015,
19172). Dasselbe wird gelten müssen, wenn die Betäubungsmittel zum Selbstkostenpreis verkauft werden, um durch Umsatzsteigerung **Rabatte** bei den Lieferanten zu erzielen (aA BGH NStZ 2004, 457 (→ Rn. 341)). Zur Mittelbarkeit eines
Vorteils → Rn. 334, 335.

bb) Entstehung aus einem anderen Vorgang. Der Vorteil ist nicht umsatzbe- 345
zogen, wenn er aus einem anderen Vorgang, namentlich dem **Erwerb,** erwächst
(BGHR BtMG § 29a Abs. 1 Nr. 2 Menge 21 = StV 2013, 154; BGH NStZ 2020,
228). Eigennützigkeit, bezogen auf die **Gesamtmenge,** ist daher nicht gegeben,
wenn der Vorteil **allein** in den günstigeren Konditionen (zB **Mengenrabatt**) liegt,
die mehrere Konsumenten beim gemeinsamen Einkauf der **zum Eigenverbrauch**
bestimmten Betäubungsmittel erlangen (BGHR BtMG § 29 Abs. 1 Nr. 1 Handeltreiben 26 (→ Rn. 341); BGH NStZ 2012, 516; 2019, 93 (→ Rn. 329);
BeckRS 2018, 8231; OLG Karlsruhe NStZ 2008, 43 mAnm *Hirsch;* aA BGH
BeckRS 2018, 14695, wo aber übersehen wird, dass der in der zitierten Entscheidung BGH NStZ-RR 2016, 212 genannte Vorteil sich aus dem Umsatz ergab). Der
Gewinn entsteht hier auf Grund der Bedingungen des Einkaufs, **nicht** aber auf
Grund eines **Umsatzes** (zu dem es im Übrigen beim Eigenverbrauch nicht kommt).
Etwas anderes kommt in Betracht, wenn die Beteiligten Mitbesitz (→ Rn. 1343,
1379) an der Gesamtmenge hatten (s. BGH NStZ 2019, 93 (→ Rn. 329)) oder sonstige Vorteile, etwa einen Lagerort oder die Dienste eines Dritten, beim Umsatz **gemeinsam** nutzen (BGH BeckRS 2018, 8231).

An der fehlenden Umsatzbezogenheit ändert sich nichts, wenn einer der Konsu- 346
menten den Ankauf und Transport der zum **Eigenverbrauch** bestimmten Betäubungsmittel etwa in Form eines **Einkaufspools** oder einer **Sammelbestellung**
übernimmt (BGHR BtMG § 29 Abs. 1 Nr. 1 Handeltreiben 26 (→ Rn. 341); BGH
StV 1984, 248). Auch dann ist der Gewinn Folge des gemeinschaftlichen Vorgehens

beim Erwerb (BGH NJW 1986, 794 (→ Rn. 341); StV 1992, 420; OLG Karlsruhe NStZ 2008, 43 mAnm *Hirsch;* dies wird in BGH NStZ-RR 2013, 81 nicht gesehen; ebenso nicht von BGH 4 StR 547/12). Dasselbe gilt, wenn dabei einer der Beteiligten erwartet, aus der (nicht zum Umsatz bestimmten) Gesamtmenge einen Teil der Betäubungsmittel **zum Eigenverbrauch** zu erhalten (BGH NStZ 2020, 228; StV 1985, 235). Eine Eigennützigkeit ergibt sich auch nicht daraus, dass arbeitsteiliges Verhalten das **Entdeckungsrisiko** mindert (→ Rn. 331). Zur **Einkaufsgemeinschaft** (Sammeleinkauf) im Übrigen beim Handeltreiben → Rn. 670–674, bei der Einfuhr → Rn. 978–981, beim Erwerb Rn. 1231, beim Besitz → Rn. 1342, 1343, 1379 und im Rahmen des Eigenverbrauchs → Rn. 2147, 2148.

347   e) **Teilmengen.** Liegt Eigennutz nur hinsichtlich einer **Teilmenge** vor, etwa wenn die von dem Beteiligten beschaffte Gesamtmenge zwischen mehreren Mitgliedern einer Gruppe jeweils zum gewinnbringenden Weiterverkauf aufgeteilt wird, so liegt täterschaftliches Handeltreiben des Beteiligten nur bei seinem eigenen Anteil vor; hinsichtlich der Restmenge fördert er das Handeltreiben der anderen Gruppenmitglieder, so dass insoweit Beihilfe vorliegt. Allerdings kann Handeltreiben hinsichtlich der Gesamtmenge auch bereits im gemeinschaftlichen Erwerb liegen (→ Rn. 673).

348   f) **Feststellungen.** Die Eigennützigkeit ergibt sich nicht von selbst, sondern muss im Urteil festgestellt werden; bloße Vermutungen genügen nicht (BGH NStZ-RR 2020, 112). Ist eine Feststellung nicht möglich, so ist vom Fehlen der Eigennützigkeit auszugehen (BGH *Schoreit* NStZ 1993, 329; OLG München BeckRS 2013, 3389). In sogenannten **Evidenzfällen,** namentlich bei **arbeitsteilig** abgewickelten Drogengeschäften liegt die Eigennützigkeit nicht fern; ausnahmsweise können daher nähere Ausführungen hierzu entbehrlich sein (BGH NStZ-RR 2010, 254).

349   **Zweifeln** ist nachzugehen (BGH NStZ-RR 2010, 254), etwa wenn der Täter für einen Verwandten gehandelt hat (BGH *Schoreit* NStZ 1993, 329). Stellt der Täter eine **Gewinnbeteiligung in Abrede,** so kann das Gericht in seine Erwägung einbeziehen, dass es ausgesprochen fernliegt, über mehrere Monate ohne Bezahlung in zahlreichen Fällen Heroin gegen Entgelt an Konsumenten abzugeben, obwohl damit ein erhebliches strafrechtliches Risiko eingegangen wird (BGH NStZ–RR 2004, 146 (→ Rn. 324)).

350   **Für die Annahme** von Eigennutz reicht es aus, wenn nach Art und Umfang der auf Umsatz gerichteten Tätigkeit **andere als eigennützige** Motive ausscheiden (BGHR BtMG § 29 Abs. 1 Nr. 1 Sichverschaffen 1 = StV 1993, 570; Handeltreiben 68 = NStZ 2007, 287 = StV 2007, 82; BGH *Schoreit* NStZ 1993, 329 (→ Rn. 348); NStZ-RR 1996, 20; StraFo 2004, 180 (1 StR 517/09)).

351   Dabei kommt es insbesondere auf **Art und Umfang** der Tätigkeit, den Aufwand des Täters und seine Beziehung zu dem Lieferanten und dem Erwerber an (BGHR BtMG § 29 Beweiswürdigung 9 = StV 1992, 469; BGH NStZ 1996, 498). Dass die Beteiligte einen Rauschgifttransport nicht aus Gefälligkeit durchgeführt hat, darf das Gericht aus der großen Menge des Rauschgifts schließen; dabei kann es das Entdeckungs- und Verfolgungsrisiko, die Länge der Fahrtstrecke sowie den damit verbundenen zeitlichen und finanziellen Aufwand in seine Erwägungen mit einbeziehen (BGH StV 1999, 429).

352   Dass die Beteiligte allein aufgrund persönlicher Verbundenheit zu einem Hintermann zu dem Transport bereit war, muss das Gericht auch **nach dem Zweifelssatz nicht** annehmen. Zu diesem im Einzelnen → Rn. 732, 733. Andererseits reicht der bloße Hinweis auf einen **Erfahrungssatz** (→ Rn. 819), wonach Cocaingeschäfte (BGHR BtMG § 29 Beweiswürdigung 11 (1 StR 665/92)), Cannabisgeschäfte (BGH NStZ 2013, 550) oder generell Betäubungsmittelgeschäfte (BGH

NStZ-RR 2014, 375) ab einer bestimmten Größenordnung nicht ohne Vorteilserwartung abgewickelt werden, nicht aus (ebenso BGH NStZ-RR 214, 213 für Metamfetamin). Ebensowenig reicht die Feststellung aus, dass die **Bande** Gewinn gemacht habe (BGH NStZ 2013, 550).

Allerdings werden **die Anforderungen überspannt,** wenn das OLG München 353 (BeckRS 2010, 30553) bei dem **gleichzeitigen Besitz** einer größeren Menge **Rauschgift** (11,5 g Amphetaminpulver, 35,1 g Marihuana, 73,2 g Cannabissamen (möglicher unerlaubter Anbau)), einer **digitalen Waage** und **Plastiktütchen** zusätzliche Feststellungen dazu verlangt, dass das Rauschgift zum gewinnbringenden Umsatz bestimmt war. Soweit in dem Besitz dieser Gegenstände lediglich eine Vorbereitungshandlung zum Handeltreiben gesehen wird, wird übersehen, dass der Besitz von Rauschgift in der Absicht, es mit Gewinn zu veräußern, bereits vollendetes Handeltreiben darstellt (→ Rn. 499).

IV. Erscheinungsformen (Teilakte) des Handeltreibens. Die Erscheinungs- 354 formen (Teilakte) des Handeltreibens sind äußerst vielfältig (→ Rn. 166, 168). Bei der nachfolgenden Darstellung
- werden zunächst die **Rechtsgeschäfte** und die **Tätigkeiten,** die mit solchen im Zusammenhang stehen, behandelt (→ Rn. 355–479),
- anschließend folgen die **tatsächlichen Handlungen,** die den Tatbestand des Handeltreibens erfüllen können (→ Rn. 480–571).

Die Darstellung darf **keineswegs als abschließend** verstanden werden, da das Handeltreiben jegliche Tätigkeit erfassen kann (→ Rn. 231):

1. Rechtsgeschäfte, Zusammenhang mit Rechtsgeschäften. Die Hand- 355 lung kann ein Rechtsgeschäft sein (zB ein Kaufvertrag oder eine Übereignung) oder mit einem Rechtsgeschäft in Zusammenhang stehen, etwa, indem sie ihm vorausgeht (zB Vertragsverhandlungen, Vermittlungsgeschäfte), es begleitet (zB Schutz- oder sonstige Dienste) oder nachfolgt (zB Einziehung oder Transport des Kaufpreises). Weil ihr **Zusammenhang mit dem Besitzen** besonders eng ist, werden das **Vorrätighalten** (→ Rn. 505–508), **Feilhalten** (→ Rn. 511–514) und **Feilbieten** (→ Rn. 511, 516, 517) trotz ihrer Nähe zu den Rechtsgeschäften beim Besitzen behandelt.

Im Hinblick auf **die Nichtigkeit** der **obligatorischen und dinglichen** 356 **Rechtsgeschäfte** (BVerfGE 110, 17 = NJW 2004, 2073 = JR 2004, 511 m. Bespr. *Herzog* JR 2004, 494; BGHSt 31, 145 (→ Rn. 170); BGHR StGB § 73 Anspruch 3 (4 StR 632/94); BGH NJW 2006, 72 (→ Rn. 14); NStZ 1995, 540; 2004, 554) kommt es nicht darauf an, welchem **Vertragstypus des Zivilrechts** die verwirklichten oder in Aussicht genommenen Beziehungen zuzurechnen sind. Gleichwohl ist die Zuordnung nicht ohne Interesse, weil sich aus ihr die Rechte und Pflichten ergeben, die die Beteiligten auf sich genommen haben oder übernehmen wollten. Sie ist damit auch ein wichtiges Beweisanzeichen für die Interessen der Parteien, etwa bei der Frage der Gewinnerzielung oder der Einräumung der Verfügungsmacht (*Franke/Wienroeder* Rn. 52). In diesem Sinne werden nachstehend auch die **zivilrechtlichen Bezeichnungen** verwendet.

a) Verkaufsgeschäfte. Das für den Rauschgifthandel typische Umsatzgeschäft 357 ist der Verkauf von Betäubungsmitteln.

aa) Schuldrechtlicher Vertrag. Der Tatbestand ist jedenfalls dann erfüllt, wenn 358 der Verkäufer eine ernsthafte Lieferverpflichtung eingegangen und das schuldrechtliche Geschäft damit **zustande gekommen** ist (RG DJZ 1932, Sp. 808 (→ Rn. 168); BGHSt 40, 208 = NJW 1994, 3019 = NStZ 1995, 140 = StV 1995, 25 mAnm *Körner*). Auf eine zivilrechtliche Wirksamkeit kommt es nicht an. Gehen dem Vertragsabschluss **Verkaufsbemühungen voraus,** kann der Tatbestand schon vorher erfüllt sein (→ Rn. 376–399).

BtMG § 29   Sechster Abschnitt. Straftaten und Ordnungswidrigkeiten

359   **Nicht notwendig ist,** dass es **zu einem Umsatz** (Umsatzgeschäft (→ Rn. 257), Erfüllungsgeschäft) **gekommen** ist (→ Rn. 263–269, 295; BGHSt 29, 239 (→ Rn. 170); 30, 359 (→ Rn. 179); BGHR BtMG § 29 Abs. 1 Nr. 1 Handeltreiben 61 (→ Rn. 264); 70 (→ Rn. 168); § 29 Bewertungseinheit 19 (→ Rn. 169)). Der Abschluss des schuldrechtlichen Vertrags ist nicht zu früh, um den Vollendungszeitpunkt zu markieren (aA *Roxin* StV 2003, 619 (621)). Zwar können die Beteiligten jederzeit von Weiterem Abstand nehmen (→ Rn. 356), unter den Bedingungen eines illegalen und von Gewalt beherrschten Marktes führt ihre Vereinbarung jedoch zu einer **faktischen Verpflichtung,** durch die die Marktmechanismen und damit auch die Gefährdung der geschützten Rechtsgüter (→ § 1 Rn. 3–8) in Gang gesetzt werden.

360   **bb) Lieferung, Übereignung, Entgegennahme des Entgelts.** Auf der anderen Seite gehören auch Handlungen, die **der Erfüllung des Verpflichtungsgeschäfts** dienen, zum Handeltreiben (BGHSt 31, 145 (→ Rn. 170); *Wagner/Kallin/Kruse* Rn. 34), namentlich die Lieferung und Übereignung des Rauschgifts (Art. 2 Abs. 1 Buchst. a des EU-Rahmenbeschlusses v. 25.10.2004 (→ Rn. 163, 183–186)) oder die Entgegennahme des Entgelts (dazu und zur Weiterleitung → Rn. 457–465).

361   Desgleichen liegt Handeltreiben vor, wenn das dingliche Geschäft durchgeführt wird, **ohne dass Verkaufsverhandlungen** (etwa mit diesem Verkäufer) vorausgegangen sind (*Joachimski/Haumer* § 3 Rn. 12; s. auch BGHSt 31, 145 (→ Rn. 170)).

362   **cc) Vorhandensein, Scheindrogen (Imitate oder andere Stoffe).** (Vollendetes) Handeltreiben setzt nicht voraus, dass das zum Umsatz bestimmte Betäubungsmittel vorhanden ist (→ Rn. 219, 280), dass eine bestimmte Betäubungsmittelmenge objektiv zur Verfügung steht (→ Rn. 219, 280) oder dass der Stoff (bereits) dem BtMG untersteht (→ Rn. 221). Entscheidend ist die Abrede oder sonstige auf Umsatz gerichtete Handlung (→ Rn. 219, 221, 280). Vollendetes Handeltreiben liegt daher auch dann vor, wenn sich der Verkauf in Wirklichkeit auf eine Scheindroge bezogen hat (→ Rn. 220, 281), wenn eine solche geliefert wird (→ Rn. 223) oder wenn der Stoff in Wirklichkeit (noch) nicht dem BtMG unterstanden hat (→ Rn. 221).

363   **dd) Verfügungsmöglichkeit, Beschaffungsmöglichkeit.** Ebenso wenig ist erforderlich, dass der Verkäufer über das angebotene Rauschgift verfügen kann (→ Rn. 284, 285), dass es zur Stelle ist oder sich schon im Besitz des Verkäufers befindet (→ Rn. 284, 285) oder dass der Verkäufer auch nur über eine gesicherte Bezugsquelle (→ Rn. 284, 285) oder Lieferantenzusage (→ Rn. 284, 285) verfügt.

364   **Wer Rauschgift verkaufen will** und entsprechende Verkaufsbemühungen entfaltet, treibt Handel, auch wenn er sich das Rauschgift **erst beschaffen muss,** und ihm dies, – was er nicht weiß – aus objektiven Gründen nicht gelingen kann (BGHR BtMG § 29 Abs. 1 Nr. 1 Handeltreiben 28 (→ Rn. 170); BGH StV 2003, 501 (→ Rn. 174); *Niehaus* JR 2005, 192 (196); aA *Roxin* StV 1992, 517 (518, 519); 2003, 619 (620, 621); *Kreuzer* FS Miyazawa, 1995, 177 (189); *Paul* StV 1998, 623 (625); *Hecker* NStZ 2000, 208 (209)). Auch im kaufmännischen Verkehr entspricht es der Übung, Verträge über Waren abzuschließen, die sich der Verkäufer erst beschaffen muss oder die sogar noch nicht produziert sind (BGH StV 2003, 501 (→ Rn. 174)). Schließlich ist das Verkaufen auch im EU-Rahmenbeschluss v. 25.10.2004 (→ Rn. 163, 183–186) aufgeführt (Art. 2 Abs. 1 Buchst. a), wobei auch dort eine tatsächliche oder rechtliche Verfügungsbefugnis über die Betäubungsmittel nicht vorausgesetzt wird (→ Rn. 389).

365   **Voraussetzung** ist allerdings, dass der Täter eine **reelle Chance** sieht, eine Bezugsquelle für die Betäubungsmittel erschließen und entsprechend dem Angebot liefern zu können, dieses also **ernst meint** (→ Rn. 285). Schlägt diese Erwartung

fehl, so ändert dies im Hinblick auf die eingetretene Vollendung an der Erfüllung des Tatbestands nichts mehr (→ Rn. 285). An einer **reellen Chance fehlt es** aber, wenn das Betäubungsmittel erst hergestellt werden muss und dies wegen fehlender Geldmittel ungewiss ist und zudem zweifelhaft ist, ob es gelingt, das Geld zu beschaffen (BGHR BtMG § 29 Abs. 1 Nr. 1 Handeltreiben 70 (→ Rn. 168); *Weber* JR 2007, 400 (401, 402)). Hat der Täter **eine reelle Chance nicht** gesehen, so stellt sich die Frage, ob sein Angebot ernstgemeint war (→ Rn. 396).

ee) Polizeiliche Überwachung, Sicherstellung, Scheinverhandlungen. 366
Vollendetes Handeltreiben kommt auch dann noch in Betracht, wenn die Betäubungsmittel zum Zeitpunkt der Vereinbarung bereits unter polizeilicher Kontrolle standen, sichergestellt oder beschlagnahmt waren, sofern dies dem Täter nicht bekannt war oder ein eingespieltes Bezugs- und Vertriebssystem vorliegt (→ Rn. 286–288). Ebenso ist Handeltreiben möglich, wenn sich ein verdeckt ermittelnder Beamter oder eine V-Person nur zum Schein als Käufer an den Kaufverhandlungen beteiligt und der erstrebte Betäubungsmittelumsatz deswegen nicht erreicht werden kann (→ Rn. 290).

b) Kaufgeschäfte (Zwischenhandel). Das Handeltreiben umfasst auch die absatzorientierte Beschaffung (→ Rn. 217, 268). Sie gehört zu den **typischen Geschäften** des **Zwischenhandels**. Die häufigste Form ist der (An-)Kauf von Betäubungsmitteln. Voraussetzung ist allerdings, dass der Erwerber in der Absicht handelt, das Rauschgift gewinnbringend weiterzuverkaufen (BGHSt 50, 252 (→ Rn. 169)) oder sich sonst einen Vorteil zu verschaffen (BGHR BtMG § 29 Abs. 1 Nr. 1 Handeltreiben 4 (→ Rn. 219); BGH NStZ-RR 1996, 48). Der Kauf zum **Eigenverbrauch** ist daher kein Handeltreiben, sondern Erwerb (BGHSt 40, 208 (→ Rn. 358)). Zu den Fällen, in denen der Käufer nur mit einem Teil der Betäubungsmittel Handel treiben will, → Rn. 848, 849. Zum Erwerb durch oder für mehrere Konsumenten → Rn. 346. 367

Die Absicht der gewinnbringenden Weiterveräußerung muss **festgestellt** werden (→ Rn. 258, 293). Auf der anderen Seite muss nicht nach außen sichtbar geworden sein, dass eine auf Umsatz gerichtete Handlung vorliegt (→ Rn. 293). 368

Dass **das Ankaufen** in der Absicht gewinnbringender Weiterveräußerung seit jeher als eine Form des Handeltreibens angesehen wird, ergibt sich bereits aus § 1 Abs. 2 Nr. 1 HGB aF (→ Rn. 217). Auch in der Legaldefinition des Waffenhandels (Abschn. 2 Nr. 9 der Anlage 1 zu § 1 Abs. 4 WaffG) ist das Ankaufen als Teilakt enthalten. Gründe, dies für den Drogenhandel anders zu sehen, bestehen nicht. Dass es bei diesem auf die Gewerbsmäßigkeit nicht ankommen kann (→ Rn. 212), macht keinen entscheidenden Unterschied, da diese Frage mit der des Vorfeldes des Umsatzes nichts zu tun hat. Das Kaufen von Drogen mit dem Ziel eines weiteren Umsatzes ist auch in Art. 2 Abs. 1 Buchst. c des EU-Rahmenbeschlusses v. 25.10.2004 (→ Rn. 163, 183–186) aufgeführt. 369

aa) Schuldrechtlicher Vertrag. Auch beim **Kaufen** (zu sonstigen Verpflichtungsgeschäften → Rn. 424) ist der Tatbestand jedenfalls dann erfüllt, wenn das **schuldrechtliche** (→ Rn. 356, 358) **Geschäft abgeschlossen** ist. Ausreichend ist, wenn der Täter einen **Dritten ernsthaft verpflichtet** hat, ihm die zur Veräußerung bestimmten Betäubungsmittel zu liefern (BGHR BtMG § 30a Abs. 2 Sichverschaffen 2 (→ Rn. 217); BGH NStZ-RR 2014, 344). Ebenso wie im Falle des Verkaufs (→ Rn. 359) ist es **nicht** notwendig, dass es zu **einem Umsatz** von Betäubungsmitteln (Umsatzgeschäft → Rn. 257), Erfüllungsgeschäft) gekommen ist (BGHR BtMG § 29 Abs. 1 Nr. 1 Handeltreiben 70 (→ Rn. 168); § 29 Bewertungseinheit 19 (→ Rn. 169)). Gehen dem Vertragsabschluss **Kaufbemühungen** voraus, kann der Tatbestand schon vorher erfüllt sein (→ Rn. 376, 400–416). 370

371 **bb) Lieferung, Übereignung, Bezahlung.** Auf der anderen Seite gehören nicht anders als beim Verkauf (→ Rn. 360) auch Handlungen, die der Erfüllung des Verpflichtungsgeschäfts dienen, zum Handeltreiben, namentlich die Lieferung und Übereignung des zum Weiterverkauf bestimmten Rauschgifts oder dessen Bezahlung. Desgleichen liegt Handeltreiben vor, wenn das dingliche Geschäft durchgeführt wird, ohne dass Verkaufsverhandlungen (etwa mit diesem Verkäufer) vorausgegangen sind.

372 **cc) Vorhandensein, Scheindrogen (Imitate oder andere Stoffe).** Ebenso wie beim Verkauf ist nicht erforderlich, dass der angesprochene Verkäufer in der Lage ist, das Rauschgift zu liefern (→ Rn. 219, 280). Erst recht braucht das Rauschgift auch hier weder bereitzustehen noch auch nur vorhanden zu sein (→ Rn. 219, 280). Ebenso steht es vollendetem Handeltreiben nicht entgegen, wenn der Kauf sich in Wirklichkeit auf ein Imitat oder einen anderen Stoff bezieht oder ein solcher geliefert wird (→ Rn. 280, 281, 283).

373 **dd) Verfügungsmöglichkeit, Beschaffungsmöglichkeit.** Es ist nicht notwendig, dass der angesprochene Verkäufer über das Rauschgift verfügen kann (→ Rn. 284, 285), dass es zur Stelle ist oder sich schon im Besitz des Verkäufers befindet (→ Rn. 284, 285). Die verbindliche Bestellung von Betäubungsmitteln zum Weiterverkauf reicht zur Vollendung des Tatbestandes aus, auch wenn der angegangene Verkäufer sich vergeblich um die Beschaffung des Stoffs bemüht (BGHR BtMG § 29 Abs. 1 Nr. 1 Handeltreiben 4 (→ Rn. 219); BGH NJW 1999, 2683 (→ Rn. 219)); OLG Stuttgart OLGSt BtMG § 29 Nr. 12).

374 **ee) Überwachung, Sicherstellung, Scheinverhandlungen.** Handeltreiben kommt auch (noch) in Betracht, wenn das Rauschgift zum Zeitpunkt der Vereinbarung bereits unter polizeilicher Kontrolle stand, sichergestellt oder beschlagnahmt war, sofern dies dem Täter nicht bekannt war oder ein eingespieltes Bezugs- und Vertriebssystem vorliegt (→ Rn. 286–288). Ebenso ist vollendetes Handeltreiben möglich, wenn sich ein verdeckt ermittelnder Beamter oder eine V-Person nur zum Schein als Verkäufer an den Kaufverhandlungen beteiligt (→ Rn. 290).

375 **ff) Verwirklichung.** Ist die Absicht gewinnbringender Veräußerung festgestellt, so kommt es nicht darauf an, ob der Täter sie auch in die Tat umsetzt oder umsetzen kann (→ Rn. 295). Da das Merkmal der Bestellung von Betäubungsmitteln bereits mit den Erwerbsbemühungen erfüllt ist, ist nicht erheblich, ob der Täter die Betäubungsmittel tatsächlich später weiter veräußert, entsprechende Geschäfte anbahnt, oder sonst umsatzfördernde Maßnahmen vornimmt (→ Rn. 295). Ebenso wenig ist von Bedeutung, dass das Rauschgift gestohlen, durch die Zollbehörden sichergestellt oder vom Täter weggeworfen wird (→ Rn. 295).

376 **c) Vorbereitung, Anbahnung eines Verkaufs oder/Kaufs; Verkaufs- oder Kaufbemühungen.** Unter den Begriff des Handeltreibens fällt jede eigennützige, auf den Umsatz von Betäubungsmitteln gerichtete Tätigkeit (→ Rn. 169). Das Handeltreiben setzt daher weder den Abschluss eines schuldrechtlichen noch eines dinglichen Vertrags voraus. Es ist insbesondere nicht erforderlich, dass die Beteiligten eine Einigung über den Verkauf oder Kauf erzielt haben (BVerfG NJW 2007, 1193; BGHSt 50, 252 (→ Rn. 169); BGHR BtMG § 29 Abs. 1 Nr. 1 Handeltreiben 61 (→ Rn. 264); 70 (→ Rn. 168); aA BGH NJW 2005, 1589 (→ Rn. 175)). Ausreichend ist das **Eintreten in ernsthafte Verhandlungen** (BGH StV 2019, 336 (→ Rn. 284)), die nach der Vorstellung des Täters zum Vertragsabschluss führen sollen (BGH DRsp Nr. 1998/19526). Dies gilt auch für den Erwerber von zum gewinnbringenden Weiterverkauf bestimmten Betäubungsmitteln (BGHSt 50, 252 (→ Rn. 169); BGHR BtMG § 29 Abs. 1 Nr. 1 Handeltreiben 70 (→ Rn. 168); DRsp Nr. 1998/19516; 2 StR 232/04; aA BGH NJW 2005, 1589 (→ Rn. 175)).

aa) Initiativen auf Seiten des Verkäufers. Bei Initiativen auf Verkäuferseite ist 377
zu unterscheiden:

(a) Vorbereitungshandlungen. Bloße Voranfragen und allgemeine Anfragen, 378
etwa, ob der Gesprächspartner Stoff wolle, sind **für sich** noch kein Handeltreiben,
sondern lediglich Vorbereitungshandlungen (OLG München NStZ 2011, 464; *Becker* in BeckOK BtMG Rn. 80; *Patzak* in Körner/Patzak/Volkmer § 29 Teil 4
Rn. 88), es sei denn, der Verkäufer hat das Rauschgift bereits in Besitz (→ Rn. 383,
384). Vorbereitungshandlungen sind auch allgemeine, unverbindliche Unterhaltungen über Drogen, Drogengeschäfte oder Drogenlokale (BGHR BtMG § 29 Abs. 1
Nr. 1 Handeltreiben 4 (→ Rn. 219); 30 (→ Rn. 223); OLG München NStZ 2011,
464) oder die Erklärung des Täters, er könne Heroin beschaffen (BGHR BtMG
§ 29 Abs. 1 Nr. 1 Handeltreiben 6 (2 StR 63/88)). Auch die Fahrt in eine andere
Stadt ohne getroffene Liefervereinbarung und ohne Kenntnis eines zuverlässigen
Abnehmers (BGH NStZ 1996, 507 = StV 1996, 548) oder auch nur ohne Kenntnis
eines zuverlässigen Händlers (BGHR BtMG § 30a Abs. 2 Mitsichführen 12 = StraFo
2011, 356; BGH NStZ-RR 2019, 22 = StV 2019, 336), Vorsondierungen, etwa
der Auftrag, die Telefonnummer eines potentiellen Käufers ausfindig zu machen
(BGH NJW 2005, 1589 (→ Rn. 175); HRRS 2006, 62; zust. *Weber* JR 2007, 400
(401)), das Erkunden von Märkten, das bloße Umhören nach oder Abfragen von
Absatzmöglichkeiten sind nur Vorbereitungshandlungen. Dasselbe gilt, wenn ein
Drogenhändler bei einem Treffen mit seinem **früheren Abnehmer** lediglich bespricht, unter welchen Bedingungen er zu einer Fortsetzung der Lieferungen
grundsätzlich bereit sei (BGH NStZ 2016, 419 = StV 2017, 285).

(b) Werbebemühungen, Internet. Dasselbe gilt für **Werbebemühungen** 379
(→ § 14 Rn. 17–42), etwa die Versendung von Preislisten oder Lieferbedingungen
für die Bestellung. Sie enthalten in der Regel lediglich die Aufforderung zu einem
Kaufangebot, sind aber noch kein verbindliches Verkaufsangebot. In Betracht kommen **unerlaubte Werbung** nach § 29 Abs. 1 S. 1 Nr. 8 (→ Rn. 1686–1704; *Patzak*
in Körner/Patzak/Volkmer § 29 Teil 4 Rn. 90) und **Mitteilen einer Gelegenheit**
zum unbefugten Erwerb nach § 29 Abs. 1 S. 1 Nr. 10 (→ Rn. 1770–1785). Dabei
macht es keinen Unterschied, ob fremde Bezugsquellen mitgeteilt werden oder der
Werbende als eigener Anbieter auftritt (→ Rn. 1770; aA *N. Nestler* FG Paulus,
2009, 133 (139)).

Für die Werbung im Internet gilt dasselbe; zu den Erscheinungsformen des **In-** 380
ternet- oder **Online-Handels** → Einl. Rn. 96–98). Auch die Einstellung in das
Internet enthält in der Regel noch kein konkretes Verkaufsangebot, sondern nur
die Einladung an Kaufinteressenten, eine Bestellung und damit ein Kaufangebot abzugeben (BGH NStZ-RR 2018, 80 = StV 2018, 508; LG Karlsruhe BeckRS 2018,
40013 = StV 2019, 400; *N. Nestler* FG Paulus, 2009, 133 (137, 138)), so dass, sofern
der Internetanbieter die Drogen **nicht in Besitz** hat (→ Rn. 382), nur eine Vorbereitungshandlung vorliegt. Mangels Verkaufsentschluss liegt auch noch kein versuchtes Handeltreiben vor (*N. Nestler* FG Paulus, 2009, 133 (138)). Die Strafbarkeit
wegen Handeltreibens für den Verkäufer tritt mangels verbindlicher Vertragsverhandlungen erst mit der Annahme des Angebots des Käufers ein. Zur Strafbarkeit
des **Käufers** → Rn. 401, 404.

Auch hier kommen **unerlaubte Werbung** nach § 29 Abs. 1 S. 1 Nr. 8 381
(→ Rn. 1686–1704) und **Mitteilen einer Gelegenheit** nach § 29 Abs. 1 S. 1
Nr. 10 (→ Rn. 1770–1785) in Betracht. Eine Gelegenheit wird auch dann mitgeteilt, wenn sich die Erwerbsquelle nicht unmittelbar aus dem Internet ergibt, sondern erst auf E-Mail-Anfrage unter der angegebenen Kontaktadresse übermittelt
wird (→ Rn. 1742). Im Übrigen liegt bei der Übermittlung an den Anfragenden
in der Regel Eigennützigkeit vor, so dass es auf die Öffentlichkeit dieser Mitteilung
nicht ankommt. Ob auch ein **Auffordern** zum unbefugten Verbrauch (§ 29 Abs. 1

S. 1 Nr. 12) in Betracht kommt, hängt von den Umständen des Einzelfalles ab; meist wird dies nicht vorliegen, da ein Verlangen nicht hinreichend sicher festgestellt werden kann. Zum **Tatort** → Vor § 29 Rn. 106–109. Zur **Einfuhr** bei Internethandel → Rn. 947.

382 Hat der **Internet-Anbieter** die Betäubungsmittel **in Besitz,** etwa in einem Laden oder Lagerraum, so liegt schon deswegen Handeltreiben vor (**Vorrätighalten, Feilhalten** (→ Rn. 383, 498, 515)); dass dies aus dem Internet-Angebot hervorgehen muss, ist nicht erforderlich.

383 **(c) Besitz.** Hat der Täter das Rauschgift, das er zu gewinnbringendem Umsatz bestimmt hat, in Besitz (→ Rn. 498), so wird der Tatbestand des Handeltreibens bereits durch den Besitz verwirklicht (Vorrätighalten; → Rn. 498–510). In solchen Fällen erscheinen Voranfragen, Werbebemühungen (auch im **Internet;** dies wird von *N. Nestler* FG Paulus, 2009, 133 (139) nicht gesehen) und andere Aktivitäten, etwa das Aufsuchen eines als Drogenumschlagsplatz bekannten Parks mit drei Briefchen Heroin und dem Beginn der Suche nach Abnehmern (BGHR BtMG § 29 Abs. 1 Nr. 1 Handeltreiben 20 (1 StR 642/89)) als Manifestation des Umsatzwillens und können zu dessen Feststellung herangezogen werden (→ Rn. 293). Vielfach wird es sich dabei bereits um Fälle des Feilhaltens (→ Rn. 512–514) oder gar des Feilbietens (→ Rn. 516, 517) handeln.

384 Dass der Täter das Rauschgift, das er in Besitz hat, zu gewinnbringendem Umsatz bestimmt hat, muss **konkret festgestellt** werden. Dabei spielen die Menge des Rauschgifts, der Tatort (Diskothek) und die Häufigkeit von Gesprächskontakten eine erhebliche Rolle. Einen **Erfahrungssatz** (→ Rn. 819), dass sich daraus bereits die Verkaufsabsicht ergebe, gibt es nicht (OLG Celle BeckRS 2010, 05909). Fehlerhaft ist es allerdings, in einem solchen Falle ernsthafte und verbindliche Verkaufsgespräche zu verlangen (so OLG Celle BeckRS 2010, 05909), da der Begriff des Handeltreibens bereits durch den Besitz in Verkaufsabsicht erfüllt wird (→ Rn. 383).

385 **(d) Verbindliche Angebote.** (Vollendetes) Handeltreiben ist gegeben, wenn der Verkäufer das Stadium allgemeiner Anfragen und unverbindlicher Gespräche verlässt (BGHR BtMG § 29 Abs. 1 Nr. 1 Handeltreiben 7 (→ Rn. 231); 30 (→ Rn. 223)) und einer Person, die nach seiner Vorstellung als Käufer oder Vermittler von Rauschgift in Betracht kommt (BGHR BtMG § 29 Abs. 1 Nr. 1 Handeltreiben 31 (→ Rn. 170); 61 (→ Rn. 264); § 29 Bewertungseinheit 19 (→ Rn. 169); BGH NStZ-RR 1996, 48), ein ernsthaftes und **verbindliches Verkaufs-** oder **Lieferangebot** macht (BGHSt 6, 246 (→ Rn. 170); BGHR BtMG § 29 Abs. 1 Nr. 1 Handeltreiben 61 (→ Rn. 264); 70 (→ Rn. 168); BGHR BtMG § 29 Bewertungseinheit 19 (→ Rn. 169); BGH NStZ 2021, 53; NStZ-RR 1996, 48; StV 2019, 336 (→ Rn. 284)). Dabei ist nicht notwendig, dass bereits ein näheres Verkaufsgespräch stattgefunden hat oder gar über Menge oder Preis des Rauschgifts verhandelt worden wäre (*Franke/Wienroeder* Rn. 42).

386 **Hat der Verkäufer** ein ernsthaftes Verkaufs- oder Lieferangebot **gemacht,** ist das Handeltreiben auch dann vollendet, wenn er die Verkaufsverhandlungen aus Furcht vor Entdeckung **abbricht** oder wenn sein als Käufer oder Vermittler in Aussicht genommener Verhandlungspartner sich **nicht interessiert** zeigt (BGHR BtMG § 29 Bewertungseinheit 19 (→ Rn. 169); auch → Rn. 409).

387 **(aa) Formen.** Das ernsthafte und verbindliche Verkaufs- oder Lieferangebot wird sich meist in den folgenden **Erscheinungsformen** vollziehen (sofern die Betäubungsmittel für den Fall des Kaufabschlusses zur sofortigen Übergabe bereitstehen, kann auch im Fall des **Feilbietens** (→ Rn. 516, 517) vorliegen):

388 **(1) Anbieten.** In aller Regel wird im Fall des Anbietens gegeben sein, wobei sich das Angebot (anders als bei § 184 Abs. 1 Nr. 5 StGB) nicht bloß an einen unbestimmten Personenkreis wenden darf, sondern an eine Person gerichtet sein

Kap. 1. Tatbestände des Abs. 1 S. 1 Nr. 1 § 29 BtMG

muss, die nach der Vorstellung des Verkäufers als Käufer oder Vermittler in Betracht kommt. Das Anbieten ist auch in Art. 2 Abs. 1 Buchst. a des EU-Rahmenbeschlusses v. 25.10.2004 (→ Rn. 163, 183–186) aufgeführt. Es ist eine Vorstufe des Verkaufens und soll die Fälle erfassen, in denen ein Verkauf nicht zustande kommt und es beim Angebot des Verkäufers bleibt. Dass der Kunde auf das Angebot reagiert, ist daher nicht notwendig.

Ebenso wenig ist erforderlich, dass dem Anbietenden eine rechtliche oder tat- 389 sächliche **Verfügungsbefugnis** über den Stoff zusteht (→ Rn. 397). Eine solche wird auch im Lebensmittelrecht, in dem das Anbieten gesetzlich (als ein Fall des Inverkehrbringens) definiert wird (§ 3 Nr. 1 LFBG unter Verweisung auf Art. 3 Nr. 8 der Verordnung (EG) Nr. 178/2002), nicht gefordert (*Rohnfelder/Freytag* in Erbs/ Kohlhaas LFBG § 3 Rn. 6). Gründe dafür, für das Betäubungsmittelrecht etwas anderes anzunehmen, sind nicht erkennbar. Dass nach § 184 Abs. 1 Nr. 3, 3a StGB, der ebenfalls den Begriff verwendet, die Schrift tatsächlich verfügbar sein muss (*Eisele* in Schönke/Schröder StGB § 184 Rn. 14), folgt daraus, dass das Anbieten dort nicht die Vorstufe zum Verkaufen, sondern zum Überlassen darstellt.

(2) Aufsuchen von Bestellungen. Vielfach wird das Unterbreiten eines ernst- 390 haften und verbindlichen Verkaufs- oder Lieferangebots sich auch als Aufsuchen von Bestellungen darstellen (BGHR BtMG § 29 Abs. 1 Nr. 1 Handeltreiben 61 (→ Rn. 264); BGH StV 2003, 501 (→ Rn. 174); *Schwitters* Vorverlagerung der Strafbarkeit S. 162, 163; aA *Roxin* StV 2003, 619 (621); *Niehaus* JR 2005, 192 (197)). Dieser Begriff umfasst jede Tätigkeit, die darauf abzielt, von einem anderen einen festen Auftrag zur künftigen Lieferung eines Stoffes oder Gegenstandes zu erhalten (BGHSt 40, 94 = NJW 1994, 2102 = NStZ 1994, 345 = StV 1995, 26; BGHR BtMG § 29 Abs. 1 Nr. 1 Handeltreiben 61 (→ Rn. 264)). Dass dazu Personen aufgesucht werden, ist nicht erforderlich, da das Gesetz vom Aufsuchen von Bestellungen und nicht von Personen spricht (BGHSt 40, 94 (s. o.)). Nicht ausreichend sind Tätigkeiten, die von dem Kunden nicht wahrgenommen werden können.

Auch eine die Bestellung **anbahnende Tätigkeit** erfüllt bereits den Tatbestand 391 (BGHSt 40, 94 (→ Rn. 390)); auf eine (positive) Reaktion des Kunden kommt es daher nicht an. Da auch das Aufsuchen von Bestellungen eine Vorstufe des Vertrags darstellt, gelten auch sonst dieselben Kriterien wie beim Verkauf (→ Rn. 397).

Das Aufsuchen von Bestellungen ist seit dem BWaffG v. 14.6.1968 (BGBl. I 392 S. 633) als Teilakt des Waffenhandels (BGHR WaffG § 53 Abs. 1 Konkurrenzen 5 (3 StR 641/95)) in dessen Legaldefinition (nunmehr Abschn. 2 Nr. 9 der Anlage 1 zu § 1 Abs. 4 WaffG 2002) enthalten. Schon dies spricht dagegen, diese typische Erscheinungsform des Handeltreibens beim Drogenhandel lediglich als Vorbereitungshandlung anzusehen (aA *Roxin* StV 2003, 619 (621); zur Frage der Vorbereitungshandlungen im Übrigen → Rn. 198, 199. Auch dass es beim Drogenhandel auf das Gewerbsmäßigkeit nicht ankommen kann (→ Rn. 212), macht keinen entscheidenden Unterschied (aA *Niehaus* JR 2005, 192 (193)), da diese Frage mit der des Vorfeldes eines Umsatzes nichts zu tun hat. Im Hinblick darauf, dass der EU-Rahmenbeschluss v. 25.10.2004 (→ Rn. 163, 183–186) lediglich „Mindestvorschriften" festlegt, kommt es auch nicht darauf an, dass das Aufsuchen von Bestellungen im Katalog des Beschlusses nicht enthalten ist.

(3) Entgegennehmen von Bestellungen. Dem Aufsuchen von Bestellungen 393 ist das Entgegennehmen von Bestellungen gleichgestellt, das ebenfalls Bestandteil der Legaldefinition des Handeltreibens in Abschn. 2 Nr. 9 der Anlage 1 zu § 1 Abs. 4 WaffG ist. Hier geht die Initiative vom potentiellen Käufer aus.

(bb) Zugang. Notwendig ist, dass das Angebot dem Adressaten **zugeht** (LG 394 München I NJW 2002, 2655 für § 18 Abs. 1 S. 1 TPG); andernfalls liegt lediglich

Weber 771

Versuch vor. Dies gilt auch in den Fällen des Anbietens und Aufsuchens von Bestellungen. Hat der Täter das Rauschgift **allerdings in Besitz,** so wird der Tatbestand des Handeltreibens bereits durch den Besitz in Verkaufsabsicht verwirklicht (→ Rn. 383); ein Zugang des Verkaufs- oder Lieferangebots ist dann nicht erforderlich. Ein solcher ist auch dann entbehrlich, wenn der Verkäufer zwar noch nicht Besitzer des Rauschgifts ist, es ihm aber ernsthaft angeboten worden ist und für einen bestimmten Preis wirklich zur Verfügung steht (→ Rn. 398, 399). Das Handeltreiben sollte schon deswegen **nicht** als **Erklärungsdelikt** (so aber *Patzak* in Körner/Patzak/Volkmer § 29 Teil 4 Rn. 31) bezeichnet werden.

395 (cc) **Form.** Nicht notwendig ist, dass das Angebot ausdrücklich erfolgt. Auch schlüssige Erklärungen reichen aus, etwa das Überreichen einer Drogenpreisliste in einem Coffeeshop. Ebenso kann das Verkaufsangebot durch Dritte unterbreitet werden.

396 (dd) **Ernstlichkeit, Scheinangebote.** Das Angebot muss **ernst gemeint** sein (BGHR BtMG § 29 Abs. 1 Nr. 1 Handeltreiben 5 = StV 1988, 254; 30 (→ Rn. 223); BGH NStZ-RR 2003, 185 = StV 2003, 281; 4 StR 297/04). Verkaufs- oder Lieferangebote, die nur zum Schein abgegeben werden, erfüllen den Tatbestand nicht, da sie nicht subjektiv auf den Umsatz von Betäubungsmitteln gerichtet sind (BGHR BtMG § 29 Abs. 1 Nr. 1 Handeltreiben 69 (→ Rn. 273)). Sie sind gegebenenfalls unter dem Gesichtspunkt des Betrugs zu prüfen (BGHR BtMG § 29 Abs. 1 Nr. 1 Handeltreiben 5 (s. o.); BGH NStZ-RR 2003, 185 (s. o.)). An einem ernsthaften Angebot fehlt es auch dann, wenn oder soweit der Verkäufer von vornherein weiß, dass es ihm unmöglich ist, die zugesagten Betäubungsmittel zu beschaffen (→ Rn. 365).

397 (ee) **Keine engeren Anforderungen.** Das Anbieten oder das Aufsuchen oder Entgegennehmen von Bestellungen sind Vorstufen des Verkaufsvertrags. Sie können daher keinen engeren Anforderungen unterliegen als der Vertrag selbst. Wie bei diesem **kommt es** daher **nicht darauf an,**
- ob das zum Umsatz bestimmte Rauschgift vorhanden ist (→ Rn. 362),
- ob es sich um eine Scheindroge (anderer Stoff) handelt (→ Rn. 362),
- dass der Verkäufer über das angebotene Rauschgift verfügen kann (→ Rn. 363),
- dass es zur Stelle ist, sich schon im Besitz des Verkäufers befindet (→ Rn. 363) oder
- dass der Verkäufer auch nur über eine gesicherte Bezugsquelle oder Lieferantenzusage verfügt (→ Rn. 363–365).

Dasselbe gilt für die Frage der polizeilichen Kontrolle und Sicherstellung oder Beschlagnahme (→ Rn. 366) oder der Beteiligung eines verdeckt ermittelnden Beamten oder einer V-Person (→ Rn. 366).

398 (e) **Sonderfall: Absatzbemühungen bei zur Verfügung stehendem Rauschgift.** Ist der Täter zwar (noch) nicht im Besitz des Rauschgifts, ist ihm dieses aber ernsthaft angeboten worden und steht es ihm für einen bestimmten Preis auch wirklich zur Verfügung, so liegt (vollendetes) Handeltreiben schon dann vor, wenn er Bemühungen anstellt, dieses Rauschgift an einen Interessenten abzusetzen (BGHSt 29, 239 (→ Rn. 170); BGHR BtMG § 29 Abs. 1 Nr. 1 Handeltreiben 19 (→ Rn. 170); BGH NStZ-RR 1996, 48; krit. BGH NJW 2005, 1589 (→ Rn. 175), wobei allerdings gerade auf den entscheidenden Gesichtspunkt („wirkliches" Zurverfügungstehen zu einem bestimmten Preis) nicht abgestellt wird; zutreffend dagegen *Gaede* StraFo 2003, 392 (396)).

399 Ein tatsächlich durchgeführtes Gespräch oder gar Verhandlungen über Menge und Preis mit dem ins Auge gefassten Kaufinteressenten sind dann nicht erforderlich. Handeltreiben besteht gerade darin, sich um Abnehmer zu bemühen, die bereit sind, für eine zur Verfügung stehende Ware einen höheren als den Einstandspreis zu zahlen (BGHR BtMG § 29 Abs. 1 Nr. 1 Handeltreiben 19 (→ Rn. 170)). Es liegt daher auch dann vor, wenn der Täter **vergeblich versucht,** mit einem als Abnehmer ins Auge gefassten Kunden Kontakt aufzunehmen. Werden die Voraussetzungen beachtet, von denen die Rechtsprechung das vollendete Handeltreiben abhängig macht (das Rauschgift muss dem Täter **ernsthaft** angeboten sein und zu einem bestimmten Preis **wirklich** zur Verfügung stehen), so liegt die Fallgestaltung so nahe bei dem Besitz in Verkaufsabsicht (→ Rn. 498–510), dass eine unterschiedliche Behandlung kaum gerechtfertigt wäre.

bb) Initiativen auf Seiten des Käufers (Zwischenhändlers). Auch im Falle des beabsichtigten Kaufs zum gewinnbringenden Weiterverkauf ist zu unterscheiden: 400

(a) Vorbereitungshandlungen. Bloße Voranfragen, Vorsondierungen, etwa der Auftrag, die Telefonnummer eines potentiellen Verkäufers ausfindig zu machen (BGH 4 ARs 23/03; HRRS 2006, 62, zust. Weber JR 2007, 400 (401)), und allgemeine Anfragen (BGH NStZ-RR 2019, 22 (→ Rn. 378)), etwa, ob der Gesprächspartner Stoff habe, sind noch kein Handeltreiben, sondern lediglich Vorbereitungshandlungen. Dasselbe gilt für das Durchforsten des **Internets** nach „Angeboten" (→ Rn. 380) oder das Ansehen entsprechender Websites und Lesen der Preisliste, ohne darüber hinaus aktiv zu werden (*N. Nestler* FG Paulus, 2009, 133 (140)). **Mit der Bestellung** der im **Warenkorb** abgelegten Betäubungsmittel ist dann allerdings schon Vollendung des Handeltreibens eingetreten, sofern sie zum Weiterverkauf bestimmt sind (→ Rn. 404; *N. Nestler* FG Paulus, 2009, 133 (141)). Ist dies nicht der Fall, kommt nur ein Erwerb in Betracht, der allerdings noch nicht versucht ist (→ Rn. 1218); der Versuch tritt ein, sobald der Verkäufer die Betäubungsmittel zum Postversand bringt (→ Rn. 1221). 401

Im Bereich der Vorbereitung bleiben **allgemeine, unverbindliche Unterhaltungen** über Drogen, Drogengeschäfte oder Drogenlokale. Auch die Fahrt in eine andere Stadt ohne getroffene Liefervereinbarung und ohne Kenntnis eines zuverlässigen Händlers (BGHSt 50, 252 (→ Rn. 169); BGHR BtMG § 30a Abs. 2 Mitsichführen 12 (→ Rn. 378); BGH NJW 2005, 1589 (→ Rn. 175); NStZ 1996, 507 (→ Rn. 378)), das Erkunden von Märkten, das bloße Umhören nach und Abfragen von Erwerbsmöglichkeiten sind nur Vorbereitungshandlungen (BGH NJW 2005, 1589 (→ Rn. 175); 4 ARs 23/03). 402

(b) Ernsthafte Kaufverhandlungen. Dagegen ist der Tatbestand des Handeltreibens dann vollendet, wenn der Käufer das Stadium allgemeiner Anfragen verlässt und in **ernsthafte Kaufverhandlungen** eintritt (BGHR BtMG § 29 Abs. 1 Nr. 1 Handeltreiben 64 = StV 2006, 136 in Erledigung von BGHSt 50, 252 (→ Rn. 169); BGH BeckRS 2017, 119046), insbesondere sich mit dem ernsthaften Anerbieten, Rauschgift zu erwerben, an eine Person wendet, die nach seiner Vorstellung als Verkäufer oder Vermittler von Rauschgift in Betracht kommt (BGHR BtMG § 29 Abs. 1 Nr. 1 Handeltreiben 4 (→ Rn. 219); 70 (→ Rn. 168); § 29a Abs. 1 Nr. 2 Handeltreiben 1 (3 StR 31/95); BGH NStZ-RR 2006, 350). 403

Ein Eintreten in ernsthafte Kaufverhandlungen liegt auch dann vor, wenn der Käufer bei einer Person, die nach seiner Vorstellung als Verkäufer oder Vermittler von Rauschgift in Betracht kommt, eine **verbindliche Bestellung** abgibt (OLG Stuttgart OLGSt BtMG § 29 Nr. 12; s. auch BGHR BtMG § 29a Abs. 1 Nr. 2 Menge 1 (→ Rn. 219)), und zwar auch **per Post** oder über das **Internet** (→ Rn. 379, 380, 401). Die Abgabe einer Bestellung kann nicht anders behandelt werden als das Entgegennehmen einer solchen (→ Rn. 393). Zum Zugang → Rn. 412. Meist wird die Bestellung Menge und Preis enthalten; unbedingt notwendig ist dies jedoch nicht (s. BGHR BtMG § 29 Abs. 1 Nr. 1 Handeltreiben 4 404

(→ Rn. 219); 19 (→ Rn. 170); BGH NStZ-RR 1996, 48; *Franke/Wienroeder* Rn. 42; aA OLG Stuttgart OLGSt BtMG § 29 Nr. 12).

405 Eine **verbindliche Bestellung** hat auch der aufgegeben, der einen **Freund,** der ihm dies zuvor angeboten hat, **beauftragt,** ihm 10.000 Ecstasy-Tabletten zu einem Preis von 9.000 DM **zu besorgen** (BGH HRRS 2006, 62 in Erledigung von BGHSt 50, 252 (→ Rn. 169)); ungeachtet der Zweifel, ob der Freund dazu in der Lage sein wird, hat er ernsthafte Ankaufsbemühungen unternommen (BGH HRRS 2006, 62; s. zu diesem Fall auch *Weber* NStZ 2004, 66 (67)).

406 Eine **auf Umsatz** gerichtete Tätigkeit hat auch der entfaltet, der sich gegenüber einer anderen Person ernsthaft bereit erklärt, **bei einem Dritten** Betäubungsmittel zu erwerben und diese sodann an den anderen weiter zu veräußern (BGH NStZ 2012, 516; auch → Rn. 424).

407 **(aa) Zur Frage der Einigung zwischen Käufer und Verkäufer.** Auf die Annahme des Anerbietens oder der Bestellung durch den Verkäufer kommt es nicht an (aA *Endriß/Kinzig* NJW 2001, 3217 (3218); *Niehaus* JR 2005, 192 (196)). Erhärtet wird dies durch einen Blick auf den Waffenhandel. Nach der Gesetzesbegründung zur Einführung des Begriffs „Ankaufen" im Waffenrecht sind darunter alle geschäftlichen Handlungen zu verstehen, die darauf gerichtet sind, mit den angekauften Gegenständen Waffenhandel zu betreiben (BT-Drs. VI/2678, 26; ebenso *Steindorf* WaffG § 1 Rn. 62; *Heinrich* in MüKoStGB WaffG § 1 Rn. 196). Eine **Einigung** zwischen Käufer und Verkäufer ist danach **nicht notwendig.** Gleichwohl hat der 3. Strafsenat, ohne hier auf die waffenrechtliche Regelung einzugehen, in seinem Vorlagebeschluss v. 13.1.2005 (NJW 2005, 1589, dazu *Gaede* HRRS 2005, 250) eine solche Einigung gefordert.

408 **In seinem Beschluss** v. 26.10.2005 (BGHSt 50, 252 (→ Rn. 169)) ist der **Große Senat** für Strafsachen dem 3. Strafsenat **nicht gefolgt.** Die traditionelle Auffassung kann sich, worauf der Senat wesentlich abgehoben hat, auf die Entstehungs- und Gesetzgebungsgeschichte (→ Rn. 177–182) stützen. Auch der Wortlaut (→ Rn. 210–214, 217, 227) und der Systemzusammenhang (→ Rn. 195–199) stehen mit dieser Auslegung in Einklang. Der Erwerb von Betäubungsmitteln durch den Zwischenhändler ist auch nicht generell weniger gefährlich als der Verkauf des Erstverkäufers (*Roxin* StV 2003, 619 (621); *Weber* Handeltreiben S. 502; aA BGH StV 2003, 501 (→ Rn. 174); NJW 2005, 1589 (→ Rn. 175)).

409 **(bb) Der von Anfang an erfolglose Käufer.** Da das Handeltreiben lediglich eine auf den Umsatz gerichtete **Tätigkeit** verlangt (→ Rn. 214, 263), kann es auf einen möglichen Erfolg dieser Tätigkeit und damit auf die Verkaufsbereitschaft des angesprochenen Verkäufers nicht ankommen (→ Rn. 277). Ob eine ernsthafte Verhandlung vorliegt, ist allein aus der Sicht des Käufers zu beurteilen. Vollendetes Handeltreiben liegt daher auch dann vor, wenn der Käufer mit seiner ernsthaften Kaufabsicht an Händler geraten ist, die ihm **von Anfang an nichts** an verkaufen wollen oder können (aA BGHR BtMG § 29 Abs. 1 Nr. 1 Handeltreiben 64 (→ Rn. 403); zust. *Winkler* NStZ 2006, 328; *Schmidt* NJW 2007, 3252 (3253); *Malek* BtMStrafR Kap. 2 Rn. 147; abl. *Weber* JR 2007, 400 (402, 403); *Skoupil* BtM S. 225–227).

410 **Etwas anderes** kann auch aus dem Beschluss des Großen Senats v. 26.10.2005 (BGHSt 50, 252 (→ Rn. 169)) **nicht** entnommen werden. Weder aus der Entscheidungsformel (dazu *Weber* JR 2007, 400 (403)) noch aus den Gründen ist zu entnehmen, dass der Große Senat **in Abweichung** von der bisherigen Rechtsprechung eine Verschiebung von dem ernsthaften Anerbieten zu dem möglichen Erfolg dieses Angebots vornehmen wollte, zumal eine solche Verschiebung den **Deliktscharakter** vom abstrakten Gefährdungsdelikt zum abstrakt-konkreten oder potentiellen Gefährdungsdelikt (zu dieser Deliktskategorie → Rn. 277) verändern würde.

Kap. 1. Tatbestände des Abs. 1 S. 1 Nr. 1 § 29 BtMG

Problematisch wären auch die Fälle, in denen der Händler das Geschäft zwar 411
nicht völlig ablehnt, dem Interessenten aber nur eine geringere Menge oder eine
Menge mit einem geringeren Wirkstoffgehalt veräußert; das Handeltreiben müsste
hier in einen versuchten und einen vollendeten Teil **aufgespalten** werden.
Schließlich müsste wohl in allen Fällen, in denen der Täter an einen **nicht offen
ermittelnden Beamten** oder eine V-Person als Verkäufer geraten ist, Versuch angenommen werden (*Rahlf* FS Strauda, 2006, 243 (259)).

(cc) Zugang. Notwendig ist, dass das Kaufangebot dem Adressaten zugeht; er- 412
reichen Angebot oder Bestellung den Lieferanten nicht, liegt lediglich Versuch vor.
Insoweit kann nichts anderes gelten als im Falle eines Verkaufsangebots (→ Rn. 394;
LG München I NJW 2002, 2655 für § 18 Abs. 1 S. 1 TPG).

(dd) Inhalt. Für die Frage, mit welchem Inhalt das Handeltreiben vollendet 413
wurde, kommt es auf die **Abrede über den Kauf** und nicht auf den Gegenstand
der späteren Lieferung an. Maßgeblich ist die Vorstellung des Täters von Art und
Wirkstoffgehalt des Rauschgifts im Zeitpunkt der Abrede; nachträgliche Abweichungen bei der Lieferung müssen außer Betracht bleiben (BGH NStZ-RR 2006,
350; s. auch BGHR BtMG § 29 Abs. 1 Nr. 2 Menge 1 (→ Rn. 219)).

(ee) Ernstlichkeit, Scheinangebote. Das Kaufangebot oder die Bestellung 414
müssen ernstgemeint sein. Werden sie nur zum Schein abgegeben, ist der Tatbestand nicht erfüllt (BGHR BtMG § 29 Abs. 1 Nr. 1 Handeltreiben 5 = StV
1988, 254; 30 (→ Rn. 223); BGH NStZ-RR 2003, 185 = StV 2003, 281).

(ff) Keine engeren Anforderungen. Das Kaufangebot oder die Bestellung 415
sind Vorstufen des Kaufvertrags. Sie können daher keinen engeren Anforderungen
unterliegen als der Vertrag selbst. Wie bei diesem **kommt es daher nicht darauf
an,**
– ob das zum Umsatz bestimmte Rauschgift vorhanden ist (→ Rn. 372),
– ob Angebot oder Bestellung sich auf einen Stoff beziehen, bei dem es sich um
  eine Scheindroge handelt (→ Rn. 372), oder
– ob der angesprochene Verkäufer über das Rauschgift verfügen kann (→ Rn. 373).

Dasselbe gilt für die Frage der polizeilichen Kontrolle und Sicherstellung oder
Beschlagnahme (→ Rn. 374) oder der Beteiligung eines verdeckt ermittelnden Beamten oder einer V-Person (→ Rn. 374).

gg) Verwirklichung. Hat der Käufer eine verbindliche Bestellung aufgegeben, 416
so ist (vollendetes) Handeltreiben auch dann gegeben, wenn er später die **Verhandlungen** aus Furcht vor Entdeckung **abbricht,** wenn sein Verhandlungspartner sich
nicht interessiert zeigt (→ Rn. 409–411) oder von vornherein nicht gewillt war,
Rauschgift zu verkaufen (→ Rn. 409–411).

d) Besondere Formen des Verkaufs/Kaufs; Tausch; Rückgabe, Um- 417
tausch. In der Drogenszene haben sich eine Reihe besonderer Formen des Verkaufs oder Ankaufs herausgebildet. Auch der Tausch ist nicht selten.

aa) Probenkauf, Testen. Im illegalen Drogenhandel ist vor Vertragsabschluss 418
die Übergabe und Prüfung einer Probe nicht selten, um die Qualität des Stoffs und
damit den Preis besser einschätzen zu können (BGH NStZ 1996, 443 = StV 1996,
99; DRsp Nr. 1998/19526). Bei größeren Mengen ist die Probe meist kostenlos.
Vielfach wird aber bereits ein ernsthaftes und verbindliches Verkaufs- oder Ankaufsangebot (→ Rn. 385–396, 403–416) vorliegen (BGH DRsp Nr. 1998/19526), so
dass schon deswegen Handeltreiben wegen des **Gesamtvolumens** gegeben ist.
Beim Verkäufer kann es sich auch um Absatzbemühungen bei zur Verfügung
stehendem Rauschgift handeln (→ Rn. 398, 399), so dass es auch hier auf das Zustandekommen des Geschäfts nicht ankommt. Im Übrigen ist es Sache des Einzelfalls, ob Handeltreiben nur hinsichtlich der Probe vorliegt oder ob das Gesamtvolumen maßgeblich ist; entscheidend sind dabei die Absprache (vgl. BGH NStZ 2006,

577 (→ Rn. 170)) und die Ernstlichkeit des Angebots (BGH 4 StR 297/04). **Zur Bewertungseinheit** bei Probelieferungen → Vor § 29 Rn. 614.

419 Auch das **Testen** der Qualität von Rauschgift im Rahmen von Betäubungsmittelgeschäften kann Handeltreiben sein (BGH *Schoreit* NStZ 1993, 329 = DRsp Nr. 1994/116).

420 **bb) Vertrauenskauf.** Dieselben Grundsätze gelten, wenn der Verkäufer zum Test, ob der Käufer „sauber" ist, vor der Lieferung einer größeren Menge ein kleineres Geschäft abwickelt mit der Abrede, nach erfolgreichem Verlauf die größere Restmenge nachzuliefern (BGH NStZ 1996, 443 (→ Rn. 418)).

421 **cc) Dreiecksgeschäfte, Kompensationsgeschäfte.** Ob hier Handeltreiben vorliegt, kann nicht pauschal gesagt werden, sondern ist für jeden Beteiligten gesondert zu prüfen.

422 **dd) Tausch (barter-trading), Tauschbemühungen.** Wird nicht Stoff gegen Geld, sondern gegen andere Betäubungsmittel, Gold, Schmuck oder andere Gegenstände hingegeben (barter-deal), so liegt an sich ein Tausch vor. Solche Geschäfte sind in der Drogenszene von erheblicher Bedeutung und manchmal beliebter als der Verkauf/Kauf. Da der erstrebte Gewinn nicht in Geld bestehen muss (→ Rn. 322), liegt auch hier Handeltreiben vor (BGH NStZ-RR 2007, 58; DRsp Nr. 1994/69). Handelt der Täter nicht in der Absicht der Gewinnerzielung, scheidet Handeltreiben aus (→ Rn. 314). Für **Tauschbemühungen** gilt dasselbe wie für Verkaufs- oder Kaufbemühungen (→ Rn. 376–416).

423 **ee) Rückgabe, Reklamation, Umtausch.** Gibt der Täter, der Rauschgift zum Weiterverkauf erworben hatte, schlechte Ware zurück oder bemüht er sich um Rückgabe und Lieferung einwandfreier Ware (BGH 2 StR 323/09), so ist dies **kein neuer Fall** des Handeltreibens, da das aufgrund des vorangegangenen Einkaufs gegebene Handeltreiben erst mit Abschluss der Reklamation beendet ist (BGH NStZ 1994, 135; 2005, 232; NStZ-RR 2007, 58 = StV 2007, 83; 2010, 353; Körner StV 1998, 626 (630)). Ein einheitliches Geschäft liegt auch dann vor, wenn der Täter für die schlechte Ware, die er zurückgegeben hat, einwandfreie erhält (BGH NStZ 2005, 232; 2011, 97; NStZ-RR 2010, 24; 2010, 353; StV 2017, 296 = BeckRS 2016, 08444). Dabei kommt es **nicht** darauf an, dass der Umtausch **zeitnah** erfolgt (aA wohl BGH NStZ-RR 2018, 80 = StV 2018, 499); maßgeblich ist, ob er noch Teil des ursprünglichen Handelsgeschäfts ist. Auch die **Rückgabe entwendeter Betäubungsmittel** ist kein neues Handeltreiben (BGHSt 30, 359 (→ Rn. 179)).

424 **e) Sonstige Verpflichtungsgeschäfte.** Nicht nur der Verkauf (→ Rn. 358) oder Kauf (→ Rn. 370) sondern auch andere Geschäfte, in denen sich der Täter ernsthaft verpflichtet, zur gewinnbringenden Veräußerung bestimmte Betäubungsmittel zu liefern (auch → Rn. 406), oder in denen der Täter einen Dritten ernsthaft verpflichtet, ihm die Betäubungsmittel zu liefern, erfüllen den Tatbestand des Handeltreibens (BGHR BtMG § 30a Abs. 2 Sichverschaffen 2 (→ Rn. 217)). Dies kann etwa bei einer Verwahrung von Betäubungsmitteln in Betracht kommen, wenn der Auftraggeber dem Verwahrenden **ernsthaft verspricht,** ihm als Entgelt für die Verwahrung einen Teil der Betäubungsmittel zu überlassen (schuldrechtliche Verpflichtung des Auftraggebers) und wenn der Verwahrende die ihm versprochenen Betäubungsmittel zur gewinnbringenden Veräußerung bestimmt hat (absatzorientierte Beschaffung (BGHR BtMG § 30a Abs. 2 Sichverschaffen 2 (s. o.))). Dasselbe gilt, wenn sich der Täter für die Begleitung beim Transport einen Teil des Rauschgifts **versprechen** lässt, das er später verkaufen will, und eine entsprechende **Zusage** erhält (BGH NStZ-RR 2014, 344).

425 **f) Vermittlungsgeschäfte.** Vermittlungsgeschäfte (→ Einl. Rn. 99) sind eine typische Form der Förderung fremder Umsatzgeschäfte (stRspr; BVerfG 2 BvR

1906/99; RG DJZ 1932 Sp. 808 (→ Rn. 168); JW 1933, 2772 (→ Rn. 253); BGHSt 38, 58 (→ Rn. 170); 50, 252 (→ Rn. 169); *Patzak* in Körner/Patzak/Volkmer § 29 Teil 4 Rn. 97), meist durch Benennung eines Lieferanten oder Abnehmers gegen Provision (BGH NStZ 1997, 136 = StV 1997, 471; StV 1993, 127; 2001, 406; *Holtz* MDR 1980, 455 = DRsp Nr. 1994/1439; OLG Düsseldorf NStZ-RR 1998, 373).

Vermittlungsgeschäfte werden heute nicht selten über den **Telefonhandel/ 426 Internettelefonie** oder über **Call-Center** abgeschlossen. Beim Telefonhandel kennen die Kaufinteressenten weder den Verkäufer noch den Vermittler; sie haben lediglich eine Handy-Nummer, bei der sie ihre Bestellung aufgeben und erfahren, wo ein Bote **(Läufer)** die bestellte Ware übergeben wird. Auch **beim Call-Center** kennen die Kaufinteressenten weder den Vermittler noch den Verkäufer, sondern nur die Nummer des Call-Centers. Dieses ist mit Vermittlern besetzt, die zahlreiche Handys bedienen und die eingehenden Bestellungen zu dem Betreiber des Call-Centers weiterleiten, der dann seine Läufer zur Auslieferung einsetzt; zur Aufnahme der Bestellungen auf der einen Seite und für den Verkehr zwischen dem Call-Center, seinem Betreiber und den Läufern auf deranderen Seite werden verschiedene Handy-Kreise eingesetzt.

Handelt der Vermittler (Checker) **eigennützig**, so kann er (Mit-)Täter des Han- 427 deltreibens sein (BGHR BtMG § 29 Abs. 1 Nr. 1 Handeltreiben 14 (→ Rn. 324); 54 (→ Rn. 170); BGH NStZ-RR 2001, 148; StV 2009, 638; DRsp Nr. 1994/17; Nr. 1994/76). Ob er dies ist, entscheidet sich nach den allgemeinen Grundsätzen (BGH NStZ-RR 2011, 57; dazu → Rn. 675, 679). Unabhängig hiervon ist es für den Schuldumfang wesentlich, ob der Täter lediglich ein fremdes Umsatzgeschäft gegen Provision fördert oder ob er selbst über die Drogen verfügt und diese mit Gewinn weiter veräußert (BGH StV 2001, 406).

Das **Vermitteln** ist sowohl in der **Legaldefinition** des Handeltreibens in 428 Abschn. 2 Nr. 9 der Anlage 1 zu § 1 Abs. 4 WaffG als auch in Art. 2 Abs. 1 Buchst. a des **EU-Rahmenbeschlusses** v. 25.10.2004 (→ Rn. 163, 183–186) enthalten (s. auch die Kataloge in BGH StV 2003, 501 (→ Rn. 174) und bei *Schwitters* Vorverlagerung der Strafbarkeit S. 162, 163). Im Nebenstrafrecht findet es sich noch in § 22a Abs. 1 Nr. 7 KWKG, allerdings nicht als Erscheinungsform des Handeltreibens, sondern als eigener Tatbestand.

Das Handeltreiben in Form des Vermittelns ist auch dann vollendet, wenn es 429 nach der **erfolgreichen** Vermittlung **nicht zu einem Umsatz** (Umsatzgeschäft (→ Rn. 257)) gekommen ist (→ Rn. 266–268; aA *Roxin* StV 2003, 619 (621)). Es gilt hier nichts anderes als im Waffenrecht (Steindorf WaffG § 1 Rn. 68; *Heinrich* in MüKoStGB WaffG § 1 Rn. 201; s. auch BGHR WaffG § 53 Abs. 1 Nr. 1 Buchst. b Vermitteln 1 = NStZ 1994, 92 = StV 1994, 21) oder Kriegswaffenrecht (BGHR KWKG § 16 Abs. 1 Nr. 7 Versuch 1 = NJW 1988, 3109 = NStZ 1988, 507; § 22a Abs. 1 Vertragsabschluss 1 = NJW 1994, 62 = NStZ 1994, 135; BGH NStZ 1983, 172). Erhärtet wird dies durch Art. 2 Abs. 1 Buchst. a des EU-Rahmenbeschlusses v. 25.10.2004 (→ Rn. 163, 183–186). Das Vermitteln ist dort von Tatmodalitäten umrahmt, die keinen Umsatz von Betäubungsmitteln erfordern. Damit wäre es schwerlich vereinbar, wenn gerade beim Vermitteln ein solcher Umsatz vorausgesetzt würde. Zur **nicht erfolgreichen** Vermittlung → Rn. 433–441)

Es kommt auch nicht darauf an, in welchem **Stadium des Geschäfts** der Ver- 430 mittler seine Dienste erbringt, ebenso wenig, ob seine Vermittlungstätigkeit für alle (*Franke/Wienroeder* § 29 Rn. 49) oder nur einen (BGH 4 StR 454/05) Geschäftspartner **erkennbar** ist. Auch die Vermittlung eines **Test-** oder **Vertrauenskaufes** kann Handeltreiben sein (BGH NStZ 1996, 443 (→ Rn. 418)). (Vollendetes) Handeltreiben liegt auch vor, wenn auf beiden Seiten des vermittelten Geschäfts verdeckt ermittelnde **Beamte** oder **V-Personen** auftreten (→ Rn. 290; BGH NStZ 1981, 257 (→ Rn. 290); 1994, 39).

431 **Das Vermitteln** muss sich nicht **unmittelbar** auf Betäubungsmittel beziehen; auch die Vermittlung von Geschäften über **andere Stoffe und Gegenstände** kann Handeltreiben sein, wenn die Tätigkeit auf die Ermöglichung oder Förderung eines bestimmten Umsatzgeschäfts mit Betäubungsmitteln zumindest in dem Sinne zielt, dass ein konkretes Geschäft im Raume steht, das jedenfalls später mindestens bis zum Versuch gedeihen muss (→ Rn. 236–251).

432 Auch die Vermittlung von **Kurieren** (BGH NStZ 1986, 232; 5 StR 347/96, **Chemikern, Depothaltern** (BGHR BtMG § 29 Abs. 1 Nr. 1 Handeltreiben 47 = StV 1995, 197) und **Finanziers** kann den Tatbestand des Handeltreibens erfüllen (*Patzak* in Körner/Patzak/Volkmer § 29 Teil 4 Rn. 98), wenn die sonstigen Voraussetzungen, insbesondere die Eigennützigkeit und die notwendige Konkretisierung (→ Rn. 431) hierfür vorliegen.

433 **g) Vermittlungsbemühungen.** Unter den Begriff des Handeltreibens fällt jede eigennützige, auf den Umsatz von Betäubungsmitteln gerichtete Tätigkeit (→ Rn. 169). Das (vollendete) Handeltreiben setzt daher weder den Abschluss eines schuldrechtlichen noch eines dinglichen Vertrags voraus. Dies gilt auch in den Fällen des Vermittelns. Kommt trotz der Bemühungen des Vermittlers ein Kaufvertrag nicht zustande, so ist zu unterscheiden:

434 **aa) Vorbereitungshandlungen.** Bloße Voranfragen, Vorsondierungen oder allgemeine Anfragen des Vermittlers, das Erkunden von Märkten, das bloße Umhören nach und Abfragen von Verkaufs- oder Erwerbsmöglichkeiten sind lediglich Vorbereitungshandlungen. Es gilt hier nichts anderes als bei den Vertragsparteien selbst (→ Rn. 378, 401).

435 **bb) Ernsthaftes Anerbieten zur Vermittlung.** Der Tatbestand ist dagegen vollendet, wenn der Täter das Stadium allgemeiner Anfragen verlässt und sich mit dem ernsthaften Anerbieten, den Verkauf oder den Erwerb von Rauschgift für einen anderen zu vermitteln, an eine Person wendet, die nach seiner Vorstellung als Käufer, Verkäufer oder (weiterer) Vermittler in Betracht kommt (BGH DRsp Nr. 1994/68; *Oğlakcıoğlu* in MüKoStGB Rn. 290). Auch die ernsthafte, aber vergebliche Suche nach einem Lieferanten, Abnehmer oder Vermittler kann danach vollendetes Handeltreiben sein (BGH BtMG § 29 Abs. 1 Nr. 1 Handeltreiben 4 (→ Rn. 219)). Zur Beteiligungsform → Rn. 675, 679.

436 Vollendetes Handeltreiben ist daher auch dann gegeben, wenn die **Vermittlungsbemühungen erfolglos** geblieben sind und das vermittelte (schuldrechtliche) Geschäft nicht zustande kommt (BGH NStZ 1981, 257 = StV 1981, 276; 1 StR 643/93; *Oğlakcıoğlu* in MüKoStGB Rn. 290; aA *Hecker* NStZ 2000, 208 (209); *Roxin* StV 2003, 619 (621)). Dasselbe gilt, wenn es zur Anbahnung bestimmter Geschäfte nicht gekommen ist (BGHSt 29, 239 (→ Rn. 170); 34, 124 (→ Rn. 170); BGH NJW 1979, 1259).

437 **Es ist Sache des Gesetzgebers,** ob er die Vollendung an das schlichte Tätigwerden des Vermittlers oder an den durch die Vermittlung bewirkten Erfolg anknüpfen will; der Begriff der Vermittlung ist daher **aus dem Zusammenhang heraus** zu interpretieren, in den er gestellt ist (BGH NStZ 1983, 172). Nichts anderes gilt für das Vermitteln als Erscheinungsform des Handeltreibens. Beim Handeltreiben mit Rauschgift ergeben sich die Gefahren für die geschützten Rechtsgüter nicht erst durch den Abschluss eines vermittelten Vertrags, sondern bereits durch die Vermittlungstätigkeit. Nicht anders als durch die ernsthaften Ankaufsbemühungen eines Zwischenhändlers wird mit der Aufnahme ernsthafter Vermittlungsbemühungen ein **Prozess in Gang gesetzt,** der im Hinblick auf die Bedingungen des illegalen Drogenmarkts (→ Rn. 359) zu einem erhöhten Risiko für die

geschützten Rechtsgüter führt. Es erscheint daher gerechtfertigt, auch dann **Vollendung** anzunehmen, wenn es **nicht zu einem Vertragsabschluss** gekommen ist.

Erhärtet wird dies durch **Recht der EU**. Während Art. 2 Abs. 1 Buchst. a des 438
EU-Rahmenbeschlusses v. 25.10.2004 (→ Rn. 163, 183–186) lediglich das Vermitteln aufführt, ohne es zu definieren, ist eine solche Definition in Art. 2 Buchst. e Hs. 1 der VO (EG) Nr. 111/2005 v. 22.12.2004 (ABl. 2005 L 22, S. 1), zuletzt geändert durch durch Delegierte VO (EU) 2020/1737 v. 14.7.2020 (ABl. L 392), zur Festlegung von Vorschriften für die Überwachung des Handels mit **Drogenausgangsstoffen** zwischen der Gemeinschaft und Drittländern enthalten. „Vermittlungsgeschäfte" werden dort definiert als „jede Tätigkeit zur Anbahnung des Ankaufs, des Verkaufs oder der Lieferung erfasster Stoffe, die von einer natürlichen oder juristischen Person mit dem Ziel betrieben wird, zwischen zwei Parteien eine Einigung herbeizuführen, ohne dass sie diese Stoffe in ihren Besitz nimmt oder die Durchführung eines derartigen Vorgangs leitet".

Es spricht nichts dagegen, auch dem **Vermitteln** iSd Art. 2 Abs. 1 Buchst. a des 439
EU-Rahmenbeschlusses v. 25.10.2004 diese Definition zugrunde zu legen, zumal es keinen Sinn machen würde, die Strafbarkeit bei der Vermittlung von Grundstoffen früher eintreten zu lassen als bei der Vermittlung der Drogen selbst. Im Übrigen ist die Definition der VO (EG) Nr. 111/2005 mittlerweile auch in das **nationale Recht** (§ 1 Nr. 6 GÜG v. 11.3.2008 (Anh. D 1)) übernommen worden.

Ein (vollendetes) Handeltreiben in Form des Vermittelns ist daher auch dann 440
gegeben, wenn der Vermittler einem Drogenlieferanten einen Kaufinteressenten oder einem Kaufinteressenten einen Lieferanten in der Weise benennt, dass der Auftraggeber von sich aus Vertragsverhandlungen mit dem ihm bis dahin unbekannten Vertragspartner aufnehmen kann **(Nachweis der Gelegenheit),** und ihm damit einen potentiellen Kunden zuführt (BGH *Holtz* MDR 1980, 455 (→ Rn. 425); *Malek* BtMStrafR Kap. 2 Rn. 96; abl. *Paeffgen* FG BGH, 2000, 695 (719), allerdings unter dem Blickpunkt von Täterschaft und Teilnahme).

Dagegen dürfte in der ernsthaften Erklärung, beim Absatz von Betäubungsmit- 441
teln durch Vermittlung von Kaufinteressenten behilflich sein zu wollen, **noch keine Tätigkeit** zur Anbahnung des Verkaufs von Betäubungsmitteln zu sehen sein (aA BGH 2 StR 702/77 bei *Liemersdorf/Miebach* MDR 1979, 981; *Oğlakcıoğlu* in MüKoStGB Rn. 290), jedenfalls solange es sich lediglich um eine **einseitige Erklärung** handelt, die noch nicht darauf gerichtet ist, zwischen zwei Parteien eine Einigung herbeizuführen (→ Rn. 438). Dies ändert sich, sobald der Vermittler gegenüber potentiellen Kunden hervortritt. Etwas anderes kommt auch in Betracht, wenn das Rauschgift dem Vermittler zur Vermittlung ernsthaft angeboten ist und wirklich zur Verfügung steht; in einem solchen Fall steht der Sachverhalt einer entsprechend ausgestalteten Kommission so nahe, dass eine unterschiedliche Behandlung nicht gerechtfertigt wäre (→ Rn. 442, 443).

h) Kommissionsgeschäfte, Kommissionsangebote. In der Drogenszene 442
sind Kommissionsgeschäfte nicht selten. Auch wer im eigenen Namen fremdes Rauschgift verkauft oder für einen anderen Rauschgift, das dieser gewinnbringend weiterveräußern will, erwirbt **(Kommissionär),** treibt Handel (s. BGH NStZ 2011, 97 = StV 2010, 684). Dasselbe gilt für die entsprechenden Verkaufs- oder Kaufbemühungen; auch hier setzt die Vollendung nicht voraus, dass es zu einem Umsatz der auf Kommissionsbasis überlassenen oder erworbenen Betäubungsmittel gekommen ist.

Dies gilt auch für den **Verkäufer (Kommittenten).** Für ihn ist das Handeltrei- 443
ben mit dem verbindlichen und ernsthaften Angebot an den Kommissionär, dass dieser für ihn tätig wird, vollendet. Dies gilt jedenfalls dann, wenn das Angebot auf

Grund einer tatsächlich vorhandenen (BGHSt 37, 162 = NJW 1991, 435 = NStZ 1990, 602 = StV 1991, 2) oder ihm wirklich zur Verfügung stehenden Partie Rauschgift erfolgt. In einem solchen Falle spielt es auch keine Rolle, wenn der Angesprochene das Angebot ablehnt (BGHSt 37, 162 (s. o.)).

444 **i) Sonstige Provisionsgeschäfte.** Das typische Provisionsgeschäft ist das Vermitteln. Provisionen werden aber auch in anderen Fällen gezahlt, etwa für die Duldung von Rauschgiftgeschäften in einem Bereich, über den der Täter Herrschaftsgewalt ausübt. So macht sich ein Gastwirt, der es gegen Provision duldet, dass in seiner Gaststätte Betäubungsmittelgeschäfte durchgeführt werden, des Handeltreibens schuldig (OLG Frankfurt a. M. DRsp Nr. 1994/67).

445 **j) Darlehens-, Finanzierungs- und sonstige Geldgeschäfte.** Weder vollendetes noch versuchtes Handeltreiben ist in der Gewährung eines Darlehens für künftige, noch **nicht konkretisierte** Betäubungsmittelgeschäfte zu sehen. Dies ergibt sich bereits daraus, dass das Handlungsobjekt in diesen Fällen nicht Rauschgift, sondern Geld ist. Es gilt daher dasselbe wie beim Umgang mit anderen Gegenständen (→ Rn. 236–252); zum Kaufgeld → Rn. 235. Darauf, dass es sich um Handlungen handeln soll, die lediglich typische Vorbereitungen darstellen, weil sie **weit im Vorfeld** des beabsichtigten Güterumsatzes liegen (BGHSt 50, 252 (→ Rn. 169); BGHR BtMG § 29 Abs. 1 Nr. 1 Handeltreiben 22 (→ Rn. 241); BGH NJW 2005, 1589 (→ Rn. 175)), kommt es daher nicht an. In Betracht kommt § 29 Abs. 1 S. 1 Nr. 13 (→ Rn. 448).

446 **Kann das in Aussicht** genommene Betäubungsmittelgeschäft dagegen **konkretisiert werden,** so kommt (vollendetes) Handeltreiben in Betracht (BGHR BtMG § 29 Abs. 1 Nr. 1 Handeltreiben 22 (→ Rn. 241); § 29 Abs. 1 Nr. 4 Bereitstellen 2 (→ Rn. 465); BGH StV 1986, 300; auch → Rn. 243, 244). Dazu kann es genügen, wenn der Beteiligte das **(Kauf)Geld** zum Erwerb einer großen Menge hochwertigen Heroins in Thailand zur Verfügung stellt, das plangemäß in die Schweiz und nach Deutschland verbracht und dort gewinnbringend verkauft wird (BGHSt 40, 208 (→ Rn. 358) für einen Fall der Beihilfe; auch → Rn. 244). Dasselbe gilt, wenn der Täter zur Errichtung einer Indoor-Anlage 40.000 EUR als Darlehen gewährt (BGH NJW 2011, 2529 (→ Rn. 122)), wenn später in der Anlage Cannabis erzeugt und verkauft wird.

447 Kann nicht festgestellt werden, dass der **Empfänger des Geldes** dieses zum An- und Verkauf von Betäubungsmitteln verwenden wollte (sondern den Geldgeber wohl betrügen wollte), so scheidet vollendetes Handeltreiben aus (BGHR BtMG § 29 Abs. 1 Nr. 1 Handeltreiben 22 (→ Rn. 241)).

448 Liegt **mangels Konkretisierung** der in Aussicht genommenen Tat Handeltreiben nicht vor (→ Rn. 243), so kann die Geldhingabe als Bereitstellung von Geldmitteln nach § 29 Abs. 1 Nr. 13 erfasst werden (BGHR BtMG § 29 Abs. 1 Nr. 1 Handeltreiben 22 (→ Rn. 241); § 29 Abs. 1 Nr. 4 Bereitstellen 1 = DRsp Nr. 1997/17016; 2 (→ Rn. 465)).

449 **k) Dienst- und Werkverträge.** Handeltreiben kann auch gegeben sein, wenn der Täter gegen Honorar den Auftrag zur Durchführung eines Rauschgiftgeschäftes oder zur Herstellung von Betäubungsmitteln übernimmt, wobei hier die verschiedensten Tätigkeiten in Betracht kommen (dazu *Patzak* in Körner/Patzak/Volkmer § 29 Teil 4 Rn. 102, 103). Dies gilt auch dann, wenn das Honorar nicht in Geld, sondern in anderen Leistungen, etwa in Betäubungsmitteln besteht. Zur **Eigennützigkeit** → Rn. 326.

450 **l) Arbeitsverträge.** Den Tatbestand des Handeltreibens kann auch ein Arbeitnehmer erfüllen, der im Betrieb eines Rauschgiftproduzenten oder -händlers Umsatzgeschäfte mit Betäubungsmitteln ermöglicht oder fördert (BGH NStZ-RR 1996, 374; 2004, 146 (→ Rn. 324); BayObLGSt 2002, 135 = NStZ 2003, 270;

Patzak in Körner/Patzak/Volkmer § 29 Teil 4 Rn. 100, 101; *Franke/Wienroeder* Rn. 32; s. auch BGH NStZ 1997, 121). Dies kommt auch dann in Betracht, wenn er nur vorbereitende Aufgaben übernommen hat (BGH NStZ-RR 1996, 20) oder wenn er keine unmittelbare Entlohnung für die einzelne Tätigkeit erhält (→ Rn. 326, 327). Zur **Eigennützigkeit** → Rn. 326. Zur **Beteiligungsform** → Rn. 642, 643 (untergeordnete Tätigkeiten), → Rn. 680 (Filialleiter).

m) Sonstige Tätigkeiten im Umfeld von Verhandlungen oder Umsatz. 451
Auch sonstige Tätigkeiten im Umfeld von Vertragsverhandlungen oder Umsatz können Handeltreiben sein. Dies gilt etwa von der Tätigkeit eines **Dolmetschers** (BGH NStZ 1995, 85 = StV 1995, 254), von der **telefonischen Weiterleitung** von Nachrichten bei der Vorbereitung des Geschäfts (BGH StV 1995, 198) oder der Verrichtung von **Telefondiensten** für Freunde einschließlich der Vereinbarung von Terminen mit Abnehmern (OLG Düsseldorf StV 1992, 15). Zur **Beteiligungsform** → Rn. 682, 683.

Handeltreiben kann auch in der **Ausrüstung mit Waffen** zur möglichst sicheren Durchführung des Geschäfts (BGH DRsp Nr. 1998/19505), der **Absicherung** des Geschäfts gegen unvorhergesehene Zwischenfälle (BGH StV 1995, 198), der **Überwachung** des Treffens, namentlich um eine polizeiliche Observation festzustellen (BGH StV 1995, 198), der Durchführung einer **Gegenobservation** (BGH *H. W. Schmidt* MDR 1980, 969 = DRsp Nr. 1998/19508) oder der sonstigen Übernahme von Observations- und Überwachungsdiensten zu sehen sein. Dasselbe gilt, wenn der Beteiligte die Kfz-Kennzeichen und Telefonnummern von Kaufinteressenten **überprüft**, die Lokalbesucher **überwacht** oder sich mit einer Waffe vor dem Eingang **postiert** (BGH *H. W. Schmidt* MDR 1980, 969 (s. o.)). Zur **Beteiligungsform** → Rn. 684–686. 452

Im Zusammenhang mit dem Umsatzgeschäft stehen auch die **Anreise zum Umladeplatz** des Rauschgifts (BGH StV 1997, 638), das **Aufsuchen des Lieferanten** zur Abholung einer zuvor bereits verabredeten Menge (BGH NStZ-RR 2014, 144) oder die **Übergabe einer Waffe** an einen Tatbeteiligten unmittelbar vor der Abwicklung des Betäubungsmittelgeschäfts (BGH StV 1997, 638). Auch sie stellen Teilakte des Handeltreibens dar, wenn sie auf eine Förderung des Umsatzes gerichtet sind. auch → Rn. 571. 453

Dasselbe gilt für die **Begleitung** des Händlers **beim Absatz** zu dessen Schutz oder als Tüten- oder Kofferträger, um ihm das Entdeckungsrisiko abzunehmen, desgleichen die Begleitung zu einem Heroinversteck (BGH 4 StR 676/96) oder das **Testen** von Cocain im Rahmen eines Rauschgiftgeschäfts (→ Rn. 419). Zur **Beteiligungsform** → Rn. 687. 454

n) Handlungen nach Geschäftsabschluss, Zahlungsvorgänge. Der Tatbestand des Handeltreibens kann auch noch nach Abschluss des Verkaufs- oder Kaufgeschäfts erfüllt werden (→ Rn. 630): 455

aa) Übereignungsvorgänge. Dies gilt zunächst für die Übereignungsvorgänge hinsichtlich des **Rauschgifts** (→ Rn. 360, 371). 456

bb) Zahlungsvorgänge. Nichts anderes gilt aber auch für das **Entgelt.** Auch die erforderlichen Zahlungsvorgänge, selbst wenn sie nach dem eigentlichen Betäubungsmittelumsatz erfolgen (BGHSt 63, 1 (→ Rn. 168)), einschließlich unterstützender Finanztransaktionen (→ Rn. 475) können Teil des Handeltreibens sein (BGHSt 43, 158 = NJW 1997, 3323 = NStZ 1998, 42 = StV 1997, 589 = JR 1999, 76 mAnm *Arzt;* BGHR BtMG § 29 Abs. 1 Nr. 1 Handeltreiben 50 (→ Rn. 173); 52 (→ Rn. 173); BGH NJW 2008, 1460 = NStZ 2008, 465 m. insoweit zust. Anm. *Weber;* NStZ 2020, 228; NStZ-RR 2015, 16; 2020, 252; *Rissing van Saan* in LK-StGB StGB Vor § 52 Rn. 46). Spätestens mit dem erfolgten Umsatz des Rauschgifts ist das Handeltreiben **vollendet** (*Roxin* StV 2003, 619 (621)), **be-** 457

endet ist es, wenn der Lieferant den Kaufpreis erhalten hat und auch der Geldfluss als Entgelt der Drogenlieferung zur Ruhe gekommen ist (BGHSt 43, 158 (s. o.); BGH NJW 2015, 3800; NStZ 2014, 82 mAnm *Knauer/Oğlakcıoğlu* = StV 1014, 599; NStZ-RR 2020, 252). Erst damit ist das Geschehen über die bloße Erfüllung des Tatbestands hinaus zu einem tatsächlichen Abschluss gelangt (BayObLG NJW 1980, 412; *Fischer* StGB § 22 Rn. 6; *Eser/Bosch* in Schönke/Schröder StGB Vor § 22 Rn. 4).

458 **Dies gilt auch dann,** wenn im Hinblick auf Art. 103 Abs. 2 GG darauf abgestellt wird, dass die **Beendigung tatbestandsbezogen** sein muss (*Kühl* in Lackner/Kühl StGB Vor § 22 Rn. 2; *Kühl* FS Roxin, 2011, 665 (673–676)). Schon wegen der notwendigen Eigennützigkeit, des Bestandteil des die Tat beschreibenden Tatbestandsmerkmals des Handeltreibens ist (→ Rn. 312), gehört zum Handeltreiben auch die Entgegennahme des Kaufpreises durch den Verkäufer (OLG Frankfurt a. M. DRsp Nr. 1994/12), so dass auch diese im Tatbestand den notwendigen Bezugspunkt hat.

459 **Dass auch der Gesetzgeber** dies nicht anders gesehen hat, wird durch § 17 Abs. 1 S. 2 Nr. 1 TPG bestätigt, wo die Annahme eines Entgelts für bestimmte Tätigkeiten durch eine ausdrückliche Regelung aus dem Anwendungsbereich des Handeltreibens (zur Übernahme des Begriffs in das TPG → Rn. 181) herausgenommen wird. Dass der generelle Ausschluss der dem Umsatz nachfolgenden Geldtransaktionen aus dem Tatbestand (BGH StV 2003, 501 (→ Rn. 174)) auch im Übrigen nicht überzeugen kann, wird auch daran offenbar, dass es gekünstelt wäre, diese Teilakte mit dem dann eintretenden Tatbestand der Geldwäsche zu erfassen (dazu *Weber* NStZ 2004, 66 (71)).

460 **Die Beteiligung** an einer Tat ist nur **bis zu deren Beendigung** möglich (BGH NStZ 2014, 82 (→ Rn. 457)). Es ist daher zu unterscheiden:

461 **(a) Handlungen auf der untersten Ebene der Handelskette.** Der Tatbestand des Handeltreibens kann sowohl durch die Bezahlung (→ Rn. 371) des aus einer Rauschgiftlieferung „geschuldeten" Kaufpreises als auch durch seine Entgegennahme (→ Rn. 360) erfüllt werden. Dies gilt auch für das Bemühen um die **Einziehung** oder **Eintreibung** des Kaufpreises (BGHSt 43, 158 (→ Rn. 457); BGHR BtMG § 29 Abs. 1 Nr. 1 Handeltreiben 50 (→ Rn. 173); 52 (→ Rn. 173); BGH NJW 1995, 3264 = NStZ 1996, 39 = StV 1995, 586; NStZ-RR 2020, 252; StV 2019, 341 = BeckRS 2018, 247564). Desgleichen kann das Bemühen, einen **Zahlungsaufschub** für den Erwerber zu erreichen, (Beihilfe zum) Handeltreiben sein (BGH NStZ-RR 2020, 252).

462 Dasselbe gilt für die **Übermittlung** des Kaufpreises einschließlich unterstützender Finanztransaktionen (→ Rn. 475) **vom Empfänger/Verbraucher** der Drogen **an seinen Verkäufer** (BGHSt 43, 158 (→ Rn. 457); BGHR BtMG § 29 Abs. 1 Nr. 1 Handeltreiben 52 (→ Rn. 173); § 29 Abs. 1 Nr. 4 Bereitstellen 2 (→ Rn. 465); BGH NStZ-RR 2015, 16; StV 1995, 641; 2019, 341 (→ Rn. 461); 4 StR 418/12). Dies gilt auch dann, wenn der Erlös in einer Art **Geldwäsche** zunächst in Deutschland in andere Produkte umgetauscht wird (BGHR BtMG § 29 Abs. 1 Nr. 1 Handeltreiben 50 (→ Rn. 173)). Zum Vorsatz → Rn. 828.

463 **Dienen die Tätigkeiten** des Beteiligten der **Schuldentilgung aus einem früheren Handelsgeschäft,** so sind sie Teilakte dieses Geschäfts und bilden mit ihm eine Bewertungseinheit (BGH NStZ-RR 2015, 16). Besteht die Tätigkeit darin, dass der Beteiligte für seinen früheren Geschäftspartner Rauschgift ausliefert und den Kaufpreis von den Abnehmern kassiert, so liegt darin Beihilfe zum nunmehrigen Handeltreiben seines früheren Geschäftspartners; hinzu tritt der Besitz. Beide treten nicht hinter das eigene Handeltreiben des Beteiligten zurück, da sie sich auf

Kap. 1. Tatbestände des Abs. 1 S. 1 Nr. 1 **§ 29 BtMG**

verschiedene Betäubungsmittelmengen beziehen; es liegt Tateinheit vor (BGH NStZ-RR 2015, 16).

Beendet ist die Tat (→ Rn. 461, 462), wenn der Empfänger/Verbraucher die **464** vereinbarte Drogenmenge und sein Verkäufer das Entgelt dafür erhalten haben (BGH NJW 2015, 3800; NStZ-RR 2020, 252) oder im Falle der → Rn. 463 die Schulden getilgt sind (BGH NStZ-RR 2020, 252). Die **Aufbewahrung des Erlöses** ist daher nicht mehr Teil dieses Handeltreibens; dies gilt auch dann, wenn das Geld für neue Rauschgiftgeschäfte bestimmt ist (BGH StV 2019, 341 (→ Rn. 461)). Wird das Geld dagegen im Rahmen eines **Kommissionsgeschäfts** aufbewahrt, um es an den Kommittenten abzuführen, so ist dies ein Teilakt des Handeltreibens (→ Rn. 442), da das Umsatzgeschäft vor Abführung des Erlöses noch nicht beendet ist (BGH StV 2019, 341 (→ Rn. 461), wenn auch mit eher verwirrenden weiteren Ausführungen).

Nicht mehr Teil dieser Tat ist das Weiterbefördern des Erlöses an Hintermän- **465** ner des Rauschgifthandels. Ob diese Hintermänner (Großhändler), aus deren Beständen das Rauschgift stammt, noch Forderungen gegen den Verkäufer (Zwischenhändler) haben, ist für die Beendigung **dieser Tat** (Lieferung an Empfänger/Verbraucher) **ohne Bedeutung** (BGHSt 43, 158 (→ Rn. 457); BGHR BtMG § 29 Abs. 1 Nr. 1 Handeltreiben 52 (→ Rn. 173); § 29 Abs. 1 Nr. 4 Bereitstellen 2 = NJW 1992, 1905 = NStZ 1992, 495 mAnm *Schoreit* = StV 1992, 161; BGH NStZ-RR 2015, 113; 2020, 252; *Patzak* in Körner/Patzak/Volkmer Teil 4 Rn. 112; *Franke/Wienroeder* Rn. 50).

Diese Tat ist auch dann mit der **Entgegennahme des Erlöses** durch den ver- **466** kaufenden Mittäter **beendet,** wenn dieser ihn anschließend zu dem Mittäter befördert, der die Drogen zur Verfügung gestellt hatte (BGH NJW 2015, 3800). Etwas anderes kann in Betracht kommen, wenn der Weiterbeförderer **mittäterschaftlich** in ein **eingespieltes Bezugs- und Vertriebssystem** eingebunden ist und die Beförderung des Geldes in diesem Rahmen erfolgt (BGHR BtMG § 29 Abs. 1 Nr. 4 Bereitstellen 2 (→ Rn. 465); BGH NStZ-RR 2015, 113; StV 1995, 641). Mit der Einbindung in dieses System werden die anderen Mittäter bei deren tatbestandlichem Handeln unterstützt (*Schoreit* NStZ 1992, 496).

(b) Großhandel. Ähnliches gilt für die Bezahlung und Übermittlung des Kauf- **467** preises einschließlich unterstützender Finanztransaktionen (→ Rn. 475) für Betäubungsmittel, die von einem Großhändler an einen Zwischenhändler geliefert wurden (BGH NStZ-RR 1998, 25 = StV 1998, 588). Für die Beendigung **dieser Tat** (Großhandelsgeschäft; Lieferung an den Zwischenhändler) kommt es auf den Eingang des Entgelts bei dem Lieferanten der Großmengen (Großhändler) an; dass an Zwischenhändler auf tieferen Stufen der Handelskette bereits gezahlt worden ist, ist nicht maßgeblich (BGH NStZ-RR 1998, 25 (s. o.)). In dieser Weise kann die Tat so lange durch **Mittäter** begangen werden, bis der Geldfluss den Drogenlieferanten (Großhändler) erreicht hat und dort zur Ruhe gekommen ist (BGH NStZ-RR 1998, 25 (s. o.)). Entsprechendes gilt für die **Beihilfe,** da die Haupttat so lange nicht beendet ist und durch Beiträge des Gehilfen gefördert werden kann (BGH NStZ-RR 1998, 25 (s. o.)). Für den **subjektiven Tatbestand** genügt es, dass der Vorsatz sich auf die Förderung der Zahlung des Kaufpreises bezieht; Einzelheiten der Drogenlieferungen muss der Mittäter oder Gehilfe nicht kennen (BGH NStZ-RR 1998, 25 (s. o.)).

(c) Nicht beendeter Rauschgiftumsatz. Die **Weiterleitung** des Erlöses an **468** die Hintermänner einschließlich unterstützender Finanztransaktionen (→ Rn. 475) gehört auch dann zum Handeltreiben, wenn **noch nicht jedweder Rauschgiftumsatz,** zu dem die auf den Erlös gerichteten Bemühungen des Beteiligten nach dessen Vorstellungen Bezug haben können, beendet ist (BGHR BtMG § 29

Abs. 1 Nr. 1 Handeltreiben 50 (→ Rn. 173); 52 (→ Rn. 173)). Dies kommt vor allem bei zwei Fallgestaltungen in Betracht, die sich vielfach nicht scharf trennen lassen:

469 **(aa) Eingespieltes Bezugs- und Vertriebssystem.** Die Weiterleitung des Entgelts für eine bereits erfolgte Rauschgiftlieferung kann dann noch Handeltreiben sein, wenn sie im Rahmen eines eingespielten Bezugs- und Vertriebssystems stattfindet und damit den Rauschgiftumsatz dadurch fördert, dass sie **der nächsten Lieferung den Boden bereitet** (BGHR BtMG § 29 Abs. 1 Nr. 1 Handeltreiben 50 (→ Rn. 173); 52 (→ Rn. 173); § 29 Abs. 1 Nr. 4 Bereitstellen 2 (→ Rn. 465); BGH StV 1995, 641; *Patzak* in Körner/Patzak/Volkmer Teil 4 Rn. 113). Dies kommt auch dann in Betracht, wenn das Rauschgift bereits polizeilich sichergestellt oder beschlagnahmt ist, sofern der Täter dies nicht weiß (→ Rn. 288; *Patzak* in Körner/Patzak/Volkmer Teil 4 Rn. 114; *Oğlakcıoğlu* in MüKoStGB Rn. 297).

470 Nicht abschließend geklärt ist die Frage, ob und inwieweit **diese Rauschgiftlieferung** in der Vorstellung des Beteiligten **konkretisiert** sein muss. Nach den Grundsätzen, die sonst für das Handeltreiben gelten (→ Rn. 266), sind daran keine hohen Anforderungen zu stellen (s. BGHR BtMG § 29 Abs. 1 Nr. 1 Handeltreiben 50 (→ Rn. 173); wohl auch BGHR BtMG § 29 Abs. 1 Nr. 1 Bereitstellen 2 (→ Rn. 465)). Einzelheiten der **Drogenlieferung** muss der das Geld Weiterleitende jedenfalls nicht kennen (BGH NStZ-RR 1998, 25 (→ Rn. 467); *Franke/Wienroeder* Rn. 50). Es reicht, wenn sich sein Vorsatz auf die Förderung der Zahlung des Kaufpreises erstreckt.

471 Dabei werden die durchgeführten Lieferungen und der erzielte Erlös in aller Regel **ausreichende Anhaltspunkte** auch für die Art und Menge der zu erwartenden Betäubungsmittel bieten. Eine Individualisierung nach Ort und Zeit der neuen Lieferung wird durch die Regeln, die auch sonst für das Handeltreiben gelten, nicht gefordert (etwa → Rn. 446). Im Hinblick auf die Einbindung des Beteiligten in das Rauschgiftgeschäft stehen auch die Gesichtspunkte, die zum Umgang mit anderen Stoffen als Betäubungsmitteln entwickelt wurden (→ Rn. 236–251), nicht entgegen (BGHR BtMG § 29 Abs. 1 Nr. 1 Handeltreiben 37 (→ Rn. 236)). Beim Schuldumfang ist danach zu gewichten, in welchem Maß die Tat am bisherigen Rauschgiftumsatz orientiert war oder wieweit sie der Förderung künftigen Umsatzes diente. Das Abstellen auf Größenordnungen ist dabei ausreichend (BGHR BtMG § 29 Abs. 1 Nr. 1 Handeltreiben 50 (→ Rn. 173)).

472 Die **Tat im prozessualen Sinn** (vgl. BGHR BtMG § 29 Abs. 1 Nr. 1 Handeltreiben 50 (→ Rn. 173)) ist in Fällen dieser Art das Weiterbefördern des Erlöses an die Hintermänner in der Vorstellung, dass damit im Rahmen des eingespielten Bezugs- und Vertriebssystems weitere Rauschgiftlieferungen finanziert werden.

473 **(bb) Organisierter Waren- und Finanzzyklus.** Zum Handeltreiben gehören (bis zur Übergabe der Erlöse an den Verkäufer der Gesamtmenge) auch die Handlungen zur Förderung des Geldkreislaufs, die im Rahmen eines organisierten Absatz- und Finanzsystems erfolgen, bei dem ein Zyklus von Warenverteilung und unmittelbar unterstützender Finanzierung ineinander greift (BGHSt 43, 158 (→ Rn. 457); *Franke/Wienroeder* Rn. 50). Die Finanztransaktionen schaffen in einem solchen Fall die Voraussetzungen für einen beschleunigten Geldfluss, so dass den Lieferanten rasch Finanzmittel zur Verfügung stehen.

474 Für die Frage, ob (noch) Handeltreiben gegeben ist, kommt es auch hier entscheidend darauf an, ob der **Geldfluss zur Ruhe** gekommen ist (BGH NStZ-RR 1998, 25 (→ Rn. 467); 2020, 252; *Zschockelt* NStZ 1998, 238). Nicht maßgeblich ist, ob das in Großmengen angelieferte und auf verschiedene Stufen der Handelskette verteilte Rauschgift die Händler, Zwischenhändler oder Endverbraucher erreicht hat (BGHSt 43, 158 (→ Rn. 457)). Ebenso wenig müssen die Rauschgiftlieferungen, denen mit dem beschleunigten Fluss der Geldmittel der Boden bereitet wird, konkretisiert sein.

Zum Handeltreiben gehören in einem solchen Fall der **Aufbau** und der **Betrieb** 475 **einer Sammelstelle** für die im Straßenhandel eingenommenen Drogengelder, das Veranlassen oder die Durchführung des Transports der gesammelten Gelder durch Kuriere über die Grenzen, der Umtausch in die gewünschte Währung zur Bezahlung von Drogenlieferungen oder die Umwandlung in Buchgeld und die Weiterleitung der Geldbeträge in Richtung auf den Drogenlieferanten oder dessen Zahlstelle (BGHSt 43, 158 (→ Rn. 457); *Franke/Wienroeder* Rn. 50). Dasselbe gilt für das Führen eines bankmäßig betriebenen **Kontokorrentsystems** mit Vorabstimmung über die sofortige Verfügbarkeit von bereits gewaschenen Drogengeldern.

Die ineinandergreifenden Geschäfte der Betäubungsmittellieferungen und 476 des Geldrückflusses für eine oder mehrere Lieferungen führen nicht zur (gleichartigen) Tateinheit mehrerer Fälle des unerlaubten Handeltreibens, sondern jeder Fall transportierter, gezählter, umgetauschter und weitergeleiteter Geldbeträge ist jeweils eine **eigenständige Bewertungseinheit,** auf die sich das Handeltreiben durch Förderung der Zahlung des Entgelts bezieht (BGHSt 43, 158 (→ Rn. 457); *Zschockelt* NStZ 1998, 238).

(cc) Im Rahmen einer Organisation. In beiden Fällen muss festgestellt wer- 477 den, dass sich der Geldtransfer auf einen Betäubungsmittelumsatz bezieht und dass der Empfänger der Transaktion im Rahmen einer Organisation gehandelt hat. Ist über dessen Einbindung in den Händlerring, der die Rauschgifttransaktionen betreibt, nichts bekannt, so ist Handeltreiben nicht anzunehmen (BGHR BtMG § 29 Beihilfe 3 = StV 1997, 591). In Betracht kommen stattdessen §§ 257, 258, 261 StGB.

(dd) Geldwäsche, Begünstigung, Strafvereitelung. Lassen sich Handeltrei- 478 ben oder Beihilfe hierzu nicht feststellen, so sind Geldwäsche nach § 261 StGB (→ Vor § 29 Rn. 717–720), Begünstigung (§ 257 StGB) und Beihilfe hierzu zu prüfen (BGHR BtMG § 29 Abs. 1 Nr. 1 Handeltreiben 50 (→ Rn. 173)), gegebenenfalls auch Strafvereitelung nach § 258 StGB (BGH StV 1997, 591). Dabei können die zu sichernden Vorteile der Tat in der (ungeachtet § 134 BGB) erlangten Position zu sehen sein, nach der der Verkäufer aufgrund der in der Szene praktizierten Regeln Bezahlung über dem Einstandspreis erwarten kann (BGHR BtMG § 29 Abs. 1 Nr. 1 Handeltreiben 50 (→ Rn. 173)).

(d) Einbindung in anderer Weise. War der Beteiligte bereits in anderer Weise 479 in das Rauschgiftgeschäft eingebunden, etwa in Form von Absprachen, Zusagen oder anderen Unterstützungshandlungen, so stellt das Weiterleiten von Erlösen mit Rücksicht auf die gegebene Bewertungseinheit keine eigenständige Tat mehr dar (BGH StV 1995, 641).

2. Tatsächliche Handlungen. Der Tatbestand des Handeltreibens kann auch 480 durch rein faktische Handlungen erfüllt werden, sofern sie zum Ziele haben, den Umsatz von Betäubungsmitteln zu fördern (BGHSt 31, 145 (→ Rn. 170)). Danach kann jeder tatsächliche Umgang mit Betäubungsmitteln, Verkaufserlösen (→ Rn. 457–479), Kaufgeld (→ Rn. 251, 303, 567–569) und unter bestimmten Voraussetzungen (→ Rn. 236–251) auch mit anderen Stoffen oder Gegenständen den Tatbestand des Handeltreibens erfüllen.

Eine große Gruppe tatsächlicher Handlungen, die Teilakte des Handeltreibens 481 sein können, finden sich **im Umfeld des Umsatzes** von Betäubungsmitteln. Sie werden bereits in → Rn. 451–454 behandelt; hinzu treten tatsächliche Handlungen bei der Abwicklung von Zahlungsvorgängen (etwa → Rn. 475). Den Tatbestand des (vollendeten) Handeltreibens können aber auch tatsächliche Handlungen erfül-

BtMG § 29 Sechster Abschnitt. Straftaten und Ordnungswidrigkeiten

len, die sich (weit) **im Vorfeld eines Umsatzes** von Betäubungsmitteln ereignen; im Einzelnen gilt:

482 **a) Einführen, Ausführen.** Das Einführen von Betäubungsmitteln ist nach stRspr (BGHSt 25, 290 (→ Rn. 182); 31, 163 = NJW 1983, 692 = NStZ 1983, 174 = StV 1983, 63; BGHR BtMG § 29 Abs. 1 Nr. 1 Konkurrenzen 2 = StV 1988, 530; BGH NStZ 2006, 172; StV 2003, 501 (→ Rn. 174); aA *Niehaus* JR 2005, 192 (197); *Bensch* Handeltreiben S. 164–166) ein Teilakt des Handeltreibens, wenn es dem gewinnbringenden Umsatz des Rauschgifts dient (BGHSt 25, 290 (→ Rn. 182)). Dass das Gesetz die Einfuhr als **typischen Teilakt des Handeltreibens** betrachtet, ergibt sich bereits aus dem Einschub „ohne Handel zu treiben" in § 3 Abs. 1 Nr. 1, § 29 Abs. 1 S. 1 Nr. 1 (BGH StV 2003, 501 (→ Rn. 174); dazu näher → Rn. 182).

483 **Dasselbe** gilt für das **Ausführen** (BGHSt 53, 89 = NJW 2009, 863 = NStZ 2009, 393 = StV 2009, 360; 56, 52 = NJW 2011, 1462 = NStZ 2011, 461 mAnm *Kotz* = StV 2011, 549 mAnm *Oğlakcıoğlu*; BGH StV 2003, 501 (→ Rn. 174); aA *Niehaus* JR 2005, 192 (197)). Auch dieses wird von dem Einschub erfasst und damit vom Gesetz als typischer Teilakt des Handeltreibens angesehen.

484 Das Einführen und Ausführen von Drogen ist auch in Art. 2 Abs. 1 Buchst. a des **EU-Rahmenbeschlusses** v. 25.10.2004 (→ Rn. 163, 183–186) aufgeführt. Schließlich würden beide Verkehrsformen den Tatbestand des (vollendeten) Handeltreibens auch dann erfüllen, wenn dafür darauf abgestellt würde, dass die Sache dem Erwerber nähergebracht wird (so zutreffend *C. Nestler* in Kreuzer BtMStrafR-HdB § 11 Rn. 368 gegen *Harzer* StV 1996, 336 (338)).

485 Das Einführen oder Ausführen von Betäubungsmitteln schließt **andere Handlungsformen** nicht aus. So kann das Handeltreiben schon **vor** der Einfuhr oder Ausfuhr vollendet sein, etwa wenn der Täter das Rauschgift in der Absicht eines gewinnbringenden Umsatzes in Besitz nimmt (→ Rn. 498, 499) oder wenn er es in ein Schmuggelversteck einbaut, auch wenn er es nicht selbst über die Grenze bringt (BGH NStZ-RR 1997, 86).

486 **b) Durchführen, Versenden.** Auch das Durchführen (§ 29 Abs. 1 S. 1 Nr. 5) ist ein Teilakt des Handeltreibens, wenn es mit der Absicht gewinnbringenden Umsatzes erfolgt (BGHSt 25, 290 (→ Rn. 182); 31, 374 = NJW 1983, 1985 = NStZ 1983, 415 = StV 1983, 280; BGH NStZ 1984, 171 = StV 1984, 184; *Weber* NStZ 2004, 66 (70)). Auch bei der Durchfuhr wird das Betäubungsmittel dem Erwerber näher gebracht. Im EU-Rahmenbeschluss v. 25.10.2004 (→ Rn. 163, 183–186) wird das Durchführen **(„Versenden – auch im Transit –")** daher nicht anders als das Einführen und Ausführen behandelt (s. auch Art. 36 Abs. 1 Buchst. a ÜK 1961).

487 Dass die Durchfuhr in § 3 Abs. 1 Nr. 1 nicht aufgenommen wurde (und damit auch nicht in § 29 Abs. 1 S. 1 Nr. 1, sondern in Nr. 5), beruht darauf, dass eine **Erlaubnis nicht als notwendig** angesehen wurde, weil sie, wenn ihre Voraussetzungen (§ 11 Abs. 1 S. 2) eingehalten werden, nicht das Gefährdungspotential wie die anderen Verkehrsformen aufweise und der Durchführende im Übrigen meist nicht im Inland wohne (BT-Drs. 8/3551, 27).

488 **Beide (verwaltungsrechtlichen) Überlegungen,** die für den legalen Betäubungsmittelverkehr zugetroffen haben mögen (s. aber nunmehr den Wegfall der zollamtlichen Überwachung bei Mitgliedstaaten der EU (§ 13 Abs. 1 S. 3 BtMAHV); dazu → § 11 Rn. 10–25 sowie → Rn. 1421), können im Falle des unerlaubten Handeltreibens allerdings **keine Geltung beanspruchen.** Auch bei der Durchfuhr wird das Betäubungsmittel dem Erwerber näher gebracht und damit der Umsatz gefördert. Dabei darf es auch keine Rolle spielen, dass das Rauschgift jedenfalls zunächst nicht für den deutschen Markt bestimmt ist (→ Vor § 29 Rn. 1056). Auch der Wohnsitz des Täters ist strafrechtlich ohne Belang (§ 3 StGB).

Kap. 1. Tatbestände des Abs. 1 S. 1 Nr. 1 § 29 BtMG

c) Anbauen von Betäubungsmitteln; Einrichten, Betrieb einer Plantage. 489
Das Anbauen von Betäubungsmitteln ist ein Teilakt des Handeltreibens, wenn der
Täter die Drogen gewinnbringend umsetzen will (→ Rn. 121).

Namentlich das Anbauen von Cannabis wird mittlerweile auch in Deutschland 490
im **Plantagenbau professionell** betrieben. Zur Gemengelage von Anbauen und
Handeltreiben zwischen **Vorbereitung** und **Vollendung** bei der Einrichtung
einer Plantage → Rn. 596-601. Zu den Handlungen beim Betrieb einer Plantage
→ Rn. 816, 819.

d) Herstellen. Auch das Herstellen von Betäubungsmitteln ist ein Teilakt des 491
Handeltreibens, wenn der Täter die Drogen gewinnbringend umsetzen will
(→ Rn. 157; BVerfG NJW 2007, 1193; BGHSt 25, 290 (→ Rn. 182); BGHR
BtMG § 29 Abs. 1 Nr. 1 Handeltreiben 40 (→ Rn. 139); 62 (→ Rn. 236); BGH
NStZ 1993, 391 (→ Rn. 134); *Weber* NStZ 2004, 66 (68, 69); aA *Krumdiek/Wesemann* StV 2006, 634 (636, 637); krit. *Niehaus* JR 2005, 192 (195)).

aa) Grundform. Auch hier kommt der Täter mit konkret vorhandenem 492
Rauschgift in Berührung oder steht kurz davor, so dass eine unterschiedliche Behandlung zur Ein- oder Ausfuhr ebenfalls nicht gerechtfertigt ist. Erhärtet wird
dies durch die Aufnahme des Herstellens in Art. 2 Abs. 1 Buchst. a des EU-Rahmenbeschlusses v. 25. 10. 2004 (→ Rn. 163, 183-186). Der Tatbestand des Handeltreibens ist mit der Aufnahme der Drogenherstellung erfüllt (→ Rn. 139; auch
→ Rn. 614). Dass die Herstellung im Ausland durch andere Mittäter erfolgt, ändert
daran nichts (BGHR BtMG § 29 Abs. 1 Nr. 1 Handeltreiben 40 (→ Rn. 139)).

bb) Mischen, Strecken, Portionieren, Abwiegen. Der EU-Rahmen- 493
beschluss v. 25. 10. 2004 (→ Rn. 163, 183-186) zählt in diesem Zusammenhang neben dem Herstellen als weitere Tatmodalitäten noch das Gewinnen, Ausziehen und
Zubereiten auf. Hiervon werden im deutschen Recht nach der Legaldefinition des
§ 2 Abs. 1 Nr. 4 das Gewinnen (→ § 2 Rn. 55, 56) und das Zubereiten (→ § 2
Rn. 58, 59) kraft Gesetzes dem Herstellen zugeordnet.

Für den Drogenmarkt besonders wichtige Formen des Zubereitens sind das **Mi-** 494
schen und das **Strecken** (→ § 2 Rn. 59). Dass sie dem Handeltreiben zugeordnet
werden, wenn sie in der Absicht gewinnbringenden Umsatzes erfolgen (BGH StV
1998, 595 – Mischen; BGHSt 43, 8 = NJW 1997, 1717 = NStZ 1997, 344; 1998,
222 mAnm *Paul;* 1998, 257 mAnm *Lenckner* = StV 1997, 305 = JR 1998, 256
mAnm *Zaczyk;* BGH NStZ 1994, 495; StV 1998, 595 – Strecken; 2 StR 235/12),
wird sowohl durch die Aufnahme des Herstellens als auch die des Zubereitens in
den EU-Rahmenbeschluss bestätigt.

Nach deutschem Recht (§ 2 Abs. 1 Nr. 4 BtMG) zählen zum Herstellen auch 495
noch das **Anfertigen, Be- und Verarbeiten, Reinigen und Umwandeln**
(→ § 2 Rn. 57, 60-64). Diese Handlungen werden im EU-Rahmenbeschluss v.
25. 10. 2004 (→ Rn. 163, 183-186) und auch in Art. 3 Abs. 1 Buchst. a Ziffer i ÜK
1988 nicht gesondert aufgeführt. In der Sprache der internationalen Suchtstoffübereinkommen (Art. 1 Abs. 1 Buchst. n ÜK 1961; Art. 1 Buchst. i ÜK 1971) zählen sie jedoch unmittelbar zur Herstellung und sind deswegen ebenfalls Gegenstand
des EU-Rahmenbeschlusses.

Eine in der Drogenszene besonders häufige Form des Bearbeitens und damit des 496
Herstellens ist das **Portionieren** (→ § 2 Rn. 60), zu dem auch das **Abwiegen** gezählt werden kann. Dient es der Vorbereitung eines gewinnbringenden Umsatzes,
so ist es als Teilakt des Handeltreibens anzusehen (BGHSt 43, 8 (→ Rn. 494); BGH
NJW 1996, 469 = NStZ 1996, 93 = StV 1996, 95; NStZ-RR 2013, 150; s. auch
BGHR BtMG § 29 Abs. 1 Nr. 1 Handeltreiben 47 (→ Rn. 432) – Abwiegen).
Durch den EU-Rahmenbeschluss wird dies bestätigt. Das dort noch genannte **Aus-**

BtMG § 29 Sechster Abschnitt. Straftaten und Ordnungswidrigkeiten

ziehen dürfte im Wesentlichen dem Extrahieren (Art. 27 Abs. 2 ÜK 1961) und damit einer Form des Zubereitens entsprechen (→ § 2 Rn. 59).

497   cc) **Abfüllen, Umfüllen, Abpacken, Kennzeichnen, Verblistern.** Arzneimittelrechtlich sind das Abfüllen, Umfüllen, Abpacken, Kennzeichnen und Verblistern Formen des Herstellens (§ 4 Abs. 14 AMG). Betäubungsmittelrechtlich gehören solche Handlungen zum Vertriebs- und Verkaufsbereich (→ § 2 Rn. 61) und sind damit Teilakte des Handeltreibens (BGHSt 43, 8 (→ Rn. 494); BGHR StGB § 6 Nr. 5 Weltrechtsprinzip 2 = NStZ 2007, 288 – Verpacken; BGH NStZ-RR 2010, 51 – Einpacken). In der zeitlichen Abfolge liegen sie zwischen der Produktion und dem Umsatz und damit noch näher an diesem als die Herstellung.

498   e) **Besitzen, Lagern in Verkaufsabsicht (Vorrätighalten).** Der unerlaubte Besitz von Betäubungsmitteln (§ 29 Abs. 1 S. 1 Nr. 3) ist als Auffangtatbestand konzipiert. Er soll die Fälle erfassen, in denen dem Täter zwar die Verfügungsmacht über das Rauschgift nachgewiesen werden kann, nicht aber, auf welchem Wege er es erlangt hat (BGHSt 25, 385; = DRsp Nr. 1994/133; 42, 162 = NJW 1996, 2802 = NStZ 1996, 604 = StV 1996, 668; BGHR BtMG § 29 Abs. 1 Nr. 3 Besitz 1 = NStZ 1988, 558 = StV 1988, 432). Der Besitz hat seinen Platz daher vor allem dort, wo konkrete Erwerbsakte oder Umsatzbemühungen nicht festgestellt werden können. Besitz von Betäubungsmitteln liegt auch dann vor, wenn der Täter sie **in seinem Körper** transportiert (BGH NStZ-RR 2007, 24; auch → Rn. 910). Zum Besitzen für einen anderen (Depothaltung) → Rn. 526–530.

499   aa) **Besitzen als Handeltreiben.** Dient der Besitz dem Ziel eines späteren gewinnbringenden Umsatzes, so ist er ein Teilakt des Handeltreibens (s. BGHR BtMG § 29 Abs. 1 Nr. 1 Handeltreiben 77 (→ Rn. 169)). Nach stRspr erfüllen daher die **Lagerhaltung** (BGHSt 30, 277 (→ Rn. 179); 30, 359 (→ Rn. 179); BGH NStZ 1992, 546), das **Verwahren** (BGH StV 1994, 658) oder das **Besitzen** (BGH NStZ-RR 2004, 146 (→ Rn. 324); BayObLGSt 1995, 27 = BeckRS 1995, 1361; s. auch BGHSt 42, 162 (→ Rn. 498)) von Betäubungsmitteln den Tatbestand des Handeltreibens, wenn diese zum gewinnbringenden Verkauf **bereit**- (BGH NStZ 1986, 415) oder **vorrätig** (BGHSt 43, 8 (→ Rn. 494); BGHR BtMG § 29 Abs. 1 Nr. 1 Handeltreiben 59 = NStZ-RR 2003, 309 = StV 2003, 618; BGH NStZ-RR 2004, 146 (→ Rn. 324); *Weber* NStZ 2004, 66 (69, 70)) **gehalten** werden oder wenn der Besitz **sonst im Zusammenhang** mit einer auf Umsatz gerichteten Tätigkeit steht (BGHSt 43, 8 (→ Rn. 494); BGHR BtMG § 29 Abs. 1 Nr. 1 Handeltreiben 20 (→ Rn. 383); 59 (s. o.); BGH NStZ-RR 2004, 146 (→ Rn. 324); StV 1994, 658).

500   Wird der Stoff dagegen nur **zum Eigenkonsum** oder, um ihn dem **Zugriff der Polizei** zu entziehen (BGHR BtMG § 29 Abs. 1 Nr. 1 Sichverschaffen 1 (→ Rn. 350); BGH StV 2004, 604), verwahrt, so macht sich der Verwahrer nur wegen Besitzes nach § 29 Abs. 1 S. 1 Nr. 3 strafbar, da das Verwahren nicht auf einen Umsatz gerichtet ist.

501   Befand sich der Täter bei der Inbesitznahme noch im Stadium der **Überlegung**, ob er das Rauschgift behalten soll, und entschließt er sich zur Rückgabe, so ist es weder zu einem strafbaren versuchten Erwerb noch ist die Inbesitznahme Teil eines Handeltreibens, da in ihr nach der Vorstellung des Täters noch keine umsatzfördernde Maßnahme zu sehen war (BGH NStZ 1981, 263 = StV 1981, 235).

502   bb) **Nähere Begründung.** Dass der Besitz einen Teilakt des Handeltreibens darstellt, wenn er dem gewinnbringenden Umsatz dient, ist in der Praxis von **außerordentlicher Bedeutung.** Es ist die tägliche Erfahrung der Gerichte, dass der Nachweis eines konkreten Erwerbs- oder Verkaufsakts nicht möglich ist. Hinzu kommen die zahlreichen Fälle des Transports von Rauschgift.

Gleichwohl knüpft sich an die Rechtsprechung **vielfältige Kritik** (*Ebert* S. 96, 503 97; *Neuhaus* NStZ 2001, 39; *Roxin* StV 2003, 619 (621); *Niehaus* JR 2005, 192 (195); *Bensch* Handeltreiben S. 189). Auch der 3. Strafsenat hat den Besitz nicht in seinen Katalog (→ Rn. 174) aufgenommen. Abgesehen von den sich daraus ergebenden Beweisschwierigkeiten ist dies auch in der Sache nicht konsequent (*Weber* NStZ 2004, 66 (69)). Ist der Täter im Besitz des Rauschgifts, so geht **die Gefahr** für die geschützten Rechtsgüter nicht (mehr) von dem Erwerbsakt, sondern von dem vorhandenen Zugriff auf das Rauschgift aus.

Eine andere Frage ist, ob sich die Absicht zu einem gewinnbringenden Umsatz 504 nach außen **manifestieren** muss. Die Rechtsprechung verlangt dies nicht (BGHSt 30, 359 (→ Rn. 179); BayObLGSt 1995, 27 (→ Rn. 499); aA *Ebert* S. 172 – 175); sie lässt es genügen, wenn der Täter nach seiner Vorstellung eine umsatzfördernde Maßnahme vorgenommen hat (→ Rn. 293), was auch aus den Umständen entnommen werden kann (→ Rn. 293). Auch nach dem möglichen Wortsinn des Handeltreibens ist eine solche Manifestation nicht erforderlich (→ Rn. 214, 215).

Dies deckt sich mit dem Begriff des **Vorrätighaltens**, der in § 4 Abs. 17 AMG 505 für den Besitz von Arzneimitteln in der Absicht des Verkaufs verwendet wird (RGSt 42, 209; BGHR AMG § 96 Nr. 5 Inverkehrbringen 1 = StV 1998, 663; *Horn* NJW 1977, 2329 (2331)) und der dort zwar keine Handlungsform des Handeltreibens, wohl aber des Inverkehrbringens bezeichnet (nunmehr auch in § 2 Nr. 4 NpSG). Der Gesetzgeber sieht ihn also noch näher am Umsatz. Auch hier genügt die **Absicht zum Verkauf,** ohne dass sie in irgendeiner Weise äußerlich in Erscheinung getreten sein muss (BayObLGSt 1959, 333). Vielmehr **fehlt** es in dieser Situation noch **an jeglichem Kontakt** zwischen dem Gegenstand und einem etwa interessierten neuen Besitzer (*Horn* NJW 1977, 2329 (2330); *Räpple* S. 34). Ein solcher braucht daher auch nicht bekannt zu sein.

In der Rechtsprechung zum AMG wird hervorgehoben, dass sich das Vor- 506 rätighalten vom bloßen Besitzen dadurch **unterscheide,** dass der Vorrat zum Gebrauch oder Verbrauch angesammelt sein muss (BGHR AMG § 96 Nr. 5 Inverkehrbringen 1 (→ Rn. 505); elegant *Freund* in MüKoStGB AMG § 4 Rn. 24 „funktional angehauchte(s) Innehaben"); dies steht mit dem Betäubungsmittelrecht in Übereinstimmung, da auch hier das bloße Besitzen ohne Verkaufsabsicht nicht genügt. Es geht auch hier nicht um „schlichten Besitz" (so aber *Niehaus* JR 2005, 192 (195)), sondern um Besitz mit einer festgestellten (→ Rn. 293) Absicht des gewinnbringenden Umsatzes.

Vorrätighalten verlangt **nicht,** dass sich das Arzneimittel am **Ort des Verkaufs** 507 befindet (BGHR AMG § 96 Nr. 5 Inverkehrbringen 1 (→ Rn. 505); *Freund* in MüKoStGB AMG § 4 Rn. 26). Ebensowenig ist ein **verkaufsfertiger** Zustand erforderlich (BGHR AMG § 96 Nr. 5 Inverkehrbringen 1 (→ Rn. 505)). **Mittelbarer Besitz** reicht aus; entscheidend ist die Verfügungsgewalt (BGHR AMG § 96 Nr. 5 Inverkehrbringen 1 (→ Rn. 505)). Auch dies steht mit dem Betäubungsmittelrecht in Einklang (→ Rn. 1339).

In aller Regel wird die in einem solchen Fall in Betracht kommende Erschei- 508 nungsform des Handeltreibens auch im Betäubungsmittelrecht daher mit dem **präziseren Begriff des Vorrätighaltens** bezeichnet werden können (wie dies in BGHSt 43, 8 (→ Rn. 494); BGH 5 StR 559/11 und BGH 2 StR 235/12 geschehen ist).

Dass der Besitz in Verkaufsabsicht den Tatbestand des Handeltreibens erfüllt, 509 wird auch durch Art. 2 Abs. 1 Buchst. b des **EU-Rahmenbeschlusses** v. 25.10.2004 (→ Rn. 163, 183–186) bestätigt, in dem das Besitzen von Drogen mit dem Ziel des Verkaufens oder Lieferns aufgeführt ist. Darin kommt zunächst zum Ausdruck, dass bereits der bloße Besitz in Verkaufsabsicht Handeltreiben sein kann.

BtMG § 29 Sechster Abschnitt. Straftaten und Ordnungswidrigkeiten

Sodann ergibt sich daraus, dass eine äußerliche Manifestation dieser Absicht nicht erforderlich ist. Maßgeblich ist allein, dass die Absicht vom Gericht festgestellt werden kann.

510 **cc) Folgen.** Das Besitzen in Verkaufsabsicht oder Vorrätighalten kommt häufiger in Betracht als gemeinhin angenommen wird. Der fehlende Rückgriff auf dieses Merkmal ist einer der Gründe für die verbreitete Anschauung von der uferlosen Weite des Handeltreibens. Ein typisches Beispiel ist die in der Literatur (*Endriß/Kinzig* NJW 2001, 3217 (3218)) als verfehlt angeprangerte Entscheidung des BGH v. 2.1.1990 (DRsp Nr. 1994/70), die das **Aufsuchen eines Drogenumschlagplatzes** mit drei Heroinbriefchen und den Beginn des Suchens nach Abnehmern als (vollendetes) Handeltreiben beurteilt. Der Täter hatte hier jedenfalls Besitz an dem Rauschgift; auch seine Verkaufsabsicht hat er manifestiert (→ Rn. 383).

511 **f) Feilhalten, Feilbieten.** Näher am Umsatz als das Vorrätighalten sind das Feilhalten und das Feilbieten von Betäubungsmitteln.

512 **aa) Feilhalten.** Das Vorrätighalten ist eine Vorstufe zum Feilhalten, durch die eine Kontaktmöglichkeit zu einem etwaigen neuen Besitzer geschaffen wird; Adressat des Feilhaltens ist ein noch unbestimmter Personenkreis (*Horn* NJW 1977, 2329 (2330)). Das Feilhalten ist sowohl in den Legaldefinitionen des Inverkehrbringens im Arzneimittelrecht (§ 4 Abs. 17 AMG) und des Handeltreibens im Waffenrecht (Abschn. 2 Nr. 9 der Anlage 1 zu § 1 Abs. 4 WaffG) als auch im Katalog des EU-Rahmenbeschlusses v. 25.10.2004 (Art. 2 Abs. 1 Buchst. a) enthalten. Der Begriff ist aber dem Betäubungsmittelrecht nicht fremd. Er war sowohl in § 8 Abs. 1 Nr. 1 OpiumG 1920 als auch in § 10 Abs. 1 Nr. 1 OpiumG 1929 enthalten (wobei er auf ein Feilhalten in nicht genehmigten Örtlichkeiten beschränkt war). Schon dies deutet darauf hin, dass das Feilhalten traditionell einen Teilakt des Handeltreibens darstellt.

513 Nach der Rechtsprechung (BGHSt 23, 286 = NJW 1970, 1647) soll der Begriff in allen Gesetzen, in denen er verwendet wird, dieselbe Bedeutung haben. Danach ist unter Feilhalten das äußerlich **als solches erkennbare Bereitstellen** körperlich vorhandener (*Anselmino/Hamburger* OpiumG S. 55; aber → Rn. 515) Waren zum Zweck des Verkaufs an das Publikum zu verstehen (BGHSt 23, 286 (s. o.); BGHR StGB § 152a Abs. 1 Nr. 1 Feilhalten 1 (2 StR 432/93); BGH NJW 1958, 1882). Dabei müssen die Gegenstände so bereitgestellt sein, dass das Publikum daraus auf die Verkaufsabsicht des Täters schließen kann (BGHSt 23, 286 (s. o.)); dies kann etwa durch das dem Publikum zugängliche Aufstellen in einem Verkaufsladen (RGSt 25, 241), das Aufbewahren in einem Lager, sofern dieses von Interessenten betreten werden kann (RGSt 25, 241), das Versenden von Reklamezetteln (RGSt 40, 148) oder auch durch Zeitungsinserate mit Angabe der Adresse (RGSt 42, 22) geschehen; dabei reicht es aus, wenn die betreffenden Aktivitäten gegenüber einem begrenzten Personenkreis erfolgen (RGSt 25, 241; 40, 148).

514 Betrachtet man diese Voraussetzungen, so drängt sich auf, dass der Begriff des Feilhaltens trotz der Aufnahme in den EU-Rahmenbeschluss für die Betätigung auf einem illegalen und von kriminellen Strukturen beherrschten Markt **nur bedingt geeignet** ist. Dies gilt sowohl für den Großhändler als auch für den Händler auf der untersten Stufe, der seinen Stoff meist aus einem geheim gehaltenen „Bunker" heranschaffen wird. Dementsprechend sind obergerichtliche Entscheidungen zum Feilhalten im Betäubungsmittelrecht nicht bekannt geworden.

515 Heute ist an die Stelle von Reklamezetteln und Zeitungsinseraten das Internet getreten; hält **der Internet-Anbieter** die angebotene Ware zum Verkauf parat, ist der Begriff des *Feilhaltens* und damit auch des Handeltreibens erfüllt (→ Rn. 380). Ob das Feilhalten zwingend **die körperliche Bereitstellung** der Betäubungsmittel erfordert, ist nicht ganz unbestritten (dagegen *Freund* in MüKoStGB AMG § 4

Rn. 30). Im Hinblick auf die traditionelle Auslegung (→ Rn. 513) wird darauf jedoch nicht verzichtet werden können. Für den Internethandel kann nichts anderes gelten.

bb) Feilbieten. Noch einen Schritt näher am Umsatz als das Feilhalten steht das 516 Feilbieten. Ebenso wie das Vorrätighalten und das Feilhalten ist es in § 4 Abs. 17 AMG als eine Form des Inverkehrbringens aufgeführt. Dagegen ist es in Abschn. 2 Nr. 9 der Anlage 1 zu § 1 Abs. 4 WaffG und im EU-Rahmenbeschluss vom 25.10.2004 (→ Rn. 163, 183–186) nicht enthalten. Unter Feilbieten wird ein Verhalten verstanden, durch das der Stoff, etwa durch das Ansprechen von Kunden oder das Anpreisen, dadurch in eine **tatsächliche Abgabebeziehung** zu einem oder mehreren Kaufinteressenten gebracht wird, dass der Kontakt zu einer bestimmten Person oder Personengruppe als möglichem neuen Besitzer hergestellt wird (*Horn* NJW 1977, 2329 (2332)). Das Feilbieten umfasst sämtliche verkaufsanbahnende Formen der Kundenansprache (*Freund* in MüKoStGB AMG § 4 Rn. 32). Das Feilbieten ist ein **Teilakt des Handeltreibens** (BGH NStZ 2020, 226).

Dabei muss die angepriesene Ware **zur sofortigen Übergabe** im Falle des Kaufabschlusses **bereitgestellt** sein (BayObLG JW 1930, 1603 mAnm *Hamburger*); sie muss sich daher in der Verfügungsgewalt des Täters befinden. Dies unterscheidet das Feilbieten vom **Anbieten** (→ Rn. 387). Einer Reaktion des potentiellen Kunden oder gar einer Annahme des Angebots bedarf es zur Vollendung nicht (*Freund* in MüKoStGB AMG § 4 Rn. 31). Ist der Adressat zur Wahrnehmung **nicht in der Lage** oder **geht das Angebot nicht zu**, ist nur ein **Versuch** gegeben (*Horn* NJW 1977, 2329 (2332)); auch → Rn. 611. In aller Regel wird aber bereits ein Vorrätighalten (→ Rn. 505–508), Feilhalten (→ Rn. 512–514) oder auch ein Fall der Absatzbemühungen bei zur Verfügung stehendem Rauschgift (→ Rn. 398, 399) vorliegen, so dass es auf den Zugang letztlich nicht ankommt.

g) Absatzorientierte Beschaffung, Inbesitznahme. Auch die Beschaffung 518 oder Inbesitznahme von Betäubungsmitteln in der Absicht, sie gewinnbringend umzusetzen, ist ein Teilakt des Handeltreibens (BGHR BtMG § 29 Abs. 3 Nr. 1 gewerbsmäßig 3 = NJW 1992, 381 = NStZ 1992, 86 = StV 1993, 248; BGHR BtMG § 30a Abs. 2 Sichverschaffen 2 (→ Rn. 217); BGH NStZ-RR 2015, 16).

aa) Abgeleiteter Erwerb. Weitaus am häufigsten ist der Erwerb der Betäu- 519 bungsmittel durch Kauf oder Entlohnung. Auf → Rn. 367–375 wird verwiesen.

An der Erfüllung des Tatbestands des Handeltreibens ändert sich nichts, wenn der 520 Käufer, der die Betäubungsmittel gewinnbringend weiterverkaufen will, den Verkäufer bei dem Rauschgiftgeschäft **betrügt** (BGHSt 48, 322 = NJW 2003, 3283 = NStZ 2004, 37, 387 mAnm *Kühl* NStZ 2005, 476 mAnm *Swoboda* = StV 2003, 612; *Patzak* in Körner/Patzak/Volkmer § 29 Teil 4 Rn. 128). In diesem Geschäft steckt zwar letztlich auch eine Beschaffung durch eine Straftat, im Vordergrund steht jedoch der (einvernehmliche) Erwerb durch ein Kaufgeschäft.

bb) Nicht abgeleiteter Erwerb. Der Täter muss die Betäubungsmittel, mit de- 521 nen ein Umsatzgeschäft beabsichtigt, nicht auf abgeleitetem Wege erlangt haben (BVerfG NJW 2007, 1193: „Urproduktion"; BGHSt 30, 277 (→ Rn. 179); 30, 359 (→ Rn. 179); BGHR BtMG § 29 Abs. 1 Nr. 1 Handeltreiben 35 (→ Rn. 179)).

(a) Sichverschaffen. Schon das bloße Sichverschaffen von Betäubungsmitteln, 522 auf welchem Wege auch immer, ist als unerlaubtes Handeltreiben anzusehen, wenn der Täter in der Absicht handelt, das Rauschgift gewinnbringend zu verwerten oder auf sonstige Weise für sich einen persönlichen Vorteil zu erlangen (BGHSt 30, 359 (→ Rn. 179); BGHR BtMG § 29 Abs. 1 Nr. 1 Handeltreiben 35 (→ Rn. 179); Sichverschaffen 1 (→ Rn. 350); BGH NJW 1992, 381; StV 2003, 501 (→ Rn. 174); BayObLGSt 1995, 27 (→ Rn. 499)).

523 Dass das **Gesetz** diese Verkehrsform als **typischen Teilakt** des Handeltreibens betrachtet, ergibt sich bereits aus dem Einschub „ohne Handel zu treiben" in § 3 Abs. 1 Nr. 1, § 29 Abs. 1 S. 1 Nr. 1 (BGH StV 2003, 501 (→ Rn. 174); dazu → Rn. 182).

524 **(b) Sichverschaffen durch Diebstahl oder Raub.** Handeltreiben liegt auch dann vor, wenn das Sichverschaffen durch eine Straftat, namentlich durch Diebstahl oder Raub erfolgt (→ Rn. 218; BGH NJW 2016, 98 = NStZ 2016, 612 = StV 2015, 633; NStZ-RR 2016, 274). Bei gleichgerichteter Absicht kann es nicht darauf ankommen, ob der Besitz an dem Rauschgift durch Rechtsgeschäft oder durch verbotene Eigenmacht (§ 858 BGB) erworben wird. Sonst würde die ungleiche Behandlung trotz gleicher Motivation des Täters darauf hinauslaufen, dass ein **Dieb oder Räuber besser gestellt** würde als der „ehrliche" Erwerber von Betäubungsmitteln oder derjenige, der beim Kauf „nur" betrogen hat (BGHSt 30, 359 (→ Rn. 179); 43, 252 = NJW 1998, 168 = NStZ 1998, 251 mAnm *Erb* = StV 1998, 26; BGHR BtMG § 29 Abs. 1 Nr. 1 Handeltreiben 35 (→ Rn. 179); aA *Ebert* S. 147–150). Als Modalitäten des Sichverschaffens, das nicht nur generell das illegale Erlangen von Betäubungsmitteln erfassen will (→ Rn. 1258; → § 3 Rn. 58), sondern auch als typischer Teilakt des Handeltreibens anzusehen ist (→ Rn. 523), sind auch diese Tathandlungen deswegen dem Handeltreiben zuzurechnen. Auch die Wortlautschranke steht dem nicht entgegen (→ Rn. 218). Zu der Frage, ob illegal besessene Betäubungsmittel **überhaupt Gegenstand eines Eigentums- oder Vermögensdelikts** sein können → Rn. 17, 23.

525 Im Übrigen ist die Frage in der Praxis von **eher geringer Bedeutung,** da vor der Entdeckung der Tat in aller Regel Besitzen in Verkaufsabsicht (Vorrätighalten) gegeben sein wird (s. auch BGHSt 30, 359 (→ Rn. 179)).

526 **h) Besitzen für einen anderen, Depothaltung.** Auch das Besitzen, namentlich das Lagern, Verwahren (BGH StV 1994, 658; 1998, 587) oder Aufbewahren (BGH StV 2005, 555) von zum gewinnbringenden Umsatz bestimmten Betäubungsmitteln für einen anderen (**Depothaltung,** BGH *Holtz* MDR 1980, 455 (→ Rn. 425)) kann den Tatbestand des (vollendeten) Handeltreibens erfüllen (BGHR BtMG § 29 Abs. 1 Nr. 1 Handeltreiben 42; 47 (→ Rn. 432); 59 (→ Rn. 499); BGH StV 2004, 604; aA *Kreuzer* FS Miyazawa, 1995, 177 (189); *Hecker* NStZ 2000, 208 (209)), sofern auch die notwendige Gewinnützigkeit festgestellt werden kann (→ Rn. 530). Besitz von Betäubungsmitteln liegt auch dann vor, wenn der Täter sie **in seinem Körper** transportiert (BGH NStZ-RR 2007, 24; auch → Rn. 910). Zum Besitz in der Absicht eines eigenen Umsatzes → Rn. 498–510).

527 In Abschn. 2 Nr. 9 der Anlage 1 zu § 1 Abs. 4 WaffG ist die Depothaltung nicht enthalten (ebensowenig im Anfragebeschluss BGH StV 2003, 501 (→ Rn. 174); *Schwitters* Vorverlagerung der Strafbarkeit S. 162, 163). Dagegen wird sie von Art. 2 Abs. 1 Buchst. c des EU-Rahmenbeschlusses v. 25. 10. 2004 (→ Rn. 163, 183–186) erfasst, der vom Besitzen spricht, ohne zwischen Eigenbesitz und Fremdbesitz einen Unterschied zu machen.

528 **Auch nach der deutschen Auffassung** kann das Besitzen in der Absicht gewinnbringender Veräußerung grundsätzlich den Tatbestand des (vollendeten) Handeltreibens erfüllen (→ Rn. 498–510). Die entscheidende Frage ist daher, ob auch das in der **Depothaltung** liegende (eigennützige) Fördern eines **fremden** Umsatzes (→ Rn. 296–306) Handeltreiben sein kann. Nach der Entstehungsgeschichte der Strafbewehrung des Handeltreibens (→ Rn. 177) kann dies nicht zweifelhaft sein. Auch die spätere Gesetzgebung hat daran nichts geändert (→ Rn. 181). Ebenso wenig ergeben sich Bedenken aus dem Wortlaut (→ Rn. 214), zumal die Verwahrung von Gegenständen für andere (Lagerhalter) nach § 1 Abs. 2 Nr. 6 HGB aF zu den Grundhandelsgeschäften gehörte. Schließlich macht es auch für die Gefährdung der geschützten Rechtsgüter keinen Unterschied, ob ein eigenes Umsatzgeschäft betrieben oder ein fremdes Umsatzgeschäft aus Eigennutz gefördert wird.

Die Merkmale des Handeltreibens können daher auch dann erfüllt sein, wenn 529 der Tatbeitrag darin besteht, für einen anderen einen **Bunker für das Rauschgift** zu beschaffen (BGHR BtMG § 29 Abs. 1 Nr. 1 Handeltreiben 47 (→ Rn. 432)). Zur Beteiligungsform → Rn. 687.

Kein Handeltreiben liegt vor, wenn der Stoff oder Gegenstand nur verwahrt 530 wird, um ihn dem **Zugriff der Polizei** zu entziehen (→ Rn. 500); es liegt dann, sofern es sich um ein Betäubungsmittel handelt, strafbarer Besitz vor. Von besonderer Bedeutung ist auch die **Feststellung der Eigennützigkeit;** es sind dazu konkrete Feststellungen zu treffen (BGH StV 1998, 587).

Die Aufbewahrung von **Streckmitteln** ist noch keine Straftat. Anders ist dies, 531 wenn dies im Hinblick auf ein konkretes Rauschgiftgeschäft erfolgt (→ Rn. 251; BGHR BtMG § 29 Abs. 1 Nr. 1 Handeltreiben 66 (→ Rn. 220)). Dasselbe gilt bei der Aufbewahrung von **sonstigen Gegenständen** (zB Autoschlüssel, Schließfachschlüssel). Hier wird der Bezug zu einem konkreten Umsatzgeschäft (→ Rn. 236–251) in aller Regel gegeben sein.

Bei der Beweiswürdigung kann im Hinblick auf das mit der Einschaltung eines 532 Unbeteiligten verbundene Risiko (→ Rn. 812) nicht ohne weiteres davon ausgegangen werden, ein Rauschgifthändler lasse eine große Menge Heroin auch nur vorübergehend in jemandes alleiniger Verfügungsgewalt, der nicht in die Sache eingeweiht ist (BGHR BtMG § 29 Beweiswürdigung 15 (4 StR 241/96); BGH 5 StR 229/96).

Soll der Verwahrer/Depothalter **als Entgelt** für die Verwahrung/Depothaltung 533 **Betäubungsmittel** erhalten, die er dann weiterveräußern will, so kann in der Verwahrung/Depothaltung bereits Handeltreiben zu sehen sein (→ Rn. 424).

i) Kuriertätigkeit, Botentätigkeit. Die immense Bedeutung der Transport- 534 tätigkeit für den illegalen Drogenmarkt wird in den **Warenströmen** offenbar, die von der **UNODC** in ihren jährlichen Reports nachgezeichnet werden (zuletzt World Drug Report 2020 Buch 3 S. 16 (Heroin), S. 30 (Cocain); in Bezug zur EU SOCTA 2021, S. 46 (Cannabis), 48 (Cocain), 50 (Heroin)). Der Einsatz von Kurieren ist daher nicht nur für die Einfuhr, sondern auch für den späteren gewinnbringenden Umsatz von Betäubungsmitteln eine **wesentliche Voraussetzung** (so generell die frühere stRspr; zuletzt BGHR BtMG § 29 Abs. 1 Nr. 1 Handeltreiben 54 (→ Rn. 170); 65 (→ Rn. 296); BGH NStZ 1984, 413 = StV 1984, 423; 2000, 482; 2006, 454; 2006, 577 (→ Rn. 170); NStZ-RR 1999, 24; 1999, 186 = StV 1999, 427; 2006, 88) und damit ein **besonders bedeutsamer Teilakt** des Handeltreibens (BGHR BtMG § 29 Abs. 1 Nr. 1 Handeltreiben 54 (→ Rn. 170); 65 (→ Rn. 296); *Rahlf* in MüKoStGB, 2. Auflage, Rn. 415; *Franke/Wienroeder* Rn. 46; *Weber* JR 2007, 400 (408); *Weber* NStZ 2008, 467). Hiervon geht auch der EU-Rahmenbeschluss v. 25.10.2004 (→ Rn. 163, 183–186) aus, der das Befördern mit dem Kaufen, Verkaufen und Liefern auf eine Ebene stellt (Art. 2 Abs. 1 Buchst. a, c). **Die neuere Rechtsprechung weicht** hiervon **essentiell ab** (→ Rn. 699–705).

Auch Boten (Läufer) werden in der Drogenszene nicht selten eingesetzt. Für 535 ihre Tätigkeit gelten dieselben Grundsätze wie für die Kuriere (BGHR BtMG § 29 Abs. 1 Nr. 1 Handeltreiben 57 (→ Rn. 255)).

Kurier- und Botentätigkeit sind Handlungsmodalitäten des **Beförderns,** das 536 in Art. 2 Abs. 1 Buchst. a des EU-Rahmenbeschlusses v. 25.10.2004 (→ Rn. 163, 183–186) aufgeführt ist. Die stRspr (→ Rn. 539), die in diesen Tätigkeiten Teilakte des Handeltreibens sieht, wird damit bestätigt. Der **Kurier** ist in aller Regel (Fremd-)Besitzer des Rauschgifts, als Händlerkurier (→ Rn. 539) auch Eigenbesit-

BtMG § 29 Sechster Abschnitt. Straftaten und Ordnungswidrigkeiten

zer. Beim **Boten** kommt auch Besitzdienerschaft in Betracht, wobei auch ein Besitzdiener, anders als im Zivilrecht (§ 855 BGB), im betäubungsmittelrechtlichen Sinn Besitzer sein kann (→ Rn. 1352, 1353).

537 **Die Bewertung** der Kurier- und Botentätigkeit gehört zu den **schwierigsten Bereichen** des Betäubungsmittelstrafrechts, wobei vor allem Fragen von Vorbereitung, Versuch und Vollendung (→ Rn. 578–582, 590–594) und von Täterschaft und Teilnahme (→ Rn. 691–802) berührt sind.

538 **aa) Umsatz.** In aller Regel wird die Kuriertätigkeit auch einem Umsatzgeschäft dienen. Daran fehlt es, wenn der Transport oder die sonstige Mitwirkung sich auf Betäubungsmittel beziehen, die nur dem **Eigenverbrauch** oder sonstigen nicht dem Handeltreiben zuzurechnenden Zwecken der Auftraggeber dienen; dies gilt auch dann, wenn der Kurier selbst eigennützig handelt (→ Rn. 342).

539 **Der Umsatz**, dem die Kuriertätigkeit dient, kann ein eigener **(Händlerkurier)**, auch im Rahmen einer Mittäterschaft, oder ein **fremder Umsatz** (→ Rn. 296–308) sein (dazu *Winkler* NStZ 2005, 315); auch die Tätigkeit eines Kuriers, der gegen Entlohnung selbständig Betäubungsmittel transportiert, ohne selbst Käufer oder Verkäufer zu sein, ist dem Handeltreiben zuzurechnen (stRspr; BGHR BtMG § 29 Abs. 1 Nr. 1 Handeltreiben 36 (→ Rn. 170); 57 (→ Rn. 255); 65 (→ Rn. 296); BGH NJW 1979, 1259; NStZ 2006, 454; 2006, 577 (→ Rn. 170); NStZ-RR 2006, 88; 2007, 88). Ob der Kurier **(Mit-)Täter** oder **Gehilfe** ist, ist eine andere Frage (dazu → Rn. 691–802).

540 **bb) Objekte der Kuriertätigkeit.** Objekt der Kuriertätigkeit können Rauschgift (→ Rn. 541), Rauschgifterlöse (→ Rn. 542), Kaufgeld (→ Rn. 543), Grundstoffe, Streckmittel und andere Stoffe oder Gegenstände (→ Rn. 544), aber auch Informationen (→ Rn. 545) sein. Hinzu kommen weitere Aktivitäten im Zusammenhang mit der Kuriertätigkeit (→ Rn. 547, 548):

541 **(a) Rauschgift.** Am häufigsten ist der Transport von Rauschgift. In diesem Falle ist der Kurier mit dem Betäubungsmittel selbst befasst, so dass, sofern auch die erforderliche Eigennützigkeit vorliegt (→ Rn. 300), auch die Unterstützung eines fremden Umsatzes nicht problematisch ist (→ Rn. 296–308). Eine andere Frage ist, ob der Kurier hinsichtlich des Handeltreibens (anders bei der Einfuhr (→ Rn. 924–932)) Täter oder Gehilfe ist (→ Rn. 691–802).

542 **(b) (Rauschgift-)Erlöse.** Objekt der Kuriertätigkeit und damit des Handeltreibens können auch (Rauschgift-)Erlöse sein (→ Rn. 234). Ob und unter welchen Voraussetzungen der Transport noch dem Handeltreiben zugerechnet werden kann, richtet sich nach → Rn. 462–476.

543 **(c) Kaufgeld.** Zum Kaufgeld → Rn. 782 in Verbindung mit → Rn. 235, 567–569.

544 **(d) Grundstoffe, Streckmittel und andere Stoffe oder Gegenstände.** Auch Grundstoffe, Streckmittel und andere Stoffe oder Gegenstände, die bei dem gewinnbringenden Umsatz von Betäubungsmitteln verwendet werden können, können Objekt der Kuriertätigkeit sein. Zu den Voraussetzungen, unter denen ihr Transport Handeltreiben (mit Betäubungsmitteln) sein kann, → Rn. 783–795.

545 **(e) Sonstige Gegenstände, Informationen.** Objekt der Kuriertätigkeit können auch andere Gegenstände sein, etwa Schließfach- oder Autoschlüssel; auch Botschaften oder Informationen können überbracht werden. Meist wird dies im Zusammenhang mit einem konkreten Rauschgiftgeschäft erfolgen, so dass der notwendige Bezug (→ Rn. 236–251) hier gegeben ist.

546 **cc) Einfordern des Kurierlohns.** Nicht nach diesen Grundsätzen richtet sich die Eintreibung des Kurierlohns durch den Kurier. Mit der Ablieferung der Ware ist seine auf den Umsatz des Rauschgifts gerichtete Tätigkeit abgeschlossen und da-

mit auch eine Beendigung seiner Tat (täterschaftliches Handeltreiben) eingetreten, ohne dass es auf den Zufluss des (gesamten) vereinbarten Kurierlohns ankommt, da dies für den Rauschgiftumsatz ohne Bedeutung ist (BGHR BtMG § 29 Abs. 1 Nr. 1 Handeltreiben 52 (→ Rn. 173)). Dies gilt jedenfalls dann, wenn die Einforderung erst nach Jahren erfolgt und auf einem neuen Entschluss beruht (BGHR BtMG § 29 Abs. 1 Nr. 1 Handeltreiben 52 (→ Rn. 173)).

dd) Überwachung des Kuriers. Die Grundsätze, die bei einem Kurier zum 547 Handeltreiben führen, gelten erst recht für denjenigen, der dem Kurier übergeordnet ist, diesen anleitet und überwacht (BGHR BtMG § 29 Abs. 1 Nr. 1 Handeltreiben 54 (→ Rn. 170)). Sofern die Kuriertätigkeit keine Betäubungsmittel oder Rauschgifterlöse betrifft oder betreffen sollte, gelten die einschränkenden Voraussetzungen der → Rn. 236–251.

ee) Andere Handlungen im Zusammenhang mit der Kuriertätigkeit. Im 548 Zusammenhang mit der Tätigkeit der Kuriere stehen auch die Handlungen, die für deren Einsatz maßgeblich sind, zB **Anwerbung** (BGH NStZ 2008, 40; StV 1995, 641), **Begleitung** oder **sonstige Betreuung** (BGH NStZ 2008, 40), **Ausstattung, Abholung** und **Auszahlung** des Kurierlohnes (BGH DRsp 1994/51 (2 StR 574/85)). Auch bei diesen Handlungen kann, sofern Eigennützigkeit gegeben ist (→ Rn. 309–348), Handeltreiben gegeben sein, wenn sie einem konkreten späteren Absatz von Betäubungsmitteln dienen sollen (OLG Karlsruhe NStZ-RR 1998, 348). Dasselbe gilt für den **Einbau** des Rauschgifts in das Kurierfahrzeug und die **Übergabe** des Kraftfahrzeugs an den Kurier (BGH NStZ-RR 1997, 86). Sofern die Kuriertätigkeit keine Betäubungsmittel oder Rauschgifterlöse betrifft oder betreffen sollte, gelten die einschränkenden Voraussetzungen der → Rn. 236–251.

j) Transporte. Dem Handeltreiben sind auch Transporte von Betäubungsmit- 549 teln zuzurechnen, die keine typische Kuriertätigkeit darstellen, etwa Schiffstransporte mit großen Mengen (BGHR BtMG § 29 Abs. 1 Nr. 1 Handeltreiben 18 (→ Rn. 231)) oder auf Absatz gerichtete Transporte (durch den Besitzer) aus eigennützigen Gründen (BGH NStZ 2016, 414). Auch solche Transporte sind Erscheinungsformen des Beförderns, das in Art. 2 Abs. 1 Buchst. a des EU-Rahmenbeschlusses v. 25.10.2004 (→ Rn. 163, 183–186) aufgeführt ist. Zu den festen und realistischen **Transportzusagen** → Rn. 554–559.

k) Chauffeur- oder sonstige Fahrdienste. Bei der Leistung von Chauffeur- 550 oder sonstigen Fahrdiensten ist es zwar nicht selbstverständlich, dass der Beteiligte eigennützig auch den (Fremd-)Umsatz von Rauschgift fördern will; kann dies aber festgestellt werden, so ist der Tatbestand des Handeltreibens erfüllt (BGH DRsp Nr. 1998/17900 (2 StR 12/80)). Eine andere Frage ist die der **Beteiligungsform** (→ Rn. 643; 806–810).

Mangels Förderung des Umsatzes von Rauschgift liegt kein Handeltreiben vor, 551 wenn der Beteiligte in Gegenwart des Rauschgift- und Fahrzeugbesitzers über eine kurze Strecke das Fahrzeug führt, um seiner **Fahrleidenschaft** zu frönen (BGH NStZ 1985, 318 = StV 1985, 279); da die Handlung nicht auf Förderung des Umsatzes gerichtet war, liegt auch keine Beihilfe vor. An der Eigennützigkeit fehlt es, wenn sich der Beteiligte darauf beschränkt, einen Rauschgifthändler **aus Gefälligkeit** zu chauffieren (BGH DRsp Nr. 1994/17 (2 StR 526/78); *Joachimski/Haumer* BtMG Rn. 48); in Betracht kommt Beihilfe.

Wenn der zunächst gutgläubige Beteiligte den Händler **von einem Treffen zu-** 552 **rückfährt,** bei dem in seiner Anwesenheit über ein Rauschgiftgeschäft gesprochen worden war, so kommt Handeltreiben (oder Beihilfe dazu) nur in Betracht, wenn das Rauschgift wieder verkauft werden soll und der Fahrer dies durch die Rückfahrt fördern wollte (BGHR BtMG § 29 Abs. 1 Nr. 1 Handeltreiben 17 (2 StR 239/88)).

BtMG § 29   Sechster Abschnitt. Straftaten und Ordnungswidrigkeiten

553   Dagegen kann die Förderung eines fremden Umsatzes darin liegen, dass der Beteiligte dem Fahrzeug, in dem sich die zum Umsatz bestimmten Betäubungsmittel befinden, **vorausfährt** um Hinweise auf Grenzkontrollen geben zu können (BGHR BtMG § 29 Abs. 1 Nr. 1 Handeltreiben 46 (3 StR 194/94).

554   **I) Zusagen.** Vor allem in den Fällen, in denen der Beteiligte zu dem ihm obliegenden Teilakt oder zu der unterstützenden Tätigkeit noch nicht angesetzt hat, stellt sich die Frage, ob bereits in der (festen und realistischen; ernsthaften und verlässlichen) Zusage zu einer solchen Handlung Handeltreiben gesehen werden kann. In der Rechtsprechung (BGHR BtMG § 29 Abs. 1 Nr. 1 Handeltreiben 18 (→ Rn. 231); 22 (→ Rn. 241); 77 (→ Rn. 169); BGH NStZ 2010, 522 (→ Rn. 225); NStZ-RR 2008, 54; StV 1985, 14) wird dies in Erwägung gezogen.

555   **Zusagen** verschaffen den anderen Beteiligten **Sicherheit,** den Tatplan wie vorgesehen umsetzen zu können. Sie können daher dazu führen, dass diese im Vertrauen darauf Handlungen vornehmen, etwa das Rauschgift zu einem Übergabeort bringen (→ Rn. 557), oder in die Lage versetzen, weitere Handlungen zu unterlassen und von weiteren Maßnahmen abzusehen (→ Rn. 558).

556   **Zusagen** liegen in aller Regel im Vorfeld der dem Beteiligten obliegenden Handlung und nähern sich damit dem Bereich der Vorbereitung. Dies spielt keine Rolle, wenn Mittäterschaft festgestellt werden kann (→ Rn. 591). Ist dies nicht der Fall, so kann **täterschaftliches** Handeltreiben – ohne dass dies bislang von der Rechtsprechung ausdrücklich herausgearbeitet wurde – nur in Betracht kommen, wenn der Zusage in der Weise **selbständige Bedeutung** zukommt, dass sie selbst auf die Förderung des Umsatzes gerichtet war, etwa indem sie Grundlage weiterer Maßnahmen war, mit denen der (konkretisierbare) Umsatz gefördert wurde, da nur dann ein Teilakt des Handeltreibens vorliegt.

557   Einen solchen Fall, in dem in einer **Transportzusage** (vollendetes) Handeltreiben gesehen wurde, hat die Rechtsprechung (BGHR BtMG § 29 Abs. 1 Nr. 1 Handeltreiben 18 (→ Rn. 231)) in einer Sache angenommen, in der die Täter zugesagt hatten, mit ihrem Schiff vier Tonnen Haschisch von Marokko nach England zu transportieren. Davon konnten zwei Tonnen nicht übernommen werden, weil das Lieferschiff am vereinbarten Treffpunkt trotz Lichtkontakts nicht herankam; vom Transport einer halben Tonne hatten die Täter wegen Drohungen Abstand genommen. Für die vom BGH gleichwohl hinsichtlich der vier Tonnen angenommene Vollendung spricht **die Selbständigkeit der Zusage,** die hier Grundlage weiterer Maßnahmen war und damit den Umsatz tatsächlich gefördert hatte (→ Rn. 554)

558   Kommt (Mit)Täterschaft nicht in Betracht, so kann in einer ernsthaften und verlässlichen Zusage (psychische) **Beihilfe zum Handeltreiben** zu sehen sein (→ Vor § 29 Rn. 325, 326). Dies kommt namentlich dann in Betracht, wenn sie den Haupttäter in die Lage versetzt, von weiteren Maßnahmen abzusehen (→ Rn. 555), etwa wenn ein Rauschgifthändler auf Grund der Zusage, zwei Kuriere in Empfang zu nehmen, keine weiteren Dispositionen zu deren Abholung mehr treffen muss (BGH NStZ 2008, 284 m. abl. Bespr. *Krumdiek* StV 2009, 385), oder wenn ein Beteiligter zusagt, über ein Telefongespräch den Aufenthaltsort des Kuriers zu erfragen (BGH NStZ 2010, 522 (→ Rn. 225)), oder die Betäubungsmittel zu transportieren, namentlich wenn er nachher Vorbereitungen dazu trifft (BGHR BtMG § 29 Abs. 1 Nr. 1 Handeltreiben 77 (→ Rn. 169)).

559   Gegebenfalls ist der **Versuch der Beteiligung** nach § 30 Abs. 2 StGB prüfen. Dazu muss allerdings ein Verbrechenstatbestand gegeben sein. Auch darf sich die in Aussicht genommene Beteiligung nicht als Beihilfe darstellen (→ Rn. 608). Vielfach werden diese Voraussetzungen nur hinsichtlich der Einfuhr vorliegen.

Kap. 1. Tatbestände des Abs. 1 S. 1 Nr. 1 § 29 BtMG

m) Wohnungsinhaber, Inhaber von sonstigen Räumen, Geschäftsher- 560
renhaftung. S. zunächst die zusammenfassende Darstellung in → Rn. 78–98. Die dort aufgeführten Grundsätze gelten im Wesentlichen auch für das Handeltreiben (BGHR BtMG § 29 Abs. 1 Nr. 1 Handeltreiben 60 (→ Rn. 85); 67 (→ Rn. 90)). Stellt danach der Wohnungsinhaber seine Wohnung zur Aufbewahrung und Portionierung von Cocain zur Verfügung in der Erwartung, dafür Cocain zum Eigenverbrauch und einen Anteil am Gewinn zu erhalten, so kann darin Handeltreiben zu sehen sein (→ Rn. 85, 87).

Räumt der Wohnungsinhaber einem anderen die Gelegenheit ein, in der 561
Wohnung 100 g Cocain **zwischenzulagern** und es nach und nach zu **verkaufen**, so kommt nicht nur Beihilfe zum Handeltreiben oder täterschaftliches Handeltreiben (BGH NStZ 2014, 164), sondern auch Besitz (hier jeweils in nicht geringer Menge) in Betracht (BGH NStZ 2006, 454; 3 StR 75/07).

Stellt der Wohnungsinhaber die Wohnung **nicht** zur Verfügung, sondern hat 562
er lediglich davon Kenntnis, dass ein anderer, meist der Lebensgefährte oder ein sonstiger Mitbewohner, dort mit Betäubungsmitteln Handel treibt, und ist er **damit einverstanden,** so kann darin unter bestimmten, wenn auch selten gegebenen, Umständen ebenfalls Handeltreiben liegen (→ Rn. 88, 89–91); andernfalls ist Beihilfe zu prüfen (→ Rn. 92–95). Zur **Geschäftsherrenhaftung** → Vor § 29 Rn. 331.

Beschränkt sich das Verhalten des Wohnungseigentümers auf ein bloßes **Hin-** 563
nehmen oder **Dulden** des Handeltreibens durch einen anderen, so leistet er zu der Tat keinen positiven Beitrag. Die bloße Kenntnis vom Handeltreiben und die tatsächliche Einwirkungsmöglichkeit reichen zur positiven Tatbestandsverwirklichung nicht aus (→ Rn. 96). Für das **Unterlassen** gelten die Ausführungen in → Rn. 90, 91, 95, 97 entsprechend.

n) Gastwirte, Spielsalons, andere Etablissements. Kassieren der Gastwirt, 564
der Betreiber eines Spielsalons oder eines anderen Etablissements Provision für die in ihren Räumen abgewickelten Rauschgiftgeschäfte, liegt auch bei ihnen Handeltreiben vor (→ Rn. 444). Erhalten sie keine Provision und haben sie auch keine sonstigen Vorteile (→ Rn. 322–334) scheidet Handeltreiben – auch durch Unterlassen – mangels Eigennützigkeit aus.

o) Entsorgung von Cannabispflanzenabfällen. → § 30a Rn. 155. 565

p) Weitere tatsächliche Handlungen im Zusammenhang mit Rauschgift- 566
geschäften. Auch durch eine Vielzahl weiterer tatsächlicher Handlungen kann der Tatbestand des Handeltreibens erfüllt werden. Dabei müssen sich diese Handlungen nicht unmittelbar auf Betäubungsmittel beziehen, sofern damit nur der Umsatz von Betäubungsmitteln gefördert wird und die Voraussetzungen der → Rn. 234–252 erfüllt sind. Dazu können gehören:

aa) Kaufgeld. Das Einsammeln von Geld zur Bezahlung von Rauschgift (Kauf- 567
geld) kann Handeltreiben sein, jedenfalls wenn das Rauschgift nach der Vorstellung des Täters zur Abholung bereitsteht (BGHR BtMG § 29 Abs. 1 Nr. 1 Handeltreiben 28 (→ Rn. 170); aA *Roxin* StV 1992, 517 (518, 519); *Kreuzer* FS Miyazawa, 1995, 177 (189)). Das **Einsammeln von Geld** steht mit der Bereitstellung von Vermögenswerten nach § 29 Abs. 1 S. 1 Nr. 13 in einem engen Zusammenhang. Die Abgrenzung zum Handeltreiben ist danach vorzunehmen, ob das Betäubungsmittelgeschäft **konkretisiert** werden kann. Ist dies gegeben, so kommt vollendetes Handeltreiben in Betracht. Es ergäbe einen Wertungswiderspruch, wenn der Täter, der allgemein Finanzierungsmittel zur Verfügung gestellt hat, die Vollendungsstrafe des § 29 Abs. 1 S. 1 verwirkt hätte, während derjenige, der das Geld für ein konkretes Geschäft beschafft, nur wegen Versuchs bestraft werden könnte.

BtMG § 29   Sechster Abschnitt. Straftaten und Ordnungswidrigkeiten

568   Bereits aus den vorstehenden Ausführungen folgt, dass auch **der Transport des Kaufgelds zum Abholungsort** nicht nur als Versuch angesehen werden kann (BGHR BtMG § 29 Abs. 1 Nr. 1 Handeltreiben 28 (→ Rn. 170); aA *Roxin* StV 1992, 517 (518, 519)). Der Transport liegt noch näher am Umsatz als das Einsammeln. Wird der Transport von der Person durchgeführt, die das Geld eingesammelt hatte, so liegen zwei Teilakte des Handeltreibens vor, die zu einer Bewertungseinheit verbunden sind. Beihilfe wird dann meist ausscheiden (*Roxin* StV 1992, 517 (519)). Hat eine andere Person den Transport übernommen, so kann je nach den Umständen auch Beihilfe in Betracht kommen.

569   Zum **Kaufgeld** ferner → Rn. 235 (Umgang mit einem Gegenstand, der kein Betäubungsmittel ist) sowie → Rn. 302 (Unterstützung eines Fremdumsatzes).

570   **bb) Aufsuchen des Lieferanten.** Auch das Aufsuchen des Lieferanten zur Abholung einer bereits zuvor vereinbarten Lieferung zur Weiterveräußerung bestimmter Betäubungsmittel ist auf den gewinnorientierten Umsatz von Betäubungsmitteln gerichtet und ist daher ein Teilakt des Handeltreibens (BGHSt 63, 1 (→ Rn. 168)).

571   **cc) Sonstige tatsächliche Handlungen.** Neben den Tätigkeiten im Umfeld von Vertragsverhandlungen und Umsatz (→ Rn. 453) hat die Rechtsprechung auch in anderen Fällen tatsächlichen Handelns Teilakte des Handeltreibens angenommen. Dazu gehören etwa das **Auffordern zum Abholen** des Rauschgifts (BGH StV 1995, 586), das Einbauen des Rauschgifts in ein **Schmuggelversteck** (BGH NStZ-RR 1997, 86) oder das **Verbergen** der Betäubungsmittel (BGH BeckRS 1980/108825). Die Aufzählung ist **nicht abschließend,** da jegliche Tätigkeit als Teilakt des Handeltreibens in Betracht kommt.

572   **V. Unerlaubt.** Weiteres Tatbestandsmerkmal ist das Fehlen einer Erlaubnis (→ Rn. 26–44, 1125). Das Fehlen ergibt sich meist aus den Gesamtumständen und muss daher nicht ausdrücklich festgestellt werden (→ Rn. 31).

573   **D. Vorbereitung, Versuch, Vollendung, Beendigung.** Der Versuch des Handeltreibens ist strafbar (§ 29 Abs. 2). Diese Regelung wird vielfach als Argument gegen die (traditionelle) weite Auslegung des Begriffs des Handeltreibens herangezogen (→ Rn. 195), wobei auch das Fehlen eines ins Gewicht fallenden Kriminalitätsfelds für den Bereich der Vorbereitung beklagt wird (→ Rn. 198). Überzeugend ist dies nicht (→ Rn. 195–198). Gleichwohl ist die Diskussion nicht abgeschlossen, wobei nunmehr vor allem die Frage im Vordergrund steht, welche Kriterien für die Abgrenzung der einzelnen Handlungsstadien in Betracht kommen (*Winkler* NStZ 2006, 328; *Weber* JR 2006, 139 (146); 2007, 400 (401–405); *Rahlf* FS Strauda, 2006, 243 (257)).

574   **I. Kernbereich, problematischer Bereich.** Dabei ist die Vollendung nicht streitig (dazu nur *Roxin* StV 1992, 517 (519); 2003, 619 (621)), wenn der Täter im Rahmen eines eigenen Umsatzgeschäfts aus Eigennutz Betäubungsmittel übertragen hat **(Kernbereich).** In einem solchen Fall hat auch ein etwa eingesetzter Vermittler eine vollendete Tat des Handeltreibens begangen (*Roxin* StV 1992, 517 (519); 2003, 619 (621)). **Zum Kernbereich** gehören auch die Aktivitäten im **Umfeld des Umsatzes** (→ Rn. 451–454); dass hier häufig nur Beihilfe vorliegen wird, steht auf einem anderen Blatt (→ Rn. 681–687). Nicht anders als die Übereignungsvorgänge beim Rauschgift (Umsatz; → Rn. 360, 371) zählen auch die Vorgänge bei der **Leistung des Entgelts** zum Kernbereich des Handeltreibens (→ Rn. 457–477).

575   Soweit die weite Auslegung des Begriffs des Handeltreibens **als problematisch angesehen wird,** beruht dies in erster Linie darauf, dass Vollendung angenommen wird, obwohl es zu einem Umsatz von Betäubungsmitteln **nicht** gekommen ist **und**

Kap. 1. Tatbestände des Abs. 1 S. 1 Nr. 1 § 29 BtMG

- die Handlung dem Umsatz **weit vorgelagert** ist, so dass sie als Vorbereitungshandlung (→ Rn. 576–608) oder Versuch (→ Rn. 609–615) erscheinen könnte, oder
- ein **Umsatz** mangels verfügbarer Betäubungsmittel überhaupt **nicht erreicht** werden kann (→ Rn. 618–626).

II. Vorbereitung oder Versuch. Grundsätzlich gelten für die Abgrenzung von 576 Vorbereitung, Versuch, Vollendung und Beendigung die allgemeinen Regeln. Da der Tatbestand aber weder den (erfolgten) Umsatz eines Betäubungsmittels (→ Rn. 264–268) noch den Besitz oder Gewahrsam an einem Betäubungsmittel (→ Rn. 280, 284) voraussetzt, umfasst er auch Handlungen, die so weit im Vorfeld des angestrebten Umsatzes liegen, dass sie dem Bereich der Vorbereitung zugerechnet werden könnten.

Nach dem Beschluss des Großen Senats für Strafsachen des BGH v. 577 26.10.2005 (→ Rn. 169) ist es noch kein Versuch, wenn die Handlung eine typische Vorbereitungshandlung darstellt, weil sie weit im Vorfeld des beabsichtigten Güterumsatzes liegt; der bisherigen kasuistischen Rechtsprechung liege als wesentliches Abgrenzungskriterium häufig zugrunde, dass in den Fällen der Vorbereitung **noch jede Konkretisierung** der in Aussicht genommenen Tat fehle (zust. *Franke/ Wienroeder* Rn. 53). Diese Beschreibung erscheint etwas genauer als die frühere Rechtsprechung (BGHR BtMG § 29 Abs. 1 Nr. 1 Handeltreiben 1 (→ Rn. 170); 22 (→ Rn. 241)), nach der es im Bereich der Vorbereitung blieb, wenn der Beteiligte lediglich eine „auf Güterumsatz gerichtete Tätigkeit im weitesten Sinne" entfaltete. In der Sache kommen sich beide Formeln jedoch sehr nahe.

1. Die in Aussicht genommene Tat. Maßgeblicher Bezugspunkt ist danach 578 die in Aussicht genommene Tat (BGHSt 50, 252 (→ Rn. 169)). Nach den Grundsätzen der Bewertungseinheit ist der Tatbestand des Handeltreibens bereits mit dem ersten, auf einen Umsatz des Betäubungsmittels abzielenden Teilakt **vollendet** (!), mag dieser Teilakt auch noch weit von dem Umsatz des Betäubungsmittels entfernt sein (→ Rn. 171, 172). Als „in Aussicht genommene Tat" kann danach weder das Umsatzgeschäft (→ Rn. 257) noch das Gesamtgeschäft (→ Vor § 29 Rn. 339) in Betracht kommen, sondern **nur der Teilakt** (zB Befördern (Kuriertätigkeit), Werbung, Betreuung eines Kuriers), Kaufgeschäft, Eintreiben des Kaufpreises), mit dem der jeweilige Beteiligte (nach dem Tatplan) bei einem ungestörten Fortgang den Tatbestand des Handeltreibens verwirklicht hätte. **Mit dem Ansetzen zu dieser,** damit auch notwendig konkretisierten, Tat ist der Bereich der Vorbereitung verlassen (§ 22 StGB) und der Versuchsbereich betreten, sofern nicht der Ausnahmefall vorliegt, dass auch der durchgeführte Tatplan noch kein Handeltreiben ergibt (→ Rn. 605).

Dies führt zu einem **zweistufigen Verfahren** (zust. *Rahlf* in MüKoStGB, 579 2. Auflage, Rn. 474; krit. *Oğlakcıoğlu* in MüKoStGB Rn. 450, 451 im Hinblick auf das „viel zu umfassende Verständnis" des Handeltreibens):
- in dem zunächst die **konkrete Handlungsweise** (Teilakt) herausgearbeitet wird, mit der der jeweilige Beteiligte den Tatbestand des Handeltreibens verwirklicht hätte, und
- dann geprüft wird, ob er nach seiner Vorstellung von der Tat **zu dieser Handlung unmittelbar angesetzt** hat (*Weber* NStZ 2004, 66 (67); *Weber* JR 2007, 400 (401)).

Den gegenüber dieser Verfahrensweise erhobenen Einwand (*Rahlf* FS Strauda, 2006, 243 (258)), sie führe lediglich zu einer kasuistischen Behandlung von erst noch zu typisierenden Handlungsweisen, hat *Rahlf* in der 2. Auflage offensichtlich aufgegeben; er konnte auch nicht überzeugen, da das Abstellen auf den konkreten Teilakt, das im Übrigen von den Grundsätzen der Bewertungseinheit (→ Rn. 578) zumindest nahegelegt wird, auf jeden Fall präziser ist als die mehr oder weniger pauschale Behauptung von einem Handeln, das „nach wertender Betrachtung weit im Vorfeld des beabsichtigten, noch nicht näher konkretisierten Drogenumsatzes liegt", zu dem letzlich wohl auch *Oğlakcıoğlu* (in MüKoStGB § 29 Rn. 452–456) seine Zuflucht nimmt (wie dieser auch *Patzak* in Körner/Patzak/Volkmer Teil 4 Rn. 190 und *Becker* in BeckOK BtMG Rn. 82 jeweils ohne Begründung). Die sich aus der Bewertungseinheit ergebenden Folgen (Vollendung der Tat mit dem ersten Teilakt) werden auch von *Skoupil* (BtM S. 205–207) übergangen, der statt dieser klaren Grundlage seine Zuflucht in dem Wort „näher" sucht.

580 **Bei der Abgrenzung** von Vorbereitung und Versuch ist auch das **Objekt der Handlung** von wesentlicher Bedeutung. Es macht einen Unterschied, ob sich die Handlung unmittelbar auf Betäubungsmittel bezieht oder lediglich auf Stoffe oder Gegenstände, die bei der Herstellung, dem Transport oder dem sonstigen Umgang mit zum Umsatz bestimmten Betäubungsmitteln verwendet werden sollen.

581 **a) Betäubungsmittel als Objekte der Tat.** Bezieht sich die in Aussicht genommene Tat unmittelbar auf Betäubungsmittel, so ist zu unterscheiden:

582 **aa) Befassung mit dem Rauschgift.** Ist der Täter mit dem Rauschgift (bereits) befasst, namentlich wenn er es in Verkaufsabsicht **besitzt** (→ Rn. 383), **vorrätig hält** oder für sich oder einen anderen **transportiert,** so ist im Hinblick auf die Bewertungseinheit, die alle Teilakte im Rahmen desselben Güterumsatzes vom Erwerb bis zur Veräußerung zu einer Tat des Handeltreibens verbindet, stets eine konkrete (und vollendete) Tat gegeben; von den Umständen des beabsichtigten Absatzes der Betäubungsmittel muss der Täter noch keine Vorstellung haben (→ Rn. 172). Entsprechendes gilt, wenn er zwar (noch) nicht im Besitz des Rauschgifts ist, dieses ihm aber ernsthaft angeboten worden ist und ihm für einen bestimmten Preis auch wirklich zur Verfügung steht (→ Rn. 398, 399).

583 **bb) Fehlende Befassung.** Ist der Täter mit dem Rauschgift (noch) nicht befasst, so ist (für den Beginn des Versuchs) maßgeblich, ob er nach seiner Vorstellung zu der Verwirklichung der in Aussicht genommenen Tat (BGHSt 50, 252 (→ Rn. 169)) unmittelbar angesetzt hat. **In Aussicht genommene Tat** ist lediglich der ihm obliegende **Teilakt** des Handeltreibens (→ Rn. 578, 579). Im Hinblick auf die von allen Teilakten gebildete Bewertungseinheit kommt es auch hier auf eine Konkretisierung des Gesamtgeschäfts nicht an, so dass der Täter auch hier keine Vorstellungen hinsichtlich des Absatzes der Betäubungsmittel haben muss (→ Rn. 172). Ausreichend ist vielmehr das Ansetzen zur Verwirklichung des von ihm übernommenen Teilakts.

584 Dabei ist auch von Bedeutung, dass unter bestimmten Voraussetzungen ein Versuch bereits dann vorliegen kann, wenn der Beteiligte nach Schaffung eines Risikos das Geschehen so **aus der Hand gegeben hat,** dass er sich einer Einflussmöglichkeit beraubt (BayObLG NJW 1994, 2164; OLG München NStZ 2011, 264; *Eser/Bosch* in Schönke/Schröder StGB § 22 Rn. 42 mwN). Bei der Beihilfe ist dies allerdings ohne Bedeutung, weil versuchte Beihilfe nicht strafbar ist.

585 **(a) Rechtsgeschäfte, Zusammenhang mit Rechtsgeschäften.** Noch kein Ansetzen zu einem konkretisierbaren Verkaufs-, Kauf- oder Vermittlungsgeschäft sind daher bloße Voranfragen, allgemeine Anfragen oder Sondierungen, unverbindliche Unterhaltungen und ähnliche Tätigkeiten (→ Rn. 378, 401, 434, aber → Rn. 383). Dasselbe gilt für den Auftrag, eine Telefonnummer zu erkunden, unter der Betäubungsmittel gekauft werden können (→ Rn. 378, 401). Auch mit der Fahrt in eine andere Stadt ohne getroffene Liefervereinbarung und ohne Kenntnis eines zuverlässigen Händlers (→ Rn. 378, 401) setzt der Täter noch nicht zu einem konkretisierbaren Verkaufs- oder Kaufgeschäft an. Zu prüfen ist die Frage des mit-

Kap. 1. Tatbestände des Abs. 1 S. 1 Nr. 1 § 29 BtMG

täterschaftlichen Handeltreibens (→ Rn. 591), der Beihilfe (→ Rn. 591) oder des Versuchs der Beteiligung (→ Rn. 608).

Eine realistische Grundlage für das Betäubungsmittelgeschäft fehlt, wenn das 586 angebotene Rauschgift erst hergestellt werden muss, dies wegen fehlender Geldmittel ungewiss ist und überdies zweifelhaft ist, ob es gelingt, das Geld zu beschaffen (BGHR BtMG § 29 Abs. 1 Nr. 1 Handeltreiben 70 (→ Rn. 168); iErg zust. *Weber* JR 2007, 400 (401, 402)). Es geht hier allerdings **weniger um eine Frage der Vorbereitungshandlung** als vielmehr darum, dass der Täter bei seinem Angebot eine reelle Chance sehen muss, eine Bezugsquelle für die Betäubungsmittel erschließen und entsprechend dem Angebot liefern zu können (→ Rn. 365, 365). In Betracht kommt § 30 Abs. 2 StGB (BGHR BtMG § 29 Abs. 1 Nr. 1 Handeltreiben 70 (→ Rn. 168); aber → Rn. 608.

Im Bereich der Vorbereitung bleibt es, wenn nur **innerhalb der (potentiellen)** 587 **Käuferseite** Verhandlungen (auch über Details) geführt wurden, ein Kontakt mit einem (potentiellen) Verkäufer aber nicht aufgenommen und auch nicht versucht wurde (BGHR BtMG § 29 Abs. 1 Nr. 1 Handeltreiben 68 (→ Rn. 350); im Ergebnis zust. *Weber* JR 2007, 400 (402)). Entscheidender Gesichtspunkt ist hier allerdings nicht „die mangelnde Konkretisierung der Aufnahme von Vertragsverhandlungen", sondern dass dazu überhaupt nicht angesetzt wurde (§ 22 StGB).

(b) Tatsächliche Handlungen. Bei den tatsächlichen Handlungen, die auf den 588 (eigennützigen) Umsatz von Betäubungsmitteln gerichtet sind und deswegen den Begriff des Handeltreibens erfüllen (zB Befördern, Anbauen, Herstellen), beginnt der Versuch mit dem unmittelbaren Ansetzen (§ 22 StGB) **zu dieser tatsächlichen Handlung.** Besteht das Handeltreiben **nur** in einer solchen Aktivität, **ohne** vorhergehende andere Geschäfte oder Erklärungen, etwa Verkaufs- oder Erwerbsgeschäfte oder Zusagen, so kann es für den Versuch des Handeltreibens auch nur auf diesen Teilakt ankommen (*Weber* JR 2011, 454). Für das Anbauen hat die Rechtsprechung (BGH NStZ 2012, 43; iErg ebenso BGH NJW 2011, 1461 (→ Rn. 69)) dies inzwischen anerkannt. Mit Recht hebt der 2. Strafsenat (BGH NStZ 2012, 43) die **insoweit** bestehende **begrenzende Funktion** für den Tatbestand des Handeltreibens hervor (*Weber* JR 2011, 454 (455)).

(aa) Befördern, Kuriertätigkeit. Für die Beförderung von Rauschgift und da- 589 mit für die Kuriertätigkeit reicht bislang eine solche Aussage. Die entschiedenen Fälle, die manchmal den Eindruck einer Einzelfalljustiz erwecken, lassen sich aber durchgängig auf dieses Prinzip zurückführen.

So hat der Beteiligte zu **dem ihm obliegenden Teilakt** (Kuriertätigkeit (Trans- 590 port); dazu → Rn. 534–541) des Umsatzgeschäfts **nicht angesetzt,** der zusagt, 10 kg Heroin als Kurier von Amsterdam nach Spanien zu transportieren und der sich dazu auch um ein Transitvisum für Frankreich bemüht; als er dazu eine Hotelbuchung in Spanien vorlegen sollte, wurde davon abgesehen, ihn als Kurier einzusetzen (BGHR BtMG § 29 Abs. 1 Nr. 1 Handeltreiben 22 (→ Rn. 241)). Zur **Zusage** → Rn. 591.

Hiervon zu unterscheiden ist, ob (vollendetes) Handeltreiben vorliegt, weil 591 dem Beteiligten die (festgestellte) Tatbestandsverwirklichung anderer als **Mittäter** zuzurechnen ist. Als Mittäter kann auch bestraft werden, wer seinen Tatbeitrag im Stadium der Vorbereitung leistet und die eigentliche Tat durch einen anderen vornehmen lässt (→ Vor § 29 Rn. 263, 264). **Mittäterschaft** kommt etwa in Betracht, wenn der Beteiligte, namentlich durch Mitwirkung an der Planung oder Organisation, in das tatbestandliche Handeln anderer so eingebunden ist, dass er sich deren Tatbeiträge zurechnen lassen muss (BGHR BtMG § 29 Abs. 1 Nr. 1 Handeltreiben 22 (→ Rn. 241); 37 (→ Rn. 236)). Kann eine konkretisierbare Haupttat (→ Rn. 306) festgestellt werden, kommt auch **Beihilfe** in Betracht, wobei die Beihilfe, wenn sie im Stadium des Versuchs stecken geblieben ist, nicht strafbar ist. Ferner kann auch in der **Zusage** der Kuriertätigkeit Handeltreiben oder Beihilfe dazu zu sehen sein (→ Rn. 554–559). Schließlich ist der **Versuch der Beteiligung** (§ 30 Abs. 2 StGB) zu prüfen; aber → Rn. 608.

592 An einem Ansetzen zu dem **ihm** obliegenden Teilakt des Umsatzgeschäfts mit Betäubungsmitteln fehlt es auch dann, wenn der **Kurier** mit konkreten Anweisungen nach Salzburg geschickt wird, um dort 10 kg Heroin zu übernehmen und nach Amsterdam zu transportieren, und, nachdem er in Salzburg vergeblich auf das Eintreffen des Rauschgifts gewartet hat, nach Erhalt weiterer telefonischer Anweisungen nach Amsterdam zurückkehrt (BGHR BtMG § 29 Abs. 1 Nr. 1 Handeltreiben 22 (→ Rn. 241); s. allerdings auch → Rn. 594, 595). Zu prüfen ist auch hier die Frage des mittäterschaftlichen Handeltreibens (→ Rn. 591), der Beihilfe (→ Rn. 591), der Zusage (→ Rn. 554–559, 603) oder des Versuchs der Beteiligung (→ Rn. 608).

593 Dasselbe gilt, wenn der Kurier nach München anreist, um dort Rauschgift zu übernehmen, und **vor dem Kontakt** mit dem Schmuggler festgenommen wird (BGH StV 1985, 14; allerdings auch → Rn. 594). Auch hier liegt noch kein Ansetzen zu dem dem Kurier obliegenden Teilakt (Beförderung) des Gesamtgeschäfts vor. Zu prüfen ist auch hier die Frage des mittäterschaftlichen Handeltreibens (→ Rn. 591), der Beihilfe (→ Rn. 591), der Zusage (→ Rn. 554–559, 603) oder des Versuchs der Beteiligung (→ Rn. 608).

594 **Der Kurier** kann die Schwelle zum **Versuchsbeginn** aber dann **überschritten** haben, wenn er nach seinem Tatplan alles getan hatte, um in den Besitz des Rauschgifts oder des Verkaufserlöses (BGH NJW 2008, 1460 (→ Rn. 225); insoweit zust. *Weber* NStZ 2008, 467 (470)) zu gelangen (auch → Rn. 595). Dies kommt etwa in Betracht, wenn er eine erhebliche Wegstrecke zurückgelegt und am telefonisch vereinbarten **Treffpunkt gewartet** hatte, und die Bedingungen der Übernahme zwischen ihm und dem Überbringer vorab festgelegt waren, so dass ihm der Stoff oder das Geld ohne weitere Verhandlungen und ohne noch bestehende Entscheidungsvorbehalte ausgehändigt worden wäre. In diesen Fällen liegt auch kein Rücktritt, sondern ein fehlgeschlagener Versuch vor (BGH NJW 2008, 1460 (→ Rn. 225); BGH NStZ-RR 1996, 48).

595 Insgesamt lässt sich feststellen, dass dann, wenn der Kurier nach dem Tatplan alles getan hat, um **ohne weitere Zwischenakte** in den Besitz des Stoffes zu gelangen, er zu dem ihm obliegenden Teilakt angesetzt hat, so dass ein Versuch auch dann vorliegt, wenn er den Mittelsmann **nicht antrifft,** die Übergabezeit **verfehlt** oder das Versteck **leer vorfindet.**

596 **(bb) Anbauen von Betäubungsmitteln; Einrichten einer Plantage.** Die sich bei der Einrichtung einer Plantage ergebende **Gemengelage** von Anbauen und Handeltreiben ist nicht immer leicht zu beherrschen (s. etwa BGHR BtMG § 29a Abs. 1 Nr. 2 Besitz 6 (→ Rn. 76) dazu *Weber* JR 2011, 454; BGH NJW 2011, 1461 (→ Rn. 69); 2011, 2529 (→ Rn. 122); NStZ 2012, 43; BGH 5 StR 559/11), kann aber mit den anerkannten Regeln des Betäubungsmittelrechts durchaus bewältigt werden. **Der Schlüssel** liegt in der seit jeher gesehenen Unterscheidung zwischen Handlungen ohne unmittelbaren Bezug auf Betäubungsmittel und Handlungen mit einem solchen Bezug (→ Rn. 251):

597 **(1) Handlungen ohne unmittelbaren Bezug auf Betäubungsmittel.** Handlungen, die der Einrichtung einer Cannabisplantage dienen (Anmieten von Räumlichkeiten, Beschaffen und Installation von Lüftungs- und Beleuchtungsanlagen, Heranschaffen von Erde und Pflanztöpfen etc) sind weder vollendetes noch versuchtes Handeltreiben, da sie sich nicht unmittelbar auf Betäubungsmittel beziehen (→ Rn. 251; iErg ebenso BGH NJW 2011, 1461 (→ Rn. 69); NStZ 2012, 43 je-

weils unter unnötiger (→ Rn. 579) Verwendung der wenig präzisen Formel von der „nach wertender Betrachtung weit im Vorfeld" liegenden Handlung; dazu *Weber* JR 2011, 454 (455)). Der Versuch des Handeltreibens beginnt in diesen Fällen erst mit dem Versuch des Anbauens (→ Rn. 588).

Etwas anderes gilt dann, wenn die beschriebenen Tätigkeiten auf die Ermöglichung oder Förderung eines **bestimmten Umsatzgeschäfts** mit Betäubungsmitteln zumindest in dem Sinne zielen, dass ein konkretisierbares Geschäft angebahnt ist oder läuft (→ Rn. 251 in Verbindung mit → Rn. 237–250; offen gelassen in BGH NJW 2011, 1461 (→ Rn. 69)), etwa indem die bevorstehende Ernte bereits jetzt verkauft wird oder ist (→ Rn. 280). Entsprechendes gilt, wenn ein solches Geschäft im Raume stand und dann zumindest bis zum Versuch durchgeführt wurde (→ Rn. 243, 246). Da Handeltreiben auch in der Unterstützung oder Förderung eines Fremdumsatzes liegen kann (→ Rn. 296–308), kommt es nicht darauf an, wer dieses Umsatzgeschäft angebahnt hat oder Geschäftspartner des laufenden Geschäfts ist. 598

(2) Handlungen mit unmittelbarem Bezug auf Betäubungsmittel. Bezieht sich die Handlung unmittelbar auf Betäubungsmittel, etwa auf Setzlinge oder auf Cannabissamen, die zum unerlaubten Anbau bestimmt sind, so kommt es für das **Handeltreiben** auf den Beginn des Anbauens nicht an (offen gelassen in BGH NJW 2011, 1461 (→ Rn. 69)). In diesen Fällen ist der Tatbestand des Handeltreibens bereits **aus anderen Gründen** erfüllt. Das Handeltreiben beginnt dann nach den allgemeinen Regeln, etwa mit dem Erwerb der Setzlinge oder des Samens oder mit einem bereits jetzt erfolgenden Kauf oder Verkauf der zu erwartenden Ernte. Sind solche **vorausliegenden Handlungen nicht** gegeben, so beginnt der Versuch des Handeltreibens mit dem Beginn des Anbauens (→ Rn. 588). 599

Von der Rechtsprechung der anderen Senate des BGH (→ Rn. 121) und von seiner eigenen Rechtsprechung (BGHR BtMG § 29a Abs. 1 Nr. 2 Besitz 6 (→ Rn. 76)) **weit entfernt sich** der 5. Strafsenat in seinem Urteil v. 15.3.2012 (NStZ 2012, 54 mablAnm *Patzak;* zust. *Oğlakcıoğlu* in MüKoStGB Rn. 455; zw. BGH BeckRS 2016, 41439). Der Entscheidung liegt unausgesprochen die Auffassung zugrunde, dass die Setzlinge etwas anderes seien als „das später zum Verkauf zu stellende Cannabis", das noch nicht existiere. Hierbei wird übersehen, dass nach der ausdrücklichen gesetzlichen Regelung in Anlage I **nicht der Wirkstoff** (Δ9-THC) Gegenstand des betäubungsmittelrechtlichen Verkehrsverbots ist, **sondern die Pflanze.** Diese bleibt aber bis zur Ernte dieselbe. Soweit sich der Senat auf BGH NJW 2011, 1461 (→ Rn. 69)) und BGH NStZ 2012, 43 beruft, übersieht er, dass sich diese Entscheidungen nicht auf den Umgang mit Betäubungsmitteln beziehen, sondern auf andere Handlungsobjekte (→ Rn. 597). 600

Das Urteil des 5. Strafsenats v. 15.3.2012 **widerspricht** nicht nur den betäubungsmittelrechtlichen Vorschriften, sondern müsste auch in der Praxis zu erheblicher **Rechtsunsicherheit** führen. Aus der Entscheidung ist nicht zu entnehmen, ob sich der Senat darüber, von welchem Zeitpunkt an (Anpflanzung, Ernte, Zwischenzeitpunkte?) das von ihm geforderte „zum Verkauf zu stellende Cannabis" anzunehmen ist, überhaupt Gedanken gemacht hat. Anders als der Senat eines Revisionsgerichts kann sich die Praxis vor dieser Frage jedoch nicht drücken. 601

(cc) Herstellen, andere tatsächliche Handlungen. Für das Herstellen und andere tatsächliche Handlungen gelten → Rn. 596–601 entsprechend. 602

(dd) Zusagen. Weit im Vorfeld und damit im Bereich der Vorbereitung bewegen sich (feste und realistischen) Zusagen, die von der Rechtsprechung (→ Rn. 554) unter dem Blickpunkt des vollendeten Handeltreibens geprüft werden; zu den Einzelheiten → Rn. 554–559. 603

BtMG § 29   Sechster Abschnitt. Straftaten und Ordnungswidrigkeiten

604   **b) Andere Stoffe oder Gegenstände.** Betraf die Handlung keine Betäubungsmittel, sondern andere Stoffe oder Gegenstände einschließlich Kaufgeld (→ Rn. 445–568), so hat die Rechtsprechung seit jeher Handeltreiben nur angenommen, wenn die Tätigkeit auf die Ermöglichung oder Förderung eines bestimmten Umsatzgeschäfts mit Betäubungsmitteln zumindest in dem Sinne zielt, dass ein konkretes Geschäft angebahnt ist oder läuft (→ Rn. 236–251) oder wenigstens im Raume stand und dann zumindest bis zum Versuch durchgeführt wurde (→ Rn. 243, 246). Auch die im Beschluss des Großen Senats v. 26.10.2005 (BGHSt 50, 252 (→ Rn. 169)) zitierten Entscheidungen beziehen sich auf solche Fallgestaltungen.

605   An der danach notwendigen Konkretisierung fehlt es bei der **Beschaffung eines Schmuggelfahrzeugs** für eine Rauschgifthändlerbande, ohne dass bereits ein Umsatzgeschäft mit Betäubungsmitteln angebahnt ist oder läuft (BGHR BtMG § 30a Abs. 1 Bandenhandel 2 (→ Rn. 236)) oder auch nur im Raume stand und dann mindestens bis zum Versuch durchgeführt wurde (→ Rn. 242, 243). Hier hat der Beteiligte zwar den geplanten Tatbeitrag in vollem Umfang erbracht; mangels Konkretisierung ergibt aber auch der voll durchgeführte Tatplan lediglich eine Vorbereitungshandlung zum Handeltreiben (→ Rn. 236–251, 604). Dasselbe gilt für die Beschaffung anderer Stoffe, etwa **Grundstoffe,** oder Gegenstände, namentlich **Laborgeräte.**

606   Auf derselben Linie liegt **die Entsorgung von Pflanzenabfall,** jedenfalls wenn der Rechtsprechung gefolgt wird, wonach dies kein Teilakt des Handeltreibens sein soll (→ § 30a Rn. 155).

607   **c) Kaufgeld.** Anders ist dies bei der Beschaffung (Einsammeln) oder dem Transport von Kaufgeld (→ Rn. 235, 567–569) Hier wird in der Regel ein konkretes Umsatzgeschäft mit Betäubungsmitteln angebahnt sein oder laufen oder wenigstens im Raume stehen (das dann allerdings mindestens bis zum Versuch durchgeführt worden sein muss (→ Rn. 243, 246)). So kann vollendetes Handeltreiben (oder vollendete Beihilfe) gegeben sein, wenn, wenn der Kurier nach telefonischen Verhandlungen um 79 kg Cocain mit dem Kaufgeld zum Übergabeort anreist und in einem Hotelzimmer **vergeblich auf Anweisungen** wartet (BGH NStZ-RR 1996, 48).

608   **2. Versuch der Beteiligung.** Kommt danach ein Versuch nicht in Betracht, ist der Versuch einer Beteiligung (§ 30 StGB) zu prüfen (s. BGH NStZ 2012, 43; 5 StR 559/11). Dazu muss allerdings ein Verbrechenstatbestand gegeben sein. Auch darf sich die in Aussicht genommene Beteiligung nicht als Beihilfe darstellen (→ Vor § 29 Rn. 220).

609   **III. Versuch oder Vollendung.** Hierbei sind zwei Fallgestaltungen zu trennen:

610   **1. Handlungen im Vorfeld eines Umsatzes.** Im Hinblick auf die Weite des Tatbestands bleibt für Handlungen, die über das Vorbereitungsstadium hinausgehen und nicht schon Vollendung sind, generell nur wenig Raum (*Eberth/Müller* BtMR Rn. 35; *Joachimski/Haumer* BtMG Rn. 27; *Winkler* in Hügel/Junge/Lander/Winkler Rn. 4.3.1). Bedenken gegen die weite Auslegung des Begriffs des Handeltreibens ergeben sich daraus nicht (→ Rn. 195–197). Bei der Strafzumessung ist allerdings zu berücksichtigen, ob und inwieweit der konkrete Sachverhalt dem Bild eines Versuchs nahe kam (*Eberth/Müller* BtMR Rn. 35; *Joachimski/Haumer* BtMG Rn. 27; LG Frankfurt a. M. StV 1992, 18).

611   **(a) Rechtsgeschäfte, Zusammenhang mit Rechtsgeschäften.** Lediglich versuchtes Handeltreiben liegt vor, wenn das ernsthafte Verkaufs- oder Kaufangebot der in Aussicht genommenen Person **nicht zugeht** (→ Rn. 394, 412). Hat der Täter das Rauschgift allerdings in Besitz (→ Rn. 383) oder steht es ihm tatsächlich zur Verfügung (→ Rn. 398, 399), liegt vollendetes Handeltreiben vor.

Kap. 1. Tatbestände des Abs. 1 S. 1 Nr. 1 § 29 BtMG

Ebenso ist Vollendung eingetreten, sobald das ernsthafte Verkaufs- oder Kaufangebot dem potentiellen Käufer oder Verkäufer zugegangen ist (→ Rn. 394, 412). Dies gilt auch dann, wenn die kontaktierten Händler dem Täter **von Anfang an nichts verkaufen** können oder wollen (→ Rn. 409–411). Auch beim Feilbieten muss dem Angebot dem Adressaten zugegangen sein (→ Rn. 517).

Bietet die Sozialarbeiterin einer Justizvollzugsanstalt **einem Gefangenen** an, 612
Cannabis in die Anstalt einzuschmuggeln und ihm gegen einen Gewinnanteil zum Verkauf in der Anstalt zu überlassen und hängt die Ausführung des Plans nur noch von der Zustimmung des Gefangenen ab, so liegt im Hinblick darauf, dass die Täterin die Tatverwirklichung **aus der Hand** gegeben hat (→ Rn. 584), versuchtes Handeltreiben vor (OLG München NStZ 2011, 464).

An der Strafbarkeit des Teilnehmers fehlt es, wenn beim Haupttäter Voll- 613
endung eingetreten ist, weil dieser auf Grund seiner Kontakte zum Teilnehmer (irrtümlich) die reelle Chance sieht, das von ihm angebotene Rauschgift beschaffen zu können, während der Teilnehmer aber von Anfang an nicht zur Lieferung bereit ist (BGHR BtMG § 29 Abs. 1 Nr. 1 Handeltreiben 69 = NStZ 2007, 531 = StV 2007, 302; zust. *Weber* JR 2007, 400 (403, 404)). In einem solchen Falle erstreckt sich der Vorsatz des Teilnehmers nicht, wie dies für §§ 26, 27 StGB erforderlich ist (*Fischer* StGB § 26 Rn. 12, *Joecks/Scheinfeld* in MüKoStGB § 27 Rn. 111), auf eine vollendete Tat. Er beteiligt sich zwar an Handlungen eines andern, die sich formell als vollendetes Handeltreiben darstellen, die aber ihrer Qualität nach **nur Versuchshandlungen** sind, wobei der einschlägige Tatbestand (Handeltreiben) mit dem Arbeitsbegriff des unechten Unternehmensdelikts (→ Rn. 273–277) gekennzeichnet werden kann. Um eine nicht gewollte Ausdehnung der Strafbarkeit und Wertungswidersprüche zur Mittäterschaft zu vermeiden, muss dies zur Straflosigkeit des Teilnehmers führen.

(b) Tatsächliche Handlungen. Kein vollendetes Handeltreiben, wohl aber ein 614
unmittelbares Ansetzen zu einer tatbestandsmäßigen Ausführungshandlung und damit ein Versuch liegt vor, wenn der **neu eingesetzte Kurier** mit mehreren Telefonaten versucht, an einen Koffer mit Rauschgift zu gelangen, der seinen Auftraggebern durch das Eingreifen der Polizei entglitten war (BGHR BtMG § 29 Abs. 1 Nr. 1 Handeltreiben 1 (→ Rn. 170)). Dabei ist die Ausführungshandlung allerdings nicht in der (geplanten) Kuriertätigkeit nach Erlangung des Koffers zu sehen, sondern in der Inbesitznahme des Rauschgifts, zu der der Täter mehrmals angesetzt hat (iErg ebenso *Ebert* S. 133–136).

Ebenfalls nur Versuch liegt vor, wenn der Täter, der den Auftrag erhalten 615
hatte, einen Beutel mit Rauschgift aus einer Wohnung zu nehmen und zu einem PKW zu bringen, beim Öffnen der Wohnung **von der Polizei erwartet** wird. Maßgeblich ist allerdings nicht die (entgleitende) Verfügungsmacht des Auftraggebers (*Weber* JR 2007, 400 (404)); aA BGH NJW 2007, 2269), auf die es auch sonst nicht ankommt (→ Rn. 284), sondern dass der Täter zu dem ihm obliegenden Teilakt des Handeltreibens (Transport aus der Wohnung zum PKW) erst angesetzt hatte. Auch wenn das Rauschgift noch in der Wohnung gewesen wäre, etwa weil es die Polizei nicht entdeckt hatte, hätte lediglich ein Versuch vorgelegen.

Die bloße Inbesitznahme **eines Gehilfen,** der von dem Haupttäter mit dem 616
Diebstahl und Transport von Betäubungsmitteln zu ihm beauftragt worden war (→ Rn. 715), reicht dagegen zur Vollendung der Haupttat (Handeltreiben) nicht aus; zu ergänzen ist, es liegt auch **kein Versuch** der Haupttat vor. Mit Recht stellt der BGH (NJW 2016, 98 (→ Rn. 524)) daher nicht auf die Inbesitznahme durch den Gehilfen, sondern auf eigene Handlungen des Haupttäters (Entriegelung eines Fensters zur Vorbereitung des Diebstahls) ab. Vollendung wäre gegeben im Falle der Mittäterschaft (BGH NJW 2016, 98).

BtMG § 29   Sechster Abschnitt. Straftaten und Ordnungswidrigkeiten

617   Zu Versuch oder Vollendung beim **Anbauen** von Betäubungsmitteln (Einrichten einer Plantage), Herstellen und anderen tatsächlichen Handlungen → **Rn.** 596–602.

618   **2. Nichterreichbarkeit eines Betäubungsmittelumsatzes.** Die zweite Gruppe, bei der die Annahme vollendeten Handeltreibens als problematisch angesehen werden kann, umfasst die Fälle, in denen der angestrebte Umsatz von Betäubungsmitteln **endgültig nicht** erreicht werden kann, so dass auch ein untauglicher Versuch in Erwägung gezogen werden könnte. Im Wesentlichen geht es dabei um drei Fallgestaltungen:

619   **a) Scheindrogen (Imitate und andere Stoffe).** Bezieht sich die auf Umsatz gerichtete Handlung in Wirklichkeit auf eine Scheindroge, die der Täter für ein Betäubungsmittel hält, so geht die bisherige Rechtsprechung (→ Rn. 220–224) von Vollendung aus (→ Rn. 281, 362, 372, 397, 415). Soweit dies durch den 3. Strafsenat des BGH **in Frage gestellt wurde** (BGHR BtMG § 29 Abs. 1 Nr. 1 Handeltreiben 66 (→ Rn. 220)), ist dies nicht überzeugend (*Weber* JR 2007, 400 (404, 405)):

620   **Die bisherige Rechtsprechung** zu den Scheindrogen (Imitaten und anderen Stoffen) ergibt sich **zwangsläufig** aus dem Grundsatz (→ Rn. 264–269), dass vollendetes Handeltreiben keinen (erfolgten) Umsatz von Betäubungsmitteln voraussetzt (→ Rn. 281). Wenn es auf einen solchen nicht ankommt, ist es auch nicht erheblich, dass in Wirklichkeit keine Betäubungsmittel umgesetzt werden. Eine Änderung der Rechtsprechung könnte daher **nicht** auf den Fall der Scheindrogen **beschränkt werden,** sondern müsste die Frage des Umsatzes beim Handeltreiben **generell** einbeziehen und damit die Debatte, die nach dem Beschluss des Großen Senats des BGH v. 26.10.2005 (→ Rn. 176; ebenso Beschluss des BVerfG v. 18.9.2006 (→ Rn. 227)) geschlossen schien, wieder eröffnen, wobei neue Argumente nicht in Sicht wären.

621   Auch die **Wortlautgrenze** wird durch die traditionelle Auslegung nicht überschritten (→ Rn. 214, 220–224). Ebenso wenig führt sie zur **Unbestimmtheit** des Tatbestands (→ Rn. 205–208), Auch in einem solchen Falle ist das Risiko einer Bestrafung für den Normadressaten klar erkennbar (→ Rn. 207), zumal er nach seiner Vorstellung mit echten Betäubungsmitteln Handel treiben wollte. Schließlich wird auch der **Schuldgrundsatz** durch die traditionelle Auslegung nicht verletzt (→ Rn. 200–203); ihm wird durch die hier gebotene Abstufung auf der Strafzumessungsebene Rechnung getragen (BGH NJW 1999, 2683 (→ Rn. 219)).

622   Es kann auch **keinen Unterschied** machen, ob der Stoff, den der Beteiligte falsch einschätzt, ihm vorliegt oder ob das Imitat erst später geliefert wird (so aber *Winkler* NStZ 2007, 317 (318) im Hinblick auf BGH NStZ-RR 2006, 350; dazu auch → Rn. 223, 281). Die Abrede bezieht sich in beiden Fällen gleichermaßen auf Betäubungsmittel. Der Beteiligte will in beiden Fällen mit Rauschgift handeln. Dass er in einem Fall den Stoff vor Augen hat und ihn nur falsch einschätzt, vermag im Rahmen des Tatbestands eine Differenzierung nicht zu begründen.

623   **b) Sichergestellte Betäubungsmittel.** Vollendetes Handeltreiben kommt auch dann noch in Betracht, wenn das Betäubungsmittel zum Zeitpunkt des Tätigwerdens bereits unter polizeilicher Kontrolle stand, sichergestellt oder beschlagnahmt war (→ Rn. 286–289; zur Kontroverse innerhalb des BGH → Rn. 745, 746). Auch dies ist eine zwangsläufige Folge des Grundsatzes (→ Rn. 264–269), dass vollendetes Handeltreiben einen Umsatz von Betäubungsmitteln nicht voraussetzt. Mit dieser Auslegung wird die Wortlautgrenze nicht überschritten (→ Rn. 214, 225). Der Tatbestand ist auch nicht unbestimmt (→ Rn. 205–208), da das Risiko einer Bestrafung für den Normadressaten klar erkennbar ist (→ Rn. 207), zumal er nach seiner Vorstellung mit zur Verfügung stehendem Rauschgift handelte. Ebenso wenig wird der

Schuldgrundsatz verletzt (→ Rn. 200−203); dass das Rauschgift nicht in den Verkehr gelangen konnte, ist im Rahmen der Strafzumessung zu berücksichtigen (→ Vor § 29 Rn. 1031−1033).

c) Polizeibeamte, V-Personen als Käufer. Das Handeltreiben ist auch dann 624 vollendet, wenn auf der Käuferseite ein (verdeckt ermittelnder) Beamter oder eine V-Person tätig geworden ist (→ Rn. 290, 291). Auch dies ist eine zwangsläufige Folge des Grundsatzes (→ Rn. 264−269), dass vollendetes Handeltreiben einen Umsatz von Betäubungsmitteln nicht voraussetzt. Die Wortlautgrenze wird mit dieser Auslegung nicht überschritten (→ Rn. 214, 225). Sie führt auch nicht zur Unbestimmtheit des Tatbestands (→ Rn. 205−208); das Risiko einer Bestrafung ist für den Normadressaten auch hier klar erkennbar (→ Rn. 207), zumal er nach seiner Vorstellung mit einem echten Interessenten verhandelte. Auch der Schuldgrundsatz wird nicht verletzt (→ Rn. 200−203); dass ein Polizeibeamter beteiligt war oder das Geschäft sonst kontrolliert wurde, ist bei der Strafzumessung unabhängig von einer etwaigen Tatprovokation zu berücksichtigen (→ Vor § 29 Rn. 1031−1033).

Ist der Verkäufer bereits **im Besitz** des Rauschgifts (→ Rn. 498−510), so ist das 625 Handeltreiben schon deswegen **vollendet,** weil er es in der Absicht gewinnbringender Veräußerung innehat, wobei er diese Absicht durch das Angebot oder den Verkauf an den Scheinaufkäufer auch dokumentiert. Entsprechendes gilt, wenn die Betäubungsmittel dem Verkäufer zu einem bestimmten Preis wirklich zur Verfügung stehen (→ Rn. 398, 399).

Nicht immer, aber in vielen Fällen wird der **Scheinaufkäufer** als **agent provo-** 626 **cateur** gehandelt haben (→ § 4 Rn. 167−170). Die Vollendung des Handeltreibens hat nicht zur Folge, dass dieser sich strafbar gemacht hat (→ § 4 Rn. 243−248; aA *Roxin* StV 1992, 517 (520); *C. Nestler* in Kreuzer BtMStrafR-HdB § 11 Rn. 371).

IV. Vollendung. Die Vollendung der Tat tritt ein, wenn der Täter mit der Aus- 627 führung einer Handlung begonnen hat, die nach seiner Vorstellung den Umsatz fördert.

1. Auch bei weiteren Handlungen. Dabei kommt es nicht darauf an, ob nach 628 der Vorstellung des Täters noch weitere Handlungen zur Herbeiführung des Erfolges notwendig sind. So tritt bei der Anbahnung eines Geschäfts Vollendung ein, sobald der Täter das Stadium allgemeiner Anfragen verlässt und ernsthafte Verhandlungen führt (zB → Rn. 376, 385, 403, 435), unabhängig davon, ob zur Übertragung des Betäubungsmittels noch eine weitere Tätigkeit entfaltet werden muss. Bei tatsächlichen Handlungen kommt es auf deren Beginn an. So ist bei der Drogenherstellung auch der Tatbestand des Handeltreibens vollendet, sobald der Täter die Herstellung aufgenommen hat (→ Rn. 492).

2. Unabhängig vom Erfolg. Ebenso wenig ist erforderlich, dass ein Erfolg ein- 629 getreten ist (→ Rn. 264−269). Vollendung tritt daher auch ein, wenn die Handlung den Umsatz objektiv nicht gefördert hat, nicht fördern konnte (→ Rn. 271, 272) und ihn auch nicht (mehr) fördern kann (→ Rn. 264).

V. Beendigung. Die Tat ist dann beendet, wenn das Rauschgift übergeben und 630 die Gegenleistung, meist Geld, entgegengenommen ist (BGH NJW 2002, 3846 (→ Rn. 264); NStZ-RR 2018, 172), die Bemühungen um den Umsatz endgültig eingestellt werden oder das Rauschgift, etwa auf Grund eines Diebstahls, verloren ist oder der Täter annimmt, es sei gestohlen (→ Vor § 29 Rn. 601, 602). Damit erfasst das Handeltreiben auch noch die Zeit, bis die Betäubungsmittel zu den vorgesehenen Abnehmern gelangt sind (BGH NJW 2008, 2276 (→ Rn. 225); NStZ-RR 1996, 374) oder bis etwaige Reklamationen abgeschlossen sind (→ Rn. 423). Ebenso werden noch erfasst die Eintreibung und Entgegennahme **des Entgelts** und dessen Ablieferung bei dem Lieferanten (→ Rn. 457−546). Soll der Erlös verteilt werden, so tritt Beendigung erst mit der **Verteilung** ein (BGH NJW 2011, 2529 (→ Rn. 122)).

631 Mit dieser Rechtsprechung wird auf das **Gesamtgeschäft** abgestellt. Dies hat zur Folge, dass die Beendigung für alle Beteiligten zur gleichen Zeit eintritt, auch wenn der von ihnen verwirklichte Teilakt schon längst abgeschlossen war. Namentlich im Hinblick auf den **Beginn der Verjährung** kann dies zu unbilligen Ergebnissen führen (LG Bremen StV 2001, 113). Es erscheint daher sachgerecht und auch im Hinblick auf → Rn. 579 konsequent, nicht an das Gesamtgeschäft, sondern an den Abschluss des von dem jeweiligen Beteiligten **verwirklichten Teilakts** anzuknüpfen (iErg ebenso LG Bremen StV 2001, 113; Oğlakcıoğlu BtMStrafR AT S. 475).

632 **E. Täterschaft und Teilnahme.** Die Förderung eines fremden Umsatzes ist nicht stets oder auch nur überwiegend Beihilfe (→ Rn. 296). Vielmehr kann darin auch Täterschaft zu sehen sein. Ob Täterschaft oder Teilnahme vorliegt, richtet sich nach den Grundsätzen des **allgemeinen Strafrechts** (stRspr; BGHSt 34, 124 (→ Rn. 170); 50, 252 (→ Rn. 169); 51, 219 (→ Rn. 168); BGHR BtMG § 29 Abs. 1 Nr. 1 Handeltreiben 6 (2 StR 63/88); 9 (→ Rn. 255); 12; 14 (→ Rn. 324); 25 (→ Rn. 255); 39 (→ Rn. 137); 47 = StV 1995, 197; 54 (→ Rn. 170); 56 (2 StR 468/00); 65 (→ Rn. 296); BGH NStZ 2006, 577 (→ Rn. 170); NStZ-RR 2006, 88 (→ Rn. 296); StV 2019, 317 = BeckRS 2018, 38500).

633 **I. Voraussetzungen und Formen.** Danach kommt es, wenn sich die Beteiligung des Täters am Handeltreiben auf einen Teilakt des Umsatzgeschäfts beschränkt, maßgeblich darauf an, welche Bedeutung der **konkreten Beteiligungshandlung** im Rahmen des **Gesamtgeschäfts** zukommt. Demgemäß ist in wertender Betrachtung unter Berücksichtigung des Grades des eigenen Interesses am Erfolg, des Umfangs der Tatbeteiligung und der Tatherrschaft oder doch wenigstens des Willens zur Tatherrschaft zu beurteilen, ob ein Beteiligter, der einen nicht ganz untergeordneten, die Tatbestandsverwirklichung fördernden Beitrag leistet, auf der Grundlage gemeinsamen Wollens die Tat als eigene wollte oder ob er lediglich fremdes Tun fördern wollte (BGH NStZ-RR 2011, 57 (Vermittlung); BeckRS 2017, 115061 (Depothaltung); StV 2019, 317 (→ Rn. 632) – Kurier). Zur Abschichtung auch → Vor § 29 Rn. 367–386.

634 **II. Abgrenzung.** Dabei ergeben sich für die Abgrenzung aus der Weite des Tatbestands des Handeltreibens und seiner eigenartigen Struktur, wonach er auch bei eher nachrangigen Tatbeiträgen in allen Merkmalen erfüllt sein kann (→ Rn. 255), besondere Schwierigkeiten. Lässt sich **nicht klären,** welche **Beteiligungsform** vorliegt, so ist Beihilfe anzunehmen (BGH StV 1985, 14).

635 **1. Vorabklärung.** Die Abgrenzung lässt sich dadurch etwas erleichtern, dass zwei Bereiche vorab geklärt werden:

636 **a) Bedeutung der Eigennützigkeit.** Aus dem Bereich der (Mit-)Täterschaft scheiden von vornherein alle Fälle aus, in denen kein eigennütziges Handeln (→ Rn. 309–352) des Beteiligten vorliegt. Täterschaft kommt beim Handeltreiben nur in Betracht, wenn der Beteiligte zwar einen fremden Umsatz fördern will, dabei aber zugleich eigennützig handelt (BGHSt 26, 117 = NJW 1975, 1470; 34, 124 (→ Rn. 170); BGH NStZ 2006, 578 (→ Rn. 310); NStZ-RR 2014, 213). Die bloße Förderung fremden Eigennutzes genügt nicht (BGH NStZ 2012, 517; NStZ-RR 2014, 375; BeckRS 2018, 27346).

637 **An der Eigennützigkeit** (in Bezug auf das Geschäft des Verkäufers) **fehlt es,** wenn der Begleiter des Verkäufers, der an den Verhandlungen selbst nicht beteiligt wird, in einer Verhandlungspause versucht, den Kaufinteressenten abzuwerben (BGHR BtMG § 29 Abs. 1 Nr. 1 Handeltreiben 6). Ebenso liegt mangels Eigennutzes Beihilfe vor, wenn der Beteiligte ein Betäubungsmittelgeschäft nur aus **freundschaftlicher Verbundenheit** vermittelt (BGHR BtMG § 29 Abs. 1 Nr. 1 Handel-

Kap. 1. Tatbestände des Abs. 1 S. 1 Nr. 1 § 29 BtMG

treiben 14 (→ Rn. 324)), Betäubungsmittel durchführt (BGHR BtMG § 29 Beweiswürdigung 9 (→ Rn. 351)), Heroin über die Grenze transportiert (an der Strafbarkeit der Einfuhr ändert sich daran nichts (→ Rn. 695)) oder ohne eigene Vorteile sich zur Entgegennahme des Geldes und zur Übergabe einer weiteren Portion Cocain zur Verfügung stellt (BGH StV 2002, 255). Dasselbe gilt, wenn sich der Beteiligte darauf beschränkt, einen Rauschgifthändler **aus Gefälligkeit** zu chauffieren (→ Rn. 551). Aus einem **Erfahrungssatz** (→ Rn. 819) kann die Eigennützigkeit **nicht** hergeleitet werden (→ Rn. 352).

b) Beihilfe trotz eigenhändiger Erfüllung aller Tatbestandsmerkmale. 638
Abweichend von allen anderen Straftatbeständen kann beim Handeltreiben Beihilfe auch dann vorliegen, wenn der Beteiligte in Person alle Tatbestandsmerkmale verwirklicht. Anders als etwa bei der Einfuhr gilt der Grundsatz, dass bei der eigenhändigen Erfüllung aller Tatbestandsmerkmale stets (Mit-)Täterschaft gegeben ist (→ Vor § 29 Rn. 246, 247) **nicht beim Handeltreiben** (*Fischer* StGB § 25 Rn. 30; aA *Krack* JR 2008, 342 (343)). Insbesondere reicht nicht jede eigennützige Förderung fremder Umsatzgeschäfte für die (mit-)täterschaftliche Begehung aus (BGHR BtMG § 29 Abs. 1 Nr. 1 Handeltreiben 14 (→ Rn. 324); BGH NStZ 1999, 451 = StV 1999, 429; NStZ-RR 1997, 86; 1999, 186 (→ Rn. 534); 2006, 88 = StV 2006, 184).

Auch wenn festgestellt wird, dass der Beteiligte alle Tatbestandsmerkmale des 639
Handeltreibens in Person erfüllt hat, sind daher weitere Überlegungen zur Abgrenzung nicht entbehrlich. Vielmehr ist **an Hand der allgemeinen Kriterien**, die für die Abschichtung der Beteiligungsformen auch sonst gelten (→ Rn. 633), zu entscheiden, ob (Mit-)Täterschaft oder Teilnahme vorliegt (BGHSt 51, 219 (→ Rn. 168); BGHR BtMG § 29 Abs. 1 Nr. 1 Handeltreiben 54 (→ Rn. 170); 56 (→ Rn. 632); 59 (→ Rn. 499); 65 (→ Rn. 296); BGH NJW 2009, 866 = NStZ-RR 2009, 93; NStZ 2006, 577 (→ Rn. 170); 2007, 531 = StV 2008, 20; NStZ-RR 2006, 88 (→ Rn. 296); 2010, 318).

Dass diese flexible Handhabung in der Sache eine **angemessene Abschichtung** 640
der Beteiligungsformen ermöglicht, wird auch von Kritikern der weiten Auslegung des Begriffs des Handeltreibens eingeräumt (→ Rn. 209). Der Tatbestand wird dadurch auch nicht unbestimmt (→ Rn. 209). Problematisch bleibt der **Widerspruch** zu dem Grundsatz, dass derjenige, der in Person alle Tatbestandsmerkmale verwirklicht, an sich stets (Mit-)Täter ist (→ Vor § 29 Rn. 246).

Allerdings würde die **dogmatisch konsequente** Handhabung dieses Prinzips 641
im Hinblick auf die Weite und Struktur des Tatbestands des Handeltreibens (→ Rn. 634) der Rechtsanwendung hier jegliche **Flexibilität** nehmen. Der Weg zur **Einheitstäterschaft** wäre vorgezeichnet (*Roxin* Täterschaft § 43 Rn. 165; s. auch BGHSt 51, 219 (→ Rn. 168)). Mit der (stillschweigenden) Ausnahme von dem Prinzip der Täterschaft bei eigenhändiger Tatbestandserfüllung wird dies vermieden (*Weber* Handeltreiben S. 536–538; *Weber* JR 2007, 400 (406); dies wird von *Krack* JR 2008, 342 (343) nicht gesehen). S. auch → **NpSG** § 4 Rn. 66, → **AMG** § 95 Rn. 166 und → **AntidopG** § 4 Rn. 79.

2. Art des Tatbeitrags, ganz untergeordnete Tätigkeiten. Ein wesent- 642
liches – objektives – Abgrenzungskriterium ist die Art des Tatbeitrags (→ Vor § 29 Rn. 372–374).

(Mit-)Täterschaftliches Handeltreiben kommt danach **nicht** in Betracht, 643
wenn sich der Umgang mit dem Betäubungsmittel auf **ganz untergeordnete Tätigkeiten** beschränkt. Solche deuten mangels Tatherrschaft schon objektiv darauf hin, dass der Beteiligte nur Gehilfe ist (→ Vor § 29 Rn. 373). **Bezugspunkt** ist das **Gesamtgeschäft** (→ Rn. 699), so dass es darauf ankommt, ob sich die Tätigkeit in dessen Rahmen als eine ganz untergeordnete darstellt (BGH NStZ-RR 2010, 318).

BtMG § 29 Sechster Abschnitt. Straftaten und Ordnungswidrigkeiten

644 Auf der anderen Seite entscheidet sich die Frage, ob eine untergeordnete Tätigkeit vorliegt, **allein nach der Art der Tätigkeit** und **nicht nach der Stellung** des Beteiligten in der Hierarchie (→ Rn. 756, 757, 761).

645 **3. Willensrichtung.** Liegt danach ein für die Mittäterschaft geeigneter Tatbeitrag vor, so ist für ihre Abgrenzung von den anderen Formen der Beteiligung **die Willensrichtung** maßgeblich (→ Vor § 29 Rn. 375–385). Dabei kommt es darauf an, ob der Tatbeitrag als bloße Förderung fremden Tuns oder als eigene, vom Täterwillen getragene Tathandlung erscheint (→ Vor § 29 Rn. 376). Beim **Handeltreiben** ist dabei die Eigenart zu beachten, dass auch die Unterstützung eines **fremden Umsatzes** Täterschaft oder Mittäterschaft sein kann (→ Rn. 296–305, 653), so dass, etwa bei einem Vermittler oder einem Kurier, daraus allein noch keine Schlüsse auf die Beteiligungsform gezogen werden dürfen.

646 **Mittäterschaft** liegt vor, wenn der Beteiligte seinen Tatbeitrag als Teil der Tätigkeit des andern und umgekehrt dessen Tätigkeit als Ergänzung des eigenen Tatbeitrags ansieht und dies auch will (→ Vor § 29 Rn. 377). Zum Handeltreiben auch → Rn. 645.

647 Ob das notwendige **enge Verhältnis zur Tat** vorliegt, ist in wertender Betrachtung nach den gesamten von der Vorstellung des Beteiligten umfassten Umständen zu beurteilen (→ Vor § 29 Rn. 378). Dabei muss die **innere Einstellung** in aller Regel aus dem äußeren Tatgeschehen abgeleitet werden.

648 **Wesentliche Anhaltspunkte** sind
– Art und Umfang der Tatbeteiligung und deren Bedeutung für die Herbeiführung des Taterfolgs (→ Rn. 650–653),
– Tatherrschaft oder zumindest der Wille zu ihr, so dass Durchführung und Ausführung der Tat maßgeblich vom Willen des Beteiligten abhängen (→ Rn. 654, 655) und
– Grad des eigenen Interesses am Erfolg (→ Rn. 656–662).

Nicht notwendig ist eine Mitwirkung am **Kerngeschehen** (→ Vor § 29 Rn. 380). In Grenzfällen ist dem Gericht ein **Beurteilungsspielraum** eröffnet (→ Vor § 29 Rn. 386).

649 Für Mittäterschaft spricht es, wenn der Beteiligte in der Rolle eines **gleichberechtigten Partners** mitgewirkt hat; notwendig ist dies jedoch nicht (→ Vor § 29 Rn. 381). Die **Täuschung** eines Beteiligten über wesentliche Umstände spricht dafür, dass dieser nur die Stellung eines Gehilfen hatte (BGH StV 1998, 589). Dasselbe gilt, wenn er beim Verkauf nur als **Schauspieler** auftreten soll (BGH StV 1998, 597).

650 **a) Art, Umfang und Bedeutung des Tatbeitrags.** Ausgangspunkt sind die konkreten Aufgaben des Beteiligten. Sie bestimmen die **Art des Tatbeitrags.**

651 Bei der Frage, welche **Bedeutung dem Tatbeitrag** zukommt, ist auf das **Gesamtgeschäft** und nicht auf den Teilakt abzustellen, der von dem Beteiligten ausgeführt wird (stRsp; BGHSt 51, 219 (→ Rn. 168); BGH NStZ 2008, 285 = StV 2008, 580; NStZ-RR 2008, 152; 2014, 211). Dieser Teilakt erfüllt zwar den Tatbestand des Handeltreibens, aber nur weil er einen Teil der Bewertungseinheit darstellt, unter der alle Betätigungen zusammengefasst werden, die sich auf den Umsatz desselben Betäubungsmittels richten. Es erscheint daher konsequent, auch das Gewicht des Tatbeitrags an der Bewertungseinheit und damit an dem **Gesamtgeschäft** zu messen (*Weber* JR 2007, 400 (407, 408)).

652 **Ein wesentlicher Tatbeitrag** in Bezug auf das Gesamtgeschäft kommt dann in Betracht, wenn der Taterfolg (Umsatz) nicht erreicht werden kann, wenn der Tatbeitrag unterbleibt. Im Hinblick auf die Auswirkungen auf die Gesamttat steht dies mit der Frage in Zusammenhang, ob und inwieweit die Tatherrschaft über einen

Kap. 1. Tatbestände des Abs. 1 S. 1 Nr. 1 **§ 29 BtMG**

Teilakt zur Tatherrschaft über das Gesamtgeschäft führt (→ Rn. 655), wenn nicht sogar der **Umfang der Tatbeteiligung** eine Voraussetzung der Tatherrschaft darstellt (*Roxin* Täterschaft § 43 Rn. 192).

Häufig wird das **Gesamtgeschäft** in einem **Fremdumsatz**, etwa in einem solchen der Organisatoren und Hintermänner eines internationalen Rauschgiftgeschäfts, bestehen; da auch die Unterstützung eines fremden Umsatzes allein- oder mittäterschaftliches Handeltreiben sein kann (→ Rn. 296–305; 645), ist daher nicht schon deswegen Beihilfe gegeben; dies wird in der neueren Rechtsprechung (zur Kuriertätigkeit und anderen Unterstützungshandlungen) bislang nicht diskutiert. 653

b) Die Tatherrschaft oder wenigstens der Wille dazu. Hierfür ist wesentlich, ob der Beteiligte die Durchführung und den Ausgang der Tat, sei es auch nur durch Planung und Organisation (*Kühl* in Lackner/Kühl StGB § 25 Rn. 11), wesentlich gesteuert (*Oğlakcıoğlu* in MüKoStGB Rn. 410) oder mitgestaltet hat oder jedenfalls mitbestimmen wollte. Auch bei der Frage der Tatherrschaft oder des Willens dazu ist nicht auf den jeweiligen Teilakt, sondern auf das **Gesamtgeschäft** abzustellen (BGHSt 51, 219 (→ Rn. 168)). Maßgeblich ist daher, welche Möglichkeiten der Beteiligte hatte, auf das Gesamtgeschäft Einfluss zu nehmen und die Geschäftsabwicklung mitzubestimmen (→ Rn. 649) oder dies jedenfalls wollte. Zum **Tatherrschaftswillen** im Einzelnen → Vor § 29 Rn. 385; auch → Rn. 664. 654

Allerdings muss auch hier im Blick behalten werden, dass der von dem Beteiligten verwirklichte **Teilakt** für das **Gesamtgeschäft** so **relevant** sein kann, dass dieses mit seiner Verwirklichung **steht oder fällt** (→ Vor § 29 Rn. 384). Es hat daher eine zweifache Prüfung stattzufinden: einmal dahin, ob der Beteiligte Tatherrschaft hinsichtlich des von ihm verwirklichten Teilakts des Handeltreibens hat, und sodann, ob das Gesamtgeschäft nicht abgewickelt werden kann, wenn der Teilakt entfällt. 655

c) Grad des eigenen Interesses am Taterfolg. Wenn eine Rückkehr zum **Badewannen**- (RGSt 74, 85) oder **Staschynskij-Fall** (BGHSt 18, 87 = NJW 1963, 355) vermieden werden soll, kann dem Interesse am Taterfolg gegenüber den anderen Merkmalen (eigenhändige Erfüllung des Tatbestandes, Art und Bedeutung des Tatbeitrags, Tatherrschaft oder jedenfalls Wille dazu) **eigentlich kein entscheidender Einfluss** zukommen (→ Rn. 774; s. auch *Roxin* StrafR AT II § 25 Rn. 26; *Krack* JR 2008, 342 (343; s. auch *Harder* NStZ 2021, 193 (201)). Gleichwohl wird in der neueren Rechtsprechung beginnend mit den Kurierfällen erhebliches Gewicht darauf gelegt (→ Rn. 660, 775). 656

In aller Regel **steigt das Interesse** mit dem Anteil an dem Ergebnis des Geschäfts. Daher können eine **Beteiligung** am Erlös (BGH NStZ 1999, 451 (→ Rn. 85)) oder am Gewinn (BGHSt 51, 219 (→ Rn. 168); BGHR BtMG § 29 Abs. 1 Nr. 1 Handeltreiben 36 (→ Rn. 170)) für Mittäterschaft sprechen. Allein entscheidend ist dies jedoch nicht, da beides so niedrig sein kann, dass dies für eine bloße Unterstützung einer fremden Tat spricht. 657

Auf der anderen Seite kann ein **fester Betrag so hoch** sein, dass mit ihm das **Absatzrisiko verlagert** wird, was eher auf eine beherrschende Stellung des Beteiligten hindeutet. Umgekehrt liegt eine Vereinbarung, wonach dieser für jedes ins Ausland verbrachte Kilo einen festen Betrag erhält, zunächst im Interesse des Auftraggebers, der die Vergütung nur für einen erfolgreichen Transport zu zahlen hat (BGH NStZ 1984, 413 (→ Rn. 534)). Wird allerdings die Gesamtvereinbarung in den Blick genommen, so kann sie auch für ein Interesse des Kuriers am Umsatz sprechen, da er aus diesem seine Vergütung erhält. 658

Auch sonst schließt ein **fester Betrag** Mittäterschaft **nicht aus** (BGH NJW 1979, 1259). So kann es für die Mittäterschaft ausreichen, wenn der Beteiligte von einem Unbekannten 1.000 EUR und einen Wohnungsschlüssel mit dem Auftrag erhalten hat, einen Beutel mit Marihuana aus einer Wohnung in einen PKW zu 659 bringen (BGH NJW 2007, 2269). Auch feste Beträge in Gestalt eines **Schuldenerlasses** sprechen nicht notwendig gegen Mittäterschaft, etwa der Erlass von Spielschulden (BGHR BtMG § 29 Abs. 1 Nr. 1 Handeltreiben 25 (→ Rn. 255)) oder auch ein Schuldenerlass in Höhe von 1.000 EUR und die Gewährung von 40 g Heroin bei der Beschaffung und dem Transport von 300 g Heroin (BGHSt 51, 324 (→ Rn. 732)).

660　In aller Regel – wenn auch nicht notwendig (BGH 2 StR 161/04: 300 DM; BGH NStZ-RR 2010, 319: 360 EUR) – spricht eine **niedrige Entlohnung,** etwa in Gestalt von Betäubungsmitteln zum Eigenbedarf (BGH *Zschockelt* NStZ 1998, 238), oder ein sonstiges niedriges Entgelt (BGH StV 1998, 596) gegen Mittäterschaft. Keine Mittäter hinsichtlich des Handeltreibens sind daher in aller Regel die Kleinkuriere, die Betäubungsmittel aus den Niederlanden einführen (BGHR BtMG § 29 Abs. 1 Nr. 1 Handeltreiben 36 (→ Rn. 170)). Auch spricht es für Beihilfe, wenn dem Beteiligten, dem es auf eine Fahrt nach Spanien angekommen war, lediglich die Auslagen erstattet werden und er als Belohnung einen geringen Teil der Betäubungsmittel erhält (BGH StGB § 27 Abs. 1 Tatinteresse 1 (1 StR 599/86)). Auf der anderen Seite soll auch eine „**nicht unerhebliche Entlohnung**" nicht zu Täterschaft führen, wenn sich der Tatbeitrag auf eine Kuriertätigkeit beschränkt (BGH NJW 2008, 1460 (→ Rn. 225)); auch soll es, wenn der Beteiligte lediglich einen **Kurierlohn** erhalten sollte, nicht darauf ankommen, dass er eine **erhebliche Honorierung** erwartete (BGH NStZ-RR 2009, 254); dazu → Rn. 704.

661　**Schwache Formen der Eigennützigkeit,** zB die Deckung des Eigenbedarfs, die Zahlung einer einmaligen Summe oder eines eher niedrigen Betrags oder die Zusicherung eines von den späteren Rauschgiftgeschäften unabhängigen Betrags sind kein ausreichendes Indiz für Täterschaft (BGH StV 1998, 587). Dasselbe gilt, wenn das Entgelt **keine zusätzliche Einnahmequelle** ist, sondern der Erfüllung eines ohnehin bestehenden faktischen Anspruchs dient (BGH StV 1998, 587), oder wenn es bereits für eine andere Tätigkeit versprochen wurde (BGH StV 1998, 597). Auch ein nur **mittelbarer Vorteil,** etwa die Erhaltung des Arbeitsplatzes durch Vermittlung eines Rauschgiftgeschäfts für den Arbeitgeber zur Sanierung der Firma, kann ein Indiz für bloße Beihilfe sein (→ Rn. 326, 327, 450).

662　Generell ergeben sich Anhaltspunkte **aus der Relation,** in der der Vorteil zu dem mit dem Geschäft erstrebten Gesamterfolg steht (BGHR BtMG § 29 Abs. 1 Nr. 1 Handeltreiben 36 (→ Rn. 170); 37 (→ Rn. 236); 47 (→ Rn. 432)); s. auch BGHR BtMG § 29 Abs. 1 Nr. 1 Handeltreiben 24 (2 StR 477/90)).

663　**4. Gemeinsamer Tatplan.** In aller Regel wird in den Fällen, in denen die sonstigen Voraussetzungen der Mittäterschaft vorliegen, auch ein gemeinsamer Tatplan gegeben sein. Die Anforderungen, die an einen solchen Plan gestellt werden, sind **gering** (→ Vor § 29 Rn. 265).

664　**5. Differenzierung nach Teilmengen.** Soll der Beteiligte das für ihn bestimmte Rauschgift, das er ebenfalls zum Handeltreiben bestimmt hat, aus einer von ihm transportierten Gesamtmenge entnehmen oder erhalten, so soll täterschaftliches Handeltreiben nur hinsichtlich dieser Teilmenge vorliegen, da der Beteiligte nur insoweit ein Tatinteresse und den Willen zur Tatherrschaft habe; im übrigen sei lediglich Beihilfe gegeben (BGH StraFo 2009, 344 (3 StR 107/09)). Wird (zutreffend) davon ausgegangen, dass die Unterstützungshandlungen sich auf den Umsatz beziehen, der nach dem Transport erfolgt, so erscheint dies im Sinne der neueren Rechtsprechung zu den Kurieren (→ Rn. 695–730) konsequent. Bemerkenswert ist, dass hier einer der seltenen Fälle vorliegt, in denen der **Willen zur Tatherrschaft** eine eigenständige Bedeutung erlangt (→ Vor § 29 Rn. 385).

III. Erscheinungsformen von Täterschaft und Teilnahme. Die Vielgestal- 665
tigkeit der Tatbeiträge, die zum Handeltreiben geleistet werden können, führt zu
einer entsprechend vielgestaltigen Rechtsprechung. Einige Handlungsformen
kommen in der Praxis aber immer wieder vor, so dass eine gesonderte Behandlung
angezeigt erscheint:

1. Verkauf, Kauf, Zwischenhandel, Kommission. Keine Mittäterschaft ent- 666
steht durch das **Zusammenwirken** von Verkäufer und Käufer beim Kauf von Betäubungsmitteln, da ein solches gemeinsames Tätigwerden durch die Art der Deliktshandlung notwendig vorgegeben ist; grundsätzlich liegt jeweils selbständige
Täterschaft der Beteiligten vor (→ Vor § 29 Rn. 260).

Wer Betäubungsmittel **eigenhändig** (zu den Tätigkeiten im Umfeld 667
→ Rn. 681–687) **verkauft** oder in der Absicht gewinnbringender Veräußerung
ankauft, ist Täter oder, wenn er mit anderen gemeinsam handelt, Mittäter (BGHSt
28, 308 (→ Rn. 310); auch → Rn. 668). Ob etwas anderes für den gelegentlichen
eigenhändigen Verkauf **für Freunde** ohne wesentliche Entscheidungsbefugnisse
(zB hinsichtlich Preis und Umfang der Verkäufe) und ohne Beteiligung am Gewinn
gelten kann (OLG Düsseldorf StV 1992, 15), erscheint im Hinblick auf die unmittelbare Durchführung des Umsatzgeschäfts zweifelhaft; ob allerdings die Eigennützigkeit fehlte, geht aus der Entscheidung nicht hervor.

Für Täterschaft spricht es, wenn der Beteiligte über den **Kaufpreis verhan-** 668
delt. Beihilfe ist es daher, wenn der Beteiligte zwar die Einkaufsfahrten selbständig
durchführt, Preis und Menge des Rauschgifts jedoch zuvor von dem Hintermann
ausgehandelt wurden (BGH NStZ 2013, 549). Täterschaft kommt dagegen in Betracht, wenn der Beteiligte sich mit dem zur Verfügung gestellten Geld an einen
anderen Lieferanten wenden kann (BGHSt 51, 324 (→ Rn. 732)).

Täter ist auch derjenige, der sich als eigenständig vorgehender **Zwischenhänd-** 669
ler betätigt; dies gilt auch dann, wenn er die Betäubungsmittel auf **Kommissionsbasis** bezieht oder das Geld von seinem Abnehmer jeweils **im Voraus** erhält (BGH
NStZ-RR 2010, 319). Zwischenhändler ist auch, wer das **Geld zum Ankauf** des
Rauschgifts von seinen **Abnehmern** erhält, das Rauschgift im Ausland **von einem
bestimmten Lieferanten** erwirbt und es noch vor Überschreiten der Grenze (!)
an seine **Abnehmer übergibt;** dass er nur einen **geringfügigen Lohn** erhielt (Erstattung der Benzin- und Fahrtkosten **von den Abnehmern** (um seine Kinder besuchen zu können); Marihuana zum Eigenverbrauch von dem Lieferanten), schließt
dies nicht aus (BGH NStZ-RR 2017, 84). Kein selbständiger Zwischenhändler,
sondern **Mittäter des Lieferanten** ist, wer das Rauschgift, ohne einen Kaufpreis
zahlen zu müssen (hier sogar mit einem Vorschuss auf seinen Anteil), von diesem
erhält und den von ihm erzielten Kaufpreis dann vollständig an diesen abliefert
(BGH NJW 2015, 3800).

2. Einkaufsgemeinschaft/Sammeleinkauf. Bei der Einkaufsgemeinschaft 670
oder dem Sammeleinkauf, bei der sich mehrere Beteiligten zusammenschließen,
um die jeweils benötigten Mengen, die meist teils zum **Eigenverbrauch,** teils
zum **Weiterverkauf** bestimmt sind, gemeinsam zu erwerben und dann zu verteilen, stellt sich neben der Frage des **Eigennutzes** (dazu → Rn. 345, 346) und des
(Mit)Besitzes (→ Rn. 1343, 1379) die der **Zurechnung** der Gesamtmenge wegen **Mittäterschaft** (zu dieser bei der Einfuhr → Rn. 978–981). Der Vorteil des
Zusammenschlusses besteht in einem günstigeren Einkauf wegen der größeren
Menge und meist auch in der Verminderung der Reisekosten. **Dies allein** macht
die Beteiligten noch **nicht** zu Mittätern des Handeltreibens des jeweils anderen;
vielmehr ist dies auch hier nach den **allgemeinen Grundsätzen** (→ Rn. 648;
BGH BeckRS 2018, 8231) zu beurteilen, wobei ein wesentliches Kriterium der

BtMG § 29 Sechster Abschnitt. Straftaten und Ordnungswidrigkeiten

Mitbesitz (→ Rn. 1343, 1379) ist (BGHR BtMG § 29a Abs. 1 Nr. 2 Menge 21 (→ Rn. 345); BGH NStZ 2019, 93 (→ Rn. 329)).

671 **Keine Mittäterschaft** besteht daher, wenn die Beteiligten zwar gemeinsam auftreten, um den günstigeren Einkaufspreis zu erhalten, aber jeder **für sich allein** erwirbt (und veräußert). Hier ist kein Mitbesitz entstanden. Auch ist der der Vorteil nicht umsatzbezogen, sondern ergibt sich allein aus den Bedingungen des Einkaufs.

672 **Keine Mittäterschaft** besteht auch, wenn ein Beteiligter in Absprache mit dem anderen eine Einkaufsfahrt unternimmt und das Rauschgift **nach der Rückkehr geteilt** und getrennt verkauft wird; hier ist ebenfalls kein **Mitbesitz** entstanden (zu diesem → Rn. 673, 1343, 1379); auch sonst liegt nach den allgemeinen Kriterien keine Mittäterschaft vor (BGH BtMG § 29a Abs. 1 Nr. 2 Menge 21 (→ Rn. 345); aA BGH NStZ-RR 2013, 81 (→ Rn. 346), wo allerdings die fehlende Umsatzbezogenheit übersehen wird). Dies gilt auch für den Beteiligten, der die Einkaufsfahrt unternommen hat. Es kommt **Beihilfe** zum Handeltreiben des jeweils anderen in Betracht.

673 **Mittäterschaft** ist allerdings nicht schon deswegen ausgeschlossen, weil das **gemeinsam** angeschaffte Rauschgift nach der Beschaffung **aufgeteilt** und **getrennt verkauft** wird (BGHR BtMG § 29a Abs. 1 Nr. 2 Menge 10 = NStZ-RR 2003, 57). Voraussetzung ist jedoch, dass durch die gemeinschaftliche Beschaffung eine Verminderung des Einkaufspreises und eine Vergrößerung der Gewinnspanne beim Weiterverkauf erreicht wird oder die Reisekosten vermindert werden **und** die Beteiligten Mitbesitz (→ Rn. 1343, 1379) an der Gesamtmenge hatten (s. BGH NStZ 2019, 93 (→ Rn. 329)) oder sonstige Vorteile gemeinsam nutzten (→ Rn. 345).

674 **Mittäterschaft kommt** auch dann in Betracht, wenn die Beteiligten mehrere Beschaffungsfahrten unternehmen, an denen zwar **nicht immer alle Beteiligten** teilnehmen, bei denen das Rauschgift aber stets auf alle verteilt wird; hier sind alle Beteiligten Mitbesitzer (→ Rn. 1343, 1379; BGHR BtMG § 29a Abs. 1 Nr. 2 Menge 10 (→ Rn. 673)), die an der Fahrt nicht Beteiligten in Form des mittelbaren Besitzes.

675 **3. Vermittlungsgeschäfte.** Ob die Vermittlung (→ Rn. 425–441) eines Betäubungsmittelgeschäfts (Mit-)Täterschaft oder Beihilfe ist, richtet sich nach den allgemeinen Grundsätzen über die Abgrenzung zwischen diesen Beteiligungsformen (BGH NStZ-RR 2011, 57; 2019, 117). Wesentliche Gesichtspunkte sind auch hier Art und Umfang des Tatbeitrags, insbesondere die Möglichkeit, die Verhandlungen, namentlich Menge, Preis und Weiterverkauf, und die Geschäftsabwicklung zu bestimmen (→ Rn. 654; BGHR BtMG § 29 Abs. 1 Nr. 1 Handeltreiben 14 (→ Rn. 324); BGH NStZ-RR 2011, 57; 2013, 46). Hinzu kommen das eigene Interesse am Erfolg der Tat und die eigene Vorteilserwartung (BGH 4 StR 454/05), wobei allerdings nicht außer Acht bleiben sollte, dass die Vermittlung gerade ein **fremdes** Umsatzgeschäft voraussetzt (s. aber BGH NStZ-RR 2013, 46; StraFo 2012, 423 (3 StR 274/12). Beschränkt sich der Tatbeitrag des Beteiligten auf die **Herstellung des Kontakts,** so spricht dies eher für Beihilfe (BGH BeckRS 1999, 30067689; Oğlakcıoğlu in MüKoStGB Rn. 423). Dies soll auch dann gelten, wenn der Beteiligte die günstige Einkaufsquelle ausfindig gemacht hat und sich über Monate hinweg mit Hilfe eines Dolmetschers bei den Vertragsverhandlungen beteiligt hatte (BGH NStZ 2010, 523).

676 Es droht damit bei den **Vermittlungsgeschäften** wie bei den Kurieren (*Schmidt* NJW 2011, 3007; 2013, 2865 (2866)) die Entwicklung zu einer **Einzelfallrechtsprechung** (→ Rn. 749), die sich einer sytematischen Darstellung entzieht und auch für die Praxis kaum noch berechenbar ist. So soll die Organisation der Übergabe der Drogen **Beihilfe** sein, auch wenn noch die Entgegennahme und der Transport des gesamten Geschäftserlöses (17.500 EUR) hinzukommen (BGH

NStZ-RR 2010, 318). **Täterschaft** des Vermittlers soll dagegen vorliegen, wenn er das Treffen zwischen dem Abnehmer und dem Lieferanten organisiert, in dessen Verlauf das Rauschgift und das Geld (4.600 EUR) übergeben wird, wobei letzteres von dem Vermittler gezählt wird, der für die Vermittlung 360 EUR (!) erhält (BGH NStZ-RR 2010, 319). **Beihilfe** soll es dagegen sein, wenn der Beteiligte auf die Bestellung eines Drogenkäufers gegen eine Belohnung von 400 EUR einen Lieferanten findet, wobei er mit diesem vereinbart, das Rauschgift vor der Auslieferung an den Käufer zu strecken (BGH NStZ-RR 2011, 57). **Täterschaft** wiederum soll vorliegen bei einer erfolgreichen Vermittlung des Lieferanten mit der Mitwirkung bei der Übergabe und der Bezahlung des Rauschgifts (BGH NStZ 2008, 354 = StV 2008, 354). Dagegen soll **Beihilfe** in Betracht kommen, wenn der Beteiligte nach der einmaligen (!) Vermittlung bei der Übergabe von Rauschgift und Geld anwesend ist und eine Vergütung (500 EUR) erhält (BGH NStZ-RR 2019, 117).

Beihilfe soll es auch sein, wenn der Beteiligte, der über die Kontakte zu den Lieferanten im Ausland verfügt, in zwei Fällen Geschäfte über große Mengen Marihuana vermittelte, wofür ihm eine Provision von 200 EUR und 1.000 EUR versprochen wurde; er war bei der Abwicklung zugegen und leitete teilweise auch den Kaufpreis weiter (BGH StraFo 2012, 423 (→ Rn. 675)). Auch hier wird moniert, dass der Beteiligte lediglich fremde Umsatzgeschäfte vermittelte und betreute (was für die Vermittlung gerade typisch ist). Einen eigenen Einfluss auf die angefragten Mengen, deren Preise sowie deren jeweiligen Weiterverkauf habe er nicht gehabt (auch dies ist für die Vermittlung typisch). Auch sei ihm nur eine verhältnismäßig geringe Provision zugesagt worden. 677

Vermittelt der Beteiligte lediglich einen **Kontaktmann,** der dann **selbständig** agiert, liegt bereits nach allgemeinen Grundsätzen **Beihilfe** vor. Des Rückgriffs auf die in → Rn. 677 genannten Kriterien (so BGH NStZ 2015, 346) bedarf es daher eigentlich nicht. 678

Erklärt sich der Täter zur Vermittlung eines **mengenmäßig begrenzten Geschäfts** bereit, so kann ihm die von dem Käufer abredewidrig bestellte größere Menge unter dem Gesichtspunkt täterschaftlichen Handeltreibens nicht zugerechnet werden. Führt er die Vermittlung in Kenntnis der größeren Menge zu Ende, so ist er insoweit jedenfalls dann nur Gehilfe, wenn er hierfür kein zusätzliches Entgelt erhält (BGH *Schoreit* NStZ 1991, 327). 679

4. Arbeitsverträge. Zunächst → Rn. 326, 450. Auch ein Angestellter, der einen Head-shop eigenverantwortlich leitet, kann Gehilfe sein. Dies kommt etwa in Betracht, wenn sich seine Tätigkeiten und Befugnisse auf die organisatorische Abwicklung des Geschäftsbetriebs beschränken, wenn er darüber hinaus **keinen Einfluss** auf die Geschäftsführung (Sortiment, Preisgestaltung) hat und auch am Geschäftsergebnis nicht beteiligt ist (BayObLGSt 2002, 135 = NStZ 2003, 270). Etwas anderes gilt, wenn er nicht nur untergeordneter Verkaufsangestellter war, sondern als Freund und langjähriger Buchhalter eine **Vertrauensstellung** innehatte mit freiem Zugang zum Tresor (BGH NStZ–RR 2004, 146 (→ Rn. 324)). 680

5. Sonstige Tätigkeiten im Umfeld von Verhandlungen oder Umsatz. Auch Aktivitäten im Umfeld von Vertragsverhandlungen oder Umsatz können den Tatbestand des Handeltreibens erfüllen (→ Rn. 451, 452). Ob dabei (Mit-)Täterschaft oder Beihilfe vorliegt, entscheidet sich danach, welche konkrete Tätigkeit dem Beteiligten oblag und welches Interesse und welche Möglichkeiten er hatte, die Verhandlungen und die Geschäftsabwicklung mitzubestimmen (→ Rn. 650, 654) und damit auf den Absatz des Betäubungsmittels Einfluss zu nehmen (BGH *H. W. Schmidt* MDR 1980, 969 (→ Rn. 452)). 681

BtMG § 29   Sechster Abschnitt. Straftaten und Ordnungswidrigkeiten

682   **Beschränkt sich** danach die Tätigkeit eines **Dolmetschers** (→ Rn. 451) auf das Übersetzen, wird meist Beihilfe (BGH NJW-RR 2013, 46; *Patzak* in Körner/Patzak/Volkmer § 29 Teil 4 Rn. 253). Anders kann dies bei internationaler Organisierter Kriminalität sein (BGH NStZ 1995, 85 (→ Rn. 451)). Ebenso liegt Mittäterschaft vor, wenn der Dolmetscher als Wortführer auftritt und eigene Geschäftsinteressen verfolgt (*Patzak* in Körner/Patzak/Volkmer § 29 Teil 4 Rn. 253).

683   Die telefonische **Weiterleitung von Nachrichten** (→ Rn. 451) bei der Vorbereitung des Geschäfts (BGH StV 1995, 198) oder die **bloße Übernahme von Verhandlungen** auf Bitten eines Dritten (BGH NStZ 2010, 523) sprechen eher für Beihilfe. Dasselbe gilt für die Verrichtung von **Telefondiensten für Freunde** (→ Rn. 451) einschließlich der Vereinbarung von Terminen mit Abnehmern (OLG Düsseldorf StV 1992, 15), sofern überhaupt Eigennutz festgestellt werden kann.

684   Auch in der Übernahme von **Observations- und Überwachungsdiensten** (→ Rn. 452) ist in der Regel (vor allem, wenn kein Gewinnanteil festgestellt werden kann) nur Beihilfe zu sehen, etwa wenn der Beteiligte, ohne an den Verhandlungen teilzunehmen, das Geschäft gegen unvorhergesehene Zwischenfälle **absichert** (BGH StV 1995, 198), das Treffen **überwacht,** um eine polizeiliche Observation festzustellen (BGH StV 1995, 198), eine **Gegenobservation** durchführt (BGH *H. W. Schmidt* MDR 1980, 969 (→ Rn. 452)), die **Kfz-Kennzeichen** und Telefonnummern von Kaufinteressenten überprüft, die Lokalbesucher überwacht oder sich mit einer Waffe vor dem Eingang **postiert** (*Patzak* in Körner/Patzak/Volkmer § 29 Teil 4 Rn. 238).

685   Etwas anderes kann in Betracht kommen, wenn der Beteiligte auf **den Absatz maßgeblichen Einfluss ausübt**, indem er das Rauschgift selbst befördert, sich zur möglichst sicheren Durchführung des Geschäfts mit einer scharfen Waffe **bewaffnet** und eine Gegenobservation durchführt (BGH *H. W. Schmidt* MDR 1980, 969 (→ Rn. 452)) oder indem er im PKW zum Übergabeort mitfährt und die Übergabe bewaffnet **observiert** (*Joachimski/Haumer* BtMG Rn. 49).

686   Ist der Beteiligte bei dem **Geschäft anwesend,** wobei es seine Aufgabe ist, dem Verkäufer bei der Durchführung seiner Geschäfte beizustehen und ihm **den erforderlichen Schutz** zu gewähren, ohne dass Feststellungen über den Grad des eigenen Interesses und die Gewichtigkeit des Tatbeitrags getroffen werden können, so spricht dies eher für Beihilfe (BGHR BtMG § 29 Abs. 1 Nr. 1 Handeltreiben 56 (→ Rn. 632)). Noch nicht einmal Beihilfe liegt vor, wenn der Beteiligte bei dem Umsatzgeschäft lediglich **dabei war** (→ Vor § 29 Rn. 330); dass dies auch dann gelten soll, wenn der (angebliche) Haupttäter ihm den Umsatzerlös an Ort und Stelle übergibt (BGH StV 2012, 287), lässt sich angesichts des mitgeteilten Sachverhalts nicht abschließend klären.

687   Beschränkt sich der Tatbeitrag darauf, den Händler **beim Absatz zu begleiten** (→ Rn. 454), so liegt auch dann lediglich Beihilfe vor, wenn sich der Beteiligte ein fest vereinbartes Entgelt zusichern lässt; dies gilt auch dann, wenn der Beteiligte für den Verkäufer einen **Bunker beschafft** (→ Rn. 529) und beim **Abwiegen** (→ Rn. 496) hilft (BGHR BtMG § 29 Abs. 1 Nr. 1 Handeltreiben 47 (→ Rn. 432)). Entscheidend ist, dass er weder mit der Beschaffung des Heroins noch mit den Verkaufsgeschäften als solchen etwas zu tun hatte und dass er auch sonst keine Tatherrschaft hatte.

688   **6. Besitzen für einen anderen, Depothaltung.** Das Besitzen, namentlich das Verwahren, Lagern oder Aufbewahren von Betäubungsmitteln für einen anderen (**Depothaltung** (→ Rn. 526–530)) kann (mit-)täterschaftliches Handeltreiben sein; die Abgrenzung ist nach den allgemeinen Regeln vorzunehmen (BGH BeckRS 2017, 115061). (Mit)Täterschaft kommt daher insbesondere in Betracht, wenn dem Verwahrer ein maßgeblicher **Einfluss auch beim Absatz** des Rauschgifts zukommt (BGH *Holtz* MDR 1980, 815; auch BGHR BtMG § 29 Abs. 1 Nr. 1 Handeltreiben 59 (→ Rn. 499); BGH StV 2004, 604).

Lässt sich ein solcher **Einfluss nicht feststellen,** so rechtfertigt die Aufbewahrung auch in Verbindung mit dem Umpacken in eine Tüte und dem Verbergen hinter den Reservereifen die Annahme einer Mittäterschaft nicht (BGH *Holtz* MDR 1980, 815 (→ Rn. 688)). Dasselbe gilt, wenn der Beteiligte Rauschgift für einen Dritten verwahrt, auch wenn der Haupttäter den Raum der Aufbewahrung nicht selbständig betreten kann (BGHR BtMG § 29 Abs. 1 Nr. 1 Handeltreiben 59 (→ Rn. 499)); dies gilt auch dann, wenn der Beteiligte dem Haupttäter beim Verpacken in Verkaufsportionen hilft (BGH NStZ-RR 2018, 285). Auch bei schwachen Formen der Eigennützigkeit (→ Rn. 661) wird regelmäßig Beihilfe in Betracht kommen. Zur **Inkorporation** von Rauschgift → Rn. 498, 526, 767. 689

Bloßes Verwahren von Rauschgift ohne Inanspruchnahme eigener Verfügungsgewalt (Fremdbesitz) führt daher regelmäßig nur zu Beihilfe (BGHR BtMG § 30a Abs. 2 Sichverschaffen 2 (BeckRS 2009, 25653) (unter Hinweis auf die Kurierrechtsprechung); BGH NStZ-RR 2007, 58 (→ Rn. 423); 2008, 54), gegebenenfalls in Tateinheit mit Besitz (BGH NStZ-RR 2007, 58 (→ Rn. 423)). Dasselbe gilt bei dem kurzfristigen Aufbewahren eines **Autoschlüssels** und bei einer **Beobachtertätigkeit** (BGH NJW 1979, 1259) oder bei der vorübergehenden Einlagerung von Ecstasy, um es vor der Polizei zu verbergen, sofern es nicht bereits an der Eigennützigkeit fehlt (BGH StV 2004, 604). Auch dass der Beteiligte das Rauschgift aus einem anderen in **sein eigenes Zimmer** verbringt, wo er es versteckt, trägt (mit-)täterschaftliches Handeltreiben nicht, wenn ein anderer, der schon an der Anlieferung beteiligt war, einen Teil des Betäubungsmittels verkauft (BGH NStZ-RR 2000, 312 = StV 2000, 620). Beihilfe soll auch dann vorliegen, wenn der Beteiligte **monatlich 700–1.000 EUR** für die Aufbewahrung der Drogen erhält, auch wenn er auf Anweisung des Hintermannes an andere Beteiligte ausliefert (BGH NStZ-RR 2012, 121). 690

7. Kuriertätigkeit, Botentätigkeit, Transporte. Die Kuriertätigkeit (→ Rn. 534–545) ist für den späteren gewinnbringenden Umsatz von Betäubungsmitteln eine wesentliche Voraussetzung und wurde daher in der früheren ständigen Rechtsprechung als ein besonders bedeutsamer Teilakt des Handeltreibens angesehen (→ Rn. 534). 691

a) Beförderungsobjekte. Bei der Beurteilung ist es zweckmäßig, zunächst zwischen den **Objekten der Kuriertätigkeit,** 692
– Beförderung von Rauschgift (→ Rn. 693–780),
– Beförderung von Rauschgifterlösen (→ Rn. 781)
– Beförderung von Kaufgeld (→ Rn. 782) und
– Beförderung von Streckmitteln, Grundstoffen, anderen Stoffen oder Gegenständen (→ Rn. 783–795),
zu unterscheiden. Zu diesen Fällen treten hinzu die weiteren Handlungen im Zusammenhang mit der Kuriertätigkeit (Werbung (→ Rn. 797–800), Leitung und Organisation (→ Rn. 796), Zusagen (→ Rn. 801)).

b) Beförderung von Rauschgift. Die praktisch bedeutsamste Form ist die Beförderung von Rauschgift. Hier hat sich in der Rechtsprechung des BGH im Anschluss an den Beschluss des Großen Senats v. 26.10.2005 (→ Rn. 169) eine **grundsätzliche Neubewertung** mit einer deutlichen Tendenz zur Beihilfe ergeben (→ Rn. 534; *Winkler* NStZ 2006, 328; 2007, 317; *Weber* JR 2007, 400 (405–409); *Weber* NStZ 2008, 465; *Patzak* in Körner/Patzak/Volkmer § 29 Teil 4 Rn. 218; *Oğlakcıoğlu* in MüKoStGB Rn. 425; *Franke/Wienroeder* Rn. 63–65). 693

694 Entsprechend der **Zielsetzung dieses Kommentars,** der vor allem ein Hilfsmittel für die Praxis sein soll, wird zunächst diese neue Rechtsprechung (→ Rn. 695–732) nebst ihren Folgen (→ Rn. 734–747) geschlossen dargestellt. Auf die Bedenken, die gegen die neue Judikatur bestehen, wird dann anschließend eingegangen (→ Rn. 748–780).

695 **aa) Die (neue) Rechtsprechung des BGH.** Wie bisher geht auch die neue Rechtsprechung des BGH (→ Rn. 693) davon aus, dass der Kurier (→ Rn. 534), der Rauschgift über die deutsche Hoheitsgrenze transportiert, hinsichtlich **der Einfuhr** (Mit-)Täter (→ Rn. 924–932) ist. Auf eine Entlohnung kommt es insoweit nicht an.

696 **Wird er entlohnt,** so wird gleichzeitig der Tatbestand des **Handeltreibens** verwirklicht (→ Rn. 482–485, 539). Auch die **neue Rechtsprechung erkennt an,** dass der Kurier insoweit **sowohl Täter als auch Gehilfe** sein kann (BGHSt 51, 219 (→ Rn. 168); BGHR BtMG § 29 Abs. 1 Nr. 1 Handeltreiben 65 (→ Rn. 296); BGH NStZ 2006, 454; 2006, 577 (→ Rn. 170); NStZ-RR 2006, 88 (→ Rn. 296); 2007, 88; 2012, 375).

697 Dabei kann die Täterschaft in der Form der **Mittäterschaft** oder der **Alleintäterschaft** auftreten. Dies gilt auch dann, wenn der Kurier einen fremden Umsatz fördert (→ Rn. 296–304). Wie bisher wird auch in der neuen Rechtsprechung zwischen den beiden Formen meist nicht unterschieden (s. etwa BGH StraFo 2006, 342 ((3 StR 93/06); 2007, 249 (4 StR 49/07) auf der einen Seite, BGH NStZ-RR 2006, 88 (→ Rn. 296); 2007, 88 auf der anderen Seite; dazu *Weber* JR 2007, 400 (406, 407)). **Alleintäterschaft** kommt vor allem dann in Betracht, wenn ein gemeinsamer Tatplan trotz der geringen Anforderungen, die daran gestellt werden (→ Rn. 663), nicht festgestellt werden kann.

698 Für die **Abgrenzung zwischen Täterschaft und Teilnahme,** die auch nach der neuen Rechtsprechung stets getroffen werden muss (→ Rn. 696), sind die folgenden Gesichtspunkte maßgeblich:

699 **(a) Gesamtgeschäft als maßgeblicher Bezugspunkt.** Deutlicher als bisher hebt die neue Rechtsprechung (BGHSt 51, 219 (→ Rn. 168); BGHR BtMG § 29 Abs. 1 Nr. 1 Handeltreiben 77 (→ Rn. 169); BGH NStZ 2015, 225; NStZ-RR 2010, 318; 2014, 211; StV 2019, 317 (→ Rn. 632); BeckRS 2017, 128433) hervor, dass das **Gesamtgeschäft** den maßgeblichen Bezugspunkt für die Bewertung des Gewichts der Kuriertätigkeit darstellt. Wie in → Rn. 651–653 dargelegt, ist dies **konsequent.** Dies gilt auch bei einem professionellen Transporteur (BGH NStZ-RR 2008, 152).

700 **Bedenken begegnet** allerdings, dass sich zunehmend, namentlich in der Rechtsprechung des 3. Strafsenats, die Formulierung findet, der Transporteur habe mit dem Umsatzgeschäft nichts zu tun gehabt (BGH NStZ 2012, 40; 3 StR 53/11), er habe keinen Einfluss auf den Ablauf des eigentlichen Umsatzgeschäfts gehabt (BGHR BtMG § 29 Abs. 1 Nr. 1 Handeltreiben 77 (→ Rn. 169)), er sei an dem eigentlichen Umsatzgeschäft nicht beteiligt gewesen (BGH NStZ-RR 2015, 387) oder es fehlten Feststellungen zu seiner Einbindung in das Umsatzgeschäft (BGH NStZ 2020, 556). Wenn darin nicht nur eine sprachliche Nachlässigkeit sondern eine Verschiebung vom Gesamtgeschäft zum unmittelbaren Umsatzgeschäft zum Ausdruck kommen würde, so wäre dies mit der **Bewertungseinheit** des Handeltreibens (→ Rn. 171, 172) und der Entscheidung des Gesetzgebers, auch **weit vor diesem Geschäft** liegende Tätigkeiten (Einführen, Ausführen etc) dem Handeltreiben zuzuordnen (→ Rn. 182), nicht vereinbar.

701 **(b) Untergeordnete Tätigkeit.** Ausgehend von der Rechtsprechung, wonach eine völlig (ganz) untergeordnete Tätigkeit bereits objektiv darauf hindeutet, dass der Beteiligte nur Gehilfe ist (→ Rn. 643), zeichnet sich in der neuen Judikator die deutliche Tendenz ab, **jegliche Kuriertätigkeit** als untergeordnet anzusehen (gegen eine solche Bewertung noch BGHR BtMG § 29 Abs. 1 Nr. 1 Handeltreiben 65 (→ Rn. 296); BGH NStZ-RR 2007, 88; OLG München NStZ-RR 2006, 55; 2006, 456 mAnm *Kotz; Franke/Wienroeder* Rn. 65).

(c) Die Kuriertätigkeit im Rahmen des Gesamtgeschäfts. Dabei werden im Rahmen des für die Beurteilung maßgeblichen Gesamtgeschäfts (→ Rn. 699) drei Formen der Kuriertätigkeit unterschieden (BGHSt 51, 219 (→ Rn. 168); BGH NStZ 2008, 285 (→ Rn. 651); NStZ-RR 2007, 246 = StV 2008, 19; NStZ-RR 2012, 375; BeckRS 2017, 115074; 2017, 128433:
– der Kurier beschränkt sich im Wesentlichen auf den **bloßen Transport** (→ Rn. 703–712),
– der Kurier unternimmt über den Transport des Rauschgifts hinaus **erhebliche weitere Aktivitäten** (→ Rn. 713–729),
– der Kurier ist in eine **gleichberechtigt verabredete** arbeitsteilige Durchführung des Umsatzgeschäfts eingebunden (→ Rn. 730). 702

(aa) Reine Kuriertätigkeit. Beschränkt sich der Kurier im Wesentlichen auf die bloße Beförderung des Rauschgifts, so liegt nach der neuen Rechtsprechung (BGHSt 51, 219 (→ Rn. 168); BGHR BtMG § 29 Abs. 1 Nr. 1 Handeltreiben 77 (→ Rn. 169); BGH NStZ 2015, 225; NStZ-RR 2010, 318; 2012, 375; 2014, 211; BeckRS 2016, 17972; 2017, 115074; 2017, 128433) grundsätzlich **Beihilfe** zum Handeltreiben vor. Dies soll namentlich dann gegeben sein, wenn sich die Tathandlung auf den Transport oder Teiltransport zwischen selbständig handelnden Lieferanten oder innerhalb der Sphäre von Lieferanten- oder Abnehmer-Organisationen beschränkt und der Beteiligte nicht in der Lage ist, das (Gesamt)Geschäft insgesamt maßgeblich mitzugestalten (BGHSt 51, 219 (→ Rn. 168); BGH NStZ 2008, 285 (→ Rn. 651); NStZ-RR 2009, 254); s. dazu aber → Rn. 772. 703

Da es dem Kurier nicht in erster Linie um den Umsatz des Betäubungsmittels (Veräußerung an Abnehmer) gehe, sondern um die Entlohnung für seine Dienstleistung (Transport des Betäubungsmittels von einem Ort zum anderen), komme es **nicht** darauf an, ob er ein **erhebliches Honorar** zu erwarten habe oder zeitweise **faktische Verfügungsgewalt** über das Rauschgift erlange (demgegenüber → Rn. 774–780). Die Kuriertätigkeit zeichne sich gerade dadurch aus, dass der Kurier in der hierarchischen Organisation des Rauschgift-Umsatzes an unterer Stelle einzuordnen sei. Auch ein möglicher faktischer Handlungsspielraum während des Transports der Drogen könne von ihm in der Regel schon auf Grund seiner finanziellen und meist auch persönlichen Abhängigkeit von den Hintermännern nicht zu eigener täterschaftlicher Einflussnahme ausgenutzt werden (BGHSt 51, 219 (→ Rn. 168); BGH NStZ-RR 2012, 90). 704

Allerdings könne im Einzelfall eine weitgehende **Einflussmöglichkeit** des Kuriers auf **Art und Menge** der zu transportierenden **Drogen** (dazu → Rn. 765) oder auf die **Gestaltung des Transports** für eine über das übliche Maß reiner Kuriertätigkeit hinausgehende Beteiligung am Gesamtgeschäft sprechen (BGHSt 51, 219 (→ Rn. 168); BGHR BtMG § 29 Abs. 1 Nr. 1 Handeltreiben 77 (→ Rn. 169); BGH NStZ 2012, 518 = NStZ-RR 2012, 90; NStZ-RR 2012, 375; 2015, 378; 3 StR 375/13), so dass (Mit)Täterschaft in Erwägung zu ziehen sei (damit allerdings nicht vereinbar der 5. Strafsenat des BGH (NStZ-RR 2008, 319), wonach das Fehlen von Tätigkeiten, die über den Transport hinausgehen, die Annahme täterschaftlichen Handeltreibens „verbieten" soll). 705

Die Bedeutung der Gestaltungsmöglichkeit des Kuriers wird heruntergespielt, wenn (Mit)Täterschaft generell nicht in Betracht kommen soll, wenn der Beteiligte über **(faktische) Handlungsspielräume** hinsichtlich der **Art und Weise des Transports** verfügt (BGH NStZ 2015, 225; NStZ-RR 2014, 111; BeckRS 2014, 706

7857; 2017, 112117), etwa wenn er eigenmächtig einen Dritten in den Transport einschaltet, der den gefährlichsten Part übernimmt (BGH NStZ-RR 2015, 378); auch → Rn. 708).

707 Bleibt man dabei, dass eine **freie Gestaltung des Transports** für die Frage der Mittäterschaft von Bedeutung ist, so kommt eine solche in Betracht, wenn der Kurier nicht überwacht wird oder wenn er den genauen Zeitplan, den Transportweg und das Versteck bei der Einfuhr des Rauschgifts bestimmen konnte (BGHSt 51, 219 (→ Rn. 168); 2 StR 358/07). **Daran fehlt es,** wenn der Kurier zum Flughafen begleitet wird und keinen Schlüssel zu dem Koffer mit dem Cocain hat (BGH NStZ 2006, 577 (→ Rn. 170)), wenn zwar der Transport als solcher nicht überwacht wird, wohl aber die Gestaltung und Transportwege genau vorgegeben waren (BGH NStZ-RR 2007, 88), oder wenn der Kurier zwar das Transportfahrzeug selbständig anmieten konnte, er aber von den Hintermännern ein Mobiltelefon erhalten hatte, das er siebzehnmal benutzte, um sich zu dem geplanten Übergabeort leiten zu lassen (BGH NStZ-RR 2009, 254).

708 **Keinen ausreichenden Einfluss** auf die Gestaltung des Transports soll der Beteiligte haben, dem zwar das Transportfahrzeug und der Abholungsort (zunächst Istanbul, dann Irak) vorgegeben werden, der sich aber seinen **Mitfahrer und die Personen,** die für ihn das Rauschgift über die Grenzen bringen, **eigenständig aussuchen** konnte (BGH NStZ 2012, 40). Hier ging es nicht um Apfelsinen oder Bananen, sondern um erhebliche Risiken für die Beteiligten und das Gesamtgeschäft. Es stellt die Dinge auf den Kopf, wenn derselbe Senat (3 StR 53/11) die Auffassung billigt, dass, wenn schon die Tätigkeit eines Kuriers als untergeordnet anzusehen sei, dies „erst recht" für die Auswahl (!) und Betreuung derselben gelte.

709 Ebenso **keinen ausreichenden Einfluss** auf die Gestaltung des Transports soll der Kurier haben, der für seine Kurierfahrt von Spanien nach Finnland seinen PKW zur Verfügung stellt, beim Einbau des Rauschgifts zugegen ist, es wegen einer Reparatur in Deutschland zum Teil ausbaut, bei sich aufbewahrt und wieder einbaut (BGH NStZ-RR 2015, 378).

710 Der neueren Rechtsprechung dürfte es nicht (mehr) entsprechen, wenn der Kurier, der als **Alleinfahrer** unterwegs ist, namentlich wegen des vorübergehenden Alleingewahrsams an den Drogen als (Mit)Täter angesehen wird (BGH NStZ 2004, 696). Dementsprechend meint der 4. Strafsenat (BGH NStZ-RR 2009, 254), der Alleinbesitz sei bei einem ohne Begleitung fahrenden Kurier die Regel und sieht dies offensichtlich nicht als erheblich an (aber → Rn. 769).

711 Jedenfalls wenn das Rauschgift dem Kurier während des Transports nicht zur Verfügung steht, ergibt sich die (Mit)Täterschaft nicht daraus, dass es über eine **große Flugstrecke** transportiert wird (BGH 2 StR 85/06); ob dies anders ist, wenn dem Kurier während des Transports faktische Verfügungsgewalt zukommt (BGHR BtMG § 29 Abs. 1 Nr. 1 Handeltreiben 25 (→ Rn. 255)), wird unter der neueren Rechtsprechung jedenfalls für den Regelfall bezweifelt werden müssen (aber → Rn. 769.

712 In einem nicht zu übersehenden **Gegensatz** zu der neueren Rechtsprechung steht es, wenn im Hinblick auf das Gewinnstreben, die Tatinitiative und den vorübergehenden Besitz Mittäterschaft in einem Fall angenommen wird, in dem der Beteiligte von einem Unbekannten 1.000 EUR und einen Wohnungsschlüssel mit dem Auftrag erhalten hatte, einen Beutel mit Marihuana **aus einer Wohnung in einen Pkw** zu bringen (BGH NJW 2007, 2269). Demgegenüber → Rn. 715.

713 **(bb) Über den Transport hinausgehende Aktivitäten.** Von den Fällen der → Rn. 705–712 abgesehen kommt der neueren Rechtsprechung die Bewertung von Transporttätigkeit als (mit)täterschaftliches Handeltreiben vor allem dann in Betracht, wenn der **Beteiligte erhebliche, über den reinen Transport hin-**

ausgehende **Tätigkeiten** entfaltet (BGHSt 51, 219 (→ Rn. 168); BGHR BtMG § 29 Abs. 1 Nr. 1 Handeltreiben 77 (→ Rn. 169); BGH NStZ 2008, 285 (→ Rn. 651); 2012, 518 (→ Rn. 705); NStZ-RR 2007, 246 (→ Rn. 702); 2009, 254; 2012, 375; 2014, 211), am **An- oder Verkauf** des Rauschgifts **unmittelbar beteiligt** ist oder **sonst ein eigenes Interesse** am weiteren Schicksal des Gesamtgeschäfts hat, weil er eine Beteiligung am Umsatz oder dem zu erzielnden Gewinn erhalten soll (BGHSt 51, 219 (→ Rn. 168); BGHR BtMG § 29 Abs. 1 Nr. 1 Handeltreiben 36 (→ Rn. 170); 77 (→ Rn. 169); BGH NStZ 2008, 285 (→ Rn. 651); 2013, 551; NStZ-RR 2007, 246 (→ Rn. 702); 2008, 152; 2009, 254; 2012, 375); aber → Rn. 773.

(1) Beteiligung am An-/Verkauf; Eigeninitiative. Mittäterschaft kann danach gegeben sein, wenn der Transporteur am Erwerb oder Absatz des Rauschgifts unmittelbar oder mit Eigeninitiative beteiligt ist (→ Rn. 713). Dies kommt etwa dann in Betracht, wenn er, nachdem ihm eine Kontaktaufnahme mit dem ursprünglich vorgesehenen Drogenhändler nicht gelungen ist, **eigenverantwortlich entscheiden** konnte, das Heroin mit dem von seinem Auftraggeber zur Verfügung gestellten Geld von einem anderen zu erwerben (BGHSt 51, 324 (→ Rn. 732)) oder wann er Heroin verkaufen wollte (BGH NStZ 2013, 551). Auch kann es von Bedeutung sein, ob er für die Entgegennahme von **Reklamationen** bezüglich der Qualität des gelieferten Rauschgiftes zuständig ist (BGH NStZ 2008, 285 (→ Rn. 651)). **Beihilfe** soll dagegen bei einem Beteiligten vorliegen, der die ausgehandelten Cocainportionen zu dem mit dem Hintermann vereinbarten **Übergabeort bringt,** dort den Käufer ausfindig macht, das Rauschgift übergibt und das Geld kassiert, wofür er eine geringe Entlohnung erhält (BGH NStZ 2013, 549). Täterschaft liegt dagegen dann vor, wenn der Beteiligte die Stellung eines **Zwischenhändlers** hat, was auch bei einer geringfügigen Entlohnung der Fall sein kann (→ Rn. 669). 714

Trotz ihrer zentralen Bedeutung für den Umsatz wird die **Beschaffung durch Diebstahl** dem Ankauf offensichtlich **nicht gleichgestellt.** So soll nur Beihilfe (zum Handeltreiben) vorliegen, wenn auch der Tatbeitrag des Beteiligten im Diebstahl des Rauschgifts an einem vorgegebenen Aufbewahrungsort und **im Transport** zum Hintermann besteht und dem Beteiligten die weitere Entwicklung des Umsatzgeschäftes gleichgültig ist, (BGH NJW 2016, 98 (→ Rn. 524)). Zur Vollendung der Haupttat → Rn. 616. Unberührt bleibt die Strafbarkeit wegen Besitzes. 715

(2) Sonstiges eigenes Interesse am Gesamtgeschäft. (Mit)Täterschaft kommt auch in Betracht, wenn der Kurier zwar nicht unmittelbar am Erwerb oder Absatz des Rauschgifts mitwirkt, aber sonst **ein eigenes Interesse am weiteren Schicksal** des Gesamtgeschäfts hat, etwa weil er eine Beteiligung am Umsatz oder Gewinn erhalten soll (→ Rn. 713). Allerdings soll dazu ein zu erwartendes **erhebliches Honorar** (BGHSt 51, 219 (→ Rn. 168): jeweils 5.000 EUR für jeden Transport von 1 kg Cocain von Ghana nach Irland) nicht ausreichen. Auf der anderen Seite soll ein erhöhtes Interesse am Gesamtgeschäft bereits dadurch begründet werden, dass der derzeit gering entlohnte Kurier einen sich bei konsequenter Beteiligung **erhöhenden Anteil** an den späteren Geschäften mit seinen Auftraggebern erwartet (BeckRS 2017, 112117). 716

Da es auf **das Interesse des Kuriers** ankommt, muss die Überlegung des 3. Strafsenats als wenig konsequent erscheinen, ein an sich als erheblich angesehenes Honorar „relativiere sich im Hinblick auf Wert und Menge des zu transportierenden Heroins" (BGH NStZ 2012, 40). Dass ein nach mitteleuropäischen Gesichtspunkten geringes Honorar mit Rücksicht auf die **Verhältnisse im Heimatland** ein **erhebliches Tatinteresse** begründen kann (BGHSt 56, 170 = NJW 2011, 2375 = NStZ 2011, 517; 2012, 438 mAnm *Duttge* = JR 2011, 425 mAnm *Bachmann/Goeck* für das Skimming), ist für den Rauschgifthandel noch nicht entdeckt. 717

718 Dass ein **Kurier,** der bei sieben Kurierfahrten gegen einen **Kurierlohn von 5%** die Rauschgifterlöse von 235.000 EUR aus der Schweiz in die Niederlande gebracht hat, kein Interesse an der erfolgreichen Abwicklung des **Umsatzgeschäfts** haben soll (BGH 3 StR 559/09), auf Grund dessen er **bezahlt wird** (!), erschließt sich allerdings nur schwer.

719 Da eine **Provision** eine **Erfolgs(!)vergütung** darstellt, sofern nichts anderes festgestellt ist, ist es auch wenig überzeugend, ein Interesse des Kuriers am Schicksal des Gesamtgeschäfts zu verneinen, wenn ihm eine Provision von 4% für die Abholung des Rauschgifterlöses in Höhe von 150.000 EUR versprochen wird (so aber BGH NJW 2008, 1460 (→ Rn. 225)).

720 **Ist eine Ehefrau** als Kurierin für ihren Ehemann tätig, so soll sie auch dann kein eigenes Interesse am Umsatzgeschäft ihres Ehemannes haben, wenn sie von ihm **Unterhalt** erhält (BGH 3 StR 53/11). Das allgemeine Interesse an Unterhaltszahlungen dürfte nicht mit dem Interesse an einer konkreten Straftat als eigener gleichzusetzen sein. Ob dies wirklich so ist, hätte wohl näherer Feststellungen bedurft, zumal die Dame selbst einen Teilakt dieser Straftat verwirklicht hatte.

721 **(3) Bedeutender Tatbeitrag in Bezug zum Gesamtgeschäft.** Auf der anderen Seite soll auch nach der neueren Rechtsprechung (BGHSt 51, 219 (→ Rn. 168); BGH NStZ 2007, 288; 2008, 40) das (mit)täterschaftliche Handeltreiben nicht auf die Fälle der unmittelbaren Beteiligung am Umsatz des Rauschgifts oder des sonstigen eigenen Interesses des Kuriers am Schicksal des Gesamtgeschäfts beschränkt sein. Vielmehr soll der jeweils **konkrete Tatbeitrag** im Hinblick **auf seine Bedeutung** für das Gesamtgeschäft betrachtet werden (→ Rn. 633).

722 Ein wesentlicher Gesichtspunkt ist dabei, ob der Beteiligte **Tätigkeiten entfaltet,** die über den reinen Transport hinausgehen. Dies wurde etwa angenommen, wenn der Beteiligte **Exportgesellschaften** für die Beförderung der Drogen gegründet hat (BGH NStZ 2007, 288). Eine **stillschweigende Abkehr** von diesen Grundsätzen ist jedoch, wenn lediglich Beihilfe vorliegen soll, wenn der Beteiligte den organisatorischen und materiellen Aufbau eines **Transportgeschäfts** als **logistische Plattform** für die Abwicklung des Betäubungsmitteltransports gesteuert und für den weiteren Ausbau des Unternehmens erhebliche finanzielle Mittel zur Verfügung gestellt hat (BGH NStZ-RR 2012, 120) oder wenn der Beteiligte die **(notarielle) Gründung** und den **Aufbau** eines **Transportunternehmens** zum Transport von Cocain aus Griechenland in die Niederlande vornimmt, ein Kühlfahrzeugs mit 100 l Wassertank und anderen Versteckmöglichkeiten anmietet und eine Testfahrt verabredet, wofür er insgesamt 215.000,00 EUR in bar erhalten hat (BGHR BtMG § 29 Abs. 1 Nr. 1 Handeltreiben 77 (→ Rn. 169)).

723 Demgegenüber wurde wiederum **Täterschaft** angenommen, wenn der Beteiligte den Umbau eines Schmuggelfahrzeugs **bewirkt,** weiteren Beteiligten die Zugänge zu den Hohlräumen **zeigt,** das Schmuggelfahrzeug in die Schweiz **begleitet,** beim Einbau des Cocains Aufpasserdienste **leistet,** wieder nach Deutschland gebracht und dort **wieder aufgenommen** wird, nachdem auch das Schmuggelfahrzeug die Grenze passiert hatte; aus diesen ins Gewicht fallenden Tatbeiträgen ergebe sich, dass der Beteiligte **gewichtige Eigeninteressen** verfolgt und den **Tatausgang** maßgeblich **mitbestimmt** habe. Das Interesse am Gesamtgeschäft folge aus dem **erheblichen Risiko,** das der Beteiligte mit der Fahrt in die Schweiz und der Anwesenheit beim Einbringen des Cocains eingegangen sei, und daraus, dass er seinen Beitrag **nicht auf das Minimum** dessen **beschränkt** habe, wofür seine Hilfe benötigt worden sei (BGH NStZ-RR 2014, 211).

724 **Als Täterschaft** wurde es auch angesehen, wenn der Beteiligte den **Transport organisiert,** dem Kurier Hotels und Kontaktleute benennt, die Flugtickets für Hin- und Rückflug besorgt und bezahlt, mit dem Kurier während der Reise telefonisch Kontakt hält und ihn schließlich am Flughafen abholt und das Rauschgift übernimmt (BGH NStZ 2008, 40). **Beihilfe** soll es dagegen sein, wenn der Beteiligte im Auftrag von Hinterleuten den **gesamten Rauschgifttransport** von der Übernahme des Rauschgifts durch eine von ihm angeworbene Kurierin in Spanien bis zu den Zielorten in England und Italien **organisiert** (BGH NStZ-RR 2012, 375).

Keine Täterschaft soll es auch sein, wenn dem Beteiligten die Aufgabe zufiel, 725 den Drogenkurier an einem sicheren Ort mit den Abnehmern des Rauschgifts **zusammenzuführen,** von ihnen **den Kaufpreis (17.500 EUR) zu kassieren** und dem Lieferanten in den Niederlanden **zu überbringen** (BGH NStZ-RR 2010, 318). Dass hier eine ganz untergeordnete Tätigkeit vorliegen soll, dürfte mit der Tatsachenlage nur schwer in Einklang zu bringen sein. Immerhin hat der Beteiligte nicht nur das Umsatzgeschäft selbst abgewickelt, sondern ihm war in Gestalt des Erlöses auch der gesamte Erfolg des Drogengeschäfts anvertraut. Darauf, dass lediglich eine verhältnismäßig geringe Entlohnung (150 EUR und 500 EUR) festgestellt werden konnte, stellt der BGH mit Recht nicht ab.

(Mit)Täterschaft kommt dagegen in Betracht, wenn der Kurier das Rauschgift 726 „noch einige Tage" im Ausland (*Joachimski/Haumer* BtMG Rn. 49; aA BGH 2 StR 201/11) oder in Deutschland (s. BGH NStZ 2000, 482) **aufbewahrt,** jedenfalls dann, wenn seine Aufgabe auch darin bestand, es selbständig zwischenzulagern (BGH StraFo 2007, 332 (2 StR 57/07)). **Etwas anderes** soll dagegen dann gelten, wenn der Beteiligte, dem die Aufgabe zugedacht war, den Drogenkurier an einem sicheren Ort mit den Abnehmern des Rauschgifts zusammen zu führen, den Kaufpreis zu kassieren und in die Niederlande zu verbringen (→ Rn. 725) das Rauschgift „für kurze Zeit" in einer **Bunkerwohnung lagert,** bevor er es selbst an die Abnehmer übergibt und den Kaufpreis kassiert (BGH NStZ-RR 2010, 318). **Mittäterschaft** liegt vor, wenn der Kurier am Zielort die Drogen **aufzubewahren,** zu **portionieren,** chemisch **umzuwandeln** oder zu **verpacken** hat (BGH NStZ-RR 2016, 84).

Keine (Mit-)Täterschaft soll vorliegen, wenn der Beteiligte mit einem Last- 727 kraftwagen eine **große Menge** Haschisch (300 kg und 1,8 Tonnen) aus Spanien nach Paris und Amsterdam verbracht und das Rauschgift zuvor in einer Lagerhalle **in Holzkisten verpackt** hatte (BGHR BtMG § 29 Abs. 1 Nr. 1 Handeltreiben 73 = NStZ 2011, 231 = StV 2011, 78). Dazu auch → Rn. 803.

Weitergehende Aktivitäten mit der Folge der **Täterschaft** hat dagegen der 728 Beteiligte entfaltet, der im Auftrag anderer Personen nach Stuttgart fliegt, um dort Cocain abzuholen und dieses anschließend, **auf welche Weise auch immer,** zum Zwecke des Weiterverkaufs an unbekannte Abnehmer zu liefern (BGH NStZ 2007, 530). Dies gilt namentlich dann, wenn er in Begleitung eines Gehilfen auftritt und eigene Gestaltungsmöglichkeiten wahrnimmt, indem er dem Kurier Verhaltensanweisungen gibt und Zeit und Ort der Übergabe bestimmt (BGH 1 StR 124/07, bestätigt durch BVerfG NStZ 2008, 39).

Die (Mit)Täterschaft setzt auch nicht voraus, dass der Kurier den Abnehmer 729 **kennt** oder dessen **Identität** prüft. Gerade derjenige, der im Rauschgiftgeschäft die Anonymität sicherstellt, kann einen wesentlichen Tatbeitrag zum Handeltreiben leisten.

(cc) Einbindung in gleichberechtigte arbeitsteilige Durchführung. Auch 730 die Einbindung des Transporteurs in eine gleichberechtigt verabredete arbeitsteilige Durchführung des Umsatzgeschäfts spricht für Mittäterschaft. Dies gilt auch dann, wenn seine konkrete Tätigkeit in diesem Rahmen auf die Beförderung der Drogen, von finanziellen Mitteln für den Erwerb oder von Verkaufserlösen beschränkt ist (BGHSt 51, 219 (→ Rn. 168); BGHR BtMG § 29 Abs. 1 Nr. 1 Handeltreiben 77

(→ Rn. 169); BGH NStZ 2008, 285; 2012, 518 (→ Rn. 705); NStZ-RR 2007, 246 (→ Rn. 702); 2008, 152; 2009, 254; 2012, 375).

731 **(dd) Erleichterte Feststellungen, Zweifelssatz.** Eine gewisse Einschränkung der neuen Beihilferechtsprechung, die sich in der Praxis aber, soweit ersichtlich, kaum auswirkt, findet sich auf der Ebene der Feststellungen (BGHSt 51, 324 (→ Rn. 732)). Danach ist das Tatgericht nicht gehalten, auf Beihilfe zu erkennen, wenn der Transporteur von Rauschgift **ohne Individualisierung des Auftraggebers** behauptet, sein Tatbeitrag habe sich im Transport erschöpft, und wenn auch sonst keine zuverlässigen Anhaltspunkte für Auftrag und Person des Auftraggebers vorliegen.

732 **Weder auf Grund des Zweifelssatzes** noch sonst ist es geboten, zu Gunsten des Angeklagten Tatvarianten zu **unterstellen,** für deren Vorliegen keine zureichenden Anhaltspunkte erbracht sind. Der Zweifelssatz verlangt keineswegs, dass alle denkbaren Gesichtspunkte, für die keine Anhaltspunkte bestehen und zu denen keine Feststellungen getroffen werden können, zu Gunsten des Angeklagten berücksichtigt werden (BGHSt 51, 324 = NJW 2007, 2274 = NStZ 2007, 529 = JR 2007, 300 mablAnm *Puppe;* zust. *Weber* JR 2007, 400 (409); BGH NStZ 2009, 264 = StV 2009, 511 mAnm *Kudlich;* 630 (m. zust. Anm. *Wörner* NStZ 2010, 66; NStZ 2012, 171; NStZ-RR 2013, 117; 2015, 83); mit der Rechtsprechung des BVerfG (2 BvR 1378/06, abgedr. bei *Weber* JR 2007, 400 Fn. 148) steht dies im Einklang (s. auch *Winkler* NStZ 2007, 317 (321)). Insbesondere erfordert die **Zurückweisung einer Einlassung** nicht, dass sich ihr Gegenteil positiv feststellen lässt (BGH NStZ 2011, 302; NStZ-RR 2014, 344). Vielmehr muss sich das Gericht auf Grund einer **Gesamtwürdigung** seine Überzeugung von der Richtigkeit oder Unrichtigkeit der Einlassung bilden (BGH NStZ-RR 2014, 344).

733 **Der Zweifelssatz** ist auch **keine Beweis-,** sondern **eine Entscheidungsregel,** die das Gericht erst dann zu befolgen hat, wenn es nach abgeschlossener Beweiswürdigung nicht die volle Überzeugung von der Täterschaft zu gewinnen vermag. Auf einzelne Elemente der Beweiswürdigung ist er grundsätzlich nicht anzuwenden (BGH NStZ-RR 2015, 83).

734 **(d) Folgen der neuen Rechtsprechung.** Soweit sich die neuere Rechtsprechung an ihre eigenen Vorgaben hält, wonach über den Transport hinausgehende wesentliche Aktivitäten (→ Rn. 713–729) oder gar eine Einbindung in eine gleichberechtigte arbeitsteilige Durchführung (→ Rn. 730) (Mit-)Täterschaft begründen, führt sie zu denselben Ergebnissen wie die frühere Judikatur. Allerdings können die hierfür geforderten Voraussetzungen **trotz erheblicher Ermittlungsarbeit** nur **selten** festgestellt werden. Dasselbe gilt für die **Höhe des Honorars,** bei der dem Tatgericht (und damit auch dem Revisionsgericht) in der Regel keine anderen Erkenntnisse als die Einlassung des Kuriers zur Verfügung stehen.

735 Nahezu ausschließlich bleibt es daher bei einer **reinen Kuriertätigkeit,** die gegen ein **geringes Honorar** ausgeübt wird. Damit ist es auf der Grundlage der neuen Rechtsprechung Praxis geworden, dass Rauschgiftkuriere nur noch wegen Beihilfe zum Handeltreiben verurteilt werden (so bereits die Nachweise bei *Weber* JR 2007, 400 (406); BGHR BtMG § 29 Abs. 1 Nr. 1 Handeltreiben 73 (→ Rn. 727); 77 (→ Rn. 169); BGH NStZ-RR 2010, 318; 2012, 90; 120; 375; *Oğlakcıoğlu* in MüKoStGB Rn. 428: „umgedrehte Bewertung").

736 Wenn auch die **Auswirkungen auf den Strafausspruch** wegen der nicht selten in **Tateinheit** vorliegenden Tatbestände **der Einfuhr** oder **des Besitzes** (in nicht geringer Menge) meist nur gering sind, kann dies angesichts der **Vielzahl von Urteilskorrekturen** nicht wirklich beruhigen. Darüber hinaus ergeben sich im Bereich des **Versuchs,** der **Vorbereitung** und der **Tätigkeit im Ausland** er-

hebliche Auswirkungen auf den Schuldspruch. Hier sind die **Folgen** der neuen Rechtsprechung **noch keineswegs bewältigt:**

(aa) Konkretisierung der Haupttat. Eine wesentliche Voraussetzung für die 737 (strafbare) Beihilfe ist eine konkretisierbare Haupttat, namentlich ab wann eine solche vorliegt. Die Rechtsprechung hat sich bislang nicht ausdrücklich damit auseinandergesetzt. Als Haupttat beim Handeltreiben kann **nur das Gesamtgeschäft** in Betracht kommen (→ Rn. 246, 306), das auch sonst den Bezugspunkt für die Beihilfe darstellt (→ Rn. 699; möglicherweise anders der 5. Strafsenat des BGH (NStZ 2009, 392 dazu → Rn. 739).

Da der Gehilfe einen fremden Umsatz unterstützt, muss dieses Geschäft ferner 738 insoweit konkretisiert sein, als er entweder **selbst** mit dem Rauschgift **befasst** ist (→ Rn. 306) oder seine Unterstützung sich auf ein bestimmtes **laufendes** oder **angebahntes** oder **im Raume stehendes** Umsatzgeschäft mit Betäubungsmitteln bezieht (→ Rn. 307). Dies gilt auch dann, wenn das Gesamtgeschäft von dem Gehilfen in der Weise unterstützt wird, dass er einen Teilakt des Handeltreibens, etwa den Transport von Rauschgift, selbst verwirklicht oder sonst einen Beitrag dazu leistet (→ Rn. 308).

bb) Versuch. Kommt der vorgesehene **Teilakt nicht zustande,** fällt etwa die 739 Kurierfahrt aus, so ändert dies grundsätzlich nichts daran, dass in Form des **Gesamtgeschäfts,** bei dem die Kurierfahrt lediglich ein Teilakt war, gleichwohl eine konkretisierbare Haupttat (der Hintermänner des Transports) vorliegt (→ Rn. 306, 307). Es fehlt jedoch an einem **Ansetzen** des Kuriers zu der in Aussicht genommenen Teilnahmehandlung (→ Rn. 576–578; 581–594), so dass schon deswegen Straflosigkeit eintritt (iErg auch der 5. Strafsenat des BGH (NStZ 2009, 392 (→ Rn. 737)) mit der wenig präzisen Begründung, die Gehilfen seien „von den zu transportierenden Betäubungsmitteln räumlich und zeitlich noch weit entfernt" und „die Einzelheiten zu dem ins Auge gefassten Transportvorgang" seien noch völlig offen geblieben). Zudem wäre die versuchte Beihilfe nicht strafbar.

Anders ist dies in einem solchen Fall bei einem Beteiligten, der den Kurier **an-** 740 **geworben** hat (→ Rn. 797). Seine auf Umsatz gerichtete Handlung war die **Werbung,** und diese war mit dem erfolgreichen Anwerben des Kuriers **vollendet** (dies wird in BGH NStZ 2009, 392 (→ Rn. 737) nicht gesehen). Der spätere Wegfall der Kurierfahrt konnte daran nichts mehr ändern (→ Rn. 628).

Eine andere Frage ist, ob die **(erfolgreiche) Werbung** die Haupttat **gefördert** 741 hat. Haupttat ist nicht der Teilakt des Transports, sondern das Gesamtgeschäft (→ Rn. 737). Im Hinblick auf die bestehende Bewertungseinheit greift es daher zu kurz, wenn der 5. Strafsenat des BGH (NStZ 2009, 392 (→ Rn. 737)) lediglich auf die Kurierfahrt abstellt. Auch wenn diese ausfällt, kann sich die Anwerbung des Kuriers in anderer Weise **fördernd** oder **erleichternd** auf das **Gesamtgeschäft** ausgewirkt haben (→ Vor § 29 Rn. 309), etwa derart, dass der Hintermann zunächst keine weiteren Dispositionen treffen musste (BGH NStZ 2008, 284). Da sich die Unterstützung durch den Gehilfen nicht kausal auf die Begehung der Haupttat auswirken muss (→ Vor § 29 Rn. 310), kommt es auch insoweit auf den späteren Ausfall der Kurierfahrt nicht an.

Vollendete Beihilfe kann auch dann in Betracht kommen, wenn eine **Zusage** 742 festgestellt werden kann, die sich fördernd auf das Gesamtgeschäft ausgewirkt hat; zu den Einzelheiten → Rn. 554–559.

Eine konkrete Haupttat liegt immer vor, wenn der Gehilfe **einen Teilakt** des 743 Handeltreibens **selbst verwirklicht** (→ Rn. 306, 638). Darauf, ob der Gehilfe ein Vorstellungsbild vom Gesamtgeschäft hat, kann es im Hinblick auf die Grundsätze der Bewertungseinheit nicht ankommen. Dies wird übersehen, wenn der Bote, der Rauschgift in eine Justizvollzugsanstalt eingeschmuggelt hat, vom Vorwurf der Beihilfe freigeprochen wird, weil „jegliche Anhaltspunkte zum Vorstellungsbild des Gehilfen von der Haupttat fehlten" (BGH NStZ-RR 2008, 319; dazu auch → Rn. 802).

744 **(cc) Förderung der Haupttat.** Die Beihilfehandlung braucht für den Erfolg der Tat zwar nicht ursächlich zu sein (→ Rn. 741), sie muss die Haupttat jedoch in irgendeiner Weise erleichtern oder fördern (→ Rn. 741). Dies ist nicht immer leicht festzustellen. Eine solche Förderung kann gegeben sein, wenn der Gehilfe in einem **Telefongespräch** mit dem Lieferanten versucht, den Aufenthaltsort des Kuriers in Erfahrung zu bringen und die aus dem Telefongespräch gewonnenen Erkenntnisse an den Drogenkäufer weiterleitet (BGH NStZ 2010, 522 (→ Rn. 225)). Auch in der **Zusage,** ein solches Telefongespräch zu führen, kann eine die Haupttat fördernde oder erleichternde Wirkung liegen (→ Rn. 558).

745 **(dd) Nutzlose/fehlgeschlagene Förderungshandlungen.** Der Beihilfehandlung darf nicht jede Eignung zur Förderung der Haupttat fehlen (→ Vor § 29 Rn. 316). Eine fehlgeschlagene oder nutzlose Beihilfehandlung stellt einen straflosen (untauglichen) Versuch der Beihilfe dar (BGH NJW 2008, 1460 (→ Rn. 225)). Ein offener **Abgrenzungsstreit innerhalb des BGH** (dazu *Schmidt* NJW 2009, 2999 (3000); *Winkler* NStZ 2009, 433; *Winkler* NStZ 2010, 685) hat sich zu Förderungshandlungen des Gehilfen ergeben, die von vornherein (unerkannt) nutzlos waren, weil das Rauschgift im Zeitpunkt der Beihilfehandlung **bereits sichergestellt** war.

746 Beim Handeltreiben kommt es **nicht** darauf an, dass der Tatbeitrag des Gehilfen geeignet ist, den **Umsatz** zu fördern (BGHR BtMG § 29 Beihilfe 1 = NJW 1994, 2162 = NStZ 1994, 441 = StV 1995, 526; 1996, 336 m. abl. Bespr. *Harzer;* aA BGH (5. Senat) NJW 2008, 1460 (→ Rn. 225); (5. Senat) NStZ 2009, 392 (→ Rn. 737); dagegen wiederum BGHR (1. Senat) BtMG § 29 Abs. 1 Nr. 1 Handeltreiben 72 (→ Rn. 225); BGH (2. Senat) NStZ 2008, 284; (2. Senat) 2010, 522 (→ Rn. 225); 2 StR 223/09). Ausreichend ist die Eignung zur Förderung der Haupttat als ein **„auf Handel gerichtetes Tun"** (BVerfG NJW 2007, 1193; BGHR BtMG § 29 Abs. 1 Nr. 1 Handeltreiben 72 (→ Rn. 225); NStZ 2008, 284). Handeltreiben ist kein Erfolgsdelikt (→ Rn. 273–278) und darf daher auch im Rahmen der Beihilfe nicht als solches behandelt werden (*Krack* JR 2008, 342 (343)). Deswegen kann auch noch **nach polizeilicher Sicherstellung** des Rauschgifts Beihilfe zum Handeltreiben geleistet werden (BGHR (1. Senat) BtMG § 29 Abs. 1 Nr. 1 Handeltreiben 72 (→ Rn. 225); BGH (2. Senat) NStZ 2007, 635; 2010, 522 (→ Rn. 225); aA BGH (5. Senat) NJW 2008, 1460 (→ Rn. 225)).

747 **(ee) Auswirkungen auf Auslandstaten.** § 6 Nr. 5 StGB gilt grundsätzlich (→ Vor § 29 Rn. 132, 134) auch für im Ausland begangene **Teilnahmehandlungen** Auf → Vor § 29 Rn. 131 wird im Übrigen verwiesen.

748 **bb) Stellungnahme zu der neuen Rechtsprechung.** Aus der **Sicht der Praxis** ist es nicht zu bedauern, dass sich bei dem weiten, wenn auch nicht uferlosen (→ Rn. 229) Tatbestand des Handeltreibens im Anschluss an den Beschluss des Großen Senats v. 26.10.2005 (→ Rn. 169) der Blick auf eine konsequentere Anwendung der für die Abgrenzung zwischen Täterschaft und Teilnahme maßgeblichen Regeln gerichtet hat. Allerdings hätte **die Praxis erwartet,** dass sich dies in einer größeren Sicherheit und Verlässlichkeit der obergerichtlichen Rechtsprechung niederschlägt. Auch hätte erwartet werden können, dass die Gelegenheit dazu genutzt wird, das Betäubungsmittelstrafrecht wieder näher an das allgemeine Strafrecht heranzuführen.

749 **Beide Erwartungen** haben sich **nicht erfüllt.** Soweit die Neuorientierung nur noch darauf abhebt, dass eine Kuriertätigkeit, bei der keine wesentlichen, über den reinen Transport hinausgehenden Leistungen erbracht werden, als Beihilfe zum Handeltreiben zu werten sei (→ Rn. 703), hat sie auf der Basis der ihr zugrunde lie-

Kap. 1. Tatbestände des Abs. 1 S. 1 Nr. 1 § 29 BtMG

genden Schematisierung vordergründig zu einer sich verfestigenden (*Schmidt* NJW 2012, 3072: „absolut gefestigt") Rechtsprechung geführt. Bei genauerer Betrachtung zeigen sich jedoch die Mängel: die neue Rechtsprechung führt zu **Strafbarkeitslücken** und komplizierten, von **Zufälligkeiten** abhängigen (s. etwa die Kasuistik in → Rn. 699–728, 745, 746) und zum Teil **unverständlichen Differenzierungen** (zust. *Oğlakcıoğlu* BtMStrafR AT S. 592 Fn. 2424; *Oğlakcıoğlu* in MüKoStGB Rn. 397; *Skoupil* BtM S. 247, 248), etwa wenn die versuchte Beförderung von Grundstoffen weiterhin strafbar ist (§ 19 Abs. 1 Nr. 1, Abs. 2 GÜG), wenn die versuchte Beförderung von Rauschgelöslern als versuchte Geldwäsche immerhin noch strafbar sein kann (BGH NJW 2008, 1460 (→ Rn. 225)), während der versuchte Transport von Rauschgift selbst als solcher straffrei ist.

Das Versprechen einer konsequenteren Anwendung der für die Abgrenzung zwischen Täterschaft und Teilnahme maßgeblichen Regeln **verspielt** die neuere Rechtsprechung vor allem dadurch, dass die allgemeinen Regeln des Strafrechts (→ Rn. 642–656) zwar immer wieder zitiert werden (s. etwa BGHR BtMG § 29 Abs. 1 Nr. 1 Handeltreiben 77 (→ Rn. 169); BGH NStZ 2012, 518 (→ Rn. 705); 2020, 556; NStZ-RR 2012, 120; BeckRS 2014, 7857; 2016, 20305; 2017, 128433; 2018, 8231), **ohne sie aber wirklich anzuwenden,** insbesondere weil der **Blick von den zentralen Thesen verstellt** wird, dass der Transport des Rauschgifts lediglich eine **untergeordnete** Hilfstätigkeit darstelle und dass der Kurier **kein Interesse** am Erfolg des Gesamtgeschäfts habe. 750

Dies führt zu einer **schematischen Unterbewertung** des Transports als eines Teilakts des Handeltreibens, obwohl dieser für den späteren Umsatz des Betäubungsmittels kaum weniger Bedeutung hat als die Beschaffung oder Veräußerung (→ Rn. 534; *Rahlf* in MüKoStGB, 2. Auflage, Rn. 419; *Franke/Wienroeder* Rn. 65). Sie trägt ferner dazu bei, dass die Merkmale der **Tatherrschaft** und des **Tatinteresses** zum Teil durch eigene Abgrenzungskriterien ersetzt werden, eine Erscheinung, die bei anderen Straftaten mit **vergleichbarer arbeitsteiliger Struktur** (zB Skimming BGHSt 56, 170 (→ Rn. 717); BGH NJW 2014, 1463 = StV 2014, 541 = JR 2014, 303 mAnm *Schiemann*) **nicht anzutreffen** ist; anders allerdings BGH NStZ-RR 2017, 116 für den Fall einer einmaligen Beteiligung. 751

Abgesehen von diesen Schwächen verstößt die pauschale Bewertung der Kuriertätigkeit als Beihilfe gegen den des **EU-Rahmenbeschluss** v. 25.10.2004 (→ Rn. 163, 183–187; dazu *Oğlakcıoğlu* in MüKoStGB Rn. 398), und zwar
– gegen Art. 2 Abs. 1 Buchst. a, der das Befördern mit dem Kaufen, Verkaufen und Liefern auf eine Stufe stellt,
– gegen Art. 3 Abs. 1, wonach das versuchte Befördern unter Strafe gestellt werden muss (*Weber* NStZ 2008, 467 (468)), und
– gegen die unionsrechtliche Verpflichtung der deutschen Gerichte zur **rahmenbeschlusskonformen Auslegung** des nationalen Rechts (→ Rn. 186, 187; *Skoupil* BtM S. 248–250). 752

Soweit der 5. Strafsenat des BGH auf den Besitz des Kuriers abstellen will (BGH NStZ 2009, 392), geht dies schon deswegen fehl (*Oğlakcıoğlu* in MüKoStGB Rn. 398 Fn. 549), weil der EU-Rahmenbeschluss in Art. 2 Abs. 1 Buchst. c für den Besitz eine eigene Regelung vorsieht; auch ist der versuchte Besitz, anders als dies von Art. 3 Abs. 1 des EU-Rahmenbeschlusses für das versuchte Befördern gefordert wird, im deutschen Recht grundsätzlich (Ausnahme § 29a Abs. 1 Nr. 2) nicht strafbar (dazu auch *Schmidt* NJW 2009, 2999 Fn. 12; *Skoupil* BtM S. 249, 250).

cc) Zur Kritik im Einzelnen. Namentlich auf der Basis der Grundsätze, die sonst im Strafrecht für die Abgrenzung zwischen Täterschaft und Teilnahme maßgeblich sind, ergeben sich die folgenden Kritikpunkte: 753

BtMG § 29 Sechster Abschnitt. Straftaten und Ordnungswidrigkeiten

754 **(a) Pauschalbeurteilung als untergeordnete Tätigkeit.** Ein Hauptmangel der neuen Rechtsprechung ist die pauschale Beurteilung der Kuriertätigkeit als einer untergeordneten Tätigkeit, die schon objektiv darauf hindeute, dass der Beteiligte nur Gehilfe sei (→ Rn. 701). Dabei werden die unterschiedlichsten Formulierungen verwendet, die **zum Teil auf den Standort des Kuriers** innerhalb der Organisation (zB BGH NStZ 2006, 454: „untergeordnete Position"; BGHR BtMG § 29 Abs. 1 Nr. 1 Handeltreiben 65 (→ Rn. 296); NStZ-RR 2007, 88; BeckRS 2017, 128433: „untergeordnete Rolle") **zum Teil auf die Art der Tätigkeit** (zB BGHSt 51, 219 (→ Rn. 168), BGHR BtMG § 29 Abs. 1 Nr. 1 Handeltreiben 77 (→ Rn. 169): „untergeordnete Hilfstätigkeit"; BGH NJW 2008, 1460 (→ Rn. 225): „untergeordneter Tatbeitrag"; BGHR BtMG § 29 Abs. 1 Nr. 1 Handeltreiben 73 (→ Rn. 727); BGH NStZ-RR 2010, 318: „untergeordnete Tätigkeiten") abstellen.

755 **Tatsächliche Erkenntnisse,** die eine solche Neubewertung rechtfertigen könnten, **gibt es nicht** (→ Rn. 757). Vielmehr wird sie generell entweder aus der Stellung des Kuriers innerhalb der Organisation oder aus der Art seiner Tätigkeit hergeleitet (→ Rn. 754). Beide Begründungslinien können nicht überzeugen:

756 Aus der untergeordneten **Position** des Kuriers im Gefüge einer Rauschgifthändlerorganisation kann nicht geschlossen werden, dass auch seine **Tätigkeit** nur untergeordneter Natur sei. Die niedrige Stellung des Kuriers in der Hierarchie ergibt sich nicht aus einer geringen Bedeutung seiner Tätigkeit für den Umsatz, sondern aus der Vielzahl der Interessenten, die es den Organisationen ermöglicht, die Preise hierfür zu drücken. Dies lässt die Kuriere nicht anders als die vor Ort tätigen Beteiligten beim Skimming (→ Rn. 751) als ein bescheiden entlohntes, fungibles und von den Hintermännern abhängiges Glied in der Beteiligtenkette erscheinen. Die Bedeutung des Transports für den späteren gewinnbringenden Verkauf wird dadurch jedoch nicht gemindert. Dass die niedrige Stellung eines Beteiligten in der Hierarchie nicht notwendig zu Beihilfe führen muss, zeigt im Übrigen die Rechtsprechung zum Täter hinter dem Täter (und nicht hinter dem Gehilfen).

757 Auch die **Art der Tätigkeit** lässt die Kuriertätigkeit in aller Regel nicht als untergeordnet erscheinen. Dies gilt auch in Bezug auf das **Gesamtgeschäft.** Der Einsatz von Kurieren ist für den späteren gewinnbringenden Umsatz von Betäubungsmitteln eine **zentrale Voraussetzung** und damit eine Tätigkeit, die für das Gesamtgeschäft kaum weniger wichtig ist als die Beschaffung und Weitergabe der Drogen; dies wird bereits durch die **Warenströme** belegt, die von der UNODC in ihren jährlichen Berichten offengelegt werden (→ Rn. 534). Dem entspricht der EU-Rahmenbeschluss v. 25.10.2004 (→ Rn. 163, 183–186), der das Befördern mit dem Kaufen, Verkaufen oder Liefern auf eine Ebene stellt (Art. 2 Abs. 1 Buchst. a, c).

758 **(b) Anwendung der sonst geltenden Abgrenzungskriterien.** Die sonst für die Abgrenzung von Täterschaft und Teilnahme geltenden Kriterien (→ Rn. 642–662) werden auch in der neueren Rechtsprechung nicht selten zitiert (→ Rn. 750). Allerdings werden in dem für die neue Rechtsprechung grundlegenden Urteil des 2. Strafsenats vom 28.2.2007 (BGHSt 51, 219 (→ Rn. 168)) **eigene Abgrenzungskriterien** (→ Rn. 702) aufgestellt, die im Wesentlichen in dem Satz gipfeln, eine bloße Kuriertätigkeit, bei der keine wesentlichen, über den reinen Transport hinausgehenden Leistungen erbracht werden, sei als Beihilfe zum Handeltreiben zu werten. Dieser Satz findet sich dann „als neuere Rechtsprechung" in zahlreichen weiteren Entscheidungen (zB BGHR BtMG § 29 Abs. 1 Nr. 1 Handeltreiben 73 (→ Rn. 727); BGH NJW 2009, 866 (→ Rn. 639); NStZ-RR 2007, 246 (→ Rn. 702); 320; 321; 2009, 254; 2010, 318; 2012, 375; BeckRS 2017, 115074).

759 **Überraschend ist,** mit welcher Gelassenheit im **allgemeinstrafrechtlichen Schrifttum,** soweit überhaupt darauf eingegangen wird (etwa bei *Schild* in NK-

Kap. 1. Tatbestände des Abs. 1 S. 1 Nr. 1 § 29 BtMG

StGB StGB § 25 Rn. 36 nur in einer Fußnote), die sonst so oft gegeißelte **Abweichung des Betäubungsmittelstrafrechts** vom allgemeinen Strafrecht begleitet wird. Die „neuere Rechtsprechung" wird mehr oder weniger wohlwollend zitiert, ohne den sonst üblichen kritischen Blick auf die Abartigkeiten des Betäubungsmittelstrafrechts zu werfen (*Joecks/Scheinfeld* in MüKoStGB StGB § 25 Rn. 218–220; *Heine/Weißer* in Schönke/Schröder StGB Vor § 25 Rn. 68–70; *Kühl* in Lackner/Kühl StGB Vor § 25 Rn. 5; *Haas* in Matt/Renzikowski § 25 Rn. 85, 86; *Ingelfinger* in HK-GS StGB § 25 Rn. 45; *Fischer* StGB § 25 Rn. 44, 45, ein Funken Kritik findet sich in § 25 Rn. 3, ebenso bei SSW-Murmann § 25 Rn. 45; *Kudlich* in BeckOK StGB § 25 Rn. 14). Nach *Roxin* (Täterschaft § 43 Rn. 193–203) hat sich die neue Rechtsprechung der Sache nach auf die Tatherrschaftslehre zubewegt. Dies wäre richtig, wenn sich der Begriff des Handeltreibens auf das eigentliche Umsatzgeschäft beschränken würde. Dies entspricht jedoch weder dem Gesetz (→ Rn. 181, 182), noch wurde dies von der Rechtsprechung übernommen (BGHSt 50, 252 (→ Rn. 169)). In Wirklichkeit ist die die neue Rechtsprechung daher eine **Rückentwicklung** zum **Badewannen-** oder **Staschynskij-Fall** (→ Rn. 656, 774).

Werden statt der selbst gefundenen Merkmale die Kriterien herangezogen, die 760 sonst im Strafrecht die Abgrenzung von Täterschaft und Teilnahme bestimmen, so ergibt sich, dass bei **reinen Kurierfahrten** Beihilfe vorliegen **kann, nicht** aber vorliegen **muss:**

(aa) Bedeutung des Tatbeitrags. Bei der Bedeutung des Tatbeitrags 761 (→ Rn. 651–653) ist auf das Gewicht abzustellen, das dem Transport des Rauschgifts für das Umsatzgeschäft insgesamt zukommt (→ Rn. 699). Weder an der Position des Kuriers im Gefüge einer Rauschgifthändlerorganisation (→ Rn. 756) noch aus der Art der Tätigkeit (→ Rn. 757) kann geschlossen werden, dass auch seine Tätigkeit nur untergeordneter Natur sei. In aller Regel wird das konkrete Umsatzgeschäft nicht durchgeführt werden können, wenn der Kurier nicht die Beförderung übernimmt (→ Rn. 652, 655).

Dass der Organisator möglicherweise einen **anderen Kurier** gefunden hätte, 762 muss außer Acht bleiben, da es sich dabei um einen **hypothetischen Verlauf** handeln würde. Ob ein Beteiligter einen wesentlichen Teilabschnitt des Tatgeschehens steuert, ist eine Frage des tatsächlichen Ablaufs, und hängt nicht davon ab, ob auch ein anderer in der Lage dazu gewesen wäre. Dementsprechend hat dieser Gesichtspunkt die Täterschaft der sog. Mauerschützen, bei der die **Fungibilität** der die Tat Ausführenden ebenfalls von Bedeutung war, nicht in Frage gestellt (BGHSt 39, 1 = NStZ 1993, 129 = StV 1993, 9; 40, 241 = NJW 1994, 2710 = NStZ 1994, 533). Da es auf den tatsächlichen Ablauf ankommt, kann es auch keinen Unterschied machen, ob es sich um eine über längere Zeit hinziehende, aus vielen einzelnen Tätigkeiten sich zusammensetzende, auf einen Gesamterfolg abzielende Tat handelt (aA noch BGH NJW 1992, 3114; *Skoupil* BtM S. 242).

(bb) Tatherrschaft oder Willen dazu. Auch für die Frage der Tatherrschaft 763 oder des Willens dazu kommt es auf das Umsatzgeschäft insgesamt an (→ Rn. 654, 655, 699). Allerdings ist ein wesentliches Kennzeichen des illegalen Rauschgifthandels gerade seine **Arbeitsteiligkeit** (BGHSt 50, 252 (→ Rn. 169)). Es hieße daher den Organisatoren auf den Leim zu gehen, wenn die Tatherrschaft nicht in dem Sinne begriffen würde, dass sie von demselben Täter über alle Teilakte ausgeübt werden muss, die zu der Bewertungseinheit des Handeltreibens zusammengefasst werden. Vielmehr hat **auch Tatherrschaft,** wer willens und in der Lage ist, einen **wesentlichen Teilakt** eines komplexen Tatgeschehens zu steuern oder darauf einzuwirken (*Oğlakcıoğlu* in MüKoStGB Rn. 410), jedenfalls dann, wenn das Gesamtgeschäft mit der Verwirklichung des Teilakts steht oder fällt **(funktionale (funktionelle) Tatherrschaft,** → Vor § 29 Rn. 384). Die Tatherrschaft bei diesem

Teilakt kann dann auch die Tatherrschaft über das Gesamtgeschäft zur Folge haben (→ Rn. 652, 655; s. auch BGH NStZ 2008, 273, wonach Tatherrschaft bereits dann gegeben ist, wenn der Beteiligte in Arbeitsteilung mit anderen eine für das Gelingen der Tat wesentliche Funktion innehat). Im Unterschied zu anderen Straftaten mit **vergleichbarer arbeitsteiliger Struktur** (zB Skimming, → Rn. 751)) wird dies beim Rauschgifthandel nicht gesehen.

764 **(1) Tatherrschaft hinsichtlich des Teilakts.** Es ist daher notwendig, zunächst zu prüfen, ob dem Kurier hinsichtlich des von ihm verwirklichten Teilakts des Transportierens Tatherrschaft oder der Wille dazu zukam. Eine Tatherrschaft über den Teilakt fehlt, wenn der Kurier nicht in der Lage ist, diesen Teilabschnitt zu steuern oder darauf einzuwirken.

765 Ob dies bereits gegeben ist, wenn der Kurier keinen Einfluss auf **Art** und **Menge** des zu transportierenden **Rauschgifts** hat (BGHSt 51, 219 (→Rn. 168); BGH NStZ-RR 2007, 246 (→ Rn. 702); 2008, 152; StV 1998, 596; 1999, 429; 3 StR 375/13; für den umgekehrten Fall → Rn. 705 sowie BGH NStZ 2008, 285; NStZ-RR 2009, 254) oder wenn er sie nicht kennt und sie ihm gleichgültig sind (BGHR BtMG § 29 Abs. 1 Nr. 1 Handeltreiben 24 (→ Rn. 662)), erscheint zweifelhaft. Diese Momente sind für die Figur und die Aufgabe des Kuriers nicht bestimmend, so dass aus ihrem Fehlen auch nicht zwangsläufig auf fehlende Täterschaft geschlossen werden darf.

766 **Kann der Kurier** dagegen die Zeit oder die Gestaltung **des Transports** (zB Fahrt- oder Flugroute, Schmuggelversteck, Übergabemodalitäten) **nicht mitbestimmen,** so wird es an der Tatherrschaft über diesen Teilakt nicht selten fehlen (BGH NJW 2009, 866 (→ Rn. 639); NStZ-RR 2007, 88; 2009), 254; StV 1984, 286; 1999, 429; für den umgekehrten Fall → Rn. 705).

767 Dies kommt namentlich dann in Betracht, wenn der Kurier die Reise nicht selbst organisiert und bezahlt **und** vor, während und nach dem Transport **lückenlos überwacht** wird (BGHSt 51, 219 (→Rn. 168); BGH NStZ 1984, 413 (→ Rn. 534); NStZ-RR 2007, 246 (→ Rn. 702)). Dies kommt unter diesen Umständen auch in den Fällen der **Inkorporation** von Rauschgift in Betracht (BGHSt 51, 219 (→ Rn. 168); BGH NStZ-RR 2007, 246 (→ Rn. 702) unter Aufgabe früherer Rechtsprechung; zust. *Puppe* JR 2007, 299 (300); in diesem Sinne wohl auch schon OLG München NStZ-RR 2006, 55; 2006, 456 m. insoweit zust. Anm. *Kotz*). In solchen Fällen, in denen der Kurier lediglich als wandelndes Behältnis (*Puppe* JR 2007, 299 (300)) fungiert (Szenennamen: „Koffer", „Muli"), könnte es auch vertretbar erscheinen, ihn nicht als Beförderer iSd Art. 2 Abs. 1 Buchst. a des EU-Rahmenbeschlusses v. 25.10.2004 anzusehen.

768 **Ob es an der Tatherrschaft fehlt,** wenn der Auftraggeber auf diesen (oder auch einen anderen) Kurier nicht angewiesen ist, ist eine Frage des Einzelfalls. Wird der Kurier eher aus Gründen der **Gefälligkeit** eingeschaltet und bei den Transporten begleitet, um ihm den Weg zu zeigen und ihm bei einer Panne notfalls helfen zu können, so kann dies für Beihilfe des Kuriers sprechen (BGHR BtMG § 29 Abs. 1 Nr. 1 Handeltreiben 36 (→ Rn. 170)). Dagegen schließt es die Tatherrschaft nicht aus, wenn der Organisator einen **anderen Kurier** hätte einsetzen können (→ Rn. 762).

769 **Es deutet auf einen Zirkelschluss,** wenn Tatherrschaft verneint wird (BGHSt 51, 219 (→ Rn. 168); NStZ-RR 2008, 152; 2009, 254), weil ein möglicher faktischer Handlungsspielraum während der Reise wegen einer **finanziellen oder persönlichen Abhängigkeit** des Kuriers von den Hintermännern zu einer eigenen täterschaftlichen (!) Einflussnahme nicht genutzt werden könne. Dass der Kurier gegebenenfalls finanzielle oder persönliche Nachteile zu befürchten hat, wenn er sich nicht an die ihm erteilten Anweisungen hält, ändert nichts daran, dass er den tat-

sächlichen Ablauf des Tatgeschehens steuern kann. Insoweit gilt nichts anderes, als wenn er **durch Drohungen** zu der Kurierfahrt veranlasst wurde (BGHR BtMG § 29 Abs. 1 Nr. 1 Handeltreiben 25 (→ Rn. 255); s. demgegenüber allerdings BGHR BtMG § 29 Abs. 1 Nr. 1 Handeltreiben 65 (→ Rn. 296)).

(2) Tatherrschaft hinsichtlich des Gesamtgeschäfts. Kann festgestellt werden, dass der Beteiligte hinsichtlich des ihm obliegenden Teilakts Tatherrschaft hat, so kommt es darauf an, ob der Transport des Rauschgifts für das Gesamtgeschäft so relevant ist, dass es mit seiner Durchführung **steht oder fällt** (→ Rn. 652, 655, 763). Dabei kann davon ausgegangen werden, dass der Transport des Rauschgifts grundsätzlich eine wesentliche Voraussetzung auch für den gewinnbringenden Weiterverkauf ist (→ Rn. 534, 757). Da es sich um einen hypothetischen Verlauf handeln würde, spielt es auch hier keine Rolle, ob der Organisator einen **anderen Kurier** hätte einsetzen können (→ Rn. 762). 770

Der auf diese Weise ausgeübten Tatherrschaft über das Gesamtgeschäft steht auch nicht entgegen, dass der Kurier **keinen eigenen Umsatz,** sondern den Umsatz der Organisatoren oder Hintermänner des illegalen Rauschgiftgeschäfts fördert. Auch die Unterstützung eines **Fremdumsatzes** kann allein- oder mittäterschaftliches Handeltreiben sein (→ Rn. 296–305, 539). 771

Die Tatherrschaft über einen entscheidenden Abschnitt des Gesamtgeschehens und damit letztlich über das Gesamtgeschäft (→ Rn. 763) hat auch der Kurier, dessen Tathandlung sich auf den Transport von Rauschgift **zwischen selbständig handelnden** Lieferanten und Abnehmern oder **innerhalb der Sphäre** von Lieferanten- oder Abnehmer-Organisationen beschränkt (aA BGHSt 51, 219 (→ Rn. 168); BGH NStZ-RR 2007, 246 (→ Rn. 702); 2008, 152; 2009, 254). Abgesehen davon, dass andernfalls die Tatherrschaft des Kuriers von Voraussetzungen abhängig gemacht würde, die ihr fremd sind und die auch für die anderen Beteiligten nicht gelten, **befördert** auch ein solcher Kurier illegale Drogen (Art. 2 Abs. 1 Buchst. a des EU-Rahmenbeschlusses v. 25.10.2004). 772

Auch wenn verlangt wird, dass der Beteiligte erhebliche, über den reinen Transport **hinausgehende Tätigkeiten** entfaltet (BGHSt 51, 219 (→ Rn. 168); BGH NStZ-RR 2007, 246 (→ Rn. 702); 2008, 152), steht dies mit dem Begriff des Beförderns nicht im Einklang und vermengt die Kuriertätigkeit mit Fragen, die dazu nicht gehören. 773

(3) Grad des eigenen Interesses am Taterfolg. Wird berücksichtigt, dass die Kuriertätigkeit für das Gesamtgeschäft wesentliche Bedeutung haben kann (→ Rn. 761, 756) und dass durch die Beherrschung eines entscheidenden Abschnitts des Geschehensablaufs auch Tatherrschaft hinsichtlich des Gesamtgeschäfts bestehen kann (→ Rn. 763–773), so könnte nicht selten nur noch ein geringes Interesse des Kuriers am Umsatz des Rauschgifts für Beihilfe sprechen. Würde dem Interesse gegenüber den anderen Merkmalen aber die ausschlaggebende Bedeutung beigemessen, so würde dies auf **eine (rein) subjektive Abgrenzung** hinauslaufen, die in Erinnerung an den **Badewannen-** oder **Staschynskij-Fall** an sich **überholt sein sollte** (→ Rn. 656; *Heine/Weißer* in Schönke/Schröder StGB Vor § 25 Rn. 53, 54; *Schünemann* in LK-StGB, 12. Aufl. 2007, StGB § 25 Rn. 32–35; *Schild* in NK-StGB StGB § 25 Rn. 36; *Fischer* StGB § 25 Rn. 3; *Kühl* in Lackner/Kühl StGB Vor § 25 Rn. 5; *Krack* JR 2008, 342 (343)), aber **offensichtlich nicht ist** (*Hillenkamp* FS Schünemann, 2015, 407 (411)); krit. auch *Harder* NStZ 2021, 193 (201)). 774

Abgesehen davon wird dabei auch hier nicht berücksichtigt, dass auch die **Unterstützung eines Fremdumsatzes** allein- oder mittäterschaftliches Handeltreiben sein kann. Dem Kurier mag es zwar in erster Linie um die Entlohnung für die von ihm erbrachte Dienstleistung gehen; dass er aber am Erfolg des von ihm mit hohem Risiko unterstützten Geschäfts völlig desinteressiert sein soll, ist eine **Verall-** 775

gemeinerung, die einer tatsächlichen Prüfung vielfach nicht standhält. Die pauschale Behauptung, es komme nicht darauf an, ob der Kurier **ein erhebliches Honarar** zu erwarten habe (so BGHSt 51, 219 (→ Rn. 168); BGH NStZ-RR 2009, 254), entbehrt damit einer tatsächlichen Grundlage.

776 Abgesehen vom Fehlen einer tatsächlichen Basis steht das **pauschale Abstreiten eines Interesses** des Kuriers am Erfolg des von ihm mit hohem Risiko unterstützten Geschäfts im Widerspruch zur Beurteilung ähnlicher Situationen bei Straftaten mit **ähnlicher arbeitsteiliger Struktur** (zB dem Skimming, → Rn. 751). Auch insoweit führt die neue Rechtsprechung zu einer Entfremdung des Betäubungsmittelrechts vom allgemeinen Strafrecht.

777 Notwendig ist auch hier eine Prüfung des **Einzelfalls** (→ Rn. 656–662), wobei auch die **Kaufkraft im Heimatland** von Bedeutung ist (BGHSt 56, 170 (→ Rn. 717)). Bei dieser Prüfung wird sich nicht selten ergeben, dass auch der Kurier ein Interesse am Erfolg des Gesamtgeschäfts hat. Dies gilt zunächst in den Fällen, in denen ihm als Honorar eine **Beteiligung am Umsatz** oder **Gewinn** zugesagt wurde (→ Rn. 657). Entsprechendes gilt für die **Zusage einer Provision** (→ Rn. 719). Ein Interesse am Erfolg des Umsatzgeschäfts hat aber auch der Kurier, dem ein **Prozentsatz** der Rauschgifterlöse versprochen wurde, die er transportiert (→ Rn. 718). Zum Interesse einer **Ehefrau** als Kurierin → Rn. 720.

778 Aber auch die Zusage eines **festen Betrages** schließt Täterschaft nicht aus (→ Rn. 659). So besteht ein Interesse am Umsatzerfolg, wenn der Kurier das Heroin abholt, um es, auf welche Weise auch immer, zum Zwecke des Weiterverkaufs an unbekannte Abnehmer zuzuführen (BGH NStZ 2007, 530). Auch kann es für die Mittäterschaft ausreichen, wenn der Beteiligte von einem Unbekannten 1.000 EUR und einen Wohnungsschlüssel mit dem Auftrag erhalten hat, einen Beutel mit Marihuana aus einer Wohnung in einen PKW zu bringen (BGH NJW 2007, 2269).

779 Schließlich ist auch die **Höhe des Honorars** nicht so unerheblich, wie dies in der neueren Rechtsprechung (BGHSt 51, 219 (→ Rn. 168); BGH NStZ-RR 2009, 254) pauschal behauptet wird. Dies gilt insbesondere dann, wenn der Kurier damit rechnen muss, erst nach dem Umsatz des Rauschgifts voll bezahlt zu werden.

780 Desgleichen kann ein Interesse des Kuriers am Umsatz in den Fällen bestehen, in denen er sich zu einer **laufenden Kuriertätigkeit** verpflichtet oder sie durchführt, da er dann jeweils aus dem Umsatz bezahlt werden wird (*Weber* JR 2007, 400 (408)).

781 **c) Beförderung von Rauschgifterlösen.** Für die Beförderung von Rauschgifterlösen kommt es zunächst darauf an, ob sie noch dem Handeltreiben zuzuordnen ist (→ Rn. 455–546). Kann dies festgestellt werden, so richtet sich die Abgrenzung von Täterschaft und Teilnahme nach den allgemeinen Kriterien (→ Rn. 634–663; BGH NJW 2008, 1460 (→ Rn. 225)). Anhaltspunkte ergeben sich aus → Rn. 693–780. auch → Rn. 718, 725, 777.

782 **d) Beförderung von Kaufgeld.** Nicht anders als das Einsammeln (→ Rn. 567) kann auch das Befördern von Kaufgeld vollendetes oder versuchtes Handeltreiben sein (→ Rn. 568). Ob hier Täterschaft oder Teilnahme vorliegt, entscheidet sich nach den allgemeinen Kriterien (→ Rn. 634–663). Anhaltspunkte ergeben sich aus → Rn. 693–780.

783 **e) Beförderung von Streckmitteln, Grundstoffen, anderen Stoffen oder Gegenständen.** Bei der rechtlichen Beurteilung der Beförderung von Grundstoffen, Streckmitteln oder anderen Stoffen oder Gegenständen sind die Fragen der Tathandlung (→ Rn. 251, 236–250, 252, auch 305, 306), der Vorbereitung und des Versuchs (→ Rn. 604, 605) sowie der Täterschaft und Teilnahme (→ Rn. 786–790) auf eine besondere Weise miteinander verschränkt:

aa) Streckmittel. Am häufigsten ist in der Praxis die Beförderung von Streckmitteln. Die dabei entstehenden Fragen lassen sich wie folgt zusammenfassen: 784
- der Kurier wird mit dem Streckmittel gestellt (→ Rn. 785–792),
  - Mittäterschaft beim Betäubungsmittelhandel (→ Rn. 786–788)
  - Alleintäterschaft beim Betäubungsmittelhandel (→ Rn. 789),
  - Beihilfe zum Betäubungsmittelhandel (→ Rn. 790, 790),
  - Handeltreiben mit einem Imitat (→ Rn. 791),
  - Verstoß gegen das AMG (→ Rn. 792),
- das Streckmittel wird/ist verarbeitet (→ Rn. 793, 794),
  - Konkretisierung (→ Rn. 794),
    - Mittäterschaft beim Betäubungsmittelhandel (→ Rn. 793),
    - Beihilfe zum Betäubungsmittelhandel (→ Rn. 793).

(a) Der Kurier wird mit dem Streckmittel gestellt. Bei einem Kurier, der 785 Streckmittel mit sich führt, kann jedenfalls dann, wenn es sich um eine große Menge handelt, davon ausgegangen werden, dass er Kontakt zu einer Rauschgifthändlerorganisation oder einem Großdealer hat.

(aa) Mittäterschaft. Dies reicht zur Annahme von Mittäterschaft beim Handeltreiben mit Betäubungsmitteln jedoch nicht aus. Vielmehr kommt eine solche nur in Betracht, wenn auch festgestellt werden kann, dass er mit Täterwillen im Zusammenwirken mit anderen aufgrund eines gemeinsamen Planes seinen Tatbeitrag zum Handeltreiben durch den Transport des Streckmittels erbrachte (→ Rn. 251, 241–244). Ob der Beteiligte in solch enges Verhältnis zum **Rauschgiftgeschäft** hatte, ist nach den gesamten Umständen, die von der Vorstellung der Beteiligten erfasst wurden, in wertender Betrachtung zu beurteilen (→ Rn. 647–662). 786

Nicht ausreichend ist, dass der Kurier im Auftrag der Organisation (ohne in diese eingebunden zu sein) oder des Großdealers (ohne dessen Mittäter zu sein) lediglich den Transport des Streckmittels übernommen hat, ohne sich an dem Handelsgeschäft mit Betäubungsmitteln beteiligen zu wollen (BGHR BtMG § 29 Abs. 1 Nr. 1 Handeltreiben 37 (→ Rn. 236)). 787

Auch wenn festgestellt wird, dass der Kurier in die **Organisation eingebunden** ist, muss seine Tätigkeit auf die Ermöglichung oder Förderung eines **bestimmten Umsatzgeschäfts** mit Rauschgift zumindest in dem Sinne zielen, dass ein konkretes Geschäft (→ Rn. 244) **angebahnt** ist oder **läuft** oder jedenfalls **im Raume steht** (wobei das Geschäft mindestens bis zum Versuch durchgeführt werden muss (→ Rn. 241–243)). Das bloße Wissen des Beteiligten, dass der Stoff im Rahmen des Umsatzes von Betäubungsmitteln verwendet werden soll, reicht nicht aus (→ Rn. 237, 238). Anders als bei den Organisationsdelikten genügt ein Handeln im Interesse der Bande ohne konkreten Bezug zu einer Straftat nicht. 788

(bb) Alleintäterschaft. Der Transporteur von Streckmitteln ist mit dem Rauschgift selbst nicht befasst. Handeltreiben in Form der Alleintäterschaft als eigennützige Förderung fremder Umsatzgeschäfte kommt daher nur in Betracht, wenn der Täter unmittelbar in das Rauschgiftgeschäft eingebunden ist (→ Rn. 248, 251, 302), jedenfalls in der Weise, dass der Transport des Streckmittels ein angebahntes, laufendes oder im Raume stehendes und dann jedenfalls bis zum Versuch durchgeführtes (→ Rn. 241–243) Umsatzgeschäft mit Betäubungsmitteln fördert. Das bloße Wissen, wozu der Stoff dienen sollte, reicht auch hier nicht aus (→ Rn. 237, 238). 789

(cc) Beihilfe zum Handeltreiben mit Betäubungsmitteln. Auch die Bestrafung als Gehilfe setzt voraus, dass dieser weiß, dass er eine bestimmte fremde Tat zumindest im Sinne eines angebahnten, laufenden oder im Raume stehenden (und dann mindestens bis zum Versuch durchgeführten) Umsatzgeschäfts mit Betäubungsmitteln unterstützt (→ Rn. 245–247). Nicht ausreichend ist es, wenn der Be- 790

BtMG § 29 Sechster Abschnitt. Straftaten und Ordnungswidrigkeiten

teiligte das Streckmittel für einen anderen transportiert hat, der beabsichtigte, es seinerseits gewinnbringend an Rauschgifthändler zu veräußern. Mangels Haupttat kommt hier eine vollendete Beihilfe nicht in Betracht. Der **Versuch der Beihilfe** ist aber nicht strafbar.

791 **(dd) Handeltreiben mit einem Imitat.** Durch den eigennützigen Transport eines Streckmittels (Paracetamol), das am Bestimmungsort wegen seiner heroingleichen Reaktion bei einfachen Tests auch **in reiner Form gehandelt** wird und insoweit als Imitat dient, kann der Täter sich wegen Handeltreibens mit einem Betäubungsmittelimitat (§ 29 Abs. 6) strafbar machen (BGHR BtMG § 29 Abs. 1 Nr. 1 Handeltreiben 37 (→ Rn. 236)). Zu der Frage, ob und unter welchen Voraussetzungen Absatz 6 auch anwendbar ist, wenn die am Handel Beteiligten wissen, dass sich das Geschäft auf ein Imitat bezieht, das gegenüber den Endabnehmern als ein Betäubungsmittel ausgegeben werden soll → Rn. 2192, 2192.

792 **(ee) Verstoß gegen das AMG.** Auf → § 1 Rn. 237–239 wird verwiesen.

793 **(b) Das Streckmittel wird/ist verarbeitet.** Mit der Inbesitznahme des Streckmittels durch den Verarbeiter, spätestens mit dem Beginn des Streckens konkretisiert sich der Tatbeitrag des Kuriers auf ein bestimmtes Umsatzgeschäft mit Betäubungsmitteln (→ Rn. 494). Wird er erst nach diesem Zeitpunkt oder gar erst nach dem Verkauf der Betäubungsmittel ermittelt, so kommt (mit-)täterschaftliches Handeltreiben oder Beihilfe in Betracht. Welche der beiden Beteiligungsformen vorliegt, richtet sich nach den allgemeinen Kriterien (→ Rn. 691–780).

794 Dabei reicht es zur **Konkretisierung der (Haupt-)Tat** aus, dass die gestreckten Betäubungsmittel bestimmungsgemäß veräußert worden sind. Zu den Einzelheiten → Rn. 244, 247).

795 **bb) Grundstoffe, andere Stoffe und Gegenstände.** Die für Streckmittel maßgeblichen Grundsätze (→ Rn. 784–794) gelten auch für den Transport von Grundstoffen und anderen Stoffen und Gegenständen. Bei Grundstoffen besteht die Besonderheit, dass der Kurier, der nur allgemein weiß, dass der von ihm transportierte Stoff zur illegalen Herstellung von Drogen dient, sich nach § 19 GÜG strafbar macht (→ Rn. 237).

796 **f) Leitung und Überwachung des Kuriers, Organisation.** Die Grundsätze, die bei einem Kurier zur Mittäterschaft führen, gelten erst recht für denjenigen, der dem Kurier übergeordnet ist, diesen anleitet und überwacht (BGHR BtMG § 29 Abs. 1 Nr. 1 Handeltreiben 54 (→ Rn. 170)). Organisiert der Beteiligte einen Rauschgifttransport von Südamerika nach Deutschland, kommt täterschaftliches Handeltreiben in Betracht (BGH NStZ 2010, 222 (→ Rn. 225)). Dasselbe gilt, wenn der Beteiligte die beim Transport eingesetzten Kuriere telefonisch anleitet und überwacht (BGH NJW 2011, 2529).

797 **g) Andere Handlungen im Zusammenhang mit einer Kuriertätigkeit, Werbung.** Die mit der Anwerbung und Betreuung eines Kuriers in Zusammenhang stehenden Handlungen können zur Mittäterschaft führen (→ Rn. 713; aber → Rn. 798, 799). Etwas anderes kann in Betracht kommen, wenn der Beteiligte die eigentliche Kontaktperson, zumal auch (?) aus Freundschaft, **lediglich begleitet** und **eng umgrenzte Aufträge** erfüllt (BGH NStZ 2005, 228), ebenso wenn der Beteiligte (gegen ein Entgelt von 2.000 EUR) über einen Hintermann **lediglich den Kontakt** zwischen dem Kurier und dem Empfänger in Deutschland herstellt (BGH StV 2008, 20) oder wenn er in Berlin den Kurier vom Terminal zum Pkw begleiten soll, dann aber nach einer Fahrt nach München **gemeinsam** mit dem eigentlichen Auftraggeber den **Kurier sucht** und **findet** (BGHR BtMG § 29 Abs. 1 Nr. 1 Handeltreiben 58 = BeckRS 2002, 9485).

798 Die Folge einer pauschalierenden Beihilferechtsprechung ist es dagegen, wenn die **mehrfache selbständige Werbung** einer Kurierin, die von der Werberin

dann auch noch begleitet (= überwacht) wird, lediglich als Anstiftung (zu Beihilfe und damit (konsequent) als Beihilfe zur Haupttat) angesehen wird (BGH NStZ 2009, 392 (→ Rn. 737)); kommt die Kurierfahrt dann nicht zustande, so soll mangels Förderung der Haupttat auch die erfolgreiche Werbung keine vollendete Beihilfe sein (BGH NStZ 2009, 392; dazu im Einzelnen → Rn. 740, 741). Dasselbe gilt, wenn nur noch schlicht festgestellt wird, die „inzwischen gefestigte Rechtsprechung" zu den Rauschgiftkurieren gelte „entsprechend"für denjenigen, der **den eigentlichen Kurier anwirbt** (BGH NStZ 2015, 225).

Noch mehr unterbewertet wird die **Werbung von Kurieren,** wenn dies gegenüber der untergeordneten Tätigkeit der Kuriere „erst recht" für das Anwerben der Kuriere gelten soll (BGH 3 StR 53/11; ebenso BGH NStZ 2012, 40; dagegen mit Recht auch *Oğlakcıoğlu* BtMStrafR AT S. 595). Schon angesichts des Vertrauens, das der Hintermann in seinen Werber setzen muss, fehlt es für einen solchen Erst-Recht-Schluss an der notwendigen Grundlage (s. aber *Schmidt* NJW 2012, 3072). Das Vorliegen einer **Bewertungseinheit wird verkannt,** wenn es in BGH 3 StR 53/11 (ebenso in BGH NStZ 2012, 40) heißt, mit den Umsatzgeschäften des Haupttäters sei die Werberin „nicht in Berührung gekommen"; sie war nicht nur damit in Berührung gekommen, sondern sie hatte einen Teilakt dieses Umsatzgeschäfts selbst verwirklicht. 799

Beihilfe liegt regelmäßig vor, wenn der Beteiligte Schließfach- oder **Autoschlüssel, Botschaften** oder **Informationen** überbringt, ohne am eigentlichen Geschäft beteiligt zu sein. 800

h) Zusagen der Kuriertätigkeit. Für Zusagen, die im Rahmen der Kuriertätigkeit gemacht werden, wird auf → Rn. 554–559 verwiesen. Ob (Mit-)Täterschaft oder Teilnahme vorliegt, richtet sich nach der Beteiligungsform, die für die Kuriertätigkeit selbst gelten würde (BGH StV 1985, 14; aber → Rn. 556, 557). 801

i) Botentätigkeit. Die für Kuriere maßgeblichen Grundsätze gelten entsprechend für die Botentätigkeit (BGHR BtMG § 29 Abs. 1 Nr. 1 Handeltreiben 57 (→ Rn. 255)). Es ist daher verfehlt, wenn beim **Einschmuggeln von Rauschgift** in eine Justizvollzugsanstalt (mit-)täterschaftliches Handeltreiben allein deswegen verneint wird, weil sich die Tätigkeit auf den Transport beschränke (so aber BGH NStZ-RR 2008, 319). Wenn dann auch noch die Beihilfe zum Handeltreiben verneint wird, weil jegliche Anhaltspunkte zum **Vorstellungsbild** des „Gehilfen" von der Haupttat fehlten (BGH NStZ-RR 2008, 319), so werden die Grundsätze der **Bewertungseinheit** (→ Rn. 171, 172) übersehen (s. demgegenüber BGH NJW 2007, 2269 (→ Rn. 712)). Der Bote verwirklicht einen Teilakt des Handeltreibens selbst und muss daher kein „Vorstellungsbild" von den anderen Teilakten haben (→ Rn. 743, 828). 802

j) Transporte. Die von der neueren Rechtsprechung zu den Kurierfahrten entwickelten Grundsätze wendet diese auch auf Transporte im großen Stil an, etwa für LKW-Transporte im Tonnenbereich (→ Rn. 727). Dies ist im Grundsatz konsequent. Es darf dabei aber nicht übersehen werden, dass der Transport einer solch großen Menge sich noch weniger als eine untergeordnete Tätigkeit begreifen lässt als die Beförderung im Rahmen der üblichen Kuriertätigkeit. Hinzu kommt die deutlich höhere Verantwortung für die Ladung. Wenn der LKW-Fahrer das Rauschgift zuvor auch noch in Holzkisten verpackt hat, kann die Annahme von Beihilfe noch weniger überzeugen. 803

8. Beschaffen, Lagern, Liefern von Streckmitteln, Grundstoffen und anderen Stoffen oder Gegenständen. Für das Beschaffen, Lagern oder Liefern von Streckmitteln, Grundstoffen oder anderen Stoffen oder Gegenständen, wie Laborgeräten oder Schmuggelfahrzeugen gelten die Ausführungen über die Beförderung (→ Rn. 783–795) entsprechend. 804

BtMG § 29 Sechster Abschnitt. Straftaten und Ordnungswidrigkeiten

805 Lassen sich Feststellungen zu dem Umfang einer Gewinnbeteiligung des Beteiligten **nicht** treffen, so rechtfertigt die **Bestellung** frei erhältlicher Chemikalien, die **Lieferung** von Laborgeräten und die **Besichtigung** eines Hauses für ein Labor die Annahme von Mittäterschaft noch nicht (BGHR BtMG § 29 Abs. 1 Nr. 1 Handeltreiben 21 (StR 103/90); 39 (→ Rn. 137)). Etwas anderes gilt, wenn der Beteiligte an der Herstellung des Rauschgifts oder an der geplanten Veräußerung der Drogen beteiligt ist oder sonst in der Lage ist, wesentliche Aspekte des **Tatgeschehens zu steuern** oder darauf einzuwirken (BGHR BtMG § 29 Abs. 1 Nr. 1 Handeltreiben 39 (→ Rn. 137)). Daran fehlt es, wenn erst die Lieferung von Chemikalien **durch andere** die Drogenproduktion endgültig ermöglicht (BGHR BtMG § 29 Abs. 1 Nr. 1 Handeltreiben 39 (→ Rn. 137)).

806 **9. Chauffeur- oder sonstige Fahrdienste; Beifahrer.** Bei der Leistung von Chauffeur- und sonstigen Fahrdiensten ist es nicht selbstverständlich, dass der Beteiligte auch den Umsatz von Rauschgift fördern will. Der konkrete Tatbeitrag hierzu muss daher genau ermittelt werden. Führt der Beteiligte in Gegenwart des Rauschgift- und Fahrzeugbesitzers über eine kurze Strecke das Fahrzeug, um seiner **Fahrleidenschaft** zu frönen, so ist mangels Förderung der Haupttat auch keine Beihilfe zum Handeltreiben gegeben (→ Rn. 551). Auch wenn der zunächst gutgläubige Beteiligte den Händler von einem Treffen **zurückfährt,** bei dem in seiner Anwesenheit über ein Rauschgiftgeschäft gesprochen worden war, steht damit die Förderung eines Umsatzgeschäfts der Wille dazu noch nicht fest (→ Rn. 552).

807 Beschränkt sich der Beteiligte darauf, den Auftraggeber zu **chauffieren,** etwa bei der Mitnahme eines Rauschgifthändlers **aus Gefälligkeit,** so wird in der Regel Beihilfe gegeben sein (→ Rn. 551), da meist eine ganz untergeordnete Tätigkeit vorliegen wird (BGHR BtMG § 29 Abs. 1 Nr. 1 Handeltreiben 25 (→ Rn. 255)). Beihilfe wird auch nicht dadurch ausgeschlossen, dass der Fahrer ein eigenes Interesse an der Tat hat oder entwickelt, etwa weil er die Erstattung seiner Unkosten erwartet (BGH GA 1981, 133) oder sich eine Entlohnung in Form von Heroin zum Eigenverbrauch oder einen finanziellen Vorteil (BGH *Winkler* NStZ 2002, 191: 1.500 DM; BGH 5 StR 122/04: 100 EUR) verspricht.

808 **Mittäterschaft** kommt dagegen dann in Betracht, wenn der Fahrer an den Verhandlungen beteiligt wird und Einfluss auf sie nimmt oder sogar in den **Kernbereich des Geschäfts** eingeschaltet wird (BGH NStZ 1984, 413 (→ Rn. 534) für den umgekehrten Fall). Nicht ausreichend ist das spätere Eingreifen des Fahrers in die Verkaufsverhandlungen und die Stellung eines Fahrzeugs, ohne dass ein konkreter Gewinn zugesagt wurde (*Joachimski/Haumer* BtMG Rn. 48). Ist der Chauffeur weder beim An- noch beim Verkauf der Betäubungsmittel zugegen und hält ihn der Mitfahrer vom Kernbereich des Geschäfts fern, so kommt lediglich Beihilfe in Betracht (BGH NStZ 1984, 413 (→ Rn. 534)).

809 **Beihilfe** ist dann gegeben, wenn der Beteiligte dem Fahrzeug, in dem sich die Betäubungsmittel befinden, **vorausfährt,** um Hinweise auf Grenzkontrollen geben zu können (→ Rn. 553). Haben die Haupttäter das Rauschgift in Wirklichkeit im Fahrzeug des Gehilfen versteckt, so liegt darin nur eine unerhebliche **Abweichung vom Kausalverlauf,** durch die der Vorsatz des Gehilfen nicht in Frage gestellt wird (BGHR BtMG § 29 Abs. 1 Nr. 1 Handeltreiben 46 (→ Rn. 553)).

810 Ebenso liegt, sofern der Beteiligte sich damit lediglich das **Wohlwollen des Täters** erhalten will, Beihilfe vor, wenn sich die Beteiligung darauf beschränkt, das Rauschgift in das Fahrzeug einzubauen und dieses dem Kurier zu übergeben (BGH NStZ-RR 1997, 86).

811 Die **bloße Begleitung** eines Rauschgifthändlers **als Beifahrer** begründet für sich allein noch keine Beihilfe zum Handeltreiben; der Gehilfe muss einen die Tat objektiv fördernden Beitrag leisten und sich dessen bewusst sein. Nicht ausreichend

ist das **bloße Dabeisein** oder die **bloße einseitige Kenntnisnahme** von dem Rauschgiftgeschäft und gegebenenfalls dessen **Billigung** ohne einen solchen Tatbeitrag (→ Vor § 29 Rn. 327–330). Auf der anderen Seite kann Beihilfe darin liegen, dass der Beteiligte sich in Kenntnis des geplanten Rauschgiftgeschäfts zu der Begleitung des Rauschgifthändlers bereit erklärt und ihn damit in **seinem Tatentschluss gestärkt** und ihm ein **erhöhtes Gefühl der Sicherheit** vermittelt (→ Vor § 29 Rn. 330).

Bei der Bewertung der **Begleitung auf einer Drogenfahrt** ist in die Beweiswürdigung auch einzubeziehen, dass ein Rauschgifthändler nach den Gepflogenheiten des Rauschgifthandels im Hinblick auf das erhöhte Risiko nicht ohne weiteres einen Unbeteiligten auf eine solche Fahrt mitnimmt (BGHR BtMG § 29 Beweiswürdigung 15 (→ Rn. 532); BGH 4 StR 676/95): so muss er damit rechnen, dass unbedachte Handlungen oder Äußerungen des nicht Eingeweihten zur Entdeckung der Tat führen, dass der „Stoff" durch sorglosen Umgang ganz oder teilweise verloren geht oder dass der Nichtbeteiligte ihn gegebenenfalls einseitig belastet. 812

10. Beschaffen durch eine Straftat (Diebstahl). Auch das absatzorientierte Beschaffen durch eine Straftat kann Handeltreiben sein (→ Rn. 524, 525). Erschöpft sich der Tatbeitrag eines Beteiligten in der „Abholung" (Diebstahl) der Betäubungsmittel am vorgegebenen Aufbewahrungsort und deren Transport zum Haupttäter und ist dem Beteiligten die weitere Entwicklung des Umsatzgeschäftes gleichgültig, nachdem er für seine seine Tätigkeit bereits ein Entgelt erhalten hat, so soll nur ein Fall der Beihilfe zum Handeltreiben vorliegen (BGH NJW 2015, 2898 (→ Rn. 14)); aber → Rn. 715. Zur Vollendung beim Haupttäter → Rn. 616. 813

11. Wohnungsinhaber. Dazu → Rn. 560–563. 814

12. Neutrale oder berufstypische Handlungen. Zur Beihilfe durch neutrale oder berufstypische Handlungen → Vor § 29 Rn. 317–321. 815

13. Cannabiszuchtanlage (Plantage), Erfahrungssätze. Zum Anbauen als Handeltreiben → Rn. 489. Wirkt der Beteiligte in der Weise am Betrieb einer Cannabiszuchtanlage (Plantage) mit, dass er die (wertvolleren) Cannabisblüten einpackt, die Anlage während der für die Verwertung der Pflanzen entscheidenden Erntezeit bewacht und kontrolliert und eine Vertrauen der Hinterleute voraussetzende Nachricht hinsichtlich der Abwicklung der Anlage anbringt (Verkaufsofferte hinsichtlich des Tatobjekts), so kommt **Mittäterschaft** in Betracht (BGH NStZ-RR 2010, 51). Dasselbe gilt, wenn der Beteiligte zur Errichtung der Anlage ein **Darlehen** (40.000 EUR) gewährt und innerhalb der Bandenstruktur für den Verkauf zuständig ist (BGH NJW 2011, 1529). 816

Ein gewichtiger Tatbeitrag, der **Mittäterschaft** nahelegt, ist gegeben, wenn der Beteiligte zum Anbau von Cannabis **eine Halle vermietet** (500 EUR monatlich), beim Umbau hilft und die Pflanzen täglich versorgt (BGH NStZ 2006, 578). Auch bei der bloßen **Vermietung von zwei Zimmern** zur Einrichtung einer Cannabisplantage gegen eine monatliche Miete von 1.000 EUR und einen zusätzlichen Betrag je nach Ernteerträgen ist Mittäterschaft gegeben (s. BGH NStZ 2012, 43). Mittäterschaft liegt auch vor, wenn der Beteiligte noch vor Inbetriebnahme der Plantage gegen eine Beteiligung am Verkaufserlös ausdrücklich sein Einverständnis mit dem Cannabis-Anbau in seiner Halle erklärt (BGH 2 StR 591/15). 817

Dagegen soll lediglich **Beihilfe** vorliegen, wenn der Beteiligte an der Bewachung der Plantage und der Ernte durch Verwahrung der Schlüssel der Pflanzräume, Verbarrikadierung des Hausflures und der Kontrolle der Anbauräume und der darin gezüchteten Pflanzen mitwirkt (BGH NStZ-RR 2010, 51). Ebenso soll **Beihilfe** in Betracht kommen, wenn der Beteiligte bei dem Vertrieb der Pflanzen aufgezogen hatte, jeden sonstigen Einfluss auf das eigentliche Umsatzgeschäft war, über die Größe der Anpflanzung nicht mitbestimmen konnte, in den geplanten Absatz nicht eingebun- 818

BtMG § 29   Sechster Abschnitt. Straftaten und Ordnungswidrigkeiten

den war und nur eine pauschale Entlohnung erhalten sollte (BGH NStZ-RR 2011, 58).

819   Es gibt keinen **Erfahrungssatz,** dass in einer größeren Cannabiszuchtanlage stets eine Überwachung des Verantwortlichen stattfindet (BGH NStZ-RR 2010, 51). **Erfahrungssätze** sind auf Grund allgemeiner Lebenserfahrung oder wissenschaftlicher Erkenntnisse gewonnene Regeln, die keine Ausnahme zulassen und eine an Sicherheit grenzende Wahrscheinlichkeit zum Inhalt haben (*Schmitt* in Meyer-Goßner/Schmitt StPO § 337 Rn. 31 mwN). Dies ist hier nicht gegeben.

820   **IV. Folgen der Mittäterschaft.** Zu den Folgen der Mittäterschaft → Vor § 29 Rn. 271 und, sofern durch die Zurechnung der Gesamtmenge eine nicht geringe Menge erreicht wird, → § 29a Rn. 174.

821   **V. Folgen der Teilnahme; Besonderheiten.** Namentlich die neue Rechtsprechung des BGH zu den Kurierfällen hat den Blick auf die Folgen der Teilnahme gelenkt:

822   **1. Anstiftung.** Bei der Anstiftung stellt sich vor allem die Frage des **Vollendungsvorsatzes.** Der Vorsatz des Anstifters muss auf die Vollendung der Haupttat gerichtet sein. Dabei reicht es nicht, wenn er sich nur auf die formale Vollendung bezieht; vielmehr muss er sich auch auf den Eintritt des materiellen Vollendungs-Erfolgs erstrecken (→ Vor § 29 Rn. 293). Fehlt es dem Anstifter an einem solchen Vorsatz, übergibt er aber gleichwohl eine Probe Heroin, so kommt insoweit eine **Abgabe** in Betracht (BGHR BtMG § 29 Abs. 1 Nr. 1 Handeltreiben 69 (→ Rn. 273)).

823   **2. Beihilfe.** Zur Beihilfe → Rn. 734–746. Zum Vollendungsvorsatz des Gehilfen gelten die Ausführungen zum Vollendungsvorsatz des Anstifters (→ Rn. 822) entsprechend.

824   **F. Handeln im Ausland.** Unerlaubtes Handeltreiben ist stets ein unbefugter Vertrieb von Betäubungsmitteln nach § 6 Nr. 5 StGB, so dass das deutsche Strafrecht auch für Taten gilt, die nicht in Deutschland begangen wurden (→ Vor § 29 Rn. 119–134). Der (inländische) Tatort (§ 9 StGB) kann allerdings für den Gerichtsstand Bedeutung erlangen. Soweit die Vollendung des Handeltreibens den **Zugang des Angebots** voraussetzt (zB → Rn. 394), ist bei einer **Übermittlung** durch Telefon (OLG Karlsruhe NStZ-RR 1998, 314 = StV 1998, 603), Brief, Fax, SMS oder E-Mail stets auch ein inländischer Handlungsort gegeben. Für **Internetdelikte** → Vor § 29 Rn. 106–109.

825   Hat bei **mittelbarer Täterschaft** der Täter oder das Werkzeug auch im Inland gehandelt, so liegt eine Inlandstat vor (→ Vor § 29 Rn. 88). Dasselbe gilt, wenn bei **Mittäterschaft** ein Tatbeitrag im Inland geleistet wurde (→ Vor § 29 Rn. 87). In diesen Fällen kommt es auf die Voraussetzungen des § 6 Nr. 5 StGB nicht an. Ebenso liegt nach § 9 Abs. 2 S. 1 StGB auch für den **Teilnehmer** eine Inlandstat vor, wenn dieser zwar ausschließlich im Ausland tätig war, die Haupttat jedoch im Inland begangen wurde (BGH MDR 1986, 508). Dasselbe gilt, wenn der Teilnehmer an einer ausländischen Tat im Inland tätig geworden ist (§ 9 Abs. 2 S. 2 StGB; BGH NJW 2002, 452).

826   **Hat der Täter** für den Staat, in dem er (ausschließlich) gehandelt hat, **eine Erlaubnis,** so handelt er nicht unbefugt (→ Rn. 27, 28). Reicht das Handeln des Täters aber über die deutsche Grenze, zB bei einer Einfuhr oder wenn er auch im Inland tätig wird (→ Rn. 825), so bedarf er einer Erlaubnis nach § 3 (→ Rn. 29). Dasselbe gilt bei **mittelbarer** Täterschaft oder **Mittäterschaft** (→ Rn. 29). Ist der Beteiligte im Inland, etwa als Zulieferer des Inhabers einer ausländischen Erlaubnis, lediglich als **Gehilfe** anzusehen, so ist keine Strafbarkeit gegeben (→ Rn. 30). Zum Vermittler → § 3 Rn. 34.

Kap. 1. Tatbestände des Abs. 1 S. 1 Nr. 1 **§ 29 BtMG**

G. Subjektiver Tatbestand. Strafbarkeit nach Absatz 1 Satz 1 Nr. 1 verlangt 827
Vorsatz (→ Rn. 828–830). Bedingter Vorsatz (→ Vor § 29 Rn. 415–420) genügt
(BGH BeckRS 2017, 134284). Kann **der Nachweis** vorsätzlichen Handelns **nicht
geführt** werden, so hat das Gericht im Rahmen seiner Pflicht zur erschöpfenden
Aburteilung (→ Rn. 107) die fahrlässige Begehung (Absatz 4; → Rn. 841) zu
prüfen.

I. Vorsatz. Der Vorsatz (→ Vor § 29 Rn. 389–425) muss sich auf die eigennüt- 828
zige Förderung des Umsatzes von Betäubungsmitteln (→ Rn. 4–6; 10) beziehen;
diese müssen allerdings nicht vorhanden oder zur Stelle sein (→ Rn. 219, 280, 362,
372). Ebenso wenig muss der Täter, der einen Teilakt des Handeltreibens (Bewertungseinheit) verwirklicht, eine Vorstellung von dem Umsatzgeschäft haben
(→ Rn. 582, 583). Entsprechendes gilt beim Umgang mit Grundstoffen, Streckmitteln und anderen Stoffen oder Gegenständen (→ Rn. 244, 247). Bei der Förderung
der Zahlung des Kaufpreises an den Drogenlieferanten muss sich der Vorsatz nur
hierauf beziehen (→ Rn. 470, 471).

Am Vorsatz fehlt es, wenn jemand **ohne sein Zutun** in ein Rauschgiftgeschäft 829
verwickelt wird und entweder deutlich macht, dass er den Umsatz der Betäubungsmittel nicht fördern will (BGH StV 1981, 72), oder sich ernsthaft bemüht, die Polizei zu verständigen, dies aber wegen Sprachschwierigkeiten nicht kann (BGH StV
1981, 549).

Im **Rahmen der Schuld** (anders bei der Strafzumessung) muss sich der Vorsatz 830
weder auf die **Art** des Betäubungsmittels (→ Rn. 41) noch auf seine **Menge** oder
Wirkstoffmenge (wenn nicht eine Qualifikation in Rede steht) erstrecken. Es genügt wenn der Täter, auch auf Grund einer Pararallelwertung in der Laiensphäre,
erkennt, **dass** es sich um **Rauschgift handelt** (BGH BeckRS 2016, 21431). Zur
Behandlung fehlender oder unklarer **Feststellungen** und zur etwaigen **Auswirkung** auf den Schuldspruch → Rn. 109.

II. Irrtumsfälle. Die besondere Struktur des Tatbestands führt dazu, dass beim 831
Handeltreiben in den Fällen des Irrtums die allgemeinen Regeln nur zum Teil anwendbar sind:

1. Geltung der allgemeinen Regeln. Keine Unterschiede zu den anderen Ver- 832
kehrsformen gelten für den Tatbestandsirrtum (→ Vor § 29 Rn. 429–438), für den
Verbotsirrtum (→ Vor § 29 Rn. 441–451) und für den Irrtum über Umstände, die
nicht zum Tatbestand gehören (→ Vor § 29 Rn. 462–464).

Nicht anders als bei den anderen Verkehrsformen ist daher beim Handeltreiben 833
ein **Tatbestandsirrtum** gegeben, wenn der Täter die tatsächliche Beschaffenheit
der Substanz nicht kennt und deswegen nicht erkennt, dass er mit einem Betäubungsmittel Handel treibt (→ Rn. 36), oder wenn ihm der unzulässige Verwendungszweck des Stoffs (→ § 1 Rn. 158–161, 168–183, 185–190) unbekannt ist
(→ Rn. 36). Hier wie dort ist dann die fahrlässige Begehung (→ Rn. 841) zu prüfen.

Nicht anders als bei den anderen Verkehrsformen kommt beim Handeltreiben 834
ein **Subsumtionsirrtum** mit der Folge eines Verbotsirrtums in Betracht, wenn
der Täter irrtümlich annimmt, der Stoff, mit dem er Handel treibt, sei noch nicht
in die Anlagen zum BtMG aufgenommen (→ Rn. 38) oder das BtMG gelte nicht
für junge Cannabispflanzen ohne THC-Gehalt (→ Rn. 39). Ein **Verbotsirrtum**
ist auch dann gegeben, wenn der Täter meint, das BVerfG habe das Handeltreiben
mit Cannabis erlaubt (→ Rn. 40).

Kein Unterschied zu den anderen Verkehrsformen besteht auch in den Fällen, in 835
denen der Täter beim Handeltreiben über die **Art des Betäubungsmittels** irrt,
etwa wenn er das von ihm zum gewinnbringenden Verkauf erworbene Amfetamin
für Heroin hält. Auch dann liegt kein Subsumtionsirrtum vor, sondern ein für die

Schuldfrage (anders für die Strafzumessung) unbeachtlicher Irrtum über einen Umstand, der nicht zum Tatbestand gehört (→ Rn. 830).

836 **2. Keine Geltung der allgemeinen Regeln in den Fällen des umgekehrten Irrtums.** Besonderheiten gelten dagegen für **den umgekehrten Irrtum** über tatsächliche Umstände (→ Rn. 833) und für **das Wahndelikt** (→ Rn. 838, 839).

837 **Beim umgekehrten Tatbestandsirrtum** liegt anders als bei den anderen Verkehrsformen kein (untauglicher) Versuch, sondern vollendetes Handeltreiben vor, wenn etwa der Täter die Beschaffenheit der Substanz nicht kennt und deswegen annimmt, er handele mit einem Betäubungsmittel (→ Rn. 220–224, 281–283, 362, 372, 619–622), zB wenn er das veräußerte **Kochsalz für Cocain** gehalten hat (BGHSt 6, 246 (→ Rn. 170)). Weitere Fälle dieser Art betreffen etwa Novocain statt Cocain (BGH StV 1982, 347), Paracetamol/Coffein statt Heroin (BGHR BtMG § 29 Abs. 1 Nr. 1 Handeltreiben 30 (→ Rn. 223)), Vitamintabletten statt Ecstasy (BGH StV 1997, 638), Henna statt Haschisch oder Cocain-Imitat statt Cocain (BGH NJW 1999, 2683 (→ Rn. 219)). Nicht anders ist dies, wenn der Kurier sich im Koffer vergreift (aA *Patzak* in Körner/Patzak/Volkmer § 29 Teil 4 Rn. 180/181).

838 **Beim umgekehrten Verbotsirrtum** (Wahndelikt) ist dagegen zu unterscheiden: irrt der Täter über die Existenz einer Strafnorm, hält er etwa das Handeltreiben mit einem Streckmittel generell für strafbar, so gilt für das Handeltreiben nichts anderes als für die anderen Verkehrsformen; es liegt ein **strafloses Wahndelikt** vor (→ Vor § 29 Rn. 453). Dasselbe gilt, wenn der Täter (trotz zutreffender Kenntnis der tatsächlichen Umstände) eine bestehende Rechtfertigungsnorm nicht kennt oder die Grenzen dieses Rechtfertigungsgrunds verkennt (→ Vor § 29 Rn. 456) oder wenn er aufgrund falscher Auslegung des Begriffs des Handeltreibens den Anwendungsbereich des strafrechtlichen Verbots irrtümlich ausdehnt, etwa wenn er meint, auch ein uneigennütziges Handeln erfülle den Tatbestand (→ Vor § 29 Rn. 458, 460). Unberührt bleibt die Strafbarkeit wegen Veräußerung (→ Rn. 1072).

839 **Anders ist dies** dagegen, wenn der Täter irrtümlich annimmt, die Substanz, mit der er Handel treibt und deren chemische Beschaffenheit er kennt, **falle unter das BtMG** und sei damit ein Betäubungsmittel. In diesem Falle liegt wiederum **vollendetes Handeltreiben** vor (→ Rn. 837). Dasselbe gilt, wenn der Täter falsche Vorstellungen von den tatsächlichen Voraussetzungen des Handeltreibens hat, auch wenn die irrtümlichen Vorstellungen auf unzutreffenden Rechtsvorstellungen beruhen (→ Vor § 29 Rn. 459).

840 **3. Irrtümer im Zusammenhang mit der Erlaubnis.** Die Erlaubnis ist Tatbestandsmerkmal und kein Rechtfertigungsgrund. Zu den Irrtümern im Zusammenhang mit ihr → Rn. 35–44. Dort auch zu den Besonderheiten beim Handeltreiben.

841 **III. Fahrlässigkeit (Absatz 4).** Nach Absatz 4 ist auch die **fahrlässige Begehung** (→ Rn. 2076–2097) strafbar. Zu den **Besonderheiten** beim fahrlässigen Handeltreiben → Rn. 2080, 2082. Die Fahrlässigkeit kann sich auch auf die missbräuchliche Verwendung als Betäubungsmittel (→ § 1 Rn. 158–161) oder darauf beziehen, dass ein Missbrauch zu Rauschzwecken vorgesehen ist (→ § 1 Rn. 166, 168–183, 185–190). Zum **Zusammentreffen** von Vorsatz und Fahrlässigkeit bei verschiedenen **Teilmengen** → Rn. 2096.

842 **H. Konkurrenzen.** Zu den Konkurrenzen s. zunächst die zusammenfassende Darstellung in → Vor § 29 Rn. 551–587, 671–724. Zur Bewertungseinheit → Vor § 29 Rn. 588–670).

843 **Das Handeltreiben** kann mit verschiedenen Delikten des Betäubungsmittelstrafrechts und des allgemeinen Strafrechts zusammentreffen:

Kap. 1. Tatbestände des Abs. 1 S. 1 Nr. 1 § 29 BtMG

I. Betäubungsmittelstraftaten. Das Verhältnis des Handeltreibens zu den anderen betäubungsmittelrechtlichen Tatbeständen wird vor allem von der Bewertungseinheit (→ Rn. 171, 842 geprägt. Daneben bestehen aber auch die anderen konkurrenzrechtlichen Verhältnisse. 844

1. Bewertungseinheit. Im Vordergrund steht die Bewertungseinheit: 845

a) Grundsatz. Danach werden alle Teilakte vom Erwerb (→ Vor § 29 Rn. 590) bis zum Absatz, die sich **auf denselben Güterumsatz** beziehen, durch den gesetzlichen Tatbestand des Handeltreibens zu einer Bewertungseinheit verbunden. Die einzelnen Akte sind dabei keine mehrfache Verwirklichung des Tatbestandes, sondern stets nur als eine Tat (des Handeltreibens) anzusehen. Unerheblich ist, ob der Täter sie von vornherein vorgesehen hatte oder sich erst später dazu entschlossen hat. 846

b) Zu den einzelnen Tatbeständen. Das Handeltreiben bildet danach eine Bewertungseinheit mit anderen Teilakten des **Handeltreibens**, die sich auf denelben Güterumsatz beziehen (→ Rn. 846), mit dem **Anbauen** (BGHSt 25, 290 (→ Rn. 182), **Herstellen** (BGHR BtMG § 29 Abs. 1 Nr. 1 Handeltreiben 40 (→ Rn. 139); BGH NStZ 1993, 391 (→ Rn. 134), **Einführen** unterhalb der nicht geringen Menge (→ Rn. 1011, 1011), **Ausführen** (BGH NStZ 1988, 496), **Durchführen** (BGHSt 31, 374 (→ Rn. 486)) und **Besitzen** (→ Rn. 860); dagegen besteht mit dem gleichzeitigen Besitz einer vom Handeltreiben **nicht** betroffenen Menge (etwa Eigenbedarf) **Tateinheit;** insoweit gilt dasselbe wie für den **Erwerb** (→ Rn. 851). Zum **Veräußern** → Rn. 1103. 847

c) Reichweite. Die einzelnen Begehungsweisen können in der Bewertungseinheit des Handeltreibens nur in dem Umfang aufgehen, in dem sich die Verwirklichung der Tatbestände deckt. 848

2. Tateinheit. Nicht selten kommt beim Handeltreiben Tateinheit in Betracht. 849

a) Handeltreiben und Eigenverbrauch. Hat der Täter die Betäubungsmittel zum späteren Weiterverkauf erworben, so erfüllt dies hinsichtlich der erworbenen Gesamtmenge den Tatbestand des Handeltreibens, auch wenn er **nachträglich** einen Teil zum **Eigenverbrauch** abzweigt (BGHR BtMG § 29 Abs. 1 Nr. 1 Konkurrenzen 5 = StV 2002, 255; 10 = StV 2010, 131). 850

Sind die Betäubungsmittel dagegen **von vornherein** zum Teil zum **Eigenverbrauch** und zum Teil **zum Verkauf** bestimmt, so geht lediglich der Erwerb der zum Verkauf bestimmten Menge im Handeltreiben auf, während es bei der Eigenbedarfsmenge bei dem strafbaren Erwerb verbleibt. Zwischen dem Erwerb und dem Handeltreiben besteht **Tateinheit** (BGHR BtMG § 29 Abs. 1 Nr. 1 Konkurrenzen 5 (→ Rn. 850); 10 (→ Rn. 850); Nr. 3 Konkurrenzen 3 (1 StR 466/88); BGH NStZ 2003, 90 = StV 2003, 279; 2 StR 411/07). Das Gericht darf daher **nicht offen lassen,** welcher Anteil für den Weiterverkauf bestimmt war; es muss dies feststellen und notfalls unter Beachtung des **Zweifelssatzes** schätzen (→ § 29a Rn. 212; BGHR BtMG § 29 Abs. 1 Nr. 1 Konkurrenzen 7 (3 StR 212/08); BGH NStZ-RR 2008, 153 = StV 2008, 581; zur **Anwendung des Zweifelsatzes** → Rn. 732, 733. Bei der **Strafzumessung** ist zu berücksichtigen, dass die Verwirklichung mehrerer Tatbestände hier nicht strafschärfend gewertet werden darf (→ Vor § 29 Rn. 1082; BGH StV 1991, 105; OLG Koblenz StV 2008, 474). Zu den Fällen einer nicht geringen Menge → § 29a Rn. 204–214. 851

Diese Grundsätze gelten auch für den **Besitz** einer Eigenverbrauchsmenge und einer Handelsmenge (BGH NStZ-RR 2018, 19). Zum Zusammentreffen von Besitz und Handeltreiben im Übrigen → Rn. 1401–1404. 852

b) Handeltreiben und Handeltreiben. Zwischen mehreren Vergehen des Handeltreibens besteht Tateinheit, wenn sie in einem Handlungsteil zusammentreffen: 853

854 **aa) Zusammentreffen in Zahlungs- oder Abholvorgängen, Umtausch.** Zur Tateinheit beim Zusammentreffen von Zahlungsvorgängen oder bei einer Verknüpfung von Zahlungs- und Abholvorgängen → Vor § 29 Rn. 684–696. Zum Umtausch → Rn. 423.

855 **bb) Gleichzeitige Aufbewahrung, gleichzeitiger Verkauf, gleichzeitiger Besitz.** Zur gleichzeitigen Aufbewahrung und zum gleichzeitigen Verkauf verschiedener Betäubungsmittelmengen → Vor § 29 Rn. 674, 675; zum gleichzeitigen Besitz verschiedener zum Handeltreiben bestimmter Rauschgiftmengen → Vor § 29 Rn. 697.

856 **cc) Aufgefüllter, nie versiegender Verkaufsvorrat, Silotheorie.** Zum aufgefüllten, „nie versiegenden" Verkaufsvorrat (Silotheorie) → Vor § 29 Rn. 621–628.

857 **3. Zusammentreffen mit Qualifikationen.** Trifft das Handeltreiben mit Qualifikationen der anderen in § 29 Abs. 1 genannten Begehungsweisen zusammen, so ist im Hinblick auf den unterschiedlichen Unrechtsgehalt eine Verbindung zu einer **Bewertungseinheit nicht möglich.** Zwischen der Qualifikation und dem Handeltreiben besteht dann Tateinheit (BGHSt 31, 163 (→ Rn. 482); BGHR BtMG § 29 Abs. 1 Nr. 1 Handeltreiben 12 (→ Rn. 632); Nr. 3 Konkurrenzen 3 (→ Rn. 851)).

858 **4. Beihilfe; Beihilfe und andere Begehungsweisen.** Zur konkurrenzrechtlichen Behandlung der Beihilfe → Vor § 29 Rn. 333–335, 355–362.

859 Soweit es um die Konkurrenzverhältnisse des **Handeltreibens** zu den **anderen Begehungsformen** geht, sind die hierfür maßgeblichen Grundsätze für das täterschaftliche Handeln entwickelt worden (BGHR BtMG § 29 Abs. 1 Nr. 1 Handeltreiben 12 (→ Rn. 632)). Trifft **Beihilfe zum Handeltreiben** mit einer täterschaftlich begangenen anderen Begehungsweise zusammen, so ist daher **Tateinheit** gegeben (→ Rn. 1402).

860 Dies gilt auch für den (täterschaftlichen) **Besitz** (→ Rn. 1402). Auf Grund der neueren Rechtsprechung ist dies die typische Situation bei **Inland-Kurieren** oder bei der **Depothaltung.** Dasselbe gilt für das Zusammentreffen der Beihilfe zum Handeltreiben mit der (täterschaftlichen) **Einfuhr** (→ Rn. 1013).

861 Trifft dagegen **Beihilfe** zum Handeltreiben mit **Beihilfe** zu einer anderen Begehungsweise zusammen, so geht die letztere in der Beihilfe zum Handeltreiben auf (BGHSt 34, 124 (→ Rn. 170)).

862 **5. Verschaffen, Gewähren oder Mitteilen einer Gelegenheit.** Im Verhältnis zum Handeltreiben sind das Verschaffen, Gewähren oder Mitteilen einer Gelegenheit zur Abgabe oder zum Erwerb von Betäubungsmitteln (Nr. 10) Auffangtatbestände. Kann Mittäterschaft oder Beihilfe zum Handeltreiben **nicht bewiesen werden,** so hat das Gericht im Rahmen seiner umfassenden Kognitionspflicht zu prüfen, ob einer dieser Tatbestände gegeben ist (BGHR BtMG § 29 Abs. 1 Nr. 10 Gelegenheit 2 = NStZ 2000, 208). Kein Auffangtatbestand ist § 29 Abs. 1 S. 1 Nr. 11 (→ Rn. 1888).

863 **6. Bereitstellen von Geldmitteln oder anderen Vermögensgegenständen.** Auf → Rn. 1952 wird verwiesen.

864 **II. Allgemeine Straftaten.** Fällt eine Handlung, die sich als (Teil-)Akt des Handeltreibens darstellt, mit der Ausführungshandlung (→ Vor § 29 Rn. 672–681) eines anderen Tatbestandes zusammen, so liegt, wie auch sonst, Tateinheit vor. Tateinheit kann danach mit vorsätzlichen oder fahrlässigen Straftaten gegen Leib oder Leben bestehen (BGH NJW 2015, 2898: versuchter Mord). Dasselbe gilt für die Erpressung, wenn mit ihr die Kaufpreiszahlung für Drogenlieferungen erzwungen werden soll; dann werden auch diese Lieferungen zur Tateinheit verknüpft (BGH

Kap. 1. Tatbestände des Abs. 1 S. 1 Nr. 1 **§ 29 BtMG**

BeckRS 2017, 136213). Bei den fahrlässigen Delikten sind die Fragen der eigenverantwortlichen Selbstgefährdung (→ § 30 Rn. 158, 159, 209–233), der einverständlichen Fremdgefährdung (→ § 30 Rn. 234) und der Einwilligung (→ § 13 Rn. 186–208) von besonderer Bedeutung. Sie führen dazu, dass Strafbarkeit nach §§ 222, 229 StGB nicht häufig in Betracht kommt Zu Tateinheit und Tatmehrheit und zum Strafklageverbrauch bei **Dauerdelikten** → Vor § 29 Rn. 574–586. Zum gleichzeitigen **Transport** von Drogen und Waffen oder Sprengstoff → Vor § 29 Rn. 584–586; dort auch zum Fahren unter Drogeneinfluss oder ohne Fahrerlaubnis.

Das unerlaubte Handeltreiben mit Betäubungsmitteln ist taugliche Vortat zur **Geldwäsche** (§ 261 Abs. 1, 2, 6 StGB); auch kann das Handeltreiben eine Tathandlung des § 261 StGB sein (→ Vor § 29 Rn. 717–720). 865

I. Strafzumessung. Der Vorgang der Strafzumessung richtet sich nach denselben Regeln, die auch für das Anbauen gelten. Zu den Grundsätzen s. daher → Rn. 125. Ein Absehen von der Bestrafung kommt allerdings nicht in Betracht (Absatz 5). 866

I. Strafrahmenwahl. Auf → Rn. 126 wird verwiesen. 867

II. Strafzumessung im engeren Sinne. Auf → Rn. 127 wird Bezug genommen. Zum **Minenfeld** Handeltreiben und Doppelverwertungsverbot → Vor § 29 Rn. 900–929, → § 29a Rn. 258–272. 868

III. Weitere Entscheidungen. Auf → Rn. 128 wird verwiesen. 869

Teil 4. Einführen (Absatz 1 Satz 1 Nr. 1 Alt. 4)

A. Völkerrechtliche Grundlage. Die völkerrechtliche Verpflichtung zur Strafbewehrung der Einfuhr ergibt sich aus Art. 36 Abs. 1a ÜK 1961, Art. 5, 7 Buchst. f, 22 Abs. 1a ÜK 1971, Art. 3 Abs. 1a Ziffer i ÜK 1988. 870

B. Grundtatbestand. Grundlage der Strafvorschrift ist der Erlaubnistatbestand des § 3 Abs. 1 Nr. 1 in Verbindung mit § 2 Abs. 2. Auf die Erläuterungen zu diesen Vorschriften (→ § 2 Rn. 65–97; → § 3 Rn. 38, 39) wird zunächst verwiesen. 871

C. Tathandlung. Unter Strafe gestellt ist das unerlaubte Einführen von Betäubungsmitteln. Die Einfuhr ist ein **Erfolgsdelikt** (*Wettley* in BeckOK BtMG Rn. 152; *Kotz/Oğlakcıoğlu* in MüKoStGB Rn. 635). Der Erfolg ist eingetreten, wenn die Betäubungsmittel über die maßgebliche Grenze gelangt sind. 872

I. Betäubungsmittel sind die in den Anlagen I bis III zum BtMG aufgeführten Stoffe und Zubereitungen. Zu den Einzelheiten sowie zu den Stoffen, die nicht darunter fallen, → Rn. 3–12. Die Vorschrift gilt nach Anlage III dritter Gedankenstrich Buchst. b Satz 2 auch für die Einfuhr von **ausgenommenen Zubereitungen,** mit einer Rückausnahme für Codein und Dihydrocodein und, allerdings nur für die Genehmigung nach § 11, mit einer weiteren Rückausnahme für Barbital (BGHSt 56, 52 (→ Rn. 483)). 873

II. Einführen ist das Verbringen von Betäubungsmitteln (→ Rn. 873) über die maßgebliche Grenze (→ Rn. 875) ins Inland (BGHSt 56, 162 = NJW 2011, 2065 = NStZ 2012, 41 = StV 2011, 541; BGH NStZ 2000, 150 = StV 2000, 620). 874

1. Einzelheiten der Tathandlung. Wegen der Einzelheiten, insbesondere zum Begriff des Verbringens und zur maßgeblichen Grenze (vorgeschobene Zollstellen, Vollendung des europäischen Binnenmarktes, Übereinkommen von Schengen), → § 2 Rn. 72–93. Zur Einfuhr durch **Versendung** → Rn. 984–996. Zur Einfuhr durch **Körperschmuggler** → Rn. 983. 875

2. Abweichung vom vorgestellten Kausalverlauf. Im Unterschied zum Anbauen, Herstellen und Handeltreiben ist die Einfuhr kein (unechtes) Unterneh- 876

Weber 843

mens-, sondern ein **Erfolgsdelikt** (→ Rn. 872). Das Handeln des Täters muss für die Einfuhr daher kausal sein.

877 Kommt es auf dem Transport zu **unvorhergesehenen Zwischenfällen,** so ist nach den im allgemeinen Strafrecht geltenden Grundsätzen zu entscheiden, ob sich die **Abweichung** vom vorgestellten Kausalverlauf auch rechtlich auswirkt (→ Vor § 29 Rn. 405, 406). Danach liegt eine wesentliche Abweichung sowohl für den Auftraggeber als auch für den Kurier vor, wenn das Betäubungsmittel gestohlen und **durch den Dieb** eingeführt wird (BGHSt 38, 32 = NJW 1991, 3161 = NStZ 1991, 537 = StV 1992, 375 = JR 1992 mAnm *Graul*). Dasselbe gilt, wenn das Rauschgift von einem Postbediensteten entdeckt, **unterschlagen** und nach Umadressierung eingeführt wird (*Franke/Wienroeder* Einf. Rn. 33).

878 Eine **wesentliche** Abweichung vom vorgestellten Kausalverlauf liegt auch vor, wenn die Betäubungsmittel bei einer **Zollkontrolle** im **Ausland** entdeckt und auf Grund einer Absprache der ausländischen und der deutschen Zollbehörden im Wege eines **bewachten Weitertransports** nach Deutschland verbracht werden (BGHSt 56, 162 (→ Rn. 874)). Dasselbe gilt für die Übermittlung von im **Ausland** beschlagnahmten Betäubungsmitteln im Wege der **Rechtshilfe** (BGHSt 56, 162 (→ Rn. 874)). Etwas **anderes** gilt dann, wenn die Strafverfolgungsbehörden die Einfuhr lediglich **überwachen** oder wenn die Einfuhr durch einen **V-Mann** der Polizei durchgeführt wird, der das Rauschgift nach der Einfuhr seiner Polizeidienststelle übergibt (BGHSt 56, 162 (→ Rn. 874)).

879 Auf die **Umstände des Einzelfalls** kommt es an, wenn der Kurier **einen Unfall erleidet** und der Transport mit einem anderen Fahrzeug ohne seine Beteiligung fortgesetzt wird (BGH StV 1989, 477). Unterstützt dagegen ein Gehilfe einen Transport durch seine Begleitung, so wird sein Vorsatz dadurch, dass er die Betäubungsmittel **in einem anderen Fahrzeug** wähnt, in aller Regel nicht berührt (BGHR BtMG § 29 Abs. 1 Nr. 1 Handeltreiben 46).

880 Liegt eine **wesentliche Abweichung** vor, so scheidet nicht nur die **Vollendung,** sondern auch der **Versuch** aus, es sei denn, dass die Tat zu dem Zeitpunkt, zu dem sie den abweichenden Verlauf nahm, schon das Versuchsstadium erreicht hatte (→ Vor § 29 Rn. 406). Ein Versuch ist daher gegeben, wenn die Betäubungsmittel im Ausland bei der Post aufgegeben worden sind und dort bei einer **Zollkontrolle** entdeckt werden (→ Rn. 878, 986; BGHSt 56, 162 (→ Rn. 874)).

881 **III. Unerlaubt.** Weiteres Tatbestandsmerkmal der illegalen Einfuhr ist das Fehlen einer Erlaubnis (→ Rn. 26–44). Das Fehlen ergibt sich meist aus den Gesamtumständen und muss daher nicht ausdrücklich festgestellt werden (→ Rn. 31).

882 **D. Vorbereitung, Versuch, Vollendung, Beendigung.** Der Versuch ist strafbar (§ 29 Abs. 2). Es gelten die allgemeinen strafrechtlichen Grundsätze (→ Vor § 29 Rn. 171–206). Bei der Einfuhr als Erfolgsdelikt (→ Rn. 876) ist die Spanne zwischen Versuch und Vollendung und damit der Anwendungsbereich für den Versuch deutlich größer als bei den (unechten) Unternehmensdelikten.

883 **I. Vorbereitung und Versuch.** Vorbereitung und Versuch werden auch bei der Einfuhr nach den Grundsätzen des allgemeinen Strafrechts (→ Vor § 29 Rn. 180–197) abgegrenzt. Danach beginnt der Versuch der Einfuhr, wenn der Täter Handlungen vornimmt, die nach seinem Tatplan im ungestörten Fortgang unmittelbar zur Tatbestandserfüllung führen sollen oder die im unmittelbaren räumlichen und zeitlichen Zusammenhang mit ihr stehen, und damit das geschützte Rechtsgut unmittelbar gefährden (BGH NStZ 2004, 110; 2010, 697 mAnm *Krack;* 2010, 222 (→ Rn. 225)).

884 **Ob dies gegeben ist,** lässt sich bei der Einfuhr von Betäubungsmitteln nicht für alle Fälle einheitlich – etwa nach der räumlichen Entfernung von der Hoheitsgrenze – beurteilen, sondern hängt vom Tatplan und den äußeren Umständen ab

(BGHSt 36, 249 = NJW 1990, 654 = NStZ 1989, 579 = StV 1989, 526). Dementsprechend **vielgestaltig** ist die Rechtsprechung. Gleichwohl lassen sich die folgenden Strukturen erkennen (zum Versuch bei der Einfuhr durch Versendung → Rn. 985–996):

1. Unmittelbarer zeitlicher und räumlicher Zusammenhang. Lediglich 885 eine **Vorbereitungshandlung** in Bezug auf die Einfuhr (anders für Erwerb, Besitz und Handeltreiben) liegt vor, wenn es noch an einem unmittelbaren zeitlichen und räumlichen Zusammenhang mit dem Grenzübertritt und damit an einer konkreten Gefährdung des geschützten Rechtsguts fehlt (→ Vor § 29 Rn. 186, 187). Danach ist noch kein Versuch der Einfuhr gegeben, wenn bei einer Einkaufsfahrt ins Ausland bereits der geplante Erwerb der Betäubungsmittel scheitert. Mit der **Fahrt** und den **Einkaufsbemühungen** hat der Täter noch nicht unmittelbar dazu angesetzt, Betäubungsmittel über die Grenze zu bringen (BGH *Schoreit* NStZ 1987, 60 = StV 1986, 62). Auch der geglückte **Ankauf** ist hinsichtlich der Einfuhr noch kein Versuch (BGHSt 7, 291 = NJW 1955, 958).

Ebenso verbleibt es bei einer **Vorbereitungshandlung,** wenn der Kurier ein 886 **Transitvisum** für Frankreich beantragt (BGHR BtMG § 29 Abs. 1 Nr. 1 Handeltreiben 22 (→ Rn. 241)), das ihm dann nicht erteilt wird. Schließlich ist auch in dem **Verpacken** und **Verladen** der Betäubungsmittel noch kein Versuch der Einfuhr zu sehen. (*Patzak* in Körner/Patzak/Volkmer § 29 Teil 5 Rn. 116; *Kotz/Oğlakcıoğlu* in MüKoStGB Rn. 694). Dasselbe gilt für das **Verschlucken** beim Körperschmuggler (*Kotz/Oğlakcıoğlu* in MüKoStGB Rn. 712).

2. Vorgelagerte Handlungen und Zwischenakte. Ein Versuch der Einfuhr ist 887 auch dann nicht gegeben, wenn dem Grenzübertritt noch Handlungen oder Zwischenakte vorgelagert sind, die in keinem unmittelbaren zeitlichen Zusammenhang mit dem geplanten Einfuhrvorgang stehen (→ Vor § 29 Rn. 184, 185). Danach liegt noch kein Versuch der Einfuhr vor, wenn der Täter vor dem Grenzübertritt erst noch in einem Hotel im Grenzbereich **übernachtet** und dabei von der Polizei gestellt wird (BGH NStZ 1983, 224).

Dasselbe gilt, wenn die Beteiligten noch **auf Personen warten,** die den Trans- 888 port über die Grenze übernehmen, oder wenn die Betäubungsmittel zwar schon von den zur Einfuhr bereiten Personen übernommen sind, die Übernahme aber nicht in unmittelbarer Grenznähe erfolgt (BGH StV 1983, 62). Nichts anderes gilt, wenn erst noch eine günstige Gelegenheit zum Grenzübertritt **ausgespäht** (RGSt 52, 282) oder **abgewartet** wird (*Franke/Wienroeder* Rn. 87) oder wenn noch auf eine günstige Absatzmöglichkeit gewartet wird.

Schließlich ist auch noch kein Versuch der Einfuhr gegeben, wenn erst nach 889 Durchführung **weiterer Zwischenakte** (Beladung und Tarnung des Fahrzeugs, Fahrt zur Grenze) zum Grenzübertritt angesetzt werden kann (BGH NJW 1985, 1035 = StV 1985, 106; 1985, 278 mAnm *Roxin* = JZ 1985, 100). Dasselbe gilt, wenn der Täter Betäubungsmittel in ein Kraftfahrzeug **einbaut,** das **er selbst** über die Grenze bringen will; **anders,** wenn dies durch nicht eingeweihte Personen geschehen soll, es sei denn, dass diese vor der Grenze noch Weisungen abwarten sollen (→ Vor § 29 Rn. 187). Ebenso kommt eine Vorbereitungshandlung in Betracht, wenn ein Körperschmuggler, aber auch ein anderer Flugreisender mit Handgepäck, in einem **ausländischen** Flughafen das Flugzeug zu wechseln und noch eine lange Reise vor sich haben.

3. Versuch bei der Einfuhr durch Bahn-, Flug- und Schiffsreisende. Sol- 890 len die Betäubungsmittel durch einen Bahnreisenden in der Weise eingeführt werden, dass er sie **bei sich** oder **in sich** trägt (zur Aufgabe als Reisegepäck → Rn. 989 und als Frachtgepäck → Rn. 996), so beginnt der Versuch mit dem Besteigen des abfahrbereiten Zuges, der den Transporteur ohne Zwischenaufenthalt nach

Deutschland bringen soll (RGSt 58, 357; *Patzak* in Körner/Patzak/Volkmer § 29 Teil 5 Rn. 119) oder mit dem letzten Haltepunkt der Bahn vor der Grenze (*Rudolphi* in SK-StGB StGB § 22 Rn. 15 a). Der Kauf einer Fahrkarte und der Aufenthalt auf dem Bahnsteig genügen dazu nicht (*Patzak* in Körner/Patzak/Volkmer § 29 Teil 5 Rn. 119).

891 Entsprechendes gilt bei **Flugreisenden,** wenn der Täter das Rauschgift **am** oder **im Körper** oder im **Handgepäck** mit sich führt. Auch hier beginnt der Versuch, wenn der Täter nach dem Passieren etwaiger Kontrollen das abflugbereite und Deutschland direkt ansteuernde Flugzeug besteigt (BGHR BtMG § 29 Abs. 1 Nr. 1 Einfuhr 41 = NStZ 2005, 452 = StV 2005, 272; BGH NStZ 2008, 41; 2010, 222 (→ Rn. 225); *Patzak* in Körner/Patzak/Volkmer § 29 Teil 5 Rn. 134; *Kotz/Oğlakcıoğlu* in MüKoStGB Rn. 708, 709). Zur Aufgabe als Reisegepäck → Rn. 991 und als Frachtgepäck → Rn. 996.

892 Wird der von dem Täter beauftragte Kurier **schon vor seinem Abflug** nach Deutschland entweder direkt am Abreiseort oder nach einer Zwischenlandung verhaftet, **bevor** sein Gepäck in das **nach Deutschland fliegende Flugzeug** geladen wurde und er selbst hätte einsteigen können, so liegt noch kein unmittelbares Ansetzen und damit kein Versuch der Einfuhr vor (BGH NStZ 2008, 41); bei einer nicht geringen Menge kommt die Verabredung eines Verbrechens in Betracht.

893 Die **Fahrt auf Hoher See** ist noch kein Versuch der Einfuhr (*Patzak* in Körner/Patzak/Volkmer § 29 Teil 5 Rn. 132). Im Hinblick darauf ist auch das Besteigen eines Schiffs, das ohne Zwischenlandung einen deutschen Hafen anlaufen soll, noch nicht als Versuch anzusehen. Das Versuchsstadium ist jedoch eingetreten, wenn das Schiff das Küstenmeer (→ Vor § 29 Rn. 74) ansteuert (RGSt 56, 138). Zur Versendung als Reisegepäck oder Frachtgepäck per Schiff im Übrigen → Rn. 992–995.

894 **4. Versuch bei der Einfuhr durch Kraftfahrer.** Bei Kraftfahrern ist, bevor ungestört zum Verbringen der Betäubungsmittel über die Hoheitsgrenze angesetzt werden kann, die Annäherung an die Grenze vorgelagert. Solange das Fahrzeug noch einige Kilometer hiervon entfernt ist, ist der notwendige unmittelbare zeitliche und räumliche Zusammenhang mit der Tatbestandserfüllung nicht gegeben (BGH 1 StR 241/16). Erst **kurz vor der maßgeblichen Grenze** (→ § 2 Rn. 72–93), nicht schon einige Kilometer zuvor, wird zur tatbestandsmäßigen Ausführungshandlung angesetzt (BGHSt 36, 249 (→ Rn. 884); BGH *Schoreit* NStZ 1993, 326 = StV 1993, 308; StV 1996, 548; 2017, 287 = BeckRS 2016, 16158).

895 **Wirft der Täter,** der von der Polizei verfolgt wird, einige Kilometer vor der Grenze die Betäubungsmittel aus dem Fahrzeug, liegt daher noch keine versuchte Einfuhr vor (BGH *Schoreit* NStZ 1993, 326 (→ Rn. 894)). An dem notwendigen Zusammenhang fehlt es erst recht, wenn der Kraftfahrer sich zwar auf die Grenze zu bewegt, bis zu ihr aber noch eine **längere Wegstrecke** zurücklegen muss (BGH NStZ 1983, 462 mAnm *Winkler* = StV 1983, 283; 1983, 511; DRsp Nr. 1994/194).

896 **Der Versuch** der Einfuhr hat dagegen begonnen, wenn der Kraftfahrer vor einem Autobahngrenzübergang die **letzte Ausfahrt** passiert, so dass er unter normalen Umständen nur noch zum Grenzübergang gelangen kann (OLG Düsseldorf NStZ 1994, 548; *Kotz/Oğlakcıoğlu* in MüKoStGB Rn. 690).

897 **5. Versuch bei der Einfuhr durch Radfahrer und Fußgänger.** Dieselben Grundsätze wie bei Kraftfahrern gelten bei Radfahrern und Fußgängern (BGHSt 36, 249 (→ Rn. 884); *Eberth/Müller* BtMR Rn. 56; *Rudolphi* in SK-StGB StGB § 22 Rn. 15 a). Auch bei ihnen ist, bevor nach dem Tatplan ungestört zum Verbrin-

gen der Betäubungsmittel über die Hoheitsgrenze angesetzt werden kann, die Annäherung an die Grenze vorgelagert.

II. Versuch und Vollendung. Bei der Frage der Vollendung der Einfuhr erscheint es zweckmäßig, die Fälle des **inländischen Bestimmungsorts** (auch wenn das Betäubungsmittel nicht endgültig im Inland verbleiben soll (→ § 2 Rn. 70)) von denen **des Transits** zu unterscheiden: 898

1. Inländischer Bestimmungsort („echte Einfuhrfälle"). Bei einem inländischen Bestimmungsort (→ § 2 Rn. 70) ist die Einfuhr vollendet, wenn die Betäubungsmittel die maßgebliche Grenze (→ § 2 Rn. 72–93) überschritten haben (BGHSt 31, 252 = NJW 1983, 1275 = NStZ 1983, 371 = StV 1983, 150 mAnm *Strate/Schwenn* = JR 1984, 80 mAnm *Hübner;* 34, 180 = NJW 1987, 721 = NStZ 1987, 67 = StV 1987, 67; 38, 315 = NJW 1993, 74 = NStZ 1992, 545 = StV 1992, 578 = JuS 1993, 1003 mAnm *Wiegmann*). Dabei ist es gleichgültig, ob sie auf dem Luftweg, dem Seeweg, per Post oder Bahn, in einem Kraftfahrzeug oder im oder am Körper transportiert werden. Ebenso wenig kommt es auf die Verletzung einer Gestellungspflicht an (→ § 2 Rn. 68). 899

Da es **nicht notwendig** ist, dass dem Einführer das Betäubungsmittel beim Transport über die Grenze oder zu einem späteren Zeitpunkt tatsächlich zur Verfügung steht (→ § 2 Rn. 70, 71), ist es für die Vollendung ohne Bedeutung, ob das Betäubungsmittel im Zeitpunkt des Grenzübertritts **bereits entdeckt** war oder von Anfang an unter **polizeilicher** oder zollamtlicher **Kontrolle** stand (BGHR BtMG § 29 Abs. 1 Nr. 1 Einfuhr 20 = StV 1992, 376 mAnm *Zaczyk;* BGH NStZ 1986, 274; aA *Kotz/Oğlakcıoğlu* in MüKoStGB Rn. 697; *Winkler* in Hügel/Junge/Lander/Winkler Rn. 5.2). **Anders,** wenn das Betäubungsmittel bereits **im Ausland** entdeckt worden war (→ Rn. 878, 880). Zur Beendigung → Rn. 920. 900

2. Transit. Hat das Betäubungsmittel einen **ausländischen Bestimmungsort** und soll es durch deutsches Hoheitsgebiet lediglich durchgeführt werden, so ergeben sich aus der notwendigen Abgrenzung zur Durchfuhr **deutliche Besonderheiten.** Nach § 11 Abs. 1 S. 2 setzt die Durchfuhr voraus, dass das Betäubungsmittel dem Durchführenden oder einer dritten Person während des Verbringens **tatsächlich nicht zur Verfügung** steht. Dies gilt auch bei der Durchfuhr in oder aus EU-Mitgliedstaaten (→ § 11 Rn. 19, 24). Die fehlende tatsächliche Verfügungsgewalt ist ein **Tatbestandsmerkmal** (BGHSt 31, 374 (→ Rn. 486); *Franke/Wienroeder* Rn. 79; *Endriß/Malek* BtMStrafR § 12 Rn. 57). 901

Abgesehen von den sonstigen Voraussetzungen (§ 11 Abs. 1) liegt eine **Durchfuhr** danach nur vor, wenn der Betroffene zu **keinem Zeitpunkt** eine tatsächliche **Verfügungsmöglichkeit** über das Betäubungsmittel erlangt hatte (→ § 11 Rn. 14). Andernfalls ist eine (vollendete) **Einfuhr** gegeben (BGHSt 31, 374 (→ Rn. 486); 34, 180 (→ Rn. 899)). Danach hat der Täter mit der **Überschreitung der Grenze** den Tatbestand der Einfuhr erfüllt, wenn er durch einen Komplizen 18 kg Heroin mit dem PKW von Polen durch Deutschland nach Spanien transportieren lässt (BGH NJW 2007, 2056 = NStZ 2007, 533 = StV 2007, 305 = StraFo 2007, 171). Ebenso fehlt es von vornherein an einer Durchfuhr, wenn das Rauschgift in einem nach einem **deutschen Flughafen** aufgegebenen Koffer transportiert wird, auch wenn es danach auf dem Landweg nach Ungarn verbracht werden soll; auf eine etwaige **tatsächliche Zugriffsmöglichkeit** im Inland kommt es dann nicht an (BGH NStZ 2008, 286). 902

Sobald **eine Einfuhr vorliegt,** weil dem Täter das Rauschgift während eines Zwischenaufenthalts zur Verfügung steht, **tritt die Durchfuhr zurück** (BGH NStZ 2010, 522). Auf die Absicht des Täters, es ins Ausland zu verbringen, kommt es dann nicht an (BGH BeckRS 1974, 30382411). 903

BtMG § 29 Sechster Abschnitt. Straftaten und Ordnungswidrigkeiten

904 Ist ein **ausländischer Bestimmungsort** gegeben, so kann der Einfuhrtatbestand **frühestens dann erfüllt sein,** wenn der Täter während des Transportvorgangs die tatsächliche Verfügungsmacht über das Betäubungsmittel erlangt hat. Vor diesem Zeitpunkt kommt eine Vollendung nicht in Betracht (*Franke/Wienroeder* Rn. 79; krit. BGH NStZ 1986, 274 = StV 1986, 156). Die unterschiedliche Behandlung zur reinen Einfuhr, bei der die Vollendung bereits mit dem Grenzübertritt stattfindet, findet ihren Grund in dem verschiedenen Gefährdungsgrad der beiden Handlungsformen (BGHSt 34, 180 (→ Rn. 899)).

905 **Von wesentlicher Bedeutung** ist danach die Frage der **tatsächlichen Verfügungsgewalt.** Sie setzt nicht voraus, dass der Täter oder eine dritte Person das Rauschgift in Händen hat (BGH NStZ 2015, 587 = StV 2015, 634); es genügt, wenn sie an das Betäubungsmittel selbst oder an ein Fracht – oder Gepäckstück, in dem es enthalten ist, ohne Schwierigkeiten herankommen können und sie dies wissen oder wenigstens damit rechnen und dies billigend in Kauf nehmen (BGHSt 31, 374 (→ Rn. 486); BGH NStZ 2015, 587 (s. o.)), sich um der Erreichung anderer Ziele willen damit abfinden oder aus Gleichgültigkeit mit jeder Möglichkeit einverstanden sind (→ Vor § 29 Rn. 415–417). Auf der anderen Seite wird die **Durchfuhr** nicht dadurch ausgeschlossen, dass der Täter, etwa durch Übergabe des Gepäckabrisses, über das Gepäck **rechtlich verfügen** kann; die rechtliche Verfügungsmacht schließt die Durchfuhr nicht aus (BGH 31, 374 (→ Rn. 486); s. § 11 Abs. 1 S. 2).

906 Namentlich für den **Transit im Flugverkehr** ergeben sich danach die folgenden Varianten (für **andere Formen** des Transports gilt dies entsprechend):

907 **a) Handgepäck.** Führt der Reisende die Betäubungsmittel im Handgepäck mit sich oder bedient er sich eines Mitreisenden in dieser Hinsicht, so ist die **Einfuhr** trotz der beabsichtigten Durchfuhr mit dem Überfliegen der Hoheitsgrenze **vollendet,** da der Zugang zum Handgepäck jederzeit möglich ist und ihm die Betäubungsmittel daher tatsächlich zur Verfügung stehen (stRspr; BGHSt 51, 219 (→ Rn. 168); *Franke/Wienroeder* Rn. 81).

908 **b) Am oder im Körper.** Dasselbe gilt, wenn das Betäubungsmittel **am oder im Körper** mitgeführt wird.

909 **aa) Am Körper, in Körperöffnungen.** Trägt er es am Körper oder in einer Körperöffnung **(Bodystaffer),** so liegt es auf der Hand, dass ihm der Zugriff jederzeit möglich ist (BGH NStZ-RR 2009, 122 (rektaler Transport); 2015, 217 (rektaler und vaginaler Transport); *Kotz/Oğlakcıoğlu* in MüKoStGB Rn. 726; *Oğlakcıoğlu/Henne-Bruns/Wittau* NStZ 2011, 73 Fn. 12).

910 **bb) Im Körper.** Aber auch wenn er es verschluckt hat **(Bodypacker),** steht es ihm „tatsächlich zur Verfügung" (§ 11 Abs. 1 S. 2). Auf die Ausscheidung während der Transitzeit oder gar auf die Ausscheidungsdauer (so aber *Kotz/Oğlakcıoğlu* in MüKoStGB Rn. 726, 727; *Oğlakcıoğlu/Henne-Bruns/Wittau* NStZ 2011, 73) kommt es dabei nicht an (*Wettley* in BeckOK BtMG Rn. 179; *Patzak* in Körner/Patzak/Volkmer § 29 Teil 5 Rn. 154). Entscheidend ist, dass der Täter über seinen Körper als lebendes Behältnis verfügt und er damit, etwa durch die Entscheidung, den Transit abzubrechen, das Schicksal des Betäubungsmittels bestimmt. Auch beim inkorporierten Rauschgift liegt daher eine (vollendete) Einfuhr vor (BGH NStZ 2010, 522 mkritBspr *Oğlakcıoğlu/Henne-Bruns/Wittau* NStZ 2011, 73; 2015, 588 mAnm *Patzak;* NStZ-RR 2009, 122; OLG München NStZ-RR 2006, 55; 2006, 456 mAnm *Kotz;* aA *Kotz/Oğlakcıoğlu* in MüKoStGB Rn. 726, 727; *Malek* BtMStrafR Kap. 2 Rn. 178). Da es einen Gewahrsam oder Besitz an einem anderen Menschen nicht gibt, gilt dies auch dann, wenn der Kurier begleitet und überwacht wird. Zur Einfuhr durch **Körperschmuggler** allgemein → Rn. 983.

Kap. 1. Tatbestände des Abs. 1 S. 1 Nr. 1 § 29 BtMG

c) Reisegepäck. Befinden sich die Betäubungsmittel im Reisegepäck, so ist zu 911
unterscheiden:

aa) Tatsächliche Verfügungsgewalt des Reisenden. Werden die Betäu- 912
bungsmittel entdeckt, **nachdem** der Reisende **objektiv die tatsächliche Verfügungsgewalt** über sie erlangt hat (→ Rn. 914, 915), und ist ihm die tatsächliche
Möglichkeit des Zugriffs während der Zwischenlandung bewusst oder rechnet er
mit ihr und nimmt sie billigend in Kauf (→ Rn. 916), findet sich damit ab oder ist
ihm dies gleichgültig (→ Rn. 905), so liegt **vollendete Einfuhr** vor. Ist ihm die tatsächliche Möglichkeit des Zugriffs nicht bewusst und hat er auch keinen bedingten
Vorsatz, so liegt **versuchte Durchfuhr** vor (BGHSt 31, 374 (→ Rn. 486); BGH
NStZ-RR 2010, 119). Auch kommt **fahrlässige Einfuhr** in Betracht (BGHR
BtMG § 29 Abs. 1 Nr. 1 Einfuhr 39 = NStZ 2003, 92 = StV 2003, 281); diese tritt
als Fahrlässigkeitsdelikt hinter das gleichzeitig verwirklichte Handeltreiben zurück;
dies soll auch gegenüber Beihilfe zum Handeltreiben gelten (BGH NStZ 2015,
587 (→ Rn. 905)).

bb) Fehlende tatsächliche Verfügungsgewalt. Werden die Betäubungsmittel 913
entdeckt, **bevor** der Reisende **objektiv die tatsächliche Verfügungsgewalt**
über sie erlangt hat (→ Rn. 914, 915), hat der Täter sich aber vorgestellt oder damit
gerechnet und billigend in Kauf genommen, sich damit abgefunden oder war ihm
dies gleichgültig (→ Rn. 905), dass er bei einer Zwischenlandung in Deutschland
die tatsächliche Möglichkeit des Zugriffs auf das Rauschgift hat (→ Rn. 916), so
liegt **versuchte Einfuhr** vor (BGHSt 31, 374 (→ Rn. 486); auch → Rn. 916).
Fehlt es an einer solchen Vorstellung, so ist nur versuchte Durchfuhr gegeben; vollendete Durchfuhr scheidet aus, weil hierzu der Gegenstand wieder in das Ausland
verbracht werden muss (BGH BeckRS 2008, 20555).

cc) Anforderungen an die tatsächliche Verfügungsgewalt. Ob ein Transit- 914
reisender **objektiv** die Möglichkeit hat, sein Reisegepäck ohne Schwierigkeiten
(BGHR BtMG § 29 Abs. 1 Nr. 1 Einfuhr 39 (→ Rn. 912); 40 = NStZ 2004, 693
= StV 2004, 604) am Ort der Zwischenlandung zu erhalten, richtet sich nach den
Umständen des Einzelfalles. Die Berufung auf einen **Erfahrungssatz** (→ Rn. 819)
wonach der Passagier auf einem deutschen Flughafen sein Gepäck regelmäßig ohne
Schwierigkeiten erlangen kann, genügt nicht (*Franke/Wienroeder* Rn. 80).

Vielmehr muss das Gericht diese **Verfügungsmöglichkeit** in jedem Einzelfall 915
konkret feststellen (BGHR BtMG § 29 Abs. 1 Nr. 1 Einfuhr 39 (→ Rn. 912); 40
(→ Rn. 914); BGH NStZ 1986, 273 = StV 1986, 252; krit. *Körner* MDR 1986, 717
(718)). Dabei darf nicht auf eine rechnerisch abstrakte Möglichkeit abgestellt werden, sondern es sind alle Umstände, namentlich Zeitpunkt des Entladens, Art,
Dauer und Ort der Zwischenlagerung, Kontrolle und Weiterverteilung, Dienstvorschriften sowie praktische Abläufe bei der Aushändigung von Transitgepäck zu klären (BGHR § 29 Abs. 1 Nr. 1 Einfuhr 39 (→ Rn. 912); 40 (→ Rn. 914)).

dd) Anforderungen an die subjektive Tatseite. In subjektiver Hinsicht setzt 916
die Einfuhr voraus, dass der Transitreisende weiß oder damit rechnet, dass er sich
bei der Zwischenlandung das Gepäck aushändigen lassen kann und dass er diese
Möglichkeit billigend in Kauf nimmt (BGHSt 31, 374 (→ Rn. 486)), sich damit abfindet oder dass es ihm gleichgültig ist (→ Rn. 905). Ob diese Voraussetzung gegeben ist, ist im Einzelfall festzustellen (BGH StV 1986, 157) und kann nicht allein
aus der Reiseerfahrung geschlossen werden (BGHR BtMG § 29 Abs. 1 Nr. 1 Einfuhr 2 = StV 1987, 105; BGH NStZ-RR 2010, 119), etwa von Interkontinentalflügen unter Mitführung von Sportausrüstung (BGHR BtMG § 29 Abs. 1 Nr. 1
Einfuhr 40 (→ Rn. 914)).

d) Frachtgepäck. Transportiert der Reisende die Betäubungsmittel im Fracht- 917
gepäck, so liegt nur **versuchte Durchfuhr** vor, da es für ihn nicht möglich ist,

Weber 849

BtMG § 29 Sechster Abschnitt. Straftaten und Ordnungswidrigkeiten

während der Zwischenlandung an den für den Endflughafen bestimmten Frachtcontainer heranzukommen (zur Beteiligungsform → Rn. 995). Erst wenn das Flugzeug den deutschen Luftraum verlässt, ist die **Durchfuhr vollendet** (BGH NStZ 1984, 171 = StV 184)). Hält der Reisende die Möglichkeit, an das Frachtgut heranzukommen, irrtümlich für gegeben oder rechnet er damit und nimmt dies billigend in Kauf oder ist ihm dies gleichgültig (→ Rn. 905), kann **versuchte Einfuhr** in Betracht kommen (vgl. → Rn. 913).

918   III. **Vollendung und Beendigung.** Die Einfuhr von Betäubungsmitteln ist mit dem Verbringen über die Grenze **vollendet** (BGHSt 56, 162 (→ Rn. 874); BGH NStZ 1997, 286; 2010, 222 = StV 2010, 129 = StraFo 2010, 80; 2015, 588 mAnm *Patzak*). Dies gilt auch dann, wenn die Einfuhr unter polizeilicher oder zollamtlicher Kontrolle stattfindet (→ Rn. 900). Es ist auch nicht erforderlich, dass der Täter nach dem Überschreiten der Grenze im Inland tatsächliche unkontrollierte Verfügungsmacht über das Rauschgift innehat (BGH NStZ 2008, 286; *Kotz/Oğlakcıoğlu* in MüKoStGB Rn. 697).

919   **Die Einfuhr ist beendet,** wenn das Rauschgift im deutschen Hoheitsgebiet in Sicherheit gebracht und damit zur Ruhe gekommen ist (BGHR BtMG § 29 Abs. 1 Nr. 1 Einfuhr 15 = NJW 1990, 654 = NStZ 1990, 39 = StV 1990, 111; BGH NStZ 1997, 286; NStZ-RR 2017, 84). Dies ist dann der Fall, wenn es am Ort seiner endgültigen Bestimmung angelangt ist, zB in den Geschäftsräumen des Einführenden (RGSt 67, 345).

920   **Die Einfuhr** (anders das Handeltreiben (→ Rn. 286, 287)) ist aber auch dann **beendet,** wenn das Betäubungsmittel nach der Vollendung von den Strafverfolgungsbehörden **sichergestellt** wird (BGHR BtMG § 29 Abs. 1 Nr. 1 Einfuhr 15 (→ Rn. 919); BGH NStZ 2010, 522 (→ Rn. 225); NStZ-RR 1997, 319; 2017, 84). Damit ist die geplante weitere Verwendung des Rauschgifts gescheitert und die Tat tatsächlich abgeschlossen. Eine förmliche Beschlagnahme ist hierzu nicht notwendig; als Maßnahme der Sicherstellung genügt die lückenlose Überwachung des zur Mitarbeit bereiten Kuriers (BGHR BtMG § 29 Abs. 1 Nr. 1 Einfuhr 15 (→ Rn. 919)).

921   **Nach der Beendigung** der Einfuhr ist Mittäterschaft oder Beihilfe nicht mehr möglich (BGH NStZ 2010, 522 (→ Rn. 225); BGH 5 StR 403/07; *Endriß/Malek* BtMStrafR § 12 Rn. 51). Bis dahin kommt eine Beteiligung in Betracht (*Endriß/Malek* BtMStrafR § 12 Rn. 51), etwa durch Verwischen der Spur der eingeführten Betäubungsmittel (*Joachimski/Haumer* BtMG Rn. 69). Zur sukzessiven Mittäterschaft oder Teilnahme → Rn. 923.

922   E. **Täterschaft und Teilnahme.** Täterschaft und Teilnahme bei der Einfuhr richten sich nach den Grundsätzen, die für das allgemeine Strafrecht maßgeblich sind (→ Vor § 29 Rn. 241–386). Dies gilt insbesondere auch von der Abgrenzung der beiden Beteiligungsformen. Zu der Beteiligung bei der Einfuhr durch Versendung → Rn. 984 (Versendung allgemein) 985 (Postversand), 988 (Bahn), 990 (Flugverkehr), 992 Schiffsverkehr), 995 (Frachtgut).

923   Auch bei der Einfuhr ist eine **sukzessive Mittäterschaft** (→ Vor § 29 Rn. 266–270) oder Beihilfe (→ Vor § 29 Rn. 332) möglich. Sie kann auch nach dem Verbringen der Betäubungsmittel über die Grenze (Vollendung) geleistet werden, sofern noch keine Tatbeendigung (→ Rn. 919–921) vorliegt (BGH NStZ-RR 1997, 319; *Endriß/Malek* BtMStrafR § 12 Rn. 51). Der (sukzessiv) Beteiligte muss daher noch vor der Beendigung selbst einen Tatbeitrag geleistet haben; nicht ausreichend ist, dass er die Mitwirkung vorher zugesagt hat (BGHSt 48, 52 = NJW 2003, 446 = NStZ 2003, 211 = StV 2003, 562).

924   I. **Eigenhändiges Verbringen.** Nach den allgemeinen Grundsätzen (→ Vor § 29 Rn. 246) ist derjenige, der Betäubungsmittel **eigenhändig** über die Grenze

bringt, grundsätzlich (Mit-)Täter, und zwar auch dann, wenn er unter dem Einfluss und in Gegenwart eines anderen Beteiligten in dessen Interesse handelt (→ Vor § 29 Rn. 246). Abweichungen von diesem Grundsatz sollen nur in extremen Ausnahmefällen in Betracht kommen (BGH NStZ-RR 1999, 186 (→ Rn. 534)), die sich aber bisher nicht ergeben haben. Eine eigenhändige Einfuhr ist auch dann gegeben, wenn sich der Täter eines Tieres oder technischer Hilfsmittel, etwa **einer Drohne,** bedient (*Patzak* in Körner/Patzak/Volkmer Teil 5 Rn. 158; *Kotz/Oğlakcıoğlu* in MüKoStGB Rn. 662).

(Mit-)Täter der Einfuhr ist der Fahrer daher auch dann, wenn **allein der andere Beteiligte** die Initiative zu der Fahrt ergriffen, den Fahrtablauf bestimmt und den Fahrer bei der Einfuhr begleitet hat (BGHSt 38, 315 (→ Rn. 899); BGHR BtMG § 29 Abs. 1 Nr. 1 Einfuhr 33 = StV 1994, 422). 925

Dasselbe gilt, wenn derjenige, der das Betäubungsmittel über die Grenze bringt, dabei **von einem Begleiter überwacht** und kontrolliert wird, der Reise und Aufenthalt, Beschaffung und Absatz des Betäubungsmittels regelt und den Reiseweg, die Transportart und die Kontaktpersonen bestimmt (*Franke/Wienroeder* Rn. 88). Auch der weisungsgebundene Kurier, der unter ständiger Aufsicht steht, ist daher als (Mit-)Täter der Einfuhr anzusehen (BGH *Schoreit* NStZ 1993, 326; BeckRS 2017, 119046; *Franke/Wienroeder* Rn. 92). 926

Ein Körperschmuggler, der Betäubungsmittel im Magen-Darm-Trakt oder in Körperöffnungen über die Grenze transportiert, ist ebenfalls stets (Mit-)Täter der Einfuhr (BGHR BtMG § 30 Abs. 1 Nr. 4 Täter 1 (2 StR 568/91); BGH *Schoreit* NStZ 1993, 326 (→ Rn. 926); s. auch BGH § 29 Strafzumessung 7 = BeckRS 1989, 31099728), und zwar auch dann, wenn er unter ständiger Aufsicht der Hintermänner des Schmuggels steht, die auch Reiseweg, Transportart und Kontaktpersonen bestimmen (BGHR BtMG § 30 Abs. 1 Nr. 4 Täter 1 (s. o.)). Auch in einem solchen Falle hat der Kurier Alleingewahrsam (→ Rn. 909, 910) und damit Tatherrschaft (BGHR BtMG § 30 Abs. 1 Nr. 4 Täter 1 (s. o.); BGH NStZ 2008, 471). Dasselbe gilt bei der Beförderung des Rauschgifts **in den Schuhen** (BGHR BtMG § 30 Abs. 1 Nr. 4 Täter 1 (s. o.)). 927

Verbringt der Kurier die Betäubungsmittel **nicht eigenhändig** über die **deutsche Grenze,** sondern übergibt sie zuvor einer anderen Person, so gelten für ihn die Grundsätze über das Verbringen durch einen anderen (→ Rn. 933–939, 973). 928

(Mit-)Täterschaft bei der Einfuhr liegt auch dann vor, wenn derjenige, der das Betäubungsmittel eigenhändig über die Grenze bringt, **aus Gefälligkeit handelt** (BGHR BtMG § 29 Abs. 1 Nr. 1 Einfuhr 29 = NStZ 1993, 138 = StV 1993, 235; 36 = NStZ-RR 2000, 22) oder sonst kein eigenes Interesse an der Tat hat (BGHR BtMG § 29 Abs. 1 Nr. 1 Einfuhr 34 = BeckRS 1994, 03901). Eigennützigkeit gehört nicht zum Tatbestand der Einfuhr (BGHR BtMG § 29 Abs. 1 Nr. 1 Einfuhr 29 (s. o.)). 929

Für die Einfuhr ist unerheblich, ob der Fahrer weiß, **wo** sich das **Betäubungsmittel befindet,** und zwar unabhängig davon, ob in einem Gepäckstück, einem sonstigen Behältnis oder **am** oder **im Körper** seines Beifahrers (BGHR BtMG § 29 Abs. 1 Einfuhr 29 (→ Rn. 929)). Ebenso wenig spielt es eine Rolle, wenn der Führer eines Kraftfahrzeugs erst in Sichtweite der Grenze erfährt, dass sein Beifahrer Betäubungsmittel mit sich führt (BGHSt 38, 315 (→ Rn. 899)). 930

Erschöpft sich die Mitwirkung eines Beteiligten, etwa eines Beifahrers, in der **Begleitung** des Transporteurs, so liegt ein (eigenhändiges) Verbringen durch ihn nicht vor (BGHR BtMG § 29 Abs. 1 Nr. 1 Einfuhr 33 (→ Rn. 925)). Zu den Voraussetzungen, unter denen der Begleiter gleichwohl (Mit-)Täter oder Gehilfe einer Einfuhr sein kann, → Rn. 961–967. 931

Weber

BtMG § 29 Sechster Abschnitt. Straftaten und Ordnungswidrigkeiten

932 Auch wenn hinsichtlich der Einfuhr (Mit-)Täterschaft vorliegt, weil der Transporteur den Tatbestand mit eigener Hand erfüllt hat, kann bei dem gleichzeitig verwirklichten **Handeltreiben** Beihilfe gegeben sein (→ Rn. 691–730).

933 **II. Verbringen durch einen anderen.** Der Tatbestand der Einfuhr erfordert nicht, dass der Einführer das Betäubungsmittel eigenhändig über die Grenze bringt. (Mit-)Täter der Einfuhr kann auch sein, wer das Rauschgift durch einen anderen über die Grenze transportieren lässt (stRspr; BGHSt 56, 162 (→ Rn. 874); BGHR BtMG § 29 Abs. 1 Nr. 1 Einfuhr 19 = NStZ 1991, 91; 26 = NJW 1992, 3048; 1992, 31; BGH NStZ 2017, 296; 2017, 713; 2019, 416; NStZ-RR 2016, 316; StV 1986, 384 mAnm *Roxin;* 2012, 595; 2017, 295).

934 Es liegt im Wesen **organisierter Kriminalität,** dass Drahtzieher und Hintermänner des Rauschgifthandels das Entdeckungsrisiko beim Transport, namentlich über die Grenze, auf andere Personen verlagern; es ist daher ein sachliches Gebot, auch sie als Mittäter der Einfuhr zu belangen (BGHR BtMG § 29 Abs. 1 Nr. 1 Einfuhr 17 = NStZ 1990, 130; *Franke/Wienroeder* Rn. 93). Mittäterschaft kommt daher vor allem in Betracht, wenn der Beteiligte, der selbst im Hintergrund bleiben will, den **Transport organisiert** und den Kurier bei der Einfuhr ständig **überwacht** (BGHR BtMG § 29 Abs. 1 Nr. 1 Handeltreiben 54 (→ Rn. 170)).

935 **1. Grundsatz.** Voraussetzung **der Mittäterschaft** ist, dass der Beteiligte durch seinen Tatbeitrag nicht nur fremdes Tun fördern, sondern einen Beitrag zu einer **gemeinsamen Tat** (Einfuhr) leisten will; sein Beitrag muss sich als Teil der Tätigkeit aller darstellen und die Handlungen der anderen als Ergänzung seines eigenen Tatanteils erscheinen lassen (→ Vor § 29 Rn. 377, 378; BGHSt 56, 162 (→ Rn. 874); BGHR BtMG § 29 Abs. 1 Nr. 1 Einfuhr 17 (→ Rn. 934); 19 (→ Rn. 933); 26 (→ Rn. 933); BGH NStZ 2015, 346; 2017, 713; 2019, 96 = StV 2019, 340; NStZ-RR 2016, 209; 2017, 146).

936 **Ob dies gegeben ist,** ist auf der Grundlage einer **umfassenden wertenden Betrachtung** festzustellen (→ Vor § 29 Rn. 378–381; BGHR BtMG § 29 Abs. 1 Nr. 1 Einfuhr 31 (→ Rn. 933); 33 (→ Rn. 925); BGH NStZ 2012, 120; 2017, 296; 2019, 96 (→ Rn. 935)). Von besonderer Bedeutung sind dabei
– der Grad des eigenen Interesses (allerdings → Rn. 937),
– der Einfluss bei der Vorbereitung der Tat und der Tatplanung,
– der Umfang der Tatbeteiligung und die Teilhabe an der Tatherrschaft oder jedenfalls der Wille dazu

(BGHSt 56, 162 (→ Rn. 874); BGHR BtMG § 29 Abs. 1 Nr. 1 Einfuhr 17 (→ Rn. 934); 19 (→ Rn. 933); 26 (→ Rn. 933); 31 (→ Rn. 933); 33 (→ Rn. 925); BGH NStZ 2012, 120; 2017, 713; 2019, 416; NStZ-RR 2013, 147; 2016, 209; 2017, 84), so dass Durchführung und Ausgang der Tat maßgeblich von dem Willen des Betreffenden abhängen (BGH NStZ 2015, 346; NStZ-RR 2012, 120). Dabei deutet eine ganz untergeordnete Tätigkeit schon objektiv darauf hin, dass der Beteiligte nur Gehilfe ist (BGH NStZ 2007, 531 = StV 2008, 20).

937 **Entscheidender Bezugspunkt** bei allen diesen Merkmalen ist der **Einfuhrvorgang** selbst (BGH NStZ 2015, 346; 2017, 296; 713; 2019, 96 (→ Rn. 935); 416; NStZ-RR 2014, 346; BeckRS 2016, 20126; StV 2017, 295). Das **bloße Interesse an dessen Gelingen** genügt allerdings **nicht,** wenn der Betreffende keine Tatherrschaft oder zumindest Tatherrschaftswillen hat (BGH NStZ 2019, 416). Bei der Bewertung des **Interesses** am **Gelingen der Einfuhr,** ist zu beachten, dass sich ein solches nicht selten auch beim Händler findet, da die (gelungene) Einfuhr die Voraussetzung für seinen Vertrieb im Inland ist. Insbesondere in solchen Fällen gewinnen die anderen Abgrenzungsmerkmale (→ Rn. 936), insbesondere die Tatherrschaft oder der Wille hierzu, an Gewicht. Jedenfalls kann das Interesse nicht für sich den Ausschlag für die Annahme von Mittäterschaft geben (BGHR BtMG § 29

Abs. 1 Nr. 1 Einfuhr 10 = StV 1990, 264; 26 (→ Rn. 933)). Ähnliches gilt für das Interesse desjenigen, der ein Rauschgiftgeschäft **finanziert** (BGHR BtMG § 29 Abs. 1 Nr. 1 Einfuhr 26 (→ Rn. 933); auch → Rn. 954).

Wer den Einfuhrvorgang zwar veranlasst, aber **keinen Einfluss auf dessen Durchführung** hat, kann weder Mittäter noch Gehilfe der Einfuhr sein (BGH NStZ 2019, 416). **Bloßes Veranlassen** einer Beschaffungsfahrt ohne Einfluss auf deren Durchführung genügt daher nicht (BGH NStZ 1992, 339; 2019, 96 (→ Rn. 935); NStZ-RR 2014, 346; StV 2012, 595 (→ Rn. 933)). Gegebenenfalls ist **Anstiftung** zu prüfen (BGH NStZ-RR 2016, 316).

Mittäterschaft setzt **nicht** voraus, dass sich jeder Täter an der eigentlichen Verwirklichung des Tatbestands beteiligt. Vielmehr kann sich der Tatbeitrag auch auf **Vorbereitungshandlungen** beschränken (stRspr; → Vor § 29 Rn. 263, 264; zur Einfuhr BGHR BtMG § 29 Abs. 1 Nr. 1 Einfuhr 19 (→ Rn. 933); 26 (→ Rn. 933); BGH NStZ 1993, 137). In den Fällen des Verbringens von Betäubungsmitteln durch einen anderen ist dies die Regel.

2. Die Anwendung im Einzelnen. Trotz dieser auf dem allgemeinen Strafrecht beruhenden Kriterien bietet die **Rechtsprechung** zu den Fällen des Verbringens durch andere auf den ersten Blick kein klares Bild. Dabei mag eine Rolle spielen, dass ein vollständiger Abschied von der subjektiven Teilnahmelehre, insbesondere die strikte Beschränkung der Täterschaft auf das Ausführungsstadium der Tat, von ihr letztlich nicht akzeptiert wird (s. *Roxin* StV 1985, 278; 1986, 384; *Roxin* FG BGH, 2000, 177 (194–197)). Gleichwohl lassen sich die folgenden **Grundlinien** erkennen, wobei der entscheidende Gesichtspunkt die Einflussnahme auf den **Einfuhrvorgang** darstellt (→ Rn. 937):

a) Bestellung/Erwerb im Ausland. Werden Betäubungsmittel im Ausland bestellt oder erworben und nach Deutschland eingeführt, so gilt für die Strafbarkeit hinsichtlich der **Einfuhr** folgendes:

aa) Besteller/Erwerber. (Mit-)Täterschaft des Bestellers oder Erwerbers bei der Einfuhr liegt dann nahe, wenn er
– den Transport **organisiert** (BGH *Zschockelt* NStZ 1998, 240) oder
– durch Vereinbarungen beim Erwerbsakt oder sonstige Vorkehrungen **auf den Vorgang der Verbringung** einwirkt (BGH NStZ 2017, 713) oder zumindest seinen Willen hierzu zum Ausdruck bringt.

(a) Mittäterschaft. Danach ist Mittäterschaft anzunehmen, wenn der Erwerber noch im Ausland mit dem Lieferanten vereinbart, dass dieser gegen einen Aufpreis den Transport über die Grenze übernimmt und das Betäubungsmittel erst **danach vollständig bezahlt** wird (BGHR BtMG § 29 Abs. 1 Nr. 1 Einfuhr 17 (→ Rn. 934); BGH StV 1986, 384 mAnm *Roxin*). Dasselbe gilt, wenn der Erwerber im Ausland den Kauf „perfekt" macht, das Geld vorweist, die Ware prüft und **vereinbart,** dass die Übergabe des Betäubungsmittels und des Geldes in Deutschland erfolgen soll (BGHR BtMG § 29 Abs. 1 Nr. 1 Einfuhr 4 (3 StR 119/87)).

Ebenso liegt Mittäterschaft vor, wenn das Betäubungsmittel **im Anschluss** an das Kaufgeschäft im Ausland durch Kuriere nach Deutschland gebracht und dort für den Erwerber „gebunkert" wird, so dass er es hier aus dem Depot, das ihm von dem Verkäufer vorher bezeichnet wurde, entnehmen kann (BGHR BtMG § 29 Abs. 1 Nr. 1 Einfuhr 11 = NStZ 1989, 436). Erst recht gilt dies, wenn der Erwerber das Betäubungsmittel im Ausland bezahlt, es **anschließend** durch einen Kurier des Lieferanten über die Grenze gebracht und für den Erwerber deponiert wird, wobei dieser bei dem Lieferanten das Gelingen der Operation abwartet und sich dort den mittelbaren Besitz verschaffen lässt (BGHR BtMG § 29 Abs. 1 Nr. 1 Einfuhr 17 (→ Rn. 934)).

945 Mittäterschaft ist auch gegeben, wenn der Erwerber dadurch entscheidend auf den **Einfuhrvorgang** Einfluss nimmt, dass er die zeitliche und örtliche Ausgestaltung des Transports bestimmt, den Kurier auswählt, diesem im Ausland das Betäubungsmittel übergibt und es nach der Einfuhr wieder übernimmt (BGH NStZ 1997, 90). Dasselbe gilt, wenn der Beteiligte **einen Kurier einsetzt,** diesem das Fahrzeug und die Finanzmittel zum Einkauf zur Verfügung stellt, Mengen und Zeitpunkt bestimmt und sich nach dem Ablauf der Fahrten erkundigt (BGH NStZ-RR 2004, 25). Ebenfalls liegt Mittäterschaft vor, wenn die Einfuhr durch den Lieferanten aufgrund eines zwischen ihm und dem Besteller besprochenen **Gesamtkonzeptes erfolgt** (BGHR BtMG § 29 Abs. 1 Nr. 1 Einfuhr 6 (1 StR 268/87)). Dasselbe gilt, wenn der Besteller **während** des Transports (s. BGH NStZ 2017, 296) **in telefonischem Kontakt** mit dem Lieferanten steht und das Rauschgift von diesem am verabredeten Übergabeort in Empfang nimmt (BGH NStZ 2003, 434 = StraFo 2003, 182).

946 Mittäterschaft setzt **nicht** voraus, dass der Erwerber oder Besteller **den Kurier kennt** (BGHR BtMG § 29 Abs. 1 Nr. 1 Einfuhr 4 (→ Rn. 943); 10 (→ Rn. 937); 11 (→ Rn. 944)) oder über den **Transportweg** Bescheid weiß (BGHR BtMG § 29 Abs. 1 Nr. 1 Einfuhr 4 (→ Rn. 943); 11 (→ Rn. 944); *Franke/Wienroeder* Rn. 94). Allerdings können ohne weiteres Umstände ein Indiz dafür sein, dass der Beteiligte auf den Einfuhrvorgang Einfluss genommen hat oder nehmen wollte (*Franke/Wienroeder* Rn. 94). Die bloße Bereitschaft zur Entgegennahme der Betäubungsmittel reicht zur Mittäterschaft nicht aus (BGHR BtMG § 30 Abs. 1 Nr. 4 Einfuhr 3 (4 StR 144/15); BGH NJW 2017, 401 mAnm *Immel;* StraFo 2015, 259).

947 **(b) Teilnahme, Internet.** Nimmt der Besteller oder Erwerber auf den **Einfuhrvorgang** keinen Einfluss, kommt allenfalls Teilnahme in Betracht. Lediglich **Anstiftung** ist gegeben, wenn der Beteiligte das Betäubungsmittel **im Ausland telefonisch bestellt** und es ihm durch wechselnde Kuriere gebracht wird, ohne dass beim Erwerbsakt ein Transport über die Grenze vereinbart wird (BGHR BtMG § 29 Abs. 1 Nr. 1 Einfuhr 3 = NJW 1987, 2881 = NStZ 1987, 233 = StV 1987, 203 = ZfZ 1987, 287 mAnm *Ricke*). **Anstiftung** zur Einfuhr kommt auch dann in Betracht, wenn der Erwerber die Betäubungsmittel im Ausland **per Internet** (zum Handeltreiben im Internet → Rn. 380) bestellt, und sie ihm dann an seine Wohnanschrift im Inland geliefert werden (BGH NStZ-RR 2018, 80 = StV 2018, 508 mAnm *Oğlakcıoğlu;* StV 2017, 295; 2018, 512). Dies gilt auch dann, wenn die Bestellung in einem **Internetshop** erfolgt, da dessen Betreiber damit nur **allgemein** die Bereitschaft ausdrückt, Drogen nach Deutschland einzuführen, und deswegen noch zu einer konkreten Tat angestiftet werden kann (→ Vor § 29 Rn. 288; BGH NStZ-RR 2018, 80 (s. o.)). An einer **Anstiftung fehlt es,** wenn der Lieferant **jede Bestellung** zu vorher vereinbarten Bedingungen ausführen will; dass für die jeweilige Einzellieferung noch **ein Abruf** in Form einer Bestellung und Vereinbarung von Lieferort und Liefertermins notwendig ist, soll dem nicht entgegen stehen; in Betracht kommt nach BGH **psychische Beihilfe** (→ Rn. 949; BGH NStZ 2017, 401 mablAnm *Immel* = StV 2018, 485; dazu *Schmidt* NJW 2018, 2993).

948 Rechnet der Beteiligte bei seiner Bestellung **nicht** damit, dass die Drogen aus dem Ausland eingeführt werden müssen, liegt auch **keine Anstiftung** vor (BGH NStZ-RR 2013, 281; 4 StR 454/11).

949 **Beihilfe** (→ Vor § 29 Rn. 306−366) setzt voraus, dass der Täter durch den Tatbeitrag des Gehilfen zumindest psychisch beeinflusst und unterstützt wird (stRspr; BGH NStZ 1993, 233 = StV 1993, 357; StV 1986, 384 mAnm *Roxin*). **Psychische Beihilfe** kann auch noch einem zu einer konkreten Tat bereits Entschlossenen (durch Bestärkung seines Tatentschlusses) geleistet werden (BGH NStZ 2017, 401 (→ Rn. 947)). Nimmt der Besteller dagegen überhaupt keinen Einfluss auf die Art seiner Belieferung, so kann es in Bezug auf die Einfuhr an **jeglichem Tatbei-**

Kap. 1. Tatbestände des Abs. 1 S. 1 Nr. 1 § 29 BtMG

trag fehlen (BGHR BtMG § 29 Abs. 1 Nr. 1 Einfuhr 9 = StV 1988, 530), so dass auch keine Teilnahme in Betracht kommt.

Die bloße **Bereitschaft** zur **Entgegennahme** von Betäubungsmitteln macht den Besteller weder zum Mittäter (BGHR BtMG § 30 Abs. 1 Nr. 4 Einfuhr 3 (→ Rn. 946); BGH NStZ 2017, 401 (→ Rn. 947); StraFo 2015, 259) noch zum Gehilfen der Einfuhr (BGHR BtMG § 29 Abs. 1 Nr. 1 Einfuhr 8 = StV 1988, 205; 9 (→ Rn. 949); BGH NStZ-RR 2016, 209). Etwas anderes kommt in Betracht, wenn der Erwerber sich in Kenntnis der notwendigen Einfuhr zur Abnahme definitiv verpflichtet hatte (BGHSt 40, 208 (→ Rn. 358)), so dass er ein mit dem Verkäufer übereinstimmendes Interesse an der Einfuhr hatte (BGH NJW 2002, 3486 (→ Rn. 264)). 950

An einem Tatbeitrag zur Einfuhr fehlt es dagegen, wenn der Besteller regelmäßig aus einem **Depot im Inland** beliefert wird, das bei Bedarf aus dem Ausland aufgefüllt wird, ohne dass er hierüber Einzelheiten weiß (BGHR BtMG § 29 Abs. 1 Nr. 1 Einfuhr 11 (→ Rn. 944)). Dasselbe gilt, wenn sich das Betäubungsmittel, über das der Erwerber im Ausland einen Kaufvertrag geschlossen hat, zu diesem Zeitpunkt **bereits im Inland** befunden hat (BGHR BtMG § 29 Abs. 1 Nr. 1 Einfuhr 11 (s. o.)). 951

bb) Lieferant/Verkäufer. Für den Lieferanten im Ausland gilt dasselbe wie für den Besteller. Sofern er nicht schon deswegen (Mit-)Täter der Einfuhr ist, weil er das Betäubungsmittel **selbst über die Grenze** bringt (→ Rn. 924), ist (Mit-)Täterschaft jedenfalls dann anzunehmen, wenn er selbst die **Kuriere** mit dem Transport beauftragt (BGH NJW 1997, 90; NStZ-RR 2013, 147; *Franke/Wienroeder* Rn. 96; auch → Rn. 945) oder wenn er dafür in anderer Weise **Verantwortung** und **Risiko** übernimmt (*Patzak* in Körner/Patzak/Volkmer Teil 5 Rn. 161; *Franke/Wienroeder* Rn. 96), etwa wenn er das Rauschgift im Ausland ohne Vorkasse an die Beteiligten übergibt, die es dann in Deutschland verkaufen sollen (BGH NStZ 1997, 286), dagegen nicht, wenn es im Ausland an den Abnehmer übergeben und vollständig bezahlt wird (BGH NJW 2002, 3486 (→ Rn. 264)). 952

Entscheidend ist, dass der Verkäufer einen **Tatbeitrag zur Einfuhr** leistet und nicht nur beim Verkauf, sondern auch hinsichtlich der Einfuhr in Übereinstimmung mit dem Erwerber handelt und so auch diese Tat zu einer gemeinsamen macht (BGHR BtMG § 29 Abs. 1 Nr. 1 Einfuhr 19 (→ Rn. 933)). Daran fehlt es in aller Regel, wenn sich Interesse und Wille des Lieferanten auf die Veräußerung beschränken, was im vereinbarten niedrigeren Kaufpreis zum Ausdruck kommen kann. 953

cc) Finanzier. Auch bei ihm ist es entscheidend, ob und inwieweit er auf **die Einfuhr** Einfluss nimmt oder jedenfalls nehmen will, so dass auch insoweit eine gemeinsame Tat in Betracht kommt. Keine Mittäterschaft bei der Einfuhr ist danach anzunehmen, wenn jemand lediglich Geld für **den Erwerb** von Betäubungsmitteln **im Ausland** zur Verfügung stellt und dann darauf wartet, dass sie ihm gebracht werden, ohne Einfluss auf den Einfuhrvorgang zu nehmen (BGHR BtMG § 29 Abs. 1 Nr. 1 Einfuhr 8 (→ Rn. 950); 26 (→ Rn. 933)). Neben **Beihilfe** kommt in diesen Fällen auch **Anstiftung** in Betracht (→ Rn. 975). 954

Dasselbe gilt, wenn jemand sich an Rauschgiftgeschäften lediglich in der Weise beteiligt, dass er für den Erwerb im Ausland **Geld zur Verfügung** stellt, sonst aber keinen Einfluss auf den Einfuhrvorgang hat. Das Interesse am wirtschaftlichen Erfolg des Geschäfts, das zur Verurteilung wegen Handeltreibens ausreicht, kann nicht mit einem Eigeninteresse an der Einfuhr gleichgesetzt werden; deswegen liegt insoweit nur Beihilfe vor (BGH NStZ 1993, 340 = StV 1994, 22). Ebenso wenig genügt die **bloße Investition von Geld** ohne Mitwirkung an der Einfuhr (BGHR BtMG § 29 Abs. 1 Nr. 1 Einfuhr 10 (→ Rn. 937)). 955

BtMG § 29 Sechster Abschnitt. Straftaten und Ordnungswidrigkeiten

956 Anders kann dies sein, wenn der **Erwerber** den Kurier **mit Geld ausstattet,** ihn mit der Fahrt ins Ausland beauftragt und später die Betäubungsmittel in Deutschland übernimmt, ohne selbst im Ausland gewesen zu sein. Die Annahme, der Erwerber habe mit der Einfuhr selbst nichts zu tun, begünstigt ungerechtfertigt den Mittäter, der dank seiner Stellung sich von den mit höherer Entdeckungsgefahr verbundenen Teilakten fernhält (BGH NStZ 1997, 90).

957 An der Tatherrschaft hinsichtlich der **Einfuhr** fehlt es, wenn der Erwerber dem Kurier Flugschein, Spesen, Hoteladresse und Kontaktrufnummer aushändigt, wenn der Flugschein aber dann **ohne sein Wissen** von Amsterdam nach Frankfurt a. M. **umgebucht** wurde (BGH *Zschockelt* NStZ 1998, 240).

958 **dd) Chauffeur.** Wird jemand für eine Einkaufsfahrt von Betäubungsmitteln ins Ausland als Chauffeur engagiert, so wird es in den meisten Fällen zu seinen Aufgaben gehören, das Fahrzeug auch beim Übertritt über die maßgebliche Grenze zu führen. Wegen eigenhändiger Erfüllung des Tatbestands ist er deswegen grundsätzlich (Mit-)Täter (→ Rn. 924–926); s. auch BGHR BtMG § 29 Abs. 1 Nr. 1 Einfuhr 36 (→ Rn. 929)).

959 Die Frage der Beihilfe stellt sich somit nur dann, wenn der Chauffeur das Fahrzeug mit den Betäubungsmitteln beim **Grenzübertritt** gerade **nicht** führt. Neben dem Grad des Interesses ist auch hier im Wesentlichen entscheidend, welche Bedeutung die Tätigkeit des Chauffeurs für den **Einfuhrvorgang** hatte.

960 Mittäterschaft bei der Einfuhr liegt danach nahe, wenn der mit gleichem Anteil an dem Gewinn beteiligte Chauffeur, der **allein über ein Fahrzeug** und die für den Grenzübertritt notwendigen Papiere verfügt, die Mitbeteiligten an die Grenze fährt, diese – bei der Rückkehr mit dem Betäubungsmittel – die „grüne" Grenze überschreiten, und der Chauffeur sie nach dem jeweiligen Grenzübertritt wieder aufnimmt (BGHR BtMG § 29 Abs. 1 Nr. 1 Einfuhr 19 (→ Rn. 933)). Dabei spielt es auch keine Rolle, wenn der Chauffeur erst im Verlauf der Fahrt erfährt, dass diese dem Einkauf von Betäubungsmitteln dienen soll (BGHR BtMG § 29 Abs. 1 Nr. 1 Einfuhr 19 (s. o.)). Das gemeinschaftliche Handeln im Ausführungsstadium der Tat genügt.

961 **b) Begleitung beim Transport.** Die Begleitung des eigenhändig Verbringenden beim Transport von Betäubungsmitteln kann so ausgestaltet sein, dass darin (Mit-)Täterschaft zur Einfuhr zu sehen ist (→ Rn. 926, 927). Zu den maßgeblichen Grundsätzen → Rn. 935–939.

962 **Mittäterschaft** bei der Einfuhr ist gegeben, wenn ein Beteiligter mit seinem Pkw **zur Absicherung vorausfährt,** um den anderen Beteiligten, der mit den Drogen unterwegs ist, über ein Mobiltelefon vor Zoll- und Polizeikontrollen zu warnen (BGH NStZ-RR 2013, 147).

963 Dagegen wird **Mittäterschaft** noch **nicht** allein dadurch begründet, dass der Mitwirkende den Täter als **Beifahrer** begleitet, etwa um ihm ein Gefühl der Sicherheit zu vermitteln. Zwar ist in einem solchen Fall die Annahme mittäterschaftlichen Handelns nicht generell ausgeschlossen, sie bedarf jedoch besonderer Rechtfertigung durch weitere Gesichtspunkte von Gewicht, etwa durch einen bestimmenden Einfluss bei der Vorbereitung der Tat oder durch ein erhöhtes Tatinteresse (BGHR BtMG § 29 Abs. 1 Nr. 1 Einfuhr 33 (→ Rn. 925); BGH NStZ-RR 2009, 121). Insbesondere muss der Begleiter die Tat als eigene wollen (BGH StV 1998, 597). Nicht ausreichend ist, dass der Begleiter sich kleinere materielle Vorteile von der Fahrt verspricht (BGHR BtMG § 29 Abs. 1 Nr. 1 Einfuhr 33 (→ Rn. 925)).

964 Kann danach (Mit-)Täterschaft nicht festgestellt werden, so steht damit **noch nicht fest,** dass der Begleiter sich der Beihilfe zur Einfuhr schuldig gemacht hat. Beihilfe, auch in Form der psychischen Beihilfe, zur Einfuhr liegt nur vor, wenn

der Begleiter mit seiner Anwesenheit den Transport über die Grenze **bewusst fördert** und **erleichtert** (→ Rn. 967; → Vor § 29 Rn. 330, 336).

Das **bloße Dabeisein,** die einseitige **Kenntnisnahme** von dem Transport und seine **Billigung** ohne einen die Tatbegehung objektiv fördernden Beitrag reichen zur Begründung von (psychischer) Beihilfe zur Einfuhr nicht aus (BGHR BtMG § 29 Abs. 1 Nr. 1 Einfuhr 35 = NStZ 1998, 517 = StV 1998, 598; 42 = NStZ 2010, 224 = StV 2010, 129; BGH NStZ 1983, 462 (→ Rn. 895); NStZ-RR 1996, 290 = StV 1996, 659). Ein solcher objektiv fördernder Beitrag muss **nach der Kenntnisnahme** erfolgen (BGHR StGB § 15 Vorsatz 5 (2 StR 550/96); BtMG § 29 Abs. 1 Nr. 1 Einfuhr 42 (s. o.)). Er kann durch **aktives Tun** oder durch **Unterlassen** erbracht werden. 965

Ein **aktives Tun** liegt **nicht** darin, dass der **Beifahrer** die Fahrt nach Kenntnisnahme von deren Zweck fortsetzt; anders als der Fahrer hat der passiv bleibende Beifahrer auf das Fahrzeug keinen Einfluss und wird daher insoweit nicht aktiv tätig (BGHR BtMG § 29 Abs. 1 Nr. 1 Einfuhr 42 (→ Rn. 965)). Beihilfe kann allerdings auch durch die bloße Anwesenheit im Sinne eines **Dabeiseins** bei der Haupttat geleistet werden; aber auch dies setzt voraus, dass dadurch die Tatbegehung gefördert oder erleichtert wird (→ Rn. 964). Auch insoweit setzt die, auch psychische, Beihilfe durch positives Tun einen durch **aktives Handeln** erbrachten Tatbeitrag des Gehilfen voraus. Daran fehlt es, wenn er seinen Begleitern Vorwürfe macht (BGH StV 1982, 516 mAnm *Rudolphi*). 966

Dagegen wird die Tat im Sinne aktiven Tuns gefördert, wenn der Begleiter dem Fahrer durch seine Anwesenheit das **Gefühl der Sicherheit** nicht nur (subjektiv) vermitteln will, sondern objektiv vermittelt (BGHR StGB § 27 Abs. 1 Unterlassen 5 = NStZ 1993, 233 = StV 1993, 357; BtMG § 29 Abs. 1 Nr. 1 Einfuhr 33 (→ Rn. 925); 42 (→ Rn. 965)) oder ihn **bewusst** dadurch **bestärkt,** dass durch die Begleitung der Anschein einer unverdächtigen Reise erweckt wird (BGHR StGB § 27 Abs. 1 Unterlassen 5 (s. o.); BGH NStZ-RR 2010, 255). Im Sinne aktiven Tuns kann die Tat auch dadurch gefördert oder erleichtert werden, dass der Beifahrer den Transport **ausdrücklich billigt** oder Handlungen vornimmt, die als **konkludente Billigung** angesehen werden können (BtMG § 29 Abs. 1 Nr. 1 Einfuhr 42 (→ Rn. 965). 967

Unterlässt es der Beifahrer nach Kenntnisnahme von dem wahren Zweck der Fahrt den Täter zum **Anhalten aufzufordern** und auszusteigen, so liegt lediglich eine **Unterlassung** vor, für die der Beifahrer mangels Garantenpflicht nicht einzustehen hat (BGHR BtMG § 29 Abs. 1 Nr. 1 Einfuhr 42 (→ Rn. 965)). Dasselbe gilt, wenn der Beifahrer dem Ansinnen, beim Grenzübertritt gegebenenfalls **falsche Angaben** zu machen, nicht widerspricht (BGH StV 1982, 516 mAnm *Rudolphi*). 968

Allenfalls Beihilfe zur Einfuhr ist anzunehmen, wenn jemand einen anderen bei einer Einkaufsfahrt im Ausland **nur begleitet,** selbst keine Rauschgiftgeschäfte macht und nicht am Gewinn beteiligt ist (BGH *Schoreit* NStZ 1986, 53). Nur Beihilfe liegt vor, wenn der Begleiter bei der Einkaufsfahrt seinem Freund **lediglich beistehen** wollte, damit dieser beim Transport des Geldes sicherer war und bei der Grenzkontrolle weniger verdächtig erschien (BGHR BtMG § 29 Abs. 1 Nr. 1 Einfuhr 21 (3 StR 34/91)). 969

Ebenso ist nur Beihilfe gegeben, wenn der Begleiter, der persönlich und wirtschaftlich an der Einfuhr nicht interessiert ist, **sich weigert,** selbst Rauschgift über die Grenze zu bringen und dazu überredet werden muss, die Grenze wenigstens als **Vorläufer** zu überschreiten (BGH StV 1983, 461). 970

c) Sonstige Mitwirkung an einem Rauschgiftimport. Die Möglichkeiten, sich an Rauschgiftgeschäften zu beteiligen, die mit einem Import verbunden sind, 971

BtMG § 29   Sechster Abschnitt. Straftaten und Ordnungswidrigkeiten

sind äußerst vielfältig. Für die Frage der Beteiligung an der Einfuhr ist aber auch hier der Blick auf den **Einfuhrvorgang** an Hand der Kriterien der → Rn. 933– 939 entscheidend.

972 **(Mit-)Täterschaft** bei der Einfuhr kommt danach in Betracht,
– wenn der Beteiligte eine beherrschende Stellung bei der **Einfuhr** und der Verteilung der Betäubungsmittel hat (*Joachimski/Haumer* BtMG Rn. 73),
– wenn der Beteiligte, der die Organisationsherrschaft über den Transport hat, den Aufbau eines **Transportgeschäfts** als logistische Plattform für die Abwicklung der Betäubungsmitteltransporte betreibt und für einen weiteren Ausbau viel Geld zur Verfügung stellt (BGH NStZ-RR 2012, 120; ähnlich BGHR BtMG § 29 Abs. 1 Nr. 1 Handeltreiben 77 (→ Rn. 169)); zum Handeltreiben → Rn. 722,
– wenn sich der Tatbeitrag des Beteiligten im Rahmen seiner Einbindung in das Geschäft (→ Rn. 723) wesentlich auf den **Transport** über die Grenze richtet (BGH NStZ-RR 2014, 211); zum Handeltreiben → Rn. 723,
– wenn der bereits an der **Planung** Beteiligte Kuriere anwirbt oder betreut oder sie mit Geld oder einem Fahrzeug ausstattet (BGHR BtMG § 29 Abs. 1 Nr. 1 Einfuhr 10 (→ Rn. 937); 11 (→ Rn. 944); 14 (3 StR 268/89); Handeltreiben 54 (→ Rn. 170); BGH NStZ 1993, 137),
– wenn ein solcher Beteiligter die **Übernachtungsmöglichkeiten** für die Kuriere besorgt (BGH NStZ 1993, 137) oder sich um die **Autoreparatur,** ein Ersatzfahrzeug oder um **Kontaktpersonen** kümmert,
– wenn ein Beteiligter die **Initiative** zu der Einkaufsfahrt ins Ausland ergriffen, sie mit dem Mitbeteiligten geplant und das Auto gesteuert hat, während **der andere** das Fahrzeug erworben, die Reisekosten bezahlt und dem Beteiligten einen Betrag zur persönlichen Verfügung auszahlt, während der Schlüssel für die Aufteilung der Belohnung noch nicht feststeht (BGH *Schoreit* NStZ 1992, 321).

973 Dagegen ist **Beihilfe zur Einfuhr** anzunehmen,
– wenn der an dem Geschäft nicht Beteilige das Betäubungsmittel auf Bitte eines anderen in den PKW **versteckt einbaut** und das Auto dem ihm bezeichneten Kurierfahrer übergibt (BGH NStZ-RR 1997, 86),
– wenn nur der **kurzfristige Umgang** mit einem Päckchen Rauschgift in einem aus dem Ausland kommenden Zug festgestellt werden kann (BGHR BtMG § 29 Abs. 1 Nr. 1 Einfuhr 7 (3 StR 396/87)),
– wenn der Beteiligte nach der Vollendung der Einfuhr durch den Haupttäter den **Zollbeamten ablenkt** (BGH DRsp Nr. 1994/163 (2 StR 823/84); *Joachimski/ Haumer* BtMG Rn. 73),
– wenn er die Rauschgiftgewinne in einer **Kasse verwahrt** und daraus Auszahlungen leistet, ohne selbst Betäubungsmittel bestellt zu haben (BGH *Schoreit* NStZ 1993, 326 (→ Rn. 955)),
– wenn **der Kurier,** der den Bestimmungsort (Deutschland) kannte, das Betäubungsmittel zwar nach Europa bringt, auf den Vorgang der Einfuhr in das Bundesgebiet aber keinen Einfluss hat (BGH NJW 1985, 1035 (→ Rn. 889)),
– wenn der **erwiesene Tatbeitrag** (Übergabe von Reisespesen) im Rahmen eines Großtransports nur ein **geringes Gewicht** hat, auch wenn der Beteiligte ein nicht unerhebliches Interesse am Weitertransport des Rauschgifts hatte (BGH NStZ-RR 2017, 84).

974 **Weder Mittäter noch Gehilfe** bei der Einfuhr ist jemand, der überhaupt keinen Einfluss auf den **Einfuhrvorgang** hat, auch wenn er nach der Einfuhr mit dem Betäubungsmittel befasst war (→ Rn. 949). Dies gilt insbesondere dann, wenn der Betreffende nicht weiß, wann, durch wen, mit welchen Transportmitteln und auf welchem Weg die Einzellieferungen nach Deutschland gebracht wurden (BGH *Schoreit* NStZ 1992, 321 = DRsp Nr. 1994/203). Etwas anderes gilt dann, wenn die

Beteiligte vor der Einfuhr beim **Umladen** des Rauschgifts hilft (BGH 3 StR 427/06).

d) Anstiftung. Anders als bei anderen Teilakten des Rauschgifthandels spielt die **Anstiftung** bei der Einfuhr eine nicht unerhebliche Rolle (etwa → Rn. 938, 947, 954). Bei einer durch einen anderen veranlassten Tat, bei der keine Mittäterschaft festgestellt werden kann (BGHR BtMG § 29 Abs. 1 Nr. 1 Einfuhr 26 (→ Rn. 933); BGH NStZ 2000, 39), ist daher nicht nur Beihilfe (BGHR BtMG § 29 Abs. 1 Nr. 1 Einfuhr 31 (→ Rn. 933), sondern auch **Anstiftung zur Einfuhr** (BGHR BtMG § 29 Abs. 1 Nr. 1 Einfuhr 3 (→ Rn. 947); BGH NStZ 2000, 39; 4 StR 112/92) zu prüfen. Zum Anstiftervorsatz → Vor §§ 29 ff. Rn. 293. 975

e) Zurechnung der von einem anderen mitgeführten Menge. Ob bei einem gemeinsamen Transport von Betäubungsmitteln über die Grenze den Beteiligten die **Gesamtmenge zuzurechnen** ist oder jeder Beteiligte nur für die von ihm mitgeführte Teilmenge (als Täter) verantwortlich ist, richtet sich nach den Grundsätzen über die Mittäterschaft (→ Vor § 29 Rn. 258–276, 367–386). Danach muss jeder Beteiligte seinen Beitrag als Teil der Tätigkeit des anderen und umgekehrt dessen Tatbeitrag als Ergänzung des eigenen Tatanteils wollen. 976

Ob ein solch enges Verhältnis der Tatanteile vorliegt, ist auf der Grundlage einer **wertenden Betrachtung** festzustellen (→ Vor § 29 Rn. 378), wobei das Interesse des einen am Tatbeitrag des anderen wesentliche Bedeutung hat (BGHR BtMG § 29 Abs. 1 Nr. 1 Einfuhr 20 = StV 1992, 376 mAnm *Zaczyk*). Kann (Mit-)Täterschaft hinsichtlich der von dem anderen mitgeführten Menge nicht festgestellt werden, ist **Beihilfe** (hinsichtlich des Tatbeitrags des anderen) zu prüfen (vgl. BGHR BtMG § 29 Abs. 1 Nr. 1 Einfuhr 20 (s. o.)). 977

Mittäterschaft hinsichtlich der **Gesamtmenge** ist anzunehmen, wenn die Betäubungsmittel **gemeinsam eingekauft,** über die Grenze transportiert und dann erst in Deutschland aufgeteilt werden (BGH *Schoreit* NStZ 1992, 321; 3 StR 599/97). Zur **Einkaufsgemeinschaft** im Übrigen → Rn. 345, 346 (Eigennützigkeit), → Rn. 670–674 (Handeltreiben), → Rn. 1231 (Erwerb) und → Rn. 1343, 1379 (Besitz). 978

Dasselbe gilt, wenn die Beteiligten die zu transportierende Menge aus „Sicherheitsgründen" **aufteilen** und jeder einen Teil über die Grenze bringt. Dabei spielt es auch keine Rolle, wenn sie einen **zeitlichen Abstand** einhalten. Wird der erste Kurier festgenommen und kündigt er dabei das Eintreffen des zweiten an, der dann auch ergriffen wird, so ist dem ersten Kurier auch die zweite Teilmenge zuzurechnen, wenn auch sein Verhalten insoweit an der untersten Grenze der Strafbarkeit liegt (BGHR BtMG § 29 Abs. 1 Nr. 1 Einfuhr 24 (→ Rn. 977)). 979

Kaufen dagegen mehrere Beteiligte **jeweils für sich** Betäubungsmittel ein und bringen sie gemeinsam über die Grenze, so begründet der gemeinsame Transport mangels gegenseitigen Interesses noch keine Mittäterschaft bei der Einfuhr (BGHR BtMG § 29 Abs. 1 Nr. 1 Einfuhr 24 (→ Rn. 977); BGH NStZ 2003, 90 = StV 2003, 279; 2005, 229). Dies gilt auch dann, wenn die Beteiligten die Betäubungsmittel gemeinsam in dem benutzten Fahrzeug versteckt haben (BGHR BtMG § 29 Abs. 1 Nr. 1 Einfuhr 24 (→ Rn. 977)). 980

Dasselbe gilt im umgekehrten Fall, wenn die Beteiligten die Betäubungsmittel im Ausland zwar **gemeinsam erworben** haben, sie aber noch an Ort und Stelle geteilt und gesondert im Transportmittel versteckt haben (BGH *Schoreit* NStZ 1986, 56 (2 StR 639/84)). Ebenso liegt hinsichtlich der Gesamtmenge nur Beihilfe vor, wenn die Beteiligten **mit dem Geld des einen** in dessen Auftrag im Ausland Betäubungsmittel gekauft und diesem vor dem Grenzübertritt überlassen haben (BGH *Schoreit* NStZ 1986, 55 (2 StR 205/85)). 981

BtMG § 29 Sechster Abschnitt. Straftaten und Ordnungswidrigkeiten

982   Werden Betäubungsmittel, insbesondere geschluckt, **im Körper** über die Grenze befördert, so ist grundsätzlich jedem der Täter nur die Menge zuzurechnen, die er selbst in sich trägt (BGHSt 38, 315 (→ Rn. 899); BGHR BtMG § 29 Abs. 1 Nr. 1 Einfuhr 23 (2 StR 333/91)). Bloße Nebentäterschaft (→ Vor § 29 Rn. 277, 278) liegt auch dann vor, wenn **zwei Kuriere vom gleichen Auftraggeber** gewonnen werden, sie gleichzeitig die Rauschgiftbehältnisse schlucken und mit demselben Flug nach Europa reisen (BGHR StGB § 25 Abs. 2 Nebentäter 1 (2 StR 333/91)). Etwas anderes gilt dann, wenn sie die Reise zu dem Zweck gemeinsam unternehmen, sich gegebenenfalls bei der Ausführung ihres Schmuggelvorhabens zu unterstützen, wobei eine gegenseitige psychische Bestärkung ausreicht (BGHR StGB § 25 Abs. 2 Nebentäter 1 (s. o.)); dies gilt nicht für den Besitz (→ Rn. 1380).

983   **F. Einfuhr durch Körperschmuggler.** Die Einfuhr durch Körperschmuggler (→ Rn. 910) erfolgt überwiegend auf dem Luftweg. Aber auch andere Verkehrsarten kommen vor. Für die Transporte von Rauschgift im Körper gelten daher die Regeln, die für die einzelnen Verkehrsarten maßgeblich sind. Diese Regeln sind:
– Versuch der Einfuhr bei Bahn-, Flug- und Schiffsreisenden → Rn. 890–893, bei Kraftfahrern → Rn. 894, 896, bei Radfahrern und Fußgängern → Rn. 897,
– Vollendung der Einfuhr bei echten Einfuhrfällen → Rn. 899, im Transit → Rn. 908–910,
– (Mit-)Täterschaft des Kuriers → Rn. 927, (Mit-)Täterschaft der Hintermänner → Rn. 934,
– Zurechnung der von anderen mitgeführten Menge → Rn. 982,
– Konkurrenzen → Rn. 1015.

984   **G. Einfuhr durch Versendung.** Die Einfuhr setzt nicht voraus, dass der Täter den Transport persönlich durchführt oder durch andere Personen durchführen lässt und dass das Betäubungsmittel den Beteiligten während des Transportvorgangs tatsächlich zur Verfügung steht. Eine Einfuhr liegt daher auch dann vor, wenn der Täter oder der Dritte das Betäubungsmittel **durch die Post** (BGHSt 34, 180 (→ Rn. 899); BGHR BtMG § 29 Abs. 1 Nr. 1 Einfuhr 5 (4 StR 229/87); BGH NJW 1983, 1986 = NStZ 1983, 369 = StV 1983, 242 = JR 1984, 81 mAnm *Hübner*), **Eisenbahn** (BGH NStZ 1986, 274 = StV 1986, 156) oder andere **Verkehrs-** oder **Transportmittel** über die Grenze schafft oder schaffen lässt. Auch darauf, ob der herangezogene **Dritte** im guten Glauben handelt oder in den Transport des Betäubungsmittels eingeweiht ist, kommt es nicht an (BGHSt 34, 180 (→ Rn. 899)).

985   **I. Postversand.** Da die unmittelbare Mitwirkung des Einführers bei der Überschreitung der Grenze nicht notwendig ist, ist auch derjenige, der sich Betäubungsmittel aus dem Ausland mit der Post schicken lässt, (Mit-)Täter der Einfuhr (RGSt 67, 345; BGHSt 34, 180 (→ Rn. 899); 56, 162 (→ Rn. 874)). Gibt er sie selbst im Ausland auf, kommt mittelbare Täterschaft in Betracht. Zur Prüfung und zur Vorlage durch die Post an die Staatsanwaltschaft → § 21 Rn. 30–33. Die Schwierigkeiten des früheren Rechts (*Körner* NStZ 1988, 300) sind damit im Wesentlichen behoben.

986   **Der Versuch** der Einfuhr beginnt (auch für den Empfänger) damit, dass der Absender vereinbarungsgemäß die Sendung bei der Post zur Weiterleitung an den Empfänger einliefert. Damit ist nach der Vorstellung der Beteiligten alles geschehen, um im ungestörten Fortgang die Tatbestandsverwirklichung herbeizuführen (BGHR BtMG § 29 Abs. 1 Nr. 1 Einfuhr 18 = NJW 1990, 2072 = NStZ 1990, 442 = StV 1990, 408; BGH NStZ 2004, 110; 2004, 697 mAnm *Krack;* s. auch BayObLG NJW 1994, 2164 für den Erwerb). Zum Versuch bei einer Abweichung vom vorgestellten Kausalverlauf → Rn. 880. Die Einfuhr ist **vollendet,** wenn die Sendung mit dem Betäubungsmittel die maßgebliche Grenze (→ Rn. 875; BGH NJW 1983, 1986 (→ Rn. 984)) überschritten hat. Zur **Beendigung** → Rn. 918–921.

Legt der Absender bewusst **abredewidrig kein Rauschgift in die Sendung** 987
ein, sondern ein Imitat (BGH NStZ 2003, 434) oder eine leere Packung (BGH
NStZ 2004, 110; 2004, 697 mAnm *Krack*), so ist der Empfänger nicht wegen versuchter Einfuhr strafbar, da die Zurechnung der Handlung eines nur vermeintlichen
Mittäters hier nicht in Betracht kommt (→ Vor § 29 Rn. 190, 191).

II. Aufgabe als Reisegepäck bei der Bahn. Als (Mit-)Täter oder mittelbarer 988
Täter der Einfuhr kommt auch in Betracht, wer Betäubungsmittel in der Weise
über die deutsche Grenze schafft, dass er sie als Reisegepäck bei der Bahn aufgibt.
Dabei ist nicht notwendig, dass er das Gepäck bei der Fahrt begleitet (BGH NStZ
1986, 274 (→ Rn. 984)).

Der Versuch der Einfuhr beginnt grundsätzlich mit der Aufgabe des Gepäcks 989
bei der Bahn, es sei denn, dass zwischen der Einlieferung und dem Beginn des
Transports mehrere Tage liegen, so dass es an einem unmittelbaren Zusammenhang
mit der Tatbestandserfüllung fehlt (→ Vor § 29 Rn. 184–187; BGHR BtMG § 29
Abs. 1 Nr. 1 Einfuhr 18 (→ Rn. 986)). Sollen die Betäubungsmittel in Deutschland
in den Verkehr gebracht werden, so ist die Einfuhr mit der Überschreitung der
maßgeblichen Grenze (→ Rn. 875) **vollendet** (BGH NStZ 1986, 274
(→ Rn. 984)). Zur **Beendigung** → Rn. 918–921.

III. Aufgabe als Reisegepäck im Flugverkehr. Ebenso kommt als (Mit-)Tä- 990
ter oder mittelbarer Täter der Einfuhr in Betracht, wer Betäubungsmittel als Reisegepäck im Flugverkehr aufgibt. Auch hier ist nicht notwendig, dass der (Mit-)Täter
den Flug begleitet.

Der Versuch der Einfuhr beginnt mit dem Einchecken des Reisegepäcks, es sei 991
denn, dass zwischen der Gepäckaufgabe und dem Abflug mehrere Tage liegen, so
dass ein unmittelbarer Zusammenhang mit der Tatbestandserfüllung nicht mehr gegeben ist (→ Vor § 29 Rn. 184–187; BGHR BtMG § 29 Abs. 1 Nr. 1 Einfuhr 18
(→ Rn. 986); BGH NStZ 2010, 222 (→ Rn. 225)). Hat das Gepäck mit dem Betäubungsmittel einen inländischen Flughafen zum Ziel (→ Rn. 899), so ist die Einfuhr mit dem Überfliegen der deutschen Hoheitsgrenze (→ § 2 Rn. 73–75) **vollendet** (→ Rn. 899). In den übrigen Fällen gelten die für den Transit entwickelten
Grundsätze (→ Rn. 906–916). Zur **Beendigung** → Rn. 918–921.

IV. Aufgabe als Reisegepäck im Schiffsverkehr. Dieselben Grundsätze wie 992
beim Flugverkehr gelten auch für die Aufgabe von Reisegepäck im Schiffsverkehr.
Auch hier kommt als (Mit-)Täter oder mittelbarer Täter der Einfuhr in Betracht,
wer Betäubungsmittel als Reisegepäck im Schiffsverkehr aufgibt. Nicht notwendig
ist, dass der Betroffene die Reise begleitet.

Zum Versuch der Einfuhr → Rn. 893. Hat das Gepäck mit dem Betäubungs- 993
mittel einen deutschen Hafen zum Ziel (→ Rn. 899), so ist die Einfuhr mit dem
Passieren der deutschen Hoheitsgrenze (→ Rn. 875) **vollendet** (→ Rn. 899). In
den übrigen Fällen gelten die für den Transit entwickelten Grundsätze
(→ Rn. 906–916). Zur **Beendigung** → Rn. 918–921.

Die deutsche Hoheitsgrenze ist für die Vollendung auch dann maßgeblich, 994
wenn das Betäubungsmittel im Ausland auf ein **deutsches Schiff** gebracht wird.
Das Flaggenprinzip führt nicht dazu, dass das Schiff zu einem schwimmenden deutschen Territorium wird (→ Vor § 29 Rn. 116).

V. Aufgabe als Frachtgut. Desgleichen kommt als (Mit-)Täter oder mittelbarer 995
Täter der Einfuhr in Betracht, wer Betäubungsmittel aus dem Ausland per Frachtgut nach Deutschland schafft oder schaffen lässt (BGHR BtMG § 29 Abs. 1 Nr. 1
Einfuhr 18 (→ Rn. 986)). Dabei ist es gleichgültig, ob die Fracht auf der Straße,
mit der Bahn, mit dem Schiff oder mit dem Flugzeug transportiert werden soll.

BtMG § 29   Sechster Abschnitt. Straftaten und Ordnungswidrigkeiten

996   **Der Versuch** der Einfuhr beginnt mit der Aufgabe als Frachtgut, es sei denn, dass zwischen der Aufgabe und dem Beginn des Transports eine solch lange Zeit liegt, dass ein unmittelbarer Zusammenhang mit der Tatbestandserfüllung nicht mehr gegeben ist (→ Rn. 991; BGHR BtMG § 29 Abs. 1 Nr. 1 Einfuhr 18 (→ Rn. 986)). Die Einfuhr ist mit dem Überschreiten der maßgeblichen Grenze (→ Rn. 875) **vollendet.** Zur **Beendigung** → Rn. 918–921.

997   **H. Handeln im Ausland.** Die Einfuhr von Betäubungsmitteln ist ein Erfolgsdelikt. Da der Erfolg mit dem Passieren der maßgeblichen Grenze, in der Regel der deutschen Hoheitsgrenze, eintritt oder eintreten sollte, ist **das Einführen,** auch soweit im Ausland gehandelt wurde, eine **Inlandstat** (§ 9 Abs. 1 Alt. 2 (Erfolgsort) StGB), die deutschem Recht und deutscher Gerichtsbarkeit unterliegt.

998   Auch der **Mittäter,** der seine Tatbeiträge ausschließlich im Ausland geleistet hat, ist daher nach deutschem Recht strafbar (→ Vor § 29 Rn. 87, 89). Dasselbe gilt für den **mittelbaren Täter** oder sein **Werkzeug** (→ Vor § 29 Rn. 88). Die Teilnahme ist auch an dem Ort begangen, an dem die Haupttat begangen ist (§ 9 Abs. 2 S. 1 StGB), so dass auch für den **Teilnehmer,** der ausschließlich im Ausland tätig geworden ist, in der Regel eine Inlandstat vorliegt.

999   Geht die Einfuhr **einem Güterumsatz voraus,** namentlich im Falle des Handeltreibens, so gilt das deutsche Strafrecht bereits nach § 6 Nr. 5 StGB. Wegen der Einzelheiten wird auf → Vor § 29 Rn. 119–134 verwiesen.

1000   **I. Subjektiver Tatbestand.** Strafbarkeit nach Absatz 1 Satz 1 Nr. 1 verlangt Vorsatz (→ Rn. 1001–1004). Kann der Nachweis vorsätzlichen Handelns nicht geführt werden, hat das Gericht im Rahmen seiner Pflicht zur erschöpfenden Aburteilung (→ Rn. 107) die fahrlässige Begehung (Absatz 4; → Rn. 1007) zu prüfen. Zur Abweichung vom vorgestellten Kausalverlauf → Rn. 876–880.

1001   **I. Vorsatz.** Der Vorsatz (→ Vor § 29 Rn. 389–425) muss sich auf das unerlaubte Verbringen von Betäubungsmitteln (→ Rn. 873) über die maßgebliche Grenze (→ Rn. 875) beziehen. Zur Behandlung der (fehlenden) Erlaubnis im Rahmen des Vorsatzes → Rn. 31, 34, 36–44.

1002   **Vorsätzlich** handelt, wer weiß und will, dass Betäubungsmittel über die maßgebliche Grenze (→ Rn. 875) in das Inland verbracht werden. Nicht notwendig ist das Wissen und Wollen, dass das Rauschgift auch im Inland verbleibt. Hat das Betäubungsmittel einen ausländischen Bestimmungsort, so muss sich der Vorsatz auch darauf erstrecken, dass der Täter im Inland eine tatsächliche Zugangsmöglichkeit hat (→ Rn. 901–917). Eigennützigkeit oder Vorteilsabsicht sind anders als beim Handeltreiben nicht erforderlich (→ Rn. 929).

1003   **Bedingter Vorsatz** (→ Vor § 29 Rn. 415–420) reicht aus. Er ist noch nicht gegeben, wenn der Täter zwar mit der Möglichkeit rechnet, dass sein Begleiter im PKW Rauschgift versteckt hat, letztlich aber doch darauf vertraut, dass dieser ihn nicht missbrauchen werde (BGHR BtMG § 29 Abs. 4 Einfuhr 1 (1 StR 649/87). Es ist dann Fahrlässigkeit (Absatz 4, → Rn. 1007) zu prüfen.

1004   Im **Rahmen der Schuld** (anders bei der Strafzumessung) muss sich der Vorsatz weder auf die **Art** des Betäubungsmittels (→ Rn. 41) noch auf seine **Menge** oder **Wirkstoffmenge** (wenn nicht eine Qualifikation in Rede steht) erstrecken. Es genügt wenn der Täter, auch Grund einer Pararallelwertung in der Laiensphäre, erkennt, **dass** es sich um **Rauschgift handelt** (BGH BeckRS 2016, 21431). Zur Behandlung fehlender oder unklarer Feststellungen und zur etwaigen Auswirkung auf den **Schuldspruch** → Rn. 109.

1005   **II. Irrtumsfälle.** Für die Fälle des Irrtums gibt es bei der Einfuhr im Verhältnis zu den anderen Verkehrsformen keine Unterschiede. Auf die einschlägigen Ausführungen bei der Herstellung kann daher Bezug genommen werden: Tatbestandsirrtum (→ Rn. 148); Verbotsirrtum (→ Rn. 149); Irrtum über Umstände, die nicht zum Tatbestand gehören (→ Rn. 150); umgekehrter Irrtum (untauglicher) Versuch, Wahndelikt (→ Rn. 151).

Die (fehlende) **Erlaubnis** ist auch bei der Einfuhr **Tatbestandsmerkmal** und kein Rechtfertigungsgrund. Zu den Irrtümern im Zusammenhang mit der Erlaubnis → Rn. 35–44. 1006

III. Fahrlässigkeit (Absatz 4). Nach Absatz 4 ist die fahrlässige Begehung (→ Rn. 2076–2097) strafbar. Die Fahrlässigkeit kann sich auch auf die missbräuchliche Verwendung als Betäubungsmittel (→ § 1 Rn. 158–161) oder darauf beziehen, dass ein Missbrauch zu Rauschzwecken vorgesehen ist (→ § 1 Rn. 166, 168–183, 185–190). Zum **Zusammentreffen** von Vorsatz und Fahrlässigkeit bei verschiedenen **Teilmengen** → Rn. 2096. 1007

J. Konkurrenzen. Zu den Konkurrenzen s. zunächst die zusammenfassende Darstellung in → Vor § 29 Rn. 551–587, 671–724. Die Einfuhr kann mit verschiedenen Tatbeständen des Betäubungsmittelstrafrechts und des allgemeinen Strafrechts zusammentreffen: 1008

I. Betäubungsmittelstraftaten. In der Praxis ist vor allem das Verhältnis zu den folgenden Tatbeständen von Bedeutung: 1009

1. Zum Besitz. Der Auffangtatbestand des unerlaubten Besitzes wird von der Einfuhr verdrängt (BGHSt 25, 385 (→ Rn. 498); BGH NStZ 1981, 352 = StV 1981, 625). 1010

2. Zum Handeltreiben. Erfolgt die Einfuhr mit dem Ziel des gewinnbringenden Umsatzes, so geht sie als unselbständiger Teilakt in der **Bewertungseinheit** des (täterschaftlichen) Handeltreibens auf (stRspr; BGHSt 31, 163 (→ Rn. 482); BGHR BtMG § 29 Abs. 1 Nr. 1 Konkurrenzen 2 = StV 1988, 530; BGH NStZ 2006, 172). Dies gilt allerdings nur, wenn die Größenordnung der **nicht geringen Menge nicht** erreicht wird. 1011

Andernfalls besteht zwischen den Verbrechen der Einfuhr in nicht geringer Menge und des Handeltreibens in nicht geringer Menge **Tateinheit** (BGHSt 40, 73 = NJW 1994, 1885 = NStZ 1994, 290 = StV 1994, 375; BGH NStZ 2006, 172; StV 1994, 84). Ein solches Handeltreiben kann auch **zwei Verbrechen der Einfuhr** in nicht geringer Menge (Umtausch) zu Tateinheit **verbinden** (BGH NStZ 1994, 135 = StV 1994, 84; NStZ-RR 2018, 80 (→ Rn. 380); aA BGH NStZ-RR 2014, 81). **Tateinheit besteht** auch dann, wenn es bei der Einfuhr im Stadium der Verabredung (§ 30 StGB) verbleibt (BGHSt 40, 73 (s. o.)) oder wenn sie einmal als Anstiftung und einmal täterschaftlich begangen wird; die unterschiedlichen Begehungsformen sind im Schuldspruch zum Ausdruck zu bringen (BGH NStZ-RR 2018, 80 (→ Rn. 380)). 1012

Zwischen der (täterschaftlichen) Einfuhr und der **Beihilfe zum Handeltreiben** besteht **Tateinheit** (BGH StraFo 2009, 254 (2 StR 593/07)); zu den Gründen → Rn. 1402. Dies kommt nach der neueren Rechtsprechung namentlich bei **Auslands-Kurieren** häufig vor. Ein gleichzeitiger (täterschaftlicher) **Besitz** (etwa eine Eigenbedarfsmenge des Kuriers oder ein im Rahmen der Beihilfe zum Handeltreiben transportierter Vorrat Dritter) wird zwar nicht durch die Beihilfe zum Handeltreiben verdrängt, wohl aber durch die täterschaftliche Einfuhr (BGH NStZ-RR 2009, 122; StraFo 2009, 254 (s. o.)). 1013

3. Zu Ausfuhr und Durchfuhr. Die Einfuhr und die auf demselben Willensentschluss beruhende, sich unmittelbar anschließende Ausfuhr von Betäubungsmitteln bilden eine natürliche Handlungseinheit (BGH MDR 1973, 513; *Franke/Wienroeder* Rn. 100) oder Bewertungseinheit (*Joachimski/Haumer* BtMG Rn. 74). Fasst der Täter den Entschluss zur Ausfuhr erst nach dem Verbringen in das Inland, 1014 liegt Tatmehrheit vor (*Franke/Wienroeder* Rn. 100). Steht das Rauschgift dem Täter während des Transits auch nach seinen Vorstellungen **nicht zur Verfügung,** ist, sofern das Betäubungsmittel auch ausgeführt worden ist, eine **Durchfuhr** gegeben (→ Rn. 912–916).

1015 Führt der Täter **zugleich** am oder im Körper, im Handgepäck und im Reisegepäck Betäubungsmittel mit sich, so stehen die dadurch verwirklichten Varianten von (versuchter oder vollendeter) Einfuhr, Ausfuhr und Durchfuhr miteinander in Tateinheit (s. BGH NStZ 1984, 28 = StV 1983, 505; *Patzak* in Körner/Patzak/Volkmer § 29 Teil 5 Rn. 239; *Franke/Wienroeder* Rn. 100; *Joachimski/Haumer* BtMG Rn. 75).

1016 **II. Abgabendelikte.** Bei der Einfuhr im illegalen Betäubungsmittelverkehr gelten die folgenden Besonderheiten:

1017 **1. Steuerhinterziehung** ist in aller Regel mangels Entstehung einer Abgabenschuld nicht gegeben, da nach Art. 83 Abs. 2 Buchst. b UZK Einfuhrabgaben nicht erhoben werden dürfen (→ § 21 Rn. 36, 37). Aus demselben Grund scheidet auch ein Zusammentreffen mit gewerbsmäßigem Schmuggel (§ 373 Abs. 1 AO) aus.

1018 **2. Bannbruch.** Dagegen ist Tateinheit mit Bannbruch unter Mitführung einer Schusswaffe (§ 373 Abs. 2 Nr. 1 AO), einer sonstigen Waffe oder eines Werkzeugs (§ 373 Abs. 2 Nr. 2 AO) oder mit bandenmäßigem Bannbruch (§ 373 Abs. 2 Nr. 3 AO) möglich (*Patzak* in Körner/Patzak/Volkmer § 29 Teil 5 Rn. 248). Der (einfache) Bannbruch (§ 372 AO) ist dagegen subsidiär (BGH StV 1981, 277).

1019 **III. Allgemeine Straftaten.** Mit den Tatbeständen des Waffengesetzes besteht Tateinheit, wenn gleichzeitig Betäubungsmittel und Waffen eingeführt werden oder Schusswaffen beim Grenzübertritt unerlaubt geführt werden (BGHSt 40, 73 (→ Rn. 1012); BGHR StGB § 52 Abs. 1 Handlung dieselbe 27 (4 StR 326/93); BGH NJW 1989, 726 = NStZ 1989, 38 = StV 1989, 48; NStZ 1982, 512). Dies gilt auch, wenn die Waffe nicht für Zwecke der Betäubungsmittelgeschäfte eingesetzt werden soll (BGH NJW 1989, 726 (s. o.)).

1020 Tateinheit ist auch möglich mit **Verkehrsdelikten,** etwa Fahren ohne Fahrerlaubnis, Trunkenheit im Verkehr oder mit § 24a Abs. 2 StVG (→ Vor § 29 Rn. 579), auch mit gefährlichem Eingriff in den Straßenverkehr (§ 315b StGB), wenn die Tat beim Grenzübertritt durch Zufahren auf einen Beamten begangen wird (BGH *Holtz* MDR 1980, 455; *Patzak* in Körner/Patzak/Volkmer § 29 Teil 5 Rn. 244). Zum **Strafklageverbrauch** bei Tateinheit → Vor § 29 Rn. 583. Tateinheit kann ferner mit den beim Grenzübertritt begangenen Urkundsdelikten bestehen (*Patzak* in Körner/Patzak/Volkmer § 29 Teil 5 Rn. 243; *Franke/Wienroeder* Rn. 100), ebenso mit anderen Straftaten, die den Einfuhrvorgang **ermöglichen** oder **erleichtern,** zB Nötigung oder Körperverletzung gegenüber den Grenzbeamten (*Franke/Wienroeder* Rn. 100).

1021 Die unerlaubte Einfuhr von Betäubungsmitteln ist taugliche Vortat zur **Geldwäsche** (§ 261 Abs. 1, 2, 6 StGB); auch kann die Einfuhr eine Tathandlung des § 261 StGB sein; dazu → Vor § 29 Rn. 717–720.

1022 **K. Strafzumessung.** Der Vorgang der Strafzumessung richtet sich nach denselben Regeln, die auch für das Anbauen gelten. Zu den Grundsätzen daher → Rn. 125.

1023 **I. Strafrahmenwahl.** Auf → Rn. 126 wird verwiesen.

1024 **II. Strafzumessung im engeren Sinne.** Auf → Rn. 127 wird Bezug genommen.

1025 **III. Weitere Entscheidungen.** Auf → Rn. 128 wird verwiesen.

L. Kontrollierte Transporte sind von den Strafverfolgungsbehörden über- 1026
wachte, grenzüberschreitende illegale Transporte von Betäubungsmitteln (Nr. 29 a
RiStBV). Sie dienen der Aufdeckung der Verteilerwege und der Ermittlung der
Hintermänner des illegalen Handels.

I. Grundlagen. Die kontrollierten Transporte beruhen auf der generellen Be- 1027
fugnis der Staatsanwaltschaft, Strafverfolgungsmaßnahmen aus kriminaltaktischen
Gründen vorläufig zurückzustellen (Nr. 29b RiStBV), und finden auch eine
Grundlage in Art. 1 Buchst. g, Art. 11 ÜK 1988, Art. 73 SDÜ, Art. 19 des deutsch-
schweizerischen Vertrags v. 27.4.1999 (BGBl. 2001 II S. 946).

II. Voraussetzungen. Die Voraussetzungen für einen kontrollierten Transport 1028
sind in Nr. 29b RiStBV geregelt. Danach kommt ein solcher Transport nur in Betracht, wenn die Hintermänner oder Verteilerwege auf andere Weise nicht aufgedeckt werden können (Absatz 1 Satz 1). Die Überwachung des Transports ist so
durchzuführen, dass die Möglichkeit des Zugriffs jederzeit sichergestellt ist
(Absatz 1 Satz 2). Außerdem müssen für die Durchfuhr und Ausfuhr die notwendigen Zusicherungen und Erklärungen der ausländischen Staaten vorliegen (Absatz 2).

III. Folgen. Die Überwachung durch die Strafverfolgungsbehörden ist nicht mit 1029
der Erteilung einer Erlaubnis gleichzustellen. Die kontrollierten Transporte bleiben
daher tatbestandsmäßige und rechtswidrige illegale Einfuhren, Ausfuhren oder
Durchfuhren. Bei der Strafzumessung können sich die durch die Überwachung geminderten Gefahren für die durch das BtMG geschützten Rechtsgüter strafmildernd auswirken (→ Vor § 29 Rn. 823, 1031–1033).

IV. Verfahren. Wird wegen der Tat bereits ein Verfahren bei einer deutschen 1030
Staatsanwaltschaft geführt, so ist diese zur Entscheidung zuständig (Nr. 29d Abs. 1,
Nr. 29c Satz 1 RiStBV). Andernfalls führt bei der kontrollierten Einfuhr und
Durchfuhr der Staatsanwalt das Verfahren, in dessen Bezirk der Grenzübergang
liegt, über den die Betäubungsmittel gebracht werden; bei der kontrollierten Aus-
fuhr ist der Staatsanwalt zuständig, in dessen Bezirk der Transport beginnt (Nr. 29d
Abs. 1, Nr. 29c RiStBV). Die Behörden und Beamten des Polizei- und Zolldienstes
wenden sich grundsätzlich an den nach Nr. 29c RiStBV zuständigen Staatsanwalt
(Nr. 29d Abs. 2 RiStBV).

M. Legendierte Kontrollen. Legendierte Kontrollen sind Kontrollen eines 1031
Fahrzeuges durch Polizei oder Zoll, bei denen der Anschein erweckt wird, es handele sich um eine allgemeine Verkehrskontrolle oder zufällige Zollkontrolle, obwohl tatsächlich bereits ein konkreter Verdacht auf einen Drogenfund besteht. Die
legendierten Kontrollen werden auf Polizei- oder Zollrecht gestützt. Mit ihnen soll
verhindert werden, dass die Ermittlungen gegen eine Tätergruppierung bereits jetzt
offengelegt werden müssen. Nachdem in der Literatur Bedenken gegen dieses Vorgehen erhoben worden waren (*Hauschild* in MüKoStPO § 108 Rn. 7; *Kölbel* in
MüKoStPO § 163 Rn. 28; *Müller/Römer* NStZ 2012, 543) hat der BGH (NStZ
2017, 651 mAnm *Schiemann* = StV 2017, 642; BeckRS 2018, 3121; NStZ-RR
2018, 84, zust. *Nowrousian* NStZ 2018, 254; krit. *Mitsch* NJW 2017, 3124; *Lenk*
StV 2017, 692; *Börner* StraFo 2018, 1; *Cerny/Fikentscher* NStZ 2019, 697) diese Verfahrensweise gebilligt, weil kein Vorrang des Strafverfahrensrechts bestehe. Die Verwendung der bei der Maßnahme gewonnenen Beweismittel richtet sich nach § 161
Abs. 1 S. 1 StPO. Ihr steht nicht entgegen, dass die polizei- oder zollrechtliche Kontrolle ohne richterlichen Durchsuchungsbeschluss zulässig ist. Entscheidend ist, dass
ein Ermittlungsrichter bei hypothetischer Betrachtung einen entsprechenden richterlichen Durchsuchungsbeschluss erlassen hätte.

Teil 5. Ausführen (Absatz 1 Satz 1 Nr. 1 Alt. 5)

1032 **A. Völkerrechtliche Grundlage.** Die völkerrechtliche Verpflichtung zur Strafbewehrung der Ausfuhr ergibt sich aus Art. 36 Abs. 1a ÜK 1961, Art. 5, 7 Buchst. f, Art. 22 Abs. 1a ÜK 1971, Art. 3 Abs. 1a Ziffer i ÜK 1988.

1033 **B. Grundtatbestand.** Grundlage der Strafvorschrift ist der Erlaubnistatbestand des § 3 Abs. 1 Nr. 1 in Verbindung mit § 2 Abs. 2. Auf die Erläuterungen zu diesen Vorschriften (→ § 2 Rn. 98–102, → § 3 Rn. 38, 39) wird zunächst verwiesen.

1034 **C. Tathandlung.** Unter Strafe gestellt ist das unerlaubte Ausführen von Betäubungsmitteln. Die Ausfuhr ist ein Erfolgsdelikt (*Kotz/Oğlakcıoğlu* in MüKoStGB Rn. 764); der Erfolg ist eingetreten, wenn die Betäubungsmittel über die maßgebliche Grenze gelangt sind.

1035 **I. Betäubungsmittel** sind die in den Anlagen I bis III zum BtMG aufgeführten Stoffe und Zubereitungen. Zu den Einzelheiten sowie zu den Stoffen, die nicht darunter fallen, →Rn. 3–12. Die Vorschrift gilt nach Anlage III dritter Spiegelstrich Buchst. b Satz 2 auch für die Ausfuhr von **ausgenommenen Zubereitungen,** mit einer Rückausnahme für Codein und Dihydrocodein und, allerdings nur für die Genehmigung nach § 11, mit einer weiteren Rückausnahme für Barbital (BGHSt 56, 52 (→Rn. 483)). Stellt der Täter nach Einfuhr einer Substanz fest, dass diese **keine Wirkstoffe** enthält, und transportiert er sie deshalb zum Umtausch über die Grenze zurück, so liegt mangels Betäubungsmittels keine Ausfuhr vor (BGH NStZ 2005, 232).

1036 **II. Ausführen** ist das Verbringen von Betäubungsmitteln (→ Rn. 1035) über die maßgebliche Grenze aus Deutschland in das Ausland (BGHR BtMG § 29 Abs. 1 Nr. 1 Ausfuhr 1 (4 StR 129/06)). Wegen der Einzelheiten, insbesondere zum Begriff des Verbringens und zur maßgeblichen Grenze, → § 2 Rn. 67–71 (Verbringen) und → Rn. 72–93 (maßgebliche Grenze), jeweils in Verbindung mit → § 2 Rn. 98. Zur Ausfuhr durch **Versendung** → Rn. 1038, 1042.

1037 **III. Unerlaubt.** Weiteres Tatbestandsmerkmal der illegalen Ausfuhr ist das Fehlen einer Erlaubnis (→ Rn. 26–44). Das Fehlen ergibt sich meist aus den Gesamtumständen und muss daher nicht ausdrücklich festgestellt werden (→ Rn. 31).

1038 **D. Vorbereitung, Versuch, Vollendung, Beendigung.** Der Versuch ist strafbar (§ 29 Abs. 2). Es gelten die allgemeinen strafrechtlichen Grundsätze (→ Vor § 29 Rn. 171–206). Ob der Versuch der Ausfuhr bereits bei den Maßnahmen, die den Transportvorgang einleiten, und damit früher als bei der Einfuhr beginnen kann (BGHSt 20, 150 = NJW 1965, 769), ist umstritten (*Winkler* in Hügel/Junge/Lander/Winkler Rn. 6.3; *Pfeil/Hempel/Schiedermair/Slotty* BtmR Rn. 98; *Joachimski/Haumer* BtMG Rn. 79). Die Streitfrage verliert viel von ihrer Bedeutung, wenn die Grundsätze, die für die Einfuhr durch Bahn-, Flug- und Schiffsreisende, Kraftfahrer, Fußgänger oder Radfahrer (→ Rn. 890–897) oder für die Einfuhr durch Versendung (→ Rn. 984–996) gelten, auch für die Ausfuhr herangezogen werden. Dagegen spricht nichts (wohl auch *Patzak* in Körner/Patzak/Volkmer § 29 Teil 6 Rn. 7).

1039 In den übrigen Fällen hätte eine **generelle Vorverlagerung** des Versuchsbeginns auf den Beginn des Transportvorgangs im Hinblick auf die schwächeren Ausfuhrkontrollen und die Schwierigkeiten der Verfolgung nach der Vollendung einiges für sich (*Winkler* in Hügel/Junge/Lander/Winkler Rn. 6.3 mwN). Es muss jedoch jeweils den Umständen des Einzelfalls überlassen bleiben, ob bereits ein unmittelbares Ansetzen gegeben ist.

1040 Das Verbringen von Betäubungsmitteln **aus dem Inland in eine Freizone** (→ § 2 Rn. 74) ist daher für sich noch kein Versuch der Ausfuhr (aA *Joachimski/Hau-*

mer BtMG Rn. 79). Etwas anderes kann gelten, wenn aufgrund der Umstände des Einzelfalles darin bereits der Akt zu sehen ist, der – ähnlich wie die Aufgabe als Frachtgut – in ungestörtem Fortgang unmittelbar zur Tatbestandserfüllung führt.

Die Ausfuhr ist **vollendet,** wenn die Betäubungsmittel die maßgebliche Grenze (→ Rn. 1036) überschritten haben. Nicht notwendig ist, dass sie dabei in das Hoheitsgebiet eines anderen Staates gelangt sind (zB bei der Verschiffung über die Hohe See). Ebenso wenig setzt die Vollendung der Ausfuhr voraus, dass die Betäubungsmittel der Zollabfertigung des Einfuhrstaates gestellt werden (*Joachimski/Haumer* BtMG Rn. 80). Die **Beendigung** der Ausfuhr tritt dann ein, wenn die Betäubungsmittel im Ausland zur Ruhe gekommen sind. 1041

E. Täterschaft, Teilnahme. Es gelten die Grundsätze des allgemeinen Strafrechts (→ Vor § 29 Rn. 241–386) sowie die Prinzipien, die auch für die Einfuhr gelten, insbesondere zum eigenhändigen Verbringen (→ Rn. 924–932; BGH 3 StR 177/06), zum Verbringen durch andere (→ Rn. 933–939), zur die maßgeblichen Grenze (→ Rn. 1036), zum Verbringen durch Körperschmuggel (→ Rn. 983) **oder durch** Versendung (→ Rn. 984–996). 1042

F. Handeln im Ausland. Die Ausfuhr von Betäubungsmitteln ist ein Erfolgsdelikt. Da der Erfolg mit dem Passieren der maßgeblichen Grenze eintritt oder eintreten sollte, ist das Ausführen, auch soweit, etwa bei der Vorbereitung, im Ausland gehandelt wurde, eine Inlandstat (§ 9 Abs. 1 Alt. 2 (Erfolgsort) StGB), die deutschem Recht und deutscher Gerichtsbarkeit unterliegt (§ 3 StGB). 1043

Auch der **Mittäter,** der seine Tatbeiträge ausschließlich im Ausland geleistet hat, ist nach deutschem Recht strafbar (→ Rn. 998). Dasselbe gilt für den **mittelbaren Täter** oder sein **Werkzeug** (→ Rn. 998). Die **Teilnahme** ist auch an dem Ort begangen, an dem die Haupttat begangen ist (§ 9 Abs. 2 S. 1 StGB), so dass auch für den Teilnehmer, der ausschließlich im Ausland tätig geworden ist, in aller Regel eine Inlandstat vorliegt. 1044

Geht die Ausfuhr **einem Güterumsatz voraus,** namentlich im Falle des Handeltreibens, so gilt nach § 6 Nr. 5 StGB das deutsche Strafrecht. Wegen der Einzelheiten wird auf → Vor § 29 Rn. 119–134 verwiesen. 1045

G. Subjektiver Tatbestand. Strafbarkeit nach **Absatz 1 Satz 1 Nr. 1** verlangt Vorsatz (→ Rn. 1047–1049). Kann der Nachweis vorsätzlichen Handelns nicht geführt werden, so hat das Gericht im Rahmen seiner Pflicht zur erschöpfenden Aburteilung (→ Rn. 107) die fahrlässige Begehung (Absatz 4; → Rn. 1052) zu prüfen. Zur Abweichung vom vorgestellten Kausalverlauf → Rn. 876–880. 1046

I. Vorsatz. Der Vorsatz (→ Vor § 29 Rn. 389–425) muss sich auf das unerlaubte Ausführen (→ Rn. 1036) von Betäubungsmitteln (→ Rn. 1035) über die maßgebliche Grenze (→ Rn. 1036) beziehen. Vorsätzlich handelt, wer weiß und will, dass Betäubungsmittel über die maßgebliche Grenze in das Ausland verbracht werden. Eigennützigkeit oder Vorteilsabsicht sind anders als beim Handeltreiben nicht erforderlich (→ Rn. 1002). Zur Behandlung der (fehlenden) Erlaubnis im Rahmen des Vorsatzes → Rn. 31, 34, 36–44. 1047

Bedingter Vorsatz (→ Vor § 29 Rn. 415–420) reicht aus. Er ist noch nicht gegeben, wenn der Täter zwar mit der Möglichkeit rechnet, dass sein Begleiter im PKW Rauschgift versteckt hat, letztlich aber doch darauf vertraut, dass dieser ihn nicht missbrauchen werde (BGHR BtMG § 29 Abs. 4 Einfuhr 1 (→ Rn. 1003)). Es ist dann Fahrlässigkeit (Absatz 4, → Rn. 1007) zu prüfen. 1048

Im **Rahmen der Schuld** (anders bei der Strafzumessung) muss sich der Vorsatz weder auf die **Art** des Betäubungsmittels (→ Rn. 41) noch auf seine **Menge** oder **Wirkstoffmenge** (wenn nicht eine Qualifikation in Rede steht) erstrecken. Es genügt wenn der Täter, auch Grund einer Pararellwertung in der Laiensphäre, er- 1049 kennt, **dass** es sich um **Rauschgift handelt** (BGH BeckRS 2016, 21431). Zur Behandlung fehlender oder unklarer Feststellungen und zur etwaigen Auswirkung auf den **Schuldspruch** → Rn. 109.

1050 **II. Irrtumsfälle.** Für die Fälle des Irrtums gibt es bei der **Ausfuhr** im Verhältnis zu den anderen Verkehrsformen keine Unterschiede. Auf die einschlägigen Ausführungen bei der Herstellung kann daher Bezug genommen werden: Tatbestandsirrtum (→ Rn. 148); Verbotsirrtum (→ Rn. 149); Irrtum über Umstände, die nicht zum Tatbestand gehören (→ Rn. 150); umgekehrter Irrtum (untauglicher) Versuch, Wahndelikt (→ Rn. 151).

1051 Die (fehlende) **Erlaubnis** ist auch bei der Ausfuhr Tatbestandsmerkmal und kein Rechtfertigungsgrund. Zu den Irrtümern im Zusammenhang mit der Erlaubnis → Rn. 35–44.

1052 **III. Fahrlässigkeit.** Nach Absatz 4 ist auch die fahrlässige Begehung strafbar. Es gilt dasselbe wie bei der Einfuhr; dazu → Rn. 1007.

1053 **H. Konkurrenzen.** Soll das Betäubungsmittel gewinnbringend veräußert werden, so ist die Ausfuhr ebenso wie die Einfuhr Teilakt des Handeltreibens und geht im Rahmen der **Bewertungseinheit** darin auf (BGHSt 25, 290 (→ Rn. 182)). Auch sonst gelten dieselben Grundsätze wie bei der Einfuhr (→ Rn. 1008–1020).

1054 **I. Strafzumessung.** Der Vorgang der Strafzumessung richtet sich nach denselben Regeln, die auch für das Anbauen gelten. Zu den Grundsätzen daher → Rn. 125.

1055 **I. Strafrahmenwahl.** Auf → Rn. 126 wird verwiesen.

1056 **II. Strafzumessung im engeren Sinne.** Auf → Rn. 127 wird Bezug genommen.

1057 **III. Weitere Entscheidungen.** Auf → Rn. 128 wird verwiesen.

Teil 6. Veräußern (Absatz 1 Satz 1 Nr. 1 Alt. 6)

1058 **A. Völkerrechtliche Grundlage.** Die völkerrechtliche Verpflichtung zur Strafbewehrung der Veräußerung ergibt sich aus Art. 36 Abs. 1a ÜK 1961, Art. 5, 7 Buchst. b, Art. 22 Abs. 1a ÜK 1971, Art. 3 Abs. 1a Ziffer i ÜK 1988.

1059 **B. Zielsetzung, praktische Bedeutung.** Die Vorschrift verfolgt dasselbe Ziel wie die Strafvorschrift zur Abgabe (→ Rn. 1113). Ihre praktische Bedeutung ist allerdings geringer.

1060 **C. Grundtatbestand.** Grundlage der Strafvorschrift ist der Erlaubnistatbestand des § 3 Abs. 1 Nr. 1. Auf die Erläuterungen zu § 3 (→ Rn. 43–45) wird zunächst verwiesen.

1061 **D. Tathandlung.** Unter Strafe gestellt ist das unerlaubte Veräußern von Betäubungsmitteln. Die Veräußerung ist ein **Erfolgsdelikt** (aA *Malek* BtMStrafR Kap. 2 Rn. 253: Unternehmensdelikt) der Erfolg liegt im Übergang der tatsächlichen Verfügungsgewalt auf den Erwerber (*Oğlakcıoğlu* in MüKoStGB Rn. 806).

1062 **I. Betäubungsmittel** sind die in den Anlagen I bis III zum BtMG aufgeführten Stoffe und Zubereitungen. Zu den Einzelheiten sowie zu den Stoffen, die nicht darunter fallen, → Rn. 3–12.

1063 **II. Veräußern** ist das Abgeben (→ Rn. 1117) von Betäubungsmitteln gegen Entgelt (→ Rn. 1071–1073) aufgrund rechtsgeschäftlicher Vereinbarung, wobei der Veräußerer aber nicht eigennützig (→ Rn. 1072, 1073) handeln darf (BGH NStZ 2020, 552). Die Veräußerung ist damit eine durch ein entgeltliches Rechtsgeschäft qualifizierte Form der Abgabe (BGHSt 37, 147 = NJW 1991, 306 = NStZ 1991, 89 mAnm *Schoreit-Bartner* = StV 1990, 548; 42, 162 (→ Rn. 498)).

1. Veräußerer kann nur sein, wer eigene tatsächliche Verfügungsgewalt über das 1064
Betäubungsmittel hat (*Oğlakcıoğlu* in MüKoStGB Rn. 816); wer nur bei der Übertragung einer fremden Verfügungsmacht mitwirkt, etwa indem er den Gewahrsamswechsel auf den Abnehmer bewirkt, ist nicht Veräußerer (→ Rn. 1086). Unerheblich ist, ob der Veräußerer auch Eigentümer ist. Tatsächliche Verfügungsgewalt hat auch der **Besitzherr,** für den ein Besitzdiener, etwa ein Bote, die tatsächliche Gewalt ausübt. Dagegen ist bei dem Boten eine eigene tatsächliche Verfügungsmacht nicht gegeben (BGH NStZ-RR 2007, 24; BeckRS 2020, 41115; *Patzak* in Körner/Patzak/Volkmer Teil 7 Rn. 5).

Eigene tatsächliche Verfügungsmacht hat auch der **mittelbare Besitzer,** 1065
dem der unmittelbare Besitzer (Besitzmittler) in der Weise den Besitz vermittelt, dass er ohne Schwierigkeiten über das Rauschgift verfügen kann. Dies kommt etwa in Betracht, wenn die Betäubungsmittel bei der Gepäckaufbewahrung verwahrt sind (BGHSt 27, 380 = NJW 1978, 1696 für den Besitz), aber auch, wenn sich die Betäubungsmittel sonst bei einem Verwahrer befinden, der die Rechte des Hinterlegers anerkennt und das Rauschgift nur für diesen aufbewahrt (BGH StV 1981, 127; BayObLGSt 2003, 116 = NStZ 2004, 401 = StV 2004, 606 für die Abgabe). Eine **körperliche Übergabe** des Rauschgifts muss daher **nicht** stattfinden (→ Rn. 1068).

Gibt der Verwahrer, der sonstige unmittelbare Besitzer oder der Besitzdiener die 1066
Betäubungsmittel **eigenmächtig** an einen Dritten weiter, so nimmt er **eigene Verfügungsgewalt** in Anspruch, so dass, sofern die anderen Voraussetzungen erfüllt sind, eine Veräußerung (durch ihn) in Betracht kommt (*Wolz* S. 35 für die Abgabe im AMG).

2. Empfänger. Dem Empfänger muss das Betäubungsmittel so übertragen wer- 1067
den, dass er die **tatsächliche Verfügungsmacht** daran erlangt. Das Betäubungsmittel muss in den **Zugriffsbereich des Empfängers** gelangt sein; daran fehlt es, wenn es von den Zollbehörden abgefangen oder an eine Tarnadresse der Polizei geliefert wird (BGHSt 59, 16 = NJW 2014, 326 = NStZ 2014, 468 mAnm *Volkmer* = PharmR 2014 mAnm *Floeth* = A&R 2014, 35 mAnm *Winkler;* BGH NStZ 2015, 591 für die Abgabe nach AMG). Auch auf der Empfängerseite kann ein **Besitzdiener** oder **Besitzmittler** tätig sein, sofern diese dem Empfänger in der Weise den Besitz vermitteln, dass er ohne Schwierigkeiten über die Betäubungsmittel verfügen kann (BGH BeckRS 2018, 14695, BayObLGSt 2003, 116 (→ Rn. 1065) je für die Abgabe). Die tatsächliche Verfügungsmacht erlangt dann der Besitzherr oder der mittelbare Besitzer, jedenfalls solange der Bote im Rahmen seines Auftrags handelt oder der unmittelbare Besitzer, etwa der Verwahrer, eigene Verfügungsmacht nicht in Anspruch nimmt (BGH NStZ 1982, 190 = StV 1991, 127). Maßgeblich sind die Absprachen mit dem Übergebenden im Zeitpunkt der Aushändigung an den Besitzdiener oder Besitzmittler; ein späterer Sinneswandel des Boten kann ihm nicht zugerechnet werden (BayObLGSt 2003, 116 (→ Rn. 1065) für die Abgabe).

Das Betäubungsmittel kann auch **bei demselben Besitzmittler,** zB bei der Ge- 1068
päckaufbewahrung, **verbleiben,** und dem Empfänger der tatsächliche Zugang lediglich durch Übertragung des Gepäckscheins (BGHSt 27, 380 (→ Rn. 1065)) oder auf sonstige Weise, etwa durch Benennung des Verwahrers, verschafft werden.

3. Freie Verfügung. Die Übertragung der tatsächlichen Gewalt muss **zur** 1069
freien Verfügung erfolgen, so dass der Empfänger die Betäubungsmittel nach Belieben verbrauchen oder weitergeben kann (BGHSt 52, 271 = NJW 2008, 2596 = NStZ 2008, 574 = StV 2008, 471= MedR mAnm *N. Nestler* für die Abgabe); BGHR BtMG § 29 Abs. 1 Nr. 1 Abgabe 1 = StV 1991, 208; § 29a Abs. 1 Nr. 1 Abgabe 1; BGH NStZ-RR 1998, 150; StV 1998, 592). An der freien Verfügungsbe-

BtMG § 29 Sechster Abschnitt. Straftaten und Ordnungswidrigkeiten

fugnis fehlt es bei einem **Boten des Empfängers** (BayObLGSt 2003, 116 (→ Rn. 1065); OLG München StV 2015, 644). Nichts anderes gilt für den **Boten des Abgebenden,** der das Betäubungsmittel ebenfalls nicht zur freien Verfügung erhält.

1070 An der freien Verfügung des Empfängers fehlt es auch dann, wenn das Betäubungsmittel **unmittelbar am** oder **im Körper** des anderen angewendet wird, zB diesem injiziert wird (stRspr; RGSt 33, 30; BGHSt 1, 130; KG JR 1991, 169); in diesem Fall liegt ein **Verabreichen** vor. Zur freien Verfügung erhält der Empfänger das Betäubungsmittel auch dann nicht, wenn es ihm lediglich zum Mitgenuss oder in verbrauchsgerechter Menge **zum sofortigen Verbrauch** an Ort und Stelle überlassen wird (BGHR BtMG § 29 Abs. 1 Nr. 1 Abgabe 1 (→ Rn. 1069); BayObLG NStZ 1990, 395 = StV 1990, 356; NStZ-RR 1998, 149; dazu näher → Rn. 1208–1210). Es liegt dann ein Überlassen zum unmittelbaren Verbrauch vor (BayObLG aaO).

1071 **4. Entgeltliches Rechtsgeschäft.** Das Rechtsgeschäft muss **entgeltlich** sein. Andernfalls liegt eine Abgabe vor. Notwendig ist daher, dass für die Überlassung der Betäubungsmittel ein Entgelt **vereinbart** wird. Dieses darf für den Veräußerer keinen Gewinn oder sonstigen Vorteil enthalten, da sonst Eigennützigkeit und damit Handeltreiben vorliegt. Das Entgelt muss nicht in Geld bestehen. Es genügen entgeltliche Rechtsgeschäfte jedweder Art, zB Kauf, Tausch, Miete, Darlehen oder Dienstleistungen jeglicher Art (*Oğlakcıoğlu* in MüKoStGB Rn. 817). Eine Verrechnung des Kaufpreises mit Gegenansprüchen des Empfängers genügt (BGH BeckRS 1988, 6198; *Oğlakcıoğlu* in MüKoStGB Rn. 817).

1072 **5. Keine Eigennützigkeit.** Auf Seiten des Veräußerers darf **keine Eigennützigkeit** gegeben sein (BGHR BtMG § 29 Abs. 1 Nr. 1 Handeltreiben 15 (→ Rn. 310); 55 (→ Rn. 314)); andernfalls liegt Handeltreiben vor. Ob **Eigennützigkeit** gegeben ist, richtet sich nach den Grundsätzen, die zum Handeltreiben entwickelt wurden (→ Rn. 309–348).

1073 Hauptfälle der Veräußerung sind danach der Verkauf zum **Selbstkosten** – oder **Einstandspreis** (→ Rn. 340; BGHSt 37, 147 (→ Rn. 1063); BayObLG StV 1993, 478), etwa bei einem Einkaufspool oder einer Sammelbestellung für den Eigenbedarf (BGH StV 1984, 248; BeckRS 1992, 31081000; hierzu auch → Rn. 1074) oder auf **ausschließlich fremde Rechnung.** Dasselbe gilt, wenn der Täter Cocain zum Selbstkostenpreis an seinen Händler zum Zweck des **Tauschs** in Heroin weitergibt (BGHR BtMG § 29 Abs. 1 Nr. 1 Handeltreiben 55 (→ Rn. 314)); in diesem Fall liegt in Tateinheit auch unerlaubter Erwerb (des Heroins) vor).

1074 **6. Erweiterung des Kreises.** Durch die Veräußerung muss der Kreis derjenigen, die zum Betäubungsmittel in Beziehung stehen, erweitert werden (*Oğlakcıoğlu* in MüKoStGB Rn. 816; *Patzak* in Körner/Patzak/Volkmer Teil 7 Rn. 2). War der Empfänger als **Mittäter** bereits beim Erwerb der Betäubungsmittel beteiligt, liegt keine Veräußerung vor (BGHSt 37, 147 (→ Rn. 1063); BGH StV 1984, 248).

1075 **Dasselbe gilt** im illegalen Betäubungsmittelverkehr bei der **Rückgabe** der Betäubungsmittel an den Lieferanten gegen Erstattung des Kaufpreises (s. BGHSt 30, 359 (→ Rn. 179); *Winkler* in Hügel/Junge/Lander/Winkler Rn. 8.2). Etwas anderes kommt in Betracht, wenn die Betäubungsmittel in den legalen Betäubungsmittelverkehr aufgenommen waren, etwa beim Apotheker, und bei der Rückgabe wieder in den illegalen Verkehr geraten (→ § 4 Rn. 41).

1076 **III. Unerlaubt.** Weiteres Tatbestandsmerkmal der unerlaubten Veräußerung ist das Fehlen einer Erlaubnis (→ Rn. 26–44; 1125). Das Fehlen ergibt sich meist aus den Gesamtumständen und muss daher nicht ausdrücklich festgestellt werden (→ Rn. 31).

E. Vorbereitung, Versuch, Vollendung, Beendigung.
Der Versuch ist strafbar (§ 29 Abs. 2). Es gelten die allgemeinen strafrechtlichen Grundsätze (→ Vor § 29 Rn. 171–206). Die Veräußerung ist ein **dingliches** Geschäft.

I. Vorbereitung, Versuch.
Der Versuch beginnt daher erst mit Handlungen, mit denen der Täter nach seiner Vorstellung unmittelbar zu dem dinglichen Vorgang der Übertragung der tatsächlichen Verfügungsgewalt ansetzt (BGH NStZ 2014, 717 = StV 2014, 612 für die Abgabe; BayObLG StV 1993, 478; auch BGHSt 40, 208 (→ Rn. 358) für den Erwerb; aA *Winkler* in Hügel/Junge/Lander/Winkler 7.3; *Malek* BtMStrafR Kap. 2 Rn. 256). Dazu ist notwendig, dass der Täter die eigene tatsächliche Verfügungsgewalt (→ Rn. 1064) über die Betäubungsmittel **schon innehat.** Muss er die Ware erst beschaffen, kommt nur eine Vorbereitungshandlung in Betracht. Ebenfalls noch kein Versuch ist die **Aufbewahrung zur Abgabe** (BGH NStZ 2014, 717 (s. o.)) oder das **Feilbieten** (BGH NStZ 2020, 226).

Vorbereitungshandlungen sind auch Absprachen und schuldrechtliche Vereinbarungen, es sei denn, dass sich der Übergang der tatsächlichen Verfügungsgewalt nach der Vorstellung des Täters **unmittelbar** daran anschließt (BayObLG StV 1993, 478; *Franke/Wienroeder* Rn. 109). Daran fehlt es, wenn der Täter die Ware erst herbeiholen muss. Ein Ansetzen zur Überlassung liegt auch dann nicht vor, wenn die Beteiligten vereinbaren, die Betäubungsmittel später zu übergeben; dies gilt auch, wenn bereits eine Anzahlung auf den Kaufpreis geleistet wird (BayObLG StV 1993, 478).

Ein Versuch ist dagegen gegeben, wenn das Rauschgift an den **Boten des Empfängers** (in der JVA) übergeben wird, ohne dass der Empfänger bereits dadurch die freie Verfügungsmacht erlangt (→ Rn. 1069; BayObLGSt 2003, 116 (→ Rn. 1065) für die Abgabe). Dasselbe gilt für die Übergabe **an die Post** oder andere Formen der Versendung (*Patzak* in Körner/Patzak/Volkmer § 29 Teil 7 Rn. 8). Schwingt sich der Bote zum Eigenbesitzer auf, so liegt eine wesentliche Abweichung vom gedachten Kausalverlauf vor (*Oğlakcıoğlu* in Kotz/Rahlf BtMStrafR Kap. 3 Rn. 241) und es bleibt bei der versuchten Veräußerung.

II. Vollendung.
Da die Veräußerung in der Übertragung der tatsächlichen Verfügungsmacht auf den Empfänger besteht (s. BGHSt 40, 208 (→ Rn. 358)), genügt der bloße Verlust der Verfügungsmacht durch den Abgebenden zur Vollendung nicht (*Oğlakcıoğlu* in MüKoStGB Rn. 832; aA *Winkler* in Hügel/Junge/Lander/Winkler Rn. 8.3). Daher führt die Übergabe an die Post oder sonstige Transportmittel nur zum Versuch. Dasselbe gilt, wenn das Betäubungsmittel von den Zollbehörden abgefangen wird (→ Rn. 1067).

Hinzutreten muss das **Erlangen der tatsächlichen Verfügungsmacht** durch den Empfänger. Notwendig ist ein **Besitzwechsel.** Es liegt daher nur Versuch vor, wenn die Polizei zwar nach Zahlung des Kaufpreises, aber vor Übergabe der **Betäubungsmittel** eingreift (BGH NStZ 2008, 470) oder wenn das Betäubungsmittel an eine Tarnadresse der Polizei geliefert wird (→ Rn. 1067). Am Erlangen der tatsächlichen Verfügungsmacht durch den Empfänger fehlt es auch, wenn sein Bote das Rauschgift erst noch in eine **Justizvollzugsanstalt einschmuggeln** muss (→ Rn. 1069; BayObLGSt 2003, 116 (→ Rn. 1065)).

Ob und wann der **Empfänger Eigentum** an dem Betäubungsmittel **erwirbt,** ist unerheblich (*Joachimski/Haumer* BtMG Rn. 88), was allerdings nicht dazu führt, dass es nunmehr auf die Einigung über den Eigentumsübergang ankäme (missverständlich *Joachimski/Haumer* BtMG Rn. 88). Auch auf die **Aushändigung des Entgelts** kommt es für die Vollendung (anders für die Beendigung) nicht an (BGHR BtMG § 29 Abs. 1 Nr. 1 Handeltreiben 15 (→ Rn. 310); *Patzak* in Körner/Patzak/Volkmer § 29 Teil 7 Rn. 9).

1084 **III. Beendigung.** Anders als die Abgabe, bei der Vollendung und Beendigung zusammenfallen (→ Rn. 1128), ist die Veräußerung erst mit der Leistung des Entgelts beendet (BGHR BtMG § 29 Abs. 1 Nr. Handeltreiben 15 (→ Rn. 310); *Patzak* in Körner/Patzak/Volkmer Teil 7 Rn. 9; *Franke/Wienroeder* Rn. 104). Bis dahin kann noch Beihilfe geleistet werden.

1085 **F. Täterschaft, Teilnahme.** Mit Rücksicht auf die Natur der Veräußerung als qualifizierter Form der Abgabe (→ Rn. 1063) besteht ihr wesentlicher Unrechtsgehalt nicht in dem Abschluss des Rechtsgeschäfts über das Betäubungsmittel, sondern wie bei der Abgabe im Übergang einer Gefahrenquelle durch Verschaffung der tatsächlichen Verfügungsgewalt (→ Rn. 1130).

1086 Die Veräußerung ist daher wie die Abgabe ein (echtes) **Sonderdelikt** (→ Vor § 29 Rn. 253, 254, 371; BGH PharmR 2016, 40 für die Abgabe; *Oğlakcıoğlu* in Kotz/Rahlf BtMStrafR Kap. 3 Rn. 260), so dass als Täter, mittelbarer Täter oder Mittäter nur in Betracht kommt, wer Inhaber der tatsächlichen Verfügungsgewalt (→ Rn. 1064) über das Betäubungsmittel ist. Wer nur bei der Übertragung einer fremden Verfügungsmacht mitwirkt, etwa indem er den Gewahrsamswechsel auf den Abnehmer bewirkt, ist nicht Veräußerer (BGH NStZ-RR 2007, 24; OLG Celle NJW 1985, 2206; *Horn* NJW 1977, 2329 (2332)), sondern Teilnehmer. Im Hinblick auf die verschiedenen Formen der Ausübung der tatsächlichen Gewalt (→ Rn. 1064–1066; auch → Rn. 1336, 1339, 1352) bedarf die Feststellung der Inhaberschaft einer genauen Prüfung.

1087 Das Erfordernis der eigenen Verfügungsgewalt ist wie bei der Abgabe ein **strafbegründendes besonderes persönliches Merkmal** nach § 28 Abs. 1 StGB (→ Rn. 1131); dazu → Vor § 29 Rn. 777, 778. Zur etwaigen doppelten Strafmilderung → Vor § 29 Rn. 772.

1088 Zur etwaigen Beteiligung eines **Wohnungsinhabers** → Rn. 560–563; die dort genannten Grundsätze gelten für das Veräußern sinngemäß.

1089 Nicht strafbar wegen Anstiftung oder Beihilfe macht sich der **Empfänger.** Er ist **notwendiger Teilnehmer,** da der Tatbestand zu seiner Erfüllung notwendig die Beteiligung zweier Personen erfordert (→ Vor § 29 Rn. 280, 281).

1090 **G. Veräußern im Ausland.** Durch das Veräußern werden Betäubungsmittel entgeltlich in den Besitz eines anderen gebracht, so dass ein Vertrieb nach § 6 Nr. 5 StGB vorliegt (*Oğlakcıoğlu* in MüKoStGB Rn. 811). Das deutsche Strafrecht gilt daher auch für Taten, die nicht in Deutschland begangen wurden (→ Vor § 29 Rn. 119–134). Die zum Handeltreiben entwickelten Grundsätze (→ Rn. 824–826) gelten auch hier.

1091 **H. Subjektiver Tatbestand.** Strafbarkeit nach **Absatz 1 Satz 1 Nr. 1** verlangt Vorsatz (→ Rn. 1092, 1093). Kann der Nachweis vorsätzlichen Handelns nicht geführt werden, so hat das Gericht im Rahmen seiner Pflicht zur erschöpfenden Aburteilung (→ Rn. 107) die fahrlässige Begehung (Absatz 4; → Rn. 1096) zu prüfen. Zur Abweichung vom vorgestellten Kausalverlauf → Rn. 876–880.

1092 **I. Vorsatz.** Der Vorsatz (→ Vor § 29 Rn. 389–425) muss sich auf das unerlaubte Abgeben (→ Rn. 1117) von Betäubungsmitteln (→ Rn. 4–6; 10) gegen Entgelt aufgrund rechtsgeschäftlicher Vereinbarung beziehen. Bedingter Vorsatz (→ Vor § 29 Rn. 415–420) reicht aus. Zur Behandlung der (fehlenden) Erlaubnis im Rahmen des Vorsatzes → Rn. 31, 34, 36–44.

1093 Im **Rahmen der Schuld** (anders bei der Strafzumessung) muss sich der Vorsatz weder auf die **Art** des Betäubungsmittels (→ Rn. 41) noch auf seine **Menge** oder **Wirkstoffmenge** (wenn nicht eine Qualifikation in Rede steht) erstrecken. Es genügt wenn der Täter, auch Grund einer Pararallelwertung in der Laiensphäre, erkennt, **dass** es sich um **Rauschgift handelt** (BGH BeckRS 2016, 21431). Zur Behandlung fehlender oder unklarer Feststellungen und zur etwaigen Auswirkung auf den **Schuldspruch** → Rn. 109.

II. Irrtumsfälle. Für die Fälle des Irrtums gibt es bei der Veräußerung im Verhältnis zu den anderen Verkehrsformen keine Unterschiede. Auf die einschlägigen Ausführungen bei der Herstellung kann daher Bezug genommen werden: Tatbestandsirrtum (→ Rn. 148); Verbotsirrtum (→ Rn. 149); Irrtum über Umstände, die nicht zum Tatbestand gehören (→ Rn. 150); umgekehrter Irrtum (untauglicher) Versuch, Wahndelikt (→ Rn. 151). **1094**

Die (fehlende) **Erlaubnis** ist auch bei der Veräußerung **Tatbestandsmerkmal** und kein Rechtfertigungsgrund. Zu den Irrtümern im Zusammenhang mit der Erlaubnis → Rn. 35–44. **1095**

III. Fahrlässigkeit Absatz 4). Nach Absatz 4 ist auch die fahrlässige Begehung strafbar (→ Rn. 2076–2097). Die Fahrlässigkeit kann sich auch auf die missbräuchliche Verwendung als Betäubungsmittel (→ § 1 Rn. 158–161) oder darauf beziehen, dass ein Missbrauch zu Rauschzwecken vorgesehen ist (→ § 1 Rn. 166, 168–183, 185–190). Zum **Zusammentreffen** von Vorsatz und Fahrlässigkeit bei verschiedenen **Teilmengen** → Rn. 2096. **1096**

I. Konkurrenzen. Zu den Konkurrenzen → Vor § 29 Rn. 551–587, 671–724. Die Veräußerung ist ein Absatzdelikt, so dass gegebenenfalls mehrere Taten eine **Bewertungseinheit** bilden können; zu der Bewertungseinheit → Vor § 29 Rn. 588–670. Im übrigen kann die Veräußerung mit verschiedenen Tatbeständen des Betäubungsmittelstrafrechts und des allgemeinen Strafrechts zusammentreffen: **1097**

I. Betäubungsmittelstraftaten. In der Praxis ist vor allem das Verhältnis zu den folgenden Tatbeständen des Betäubungsmittelrechts von Bedeutung: **1098**

1. Zum Besitz. Der Besitz ist bloßer Auffangtatbestand und tritt hinter die Veräußerung zurück (BGHSt 42, 162 (→ Rn. 498)). Er hat auch nicht die Kraft, andere selbständige Fälle des Umgangs mit Betäubungsmitteln, zB Einfuhr zum Eigenbedarf und eine auf einem neuen Entschluss beruhende Veräußerung, zur Tateinheit zu verbinden (BGHSt 42, 162 (→ Rn. 498)). **1099**

2. Zum Erwerb und anderen Verkehrsformen. Beziehen sich Erwerb und Veräußerung auf dasselbe Betäubungsmittel und ist dieses bereits zum Zwecke der Veräußerung erworben worden, so werden die beiden Tatbestände zu einer **Bewertungseinheit** des **Veräußerns** zusammengefasst (BGH NStZ 1997, 243; *Zschockelt* NStZ 1995, 323 (325)). Entsprechendes gilt für das **Herstellen** und **andere Verkehrsformen;** sie gehen ebenfalls als unselbständige Teilakte in dem umfassenderen Veräußern auf (*Oğlakcıoğlu* in MüKoStGB Rn. 835). **1100**

Beruht die Veräußerung auf einem **neuen Entschluss**, so liegt Tatmehrheit vor (OLG Karlsruhe NJW 1974, 2061). Auch der gleichzeitig vorliegende Besitz hat dann nicht die Kraft, die beiden Tatbestände miteinander zu verbinden (s. BGHSt 42, 162 (→ Rn. 498)). Zur Veräußerung an den Mittäter beim Erwerb oder zur Rückgabe → Rn. 1074. **1101**

3. Zur Abgabe. Die Veräußerung ist die durch ein entgeltliches Rechtsgeschäft qualifizierte Form der Abgabe, so dass der Begriff der Abgabe den der Veräußerung umfasst (BGHSt 37, 147 (→ Rn. 1063); 42, 162 (→ Rn. 498)). Soweit das Gesetz eine Qualifikation (§ 29a Abs. 1 Nr. 1, § 30 Abs. 1 Nr. 2, 3 BtMG) an die Abgabe knüpft, gilt diese daher auch im Falle der Veräußerung (BGHSt 37, 147 (→ Rn. 1063)). **1102**

4. Zum Handeltreiben. Liegen die Voraussetzungen des Handeltreibens vor, so geht die Veräußerung als unselbständiger Teilakt im Handeltreiben auf (BGHSt 25, 290 (→ Rn. 182)). Unterstützt durch die Formulierung des § 3 Abs. 1 Nr. 1 bedeutet dies, dass die Erlaubnis zum Handeltreiben stets auch die Erlaubnis **1103**

zur Veräußerung umfasst (→ § 3 Rn. 29). In strafrechtlicher Hinsicht spricht die inzwischen entwickelte Abgrenzung zwischen beiden Begehungsweisen (→ Rn. 1072) dafür, dass im Falle der Eigennützigkeit bereits der Tatbestand der Veräußerung nicht erfüllt ist. Die Frage kann jedoch offen bleiben, da jedenfalls die zugleich gegebene Abgabe einen Teilakt des Handeltreibens darstellt. Geht das Handeltreiben mit der Übertragung der tatsächlichen Verfügungsgewalt einher, so kommt eine Qualifikation, die an die an die Abgabe anknüpft (§ 29a Abs. 1 Nr. 1, § 30 Abs. 1 Nr. 2, 3), daher auch hier zur Geltung (BGHSt 37, 147 (→ Rn. 1063)).

1104 **5. Die Abgabe in einer Apotheke oder tierärztlichen Hausapotheke (§ 29 Abs. 1 S. 1 Nr. 7 Buchst. a)** geht, soweit die Vorschrift eingreift (→ Rn. 1646, 1647), als speziellere Regelung dem Veräußern vor.

1105 **6. Zum Verschaffen, Gewähren oder Mitteilen einer Gelegenheit (§ 29 Abs. 1 S. 1 Nr. 10, 11)** gilt dasselbe wie beim Handeltreiben (→ Rn. 862).

1106 **II. Allgemeine Straftaten.** Es gilt dasselbe wie beim Handeltreiben (→ Rn. 864).

1107 Das Veräußern von Betäubungsmitteln ist taugliche Vortat zur **Geldwäsche** (§ 261 Abs. 1, 2, 6 StGB); auch kann das Veräußern eine Tathandlung des § 261 StGB sein; dazu → Vor § 29 Rn. 717–720.

1108 **J. Strafzumessung.** Der Vorgang der Strafzumessung richtet sich nach denselben Regeln, die auch für das Anbauen gelten. Zu den Grundsätzen daher → Rn. 125. Ein Absehen von der Bestrafung kommt allerdings nicht in Betracht (Absatz 5).

1109 **I. Strafrahmenwahl.** Auf → Rn. 126 wird verwiesen.

1110 **II. Strafzumessung im engeren Sinne.** Auf → Rn. 127 wird Bezug genommen.

1111 **III. Weitere Entscheidungen.** Auf → Rn. 128 wird verwiesen.

Teil 7. Abgeben (Absatz 1 Satz 1 Nr. 1 Alt. 7)

1112 **A. Völkerrechtliche Grundlage.** Die völkerrechtliche Verpflichtung zur Strafbewehrung der Abgabe ergibt sich aus Art. 36 Abs. 1a ÜK 1961, Art. 5, 7 Buchst. b, Art. 22 ÜK 1971, Art. 3 Abs. 1a Ziffer i ÜK 1988.

1113 **B. Zielsetzung, praktische Bedeutung.** Die Strafvorschrift hat wie die Erlaubnispflicht zum Ziel, der Verbreitung der Betäubungsmittel und der Ausweitung der Teilnehmer am Betäubungsmittelverkehr auch in den Fällen entgegenzuwirken, in denen der Täter nicht eigennützig handelt (BGHSt 37, 147 (→ Rn. 1063)). Die Vorschrift ist außerhalb des Bereichs des Handeltreibens von erheblicher praktischer Bedeutung (*Winkler* in Hügel/Junge/Lander/Winkler Rn. 8.1).

1114 **C. Grundtatbestand.** Grundlage der Strafvorschrift ist § 3 Abs. 1 Nr. 1. Auf die Erläuterungen zu § 3 (→ Rn. 40–42) wird zunächst verwiesen.

1115 **D. Tathandlung.** Unter Strafe gestellt ist das unerlaubte Abgeben von Betäubungsmitteln. Die Abgabe ist ein **Erfolgsdelikt;** der Erfolg ist eingetreten, wenn der Empfänger die tatsächliche Verfügungsmacht erlangt hat (*Oğlakcıoğlu* in MüKoStGB Rn. 855).

1116 **I. Betäubungsmittel** sind die in den Anlagen I bis III zum BtMG aufgeführten Stoffe und Zubereitungen. Zu den Einzelheiten sowie zu den Stoffen, die nicht darunter fallen, → Rn. 3–12.

1117 **II. Abgeben** ist die Übertragung der eigenen (BGH NStZ 1982, 190 (→ Rn. 1067); *Patzak* in Körner/Patzak/Volkmer § 29 Teil 8 Rn. 3; *Oğlakcıoğlu* in MüKoStGB Rn. 866) tatsächlichen Verfügungsgewalt an dem Betäubungsmittel ohne rechtsgeschäftliche Grundlage und ohne Gegenleistung an einen anderen (BGHR BtMG § 29 Abs. 1 Nr. 1 Handeltreiben 15 (→ Rn. 310)) mit der Wirkung, dass dieser frei darüber verfügen kann (BGHSt 37, 147 (→ Rn. 1063); BGHR BtMG § 29 Abs. 1 Nr. 1 Abgabe 1 (→ Rn. 1069); BGH NStZ 2020, 226; NStZ-RR 1999, 89 = StV 1999, 428; 2015, 218 = StV 2015, 636; BeckRS 2017, 102405; 2020, 41115; BayObLG 2003, 116 (→ Rn. 1065)). Typische Beispiele sind das schenkweise Aufteilen eines Drogenvorrats unter Abhängigen oder das sonstige Verschenken von Betäubungsmitteln.

1. Abgebender kann nur sein, wer eigene tatsächliche Verfügungsmacht hat (BGHSt 59, 16 (→ Rn. 1067); OLG Celle NJW 1985, 2206; *Patzak* in Körner/Patzak/Volkmer § 29 Teil 8 Rn. 4; *Oğlakcıoğlu* in MüKoStGB Rn. 869). Diese muss übertragen werden (BGH NStZ 1982, 190 (→ Rn. 1067); *Horn* NJW 1977, 2329 (2334)); wer nur bei der Übertragung einer fremden Verfügungsmacht mitwirkt, etwa indem er den Gewahrsamswechsel auf den Abnehmer bewirkt, ist nicht Abgebender (→ Rn. 1130). Eigene tatsächliche Verfügungsmacht haben auch der **Besitzherr** oder der **mittelbare Besitzer** (→ Rn. 1064–1066). Noch keine Abgabe liegt vor, wenn der Inhaber der tatsächlichen Verfügungsgewalt das Rauschgift seinem Boten übergibt (BGH NStZ-RR 2007, 24; BeckRS 2020, 41115; OLG Celle NJW 1985, 2206; *Horn* NJW 1977, 2329 (2332)). Zur **eigenmächtigen** Weitergabe durch den Besitzdiener oder den umittelbaren Besitzer → Rn. 1066. 1118

2. Empfänger. Dem Empfänger muss das Betäubungsmittel so übertragen werden, dass er tatsächliche Verfügungsmacht erlangt (BayObLG NStZ-RR 1998, 149; *Oğlakcıoğlu* in MüKoStGB Rn. 870). Auch für den Empfänger gelten dieselben Grundsätze wie bei der Veräußerung; auf → Rn. 1067, 1068 wird daher Bezug genommen. 1119

3. Übergabe zur freien Verfügung. Die Übertragung der tatsächlichen Gewalt muss zur freien Verfügung erfolgen, so dass der Empfänger das Betäubungsmittel nach Belieben verbrauchen oder weitergeben kann (BGH NStZ-RR 2015, 218 = StV 2015, 636; BeckRS 2020, 20414). Auch insoweit gilt dasselbe wie bei der Veräußerung, so dass auf → Rn. 1069, 1070 Bezug genommen werden kann. An der Übertragung zur freien Verfügung fehlt es, wenn der Täter dem Empfänger, der das Geschäft vermittelt hat, das Rauschgift **mit der Weisung** übergibt, er solle es einem Abnehmer gegen Zahlung des Kaufpreises aushändigen (BGH BeckRS 2002, 2890). Dasselbe gilt für die Hingabe eines Stoffs an den Apotheker oder eine sonstige Person oder Einrichtung **zur Untersuchung** oder Vernichtung (→ § 4 Rn. 49; 50). 1120

4. Ohne rechtsgeschäftliche Grundlage und ohne Gegenleistung. Die Abgabe muss ohne (eine auf Entgelt gerichtete (*Oğlakcıoğlu* in MüKoStGB Rn. 873)) rechtsgeschäftliche Grundlage und ohne Gegenleistung erfolgen (BGHR BtMG § 29 Abs. 1 Nr. 1 Handeltreiben 15 (→ Rn. 310)). Andernfalls liegt eine Veräußerung vor oder, sofern Eigennützigkeit hinzutritt, Handeltreiben (→ Rn. 1143). Soweit § 30 Abs. 1 Nr. 2 eine gewerbsmäßige Abgabe kennt, ist darunter in aller Regel ein im konkreten Fall mit der Übertragung der tatsächlichen Verfügungsgewalt einhergehendes Handeltreiben zu verstehen. 1121

Dient der Tatbeitrag **dem Umsatz von Betäubungsmitteln,** so liegt im Falle einer uneigennützigen Mitwirkung, etwa wenn der Beteiligte den Erlös des von ihm verkauften Rauschgifts vollständig an den Täter abführt, keine Abgabe, sondern Beihilfe zum Handeltreiben eines anderen vor (BGH NStZ-RR 1999, 89 (→ Rn. 1117)). Die Überlassung des Betäubungsmittels hat in einem solchen Fall eine rechtsgeschäftliche Grundlage; auch erbringen die Abnehmer eine Gegenleistung. 1122

1123 **5. Erweiterung des Kreises.** Durch die Abgabe muss im illegalen Betäubungsmittelverkehr der Kreis derjenigen, die zum Betäubungsmittel in Beziehung stehen, erweitert werden. War der Empfänger als **Mittäter** bereits beim Erwerb der Betäubungsmittel beteiligt, liegt keine Abgabe vor (BGHSt 37, 147 (→ Rn. 1063); BGH StV 1984, 248).

1124 Dasselbe gilt, wenn das Betäubungsmittel dem früheren Inhaber der tatsächlichen Verfügungsgewalt, etwa dem Lieferanten **zurückgegeben** wird (BGHSt 30, 359 (→ Rn. 179); BGH NJW 1982, 1337 = StV 1982, 260). Allerdings ist eine Abgabe dann gegeben, wenn das Betäubungsmittel dabei aus dem **illegalen** Verkehr in den **legalen** über- oder zurückgeführt wird (→ § 4 Rn. 41). Dies kommt namentlich bei der Substanzanalyse in Betracht, wenn der Apotheker das Betäubungsmittel nach der Untersuchung an den Einreichenden zurückgibt.

1125 **III. Unerlaubt.** Weiteres Tatbestandsmerkmal der unerlaubten Abgabe ist das Fehlen einer Erlaubnis (→ Rn. 26–44). Das Fehlen ergibt sich meist aus den Gesamtumständen und muss daher nicht ausdrücklich festgestellt werden (→ Rn. 31). Ein in der **Substitutionsbehandlung** tätiger **Arzt** ist nicht von der Erlaubnispflicht befreit und daher wegen unerlaubter Abgabe strafbar, wenn und soweit er Betäubungsmittel außerhalb des Anwendungsbereichs von § 13 BtMG, § 5 BtMVV an Patienten zur freien Verfügung abgibt (BGHSt 52, 271 (→ Rn. 1069)). Handelt er entgeltlich, liegt Veräußerung vor, im Falle des Eigennutzes ist Handeltreiben gegeben (→ Rn. 1515–1517).

1126 **E. Vorbereitung, Versuch, Vollendung, Beendigung.** Der Versuch ist strafbar (§ 29 Abs. 2). Es gelten die allgemeinen strafrechtlichen Grundsätze (→ Vor § 29 Rn. 171–206). Die Abgabe ist wie die Veräußerung ein dingliches Geschäft (*Patzak* in Körner/Patzak/Volkmer § 29 Teil 8 Rn. 24; *Oğlakcıoğlu* in MüKoStGB Rn. 885). Zum Beginn des Versuchs und zu den Vorbereitungshandlungen daher → Rn. 1078–1080.

1127 **Vollendet** ist die Abgabe mit dem Übergang der tatsächlichen Verfügungsgewalt (*Franke/Wienroeder* Rn. 109); die Vollendung setzt damit einen Besitzwechsel voraus (BGH BeckRS 2020, 41115). Es gilt dasselbe wie bei der Veräußerung (→ Rn. 1081–1083).

1128 **Vollendung** und **Beendigung** fallen bei der Abgabe immer zusammen (BGHSt 33, 66 = NJW 1985, 690 = NStZ 1985, 319 mAnm *Roxin* = StV 1985, 148; *Oğlakcıoğlu* in MüKoStGB Rn. 869; *Joachimski/Haumer* BtMG Rn. 96; aA *Patzak* in Körner/Patzak/Volkmer § 29 Teil 8 Rn. 25; *Malek* BtMStrafR Kap. 2 Rn. 264). Die Tathandlung (Übertragung der tatsächlichen Verfügungsgewalt) reicht auf der einen Seite nicht über den Zeitpunkt hinaus, zu dem der Empfänger die tatsächliche Verfügungsgewalt über das Rauschgift erlangt (BGHSt 33, 66 (s. o.)). Auf der anderen Seite tritt Vollendung auch nicht vor diesem Zeitpunkt ein (→ Rn. 1127). Bis dahin liegt daher auch in den Fällen des Transports nur eine versuchte Abgabe vor (aA *Patzak* in Körner/Patzak/Volkmer § 29 Teil 8 Rn. 25; *Malek* BtMStrafR Kap. 2 Rn. 264).

1129 **F. Täterschaft, Teilnahme.** Während die Übertragung der tatsächlichen Verfügungsgewalt über einen Gegenstand an sich neutral ist, ergibt sich das Unrecht der Abgabe von Betäubungsmitteln daraus, dass damit eine Gefahrenquelle übergeht (vgl. *Horn* NJW 1977, 2329 (2334)). Adressat des Verbots ist daher nur derjenige, der für die Gefahrenquelle verantwortlich ist.

1130 Die unerlaubte Abgabe von Betäubungsmitteln gehört deswegen zu den (echten) **Sonderdelikten** (→ Vor § 29 Rn. 253, 254, 371; BGH PharmR 2016, 40; *Oğlakcıoğlu* in MüKoStGB Rn. 855, 881; *Horn* NJW 1977, 2329 (2334) für das Inverkehrbringen), so dass Täter, mittelbarer Täter oder Mittäter nur sein kann, wer eigene tatsächliche Verfügungsgewalt überträgt. Wer nur bei der Übertragung einer fremden Verfügungsmacht mitwirkt, etwa indem er den Gewahrsamswechsel auf den Abnehmer bewirkt, ist nicht Täter, sondern Gehilfe (BGH NStZ-RR 2007, 24; OLG Celle NJW 1985, 2206; *Horn* NJW 1977, 2329 (2332)). Im Hinblick auf die verschiedenen Formen der Ausübung der tatsächlichen Gewalt (→ Rn. 1117, 1118; auch → Rn. 1336, 1339, 1352) bedarf die Feststellung der Inhaberschaft einer genauen Prüfung.

Das Erfordernis der eigenen Verfügungsmacht dient nicht der sachlichen Charakterisierung der Tat, sondern als Anknüpfung für die Pflichtenbindung des Täters, der für den Übergang der Gefahrenquelle verantwortlich ist (→ Rn. 1130). Es ist daher ein **strafbegründendes** besonderes persönliches Merkmal **nach § 28 Abs. 1 StGB** (*Horn* NJW 1977, 2329 (2334) für das Inverkehrbringen); *Oğlakcıoğlu* in MüKoStGB Rn. 855; dazu → Vor § 29 Rn. 777, 778. Zur etwaigen doppelten Strafmilderung → Vor § 29 Rn. 772. 1131

Zur etwaigen Beteiligung eines **Wohnungsinhabers** → Rn. 78–98; die dort genannten Grundsätze gelten für die Abgabe sinngemäß. 1132

Nicht strafbar wegen Anstiftung oder Beihilfe macht sich der **Empfänger.** Er ist **notwendiger Teilnehmer,** da der Tatbestand zu seiner Erfüllung notwendig die Beteiligung zweier Personen erfordert (→ Vor § 29 Rn. 280, 281). 1133

G. Handeln im Ausland. Im Hinblick auf die Unentgeltlichkeit der Abgabe liegt kein Vertrieb iSd § 6 Nr. 5 StGB vor, so dass das deutsche Strafrecht nicht bereits aufgrund des Weltrechtsprinzips gilt (*Oğlakcıoğlu* in MüKoStGB Rn. 861). Es gelten daher die allgemeinen international-strafrechtlichen Regeln. Wegen der Einzelheiten wird auf → Rn. 99–106 verwiesen. 1134

H. Subjektiver Tatbestand. Strafbarkeit nach **Absatz 1 Satz 1 Nr. 1** verlangt Vorsatz (→ Rn. 1136, 1137). Kann der Nachweis vorsätzlichen Handelns nicht geführt werden, so hat das Gericht im Rahmen seiner Pflicht zur erschöpfenden Aburteilung (→ Rn. 107) die fahrlässige Begehung (Absatz 4; → Rn. 1140) zu prüfen. Zur Abweichung vom vorgestellten Kausalverlauf → Rn. 876–880, 1080. 1135

I. Vorsatz. Der Vorsatz (→ Vor § 29 Rn. 389–425) muss sich auf das unerlaubte Abgeben von Betäubungsmitteln (→ Rn. 4–6; 10) beziehen. Bedingter Vorsatz (→ Vor § 29 Rn. 415–420) genügt (BGH NStZ 2002, 439). Zur Behandlung der (fehlenden) Erlaubnis im Rahmen des Vorsatzes → Rn. 31, 34, 36–44. 1136

Im **Rahmen der Schuld** (anders bei der Strafzumessung) muss sich der Vorsatz weder auf die **Art** des Betäubungsmittels (→ Rn. 41) noch auf seine **Menge** oder **Wirkstoffmenge** (wenn nicht eine Qualifikation in Rede steht) erstrecken. Es genügt wenn der Täter, auch Grund einer Pararallelwertung in der Laiensphäre, erkennt, **dass** es sich um **Rauschgift handelt** (BGH BeckRS 2016, 21431). Zur Behandlung fehlender oder unklarer Feststellungen und zur etwaigen Auswirkung auf den **Schuldspruch** → Rn. 109. 1137

II. Irrtumsfälle. Für die Fälle des Irrtums gibt es bei der Abgabe im Verhältnis zu den anderen Verkehrsformen keine Unterschiede. Auf die einschlägigen Ausführungen bei der Herstellung kann daher Bezug genommen werden: Tatbestandsirrtum (→ Rn. 148); Verbotsirrtum (→ Rn. 149); Irrtum über Umstände, die nicht zum Tatbestand gehören (→ Rn. 150); umgekehrter Irrtum (untauglicher) Versuch, Wahndelikt (→ Rn. 151). 1138

Die (fehlende) **Erlaubnis** ist auch bei der Abgabe Tatbestandsmerkmal und kein Rechtfertigungsgrund. Zu den Irrtümern im Zusammenhang mit der Erlaubnis → Rn. 35–44. 1139

III. Fahrlässigkeit (Absatz 4). Nach Absatz 4 ist auch die fahrlässige Begehung strafbar (→ Rn. 2076–2097). Die Fahrlässigkeit kann sich auch auf die missbräuchliche Verwendung als Betäubungsmittel (→ § 1 Rn. 158–161) oder darauf bezie- 1140

BtMG § 29   Sechster Abschnitt. Straftaten und Ordnungswidrigkeiten

hen, dass ein Missbrauch zu Rauschzwecken vorgesehen ist (→ § 1 Rn. 166, 168–183, 185–190). Zum **Zusammentreffen** von Vorsatz und Fahrlässigkeit bei verschiedenen **Teilmengen** → Rn. 2096.

1141   **I. Konkurrenzen.** Zu den Konkurrenzen s. zunächst die zusammenfassende Darstellung in → Vor § 29 Rn. 551–587, 671–724. Die Abgabe ist ein **Absatzdelikt,** so dass gegebenenfalls mehrere Taten eine **Bewertungseinheit** bilden können; zur Bewertungseinheit → Vor § 29 Rn. 588–670).

1142   Im Übrigen kann die Abgabe mit verschiedenen Tatbeständen des Betäubungsmittelstrafrechts und des allgemeinen Strafrechts zusammentreffen. Dabei gelten dieselben Grundsätze wie bei der Veräußerung (zum Besitz → Rn. 1099, zum Erwerb und anderen Verkehrsformens → Rn. 1100, 1101, zum Abgeben in einer Apotheke → Rn. 1104 und zu den allgemeinen Tatbeständen → Rn. 1106). Zur Abgabe an den Mittäter beim Erwerb oder zur Rückgabe → Rn. 1123, 1124.

1143   Ist die Abgabe Teil einer eigennützigen, auf Güterumsatz gerichteten Tätigkeit, so ist sie ein Teilakt des **Handeltreibens** und geht in diesem auf (BGHSt 25, 290 (→ Rn. 182); 28, 308 (→ Rn. 310)). Zur Wirksamkeit von Qualifikationen → Rn. 1103.

1144   Im Verhältnis zur Abgabe sind das **Verschaffen, Gewähren** oder (öffentliche oder eigennützige) **Mitteilen** einer Gelegenheit zur unbefugten Abgabe von Betäubungsmitteln (Nr. 10) Auffangtatbestände. Kann Mittäterschaft oder Beihilfe zur Abgabe **nicht bewiesen werden,** so hat das Gericht im Rahmen seiner umfassenden Kognitionspflicht zu prüfen, ob einer dieser Tatbestände gegeben ist (BGHR BtMG § 29 Abs. 1 Nr. 10 Gelegenheit 2 (→ Rn. 862)). Kein Auffangtatbestand ist § 29 Abs. 1 S. 1 Nr. 11 (→ Rn. 1888).

1145   Die unerlaubte Abgabe von Betäubungsmitteln ist taugliche Vortat zur **Geldwäsche** (§ 261 Abs. 1, 2, 6 StGB); auch kann das Abgeben eine Tathandlung des § 261 StGB sein; dazu → Vor § 29 Rn. 717–720.

1146   **J. Strafzumessung.** Der Vorgang der Strafzumessung richtet sich nach denselben Regeln, die auch für das Anbauen gelten. Zu den Grundsätzen daher → Rn. 125. Ein Absehen von der Bestrafung kommt allerdings nicht in Betracht (Absatz 5).

1147   **I. Strafrahmenwahl.** Auf → Rn. 126 wird verwiesen.

1148   **II. Strafzumessung im engeren Sinne.** Auf → Rn. 127 wird Bezug genommen.

1149   **III. Weitere Entscheidungen.** Auf → Rn. 128 wird verwiesen.

1150   **K. Exkurs: Weitergabe von Rauschgift durch Schwangere und Mütter.** Gibt eine drogensüchtige Schwangere über ihr Blut Drogen an den Fötus weiter, so liegt darin schon deswegen **keine Abgabe,** weil das ungeborene Kind noch keine eigene Rechtspersönlichkeit hat und deswegen auch nicht Adressat einer Abgabe sein kann (s. *Patzak* in Körner/Patzak/Volkmer § 29 Teil 8 Rn. 10). Aus dem gleichen Grund ist auch der Tatbestand des **Verabreichens nicht** erfüllt (*Patzak* in Körner/Patzak/Volkmer Vor § 29 Rn. 357). Verursacht die Einnahme oder Verabreichung von Betäubungsmitteln den Tod oder den Abgang der Leibesfrucht (mit tödlichem Ausgang), so liegt ein **Schwangerschaftsabruch** vor (BGH NStZ 2008, 343 = StV 2008, 246). Dagegen kann vorsätzliches oder fahrlässiges **Verabreichen** vorliegen, wenn die drogensüchtige **Mutter** ihr Kind stillt, obwohl die Muttermilch mit Drogen versetzt ist.

1151   Die **Weitergabe** der Drogen über das Blut der **Schwangeren** an den Fötus ist mangels Rechtspersönlichkeit des ungeborenen Kindes auch **keine Körperverletzung.** Dies gilt auch dann, wenn sich die Drogen, etwa durch eine Missbildung, nach der Geburt auswirken (*Patzak* in Körner/Patzak/Volkmer Vor § 29 Rn. 357).

Bei Fahrlässigkeit ergibt sich dies bereits aus der gesetzgeberischen Wertentscheidung zu § 218 StGB (*Fischer* StGB Vor §§ 211–216 Rn. 8 mwN); bei Vorsatz folgt dies daraus, dass maßgeblicher Zeitpunkt nicht der des Erfolgs, sondern der des Einwirkens ist (*Fischer* StGB Vor §§ 211–216 Rn. 8 mwN; diff. *Sternberg-Lieben* in Schönke/Schröder StGB § 223 Rn. 1b; aA *Gropp* GA 2000, 1 (7, 8)). **Körperverletzung** kann in Betracht kommen (*Patzak* in Körner/Patzak/Volkmer Vor § 29 Rn. 362, § 29 Teil 8 Rn. 10), wenn die **Mutter** das Kind stillt, obwohl die Muttermilch Drogen enthält. Aus einem regelmäßigen und erheblichen Drogenkonsum während der Schwangerschaft und einem weiteren Konsum vor der Geburt kann sich eine **Garantenpflicht** der Mutter ergeben, die Geburt nicht ohne ärztlichen Beistand durchzuführen (BGH NStZ 2010, 214).

Teil 8. Sonstiges Inverkehrbringen (Absatz 1 Satz 1 Nr. 1 Alt. 8)

A. Völkerrechtliche Grundlage. Die Strafbewehrung des sonstigen Inverkehrbringens beruht auf Art. 36 Abs. 1 a ÜK 1961, Art. 5, 7 Buchst. a, d, Art. 22 Abs. 1 a ÜK 1971, Art. 3 Abs. 1 a Ziffer i ÜK 1988. **1152**

B. Zielsetzung, praktische Bedeutung. Die Strafvorschrift hat wie die Erlaubnispflicht (→ § 3 Rn. 46) zum Ziel, zur Vermeidung von Lücken (RG JW 1929, 2280) die Verkehrsarten zu erfassen, die sich in ihrer Vielgestaltigkeit den anderen Erlaubnistatbeständen entziehen (*Eberth/Müller* BtMR § 3 Rn. 13). Sie soll gewährleisten, dass keine wie auch immer geartete Entäußerungshandlung (zum Unterlassen → Rn. 1168) straflos bleibt (*Winkler* in Hügel/Junge/Lander/Winkler Rn. 9.1). Zugleich fängt die Vorschrift die Fälle auf, in denen sich eine einvernehmliche Verschaffung der tatsächlichen Verfügungsgewalt des Empfängers über das Betäubungsmittel nicht sicher feststellen lässt (*Franke/Wienroeder* Rn. 127). Namentlich weil ihr die anderen Tatbestandsalternativen vorgehen (→ Rn. 1186), ist die Anwendung der Vorschrift in der Praxis selten. **1153**

C. Grundtatbestand. Grundlage der Strafvorschrift ist § 3 Abs. 1 Nr. 1. Auf die Erläuterungen zu § 3 (→ Rn. 46–48) wird zunächst verwiesen. **1154**

D. Tathandlung. Unter Strafe gestellt ist das unerlaubte sonstige Inverkehrbringen von Betäubungsmitteln. Entsprechend ihrem Zweck (→ Rn. 1153) ist die Vorschrift weit auszulegen (BayObLGSt 1960, 182; *Winkler* in Hügel/Junge/Lander/Winkler Rn. 9.1). Die Vorschrift ist ein **Erfolgsdelikt** (*Oğlakcıoğlu* in MüKoStGB Rn. 918); der Erfolg ist eingetreten, wenn der neue Inhaber die tatsächliche Verfügungsgewalt erlangt hat. **1155**

I. Betäubungsmittel sind die in den Anlagen I bis III zum BtMG aufgeführten Stoffe und Zubereitungen. Zu den Einzelheiten sowie zu den Stoffen, die nicht darunter fallen, → Rn. 3–12. **1156**

II. Inverkehrbringen. Sonstiges Inverkehrbringen ist jedes, gleichwie geartete, Eröffnen der Möglichkeit, dass ein anderer die tatsächliche Verfügungsmacht über das Betäubungsmittel erlangt (RGSt 62, 389; BGH NStZ 1982, 190 (→ Rn. 1067); *Schoreit* NStZ 1992, 322; StV 1981, 127; BayObLGSt 1960, 182). Erfasst wird damit jede Verursachung des Wechsels der Verfügungsgewalt in der Weise, dass der Empfänger nach Belieben mit dem Betäubungsmittel verfahren kann (RGSt 62, 389; BGH NStZ 1982, 190). Dabei gilt die Vorschrift für alle Fälle, in denen eine konkrete Abgabehandlung nicht festgestellt werden kann. **1157**

1. Inverkehrbringender kann nur sein, wer die tatsächliche Verfügungsgewalt über das Betäubungsmittel innehat (*Oğlakcıoğlu* in MüKoStGB Rn. 932; *Malek* BtMStrafR Kap. 2 Rn. 266; *Horn* NJW 1977, 2329 (2334)). Dabei wird weder Eigentum noch Besitz (im Sinne des Satzes 1 Nr. 3) vorausgesetzt, wohl aber die Sachherrschaft über das Betäubungsmittel (OLG Zweibrücken NStZ 1986, 558; *Oğlak-* **1158**

cıoğlu in MüKoStGB Rn. 932). In den Fällen der **Besitzdienerschaft** steht die Sachherrschaft dem Besitzherrn zu (BGH NStZ-RR 2007, 24), bei Besitzmittlungsverhältnissen dem mittelbaren Besitzer. Es gilt hier nichts anderes als bei der Veräußerung oder Abgabe (→ Rn. 1064–1066, 1118). Inverkehrbringender ist daher gegebenenfalls der Besitzherr oder der mittelbare Besitzer.

1159 **Sachherrschaft,** die der Handelnde **sich anmaßt,** indem er einen Wechsel der Verfügungsgewalt ermöglicht, reicht aus (→ Rn. 1066; *Oğlakcıoğlu* in MüKoStGB Rn. 932); dies kommt etwa in Betracht, wenn der Täter beim Herannahen der Polizei fremdes Rauschgift aus dem Fenster wirft (OLG Zweibrücken NStZ 1986, 558).

1160 **Verschreibt** ein **Arzt** ein Betäubungsmittel, so liegt darin schon deswegen **kein Inverkehrbringen,** weil ihm die tatsächliche Verfügungsmacht über das Betäubungsmittel fehlt (*Krumm/Ostmeyer* BtmStrafR Rn. 53; *Horn* NJW 1977, 2329 (2334)). Schon deshalb kommt auch fahrlässiges Inverkehrbringen, etwa durch eine fahrlässig unbegründete Verschreibung, nicht in Betracht (iErg wohl auch *Oğlakcıoğlu* in MüKoStGB Rn. 943). Der Wechsel der Verfügungsgewalt kann zwar auch durch eine Person bewirkt werden, die selbst nicht Gewahrsam hat, dies kann mangels Täterqualität aber nur zu Beihilfe führen. Mangels einer rechtswidrigen Tat des Apothekers fehlt es aber an einer Haupttat, zu der Beihilfe geleistet werden könnte; auch wäre eine fahrlässige Beihilfe nicht strafbar. Zum **kollusiven** Zusammenwirken von Arzt und Apotheker → AMG § 4 Rn. 73.

1161 **Gibt der Patient** das Betäubungsmittel **weiter,** so wird er dies kaum je in der Form des Inverkehrbringens tun, sondern er wird es abgeben, veräußern oder damit Handel treiben. Ob und inwieweit sich der Arzt mit seiner Verschreibung der Beteiligung **an dieser Tat** schuldig machen kann, richtet sich nach den allgemeinen Grundsätzen, kommt daher als Teilnahme und Mittäterschaft durchaus in Betracht: dabei scheiden mittelbare Täterschaft oder Mittäterschaft bei der Abgabe (→ Rn. 1130) und der Veräußerung (→ Rn. 1086) durch den Patienten mangels tatsächlicher Verfügungsgewalt des Arztes von vornherein aus; dasselbe würde für das Inverkehrbringen gelten (→ Rn. 1177). Insoweit kann das Verschreiben nur zur **Beihilfe** führen (hilfe wird von *Oğlakcıoğlu* in MüKoStGB Rn. 943 übersehen). Da die fahrlässige Beihilfe nicht strafbar ist, ist auch in diesen Fällen vorsätzliches Handeln des Arztes erforderlich. Kann ein solches Handeln festgestellt werden, so steht die Beihilfe mit dem unzulässigen Verschreiben (Nr. 6 Buchst. a) in Tateinheit, da sonst der Unrechtsgehalt der Tat nicht ausgeschöpft würde.

1162 Beim **Handeltreiben** wiederum ist auch Täterschaft, mittelbare Täterschaft oder Mittäterschaft möglich, da es eine tatsächliche Verfügungsmacht über das Betäubungsmittel nicht voraussetzt. Auch in einem solchen Falle würde Tateinheit mit dem unzulässigen Verschreiben (Nr. 6 Buchst. a) bestehen. Fahrlässiges Handeltreiben ist rechtlich möglich, wird aber angesichts der erforderlichen tatsächlichen Voraussetzungen (→ Rn. 2080) nur selten in Betracht kommen.

1163 Keine Zweifel am Inverkehrbringen bestehen bei Handlungen oder Unterlassungen des Arztes und seines Personals, die **nicht** in einer **Verschreibung** bestehen, etwa bei dem nachlässigen Umgang mit Betäubungs- einschließlich Substitutionsmitteln. Soweit dies auch bei **Rezeptformularen** angenommen wird (*Joachimski/Haumer* BtMG Rn. 105), fehlt es auch hier an der Verfügungsbefugnis des Arztes über die Betäubungsmittel (*Oğlakcıoğlu* in MüKoStGB Rn. 942).

1164 **2. Neuer Inhaber der Verfügungsmacht.** Das Inverkehrbringen kann gezielt in Richtung auf einen bestimmten Adressaten, etwa, wenn Drogen **untergeschoben** werden (→ Rn. 1170), aber auch ohne eine solche Richtung erfolgen. Insbesondere ist eine gezielte Überlassungshandlung nicht notwendig (*Joachimski/Haumer* § 3 Rn. 33). Auch auf der Seite des neuen Inhabers der Verfügungsgewalt kann eine Besitzdienerschaft oder ein Besitzmittlungsverhältnis vorliegen. Der neue Inhaber, etwa der Finder, muss den Stoff nicht als Rauschgift erkennen und auch nicht behalten wollen; allerdings ist der Sorgfaltsmaßstab bei ihm geringer als bei denjenigen, die die Drogen bewusst innegehabt haben (Oğlakcıoğlu BtMStrafR AT S. 214).

3. Freie Verfügung. Der Wechsel der Verfügungsgewalt muss dabei in der Weise eintreten, dass der neue Inhaber der Verfügungsmacht nach Belieben mit dem Betäubungsmittel verfahren, es verbrauchen oder sonst verwenden kann (*Malek* BtMStrafR Kap. 2 Rn. 266). Die Aushändigung an den Boten, sonstigen Besitzdiener oder Besitzmittler oder die Übergabe an die Post oder einen Spediteur genügt dazu nicht (*Horn* NJW 1977, 2329 (2333)). Anders, wenn der Besitzdiener oder Besitzmittler für den neuen Inhaber tätig und dieser in der Lage ist, ohne Schwierigkeiten über das Rauchgift zu verfügen. Für die Übergabe an einen Apotheker zur Untersuchung oder Vernichtung gilt dasselbe wie bei der Abgabe (→ Rn. 1120).   1165

4. Erweiterung des Kreises. Durch das sonstige Inverkehrbringen muss der Kreis derjenigen, die zu dem Betäubungsmittel in Beziehung stehen, erweitert werden. War der neue Inhaber als **Mittäter** bereits beim Erwerb der Betäubungsmittel beteiligt, liegt kein Inverkehrbringen vor (BGHSt 37, 147 (→ Rn. 1063); BGH StV 1984, 248 für die Abgabe).   1166

Dasselbe gilt im illegalen Betäubungsmittelverkehr, wenn das Betäubungsmittel an den ursprünglichen Inhaber der Verfügungsgewalt **zurück gelangt.** Ein Inverkehrbringen liegt dagegen vor, wenn das Betäubungsmittel in den **legalen** Betäubungsmittelverkehr geraten war und nunmehr aus ihm in den **illegalen** Verkehr zurück gelangt. Dies kann bei der Substanzanalyse in Betracht kommen, wenn der Einreichende aufgrund des sorglosen Umgangs des Apothekers wieder an seine Drogen gerät (→ § 4 Rn. 41).   1167

5. Unterlassen. Häufiger als andere Tatbestände wird das Inverkehrbringen durch Unterlassen erfüllt. Die Garantenstellung des Inhabers der tatsächlichen Verfügungsgewalt ergibt sich daraus, dass jedermann für die Gefahrenquellen in seinem sächlichen Herrschaftsbereich einzustehen hat (*Bosch* in Schönke/Schröder StGB § 13 Rn. 43; s. auch BGHSt 61, 21 = NJW 2016, 176 = NStZ 2016, 406 = StV 2016, 426). Dies gilt auch für den Arzt oder Apotheker, die nicht nur für eine sichere Verwahrung der Betäubungsmittel (→ § 15 Rn. 2), sondern auch der Betäubungsmittelrezepte zu sorgen haben (*Winkler* in Hügel/Junge/Lander/Winkler Rn. 9.4.1).   1168

Entsprechendes gilt für die **Angehörigen von Behörden,** die im Rahmen ihrer dienstlichen Tätigkeit mit Betäubungsmitteln umgehen dürfen. Ob sie sich auch dann eines unerlaubten Inverbringens schuldig machen, wenn sie, etwa im Rahmen einer sell-bust-operation oder reversed undercover operation (→ § 4 Rn. 186) Drogen in den Verkehr bringen, hängt davon ab, wie eine solche Operation **im Einzelfall** zu beurteilen ist. Dass hier schlechterdings strafbares Inverkehrbringen vorliegt, trifft jedenfalls **nicht** zu (aA *Malek* BtMStrafR Kap. 2 Rn. 269). Erst recht gilt dies für **kontrollierte Transporte.**   1169

6. Typische Beispiele für das sonstige Inverkehrbringen sind das Wegwerfen mit sich anschließender Aneignung durch Dritte (*Joachimski/Haumer* BtMG Rn. 101), das Unterschieben von Drogen (→ Rn. 1164) oder sonstiger Umgang mit Betäubungsmitteln, der Dritten einen Zugriff ermöglicht, zB die Aufbewahrung in Räumen, die Dritten gehören oder die Übergabe an einen Beauftragten, der mit den Betäubungsmitteln eigenmächtig verfährt. Vorsätzliche Taten werden meist bereits von den anderen Tatbestandsalternativen erfasst.   1170

1171 **III. Unerlaubt.** Weiteres Tatbestandsmerkmal des unerlaubten Inverkehrbringens ist das Fehlen einer Erlaubnis (→ Rn. 26–44). Das Fehlen ergibt sich meist aus den Gesamtumständen und muss daher nicht ausdrücklich festgestellt werden (→ Rn. 31).

1172 **E. Vorbereitung, Versuch, Vollendung, Beendigung.** Der Versuch ist strafbar (§ 29 Abs. 2). Es gelten die allgemeinen strafrechtlichen Grundsätze (→ Vor § 29 Rn. 171–206). Die Tat besteht in der Verursachung eines Wechsels in der Verfügungsgewalt (→ Rn. 1157).

1173 **I. Beginn des Versuchs.** Der Versuch beginnt daher erst mit den Handlungen, mit denen der Täter nach seiner Vorstellung unmittelbar zur Begründung einer solchen Ursache ansetzt. Dies ist dann gegeben, wenn der Täter die Möglichkeit zu einem solchen Wechsel eröffnet (*Patzak* in Körner/Patzak/Volkmer § 29 Teil 9 Rn. 16), etwa wenn Betäubungsmittel in einer Weise weggeworfen werden, die die Gefahr begründet, dass Dritte sie auffinden und an sich nehmen (OLG Zweibrücken NStZ 1986, 558).

1174 **II. Vollendung** tritt erst ein, wenn ein anderer, der nicht der Adressat sein muss, die tatsächliche Verfügungsgewalt über das Betäubungsmittel erlangt hat (*Horn* NJW 1977, 2329 (2333); *Patzak* in Körner/Patzak/Volkmer § 29 Teil 9 Rn. 17). Dazu ist nicht notwendig, dass der andere den Stoff als Rauschgift erkennt oder es behalten will (*Patzak* in Körner/Patzak/Volkmer § 29 Teil 9 Rn. 17). Tatsächliche Verfügungsgewalt erlangt auch der Finder, der das Betäubungsmittel zur Polizei oder zu berechtigten Institutionen bringt (§ 4 Abs. 1 Nr. 1 Buchst. e) oder es vernichtet (*Patzak* in Körner/Patzak/Volkmer § 29 Teil 9 Rn. 17; *Joachimski/Haumer* BtMG Rn. 103), so dass der frühere Inhaber wegen einer vollendeten Tat strafbar ist. Dagegen bleibt der Finder straffrei, da er die Betäubungsmittel aus dem Verkehr zieht und nicht in den Verkehr bringt.

1175 **III. Beendigung.** Vollendung und Beendigung fallen beim Inverkehrbringen stets zusammen (*Patzak* in Körner/Patzak/Volkmer § 29 Teil 9 Rn. 17), da auch diese Vorschrift voraussetzt, dass das Betäubungsmittel in die tatsächliche Verfügungsgewalt eines Dritten gelangt ist (s. BGHSt 33, 66 (→ Rn. 1128); *Joachimski/Haumer* BtMG Rn. 104).

1176 **F. Täterschaft, Teilnahme.** Während das Eröffnen der Möglichkeit, dass ein anderer die tatsächliche Verfügungsgewalt über einen Gegenstand erwirbt, an sich neutral ist, ergibt sich das Unrecht des Inverkehrbringens von Betäubungsmitteln daraus, dass damit eine Gefahrenquelle geschaffen wird (*Horn* NJW 1977, 2329 (2334)). Adressat des Verbots ist daher nur derjenige, der für die Gefahrenquelle verantwortlich ist.

1177 Das unerlaubte Inverkehrbringen von Betäubungsmitteln gehört deswegen zu den (echten) **Sonderdelikten** (→ Vor § 29 Rn. 253, 254, 371; BGH PharmR 2016, 40; *Horn* NJW 1977, 2329 (2334)), so dass Täter, mittelbarer Täter oder Mittäter nur sein kann, wer eigene tatsächliche Verfügungsgewalt innehat (*Patzak* in Körner/Patzak/Volkmer § 29 Teil 9 Rn. 18; *Oğlakcıoğlu* in MüKoStGB Rn. 918). Wer dagegen den Wechsel fremden Gewahrsams bewirkt, ist Teilnehmer (*Horn* NJW 1977, 2329 (2334)). Im Hinblick auf die verschiedenen Formen der Ausübung der tatsächlichen Gewalt (→ Rn. 1158–1163; auch → Rn. 1336, 1339, 1352) bedarf die Feststellung der Inhaberschaft einer genauen Prüfung.

1178 Das Erfordernis der eigenen Verfügungsmacht dient nicht der sachlichen Charakterisierung der Tat, sondern als Anknüpfung für die Pflichtenbindung des Täters, der für den Übergang der Gefahrenquelle verantwortlich ist (→ Rn. 1130). Es ist daher ein **strafbegründendes** besonderes persönliches Merkmal **nach § 28 Abs. 1 StGB** (*Horn* NJW 1977, 2329 (2334) für das Inverkehrbringen); dazu

→ Vor § 29 Rn. 777, 778. Zur etwaigen doppelten Strafmilderung → Vor § 29 Rn. 772.

G. Inverkehrbringen im Ausland. Im Hinblick auf die Unentgeltlichkeit des Inverkehrbringens liegt kein Vertrieb von Betäubungsmitteln iSd § 6 Nr. 5 StGB vor, so dass das deutsche Strafrecht nicht bereits aufgrund des Weltrechtsprinzips gilt. Maßgeblich sind daher die allgemeinen international-strafrechtlichen Regeln. Wegen der Einzelheiten wird auf → Rn. 99–106 verwiesen. 1179

H. Subjektiver Tatbestand. Strafbarkeit nach **Absatz 1 Satz 1 Nr. 1** verlangt Vorsatz (→ Rn. 1181, 1182). Kann der Nachweis vorsätzlichen Handelns nicht geführt werden, so hat das Gericht im Rahmen seiner Pflicht zur erschöpfenden Aburteilung (→ Rn. 107) die fahrlässige Begehung (Absatz 4; → Rn. 1185) zu prüfen. Zur Abweichung vom vorgestellten Kausalverlauf → Vor § 29 Rn. 405, 406. 1180

I. Vorsatz. Der Vorsatz (→ Vor § 29 Rn. 389–425) muss sich auf das unerlaubte Inverkehrbringen von Betäubungsmitteln (→ Rn. 4–6; 10) beziehen. Bedingter Vorsatz (→ Vor § 29 Rn. 415–420) reicht aus (OLG Zweibrücken NStZ 1986, 558). Zur Behandlung der (fehlenden) Erlaubnis im Rahmen des Vorsatzes → Rn. 31, 34, 36–44. 1181

Im **Rahmen der Schuld** (anders bei der Strafzumessung) muss sich der Vorsatz weder auf die **Art** des Betäubungsmittels (→ Rn. 41) noch auf seine **Menge** oder **Wirkstoffmenge** (wenn nicht eine Qualifikation in Rede steht) erstrecken. Es genügt wenn der Täter, auch auf Grund einer Pararallelwertung in der Laiensphäre, erkennt, **dass** es sich um **Rauschgift handelt** (BGH BeckRS 2016, 21431). Zur Behandlung fehlender oder unklarer Feststellungen und zur etwaigen Auswirkung auf den **Schuldspruch** → Rn. 109. 1182

II. Irrtumsfälle. Für die Fälle des Irrtums gibt es beim Inverkehrbringen im Verhältnis zu den anderen Verkehrsformen keine Unterschiede. Auf die einschlägigen Ausführungen bei der Herstellung kann daher Bezug genommen werden: Tatbestandsirrtum (→ Rn. 148); Verbotsirrtum (→ Rn. 149); Irrtum über Umstände, die nicht zum Tatbestand gehören (→ Rn. 150); umgekehrter Irrtum (untauglicher) Versuch, Wahndelikt → Rn. 151). 1183

Die (fehlende) **Erlaubnis** ist auch beim Inverkehrbringen Tatbestandsmerkmal und kein Rechtfertigungsgrund. Zu den Irrtümern im Zusammenhang mit der Erlaubnis → Rn. 35–44. 1184

III. Fahrlässigkeit (Absatz 4). Nach Absatz 4 ist auch die fahrlässige Begehung strafbar (→ Rn. 2076–2097). Diese wird hier häufiger als in den anderen Fällen des § 29 Abs. 1 S. 1 praktisch (*Malek* BtMStrafR Kap. 2 Rn. 268). Die Fahrlässigkeit kann sich auch auf die missbräuchliche Verwendung als Betäubungsmittel (→ § 1 Rn. 158–161) oder darauf beziehen, dass ein Missbrauch zu Rauschzwecken vorgesehen ist (→ § 1 Rn. 166, 168–183, 185–190). Zum **Zusammentreffen** von Vorsatz und Fahrlässigkeit bei verschiedenen **Teilmengen** → Rn. 2096. Zum fahrlässigen Inverkehrbringen durch den **verschreibenden Arzt** → Rn. 1160–1163. 1185

I. Konkurrenzen. Zu den Konkurrenzen → Vor § 29 Rn. 551–587, 671–724. Das sonstige Inverbringen ist ein **Absatzdelikt,** so dass eine Bewertungseinheit (→ Vor § 29 Rn. 588–670) rechtlich möglich ist, praktisch aber kaum vorkommen wird. Das Inverkehrbringen ist ein **Auffangtatbestand,** der hinter den spezielleren Tatbestandsalternativen, insbesondere dem Handeltreiben, der Veräußerung und der Abgabe, zurücktritt (BGH *Schoreit* NStZ 1992, 322; StV 1981, 127). Im Verhältnis zu Einfuhr oder Erwerb wird in der Regel Tatmehrheit bestehen, da meist ein Vorsatzwechsel vorliegen wird (*Oğlakcıoğlu* in MüKoStGB Rn. 963; *Joachimski/Haumer* BtMG Rn. 108). Tateinheit kann mit fahrlässiger Tötung oder Körperverletzung bestehen (*Patzak* in Körner/Patzak/Volkmer § 29 Teil 9 Rn. 19; *Malek* 1186

BtMStrafR Kap. 2 Rn. 270). Bei den Verkehrsdelikten gilt dasselbe wie bei der Abgabe (→ Rn. 1142).

1187 Mit dem **Verschreiben** von Betäubungsmitteln (Nr. 6 Buchst. a) kann das Inverkehrbringen in der Regel nicht zusammentreffen (→ Rn. 1160, 1161). Auch beim Verabreichen und der Verbrauchsüberlassung (Nr. 6 Buchst. b) ist mangels Übergangs der tatsächlichen Verfügungsgewalt ein Zusammentreffen ausgeschlossen (→ Rn. 1568). Die Abgabe aus **Apotheken** (Nr. 7 Buchst. a) geht, soweit die Vorschrift eingreift (→ Rn. 1646, 1647), als speziellere Regelung dem Inverkehrbringen vor (aA *Winkler* in Hügel/Junge/Lander/Winkler Rn. 9.4.2). Für sonstiges nachlässiges Inverkehrbringen durch Ärzte und Apotheker gelten keine Besonderheiten (→ Rn. 1163).

1188 Das unerlaubte Inverkehrbringen von Betäubungsmitteln ist taugliche Vortat zur **Geldwäsche** (§ 261 Abs. 1, 2, 6 StGB); auch kann das Inverkehrbringen eine Tathandlung des § 261 StGB sein (→ Vor § 29 Rn. 717–720).

1189 **J. Strafzumessung.** Der Vorgang der Strafzumessung richtet sich nach denselben Regeln, die auch für das Anbauen gelten. Zu den Grundsätzen daher → Rn. 125. Ein Absehen von der Bestrafung kommt allerdings nicht in Betracht (Absatz 5).

1190 **I. Strafrahmenwahl.** Auf → Rn. 126 wird verwiesen.

1191 **II. Strafzumessung im engeren Sinne.** Auf → Rn. 127 wird Bezug genommen.

1192 **III. Weitere Entscheidungen.** Auf → Rn. 128 wird verwiesen.

Teil 9. Erwerben (Absatz 1 Satz 1 Nr. 1 Alt. 9)

1193 **A. Völkerrechtliche Grundlage.** Die Strafbewehrung des Erwerbs beruht auf Art. 36 Abs. 1a ÜK 1961, Art. 5, 7, 22 Abs. 1a ÜK 1971, Art. 3 Abs. 1a Ziffer i iii, Abs. 2 ÜK 1988.

1194 **B. Grundtatbestand.** Grundlage der Strafvorschrift ist § 3 Abs. 1 Nr. 1. Auf die Erläuterungen zu § 3 (→ Rn. 49–53) wird zunächst verwiesen.

1195 **C. Tathandlung.** Unter Strafe gestellt ist das unerlaubte Erwerben von Betäubungsmitteln. Der Erwerb ist ein **Erfolgsdelikt** (*Kotz/Oğlakcıoğlu* in MüKoStGB Rn. 977). Der Erfolg ist eingetreten, wenn der Erwerber die tatsächliche Verfügungsmacht erlangt hat.

1196 **I. Betäubungsmittel** sind die in den Anlagen I bis III zum BtMG aufgeführten Stoffe und Zubereitungen. Zu den Einzelheiten sowie zu den Stoffen, die nicht darunter fallen, → Rn. 3–12.

1197 **II. Erwerben.** Der Tatbestand des Erwerbs ist dann verwirklicht, wenn der Täter die eigene tatsächliche Verfügungsgewalt über das Betäubungsmittel **auf abgeleitetem Wege,** dh im einverständlichen Zusammenwirken mit dem Vorbesitzer, erlangt hat und die Verfügungsgewalt ausüben kann (BGHSt 40, 208 (→ Rn. 358); BGHR BtMG § 29 Abs. 1 Nr. 1 Erwerb 2 = NStZ 1993, 191 = StV 1993, 132; OLG Hamburg NStZ 2008, 287). Der Erwerb kann **entgeltlich** oder **unentgeltlich** erfolgen (*Patzak* in Körner/Patzak/Volkmer § 29 Teil 10 Rn. 7).

1198 Vom Sichverschaffen in sonstiger Weise unterscheidet sich der Erwerb dadurch, dass er auf **Rechtsgeschäft** beruht (BGH NStZ-RR 2011, 104; BayObLGSt 1959, 273). Dabei kommt es auf die Wirksamkeit dieses Geschäfts, das ohnehin nach § 134 BGB nichtig ist (→ Rn. 1202), nicht an. Ebenso sind die Eigentumsverhältnisse an den Drogen nicht von Bedeutung (→ Rn. 1202).

Kap. 1. Tatbestände des Abs. 1 S. 1 Nr. 1 § 29 BtMG

1. Erwerber ist nur, wer die tatsächliche Verfügungsgewalt an dem Betäubungsmittel erlangt. Hierzu muss ein **äußeres Verhältnis** zu dem Stoff geschaffen werden, das es ihm ermöglicht, darüber wie über eine eigene Sache zu verfügen (BGH NJW 1952, 754). 1199

Der Abschluss eines **(schuldrechtlichen) Vertrages,** der nur die Verpflichtung zur Übertragung der Verfügungsgewalt zum Gegenstand hat, genügt dazu nicht (BGHSt 40, 208 (→ Rn. 358); BGHR BtMG § 29 Abs. 1 Nr. 1 Handeltreiben 15 (→ Rn. 310); BayObLGSt 1959, 273; NStZ 1984, 320 = StV 1984, 249). Durch ein solches Verpflichtungsgeschäft wird noch kein Tatbestandsmerkmal des Erwerbs erfüllt (BGHSt 40, 208 (→ Rn. 358)). 1200

Der erlaubnispflichtige Erwerb von Betäubungsmitteln ist auch **kein mehraktiger Vorgang** mit einem Verpflichtungs- und einem Erfüllungsgeschäft (*Patzak* in Körner/Patzak/Volkmer § 29 Teil 10 Rn. 5). Zwar geht der Erfüllungshandlung im Allgemeinen ein Grundgeschäft voraus. Der Erwerb hängt hiervon jedoch nicht ab. Entscheidend und ausreichend ist der **tatsächliche** Übergang der Verfügungsgewalt an dem Betäubungsmittel aufgrund willensmäßiger Übereinstimmung der Beteiligten (BGHSt 40, 208 (→ Rn. 358); BayObLG NStZ 1984, 320 (→ Rn. 1200)). 1201

Da die Gefahren von der **Verfügungsgewalt** und nicht von der rechtlichen Zuordnung ausgehen, kommt es nicht darauf an, wem die Betäubungsmittel gehören (BGH *Schoreit* NStZ 1993, 327; StV 1981, 625). In aller Regel wird ein Eigentumsübergang ohnehin an § 134 BGB scheitern (→ Rn. 13). 1202

Auf der anderen Seite muss der Erwerber **nicht alleiniger Besitzer** oder **unmittelbarer Besitzer** werden. Ausreichend ist die Erlangung von **Mitbesitz** (*Joachimski/Haumer* BtMG Rn. 113) oder **mittelbarem Besitz,** etwa wenn ein Verwahrer das Rauschgift für ihn in Empfang nimmt oder wenn ihm der Schlüssel für ein Schließfach oder ein Gepäckschein übergeben wird (BGHSt 27, 380 = NJW 1978, 1696 für den Besitz; *Joachimski/Haumer* § 3 Rn. 40). Nicht notwendig ist, dass der Erwerber **unmittelbar** mit dem Betäubungsmittel in Berührung kommt; es reicht, wenn er ohne Schwierigkeiten darüber verfügen kann. 1203

Nicht ausreichend ist die Erlangung des **bloßen Gewahrsams.** Wird daher ein **Bote** oder sonstiger **Besitzdiener** für den Erwerber tätig, so erwirbt der Erwerber als Besitzherr (KG JW 1930, 3773; *Joachimski/Haumer* § 3 Rn. 40). Dagegen scheidet der Bote oder sonstige Besitzdiener als Erwerber aus (BayObLGSt 1950, 385; *Joachimski/Haumer* § 3 Rn. 38), jedenfalls dann, wenn er nur eine ganz kurze Hilfstätigkeit ohne Herrschaftswillen geleistet hat (BGHSt 26, 117 (→ Rn. 636) für den Besitz). Dasselbe gilt, wenn der Bote oder sonstige Besitzdiener für den Verkäufer tätig wird. 1204

Ob der Erwerb **Eigenbesitz,** und sei es auch in der Form des mittelbaren Besitzes (→ Rn. 1203), erfordert (*Allmers* ZRP 1991, 41) oder ob auch **Fremdbesitz** ausreicht (OLG Hamburg NJW 1975, 1472; *Patzak* in Körner/Patzak/Volkmer § 29 Teil 10 Rn. 5), ist nicht abschließend geklärt. Immerhin erlangt der unmittelbare Besitzer im Unterschied zum Besitzdiener eine eigene Befugnis zum Besitz, die über eine bloße Gewahrsamserlangung hinausgeht (*Joachimski/Haumer* § 3 Rn. 38), so dass auch er als Erwerber angesehen werden kann (→ Rn. 1227). 1205

2. Freie Verfügung. Der Erwerb muss zur freien Verfügung erfolgen. Es gilt dasselbe wie bei der Abgabe (→ Rn. 1069, 1070). An einem solchen Erwerb fehlt es bei V-Personen, soweit sie im Rahmen des Einsatzplans oder zur Vermeidung einer Enttarnung handeln (→ § 4 Rn. 156–162; *Patzak* in Körner/Patzak/Volkmer § 29 Teil 9 Rn. 19). An der freien Verfügung fehlt es auch, wenn der Täter das Rauschgift nur zur **Verwahrung** erhält; dies gilt auch dann, wenn er nach Abschluss der Verwahrung einen Teil des Rauschgifts als Entlohnung erhalten soll (BGHR BtMG § 30a Abs. 2 Sichverschaffen 2 (→ Rn. 217)). 1206

1207 Ebenso fehlt es an der freien Verfügung, wenn **Eltern** oder sonst **besorgte Personen** ihnen übergebene Betäubungsmittel aus Gründen der Fürsorge an sich genommen haben, um sie unverzüglich zu vernichten oder zur Untersuchung oder Vernichtung abzuliefern (→ § 4 Rn. 52). Dasselbe gilt für das Personal eines **Drogenkonsumraums** (→ § 10a Rn. 124).

1208 An dem Übergang der Verfügungsgewalt fehlt es auch, wenn der Empfänger das Betäubungsmittel nur **zum Mitgenuss** oder in verbrauchsgerechter Menge zum **sofortigen Verbrauch** an Ort und Stelle erhält (→ Rn. 1070; BGHR BtMG § 29 Abs. 1 Nr. 1 Erwerb 2 (→ Rn. 1197); BGH StV 2002, 263; BayObLG NStZ 1990, 395 (→ Rn. 1070); OLG München NStZ 2006, 579; OLG Bamberg NStZ-RR 2014, 48). Dies gilt auch dann, wenn der Erwerb entgeltlich erfolgt (BayObLG StV 2002, 263; → Rn. 1542).

1209 Entscheidend ist, dass der zum unmittelbaren Verbrauch Überlassende seine **Verfügungsgewalt nicht aufgibt** und deswegen bestimmt, ob und inwieweit das Betäubungsmittel für den Konsum bereitgestellt wird (BGHR BtMG § 29 Abs. 1 Nr. 1 Überlassen 2; *Rinio* NStZ 2008, 289). Der Verbrauch des empfangenen Rauschgifts erfolgt gleichsam unter der „fortwirkenden Aufsicht" des Übergebenden (OLG Nürnberg *Kotz/Rahlf* NStZ-RR 2009, 193 (194)). Dagegen ist es bei den üblichen Betäubungsmittelgeschäften dem Verkäufer gleichgültig, wie der Erwerber mit dem Rauschgift verfährt (OLG Hamburg NStZ 2008, 287).

1210 **Entfernt sich** der Empfänger, etwa um Konsumort und Konsumtermin selbst zu bestimmen, liegt daher Erwerb vor (OLG Hamburg NStZ 2008, 287). Dasselbe gilt, wenn der Erwerber nach der Geschäftsabwicklung noch ein Gespräch mit dem Veräußerer führt (KG *Kotz/Rahlf* NStZ-RR 1999, 66 = DRsp Nr. 1999/4976)) oder sonst eine nennenswerte **Verzögerung** des Konsums eintritt (OLG Hamburg NStZ 2008, 287).

1211 Aus dem Besitz einer Pfeife mit **Haschischanhaftungen** (→ Rn. 8) lässt sich noch kein unerlaubter Erwerb oder Besitz von Haschisch herleiten (OLG Düsseldorf MDR 1993, 1113). Ebenso wenig rechtfertigt die bloße Feststellung eines **Eigenverbrauchs** die Annahme vorangegangenen unerlaubten Erwerbs (OLG Düsseldorf MDR 1993, 1113 zum Besitz). Auch mit frischen Einstichstellen oder einem positiven Haar-, Blut- oder Urinbefund lässt sich nur der (straflose) Konsum nachweisen (BGHR BtMG § 29 Beweiswürdigung 17 = NStZ-RR 1938, 235; s. auch BayObLG StV 1988, 206; KG StV 1992, 424 jeweils zum Besitz).

1212 **3. Abgeleiteter Erwerb.** Der Erwerber muss die Verfügungsgewalt im einverständlichen Zusammenwirken mit dem Vorbesitzer erlangt haben (→ Rn. 1198). Daran fehlt es bei der Wegnahme mittels Diebstahls, Raubs oder sonstiger verbotener Eigenmacht, bei der Aneignung gefundener Betäubungsmittel oder beim Erwerb durch **Hoheitsakt** oder (gesetzliche) Erbfolge (*Patzak* in Körner/Patzak/Volkmer § 29 Teil 10 Rn. 26). Nicht notwendig ist die Wirksamkeit des schuldrechtlichen oder dinglichen Vertrages. Ebenso wenig kommt es darauf an, welcher Art er ist (BayObLG NStZ 1984, 320 (→ Rn. 1200)).

1213 **4. Zweck des Erwerbs.** Erwirbt der Täter zum Zweck gewinnbringender Weiterveräußerung, so liegt Handeltreiben vor. Sonst kommt es auf den Zweck des Erwerbs nicht an (BGH *Schoreit* NStZ 1993, 327 (→ Rn. 1202); OLG Celle NJW 1972, 350). Allerdings kommt ein strafbarer Erwerb nicht in Betracht, wenn der Täter Stereoisomere, Organismen, Teile von Organismen oder biologische Materialien erwirbt, um sie einem **anderen** als dem in Anlage I vierter und fünfter Gedankenstrich genannten Zweck zuzuführen. In diesem Fall ist ein Erwerb nicht gegeben, weil kein Betäubungsmittel vorliegt (→ Rn. 158–161, 166, 168–183, 185–190). **Häufigster Anwendungsfall** des Erwerbs ist in der Praxis der Erwerb zum **Eigenbedarf** (Eigenverbrauch).

5. Erweiterung des Kreises. Durch den Erwerb muss im illegalen Betäubungs- 1214
mittelverkehr der Kreis derjenigen, die zum Betäubungsmittel in Beziehung stehen,
erweitert werden. War der Empfänger als **Mittäter** bereits bei einem früheren Erwerb der Betäubungsmittel beteiligt, liegt kein Erwerb vor (→ Rn. 1123; BGHSt
37, 147 (→ Rn. 1063); BGH StV 1984, 248).

Dasselbe gilt, wenn der frühere Inhaber der tatsächlichen Verfügungsgewalt, etwa 1215
der Lieferant, das Betäubungsmittel **zurückerhält** (→ Rn. 1124; BGHSt 30, 359
(→ Rn. 179)). Allerdings ist ein Erwerb dann gegeben, wenn das Betäubungsmittel
dabei aus dem **illegalen** Verkehr in den **legalen** über- oder zurückgeführt wird.
Dies kommt namentlich bei der Substanzanalyse in Betracht, wenn der Einreichende das Betäubungsmittel nach der Untersuchung von dem Apotheker zurückerhält (→ § 4 Rn. 41).

III. Unerlaubt. Weiteres Tatbestandsmerkmal ist das Fehlen einer Erlaubnis 1216
(→ Rn. 26–44). Das Fehlen ergibt sich meist aus den Gesamtumständen und muss
daher nicht ausdrücklich festgestellt werden (→ Rn. 31). Eine ärztliche, zahnärztliche oder tierärztliche **Verschreibung** ersetzt die Erlaubnis dann, wenn sie wirksam ist und auch sonst keine Bedenken bestehen (§ 4 Abs. 1 Nr. 3 Buchst. a). Entsprechendes gilt für den Erwerb in einer tierärztlichen Hausapotheke (§ 4 Abs. 1
Nr. 3 Buchst. b) und in der ambulanten Palliativversorgung (§ 4 Abs. 1 Nr. 3
Buchst. c).

D. Vorbereitung, Versuch, Vollendung, Beendigung. Der Versuch ist straf- 1217
bar (§ 29 Abs. 2). Es gelten die allgemeinen Grundsätze (→ Vor § 29 Rn. 171–206).
Ausgangspunkt ist die tatbestandsmäßige Handlung, die im (einvernehmlichen) Erlangen der tatsächlichen Verfügungsgewalt besteht:

I. Vorbereitungshandlungen/Versuch. Der Versuch beginnt daher erst mit 1218
einer Handlung, mit der der Täter nach seiner Vorstellung von der Tat unmittelbar
zur Erlangung der tatsächlichen Verfügungsgewalt vom Vorbesitzer ansetzt (BGHSt
40, 208 (→ Rn. 358)). Der Abschluss eines **Verpflichtungsgeschäftes** genügt
hierzu grundsätzlich nicht (*Patzak* in Körner/Patzak/Volkmer § 29 Teil 10 Rn. 36,
37; *Kotz/Oğlakcıoğlu* in MüKoStGB Rn. 1005). Etwas anderes kann dann in Betracht kommen, wenn dieses Geschäft nach dem Tatplan der Übertragung der Verfügungsmacht in der Weise vorgelagert ist, dass es unmittelbar in diese einmünden
soll (BayObLG NStZ 1984, 320 = StV 1984, 249).

Erscheint der Erwerber in der Wohnung des Verkäufers, um das bestellte 1219
Rauschgift abzuholen, so soll dies eine Vorbereitungshandlung sein, wenn der Erwerber weiß, dass die Beschaffung durch den Verkäufer mit Unwägbarkeiten behaftet ist (BGHSt 40, 208 (→ Rn. 358); krit. *Oğlakcıoğlu* BtMStrafR AT S. 423, 424).
Dasselbe gilt, wenn der Verkäufer die Ware **erst herbeischaffen** muss (*Franke/Wienroeder* Rn. 116) oder der Täter auf den Beginn von Verkaufsverhandlungen **wartet** (OLG Celle NJW 1986, 78). Nicht ausreichend ist auch die **Übergabe des
Geldes**, mit dem der Verkäufer das Rauschgift beschaffen soll (OLG Karlsruhe
NStZ 2008, 43 mAnm *Hirsch*).

Wurden die bestellten Drogen **beim Lieferanten beschlagnahmt,** bevor dieser 1220
auch nur den Wohnort des Bestellers erreicht hat, ist noch kein versuchter Erwerb
gegeben (BGH BeckRS 2005, 12366; krit. *Kotz/Oğlakcıoğlu* in MüKoStGB
Rn. 1006). Hatte der Lieferant das Rauschgift **bereits in der Hand,** um es zu
übergeben, und scheiterte die Übergabe lediglich am Zugriff der Polizei, liegt Versuch vor (BayObLG DRsp Nr. 1995/7397; *Kotz/Oğlakcıoğlu* in MüKoStGB
Rn. 1008), unabhängig davon, ob die Ware bereits bezahlt hat (*Patzak* in Körner/Patzak/Volkmer § 29 Teil 10 Rn. 38).

Ebenso ist beim Erwerb über **Postversand** bereits ein Versuch gegeben, wenn der 1221
Verkäufer vereinbarungsgemäß die Sendung mit dem Rauschgift bei der Post zur

Weiterleitung an den Käufer einliefert (BayObLG NJW 1994, 2164; *Patzak* in Körner/Patzak/Volkmer Teil 10 Rn. 38; *Kotz/Oğlakcıoğlu* in MüKoStGB Rn. 1008). Mit der Einlieferung bei der Post ist nach der Vorstellung der Beteiligten alles getan, um die Verwirklichung des Tatbestands herbeizuführen (→ Rn. 986). Kann eine solche Einlieferung nicht festgestellt werden, so verbleibt es auch bei einem **Kauf im Internet** bei einer **Vorbereitungshandlung** (AG Freiburg BeckRS 2017, 107249; *Patzak* in Körner/Patzak/Volkmer Teil 10 Rn. 37).

1222 Ein Versuch liegt auch bei der **Vorlage** eines **gestohlenen, erschlichenen** oder **gefälschten** Betäubungsmittelrezepts in der Apotheke vor (*Kotz/Oğlakcıoğlu* in MüKoStGB Rn. 1008). Noch zu den Vorbereitungshandlungen gehören dagegen die Verhandlungen, die Verkäufer und Erwerber über das Rezept führen (*Joachimski/Haumer* BtMG Rn. 115). Dsselbe gilt für die Erschleichung des Rezepts bei einem Arzt (*Patzak* in Körner/Patzak/Volkmer Teil 10 Rn. 37).

1223 **II. Vollendung.** Die Tat ist vollendet, wenn der Erwerber aufgrund willensmäßiger Übereinstimmung die tatsächliche Verfügungsgewalt über das Betäubungsmittel erlangt hat (*Patzak* in Körner/Patzak/Volkmer Teil 10 Rn. 39; *Kotz/Oğlakcıoğlu* in MüKoStGB Rn. 1010). Dabei genügt es, wenn der Täter die tatsächliche Sachherrschaft als Besitzherr, über ein Besitzmittlungsverhältnis oder als Mitbesitzer erlangt (→ Rn. 1203, 1204; *Joachimski/Haumer* BtMG Rn. 113, 116). Der Erwerb ist daher auch vollendet, wenn ein **Bote des Empfängers** die Ware in Empfang nimmt. Dies gilt allerdings nur dann, wenn der Besitzherr dadurch die freie Verfügung über das Rauschgift erlangt; muss dazu erst noch die Eingangskontrolle einer JVA überwunden werden, so liegt lediglich Versuch vor (BayObLG DRsp Nr. 2006/25010; BayObLGSt 2003, 116 (→ Rn. 1065) für die Abgabe).

1224 **III. Beendigung.** Die Beendigung tritt ein, sobald die an dem Betäubungsmittel begründete neue Verfügungsgewalt gesichert ist (*Kotz/Oğlakcıoğlu* in MüKoStGB Rn. 1010; *Joachimski/Haumer* BtMG Rn. 117). Das kann auch durch Übergabe oder Weitergabe an einen Dritten geschehen.

1225 **E. Täterschaft, Teilnahme.** Die Abgrenzung bestimmt sich nach den allgemeinen Regeln (→ Vor § 29 Rn. 241–386).

1226 **I. Der tatsächliche Empfänger.** Danach ist derjenige, der das Betäubungsmittel tatsächlich in Empfang nimmt, grundsätzlich Täter. Etwas anderes gilt bei einem Besitzdiener, zB Boten (*Patzak* in Körner/Patzak/Volkmer Teil 10 Rn. 44; *Joachimski/Haumer* BtMG Rn. 120), oder bei einem Besitzmittler, der sich dem Willen des Täters unterordnet (→ Rn. 1203, 1204).

1227 Begründet der Besitzmittler, zB Verwahrer, dagegen **eigene tatsächliche Verfügungsgewalt,** so kann dieser selbst zum Täter des Erwerbs werden (→ Rn. 1205; OLG Hamburg NJW 1975, 1472; *Körner* StV 1984, 527). Da es auf die tatsächliche Sachherrschaft ankommt, können das **fehlende Kaufinteresse** oder ein **fehlender Ermessensspielraum** beim Erwerb (*Joachimski/Haumer* BtMG Rn. 120) für sich allein den Ausschluss der Täterschaft nicht begründen.

1228 Wer nicht **selbst erwerben will,** sondern den Kaufinteressenten zu dessen Schutz begleitet, ist nur Gehilfe (OLG Hamm NJW 1978, 2346). Dies gilt auch dann, wenn sich der Begleiter eine Entlohnung verspricht (*Franke/Wienroeder* Rn. 117).

1229 Zur etwaigen Beteiligung eines **Wohnungsinhabers** → Rn. 78–98; die dort dargestellten Grundsätze gelten für den Erwerb sinngemäß.

1230 **II. Der Empfang durch einen anderen.** Erwerber kann auch sein, wer das Betäubungsmittel nicht persönlich entgegennimmt. Voraussetzung ist, dass derjenige, der für den Erwerber tätig wird, **für ihn** die tatsächliche Verfügungsgewalt in der

Weise begründet, dass der Erwerber eine jederzeitige eigene Zugriffsmöglichkeit hat (→ Rn. 1203, 1204).

Bei **Einkaufsgemeinschaften,** die **nicht** dem Handeltreiben dienen, entfällt der Problemkreis der Eigennützigkeit (dazu → Rn. 345, 346). Im Übrigen gelten dieselben Regeln wie sie auch für die Einkaufsgemeinschaften mit dem Ziel des Handeltreibens gelten. Auf → Rn. 670–674 kann daher verwiesen werden; s. auch (*Patzak* in Körner/Patzak/Volkmer Teil 10 Rn. 42). Ist danach Mittäterschaft beim Erwerb gegeben, erfüllt die Weitergabe der anteiligen Mengen keinen neuen Tatbestand (→ Rn. 1074, 1166). Zur Einfuhr → Rn. 978–981, zum Besitzes → Rn. 1342, 1343. 1231

F. Erwerb im Ausland. Der Erwerb ist keine Vertriebshandlung nach § 6 Nr. 5 StGB (BGHSt 34, 1 = NJW 1986, 2895 = NStZ 1986, 320 = StV 1986, 473; BGH DRsp Nr. 1995/6052 (1 StR 286/95)). Maßgeblich sind daher die allgemeinen international-strafrechtlichen Regeln. Wegen der Einzelheiten wird auf → Rn. 99–106 verwiesen. An der Tatortstrafbarkeit fehlt es beim **Erwerb** von Cannabis in den Niederlanden; etwa anderes gilt für den Besitz (OLG Düsseldorf StV 2013, 707 = BeckRS 2013, 18044). Unberührt bleibt die Strafbarkeit unter anderen Gesichtspunkten, etwa unter dem der Einfuhr. Dient der Erwerb der gewinnbringenden Veräußerung, liegt **Handeltreiben** vor, so dass § 6 Nr. 5 StGB eingreift. 1232

G. Subjektiver Tatbestand. Strafbarkeit nach **Absatz 1 Satz 1 Nr. 1** verlangt **Vorsatz** (→ Rn. 1234, 1235). Kann der Nachweis vorsätzlichen Handelns nicht geführt werden, so hat das Gericht im Rahmen seiner Pflicht zur erschöpfenden Aburteilung (→ Rn. 107) die fahrlässige Begehung (Absatz 4; → Rn. 1238) zu prüfen. Zur Abweichung vom vorgestellten Kausalverlauf → Vor § 29 Rn. 405, 406. 1233

I. Vorsatz. Der Vorsatz (→ Vor § 29 Rn. 389–425) muss sich auf den unerlaubten Erwerb von Betäubungsmitteln (→ Rn. 4–6; 10) beziehen. Bedingter Vorsatz (→ Vor § 29 Rn. 415–420) reicht aus. Zur Behandlung der (fehlenden) Erlaubnis im Rahmen des Vorsatzes → Rn. 31, 34, 36–44. 1234

Im **Rahmen der Schuld** (anders bei der Strafzumessung) muss sich der Vorsatz weder auf die **Art** des Betäubungsmittels (→ Rn. 41) noch auf seine **Menge** oder **Wirkstoffmenge** (wenn nicht eine Qualifikation in Rede steht) erstrecken. Es genügt wenn der Täter, auch auf Grund einer Parallelwertung in der Laiensphäre, erkennt, **dass** es sich um **Rauschgift handelt** (BGH BeckRS 2016, 21431). Zur Behandlung fehlender oder unklarer Feststellungen und zur etwaigen Auswirkung auf den **Schuldspruch** → Rn. 109. 1235

II. Irrtumsfälle. Für die Fälle des Irrtums gibt es beim Inverkehrbringen im Verhältnis zu den anderen Verkehrsformen keine Unterschiede. Auf die einschlägigen Ausführungen bei der Herstellung kann daher Bezug genommen werden: Tatbestandsirrtum (→ Rn. 148); Verbotsirrtum (→ Rn. 149); Irrtum über Umstände, die nicht zum Tatbestand gehören (→ Rn. 150); umgekehrter Irrtum (untauglicher) Versuch, Wahndelikt (→ Rn. 151). 1236

Die (fehlende) **Erlaubnis** ist auch beim Erwerb Tatbestandsmerkmal und kein Rechtfertigungsgrund. Zu den Irrtümern im Zusammenhang mit der Erlaubnis → Rn. 35–44. 1237

III. Fahrlässigkeit (Absatz 4). Nach Absatz 4 ist auch die fahrlässige Begehung strafbar (→ Rn. 2076–2097). Die Fahrlässigkeit kann sich auch auf die missbräuchliche Verwendung als Betäubungsmittel (→ § 1 Rn. 158–161) oder darauf beziehen, dass ein Missbrauch zu Rauschzwecken vorgesehen ist (→ § 1 Rn. 166, 168–183, 185–190). Zum **Zusammentreffen** von Vorsatz und Fahrlässigkeit bei verschiedenen **Teilmengen** → Rn. 2096. 1238

BtMG § 29   Sechster Abschnitt. Straftaten und Ordnungswidrigkeiten

1239   **H. Konkurrenzen.** Zu den Konkurrenzen → Vor § 29 Rn. 551–587, 671–724. Auch wenn die Erwerbsakte in demselben Zeitraum liegen, ist beim Erwerb **von verschiedenen Personen** Tatmehrheit gegeben (BGHR BtMG § 29 Abs. 1 Nr. 1 Tatidentität 1 (3 StR 312/92)). Dagegen liegt beim gleichzeitigen Erwerb **verschiedener Betäubungsmittel** von einer Person nur eine Tat vor (*Franke/Wienroeder* Rn. 120). Da der Erwerb kein Absatzdelikt ist, lassen sich mehrere Erwerbshandlungen **nicht zu einer Bewertungseinheit** zusammenfassen (→ Vor § 29 Rn. 594).

1240   Soweit der Erwerb mit anderen Tatbeständen des Betäubungsmittelstrafrechts und mit Tatbeständen des allgemeinen Strafrechts zusammentrifft, gilt:

1241   **I. Betäubungsmittelstraftaten.** In der Praxis ist vor allem das Verhältnis zu den folgenden Tatbeständen von Bedeutung:

1242   **1. Zum Besitz.** Der Auffangtatbestand des unerlaubten Besitzes wird vom Erwerb verdrängt (stRspr, BGHR BtMG § 29 Abs. 1 Nr. 3 Konkurrenzen 2 (→ Rn. 1011); BGH StraFo 2004, 252; 1 StR 202/06). Der Besitz als Auffangtatbestand ist nicht in der Lage, mehrere Fälle des Erwerbs zu Tateinheit zu verbinden (*Kotz/Oğlakcıoğlu* in MüKoStGB Rn. 1012).

1243   **2. Zum Handeltreiben.** Erfolgt der Erwerb mit dem Ziel des gewinnbringenden Umsatzes, so geht er als unselbständiger Teilakt in der Bewertungseinheit des Handeltreibens auf (stRspr; BGHSt 25, 290 (→ Rn. 182); BGHR BtMG § 29 Abs. 1 Nr. 1 Konkurrenzen 1 = StV 1986, 435; BGH StV 1981, 73; BeckRS 1996, 06392).

1244   Erwirbt der Täter **gleichzeitig** Betäubungsmittel zum Eigenverbrauch und zur Weiterveräußerung, so besteht zwischen Erwerb und Handeltreiben **Tateinheit** (→ Rn. 851; dort auch zur Strafzumessung in solchen Fällen). Zum Zusammentreffen mit Beihilfe zum Handeltreiben → Rn. 858 und zum Zusammentreffen von Beihilfe zum Erwerb mit Beihilfe zum Handeltreiben → Rn. 861.

1245   **Tauscht** der Täter Heroin in Haschisch, das er selbst verbrauchen will, so liegt Tateinheit zwischen Handeltreiben (mit Heroin) und Erwerb (von Haschisch) vor (*Joachimski/Haumer* BtMG Rn. 121). Gibt er dabei das Heroin zum Selbstkostenpreis ab, ist Tateinheit zwischen Veräußerung und Erwerb gegeben (BGH StV 1992, 375).

1246   **3. Zur Einfuhr.** Zwischen Erwerb und Einfuhr ist Tateinheit nicht ausgeschlossen. Tateinheit soll namentlich anzunehmen sein, wenn das Rauschgift für den Eigenkonsum beschafft wird (BGH NStZ 2003, 90 (→ Rn. 851); 2007, 529). Beruht die Einfuhr auf einem neuen Entschluss, kommt Tateinheit nicht in Betracht.

1247   **4. Zu Veräußerung und Abgabe.** → Rn. 1100, 1101, 1142.

1248   **5. Zur unerlaubten Verschreibung.** Tateinheit ist möglich, zB wenn ein betäubungsmittelabhängiger Arzt ohne medizinische Indikation sich selbst Betäubungsmittel verschreibt (BGH NJW 1975, 2249; *Kotz/Oğlakcıoğlu* in MüKoStGB Rn. 1012; *Joachimski/Haumer* BtMG Rn. 125).

1249   **6. Zum Erschleichen einer Verschreibung.** → Rn. 1722.

1250   **7. Zum Verschaffen, Gewähren oder Mitteilen einer Gelegenheit.** Im Verhältnis zum Erwerb sind das Verschaffen, Gewähren oder (öffentliche oder eigennützige) Mitteilen einer Gelegenheit zum Erwerb (Nr. 10) Auffangtatbestände. Kann Mittäterschaft oder Beihilfe zum Erwerb **nicht bewiesen werden,** so hat das Gericht im Rahmen seiner umfassenden Kognitionspflicht zu prüfen, ob einer dieser Tatbestände gegeben ist (BGHR BtMG § 29 Abs. 1 Nr. 10 Gelegenheit 2 (→ Rn. 862)). Kein Auffangtatbestand ist § 29 Abs. 1 S. 1 Nr. 11 (→ Rn. 1888).

Kap. 1. Tatbestände des Abs. 1 S. 1 Nr. 1 § 29 BtMG

II. Allgemeine Straftaten. Tateinheit kann bestehen mit Urkundenfälschung, etwa bei der Vorlage eines gefälschten Rezeptes (*Joachimski/Haumer* BtMG Rn. 123). Tateinheit kann auch bei Straftaten **gegen das Leben** in Betracht kommen (BGH NStZ-RR 2012, 355 = StraFo 2012, 190). Dagegen besteht zu den Straftaten der unmittelbaren Beschaffungskriminalität, mit denen der Erwerb finanziert werden soll, Tatmehrheit (→ Vor § 29 Rn. 678). Dasselbe gilt für Straftaten, die im Anschluss an den Erwerb (und Konsum) begangen werden, etwa Straßenverkehrsgefährdung (BayObLG NJW 1991, 2360 = NStZ 1993, 202 mAnm *Neuhaus*). Mit Betrug kann Tateinheit bestehen. Ein Zusammentreffen mit Raub oder Diebstahls scheidet bereits nach dem Tatbestand aus (→ Rn. 1212). 1251

Der unerlaubte Erwerb von Betäubungsmitteln ist taugliche Vortat zur **Geldwäsche** (§ 261 Abs. 1, 2, 6 StGB); auch kann der Erwerb eine Tathandlung des § 261 StGB sein (→ Vor § 29 Rn. 717–720). 1252

I. Strafzumessung. Der Vorgang der Strafzumessung richtet sich nach denselben Regeln, die auch für das Anbauen gelten. Zu den Grundsätzen daher → Rn. 125. 1253

I. Strafrahmenwahl. Auf → Rn. 126 wird verwiesen. 1254

II. Strafzumessung im engeren Sinne. Auf → Rn. 127 wird Bezug genommen. 1255

III. Weitere Entscheidungen. Auf → Rn. 128 wird verwiesen. 1256

Teil 10. In sonstiger Weise Sichverschaffen (Absatz 1 Satz 1 Nr. 1 Alt. 10)

A. Völkerrechtliche Grundlage. Die Strafbewehrung des Sichverschaffens beruht auf Art. 36 Abs. 1 a ÜK 1961, Art. 5, 7, 22 Abs. 1 a ÜK 1971, Art. 3 Abs. 1 a Ziffer i, Abs. 2 ÜK 1988. 1257

B. Grundtatbestand. Ein Grundtatbestand im verwaltungsrechtlichen Teil des BtMG fehlt. Mit Rücksicht darauf, dass die Vorschrift auch den Erwerb durch Straftaten nach allgemeinem Strafrecht (zB Unterschlagung, Diebstahl, Raub, Erpressung) erfassen soll (BGHR BtMG § 29 Abs. 1 Nr. 1 Sichverschaffen 2 (3 StR 694/93)), war ein Erlaubnistatbestand **nicht möglich** (→ § 3 Rn. 58). Das Fehlen einer Erlaubnis muss deswegen nicht geprüft werden. 1258

C. Tathandlung ist das Sichverschaffen von Betäubungsmitteln in sonstiger Weise. 1259

I. Betäubungsmittel sind die in den Anlagen I bis III zum BtMG aufgeführten Stoffe und Zubereitungen. Zu den Einzelheiten sowie zu den Stoffen, die nicht darunter fallen, → Rn. 3–12. 1260

II. Sichverschaffen (in sonstiger Weise). Sichverschaffen ist das Erlangen der eigenen tatsächlichen Verfügungsgewalt über ein Betäubungsmittel, **ohne dass** ein vom Vorbesitzer **abgeleiteter Erwerb** vorliegt oder nachweisbar ist (BGHR BtMG § 29 Abs. 1 Nr. 1 Sichverschaffen 1 (→ Rn. 350)). Die Vorschrift ist ein Auffangtatbestand, der alle Möglichkeiten des illegalen Betäubungsmittelverkehrs möglichst lückenlos erfassen will, namentlich auch den Erwerb durch Straftaten des allgemeinen Strafrechts (→ Rn. 1258). 1261

1. Sichverschaffender ist nur, wer die tatsächliche Verfügungsgewalt an dem Betäubungsmittel erlangt. Hierzu muss ein äußeres Verhältnis zu dem Stoff geschaffen werden, das es ihm ermöglicht, darüber wie über eine eigene Sache zu verfügen. Dies kann auch dann in Betracht kommen, wenn der Täter das Betäubungsmittel an sich nimmt, um es dem Zugriff der Polizei zu entziehen (BGHR BtMG § 29 Abs. 1 Nr. 1 Sichverschaffen 1 (→ Rn. 350)). 1262

1263 Der Täter muss **nicht alleiniger** (BGH NStZ 2010, 222 (→ Rn. 107): Mitbesitz) **und unmittelbarer** Besitzer werden. Fälle des Fremdbesitzes und der Besitzdienerschaft sind beim Sichverschaffen zwar denkbar, aber selten. In beiden Varianten gilt dasselbe wie beim Erwerb (→ Rn. 1226–1231).

1264 **2. Freie Verfügung.** Notwendig ist, dass der Täter die Verfügungsgewalt mit der Möglichkeit und dem Willen erlangt, über die Sache als eigene zu verfügen (BGH BeckRS 2006, 03320; *Kotz/Oğlakcıoğlu* in MüKoStGB Rn. 1039). Daran fehlt es, wenn dem Täter das Betäubungsmittel in verbrauchsgerechter Menge zum sofortigen Verbrauch überlassen wird (→ Rn. 1208) oder wenn er das Rauschgift nur zur Verwahrung erhält; dass er nach Abschluss der Verwahrung einen Teil des Rauschgifts als Entlohnung erhalten soll, ändert daran nichts (BGHR BtMG § 30a Abs. 2 Sichverschaffen 2 (→ Rn. 217). Auch sonst gilt dasselbe wie beim Erwerb (→ Rn. 1206–1210). Für **Eltern** oder sonst besorgte Personen → Rn. 1207.

1265 **3. Kein abgeleiteter Erwerb.** Das Erlangen der tatsächlichen Verfügungsgewalt darf nicht im einverständlichen Zusammenwirken mit dem Vorbesitzer erfolgt sein; sonst liegt ein Erwerb vor. Die Vorschrift gilt daher insbesondere für den Erwerb durch **eine Straftat** des allgemeinen Strafrechts, etwa räuberische Erpressung (BGHSt 43, 252 (→ Rn. 524); BGHR BtMG § 29 Abs. 1 Nr. 1 Sichverschaffen 2 (→ Rn. 1258)) oder Raub (BGH 2010, 222 (→ Rn. 107); BeckRS 2015, 6119). Weitere Fälle sind die **Aneignung aufgefundener** Betäubungsmittel (*Kotz/Oğlakcıoğlu* in MüKoStGB Rn. 1037), das Erlangen auf Grund **gesetzlicher** Erbfolge, wenn der Erwerber das Vorhandensein der Betäubungsmittel kennt und sich ihrer nicht entledigt (s. *Kotz/Oğlakcıoğlu* in MüKoStGB Rn. 1038; *Malek* BtMStrafR Kap. 2 Rn. 285).

1266 Als **Auffangtatbestand** greift die Bestimmung allerdings auch dann ein, wenn ein Einvernehmen mit dem Vorbesitzer lediglich nicht nachweisbar ist (BGHR BtMG § 29 Abs. 1 Nr. 1 Sichverschaffen 1 (→ Rn. 350)). Einer Wahlfeststellung bedarf es daher nicht (*Patzak* in Körner/Patzak/Volkmer § 29 Teil 11 Rn. 6). Kann ein abgeleiteter Erwerb sicher festgestellt werden, kommt ein Sichverschaffen nicht in Betracht (BGH NStZ-RR 2016, 142).

1267 Ein **abgeleiteter Erwerb** scheitert **nicht** daran, dass der Erwerber die Betäubungsmittel, die bei der Post, beim Zoll oder in einem Schließfach liegen, durch einen **Boten** abholen lässt. Zwar wird der Bote als Besitzdiener nicht Erwerber, wohl aber der Besitzherr (*Joachimski/Haumer* BtMG Rn. 129); es liegt daher kein Sichverschaffen, sondern ein Erwerb vor (*Malek* BtMStrafR Kap. 2 Rn. 285). Begründet der Abholer weisungswidrig Eigenbesitz, so verschafft er sich die Drogen (*Körner*, 6. Aufl. 2007, Rn. 1356).

1268 **Ein Sichverschaffen** kann vorliegen, wenn der angestellte Apotheker zur Befriedigung seiner Abhängigkeit Betäubungsmittel aus den **Beständen der Apotheke** entnimmt (→ Rn. 1627); ob dies auch bei der Entnahme durch den Inhaber der Apotheke in Betracht kommt (so *Winkler* in Hügel/Junge/Lander/Winkler Rn. 11.2), erscheint eher zweifelhaft (dazu → Rn. 1626).

1269 **4. Zweck des Sichverschaffens.** Verschafft sich der Täter, auch durch Unterschlagung, Diebstahl, Raub oder eine andere Straftat des allgemeinen Strafrechts, die Betäubungsmittel zum Zweck gewinnbringender Weiterveräußerung, so liegt **Handeltreiben** vor (→ Rn. 522–525).

1270 Sonst kommt es auf den **Zweck** des Sichverschaffens **nicht** an. Allerdings kommt ein strafbares Sichverschaffen mangels eines Betäubungsmittels nicht in Betracht, wenn der Täter sich Stereoisomere, Organismen, Teile von Organismen oder biologische Materialien verschafft, um sie einem **anderen** als dem in Anlage I vierter und fünfter Gedankenstrich genannten Zweck zuzuführen (→ § 1 Rn. 158–161, 166, 168–183, 185–190).

5. Erweiterung des Kreises. Durch das Sichverschaffen muss im illegalen Betäubungsmittelverkehr der Kreis derjenigen, die zum Betäubungsmittel in Beziehung stehen, erweitert werden. War der neue Inhaber der Verfügungsgewalt als **Mittäter** bereits beim Erwerb der Betäubungsmittel beteiligt, liegt kein Sichverschaffen vor (BGHSt 37, 147 (→ Rn. 1063); BGH StV 1984, 248). 1271

Dasselbe gilt im illegalen Betäubungsmittelverkehr, wenn der **ursprüngliche Inhaber der Verfügungsgewalt** sich die Betäubungsmittel wieder verschafft. Dagegen ist ein Sichverschaffen gegeben, wenn das Betäubungsmittel in den legalen Betäubungsmittelverkehr aufgenommen war und nunmehr wieder in den illegalen Verkehr zurückgeführt wird (→ § 4 Rn. 41). 1272

Erfolgt das Sichverschaffen zur gewinnbringenden Weiterveräußerung, liegt eine Straftat des **Handeltreibens** vor (BGHSt 43, 252 (→ Rn. 524)). Auf eine Erweiterung des Kreises kommt es dann nicht an. 1273

D. Vorbereitung, Versuch, Vollendung, Beendigung. Der Versuch ist strafbar (§ 29 Abs. 2). Es gelten die allgemeinen Grundsätze (→ Vor § 29 Rn. 171–206). Ausgangspunkt ist die tatbestandsmäßige Handlung, die im Erlangen der tatsächlichen Verfügungsgewalt besteht: 1274

I. Beginn des Versuchs. Der Versuch beginnt daher erst mit einer Handlung, mit der der Täter nach seiner Vorstellung von der Tat unmittelbar zur Erlangung der Sachherrschaft ansetzt (*Kotz/Oğlakcıoğlu* in MüKoStGB Rn. 1049). Erfolgt das Sichverschaffen durch eine Straftat, so beginnt der Versuch mit dem Versuch dieser Tat (*Kotz/Oğlakcıoğlu* in MüKoStGB Rn. 1049). 1275

II. Vollendung. Die Tat ist vollendet, wenn der Täter die tatsächliche Sachherrschaft über das Betäubungsmittel erlangt hat (*Patzak* in Körner/Patzak/Volkmer Teil 11 Rn. 19). Dabei genügt es, wenn er sie über Besitzdienerschaft, ein Besitzmittlungsverhältnis oder als Mitbesitzer erlangt. 1276

III. Beendigung. Die Beendigung tritt ein, sobald die an dem Betäubungsmittel begründete neue Verfügungsgewalt gesichert ist (*Patzak* in Körner/Patzak/Volkmer Teil 11 Rn. 19), was auch durch Übergabe oder Weitergabe an einen Dritten geschehen kann (→ Rn. 1224). 1277

E. Täterschaft, Teilnahme. Die Abgrenzung bestimmt sich nach den allgemeinen Regeln (→ Vor § 29 Rn. 241–386). Täter kann nur sein, wer eigene Verfügungsmacht erlangt (*Franke/Wienroeder* Rn. 125). Mittäterschaft kommt in Betracht, wenn ein Delikt gemeinschaftlich begangen wird, um das Betäubungsmittel anteilig zu verbrauchen. Begründung von unmittelbarem Besitz oder Alleinbesitz ist nicht notwendig (*Kotz/Oğlakcıoğlu* in MüKoStGB Rn. 1047). Beihilfe kann gegeben sein, wenn der Beteiligte keine eigene Verfügungsgewalt begründet, etwa wenn es sich um einen Besitzdiener, Besitzmittler oder Boten, handelt. 1278

F. Handeln im Ausland. Es gilt dasselbe wie beim Erwerb (→ Rn. 1232). 1279

G. Subjektiver Tatbestand. Strafbarkeit nach Absatz 1 Satz 1 Nr. 1 verlangt Vorsatz (→ Rn. 1281, 1282). Kann der Nachweis vorsätzlichen Handelns nicht geführt werden, so hat das Gericht im Rahmen seiner Pflicht zur erschöpfenden Aburteilung (→ Rn. 107) die fahrlässige Begehung (Absatz 4; → Rn. 1284) zu prüfen. Zur Abweichung vom vorgestellten Kausalverlauf → Vor § 29 Rn. 405, 406. 1280

I. Vorsatz. Der Vorsatz (→ Vor § 29 Rn. 389–425) muss sich auf das Erlangen der eigenen tatsächlichen Verfügungsgewalt über ein Betäubungsmittel (→ Rn. 4–6; 10) ohne Ableitung vom Vorbesitzer beziehen. Bedingter Vorsatz (→ Vor § 29 Rn. 415–420) reicht aus. 1281

Im **Rahmen der Schuld** (anders bei der Strafzumessung) muss sich der Vorsatz weder auf die **Art** des Betäubungsmittels (→ Rn. 41) noch auf seine **Menge** oder **Wirkstoffmenge** erstrecken. Es genügt wenn der Täter, auch auf Grund einer Pa- 1282 rallelwertung in der Laiensphäre, erkennt, **dass** es sich um **Rauschgift handelt** (BGH BeckRS 2016, 21431). Zur Behandlung fehlender oder unklarer Feststellungen und zur etwaigen Auswirkung auf den **Schuldspruch** → Rn. 109.

1283 **II. Irrtumsfälle.** Abgesehen von der fehlenden Erlaubnisfähigkeit (→ Rn. 1258) gibt es für die Fälle des Irrtums beim Sichverschaffen im Verhältnis zu den anderen Verkehrsformen keine Unterschiede. Auf die einschlägigen Ausführungen bei der Herstellung kann daher Bezug genommen werden: Tatbestandsirrtum (→ Rn. 148); Verbotsirrtum (→ Rn. 149); Irrtum über Umstände, die nicht zum Tatbestand gehören (→ Rn. 150); umgekehrter Irrtum (untauglicher) Versuch, Wahndelikt (→ Rn. 151).

1284 **III. Fahrlässigkeit (Absatz 4).** Fahrlässige Begehung ist strafbar (→ Rn. 2076–2097). Die Fahrlässigkeit kann sich auch auf die missbräuchliche Verwendung als Betäubungsmittel (→ § 1 Rn. 158–161) oder darauf beziehen, dass ein Missbrauch zu Rauschzwecken vorgesehen ist (→ § 1 Rn. 166, 168–183, 185–190). Zum **Zusammentreffen** von Vorsatz und Fahrlässigkeit bei verschiedenen **Teilmengen** → Rn. 2096.

1285 **H. Konkurrenzen.** Zu den Konkurrenzen → Vor § 29 Rn. 551–587, 671–724. Beim gleichzeitigen Sichverschaffen verschiedener Betäubungsmittel liegt nur eine Tat vor (*Franke/Wienroeder* Rn. 124 zum Erwerb). Auf der anderen Seite lassen sich mehrere Handlungen des Sichverschaffens nicht zu einer Bewertungseinheit zusammenfassen, da kein Absatzdelikt ist vorliegt (→ Vor § 29 Rn. 594).

1286 Soweit das **Sichverschaffen** mit anderen Tatbeständen des Betäubungsmittelstrafrechts und mit Tatbeständen des allgemeinen Strafrechts **zusammentrifft**, gilt:

1287 **I. Betäubungsmittelstraftaten.** In der Praxis ist vor allem das Verhältnis zu den folgenden Tatbeständen des Betäubungsmittelstrafrechts von Bedeutung:

1288 **1. Zum Handeltreiben.** Erfolgt das Sichverschaffen mit dem Ziel des gewinnbringenden Umsatzes, so geht es als unselbständiger Teilakt in der Bewertungseinheit des Handeltreibens auf. Dies gilt auch in den Fällen des Diebstahls oder der Verschaffung durch andere Straftaten (→ Rn. 522–525).

1289 **Verschafft sich** der Täter gleichzeitig Betäubungsmittel zum **Eigenverbrauch** und zur gewinnbringenden **Weiterveräußerung,** so besteht zwischen Sichverschaffen und Handeltreiben Tateinheit; es gelten dieselben Grundsätze wie beim Zusammentreffen von Handeltreiben und Erwerb (→ Rn. 857, 861, 1244).

1290 **2. Zu den anderen betäubungsmittelrechtlichen Tatbeständen.** Das Sichverschaffen tritt als **Auffangnorm** hinter den Erwerb zurück (*Joachimski/Haumer* BtMG Rn. 137). Dagegen ist der Besitz wiederum Auffangtatbestand zum Sichverschaffen und wird von diesem verdrängt (BGHR BtMG § 29 Abs. 1 Nr. 1 Sichverschaffen 1 (→ Rn. 350)). Der Vergehenstatbestand des Sichverschaffens geht wiederum im Verbrechenstatbestand des Besitzes einer nicht geringen Menge auf (BGH NStZ-RR 2010, 53). Zu Veräußerung und Abgabe gilt dasselbe wie beim Erwerb (→ Rn. 1100, 1102). Zwischen Sichverschaffen und Einfuhr ist Tateinheit nicht ausgeschlossen (BGH BeckRS 2000, 30096191).

1291 **II. Allgemeine Straftaten.** Mit den Strafvorschriften des allgemeinen Strafrechts besteht Tateinheit (*Joachimski/Haumer* BtMG Rn. 137). Dies kann auch bei Straftaten **gegen das Leben** in Betracht kommen (BGH NStZ-RR 2012, 355 (→ Rn. 1251) für den Erwerb). Tatmehrheit besteht zu den Straftaten, die im Anschluss an das Sichverschaffen (und den Konsum) begangen werden, etwa **Straßenverkehrsgefährdung** (→ Rn. 1251).

1292 Das unerlaubte Sichverschaffen von Betäubungsmitteln ist taugliche Vortat zur **Geldwäsche** (§ 261 Abs. 1, 2, 6 StGB); auch kann das Sichverschaffen eine Tathandlung des § 261 StGB sein (→ Vor § 29 Rn. 717–720).

Kap. 2. Herstellen ausgen. Zubereitungen, Abs. 1 S. 1 Nr. 2 § 29 BtMG

I. Strafzumessung. Der Vorgang der Strafzumessung richtet sich nach denselben Regeln, die auch für das Anbauen gelten. Zu den Grundsätzen daher → Rn. 125. 1293

I. Strafrahmenwahl. Auf → Rn. 126 wird verwiesen. 1294

II. Strafzumessung im engeren Sinne. Auf → Rn. 127 wird Bezug genommen. 1295

III. Weitere Entscheidungen. Auf → Rn. 128 wird verwiesen. 1296

Kapitel 2. Herstellen ausgenommener Zubereitungen (Absatz 1 Satz 1 Nr. 2)

A. Völkerrechtliche Grundlage. Die Strafbewehrung der Herstellung ausgenommener Zubereitungen beruht auf Art. 3 Abs. 1, 3 S. 1 Buchst. a, f, Art. 22 ÜK 1971. 1297

B. Grundtatbestand. Grundlage der Strafvorschrift ist § 3 Abs. 1 Nr. 2 in Verbindung mit § 2 Abs. 1 Nr. 3. Auf die Erläuterungen zu diesen Vorschriften (→ § 2 Rn. 49–52; → § 3 Rn. 62, 63) wird zunächst verwiesen. 1298

C. Tathandlung. Unter Strafe gestellt ist das Herstellen einer ausgenommenen Zubereitung ohne Erlaubnis des BfArM. Der Verkehr mit ausgenommenen Zubereitungen bedarf grundsätzlich keiner Erlaubnis. Hiervon macht § 3 Abs. 1 Nr. 2 für das **Herstellen** eine **Ausnahme** (zu weiteren Ausnahmen → § 1 Rn. 153). § 29 Abs. 1 S. 1 Nr. 2 ist die Strafbewehrung des Verbots der unerlaubten Herstellung. Das Herstellen einer ausgenommen Zubereitung ist ein unechtes Unternehmensdelikt (*Oğlakcıoğlu* in MüKoStGB Rn. 1065). 1299

I. Ausgenommene Zubereitung. Der Begriff der ausgenommenen Zubereitung ist in § 2 Abs. 1 Nr. 3 gesetzlich definiert (→ § 2 Rn. 49–52). 1300

II. Herstellen. Auch der Begriff des Herstellens ist gesetzlich definiert (§ 2 Abs. 1 Nr. 4; → § 2 Rn. 53–64). Zum Herstellen s. außerdem → Rn. 131–159. 1301

Der Tatbestand setzt voraus, dass die (neue) ausgenommene Zubereitung aus anderen **ausgenommenen Zubereitungen** hergestellt wird (*Oğlakcıoğlu* in MüKoStGB Rn. 1078). Verwendet der Hersteller zur Herstellung Betäubungsmittel, so bedarf er einer Erlaubnis nach § 3 Abs. 1 Nr. 1. Der illegale Verkehr ist dann nach den für Betäubungsmittel geltenden Vorschriften strafbar. 1302

III. Ohne Erlaubnis. Weiteres Tatbestandsmerkmal ist das Fehlen einer Erlaubnis. Dabei verweist das Gesetz auf § 3 Abs. 1 Nr. 2 und stellt damit konkret auf die Erlaubnis des BfArM ab. Strafbar nach § 29 Abs. 1 S. 1 Nr. 2 ist daher nur die illegale Herstellung von ausgenommenen Zubereitungen im Inland. Für die Herstellung im Ausland gilt das dort maßgebliche Recht (→ Rn. 1306). 1303

D. Vorbereitung, Versuch, Vollendung, Beendigung. Der Versuch ist strafbar (§ 29 Abs. 2). Das Herstellen von ausgenommenen Zubereitungen ist ein (unechtes) Unternehmensdelikt (→ Rn. 1299). Die für die illegale Herstellung von Betäubungsmitteln entwickelten Grundsätze (→ Rn. 136–140) gelten entsprechend. 1304

E. Täterschaft, Teilnahme. Es gelten die für die Herstellung von Betäubungsmitteln entwickelten Grundsätze entsprechend (→ Rn. 141–143). 1305

F. Herstellung ausgenommener Zubereitungen im Ausland. Es gelten dieselben Grundsätze wie für das Herstellen von Betäubungsmitteln (→ Rn. 144). 1306

G. Subjektiver Tatbestand. Strafbarkeit nach **Absatz 1 Satz 1 Nr. 2** verlangt **Vorsatz**; Kann der Nachweis vorsätzlichen Handelns nicht geführt werden, so hat das Gericht im Rahmen seiner Pflicht zur erschöpfenden Aburteilung (→ Rn. 107) die fahrlässige Begehung (Absatz 4; → Rn. 1310).) zu prüfen. Zur Abweichung vom vorgestellten Kausalverlauf → Vor § 29 Rn. 405, 406. 1307

1308 **I. Vorsatz.** Der Vorsatz (→ Vor § 29 Rn. 389–425) muss sich auf das Herstellen ausgenommener Zubereitungen ohne Erlaubnis beziehen. Bedingter Vorsatz (→ Vor § 29 Rn. 415–420) reicht aus.

1309 **II. Irrtumsfälle.** Für die Fälle des Irrtums gibt es beim Herstellen ausgenommener Zubereitungen im Verhältnis zur Herstellung von Betäubungsmitteln keine Unterschiede. Auf die einschlägigen Ausführungen bei der Herstellung kann daher Bezug genommen werden: Tatbestandsirrtum (→ Rn. 148); Verbotsirrtum (→ Rn. 149); Irrtum über Umstände, die nicht zum Tatbestand gehören (→ Rn. 150); umgekehrter Irrtum (untauglicher) Versuch, Wahndelikt (→ Rn. 151).

1310 **III. Fahrlässigkeit.** Fahrlässige Begehung ist nach Absatz 4 strafbar (→ Rn. 2076–2097). Zum **Zusammentreffen** von Vorsatz und Fahrlässigkeit bei verschiedenen **Teilmengen** → Rn. 2096.

1311 **H. Konkurrenzen.** Zu den Konkurrenzen → Vor § 29 Rn. 551–587, 671–724. Mit den arzneimittelrechtlichen Vorschriften, insbesondere § 96 Nr. 4, 5 AMG, kann Tateinheit bestehen. Zur **Geldwäsche** → Vor § 29 Rn. 717–720.

1312 **I. Strafzumessung.** Der Vorgang der Strafzumessung richtet sich nach denselben Regeln, die auch für das Anbauen gelten. Zu den Grundsätzen daher → Rn. 125. Ein Absehen von der Bestrafung oder Verfolgung ist in entsprechender Anwendung der § 29 Abs. 5, § 31 a bei der Herstellung einer geringen Menge zum Eigenbedarf zulässig (s. Oğlakcıoğlu in MüKoStGB Rn. 1090).

1313 **I. Strafrahmenwahl.** Auf → Rn. 126 wird verwiesen. Ein Regelbeispiel für einen besonders schweren Fall (§ 29 Abs. 3 S. 2) ist allerdings nicht vorgesehen.

1314 **II. Strafzumessung im engeren Sinne.** Auch hier hat eine **Gesamtwürdigung** stattzufinden (→ Vor § 29 Rn. 850). Zu den Umständen, die im Allgemeinen für die Strafzumessung im engeren Sinn maßgeblich sind, → Rn. 127. Die Strafzumessungsgründe, die im Betäubungsmittelstrafrecht häufig heranzuziehen sind (→ Vor § 29 Rn. 938–1156), haben hier geringeres Gewicht. Von größerer Bedeutung ist die Frage der Zusammensetzung der Zubereitung, die von ihr ausgehende Missbrauchsgefahr und die Möglichkeit der Rück- oder Neugewinnung von Betäubungsmitteln (Oğlakcıoğlu in MüKoStGB Rn. 1189). Zur Wahl der Strafart → Rn. 1157, 1158, zu den kurzen Freiheitsstrafen → Vor § 29 Rn. 1159–1171. Zur Gesamtstrafenbildung → Vor § 29 Rn. 1160–1164.

1315 **III. Weitere Entscheidungen.** Auf → Rn. 128 wird verwiesen. Die ausgenommenen Zubereitungen sind ebenfalls Tatobjekte (§ 33 Abs. 2), so dass sie wie Betäubungsmittel eingezogen werden können (→ § 33 Rn. 410–426).

Kapitel 3. Besitzen (Absatz 1 Satz 1 Nr. 3)

1316 **A. Völkerrechtliche Grundlage.** Die Strafbewehrung des Besitzes beruht auf Art. 33, 36 Abs. 1a ÜK 1961, Art. 5, 7 Buchst. b, Art. 22 ÜK 1971, Art. 3 Abs. 2 ÜK 1988.

1317 **Ob und inwieweit** auf den im Jahre 1972 eingeführten Tatbestand des illegalen Besitzes von Betäubungsmitteln **verzichtet werden** kann, ohne die bestehenden internationalen Verträge zu verletzen, ist umstritten. Auf → Einl. Rn. 204–215 und → § 10a Rn. 9–22 wird verwiesen.

1318 **B. Bedeutung, Strafgrund.** Der Tatbestand des illegalen Besitzes ist als **Auffangtatbestand** ausgestaltet, mit dem vor allem die Fälle erfasst werden sollen, in denen dem Täter zwar die Verfügungsmacht über das Betäubungsmittel nachgewiesen werden kann, nicht aber, auf welchem Wege er es erlangt hat (BGHSt 25, 385 (→ Rn. 498); 27, 380 (→ Rn. 1065); BGHR BtMG § 29 Abs. 1 Nr. 3 Besitz 1 (→ Rn. 498)).

Kap. 3. Besitzen, Abs. 1 S. 1 Nr. 3 § 29 BtMG

Strafgrund des unerlaubten Besitzes ist, dass die Gefahr der Weitergabe auch bei 1319 kleinen und kleinsten Mengen nicht ausgeschlossen werden kann und dass dadurch den durch das BtMG geschützten Rechtsgütern weiterer Schaden zugefügt werden könnte (BayObLG StV 1986, 146;). Dies unterscheidet den Besitz von dem Konsum, der nur zu einer Selbstgefährdung oder -verletzung führen kann. Es bedarf daher keiner Auflösung eines Wertungswiderspruches zwischen der Strafbarkeit des Besitzes und der Straflosigkeit des Konsums (aA *Patzak* in Körner/Patzak/Volkmer § 29 Teil 13 Rn. 2).

C. Grundtatbestand. In § 3 ist für den Besitz keine Erlaubnis vorgesehen. Die 1320 Strafvorschrift knüpft daher an die Erlaubnis für den Erwerb an.

D. Tathandlung ist das Besitzen von Betäubungsmitteln, ohne zugleich Inhaber 1321 einer schriftlichen Erlaubnis für den Erwerb zu sein.

I. Betäubungsmittel sind die in den Anlagen I bis III zum BtMG aufgeführten 1322 Stoffe und Zubereitungen. Zu den Einzelheiten sowie zu den Stoffen, die nicht darunter fallen, → Rn. 3–12. Nicht ausreichend ist es, wenn lediglich **Rauschgiftutensilien** (→ Rn. 8) festgestellt werden können. Zu **Rückständen** und **Anhaftungen** → Rn. 3, 1323; durch eine fehlende **Konsumfähigkeit** verlieren sie ihre Betäubungsmitteleigenschaft nicht (→ § 1 Rn. 15, 16). Zum Besitz von Stoffen, die während des Besitzes **erst zu Betäubungsmitteln werden,** → Rn. 3. Zum **ungewollten, unerwünschten** oder **aufgedrängten** Besitz → § 1 Rn. 646, 647; die dort genannten Regeln gelten auch für einen solchen Besitz (*Eisele* in Schönke/Schröder StGB Vor § 13 Rn. 42).

Nicht geklärt ist, ob sich eine **Grenze der Strafbarkeit** des unerlaubten Besit- 1323 zes daraus ergibt, dass die Besitzmenge derart beschaffen ist, dass über sie allein **nicht mehr verfügt** werden kann. Im Hinblick auf den Strafgrund des Besitzes (→ Rn. 1319) wird dies von der Rechtsprechung (BayObLG StV 1986, 145; OLG München NStZ-RR 2010, 23; OLG Düsseldorf NStZ 1992, 443 = StV 1992, 423; ebenso *Patzak* in Körner/Patzak/Volkmer § 29 Teil 13 Rn. 11; *Kotz/Oğlakcıoğlu* in MüKoStGB Rn. 1128) bejaht. Sie geht daher davon aus, dass der Besitz von Utensilien mit **Betäubungsmittelanhaftungen** in einer Menge, die für sich allein zum menschlichen Konsum und damit auch zur Weitergabe **nicht geeignet** sind, keinen strafbaren Besitz von Betäubungsmitteln darstellt. Für die **Eignung zum Konsum** soll eine noch wiegbare Betäubungsmittelmenge mit nachweisbarem Wirkstoffgehalt genügen, die in konsumierbarer oder zumindest übertragbarer Form vorliegt (OLG Koblenz NStZ-RR 2015, 114). Gegen diese Auffassung spricht, dass die Verwertbarkeit beim Besitz ebensowenig wie bei den anderen Tatbeständen ein (ungeschriebenes) Tatbestandsmerkmal darstellt (*Winkler* in Hügel/Junge/Lander/Winkler Rn. 13.2.4).

II. Besitzen ist die Herbeiführung oder Aufrechterhaltung eines tatsächlichen, 1324 auf nennenswerte Dauer **ausgerichteten** (→ Rn. 1327) und von eigener Verfügungsmacht gekennzeichneten bewussten Herrschaftsverhältnisses über das Betäubungsmittel unabhängig von dem verfolgten Zweck (OLG Hamburg NStZ 2008, 287 mAnm *Rinio*). Unerheblich ist die **Eigentumslage** (BayObLGSt 2003, 94; OLG Celle NStZ-RR 2013, 181).

Der Besitz erfordert **objektiv** eine tatsächliche Sachherrschaft und **subjek-** 1325 **tiv** einen die Sachherrschaft tragenden Herrschaftswillen (OLG Düsseldorf BeckRS 2013, 18044). Er setzt ein **bewusstes tatsächliches Innehaben** und damit (objektiv) ein **tatsächliches Herrschaftsverhältnis** und (subjektiv) **Besitzbewusstsein** und **Besitzwillen** (BGHR BtMG § 29 Abs. 1 Nr. 3 Besitz 6 = NStZ 2011, 98 = StV 2010, 683; BGH NStZ-RR 2008, 54 (→ Rn. 690)) **voraus,** die darauf gerichtet sind, sich die Möglichkeit **ungehinderter Einwirkung** auf die Sache zu erhalten (stRspr; BGHSt 26, 117 (→ Rn. 636); BGHR BtMG

§ 29 Abs. 1 Nr. 3 Besitz 2 (2 StR 429/94); 5 = NStZ 2005, 155; BGH NStZ 2020, 41 = StV 2019, 336); NStZ-RR 2008, 54 (→ Rn. 690); BeckRS 2016, 21431).

1326 **Die Strafbarkeit** knüpft damit **nicht** an einen (illegalen) **Zustand,** sondern an dessen Herbeiführung oder Aufrechterhaltung und damit an einem **kausalen Verhalten** an (BT-Drs. VI/1877, 9; BGHSt 27, 380 (→ Rn. 1065)). Der unerlaubte Besitz ist daher kein Zustands- sondern ein **Dauerdelikt** (BGH NStZ-RR 2000, 332; StV 2003, 454; BeckRS 2017, 131919; OLG Düsseldorf StV 2008, 13 mAnm *Waider*). Im Hinblick auf die gesetzgeberische Konzeption ist der Besitz auch in der Form der Aufrechterhaltung des Besitzes **kein echtes Unterlassungsdelikt** (→ Vor § 29 Rn. 157; aA *Kotz/Oğlakcıoğlu* in MüKoStGB Rn. 1094). Auch soweit der Besitz nicht mit einer Körperbewegung verbunden ist, ist dies verfassungsrechtlich unbedenklich (BVerfG NJW 1994, 2412; 1995, 248).

1327 **Das tatsächliche Herrschaftsverhältnis** muss auf eine gewisse Dauer **gerichtet** sein. Auf die **tatsächliche Dauer** der Sachherrschaft kommt es dagegen **nicht** an; insbesondere ist nicht erforderlich, dass sie **objektiv** für einen nennenswerten Zeitraum **besteht;** ihre (spätere) tatsächliche Dauer ist zwar ein Indiz für die Begründung eigener, von einem Besitzwillen getragener Herrschaftsgewalt, aber kein zusätzliches Erfordernis für das Vorliegen von Besitz im betäubungsmittelrechtlichen Sinn (BGH NStZ 2020, 41 (→ Rn. 1325)).

1328 **1. Tatsächliches Herrschaftsverhältnis.** Voraussetzung des Besitzes ist ein tatsächliches Herrschaftsverhältnis (BGHR BtMG § 29 Abs. 1 Nr. 3 Besitz 4; BGHR BtMG § 29a Abs. 1 Nr. 2 Besitz 6 (→ Rn. 1325)). Ein solches kommt auch dann in Betracht, wenn der Täter das Betäubungsmittel nicht selbst unmittelbar besitzt, sondern anderweitig einen solch sicheren Zugang zu ihm hat, dass er ohne Schwierigkeiten tatsächlich darüber verfügen kann (BGH BeckRS 2016, 21431). Ohne den notwendigen Besitzwillen genügt die freie Zugänglichkeit allerdings nicht (BGH NStZ 2021, 52; BeckRS 1992, 31083905; 2020, 24132). Dass auch **Dritte Zugang** haben, etwa bei einer im Wald versteckten Out-door-Plantage, hindert den Besitz nicht (OLG Celle NStZ-RR 2013, 181); zum Besitzwillen in einem solchen Fall → Rn. 1365.

1329 **a) Tatsächliche Verfügungsgewalt.** Der Täter muss die tatsächliche Verfügungsmacht über das Betäubungsmittel haben, die es ihm ermöglicht, mit ihm **nach Belieben zu verfahren,** insbesondere es zu verbrauchen, abzugeben, zu verstecken oder zu vernichten (BGHR BtMG § 29a Abs. 1 Nr. 2 Besitz 6 (→ Rn. 1325)). Daran fehlt es in der Regel, wenn der Beteiligte unter dem Druck von Hinterleuten in einem Keller, den er nicht verlassen kann, Cannabis anbaut (BGHR BtMG § 29a Abs. 1 Nr. 2 Besitz 6 (→ Rn. 1325)). Dagegen ist Besitzer auch derjenige, der Betäubungsmittel **in seinem Körper** transportiert (BGH NStZ-RR 2007, 24; auch → Rn. 910). Der Erlangung der tatsächlichen Sachherrschaft steht nicht entgegen, dass die Übergabe des Koffers **von der Polizei beobachtet** wurde (BGH NStZ 2020, 41 = StV 2019, 336; NStZ-RR 2006, 88; 2008, 212).

1330 **Besitz ist nicht im bürgerlich-rechtlichen** Sinne zu verstehen, sondern eher im Sinne des **Gewahrsams** nach § 246 StGB. Es genügt ein bewusstes tatsächliches Innehaben. Entscheidend ist die Einwirkungsmöglichkeit auf das Betäubungsmittel, insbesondere der tatsächlich ungehinderte Zugang zu ihm (*Patzak* in Körner/Patzak/Volkmer § 29 Teil 13 Rn. 14; *Joachimski/Haumer* BtMG Rn. 141). Der Besitz erfordert daher nicht, dass die Voraussetzungen der §§ 854–857 BGB vorliegen; sind sie aber gegeben, so liegt stets auch Besitz im Sinne des BtMG vor (*Kotz/Oğlakcıoğlu* in MüKoStGB Rn. 1111). Dies gilt vor allem für den **Eigenbesitz/Fremdbesitz** (→ Rn. 1336, 1337), **unmittelbaren/mittelbaren Besitz** (→ Rn. 1339–1341), den **Mitbesitz** (→ Rn. 1342–1351) und den **Besitzherrn** (→ Rn. 1352–1354).

Allerdings kann auch ein **Besitzdiener** Besitz im Sinne des BtMG innehaben (→ Rn. 1352–1354), ohne Besitzer nach bürgerlichem Recht zu sein (§ 855 BGB).

aa) Beginn. Der Besitz beginnt mit der (bewussten) Begründung der tatsäch- 1331 lichen Verfügungsmacht des Täters über das Betäubungsmittel. Nicht erforderlich ist ein Besitzbegründungswillen im Sinne des bürgerlichen Rechts (BGH DRsp Nr. 1994/256 (1 StR 119/74)); die bewusste Ausübung eines tatsächlichen Herrschaftsverhältnisses, etwa durch Aufbewahrung, genügt (BGH DRsp Nr. 1994/256 (s. o.)). Besitz an Betäubungsmitteln kann auch haben, wer diese anbaut; dies gilt auch vor der Ernte (→ Rn. 119). Zum Besitzwillen → Rn. 1365, 1367.

Keinen Besitz hat, wer das Betäubungsmittel oder auch das Marihuana zum Bau 1332 eines Joints (OLG Hamm BeckRS 2017, 122489) nur **zum Mitgenuss** oder in verbrauchsgerechter Menge zum **sofortigen Verbrauch** an Ort und Stelle erhält (BayObLG NStZ 1990, 395 = StV 1990, 356; KG StV 1992, 424; OLG München NStZ 2006, 679; OLG Hamburg NStZ-RR 2008, 54 mAnm *Rinia;* OLG Hamm NStZ-RR 2017, 345). Es gilt dasselbe wie beim Erwerb (→ Rn. 1206–1210). Ferner → Rn. 1361, 1362.

Aus dem Besitz einer Pfeife mit **Haschischanhaftungen** (→ Rn. 8) lässt sich 1333 daher noch kein unerlaubter Besitz von Haschisch herleiten (→ Rn. 1211). Dasselbe gilt bei der bloßen Feststellung eines **Konsums,** und zwar auch bei frischen Einstichstellen oder einem positiven Haar-, Blut- oder Urinbefund (→ Rn. 1211).

Auf der anderen Seite kommt es auf die **Art der Besitzerlangung** es **nicht** an 1334 (BGHSt 30, 277 (→ Rn. 179)). Es ist daher gleichgültig, ob der Täter die Verfügungsgewalt durch rechtsgeschäftlichen Erwerb erlangt oder auf sonstige Weise, etwa durch Diebstahl, Unterschlagung, Fund, Aneignung nach Derelikiton oder **Erbgang,** sofern er mit der Inbesitznahme des Nachlasses die tatsächliche Verfügungsgewalt über die Betäubungsmittel erlangt (*Patzak* in Körner/Patzak/Volkmer § 29 Teil 12 Rn. 15).

bb) Formen. Die Strafbarkeit des Besitzes knüpft an die im Gewinnen oder In- 1335 nehaben der tatsächlichen Verfügungsmacht liegende Herbeiführung oder Aufrechterhaltung eines illegalen **Zustands** an. Es kann daher keinen Unterschied machen, ob der Täter die Betäubungsmittel unmittelbar besitzt oder sonst einen solch sicheren Zugang zu ihnen hat, dass er ohne Schwierigkeiten tatsächlich darüber verfügen kann (*Malek* BtMStrafR Kap. 2 Rn. 220). Dementsprechend kann der Besitz in verschiedenen Formen vorkommen:

(a) Eigenbesitzer, Fremdbesitzer. Besitzer im betäubungsmittelrechtlichen 1336 Sinne ist nicht nur der Eigenbesitzer. Auch der **Fremdbesitzer,** der die tatsächliche Verfügungsmacht für einen anderen ausübt und keine **eigene** Verfügungsgewalt in Anspruch nehmen will, **ist Besitzer** (BGHR BtMG § 29 Abs. 1 Nr. 3 Besitz 6 (→ Rn. 1325); OLG München NStZ-RR 2011, 56). Dies gilt insbesondere für den Verwahrer (BGH NStZ-RR 2008, 54 (→ Rn. 690)). Dabei ist es unerheblich, ob der Täter aus Gefälligkeit handelt oder ein Honorar erwartet oder erhält. Besitzer ist auch, wer Betäubungsmittel als Sicherheit für eine Forderung entgegennimmt und aufbewahrt (BGH DRsp Nr. 1994/256 (→ Rn. 1331)). Fremdbesitz kommt auch bei **Mitbesitz** in Betracht (→ Rn. 1342). Zum **Besitzwillen** des Fremdbesitzers → Rn. 1367.

(Fremd-)Besitzer ist auch derjenige, der Heroin in einer Stadt über einen **nicht** 1337 **nur ganz kurzen Weg transportiert,** um es an einen anderen zu übergeben. Dies gilt auch dann, wenn er den Transport und die Übergabe nach detaillierten Anweisungen vorzunehmen hat (BGH NStZ-RR 2008, 54 (→ Rn. 690)).

Bloße Kenntnis von den Betäubungsmitteln oder ihrem Aufbewahrungsort 1338 führt noch nicht zu (Fremd)Besitz; hinzutreten muss der Besitzwillen (BGHR BtMG § 29 Abs. 1 Nr. 3 Besitz 6 (→ Rn. 1325)).

1339 **(b) Mittelbarer Besitzer.** Unerheblich ist, ob der Täter das Betäubungsmittel unmittelbar besitzt oder ob er anderweitig einen solch sicheren Zugang zu dem Rauschgift hat, dass er ohne Schwierigkeit tatsächlich darüber verfügen kann. Auch der **mittelbare Besitzer** kann daher **Besitzer** sein (BGHSt 27, 380 (→ Rn. 1065); BGH NStZ-RR 2008, 54 (→ Rn. 690); StV 1981, 127; *Patzak* in Körner/Patzak/Volkmer Teil 12 Rn. 19). Dies kommt insbesondere bei einer Lagerung des Betäubungsmittels bei der öffentlichen Gepäckaufbewahrung in Betracht, wenn der Täter über den Gepäckschein oder den Schlüssel zum Schließfach verfügt (*Kotz/Oğlakcıoğlu* in MüKoStGB Rn. 1114; *Franke/Wienroeder* Rn. 134).

1340 **An dem sicheren Zugang** fehlt es, wenn das Reisegepäck während eines Zwischenaufenthaltes auf einem deutschen Flughafen unter **zollamtlicher Kontrolle** steht (BGH StV 1984, 286). Ebenso fehlt es daran, wenn der Täter das von einem Dritten nicht für ihn als Reisegepäck aufgegebene Rauschgift erst in Amsterdam übernehmen soll, und zwar auch dann, wenn er bei einer Gepäckidentifizierung in Frankfurt a. M. den Koffer, in dem das Rauschgift bereits entdeckt worden war, als sein Eigentum deklariert (BGH StV 1982, 366).

1341 Auf der anderen Seite steht dem Besitz **nicht** entgegen, dass die Übergabe der Drogen durch **Ermittlungsbeamte observiert** wurde. Auch bei einem überwachten Geschäft kann der Täter die tatsächliche Sachherrschaft über die Betäubungsmittel erlangen (BGH NStZ-RR 2006, 88 (→ Rn. 296); 2008, 212; StV 2019, 336 (→ Rn. 284)). Dies gilt namentlich dann, wenn sich die Sachherrschaft des Täters über einen **nicht unerheblichen Zeitraum** erstreckt, etwa wenn er die Möglichkeit hat, das Rauschgift zu seinem Fahrzeug zu bringen, es zu verstauen und loszufahren.

1342 **(c) Mitbesitzer.** Der Tatbestand ist auch dann erfüllt, wenn mehrere das Betäubungsmittel gemeinschaftlich in der Weise besitzen, dass jeder Mitgewahrsam an ihm hat (BGH DRsp Nr. 1994/258 (3 StR 245/74); OLG Karlsruhe MDR 1975, 166; OLG Stuttgart NStZ 2002, 154), etwa in der Weise, dass jeder einen Tresorschlüssel hat (BGH NStZ-RR 2004, 146 (→ Rn. 324)). Dass ein Beteiligter die tatsächliche (Mit-)Verfügungsgewalt für einen anderen ausüben will (Fremdbesitz), steht dem nicht entgegen (BGH NStZ-RR 2004, 146 (→ Rn. 324)).

1343 **(aa) Gemeinsame Anschaffung/Bestellung/Verschaffung.** Mitbesitz kommt insbesondere in Betracht, wenn mehrere das Betäubungsmittel gemeinsam bezahlt und angeschafft haben (BGHR BtMG § 29a Abs. 1 Nr. 2 Menge 10 (→ Rn. 673); KG StV 1996, 488; OLG Stuttgart NStZ 2002, 154) oder sich sonst verschafft haben (BGH NStZ 2010, 222 (→ Rn. 107)). Dies gilt aufgrund des arbeitsteiligen Vorgehens auch dann, wenn ein oder mehrere Mittäter das Betäubungsmittel für sich und die anderen übernommen haben, sofern dies dem Willen und der Vorstellung der anderen entspricht (BGHR BtMG § 29a Abs. 1 Nr. 2 Menge 10 (→ Rn. 673)). Zum Besitz der Teilnehmer einer Einkaufsfahrt → Rn. 1379. Zum **Handeltreiben** bei der Einkaufsgemeinschaft oder dem Sammeleinkauf → Rn. 670–674, bei der Einfuhr → Rn. 978–981, zum **Erwerb** bei diesen → Rn. 1231.

1344 **(bb) Gemeinsame Wohnung.** Wird eine Wohnung, in der Betäubungsmittel aufgefunden werden, von zwei oder mehr Personen bewohnt, so kann es auch für den **Besitz** zweckmäßig sein, die Frage zu klären, wem die Nutzungsberechtigung (meist als Eigentümer oder Mieter) zusteht. Da es sich bei der Sachherrschaft (auch in Form des Mitbesitzes) um eine Frage **tatsächlicher Natur** handelt (KG StV 1985, 18), kommt der Nutzungsberechtigung zwar keine letztentscheidende Bedeutung zu, sie kann jedoch Anhaltspunkte auch für die tatsächliche Sachherrschaft liefern.

1345 Steht die Nutzungsberechtigung **einem** Beteiligten zu (Wohnungsinhaber, Zimmerinhaber, Inhaber einer Unterkunft), so hat dieser grundsätzlich auch die tatsächliche Herrschaft – zumindest als Mitgewahrsam – an den in der Wohnung, dem

Zimmer oder der Unterkunft befindlichen Sachen (RGSt 30, 88), jedenfalls insoweit, als er von ihrem Vorhandensein Kenntnis hat (BGH DRsp Nr. 1994/258 (→ Rn. 1342)). Anders kann dies bei Gegenständen sein, an denen ein Dritter nach den konkreten Umständen eine den Inhaber der Wohnung **zurückdrängende Macht** ausübt (zu dem dann auch häufig fehlenden Besitzwillen des Wohnungsinhabers → Rn. 1367). Ob dies gegeben ist, richtet sich nach den tatsächlichen Umständen, wobei auch die **Anschauungen des täglichen Lebens** eine Rolle spielen (OLG München NStZ-RR 2011, 56; KG StV 1985, 18).

Nach diesen entsteht **noch kein Mitbesitz** dadurch, dass ein Ehegatte, Familienangehöriger oder Lebensgefährte Betäubungsmittel in der **gemeinsamen Wohnung** aufbewahrt (KG StV 1985, 18); die freie Zugänglichkeit in der Wohnung reicht zur Begründung von Mitbesitz nicht aus (BGH *Schoreit* NStZ 1993, 328 (→ Rn. 1202)). Vielmehr schließt der Wille des Inhabers zur alleinigen Sachherrschaft nach den Anschauungen des täglichen Lebens in aller Regel den Mitbesitz des anderen an den Gegenständen aus, die seinen **persönlichen Zwecken** dienen (OLG München NStZ-RR 2011, 56; KG StV 1985, 18). Dies gilt auch für Betäubungsmittel (BGHR BtMG § 29 Abs. 1 Nr. 1 Handeltreiben 67 (→ Rn. 90)). Dass das Rauschgift einem persönlichen Zweck dient, kommt insbesondere dann in Betracht, wenn es versperrt aufbewahrt wird. Aber auch dann, wenn es ein Ehegatte zum Verkauf bestimmt hat, liegt es nahe, dass er allein und unter Ausschluss des anderen die Sachherrschaft darüber ausüben will und ausübt (OLG München BeckRS 2012, 03274). 1346

Ist die Ehefrau Mitbesitzerin der Wohnung, leistet aber keinen Tatbeitrag zum Anbau von Cannabispflanzen, so ist sie nicht zugleich deren Mitbesitzerin (OLG Celle StV 2000, 624). Dies gilt auch dann, wenn sie mit Anbau und Aufbewahrung von Cannabis einverstanden ist; in einem solchen Fall kann (psychische) Beihilfe in Betracht kommen (OLG Karlsruhe NStZ-RR 1998, 27 = StV 1998, 80; zum Anbauen → Rn. 98. Entsprechendes gilt, wenn zwei Brüder gemeinsam ein Zimmer bewohnen, von denen einer einen Rauschgiftvorrat im Zimmer aufbewahrt, und zwar auch dann, wenn der andere Bruder ab und zu mitrauchen durfte (OLG München NStZ-RR 2011, 56). Allerdings kann auch **Mitbesitz** in Betracht kommen, wenn die objektiven und subjektiven Voraussetzungen hierfür (→ Rn. 1342) vorliegen (BGH NStZ 2010, 221). 1347

(Mit)Besitz an dem Rauschgift besteht erst recht **nicht,** wenn die Frau das Verhalten ihres Mannes **nicht gutgeheißen** hat (OLG Celle StV 2000, 624), wenn der Besitz ihr unerwünscht war (KG NStZ-RR 1996, 345) oder auch, wenn die Nutzbarkeit der Wohnung für den bestimmungsgemäßen Gebrauch durch eine Vielzahl von Pflanzen drastisch eingeschränkt wird (OLG Celle StV 2000, 624). 1348

Auch das bloße **Tolerieren** des Besitzes von Betäubungsmitteln durch den Wohnungsinhaber begründet noch keine Sachherrschaft (auch nicht in Form von Mitbesitz); dass jemand den Besitz des anderen duldet oder sogar billigt, führt noch nicht zu der notwendigen tatsächlichen Verfügungsgewalt (OLG Frankfurt a. M. StV 1987, 443; zum Besitzwillen → Rn. 1367, 1368). Daraus, dass **zwei Betäubungsmittelabhängige** gemeinsam in einer Wohnung leben, kann daher noch nicht geschlossen werden, dass sie an Rauschgift, das in der Toilette sichergestellt wird, Mitbesitz hatten (KG StV 1996, 488). 1349

Über ein bloßes Dulden geht es allerdings hinaus, wenn der **Inhaber** einer Wohnung, in der sich das Betäubungsmittel befindet, einem Kaufinteressenten erklärt, er müsse erst noch rückfragen, da er über den Verkauf des Betäubungsmittels nicht allein entscheiden könne (BGH DRsp Nr. 1994/258 (→ Rn. 1342)). 1350

(cc) Kraftfahrzeug. Für den Fahrer eines ihm nicht gehörenden Kraftfahrzeugs wird Mitbesitz nicht allein dadurch begründet, dass sich das Betäubungsmittel in 1351 diesem Fahrzeug befindet und er dies erkennt (BGH DRsp Nr. 1994/277 (5 StR 47/80); OLG Düsseldorf StV 2008, 13 mAnm *Waider*). Insoweit gelten dieselben Grundsätze wie bei der Wohnung.

1352 **(d) Besitzdiener/Besitzherr.** Während der Besitzdiener nach bürgerlichem Recht keinen Besitz erlangt (§ 855 BGB), kommt er als Täter des illegalen Besitzes von Betäubungsmitteln in Betracht (BGHSt 26, 117 (→ Rn. 636); BGH DRsp Nr. 1994/258 (→ Rn. 1342); *Franke/Wienroeder* Rn. 135; s. auch BGH BeckRS 2002, 7046). Entscheidend ist, ob der Besitzdiener im Sinne einer bewussten Inhaberschaft ein tatsächliches Herrschaftsverhältnis zu dem Betäubungsmittel begründet (*Franke/Wienroeder* Rn. 135). Dies kommt etwa dann in Betracht, wenn er sich von dem Besitzherrn räumlich entfernt (BGH DRsp Nr. 1994/258 (s. o.)). Dass er den Besitz des Geschäftsherrn anerkennt, schließt wie beim Fremdbesitz ein solches (eigenes) Herrschaftsverhältnis nicht aus. Zum **Besitzwillen** des **Besitzdieners** → Rn. 1367.

1353 **Nicht ausreichend** ist dazu eine ganz kurze **Hilfstätigkeit**, die **ohne Herrschaftswillen** geleistet wird, etwa beim Transport des Rauschgifts über eine kurze Strecke unter den Augen des Haupttäters zum PKW (BGHSt 26, 117 (→ Rn. 636)) oder, wenn der Beteiligte auf Anweisung unter den Augen des Haupttäters das Rauschgift aus dem Nebenzimmer holt (BGH *Schoreit* NStZ 1984, 59 = StV 1983, 200). Entscheidend ist dabei **nicht die Dauer** des Herrschaftsverhältnisses, sondern der **fehlende Herrschaftswillen** (BGH StV 2019, 336 (→ Rn. 284)). Kein Besitz liegt vor, wenn der Kaufinteressent das Betäubungsmittel in einem Blumenkübel **versteckt**, nachdem er hört, dass die Polizei im Haus ist (BGHR BtMG § 29 Abs. 1 Nr. 3 Besitz 2 (→ Rn. 1325)). Das Rauschgift bleibt dabei im Besitz des Verkäufers; eine tatsächliche Herrschaft an ihm erlangt der Kaufinteressent nicht.

1354 **Eine kurze Hilfstätigkeit,** die ohne Herrschaftswillen geleistet wird, liegt dagegen **nicht mehr vor,** wenn der am Handeltreiben beteiligte Gehilfe das Rauschgift über eine längere Strecke, wenn auch im Beisein des Haupttäters, trägt (BGHR BtMG § 29 Abs. 1 Nr. 3 Besitz 4 (→ Rn. 1328); AG Rudolstadt BeckRS 2016, 08766) oder wenn er damit im Einverständnis mit dem Haupttäter nach dem Tragen über eine Strecke von 100 m in einem Torbogen verschwindet und es dort an Dritte weitergibt (BGH NStZ-RR 1998, 148). Dasselbe gilt, wenn der Täter das Rauschgift vor einer Durchsuchung in einem Busch **versteckt,** wo es erst nach 45 Minuten von einem Rauschgifthund gefunden wird; in einem solchen Falle greift auch das **Angehörigenprivileg** des § 258 Abs. 6 StGB nicht ein (OLG München NStZ-RR 2011, 56).

1355 **b) Motiv, Zweck.** Dient der Besitz der gewinnbringenden Umsatzförderung, so liegt Handeltreiben vor (→ Rn. 499, 526). Bezieht er sich auf Stereoisomere, Organismen, Teile von Organismen oder biologische Materialien der in Anlage I vierter und fünfter Gedankenstrich zum BtMG genannten Art, so kommt Strafbarkeit nur in Betracht, wenn der Täter oder ein anderer sie missbräuchlich als Betäubungsmittel verwenden wollen oder ein Missbrauch zu Rauschzwecken vorgesehen ist (→ § 1 Rn. 158–161, 166, 168–183, 185–190).

1356 Im Übrigen kommt es auf **Zweck** oder **Motiv** des Besitzes **nicht an.** Es genügt ein bewusstes tatsächliches Innehaben. Der dazu erforderliche Wille äußert sich allein darin, sich die Möglichkeit ungehinderter Einwirkung zu erhalten. Die Vorschrift soll ein kausales, nicht aber ein finales Verhalten erfassen. Die Motivlage muss deshalb grundsätzlich unerheblich bleiben (BGHR BtMG § 29 Abs. 1 Nr. 3 Besitz 1 (→ Rn. 498)).

1357 Auch die **V-Person,** die Rauschgift an sich nimmt, um es der Polizei zu überbringen, verwirklicht daher grundsätzlich den Tatbestand (→ § 4 Rn. 156–162).

Kap. 3. Besitzen, Abs. 1 S. 1 Nr. 3 § 29 BtMG

Dasselbe gilt für **Eltern** oder sonst besorgte Personen, die Drogen ihren Kindern 1358
oder Schützlingen wegnehmen, sofern sie bei der Wegnahme noch keine Vorstellung über die weitere Verwendung des Stoffs haben (→ § 4 Rn. 54); haben sie aber
von vornherein vor, die Drogen zu vernichten oder einer Apotheke oder der Polizei
abzuliefern, so scheidet der Besitz in der Regel aus (→ § 4 Rn. 55–57, 60). Unter
dieser Voraussetzung gilt dies auch für das Personal eines **Drogenkonsumraums**.

Wer Drogen entgegennimmt, um sie zu untersuchen **(Substanzanalyse; drug-** 1359
checking, drug-testing), wird meist Besitz erlangen; im Rahmen einer Apotheke
bedarf dies keiner Erlaubnis (→ § 4 Rn. 44).

Auch der Plan, **als Strafgefangener** auf den Rauschgifthandel in der Justizvoll- 1360
zugsanstalt aufmerksam zu machen, schließt den Tatbestand nicht aus (LG Berlin
NStZ 1987, 233). Dasselbe gilt für den Besitz von Betäubungsmitteln aus **rechts-
politischen Gründen** (BVerfG NStZ 1997, 498).

c) Dauer. Das tatsächliche Herrschaftsverhältnis muss auf eine gewisse Dauer 1361
ausgerichtet sein (OLG Hamm StV 1989, 438; KG StV 1991, 520) oder jedenfalls
eine nennenswerte Zeit **bestehen** (OLG Oldenburg NStZ 1982, 121; KG NStZ-
RR 1996, 345). Ist es auf eine gewisse Dauer ausgerichtet, so kommt es auf auf die
spätere tatsächliche Dauer der Sachherrschaft nicht an (→ Rn. 1327). An der Ausrichtung auf eine gewisse Dauer fehlt es beim Empfang von Rauschgift nur zum
Mitgenuss oder in verbrauchsgerechter Menge zum sofortigen Verbrauch an Ort
und Stelle (BayObLG NStZ 1990, 395 = StV 1990, 356; NStZ-RR 1998, 149;
auch: → Rn. 1332).

Kein Besitz liegt daher in dem kurzfristigen Mitziehen an einer vom Besitzer 1362
gerauchten Haschischpfeife (OLG Oldenburg NStZ 1982, 121), in der Entgegennahme einer Portion Heroin und der Injektion, sofern zwischen beidem ein unmittelbarer zeitlicher Zusammenhang besteht (OLG Hamm StV 1989, 438; s. auch
BGH NStZ 1993, 191 = StV 1993, 132), oder in dem Entgegennehmen einer
Spritze mit einer Heroinlösung und der anschließenden Injektion (KG StV 1991,
520).

An der **Ausrichtung** auf eine gewisse **Dauer** fehlt es auch bei den in 1363
→ Rn. 1353 genannten kurzzeitigen Transportleistungen oder beim kurzzeitigen
Führen eines fremden Kraftfahrzeugs, in dem sich das Rauschgift befindet (BGH
NStZ 1985, 318 = StV 1985, 279). Allerdings kann in diesen Handlungen Beihilfe
zum Handeltreiben oder auch zum Besitz zu sehen sein (BGH NStZ 1985, 318
(s. o.)).

Schließlich fehlt es in aller Regel an der Ausrichtung auf eine nennenswerte 1364
Dauer des Herrschaftsverhältnisses, wenn **Eltern** oder sonst besorgte Personen das
Betäubungsmittel an sich nehmen, um es sofort zu vernichten oder bei der Polizei
oder einer Apotheke abzuliefern (→ Rn. 1358). Dasselbe kann beim Personal eines
Drogenkonsumraums in Betracht kommen (→ Rn. 1358).

2. Willen zum Besitz. Weitere Voraussetzung ist der Besitzwille, der darauf 1365
gerichtet sein muss, sich selbst die Möglichkeit ungehinderter Einwirkung auf das
Betäubungsmittel zu erhalten (BGHSt 26, 117 (→ Rn. 636); BGHR BtMG
§ 29 Abs. 1 Nr. 3 Besitz 2 (→ Rn. 1325); 5 (→ Rn. 1325); BGH NStZ-RR 2008,
54 (→ Rn. 690); 212). Ein solcher Willen kann sich etwa darin zeigen, dass der
Täter den Aufbewahrungsort des Betäubungsmittels verändert (BGH DRsp
Nr. 1994/256 (→ Rn. 1331) oder dass er eine im Wald versteckte **Outdoor-Plantage** mit einem Wildzaun versieht (OLG Celle NStZ-RR 2013, 181). Ein von
einem Besitzwillen getragenes tatsächliches Herrschaftsverhältnis besteht auch
dann, wenn der Täter Cannabispflanzen **in Maisfeldern** heranzieht (BGH NStZ-
RR 2015, 14).

1366 **Der Besitzwille** ist vom Motiv zum Besitz oder dem Zweck des Besitzes (→ Rn. 1355, 1356) **zu unterscheiden** (BGH BeckRS 2017, 131919). Während der Besitzwille nur darauf gerichtet ist, sich selbst die Möglichkeit ungehinderter Einwirkung auf das Betäubungsmittel zu erhalten, bezeichnen das Motiv oder der Zweck die Gründe, die für den Besitz maßgeblich sind.

1367 Der **Besitzwille** wird nicht dadurch ausgeschlossen, dass der Täter, etwa beim Fremdbesitz oder in den Fällen der Besitzdienerschaft, den Besitz des mittelbaren Besitzers oder Besitzherrn anerkennt, deshalb dessen jederzeitigen Zugang zu dem Rauschgift gewährleistet und über dieses nicht zu eigenen Zwecken verfügen will (→ Rn. 1336, 1352). Am Besitzwillen kann es dagegen fehlen, wenn Heroin in einem Hotelzimmer gelagert wird, ohne dass es auf das Einverständnis des Zimmerinhabers ankam, dieser lediglich für die Übergabe vorbereiteter Heroinmengen an Abnehmer zuständig war und der Einlagerer einen eigenen Schlüssel hatte (BGH NStZ-RR 2008, 54 (→ Rn. 690); zur Sachherrschaft → Rn. 1349).

1368 Das bloße **Tolerieren** des Besitzes eines Dritten ist noch kein (eigener) Willen zum Besitz (OLG Frankfurt a. M. StV 1987, 443; *Joachimski/Haumer* BtMG Rn. 154). An einem Besitzwillen kann es auch bei einem **unerwünschten** Besitz fehlen (KG NStZ-RR 1996, 345). Wer es mit Rücksicht auf das Fortbestehen der Beziehung duldet, dass ein sich häufig in der Wohnung aufhaltender Freund dort Rauschgift deponiert, ist daher nicht ohne weiteres wegen Besitzes strafbar (KG NStZ-RR 1996, 345). Zum unerwünschten Besitz auch → Rn. 1322.

1369 **Am Besitzwillen fehlt** es auch, wenn der Beteiligte Betäubungsmittel **verwahrt**, ohne zu wissen, dass es sich um solche handelt, und wenn er sie nach Erlangen der Kenntnis alsbald an den Hinterleger zurückgibt oder sich ihrer sonst entledigt (BGH StV 181, 127). Ebenso hat der (alleinige) Wohnungsinhaber an den Betäubungsmitteln keinen Besitz, wenn er von deren Aufbewahrung in seiner Wohnung erst später und fernab von ihr Kenntnis erlangt (BGH DRsp Nr. 1994/277 (→ Rn. 1351)). Allerdings hat er auch dann das Notwendige zu tun, um sich der Betäubungsmittel zu entledigen (→ Rn. 1322).

1370 Das tatsächliche Herrschaftsverhältnis, auf das sich der Besitzwille bezieht, muss auf eine **gewisse Dauer ausgerichtet** sein oder für einen **nennenswerten Zeitraum bestehen.** Daran fehlt es (aA *Baae* NStZ 1987, 214), wenn der Täter die Betäubungsmittel für eine unbedeutende Zeit an sich nimmt, um sich ihrer alsbald zu entledigen (OLG Hamm NStZ 2000, 600 = StV 2000, 624; OLG Stuttgart MDR 1978, 595), wenn er angesichts des erwarteten Eintreffens der Polizei die Rauschgiftbriefchen aus dem Fenster wirft (OLG Frankfurt a. M. StV 1987, 443), wenn er sie sonst bei Eintreffen der Polizei zu vernichten sucht (KG StV 1996, 488) oder wenn er das Rauschgift, das im Gewahrsam anderer steht, zur Beweisunterdrückung beseitigt (OLG Frankfurt a. M. StV 1987, 443; OLG Zweibrücken MDR 1986, 694).

1371 Etwas anderes kann gelten, wenn der Täter bei der Inbesitznahme des Rauschgifts **noch keine Vorstellung** über die Art der Verwendung hat (aA LG Freiburg StV 1984, 250; dazu *Baae* NStZ 1987, 214).

1372 **III. Ohne schriftliche Erlaubnis zum Erwerb.** Im Hinblick darauf, dass im legalen Betäubungsmittelverkehr dem Besitz immer eine der in § 3 Abs. 1 Nr. 1 beschriebenen Handlungen vorausgeht, ist für den Besitz keine eigene Erlaubnis vorgesehen. Die Strafvorschrift knüpft daher an die Erlaubnis zum Erwerb an. Diese muss bereits bei der Erlangung des Besitzes vorliegen (OLG Stuttgart NStZ 2013, 50 = A&R 2012, 231 mAnm *Winkler*; *Patzak* in Körner/Patzak/Volkmer Teil 13 Rn. 41); zur nachträglich erteilten Erlaubnis → Rn. 1376. Der Erlaubnis steht es gleich, wenn der Erwerb keiner Erlaubnis bedarf (§ 4).

Kap. 3. Besitzen, Abs. 1 S. 1 Nr. 3 § 29 BtMG

§ 29 Abs. 1 S. 1 Nr. 3 erfordert, wie schon der Wortlaut zeigt, keine Erlaubnis des 1373
BfArM. Bei der Erlaubnis kann es sich daher auch um eine solche der **zuständigen
ausländischen Behörden** handeln, sofern der Erwerb des Besitzes im Ausland erfolgt ist (*Patzak* in Körner/Patzak/Volkmer § 29 Teil 13 Rn. 43). Sie berechtigt auch zum Besitz im Inland, wobei allerdings das Erfordernis der Erlaubnis für andere Verkehrsformen, insbesondere die Einfuhr, unberührt bleibt, sofern nicht eine Ausnahme von der Erlaubnispflicht, etwa im Reiseverkehr (§ 4 Abs. 1 Nr. 4 BtMG, § 15 BtMAHV), vorliegt.

Im Interesse der Klarheit und Praktikabilität muss die **Erlaubnis schriftlich** sein. 1374
Dies ist bei den Erlaubnissen, die das BfArM erteilt, regelmäßig der Fall (§§ 8, 9).
Dem Erwerber im Ausland ist zuzumuten, sich gegebenenfalls dort eine Bescheinigung ausstellen zu lassen (BT-Drs. 12/3533, 17). Die Erlaubnis muss nicht mitgeführt werden (*Joachimski/Haumer* BtMG Rn. 147, 149).

E. Vollendung, Beendigung. Der Versuch des Besitzes ist nicht strafbar (§ 29 1375
Abs. 2).

Vollendet ist die Tat mit der Begründung der von einem Herrschaftswillen ge- 1376
tragenen Sachherrschaft über das Rauschgift (*Kotz/Oğlakcıoğlu* in MüKoStGB
Rn. 1142). Eine nachträglich erteilte Erlaubnis schließt daher den bereits erfüllten
Tatbestand nicht aus. Die Tat dauert (als **Dauerdelikt** (→ Rn. 1326)) an, bis eine
(schriftliche) Erlaubnis erteilt ist oder die Aufhebung oder der Verlust des tatsächlichen Herrschaftsverhältnisses eingetreten ist (BGH BeckRS 1974, 106510). Damit ist die Tat **beendet**.

F. Täterschaft, Teilnahme. Der Besitz gehört zu den echten **Sonderdelikten** 1377
(*Kotz/Oğlakcıoğlu* in MüKoStGB Rn. 1093, 1143). Täter, Mittäter oder mittelbarer
Täter kann nur sein, wer über die tatsächliche Sachherrschaft und den erforderlichen Besitzwillen verfügt. Dabei kommt es nicht darauf an, ob der Täter unmittelbarer oder mittelbarer Besitzer ist; entscheidend ist, dass der Täter jederzeit ohne
Schwierigkeiten an die Betäubungsmittel gelangen kann (→ Rn. 1339). Eine rechtliche Erstreckung auf Tatbeteiligte, die keine tatsächliche Sachherrschaft über das
Rauschgift haben, kommt nicht in Betracht (BGH StV 1982, 366; 1982, 526
mAnm *Schlothauer*).

Dasselbe gilt für die **Mittäterschaft.** Auch bei ihr ist eine tatsächliche Einwir- 1378
kungsmöglichkeit oder faktische (Mit-)Verfügungsmacht der Mittäter über das
Rauschgift erforderlich und entscheidend, wobei sie auch in Form des Mitbesitzes
(→ Rn. 1342) ausgeübt werden kann (BGH NStZ 2010, 222 (→ Rn. 107); OLG
Stuttgart NStZ 2002, 154). Dagegen ist eine bloße **rechtliche** Zuordnung im Hinblick auf die tatsächliche Natur des Besitzes nicht möglich; vielmehr kann jedem
Mittäter nur die Menge täterschaftlich zugerechnet werden, die seiner Sachherrschaft tatsächlich unterworfen war (stRspr; BGH NStZ 1982, 163 = StV 1982,
224; StV 1982, 366; 1982, 526 mAnm *Schlothauer;* OLG Stuttgart NStZ 2002,
154).

Bei gemeinsamen Einkaufsreisen **(Einkaufsgemeinschaften, Sammelein-** 1379
kauf) liegt wegen des arbeitsteiligen Vorgehens und des gemeinsamen Besitzwillens
in aller Regel **Mitbesitz** der Käufer an der **Gesamtmenge** vor, so dass sie ihnen
ungeteilt zuzurechnen ist (→ Rn. 670–674; 1342; BGHR BtMG § 29a Abs. 1
Nr. 2 Menge 10 (→ Rn. 673); s. auch BGH NStZ 2010, 222 (→ Rn. 107); *Patzak*
in Körner/Patzak/Volkmer Teil 13 Rn. 68; aA OLG Stuttgart NStZ 2002, 154:
„gebundener Anteilsmitbesitz"). Dies gilt auch dann, wenn bei dem Ankauf und
Transport nicht stets sämtliche Beteiligten unmittelbar mitgewirkt haben (BGHR
BtMG § 29a Abs. 1 Nr. 2 Menge 10 (→ Rn. 673) Zum Handeltreiben in solchen
Fällen → Rn. 670–674, zur Einfuhr → Rn. 978–981, zum Erwerb → Rn. 1231.

1380 An Betäubungsmitteln, die zwei Personen gleichzeitig erhalten und, namentlich geschluckt, **in ihrem Körper** versteckt haben (→ Rn. 1329), kommt hinsichtlich des Besitzes (zur Einfuhr → Rn. 982) keine Mittäterschaft, sondern nur Alleintäterschaft in Betracht. Bloße Nebentäterschaft (→ Vor § 29 Rn. 277, 278) liegt auch dann vor, wenn zwei Kuriere vom gleichen Auftraggeber gewonnen werden, sie gleichzeitig die Rauschgiftbehältnisse schlucken und mit demselben Flug nach Europa reisen (BGHR StGB § 25 Abs. 2 Nebentäter 1 (→ Rn. 982)).

1381 Das Erfordernis der Sachherrschaft dient nicht der sachlichen Charakterisierung der Tat, sondern als Anknüpfung für die Pflichtenbindung des Täters, die mit der bewussten Begründung des Besitzes an einem gefährlichen Gegenstand (→ Rn. 1324) beginnt, und ist damit ein **strafbegründendes** besonderes persönliches **Merkmal** nach **§ 28 Abs. 1 StGB** (*Horn* NJW 1977, 2329 (2334) für die vergleichbare Situation beim Inverkehrbringen); dazu → Vor § 29 Rn. 777, 778. Zur etwaigen doppelten Strafmilderung → Vor § 29 Rn. 772.

1382 Eine ganz **untergeordnete Tätigkeit,** etwa eine ganz kurze Transporttätigkeit (→ Rn. 1353), deutet in aller Regel schon objektiv darauf hin, dass der Beteiligte nur Gehilfe ist (→ Vor § 29 Rn. 373). Auch in subjektiver Hinsicht ist in solchen Fällen eine besondere Prüfung geboten. War der Beitrag eines Beteiligten für das Gelingen der Tat erkennbar an sich nicht erforderlich und auch für die Art der Tatausführung **ohne Bedeutung,** kann auch Beihilfe ausscheiden (→ Vor § 29 Rn. 316); jedenfalls bedarf die Annahme des Gehilfenvorsatzes eingehender Prüfung (→ Vor § 29 Rn. 336, 347).

1383 **G. Handeln im Ausland.** Das Herrschaftsverhältnis muss grundsätzlich im Inland bestehen. Das Weltrechtsprinzip (§ 6 Nr. 5 StGB) gilt für den Besitz nur dann, wenn er dazu dient, die Betäubungsmittel entgeltlich in den Besitz eines andern zu bringen, und der Beteiligte als (Mit-)Täter handelt (→ Vor § 29 Rn. 127); zur Beihilfe → Vor § 29 Rn. 132. Im Übrigen sind die allgemeinen international-strafrechtlichen Regeln maßgeblich. Wegen der Einzelheiten wird auf → Rn. 99–106 verwiesen.

1384 In den **Niederlanden** ist der Besitz auch von geringen Mengen Cannabis strafbar (Art. 2 C, 11 Nr. 1 Opiumwet); dass die dortigen Strafverfolgungsbehörden bei Besitz von bis zu 5 g Cannabis von der Strafverfolgung absehen, ändert an der grundsätzlichen Strafbarkeit nichts (OLG Düsseldorf BeckRS 2013, 18044). Zur Strafbarkeit in anderen **europäischen Ländern** und von **anderen Drogen** → Vor § 29 Rn. 1830–1832 sowie *Patzak* in Körner/Patzak/Volkmer Vor § 29 Rn. 505–570, *Kotz/Oğlakcıoğlu* in MüKoStGB § 29 Rn. 1105, 1106.

1385 **H. Subjektiver Tatbestand.** Strafbarkeit nach Absatz 1 Satz 1 Nr. 3 verlangt Vorsatz. Fahrlässiger Besitz ist nicht strafbar (Absatz 4).

1386 **I. Vorsatz.** Der Vorsatz (→ Vor § 29 Rn. 389–425) muss sich auf den unerlaubten Besitz von Betäubungsmitteln (→ Rn. 4–6; 10) beziehen. Der Täter handelt vorsätzlich, wenn er die Herbeiführung oder Aufrechterhaltung eines tatsächlichen Herrschaftsverhältnisses über das Betäubungsmittel kennt und will. Daran fehlt es, wenn er nicht weiß, dass sich in einem ihm übergebenen Päckchen (BGH StV 1981, 127), in seiner Wohnung oder in seinem Fahrzeug (BGH DRsp Nr. 1994/277 (→ Rn. 1351) Rauschgift befindet.

1387 **Nicht notwendig** ist die Absicht zu einer **zeitlich unbegrenzten** Ausübung der Sachherrschaft. Das Vorhaben einer späteren Vernichtung, die Abgabe bei der Polizei oder das Handeln aus sonstigen anerkennenswerten Motiven schließt daher den Vorsatz nicht aus (zu den Fällen der sofortigen Entledigung → Rn. 1365–1371).

1388 **Bedingter Vorsatz** (→ Vor § 29 Rn. 415–420) reicht aus. Zur Behandlung der (fehlenden) Erlaubnis im Rahmen des Vorsatzes → Rn. 31, 34, 36–44.

Im **Rahmen der Schuld** (anders bei der Strafzumessung) muss sich der Vorsatz 1389
weder auf die **Art** des Betäubungsmittels (→ Rn. 41) noch auf seine **Menge** oder
Wirkstoffmenge erstrecken. Es genügt wenn der Täter, auch auf Grund einer Parallelwertung in der Laiensphäre, erkennt, **dass** es sich um **Rauschgift handelt**
(BGH BeckRS 2016, 21431). Zur Behandlung fehlender oder unklarer Feststellungen und zur etwaigen Auswirkung auf den **Schuldspruch** → Rn. 109.

II. Irrtumsfälle. Für die Fälle des Irrtums gibt es beim Besitz im Verhältnis zu 1390
den anderen Verkehrsformen keine Unterschiede. Auf die einschlägigen Ausführungen bei der Herstellung kann daher Bezug genommen werden: Tatbestandsirrtum (→ Rn. 148); Verbotsirrtum (→ Rn. 149); Irrtum über Umstände, die nicht
zum Tatbestand gehören (→ Rn. 150); umgekehrter Irrtum (untauglicher) Versuch,
Wahndelikt (→ Rn. 151).

Die (fehlende) **Erlaubnis** ist auch beim Besitz Tatbestandsmerkmal und kein 1391
Rechtfertigungsgrund. Zu den Irrtümern im Zusammenhang mit der Erlaubnis
→ Rn. 35–44.

I. Konkurrenzen. Zu den Konkurrenzen → Vor § 29 Rn. 551–587, 671–724. 1392
Der unerlaubte Besitz von Betäubungsmitteln ist ein Dauerdelikt (→ Rn. 1326;
→ Vor § 29 Rn. 574–586). Dementsprechend vielfältig sind die Möglichkeiten des
Zusammentreffens mit anderen Tatbeständen.

I. Der gleichzeitige Besitz verschiedener, **zum Eigenkonsum** bestimmter 1393
Betäubungsmittel (andernfalls gelten die für das **Handeltreiben** maßgeblichen Regeln → Rn. 855)) ist nur **ein** Verstoß gegen das BtMG und begründet **keine Konkurrenz** (BGH NStZ 2014, 163; NStZ-RR 2015, 174; 2016, 82; 2017, 147; 2020,
317; StV 2018, 504 = BeckRS 2017, 103581; BeckRS 2017, 128287), insbesondere liegt keine Tateinheit vor (BGH DRsp Nr. 1994/272 (1 StR 173/78)). Dies
gilt auch dann, wenn verschiedene Rauschgiftmengen separat an unterschiedlichen
Orten aufbewahrt werden (BGHR BtMG § 29a Abs. 1 Nr. 2 Besitz 4 = NStZ
2005, 228 = StV 2005, 270; BGH NStZ 2016, 421; 2019, 93; NStZ-RR 2015,
14; 2020, 317; 375; StV 2018, 504 (s. o.); OLG Celle NStZ-RR 2013, 181) und
wenn der Besitz in nicht geringer Menge hinter eine andere Begehungsweise zurücktritt (BGH NStZ-RR 2015, 14 mAnm *Schiemann*). Deswegen besteht zwischen der (mit Besitz verbundenen) **Einfuhr** von Betäubungsmitteln und dem
gleichzeitigen reinen Besitz einer weiteren Betäubungsmittelmenge Tateinheit
(BGH NStZ-RR 2020, 376).

Ebenso ist nur eine **Tat im prozessualen Sinn** gegeben (BGH NStZ 1997, 1394
446), so dass eine Verurteilung wegen Besitzes auch die Betäubungsmittel umfasst,
die nicht bekannt waren. Werden sie **später entdeckt,** so kann jedoch der Zeitraum des Besitzes, der seit der letzten Tatsachenverhandlung verstrichen ist, Gegenstand eines neuen Verfahrens sein (→ Rn. 1411; BGH NStZ 1997, 446; unklar
Joachimski/Haumer BtMG Rn. 150).

II. Der Besitz als Auffangtatbestand. Die Beziehungen des Besitzes zu den 1395
anderen betäubungsmittelrechtlichen Tatbeständen sind geprägt von seiner Betrachtung als Auffangtatbestand (stRspr; BGHSt 25, 385 (→ Rn. 498)). Bis zum Inkrafttreten des OrgKG galt dies uneingeschränkt. Seither gelten für den Besitz von
Betäubungsmitteln in nicht geringen Mengen Modifikationen, die sich aus der
Aufstufung zum Verbrechen ergeben (BGHSt 42, 162 (→ Rn. 498); BGH NStZ
1994, 548 = StV 1995, 26).

Der Besitz ist in aller Regel **Bestandteil einer anderen,** nach ihrer tatbestand- 1396
lichen Fassung umfassenderen Form des strafbaren Umgangs mit Betäubungsmitteln und hat damit keinen eigenen (BGH NStZ 1994, 548), jedenfalls aber **keinen
gesteigerten Unrechtsgehalt** (stRspr; BGHSt 25, 290 (→ Rn. 182); 42, 162

(→ Rn. 498); BGHR BtMG § 29 Abs. 1 Nr. 1 Handeltreiben 45 = NStZ 1995, 37 = StV 1995, 26).

1397 **1. Zurücktreten.** Daraus folgt, dass der Besitz grundsätzlich sowohl hinter das Handeltreiben als auch hinter die anderen Begehungsweisen des § 29 Abs. 1 S. 1 Nr. 1 als **subsidiär** (→ Vor § 29 Rn. 714) zurücktritt. Eine Bestrafung wegen Besitzes kommt nur in Betracht, wenn die anderen Tatformen nicht nachgewiesen werden können (BGHR BtMG § 29 Abs. 1 Nr. 3 Konkurrenzen 3 (→ Rn. 851)).

1398 **Dies gilt** aber nur, **soweit** die anderen Tatformen reichen (BGH BeckRS 2017, 131919). Geht der Besitz **nicht vollständig** in einer der anderen Verkehrsformen auf, etwa weil nur ein Teil der Gesamtmenge veräußert oder abgegeben wird, so besteht zwischen dieser Begehungsart und dem gleichzeitigen Besitz der davon nicht betroffenen Menge Tateinheit (BGH StV 1995, 521; 2018, 504 (→ Rn. 1393); BayObLGSt 2001, 166 (→ Rn. 74)); OLG Hamm StraFo 1997, 223). Zur Strafzumessung in einem solchen Fall → Rn. 851.

1399 Dasselbe gilt, wenn der Täter bei Fortbestehen des Besitzes die **andere Verkehrsform,** etwa das Handeltreiben, **aufgibt.** Allein die Veränderung der mit den besessenen Betäubungsmitteln verfolgten Zwecksetzung ist nicht geeignet, einen einheitlichen Betäubungsmittelbesitz in verschiedene materiell-rechtliche Taten aufzuspalten. Es verbleibt daher für den Besitz, der nicht mehr in der anderen Verkehrsform aufgeht, bei dessen Strafbarkeit; dieser Besitz steht mit der anderen Verkehrsform in Tateinheit (BGH BeckRS 2017, 131919). Für den umgekehrten Fall → Rn. 1404.

1400 **a) Besitz und Anbau.** Wer Betäubungsmittel anbaut, kann daran zugleich Besitz haben, und zwar auch schon vor der Ernte (→ Rn. 119, 120; 1331). Besitz in **nicht geringer Menge** (§ 29a Abs. 1 Nr. 2) liegt vor, sobald die Wirkstoffmenge beim Aufwuchs der Pflanzen die Grenze zur nicht geringen Menge überschritten hat (BGHR BtMG § 29 Abs. 1 Nr. 1 Anbau 1 (1 StR 710/89; § 29a Abs. 1 Nr. 2 Besitz 6 (→ Rn. 76); auch → § 29a Rn. 97.

1401 **b) Besitz und Handeltreiben.** Wird der Besitz mit dem Ziel eines späteren gewinnbringenden Umsatzes begründet oder aufrechterhalten, so sind diese Handlungen Teilakte des Handeltreibens (→ Rn. 499, 526). Der Besitztatbestand tritt als subsidiär (BGHSt 42, 162 (→ Rn. 498); BGH NStZ 1981, 263 (→ Rn. 501); 2014, 163) zurück (BGHSt 25, 290 (→ Rn. 182); BGH StV 2018, 504 (→ Rn. 1393)). Zum Besitz verschiedener zum Handeltreiben bestimmter Rauschgiftmengen → Vor § 29 Rn. 697.

1402 **Etwas anderes** gilt, wenn beim **Handeltreiben** nur **Beihilfe** verwirklicht ist (BGHR BtMG § 29 Abs. 1 Nr. 1 Handeltreiben 36 (→ Rn. 170); 47 (→ Rn. 432); BGH NStZ 2014, 163; 2015, 344 mAnm *Schiemann;* NStZ-RR 2018, 285; StV 2018, 504 (→ Rn. 1393)). Die bloße Verurteilung wegen Beihilfe (zum Handeltreiben) würde dann den Unrechtsgehalt der Tat nicht erschöpfen, weil darin nicht zum Ausdruck käme, dass der Beteiligte die Verfügungsmacht über das Betäubungsmittel innehatte (BGHR BtMG § 29 Abs. 1 Nr. 1 Handeltreiben 35 (→ Rn. 179); 30a Abs. 2 Sichverschaffen 2 (→ Rn. 217); BGH NStZ 2009, 394; NStZ-RR 2009, 58). Auf Grund der **neueren Rechtsprechung** zu den **Kurieren** (→ Rn. 701) und zur **Depothaltung** (→ Rn. 689, 690) hat diese Konstellation erhebliche Bedeutung erlangt. Zum Zusammentreffen von Beihilfe zum Handeltreiben mit Beihilfe zum Besitz → Rn. 861.

1403 **Tateinheit** zwischen Besitz und Handeltreiben besteht auch dann, wenn der Täter die Betäubungsmittel zugleich zum **Eigenverbrauch** und zur gewinnbringenden **Veräußerung** besitzt (BGH NStZ-RR 2015, 174; 2016, 82; 2020, 374; StV 2018, 504 (→ Rn. 1393)); es gilt dasselbe wie für den Erwerb (→ Rn. 851). Dort auch zur Strafzumessung in solchen Fällen.

Ebenso liegt **Tateinheit** vor, wenn der Täter sich **nach** der **Begründung** des 1404
Besitzes entschließt, einen Teil der Betäubungsmittel gewinnbringend zu veräußern
(BGH *H. W. Schmidt* MDR 1981, 882 = DRsp Nr. 1994/280; aA *Joachimski/Haumer* BtMG Rn. 162). Zum umgekehrten Fall → Rn. 1399. Unter besonderen Umständen ist auch Tatmehrheit nicht ausgeschlossen, wenn der Dauerzustand des
Besitzes in objektiver und subjektiver Hinsicht unterbrochen wird und der Weiterbesitz auf einem neuen, auch äußerlich erkennbaren Entschluss beruht (BGH DRsp
Nr. 1994/256 (→ Rn. 1331); s. auch BGHSt 43, 252 (→ Rn. 524)).

c) Besitz und andere Begehungsweisen. Ebenso wie vom Handeltreiben 1405
wird der Besitz von den anderen Begehungsweisen des § 29 Abs. 1 verdrängt
(stRspr; BGHSt 25, 290 (→ Rn. 182); BGHR BtMG § 29 Abs. 1 Nr. 3 Konkurrenzen 3 (→ Rn. 851)). Dies gilt insbesondere von dem Abgeben, Veräußern und Erwerben (BGH BeckRS 2013, 18976), aber auch von dem Herstellen (BayObLGSt
2001, 166 (→ Rn. 74)). Dasselbe gilt für das Verabreichen und das Überlassen zum
unmittelbaren Verbrauch (→ Rn. 1570).

Tateinheit ist gegeben, wenn die andere Begehungsweise nur in der Form der 1406
Beihilfe verwirklicht wird; insoweit gilt nichts anderes als für das Handeltreiben
(→ Rn. 1402). Dasselbe gilt, wenn Beihilfe zum Besitz mit Beihilfe zu einer anderen Begehungsform zusammentrifft (→ Rn. 861).

d) Besitz einer nicht geringen Menge. → § 29a Rn. 215–221. 1407

2. Klammerwirkung. Im Hinblick auf seinen geminderten Unrechtsgehalt 1408
(→ Rn. 1396) hat der Besitz mangels Wertgleichheit nicht die Kraft, andere Begehungsweisen, die mit ihm zusammentreffen, zu einer Tat zu verklammern (→ Vor
§ 29 Rn. 698–700), etwa die (zum Eigenverbrauch erfolgte) Einfuhr mit der auf
einem neuen Entschluss beruhenden Abgabe (BGHSt 42, 162 (→ Rn. 498)) oder
mit weiteren Einfuhren (BGH NStZ-RR 2016, 82). Etwas anderes gilt, wenn der
Verbrechenstatbestand des Besitzes **in nicht geringer Menge** mit **Vergehenstatbeständen** zusammentrifft; beim Zusammentreffen mit **Verbrechen** verbleibt es
wiederum dabei, dass eine Klammerwirkung **nicht** gegeben ist (BGHSt 42, 162
(→ Rn. 498); BGH NStZ 2014, 163; StV 2018, 504 (→ Rn. 1393); BeckRS 2017,
128287). **Etwas anderes** gilt, wenn zu diesen Verbrechen **nur Beihilfe** geleistet
wird (BGH NStZ 2015, 344 mAnm *Schiemann;* StV 2018, 504 (→ Rn. 1393)). Bei
der Klammerwirkung verbleibt es auch dann, wenn ein **täterschaftliches** Handeltreiben **hinzutritt** (BGH NStZ 2015, 344 mAnm *Schiemann*). Zum aufgefüllten,
nie versiegenden Verkaufsvorrat → Vor § 29 Rn. 621–628.

III. Zusammentreffen mit allgemeinen Straftaten. Der Besitz ist ein 1409
Dauerdelikt (→ Rn. 1324, 1376; OLG Oldenburg StV 2002, 240). Es gelten die
allgemeinen Regeln (→ Vor § 29 Rn. 574–586). Meist geht der Besitz allerdings in
einer anderen Begehungsweise des § 29 Abs. 1 auf, die dann mit dem Tatbestand des
allgemeinen Strafrechts konkurriert. Zur **Geldwäsche** → Vor § 29 Rn. 717–720.

IV. Eine Wahlfeststellung zwischen Besitz und Strafvereitelung ist mangels 1410
rechtsethischer und psychologischer Vergleichbarkeit nicht zulässig (BGHSt 30, 77
= NJW 1981, 1567 = NStZ 1981, 352).

V. Strafklageverbrauch. Der gleichzeitige Besitz verschiedener Betäubungs- 1411
mittel auch an verschiedenen Orten ist eine Tat (→ Rn. 1393). Die Strafklage ist
daher auch hinsichtlich der Mengen verbraucht, die nicht entdeckt wurden
(→ Rn. 1394). Auf der anderen Seite ist der Besitz ein Dauerdelikt. Die weitere Besitzausübung ist einer Verurteilung ist daher eine neue – auch prozessuale – Tat
(BayObLG *Kotz/Rahlf* NStZ-RR 2002, 129; OLG Düsseldorf NStZ 1995, 256;
OLG Karlsruhe NStZ-RR 1998, 80). Im Übrigen wird auf → Vor § 29
Rn. 582–586 verwiesen.

BtMG § 29 Sechster Abschnitt. Straftaten und Ordnungswidrigkeiten

1412 **J. Strafzumessung.** Der Vorgang der Strafzumessung richtet sich nach denselben Regeln, die auch für das Anbauen gelten. Zu den Grundsätzen daher → Rn. 125.

1413 **I. Strafrahmenwahl.** Auf → Rn. 126 wird zunächst verwiesen. Ein besonders schwerer Fall führt zu einer Mindeststrafe von einem Jahr Freiheitsstrafe (§ 29 Abs. 3 S. 2); dazu → Rn. 1981–1996. Regelbeispiele (§ 29 Abs. 3 S. 2) sind nicht vorgesehen.

1414 **II. Strafzumessung im engeren Sinne.** Auf → Rn. 127 wird Bezug genommen.

1415 **III. Weitere Entscheidungen.** Auf → Rn. 128 wird verwiesen.

Kapitel 4. Bereitstellen von Geldmitteln (Absatz 1 Satz 1 Nr. 4)

1416 *Die Vorschrift wurde in Nr. 4 gestrichen und in Nr. 13 neu aufgenommen*

Kapitel 5. Durchführen (Absatz 1 Satz 1 Nr. 5)

1417 **A. Völkerrechtliche Grundlage.** Die Strafbewehrung der Durchfuhr beruht auf Art. 36 Abs. 1 a ÜK 1961, Art. 12 Abs. 3 Buchst. e–i, Art. 22 ÜK 1971, Art. 3 Abs. 1 a Ziffer i ÜK 1988.

1418 **B. Grundtatbestand.** Grundlage der Strafvorschrift ist § 11 Abs. 1 S. 2. Auf die Erläuterungen hierzu (→ § 11 Rn. 6–26) wird zunächst verwiesen.

1419 **C. Tathandlung.** Unter Strafe gestellt ist das Durchführen von Betäubungsmitteln entgegen § 11 Abs. 1 S. 2. Die Durchfuhr ist ein Erfolgsdelikt (*Kotz/Oğlakcıoğlu* in MüKoStGB Rn. 1173). Der Erfolg ist eingetreten, wenn das Betäubungsmittel über die maßgebliche Grenze in das Ausland verbracht wurde.

1420 **I. Betäubungsmittel** sind die in den Anlagen I bis III zum BtMG aufgeführten Stoffe und Zubereitungen. Zu den Einzelheiten sowie zu den Stoffen, die nicht darunter fallen, → Rn. 3–12. Die Vorschrift gilt nach Anlage III dritter Spiegelstrich Buchst. b Satz 2 auch für die Durchfuhr von **ausgenommenen Zubereitungen,** mit einer Rückausnahme für Codein und Dihydrocodein und, allerdings nur für die Genehmigung nach § 11, mit einer weiteren Rückausnahme für Barbital (BGHSt 56, 52 (→ Rn. 483)).

1421 **II. Durchführen.** Den Tatbestand der unerlaubten Durchfuhr erfüllt, wer Betäubungsmittel (→ Rn. 1420) aus dem Ausland in das Inland verbringt, darin befördert und wieder in das Ausland bringt (→ § 11 Rn. 7, 8) und dabei gegen § 11 Abs. 1 S. 2 verstößt, also,
– wenn er die Betäubungsmittel ohne zollamtliche Überwachung befördert (→ § 11 Rn. 11, 12); dies gilt **nicht** beim Betäubungsmittelverkehr mit einem **Mitgliedstaat der EU** (→ § 11 Rn. 19–25),
– wenn ein längerer als der durch die Beförderung oder den Umschlag bedingte Aufenthalt der Betäubungsmittel entsteht (→ § 11 Rn. 13) oder
– wenn während des Verbringens die Möglichkeit des Zugriffs auf die Betäubungsmittel durch den Durchführenden oder eine dritte Person besteht (→ § 11 Rn. 14–18).

1422 Alle diese Merkmale sind **Tatbestandsmerkmale** (BGH 31, 374 (→ Rn. 486)), die die Durchfuhr von der Einfuhr abgrenzen. Dies gilt gleichermaßen von dem Verbringen in das Ausland (BGHSt 31, 374 (→ Rn. 486)), von der Beförderung ohne zollamtliche Überwachung beim Betäubungsmittelverkehr mit Nichtmitgliedstaaten der EU (→ Rn. 1421), aber auch von der fehlenden Verfügungsmöglichkeit im Inland. Aus dem letztgenannten Grund ist die Durchfuhr auch keine Addition oder Kombination von Einfuhr und Ausfuhr, sondern ein eigenständiger

Tatbestand (BGHSt 31, 374 (→ Rn. 486)). Wegen der näheren Einzelheiten wird auf → § 11 Rn. 6–25 verwiesen. Zur Durchfuhr mittels **Versendung** → Rn. 1432, 1434.

III. Entgegen § 11 Abs. 1 S. 2. Eine Erlaubnis ist für die Durchfuhr nicht vorgesehen (→ § 3 Rn. 55). An ihre Stelle tritt auch nicht die zollamtliche Überwachung (aA *Patzak* in Körner/Patzak/Volkmer § 29 Teil 14 Rn. 9; *Malek* BtMStrafR Kap. 2 Rn. 215). Diese ist im Betäubungsmittelverkehr mit **EU- Nichtmitgliedern** (Drittstaaten) Tatbestandsmerkmal, im Betäubungsmittelverkehr mit einem **EU-Mitgliedstaat** dagegen entfallen (→ Rn. 1421). Es ist daher zu unterscheiden: 1423

1. Betäubungsmittelverkehr mit einem Drittstaat. Bei dem Betäubungsmittelverkehr mit einem Drittstaat (→ § 11 Rn. 10) kann ein Verstoß gegen § 11 Abs. 1 S. 2 in dreierlei Weise erfolgen: 1424

a) Ohne zollamtliche Überwachung. Zum Begriff der zollamtlichen Überwachung → § 11 Rn. 11, 12. Eine Durchfuhr ohne zollamtliche Überwachung liegt vor, wenn die zuständige Zollbehörde auch nur zeitweise **am Zugang** zu der Ware oder an der Durchführung der zollrechtlich vorgesehenen Prüfungen **gehindert wird** (BGHSt 48, 108 = NJW 2003, 907 = NStZ 2003, 550 = StV 2003, 563). Dies ist gegeben, wenn die Betäubungsmittel überhaupt nicht angemeldet werden, wenn sie unter anderen für ein Zollverfahren angemeldeten Waren (Tarnwaren) versteckt werden (BGHSt 48, 108 (s. o.)) oder wenn die Zollsiegel entfernt oder der Zollverschluss sonst durchbrochen wird (*Joachimski/Haumer* BtMG Rn. 166). 1425

b) Unnötiger Aufenthalt. Ein Verstoß gegen § 11 Abs. 1 S. 2 liegt auch dann vor, wenn das Betäubungsmittel länger im Inland verbleibt, als dies durch die Beförderung oder den Umschlag bedingt ist (→ § 11 Rn. 13). 1426

c) Tatsächliches Zurverfügungstehen. Schließlich darf dem Durchführenden oder einem Dritten während des Verbringens keine tatsächliche Verfügungsmacht über das Betäubungsmittel zustehen (→ § 11 Rn. 14–18). Dieses Tatbestandsmerkmal grenzt die Einfuhr von der Durchfuhr ab; auf → Rn. 901–917 wird Bezug genommen. 1427

2. Betäubungsmittelverkehr mit einem Mitgliedstaat der EU. Ist sowohl der Einfuhrstaat als auch der Ausfuhrstaat (→ § 11 Rn. 10, 19) ein Mitgliedstaat der EU, so entfällt (lediglich) das Erfordernis der zollamtlichen Überwachung (→ § 11 Rn. 19–25). 1428

D. Vorbereitung, Versuch, Vollendung, Beendigung. Der Versuch der Durchfuhr ist nach § 29 Abs. 2 strafbar. Es gelten die allgemeinen strafrechtlichen Grundsätze (→ Vor § 29 Rn. 171–206). Ebenso wie die Einfuhr ist die Durchfuhr kein (unechtes) Unternehmensdelikt, sondern ein Erfolgsdelikt (→ Rn. 1419). Zum Versuch bei **Mittäterschaft** und **vermeintlicher Mittäterschaft** → Vor § 29 Rn. 188–191, zum Versuch bei **mittelbarer Täterschaft** → Vor § 29 Rn. 192–195. 1429

I. Vorbereitungshandlungen. Wie bei der Einfuhr beginnt der Versuch mit den Handlungen, mit denen der Täter unmittelbar zum Grenzübertritt mit dem Ziel ansetzt, die Betäubungsmittel durch das deutsche Hoheitsgebiet zu verbringen (→ Rn. 882–897). Handlungen, die davor liegen, sind Vorbereitungshandlungen. 1430

II. Versuch. Für die Abgrenzung des Versuchs von der Vollendung ist entscheidend, dass auch das Verbringen in das Ausland zum gesetzlichen Tatbestand gehört (BGHSt 31, 374 (→ Rn. 486); BGH NStZ 1984, 171 = StV 1984, 184). Die Tat ist daher erst dann vollendet, wenn die Betäubungsmittel das Inland wieder verlassen haben (BGH BeckRS 2008, 20555; *Patzak* in Körner/Patzak/Volkmer § 29 Teil 14 1431

Rn. 13; *Kotz/Oğlakcıoğlu* in MüKoStGB Rn. 1196; aA *Joachimski/Haumer* BtMG Rn. 169).

1432 Wird das Betäubungsmittel in Deutschland entdeckt und sichergestellt, so gelten für das Mitführen im **Handgepäck** oder am oder im **Körper** Rn. 907–910, für das Mitführen im **Reisegepäck** → Rn. 911–916 und für die **Aufgabe** als Frachtgepäck → Rn. 917. Die in den → Rn. 907–917 dargestellten Grundsätze gelten auch für andere Formen der Durchfuhr, namentlich auch für die Durchfuhr durch Versendung.

1433 **III. Vollendung, Beendigung.** Die Vollendung tritt mit dem Verbringen über die maßgebliche Grenze in das Ausland ein (→ Rn. 1431). Ähnlich wie bei der Ausfuhr ist die Tat **beendet**, wenn das Betäubungsmittel nach dem Verbringen über die deutsche Grenze im Ausland zur Ruhe gekommen ist (*Patzak* in Körner/Patzak/Volkmer § 29 Teil 14 Rn. 13; *Kotz/Oğlakcıoğlu* in MüKoStGB Rn. 1196).

1434 **E. Täterschaft, Teilnahme.** Es gelten dieselben Grundsätze wie bei der Einfuhr. Auf → Rn. 922–982 wird verwiesen; zur Durchfuhr durch Körperschmuggler wird auf → Rn. 983 und zur Durchfuhr mittels Versendung auf → Rn. 984–996 Bezug genommen.

1435 **F. Handeln im Ausland.** Es gelten dieselben Grundsätze wie bei der Einfuhr (→ Rn. 997–999). Dies gilt insbesondere, soweit die unerlaubte Durchfuhr einem Güterumsatz dient. Zur Durchfuhr als Transitstraftat → Vor § 29 Rn. 104, 105.

1436 **G. Subjektiver Tatbestand.** Strafbarkeit nach Absatz 1 Satz 1 Nr. 5 verlangt Vorsatz (→ Rn. 1437, 1438). Kann der Nachweis vorsätzlichen Handelns nicht geführt werden, so hat das Gericht im Rahmen seiner Pflicht zur erschöpfenden Aburteilung (→ Rn. 107) die fahrlässige Begehung (Absatz 4; → Rn. 1440) zu prüfen. Zur Abweichung vom vorgestellten Kausalverlauf → Rn. 876–880.

1437 **I. Vorsatz.** Der Vorsatz (→ Vor § 29 Rn. 389–425) muss sich auf das Durchführen (→ Rn. 1421, 1422) von Betäubungsmitteln entgegen § 11 Abs. 1 S. 2 (→ Rn. 1423–1428) beziehen. Er muss sich daher auf alle, insbesondere auch auf die sich aus § 11 Abs. 1 S. 2 ergebenden Merkmale erstrecken. Bedingter Vorsatz (→ Vor § 29 Rn. 415–420) reicht aus.

1438 Im **Rahmen der Schuld** (anders bei der Strafzumessung) muss sich der Vorsatz weder auf die **Art** des Betäubungsmittels (→ Rn. 41) noch auf seine **Menge** oder **Wirkstoffmenge** erstrecken. Es genügt wenn der Täter, auch auf Grund einer Parallelwertung in der Laiensphäre, erkennt, **dass** es sich um **Rauschgift handelt** (BGH BeckRS 2016, 21431). Zur Behandlung fehlender oder unklarer Feststellungen und zur etwaigen Auswirkung auf den **Schuldspruch** → Rn. 109.

1439 **II. Irrtumsfälle.** Für die Fälle des Irrtums gibt es bei der Durchfuhr im Verhältnis zu den anderen Verkehrsformen keine Unterschiede. Auf die einschlägigen Ausführungen bei der Herstellung kann daher Bezug genommen werden: Tatbestandsirrtum (→ Rn. 148); Verbotsirrtum (→ Rn. 149); Irrtum über Umstände, die nicht zum Tatbestand gehören (→ Rn. 150); umgekehrter Irrtum (untauglicher) Versuch, Wahndelikt (→ Rn. 151). Ein Wahndelikt liegt etwa vor, wenn der Täter annimmt, auch beim Betäubungsmittelverkehr mit einem Mitgliedstaat der Europäischen Union bedürfe es der zollamtlichen Überwachung.

1440 **III. Fahrlässigkeit (Absatz 4).** Fahrlässige Begehung ist strafbar (→ Rn. 2076–2097). Die Fahrlässigkeit kann sich auch auf die missbräuchliche Verwendung als Betäubungsmittel (→ § 1 Rn. 158–161) oder darauf beziehen, dass ein Missbrauch zu Rauschzwecken vorgesehen ist (§ 1 Rn. 166, 168–183, 185–190). Zum **Zusammentreffen** von Vorsatz und Fahrlässigkeit bei verschiedenen **Teilmengen** → Rn. 2096.

Kap. 6a. Verschreiben entgegen § 13 Abs. 1   **§ 29   BtMG**

H. Konkurrenzen. Zu den Konkurrenzen → Vor § 29 Rn. 551–587, 671–724. **1441**
Dient die (vollendete oder versuchte) Durchfuhr dem gewinnbringenden Umsatz
von Betäubungsmitteln, so ist sie lediglich ein unselbständiger Teilakt des Handeltreibens (BGHSt 25, 290 (→ Rn. 182); 31, 374 (→ Rn. 486)). Mit Beihilfe zum
Handeltreiben steht die (versuchte) Durchfuhr dagegen in Tateinheit (BGH NStZ
1984, 171 = StV 1984, 184; NStZ-RR 2007, 321; BeckRS 2007, 16731). Trifft
Beihilfe zum Handeltreiben mit Beihilfe zur Durchfuhr zusammen, so geht die letztere in der Beihilfe zum Handeltreiben auf (→ Rn. 861). Tateinheit ist auch möglich mit **Verkehrsdelikten;** es gilt dasselbe wie bei der Einfuhr (→ Rn. 1020).

Sind die Voraussetzungen der Durchfuhr erfüllt, so geht § 29 Abs. 1 S. 1 Nr. 5 als **1442**
das speziellere Gesetz dem **Einfuhr-** und **Ausfuhrtatbestand** vor (*Kotz/Oğlakcıoğlu* in MüKoStGB Rn. 1198; *Patzak* in Körner/Patzak/Volkmer Teil 14 Rn. 17),
und zwar auch gegenüber deren Qualifikationen (*Kotz/Oğlakcıoğlu* in MüKoStGB
Rn. 1198). Zur Abgrenzung beim **Transit** → Rn. 901–917.

Tateinheit zwischen Einfuhr und Durchfuhr kann bestehen, wenn der Täter nur **1443**
über einen **Teil der Betäubungsmittel** im Inland Verfügungsbefugnis hat, etwa
wenn ein Fluggast Rauschgift sowohl im Handgepäck wie im Reisegepäck mit
sich führt (→ Rn. 906–917; s. auch *Winkler* in Hügel/Junge/Lander/Winkler
Rn. 14.5). Zur **Geldwäsche** → Vor § 29 Rn. 717–720.

I. Strafzumessung. Der Vorgang der Strafzumessung richtet sich nach denselben Regeln, die auch für das Anbauen gelten. Zu den Grundsätzen daher **1444**
→ Rn. 125.

I. Strafrahmenwahl. Auf → Rn. 126 wird verwiesen. Als Regelbeispiel kommt **1445**
nur das gewerbsmäßige Handeln in Betracht (Absatz 3 Satz 2 Nr. 1); dazu
→ Rn. 2002–2027, 2039–2075.

II. Strafzumessung im engeren Sinn. Auf → Rn. 127 wird Bezug genom- **1446**
men.

III. Weitere Entscheidungen. Auf → Rn. 128 wird verwiesen. **1447**

**Kapitel 6a. Verschreiben entgegen § 13 Abs. 1
(Absatz 1 Satz 1 Nr. 6 Buchst. a)**

A. Völkerrechtliche Grundlage. Die Strafbewehrung des unerlaubten Ver- **1448**
schreibens von Betäubungsmitteln beruht auf Art. 4 Buchst. c, Art. 36 Abs. 1a ÜK
1961, Art. 5, 7 Buchst. a, Art. 22 Abs. 1a ÜK 1971.

B. Bedeutung. Mit der Vorschrift soll sichergestellt werden, dass Betäubungs- **1449**
mittel (der Anlage III) nur im Rahmen einer ärztlichen Behandlung und nur dann
verschrieben werden, wenn dies ärztlich begründet ist (§ 13 Abs. 1 S. 1). Dabei fehlt
es an einer ärztlichen Begründung insbesondere dann, wenn der beabsichtigte
Zweck auf andere Weise erreicht werden kann (§ 13 Abs. 1 S. 2; BGH NStZ 2012,
337 = StV 2013, 157 = A&R 2012, 89 mAnm *Winkler*). Betäubungsmittel der Anlagen I und II dürfen überhaupt nicht verschrieben werden (§ 13 Abs. 1 S. 3). § 13
Abs. 1 S. 1 und 2 gelten auch für die **Überlassung** eines Betäubungsmittels an
einen ambulant versorgten Palliativpatienten. Die Strafbewehrung ergibt sich aus
Nr. 6a (→ Rn. 1600).

Ärzte und Zahnärzte (→ § 4 Rn. 25) dürfen Betäubungsmittel nur verschrei- **1450**
ben, verabreichen und zum unmittelbaren Verbrauch überlassen (Ausnahme § 13
Abs. 1a). Sie dürfen sie jedoch ohne eine entsprechende Erlaubnis (§ 3 Abs. 1
Nr. 1), auch aus dem Praxis- oder Stationsbedarf, **nicht abgeben** (→ BtMVV § 2
Rn. 19, 31, 40, → § 3 Rn. 3, 8, 12). Es ist daher mit der Ausnahme des § 13 Abs. 1a
nicht zulässig und als **unerlaubtes Abgeben** strafbar, wenn ein Arzt oder Zahnarzt
auch im Rahmen einer ärztlichen oder zahnärztlichen Behandlung dem Patienten

oder einem Dritten die tatsächliche Sachherrschaft über ein Betäubungsmittel überlässt (BGHSt 52, 271 (→ Rn. 1069); BGHR BtMG § 13 Abs. 1 Abgabe 1 = A&R 2010, 37 mAnm *Winkler* = BeckRS 2009, 24826; BGH NStZ 2012, 337 (→ Rn. 1449)), etwa indem er es ihm oder anderen mitgibt (→ Rn. 1515, 1522, 1529). Stellt der Arzt dem Patienten neben dem Einkaufspreis monatliche Pauschalbeträge in Rechnung oder macht er sonst einen Gewinn, liegt **Handeltreiben** vor (BGHR BtMG § 13 Abs. 1 Abgabe 1 (s. o.)). Zu den **Tierärzten** → Rn. 1639, 1640.

1451 **C. Bestimmtheitsgrundsatz (Art. 103 Abs. 2 GG).** Verfassungsrechtliche Bedenken gegen § 29 Abs. 1 S. 1 Nr. 6 Buchst. a, § 13 Abs. 1 bestehen nicht (BGHSt 59, 150 = NJW 2014, 1680 = NStZ 2014, 709 mAnm *Patzak* = A&R 2014, 131 mkritAnm *Winkler* mwN). Die näheren Voraussetzungen der Strafbarkeit dürfen in einer Rechtsverordnung geregelt werden, wenn diese – wie die BtMVV – dem Art. 80 Abs. 1 S. 2 GG entspricht und die die Strafvorschrift ausfüllende Rechtsverordnung ihrerseits den Anforderungen aus Art. 103 Abs. 2 GG an die inhaltliche Bestimmtheit genügt (BVerfG NStZ-RR 2002, 22). Die Voraussetzungen der Strafbarkeit müssen sich allerdings bereits dem Straftatbestand als solchem entnehmen lassen. Der Verordnung dürfen lediglich Konkretisierungen überlassen bleiben (BVerfGE 75, 329 = NJW 1987, 3175 = NStZ 1987, 450).

1452 **Dem genügen** § 29 Abs. 1 S. 1 Nr. 6 Buchst. a, § 13 Abs. 1 in Verbindung mit der BtMVV, namentlich deren §§ 5, 5a. Mit § 13 Abs. 1 wird hinreichend zum Ausdruck gebracht, dass Ärzten die Verschreibung von Betäubungsmitteln der Anlage III nur dann erlaubt ist, wenn deren Anwendung am oder im menschlichen Körper medizinisch indiziert ist (BGHSt 59, 150 (→ Rn. 1451); NStZ 2012, 337 (→ Rn. 1449)). § 13 Abs. 1 S. 2 sieht darüber hinaus die Anwendung von Betäubungsmitteln nur als ultima ratio vor und stellt damit auf die zwingende medizinische Notwendigkeit einer Behandlung mit diesen Mitteln ab. Das erlaubte Verhalten von Ärzten, namentlich bei der Substitution, ist damit im Gesetz ausreichend bestimmt (BGHSt 59, 150 (→ Rn. 1451)). Da die Strafvorschrift an einen Verstoß gegen § 13 Abs. 1 anknüpft, entspricht sie ihrerseits dem Bestimmtheitsgebot. Die Vorgaben der BtMVV, namentlich deren §§ 5, 5a stehen mit Art. 103 Abs. 2 GG ebenfalls in Einklang. Die materiellen Voraussetzungen einer erlaubten ärztlichen Behandlung mit Betäubungsmitteln, namentlich einer Substitutionsbehandlung, sind damit in einer dem Arzt eindeutig erkennbaren Weise geregelt (BGHSt 52, 271 (→ Rn. 1069); BGHSt 59, 150 (→ Rn. 1451)). Ob daran auch der **Neuregelung der Substitution** durch die **3. BtMVVÄndV** noch festgehalten werden kann, ist allerdings **nicht zweifelsfrei** (→ BtMVV § 5 Rn. 3–6, 18, 68–70, 177, 178).

1453 **C. Grundtatbestand.** Grundlage der Strafvorschrift ist § 13 Abs. 1. Auf die Erläuterungen zu dieser Vorschrift wird zunächst verwiesen.

1454 **D. Tathandlung.** Unter Strafe gestellt ist das Verschreiben von Betäubungsmitteln entgegen § 13 Abs. 1. Zum Verschreiben → Rn. 1459 sowie → § 13 Rn. 15.

1455 **I. Betäubungsmittel.** Im Hinblick auf das ausdrückliche Verschreibungsverbot auch für Betäubungsmittel der Anlagen I und II (§ 13 Abs. 1 S. 3; → Rn. 1470) bezieht sich die Vorschrift auf **alle Betäubungsmittel;** zu den Konkurrenzen → Rn. 1485. Die in Anlage I fünfter Gedankenstrich vorgenommene Erweiterung des Kreises der Betäubungsmittel um bestimmte Stoffe und biologische Materialien hat hier keine praktische Bedeutung.

1456 **II. Entgegen § 13 Abs. 1.** Der Verstoß gegen § 13 Abs. 1 in Form des Verschreibens führt zu zwei Tatalternativen (davon eine mit einer Unteralternative, so dass insgesamt **drei Varianten** vorliegen), die sich aus dem unterschiedlichen Geltungsbereich der Regelung für Ärzte und Nichtärzte ergeben:

Das **Verschreiben** 1457
— von Betäubungsmitteln der **Anlage III** ist
  — für Nichtärzte (→ Rn. 1463) sowie
  — für Ärzte, Zahnärzte und Tierärzte, die außerhalb ihres Fachbereichs, außerhalb einer ärztlichen Behandlung oder außerhalb einer Indikation handeln (→ Rn. 1464–1466),
— von Betäubungsmitteln der **Anlagen I, II** ist
  für jedermann, also auch für Ärzte, Zahnärzte und Tierärzte im Rahmen einer ärztlichen Behandlung (→ Rn. 1470),
verboten.

1. Gemeinsames Merkmal: Verschreiben. Gemeinsames Merkmal aller Tatalternativen ist das Verschreiben. 1458

a) Verschreibung. Verschreiben ist das Ausstellen eines **Rezepts** über das Betäubungsmittel. Zu Begriff, Form, Arten und Wirksamkeit der Verschreibung → § 4 Rn. 18–32. 1459

b) Geltungsbereich der Strafvorschrift. Verschreibungen dürfen befugt nur durch Ärzte, Zahnärzte oder Tierärzte erfolgen. Gleichwohl wendet sich die Strafvorschrift an **jedermann** (allgM; BT-Drs. 8/3551, 36; *Patzak* in Körner/Patzak/Volkmer § 29 Teil 15 Rn. 12; *Kotz/Oğlakcıoğlu* in MüKoStGB Rn. 1204; *Winkler* in Hügel/Junge/Lander/Winkler Rn. 15.1; *Malek* BtMStrafR Kap. 2 Rn. 301; auch → Rn. 1473). 1460

c) Verschreiben und andere Begehungsweisen (Veräußern, Abgeben, Inverkehrbringen, Handeltreiben). → Rn. 1450, 1486, 1487. 1461

2. Betäubungsmittel der Anlage III. Die Verschreibung von Betäubungsmitteln der Anlage III ist für Nichtärzte (einschließlich der Ärzte, die sich nicht an ihren Fachbereich halten, → § 4 Rn. 27) und Ärzte (einschließlich der Zahnärzte und Tierärzte) nach unterschiedlichen Kriterien strafbar: 1462

a) Verschreibung durch Nichtärzte (§ 13 Abs. 1 S. 1). Nach § 13 Abs. 1 S. 1 dürfen Betäubungsmittel (der Anlage III) nur durch Ärzte verschrieben werden. Jegliche Verschreibung durch andere Personen, auch ärztliches Hilfspersonal, Heilpraktiker oder Apotheker, ist nicht zulässig und damit strafbar (*Endriß/Malek* BtMStrafR § 2 Rn. 7). 1463

b) Verschreibung durch Ärzte (§ 13 Abs. 1 S. 1, 2). Anders als bei Betäubungsmitteln der Anlagen I und II gehört die ärztliche **Verschreibung** von Betäubungsmitteln der **Anlage III** zur medizinischen Versorgung der Bevölkerung. Sie ist daher nur strafbar, wenn bestimmte Voraussetzungen nicht eingehalten werden, insbesondere gegen die Regeln der ärztlichen Kunst verstoßen wird (*Joachimski/Haumer* BtMG Rn. 176). Danach setzt die Strafbarkeit voraus: 1464

aa) Das Fehlen einer ärztlichen Behandlung. Auch Betäubungsmittel der Anlage III dürfen nur im Rahmen einer ärztlichen, zahnärztlichen oder tierärztlichen Behandlung einschließlich der Behandlung einer Betäubungsmittelabhängigkeit verschrieben werden (§ 13 Abs. 1 S. 1). Liegt eine solche nicht vor, so handelt der Arzt außerhalb seiner Befugnis und macht sich nach § 29 Abs. 1 S. 1 Nr. 6 Buchst. a strafbar. Zu den Voraussetzungen der ärztlichen Behandlung → § 13 Rn. 20–29. Zur Substitution → Rn. 1467–1469, 1499–1531. 1465

bb) Das Fehlen einer ärztlichen Indikation. Auch im Rahmen einer ärztlichen Behandlung dürfen Betäubungsmittel nur verschrieben werden, wenn ihre Anwendung begründet ist (§ 13 Abs. 1). Dazu gehört auch, dass der beabsichtigte Zweck auf andere Weise nicht erreicht werden kann (§ 13 Abs. 1 S. 2). Im Einzelnen siehe 1466

- zu den **Voraussetzungen der Indikation** (Heilauftrag, Untersuchung) → § 13 Rn. 22–28,
- zur **Freiheit der Methodenwahl** (Schulmedizin, Außenseitermethoden) → § 13 Rn. 39–45,
- zu den **besonderen Pflichten des Arztes bei der Verschreibung von Betäubungsmitteln** (Ermittlung der Risikofaktoren, Verschreibung von Betäubungsmitteln als ultima ratio (§ 13 Abs. 1 S. 2), Fachwissen, Therapieplan, Dokumentation) → § 13 Rn. 46–54,
- zu den **zusätzlichen Pflichten bei drogenabhängigen Patienten** (eigene Überzeugung, Vorkehrungen gegen Missbrauch, Übergang zur stationären Therapie) → § 13 Rn. 29, 57–60.

1467 cc) **Sonderfall: Substitution.** Durch G v. 3.9.1992 (BGBl. I S. 1593) wurde in § 13 Abs. 1 S. 1 klargestellt, dass Betäubungsmittel auch zur ärztlichen Behandlung einer Betäubungsmittelabhängigkeit verschrieben werden dürfen. Damit sollte die Substitution mit geeigneten Ersatzmitteln, die selbst Betäubungsmittel sind, auf eine sichere rechtliche Grundlage gestellt werden (→ § 13 Rn. 70). Zur Strafbarkeit der Verschreibung im Rahmen einer Substitution → Rn. 1499–1528.

1468 Durch G v. 15.7.2009 (BGBl. I S. 1801) wurde die **diamorphingestützte Substitutionsbehandlung** eingeführt, bei der es sich eigentlich um eine „Substitution" mit einem Originalstoff handelt. Zur Strafbarkeit der Verschreibung im Rahmen einer diamorphingestützten Substitutionsbehandlung → Rn. 1523–1528.

1469 Die Voraussetzungen und Durchführung der Substitution einschließlich der diamorphingestützten Substitutionsbehandlung sind nunmehr im Wesentlichen in §§ 5, 5a BtMVV geregelt (s. dort). Bei Verstößen kann **Strafbarkeit in verschiedener Form** in Betracht kommen. Auf → Rn. 1499–1531 wird verwiesen.

1470 3. **Betäubungsmittel der Anlagen I, II (§ 13 Abs. 1 S. 3).** Das Verbot, Betäubungsmittel der Anlagen I und II zu verschreiben, gilt gleichermaßen für Ärzte (einschließlich Zahnärzte und Tierärzte) und Nichtärzte. Eine ärztliche Begründung für die Verschreibung dieser Betäubungsmittel gibt es nicht. Es ist daher auch Ärzten nicht erlaubt, etwa Heroin (Diamorphin) in einer **nicht zur Substitution** zugelassenen Form (dazu → § 1 Rn. 398–402) oder Cannabis **nicht** in der in Anlage III vorgesehenen Form (dazu → § 1 Rn. 258–260) zu verschreiben.

1471 E. **Vollendung, Beendigung.** Der **Versuch** der missbräuchlichen Verschreibung ist **nicht** strafbar (Absatz 2). Die missbräuchliche Verschreibung ist mit der Aushändigung des Rezepts an den Patienten oder Apotheker **vollendet** und mit der Belieferung des Rezeptes **beendet** (*Patzak* in Körner/Patzak/Volkmer § 29 Teil 15 Rn. 47; *Kotz/Oğlakcıoğlu* in MüKoStGB Rn. 1239).

1472 F. **Täterschaft, Teilnahme.** Hinsichtlich der Verschreibung von Betäubungsmitteln der Anlage III (→ Rn. 1463) und der Anlagen I und II (→ Rn. 1470) durch Nichtärzte gelten keine Besonderheiten. Die Strafvorschriften wenden sich an jedermann (→ Rn. 1460), so dass insbesondere kein Sonderdelikt in Erwägung zu ziehen ist (*Kotz/Oğlakcıoğlu* in MüKoStGB Rn. 1240).

1473 Dies gilt auch für die **dritte Variante** (→ Rn. 1464). Diese bestimmt nicht nur, dass Ärzte Betäubungsmittel der Anlage III nur im Rahmen einer ärztlichen Behandlung verschreiben dürfen, sondern legt zugleich fest, dass Nichtärzten insoweit keinerlei Verschreibungsrecht zusteht.

1474 Bei allen Tatalternativen gelten für die **Beteiligung** des **Empfängers** der Verschreibung keine Besonderheiten, da die Vorschrift nicht nur auf seinen Schutz, sondern auch auf die Volksgesundheit (→ § 1 Rn. 3, 7) abzielt. Da der Tatbestand nicht nur dem Schutz des Empfängers dient (→ Vor § 29 Rn. 282) und auch nicht notwendig dessen Mitwirkung erfordert (→ Vor § 29 Rn. 280, 281), liegt **kein Fall der notwendigen Teilnahme** vor (*Joachimski/Haumer* BtMG Rn. 186; aA *Kotz/*

Oğlakcıoğlu in MüKoStGB § 29 Rn. 1241). In Betracht kommt ferner unerlaubter **Erwerb** (→ Rn. 1216).

G. Handeln im Ausland. Das Verschreiben von Betäubungsmitteln ist für sich allein noch kein Vertrieb, da es zwar den Umsatz von Betäubungsmitteln zur Folge hat, dieser aber nicht im Vordergrund steht. § 6 Nr. 5 StGB ist daher nicht anwendbar (aA wohl *Eser/Weißer* in Schönke/Schröder StGB § 6 Rn. 6). Ein Vertrieb kommt dann in Betracht, wenn der Verschreibende mit dem Apotheker **kollusiv zusammenarbeitet,** um einen gewinnbringenden Betäubungsmittelumsatz zu erzielen (→ Rn. 1487). Dies hat im Hinblick auf das Analogieverbot allerdings **nicht** zur Folge, dass nunmehr auch das tateinheitlich verwirklichte unerlaubte Verschreiben nach § 6 Nr. 5 StGB verfolgt werden könnte (BGHSt 45, 64 = NJW 2000, 2517 = NStZ 1999, 396 = StV 1999, 604). 1475

Im Übrigen sind für das Verschreiben die allgemeinen **international-strafrechtlichen** Regeln maßgeblich. Wegen der Einzelheiten kann auf → Rn. 99–106 verwiesen werden. Dass die Strafvorschrift einen Verstoß gegen § 13 Abs. 1 voraussetzt, steht der Anwendung auf Auslandstaten nicht entgegen (→ Vor § 29 Rn. 73). 1476

H. Subjektiver Tatbestand. Die Strafbarkeit setzt Vorsatz (→ Vor § 29 Rn. 389–425) voraus. Bedingter Vorsatz (→ Vor § 29 Rn. 415–420) genügt (BGH NStZ 2012, 337 (→ Rn. 1449)). Ein Fahrlässigkeitstatbestand ist nicht vorgesehen (Absatz 4). **Der Vorsatz** muss sich auf die für die einzelnen Alternativen des Tatbestands maßgeblichen Umstände beziehen: 1477

I. Nichtärzte. Bei der Verschreibung von Betäubungsmitteln durch Nichtärzte (→ Rn. 1463, 1470), zB Heilpraktiker, müssen diese wissen und wollen oder damit rechnen und es billigen, zumindest sich damit abfinden oder aus Gleichgültigkeit damit einverstanden sein, dass sie Betäubungsmittel verschreiben. Irren sie über die psychotropen Eigenschaften der von ihnen verschriebenen Substanz, so kommt ein Tatbestandsirrtum in Betracht. Kennen sie diese Eigenschaften und nehmen lediglich an, die Substanz falle nicht unter das BtMG, so wird in der Regel ein Subsumtionsirrtum vorliegen (→ Rn. 38, 149). Irren sie sich über ihre Befugnis zur Verschreibung, so ist ein Verbotsirrtum (→ Vor § 29 Rn. 441–451) gegeben. 1478

II. Ärzte. Bei der Verschreibung durch Ärzte müssen diese wissen und wollen oder damit rechnen und es billigen, zumindest sich damit abfinden oder aus Gleichgültigkeit damit einverstanden sein, dass sie entweder Betäubungsmittel der Anlagen I oder II oder Betäubungsmittel der Anlage III außerhalb einer ärztlichen Behandlung oder unter Verstoß gegen die Regeln der ärztlichen Kunst verschreiben (BGH NStZ 2012, 337 (→ Rn. 1449)). Bedingter Vorsatz liegt nahe, wenn ein in Suchtkrankheiten wenig erfahrener Arzt tätig wird, ohne sich um die für die Substitution geltenden Regeln zu kümmern (*Patzak* in Körner/Patzak/Volkmer § 29 Teil 15 Rn. 40). Zum Vorsatz im Falle der **Substitution** im Übrigen → Rn. 1513. 1479

Irrt der Arzt über die **psychotropen Eigenschaften** der von ihm verschriebenen Substanz, so kann bei ihm, wie bei einem Nichtarzt (→ Rn. 1478), ein Tatbestandsirrtum (→ Rn. 148) in Betracht kommen (*Kotz/Oğlakcıoğlu* in MüKoStGB Rn. 1235). Dasselbe gilt, wenn der Arzt irrtümlich annimmt, das Betäubungsmittel gehöre zu den Betäubungsmitteln der Anlage III (aA *Patzak* in Körner/Patzak/Volkmer § 29 Teil 15 Rn. 54; wohl auch *Kotz/Oğlakcıoğlu* in MüKoStGB Rn. 1235); die Zugehörigkeit zu einer bestimmten Anlage ist im Rahmen der Nr. 6 Buchst. a ein Tatbestandsmerkmal (§ 13 Abs. 1 S. 1, 3). 1480

Ein Tatbestandsirrtum liegt auch vor, wenn der Arzt über die **tatsächlichen Voraussetzungen** für ein erlaubtes Verschreiben, etwa der ärztlichen Begründetheit seiner Verschreibung, irrt (BGHSt 37, 383 = NJW 1991, 2359 mAnm *Moll* NJW 1991, 2334 und *Kühne* NJW 1992, 1547 = NStZ 1991, 439 mAnm *Hellebrand* NStZ 1992, 13 = StV 1991, 352 = JR 1992, 168 mAnm *Helgerth* = JZ 1992, 1481

103 mAnm *Laufs/Reiling; Patzak* in Körner/Patzak/Volkmer § 29 Teil 15 Rn. 44). Da ein Fahrlässigkeitstatbestand fehlt, kommt eine Strafbarkeit nicht in Betracht.

1482 Irrt er dagegen darüber, dass eine Verschreibung nur im Rahmen einer **ärztlichen Behandlung** erfolgen darf und/oder **ärztlich begründet** sein muss (→ Rn. 1466), so kommt ein **Verbotsirrtum** in Betracht (BGHSt 29, 6 = NJW 1979, 1943; 1979, 2357 mAnm *Kreuzer* = JR 1979, 429; *Joachimski/Haumer* BtMG Rn. 184; *Malek* BtMStrafR Kap. 2 Rn. 313). Dasselbe gilt, wenn er annimmt, er dürfe Betäubungsmittel der Anlagen I oder II innerhalb oder auch außerhalb einer ärztlichen Behandlung verschreiben, zB Heroin an Schwerstabhängige. Der Verbotsirrtum ist in der Regel vermeidbar (*Patzak* in Körner/Patzak/Volkmer § 29 Teil 15 Rn. 46; *Malek* BtMStrafR Kap. 2 Rn. 313).

1483 Ob der Arzt gelegentliche Zuwiderhandlungen gegen seine Therapieanweisungen, insbesondere die **Weitergabe von Betäubungsmitteln** durch seine Patienten, in Kauf nehmen darf, um den erstrebten Enderfolg seiner Behandlung nicht zu gefährden, dürfte von einer Gesamtwürdigung aller Umstände des Einzelfalles abhängig zu machen sein (wohl weitergehend BGHSt 29, 6 (→ Rn. 1482); *Joachimski/Haumer* BtMG Rn. 183). Einerseits lässt sich ein solcher Missbrauch nie ausschließen; andererseits darf es der Arzt nicht zulassen, dass unter seinen Augen mit den von ihm verschriebenen Betäubungsmitteln Handel getrieben wird. Im Rahmen der **Substitution** gilt § 5 Abs. 10 BtMVV; hält sich der Arzt daran, so ist ihm ein Vorwurf nicht zu machen. Fahrlässig fehlerhaftes Verschreiben ist nicht strafbar. Zur Frage des (fahrlässigen) Inverkehrbringens durch den verschreibenden Arzt → Rn. 1160–1163.

1484 **I. Konkurrenzen.** Zu den Konkurrenzen zunächst → Vor § 29 Rn. 551–587, 671–724. Die missbräuchliche Verschreibung von Betäubungsmitteln kann in der Praxis mit Straftaten des Betäubungsmittelrechts und des allgemeinen Strafrechts zusammentreffen:

1485 **I. Betäubungsmittelstraftaten.** Die pauschale Aussage, Nr. 6 Buchst. a ginge als spezielle Vorschrift den Begehungsweisen der Nr. 1 vor (*Patzak* in Körner/Patzak/Volkmer § 29 Teil 15 Rn. 77) trifft nicht zu. Vielmehr gilt (für die Betäubungsmittel aller Anlagen) folgendes:

1486 Die Varianten **Abgeben, Veräußern** und **Inverkehrbringen** scheiden bereits **begrifflich** aus, da der verschreibende Arzt oder Nichtarzt keine tatsächliche Verfügungsmacht innehat (→ Rn. 1160, 1450); zu den Fällen, in denen der Patient das verschriebene Betäubungsmittel weitergibt → Rn. 1161, 1483. Andere Varianten (Anbauen, Herstellen, Einführen, Ausführen, Erwerben oder Sichverschaffen) können in ihren Ausführungshandlungen **tatsächlich** mit dem Verschreiben nicht zusammentreffen.

1487 Zum **Handeltreiben** gilt, dass das Verschreiben zwar auf einen Umsatz von Betäubungsmitteln gerichtet ist, der sich daraus ergebende Gewinn jedoch nicht bei dem Arzt entsteht; soweit dieser für das Ausstellen der Rezepte von der Krankenkasse oder dem Patienten eine Vergütung erhält, entsteht diese nicht aus dem Umsatz von Betäubungsmitteln (→ Rn. 345), so dass auch Handeltreiben **begrifflich ausscheidet.** Vielfach wird in diesen Fällen für das Verschreiben (Nr. 6 Buchst. a) das Regelbeispiel des Absatzes 3 Satz 2 Nr. 1 **(Gewerbsmäßigkeit)** eingreifen. **Tateinheit mit Handeltreiben** kann in Betracht kommen, wenn der Arzt mit dem Apotheker kollusiv zusammenarbeitet und von dem Umsatz des Apothekers einen Anteil erhält.

1488 Tateinheit kommt mit dem **Erwerb** in Betracht, etwa, wenn ein süchtiger Arzt für sich selbst zur Befriedigung seiner Sucht Verschreibungen ausstellt (BGH 1 StR 356/75; *Patzak* in Körner/Patzak/Volkmer Teil 15 Rn. 77; *Kotz/Oğlakcıoğlu* in MüKoStGB Rn. 1242), wenn eine Verschreibung für Praxis- oder Stationsbedarf anderen als therapeutischen Zwecken dient oder wenn sie dem Arzt ermöglichen soll, die Betäubungsmittel an andere Personen abzugeben (→ § 13 Rn. 23–25).

Für ein **nachlässiges Inverkehrbringen** durch den Arzt, das nicht in einer Verschreibung besteht, gelten keine Besonderheiten (→ Rn. 1163). 1489

II. Allgemeine Straftaten. Tateinheit kann vorliegen mit **Urkundenfälschung** (§ 267 StGB), etwa wenn die Verschreibung auf einem gestohlenen Rezeptformular mit falscher Unterschrift erfolgt (*Kotz/Oğlakcıoğlu* in MüKoStGB Rn. 1245). Zur **Geldwäsche** → Vor § 29 Rn. 717–720. 1490

Bei der Ausstellung von **Kassenrezepten** ohne ärztliche Begründetheit kommt **Tateinheit mit Untreue** (Missbrauchstatbestand) in Betracht, da der Kassenarzt gegenüber der gesetzlichen Krankenkasse eine Vermögensbetreuungspflicht hat (BGHSt 49, 17 = NJW 2004, 454 = NStZ 2004, 266 = StV 2004, 422 mAnm *Teschke* 2005, 406; BGH NJW 2016, 3252 m. zust. Bespr. *Hoven* 3213 = NStZ 2017, 32 = MedR 2017, 134 mAnm *Steinhilper*); OLG Braunschweig NStZ 2010, 392; *Patzak* in Körner/Patzak/Volkmer Teil 15 Rn. 78; *Schroth/Joost* in Roxin/Schroth MedizinStrafR-HdB S. 179, 201, 202). Der Patient begeht Anstiftung oder Beihilfe zur Untreue (BGHSt 49, 17 (s. o.)). 1491

Bei Privatversicherten kommen Betrug in Mittäterschaft oder Beihilfe zum Betrug zum Nachteil der Versicherung in Betracht, wenn der Patient, der die ärztliche Unbegründetheit kennt, das Rezept zur Erstattung einreicht (BGH NJW 2012, 1377; *Patzak* in Körner/Patzak/Volkmer Teil 15 Rn. 78; *Schroth/Joost* in Roxin/Schroth MedizinStrafR-HdB S. 179, 217). Wird die ärztliche Begründetheit auch dem Patienten vorgespiegelt, liegt bei Bezahlung der Rechnung **vollendeter Betrug** zu Lasten des Patienten vor (BGH NJW 2012, 1377). Reicht der Patient in einem solchen Falle das Rezept zur Erstattung bei der Versicherung (und gegebenenfalls der Beihilfestelle) ein, werden auch diese getäuscht; der Patient ist dann Werkzeug des Arztes und dieser ist **mittelbarer Täter** (*Schroth/Joost* in Roxin/Schroth MedizinStrafR-HdB S. 179, 217). 1492

Mit den Tatbeständen des StGB, die die **körperliche Unversehrtheit** (zB §§ 223, 229) oder das Leben (§§ 212, 222, 227) schützen, kann Tateinheit (RGSt 77, 19; BGH JR 1979, 429 mAnm *Hirsch*) vorliegen. Das ärztlich unbegründete Verschreiben von Betäubungsmitteln an Suchtkranke **kann, aber muss nicht** eine Körperverletzung darstellen (→ § 13 Rn. 173). An der Strafbarkeit kann es fehlen, wenn der Patient sich die verschriebenen Suchtmittel im Rahmen eigenverantwortlicher Selbstgefährdung selbst zugeführt hat und der Arzt wegen einer autonomen Entscheidung des Patienten (→ § 30 Rn. 215–233) nicht haftet. Auch die Frage der Einwilligung ist stets zu prüfen (→ § 13 Rn. 186–208). 1493

J. Strafzumessung. Der Vorgang der Strafzumessung richtet sich nach denselben Regeln, die auch für das Anbauen gelten. Zu den Grundsätzen daher → Rn. 125. Ein Absehen von der Bestrafung ist allerdings nicht zulässig (Absatz 5). 1494

I. Strafrahmenwahl. Auf → Rn. 126 wird Bezug genommen. 1495

II. Strafzumessung im engeren Sinne. Auf → Rn. 127 wird verwiesen. 1496

III. Weitere Entscheidungen. Auf → Rn. 128 wird Bezug genommen. 1497

Eine **spezifische Maßregel**, die in den Fällen des § 29 Abs. 1 S. 1 Nr. 6 Buchst. a in Betracht kommt, ist das **Berufsverbot** (§ 70 StGB; → Vor § 29 Rn. 1772–1779). Vor allem wegen der unterschiedlichen Folgen kann von seiner Anordnung **nicht abgesehen** werden, weil die Verwaltungsbehörde bereits das Ruhen der Approbation angeordnet hat (BGH NJW 1975, 2249). Das Berufsverbot kann im Ermittlungsverfahren auch vorläufig angeordnet werden (§ 132a StPO). Zum Ruhen oder zum **Widerruf der Approbation** → Vor § 29 Rn. 1780–1782. Zu weiteren 1498 berufs- und verwaltungsrechtlichen Maßnahmen, namentlich im Bereich der Substitution → Rn. 1531.

1499 K. Exkurs: Unerlaubtes Verschreiben im Rahmen der Substitution. Durch die § 13 BtMG, §§ 5–5b BtMVV, die noch durch die Richtlinien der BÄK (Anh. F 2) ergänzt werden, hat die Substitution rechtliche Konturen erhalten. Der Arzt, der sich an diese Regeln hält, ist, allerdings nur im Grundsatz (aber → Rn. 1452, 1506, 1513), auf der sicheren Seite. Setzt er sich darüber hinweg, ist sein strafrechtliches und berufsrechtliches Risiko mit Recht (krit. *Kotz/Oğlakcıoğlu* in MüKoStGB Rn. 1208) erheblich. Dies gilt auch für die Substitution mit Diamorphin, wenn auch für diese besondere Regelungen gelten. Die Vorschriften über die Substitution wurden durch die 3. BtMVVÄndV v. 22.5.2017 (BGBl. I S. 1275) **nicht unerheblich geändert,** wobei die Regelungen zu Sachverhalten, die unmittelbar ärztlich-therapeutische Bewertungen betreffen, in die Richtlinienkompetenz der BÄK überführt werden (BR-Drs. 222/17, 11). Ob diese Regelung von der **Ermächtigungsgrundlage** des § 13 Abs. 3 **getragen wird,** erscheint zweifelhaft (→ BtMVV § 5 Rn. 3–6, 191). Ob dem Arzt, der sich daran hält, ein **Schuldvorwurf** gemacht werden kann, lässt sich nicht für alle Regelungen gleichermaßen beantworten; auch → Rn. 1513. Zur Substitution unter den Bedingungen der **Corona (SARS-CoV-2)-Pandemie** s. § 6 der SARS-CoV-2-Arzneimittelversorgungsverordnung (abgedr. in Anh. K).

1500 Insgesamt lassen sich für die Strafbarkeit durch **Verschreiben** je nach Art des verwendeten **Substitutionsmittels** drei Formen unterscheiden (zur (verbotenen) **Mitgabe** des Substitutionsmittels → Rn. 1515–1517, 1580):

1501 I. Substitution mit Levomethadon, Methadon, Buprenorphin. Die drei Substitutionsmittel sind in § 5 Abs. 6 S. 1 Nr. 2 BtMVV aufgeführt. Hinzu kommen nach § 5 Abs. 6 S. 1 Nr. 1 BtMVV noch die anderen zur Substitution zugelassenen Arzneimittel. Seit 2015 zugelassen ist **retardiertes Morphin** (→ BtMVV § 5 Rn. 106). Insoweit gelten → Rn. 1502–1517 entsprechend.

1502 1. Strafbarkeit nach § 29 Abs. 1 S. 1 Nr. 14. Nach dieser Vorschrift (zur in Betracht kommenden Nichtigkeit → Rn. 1958) macht sich strafbar, wer einer auf Grund des § 13 Abs. 3 S. 2 Nr. 1, 2a oder 5 erlassenen Rechtsverordnung zuwiderhandelt, wenn diese für einen bestimmten Tatbestand auf die Strafvorschrift verweist. Dies ist in § 16 BtMVV geschehen. Im Falle der **Substitution** ist es daher nach § 29 Abs. 1 S. 1 Nr. 14 strafbar, wenn der Arzt
– Substitutionsmittel **nicht als Zubereitung** (BtMVV § 1 Abs. 1 S. 1, § 16 Nr. 1),
– zugelassene Substitutionsmittel über die **Höchstmengen** hinaus (BtMVV § 2 Abs. 1 oder 2 S. 1, § 16 Nr. 2 Buchst. a) oder
– **andere** als die in § 5 Abs. 6 S. 1 BtMVV zugelassenen **Substitutionsmittel** (BtMVV § 16 Nr. 2 Buchst. a)
verschreibt. Bedingter Vorsatz genügt (→ Rn. 1961).

1503 2. Strafbarkeit nach § 29 Abs. 1 S. 1 Nr. 6 Buchst. a, § 13 Abs. 1. Die besondere Strafbewehrung des § 29 Abs. 1 S. 1 Nr. 14 BtMG, § 16 BtMVV bedeutet **nicht,** dass **sonstige Verstöße** bei der Verschreibung von Substitutionsmitteln ohne Weiteres straffrei wären. Inbesondere entfaltet die Vorschrift **keine Sperrwirkung** gegen andere Strafvorschriften (BGH NStZ 2012, 337 (→ Rn. 1449); *N. Nestler* MedR 2009, 211 (215); s. auch BGHSt 52, 271 (→ Rn. 1069); BR-Drs. 252/01, 41). Sie sanktioniert Zuwiderhandlungen gegen **formelle Voraussetzungen** der Substitutionsbehandlung (BGH NStZ 2012, 337 (→ Rn. 1449); *N. Nestler* MedR 2009, 211 (215)).

1504 Unberührt bleibt die in § 29 Abs. 1 S. 1 Nr. 6 Buchst. a normierte Strafbarkeit wegen **materieller Verstöße** gegen § 13 Abs. 1 (BGH NStZ 2012, 337 (→ Rn. 1449); *N. Nestler* MedR 2009, 211 (215)). Nach dieser Vorschrift dürfen Betäubungsmittel nur verschrieben werden, wenn dies (ärztlich) begründet ist. Nach § 13 Abs. 1 S. 2 ist eine Substitutionsbehandlung insbesondere nicht begründet, wenn sie **nicht als ultima ratio** erfolgt (BGH NStZ 2012, 337 (→ Rn. 1449)). Sie ist ferner **nicht begründet,** wenn sie die **materiellen Voraussetzungen** nicht einhält, die § 5 BtMVV für eine solche Therapie vorsieht (BGHSt 59, 150 (→ Rn. 1451); BGH StV 2014, 609 = A&R 2014, 186 mAnm *Winkler* = BeckRS 2014, 14629). Dies bedeutet nicht, dass jeder Verstoß gegen die BtMVV gleichermaßen zu Unbegründetheit gemäß § 13 Abs. 1 führt (*N. Nestler* MedR 2009, 211 (215)). Vielmehr muss für jede Fallgestaltung geprüft werden, inwieweit sich der Verstoß zu einer Verletzung der sich aus § 13 Abs. 1 ergebenden Pflichten verdichtet.

a) Die BÄK-Richtlinien. Auch unter Berücksichtigung der Therapiefreiheit 1505 des Arztes hat dieser bei der Substitutionsbehandlung die Grenzen einzuhalten, die die auf der Grundlage des § 13 Abs. 3 erlassene BtMVV für diese Behandlung steckt (s. BGHSt 59, 150 (→ Rn. 1451) mwN). **Die BtMVV** in der Fassung der 3. BtMVVÄndV v. 22. 5. 2017 (BGBl. I S. 1275) hat in § 5 Abs. 12 S. 1 **die BÄK verpflichtet,** den allgemein anerkannten Stand der medizinischen Wissenschaft für
– die Ziele der Substitution nach § 5 Abs. 2 (Nr. 1),
– die allgemeinen Voraussetzungen für die Einleitung und Fortführung der Substitution nach § 5 Abs. 1 S. 1 (Nr. 2) und
– die Erstellung eines Therapiekonzepts nach § 5 Abs. 1 S. 2 (Nr. 3), insbesondere
  – die Auswahl des Substitutionsmittels nach § 5 Abs. 1 S. 2 und Abs. 6 (Nr. 3 Buchst. a),
  – die Voraussetzungen für das Verschreiben des Substitutionsmittels zur eigenverantwortlichen Einvernahme nach § 5 Abs. 8, 9 (Nr. 3 Buchst. b),
  – die Entscheidung über die Erforderlichkeit einer Einbeziehung psychosozialer Betreuungsmaßnahmen (Nr. 3 Buchst. c) sowie
  – die Bewertung und Kontrolle des Therapieverlaufs (Nr. 3 Buchst. d)

in Richtlinien festzustellen. Daneben kann die BÄK diesen Stand für weitere wesentliche Ziele der Substitution in den Richtlinien feststellen (§ 5 Abs. 12 S. 2). Die Richtlinien sind im **Anh. F 2** abgedruckt. Sie wurden gemäß § 5 Abs. 14 BtMVV vom BMG genehmigt und am 2. 10. 2017 im BAnz. bekannt gemacht.

Die Richtlinien stehen auf festem Boden (§ 5 Abs. 3–5 BtMVV), soweit sie sich 1506 mit der **Qualifikation** der substituierenden Ärzte befassen (Kap. 6), da insoweit eine ausdrückliche Ermächtigung des Gesetzgebers zur Übertragung auf die BÄK vorliegt (§ 13 Abs. 3 Nr. 2 BtMG). Dagegen fehlt eine solche Ermächtigung in den Fällen, in denen § 5 Abs. 12 BtMVV die Übertragung auf die BÄK vorsieht. Wegen der Einzelheiten wird auf → BtMVV § 5 Rn. 3–6, 191 verwiesen. Hinsichtlich der Vorschriften über die Qualifikation ist der Arzt, der sich an sie hält, daher auf der sicheren Seite (BGHSt 59, 150 (→ Rn. 1451)). Soweit die Richtlinien dagegen Fragen betreffen, für die in § 13 Abs. 3 **keine Subdelegation** an die BÄK vorgesehen ist, können sie diese Verbindlichkeit nicht erlangen. Dies ändert nichts daran, dass sie auch in diesen Punkten Hinweise für eine gute medizinische Praxis sein können. Ob dem Arzt, der sich an sie hält, auch unter dem Blickpunkt der Vermutungsregelung des § 5 Abs. 12 S. 5 BtMVV (dazu → BtMVV § 5 Rn. 192, 193) ein **Schuldvorwurf** gemacht werden kann, muss im Einzelfall beantwortet werden; auch → Rn. 1513.

b) Zuwiderhandlungen gegen die Regelungen der Substitution. Die Zu- 1507 widerhandlungen gegen die Regelungen der Substitution (§§ 5, 5a BtMVV) sind zum Teil Straftaten, zum Teil Ordnungswidrigkeiten. Sie werden bei den einzelnen Absätzen der §§ 5, 5a BtMVV behandelt.

c) Die Substitutionsbehandlung in der Rechtsprechung. Die bisher ent- 1508 schiedenen Fälle betreffen im Wesentlichen die Take-Home-Verordnung. Dies zeigt, dass diese Substitutionsform für **Praktiken,** die die gesetzlichen Regeln oft **grob verletzen,** besonders anfällig ist. Die Take-Home-Verschreibung ist eine besondere Form der Substitution. Deren **allgemeine Voraussetzungen** müssen daher auch bei ihr gegeben sein. Dementsprechend ist Rechtsprechung auch dazu ergangen. Im Nachstehenden wird erläutert, ob und inwieweit auf diese Rechtsprechung auch **nach der 3. BtMVVÄndV** noch zurückgegriffen werden kann.

1509 aa) **Verstöße gegen die allgemeinen Voraussetzungen der Substitution.** Nach der bisherigen Rechtsprechung nicht begründet und strafbar (§ 29 Abs. 1 S. 1 Nr. 6 Buchst. a, § 13 Abs. 1) ist eine Substitutionsbehandlung

- **bei fehlender Abhängigkeit** oder bei Abhängigkeit von **Nicht-Opioiden** (BGHR BtMG § 29 Abs. 1 Nr. 6 Verabreichen 1 = NStZ 1998, 414 = StV 1998, 593); dies gilt weiterhin (→ BtMVV § 5 Rn. 46–48),
- **ohne** oder ohne **ausreichende Untersuchung** (BGH NStZ 2012, 337 (→ Rn. 1449)); dies gilt weiterhin (→ BtMVV § 5 Rn. 36, 77),
- **ohne Indikationsstellung** (BGHSt 59, 150 (→ Rn. 1451); NStZ 2012, 337 (→ Rn. 1449)), dies gilt weiterhin (→ BtMVV § 5 Rn. 17–19, 34–31, 78),
- **ohne** oder ohne **ausreichende** Prüfung von **Behandlungsalternativen** (BGHSt 59, 150 (→ Rn. 1451); NStZ 2012, 337 (→ Rn. 1449)); die Beachtung der **Ultima-Ratio-Regel** ist eine **gesetzliche** Vorgabe (§ 13 Abs. 1 S. 2), die von der BtMVV und den BÄK-Richtlinien nicht geändert werden kann; die BÄK-Richtlinien (Kap. 2) sind damit schwerlich vereinbar (→ BtMVV § 5 Rn. 18, 19, 79),
- **bei Nichtbeachtung des Behandlungsziels** (BGHSt 59, 150 (→ Rn. 1451)), insbesondere Fehlen eines auf die Betäubungsmittelabstinenz zielenden **Behandlungskonzepts** (BGHSt 59, 150 (→ Rn. 1451); NStZ 2012, 337 (→ Rn. 1449)); dies gilt weiterhin mit dem Abmaß, dass die BtMVV hinsichtlich der Substitutionsziele eine deutliche Abschwächung erfahren hat (→ BtMVV § 5 Rn. 52–67), die durch die BÄK-Richtlinien noch verstärkt wird (→ BtMVV § 5 Rn. 69); demgegenüber liegt eine Verschärfung darin, dass es **ohne Therapiekonzept** an einer Substitution und schon deswegen an einer begründeten Verschreibung fehlt (→ BtMVV § 5 Rn. 33, 34; 48–50),
- **ohne ausreichende Kontrolle** oder **Begleitung** der Substitution, namentlich durch **Konsultationen** im erforderlichen Umfang (BGHSt 59, 150 (→ Rn. 1451); NStZ 2012, 337 (→ Rn. 1449)); dies gilt weiterhin mit dem Abmaß, dass die Häufigkeit der Konsultationen nunmehr in den BÄK-Richtlinien geregelt ist, die dem Arzt einen großen Spielraum überlassen (→ BtMVV Rn. 82),
- **ohne Beachtung** der früher in § 5 Abs. 2 Nr. 4 BtMVV geregelten **Ausschlussgründe** (BGHSt 59, 150 (→ Rn. 1451); BGH StV 2014, 606 (→ Rn. 1504)), namentlich
  - bei **Unterbleiben** der gebotenen **regelmäßigen Drogentests** (BGHSt 59, 150 (→ Rn. 1451)), wobei die Zeitintervalle sich nach dem Behandlungsverlauf zu richten haben und damit zunächst der Beurteilung des Arztes unterliegen (BGHSt 59, 150 (→ Rn. 1451)); dies gilt nach Kap. 4 BÄK-Richtlinien weiterhin (→ BtMVV Rn. 83, 86),
  - wenn der Patient das Substitutionsmittel **nicht bestimmungsgemäß** verwendet (BGHSt 59, 150 (→ Rn. 1451)); dies gilt weiterhin (→ BtMVV § 5 Rn. 83, 86),
  - wenn der Patient **Stoffe** konsumiert, die nach Art und Menge den **Zweck der Substitution gefährden,** und keine berechtigten Ausssichten bestehen, den Beikonsum doch noch zu beherrschen (BGHSt 59, 150 (→ Rn. 1451)); auch dies gilt im Grundsatz weiterhin (→ BtMVV § 5 Rn. 84–86).

Kap. 6a. Verschreiben entgegen § 13 Abs. 1 § 29 BtMG

bb) Verstöße gegen die besonderen Voraussetzungen einer Take-Home-Verschreibung. Die Take-home-Verschreibung ist nach der 3. BtMVVÄndV in den Absätzen 8 und 9 des § 5 BtMVV geregelt. Sie kommt nunmehr in drei Formen vor: 1510
- **Zwei-Tage-Verschreibung** (Wochenendrezept; § 5 Abs. 8 BtMVV); dazu →BtMVV § 5 Rn. 126–129, 131–139; ihre Voraussetzungen sind in der BtMVV selbst geregelt, so dass es auf die BÄK-Richtlinien (Kap. 4.1.1) nicht ankommt; verstößt der Arzt gegen Absatz 8, so kommt auch nach neuem Recht Strafbarkeit nach § 29 Abs. 1 S. 1 Nr. 6 Buchst. a, § 13 Abs. 1 in Betracht (→ Rn. 1504); dazu → BtMVV § 5 Rn. 140–146,
- **Sieben-Tage-Verschreibung, 30-Tage-Verschreibung** (§ 5 Abs. 9 BtMVV); dazu → BtMVV § 5 Rn. 126–129, 147–166); für die beiden Verschreibungsformen stellen die BÄK-Richtlinien detaillierte Anforderungen auf (Kap. 4.1.2 und 4.1.3 Abs. 1); verstößt der Arzt gegen Absatz 9, so kommt auch nach neuem Recht Strafbarkeit nach § 29 Abs. 1 S. 1 Nr. 6 Buchst. a, § 13 Abs. 1 in Betracht (→ Rn. 1504); dazu → BtMVV § 5 Rn. 167–174.

Auch bei der Take-Home-Verschreibung stellt sich die Frage, ob und inwieweit auf die bisherige **Rechtsprechung** zurückgegriffen werden kann. Nach der bisherigen Judikatur nicht begründet und strafbar (§ 29 Abs. 1 S. 1 Nr. 6 Buchst. a, § 13 Abs. 1) ist eine Take-Home-Verschreibung (auch) 1511
- **ohne ausreichende Kontrolle** oder **Begleitung,** namentlich durch **Konsultationen** (BGHSt 59, 150 (→ Rn. 1451)); das Erfordernis der Aushändigung der Verschreibung in einer persönlichen Konsultation gilt auch **nach der Neufassung** der BtMVV (§ 5 Abs. 8 S. 4, Abs. 9 S. 6); dazu → BtMVV § 5 Rn. 138, 154, 163,
- **ohne Beachtung** der besonderen Voraussetzungen oder **Ausschlussgründe** für die Take-Home-Verschreibungen (BGHSt 59, 150 (→ Rn. 1451)), namentlich
  - wenn der Patient zur **eigenverantwortlichen Einnahme nicht** in der Lage ist (BGHSt 59, 150 (→ Rn. 1451)), insbesondere die verschriebenen Substitutionsmittel vorzeitig verbraucht **(Mehrverbrauch);** dies gilt weiterhin (→ BtMVV § 5 Rn. 126–128),
  - wenn der Patient **nicht auf eine stabile Dosis** eingestellt ist, namentlich wenn ihm der Arzt innerhalb der Zeiteinheit immer wieder neue Rezepte ausstellt (BGHSt 59, 150 (→ Rn. 1451)); dies gilt weiterhin mit dem Abmaß, dass die Zwei-Tage-Regelung eine Stabilisierung des Patienten nicht voraussetzt (→ BtMVV § 5 Rn. 133, 150–153),
  - bei Unterbleiben **regelmäßiger Drogentests** (BGHSt 59, 150 (→ Rn. 1451)), wobei die Zeitintervalle sich nach dem Behandlungsverlauf zu richten haben und damit zunächst der Beurteilung des Arztes unterliegen (BGHSt 59, 150 (→ Rn. 1451)); dies gilt weiterhin (Kap. 4 BÄK-Richtlinien),
  - wenn der Patient das Substitutionsmittel **nicht bestimmungemäß** verwendet (→BtMVV § 5 Rn. 152; BGHSt 59, 150 (→ Rn. 1451); auch → Rn. 1509); da nur so vermieden werden kann, dass Betäubungsmittel unkontrolliert in den illegalen Markt gelangen, ist die Take-Home-Verschreibung sofort zu beenden (*Patzak* NStZ 2014, 716) und auf die Regelform der Substitution überzugehen; dies gilt mit Rücksicht auf die Beeinträchtigung der Sicherheit des Betäubungsmittelverkehrs weiterhin (s. § 5 Abs. 8 S. 1 Nr. 4 BtMVV),
  - wenn der Patient **Stoffe** konsumiert, die **ihn zusammen mit der Einnahme des Substitutionsmittels gefährden;** auch in diesem Falle ist die

BtMG § 29 Sechster Abschnitt. Straftaten und Ordnungswidrigkeiten

Take-Home-Verschreibung zu beenden und, sofern noch Aussichten bestehen, den Beikonsum zu beherrschen, auf die Regelform der Substitution überzugehen (insoweit unklar BGHSt 59, 150 (→ Rn. 1451), der dahin verstanden werden könnte, dass auch die Take-Home-Verschreibung fortgesetzt werden könne, was im Hinblick auf die Gefährdung des Patienten kaum vertretbar erscheint (aA *Patzak* NStZ 2014, 716)); dies gilt weiterhin (Kap. 4 BÄK-Richtlinien; s. (→ BtMVV § 5 Rn. 153).

1512 **d) Weitere Anforderungen an eine Substitutionsbehandlung.** Weitere Anforderungen an eine ordnungsgemäße Substitutionsbehandlung, deren Verletzung ebenfalls zur Strafbarkeit führen kann, sind in den Erläuterungen der BtMVV im Einzelnen aufgeführt:
– zu § 5 Abs. 2 BtMVV (**Verstöße gegen die Substitutionsziele**), soweit nicht bereits in → Rn. 1509, 1511 behandelt, in → BtMVV § 5 Rn. 73–75,
– zu § 5 Abs. 6 BtMVV (zugelassene **Substitutionsmittel,** soweit nicht Strafbarkeit nach § 29 Abs. 1 Nr. 14 eintritt (→ Rn. 1502)), in → BtMVV § 5 Rn. 113–119, zur **Applikationsform** in → BtMVV § 5 Rn. 116 und zur **Auswahl** des Substitutionsmittels in → BtMVV § 5 Rn. 118, 119,
– zu § 5 Abs. 7 BtMVV (**Umgang** mit dem **Substitutionsmittel,** insbesondere Aushändigung) in → BtMVV § 5 Rn. 125 und → Rn. 1515–1517,
– zu § 5 Abs. 8 BtMVV (Voraussetzungen der **Zwei-Tage-Verschreibung, Sieben-Tage-Verschreibung, 30-Tage-Verschreibung**), soweit nicht in → Rn. 1511 behandelt, in → BtMVV § 5 Rn. 126–129, 140–145, 167–173.

1513 **e) Vorsatz.** Sind dem Arzt die tatsächlichen Umstände bekannt, aus denen sich die Nichteinhaltung der Vorschriften über die Substitutionsbehandlung ableitet, ist Vorsatz gegeben (BGHSt 59, 150 (→ Rn. 1451)). Die Annahme, der Täter habe auf der Grundlage der **BÄK-Richtlinien** davon ausgehen dürfen, über die Anwendung des Take-Home-Verfahrens entscheide ausschließlich der behandelnde Arzt, schließt den Tatbestandsvorsatz nicht aus; maßgeblich sind die **im BtMG und der BtMVV** normierten Voraussetzungen (BGHSt 59, 150 (→ Rn. 1451)). Im Übrigen → Rn. 1506.

1514 **f) Massenabfertigung.** Die Massenabfertigung von Substitutionspatienten ist ein deutliches Indiz für das Fehlen einer ordnungsgemäßen Substitutionsbehandlung; für sich allein reicht sie jedoch nicht aus (weitergehend *Patzak* in Körner/Patzak/Volkmer § 29 Teil 15 Rn. 37). Auch in einem solchen Falle müssen die in → Rn. 1502–1512 genannten Verstöße festgestellt werden. Auch sonst liegt eine nicht indizierte Verschreibung der Substitutionsmittel umso näher, je weniger der Arzt sich nach seiner Dokumentation oder sonstigen Erkenntnissen um die Einhaltung der Regeln für eine geordnete Substitution gekümmert hat.

1515 **3. Strafbarkeit nach § 29 Abs. 1 S. 1 Nr. 1.** Das Verschreiben ist keine Abgabe (→ Rn. 1486). Die **Abgabe** von Substitutionsmitteln ist dem Arzt mit Ausnahme des hier nicht einschlägigen § 5 Abs. 7 S. 2 BtMVV nicht erlaubt (→ Rn. 1450). Gibt der Arzt dem Patienten, einem Angehörigen oder einem Dritten das Substitutionsmittel mit, ohne über eine Erlaubnis nach § 3 zu verfügen, so macht er sich nach § 29 Abs. 1 S. 1 Nr. 1 Alt. 7 (Abgabe), bei Fahrlässigkeit nach Absatz 4, strafbar; auch insoweit entfalten die Vorschriften des § 29 Abs. 1 S. 1 Nr. 6 oder 14 keine Sperrwirkung (BGHSt 52, 271 (→ Rn. 1069); BGHR BtMG § 13 Abs. 1 Abgabe 1 (→ Rn. 1450)).

1516 Dies gilt auch in den Fällen der **Take-Home-Verschreibung** (BGHR BtMG § 13 Abs. 1 Abgabe 1 (→ Rn. 1450)), und zwar auch dann, wenn die Voraussetzungen nach § 5 Abs. 8, 9 BtMVV gegeben sind und der Arzt lediglich anstelle des Apothekers die Substitutionsmittel an den Patienten aushändigt (BGH StV 2014, 609 = A&R 2014, 186 mAnm *Winkler; Patzak* in Körner/Patzak/Volkmer BtMVV § 5

Rn. 87; in diesem Sinne auch BGHR BtMG § 13 Abs. 1 Abgabe 1 (→ Rn. 1450)). Es handelt sich nicht um einen vielleicht zu vernachlässigenden Verstoß gegen das Apothekenmonopol, sondern die gesetzliche Regelung (§ 13 Abs. 1, 2) dient der Sicherheit des Betäubungsmittelverkehrs (BGH StV 2014, 609 (s. o.)). Um Missbräuche zu vermeiden, sollen sich die Verschreibungspflicht und das Abgabemonopol ergänzen (*Winkler* A&R 2010, 38 (39)). Bereits im Edikt von Salerno des Staufenkaisers *Friedrich II* von 1241 war die Abgabe von Arzneimitteln dem Apotheker vorbehalten, um Interessenkonflikten vorzubeugen, in die der Arzt als Verordner von Arzneimitteln gerät, wenn deren Abgabe Einfluss auf die Höhe seines Einkommens hat (*Wigge/Schütz* A&R 2015, 243). Waren die Voraussetzungen des § 5 Abs. 8, 9 BtMVV gegeben oder lässt sich dies nicht ausschließen, so ist dies ein bestimmender **Strafmilderungsgrund** (BGH StV 2014, 609 (s. o.)).

Handelt der Arzt entgeltlich, ist eine **Veräußerung** gegeben, bei Eigennützigkeit liegt **Handeltreiben** vor (BGH NStZ 2012, 337 (→ Rn. 1449)). Eigennütziges und darüber hinaus **gewerbsmäßiges** Handeln ist gegeben, wenn der Arzt die Betäubungsmittel über den Einstandspreis hinaus zu monatlichen (Behandlungs-) Pauschalen an die Patienten abgibt (BGHR BtMG § 13 Abs. 1 Abgabe 1 (→ Rn. 1450)). Ist der Patient **minderjährig**, kommt auch § 29a Abs. 1 Nr. 1 in Betracht (*Weber* in Roxin/Schroth MedizinStrafR-HdB S. 729, 759). Kommt der Patient **zu Tode**, so ist im Falle der Leichtfertigkeit ein Verbrechen nach § 30 Abs. 1 Nr. 3 in Betracht zu ziehen; der Grundsatz der eigenverantwortlichen Selbstgefährdung scheidet bei diesem Tatbestand aus (BGHSt 52, 271 (→ Rn. 1069)). 1517

II. Substitution mit Codein und Dihydrocodein. Die beiden Substitutionsmittel sind in § 5 Abs. 6 S. 1 Nr. 3 BtMVV aufgeführt. Die für sie geltenden Regelungen sind auch dann anzuwenden, wenn sie in Form **ausgenommener Zubereitungen** verschrieben werden, da auch diese nach Anlage III Positionen Codein und Dihydrocodein insoweit dem betäubungsmittelrechtlichen Regime unterstehen (→ § 13 Rn. 90–93; → BtMVV § 5 Rn. 107–109). 1518

1. Strafbarkeit nach § 29 Abs. 1 S. 1 Nr. 14. Es gelten daher zunächst die Ausführungen in → Rn. 1502, 1502. Zur in Betracht kommenden **Nichtigkeit** der Vorschrift → Rn. 1958. 1519

Anders als die in § 5 Abs. 6 S. 1 Nr. 1 und 2 BtMVV genannten Substitutionsmittel dürfen Codein und Dihydrocodein jedoch nur **in begründeten Ausnahmefällen** verschrieben werden (§ 5 Abs. 6 S. 1 Nr. 3 BtMVV; dazu → § 13 Rn. 92, → BtMVV § 5 Rn. 107–109). Die Verschreibung von Codein und Dihydrocodein, ohne dass ein begründeter Ausnahmefall vorliegt, verstößt gegen diese Beschränkung und ist nach § 16 Nr. 2 Buchst. a BtMVV, § 29 Abs. 1 S. 1 Nr. 14 strafbar (→ BtMVV § 5 Rn. 115). 1520

2. Strafbarkeit nach § 29 Abs. 1 S. 1 Nr. 6 Buchst. a. Für die Fälle, in denen die Verschreibung von Codein und Dihydrocodein, auch als ausgenommene Zubereitung nicht ärztlich indiziert ist, gelten die Ausführungen in → Rn. 1503–1514. 1521

3. Strafbarkeit nach § 29 Abs. 1 S. 1 Nr. 1. Nach § 5 Abs. 7 S. 2 BtMVV darf der Arzt dem Patienten die für einen Tag zusätzlich benötigte Menge des Substitutionsmittels aushändigen. Darüber hinaus ist aber auch ihm die **Abgabe** (gegebenenfalls Veräußerung, Handeltreiben) verboten. Auf → Rn. 1515–1517 kann insoweit verwiesen werden. Eine unerlaubte Abgabe liegt auch dann vor, wenn der Arzt dem Patienten den noch offenen Teil der Tagesdosis aushändigt, obwohl ihm Anhaltspunkte dafür vorliegen, dass der Patient dass Substitutionsmittel nicht bestimmungsgemäß verwendet (→ BtMVV § 5 Rn. 125). 1522

III. Diamorphingestützte Substitutionsbehandlung. Diamorphin in einer Zubereitung, die zur Substitutionsbehandlung zugelassen ist, ist ein Betäubungsmittel der Anlage III. Als Substitutionsmittel ist es in § 5 Abs. 6 S. 4, § 5a Abs. 1 S. 1 1523

BtMVV aufgeführt. Die Zuwiderhandlungen ggen die Regeln der diamorphingestützte Substitutionsbehandlungen werden bei den einzelnen Absätzen des § 5a BtMVV behandelt. Im Übrigen gilt:

1524 **1. Strafbarkeit nach § 29 Abs. 1 S. 1 Nr. 14.** Eine besondere Vorschrift über die Verschreibung von Diamorphin als Substitutionsmittel enthält § 16 Nr. 5 BtMVV. Nach § 29 Abs. 1 S. 1 Nr. 14 BtMG, § 16 Nr. 5 BtMVV macht sich daher strafbar, wer entgegen § 5a Abs. 3 S. 1 BtMVV Diamorphin (in der Form der Anlage III) **außerhalb einer anerkannten Einrichtung** nach § 5a Abs. 2 BtMVV verschreibt. Zur in Betracht kommenden **Nichtigkeit** des § 29 Abs. 1 S. 1 Nr. 14 → Rn. 1958.

1525 Im übrigen gilt für die Verschreibung von Diamorphin als Substitutionsmittel auch § 16 Nr. 2 Buchst. a BtMVV. Nach § 29 Abs. 1 S. 1 Nr. 14 BtMG, § 16 Nr. 2 Buchst. a BtMVV ist es daher strafbar, wenn der Arzt Diamorphin (als zugelassenes Arzneimittel)
– über die zugelassene **Höchstmenge** (§ 2 Abs. 1 Buchst. a BtMVV) hinaus oder
– unter Nichteinhaltung der in § 5 Abs. 1 BtMVV vorgegebenen **Bestimmungszwecke**
verschreibt.

1526 Die übrigen Vorschriften des § 16 BtMVV können **nicht einschlägig** werden. Dies gilt insbesondere von der Nr. 1. Verschreibt der Arzt Diamorphin nicht in einer Zubereitung, die zur Substitutionsbehandlung zugelassen ist, so liegt **kein Betäubungsmittel der Anlage III** vor (→ § 1 Rn. 398–402). Der Arzt macht sich daher nicht nach § 13 Abs. 1 S. 3, § 29 Abs. 1 S. 1 Nr. 6 Buchst. a strafbar.

1527 **2. Strafbarkeit nach § 29 Abs. 1 S. 1 Nr. 6 Buchst. a.** Ebenso wie bei den anderen Substitutionsmitteln (→ Rn. 1503–1514) darf aus der nur lückenhaften Bewehrung der Substitutionsregeln in § 16 BtMVV nicht geschlossen werden, dass ihre Nichteinhaltung ohne weiteres straffrei wäre. Angesichts der Gefährlichkeit des Stoffes gilt das Erfordernis einer ärztlichen Indikation hier umso mehr.

1528 Es gelten daher zunächst die **allgemeinen Regeln,** die auch für die Verschreibung anderer Substitutionsmittel maßgeblich sind und deren Verletzung zur Strafbarkeit nach § 29 Abs. 1 S. 1 Nr. 6 Buchst. a führen kann, sofern sich daraus ergibt, dass die Aufnahme oder die Fortsetzung der Substitutionsbehandlung nicht (mehr) nach § 13 Abs. 1 ärztlich indiziert ist (→ Rn. 1503–1514). Dasselbe gilt für die Verletzung der **besonderen Vorschriften,** die in § 5a Abs. 1–5 BtMVV enthalten sind. Auf → BtMVV § 5a Rn. 20–29, 40–42, 49, 50 wird verwiesen.

1529 **3. Strafbarkeit nach § 29 Abs. 1 Nr. 1, 4.** Diamorphin als Substitutionsmittel darf nur innerhalb einer zugelassenen Einrichtung verschrieben, verabreicht oder zum unmittelbaren Verbrauch überlassen werden (§ 5a Abs. 3 BtMVV). Wird es **abgegeben,** so tritt Strafbarkeit nach § 29 Abs. 1 Nr. 1 (Abgabe, gegebenenfalls Veräußerung oder Handeltreiben) ein. Auf → Rn. 1515–1517 wird insoweit verwiesen. Im Übrigen → BtMVV § 5a Rn. 40–42.

1530 **IV. Berufsrechtliche und verwaltungsrechtliche Maßnahmen.** Im Rahmen eines strafrechtlichen Berufsverbots (→ Vor § 29 Rn. 1772–1779) kann einem Substitutionsarzt, der sich an die für die Substitution maßgeblichen Vorschriften nicht hält, die berufliche Tätigkeit als Substitutionsarzt untersagt werden (BGHSt 52, 271 (→ Rn. 1069)). Dies gilt auch dann, wenn das Ruhen oder der Widerruf der Approbation (§§ 5, 6 BÄrzteO; dazu → Vor § 29 Rn. 1780–1782) in Betracht kommen.

1531 Unabhängig hiervon kann die zuständige Behörde (→ § 19 Rn. 15) dem Arzt gemäß § 22 Abs. 1 Nr. 4 vorläufig oder endgültig die **Durchführung von Substitutionsbehandlungen** untersagen (→ § 22 Rn. 24–27).

Kapitel 6b. Verabreichen, Überlassen zum unmittelbaren Verbrauch entgegen § 13 Abs. 1 (Absatz 1 Satz 1 Nr. 6 Buchst. b)

A. Völkerrechtliche Grundlage. Die Strafbewehrung beruht auf Art. 4 Buchst. c, Art. 36 Abs. 1 a ÜK 1961, Art. 5, 7 Buchst. a, Art. 22 Abs. 1 a ÜK 1971. 1532

B. Grundtatbestand. Grundlage der Strafvorschrift ist § 13 Abs. 1. Auf die Erläuterungen zu dieser Vorschrift wird zunächst verwiesen. 1533

C. Tathandlungen. Unter Strafe gestellt ist das **Verabreichen** oder das **Überlassen zum unmittelbaren Verbrauch** von Betäubungsmitteln entgegen § 13 Abs. 1. Dass die Überlassung dazu dient, einen auf einer freien Entscheidung beruhenden **Suizid** zu ermöglichen, schließt die Strafbarkeit nicht aus. Auf § 13 kann eine solche Überlassung nicht gestützt werden (→ § 13 Rn. 24). Auch der Gesichtspunkt der eigenverantwortlichen Selbstgefährdung kann im Hinblick darauf, dass das Betäubungsmittelrecht auch das Rechtsgut der Gesundheit der Bevökerung im Ganzen schützt (→ § 30 Rn. 160−165), nicht herangezogen werden (OLG Hamburg NStZ 2016, 530 mablAnm *Miebach* = MedR 2017, 139 mAnm *Duttge*). Zum **ärztlichen Hilfspersonal** und zu den **Notfallsanitätern/Rettungsassistenten** → § 13 **Rn.** 8, 9. 1534

I. Betäubungsmittel. Im Hinblick auf das ausdrückliche Verbot, Betäubungsmittel der Anlagen I und II zu verabreichen oder zum unmittelbaren Verbrauch zu überlassen (§ 13 Abs. 1 S. 3; → Rn. 1540, 1549) bezieht sich die Vorschrift auf alle Betäubungsmittel; zu den Konkurrenzen → Rn. 1567. 1535

II. Entgegen § 13 Abs. 1. Der Verstoß gegen § 13 Abs. 1 in Form des Verabreichens oder Überlassens zum unmittelbaren Verbrauch führt zu zwei Begehungsweisen, die ihrerseits wieder in zwei Alternativen (mit einer Unteralternative) unterfallen. Ebenso wie bei dem unerlaubten Verschreiben richtet sich das **Verbot an Ärzte** und **Nichtärzte** (*Kotz/Oǧlakcıoǧlu* in MüKoStGB Rn. 1263; s. BGHSt 5, 288 = NJW 2009, 2611 = NStZ 2009, 504; 2011, 69 mAnm *Lange/Wagner* = StV 2011, 538), wenn auch in unterschiedlichem Maß. Im einzelnen gilt folgendes: 1536

1. Unerlaubtes Verabreichen von Betäubungsmitteln. Die beiden Alternativen (mit einer Unteralternative), die diese Begehungsweise aufweist, haben das Merkmal des Verabreichens gemeinsam: 1537

a) Gemeinsames Merkmal: Verabreichen. Verabreichen ist die unmittelbare Anwendung des Betäubungsmittels am Körper des Empfängers ohne dessen aktive Mitwirkung (**Fremdapplikation**; *Patzak* in Körner/Patzak/Volkmer Teil 15 Rn. 84; *Eberth/Müller* BtMR Rn. 5). Dazu gehören das Eingeben von Tabletten, das Injizieren, Intubieren, Infundieren, Inhalieren, Einreiben und Einsprayen sowie das Einflößen von betäubungsmittelhaltigen Speisen und Getränken. In aller Regel wird auch das **Anwenden** (BR-Drs. 190/21 S. 8) in einem Verabreichen bestehen (→ AMG § 5 Rn. 11). Zum Anwenden im Übrigen → AMG § 2 Rn. 25. Das Verabreichen ist **keine Abgabe**, da bei ihr keine neue Verfügungsgewalt begründet wird (→ Rn. 1120). Der Täter muss keine eigene tatsächliche Verfügungsmacht an dem Betäubungsmittel haben (→ Rn. 1557). Verabreichen liegt auch vor, wenn die Betäubungsmittel dem Empfänger gehören. Auf der anderen Seite muss er nicht wissen, dass ihm Betäubungsmittel verabreicht werden; auch die heimliche Verabreichung, etwa von Haschisch in einem Kuchen oder Ecstasy im Kaffee (BVerwG NJW 1998, 1730) erfüllt den Tatbestand (*Kotz/Oǧlakcıoǧlu* in MüKoStGB Rn. 1271). 1538

b) Betäubungsmittel der Anlage III. Die Verabreichung von Betäubungsmitteln der Anlage III ist für Nichtärzte (einschließlich der Ärzte, die sich nicht an ihren Fachbereich halten, → § 4 Rn. 27) und Ärzte (einschließlich der Zahnärzte und Tierärzte) nach unterschiedlichen Kriterien strafbar. Dabei gelten **dieselben Alternativen** wie für die **Verschreibung** (→ Rn. 1456−1469). Allerdings dürfen Betäu- 1539

BtMG § 29 Sechster Abschnitt. Straftaten und Ordnungswidrigkeiten

bungsmittel der Anlage III auch durch medizinisches und pharmazeutisches Personal verabreicht werden, sofern dieses angewiesen, eingewiesen und kontrolliert wird (→ § 13 Rn. 8). Das Personal ist nicht zur Prüfung verpflichtet, ob die Verabreichung ärztlich begründet ist (*Winkler* in Hügel/Junge/Lander/Winkler Rn. 15.4.2). Zu **Notfallsanitätern** → § 13 Rn. 9. Zur Verabreichung oder Anwendung im Rahmen der **Substitution** → BtMVV § 5 Abs. 7, 10.

1540 c) **Betäubungsmittel der Anlagen I, II (§ 13 Abs. 1 S. 3).** Das Verbot, Betäubungsmittel der Anlagen I und II zu verabreichen, gilt gleichermaßen für Ärzte (einschließlich Zahnärzte und Tierärzte) und Nichtärzte. Eine ärztliche Begründung für die Verabreichung dieser Betäubungsmittel gibt es nicht. Es ist daher auch Ärzten nicht erlaubt, etwa an Schwerstabhängige Heroin (Diamorphin) der Anlagen I oder II zu verabreichen.

1541 2. **Unerlaubtes Überlassen zum unmittelbaren Verbrauch.** Die beiden Alternativen (mit einer Unteralternative), die diese Begehungsweise aufweist, haben das Merkmal der Überlassung zum unmittelbaren Verbrauch gemeinsam:

1542 a) **Gemeinsames Merkmal: Überlassen zum unmittelbaren Verbrauch.** Überlassen zum unmittelbaren Verbrauch ist das Aushändigen einer Betäubungsmitteldosis an einen anderen zum sofortigen Verbrauch an Ort und Stelle (BGH StV 1998, 592), ohne dass der andere die Sachherrschaft an dem Stoff erlangt (→ Rn. 1208; BGHR BtMG § 13 Abs. 1 Abgabe 1 (→ Rn. 1450); § 29a Abs. 1 Nr. 1 Abgabe 1 (→ Rn. 1069); BGH NStZ-RR 2015, 218 (→ Rn. 1120); StV 2014, 609 (→ Rn. 1504); BayObLG NStZ-RR 1998, 149 = StV 1998, 592 mAnm *Körner;* OLG München NStZ-RR 2010, 23).

1543 Die **tatsächliche Verfügungsmacht bleibt** bei ihrem Inhaber; er bestimmt, ob und inwieweit das Betäubungsmittel für den Konsum bereitgestellt wird (BGHR BtMG § 29a Abs. 1 Nr. 1 Überlassen 2 (1 StR 482/98)). Dazu näher → Rn. 1208–1210. Der Täter muss für die Verbrauchsüberlassung **keine eigene** tatsächliche Verfügungsmacht haben (→ Rn. 1557). Erlangt der **Empfänger** die tatsächliche Verfügungsmöglichkeit, liegt eine (unerlaubte) Abgabe vor (→ Rn. 1580–1517); gegebenenfalls kann auch Inverkehrbringen in Betracht kommen (→ Rn. 1581).

1544 Vom Verabreichen unterscheidet sich die Verbrauchsüberlassung dadurch, dass der Konsument sich das Rauschgift **selbst zuführen soll (Eigenapplikation).** Es ist ihm aber nicht erlaubt, mit dem Betäubungsmittel nach Belieben zu verfahren, insbesondere es etwa weiter zu veräußern (BayObLG NStZ 1990, 395; auch → § 13 Rn. 17). **Entgeltlichkeit** steht der Verbrauchsüberlassung **nicht** entgegen (BayObLG StV 2002, 263 zum „Erwerb" einer konsumfertig zubereiteten Plombe Heroin zum sofortigen Konsum).

1545 Der **Empfänger** wird daher auch **nicht Besitzer** (→ Rn. 1332). Mitbesitz kann allerdings vorliegen, wenn die Betäubungsmittel zuvor gemeinsam angeschafft wurden (→ Rn. 1342, 1377).

1546 **Verbrauchsüberlassung** ist auch die Aushändigung in **verbrauchsgerechter Menge zum sofortigen Verbrauch** an Ort und Stelle, zB die Hingabe einer Portion Heroin, das vom Empfänger sofort konsumiert wird (OLG Hamm StV 1989, 438), einer Spritze mit Heroinlösung (KG StV 1991, 520) oder eines Löffels mit einer solchen Lösung und einer Spritze (BayObLG NStZ 1990, 395).

1547 b) **Betäubungsmittel der Anlage III.** Die Überlassung zum unmittelbaren Verbrauch von Betäubungsmitteln der Anlage III ist für Nichtärzte (einschließlich der Ärzte, die sich nicht an ihren Fachbereich halten, → § 4 Rn. 27) und Ärzte (einschließlich der Zahnärzte und Tierärzte) nach unterschiedlichen Kriterien strafbar. Dabei gelten **dieselben Alternativen** wie für die **Verschreibung** (→ Rn. 1456–1469). Wie bei der Verabreichung dürfen Betäubungsmittel der Anlage III auch durch das ärztliche Hilfs- oder Pflegepersonal, das auf ärztliche Weisung und unter ärztlicher Kontrolle handelt, zum unmittelbaren Verbrauch überlassen werden (→ § 13 Rn. 8). Zur Prüfungspflicht → Rn. 1539. Zu **Notfallsanitätern** → § 13 Rn. 9.

Besondere Regeln gelten für die Verbrauchsüberlassung im Rahmen einer 1548
Substitution; Befugnis, Art und Weise sowie Ort der Maßnahme sind in § 5 Abs. 7, 10 BtMVV gesondert geregelt, auch für die Verbrauchsüberlassung durch Personal. Für das Verabreichen und die Verbrauchsüberlassung von Diamorphin gilt § 5a Abs. 3 BtMVV.

c) Betäubungsmittel der Anlagen I, II (§ 13 Abs. 1 S. 3). Das Verbot, Betäu- 1549
bungsmittel der Anlagen I und II zum unmittelbaren Verbrauch zu überlassen, gilt gleichermaßen für Ärzte (einschließlich Zahnärzte und Tierärzte) und Nichtärzte. Eine ärztliche Begründung für die Verbrauchsüberlassung dieser Betäubungsmittel gibt es nicht. Es ist daher auch Ärzten nicht erlaubt, etwa an Schwerstabhängige Heroin (Diamorphin) der Anlagen I oder II zum unmittelbaren Verbrauch zu überlassen.

Erhebliche praktische Bedeutung hat die Verbrauchsüberlassung von Betäu- 1550
bungsmitteln der **Anlage I** durch **Nichtärzte**, namentlich Bekannte, Freunde oder nahestehende Personen, aber auch durch den Dealer. Typische Fälle sind die Hingabe von Rauschgift zum **Mitkonsum,** etwa das Ziehenlassen an einem Joint (OLG Oldenburg NStZ 1982, 121). Für den Überlassenden ist dies strafbare Verbrauchsüberlassung. Stehen dem Überlassenden auf der Empfängerseite **mehrere Personen** gegenüber, so liegen mehrere Taten des Überlassens vor, die zueinander in Tateinheit stehen (BGH NStZ 2014, 717 für den Fall des § 29a Abs. 1 Nr. 1).

Für den **Empfänger** ist das Ziehen an einem Joint als bloßer Konsum zunächst 1551
nicht strafbar (→ Rn. 1545; *Kotz/Oğlakcıoğlu* in MüKoStGB Rn. 1273). Dies ändert sich mit der Weitergabe des Joints durch den ersten Empfänger an den **nächsten Mitraucher** (OLG Oldenburg NStZ 1982, 121; BayObLG NStZ-RR 1998, 149 (→ Rn. 1542)); der (erste) Empfänger macht sich nun ebenfalls der Verbrauchsüberlassung (meist in Mittäterschaft (→ Rn. 1550)) schuldig (BayObLG NStZ-RR 1998, 149; *Patzak* in Körner/Patzak/Volkmer § 29 Teil 15 Rn. 98; aA *Kotz/Oğlakcıoğlu* in MüKoStGB Rn. 1273). Gibt der (erste) Empfänger den Joint nicht weiter, sondern an den **Gastgeber zurück,** so bleibt er (zunächst) weiterhin straflos (*Patzak* in Körner/Patzak/Volkmer Teil 15 Rn. 98; *Kotz/Oğlakcıoğlu* in MüKoStGB Rn. 1273), weil er den Konsumentenkreis damit nicht erweitert (OLG Oldenburg NStZ 1982, 121; *Joachimski/Haumer* BtMG Rn. 181). Gibt nun aber der Gastgeber den Joint aufgrund einer gemeinsamen Absprache an den nächsten Raucher weiter, so macht sich der (erste) Empfänger nun doch der Verbrauchsüberlassung (in Mittäterschaft (→ Rn. 1550)) schuldig (*Patzak* in Körner/Patzak/Volkmer § 29 Teil 15 Rn. 98; aA *Kotz/Oğlakcıoğlu* in MüKoStGB Rn. 1273), weil er mit der Rückgabe die Erweiterung des Konsumentenkreises ermöglicht hat (BayObLG NStZ-RR 1998, 149 (→ Rn. 1542)).

Dasselbe gilt, wenn in einer **Konsumrunde** mit einem Röhrchen, gerollten 1552
Geldschein oder sonstigen Konsumutensil Rauschgift in **Pulverform** aufgenommen wird (etwa eine line Cocain) oder eine **Heroinspritze** weitergegebn wird. Verwendet aber jeder Teilnehmer ein eigenes Konsumutensil, scheidet insoweit eine Strafbarkeit der **Teilnehmer** wegen Verbrauchsüberlassung aus (*Patzak/Bohnen* BtMR Kap. 2 Rn. 116).

.**D. Vorbereitung, Versuch, Vollendung, Beendigung.** Anders als die ver- 1553
suchte Verschreibung von Betäubungsmitteln ist die versuchte Verabreichung oder Überlassung von Betäubungsmitteln zum unmittelbaren Verbrauch strafbar (§ 29 Abs. 2). Es gelten die allgemeinen Grundsätze (→ Vor § 29 Rn. 171–206).

Der Versuch beginnt etwa mit dem Abbinden des Armes zur Vorbereitung 1554
einer Injektion (*Hochstein* in BeckOK BtMG Rn. 600), mit dem Bau einer line

Cocain, mit dem Servieren eines Haschischkuchens oder eines betäubungsmittelhaltigen Getränks (*Patzak* in Körner/Patzak/Volkmer § 29 Teil 15 Rn. 111; *Hochstein* in BeckOK BtMG Rn. 600) oder mit dem Bereithalten von Betäubungsmitteln für bestimmte Konsumenten, die diese vorbestellt haben (*Franke/Wienroeder* Rn. 164). Ein untauglicher Versuch (→ Vor § 29 Rn. 177–179) liegt vor, wenn der Täter die verabreichte oder zum unmittelbaren Verbrauch überlassene Substanz irrtümlich für ein Betäubungsmittel hält.

1555 Die **Verabreichung** ist mit dem Beginn des Einführens des Betäubungsmittels in den Körper des Empfängers **vollendet**. Bei der **Verbrauchsüberlassung** tritt die Vollendung mit der Übergabe der verbrauchsfertigen Substanz an den Empfänger ein (*Kotz/Oğlakcıoğlu* in MüKoStGB Rn. 1286; *Franke/Wienroeder* Rn. 164; *Patzak* in Körner/Patzak/Volkmer § 29 Teil 15 Rn. 112: gebrauchsfertig in die Nähe gebracht); dass der Empfänger die Substanz konsumiert oder auch nur mit dem Konsum beginnt, ist nicht erforderlich (*Patzak* in Körner/Patzak/Volkmer § 29 Teil 15 Rn. 112). Sowohl bei der Verabreichung als auch bei der Verbrauchsüberlassung ist die Tat **beendet**, sobald die Zufuhr des Betäubungsmittels nicht mehr rückgängig gemacht werden kann, etwa wenn das Betäubungsmittel dem Empfänger einverleibt ist (*Patzak* in Körner/Patzak/Volkmer § 29 Teil 15 Rn. 112; *Joachimski/Haumer* BtMG Rn. 185).

1556 **E. Täterschaft, Teilnahme.** Für die Beteiligung auf der Seite desjenigen, der die Betäubungsmittel verabreicht oder zum unmittelbaren Verbrauch überlässt, gelten dieselben Grundsätze wie für das Verschreiben (→ Rn. 1472) mit der Maßgabe, dass Betäubungsmittel der Anlage III unter bestimmten Voraussetzungen auch durch Hilfspersonal verabreicht oder zum unmittelbaren Verbrauch überlassen werden dürfen (→ Rn. 1539, 1548).

1557 **Anders als** die Veräußerung und die Abgabe setzen die Verabreichung und die Überlassung zum unmittelbaren Verbrauch **nicht** voraus, dass der Verabreichende oder zum unmittelbaren Verbrauch Überlassende **eigene** tatsächliche Verfügungsmacht an dem Betäubungsmittel hat (BayObLG NStZ-RR 1998, 149 (→ Rn. 1542); *Patzak* in Körner/Patzak/Volkmer § 29 Teil 15 Rn. 114). Der Tatbestand ist deswegen **kein Sonderdelikt** (aA *Kotz/Oğlakcıoğlu* in MüKoStGB Rn. 1263). (Mit-)Täter kann daher auch sein, wem eine eigene Verfügungsmacht nicht zukommt, etwa derjenige, der einen fremden Joint in der Runde zum Weiterrauchen weitergibt (→ Rn. 1551, 1552).

1558 **Anders als** bei der **Verschreibung** (→ Rn. 1474) kann sich der **Empfänger** nicht wegen Teilnahme strafbar machen. Sowohl bei der Verabreichung als auch bei der Überlassung zum unmittelbaren Verbrauch erfordert die Erfüllung des Tatbestandes notwendig die Beteiligung zweier Personen, so dass ein Fall der **notwendigen Teilnahme** vorliegt (→ Vor § 29 Rn. 280, 281; KG JR 1991, 169; *Patzak* in Körner/Patzak/Volkmer Teil 15 Rn. 114).

1559 **F. Handeln Im Ausland.** Die Vorschrift gilt auch für Nichtärzte. Ob in der Verabreichung oder Verbrauchsüberlassung von Betäubungsmitteln ein Vertrieb (§ 6 Nr. 5 StGB) gesehen werden kann, hängt von den Umständen des Einzelfalls ab. Sofern mit diesen Handlungen ein gewinnbringender Umsatz von Betäubungsmitteln gefördert werden soll, liegt zugleich Handeltreiben vor (→ Rn. 1569; *Kotz/Oğlakcıoğlu* in MüKoStGB Rn. 1269; *Eser/Weißer* in Schönke/Schröder StGB § 6 Rn. 6; auch → § 29a Rn. 13, 16). Zur (nicht möglichen) Verfolgung des Verabreichens oder der Verbrauchsüberlassung in solchen Fällen → Rn. 1475.

1560 Im Übrigen sind für die Verabreichung und die Verbrauchsüberlassung die allgemeinen **international-strafrechtlichen** Regeln maßgeblich. Wegen der Einzelheiten kann auf → Rn. 99–106 verwiesen werden. Dass die Strafvorschrift einen Verstoß gegen § 13 Abs. 1 voraussetzt, steht der Anwendung auf Auslandstaten nicht

Kap. 6 b. Verabreichen, Überlassen entgegen § 13 Abs. 1   § 29 BtMG

entgegen, da unter dem Begriff des deutschen Strafrechts die Gesamtheit aller Normen der Bundesrepublik Deutschland zu verstehen ist (→ Vor § 29 Rn. 73).

G. Subjektiver Tatbestand. Die Strafbarkeit nach Absatz 1 Satz 1 Nr. 6 Buchst. b verlangt Vorsatz (→ Rn. 1562, 1563). Kann der Nachweis vorsätzlichen Handelns nicht geführt werden, so hat das Gericht im Rahmen seiner Pflicht zur erschöpfenden Aburteilung (→ Rn. 107) die fahrlässige Begehung (Absatz 4; → Rn. 1565) zu prüfen. Zur Abweichung vom vorgestellten Kausalverlauf → Vor § 29 Rn. 405, 406. **1561**

I. Vorsatz. Der Vorsatz (→ Vor § 29 Rn. 389−425) muss sich auf die für die einzelnen Alternativen des Tatbestands maßgeblichen Umstände beziehen. Für ihn gelten dieselben Grundsätze wie bei der Verschreibung (→ Rn. 1477−1482). Bedingter Vorsatz (→ Vor § 29 Rn. 415−420) reicht aus. Zum Vorsatz im Falle der **Substitution** → Rn. 1513. **1562**

Im **Rahmen der Schuld** (anders bei der Strafzumessung) muss sich der Vorsatz weder auf die **Art** des Betäubungsmittels (→ Rn. 41) noch auf seine **Menge** oder **Wirkstoffmenge** erstrecken. Es genügt wenn der Täter, auch auf Grund einer Parallelwertung in der Laiensphäre, erkennt, **dass** es sich um **Rauschgift handelt** (BGH BeckRS 2016, 21431). Zur Behandlung fehlender oder unklarer Feststellungen und zur etwaigen Auswirkung auf den **Schuldspruch** → Rn. 109. **1563**

II. Irrtumsfälle. Für die Fälle des Irrtums gelten dieselben Grundsätze wie bei der Verschreibung (→ Rn. 1478−1482). **1564**

III. Fahrlässigkeit (Absatz 4). Anders als bei der Verschreibung ist bei der Verabreichung und der Verbrauchsüberlassung auch die fahrlässige Begehung strafbar. Zur Fahrlässigkeit → Rn. 2076−2097. Als Fahrlässigkeitstaten kommen etwa die Verwechselungen von Ampullen oder Spritzen in Betracht, bei Ärzten auch fehlerhafte Diagnosen, etwa die unzutreffende Diagnose der Opiatabhängigkeit (BGHR BtMG § 29 Abs. 1 Nr. 6 Verabreichen 1 (→ Rn. 1509)). **1565**

H. Konkurrenzen. Zu den Konkurrenzen → Vor § 29 Rn. 551−587, 671−724. Die missbräuchliche Verabreichung oder Überlassung zum unmittelbaren Verbrauch treffen in der Praxis sowohl mit Tatbeständen des Betäubungsmittelrechts wie des allgemeinen Strafrechts zusammen: **1566**

I. Betäubungsmittelstraftaten. Auch hier gehen die Begehungsweisen der Nr. 6 Buchst. b nicht als spezielle Vorschriften der Nr. 1 vor. Vielmehr gilt (für die Betäubungsmittel aller Anlagen) folgendes: **1567**

Die Varianten Abgeben, Veräußern und Inverkehrbringen scheiden bereits **begrifflich** aus, da sowohl beim Verabreichen als auch bei der Verbrauchsüberlassung keine tatsächliche Verfügungsmacht übertragen wird (→ Rn. 1160). **Andere Varianten** (Anbauen, Herstellen, Einführen, Ausführen, Erwerben oder Sichverschaffen) können in ihren Ausführungshandlungen **tatsächlich** mit dem Verabreichen oder der Verbrauchsüberlassung nicht zusammentreffen. Soweit auch Besitz vorliegt, ist dieser nicht in der Lage, die jeweiligen Begehungsweisen zu verknüpfen (→ Rn. 1570). Es ist daher stets **Tatmehrheit** gegeben (*Kotz/Oğlakcıoğlu* in MüKoStGB Rn. 1288). Da das Verfolgen eines einheitlichen Ziels zur Tateinheit nicht ausreicht (→ Vor § 29 Rn. 676, 677), kommt es nicht darauf an, ob der Täter schon bei diesen früheren Varianten die Absicht des Verabreichens oder der unerlaubten Verbrauchsüberlassung hatte (aA *Patzak* in Körner/Patzak/Volkmer § 29 Teil 15 Rn. 122). **1568**

Handelt der Täter in Gewinnerziehungsabsicht, sind die Verabreichung oder Überlassung Teilakte des **Handeltreibens** (*Patzak* in Körner/Patzak/Volkmer Teil 15 Rn. 121). Handeltreiben kommt auch dann in Betracht, wenn das Verabreichen oder Überlassen Teilakte eines gewinnbringenden Weiterverkaufs sind, etwa **1569**

BtMG § 29 Sechster Abschnitt. Straftaten und Ordnungswidrigkeiten

wenn Betäubungsmittel zwar kostenlos zum unmittelbaren Verbrauch überlassen werden, dies aber als Test für ein Betäubungsmittelgeschäft dient oder wenn damit Abnehmer für künftige Geschäfte gewonnen werden sollen (*Patzak* in Körner/Patzak/Volkmer § 29 Teil 15 Rn. 123; s. auch BGH NJW 1994, 3020 = NStZ 2004, 496 = StV 1994, 659).

1570 Der **Besitz** von Betäubungsmitteln (auf Seiten des Verabreichenden oder zum unmittelbaren Verbrauch Überlassenden) hat gegenüber dem unerlaubten Verabreichen keinen eigenen Unrechtsgehalt und tritt daher zurück; dasselbe gilt für die Verbrauchsüberlassung (BGH BeckRS 1999, 30080849). Wird nur ein Teil der Gesamtmenge verabreicht, so liegt Tateinheit vor.

1571 **II. Allgemeine Straftaten.** Im Wesentlichen gelten dieselben Grundsätze wie bei der Verschreibung (→ Rn. 1493). So kann mit den Tatbeständen des StGB, die die **körperliche Unversehrtheit** (zB §§ 223, 229) oder das **Leben** (zB §§ 212, 222, 227) schützen, Tateinheit vorliegen. Während bei der Verschreibung allerdings der Empfänger über Zeitpunkt und Umfang der Aufnahme des Betäubungsmittels selbst entscheidet und den Tatablauf damit beherrscht, ist dies bei der **Verabreichung** nicht ohne weiteres der Fall. Dies kann dazu führen, dass der Gesichtspunkt der eigenverantwortlichen Selbstgefährdung nicht eingreift (→ § 30 Rn. 209–214), etwa wenn der Täter einem anderen, der sich die Spritze nicht selbst setzen kann, Heroin injiziert (BGHSt 49, 34 = NJW 2004, 1054 = NStZ 2004, 204 = JR 2004, 390 mAnm *Moosbacher* = JuS 2004, 350, 954 m. Bespr. *Sternberg-Lieben*). Es ist dann die Frage der Einwilligung zu prüfen (→ § 13 Rn. 186–208). Tateinheit mit fahrlässiger Tötung kommt auch in Betracht, wenn der Überlassende seine **Sorgfaltspflicht**, etwa hinsichtlich der Art des Betäubungsmittels, verletzt (BGHSt 53, 288 = NJW 2009, 2611 = NStZ 2009, 504). Zur **Abrechnung** mit den Kassen → Rn. 1491, 1492. Zur **Geldwäsche** → Vor § 29 Rn. 717–720.

1572 **I. Strafzumessung.** Der Vorgang der Strafzumessung richtet sich nach denselben Regeln, die auch für das Anbauen gelten. Zu den Grundsätzen daher → Rn. 125. Ein Absehen von der Bestrafung (Absatz 5) ist allerdings nicht zulässig.

1573 **I. Strafrahmenwahl.** Auf → Rn. 126 wird Bezug genommen.

1574 **II. Strafzumessung im engeren Sinne.** Auf → Rn. 127 wird verwiesen.

1575 **III. Weitere Entscheidungen.** Auf → Rn. 128 wird Bezug genommen. Zum Berufsverbot und vorläufigen Berufsverbot → Rn. 1498; zu berufsrechtlichen und verwaltungsrechtlichen Maßnahmen, namentlich im Bereich der Substitution, → Rn. 1498, 1591.

1576 **J. Exkurs: Unerlaubtes Verabreichen, Überlassen zum unmittelbaren Verbrauch im Rahmen der Substitution.** Üblich und für die Substitution mit Levomethadon, Methadon, Buprenorphin, Codein, Dihydrocodein und sonst zur Substitution zugelassene Arzneimittel grundsätzlich auch vorgeschrieben (§ 5 Abs. 7 BtMVV) ist das Verabreichen und die Überlassung zum unmittelbaren Verbrauch durch die in § 5 Abs. 10 BtMVV verzeichneten Personen. Auch für die Substitution mit Diamorphin wäre eine Verabreichung zulässig (§ 5a Abs. 3 BtMVV); davon wird in den anerkannten Einrichtungen jedoch kein Gebrauch gemacht. Zur Änderung der **BtMVV** durch die 3. BtMVVÄndV → Rn. 1499.

1577 **I. Substitution mit Levomethadon, Methadon und Buprenorphin.** Hinzu kämen an sich noch noch die anderen zur Substitution zugelassenen Arzneimittel (§ 5 Abs. 6 S. 1 Nr. 1 Buchst. d BtMVV); sie haben derzeit keine praktische Bedeutung. *Im Übrigen gilt:*

1578 **1. (Keine) Strafbarkeit nach § 29 Abs. 1 S. 1 Nr. 14.** Abgesehen von der Frage einer etwaigen **Nichtigkeit** (→ Rn. 1958) kommt eine Strafbarkeit nach dieser Vorschrift **nicht** in Betracht. Insbesondere bezieht sich § 16 BtMVV mit Ausnahme von Nr. 5 (Diamorphin) lediglich auf das **Verschreiben**.

2. Strafbarkeit nach § 29 Abs. 1 S. 1 Nr. 6 Buchst. b, Abs. 4. Wie auch sonst 1579 bei Betäubungsmitteln kann sich die Strafbarkeit der Verbrauchsüberlassung auch daraus ergeben, dass sie ohne ärztliche Indikation erfolgt ist (BGHSt 52, 271 (→ Rn. 1069); BR-Drs. 252/01, 41). Insoweit gelten die Ausführungen in → Rn. 1503–1514 entsprechend. Da **Fahrlässigkeit** ausreicht, können auch fahrlässig fehlerhafte Diagnosen (fehlende Opiatabhängigkeit (BGHR BtMG § 29 Abs. 1 Nr. 6 Verabreichen 1 (→ Rn. 1509)); → BtMVV § 5 Rn. 47, 48) zur Strafbarkeit führen. Zum **Vorsatz** → Rn. 1513.

3. Strafbarkeit nach § 29 Abs. 1 S. 1 Nr. 1, Abs. 4. Nach § 5 Abs. 7 S. 1 1580 BtMVV dürfen die in → Rn. 1577 genannten Substitutionsmittel nur verabreicht oder zum unmittelbaren Verbrauch überlassen werden. Eine besondere Bewehrung dieser Vorschrift fehlt. Sie ist auch nicht notwendig, da der Patient bei einem Verstoß die tatsächliche Verfügungsmacht über das Substitutionsmittel erlangt, so dass eine **unerlaubte Abgabe** (gegebenenfalls auch Veräußerung oder (gewerbsmäßiges) Handeltreiben) und Strafbarkeit nach § 29 Abs. 1 S. 1 Nr. 1, bei Fahrlässigkeit nach § 29 Abs. 4 eintreten (→ Rn. 1515–1517). Eine Sperrwirkung wird auch von § 29 Abs. 1 S. 1 Nr. 6 Buchst. b, 14 nicht entfaltet.

(Bedingt) vorsätzliches oder fahrlässiges **sonstiges Inverkehrbringen** (§ 29 1581 Abs. 1 S. 1 Nr. 1 Alt. 8, Abs. 4) kann in Betracht kommen, wenn der Arzt oder sein Personal die Einnahmekontrolle so mangelhaft ausüben, dass der Patient die tatsächliche Verfügung über das Substitutionsmittel erlangt und es weiter veräußert oder sonst weitergibt.

II. Substitution mit Codein und Dihydrocodein. Auch bei der Substitution 1582 mit diesen beiden Betäubungsmitteln kann Strafbarkeit in zweierlei Form vorkommen, wobei dies auch dann gilt, wenn sie in Form ausgenommener Zubereitungen verschrieben werden (→ Rn. 1518):

1. (Keine) Strafbarkeit nach § 29 Abs. 1 S. 1 Nr. 14. → Rn. 1578. 1583

2. Strafbarkeit nach § 29 Abs. 1 S. 1 Nr. 6 Buchst. b, Abs. 4. Wie auch sonst 1584 bei Betäubungsmitteln kann sich die Strafbarkeit der Verbrauchsüberlassung von Codein und Dihydrocodein auch daraus ergeben, dass sie **ohne ärztliche Indikation** erfolgt ist (BGHSt 52, 271 (→ Rn. 1069); BR-Drs. 252/01, 41). Insoweit gelten die Ausführungen in → Rn. 1521 entsprechend. Die Strafbarkeit tritt auch bei **Fahrlässigkeit** ein.

3. Strafbarkeit nach § 29 Abs. 1 S. 1 Nr. 1, Abs. 4. Auch die Substitutions- 1585 mittel Codein und Dihydrocodein einschließlich ihrer ausgenommenen Zubereitungen sind dem Patienten zu verabreichen oder zum unmittelbaren Verbrauch zu überlassen (§ 5 Abs. 7 S. 1 BtMVV). Wird dagegen verstoßen, so gilt dasselbe wie bei den anderen Betäubungsmitteln (→ Rn. 1580, 1581).

Allerdings sieht § 5 Abs. 7 S. 2 BtMVV die Möglichkeit vor, bei der Verschrei- 1586 bung von Codein und Dihydrocodein dem Patienten nach der ersten Einnahme am Tag die für diesen Tag zusätzlich benötigten Mengen **zur eigenverantwortlichen Einnahme mitzugeben,** wenn dem Arzt keine Anhaltspunkte für eine nicht bestimmungsgemäße Verwendung des Substitutionsmittels durch den Patienten vorliegen. Liegen dem Arzt solche Anhaltspunkte vor, kommt eine unerlaubte Abgabe nach § 29 Abs. 1 S. 1 Nr. 1 in Betracht (→ BtMVV § 5 Rn. 111). Strafbarkeit ist auch bei **Fahrlässigkeit** gegeben (§ 29 Abs. 4).

III. Substitution mit Diamorphin. Diamorphin als Substitutionsmittel darf 1587 nur innerhalb anerkannter Einrichtungen (§ 5a Abs. 3 BtMVV) verabreicht oder zum unmittelbaren Verbrauch überlassen werden. Strafbarkeit in Zusammenhang mit der Substitution von Diamorphin kommt im Wesentlichen in dreierlei Form in Betracht:

1588 **1. Straftaten nach § 29 Abs. 1 S. 1 Nr. 14.** Nach § 16 Nr. 5 BtMVV ist nach § 29 Abs. 1 S. 1 Nr. 14 BtMG strafbar, wer Diamorphin außerhalb einer (anerkannten) Einrichtung nach § 5a Abs. 2 BtMVV verabreicht oder zum unmittelbaren Verbrauch überlässt. § 29 Abs. 1 S. 1 Nr. 14 ist möglicherweise nichtig (→ Rn. 1958). Davon abgesehen greift die Vorschrift nur ein, wenn
– das Diamorphin als Substitutionsmittel vergeben wird und
– es lediglich verabreicht oder zum unmittelbaren Verbrauch überlassen wird; erlangt der Patient tatsächliche Verfügungsmacht, gilt → Rn. 1580, 1581.

Die Vorschrift setzt **Vorsatz** voraus. Bedingter Vorsatz reicht aus (→ Rn. 1961).

1589 **2. § 29 Abs. 1 S. 1 Nr. 6 Buchst. b, Abs. 4.** Wie auch sonst bei Betäubungsmitteln kann sich die Strafbarkeit der Verabreichung oder Verbrauchsüberlassung von Diamorphin als Substitutionsmittel auch daraus ergeben, dass sie ohne ärztliche Indikation erfolgt ist (BGHSt 52, 271 (→ Rn. 1069); BR-Drs. 252/01, 41). Insoweit gelten die Ausführungen in → Rn. 1527, 1528 entsprechend. Zum **Vorsatz** → Rn. 1513. Strafbar ist auch **fahrlässiges** Handeln.

1590 **3. Straftaten nach § 29 Abs. 1 S. 1 Nr. 1, Abs. 4.** Diamorphin als Substitutionsmittel darf nur verabreicht oder zum unmittelbaren Verbrauch überlassen werden (§ 5a Abs. 3 BtMVV). Wird dagegen verstoßen, so erlangt der Patient die tatsächliche Verfügungsmacht über das Betäubungsmittel, so dass eine **Abgabe** vorliegt; auf → Rn. 1580, 1581 wird verwiesen. Dabei kommt es nicht darauf an, ob der Verstoß innerhalb oder außerhalb der Einrichtung erfolgt.

1591 **IV. Berufsrechtliche und verwaltungsrechtliche Maßnahmen.** Ebenso wie bei der unerlaubten Verschreibung kommen auch bei der unerlaubten Verabreichung oder Überlassung zum unmittelbaren Verbrauch berufs- und verwaltungsrechtliche Maßnahmen in Betracht. Auf → Rn. 1530 wird Bezug genommen.

Kapitel 6 c. Überlassen an ambulant versorgte Palliativpatienten entgegen § 13 Abs. 1a (Absatz 1 Satz 1 Nr. 6a)

1592 **A. Völkerrechtliche Grundlage.** Die Strafbewehrung beruht auf Art. 4 Buchst. c, Art. 36 Abs. 1a ÜK 1961, Art. 5, 7 Buchst. a, Art. 22 Abs. 1a ÜK 1971.

1593 **B. Grundtatbestand.** Grundtatbestand der Vorschrift ist § 13 Abs. 1a S. 1 und 2. Auf die Erläuterungen zu dieser Vorschrift (→ § 13 Rn. 97–108) wird daher zunächst verwiesen.

1594 **C. Tathandlung.** Unter Strafe gestellt ist das Überlassen bestimmter Betäubungsmittel entgegen § 13a Abs. 1 S. 1 und 2.

1595 **I. Betäubungsmittel der Anlage III, Fertigarzneimittel.** Die Vorschrift bezieht sich, wie auch ihr Wortlaut ergibt, nur auf Betäubungsmittel der Anlage III, da nur diese nach § 13 Abs. 1a S. 1 überlassen werden dürfen. Der Arzt, der ohne Erlaubnis Betäubungsmittel der Anlagen I oder II, etwa Heroin/Diamorphin (→ Rn. 1623), einem Palliativpatienten überlässt, macht sich wegen unerlaubter Abgabe nach § 29 Abs. 1 S. 1 Nr. 1, Abs. 4 strafbar (*Patzak* in Körner/Patzak/Volkmer Teil 16 Rn. 2; unklar *Kotz/Oğlakcıoğlu* in MüKoStGB Rn. 1310).

1596 Die Betäubungsmittel müssen **Opioide** in Form von **Fertigarzneimitteln** sein; eine Beschränkung auf bestimmte Darreichungsformen besteht nicht (→ § 13 Rn. 104). Der Begriff des Fertigarzneimittels ist in § 4 Abs. 1 AMG definiert (→ AMG § 4 Rn. 2–21). Zu den übrigen Merkmalen → BtMG § 4 Rn. 68–72.

1597 **II. Überlassen.** Auf → § 13 Rn. 18 wird verwiesen. Ob die Überlassung entgeltlich oder unentgeltlich erfolgt, ist nicht von Bedeutung.

Kap. 6 c. Überlassen an Palliativpatienten entgegen § 13 Abs. 1 a § 29 BtMG

III. Entgegen § 13 Abs. 1 a S. 1 und 2. Das Überlassen muss entgegen § 13 Abs. 1 a S. 1 und 2 erfolgen. Dies ist dann gegeben, wenn ein Merkmal dieser Vorschriften nicht erfüllt ist. Diese Merkmale sind: 1598

1. Ambulant versorgter Palliativpatient. Das Betäubungsmittel darf nur einem ambulant versorgten Palliativpatienten überlassen werden. Zu diesen Begriffen → § 13 Rn. 100, → § 4 Rn. 72, 73. 1599

2. Zur Deckung eines nicht aufschiebbaren Betäubungsmittelbedarfs. Der Arzt darf dem Patienten das Betäubungsmittel nur zur Deckung eines nicht aufschiebbaren Betäubungsmittelbedarfs überlassen. Ein **Bedarf** setzt voraus, dass die Anwendung des Betäubungsmittels am oder im Körper des Patienten ärztlich begründet ist (→ § 13 Rn. 47–49, 99) und der Zweck auf andere Weise nicht erreicht werden kann. Insofern wird der Verstoß gegen § 13 Abs. 1 S. 1 oder 2 von der Strafbarkeit erfasst. 1600

Der Betäubungsmittelbedarf muss **unaufschiebbar** sein. Dies ist dann gegeben, wenn der Patient das Betäubungsmittel sofort benötigt, um plötzlich auftretende Schmerzen, namentlich die bei Palliativpatienten häufigen Durchbruchschmerzen, zu bekämpfen (→ § 13 Rn. 101). 1601

Die Deckung dieses Bedarfs ist dann **erforderlich,** wenn der Arzt bei der Versorgung des Palliativpatienten feststellt, dass absehbar eine Situation eintreten wird, in der plötzlich und unvorhersehbar solche Schmerzen, namentlich Durchbruchschmerzen, auftreten. 1602

3. Keine rechtzeitige Deckung des Bedarfs durch eine Verschreibung. Weitere Voraussetzung ist, dass der Bedarf durch eine Verschreibung nicht rechtzeitig gedeckt werden kann. Wann dies der Fall ist, ist in § 13 Abs. 1 S. 2 näher bestimmt: 1603

a) Fehlende Beschaffung durch eine Apotheke (§ 13 Abs. 1 a S. 2 Nr. 1). Das erforderliche Betäubungsmittel ist bei einer dienstbereiten Apotheke im Umkreis nicht vorrätig oder steht nicht rechtzeitig zur Abgabe bereit. Zu den Einzelheiten, auch der erforderlichen Bemühungen des Arztes → § 13 Rn. 102. 1604

b) Nicht mögliche Beschaffung durch den Patienten oder versorgende Personen (§ 13 Abs. 1 a S. 2 Nr. 2). Eine Ausnahme von dem Grundsatz, dass der Bedarf im Falle der rechtzeitigen Verfügbarkeit des Arzneimittels durch Verschreibung und Abgabe durch die Apotheke zu decken ist, macht das Gesetz für die Fälle, in denen der Patient oder sein Umfeld nicht in der Lage sind, das Betäubungsmittel zu beschaffen. Wegen der Einzelheiten wird auf → § 13 Rn. 103 verwiesen. 1605

4. Menge des zu überlassenden Betäubungsmittels (§ 13 Abs. 1 a S. 1 Hs. 2). Das benötigte Betäubungsmittel darf nur **in einer Menge** überlassen werden, die erforderlich ist, um den Betäubungsmittelbedarf des Patienten bis zur regulären Versorgung über eine Verschreibung und Abgabe durch die Apotheke **überbrückend** zu decken. Die **Höchstüberlassungsmenge** darf den Dreitagesbedarf nicht überschreiten 1606

IV. Verstoß gegen die Aufklärungs- und Anleitungspflichten des § 13 Abs. 1 a S. 6. Verstöße gegen die in § 13 Abs. 1 a S. 6 geregelten Pflichten sind nicht nach Nr. 6 a strafbar. Sie können jedoch dazu führen, dass die Überlassung nicht mehr als begründet (→ § 13 Rn. 98) angesehen werden kann, so dass Strafbarkeit nach Nr. 1 (Abgabe) in Betracht kommen kann (*Patzak* in Körner/Patzak/Volkmer Teil 16 Rn. 13: Nr. 6 a). Insoweit würde dann auch Fahrlässigkeit genügen (Absatz 4). 1607

D. Vollendung, Beendigung. Der Versuch ist nicht strafbar (§ 29 Abs. 2). Ähnlich wie bei der Abgabe nach § 29 Abs. 1 S. 1 Nr. 1 tritt die Vollendung mit der Übertragung der Verfügungsgewalt ein (→ Rn. 1127, 1128). Vollendung und Beendigung treffen zusammen (→ Rn. 1128). 1608

1609 **E. Täterschaft, Teilnahme.** Die Vorschrift ist ein echtes Sonderdelikt, so dass als tauglicher Täter nur der Arzt in Betracht kommt (*Patzak* in Körner/Patzak/Volkmer Teil 16 Rn. 14). Andere Beteiligte können sich nur wegen Teilnahme strafbar machen, wobei § 28 Abs. 1 StGB anzuwenden ist. Dazu → Vor § 29 Rn. 777, 778. Zur etwaigen doppelten Strafmilderung → Vor § 29 Rn. 772. Der Palliativpatient ist notwendiger Teilnehmer, so dass er sich nicht wegen Anstiftung oder Beihilfe strafbar machen kann (→ Rn. 1133).

1610 **F. Handeln im Ausland.** Die Vorschrift ist eine Privilegierung, die in ihrem Anwendungsbereich (→ Rn. 1594–1606) die Anwendung des § 29 Abs. 1 S. 1 Nr. 1 ausschließt. Die Privilegierung gilt auch für ein Handeln im Ausland, so dass auch bei einer eigennützigen Abgabe (Handeltreiben) § 6 Nr. 5 StGB nicht anwendbar ist.

1611 **G. Subjektiver Tatbestand.** Die Strafbarkeit setzt Vorsatz (→ Vor § 29 Rn. 389–425) voraus. Bedingter Vorsatz (→ Vor § 29 Rn. 415–420) reicht aus (*Patzak* in Körner/Patzak/Volkmer Teil 16 Rn. 15). Die fahrlässige Begehung ist nicht strafbar (Absatz 4). Für die Fälle des **Irrtums** gelten dieselben Grundsätze wie bei der Verschreibung durch Ärzte → Rn. 1479–1482).

1612 **H. Konkurrenzen.** Zu den Konkurrenzen → Vor § 29 Rn. 551–587, 671–724. Nr. 6a bezieht sich nicht auf Betäubungsmittel der der **Anlagen I und II,** so dass insoweit allein Nr. 1, Abs. 4 anzuwenden sind. Nr. 1, Abs. 4 gelten auch, wenn der Arzt andere Betäubungsmittel als in Anlage III gelistete **Opioide** in Form von **Fertigarzneimitteln** abgibt (→ Rn. 1595, 1596). Zur Abgabe von Heroin/Diamorphin → Rn. 1623.

1613 Die Vorschrift ist eine **Privilegierung,** die in ihrem Anwendungsbereich § 29 Abs. 1 S. 1 Nr. 1 ausschließt. Trifft das Überlassen der in → Rn. 1595, 1596 genannten Betäubungsmittel mit der unerlaubten Abgabe anderer Betäubungsmittel zusammen, liegt Tateinheit vor (*Patzak* in Körner/Patzak/Volkmer Teil 16 Rn. 21).

1614 Mit den Vorschriften zum Schutz der **körperlichen Unversehrtheit** und des Lebens besteht Tateinheit. Die für die Verschreibung maßgeblichen Grundsätze (→ Rn. 1493) können entsprechend angewendet werden. Zur **Abrechnung** mit den Kassen → Rn. 1491, 1492.

1615 **I. Strafzumessung.** Der Vorgang der Strafzumessung richtet sich nach denselben Regeln, die auch für das Anbauen gelten. Zu den Grundsätzen daher → Rn. 125. Ein Absehen von der Bestrafung (Absatz 5) ist allerdings nicht zulässig.

1616 **I. Strafrahmenwahl.** Auf → Rn. 126 wird zunächst verwiesen. Ein besonders schwerer Fall führt zu einer Mindeststrafe von einem Jahr Freiheitsstrafe (§ 29 Abs. 3 S. 1); dazu → Rn. 1981–1996. Regelbeispiele (§ 29 Abs. 3 S. 2) sind nicht vorgesehen.

1617 **II. Strafzumessung im engeren Sinne.** Auf → Rn. 127 wird verwiesen.

1618 **III. Weitere Entscheidungen.** Auf → Rn. 128 wird Bezug genommen. Zum Berufsverbot und vorläufigen Berufsverbot → Rn. 1498; zu berufsrechtlichen und verwaltungsrechtlichen Maßnahmen → Rn. 1498, 1591.

Kapitel 7a. Abgeben in Apotheken und tierärztlichen Hausapotheken entgegen § 13 Abs. 2 (Absatz 1 Satz 1 Nr. 7 Buchst. a)

1619 **A. Völkerrechtliche Grundlage.** Die Strafbewehrung beruht auf Art. 4 Buchst. c, Art. 36 Abs. 1a ÜK 1961, Art. 5, 7 Buchst. a, Art. 22 Abs. 1a ÜK 1971.

1620 **B. Grundtatbestand.** Grundlage der Strafvorschrift ist § 13 Abs. 2. Auf die Erläuterungen zu dieser Vorschrift (→ § 13 Rn. 110–120 (Apotheken), → § 13 Rn. 141–144 (tierärztliche Hausapotheken)) wird zunächst verwiesen.

Kap. 7a. Abgeben in Apotheken entgegen § 13 Abs. 2 　　　§ 29　BtMG

C. Tathandlung. Unter Strafe gestellt ist das Abgeben von Betäubungsmitteln 1621
in einer Apotheke oder tierärztlichen Hausapotheke entgegen § 13 Abs. 2.

I. Betäubungsmittel der Anlage III, Fertigarzneimittel Die Vorschrift be- 1622
zieht sich nur auf Betäubungsmittel der Anlage III, da nur diese nach § 13 Abs. 1
verschrieben und ohne Erlaubnis (§ 4 Abs. 1 Nr. 1 Buchst. c, Nr. 2 Buchst. c) im
Rahmen einer Apotheke oder tierärztlichen Hausapotheke abgegeben werden dürfen
(OLG Bamberg BeckRS 2008, 05251 = StRR 2008, 353; *Patzak* in Körner/
Patzak/Volkmer § 29 Teil 17 Rn. 4). Der Apotheker oder Tierarzt, der ohne Erlaubnis
Betäubungsmittel der Anlagen I oder II **abgibt,** macht sich daher nach
§ 29 Abs. 1 S. 1 Nr. 1, Abs. 4 strafbar.

Dasselbe gilt für die **Abgabe** von **Heroin (Diamorphin).** Dies ist klar, wenn es 1623
in Form der Anlage I oder II (→ § 1 Rn. 401, 402) vorliegt. Dasselbe gilt aber auch,
wenn es die Form der **Anlage III** (→ § 1 Rn. 399) erhalten hat. Auch dann bedarf
die Abgabe der Erlaubnis (→ § 1 Rn. 400; → § 13 Rn. 122). Dies gilt nicht nur für
den pharmazeutischen Unternehmer, sondern für jedermann und damit auch für
den Apotheker oder Tierarzt. Auch wenn sie solche Mittel im Rahmen ihrer Apotheke
oder tierärztlichen Hausapotheke abgeben, verstoßen sie daher gegen § 3
Abs. 1 Nr. 1 und sind nach § 29 Abs. 1 S. 1 Nr. 1, Abs. 4 strafbar. Hinzu tritt die
Strafbarkeit nach § 29 Abs. 1 S. 1 Nr. 7 Buchst. a, da diese Vorschrift auf den gesamten
§ 13 Abs. 2 und damit auch auf § 13 Abs. 2 S. 2 verweist.

Eine weitere Beschränkung enthält das G v. 17.7.2009 (BGBl. I S. 1990) für die 1624
Abgabe durch **Tierärzte.** Sie dürfen wie bisher Betäubungsmittel der Anlage III,
aber nur noch
- in Form von Fertigarzneimitteln für ein von ihnen behandeltes Tier oder
- in Form von Mischungen nach § 4 Abs. 1 Nr. 2 Buchst. a zum Zwecke der Immobilisation
eines von ihnen behandelten Zoo-, Wild- oder Gehegetiers

abgeben. Der Begriff des Fertigarzneimittels ist in § 4 Abs. 1 AMG definiert
(→ AMG § 4 Rn. 2–21).

II. Abgeben. Wie auch sonst ist unter Abgeben die Übertragung der tatsäch- 1625
lichen Verfügungsmacht an andere zu verstehen. Anders als nach § 3 Abs. 1 Nr. 1,
§ 29 Abs. 1 S. 1 Nr. 1 umfasst die Abgabe hier als umfassender Begriff auch und vor
allem die Übertragung auf rechtsgeschäftlicher Grundlage und gegen Entgelt
(→ § 4 Rn. 39; *Patzak* in Körner/Patzak/Volkmer Teil 17 Rn. 10).

Die Abgabe erfordert die Übertragung der Verfügungsmacht an andere 1626
(→ Rn. 1117). **Entnimmt der Apotheker** Betäubungsmittel seiner Apotheke
und bewahrt sie gesondert auf, um sie zu verbrauchen, so liegt daher keine Abgabe
(aA RGSt 69, 101), sondern unerlaubter **Besitz** vor (*Patzak* in Körner/Patzak/
Volkmer § 29 Teil 17 Rn. 11; *Kotz/Oğlakcıoğlu* in MüKoStGB Rn. 1339). Auch
ein Sichverschaffen (→ Rn. 1268) ist nicht gegeben, weil der Apotheker bereits tatsächliche
Verfügungsmacht hatte (*Patzak* in Körner/Patzak/Volkmer § 29 Teil 17
Rn. 11; *Kotz/Oğlakcıoğlu* in MüKoStGB Rn. 1339). Deswegen liegt auch kein Erwerb
vor (*Kotz/Oğlakcıoğlu* in MüKoStGB Rn. 1339). Besitz, wenn auch nur für
kurze Zeit, ist auch dann gegeben, wenn der Apotheker das Betäubungsmittel sofort
konsumiert (*Patzak* in Körner/Patzak/Volkmer § 29 Teil 17 Rn. 11; aA *Kotz/
Oğlakcıoğlu* in MüKoStGB Rn. 1339).

Wird das Betäubungsmittel von einem **Apothekenangestellten** entnommen, so 1627
liegt wegen des Übergangs der tatsächlichen Verfügungsmacht ein Sichverschaffen
vor (→ Rn. 1268; *Patzak* in Körner/Patzak/Volkmer § 29 Teil 17 Rn. 11; *Kotz/
Oğlakcıoğlu* in MüKoStGB Rn. 1339); will er es verkaufen, kommt Handeltreiben
in Betracht (→ Rn. 522).

III. Entgegen § 13 Abs. 2. Die Abgabe muss entgegen § 13 Abs. 2 in einer Apo- 1628
theke oder einer tierärztlichen Hausapotheke erfolgen.

BtMG § 29 Sechster Abschnitt. Straftaten und Ordnungswidrigkeiten

1629 **1. Abgabe in einer Apotheke.** Die Abgabe von Betäubungsmitteln im Rahmen des Betriebs einer Apotheke darf nur gegen Vorlage einer Verschreibung erfolgen (§ 13 Abs. 2 S. 1).

1630 **a) Im Rahmen des Betriebs einer Apotheke.** Voraussetzung der Nr. 7 Buchst. a ist, dass die Abgabe im Rahmen des Betriebs einer Apotheke erfolgt. Dazu → § 13 Rn. 111. Gibt der Apotheker außerhalb seiner Apotheke Betäubungsmittel ab, so handelt er unerlaubt (§ 4 Abs. 1 Nr. 1 Buchst. c) und ist daher nach den allgemeinen Vorschriften, insbesondere § 29 Abs. 1 S. 1 Nr. 1, 4 strafbar (*Kotz/Oğlakcıoğlu* in MüKoStGB Rn. 1336).

1631 **b) Vorlage einer Verschreibung.** Die Abgabe darf nur gegen Vorlage einer ärztlichen oder zahnärztlichen Verschreibung erfolgen. Gibt der Apotheker ohne Rezept oder gegen Rezepte, die für andere Medikamente ausgestellt sind, Betäubungsmittel ab, liegt eine Straftat nach Nr. 7 Buchst. a vor (BGH NJW 2015, 2202 = NStZ 2015, 341 = MedR 2015, 879 mAnm *Kaltenhäuser*). Zum **Betrug** bei Einreichung bei der Krankenkasse → Rn. 1648.

1632 **aa) Verschreibung.** Zum Begriff, zu den Arten und den Erfordernissen einer Verschreibung → § 13 Rn. 114; → § 4 Rn. 18–28. Die Verschreibung muss **wirksam** sein (→ § 13 Rn. 114; → § 4 Rn. 29–32).

1633 **bb) Vorlage einer Verschreibung.** Die Verschreibung muss dem Apotheker bei der Abgabe vorliegen. Zu den Voraussetzungen → § 13 Rn. 115; → § 4 Rn. 33, 34.

1634 **cc) Prüfungspflichten des Apothekers.** Bei der Abgabe des Betäubungsmittels hat der Apotheker zu prüfen, ob die ihm vorgelegte Verschreibung wirksam ist (→ § 13 Rn. 116; → § 4 Rn. 35–38). Dazu gehört insbesondere die Prüfung, ob sie **falsch oder gefälscht** ist oder in dem Bereich des **Zweiges der ärztlichen Wissenschaft** ausgestellt wurde, auf den die Approbation des Arztes lautet. Auffälligen Anzeichen entsprechender Mängel muss er nachgehen (→ § 4 Rn. 35).

1635 **Weitere Prüfungspflichten** des Apothekers sind in § 12 Abs. 1, 2 BtMVV geregelt. Die dort aufgestellten Regeln sind allerdings keine Wirksamkeitserfordernisse der Verschreibung (→ § 4 Rn. 30, 31, 36). Auch ist ein Verstoß weder nach § 29 Abs. 1 S. 1 Nr. 7 Buchst. a noch nach Nr. 14 mit Strafe oder nach § 32 mit Geldbuße bedroht.

1636 Dagegen hat der Apotheker grundsätzlich **nicht** zu prüfen, ob die Verschreibung **medizinisch begründet** ist (→ § 4 Rn. 37). Etwas anderes gilt, wenn für ihn erkennbar ist, dass die Verschreibung oder Stationsverschreibung nicht ausgefertigt werden durfte. Wenn auch der Arzt in erster Linie die Verantwortung für die Begründetheit der Verschreibung trägt, so ist der Apotheker doch seiner beruflichen Pflicht nicht enthoben, jeden **Missbrauch von Betäubungsmitteln** zu verhüten (BayObLGSt 1966, 45 = NJW 1966, 1878; OLG Bamberg BeckRS 2008, 05251 (→ Rn. 1622)). Er darf daher, zumindest nicht ohne Rücksprache, auch ein Normalrezept für Codein oder Dihydrocodein nicht beliefern, wenn ihm die Betäubungsmittelabhängigkeit des Empfängers bekannt ist oder er sie vermutet (→ § 4 Rn. 38).

1637 **Erkennt** der Apotheker, dass die Verschreibung **ärztlich nicht begründet** ist und liefert gleichwohl das Betäubungsmittel aus, so macht er sich nach der Sondervorschrift des § 29 Abs. 1 S. 1 Nr. 7 Buchst. a strafbar. Die Anwendung des § 29 Abs. 1 S. 1 Nr. 1, namentlich in Verbindung mit Absatz 4, ist hier schon im Hinblick auf die Gleichbehandlung mit dem Arzt, der die nicht indizierte Verschreibung ausgestellt hat und insoweit nur für Vorsatz haftet, nicht begründet (aA *Franke/Wienroeder* Rn. 171; *Winkler* in Hügel/Junge/Lander/Winkler Rn. 16.2; BayObLGSt 1966, 45 (→ Rn. 1636); unklar *Joachimski/Haumer* BtMG Rn. 191, 193). Der Apotheker ist daher nicht nach Betäubungsmittelrecht strafbar, wenn er den erkenn-

Kap. 7a. Abgeben in Apotheken entgegen § 13 Abs. 2 § 29 BtMG

baren Mangel tatsächlich nicht erkannt hat (OLG Stuttgart MDR 1978, 692; *Patzak* in Körner/Patzak/Volkmer Teil 17 Rn. 32).

Strafbarkeit nach Nr. 7 Buchst. a kommt auch in Betracht (→ § 4 Rn. 35, 37), 1638 wenn der Apotheker **erkennt,** dass die ihm vorgelegte Verschreibung **erschlichen** oder **gestohlen** wurde oder dass sie ihrem Inhalt nach der **Umgehung des BtMG** dient (BGHSt 9, 370 = NJW 1957, 29). Ebensowenig darf er die Verschreibung eines süchtigen Arztes für Praxisbedarf oder eigenen Gebrauch beliefern, wenn er die Sucht des Arztes kennt (BayObLG MDR 1966, 695).

2. Abgabe aus einer tierärztlichen Hausapotheke. Der Tierarzt, der aus sei- 1639 ner Hausapotheke Betäubungsmittel abgibt, bedarf zwar keiner Verschreibung, er darf das Betäubungsmittel der Anlage III, bei dem es sich nur noch um ein **Fertigarzneimittel** oder bei Zoo-, Wild- oder Gehegetieren auch um eine von ihm hergestellte **Mischung** handeln darf (→ Rn. 1624), jedoch nur zur Anwendung bei einem von ihm behandelten Tier abgeben (§ 13 Abs. 2 S. 3).

Die Abgabe darf nur an den **Tierhalter** erfolgen. Nicht zulässig ist die Abgabe 1640 an einen anderen Tierarzt oder an sonstige Personen (BGH NStZ 2004, 457 (→ Rn. 341)). Auch eine Abgabe auf Verschreibung oder Anweisung eines anderen Tierarztes kommt nicht in Betracht (Hügel/Junge/Lander/Winkler § 13 Rn. 8). Zum Begriff der **Behandlung** → § 4 Rn. 88–91. Das Betäubungsmittel darf lediglich durch den Tierarzt oder auf dessen ausdrückliche Weisung für den betreffenden Einzelfall abgegeben werden (§ 2 Abs. 3 TÄHAV).

D. Vollendung, Beendigung. Der Versuch ist nicht strafbar (§ 29 Abs. 2). Ähn- 1641 lich wie bei der Abgabe nach § 29 Abs. 1 S. 1 Nr. 1 tritt die Vollendung mit der Übertragung der Verfügungsgewalt ein (→ Rn. 1127, 1128). Vollendung und Beendigung treffen zusammen (→ Rn. 1128; aA *Patzak* in Körner/Patzak/Volkmer § 29 Teil 17 Rn. 34; *Kotz/Oğlakcıoğlu* in MüKoStGB Rn. 1350; *Joachimski/Haumer* BtMG Rn. 194).

E. Täterschaft, Teilnahme. Die Vorschrift ist ein echtes Sonderdelikt, so dass 1642 als taugliche Täter nur der Apotheker, der Tierarzt und, soweit es im Rahmen seiner berufsrechtlichen Befugnisse tätig wird, das pharmazeutische und tierärztliche Personal in Betracht kommen (*Patzak* in Körner/Patzak/Volkmer § 29 Teil 16 Rn. 35). Andere Beteiligte können sich nur wegen Teilnahme strafbar machen, wobei **§ 28 Abs. 1 StGB** anzuwenden ist. Dazu → Vor § 29 Rn. 777, 778. Zur etwaigen doppelten Strafmilderung → Vor § 29 Rn. 772. Zur Strafbakeit des Apothekers oder des Apothekenangestellten, der für sich selbst Betäubungsmittel entnimmt, → Rn. 1626, 1627.

F. Handeln im Ausland. Die Vorschrift ist eine Privilegierung, die in ihrem 1643 Anwendungsbereich (→ Rn. 1622, 1630, 1642) die Anwendung des § 29 Abs. 1 S. 1 Nr. 1 ausschließt (→ Rn. 1646). Dies gilt auch für das Handeltreiben, so dass die Anwendung des § 6 Nr. 5 StGB darauf nicht gestützt werden kann. Da der Vertrieb aber nicht nur das Handeltreiben umfasst (→ Vor § 29 Rn. 125), kann die Abgabe durch einen Apotheker eine Vertriebshandlung darstellen, wenn sie entgegen § 13 Abs. 2 auf den Absatz von Betäubungsmitteln gerichtet ist (*Kotz/Oğlakcıoğlu* in MüKoStGB Rn. 1329; s. auch *Eser/Weißer* in Schönke/Schröder StGB § 6 Rn. 6).

Anwendbar sind die Vorschriften, die für die **Verwirklichung des privilegier-** 1644 **ten Tatbestands** im Ausland gelten. Wegen der Einzelheiten kann auf → Rn. 99–106 verwiesen werden. Dass die Strafvorschrift einen Verstoß gegen § 13 Abs. 2 voraussetzt, steht der Anwendung auf Auslandstaten nicht entgegen (→ Vor § 29 Rn. 73).

G. Subjektiver Tatbestand. Die Strafbarkeit setzt Vorsatz voraus. Der Vorsatz 1645 (→ Vor § 29 Rn. 389–425) muss sich auf die für die einzelnen Alternativen des Tatbestands maßgeblichen Umstände beziehen. Für ihn gelten dieselben Grundsätze wie bei der Verschreibung (→ Rn. 1477–1482). Bedingter Vorsatz (→ Vor § 29 Rn. 415–420) reicht aus. Die fahrlässige Begehung ist nicht strafbar (Absatz 4). Für die Fälle des **Irrtums** gelten dieselben Grundsätze wie bei der Verschreibung durch Ärzte (→ Rn. 1479–1482).

1646 **H. Konkurrenzen.** Zu den Konkurrenzen → Vor § 29 Rn. 551–587, 671–724. Nr. 7 Buchst. a bezieht sich **nicht** auf Betäubungsmittel der **Anlagen I und II;** insoweit ist allein Nr. 1, Abs. 4 anzuwenden (→ Rn. 1622; *Patzak* in Körner/Patzak/Volkmer Teil 17 Rn. 45; *Kotz/Oğlakcıoğlu* in MüKoStGB Rn. 1352; *Franke/Wienroeder* Rn. 176). Nr. 1, Abs. 4 gelten auch, wenn der Tierarzt die Betäubungsmittel nicht in Form von Fertigarzneimitteln oder bei Zoo-, Wild- oder Gehegetieren auch in Form von ihm hergestellter Mischungen abgibt (→ Rn. 1624). Zur Abgabe von Diamorphin → Rn. 1623.

1647 Bei Betäubungsmitteln der **Anlage III** kann die Abgabe im Rahmen des Betriebs einer Apotheke oder tierärztlichen Hausapotheke (Nr. 7 Buchst. a) zwar mit dem Abgeben, Veräußern, Handeltreiben und dem sonstigen Inverkehrbringen (Nr. 1) zusammentreffen; als speziellere Vorschrift geht sie allerdings diesen Begehungsweisen vor (→ Rn. 1187; *Patzak* in Körner/Patzak/Volkmer § 29 Teil 16 Rn. 45).

1648 Mit den Vorschriften zum Schutz der **körperlichen Unversehrtheit** und des Lebens besteht Tateinheit. Die für die Verschreibung maßgeblichen Grundsätze (→ Rn. 1493) können entsprechend angewendet werden. Mit **Betrug** liegt Tatmehrheit vor, wenn der Apotheker Rezepte über andere Medikamente, auf die er Betäubungsmittel abgegeben hat, bei der Krankenversicherung einreicht (s. BGH NJW 2015, 2202 (→ Rn. 1631)). Zur **Geldwäsche** → Vor § 29 Rn. 717–720.

1649 **I. Strafzumessung.** Der Vorgang der Strafzumessung richtet sich nach denselben Regeln, die auch für das Anbauen gelten. Zu den Grundsätzen daher → Rn. 125. Ein Absehen von der Bestrafung (Absatz 5) ist allerdings nicht zulässig.

1650 **I. Strafrahmenwahl.** Auf → Rn. 126 wird Bezug genommen. Allerdings kommt nur ein Regelbeispiel (§ 29 Abs. 3 S. 2 Nr. 2: Gefährdung der Gesundheit mehrerer Menschen) in Betracht.

1651 **II. Strafzumessung im engeren Sinne.** Auf → Rn. 127 wird verwiesen.

1652 **III. Weitere Entscheidungen.** Auf → Rn. 128 wird Bezug genommen. Zum Berufsverbot und vorläufigen Berufsverbot → Rn. 1498; zu berufsrechtlichen und verwaltungsrechtlichen Maßnahmen → Rn. 1498, 1591.

Kapitel 7 b. Abgeben von Diamorphin durch pharmazeutische Unternehmer entgegen § 13 Abs. 2 (Absatz 1 Satz 1 Nr. 7 Buchst. b)

1653 **A. Völkerrechtliche Grundlage.** Auch wenn davon ausgegangen wird, dass die Abgabe von Diamorphin (Heroin) an Schwerabhängige (§ 13 Abs. 2 S. 2) mit den deutschen völkerrechtlichen Verpflichtungen nicht in Einklang steht (→ Einl. Rn. 200–202), dient die **Strafbewehrung** den Zielen des Art. 2 Abs. 5 Buchst. b ÜK 1961 und kann daher auf Art. 36 Abs. 1a ÜK 1961 zurückgeführt werden.

1654 **B. Grundtatbestand.** Grundlage der Strafvorschrift ist § 13 Abs. 2 S. 2. Auf die Erläuterungen zu dieser Vorschrift (→ § 13 Rn. 121–140) wird zunächst verwiesen.

1655 **C. Tathandlung.** Unter Strafe gestellt ist das Abgeben von Diamorphin als pharmazeutischer Unternehmer an Personen oder Stellen, die keine anerkannten Einrichtungen (§ 13 Abs. 3 S. 2 Nr. 2a) sind, oder ohne Vorlage einer (wirksamen) Verschreibung (§ 13 Abs. 2 S. 2).

1656 **I. Diamorphin in der Form der Anlage III.** Die Vorschrift bezieht sich nur auf Diamorphin in Zubereitungen, die zur Substitutionsbehandlung zugelassen

Kap. 7b. Abgeben von Diamorphin entgegen § 13 Abs. 2 § 29 BtMG

sind, da nur diese zu den Betäubungsmitteln der Anlage III gehören (→ § 1 Rn. 399). Der pharmazeutische Unternehmer, der anderes Heroin (Anlage I, II) abgibt, etwa an einen Großhändler oder Apotheker, bedarf der Erlaubnis und macht sich daher nach § 29 Abs. 1 S. 1 Nr. 1, Abs. 4 strafbar. Dies gilt auch dann, wenn das Heroin (Diamorphin) zur Herstellung von Zubereitungen zu medizinischen Zwecken bestimmt ist, da es sich dann um ein Betäubungsmittel der Anlage II handelt (Position Diamorphin).

II. Abgeben. Wie auch sonst ist unter Abgeben die Übertragung der tatsächlichen Verfügungsmacht zu verstehen. Anders als nach § 3 Abs. 1 Nr. 1, § 29 Abs. 1 S. 1 Nr. 1 umfasst die Abgabe hier als umfassender Begriff auch und vor allem die Übertragung auf rechtsgeschäftlicher Grundlage und gegen Entgelt (→ § 4 Rn. 39). 1657

III. Als pharmazeutischer Unternehmer. Die Vorschrift gilt nur für den pharmazeutischen Unternehmer (→ § 13 Rn. 123–126). Dies ist die Person, die im Rahmen des Betriebs des pharmazeutischen Unternehmens für das Inverkehrbringen des Diamorphins verantwortlich ist (Verantwortlicher für Betäubungsmittel, → § 13 Rn. 125). Andere Personen dürfen Diamorphin oder diamorphinhaltige Arzneimittel nicht in den Verkehr bringen (§ 47b Abs. 1 S. 2 AMG); für sie gelten die allgemeinen Vorschriften. 1658

Anders als für die Abgabe verschriebener Betäubungsmittel durch den Apotheker ist für den Sondervertriebsweg Diamorphin **Erlaubnisfreiheit nicht** vorgesehen (→ § 13 Rn. 122, 140). Fehlt dem pharmazeutische Unternehmer daher eine solche Erlaubnis, so ist auch Strafbarkeit nach § 29 Abs. 1 S. 1 Nr. 1, 4 gegeben. 1659

IV. Entgegen § 13 Abs. 2. Der pharmazeutische Unternehmer darf Diamorphin (in Zubereitungen, die zur Substitutionsbehandlung zugelassen sind), nur an anerkannte Einrichtungen nach § 13 Abs. 3 S. 2 Nr. 2a und nur gegen Vorlage der Verschreibung eines dort behandelnden Arztes abgegeben. 1660

1. Anerkannte Einrichtung, Prüfungspflichten. Ob eine anerkannte Einrichtung (→ § 13 Rn. 127, 159) gegeben ist, insbesondere ob eine wirksame Erlaubnis der zuständigen Landesbehörde vorliegt (→ § 13 Rn. 163–169), hat der pharmazeutische Unternehmer vor der Abgabe zu **prüfen.** Dabei hat, sofern die Erlaubnis nicht durch eine einwandfreie Urkunde nachgewiesen wird, eine Rückfrage bei der zuständigen Landesbehörde stattzufinden. 1661

2. Vorlage einer Verschreibung, Prüfungspflichten. Die Abgabe darf nur gegen Vorlage einer Verschreibung erfolgen (→ § 13 Rn. 128–138). 1662

a) Verschreibung. Es muss die Verschreibung eines in einer anerkannten Einrichtung behandelnden Arztes vorliegen. 1663

aa) Begriff, Arten. Zum Begriff, zu den Arten und zu den Erfordernissen einer Verschreibung → § 13 Rn. 129–134; eine Praxisverschreibung ist auch für Diamorphin ausdrücklich vorgesehen (§ 2 Abs. 3 S. 3 BtMVV); eine Stationsverschreibung (§ 2 Abs. 4 BtMVV) kommt dagegen nicht in Betracht. 1664

bb) Verschreibungsbefugnis. Anders als bei anderen Betäubungsmitteln der Anlage III sind zur Verschreibung des Arzneimittels Diamorphin ausschließlich **Ärzte** (und entsprechende Dienstleistungserbringer) befugt (→ § 13 Rn. 132). Die Verschreibung darf außerdem nur durch einen **in einer anerkannten Einrichtung behandelnden Arzt** ausgestellt werden (§ 47b Abs. 1 S. 1 AMG). 1665

cc) Wirksamkeit. Die Verschreibung berechtigt zur Abgabe nur, wenn sie wirksam ist. Wesentliche Voraussetzung hierfür ist zunächst die **Verschreibungsbefugnis** des Ausstellers (→ Rn. 1665). Daran fehlt es, wenn die Verschreibung nicht von dem behandelnden Arzt einer anerkannten Einrichtung stammt. Eine solche Verschreibung ist unwirksam, auch wenn sie von einem Arzt ausgestellt wurde. An der Verschreibungsbefugnis des Ausstellers fehlt es auch in den Fällen der **Fälschung** 1666 oder **Verfälschung** (→ § 13 Rn. 133). Notwendig ist ferner die **Schriftform,** die **Bezeichnung** des Betäubungsmittels, hier Diamorphin in einer Zubereitung, die zur Substitutionsbehandlung zugelassen ist, und die **Bezeichnung** des Patienten (→ § 13 Rn. 134, → § 4 Rn. 29), im Falle des Praxisbedarfs die Bezeichnung „Praxisbedarf" (→ § 4 Rn. 24).

1667 Nicht zu den Wirksamkeitserfordernissen gehört die Ausfertigung auf einem **Betäubungsmittelrezept** (→ § 13 Rn. 131). Auch die Belieferung einer entgegen § 8 Abs. 6 BtMVV ausgestellten **Notfall-Verschreibung** ist nicht nach § 29 Abs. 1 S. 1 Nr. 7 Buchst. b strafbar (→ § 13 Rn. 131). Ebenfalls **keine Wirksamkeitserfordernisse** für die Verschreibung sind die sonstigen Voraussetzungen, die in § 12 BtMVV für die Belieferung von Betäubungsmitteln aufgestellt sind (→ § 13 Rn. 134, → § 4 Rn. 31).

1668 **b) Vorliegen.** Die Verschreibung muss dem pharmazeutischen Unternehmer zum Zeitpunkt der Abgabe **körperlich vorliegen** und darf nicht erst in Aussicht gestellt sein (→ § 13 Rn. 135). Der pharmazeutische Unternehmer darf sich insbesondere nicht auf das Versprechen einlassen, dass das Rezept nachgereicht werde. Das Betäubungsmittelrezept muss ausgefertigt sein (§ 1 Abs. 2 BtMVV); eine telefonische Verschreibung genügt nicht (s. auch §§ 8–12 BtMVV). Dies gilt auch, wenn das Diamorphin von einem verschreibungsberechtigten Arzt abgeholt wird.

1669 **c) Prüfungspflichten.** Bei der Abgabe des Diamorphins hat der pharmazeutische Unternehmer zunächst zu prüfen, ob die ihm vorgelegte Verschreibung **wirksam** ist (→ Rn. 1666, 1667). Dazu gehört auch die Prüfung, ob sie **falsch oder gefälscht** ist, da es in diesen Fällen an der Verschreibungsbefugnis des Ausstellers fehlt. Anzeichen einer Fälschung oder Verfälschung muss der pharmazeutische Unternehmer nachgehen, gegebenenfalls durch Rückfrage beim Arzt (BGHSt 9, 370 (→ Rn. 1638); *Winkler* in Hügel/Junge/Lander/Winkler § 29 Rn. 16.2). Im Hinblick auf die erhebliche kriminelle Energie, die auf die Beschaffung von Heroin, und sei es auch in Form eines Arzneimittels, gerichtet ist (BT-Drs. 16/11515, 10), ist hier besondere Aufmerksamkeit geboten.

1670 **Ein besonderes Augenmerk** muss der pharmazeutische Unternehmer darauf richten, dass die Verschreibung nicht nur von einem Arzt (oder entsprechenden Dienstleistungserbringer) stammt, sondern von einem **in einer anerkannten Einrichtung behandelnden Arzt** (→ § 13 Rn. 136).

1671 **Weitere Prüfungspflichten** des pharmazeutischen Unternehmers sind in § 12 BtMVV geregelt. Die dort aufgestellten Regeln sind zwar keine Wirksamkeitserfordernisse der Verschreibung (→ § 13 Rn. 136), aber gleichwohl bei der Abgabe von Diamorphin zu beachten.

1672 Dagegen hat der pharmazeutische Unternehmer **nicht zu prüfen,** ob die Verschreibung **medizinisch begründet** ist (→ § 13 Rn. 137). Ob die sachlichen Voraussetzungen für die Verordnung von Diamorphin gegeben sind, hat primär der verschreibende Arzt zu verantworten. Etwas anderes gilt, wenn für den Unternehmer erkennbar ist, dass die Verschreibung oder Praxisverschreibung nicht ausgefertigt werden durfte (→ § 13 Rn. 116, 137, → § 4 Rn. 37). Wenn auch der Arzt in erster Linie die Verantwortung für die Begründetheit der Verschreibung trägt, so ist der pharmazeutische Unternehmer doch seiner beruflichen Pflicht nicht enthoben, jeden Missbrauch von Betäubungsmitteln zu verhüten (→ § 13 Rn. 116, 137, → § 4 Rn. 37).

1673 Erkennt der pharmazeutische Unternehmer, dass die Verschreibung **ärztlich nicht begründet** ist, darf er das Diamorphin bei Gefahr der Strafbarkeit (→ § 13 Rn. 138) nicht abgeben. Fahrlässigkeit genügt schon im Hinblick auf die Gleichbehandlung mit dem Arzt, der die nicht indizierte Verschreibung ausgestellt hat, nicht (→ § 13 Rn. 138). Der pharmazeutische Unternehmer ist daher nicht nach

Betäubungsmittelrecht strafbar, wenn er den erkennbaren Mangel tatsächlich nicht erkannt hat.

Erkennt der pharmazeutische Unternehmer aber, dass die ihm vorgelegte Ver- 1674 schreibung **erschlichen** oder **gestohlen** wurde oder dass sie ihrem Inhalt nach der **Umgehung des BtMG** dient, so darf er darauf kein Diamorphin abgeben. Ebensowenig darf er die Verschreibung eines süchtigen Arztes für Praxisbedarf oder eigenen Gebrauch beliefern, wenn er die Sucht des Arztes kennt (→ § 4 Rn. 37).

D. Vollendung, Beendigung. Der Versuch ist nicht strafbar (§ 29 Abs. 2). Ähn- 1675 lich wie bei der Abgabe nach § 29 Abs. 1 S. 1 Nr. 1 tritt die Vollendung mit der Übertragung der Verfügungsgewalt ein (→ Rn. 1127, 1128). Vollendung und Beendigung treffen zusammen (→ Rn. 1128).

E. Täterschaft, Teilnahme. Die Vorschrift ist ein **echtes Sonderdelikt,** so 1676 dass als tauglicher Täter nur der pharmazeutische Unternehmer (*Patzak* in Körner/ Patzak/Volkmer § 29 Teil 17 Rn. 35) in Betracht kommt. Andere Beteiligte können sich nur wegen Teilnahme strafbar machen, wobei **§ 28 Abs. 1 StGB** anzuwenden ist. Dazu → Vor § 29 Rn. 777, 778. Zur etwaigen doppelten Strafmilderung → Vor § 29 Rn. 772.

F. Handeln im Ausland. Die Vorschrift ist eine Privilegierung, die in ihrem 1677 Anwendungsbereich (→ Rn. 1622, 1630, 1642) die Anwendung des § 29 Abs. 1 S. 1 Nr. 1 ausschließt (→ Rn. 1646). Dies gilt auch für das Handeltreiben, so dass die Anwendung des § 6 Nr. 5 StGB darauf nicht gestützt werden kann. Da der Vertrieb aber nicht nur das Handeltreiben umfasst (→ Vor § 29 Rn. 125), kann die Abgabe durch einen pharmazeutischen Unternehmer eine Vertriebshandlung darstellen.

Im Übrigen sind die Vorschriften anwendbar, die für die **Verwirklichung des** 1678 **privilegierten Tatbestands** im Ausland gelten. Wegen der Einzelheiten wird auf → Rn. 99–106 verwiesen. Dass die Strafvorschrift einen Verstoß gegen § 13 Abs. 2 voraussetzt, steht der Anwendung auf Auslandstaten nicht entgegen, da unter dem Begriff des deutschen Strafrechts die Gesamtheit aller Normen der Bundesrepublik Deutschland zu verstehen ist (→ Vor § 29 Rn. 73).

Fehlt dem pharmazeutische Unternehmer **auch die Erlaubnis,** gelten neben 1679 § 29 Abs. 1 S. 1 Nr. 7 Buchst. b auch die allgemeinen Vorschrften des § 29 Abs. 1 S. 1 Nr. 1 (→ Rn. 1659), so dass auch insoweit ein unbefugter Vertrieb von Betäubungsmitteln (§ 6 Nr. 5 StGB) in Betracht kommen kann. Für die ideal konkurrierende Privilegierung gilt → Vor § 29 Rn. 134.

G. Subjektiver Tatbestand. Die Strafbarkeit setzt Vorsatz voraus. Der Vorsatz 1680 (→ Vor § 29 Rn. 389–425) muss sich auf die für die einzelnen Alternativen des Tatbestands maßgeblichen Umstände beziehen. Für ihn gelten dieselben Grundsätze wie bei der Verschreibung (→ Rn. 1477–1482). Bedingter Vorsatz (→ Vor § 29 Rn. 415–420) reicht aus. Die fahrlässige Begehung ist nicht strafbar (Absatz 4). Für die Fälle des **Irrtums** gelten dieselben Grundsätze wie bei der Verschreibung durch Ärzte (→ Rn. 1479–1482).

H. Konkurrenzen. Zu den Konkurrenzen → Vor § 29 Rn. 551–587, 671–724. 1681 Den Begehungsweisen des § 29 Abs. 1 S. 1 Nr. 1 geht Nr. 7 Buchst. b als die **speziellere Vorschrift** vor; dies gilt auch gegenüber dem vorsätzlichen oder fahrlässigen Inverkehrbringen (→ Rn. 1187). Fehlt dem pharmazeutischen Unternehmer aber die Erlaubnis nach § 3 Abs. 1 Nr. 1 (→ Rn. 1659), so macht er sich in Tateinheit auch nach § 29 Abs. 1 S. 1 Nr. 1 strafbar. Anders als beim Apotheker wird hier die Erlaubnis durch die Verschreibung nicht ersetzt, so dass beide Strafvorschriften nebeneinander anwendbar sind. Zur **Geldwäsche** → Vor § 29 Rn. 717–720.

1682 **I. Strafzumessung.** Der Vorgang der Strafzumessung richtet sich nach denselben Regeln, die auch für das Anbauen gelten. Zu den Grundsätzen daher → Rn. 125. Ein Absehen von der Bestrafung (Absatz 5) ist allerdings nicht zulässig.

1683 **I. Strafrahmenwahl.** Auf → Rn. 126 wird Bezug genommen. Allerdings kommt nur ein Regelbeispiel (§ 29 Abs. 3 S. 2 Nr. 2: Gefährdung der Gesundheit mehrerer Menschen) in Betracht.

1684 **II. Strafzumessung im engeren Sinne.** Auf → Rn. 127 wird verwiesen.

1685 **III. Weitere Entscheidungen.** Auf → Rn. 128 wird Bezug genommen.

Kapitel 8. Werben für Betäubungsmittel entgegen § 14 Abs. 5 (Absatz 1 Satz 1 Nr. 8)

1686 **A. Völkerrechtliche Grundlage.** Das Verbot der Werbung für Betäubungsmittel geht in erster Linie auf Art. 10 Abs. 2 ÜK 1971 zurück. Eine Grundlage findet es aber auch in Art. 3 Abs. 1c Ziffer iii ÜK 1988, wonach das vorsätzliche öffentliche Aufstacheln oder Verleiten anderer – gleichviel durch welche Mittel – mit Strafe zu bedrohen ist.

1687 **B. Zweck.** Das Verbot dient der Durchsetzung des Werbeverbots für Betäubungsmittel (§ 14 Abs. 5) und soll damit verhindern, dass bei Personen außerhalb des Kreises beruflich damit befasster Personen der Wunsch nach dem Bezug von Betäubungsmitteln geweckt wird (*Franke/Wienroeder* Rn. 177). Diesen Zweck vermag die Vorschrift in der geltenden Fassung nicht zu erfüllen, vor allem, weil der Begriff der Werbung nicht nur eine Propagierung des Drogenmissbrauchs erfordert, sondern zugleich einen Hinweis auf Liefermöglichkeiten enthalten muss.

1688 **C. Grundtatbestand.** Grundlage der Strafvorschrift ist § 14 Abs. 5. Auf die Erläuterungen zu dieser Vorschrift (→ § 14 Rn. 10–42) wird zunächst verwiesen.

1689 **D. Tathandlung.** Das Verbot gilt **im legalen und illegalen** Betäubungsmittelverkehr (str.; → § 14 Rn. 10). Unter Strafe gestellt ist das Werben für Betäubungsmittel entgegen § 14 Abs. 5. Werbung ist jede öffentliche Ankündigung oder Anpreisung, die sich an einen nicht bestimmten Personenkreis richtet und auf Absatzförderung zielt. Wegen der Einzelheiten wird auf → § 14 Rn. 11, 17–24 Bezug genommen. Allerdings ist es kein Ersatz für ein Verbot der öffentlichen Verherrlichung des Drogenmissbrauchs. Zur Werbung im **Internet** → Rn. 379–383, 1696.

1690 **I. Betäubungsmittel** sind die in den Anlagen I bis III zum BtMG aufgeführten Stoffe und Zubereitungen. Zu den Einzelheiten → § 14 Rn. 25–36 sowie → Rn. 3–12.

1691 **II. Entgegen § 14 Abs. 5.** Im Hinblick auf § 14 Abs. 5 enthält der Tatbestand drei Alternativen: Am weitesten reicht das Verbot bei den Betäubungsmitteln der **Anlage I.** Sie unterliegen einem **absoluten Werbeverbot** (§ 14 Abs. 5 S. 1). Die Tathandlung besteht bei ihnen darin, dass überhaupt für diese Stoffe geworben wird.

1692 **Enger** ist die Tathandlung bei den Betäubungsmitteln der **Anlage II.** Für sie darf im Rahmen des legalen Betäubungsmittelverkehrs in Fachkreisen der Industrie und des Handels sowie bei Personen und Personenvereinigungen, die eine Apotheke oder tierärztliche Hausapotheke betreiben, geworben werden (§ 14 Abs. 5 S. 2). Die Tathandlung besteht hier darin, dass der Täter **außerhalb dieses Adressatenkreises** wirbt.

1693 **Noch enger** ist der Verbotsbereich bei den Betäubungsmitteln der **Anlage III.** Für sie darf bei demselben Adressatenkreis wie bei den Betäubungsmitteln der Anlage II geworben werden, **zusätzlich** aber noch bei Ärzten, Zahnärzten und

Tierärzten (§ 14 Abs. 5 S. 3). Nur wenn der Täter **auch außerhalb dieses Kreises** wirbt, ist der Tatbestand erfüllt.

E. Vollendung, Beendigung. Der Versuch ist nicht strafbar (§ 29 Abs. 2). Die **1694** Tat ist vollendet, sobald der Adressatenkreis Gelegenheit hat, von der Anpreisung Kenntnis zu nehmen. Die verbotene Werbung ist ein Dauerdelikt (*Patzak* in Körner/Patzak/Volkmer § 29 Teil 18 Rn. 20). Die Beendigung der Tat tritt ein, wenn der Werbevorgang seine bestimmungsgemäße Wirkung nicht mehr erreichen kann und damit abgeschlossen ist, etwa weil die Plakate vernichtet oder überklebt sind.

F. Täterschaft, Teilnahme. Es gelten die allgemeinen Regeln (→ Vor § 29 **1695** Rn. 241–386).

G. Handeln im Ausland. Zunächst ist zu klären, ob überhaupt eine Auslandstat **1696** vorliegt. Daran fehlt es, wenn die Werbung durch Telefon, Brief, Fax, SMS oder E-Mail nach Deutschland gelangt (→ § 14 Rn. 40). Auf der anderen Seite liegt kein Verstoß gegen das Werbeverbot vor, wenn das Werbemittel zwar in Deutschland hergestellt wird, hier aber nicht zur Werbung benutzt wird (→ § 14 Rn. 41). Gleichgültig ist, **wo** sich die **Betäubungsmittel befinden,** für die geworben wird. Das Werbeverbot greift dann ein, wenn im Inland für eine Absatzquelle im Ausland geworben wird (→ § 14 Rn. 42). Zur Werbung im Internet → Rn. 379–383, 1779, 1910, → Vor § 29 Rn. 106–109.

Die Werbung wird in aller Regel dem entgeltlichen Umsatz von Betäubungsmit- **1697** teln dienen. Gleichwohl stellt sie für sich noch **keinen Vertriebsvorgang** dar, so dass § 6 Nr. 5 StGB nicht anwendbar ist (*Patzak* in Körner/Patzak/Volkmer § 29 Teil 17 Rn. 18; aA wohl *Eser/Weißer* in Schönke/Schröder StGB § 6 Rn. 6; *N. Nestler* FG Paulus, 2009, 133 (143)). Steht sie mit Handeltreiben in Tateinheit (→ Rn. 1700), gilt → Rn. 1475 entsprechend.

Im Übrigen gelten die sonstigen **international-strafrechtlichen** Regeln. We- **1698** gen der Einzelheiten kann auf → Rn. 99–106 verwiesen werden. Dass die Strafvorschrift einen Verstoß gegen § 14 Abs. 5 voraussetzt, steht der Anwendung auf Auslandstaten nicht entgegen (→ Vor § 29 Rn. 73).

H. Subjektiver Tatbestand. Die Strafbarkeit setzt Vorsatz (→ Vor § 29 **1699** Rn. 389–425) voraus. Bedingter Vorsatz (→ Vor § 29 Rn. 415–420) genügt (*Franke/Wienroeder* Rn. 181). Ein Fahrlässigkeitstatbestand ist nicht vorgesehen. Bei den Betäubungsmitteln der Anlagen II und III muss sich der Vorsatz auch darauf erstrecken, dass die Werbung sich nicht an den zulässigen Adressatenkreis wendet oder aus ihm heraustritt.

I. Konkurrenzen. Zu den Konkurrenzen → Vor § 29 Rn. 551–587, 671–724. **1700** Die unerlaubte Werbung für Betäubungsmittel hat gegenüber dem Handeltreiben einen eigenen Unrechtsgehalt, wenn sie sich an einen nicht näher bestimmbaren Personenkreis wendet und damit eine besondere Gefährdung darstellt. In diesen Fällen kann Tateinheit mit Handeltreiben bestehen (*Franke/Wienroeder* Rn. 183). Die Werbung geht dagegen als unselbständiger Teilakt im Handeltreiben auf, wenn sie von vornherein nur auf einen bestimmbaren Personenkreis abzielt, etwa auf die Besucher eines Coffeeshops. Mit einem Verstoß gegen §§ 10, 11 HWG ist Tateinheit möglich (*Franke/Wienroeder* Rn. 184). Zur **Geldwäsche** . → Vor § 29 Rn. 717–720.

J. Strafzumessung. Der Vorgang der Strafzumessung richtet sich nach densel- **1701** ben Regeln, die auch für das Anbauen gelten. Zu den Grundsätzen daher → Rn. 125. Ein Absehen von der Bestrafung (Absatz 5) ist allerdings nicht zulässig.

I. Strafrahmenwahl. Auf → Rn. 126 wird zunächst verwiesen. Ein besonders **1702** schwerer Fall führt zu einer Mindeststrafe von einem Jahr Freiheitsstrafe (§ 29 Abs. 3 S. 2); dazu → Rn. 1981–1996. Regelbeispiele (§ 29 Abs. 3 S. 2) sind nicht vorgesehen.

1703 II. **Strafzumessung im engeren Sinne.** Auf → Rn. 127 wird verwiesen.

1704 III. **Weitere Entscheidungen.** Auf → Rn. 128 wird Bezug genommen. Zum Berufsverbot und vorläufigen Berufsverbot → Rn. 1498; zu berufsrechtlichen und verwaltungsrechtlichen Maßnahmen → Rn. 1498, 1591.

Kapitel 9. Erschleichen einer Verschreibung (Absatz 1 Satz 1 Nr. 9)

1705 A. **Völkerrechtliche Grundlage.** Aus zahlreichen Bestimmungen der internationalen Suchtstoffübereinkommen (zB Art. 4 Buchst. c ÜK 1961, Art. 7 Buchst. a ÜK 1971) wird das Bestreben der Völkergemeinschaft erkennbar, die Verwendung von Betäubungsmitteln auf medizinische und wissenschaftliche Zwecke zu beschränken. Damit steht das Verbot des Erschleichens einer Verschreibung (§ 29 Abs. 1 S. 1 Nr. 9) im Einklang.

1706 B. **Zweck.** Die Vorschrift richtet sich im Wesentlichen **gegen den Drogenkonsumenten,** der dem Arzt, Zahnarzt oder Tierarzt mit falschen Angaben Betäubungsmittelrezepte zu entlocken sucht. Zugleich schützt sie das Vertrauen, das die Öffentlichkeit ärztlichen Verschreibungen entgegenbringt. Mit Rücksicht darauf, dass sie auch eingreift, wenn die Verschreibung ärztlich begründet ist (→ Rn. 1713), ist sie weder eine zum eigenen Delikt erhobene Vorbereitungshandlung zum unerlaubten Erwerb noch eine Anstiftung zur ärztlich unbegründeten Verschreibung (aA *Franke/Wienroeder* Rn. 185).

1707 C. **Tathandlung.** Der Tatbestand wird dadurch erfüllt, dass unrichtige oder unvollständige Angaben gemacht werden, um für sich oder einen anderen oder für ein Tier die Verschreibung eines Betäubungsmittels zu erlangen. Darauf, ob die Verschreibung letztlich indiziert ist, kommt es nicht an (→ Rn. 1713). Zu den Erscheinungsformen s. eingehend *Kreuzer* BtMStrafR-HdB § 4 Rn. 307–318.

1708 I. **Betäubungsmittel.** Es gilt dasselbe wie bei der Verschreibung; dazu → Rn. 1455.

1709 II. **Angaben** sind Bekundungen über Tatsachen (*Kotz/Oğlakcıoğlu* in MüKoStGB Rn. 1396). Tatsachen sind gegenwärtige oder vergangene Verhältnisse, Zustände oder Geschehnisse (OLG Koblenz NJW 1976, 63). Künftige Entzugserscheinungen sind danach zwar keine Tatsache, wohl aber das Wissen oder die Überzeugung des Täters, dass sie eintreten werden (BGHSt 34, 111 = NJW 1987, 1426 = NStZ 1986, 556 = StV 1987, 21; *Kotz/Oğlakcıoğlu* in MüKoStGB Rn. 1396). Zu den Angaben gehören auch die Personalien (*Kotz/Oğlakcıoğlu* in MüKoStGB Rn. 1396). Keine Tatsachen sind dagegen bloße Schlussfolgerungen oder Werturteile.

1710 Die Angaben müssen nicht durch Worte oder schriftlich erfolgen. **Eindeutige Zeichen** oder Gesten sind ausreichend (*Patzak* in Körner/Patzak/Volkmer § 29 Teil 18 Rn. 5). Daher reicht auch die Zeichen- oder Taubstummensprache (*Franke/Wienroeder* Rn. 186) oder Körpersprache (*Kotz/Oğlakcıoğlu* in MüKoStGB Rn. 1396).

1711 III. **Unrichtigkeit, Unvollständigkeit.** Eine Angabe ist **unrichtig,** wenn sie mit der Wirklichkeit nicht übereinstimmt (*Patzak* in Körner/Patzak/Volkmer Teil 19 Rn. 6), zB der Täter spiegelt dem Arzt vor, er sei auf der Durchreise und seine Frau habe starke Regelschmerzen (BayObLG NJW 1970, 529). Im Hinblick auf sein Ziel wird der Täter in aller Regel Tatsachen schildern, die einen gewissen Einfluss auf die Verschreibung haben können. Dass eine solche Verknüpfung objektiv besteht, ist jedoch nicht notwendig (aA *Joachimski/Haumer* BtMG Rn. 199). Daher genügt die **Angabe falscher Personalien,** um den Tatbestand zu erfüllen (OLG Frankfurt a. M. NJW 1956, 1769; *Patzak* in Körner/Patzak/Volkmer § 29 Teil 18 Rn. 6; *Franke/Wienroeder* Rn. 186).

Unvollständig ist eine Angabe, wenn der Täter einen einheitlichen Lebenssachverhalt nur teilweise wiedergibt und durch das Weglassen wesentlicher Tatsachen ein falsches Gesamtbild vermittelt (BGH NStZ 2006, 625), zB wenn er verschweigt, dass er auch von einem anderen Arzt Medikamente erhält (*Patzak* in Körner/Patzak/Volkmer § 29 Teil 18 Rn. 7; *Franke/Wienroeder* Rn. 186). In aller Regel wird der Täter, um sein Ziel zu erreichen, solche Tatsachen verschweigen, die geeignet sind, die Verschreibung zu verhindern. Dass eine solche Verknüpfung objektiv besteht, ist aber auch hier nicht notwendig (aA *Joachimski/Haumer* BtMG Rn. 199). 1712

IV. Ziel. Die unrichtigen oder unvollständigen Angaben müssen gemacht werden, um eine ärztliche, zahnärztliche oder tierärztliche Verschreibung zu erlangen. In aller Regel werden die falschen oder unvollständigen Angaben dazu führen, dass eine medizinisch **nicht indizierte** Verschreibung ausgestellt wird. Erforderlich ist dies jedoch nicht (OLG Frankfurt a. M. NJW 1956, 1769; *Hochstein* in BeckOK BtMG Rn. 679; aA OLG Celle StV 2019, 346 = A&R 2018, 288 = BeckRS 2018, 29520: weil die unrichtigen oder unvollständigen Angaben dann nicht kausal für die Verschreibung geworden wären und deswegen der gesundheitspolitische Zweck des BtMG nicht berührt sei; *Winkler* in Hügel/Junge/Lander/Winkler Rn. 18.1; *Kotz/Oğlakcıoğlu* in MüKoStGB Rn. 1399). Die Unbegründetheit der Verschreibung ist aber kein ungeschriebenes Tatbestandsmerkmal (*Franke/Wienroeder* Rn. 186; *Malek* BtMStrafR Kap. 2 Rn. 342). Ausreichend ist daher, wenn die Verschreibung formell vorschriftswidrig erlangt werden soll (OLG Frankfurt a. M. NJW 1956, 1769). 1713

Nicht notwendig ist, dass die Verschreibung **für den Täuschenden** erlangt werden soll (*Patzak* in Körner/Patzak/Volkmer Teil 19 Rn. 9). Täter ist auch, wer in fremdem Auftrag handelt (*Winkler* in Hügel/Junge/Lander/Winkler Rn. 18.3). 1714

V. Empfänger der Angaben. Nicht erforderlich ist, dass die Angaben dem Arzt gegenüber gemacht werden (*Kotz/Oğlakcıoğlu* in MüKoStGB Rn. 1400). Es reicht aus, wenn der verschreibende Arzt mit Willen des Täters hiervon Kenntnis erlangt. 1715

Ob der verschreibende Arzt oder der Dritte, der die Angaben übermittelt hat, **die Unrichtigkeit erkannte, kannte** oder **hätte erkennen können**, ist nicht erheblich (*Kotz/Oğlakcıoğlu* in MüKoStGB Rn. 1400; *Malek* BtMStrafR Kap. 2 Rn. 334). Auch darauf, ob der Empfänger der Angaben oder eine dritte Person sich strafbar machen, kommt es nicht an. Die Wirkung der falschen oder unvollständigen Angaben gehört nicht zum Tatbestand (*Kotz/Oğlakcıoğlu* in MüKoStGB Rn. 1400; *Franke/Wienroeder* Rn. 186; *Malek* BtMStrafR Kap. 2 Rn. 340). 1716

D. Vollendung, Beendigung. Der Versuch ist nicht strafbar (§ 29 Abs. 2). Bei einer unrichtigen Angabe tritt die **Vollendung** mit der Abgabe der ersten unrichtigen Äußerung ein; auf die Wahrnehmung oder Beachtung durch den Arzt kommt es dabei nicht an, wenn die Angabe für ihn bestimmt war (*Joachimski/Haumer* BtMG Rn. 201). Ist die Angabe unvollständig, so ist die Tat im Hinblick auf eine mögliche Vervollständigung erst mit dem Abschluss der Erklärung **vollendet** (*Kotz/Oğlakcıoğlu* in MüKoStGB Rn. 1408). Im Hinblick auf diese frühen Zeitpunkte ist die fehlende Versuchsstrafbarkeit ohne große praktische Bedeutung. 1717

Die Tat ist mit der Erlangung der Verschreibung (*Patzak* in Körner/Patzak/Volkmer Teil 19 Rn. 11) oder dem Abbruch der Täuschungsbemühungen (*Franke/Wienroeder* Rn. 188) **beendet** (*Kotz/Oğlakcıoğlu* in MüKoStGB Rn. 1408). Damit sind die Umstände verwirklicht, die das Unrecht der Tat prägen (*Kühl* in Lackner/Kühl StGB Vor § 22 Rn. 2). Die Einlösung des Rezepts in der Apotheke gehört nicht mehr dazu (*Patzak* in Körner/Patzak/Volkmer § 29 Teil 19 Rn. 11; aA *Joachimski/Haumer* BtMG Rn. 202). 1718

1719 **E. Täterschaft, Teilnahme.** Es gelten die allgemeinen Grundsätze (→ Vor § 29 Rn. 241–386). Der Tatbestand erfasst auch das Tätigwerden für einen anderen.

1720 **F. Handeln im Ausland.** Das Erschleichen einer Verschreibung ist noch kein Vertrieb, da nicht der Absatz von Betäubungsmitteln im Vordergrund steht. § 6 Nr. 5 StGB ist daher nicht anwendbar (aA wohl *Eser/Weißer* in Schönke/Schröder StGB § 6 Rn. 6). Soll das Erschleichen der Verschreibung dem illegalen Absatz von Betäubungsmitteln dienen, so liegt zugleich Handeltreiben vor, für das § 6 Nr. 5 StGB gilt (→ Rn. 1722; bei Annahme von Tateinheit → Rn. 1475). Im Übrigen sind für das Erschleichen von Verschreibungen die allgemeinen international-strafrechtlichen Regeln maßgeblich. Wegen der Einzelheiten kann auf → Rn. 99–106 verwiesen werden

1721 **G. Subjektiver Tatbestand.** Die Strafbarkeit setzt Vorsatz (→ Vor § 29 Rn. 389–425) voraus. Dabei genügt hinsichtlich der Unrichtigkeit oder Unvollständigkeit der Angaben bedingter Vorsatz (→ Vor § 29 Rn. 415–420; *Patzak* in Körner/Patzak/Volkmer § 29 Teil Teil 19 Rn. 10). Direkter Vorsatz ist jedoch erforderlich, soweit der Täter mit Hilfe der Angaben eine Verschreibung erlangen will (*Patzak* in Körner/Patzak/Volkmer § 29 Teil 19 Rn. 10). Fahrlässige Begehung ist nicht strafbar (Absatz 4).

1722 **H. Konkurrenzen.** Zu den Konkurrenzen → Vor § 29 Rn. 551–587, 671–724. Sollen die erschlichenen Betäubungsmittel von vornherein zu einem gewinnbringenden Umsatz verwendet werden, so geht die Rezepterschleichung als unselbständiger Teilakt im Handeltreiben auf (*Patzak* in Körner/Patzak/Volkmer § 29 Teil 19 Rn. 13).

1723 Nützt der Täter die erschlichene Verschreibung zum Erwerb von Betäubungsmitteln, so liegt in aller Regel auch ein **unerlaubter Erwerb** vor (→ Rn. 1216). Etwas anderes gilt, wenn die Verschreibung trotz der falschen oder unvollständigen Angaben des Täters ärztlich indiziert war (§ 13 Abs. 1 S. 1, Abs. 2, § 4 Abs. 1 Nr. 3). Das Erschleichen der Verschreibung kann deswegen weder eine bloße Vorbereitung zum unerlaubten Erwerb (aA *Kotz/Oğlakcıoğlu* in MüKoStGB Rn. 1409; *Joachimski/Haumer* BtMG Rn. 204; *Malek* BtMStrafR Kap. 2 Rn. 344) sein, noch kann es als bloßes Gefährdungsdelikt im Erwerb aufgehen oder Subsidiarität vorliegen (aA *Winkler* in Hügel/Junge/Lander/Winkler Rn. 18.5). Im Hinblick auf den eigenständigen Unrechtsgehalt gegenüber dem Erwerb kommt Tateinheit rechtlich zwar in Betracht (*Franke/Wienroeder* Rn. 170), ist aber in der Praxis meist nicht gegeben, weil die Ausführungshandlungen nicht zusammentreffen. Es liegt daher in aller Regel Tatmehrheit vor (*Patzak* in Körner/Patzak/Volkmer § 29 Teil 19 Rn. 13).

1724 Haben die **falschen Angaben** des Täters **Erfolg** und stellt der Arzt irrtumsbedingt ein Kassenrezept aus, so hat der Täter bereits damit einen vollendeten Betrug zu Lasten der gesetzlichen Krankenversicherung begangen (OLG Stuttgart MedR 2013, 536 mAnm *Corsten/Raddatz*). Dieser steht mit dem Erschleichen des Rezepts in Tateinheit (*Joachimski/Haumer* BtMG Rn. 204; *Franke/Wienroeder* Rn. 189). Mit Taten, die im Anschluss an das Erschleichen, den Erwerb (und Konsum) begangen werden, besteht Tatmehrheit.

1725 **I. Strafzumessung.** Der Vorgang der Strafzumessung richtet sich nach denselben Regeln, die auch für das Anbauen gelten. Zu den Grundsätzen daher → Rn. 125. Ein Absehen von der Bestrafung (Absatz 5) ist allerdings nicht zulässig.

1726 **I. Strafrahmenwahl.** Auf → Rn. 126 wird zunächst verwiesen. Ein besonders schwerer Fall führt zu einer Mindeststrafe von einem Jahr Freiheitsstrafe (§ 29 Abs. 3 S. 2); dazu → Rn. 1981–1996. Regelbeispiele (§ 29 Abs. 3 S. 2) sind nicht vorgesehen.

1727 **II. Strafzumessung im engeren Sinne.** Auf → Rn. 127 wird verwiesen.

Kap. 10. Verschaffen/Gewähren einer Gelegenheit, Verleiten § 29 BtMG

III. Weitere Entscheidungen. Auf → Rn. 128 wird verwiesen. Zur Entziehung der Fahrerlaubnis → Rn. 1409. 1728

Kapitel 10. Verschaffen, Gewähren oder öffentliches oder eigennütziges Mitteilen einer Gelegenheit zum unbefugten Erwerb oder zur unbefugten Abgabe; Verleiten zum unbefugten Verbrauch (Absatz 1 Satz 1 Nr. 10)

A. Inhalt. Die Vorschrift enthält vier Tatalternativen, von denen drei wiederum 1729 in zwei Varianten (unbefugter Erwerb, unbefugte Abgabe) unterfallen:
- **Verschaffen** einer Gelegenheit zum unbefugten Erwerb oder zur unbefugten Abgabe von Betäubungsmitteln (→ Rn. 1741–1761, 1792–1820),
- **Gewähren** einer Gelegenheit zum unbefugten Erwerb oder zur unbefugten Abgabe von Betäubungsmitteln (→ Rn. 1762–1769, 1792–1820),
- öffentliches oder eigennütziges **Mitteilen** einer Gelegenheit zum unbefugten Erwerb oder zur unbefugten Abgabe von Betäubungsmitteln (→ Rn. 1770–1784, 1792–1820), und
- **Verleiten** zum unbefugten Verbrauch von Betäubungsmitteln (→ Rn. 1770–1784, 1792–1820).

In der Sache umfassen die ersten drei Alternativen **Teilnahmehandlungen,** 1730 die zu eigenen Tatbeständen umgestaltet wurden (*Stegherr* NStZ 1995, 322 (323)). Auch die vierte Alternative ist ihrem Wesen nach ein Fall der Teilnahme; sie bezieht sich jedoch auf eine (Haupt-)Tat, die nicht strafbar ist.

Bis zum 1.4.2000 war in den ersten drei Alternativen auch die Gelegenheit zum 1731 **unbefugten Verbrauch** enthalten. Diese Variante wurde durch das 3. BtMG-ÄndG in die neue Nr. 11 übertragen, wobei als zusätzliches Merkmal aufgenommen wurde, dass keine Erlaubnis nach § 10a vorliegt (→ Rn. 1737). Damit sollen die in einigen deutschen Städten bestehenden **Drogenkonsumräume** legalisiert werden.

B. Völkerrechtliche Grundlage. Nach den internationalen Suchtstoffüber- 1732 einkommen sind die Vertragsstaaten verpflichtet, auch die (vorsätzliche) Teilnahme als Straftaten zu umschreiben (Art. 36 Abs. 2a Ziffer ii ÜK 1961, Art. 22 Abs. 2a Ziffer ii ÜK 1971, Art. 3 Abs. 1c Ziffer iv ÜK 1988. Die letztgenannte Vorschrift fordert zudem, dass auch die „Erleichterung" unter Strafe gestellt wird.

Soweit § 29 Abs. 1 S. 1 Nr. 10 auch die **Verleitung** zum unbefugten Verbrauch 1733 von Betäubungsmitteln unter Strafe stellt, ergibt sich die völkerrechtliche Verpflichtung zu einer solchen Regelung aus Art. 3 Abs. 1c Ziffer iii ÜK 1988.

C. Entstehung, Zweck. Die Vorschrift geht auf § 11 Abs. 1 Nr. 8 BtMG 1972 1734 zurück. Nach der Gesetzesbegründung (BT-Drs. VI/1877, 9) lag ihr die Erwägung zugrunde, dass derjenige, der Mitteilungen über Möglichkeiten des illegalen Betäubungsmittelverkehrs macht oder eine Gelegenheit zum illegalen Rauschgifthandel verschafft oder gewährt, die gleiche Strafe verdient wie der Händler. In der letzten Alternative sollte die Vorschrift Gastwirte, Halter von Imbissstuben, Trinkhallen uä treffen, die ihre Betriebe zu einträglichen Umschlagplätzen für Rauschgift machen.

Im BtMG 1982 trat § 29 Abs. 1 Nr. 10 an die Stelle des § 11 Abs. 1 Nr. 8 BtMG 1735 1972, wobei die Alternative des Verleitens zum unbefugten Verbrauch angefügt und die Beschreibung der Gelegenheit zum Genuss dieser kürzeren Formulierung angepasst wurde. Eine inhaltliche Änderung wurde nicht vorgenommen (*Kreuzer* NStZ 1987, 268; aA *Hoffmann-Riem* NStZ 1998, 7 (9), der einen Irrtum des Gesetzgebers annimmt; dagegen *Bölter* NStZ 1998, 224 (225)).

Durch das im Rahmen des Gesetzespakets zur Bekämpfung der Organisierten 1736 Kriminalität (→ § 31a Rn. 1) verabschiedete G vom 9.9.1992 (BGBl. I S. 1593)

wurde mittels einer Einfügung eines Satzes 2 in § 29 Abs. 1 bestimmt, dass die Abgabe von sterilen Einmalspritzen kein Verschaffen von Gelegenheit zum Verbrauch im Sinne von § 29 Abs. 1 Nr. 10 darstellt. In der Beschlussempfehlung des federführenden Gesundheitsausschusses des Deutschen Bundestages (BT-Drs. 12/2737) wurde dabei auf „Fixerstuben" und „Druckräume" hingewiesen, deren Offenhalten weiterhin strafbar sei. Ausdrückliche Vorschläge, „Gesundheitsräume" zuzulassen (BT-Prot. 12/95, 7835), fanden keine Mehrheit (BT-Prot. 12/95, 7840, 7842).

1737 Durch das 3. BtMG-ÄndG wurde das Verschaffen oder Gewähren einer Gelegenheit zum unbefugten Verbrauch aus der Nr. 10 herausgenommen und mit Rücksicht auf die Zulassung von **Drogenkonsumräumen** in einer geänderten Fassung in die Nr. 11 übertragen (→ Rn. 1731). Nach dieser Änderung befasst sich die Vorschrift nur noch mit der Gelegenheit zum unbefugten Erwerb und zur unbefugten Abgabe von Betäubungsmitteln sowie mit dem Verleiten zum unbefugten Verbrauch.

1738 **D. Bedeutung.** Nach der Zahl der Verurteilungen war die praktische Bedeutung der Vorschrift auch in ihrer Fassung vor dem 3. BtMG-ÄndG gering (*Körner*, 5. Aufl. 2001, Rn. 1364). Gleichwohl war sie sehr umstritten. Ihr großes Gewicht ergab sich aus ihrer Stellung an einem Scheidepunkt der Drogenpolitik. An diesem steht nunmehr die neue Nr. 11 (dazu → Rn. 1825). Zur Kritik von Patzak (*Patzak* in Körner/Patzak/Volkmer Teil 20 Rn. 8) s. → § 10a Rn. 4.

1739 **E. Tathandlung** ist der in → Rn. 1729 beschriebene Umgang mit Betäubungsmitteln (→ Rn. 1740), wobei vier Begehungsweisen zu trennen sind (→ Rn. 1741–1761 (Verschaffen einer Gelegenheit), → Rn. 1762–1769 (Gewähren einer Gelegenheit), → Rn. 1770–1785 (öffentliches oder eigennütziges Mitteilen einer Gelegenheit), → Rn. 1786–1791 (Verleitung zum unbefugten Verbrauch)):

1740 **I. Betäubungsmittel** sind die in den Anlagen I bis III zum BtMG aufgeführten Stoffe und Zubereitungen. Zu den Einzelheiten → Rn. 3–12.

1741 **II. Verschaffen einer Gelegenheit.** Nach der ersten Alternative der Nr. 10 handelt tatbestandsmäßig, wer in anderen eine Gelegenheit zum unbefugten Erwerb oder zur unbefugten Abgabe von Betäubungsmitteln verschafft.

1742 **1. Gelegenheit.** Unter einer Gelegenheit ist der günstige Umstand für die Ausführung von etwas Geplantem zu verstehen. In den Fällen der Nr. 10 bedeutet dies die konkrete Möglichkeit, Betäubungsmittel unbefugt zu erwerben oder abzugeben (BayObLG NStZ-RR 2003, 310; *Kotz/Oğlakcıoğlu* in MüKoStGB Rn. 1432; *Joachimski/Haumer* BtMG Rn. 206). Ob ein solcher Umstand vorliegt, richtet sich nach den Gegebenheiten des Einzelfalls. Er kann auch in der Anwesenheit anderer Drogenabhängiger bestehen (aA *Zopfs/Sobota* StV 2014, 639); eine andere Frage ist, ob eine solche Gelegenheit verschafft oder gewährt wird.

1743 **a) Neuheit.** Der Begriff der Gelegenheit setzt **nicht** voraus, dass dem Nutzer eine neue Möglichkeit eröffnet wurde, die er vorher nicht hatte; insbesondere muss ihm nicht eine Drogenquelle eröffnet werden, die ihm vorher nicht zur Verfügung stand (*Joachimski/Haumer* BtMG Rn. 207; *Winkler* StV 1995, 216 (217); *Stegherr* NStZ 1995, 322 (323); aA *Körner* StV 1994, 683 (684); 1995, 218 (219); *Körner* ZRP 1995, 453 (456)). Dabei kann es auch keinen Unterschied machen, ob der Konsument die Gelegenheit bereits wahrgenommen hatte.

1744 **Eine solche Einschränkung** konnte bereits früher weder aus dem Wortlaut der Vorschrift noch aus ihrem Sinn oder ihrer Entstehungsgeschichte (→ Rn. 1734– 1735) hergeleitet werden (dazu → 1. Auflage § 29 Rn. 820–822, 837). Wenn in der Rechtsprechung (BGH NStZ 1982, 335; BayObLGSt 1982, 100 (→ Rn. 1756)) von einer Bezugsquelle die Rede war, befasste sich dies nicht mit dem Merkmal der

Gelegenheit, sondern ausschließlich mit der Abgrenzung der Mitteilung von der Verschaffung.

Nunmehr wird die Frage durch die Einführung der neuen Nr. 11 in Verbindung mit § 10a abschließend geklärt. Auf der einen Seite wird **der Begriff der Gelegenheit** sowohl in der Legaldefinition des Drogenkonsumraums (§ 10a Abs. 1 S. 1) als auch in den Strafvorschriften (§ 29 Abs. 1 S. 1 Nr. 10 und 11) **gleichermaßen verwendet.** Auf der anderen Seite dürfen Drogenkonsumräume gerade keine neuen Bezugsquellen für den Nutzer schaffen (§ 10a Abs. 2 S. 2 Nr. 5, 6). Die Eröffnung einer solchen Quelle kann daher auch nicht zum Inhalt der Gelegenheit gehören. 1745

b) Omnimodo facturus. An dem Verschaffen einer Gelegenheit fehlt es auch **nicht,** wenn ihr Nutzer zur unbefugten Abgabe oder zum unbefugten Erwerb der Betäubungsmittel **ohnehin entschlossen** ist (*Winkler* StV 1995, 216 (217); *Stegherr* NStZ 1995, 322 (323); *Bölter* NStZ 1998, 224 (226)) für den unbefugten Verbrauch; dagegen *Hoffmann-Riem* NStZ 1998, 7 (11)). Auch mit der Verbesserung der Umstände für diese Handlungen werden Bedingungen geschaffen, durch die sie erleichtert werden. 1746

Abgesehen davon, dass der Gedanke des **omnimodo facturus** für die Beihilfe ohnehin nicht in Betracht kommt (→ Vor § 29 Rn. 307; *Winkler* StV 1995, 216 (217); *Bölter* NStZ 1998, 224 (226)), wird nunmehr auch diese Frage durch die Einführung der neuen Nr. 11 in Verbindung mit § 10a abschließend geklärt. Das Merkmal der Gelegenheit kann in den in einer Wechselbeziehung stehenden Vorschriften des § 10a Abs. 1 S. 1 und des § 29 Abs. 1 S. 1 Nr. 10, 11 keinen verschiedenen Inhalt haben (→ Rn. 1745). Ein Drogenkonsumraum soll aber gerade von Personen aufgesucht werden, die zum Konsum bereits fest entschlossen sind. Das Nichtvorhandensein eines solchen Entschlusses kann daher nicht zum Begriff der Gelegenheit gehören. 1747

c) Substanzanalyse, drug-checking. Das Merkmal der Gelegenheit ist danach auch dann erfüllt, wenn Betäubungsmittel nach einem Test zum Erwerb oder zur Abgabe zurückgegeben werden. Auch dann kommt es nicht darauf an, ob der Nutzer der dadurch geschaffenen Gelegenheit (→ Rn. 1750) eine bislang nicht vorhandene oder zusätzliche Möglichkeit erlangt. Ebensowenig ist entscheidend, ob er zum Erwerb oder zur Abgabe bereits fest entschlossen war. Zur Substanzanalyse auch → Rn. 1750 sowie → § 4 Rn. 42–60, in Drogenkonsumräumen → § 10a Rn. 123–125. 1748

2. Verschaffen. In der ersten Alternative (→ Rn. 1729) muss die Gelegenheit **verschafft** werden. Unter Verschaffen ist in den Fällen der Nr. 10 das Schaffen günstiger äußerer Bedingungen zu verstehen, durch die der unbefugte Erwerb oder die unbefugte Abgabe von Betäubungsmitteln wesentlich erleichtert werden (*Patzak* in Körner/Patzak/Volkmer Teil 20 Rn. 13; *Franke/Wienroeder* Rn. 193). Dabei muss eine Tätigkeit entfaltet werden, die über die bloße Mitteilung einer Gelegenheit hinausgeht (BGH NStZ 1982, 335; BayObLG StV 1984, 119). Zur Abgrenzung von der Gewährung → Rn. 1762. 1749

Notwendig ist eine wie auch immer geartete **Bemühung** des Täters um die **Herbeiführung** der Gelegenheit. Das Beseitigen von Hindernissen (BGHSt 9, 71 = NJW 1956, 879; BGH NJW 1959, 1284) oder Hemmungen (*Patzak* in Körner/Patzak/Volkmer Teil 20 Rn. 13) reicht aus. Das Merkmal ist daher auch dann erfüllt, wenn Betäubungsmittel nach einem Test auf die Inhaltsstoffe **(Substanzanalyse; drug-checking)** zum Erwerb oder zur Abgabe (zum Konsum s. § 29 Abs. 1 S. 1 Nr. 11) zurückgegeben werden (→ Rn. 1748). Eine solche Substanzanalyse ist auch im Rahmen des Betriebs eines **Drogenkonsumraums** (§ 10a Abs. 4) oder einer Apotheke (→ § 4 Rn. 47) nicht erlaubt. 1750

BtMG § 29   Sechster Abschnitt. Straftaten und Ordnungswidrigkeiten

1751   a) **Enge Verbindung zu der geförderten Handlung.** Im Interesse der gebotenen Eingrenzung des weiten Tatbestandes ist weiter erforderlich, dass eine **enge Verbindung der Tat** zu der geförderten Handlung besteht (BayObLGSt 1991, 85 = NStZ 1991, 496), wobei diese dadurch geschaffen werden kann, dass die Tat dem Erwerb oder der Abgabe entweder **unmittelbar** förderlich ist oder dass es sich bei ihr um eine **typische** Förderungshandlung handelt (BayObLGSt 1991, 85 (s. o.); BayObLG NStZ-RR 2003, 310).

1752   **Beide Merkmale sind erfüllt,** wenn **Räumlichkeiten** zum ungestörten Erwerb oder zur ungestörten Abgabe von Betäubungsmitteln zur Verfügung gestellt werden (BayObLGSt 1991, 85 (→ Rn. 1751); BayObLG NStZ-RR 2003, 310; OLG München NStZ 2006, 579). Auch in einem Drogenkonsumraum sind solche Handlungen nicht zulässig, da solche Räume ausschließlich dem Konsum mitgeführter Betäubungsmittel dienen dürfen (→ § 10a Rn. 29).

1753   **Keine unmittelbare** oder **typische** Förderungshandlung liegt vor, wenn ein Häftling einem Mitgefangenen eine Paketmarke übergibt, um sich Betäubungsmittel zusenden zu lassen (BayObLGSt 1991, 85 (→ Rn. 1751)). Dasselbe gilt bei **Alltagsgeschäften** wie dem Verkauf von Folien, Waagen oder anderen Gegenständen, es sei denn, dass ein unmittelbarer Bezug zum bevorstehenden Erwerb oder zur bevorstehenden Abgabe von Betäubungsmitteln besteht (zur **erlaubten Mitwirkung** → Vor § 29 Rn. 317–321). Dies kommt auch für das Betreiben von Head-shops in Betracht.

1754   Der Tatbestand ist dagegen **erfüllt,** wenn ein **Busunternehmer** Reisende in die Niederlande transportiert, damit sie dort Betäubungsmittel erwerben oder abgeben können (*Patzak* in Körner/Patzak/Volkmer Teil 20 Rn. 39), wenn ein **Taxifahrer** Personen, die Betäubungsmittel erwerben oder abgeben wollen, zu einem Drogenumschlagsplatz bringt (s. BayObLGSt 1991, 85 (→ Rn. 1751)), wenn der Täter einem Jugendlichen, den er bei sich aufgenommen hat, **die Möglichkeit eröffnet,** ungestört Betäubungsmittel rauchen zu können (BGHR BtMG § 29 Abs. 1 Nr. 10 Gelegenheit 1 (1 StR 482/98)) oder wenn **ein Vermieter** weiß und billigt, dass Jugendliche in der von ihm überlassenen Wohnung Betäubungsmittel konsumieren (OLG Köln MDR 1974, 251; *Joachimski/Haumer* BtMG Rn. 211).

1755   b) **Verschaffen durch Unterlassen.** Die Tat kann auch durch Unterlassen begangen werden, sofern die Voraussetzungen des § 13 StGB gegeben sind. Danach macht sich **ein Gastwirt** strafbar, wenn er in seinem Lokal Erwerb oder Abgabe von Betäubungsmitteln duldet und Gegenmaßnahmen unterlässt (zu den einzelnen Fallgestaltungen s. *Patzak* in Körner/Patzak/Volkmer § 29 Teil 20 Rn. 44–49 und zu den zu treffenden Maßnahmen Rn. 50–55). Meist werden hier auch die Merkmale des Gewährens einer Gelegenheit vorliegen, so dass die Frage einer Garantenstellung offen bleiben kann (BGHR BtMG § 29 Abs. 1 Nr. 10 Gelegenheit 2 (→ Rn. 862); aber auch → Rn. 1814).

1756   **Etwas anderes** gilt für den **Wohnungsinhaber.** Dieser hat nicht ohne weiteres rechtlich dafür einzustehen (§ 13 StGB), dass in seinen Räumen durch Dritte keine Straftaten begangen werden (→ Rn. 78–98; 563. Stellt er fest, dass einige seiner Partygäste Betäubungsmittel erwerben oder abgeben, und unterlässt er Gegenmaßnahmen, so ist er deswegen noch nicht strafbar (nur im Ergebnis ebenso BayObLGSt 1982, 100 = MDR 1983, 75). Nicht anders als beim Gastwirt ist sein Unterlassen zwar dem Erwerb und der Abgabe unmittelbar förderlich (aA BayObLGSt 1982, 100 = MDR 1983, 75), es fehlt jedoch an der **Garantenpflicht.** Etwas anderes gilt, wenn er einen besonderen Raum zur Verfügung stellt (auch → Rn. 84, 560, 1752), wenn er die Gäste dazu besonders aussucht (BayObLGSt 1982, 100 = MDR 1983, 75) oder wenn er einem Jugendlichen, den er aufgenommen hat, überhaupt erst die Möglichkeit eröffnet, ungestört Betäubungsmittel rauchen zu können (BGHR BtMG § 29 Abs. 1 Nr. 10 Gelegenheit 1 (→ Rn. 1754)). Vielfach werden aber die Merkmale des Gewährens einer Gelegenheit erfüllt sein (→ Rn. 1764).

Entsprechendes gilt für den **Vermieter,** der die Wohnung an eine Wohngemeinschaft für drogengefährdete Jugendliche vermietet hat, die dort mit Billigung des Überlassenden Erwerbs- oder Absatzgeschäften nachgehen (OLG Köln MDR 1974, 251). 1757

3. Einem anderen. Die Gelegenheit muss einem anderen **verschafft** werden. Noch nicht ausreichend ist das bloße Bereitstellen. Erst wenn die günstigen Bedingungen für den Erwerb oder die Abgabe von Betäubungsmitteln gegenüber einer konkreten anderen Person hergestellt sind, ist der Tatbestand erfüllt. 1758

4. Unbefugter Erwerb, unbefugte Abgabe. Die Gelegenheit muss zum unbefugten Erwerb oder zur unbefugten Abgabe verschafft werden. Ein solcher Erwerb oder eine solche Abgabe sind unbefugt, wenn weder eine Erlaubnis nach § 3 noch eine Ausnahme von der Erlaubnispflicht nach § 4 vorliegen. Auch eine Erlaubnis nach § 10a berechtigt nicht zum Erwerb oder zur Abgabe von Betäubungsmitteln. 1759

Zum Begriff des Erwerbs → Rn. 1197–1214 und der Abgabe → Rn. 1117–1123. Die Abgabe umfasst hier auch die Veräußerung oder das Handeltreiben (*Oğlakcıoğlu* in MüKoStGB Rn. 1449), nicht aber das Inverkehrbringen (*Joachimski/Haumer* BtMG Rn. 208). 1760

5. Zur Frage der Eigennützigkeit. Während die Mitteilung einer Gelegenheit nur dann nach § 29 Abs. 1 S. 1 Nr. 10 strafbar ist, wenn sie öffentlich oder eigennützig erfolgt, setzt die Verschaffung einer Gelegenheit dies nicht voraus. Andere Interpretationsversuche (*Hoffmann-Riem* NStZ 1998, 7 (10)) setzen sich über den klaren Wortlaut des Gesetzes hinweg (*Bölter* NStZ 1998, 224 (226, 227)). Dass das Verschaffen der Gelegenheit zum Erwerb oder zur Abgabe uneigennützig erfolgt, schließt die Tatbestandsmäßigkeit daher nicht aus. 1761

III. Gewähren einer Gelegenheit. Nach der zweiten Alternative der Nr. 10 handelt tatbestandsmäßig, wer einem anderen eine Gelegenheit zum unerlaubten Erwerb oder zur unerlaubten Abgabe von Betäubungsmitteln **gewährt**. 1762

1. Gelegenheit. Auf → Rn. 1742–1748 wird Bezug genommen. 1763

2. Gewähren. Von dem Verschaffen unterscheidet sich das Gewähren dadurch, dass die Gelegenheit bereits vorhanden ist und zur Verfügung des Täters steht (*Patzak* in Körner/Patzak/Volkmer Teil 20 Rn. 14; *Joachimski/Haumer* BtMG Rn. 206), so dass Bemühungen zu ihrer Herbeiführung entbehrlich sind. Anders als beim Verschaffen sind daher keine Aktivitäten erforderlich, allerdings genügt auch keine bloße Untätigkeit; notwendig ist ein Handeln in dem Umfang, der zur Bereitstellung günstiger Umstände erforderlich ist. Eine klare Abgrenzung zum Verschaffen ist gleichwohl kaum möglich (→ Rn. 1749, 1750). 1764

Auch das Gewähren muss den Erfolg **in typischer Weise** (BGH NJW 1959, 1284) oder **unmittelbar** (BayObLGSt 1982, 100) fördern. Daran fehlt es, wenn ein Gastgeber, der festgestellt hatte, dass manche seiner Gäste Haschisch konsumierten, diese nicht von künftigen Besuchen ausschließt (BayObLGSt 1982, 100), oder wenn es in einer Drogenhilfeeinrichtung, die nach ihrer Hausordnung und **nach dem tatsächlichen Handeln ihrer Mitarbeiter,** Drogenhandel nicht zulässt, heimlich zu Drogengeschäften kommt (*Zopfs/Sobota* StV 2014, 639). 1765

Der Tatbestand des **Gewährens** ist jedenfalls dann erfüllt, wenn ein **Gastwirt** dem Dealer und seinen Abnehmern ermöglicht, über den Telefonanschluss der Gaststätte Kontakt aufzunehmen (BGHR BtMG § 29 Abs. 1 Nr. 10 Gelegenheit 2 (→ Rn. 862)). Dasselbe gilt, wenn der Wohnungsinhaber seine Wohnung Dritten 1766 zu **Erwerb/Abgabe** (BayObLG NStZ-RR 2003, 310) oder zu **Konsumrunden** (OLG München NStZ 2006, 579) zur Verfügung stellt.

1767   **3. Einem anderen.** Auf → Rn. 1758 wird verwiesen.

1768   **4. Unbefugter Erwerb, unbefugte Abgabe.** Auf → Rn. 1759, 1760 wird verwiesen.

1769   **5. Zur Frage der Eigennützigkeit.** Auf → Rn. 1761 wird Bezug genommen.

1770   **IV. Öffentliches oder eigennütziges Mitteilen einer Gelegenheit.** Nach der dritten Alternative der Nr. 10 handelt tatbestandsmäßig, wer eine Gelegenheit zum unbefugten Erwerb oder zur unbefugten Abgabe von Betäubungsmitteln öffentlich oder eigennützig mitteilt.

1771   **1. Gelegenheit.** Auf → Rn. 1742–1748 wird Bezug genommen.

1772   **2. Mitteilen** ist das Weitergeben von Informationen, die es dem Mitteilungsempfänger ermöglichen, die mitgeteilte Gelegenheit ohne zusätzliche Information wahrzunehmen (*Kotz/Oğlakcıoğlu* in MüKoStGB Rn. 1449). Dazu genügt ist jede Form der Bekanntgabe, die geeignet ist, einen anderen zu erreichen; die Mitteilung kann mündlich, schriftlich, telefonisch, durch Fax oder E-Mail oder sonst über das **Internet** erfolgen (*Patzak* in Körner/Patzak/Volkmer Teil 20 Rn. 22; *N. Nestler* FG Paulus, 2009, 133 (138)).

1773   **Das Mitteilen** ist kein Unterfall des Verschaffens, sondern das Verschaffen geht darüber hinaus (BGH NStZ 1982, 335). Die Mitteilung muss so **konkret** sein, dass sie einen Unkundigen in die Lage versetzt, die Gelegenheit wahrzunehmen (*Joachimski/Haumer* BtMG Rn. 213).

1774   **2. Öffentlich oder eigennützig.** Anders als das Verschaffen oder Gewähren muss das Mitteilen einer Gelegenheit **öffentlich** oder **eigennützig** erfolgen. **Andernfalls** ist die Tat nur unter dem Gesichtspunkt der Teilnahme strafbar, setzt also eine begangene oder jedenfalls versuchte Haupttat voraus (BayObLG StV 1984, 119).

1775   **Auf der anderen Seite** ist es **nicht** notwendig, dass die Mitteilung gegenüber **einem anderen** gemacht wird (*Katholnigg* NJW 2000, 1217 (1222)). Anders als beim Verschaffen oder Gewähren (→ Rn. 1758, 1767) setzt das öffentliche oder eigennützige Mitteilen daher keine konkrete Person voraus, der gegenüber die Mitteilung erfolgt.

1776   **a) Öffentlich** ist die Mitteilung, wenn sie entweder für einen nach Zahl und Individualität unbestimmten Kreis oder für einen nicht durch persönliche Beziehungen innerlich verbundenen größeren bestimmten Kreis von Personen unmittelbar wahrnehmbar ist (KG JR 1984, 249; OLG Celle NStZ 1994, 440; *Patzak* in Körner/Patzak/Volkmer Teil 20 Rn. 23). Dass die Mitteilung an einem allgemein zugänglichen Ort erfolgt, ist weder notwendig noch ausreichend (OLG Celle NStZ 1994, 440).

1777   **aa) Bei mündlichen** Äußerungen müssen unbeteiligte Dritte, die sie hätten hören können, tatsächlich anwesend sein; dass sie hätten anwesend sein können, genügt nicht. Dasselbe gilt von der Anwesenheit von nur einer oder wenigen unbeteiligten Personen; allerdings sollen bereits drei Unbeteiligte ausreichen (OLG Celle NStZ 1994, 440).

1778   **bb) Eine schriftliche Mitteilung** ist dann öffentlich ergangen, wenn die Möglichkeit der Kenntnis durch beliebige Dritte besteht, zB bei einem Plakat, einer Zeitungsanzeige oder einer offenen Postkarte. Nicht ausreichend ist der Auslage einer die Mitteilung enthaltenden zugeschlagenen Broschüre, weil die Mitteilung hier nicht unmittelbar wahrnehmbar ist (KG JR 1984, 249).

cc) **Elektronisches Netz.** Öffentlich sind auch Mitteilungen, die in einem 1779
elektronischen Netz, namentlich dem **Internet** (BGHSt 46, 212 = NJW 2001,
624 = NStZ 2001, 305 mAnm *Hörnle* = StV 2001, 395 mAnm *Kudlich* = JZ 2001,
1194 mkritAnm *Lagodny* = JR 2001, 429 mkritAnm *Jeßberger;* OLG Nürnberg CR
1998, 686; *Malek* BtMStrafR Kap. 2 Rn. 350) oder einem nicht speziell gesicherten
Mailbox-Bereich (OLG Frankfurt a. M. wistra 1999, 30 mAnm *Rückert*) zur unmittelbaren Wahrnehmung angeboten werden, und zwar auch dann, wenn dies auf
Abruf erfolgt. Ausreichend ist die bloße Zugriffsmöglichkeit.

Die Verantwortlichkeit für strafbare Inhalte in Datennetzen ist nunmehr im 1780
Telemediengesetz (TMG), geregelt. Das TMG hat die Vorschriften des ehemaligen Teledienstegesetzes und Mediendienste-Staatsvertrags unverändert übernommen (BT-Drs. 16/3078, 15).

Die Verantwortlichkeit und damit auch die Haftung für strafbare Inhalte in 1781
Datennetzen richtet sich nach §§ 7–10 TMG. Die Vorschriften sollen als Filter vor
den einzelnen Rechtsgebieten wirken (BGH NJW 2003, 3764 für das Zivilrecht),
so dass jeder Fall diesen Filter passieren muss, bevor die straf-, zivil- oder öffentlich-rechtliche Haftungsebene erreicht wird. Strafrechtlich werden sie dabei auf der
Ebene des Tatbestandes wirksam und konkretisieren die dort aufgestellten Verhaltensnormen (*Fischer* StGB § 184 Rn. 27).

Für die Frage der **Verantwortlichkeit** ist die **Unterscheidung** zwischen 1782
Diensteanbietern (§ 2 Nr. 1 TMG) und **Nutzern** (§ 2 Nr. 3 TMG) wesentlich.
Während für Diensteanbieter ein abgestuftes System der Verantwortlichkeit gilt,
gelten diese Einschränkungen für die Nutzer nicht (*Fischer* StGB § 184 Rn. 28a).
Für sie gelten die allgemeinen Regeln. Für die Verantwortlichkeit im Einzelnen
kann auf die ausführlichen Darstellungen im allgemeinen Strafrecht (*Fischer* StGB
§ 184 Rn. 26–32; *Eisele* in Schönke/Schröder StGB § 184 Rn. 70–90) verwiesen
werden. Betäubungsmittelrechtliche Besonderheiten bestehen hier nicht.

dd) **Auslandsberührung.** Das öffentliche Mitteilen einer Gelegenheit ist ein 1783
abstraktes Gefährdungsdelikt. Wird die Mitteilung auf einem **ausländischen Server** in das Internet eingestellt, so dass sie Nutzern im Inland zugänglich ist, so ist ein
deutscher **Handlungsort** nicht gegeben (→ Vor § 29 Rn. 107). Auch ein inländischer **Erfolgsort** kommt nicht in Betracht (→ Vor § 29 Rn. 109). Durch das 60. G
zur Änd. des Strafrechts vom 30. 11. 2020 (→ Vor § 29 Rn. 106) hat sich daran nichts
geändert.

b) **Eigennützig** handelt der Täter, dem es auf seinen persönlichen Vorteil an- 1784
kommt (→ Rn. 309–348). Der Vorteil muss nicht in einer vermögenswerten Zuwendung bestehen (*Patzak* in Körner/Patzak/Volkmer § 29 Teil 19 Rn. 24). Mitteilungen aus Gefälligkeit genügen nicht.

4. Unbefugter Erwerb, unbefugte Abgabe. Auf → Rn. 1759, 1760 wird ver- 1785
wiesen.

V. Verleiten zum unbefugten Verbrauch. Nach der vierten Alternative der 1786
Nr. 10 handelt tatbestandsmäßig, wer einen anderen zum unbefugten Verbrauch
von Betäubungsmitteln verleitet.

1. Entwicklung. Nach der Übertragung der anderen Regelungen, die sich auf 1787
einen unbefugten Verbrauch beziehen, in die neue Nr. 11 ist allein das Verleiten zu
einem solchen Verbrauch in Nr. 10 verblieben. Die Vorschrift bezieht ihre Berechtigung daraus, dass die Anstiftung zum Konsum mangels Haupttat straflos ist (*Slotty*
NStZ 1981, 321 (322)).

2. Verleiten. Dies bedeutet jedoch nicht, dass das Verleiten in jeder Hinsicht 1788
mit der Anstiftung gleichzusetzen ist. Verleiten ist die Bestimmung eines anderen.
Das Mittel der Verleitung ist gleichgültig. Dazu genügt auch das Vorzeigen von

Drogen, das Gewähren günstiger Konditionen (BGH NJW 1994, 3020 = NStZ 1994, 496 = StV 1994, 659), das Verherrlichen ihrer Wirkung oder das Verharmlosen der Folgen des Rauschgiftkonsums (BGH BtMG § 29 Abs. 1 Nr. 1 Abgabe 1 (→ Rn. 1069): „stell dich nicht so an; da ist doch nichts dabei"), wohl aber nicht mehr die Anwendung von Zwang (s. BGHSt 41, 242 = NJW 1995, 3065 = NStZ 1996, 130 = StV 1996, 91 zu § 174 Abs. 2 Nr. 2 StGB).

1789 **Anders als die Anstiftung** setzt das Verleiten nicht voraus, dass der Verleitete bewusst mitwirkt (*Franke/Wienroeder* Rn. 198; *Malek* BtMStrafR Kap. 2 Rn. 356; aA *Slotty* NStZ 1981, 321 (324)); es genügt die Verführung willen-oder ahnungsloser Adressaten (*Patzak* in Körner/Patzak/Volkmer Teil 20 Rn. 23). **Faktische Mitwirkung** genügt (*Kotz/Oğlakcıoğlu* in MüKoStGB Rn. 1454). Es kommt auch nicht darauf an, ob der Verleitete das Mittel als Betäubungsmittel erkennt (*Hecker* in Schönke/Schröder StGB § 323b Rn. 11). War der Beeinflusste bereits zum Konsum entschlossen, ist ein Verleiten nicht möglich (*Joachimski/Haumer* BtMG Rn. 214).

1790 **Ein Verleiten** kann gegeben sein, wenn in einer Konsumgemeinschaft ein Gast seine ablehnende Freundin zum Konsum einer Prise Cocain **ermuntert** (→ Rn. 1788). Kein Verleiten liegt darin, dass ein Drogenabhängiger sich von einem Dritten eine Spritze setzen lässt (KG JR 1991, 169).

1791 **3. Unbefugter Verbrauch.** Der unbefugte Verbrauch ist ein zentrales Merkmal der neuen Nr. 11. Seine Erläuterung hat daher dort ihren Platz. Gegenüber dem unbefugten Verbrauch im Sinne der Nr. 10 bestehen keine Besonderheiten, so dass auf → Rn. 1847–1853 Bezug genommen werden kann.

1792 **F. Vollendung, Beendigung.** Der Versuch ist nicht strafbar (Absatz 2). Dies ist insbesondere für die Alternativen des Verschaffens und Gewährens einer Gelegenheit von Bedeutung, die ein Handeln gegenüber einem anderen verlangen (→ Rn. 1758, 1767).

1793 **I. Vollendung** tritt bei dem **Verschaffen** oder **Gewähren** einer Gelegenheit ein, wenn die angebotenen günstigen Bedingungen von einem konkreten Dritten hätten genutzt werden können; nicht notwendig ist, dass er tatsächlich davon Gebrauch macht (*Patzak* in Körner/Patzak/Volkmer § 29 Teil 20 Rn. 63).

1794 **Das öffentliche Mitteilen** ist dann vollendet, wenn die Mitteilung von Dritten wahrgenommen werden kann (*Kotz/Oğlakcıoğlu* in MüKoStGB Rn. 1472; *Winkler* in Hügel/Junge/Lander/Winkler Rn. 19.7). Die **eigennützige Mitteilung** ist dann vollendet, wenn sie den Adressaten tatsächlich erreicht hat (*Kotz/Oğlakcıoğlu* in MüKoStGB Rn. 1472; *Franke/Wienroeder* Rn. 199). Auch bei der Mitteilung ist nicht notwendig, dass der Empfänger von der Gelegenheit Gebrauch macht.

1795 **Die Vollendung** der **Verleitung** zum unbefugten Verbrauch tritt dann ein, wenn der Verleitete mit dem Konsum der Betäubungsmittel beginnt, nicht schon mit der Konsumbereitschaft (*Patzak* in Körner/Patzak/Volkmer Teil 20 Rn. 65; *Joachimski/Haumer* BtMG Rn. 217). Nicht anders als § 160 StGB ist die Tat nicht als Tätigkeits- sondern als Erfolgsdelikt ausgestaltet; die eingetretene Konsumbereitschaft des Dritten reicht daher nicht (aA *Franke/Wienroeder* Rn. 199).

1796 **II. Beendigung.** Die Tat ist beendet, wenn bei dem Verschaffen oder Gewähren einer Gelegenheit von dieser Gebrauch gemacht wurde, der Begünstigte endgültig hiervon Abstand nimmt (*Joachimski/Haumer* Rn. 218) oder die günstigen Bedingungen nicht mehr zur Verfügung stehen (*Patzak* in Körner/Patzak/Volkmer § 29 Teil 19 Rn. 63). Dasselbe gilt bei der eigennützigen Mitteilung (*Joachimski/Haumer* Rn. 218). Bei der öffentlichen Mitteilung liegt Beendigung vor, wenn sie überklebt ist oder sonst ihre Wirkung verloren hat (*Patzak* in Körner/Patzak/Volkmer Teil 20 Rn. 64). Bei der Verleitung zum unbefugten Verbrauch ist die Tat beendet, wenn der Verleitete mit dem Konsum zu Ende ist (*Patzak* in Körner/Patzak/Volkmer Teil 20 Rn. 65; aA *Franke/Wienroeder* Rn. 199).

Kap. 10. Verschaffen/Gewähren einer Gelegenheit, Verleiten   § 29 BtMG

G. Täterschaft, Teilnahme. Grundsätzlich gelten die allgemeinen Regeln 1797 (→ Vor § 29 Rn. 241–386). Die Person, der die Gelegenheit zum unbefugten Erwerb oder zur unbefugten Abgabe von Betäubungsmitteln verschafft oder gewährt wird, erfüllt noch keinen Tatbestand. Dasselbe gilt für den Empfänger einer Mitteilung dieser Art oder den Konsumenten im Falle der Verleitung zum unbefugten Verbrauch.

Hat der Nutzer der Gelegenheit oder **der Empfänger** der Mitteilung **zuvor** 1798 den Täter zur Verschaffung oder Gewährung der Gelegenheit oder zu der Mitteilung **aufgefordert,** so ist er als **Anstifter** zu § 29 Abs. 1 S. 1 Nr. 10 strafbar (*Joachimski/Haumer* BtMG Rn. 220). Bei der vierten Alternative fehlt es in solchen Fällen bereits an einem Verleiten und damit am Tatbestand der Nr. 10. Kommt es zum Erwerb oder zur Abgabe der Betäubungsmittel, so geht die Anstiftung in der Tat auf (→ Vor § 29 Rn. 243, 304).

H. Handeln im Ausland. Zunächst ist zu klären, ob überhaupt eine Auslandstat 1799 vorliegt. Daran fehlt es, wenn die **Mitteilung** durch Telefon, Brief, Fax, SMS oder E-Mail nach Deutschland gelangt, und zwar auch dann, wenn sich die Gelegenheit selbst im Ausland bietet (*Kotz/Oğlakcıoğlu* in MüKoStGB Rn. 1427). Für Mitteilungen im **Internet** → Rn. 1779, 1783, → Vor § 29 Rn. 109).

Das Verschaffen und **Gewähren** oder öffentliche oder eigennützige **Mitteilen** 1800 einer Gelegenheit zum unbefugten Erwerb oder zur unbefugten Abgabe von Betäubungsmitteln sowie das Verleiten zum unbefugten Verbrauch sind noch **keine Vertriebsvorgänge,** so dass § 6 Nr. 5 StGB nicht anwendbar ist. Sollen sie den illegalen gewinnbringenden Umsatz von Betäubungsmitteln vorbereiten oder fördern, so wird meist Handeltreiben gegeben sein, für das § 6 Nr. 5 StGB gilt (*Kotz/Oğlakcıoğlu* in MüKoStGB Rn. 1428); sofern in einem solchen Fall Tateinheit gegeben ist (→ Rn. 1813), gilt → Rn. 1475 sinngemäß.

Im Übrigen gelten die allgemeinen **international-strafrechtlichen** Regeln. 1801 Wegen der Einzelheiten kann auf → Rn. 99–106 verwiesen werden.

I. Subjektiver Tatbestand. Strafbarkeit nach Absatz 1 Satz 1 Nr. 10 verlangt 1802 Vorsatz (→ Rn. 1803–1806). Kann der Nachweis vorsätzlichen Handelns nicht geführt werden, so hat das Gericht im Rahmen seiner Pflicht zur erschöpfenden Aburteilung (→ Rn. 107) die fahrlässige Begehung (Absatz 4; → Rn. 1808–1811) zu prüfen. Zur Abweichung vom vorgestellten Kausalverlauf → Vor § 29 Rn. 405, 406.

I. Vorsatz. Der Vorsatz (→ Vor § 29 Rn. 389–425) muss sich auf das Verschaf- 1803 fen, Gewähren, eigennützige oder öffentliche Mitteilen einer Gelegenheit zum unbefugten Erwerb oder zur unbefugten Abgabe von Betäubungsmitteln (→ Rn. 4–6; 10) oder auf das Verleiten zum unbefugten Verbrauch beziehen. Bedingter Vorsatz (→ Vor § 29 Rn. 415–420) reicht aus (BayObLG NStZ-RR 2003, 310); eine Ausnahme gilt nur für bestimmte Diensteanbieter beim Vorhalten von Informationen in einem elektronischen Netz (*Fischer* StGB § 184 Rn. 31).

Der Vorsatz muss sich **nicht** – auch nicht in der Form bedingten Vorsatzes – auf 1804 die **Wirkung** der Verschaffung, Gewährung oder Mitteilung der Gelegenheit beziehen (aA *Joachimski/Haumer* BtMG Rn. 219). Es reicht aus, wenn der Täter weiß oder damit rechnet und es billigt, sich jedenfalls damit abfindet oder wenn es ihm gleichgültig ist, dass seine Tätigkeit als ein Verschaffen, Gewähren oder Mitteilen einer Gelegenheit zum unbefugten Erwerb oder zur unbefugten Abgabe von Betäubungsmitteln zu verstehen ist.

Der Erwerb und **die Abgabe** müssen **unbefugt** sein. Auch hier ist das Fehlen 1805 der Erlaubnis ein Tatbestandsmerkmal (→ Rn. 1759). Zur Behandlung der (fehlenden) Erlaubnis im Rahmen des Vorsatzes → Rn. 31, 34, 36–44. Entsprechendes gilt für den unbefugten Verbrauch (→ Rn. 1791, 1853).

Weber

1806 Im **Rahmen der Schuld** (anders bei der Strafzumessung) muss sich der Vorsatz weder auf die **Art** des Betäubungsmittels (→ Rn. 41) noch auf seine **Menge** oder **Wirkstoffmenge** erstrecken. Es genügt wenn der Täter, auch auf Grund einer Parallelwertung in der Laiensphäre, erkennt, **dass** es sich um **Rauschgift handelt** (BGH BeckRS 2016, 21431). Zur Behandlung fehlender oder unklarer Feststellungen und zur etwaigen Auswirkung auf den **Schuldspruch** → Rn. 109.

1807 **II. Irrtumsfälle.** Für die Fälle des Irrtums gibt es im Verhältnis zu den anderen Verkehrsformen keine Unterschiede. Auf die einschlägigen Ausführungen bei der Herstellung kann daher Bezug genommen werden: Tatbestandsirrtum (→ Rn. 148); Verbotsirrtum (→ Rn. 149); Irrtum über Umstände, die nicht zum Tatbestand gehören (→ Rn. 150); umgekehrter Irrtum (untauglicher) Versuch, Wahndelikt (→ Rn. 151). Zu den Irrtümern im Zusammenhang mit der (fehlenden) Erlaubnis → Rn. 35–44.

1808 **III. Fahrlässigkeit (Absatz 4).** Nach Absatz 4 ist auch die fahrlässige Begehung strafbar (s. BayObLG NStZ-RR 2003, 310). Zur Fahrlässigkeit → Rn. 2076–2097.

1809 **Fahrlässigkeit** kommt in Betracht, wenn der Täter damit rechnen musste, dass seine Tätigkeit als eine Verschaffung, Gewährung oder Mitteilung einer Gelegenheit zum unbefugten Erwerb oder zur unbefugten Abgabe von Betäubungsmitteln verstanden wird (BGHR BtMG § 29 Abs. 1 Nr. 10 Gelegenheit 2 (→ Rn. 862)). Ebenso kann sie sich auf die missbräuchliche Verwendung als Betäubungsmittel (→ § 1 Rn. 158–161) oder darauf beziehen, dass ein Missbrauch zu Rauschzwecken vorgesehen ist (→ § 1 Rn. 166, 168–183, 185–190). Zum **Zusammentreffen** von Vorsatz und Fahrlässigkeit bei verschiedenen **Teilmengen** → Rn. 2096.

1810 **Verlässt** der Inhaber auf Verlangen eines anderen seine **Wohnung,** obwohl ihm die Aufforderung verdächtig vorkommt, und ermöglicht er damit ein Rauschgiftgeschäft, so kann er sich der fahrlässigen Gewährung einer Gelegenheit schuldig machen (BGHR BtMG § 29 Abs. 4 Zumutbarkeit 1 = NStZ 1992, 86). War dem Täter von dem Wohnungsinhaber nur Unterkunft gewährt worden, so ist es ihm in aller Regel nicht zuzumuten, gegen dessen Willen in der Wohnung zu verharren (BGH s. o.; → Rn. 2095); im Hinblick auf die schwache Position eines solchen Täters können hier aber auch bereits an der Garantenstellung Zweifel bestehen (BGH s. o.).

1811 Im Unterschied zur Anstiftung (§ 26 StGB) ist nach Absatz 4 auch das **fahrlässige Verleiten** zum unbefugten Verbrauch von Betäubungsmitteln strafbar. Dies kann dann in Betracht kommen, wenn der Täter die Wirkung des Verherrlichens oder Verharmlosens von Drogen auf konkrete Personen nicht bedenkt und so zum Veranlasser des unbefugten Verbrauchs durch diese wird.

1812 **J. Konkurrenzen.** Zu den Konkurrenzen → Vor § 29 Rn. 551–587, 671–724. Die einzelnen Varianten der Nr. 10 können sowohl mit Tatbeständen des Betäubungsmittelrechts wie des allgemeinen Strafrechts zusammentreffen:

1813 **I. Betäubungsmittelstraftaten.** Sollen die Handlungen der Nr. 10 von vornherein einem gewinnbringenden Umsatz dienen, so gehen sie als unselbständige Teilakte im Handeltreiben auf (*Patzak* in Körner/Patzak/Volkmer Teil 20 Rn. 67); dies kommt vor allem bei eigennützigen Mitteilungen in Betracht. Wendet sich die (öffentliche) Mitteilung an einen nicht näher bestimmbaren Personenkreis, so kommt ihr ein eigener Unrechtsgehalt zu, so dass Tateinheit mit Handeltreiben bestehen kann. Ebenso kommt Tateinheit mit Nr. 11 in Betracht (BayObLG NStZ-RR 2003, 310).

1814 Sonst ist die Nr. 10 ein **Auffangtatbestand,** der beim Vorliegen anderer Tatbestände des § 29 Abs. 1 S. 1 zurücktritt (*Patzak* in Körner/Patzak/Volkmer § 29 Teil 19 Rn. 67). Auf der anderen Seite hat das Gericht ihn im Rahmen seiner umfassenden Kognitionspflicht zu prüfen, wenn Mittäterschaft oder Beihilfe zu anderen Verkehrsformen, etwa dem Handeltreiben, **nicht bewiesen werden kann** (BGHR BtMG § 29 Abs. 1 Nr. 10 Gelegenheit 2 (→ Rn. 862)). Innerhalb der Vorschrift ist das Gewähren oder Mitteilen gegenüber dem Verschaffen subsidiär (*Patzak* in Körner/Patzak/Volkmer § 29 Teil 19 Rn. 67).

II. Allgemeine Straftaten. Sofern keine Subsidiarität zu anderen Betäubungsmittelstraftaten vorliegt, ist Tateinheit mit fahrlässiger Körperverletzung oder fahrlässiger Tötung bei allen Alternativen der Nr. 10 nicht ausgeschlossen. Voraussetzung ist, dass der Tatbestand der fahrlässigen Körperverletzung oder Tötung trotz der mit dem Drogenkonsum verbundenen **eigenverantwortlichen Selbstgefährdung** gegeben ist, etwa wegen Fehlens einer autonomen Entscheidung des Konsumenten (→ § 30 Rn. 215–226). 1815

Eine Garantenpflicht kann sich daraus ergeben, dass der **Wohnungsinhaber** seine Wohnung zum Betäubungsmittelkonsum anderen **überlässt** (s. aber BGHSt 30, 391 (→ Rn. 91); im Übrigen → Rn. 1756. Eine Garantenstellung entsteht noch nicht dadurch, dass Betäubungsmittel gemeinsam erworben und verbraucht werden (OLG Stuttgart NJW 1981, 182). Zur Garantenpflicht und eigenverantwortlichen Selbstgefährdung → § 30 Rn. 227–233; dort auch zur unterlassenen Hilfeleistung. Zur **Geldwäsche** s. → Vor § 29 Rn. 717–720. 1816

K. Strafzumessung. Der Vorgang der Strafzumessung richtet sich nach denselben Regeln, die auch für das Handeln gelten. Zu den Grundsätzen daher → Rn. 125. Ein Absehen von der Bestrafung (Absatz 5) ist allerdings nicht zulässig. 1817

I. Strafrahmenwahl. Auf → Rn. 126 wird verwiesen. Ein besonders schwerer Fall führt zu einer Mindeststrafe von einem Jahr Freiheitsstrafe (Absatz 3 Satz 1); dazu → Rn. 1981–1996; ein solcher Fall liegt nach Absatz 3 Satz 2 Nr. 1 in der Regel vor, wenn der Täter gewerbsmäßig handelt (dazu → Rn. 2002–2027, 2039–2075). 1818

II. Strafzumessung im engeren Sinn. Auf → Rn. 127 wird verwiesen 1819

III. Weitere Entscheidungen. Auf → Rn. 128 wird verwiesen. 1820

Kapitel 11. Verschaffen, Gewähren, öffentliches oder eigennütziges Mitteilen einer Gelegenheit zum unbefugten Verbrauch außerhalb einer Erlaubnis nach § 10a (Absatz 1 Satz 1 Nr. 11)

A. Entstehung, Zweck. Die Nr. 11 enthielt ursprünglich die Bewehrung des Verstoßes gegen Rechtsverordnungen und anschließend das Verbot des illegalen Verkehrs mit Grundstoffen. Mit dem Inkrafttreten des Grundstoffüberwachungsgesetzes ist dieses Verbot zunächst in § 29 (jetzt § 19) GÜG aufgegangen. 1821

Die damit frei gewordene Gesetzesstelle wurde durch das 3. BtMG-ÄndG genutzt. Das Gesetz nahm die Regelungen über das Verschaffen, Gewähren oder Mitteilen einer Gelegenheit zum **unbefugten Verbrauch** aus der Nr. 10 heraus und fügte sie mit der Modifikation in Nr. 11 ein, dass zusätzlich ein Handeln ohne Erlaubnis nach § 10a erforderlich ist. Die neue Regelung ist am 1.4.2000 in Kraft getreten. Zur Geschichte des Verbots bis zu diesem Zeitpunkt wird auf die Ausführungen zu Nr. 10 (→ Rn. 1734–1737) Bezug genommen. 1822

Zweck der Neuregelung ist die Legalisierung der **Drogenkonsumräume,** die in einigen deutschen Städten bestehen (→ § 10a Rn. 2). 1823

B. Zur Kritik an der Regelung. Die Kritik, die namentlich von Patzak (*Patzak* in Körner/Patzak/Volkmer Teil 21 Rn. 2) an der Regelung geäußert wird, kann in mehrerer Hinsicht nicht überzeugen. Sie übersieht, dass die Ausstattung der Einrichtung für deren Mitarbeiter strafrechtlich ohne Belang ist. Entscheidend ist, ob sie sich innerhalb der Erlaubnis halten (→ Rn. 1828). Dass der Gesetzgeber für die Erteilung der Erlaubnis bestimmte Standards vorschreibt, lässt sich nur schwer als 1824 kritikwürdig bezeichnen. Immerhin geht es hier um die Befreiung von einer für alle geltenden Strafbarkeit, die nicht nach Gutsherrenart erteilt werden sollte. Die verfassungsrechtlichen Bedenken, weil nicht jedes Land eine entsprechende Rechtsverordnung erlassen wird, gehen daran vorbei, dass Deutschland ein föderaler Staat ist, in dem sogar Landesstrafrecht existiert (Art. 1–4 EGStGB). Dass auch die Mitarbeiter einer Drogeneinrichtung sich an das Recht ihres Landes zu halten haben, sollte eigentlich selbstverständlich sein.

1825 **C. Bedeutung.** Wie die frühere Nr. 10 hat die Vorschrift nach der Zahl der Verurteilungen keine große Bedeutung. Ihr großes praktisches Gewicht ergibt sich wie dort aus ihrer Stellung an einem Scheideweg der Drogenpolitik: sie nimmt den Betreiber und das Personal von **zugelassenen Drogenkonsumräumen** aus der Strafbarkeit heraus und ist damit eine wesentliche Voraussetzung für deren Einrichtung. Wer Schadensreduzierung (harm reduction) stärker gewichtet als Prävention und Therapie, wird dies begrüßen. Er wird die Regelung dann für besonders notwendig halten, wenn er in einer Stadt oder einem Land Verantwortung trägt, wo eine **offene Drogenszene** besteht (→ § 10a Rn. 15).

1826 Auf der anderen Seite werden durch die neue Vorschrift, insbesondere in ihrer Verbindung mit § 10a, wesentliche **Streitfragen** abschließend geklärt. So steht nunmehr fest, dass das Verschaffen, Gewähren oder Mitteilen einer Gelegenheit nicht voraussetzt,
– dass dem Konsumenten eine neue, ihm bisher nicht bekannte Möglichkeit zum unbefugten Verbrauch eröffnet wird (→ Rn. 1743, 1744) oder
– dass der Konsument nicht ohnehin zum Verbrauch entschlossen ist (→ Rn. 1746, 1747).

Ebenso ist nunmehr geklärt, dass unter einem unbefugten Verbrauch jeglicher Verbrauch von Betäubungsmitteln zu verstehen ist, die nicht (zulässigerweise) ärztlich verschrieben sind (→ Rn. 1847–1853).

1827 **D. Inhalt, Wesen.** Die Vorschrift enthält drei Tatalternativen (→ Rn. 1835):
– **Verschaffen** einer Gelegenheit zum unbefugten Verbrauch von Betäubungsmitteln ohne Erlaubnis nach § 10a (→ Rn. 1837–1859),
– **Gewähren** einer Gelegenheit zum unbefugten Verbrauch von Betäubungsmitteln ohne Erlaubnis nach § 10a (→ Rn. 1860–1866),
– **öffentliches** oder **eigennütziges Mitteilen** einer außerhalb einer Einrichtung nach § 10a bestehenden Gelegenheit zum unbefugten Verbrauch von Betäubungsmitteln (→ Rn. 1867–1875).

1828 Nicht (mehr) strafbar im Sinne eines Verschaffens oder Gewährens einer Gelegenheit ist das Betreiben eines **Drogenkonsumraums** und die Tätigkeit in solchen Räumen, wenn dem Betreiber eine wirksame Erlaubnis nach § 10a erteilt wurde und im Rahmen dieser Erlaubnis gehandelt wird (→ § 10a Rn. 135–137). Ebenso bleiben auch öffentliche und eigennützige Mitteilungen straffrei, wenn sie auf Einrichtungen hinweisen, die im Rahmen einer Erlaubnis nach § 10a betrieben werden.

1829 Die Vorschrift regelt wie bisher **Fälle der Teilnahme,** die zu einem **eigenen Tatbestand** aufgestuft sind, wobei die Besonderheit besteht, dass die Haupttat (unbefugter Verbrauch) für sich nicht strafbar ist.

1830 **Ob die Vorschrift** wie die bisherige Nr. 10 als **Auffangtatbestand** bezeichnet werden kann, der zurücktritt, wenn ein anderer Tatbestand erfüllt ist (→ Rn. 1814), erscheint fraglich. Die neue Nr. 11 wurde eingeführt, um bestehende Drogenkonsumräume zu legalisieren und weitere Einrichtungen dieser Art zu erleichtern. Es spricht daher viel dafür, dass dieser Komplex in Verbindung mit § 10a abschließend geregelt werden sollte, so dass die Regelung dort, wo sie eingreift, anderen Vorschriften vorgeht. Von besonderer Bedeutung ist dies für die **Beihilfe zum un-**

Kap. 11. Verschaffen etc außerhalb einer Erlaubnis nach § 10a § 29 BtMG

erlaubten Besitz von Betäubungsmitteln in einem Drogenkonsumraum (→ § 10a Rn. 137).

E. Völkerrechtliche Fragen. Nach den internationalen Suchtstoffübereinkommen sind die Vertragsstaaten verpflichtet, auch die (vorsätzliche) Teilnahme an den in ihnen beschriebenen Taten als Straftaten zu umschreiben (Art. 36 Abs. 2a Ziffer ii ÜK 1961, Art. 22 Abs. 2a Ziffer ii ÜK 1971, Art. 3 Abs. 1c Ziffer iv ÜK 1988). Die letztgenannte Vorschrift fordert zudem, dass auch die „Erleichterung" unter Strafe gestellt wird. 1831

Nicht zu den in diesen Übereinkommen beschriebenen Straftaten gehört der **unbefugte Verbrauch** von Betäubungsmitteln. Es besteht daher auch keine völkerrechtliche Verpflichtung zur strafrechtlichen Bewehrung der Teilnahme an diesen Handlungen. Die Nr. 11 ist daher für sich mit den von Deutschland eingegangenen völkerrechtlichen Verpflichtungen vereinbar. Auch soweit die Verleitung zu einem unbefugten Verbrauch in Art. 3 Abs. 1c Ziffer iii ÜK 1988 als eine mit Strafe zu bedrohende Handlung bezeichnet wird, wird dem durch Nr. 10 weiterhin Rechnung getragen. 1832

Ein anderes Bild ergibt sich, wenn der **Besitz** und die **Beihilfe hierzu** in Drogenkonsumräumen betrachtet werden. Auf → § 10a Rn. 9–22 wird verwiesen. 1833

F. Grundtatbestand. Grundlage der Strafvorschrift ist § 10a. Auf die Erläuterungen zu dieser Vorschrift wird zunächst verwiesen. 1834

G. Tathandlung ist der in → Rn. 1827 beschriebene Umgang mit Betäubungsmitteln, wobei drei Begehungsweisen zu trennen sind (→ Rn. 1837–1859 (Verschaffen einer Gelegenheit), → Rn. 1860–1866 (Gewähren einer Gelegenheit), → Rn. 1867–1875 (eigennütziges oder öffentliches Mitteilen einer Gelegenheit)): 1835

I. Betäubungsmittel sind die in den Anlagen I bis III zum BtMG aufgeführten Stoffe und Zubereitungen. Zu den Einzelheiten → Rn. 3–12. 1836

II. Verschaffen einer Gelegenheit. Nach der ersten Alternative der Nr. 11 handelt tatbestandsmäßig, wer einem anderen ohne Erlaubnis nach § 10a eine Gelegenheit zum unbefugten Verbrauch von Betäubungsmitteln verschafft. 1837

1. Gelegenheit ist der günstige Umstand für die Ausführung von etwas Geplantem (→ Rn. 1742). Im Rahmen der Nr. 11 ist dies die konkrete Möglichkeit, Betäubungsmittel unbefugt zu verbrauchen (*Joachimski/Haumer* BtMG Rn. 206). Dazu gehören auch die Konsummöglichkeiten, die durch das Eröffnen eines **Drogenkonsumraums** oder durch eine **Substanzanalyse** (drug-checking) entstehen. Durch die neue Nr. 11, wonach die Strafbarkeit (nur) dann ausscheidet, wenn der Täter im Rahmen einer Erlaubnis nach § 10a handelt (→ Rn. 1826), wird dies bestätigt. 1838

a) Neuheit. Das Verschaffen einer Gelegenheit setzt **nicht** voraus, dass dem Adressaten Chancen erschlossen werden, die er vorher nicht hatte (→ Rn. 1743–1745). 1839

b) Omnimodo facturus. Wie in den Fällen der Nr. 10 kann eine Gelegenheit nach Nr. 11 auch gegenüber einer Person verschafft werden, die zum Verbrauch der Betäubungsmittel **ohnehin entschlossen** ist (→ Rn. 1746, 1747); für die Duldung des unbefugten Verbrauchs in einem Drogenkonsumraum ist die Konsumentschlossenheit sogar ein wesentliches Element (→ § 10a Rn. 100, 101) 1840

2. Verschaffen ist in den Fällen der Nr. 11 das Schaffen günstiger äußerer Bedingungen, durch die der unbefugte Verbrauch von Betäubungsmitteln wesentlich erleichtert wird (→ Rn. 1749). Nicht anders als bei Nr. 10 muss eine Tätigkeit entfaltet werden, die über die bloße Mitteilung einer Gelegenheit hinausgeht (→ Rn. 1749). Auch sonst gelten dieselben Grundsätze wie bei Nr. 10 (→ Rn. 1750). Zur Abgrenzung vom Gewähren → Rn. 1862. 1841

BtMG § 29   Sechster Abschnitt. Straftaten und Ordnungswidrigkeiten

1842 **a) Enge Verbindung zu der geförderten Handlung.** Der Tatbestand der Nr. 11 ist eher noch weiter als der der Nr. 10. Umso mehr ist im Interesse der gebotenen Eingrenzung eine enge Verbindung der Tat zu der geförderten Handlung erforderlich (→ Rn. 1751; BayObLGSt 1991, 85 (→ Rn. 1751)). Sie wird auch hier dadurch hergestellt, dass die Tat entweder dem unbefugten Verbrauch **unmittelbar förderlich** ist oder dass es sich bei ihr um eine **typische** Förderungshandlung handelt (BayObLGSt 1991, 85).

1843 **Beide Merkmale** sind erfüllt, wenn Räumlichkeiten zum ungestörten Verbrauch von Betäubungsmitteln zur Verfügung gestellt werden (→ Rn. 1752, 1754; BayObLGSt 1991, 85 (→ Rn. 1751); BayObLG NStZ-RR 2003, 310). Dies gilt insbesondere für die **Eröffnung von Drogenkonsumräumen** (*Stegherr* NStZ 1995, 322). Bestätigt wird dies durch die Regelung, wonach Strafbarkeit nach Nr. 11 (nur) dann nicht gegeben ist, wenn für die Eröffnung eines solchen Raumes eine Erlaubnis nach § 10a erteilt wurde.

1844 Im übrigen, namentlich zu den **Alltagsgeschäften** und zur **erlaubten Mitwirkung** sowie zu **Transport-** und **Mietgeschäften,** gelten dieselben Grundsätze wie bei Nr. 10 (→ Rn. 1752–1754).

1845 **b) Verschaffen durch Unterlassen.** Wie in den Fällen der Nr. 10 kann die Tat auch durch Unterlassen begangen werden (→ Rn. 1755, 1756).

1846 **3. Einem anderen.** Auch insoweit gilt dasselbe wie in den Fällen der Nr. 10 (→ Rn. 1758).

1847 **4. Unbefugter Verbrauch.** Während bei Erwerb und Abgabe keine Zweifel darüber bestehen, dass sie unbefugt sind, wenn weder eine Erlaubnis (§ 3) noch eine Ausnahme von der Erlaubnispflicht (§ 4) vorliegen, war dies beim Verbrauch mit Rücksicht auf die Straflosigkeit des Konsums nicht ganz unzweifelhaft (*Hoffmann-Riem* (NStZ 1998, 7) sah darin eine bislang unbemerkte Gesetzeslücke; dagegen *Bölter* NStZ 1998, 224 (225, 226)).

1848 **a) Begriff.** Spätestens seit dem Inkrafttreten des 3. BtMG-ÄndG kann die Frage als geklärt gelten: Als unbefugter Verbrauch galt nach der seit jeher üblichen (*Slotty* NStZ 1981, 321 (324)) Definition der Verbrauch von Betäubungsmitteln, die nicht zulässigerweise verschrieben worden waren (*Körner*, 5. Aufl. 2001, Rn. 1379; *Joachimski/Haumer* BtMG Rn. 215; *Winkler* in Hügel/Junge/Lander/Winkler Rn. 19.6, 20.2; *Endriß/Malek* BtMR, 2. Auflage, Rn. 399). Bereits durch das Ausführungsgesetz Suchtstoffübereinkommen 1988 (→ Rn. 27) hatte dieser Inhalt in das BtMG, wenn auch in Nr. 12, Eingang gefunden.

1849 **In dieselbe Richtung** geht nunmehr die Legaldefinition des Drogenkonsumraums in § 10a Abs. 1 S. 1, wo ausgeführt wird, dass in solchen Räumlichkeiten Gelegenheit zum Verbrauch **ärztlich nicht verschriebener** Betäubungsmittel gewährt wird. Im Hinblick auf den Konnex von Erlaubnisnorm und Strafvorschrift gilt dies auch für die Nr. 11. Ein unbefugter Verbrauch ist daher der Verbrauch von Betäubungsmitteln, die nicht ärztlich verschrieben sind (*Patzak* in Körner/Patzak/Volkmer Teil 21 Rn. 9).

1850 Während § 10a Abs. 1 S. 1 von nicht **„ärztlich"** verschriebenen Betäubungsmitteln spricht, ist in Nr. 12 von nicht **„zulässigerweise"** verschriebenen Betäubungsmitteln die Rede. Ein sachlicher Unterschied besteht jedoch nicht. Es gibt zunächst keinen Grund, nicht auch die zahnärztlich und tierärztlich verordneten Betäubungsmittel als „ärztlich" verschrieben anzusehen.

1851 Auf der anderen Seite reicht **das formale Element,** dass die Verschreibung von einem Arzt, Zahnarzt oder Tierarzt stammt, nicht aus. Vielmehr muss die Verschreibung wirksam und zulässig sein. An der **Wirksamkeit** fehlt es, wenn dem Verschreibenden die Verschreibungsbefugnis fehlt (→ Rn. 1632), wenn der Arzt außerhalb seiner Approbation gehandelt hat (→ Rn. 1632), die Schriftform nicht eingehalten wurde (→ Rn. 1632) oder die Verschreibung sich auf nicht verschreibungsfähige Betäubungsmittel bezieht (→ Rn. 1470). Dasselbe gilt, wenn die Verschreibung gefälscht, verfälscht (→ Rn. 1634) oder erschlichen wurde (→ Rn. 1638) oder der Umgehung des BtMG dient (→ Rn. 1638).

An der **Zulässigkeit** fehlt es, wenn die Verschreibung nicht im Rahmen einer 1852 ärztlichen, zahnärztlichen oder tierärztlichen Behandlung ausgestellt wurde (→ Rn. 1465), wenn eine ärztliche Indikation nicht gegeben ist (→ Rn. 1466) oder wenn im Rahmen der Substitution gegen die Regeln der ärztlichen Kunst verstoßen wurde (→ Rn. 1499–1529).

b) Natur. Das Fehlen der Befugnis zum Verbrauch ist kein allgemeines Rechts- 1853 widrigkeitsmerkmal, sondern gehört zum Tatbestand (*Patzak* in Körner/Patzak/Volkmer Teil 21 Rn. 9; aA *Bölter* NStZ 1998, 224 (225)). Es gilt insoweit nichts anderes als für das Fehlen der Erlaubnis oder das Merkmal „unerlaubt" (dazu → Rn. 31–34). Für den Irrtum bedeutet dies, dass der Irrtum über die Befugnis kein Verbotsirrtum, sondern ein Tatbestandsirrtum ist.

5. Handeln ohne Erlaubnis nach § 10a. Das Verschaffen einer Gelegenheit 1854 zum unbefugten Verbrauch von Betäubungsmitteln ist nach Nr. 11 nur strafbar, wenn der Täter ohne Erlaubnis nach § 10a handelt. Damit wird die Eröffnung eines **Drogenkonsumraums** von der Strafbarkeit freigestellt, wenn die oberste Landesbehörde eine Erlaubnis hierfür erteilt hat.

a) Tatbestandsmerkmal. Das Handeln ohne Erlaubnis ist auch hier ein Tat- 1855 bestandsmerkmal. Es gelten daher dieselben Grundsätze wie für das Merkmal unerlaubt (→ Rn. 26–40).

b) Erlaubnis. Die Erlaubnis ist ein gestaltender Verwaltungsakt (zu den Einzel- 1856 heiten → § 10a Rn. 42, 49, 50).

c) Im Rahmen der Erlaubnis. Straffrei bleiben nur Handlungen, die sich im 1857 Rahmen der Erlaubnis halten (→ § 10a Rn. 135–137).

6. Zur Frage der Eigennützigkeit. Es gilt dasselbe wie in den Fällen der Nr. 10 1858 (→ Rn. 1761). Dass ein Drogenkonsumraum, für den keine Erlaubnis nach § 10a besteht, uneigennützig betrieben wird, schließt die Tatbestandsmäßigkeit daher nicht aus.

Liegt dagegen eine Erlaubnis vor, so bleibt der Betrieb des Drogenkonsum- 1859 raums auch dann straffrei, wenn der **Betreiber eigennützig** handelt. Dies ist nicht unproblematisch, weil Drogenkonsumräume auf diese Weise zur Gewinnerzielung, etwa in Form von Zuschüssen und Stellen, genutzt werden können. Durch eine geeignete Ausgestaltung der Erlaubnis sollte dies jedenfalls vermieden werden.

III. Gewähren einer Gelegenheit. Nach der zweiten Alternative der Nr. 11 1860 handelt tatbestandsmäßig, wer einem anderen ohne Erlaubnis eine Gelegenheit zum unbefugten Verbrauch von Betäubungsmitteln gewährt.

1. Gelegenheit. Der Begriff der Gelegenheit hat beim Gewähren denselben In- 1861 halt wie beim Verschaffen (→ Rn. 1838–1840). Eine Gelegenheit zum Verbrauch gewährt deshalb auch derjenige, der einem zum Konsum entschlossenen Passanten **seinen PKW zur Verfügung stellt,** damit dieser sich ungestört einen Schuss setzen kann (OLG Frankfurt a. M. StV 1989, 20; zw. *Körner*, 6. Aufl. 2007, Rn. 1779, 1818); es gilt hier nichts anderes, als wenn ein Raum zu diesem Zweck zur Verfügung gestellt wird.

2. Gewähren. Es gilt dasselbe wie bei Nr. 10 (→ Rn. 1764). 1862

3. Einem anderen. Auch insoweit bestehen keine Unterschiede zu Nr. 10 1863 (→ Rn. 1758).

BtMG § 29 Sechster Abschnitt. Straftaten und Ordnungswidrigkeiten

1864 **4. Unbefugter Verbrauch.** Die → Rn. 1847–1853 gelten auch hier.

1865 **5. Handeln ohne Erlaubnis nach § 10a.** Auch hier gilt dasselbe wie beim Verschaffen (→ Rn. 1854–1857).

1866 **6. Eigennützigkeit.** Auf → Rn. 1858, 1859 kann verwiesen werden.

1867 **IV. Eigennütziges oder öffentliches Mitteilen einer Gelegenheit.** Nach der dritten Alternative der Nr. 11 handelt tatbestandsmäßig, wer eine außerhalb einer Einrichtung nach § 10a bestehende Gelegenheit zum unbefugten Verbrauch von Betäubungsmitteln öffentlich oder eigennützig mitteilt.

1868 **1. Gelegenheit.** Der Begriff der Gelegenheit hat beim Mitteilen denselben Inhalt wie beim Verschaffen (→ Rn. 1838–1840).

1869 **2. Mitteilen.** Der Begriff ist derselbe wie in Nr. 10 (→ Rn. 1772, 1773).

1870 **3. Öffentlich oder eigennützig.** Auch insoweit gilt dasselbe wie in Nr. 10. Auf → Rn. 1774–1783 (öffentlich) und → Rn. 1784 (eigennützig) kann daher verwiesen werden.

1871 Erfolgt die Mitteilung **weder öffentlich noch eigennützig,** ist die Tat nur unter dem Gesichtspunkt der Teilnahme strafbar, setzt also eine (mit Strafe bedrohte) Haupttat voraus (BayObLG StV 1984, 119). Dies ist hier mangels Strafbarkeit des Konsums nicht gegeben.

1872 **4. Unbefugter Verbrauch.** Dasselbe gilt für den Begriff des unbefugten Verbrauchs (→ Rn. 1847–1853).

1873 **5. Außerhalb einer Einrichtung nach § 10a.** Die Gelegenheit zum unbefugten Verbrauch von Betäubungsmitteln muss außerhalb einer Einrichtung nach § 10a bestehen. Hinweise auf einen Drogenkonsumraum, für den die oberste Landesbehörde eine Erlaubnis erteilt hat, sind daher nicht strafbar, auch wenn sie öffentlich oder eigennützig erfolgen.

1874 **Dies ist nicht unproblematisch.** Der Gesundheitsausschuss des Deutschen Bundestages war der Auffassung, dass die **öffentliche Mitteilung** über einen Drogenkonsumraum „keinesfalls strafwürdig, sondern aus der Sicht des Gesetzgebers im Interesse der Überlebenshilfe und des Gesundheitsschutzes sogar erwünscht" sei (BT-Drs. 14/2345, 11; zust. *Katholnigg* NJW 2000, 1217 (1222)). Dies enthält eine deutliche Bevorzugung der harm reduction gegenüber anderen drogenpolitischen Zielen, insbesondere der Prävention.

1875 **Noch greifbarer** wird dies bei der **eigennützigen Mitteilung.** Dazu führt der Gesundheitsausschuss aus, dass selbst diese im Einzelfall im Interesse der Drogenhilfe liegen könne, weshalb sie jedenfalls nicht strafrechtlich sanktioniert werden solle (BT-Drs. 14/2345, 11). Die Tolerierung der Eigennützigkeit im Rahmen der Drogenhilfe, die sich auch bei der Eröffnung und dem Betrieb eines Drogenkonsumraums zeigt (→ Rn. 1859, 1866; anders bei der Abgabe von sterilen Einmalspritzen (→ Rn. 1970)), setzt einen Bereich dem Gewinnstreben aus, der ihm eigentlich nicht zugänglich sein sollte. Die Konkurrenz um Konsumenten, die sich in Zuschüsse und Stellen ummünzen lassen, birgt die Gefahr einer Werbung für den Drogenkonsum in sich (*Katholnigg* NJW 2000, 1217 (1222)), und ist daher besonders fragwürdig.

1876 **H. Vollendung, Beendigung.** Der Versuch ist nicht strafbar (→ Rn. 1792). Vollendung tritt zu demselben Zeitpunkten ein wie in den entsprechenden Fällen der Nr. 10 (→ Rn. 1793, 1794). Entsprechendes gilt für die Beendigung (→ Rn. 1796).

1877 **I. Täterschaft, Teilnahme.** Grundsätzlich gelten die allgemeinen Regeln (→ Vor § 29 Rn. 241–386). Ebenso wie bei Nr. 10 erfüllt der Nutzer der Gelegenheit oder der Empfänger der Mitteilung noch keinen Tatbestand. Hat der Betref-

Kap. 11. Verschaffen etc außerhalb einer Erlaubnis nach § 10a   § 29 BtMG

fende **zuvor** den Täter zur Verschaffung oder Gewährung der Gelegenheit oder zur Mitteilung, etwa durch eine Aufforerung, bestimmt, so ist er als **Anstifter** zu § 29 Abs. 1 S. 1 Nr. 11 strafbar (*Kotz/Oğlakcıoğlu* in MüKoStGB Rn. 1527). Dies gilt, obwohl der unbefugte Verbrauch nicht mit Strafe bedroht ist (*Joachimski/Haumer* Rn. 220).

J. Handeln im Ausland. Es gilt dasselbe wie in den Fällen der Nr. 10 (→ Rn. 1799–1801). **1878**

K. Subjektiver Tatbestand. Strafbarkeit nach Absatz 1 Satz 1 Nr. 11 verlangt Vorsatz (→ Rn. 1880–1884). Kann der Nachweis vorsätzlichen Handelns nicht geführt werden, so hat das Gericht im Rahmen seiner Pflicht zur erschöpfenden Aburteilung (→ Rn. 107) die fahrlässige Begehung (Absatz 4; 1886, 1886) zu prüfen. Zur Abweichung vom vorgestellten Kausalverlauf → Vor § 29 Rn. 405, 406. **1879**

I. Vorsatz. Der Vorsatz (→ Vor § 29 Rn. 389–425) muss sich auf das Verschaffen, Gewähren, eigennützige oder öffentliche Mitteilen einer Gelegenheit zum unbefugten Verbrauch von Betäubungsmitteln (→ Rn. 4–6; 10) beziehen. Bedingter Vorsatz (→ Vor § 29 Rn. 415–420) reicht aus; eine Ausnahme gilt nur für bestimmte Diensteanbieter beim Vorhalten von Informationen in einem elektronischen Netz (→ Rn. 1803). **1880**

Der Vorsatz muss sich **nicht** – auch nicht in der Form bedingten Vorsatzes – auf die **Wirkung** der Verschaffung, Gewährung oder Mitteilung der Gelegenheit beziehen (→ Rn. 1804). **1881**

Im Rahmen der Schuld (anders bei der Strafzumessung) muss sich der Vorsatz weder auf die **Art** des Betäubungsmittels (→ Rn. 41) noch auf seine **Menge** oder **Wirkstoffmenge** erstrecken. Es genügt wenn der Täter, auch auf Grund einer Parallelwertung in der Laiensphäre, erkennt, **dass** es sich um **Rauschgift handelt** (BGH BeckRS 2016, 21431). Zur Behandlung fehlender oder unklarer Feststellungen und zur etwaigen Auswirkung auf den **Schuldspruch** → Rn. 109. **1882**

Alle Alternativen der Nr. 11 setzen voraus, dass der **Verbrauch** der Betäubungsmittel **unbefugt** ist. Das Fehlen der Befugnis ist ein Tatbestandsmerkmal (→ Rn. 1853, 1864, 1872), so dass sich der Vorsatz auch darauf erstrecken muss. **1883**

Ein Tatbestandsmerkmal ist in den Fällen des Verschaffens oder Gewährens einer Gelegenheit auch das **Handeln ohne Erlaubnis nach § 10a** (→ Rn. 1855, 1865). Zur Behandlung der (fehlenden) Befugnis und Erlaubnis im Rahmen des Vorsatzes → Rn. 31, 34, 36–44. In den Fällen der Mitteilung muss der Vorsatz auch das Merkmal umfassen, dass die Gelegenheit **außerhalb einer Einrichtung nach § 10a** besteht (→ Rn. 1873); dagegen kommt ein Handeln ohne Erlaubnis in diesen Fällen nicht in Betracht. **1884**

II. Irrtumsfälle. Für die Fälle des Irrtums gibt es im Verhältnis zu den anderen Verkehrsformen keine Unterschiede. Auf die einschlägigen Ausführungen bei der Herstellung kann daher Bezug genommen werden: Tatbestandsirrtum (→ Rn. 148); Verbotsirrtum (→ Rn. 149); Irrtum über Umstände, die nicht zum Tatbestand gehören (→ Rn. 150); umgekehrter Irrtum (untauglicher) Versuch, Wahndelikt (→ Rn. 151). Zu den Irrtümern im Zusammenhang mit der (fehlenden) Erlaubnis → Rn. 35–44. **1885**

III. Fahrlässigkeit (Absatz 4). Nach Absatz 4 ist auch die fahrlässige Begehung strafbar. Zur **Fahrlässigkeit** → Rn. 2076–2097. Im Übrigen gilt dasselbe wie zu Nr. 10 (→ Rn. 1809). **1886**

L. Konkurrenzen. Zu den Konkurrenzen → Vor § 29 Rn. 551–587, 671–724. Verschaffen, Gewähren oder Mitteilen einer Gelegenheit zum unbefugten Verbrauch treffen in der Praxis sowohl mit Tatbeständen des Betäubungsmittelrechts wie des allgemeinen Strafrechts zusammen: **1887**

BtMG § 29 Sechster Abschnitt. Straftaten und Ordnungswidrigkeiten

1888 **I. Betäubungsmittelstraftaten.** Sollen die Handlungen der Nr. 11 von vornherein einem gewinnbringenden Umsatz dienen, so gehen sie als unselbständige Teilakte im **Handeltreiben** auf; dies kommt vor allem bei einer eigennützigen Mitteilung in Betracht. Wendet sich die (öffentliche) Mitteilung an einen nicht näher bestimmbaren Personenkreis, so kommt ihr ein eigener Unrechtsgehalt zu, so dass Tateinheit mit Handeltreiben bestehen kann (*Kotz/Oğlakcıoğlu* in MüKoStGB Rn. 1532). Die Nr. 11 kann anders als die Nr. 10 **nicht** (mehr) als **Auffangtatbestand** betrachtet werden (→ Rn. 1830). Tateinheit mit Nr. 10 ist möglich (→ Rn. 1813). **Untereinander** stehen die Alternativen der Nr. 11 in Gesetzeskonkurrenz: das Gewähren einer Gelegenheit ist gegenüber dem Verschaffen subsidiär, das Mitteilen gegenüber dem Gewähren.

1889 **II. Allgemeine Straftaten.** Sofern keine Subsidiarität zu anderen Betäubungsmittelstraftaten vorliegt, ist Tateinheit mit fahrlässiger Tötung oder Körperverletzung nicht ausgeschlossen. Es gilt dasselbe wie bei Nr. 10 (→ Rn. 1815, 1816); dort auch zur eigenverantwortlichen Selbstgefährdung, zur Unterlassung von Rettungsmaßnahmen und zur unterlassenen Hilfeleistung (§ 323 c StGB). Zur **Geldwäsche** s. → Vor § 29 Rn. 717–720.

1890 Zur Strafbarkeit von **Betreibern** und **Personal von Drogenkonsumräumen** → § 10a Rn. 129–137 (Betäubungsmittelstraftaten), → Rn. 138–144 (allgemeine Straftaten) und → Rn. 145–148 (Verkehrsstraftaten).

1891 **M. Strafzumessung.** Der Vorgang der Strafzumessung richtet sich nach denselben Regeln, die auch für das Anbauen gelten. Zu den Grundsätzen daher → Rn. 125. Ein Absehen von der Bestrafung (Absatz 5) ist allerdings nicht zulässig.

1892 **I. Strafrahmenwahl.** Auf → Rn. 126 wird verwiesen. Ein besonders schwerer Fall führt zu einer Mindeststrafe von einem Jahr Freiheitsstrafe (Absatz 3 Satz 1); dazu → Rn. 1981–1996; ein solcher Fall liegt nach Absatz 3 Satz 2 Nr. 1 in der Regel vor, wenn der Täter gewerbsmäßig handelt (dazu → Rn. 2002–2027, 2039–2075).

1893 **II. Strafzumessung im engeren Sinne.** Auf → Rn. 127 wird verwiesen.

1894 **III. Weitere Entscheidungen.** Auf → Rn. 128 wird verwiesen.

Kapitel 12. Auffordern zum unbefugten Verbrauch (Absatz 1 Satz 1 Nr. 12)

1895 **A. Völkerrechtliche Grundlage.** Die Vorschrift geht auf Art. 3 Abs. 1 c Ziffer iii ÜK 1988 zurück und trat am 28. 2. 1994 in Kraft. Sie ergänzt § 111 StGB, der nicht anwendbar ist, weil der Konsum von Betäubungsmitteln in Deutschland nicht strafbar ist.

1896 **B. Tathandlung.** Tathandlung ist die öffentlich, in einer Versammlung oder durch Verbreiten von Schriften erfolgte Aufforderung zum Verbrauch von Betäubungsmitteln, die nicht zulässigerweise ärztlich verschrieben sind.

1897 **I. Eine Aufforderung** ist eine bestimmte, über eine bloße Befürwortung (Gutheißen) hinausgehende Erklärung, dass der andere etwas tun oder unterlassen solle (BGH NStZ-RR 2016, 369; *Fischer* StGB § 111 Rn. 4 mwN). Sie wendet sich an den Verstand des anderen mit dem Ziel, ihn zur Begehung der Tat zu veranlassen (*Patzak* in Körner/Patzak/Volkmer Teil 22 Rn. 2). Nicht notwendig ist, dass der Entschluss zur Handlung erst durch die Aufforderung geweckt wird (*Patzak* in Körner/Patzak/Volkmer Teil 22 Rn. 2). Die Aufforderung ist nach Form und Inhalt eindringlicher als eine bloße Mitteilung (*Patzak* in Körner/Patzak/Volkmer § 29 Teil 22 Rn. 2).

1898 **1. Verlangen.** Die Aufforderung muss ein Verlangen enthalten (s. *Kaluba* in BeckOK BtMG § 29 Rn. 758). Eine nur allgemeine Befürwortung des Konsums von Betäubungsmitteln oder die nur psychische Unterstützung eines fremden Ent-

Kap. 12. Auffordern zum unbefugten Verbrauch (Abs. 1 S. 1 Nr. 12) § 29 BtMG

schlusses genügen nicht (BGHSt 32, 310 = NJW 1984, 2046 = NStZ 1984, 310; OLG Karlsruhe NStZ 1993, 389). Notwendig ist die Einwirkung auf andere Personen mit dem Ziel, in ihnen einen Entschluss hervorzurufen, nicht ärztlich verschriebene Betäubungsmittel zu verbrauchen. Die Herausgabe von Anleitungen für den Konsumenten ist daher in der Regel nicht tatbestandsmäßig (*Joachimski/ Haumer* BtMG Rn. 229), wohl aber der **Aufruf** zu einem Cannabis-smoke-in, Cannabis-sleep-in, Cannabis-weekend oder ähnlichen Aufrufen zu Konsumfesten von Rauschgift (krit. *Körner* StV 1994, 514 (518)).

In aller Regel nicht tatbestandsmäßig ist die **Aufforderung** an **Schwerabhängige**, bestehende **Drogenkonsumräume aufzusuchen** (iErg Oğlakcıoğlu BtMStrafR AT S. 162 unter dem Gesichtspunkt der Risikoverringerung; *Körner* StV 1994, 514 (519)). Damit soll nicht der Wille zum ärztlich nicht indizierten Drogenkonsum hervorgerufen werden, sondern die Konsumenten sollen zu einem gesundheitsbewussten Verhalten angehalten werden. Allerdings dürfen solche Aufforderungen auch nicht den Anschein erwecken, als ob sie den Drogenkonsum propagieren und fördern wollten. 1899

Eine nur mittelbare Einwirkung auf fremde Entschlüsse, zB durch wahrheitswidrige Schilderung von Rauscherlebnissen, erfüllt den Tatbestand nicht. Ein solches Anreizen soll auf Sinne und Leidenschaften wirken und damit den Angereizten kraft eigenen Entschlusses zum Handeln bringen (OLG Karlsruhe NStZ 1993, 389). Demgegenüber muss die Aufforderung darauf abzielen, den Adressaten unmittelbar zum Konsum zu motivieren (OLG Köln MDR 1983, 339). Eine Bedingung ändert daran nichts, soweit sie sich nur auf die Ausführung des Entschlusses bezieht (OLG Karlsruhe NStZ 1993, 389). 1900

2. Ernstlichkeit. Die Aufforderung braucht nicht ernst gemeint zu sein. Sie muss aber den Eindruck der Ernstlichkeit erwecken (BGHSt 32, 310 (→ Rn. 1898); OLG Jena NStZ 1995, 445; OLG Frankfurt a. M. NStZ-RR 2003, 327). Zum inneren Tatbestand in solchen Fällen → Rn. 1923. 1901

3. Adressatenkreis. Die Aufforderung muss sich an einen nicht individualisierten, unbestimmten Adressatenkreis richten. Dies kann auch in einer nichtöffentlichen Versammlung gegeben sein, wenn beliebige Personen Adressat der Aufforderung waren. Die Aufforderung an bestimmte Einzelpersonen erfüllt den Tatbestand nicht (*Fischer* StGB § 111 Rn. 5; *Eser* in Schönke/Schröder StGB § 111 Rn. 4). 1902

II. Art und Weise der Aufforderung. Die Aufforderung muss entweder öffentlich, in einer Versammlung oder durch Verbreiten von Schriften erfolgen. 1903

1. Öffentlich. → Rn. 1776–1783. 1904

2. In einer Versammlung. Eine Versammlung ist ein nicht nur zufälliges zeitweiliges Beisammensein einer größeren Zahl von Personen zu einem gemeinsamen, nicht rein persönlichen (Geburtstag) Zweck (*Sternberg-Lieben* in Schönke/ Schröder StGB § 90 Rn. 5). Die Versammlung darf nicht öffentlich sein, da sonst bereits dieses Merkmal eingreift. Eine bestimmte Größe der Versammlung ist zwar nicht vorgeschrieben. Aus der typischen Gefährlichkeit, die die Handlung gegenüber der sonst straflosen Anstiftung zum Konsum von Betäubungsmitteln haben muss, ergibt sich jedoch, dass die Anwesenheit von weniger als drei Personen nicht ausreicht (OLG Saarbrücken NStZ-RR 1999, 119; s. auch *Eser* in Schönke/Schröder StGB § 111 Rn. 7/10). 1905

3. Durch Verbreiten eines Inhalts. Die ursprüngliche Regelung „durch Verbreiten von Schriften" wurde durch das 60. G zur Änd. des Strafrechts vom 30.11.2020 (→ Vor § 29 Rn. 106) durch die Worte „durch Verbreiten eines Inhalts" ersetzt. Bei der Verweisung auf § 11 Abs. 3 StGB ist es geblieben. Allerdings hat diese Vorschrift eine wesentliche Erweiterung erfahren. 1906

BtMG § 29   Sechster Abschnitt. Straftaten und Ordnungswidrigkeiten

1907   **a) Inhalt.** Maßgeblich ist nunmehr das Verbreiten eines **Inhalts.** Dieser Inhalt muss in Schriften, auf Ton- oder Bildträgern, in Datenspeichern, Abbildungen oder anderen Verkörperungen enthalten sein oder auch unabhängig von einer Speicherung mittels Informations-oder Kommunikationstechnik übertragen werden. Die Aufforderung zum Konsum von Betäubungsmitteln muss sich aus dem Inhalt selbst und nicht nur aus sonstigen Umständen ergeben. Bei der Wiedergabe der Äußerungen anderer muss der Verbreiter unmissverständlich erkennen lassen, dass er sich die Äußerungen inhaltlich zu Eigen macht (OLG Frankfurt a. M. NJW 1983, 1207). Dies kann sich auch aus der einseitig ausgerichteten Zusammenstellung der Beiträge ergeben (s. BGH NStZ-RR 1997, 282). Anders bei distanzierter, kritischer Berichterstattung oder wertungsfreier Dokumentation.

1908   **Nach der Änderung** des § 11 Abs. 3 StGB durch das 60. G zur Änd. des Strafgesetzbuches vom 30.11.2020 (→ Vor § 29 Rn. 106) gilt das Verbot der Aufforderung nicht mehr nur für Schriften, Ton- und Bildträger, Datenspeicher Abbildungen und andere Darstellungen, sondern **unabhängig von einer Speicherung** für die Übertragung mittels Informations- oder Kommunikationstechnik (Beispiele in BT-Drs. 19/19859 S. 26) insgesamt. Erfasst wird nunmehr auch die Live-Übertragung des gesprochenen Wortes, insbesondere in einem Telefonat (BT-Drs. 19/19859 S. 29). Allerdings wird es hier vielfach an einem Verbreiten fehlen (dazu BT-Drs. 19/19859 S. 29–31).

1909   **b) Verbreiten.** Die Aufforderung muss durch Verbreiten des Inhalts erfolgen. Das Verbreiten kann wie bisher durch eine Schrift oder andere Verkörperungen erfolgen (dazu BT-Drs. 19/19859 S. 26). Bei Schriften ist dazu eine mit einer körperlichen Weitergabe (BGHSt 45, 41 (= NJW 1999, 1979 = NStZ 2000, 28 mAnm *Renzikowski*); BGH NStZ 2012, 564) verbundene Tätigkeit erforderlich, die darauf gerichtet ist, die Schrift ihrer Substanz nach und nicht nur bezüglich ihres Inhalts einem größeren Personenkreis zugänglich zu machen (BayObLGSt 2001, 144 (= NStZ 2002, 258 = JR 2002, 347 mAnm *Beisel*)), wobei dieser nach Zahl und Individualität so groß sein muss, dass er für den Täter nicht mehr kontrollierbar ist (→ Rn. 1912). Durch die Weitergabe auf anderen Verkörperungen, etwa Phono- und Videokassetten, Disketten oder CD wird der Tatbestand ebenfalls erfüllt.

1910   **Bei einer Bereitstellung im Internet** kommt eine **Weitergabe** der Schrift oder sonstigen Verkörperung ihrer Substanz nach nicht in Betracht. Die Streitfrage, ob und wann in einer solchen Bereitstellung ein Verbreiten liegen kann, hat sich durch die Neufassung des § 11 Abs. 3 StGB erledigt. Da es auf das Ob und Wie einer Speicherung nicht mehr ankommt, steht fest, dass es für eine Verbreitung genügt, wenn die Datei auf dem Rechner des Internetnutzers nur im flüchtigen („unkörperlichen") Arbeitsspeicher angekommen ist (BT-Drs.19/19859 S. 26, 27). An dem Erfordernis, dass es sich bei den Empfängern. um einen nicht nur begrenzten Personenkreis handeln muss (→ Rn. 1912), hat sich nichts geändert.

1911   Die **Konsequenzen der Streitfrage** im Betäubungsmittelstrafrecht waren eher gering, da mit der Einstellung ins Internet in aller Regel bereits eine öffentliche Aufforderung gegeben sein wird (→ Rn. 1779, 1904).

1912   **Nicht ausreichend** ist die **Weitergabe** an **einzelne Personen,** auch wenn dies zum Zweck der Veröffentlichung geschieht. Der Empfängerkreis muss nach Zahl und Individualität unbestimmt oder jedenfalls so groß sein, dass er für den Täter nicht mehr kontrollierbar ist (BVerfG NJW 2012, 1498; BGHSt 45, 41 (→ Rn. 1909); BGH NStZ 2012, 564; BayObLGSt 2001, 144 (→ Rn. 1909); BayObLG NJW 2000, 2911 = StV 2001, 16).

1913   **Den Tatbestand** erfüllt auch die **Kettenverbreitung** (BGHSt 45, 41 (→ Rn. 1909); *Keltsch* NStZ 1983, 121); dazu reicht es aus, wenn ein Einzelexemplar an eine bestimmte Person weitergegeben wird in der Absicht, dass ein größerer Personenkreis nacheinander in den Besitz und damit in den Genuss der Benutzung kommen kann (BayObLGSt 2001, 144 (→ Rn. 1909)). Allerdings reicht die Weitergabe an einzelne bestimmte Dritte nicht aus, wenn nicht feststeht, dass der Dritte seinerseits die Schrift weiteren Personen überlassen werde (BVerfG NJW 2012, 1498; BGH NStZ 2012, 564). Für sonst verbreitete Inhalte gilt dies entsprechend.

Der Tatbestand wird auch von der **Mengenverbreitung** (Aushändigung einer Vielzahl gleicher Exemplare an verschiedene Abnehmer) erfüllt, wenn der Täter das erste Exemplar einer Mehrzahl von ihm zur Verbreitung bestimmter Schriften an einen einzelnen Bezieher abgegeben hat (BGHSt 45, 41 (→ Rn. 1909); BayObLGSt 2001, 144 (→ Rn. 1909)). 1914

III. Nicht zulässigerweise verschriebene Betäubungsmittel. Die Aufforderung muss auf den Verbrauch von Betäubungsmitteln gerichtet sein, die nicht zulässigerweise verschrieben worden sind (→ Rn. 1849–1852). Da die Aufforderung an einen Kreis unbestimmt vieler Menschen gerichtet sein muss, gilt dies in erster Linie für die Betäubungsmittel der Anlagen I und II. Bei Betäubungsmitteln der Anlage III muss dazu aufgefordert werden, sie auch dann zu konsumieren, wenn sie nicht oder nicht zulässig verschrieben sind. Unter **Verbrauch** ist der Eigenkonsum zu verstehen. Die Aufforderung zur Weitergabe ist unter dem Gesichtspunkt des § 111 StGB zu prüfen. 1915

IV. Erfolg der Aufforderung. Der Tatbestand setzt nicht voraus, dass die Aufforderung befolgt wird. Strafbarkeit ist auch gegeben, wenn der Aufruf unbeachtet bleibt (*Kotz/Oğlakcıoğlu* in MüKoStGB Rn. 1551; *Winkler* in Hügel/Junge/Lander/Winkler Rn. 21.6). 1916

C. Vollendung, Beendigung. Der Versuch ist nicht strafbar (§ 29 Abs. 2). Für die Vollendung der Tat kommt es nicht auf die Reaktion etwaiger Adressaten, sondern allein auf das Verhalten des Täters an (*Patzak* in Körner/Patzak/Volkmer Teil 22 Rn. 36). Die **Vollendung** tritt daher mit der Äußerung in der Öffentlichkeit oder Versammlung oder mit der Weitergabe der Schrift ein; auf das Erreichen des Adressaten, auf eine Wahrnehmung oder Reaktion desselben kommt es nicht an (allgM; *Patzak* in Körner/Patzak/Volkmer Teil 22 Rn. 36). Bei der Mengenverbreitung (→ Rn. 1914) genügt die Verbreitung des ersten Exemplars. 1917

Die Beendigung tritt ein, wenn die Kundgabe der Äußerung abgeschlossen ist, alle zur Verbreitung bestimmten Schriftstücke verteilt sind (*Patzak* in Körner/Patzak/Volkmer Teil 22 Rn. 36) oder wenn im Falle der Kettenverbreitung (→ Rn. 1913) der letzte Empfänger das Schriftstück erhalten hat. Abweichend von § 78a StGB beginnt die kurze **presserechtliche Verjährung** (meist sechs Monate) nach den meisten Pressegesetzen bereits mit dem Erscheinen des Druckwerkes (*Fischer* StGB § 78 Rn. 7a, 8). Dasselbe gilt für Äußerungen in einer **Talk-show** (BGHSt 44, 209 = NJW 1999, 508 = StV 1999, 313). 1918

D. Täterschaft, Teilnahme. Es gelten die allgemeinen Regeln (→ Vor § 29 Rn. 241–386). Dass es sich bei der Aufforderung im Grunde bereits um Anstiftung handelt, steht dem nicht entgegen. 1919

E. Handeln im Ausland. Zunächst ist zu klären, ob überhaupt eine Auslandstat vorliegt. Daran fehlt es, wenn die Aufforderung durch Telefon, Brief, Fax, SMS oder E-Mail nach Deutschland gelangt (*Kotz/Oğlakcıoğlu* in MüKoStGB Rn. 1547). Für Aufforderungen im **Internet** → Rn. 1783, → Vor § 29 Rn. 109). 1920

Die öffentliche, in einer Versammlung oder durch Verbreiten von Schriften erfolgte Aufforderung zum unbefugten Verbrauch von Betäubungsmitteln wird nicht selten dem entgeltlichen Umsatz von Betäubungsmitteln dienen. Gleichwohl stellt sie selbst noch **keinen Vertriebsvorgang** dar, so dass § 6 Nr. 5 StGB nicht anwendbar ist. Soll sie den illegalen, gewinnbringenden Umsatz von Betäubungsmit- 1921

BtMG § 29 Sechster Abschnitt. Straftaten und Ordnungswidrigkeiten

teln vorbereiten oder fördern, so wird meist Handeltreiben gegeben sein, für das § 6 Nr. 5 StGB gilt. Sofern in einem solchen Fall Tateinheit vorliegt (→ Rn. 1925) gilt → Rn. 1475 sinngemäß.

1922 Im Übrigen gelten die sonstigen **international-strafrechtlichen** Regeln. Wegen der Einzelheiten kann auf → Rn. 99–106 verwiesen werden.

1923 **F. Subjektiver Tatbestand.** Die Strafbarkeit setzt Vorsatz (→ Vor § 29 Rn. 389–425) voraus. Bedingter Vorsatz (→ Vor § 29 Rn. 415–420) genügt (OLG Frankfurt a. M. NStZ-RR 2004, 327; *Patzak* in Körner/Patzak/Volkmer § 29 Teil 22 Rn. 35). Ein Fahrlässigkeitstatbestand ist nicht vorgesehen.

1924 **Der Vorsatz** muss sich auf die Aufforderung einschließlich des Anscheins der Ernstlichkeit (→ Rn. 1901; OLG Frankfurt a. M. NStZ-RR 2004, 327), ihre Art und Weise und darauf beziehen, dass nicht oder nicht zulässig verschriebene Betäubungsmittel konsumiert werden sollen. **Für die Aufforderung** gilt der Maßstab, der auch sonst an normative Tatbestandsmerkmale anzulegen ist (→ Vor § 29 Rn. 400, 401, 433, 434); nur insoweit muss der Täter den Aufforderungscharakter erkennen. Entsprechendes gilt für die **Eigenschaft** als **Betäubungsmittel;** auf → Rn. 1882 wird hingewiesen. Für die **Fälle des Irrtums** → Rn. 1885.

1925 **G. Konkurrenzen.** Zu den Konkurrenzen → Vor § 29 Rn. 551–587, 671–724. Da sich die Aufforderung an einen Kreis unbestimmt vieler Menschen wendet, kommt ihr ein eigener Unrechtsgehalt zu. Auch wenn sie dem gewinnbringenden Umsatz von Betäubungsmitteln dient, kann daher Idealkonkurrenz mit Handeltreiben bestehen. Tateinheit ist auch mit der Verleitung zum unbefugten Verbrauch möglich (*Joachimski/Haumer* Rn. 239).

1926 **H. Strafzumessung.** Der Vorgang der Strafzumessung richtet sich nach denselben Regeln, die auch für das Anbauen gelten. Zu den Grundsätzen daher → Rn. 125. Ein Absehen von der Bestrafung (Absatz 5) ist allerdings nicht zulässig.

1927 **I. Strafrahmenwahl.** Auf → Rn. 126 wird zunächst verwiesen. Ein besonders schwerer Fall führt zu einer Mindeststrafe von einem Jahr Freiheitsstrafe (§ 29 Abs. 3 S. 1); dazu → Rn. 1981–1996. Regelbeispiele (§ 29 Abs. 3 S. 2) sind nicht vorgesehen.

1928 **II. Strafzumessung im engeren Sinne.** Auf → Rn. 127 wird verwiesen.

1929 **III. Weitere Entscheidungen.** Auf → Rn. 128 wird verwiesen.

Kapitel 13. Bereitstellen von Vermögenswerten (Absatz 1 Satz 1 Nr. 13)

1930 **A. Völkerrechtliche Grundlage.** Die Vorschrift beruht auf Art. 36 Abs. 2a Ziffer ii ÜK 1961, Art. 22 Abs. 2a Ziffer ii ÜK 1971, Art. 3 Abs. 1a Ziffer v ÜK 1988.

1931 **B. Zweck, Natur.** Die Vorschrift richtet sich gegen die Drahtzieher und Finanziers des illegalen Rauschgifthandels, die meist nicht selbst aktiv in Erscheinung treten, sondern den illegalen Betäubungsmittelverkehr mit zusätzlichen Geldmitteln versorgen (BT-Drs. 8/3551, 36). Sie wird ergänzt durch den Tatbestand der Geldwäsche (§ 261 StGB) und das GwG.

1932 Die Regelung, die ursprünglich in § 29 Abs. 1 S. 1 Nr. 4 eingestellt war, erhebt **typische Beihilfehandlungen** zu einer selbständigen Tat. Damit wird nicht nur die obligatorische Strafmilderung nach § 27 Abs. 2 S. 2 StGB ausgeschlossen, sondern die Tat bleibt auch dann strafbar, wenn die **Haupttat nicht begangen** oder **nicht versucht** wird (OLG Karlsruhe NStZ 2008, 43 mAnm *Hirsch*). Gleichwohl sind Verurteilungen selten, zum Teil, weil bereits Herstellen oder Handeltreiben vorliegt, zum Teil aber auch wegen der Schwierigkeit der Ermittlungen.

Kap. 13. Bereitstellen von Vermögenswerten (Abs. 1 S. 1 Nr. 13) § 29 BtMG

C. Tathandlung. Tathandlung ist das Bereitstellen von Geldmitteln oder anderen Vermögensgegenständen für eine rechtswidrige Tat nach Absatz 1 Satz 1 Nr. 1, 5, 6, 7, 10, 11 oder 12. 1933

I. Vermögensgegenstände sind alle Gegenstände, die Objekt eines Vermögens sein können, auch wenn sie gerade keinen (Vermögens-)Wert haben (BT-Drs. 12/3533, 17). Ein sachlicher Unterschied zu § 261 StGB, der von Gegenständen spricht, dürfte nicht bestehen. Praktische Bedeutung haben vor allem Bar- und Buchgeld, Wertpapiere, Edelmetalle und Edelsteine, Forderungen (*Patzak* in Körner/Patzak/Volkmer § 29 Teil 23 Rn. 5) oder **Fahrzeuge** (BGH NStZ 1982, 384; *Patzak* in Körner/Patzak/Volkmer § 29 Teil 23 Rn. 5). Auf das Eigentum kommt es nicht an (*Kotz/Oğlakcıoğlu* in MüKoStGB Rn. 1583). 1934

Zu den Vermögensgegenständen gehören aber auch **tatsächliche Positionen,** die sich vor allem aus nichtigen Rechtsgeschäften ergeben können (→ § 33 Rn. 57; BGHR BtMG § 29 Abs. 1 Nr. 1 Handeltreiben 50 (→ Rn. 173)), oder Forderungen aus unvollkommenen Verbindlichkeiten, zB Spiel. 1935

Hiervon zu unterscheiden sind die Gegenstände, die dem Begünstigten nicht wegen ihres Vermögenswertes, sondern wegen ihres **Gebrauchswertes** als **Werkzeug** zur Verfügung gestellt werden, zB ein PKW zur Durchführung von Heroingeschäfts (*Kotz/Oğlakcıoğlu* in MüKoStGB Rn. 1584; *Joachimski/Haumer* Rn. 243). Etwas anderes gilt wiederum, wenn der Täter dem Rauschgifthändler das Geld zur Verfügung stellt, damit sich dieser das Fahrzeug beschafft (*Joachimski/Haumer* Rn. 243). 1936

II. Bereitstellen ist jede Tätigkeit, mit der dem hiervon Begünstigten der Umsatz von Betäubungsmitteln wirtschaftlich ermöglicht werden soll (*Joachimski/Haumer* BtMG Rn. 241), vor allem die Hingabe von Geld, anderen Zahlungsmitteln und Sachwerten, die Gewährung von Darlehen, Geschenken und Provision oder das Stellen von Sicherheiten. Nicht erforderlich ist, dass der Empfänger sich zur Zurückzahlung des Geldes an den Finanzier verpflichtet (*Franke/Wienroeder* Rn. 210). Bereitstellen ist das Verfügbarmachen von Vermögenswerten für Rauschgiftgeschäfte, unabhängig davon, ob dies für eigene oder fremde Geschäfte geschieht (*Franke/Wienroeder* Rn. 210). 1937

Die Zusage der Finanzierung genügt, **wenn** der Täter über die Mittel verfügen kann, etwa weil er sie in seinem Besitz hat oder weil die Bank ihm das Geld bereitgestellt hat. Dass er die Mittel bereits übergeben oder der Bank einen Auszahlungs- oder Überweisungsauftrag erteilt hat, ist nicht erforderlich (*Patzak* in Körner/Patzak/Volkmer § 29 Teil 23 Rn. 6; diff. *Kotz/Oğlakcıoğlu* in MüKoStGB Rn. 1586; aA *Joachimski/Haumer* Rn. 241: Hingabe des Geldes; *Franke/Wienroeder* Rn. 210: Abfluss des Geldes; *Malek* BtMStrafR Kap. 2 Rn. 290: mehr als Finanzierungszusage; ähnlich *Winkler* in Hügel/Junge/Lander/Winkler Rn. 22.2). 1938

Ebenso wenig ist notwendig, dass die Geld- oder sonstigen Mittel bereits **ausgesondert** sind; auch wenn sich das Geld noch mit anderen Mitteln, die nicht zur Finanzierung der Rauschgiftgeschäfte bestimmt sind, auf einem Konto befindet, ist es bereitgestellt. 1939

Bereitstellen setzt nicht voraus, dass die Geldmittel aus dem eigenen (oder für ihn allgemein verfügbaren fremden) Vermögen des Täters entnommen und dem Rauschgifthandel **zusätzlich zugeführt** werden. Bereitstellen liegt auch vor, wenn fremdes Geld, das sich in seiner derzeitigen Form (zB Währung) zum Rauschgifthandel nicht oder nur schwer eignet (und damit nicht hierfür bereitsteht), für den Handel tauglich, verwendbar und verfügbar gemacht wird (BGHR BtMG § 29 Abs. 1 Nr. 4 Bereitstellen 2 (→ Rn. 465); *Franke/Wienroeder* Rn. 210; *Körner* NJW 1996, 2143 (2144)). Auch der Umtausch oder der Transport solchen 1940

Geldes kann daher Bereitstellen sein; vielfach wird hier auch Geldwäsche vorliegen (*Teriet* in BeckOK BtMG § 29 Rn. 779).

1941 **III. Rechtswidrige Tat.** Nach der Änderung durch das Ausführungsgesetz Suchtstoffübereinkommen 1988 (→ Rn. 27) und durch das 3. BtMG-AndG (→ § 10a Rn. 1) erfasst die Vorschrift rechtswidrige Taten nach § 29 Abs. 1 S. 1 Nr. 1, 5–7, 10, 11 und 12. Nicht erfasst ist der Besitz, wohl aber der Erwerb (*Körner* NJW 1996, 2143 (2144)), auch zum Eigenkonsum oder zur uneigennützigen Weitergabe (zur früheren Rechtslage BGHR BtMG § 29 Abs. 1 Nr. 4 Bereitstellen 1 (→ Rn. 448)). Auch wenn für einen Förderer die Finanzierung des **Konsums** im Vordergrund steht, etwa wenn Eltern Geldmittel zum Konsumenteneinkauf zur Verfügung stellen (*Kotz/Oğlakcıoğlu* in MüKoStGB Rn. 1587; *Malek* BtMStrafR Kap. 2 Rn. 291), geht diesem der **Erwerb voraus,** so dass eine entsprechende Schenkung tatbestandsmäßig ist. Strafbar können sich auch Mitglieder von Substitutionskommissionen machen, wenn sie Kostenzusagen erteilen, obwohl die Voraussetzungen einer zulässigen Substitution nicht gegeben sind (*Patzak* in Körner/Patzak/Volkmer § 29 Teil 23 Rn. 8; *Kotz/Oğlakcıoğlu* in MüKoStGB Rn. 1587; *Malek* BtMStrafR Kap. 2 Rn. 291; *Winkler* in Hügel/Junge/Lander/Winkler Rn. 22.2).

1942 **Übergibt der Erwerber,** bei dem es an einem eigennützigen Handeln fehlt (sonst Handeltreiben), dem Verkäufer Geld für eine vereinbarte Betäubungsmittellieferung, die dieser, wie von ihm von vornherein beabsichtigt, nicht erbringt, so ist das (geplante) **Umsatzgeschäft zwischen Erwerber und Verkäufer** keine rechtswidrige Tat im Sinne der Nr. 13. Das Bereitstellen des Geldes ist insoweit ein typischer Akt des Zusammenwirkens von Verkäufer und Erwerber und keine Beihilfe zum Handeltreiben des Verkäufers (OLG Karlsruhe NStZ 2008, 43 mAnm *Hirsch*). Der Versuch ist im Falle der Nr. 13 nicht strafbar. In ihrem sehr eingeschränkten Anwendungsbereich (keine Eigennützigkeit beim Erwerber, Betrugsabsicht beim Verkäufer) erscheint die Entscheidung konsequent.

1943 **Die geförderte Tat** darf **nicht** soweit **konkretisiert** sein, dass Mittäterschaft oder Beihilfe daran in Betracht kommen (→ Rn. 1952). Sie muss auch nicht begangen oder versucht worden sein; allerdings ist dies auch nicht schädlich. Das Bereitstellen ist ein **Auffangtatbestand** (dazu → Rn. 1952), der sicherstellen soll, dass die Versorgung des illegalen Rauschgiftverkehrs mit Geldmitteln auch dann geahndet werden kann, wenn eine Haupttat nicht begangen oder nicht versucht wird oder sonst die Voraussetzungen der Beihilfe nicht nachgewiesen werden können (BGHSt 40, 208 = NJW 1994, 3019 = NStZ 1995, 140 = StV 1995, 25). Dies gilt auch dann, wenn nicht geklärt werden kann, ob der Empfänger des Geldmittel überhaupt mit Betäubungsmitteln Handel treibt oder nur die Absicht hatte, den Finanzier zu betrügen (BGHR BtMG § 29 Abs. 1 Nr. 1 Handeltreiben 22 (→ Rn. 241)).

1944 **D. Vollendung, Beendigung.** Der Versuch ist nicht strafbar (§ 29 Abs. 2). Für die Vollendung genügt die Zusage der Bereitstellung, wenn der Täter über die Mittel verfügen kann, etwa weil er sie in seinem Besitz hat oder die Bank das Geld bereitgestellt hat; sie setzt nicht voraus, dass die Verfügungsgewalt auf den Begünstigten übergegangen ist, insbesondere das Geld von dem Konto des Täters abgeflossen ist (→ Rn. 1938, 1939). Die Tat ist beendet, sobald die Verfügungsmacht übergegangen ist und der Begünstigte auf das Geld zugreifen kann (*Patzak* in Körner/Patzak/Volkmer § 29 Teil 23 Rn. 13).

1945 **E. Täterschaft, Teilnahme.** Es gelten die allgemeinen Regeln (→ Vor § 29 Rn. 241–386). Der Straftatbestand ist zwar eine zur Täterschaft erhobene Beihilfehandlung, jedoch ergibt sich daraus nicht notwendig, dass kein Raum für Teilnahmehandlungen bleibt. Vielmehr ist nach den allgemeinen Grundsätzen zu entscheiden, ob jemand selbst als Täter Geldmittel bereitstellt oder einem anderen bei solcher Bereitstellung lediglich hilft (BGHR BtMG § 29 Abs. 1 Nr. 4 Bereitstellen 2 (→ Rn. 465)).

F. Handeln im Ausland. Wird im Ausland Geld bereitgestellt, um einen Rauschgifthandel in Deutschland zu finanzieren, so ist ein inländischer Tatort erst dann gegeben, wenn das Geld die Grenze überschreitet (BGH NJW 1991, 304). Wird dagegen im Inland Geld bereitgestellt, um einen Rauschgifthandel im Ausland zu finanzieren, liegt ein inländischer Handlungsort und damit eine Inlandstat vor (§ 9 Abs. 1 StGB). 1946

Dem **Weltrechtsprinzip** (§ 6 Nr. 5 StGB) unterliegt das Bereitstellen als typische Form des Unterstützens anderer Straftaten (→ Rn. 1932) dann, wenn **ein Vertrieb** von Betäubungsmitteln initiiert oder gefördert werden soll (*Kotz/Oğlakcıoğlu* in MüKoStGB Rn. 1580). 1947

Dient das Bereitstellen der Geldmittel oder anderen Vermögensgegenstände **nicht dem Vertrieb** von Betäubungsmitteln, sind die allgemeinen international-strafrechtlichen Regeln maßgeblich. Wegen der Einzelheiten kann auf → Rn. 99–106 verwiesen werden. 1948

G. Subjektiver Tatbestand. Die Strafbarkeit setzt Vorsatz (→ Vor § 29 Rn. 389–425) voraus. Bedingter Vorsatz (→ Vor § 29 Rn. 415–420) genügt. Der Täter muss wissen und wollen oder damit rechnen und es billigen oder sich zumindest damit abfinden dass ein Dritter Straftaten der im Gesetz beschriebenen Art begehen will und dass die von dem Täter bereitgestellten Mittel diesem Zweck dienen. Fahrlässigkeit genügt nicht. 1949

Für die Fälle des Irrtums gibt es beim Bereitstellen im Verhältnis zu den anderen Verkehrsformen keine Unterschiede. Auf die einschlägigen Ausführungen bei der Herstellung kann daher Bezug genommen werden: Tatbestandsirrtum (→ Rn. 148); Verbotsirrtum (→ Rn. 149); Irrtum über Umstände, die nicht zum Tatbestand gehören (→ Rn. 150); umgekehrter Irrtum (untauglicher) Versuch, Wahndelikt (→ Rn. 151). 1950

Die (fehlende) Erlaubnis ist auch in den Fällen der Nr. 13 Tatbestandsmerkmal und kein Rechtfertigungsgrund, sofern die Tatbestände der unterstützten Handlungen sie als Tatbestandsmerkmal ansehen. Zu den Irrtümern im Zusammenhang mit der Erlaubnis → Rn. 35–44. 1951

H. Konkurrenzen. Zu den Konkurrenzen → Vor § 29 Rn. 551–587, 671–724. Das Verhältnis des Bereitstellens zu den anderen Tatbeständen des Betäubungsmittelstrafrechts wird von seiner Funktion als Auffangtatbestand (BGHSt 40, 208 (→ Rn. 358)) geprägt. Kann der Bereitstellende, insbesondere wegen der gegebenen Konkretisierung des Betäubungsmittelgeschäfts, wegen Beihilfe zu diesem verurteilt werden, so tritt das Bereitstellen als subsidiär zurück; seine Bedeutung beschränkt sich dann darauf, dass die **obligatorische Strafmilderung** nach § 27 Abs. 2 S. 2 StGB **ausgeschlossen** ist (BGHSt 40, 208 (s. o.)). Die Subsidiarität des Bereitstellens gilt erst recht, wenn eine Verurteilung wegen Mittäterschaft (beim Handeltreiben) in Betracht kommt (BGHR BtMG § 29 Abs. 1 Nr. 13 Bereitstellen 1 (2 StR 739/94)). Zur **Geldwäsche** s. → Vor § 29 Rn. 717–720. 1952

I. Strafzumessung. Der Vorgang der Strafzumessung richtet sich nach denselben Regeln, die auch für das Anbauen gelten. Zu den Grundsätzen daher → Rn. 125. Ein Absehen von der Bestrafung (Absatz 5) ist allerdings nicht zulässig. 1953

I. Strafrahmenwahl. Auf → Rn. 126 wird verwiesen. Ein besonders schwerer Fall führt zu einer Mindeststrafe von einem Jahr Freiheitsstrafe (Absatz 3 Satz 1); dazu → Rn. 1981–1996; ein solcher Fall liegt nach Absatz 3 Satz 2 Nr. 1 in der 1954

Regel vor, wenn der Täter gewerbsmäßig handelt (dazu → Rn. 2002–2027, 2039–2075).

1955 **II. Strafzumessung im engeren Sinne.** Auf → Rn. 127 wird verwiesen.

1956 **III. Weitere Entscheidungen.** Auf → Rn. 128 wird verwiesen. Die Vermögensgenstände können auch als Tatobjekte eingezogen werden (§ 33).

Kapitel 14. Verstoß gegen eine Rechtsverordnung (Absatz 1 Satz 1 Nr. 14)

1957 **A. Inhalt und Bedeutung.** Mit der Vorschrift, die durch Art. 1 Nr. 2 des 3. BtMG-ÄndG (→ § 10a Rn. 1) keine sachliche Änderung erfahren hat, werden **Zuwiderhandlungen** gegen wichtige Regelungen der aufgrund des BtMG erlassenen Rechtsverordnungen unter Strafe gestellt. Die Entscheidung über die Strafbewehrung überlässt das Gesetz dem Verordnungsgeber. Dieser hat bisher nur in der BtMVV (§ 16) davon Gebrauch gemacht. Auf die Erläuterung zu dieser Vorschrift wird verwiesen. Die Vorschrift hat vor allem in der Suchtmedizin eine erhebliche Bedeutung (*Oğlakcıoğlu* in MüKoStGB BtMVV § 16 Rn. 4).

1958 **Die in der Vorschrift** angewandte **Rückverweisungstechnik** wurde bisher auch unter verfassungsrechtlichen Gesichtspunkten als zulässig angesehen (zuletzt BGH NJW 2016, 1251 = NStZ 2016, 481 = PharmR 2016, 86 = A&R 2016, 96); *Oğlakcıoğlu* in MüKoStGB Rn. 1611; zum Streitstand auch *Hoven* NStZ 2016, 377). Dagegen spricht nun die Entscheidung des BVerfG v. 21.9.2016 (NJW 2016, 3648 mAnm *Hecker* und Bespr. *Cornelius* NStZ 2017, 682 – RiFlEtikettG). Allerdings dürfte sich § 29 Abs. 1 S. 1 Nr. 14 nach der Entscheidung des BVerfG vom 11.3.2020 (BeckRS 2020, 522) noch im Rahmen des verfassungsrechtlich Zulässigen halten (→ AMG Vor § 95 Rn. 4, 12). Gegebenenfalls ist eine Klärung durch ein **konkretes Normenkontrollverfahren** (Art. 100 Abs. 1 GG) herbeizuführen.

1959 **B. Vollendung, Beendigung.** Der Versuch ist nicht strafbar (Absatz 2).

1960 **C. Täterschaft, Teilnahme.** Es gelten die allgemeinen Regeln (→ Vor § 29 Rn. 241–286).

1961 **D. Subjektiver Tatbestand.** Die Strafbarkeit setzt Vorsatz (→ Vor § 29 Rn. 389–425) voraus; die fahrlässige Begehung ist nicht strafbar. Bedingter Vorsatz (→ Vor § 29 Rn. 415–420) genügt (*Kaluba* in BeckOK BtMG Rn. 800).

1962 **E. Konkurrenzen.** Für die Konkurrenzen gelten die allgemeinen Regeln (→ Vor § 29 Rn. 551–587, 671–724; für die Konkurrenzen im Zusammenhang mit § 16 BtMVV s. dort.

1963 **F. Strafzumessung.** Der Vorgang der Strafzumessung richtet sich nach denselben Regeln, die auch für das Anbauen gelten. Zu den Grundsätzen daher → Rn. 125. Ein Absehen von der Bestrafung ist nicht zulässig (Absatz 5).

1964 **I. Strafrahmenwahl.** Auf → Rn. 126 wird zunächst verwiesen. Ein besonders schwerer Fall führt zu einer Mindeststrafe von einem Jahr Freiheitsstrafe (§ 29 Abs. 3 S. 2); dazu → Rn. 1981–1996. Regelbeispiele (§ 29 Abs. 3 S. 2) sind nicht vorgesehen.

1965 **II. Strafzumessung im engeren Sinne.** Auf → Rn. 127 wird verwiesen.

1966 **III. Weitere Entscheidungen.** Auf → Rn. 128 wird verwiesen.

Abschnitt 1a. Abgabe von sterilen Einmalspritzen und öffentliche Information darüber (Absatz 1 Satz 2)

1967 Die durch Gesetz v. 9.9.1992 (BGBl. I S. 1593) eingeführte und durch das 3. BtMG-ÄndG (→ § 10a Rn. 1) neugefasste Regelung nimmt vor allem im Interesse der Aids-Prophylaxe die Abgabe von **sterilen Einmalspritzen** an Betäubungsmittelabhängige aus dem Tatbestand des § 29 Abs. 1 S. 1 Nr. 11 heraus.

Die Vorschrift gilt **nur für (bereits) Betäubungsmittelabhängige** (so wohl auch *Patzak* in Körner/Patzak/Volkmer § 29 Teil 25 Rn. 1). In der Praxis kann dies jedoch noch weniger als in einem Drogenkonsumraum überprüft werden. Praktisch ausgeschlossen ist eine Überprüfung, wenn die Spritzen aus Automaten entnommen werden können. Zur Spritzenvergabe in Justizvollzugsanstalten → Einl. Rn. 184. 1968

Durch das 3. BtMG-ÄndG wurde die Regelung an die Neufassung der Nr. 11 angepasst. Zugleich wurde bestimmt, dass die **öffentliche Information** über die Abgabe von Einmalspritzen an Abhängige kein öffentliches Mitteilen einer Gelegenheit zum (unbefugten) Verbrauch nach Satz 1 Nr. 11 darstellt. 1969

Etwas anderes gilt für die **eigennützige** Mitteilung einer solchen Gelegenheit. Sie ist weiterhin strafbar. 1970

Abschnitt 2. Strafbarkeit des Versuchs (Absatz 2)

A. Völkerrechtliche Grundlage. Die Strafbewehrung des Versuchs beruht auf Art. 36 Abs. 2a Ziffer ii ÜK 1961, Art. 22 Abs. 2a Ziffer ii ÜK 1971 und Art. 3 Abs. 1c Ziffer iv ÜK 1988. 1971

B. Tatbestände. Absatz 2 führt die (Vergehens-)Tatbestände des § 29 auf, bei denen die versuchte Begehung strafbar ist. Es sind die Straftaten nach Absatz 1 Satz 1 1972
– Nr. 1 (Anbauen, Herstellen Handeltreiben, Einführen, Ausführen, Veräußern, Abgeben, sonstiges Inverkehrbringen, Erwerben oder Sichverschaffen),
– Nr. 2 (unerlaubtes Herstellen einer ausgenommenen Zubereitung),
– Nr. 5 (Durchführen) und
– Nr. 6 Buchst. b (missbräuchliches Verabreichen oder Überlassen zum unmittelbaren Verbrauch).

Bei den **Verbrechenstatbeständen** (§§ 29a–30a) ergibt sich die Versuchsstrafbarkeit aus § 23 Abs. 1 StGB. In den Fällen des § 30b ist (nur) der Versuch der **Gründung** strafbar (→ § 30b Rn. 27).

C. Erläuterungen. Der Versuch ist bei den einschlägigen Tatbeständen jeweils im Einzelnen erläutert. Im Übrigen gelten für ihn die allgemeinen Regeln (→ Vor § 29 Rn. 171–206). Zum Versuch bei **Mittätern** → Vor § 29 Rn. 188–191, zum Versuch bei **mittelbarer Täterschaft** → Vor § 29 Rn. 192–195; eine versuchte **Anstiftung** ist im Falle des § 29 nicht strafbar, da kein Verbrechen vorliegt (→ Vor § 29 Rn. 210); versuchte **Beihilfe** ist generell nicht strafbar (→ Vor § 29 Rn. 354). 1973

Zum **untauglichen** Versuch → Vor § 29 Rn. 177–179, zu den **umgekehrten Irrtümern** (untauglicher Versuch, Wahndelikt → Vor § 29 Rn. 439, 440, 452–461, zum **fehlgeschlagenen** Versuch und zum **Rücktritt** → Vor § 29 Rn. 201–206, zum Versuch als **vertypter Milderungsgrund** → Vor § 29 Rn. 769, 770. 1974

Abschnitt 3. Besonders schwere Fälle (Absatz 3)

A. Völkerrechtliche Grundlagen. Die Vorschrift kann sich auf Art. 3 Abs. 5 ÜK 1988 stützen, in dem bestimmte Straftaten als „besonders schwerwiegend" bezeichnet werden. Auf Grund der Einführung von Verbrechenstatbeständen, aber auch mit der offenen Regelung des Absatzes 3 entspricht das deutsche Recht den vertraglichen Anforderungen. 1975

BtMG § 29 Sechster Abschnitt. Straftaten und Ordnungswidrigkeiten

1976 **B. Rechtsnatur. Absatz 3** enthält **keinen Qualifikationstatbestand,** sondern lediglich **Strafzumessungsregeln** (BGHR BtMG § 29 Abs. 3 Nr. 1 Konkurrenzen 1 = NStZ-RR 1996, 47 = StV 1996, 94; § 30a Konkurrenzen 2 = StV 1996, 267; BGH NStZ 1994, 39; 2006, 172).

1977 Dies gilt auch für **Satz 2** (BGH NStZ 2006, 172). Die dort genannten **Regelbeispiele** sind aufgrund ihrer Indizfunktion zwar den Tatbestandsmerkmalen angenähert, enthalten aber nur Vorschriften für die Bemessung der Strafe. Trotz der Androhung einer Mindeststrafe von einem Jahr Freiheitsstrafe liegt daher kein Verbrechenstatbestand vor (§ 12 Abs. 1, 3 StGB). Sie sind deswegen auch nicht **in den Tenor** aufzunehmen (BGHR BtMG § 29 Abs. 1 Nr. 1 Handeltreiben 66 (→ Rn. 220); BGH NStZ 2006, 172; 2 StR 531/07). Zur **Prüfungsreihenfolge**, wenn ein Regelbeispiel in Betracht kommt → Rn. 2000.

1978 Tritt der Grundtatbestand, dem § 29 Abs. 3 als Strafzumessungsregel zugeordnet ist, **hinter** eine **Qualifikation** (§§ 29a–30a) **zurück,** so gilt dies auch für die Strafzumessungsregel. Strafzumessungsregeln sind keine Strafgesetze, die durch die Tathandlung verletzt (§ 52 StGB) werden könnten (BGHR BtMG § 29 Abs. 3 Nr. 4 Konkurrenzen 1 (→ Rn. 1976); BGH NStZ 1994, 39 (→ Rn. 1976)). Dies gilt auch, wenn der Tatbestand eines Regelbeispiels erfüllt ist (BGH NStZ-RR 2019, 218; 2020, 216).

1979 Für die Bemessung der Strafe **innerhalb** des in dem Qualifikationstatbestand vorgesehenen Strafrahmens behält das Regelbeispiel aber seine Bedeutung (BGHR BtMG § 30a Konkurrenzen 2 (→ Rn. 1976); § 29a Abs. 1 Nr. 2 Menge 10 = NStZ-RR 2003, 57; BGH NStZ-RR 2019, 218; 2020, 216; 2021, 19) und darf strafschärfend berücksichtigt werden (BGH NStZ-RR 1998, 373). Dagegen darf der Strafrahmen aus ihm nicht entnommen werden (*Endriß/Malek* BtMStrafR § 13 Rn. 37), selbst wenn dessen Mindeststrafe höher als die der Qualifikation ist (BGHR BtMG § 30a Konkurrenzen 2 (→ Rn. 1976)).

1980 **C. Strafrahmenwahl.** Auf Grund des Absatzes 3 stehen dem Richter mehrere Strafrahmen zur Verfügung und er hat daher **vor** der Strafzumessung im engeren Sinn auf der Grundlage einer Gesamtwürdigung die richtige **Strafrahmenwahl** (→ Vor § 29 Rn. 739, 744–747, 849) zu treffen (*Kalf* NJW 1996, 1447).

1981 **I. Der unbenannte besonders schwere Fall (Satz 1).** Besonders schwere Fälle **ohne** Regelbeispiele sieht das Gesetz derzeit lediglich für
– die unerlaubte Herstellung ausgenommener Zubereitungen (Absatz 1 Satz 1 Nr. 2),
– den Besitz (Nr. 3),
– die unerlaubte Werbung (Nr. 8),
– die Erschleichung von Verschreibungen (Nr. 9),
– die Aufforderung zum unbefugten Verbrauch (Nr. 12) und
– die Zuwiderhandlungen gegen eine Rechtsverordnung (Nr. 14)
vor.

1982 Da der Besitz einer nicht geringen Menge Betäubungsmittel ein Verbrechen (§ 29a Abs. 1 Nr. 2) darstellt, ist die **praktische Bedeutung** der unbenannten besonders schweren Fälle derzeit geringer als bei Inkrafttreten des BtMG 1982. Zum besonders schweren Fall bei den Tatbeständen **mit** Regelbeispielen → Rn. 1997–2000, 2039–2075.

1983 **1. Gesamtwürdigung.** Ob ein besonders schwerer Fall vorliegt, ist aufgrund einer **Gesamtwürdigung** zu entscheiden (BGH NStZ 2010, 170; BGH 1 StR 548/94; *Schäfer/Sander/van Gemmeren* Strafzumessung Rn. 1135). **In diese sind enger** als bei den minder schweren Fällen nur die Umstände einzubeziehen, die der Tat selbst innewohnen oder doch wenigstens im Zusammenhang mit ihr stehen. Dabei spielt es dann keine Rolle, ob es sich um objektive, subjektive oder solche

Kap. 14. Verstoß gegen RechtsVO (Abs. 1 S. 1 Nr. 14) § 29 BtMG

Umstände handelt, die die Persönlichkeit des Täters betreffen. Soweit diese Voraussetzungen nicht gegeben sind, scheidet das Verhalten des Täters vor und nach der Tat aus der Bewertung aus (BGH NStZ 1984, 413 = StV 1984, 464; aber nunmehr → Rn. 1984; für eine Berücksichtigung des gesamten Vor- und Nachtatverhaltens *Schäfer/Sander/van Gemmeren* Strafzumessung Rn. 1136).

Den Anforderungen einer Gesamtwürdigung entspricht es **nicht,** wenn **allein** 1984 auf die Abgabe von 21 Packungen Rohypnol (Wirkstoffgehalt 420 mg Flunitrazepam) abgestellt wird, ohne die sonstigen Umstände, etwa das Alter des Täters, seine bisherige Unbestraftheit und die Zeit, die seit den Taten vergangen ist, zu berücksichtigen (BGH NStZ 2010, 170).

a) Voraussetzungen. Ein besonders schwerer Fall ist gegeben, wenn die Tat 1985 nach der gebotenen Gesamtbewertung die erfahrungsgemäß gewöhnlich vorkommenden und deshalb für den ordentlichen Strafrahmen bereits berücksichtigten Fälle derart an Strafwürdigkeit übertrifft, dass dieser zur Ahndung der Tat nicht mehr ausreicht (BVerfG NJW 2008, 3627 (→ Rn. 206); BGHSt 28, 319 = NJW 1979, 1666; BGH NStZ 1982, 465; *Fischer* StGB § 46 Rn. 88; *Patzak* in Körner/ Patzak/Volkmer § 29 Teil 27 Rn. 5). In der Regel reicht dazu das Vorliegen **eines (einzelnen)** Erschwerungsgrundes **nicht** aus (*Schäfer/Sander/van Gemmeren* Strafzumessung Rn. 1137).

Der besonders schwere Fall setzt **nicht** voraus, dass die in Betracht kommende 1986 Strafe das **Höchstmaß des normalen** Strafrahmens überschreiten müsste. Es muss nur **unangemessen** sein, die Strafe nach diesem Strafrahmen zu bestimmen. Die nach dem Sonderstrafrahmen bemessene Strafe kann daher auch unter dem Höchstmaß des Normalstrafrahmens liegen (*Kinzig* in Schönke/Schröder StGB Vor § 38 Rn. 54).

b) Leitlinie: Suchtstoffübereinkommen 1988. Anhaltspunkte für eine er- 1987 höhte Strafwürdigkeit ergeben sich nunmehr aus dem (offenen) Katalog des Art. 3 Abs. 5 ÜK 1988 (*Patzak* in Körner/Patzak/Volkmer § 29 Teil 27 Rn. 49; *Kotz* in MüKoStGB, 2. Auflage, Rn. 1707, 1708; *Kotz* in Kotz/Rahlf BtMStrafR Kap. 8 Rn. 43), der zwar in erster Linie für die in Art. 3 Abs. 1 aufgeführten Straftaten gilt, aber auch für andere Delikte als Leitlinie dienen kann. Die Heranziehung des ÜK 1988 darf nicht im Sinne einer unmittelbaren Anwendung des Übereinkommens missverstanden werden. Dieses begründet auch in Art. 3 Abs. 5 nur Staatenverpflichtungen (*Albrecht* in Kreuzer BtMStrafR-HdB § 10 Rn. 26). Mit dem Inkrafttsetzen des Übereinkommens hat die Bundesrepublik Deutschland jedoch anerkannt, dass diese Gesichtspunkte, zu deren Beachtung sie sich völkerrechtlich verpflichtet hat, Bestandteile ihres Strafzumessungsrechts darstellen. Aufgrund ihrer verfassungsrechtlichen Verpflichtung zur **völkerrechtskonformen Auslegung** sind die deutschen Gerichte und Behörden gehalten, dies bei der Auslegung des deutschen Rechts zu berücksichtigen (→ Vor § 29 Rn. 864, 865).

Als zu berücksichtigende Umstände kommen etwa in Betracht, dass die Tat im 1988 Zusammenhang mit einem **öffentlichen Amt** begangen wurde (Buchst. e; *Patzak* in Körner/Patzak/Volkmer § 29 Teil 27 Rn. 56; *Kotz* in MüKoStGB, 2. Auflage, Rn. 1707), dass **Minderjährige** in Mitleidenschaft gezogen wurden (Buchst. f; *Patzak* in Körner/Patzak/Volkmer § 29 Teil 27 Rn. 57; *Kotz* in MüKoStGB, 2. Auflage, Rn. 1707), dass die Tat in einer **Justizvollzugsanstalt** oder **Bildungsanstalt** oder deren **Umkreis** begangen wurde (Buchst. g; *Patzak* in Körner/ Patzak/Volkmer § 29 Teil 27 Rn. 50, 51, 53–55; *Kotz* in MüKoStGB, 2. Auflage, Rn. 1707; überholt daher OLG Koblenz NStZ 1993, 549, *Endriß/Malek* BtMStrafR § 13 Rn. 31) oder dass **Gewalt** oder der Gebrauch von **Waffen** (Buchst. d; *Patzak* in Körner/Patzak/Volkmer § 29 Teil 27 Rn. 58–60; aA *Kotz* in MüKoStGB, 2. Auflage, Rn. 1708) vorliegt.

BtMG § 29   Sechster Abschnitt. Straftaten und Ordnungswidrigkeiten

1989   Geht man davon aus, dass die **Umstände an die Tat** anknüpfen müssen (→ Rn. 1983), genügen nach deutschem Recht **Vorstrafen** (Buchst. h) nicht ohne weiteres (zum Rückfall bei Drogenabhängigkeit → Vor § 29 Rn. 1060, 1061.

1990   **Der Kreis der Umstände,** die zu einer besonderen Verwerflichkeit der Tat führen können, ist nicht geschlossen, so dass auch **andere Gesichtspunkte** herangezogen werden können, zB besonders **verwerfliche Vertriebsmethoden** (BGH NJW 1980, 1344), ein **besonderer Unrechtsgehalt** bei der Einfuhr (BGH NJW 1980, 1344; *Patzak* in Körner/Patzak/Volkmer § 29 Teil 27 Rn. 61), das **Verstecktkhalten** an schwer zugänglichen Stellen (*Patzak* in Körner/Patzak/Volkmer § 29 Teil 27 Rn. 61) oder das Inverkehrbringen **besonders gefährlicher** Zubereitungen (*Joachimski/Haumer* BtMG Rn. 256).

1991   **c) Auswirkung von Strafmilderungsgründen.** Ein besonders schwerer Fall scheidet nicht schon allein deswegen aus, weil auch ein (einzelner) **allgemeiner Strafmilderungsgrund** gegeben ist (BGH NJW 1982, 2264 = NStZ 1982, 508 = JR 1983, 29 mAnm *Bruns*). Auf der anderen Seite kann ein solcher gewichtiger Umstand, zB Tatprovokation, langer Zeitraum zwischen Tat und Urteil, Geständnis, günstige Veränderung der Lebensumstände, dazu führen, dass ein besonders schwerer Fall nicht angenommen werden kann (*Schäfer/Sander/van Gemmeren* Strafzumessung Rn. 1137).

1992   Ein **vertypter Milderungsgrund** (→ Vor § 29 Rn. 750–781) kann für sich allein, zusammen mit anderen oder mit einem oder mehreren allgemeinen Strafmilderungsgründen dazu führen, dass ein besonders schwerer Fall zu verneinen ist (*Schäfer/Sander/van Gemmeren* Strafzumessung Rn. 931, 1137). Ist der besonders schwere Fall wegen des Vorliegens (auch) eines vertypten Milderungsgrundes verneint worden, so kommt eine Strafrahmenverschiebung nach § 49 StGB in entsprechender Anwendung des § 50 StGB nicht mehr in Betracht (BGH NJW 1986, 1699 = NStZ 1986, 312 = StV 1986, 339; *Schäfer/Sander/van Gemmeren* Strafzumessung Rn. 1138). Für die sich daraus ergebende **Prüfungsreihenfolge** gilt dasselbe wie bei der Entkräftung eines Regelbeispiels; auf → Rn. 2060–2064 kann daher verwiesen werden.

1993   **2. Versuch.** Ein unbenannter besonders schwerer Fall kommt bei allen Tatbeständen des Absatzes 1 Satz 1 in Betracht. Hiervon ist der Versuch nur in den Fällen der Nr. 1, 2, 5 und 6 Buchst. b strafbar. Die dem Gericht aufgegebene **Gesamtwürdigung** (→ Rn. 1983) kann ergeben, dass auch in dem (strafbaren) Versuch einer Straftat ein besonders schwerer Fall zu sehen ist (BGH NStZ-RR 1997, 293; *Fischer* StGB § 46 Rn. 97; *Kühl* in Lackner/Kühl StGB § 46 Rn. 15; *Patzak* in Körner/Patzak/Volkmer § 29 Teil 27 Rn. 63). Der oft zitierte Satz, einen Versuch des besonders schweren Falles gebe es begrifflich nicht (*Fischer* StGB § 46 Rn. 97), ist daher zwar richtig, trägt aber eher zur Verdunkelung der Rechtslage bei. Zum Versuch bei Regelbeispielen → Rn. 2066–2070.

1994   **3. Mehrere Beteiligte.** Die Gesamtwürdigung (→ Rn. 1983) ist für jeden Täter oder Teilnehmer gesondert vorzunehmen. Im Falle der Teilnahme ist die Haupttat zwar mit zu berücksichtigen, entscheidend ist jedoch, ob – unter Berücksichtigung des Gewichts der Haupttat – der Umfang des Tatbeitrags des Gehilfen und das Maß seiner Schuld seine Tat als besonders schwer erscheinen lassen, und so dass sie selbst einen besonders schweren Fall darstellt (stRspr; BGHR BtMG § 29 Abs. 3 Nr. 4 Gehilfe 2 (2 StR 712/88); BGH NStZ 1983, 217; 2012, 342).

1995   Danach sind vor allem die **den Gehilfen** betreffenden Umstände, zB Gewicht und Umfang **seines** Tatbeitrags, seine Abhängigkeit vom Haupttäter, ein nur gelegentliches Tätigwerden und das Maß seiner Schuld, von Bedeutung. Es gilt dasselbe wie beim minder schweren Fall (→ Vor § 29 Rn. 844–847). Dass nur Beihilfe vorliegt und der Gehilfe keinen Einfluss auf die Tatgestaltung hatte, darf noch nicht zur

Ablehnung eines besonders schweren Falles führen (*Joachimski/Haumer* BtMG Rn. 258).

4. Vorsatz. Die Umstände, die einen unbenannten besonders schweren Fall begründen, werden wie Tatbestandsmerkmale behandelt (→ Vor § 29 Rn. 391). Sie können daher zu Lasten des Täters grundsätzlich nur berücksichtigt werden, wenn er auch insoweit mit Vorsatz gehandelt hat. Bedingter Vorsatz (→ Vor § 29 Rn. 415—420) genügt. Unter bestimmten Voraussetzungen (→ Vor § 29 Rn. 396, 397) kann auch das fahrlässige Verkennen eines strafhöhenden Umstandes strafschwerend berücksichtigt werden (weitergehend *Patzak* in Körner/Patzak/Volkmer § 29 Teil 27 Rn. 62; *Maiwald* NStZ 1984, 439), wobei allerdings zwischen Regelbeispielen und anderen Umständen nicht unterschieden werden kann (aA *Patzak* in Körner/Patzak/Volkmer § 29 Teil 27 Rn. 62). **1996**

II. Die Regelbeispiele (Satz 2). Aufgabe der Regelbeispiele ist es, dem Richter Hinweise auf den **Schweregrad** zu geben, den das Gesetz für eine Strafrahmenverschiebung wegen eines besonders schweren Falles erwartet. Sie galten früher als Zeichen moderner Gesetzgebungstechnik. Aus guten Gründen (*Schäfer* Prot. der 88. Sitzung des Rechtsausschusses des Deutschen Bundestages v. 4.6.1997 S. 15, 16; *Weber* ebd. S. 22; *Weber* Anlagen zum Prot. S. 55—59; *Callies* NJW 1998, 929) werden sie heute kritischer gesehen, und der Gesetzgeber ist zunehmend zu Qualifikationen zurückgekehrt. **1997**

1. Gesamtwürdigung. An sich sollte die Annahme eines besonders schweren Falles im Falle ihres Vorliegens grundsätzlich keiner näheren Begründung bedürfen. Die Rechtsprechung forderte daher zunächst nur, dass der Richter im Einzelfall „zu bedenken" habe, ob in der Tat oder der Person des Täters außergewöhnliche Umstände vorliegen, die sein Unrecht oder seine Schuld deutlich vom Regelfall abheben und die Anwendung des erschwerten Strafrahmens als nicht angemessen erscheinen lassen (BGHR BtMG § 29 Abs. 3 Strafrahmenwahl 5 = NJW 1989, 1680 = NStZ 1988, 367 = StV 1989, 202). **1998**

Inzwischen wird aber auch hier eine **Gesamtwürdigung** verlangt (BGHR StGB vor § 1/minder schwerer Fall Gesamtwürdigung, unvollständige 11 (5 StR 286/92); § 177 Abs. 2 Strafrahmenwahl 13 = StV 2000, 557; BGH NStZ-RR 1997, 121; 2003, 297; StV 1999, 490; *Schäfer/Sander/van Gemmeren* Strafzumessung Rn. 1143). Dabei ist allerdings davon auszugehen, dass dann, wenn die Voraussetzungen eines Regelbeispiels gegeben sind, der erhöhte Strafrahmen maßgeblich ist, ohne dass es einer zusätzlichen Prüfung bedarf, ob seine Anwendung im Vergleich zu den im Durchschnitt der erfahrungsgemäß vorkommenden Fälle geboten erscheint (BGH NJW 2004, 2394 = StV 2005, 9; NStZ 2004, 265). Eine andere Frage ist die der Indizwirkung der Regelbeispiele. Wegen der Einzelheiten wird insoweit auf → Rn. 2040—2049 Bezug genommen. Zur Niederlegung im Urteil → Rn. 2050, 2052, 2063, 2075. **1999**

2. Prüfungsreihenfolge. Ist für den betreffenden Tatbestand ein Regelbeispiel vorgesehen, so empfiehlt sich daher, **2000**
— zunächst zu prüfen, ob die Voraussetzungen des Regelbeispiels vorliegen (→ Rn. 2001—2038),
— sodann zu klären (wenn auch nicht immer mit jedem Ermittlungsaufwand (→ Rn. 2053)),
  — ob die Regelwirkung entfällt (→ Rn. 2039—2049) oder
  — ob umgekehrt, wenn die Voraussetzungen eines Regelbeispiels nicht vorliegen, ein unbenannter besonders schwerer Fall (Absatz 3 Satz 1) gegeben ist (→ Rn. 1983—1996, 2054—2059).

Steht danach der Strafrahmen fest, ist in die **Strafzumessung im engeren Sinn** einzutreten.

BtMG § 29   Sechster Abschnitt. Straftaten und Ordnungswidrigkeiten

2001   **D. Die Regelbeispiele im Einzelnen (Satz 2 Nr. 1, 2).** Die beiden Regelbeispiele des Satzes 2 haben eine unterschiedliche Zielrichtung. Während die Strafschärfung für gewerbsmäßiges Handeln (Nr. 1) sich vor allem gegen Drogenhändler richtet, die durch den illegalen Umgang mit Betäubungsmitteln ganz oder teilweise ihren Lebensunterhalt bestreiten wollen, stellt Nr. 2 die konkrete Gesundheitsgefährdung in den Vordergrund, der mehrere Menschen aufgrund der Tathandlung ausgesetzt sind.

2002   **I. Gewerbsmäßiges Handeln (Nr. 1).** Das Regelbeispiel verwirklicht, wer bei einer Tat nach Absatz 1 Satz 1
- **Nr. 1** (Anbauen, Herstellen, Handeltreiben, Einführen, Ausführen, Veräußern, Abgeben, sonstiges Inverkehrbringen, Erwerben, Sichverschaffen in sonstiger Weise),
- **Nr. 5** (Durchführen),
- **Nr. 6 Buchst. a** (Verschreiben von Betäubungsmitteln entgegen § 13 Abs. 1)
- **Nr. 6 Buchst. b** (Verabreichen oder Überlassen zum unmittelbaren Verbrauch),
- **Nr. 10** (Verschaffen, Gewähren oder öffentliches oder eigennütziges Mitteilen einer Gelegenheit zum unbefugten Erwerb oder zur unbefugten Abgabe, Verleiten zum unbefugten Verbrauch)
- **Nr. 11** (Verschaffen, Gewähren oder öffentliches oder eigennütziges Mitteilen einer Gelegenheit zum unbefugten Verbrauch außerhalb eines Drogenkonsumraums) und
- **Nr. 13** (Bereitstellen von Geldmitteln)

gewerbsmäßig handelt. Hauptanwendungsfall ist das Handeltreiben.

2003   **Die Gewerbsmäßigkeit** setzt keinen kaufmännischen Geschäftsbetrieb voraus. Der Täter muss die Straftat nicht wie ein kriminelles Gewerbe oder wie einen Beruf ausüben (BGHSt 1, 383 = NJW 1952, 113; BGH NJW 1998, 2913 = StV 1998, 421; NStZ 1995, 85). Er muss **kein Bandentäter** und auch **kein Großdealer** sein. Auch ein **Kleindealer,** der sich durch den Verkauf von Betäubungsmitteln die Mittel zur Befriedigung seiner Sucht in Form von Stoff oder Geld verschaffen will, kann gewerbsmäßig handeln (→ Rn. 2015; *Patzak* in Körner/Patzak/Volkmer Teil 27 Rn. 16).

2004   **1. Tathandlung.** Gewerbsmäßig handelt der Täter, der sich durch wiederholte Tatbegehung (hier einen wiederholten Verstoß gegen das BtMG) eine fortlaufende Einnahmequelle von einiger Dauer und einigem Umfang verschaffen will (BGHR Betäubungsmittel § 30 Abs. 1 Nr. 2 Gewerbsmäßig 2 = StV 1997, 636; BGH NJW 2004, 2840 = StV 2004, 532; NStZ 2014, 85; NStZ-RR 2011, 373). Dabei ist unerheblich, ob der Täter bereits einen Gewinn erzielt hat. Maßgeblich ist die **Gewinnerwartung,** dh in welchem Umfang der Täter Gewinne erzielen **wollte** (BGH NStZ-RR 2018, 50 = StV 2018, 300).

2005   **Nicht erforderlich** ist, dass er vorhat, aus seinem Tun ein kriminelles Gewerbe zu machen (stRspr; BGHSt 1, 383 = NJW 1952, 113; BGH NStZ 1995, 85 (→ Rn. 451); 2004, 265). Ebenso muss er nicht im Rahmen eines Gewerbes handeln (*Fischer* StGB Vor § 52 Rn. 61). Der Tatbestand kann von jedermann erfüllt werden und damit auch von **Angehörigen freier Berufe** (s. BGHR BtMG § 13 Abgabe 1 (→ Rn. 1450)). Dass die Summe der Vorteile, die dem Täter zufließen sollen, von **vornherein feststeht,** steht der Gewerbsmäßigkeit nicht entgegen (BGHR StGB § 261 Strafzumessung 2 = NStZ 1998, 622).

2006   **a) Absicht wiederholter Tatbegehung.** Die Gewerbsmäßigkeit setzt nicht voraus, dass mehrere Taten begangen sind. Vielmehr genügt bereits eine Tat, wenn sie auf einer Absicht auf Wiederholung gerichteten Willen beruht. Ist dies gegeben, so ist **schon die erste** der ins Auge gefassten Tathandlungen als gewerbsmäßig anzusehen (BGHR StGB § 146 Abs. 2 Gewerbsmäßig 1 = NJW 2009, 3798 = NStZ

2010, 148 = StV 2010, 304; BGH NJW 2004, 2840 (→ Rn. 2004); 2011, 1686 = NStZ 2011, 515 = StV 2011, 365). Dies kann schon bei der Abgabe einer **Gratisprobe** zum Zwecke der Kundenwerbung gegeben sein (*Winkler* in Hügel/Junge/Lander/Winkler Rn. 26.1; *Endriß* StV 1993, 249 (250); zw. *Joachimski/Haumer* BtMG Rn. 263).

Die Absicht der Wiederholung **bei sich bietender Gelegenheit** genügt (RGSt 54, 230; 58, 19; *Franke/Wienroeder* Rn. 221). Auf der anderen Seite reicht es nicht, wenn der Täter **einmal ein größeres Geschäft** mit erheblichem Gewinn tätigen will (BGH NStZ 2005, 230; StV 2008, 357), namentlich wenn sich dies wegen fehlender Kapitalmittel nicht realisieren lässt und deswegen mehrere Schmuggelfahrten notwendig sind (BGH *Schoreit* NStZ 1986, 57; *Malek* BtMStrafR Kap. 3 Rn. 31). 2007

Die Wiederholungsabsicht muss sich auf **das Delikt beziehen,** dessen Tatbestand durch das Merkmal der Gewerbsmäßigkeit qualifiziert ist (BGHR BtMG § 30 Abs. 1 Nr. 2 Gewerbsmäßig 1 = NJW 1996, 1069 = NStZ 1996, 285 = StV 1996, 213; BGH NJW 2011, 1686 (→ Rn. 2006)). Dabei genügt es, wenn der Täter sich fortlaufende Einnahmen **auch** aus derartigen Geschäften verschaffen will (BGHR BtMG § 30 Abs. 1 Nr. 2 Gewerbsmäßig 2 (→ Rn. 2004)); nicht notwendig ist, dass er sie ausschließlich aus solchen Quellen erzielen will. 2008

Die wiederholte Tatbegehung muss ferner auf mehrere Handlungen im **natürlichen Sinn** ausgerichtet sein. Im Hinblick auf die besonderen Voraussetzungen der natürlichen Handlungseinheit (→ Vor § 29 Rn. 569–573) genügen die mehreren Willensbetätigungen in deren Rahmen nicht (*Franke/Wienroeder* Rn. 221). 2009

Weitere Anforderungen an eine Mehrheit der Taten sind jedoch **nicht** zu stellen. So hat die Zusammenfassung mehrerer Taten zu einer fortgesetzten Handlung die Gewerbsmäßigkeit nicht ausgeschlossen (BGHSt 26, 4 = NJW 1975, 395). Dies gilt nunmehr auch für die Fälle der **Bewertungseinheit** (BGH NStZ 2013, 347; aA *Franke/Wienroeder* Rn. 221) oder bei der Zusammenfassung mehrerer Tatbeiträge im Rahmen eines Geschäftsbetriebes zu einem **uneigentlichen Organisationsdelikt** (BGH NJW 2004, 2840 (→ Rn. 2004)), da auch dort mehrere Handlungen im natürlichen Sinn vorliegen. 2010

Gewerbsmäßigkeit liegt auch dann vor, wenn der Täter das Rauschgift in einem **einzigen** Vorgang erlangt hat und es dann, um sich eine fortlaufende Einnahmequelle zu verschaffen, portionsweise verkauft (BGHR BtMG § 29 Abs. 3 Nr. 1 Gewerbsmäßig 4 = NStZ 1993, 87 = StV 1993, 249 mzustAnm *Endriß*); aA BGH NJW 2011, 1686 (→ Rn. 2006); StraFo 2010, 170; *Winkler* in Hügel/Junge/Lander/Winkler Rn. 26.2; *Franke/Wienroeder* Rn. 221; *Winkler* NStZ 2010, 685). Anders als in den Fällen des § 146 StGB **treibt** der Täter bereits durch den **Erwerb** des Betäubungsmittels mit diesem **Handel** und verwirklicht damit die Tatbestandsvariante, auf die sich auch seine Wiederholungsabsicht bezieht (BGHR StGB § 146 Abs. 2 Gewerbsmäßig 1 (→ Rn. 2006)). Im Unterschied zu § 146 Abs. 2 StGB ist § 29 Abs. 3 S. 2 auch keine Qualifikation, so dass auch die Befürchtung (BGH NJW 2011, 1686 (→ Rn. 2006)), der Normaltäter des Grundelikts müsse praktisch stets nach dieser verurteilt werden, nicht begründet ist. 2011

Im Hinblick auf die **Bewertungseinheit** ist Gewerbsmäßigkeit auch dann anzunehmen, wenn der Täter beim Erwerbsvorgang noch **keine Vorstellung** über die Art und Weise des Absatzes hatte (BGHR BtMG § 29 Abs. 3 Nr. 1 Gewerbsmäßig 4 (→ Rn. 2011)). 2012

Hatte der Täter zunächst vor, das Betäubungsmittel in **einem Vorgang zu veräußern,** soll es an der Gewerbsmäßigkeit fehlen (BGHR BtMG § 29 Abs. 3 Nr. 1 Gewerbsmäßig 3 (→ Rn. 518); BGH StV 1993, 248). Dem ist nicht zuzustimmen (*Endriß* StV 1993, 249 (250); zw. auch BGHR BtMG § 29 Abs. 3 Nr. 1 Gewerbs- 2013

BtMG § 29 Sechster Abschnitt. Straftaten und Ordnungswidrigkeiten

mäßig 4 (→ Rn. 2011)). Wie auch sonst bei einer **Vorsatzänderung** im Laufe einer noch nicht beendeten Tat muss dem Täter der erweiterte Vorsatz vom Zeitpunkt der Änderung an zugerechnet werden (*Endriß* StV 1993, 249 (250)). Da es auf das Motiv für die Vorsatzänderung nicht ankommt, sollte es auch nicht maßgeblich sein, dass der Täter wegen der Schwierigkeit des Absatzes gezwungen war, auf den portionsweisen Absatz umzusteigen (so aber BGH NStZ 1992, 86 = StV 1993, 248 mAnm *Endriß; Patzak* in Körner/Patzak/Volkmer Teil 27 Rn. 25).

2014 An der Absicht wiederholter Begehung fehlt es, wenn die **vereinbarte Vergütung** für ein einziges Geschäft in Teilbeträgen gezahlt wird (BGHR BtMG § 29 Abs. 3 Nr. 1 Gewerbsmäßig 2 (1 StR 87/89); BGH StV 2008, 357). Dasselbe gilt, wenn eine von vornherein **feststehende Gesamtmenge**, für die ein fester Kaufpreis vereinbart ist, in mehreren Teilakten geliefert wird (*Endriß* StV 1993, 249 (250)); s. aber auch BGH NStZ 1998, 622.

2015 **b) Einnahmequelle von einigem Umfang und einiger Dauer.** Der Täter muss Einnahmen erzielen wollen. Gewerbsmäßigkeit kommt daher nicht in Betracht, wenn er fortlaufend Betäubungsmittel zum Eigenbedarf erwirbt, und zwar auch dann, wenn er deswegen besonders günstig einkaufen kann.

2016 Dagegen kann der **Kleindealer gewerbsmäßig** handeln, der die fortlaufenden Einnahmen in Form von Geld oder Rauschgift erstrebt, um seinen Eigenbedarf zu decken (BGH StV 1983, 281; BeckRS 1992, 07930). In diesem Fall kann das Regelbeispiel durch die unterdurchschnittliche Schuld jedoch kompensiert werden (BGH StV 1983, 281; BeckRS 1992, 07930). Gegen Gewerbsmäßigkeit spricht, wenn der Täter in geordneten Verhältnissen lebte und zu jedem einzelnen Geschäft **gedrängt und überredet** werden musste (BGH StV 2003, 81).

2017 **aa) Umfang.** Die Einnahmen brauchen nicht die Haupteinnahmequelle zu sein (BGH NStZ 2004, 265; NStZ-RR 2008, 212), ein **Nebenerwerb** genügt (BGH NJW 2012, 3461 = NStZ-RR 2012, 279; OLG Hamm NStZ-RR 2013, 282). Sie müssen jedoch einigen Umfang und einiges Gewicht haben (BGH NStZ-RR 2008, 212 = StV 2008, 582; 2018, 50 (→ Rn. 2004)). Innerhalb dieses Rahmens kommt es auf die Höhe und die Art der erstrebten Einnahmen sowie die Nachhaltigkeit des Strebens nicht an (*Franke/Wienroeder* Rn. 222).

2018 **Geringfügige Entgelte** können gegen die Gewerbsmäßigkeit sprechen (BGHR BtMG § 29 Abs. 3 Nr. 1 Gewerbsmäßig 5 (2 StR 563/92); BGH NStZ-RR 2008, 212), namentlich wenn der Täter nicht aus finanziellen Erwägungen handelt (BGH NStZ-RR 2018, 50 (→ Rn. 2004). An der Gewerbsmäßigkeit fehlt es, wenn ein Verdeckter Ermittler dem Täter Speisen, Getränke und Zigaretten bezahlt und das Rauschgiftgeschäft nur einen geringen Umfang (3 g Cocain) hat (BGH StV 2001, 461). Ist nur ein geringer Gewinn zu erwarten, so bedarf die Gewerbsmäßigkeit einer eingehenden Begründung (BGH NStZ-RR 2008, 212; StV 2017, 303). Dagegen kann die **unentgeltliche Abgabe einer Probe** zur Anbahnung von Geschäftsbeziehungen gewerbsmäßiges Handeln sein (→ Rn. 2006).

2019 **Gewerbsmäßigkeit** ist nur gegeben, wenn der Täter **eigennützig** handelt; es müssen daher tätereigene Einnahmen vorliegen. **Mittelbare Einnahmen** reichen aus (BGHR StGB § 261 Strafzumessung 2 (→ Rn. 2005); § 335 Abs. 2 Nr. 3 Gewerbsmäßig 1 (2 StR 301/99); BGH StV 2008, 357). So genügt es, wenn die Vermögensvorteile dem Täter über ein Gehalt oder eine Gewinnbeteiligung zufließen sollen (BGH StV 2008, 357). Dasselbe gilt, wenn sie an einen von ihm beherrschten Verein fließen und er ohne weiteres auf sie zugreifen kann; ein tatsächlicher Zugriff ist nicht notwendig; ausreichend ist die Absicht (BGH NStZ-RR 2011, 373). Gewerbsmäßigkeit kann auch bei einer **fremdnützigen** Verwendung vorliegen, wenn der Täter auf die Beträge unmittelbar selbst zugreifen und über ihre Verwendung nach Gutdünken verfügen kann (BGH NStZ 2014, 85).

Auf der anderen Seite setzt Gewerbsmäßigkeit nicht voraus, dass sich die **Gewinnerwartung realisiert** (→ Rn. 2004). Sie ist daher auch dann gegeben, wenn der Täter den versprochenen Lohn nicht erhält (BGH NStZ 1995, 85 (→ Rn. 451)). 2020

Gewinnsucht und **übersteigertes Erwerbsstreben** sind **nicht** erforderlich (BGH StV 1983, 281), so dass ihr Fehlen nur wenig zur Kompensation des Regelbeispiels beitragen kann (*Franke/Wienroeder* Rn. 222). Auch auf eine besondere Verwerflichkeit oder eine besondere Nachhaltigkeit kommt es nicht an (*Endriß* StV 1993, 249). Ebenso wenig ist notwendig, dass ein ständiger Geldfluss oder Bargeld angestrebt werden. Geldwerte Vermögensvorteile, auch die Ersparung von Aufwendungen reichen aus (s. *Patzak* in Körner/Patzak/Volkmer § 29 Teil 27 Rn. 18). 2021

bb) Dauer. Dass die (gesuchte) Einnahmequelle von einiger Dauer sein muss, bedeutet nicht auf unbegrenzte Zeit, sondern für eine gewisse Dauer (BGHSt 1, 383 (→ Rn. 2003); *Patzak* in Körner/Patzak/Volkmer § 29 Teil 27 Rn. 21; *Franke/Wienroeder* Rn. 222). 2022

2. Versuch. Von den Tatbeständen, für die Absatz 3 Satz 2 Nr. 1 das Regelbeispiel der Gewerbsmäßigkeit vorsieht, sind die des Absatzes 1 Satz 1 Nr. 1, 5 und 6 Buchst. b auch in der Form des Versuchs strafbar (Absatz 2). Zum Versuch bei dem jeweiligen **Grunddelikt** wird auf die Ausführungen zu den einzelnen Tatbeständen Bezug genommen. 2023

Den Versuch eines Regelbeispiels gibt es eigentlich nicht, da Regelbeispiele keine Qualifikationen, sondern nur Strafschärfungsgründe sind (→ Rn. 2066, 2067). Gleichwohl kann zur Erfüllung des Merkmals eines Regelbeispiels angesetzt werden, so dass, wenn auch untechnisch, von einem Versuch gesprochen werden kann (s. BGHSt 33, 370 = NJW 1986, 940 = StV 1986, 481 = JR 1986, 520 mzustAnm *Schäfer*)). Zu den einzelnen Varianten → Rn. 2066–2070. 2024

3. Mehrere Beteiligte. Nach dem Grundgedanken des § 28 Abs. 2 StGB ist das Regelbeispiel des gewerbsmäßigen Handelns nur auf den Täter oder Teilnehmer anwendbar, der selbst gewerbsmäßig gehandelt hat (BGHR BtMG § 29 Abs. 3 Nr. 1 Gewerbsmäßig 1 (1 StR 169/80); BGH NStZ 1994, 92; BeckRS 2008, 13858; *Patzak* in Körner/Patzak/Volkmer Teil 27 Rn. 26). Zur Gesamtwürdigung bei Regelbeispielen in den Fällen der Beteiligung → Rn. 2071. Die Feststellungen zu der Gewerbsmäßigkeit sind im Hinblick auf die Eigennützigkeit beim Handeltreiben doppelrelevante Umstände (OLG Stuttgart NStZ 2014, 719). 2025

4. Subjektiver Tatbestand. In Bezug auf die innere Tatseite werden Regelbeispiele wie Tatbestandsmerkmale behandelt (→ Vor § 29 Rn. 391; *Schäfer/Sander/van Gemmeren* Strafzumessung Rn. 1142). Bei den Grunddelikten und bei den Merkmalen des Regelbeispiels genügt **bedingter Vorsatz** (→ Vor § 29 Rn. 415–420). Darüber hinaus setzt das Regelbeispiel die **Absicht** (→ Vor § 29 Rn. 413) voraus, sich durch wiederholte Tatbegehung eine fortlaufende Einnahmequelle zu verschaffen (*Patzak* in Körner/Patzak/Volkmer § 29 Teil 27 Rn. 24). Zur **Vorsatzänderung** → Rn. 2013. 2026

5. Konkurrenzen. Zwischen mehreren gewerbsmäßigen Straftaten besteht in der Regel Tatmehrheit. Die Auffassung von der Sammelstraftat (RGSt 61, 148) ist aufgegeben (RGSt 72, 164). Zu den Konkurrenzen im übrigen → Rn. 2073. 2027

II. Gefährdung der Gesundheit mehrerer Menschen (Nr. 2). Nach der Gesetzesbegründung sollte die Vorschrift schon in den Fällen einer abstrakten Gefahr Anwendung finden, zB wenn „erhebliche Mengen von Betäubungsmitteln in geheimen Laboratorien mit der Absicht hergestellt werden, diese illegal abzusetzen" (BT-Drs. VI/1877, 9). Im Gesetzeswortlaut hat dies jedoch keinen Niederschlag gefunden, so dass die Regelung seit jeher als konkretes Gefährdungsdelikt behandelt wird (*Patzak* in Körner/Patzak/Volkmer § 29 Teil 27 Rn. 32; *Joachimski/Hau-* 2028 mer BtMG Rn. 267, 268; *Franke/Wienroeder* Rn. 203; *Winkler* in Hügel/Junge/Lander/Winkler Rn. 28.2). Allerdings wird in dem in der Gesetzesbegründung genannten Fall in der Regel ein unbenannter schwerer Fall nach Satz 1 vorliegen (*Patzak* in Körner/Patzak/Volkmer § 29 Teil 27 Rn. 32).

2029 **1. Tathandlung.** Das Regelbeispiel verwirklicht, wer bei einer Tat nach Absatz 1 Satz 1
- **Nr. 1** (Anbauen, Herstellen, Handeltreiben, Einführen, Ausführen, Veräußern, Abgeben, sonstiges Inverkehrbringen, Erwerben, Sichverschaffen in sonstiger Weise),
- **Nr. 6 Buchst. a** (Verschreiben von Betäubungsmitteln entgegen § 13 Abs. 1),
- **Nr. 6 Buchst. b** (Verabreichen oder Überlassen zum unmittelbaren Verbrauch),
- **Nr. 7 Buchst. a** (Abgabe in einer Apotheke oder tierärztlichen Hausapotheke) und
- **Nr. 7 Buchst. b** (Abgabe von Diamorphin durch einen pharmazeutischen Unternehmer)

die Gesundheit mehrerer Menschen gefährdet.

2030 **a) Gesundheitsgefährdung.** Eine Gesundheitsgefährdung ist die Herbeiführung eines Zustandes, bei dem die Möglichkeit einer erheblichen Beeinträchtigung der Gesundheit oder der Verschlimmerung einer Krankheit naheliegt.

2031 **aa) (Konkrete) Gefährdung.** Eine Gefährdung ist die Herbeiführung eines Zustandes, bei dem die Möglichkeit einer erheblichen Beeinträchtigung der Gesundheit oder der Verschlimmerung einer Krankheit naheliegt. Der Schaden muss nicht eintreten, wohl aber **ernstlich zu befürchten** sein (BGHSt 22, 341 = NJW 1969, 939). Dies ist zumindest dann gegeben, wenn die Beeinträchtigung in bedrohliche Nähe rückt und der Schadenseintritt nur noch vom Zufall abhängt (BGH NStZ 1987, 514). Dazu muss der Stoff noch nicht den Endverbraucher erreicht haben; es reicht aus, wenn er bei den Abgabestellen angelangt ist (dazu auch → AMG § 95 Rn. 431). Eine entfernte, weit abliegende Gefahr genügt nicht (BGHSt 22, 341 (s. o.)), ebenso nicht die bloße Möglichkeit des Schadenseintritts. Entscheidend ist das **allgemeine Erfahrungswissen** unter Berücksichtigung aller Umstände des Einzelfalls (BGHSt 22, 341 (s. o.)).

2032 **bb) Gesundheit.** Die Vorschrift soll vor der Gefahr einer Beeinträchtigung der körperlichen wie der geistigen Gesundheit schützen. Eine vorübergehende leichte Störung, zB Übelkeit, genügt nicht (*Patzak* in Körner/Patzak/Volkmer Teil 27 Rn. 34). Eine solche Gefährdung ist jedenfalls dann gegeben, wenn Betäubungsmittel Gifte oder toxische Chemikalien beigemengt werden (BGH NStZ 2010, 170). Ob das Regelbeispiel auf solche Fälle beschränkt werden muss und Gefährdungen, die über die mit der Rauschmitteleinnahme **typischerweise** verbundenen Gefahr **nicht hinausreichen,** ausgeschlossen werden müssen (BGHR BtMG § 29 Abs. 3 Nr. 2 Gesundheitsgefährdung 1 = NStZ 2010, 170), erscheint im Hinblick auf den Gesetzeszweck (→ Rn. 2028) nicht überzeugend. Mit Rücksicht auf das Erfordernis einer **konkreten** Gefährdung (→ Rn. 2030) ist die Befürchtung des 5. Strafsenats, anderenfalls würde nahezu jede Abgabe an mehrere Menschen das Regelbeispiel erfüllen, nicht begründet.

2033 Zu den erheblichen Gesundheitsschäden sollte daher schon im Hinblick auf die Entzugserscheinungen auch die **körperliche Abhängigkeit** (→ § 1 Rn. 47, 48) gezählt werden. Bei der psychischen Abhängigkeit (→ § 1 Rn. 45, 46) kommt es darauf an, welche Folgen der Gebrauch oder das Absetzen haben (*Joachimski/Haumer* BtMG Rn. 270), insbesondere ob sie massive Veränderungen im Gemütsleben (zB Depressionen, Hysterie) des Abhängigen hervorrufen. Bei Cocain kann die psychische Abhängigkeit einer körperlichen gleichgesetzt werden (→ § 1 Rn. 550).

Kap. 14. Verstoß gegen RechtsVO (Abs. 1 S. 1 Nr. 14) § 29 **BtMG**

b) Mehrere Menschen sind mindestens zwei (*Patzak* in Körner/Patzak/Volkmer § 29 Teil 27 Rn. 35; *Kotz/Oğlakcıoğlu* in MüKoStGB Rn. 1661). Jedenfalls bei drei Personen ist der Tatbestand erfüllt (BGHSt 44, 175 = NJW 1999, 299 = NStZ 1999, 84; 559 mAnm *Kühl* = StV 1999, 210 = JR 1999, 211 mAnm *Ingelfinger*). Die Gefährdung muss durch **eine** Handlung erfolgen, wobei eine Handlung im rechtlichen Sinne ausreicht. 2034

2. Versuch. Von den Tatbeständen, für die Absatz 3 Satz 2 Nr. 2 das Regelbeispiel der Gefährdung der Gesundheit mehrerer Menschen vorsieht, sind die des Absatzes 1 Satz 1 Nr. 1 und Nr. 6 Buchst. b auch in der Form des Versuchs strafbar (Absatz 2). Zum Versuch bei dem jeweiligen **Grunddelikt** wird auf die Ausführungen zu den einzelnen Tatbeständen Bezug genommen. Zum Versuch bei Regelbeispielen → Rn. 2024, 2066–2070. 2035

3. Mehrere Beteiligte. Für die Beteiligung gelten keine Besonderheiten, insbesondere ist die Herbeiführung der Gefahr kein persönliches Merkmal, so dass § 28 Abs. 2 StGB nicht entsprechend angewandt werden kann. Zur Gesamtwürdigung bei Regelbeispielen in den Fällen der Beteiligung → Rn. 2071. 2036

4. Subjektiver Tatbestand. In Bezug auf die innere Tatseite werden Regelbeispiele wie Tatbestandsmerkmale behandelt (→ Vor § 29 Rn. 391; *Schäfer/Sander/van Gemmeren* Strafzumessung Rn. 1142). Die Verwirklichung erfordert Vorsatz, wobei bedingter Vorsatz (→ Vor § 29 Rn. 415–420) hier sowohl für das Regelbeispiel als auch für die Grunddelikte ausreicht (*Patzak* in Körner/Patzak/Volkmer § 29 Teil 27 Rn. 36; s. auch BGHSt 26, 344 = NJW 1976, 381 zum BtMG 1972). Die Merkmale des Regelbeispiels sind daher gegeben, wenn der Täter Betäubungsmittel **mit Stoffen streckt** und verkauft, obwohl er weiß oder es in Kauf nimmt und sich damit abfindet oder es ihm gleichgültig ist dass diese bei den Konsumenten zu Gefährdungen der Gesundheit (→ Rn. 2030, 2032) führen. 2037

5. Konkurrenzen. Zu den Konkurrenzen → Rn. 2073. 2038

E. Die Anwendung der Regelbeispiele. Es ist zu unterscheiden, ob die Voraussetzungen eines Regelbeispiels vorliegen oder nicht: 2039

I. Vorliegen eines Regelbeispiels. Sind die Merkmale eines Regelbeispiels erfüllt, so besteht eine gesetzliche Vermutung dafür, dass es sich um einen besonders schweren Fall handelt **(Indizwirkung).** Die Vermutung kann durch **besondere** strafmildernde Umstände, die die Regelwirkung entkräften, **kompensiert** werden, so dass dann auf den normalen Strafrahmen zurückzugreifen ist (BGHSt 23, 254 = NJW 1970, 1196; BGH NJW 1987, 2450 = NStZ 1987, 222 = StV 1988, 61; 2011, 2450; NStZ-RR 2009, 206). 2040

Diese Umstände müssen aber für sich allein oder in ihrer Gesamtheit **so gewichtig sein,** dass sie bei der Gesamtabwägung aller Faktoren **die Indizwirkung** des Regelbeispiels **entkräften** und die Anwendung des erhöhten Strafrahmens als unangemessen erscheinen lassen (BGHR BtMG § 29 Abs. 3 Strafrahmenwahl 4 (2 StR 57/88); 5 = NJW 1989, 1680 = NStZ 1988, 367 = StV 1989, 202; BGH NJW 2004, 2394 (→ Rn. 1999); 2011, 2450; NStZ 2004, 265). Entscheidend für die Prüfung ist, wie sich die Strafrahmen zueinander verhalten und wie gewichtig sich eine Strafrahmenverschiebung daher auswirkt (*Schäfer/Sander/van Gemmeren* Strafzumessung Rn. 1144). 2041

1. Gesamtwürdigung. (Nur) in diesem Sinne ist daher eine Gesamtabwägung aller für die Strafzumessung wesentlichen Umstände vorzunehmen (BGHR StGB vor § 1/minder schwerer Fall Gesamtwürdigung, unvollständige 11 (→ Rn. 1999); § 177 Abs. 2 Strafrahmenwahl 13 (→ Rn. 1999); StV 1999, 490; *Schäfer/Sander/van Gemmeren* Strafzumessung Rn. 1143). Dagegen bedarf es, wenn die Voraussetzungen eines Regelbeispiels vorliegen, **keiner zusätzlichen Prüfung,** ob die Anwendung des erhöhten Strafrahmens im Vergleich zum Durchschnitt aller vorkommen- 2042 den Fälle geboten ist (BGH NJW 2011, 2450 = NStZ 2012, 162 = StV 2012, 219; NStZ 2004, 265; *Fischer* StGB § 46 Rn. 91).

2043 Für die Entscheidung, ob die Regelwirkung **ausnahmsweise** wegen gewichtiger Milderungsgründe entfällt (→ Rn. 1919), ist ähnlich wie bei der Prüfung der Voraussetzungen eines minder schweren Falls auf **das gesamte Tatbild** einschließlich aller subjektiven Momente und der Täterpersönlichkeit abzustellen und zu prüfen, ob angesichts deutlich überwiegender Milderungsgründe die Bewertung der Tat als besonders schwerer Fall als unangemessen erscheinen würde (BGHR StGB § 177 Abs. 2 Strafrahmenwahl 13 (→ Rn. 1999); s. auch BGH NStZ-RR 1998, 299).

2044 Dabei darf der dem Regelbeispiel **zugrunde liegende Sinn** nicht außer acht gelassen werden, ebenso wenig, in welchem Maß der Schutzzweck der Norm beeinträchtigt würde (BGH StV 1989, 432). Die Umstände, die das Regelbeispiel begründen, dürfen deswegen nicht vernachlässigt werden, sondern müssen zunächst im Vordergrund der Abwägung stehen (BGHSt 56, 52 (→ Rn. 483); BGH NJW 2011, 2450 (→ Rn. 2042)).

2045 **2. Kompensation.** Die indizielle Bedeutung des Regelbeispiels wird entkräftet, wenn die Tat in ihrem Unrechts- oder Schuldgehalt derart vom Normalfall des Regelbeispiels abweicht, dass die Bewertung der Tat als besonders schwerer Fall und die Anwendung des modifizierten Strafrahmens als unangemessen erscheint (→ Rn. 2042, 2043; BGHR StGB § 177 Abs. 2 Strafrahmenwahl 13 (→ Rn. 1999); BGH NJW 2004, 2394 (→ Rn. 1999); NStZ-RR 2010, 54 = StV 2010, 60; OLG Bremen BeckRS 2018, 42441). Gegen eine Kompensation darf entsprechend § 46 Abs. 3 StGB nicht ins Feld geführt werden, dass der Täter gewerbsmäßig gehandelt hat (BGH NStZ-RR 2015, 77).

2046 **a) Allgemeine Strafmilderungsgründe.** Hierzu hatte sich unter der Geltung des früheren Rechts, insbesondere des Absatzes 3 Satz 2 Nr. 4 (Abgabe, Besitz und Handeltreiben bei nicht geringer Menge) eine umfangreiche Rechtsprechung entwickelt, die sich nach der Beschränkung der Regelbeispiele auf Gewerbsmäßigkeit und die Gefährdung der Gesundheit mehrerer Menschen nicht unbesehen weiter heranziehen lässt. Vielfach kann in jenen Fällen (*Joachimski/Haumer* BtMG Rn. 254) weder gewerbsmäßiges Handeln in Betracht gezogen werden (s. BGHR BtMG § 29 Abs. 3 Nr. 1 Gewerbsmäßig 1 (→ Rn. 2025)) noch der Gesundheitsgefährdung mehrerer Menschen. Auch haben die Umstände, die bei der früheren Nr. 4 eine große Rolle gespielt haben, bei einer gewerbsmäßigen Begehung vielfach geringeres Gewicht, zB die Wirkstoffmenge (BGHR BtMG § 29 Abs. 3 Nr. 1 Schuldumfang 1 (1 StR 57/90)).

2047 Zur **Entkräftung** der Regelwirkung trägt vor allem das **Fehlen von Umständen** bei, die zur Typisierung des Regelbeispiels geführt haben (*Kühl* in Lackner/Kühl StGB § 46 Rn. 13). Dagegen sind Milderungsgründe ganz **allgemeiner Art** (zB Reue, Vorstrafenfreiheit, guter Eindruck vor Gericht, besondere Strafempfänglichkeit) hierzu eigentlich **nicht geeignet**, da sie die für die Schaffung des Regelbeispiels maßgeblichen Gründe nicht auszuräumen vermögen. Gleichwohl werden sie in ständiger Rechtsprechung allein oder mit anderen hierzu herangezogen (*Schäfer/Sander/van Gemmeren* Strafzumessung Rn. 1143).

2048 **b) Vertypte Milderungsgründe.** Von erheblicher Bedeutung auch für die (wenigen) Regelbeispiele des geltenden Betäubungsmittelrechts sind die vertypten Milderungsgründe (→ Vor § 29 Rn. 752–780), insbesondere die des **§ 21 StGB** (BGH NStZ-RR 2003, 297) und des **§ 31 BtMG** (BGHR BtMG § 29 Abs. 3 Strafrahmenwahl 1 (1 StR 60/87); BGH NStZ-RR 2016, 27). **Ein** solcher Grund kann **schon für sich allein** zur Entkräftung der Regelwirkung führen (BayObLG OLGSt Nr. 2 zu § 29 BtMG; OLG München BeckRS 2009, 24384), wobei es kei-

Kap. 14. Verstoß gegen RechtsVO (Abs. 1 S. 1 Nr. 14) § 29 BtMG

nen Unterschied macht, ob die Strafmilderung fakultativ oder obligatorisch ist. Zur Prüfung in solchen Fällen → Rn. 2060–2063.

c) Tatprovokation. Nahezu wie ein gesetzlich vertypter Milderungsgrund wird in der Rechtsprechung der Einsatz eines agent provocateur behandel (→ Vor § 29 Rn. 781). Im Einzelnen → § 4 Rn. 251–255 (für das Vorstadium), → § 4 Rn. 269, 270, 272 (für die zulässige Tatprovokation), → § 4 Rn. 294, 299 (für die unzulässige Tatprovokation). 2049

d) Urteilsgründe. Hält das Gericht die Indizwirkung eines Regelbeispiels für **widerlegt**, so muss es die Besonderheiten, auf die es sein Abweichen von dem erhöhten Strafrahmen stützt, in den Urteilsgründen darlegen (BGH StV 1983, 20; 1984, 27; BayObLG NJW 1973, 1808). 2050

Aber auch, wenn es **umgekehrt** von dem erhöhten Strafrahmen **nicht abweicht**, sind Ausführungen hierzu erforderlich, **wenn es naheliegt**, dass die Regelwirkung kompensiert sein könnte. Nahe liegt die Ablehnung eines besonders schweren Falls vor allem dann, wenn ein vertypter Milderungsgrund gegeben ist (BGHR BtMG § 29 Abs. 3 Strafrahmenwahl 2 (2 StR 456/87); 7 (2 StR 455/88); *Kalf* NJW 1996, 1447 (1449)), aber auch beim Einsatz eines agent provocateur (BGHR BtMG § 29 Abs. 3 Strafrahmenwahl 2 s. o.) oder sonst beim Vorliegen gewichtiger Strafmilderungsgründe, namentlich, wenn mehrere vorhanden sind (BGHR BtMG § 29 Abs. 3 Strafrahmenwahl 4 (→ Rn. 2041)). 2051

Fehlen solche Besonderheiten und **liegen sie auch nicht nahe**, so muss die Überlegung des Gerichts im Urteil nicht ausdrücklich erscheinen, wenn auch ein kurzer Hinweis ratsam ist (BGHR BtMG § 29 Abs. 3 Strafrahmenwahl 5 (→ Rn. 1998)). Eine **ausdrückliche Erörterung** des Abweichens von der Wirkung eines Regelbeispiels ist trotz Vorliegen eines vertypten Milderungsgrundes (hier: § 31 S. 1 Nr. 1) **nicht** notwendig, wenn es angesichts aller für die Bewertung des Täters und der Taten bedeutsamen Umstände, namentlich mit Blick auf die eingeführten und zum Handeltreiben bestimmten Drogenmengen und die Feststellungen zum Lade- und Sicherungszustand einer mitgeführten Pistole, auf der Hand liegt, dass ein solches Abweichen nicht in Betracht kommt (BGH NStZ-RR 2010, 57). 2052

Ist die Feststellung eines Regelbeispiels **schwierig** und nimmt der Richter aus anderen Gründen ohnehin einen besonders schweren Fall an, so kann er auf die weitere Klärung des Regelbeispiels **verzichten** (BGH NJW 1990, 1489); dasselbe gilt, wenn ein besonders schwerer Fall auch dann nicht vorläge, wenn das Regelbeispiel gegeben ist. 2053

II. Nichtvorliegen eines Regelbeispiels (Absatz 3 Satz 1). Liegt der Tatbestand eines Regelbeispiels nicht vor, so kann ein besonders schwerer Fall nach Absatz 3 Satz 1 in Betracht kommen. Ob das Tatbild nach der gebotenen Gesamtbewertung vom Durchschnitt der erfahrungsgemäß vorkommenden Fälle in einem Maße abweicht, dass die Anwendung des höheren Strafrahmens geboten erscheint (→ Rn. 1983, 1985), lässt sich dann wie folgt präzisieren (*Fischer* StGB § 46 Rn. 93, 94): 2054

1. Engere Analogiewirkung. Ähnelt der Fall einem Regelbeispiel und weicht er nur in bestimmten Merkmalen, die Unrecht und Schuld nicht deutlich verringern, von ihm ab, so ist in der Regel ein besonders schwerer Fall anzunehmen, zB das Herstellen großer Mengen Rauschgift in geheimen Laboren, das Inverkehrbringen besonders gefährlicher Zubereitungen oder das Herbeiführen von Todesgefahr (*Joachimski/Haumer* BtMG Rn. 256). 2055

2. Weitere Analogiewirkung. Ist der Fall nach seinem Sachverhalt keinem Regelbeispiel ähnlich, entsprechen aber Unrecht und Schuld dem Gewicht eines solchen (hier: Gewerbsmäßigkeit oder Gesundheitsgefährdung), so ist ebenfalls ein be- 2056 sonders schwerer Fall gegeben. Es ist danach nicht notwendig, dass der besonders schwere Fall Ähnlichkeit mit einem Regelbeispiel aufweist; es genügt, dass die Umstände in ihrem Gewicht einem Regelbeispiel entsprechen (BGH NJW 1990, 1489; *Schäfer/Sander/van Gemmeren* Strafzumessung Rn. 1147).

2057 Auch insoweit finden sich Anhaltspunkte in **Art. 3 Abs. 5 ÜK 1988** (→ Rn. 1987), wobei hier vielfach, namentlich im Rahmen des § 29 Abs. 1 S. 1 Nr. 1 Delikte in Betracht kommen, die auch unter Art. 3 Abs. 1 des Übereinkommens fallen. Zu den einzelnen Umständen → Rn. 1988, 1989.

2058 Auch aus anderen Gründen kann sich die Tat als besonders schwerwiegend darstellen, etwa wegen der in ihr zum Ausdruck kommenden außergewöhnlichen Hartnäckigkeit und Stärke des **kriminellen Willens** oder der **besonders verwerflichen Vertriebsmethoden** (*Joachimski/Haumer* BtMG Rn. 256). Dies kommt etwa in Betracht bei eigens angefertigten Schmuggelverstecken, beim **Versteckthalten** an schwer zugänglichen oder stark unhygienischen Stellen oder bei der **Ausbeutung** von Drogensüchtigen (*Körner*, 6. Aufl. 2007, Rn. 1968) oder ihren Angehörigen.

2059 **3. Gegenschlusswirkung.** Dagegen genügt es nicht, wenn zwar Ähnlichkeit mit einem Regelbeispiel besteht, die ähnlichen Umstände jedoch nicht dessen Unrechts- oder Schuldgehalt erreichen (s. *Fischer* StGB § 46 Rn. 94). In diesen Fällen müssen zur Anwendung des Sonderstrafrahmens weitere Besonderheiten hinzukommen.

2060 **III. Vertypte Milderungsgründe und Regelbeispiele.** Treffen ein vertypter Milderungsgrund (→ Rn. 2048) und ein Regelbeispiel zusammen, so ist (ähnlich wie beim Zusammentreffen vertypter Milderungsgründe mit einem minder schweren Fall (dazu → Vor § 29 Rn. 833–842)) bei der Strafrahmenwahl zu berücksichtigen, dass bereits das **Vorliegen eines vertypten Milderungsgrundes** zur Entkräftung der Regelwirkung führen kann (→ Rn. 2048). Kommen noch allgemeine Strafmilderungsgründe hinzu, so ist der vertypte Milderungsgrund im Hinblick auf § 50 StGB bei der Gesamtbetrachtung zunächst auszuklammern (*Schäfer/Sander/van Gemmeren* Strafzumessung Rn. 1157; → Vor § 29 Rn. 837):

2061 **Führen schon** die unbenannten Strafmilderungsgründe **zur Entkräftung** der Regelwirkung, so bleibt damit die Möglichkeit erhalten, den Strafrahmen aufgrund des noch nicht verbrauchten vertypten Milderungsgrundes nach § 49 StGB weiter zu mildern (OLG München BeckRS 2009, 24384; *Schäfer/Sander/van Gemmeren* Strafzumessung Rn. 1157; → Vor § 29 Rn. 838).

2062 **Reichen** die allgemeinen Strafmilderungsgründe aber **allein nicht** aus, so ist der vertypte Milderungsgrund in die Prüfung miteinzubeziehen. Führt erst seine Berücksichtigung zur Entkräftung der Regelwirkung und trifft das Gericht eine entsprechende Wahl (→ Rn. 2063), so darf er wegen der **Sperrwirkung** des § 50 StGB nicht nochmals gewertet werden (→ Vor § 29 Rn. 839, 840; OLG München BeckRS 2009, 24384). Dies gilt für die fakultativen wie obligatorischen Milderungsgründe gleichermaßen (BGH NStZ 1987, 72).

2063 **Führt ein** vertypter Milderungsgrund allein oder in Zusammenhang mit anderen Umständen **zur Entkräftung** der Regelwirkung, so steht das **Gericht vor der Wahl,** entweder den besonders schweren Fall (Absatz 3) zu verneinen und den Strafrahmen dem Grundtatbestand (Absatz 1) zu entnehmen oder aber den (Sonder-)Strafrahmen für den besonders schweren Fall (Absatz 3) nach § 49 StGB zu mildern (BGHR BtMG § 29 Abs. 3 Strafrahmenwahl 7 (→ Rn. 2051); BGH NStZ 1986, 368 = StV 1986, 342; 1990, 595; OLG München BeckRS 2009, 24384). Aus dem Urteil muss zu entnehmen sein, dass das Gericht sich dieser Wahl bewusst war (BGHR BtMG § 30a Abs. 2 Sichverschaffen 2 (→ Rn. 217)).

Kap. 14. Verstoß gegen RechtsVO (Abs. 1 S. 1 Nr. 14) **§ 29 BtMG**

Auch diese Wahl ist auf der Grundlage einer **Gesamtwürdigung** zu treffen, wobei das Gericht nicht verpflichtet ist, den jeweils günstigsten Strafrahmen zugrunde zu legen (OLG München BeckRS 2009, 24384); auf → Vor § 29 Rn. 830, 831 wird verwiesen. **2064**

Zur Aufklärungshilfe bei und für Betäubungsmittelstraftaten (§ 31) wird auf → § 31 Rn. 188, 190, 194−200 verwiesen; bei anderen Straftaten kommt § 46b StGB in Betracht (dazu → § 31 Rn. 20, 21). **2065**

IV. Versuch. Die Merkmale eines Regelbeispiels sind keine Tatbestandsmerkmale, sondern Merkmale einer Strafzumessungsregel. Dem Regelbeispiel kann daher auch in den Fällen des Versuchs nur eine Indizwirkung (→ Rn. 2040) zukommen, so dass der vielfach gebrauchte Satz, der Versuch eines besonders schweren Falles sei begrifflich nicht möglich (BGH NStZ-RR 1997, 293 m. Bespr. *Graul* JuS 1999, 852; *Fischer* StGB § 46 Rn. 98; aA BGHSt 33, 370 (→ Rn. 2024)) insoweit zutrifft. Zum Ganzen *Franzke* NStZ 2018, 566. **2066**

Eine andere Frage ist, ob und unter welchen Voraussetzungen beim Versuch die **Indizwirkung** des Regelbeispiels zum Tragen kommen kann. Wie bei Qualifikationen ist dazu erforderlich, dass der Täter zur **Verwirklichung des Grunddelikts** angesetzt hat (BGH NStZ 2017, 86 mAnm *Engländer*). Zu beachten ist ferner, dass der Versuch zu den (fakultativen) **vertypten Milderungsgründen** gehört (→ Vor § 29 Rn. 769, 770; → Rn. 2048, 2060−2064; *Fischer* StGB § 46 Rn. 104): **2067**

1. Versuchtes Grunddelikt/versuchtes Regelbeispiel. Sind sowohl das Grunddelikt (→ Rn. 2023, 2035) als auch das Regelbeispiel versucht (der Täter hat zu beiden angesetzt), so ist der Strafrahmen dem Regelbeispiel zu entnehmen, wenn der Tatentschluss sich auch auf das Regelbeispiel richtete (str.; BGHSt 33, 370 (→ Rn. 2024); BayObLG NStZ 1997, 442; 1999, 36 mAnm *Sander/Malkowski* = JR 1999, 36 mablAnm *Wolters* und abl. Bespr. *Graul* JuS 1999, 852; *Fischer* StGB § 46 Rn. 101). **2068**

2. Vollendetes Grunddelikt/versuchtes Regelbeispiel. Ist das Grunddelikt vollendet und das Regelbeispiel im „Versuch" (→ Rn. 2024) steckengeblieben, so soll die Indizwirkung nicht eingreifen (BGH NStZ 2003, 602 = StV 2003, 396; NStZ-RR 1997, 293 (→ Rn. 2066); offen gelassen von BGHSt 33, 370 (→ Rn. 2024)). Die verwirklichten Merkmale sollen aber als Ergebnis einer umfassenden Würdigung nach Satz 1 zur Annahme eines besonders schweren Falles führen können (BGH NStZ 2003, 602 (s. o.); NStZ-RR 1997, 293 (→ Rn. 2066)). Dies erscheint im Hinblick auf → Rn. 2068 nicht überzeugend (*Fischer* StGB § 46 Rn. 102). In der betäubungsmittelrechtlichen Praxis werden solche Fälle eher selten sein **2069**

3. Versuchtes Grunddelikt/vollendetes Regelbeispiel. Ist der Grundtatbestand im Versuch steckengeblieben (→ Rn. 2023, 2035), wurde das Regelbeispiel aber voll verwirklicht, so ist die Indizwirkung gegeben (allgM; BGH NStZ 1985, 217 = StV 1985 mkritAnm *Arzt; Fischer* StGB § 46 Rn. 103). Dabei ist stets zu prüfen, ob der geringere Unrechtsgehalt, namentlich im Hinblick auf den vertypten Milderungsgrund des Versuchs die Indizwirkung entkräftet (→ Rn. 2048, 2060−2064). Diese Fallgestaltung kann vor allem in Betracht kommen, wenn die Einzeltat eines gewerbsmäßig Handelnden scheitert. **2070**

V. Mehrere Beteiligte, Beihilfe. Die Gesamtwürdigung (→ Rn. 2042) ist für jeden Täter oder Teilnehmer gesondert vorzunehmen, wobei in eigener Gesamtbewertung unter Berücksichtigung der Haupttat festzustellen ist, ob der jeweilige Tatbeitrag für sich nach → Rn. 2000−2063 als besonders schwerer Fall zu werten ist; zum Tatbeitrag des **Gehilfen** zusätzlich → Rn. 1994, 1995. Bei sukzessiver Mittäterschaft oder Beihilfe wirkt ein Regelbeispiel auch gegen denjenigen, der dessen **2071**

BtMG § 29   Sechster Abschnitt. Straftaten und Ordnungswidrigkeiten

vorherige Verwirklichung durch einen anderen Beteiligten kennt und an der Vollendung mitwirkt (BGH StV 1994, 240).

2072   **VI. Subjektiver Tatbestand.** → Rn. 2026, 2037.

2073   **VII. Konkurrenzen.** Die konkurrenzrechtliche Behandlung der Regelbeispiele ergibt sich daraus, dass sie lediglich Strafzumessungsregeln sind. Auf → Rn. 1976–1979 wird Bezug genommen.

2074   **VIII. Verfahren, Urteil.** Ergibt sich erst in der Verhandlung, dass gewerbsmäßiges Handeln in Betracht kommt (Absatz 3 Satz 2 Nr. 1), so muss im Hinblick auf die besondere Innentendenz dieses Merkmals ein **Hinweis nach § 265 Abs. 2 StPO** erfolgen (BGH NJW 1980, 714; *Malek* BtMStrafR Kap. 3 Rn. 23). Auch in den Fällen des Absatzes 3 Satz 2 Nr. 2 ist ein entsprechender Hinweis zumindest zweckmäßig (BGH s. o.). Nicht vorgeschrieben, wenn auch zweckmäßig, ist ein Hinweis bei der Annahme eines besonders schweren Falles außerhalb eines Regelbeispiels (*Schmitt* in Meyer-Goßner/Schmitt StPO § 265 Rn. 19).

2075   In die **Urteilsformel** werden Regelbeispiele nicht aufgenommen (→ Rn. 1977). In der Liste der angewendeten Strafvorschriften ist die betreffende Vorschrift des § 29 Abs. 3 aufzuführen (*Schmitt* in Meyer-Goßner/Schmitt StPO § 260 Rn. 58). Zur Darstellung in den **Urteilsgründen** → Rn. 2050, 2053, 2063.

Abschnitt 4. Fahrlässigkeitstatbestände (Absatz 4)

2076   **A. Völkerrechtliche Grundlage.** Aus den internationalen Suchtstoffübereinkommen ergibt sich keine zwingende Verpflichtung zur strafrechtlichen Bewehrung fahrlässigen Verhaltens. Die in Absatz 4 enthaltene Regelung, die der deutschen Tradition beim Umgang mit anderen gesundheitsgefährlichen Stoffen entspricht (§ 95 Abs. 4 AMG), dient jedoch den Zwecken dieser Übereinkommen.

2077   **B. Tatbestände.** Absatz 4 führt die Tatbestände auf, bei denen die fahrlässige Begehung strafbar ist. Es sind die Straftaten nach Absatz 1 Satz 1
- **Nr. 1** (Anbauen, Herstellen Handeltreiben, Einführen, Ausführen, Veräußern, Abgeben, sonstiges Inverkehrbringen, Erwerben oder Sichverschaffen),
- **Nr. 2** (unerlaubtes Herstellen einer ausgenommenen Zubereitung),
- **Nr. 5** (Durchführen),
- **Nr. 6 Buchst. b** (missbräuchliches Verabreichen oder Überlassen zum unmittelbaren Verbrauch),
- **Nr. 10** (Verschaffen, Gewähren oder öffentliches oder eigennütziges Mitteilen einer Gelegenheit zum unbefugten Erwerb oder zur unbefugten Abgabe, Verleiten zum unbefugten Verbrauch),
- **Nr. 11** (Verschaffen, Gewähren oder öffentliches oder eigennütziges Mitteilen einer Gelegenheit zum unbefugten Verbrauch außerhalb eines Drogenkonsumraums).

2078   Eine **Vorsatz/Fahrlässigkeit/Kombination** (§ 11 Abs. 2 StGB) enthält § 30 Abs. 1 Nr. 3 (leichtfertige Todesverursachung in den Fällen der Abgabe, der Verabreichung und der Verbrauchsüberlassung). Im Übrigen können die **Qualifikationen** der §§ 29a–30a **nicht fahrlässig** begangen werden; gegebenenfalls muss auf das **Grunddelikt** zurückgegriffen werden.

2079   **C. Tathandlungen** sind die in Absatz 4 in Bezug genommenen Taten. Deren Tatbestand gilt auch für die Fahrlässigkeitsdelikte, wobei sich an ihrer Abgrenzung voneinander nichts ändert. Insbesondere kann das Inverkehrbringen nicht dazu herangezogen werden, um wirkliche oder vermeintliche Lücken im Fahrlässigkeitsbereich zu schließen (→ Rn. 1187).

2080   **Auch Handeltreiben** kann fahrlässig begangen werden (BGHSt 63, 11 = NJW 2018, 961 mAnm *Becker* = NStZ 2018, 223 mAnm *Oğlakcıoğlu* = StV 2018, 496;

2019, 332 mkritAnm *Steinberg/Pietsch;* dazu auch *Papathanasiou* HRRS 2018, 156). Dabei müssen alle Merkmale gegeben sein, die das Handeltreiben sonst ausmachen. Insbesondere muss der Täter eine eigennützige, auf Güterumsatz gerichtete Tätigkeit entfalten (BGHSt 35, 57 = NJW 1988, 1333 = StV 1988, 67; BGHR BtMG § 29 Abs. 4 Handeltreiben 2 (2 StR 501/91)). Dies kann gegeben sein, wenn der Täter beim Verkauf oder bei der Verkaufsvermittlung gegen Entgelt nicht wusste, dass es um Betäubungsmittel ging (BGHSt 35, 57 (s. o.); BGHSt 63, 11 (s. o.)), wenn er einen präparierten Koffer verkauft, ohne zu wissen, dass darin Rauschgift ist (BGH NStZ 1983, 174), oder wenn er bei einem eigennützigen Umsatz von Stoffen darüber irrt, dass ein Missbrauch zu Rauschzwecken vorgesehen ist (→ Rn. 841). An der Eigennützigkeit fehlt es, wenn der Täter ohne Gegenleistung nur einen Gefallen erweisen wollte (BGHSt 35, 57 (s. o.)).

D. Der Versuch setzt vorsätzliches Handeln voraus (§ 22 StGB), kommt daher hier nicht in Betracht. 2081

E. Täterschaft, Teilnahme. Anstiftung und Beihilfe setzen vorsätzliches Handeln voraus (§§ 26, 27 StGB). Fahrlässige Teilnahme ist daher als solche nicht strafbar (BGHSt 35, 57 (→ Rn. 2080)). Es kommt jedoch Täterschaft wegen eines fahrlässigen Delikts in Betracht (*Kühl* in Lackner/Kühl StGB § 26 Rn. 1; § 27 Rn. 1; s. auch BGHSt 35, 57 (s. o.)). 2082

Teilnahme ist darüber hinaus nur möglich, wenn **die Haupttat vorsätzlich** begangen ist (§§ 26, 27 StGB). Die Annahme des Teilnehmers, der (Haupt-)Täter handele vorsätzlich, genügt nicht. In Betracht kommen versuchte Anstiftung, die nur bei Verbrechen strafbar ist und versuchte Beihilfe, die überhaupt nicht strafbar ist. 2083

F. Fahrlässig handelt der Täter, der eine objektive Sorgfaltspflichtverletzung begeht, sofern er diese nach seinen subjektiven Kenntnissen und Fähigkeiten vermeiden konnte, und wenn gerade die Pflichtverletzung objektiv und subjektiv vorhersehbar den Erfolg herbeigeführt hat (BGHSt 49, 166 = NJW 2004, 2458; 2005, 260 mAnm *Duttge* = NStZ 2004, 621 mAnm *Stree* NStZ 2005, 40 = StV 2004, 655 = JR 2004, 475 mAnm *Hirsch* = JZ 2005, 103 mAnm *Arzt;* 53, 55 = NJW 2009, 1155 = NStZ 2009, 690 mAnm *Duttge* = JZ 2009, 426 m. Bespr. *Roxin* JZ 2009, 399 und Bespr. *Puppe* GA 2009, 486; 63, 11 (→ Rn. 2080); BGH NStZ 2020, 553). 2084

Im Willenselement (→ Vor § 29 Rn. 410) der subjektiven Beziehung zur Tatbestandsverwirklichung unterscheidet sich die Fahrlässigkeit von allen Formen des Vorsatzes dadurch, dass der Täter den Erfolgseintritt nicht will, nicht billigend in Kauf nimmt (*Fischer* StGB § 15 Rn. 22), sich nicht um der Erreichung anderer Ziele willen damit abfindet und auch nicht aus Gleichgültigkeit mit jeder eintretenden Folge einverstanden ist (→ Vor § 29 Rn. 415–420). **Auf der Wissensseite** ist die unbewusste von der bewussten Fahrlässigkeit zu unterscheiden. Bei der **bewussten Fahrlässigkeit** (→ Vor § 29 Rn. 419) erkennt der Täter die Möglichkeit der Tatbestandsverwirklichung, ist mit ihr nicht einverstanden, vertraut aber darauf, dass sie nicht eintreten werde; zur Abgrenzung vom bedingten Vorsatz auch → Vor § 29 Rn. 420. **Unbewusst fahrlässig** handelt, wer schon die Möglichkeit der Tatbestandsverwirklichung nicht voraussieht (*Fischer* StGB § 15 Rn. 22). 2085

Voraussetzungen der Fahrlässigkeit sind danach (auch → AMG Vor § 95 Rn. 100–112): 2086

I. Objektive Sorgfaltspflichtverletzung. Sie ist nach dem allgemeinen Maßstab der Anforderungen zu bestimmen, die bei einer objektiven Betrachtung der Gefahrenlage ex ante an einen einsichtigen und besonnenen Menschen in der konkreten Lage und sozialen Rolle des Täters, insbesondere in seinem jeweiligen Verkehrskreis, zu stellen sind (hM; BGHSt 40, 341 = NJW 1995, 795 = NStZ 2087

1995, 183; BGH NJW 2000, 2754 = NStZ 2001, 188 mAnm *Altenhain;* NStZ 2003, 657 = StV 2007, 76 mAnm *Ulsenheimer* = JR 2004, 34 mAnm *Duttge* = StraFo 2004, 9 mAnm *Nepomuck;* NStZ 2005, 446; 2005, 602 mAnm *Herzberg* = JZ 2005, 685 mAnm *Walter;* 2020, 553; *Fischer* StGB § 15 Rn. 26; *Kühl* in Lackner/Kühl StGB § 15 Rn. 37; *Sternberg-Lieben/Schuster* in Schönke/Schröder StGB § 15 Rn. 133–143). In Anlehnung an das österreichische Recht wird hierfür zunehmend der Begriff der (differenzierten) **Maßfigur** (Roxin AT I S. 229; Mayer S. 271) oder der (objektiven) **Maßstabsperson** *(Fischer* StGB § 15 Rn. 26; verwendet.

2088 Danach muss sich derjenige, der am Handel **teilnimmt,** darum kümmern, ob seine Stoffe Betäubungsmittel sind (BGHSt 38, 58 (→ Rn. 170); BGH StraFo 2016, 37 (4 StR 124/14); *Patzak* in Körner/Patzak/Volkmer § 29 Teil 28 Rn. 5). Welche Sorgfaltspflichten einzuhalten sind, bestimmt sich wesentlich anhand der **einzelfallbezogen** zu beurteilenden Vorhersehbarkeit des Umstands, mit Betäubungsmitteln umzugehen (BGHSt 63, 11 (→ Rn. 2080)). Eine Pflicht, **Kontrollanalysen** vorzunehmen, kommt in der Regel nur in Betracht, wenn es für den Betroffenen einen erkennbaren Anlass gibt, dass es sich bei dem Stoff um Betäubungsmittel handelt; ein solcher Anlass ist gegeben, wenn er sich auf eine Auskunft seiner Bezugsquelle verlässt, obwohl ihm bekannt war, dass sie gerade als Cannabisersatzmittel dienen sollten (BGHSt 63, 11 (→ Rn. 2080)). Ebenso darf er sich auf Laborberichte jedenfalls dann nicht verlassen, wenn sich diese erkennbar nur auf vom Lieferanten eingereichte Einzelproben beziehen (BGH BeckRS 2015, 19909).

2089 **Auch ist Vorsicht** geboten, wenn einem **Touristen bei der Heimfahrt** aus einem Land, in dem Drogen produziert und auf dem Markt gebracht werden, von einer weitgehend fremden Person oder unter Umständen, die Verdacht erregen, ein Gepäckstück mitgegeben wird (BGH NStZ 1986, 462). Im Rahmen einer Gesamtwürdigung kann das Gericht aufgrund der besonderen Umstände gleichwohl zum Ergebnis kommen, dass keine Sorgfaltspflichtverletzung vorliegt (BGH NStZ 1986, 462). Dasselbe soll gelten, wenn der Täter für eine Fahrstrecke von 1300 km und den Transport von zwei Personen auf der Hinfahrt und vier Personen auf der Rückfahrt ein Entgelt von 1.000 DM erhält (BGHR BtMG § 29 Abs. 4 Fahrlässigkeit 1 (2 StR 137/93)). Zum Fahrlässigkeitmaßstab beim **Personal eines Drogenkonsumraums** → § 10a Rn. 101.

2090 **II. Objektive Vorhersehbarkeit.** Sie liegt vor, wenn der eingetretene tatbestandsmäßige Erfolg nach allgemeiner Lebenserfahrung, sei es auch nicht als regelmäßige, so doch als nicht ungewöhnliche Folge erwartet werden konnte (RGSt 65, 135; *Kühl* in Lackner/Kühl StGB § 15 Rn. 46). Die Einzelheiten des durch das pflichtwidrige Verhalten in Gang gesetzten Kausalverlaufs brauchen dabei nicht voraussehbar zu sein (BGHSt 53, 55 (→ Rn. 2084); BGH NJW 2004, 2458 = NStZ 2004, 621 = StV 2004, 655). Es reicht aus, dass der Täter in einer Situation gehandelt hat, in der die möglichen Folgen für ihn ungewiss und nicht voraussehbar waren; dabei ist besonders von Belang, inwieweit er Veranlassung hatte anzunehmen, sein Verhalten sei im Hinblick auf das geschützte Rechtsgut riskant (BGH NStZ 2020, 553).

2091 **III. Subjektive Vorhersehbarkeit.** Der Täter muss in der konkreten Lage nach seinen persönlichen Kenntnissen und Fähigkeiten in der Lage gewesen sein, die Tatbestandsverwirklichung **vorherzusehen** (hM; BGHSt 40, 341 (→ Rn. 2087); 51, 18 (→ Rn. 2091); BayObLGSt 1996, 5 = NJW 1996, 2045; *Kühl* in Lackner/Kühl StGB § 15 Rn. 49). Auf die **Einzelheiten** des durch das pflichtwidrige Verhalten in Gang gesetzten **Kausalverlaufs** muss sich dies nicht beziehen (BGHSt 49, 166 (→ Rn. 2084); 53, 55 (→ Rn. 2084)). Maßgeblich ist, ob für den Täter voraussehbar ist, dass sein Handeln oder Unterlassen in irgendeiner **nicht außerhalb jeder Lebenserfahrung** liegenden Weise den Erfolg herbeiführen könnte (BGHSt

51, 18 = NJW 2006, 1822 = NStZ 2006, 506 = StV 2007, 74; BGH NStZ 2001, 478).

Tritt der Erfolg aber durch das **Zusammenwirken mehrerer Umstände** ein, 2092
müssen alle diese Umstände dem Täter erkennbar sein, weil nur dann der Erfolg für
ihn voraussehbar ist (BGH NStZ 2001, 143; BeckRS 2001, 30179737).

IV. Subjektive Pflichtwidrigkeit (Vermeidbarkeit). Anders als im Zivilrecht 2093
setzt fahrlässiges Handeln im Strafrecht voraus, dass der Täter auch nach seinen persönlichen Fähigkeiten und Kenntnissen in der Lage gewesen sein muss, die objektive Sorgfaltspflichtverletzung zu vermeiden (BGHSt 40, 341 = NJW 1995, 795
= NStZ 1995, 183; 1995, 344 mAnm *Foerster*; *Fischer* StGB § 15 Rn. 31, 32; *Kühl*
in Lackner/Kühl StGB § 15 Rn. 49). Zur höheren Leistungsfähigkeit → AMG Vor
§ 95 Rn. 109.

V. Potentielles Unrechtsbewusstsein. Der Täter muss nach seinen Kenntnis- 2094
sen und Fähigkeiten zumindest in der Lage gewesen sein, das Unrecht seiner Tat zu
erkennen (hM; *Fischer* StGB § 15 Rn. 33; *Kühl* in Lackner/Kühl StGB § 15 Rn. 50).

VI. Zumutbarkeit. Schließlich muss dem Täter ein normgemäßes Verhalten 2095
zumutbar gewesen sein (hM; RGSt 30, 25; BGHSt 6, 234; 7, 112 = NJW 1955,
472; *Fischer* StGB § 15 Rn. 30; *Sternberg-Lieben/Schuster* in Schönke/Schröder
StGB § 15 Rn. 204; *Kühl* in Lackner/Kühl StGB § 15 Rn. 51). Daran kann es im
Falle der (fahrlässigen) Gewährung einer Gelegenheit zur Abgabe von Betäubungsmitteln (§ 29 Abs. 1 S. 1 Nr. 10) durch Verlassen der Wohnung fehlen, wenn dem
Täter kein Mittel zu Gebot steht, in der Wohnung zu verbleiben und die Tat zu vermeiden (BGHR BtMG § 29 Abs. 4 Zumutbarkeit 1 (→ Rn. 1810)). Die Gefahr eigener Strafverfolgung genügt zur Unzumutbarkeit dagegen nicht (*Kühl* in Lackner/
Kühl StGB § 15 Rn. 51).

G. Konkurrenzen. Die fahrlässige Begehungsform ist subsidiär (BGH NJW 2096
2011, 2067 = NStZ 2011, 460; NStZ 2015, 587). Zum Zusammentreffen von Vorsatz und Fahrlässigkeit bei verschiedenen Teilmengen einer Gesamtmenge → Vor
§ 29 Rn. 427.

H. Verfahren. Kann der Nachweis vorsätzlichen Handelns nicht geführt wer- 2097
den, so hat das Gericht im Rahmen seiner Pflicht zur erschöpfenden Aburteilung
(→ Rn. 107) die fahrlässige Begehung zu prüfen.

Abschnitt 5. Absehen von Strafe (Absatz 5)

A. Völkerrechtliche Grundlage. Grundsätzlich gehen die internationalen 2098
Suchtstoffübereinkommen davon aus, dass die Verwirklichung eines auf ihrer
Grundlage geschaffenen Tatbestands auch eine Sanktion zur Folge hat, und sei es
auch nur in Form einer „Maßnahme der Behandlung, Aufklärung, Nachbehandlung, Rehabilitation oder sozialen Wiedereingliederung" (Art. 36 Abs. 1 b ÜK
1961, Art. 22 Abs. 1 b ÜK 1971); besonders fein differenzierend Art. 3 Abs. 4a–4d
ÜK 1988).

Einen Ansatzpunkt für die Möglichkeit einer folgenlosen Einstellung enthält 2099
Art. 3 Abs. 6 ÜK 1988, wonach die Vertragsparteien bestrebt sind, sicherzustellen,
dass eine nach ihrem innerstaatlichen Recht bestehende Ermessensfreiheit hinsichtlich der Strafverfolgung so ausgeübt wird, dass die Maßnahmen der Strafrechtspflege größtmögliche Wirksamkeit erlangen, wobei der Notwendigkeit der Abschreckung von diesen Straftaten gebührend Rechnung zu tragen ist (dazu
→ Rn. 2154).

B. Ausgangspunkt, Zweck. Absatz 5 geht auf § 11 Abs. 5 BtMG 1972 zurück, 2100
wonach das Gericht von einer Bestrafung absehen konnte, wenn der Täter die Betäubungsmittel lediglich zum Eigenverbrauch besaß oder erwarb. Die Vorschrift

sollte den Gelegenheitskonsumenten und Drogenprobierer vor Strafe bewahren, auf Dauerkonsumenten jedoch keine Anwendung finden (BayObLG NJW 1973, 2258). Durch das BtMG 1982 wurde die Regelung auf alle Handlungen eines Konsumenten ausgedehnt, die dem Eigenverbrauch üblicherweise vorausgehen; nicht erfasst werden dagegen die Aktivitäten, mit denen der Täter **einen Umsatz bewirkt** (→ Rn. 2110).

2101 **Die Anwendung** der Vorschrift war in der Vergangenheit **nicht häufig** (*Aulinger* Rechtsgleichheit S. 7). Nach der Einführung des § 31 a ist sie in der staatsanwaltschaftlichen Praxis noch seltener geworden (*Aulinger* Rechtsgleichheit S. 300, 311). Wenn sich das Schwergewicht ihrer Anwendung von der Staatsanwaltschaft in das gerichtliche Verfahren verlagert hätte, so wäre dies sachgerecht. Wegen der Möglichkeit der revisionsgerichtlichen Überprüfung darf die Bedeutung des § 29 Abs. 5 auch für die Gleichmäßigkeit der Rechtsanwendung nicht unterschätzt werden.

2102 **C. Der Anwendungsbereich** des § 29 Abs. 5 überschneidet sich mit dem anderer Regelungen:

2103 **I. Hauptverhandlung, Ermittlungsverfahren.** In der Hauptverhandlung überschneiden sich die Anwendungsbereiche des § 29 Abs. 5 BtMG und des § 153 Abs. 2 StPO. Im Ermittlungsverfahren gilt im Hinblick auf § 153 b StPO dasselbe für § 153 Abs. 1 StPO. Eine eigenständige Einstellungsmöglichkeit im BtMG wurde im Jahre 1972 als notwendig angesehen, weil beim illegalen Umgang mit Betäubungsmitteln das öffentliche Interesse an der Strafverfolgung kaum verneint werden könne.

2104 Darüber ist die Zeit hinweg gegangen. Mit der Einführung des § 31 a hat der Gesetzgeber anerkannt, dass auch bei Drogenstraftaten das öffentliche Interesse an der Strafverfolgung fehlen kann. Dies bestätigt, dass **§ 153 StPO** durch Absatz 5 nicht ausgeschlossen wird (BVerfGE 90, 145 (189) (→ Rn. 11)). Dasselbe gilt für **§ 153 a StPO** (BVerfGE 90, 145); nach ihrer **Öffnung für Weisungen** eröffnet diese Vorschrift darüber hinaus die Möglichkeit einer Einstellung mit der Weisung, sich einer Drogenberatung zu unterziehen und eine Therapie anzutreten.

2105 **II. Jugendstrafrecht.** Absatz 5 hat im Jugendstrafrecht **keinen Anwendungsbereich** (*Aulinger* Rechtsgleichheit S. 58–61 zu § 31 a; aA *Joachimski/Haumer* BtMG Rn. 387). Anders als § 60 StGB, der im Jugendstrafrecht als anwendbar angesehen wird (BayObLG NJW 1992, 1520 = NStZ 1991, 584, 491 mAnm *Scheffler* = StV 1992, 433; krit. *Bringewat* NStZ 1992, 315), betrifft § 29 Abs. 5 nur Delikte, die bei Jugendlichen dem **jugendtypischen Fehlverhalten** zuzurechnen sind. Jugendstrafe kommt in den Fällen des Absatzes 5 praktisch nicht in Betracht, so dass seine Anwendung in der Praxis ausschließlich mit der **jugendstrafrechtlichen Diversion** nach §§ 45, 47 JGG (→ Vor § 29 Rn. 1658–1662) kollidiert. Diese ist aber auf Straftaten Jugendlicher besser zugeschnitten.

2106 **Die Eintragung** in das **Erziehungsregister,** die manchmal als Nachteil angesehen wird, entspricht den jugendstrafrechtlichen Besonderheiten, auf die das Register mit seinen engen Auskunftsbeschränkungen (§ 61 BZRG) abgestellt ist. Im Übrigen ist die Eintragungsfrage mit dem Zentralen staatsanwaltschaftlichen Verfahrensregister (§ 492 Abs. 2 Nr. 5 StPO), in das die Einstellungen nach § 153 b Abs. 1 StPO, § 29 Abs. 5 BtMG eingetragen werden, im Wesentlichen obsolet geworden. Zur Anwendung des Jugendstrafrechts nach den Richtlinien der Länder → § 31 a Rn. 85.

2107 **III. Strafzumessungsregel.** Absatz 5 ist anders als §§ 153, 153 a StPO, 31 a BtMG eine Strafzumessungsregel (OLG München BeckRS 2012, 03258; 2012, 03275; OLG Hamm StV 1987, 109; *Patzak* in Körner/Patzak/Volkmer § 29 Teil 29 Rn. 2; *Franke/Wienroeder* Rn. 230) und damit eine Vorschrift des materiellen Rechts. Die gerichtliche Entscheidung über das Absehen von Strafe kann daher in der Revision auf die Sachrüge hin überprüft werden (→ Rn. 2179).

D. Der Charakter der Vorschrift als Ermessensnorm. Nicht anders als sonst sind bei der Anwendung des Absatzes 5 die **tatbestandlichen Voraussetzungen** von der **Rechtsfolge,** wonach von Strafe abgesehen werden kann (nicht muss oder soll), **strikt zu trennen.** Auch wenn formal alle Voraussetzungen der Vorschrift vorliegen, steht es im Ermessen des Gerichts oder der Staatsanwaltschaft, ob von Strafe abgesehen wird. Zur möglichen Verdichtung zu einer Einstellungspflicht → Rn. 12, 2172. 2108

E. Die tatbestandlichen Voraussetzungen der Vorschrift sind: 2109

I. Handlungen. Voraussetzung des Absatzes 5 ist, dass der Täter eine Tathandlung im Sinne der Absätze 1, 2 oder 4 verwirklicht hat, wobei die Begehungsweisen ausgeschlossen sind, die dritte Personen gefährden können. Danach ist Absatz 5 bei den folgenden Tathandlungen des **Absatzes 1 Satz 1** anwendbar: 2110
– **Nr. 1** – Anbauen, Herstellen, Einführen, Ausführen, Erwerben, Sichverschaffen,
– **Nr. 3** – Besitzen und
– **Nr. 5** – Durchführen.

Dazu kommen die entsprechenden Fälle des Versuchs **(Absatz 2)** und der Fahrlässigkeit **(Absatz 4).**

II. Art der Betäubungsmittel. Absatz 5 bezieht sich auf **alle Betäubungsmittel.** Dies sind die in den Anlagen I bis III zum BtMG aufgeführten Stoffe und Zubereitungen. Zu den Einzelheiten → Rn. 3–12. 2111

Nicht anders als in den sonstigen Vorschriften des BtMG wird zwischen **harten und weichen** Drogen (OLG Hamm StV 1987, 251) **nicht** unterschieden. Der Tatbestand lässt es daher zu, dass in beiden Fällen von Strafe abgesehen werden kann (OLG München BeckRS 2012, 03275). Eine andere Frage ist, ob und inwieweit es angezeigt ist, bei harten Drogen das Ermessen in diesem Sinne auszuüben (→ Rn. 2155, 2156). 2112

III. Täter (Vorbelastung). Absatz 5 setzt nach seinem Wortlaut nicht voraus, dass es sich bei dem Täter um einen Ersttäter handelt (OLG Hamburg StV 1988, 109) oder dass er nicht einschlägig vorbestraft ist (BGH StV 1987, 250). Die der Vorschrift zugrunde liegende grundsätzliche Beschränkung auf **gelegentliche Konsumenten** und **Probierer** (BGH StV 1987, 250; OLG Hamburg StV 1988, 109; BayObLGSt 1994, 106 = NJW 1994, 3021 = NStZ 1994, 496; 1995, 22 = NStZ 1995, 350 = StV 1995, 529 mAnm *Körner*; BayObLG 4St RR 144/2001) hat **im Tatbestand** keinen Ausdruck gefunden. Danach ist die Anwendung auch auf Dauerkonsumenten nicht von vornherein ausgeschlossen. 2113

Eine andere Frage ist, wie bei **Dauerkonsumenten** einschließlich ständiger Kleinverbraucher oder anderen Wiederholungstätern das Ermessen auszuüben ist (dazu → Rn. 2168–2175). Zu deren Behandlung in den Richtlinien der Länder → § 31a Rn. 96–101. 2114

IV. Geringe Menge. Das **zentrale Merkmal** des Absatzes 5 ist **die geringe Menge.** Im Gesetz ist sie nicht definiert. Nachdem die Rechtsprechung zum Teil zunächst auf den Konsumentenpreis abgestellt hatte (BayObLG NJW 1973, 669; 1973, 2258), setzte sich in der Folge in Anlehnung an die Auslegung des § 370 Nr. 5 StGB aF die Auffassung durch, dass als geringe Menge eine solche anzusehen ist, die zum **einmaligen** bis **höchstens dreimaligen Gebrauch** geeignet ist (OLG Koblenz NJW 1975, 1471 im Anschluss an *Wechsung/Hund* NJW 1973, 1731; BayObLGSt 1982, 62 = NStZ 1982, 472 = StV 1982, 423; BayObLG NJW 2003, 2110 = StV 2003, 625; OLG Hamm NStZ-RR 2010, 24; 2014, 345; BeckRS 2015, 15083; OLG Dresden BeckRS 2015, 17473). 2115

BtMG § 29 Sechster Abschnitt. Straftaten und Ordnungswidrigkeiten

2116 **1. Konsumeinheit.** Damit wurde die Konsumeinheit ähnlich wie bei der nicht geringen Menge auch bei der Bestimmung der geringen Menge das entscheidende Merkmal. Unter einer **Konsumeinheit** ist die Menge eines Betäubungsmittels zu verstehen, die zur Erzielung eines Rauschzustandes erforderlich ist (→ § 29a Rn. 71). Dabei sind vor allem drei Elemente von Bedeutung: der Wirkstoffgehalt (→ Rn. 2117–2119), die Konsumform (→ Rn. 2120) und die Gewöhnung des Konsumenten (→ Rn. 2121). Zur (Nicht-)Berücksichtigung weiterer Merkmale → Rn. 2122.

2117 **a) Wirkstoffgehalt.** Nicht anders als bei der „nicht geringen Menge" (dazu → § 29a Rn. 64–66) richtet sich die Bestimmung der geringen Menge grundsätzlich nach dem **Wirkstoffgehalt** des Betäubungsmittels (BGHSt 42, 1 = NJW 1996, 794 = NStZ 1996, 139 (195) mablAnm *Körner* = StV 1996, 95; 1996, 317 mablAnm *Böllinger* = MDR 1996, 515 = JZ 1996, 798 mablAnm *Kreuzer*); krit. hierzu *Patzak* in Körner/Patzak/Volkmer Teil 29 Rn. 34–36.

2118 **aa) Vorhandene Untersuchung.** Wird das Betäubungsmittel sichergestellt, so hat grundsätzlich eine Untersuchung zu erfolgen (→ Vor § 29 Rn. 975). Eine Ausnahme gilt dann, wenn ausgeschlossen ist, dass dadurch das Strafmaß beeinflusst werden kann; dies kommt namentlich in den Fällen des § 29 Abs. 5 in Betracht (→ Vor § 29 Rn. 972, 973).

2119 **bb) Fehlende Untersuchung.** Ist das Betäubungsmittel nicht sichergestellt, nicht mehr vorhanden oder wurde wegen der kleinen Menge aus Gründen der Verhältnismäßigkeit ein Gutachten nicht erholt, so ist von der Menge auszugehen, die nach den Umständen in Betracht kommt. Auf → Vor § 29 Rn. 977–1030 wird insoweit verwiesen.

2120 **b) Konsumform.** Maßgeblich ist die Form, in der das betreffende Betäubungsmittel am häufigsten konsumiert wird (BGHSt 53, 89 (→ Rn. 483)), zB bei Cannabis und Metamfetamin das Rauchen, bei Cocain das Schnupfen (OLG Hamm NStZ-RR 2010, 24 (→ Rn. 2115) und bei Heroin die intravenöse Injektion. Eine Differenzierung nach der Konsumform, wie sie von dem konkreten Konsumenten geübt wird (so *Kreuzer/Hoffmann* StV 2000, 84 (86)), ist nicht vorzunehmen.

2121 **c) Gewöhnung des Konsumenten.** Absatz 5 zielt auf den Gelegenheitskonsumenten und Drogenprobierer ab. Bei seiner Anwendung ist daher nicht auf die höheren Dosierungen eines bereits Abhängigen abzustellen, sondern auf die **Einstiegsdosis** (BayObLGSt 1982, 62 (→ Rn. 2115); 1995, 22 (→ Rn. 2113); 1999, 99 = NStZ 1999, 514 = StV 2000, 83 mAnm *Kreuzer/Hoffmann*; NJW 2003, 2110 (→ Rn. 2115); *Aulinger* Rechtsgleichheit S. 23; aA *Kreuzer/Hoffmann* StV 2000, 84 (86)).

2122 **d) Weitere Merkmale.** In der Literatur werden weitere Merkmale (Art, Wirkung, Gefährlichkeit, Reinheitsgrad, konkreter Drogengebrauch und -konsum) diskutiert (*Endriß* StV 1984, 258 (262); *Kreuzer/Hoffmann* StV 2000, 84), die bei der Bestimmung der geringen Menge berücksichtigt werden sollen. Sie haben sich jedoch nicht durchgesetzt, haben allerdings bei der Ausübung des Ermessens ihren Platz (*Patzak* in Körner/Patzak/Volkmer § 29 Teil 29 Rn. 31; *Franke/Wienroeder* Rn. 233a).

2123 **2. Grenzwerte für die einzelnen Betäubungsmittel.** Auf dieser Grundlage kann für die geringe Menge (drei Konsumeinheiten) von folgenden Werten ausgegangen werden (*Aulinger* Rechtsgleichheit S. 24; *Patzak* in Körner/Patzak/Volkmer Teil 29 Rn. 38–54; *Kotz/Oğlakcıoğlu* in MüKoStGB Rn. 1730):

2124 **a) Amfetamin.** Ausgehend von 50 mg (0,05 g) Amfetamin-Base als der hohen Dosis für den nicht Gewöhnten (→ § 29a Rn. 78) wird die Obergrenze für die geringe Menge spätestens bei **150 mg (0,15 g) Amfetamin-Base** erreicht (BayObLGSt 1999, 178 = NStZ 2000, 210; OLG Karlsruhe NJW 2003, 1825 = StV

2003, 622; *Patzak* in Körner/Patzak/Volkmer Teil 29 Rn. 44). Bei einem Briefchen mit 0,2 g Amfetaminzubereitung kann noch von einer geringen Menge ausgegangen werden (OLG Karlsruhe StV 1996, 675).

b) Cannabisprodukte. Bei Cannabis wird die durchschnittliche Konsumeinheit mit 15 mg (0,015 g) THC angesetzt (→ § 29a Rn. 88). Der Grenzwert für die geringe Menge beträgt daher **45 mg (0,045 g) THC** (OLG München BeckRS 2012, 03273; OLG Dresden BeckRS 2015, 17473; *Patzak* in Körner/ Patzak/Volkmer § 29 Teil 29 Rn. 38). Da bei kleineren Mengen von Cannabisprodukten der Wirkstoffgehalt häufig nicht festgestellt wird (→ Rn. 2119), behilft sich Praxis damit, dass auf die Gewichtsmenge abgestellt wird. 2125

Dabei wird noch eine **Gewichtsmenge von 6 g** Cannabisgemisch als geringe Menge angesehen, weil sich unter Annahme einer äußerst schlechten Konzentration von 0,8% aus 6 g Haschisch noch drei Konsumeinheiten gewinnen lassen (OLG Koblenz NJW 1975, 1471; BayObLGSt 1982, 62 (→ Rn. 2115); 1995, 22 (→ Rn. 2113); BayObLG NJW 2003, 1681; OLG Hamm NStZ-RR 2014, 345; BeckRS 2015, 15083; OLG Dresden BeckRS 2015, 17473). 2126

Auf Grund des zunehmenden Anbaus von Cannabis mehren sich die Fälle, in denen **Cannabispflanzen** festgestellt werden. Vielfach enthalten sie noch kein THC. Manchmal sind es auch männliche Pflanzen, die kaum THC ausbilden. Auch diese Pflanzen sind Betäubungsmittel (→ § 1 Rn. 261), so dass sich an der Strafbarkeit nichts ändert. Da sich aus ihnen keine Konsumeinheiten gewinnen lassen, können sie aus der Ermittlung der Gewichtsmenge ausgeschieden werden (OLG Koblenz NJW 1998, 2756 = NStZ 1998, 260 = StV 1998, 82; LG Hamburg StV 1997, 307). Allerdings kommt ein Absehen von Strafe nur in Betracht, wenn auch die weiteren Voraussetzungen der Vorschrift erfüllt sind, insbesondere das Merkmal des Eigenbedarfs. 2127

c) Cocain. Ist kein Wirkstoffgehalt festgestellt, so kann für die geringe Menge von einem Grenzwert von **300 mg (0,3 g) Cocainzubereitung (Gewichtsmenge;** zum Wirkstoffgehalt → Rn. 2130) ausgegangen werden (BayObLGSt 1982, 62 (→ Rn. 2115); BayObLG NJW 2003, 2110 (→ Rn. 2115); 1994, 1167; NStZ-RR 1999, 59 = StV 1998, 590; OLG Hamm NStZ-RR 2010, 24 (→ Rn. 2115); *Patzak* in Körner/Patzak/Volkmer Teil 29 Rn. 42). Diese Gewichtsmenge entspricht bei der vorherrschenden Konsumform des Schnupfens maximal drei Konsumeinheiten als Einstiegsdosis (BayObLG NJW 2003, 2110 (→ Rn. 2115)). 2128

Ob ohne nähere Anhaltspunkte für die Qualität des Stoffs stets gesagt werden kann, **1 g Cocaingemisch** sei auch unter Berücksichtigung, dass es einen gewissen Zusatz von Zucker enthält, keine geringe Menge (BayObLGSt 1982, 62 (→ Rn. 2115)), erscheint zweifelhaft. Jedenfalls bei 40 mg (0,04 g) Cocain ist zwingend zu prüfen, ob die Voraussetzungen des § 29 Abs. 5 gegeben sind (OLG Stuttgart NJW 1998, 3134 = StV 1998, 479). 2129

Ist der Wirkstoffgehalt festgestellt, so ist die geringe Menge ausschließlich nach diesem zu bewerten; die Konsumeinheit ist dann mit 33 mg (0,033 g) Cocainhydrochlorid anzusetzen, so dass die Obergrenze der geringen Menge bei maximal **100 mg (0,1 g) Cocainhydrochlorid** liegt (BayObLG NJW 2003, 2110 (→ Rn. 2115); OLG Hamm NStZ-RR 2010, 24 (→ Rn. 2115); *Patzak* in Körner/Patzak/Volkmer Teil 29 Rn. 42). 2130

d) Ecstasy. Bei Ecstasy-Tabletten, die **Amfetamin-Base** enthalten, kann der Grenzwert zugrunde gelegt werden, der auch für Amfetamin gilt (→ Rn. 2124; OLG Koblenz DRsp Nr. 2001/6296). Im Übrigen gelten die Werte der Konsumeinheiten für die jeweilige Substanz. Für **MDA, MDE, MDMA** beträgt die durchschnittliche Konsumeinheit 120 mg ((0,14 g); dazu im Einzelnen → § 29a Rn. 114, 117, 120. Die geringe Menge kann danach mit **360 mg (0,36 g) Base** 2131 oder 420 mg (0,42 g) Hydrochlorid angesetzt werden (*Kotz* in MüKoStGB, 2. Auflage, Rn. 1768). Allerdings hat BGHSt 53, 89 (→ Rn. 483) inzwischen eine Herabsetzung in Anlehnung an Metamfetamin (→ Rn. 2133) vorgeschlagen. Für das auch als Ecstasy anzutreffende **m.-CPP** ergibt sich ausgehend von einer Konsumeinheit von 120 mg (→ § 29a Rn. 137) ein Grenzwert von **360 mg (0,36 g) Base.**

2132 **e) Heroin.** Auf der Basis einer durchschnittlichen Konsumeinheit von 10 mg (0,01 g) Heroinhydrochlorid wird der Grenzwert für die geringe Menge bei **30 mg (0,03 g) Heroinhydrochlorid** erreicht (BayObLGSt 1999, 99 (→ Rn. 2121); *Patzak* in Körner/Patzak/Volkmer Teil 29 Rn. 43). Die frühere Rechtsprechung (BayObLG StV 1998, 590 = NStZ-RR 1999, 59; OLG Hamm StV 1987, 251), wonach der Grenzwert bei 150 mg (0,15 g) Heroinhydrochlorid festgelegt wurde, wurde ausdrücklich aufgegeben (BayObLGSt 1999, 99 (→ Rn. 2121); dagegen *Kreuzer/Hoffmann* StV 2000, 84). Sie hatte sich nicht an der Dosis eines Probierers oder Gelegenheitskonsumenten, sondern an der eines Konsumgewohnten orientiert.

2133 **f) Metamfetamin.** Für Metamfetamin (Crystal, Crystal Speed) s. zunächst die Aufgliederung in die rechtsdrehende und die linksdrehende Form und das Racemat (→ § 1 Rn. 478–480; → § 29a Rn. 139–143). Für die **rechtsdrehende Form** ((2S)-N-Methyl-1-phenylpropan-2-amin) hat der 2. Strafsenat (BGHSt 53, 89 (→ Rn. 483)) den Grenzwert für die nicht geringe Menge auf 5 g Metamfetaminbase (6 g Metamfetaminhydrochlorid) herabgesetzt, wobei er von einer durchschnittlichen Konsumeinheit von 25 mg (0,025 g) Metamfetaminbase (30 mg (0,03 g) Metamfetaminhydrochlorid) ausgeht. Danach beträgt der Grenzwert für die geringe Menge **75 mg (0,075 g) Metamfetaminbase** oder 90 mg (0,09 g) Metamfetaminhydrochlorid.

2134 Nach Auffassung des 3. Strafsenats (NJW 2012, 400 = A&R 2012, 34 mAnm *Winkler*) ist dieser vom 2. Strafsenat entwickelte Grenzwert für die nicht geringe Menge der rechtsdrehenden Form des Metamfetamins zu niedrig (→ § 29a Rn. 140, 141). Er hat aber keine andere Entscheidung getroffen, da er über **Metamfetaminracemat** *((RS)-(Methyl)(1-phenylpropan-2-yl)azan)* zu entscheiden hatte. Dieses behandelt er wie Amfetamin, so dass von einer durchschnittlichen Konsumeinheit von 50 mg Base und damit von einer geringen Menge von **150 mg (0,15 g) Base** auszugehen ist.

2135 **g) Psilocin, Psilocybin.** Die Konsumeinheit für **Psilocin** beträgt 10 mg (→ § 1 Rn. 447), so dass noch bis zu 30 mg (0,03 g) eine geringe Menge angenommen werden kann (BayObLGSt 2002, 33; *Patzak* in Körner/Patzak/Volkmer § 29 Teil 29 Rn. 46). Bei **Psilocybin** beträgt die Konsumeinheit 14 mg (→ § 1 Rn. 447; BayObLGSt 2002, 33 = StV 2003, 81), so dass der Grenzwert für die geringe Menge 42 mg (0,042 g) beträgt (*Patzak* in Körner/Patzak/Volkmer § 29 Teil 29 Rn. 45; *Kotz/Rahlf* NStZ-RR 2003, 161 (162)).

2136 **h) Andere Betäubungsmittel.** Die durchschnittlichen Konsumeinheiten für andere Betäubungsmittel finden sich, soweit entsprechende Festlegungen durch die Rechtsprechung erfolgt sind oder die Toxikologen Vorschläge gemacht haben, bei den Erläuterungen zu § 29a, im übrigen bei den Erläuterungen zu § 1. Die geringe Menge ist jeweils mit dem Dreifachen der Konsumeinheit anzusetzen. (*Patzak* in Körner/Patzak/Volkmer Teil 29 Rn. 54).

2137 **3. Mehrfacher Erwerb, unterschiedliche Betäubungsmittel.** Hat der Täter mehrfach Betäubungsmittel erworben, so dürfen diese einzeln erworbenen und anschließend verbrauchten Mengen **nicht zusammengerechnet** werden, um das Merkmal der geringen Menge auszuschließen (OLG Düsseldorf MDR 1995, 737; *Aulinger* Rechtsgleichheit S. 214; *Franke/Wienroeder* Rn. 233a).

Anders ist dies, wenn der Täter einen in mehreren Partien angekauften **Vorrat** 2138
hortet, der insgesamt eine geringe Menge übersteigt (*Franke/Wienroeder*
Rn. 233a). Selbst wenn der Täter ihn nach und nach verbrauchen will, besteht in
solchen Fällen immer die Gefahr der Abgabe, so dass die Privilegierung des Absatzes
5 (→ Rn. 2110) auch nach ihrem Sinn nicht eingreift.

Diese Grundsätze gelten auch für **Dauerkonsumenten und Wiederho-** 2139
lungstäter, sofern die Vorschrift überhaupt auf sie angewandt wird (→ Rn. 2168,
2170). Auch diese dürfen jeweils nur eine geringe Menge erwerben und besitzen.

Hat der Täter **mehrere unterschiedliche Betäubungsmittel** erworben oder 2140
in Besitz, so dürfen sie, gegebenenfalls in der Wirkstoffmenge, drei Konsumeinheiten nicht übersteigen (*Kotz/Oğlakcıoğlu* in MüKoStGB Rn. 1731). Zur Berechnung
→ § 29a Rn. 167, 168.

4. Die Diskussion zur geringen Menge. Die verhältnismäßig zurückhaltende 2141
obergerichtliche Rechtsprechung zur geringen Menge war nicht unbestritten
(*Kreuzer* NJW 1989, 1505; Hessische Kommission „Kriminalpolitik" StV 1992,
249; *Schneider* StV 1992, 489; 1992, 514; *Kreuzer/Hoffmann* StV 2000, 84). Die Kritik verstärkte sich vor allem nach dem Beschluss des BVerfG v. 9.3.1994 (BVerfGE
90, 145 (→ Rn. 11)), aus dem entnommen wurde, dass eine „Neubewertung" jedenfalls von Cannabis unumgänglich sei (*Körner* StV 1994, 314 (317); 1995, 530
(531); *Körner* NStZ 1996, 195; *Körner* DVJJ-Journal 1996, 232; *Kreuzer* NJW 1994,
2400 (2402); *Schneider* StV 1994, 390 (392); *Klingner* NJW 1994, 2977).

Mit Ausnahme des OLG Schleswig (NStZ 1995, 451) zeigte die **Rechtspre-** 2142
chung (BGHSt 42, 1 (→ Rn. 2117); BayObLGSt 1995, 22 (→ Rn. 2113); 1999,
99 (→ Rn. 2121); 1999, 178 (→ Rn. 2124)) **wenig Neigung,** dem zu folgen. Dies
kann sich darauf stützen, dass das BVerfG zum Begriff der geringen Menge gerade
auf die vorliegende Rechtsprechung verwiesen hat (BVerfGE 90, 145 (190)
(→ Rn. 11); *Aulinger* Rechtsgleichheit S. 37). Auch mit der Fürsorge des BVerfG
für Probierer und Gelegenheitskonsumenten wäre es nicht zu vereinbaren, wenn
unter einer geringen Menge nunmehr ein Rauschgiftpotential verstanden würde,
das wesentlich mehr Rauschzustände erlaubt (BayObLGSt 1995, 22 (→ Rn. 2113)).

Zu einer Revision der von der **Rechtsprechung erarbeiteten Grenzwerte** 2143
besteht daher aufgrund der Entscheidung des BVerfG kein Handlungsbedarf (*Aulin-*
ger Rechtsgleichheit S. 44, 45). Auch das BVerfG (NJW 1995, 3112 = NStZ 1995,
37) hat einen solchen nicht gesehen. Zum Gesichtspunkt der Gleichbehandlung
→ § 31a Rn. 78–81.

Eine andere Frage ist, ob sonst Anlass zu einer **Änderung der Grenzwerte** für 2144
die geringe Menge besteht. Der BGH hat in seinem Beschluss v. 20.12.1995
(BGHSt 42, 1 (→ Rn. 2117)) in einem obiter dictum namentlich mit Rücksicht
auf die zu unterstellende schlechte Qualität des Haschischs einen Grenzwert von
10 g Haschisch (zehn Konsumeinheiten mit einem Wirkstoffgehalt von 1,5%
THC) vorgeschlagen. Dagegen spricht die seither festzustellende **steigende Quali-**
tät von Cannabis (→ Einl. Rn. 151, 152; Anh. H), aber auch, dass die Bestimmung
nicht weniger „gegriffen" erscheint als andere Festlegungen. Im Vergleich dazu beruht die bisherige Rechtsprechung auf einer eher festeren Basis (→ Rn. 2115). Andere Vorschläge, etwa den Grenzwert der geringen Menge bei 10% der nicht geringen Menge anzusiedeln (*Körner*, 4. Auflage, § 31a Rn. 16), erscheinen noch
beliebiger und entfernen sich von der gesetzlichen Grundlage noch weiter (*Aulinger*
Rechtsgleichheit S. 44, 45).

5. Richtlinien. Insbesondere nach dem Beschluss des BVerfG v. 9.3.1994 2145
(BVerfGE 90, 145 (→ Rn. 11)) wurden in den Ländern mit Ausnahme von Mecklenburg-Vorpommern Richtlinien erlassen, in denen (in der Regel im Zusammenhang mit § 31a) Schwellenwerte für die geringe Menge (meist von Cannabis) fest-

BtMG § 29 Sechster Abschnitt. Straftaten und Ordnungswidrigkeiten

gelegt wurden. Da der Begriff der geringen Menge in § 29 Abs. 5 und § 31 a nicht unterschiedlich behandelt werden kann (*Aulinger* Rechtsgleichheit S. 34), haben die Richtlinien auch im Rahmen des § 29 Abs. 5 Bedeutung.

2146 **Die Gerichte** sind an diese Verwaltungsvorschriften allerdings nicht gebunden. Dagegen muss die Staatsanwaltschaft sie den Entscheidungen nach § 153b StPO oder der Antragstellung in der Hauptverhandlung zugrunde legen (§§ 146, 147 GVG). Zu den Richtlinien im Einzelnen → § 31 a Rn. 82–108.

2147 **V. Eigenverbrauch.** Neben dem Vorliegen einer geringen Menge setzt Absatz 5 voraus, dass der Täter ausschließlich zum Eigenverbrauch gehandelt hat. Daran fehlt es, wenn er auch nur einen Teil des Stoffes mit Dritten teilen oder an Dritte schenken will (OLG Koblenz NJW 1975, 1471; OLG Stuttgart NStZ-RR 1998, 214 = StV 1998, 427). Dies gilt auch, wenn der Täter das Betäubungsmittel für eine oder mehrere andere im Rahmen einer **Einkaufsgemeinschaft** zur billigeren Beschaffung erwirbt und es dann aufgeteilt wird (OLG Stuttgart NJW 1999, 3425 = NStZ-RR 1999, 214 = StV 1998, 427; *Franke/Wienroeder* Rn. 214). Zur Einkaufsgemeinschaft (bei Eigenverbrauch) im Einzelnen → Rn. 1231.

2148 **Etwas anderes** kann allerdings dann anzunehmen sein, wenn zwei oder mehrere Personen gemeinsam eine Rauschgiftmenge erwerben, deren Aufteilung in für den jeweiligen Eigenverbrauch bestimmte Anteile bereits vereinbart ist (OLG Stuttgart NJW 1999, 3425 (→ Rn. 2147); OLG Stuttgart NStZ 2002, 154; *Joachimski/Haumer* BtMG Rn. 382). Eine andere Frage ist, ob im Hinblick auf die notwendigen Vorabsprachen, den Erwerb zum günstigeren Preis und die jedenfalls vorübergehend vorhandene größere Menge in einem solchen Fall das Ermessen im Sinne eines Absehens von der Strafe auszuüben ist (OLG Stuttgart NJW 1999, 3425). Zum „gebundenen Anteilsmitbesitz" auch → Rn. 1379.

2149 **Auf andere Zwecke** als den Eigenverbrauch ist § 29 Abs. 5 auch nicht entsprechend anzuwenden. Dies gilt insbesondere auch für medizinische, wissenschaftliche, religiöse oder werbliche Zwecke (*Kotz/Oğlakcıoğlu* in MüKoStGB Rn. 1735). Es bleiben die allgemeinen Vorschriften (§§ 153, 153a StPO).

2150 **VI. Sonstige Voraussetzungen** enthält der Tatbestand des Absatzes 5 nicht. Er setzt tatbestandlich auch nicht voraus, dass der Täter ein **Geständnis** ablegt (OLG Hamburg StV 1988, 109). Eine andere Frage ist, ob bei einem fehlenden Geständnis Anlass besteht, das Ermessen im Sinne eines Absehens von Strafe auszuüben.

2151 Ebenso wenig ist die Anwendung der Vorschrift tatbestandlich ausgeschlossen, wenn der Täter **mit der Einziehung** des sichergestellten Rauschgifts **nicht einverstanden** ist. Auch in diesen Fällen wird aber in aller Regel kein Anlass bestehen, das Ermessen im Sinne eines Absehens von Strafe, bei dem auf die Einsicht des Täters kaum verzichtet werden kann, Gebrauch zu machen.

2152 Unanwendbar ist Absatz 5 dagegen, wenn die Gesamtwürdigung aller Umstände ergibt, dass es sich bei den festgestellten Betäubungsmitteln nicht um eine Konsummenge, sondern um das **Handelsmuster** eines Dealers handelt (OLG Hamburg StV 1988, 109). Auf Umsatzdelikte ist die Privilegierung nach Wortlaut und Sinn unanwendbar (→ Rn. 2100).

2153 **F. Die Ausübung des Ermessens.** Auch wenn alle Voraussetzungen des § 29 Abs. 5 erfüllt sind, hat der Täter grundsätzlich (zu den Ausnahmen → Rn. 2172, 2175) keinen Anspruch darauf, dass von der Bestrafung abgesehen wird. Die Entscheidung liegt vielmehr im Ermessen des Gerichts. Dabei sind alle Umstände des Einzelfalls zu berücksichtigen (*Patzak* in Körner/Patzak/Volkmer § 29 Teil 29 Rn. 69), so dass es nicht richtig wäre, allein auf die Fremdgefährdung abzustellen (KG StV 2008, 583 mAnm *Kreuzer*).

Kap. 14. Verstoß gegen RechtsVO (Abs. 1 S. 1 Nr. 14) § 29 **BtMG**

I. Generalprävention. Dabei dürfen auch Gesichtspunkte der Generalprävention nicht (mehr) völlig außer Betracht bleiben. Deutschland hat sich völkerrechtlich verpflichtet, das Ermessen so auszuüben, dass die Maßnahmen der Strafrechtspflege größtmögliche Wirksamkeit erlangen, wobei der Notwendigkeit der Abschreckung von diesen Straftaten gebührend Rechnung zu tragen ist (Art. 3 Abs. 6 ÜK 1988). Diese Vertragsbestimmung ist von den Gerichten zwar nicht unmittelbar anzuwenden. Die Anwendung des nationalen Rechts hat jedoch in ihrem Lichte zu erfolgen (→ Rn. 1987; *Kotz/Oğlakcıoğlu* in MüKoStGB Rn. 1743; *Wettley* in BeckOK BtMG Rn. 940). 2154

II. Harte Drogen. In den Fällen harter Drogen liegt meist auch ein Wiederholungsfall vor. Soweit die Rechtsprechung nach einer gründlichen Prüfung aller Umstände des Einzelfalles die Vorschrift ausnahmsweise (→ Rn. 2168) anwendet, namentlich unter dem Aspekt, dass **therapeutische Maßnahmen** entweder eingeleitet sind oder gefährdet würden, liegt dies noch im Rahmen des Gesetzes, dessen Beschränkung auf Probierer und Gelegenheitskonsumenten im Wortlaut keinen Niederschlag gefunden hat. 2155

Im Hinblick auf die strikten Einstellungsvoraussetzungen (geringe Menge, keine Abgabedelikte) ist es aber **nicht akzeptabel,** die Vorschrift aus ermittlungstechnischen oder -taktischen Gründen anzuwenden (s. die bei *Aulinger* Rechtsgleichheit S. 310, 311 geschilderten Fälle). Dasselbe würde für eine massenhafte, schematische und ohne Prüfung des Einzelfalles erfolgende Einstellungspraxis gelten, wie sie sich für § 31a in manchen Ländern entwickelt haben könnte (→ § 31a Rn. 108). Hier würde nicht nur der Hilfeaspekt vernachlässigt, sondern es bestünde auch die Gefahr des Ungehorsams gegenüber dem Gesetz. 2156

III. Fremdgefährdung. Es ist das Verdienst des Beschlusses des BVerfG v. 9.3.1994 (BVerfGE 90, 145 (190) (→ Rn. 11)), dass die Bedeutung der Fremdgefährdung, die hinter einer ausufernden Mengendiskussion zu verschwinden drohte, wieder in das Blickfeld gerückt wurde. Die Fremdgefährdung kann sich insbesondere aus den folgenden Gesichtspunkten ergeben: 2157

1. Tatort. Eine erhöhte Verbreitungsgefahr besteht bei **Jugendveranstaltungen,** auf Spielplätzen, in Discotheken (OLG München BeckRS 2012, 03258), **Schulen, Jugendheimen, Kasernen, Krankenhäusern** oder **Justizvollzugsanstalten** (s. auch Art. 3 Abs. 5 Buchst. g ÜK 1988, wonach solche Umstände eine Straftat „besonders schwerwiegend" machen). Ein Absehen von Strafe kommt danach grundsätzlich nicht in Betracht, wenn die Tat während der **Verbüßung einer Freiheitsstrafe** in einer Justizvollzugsanstalt begangen wurde (BayObLGSt 1995, 8 = BeckRS 1995, 1358; OLG Düsseldorf NStZ 1995, 94; OLG Zweibrücken NStZ 1995, 193; KG StV 2008, 583 mablAnm *Kreuzer* (auch bei Fehlen einer Fremdgefährdung; → Rn. 2153); *Patzak* in Körner/Patzak/Volkmer Teil 29 Rn. 92–94; *Wettley* in BeckOK BtMG Rn. 941; *Franke/Wienroeder* Rn. 237; Hügel/Junge/Lander/Winkler § 31a Rn. 6.2). 2158

Ebenso kann ein Absehen von Strafe nicht in Betracht kommen, wenn die Tat **in einer Kaserne** begangen wurde (*Patzak* in Körner/Patzak/Volkmer Teil 29 Rn. 95). Der Erwerb und Besitz von Betäubungsmitteln auch in kleinen Mengen ist eine erhebliche Gefahr für die Einsatzbereitschaft der Truppe. 2159

Im Hinblick auf die Gefahr der Verführung und Nachahmung ist eine Fremdgefährdung auch dann gegeben, wenn Betäubungsmittel in der Öffentlichkeit an **zentralen Orten** erworben und konsumiert werden (OLG München BeckRS 2012, 03273 für eine **belebte Parkanlage**). Auch wegen der Gefahr eines schwindenden Respekts vor den Strafgesetzen ist in solchen Fällen ein öffentliches Interesse an der Strafverfolgung gegeben. 2160

BtMG § 29 Sechster Abschnitt. Straftaten und Ordnungswidrigkeiten

2161 Eine erhöhte Verbreitungsgefahr besteht generell auch im **Umfeld von Drogenkonsumräumen**. Hier kommt es entscheidend darauf an, ob geklärt werden kann, dass der Betroffene die (in geringer Menge) mitgeführten Betäubungsmittel in dem Drogenkonsumraum selbst verbrauchen wollte. Lässt sich dies positiv feststellen, so wird eine Fremdgefährdung in aller Regel ausscheiden.

2162 Dass sich die **Fremdgefahr tatsächlich verwirklicht** hat, etwa weil bei dem Täter ein Sinneswandel zur Weitergabe der Droge eingetreten ist, ist nicht erforderlich. Wenn dies notwendig wäre, wäre § 29 Abs. 5 schon mangels Eigenbedarfs nicht anwendbar und die Rechtsprechung des BVerfG liefe ins Leere. Es ist daher nicht richtig, dass der Besitz des Betäubungsmittels bei einem **Reggae-Festival** ohne Bedeutung sei (so BayObLG 4St RR 144/2001; aA OLG München BeckRS 2012, 03258; 2013, 3367 für öffentliche Veranstaltungen, etwa das Oktoberfest), zumal wenn sich dieses bereits zu einem Drogenumschlagsplatz entwickelt hat.

2163 **2. Person des Täters.** Die Fremdgefährdung kann sich auch aus der Person des Täters ergeben. Als solche kommen vor allem Priester, Lehrer, Sporttrainer, sonstige Erzieher, Polizeibeamte (Beispiele bei *Patzak* in Körner/Patzak/Volkmer Teil 29 Rn. 91) oder mit dem Vollzug des BtMG beauftragte Amtsträger in Betracht (nach Art. 3 Abs. 5 Buchst. e ÜK 1988 machen auch solche Umstände die Straftat „besonders schwerwiegend"). Im Vordergrund steht hier die Gefahr der Nachahmung.

2164 **Eine Fremdgefährdung** kann sich auch daraus ergeben, dass sich der Täter in der Vergangenheit bereit gezeigt hat, Betäubungsmittel in größerem Umfang an andere weiterzugeben. Die Annahme einer Fremdgefährdung ist daher nicht unvertretbar, wenn der Täter wegen Handeltreibens und Besitzes in nicht geringer Menge **vorbestraft ist** und unter Bewährung steht (BGHR BtMG § 29 Abs. 5 Absehen von Strafe 1 = NStZ-RR 1999, 152).

2165 **3. Art und Weise der Tat.** Auch aus der Art und Weise der Tat kann sich die Fremdgefährdung ergeben. Dies kommt namentlich in Betracht, wenn sie geeignet ist, Jugendliche zum Konsum von Drogen zu verleiten oder sonst Anlass zur Nachahmung gibt, etwa wenn die Tat in der Öffentlichkeit begangen wird oder wenn sonst eine besondere Versuchssituation besteht.

2166 **4. Teilnahme am Verkehr, sicherheitsrelevante Tätigkeiten.** Auch bei Drogendelikten während der Teilnahme am Straßen-, Schiffs- oder Flugverkehr kann wegen der mit solchen Straftaten verbundenen Fremdgefährdung ein Absehen von der Strafverfolgung nicht in Betracht kommen (*Patzak* in Körner/Patzak/Volkmer Teil 29 Rn. 88). Dasselbe gilt bei sicherheitsrelevanten Arbeiten, etwa bei der Tätigkeit als Sprengmeister, Kran- oder Baggerführer, Fluglotse, Sanitäter, Chirurg, Anästhesist, oder Feuerwehrmann (*Patzak* in Körner/Patzak/Volkmer Teil 29 Rn. 88).

2167 **IV. Umstände in der Person.** Schließlich sind auch die Umstände in der Person des Täters von erheblicher Bedeutung (auch → Rn. 2163). Dies gilt vor allem dann, wenn es sich nicht um einen Ersttäter oder Gelegenheitskonsumenten, sondern um einen Dauerkonsumenten oder anderen Wiederholungstäter handelt.

2168 **1. Bei Dauerkonsumenten** kommt das Absehen von Strafe nur unter besonderen Umständen in Betracht (OLG Hamm NStZ-RR 2010, 24 (→ Rn. 2115)); 2014, 345; *Patzak* in Körner/Patzak/Volkmer Teil 29 Rn. 79–81; *Wettley* in BeckOK BtMG Rn. 944; s. auch OLG Karlsruhe StV 2003, 622), etwa wenn es dem Täter lediglich darauf ankommt, mit nicht gefährlichen Betäubungsmitteln Entzugserscheinungen entgegenzuwirken (BGH StV 1987, 250), wenn er aus Furcht vor Entzugsfolgen vor Antritt einer Therapie sich eine ganz geringe Menge eines Betäubungsmittels beschafft (LG Berlin StV 1992, 77; *Patzak* in Körner/Patzak/Volkmer Teil 29 Rn. 80; s. auch OLG Karlsruhe StV 1996, 675), wenn eine Freiheitsstrafe den Erfolg einer bevorstehenden Therapie in einer anerkannten Einrichtung ernsthaft gefährden würde (LG Köln MDR 1992, 1076), der Täter vor der Tat langjährig straffrei geblieben war (KG StV 1997, 640) oder an einer Substitutionsbehandlung mit ambulanter Therapie teilnimmt und sein Loskommen vom Heroin mit gelegentlichem Haschischkonsum zu erleichtern sucht (LG Hamburg StV 1997, 307).

Liegen solche besonderen Umstände nicht vor, so würde die Anwendung des Absatzes 5 auf **Dauerkonsumenten** den Anwendungsbereich der Vorschrift deutlich überschreiten. In diesem Sinne ist die ständige Rechtsprechung (→ Rn. 2113) zu verstehen, wenn ausgeführt wird, dass § 29 Abs. 5 auf Dauerkonsumenten oder auf Konsumenten, die keine Probierer oder Gelegenheitskonsumenten sind (OLG München BeckRS 2012, 03273), keine Anwendung findet (BayObLG 4St RR 144/2001 mwN; OLG Hamm NStZ-RR 2010, 24 (→ Rn. 2115)). Zur Anwendung des § 153a Abs. 2 StPO in solchen Fällen → Rn. 2104. Der manchmal diskutierte **Widerspruch** zu § 31a Abs. 1 S. 2 (*Kotz/Oğlakcıoğlu* in MüKoStGB Rn. 1753; *Malek* BtMStrafR Kap. 3 Rn. 272) **besteht in Wirklichkeit nicht:** wer einen Drogenkonsumraum aufsucht, ist bereit, dessen Regime anzuerkennen. Für den Gesetzgeber konnte dies im Rahmen der Schadensreduzierung (harm reduction) Anlass sein, diesen ersten Schritt grundsätzlich mit einer Duldung (nicht Straffreiheit) zu belohnen. 2169

§ 29 Abs. 5 soll Probierern und Gelegenheitskonsumenten, nicht aber Dauerkonsumenten, auch **nicht ständigen Kleinverbrauchern,** entgegenkommen (BayObLGSt 1994, 106 (→ Rn. 2113); 1995, 22 (→ Rn. 2113); 4St RR 89/2003; OLG Hamm NStZ-RR 2010, 24 (→ Rn. 2115)). Insbesondere ist die Privilegierung kein Instrument, dem Täter einen sonst drohenden Widerruf einer in einer anderen Sache bestehenden Strafaussetzung zu ersparen (*Patzak* in Körner/Patzak/Volkmer Teil 29 Rn. 76; aA OLG Hamm StV 1998, 600); ob aufgrund der neuen Tat ein Widerruf angezeigt ist, ist allein **im Widerrufsverfahren** von dem dort zuständigen Gericht zu prüfen. 2170

2. Bei Wiederholungstätern, zwischen deren Taten ein gewisser Abstand liegt, lässt sich das Ermessen in einem etwas weitergehenden Umfang im Sinne des Absehens von Strafe ausüben. Dies gilt vor allem bei einem Gelegenheitskonsumenten (→ Rn. 2100, 2172, 2175). Bei länger zurückliegenden (!) Vortaten soll auch ein Bewährungsversagen der Anwendung des § 29 Abs. 5 nicht entgegenstehen (OLG Hamm NStZ-RR 2014, 345). 2171

3. Bei Gelegenheitstätern verdichtet sich beim konsumorientierten Umgang mit Cannabis das Ermessen zu einer **grundsätzlichen Einstellungspflicht** (BVerfGE 90, 145 (188) (→ Rn. 11)). Die Möglichkeit zu einer Ermessenseinstellung in anderen Fällen bleibt davon unberührt. Was unter **„gelegentlich"** zu verstehen ist, ist nicht abschließend geklärt: 2172

Nicht geeignet ist die Bezugnahme auf das **Straßenverkehrsrecht.** Dort hat sich die Rechtsprechung dahin entwickelt, dass als gelegentliche Einnahme jede Einnahme anzusehen ist, die hinter der regelmäßigen zurückbleibt (→ Vor § 29 Rn. 1606). **Regelmäßigkeit** sei dann gegeben, wenn Cannabis täglich oder nahezu täglich konsumiert wird (→ Vor § 29 Rn. 1603). Nur dann sei mit hinreichender Wahrscheinlichkeit von Veränderungen des Leistungsvermögens und der Persönlichkeit des Konsumenten auszugehen, die unabhängig vom aktuellen Konsum die Leistungsfähigkeit herabsetzen und als verkehrsbezogen gefährlich betrachtet werden könnten (→ Vor § 29 Rn. 1603). 2173

Dieser Gesichtspunkt kann bei der Beurteilung der (strafrechtlichen) Frage, unter welchen Umständen sich das Einstellungsermessen bei konsumorientierten Verhaltensweisen zu einer **Einstellungspflicht** verdichtet, **keine Rolle** spielen. Insbesondere kann nicht angenommen werden, dass dem BVerfG (BVerfGE 90, 145 (188) (→ Rn. 11)) eine **Einstellungspflicht** bis zum **sicheren Eintritt** nach- 2174 teiliger Veränderungen im Leistungsvermögen und der Persönlichkeit des Konsumenten vorschwebte. Der Begriff des gelegentlichen Konsums ist daher im Strafrecht **autonom** zu bestimmen.

2175 Nach dem Rundschreiben der bayerischen Generalstaatsanwälte (→ § 31 a Rn. 97) und anderen Regelungen kommt das Absehen von Strafe grundsätzlich nicht mehr in Betracht, wenn der Konsument **im letzten Jahr** bereits mit Betäubungsmitteln in Erscheinung getreten war. Die obere Grenze dürfte ein häufigerer Konsum **als einmal im Monat** sein (zust. *Patzak* in Körner/Patzak/Volkmer Teil 29 Rn. 71). Dies könnte darauf gestützt werden, dass nach den Feststellungen des BVerfG (Beschl. v. 20.6.2002 (insoweit in NJW 2002, 2378 nicht abgedr.)) in der Gruppe der Konsumenten mit 30-Tage-Prävalenz die Zahl der **starken Konsumenten** wesentlich höher als in den anderen Gruppen vertreten ist. Dies spricht dafür, dass derjenige, der häufiger als einmal im Monat konsumiert hat, die Schwelle zum regelmäßigen Konsum im Sinne des Betäubungsmittelstrafrechts überschritten hat (enger *Aulinger* Rechtsgleichheit S. 25: fünfmaliger Konsum im Jahr; weiter *Kotz/Oğlakcıoğlu* in MüKoStGB Rn. 1755: Gelegenheitskonsument sei, wer einerseits nicht Dauerkonsument, andererseits nicht Erstkonsument sei; → Rn. 1756: völliger Verzicht auf die „nicht mehr zeitgemäße Beschränkung" in der Anwendung des Absatzes 5).

2176 Allerdings soll der Erwerb von viermal je 2 g Haschisch in drei Monaten die **Pflicht zur Prüfung** des § 29 Abs. 5 auslösen (BGH StV 1987, 250). Auf der anderen Seite ist die Verneinung eines Gelegenheitskonsums nicht unvertretbar, wenn der Täter wegen Handeltreibens und Besitzes in nicht geringer Menge vorbestraft ist und unter Bewährung steht (BGHR BtMG § 29 Abs. 5 Absehen von Strafe 1 (→ Rn. 2164)) oder wenn er wegen unerlaubter Einfuhr vorbestraft ist, zur Tatzeit Cannabis konsumiert hat und einen Vorrat sowie die notwendigen Utensilien besitzt (BayObLG NJW 2003, 1681). Ist der Täter vor neun Monaten in ähnlicher Weise auffällig geworden, so muss § 29 Abs. 5 nicht angewendet werden (OLG Hamburg StV 2008, 12).

2177 **G. Verfahren.** Eine Anwendung des Absatzes 5 ist im Urteil zu erörtern, wenn Erwerb und Einfuhr einer geringen Menge (4,2 g Haschisch; THC-Gehalt: 0,3 g) zum Eigenverbrauch festgestellt werden (OLG Oldenburg StV 1993, 251; ebenso OLG Oldenburg StV 2009, 363 = StraFo 2009, 82 für 4 g Marihuana). Dasselbe gilt, wenn die Staatsanwaltschaft die Verfolgung in einem Bereich durchführt, der nach der Entscheidung des BVerfG v. 9.3.1994 (BVerfGE 90, 145 (→ Rn. 11)) und den Richtlinien des betreffenden Landes Anlass zur Prüfung gibt, ob das Verfahren einzustellen ist (OLG Koblenz NJW 1998, 2756 = NStZ 1998, 260 = StV 1998, 82; StV 2006, 531).

2178 Bei einem in der Hauptverhandlung gestellten **Antrag** auf Absehen von Strafe ist nach § 267 Abs. 3 S. 4 StPO **in den Urteilsgründen** darzulegen, warum ihn das Gericht abgelehnt hat (OLG Hamm StV 1989, 438). Eines solchen Antrags bedarf es in den vom OLG Koblenz (NStZ 1998, 260 (→ Rn. 2177)) genannten Fällen nicht.

2179 Die tatrichterliche Entscheidung nach Absatz 5 setzt eine **umfassende** Beurteilung der Tat und der Persönlichkeit des Täters voraus (OLG München BeckRS 2012, 03258). Sie kann zwar mit der **Revision** angefochten, vom Revisionsgericht aber nur daraufhin überprüft werden, ob sie frei von Rechtsfehlern ist. Ein solcher liegt vor, wenn das Gericht seine Befugnis willkürlich ausgeübt oder nicht ausgeübt hat, wenn die Tatsachenfeststellungen lückenhaft sind oder wenn gegen Denk- oder Erfahrungssätze verstoßen wurde (*Schmitt* in Meyer-Goßner/Schmitt StPO § 337 Rn. 16, 30, 31).

2180 Liegen die Voraussetzungen des Absatzes 5 vor, kann die Staatsanwaltschaft im **Ermittlungsverfahren** mit Zustimmung des für die Hauptverhandlung zuständigen

Gerichts (meist Amtsgericht) von der Erhebung der öffentlichen Klage absehen (§ 153b Abs. 1 StPO). **Rechtskraftwirkung** ist mit dieser Entscheidung nicht verbunden; die Staatsanwaltschaft kann sie auch dann zurücknehmen, wenn das Gericht bereits zugestimmt hat (*Schmitt* in Meyer-Goßner/Schmitt StPO § 153b Rn. 2).

Ist die Klage bereits erhoben, so kann das Gericht bis zum Beginn der Hauptverhandlung mit Zustimmung der Staatsanwaltschaft und des Angeschuldigten das Verfahren **einstellen** (§ 153b Abs. 2 StPO). Die Entscheidung hat **beschränkte Rechtskraftwirkung** (*Schmitt* in Meyer-Goßner/Schmitt StPO § 153b Rn. 3, § 153 Rn. 37, 38). Nach Beginn der Hauptverhandlung ist eine Einstellung nach § 153b Abs. 2 StPO nicht mehr möglich; dies gilt auch dann, wenn die Hauptverhandlung unterbrochen oder ausgesetzt wird (*Peters* in MüKoStPO StPO § 153b Rn. 19). 2181

In der Hauptverhandlung sieht das Gericht durch Urteil nach dem Schuldspruch von der Strafe ab (§ 260 Abs. 4 S. 3 StPO; LG Oldenburg NStZ-RR 2002, 119). Eine Zustimmung der Staatsanwaltschaft oder des Angeklagten ist nicht notwendig. Die Entscheidung wird nicht in das Bundeszentralregister eingetragen (§ 4 Nr. 1 BZRG). 2182

Zu den **Mitteilungen** → Vor § 29 Rn. 1637; → § 27 Rn. 20–23; → § 31a Rn. 73–75, 147, 160. 2183

Abschnitt 6. Handeltreiben mit, Abgeben, Veräußern von Imitaten (Absatz 6)

A. Gesetzeszweck. Nach der Gesetzesbegründung sollen mit der Vorschrift Täter getroffen werden, die zur Kundenwerbung Mittel, die keine Betäubungsmittel sind, abgeben, um den Kunden zunächst von der Harmlosigkeit des angeblichen Rauschgifts zu überzeugen und so den späteren Absatz von Betäubungsmitteln zu erleichtern (BT-Drs. VI/1877, 10). Fälle dieser Art sind bisher nicht bekannt geworden. 2184

Heute kommt der Vorschrift die Aufgabe zu, den Drogenkonsumenten **vor Gesundheitsgefahren** durch Betäubungsmittelimitate **zu schützen** und dem betrügerischen Handel mit Stoffen, die nicht unter das BtMG fallen, Einhalt zu gebieten (BGHSt 38, 58 (→ Rn. 170); *Patzak* in Körner/Patzak/Volkmer Teil 30 Rn. 3; *Kaluba* in BeckOK BtMG Rn. 957). Soweit dies kritisiert wird, weil der Schutz bereits durch die §§ 211ff., 223ff., 229 StGB gewährleistet werde (*Apfel/Strittmacher* Rn. 377), wird der Unterschied zwischen Verletzungs- und Gefährdungsdelikten übersehen. 2185

Die Vorschrift ist ein **eigener Tatbestand,** der lediglich bezüglich des Strafrahmens auf § 29 Abs. 1 Nr. 1 verweist (BGH NStZ 1993, 444; 2002, 439; OLG Hamm NStZ 2011, 101). Es gelten daher weder § 29 Abs. 2–5 noch die Qualifikationen der §§ 29a–30a. 2186

B. Tathandlung. Tathandlung ist 2187
– das Handeltreiben mit (→ Rn. 166–572),
– das Abgeben (→ Rn. 1115 und 1125) und
– das Veräußern (→ Rn. 1061–1076) von
Stoffen oder Zubereitungen, die keine Betäubungsmittel sind, aber als solche ausgegeben werden. Andere Alternativen des Absatzes 1, zB Herstellen oder Einfuhr, sind für Absatz 6 nur von Bedeutung, soweit es sich um Teilakte des Handeltreibens handelt (BGH NStZ 2003, 434 (→ Rn. 945)). Halten die Beteiligten die Imitate für Betäubungsmittel, so kommt für die **Einfuhr** (anders für das Handeltreiben → Rn. 2193, 2202) ein untauglicher Versuch der Einfuhr von Betäubungsmitteln in Betracht (BGH NStZ 2003, 434 (→ Rn. 945)); zur vermeintlichen Mittäterschaft → Vor § 29 Rn. 190, 191.

2188 **I. Handeltreiben, Veräußern, Abgeben.** Die drei Begriffe sind nicht anders auszulegen als in Absatz 1. Auf die in → Rn. 2187 genannten Erläuterungen zu § 29 Abs. 1 S. 1 Nr. 1 kann daher verwiesen werden. Dies gilt auch für den Begriff des Handeltreibens. Handeltreiben setzt im Falle des Absatzes 6 insbesondere nicht voraus, dass eine Täuschungsabsicht besteht und das Imitat als echtes Betäubungsmittel ausgegeben wird (BGHSt 38, 58 (→ Rn. 170)). Das Ausgeben als Betäubungsmittel schränkt nicht den Begriff des Handeltreibens ein, sondern enthält eine Beschreibung der Pseudodrogen (aber → Rn. 2191, 2192).

2189 **II. Stoffe und Zubereitungen.** Die Definitionen des § 2 Abs. 1 Nr. 1, 2 gelten auch für die Imitate. Auf die Erläuterung zu diesen Vorschriften wird verwiesen.

2190 **III. Die als Betäubungsmittel ausgegeben werden.** Die Stoffe oder Zubereitungen dürfen nicht in den Anlagen I bis III des BtMG enthalten sein und auch nicht unter Anlage I vierter und fünfter Gedankenstrich fallen. In aller Regel werden sie in Aussehen und Geschmack Betäubungsmitteln **ähneln** oder **ähnliche Wirkungen** haben (Beispiele bei *Patzak* in Körner/Patzak/Volkmer Teil 30 Rn. 21–27; *Kotz/Oğlakcıoğlu* in MüKoStGB Rn. 1783–1786), weil der Erwerber nur so getäuscht werden kann. Zwingend notwendig ist dies jedoch nicht (→ Rn. 2191; aA *Franke/Wienroeder* Rn. 249); entscheidend ist, dass sie als Betäubungsmittel, etwa als „Koks" (BGH NStZ 2002, 439), ausgegeben werden und ein (End-)Erwerber (→ Rn. 2191) sie hierfür hält. Keine Imitate sind Betäubungsmittel, die **stark gestreckt** oder verunreinigt sind (*Kotz/Oğlakcıoğlu* in MüKoStGB Rn. 1787). Sie bleiben Betäubungsmittel, so dass § 29 Abs. 1–5 unmittelbar gilt.

2191 **Nach der Rechtsprechung** (BGHSt 38, 58 (→ Rn. 170); BGHR BtMG § 29 Abs. 6 Handeltreiben 1 (→ Rn. 245); zust. *Patzak* in Körner/Patzak/Volkmer Teil 30 Rn. 17; *Kaluba* in BeckOK BtMG Rn. 959) ist **nicht** erforderlich, dass das Ausgeben als Betäubungsmittel gegenüber **dem unmittelbaren Vertragspartner** erfolgt. Im Hinblick darauf, dass der Zwischenhändler, der die Imitate an andere Dealer weiterverkauft, ebenso gefährlich sei wie derjenige, der den Endverbraucher in die Irre führt, soll es danach ausreichen, wenn sich die an einem Handel Beteiligten darüber einig sind, dass sich das Geschäft auf Imitate bezieht, mit denen der **Endabnehmer getäuscht** werden soll.

2192 Diese Rechtsprechung ist **nicht ohne Kritik** geblieben (*Kotz/Oğlakcıoğlu* in MüKoStGB Rn. 1780, 1781; *Malek* BtMStrafR Kap. 2 Rn. 372; *Franke/Wienroeder* Rn. 248, 249). Es ist sicher richtig, dass die Vorschrift im Sinne der Rechtsprechung klarer wäre, wenn sie auch noch den Zusatz enthielte „oder ausgegeben werden sollen" (*Malek* BtMStrafR Kap. 2 Rn. 372). Aber auch ohne diesen Zusatz wird die Auslegung der Rechtsprechung **vom möglichen Wortsinn,** auf den es allein ankommt (→ Rn. 211), noch getragen. Eine andere Frage ist, ob sich ein Wertungswiderspruch daraus ergibt, dass der Umgang mit Imitaten strenger behandelt wird als der Umgang mit Streckmitteln oder anderen Stoffen, die beim Umsatz echter Betäubungsmittel verwendet werden sollen (dazu → Rn. 251, 240–248). Dagegen spricht allerdings, dass es sich bei den Imitaten um die Substanzen handelt, mit denen (ohne jegliche Bearbeitung oder Veränderung) der Endabnehmer getäuscht wird. Der Rechtsprechung wird daher letztlich zugestimmt werden können.

2193 **Hält der Täter** den Stoff (das Imitat), auf den sich die Verhandlungen beziehen, **irrig für ein Betäubungsmittel,** so liegt vollendetes Handeltreiben mit Betäubungsmitteln gemäß § 29 Abs. 1 S. 1 Nr. 1 vor (→ Rn. 220–224, 281–283, 362, 619–622); in diesem Fall gelten auch § 29 Abs. 3 und die Qualifikationen (OLG Hamm NStZ 2011, 101).

2194 Betrifft das Geschäft noch kein Imitat, sondern lediglich einen **Grundstoff zu dessen Herstellung,** so ist der Lieferant des Grundstoffs kein (Allein-)Täter eines Handeltreibens mit dem Imitat. Sein Tätigwerden bezieht sich regelmäßig nur auf den Umsatz des Grundstoffs, nicht aber auf ein **bestimmtes** Umsatzgeschäft mit dem Imitat (BGHSt 47, 134 (→ Rn. 236), offengelassen in BGHSt 38, 58 (→ Rn. 170)). Jedenfalls dann, wenn Veränderungen vorgenommen werden müssen, um aus dem Grundstoff ein Imitat zu machen, fehlt es auch an der notwendigen engen Verbindung zwischen dem Lieferanten des Grundstoffs und dem Verkauf an den Endverbraucher, die es erlauben würde, dem Grundstofflieferanten das täuschende Handeltreiben des Händlers zuzurechnen (BGHSt 47, 134 (s. o.)).

Je nach Tatinteresse und Tatherrschaft kann er aber **Mittäter** oder **Teilnehmer** 2195 an der Tat des Händlers sein (BGHSt 47, 134 (→ Rn. 236)), sofern die Imitate nach der Lieferung der Grundstoffe hergestellt und verkauft worden sind. Mit der Lieferung der Grundstoffe hat der Beteiligte diese Tat gefördert. Liegen insoweit die Merkmale der (Mit)Täterschaft nicht vor, so kommt Beihilfe zum Handeltreiben seines Abnehmers mit Betäubungsmittelimitaten in Betracht. Die Einzelheiten der Haupttat brauchte der Gehilfe nicht zu kennen (→ Vor § 29 Rn. 349–353).

C. Vollendung, Beendigung. Absatz 6 verweist lediglich auf Absatz 1, so dass 2196 der Versuch nicht strafbar ist (BGHSt 38, 58 (→ Rn. 170)). Für die Vollendung und Beendigung gelten die für das Handeltreiben (→ Rn. 609–631), die Abgabe (→ Rn. 1127, 1128) und die Veräußerung (→ Rn. 1081–1084) maßgeblichen Grundsätze, so dass insoweit auf die entsprechenden Erläuterungen zu Absatz 1 verwiesen werden kann.

Danach kommt es beim **Handeltreiben** nicht darauf an, dass die Beteiligten zu 2197 irgendeinem Zeitpunkt die **Verfügungsgewalt** über die Drogenimitate hatten (BGHSt 38, 58 (→ Rn. 170)). Da auch weder das Ausgeben des Stoffs als echtes Betäubungsmittel noch der Erfolg dieser Manipulation zum Handeltreiben gehören (→ Rn. 2191), ist der Tatbestand **(nur) des Handeltreibens** auch dann vollendet, wenn die Täuschung des Endabnehmers nicht gelingt und das Geschäft nicht zustande kommt (aA *Kotz/Oğlakcıoğlu* in MüKoStGB Rn. 1797; *Franke/Wienroeder* Rn. 254). Etwas anderes gilt bei der **Veräußerung** und der **Abgabe**.

D. Täterschaft, Teilnahme. Zunächst gelten die allgemeinen Grundsätze 2198 (→ Vor § 29 Rn. 241–386); hinzu kommen die Grundsätze für Täterschaft und Teilnahme beim Handeltreiben (→ Rn. 632–823), bei der Abgabe (→ Rn. 1129–1133) und der Veräußerung (→ Rn. 1085–1089). Täter des Handeltreibens kann auch hier nur sein, wer selbst eigennützig handelt (s. BGHSt 38, 58 (→ Rn. 170)).

Hat der Haupttäter den Tatbestand des Absatzes 6 verwirklicht, so kann der Ge- 2199 hilfe im Hinblick auf die Akzessorietät der Teilnahme auch dann nur wegen **Beihilfe** zum unerlaubten Handeltreiben mit einem Imitat verurteilt werden, wenn er annimmt, es gehe um echte Betäubungsmittel (BGH NStZ 1994, 441; *Patzak* in Körner/Patzak/Volkmer Teil 30 Rn. 46). Etwas anderes gilt im Falle der **(Mit-)Täterschaft** (BGHR BtMG § 29 Abs. 1 Nr. 1 Handeltreiben 30 (→ Rn. 223); 39 (→ Rn. 137); BGH NStZ 1994, 441; *Patzak* in Körner/Patzak/Volkmer Teil 30 Rn. 46); auf eine mögliche Kenntnis der Lieferanten von dem Imitat kommt es dann für die Strafbarkeit des Erwerbers nicht an (BGH NStZ 2003, 434 (→ Rn. 945)).

E. Handeln im Ausland. Ein Vertrieb von Betäubungsmitteln liegt auch dann 2200 vor, wenn die Beteiligten den Stoff, mit dem sie handeln, irrtümlich für Betäubungsmittel halten (→ Rn. 2202); es gilt daher § 6 Nr. 5 StGB (str., dazu → Vor § 29 Rn. 130). Im Übrigen gelten die allgemeinen international-strafrechtlichen Regeln. Auf → Rn. 99–106 wird verwiesen.

F. Subjektiver Tatbestand. Die Strafbarkeit erfordert Vorsatz (→ Vor § 29 2201 Rn. 389–424). Fahrlässigkeit genügt nicht. Dagegen reicht bedingter Vorsatz (→ Vor § 29 Rn. 415–420) aus (*Patzak* in Körner/Patzak/Volkmer Teil 30 Rn. 40). Danach ist erforderlich, dass der Täter weiß und es will oder damit rechnet und es billigt, zumindest sich damit abfindet, dass sich die Tat auf Imitate bezieht, die, sofern er sie nicht bereits selbst als Betäubungsmittel ausgibt, jedenfalls gegenüber dem Endverbraucher als solche ausgegeben werden sollen (OLG Hamm NStZ 2011, 101).

2202 **Nimmt der Täter** irrtümlich an, die Stoffe, mit denen **er Handel treibt,** seien (echte) **Betäubungsmittel,** so liegt vollendetes **Handeltreiben** (§ 29 Abs. 1 S. 1 Nr. 1) und nicht bloß ein (untauglicher) Versuch vor (→ Rn. 2193). Dies gilt auch für die Einkaufsseite (→ Rn. 224, 283; *Kaluba* in BeckOK BtMG Rn. 969). In den Fällen der **Abgabe** oder der **Veräußerung** ist ein (untauglicher) Versuch der Abgabe oder Veräußerung gegeben (BGH NStZ 2002, 439; *Kotz/Oğlakcıoğlu* in MüKoStGB Rn. 1791).

2203 **Nimmt der Täter** dagegen **irrtümlich** an, bei den (echten) **Betäubungsmitteln** handele es sich um **Imitate,** so liegt hinsichtlich Absatz 1 ein Tatbestandsirrtum vor, der den Vorsatz ausschließt (*Joachimski/Haumer* BtMG Rn. 275; *Franke/ Wienroeder* Rn. 253; *Ebert* S. 158; *Krumm/Ostmeyer* BtmStrafR Rn. 90). Es kann dann fahrlässiges Handeltreiben mit **Betäubungsmitteln** nach Absatz 4 in Betracht kommen. Hinsichtlich Absatz 6 läge, da es sich nicht um Stoffe handelt, die nicht Betäubungsmittel sind, ein untauglicher Versuch vor, der aber nach Absatz 2 nicht strafbar ist (aA OLG Hamm NStZ 2011, 101: Vollendung; *Patzak* in Körner/ Patzak/Volkmer Teil 30 Rn. 44; *Kotz/Oğlakcıoğlu* in MüKoStGB Rn. 1791; *Kaluba* in BeckOK BtMG Rn. 967).

2204 Erwirbt der Täter **Imitate** zum Eigenverbrauch **in dem Glauben,** es seien **Betäubungsmittel,** so macht er sich wegen versuchten Erwerbs nach Absatz 1 Satz 1 Nr. 1, Absatz 2 strafbar (OLG Zweibrücken NStZ 1981, 66; *Kotz/Oğlakcıoğlu* in MüKoStGB Rn. 1793). Erwirbt er sie zum Weiterverkauf, so liegt vollendetes Handeltreiben nach § 29 Abs. 1 Nr. 1 vor (BGH StV 1997, 638).

2205 **G. Konkurrenzen.** Zu den Konkurrenzen → Vor § 29 Rn. 551–587, 671–724. Zwischen § 29 Abs. 6 BtMG und § 263 StGB kommt Tateinheit in Betracht; insbesondere scheidet Betrug nicht deswegen aus, weil der Erwerb von Betäubungsmitteln nicht schützenswert ist (→ Rn. 13, 17, 19, 23). Zur **Geldwäsche** → Vor § 29 Rn. 717–720.

2206 **H. Strafzumessung.** Der Vorgang der Strafzumessung richtet sich nach denselben Regeln, die auch für das Anbauen gelten. Zu den Grundsätzen daher → Rn. 125. Ein Absehen von der Bestrafung (Absatz 5) ist allerdings nicht zulässig.

2207 **I. Strafrahmenwahl.** Der (Normal-)Strafrahmen beträgt Freiheitsstrafe bis zu fünf Jahren oder Geldstrafe (→ Rn. 2). Dabei hat es sein Bewenden. Eine Strafschärfung nach Absatz 3 kommt nicht in Betracht (BGH StV 1983, 21; *Malek* BtMStrafR Kap. 2 Rn. 368; aA *Franke/Wienroeder* Rn. 256 für den unbenannten besonders schweren Fall). Dasselbe gilt für die Qualifikationen der §§ 29a–30a (BGH NStZ 1994, 441).

2208 **II. Strafzumessung im engeren Sinne.** Auch hier hat eine **Gesamtwürdigung** stattzufinden (→ Vor § 29 Rn. 850). Zu den Umständen, die im Allgemeinen für die Strafzumessung im engeren Sinn maßgeblich sind, → Rn. 127. Von den Strafzumessungsgründen, die sonst im Betäubungsmittelstrafrecht häufig heranzuziehen sind (→ Vor § 29 Rn. 938–1156) kann nur ein Teil praktisch werden. So kann auch beim Handeln mit Imitaten die große Menge strafschärfend wirken. Ein wichtiger Strafzumessungsgesichtspunkt ist auch die besondere Gefährlichkeit. Die Art und die Zusammensetzung der Mischung ist daher aufzuklären (OLG Frankfurt a. M. StV 1991, 110 mAnm *Körner*). Zur Wahl der Strafart → Vor § 29 Rn. 1157, 1158, zur kurzen Freiheitsstrafe → Vor § 29 Rn. 1159–1171. Zur Gesamtstrafenbildung → Vor § 29 Rn. 1172–1176.

2209 **III. Weitere Entscheidungen.** Auf → Rn. 128 wird verwiesen. Die Imitate sind Tatobjekte und können daher eingezogen werden (§ 33).

§ 29a Straftaten

(1) Mit Freiheitsstrafe nicht unter einem Jahr wird bestraft, wer
1. als Person über 21 Jahre Betäubungsmittel unerlaubt an eine Person unter 18 Jahren abgibt oder sie ihr entgegen § 13 Abs. 1 verabreicht oder zum unmittelbaren Verbrauch überlässt oder
2. mit Betäubungsmitteln in nicht geringer Menge unerlaubt Handel treibt, sie in nicht geringer Menge herstellt oder abgibt oder sie besitzt, ohne sie auf Grund einer Erlaubnis nach § 3 Abs. 1 erlangt zu haben.

(2) In minder schweren Fällen ist die Strafe Freiheitsstrafe von drei Monaten bis zu fünf Jahren.

Übersicht

	Rn.
Einführung	1
Kapitel 1. Abgeben, Verabreichen, Überlassen von Betäubungsmitteln an Personen unter 18 Jahren (Absatz 1 Nr. 1)	3
A. Rechtsgut	3
B. Völkerrechtliche Grundlage	4
C. Tathandlungen	5
I. Betäubungsmittel	6
II. Abgeben	7
1. Begriff	8
2. Mittäter beim Erwerb	10
3. Unerlaubt	11
III. Verabreichen	12
1. Begriff	13
2. Entgegen § 13 Abs. 1	14
IV. Überlassen zum unmittelbaren Verbrauch	15
1. Begriff	16
2. Entgegen § 13 Abs. 1	17
V. Person über 21 Jahre/Person unter 18 Jahren; Menge	18
D. Vorbereitung, Versuch, Vollendung, Beendigung	19
E. Täterschaft, Teilnahme	21
F. Handeln im Ausland	23
G. Subjektiver Tatbestand	25
I. Grundtatbestände	26
II. Alter des Empfängers	27
III. Bedingter Vorsatz	28
IV. Unrechtsbewusstsein	30
V. Irrtum	31
H. Konkurrenzen	32
I. Strafzumessung	37
Kapitel 2. Handeltreiben mit, Herstellen, Abgeben, Besitzen von Betäubungsmitteln in nicht geringer Menge (Absatz 1 Nr. 2)	38
A. Ziel	38
B. Völkerrechtliche Grundlage	39
C. Tathandlungen	40
I. Begriffe	41
1. Handeltreiben	42
2. Herstellen	46
3. Abgeben	48
4. Besitzen	52
II. Nicht geringe Menge	54
1. Entwicklung	56

BtMG § 29a   Sechster Abschnitt. Straftaten und Ordnungswidrigkeiten

	Rn.
a) Der Begriff im BtMG 1972	57
b) Der Begriff im BtMG 1982	61
c) Der Begriff nach dem OrgKG	63
2. Wirkstoffmenge als Maßstab	64
3. Die Bestimmung des Grenzwertes	67
a) Äußerst gefährliche Dosis	69
b) Durchschnittliche Konsumeinheit	71
c) Der Tagesbedarf	72
d) Die Maßzahl (das Vielfache der Konsumeinheit)	73
e) Wirkstoffvergleich	75
4. Die Grenzwerte bei den einzelnen Betäubungsmitteln	76
a) Grenzwerte in der Rechtsprechung	77
(1) Amfetamin	78
(2) Amfetaminderivate (ohne Ecstasy)	80
(3) Benzodiazepine (Alprazolam, Clonazepam, Diazepam, Lorazepam, Midazolam, Oxazepam, Temazepam, Tetrazepam, Triazolam)	82
(4) Buprenorphin	87
(5) Cannabis	88
(6) Cannabinoide, synthetische	98
(a) JWH-018, CP 47,497-C8-Homologes	99
(b) JWH-073, CP 47,497	100
(c) JWH-019, JWH-122, JWH-203	101
(d) JWH-210	102
(e) AKB-48 F	103
(f) AB-CHMINACA; 5F-AB-PINACA	104
(7) Cathinone, Cathinonderivate	105
Pentedron	106
(8) Cocain, Crack, free-base	107
(9) Crystal-Speed	111
(10) Ecstasy	112
(a) MDE/MDEA	114
(b) MDMA	117
(c) MDA	120
(d) Andere Amfetaminderivate	121
(e) Grenzwert nach der Zahl der Tabletten	122
(11) Fentanyl	123
(12) 4-Fluoramfetamin (4-FA; 4-FMP)	124
(13) GHB (Hydroxybuttersäure)	125
(14) Heroin	126
(15) ICE	129
(16) Khat	130
(17) Levomethadon, Methadon	131
(18) LSD	134
(19) m-CPP	137
(20) MDPV (Methylendioxypyrovaleron)	138
(21) Metamfetamin	139
(a) Metamfetamin (rechtsdrehend)	140
(b) Levamfetamin (linksdrehend)	142
(c) (RS)Metamfetamin/Metamfetaminracemat	143
(22) Methaqualon	144
(23) Methiopropamin (MPA)	145
(24) Methylaminorex (ICE)	146
(25) Morphin	147
(26) Nitrazepam	149
(27) Piperazine, Piperazinderivate	150
(a) BZB	151
(b) TMFFP	152
(28) Psilocybin, Psilocin	153
(29) Rohopium	154

			Rn.
	(30) Schlafmohnkapseln		156
	(31) Zolpidem		160
b)	Die Empfehlungen der Toxikologen		161
	(1) Codein		162
	(2) DOB		163
	(3) DOM		164
	(4) Fenetyllin		165

5. Nicht geringe Menge beim Anbauen oder Herstellen 166
6. Mehrere Betäubungsmittel, Wirkstoffkombinationen 170
7. Nicht geringe Menge bei verschiedenen Verwendungszwecken 173
8. Zurechnung bei mehreren Tatbeteiligten 174
9. Nicht geringe Menge bei Bewertungseinheit oder Tateinheit 175

D. Vorbereitung, Versuch, Vollendung, Beendigung 176
E. Täterschaft, Teilnahme 181
F. Handeln im Ausland 184
G. Subjektiver Tatbestand 186
   I. Grunddelikte 187
   II. Nicht geringe Menge 188
   III. Bedingter Vorsatz 189
   IV. Vorsatz bei Gleichgültigkeit 190
   V. Unrechtsbewusstsein 191
   VI. Irrtum 192
     1. Beim Handeltreiben 193
     2. Beim Herstellen, Abgeben, Besitzen 196
     3. Irrtum über die Art des Betäubungsmittels 198
     4. Irrtum über die Grenze zur nicht geringen Menge 199
H. Konkurrenzen 200
   I. Sondervorschrift 202
   II. Die Begehungsweise des Handeltreibens 203
     1. Handeltreiben und Eigenverbrauch 204
       a) Übersteigen des Grenzwertes in der Summe 206
         aa) Kleine Handelsmenge/große Eigenverbrauchsmenge 207
         bb) Große Handelsmenge/kleine Eigenverbrauchsmenge 208
         cc) Große Handelsmenge/große Eigenverbrauchsmenge 209
         dd) Kleine Handelsmenge/kleine Eigenverbrauchsmenge 210
       b) Nichtübersteigen des Grenzwertes in der Summe 211
       c) Nicht aufklärbares Verhältnis 212
     2. Handeltreiben und Einfuhr 213
     3. Handeltreiben und Anbau 214a
   III. Die Begehungsweise des Besitzes 215
I. Strafzumessung 222

Kapitel 3. Strafzumessung (Absatz 2 in Verbindung mit Absatz 1 Nr. 1 und Nr. 2) 223
A. Ausgangslage 223
   I. Erster Schritt: Strafrahmenwahl 224
   II. Zweiter Schritt: Strafzumessung im engeren Sinn 229
   III. Dritter Schritt: Weitere Entscheidungen 230
B. Strafrahmenwahl 231
   I. Allgemeine Strafmilderungsgründe 232
     1. Häufige Strafzumessungserwägungen im Betäubungsmittelstrafrecht 233
     2. Zusätzliche Strafzumessungsgründe im Rahmen des § 29a .. 235
       a) Bei § 29a Abs. 1 Nr. 1 (Minderjährige) 236
       b) Bei § 29a Abs. 1 Nr. 2 (nicht geringe Menge) 237
   II. Die allgemeinen Strafmilderungsgründe begründen noch keinen minder schweren Fall 238
     1. Hinzutreten eines oder mehrerer vertypter Milderungsgründe 239

	Rn.
2. Die Wahl des Gerichts	240
3. Verbrauch vertypter Milderungsgründe	242
4. Verbleiben beim Normalstrafrahmen	244
III. Die allgemeinen Strafmilderungsgründe begründen bereits einen minder schweren Fall	245
C. Strafzumessung im engeren Sinn	246
I. Strafzumessungserhebliche Umstände im Allgemeinen	247
II. Häufige Strafzumessungserwägungen im Betäubungsmittelstrafrecht	248
III. Zusätzliche Strafzumessungserwägungen für Nr. 1 oder Nr. 2	249
1. Bei § 29a Abs. 1 Nr. 1 (Minderjährige)	250
a) Strafschärfend	251
b) Strafmildernd	254
2. Bei § 29a Abs. 1 Nr. 2 (nicht geringe Menge)	255
a) Strafschärfend	256
b) Minenfeld Handeltreiben und Doppelverwertungsverbot	258
aa) Anerkannte Erwägungen	260
bb) Unzulässige Erwägungen	265
cc) Problematische Erwägungen	269
c) Strafmildernd	271
D. Weitere Entscheidungen	273
I. Strafaussetzung zur Bewährung	274
II. Maßnahmen	275
E. Die Anwendung des Jugendstrafrechts	276

Einführung

1 Die Vorschrift wurde durch das OrgKG eingeführt und trat am 22.9.1992 in Kraft. Grundlage der Regelung sind die ehemaligen Regelbeispiele des § 29 Abs. 3 S. 2 Nr. 3 und 4; diese wurden zu **Verbrechenstatbeständen** aufgestuft und sollten dadurch dem kriminellen Gehalt und der hohen Sozialschädlichkeit entsprechende Strafmaße ermöglichen. Bei Inkrafttreten war in § 29a Abs. 1 noch eine weitere Alternative enthalten (Nr. 1 Buchst. b), die sich mit der Bestimmung von Minderjährigen zum unerlaubten Umgang mit Betäubungsmitteln befasste. Dieser Tatbestand wurde durch das Verbrechensbekämpfungsgesetz mit Wirkung vom 1.12.1994 nach § 30a Abs. 2 Nr. 1 übertragen.

2 Der **Strafrahmen** beträgt Freiheitsstrafe von einem Jahr bis zu 15 Jahren (Absatz 1). Für minder schwere Fälle ist Freiheitsstrafe von drei Monaten bis zu fünf Jahren vorgesehen (Absatz 2).

Kapitel 1. Abgeben, Verabreichen oder Überlassen zum unmittelbaren Verbrauch an Personen unter 18 Jahren (Absatz 1 Nr. 1)

3 **A. Rechtsgut.** Die durch das OrgKG eingeführte Vorschrift soll deutlich machen, wie ernst die Gefährdung von Kindern und Jugendlichen durch Betäubungsmittelstraftäter genommen werden muss. Wegen der besonderen Verwerflichkeit wurden Überlassung zum Konsum und Abgabe von BtM an Minderjährige als Verbrechen eingeordnet (vgl. BGH NStZ 2014, 717; BT-Drs. 12/989, 30). Zugleich soll die Anwendung des früheren Regelbeispiels erleichtert werden. Die beabsichtigte plakative Wirkung wird mit der Vorschrift erreicht. Auch die praktische Handhabung hat sich durch die Umwandlung in eine Qualifikation etwas vereinfacht. Auf Grund der bei der Strafrahmenwahl und der Strafzumessung im engeren Sinne weiterhin erforderlichen Abwägungen halten sich die Erleichterungen der Anwendung jedoch in Grenzen.

4 **B. Völkerrechtliche Grundlage.** Die Vorschrift beruht auf den vertraglichen Regeln, die für die Grunddelikte gelten. Nach Art. 3 Abs. 5 Buchst. f WÜK 1988 macht der Umstand, dass Minderjährige in Mitleidenschaft gezogen werden, eine Straftat besonders schwerwiegend.

C. Tathandlungen sind das unerlaubte Abgeben von Betäubungsmitteln sowie 5 deren Verabreichen und Überlassen zum unmittelbaren Verbrauch entgegen § 13 Abs. 1 an Personen unter 18 Jahren durch Personen über 21 Jahren.

I. Betäubungsmittel. Betäubungsmittel sind die in den Anlagen I bis III zum 6 BtMG aufgeführten Stoffe (→ § 29 Rn. 3–12). Für Betäubungsmittelimitate gilt § 29a nicht (OLG Hamm NStZ 2011, 101).

II. Abgeben ist das Übertragen der eigenen tatsächlichen Verfügungsgewalt an 7 dem Betäubungsmittel an einen Dritten mit der Wirkung, dass dieser **frei** darüber **verfügen** kann (BGHR BtMG § 29a Abs. 1 Nr. 1 Abgabe 1; BGH NStZ 2014, 717; NStZ-RR 2015, 218; 2019, 252). Insoweit stimmt der Begriff mit dem des Grundtatbestands (§ 29 Abs. 1 S. 1 Nr. 1) überein (→ § 29 Rn. 1115–1124). Weiß der Täter oder rechnet er damit, dass die von ihm übergebenen Betäubungsmittel für einen Minderjährigen bestimmt sind, kann auch die **Übergabe an einen Boten** eine Abgabe darstellen (BGH NStZ-RR 2019, 252). Hingegen liegt keine Abgabe vor, wenn das Betäubungsmittel einem minderjährigen **Boten des Empfängers** übergeben wird, der für eine Person über 18 Jahre handelt (OLG München StV 2015, 644 = BeckRS 2015, 15173).

1. Begriff. Weitergehend als im Grundtatbestand ist die Abgabe in § 29a Abs. 1 8 Nr. 1 jedoch nicht auf die Übertragung ohne rechtsgeschäftliche Grundlage und ohne Gegenleistung beschränkt. Vielmehr umfasst sie auch das **Veräußern** und das **Handeltreiben,** sofern diese mit einer Übertragung der tatsächlichen Verfügungsgewalt einhergehen (BGHSt 42, 162 = NJW 1996, 2802 = NStZ 1996, 604 = StV 1996, 668; BGH NStZ 1997, 89; 2007, 339 = StV 2007, 298 = StraFo 2007, 254; *Patzak* in Körner/Patzak/Volkmer Rn. 13; *Oğlakcıoğlu* in MüKoStGB § 29a Rn. 15; *Franke/Wienroeder* Rn. 4; *Joachimski/Haumer* BtMG Rn. 3; *Oğlakcıoğlu* in Kotz/Rahlf BtMStrafR Kap. 3 Rn. 339; *Winkler* in Hügel/Junge/Lander/Winkler Rn. 2.2; aA *Malek* BtMStrafR Kap. 2 Rn. 381). Es kommt also nicht darauf an, ob die Verfügungsmacht unentgeltlich oder entgeltlich übertragen wird.

Abgesehen davon, dass es **ungereimt** wäre, wenn die uneigennützige Abgabe 9 schwerer bestraft würde als die eigennützige, ist die Schutzwürdigkeit Minderjähriger nicht davon abhängig, ob das Rauschgift an sie entgeltlich oder unentgeltlich abgegeben wird. Die Grenzen, die Art. 103 Abs. 2 GG der Auslegung setzt, insbesondere der mögliche Wortsinn (→ § 29 Rn. 211), werden durch diese Interpretation nicht überschritten (BVerfG NJW 1991, 2823).

2. Mittäter beim Erwerb. Schon am Tatbestand der Abgabe fehlt es, wenn der 10 Empfänger des Rauschgifts als Mittäter bereits bei dem Erwerb beteiligt war (BGHSt 37, 147 = NJW 1991, 306 = NStZ 1991, 89 mAnm *Schoreit-Bartner* = StV 1990, 548). Da in einem solchen Fall keine Abgabe vorliegt, kann auch die Qualifikation des § 29a Abs. 1 Nr. 1 nicht eingreifen. Zur Rückführung aus dem legalen Betäubungsmittelverkehr → § 29 Rn. 1120.

3. Unerlaubt. Die Abgabe muss unerlaubt erfolgen (→ § 29 Rn. 26–44). 11

III. Verabreichen ist die unmittelbare Anwendung des Betäubungsmittels am 12 Körper des Empfängers ohne dessen aktive Mitwirkung.

1. Begriff. Der Begriff des Verabreichens entspricht dem Begriff im Grundtat- 13 bestand (→ § 29 Rn. 1538). Wie die Abgabe umfasst das Verabreichen auch das Veräußern oder Handeltreiben, wenn dieses mit ihm einhergeht (*Oğlakcıoğlu* in MüKoStGB Rn. 18).

2. Entgegen § 13 Abs. 1. Ebenso wie im Grundtatbestand (§ 29 Abs. 1 S. 1 Nr. 6 14 Buchst. b) muss die Verabreichung gegen § 13 Abs. 1 verstoßen. Auf die Erläuterun-

BtMG § 29a Sechster Abschnitt. Straftaten und Ordnungswidrigkeiten

gen zum Grunddelikt (→ § 29 Rn. 1536, 1539, 1540) wird Bezug genommen. Strafbar kann sich auch der Arzt machen (*Winkler* in Hügel/Junge/Lander/Winkler Rn. 2.2).

15   **IV. Überlassen zum unmittelbaren Verbrauch** ist das Aushändigen des Betäubungsmittels an einen anderen zum sofortigen Verbrauch an Ort und Stelle, ohne dass dieser die Sachherrschaft an dem Stoff erlangt (BGH NStZ-RR 2015, 218 = StV 2015, 636).

16   **1. Der Begriff** entspricht im Wesentlichen dem des Grunddelikts (→ § 29 Rn. 1541–1546). Ob die Verbrauchsüberlassung entgeltlich oder unentgeltlich erfolgt, ist nicht erheblich (BGH NStZ 1997, 89 = StV 1996, 664), ebenso wenig, ob sie mit oder ohne Zustimmung des Erziehungsberechtigten erfolgt (BGH BeckRS 2014, 14629). Wie die Abgabe umfasst die Überlassung auch das Handeltreiben, wenn dieses mit einer Verbrauchsüberlassung einhergeht (*Oğlakcıoğlu* in MüKoStGB Rn. 19).

17   **2. Entgegen § 13 Abs. 1.** Ebenso wie im Grundtatbestand (§ 29 Abs. 1 S. 1 Nr. 6 Buchst. b) muss die Überlassung zum unmittelbaren Verbrauch gegen § 13 Abs. 1 verstoßen. Auch insoweit wird auf die Erläuterungen zum Grunddelikt (→ § 29 Rn. 1536, 1541–1546 Bezug genommen. Strafbar kann sich auch der Arzt machen (*Winkler* in Hügel/Junge/Lander/Winkler Rn. 2.2).

18   **V. Person über 21 Jahre/Person unter 18 Jahre; Menge.** Der Gewahrsam an dem Betäubungsmittel muss von einem Erwachsenen an einen Minderjährigen übertragen werden. Die Minderjährigkeit des Empfängers ist ein Tatbestandsmerkmal (OLG Köln NJW 1999, 1492 = StV 1999, 439); zu den notwendigen Feststellungen → Rn. 29. Auf die **Art** oder **Menge** des Betäubungsmittels kommt es dagegen nicht an, so dass auch geringe Mengen weicher Drogen ausreichen.

19   **C. Vorbereitung, Versuch, Vollendung, Beendigung.** Bestimmte **Vorbereitungshandlungen** sind **strafbar** (§ 30 StGB); dazu → Vor § 29 Rn. 207–240. Erforderlich ist allerdings, dass der Beteiligte **nicht** lediglich als **Gehilfe** tätig werden will (→ Vor § 29 Rn. 220).

20   Strafbar ist auch der **Versuch** (§ 23 Abs. 1 StGB). Da auch bei den Grundtatbeständen jeweils Versuchsstrafbarkeit gegeben ist (§ 29 Abs. 2) und die Qualifikation hier nicht mehrgliedrig ausgestaltet ist (dazu Lackner/Kühl StGB § 22 Rn. 10), kann für die einzelnen Stadien der Tat einschließlich der **Vollendung** und **Beendigung** auf die Erläuterungen zu den Grunddelikten verwiesen werden (→ § 29 Rn. 1126–1128 (Abgeben), 1553–1555 (Verabreichen, Überlassen zum unmittelbaren Verbrauch)). Dies gilt auch in den Fällen, in denen der Tatbestand durch ein mit diesen Formen einhergehendes Handeltreiben oder Veräußern (→ Rn. 8) erfüllt wird. In der bloßen **Aufbewahrung** zur Abgabe ist daher keine versuchte Abgabe, wohl aber (vollendetes) Handeltreiben zu sehen (BGH NStZ 2014, 717 = BeckRS 2014, 5617).

21   **E. Täterschaft, Teilnahme.** Es sind die Grundsätze maßgeblich, die für die Grunddelikte gelten (→ § 29 Rn. 1129–1133 (Abgeben) und → Rn. 1556–1558 (Verabreichen und Überlassen zum unmittelbaren Verbrauch)). Dies gilt auch in den Fällen, in denen der Tatbestand durch ein mit diesen Formen einhergehendes Handeltreiben oder Veräußern (→ Rn. 8) erfüllt wird. Der Minderjährige, der das Rauschgift empfängt, ist notwendiger Teilnehmer und kann sich nicht wegen Anstiftung oder Beihilfe zu einem Verbrechen nach § 29a Abs. 1 Nr. 1 strafbar machen (→ § 29 Rn. 1133). Das Alter des Handelnden ist ein **besonderes persönliches Merkmal** iSd § 28 Abs. 2 StGB. Beteiligte sind daher gegebenenfalls nach dem Grunddelikt zu bestrafen (*Oğlakcıoğlu* in MüKoStGB Rn. 28; *Franke/Wienroeder* Rn. 9).

Straftaten   **§ 29a BtMG**

Bei der **Abgabe** (einschließlich **Veräußerung**) kann Täter, mittelbarer Täter   22
oder Mittäter nur sein, wer **eigene Verfügungsgewalt** überträgt (→ § 29
Rn. 1129–1131). Dies gilt auch, wenn der Tatbestand (§ 29a Abs. 1 Nr. 1) durch
ein mit der Abgabe einhergehendes **Veräußern** oder **Handeltreiben** erfüllt wird
(→ Rn. 8). Überträgt der Handeltreibende keine eigene Verfügungsgewalt (zB Vermittler), so kann er sich nur wegen Teilnahme an der Abgabe an Minderjährige
strafbar machen. Wegen des eigenen Unrechtsgehalts ist die Teilnahme daran nicht
subsidiär, sondern steht mit dem Handeltreiben in Tateinheit. Keine Sonderdelikte
sind das **Verabreichen** und das **Überlassen** zum unmittelbaren Verbrauch (→ § 29
Rn. 1557). Bloßes Feilbieten genügt für einen Versuch des Abgebens noch nicht
(BGH NStZ 2020, 226).

F. Handeln im Ausland. Es gelten die Grundsätze, die für die Grunddelikte   23
maßgeblich sind (→ § 29 Rn. 1134 (Abgeben) und → Rn. 1559, 1560 (Verabreichen und zum Überlassen zum unmittelbaren Verbrauch)). Soweit das **Weltrechtsprinzip** (→ Vor § 29 Rn. 119–134) eingreift, weil das Betäubungsmittel entgeltlich
in den Besitz eines anderen gebracht, dh vertrieben iSv § 6 Nr. 5 StGB werden soll,
also namentlich bei einer Abgabe im Rahmen des Handeltreibens, gilt auch die
Qualifikation des § 29a Abs. 1 Nr. 1 unabhängig vom Recht des Tatorts.

Greift das **Weltrechtsprinzip nicht** ein, etwa weil die Abgabe unentgeltlich ist   24
oder ein bloßer Fall des Verabreichens oder der Verbrauchsüberlassung vorliegt, und
kommt es deswegen auch auf das Recht des Tatorts an (§ 7 StGB), so reicht es aus,
wenn am Tatort das Grunddelikt (unter irgendeinem rechtlichen Gesichtspunkt)
strafbar ist. Trifft ein Tatbestand des Tatortrechts auf das Täterverhalten zu, so führt
dies zur umfassenden Geltung aller Vorschriften des deutschen Strafrechts und damit auch der Qualifikation (→ Vor § 29 Rn. 142, 147).

G. Subjektiver Tatbestand. Die Strafbarkeit setzt Vorsatz (→ Vor § 29   25
Rn. 389–425) voraus.

I. Grundtatbestände. Der Vorsatz muss sich zunächst auf die Grundtatbestände   26
beziehen. Insoweit wird auf → § 29 Rn. 1136, 1137 (Abgeben) und → Rn. 1562,
1563 (Verabreichen und Überlassen zum unmittelbaren Verbrauch) verwiesen.

II. Alter des Empfängers. Zusätzlich muss sich der Vorsatz auch auf das Alter   27
des Empfängers des Betäubungsmittels erstrecken. Zu etwaigen Irrtümern
→ Rn. 31.

III. Bedingter Vorsatz (→ Vor § 29 Rn. 415–420) reicht aus. Er kann sich so-   28
wohl auf die Grundtatbestände als auch auf die Qualifikation beziehen. Es genügt
daher, dass der Täter damit rechnet und es billigend in Kauf nimmt oder sich jedenfalls damit abfindet, dass er Betäubungsmittel an eine Person unter 18 Jahren abgibt,
verabreicht oder zum unmittelbaren Verbrauch überlässt. Zur Gleichgültigkeit
→ Vor § 29 Rn. 417.

Der Vorsatz des Täters ist im Urteil darzustellen und zu belegen. Sofern **das Al-**   29
ter der Minderjährigen dem Täter nicht **positiv** bekannt ist, sind bei Jugendlichen
im Alter von 16¾ oder 17½ Jahren im Urteil Feststellungen dazu notwendig, dass
sie nach Statur, äußerem Erscheinungsbild und Verhalten für minderjährig zu halten
waren (OLG Köln NJW 1999, 1492 = StV 1999, 439). Geht es dem Täter wie
meist vorrangig um Gewinnerzielung, so ist ihm das Alter der Abnehmer egal; damit nimmt er deren Minderjährigkeit jedenfalls billigend in Kauf. Zu den Feststellungen und der Beweiswürdigung auch → § 30 Rn. 126, 127.

IV. Unrechtsbewusstsein. Hat der Täter die spezifische Rechtsgutsverletzung   30
des Grunddelikts (zB Abgabe von Betäubungsmitteln) erkannt, so erstreckt sich
sein Unrechtsbewusstsein auch auf die Qualifikation (→ Vor § 29 Rn. 445).

Maier   1015

BtMG § 29a Sechster Abschnitt. Straftaten und Ordnungswidrigkeiten

31   **V. Irrtum.** Für die Fälle des Irrtums gelten dieselben Grundsätze wie bei den Grunddelikten (→ § 29 Rn. 1138, 1139 (Abgeben) und → Rn. 1564 (Verabreichen und Überlassen zum unmittelbaren Verbrauch)); dies gilt auch in den Fällen, in denen der Tatbestand durch ein mit diesen Formen einhergehendes Handeltreiben oder Veräußern (→ Rn. 8) erfüllt wird. Hält der Täter den Empfänger für älter als 18 Jahre, so liegt ein Tatbestandsirrtum vor (OLG Köln NJW 1999, 1492 = StV 1999, 439; *Joachimski/Haumer* BtMG Rn. 4). Im umgekehrten Fall liegt ein (strafbarer) untauglicher Versuch vor.

32   **H. Konkurrenzen.** Zu den Konkurrenzen s. zunächst die zusammenfassende Darstellung in → Vor § 29 Rn. 551–587, 671–724. Dort auch zur **Bewertungseinheit** (→ Vor § 29 Rn. 588–670). Eine Bewertungseinheit ist bei allen Absatzdelikten möglich (→ Vor § 29 Rn. 594) und kommt deshalb auch hier in Betracht (BGH NJW 1996, 469 = NStZ 1996, 93 = StV 1996, 95; NStZ 1999, 192; 2004, 109; BeckRS 2019, 40085 zur Abgabe). Mehrere Abgaben aus einer Erwerbsmenge stellen daher nur eine Abgabe dar (BGH StV 2007, 562 = StraFo 2007, 290), und zwar auch dann, wenn an verschiedene Käufer geliefert wird (BGH NStZ 2004, 105); ferner → Rn. 33. Wird aus derselben Erwerbsmenge teils an Minderjährige abgegeben und teils an Erwachsene verkauft, so führt dies zu Tateinheit zwischen Abgabe an Minderjährige und unerlaubtem Handeltreiben (→ Rn. 35; BGH NStZ 2004, 105 (109)).

33   Überlässt der Täter **mehreren Minderjährigen** einen Joint zum **gemeinsamen Konsum,** so liegen im Hinblick auf den höchstpersönlichen Schutz der Betroffenen durch § 29a Abs. 1 Nr. 1 mehrere Fälle des Überlassens vor, die zu einander in Tateinheit stehen (BGH NStZ 2014, 717). Dasselbe gilt für die Abgabe (BGH NStZ 2014, 717).

34   Als **Qualifikation** verdrängt § 29a Abs. 1 Nr. 1 die Grundtatbestände des § 29 Abs. 1. Dies gilt auch, soweit ein **Regelbeispiel** nach § 29 Abs. 3 S. 2 verwirklicht ist (→ § 29 Rn. 1978). Für die Strafbemessung innerhalb des Strafrahmens der Qualifikation behält das Regelbeispiel allerdings seine Bedeutung (→ § 29 Rn. 1979). Auch der **Besitz** tritt als Auffangtatbestand zurück.

35   Im Verhältnis zum **Handeltreiben** einschließlich dessen Qualifikationen besteht Tateinheit (BGH NStZ 1997, 89; 2004, 105; BGH BeckRS 2010, 20289). § 29a Abs. 1 Nr. 1 enthält zusätzliches Unrecht, das sein besonderes Gepräge durch die leichtere Verführbarkeit der Minderjährigen und die damit größere Gefährdung der Volksgesundheit erhält (BGHR BtMG § 30 Abs. 1 Nr. 2 Konkurrenzen 1 = NJW 1994, 3020 = NStZ 1994, 496 = StV 1994, 659; BGH NJW 1996, 469 = NStZ 1996, 93 = StV 1996, 95). Dies gilt auch im Verhältnis zu § 29a Abs. 1 Nr. 2.

36   Das Verbrechen des § 29a Abs. 1 Nr. 1 ist taugliche Vortat zur **Geldwäsche/Verschleierung von Vermögenswerten** (§ 261 Abs. 1 S. 2 Nr. 1 StGB); auch kann es eine Tathandlung des § 261 StGB sein (dazu → Vor § 29 Rn. 717–720).

37   **I. Strafzumessung.** Die Strafzumessung wird in **Kapitel 3** (→ Rn. 223–276) behandelt.

Kapitel 2. Handeltreiben, Herstellen, Abgeben oder Besitzen in nicht geringer Menge (Absatz 1 Nr. 2)

38   **A. Ziel.** Die durch das OrgKG eingeführte Vorschrift soll verdeutlichen, dass der beschriebene illegale Umgang mit Betäubungsmitteln in nicht geringer Menge stets und nicht erst nach einer Gesamtabwägung von Tat und Täter außerordentlich verwerflich ist. Auch soll die Abschiebung ausländischer Täter erleichtert werden (BT-Drs. 12/989, 30). Ihre plakative Wirkung hat die Vorschrift erreicht. Auch ist die

praktische Handhabung durch die Umwandlung in eine Qualifikation etwas einfacher geworden. Auf Grund der Abwägungen, die im Bereich der Strafzumessung weiterhin erforderlich sind, halten sich die Erleichterungen der Anwendung jedoch in Grenzen.

B. Völkerrechtliche Grundlage. Die Vorschrift beruht auf den vertraglichen Bestimmungen, die für die Grunddelikte gelten. Dass schwere Verstöße angemessen zu ahnden sind, „insbesondere mit Gefängnis oder sonstigen Arten des Freiheitsentzugs" heben Art. 36 Abs. 1a ÜK 1961 und Art. 22 Abs. 1a ÜK 1971 ausdrücklich hervor. 39

C. Tathandlungen sind das unerlaubte Handeltreiben mit, Herstellen oder Abgeben von Betäubungsmitteln in einer nicht geringen Menge sowie das Besitzen solcher Betäubungsmittel, ohne sie auf Grund einer Erlaubnis nach § 3 Abs. 1 erlangt zu haben. 40

I. Begriffe. Insoweit ist zu unterscheiden: 41

1. Handeltreiben. Der Begriff des Handeltreibens stimmt mit dem des Grunddelikts überein (BGH NJW 1999, 2683 = NStZ 2000, 95 mAnm *Körner*). Auf → § 29 Rn. 165–571 kann daher verwiesen werden. Wie bei § 29 Abs. 1 Nr. 1 gehören zu den **Ausführungshandlungen** des Handeltreibens nicht nur Tätigkeiten, die unmittelbar dem Beschaffen und Weitergeben von BtM dienen, sondern ebenfalls dem eigentlichen Betäubungsmittelumsatz nachfolgende Zahlungsvorgänge (stRspr, zB BGH BeckRS 2019, 37164) sowie ernsthafte Angebote oder Verkaufsverhandlungen (BGH NStZ 2021, 53). 42

Ebenso wie beim Grundtatbestand ist das Handeltreiben bei der Qualifikation nicht daran ausgerichtet, ob das Betäubungsmittel zur Verfügung steht oder auch nur vorhanden ist, sondern an dem, **was ausgehandelt wurde.** Dies gilt auch für das Tatbestandsmerkmal der nicht geringen Menge. Auch insoweit kommt es nicht entscheidend auf die tatsächliche Lieferung an, sondern auf die von dem Täter **getroffene Abrede** über das nach seiner Vorstellung zu liefernde Betäubungsmittel (BGH NStZ 2000, 95; NStZ-RR 2016, 247, bei Pflanzenaufzucht auf die Menge, die erzielt werden soll (BGH BeckRS 2020, 34798), auch → Rn. 193–195. 43

Dem steht nicht entgegen, dass die Grenzen der nicht geringen Menge für die einzelnen Betäubungsmittel nach tatsächlich vorhandenen Mengen bestimmt worden sind. Diese Grenzen können auch dann maßgeblich sein, wenn daran **die Tätervereinbarung** über Art, Menge und Güte des zu liefernden Stoffes unter Beachtung von Erfahrungssätzen gemessen wird (BGHR BtMG § 29a Handeltreiben 3 (→ Rn. 42)) Es gelten dieselben Grundsätze wie in den Fällen, in denen das Betäubungsmittel zur Untersuchung nicht zur Verfügung steht (→ Vor § 29 Rn. 977–1032). Eine **Addition** mehrerer Mengen kommt nur in Betracht, wenn die Umsatzgeschäfte im Sinne einer **Bewertungseinheit** miteinander zu einer Tat im Rechtssinne verbunden sind, hingegen nicht, wenn lediglich eine teilidentische Ausführungshandlung gleichartige Tateinheit zwischen einzelnen Erwerbsgeschäften begründet (BGH BeckRS 2020, 12395). 44

Das Handeltreiben muss **unerlaubt** erfolgen (→ § 29 Rn. 26–44). Sämtliche Betätigungen, die auf die Förderung ein und desselben Güterumsatzes abzielen, bilden eine tatbestandliche Bewertungseinheit (stRspr, zB BGH NStZ-RR 2019, 115; näher → vor § 29 Rn. 551 ff.). 45

2. Herstellen. Auch dieser Begriff stimmt mit dem des Grunddelikts überein. Auf → § 29 Rn. 131–134 wird verwiesen. 46

Das Herstellen muss **unerlaubt** erfolgen (→ § 29 Rn. 26–44). 47

48   **3. Abgeben.** Für die Abgabe gilt die Übereinstimmung mit dem Grunddelikt nicht uneingeschränkt. Sie reicht nur insoweit, als auch die Abgabe iSd § 29a Abs. 1 Nr. 2 die Übertragung der eigenen tatsächlichen Verfügungsgewalt an einen Dritten mit der Wirkung darstellt, dass dieser frei über das Betäubungsmittel **verfügen** kann (BGH NStZ-RR 2015, 218). Wegen dieser Merkmale kann auf → § 29 Rn. 1117–1124 verwiesen werden. Die Vorschrift erfasst daher auch die uneigennützige Abgabe (*Patzak* in Körner/Patzak/Volkmer Rn. 44).

49   Wie im Falle des § 29a Abs. 1 Nr. 1 (BGH NStZ 1997, 89 = StV 1996, 664) umfasst die Abgabe aber auch das **Veräußern** (BGHSt 37, 147 (→ Rn. 10); 42, 162 (→ Rn. 8); *Patzak* in Körner/Patzak/Volkmer Rn. 44; *Oğlakcıoğlu* in MüKoStGB Rn. 64; krit. *Malek* BtMStrafR Kap. 2 Rn. 402). Entscheidend ist die mit der Übertragung der Verfügungsgewalt verbundene Verschiebung großer Mengen von Betäubungsmitteln, die mit der Vorschrift bekämpft werden soll. Die Grenzen, die Art. 103 Abs. 2 GG der Auslegung setzt, insbesondere der mögliche Wortsinn (→ Rn. 9), werden durch diese Interpretation nicht überschritten (BVerfG NJW 1991, 2823).

50   An dem Tatbestand der Abgabe fehlt es, wenn der Empfänger des Rauschgifts als **Mittäter** bereits bei dem Erwerb beteiligt war (BGHSt 37, 147 (→ Rn. 10); auch → § 29 Rn. 1123, 1124). Da in einem solchen Fall keine Abgabe vorliegt, kann auch die Qualifikation des § 29a Abs. 1 Nr. 2 nicht eingreifen. Zur Rückführung aus dem legalen Betäubungsmittelverkehr → § 29 Rn. 1124.

51   Das Abgeben muss **unerlaubt** erfolgen (→ § 29 Rn. 26–44).

52   **4. Besitzen.** Auch beim Besitzen stimmt der Begriff in der Qualifikation mit dem des Grunddelikts überein (BGH NStZ 2021, 52). Auf → § 29 Rn. 1321–1371 wird daher Bezug genommen. Mit der Einstufung des Besitzes einer nicht geringen Menge als Verbrechen sollte der abstrakten Gefahr der Weitergabe von Betäubungsmitteln an Dritte Rechnung getragen werden, die von einer solchen Menge ausgeht (BGHSt 42, 162 = NJW 1996, 2802 = NStZ 1996, 604 = StV 1996, 668; BGHR BtMG § 29 Abs. 1 Nr. 1 Konkurrenzen 10 = StV 2010, 131; § 29a Abs. 1 Nr. 2 Besitz 3 = NStZ-RR 1997, 49). Besitzt ein Täter eine insgesamt nicht geringe Menge an Betäubungsmitteln, von denen ein Teil zum Verkauf, ein Teil zum Eigenverbrauch bestimmt ist, liegt Strafbarkeit wegen Besitzes einer nicht geringen Menge iSv § 29a Abs. 1 Nr. 2 auch dann vor, wenn keine dieser **Teilmengen** für sich die Schwelle der nicht geringen Menge erreicht (BGH NStZ 2019, 95; BeckRS 2019, 25006). Bei nacheinander erfolgten **Teillieferungen** liegt kein Besitz iSv § 29a Abs. 1 Nr. 2 vor, wenn der Täter nicht zu irgendeinem Zeitpunkt Sachherrschaft über eine nicht geringe Menge ausübt (BGH BeckRS 2019, 27045). Von **unterschiedlichen Lieferanten** und nicht zu einem einheitlichen Vorrat zusammengeführte Rauschgiftmengen sind nicht als einheitliche Gesamtmenge zu betrachten; vielmehr liegen zwei tateinheitlich zusammentreffende Fälle des Besitzes der Teilmengen vor (BGH NStZ-RR 2017, 218). Auch der **Besitz verschiedener Betäubungsmittel**, die für sich betrachtet den Grenzwert der nicht geringen Menge nicht erreichen, kann einen Besitz in nicht geringer Menge darstellen, da auf die Gesamtheit der Wirkstoffmengen abzustellen ist (BGH NStZ-RR 2019, 314; zur Berechnung der Gesamtmenge → Rn. 171, 172).

53   Für den Besitz ist **keine eigene Erlaubnis** vorgesehen. Die Strafvorschrift knüpft daher an die Erlaubnis zum Erwerb an. Auf → § 29 Rn. 1372–1374 wird Bezug genommen. Zum Besitz von Stoffen, die **erst während des Besitzes** zu Betäubungsmitteln werden, → § 1 Rn. 645–647. Besitz liegt auch bei **Einlagerung** einer Rauschgiftmenge vor, um damit einem Dritten den gewinnbringenden Weiterverkauf zu ermöglichen; denn die bloße Bereitschaft, beim Absatz mitzuwirken, begründet ohne Feststellungen zur Eigennützigkeit noch kein Handeltreiben (BGH BeckRS 2019, 35561).

II. Nicht geringe Menge. Die nicht geringe Menge ist ein zentraler Begriff des Betäubungsmittelstrafrechts. Auch wenn eine solche Menge nicht selten auch bei Konsumenten (Konsumentendealer, → Einl. Rn. 94, 95) festgestellt wird, so ist der Begriff im Hinblick auf die von größeren Mengen Rauschgift objektiv (*Endriß* StV 1984, 468) ausgehende Gefährlichkeit doch grundsätzlich zur Abschichtung der schwereren Straftaten geeignet (*Winkler* in Hügel/Junge/Lander/Winkler Rn. 4.1; aA *Kreuzer* BtMStrafR-HdB § 4 Rn. 242–245). Zum **maßgeblichen Objekt** der nicht geringen Menge beim Handeltreiben → Rn. 42–44. Die nicht geringe Menge führt (im Falle des Herstellens oder Besitzens) zur Qualifikation auch dann, wenn sie dem **Eigenverbrauch** dient (BGH StV 2002, 479). In Fällen des Handeltreibens ist für den Schuldumfang die **Handelsmenge** maßgeblich; Mengen zum Eigenverbrauch sind ggf. als Besitz nach § 29a Abs. 1 Nr. 2 zu erfassen (→ Rn. 209). Der Handelsmenge können auch unentgeltlich überlassene Mengen zuzuschlagen sein, wenn der Täter sich dabei vom Gewinnstreben leiten lässt oder sich einen Vorteil verspricht, durch den er materiell oder – objektiv messbar – immateriell bessergestellt wird (BGH BeckRS 2019, 31364 zur unentgeltlichen Überlassung als Entlohnung für Verpackungs-, Verkaufs- und Lagerdienste). 54

Gegen die gesetzliche Regelung bestehen **verfassungsrechtlich** keine Bedenken (BVerfGE 90, 145 (170, 194, 198) = NJW 1994, 1577 mAnm *Kreuzer* NJW 1994, 2400 = NStZ 1994, 397 mAnm *Nelles/Velten* NStZ 1994, 366 = StV 1994, 298 mAnm *Schneider* StV 1994, 390 = JZ 1994, 860 mAnm *Gusy*). 55

1. Entwicklung. Ursprünglich war die nicht geringe Menge lediglich ein Strafzumessungsmerkmal. Inzwischen ist sie Tatbestandsmerkmal von Verbrechen mit hohen Mindeststrafen. Diese Entwicklung setzte voraus, dass der Begriff durch die Rechtsprechung greifbare Konturen erhielt (dazu schon *Slotty* NStZ 1981, 321 (326)). 56

a) Der Begriff im BtMG 1972. Die nicht geringe Menge wurde durch das BtMG 1972 als Merkmal zweier Regelbeispiele für einen besonders schweren Fall (§ 11 Abs. 4 S. 2 Nr. 5, 6 Buchst. a) eingeführt. Während zunächst die Auffassung vertreten wurde, sie setze dort ein, wo die geringe Menge (§ 11 Abs. 5 BtMG 1972) aufhört (*Wechsung/Hund* NJW 1977, 1729), setzte sich alsbald die **Dreiteilung** des Mengenbegriffs durch (BGHSt 26, 355 = NJW 1976, 1800). 57

Danach sind die geringe Menge (früher § 11 Abs. 5, heute § 29 Abs. 5, § 31a), die darüber liegende, etwas erheblichere Menge und die nicht geringe Menge (früher § 11 Abs. 4 S. 2 Nr. 5, 6 Buchst. a, heute § 29a Abs. 1 Nr. 2, § 30 Abs. 1 Nr. 4, § 30a Abs. 1, 2 Nr. 2) zu unterscheiden (*Franke/Wienroeder* Rn. 21; *Weber* NStZ 2005, 452). Bei einer anderen Auslegung bliebe für die Anwendung des Regelstrafrahmens (§ 29 Abs. 1) praktisch kein Raum. 58

Aus der **Dreiteilung** ergibt sich, dass die nicht geringe Menge unter Berücksichtigung eines angemessenen Abstands zur geringen Menge zu bestimmen ist (BGHSt 26, 355 = NJW 1976, 1800). Hierzu wurden unter der Geltung des § 11 Abs. 4 S. 2 Nr. 5, 6 Buchst. a alle Umstände des Einzelfalles als maßgeblich angesehen und die Entscheidung im Wesentlichen der tatrichterlichen Würdigung überlassen (BGH NStZ 1981, 225). 59

Dementsprechend **bunt** waren die Gesichtspunkte, die die Rechtsprechung heranzog (*Winkler* in Hügel/Junge/Lander/Winkler Rn. 4.3.2). Sie reichten vom Preis (BayObLGSt 1972, 261 = NJW 1973, 669; 1973, 1729 mAnm *Wechsung/Hund*) über die Menge, die den durchschnittlichen Konsumentenvorrat oder den Monatsbedarf eines durchschnittlichen Konsumenten überstieg (OLG Hamm NJW 1974, 1437; OLG Zweibrücken NJW 1974, 2074; OLG Karlsruhe NJW 1974, 2061) 60 oder die Gefahr der Weitergabe an Dritte mit sich brachte (OLG Celle NJW 1976, 1804), bis zu den schädlichen Wirkungen, die von den betreffenden Betäubungsmitteln im Einzelfall entfaltet werden konnten (OLG Hamburg NJW 1974, 1920; 1975, 1473).

61 **b) Der Begriff im BtMG 1982.** Im BtMG 1982 blieb die nicht geringe Menge zwar als Strafzumessungsmerkmal erhalten (§ 29 Abs. 3 S. 2 Nr. 4), wurde aber zugleich zum Tatbestandsmerkmal eines Verbrechens (§ 30 Abs. 1 Nr. 4). Damit konnte ihre Festlegung nicht mehr als Ermessensfrage dem Tatgericht überlassen bleiben, sondern es bedurfte im Hinblick auf den Bestimmtheitsgrundsatz (Art. 103 Abs. 2 GG) einer Präzisierung (zum Heroin BGHSt 32, 162 = NJW 1984, 675 = NStZ 1984, 221 mAnm *Körner* = StV 1984, 27; 1984, 153 mAnm *Endriß*). Dabei war und ist es wegen der unterschiedlichen Wirkungsweise der Betäubungsmittel nicht möglich, einen einheitlichen Wert für alle Betäubungsmittel zu bestimmen; vielmehr muss zwischen ihnen differenziert werden (BGHSt 32, 162 = NJW 1984, 675).

62 Da derselbe Begriff in einem Gesetz **keinen verschiedenen Inhalt** haben kann, führte die Präzisierung des Tatbestandsmerkmals der nicht geringen Menge zugleich dazu, dass die nicht geringe Menge auch als Merkmal der Strafzumessungsregel des § 29 Abs. 3 S. 2 Nr. 4 BtMG aF feste Konturen erhielt (zum Cannabis BGHSt 33, 8 = NJW 1985, 1404 = NStZ 1984, 556 = StV 1984, 466; *Joachimski/ Haumer* BtMG Rn. 16).

63 **c) Der Begriff nach dem OrgKG.** Infolge der Aufstufung dieser Strafzumessungsvorschrift zum Verbrechenstatbestand (§ 29a Abs. 1 Nr. 2) durch das OrgKG gehört das Merkmal der nicht geringen Menge nunmehr durchgängig zum gesetzlichen Tatbestand von Verbrechen.

64 **2. Wirkstoffmenge als Maßstab.** Als Grundlage einer präzisen Bestimmung der nicht geringen Menge ist die Gewichtsmenge nicht geeignet. Ihr kommt zwar für die Strafzumessung eine eigene Bedeutung zu (→ Vor § 29 Rn. 952–960), sie wird jedoch dem unterschiedlichen Reinheitsgrad, mit dem Rauschgift in den Verkehr gebracht wird, nicht gerecht. Entscheidend für den Täter ist nicht das Gewicht, sondern wie viel Konsumeinheiten er aus dem Stoff gewinnen kann (*Steinke* ZRP 1992, 414; *Körner*, 6. Aufl. 2007, Rn. 49; *Weber* NStZ 2005, 452). Eine baden-württembergische Gesetzesinitiative, die die nicht geringe Menge als Gewichtsmenge definieren wollte (BR-Drs. 65/92), fand daher zu Recht im Bundesrat keine Mehrheit.

65 Die **Wirkstoffmenge** ist das am besten geeignete Kriterium zur Bestimmung der nicht geringen Menge (stRspr; BGHSt 53, 89 – Metamfetamin = NJW 2009, 863 = NStZ 2009, 393 = StV 2009, 360; BGHSt 57, 60 – Metamfetaminracemat = NJW 2012, 400 = A&R 2012, 34 mAnm *Winkler*). Dies ist inzwischen auch im Schrifttum allgemein anerkannt (*Patzak* in Körner/Patzak/Volkmer Rn. 50; *Kotz/ Oğlakcıoğlu* in MüKoStGB vor § 29 Rn. 217; *Franke/Wienroeder* Rn. 20, *Joachimski/ Haumer* BtMG Rn. 16; *Winkler* in Hügel/Junge/Lander/Winkler Rn. 4.3.2; 4.3.3; *Weber* NStZ 2005, 452; krit. *Malek* BtMStrafR Kap. 2 Rn. 393, 394). Der mit ihrer Feststellung verbundene **Untersuchungsaufwand** muss im Interesse der Rechtsklarheit und Rechtssicherheit hingenommen werden (BGHSt 33, 8 (→ Rn. 62)).

66 Im **Urteil** ist der **Wirkstoffgehalt** des der Tat zugrundeliegenden Betäubungsmittels genau festzustellen und anzugeben; notfalls ist eine Schätzung unter Berücksichtigung des Zweifelssatzes erforderlich (BGH BeckRS 2019, 24653). Pauschale Angaben wie „mittlere Qualität" genügen nicht; sie taugen auch zur Bestimmung des Schuldumfangs nicht und gefährden damit regelmäßig den Bestand des Strafausspruchs. Werden große Mengen sichergestellt, kann der Wirkstoffgehalt auf der Grundlage von Stichprobenanalysen geschätzt werden (BGH BeckRS 2013,

16464). Bei sichergestellten Mengen ist stets darauf zu achten, ob diese vollständig für den Weiterverkauf oder teilweise zum Eigenverbrauch bestimmt waren. Steht das Betäubungsmittel zur Untersuchung **nicht mehr zur Verfügung,** so ist an Hand von Indizien (zB Preis, Herkunft, Beurteilung durch Tatbeteiligte, Möglichkeit des Streckens) zu ermitteln, von welcher Mindestqualität und damit welchem Wirkstoffgehalt auszugehen ist (→ Vor § 29 Rn. 977–980; Anh. H). Ist auch dies nicht möglich, so ist das für den Angeklagten günstigste Mischungsverhältnis zugrunde zu legen, das **nach den Umständen** in Betracht kommt; auch der **Zweifelssatz** zwingt nicht dazu, stets von der denkbar schlechtesten Qualität auszugehen (→ Vor § 29 Rn. 981–986). Zu zulässigen und unzulässigen Schlussfolgerungen bei einzelnen Betäubungsmitteln → Vor § 29 Rn. 987–1030. Generell zur **Anwendung des Zweifelssatzes** → § 29 Rn. 732, 733.

3. Die Bestimmung des Grenzwertes. Welche Wirkstoffmenge erreicht sein muss, damit eine nicht geringe Menge gegeben ist, lässt sich nicht für alle Betäubungsmittel einheitlich festlegen. Vielmehr ist der Grenzwert wegen der unterschiedlichen Beschaffenheit, Wirkungsweise, Intensität und Gefährlichkeit der Betäubungsmittel unter Berücksichtigung dieser Umstände und der Konsumgewohnheiten zu bestimmen (BGHSt 33, 8 – Cannabis (→ Rn. 62); BGHSt 42, 255 – MDE = NJW 1997, 810 m. Bespr. *Schreiber* S. 777 = NStZ 1997, 132 mAnm *Cassardt* = StV 1997, 665; *Weber* NStZ 2005, 452 (453)). 67

Zur **Ermittlung des Grenzwertes** für die einzelnen Betäubungsmittel hat die Rechtsprechung (zuletzt BGH NStZ-RR 2017, 45 (47)) die folgende Methode entwickelt, die inzwischen allgemein akzeptiert ist (s. nur *Patzak* in Körner/Patzak/Volkmer Rn. 48–55): 68
– zunächst ist die **maßgebliche Einzelmenge** zu ermitteln:
 – dazu ist zunächst zu klären, ob eine **äußerst gefährliche** oder **tödliche Dosis** festgestellt werden kann (→ Rn. 69, 70),
 – fehlen hierzu gesicherte Erkenntnisse, so ist die zur Erzielung eines typischen Rauschzustands erforderliche **durchschnittliche Konsumeinheit** zu ermitteln (→ Rn. 71),
 – sofern ein typischer Rauschzustand ausbleibt, ist der **Tagesbedarf** zu ermitteln (→ Rn. 72),
– sodann ist diese **Einzelmenge** mit einer an der Gefährlichkeit des Stoffes orientierten **Maßzahl** (Vielfaches der Konsumeinheit) zu vervielfältigen (→ Rn. 73, 74),
– lassen sich zum Konsumverhalten oder zum Tagesbedarf keine ausreichenden Erkenntnisse gewinnen, so entscheidet ein **Vergleich mit verwandten Wirkstoffen** (→ Rn. 75).

a) Die äußerst gefährliche Dosis. Im Hinblick auf den Schutzzweck der Vorschrift ist zunächst auf die äußerst gefährliche Dosis abzustellen (BGHSt 32, 162 (→ Rn. 61) – Heroin; 33, 8 (→ Rn. 62) – Cannabis; 35, 179 – Morphin = NJW 1988, 2962 = NStZ 1988, 462 mAnm *Rübsamen/Steinke* = StV 1988, 107; BGHSt 60, 134 = NJW 2015, 969 (Ls.) – JWH-018 etc = NStZ 2015, 226 (Ls.) = NStZ-RR 2016, 50 (Ls.) = StV 2015, 636); sie ist gegeben, wenn beim Konsum dieser Dosis mit schweren gesundheitlichen Schäden bis hin zum Tod gerechnet werden muss. 69

Bei der Feststellung dieser Dosis ist grundsätzlich nicht auf den süchtigen Konsumenten, sondern auf den **Drogenunerfahrenen** oder Erst- oder Gelegenheitskonsumenten abzustellen (s. BGHSt 53, 89 (→ Rn. 65) – Metamfetamin; OLG Karlsruhe NJW 1978, 1697; *Cassardt* NStZ 1995, 257 (261); aA *Malek* BtMStrafR Kap. 2 Rn. 393, 394). Mit der Erhöhung des Strafrahmens für die nicht geringe Menge soll der Gefährdung einer Vielzahl von Menschen entgegengewirkt werden, an die das Rauschgift gelangen kann. Verhindert werden soll damit vor allem 70 die Ausweitung des Erstkonsums. Etwas anderes kommt dann in Betracht, wenn das Betäubungsmittel üblicherweise nicht von Drogenunerfahrenen konsumiert wird, wie dies vor allem bei den Drogen, die sonst als Substitutionsmittel verwendet werden, in Betracht kommt (→ Rn. 87).

71 **b) Die durchschnittliche Konsumeinheit.** Die durchschnittliche Konsumeinheit, auf die dann zurückzugreifen ist, wenn sich eine äußerst gefährliche Dosis nicht feststellen lässt (BGHSt 33, 8 (→ Rn. 62) – Cannabis; BGH NJW 2015, 969 (→ Rn. 69) – JWH-018), ist die Menge des betreffenden Betäubungsmittels, die zur Erzielung eines **stofftypischen Rauschzustands** notwendig ist (BGHSt 51, 318 – Buprenorphin = NJW 2007, 2054 = NStZ 2008, 41 = StV 2008, 22). Auch dabei ist grundsätzlich auf den **Drogenunerfahrenen** oder Erst- oder Gelegenheitskonsumenten abzustellen (BGHSt 51, 318 – Buprenorphin (s. o.); 53, 89 (→ Rn. 65) – Metamfetamin; 57, 60 (→ Rn. 65) – Metamfetaminracemat), da nur so das widersprüchliche Ergebnis vermieden werden kann, dass einem Betäubungsmittel mit hoher Toleranzentwicklung ein höherer Grenzwert für die nicht geringe Menge zukäme (*Cassardt* NStZ 1995, 257 (261)).

72 **c) Der Tagesbedarf.** Bleibt ein typischer Rauschzustand aus, so ist es nicht möglich, die Konsumeinheit anhand der zur Erzielung einer stofftypischen Rauschwirkung erforderlichen Menge zu ermitteln. In einem solchen Falle ist auf den regelmäßig **Tagesbedarf** eines durchschnittlichen Konsumenten des betreffenden Betäubungsmittels abzustellen (BGHSt 56, 52 – Benzodiazepine = NJW 2011, 1462 = NStZ-RR 2011, 119; 2011, 461 mablAnm *Kotz* = StraFo 2011, 105). Dabei kommt es auf die Gebrauchsgewohnheiten der Gruppe an, die ausschließlich das betreffende Betäubungsmittel, etwa ein Benzodiazepin, regelmäßig einnimmt; die Gruppe der Abhängigen, die den Stoff als Beikonsum zu anderen Drogen missbraucht, muss dabei schon deswegen außer Betracht bleiben, weil diese Gruppe besonders hohe Dosierungen einnimmt (BGHSt 56, 52 – Benzodiazepine (s. o.)). Bei der Bestimmung des Tagesbedarfs ist wie auch sonst die übliche Darreichungsform zu berücksichtigen, etwa bei Benzodiazepinen die Tablettenform (BGHSt 56, 52 – Benzodiazepine (s. o.)).

73 **d) Das Vielfache der Konsumeinheit (Maßzahl).** Die Maßzahl (BGHSt 56, 52 (→ Rn. 72)) oder das Vielfache der Konsumeinheit (BGH NJW 2015, 969 (→ Rn. 69) – JWH-018) dient dazu, das Betäubungsmittel aufgrund seiner Eigenschaften, insbesondere seiner Rauschwirkung, seiner akuten und chronischen Toxizität und seines Suchtpotentials, in das System der nach ihrer Gefährlichkeit abgestuften Betäubungsmittel einzuordnen (BGHSt 42, 255 (→ Rn. 67) – MDE; *Cassardt* NStZ 1995, 257 (262); *Weber* NStZ 2005, 452 (453)). Eckpunkte sind das Heroin, dessen Maßzahl mit 150 errechnet wurde (→ Rn. 127), und Cannabis mit einer Maßzahl von 500 (BGHSt 33, 8 (→ Rn. 62) – Cannabis). Bei den Amfetaminderivaten wird auch die Maßzahl von Amfetamin (200) herangezogen (BGHSt 53, 89 (→ Rn. 65) – Metamfetamin; 57, 60 (→ Rn. 65) – Metamfetaminracemat); dasselbe gilt für Cathinon (BGHSt 49, 306 – Khat = NJW 2005, 163 = NStZ 2005, 229; 2005, 452 mAnm *Weber* = StV 2005, 273), das auch als „natürlich vorkommendes Amfetamin" bezeichnet wird (AG Lörrach StV 2000, 625). Für acht Benzodiazepine und Zolpidem hat der BGH die Maßzahl 60 festgesetzt (BGH BeckRS 2011, 1481 Rn. 35 ff.).

74 Bei den Eigenarten des jeweiligen Wirkstoffes und seiner Gefährlichkeit sind auch die **übliche Darreichung/Konsumform** (BGHSt 53, 89 (→ Rn. 65) – Metamfetamin; auch → Rn. 95) und die **Art und Dauer der Anwendung** zu berücksichtigen (BGHSt 56, 52 (→ Rn. 72) – Benzodiazepine; BGH BeckRS 2011, 1481). Besteht das Gefahrenpotential nicht in einer unmittelbaren, im ungünstigen Fall tödlichen Gesundheitsbeschädigung, sondern in der Entwicklung einer Abhängigkeit und der damit einhergehenden chronischen Gesundheitsbeeinträchtigung bei einem längeren Gebrauch, so ist die Maßzahl vor allem an der Art und Dauer des Gebrauchs zu orientieren (BGHSt 56, 52 (→ Rn. 72) – Benzodiazepine; BGH BeckRS 2011, 1481).

e) Wirkstoffvergleich. Lassen sich auch zur **Konsumeinheit** keine ausreichenden Erkenntnisse gewinnen, so entscheidet ein Vergleich mit verwandten Wirkstoffen ((BGHSt 51, 318 (→ Rn. 71) – Buprenorphin; 57, 60 (→ Rn. 65) – Metamfetaminracemat; BGH NJW 2015, 969 (→ Rn. 69) – JWH-018). Dasselbe gilt, wenn ein **Tagesbedarf** nicht festgestellt werden kann, weil die medizinisch indizierten Einzeldosen eine große Bandbreite haben (→ Rn. 87)

4. Die Grenzwerte bei den einzelnen Betäubungsmitteln. Seit dem Inkrafttreten des BtMG 1982 hat der BGH für eine Reihe von gebräuchlichen Betäubungsmitteln einen Grenzwert für die nicht geringe Menge ermittelt. Auch von den **Gerichten der Länder** wurden inzwischen Grenzwerte bestimmt, wobei die Methode sich zunehmend dem Verfahren des BGH angleicht (BayObLGSt 2002, 33 – Psilocybin = StV 2003, 81; LG Köln NStZ 1993, 549 – Opium = StV 1993, 529; OLG Köln StV 1995, 306 – Rohopium). Schließlich haben auch die **Toxikologen** der kriminaltechnischen Institute von Bund und Ländern Grenzwerte erarbeitet (NStZ 1985, 163; 1991, 470), die von der Rechtsprechung zum Teil übernommen wurden.

a) Grenzwerte in der Rechtsprechung. Der BGH und Gerichte der Länder haben die Grenzwerte für die nicht geringe Menge bei folgenden Betäubungsmitteln bestimmt (zu Vorschlägen der Toxikologen bei weiteren Betäubungsmitteln → Rn. 161 ff.):

(1) Amfetamin. Der Grenzwert der nicht geringen Menge für Amfetamin (→ § 1 Rn. 511–520) beträgt **10 g Amfetamin-Base** (BGHSt 33, 169 = NJW 1985, 2773 = NStZ 1986, 33 mAnm *Eberth* = StV 1985, 280; BGHSt 57, 60 (→ Rn. 65); BGH BeckRS 2020, 1965; *Patzak* in Körner/Patzak/Volkmer Rn. 57–59). Grundlage dieser Bestimmung war eine Gesamtwürdigung, bei der das Abhängigkeits- und Gefährdungspotential von Amfetamin, der Anreiz zur Dosissteigerung und die Einordnung zwischen Heroin, Cocain und Cannabis berücksichtigt wurden. Erst in einem späteren Urteil (BGHSt 35, 43 = NStZ 1988, 28 mAnm *Winkler* = StV 1987, 485) interpretierte der gleiche Senat seine Entscheidung dahin, dass ihr 200 Konsumeinheiten zu je 50 mg (hohe Dosis für den nicht Gewöhnten) zugrunde liegen (krit. *Cassardt* NStZ 1995, 257 (260)). Die Maßzahl beträgt damit 200 (BGHSt 53, 89 (→ Rn. 65)). Der Grenzwert bezieht sich auf das **Racemat** (BGHSt 57, 60 (→ Rn. 65)).

Obwohl dem konkreten Fall ein **Salz** (→ § 1 Rn. 142) des Amfetamins zugrunde lag (Amfetamin-Sulfat), hat der BGH den Grenzwert anders als bei anderen Betäubungsmitteln für den **reinen Wirkstoff** (Amfetamin-Base) festgesetzt. Amfetamin-Sulfat enthält 73% Amfetamin-Base (BGHSt 33, 169 (→ Rn. 78)). Gegebenenfalls ist daher eine Umrechnung des Sulfats in Amfetaminbase erforderlich (BGH NStZ-RR 2013, 81 = StraFo 2013, 33; BeckRS 2013, 6496; 2020, 19615).

(2) Amfetaminderivate (ohne Ecstasy). Ausgehend von der Rechtsprechung zu Ecstasy (MDE/MDMA/MDA) neigte der BGH im Hinblick auf die ähnliche chemische Struktur und der leichten Veränderbarkeit synthetischer Drogen dazu, den Grenzwert von **30 g Wirkstoff (Base),** das entspricht 35 g, berechnet als Hydrochlorid, für alle Amfetaminderivate festzulegen (BGHR BtMG § 29a Abs. 1 Nr. 2 Menge 9 – Crystal-Speed = NJW 2001, 3641 = NStZ 2002, 267 mAnm *Molketin* = StV 2002, 258; 11 – Crystal-Speed = NStZ-RR 2003, 124 = StV 2003, 281; BGH NStZ-RR 2001, 379 – Crystal-Speed). Dies war nicht unproblematisch, weil damit die **bisherige Basis** für die Ermittlung der Grenzwerte, nämlich, wie das konkrete Rauschgift aufgrund seiner Eigenschaften, insbesondere sei-

81 Anlässlich der Festlegung der nicht geringen Menge für Metamfetamin (→ Rn. 139) hob der 2. Strafsenat (BGHSt 53, 89 (→ Rn. 65)) in einem obiter dictum hervor, dass alle Amfetaminderivate nach jüngeren neurobiologischen Forschungen eine mehr oder weniger starke die Nervenzellen zerstörende (neurotoxische) Wirkung haben, so dass es ihm gerechtfertigt erscheine, die nicht geringe Menge bei den **Amfetaminderivaten** MDA, MDMA und MDE in Übereinstimmung mit der für Amfetamin geltenden Grenze auf **10 g Base** herabzusetzen. Ob es dazu kommen würde, erschien bereits im Hinblick auf die Entscheidung des 3. Strafsenats (BGHSt 57, 60 (→ Rn. 65) – Metamfetaminracemat) zweifelhaft, zumal der 2. Strafsenat in einer späteren Entscheidung (BGH StraFo 2010, 472) kommentarlos den alten Grenzwert nannte; dazu *Schmidt* NJW 2011, 3007 (3010). Mittlerweile kann das obiter dictum des 2. Strafsenats auf Grund der neueren Rechtsprechung (BGH NStZ-RR 2017, 283 = StV 2018, 508; BeckRS 2017, 122513), die (für MDMA) eine Grenzwertfestsetzung auf 10 g Base als **fehlerhaft** ansieht, als gegenstandslos angesehen werden (auch → Rn. 113). Es gilt daher weiterhin der Grenzwert von **30 g Base.**

82 **(3) Benzodiazepine (Alprazolam, Clonazepam, Diazepam, Lorazepam Midazolam, Oxazepam, Temazepam, Tetrazepam, Triazolam).** Die Grenzwerte für die nicht geringe Menge der vorstehend genannten Benzodiazepine betragen (BGHSt 56, 52 (→ Rn. 72); BGH BeckRS 2011, 1481):

Alprazolam	240 mg	Lormetazepam	360 mg	Temazepam	4.800 mg
Clonazepam	480 mg	Midazolam	1.800 mg	Tetrazepam	4.800 mg
Diazepam	2.400 mg	Oxazepam	7.200 mg	Triazolam	120 mg
Lorazepam	480 mg				

83 Als **Leitsubstanz** für die Benzodiazepine (→ § 1 Rn. 527–530) zieht die Rechtsprechung (BGHSt 56, 52 (→ Rn. 72); BGH BeckRS 2011, 1481) **Diazepam** heran. Die übliche therapeutische Dosierung beim **Tagesbedarf** (→ Rn. 72) beträgt in der Regel 5–10 mg, sofern auch am Folgetag noch eine beruhigende Wirkung erforderlich sein soll. Bereits diese Dosis birgt bei einem Langzeitgebrauch die Gefahr einer Abhängigkeit, deshalb sollten therapeutisch erforderliche Dosissteigerungen auf 20 mg besonders sorgfältig ärztlich kontrolliert werden (BGHSt 56, 52 (→ Rn. 72); BGH BeckRS 2011, 1481). Dosierungen von 40 mg werden als mögliche Höchstdosis nur für besondere Indikationen angesehen und sind nicht für Langzeitdosierungen geeignet. Danach ist die Einnahme von mehr als 40 mg täglich medizinisch nicht mehr indiziert ist und stellt einen Missbrauch da. Der **übliche Tagesbedarf** ist daher auf 40 mg festzusetzen (BGHSt 56, 52 (→ Rn. 72); BGH BeckRS 2011, 1481).

84 Hiervon ausgehend ergibt sich für andere Benzodiazepine der folgende **Tagesbedarf** (BGHSt 56, 52 (→ Rn. 72); BGH BeckRS 2011, 1481): Alprazolam 4 mg, Clonazepam 8 mg, Lorazepam 8 mg, Lormetazepam 6 mg, Midazolam 30 mg, Oxazepam 120 mg, Temazepam 80 mg, Tetrazepam 80 mg und Triazolam 80 mg.

85 Bei der Bestimmung der **Maßzahl** ist auf den Zeitraum abzustellen, der nicht überschritten werden darf, wenn die Gefahr einer Abhängigkeit vermieden werden soll (→ Rn. 74). Dies sind nach den einschlägigen medizinischen Leitlinien bei Benzodiazepinen nicht mehr als acht Wochen. Wird dieser Zeitraum überschritten, liegt die Gefahr eines Missbrauchs nahe. Der Maßzahl ist daher dieser Zeitraum (acht Wochen = 60 Tage) zugrunde zu legen (BGHSt 56, 52 (→ Rn. 72); BGH BeckRS 2011, 1481).

Nach der in → Rn. 72, 74 beschriebenen Methode (Konsumeinheit/Tagesbedarf 86
X Maßzahl) sind die **Grenzwerte** für die nicht geringe Menge danach wie in
→ Rn. 82 aufgeführt festzulegen (BGHSt 56, 52 (→ Rn. 72); BGH BeckRS 2011,
1481).

(4) Buprenorphin. Der Grenzwert für die nicht geringe Menge Buprenor- 87
phin (→ § 1 Rn. 525–528) beträgt **450 mg Buprenorphin-Hydrochlorid**
(= 416,67 mg Buprenorphin). Da das auch als Substitutionsmittel (Subutex) verwendete Buprenorphin üblicherweise nicht von Drogenunerfahrenen konsumiert
wird, kann bei der Ermittlung des Grenzwerts nicht wie sonst (→ Rn. 70) auf den
Anfänger abgestellt werden (BGHSt 51, 318 (→ Rn. 71)). Zur äußerst gefährlichen
Dosis liegen keine gesicherten Erfahrungen vor; zwar scheinen schwere Intoxikationen selbst mit tödlichem Ausgang möglich; die Gefahr von Überdosierungen ist
jedoch gering (BGHSt 51, 318 (→ Rn. 71)). Auch kann eine durchschnittliche
Konsumeinheit nicht bestimmt werden, weil die medizinisch indizierten Einzeldosen eine große Bandbreite haben. Es bleibt daher nur der Vergleich mit verwandten
Wirkstoffen. Da die Wirkung von Buprenorphin mindestens zehnmal so stark ist
wie die von Morphin, war der Grenzwert auf 450 mg Buprenorphin-Hydrochlorid
(= 416,67 mg Buprenorphin) festzulegen (BGHSt 51, 318 (→ Rn. 71)). Zu **Benzylpiperazin (BZP)** → Rn. 151.

(5) Cannabis. Der Grenzwert der nicht geringen Menge für Cannabis (→ § 1 88
Rn. 247–320) beträgt **7,5 g THC** (BGHSt 33, 8 (→ Rn. 62), 42, 1 = NStZ 1996,
139 (195) mAnm *Körner* = StV 1996, 95, 317 mAnm *Böllinger* = JZ 1996, 799
mAnm *Kreuzer*). Anders als bei Heroin (→ Rn. 126) ist bei Cannabis eine Basis für
die Ermittlung einer äußerst gefährlichen oder gar letalen Dosis nicht gegeben.

Grundlage ist daher die **durchschnittliche Konsumeinheit** für einen Rausch- 89
zustand. Vor allem gestützt auf *Schulz/Wasilewski* (Kriminalistik 1979, 11 (13)) ermittelt sie der BGH mit 15 mg THC.

Ausgangspunkt für die Ermittlung der **Maßzahl** ist die Zahl für Heroin, die mit 90
150 durchschnittlichen Konsumeinheiten berechnet wird (→ Rn. 127). Diese Zahl
wird mit Rücksicht auf die deutlich geringere Gefährlichkeit von Cannabis auf 300
verdoppelt. Dazu kommt noch ein Sicherheitszuschlag von 200 Konsumeinheiten,
so dass sich insgesamt eine Maßzahl von 500 ergibt (BGHSt 33, 8 (→ Rn. 62)).

Diese Berechnung war von Anfang nicht unumstritten (zB *Endriß* StV 1984, 468; 91
Endriß/Logemann StV 1987, 535), wobei sich die **Einwände** sowohl gegen die Ermittlung der durchschnittlichen Konsumeinheit wie gegen die Maßzahl richteten.
Gleichwohl wurde der Grenzwert in der gerichtlichen Praxis als praktikabel akzeptiert (OLG Düsseldorf StV 1995, 527) und galt dort unangefochten (BGHSt 34,
372 = NJW 1987, 2881 = NStZ 1987, 465 = StV 1987, 391; 1987, 535 mablAnm
Endriß/Logemann; BGHR BtMG § 29 Strafzumessung 8 = NStZ 1990, 84; abl.
dazu *Kreuzer* DRiZ 1991, 173).

Die **Kritik im Schrifttum** verstärkte sich nach dem Beschluss des BVerfG v. 92
9.3.1994 (BVerfGE 90, 145 (→ Rn. 55)), der trotz seiner Hinweise auf die Kompetenz der Strafgerichte (BVerfGE 90, S. 169/170, 198/199; dazu *Auslinger* NStZ
1999, 111 (112)) vielfach als Ermunterung zur Änderung der Rechtsprechung zu
den Mengen des Betäubungsmittelstrafrechts angesehen wurde (*Kreuzer* NJW
1994, 2400 (2402); *Körner* StV 1995, 531). Nachdem der BGH (NStZ 1995, 350
= StV 1995, 255; ebenso OLG Düsseldorf StV 1995, 527; OLG Oldenburg
NStZ-RR 1996, 77) darauf nicht reagierte, wurde die Kritik in einem Vorlagebeschluss des OLG Schleswig (NStZ 1995, 451 = StV 1995, 368) aufgegriffen. Dieser Beschluss hielt zwar an der durchschnittlichen Konsumeinheit mit 15 mg THC
fest, forderte jedoch zur Maßzahl eine wertende Auslegung mit Rücksicht auf den
Einzelfall und drängte im Hinblick auf das „mindere Gefahrenpotential" der Can-

nabisprodukte auf eine deutliche Erhöhung des Grenzwertes (im konkreten Fall 185,10 g THC).

93 Mit seiner auf den Vorlagebeschluss ergangenen Entscheidung v. 20.12.1995 (BGHSt 42, 1 (→ Rn. 88)) hielt der BGH **an seiner Rechtsprechung fest** (ebenso BGHR BtMG § 29 Strafzumessung 33 = NStZ 1998, 253 unter Bezugnahme auf BVerfG NJW 1997, 1910 = NStZ-RR 1997, 377 = StV 1997, 407). Unter Berufung auf die bei Hügel/Junge/Lander/Winkler Rn. 4.3.6 mitgeteilten Werte bestätigte er die durchschnittliche Konsumeinheit mit 15 mg THC. Die generelle Berücksichtigung eines minderen Gefahrenpotentials sei Sache des Gesetzgebers; dieser habe aber auch bei den Gesetzesänderungen der neueren Zeit keinen Grund zu einer Ausnahme für Cannabis gesehen. Die Gefahreneinschätzung, die der (Maß-)Zahl von 500 Konsumeinheiten zugrunde liege, habe sich nur unwesentlich, nämlich insoweit geändert, als die Schrittmacherfunktion von Cannabis heute anders gesehen werde. Eine wertende Auslegung sei mit dem Bestimmtheitsgrundsatz nicht zu vereinbaren.

94 Auch an dieser Entscheidung entzündete sich eine zum Teil **heftige Kritik** (*Körner* NStZ 1996, 195; *Böllinger* StV 1996, 317; *Kreuzer* JZ 1996, 801). Dabei wird die Ebene einer sachlichen Argumentation verlassen, wenn dem BGH vorgeworfen wird, er habe sich von einem „durch kollektive Hysterie, mediale Marktimperative und politischen Populismus geprägten Zustand dumpfer Vorurteilsgeladenheit" die „Pseudo-Bewertungsmaßstäbe vorgeben" lassen (*Böllinger* StV 1996, 317 (320)).

95 Eine **sachliche Betrachtung** wird aber kaum daran vorbeikommen, dass die Gefahreneinschätzung des BGH im Wesentlichen der des BVerfG (BVerfGE 90, 145 (180) (→ Rn. 55)) entspricht (*Franke/Wienroeder* Rn. 28) und dass die Festlegung einer Zahl von 500 Konsumeinheiten dem Gesetzeszweck (→ § 1 Rn. 1, 6–8) eher entgegenkommt als eine höhere Zahl (offen gelassen in BVerfG NJW 2003, 2978). Ein generelles Anknüpfen an andere Konsumformen (*Endriß* StV 1984, 468 (469); *Körner* NStZ 1996, 195) ließe unberücksichtigt, dass sich die durchschnittliche Konsumeinheit an der gebräuchlichen Konsumform auszurichten hat und dies in Deutschland das Rauchen ist (BVerfGE 90, 145 (179) (→ Rn. 55)). Es kommt hinzu, dass sich der Wirkstoffgehalt von Cannabis seit dem Jahre 1995 deutlich erhöht hat, so dass eine Droge **deutlich höherer Gefährlichkeit** entstanden ist (→ Einl. Rn. 151, 152) und heute bekannt ist, dass THC-Konsum vor allem bei jüngeren Konsumenten schwere drogeninduzierte Psychosen auslösen kann.

96 In die **Bestimmung des Wirkstoffgehalts** sind auch die latent im Cannabisharz enthaltenen, psychotrop zunächst unwirksamen **Tetrahydrocannabinolcarbonsäuren (THCA)** einzubeziehen (→ § 1 Rn. 290, 291); dort auch zu den Analysemethoden. Im Hinblick auf die dem jeweiligen Messvorgang innewohnenden **Messunsicherheit** ist ein **Sicherheitsabschlag** in Höhe der jeweiligen laborinternen Messungenauigkeit der eingesetzten Messgeräte von dem gemessenen Wirkstoffgehalt abzuziehen (OLG Stuttgart *Oğlakcıoğlu* NStZ-RR 2017, 297 (299) = BeckRS 2016, 188551).

97 Zur Bestimmung der nicht geringen Menge bei einer **sich entwickelnden Menge** → Rn. 166–169. Zur Behandlung der kein THC enthaltenden **Cannabissamen** *Patzak* in Körner/Patzak/Volkmer § 29a Rn. 66, 67.

98 **(6) Cannabinoide, synthetische.** Von den zahlreichen mittlerweile auf dem Markt befindlichen synthetischen Cannabinoiden, die dem BtMG unterstellt sind (→ § 1 Rn. 463–467), hat die Rechtsprechung bisher für sechs Substanzen die Grenzwerte für die nicht geringe Menge festgelegt:

99 **(a) JWH-018; CP 47,497–C8-Homolog.** Der Grenzwert für diese beiden synthetischen Cannabinoide beträgt **2,0 g** (BGHSt 60, 134 (→ Rn. 69)). Bei beiden

Betäubungsmitteln liegen zu einer äußerst gefährlichen Dosis keine wissenschaftlich gesicherten Erkenntnisse vor. Auch eine durchschnittliche Konsumeinheit kann nicht festgestellt werden, so dass es auf einen Vergleich mit anderen, ähnlich wirkenden Substanzen ankommt. Mit den beiden Wirkstoffen am ehesten vergleichbar ist THC, bei dem der Grenzwert bei 7,5 g liegt (→ Rn. 88). Im Vergleich zu THC weist JWH-018 eine mindestens dreifache Wirksamkeit auf; es ist gefährlicher für die Gesundheit, sein Abhängigkeitspotential ist mindestens so hoch wie das des THC. Die Gefahr einer Überdosierung ist höher. Dem entspricht auch der Wirkstoff CP 47,497-C8-Homolog, so dass auch für ihn ein Grenzwert von 2,0 g angezeigt ist (zum Ganzen s. BGHSt 60, 134 (→ Rn. 69)).

(b) JWH-073; CP 47,497. Der Grenzwert für diese beiden synthetischen Cannabinoide beträgt **6,0 g** (BGHSt 60, 134 (→ Rn. 69)). Die beiden Wirkstoffe sind in der Potenz mit THC vergleichbar, weisen aber schwererwiegende und häufiger auftretende Nebenwirkungen auf, so dass ein Grenzwert von 6,0 g gerechtfertigt ist (BGHSt 60, 134 (→ Rn. 69)). 100

(c) JWH-019, JWH-122, JWH-203. Der Grenzwert für das synthetische Cannabinoid JWH-019 beträgt 6 g (BGH StV 2017, 294). Gesicherte Daten liegen nicht vor. Der Wirkstoff „scheint sich" aber „tendenziell ähnlich wie JWH-073 zu verhalten". Auch „dürfte" er eine ähnliche oder gleiche Potenz wie JWH-073 haben. Für JWH-122 und JWH-203 liegt die nicht geringe Menge bei 0, 75 g (LG Kleve BeckRS 2014, 22676). 101

(d) JWH 210. Der Grenzwert für dieses synthetische Cannabinoid beträgt 2,0 g (OLG Nürnberg BeckRS 2016, 09469). JWH-210 weist im Vergleich zu JWH-018 eine ähnliche Potenz, Wirkdauer, Toxizität und Gefahr der Überdosierung auf. 102

(e) AKB-48 F. Der Grenzwert für dieses synthetische Cannabinoid beträgt **2,0 g** (LG Ravensburg NStZ-RR 2015, 312, bestätigt durch B des BGH v. 4.8.2015). AKB-48F erzielt ähnliche Wirkungen wie THC und wird von den Konsumenten hierzu auch in derselben Konsumform genutzt. Die Droge wirkt, wie JWH-018, mindestens dreimal stärker als THC, aber weitaus gefährlicher, da sie starke, auch lebensbedrohliche, Nebenwirkungen hat, die zudem wahrscheinlich sind, da die Substanz **leicht überdosiert** werden kann. 103

(f) AB-CHMINACA; 5F-AB-PINACA. Der Grenzwert für diese beiden synthetischen Cannabinoide beträgt **1,0 g** (BGH BeckRS 2017, 134284). Ermittelt wurde dieser Wert durch einen Vergleich mit verwandten Wirkstoffen. Dabei hat sich ergeben, dass die beiden Cannabinoide eine deutlich höhere Potenz aufweisen als JHW-018 (dazu → Rn. 99). 104

(7) Cathinone (Cathinonderivate). Von den zahlreichen mittlerweile auf dem Markt befindlichen Cathinonderivaten, die dem BtMG unterstellt sind (→ § 1 Rn. 469–470), hat die Rechtsprechung bisher für eine Substanz den Grenzwert für die nicht geringe Menge festgelegt: 105

Pentedron (→ § 1 Rn. 224). Der Grenzwert für die nicht geringe Menge Pentedron (→ § 1 Rn. 469, 470) beträgt **18 g Pentedronhydrochlorid** oder **15 g Pentedronbase** (BGH NStZ-RR 2017, 47 = StV 2017, 294). Gesicherte Erkenntnisse über eine äußerst gefährliche Dosis fehlen, desgleichen zum Konsumverhalten. Es ist daher auf einen Vergleich mit verwandten Wirkstoffen zurückzugreifen. In seiner Wirkungsweise entspricht Pentedron den Wirkungen von Amfetamin oder Metamfetamin (→ § 1 Rn. 470). Über Art und Umfang des Konsums von Pentedron gibt es keine „nennenswerten Publikationen", sondern lediglich veröffentlichte Erfahrungsberichte von Konsumenten. Die Vergleichbarkeit mit Amfetamin und Metamfetamin ist aber belegt, so dass von einer Maßzahl von 200 ausgegangen werden kann. Da die sicher wirksame Konsummenge 90 mg Pentedronhydrochlo- 106 rid beträgt, ergibt sich ein Grenzwert von 18 g Hydrochlorid und 15 g Pentedronbase.

107 (8) **Cocain, Crack, free-base.** Die nicht geringe Menge für Cocain (→ § 1 Rn. 536–551 beträgt **5,0 g Cocainhydrochlorid** (BGHSt 33, 133 = NJW 1985, 2773 = NStZ 1985, 366 = StV 1985, 189; BGH StV 2003, 280; BeckRS 2020, 8332). Die Entscheidung weicht insofern von der zweigliedrigen Methode ab, als der BGH sich nicht in der Lage sah, zuverlässige Feststellungen zur Einstiegsdosis, zum Tagesbedarf eines abhängigen Cocainisten, zur Entwicklung der Abhängigkeit sowie zur besonders gefährlichen Einzeldosis zu treffen.

108 Er ging daher davon aus, dass jedenfalls in Fällen, in denen der Täter mehr als 3,0 g Cocainhydrochlorid besitzt, die **Gefahr einer Weitergabe** so erheblich ist, dass diese Menge als Ausgangspunkt für die Bestimmung der nicht geringen Menge in Betracht kommt. Eine erhebliche Gefahr für die Gesundheit einer Vielzahl von Personen werde darüber hinaus bereits durch die Weitergabe von 2,0 g Cocainhydrochlorid begründet, da daraus, vor allem bei intravenöser Injektion, mehr als 60 Einzeldosen hergestellt werden können. Aus diesen Gründen seien 5,0 g Cocainhydrochlorid als nicht geringe Menge zu bewerten.

109 Die Entscheidung bezieht sich auf ein **Salz** (→ § 1 Rn. 142) des Cocains. Der Anteil des Wirkstoffs (Cocainbase) an dem Salz beträgt 89,3 %, so dass eine sichergestellte Menge Cocainbase mit dem Faktor 1,11 in die entsprechende Menge Cocainhydrochlorid umzurechnen ist (*Patzak* in Körner/Patzak/Volkmer Rn. 84), so dass sich **4,5 g Cocain-Base** ergeben (BGHSt 53, 89 (→ Rn. 65)).

110 Dieselben Werte (→ Rn. 107, 109) gelten auch für **Crack** (→ § 1 Rn. 559–565; BGHSt 53, 89 (→ Rn. 65); OLG Frankfurt a. M. *Kotz/Rahlf* NStZ-RR 2009, 193 (194)). Eine Umrechnung hat daher auch dort stattzufinden (OLG Frankfurt a. M. NStZ-RR 2003, 23; s. auch *Cassardt* NStZ 1995, 257 (258)). Dasselbe gilt für **Free-base** (→ § 1 Rn. 552–558).

111 (9) **Crystal-Speed.** Der Wirkstoff von Crystal-Speed ist Metamfetamin. Auf → Rn. 139 wird daher Bezug genommen.

112 (10) **Ecstasy (MDE/MDEA, MDA, MDMA).** Die häufigsten Wirkstoffe bei Ecstasy (→ § 1 Rn. 346–349, 355–367) waren (neben Amfetamin) die Amfetaminderivate **MDE** (auch als MDEA bezeichnet), **MDA** und **MDMA,** neuerdings nur noch MDMA (Anh. H). Für MDE, MDA und MDMA (und andere Amfetaminderivate) hat sich ein einheitlicher Grenzwert entwickelt. Dieser lag bei 30 g Wirkstoff, berechnet als Base, und 35 g Wirkstoff, berechnet als Hydrochlorid.

113 Anlässlich der Festlegung der nicht geringen Menge für Metamfetamin (→ Rn. 139) hob der 2. Strafsenat (BGHSt 53, 89 (→ Rn. 65)) hervor, dass alle Amfetaminderivate nach jüngeren neurobiologischen Forschungen eine mehr oder weniger starke die Nervenzellen zerstörende (neurotoxische) Wirkung haben, so dass es gerechtfertigt erscheine, die nicht geringe Menge bei den Amfetaminderivaten MDA, MDMA und MDMA in Übereinstimmung mit der für Amfetamin geltenden Grenze auf 10 g Base herabzusetzen. Dies kann mittlerweile als obsolet angesehen werden (→ Rn. 81). Es gilt daher weiterhin der Grenzwert von **30 g Base.**

114 (a) **MDE/MDEA.** Der Grenzwert beträgt **30 g MDE-Base,** dies entspricht 35 g MDE-Hydrochlorid (→ Rn. 115, 116). Das obiter dictum des 2. Strafsenats (BGHSt 53, 89 (→ Rn. 113)), wonach ein Grenzwert 10 g MDE-Base angezeigt sei, kann als obsolet angesehen werden (→ Rn. 81).

115 MDE hat die geringste Wirkungsintensität innerhalb der Gruppe (BGHSt 42, 255 (→ Rn. 67); BGHR BtMG § 29a Abs. 1 Nr. 2 Menge 8 = NJW 2001, 1805 = NStZ 2001, 381 = StV 2001, 407). Mangels sicherer Erkenntnisse zur letalen

Straftaten **§ 29a BtMG**

oder äußerst gefährlichen Dosis war Ausgangspunkt die durchschnittliche Konsumeinheit. Sie beträgt bei der nahezu ausschließlich vorkommenden oralen Konsumform 120 mg MDE-Base oder 140 mg MDE-Hydrochlorid (die Tabletten enthalten üblicherweise weniger (Anh. H)).

Bei der Festlegung der **Maßzahl,** in der sich die Beurteilung der Drogengefährlichkeit (→ Rn. 73, 74)) ausdrückt, beschränkt sich der BGH nicht auf die pharmakologische Wirkung des Betäubungsmittels, sondern bezieht auch die Umstände ein, unter denen der Konsum typischerweise erfolgt. Danach steht MDE dem Amfetamin vor allem wegen dessen stärkerer Rauschwirkung, hoher Toleranzentwicklung und höheren Abhängigkeitspotentials zwar nicht gleich. Diese Unterschiede werden durch die **gesteigerten Gefahren,** die sich aus den **szenetypischen Begleitumständen** des Konsums (Techno-Szene) und dem gezielten Absatz bei jungen Menschen ergeben, jedoch weitgehend eingeebnet. Unter Berücksichtigung der annähernden Gefährlichkeit von MDE ergibt sich danach eine Zahl von 250 Konsumeinheiten (ebenso *Cassardt* NStZ 1995, 257 (260); 1997, 135; *Schreiber* NJW 1997, 777 (778)). 116

(b) MDMA. Der Grenzwert beträgt **30 g MDMA-Base,** dies entspricht 35 g MDMA-Hydrochlorid (→ Rn. 118, 119). Das obiter dictum des 2. Strafsenats (BGHSt 53, 89 (→ Rn. 113)), wonach ein Grenzwert 10 g MDMA-Base naheliege, kann mittlerweile als obsolet angesehen werden (→ Rn. 81). 117

Bereits in der grundlegenden Entscheidung für MDE (BGHSt 42, 255 (→ Rn. 67)) hat der BGH darauf hingewiesen, dass im Hinblick auf die gleichartige Wirkungsweise und zur Erleichterung der praktischen Anwendung einiges dafür spreche, den **Grenzwert** der nicht geringen Menge trotz der Unterschiede in der Wirkungsintensität und in der Dosierung für die drei Amfetaminderivate MDA, MDMA und MDE in der Weise **einheitlich** festzulegen, dass der Grenzwert für MDE als maßgeblich angesehen wird, zumal die drei Stoffe auch als Kombination vertrieben wurden (dagegen *Cassardt* NStZ 1997, 135; s. aber heute Anh. H). Da MDE die geringste Wirkungsintensität habe, sei auch eine Benachteiligung des Täters nicht gegeben. 118

Diesen Weg setzte der BGH fort und setzte für **MDMA** einen Grenzwert von 30 g MDMA-Base, dies entspricht 35 g MDMA-Hydrochlorid, fest (BGHR BtMG § 29a Abs. 1 Nr. 2 Menge 8 (→ Rn. 115); 11 (→ Rn. 80)). Der differenziertere Grenzwert von 25 g MDMA-Hydrochlorid (berechnet aus der Konsumeinheit von 100 mg MDMA-Hydrochlorid und einer Maßzahl von 250), der der Gefährlichkeit des Betäubungsmittels besser gerecht werden würde (*Cassardt* NStZ 1997, 135), hatte sich damit nicht durchgesetzt. 119

(c) MDA. Die nicht geringe Menge bei MDA beginnt bei **30 g MDA-Base** (BGH BeckRS 2004, 8122 = StraFo 2004, 398), was 35 g MDA-Hydrochlorid entspricht (BGHR BtMG § 29a Abs. 1 Nr. 2 Menge 9 (→ Rn. 80)). Für diese Festlegung gelten dieselben Gründe wie bei MDMA (→ Rn. 118). Auch hier hat sich der differenzierte Grenzwert von 30 g MDA-Hydrochlorid, berechnet aus einer Konsumeinheit von 120 mg MDA-Hydrochlorid und einer Maßzahl von 250 (*Cassardt* NStZ 1995, 257 (260f.)), nicht durchgesetzt, ebenso nicht die Festsetzung auf 10 g MDA-Base, die einem obiter dictum des 2. Strafsenats angesprochen wurde (→ Rn. 81, 113). 120

(d) Andere Amfetaminderivate. dazu → Rn. 80, 81. 121

(e) Grenzwert nach der Zahl der Tabletten. Derzeit nicht möglich ist eine erleichternde Festlegung des Grenzwertes von Ecstasy nach der Menge der Tabletten, Pillen oder Kapseln ähnlich wie bei LSD. Die unterschiedlichen Wirkstoffkombinationen und -konzentrationen der als Ecstasy vertriebenen Mittel lassen die ausreichend sichere Feststellung einer Mindestkonzentration pro Stück, die in der 122

Praxis erfahrungsgemäß nicht unterschritten wird, nicht zu (BGHSt 42, 255 (→ Rn. 67); BGH StV 1997, 406; StraFo 2010, 472; s. Anh. H).

123 **(11) Fentanyl.** Der Grenzwert für die nicht geringe Menge beträgt **75 mg** (0,075 g) Wirkstoff (OLG Nürnberg MedR 2013, 722 = BeckRS 2013, 08350). Da Fentanyl in der Drogenszene als Heroinersatz benutzt wird, hat das Gericht nicht auf Drogenunerfahrene abgestellt, so dass die tödliche Dosis für diese (500 µg) nicht maßgeblich sein konnte. Stattdessen hat das Gericht den Grenzwert über einen Vergleich der Gefährlichkeit mit ähnlich wirkenden Stoffen, hier Heroin, ermittelt. Dabei ist es davon ausgegangen, dass Fentanyl 20-fach stärker wirkt als Heroin (→ § 1 Rn. 580–584). Die nicht geringe Menge des **Fentanyl-Derivats Carfentanil** wurde im Vergleich zu Morphin auf 50 mg festgelegt (AG Freiburg BeckRS 2011, 22063).

124 **(12) 4-Fluoramfetamin (4-FA; 4-FMP).** Der Grenzwert für die nicht geringe Menge beträgt **15 g Fluoramfetaminbase;** dies errechnet sich aus 200 Konsumeinheiten à 70 mg = 14 g 4-Fluoramfetaminhydrochlorid = 11,3 g 4-Fluoramfetaminbase + Sicherheitszuschlag (LG Kleve BeckRS 2014, 09874). Das Urteil enthält auch eine umfassende Darstellung von Struktur und Wirkungsweise dieser Droge.

125 **(13) GHB (Hydroxybuttersäure).** Die nicht geringe Menge von GHB (→ § 1 Rn. 582–588) beträgt **200 g Natrium-γ-Hydroxy-Buterat** (LG Berlin BeckRS 2012, 04205, bestätigt durch KG NStZ-RR 2012, 123; unbeanstandet von BGH NStZ-RR 2020, 284; s. auch *Schmidt* NJW 2012, 3072 (3074); LG Würzburg 5 KLs 232 Js 1185/03, bei *Patzak* in Körner/Patzak/Volkmer Rn. 81). Ausgangspunkt ist die durchschnittliche Konsumeinheit mit 1 g Natrium-γ-Hydroxy-Buterat = 0,82 g Natrium-γ-Hydroxy-Buttersäure; die Maßzahl beträgt 200 (*Patzak* in Körner/Patzak/Volkmer Rn. 81).

126 **(14) Heroin.** Der Grenzwert der nicht geringen Menge für Heroin (→ § 1 Rn. 368–397) beträgt **1,5 g Heroinhydrochlorid** (BGHSt 32, 162 (→ Rn. 61); BGH StV 2003, 280; *Franke/Wienroeder* Rn. 27). Bereits in dieser Entscheidung, die sich erstmals mit der präzisen Festlegung des Grenzwertes für die nicht geringe Menge eines Betäubungsmittels befasst, findet sich ein zweigliedriges Verfahren. Allerdings wird die maßgebliche Einzeldosis nicht nach der durchschnittlichen Konsumeinheit, sondern im Hinblick auf die besondere Gefährlichkeit und Suchtwirkung nach der äußerst gefährlichen Dosis bestimmt. Diese wird mit 50 mg ermittelt, die bei Nichtabhängigen sogar letal wirken kann. Da Heroin bereits nach wenigen Injektionen zu starker Abhängigkeit und psychophysischem Verfall führen kann, sind jedenfalls 30 dieser äußerst gefährlichen Dosen als nicht geringe Menge anzusehen.

127 In einer späteren Entscheidung (BGHSt 33, 8 (→ Rn. 62)), bei der es allerdings um Cannabis ging, errechnete der BGH aus der Vorgabe von 1,5 g Heroinhydrochlorid und der Erfahrung, dass sich in einem Briefchen für einen Schuss in aller Regel ein Heroingemisch mit 10 mg Heroinhydrochlorid befindet, als **Maßzahl** für die nicht geringe Menge Heroin 150 durchschnittliche Konsumeinheiten (ebenso BGHR BtMG § 30 Abs. 1 Nr. 4 Nicht geringe Menge 3 = StV 1987, 436).

128 Der Grenzwert ist für ein **Salz** (→ § 1 Rn. 142) des Heroins berechnet (Heroinhydrochlorid). Der reine Wirkstoff (Heroinbase) ist im Salz zu 85% enthalten. Liegt daher ein Stoff als **Heroinbase** vor, so ist er mit dem Faktor 1,1 zu multiplizieren und dann zu prüfen, ob er 1,5 g übersteigt (BGH BeckRS 2011, 21574 Rn. 14; *Patzak* in Körner/Patzak/Volkmer Rn. 82). Während früher Heroinhydrochlorid (→ § 1 Rn. 374) die Drogenszene dominierte, herrscht heute Heroinbase (→ § 1 Rn. 373) vor (*Patzak* in Körner/Patzak/Volkmer Rn. 83: zu vier Fünfteln).

(15) ICE. Hinter dem Szenenamen ICE können sich sowohl Metamfetamin 129 (→ Rn. 139) als auch Methylaminorex (→ Rn. 146) verbergen (→ § 1 Rn. 483). Im Hinblick auf das Vordringen von Metamfetamin (Crystal-Speed) in den letzten Jahren dürfte heute in Deutschland unter ICE in aller Regel Metamfetamin zu verstehen sein.

(16) Khat. Der Grenzwert für die nicht geringe Menge Khat (→ § 1 130 Rn. 321–327) liegt bei **30 g Cathinon** (BGHSt 49, 306 (→ Rn. 73); AG Lörrach StV 2000, 625 mzustAnm *Endriß/Logemann*). Dies entspricht einer Khatmenge (frische Blätter und Zweigspitzen) von 15 kg bis 30 kg, berechnet als Trockenmasse, und 60 kg bis 120 kg, bezogen auf das Nassgewicht (AG Lörrach StV 2000, 625; iErg zutr. AG Aachen StV 2001, 410). Auch hier hat der BGH die nicht geringe Menge nicht nach der zweigliedrigen Methode, sondern nach einem nicht überzeugenden Mischsystem bestimmt (dazu *Weber* NStZ 2005, 452 (453)). Zu den Cathinonderivaten → Rn. 105, 106.

(17) Levomethadon, Methadon. Der Grenzwert für die nicht geringe Menge 131 Levomethadon (→ § 1 Rn. 597–606) kann ab (ca.) **3 g Methadonhydrochlorid** angenommen werden (OLG Karlsruhe NJW 1994, 3022 = NStZ 1994, 589 mAnm *Endriß/Logemann* NStZ 1995, 195). Die Entscheidung verweist auf die Notwendigkeit, einen Sachverständigen hinzuzuziehen und geht davon aus, dass (Levo-)Methadon deutlich schwächer als Heroin wirkt (etwa halbe Wirksamkeit) und in der pharmakologischen Wirkung zwischen Heroin und Morphin liegt. Aufgrund der für diese beiden Betäubungsmittel entwickelten Bewertungsmaßstäbe ergibt sich dann ein Grenzwert von 3 g (Levo-)Methadonhydrochlorid (LG Freiburg NStZ-RR 2005, 323 = StV 2005, 273).

Auch (Levo-)Methadon ist ein Substitutionsmittel, das üblicherweise nicht von 132 Drogenunerfahrenen konsumiert wird. Die Methode zur Bestimmung des Grenzwerts entspricht im Wesentlichen derjenigen, die der BGH (BGHSt 51, 318 (→ Rn. 71)) bei Buprenorphin angewandt hat (→ Rn. 87).

In dem razemischen Gemisch von **Methadon** (→ § 1 Rn. 607–610) sind beide 133 Isomere (Levomethadon und Dextromethadon) zu gleichen Teilen enthalten (→ § 2 Rn. 16). Mit Rücksicht auf die deutlich geringere Wirksamkeit des Razemats ist der Grenzwert für dieses auf **6 g** zu verdoppeln (LG Freiburg NStZ-RR 2005, 323 = StV 2005, 273; *Endriß/Logemann* NStZ 1995, 195).

(18) LSD. Der Grenzwert für die nicht geringe Menge LSD (→ § 1 134 Rn. 403–411) beträgt **6 mg**; bei mindestens **300 LSD-Trips** ist dieses Merkmal ohne weiteres gegeben (→ Rn. 136; BGHSt 35, 43 (→ Rn. 78)). Die durchschnittliche Konsumeinheit wird in der Entscheidung mit 50 μg ermittelt. Eine solche Wirkstoffmenge stellt eine in der Regel sicher wirksame Einzeldosis dar, die ausreicht, um die charakteristischen LSD-Wirkungen auszulösen (krit. *Winkler* NStZ 1988, 28 (29); s. auch *Johann/Johnigk* StV 1987, 346 (347)).

Angesichts der Wirkungsweise von LSD und der schwerwiegenden Folgen, die 135 ein LSD-Rausch zumindest mittelbar nach sich ziehen kann, ist eine Summe von 120 Konsumeinheiten als eine nicht geringe Menge anzusehen, so dass die **Maßzahl** 120 beträgt.

Geringer als mit 20 μg dosierte Verpackungseinheiten LSD kommen auf dem il- 136 legalen Markt praktisch nicht vor. Vor allem für die Fälle, in denen eine chemische Untersuchung des Betäubungsmittels nicht möglich oder mit einem unverhältnismäßig großen Aufwand verbunden ist, kann daher davon ausgegangen werden, dass der Grenzwert der nicht geringen Menge bei **300 LSD-Trips** ohne weiteres erreicht ist (BGHSt 35, 43 (→ Rn. 78)).

(19) m–CPP. In Anlehnung an die (frühere) Rechtsprechung zu den Amfeta- 137 minderivaten (hier MDMA; → Rn. 117–119) hat das LG Dresden im Urteil v.

29.4.2008 (BeckRS 2008, 12528; zust. LG Freiburg StV 2010, 236) einen Grenzwert von **30 g** (Konsumeinheit 120 mg; Maßzahl 250) festgesetzt (*Patzak* in Körner/Patzak/Volkmer § 29a Rn. 86; Stoffe I Rn. 395, 396).

138 **(20) MDPV (Methylendioxypyrovaleron).** Der Grenzwert beträgt 10,0 g (OLG Nürnberg BeckRS 2016, 09469). Das Wirkungsprofil, die Gefährlichkeit und die Potenz von MDPV entsprechen etwa der von Metamfetamin. Es tritt allerdings nur als Racemat auf und eignet sich auch nicht zum Rauchen, sondern wird nasal oder in Kapseln konsumiert.

139 **(21) Metamfetamin.** In der Anlage II ist Metamfetamin mit drei Positionen vertreten → § 1 Rn. 478–494). Der Umgang mit Metamfetamin ist daher unabhängig davon strafbar, um welchen der drei Stoffe es sich handelt. Diese Gleichbehandlung gilt allerdings nicht für die nicht geringe Menge:

140 **(a) Metamfetamin, rechtsdrehend** (chemische Formel: (2S)-N-Methyl-1-phenylpropan-2-amin) ist das rechtsdrehende Enantiomer (→ § 2 Rn. 14) des Metamfetamins (→ § 1 Rn. 478). Der Grenzwert für die nicht geringe Menge beträgt nach dem Urteil des BGH v. 3.12.2008 (BGHSt 53, 89 (→ Rn. 65)) **5 g Metamfetaminbase** (= 6,2 g Metamfetaminhydrochlorid). Der 2. Strafsenat hatte mit dieser Grenzwertabsenkung die Kritik aufgegriffen, die an einer früheren schematischen Grenzwertfestsetzung für alle Amfetaminderivate auf 30 g Metamfetaminbase (BGHR BtMG § 29a Abs. 1 Nr. 2 Menge 9 (→ Rn. 80); 11 (→ Rn. 80); BGH NStZ-RR 2001, 379), geäußert worden war (*Weber* NStZ 2005, 452; *Winkler* NStZ 2005, 493). Grundlage der neueren Entscheidung waren die für nicht Metamfetamingewöhnte sehr hohe Einzeldosis von 25 mg Metamfetamin-Base und eine Maßzahl von 200 Konsumeinheiten, die auch für Amfetamin gilt.

141 Ob dieser Grenzwert im Hinblick auf das Urteil des 3. Strafsenats v. 17.11.2011 (→ Rn. 143) aufrechterhalten bleiben kann, ist zweifelhaft. Die Entscheidung des 3. Strafsenats bezog sich zwar auf Metamfetaminracemat, der Senat lässt aber keinen Zweifel daran, dass das rechtsdrehende Isomer nicht anders zu behandeln ist. Dies ergäbe einen Grenzwert von **10 g Metamfetaminbase.** Allerdings ist der 1. Strafsenat im Urteil v. 8.10.2014 (BeckRS 2014, 21422) bei einer Wirkstoffmenge von 7,03 g Metamfetaminbase ohne weiteres von einer nicht geringen Menge (bei der Einfuhr) ausgegangen.

142 **(b) Levmetamfetamin/Levometamfetamin, linksdrehend** (chemische Formel: (R)-(Methyl)(1-phenylpropan-2-yl)azan) ist das linksdrehende Enantiomer (→ § 2 Rn. 13) des Metamfetamins. Es ist praktisch nicht wirksam (BGHSt 57, 60 (→ Rn. 65)), so dass auch eine Grenzwertbestimmung nicht in Betracht kommt. Es ist auf dem deutschen Drogenmarkt äußerst selten (→ § 1 Rn. 479).

143 **(c) *(RS)*Metamfetamin/Metamfetaminracemat** (chemische Formel: *((RS)*-(Methyl)(1-phenylpropan-2-yl)azan) ist das Racemat aus der rechts- und der linksdrehenden Form. Der Grenzwert für die nicht geringe Menge beträgt **10 g** der *(RS)* Metamfetaminbase (BGHSt 57, 60 (→ Rn. 65)). Basis dieser Grenzwertbestimmung sind die in → § 1 Rn. 492, 493 getroffenen Feststellungen. Auf ihrer Grundlage kommt der 3. Strafsenat zum Ergebnis, dass eine niedrigere Festsetzung als bei Amfetamin nicht gerechtfertigt sei. Das Racemat ist auf dem deutschen Drogenmarkt äußerst selten (→ § 1 Rn. 479).

144 **(22) Methaqualon.** Für dieses Betäubungsmittel der Anlage III haben verschiedene Kammern des LG Frankfurt a. M. den Grenzwert der nicht geringen Menge zwischen 500 g und 1.000 g Wirkstoff (StV 1988, 110) oder bei 60 g Wirkstoff (StV 1988, 344) angenommen, wobei die letztgenannte Entscheidung auf den Monatsbedarf an **Mandrax-Tabletten** abstellte. Da 2,4 g zum Koma führen (LG Frankfurt a. M. StV 1988, 110), kann die durchschnittliche Konsumeinheit bei höchstens 2,0 g liegen (*Cassardt* NStZ 1995, 257 (261); nach *Geschwinde* Rauschdrogen, 4. Auflage,

Rn. 1783 beträgt die durchschnittliche Rauschdosis 500 mg bis 750 mg). In der Gefährlichkeit ist Methaqualon wie MDMA oder MDE einzuordnen, so dass sich eine Maßzahl von 250 und eine nicht geringe Menge von höchstens 500 g (*Cassardt* NStZ 1995, 257 (261)) oder sogar nur 190 g (*Geschwinde* Rauschdrogen, 4. Auflage, Rn. 1783) ergeben. Näheres zu Methaqualon s. *Patzak* in Körner/Patzak/Volkmer Stoffe Teil I Rn. 388–390; Geschwinde Rn. 2538–2575.

(23) Methiopropamin (MPA). Die nicht geringe Menge beginnt bei **10 g** 145 **MPA-Base** (LG Ravensburg NStZ-RR 2015, 312, bestätigt durch B des BGH v. 4.8.2015). Der Grenzwert ergibt sich auf Grund eines Vergleichs mit Amfetamin, dem der Stoff hinsichtlich Konsumformen, Wirkung und Konsumdauer bis zum Eintritt von schädlichen Auswirkungen und psychischer Abhängigkeit ähnlich ist.

(24) Methylaminorex. Zur Bezeichnung dieses Betäubungsmittels der Anlage I 146 als ICE → Rn. 129. Der Grenzwert liegt bei **10 g Methylaminorex-Base** (LG Braunschweig NStZ 1993, 444; zust. *Cassardt* NStZ 1995, 257 (261)). Nach dieser Entscheidung beträgt die durchschnittliche Konsumeinheit wie bei Amfetamin 50 mg (nach Geschwinde (→ Rn. 2637) bei Erstkonsumenten nur 3 mg bis 50 mg). Auch in der Gefährlichkeit ist Methylaminorex einer reinen Amfetamin-Zubereitung gleichzustellen (ebenso *Geschwinde* Rauschdrogen, 4. Auflage, Rn. 1783), so dass sich eine Maßzahl von 200 ergibt (*Patzak* in Körner/Patzak/Volkmer Rn. 95; s. auch *Geschwinde* Rauschdrogen Rn. 2637).

(25) Morphin. Der Grenzwert für die nicht geringe Menge Morphin (→ § 1 147 Rn. 611–618) beträgt **4,5 g Morphinhydrochlorid** (BGHSt 35, 179 (→ Rn. 69)). Ähnlich wie bei Heroin lässt sich bei Morphin eine äußerst gefährliche Dosis feststellen. Sie beträgt 100 mg (0,1 g) Morphinhydrochlorid.

Bei der Beurteilung der Gefährlichkeit ist zu berücksichtigen, dass Morphin 148 schwächer wirkt als Heroin. Dies wirkt sich dahin aus, dass 45 äußerst gefährliche Dosen erforderlich sind, um eine nicht geringe Menge Morphin zu erreichen. Die **Maßzahl** beträgt danach 45 (*Cassardt* NStZ 1995, 257 errechnet eine Zahl von 150 durchschnittlichen Konsumeinheiten). Auch in diesem Fall hat der BGH den Grenzwert für ein **Salz** (→ § 1 Rn. 142) errechnet. Gegebenenfalls ist daher eine Umrechnung erforderlich. Zu **Morphinhydrochlorid in Schlafmohnkapseln** → Rn. 156.

(26) Nitrazepam. Bei Nitrazepam beginnt die nicht geringe Menge bei **2,4 g** 149 des Wirkstoffs (beiläufig OLG Stuttgart NStZ 2013, 50). Nitrazepam ist in der Dosierung und der Wirkungsweise den Benzodiazepinen vergleichbar.

(27) Piperazine, Piperazinderivate. Von den mittlerweile auf dem Markt befindlichen Piperazinen, die dem BtMG unterstellt sind (→ § 1 Rn. 504, 505), hat 150 die Rechtsprechung bisher für zwei Substanzen die Grenzwerte für die nicht geringe Menge festgelegt:

(a) BZP. Der Grenzwert für BZP (Benzylpiperazin) beträgt **37,5 g der Base** 151 (BGH BeckRS 2018, 1926). Eine äußerst gefährliche oder gar tödliche Dosis der Droge lässt sich nicht ermitteln. Der Grenzwert beruht daher auf einem Vielfachen der durchschnittlichen Konsumeinheit eines nicht an den Konsum der Droge gewöhnten Konsumenten. Dabei ist es zulässig, diese auf Grund der Erfahrungsberichte von Konsumenten zu ermitteln.

(b) TFMPP. Der Grenzwert für TFMPP (Trifluormethylphenylpiperazin (im 152 Beschluss versehentlich TFMMP genannt) beträgt **37,5 g der Base** (BGH BeckRS 2018, 1926). Für die Ermittlung gilt dasselbe wie für BZP (→ Rn. 151).

(27) Psilocybin, Psilocin. Für Psilocin (→ § 1 Rn. 438–449) erscheint im 153 Hinblick auf seine Gefährlichkeit eine Maßzahl von 120 plausibel (→ Rn. 135; BayObLGSt 2002, 33 = StV 2003, 81). Die Konsumeinheit beträgt bei **Psilocin**

10 mg, so dass sich hier eine nicht geringe Menge **von 1,2 g** ergibt. Bei Psilocybin beträgt die Konsumeinheit 14 mg, so dass die nicht geringe Menge **1,7 g** beträgt (→ § 1 Rn. 437; BayObLGSt 2002, 33 = StV 2003, 81; s. auch BGH StV 2005, 273; *Patzak* in Körner/Patzak/Volkmer Rn. 103). Zu den Gewichtsmengen → § 1 Rn. 448.

154 **(28) Rohopium.** Der Grenzwert der nicht geringen Menge von Rohopium (→ § 1 Rn. 619–626) wurde vom LG Köln (NStZ 1993, 549 = StV 1993, 529), bestätigt durch das OLG Köln (StV 1995, 306) mit **6 g Morphinhydrochlorid** bestimmt (wohl zust. BGH BeckRS 2011, 27883). Ausgangspunkt war eine durchschnittliche Konsumeinheit von 25 mg Morphinhydrochlorid. Die Maßzahl setzte das LG Köln auf 250 fest. Von den sich ergebenden 6,25 g seien wegen der Einstufung des Opiums zwischen Cannabisprodukten und Morphinzubereitungen 0,25 g abzuziehen, so dass sich 6 g ergeben. Krit. BGH NStZ-RR 2021, 17: Maßgeblich ist die je nach Verarbeitungsform unterschiedliche Gefährlichkeit.

155 Im Hinblick auf das **Suchtpotential der Opiate** erscheint die Maßzahl von 250 Konsumeinheiten, die der von MDE entspricht, zu hoch und eine Festlegung auf 200 sachgerecht, so dass sich ein Grenzwert von 5 g Morphinhydrochlorid ergibt (*Cassardt* NStZ 1995, 257 (258)).

156 **(29) Schlafmohnkapseln.** Der Grenzwert der nicht geringen Menge des **Morphinhydrochlorids in Schlafmohnkapseln** (Anlage III Position Papaver somniferum) beträgt **70 g** (BGH NStZ-RR 2017, 45). Der Festlegung der nicht geringen Menge ist das Hauptalkaloid Morphin als dem quantitativ und in der Gefährlichkeit dominierenden Wirkstoff zugrunde zu legen. Codein bleibt außer Betracht, da es nicht wirkungsbestimmend ist.

157 Getrocknete **Schlafmohnkapseln** enthalten (neben weiteren Alkaloiden) durchschnittlich **1 bis 1,5% Morphin.** Sie können praktisch nur oral aufgenommen werden. Dabei ist die Bioverfügbarkeit des Wirkstoffs stark reduziert. Bei oraler Aufnahme gemahlener Kapseln mit Hilfe von Flüssigkeit erreichen nur etwa 20% des Wirkstoffs nach Passage von Darm und Leber den Wirkort.

158 Eine als äußerst gefährlich zu bezeichnende Dosis lässt sich nicht feststellen, weil die Bioverfügbarkeit von verschiedenen Faktoren, darunter der Konstitution des Konsumenten, abhängt. Auch eine durchschnittliche Konsumeinheit lässt sich im Hinblick auf die unterschiedlichen Wirkstoffgehalte, Konsumgewohnheiten und Konsummengen nicht bestimmen. Es muss daher der Vergleich mit verwandten Wirkstoffen entscheiden.

159 Als solcher kommt Morphin in Betracht. Die nicht geringe Menge für intravenös injiziertes Morphin beträgt 4,5 g Morphinhydrochlorid (→ Rn. 147). Um die geringere Gefährlichkeit bei oraler Applikation auszugleichen, erscheint es angemessen, diesen Wert mit dem Faktor 2 zu multiplizieren; um die geringe Bioverfügbarkeit bei Schlafmohnkapseln zu erfassen, erscheint eine Multiplikation mit dem Faktor 10 angebracht. Der stark schwankende Wirkstoffgehalt der Schlafmohnkapseln ist mit einem Abschlag zu berücksichtigen.

160 **(30) Zolpidem.** Der Grenzwert für die nicht geringe Menge **Zolpidem** (→ § 1 Rn. 636, 637) beträgt **4.800 mg.** Ausgangspunkt ist der Tagesbedarf von 80 mg, der sich als Äquivalenzdosierung zu dem Tagesbedarf für Diazepam ergibt. Auch die Einnahme von Zolpidem darf acht Wochen nicht überschreiten, so dass sich eine Maßzahl von 60 ergibt (→ Rn. 85; BGHSt 56, 52 (→ Rn. 72); BGH BeckRS 2011, 1481).

161 **b) Empfehlungen der Toxikologen.** Grenzwerte für die nicht geringe Menge weiterer Betäubungsmittel sind in den Empfehlungen der Toxikologen der kriminaltechnischen Institute von Bund und Ländern (→ Rn. 76) enthalten. Die Toxiko-

logen haben die folgenden Werte vorgeschlagen (Zusammenstellung der einzelnen Missbrauchsdosen bei *Winkler* in Hügel/Junge/Lander/Winkler Rn. 4.3.6):

(1) Codein (→ § 1 Rn. 566–572): Konsumeinheit 300 mg oral (Geschwinde 162 (→ Rn. 2843): 300 mg bis 400 mg als mittlere, durch Toleranzbildung erreichte Dosis), äußerst gefährliche Dosis 500 mg oral; Grenzwert **15 g,** berechnet als Codeinphosphat (*Megges et al* NStZ 1985, 163 (164); *Patzak* in Körner/Patzak/Volkmer Rn. 74).

(2) DOB (→ § 1 Rn. 351): Konsumeinheit 2,5 mg peroral (Geschwinde 163 (→ Rn. 998): 0,5 mg bis 2 mg; tödliche Dosis 30 mg bis 35 mg); Maßzahl 120; Grenzwert **300 mg** Base, *Razemat* (NStZ 1991, 470; *Patzak* in Körner/Patzak/Volkmer Rn. 76; Stoffe Teil I Rn. 360, 361; *Joachimski/Haumer* BtMG Rn. 24). Geht man von einem einheitlichen Grenzwert für alle Amfetaminderivate aus (→ Rn. 80), dürfte der Wert überholt sein (*Patzak* in Körner/Patzak/Volkmer Rn. 76).

(3) DOM (Dimethoxymethylamfetamin; weiterer Name STP; Betäubungsmit- 164 tel der Anlage I; *Patzak* in Körner/Patzak/Volkmer Stoffe Teil I Rn. 363): Konsumeinheit 5 mg peroral; Maßzahl 120; Grenzwert **600 mg** Base, *Razemat* (NStZ 1991, 470; *Patzak* in Körner/Patzak/Volkmer Rn. 77; *Joachimski/Haumer* BtMG Rn. 24; s. auch *Geschwinde* Rauschdrogen Rn. 972).

(4) Fenetyllin (Betäubungsmittel der Anlage III; Captagon); Geschwinde[4] 165 Rn. 1606, 1607: Konsumeinheit 200 mg peroral; Maßzahl 200; Grenzwert **40 g** Base, Razemat (*Fritschi et al* NStZ 1991, 470; *Patzak* in Körner/Patzak/Volkmer Rn. 78; Stoffe I Rn. 367; *Joachimski/Haumer* BtMG Rn. 24).

5. Nicht geringe Menge beim Anbauen oder Herstellen. Inzwischen ge- 166 klärt ist die Frage, wie die **nicht geringe Menge** im Falle des **Anbauens** von zum **Handeltreiben** bestimmtem Marihuana bei noch nicht erntereifen Pflanzen zu beurteilen ist. Auch wenn die Pflanzen vorher sichergestellt werden oder die Ernte sonst misslungen ist, ist auf den Wirkstoffgehalt abzustellen, der **zur Zeit der Erntereife** erreicht worden wäre, denn zu dieser Zeit wäre der Umsatz erfolgt und auf diesen hatten sich die Tätigkeiten des Anbauenden bezogen (BGHSt 58, 99 = NJW 2013, 1318; 2013, 2865 mAnm *Schmidt* = NStZ 2013, 546 = StV 2013, 702; BGH NStZ-RR 2014, 48; 2017, 251; BeckRS 2016, 111126 = StV 2017, 294; in diese Richtung schon BGH BeckRS 2008, 25608 = StraFo 2009, 81). Fehlen Referenzwerte aus einem früheren Anbau, so muss die zu erwartende Menge gegebenenfalls unter Zuziehung eines Sachverständigen **geschätzt** werden (BGH BeckRS 2016, 111126). Zu den Darlegungspflichten im Urteil bei Feststellungen zur Ertragserwartung BGH BeckRS 2020, 20928; 2020, 14347.

Etwas anderes gilt für das Anbauen, Abgeben oder Besitzen von Cannabis, das 167 **nicht für den gewinnbringenden Umsatz** bestimmt ist. Hier kommt es auf den Wirkstoffgehalt an, den die Pflanzen bei Beendigung dieser Handlungen oder bei einer etwaigen Sicherstellung haben (BGH BeckRS 2011, 4357 zum Besitz).

Dieselben Grundsätze wie für das Anbauen gelten für das **Herstellen**, etwa von 168 Metamfetamin (BGH NStZ 2014, 716 = StV 2015, 631). Auch hier ist beim Handeltreiben die Menge maßgeblich, die letztlich erzielt und veräußert werden soll. Beim Herstellen zum Eigenverbrauch kommt es dagegen auf die tatsächlich erzeugte Menge an.

Dass die angestrebte Wirkstoffmenge **nicht** in den Verkehr gelangt ist, ist ein 169 bestimmender **Strafmilderungsgrund** (*Winkler* jurisPR-Strafrecht 15/2013 Anm. 3; *Schmidt* NJW 2014, 2995 (2998)).

6. Mehrere Betäubungsmittel, Wirkstoffkombinationen, Besitz. Zum 170 Besitz einer nicht geringen Menge zunächst → Rn. 52. Werden bei dem Täter getrennt oder als Gemisch (zur Wirkstoffkombination bei Ecstasy → Rn. 112) verschiedene Betäubungsmittel festgestellt und liegt eine Bewertungseinheit vor (anders bei Tateinheit (→ Rn. 175)), so ist für die Frage der nicht geringen Menge von der **Gesamtmenge der Wirkstoffe** auszugehen (BGH NStZ-RR 2019, 314; StV 2004, 602; OLG München BeckRS 2010, 30552). Sowohl nach dem Wortlaut des Gesetzes, der auf Betäubungsmittel schlechthin abstellt, als auch nach seinem Schutzzweck gilt dies auch dann, wenn jedes der Betäubungsmittel für sich den für es geltenden Grenzwert nicht erreicht (BGH NStZ 2003, 434 = StV 2003, 280; StV 2004, 602; BayObLGSt 1987, 5 = JZ 1987, 71; OLG München BeckRS 2010, 30552; *Patzak* in Körner/Patzak/Volkmer Rn. 106; *Kotz/Oğlakcıoğlu* in MüKoStGB vor § 29 Rn. 223; *Winkler* in Hügel/Junge/Lander/Winkler Rn. 4.7; *Joachimski/Haumer* Rn. 26; *Cassardt* NStZ 1997, 135 (136)).

171 Zur **Berechnung** der **Gesamtmenge** gibt es zwei Methoden: nach der einen ist zunächst festzustellen, zu welchem Bruchteil (oder Prozentsatz) die Einzelmengen den für das jeweilige Betäubungsmittel geltenden Grenzwert erreichen; wenn die Summe dieser Bruchteile eins (oder der Prozentsätze 100) überschreitet, so ist die Untergrenze der nicht geringen Menge erreicht (BGH NStZ 2003, 434 = StV 2003, 280; BayObLGSt 1987, 5 = JZ 1987, 71; *Cassardt* NStZ 1997, 135 (136)).

172 Die Grenzwerte können aber auch zueinander in Beziehung gesetzt und auf einen gemeinsamen Nenner gebracht werden, etwa in der Weise, dass bei Heroin und Cocain die Menge Cocain durch 3,3 (1,5 g zu 5,0 g) geteilt und diese fiktive Menge dem Heroin hinzugerechnet wird (BGH NStZ 2003, 434 = StV 2003, 280; BayObLGSt 1987, 5 = JZ 1987, 71; *Kotz/Oğlakcıoğlu* in MüKoStGB Vor § 29 Rn. 224; *Joachimski/Haumer* BtMG Rn. 26).

173 **7. Nicht geringe Menge bei verschiedenen Verwendungszwecken.** Soll das Rauschgift teils zum Handeltreiben und teils zum Eigenverbrauch verwendet werden, so richtet sich die Anwendung des § 29a Abs. 1 Nr. 2 in der Form des Handeltreibens nach der Größe der **Handelsmenge**. Erreicht diese die nicht geringe Menge nicht oder lässt sich dies nicht aufklären, so ist auf die Alternative des § 29a Abs. 1 Nr. 2 **zurückzugehen, die beiden Zwecken (noch) gemeinsam ist** (BGHSt 42, 123 = NJW 1996, 2804 = NStZ 1996, 499 mAnm *Kessler* = StV 1996, 670 mAnm *Seelmann*). Meist ist dies der Besitz. Zum Verfahren und den Einzelheiten → Rn. 204–212.

174 **8. Zurechnung bei mehreren Tatbeteiligten.** → Rn. 181–183.

175 **9. Nicht geringe Menge bei Bewertungseinheit oder Tateinheit.** In den Fällen der **Bewertungseinheit** richtet sich die Frage, ob eine nicht geringe Menge erreicht ist, nach der Gesamtmenge (→ Vor § 29 Rn. 600, 658; BGH BeckRS 2019, 38531). Dies gilt nicht bei Anwendung des Zweifelssatzes (→ Vor § 29 Rn. 658). Zum Wiederauffüllen eines noch nicht vollständig geleerten Depots („nie versiegender Verkaufsvorrat"; Silotheorie) → Vor § 29 Rn. 626–633. Bei **Tateinheit** (→ Vor § 29 Rn. 681–694) kommt eine Zusammenrechnung nicht in Betracht (BGH BeckRS 2019, 38531); dies gilt auch für den gleichzeitig verwirklichten Besitz (BGH NStZ 2017, 711 = NStZ-RR 2017, 218; OLG Celle NStZ 2017, 717 mAnm *Patzak*), der ohnehin zurücktritt.

176 **D. Vorbereitung, Versuch, Vollendung, Beendigung.** Bestimmte **Vorbereitungshandlungen** sind **strafbar** (§ 30 StGB); erforderlich ist allerdings, dass der Beteiligte nicht lediglich als Gehilfe tätig werden will. Es gilt dasselbe wie in den Fällen der Nr. 1 (→ Rn. 19).

177 Strafbar ist auch der **Versuch** (§ 23 Abs. 1 StGB). Anders als bei dem Grunddelikt (§ 29 Abs. 1 S. 1 Nr. 3, Abs. 2) gilt dies auch für den Besitz. Der **versuchte Besitz** einer nicht geringen Menge kommt etwa in Betracht, wenn der Täter dem vom ihm besessenen Betäubungsmittel irrtümlich eine solch hohe Qualität beimisst, dass der Grenzwert überschritten wäre, wenn der Besitz sich in Wirklichkeit auf

ein Streckmittel bezieht (BGH BtMG § 29 Abs. 1 Nr. 1 Handeltreiben 66 = NStZ 2007, 102 = StV 2007, 80) oder wenn der Täter Besitzwillen ausübt, obwohl er in Wirklichkeit keine Herrschaftsgewalt hat (*Winkler* in Hügel/Junge/Lander/Winkler Rn. 6).

Der Versuch des § 29a Abs. 1 Nr. 2 als einer Qualifikation beginnt mit dem unmittelbaren Ansetzen zur Tatbestandsverwirklichung **im Ganzen** (→ Vor § 29 Rn. 175). Der Umgang mit Betäubungsmitteln in nicht geringer Menge führt daher erst dann zum Versuch des § 29a Abs. 1 Nr. 2, wenn er sich auch in Bezug auf den Grundtatbestand, etwa das Handeltreiben oder die Abgabe, als ein unmittelbares Ansetzen darstellt. **178**

Wird **umgekehrt** der erschwerende Umstand erst verwirklicht, nachdem der Grundtatbestand die Schwelle zum Versuch bereits überschritten hat, so beginnt der Versuch des qualifizierten Delikts erst mit dem unmittelbaren Ansetzen zur Erfüllung des Qualifikationsmerkmals (→ Vor § 29 Rn. 175). Dies gilt hier allerdings nur für das Abgeben und Besitzen. Da es beim Herstellen auf den Erfolg nicht ankommt, genügt es dort, dass der Herstellungsprozess sich auf eine nicht geringe Menge bezieht, ohne dass deren Erreichen unmittelbar bevorsteht (*Franke/Wienroeder* § 29a Rn. 43). Zum Handeltreiben → Rn. 180. **179**

Im Übrigen gelten **keine Besonderheiten,** so dass auf die Ausführungen zu den Grunddelikten (→ § 29 Rn. 136, 138–140 (Herstellen), → Rn. 1126–1128 (Abgeben) und → Rn. 1375, 1376 mit der Maßgabe der → Rn. 177 (Besitzen)) Bezug genommen werden kann. Auch beim Handeltreiben gelten gegenüber dem Grunddelikt keine Besonderheiten (→ § 29 Rn. 573–631); vollendetes Handeltreiben kann daher auch dann vorliegen, wenn das Betäubungsmittel nicht zur Verfügung steht, nicht in einer geringen Menge vorhanden ist oder nur ein Imitat geliefert wird (→ Rn. 42–44, 193–195). **180**

E. Täterschaft, Teilnahme. Es gelten die Grundsätze, die auch für die Grunddelikte maßgeblich sind (→ Rn. 141–143 (Herstellen); → § 29 Rn. 632–823 (Handeltreiben)). Die in nicht eindeutigen Fällen des Handeltreibens notwendige **Abgrenzung zwischen Täterschaft und Beihilfe** verlangt im Urteil eine wertende, argumentativ untermauerte Gesamtbetrachtung anhand der Kriterien Grad des Tatinteresses, Umfang der Tatbeteiligung, Tatherrschaft sowie Wille dazu und Bedeutung des konkreten Tatbeitrags für das Umsatzgeschäft insgesamt (stRspr, zB BGH NStZ-RR 2019, 117). Wer für seinen Lieferanten mit Abnehmern verhandelt und die Verkaufsmenge bestimmt, ist als Täter – Zwischenhändler – einzustufen (BGH BeckRS 2019, 37164). Beim Herstellen und Handeltreiben kann sich im Falle der Mittäterschaft die nicht geringe Menge auch auf Grund einer **Zurechnung** der von dem anderen Mittäter hergestellten oder gehandelten Menge ergeben (BGH NStZ-RR 1997, 121; DRsp Nr. 1994/166), etwa wenn mehrere Personen eine größere Menge erwerben, um die Transportkosten zu reduzieren und den Einkaufspreis zu minimieren **(Einkaufsgemeinschaft, Sammelkauf).** In allen Fällen, in denen hier Mittäterschaft in Betracht kommt (→ § 29 Rn. 670), ist die Gesamtmenge maßgeblich (BGHR BtMG § 29a Abs. 1 Nr. 2 Menge 10 = NStZ-RR 2003, 57). Allein das **Billigen des Lagerns** von Rauschgift in der gemeinsamen Wohnung stellt ohne objektive Unterstützungshandlung noch keine Beihilfe zum Handeltreiben dar (BGH BeckRS 2020, 29802). Zur nicht zulässigen Zusammenrechnung bei **Beihilfe** → Vor § 29 Rn. 358. **181**

Bei der **Abgabe** kann Täter, mittelbarer Täter und Mittäter nur sein, wer eigene Verfügungsmacht an einen Dritten überträgt (→ § 29 Rn. 1129–1133). Dies gilt auch, wenn die Abgabe im Rahmen einer Veräußerung erfolgt (→ Rn. 49). Das Erfordernis der Sachherrschaft ist ein besonderes persönliches Merkmal gemäß § 28 **182**

Abs. 1 StGB (→ § 29 Rn. 1131); dazu → Vor § 29 Rn. 777, 778. Zur etwaigen doppelten Strafmilderung → Vor § 29 Rn. 772.

183 Ähnliches gilt für den **Besitz**. Auch hier kann Täter, mittelbarer Täter und Mittäter nur sein, wer eine tatsächliche Einwirkungsmöglichkeit oder faktische Verfügungsmacht über das Betäubungsmittel hat (→ § 29 Rn. 1377–1382). Liegt eine gemeinsame Sachherrschaft (und ein gemeinsamer Besitzwillen) vor so ist den Mittätern die Gesamtmenge zuzurechnen (BGHR BtMG § 29a Abs. 1 Nr. 2 Menge 10 = NStZ-RR 2003, 57). Andernfalls kann dem Mittäter nur die Menge täterschaftlich zugerechnet werden, die seiner Sachherrschaft tatsächlich unterworfen war (BGH NStZ 1982, 163 = StV 1982, 224). Das Erfordernis der Sachherrschaft ist ein **besonderes persönliches Merkmal** gemäß § 28 Abs. 1 StGB (→ § 29 Rn. 1376); dazu → Vor § 29 Rn. 777, 778. Zur etwaigen doppelten Strafmilderung → Vor § 29 Rn. 772. Zum Besitz bei mehreren Teilnehmern einer **Einkaufsfahrt** → § 29 Rn. 1343, 1379.

184 **F. Handeln im Ausland.** Es gelten die Grundsätze, die für die Grunddelikte maßgeblich sind (→ Rn. 144 (Herstellen); → § 29 Rn. 824–826 (Handeltreiben); → Rn. 1134 (Abgeben) und → Rn. 1383, 1384 (Besitzen)). Soweit das Weltrechtsprinzip (→ Vor § 29 Rn. 119–134) eingreift, weil ein Betäubungsmittel entgeltlich in den Besitz eines anderen gebracht werden soll, also namentlich beim Handeltreiben, gilt unabhängig vom Tatortrecht (→ Rn. 23) auch die Qualifikation des § 29a Abs. 1 Nr. 2.

185 Greift das **Weltrechtsprinzip nicht** ein, etwa beim Besitz zum Eigenverbrauch, und kommt es deswegen auch auf das Recht des Tatorts an (§ 7 StGB), so reicht es aus, wenn am Tatort das Grunddelikt unter irgendeinem rechtlichen Gesichtspunkt strafbar ist (→ Rn. 24).

186 **G. Subjektiver Tatbestand.** Die Strafbarkeit setzt **Vorsatz** voraus. Bei Fahrlässigkeit kann nur wegen einer fahrlässigen Verwirklichung des Grunddelikts bestraft werden, sofern diese überhaupt strafbar ist (§ 29 Abs. 1 S. 1 Nr. 1, Abs. 4), nicht also bei Besitz (§ 29 Abs. 1 S. 1 Nr. 3).

187 **I. Grundtatbestände.** Der **Vorsatz** (→ Vor § 29 Rn. 389–425) muss sich zunächst auf die Grundtatbestände beziehen. Wegen der Einzelheiten wird insoweit auf → § 29 Rn. 146, 147 (Herstellen), → Rn. 828, 829 (Handeltreiben), → Rn. 1136, 1137 (Abgeben) und → Rn. 1386–1389 (Besitzen) Bezug genommen.

188 **II. Nicht geringe Menge.** Darüber hinaus muss er auch die nicht geringe Menge umfassen. Diese ist ein normatives Tatbestandsmerkmal (→ Vor § 29 Rn. 400, 401), bei dem die Parallelwertung in der Laiensphäre genügt (→ Vor § 29 Rn. 407, 408; *Oğlakcıoğlu* in MüKoStGB Rn. 74). Es ist daher nicht erforderlich, dass der Täter die genaue rechtliche Bedeutung des Begriffs erkannt hat; erst recht gilt dies für den Vorsatz des Gehilfen (BGH BeckRS 2016, 20126). Vielmehr reicht es aus, wenn sich die Vorstellung des Täters auf die Menge und die Qualität des Betäubungsmittels sowie in laienhafter Weise auf das sich daraus ergebende größere Unrecht erstreckt und er sich damit der sozialen Tragweite seines Handelns bewusst ist. Der Vorsatz entfällt daher auch nicht, wenn noch nicht über den Grenzwert zur nicht geringen Menge entschieden war (OLG Nürnberg BeckRS 2016, 09469).

189 **III. Bedingter Vorsatz.** Bedingter Vorsatz (→ Vor § 29 Rn. 415–420) genügt (BGH NStZ-RR 1997, 121; BayObLGSt 1990, 99; BayObLG DRsp Nr. 2006/24993; *Oğlakcıoğlu* in MüKoStGB Rn. 75). Er kann sich sowohl auf die Grunddelikte als auch auf die Qualifikation beziehen. Es reicht daher aus, dass die Verwirklichung des Tatbestandes möglich und nicht ganz fernliegend ist, und dass der Täter sie billigend in Kauf nimmt oder sich (um anderer Ziele willen) damit abfindet, mag sie ihm auch unerwünscht sein. Nicht ausreichend ist, wenn der Täter die Tatbestandsverwirklichung nur für möglich hält, ohne sie billigend in Kauf zu nehmen oder sich wenigstens damit abzufinden (BGH StV 1998, 589).

IV. Vorsatz bei Gleichgültigkeit. War dem Täter die **Menge** gleichgültig und 190 war er damit bereit, mit Betäubungsmitteln in jeder Größenordnung umzugehen, so erfasst sein Vorsatz die tatsächlich von ihm transportierte Menge, es sei denn, diese lag völlig außerhalb des in Betracht kommenden Rahmens (BGHR BtMG § 29 Beweiswürdigung 16 = NStZ 1999, 467 = StV 1999, 432; BGH NStZ 2020, 44; NStZ-RR 1997, 121; → Vor § 29 Rn. 417, 954–956). Entsprechendes gilt für den **Wirkstoffgehalt.** Denn wer Umgang mit Drogen hat, ohne ihren Wirkstoffgehalt zu kennen oder zuverlässige Auskunft darüber erhalten zu haben, ist bei Fehlen sonstiger Anhaltspunkte (dazu → Vor § 29 Rn. 955, 956) im allgemeinen mit jedem Reinheitsgrad einverstanden, der nach den Umständen in Betracht kommt (→ Vor § 29 Rn. 968; BGH NStZ-RR 1997, 121; KG BeckRS 2011, 23741; *Oğlakcıoğlu* in MüKoStGB Rn. 75).

V. Unrechtsbewusstsein. Hat der Täter die spezifische Rechtsgutsverletzung 191 des Grunddelikts (zB Abgabe von Betäubungsmitteln) erkannt, so erstreckt sich sein Unrechtsbewusstsein auch auf die Qualifikation (→ Vor § 29 Rn. 445).

VI. Irrtumsfälle. Bei der Behandlung des Irrtums ist zwischen dem Handeltrei- 192 ben und anderen Tathandlungen zu unterscheiden, da sich Besonderheiten aus dem Begriff des Handeltreibens ergeben:

1. Beim Handeltreiben. Nimmt der Täter irrtümlich an, die **Qualität** des 193 Rauschgifts, mit dem er Handel treibt, sei gut, so macht er sich des Handeltreibens mit guter Qualität und damit gegebenenfalls mit einer nicht geringen Menge schuldig (→ Rn. 43, 44; *Patzak* in Körner/Patzak/Volkmer Rn. 116; *Oğlakcıoğlu* in MüKoStGB Rn. 78; konsequent aA *Malek* BtMStrafR Kap. 2 Rn. 406). Die tatsächlich schlechtere Qualität kommt ihm bei der Strafzumessung zugute und kann einen minder schweren Fall begründen.

Anders ist dies im **umgekehrten Fall:** Das Handeltreiben mit einer vermeintlich 194 schlechten Qualität führt nur zur Strafbarkeit nach dem Grunddelikt, sofern nach den Vorstellungen des Täters eine nicht geringe Menge ausscheidet (→ Rn. 43, 44; *Patzak* in Körner/Patzak/Volkmer Rn. 115; *Oğlakcıoğlu* in MüKoStGB Rn. 79; *Malek* BtMStrafR Kap. 2 Rn. 407). Hinsichtlich der nicht geringen Menge liegt ein den Vorsatz ausschließender Tatbestandsirrtum (§ 16 Abs. 1 StGB) vor; die fahrlässige Begehung des § 29a ist nicht strafbar. Zu einer etwaigen Strafschärfung wegen Fahrlässigkeit → Vor § 29 Rn. 396, 397.

Bezieht sich die geschäftliche Vereinbarung auf eine große Menge Betäubungs- 195 mittel, wird aber nur eine für Rauschgift gehaltene **Scheindroge** geliefert, so ist vollendetes Handeltreiben mit Betäubungsmitteln in nicht geringer Menge gegeben (→ Rn. 42–44; BGHR BtMG § 29a Handeltreiben 3 (→ Rn. 42)). Der für die Strafzumessung wesentliche Schuldumfang wird in solchen Fällen durch die abgeschlossene Liefervereinbarung und die tatsächliche Lieferung des Imitats bestimmt (BGHR BtMG § 29a Handeltreiben 3).

2. Beim Herstellen, Abgeben und Besitzen. Anders als beim Handeltreiben 196 ist dies bei den anderen Alternativen des § 29a Abs. 1 Nr. 2 (Herstellen, Abgeben und Besitzen):

Nimmt der Täter irrtümlich an, die **Qualität** des Rauschgifts, das er herstellt, ab- 197 gibt oder besitzt, sei gut, so verwirklicht er den Grundtatbestand und zugleich (Tateinheit) den (untauglichen) Versuch eines Verbrechens nach § 29a Abs. 1 Nr. 2 (*Oğlakcıoğlu* in MüKoStGB Rn. 82). Ergibt sich aber aus seiner Einschätzung der Qualität und Quantität, dass seine Vorstellung sich nicht auf eine nicht geringe Menge bezog, so ist er nur nach dem Grunddelikt strafbar. Es gilt dasselbe wie in → Rn. 194 (*Oğlakcıoğlu* in MüKoStGB Rn. 83).

198 **3. Irrtum über die Art des Betäubungsmittels.** Irrt der Täter über die Art des Betäubungsmittels, etwa wenn er das von ihm aufbewahrte Heroin für Amfetamin hält, so schließt ein solcher Irrtum den Vorsatz und die Strafbarkeit nicht aus, kann aber für die Strafzumessung erheblich werden (→ Vor § 29 Rn. 462–464; *Patzak* in Körner/Patzak/Volkmer Rn. 118). Anders liegt es nur dann, wenn die Tätervorstellungen wegen der verschiedenen Grenzwerte Auswirkungen auf das Merkmal der nicht geringen Menge haben. Zur Scheindroge beim Handeltreiben → Rn. 195.

199 **4. Irrtum über die Grenze zur nicht geringen Menge.** Macht sich der Täter über die Grenze zur nicht geringen Menge keine oder falsche Vorstellungen, so liegt lediglich ein unbeachtlicher Subsumtionsirrtum vor (→ Vor § 29 Rn. 434; *Patzak* in Körner/Patzak/Volkmer Rn. 117; *Oğlakcıoğlu* in MüKoStGB Rn. 84; *Malek* BtMStrafR Kap. 2 Rn. 404). Der Täter irrt hier weder über Tatumstände, noch über das Verbotensein seines Tuns, sondern legt lediglich das Merkmal der nicht geringen Menge zu seinen Gunsten aus.

200 **H. Konkurrenzen.** Zu den Konkurrenzen s. zunächst die zusammenfassende Darstellung in → Vor § 29 Rn. 551–587, 671–724. Dort auch zur **Bewertungseinheit** (→ Rn. 32; → Vor § 29 Rn. 588–670). Eine Bewertungseinheit ist bei allen Absatzdelikten möglich (→ Vor § 29 Rn. 594) und kommt daher auch hier in Betracht (BGHR BtMG § 29 Bewertungseinheit 10 = NStZ 1997, 243 = StV 1997, 470). Zum Erreichen einer nicht geringen Menge infolge einer Bewertungseinheit → Rn. 175. Zu den Konkurrenzen beim Handeltreiben durch **Zahlungsvorgänge** → Vor § 29 Rn. 682–697. Holt ein Händler bei seinem Lieferanten die zuvor bestellte Lieferung ab und übergibt dabei den Kaufpreis für die vorangegangene, verbindet der Einzelakt des Aufsuchens des Lieferanten beide Umsatzgeschäfte zu gleichartiger Tateinheit, nicht aber zu einer Bewertungseinheit (stRspr, BGH NStZ-RR 2019, 250; BeckRS 2019, 37164; 2020, 1451). Selbst **ohne eine für die Umsatzgeschäfte teilidentische Ausführungshandlung** verbinden sich mehrere Handelsgeschäfte zu einer einheitlichen Tat iS einer natürlichen Handlungseinheit (aber nicht zu einer Bewertungseinheit), wenn es im Rahmen einer bestehenden Lieferbeziehung zur Entgegennahme weiterer Rauschgifts aus Anlass der Bezahlung bereits zuvor auf Kommission erhaltener Drogen kommt (BGH NStZ-RR 2020, 48; 2019, 250; 2018, 351). Ein durchlaufendes Handeltreiben nach § 29 Abs. 1 Nr. 1 hat nicht die Kraft, Abgaben nach § 30 Abs. 1 Nr. 2 zur Tateinheit zu verbinden (BGH BeckRS 2020, 1451); in Frage kommt dann nur § 29a Abs. 1 Nr. 2. Zur Frage der Verklammerung von Einfuhrtaten nach § 30 Abs. 1 Nr. 4 durch Handeltreiben in nicht geringer Menge → Rn. 214.

201 Das Verbrechen des § 29a Abs. 1 Nr. 2 ist nach § 261 Abs. 1 S. 2 Nr. 1 StGB taugliche Vortat zur **Geldwäsche;** auch kann es eine Tathandlung des § 261 StGB sein. Hierzu und zu den daraus sich ergebenden konkurrenzrechtlichen Folgen → Vor § 29 Rn. 717–720.

202 **I. Sondervorschrift.** Als Qualifikation **verdrängt § 29a Abs. 1** die Grundtatbestände des § 29 Abs. 1. Dies gilt auch, soweit ein Regelbeispiel nach § 29 Abs. 3 S. 2 verwirklicht ist; zu den Einzelheiten → Rn. 34. § 29a Abs. 1 Nr. 2 wird verdrängt von der Qualifikation nach § 30a Abs. 2 Nr. 2, auch dann, wenn diese nur bei einem Teilakt des Gesamtgeschehens verwirklicht wurde (BGH BeckRS 2019, 24805). Von § 30 Abs. 1 Nr. 2 wird § 29a Abs. 1 Nr. 2 nicht verdrängt (BGH NStZ 2020, 43).

203 **II. Die Begehungsweise des Handeltreibens.** Die Grundsätze der Bewertungseinheit gelten auch hier. Allein der gleichzeitige Besitz mehrerer Drogenmengen verbindet hierauf bezogene Handlungen nicht zu einer Tat des Handeltreibens (BGH NStZ 2020, 227). Zur Begründung von Tateinheit mehrerer Taten des Handeltreibens durch Vorhalten einer Handelsmenge → Rn. 221. Besonderheiten ergeben sich vor allem in der Beziehung des Handeltreibens gegenüber dem Erwerb zum Eigenverbrauch (→ Rn. 203–212) sowie gegenüber der Einfuhr (→ Rn. 213):

1. Handeltreiben und Eigenverbrauch. Hat der Täter Betäubungsmittel zum 204 späteren Weiterverkauf erworben, so erfüllt dies hinsichtlich der erworbenen **Gesamtmenge** den Tatbestand des Handeltreibens, auch wenn er **später** einen Teil zum Eigenverbrauch abzweigt (BGHR BtMG § 29 Abs. 1 Nr. 1 Konkurrenzen 5 = StV 2002, 255).

War dagegen **von vornherein** ein Teil zum Handeltreiben und ein Teil zum Ei- 205 genverbrauch bestimmt, so richtet sich die rechtliche Einordnung nach den jeweiligen **Einzelmengen** (BGHR BtMG § 29 Abs. 1 Nr. 1 Konkurrenzen 5 = StV 2002, 55; 10 = StV 2010, 131); zur notwendigen **Aufklärung der einzelnen Mengen** → Rn. 212. Auch wenn § 29a Abs. 1 Nr. 2 für Handeltreiben und Besitz denselben Strafrahmen vorsieht, entbindet dies wegen des geringeren Unrechtsgehalts des Besitzes das Gericht **nicht** von der Notwendigkeit zu klären, ob und in welchem Umfang das Rauschgift zum Weiterverkauf oder zum Eigenverbrauch bestimmt war (BGH NStZ-RR 2014, 344).

a) Übersteigen des Grenzwertes in der Summe. Übersteigt die von dem Tä- 206 ter erworbene Menge insgesamt den Grenzwert zur nicht geringen Menge, so gilt folgendes:

aa) Kleine Handelsmenge/große Eigenverbrauchsmenge. Bleibt die Han- 207 delsmenge unter dem Grenzwert, liegt die Eigenverbrauchsmenge aber darüber, so liegt Handeltreiben (mit der Handelsmenge) nach § 29 Abs. 1 S. 1 Nr. 1 in Tateinheit mit unerlaubtem Besitz (der gesamten Erwerbsmenge) in nicht geringer Menge (→ Rn. 215) vor (BGHR BtMG § 29 Abs. 1 Nr. 1 Konkurrenzen 5 = StV 2002, 255; BGH NStZ-RR 2014, 344; *Oğlakcıoğlu* in MüKoStGB Rn. 105). Der an sich ebenfalls vorliegende unerlaubte Erwerb der Eigenverbrauchsmenge (§ 29 Abs. 1 S. 1 Nr. 1) wird von dem Verbrechenstatbestand des unerlaubten Besitzes einer nicht geringen Menge nach § 29a Abs. 1 Nr. 2 verdrängt (→ Rn. 215, 217; BGHR BtMG § 29 Abs. 1 Nr. 1 Konkurrenzen 5 = StV 2002, 255; 10 = StV 2010, 131; BGH NStZ 1994, 548; BeckRS 2019, 16109).

bb) Große Handelsmenge/kleine Eigenverbrauchsmenge. Übersteigt die 208 Handelsmenge den Grenzwert der nicht geringen Menge, während die Menge, die zum Eigenverbrauch bestimmt ist, darunter bleibt, so ist unerlaubtes Handeltreiben mit Betäubungsmitteln in nicht geringer Menge (§ 29a Abs. 1 Nr. 2) in Tateinheit mit unerlaubtem Erwerb von Betäubungsmitteln (§ 29 Abs. 1 S. 1 Nr. 1) gegeben (BGHR BtMG § 29 Abs. 1 Nr. 1 Konkurrenzen 5 = StV 2002, 255; BGH NStZ 2006, 173; BeckRS 2013, 6496; 2020, 10006; *Oğlakcıoğlu* in MüKoStGB Rn. 105).

cc) Große Handelsmenge/große Eigenverbrauchsmenge. Übersteigen 209 beide Mengen schon für sich den Grenzwert der nicht geringen Menge, so liegt unerlaubtes Handeltreiben in nicht geringer Menge in Tateinheit mit Besitz in nicht geringer Menge vor (BGHR BtMG § 29 Abs. 1 Nr. 1 Konkurrenzen 5 = StV 2002, 255; BGH NStZ 2006, 173; BeckRS 2019, 16109). Der an sich vorliegende Erwerb wird verdrängt (→ Rn. 207).

dd) Kleine Handelsmenge/kleine Eigenverbrauchsmenge. Erreichen 210 beide Mengen für sich den Grenzwert nicht (wohl aber in der Summe), so ist für die Anwendung des § 29a Abs. 1 Nr. 2 auf die Stufe **zurückzugehen**, die den späteren **Teilmengen** noch **gemeinsam** war (→ Rn. 173). In der Regel ist dies der Besitz (in nicht geringer Menge), zu dem dann noch das Handeltreiben nach § 29 Abs. 1 S. 1 Nr. 1 hinzutritt, während der Erwerb in dem Verbrechenstatbestand des

Besitzes aufgeht (BGHR BtMG § 29 Abs. 1 Nr. 1 Handeltreiben 57 = StV 2002, 489; *Oğlakcıoğlu* in MüKoStGB Rn. 105); zum Erwerb → Rn. 207.

211 **b) Nichtübersteigen des Grenzwertes in der Summe.** Liegt bereits die erworbene Gesamtmenge unter dem Grenzwert zur nicht geringen Menge, so liegt unerlaubtes Handeltreiben in Tateinheit mit unerlaubtem Erwerb vor (BGHR BtMG § 29 Abs. 1 Nr. 1 Konkurrenzen 5 = StV 2002, 255). Der unerlaubte Besitz wird vom unerlaubten Erwerb verdrängt (BGH StraFo 2004, 252).

212 **c) Nicht aufklärbares Verhältnis.** Wegen der unterschiedlichen Auswirkungen bei der rechtlichen Einordnung und bei der Strafzumessung hat das Gericht festzustellen, welcher Anteil für den späteren Verkauf vorgesehen war (BGHR BtMG § 29 Abs. 1 Nr. 1 Konkurrenzen 5 = StV 2002, 255; BGH NStZ-RR 2008, 153; StV 2004, 603). Lässt sich das Verhältnis der Handelsmenge zur Eigenverbrauchsmenge nicht aufklären, so ist es unter Beachtung des Zweifelssatzes **zu schätzen** (BGHR BtMG § 29 Abs. 1 Nr. 1 Konkurrenzen 5 = StV 2002, 255) und notfalls zu verfahren wie in → Rn. 210 (s. auch BGHSt 42, 123 = NJW 1996, 2804 = NStZ 1996, 499 mAnm *Kessler* = StV 1996, 670 mAnm *Seelmann*). Generell zur **Anwendung des Zweifelssatzes** → § 29 Rn. 732, 733.

213 **2. Handeltreiben und Einfuhr.** Das Handeltreiben in nicht geringer Menge (§ 29a Abs. 1 Nr. 2) steht mit der Einfuhr von Betäubungsmitteln in nicht geringer Menge (§ 30 Abs. 1 Nr. 4) in **Tateinheit.** Im Hinblick auf die höhere Mindeststrafe tritt die Einfuhr in nicht geringer Menge auch dann nicht zurück, wenn sie nur ein Teilakt des Handeltreibens ist (BGHSt 40, 73 = NJW 1994, 1885 = NStZ 1994, 290 = StV 1994, 375). Dies gilt auch dann, wenn die Einfuhr nicht zustande gekommen und nur nach § 30 StGB verabredet wurde, da diese Vorschrift den Deliktscharakter unberührt lässt (BGHSt 40, 73).

214 Ob und unter welchen Umständen das **Handeltreiben** in nicht geringer Menge in der Lage ist, zwei Verbrechen der **Einfuhr** in nicht geringer Menge zu **verklammern,** ist nicht abschließend geklärt:
– eine Klammerwirkung wurde **angenommen** von BGH NStZ 1994, 135 = StV 1994, 84 für einen Umtausch, von BGH NStZ 1997, 136 für jegliches Zusammentreffen und von BGH NStZ-RR 2014, 144 – Anfragebeschluss für das Aufsuchen des Lieferanten zur Abholung einer bereits verabredeten Menge und Bezahlung einer früheren Lieferung,
– eine Klammerwirkung wird mit Blick auf die geringere Strafandrohung des § 29a gegenüber § 30 zu Recht **abgelehnt** von BGH NStZ-RR 2014, 81 – Antwortbeschluss bei auf selbständigen Tatentschlüssen beruhenden Einfuhrhandlungen sowie von BGH NStZ-RR 2014, 146 – Antwortbeschluss für das Aufsuchen des Lieferanten zur Abholung einer bereits verabredeten Menge und Bezahlung einer früheren Lieferung. Der 3. Strafsenat (BGH NStZ-RR 2018, 352) lehnt konsequent generell eine Zusammenfassung mehrerer Einfuhrdelikte nach § 30 Abs. 1 Nr. 4 durch § 29a Abs. 1 Nr. 2 ab. Anderes gilt für den Bandenhandel nach § 30a Abs. 1.

Der vom 4. Strafsenat durch *Vorlagebeschluss* v. 22.5.2014 (NJW-Spezial 2014, 472) angerufene Große Senat hat die Vorlage als unzulässig angesehen, da der Vorlagebeschluss eine Auseinandersetzung mit einem sich aufdrängenden anderen Sachverhaltsverständnis nicht erkennen lasse, dessen Berücksichtigung die angenommene Divergenz beseitige (BGH NJW 2015, 3800). Die oben dargestellten Differenzen zwischen den BGH-Senaten bestehen fort (BGH BeckRS 2019, 16636; 2020, 36905).

214a **2. Handeltreiben und Anbau.** Im Grundsatz sind gesonderte Anbauvorgänge, die auf gewinnbringende Veräußerung der dadurch erzeugten Betäubungsmittel abzielen, als zueinander in Tatmehrheit stehende Taten des Handeltreibens zu bewerten. Tateinheit ist anzunehmen, wenn die Erträge mehrerer Anbauvorgänge in einem **einheitlichen Umsatzgeschäft** veräußert werden. Bei Ansammlung der Ernten zu einem **Gesamtvorrat vor Abverkauf** ist eine Bewertungseinheit anzunehmen (BGH BeckRS 2020, 19717). Eine Tat des Handeltreibens liegt vor, wenn eine zur Veräußerung bestimmte einheitliche Erntemenge in mehreren Veräußerungsvorgängen verkauft wird (BGH BeckRS 2018, 40542).

III. Die Begehungsweise des Besitzes. Besitz von Betäubungsmitteln in nicht 215 geringer Menge (§ 29a Abs. 1 Nr. 2) tritt aber hinter die Tatbestände, die **nicht** zum Verbrechen aufgestuft wurden, **nicht** zurück (BGHSt 42, 162 (→ Rn. 8); BGHR BtMG § 29 Bewertungseinheit 22 = NStZ-RR 2004, 146 = StraFo 2004, 145; BGHR § 30a Abs. 2 Sichverschaffen 2; BGH BeckRS 2013, 18976). Besitzt der Täter eine nicht geringe Menge, die er teils selbst verbrauchen, teils weiterverkaufen will, verbleibt Strafbarkeit nach § 29a Abs. 1 Nr. 2 auch dann, wenn weder die zum Handeltreiben noch die zum Eigenkonsum bestimmte Menge den Grenzwert der nicht geringen Menge erreicht; zum Besitz in nicht geringer Menge tritt Handeltreiben nach § 29 Abs. 1 Nr. 1 tateinheitlich hinzu (BGH NStZ 2019, 95; BeckRS 2019, 35169). So kommt dem **Erwerb** gegenüber dem zum Verbrechen erhobenen Besitz eine zur Charakterisierung des Gesamtunrechts relevante Bedeutung nicht mehr zu, sondern er geht in dem Verbrechenstatbestand auf (BGHR BtMG § 29 Abs. 1 Nr. 1 Konkurrenzen 10 = StV 2010, 131; BGH NStZ 1994, 548 = StV 1995, 26). Dasselbe gilt für das **Sichverschaffen** (BGH NStZ-RR 2010, 53). Besitzt der Täter eine nicht geringe Menge, die er verkaufen will, so tritt die Strafbarkeit wegen Besitzes hinter das Handeltreiben zurück (BGH BeckRS 2019, 24805).

Etwas anderes gilt für die Tatbestände, durch die sich die in → Rn. 52 genannte 216 **abstrakte Gefahr verwirklicht** hat. Dies ist für das Handeltreiben seit jeher anerkannt (→ Rn. 207), gilt aber auch für das Veräußern (noch anders BGHR BtMG § 29a Abs. 1 Nr. 2 Besitz 3 = NStZ-RR 1997, 49) und das Abgeben; zwischen diesen Tatbeständen und dem Besitz in nicht geringer Menge liegt daher **Tateinheit** vor (BGHR BtMG § 29 Abs. 1 Nr. 1 Konkurrenzen 10 = StV 2010, 131). Dasselbe gilt dann auch für die Fälle, in denen der Besitz in nicht geringer Menge hinter Verbrechenstatbestände mit einer höheren Mindeststrafe zurücktritt, etwa der Einfuhr in nicht geringer Menge (→ Rn. 219); in einem solchen Fall steht diese daher mit der Veräußerung oder der Abgabe in Tateinheit (BGHR BtMG § 29 Abs. 1 Nr. 1 Konkurrenzen 10 = StV 2010, 131).

Hat der Täter nach einem Erwerb zum Eigenverbrauch den Tatbestand des Besit- 217 zes in nicht geringer Menge (§ 29a Abs. 1 Nr. 2) verwirklicht und **fügt er seinem Bestand** weiter erworbene Betäubungsmittel hinzu, so gehen die beiden Erwerbshandlungen in dem Verbrechenstatbestand des § 29a Abs. 1 Nr. 2 auf (BGH NStZ-RR 2016, 82), wobei sich dessen Schuldumfang durch die Vergrößerung der Menge erhöht (BGH NStZ-RR 1997, 227 = StV 1997, 517).

Im Verhältnis zu den Begehungsweisen, die **ebenso zu Verbrechen** erhoben 218 wurden und in § 29a Abs. 1 Nr. 2 aufgeführt sind, bleibt der Besitz dagegen weiterhin ein Auffangtatbestand (BGHSt 42, 162 (→ Rn. 8); BGH NStZ-RR 2009, 58; 2016, 141; BeckRS 2009, 25653). Der bloße Besitz hat daher nicht die Kraft, die anderen Alternativen des § 29a Abs. 1 Nr. 2 untereinander zu verbinden (BGH BeckRS 2018, 8244; BGHSt 42, 162 (→ Rn. 8)). Bei **zeitgleicher Lagerung mehrerer Handelsmengen** erfährt dieser Grundsatz aber eine Einschränkung, dazu → Rn. 221. Durch das Herstellen in nicht geringer Menge wird der Besitz in nicht geringer Menge verdrängt (BGH NStZ-RR 2014, 14; OLG Karlsruhe NStZ-RR 2002, 85). Ist das Rauschgift zum Handeltreiben bestimmt, so ist der Besitz ein unselbständiger Teilakt desselben (BGH NStZ-RR 2011, 90).

219 Entsprechendes gilt gegenüber den Straftaten, die seit jeher als **Verbrechen eingestuft** waren oder mit einer **höheren Mindeststrafe** bedroht sind, etwa der (täterschaftlichen) unerlaubten Einfuhr einer nicht geringen Menge nach § 30 Abs. 1 Nr. 4 (BGHR BtMG § 29 Abs. 1 Nr. 1 Konkurrenzen 10 (→ Rn. 52); BGH NStZ-RR 2004, 88; 2009, 121; 122; 2016, 141). Der Besitz tritt auch hier als Auffangtatbestand zurück (BGH NStZ-RR 2010, 119; 2014, 344).

220 Allerdings gilt dies nur dann, wenn diese anderen Begehungsweisen, namentlich das Handeltreiben oder die Einfuhr, **täterschaftlich** begangen wurden; mit Beihilfe besteht Tateinheit (BGHR BtMG § 29 Abs. 1 Nr. 1 Handeltreiben 47 = StV 1995, 197; Konkurrenzen 10 = StV 2010, 131; BGH NStZ 2015, 344 mAnm *Schiemann;* NStZ-RR 2008, 54; 2009, 58; 122; StraFo 2008, 254). Liegt beim Handeltreiben lediglich Beihilfe vor, bei der Einfuhr jedoch Täterschaft, so tritt der Besitz zwar nicht hinter die Beihilfe zum Handeltreiben, wohl aber hinter die Einfuhr zurück (BGH NStZ-RR 2009, 122). Zur **Klammerwirkung** des Besitzes → § 29 Rn. 1408; das dort Aufgeführte gilt auch für den Besitz in nicht geringer Menge (BGH NStZ 2015, 344 mAnm *Schiemann*).

221 Für das Konkurrenzverhältnis beim **Besitz zweier BtM-Mengen** gilt: Der bloße gleichzeitige Besitz zweier aus verschiedenen Liefervorgängen stammender Handelsmengen vermag selbständige Fälle des Handeltreibens nicht zu einer Bewertungseinheit iS tatbestandlicher Handlungseinheit zu verbinden. Hingegen kann der **gleichzeitige Besitz für den Verkauf bestimmter Vorräte** dann Tateinheit in diesem Sinne begründen, wenn die Art und Weise der Besitzausübung über die bloße Gleichzeitigkeit hinausgeht und die Wertung rechtfertigt, dass – etwa wegen eines räumlich-zeitlichen Zusammenhangs die Besitzausübung über die eine Menge zugleich die Ausübung der tatsächlichen Verfügungsgewalt über die andere darstellt (BGH BeckRS 2018, 22775; 2018, 22156; 2019, 28838). Für **Fälle des Anbaus** gilt: Hat der Täter Betäubungsmittel angebaut, so tritt der Besitz solange hinter den Anbau zurück, bis die Wirkstoffmenge der besessenen Pflanzen die Grenze zur nicht geringen Menge **überschritten** hat und der Besitz damit den Verbrechenstatbestand des § 29a Abs. 1 Nr. 2 erfüllt; in diesem Fall wird das Anbauen verdrängt (→ § 29 Rn. 120). Allein der gleichzeitige **Besitz bereits abgeernteten Pflanzenmaterials** mit noch wachsenden Pflanzen begründet keine Bewertungseinheit (BGH BeckRS 2019, 5128), es sei denn, der Täter führt verschiedene Handelsmengen zu einem einheitlichen Verkaufsvorrat zusammen (BGH BeckRS 2019, 28838). Mehrere Fälle des Handeltreibens werden zur Tateinheit verbunden, wenn sich abgeerntete gehandelte und wachsende Pflanzen in denselben Räumen befinden und daher die Art und Weise der Besitzausübung über die bloße Gleichzeitigkeit hinausgeht (BGH BeckRS 2019, 28838). Sind die Betäubungsmittel **zum Verkauf** bestimmt, → Rn. 166.

222 **I. Strafzumessung.** Die Strafzumessung wird in **Kapitel 3** (→ Rn. 223–276) behandelt.

Kapitel 3. Strafzumessung (Absatz 2 in Verbindung mit Absatz 1 Nr. 1 und Nr. 2)

223 **A. Ausgangslage.** Der Vorgang der Strafzumessung lässt sich zweckmäßig **in drei Schritte** gliedern. Dabei hat bei jedem Schritt eine **Gesamtwürdigung** stattzufinden (→ Vor § 29 Rn. 733–735). Zu achten ist darauf, dass der jeweiligen Tat der zutreffende **Schuldumfang** zugrunde gelegt wird. Dies verlangt konkrete Feststellungen zum wirkstoffgehalt (BGH NStZ-RR 2018, 286). Beim Handeltreiben gehört von vornherein zum Eigenkonsum erworbenes Rauschgift nicht zur Handelsmenge (BGH BeckRS 2019, 27182).

I. Erster Schritt: Strafrahmenwahl. Grundsätzlich ist der Strafrahmen maßgeblich, der in der konkreten Strafvorschrift genannt ist (Normalstrafrahmen). Eine Änderung kann sich hier nur aus dem Vorliegen eines vertypten Milderungsgrundes ergeben; **vertypte Milderungsgründe** (→ Vor § 29 Rn. 750) sind die besonderen gesetzlichen Milderungsgründe, die nach § 49 Abs. 1 StGB zu einer Milderung des Strafrahmens führen oder führen können (→ Vor § 29 Rn. 750–780). 224

Anders ist dies, wenn das Gesetz auch einen Strafrahmen für einen **minder schweren Fall** zur Verfügung stellt, wie dies bei Verbrechen die Regel ist (hier Absatz 2). In einem solchen Falle kann die Heranziehung eines milderen Strafrahmens geboten sein 225
– durch die Annahme eines minder schweren Falles,
– auf Grund einer Strafrahmenverschiebung nach § 49 Abs. 1 StGB.

Stets **vorrangig** ist zu prüfen, ob ein **minder schwerer Fall** vorliegt (ausführlich zur Prüfungsreihenfolge und zahlreiche Nachweise aus der Rspr. bei *Maier* in MüKoStGB § 46 Rn. 118ff.). Ein minder schwerer Fall liegt vor, wenn das gesamte Tatbild einschließlich aller subjektiven Momente und der Täterpersönlichkeit vom Durchschnitt der erfahrungsgemäß gewöhnlich vorkommenden Fälle in einem solch erheblichen Maße abweicht, dass die Anwendung des Ausnahmestrafrahmens geboten erscheint (→ Vor § 29 Rn. 785–791). Ob dies gegeben ist, ist auf der Grundlage einer **Gesamtwürdigung** (→ Vor § 29 Rn. 787–791) zu entscheiden, in die alle Umstände einzubeziehen sind, die für die Wertung der Tat und des Täters von Bedeutung sind (→ Vor § 29 Rn. 792; BGH NStZ 2018, 228). Ganz außergewöhnliche Umstände müssen nicht vorliegen. 226

Das **Tatbild eines minder schweren Falles** kann sich danach ergeben, 227
– auf Grund eines oder mehrerer allgemeiner Strafmilderungsgründe (→ Vor § 29 Rn. 794–826),
– auf Grund eines oder mehrerer vertypter Milderungsgründe (→ Vor § 29 Rn. 752–780, 827–832) oder
– auf Grund eines Zusammentreffens von einem oder mehreren allgemeinen Strafmilderungsgründen mit einem oder mehreren vertypten Milderungsgründen (→ Vor § 29 Rn. 833–842).

Haben ein oder mehrere **vertypte Milderungsgründe** einen minder schweren Fall begründet, so dürfen diese zwar nicht mehr zu einer **weiteren Milderung** des **Strafrahmens** herangezogen werden (§ 50 StGB). Sie dürfen aber dennoch innerhalb der Strafzumessung im engeren Sinn nicht ausgeblendet werden, sondern bleiben dort weiterhin – wenn auch mit geringerem Gewicht – bedeutsam. 228

II. Zweiter Schritt: Strafzumessung im engeren Sinn. Ist der Strafrahmen bestimmt, so erfolgt innerhalb der Eckpunkte, die durch ihn festgelegt wurden, die Strafzumessung im engeren Sinn mit dem Ziel, innerhalb des Rahmens die nach Art und Maß schuldangemessene Strafe zu finden (→ Vor § 29 Rn. 850). 229

III. Dritter Schritt: weitere Entscheidungen. Der dritte Schritt betrifft die Strafaussetzung zur Bewährung, die Frage, ob Maßnahmen oder Maßregeln anzuordnen sind oder sonstige eher präventive Aspekte. 230

B. Strafrahmenwahl. Nicht nur im Hinblick auf § 50 StGB, der zu einem **Verbrauch von vertypten Milderungsgründen** führen kann, sondern auch deshalb, weil die Prüfung eines minder schweren Falles Vorrang hat, ist ein bestimmter **Prüfungsablauf** einzuhalten (→ Vor § 29 Rn. 833–842). Dabei ist es ist es zweckmäßig, mit der Prüfung der allgemeinen (unbenannten) Strafmilderungsgründe zu beginnen. 231

I. Allgemeine Strafmilderungsgründe. Bei der Prüfung, ob ein solcher Strafmilderungsgrund vorliegt, sind alle Gesichtspunkte heranzuziehen, auch diejenigen, die für die Strafzumessung im engeren Sinn maßgeblich sind (→ Vor § 29 232

Rn. 794). Sie sind damit für die Zumessung ieS nicht verbraucht (→ Vor § 29 Rn. 739, 740), wenn auch in ihrem Gewicht möglicherweise geändert (→ Vor § 29 Rn. 743).

233 **1. Häufige Strafzumessungserwägungen im Betäubungsmittelstrafrecht.** Einige allgemeine Strafmilderungsgründe geben im Betäubungsmittelstrafrecht besonders häufig Anlass, die Frage eines minder schweren Falles zu prüfen. Sie gelten mehr oder minder für alle Betäubungsmittelstraftaten und sind in den → Vor § 29 Rn. 785–826 aufgeführt. Hinzu können weitere Umstände treten, die sonst für die Strafzumessung im engeren Sinn von Bedeutung sind (→ Rn. 232, 235–237).

234 Dabei ist zu berücksichtigen, dass **ein,** wenn auch gewichtiger, allgemeiner Strafmilderungsgrund **allein** in der Regel zur Begründung eines minder schweren Falles **nicht** genügt (→ Vor § 29 Rn. 795). Ein minder schwerer Fall kommt daher vor allem dann in Betracht, wenn allgemeine Strafmilderungsgründe **gehäuft** auftreten

235 **2. Zusätzliche Strafzumessungsgründe im Rahmen des § 29a.** Sowohl für die Nr. 1 als auch für die Nr. 2 kommen weitere Gesichtspunkte in Betracht:

236 **a) Bei § 29a Abs. 1 Nr. 1 (Minderjährige).** Für einen minder schweren Fall kann es sprechen, wenn der Täter selbst betäubungsmittelabhängig ist (BT-Drs. 12/989, 30), wenn ein Angehöriger einem betäubungsmittelabhängigen Minderjährigen aus Mitleid Betäubungsmittel verschafft (*Patzak* in Körner/Patzak/Volkmer Rn. 21), wenn der Tat nur eine geringfügige Menge oder ein weniger gefährliches Rauschgift mit sehr niedrigem Wirkstoffgehalt zugrunde lag oder wenn die Initiative zur Tat von dem Minderjährigen, der bereits Konsument war, ausging.

237 **b) Bei § 29a Abs. 1 Nr. 2 (nicht geringe Menge).** Nicht jede über dem Grenzwert liegende Wirkstoffmenge spricht gegen die Annahme eines minder schweren Falls. Eine geringe **Grenzwertüberschreitung** spricht für, eine erhebliche Überschreitung gegen einen minder schweren Fall (BGH NStZ 2020, 231; NStZ-RR 2020, 24; BeckRS 2019, 2166). Daher liegt ein minder schwerer Fall nahe, wenn der Grenzwert zur nicht geringen Menge nur geringfügig überschritten ist (BGH (1. Senat) BeckRS 2019, 23398; BGH (2. Senat) NStZ-RR 2016, 141; 2020, 24: Grenzwertüberschreitung um das 2,5-fache ist kein bestimmender Schärfungsgrund; demgegenüber BGH (5. Senat) NStZ-RR 2017, 48: bei dreifacher nicht geringer Menge „äußerst zweifelhaft"; ferner → Vor § 29 Rn. 801). Diese Differenzen zwischen den BGH-Senaten dürfen nicht darüber hinwegtäuschen, dass letztlich eine **Einzelfallbetrachtung erforderlich** ist und der mildernde Umstand der nur geringen Grenzwertüberschreitung durch strafschärfende Faktoren an Bedeutung verlieren kann. Außerdem gilt, dass je deutlicher die Grenze zur nicht geringen Menge überschritten ist, desto gewichtiger die Umstände sein müssen, die für einen minder schweren Fall herangezogen werden (BGH Detter NStZ 2002, 418). Das für die Strafzumessung bestehende Stufenverhältnis bzw. die **Gefährlichkeitsskala** ist auch bei § 29a heranzuziehen (BGH BeckRS 2017, 116536 mwN; 2019, 38401). Zudem zu berücksichtigen ist – besonders bei Verhängung hoher Strafen – auch die **Wechselwirkung zwischen** der **Gefährlichkeit** des Betäubungsmittels einerseits **und** der Festsetzung des **Grenzwerts** der nicht geringen Menge andererseits, da der Gefährlichkeitsgrad bereits Einfluss auf die Festlegung des Grenzwerts der nicht geringen Menge hatte (BGH NStZ 2020, 229). Ganz erhebliches, massiv strafmilderndes Gewicht kommt einer **Tatprovokation** – soweit sie nicht in extremen Ausnahmefällen ein Verfahrenshindernis begründet – zu, vor allem, wenn der agent provocateur Einfluss auf Art, Menge oder Wirkstoffgehalt genommen hat (→ Vor § 29 Rn. 811) oder ein polizeilich veranlasstes „Luftgeschäft" vorliegt (BGHR BtMG § 29 Strafzumessung 35 = NStZ-RR 2000, 57 = StV 1999, 650; BGH StV 2000, 555; 2000, 620). Die polizeiliche **Überwachung** eines Drogengeschäfts, die eine Gefahr des Inverkehrgelangens ausschließt, stellt einen erörterungsbedürftigen gewichtigen Strafmilderungsgrund dar. Daneben kommt der **Sicherstellung** des Rauschgifts zusätzliches eigenständiges strafmilderndes Gewicht zu (BGH BeckRS 2017, 102347; *Maier* in MüKoStGB § 46 Rn. 359, 360). Zum Handel mit synthetischen Drogen auf der Techno-Szene durch Personen, die der Szene und ihren Rauschmittelgewohnheiten zuvor selbst verbunden waren → Vor § 29 Rn. 799.

II. Die allgemeinen Strafmilderungsgründe begründen noch keinen minder schweren Fall. Reichen die allgemeinen Strafmilderungsgründe nicht aus, um einen minder schweren Fall zu begründen und ist kein vertypter Milderungsgrund vorhanden, so verbleibt es bei dem **Normalstrafrahmen der konkreten Strafvorschrift.** 238

1. Hinzutreten eines oder mehrerer vertypter Strafmilderungsgründe. 239
Etwas anderes kommt dann in Betracht, wenn auch ein oder mehrere vertypte Milderungsgründe vorliegen. Diese können (→ Vor § 29 Rn. 827)
– nach § 49 Abs. 1 StGB zu einer Milderung des Normalstrafrahmens dienen,
– aber auch **allein** (→ Vor § 29 Rn. 828) oder **zusammen** mit anderen vertypten Strafmilderungsgründen oder mit einem oder mehreren allgemeinen Strafmilderungsgründen einen minder schweren Fall begründen; im Hinblick auf die regelmäßig geringere Schuld, die die vertypten Milderungsgründe indizieren (Schäfer/Sander/van Gemmeren Strafzumessung Rn. 922), wird dies nicht selten der Fall sein (→ Vor § 29 Rn. 752–780). Vorrangig ist zu prüfen, ob ein minder schwerer Fall vorliegt (→ Vor § 29 Rn. 782).

2. Die Wahl des Gerichts. In einem solchen Fall steht das **Gericht vor der Wahl,** entweder gemäß § 49 Abs. 1 StGB den Normalstrafrahmen zu mindern oder den Strafrahmen der Vorschrift zum minder schweren Fall zu entnehmen (→ Vor § 29 Rn. 829–831). Im ersten Fall führt dies gemäß § 49 Abs. 1 Nr. 2, 3 StGB zu einem Strafrahmen von drei Monaten bis elf Jahren drei Monaten Freiheitsstrafe, im letzten gemäß § 29a Abs. 2 zu einem Strafrahmen von drei Monaten bis zu fünf Jahren Freiheitsstrafe. **Vorrangig** ist zu prüfen, ob ein **minder schwerer Fall** vorliegt. 240

Die Wahl ist auf der Grundlage einer **Gesamtwürdigung** aller für die Bewertung von Tat und Täter in Betracht kommenden Umstände zu treffen. Dabei müssen die Urteilsgründe erkennen lassen, dass sich das Gericht aller Möglichkeiten bewusst war (→ Vor § 29 Rn. 829–831, 842; BGH NStZ 2018, 228). Das Gericht ist nicht verpflichtet, den für den Täter günstigeren Strafrahmen zu wählen, wenn dies auch meist veranlasst sein wird (→ Vor § 29 Rn. 830, 831). 241

3. Verbrauch vertypter Strafmilderungsgründe. Wählt das Gericht nach → Rn. 240, 241 den Strafrahmen für den minder schweren Fall (Absatz 2), so sind die **vertypten Milderungsgründe,** die dazu beigetragen haben (→ Vor § 29 Rn. 835), nach § 50 StGB für die Strafrahmenwahl **verbraucht** (→ Vor § 29 Rn. 834). Dies gilt nicht für die Strafzumessung im engeren Sinn (→ Vor § 29 Rn. 834). 242

Noch **nicht verbrauchte** vertypte Milderungsgründe können nach § 49 Abs. 1 StGB zu **weiteren Milderungen** herangezogen werden (→ Vor § 29 Rn. 836). Dabei beträgt der Strafrahmen bei einer weiteren Milderung ein Monat bis drei Jahre neun Monate Freiheitsstrafe. Bei Tateinheit, zB beim tateinheitlichen Zusammentreffen von § 29a Abs. 1 mit § 30 Abs. 2 (BGH BeckRS 2019, 12627) und bei Gesetzeskonkurrenz, zB beim Zurücktreten des § 29a Abs. 1 Nr. 2 hinter § 30a Abs. 2 Nr. 2 (BGH BeckRS 2019, 24805), ist die **Sperrwirkung idealkonkurrierender** oder **zurücktretender** Gesetze zu berücksichtigen (→ Vor § 29 Rn. 702, 722, 723). Haben auch diese Sonderstrafrahmen und kommen diese im konkreten 243

Fall in Betracht, so sind sie maßgeblich (→ Vor § 29 Rn. 702, 722). Die Sperrkung gilt jedenfalls hinsichtlich der Mindeststrafe (BGH BeckRS 2019, 12627). Ob sie auch für den Höchststrafrahmen gilt, ist nicht abschließend geklärt; zu Differenzen zwischen den Strafsenaten des BGH → § 30 Rn. 322 und → Vor § 29 Rn. 723)

244 **4. Verbleiben beim Normalstrafrahmen.** Reicht auch der vertypte Milderungsgrund allein oder zusammen mit den anderen Umständen nicht aus oder trifft das Gericht keine entsprechende Wahl (→ Rn. 240, 241), so **verbleibt** es bei der Anwendung des § 49 Abs. 1 StGB auf den **Normalstrafrahmen** (→ Vor § 29 Rn. 841).

245 **III. Die allgemeinen Strafmilderungsgründe begründen bereits einen minder schweren Fall.** Reichen die allgemeinen Strafmilderungsgründe aus, um einen minder schweren Fall (Absatz 2) zu begründen, so muss oder kann dieser nach § 49 Abs. 1 StGB **weiter gemildert** werden, wenn ein oder mehrere vertypte Milderungsgründe vorliegen (→ Vor § 29 Rn. 836, 838). Auf die **Sperrwirkung** idealkonkurrierender oder zurücktretender Gesetze (→ Rn. 243) ist dabei zu achten. Dort auch zum Höchststrafrahmen.

246 **C. Zweiter Schritt: Strafzumessung im engeren Sinn.** Nach der Bestimmung des Strafrahmens ist innerhalb der Eckpunkte, die durch ihn festgelegt werden, die nach Art und Maß schuldangemessene Strafe zu finden (*Schäfer/Sander/van Gemmeren* Strafzumessung Rn. 886). Dabei sind die Umstände, die zur Wahl des Strafrahmens herangezogen wurden, noch einmal heranzuziehen (→ Vor § 29 Rn. 740, 794, 897–899). Sie sind damit nicht verbraucht, wenn auch in ihrem Gewicht möglicherweise geändert (→ Vor § 29 Rn. 743, 897). Die für die Strafzumessung im engeren Sinne maßgebenden Gesichtspunkte sind umso eingehender darzulegen, je mehr die Strafe sich den Rändern des Strafrahmens nähert (BGH StV 1991, 396).

247 **I. Strafzumessungserhebliche Umstände im Allgemeinen.** dazu → § 29 Rn. 127.

248 **II. Häufige Strafzumessungserwägungen im Betäubungsmittelstrafrecht.** Bestimmte Umstände sind bei der Strafzumessung im engeren Sinn im Betäubungsmittelstrafrecht besonders häufig heranzuziehen. Sie gelten mehr oder minder für alle Betäubungsmittelstraftaten und sind im Teil → **Vor §§ 29 ff. Rn. 938–1156** näher erläutert.

249 **III. Zusätzliche Strafzumessungserwägungen für Absatz 1 Nr. 1 oder 2.** Sowohl für Absatz 1 Nr. 1 als auch für Nr. 2 kommen jeweils besondere Gesichtspunkte für die Strafzumessung in Betracht, die sich vor allem aus der Funktion des jeweiligen Tatbestands ergeben.

250 **1. Bei § 29a Abs. 1 Nr. 1 (Minderjährige).** Neben den in → Rn. 248 genannten Gesichtspunkten kommen für die Überlassung von Betäubungsmitteln an Minderjährige vor allem die folgenden Umstände in Betracht:

251 **a) Strafschärfend** können (Ausnahme: Buchst. f, § 46 Abs. 3 StGB) die Gesichtspunkte herangezogen werden, die in **Art. 3 Abs. 5 ÜK 1988** genannt sind und die im internationalen Vergleich als „Standardstraferschwerungsgründe" (*Albrecht* in Kreuzer BtMStrafR-HdB § 10 Rn. 31) angesehen werden können (*Kotz* in Kotz/Rahlf BtMStrafR Kap. 8 Rn. 69). Zur Heranziehung des Übereinkommens → Vor § 29 Rn. 864, 865.

252 **Weiter kann straferschwerend** berücksichtigt werden, dass der Täter ein Abhängigkeits-, Ausbildungs- oder Betreuungsverhältnis ausgenutzt hat (*Patzak* in Körner/Patzak/Volkmer Rn. 24; *Kotz* in Kotz/Rahlf BtMStrafR Kap. 8 Rn. 69) oder ein solches bzw. eine scheinbare Freundschaft zur Gewinnung von Abneh-

Straftaten § 29a BtMG

mern begründet hat oder dass er dem Minderjährigen vorspiegelt, ihm beim Entzug zu helfen, und ihn stattdessen zur Prostitution oder zu Drogengeschäften bringen will (BGH NStZ-RR 1998, 347 = StV 1998, 592). Ebenso fällt straferschwerend ins Gewicht, wenn die Abnehmer besonders jung waren, was nähere Feststellungen verlangt (BGH BeckRS 2001, 7938), wenn es sich bei dem Stoff um besonders gefährliche Betäubungsmittel handelte, wenn der Täter erhebliche oder gar nicht geringe Mengen weiter gegeben hat, wenn er die Gesundheit des Minderjährigen erheblich gefährdet oder geschädigt hat oder wenn zu § 29a Abs. 1 Nr. 1 tateinheitlich § 29a Abs. 1 Nr. 2 hinzutritt. Strafschärfend wirkt sich ferner aus, wenn der Täter aus übersteigertem Gewinnstreben gehandelt oder Druck angewendet hat (*Kotz* in Kotz/Rahlf BtMStrafR Kap. 8 Rn. 69).

Ein **Verstoß gegen § 46 Abs. 3 StGB** soll es sein, wenn strafschärfend berücksichtigt wird, dass der Täter den Minderjährigen **süchtig gemacht** hat (BGH BeckRS 2003, 02383 = StV 2003, 542; *Patzak* in Körner/Patzak/Volkmer Rn. 25) Dies überzeugt nicht (zweifelnd wohl *Oğlakcıoğlu* in MüKoStGB Rn. 40). Denn gesetzgeberische Intention ist die Verhütung von Gesundheitsschäden; das Entstehen einer Sucht ist noch nicht einmal eine regelmäßige Begleiterscheinung der Tat (dazu → Vor § 29 Rn. 910, 911). Ein Verstoß gegen das Doppelverwertungsverbot liegt dagegen vor, wenn strafschärfend berücksichtigt wird, dass der Täter seine **Drogengeschäfte ohne Rücksicht auf das Alter** des Abnehmers mit nahezu jedermann abwickelte (BGH BeckRS 2010, 20289) oder dass er mit Cannabis eine Einstiegsdroge für härtere Drogen abgegeben hat (BGH BeckRS 2001, 30219286).   253

b) Strafmildernd können ein altruistisches Motiv, die geringere Gefährlichkeit der Tat, etwa bei einer sog. weichen Droge oder einer besonders niedrige Wirkstoffkonzentration sowie allgemein die geringe Wirkstoffkonzentration oder eine verhältnismäßig kleine Menge der Betäubungsmittel ins Gewicht fallen (*Patzak* in Körner/Patzak/Volkmer Rn. 26).   254

2. Bei § 29a Abs. 1 Nr. 2 (nicht geringe Menge). Neben den in → Rn. 248 genannten, im Wesentlichen für alle Betäubungsmittelsachen geltenden Gesichtspunkten kommen für den unerlaubten Umgang mit Betäubungsmitteln vor allem die folgenden Umstände in Betracht: 255

a) Strafschärfend können die Gesichtspunkte herangezogen werden, die in Art. 3 Abs. 5 ÜK 1988 genannt sind (dazu → Rn. 251). Straferschwerend fällt danach insbesondere ins Gewicht, wenn der Händler bei seinen Drogengeschäften **Gewalt** anwendet (Art. 3 Abs. 5 Buchst. d ÜK 1988). Dasselbe gilt für **Korruption** oder Kollusion (Art. 3 Abs. 5 Buchst. e ÜK 1988). Die Tatbegehung mit einer **nicht geringen Menge** darf für sich genommen bei der Strafzumessung nicht berücksichtigt werden. Erschwerend darf jedoch das Maß der Überschreitung gewertet werden, sofern es sich nicht lediglich um eine Überschreitung im Bagatellbereich handelt (BGH NStZ 2018, 228).   256

Strafschärfend darf berücksichtigt werden, dass der Täter **mehrere Tatbestände** verwirklicht hat; dies gilt nicht, wenn dies darauf zurückzuführen ist, dass ein Teil des Rauschgifts dem Eigenverbrauch dient (→ Vor § 29 Rn. 809, 810, 938).   257

b) Minenfeld Handeltreiben und Doppelverwertungsverbot. Häufig beanstandete Rechtsfehler ergeben sich aus dem Spannungsfeld, in dem das Handeltreiben zum Doppelverwertungsverbot des § 46 Abs. 3 StGB steht. Dabei kann das Doppelverwertungsverbot in vielerlei Gestalt durch die Strafzumessung tangiert werden (Rspr.-Übersicht *Maier* NStZ-RR 2018, 235f.; 2020, 3). Hinzu kommt, dass das Gericht das Fehlen von Strafmilderungsgründen nicht strafschärfend berücksichtigen darf. Wegen der Einzelheiten wird auf → Vor § 29 Rn. 902 und die dort in Bezug genommenen Randnummern verwiesen.   258

Maier 1049

259 **Als Leitfaden** kann gelten: das Gericht ist eher auf der sicheren Seite, wenn es auf Umstände abhebt, die über die Merkmale des gesetzlichen Tatbestandes **hinausgehen** und die Tat im Einzelfall **begleiten** oder **prägen** (→ Vor § 29 Rn. 914, 915). Allerdings müssen sie über ein hinreichendes Gewicht und eine hinreichende Unterscheidungskraft verfügen (→ Vor § 29 Rn. 914).

260 **aa) Anerkannte Erwägungen.** Danach ist es zulässig, die **besonders große Menge** oder **Wirkstoffmenge** strafschärfend zu berücksichtigen, die der Tat zugrunde liegt (→ Vor § 29 Rn. 916). Auch wenn stets noch größere Mengen denkbar sind, ist es nicht ausgeschlossen, die **Höchststrafe** zu verhängen, da diese nicht dem denkbar schwersten Fall vorbehalten ist, sondern einen ganzen Bereich schwerer Fälle abdeckt, in denen keine Milderungsgründe zu erkennen sind (→ Vor § 29 Rn. 894–896; *Mösl* DRiZ 1979, 166; s. *Patzak* in Körner/Patzak/Volkmer Rn. 137).

261 Daher kann die Verhängung der damaligen **Höchststrafe** von zehn Jahren Freiheitsstrafe wegen Handeltreibens mit 1.950 g Heroin und verbalen Handeltreibens mit 5 kg Heroin gerechtfertigt sein (BGH NStZ 1983, 268 = StV 1983, 102). Dagegen kann bei zahlreichen und gewichtigen Milderungsgründen trotz der großen Menge von 109 kg Heroin mit 85 kg Wirkstoff auch eine Freiheitsstrafe von 12 Jahren 6 Monaten noch vertretbar und nicht zu niedrig sein (BGH Schoreit NStZ 1992, 321 = DRsp Nr. 1994/203).

262 Strafschärfend wirken auch **Schäden** und **Gefahren** für die Gesundheit durch **gefährliche Streckmittel und Gifte** (*Patzak* in Körner/Patzak/Volkmer Rn. 139). Dasselbe gilt für die Gesundheitsgefahren und -schäden, die aus einer **besonders hohen Wirkstoffkonzentration** entstehen (s. aber BGHR BtMG § 29 Beweiswürdigung 6 = Schoreit NStZ 1992, 322 = StV 1992, 278).

263 Straferschwerend ist nur das den Rahmen des Tatbestandsmäßigen deutlich **übersteigende Gewinnstreben** zu berücksichtigen, etwa wenn ein Großhändler von Drogenabhängigen übersetzte und marktunübliche Preise verlangt (→ Vor § 29 Rn. 919, 936; *Patzak* in Körner/Patzak/Volkmer Rn. 143). Dasselbe gilt für ein **professionelles Vorgehen** und eine darin zum Ausdruck kommende hohe kriminelle Energie (→ Vor § 29 Rn. 917). Strafschärfend darf auch berücksichtigt werden, dass der Täter als **Zwischenhändler** innerhalb der Drogenhierarchie auf einer höheren Ebene agiert hat (→ Vor § 29 Rn. 918), ebenso die **Förderung** der **Organisierten Kriminalität**, sofern ein umfangreiches Bezugs- und Vertriebssystem besteht (→ Vor § 29 Rn. 916). Auch die in der Installation einer **Selbstschussanlage** in einer Cannabisplantage zum Ausdruck kommende kriminelle Energie kann strafschärfend berücksichtigt werden.

264 Auf die strafschärfende Erwägung, Handeltreiben sei die **verwerflichste Variante** des § 29 Abs. 1 S. 1 Nr. 1, sollte das Gericht verzichten. Sie wird häufig beanstandet (näher BGH BeckRS 2019, 28835; *Maier* in MüKoStGB § 46 Rn. 586). Im Einzelfall wurde sie als zulässig angesehen wurde, wenn der Tat ein **gewichtiges Handeltreiben** (hier: 8 kg Cocain mit 50% Wirkstoffgehalt) zugrunde liegt (→ Vor § 29 Rn. 926).

265 **bb) Unzulässige Erwägungen.** Unzulässig ist dagegen diese Erwägung, wenn sie sich als nicht tragfähige **bloße Leerformel** erweist, weil ihr im Einzelfall eine weniger gewichtige Tatvariante, gemessen an der gesamten Anwendungsbreite des § 29 Abs. 1 S. 1 Nr. 1 zugrunde liegt (→ Vor § 29 Rn. 927). Eine solche weniger gewichtige Tatvariante ist etwa gegeben, wenn ein bislang unbestrafter Täter auf Grund einer **Tatprovokation** im Wesentlichen vergebliche Bemühungen entfaltet, die von dem agent provocateur bestellte und dem Umfang nach bestimmte Cocainmenge zu beschaffen (→ Vor § 29 Rn. 927).

266 Unzulässig ist es, das noch im Rahmen des Tatbestandsmäßigen liegende **Gewinnstreben** strafschärfend heranzuziehen (→ Vor § 29 Rn. 913, 919, 936). Dasselbe gilt für die **generelle Ablehnung** einer Strafe aus dem unteren Bereich des Strafrahmens, weil dieser Bereich leichteren Formen der Betäubungsmittelkriminalität vorbehalten sei (→ Vor § 29 Rn. 919).

Unzulässig ist es, dem Täter **ohne tatsächliche Substanz** in Form von Umständen, die die Tat prägen, vorzuwerfen, er habe das Heroin bedenkenlos an andere verkauft, um seinen Lebensunterhalt zu sichern; letztlich wird ihm damit das Handeltreiben als solches strafschärfend zur Last gelegt (→ Vor § 29 Rn. 928). 267

Nicht zulässig ist es, beim Handeltreiben mit **Ecstasy** in einer nicht geringen Menge die **szenetypischen Umstände** strafschärfend zu berücksichtigen. Sie sind bereits in die Gefährlichkeitseinschätzung (→ Rn. 116) eingeflossen, so dass ihre Verwertung gegen § 46 Abs. 3 StGB verstoßen würde (*Cassardt* NStZ 1997, 135 (136)). Auf der anderen Seite besteht aber auch zu einer strafmildernden Berücksichtigung kein Anlass, namentlich nicht zur schematischen Annahme eines minder schweren Falles (→ Vor § 29 Rn. 799, 892). 268

cc) Problematische Erwägungen. Widersprüchlich ist die Rechtsprechung zu der Frage, ob dem Täter vorgeworfen werden darf, er habe seine **Abnehmer in Straftaten verstrickt** (→ Vor § 29 Rn. 912). 269

Als rechtsfehlerhaft erweist sich die Strafzumessung in den Fällen, in denen der Eindruck entsteht, als ob dem Täter das **Fehlen eines Strafmilderungsgrundes strafschärfend** vorgeworfen würde, etwa, dass er **nicht aus wirtschaftlicher Not** gehandelt habe, ausschließlich gewinnorientiert oder nicht drogenabhängig gewesen sei etc. In solchen Fällen bejaht die Revisionsrechtsprechung regelmäßig einen Verstoß gegen § 46 Abs. 3 StGB (zusf. *Maier* NStZ-RR 2020, 3). Weiter wird auf → Vor § 29 Rn. 930–937 Bezug genommen. 270

c) Strafmildernd können namentlich die geringere Gefährlichkeit (zB weiche Droge) und die geringe Konzentration ins Gewicht fallen. Eine **geringe Überschreitung** der Untergrenze zur nicht geringen Menge ist ein Strafmilderungsgrund (BGH (1. Senat) BeckRS 2019, 23398; (2. Senat) NStZ-RR 2016, 141; 2020, 24); s. aber BGH (5. Senat) NStZ-RR 2017, 48: dreifache Menge „äußerst zweifelhaft"); ferner → Rn. 237 und → Vor § 29 Rn. 801. Das Zweieinhalbfache der nicht geringen Menge an Betäubungsmitteln ist auch noch derart gering, dass dies jedenfalls nicht als bestimmender Strafschärfungsgrund gewertet werden kann (BGH NStZ-RR 2020, 24). 271

Sollte nach den Regeln der Strafzumessung ausnahmsweise eine kurze Freiheitsstrafe im Raume stehen, so ist die **Strafart** zu wählen (→ Vor § 29 Rn. 1159–1171). 272

D. Dritter Schritt: Weitere Entscheidungen. Sodann sind die weiteren Entscheidungen zu treffen: 273

I. Strafaussetzung zur Bewährung, Strafart. Dazu gehören insbesondere die Frage der Strafaussetzung zur Bewährung (→ Vor § 29 Rn. 1177–1237). Hierbei sind im Wesentlichen präventive Aspekte zu berücksichtigen. Dabei können alle Umstände, die schon bei der Strafrahmenwahl und der Strafzumessung im engeren Sinn gewertet wurde, noch einmal berücksichtigt werden (*Schäfer/Sander/van Gemmeren* Strafzumessung Rn. 888, 889). 274

II. Maßnahmen. Weitere Entscheidungen betreffen die freiheitsentziehenden Maßregeln der Besserung und Sicherung (→ Vor § 29 Rn. 1299–1506), die Führungsaufsicht (§ 34) und den Entzug der Fahrerlaubnis durch die Strafgerichte → Vor § 29 Rn. 1507–1591. Zur **Einziehung** der **Betäubungsmittel** → § 33 Rn. 410–426. Zur Einziehung im Übrigen s. die (sonstigen) Erläuterungen zu § 33. 275

E. Anwendung des Jugendstrafrechts → Vor § 29 Rn. 1672–1771. 276

§ 30 Straftaten

(1) Mit Freiheitsstrafe nicht unter zwei Jahren wird bestraft, wer
1. Betäubungsmittel unerlaubt anbaut, herstellt oder mit ihnen Handel treibt (§ 29 Abs. 1 Satz 1 Nr. 1) und dabei als Mitglied einer Bande handelt, die sich zur fortgesetzten Begehung solcher Taten verbunden hat,
2. im Falle des § 29a Abs. 1 Nr. 1 gewerbsmäßig handelt,
3. Betäubungsmittel abgibt, einem anderen verabreicht oder zum unmittelbaren Verbrauch überlässt und dadurch leichtfertig dessen Tod verursacht oder
4. Betäubungsmittel in nicht geringer Menge unerlaubt einführt.

(2) In minder schweren Fällen ist die Strafe Freiheitsstrafe von drei Monaten bis zu fünf Jahren.

Übersicht

	Rn.
Einführung	1
Kapitel 1. Bandenmäßiges Anbauen, Herstellen, Handeltreiben (Absatz 1 Nr. 1)	4
A. Ziel, Anwendungsbereich	4
B. Völkerrechtliche Grundlagen	7
C. Tathandlungen	8
I. Grunddelikte	9
II. Bande	12
1. Begriff der Bande	13
2. Abgrenzung	18
a) Verabredung eines Verbrechens	19
b) Mittäterschaft	20
c) Kriminelle Vereinigung	21
3. Grundlagen der Strafschärfung	22
a) Bandentaten, Aktionsgefahr	23
b) Täterverbindung, Organisationsgefahr	24
c) Täterwillen	25
4. Die Merkmale der Bande im Einzelnen	26
a) Zusammenschluss mehrerer Personen, Mitgliedschaft	27
aa) Zahl der Beteiligten	28
bb) Stellung der Beteiligten	29
cc) Organisation, Planung, Verbindung	34
(a) Indikatoren	35
(aa) Hinsichtlich der Einzeltaten	37
(bb) Hinsichtlich der Täterverbindung	38
(b) Fehlen von Indikatoren	39
(c) Einzelfälle	40
dd) Gewisse Dauer	43
b) Bandenabrede	45
aa) Wille	49
(a) Ernsthaftigkeit, Bekundung	50
(b) Vereinfachungen	59
(aa) Nicht mehr notwendig: gefestigter Bandenwillen	60
(bb) Nicht mehr notwendig: übergeordnetes Bandeninteresse	61
(c) Typische Gestaltungen	64
(aa) Umfassende Organisation	65
(bb) Kauf/Verkauf, eingespielte Bezugs- und Absatzsysteme	66
(1) Selbständiger Geschäftspartner	70

	Rn.
(2) Verlängerter Arm	74
(cc) Kommission	75
(dd) Übernahme von Aufgaben	76
(ee) Aufteilung	77
bb) Begehung von Straftaten	78
(a) Künftige, im Einzelnen noch ungewisse Straftaten	79
(b) Mehrere Straftaten	81
(c) Selbständige Straftaten	82
(aa) Bewertungseinheit	84
(bb) Einstiegsgeschäft	85
c) Realisierung in einer Tat	86
5. Die Einzeltaten der Bande (Bandentaten)	87
D. Vorbereitung, Versuch, Vollendung, Beendigung	91
E. Täterschaft, Teilnahme	96
F. Handeln im Ausland	100
G. Subjektiver Tatbestand	102
I. Grundtatbestände	103
II. Bande	104
III. Bedingter Vorsatz	105
IV. Unrechtsbewusstsein	106
V. Irrtum	107
H. Konkurrenzen	108
I. Strafzumessung	110

Kapitel 2. Gewerbsmäßiges Abgeben, Verabreichen oder Überlassen zum unmittelbaren Verbrauch an Personen unter 18 Jahren (Absatz 1 Nr. 2) ... 111

A. Ziel	111
B. Völkerrechtliche Grundlage	112
C. Tathandlungen	113
I. Tatbestand des § 29a Abs. 1 Nr. 1	114
II. Gewerbsmäßig	115
D. Vorbereitung, Versuch, Vollendung, Beendigung	118
E. Täterschaft, Teilnahme	121
F. Handeln im Ausland	123
G. Subjektiver Tatbestand	124
I. Grundtatbestände	125
II. Alter des Empfängers, Gewerbsmäßigkeit	126
III. Bedingter Vorsatz	127
IV. Unrechtsbewusstsein	128
V. Irrtum	129
H. Konkurrenzen	130
I. Strafzumessung	134

Kapitel 3. Abgeben, Verabreichen oder Überlassen zum unmittelbaren Verbrauch mit Todesfolge (Absatz 1 Nr. 3) ... 135

A. Ziel	135
B. Völkerrechtliche Grundlage	136
C. Tathandlungen	137
I. Abgeben, Verabreichen, Überlassen zum unmittelbaren Verbrauch	138
II. Verursachung des Todes	141
1. Ursachenzusammenhang	142
a) Mitursächlichkeit	143
b) Alternative Kausalität (Doppelkausalität, Mehrfachkausalität)	145
c) Kumulative Kausalität	146
d) Generelle Kausalität	147
e) Überholende Kausalität	148
f) Hypothetischer Kausalverlauf, Reserveursache	149

	Rn.
2. Herbeiführung des Todes	152
3. Nachweis des Kausalzusammenhangs	154
4. Zurechnung	155
5. Im Betäubungsmittelstrafrecht: Zurechnung trotz eigenverantwortlicher Selbstgefährdung	156
a) Ausgangspunkt	157
b) Grundsatz der eigenverantwortlichen Selbstgefährdung	158
c) Einschränkung im Betäubungsmittelrecht	160
d) Einverständliche Fremdgefährdung	166
D. Vorbereitung, Versuch, Vollendung, Beendigung	167
E. Täterschaft, Teilnahme	173
F. Handeln im Ausland	176
G. Subjektiver Tatbestand	179
I. Grundtatbestände	180
II. Schwere Folge	181
1. Anwendung bei Vorsatz	182
2. Leichtfertigkeit	183
a) Begriff	184
b) Leichtfertigkeit und unbewusste Fahrlässigkeit	188
c) Leichtfertigkeit und Vorhersehbarkeit	189
d) Bezug auf die Tathandlungen des § 30 Abs. 1 Nr. 3	193
3. Der Grad der Leichtfertigkeit wird nicht erreicht	194
H. Konkurrenzen	200
I. Strafzumessung	204
J. Exkurs: Betäubungsmittelrechtliche Aspekte bei der fahrlässigen Tötung (§ 222 StGB) und der Körperverletzung mit Todesfolge (§ 227 StGB)	205
I. Anwendung der allgemeinen Vorschriften	205
II. Fahrlässige Tötung	207
1. Tathandlung	208
2. Eigenverantwortliche Selbstgefährdung	209
a) Begriff und Entwicklung	210
b) Abgrenzung zur Fremdgefährdung	211
aa) Abgrenzungskriterium	212
bb) Auch in den Fällen der Fahrlässigkeit	214
c) Eigenverantwortliche (autonome) Entscheidung	215
aa) Mangelnde Risikokenntnis des Konsumenten	217
(a) Rechtserheblicher Irrtum	218
(b) Überlegenes Sachwissen des Täters	221
(c) Mangelnde Fähigkeit zur Risikobeurteilung/-abwägung	223
bb) Mangelnde Fähigkeit zur Risikovermeidung	224
cc) Geschäftsfähigkeit	226
dd) Garantenstellung	227
d) Gleichstellung von Selbst- und Fremdgefährdung	234
3. Einwilligung	235
4. Fahrlässigkeit	237
III. Körperverletzung mit Todesfolge (§ 227 StGB)	243
1. Tathandlung, spezi*Fischer* Gefahrzusammenhang	244
2. Handeln im Ausland	250
3. Einwilligung	251
4. Subjektiver Tatbestand	252
5. Konkurrenzen	255
Kapitel 4. Unerlaubtes Einführen von Betäubungsmitteln in nicht geringer Menge (Absatz 1 Nr. 4)	**256**
A. Ziel	256
B. Völkerrechtliche Grundlage	257
C. Tathandlung	258
D. Vorbereitung, Versuch, Vollendung, Beendigung	262
E. Täterschaft, Teilnahme	265

	Rn.
F. Handeln im Ausland	267
G. Subjektiver Tatbestand	268
I. Tatbestand	269
II. Bedingter Vorsatz, Vorsatz bei Gleichgültigkeit	270
III. Vorsatz-Fahrlässigkeitskombination	271
IV. Unrechtsbewusstsein	272
V. Irrtum	273
1. Irrtum über Art oder Qualität des Betäubungsmittels	274
2. Irrtum über die Grenze zur nicht geringen Menge	275
H. Konkurrenzen	276
I. Zum Handeltreiben	279
1. Zum Grundtatbestand	280
2. Zum Handeltreiben in nicht geringer Menge	281
3. Zum Bandenhandel	283
4. Zum bewaffneten Betäubungsmittelhandel	284
II. Zum Besitz	285
III. Zur Abgabe	287
I. Strafzumessung	288

Kapitel 5. Strafzumessung (Absatz 1 Nr. 1–4, Absatz 2) ... 289

A. Ausgangslage	289
I. Erster Schritt: Strafrahmenwahl	290
II. Zweiter Schritt: Strafzumessung im engeren Sinn	295
III. Dritter Schritt: weitere Entscheidungen	296
B. Strafrahmenwahl	297
I. Allgemeine Strafmilderungsgründe	298
1. Häufige Strafzumessungserwägungen im Betäubungsmittelstrafrecht	299
2. Zusätzliche Strafzumessungsgründe für § 30 Abs. 1 Nr. 1–4	301
a) Bei § 30 Abs. 1 Nr. 1 (bandenmäßiges Handeln)	302
b) Bei § 30 Abs. 1 Nr. 2 (gewerbsmäßige Abgabe an Minderjährige)	307
c) Bei § 30 Abs. 1 Nr. 3 (Abgabe mit Todesfolge)	308
d) Bei § 30 Abs. 1 Nr. 4 (Einfuhr in nicht geringer Menge)	309
aa) Gesetzliche Ausgangslage	310
bb) Wesentliches Überschreiten der Grenzmenge	314
II. Die allgemeinen Strafmilderungsgründe begründen noch keinen minder schweren Fall	318
1. Hinzutreten eines oder mehrerer vertypter Milderungsgründe	319
2. Die Wahl des Gerichts	320
3. Verbrauch vertypter Milderungsgründe, Sperrwirkung	322
4. Verbleiben beim Normalstrafrahmen	324
III. Die allgemeinen Strafmilderungsgründe begründen bereits einen minder schweren Fall	325
C. Strafzumessung im engeren Sinn	326
I. Strafzumessungserhebliche Umstände im Allgemeinen	327
II. Häufige Strafzumessungserwägungen im Betäubungsmittelstrafrecht	328
III. Zusätzliche Strafzumessungsgründe für Nr. 1–4	329
1. Bei § 30 Abs. 1 Nr. 1 (bandenmäßiges Handeln)	330
a) Strafschärfend	331
b) Strafmildernd	335
2. Bei § 30 Abs. 1 Nr. 2 (gewerbsmäßige Abgabe an Minderjährige)	336
3. Bei § 30 Abs. 1 Nr. 3 (Abgabe mit Todesfolge)	337
a) Strafschärfend	338
b) Strafmildernd	340
4. Bei § 30 Abs. 1 Nr. 4 (Einfuhr in nicht geringer Menge)	342
a) Strafschärfend	343
b) Strafmildernd	349

	Rn.
D. Weitere Entscheidungen	351
I. Strafaussetzung zur Bewährung	352
II. Maßnahmen	353
E. Anwendung des Jugendstrafrechts	354

Einführung

1 Die 1982 durch das BtMG eingeführte Vorschrift blieb seither im Wesentlichen unverändert. Die durch das OrgKG erfolgte Verweisung des Absatzes 1 Nr. 2 auf den neuen Verbrechenstatbestand des § 29a Abs. 1 Nr. 1 ist lediglich eine Folgeänderung. In Absatz 1 Nr. 1, 4 wird das Fehlen der Erlaubnis seit der Änderung durch das Ausführungsgesetz Suchtstoffübereinkommen 1988 vom 2.8.1993 (BGBl. I S. 1407) mit dem Wort „unerlaubt" umschrieben; zum Ziel dieser Änderung → § 29 Rn. 26–30. Mit Nr. 3 beabsichtigte der Gesetzgeber eine Verschärfung des Strafrechts gegenüber § 222 StGB (→ Rn. 201); trotz des in Nr. 3 fehlenden Wortes „unerlaubt" setzt auch Nr. 3 eine unerlaubte Abgabe voraus (→ Rn. 139).

2 Der **Strafrahmen** beträgt Freiheitsstrafe von zwei Jahren bis zu fünfzehn Jahren (Absatz 1). Für minder schwere Fälle ist Freiheitsstrafe von drei Monaten bis zu fünf Jahren vorgesehen (Absatz 2). § 33 ermächtigt das Gericht zur **Einziehung.**

3 Wie die anderen Strafvorschriften des BtMG unterscheidet § 30 nicht zwischen sogenannten **harten und weichen Drogen.** Dies sowie die für Bandendelikte erhöhten Strafrahmen der §§ 30, 30a sind mit dem Grundgesetz vereinbar (BVerfG NJW 1997, 1910 = NStZ-RR 1997, 377 = StV 1997, 407). Als Regulativ steht den Gerichten die Ausschöpfung des Strafrahmens in beiden Richtungen zur Verfügung (BGH NStZ 1995, 350 = StV 1995, 255).

Kapitel 1. Bandenmäßiges Anbauen, Herstellen, Handeltreiben (Absatz 1 Nr. 1)

4 **A. Ziel, Anwendungsbereich.** Die Vorschrift soll die Einstufung der bandenmäßigen Begehung als einen besonders gefährlichen und verabscheuungswürdigen Angriff gegen das Schutzgut Volksgesundheit ermöglichen und dadurch auf der Ebene international und national agierender Großtäter die präventive und repressive Wirkung des Strafrechts verstärken. § 30 Abs. 1 Nr. 1 will aber auch kleinere, weniger gefährliche Verbindungen wie Erwerbsgemeinschaften und Jugendbanden treffen. Denn sowohl Bandentaten als auch die Bandenverbindungen weisen eine besondere Gefährlichkeit auf (BT-Drs. 8/3551, 37; *Patzak* in Körner/Patzak/Volkmer Rn. 8ff.).

5 Nach Einführung des § 30a Abs. 1 durch das OrgKG gilt die Vorschrift nur noch für die Fälle, in denen der **Grenzwert** einer nicht geringen Menge **nicht erreicht** wird. Gleichwohl ist der Fortbestand der Vorschrift kein Redaktionsversehen (aA *Malek* BtMStrafR Kap. 2 Rn. 410; *Endriß* StV 1999, 445f.). Vielmehr hat sie ihren Sinn bei der Vielzahl bandenmäßiger Kleinhändler, die jeweils nur kleine Mengen mit sich führen, um das Strafrisiko zu vermindern.

6 Ebensowenig ist es ein Redaktionsversehen (so aber *Endriß/Malek* BtMStrafR § 14 Rn. 2), dass die **Einfuhr** in § 30 Abs. 1 Nr. 1 **nicht** genannt ist. Die Regelung ist sachgerecht. Mit ihr wird vermieden, dass die bandenmäßige Einfuhr kleiner Mengen zum Eigenverbrauch, wie sie vor allem bei Jugendlichen vorkommt, von der Qualifikation erfasst wird. Aber die bandenmäßige Einfuhr von Rauschgift, das der Absatzförderung dient, ist als bandenmäßiges Handeltreiben strafbar (*Patzak* in Körner/Patzak/Volkmer Rn. 18).

Straftaten **§ 30 BtMG**

B. Völkerrechtliche Grundlagen. Die Vorschrift beruht in erster Linie auf den 7
vertraglichen Bestimmungen, die für die Grunddelikte gelten. Bestimmte Tatmodalitäten können sich auch auf Art. 3 Abs. 5 Buchst. a, b, c ÜK 1988 stützen.

C. Tathandlungen der Nr. 1 sind das unerlaubte Anbauen, Herstellen oder 8
Handeltreiben mit Betäubungsmitteln als Mitglied einer Bande, die sich zur fortgesetzten Begehung solcher Taten verbunden hat. Die Einfuhr ist in Nr. 1 nicht aufgeführt (→ Rn. 6); das Einführen einer nicht geringen Menge fällt unter Nr. 4.
Wird beim Anbauen, Herstellen oder Handeltreiben der Grenzwert zur nicht geringen Menge erreicht, gilt § 30a Abs. 1.

I. Grunddelikte. Die Vorschrift nimmt § 29 Abs. 1 S. 1 Nr. 1 ausdrücklich in 9
Bezug. Die Tathandlungen sind daher mit denen der Grundtatbestände identisch
(→ § 29 Rn. 48–66 (Anbauen), → Rn. 131–134 (Herstellen) und → Rn. 165–571
(Handeltreiben)). Zum Begriff der Betäubungsmittel → § 29 Rn. 3–12.

Andere Alternativen des § 29 Abs. 1 können von der Vorschrift erfasst werden, 10
wenn und soweit sie unselbständige Teilakte des Handeltreibens sind. Werden sie
sonst bandenmäßig begangen, so kann ein unbenannter besonders schwerer Fall
nach § 29 Abs. 3 S. 1 vorliegen. Ebenso wenig wie die engere oder erweiterte Analogiewirkung (→ § 29 Rn. 2055–2058) ist dies ein Verstoß gegen das Analogieverbot (aA *Endriß* StV 1999, 445 (446)).

Zum Merkmal **„unerlaubt"** → § 29 Rn. 27–30; es ist auch im Falle des § 30 11
Abs. 1 Nr. 1 ein Tatbestandsmerkmal.

II. Bande. Das Tatbestandsmerkmal der Bande wurde erstmals bei der Novellie- 12
rung des BtMG 1972 in das Gesetz aufgenommen, und zwar als Regelbeispiel für
einen besonders schweren Fall (§ 11 Abs. 4 S. 2 Nr. 4). Durch das BtMG 1982
wurde die bandenmäßige Begehung zum Verbrechenstatbestand erhoben.

1. Begriff der Bande. Die Bande setzt einen **Zusammenschluss** 13
(→ Rn. 27–43) von mindestens drei Personen voraus, die sich mit dem ausdrücklich oder konkludent erklärten Willen verbunden haben, künftig für eine gewisse
Dauer mehrere selbständige, im Einzelnen noch ungewisse Straftaten des im Gesetz genannten Deliktstyps zu begehen (**Bandenabrede** (→ Rn. 45–58; 64–77)).
Ein gefestigter Bandenwille oder ein Tätigwerden im übergeordneten Bandeninteresse ist nicht mehr erforderlich. Derartigen Umständen kommt nur noch indizielle Bedeutung für das Vorliegen einer Bande zu; sie können auch für die
Strafzumessung relevant sein (→ Rn. 59–63). Die **neue Definition** der Bande
wird nach der Entscheidung des Großen Senats v. 22.3.2000 (→ Rn. 14) in
stRspr vertreten (BGH BeckRS 2019, 25556; NStZ 2015, 227) und gilt auch
für Altfälle (→ Rn. 17).

Mit dieser Definition der Bande, die auch für das **Betäubungsmittelstrafrecht** 14
gilt (BGH StV 2001, 407), hat der Große Senat für Strafsachen (BGHSt 46, 321
= NJW 2001, 2266 = NStZ 2001, 421 m. Bespr. *Erb* NStZ 2001, 561 = StV 2001,
399; krit. *Endriß/Kinzig* NJW 2001, 3217 (3220)) auf Vorlage des 4. Strafsenats
(NJW 2001, 380 = NStZ 2001, 35 = StV 2001, 13 = JR 2001, 73 mAnm *Engländer*) die Diskussion über die notwendige Zahl der Bandenmitglieder und eine Einschränkung des Bandenbegriffs beendet. S. auch den Anfragebeschluss des 4. Strafsenats (NStZ 2000, 474 = StV 2000, 315 = JZ 2000, 630 mAnm *Engländer*) und
den Antwortbeschluss des 3. Strafsenats (NStZ 2001, 33 = StV 2000, 677).

Auch mit Blick auf die Zielrichtung des OrgKG bedarf der Begriff der Bande 15
keiner weiteren Eingrenzung durch **kriminologische Kriterien,** insbesondere aus
dem Bereich der Organisierten Kriminalität (BGHSt 46, 321 (→ Rn. 14); BGH
NStZ 2006, 574; ebenso bereits BGHR BtMG § 30a Bande 2 = NJW 1996, 2316
= NStZ 1996, 339). Die Feststellung typischer Kriterien der Organisierten Krimi-

nalität (→ Einl. Rn. 18–22) kann danach zwar hilfreich sein; notwendig ist sie jedoch nicht.

16 Das Vorliegen einer Bande kann nicht wegen des **dilettantischen Vorgehens** der Täter verneint werden oder weil es sich um eine **Jugendbande** handelt (BGHR StGB § 244a Bande 4 = NStZ-RR 2000, 343 = StV 2000, 670; BGH NStZ 2006, 574). Auch im Betäubungsmittelstrafrecht ist der Begriff der Bande **nicht** auf internationale Rauschgifthändlerbanden und eine professionelle Begehungsweise beschränkt (BGHR BtMG § 30a Bande 8). Erst recht muss die Bande keinen mafiaähnlichen Charakter aufweisen (BGHR BtMG § 30a Bande 2 (→ Rn. 15)) oder sonst einem „bestimmten Typus" des Zusammenschlusses entsprechen (BGHR BtMG § 30 Abs. 1 Nr. Bande 8 = NStZ 2007, 339).

17 Die Verwendung des Begriffs der Bande verstößt nicht gegen das **Grundgesetz,** insbesondere nicht gegen den Bestimmtheitsgrundsatz (BVerfG NJW 1997, 1910 (→ Rn. 3) noch zum früheren Bandenbegriff). Die Neubestimmung des Begriffs der Bande durch BGHSt 46, 321 (→ Rn. 14)) gilt auch für **Altfälle** (BtMG § 30a Bande 10 = NStZ 2002, 373; BGH NStZ 2004, 398).

18 **2. Abgrenzung.** Die bandenmäßige Begehung hat enge Berührungspunkte zu anderen Regelungen, so dass sich vielfach Abgrenzungsfragen ergeben:

19 **a) Zur Verabredung eines Verbrechens (§ 30 Abs. 2 StGB).** Während sich die Bandenabrede auf künftige, noch ungewisse Straftaten bezieht, muss die Tat in den Fällen des § 30 Abs. 2 StGB weitgehend konkretisiert sein (→ Vor § 29 Rn. 212, 213; *Schild* GA 1982, 55 (78, 79)), so dass ein konkretes geschütztes Rechtsgut in Gefahr gebracht wird. Demgegenüber ist die Bandenabrede auf die Begehung von im Einzelnen noch unbestimmten Straftaten ausgerichtet (BGHSt 47, 214 = NJW 2002, 1662 = NStZ 2002, 318 = StV 2002, 191 mAnm *Toepel* und *Gaede* StV 2003, 78 = JR 2002, 337 mAnm *Erb* und Bespr. *Rath* GA 2003, 823).

20 **b) Zur Mittäterschaft (§ 25 Abs. 2 StGB).** Von der Mittäterschaft (→ Vor § 29 Rn. 258–276) unterscheidet sich die Bande durch das Element der auf eine gewisse Dauer angelegten Verbindung mehrerer Personen zu zukünftiger gemeinsamer Begehung von im Einzelnen noch unbestimmten Straftaten (BGHSt 46, 321 (→ Rn. 14); 47, 214 (→ Rn. 19); BGH BeckRS 2009, 12864; NStZ 2007, 269). Bandenmitglied kann auch sein, wer seine künftige dauerhafte Gehilfentätigkeit zugesagt hat (BGH NStZ 2019, 416). Die Mitgliedschaft in einer Bande ist keine intensivere Form der Mittäterschaft, sondern ein aliud (BGHSt 47, 214 (→ Rn. 19)). Zur Abgrenzung von **eingespielten Bezugs- und Absatzsystemen** → Rn. 66 ff.), zur Verbindung aus jeweils neuem Entschluss, BGH NStZ 2021, 55.

21 **c) Zur kriminellen Vereinigung (§ 129 StGB).** Von der in § 129 Abs. 2 StGB definierten kriminellen Vereinigung (→ § 30b Rn. 7–26; BGHSt 31, 202 = NJW 1983, 1334 = NStZ 1983, 365; BGH NJW 1992, 1518 = NStZ 1992, 82 = StV 1992, 14; NStZ 1982, 68) unterscheidet sich die Bande dadurch, dass sie keine Organisationsstruktur aufweisen muss und für sie kein verbindlicher Gesamtwille (Gruppenwille) ihrer Mitglieder erforderlich ist (BGH NJW 2008, 1012 = NStZ 2008, 146; NStZ 2007, 31; NStZ 2008, 575 = StraFo 2008, 215); vielmehr können diese in einer Bande ihre eigenen Interessen an einer möglichst risikolosen und effektiven Tatausführung und Gewinnerzielung verfolgen (BGHSt 46, 321 (→ Rn. 14); 54, 216 = NJW 2010, 1979 mAnm *Bader* = StV 2010, 304; BGH NStZ-RR 2019, 311).

22 **3. Grundlagen der Strafschärfung.** Wesentlicher Grund für die Strafschärfung bei der bandenmäßigen Begehung ist die erhöhte Gefährlichkeit sowohl der Bandentaten als auch der Täterverbindung:

Straftaten §30 BtMG

a) Bandentaten, Aktionsgefahr. Wirken drei oder mehr Täter zusammen, so 23
führt dies in aller Regel zu einer erhöhten Gefährdung der geschützten Rechtsgüter. Aufgrund der Arbeitsteilung, die die Bande ermöglicht, können die Täter bei der Planung, Vorbereitung, Ausführung und Sicherung der Taten mit größerer Sorgfalt, Vorsicht und Ruhe sowie einem erhöhten Aufwand vorgehen; daraus resultiert eine erhöhte **Aktionsgefahr** bzw. Ausführungsgefahr (BGHSt 46, 321 (→ Rn. 14); *Patzak* in Körner/Patzak/Volkmer Rn. 9). Ohne eine solche Arbeitsteilung wäre der Absatz großer Mengen Rauschgift weit entfernt von den Erzeugungsgebieten nicht möglich.

b) Täterverbindung, Organisationsgefahr. Eine erhöhte Gefährlichkeit folgt 24
aber nicht nur aus den Bandentaten, sondern auch aus dem Zusammenschluss zur Bande selbst (**Organisationsgefahr**, BGHSt 46, 321 (→ Rn. 14); *Patzak* in Körner/Patzak/Volkmer Rn. 11). Die Bindung, die die Bandenmitglieder eingehen, bietet ihnen eine Basis für die Begehung von Straftaten und ist ein ständiger Anreiz hierzu (BGHSt 23, 240 = NJW 1970, 1279). Auch hierfür sind die Rauschgifthändler- und -schmugglerbanden ein beredtes Beispiel (zur international organisierten Drogenkriminalität s. *Thamm* in Kreuzer BtMStrafR-HdB § 4).

c) Täterwillen. Ob sich aus dem Täterwillen ein weiteres Gefahrenelement er- 25
gibt (*Schild* GA 1982, 55 (76)), kann dahinstehen (*Patzak* in Körner/Patzak/Volkmer Rn. 13). Die Strafschärfung bei Bandentaten findet ihre Berechtigung bereits in der Aktions- und der Organisationsgefahr, ohne dass es auf ein weiteres Element ankommt.

4. Die Merkmale der Bande im Einzelnen. Die Verbindung zu einer Bande 26
setzt voraus, dass sich mindestens **drei Personen** mit dem ausdrücklich oder konkludent erklärten Willen verbunden haben, künftig für eine gewisse Dauer mehrere selbständige, im Einzelnen noch ungewisse Straftaten (hier des Anbaues, Herstellens oder Handeltreibens mit Betäubungsmitteln) zu begehen (**stRspr** seit BGHSt 46, 321 (→ Rn. 14); 47, 214 (→ Rn. 19); 49, 177 = NJW 2004, 2840; 50, 160 = NJW 2005, 2629 = NStZ 2006, 174 = StV 2005, 555; 2006, 526 mAnm *Kindhäuser;* BGH NStZ 2004, 696; 2006, 176 = StV 2006, 136; NStZ 2007, 269 = StV 2007, 241 mAnm *Kudlich;* NStZ 2009, 35; **aus neuerer Zeit** BGH NStZ 2015, 227; 2019, 416; 2021, 55 NStZ-RR 2011, 58; 2012, 121; zur – überholten – Rspr. s. zuletzt BGH NJW 1997, 777; NJW 1997, 810; mBspr *Schreiber*).

a) Zusammenschluss mehrerer Personen, Mitgliedschaft. Die Bande setzt 27
danach zunächst einen Zusammenschluss mehrerer Personen voraus; der Zusammenschluss kann auch dadurch entstehen, dass sich ein Beteiligter einer bereits bestehenden Bande oder einer Vereinigung von zwei Personen **anschließt** und in sie **aufgenommen** wird.

aa) Zahl der Beteiligten. Eine Bande erfordert nunmehr den Zusammen- 28
schluss von **mindestens drei Personen** (BGHSt 46, 321 (→ Rn. 14)). Dies gilt auch im Betäubungsmittelstrafrecht (→ Rn. 14). Frühere Rspr. (BGH NJW 1992, 58 = NStZ 1991, 535) ist aufgegeben. Da mindestens drei Personen **in die Bandenabrede** als Täter oder Teilnehmer **einbezogen** sein müssen, genügt es nicht, wenn zwei Personen für die Tat einen weiteren nicht in die Bandenabrede einbezogenen Beteiligten gewinnen (*Patzak* in Körner/Patzak/Volkmer Rn. 22).

bb) Stellung der Beteiligten. Eine Bande setzt eine gemeinsame Deliktsbege- 29
hung auf **derselben Seite** des Geschäfts voraus. Einander auf Verkäufer- und Erwerberseite gegenüberstehende Beteiligte eines Drogengeschäfts handeln daher nicht bandenmäßig (→ Rn. 66–65).

Im Übrigen kommt es für die Annahme der Bandenmitgliedschaft nicht darauf an, 30
welche Entscheidungsbefugnisse der Betreffende innerhalb des Zusammenschlusses hat. Es bedarf insbesondere **keiner gleichrangigen Eingliederung** aller Mitglieder

in die Bandenstruktur (BGH wistra 2004, 105). Das Bestehen einer (gleichberechtigten) Partnerschaft spricht zwar nicht gegen eine Bande, ist auf der anderen Seite aber auch kein Indiz (BGHSt 42, 255 (→ Rn. 26); 47, 214 (→ Rn. 19)). Die Beteiligung an einer Bande lässt nicht anders als die Mittäterschaft materielle Abstufungen nach dem Grad des Tatinteresses und des Tateinflusses zu; solche **Unterschiede in der Rangordnung** der Bandenmitglieder sind nach kriminologischer Erfahrung sogar nicht selten (BGHSt 42, 255 (→ Rn. 26)) wenn nicht gar typisch (BGHSt 47, 214 (→ Rn. 19); BGH wistra 2004, 105 = BeckRS 2003, 09868), sodass einzelne Bandenmitglieder vollkommen unterschiedliche Funktionen übernehmen können.

31 Mitglied einer Bande kann auch sein, wem nach der Bandenabrede nur Aufgaben zufallen, die sich bei wertender Betrachtung als **Gehilfentätigkeit** darstellen (BGHSt 47, 214 (→ Rn. 19); BGH BeckRS 2009, 18264; BGH NStZ 2007, 288; 2008, 575; 2019, 416; NStZ-RR 2012, 121; 2015, 113), oder wer jeweils **nur ad hoc zugezogen** wird (→ Rn. 44; BGH NStZ 2007, 288). Ebenso kann eine Bande bei gegebener Organisationsgefahr (→ Rn. 24) aus einem **Haupttäter und zwei Gehilfen** bestehen (BGH NStZ 2011, 231 = StV 2011, 78; NStZ 2007, 33; 2008, 570). Anders liegt es, wenn die zugesagten Tatbeiträge des einzelnen gänzlich untergeordneter Natur sind und deshalb eine **Organisationsgefahr** weder begründen noch steigern können (BGH NStZ 2007, 33; wistra 2004, 105 = BeckRS 2003, 09868); s. auch BGHSt 47, 214 (→ Rn. 19); BGH NStZ 2002, 373). Ob die **Beteiligung an einer Bandentat als Mittäterschaft oder als Beihilfe** einzuordnen ist, ist nach stRspr – für jede einzelne Tat – (→ Rn. 89) nach den Grundsätzen des allgemeinen Strafrechts zu beantworten. In **wertender Gesamtbetrachtung** sind dazu die Kriterien der Grad des Tatinteresses, der Umfang der Tatbeteiligung, die Tatherrschaft oder der Wille hierzu heranzuziehen, sodass Durchführung und Ausgang der Tat maßgeblich auch vom Willen des Tatbeteiligten abhängen; bei **Beschränkung der Beteiligung auf einen Teilakt** kommt es darauf an, welche Bedeutung der Beteiligungshandlung im Rahmen des Gesamtgeschäfts zukommt. Fehlende eigene Entscheidungsspielräume, bloße Tätigkeit als Läufer, kein unmittelbares Partizipieren an Erlösen oder bloßes Mitwirken beim Verpacken sprechen für Gehilfentätigkeit (BGH BeckRS 2019, 3861; NStZ 2007, 288).

32 Dem Vorliegen einer Bande steht danach nicht entgegen, wenn die verschiedenen Täter innerhalb eines Drogenkartells **unterschiedliche Tatbeiträge** leisten (BGHSt 43, 158 = NJW 1997, 3323 = NStZ 1998, 42 = StV 1997, 589). Dasselbe gilt, wenn das einzelne Bandenmitglied **keine konkrete Kenntnis** von den Aktivitäten anderer Beteiligten hat oder auch nur einen **Vordermann** in der Organisation **kennt** (→ Rn. 56; BGHSt 43, 158 (s. o.)).

33 Ebenso schließt ein **starkes soziales Gefälle** eine Bande **nicht** aus, etwa wenn ein Drogenhändler zwei in desolater finanzieller Situation lebende Jugendliche veranlasst, für 50,00 EUR pro Verkaufstag und Gewährung von Unterkunft für ihn den Kleinhandel mit Heroin zu betreiben. Denn eine Bande setzt nach stRspr keinen gefestigten Bandenwillen und kein übergeordnetes Bandeninteresse mehr voraus, → Rn. 60, 61.

34 **cc) Organisation, Planung, Verbindung.** Nicht erforderlich ist, dass eine Organisationsstruktur besteht oder verabredet ist, in der den einzelnen Mitgliedern bestimmte Rollen zugewiesen sind oder zukommen (BGHSt 42, 255 (→ Rn. 26); BGHR BtMG § 30a Bande 3 = NStZ 1996, 442 = StV 1996, 483; BGH NStZ 1996, 443 m. Bespr. *Schöch* NStZ 1996, 166 = StV 1996, 99; 2006, 574; aA *Dessecker* NStZ 2009, 184, der eine „geschäftsähnliche Organisation" fordert). Ausreichend ist – anders als bei der Vereinigung iSv § 129 StGB – das Vorliegen einer **Verbindung** zur künftigen Begehung von Straftaten ohne Organisationsstruktur und ohne verbindlichen Gesamtwillen der Mitglieder, die in der Bande ihre eigenen Interessen an risikoloser und effektiver Tatausführung und Beute- oder Gewinnerzielung verfolgen können (BGH NStZ-RR 2019, 311).

(a) Indikatoren Ob eine solche Verbindung vorliegt, kann nur anhand der konkreten Umstände des Einzelfalles entschieden werden. Dabei dürfen die Indizien, die für oder gegen eine Bande sprechen **nicht isoliert** bewertet werden; vielmehr ist eine **Gesamtwürdigung** vorzunehmen (BGH NStZ 2009, 35; 2021, 55). 35

Die anschließend genannten **Indikatoren** sind daher **nur äußere Anzeichen,** deren Vorhandensein (zu ihrem Fehlen → Rn. 39) auf eine Verbindung zur künftigen Begehung von Straftaten hindeuten kann aber nicht muss. In diesem Sinne können für das Bestehen einer solchen Verbindung die folgenden äußeren Anzeichen sprechen (auch → Rn. 15, 16, 64–77; sie können ferner für die Strafzumessung von Bedeutung sein (*Malek* BtMStrafR Kap. 2 Rn. 432)): 36

(aa) Hinsichtlich der Einzeltaten: sorgfältige Planung und Vorbereitung, zweckmäßige Arbeitsteilung (s. BGHR BtMG § 30a Bande 10 (→ Rn. 17)), umfassende Sicherung, gegenseitige Kontrolle (BGH NStZ 2004, 398) und gegenseitiger Schutz, ein jeweils gleichartiger Tatablauf, in enger zeitlicher Zusammenhang der einzelnen Taten (BGH BeckRS 2009, 12864; StV 1995, 642). Dass die Tätergruppe in wechselnder Besetzung handelt und außer den Bandentaten weitere Straftaten anderer Art begeht, steht der Annahme einer Bande nicht entgegen (BGH NStZ 2009, 35). 37

(bb) Hinsichtlich der Täterverbindung: Eingebundensein in eine Organisation (s. BGH NStZ 2004, 398; NStZ-RR 2000, 91; StV 1999, 435), auf entsprechende Anfrage sofortige Bereitschaft zur Mitwirkung; abgesprochenes arbeitsteiliges Zusammenwirken ab der ersten Tat; geschäftsmäßige Auftragsverwaltung, gemeinsame Buchführung, gemeinsame Kasse (aber → Rn. 40), arbeitsteilige und gleichberechtigte Abwicklung von Akquisition, Vermittlungstätigkeit und Forderungseinziehung, Beteiligung an den gemeinsam erwirtschafteten Gewinnen und Verlusten (s. BGH BeckRS 2009, 12864; NStZ-RR 1997, 375; 2000, 91; StV 1999, 435; *Endriß/Malek* BtMStrafR § 14 Rn. 23), Aufteilung in funktionell eigenständige Bereiche (Beschaffung, Transport, Veräußerung), die arbeitsteilig ineinander greifen (LG Hanau bei *Kotz/Rahlf* NStZ-RR 2012, 198 (199)). Auf der anderen Seite steht eine **fixe Provision** der Annahme einer Bande nicht entgegen (BGH NStZ 2004, 398). 38

(b) Fehlen von Indikatoren. Noch weniger aussagekräftig als das Vorhandensein ist das Fehlen dieser Indikatoren. Dies ergibt sich insbesondere daraus, dass ein Bandenwille bereits aus dem konkret feststellbaren wiederholten deliktischen Zusammenwirken mehrerer Personen hergeleitet werden kann (→ Rn. 52), dass sich die Beteiligten nicht sämtlich kennen müssen (→ Rn. 56) und dass auch Gehilfen (→ Rn. 31) oder ad hoc Zugezogene (→ Rn. 31) zur Bande gehören können. 39

(c) Einzelfälle. Zu den Indikatoren für eine Bande gehört der Umstand, dass die Gewinne in eine **gemeinsame Kasse** fließen (BGHR BtMG § 30a Bande 8 (→ Rn. 16); BGH NStZ 2000, 436 = StV 2000, 621; NStZ-RR 1997, 375 (→ Rn. 38)). Dies allein reicht zur Annahme einer Bande jedoch dann nicht aus, wenn die mindestens drei Beteiligten, etwa in einer Wohngemeinschaft, einen **gemeinsamen Hausstand** führen (BGH StV 1996, 214). Etwas anderes gilt wiederum, wenn eine Absprache festgestellt werden kann (BGHR BtMG § 30 Abs. 1 Nr. 1 Bande 8 (→ Rn. 16)), wobei diese auch stillschweigend erfolgen kann (→ Rn. 51, 52). 40

Auf der anderen Seite kann die Gründung einer **Offenen Handelsgesellschaft** auf die Bildung einer Bande hindeuten (BGHSt 43, 158 (→ Rn. 32)), es sei denn, dass sie ursprünglich einem legalen Zweck diente (BGHR StGB § 244 Abs. 1 Nr. 3 Bande 3 = StV 1998, 421). Auch die gemeinsame **Anmietung** eines **Transport-** 41

BtMG § 30   Sechster Abschnitt. Straftaten und Ordnungswidrigkeiten

fahrzeugs kann ein Indikator für eine Bande sein (BGHR BtMG § 30a Bande 8 (→ Rn. 16); BGH StV 1999, 435).

42   Für eine Bande können auch der jeweils **gleichartige Tatablauf,** insbesondere ein **abgesprochenes, arbeitsteiliges Zusammenwirken** der Tatbeteiligten ab dem ersten Rauschgiftgeschäft, sowie der **enge zeitliche Zusammenhang** der Taten sprechen (BGH BeckRS 2009, 12864). Hingegen besagt für eine Bandenabrede noch nichts, dass der Täter bei den Taten mit anderen zusammen gehandelt hat oder mit mehreren in laufender Geschäftsbeziehung stand und/oder in einem eingespielten Bezugs- und Absatzsystem tätig wurde (BGH BeckRS 2019, 25556).

43   **dd) Gewisse Dauer.** Der Zusammenschluss muss auf eine gewisse Dauer angelegt sein (BGHSt 46, 321 (→ Rn. 14); BGH NStZ 2004, 398). Dies heißt nicht, dass es sich um einen längeren Zeitraum handeln müsste (*Franke/Wienroeder* Rn. 11). Nicht notwendig ist eine gewisse Regelmäßigkeit; auch ein fester Zeitraum muss nicht abgesprochen werden (BGHR BtMG § 30a Bandenhandel 1 = NStZ 1997, 90). Ausreichend ist, wenn sich die Abrede auf einen noch nicht eingegrenzten, im Einzelnen noch unbestimmten Zeitraum erstreckt. (*Franke/Wienroeder* Rn. 11). Daran **kann es fehlen**, wenn lediglich eine zeitlich begrenzte Übertragung von Aufgaben vorgenommen wird, etwa wenn der Täter lediglich als **Urlaubsvertreter** (bei mindestens zwei weiteren Bandenmitgliedern) eingesetzt wird (BGH StV 1997, 594), wenn sich seine Mitwirkung auf einzelne zeitlich und sachlich **nicht näher einzuordnende** Hilfsdienste auf Anweisung eines anderen beschränkt (BGHSt 42, 255 (→ Rn. 26)) oder wenn es sich um ein lediglich **gelegentliches Zusammenwirken** handelt (→ Rn. 79).

44   Auf der anderen Seite kann **Grundlage eines solchen Einsatzes** auch ein auf Dauer angelegter Zusammenschluss sein (→ Rn. 31), so dass es auch hier auf den konkreten Einzelfall ankommt. Besteht daher zwischen den Beteiligten die **grundsätzliche Übereinkunft,** zukünftig bei günstiger Gelegenheit Bandentaten zu begehen, so wird die Bandenmitgliedschaft eines Täters nicht dadurch in Frage gestellt, dass er die einzelnen Straftaten **spontan in wechselnder Beteiligung** mit den anderen Tätern durchführt (BGH NStZ-RR 2013, 77). auch → Rn. 87. Zu **Spontantaten** auch → Rn. 48.

45   **b) Bandenabrede.** Ob jemand **Mitglied einer Bande** ist, bestimmt sich allein nach der deliktischen Vereinbarung (**Bandenabrede**); die Begründung der Mitgliedschaft folgt nicht aus der Bandentat, sondern geht dieser regelmäßig voraus (BGHSt 47, 214 (→ Rn. 19); BGH NStZ 2012, 518 = NStZ-RR 2012, 90; NStZ-RR 2020, 47). Die Bandenabrede/Mitgliedschaft in einer Bande und die **Beteiligung an einer Bandentat** sind daher begrifflich zu trennen und unabhängig voneinander zu beurteilen (BGH NStZ-RR 2013, 77; 2013, 208; 2015, 113). Dementsprechend ist die Mitgliedschaft ein besonderes persönliches Merkmal iSd § 28 Abs. 2 StGB (→ Rn. 99).

46   Die für die **Mitgliedschaft** konstitutive – anhand einer Gesamtwürdigung festzustellende (BGH BeckRS 2020, 14836) – Vereinbarung (BGH NStZ 2012, 518 = NStZ-RR 2012, 90) muss darauf gerichtet sein, künftig für eine gewisse Dauer im Einzelnen noch ungewisse Straftaten (hier des Anbauens, Herstellens oder Handeltreibens mit Betäubungsmitteln) zu begehen (BGHSt 46, 321 (→ Rn. 14); 50, 160 (→ Rn. 26); BGHSt 49, 177 (→ Rn. 26); StV 2001, 407). Notwendig ist der **Wille zur Bindung** für die Zukunft und für eine gewisse Dauer (→ Rn. 43). Entscheidend ist, dass eine **offene Abrede,** dh auf eine unbestimmte Vielzahl im Einzelnen ungewisser Taten gerichtete Übereinkunft vorliegt. Hingegen genügt eine Abrede, nach der die Anzahl der Taten von vornherein beschränkt ist, nach der alle Teile der geplanten Handlungsreihe bereits im Wesentlichen feststehen und die auf einen bestimmten Gesamterfolg gerichtet ist (geschlossene Abrede), den Anfor-

derungen an eine Bandenabrede nicht. Denn bei von vornherein weitgehend feststehenden Taten fehlt auch die Bandengefährlichkeit, immer wieder neue Taten zu generieren (BGH NStZ-RR 2019, 310).

Dabei genügt es, wenn sich die Abrede auf einen **Teil des gesamten Umsatz-** 47 **geschäfts** beschränkt, zB auf einen gemeinschaftlichen Erwerb in Holland und eine gemeinschaftliche Einfuhr, während für den Absatz seines Anteils jeder der (mindestens drei) Beteiligten selbst zu sorgen hat (BGHR BtMG § 30a Bande 8; auch → Rn. 77).

Auf der anderen Seite kann auch Straftaten, die in wechselnder Beteiligung ohne 48 vorherige Tatplanung **spontan aus der Situation heraus** begangen werden, eine Bandenabrede zugrunde liegen, wenn nämlich unter der Tätergruppe eine grundsätzliche Übereinkunft dahin besteht, in Zukunft sich ergebende günstige Situationen entsprechend auszunutzen (BGH NStZ 2009, 35). Im Bereich des Betäubungsmittelstrafrechts dürften solche Taten selten sein. Zu den häufigeren Fällen von **Spontantaten** → Rn. 44.

aa) Wille. Die Verbindung zu einer Bande erfordert danach den Willen zur Be- 49 gehung von Straftaten.

(a) Ernsthaftigkeit, Bekundung. Der Wille muss ernsthaft sein; eine bindende 50 gegenseitige Verpflichtung ist jedoch nicht notwendig (BGHSt 31, 202 = NJW 1983, 1334 = NStZ 1983, 365; BGHR BtMG § 30 Abs. 1 Nr. 1 Bande 8; BGH NStZ 2007, 339; NStZ 2006, 574), so dass eine Bande auch vorliegen kann, wenn die Mitglieder ihre Beteiligung **jederzeit aufgeben** können (BGH NStZ 2006, 574). Gegen einen gemeinsamen Willen kann sprechen, wenn sich ein Täter nur gelegentlich – und sei es auch aufgrund einer allgemeinen Übereinkunft – an den Taten Dritter in deren bereits betriebenem Deliktssystem beteiligt (BGH NStZ 2007, 339).

Der Wille zur Gründung einer Bande oder zu einem Anschluss an eine be- 51 stehende Bande kann **ausdrücklich, stillschweigend** oder durch **schlüssiges Verhalten** bekundet werden (stRspr; BGHSt 42, 255 (→ Rn. 26); 47, 214 (→ Rn. 19); 50, 160 (→ Rn. 26); BGHR BtMG § 30 Abs. 1 Nr. 1 Bande 9; § 30a Bande 6 = NJW 1997, 3387 = NStZ 1998, 255 mAnm *Körner* = NStZ-RR 1997, 376 = StV 1997, 592; § 30a Abs. 1 Bandenhandel 1 (→ Rn. 43); BGH NStZ 2009, 35; NStZ-RR 2016, 11; 2016, 375; 2019, 311). Dabei sind die Beweisanforderungen umso geringer, je stärker die Gefährlichkeit einer Tätergruppe durch die Zahl ihrer Mitglieder, durch deren Präsenz bei der Tatausführung oder durch organisatorische Stabilität hervortritt (BGHSt 50, 160 (→ Rn. 26); BGH StV 2000, 259).

Ausreichend ist jede Form stillschweigender Vereinbarung. Eine solche still- 52 schweigende Vereinbarung, die auch aus dem konkret feststellbaren **wiederholten deliktischen Zusammenwirken** mehrerer Personen hergeleitet werden kann (BGHSt 47, 214 (→ Rn. 19); 50, 160 (→ Rn. 26); BGH NStZ 2004, 398; 2009, 35; NStZ-RR 2013, 208; 2016, 11; 375; 2019, 311), muss allerdings festgestellt werden. Dazu reicht es nicht, wenn sich das Gericht nach Schilderung der Handlungsabläufe mit der zumindest ungeschickten Formulierung begnügt, an einer bandenmäßigen Begehung bestünden keine Zweifel (BGH NStZ-RR 2012, 90). Vielmehr ist eine **Gesamtwürdigung** vorzunehmen, bei der die für und gegen eine Bandenabrede sprechenden Umstände in den Blick zu nehmen und gegeneinander abzuwägen sind; eine isolierte Bewertung der einzelnen Indizien genügt nicht (BGH BeckRS 2013, 19162; vgl. auch BGH NStZ 2007, 339).

Auf der anderen Seite liegt bei einem jeweils gleichartigen Tatablauf, einem ab- 53 gesprochenen, arbeitsteiligen Zusammenwirken und einem engen zeitlichen Zusammenhang der Taten eine durch **schlüssiges Verhalten** getroffene Bandenabrede nahe (BGH BeckRS 2009, 18264).

BtMG § 30　　Sechster Abschnitt. Straftaten und Ordnungswidrigkeiten

54　　Für sich allein nicht ausreichend ist eine **gemeinsame Interessenlage,** wie sie sich aus der Benutzung einer gemeinsamen Wohnung (BGH NJW 1998, 2913 = NStZ 1999, 187 mAnm *Erb* = StV 1998, 421), oder einer gemeinsamen Freizeit- und Feriengestaltung ergibt (BGH StV 1999, 435; anders bei Feststellung einer Absprache (→ Rn. 40)).

55　　Die Bandenabrede setzt nicht voraus, dass sich alle Beteiligten **gleichzeitig** absprechen (BGH BeckRS 2009, 12864; BGH NStZ-RR 2013, 208; NStZ 2013, 546). Sie kann auch durch **aufeinander folgende** Vereinbarungen entstehen, die eine bereits bestehende Vereinigung von Mittätern zu einer Bande werden lassen, oder dadurch zustande kommen, dass sich **zwei Täter einig** sind, künftig Straftaten mit einem weiteren Beteiligten zu begehen, und **der Dritte** sich der deliktischen Vereinbarung gegenüber einem oder beiden Beteiligten ausdrücklich, durch sein Verhalten oder auch nur durch seine tatsächliche Beteiligung anschließt (BGH BeckRS 2009, 12864; BGH NStZ-RR 2017, 114), wobei es ausreicht, wenn erst durch den Anschluss die Bande entsteht (BGHSt 50, 160 (→ Rn. 26); BGH NStZ-RR 2013, 208).

56　　Schließlich ist es für die Annahme einer Bandenabrede **nicht erforderlich,** dass sich die Mitglieder einer bandenmäßig organisierten Gruppe persönlich verabredet haben oder **mit Namen** oder von **Person bekannt sind,** wenn nur jeder den Willen hat, sich zur künftigen Begehung von Straftaten mit (mindestens) zwei anderen zu verbinden (BGHSt 50, 160 (→ Rn. 26); 53, 89 = NJW 2009, 863 = NStZ 2009, 393 = StV 2009, 360; BGH BeckRS 2009, 12864; NJW 2011, 1461 = NStZ 2011, 459 = StV 2011, 540 = JR 2011, 453 mAnm *Weber;* NStZ 2008, 575; NStZ-RR 2017, 114; 2020, 47; *Patzak* in Körner/Patzak/Volkmer Rn. 37).

57　　Auf der anderen Seite schließen verwandtschaftliche, freundschaftliche oder sonstige **Beziehungen** eine Bandenabrede nicht aus (BGHR BtMG § 30 Abs. 1 Nr. 1 Bande 8 = NStZ 2007, 339; BGH 2 StR 157/94; *Franke/Wienroeder* Rn. 18). Übernimmt es der Täter, zur **Tilgung eines Darlehens** für den ihm auch persönlich verbundenen Darlehensgeber Transportfahrten durchzuführen, so kann daher eine Bande in Betracht kommen (BGH BeckRS 1998, 30033965), wenn auch die sonstigen Voraussetzungen vorliegen, insbesondere mindestens drei Personen zur Bande gehören.

58　　Die **Auflösung der Bande** oder das **Ausscheiden** aus ihr setzt ebenso wie die Bandenabrede keine ausdrückliche Erklärung oder Aufkündigung voraus; es gelten daher die in → Rn. 51–56 genannten Grundsätze (BGHSt 50, 160 (→ Rn. 26); *Patzak* in Körner/Patzak/Volkmer Rn. 36; *Oğlakcıoğlu* in MüKoStGB Rn. 32, 58; *Franke/Wienroeder* Rn. 13). Häufige Beendigungs- oder Ausscheidungsgründe sind eine Strafaktion gegen das Bandenmitglied, die Aufnahme von Ermittlungen oder das Nichteinhalten der Bandenabrede.

59　　**(b) Vereinfachungen auf Grund des Beschlusses v. 22.3.2001.** Auf Grund des Beschlusses des Großen Senats v. 22.3.2001 (→ Rn. 14; für Altfälle → Rn. 17), kommt eine Bande auch dann in Betracht, wenn die Bandenmitglieder **eigene Interessen verfolgen** (BGH NStZ 2004, 398). Zwei Merkmale, die der Praxis erhebliche Schwierigkeiten gemacht und zu einer kaum noch übersehbaren Kasuistik geführt haben, werden ausdrücklich aufgegeben:

60　　**(aa) Nicht mehr notwendig: Gefestigter Bandenwillen.** Die Feststellung eines gefestigten Bandenwillens entfällt (BGHSt 46, 321 (→ Rn. 14); 54, 216 (→ Rn. 21); BGH BeckRS 2009, 12864; BGHR § 30a Bande 10 (→ Rn. 17); BGH NStZ 2005, 230). Unter diesem Willen war ein auf gewisse Dauer angelegter und verbindlicher Gesamtwille zu verstehen, sich im übergeordneten Interesse der bandenmäßigen Verbindung zu betätigen (zuletzt BGHSt 42, 255 (→ Rn. 26);

Straftaten **§ 30 BtMG**

BGH NStZ 2000, 436). Entscheidungen, die unter diesem Blickwinkel ergangen sind, können heute nicht mehr herangezogen werden.

(bb) Nicht mehr notwendig: Übergeordnetes Bandeninteresse. Dasselbe 61 gilt für das Erfordernis des übergeordneten Bandeninteresses. Auch dessen Feststellung ist entfallen (BGHSt 46, 321 (→ Rn. 14); 54, 216 (→ Rn. 21); BGH BeckRS 2009, 12864; BGHR § 30a Bande 10 = NStZ 2002, 373; BGH NStZ 2004, 398), so dass eine Bande auch dann vorliegt, wenn ihre Mitglieder bei der Tatbegehung ihre eigenen Interessen an einer möglichst risikolosen und effektiven Tatausführung sowie Beute- und Gewinnerzielung verfolgen (BGH NStZ 2007, 269 = StV 2007, 241 mAnm *Kudlich*).

Das Merkmal des übergeordneten Bandeninteresses war von der Rechtsprechung 62 (zuletzt BGHSt 42, 255 (→ Rn. 26); BGH NStZ-RR 1999, 311) namentlich für die Fälle des Zusammenwirkens von **Verkäufer** und **Käufer** beim Handeltreiben entwickelt worden, um eine Bande auszuschließen. Die Problematik wurde bereits dadurch wesentlich entschärft, dass die Bande nunmehr mindestens drei Mitglieder erfordert (→ Rn. 13, 14, 28).

Aber auch für die Fälle, in denen etwa ein Lieferant und zwei oder mehr Abneh- 63 mer vorhanden sind, bedarf es des früher verwendeten Merkmals nicht: meist wird eine **Mehrheit von Zweierbeziehungen** vorliegen. Sind aber auch die mehreren Abnehmer untereinander und mit dem Lieferanten verbunden, so liegen nicht nur die äußeren Merkmale einer Bande vor, sondern es ist auch die notwendige **Organisationsgefahr** (BGHSt 46, 321 (→ Rn. 14)) als innerer Grund für die Strafschärfung (→ Rn. 24) gegeben. Von einer Bande kann daher ausgegangen werden. Etwas anderes gilt, wenn auf der Erwerberseite kein Handeltreiben vorliegt, da es in einem solchen Fall an einer Tathandlung des § 30 Abs. 1 Nr. 1 fehlt.

(c) Typische Gestaltungen. Für die im Betäubungsmittelstrafrecht häufig vor- 64 kommenden Gestaltungen von (möglichen) Täterverbindungen ergibt sich auf der Grundlage der neuen Rechtsprechung folgendes:

aa) Umfassende Organisation. Eine Bande kommt in Betracht, wenn ein Sys- 65 tem, das von der Herstellung über den Transport bis zum Absatz der Betäubungsmittel reichen kann, von Personen betrieben wird, die auf **derselben Seite stehen** und am selben Strang ziehen (BGHSt 42, 255 (→ Rn. 26)). Eine **Arbeitsteilung** ist typisch für die organisierte Bandentätigkeit, selbst wenn die Aufgaben einzelner Mitglieder nur als Gehilfentätigkeiten erscheinen (BGHR BtMG § 30a Bande 10 (→ Rn. 17)).

(bb) Kauf/Verkauf, eingespielte Bezugs- und Absatzsysteme. An einer 66 gemeinsamen bandenmäßigen Begehung fehlt es, wenn sich die Beteiligten eines Drogengeschäftes auf der **Verkäufer-** und der **Erwerberseite** gegenüberstehen (BGHR BtMG § 30a Bande 11 = NJW 2007, 2056 = NStZ 2007, 533 = NStZ-RR 2007, 153 = StV 2007, 305 = StraFo 2007, 171; BGH NStZ 2004, 696 (→ Rn. 26); NStZ-RR 2008, 55; 2020, 47; BeckRS 2012, 2810), und zwar auch dann, wenn es sich um eine regelmäßige Geschäftsbeziehung handelt oder wenn im Rahmen eines eingespielten Bezugs- und Abnahmesystems gehandelt wird (BGHR BtMG § 30a Bande 11 (s. o.); BGH NStZ 2015, 227 mAnm *Patzak* NStZ-RR 2015, 247; BGH StraFo 2007, 387; 2011, 413; BeckRS 2020, 14836).

Bezugspunkt für die Prüfung, ob der Täter einerseits und die anderen Beteilig- 67 ten andererseits auf wirtschaftlich unterschiedlichen Seiten eines Geschäfts stehen, sind **sämtliche Teilakte** des Handeltreibens. Eine Bande kann daher auch dann in Betracht kommen, wenn die Beschaffung arbeitsteilig organisiert und durch ein gemeinsames Interesse und Agieren geprägt ist (BGH NStZ 2015, 227; dies wird von BGH NStZ 2015, 589 mablAnm *Patzak* übersehen). Die Feststellung der notwendigen Bandenabrede wird dadurch nicht erübrigt (BGH NStZ 2015, 227).

68 **Eingespielte Bezugs- und Absatzsysteme** sind für den illegalen Rauschgifthandel oftmals typisch (BGHR BtMG § 30a Bande 6 (→ Rn. 51); 8 (→ Rn. 16); BGH NStZ-RR 1997, 375). Für die Frage der Bande geben sie jedoch wenig her. Vielmehr ist auch bei einem solchen System entscheidend, ob der Beteiligte der Bezugs- und Absatzorganisation als **selbständiger Geschäftspartner** (Erwerber, Abnehmer, Käufer oder auch Verkäufer) gegenübersteht oder in sie als deren **verlängerter Arm** eingebunden ist (BGH BeckRS 2019, 25556; → Rn. 69–74).

69 Welche der beiden Formen im Rahmen eines solchen Systems (dazu *Patzak* NStZ 2015, 590) gegeben ist, beurteilt sich wesentlich nach der **getroffenen Risikoverteilung;** hierzu sind im Urteil Feststellungen zu treffen (BGH BeckRS 2019, 25556; NStZ 2015, 227 (→ Rn. 66); NStZ-RR 2013, 246; 2015, 247; 2020, 47):

70 **(1) Selbständiger Geschäftspartner.** Der Abnehmer in einem eingespielten Bezugs- und Absatzsystem, der das Rauschgift zum vereinbarten Preis erwirbt und es anschließend allein auf eigenes Risiko verkauft, insbesondere die Verkaufspreise selbst festsetzt und über die von ihm erzielten Gewinne allein disponiert, ist regelmäßig als **selbständiger Käufer** anzusehen (BGH StraFo 2011, 413). Weitere Hinweise sind das Leisten von Vorauszahlungen oder Klagen über seine Zahlungsmoral (BGH BeckRS 2012, 2810).

71 Trägt der **Abnehmer** das **Risiko**, so wird er auch nicht dadurch in die Absatzorganisation eingebunden, dass einer der Verkäufer ihm Kunden vermittelt und ihn beim Eintreiben von Kaufpreisforderungen unterstützt (BGH BeckRS 2011, 21574 = StraFo 2011, 413).

72 Wird der Täter von seinen Partnern **für Außenstände haftbar** gemacht, so kann darin ein Verhalten liegen, wie es unter selbständigen Geschäftspartnern üblich ist (BGHSt 42, 255 (→ Rn. 26) noch unter Hinweis auf den fehlenden gefestigten Bandenwillen). Auf der anderen Seite ist die Haftbarmachung für (auch schuldlos) verlorenes Geld oder Ware aber auch ein typisches Merkmal organisierter Banden, so dass auch hier auf die Berücksichtigung der Umstände des Einzelfalles nicht verzichtet werden kann.

73 Diese Grundsätze gelten auch, wenn der Beteiligte einer (bestehenden) Organisation nicht als Käufer, sondern **als Verkäufer** gegenübersteht, der er das Rauschgift auf eigene Rechnung verkauft, namentlich wenn er ihr gegenüber seine eigene Lieferquelle geheim hält (BGH BeckRS 2010, 27188).

74 **(2) Verlängerter Arm.** Von einer Einbindung in die Absatzorganisation als deren verlängerter Arm und damit von einer **Bande** ist in der Regel auszugehen, wenn die Verkäuferseite dem Abnehmer die Höhe des Verkaufspreises vorgibt, Zeitpunkt und Umfang der Lieferungen bestimmt und wenn sie am **Gewinn und Risiko** des Weiterverkaufs beteiligt ist (BGH BeckRS 2011, 21574 = StraFo 2011, 413), etwa wenn erst die Erlöse aus den Weiterverkäufen, gegebenenfalls nach Abzug einer Entlohnung, an sie abgeführt werden (BGH NStZ 2004, 696; NJW 2015, 3800 für einen Fall der Mittäterschaft). Dasselbe gilt, wenn der Abnehmer in einem solchen Falle einen festen Gewinnanteil (BGHR BtMG § 30a Bande 7) oder eine fixe Provision (BGH NStZ 2004, 398) erhält.

75 **(bb) Kommission.** Dasselbe wie für das Zusammenwirken des Käufers mit dem Verkäufer (→ Rn. 66–74) gilt, wenn der Täter Betäubungsmittel auf Kommission bezieht (BGH BeckRS 2011, 21574 = StraFo 2011, 413). Darüber hinaus kann in den Kommissionsgeschäften aber auch eine **verdeckende Umschreibung** dafür zu sehen sein, dass der Täter mit seinen Partnern in unselbständiger Weise als deren verlängerter Arm zusammenarbeitet und dass sich seine Beteiligung am Gewinn nach dem Umfang der Lieferungen richtet (BGHSt 42, 255 (→ Rn. 26)).

Straftaten   § 30 BtMG

(cc) **Übernahme von Aufgaben.** Für den Anschluss an eine Bande spricht die 76
Übernahme einer eigenständigen Aufgabe von einigem Gewicht im Rahmen der
bandenmäßigen Organisation, etwa wenn der Täter es unternimmt, einen Rauschgifttransport eigenverantwortlich für die Bande zu organisieren (BGH NStZ 2004,
398).

(dd) **Aufteilung.** Entgegen früheren Entscheidungen (zu Zweierbeziehungen) 77
ist eine Bande auch dann gegeben, wenn das gemeinsam eingeführte (BGH
BeckRS 2009, 12864) oder angeschaffte (BGHR BtMG § 30 Abs. 1 Nr. 1 Bande 5
= StV 1999, 434) Rauschgift von Anfang an nach der Zahl der (mindestens drei)
Beteiligten aufgeteilt werden und jeder Beteiligte seinen Anteil auf eigene Rechnung an gesonderte Abnehmerkreise verkaufen soll (→ Rn. 47). Dass jeder der Beteiligten seine eigenen Interessen verfolgt, schließt eine Bandenabrede nicht aus
(BGHSt 46, 321 (→ Rn. 14)).

bb) **Begehung von Straftaten.** Der Wille muss darauf gerichtet sein, künftig 78
für eine gewisse Dauer mehrere, im Einzelnen noch ungewisse Straftaten zu begehen (BGHSt 46, 321 (→ Rn. 14); 49, 177 (→ Rn. 26); 50, 160 (→ Rn. 26)). Dabei muss die künftige Begehung von Straftaten nicht der Hauptzweck der Verbindung sein (BGH StV 1995, 642; *Oğlakcıoğlu* in MüKoStGB Rn. 39; aA *Schild* GA
1982, 55 (81)). Haben sich die Beteiligten zunächst zu anderen, legalen Zwecken
zusammengefunden, ergeben sich an die Feststellung der Bandenabrede
(→ Rn. 45) allerdings erhöhte Darlegungs- und Beweisanforderungen (*Oğlakcıoğlu*
in MüKoStGB Rn. 39).

(a) **Künftige, im Einzelnen noch ungewisse Straftaten.** Da die Abrede bloß 79
darauf ausgerichtet sein muss, künftig mehrere, im Einzelnen noch ungewisse Straftaten zu begehen, bedarf es weder einer gewissen Regelmäßigkeit noch der Absprache eines festen Zeitraums für die zu begehenden Straftaten (→ Rn. 43). Zu **Spontantaten** → Rn. 48.

Die Abrede muss sich auf Delikte der **in § 30 Abs. 1 Nr. 1 bezeichneten Art** 80
beziehen (*Oğlakcıoğlu* in MüKoStGB Rn. 39 mwN; aA *Sobota* NStZ 2013, 509, der
am Wortlaut vorbei nicht überzeugend im Wege einer teleologischen Reduktion
eine Beschränkung auf das Handeltreiben erreichen will). Die **Art der Delikte,**
auf die sich die **Bandenabrede beziehen** muss, muss sorgfältig festgestellt werden.
Bezieht sich die Bandenabrede nur auf die gemeinsame Einfuhr getrennt erworbener und getrennt zu verkaufender Betäubungsmittel, so liegt hinsichtlich der Gesamtmenge nur bandenmäßige Einfuhr (in Tateinheit mit Handeltreiben hinsichtlich der selbst verkauften Menge und Beihilfe zum Handeltreiben hinsichtlich der
von den anderen verkauften Mengen) vor (BGH BeckRS 2008, 03728; *Schmidt*
NJW 2009, 3001).

(b) **Mehrere Straftaten.** Der Zusammenschluss muss mit dem Willen erfolgen, 81
mehrere Straftaten zu begehen. Es reicht daher nicht, wenn sich die Täter von
vornherein nur zu einer Tat (→ Rn. 82) verbunden haben (BGHR BtMG § 30a
Bande 3 (→ Rn. 34); StGB § 244 Abs. 1 Nr. 3 Bande 3 = NJW 1998, 2113
= NStZ 1999, 187 mAnm *Erb* = StV 1998, 421; BGH NStZ 1996, 443
(→ Rn. 34), mögen sie auch dabei eine feste Übereinkunft spätere Geschäfte in
Betracht gezogen haben (*Franke/Wienroeder* Rn. 20; s. auch BGH NStZ 1996, 443
(→ Rn. 34)). Dasselbe gilt, wenn sie in der Folgezeit jeweils aus neuem Entschluss
(von Fall zu Fall) wiederum derartige Straftaten begehen (BGHR StGB § 244
Abs. 1 Nr. 3 Bande 3 (s. o.); BGH NStZ 1996, 443 (→ Rn. 34); BeckRS 2013,
19162). Ebenso wenig genügt eine geschlossene Abrede (→ Rn. 46).

(c) **Selbständige Straftaten.** Bei den Taten, die begangen werden sollen, muss 82
es sich um mehrere selbständige Straftaten handeln (BGHSt 46, 321 (→ Rn. 14);
BGH StV 2001, 407). Maßgeblich sind dabei die geplanten tatsächlichen Abläufe

Maier   1067

sowie deren Umsetzung; unerheblich ist, ob diese bei einem Bandenmitglied auf Grund der besonderen Art seiner Tatbeiträge und gegebenenfalls nach dem Zweifelssatz zu einer Tat iSd § 52 StGB zusammengefasst werden (BGHSt 49, 177 (→ Rn. 26)).

83 Das Erfordernis beabsichtigter wiederholter Tatbegehung stellt auf die Vorstellung der Bande in ihrer **Gesamtheit** ab, nicht auf die des einzelnen Mitglieds. Geht diese dahin, dass eine Deliktsserie durch Handlungen verwirklicht wird, die jedenfalls in der Person einzelner Mitglieder tatsächlich selbständige Straftaten darstellen, ist bereits mit der Begehung der ersten Tat für die daran Mitwirkenden das Merkmal der Bandenmäßigkeit erfüllt. Ob die Tatbeiträge eines Beteiligten zu diesem und den (geplanten) nachfolgenden Delikten rechtlich zu einer Tat im Sinne gleichartiger Tateinheit verknüpft werden, ist nicht von Belang (BGHSt 49, 177 (→ Rn. 26)).

84 **(aa) Bewertungseinheit.** Ob danach mehrere selbständige Taten auch dann gegeben sind, wenn mehrere natürliche Handlungen nach den Grundsätzen der Bewertungseinheit zu einer Tat verbunden werden, etwa wenn die Täter eine einheitlich erworbene Rauschgiftmenge nach und nach verkaufen, wird unterschiedlich beurteilt. Teilweise wird dies im Anschluss an BGHR BtMG § 30a Bande 3 (→ Rn. 34) verneint (*Patzak* in Körner/Patzak/Volkmer Rn. 31; *Oğlakcıoğlu* in MüKoStGB Rn. 42; *Franke/Wienroeder* Rn. 20). Zwar reichen eine geschlossene Abrede oder der Wille der Bandenmitglieder, nur eine rechtliche Handlung abschnittsweise auszuführen, nicht aus. Zu beachten ist aber, dass der BGH (BGHSt 49, 177 (→ Rn. 26)) die Rechtsprechung zur fehlenden Bandenmäßigkeit bei einer fortgesetzten Handlung ausdrücklich aufgegeben und darauf hingewiesen hat, dass eine andere Betrachtung „den Begrifflichkeiten der Konkurrenzlehre verhaftet" bliebe, obwohl diese lediglich Fragen der Strafenbildung betreffe. Deshalb steht eine **Zusammenfassung** von **mehrfach durchgeführten Einkaufshandlungen** zu einer **Bewertungseinheit** der Annahme bandenmäßigen Handeltreibens nicht entgegen (BGH NStZ-RR 2014, 215; zust. *Schmidt* NJW 2014, 2995 (2996) und BGH NStZ-RR 2018, 352). Das gilt auch, wenn die Einkaufshandlungen in **Tateinheit** stehen (BGH NStZ-RR 2018, 352).

85 **(bb) Einstiegsgeschäft.** Der Wille richtet sich auch dann nicht auf die Begehung mehrerer selbständiger Taten, wenn die Täter zwar mehrere Rauschgiftgeschäfte ins Auge fassen, sich aber erst nach einer erfolgreichen Durchführung eines Einstiegsgeschäfts schlüssig werden wollen, ob sie weitere Geschäfte unternehmen wollen (BGH NStZ 1996, 443 (→ Rn. 34); *Oğlakcıoğlu* in MüKoStGB Rn. 41).

86 **c) Realisierung in einer Tat.** Während sich die Bandenabrede auf die künftige Begehung mehrerer selbständiger Straftaten beziehen muss, reicht für die Anwendung des § 30 Abs. 1 Nr. 1 aus, dass sich mindestens **in einer** – vollendeten oder versuchten – **Tat** (Bandentat) realisiert hat (BGH NJW 1979, 172 = JR 1979, 425 mAnm *Volk*; BGHSt 49, 177 (→ Rn. 26); BGH NJW 2008, 1012 = NStZ 2008, 146; *Patzak* in Körner/Patzak/Volkmer Rn. 32). Es genügt daher, wenn nach der Verabredung der Bandenmitglieder zumindest eine strafrechtlich relevante Handlung im Rahmen der bandenmäßigen Verbindung erfolgt ist. Dabei erfordert § 30 Abs. 1 Nr. 1 im Unterschied zum bandenmäßigen Diebstahl kein örtliches und zeitliches **Zusammenwirken** von mindestens zwei Bandenmitgliedern (BGHSt 38, 26). Das Gesetz trägt damit der Erfahrung Rechnung, dass die typischen Aktivitäten des bandenmäßigen Rauschgifthandels wie Bestellungen, Lieferungen, Kurierfahrten, Geldübergaben und Handlungen zur Koordination der Beteiligten im Wesentlichen von Einzelpersonen durchgeführt werden (*Oğlakcıoğlu* in MüKoStGB Rn. 44).

5. Die Einzeltaten der Bande (Bandentaten). Eine bandenmäßige Begehung 87
setzt voraus, dass die konkrete Tat ein **Ausfluss der Bandenabrede** ist und nicht
losgelöst davon begangen wird (BGH NStZ-RR 2012, 132; 2013, 208). Jedoch
kann die Bandenabrede auch solchen Taten, die in wechselnder Beteiligung ohne
Vorausplanung spontan vollendet oder versucht werden, zu Grunde liegen, wenn
unter der Tätergruppe eine Übereinkunft dahin besteht, in Zukunft sich ergebende
günstige Situationen entsprechend auszunutzen (BGH NStZ 2009, 35; NStZ-RR
2013, 208). auch → Rn. 44.

Die Bandenabrede lässt die **allgemeinen Regeln über die Tatbeteiligung** un- 88
berührt. Die Bandenmitgliedschaft und die Beteiligung an Bandentaten sind daher
unabhängig voneinander zu beurteilen (BGH NStZ 2011, 637; NStZ-RR 2003,
265; 2013, 77; 2016, 375).

Allein der Zusammenschluss zu einer Bande, die Bandenmitgliedschaft und ein 89
Handeln im Interesse der Bande haben nicht zur Folge, dass jedes von einem Bandenmitglied auf Grund der Bandenabrede begangene Delikt **den anderen Bandenmitgliedern** ohne weiteres als gemeinschaftlich begangene Straftat zugerechnet werden kann; vielmehr ist **für jede einzelne Tat** nach den allgemeinen
Kriterien festzustellen, ob sich die anderen Bandenmitglieder hieran als Mittäter,
mittelbarer Täter, Anstifter oder Gehilfen beteiligt oder ob sie überhaupt keinen
strafbaren Tatbeitrag dazu geleistet haben (BGH NJW 2012, 867; 2017, 498; NStZ
2012, 517; NStZ-RR 2003, 265; 2013, 77; 2016, 375; BeckRS 2020, 3214).

Dabei kann **mittelbare Täterschaft** (kraft Organisationsherrschaft) allerdings 90
bereits dann in Betracht kommen, wenn die anderen Bandenmitglieder eine Bezugsquelle nutzen, die der Täter unter Einsatz seiner besonderen Beziehungen geschaffen und regelmäßig genutzt hat (BGH BeckRS 2008, 10232).

D. Vorbereitung, Versuch, Vollendung, Beendigung. Bestimmte Vorberei- 91
tungshandlungen zu einer ausreichend konkretisierten Bandentat sind nach § 30
StGB strafbar (→ Vor § 29 Rn. 207–240); dies gilt auch dann, wenn die Vorbereitungshandlung und die Bandenabrede gleichzeitig erfolgen (sog. unausgeführte
Bande; krit. *Flemming/Reinbacher* NStZ 2013, 136). Stets ist allerdings erforderlich,
dass der Beteiligte nicht lediglich als Gehilfe bei dieser Bandentat tätig werden will
(→ Vor § 29 Rn. 220).

Strafbar ist auch der **Versuch** (§ 23 Abs. 1 StGB). Sofern nicht die Vorausset- 92
zungen des § 30 StGB erfüllt sind (s. BGH NJW 2008, 1012 und → Rn. 21), ist der Zusammenschluss für sich noch nicht mit Strafe bedroht. Vielmehr **beginnt die
Strafbarkeit** erst mit dem Beginn des Versuchs des Anbauens, Herstellens oder
Handeltreibens (→ Vor § 29 Rn. 175; *Oğlakcıoğlu* in MüKoStGB Rn. 74; *Franke/
Wienroeder* Rn. 26). Auf die Ausführungen zu den Grunddelikten (→ § 29
Rn. 68–74 (Anbauen), → Rn. 136, 138–140 (Herstellen) und → Rn. 573–631
(Handeltreiben)) wird im Übrigen Bezug genommen.

Noch kein Versuch des Handeltreibens, sondern eine bloße Vorbereitungshand- 93
lung ist die Beschaffung eines **Schmuggelfahrzeugs** für eine Rauschgifthändlerbande, sofern noch kein konkretes Rauschgiftgeschäft, das mit dem Fahrzeug
durchgeführt werden soll, **angebahnt** ist oder **läuft** oder im Raume stand und
dann mindestens bis zum Versuch durchgeführt wurde (→ § 29 Rn. 605). Eine
Handlung im bloßen Interesse einer Bande ohne konkreten Bezug zu einer Straftat
genügt anders als bei den Organisationsdelikten nicht (BGHR BtMG § 30a Abs. 1
Bandenhandel 2 = NJW 2001, 1283 = NStZ 2001, 323 = StV 2001, 459; BGH
NJW 2008, 1012 = NStZ 2008, 146).

Wird der erschwerende Umstand (Verbindung zur Bande) erst verwirklicht, 94
nachdem der Grundtatbestand, etwa die Herstellung von Betäubungsmitteln,
die Schwelle zum Versuch bereits überschritten hat, so beginnt der Versuch des qua-

BtMG § 30 Sechster Abschnitt. Straftaten und Ordnungswidrigkeiten

lifizierten Delikts erst mit dem unmittelbaren Ansetzen zur Erfüllung des Qualifikationsmerkmals (→ Vor § 29 Rn. 175) hier also mit der Verbindung zur Begehung künftiger Taten. Im Hinblick auf den schmalen Bereich, den die drei Grunddelikte dem Versuch nur überlassen, ist die praktische Bedeutung dieser Frage gering.

95 Auch für die **Vollendung** und **Beendigung** gelten die Grundsätze, die für die Grunddelikte maßgeblich sind (→ Rn. 92 und die dort genannten Verweisungen). Löst sich die Bande auf, während das Grunddelikt noch andauert, so ändert dies an der Erfüllung des Tatbestands nichts (mehr). Die geringere Gefährlichkeit kann dann im Rahmen der Strafzumessung berücksichtigt werden.

96 **E. Täterschaft, Teilnahme.** Die Mitgliedschaft in einer Bande begründet **noch nicht** für sich die Mittäterschaft; ein Bandenmitglied kann daher als Mittäter oder als Gehilfe handeln (→ Rn. 30–33 und 88–90). Welche Beteiligungsform in Betracht kommt, richtet sich nach den allgemeinen Grundsätzen. Die Abgrenzung zwischen Mittäterschaft und Teilnahme an der **jeweiligen Einzeltat** ist in wertender Betrachtung unter Berücksichtigung aller Umstände vorzunehmen, die von der Vorstellung des jeweiligen Bandenmitglieds umfasst sind. Wie auch sonst kommt es dabei insbesondere auf sein Interesse an der Durchführung der Tat und am Taterfolg, den Umfang seiner Tatherrschaft oder jedenfalls seinen Willen, Tatherrschaft auszuüben und damit darauf an, ob objektiv oder jedenfalls aus seiner Sicht die Ausführung der Tat wesentlich von seiner Mitwirkung abhängt (BGH NStZ-RR 2013, 79; 2016, 375). Im Übrigen wird auf die Ausführung zu den Grunddelikten (→ § 29 Rn. 75–98 (Anbauen), → Rn. 141–143 (Herstellen) und → Rn. 632–**823** (Handeltreiben)) verwiesen.

97 Ist der Beteiligte **unverzichtbar** in die bandenmäßige Struktur eingebunden und hat dabei wichtige, mit einem hohen Maß an Tatherrschaft verbundene Funktionen inne, so spricht dies für Mittäterschaft, auch wenn er nicht gleichberechtigter Partner ist und seine Entlohnung gewinnunabhängig und eher gering ist (BGHR BtMG § 30a Abs. 2 Bande 10 = NStZ 2002, 373). Dasselbe gilt, wenn objektiv oder jedenfalls aus der Sicht des Beteiligten die Ausführung der Tat wesentlich von seiner Mitwirkung abhängt (BGH NStZ-RR 2003, 265). Zur Beteiligung an mehreren Bandentaten → Rn. 87.

98 Die Einbindung in die bandenmäßige Struktur ändert nichts daran, dass die **Tatbestandsmerkmale** der Grunddelikte **sämtlich erfüllt** sein müssen. Dies gilt beim Handeltreiben auch für die **Eigennützigkeit**, die bei dem Beteiligten selbst vorliegen muss; dass er einen Gewinn für die Bande erstrebt, reicht dazu nicht aus (BGH NStZ 2013, 550).

99 Die **Bandenmitgliedschaft** ist ein strafschärfendes besonderes persönliches Merkmal iSd § **28 Abs. 2 StGB** (BGHSt 46, 120 = NJW 2000, 3364 = NStZ 2000, 645 = StV 2000, 675; 47, 214 (→ Rn. 19); BGH NJW 2007, 1221 = NStZ 2007, 101 = NStZ-RR 2007, 279; NStZ 2008, 354; 2008, 575; 2014, 635; NStZ-RR 2013, 210; 2015, 113; BeckRS 2016, 1611; *Patzak* in Körner/Patzak/Volkmer Rn. 59; *Rahlf* in MüKoStGB Rn. 62; aA *Bosch* in Schönke/Schröder StGB § 244 Rn. 28/29; *Roxin* in LK-StGB, 11. Aufl. 1984, StGB § 28 Rn. 73). Der Mittäter, Gehilfe oder Anstifter (bei oder zu der Bandentat (→ Rn. 87)), der **nicht** selbst Bandenmitglied ist, kann daher **nur** wegen Beteiligung an dem **Grunddelikt** bestraft werden (BGH NStZ 2013, 102; 2014, 635; NStZ-RR 2012, 121; 2013, 210; 2014, 349; deswegen fragwürdig BGH StV 1997, 594).

100 **F. Handeln im Ausland.** Es gelten die Grundsätze, die für die Grunddelikte maßgeblich sind (→ § 29 Rn. 99–106 (Anbauen), → Rn. 144 (Herstellen), → Rn. 824–826 (Handeltreiben)). Soweit das Weltrechtsprinzip (§ 6 Nr. 5 StGB) eingreift (→ Vor § 29 Rn. 119–134), weil das Betäubungsmittel entgeltlich in den Besitz eines anderen gebracht werden soll, also namentlich beim Handeltreiben, gilt auch die Qualifikation des § 30 Abs. 1 Nr. 1. Da allein deutsches Recht maßgeblich ist, kommt es auch insoweit auf das Recht des Tatorts nicht an. Dies gilt allerdings nur für Handlungen, die dem Vertrieb dienen; andere scheiden auch im Falle der Tateinheit aus (→ Vor § 29 Rn. 134).

Greift das **Weltrechtsprinzip nicht** ein, etwa weil der Anbau zum Eigenbedarf 101 erfolgt, und ist deswegen auch das Recht des Tatorts zu berücksichtigen (§ 7 StGB), so reicht es aus, wenn am Tatort das Grunddelikt (unter irgendeinem rechtlichen Gesichtspunkt) strafbar ist. Trifft ein Tatbestand des Tatortrechts auf das Täterverhalten zu, so führt dies zur umfassenden Geltung aller Vorschriften des deutschen Strafrechts (→ Vor § 29 Rn. 142) und damit auch der Qualifikation.

G. Subjektiver Tatbestand. Die Strafbarkeit setzt Vorsatz (→ Vor § 29 102 Rn. 389–425) voraus. In den Fällen der Fahrlässigkeit kommt nur eine Bestrafung wegen fahrlässiger Verwirklichung eines Grunddelikts (§ 29 Abs. 1 S. 1 Nr. 1, Abs. 4) in Betracht.

I. Grundtatbestände. Der Vorsatz muss sich zunächst auf die Grundtatbestände 103 beziehen. Wegen der Einzelheiten wird insoweit auf → § 29 Rn. 108, 109 (Anbauen), → Rn. 146, 147 (Herstellen) und → Rn. 828, 829 (Handeltreiben) Bezug genommen.

II. Bande. Darüber hinaus muss sich der Vorsatz auf den Zusammenschluss mit 104 mindestens zwei anderen und auf die Zielrichtung der Verbindung erstrecken. Abgesehen davon ist die Bande ein normatives Tatbestandsmerkmal (→ Vor § 29 Rn. 401, 402), bei dem die Parallelwertung in der Laiensphäre (→ Vor § 29 Rn. 408, 409) genügt (*Rahlf* in MüKoStGB Rn. 58). Es ist daher nicht notwendig, dass der Täter die genaue rechtliche Bedeutung des Begriffs der Bande erkannt hat. Es genügt, wenn sich seine Vorstellung auf die Beteiligung mindestens zweier anderer sowie in laienhafter Weise auf das daraus ergebende größere Unrecht erstreckt und er sich damit der sozialen Tragweite seines Handelns bewusst ist (*Oğlakcıoğlu* in MüKoStGB Rn. 62). Es ist auch nicht notwendig, dass der Täter die anderen Bandenmitglieder kennt (→ Rn. 32).

III. Bedingter Vorsatz (→ Vor § 29 Rn. 415–420) genügt (*Patzak* in Körner/ 105 Patzak/Volkmer Rn. 49; *Oğlakcıoğlu* in MüKoStGB Rn. 61). Er kann sich sowohl auf die Grundtatbestände als auch auf die Qualifikation beziehen. Es reicht daher aus, dass die Verwirklichung des Tatbestandes möglich und nicht ganz fernliegend ist, und dass der Täter sie billigend in Kauf nimmt oder sich (um anderer Ziele willen) damit abfindet, mag sie ihm auch unerwünscht sein. Nicht ausreichend ist, wenn der Täter die Tatbestandsverwirklichung nur für möglich hält, ohne sie billigend in Kauf zu nehmen oder wenigstens damit abzufinden (BGH StV 1998, 589). Zur Gleichgültigkeit → Vor § 29 Rn. 417.

IV. Unrechtsbewusstsein. Hat der Täter die spezifische Rechtsgutsverletzung 106 des Grunddelikts erkannt, so erstreckt sich sein Unrechtsbewusstsein auch auf die Qualifikation (→ Vor § 29 Rn. 445).

V. Irrtum. Für die Fälle des Irrtums gelten zunächst dieselben Grundsätze wie 107 bei den Grunddelikten (→ § 29 Rn. 110–114 (Anbauen), → Rn. 148–152 (Herstellen) und → Rn. 831–840 (Handeltreiben)). Die Bande ist ein normatives Tatbestandsmerkmal. Ein Tatbestandsirrtum ist daher nicht ausgeschlossen. Wegen der Besonderheiten bei normativen Tatbestandsmerkmalen wird auf → Rn. 104 verwiesen.

H. Konkurrenzen. Zu den Konkurrenzen s. zunächst die zusammenfassende 108 Darstellung in → Vor § 29 Rn. 551–587, 671–724; dort auch zur Gesetzeseinheit (→ Vor § 29 Rn. 588–670). Die Grundtatbestände des § 29 Abs. 1 S. 1 Nr. 1 gehen in dem Qualifikationstatbestand des § 30 Abs. 1 Nr. 1 auf. Auf der anderen Seite wird § 30 Abs. 1 Nr. 1 von § 30a Abs. 1 verdrängt. Mit der gewerbsmäßigen

Abgabe an Minderjährige (§ 30 Abs. 1 Nr. 2) ist Tateinheit möglich (BGHR BtMG § 30 Abs. 1 Nr. 4 Konkurrenzen 1 = NJW 1994, 3020 = NStZ 1994, 496 = StV 1994, 659). Mehrere Einfuhren nach § 30 Abs. 1 Nr. 4 werden durch eine einheitliche teilidentische Tat nach § 29a Abs. 1 Nr. 2 nicht zur Tateinheit verklammert; anders liegt es bei § 30a Abs. 1 (BGH NStZ-RR 2018, 352). Zu den Konkurrenzen bei der Beteiligung mehrerer Personen an den Bandentaten → Vor § 29 Rn. 87 sowie → Rn. 257 (mittelbare Täterschaft), → Rn. 274–276 (Mittäterschaft), → Rn. 300–304 (Anstiftung) und → Rn. 355–362 (Beihilfe)

109 Das Verbrechen des § 30 Abs. 1 Nr. 1 ist taugliche Vortat zur **Geldwäsche/Verschleierung von Vermögenswerten** (§ 261 Abs. 1 S. 2 Nr. 1 StGB); auch kann es eine Tathandlung des § 261 StGB sein (dazu → Vor § 29 Rn. 717–720).

110 **I. Strafzumessung.** Die Strafzumessung wird in Kapitel 5 (→ Rn. 289–354) behandelt.

Kapitel 2. Gewerbsmäßiges Abgeben, Verabreichen oder Überlassen zum unmittelbaren Verbrauch an Personen unter 18 Jahren (Absatz 1 Nr. 2)

111 **A. Ziel.** Die Vorschrift dient dem Jugendschutz und richtet sich gegen Personen, die aus der Versorgung von Jugendlichen mit Drogen ein Geschäft machen wollen (*Patzak* in Körner/Patzak/Volkmer Rn. 69). Ebenso wie § 29a Abs. 1 Nr. 1 soll die Regelung deutlich machen, wie ernst die Gefährdung von Kindern und Jugendlichen durch Betäubungsmittelstraftäter genommen werden muss (BT-Drs. 12/989, 30).

112 **B. Völkerrechtliche Grundlage.** Die Vorschrift kann sich auf Art. 3 Abs. 5 Buchst. f ÜK 1988 stützen, wonach der Umstand, dass Minderjährige durch die Tat in Mitleidenschaft gezogen wurden, eine Straftat besonders schwerwiegend macht.

113 **C. Tathandlungen** sind das unerlaubte Abgeben sowie das Verabreichen oder Überlassen zum unmittelbaren Verbrauch von Betäubungsmitteln entgegen § 13 Abs. 1 an Personen unter 18 Jahren; der Täter muss über 21 Jahre alt sein.

114 **I. Tatbestand des § 29a Abs. 1 Nr. 1.** § 30 Abs. 1 Nr. 2 verweist insgesamt auf den Tatbestand des § 29a Abs. 1 Nr. 1. Auf die Ausführungen zu dieser Vorschrift (→ § 29a Rn. 5–18) wird daher Bezug genommen. Wie § 29 Abs. 1 Nr. 1 ist auch § 30 Abs. 1 Nr. 2 auf das mit einer Abgabe, Verabreichung oder Verbrauchsüberlassung an Personen unter 18 Jahren einhergehende **Veräußern** oder **Handeltreiben** anwendbar (BGH NStZ 2007, 339 = StV 2007, 298; *Patzak* in Körner/Patzak/Volkmer Rn. 75; *Oğlakcıoğlu* in MüKoStGB Rn. 92).

115 **II. Gewerbsmäßig** handelt der Täter, der sich durch wiederholte Tatbegehung eine fortlaufende Einnahmequelle von einiger Dauer und einigem Umfang verschaffen will. Die Gewerbsmäßigkeit ist Merkmal iSv § 28 Abs. 2 StGB. Der Begriff deckt sich mit dem des § 29 Abs. 3 S. 2 Nr. 1. Auf → § 29 Rn. 2002–2027 wird daher verwiesen.

116 Die Wiederholungsabsicht, die von der Gewerbsmäßigkeit vorausgesetzt wird, muss sich auf **das Delikt beziehen,** dessen Tatbestand durch das Merkmal der Gewerbsmäßigkeit qualifiziert ist (BGHR BtMG § 30 Abs. 1 Nr. 2 Gewerbsmäßig 1 = NJW 1996, 1069 = NStZ 1996, 285 = StV 1996, 213; BGH NJW 2009, 3798). Deshalb genügt es nicht, wenn der Täter das Rauschgift an einen Jugendlichen abgegeben hat, dabei die Absicht hat, sich eine fortlaufende Einnahmequelle durch weitere, ohne Beteiligung Jugendlicher zu verübende, Betäubungsmitteldelikte zu sichern (BGHR BtMG § 30 Abs. 1 Nr. 2 Gewerbsmäßig 1 (s. o.)).

Auf der anderen Seite ist nicht erforderlich, dass der Täter die erstrebten Einnahmen **ausschließlich** aus Rauschgiftgeschäften mit Minderjährigen erzielen will. Die Verwicklung Jugendlicher in gewerbsmäßig betriebene Rauschgiftgeschäfte, denen die Vorschrift entgegenwirken soll, ist nicht deswegen weniger gefährlich, weil der Täter auch andere Zielgruppen bedient. Es reicht daher aus, dass der Täter sich fortlaufende Einnahmen **auch** aus Geschäften mit Minderjährigen verschaffen will (BGH NStZ 1998, 89 = StV 1997, 636; NStZ 2001, 41; BGH BeckRS 2015, 19172). 117

D. Vorbereitung, Versuch, Vollendung, Beendigung. Bestimmte Vorbereitungshandlungen sind nach § 30 StGB strafbar (→ Vor § 29 Rn. 207–240). Stets ist allerdings erforderlich, dass der Beteiligte nicht lediglich als Gehilfe tätig werden will; die Zusage einer Beihilfe reicht weder für das Bereiterklären noch für das Verabreden iSv § 30 StGB (BGH NStZ 2009, 497; → Vor § 29 Rn. 220). 118

Strafbar ist auch der **Versuch** (§ 23 Abs. 1 StGB). § 30 Abs. 1 Nr. 2 ist im Unterschied zu § 29a Abs. 1 Nr. 1 eine mehrgliedrige Qualifikation. Der Versuch beginnt daher erst mit dem unmittelbaren Ansetzen zur Tatbestandsverwirklichung im Ganzen (→ Vor § 29 Rn. 175), also insbesondere dann, wenn auch das subjektive Moment der Gewerbsmäßigkeit gegeben ist. Im Hinblick auf den schmalen Bereich, den die dem § 30 Abs. 1 Nr. 2 zugrundeliegenden Begehungsweisen dem Versuch zuweisen, ist die praktische Bedeutung dieser Frage gering. 119

Im Übrigen gelten keine Besonderheiten, so dass auf die Ausführungen zu § 29a Abs. 1 Nr. 1 (→ Rn. 19, 20) und die dort in Bezug genommenen Erläuterungen verwiesen werden kann. Dies gilt auch für die **Vollendung** und **Beendigung.** 120

E. Täterschaft, Teilnahme. Es gelten zunächst die Grundsätze, die für § 29a Abs. 1 Nr. 1 maßgeblich sind (→ § 29a Rn. 21, 22). 121

Zusätzlich ist die **Gewerbsmäßigkeit** zu berücksichtigen. Sie ist in § 30 Abs. 1 Nr. 2 ein strafschärfendes besonderes persönliches Merkmal, so dass § 28 Abs. 2 StGB anwendbar ist (*Oğlakcıoğlu* in MüKoStGB Rn. 111). Die Strafschärfung gilt daher nur für denjenigen, der selbst gewerbsmäßig handelt. Andernfalls sind Mittäter, Anstifter und Gehilfen nur wegen ihrer Beteiligung an dem Grunddelikt (§ 29a Abs. 1 Nr. 1) strafbar (*Franke/Wienroeder* Rn. 29). 122

F. Handeln im Ausland. Im Hinblick auf die Gewerbsmäßigkeit wird regelmäßig ein Vertrieb von Betäubungsmitteln gegeben sein, so dass das Weltrechtsprinzip eingreift (→ Vor § 29 Rn. 119–134). Die Tat ist dann ohne Rücksicht auf das Recht des Tatorts nach der Qualifikation des § 30 Abs. 1 Nr. 2 strafbar. Im übrigen → § 29a Rn. 23, 24. Dies gilt allerdings nur für Handlungen, die dem Vertrieb dienen; andere scheiden auch im Falle der Tateinheit aus (→ Vor § 29 Rn. 134). 123

G. Subjektiver Tatbestand. Die Strafbarkeit verlangt Vorsatz (→ Vor § 29 Rn. 389–425). Bei Fahrlässigkeit kann nur wegen fahrlässiger Verwirklichung des Grunddelikts bestraft werden (§ 29 Abs. 1 Nr. 1, 6 Buchst. b, Abs. 4). 124

I. Grundtatbestände. Der Vorsatz muss sich zunächst auf die Grundtatbestände beziehen. Insoweit wird auf → § 29 Rn. 1136, 1137 (Abgeben) und → Rn. 1562, 1563 (Verabreichen und Überlassen zum unmittelbaren Verbrauch) verwiesen. 125

II. Alter des Empfängers, Gewerbsmäßigkeit. Zusätzlich muss sich der Vorsatz auch auf das Alter des Empfängers des Betäubungsmittels sowie auf die Gewerbsmäßigkeit erstrecken. Während das Alter des Empfängers zu den deskriptiven Tatbestandsmerkmalen zählt, stellt die Gewerbsmäßigkeit ein normatives Tatbestandsmerkmal (→ Vor § 29 Rn. 401, 402) dar. Insoweit genügt daher die Parallelwertung in der Laiensphäre (→ Vor § 29 Rn. 408, 409). 126

III. Bedingter Vorsatz. Die Gewerbsmäßigkeit erfordert die Absicht, sich durch wiederholte Tatbegehung eine fortlaufende Einnahmequelle zu verschaffen. 127

BtMG § 30 Sechster Abschnitt. Straftaten und Ordnungswidrigkeiten

Sonst reicht – auch bzgl. der Minderjährigkeit der Abnehmer – bedingter Vorsatz aus. Auf → § 29a Rn. 28, 29 wird verwiesen. Die **Einlassung** des Angeklagten, die **Minderjährigkeit nicht gekannt** zu haben, erweist sich regelmäßig als irrelevant. Besonders bei massenhaften Verkäufen kleiner Konsumeinheiten wird die Gewinnerzielungsabsicht im Vordergrund stehen, dem Täter das Alter seiner Kunden deshalb gleichgültig sein und daher eine Minderjährigkeit von ihm zumindest billigend in Kauf genommen werden. Das Gericht wird bei der Überzeugungsbildung zudem den Alterseindruck, den vernommene Zeugen hinterlassen, berücksichtigen sowie dass die Tatzeit in der Vergangenheit liegt. Außerdem zeigt die Praxis, dass sich die Täter, um Kunden dauerhaft an sich zu binden, um den Aufbau einer gewissen Nähe bemühen und hierzu das persönliche Gespräch suchen; hierdurch sind sie meist über das Alter und/oder Lebensumstände (Schulbesuch, Ausbildung) ihrer Kunden informiert.

128   **IV. Unrechtsbewusstsein.** Hat der Täter die spezifische Rechtsgutsverletzung des Grunddelikts (zB Abgabe von Betäubungsmitteln) erkannt, so erstreckt sich sein Unrechtsbewusstsein auch auf die Qualifikation (→ Vor § 29 Rn. 445).

129   **V. Irrtum.** Für die Fälle des Irrtums gelten dieselben Grundsätze wie bei den Grunddelikten (→ § 29 Rn. 1138, 1139 (Abgeben) und → Rn. 1564 (Verabreichen und zum Überlassen zum unmittelbaren Verbrauch)) sowie → § 29a Rn. 31 (Qualifikation)). Da die Gewerbsmäßigkeit ein Tatbestandsmerkmal darstellt, ist auch insoweit ein Tatbestandsirrtum nicht ausgeschlossen.

130   **H. Konkurrenzen.** Zu den Konkurrenzen s. zunächst die zusammenfassende Darstellung in → Vor § 29 Rn. 551–587, 671–724; dort auch zur Bewertungseinheit (→ Vor § 29 Rn. 588–670). § 30 Abs. 1 Nr. 2 ist ein Absatzdelikt, so dass eine Bewertungseinheit möglich ist (→ § 29a Rn. 32). Zu den etwaigen Auswirkungen auf die Gewerbsmäßigkeit → § 29 Rn. 2009, 2010.

131   Als Qualifikationstatbestand geht § 30 Abs. 1 Nr. 2 dem Grunddelikt (§ 29a Abs. 1 Nr. 1) vor. Auch Handeltreiben nach **§ 29 Abs. 1 S. 1 Nr. 1 tritt zurück**, soweit der Verkauf allein an Minderjährige erfolgt, da der im Handeltreiben liegende Unrechtsgehalt durch die Verurteilung nach § 30 Abs. 1 Nr. 2 ausgeschöpft wird (BGH NStZ 2018, 227). Da jede Abgabe mit dem Übergang der tatsächlichen Verfügungsgewalt vollendet und beendet ist, liegt – anders als beim Handeltreiben – nicht deshalb eine einheitliche Tat im materiellrechtlichen Sinne vor, weil der Minderjährige nach dem Verkauf der ihm überlassenen Menge den Erlös dem Täter übergibt und zugleich neue Drogen holt; zudem vermag der vom Täter verwirklichte und zurücktretende § 29 Abs. 1 Nr. 1 keine Klammerwirkung zu begründen (BGH BeckRS 2020, 1451). Verdrängt wird auch das Regelbeispiel des § 29 Abs. 3 S. 2 Nr. 1; für die Strafbemessung innerhalb des Strafrahmens der Qualifikation behält das Regelbeispiel allerdings seine Bedeutung (→ § 29 Rn. 1976–1979). **Nicht verdrängt wird § 29a Abs. 1 Nr. 2**, unabhängig von der Frage des Verkaufs an Erwachsene, da das sich aus der Größe der Handelsmenge ergebende Unrecht zum Ausdruck kommen muss. Daher liegt Tateinheit zwischen § 30 Abs. 1 Nr. 2 und § 29a Abs. 1 Nr. 2 vor, wenn der Täter eine nicht geringe Menge auch an Volljährige verkauft (BGH BeckRS 2019, 23767).

132   Mit dem **Bandenhandel** nach **§ 30a Abs. 1** besteht **Tateinheit** (BGHR BtMG § 30a Konkurrenzen 1 = NStZ 1994, 496 = StV 1994, 659). § 30 Abs. 1 Nr. 2 enthält besonderes Unrecht, das über das normale unerlaubte Handeltreiben mit Betäubungsmitteln hinausgeht und das wegen des zusätzlichen Gewichts der Gefährdung der Volksgesundheit und der leicht verführbaren Minderjährigen gesondert unter Strafe gestellt ist. Dasselbe gilt auch im Verhältnis zum Bandenhandel nach **§ 30 Abs. 1 Nr. 1** (*Oğlakcıoğlu* in MüKoStGB Rn. 116; *Franke/Wienroeder* Rn. 31), zum Handeltreiben mit **nicht geringer Menge** nach § 29a Abs. 1 Nr. 2 (*Franke/*

Wienroeder Rn. 31) oder zum **bewaffneten Handeltreiben** nach § 30a Abs. 2 Nr. 2 (BGH NStZ-RR 2013, 347).

Das Verbrechen des § 30 Abs. 1 Nr. 2 ist taugliche Vortat zur **Geldwäsche**/Verschleierung von Vermögenswerten (§ 261 Abs. 1 S. 2 Nr. 1 StGB); auch kann es eine Tathandlung des § 261 StGB sein (dazu → Vor § 29 Rn. 717–720). 133

H. Strafzumessung. Die Strafzumessung wird in **Kapitel 5** (→ Rn. 289–354) behandelt. 134

Kapitel 3. Abgeben, Verabreichen oder Überlassen zum unmittelbaren Verbrauch mit Todesfolge (Absatz 1 Nr. 3)

A. Ziel. Die Vorschrift ersetzt § 11 Abs. 4 S. 2 Nr. 2 BtMG 1972, der sich als wirkungslos erwiesen hatte, weil sich der Vorsatz des Täters nicht nur auf das Betäubungsmitteldelikt, sondern auch auf die konkrete Todesgefahr erstrecken musste (BGH NJW 1976, 381). 135

B. Völkerrechtliche Grundlage. Die Vorschrift beruht auf den vertraglichen Bestimmungen, die für die Grunddelikte gelten. 136

C. Tathandlungen sind das unerlaubte Abgeben, Verabreichen oder Überlassen von Betäubungsmitteln zum unmittelbaren Verbrauch an einen anderen, wodurch (leichtfertig) dessen Tod verursacht wird. Die Beschränkung auf diese Begehungsweisen wird damit begründet, dass die objektive Zurechenbarkeit der Todesverursachung nur dann vorliege, wenn das Betäubungsmittel unmittelbar an den Empfänger gelangt ist (BT-Drs. 8/3551, 53; *Franke/Wienroeder* Rn. 36). 137

I. Abgeben, Verabreichen, Überlassen zum unmittelbaren Verbrauch. Die Begehungsweisen entsprechen denen des § 29 Abs. 1 S. 1 (→ § 29 Rn. 1117–1124 (Abgeben), → Rn. 1538 (Verabreichen) und → Rn. 1542–1546 (Überlassen zum unmittelbaren Verbrauch)). Wie bei § 29a Abs. 1 Nr. 1 begründen andere Begehungsweisen des § 29, insbesondere das **Handeltreiben** (→ § 29a Rn. 8, 9), die Anwendung der Vorschrift nicht, wenn sie mit einer Abgabe, einem Verabreichen oder einer Verbrauchsüberlassung einhergegangen sind (*Franke/Wienroeder* Rn. 36). **Nicht** unter § 30 Abs. 1 Nr. 3 fällt das **Verschreiben.** 138

Die **Abgabe** der Betäubungsmittel muss **unerlaubt** sein (→ § 29 Rn. 1125). Dieses Merkmal wird in Absatz 1 Nr. 3 zwar nicht ausdrücklich genannt, jedoch vorausgesetzt. Demgegenüber muss das **Verabreichen** oder **Überlassen** zum unmittelbaren Verbrauch **entgegen § 13 Abs. 1** erfolgen (→ § 29 Rn. 1536–1552). 139

Die Vorschrift erfordert die Weitergabe von **Betäubungsmitteln.** Wer auf andere Weise den Konsum von Betäubungsmitteln ermöglicht, etwa indem er die Spritzen oder ein Rauchgerät besorgt, macht sich nicht nach Absatz 1 Nr. 3 strafbar (*Patzak* in Körner/Patzak/Volkmer Rn. 87). Nach dem Prinzip der eigenverantwortlichen Selbstgefährdung kommt, sofern keine Tatherrschaft vorliegt (→ Rn. 166, 211–214), auch Strafbarkeit nach §§ 222, 229 StGB grundsätzlich nicht in Betracht (→ Rn. 209–234). 140

II. Die Verursachung des Todes. Der Tod muss durch eine der drei in Absatz 1 Nr. 3 genannten Handlungen verursacht worden sein: 141

1. Ursachenzusammenhang. Die Ursächlichkeit ist dann gegeben, wenn die Handlung nicht hinweggedacht werden kann, ohne dass der Erfolg in seiner **konkreten Gestalt** entfiele (stRspr; BGHSt 33, 322 = NJW 1986, 438 = NStZ 1986, 116; BGHSt 39, 195 = NJW 1993, 1723 = NStZ 1993, 386; BGHSt 45, 270 = NJW 2000, 443; 49, 1 = NJW 2004, 237 = NStZ 2004, 151; differenzierend das Schrifttum, zB *Fischer* StGB Vor § 13 Rn. 21–23; *Eisele* in Schönke/Schröder StGB Vor § 13 Rn. 73–83; *Lackner/Kühl* StGB Vor § 13 Rn. 9–12). 142

143 **a) Mitursächlichkeit.** Dabei genügt es, wenn die Handlung **eine** Ursache des Erfolgs gewesen ist; sie braucht nicht die ausschließliche oder Hauptursache gewesen zu sein (BGHSt 39, 195 (→ Rn. 142); BGH NStZ 2001, 29). Die Überlassung des Rauschgifts bleibt daher auch dann ursächlich, wenn an dem Tod noch andere Ursachen mitwirken, zB ein zweiter „Schuss" mit anderem Rauschgift, Alkoholkonsum, Tabletteneinnahme, Krankheit oder Übermüdung (BGHSt 37, 106 = NStZ 1990, 588 = StV 1990, 446 = JZ 1992, 253 mAnm *Hirte;* BGHSt 37, 179 = NJW 1991, 307 = NStZ 1991, 392 mAnm *Beulke/Schröder* = StV 1992, 272 mAnm *Nestler-Tremel* = MDR 1991, 1117 mAnm *Homann* und Bespr. *Köhler* MDR 1992, 739 = JZ 1991, 571 mAnm *Rudolphi*). Eine andere Frage ist in solchen Fällen die der Vorhersehbarkeit des Erfolgs (→ Rn. 192).

144 Das Überlassen des Rauschgifts ist auch dann ursächlich, wenn es erst durch ein daran **anknüpfendes** Verhalten des **Konsumenten** (oder auch eines **Dritten**) zum Erfolg führt (BGHSt 39, 322 = NJW 1994, 205 = NStZ 1994, 83 = StV 1995, 77; s. auch BGH NStZ 2016, 721), etwa wenn sich der Konsument das Betäubungsmittel **selbst zuführt** (BGHSt 46, 279 = NJW 2001, 1802 = NStZ 2001, 324, 546 mAnm *Duttge* = StV 2001, 684 = JR 2002, 430 mAnm *Rigizahn* = JZ 2002, 153 mAnm *Sternberg-Lieben;* BGH NStZ 2008, 574; *Patzak* in Körner/Patzak/Volkmer Rn. 94; *Oğlakcıoğlu* in MüKoStGB Rn. 148). Das gilt auch dann, wenn der Konsument (oder der Dritte) seinerseits fahrlässig oder vorsätzlich gehandelt hat (BGHSt 37, 106 (→ Rn. 143)). Zur Zurechnung allgemein → Rn. 155; zur Zurechnung im Betäubungsmittelstrafrecht, namentlich zur (Nicht-)Geltung des Grundsatzes der eigenverantwortlichen Selbstgefährdung → Rn. 156–166.

145 **b) Alternative Kausalität (Doppelkausalität, Mehrfachkausalität).** Kausalität liegt auch vor, wenn mehrere, unabhängig voneinander (sonst Mittäterschaft (*Heinrich* in HK-GS StGB Vor § 13 Rn. 34)) gesetzte Bedingungen zusammenwirken, die zwar auch **für sich allein** zur Herbeiführung des Todes ausgereicht hätten, **die tatsächlich aber alle** in dem eingetretenen Erfolg **wirksam geworden** sind (BGH NStZ 2001, 29; BGHSt 39, 195 (→ Rn. 142); *Lackner/Kühl* StGB Vor § 13 Rn. 11; s. dazu auch *Röckrath* NStZ 2003, 641 (643–646)).

146 **c) Kumulative Kausalität.** Kausalität ist auch dann gegeben, wenn mehrere, unabhängig voneinander (sonst Mittäterschaft) vorgenommene Handlungen den Tod des Rauschgiftempfängers (erst) durch ihr **Zusammentreffen** herbeiführen (BGHSt 37, 106 (→ Rn. 143); NStZ 2008, 395; *Fischer* StGB Vor § 13 Rn. 32; *Lackner/Kühl* StGB Vor § 13 Rn. 11; auch → Rn. 143).

147 **d) Generelle Kausalität.** Sind in dem überlassenen Stoff mehrere Betäubungsmittel enthalten, wie dies zB bei Ecstasy vorkommt, so kann für den Ursachenzusammenhang zwischen der Beschaffenheit des Stoffs und dem Tod offenbleiben, welches in dem Stoff enthaltene Betäubungsmittel den Tod verursacht hat, solange andere in Betracht kommende Ursachen auszuschließen sind (→ AMG Vor § 95 Rn. 88).

148 **e) Überholende Kausalität.** Dagegen fehlt es an der Kausalität, wenn die Überlassung des Betäubungsmittels nicht bis zum Tode des Empfängers **fortwirkt,** weil ein späteres Ereignis unabhängig davon die Wirkung der Hingabe des Rauschgifts beseitigt und eine **neue Ursachenreihe** eröffnet, die **allein** den Tod herbeiführt (BGHSt 38, 32 = NJW 1991, 3161 = NStZ 1991, 537 = JR 1992, 113 mAnm *Kraul;* BGHSt 39, 322 (→ Rn. 144); BGHR StGB vor § 1/Kausalität Doppelkausalität 2 = NStZ 2001, 29). Aus der Sicht des überholenden Geschehensablaufs → Rn. 150.

149 **f) Hypothetischer Kausalverlauf, Reserveursache.** Bei der Frage der Kausalität ist stets darauf abzustellen, ob zwischen dem konkreten Erfolg (Tod des Konsumenten) und dem realen Geschehen (Überlassen des Rauschgifts) eine wirkliche

ursächliche Verbindung besteht. Ein hypothetischer Kausalverlauf (**hypothetische Ersatzursache**), der zum gleichen Erfolg geführt hätte, muss daher außer Betracht bleiben. Deswegen liegt Kausalität auch dann vor, wenn die Möglichkeit oder Wahrscheinlichkeit besteht, dass ohne die Handlung des Täters ein anderer eine, in **Wirklichkeit** jedoch **nicht geschehene,** Handlung vorgenommen hätte, die ebenfalls den Erfolg herbeigeführt haben würde (BGHSt 45, 270; 295; 49, 1 = NJW 2004, 237 = NStZ 2004, 151 mAnm *Puppe* NStZ 2004, 554 = StV 2004, 484 mAnm *Roxin* = JZ 2004, 977 mAnm *Saliger* = JR 2004, 429 mAnm *Pollähne; Fischer* StGB Vor § 13 Rn. 31 mwN).

Dies gilt auch dann, wenn der **reale Kausalverlauf** einen anderen Geschehens- 150 ablauf **überholt,** der den Erfolg ebenfalls, aber zeitlich später herbeigeführt hätte (**überholende Kausalität** (→ Rn. 148 aus der Sicht des überholten Geschehensablaufs)). Ursächlich ist daher auch eine Handlung, die den Erfolgseintritt, wenn auch nur geringfügig, beschleunigt.

Ebenso bleibt eine Handlung, die für den Erfolg tatsächlich wirksam geworden 151 ist, für diesen auch dann ursächlich, wenn derselbe Erfolg zum selben Zeitpunkt auf Grund einer – tatsächlich nicht wirksam gewordenen – **Reserveursache** eingetreten wäre (BGHSt 30, 228 = NJW 1982, 292; *Heinrich* in HK-GS StGB Vor § 13 Rn. 30, 31).

2. Die Herbeiführung des Todes muss durch das Abgeben, Verabreichen oder 152 Überlassen zum unmittelbaren Verbrauch des Betäubungsmittels (→ Rn. 138–140) eingetreten sein. Das Gesetz hat damit die Tathandlungen, die es als **gefährlich** ansieht, selbst umschrieben (→ Rn. 246).

Der Vorwurf der Leichtfertigkeit bezieht sich auf das Weitergeben des Rausch- 153 gifts, **nicht** auf ein **danach liegendes Verhalten,** etwa die Unterlassung, einen Arzt herbeizuholen (BGHSt 33, 66 = NJW 1985, 690 = NStZ 1985, 319 mAnm *Roxin* = StV 1985, 148). Entscheidender Zeitpunkt ist die Beendigung der Grunddelikte (BGHSt 38, 295 = NJW 1992, 2103 = NStZ 1992, 589 mAnm *Rengier* = StV 1992, 464).

3. Nachweis des Kausalzusammenhangs. Der Nachweis des Kausalzusam- 154 menhangs verlangt wie die Feststellung der sonst für das Verfahren bedeutsamen Tatsachen (dazu zuletzt BGH NStZ-RR 2010, 85) keine absolute, das Gegenteil oder andere Möglichkeiten denknotwendig ausschließende Gewissheit. Es genügt ein mit den Mitteln des Strafverfahrens gewonnenes, nach der Lebenserfahrung ausreichendes Maß an Sicherheit, das keinen vernünftigen Zweifel bestehen lässt (BGHSt 41, 206 = NJW 1995, 2930 = NStZ 1995, 590 = JZ 1996, 315 mAnm *Puppe*). Zum **Zweifelssatz** → AMG Vor § 95 Rn. 89.

4. Zurechnung. Wie oben (→ Rn. 144) dargestellt, wird die Ursächlichkeit 155 einer Handlung für den eingetretenen Erfolg nicht dadurch unterbrochen, dass das Opfer auf der Grundlage des bisherigen Geschehensablaufs eine weitere Bedingung für den Eintritt des Erfolges setzt. Eine andere Frage ist, ob der Erfolg dem Täter in einem solchen Falle noch zugerechnet werden kann (zur Zurechnung s. *Fischer* StGB Vor § 13 Rn. 24–37a; *Lackner/Kühl* StGB Vor § 13 Rn. 14–14b; *Eisele* in Schönke/Schröder StGB Vor § 13 Rn. 90–102b; *Roxin/Greco* StrafR AT I § 11; *Rudolphi* in SK-StGB StGB Vor § 1 Rn. 57–81a). Nach der neueren Rechtsprechung ist dies zu bejahen (→ Rn. 161–163).

5. Im Betäubungsmittelstrafrecht: Zurechnung trotz eigenverantwort- 156 **licher Selbstgefährdung.** Im Rahmen des § 30 Abs. 1 Nr. 3 scheidet die Zurechnung und damit die Anwendung der Vorschrift **nicht** unter dem Gesichtspunkt der eigenverantwortlichen Selbstgefährdung aus.

a) Ausgangspunkt. § 30 Abs. 1 Nr. 3 trat zu einer Zeit in Kraft, zu der die 157 Rechtsprechung davon ausging, dass derjenige, der durch die Abgabe von Heroin den Tod des Abhängigen vorhersehbar verursacht, wegen fahrlässiger Tötung strafbar ist (BGH NStZ 1981, 350 mAnm *Schünemann* = JR 1982, 482 mAnm *Loos;* 1983, 72; BayObLG StV 1982, 73). Diese Rechtsprechung gab der BGH im Jahre 1984 unter dem Gesichtspunkt der eigenverantwortlichen Selbstgefährdung auf (grundlegend BGHSt 32, 262 = NStZ 1984, 410 mAnm *Roxin* und *Dach* NStZ 1985, 24 = StV 1984, 244 = JR 1984, 511 mAnm *Horn*).

158 **b) Der Grundsatz der eigenverantwortlichen Selbstgefährdung.** Danach unterfällt die eigenverantwortlich gewollte, mithin zumindest in Kauf genommene (BGHSt 53, 288 = NJW 2009, 2611 = NStZ 2009, 504; 2011, 67 mAnm *Lange/ Wagner* = StV 2011, 538), und verwirklichte Selbstgefährdung grundsätzlich nicht dem Tatbestand eines Körperverletzungs- oder Tötungsdelikts, wenn sich das vom Opfer mit der Gefährdung bewusst eingegangene Risiko realisiert. Wer eine solche Gefährdung veranlasst, ermöglicht oder fördert, kann daher nicht wegen eines solchen Delikts verurteilt werden, denn er nimmt an einem Geschehen teil, das insoweit **kein tatbestandsmäßiger Vorgang** ist (BGHSt 32, 262 (→ Rn. 157); BGHSt 39, 222 = NJW 1994, 205; 1995, 241 mAnm *Derksen* = NStZ 1994, 83 mAnm *Alwart;* 1994, 338 mAnm *Amelung* = StV 1995, 78 mAnm *Günter* = JZ 1994, 669 mAnm *Sowada;* BGHSt 46, 279 (→ Rn. 144); 49, 34 = NJW 2004, 1054; 2005, 260 mAnm *Duttge* = NStZ 2004, 204 = JR 2004, 387 mAnm *Mosbacher* = JuS 2004, 954 m. Bespr. *Sternberg-Lieben;* BGHSt 53, 55 = NJW 2009, 1155 = NStZ 2009, 690 mAnm *Duttge* = JZ 2009, 426 m. Bespr. *Roxin* JZ 2009, 399 und Bespr. *Puppe* GA 2009, 486; BGHSt 59, 150 = NJW 2014, 1680 = NStZ 2014, 709 mAnm *Patzak* = NStZ-RR 2014, 147 = MedR 2014, 815 = A&R 2014, 131 mkritAnm *Winkler;* BGHSt 61, 21 = NJW 2016, 176 mAnm *Schiemann* = NStZ 2016, 406 = StV 2016, 426 = JR 2016, 545; BGHR StGB § 222 Zurechenbarkeit 2 = NJW 2000, 2286 = NStZ 2001, 205 mkritAnm *Hardtung* = StV 2000, 617 = JR 2001, 246 mAnm *Renzikowski;* 3 = NJW 2003, 2326 = NStZ 2003, 537 m. Bespr. *Herzberg* NStZ 2004, 1; BGH NStZ 2011, 341 = StV 2011, 35, 536 mAnm *Stam* = JZ 2011, 910 mAnm *Puppe* = JR 2011, 267 mAnm *Kotz;* NStZ 2017, 219 mAnm *Jäger* = StV 2017, 668; MedR 2014, 812 = A&R 2014, 83 mkritAnm *Winkler;* BayObLG NJW 1996, 3426; *Fischer* StGB Vor § 13 Rn. 36–36b; *Lackner/Kühl* StGB Vor § 211 Rn. 12).

159 Dies bezieht sich zunächst auf die **vorsätzliche** Teilnahme, die mangels Haupttat (§§ 26, 27 StGB) nicht tatbestandsmäßig ist (anders im Zivilrecht (→ Vor § 29 Rn. 1795)). Aber auch für die **fahrlässige** Teilnahme an einer Selbstgefährdung gilt nach der Rechtsprechung (BGHSt 32, 262 (→ Rn. 157); 59, 150 (→ Rn. 158); 61, 21 (→ Rn. 158); BGH MedR 2014, 812 (→ Rn. 158); zust. *Renzikowski* JR 2001, 248; krit. *Hardtung* NStZ 2001, 205; *Duttge* NStZ 2009, 690; *Roxin* JZ 2009, 399; *Puppe* GA 2009, 486 (494, 495)) nichts anderes, da die Haftung für Fahrlässigkeit nicht strenger sein könne als die für Vorsatz. In beiden Fällen kommt es auch nicht darauf an, ob der sich selbst Gefährdende hofft oder darauf vertraut, dass es nicht zum Eintritt des Erfolgs kommen werde (BGHSt 32, 262 (→ Rn. 157); BGH NStZ 1987, 406). Hiervon zu unterscheiden ist die Frage, ob der Betroffene erwartet, dass im Notfall Hilfe geholt wird (→ Rn. 229).

160 **c) Einschränkung im Betäubungsmittelrecht.** Die Rechtsprechung zur eigenverantwortlichen Selbstgefährdung ist lediglich zu den Tatbeständen der §§ 222, 229 StGB ergangen. Gleichwohl wurde sie vielfach auf § 30 Abs. 1 Nr. 3 BtMG übertragen (*Körner,* 3. Auflage, Rn. 35, 36; *Endriß/Malek,* 1. Auflage, Rn. 386; *Pfeil/Hempel/Schiedermair/Slotty* BtMR Rn. 16; *Hügel/Junge,* 1982, Rn. 4.1) mit der Folge, dass diese Vorschrift praktisch keinen Anwendungsbereich mehr hatte.

161 Dabei wurde jedoch nicht berücksichtigt, dass das Prinzip der Selbstverantwortung, auf dem der Grundsatz der eigenverantwortlichen Selbstgefährdung beruht, im **Betäubungsmittelrecht** nicht uneingeschränkt gelten kann (BGHSt 37, 179

(→ Rn. 143); 46, 279 (→ Rn. 144); BGHR StGB § 222 Zurechenbarkeit 2 (→ Rn. 158)). Geschütztes Rechtsgut der betäubungsmittelrechtlichen Strafvorschriften ist nicht nur die Gesundheit des Einzelnen, sondern auch die Gesundheit der Bevölkerung im Ganzen sowie das von Rauschgift nicht beeinträchtigte soziale Zusammenleben (→ § 1 Rn. 3–8).

Das BtMG soll Schäden vorbeugen, die sich für die Allgemeinheit aus einem verbreiteten Konsum von Drogen ergeben. Eine Verfügung über dieses **universale** Rechtsgut steht dem Einzelnen **nicht** zu, so dass der Tatbestand des § 30 Abs. 1 Nr. 3 durch die eigenverantwortliche Selbstgefährdung **nicht eingeschränkt** werden kann (BGHSt 37, 179 (→ Rn. 143); BGHR StGB § 222 Zurechenbarkeit 2 (→ Rn. 158); BGH NStZ 1992, 489 = StV 1993, 128 mAnm *Hoyer* = JR 1993 mAnm *Helgerth; Patzak* in Körner/Patzak/Volkmer Rn. 97; *Rahlf* in MüKoStGB (2. Aufl.) Rn. 162; *Joachimski/Haumer* BtMG Rn. 17; *Franke/Wienroeder* Rn. 35; *Beulke/Schroeder* NStZ 1991, 392; krit. *Malek* BtMStrafR Kap. 2 Rn. 421; aA *Nestler-Tremel* StV 1992, 272; *Nestler-Tremel* in Kreuzer BtMStrafR-HdB § 4 Rn. 57–96; *Homann* MDR 1991, 1117; *Köhler* MDR 1992, 739; *Puppe* JZ 2011, 911 (912); *Heinrich* in HK-GS StGB Vor § 13 Rn. 137); widersprüchlich BGHSt 46, 279 (→ Rn. 144) für den Fall des Überlassens zum freien Suizid an einen unheilbar Schwerstkranken; hierzu → Rn. 165. 162

Im Hinblick auf die **unterschiedlichen Rechtsgüter** der §§ 222, 229 StGB und des BtMG liegt darin kein Bruch in der Gesetzessystematik (umgekehrt für Strafbarkeit auch nach § 222 StGB mit einleuchtender Begründung *Hardtung* NStZ 2001, 206; *Puppe* in NK-StGB Vor § 13 Rn. 193: *Puppe* GA 2009, 486 (495)). Auch die Erfolgsqualifizierung dient nicht nur dem individuellen Schutz des Rauschgiftempfängers (*Franke/Wienroeder* Rn. 35; aA *Köhler* MDR 1992, 739, der allerdings das Universalrechtsgut der Volksgesundheit völlig ablehnt), sondern hat ihre Grundlage auch darin, dass sich mit der Überlassung des Rauschgifts die Gefährdung des Rechtsgutes der Volksgesundheit verstärkt (*Rudolphi* JZ 1991, 571; *Rudolphi* in SK-StGB StGB Vor § 1 Rn. 79a). 163

Aber auch, wenn man davon ausgegangen wird, dass § 30 Abs. 1 Nr. 3 in der Weise trennbar ist, dass der Schutz der **Universalrechtsgüter** (nur) den **Grundtatbeständen** obliegt (so schon *Nestler-Tremel* StV 1992, 273; jetzt *Oğlakcıoğlu* BtMStrafR AT S. 139, 140), bleibt die Vorschrift auch im Falle einer Selbstgefährdung anwendbar. Die Qualifikation wurde eingeführt, um „der rasch ansteigenden Zahl von Todesfällen als Folge von Drogenmissbrauch" (BT-Drs. 8/3551, 37) entgegenzuwirken. Sie sollte damit gerade auch die Fälle erfassen, in denen der Missbrauch von dem zu Tode Gekommenen getrieben wurde. Daran hat sich auch nach der Entdeckung des Prinzips der eigenverantwortlichen Selbstgefährdung (→ Rn. 158, 159) nichts geändert. Ein zwingender Grund, diese Fälle aus dem Anwendungsbereich der Qualifikation herauszunehmen, besteht nicht. Insbesondere ist eine entsprechende **verfassungskonforme Auslegung nicht** geboten (*Duttge* NStZ 2001, 546 (548)). Welchen Schutz der Gesetzgeber einem Rechtsgut gewährt, obliegt allein seiner Entscheidung (dazu BVerfGE 120, 224 (242) = NJW 2008, 1137 = NStZ 2008, 614 (617) mAnm *Ziehten*). Es war und ist ihm daher nicht verwehrt, das **Rechtsgut Leben** auch dann zu schützen, wenn der Rechtsgutinhaber sich zuvor in voller Kenntnis der Gefahr selbst gefährdet hatte. 164

Dies gilt auch in den Fällen der Überlassung zum freien **Suizid** (OLG Hamburg NStZ 2016, 530 mablAnm *Miebach* = MedR 2017, 139 mAnm *Duttge*). Dass auch solche Taten unter Strafe gestellt werden dürfen, an denen der Rechtsgutinhaber selbstschädigend mitwirkt, zeigen die §§ 216, 228 StGB (*Rudolphi* JZ 1991, 571 (574); *Duttge* NStZ 2001, 546 (548)). Es spricht zwar einiges dafür, dass der Gesetzgeber an einen „solchen ganz und gar untypischen" Fall nicht gedacht haben mag (BGHSt 46, 279 (→ Rn. 144)). Dies könnte (unter dem Gesichtspunkt des schuld- 165 angemessenen Strafens) dann Bedeutung gewinnen, wenn die Vorschrift eine schuldangemessene Strafe nicht zuließe. Dies ist aber nicht der Fall (s. etwa § 30 Abs. 2 BtMG, §§ 47, 59 StGB). Es ist daher auch nicht notwendig, angesichts einer teleologischen Reduzierung des § 30 Abs. 1 Nr. 3 auf die Anwendung des § 29 Abs. 1 S. 1 Nr. 6 Buchst. b zurückzufallen (so aber OLG Hamburg NStZ 2016, 530). Siehe auch → Rn. 182.

166 **d) Einverständliche Fremdgefährdung.** Von der eigenverantwortlichen Selbstgefährdung ist die einverständliche Fremdgefährdung zu trennen. Unabhängig davon, ob und inwieweit sie bei Tatbeständen, die dem Schutz von Individualrechtsgütern dienen, eingreifen kann (dazu → Rn. 211–234), hat sie wie die eigenverantwortliche Selbstgefährdung im Rahmen des § 30 Abs. 1 Nr. 3 keine Geltung.

167 **D. Vorbereitung, Versuch, Vollendung, Beendigung.** Bestimmte Vorbereitungshandlungen wären an sich nach § 30 StGB strafbar (→ Vor § 29 Rn. 207–240), sofern sie nicht nur als Beihilfe zu werten wären (→ Vor § 29 Rn. 220). Aufgrund der Struktur des Absatzes 1 Nr. 3 wird § 30 StGB jedoch nicht praktisch. Die **Vollendung** tritt mit dem Tod ein (*Patzak* in Körner/Patzak/Volkmer Rn. 112). Damit ist die Tat auch **beendet**.

168 Ein **Versuch** ist begrifflich möglich (aA *Joachimski/Haumer* BtMG Rn. 25) und strafbar (§ 23 Abs. 1, § 11 Abs. 2 StGB).

169 § 30 Abs. 1 Nr. 3 gehört zu den erfolgsqualifizierten Delikten. Die Frage des Versuchs stellt sich bei ihnen grundsätzlich in zwei Varianten: beim **erfolgsqualifizierten Versuch** (BGH NJW 2001, 2187 = NStZ 2001, 371; *Fischer* StGB § 18 Rn. 7; → § 22 Rn. 37a; *Sternberg-Lieben/Schuster* in Schönke/Schröder StGB § 18 Rn. 9; *Hillenkamp* in LK-StGB, 12. Aufl. 2007, StGB Vor § 22 Rn. 108) ist das Grunddelikt lediglich in das Versuchsstadium gelangt, die schwere Folge aber gleichwohl eingetreten; bei der **versuchten Erfolgsqualifizierung** ist das Grunddelikt versucht oder vollendet, die schwere Folge, zu der der Täter angesetzt hat, jedoch ausgeblieben (BGH NJW 2001, 2187 = NStZ 2001, 371; *Fischer* StGB § 22 Rn. 37a; *Sternberg-Lieben/Schuster* in Schönke/Schröder StGB § 18 Rn. 10–12; *Hillenkamp* in LK-StGB, 12. Aufl. 2007, Vor § 22 Rn. 115).

170 **Ein erfolgsqualifizierter Versuch** kommt in Betracht, wenn es sich bei dem Stoff, der dem Konsumenten übergeben wurde, ohne Wissen des Täters nicht um Heroin, sondern um ein gefährliches und tödlich wirkendes Imitat handelt. Der Gesetzgeber hat die Qualifikation lediglich für drei Varianten des Umgangs mit Betäubungsmitteln vorgesehen, die besonders gefährlich sind. Es kann daher davon ausgegangen werden, dass die schwere Folge an die Handlung und nicht erst an den Erfolg des Grunddelikts anknüpft (dazu *Fischer* StGB § 18 Rn. 7; *Hillenkamp* in LK-StGB, 12. Aufl. 2007, Vor § 22 Rn. 110). Auch ist in allen drei Varianten des Grunddelikts der Versuch strafbar (dazu *Fischer* StGB § 18 Rn. 8; *Hillenkamp* in LK-StGB, 12. Aufl. 2007, Vor § 22 Rn. 109). Hat der Täter die Todesfolge leichtfertig verursacht, so kann er daher wegen eines versuchten Verbrechens nach § 30 Abs. 1 Nr. 3 bestraft werden (so wohl auch *Rahlf* in MüKoStGB, 2. Auflage, Rn. 193). Dasselbe gilt, wenn die Grunddelikte aus anderen Gründen nicht vollendet werden, etwa wenn der Konsument bereits durch das Ansetzen der Spritze stirbt.

171 **Eine versuchte Erfolgsqualifizierung** kommt in Betracht, wenn der Täter dem Konsumenten eine hochkonzentrierte Heroinzubereitung übergibt und dabei billigend in Kauf nimmt, dass der Empfänger zu Tode kommt, dieser aber auf Grund sofort eingeleiteter Hilfe noch gerettet wird. Hier ist zunächst der Tatbestand eines versuchten Tötungsverbrechens verwirklicht. Ob ein versuchtes Verbrechen nach § 30 Abs. 1 Nr. 3 in Betracht kommt, hängt davon ab, ob es auch hinsichtlich der Todesfolge vorsätzlich begangen werden kann. Obwohl das

6. StrRG bei den Vorschriften des Nebenstrafrechts keine Änderung vorgenommen hat, dürfte grundsätzlich davon auszugehen sein (→ Rn. 182, 202).

Dasselbe gilt, wenn auch das **Grunddelikt nicht vollendet** wurde, etwa weil es 172 sich statt Heroin ohne Wissen des Täters um eine gefährliche andere Substanz handelte, die nicht dem BtMG unterlag (BGH NJW 2001, 2187 = NStZ 2001, 371; NStZ 2001, 534).

E. Täterschaft, Teilnahme. Es gelten zunächst die allgemeinen Regeln, na- 173 mentlich auch bei der Mittäterschaft, bei der jedem Mittäter die Handlung der anderen zugerechnet wird (BGHSt 48, 34 = NJW 2003, 150 = NStZ 2003, 149 mAnm *Hardtung* NStZ 2003, 261 = StV 2003, 74 = JZ 2003, 637 mAnm *Kühl* = JR 2003, 123 mAnm *Puppe*). Mittäter bei der Abgabe kann allerdings nur sein, wer eigene tatsächliche Verfügungsmacht überträgt (→ § 29 Rn. 1130). Bei der Verabreichung und Verbrauchsüberlassung ist dies nicht notwendig (→ § 29 Rn. 1557).

Im Übrigen ist für jeden **Beteiligten gesondert** (§ 29 StGB) zu prüfen, inwie- 174 weit sie den Tod durch Leichtfertigkeit verursacht haben (BGHSt 19, 339 = NJW 1964, 1809 = JZ 1965, 31 mAnm *Cramer;* BGH NJW 1987, 77; 1998, 3361 = NStZ 1998, 511; StV 2008, 174; *Fischer* StGB § 18 Rn. 5); insoweit sind die Beiträge der anderen Beteiligten nicht maßgeblich (*Lackner/Kühl* StGB § 18 Rn. 6; *Sternberg-Lieben/Schuster* in Schönke/Schröder StGB § 18 Rn. 7).

§ 30 Abs. 1 Nr. 3 ist auch (und erst recht) anwendbar, wenn der **Konsument** 175 **nicht** (mehr) **in der Lage** ist, sich das Rauschgift selbst zuzuführen (zur einverständlichen Fremdgefährdung → Rn. 211–234).

F. Handeln im Ausland. Tritt der Tod im Inland ein, so liegt nach § 9 StGB 176 eine Inlandstat vor, auch wenn die Ursache im Ausland gesetzt wurde (→ Vor § 29 Rn. 94).

Im Übrigen gelten die Grundsätze, die für die Grunddelikte maßgeblich sind 177 (→ § 29 Rn. 1134 (Abgeben) und → Rn. 1559, 1560 (Verabreichen und Überlassen zum unmittelbaren Verbrauch)). Soweit das **Weltrechtsprinzip** (§ 6 Nr. 5 StGB) **eingreift,** weil das Betäubungsmittel entgeltlich in den Besitz eines anderen gebracht werden soll, also namentlich bei einer Abgabe im Rahmen des Handeltreibens, gilt auch die Qualifikation des § 30 Abs. 1 Nr. 3 unabhängig vom Recht des Tatorts. Dies gilt allerdings nur für Handlungen, die dem Vertrieb dienen; andere scheiden auch im Falle der Tateinheit aus (→ Vor § 29 Rn. 134).

Greift das **Weltrechtsprinzip nicht**, etwa weil die Abgabe unentgeltlich war 178 oder ein bloßer Fall des Verabreichens oder der Verbrauchsüberlassung vorliegt, und kommt es deswegen auch auf das Recht des Tatorts an (§ 7 StGB; → § 29 Rn. 1134, 1560, so reicht es aus, wenn am Tatort das Grunddelikt (unter irgendeinem rechtlichen Gesichtspunkt) strafbar ist. Trifft ein Tatbestand des Tatortrechts auf das Täterverhalten zu, so führt dies zur umfassenden Geltung aller Vorschriften des deutschen Strafrechts (→ Vor § 29 Rn. 142) und damit auch der Qualifikation.

G. Subjektiver Tatbestand. Es ist zu unterscheiden: 179

I. Grundtatbestände. Hinsichtlich der Grundtatbestände ist **Vorsatz** (→ Vor 180 § 29 Rn. 389–425) erforderlich. Auf → § 29 Rn. 1136, 1137 (Abgeben) und → Rn. 1562, 1563 (Verabreichen, Verbrauchsüberlassung) wird Bezug genommen. Bedingter Vorsatz (→ Vor § 29 Rn. 415–420) reicht aus. Zur Gleichgültigkeit → Vor § 29 Rn. 417.

II. Schwere Folge. Hinsichtlich der schweren Folge muss (mindestens) **Leicht-** 181 **fertigkeit** gegeben sein.

1. Anwendung bei Vorsatz. § 30 Abs. 1 Nr. 3 ist grundsätzlich auch dann an- 182 wendbar, wenn die schwere Folge vorsätzlich herbeigeführt wurde (ebenso *Patzak* in Körner/Patzak/Volkmer Rn. 108; *Oğlakcıoğlu* in MüKoStGB Rn. 167). Nach

BGHSt 46, 279 (→ Rn. 144) ist ein Erst-Recht-Schluss für vorsätzliches Handeln „ausnahmsweise" dann nicht gerechtfertigt, wenn es um den „ganz und gar untypischen Fall" der Überlassung eines Betäubungsmittels zum **freien Suizid an einen unheilbar Schwerstkranken** geht, der kein Betäubungsmittelkonsument ist (im Ergebnis zust. *Sternberg-Lieben* JZ 2002, 153; aA *Duttge* NStZ 2001, 546). Jedenfalls in den Fällen einer profitorientierten Abgabe, namentlich bei Gewerbsmäßigkeit oder Handeltreiben, erscheint eine solche teleologische Reduktion nicht angebracht (Weber (2008) S. 412, 413). Dazu auch → Rn. 165 und → Rn. 202.

183   **2. Leichtfertigkeit.** Die Leichtfertigkeit deckt sich mit dem Begriff der groben Achtlosigkeit (BGHSt 33, 66 (→ Rn. 153)) und ist ein **erhöhter Grad** der Fahrlässigkeit, der etwa der groben Fahrlässigkeit des Zivilrechts entspricht (BGHR StGB § 109 g Leichtfertigkeit 1 = StV 1994, 480; *Fischer* StGB § 15 Rn. 20; *Sternberg-Lieben/Schuster* in Schönke/Schröder StGB § 15 Rn. 205), wenn auch beides nicht gleichgesetzt werden kann, da das Zivilrecht an objektive Maßstäbe anknüpft (BGHSt 50, 347 = NJW 2006, 1297 = NStZ 2006, 343).

184   **a) Begriff.** Bei der Leichtfertigkeit müssen alle Merkmale der Fahrlässigkeit (→ § 29 Rn. 2084–2095) erfüllt sein. Dabei handelt leichtfertig, wer die sich aufdrängende **Möglichkeit eines tödlichen Verlaufs** aus besonderem Leichtsinn oder aus besonderer Gleichgültigkeit außer acht lässt (BGHSt 33, 66 (→ Rn. 153); 46, 279 (→ Rn. 144); *Franke/Wienroeder* Rn. 37; *Joachimski/Haumer* BtMG Rn. 18; *Malek* BtMStrafR Kap. 2 Rn. 416), wer das unbeachtet lässt, was sich unter Beachtung seiner Erkenntnisse und Fähigkeiten aufdrängen muss (*Fischer* StGB § 15 Rn. 20). Der Täter muss nicht alle Einzelheiten des Kausalverlaufs, zB eintretende Komplikationen im Rahmen der medizinischen Behandlung des Opfers, vorhersehen.

185   Leichtfertigkeit kommt etwa in Betracht, wenn der Arzt den Patienten vor Verabreichung eines Opiats **nicht untersucht** (*Oğlakcıoğlu* in MüKoStGB Rn. 175) oder wenn einem Drogenabhängigen nach einer Zeit der Abstinenz die frühere Dosis verabreicht wird (*Winkler* in Hügel/Junge/Lander/Winkler Rn. 4.3). Dasselbe gilt, wenn ein **Substitutionsarzt** die für die Substitution maßgeblichen Vorschriften eklatant missachtet, etwa indem er einem Drogenabhängigen die Tageshöchstdosis zum Konsum in der Praxis aushändigt und ihm noch eine weitere Tageshöchstdosis mitgibt mit der Folge, dass dieser es sich injiziert (BGHSt 52, 271 = NJW 2008, 2596 = NStZ 2008, 574 = StV 2008, 471 = MedR 2009, 211 mAnm *Nestler*). Diese Vorschriften sollen die hier eingetretene Gefahr gerade verhindern.

186   Keine Leichtfertigkeit hat die Rechtsprechung (BGH StGB § 222 Zurechenbarkeit 2 (→ Rn. 158); dazu *Oğlakcıoğlu* in MüKoStGB Rn. 176) angenommen, wenn der Täter einem nicht abhängigen Gelegenheitskonsumenten **besonders reines Heroin** mit dem Hinweis verkauft, dass man aufpassen müsse und den Stoff nicht spritzen dürfe, aber verschweigt, dass ein anderer Konsument bereits im Koma liegt, wobei dies dem Abnehmer zwar bekannt war, dieser aber nicht wusste, dass das Heroin aus derselben Quelle stammte. Die Strafbarkeit wegen fahrlässiger Tötung schied hier wegen eigenverantwortlicher Selbstgefährdung aus.

187   Ebenfalls **keine Leichtfertigkeit,** sondern lediglich einfache Fahrlässigkeit ist nach der Rechtsprechung gegeben (BGHSt 49, 34 (→ Rn. 158)), wenn der Täter einem **alkoholisierten** und gesundheitlich **vorgeschädigten** Konsumenten, der nicht mehr in der Lage war, sich die Spritze zu setzen, Heroin verabreicht.

188   **b) Leichtfertigkeit und unbewusste Fahrlässigkeit.** Leichtfertigkeit ist auch in den Fällen der unbewussten Fahrlässigkeit möglich (BGHR StGB § 109 g Leichtfertigkeit 1 = StV 1994, 480; § 251 Leichtfertigkeit 1 = NStZ-RR 2000, 366; *Fischer* StGB § 15 Rn. 20). Der Schweregrad der Fahrlässigkeit hängt nicht nur vom

Umfang der Tatsachenkenntnis, sondern vor allem vom Grad der Vermeidbarkeit ab. Maßgeblich ist daher, inwieweit sich die Gefahr des Erfolgseintritts dem Täter aufdrängen musste. Dabei kann sich die Leichtfertigkeit auch aus den besonderen Gegebenheiten der Opfersituation ergeben (BGHR StGB § 251 Leichtfertigkeit 1 (s. o.)).

c) Leichtfertigkeit und Vorhersehbarkeit. Bei der Frage der Leichtfertigkeit 189 spielt die (objektive und subjektive) Vorhersehbarkeit des Todes als Folge der Rauschgiftüberlassung eine besondere Rolle. Vorhersehbarkeit im Sinne **einfacher Fahrlässigkeit** ist in der Regel bereits dann gegeben, wenn dem Täter bekannt war oder er damit rechnen musste, dass der Konsument das Rauschgift injiziert, und er von der Gefährlichkeit des überlassenen Stoffes (Heroin) wusste oder wissen konnte (BGH NJW 1981, 2015 = NStZ 1981, 350; Holtz MDR 1980, 985 = DRsp Nr. 1998/17831).

Für die **Leichtfertigkeit** setzt die Vorhersehbarkeit jedoch voraus, dass der Täter 190 die Gefährlichkeit der Substanz für den konkreten Konsumenten in seinem aktuellen Zustand erkannte oder erkennen konnte, etwa ob es sich um einen Erstkonsumenten oder gerade Entwöhnten handelte, ob er bereits unter Rauschgift- oder Alkoholeinfluss stand oder dies zu erwarten war, oder ob der Stoff wegen eines hohen Reinheitsgehalts oder toxisch wirkender Beimengungen besonders gefährlich war (Rahlf in MüKoStGB, 2. Auflage, Rn. 181).

An der Leichtfertigkeit es fehlen, wenn das dem Verstorbenen überlassene 191 Heroin eine **Wirkstoffkonzentration** von **nahezu 100%** Heroinhydrochlorid hatte. Für den Täter ist es nicht ohne weiteres vorhersehbar, dass ein Kleinhändler, der zur Befriedigung des Eigenbedarfs mit Heroin handelt, ohne äußeren (meist finanziellen) Anreiz Heroin mit einer solch hohen Konzentration abgibt (BGHR BtMG § 29 Beweiswürdigung 6 = StV 1992, 278).

Tritt nach dem tatsächlichen Geschehensablauf der Tod nur durch das **Zusam-** 192 **menwirken** mehrerer Umstände ein (→ Rn. 143), müssen alle diese Umstände dem Täter erkennbar sein, weil nur dann der Erfolg für ihn vorhersehbar ist (BGH BeckRS 1979, 108479; BayObLG StV 1992, 73; *Oğlakcıoğlu* in MüKoStGB Rn. 172). Dass ein Konsument vor der Injektion von Methadon noch **andere Mittel konsumiert**, ist ein für Abhängige typisches risikoerhöhendes Verhalten, das für den Arzt vorhersehbar ist (BGHSt 52, 271 (→ Rn. 185)).

d) Bezug auf die Tathandlungen des § 30 Abs. 1 Nr. 3. Der Vorwurf der 193 Leichtfertigkeit muss sich auf die Tathandlung (Abgeben, Verabreichen oder Überlassen zum unmittelbaren Verbrauch) beziehen (*Franke/Wienroeder* Rn. 37), nicht auf ein **nach der Beendigung** dieser Handlungen liegendes Verhalten (→ Rn. 152). Hiervon unberührt bleibt die Strafbarkeit des Täters wegen (vorsätzlicher oder fahrlässiger) Tötung durch Unterlassen (→ Rn. 228–231).

3. Der Grad der Leichtfertigkeit wird nicht erreicht. Wird der Grad der 194 Leichtfertigkeit nicht erreicht, so kommt Strafbarkeit nach § 30 Abs. 1 Nr. 3 nicht in Betracht. Liegt auch **keine einfache Fahrlässigkeit** vor, so ist eine Verurteilung nur wegen der Grunddelikte (§ 29 Abs. 1 Nr. 1, 6 Buchst. b) möglich (BGHSt 49, 34 (→ Rn. 158)). Da der Tod nicht verschuldet ist, scheidet dabei eine strafschärfende Berücksichtigung der Todesfolge aus (→ Vor § 29 Rn. 396, 397).

Kann dagegen **einfache Fahrlässigkeit** festgestellt werden, so ist Strafbarkeit 195 nach § 227 StGB grundsätzlich möglich (→ Rn. 203). Hierbei kommt es wesentlich darauf an, ob der Handelnde hinsichtlich der Körperverletzung **Tatherrschaft** hatte:

Hatte er **keine Tatherrschaft,** wie es bei der Abgabe die Regel sein wird, so 196 kommt nur eine Verurteilung wegen der Grunddelikte (§ 29 Abs. 1 Nr. 1, 6 Buchst. b) in Betracht. Dabei kann **der Tod** als verschuldete Auswirkung der Tat nach § 46 Abs. 2 StGB **strafschärfend** berücksichtigt werden (BGHR BtMG § 29 Strafzumessung 21 = NStZ 1992, 489 = StV 1993, 128 mAnm *Hoyer* = JR 1993, 418 mAnm *Helgerth*). Wegen der Einschränkung des Grundsatzes der eigenverantwortlichen Selbstgefährdung durch den Schutzzweck des Betäubungsmittelrechts (→ Rn. 160–163) steht dieses Prinzip einer solchen strafschärfenden Verwertung nicht entgegen. Eine Verurteilung wegen fahrlässiger Tötung scheidet wegen des Prinzips der eigenverantwortlichen Selbstgefährdung (→ Rn. 209–234) dagegen häufig aus.

197 Hatte der Beteiligte hinsichtlich der Körperverletzung **Tatherrschaft** (einverständliche Fremdgefährdung (→ Rn. 211, 212)), was namentlich bei der Verabreichung in Betracht kommt, ist die Tatbestandsmäßigkeit grundsätzlich (aber → Rn. 234) gegeben. In einem solchen Fall ist dann die Frage der **Einwilligung** (→ § 13 Rn. 186–208) von wesentlicher Bedeutung (BGHSt 49, 34 (→ Rn. 158)).

198 Ist die **Einwilligung wirksam** (→ § 13 Rn. 196–205), so scheidet eine Verurteilung wegen Körperverletzung aus (BGHSt 49, 34 (→ Rn. 158)). Der Täter ist wegen der Grunddelikte (§ 29 Abs. 1 S. 1 Nr. 1, 6 Buchst. b) zu bestrafen. Ob auch (tateinheitliche) Strafbarkeit nach § 222 StGB in Betracht kommt, hängt davon ab, ob die Einwilligung des Konsumenten in die Lebensgefährdung auch die Todesfolge rechtfertigt (→ § 13 Rn. 207, 208).

199 Ist die **Einwilligung unwirksam,** so kommt eine Verurteilung nach § 227 StGB in Betracht (BGHSt 49, 34 (→ Rn. 158)). Zur Anwendung des § 227 StGB im Einzelnen → Rn. 243–255. Auch für eine in Erwägung zu ziehende fahrlässige Tötung (§ 222 StGB) hätte die Einwilligung keine rechtfertigende Kraft (→ § 13 Rn. 208).

200 **H. Konkurrenzen.** Zu den Fällen, in denen der Grad der Leichtfertigkeit nicht erreicht wird, → Rn. 194–199. Zu den Konkurrenzen allgemein → Vor § 29 Rn. 551–587, 671–724. Die in § 30 Abs. 1 Nr. 3 genannten **Tatbestände** (Abgeben (§ 29 Abs. 1 S. 1 Nr. 1), Verabreichen und Überlassen zum unmittelbaren Verbrauch (§ 29 Abs. 1 S. 1 Nr. 6 Buchst. b)) gehen in der Spezialvorschrift des § 30 Abs. 1 Nr. 3 auf. Dasselbe gilt für den **Besitz** (§ 29 Abs. 1 S. 1 Nr. 3) soweit er als Auffangnorm hinter diese Tatbestände zurücktritt. Das **Handeltreiben** (→ Rn. 138) steht mit Absatz 1 Nr. 3 in Tateinheit.

201 Im Verhältnis zur **fahrlässigen Tötung** (§ 222 StGB) ist Absatz 1 Nr. 3 die speziellere Norm (BGHSt 53, 288 (→ Rn. 158); *Rahlf* in MüKoStGB Rn. 200; *Joachimski/Haumer* BtMG Rn. 20; *Winkler* in Hügel/Junge/Lander/Winkler Rn. 4.4). Allerdings handelt es sich **nicht** um eine **privilegierende Spezialität** (→ Vor § 29 Rn. 724), da der Strafrahmen gegenüber § 222 StGB deutlich erhöht ist und mit der Einfügung des § 30 Abs. 1 Nr. 3 das Strafrecht verschärft werden sollte (BGHSt 53, 288 (→ Rn. 158)). Die Anwendung des § 222 StGB (→ Rn. 207–242) wird daher nicht gesperrt, wenn zwar dieser, nicht aber § 30 Abs. 1 Nr. 3 BtMG erfüllt ist.

202 Die **vorsätzlichen Tötungsdelikte** (§§ 211, 212, 216 StGB) stehen mit § 30 Abs. 1 Nr. 3 in **Tateinheit**. Das 6. StrRG hat die Konkurrenzfrage bei den erfolgsqualifizierten Delikten nur im Allgemeinen Strafrecht ausdrücklich geregelt. Da dieses Gesetz das Nebenstrafrecht aber generell unberücksichtigt ließ (BT-Drs. 13/7164, 22), sollten Gegenschlüsse aus dieser Regelung nicht gezogen werden, so dass im Anschluss an frühere Rspr. (BGHSt 39, 100 = NJW 1993, 1662 = NStZ 1993, 338 = StV 1993, 361) weiterhin von Tateinheit auszugehen ist (BGH NStZ-RR 2016, 110). Zum Ausnahmefall der Überlassung zum freien Suizid → Rn. 182.

203 **Tateinheit** kommt auch mit **Körperverletzung** mit Todesfolge (§ 227 StGB) in Betracht; insbesondere liegt keine (privilegierende) Spezialität vor, da das Verabreichen von Betäubungsmitteln nicht stets eine Körperverletzung (dazu → § 13 Rn. 173) darstellt (BGHSt 49, 34 (→ Rn. 158)). Entsprechendes gilt für das Abgeben oder die Verbrauchsüberlassung. Scheidet § 30 Abs. 1 Nr. 3, etwa mangels Leichtfertigkeit, aus, so kann daher immer noch § 227 StGB in Betracht kommen (→ Rn. 195–198; 243–255). Hatte der Täter **keine Tatherrschaft,** wie dies bei der Abgabe die Regel sein wird, so scheiden die Körperverletzungsdelikte unter dem Gesichtspunkt der eigenverantwortlichen Selbstgefährdung (→ Rn. 158, 159, 209–234) regelmäßig aus.

I. Strafzumessung. Die Strafzumessung wird in **Kapitel 5** (→ Rn. 289–354) behandelt. 204

J. Exkurs: Betäubungsmittelrechtliche Aspekte bei der fahrlässigen Tö- 205 **tung (§ 222 StGB) und der Körperverletzung mit Todesfolge (§ 227 StGB).** Wenn auch der Grundsatz der eigenverantwortlichen Selbstgefährdung bei der Anwendung des § 30 Abs. 1 Nr. 3 nicht gilt, so ist er im Kontext des Betäubungsmittelstrafrechts doch nicht ohne Bedeutung. Er ist überall dort zu prüfen, wo unmittelbar auf die fahrlässige Tötung oder die Körperverletzung mit Todesfolge zurückgegriffen werden muss (→ Rn. 206). Dass die Ermöglichung der Selbstgefährdung (nach § 29 Abs. 1 S. 1 Nr. 1, 6 Buchst. b) selbständig mit Strafe bedroht ist, schließt es nicht aus, dass das Opfer sich gleichwohl eigenverantwortlich selbst gefährdet, so dass die allgemeinen Tatbestände auch in einem solchen Falle entfallen können (BayObLGSt 1996, 96 (→ Rn. 158)).

I. Anwendung der allgemeinen Vorschriften. Ein Rückgriff auf die all- 206 gemeinen Strafvorschriften (§§ 222, 227 StGB) kommt in Betracht,
- wenn bei der Abgabe, Verabreichung oder Verbrauchsüberlassung von Rauschgift der **Grad der Leichtfertigkeit nicht** erreicht wird (→ Rn. 194–199, 201, 203) oder
- wenn der Tod nicht durch das Überlassen von Betäubungsmitteln, sondern
  - durch **Unterstützungshandlungen** (→ Rn. 140) oder **sonstige Handlungen,** durch die der Konsum von Betäubungsmitteln ermöglicht wird (→ Rn. 208), oder
  - durch den Umgang mit **nicht** oder noch nicht dem BtMG unterstehenden **Rauschmitteln** oder mit **ausgenommenen Zubereitungen**
  (mit-)verursacht wurde.

II. Fahrlässige Tötung (§ 222 StGB). Kommt der Konsument durch den Ge- 207 brauch einer ihm überlassenen Droge zu Tode, ohne dass § 30 Abs. 1 Nr. 3 eingreift (→ Rn. 206), so ist stets zu prüfen, ob die Voraussetzungen des § 222 StGB gegeben sind.

1. Tathandlung. Aus dem großen Kreis der Tathandlungen, die den Tod eines 208 anderen Menschen **verursachen** können (zur Kausalität → Rn. 141–154), kommen hier vor allem die **Abgabe, Verabreichung** oder **Verbrauchsüberlassung** eines Betäubungsmittels (→ Rn. 138) oder einer sonstigen psychoaktiven Substanz (BGH NStZ-RR 2014, 312 = StV 2015, 177) in Betracht; ursächlich können aber auch **Unterstützungshandlungen** (→ Rn. 140) oder **sonstige Handlungen** werden, die **den Konsum** von Betäubungsmitteln oder solcher Substanzen **ermöglichen,** etwa das **Verschreiben** (→ Rn. 138) oder das nicht mit einer Abgabe, einem Verabreichen oder einer Verbrauchsüberlassung einhergehende **Handeltreiben** (→ Rn. 138).

2. Eigenverantwortliche Selbstgefährdung. Besondere Fragen ergeben sich 209 aus dem Grundsatz der eigenverantwortlichen Selbstgefährdung, dessen Anwendung hier nicht ausgeschlossen ist. Zur eigenverantwortlichen Selbstgefährdung im Verhältnis zum **Arzt** → § 13 Rn. 182–184. Namentlich beim Verabreichen eines Betäubungsmittels stellt sich bei einem **etwa gleichen Maß der Tatherrschaft** auch die Frage der einverständlichen Fremdgefährdung (→ Rn. 234).

210 **a) Begriff und Entwicklung.** Zum Begriff und zur Entwicklung des Grundsatzes der eigenverantwortlichen Selbstgefährdung → Rn. 158, 159.

211 **b) Abgrenzung zur Fremdgefährdung.** Die Regeln, die für die Teilnahme an einer (eigenverantwortlichen) Selbstgefährdung maßgeblich sind, gelten **nicht** für die **Fremdgefährdung,** und zwar auch dann nicht, wenn sie einverständlich erfolgt, etwa wenn der Täter dem Konsumenten, der dazu nicht mehr in der Lage ist, die Spritze setzt (allerdings → Rn. 234).

212 **aa) Abgrenzungskriterium.** Maßgebliches Abgrenzungskriterium ist die **Trennungslinie** zwischen **Täterschaft** und **Teilnahme** (BGHSt 49, 34 (→ Rn. 158); 166 = NJW 2004, 2458 mAnm *Duttge* NJW 2005, 260 = NStZ 2004, 621 mAnm *Stree* NStZ 2005, 40 = StV 2004, 655 = JR 2004, 475 mAnm *Hirsch* = JZ 2005, 103 mAnm *Arzt;* 53, 55 (→ Rn. 158); 288 (→ Rn. 158); BGHR StGB § 222 Zurechenbarkeit 3 (→ Rn. 158); BGH MedR 2014, 812 (→ Rn. 158); OLG Hamburg NStZ 2016, 530 mAnm *Miebach;* krit. *Kretschmer* NStZ 2012, 177 (180)). Liegt die **Tatherrschaft** über die Gefährdungshandlung nicht allein bei dem Gefährdeten, sondern zumindest auch bei dem sich hieran Beteiligenden, begeht dieser eine eigene Tat und kann nicht aus Gründen der Akzessorietät straffrei sein (BGHSt 49, 34 (→ Rn. 158); BGHR StGB § 222 Zurechenbarkeit 3 (→ Rn. 158)). Dies gilt etwa in allen Situationen, in denen im Vorsatzbereich mittelbare Täterschaft vorläge.

213 In wertender Betrachtung ist daher zu entscheiden, ob dem Handelnden die **Tat-** oder **Gefährdungsherrschaft** (→ Rn. 214) zukam oder ob er lediglich als Werkzeug des Gefährdeten handelte (BGHSt 49, 34 (→ Rn. 158); BGHR StGB § 222 Zurechenbarkeit 3 (→ Rn. 158)). Dabei kommt dem **unmittelbar** zum Erfolgseintritt führenden Geschehen besondere Bedeutung zu (BGHSt 53, 55 (→ Rn. 158); *Rönnau* in LK-StGB StGB Vor § 32 Rn. 167 mwN; in diesem Sinne auch *Walter* (NStZ 2013, 673 (675, 676, 680)), wonach es sich empfiehlt, darauf abzustellen, von wem die zeitlich letzte und für den tatbestandlichen Erfolg ursächliche aktive Handlung stammt). Handeln die Beteiligten gemeinschaftlich und gleichzeitig zusammen, so kommt eine Selbstgefährdung in Betracht (*Walter* NStZ 2013, 673; → Rn. 234). **Eine andere Frage** ist in allen Fällen, ob die Selbstgefährdung **eigenverantwortlich** war.

214 **bb) Auch in den Fällen der Fahrlässigkeit.** Die in → Rn. 213 genannte Grenzziehung gilt nach der Rechtsprechung (BGHSt 53, 55 (→ Rn. 158); BGHR StGB § 222 Zurechenbarkeit 3 (→ Rn. 158); BGH MedR 2014, 812 (→ Rn. 158)) grundsätzlich auch für die Fälle der Fahrlässigkeit (→ § 13 Rn. 207, 208). Auch hier bestimmt sich die Abgrenzung nach der Herrschaft über den Geschehensablauf **(Gefährdungsherrschaft),** die weitgehend nach den für Vorsatzdelikte zur Tatherrschaft entwickelten objektiven Kriterien festgestellt werden kann (BGHSt 53, 55 (→ Rn. 158); BGHR StGB § 222 Zurechenbarkeit 3 (→ Rn. 158)).

215 **c) Eigenverantwortliche (autonome) Entscheidung.** Maßgeblich ist die Eigen- oder Freiverantwortlichkeit des Entschlusses des Rechtsgutsinhabers, sein Leben oder seine körperliche Unversehrtheit selbst zu gefährden. Dagegen kommt die Täterschaft dessen, der die Selbstgefährdung fördert, dann in Betracht, wenn er infolge eines bei dem sich selbst Gefährdenden (Konsumenten) **bestehenden Mangels der Eigenverantwortlichkeit** Tat- oder Handlungsherrschaft über das Geschehen erlangt (BGHSt 59, 150 (→ Rn. 158); BGH MedR 2014, 812 (→ Rn. 158)). Bei einem **non liquet** ist nach dem Zweifelssatz von der Eigenverantwortlichkeit auszugehen (*Sternberg-Lieben/Schuster* in Schönke/Schröder StGB § 15 Rn. 167).

Straftaten **§ 30 BtMG**

Mängel der Eigenverantwortlichkeit können sowohl die **Erkenntnisseite** 216 (→ Rn. 217–223) als auch die **Fähigkeit** (→ Rn. 224, 225) des Konsumenten betreffen, nach dieser Erkenntnis zu handeln (→ Rn. 224, 225):

aa) Mangelnde Risikokenntnis des Konsumenten. Eine eigenverantwort- 217 liche Entscheidung kann nur getroffen werden, wenn der sich selbst Gefährdende die **rechtzeitige** und **volle Kenntnis von dem Risiko** hat, das er übernehmen will.

(a) Rechtserheblicher Irrtum. Daran fehlt es, wenn er einem **Irrtum** unter- 218 liegt, der für die Entscheidung zur Gefährdung oder Verletzung des Rechtsguts bedeutsam ist, insbesondere der seine Selbstverantwortlichkeit ausschließt (BGHSt 53, 288 (→ Rn. 158); BGH MedR 2014, 812 (→ Rn. 158)). Dies kommt etwa in Betracht, wenn ihm **statt des zugesagten Cocains** Heroin in großer Reinheit überlassen wird. Ein solches Geschehen liegt außerhalb des Gefahrenbereichs, in dem sich der Konsument üblicherweise bewegt. Zwar sind die Wirkstoffkonzentration des Stoffes und der Gehalt etwa beigemengter Substanzen den Beteiligten üblicherweise nicht bekannt, so dass es der Konsument riskiert, nicht nur ein Rauschgift mit höherem Wirkstoffgehalt, sondern auch ein solches mit gesundheitsgefährdenden Stoffen zu erhalten (BGHSt 53, 288 (→ Rn. 158)). Hier wird ihm jedoch ein anderer Stoff überlassen, der nicht nur generell gefährlicher ist, sondern hier auch noch von besonderer, unüblicher Reinheit.

Ein seine Entscheidung beeinträchtigender Irrtum des Konsumenten liegt auch 219 dann vor, wenn das ihm abgegebene Rauschgift **zehnfach überdosiert** war (BGH NStZ 2011, 341 (→ Rn. 158)) oder wenn er unverdünntes GBL in der Annahme konsumiert, es sei zu einer konsumfähigen Dosis verdünnt (BGHSt 62, 318 = NJW 2017, 418 mAnm *Berster* = NStZ 2017, 223 mAnm *Lorenz*).

Ein für die Entscheidung des Konsumenten erheblicher Irrtum kann auch ein 220 **Irrtum im Motiv** sein, etwa wenn er sich über Handlungen und Beweggründe anderer Personen irrt (LG Berlin BeckRS 2011, 09351 – Wetttrinken; *Walter* NStZ 2013, 673 (677, 680); iErg auch BGH NStZ 1986, 266).

(b) Überlegenes Sachwissen des Täters. Handlungsherrschaft hat der die 221 Selbstgefährdung Fördernde auch dann, wenn er **kraft überlegenen Sachwissens** das **Risiko besser erfasst** als der sich Gefährdende (BGHSt 32, 262 (→ Rn. 157); BGHR StGB § 222 Zurechenbarkeit 2 (→ Rn. 158); BGHSt 59, 150 (→ Rn. 158); BGH MedR 2014, 812 (→ Rn. 158); BayObLGSt 1996, 96 (→ Rn. 158); BayObLG NJW 2003, 371 (→ Rn. 227)). Nach *Hardtung* (NStZ 2001, 206 f.) soll es für das Fahrlässigkeitsdelikt genügen, wenn der Täter das Risiko hätte besser erfassen können als der sich selbst Gefährdende; mit guten Gründen auch weitergehend *Freund/Klapp* JR 2003, 431 (433 f.).

Wann ein solches Sachwissen **als überlegen zu erachten** ist, hängt von den Um- 222 ständen des Einzelfalles ab (BGHR StGB § 222 Zurechenbarkeit 2 (→ Rn. 158)); es kann etwa aus einer vorsätzlichen massiven Überdosierung des überlassenen Rauschgifts stammen. Maßgeblich ist dabei nicht nur der **Wissensstand** des Täters, sondern auch der des Konsumenten (BGH MedR 2014, 812 (→ Rn. 158)). Dabei kommt es auf dessen Seite nur darauf an, ob er das rechtsgutsbezogene Risiko seines Verhaltens, insbesondere die Gefahr einer Überdosierung, zutreffend eingeschätzt hat. Die exakten medizinischen Wirkzusammenhänge muss er nicht kennen (BGH MedR 2014, 812 (→ Rn. 158)). Ebenso muss er bei grundsätzlich vorhandener Kenntnis über die Risiken der Einnahme eines ihm bekannten Stoffs nicht über sämtliche vorhandenen Risiken aufgeklärt sein (BGH NStZ 2011, 341 (→ Rn. 158); NStZ 2014, 709 (715)).

(c) Mangelnde Fähigkeit zur Risikobeurteilung/-abwägung. Die man- 223 gelnde Risikokenntnis kann auch darauf beruhen, dass der Konsument beim Konsum zu einer hinreichenden **Risikobeurteilung** oder -**abwägung** (zur Risiko-

Maier 1087

vermeidung → Rn. 224, 225) nicht (mehr) in der Lage war (BGHSt 33, 66 (→ Rn. 153); 53, 288 (→ Rn. 158); BGHSt 59, 150 (→ Rn. 158); NStZ 1983, 72; offen gelassen in BGHR StGB § 222 Zurechenbarkeit 2 (→ Rn. 158)), insbesondere die Tragweite seines Entschlusses nicht überblickt (BGH NStZ 1986, 266; *Sternberg-Lieben/Schuster* in Schönke/Schröder StGB § 15 Rn. 167; *Freund/Klapp* JR 2003, 431 (434)). Dies kommt in Betracht, wenn der Konsument zum Zeitpunkt des Konsums unter dem **nicht unerheblichen Einfluss** von Alkohol und Betäubungsmitteln stand (s. BGHSt 62, 318 (→ Rn. 219)).

224   bb) Mangelnde Fähigkeit zur Risikovermeidung. Ein Mangel der Eigenverantwortlichkeit ist auch dann gegeben, wenn der Konsument nicht in der Lage ist, sein Verhalten entsprechend der Einsicht in die Bedeutung des Risikos zu steuern (*Amelung* NJW 1996, 2393 (2395)) und gegen die Verwirklichung des Risikos eine Hemmung aufzubauen (*Winkler* A&R 2014, 83 (87)).

225   Die Fähigkeit zur Risikovermeidung fehlt nicht schon deshalb, weil der Konsument opiatabhängig oder Substitutionspatient ist (BGHSt 59, 150 (→ Rn. 158); BGH MedR 2014, 812 (→ Rn. 158)). Anders ist dies bei einer **Intoxikation** und **Intoxikationspsychose** (BGHSt 53, 288 → Rn. 158); 59, 150 (→ Rn. 158); BGH NStZ 1986, 266; 2011, 341 → Rn. 158)), die dazu geführt hat, dass das Opfer zu einer Risikoabwägung nicht mehr hinreichend in der Lage ist. Auch konsumebedingte schwere **Persönlichkeitsveränderungen** (BGH MedR 2014, 812 (→ Rn. 158)) oder unter Umständen ein **entzugsbedingter akuter Suchtdruck**, verbunden mit der Angst vor körperlichen Entzugserscheinungen (BGH MedR 2014, 812 (→ Rn. 158)) können die Freiverantwortlichkeit des Selbstgefährdungsentschlusses ausschließen oder beeinträchtigen. Die zur Schuldfähigkeit bei Drogenabhängigkeit entwickelten Kriterien (→ Vor § 29 Rn. 475, 476) werden damit auf die Frage der Freiverantwortlichkeit übertragen (*Roxin* NStZ 1984, 411 (412); *Dannecker/Stoffers* StV 1993, 642 (644); aA *Amelung* NJW 1996, 2393 (2395) mwN, der auf die Regeln der Einwilligungsunfähigkeit abstellen will). **Entscheidend** ist, ob der sich selbst Gefährdende das Verletzende das rechtsgutbezogene Risiko seines Verhaltens **zutreffend eingeschätzt** hat; das kann nicht der Fall sein, wenn er bei grundsätzlich vorhandener Kenntnis über die Risiken des Konsums nicht über sämtliche vorhandenen Risiken aufgeklärt war (BGHSt 59, 150 (→ Rn. 158) zu Substitutionsarzt).

226   cc) Geschäftsfähigkeit. Geschäftsfähigkeit ist zu einer eigenverantwortlichen Entscheidung nicht erforderlich. Bei einem **Jugendlichen** genügt es, dass er nach seinen geistigen Fähigkeiten und seiner sittlichen Reife imstande ist, die Bedeutung und möglichen Folgen seines Tuns zu erkennen und zu beurteilen, insbesondere auch den Wert des gefährdeten Rechtsguts und die sittliche Bedeutung des Vorgangs richtig einzuschätzen (BGH NStZ 1985, 25).

227   dd) Garantenstellung. Die eigenverantwortliche Selbstgefährdung des Konsumenten wird durch eine Garantenstellung des die Selbstgefährdung Fördernden **nicht ausgeschlossen** (hM; OLG Zweibrücken NStZ 1995, 89 = JR 1995, 304 mAnm *Horn* = MedR 1995, 331 mAnm *Körner; Hirsch* JR 1979, 429 (430); *Roxin* NStZ 1984, 411 (412); *Rudolphi* in SK-StGB StGB Vor § 1 Rn. 79a; anscheinend auch BayObLG NJW 2003, 371 = JR 2003, 428 mAnm *Freund/Klapp;* aA BGH JR 1979, 429 = MDR 1978, 987 = BeckRS 1978, 31113506). Später hat der **BGH** (NStZ 1985, 25; BGHR StGB § 222 Zurechenbarkeit 2 (→ Rn. 158)) die Frage **offengelassen.** In BGHSt 59, 150 (→ Rn. 158); BGH MedR 2014, 812 (→ Rn. 158) wird sie nicht mehr angesprochen (dazu → § 13 Rn. 181–184). Grundsätzlich ist es nicht Aufgabe des Garanten, den zu Schützenden vor sich selbst zu schützen (*Pasedach* Verantwortungsbereiche S. 92 mwN). Etwas anderes kommt in Betracht, wenn die Garantenpflicht nach den Umständen des Einzelfalls auch die **Pflicht zur Verhütung von Selbstgefährdungen** einschließt oder der Hinter-

Straftaten **§ 30 BtMG**

mann aufgrund von Sonderpflichten für die Unversehrtheit des Rechtsguts einzustehen hat, etwa wenn der Patient den Arzt aufgesucht hat, um von seiner Drogensucht geheilt zu werden (*Eisele* in Schönke/Schröder StGB Vor § 13 Rn. 101i; *Lackner/Kühl* StGB Vor § 211 Rn. 14).

Die Garantenpflicht gewinnt auch dann Bedeutung, wenn die **Gefahrenlage** 228 **eingetreten** ist, zB wenn der Konsument **bewusstlos** geworden ist (BGHSt 33, 66 (→ Rn. 153); 46, 279 (→ Rn. 144); BGH NStZ 1984, 452 = StV 1985, 56 mAnm *Fünfsinn*; *Winkler* in Hügel/Junge/Lander/Winkler Rn. 4.4; *Malek* BtMStrafR Kap. 2 Rn. 420; aA *Roxin* NStZ 1985, 320; *Rudolphi* in SK-StGB StGB Vor § 1 Rn. 79a; unentschieden *Patzak* in Körner/Patzak/Volkmer Rn. 112–119) oder sonst nicht mehr in der Lage ist, einen Arzt zu rufen (BGH NStZ 2017, 219 (→ Rn. 158)). Bei der Überlassung von Rauschgift ergibt sich die Handlungspflicht (§ 13 StGB) daraus, dass der Täter die Gefahrenlage durch die strafbare und gefährdende Hingabe der Droge **herbeigeführt** hat (**Ingerenz,** BGHSt 33, 66 (→ Rn. 153); 46, 279 (→ Rn. 144); BGH NStZ 1984, 452 (s. o.); *Fischer* StGB § 13 Rn. 49; aA *Stree/Bosch* in Schönke/Schröder StGB § 13 Rn. 40/41; Lackner/Kühl StGB Vor § 211 Rn. 16; *Roxin* NStZ 1985, 320; *Fünfsinn* StV 1985, 58). Dasselbe gilt, wenn der Täter, etwa durch das offene Stehenlassen einer Flasche GBL, eine **Gefahrenquelle geschaffen** oder **unterhalten** hat ohne die nach Lage der Verhältnisse erforderlichen Vorkehrungen zum Schutz anderer Personen zu treffen (BGHSt 61, 21 (→ Rn. 158); 62, 318 (→ Rn. 219); BGHR StGB § 13 Abs. 2 Garantenstellung 30 = NStZ 2012, 319 (387) mAnm *Murmann* = NStZ-RR 2012, 246 mAnm *Oğlakcıoğlu*).

Unabhängig von der Diskussion über Rechtsfragen geht es hier weniger um sol- 229 che als um die **Feststellung des Willens** des Konsumenten. Dieser ist zwar mit der Gefährdung durch das Rauschgift einverstanden, er will jedoch nicht sterben (BGH NStZ 1984, 452). Vielmehr wird sein Wille in aller Regel dahin gehen, dass ihm sein Lieferant oder der sonst für die Gefahrenquelle Verantwortliche die notwendige Hilfe leistet, wenn er sich nicht mehr selbst helfen kann (s. auch *Freund* in MüKoStGB StGB § 13 Rn. 190). Entwickelt sich das allein auf Selbstgefährdung angelegte Geschehen erwartungswidrig in Richtung auf den Verlust des Rechtsguts, umfasst die ursprüngliche Entscheidung des Rechtsgutsinhabers für die Gefährdung seines Rechtsguts nicht zugleich den Verzicht auf Maßnahmen zum Erhalt des nunmehr in konkrete Gefahr geratenen Rechtsguts (BGHSt 61, 21 (→ Rn. 158)). Vielmehr kann in diesen Fällen eine zunächst straflose Selbstgefährdungsteilnahme mit Eintritt der Gefahrenlage in Unterlassungstäterschaft umschlagen.

Etwas anderes gilt, wenn es dem **Willen des Konsumenten** entspricht, dass 230 ärztliche oder sonstige Hilfe nicht geholt wird (BGH NStZ 1987, 406). In diesem Falle hat der Konsument dem Lieferanten oder sonst Verantwortlichen die Verantwortung abgenommen, die sich ursprünglich aus der Ermöglichung der Gefährdung ergeben hat (s. *Stree* JuS 1985, 179 (184)).

Dass der Täter sich beim Herbeiholen von Hilfe der Gefahr **strafrechtlicher** 231 **Verfolgung** wegen Vergehens gegen das BtMG aussetzt, macht die Erfüllung der Hilfepflicht nicht unzumutbar (BGHSt 33, 66 (→ Rn. 153); BGH NStZ 1984, 452 = StV 1985, 56).

Eine **Garantenpflicht** kann sich auch **aus anderen Gründen** ergeben, etwa 232 wenn Fixergemeinschaften vereinbaren, sich bei Entstehung einer lebensbedrohlichen Situation zu helfen. Dasselbe gilt, wenn der Dealer zusagt, in einem solchen Falle den Arzt zu rufen (*Patzak* in Körner/Patzak/Volkmer zu §§ 29 ff. Rn. 373). Auch der Ehepartner (BGH NStZ 2017, 219 (→ Rn. 158)) oder ein sonstiger Angehöriger oder Lebensgefährte ist verpflichtet, Hilfe zu holen. Täuscht etwa der

Lieferant einen hilfsbereiten Dritten über die Ernsthaftigkeit der Situation, um ihn von dem Herbeiholen des Arztes abzuhalten (*Körner*, 6. Aufl. 2007, Rn. 111), so liegt bereits positives Tun vor, so dass es auf eine Garantenstellung nicht ankommt.

233 Lassen sich eine Garantenstellung und eine sich daraus ergebende strafrechtliche Haftung nicht feststellen, kommt **unterlassene Hilfeleistung** (§ 323 c StGB) in Betracht (*Patzak* in Körner/Patzak/Volkmer Vor §§ 29 ff. Rn. 379; *Sternberg-Lieben/Schuster* in Schönke/Schröder StGB § 15 Rn. 166).

234 **d) Gleichstellung von Selbst- und Fremdgefährdung.** Eine Gleichstellung der einverständlichen Fremdgefährdung mit der eigenverantwortlichen Selbstgefährdung zieht der BGH (BGHSt 53, 55 (→ Rn. 158)) ausnahmsweise für den Fall in Erwägung, dass die Beteiligten ein etwa **gleiches Maß an Tatherrschaft** innehatten (dagegen *Duttge* NStZ 2009, 690 (692)); nach *Roxin* StrafR AT II § 11 Rn. 123; *Roxin* JZ 2009, 399 (401) kommt eine Gleichstellung dann in Betracht, wenn die einverständliche Fremdgefährdung einer Selbstgefährdung unter **allen relevanten Aspekten** gleichsteht, nämlich
- wenn das Risiko in vollem Umfang vom Einverständnis des Geschädigten gedeckt ist,
- wenn keine weiteren vermeidbaren Fehler des Schädigers hinzukommen und
- wenn der Geschädigte für den Vorgang dieselbe Verantwortung trägt, insbesondere wenn er den Schädiger gegen dessen eigentlichen Willen zu der Handlung gedrängt hat

(s. demgegenüber BGHSt 49, 166 (→ Rn. 212)). Im Betäubungsmittelrecht dürften Fälle dieser Art nicht von vornherein ausgeschlossen sein.

235 **3. Einwilligung.** Ist auf Grund einer eigenverantwortlichen Selbstgefährdung nicht bereits der Tatbestand ausgeschlossen, ist prüfen, ob nicht auf Grund einer Einwilligung die Rechtswidrigkeit entfällt. Zur **Einwilligung** insgesamt → § 13 Rn. 186–208. Zur **Risiko-** oder **Gefährdungseinwilligung** → § 13 Rn. 207, 208.

236 Die Einwilligung kann aus verschiedenen Gründen **unwirksam** sein (→ § 13 Rn. 188–197). Sie wirkt auch dann nicht, wenn die Tat trotz der Einwilligung gegen die **guten Sitten** verstößt (→ § 13 Rn. 198–205).

237 **4. Fahrlässigkeit.** Betäubungsmittelrechtliche Aspekte bei der Fahrlässigkeit (→ § 29 Rn. 2084–2095) ergeben sich sowohl im Rahmen der Sorgfaltspflichtverletzung als auch der Vorhersehbarkeit.

238 **Sorgfaltswidrig** handelt der Überlassende, der gegenüber dem Konsumenten (konkludent) zum Ausdruck bringt, **entsprechend seiner Zusage** handele es sich bei der überlassenen Droge um Cocain, während es in Wirklichkeit Heroin war. Eine solche Erklärung durfte er nur abgeben, wenn er sich zuvor vergewissert hatte, dass er tatsächlich dieses Rauschgift aushändigt; in diesem Falle hätte er das tatsächliche Risiko und die daraus erwachsenden Folgen ebenso erkennen können wie auch den Umstand, dass der Konsument sein sich selbst gefährdendes Verhalten falsch einschätzen würde (BGHSt 53, 288 (→ Rn. 158)).

239 Einer solchen **Prüfungspflicht** steht nicht entgegen, dass der unerlaubte Umgang mit Betäubungsmitteln generell und hier das Überlassen (§ 29 Abs. 1 S. 1 Nr. 6 Buchst. b) strafbar ist; sonst würde der, der sich ohnehin in strafbarer Weise verhält, besser gestellt als derjenige, der potentiell gefährliche Stoffe erlaubt abgibt, etwa der Arzt oder Apotheker (BGHSt 53, 288 (→ Rn. 158)). Dies bedeutet nicht, dass sich die Prüfungspflicht auch auf den Wirkstoffgehalt des von den Beteiligten qualitativ und quantitativ zutreffend eingestuften Rauschgifts erstrecken müsste, da hier zumeist keine relevante Abweichung von der Vorstellung des Konsumenten vorliegt (BGHSt 53, 288 (→ Rn. 158)).

Straftaten **§ 30 BtMG**

Vorhersehbarkeit im Sinne **einfacher Fahrlässigkeit** ist in der Regel bereits 240
dann gegeben, wenn dem Täter bekannt war oder er damit rechnen musste, dass
der Konsument das Rauschgift injiziert, und er von der Gefährlichkeit des überlassenen Stoffes (Heroin) wusste oder wissen konnte (→ Rn. 189). Bei **Weitergabe
von Heroingemischen** ist wegen unterschiedlicher Wirkstoffgehalte und der
daher gegebenen Überdosierungsgefahr der Todeseintritt in der Regel vorhersehbar (*Patzak* in Körner/Patzak/Volkmer Rn. 110).

Die Vorhersehbarkeit kann fehlen, wenn der Täter dem Konsumenten eine **handelsübliche Ampulle Morphium** zuführt (BGH H. W. Schmidt MDR 1985, 2) 241
oder der Tod nicht nur auf dem Konsum des überlassenen Heroins, sondern zusätzlicher Alkohol- und Tabletteneinnahme beruht (BGH NStZ 1984, 452). Auf der
anderen Seite wird die Vorhersehbarkeit nicht dadurch ausgeschlossen, dass der Täter, der die hohe Konzentration des Heroins kannte, sich zuvor einen **Probeschuss**
und einen weiteren Schuss gesetzt hatte, aber im Hinblick auf seinen Wissensstand
über die individuelle Wirkung des Heroins nicht davon ausgehen konnte, dass eine
andere Person eine entsprechende Dosis in gleicher Weise vertragen werde (BGH
Holtz MDR 1980, 985 (→ Rn. 189)).

Handelt es sich bei **krankhaften Veränderungen** des Konsumenten, die zum 242
Tode mit beigetragen haben, um typische Folgen des Heroinkonsums, so muss
auch damit gerechnet werden (BGH NJW 1981, 2015 = NStZ 1981, 350).

III. Körperverletzung mit Todesfolge (§ 227 StGB). Die Körperverletzung 243
mit Todesfolge kann mit dem Verbrechen des § 30 Abs. 1 Nr. 3 BtMG in Tateinheit
stehen (→ Rn. 203), sie kann aber auch als alleiniges Delikt in Betracht kommen,
wenn die Voraussetzungen des § 30 Abs. 1 Nr. 3 nicht erfüllt sind (→ Rn. 203).

1. Tathandlung, spezifischer Gefahrzusammenhang. Im Zusammenhang 244
mit der Weitergabe von Drogen oder sonstigen Unterstützungshandlungen im Zusammenhang mit dem Konsum von Drogen kann vor allem das **Verabreichen** den
Tatbestand einer Körperverletzung erfüllen (BGHSt 49, 34 (→ Rn. 158)).

Ist die Ursächlichkeit zwischen der Verabreichung des Betäubungsmittels und 245
dem Tod des Konsumenten gegeben (→ Rn. 141–154), so kann auch von dem
spezifischen Gefahrzusammenhang ausgegangen werden, den die Körperverletzung mit Todesfolge nach allgemeiner Meinung (BGH NJW 1982, 2832; 1995,
2045 = NStZ 1996, 35 mAnm *Hirsch* = JR 1996, 338 mAnm *Wolfslast* = JZ 1995,
102 mAnm *Otto;* BGHSt 48, 34 (→ Rn. 173); 49, 34 (→ Rn. 158); BGH NStZ
2008, 150 = StV 2008, 464 mAnm *Rönnau;* NStZ 2008, 686 = StV 2008, 406
mAnm *Hardtung* = StraFo 2008, 125 mAnm *Dehne-Niemann; Fischer* StGB § 227
Rn. 3 mwN) voraussetzt.

Besteht die Körperverletzung nämlich in einer **Tathandlung des § 30 Abs. 1** 246
Nr. 3, so gibt bereits das Gesetz zu erkennen, dass ihr die spezifische Gefahr innewohnt, die zu einer Todesfolge führen kann (unklar BGHSt 49, 34 (→ Rn. 158),
wobei allerdings nicht eindeutig ist, ob die dort angeführten Umstände sich nur auf
die Frage der Vorhersehbarkeit beziehen). Auch der besondere Unrechtsgehalt, der
den gegenüber der Körperverletzung und der fahrlässigen Tötung höheren Strafrahmen rechtfertigt, ist in einem solchen Falle immer gegeben.

Etwas anderes kommt allerdings dann in Betracht, wenn der Tod durch eine **mit-** 247
telbare, insbesondere vom Tatgeschehen **zeitlich abgegrenzte,** Handlung des
Konsumenten herbeigeführt wurde, etwa durch einen Unfall oder Suizid infolge
reaktiver Depression (*Fischer* StGB § 227 Rn. 4) oder durch die Weigerung, notwendige Untersuchungen oder Behandlungen vornehmen zu lassen (s. BGH
NStZ 2009, 92 = StV 2009, 187). Dies gilt nicht, wenn gerade auch die Gefahr
einer solchen Selbstbeschädigung schon in der Körperverletzungstat **selbst angelegt** und dem Täter erkennbar ist (BGH NStZ 1994, 394; *Fischer* StGB § 227

Maier 1091

Rn. 4); bei der Verabreichung bestimmter Drogen wird dies nicht selten sein → § 1 Rn. 45, 46 (allgemein zur psychischen Abhängigkeit), → Rn. 311, 312 (unter bestimmten Umständen Cannabis), → Rn. 365 (Amfetaminderivate), → Rn. 431 (PCP), → Rn. 487 (Metamfetamin), → Rn. 551 (Cocain), → Rn. 564 (Crack).

248 An dem spezifischen Gefahrzusammenhang fehlt es auch, wenn der Tod durch ein der Körperverletzung **nachfolgendes Verhalten** des Täters selbst oder eines Dritten unmittelbar verursacht wird, etwa wenn der Täter oder ein Dritter den Konsumenten irrtümlich für tot hält, tatsächlich aber den Tod durch weitere Handlungen zur Beseitigung der vermeintlichen Leiche herbeiführt (BGH NStZ-RR 1998, 171 = StV 1998, 203). Dasselbe gilt, wenn die **nach** Beendigung der Körperverletzung erfolgte **Handlung eines Dritten** den Tod vorsätzlich oder grob fahrlässig herbeiführt (s. BGH NStZ 2009, 92 = StV 2009, 187); anders ist dies bei leichter Fahrlässigkeit des Dritten, etwa bei einer fehlerhaften Heilbehandlung, sofern dies nach Art und Schwere der Verletzung im Bereich des dem Täter erkennbaren Risikos lag (*Fischer* StGB § 227 Rn. 5b; *Sternberg-Lieben* in Schönke/Schröder StGB § 227 Rn. 4).

249 Die Tat kann auch **durch Unterlassen** begangen werden. Dies kommt etwa in Betracht, wenn der Täter durch das jedermann zugängliche Herumstehenlassen einer Flasche mit unverdünntem GBL bei einem Gelage eine Gefahrenquelle geschaffen hat und nicht einschreitet, nachdem ein Teilnehmer aus der Flasche getrunken hat. Dabei erweist sich die **Verschlechterung** des durch das GBL hervorgerufenen pathologischen Zustands als **Gesundheitsbeschädigung** iSd § 223 StGB (BGHSt 62, 318 (→ Rn. 219)). In einem solchen Falle ist der erforderliche **spezifische Gefahrzusammenhang** regelmäßig gegeben, wenn der Garant in einer ihm vorwerfbaren Weise den lebensgefährlichen Zustand herbeigeführt hat, aufgrund dessen der Tod der zu schützenden Person eintritt (BGHSt 62, 318).

250 **2. Handeln im Ausland.** Tritt der Tod im Inland ein, so liegt nach § 9 StGB eine Inlandstat vor, auch wenn die Ursache im Ausland gesetzt wurde (→ Vor § 29 Rn. 94). Im Übrigen gelten die für die Körperverletzung maßgeblichen Regeln. Dies gilt auch dann, wenn der Tod bei einem Teilakt des Handeltreibens (→ Rn. 138) eingetreten ist. Das Weltrechtsprinzip, das für das Handeltreiben gilt, kann auf die Körperverletzung mit Todesfolge nicht erstreckt werden (→ Vor § 29 Rn. 134).

251 **3. Einwilligung.** In den hier in Betracht kommenden Fällen wird häufig eine Einwilligung in die Körperverletzung vorliegen. Ist die Einwilligung wirksam (→ Rn. 198), so scheidet eine Verurteilung nach § 227 StGB aus. Ist sie unwirksam (→ Rn. 199, 236), ist § 227 StGB anwendbar.

252 **4. Subjektiver Tatbestand.** Hinsichtlich der **Körperverletzung** muss Vorsatz vorliegen. Dieser muss zu dem Zeitpunkt der Handlung gegeben sein, die den Körperverletzungserfolg herbeiführt (BGH NStZ 2004, 201 mkritAnm *Schneider*). Entsprechendes gilt für die Unterlassung.

253 Die **Todesfolge** muss wenigstens (§ 18 StGB) fahrlässig verursacht sein. Da der Täter schon durch die schuldhafte Verwirklichung der Körperverletzung stets objektiv und subjektiv pflichtwidrig handelt, kommt es **allein** noch auf die **Vorhersehbarkeit** des Todeserfolgs an (stRspr; BGHSt 51, 18 = NJW 2006, 1822 = NStZ 2006, 506; BGH NStZ 2008, 686 (→ Rn. 245); 2009, 92). Hierfür ist entscheidend, ob der Täter in seiner konkreten Lage nach seinen persönlichen Kenntnissen und Fähigkeiten den Eintritt des Todes voraussehen konnte (BGHSt 51, 18 (s. o.); BGH NStZ 2008, 686 = StV 2008, 406 mAnm *Hardtung* = StraFo 2008, 125 mAnm *Dehne-Niemann; Fischer* StGB § 227 Rn. 7a) oder ob die tödliche Gefahr für das Opfer so weit außerhalb der Lebenswahrscheinlichkeit lag, dass die qualifizierende Folge dem Täter deshalb nicht zuzurechnen ist.

Straftaten **§ 30 BtMG**

Dabei kommt es nicht darauf an, ob der Täter die konkrete Todesursache hätte 254
vorhersehen können. Die Vorhersehbarkeit muss sich **nicht auf alle Einzelheiten**
des zum Tode führenden Geschehensablaufs erstrecken (stRspr; BGHSt 51, 18
(→ Rn. 253); BGH NStZ 2008, 686 (→ Rn. 245); 2009, 92), insbes. nicht auf die
durch die Körperverletzungshandlung ausgelösten im Einzelnen ohnehin nicht einschätzbaren somatischen Vorgänge, die den Tod schließlich ausgelöst haben. Vielmehr genügt die Vorhersehbarkeit des Erfolges im allgemeinen (BGH NStZ 2008, 686 (→ Rn. 245)).

5. Konkurrenzen. Mit § 30 Abs. 1 Nr. 3 besteht Tateinheit (→ Rn. 203). Von 255
den Tötungsdelikten wird § 227 StGB verdrängt. Im Übrigen gelten die allgemeinen Regeln.

Kapitel 4. Unerlaubtes Einführen von Betäubungsmitteln in nicht geringer Menge (Absatz 1 Nr. 4)

A. Ziel. Die Vorschrift geht auf das frühere Regelbeispiel des § 11 Abs. 4 S. 2 256
Nr. 6 Buchst. a BtMG 1972 zurück. Die Erhebung zum Verbrechen durch das
BtMG 1982 soll der Erfahrung Rechnung tragen, dass der inländische Rauschgiftmarkt im Wesentlichen durch Einfuhr versorgt wird. Der Unrechtsgehalt der Verhaltensweisen, die den Tatbestand erfüllen, ist sehr unterschiedlich (→ Rn. 310).
Allerdings bestehen gegen den Strafrahmen keine verfassungsrechtlichen Bedenken
(BVerfG NStZ-RR 2013, 131).

B. Völkerrechtliche Grundlage. Die Vorschrift beruht auf den vertraglichen 257
Bestimmungen, die für die illegale Einfuhr gelten (→ § 29 Rn. 870).

C. Tathandlung ist das unerlaubte Einführen von Betäubungsmitteln in nicht 258
geringer Menge. Zum Begriff des Betäubungsmittels, den von § 30 Abs. 1 Nr. 4 erfassten Zubereitungen und zum unerlaubten Einführen → § 29 Rn. 872–881.

Zur **nicht geringen Menge** → § 29a Rn. 76–172. Eine solche kann sich bei 259
mehreren Tatbeteiligten auch aus einer Zusammenrechnung der transportierten
Mengen ergeben. Auf → Rn. 265 sowie auf → § 29 Rn. 976–982 wird Bezug genommen.

Unerheblich ist, ob das Rauschgift zu Handelszwecken oder zum Eigenkonsum 260
eingeführt wird. Soll das Rauschgift **teils** zum Handeltreiben und **teils** zum Eigenverbrauch verwendet werden, so ist bei der Erfüllung des Merkmals, das beiden
Zwecken (noch) gemeinsam ist (beim Erwerb im Ausland ist dies in der Regel die
Einfuhr), die **Gesamtmenge** entscheidend (BGHSt 42, 123 = NJW 1996, 2804
= NStZ 1996, 499 mAnm *Kessler* = StV 1996, 670 mAnm *Seelmann*). § 30 Abs. 1
Nr. 4 ist daher auch dann anwendbar, wenn nicht geklärt werden kann, welcher
Teil bei der Einfuhr auf den Eigenbedarf entfällt.

Die Einfuhr muss **unerlaubt** erfolgen (→ § 29 Rn. 881). Dieses Tatbestands- 261
merkmal ist stets dann gegeben, wenn keine Erlaubnis des BfArM nach § 3 vorliegt.
Eine ausländische Erlaubnis genügt nicht (→ § 29 Rn. 27).

D. Vorbereitung, Versuch, Vollendung, Beendigung. Bestimmte Vorberei- 262
tungshandlungen sind nach § 30 StGB strafbar → Vor § 29 Rn. 207–240); erforderlich ist allerdings, dass der Beteiligte nicht lediglich als Gehilfe tätig werden will
(→ Vor § 29 Rn. 220).

Der **Versuch** des § 30 Abs. 1 Nr. 4 als einer Qualifikation beginnt, wenn zur Tat- 263
bestandsverwirklichung im Ganzen unmittelbar angesetzt wird (→ Vor § 29
Rn. 175; → § 29a Rn. 177–180). Der Umgang mit Betäubungsmitteln in nicht geringer Menge führt daher erst dann zum Versuch des § 30 Abs. 1 Nr. 4, wenn er sich
auch in Bezug **auf die Einfuhr** als ein unmittelbares Ansetzen darstellt (dazu
→ § 29 Rn. 882–921, 986, 989, 991, 993, 996). Zu diesem Zeitpunkt können an-

dere Delikte, zB Handeltreiben, bereits verwirklicht sein. Hinsichtlich der Einfuhr kommt dann Verabredung eines Verbrechens (§ 30 StGB) in Betracht (aber → Rn. 262).

264 Im Übrigen gelten für Vorbereitungshandlungen, Versuch, Vollendung und Beendigung die Regeln, die für das Grunddelikt (Einfuhr) maßgeblich sind.

265 **E. Täterschaft, Teilnahme.** Es gelten die Grundsätze, die auch sonst für die Einfuhr bestimmend sind (→ § 29 Rn. 922–996). Zur Behandlung der nicht geringen Menge, insbesondere zur Zurechnung und Zusammenrechnung der bei mehreren Tatbeteiligten gefundenen Mengen, → Rn. 259 sowie → § 29 Rn. 976–982. Hervorzuheben ist: **Eigenhändiges Verbringen** begründet Täterschaft auch dann, wenn der Täter unter Einfluss und Gegenwart eines anderen und in dessen Interesse handelt (BGH BeckRS 2019, 25421 zu einem Fahrzeugführer ohne jede Kommunikation und Absprache mit weiteren Beteiligten; näher → § 29 Rn. 922 ff.). **Mittäter** der Einfuhr kann auch sein, wer das Rauschgift nicht selbst ins Inland verbringt; es müssen aber die Voraussetzungen für täterschaftliches Handeln nach den Grundsätzen des allgemeinen Strafrechts vorliegen. Nötig ist eine wertende Gesamtbetrachtung insbesondere des Einfuhrvorgangs selbst (BGH NStZ 2019, 416; 2019, 96). Der Täter der Einfuhr ist nicht zwingend auch Täter des Handeltreibens. Bei bloßer Kurier- bzw. Transporttätigkeit und bei Körperschmugglern liegt Beihilfe zum Handeltreiben vor (BGH NStZ 2007, 338); hingegen wird oft Mittäterschaft bei erheblichen, über den Transport hinausgehenden Tätigkeiten und einem Eigeninteresse des Transporteurs am weiteren Schicksal des Gesamtgeschäfts vorliegen (BGH NStZ 2013, 551).

266 Im **Urteil** ist die Einfuhrtathandlung mit **konkreten Feststellungen** darzulegen, zB wie das Rauschgift über die Grenze verbracht wurde und worin der Tatbeitrag des Angeklagten lag, auch um dem Revisionsgericht eine Nachprüfung der Einordnung des Tatbeitrags zu ermöglichen. Bloßes Dabeisein und Kenntnis vom Rauschgifttransport ohne einen objektiv fördernden Beitrag genügt für Beihilfe nicht; **psychische Beihilfe** setzt voraus, dass der Gehilfe den Tatentschluss des Haupttäters bestärkt oder er ihm bei der Tatausführung durch seine Anwesenheit ein Gefühl der Sicherheit verschafft hat (BGH BeckRS 2018, 30472).

267 **F. Handeln im Ausland.** Es gelten dieselben Regeln wie für das Grunddelikt. Auf → § 29 Rn. 997–999 kann daher verwiesen werden.

268 **G. Subjektiver Tatbestand.** Die Strafbarkeit setzt Vorsatz (→ Vor § 29 Rn. 389–425) voraus. Bei Fahrlässigkeit kann nur wegen einer fahrlässigen Verwirklichung des Grunddelikts bestraft werden (§ 29 Abs. 1 S. 1 Nr. 1, Abs. 4). Der Schuldumfang kann sich aber auch aus einem Vorsatz- und einem Fahrlässigkeitsvorwurf zusammensetzen (zu nicht vom Vorsatz umfassten Mengen → Rn. 271).

269 **I. Tatbestand.** Der Vorsatz muss sich zunächst auf das **Einführen,** dh das unerlaubte Verbringen von Betäubungsmitteln über die deutsche Hoheitsgrenze beziehen (→ § 29 Rn. 1001–1004). Er muss auch die **nicht geringe Menge** umfassen. Es genügt eine Parallelwertung in der Laiensphäre. Auf → § 29a Rn. 188 wird verwiesen.

270 **II. Bedingter Vorsatz, Vorsatz bei Gleichgültigkeit.** Bedingter Vorsatz genügt (BayObLGSt 1990, 99; BGH NStZ-RR 1997, 121). Insoweit wird auf → § 29a Rn. 189 Bezug genommen. Auch wenn der Täter keine genaue Kenntnis von Art, Menge und/oder Qualität des Rauschgifts hat, wird ihm nach den Fallumständen sehr häufig bedingter Vorsatz nachweisbar sein. Besonders dann, wenn er einverstanden ist, Rauschgift in jeder Größenordnung zu transportieren, wird er im Allgemeinen mit der beförderten Menge und dem Reinheitsgrad einverstanden sein, wenn sie innerhalb des in Betracht kommenden Rahmens lagen (BGH NStZ-RR 1997, 121). Wem die **Transportmenge gleichgültig** ist, nimmt sie – auch

Straftaten § 30 BtMG

über die ihm mitgeteilte Menge hinaus – billigend in Kauf; insoweit gilt für das Einführen nichts anderes als für den sonstigen Umgang mit einer nicht geringen Menge (zB BGH NStZ 2004, 281; 2020, 44 → § 29 a Rn. 190).

III. Vorsatz-Fahrlässigkeitskombination. Liegt eine **vom Vorsatz nicht** 271 **mehr umfasste Mehrmenge** vor, hat das Gericht zu prüfen, ob den Einfuhrtäter insoweit ein den **Schuldumfang erhöhender und strafschärfend zu berücksichtigender Fahrlässigkeitsvorwurf** trifft. Dabei ist irrelevant, ob der Angeklagte das Rauschgiftversteck selbst untersuchen und prüfen konnte; vielmehr ist bedeutsam, inwieweit der Täter Anlass für die Annahme hatte, sein Verhalten sei im Hinblick auf das geschützte Rechtsgut riskant (BGH BeckRS 2019, 24154: objektive und subjektive Vorhersehbarkeit einer Einfuhrmenge von mehreren hundert kg bei Fahrt mit sehr großem Fahrzeug (Transporter), in dem eine dem Täter völlig unbekannte Menge unsichtbar verbaut war). Liegt keine Fahrlässigkeit vor, scheidet eine straferhöhende Berücksichtigung der Mehrmenge aus (BGH NStZ 2020, 553). Zur Prüfung der Einlassung BGH BeckRS 2020, 33106.

IV. Unrechtsbewusstsein. Hat der Täter die spezifische Rechtsgutsverletzung 272 des Grunddelikts (Einfuhr von Betäubungsmitteln) erkannt, so erstreckt sich sein Unrechtsbewusstsein auch auf die Qualifikation (→ Vor § 29 Rn. 445).

V. Irrtum. Ein Irrtum über Menge und Qualität des Betäubungsmittels kann zu 273 einem Tatbestandsirrtum führen, der das Merkmal einer nicht geringen Menge entfallen lässt.

1. Irrtum über Qualität oder Art des Betäubungsmittels. Es gilt dasselbe 274 wie bei § 29a Abs. 1 Nr. 2 (→ § 29a Rn. 197, 198).

2. Irrtum über die Grenze zur nicht geringen Menge. Auch hier gilt das- 275 selbe wie bei § 29a Abs. 1 Nr. 2 (→ § 29a Rn. 199).

H. Konkurrenzen. Zu den Konkurrenzen s. zunächst die zusammenfassende 276 Darstellung in → Rn. 551–587, 671–724.

Das Verbrechen des § 30 Abs. 1 Nr. 4 ist taugliche Vortat zur **Geldwäsche/Ver-** 277 **schleierung von Vermögenswerten** (§ 261 Abs. 1 S. 2 Nr. 1 StGB); auch kann es eine Tathandlung des § 261 StGB sein (dazu → Vor § 29 Rn. 717–720).

Im Übrigen sind von den Tatbeständen, mit denen die Einfuhr von Betäubungs- 278 mitteln in nicht geringer Menge **konkurrieren** kann, vor allem das Handeltreiben, der Besitz und die Abgabe von Bedeutung. Einfuhren aus einem Gesamtvorrat können eine Bewertungseinheit bilden; ebenso kann nur eine Tat vorliegen, wenn der Täter bei einer Einfuhrfahrt das Rauschgift für verschiedene Besteller ins Bundesgebiet verbringt (vgl. BGH BeckRS 2019, 16636).

I. Zum Handeltreiben. Zum Handeltreiben in seinen verschiedenen Formen 279 steht § 30 Abs. 1 Nr. 4 in dem folgenden Verhältnis:

1. Zum Grundtatbestand (§ 29 Abs. 1 Nr. 1). Die Einfuhr von Betäubungs- 280 mitteln in nicht geringer Menge (§ 30 Abs. 1 Nr. 4) geht als das schwerere Unrecht nicht im (Grund-)Tatbestand des Handeltreibens nach § 29 Abs. 1 S. 1 Nr. 1 auf (BGHSt 31, 163 = NJW 1983, 692 = NStZ 1983, 174 = StV 1983, 63), sondern steht damit in **Tateinheit.** Dies kommt etwa dann in Betracht, wenn der Täter von vornherein geplant hat, nur eine Teilmenge der eingeführten Betäubungsmittel zum Handeltreiben zu verwenden (BGH NStZ-RR 2010, 119).

2. Zum Handeltreiben in nicht geringer Menge (§ 29a Abs. 1 Nr. 2). Im 281 Hinblick auf die höhere Mindeststrafe des § 30 Abs. 1 Nr. 4 gilt dies auch im Verhältnis zum Handeltreiben in nicht geringer Menge; auch hierzu besteht Tateinheit (BGHSt 40, 73 = NJW 1994, 1885 = NStZ 1994, 290 = StV 1994, 375; BGHR BtMG § 30 Abs. 1 Nr. 2 Konkurrenzen 1 = NJW 1994, 3020 = NStZ 1994, 496 = StV 1994, 659; BGH NStZ 1997, 136; 2013, 662). Daran ändert sich nichts,

Maier 1095

wenn es hinsichtlich der Einfuhr bei einem Versuch der Beteiligung nach § 30 StGB verbleibt (BGHSt 40, 73 (s. o.)).

282 Dazu, ob das Handeltreiben in nicht geringer Menge (§ 29a Abs. 1 Nr. 2) in der Lage ist, **zwei** zur Erfüllung der entsprechenden Abrede erfolgte **Einfuhren** von Betäubungsmitteln in nicht geringer Menge zu einer Tat zu **verbinden,** → § 29a Rn. 214.

283 **3. Zum Bandenhandel** (§ 30 Abs. 1 Nr. 1, § 30a Abs. 1). Zwischen § 30 Abs. 1 Nr. 1 und Nr. 4 besteht Tateinheit. Handelt der Täter als Mitglied einer Bande, so geht die bandenmäßige Einfuhr von Betäubungsmitteln in nicht geringer Menge (§ 30a Abs. 1) als Spezialvorschrift dem § 30 Abs. 1 Nr. 4 vor (BGH NStZ 1995, 410). Die **Bandeneinfuhr** wiederum geht als unselbständiger Teilakt in dem Bandenhandel mit einer nicht geringen Menge (§ 30a Abs. 1) auf, denn der Bandenhandel iSv § 30a Abs. 1 verbindet die im Rahmen ein und desselben Güterumsatzes aufeinanderfolgenden Teilakte, insbesondere den Teilakt der Einfuhr, zu einer einzigen Tat iS einer Bewertungseinheit (BGH NStZ-RR 2018, 352; → § 30a Rn. 36, 41).

284 **4. Zum bewaffneten Betäubungsmittelhandel** (§ 30a Abs. 2 Nr. 2). Entsprechendes gilt für den bewaffneten Betäubungsmittelhandel (→ § 30a Rn. 212–214).

285 **II. Zum Besitz.** Der Besitz in nicht geringer Menge tritt als **Auffangtatbestand** hinter die vollendete und in Täterschaft begangene Einfuhr in nicht geringer Menge zurück (BGH NStZ-RR 2007, 88; 2009, 121; 122).

286 **Als Auffangtatbestand** ist der Besitz in nicht geringer Menge (§ 29a Abs. 1 Nr. 2) auch nicht in der Lage, die Einfuhr von Betäubungsmitteln in nicht geringer Menge (§ 30 Abs. 1 Nr. 4) und die auf einem neuen Entschluss beruhende Abgabe von Betäubungsmitteln in nicht geringer Menge (§ 29a Abs. 1 Nr. 2) oder auch mehrere Einfuhren **zu Tateinheit zu verbinden** (BGHSt 42, 162 = NJW 1996, 2802 = NStZ 1996, 604 = StV 1996, 668), da es an der notwendigen Wertgleichheit fehlt.

287 **III. Zur Abgabe, zum Erwerb.** Die Abgabe (§ 29 Abs. 1 S. 1 Nr. 1) steht mit der Einfuhr nach § 30 Abs. 1 Nr. 4 in Tateinheit, da nur so deutlich wird, dass das Rauschgift nicht nur nach Deutschland eingeführt wurde, sondern dort auch in den Verkehr gelangt ist (BGHR § 29 Abs. 1 Nr. 1 Konkurrenzen 10 = StV 2010, 131). Erwerb zum Eigenverbrauch tritt hinter die anschließende Tat nach § 30 Abs. 1 Nr. 4 zurück (BGH NStZ 2008, 471).

288 **I. Strafzumessung.** Die Strafzumessung wird in **Kapitel 5** (→ Rn. 289–354) behandelt.

Kapitel 5. Strafzumessung (Absatz 1 Nr. 1, 2, 3 und 4, Absatz 2)

289 **A. Ausgangslage.** Der Vorgang der Strafzumessung lässt sich zweckmäßig in drei Schritte gliedern (→ Vor § 29 Rn. 736, 737). Dabei hat bei jedem Schritt eine **Gesamtwürdigung** stattzufinden (→ Vor § 29 Rn. 738).

290 **I. Erster Schritt: Strafrahmenwahl.** Grundsätzlich ist der Strafrahmen maßgeblich, der in der konkreten Strafvorschrift genannt ist (Normalstrafrahmen). Eine Änderung kann sich hier nur aus dem Vorliegen eines vertypten Milderungsgrundes ergeben; **vertypte Milderungsgründe** (→ Vor § 29 Rn. 750) sind die besonderen gesetzlichen Milderungsgründe, die nach § 49 Abs. 1 StGB zu einer Milderung des Strafrahmens führen oder führen können (→ Vor § 29 Rn. 750–780).

291 **Anders ist dies,** wenn das Gesetz auch einen Strafrahmen für einen **minder schweren Fall** zur Verfügung stellt, wie dies bei Verbrechen der Regel ist (hier Absatz 2). Stets vorrangig ist zu prüfen, ob ein minder schwerer Fall vorliegt. Zur dabei zwingend einzuhaltenden Prüfungsreihenfolge → Vor § 29 Rn. 837–842. Ergibt sich ein minder schwerer Fall bereits aus allgemeinen Milderungsgründen, kann bzw. muss der Ausnahmestrafrahmen, sofern ein vertypter Milderungsgrund vorliegt, nochmals nach § 49 Abs. 1 StGB gemildert werden.

Ein minder schwerer Fall liegt vor, wenn das gesamte Tatbild einschließlich 292 aller subjektiven Momente und der Täterpersönlichkeit vom Durchschnitt der erfahrungsgemäß gewöhnlich vorkommenden Fälle in einem solch erheblichen Maße abweicht, dass die Anwendung des Ausnahmestrafrahmens geboten erscheint (→ Vor § 29 Rn. 785–791). Ob dies gegeben ist, ist auf der Grundlage einer **Gesamtwürdigung** (→ Vor § 29 Rn. 787–791) zu entscheiden, in die alle Umstände einzubeziehen sind, die für die Wertung der Tat und des Täters von Bedeutung sind (→ Vor § 29 Rn. 792). Ganz außergewöhnliche Umstände müssen nicht vorliegen.

Das **Tatbild eines minder schweren Falles** kann sich danach ergeben, 293
- auf Grund eines oder mehrerer allgemeiner Strafmilderungsgründe (→ Vor § 29 Rn. 794–826),
- auf Grund eines oder mehrerer vertypter Milderungsgründe (→ Vor § 29 Rn. 752–780, 827–832) oder
- auf Grund eines Zusammentreffens von einem oder mehreren allgemeinen Strafmilderungsgründen mit einem oder mehreren vertypten Milderungsgründen (→ Vor § 29 Rn. 833–842).

Haben danach ein oder mehrere **vertypte Milderungsgründe** einen minder 294 schweren Fall begründet, so dürfen diese zwar zu einer weiteren Milderung des Strafrahmens **nicht** herangezogen werden (§ 50 StGB). Dennoch ist es fehlerhaft, die Umstände und Faktoren, die eine Strafrahmenmilderung bewirkt haben, bei der Strafzumessung im engeren Sinne außer Betracht zu lassen (BGH NStZ-RR 1998, 295).

II. Zweiter Schritt: Strafzumessung im engeren Sinn. Ist der Strafrahmen 295 bestimmt, so erfolgt innerhalb der Eckpunkte, die durch ihn festgelegt wurden, die Strafzumessung im engeren Sinn mit dem Ziel, innerhalb des Rahmens die nach Art und Maß schuldangemessene Strafe zu finden (→ Vor § 29 Rn. 850).

III. Dritter Schritt: weitere Entscheidungen. Der dritte Schritt betrifft die 296 Strafaussetzung zur Bewährung, die Frage, ob Maßnahmen oder Maßregeln anzuordnen sind oder sonstige eher präventive Aspekte.

B. Strafrahmenwahl. Im Hinblick auf § 50 StGB, der zu einem **Verbrauch** 297 **von vertypten Milderungsgründen** führen kann, ist ein bestimmter **Prüfungsablauf** zu beachten (→ Vor § 29 Rn. 833–842). Dabei ist es ist es zweckmäßig, mit der Prüfung der allgemeinen (unbenannten) Strafmilderungsgründe zu beginnen.

I. Allgemeine Strafmilderungsgründe. Bei der Prüfung, ob ein solcher Straf- 298 milderungsgrund vorliegt, sind alle Gesichtspunkte heranzuziehen, auch diejenigen, die für die Strafzumessung im engeren Sinn maßgeblich sind (→ Vor § 29 Rn. 794). Sie sind damit nicht verbraucht (→ Vor § 29 Rn. 739, 740), wenn auch in ihrem Gewicht möglicherweise geändert (→ Vor § 29 Rn. 743).

1. Häufige Strafzumessungserwägungen im Betäubungsmittelstraf- 299 **recht.** Einige allgemeine Strafmilderungsgründe geben im Betäubungsmittelstrafrecht besonders häufig Anlass, die Frage eines minder schweren Falles zu prüfen. Sie gelten mehr oder minder für alle Betäubungsmittelstraftaten und sind in den → Vor § 29 Rn. 785–826 aufgeführt. Hinzu können weitere Umstände treten, die ebenfalls bereits bei der Strafrahmenwahl, aber auch für die Strafzumessung im engeren Sinn Bedeutung gewinnen können (→ Rn. 298, 301–317).

Dabei ist zu berücksichtigen, dass **ein**, wenn auch gewichtiger, allgemeiner Straf- 300 milderungsgrund **allein** in der Regel zur Begründung eines minder schweren Falles **nicht** genügt (→ Vor § 29 Rn. 795). Ein minder schwerer Fall kommt daher vor allem dann in Betracht, wenn die allgemeinen Strafmilderungsgründe **gehäuft** auftreten

301   **2. Zusätzliche Strafzumessungsgründe für Absatz 1 Nr. 1–4.** Für alle Tatbestände des Absatzes 1 kommen jeweils besondere Gesichtspunkte für die Strafrahmenwahl in Betracht:

302   **a) Bei § 30 Abs. 1 Nr. 1 (Bande).** So liegt die Prüfung eines minder schweren Falles vor allem in den Fällen nahe, die nicht dem Bild der üblichen Bandenkriminalität entsprechen (→ Rn. 15, 16; BGHR BtMG § 30a Bande 2 = NStZ 2006, 574), etwa wenn der Zusammenschluss primär auf der persönlichen Verbundenheit beruht und nicht dem Bild der üblichen Bandenkriminalität entspricht (BGH NStZ-RR 2009, 320). Früher kam dies vor allem in den Fällen einer Zweierbeziehung, etwa bei drogenabhängigen Ehepaaren, vor, die einen Teil ihrer Drogen zur Finanzierung des Eigenbedarfs verkauften. Auch heute kann dieser Gesichtspunkt namentlich im Rahmen von Lebensgemeinschaften Bedeutung erlangen.

303   Entsprechendes kommt bei **Einkaufsgemeinschaften** von Cannabis in Betracht, die einen Teil der Reisekosten mit dem Handeltreiben bestreiten. Zum Handel mit synthetischen Drogen auf der **Techno-Szene** durch Personen, der der Szene und ihren Rauschmittelgewohnheiten selbst verbunden sind, → Vor § 29 Rn. 799.

304   Auch bei **untergeordneten** und kurzfristigen Tätigkeiten ist die Anwendung des Absatzes 2 zu prüfen (BT-Drs. 12/989, 31), ebenso wenn sich der Täter nach der ersten Tat von der Bande distanziert. Von Bedeutung ist auch sonst die Stellung des Täters in der Bande. Auch die Art und Weise der Rekrutierung des Bandenmitglieds kann ins Gewicht fallen, namentlich bei ethnischen Gruppierungen.

305   **Weitere Gründe** können sein die geringe Gefährlichkeit der Bande, ihr dilettantisches Vorgehen, die geringe Dauer des Zusammenschlusses, namentlich wenn es entgegen der Bandenabrede nur bei einer Tat geblieben ist, sowie die geringen Umsätze oder Gewinne.

306   Bei einer Abwicklung des organisierten Drogenhandels im Bereich eines **vielfrequentierten öffentlichen Nahverkehrs** kommt ein minder schwerer Fall nicht in Betracht; dabei spielt nicht nur die gefährdende Versuchung Unbeteiligter, namentlich Jugendlicher eine Rolle, sondern auch der Eindruck, den die **rechtstreue Bevölkerung** durch das augenscheinliche Unvermögen des Staates, die Einhaltung der Rechtsordnung zu garantieren, gewinnen kann (BGH NStZ-RR 2008, 253).

307   **b) Bei § 30 Abs. 1 Nr. 2 (gewerbsmäßige Abgabe an Minderjährige).** Es können im Wesentlichen dieselben Umstände herangezogen werden wie bei § 29a Abs. 1 Nr. 1. Die Art und die **Menge** des abgegebenen Rauschgifts stellen auch hier gewichtige Zumessungsfaktoren dar; so liegen zB bei einem nicht vorbestraften erheblich vermindert schuldfähigen, Marihuana-Konsumeinheiten für zehn Euro abgebenden Angeklagten minder schwere Fälle nahe (BGH BeckRS 2019, 29856). Für einen minder schweren Fall kann sprechen, dass die Gewerbsmäßigkeit des Handels im unteren Bereich geblieben ist und keine hohen Gewinne erzielt wurden. Das Gewicht der Gewerbsmäßigkeit als Strafzumessungsfaktor (!) soll sich erheblich reduzieren, wenn jeweils nur 1 g Haschisch abgegeben und nur geringe Gewinne erzielt werden (BGH NStZ-RR 2008, 288 = StraFo 2008, 39). Die Erwägung, auch die Abgabe geringer Mengen entspreche dem strafwürdigen Leitbild des Gesetzgebers, taugt nicht zur Ablehnung des minder schweren Falls; denn dieser hat bei Abgaben an Minderjährige einen minder schweren Fall vorgesehen (BGH BeckRS 2019, 29856; NStZ-RR 2020, 114).

308   **c) Bei § 30 Abs. 1 Nr. 3 (Abgabe mit Todesfolge).** Die Prüfung eines minder schweren Falles liegt vor allem in den Fällen nahe, die nicht dem üblichen Tatbild entsprechen. Dazu zählt es etwa, wenn der Täter aus **altruistischen Motiven** unter

relativ geringer Gefährdung Unbeteiligter das Betäubungsmittel einem unheilbar Schwerstkranken, der kein Betäubungsmittelkonsument ist, zum freien Suizid überlassen hat (BGHSt 46, 279 (→ Rn. 144)).

d) Bei § 30 Abs. 1 Nr. 4 (Einfuhr in nicht geringer Menge). Für die Einfuhr 309 von Betäubungsmitteln in nicht geringer Menge ist hervorzuheben:

aa) Gesetzliche Ausgangslage. Ein wesentlicher Prüfungsgesichtspunkt ergibt 310 sich aus der gesetzlichen Ausgangslage. § 30 Abs. 1 erfasst neben Taten, die im Normalfall Verbrechen besonderer Schwere darstellen, auch eine Reihe von Fällen, die keinen hohen kriminellen Gehalt haben müssen, zB die Einfuhr von zum Eigenverbrauch bestimmter Betäubungsmittel in **nicht besonders großen** Mengen, etwa bei 2,5 g Heroinhydrochlorid (BGH NStE Nr. 11 zu § 30 BtMG). Dies kann zwar nicht dazu führen, den Verbrechenscharakter des § 30 in Frage zu stellen, verpflichtet aber in jedem Einzelfall dazu, in einer Gesamtbetrachtung alle wesentlichen entlastenden und belastenden Umstände gegeneinander abzuwägen (BGHSt 31, 163 (→ Rn. 280)).

Danach kommt ein minder schwerer Fall namentlich in Betracht, wenn die über- 311 wiegende Menge des eingeführten Betäubungsmittels zum **Eigenbedarf** des süchtigen Täters bestimmt ist (→ Vor § 29 Rn. 806–809; BGHR BtMG § 30 Abs. 2 Wertungsfehler 2 = NStZ 1993, 434). Ist das Rauschgift (2,5 g, 3 g und 7,5 g Heroinhydrochlorid) **ausschließlich** zum Eigenbedarf bestimmt, so kann dies schon für sich einen minder schweren Fall rechtfertigen; die Gefährlichkeit des Betäubungsmittels ist dann mit Rücksicht auf die in erster Linie gegebene Eigengefährdung geringer zu gewichten (BGH StV 2000, 621).

Ein minder schwerer Fall wird auch nicht dadurch ausgeschlossen, dass der Süch- 312 tige einen **Kurier beauftragt,** die von ihm dringend benötigte Konsummenge im Ausland zu holen und nach Deutschland zu bringen. Kommen aber Strafverschärfungsgründe, wie eine bewusste Verlagerung des Schmuggelrisikos auf dritte Personen oder eine professionelle Schmuggeltechnik hinzu, so scheidet ein minder schwerer Fall aus.

Zur Frage des minder schweren Falles bei **Körperkurieren** → Vor § 29 Rn. 822, 313 1058, 1059.

bb) Wesentliches Überschreiten der Grenzmenge. Ein weiterer wesent- 314 licher Prüfungsgesichtspunkt, wenn auch in Richtung einer Verneinung eines minder schweren Falles, ist die Menge/Wirkstoffmenge des geschmuggelten Rauschgifts. Je mehr die Grenzmenge überschritten wird, desto gewichtiger müssen die im Rahmen der Gesamtabwägung für die Annahme eines minder schweren Falles herangezogenen Gründe sein, wenn das gesetzgeberische Anliegen nicht unterlaufen werden soll (BGHR BtMG § 30 Abs. 2 Wertungsfehler 3 = NStZ 1999, 193). Gegenüber einer besonders großen Menge von Haschisch fallen Strafmilderungsgründe wie geordnete Lebensverhältnisse, schwierige finanzielle Situation, untergeordnete Stellung als Händlerkurier, ein kaum zu vermeidendes Geständnis, erlittene Untersuchungshaft nicht ausschlaggebend ins Gewicht.

Dass der Angeklagte **Kontakt zur Drogenberatung** aufgenommen, eine **The-** 315 **rapiezusage** erhalten hat und zur Tatzeit **gerade 21 Jahre alt** war, ist nicht von solchem Gewicht, dass dies im Vergleich zu den übrigen Umständen (dreimalige Einfuhr, Überschreiten der nicht geringen Menge um mehr als das 60fache, Verwirklichung mehrerer Tatbestände, Vorstrafe wegen Handeltreibens mit Betäubungsmitteln, Bewährungsbruch unter besonders erschwerenden Umständen) die Annahme eines minder schweren Falles ernsthaft hätten naheliegen können (BGHR BtMG § 30 Abs. 2 Gesamtwürdigung 3 = DRsp Nr. 1995/7263).

Eine **fast noch jugendliche Unbekümmertheit** kann nicht zu einem minder 316 schweren Fall führen, wenn die Angeklagten in eine eingespielte Organisation mit bandenähnlichen Strukturen eingegliedert waren und ein professionelles Verhalten gezeigt haben, das sich in Absicherungsmaßnahmen und einem arbeitsteiligen Vorgehen äußerte. Dies gilt umso mehr, wenn sie in kurzer Zeit (rund zwei Wochen) vier schwere Straftaten begangen und dabei insgesamt 7 kg Haschisch mit einem THC-Anteil von 700 g (93-fache der nicht geringen Menge) und zusätzlich 9.000 Stück Ecstasy-Tabletten eingeführt haben (BGH BeckRS 2006, 5379).

317 Als ein **Unterlaufen** seiner Rechtsprechung hat der BGH (BGHR BtMG § 29 Strafzumessung 33 = NStZ 1998, 254) den Versuch des LG Lübeck gewertet, bei Einfuhr und Handeltreiben mit Cannabis noch bei einer 60fachen Überschreitung des Grenzwertes einen minder schweren Fall anzunehmen. Im Hinblick auf das Tatbild, das ein minder schwerer Fall bieten sollte (→ Vor § 29 Rn. 785), dürfte diese Rüge nicht zu hart sein.

318 **II. Die allgemeinen Strafmilderungsgründe begründen noch keinen minder schweren Fall.** Reichen die allgemeinen Strafmilderungsgründe nicht aus, um einen minder schweren Fall zu begründen, so verbleibt es bei dem **Normalstrafrahmen** der konkreten Strafvorschrift.

319 **1. Hinzutreten eines oder mehrerer vertypter Strafmilderungsgründe.** Etwas anderes kommt dann in Betracht, wenn auch ein oder mehrere vertypte Milderungsgründe vorliegen. Diese können (→ Vor § 29 Rn. 827)
- nach § 49 Abs. 1 StGB zu einer Milderung des Normalstrafrahmens dienen,
- aber auch **allein** (→ Vor § 29 Rn. 828) oder **zusammen** mit anderen vertypten Strafmilderungsgründen oder mit einem oder mehreren allgemeinen Strafmilderungsgründen einen minder schweren Fall begründen; im Hinblick auf die regelmäßig geringere Schuld, die die vertypten Milderungsgründe indizieren (*Schäfer/Sander/van Gemmeren* Strafzumessung Rn. 922), wird dies nicht selten der Fall sein (→ Vor § 29 Rn. 752−780).

320 **2. Die Wahl des Gerichts.** Zwar hat das **Gericht die Wahl,** entweder gemäß § 49 Abs. 1 StGB den Normalstrafrahmen zu mindern oder den Strafrahmen der Vorschrift zum minder schweren Fall zu entnehmen (→ Vor § 29 Rn. 829−831, 842). Im ersten Fall führt dies im Falle des § 30 Abs. 2 gemäß § 49 Abs. 1 Nr. 2, 3 StGB zu einem Strafrahmen von sechs Monaten bis elf Jahren drei Monaten Freiheitsstrafe (*Schäfer/Sander/van Gemmeren* Strafzumessung Rn. 918), im letzten zu einem Strafrahmen von drei Monaten bis zu fünf Jahren Freiheitsstrafe. Vorrangig ist jedoch stets zu prüfen, ob ein minder schwerer Fall angenommen werden kann (zur zwingend einzuhaltenden Prüfungsreihenfolge *Maier* in MüKoStGB § 46 Rn. 118 ff. mit zahlreichen Nachweisen aus der Rspr.).

321 **Die Wahl** ist auf der Grundlage einer **Gesamtwürdigung** aller für die Bewertung von Tat und Täter in Betracht kommenden Umstände zu treffen. Dabei müssen die Urteilsgründe erkennen lassen, dass sich das Gericht aller Möglichkeiten bewusst war (→ Vor § 29 Rn. 829−831, 842). Das Gericht ist nicht verpflichtet, den für den Täter günstigeren Strafrahmen zu wählen, wenn dies auch meist veranlasst sein wird (→ Vor § 29 Rn. 830, 831).

322 **3. Verbrauch vertypter Strafmilderungsgründe, Sperrwirkung.** Wählt das Gericht nach → Rn. 320, 321 den Strafrahmen für den minder schweren Fall (Absatz 2), so sind die **vertypten Milderungsgründe,** die dazu beigetragen haben (→ Vor § 29 Rn. 835), nach § 50 StGB für die Strafrahmenwahl **verbraucht** (→ Vor § 29 Rn. 834). Dies gilt nicht für die Strafzumessung im engeren Sinn (→ Vor § 29 Rn. 834).

323 Noch **nicht verbrauchte** vertypte Milderungsgründe können nach § 49 Abs. 1 StGB zu **weiteren Milderungen** herangezogen werden (→ Vor § 29 Rn. 836). Dabei beträgt der Strafrahmen bei einer weiteren Milderung ein Monat bis acht Jahre fünf Monate Freiheitsstrafe (Schäfer Rn. 918). Bei Tateinheit und bei Gesetzeskonkurrenz ist die **Sperrwirkung idealkonkurrierender** oder **zurücktretender** Gesetze zu berücksichtigen (→ Vor § 29 Rn. 702, 722, 723). Haben auch diese Sonderstrafrahmen und kommen diese im konkreten Fall in Betracht, so sind sie maßgeblich (→ Vor § 29 Rn. 702, 723). Ob dies auch für den Höchststrafrahmen gilt, ist nicht abschließend geklärt (→ Vor § 29 Rn. 723).

4. Verbleiben beim Normalstrafrahmen. Reicht auch der vertypte Milde- 324 rungsgrund allein oder zusammen mit den anderen Umständen nicht aus oder trifft das Gericht keine entsprechende Wahl (→ Rn. 320, 321), so **verbleibt** es bei der Anwendung des § 49 Abs. 1 StGB auf den **Normalstrafrahmen** (→ Vor § 29 Rn. 841).

III. Die allgemeinen Strafmilderungsgründe begründen bereits einen 325 **minder schweren Fall.** Reichen die allgemeinen Strafmilderungsgründe aus, um einen minder schweren Fall (Absatz 2) zu begründen, so muss oder kann dieser nach § 49 Abs. 1 StGB **weiter gemildert** werden, wenn ein oder mehrere vertypte Milderungsgründe vorliegen (→ Vor § 29 Rn. 836, 838). Auf die **Sperrwirkung** idealkonkurrierender oder zurücktretender Gesetze (→ Rn. 323) ist dabei zu achten; dort auch zum Höchststrafrahmen.

C. Strafzumessung im engeren Sinn. Nach der Bestimmung des Strafrah- 326 mens ist innerhalb der Eckpunkte, die durch ihn festgelegt werden, die nach Art und Maß schuldangemessene Strafe zu finden (*Schäfer/Sander/van Gemmeren* Strafzumessung Rn. 886). Dabei sind die Umstände, die zur Wahl des Strafrahmens herangezogen wurden, noch einmal heranzuziehen (→ Vor § 29 Rn. 740, 794, 897–899). Sie sind damit nicht verbraucht, wenn auch in ihrem Gewicht möglicherweise geändert (→ Vor § 29 Rn. 743, 897). Die für die Strafzumessung im engeren Sinne maßgebenden Gesichtspunkte sind umso eingehender darzulegen, je mehr die Strafe sich den Rändern des Strafrahmens nähert (BGH StV 1991, 396).

I. Strafzumessungserhebliche Umstände im Allgemeinen. Dazu → § 29 327 Rn. 127.

II. Häufige Strafzumessungserwägungen im Betäubungsmittelstraf- 328 **recht.** Bestimmte Umstände sind bei der Strafzumessung im engeren Sinn im Betäubungsmittelstrafrecht besonders häufig heranzuziehen. Sie gelten mehr oder minder für alle Betäubungsmittelstraftaten und sind in den → Vor § 29 Rn. 938–1156 näher erläutert.

III. Zusätzliche Strafzumessungsgründe für Nr. 1–4. Für alle Alternativen 329 des Absatzes 1 kommen jeweils besondere Gesichtspunkte für die Strafzumessung im engeren Sinn in Betracht:

1. Bei § 30 Abs. 1 Nr. 1 (bandenmäßiges Handeln). Für den bandenmäßigen 330 Umgang mit Betäubungsmitteln kann jeweils in Erwägung gezogen werden:

a) Strafschärfend können die Gesichtspunkte herangezogen werden, die in 331 Art. 3 Abs. 5 ÜK 1988 genannt sind (→ Vor § 29 Rn. 864, 865; dort auch zu der Heranziehung des Übereinkommens im Einzelfall).

Abweichend von Art. 3 Abs. 5 Buchst. a ÜK 1988 darf die **Bandenzugehörig-** 332 **keit als solche** im Hinblick auf das Verbot der Doppelverwertung (§ 46 Abs. 3 StGB) nicht nochmals straferschwerend gewertet werden (BGHR StGB § 46 Abs. 3 Bandendiebstahl 1 = NStZ 2001, 85). Da der Begriff der Bande weder einen mafiaähnlichen Charakter noch sonst die Merkmale der Organisierten Kriminalität voraussetzt (→ Rn. 16, 15), ist es dagegen zulässig, eine solche Struktur **strafschärfend** zu berücksichtigen, wenn sie zu einer erhöhten Gefährlichkeit der Bande geführt hat (BGH NStZ-RR 2008, 153).

Auch kann berücksichtigt werden, dass es sich bei dem Täter um eine aus dem 333 Hintergrund heraus agierende **Führungsperson** oder einen **Drahtzieher** handelt,

BtMG § 30　　　　Sechster Abschnitt. Straftaten und Ordnungswidrigkeiten

aus dessen Tätigkeit sich eine besondere kriminelle Intensität und Gefährlichkeit ergibt.

334　　Im Übrigen gelten die **Strafzumessungserwägungen,** die auch für § 29 a Abs. 1 Nr. 2 **maßgeblich** sind, namentlich zur Verwirklichung mehrerer Tatbestände (→ § 29 a Rn. 257) und zum Spannungsfeld Handeltreiben und Doppelverwertungsverbot (→ § 29 a Rn. 258–264).

335　　**b) Strafmildernd** können namentlich die in → Rn. 302–305 genannten Umstände herangezogen werden.

336　　**2. Bei § 30 Abs. 1 Nr. 2 (gewerbsmäßige Abgabe an Minderjährige).** Es können dieselben Umstände herangezogen werden wie bei § 29 a Abs. 1 Nr. 1.

337　　**3. Bei § 30 Abs. 1 Nr. 3 (Abgabe mit Todesfolge).** Bei der Abgabe mit Todesfolge gilt folgendes:

338　　**a) Strafschärfend** darf berücksichtigt werden, dass der Täter ein **besonders gefährliches** Betäubungsmittel (Heroin) nicht nur an den verstorbenen Konsumenten, sondern auch an andere Personen abgegeben hat; außer der tödlichen Wirkung des Stoffs darf dann auch die Gefährlichkeit von Heroin strafschärfend berücksichtigt werden (BGHR BtMG § 29 Strafzumessung 21 (→ Rn. 196)).

339　　**Nicht** strafschärfend darf dagegen bei der Anwendung des § 30 Abs. 1 Nr. 3 der **Eintritt des Todes** berücksichtigt werden (§ 46 Abs. 3 StGB). Etwas anderes gilt (bei der Anwendung der Grundtatbestände), wenn die Qualifikation nicht eingreift, weil keine Leichtfertigkeit, sondern nur einfache Fahrlässigkeit vorliegt (BGHR BtMG § 29 Strafzumessung 21 (→ Rn. 196)).

340　　**b) Strafmildernd** können auch, wenn auch möglicherweise mit geändertem Gewicht, die Umstände herangezogen werden, die schon beim Strafrahmen berücksichtigt wurden (→ Rn. 298).

341　　Hat der Täter aus altruistischen Motiven unter relativ geringer Gefährdung Unbeteiligter das Betäubungsmittel einem unheilbar Schwerstkranken, der kein Drogenkonsument ist, **zum freien Suizid** überlassen, so kann sich das Strafzumessungsermessen des Gerichts derart verengen, dass die Verwarnung mit Strafvorbehalt auszusprechen ist (BGHSt 46, 279 (→ Rn. 144)).

342　　**4. Bei § 30 Abs. 1 Nr. 4 (Einfuhr in nicht geringer Menge).** Für die Einfuhr von Betäubungsmitteln in nicht geringer Menge kommt folgendes in Betracht:

343　　**a) Strafschärfend** können die Gesichtspunkte herangezogen werden, die in Art. 3 Abs. 5 ÜK 1988 genannt sind, insbesondere der Einsatz von Gewalt, Korruption oder Kollusion (→ Vor § 29 Rn. 864, 865).

344　　Erschwerend kann auch die **besonders große** Menge berücksichtigt werden, die der Tat zugrunde liegt, wobei auch die Höchststrafe nicht ausgeschlossen ist (→ § 29 a Rn. 261). Auch sonst muss die Strafe ihrer Bestimmung als **gerechter Schuldausgleich** entsprechen.

345　　Hiervon löst sie sich **nach unten,** wenn bei der Einfuhr zum Zwecke des Handeltreibens von 290 kg (THC-Gehalt 7,6 kg) und 183 kg (THC-Gehalt 5,46 kg) Haschisch lediglich Freiheitsstrafen von drei Jahren zehn Monaten und drei Jahren verhängt werden (BGHR StGB § 46 Abs. 1 Strafhöhe 9 = DRsp Nr. 1995/7398). Dasselbe gilt bei einer Freiheitsstrafe von fünf Jahren für die unerlaubte Einfuhr von 26,7 kg Cocainzubereitung mit einem Anteil von 78% Cocainhydrochlorid (BGHR BtMG § 29 Strafzumessung 25 = DRsp Nr. 1995/7388) oder für die Verhängung der Mindeststrafe von zwei Jahren trotz die Tat prägender Umstände (Einfuhr von 1.015 g Heroin mit mehr als 412 g HHC), und zwar auch dann, wenn die Täterin erstmals Drogen transportiert und ein detailliertes glaubhaftes Geständnis abgelegt hat (BGH NStZ-RR 2007, 321).

Straferschwerend kann gewertet werden, dass das Rauschgift an schwer zugänglicher Stelle oder in einem **Schmuggelversteck** verborgen gehalten wurde (BGH NStZ 1982, 472). Dazu gehört auch das Verstecken im **Magen-Darm-Trakt** (zur Strafzumessung bei südamerikanischen Körperschmugglern → Vor § 29 Rn. 1058, 1059), das **Pulverisieren** oder Verflüssigen oder das Tränken von Textilien mit der Schmuggelware. Ebenso kann die Mitnahme eines **Kleinkindes,** einer schwangeren Frau oder der schwerkranken Mutter oder die Bedrohung oder Ausbeutung von Kurieren strafschärfend gewertet werden. 346

Auch die **rasche Aufeinanderfolge** der Einkaufsfahrten und die erhebliche Menge des dabei erworbenen Rauschgifts darf straferschwerend berücksichtigt werden (BGH DRsp Nr. 1995/7217). 347

Ebenso fällt ins Gewicht, wenn der Täter **mehrere Tatbestände** verwirklicht hat. Dies gilt nicht, wenn dies darauf zurückzuführen ist, dass ein Teil des Rauschgifts dem Eigenverbrauch dient (→ Vor § 29 Rn. 809, 810, 938). 348

b) Strafmildernd kann namentlich der in → Rn. 310 genannte Gesichtspunkt ins Gewicht fallen. Weitere Milderungsgründe → Vor § 29 Rn. 790 ff. Dass das Rauschgift nicht für den deutschen Markt bestimmt war, ist kein Milderungsgrund (BGH BeckRS 2016, 21455). 349

Sollte nach den Regeln der Strafzumessung ausnahmsweise eine **kurze Freiheitsstrafe** im Raume stehen, so ist die **Strafart** zu wählen (→ Vor § 29 Rn. 1159–1171). 350

D. Weitere Entscheidungen. Sodann sind die weiteren Entscheidungen zu treffen: 351

I. Strafaussetzung zur Bewährung, Strafart. Dazu gehören insbesondere die Frage der Strafaussetzung zur Bewährung (→ Vor § 29 Rn. 1177–1237). Hierbei sind im Wesentlichen präventive Aspekte zu berücksichtigen. Dabei können alle Umstände, die schon bei der Strafrahmenwahl und der Strafzumessung im engeren Sinn gewertet wurde, noch einmal berücksichtigt werden (*Schäfer/Sander/van Gemmeren* Strafzumessung Rn. 888, 889). 352

II. Maßnahmen. Weitere Entscheidungen betreffen die freiheitsentziehenden Maßregeln der Besserung und Sicherung (→ Vor § 29 Rn. 1299–1506), die Führungsaufsicht (§ 34) und den Entzug der Fahrerlaubnis durch die Strafgerichte → Vor § 29 Rn. 1507–1591. Zur **Einziehung** der **Betäubungsmittel** → § 33 Rn. 410–426. Zur Einziehung im Übrigen s. die (sonstigen) Erläuterungen zu § 33. 353

E. Anwendung des Jugendstrafrechts → Vor § 29 Rn. 1672–1771. 354

§ 30a Straftaten

(1) Mit Freiheitsstrafe nicht unter fünf Jahren wird bestraft, wer Betäubungsmittel in nicht geringer Menge unerlaubt anbaut, herstellt, mit ihnen Handel treibt, sie ein- oder ausführt (§ 29 Abs. 1 Satz 1 Nr. 1) und dabei als Mitglied einer Bande handelt, die sich zur fortgesetzten Begehung solcher Taten verbunden hat.

(2) Ebenso wird bestraft, wer
1. als Person über 21 Jahre eine Person unter 18 Jahren bestimmt, mit Betäubungsmitteln unerlaubt Handel zu treiben, sie, ohne Handel zu treiben, einzuführen, auszuführen, zu veräußern, abzugeben oder sonst in den Verkehr zu bringen oder eine dieser Handlungen zu fördern, oder
2. mit Betäubungsmitteln in nicht geringer Menge unerlaubt Handel treibt oder sie, ohne Handel zu treiben, einführt, ausführt oder sich verschafft und dabei eine Schusswaffe oder sonstige Gegenstände mit sich

führt, die ihrer Art nach zur Verletzung von Personen geeignet und bestimmt sind.

(3) In minder schweren Fällen ist die Strafe Freiheitsstrafe von sechs Monaten bis zu zehn Jahren.

Übersicht

	Rn.
Einführung	1
Kapitel 1. Bandenmäßiges Anbauen, Herstellen, Handeltreiben, Ein- und Ausführen von Betäubungsmitteln in nicht geringer Menge (Absatz 1)	3
A. Ziel	3
B. Völkerrechtliche Grundlage	4
C. Vereinbarkeit mit dem GG	5
D. Tathandlungen	6
I. Grundtatbestände	7
II. Qualifikationsmerkmale	8
1. Nicht geringe Menge	9
2. Bande	10
E. Vorbereitung, Versuch, Vollendung, Beendigung	12
F. Täterschaft, Teilnahme	16
G. Handeln im Ausland	19
H. Subjektiver Tatbestand	22
I. Grundtatbestände	23
II. Bande, nicht geringe Menge	24
III. Bedingter Vorsatz	25
IV. Vorsatz bei Gleichgültigkeit	26
V. Unrechtsbewusstsein	27
VI. Irrtum	28
1. Grunddelikte	29
2. Bande	30
3. Nicht geringe Menge	31
a) Irrtum über die Qualität, Scheindrogen	32
b) Irrtum über die Art des Betäubungsmittels	33
c) Irrtum über die Grenze zur nicht geringen Menge	34
I. Konkurrenzen	35
I. Verdrängte Tatbestände	39
1. Grundtatbestände	40
2. Verbrechenstatbestände	41
II. Tateinheit	42
III. Geldwäsche	43
J. Strafzumessung	44
Kapitel 2. Bestimmen einer Person unter 18 Jahren zum unerlaubten Umgang mit Betäubungsmitteln (Absatz 2 Nr. 1)	45
A. Ziel	45
B. Völkerrechtliche Grundlage	46
C. Tathandlung	47
I. Bestimmen	49
1. Bestimmen als kommunikativer Akt	50
2. Form, Mittel, Ursächlichkeit, Menge	52
3. Omnimodo facturus	54
4. Agent provocateur	58
II. Begehungsweisen des Minderjährigen (Bestimmungstat)	58
D. Vorbereitung, Versuch, Vollendung, Beendigung	65
E. Täterschaft, Teilnahme	68
F. Handeln im Ausland	70
G. Subjektiver Tatbestand	72

	Rn.
H. Konkurrenzen	74
I. Strafzumessung	76

Kapitel 3. Bewaffnetes Handeltreiben, Einführen, Ausführen, Sichverschaffen von Betäubungsmitteln in nicht geringer Menge (Absatz 2 Nr. 2, Absatz 3) 78
- A. Ziel und Rechtsgüter 78
- B. Völkerrechtliche Grundlage 80
- C. Tathandlungen 81
  - I. Grundtatbestände 82
  - II. Qualifikationsmerkmale 86
    1. Nicht geringe Menge 87
    2. Mitsichführen einer Schusswaffe oder eines sonstigen Gegenstandes, der seiner Art nach zur Verletzung von Personen geeignet und bestimmt ist 88
        - a) Nur bewegliche Gegenstände 89
        - b) Schusswaffen oder sonstige Gegenstände 90
            - aa) Schusswaffen 92
                - (a) Strafrechtlicher Waffenbegriff 93
                - (b) Begriff 94
                - (c) Einsatzfähigkeit 102
                - (d) Eignung 104
                - (e) Verwendungsabsicht 106
            - bb) Sonstiger Gegenstand 108
                - (a) Eignung zur Verletzung von Personen ... 109
                    - (aa) Verletzung 110
                    - (bb) Eignung ihrer Art nach 112
                        - (1) Den Schusswaffen gleichgestellte Gegenstände 113
                        - (2) Waffen im technischen Sinn 114
                        - (3) Gekorene Waffen 116
                        - (4) Weitere Gegenstände, Gebrauchsgegenstände 118
                - (b) Bestimmung zur Verletzung von Personen ... 119
                    - (aa) Durch den Täter 120
                    - (bb) Zeitpunkt, Verwendungsabsicht 126
                    - (cc) Abgrenzung zum Bewusstsein der Verfügbarkeit 128
                - (c) Sonderfall Messer 129
        - c) Mitsichführen 131
            - aa) Bewusstsein der Verfügbarkeit 134
            - bb) Gebrauchsbereit, räumliche Nähe zur Waffe 136
                - (a) Griffweite (Griffnähe), Zugriff ohne nennenswerten Zeitaufwand 137
                - (b) Mitführen durch einen Mittäter 146
                    - (aa) Jederzeit zu realisierende Herrschaftsmöglichkeit 147
                        - (1) Leibwächter, Weisungsempfänger 148
                        - (2) Mitbesitzer 150
                        - (3) Andere Tatbeteiligte 151
                    - (bb) Fehlen einer jederzeit zu realisierenden Herrschaftsmöglichkeit 152
            - cc) Bei der Tat 154
                - (a) Handeltreiben 155
                    - (aa) Vorbereitung von Verkauf/Ankauf 164
                    - (bb) Tätigkeiten zu Hause 168
                    - (cc) Schlussphase 170
                - (b) Andere Begehungsweisen 172
                - (c) (Teil-)Rücktritt 174
- D. Vorbereitung, Versuch, Vollendung, Beendigung 175
- E. Täterschaft, Teilnahme 180

	Rn.
F. Handeln im Ausland	186
G. Subjektiver Tatbestand	189
I. Grundtatbestände	190
II. Qualifikationsmerkmale	191
1. Nicht geringe Menge	192
2. Mitsichführen einer Waffe oder eines sonstigen Gegenstands	193
a) Vorsatz	194
b) Weitere subjektive Merkmale	195
III. Bedingter Vorsatz	198
IV. Unrechtsbewusstsein	199
V. Irrtum	200
1. Grunddelikte	201
2. Nicht geringe Menge	202
a) Irrtum über die Qualität, Scheindroge	203
b) Irrtum über die Art des Betäubungsmittels	204
c) Irrtum über die Grenze zur nicht geringen Menge	205
H. Konkurrenzen	207
I. Sondervorschrift	209
1. Handeltreiben und Einfuhr	211
2. Handeltreiben und Besitz	214
II. Handeltreiben und Eigenverbrauch	215
1. Übersteigen des Grenzwertes in der Summe	217
a) Kleine Handelsmenge/große Eigenverbrauchsmenge	218
b) Große Handelsmenge/kleine Eigenverbrauchsmenge	219
c) Große Handelsmenge/große Eigenverbrauchsmenge	220
d) Kleine Handelsmenge/kleine Eigenverbrauchsmenge	221
2. Nichtübersteigen des Grenzwertes in der Summe	222
3. Nicht aufklärbares Verhältnis	223
III. Waffendelikte	224
I. Strafzumessung	233
Kapitel 4. Strafzumessung (Absatz 3, Absätze 1, 2)	**234**
A. Ausgangslage	234
I. Erster Schritt: Strafrahmenwahl	236
II. Zweiter Schritt: Strafzumessung im weiteren Sinn	242
III. Dritter Schritt: weitere Entscheidungen	243
B. Strafrahmenwahl	244
I. Allgemeine Strafmilderungsgründe	245
1. Häufige Strafzumessungserwägungen im Betäubungs-	247
2. Zusätzliche Strafzumessungsgründe für Absatz 1, 2 Nr. 1, 2	248
a) Bei § 30a Abs. 1 (Bande)	249
b) Bei § 30a Abs. 2 Nr. 1 (Bestimmen Minderjähriger)	251
c) Bei § 30a Abs. 1 Nr. 2 (Bewaffnung)	252
II. Die allgemeinen Strafmilderungsgründe begründen noch keinen minder schweren Fall	257
1. Hinzutreten eines oder mehrerer vertypter Milderungsgründe	258
2. Die Wahl durch das Gericht	259
3. Verbrauch vertypter Milderungsgründe, Sperrwirkung	261
4. Verbleiben beim Normalstrafrahmen	264
III. Die allgemeinen Strafmilderungsgründe begründen bereits einen minder schweren Fall	265
C. Strafzumessung im engeren Sinn	266
I. Strafzumessungserwägungen im Allgemeinen	268
II. Häufige Strafzumessungserwägungen im Betäubungsmittelstrafrecht	268
III. Zusätzliche Strafzumessungsgründe für Absatz 1 oder 2 Nr. 1, 2	269
1. Bei § 30a Abs. 1 (Bande)	270
a) Strafschärfend	271
b) Strafmildernd	272
2. Bei § 30a Abs. 2 Nr. 1 (Bestimmen Minderjähriger)	273

Straftaten **§ 30a BtMG**

Rn.
- a) Strafschärfend 274
- b) Strafmildernd 277
- 3. Bei § 30a Abs. 2 Nr. 2 (Bewaffnung) 278
  - a) Strafschärfend 279
  - b) Strafmildernd 283
- D. Weitere Entscheidungen 286
  - I. Strafaussetzung zur Bewährung 287
  - II. Maßnahmen 288
- E. Die Anwendung des Jugendstrafrechts 289

Einführung

Absatz 1 wurde durch das **OrgKG** eingeführt und ist am 22.9.1992 in Kraft getreten. Dasselbe gilt in der Sache für Absatz 2 Nr. 1; diese Vorschrift war durch das OrgKG in § 29a Abs. 1 Nr. 1 Buchst. b eingestellt worden und wurde dann durch das Verbrechensbekämpfungsgesetz mit Wirkung vom 1.12.1994 in § 30a Abs. 2 Nr. 1 übernommen. Absatz 2 Nr. 2 beruht auf dem Verbrechensbekämpfungsgesetz. Zur Entstehungsgeschichte im Einzelnen s. *Winkler* in Hügel/Junge/Lander/Winkler Rn. 1.

Der **Strafrahmen** beträgt in den Absätzen 1 und 2 Freiheitsstrafe von fünf Jahren bis zu fünfzehn Jahren; für beide Absätze sieht Absatz 3 einen minder schweren Fall vor. Der Vorschlag Bayerns (BR-Drs. 74/90, 3, 47, 48), für den bandenmäßigen Rauschgifthandel mit nicht geringen Mengen (Absatz 1) auch die Verhängung einer lebenslangen Freiheitsstrafe zu ermöglichen, fand im Bundesrat keine Mehrheit. Er sollte vor allem bei Großsicherstellungen eine abgestufte Ahndung ermöglichen und der **fehlerhaften** (→ Vor § 29 Rn. 894, 895), aber gleichwohl zu beobachtenden **Tendenz** zur Absenkung der verhängten Strafen (weil immer noch größere Mengen sichergestellt werden) entgegenwirken (dazu *Helgerth/Weber* FS Böttcher, 1979, 489 (510, 511)). Für minder schwere Fälle war in Absatz 3 ursprünglich Freiheitsstrafe von sechs Monaten bis zu fünf Jahren vorgesehen. Durch G v. 17.7.2009 wurde die Höchststrafe auf zehn Jahre angehoben (→ Rn. 241). Die Abschöpfung von Taterträgen erfolgt durch **Einziehung** und richtet sich nach den §§ 73ff. StGB nF, die am 1.7.2017 in Kraft traten.

Kapitel 1. Bandenmäßiges Anbauen, Herstellen, Handeltreiben, Ein- oder Ausführen von Betäubungsmitteln in nicht geringer Menge (Absatz 1)

A. Ziel. Die Vorschrift richtet sich gegen die bandenmäßige Betäubungsmittelkriminalität, die besonders gefährlich, sozialschädlich und strafwürdig ist (BT-Drs. 12/989, 30). § 30a Abs. 1 soll die Verhängung schuldangemessener Strafen erleichtern und die Wiederholungsgefahr dadurch vermindern, dass Bandenmitglieder für lange Zeit aus dem Verkehr gezogen werden. Schließlich verspricht sich das Gesetz auch eine generalpräventive Wirkung, weil Mitglieder krimineller Organisationen Chancen und Risiken professionell kalkulierten und deswegen Regionen mieden, in denen sie mit höheren Strafen rechnen müssen (BT-Drs. 12/989, 30).

B. Völkerrechtliche Grundlage. Die Vorschrift beruht in erster Linie auf den vertraglichen Bestimmungen, die für die Grunddelikte gelten. Bestimmte Tatmodalitäten können sich auch auf Art. 3 Abs. 5 Buchst. a–c UK 1988 stützen.

C. Vereinbarkeit mit dem Grundgesetz. Die Vorschrift und ihre Strafrahmen sind mit dem Grundgesetz vereinbar. Dies gilt auch, soweit § 30a Cannabisprodukte erfasst und der Täter selbst Haschischkonsument ist (BVerfG NJW 1997, 1910 = NStZ-RR 1997, 377 = StV 1997, 407).

6   D. Tathandlungen, Schuldspruch. Tathandlungen sind das Anbauen, Herstellen, Handeltreiben, Einführen oder Ausführen von Betäubungsmitteln – stets **in nicht geringer Menge** – durch das Mitglied einer Bande, die sich zur fortgesetzten Begehung solcher Taten verbunden hat. Die Vorschrift beschränkt sich damit auf die Begehungsweisen des § 29 Abs. 1, durch die die Verfügbarkeit von Betäubungsmitteln erhöht wird. Darunter fällt auch die Ausfuhr, da die betreffenden Betäubungsmittel aus dem Inland kommen (*Winkler* in Hügel/Junge/Lander/Winkler Rn. 2.1). Da der **Schuldspruch** in den Fällen des Absatzes 1 und des Absatzes 2 Nr. 2 stets eine nicht geringe Menge voraussetzt, ist auf den Zusatz „in nicht geringer Menge" zu verzichten (BGH BeckRS 2019, 28040); auch der Bezeichnung der Tat als „unerlaubt" bedarf es im Urteilstenor nicht (BGH BeckRS 19, 5270). Hat der Täter mehrere Qualifikationsmerkmale des § 30a verwirklicht, ist dies im Schuldspruch zum Ausdruck zu bringen (BGH BeckRS 2019, 16113).

7   I. Grundtatbestände. Die Vorschrift nimmt § 29 Abs. 1 S. 1 Nr. 1 ausdrücklich in Bezug. Die **Tathandlungen** sind daher mit denen der Grundtatbestände identisch (→ § 29 Rn. 54–66 (Anbauen), → Rn. 131–134 (Herstellen), → Rn. 166–571 (Handeltreiben), → Rn. 872–880 (Einführen), → Rn. 1034–1036 (Ausführen)); zum Begriff der Betäubungsmittel → § 29 Rn. 3–12 und zur fehlenden Erlaubnis → § 29 Rn. 26–30. Andere Tatmodalitäten des § 29 Abs. 1 können von der Bestimmung erfasst werden, wenn und soweit sie unselbständige Teilakte des Handeltreibens sind. Werden sie sonst bandenmäßig begangen, so kann ein unbenannter besonders schwerer Fall nach § 29 Abs. 3 S. 1 vorliegen (→ § 30 Rn. 10).

8   II. Qualifikationsmerkmale. Zu den Grundtatbeständen müssen zwei Qualifikationsmerkmale hinzutreten:

9   1. Nicht geringe Menge. Die Mengenbegriffe im BtMG sind einheitlich (BGHSt 33, 8 = NJW 1985, 1404 = NStZ 1984, 556 = StV 1984, 466). Es gelten daher dieselben Grundsätze wie für die nicht geringe Menge in § 29a Abs. 1 Nr. 2 (→ § 29a Rn. 76–175). Zum **maßgeblichen Objekt** der nicht geringen Menge beim Handeltreiben → § 29a Rn. 43, 44. Die nicht geringe Menge führt außerhalb des Handeltreibens auch dann zur Qualifikation, wenn sie dem **Eigenverbrauch** dient (→ § 29a Rn. 54).

10   2. Bande. Auch den Begriff der Bande ist innerhalb des BtMG einheitlich auszulegen (*Oğlakcıoğlu* in MüKoStGB Rn. 16). Dies folgt schon daraus, dass er für das Betäubungsmittelstrafrecht nicht eigenständig entwickelt wurde, sondern sich an den Bandenbegriff in anderen Gesetzen anlehnt (BVerfG NJW 1997, 1910 (→ Rn. 5)). Es braucht sich weder um international tätige oder besonders organisierte noch um besonders mitgliederstarke Zusammenschlüsse handeln (*Patzak* in Körner/Patzak/Volkmer Rn. 10). Vielmehr ist der Bandenbegriff des § 30a identisch mit dem in § 30. Auf die Erläuterungen zu § 30 Abs. 1 Nr. 1 (→ § 30 Rn. 12–90) kann daher verwiesen werden.

11   Die Bandenabrede (→ § 30 Rn. 45–85), die auch stillschweigend oder durch schlüssiges Verhalten, namentlich einem konkret feststellbaren wiederholten deliktischen Zusammenwirken, zustande kommen kann (→ § 30 Rn. 51–57), muss die **nicht geringe Menge einbeziehen** (*Oğlakcıoğlu* in MüKoStGB Rn. 16; *Winkler* in Hügel/Junge/Lander/Winkler Rn. 2.2). Dabei reicht es aus, wenn die in Betracht kommenden Mengen den Beteiligten gleichgültig sind (→ § 29a Rn. 190). Zum Vorsatz und zu Irrtumsfällen → Rn. 22–34.

12   E. Vorbereitung, Versuch, Vollendung, Beendigung. Bestimmte Vorbereitungshandlungen zu einer hinreichend konkretisierten Bandentat sind nach § 30 StGB strafbar (→ Vor § 29 Rn. 207–240); erforderlich ist allerdings, dass der Beteiligte bei dieser Bandentat nicht lediglich als Gehilfe tätig werden will (→ Vor § 29 Rn. 220).

Strafbar ist auch der **Versuch** (§ 23 Abs. 1 StGB). Sofern nicht die Voraussetzungen des § 30 StGB erfüllt sind (und auch noch kein Handeltreiben vorliegt), ist der Zusammenschluss für sich noch nicht mit Strafe bedroht. **Die Strafbarkeit** beginnt erst mit dem **Beginn des Versuchs** des Anbauens, Herstellens, Handeltreibens, Einführens oder Ausführens (→ Vor § 29 Rn. 175). Auf die Erläuterungen zu den Grunddelikten (→ § 29 Rn. 68–74 (Anbauen), → Rn. 136–140 (Herstellen), → Rn. 573–631 (Handeltreiben), → Rn. 882–918, 986, 989, 991, 993, 996 (Einführen), → Rn. 1038–1041 (Ausführen)) wird Bezug genommen. 13

Werden umgekehrt die erschwerenden Umstände (Bande, nicht geringe Menge) erst verwirklicht, **nachdem** der Grundtatbestand, etwa die Einfuhr, die Schwelle zum Versuch schon überschritten hat, so beginnt der Versuch des qualifizierten Delikts erst mit dem unmittelbaren Ansetzen zur Erfüllung des letzten Qualifikationsmerkmals (→ Vor § 29 Rn. 175). Handelt es sich dabei um die nicht geringe Menge, so gelten → § 29a Rn. 173, 174 sinngemäß. 14

Für die **Vollendung** und **Beendigung** gelten die Grundsätze, die für die Grunddelikte maßgeblich sind. Auf → Rn. 13 wird verwiesen. 15

F. Täterschaft, Teilnahme. Die Mitgliedschaft in einer Bande führt noch nicht zur Mittäterschaft (→ § 30 Rn. 96). Vielmehr gelten die allgemeinen Grundsätze. In erster Linie kann daher auf die Ausführung zu den Grunddelikten (→ § 29 Rn. 75–98 (Anbauen), → Rn. 141–143 (Herstellen), → Rn. 632–823 (Handeltreiben)), → Rn. 922–982, 985, 988, 990, 992, 995 (Einführen) und → Rn. 1042 (Ausführen)) verwiesen werden. 16

Eine **nicht geringe Menge** kann auch dadurch erreicht werden, dass die bei mehreren Tatbeteiligten festgestellten Mengen zusammengerechnet werden. Insoweit wird für das Herstellen und Handeltreiben auf → § 29a Rn. 168, 175 und für das Einführen auf § 30 Rn. 259, 265 verwiesen. Dieselben Regeln wie für das Herstellen gelten auch für das Anbauen. Für das Ausführen gelten die Regelungen für die Einfuhr sinngemäß. 17

Die Qualifikation gilt nur für **Bandenmitglieder.** Die Bandenmitgliedschaft ist ein besonderes persönliches Merkmal nach § 28 Abs. 2 StGB (→ § 30 Rn. 99). 18

G. Handeln im Ausland. Es gelten die Grundsätze, die für die Grunddelikte maßgeblich sind (→ § 29 Rn. 99–106 (Anbauen), → Rn. 144 (Herstellen), → Rn. 824–826 (Handeltreiben)), → Rn. 997–999 (Einführen) und → Rn. 1043–1045 (Ausführen)). 19

Soweit das **Weltrechtsprinzip** (§ 6 Nr. 5 StGB) eingreift (→ Vor § 29 Rn. 119–134), weil das Betäubungsmittel entgeltlich in den Besitz eines anderen gebracht werden soll, also namentlich beim Handeltreiben, gilt ohne weiteres auch die Qualifikation des § 30a Abs. 1. Da allein deutsches Recht maßgeblich ist, kommt es insoweit auf das Recht des Tatorts nicht an. Dies gilt allerdings nur für Handlungen, die dem Vertrieb dienen; andere scheiden auch im Falle der Tateinheit aus (→ Vor § 29 Rn. 134). 20

Greift das **Weltrechtsprinzip nicht** ein, etwa weil das Anbauen, Herstellen oder Einführen zum Eigenbedarf erfolgt, und ist deswegen auch das Recht des Tatorts zu berücksichtigen (§ 7 Abs. 2 StGB), so reicht es aus, wenn am Tatort das Grunddelikt (unter irgendeinem rechtlichen Gesichtspunkt) strafbar ist. Trifft ein Tatbestand des Tatortrechts auf das Täterverhalten zu, so führt dies zur umfassenden Geltung aller Vorschriften des deutschen Strafrechts (→ Vor § 29 Rn. 142) und damit auch der Qualifikation. 21

H. Subjektiver Tatbestand. Die Strafbarkeit setzt Vorsatz (→ Vor § 29 Rn. 389–425) voraus. In den Fällen der Fahrlässigkeit kommt nur eine Bestrafung 22 wegen fahrlässiger Verwirklichung eines Grunddelikts (§ 29 Abs. 1 S. 1 Nr. 1, Abs. 4) in Betracht.

23   **I. Grundtatbestände.** Der Vorsatz muss sich zunächst auf die Grundtatbestände beziehen. Wegen der Einzelheiten wird insoweit auf → § 29 Rn. 108, 109 (Anbauen), → Rn. 146, 147 (Herstellen), → Rn. 828–830 (Handeltreiben), → Rn. 1001–1004 (Einführen) und → Rn. 1047–1049 (Ausführen) Bezug genommen.

24   **II. Bande, nicht geringe Menge.** Darüber hinaus muss sich der Vorsatz auf den Zusammenschluss mit mindestens zwei anderen und auf die Zielrichtung der Verbindung sowie auf die nicht geringe Menge (*Winkler* in Hügel/Junge/Lander/Winkler Rn. 2.2) erstrecken. Beide Merkmale sind normative Tatbestandsmerkmale (→ Vor § 29 Rn. 400, 401; *Oğlakcıoğlu* in MüKoStGB § 30 Rn. 62; → § 29a Rn. 74), bei denen die Parallelwertung in der Laiensphäre genügt (→ Vor § 29 Rn. 408). Hinsichtlich der Bande wird auf → § 30 Rn. 104 und hinsichtlich der nicht geringen Menge wird auf → § 29a Rn. 188 Bezug genommen. Zum Irrtum → Rn. 28–34.

25   **III. Bedingter Vorsatz** (→ Vor § 29 Rn. 415–420) genügt (BGH NStZ-RR 1997, 121; BayObLGSt 1990, 99). Er kann sich sowohl auf die Grundtatbestände als auch auf die Qualifikationsmerkmale beziehen. Auf → § 29a Rn. 189 und → § 30 Rn. 105 wird Bezug genommen.

26   **IV. Vorsatz bei Gleichgültigkeit.** Zum Vorsatz in den Fällen, in denen dem Täter die Menge oder Wirkstoffmenge gleichgültig ist → § 29a Rn. 190; *Oğlakcıoğlu* in MüKoStGB § 29a Rn. 75.

27   **V. Unrechtsbewusstsein.** Hat der Täter die spezifische Rechtsgutsverletzung des Grunddelikts erkannt, so erstreckt sich sein Unrechtsbewusstsein auch auf die Qualifikation (→ Vor § 29 Rn. 445; → § 29a Rn. 191; → § 30 Rn. 106).

28   **VI. Irrtum.** § 30a Abs. 1 ist eine mehrgliedrige Qualifikation. Ein Irrtum kann sich sowohl auf das jeweilige Grunddelikt als auch auf jedes oder auch auf beide Qualifikationsmerkmale beziehen:

29   **1. Grunddelikte.** Für den Irrtum bei den Grunddelikten wird auf die Ausführungen in → § 29 Rn. 110–114 (Anbauen), → Rn. 148–152 (Herstellen), → Rn. 831–840 (Handeltreiben), → Rn. 1005, 1006 (Einführen) und → Rn. 1050, 1051 (Ausführen) Bezug genommen.

30   **2. Bande.** Die Bande ist ein normatives Tatbestandsmerkmal. Ein Tatbestandsirrtum ist daher nicht ausgeschlossen (→ § 30 Rn. 107). Wegen der Besonderheiten bei normativen Tatbestandsmerkmalen wird auf → Vor § 29 Rn. 433, 434, 458–461 verwiesen. Zur Parallelwertung in der Laiensphäre → Vor § 29 Rn. 408.

31   **3. Nicht geringe Menge.** Auch die nicht geringe Menge ist ein normatives Tatbestandsmerkmal. Für sie gilt daher zunächst dasselbe wie für die Bande (→ Rn. 30). Zur Zusammenrechnung oder zur Nichtzusammenrechnung bei mehreren Geschäften → § 29a Rn. 175. Zu den Grenzwerten und ihrer Bestimmung → § 29a Rn. 64 ff.

32   **a) Irrtum über die Qualität, Scheindroge.** Darüber hinaus sind die Besonderheiten zu beachten, die sich für den Irrtum über die Qualität des Betäubungsmittels oder den gelieferten Stoff (zB Scheindroge) aus dem Begriff des **Handeltreibens** ergeben; dazu → § 29a Rn. 193–195. Bei den anderen Alternativen (Anbauen, Herstellen, Einführen, Ausführen) kann ein Irrtum über Menge und Qualität zu einem Tatbestandsirrtum führen, der das Merkmal einer nicht geringen Menge entfallen lässt (→ § 29a Rn. 196, 197).

33   **b) Irrtum über die Art des Betäubungsmittels.** Es gilt dasselbe wie bei § 29a Abs. 1 Nr. 2 (→ § 29a Rn. 198). Zur Scheindroge beim Handeltreiben → Rn. 32.

c) **Irrtum über die Grenze zur nicht geringen Menge.** Auch hier gilt dasselbe wie bei § 29a Abs. 1 Nr. 2 (→ § 29a Rn. 199). 34

I. Konkurrenzen. Zu den Konkurrenzen im Allgemeinen → Vor § 29 35
Rn. 551–587, 671–724. Zu den Konkurrenzen beim Handeltreiben durch Zahlungsvorgänge → Vor § 29 Rn. 684–696.

Innerhalb des § 30a Abs. 1 hat das **Handeltreiben** eine **herausragende Stellung.** Es verbindet auch im Falle des § 30a Abs. 1 die im Rahmen desselben Güterumsatzes aufeinanderfolgenden Teilakte vom Erwerb bis zur Veräußerung, insbesondere auch den Teilakt der unerlaubten Einfuhr zu einer Tat im Sinne einer **Bewertungseinheit** (→ Vor § 29 Rn. 593–669; BGHSt 53, 89 = NJW 2009, 863 = NStZ 2009, 393 = StV 2009, 360); BGH NStZ 2010, 223 = StV 2010, 133; NStZ-RR 2018, 352; 2020, 179; ebenso für das bewaffnete Handeltreiben BGH NStZ-RR 2020, 48). Als einem unselbständigen Teilakt des Handeltreibens kommt der Bandeneinfuhr neben dem Bandenhandel daher keine selbständige rechtliche Bedeutung zu (BGHR BtMG § 30a Konkurrenzen 2 = StV 1996, 267; Bande 8; BGH NStZ 2010, 223 = StV 2010, 133; BGH NStZ-RR 2009, 320; 2018, 352). Allerdings kann das Verbringen der Betäubungsmittel über die Grenze (nicht aber die Verwirklichung zweier (!) Tatbestände, s. BGH NStZ 2010, 223= StV 2010, 133) zum Zwecke des Handeltreibens **strafschärfend** berücksichtigt werden (BGH NStZ-RR 2010, 216). Soweit der BGH (BeckRS 2005, 2754) angenommen hat, die bandenmäßige Einfuhr werde vom bandenmäßigen Handeltreiben konsumiert, ist dies überholt. Hingegen ist die **Einfuhr** kein unselbständiger Teilakt des Handeltreibens, wenn das durch einen einheitlichen Vorgang erworbene Rauschgift teils für den gewinnbringenden Weiterverkauf und teils für den **Eigenkonsum** bestimmt ist, so dass dann **Tateinheit** zwischen bandenmäßigem Handeltreiben und bandenmäßiger Einfuhr anzunehmen ist (BGH NStZ-RR 2020, 179). 36

Ein **unselbständiger Teilakt** des Handeltreibens ist auch gegeben, wenn im 37
Rahmen des Bandenhandels **Beihilfe zur Einfuhr** geleistet wird (BGH NStZ-RR 2003, 186; 2009, 320). **Tateinheit** ist dagegen möglich zwischen täterschaftlicher bandenmäßiger Einfuhr und **Beihilfe zum Bandenhandel** (s. BGH NStZ-RR 2003, 186).

Im Übrigen ist § 30a Abs. 1 ein **umfassender Tatbestand** mit großer Reich- 38
weite (namentlich im Hinblick auf das Handeltreiben), großem Unrechtsgehalt und hoher Strafdrohung.

I. Verdrängte Tatbestände. Dies hat zur Folge, dass er die meisten anderen be- 39
täubungsmittelrechtlichen Straftatbestände verdrängt. Dies gilt sowohl im Verhältnis zu den Grundtatbeständen als auch zu den Verbrechenstatbeständen.

1. Grundtatbestände. Die Grundtatbestände (Anbauen, Herstellen, Handel- 40
treiben, Einführen oder Ausführen) des § 29 Abs. 1 S. 1 Nr. 1 treten hinter die speziellere Vorschrift des § 30a Abs. 1 zurück, und zwar auch dann, wenn die Voraussetzungen eines Regelbeispiels vorliegen (→ § 29 Rn. 1976–1979, 2073). Für die Strafbemessung innerhalb des Strafrahmens der Qualifikation behält das Regelbeispiel seine Bedeutung und darf strafschärfend berücksichtigt werden (→ § 29 Rn. 1979).

2. Verbrechenstatbestände. § 30a Abs. 1 verdrängt als das speziellere Gesetz 41
ferner die Verbrechenstatbestände des § 29a Abs. 1 Nr. 2 (Handeltreiben, Herstellen, Abgeben, Besitzen in nicht geringer Menge) und des § 30 Abs. 1 Nr. 1 (bandenmäßiges Anbauen, Herstellen, Handeltreiben) und 4 (Einführen in nicht geringer Menge). Zu den Besonderheiten, wenn ein Teil des Betäubungsmittels zum **Eigenverbrauch** bestimmt ist, → § 29a Rn. 204–212.

II. Tateinheit. Dagegen besteht Tateinheit mit der gewerbsmäßigen Abgabe an 42
Minderjährige gemäß § 30 Abs. 1 Nr. 2 (→ § 30 Rn. 132).

43 **III. Geldwäsche.** Gegenüber der Geldwäsche/Verschleierung von Vermögenswerten ist das Verbrechen des § 30a Abs. 1 taugliche Vortat (§ 261 Abs. 1 S. 2 Nr. 1 StGB); auch kann es selbst eine Tathandlung des § 261 StGB sein (dazu → Vor § 29 Rn. 717–720).

44 **J. Strafzumessung.** Die Strafzumessung wird in **Kapitel 4** (→ Rn. 234–289) behandelt.

Kapitel 2. Bestimmen einer Person unter 18 Jahren durch eine Person über 21 Jahren (Absatz 2 Nr. 1)

45 **A. Ziel.** Die Vorschrift (zur Entstehungsgeschichte → Rn. 1) wendet sich gegen den besonders straf- und verabscheuungswürdigen Missbrauch Minderjähriger zur Durchführung von Rauschgiftgeschäften (*Patzak* in Körner/Patzak/Volkmer Rn. 26). Sie will auch dem Umstand entgegen wirken, dass insbesondere in den Großstädten immer häufiger Minderjährige, nicht selten sogar Kinder, von Erwachsenen zum Rauschgifthandel angehalten und benutzt werden.

46 **B. Völkerrechtliche Grundlagen.** Die Vorschrift beruht auf Art. 3 Abs. 1 c Ziffer iv, Abs. 5 Buchst. f ÜK 1988.

47 **C. Tathandlung** ist das Bestimmen eines Jugendlichen oder Kindes durch einen Erwachsenen dazu, mit Betäubungsmitteln unerlaubt Handel zu treiben, sie einzuführen, auszuführen, zu veräußern, abzugeben oder sonst in den Verkehr zu bringen oder eine dieser Handlungen zu fördern. Zum Begriff des Betäubungsmittels → § 29 Rn. 3–12.

48 Die Vorschrift gilt auch, wenn der **Täter** an den Drogengeschäften **selbst beteiligt** ist (BGH NStZ-RR 1998, 347), etwa wenn der Minderjährige das Handeltreiben des Täters fördern soll (BGH StV 2018, 482 = BeckRS 2018, 6187; NStZ 2019, 417; BGH BeckRS 2017, 121063). Sie ist ferner anwendbar, wenn der Minderjährige bereits in der **Drogenszene verhaftet** ist (BGHSt 45, 373 = NJW 2000, 1877 = NStZ 2000, 371 = StV 2000, 260).

49 **I. Bestimmen.** Die Vorschrift stellt sich hinsichtlich des Tatbestandsmerkmals „Bestimmen" als Parallele zu § 26 StGB dar (BGHSt 45, 373 (→ Rn. 48); BGH StV 2018, 482 (→ Rn. 48)) und erhebt die **Anstiftungshandlung** zur eigentlichen **Haupttat**, die hierdurch unabhängig von der konkreten Bestimmungstat mit einem eigenen Strafrahmen belegt wird (BGH NStZ 2015, 347; 2019, 417). Das Bestimmen ist als Anstiftung zur Beihilfe zum Handeltreiben zu verstehen. Gleichwohl bleibt die Regelung in der Sache eine Anstiftung, deren Abhängigkeit von einer tatbestandlichen Haupttat des Angestifteten nicht verloren geht (BGH NStZ 2015, 347; 2019, 417). Die Vorschrift erfasst auch das Bestimmen zur Förderung einer inkriminierten Handlung durch den Bestimmenden selbst. Der Täter kann daher den Minderjährigen auch zur Förderung seines eigenen Handeltreibens bestimmen (BGH NStZ 2019, 417 (418)).

50 **1. Bestimmen als kommunikativer Akt.** Bestimmen ist die Einflussnahme auf den Willen eines anderen, die diesen zu dem im Gesetz beschriebenen Verhalten bringt (BGHSt 45, 373 (→ Rn. 48); BGH NStZ 2001, 41; 2009, 393 = StV 2009, 360 = StraFo 2009, 82; StV 2018, 519 (→ Rn. 48)), zu dem er sich ohne die Beeinflussung nicht entschlossen hätte (BGH NJW 1985, 924).

51 Bestimmen setzt einen **kommunikativen Akt** voraus, der zu dem Betäubungsmittelhandel durch den Minderjährigen führt (BGH NStZ 2009, 393 (→ Rn. 50); StV 2018, 482, 519) (→ Rn. 48)). Die bloße Verursachung des fremden Tatentschlusses durch die Schaffung von objektiven Tatanreizen genügt nicht, wenn in ihr nicht zugleich konkludent eine hinreichend bestimmte Gedankenerklärung liegt (*Fischer* StGB § 26 Rn. 3 mwN). Dass der Täter dem Minderjährigen durch das **Überlassen** oder **Liefern von Rauschgift** lediglich die Möglichkeit zum unerlaubten Handeltreiben eröffnet hat, ist daher noch kein Bestimmen (BGHSt 45, 373 (→ Rn. 48); BGH NStZ 2009, 393 (→ Rn. 50); StV 2001, 406); anders in den Fällen der → Rn. 55 (*Winkler* NStZ 2002, 191 (193)).

2. Form, Mittel, Ursächlichkeit, Menge. In welcher Form und durch welches 52 Mittel die Willensbeeinflussung erfolgt, ist gleich (BGHSt 45, 373 (→ Rn. 48); BGH NStZ 2001, 41). In Betracht kommen Überredung, Ratserteilung, Drohung (BGHR StGB § 26 Bestimmen 7 = NJW 2003, 1060 = NStZ 2003, 312 = StV 2004, 600), Missbrauch des Ansehens, Herbeiführung oder Förderung eines Irrtums (Fischer StGB § 26 Rn. 6) oder auch eine scheinbare Abmahnung, auch konkludentes Handeln (*Patzak* in Körner/Patzak/Volkmer § 30a Rn. 33). Auch die Einräumung besonders günstiger Verkaufsbedingungen kann ausreichen (BGHR BtMG § 30a Konkurrenzen 1 = NJW 1994, 3020 = NStZ 1994, 496 = StV 1994, 659).

Nicht erforderlich ist, dass das Bestimmen die einzige Ursache zur Tat gewesen 53 ist; bloße **Mitursächlichkeit** genügt (BGHSt 45, 373 (→ Rn. 48); BGH NStZ 1994, 29; 2001, 41; StV 2018, 519 (→ Rn. 48)). Ebenso wird der Tatbestand erfüllt, wenn es durch eines oder mehrere Zwischenglieder erfolgt (BGH NStZ 1994, 29 (s. o.)). Unerheblich ist die Größe der **Menge,** auf die sich das Bestimmen bezieht (*Patzak/Bohnen* BtMR Kap. 2 Rn. 132).

3. Omnimodo facturus. War der Minderjährige zu der **konkreten** Tat bereits 54 entschlossen (omnimodo facturus), so ist ein Bestimmen nicht mehr möglich (BGHSt 45, 373 (→ Rn. 48); BGH NStZ 2001, 41); in Betracht kommen dann nur noch Versuch oder (psychische) Beihilfe (BGH NStZ-RR 1996, 1 = StV 1996, 2).

War der Minderjährige dagegen **nur allgemein** zur Begehung derartiger Taten 55 bereit, so liegt ein Bestimmen vor, wenn und soweit ihn der Täter zur Mitwirkung an einer konkreten Tat veranlasst hat (BGH NStZ 1994, 29; StV 2018, 519 (→ Rn. 48)). Dem entspricht es, wenn der Täter den Minderjährigen, auch wenn dieser bereits einen festen Abnehmerkreis hat (BGH NStZ 2001, 41), in der Weise zum Betäubungsmittelverkehr **benutzt,** dass er ihm die Drogen übergibt und ihn anweist, diese nach vorgegebenen Bedingungen und für Rechnung des Täters zu verkaufen (BGHSt 45, 373 (→ Rn. 48); BGH NStZ 2001, 41) oder ihn mit den Drogen zum Verkaufsort zu begleiten (BGH StV 2018, 519 (→ Rn. 48): „Fördern"). Dass der Minderjährige sich auf eigene Initiative allgemein zu solchen Taten bereit erklärt hat, steht dem Bestimmen nicht entgegen (BGHSt 45, 373 (→ Rn. 48)). Bei **Folgegeschäften** kann das Bestimmen allerdings entfallen (BGH NStZ 2001, 41).

Kein Bestimmen liegt dagegen vor, wenn der Täter den zu einer konkreten Tat 56 entschlossenen Minderjährigen lediglich zur **Änderung von Tatmodalitäten** veranlasst (BGH NStZ-RR 1996, 1 (→ Rn. 54)). In diesem Fall kommt regelmäßig Beihilfe in Betracht.

4. Agent provocateur. Ein agent provocateur strebt nicht die Vollendung des 57 Deliktes an, sondern die Überführung des Täters vor dem Eintritt der Vollendung (→ § 4 Rn. 244–247). Es liegt daher kein Bestimmen vor (*Patzak* in Körner/Patzak/Volkmer Rn. 37; aA *Oğlakcıoğlu* in MüKoStGB Rn. 68, der nicht ausreichend berücksichtigt, dass das Bestimmen auf eine vollendete Tat gerichtet sein muss.; zur Besonderheit beim Handeltreiben → § 4 Rn. 245).

II. Begehungsweisen des Minderjährigen (Bestimmungstaten). Die Tat 58 des Minderjährigen muss den objektiven und subjektiven (zB Eigennützigkeit beim Handeltreiben) Tatbestand des unerlaubten Handeltreibens (→ § 29 Rn. 166–571), Einführens (→ § 29 Rn. 874, 875), Ausführens (→ § 29 Rn. 1036), Veräußerns (→ § 29 Rn. 1063–1075), Abgebens (→ § 29 Rn. 1117–1124) und Inverkehrbringens (→ § 29 Rn. 1157–1169) erfüllen (BGH NStZ 2015, 347). Die Tat des Minderjährigen kann daher auch ein Vergehen sein. Sie muss auch nicht vollendet sein (→ Rn. 67).

59 Ausreichend ist nach Absatz 2 Nr. 1 aber auch, wenn der Minderjährige eine dieser Handlungen **fördert**. Die **Bestimmung zur Beihilfe** ist damit zu einem eigenen Tatbestand erhoben, der dann erfüllt ist, wenn der Täter den Minderjährigen zu bloßen Unterstützungshandlungen beim Handeltreiben, der Einfuhr oder einer der anderen Begehungsweisen veranlasst. Dies kommt etwa in Betracht, wenn der Täter seinen 11jährigen Sohn unter genauen Anweisungen veranlasst, das auf einem Parkplatz übernommene Heroin in die elterliche Wohnung zu bringen (BGHR BtMG § 31 Nr. 1 Aufdeckung 29 = NJW 1999, 1726 = StV 1999, 436) oder sonst als Bote tätig zu werden (→ Rn. 61).

60 Das **Bestimmen zum Fördern** einer der in Nr. 1 genannten Kataloghandlungen erfordert, dass der Minderjährige die **objektiven und subjektiven** Voraussetzungen einer Beihilfehandlung iSd § 27 StGB verwirklicht (BGH NStZ 2015, 347). Die Förderungshandlung des Minderjährigen muss daher mindestens bedingt vorsätzlich erfolgen (BGH NStZ 2015, 347; StV 2018, 482 (→ Rn. 48)).

61 Soll der Minderjährige Betäubungsmittel **lediglich als Bote** an den Abnehmer überbringen, so liegt kein Bestimmen zum Inverkehrbringen (richtig: Abgeben) vor, weil der Bote keine eigene Verfügungsgewalt über die Drogen hat, sondern lediglich den Gewahrsamswechsel vom Abgebenden auf den Abnehmer bewirkt; der Täter hat jedoch den Minderjährigen bestimmt, sein (des Täters) unerlaubtes Handeltreiben **zu fördern** (BGH NStZ-RR 2007, 24).

62 Unerlaubtes **Ausführen** setzt auch im Falle des § 30a Abs. 2 Nr. 1 das Verbringen der Betäubungsmittel aus Deutschland über die deutsche Hoheitsgrenze in das Ausland voraus; fehlt es daran, kann der Täter jedoch den Minderjährigen bestimmt haben, sein (des Täters) unerlaubtes Handeltreiben **zu fördern** (BGH BeckRS 2006, 09255 = BGHR BtMG § 29 Abs. 1 Nr. 1 Ausfuhr 1).

63 Will der Täter den Minderjährigen lediglich dazu bringen, einen Abnehmer zu finden, der in Wahrheit **um den Kaufpreis betrogen** werden soll, liegt kein Bestimmen zum Handeltreiben vor (BGH NStZ-RR 2003, 185).

64 Die Bestimmungstat kann auch eine **fahrlässige** Handlung sein, soweit diese nach § 29 Abs. 4 mit Strafe bedroht ist (Oğlakcıoğlu in MüKoStGB Rn. 56; Winkler in Hügel/Junge/Lander/Winkler Rn. 3.3; auch → Rn. 49). Dafür sprechen der Wortlaut der Vorschrift, die anders als § 26 StGB den Vorsatz nicht erwähnt, und ihr Schutzzweck. In vielen Fällen wird hier bei dem Bestimmenden mittelbare Täterschaft vorliegen (Oğlakcıoğlu in MüKoStGB Rn. 56, 94).

65 **C. Vorbereitung, Versuch, Vollendung, Beendigung.** Bestimmte Vorbereitungshandlungen sind nach § 30 StGB strafbar (→ Vor § 29 Rn. 207–240). Dies führt zu einer weit vorverlegten Strafbarkeit, da das künftige Verbrechen (§ 30 StGB) seinerseits im Wesentlichen eine Anstiftungshandlung ist. Auch hier gilt, dass der Beteiligte (bezogen auf die Bestimmungshandlung, also nicht der Minderjährige (→ Rn. 59)), nicht lediglich als Gehilfe tätig werden will (→ Vor § 29 Rn. 220).

66 Strafbar ist auch der **Versuch** des Bestimmens (§ 23 Abs. 1 StGB). Diese Regelung geht § 30 Abs. 1 StGB vor, so dass sie auch dann gilt, wenn die Handlung des Minderjährigen nur als Vergehen (Patzak in Körner/Patzak/Volkmer Rn. 44) oder als Beihilfe zu werten wäre (auch → Rn. 59). Ein solcher Versuch kommt insbesondere in Betracht, wenn der Minderjährige bereits zu der konkreten Tat entschlossen war (Patzak in Körner/Patzak/Volkmer Rn. 44; Oğlakcıoğlu in MüKoStGB Rn. 87) oder wenn es, auch nicht in Form des Versuchs (→ Rn. 67), nicht zur Tatausführung durch ihn gekommen ist.

Straftaten § 30a BtMG

Die Tat nach § 30a Abs. 2 Nr. 1 ist mit der erfolgreichen Bestimmung des Min- 67 derjährigen **vollendet,** dh wenn der Minderjährige die ihm angesonnene Tat begangen oder jedenfalls versucht hat; nicht notwendig ist deren Vollendung (*Oğlakcıoğlu* in MüKoStGB Rn. 88), die schon mit Übergabe der Drogen an den Minderjährigen eintritt (BGH NStZ 2019, 417 (418)). Besteht die Bestimmungstat in einer Förderung (→ Rn. 59), so kommt es darauf an, ob diese bis zum Versuch gediehen ist. Im Hinblick auf die eigenständige Regelung des § 30a Abs. 2 Nr. 1 kann auf die Regelung des StGB, wonach versuchte Beihilfe nicht strafbar ist, nicht zurückgegriffen werden; deswegen ist es auch nicht notwendig, dass (auch) die Tat, die von dem Minderjährigen gefördert wurde, in das Versuchsstadium gelangt ist. **Beendet** ist die Tat, wenn die Haupttat beendet oder wenn deren Versuch endgültig fehlgeschlagen ist (*Oğlakcıoğlu* in MüKoStGB Rn. 89).

D. Täterschaft, Teilnahme. Täter kann nur eine Person über 21 Jahre sein. Das 68 Alter des Täters ist ein besonderes persönliches Merkmal iSd § 28 Abs. 1 StGB, so dass die Strafe eines Teilnehmers gegebenenfalls nach § 49 Abs. 1 StGB zu mildern ist. Die Mitwirkung des Minderjährigen selbst wird als notwendige Teilnahme nicht von Absatz 2 Nr. 1 erfasst (→ Vor § 29 Rn. 282). Im Übrigen gelten die allgemeinen Grundsätze (→ Vor § 29 Rn. 241–386).

Nicht selten wird (auch) **mittelbare Täterschaft** des Bestimmenden in Betracht 69 kommen. Dies gilt namentlich dann, wenn beim Minderjährigen Wissensmängel bestehen oder er weder vorsätzlich noch fahrlässig handelt (näher *Oğlakcıoğlu* in MüKoStGB Rn. 83).

E. Handeln im Ausland. In vielen Fällen des Auslandsbezuges wird nach § 9 70 Abs. 1 StGB gleichwohl eine Inlandstat vorliegen, weil das Bestimmen im Inland stattgefunden hat, dort durch die Handlung des Minderjährigen zur Wirksamkeit gelangt ist oder hätte gelangen sollen. Aus § 9 Abs. 2 StGB würde sich hier nichts anderes ergeben. Auf das Recht des Tatorts kommt es in diesen Fällen nicht an.

Dasselbe gilt bei **reinen Auslandstaten,** wenn das Bestimmen dazu diente, Be- 71 täubungsmittel entgeltlich in den Besitz eines andern zu bringen (§ 6 Nr. 5 StGB); dies gilt allerdings nur für Handlungen, die dem Vertrieb dienen; andere scheiden auch im Falle der Tateinheit aus (→ Vor § 29 Rn. 134). Ist das Bestimmen nicht auf den Vertrieb von Betäubungsmitteln gerichtet und kommt es deswegen auch auf das Recht des Tatorts an (§ 7 StGB), so reicht es aus, wenn am Tatort das Grunddelikt (unter irgendeinem rechtlichen Gesichtspunkt) strafbar ist (→ Rn. 21).

F. Subjektiver Tatbestand. Die Tat erfordert Vorsatz (→ Vor § 29 Rn. 389– 72 425), wobei bedingter Vorsatz (→ Vor § 29 Rn. 415–420) genügt. Der Vorsatz ist ein doppelter. Er muss sich zunächst auf die Bestimmungshandlung als solche beziehen, wobei er auch das Alter des Minderjährigen umfassen muss (→ § 29a Rn. 27). Nimmt der Täter irrtümlich an, derjenige, auf den er einwirkt, sei minderjährig, so liegt ein untauglicher Versuch vor, der gemäß § 23 Abs. 1 StGB strafbar ist (*Malek* BtMStrafR Kap. 2 Rn. 445).

Schließlich muss sich der Vorsatz auf eine bestimmte, hinreichend **konkreti-** 73 **sierte Tat** beziehen, die der Minderjährige begehen soll (*Oğlakcıoğlu* in MüKoStGB Rn. 73). Dabei muss der Vorsatz diese Tat jedoch nicht in allen Einzelheiten, sondern nur in ihren Hauptmerkmalen, namentlich ihrem wesentlichen Unrechtsgehalt und ihrer Angriffsrichtung, erfassen. Ausreichend konkretisiert ist der Vorsatz jedenfalls dann, wenn er die Umstände umfasst, aus denen sich die rechtswidrige Tat des Minderjährigen soweit erkennen lässt, dass sie dem Tatbestand einer Strafnorm zugeordnet werden kann (BGH NStZ 1996, 434).

G. Konkurrenzen. Zu den Konkurrenzen allgemein → Vor § 29 Rn. 551–587, 74 671–724. Mit den Verbrechenstatbeständen des BtMG kann **Tateinheit** bestehen, so etwa, wenn der Täter aus der zum Handeltreiben bestimmten Gesamtmenge eine Teilmenge an einen Jugendlichen mit dem Auftrag abgibt, sie auf Kommissionsbasis für den Täter zu verkaufen (BGH NStZ 2014, 161). Tateinheit besteht auch zwischen dem Bestimmen zum Handeltreiben und dem Bestimmen **zur Förderung** der Einfuhr (BGH NStZ 2014, 161) oder zur **Förderung** des Handeltreibens (BGH StV 2018, 482 (→ Rn. 48)). Den **Grunddelikten** einschließlich der Anstiftung zum Handeltreiben geht Absatz 2 Nr. 1 als **Spezialvorschrift** vor (*Patzak* in Körner/Patzak/Volkmer Rn. 53; *Winkler* in Hügel/Junge/Lander/Winkler Rn. 3.2), und zwar auch dann, wenn die Voraussetzungen eines Regelbeispiels vorliegen (→ § 29 Rn. 1976–1979, 2073). Für die Strafbemessung innerhalb des Strafrahmens der Qualifikation behält das Regelbeispiel seine Bedeutung (→ § 29 Rn. 1979). Werden Jugendliche und Erwachsene gleichzeitig angestiftet, liegt Tateinheit mit § 26 StGB vor (*Winkler* in Hügel/Junge/Lander/Winkler Rn. 3.2).

75 Gegenüber der **Geldwäsche** (Verschleierung von Vermögenswerten) ist das Verbrechen des § 30a Abs. 2 Nr. 1 taugliche Vortat (§ 261 Abs. 1 S. 2 Nr. 1 StGB); auch kann es selbst eine Tathandlung des § 261 StGB sein (dazu → Vor § 29 Rn. 717–720).

76 H. **Strafzumessung**. § 30a Abs. 2 Nr. 1 ist ein eigener Straftatbestand. Anders als in den Fällen der Anstiftung (§ 26 StGB) folgt die Strafe daher nicht der der Haupttat. Dies gilt auch dann, wenn der Minderjährige nur einen Vergehenstatbestand verwirklicht hat, etwa nur mit einer kleinen Menge Handel treibt oder eine solche, sogar zum Eigenverbrauch, einführt (*Oğlakcıoğlu* in MüKoStGB Rn. 96; *Winkler* in Hügel/Junge/Lander/Winkler Rn. 3.2).

77 Im Übrigen wird die **Strafzumessung** in Kapitel 4 (→ Rn. 234–289) behandelt.

Kapitel 3. Bewaffnetes Handeltreiben, Einführen, Ausführen oder Sichverschaffen von Betäubungsmitteln in nicht geringer Menge (Absatz 2 Nr. 2)

78 A. **Ziel und Rechtsgüter**. Die Vorschrift wurde durch das Verbrechensbekämpfungsgesetz mit Wirkung v. 1.12.1994 neu eingeführt. Grund der Strafschärfung ist die besondere Gefährlichkeit von Betäubungsmittelstraftaten, bei denen die Täter Schusswaffen oder andere gefährliche Gegenstände mit sich führen. In solchen Fällen ist immer damit zu rechnen, dass sie rücksichtslos ihre Interessen durchsetzen und dabei auch von der Waffe Gebrauch machen (BT-Drs. 12/6853, 41; BGHSt 42, 123 = NJW 1996, 2804 = NStZ 1996, 499 mAnm *Kessler* = StV 1996, 670 mAnm *Seelmann;* BGH NStZ 2017, 714 = StV 2018, 513). Dem soll die – als **abstraktes Gefährdungsdelikt** ausgestaltete – Vorschrift entgegenwirken, für deren Anwendung es nicht auf eine potentielle oder konkrete Gefahr oder eine Gefährdungseignung für die Sicherheit der Allgemeinheit ankommt (BGH BeckRS 2020, 2248).

79 Die Vorschrift schützt damit **zwei Rechtsgüter:** erfasst sind die Gesundheit des Einzelnen und der Bevölkerung im Ganzen (Volksgesundheit) sowie Leib und Leben derer, die mit dem Täter aus Anlass des Rauschgifthandels in Kontakt kommen (BGH BeckRS 2020, 2248; *Lenckner* NStZ 1998, 257; *Weber* Handeltreiben S. 403); zu Letzteren gehören auch die Beamten der Polizei (BGH BeckRS 2000, 06650). Der Erwägung des 1. Strafsenats des BGH, die Anwendung des § 30a Abs. 2 Nr. 2 – im Wege **teleologischer Reduktion** – dort außschleen zu lassen, wo das Mitsichführen während eines Teilakts des Handeltreibens schlechterdings keine Gefahr für das geschützte Rechtsgut darstellen kann (BGH BeckRS 2018, 24756 zur telefonischen Verabredung einer Rauschgiftübergabe), ist der 4. Straf-

Straftaten § 30a BtMG

senat mit gewichtigen Argumenten und entscheidungstragend entgegengetreten (BGH BeckRS 2020, 2248).

B. Völkerrechtliche Grundlagen. Die Vorschrift beruht in erster Linie auf den vertraglichen Bestimmungen, die für die Grunddelikte gelten. Nach Art. 3 Abs. 5 Buchst. d Ük 1988 wird der Gebrauch von Waffen darüber hinaus als Umstand angesehen, der die Tat besonders schwerwiegend macht. 80

C. Tathandlungen, Schuldspruch. Tathandlungen sind das unerlaubte Handeltreiben, Einführen (BGH NStZ-RR 2002, 277), Ausführen oder Sichverschaffen von Betäubungsmitteln in nicht geringer Menge, wobei eine Schusswaffe oder ein sonstiger Gegenstand mitgeführt wird, der seiner Art nach zur Verletzung von Personen geeignet und bestimmt ist. Damit setzt die Vorschrift neben der Begehung eines Grunddelikts die kumulative Verwirklichung zweier Qualifikationsmerkmale voraus, so dass sich insgesamt eine sehr komplexe Struktur ergibt. Für die Fassung des Schuldspruchs gilt → Rn. 6. 81

I. Grundtatbestände. Als Grunddelikte kommen nur das Handeltreiben (→ § 29 Rn. 165–571) oder, ohne dass Handel getrieben wird (→ Rn. 83), das Einführen (→ § 29 Rn. 874–879), das Ausführen (→ § 29 Rn. 1036) und das Sichverschaffen/Erwerben (→ § 29 Rn. 1259–1273 sowie → Rn. 84) von Betäubungsmitteln (→ § 29 Rn. 3–12) in Betracht. Die Vorschrift ist damit auf die Begehungsweisen des § 29 begrenzt, bei denen am ehesten mit dem Einsatz einer Waffe zu rechnen ist. 82

Der **einschränkende Zusatz** „oder ohne Handel zu treiben" bei den Alternativen Einführen, Ausführen oder Sichverschaffen hat nicht zur Folge, dass es bei diesen Tatvarianten für die Frage der nicht geringen Menge auf die Teilmengen ankäme, die zum Handeltreiben und die zu anderen Zwecken bestimmt sind (→ Rn. 87). Die Formulierung ist wie folgt zu verstehen „auch soweit der Täter mit den Betäubungsmitteln keinen Handel treibt" (BGHSt 42, 123 (→ Rn. 78)). 83

Anders als das „sonstige Sichverschaffen" in § 29 Abs. 1 S. 1 Nr. 1 umfasst das **Sichverschaffen** in § 30a Abs. 2 Nr. 2 auch die rechtsgeschäftliche, einverständliche Erlangung der Verfügungsmacht über das Betäubungsmittel und damit auch den **Erwerb** (BGHSt 42, 123 (→ Rn. 78); BGH NStZ 2010, 224 = StraFo 2010, 80; 2016, 421 = NStZ-RR 2016, 173 = StV 2017, 297; NStZ-RR 2017, 85 = StV 2017, 296; BeckRS 2019, 18374; *Oğlakcıoğlu* in MüKoStGB Rn. 121; *Joachimski/Haumer* BtMG Rn. 5; *Oğlakcıoğlu* in Kotz/Rahlf BtMStrafR Kap. 3 Rn. 318). Sichverschaffen/Erwerb setzt voraus, dass der Täter die tatsächliche Verfügungsgewalt mit der Möglichkeit und dem Willen erlangt, über die Sache als eigene zu verfügen; bloße **Bunkerhaltung** für einen Dritten genügt nicht (BGH NStZ-RR 2018, 146). Da der Erwerbsvorgang mit Erlangung gesicherter Verfügungsgewalt über das Rauschgift beendet ist, kommt § 30a Abs. 2 Nr. 2 nur in Betracht, wenn der Täter die Waffe vorher mit sich führte (BGH BeckRS 2019, 18374) 84

Dagegen wird der bloße **Besitz** von § 30 Abs. 2 Nr. 2 nicht erfasst (BGHSt 43, 8 = NJW 1997, 1717 = NStZ 1997, 344; 1998, 257 mAnm *Lenckner* und Bespr. *Paul* NStZ 1998, 222 = StV 1997, 305 = JR 1998, 254 mAnm *Zaczyk;* BGH NStZ 2016, 421 (→ Rn. 84); BeckRS 2020, 21332; *Oğlakcıoğlu* in MüKoStGB Rn. 123). Anders als das Handeltreiben und die anderen in Absatz 2 Nr. 2 genannten Tatmodalitäten ist der Besitz allein nicht auf den Kontakt mit anderen Personen angelegt, so dass die Gefahr, dass der Täter seine Interessen rücksichtslos wahrnimmt und eine ihm zur Verfügung stehende Waffe auch einsetzt, hier nicht typischerweise gegeben ist. Anders liegt es freilich dort, wo der Besitz sich als Teilakt eines Handeltreibens darstellt. 85

BtMG § 30a Sechster Abschnitt. Straftaten und Ordnungswidrigkeiten

86 **II. Qualifikationsmerkmale.** Zu den Grundtatbeständen müssen zwei Qualifikationsmerkmale hinzutreten:

87 **1. Nicht geringe Menge.** Die Mengenbegriffe im BtMG sind einheitlich (→ Rn. 9). Es gelten daher dieselben Grundsätze wie zu § 29a Abs. 1 Nr. 2 (→ § 29a Rn. 76–175). Zur nicht geringen Menge bei Bewertungseinheiten, bei Tateinheit und mehreren Beteiligten → § 29a Rn. 174, 175, 181. Zur Frage, wenn das Rauschgift teils zum Handeltreiben und teils zum Eigenverbrauch bestimmt ist, → Rn. 83, 215–223. Die Vorschrift ist (im letzten Handlungsteil, der beiden Mengen gemeinsam ist, meist Einfuhr) daher auch dann anwendbar, wenn nicht geklärt werden kann, welcher Teil auf den Eigenbedarf entfällt (BGHSt 42, 123 (→ Rn. 78)). Zum **maßgeblichen Objekt** beim Handeltreiben → § 29a Rn. 43, 44. Die nicht geringe Menge führt (außerhalb des Handeltreibens) auch dann zur Qualifikation, wenn sie zum **Eigenbedarf** bestimmt ist (→ § 29a Rn. 54). Zur nicht geringen Menge bei einer **Aufteilung** des Drogenvorrats in eine größere Menge und mehrere Kleinmengen → Rn. 163. Zur Zusammenrechnung oder Nichtzusammenrechnung bei **mehreren Geschäften** → § 29a Rn. 175.

88 **2. Mitsichführen einer Schusswaffe oder eines sonstigen Gegenstands, der seiner Art nach zur Verletzung von Personen geeignet und bestimmt ist.** Zusätzlich zu dem Merkmal der nicht geringen Menge setzt Absatz 2 Nr. 2 voraus, dass der Täter eine Schusswaffe oder einen sonstigen Gegenstand mit sich führt, der seiner Art nach zur Verletzung von Personen geeignet und bestimmt ist. Die Bewaffnung muss festgestellt werden. Einen **Erfahrungssatz** (→ § 29 Rn. 819), wonach mit größeren Mengen von Betäubungsmitteln (1 kg Heroin) in einschlägigen Kreisen nicht unbewaffnet Handel getrieben wird, gibt es nicht (BGHR StPO § 261 Erfahrungssatz 6 = StV 2000, 69; BGH NStZ-RR 2010, 51). Die äußerst **fehlerträchtige** Alternative des bewaffneten Handeltreibens ist Gegenstand zahlreicher Revisionsentscheidungen; sie verlangt vom Tatgericht eine eingehende detaillierte Prüfung und **besonders genaue Feststellungen** zu allen Tatbestandsmerkmalen in objektiver und subjektiver Hinsicht.

89 **a) Nur bewegliche Gegenstände.** Das Tatbestandsmerkmal Mitsichführen erfasst nur bewegliche, ergreifbare (BGH NStZ 2009, 445) Tatmittel; nicht dagegen solche, die, wie in einer Selbstschussanlage, fest installiert sind; bei der Montage einer Pistole in einer solchen Anlage wird daher von § 30a Abs. 2 Nr. 2 nur die Zeit erfasst, bis zu der die Pistole ihre Beweglichkeit verloren hat (BGHSt 52, 89 = NJW 2008, 386 = NStZ 2008, 286 = JR 2008, 410 mAnm *Magnus*).

90 **b) Schusswaffen oder sonstige Gegenstände.** Die Qualifikation setzt zunächst voraus, dass der Täter eine Schusswaffe oder einen sonstigen Gegenstand mit sich führt, der seiner Art nach zur Verletzung von Personen bestimmt und geeignet ist. Schon in der Vergangenheit stimmte diese Beschreibung nicht mit der Bestimmung der gefährlichen Gegenstände in §§ 244, 250 StGB überein, obwohl dort dieselbe Tatmodalität geregelt ist. Nach der Änderung der §§ 244, 250 StGB durch das 6. StrRG hat sich diese Diskrepanz noch vergrößert.

91 Das Betäubungsmittelstrafrecht ist entgegen den **Forderungen der Praxis** (Schäfer, Protokoll der 88. Sitzung des Rechtsausschusses des Deutschen Bundestages vom 4.6.1997 S. 15, Anlagen zum Prot. S. 39; Weber Prot. Rechtsausschuss S. 21, 22, Anlagen zum Prot. S. 54) nicht in das 6. StrRG einbezogen worden. Die umfangreiche Rechtsprechung zu den §§ 244, 250 StGB kann daher nicht ohne weiteres zur Auslegung des § 30a Abs. 2 Nr. 2 herangezogen werden.

92 **aa) Schusswaffen.** Schusswaffen sind eine herausgehobene, engere Gruppe von Waffen.

93 **(a) Strafrechtlicher Waffenbegriff.** Was strafrechtlich unter einer Waffe zu verstehen ist, richtet sich im Hinblick auf die andere Zielrichtung des WaffG nicht

Straftaten **§ 30a BtMG**

unmittelbar nach dessen Definitionen, sondern ist in Anlehnung an die dort enthaltenen Grundvorstellungen und im Einklang mit dem allgemeinem Sprachgebrauch zu bestimmen (BGHSt 48, 197 = NJW 2003, 1677 = NStZ 2003, 606 m. Bespr. *Fischer* 569 = StV 2003, 336). Das WaffG (nunmehr mit seinen Anlagen, künftig Anlage genannt) ist daher in erster Linie als Orientierungshilfe anzusehen (BVerfG NJW 2008, 3627; BGHSt 48, 197 (s. o.); OLG Düsseldorf NStZ 1991, 40). **Strafrechtlich sind Waffen** körperliche Gegenstände, die nach ihrer objektiven Beschaffenheit und ihrem Zustand zur Zeit der Tat bei bestimmungsgemäßer Verwendung geeignet sind, erhebliche Verletzungen zuzufügen (strafrechtlicher Waffenbegriff; BVerfG NJW 2008, 3627; BGHSt 48, 197 (s. o.)).

(b) Begriff der Schusswaffe. In waffenrechtlicher (Anlage 1 Abschnitt 1 Unterabschnitt 1 Nr. 1.1) und strafrechtlicher (BGHSt 24, 136 = NJW 1971, 1223; 1971, 1663 mAnm *Schneider;* BGH NStZ 2000, 431) Hinsicht sind **Schusswaffen** Geräte, bei denen Geschosse durch einen Lauf getrieben werden. Entscheidend ist danach das Vorhandensein eines Laufs (Steindorf § 1 Rn. 4–7), wobei ein Gaslauf genügt (Anlage 1 Abschnitt 1 Unterabschnitt 1 Nr. 1.3.1). Dagegen ist nicht erheblich, ob die Antriebsenergie durch heiße Gase (Feuerwaffen (Anlage 1 Abschnitt 1 Unterabschnitt 1 Nr. 2.1)), kalte Treibgase, Luftdruck oder Federdruck (aaO Nr. 2.9) erbracht wird (BGH NStZ 2000, 431). Daher sind nicht nur Pistolen, Maschinenpistolen und Revolver, sondern auch **CO^2-Waffen** (BGH NStZ 2000, 431) sowie **Flobertgewehre, Luftgewehre** oder **Luftpistolen** (BGH NJW 2006, 73 = NStZ 2006, 176 = StV 2006, 23; NStZ 2000, 431; MDR/D 1974, 547; *Patzak* in Körner/Patzak/Volkmer Rn. 66) als Schusswaffen anzusehen, ebenso sog. **Paintball-Pistolen,** aus denen Gummi- oder Farbgeschosse verschossen werden könen (BGH BeckRS 2020, 14494). Rufen sie nach ihrem äußeren Gesamterscheinungsbild den Anschein einer Feuerwaffe hervor, so zählt die Anlage 1 (Abschnitt 1 Unterabschnitt 1 Nr. 1.6.1) sie zu den **Anscheinswaffen** (§ 42a WaffG), ohne dass sie allerdings mit den Scheinwaffen (→Rn. 100) vergleichbar wären (s. auch Anlage 1 Abschnitt 1 Unterabschnitt 1 Nr. 1.6.3 Sätze 2 und 3). 94

Schusswaffen im waffenrechtlichen (Anlage 1 Abschnitt 1 Unterabschnitt 1 Nr. 2, 2.9) und im **strafrechtlichen** (BGHSt 24, 136 (→Rn. 94); 48, 197 (→Rn. 93); BGH NJW 2006, 73 (→Rn. 94)) Sinn sind auch **Gaspistolen** und **Gasrevolver.** Auch solche Waffen sind nach ihrer Konstruktion geeignet und bestimmt, Gegner über eine nicht unbeachtliche Reichweite hinweg zu verletzen. Dass dies auf chemischem Weg geschieht, ist nicht erheblich (BGHR StGB § 250 Abs. 1 Nr. 1 Schusswaffe 3 = NStZ 1989, 476). Gaspistolen und -revolver sind auch dann Schusswaffen, wenn sie über Sperrvorrichtungen (Sperrhöcker, Stege, Querstifte oder Verengungen) verfügen (BGHR StGB § 250 Abs. 1 Nr. 1 Schusswaffe 3 = NStZ 1989, 476). Diese verhindern nur das Passieren vollformatiger Geschosse, nicht jedoch den Austritt des Gasstroms und kleinerer Partikel. 95

Allerdings sind Gaspistolen und -revolver in strafrechtlicher Hinsicht nur dann Schusswaffen, wenn die Gase mit der **Bewegungsrichtung nach vorn** verschossen werden (stRspr, BGHSt 45, 92 = NJW 1999, 2198 = StV 1999, 375 = JZ 1999, 1060 mAnm *Zopfs;* BGH NStZ 2000, 433; 2012, 445; NStZ-RR 2016, 142; BeckRS 2019, 34571). Nicht ausreichend ist ein Gasaustritt durch seitlich oder oben gelegene Laufföffnungen (BGHR StGB § 250 Abs. 1 Nr. 1 Schusswaffe 1; 3 (→Rn. 95); § 244 Abs. 1 Nr. 2 Waffe 1 = NStZ-RR 1996, 3 = StV 1996, 315; BGH NStZ-RR 2002, 265; aA OLG Düsseldorf NStZ 1991, 40). Zum Gaslauf s. Anlage 1 Abschnitt 1 Unterabschnitt 1 Nr. 1.3.1 sowie BT-Drs. 14/7758, 87, 120, 137. Dass der Explosionsdruck nach vorne austritt, ist üblich, aber nicht selbstverständlich (BGH NStZ 2010, 390 = StraFo 2010, 257), so dass hierzu im Urteil **Feststellungen** getroffen werden müssen (ebenso BGH NStZ 2012, 445; 5 StR 73/12). Ausnahmsweise kann die die Angabe einer **Typenbezeichnung** genügen, 96 wenn sie es ermöglicht, die Bauart aus einer jedermann zugänglichen Quelle (**Internet**) im Sinne der Allgemeinkundigkeit zu ermitteln (BGH BeckRS 2015, 00464; 2019, 34571). Auch sonst kann eine nähere Umschreibung genügen (BGH NStZ-RR 2016, 142).

97 Die waffenrechtliche Orientierung kommt auch bei den **Schreckschusswaffen** zum Tragen. Waffenrechtlich gehören sie zu den Schusswaffen (Feuerwaffen, Anlage 1 Abschnitt 1 Unterabschnitt 1 Nr. 2.6). Auch strafrechtlich gilt nichts anderes (aA *Oğlakcıoğlu* in Kotz/Rahlf BtMStrafR Kap. 3 Rn. 292), jedenfalls wenn der **Explosionsdruck nach vorne austritt** (BGHSt 48, 197 (→ Rn. 93)). Mit dieser Entscheidung hat der Große Senat für Strafsachen die frühere Rechtsprechung aufgegeben. Maßgeblich hierfür war die im Gesetzgebungsverfahren für das neue WaffG festgestellte Gefährlichkeit dieser Waffen, die derjenigen vergleichbar ist, die von scharfen Waffen ausgeht.

98 Dies gilt auch für das Betäubungsmittelrecht. Die **Schreckschusswaffe** ist daher auch dann, wenn sie mit Schreckschussmunition (**Platzpatronen**; Kartuschenmunition (Anlage 1 Abschnitt 1 Unterabschnitt 3 Nr. 1.2)) geladen ist, eine Schusswaffe iSd § 30a Abs. 2 Nr. 2, wenn der **Explosionsdruck nach vorne austritt** (BGH NJW 2006, 73 (→ Rn. 94); NStZ 2010, 390; 2015, 349 mAnm *Volkmer*; NStZ-RR 2012, 201; 2015, 111; BGH BeckRS 2012, 8375). Auch bei Schreckschusswaffen ist dies nicht selbstverständlich, so dass Feststellungen getroffen werden müssen; allerdings kann wie bei Gaspistolen (→ Rn. 96) die Angabe einer **Typenbezeichnung** ausreichen (BGH NStZ 2015, 349; NStZ-RR 2015, 111).

99 Schreckschusswaffen sind auch dann Schusswaffen, wenn sie mit **Gaspatronen** geladen sind (BGH NStZ 2001, 532; NStZ-RR 2002, 265). Erst recht liegt eine Schusswaffe vor, wenn die Schreckschusswaffe zu einer **scharfen Waffe** umgebaut wurde (BGHR StGB § 250 Abs. 1 Nr. 1a Waffe 2 = NJW 1998, 3131 = StV 1998, 659; BGH NStZ 1981, 3017). Den Schreckschusswaffen am nächsten stehen die sogenannten **Salutwaffen** (Anlage 1 Abschnitt 1 Unterabschnitt 1 Nr. 1.5), aus denen ebenfalls Kartuschenmunition verschossen werden kann.

100 Keine Schusswaffen sind **Spielzeugpistolen** (BGH NJW 1998, 2914 = NStZ 1998, 462 = StV 1998, 462; 1999, 92 mAnm *Lesch* = JZ 1998, 740; StraFo 2008, 85; s. auch Anlage 1 Abschnitt 1 Unterabschnitt 1 Nr. 1.6.3), **Kinderpistolen** (BGHR StGB § 250 Abs. 2 Wertungsfehler 2) oder **Soft-Air-Waffen** (*Oğlakcıoğlu* in Kotz/Rahlf BtMStrafR Kap. 3 Rn. 293). Sie sind weder nach ihrer Art noch nach ihrer Bestimmung zur Herbeiführung wesentlicher Verletzungen geeignet (in waffenrechtlicher Hinsicht s. Anlage 2 Abschnitt 3 Unterabschnitt 2 Nr. 3). Dasselbe gilt für **Scheinwaffen** (BGH BeckRS 2007, 15394), **Dekorationswaffen** (BGH StV 1999, 92; Anlage 2 Abschnitt 3 Unterabschnitt 2 Nr. 4) oder **Attrappen** von Schusswaffen (BGH NJW 1998, 2914 (s. o.); *Patzak* in Körner/Patzak/Volkmer Rn. 67; *Oğlakcıoğlu* in MüKoStGB Rn. 139; Anlage 1 Abschnitt 1 Unterabschnitt 1 Nr. 6). auch → Rn. 104, 105.

101 Schusswaffen, die **nicht geladen** sind, unterfallen **nicht** dem **strafrechtlichen Waffenbegriff** (BGH NStZ 2013, 663 (664); NStZ-RR 2004, 169 = StV 2004, 380; 2015, 77; 4 StR 517/08; 5 StR 73/12). Etwas anderes gilt – denn § 30a Abs. 2 Nr. 2 setzt keine durchgeladene oder geladene Waffe voraus – aber dann, wenn geeignete **Munition griffbereit** (BGH *Holtz* MDR 1983, 91; BGH StV 2003, 80; NStZ-RR 2015, 77) oder **in Reichweite** (BGH NStZ-RR 2015, 77; BeckRS 2012, 8375) ist, so dass die Waffe unschwer und ohne erheblichen Zeitverlust geladen werden kann. Die Waffe oder der gefährliche Gegenstand muss sich so in der räumlichen Nähe des Täters befinden, dass er sich ihrer **jederzeit**, also ohne nennenswerten Zeitaufwand und ohne besondere Schwierigkeiten bedienen kann (BGH BeckRS 2019, 34571). Dies ist gegeben, wenn der Täter Waffe und Patro-

Straftaten **§ 30a BtMG**

nen im **gleichen Regal** aufbewahrt (BGHSt 43, 8 (→ Rn. 85)), wenn er sie in der **Jackentasche** (BGHSt 45, 249 (→ Rn. 102)) oder in der **Kleidung** (BGH NStZ-RR 2002, 265) mit sich führt oder wenn er die Patronen der Waffe entnimmt und in der **Einkaufstasche** verstaut, die er mit sich führt (BGH NStZ 1985, 547). Das Tragen der Waffe oder des Gegenstands am Körper ist nicht erforderlich.

(c) Einsatzfähigkeit. Die Schusswaffe muss einsatzfähig und einsatzbereit sein 102 (*Oğlakcıoğlu* in MüKoStGB Rn. 136). Dies ist sie auch dann, wenn sie **nicht entsichert** ist (BGHSt 45, 249 = NJW 2000, 1050; 2000, 3475 mAnm *Hannich* = NStZ 2000, 144 = StV 2000, 77). Zur ungeladenen Waffe → Rn. 101. Nicht einsatzfähig ist eine (dauerhaft) **unbrauchbar** gemachte (Anlage 1 Abschnitt 1 Unterabschnitt 1 Nr. 1.4, 1.5) oder **defekte** Waffe (BGHSt 44, 103 = NJW 1998, 2915 = NStZ 1998, 462 = StV 1998, 485; BGH Kriminalistik 2004, 477). Allerdings darf es sich dabei nicht nur um eine **vorübergehende Ladehemmung** handeln, die rasch beseitigt werden kann (BGHSt 44, 103 (s. o.); BGH NStZ 1981, 301; *Patzak* in Körner/Patzak/Volkmer Rn. 68).

Zur Einsatzbereitschaft gehört, dass auch **geeignete Munition** vorhanden ist 103 (BGHR StGB § 250 Abs. 1 Nr. 1a (→ Rn. 99); BGH NStZ 2013, 663; s. auch BGHSt 52, 89 (→ Rn. 89)). Dies ist auch gegeben, wenn nur Schreckschusspatronen zur Verfügung stehen (→ Rn. 97, 98).

(d) Eignung. Bei einer Schusswaffe bedarf es **keiner Feststellung,** dass die 104 Waffe ihrer Art nach zur Verletzung von Personen geeignet und bestimmt ist. Die entsprechende Einschränkung in Absatz 2 Nr. 2 bezieht sich nur auf die sonstigen Gegenstände (OLG Düsseldorf NStZ-RR 1996, 375; *Oğlakcıoğlu* in Kotz/Rahlf BtMStrafR Kap. 3 Rn. 288).

Eine andere Frage ist, ob eine **ungeladene Schusswaffe** oder eine **Scheinwaffe** 105 ein sonstiger gefährlicher Gegenstand im Sinne von § 30a Abs. 2 Nr. 2 sein kann. Dies ist stets im Einzelfall zu prüfen (s. BGHSt 42, 368 = NJW 1997, 1083 = NStZ 1997, 244 = StV 1997, 189) und kommt etwa in Betracht, wenn die Waffe zum Schlagen oder Stoßen gebraucht werden soll (BGH NStZ-RR 2004, 169 = StV 2004, 380).

(e) Verwendungsabsicht. Dass der Täter die Schusswaffe bei der Tat verwen- 106 den will, ist **nicht erforderlich** (BGH BeckRS 2020, 2248; NStZ 2013, 663). Denn die erhöhte Gefährlichkeit wird schon durch das Bewusstsein der Verfügung über ein solch gefährliches und handliches Angriffsmittel begründet, dass zur Anwendung bei Tatausführung verführen kann (BGH NStZ 1984, 216 mAnm *Zaczyk; Rahlf* in MüKoStGB, 2. Auflage, Rn. 154). Der Tatbestand ist deshalb, jedenfalls sofern das **aktuelle Bewusstsein** des **Bewaffnetseins** vorliegt (BayObLG NJW 1999, 2535 = StV 1999, 383), auch dann gegeben, wenn eine einsatzbereite Waffe nicht zur Sicherung des Betäubungsmittelgeschäfts, sondern aus **anderen Gründen** mitgeführt wird (BGH NStZ 1985, 547).

Es genügt daher, wenn die Schusswaffe **im Dienst** durch einen Soldaten oder 107 Polizeibeamten geführt wird (BGHSt 30, 44 = NJW 1981, 1107 = NStZ 1981, 220 = JR 1982, 424 mAnm *Lenckner;* BGH NStZ 1985, 547). Gegen die Anwendung der Vorschrift auf berufsmäßige Waffenträger bestehen verfassungsrechtlich keine Bedenken (BVerfG NJW 1995, 2501 = NStZ 1995, 76). Allerdings kann im Hinblick auf die dienstliche Verpflichtung, die Waffe zu tragen, ein minder schwerer Fall in Betracht kommen (BVerfG NJW 1995, 2501 = NStZ 1995, 76).

bb) Sonstiger Gegenstand. Der Tatbestand ist auch erfüllt, wenn der Täter 108 einen sonstigen Gegenstand mit sich führt, der seiner Art nach zur Verletzung von Personen geeignet und bestimmt ist. Dies ist dann gegeben, wenn der Gegenstand **nach seiner objektiven Beschaffenheit** geeignet ist, die Verletzung eines Menschen herbeizuführen, und **subjektiv von dem Täter** hierzu bestimmt ist.

BtMG § 30a   Sechster Abschnitt. Straftaten und Ordnungswidrigkeiten

109   **(a) Eignung zur Verletzung von Personen.** Der sonstige Gegenstand muss **objektiv** zur Verletzung von Personen geeignet sein.

110   **(aa) Verletzung.** Nicht notwendig ist, dass die möglichen Verletzungen **erheblich** sind (aA *Joachimski/Haumer* BtMG Rn. 7). Geeignet ist auch ein besonders kleines Messer (BGH NStZ 1997, 396 mAnm *Sost-Scheible* = NStZ-RR 1997, 50 = StV 1996, 674). Nicht geeignet ist dagegen ein Lippenpflegestift (Labello), auch wenn ihn der Täter dazu verwendet, den Anschein einer Pistole hervorzurufen (BGH NJW 1996, 2663 = NStZ 1997, 184 mAnm *Hohmann* = StV 1996, 545). Dasselbe gilt für andere **ersichtlich objektiv ungefährliche** Gegenstände; auch bei ihnen steht die Täuschung im Vordergrund (s. BGH StV 2008, 520).

111   Der Tatbestand setzt auch keine **gesteigerte Gefährlichkeit,** etwa entsprechend der einer Schusswaffe, voraus (BGHR BtMG § 30a Abs. 2 Gegenstand 2 = NStZ 1996, 498); gegebenenfalls ist ein minder schwerer Fall (Absatz 3) zu prüfen.

112   **(bb) Eignung ihrer Art nach.** Die Eignung zur Verletzung von Personen muss nach der objektiven Beschaffenheit der Gegenstände bestehen. Dies ist insbesondere
- bei den den Schusswaffen **gleichgestellten Gegenständen** (→ Rn. 113),
- bei den (sonstigen) **Waffen im technischen Sinn** (→ Rn. 114, 115) und
- bei den **gekorenen Waffen** (→ Rn. 116)

gegeben. Auch bei **weiteren Gegenständen,** meist Gebrauchsgegenständen (→ Rn. 118) kommt dies in Betracht. Nicht notwendig ist, dass die sonstigen Gegenstände als verbotene Gegenstände iSd § 2 Abs. 3, Anlage 2 Abschnitt 2 WaffG eingestuft sind (*Patzak* in Körner/Patzak/Volkmer Rn. 71).

113   **(1) Den Schusswaffen gleichgestellte Gegenstände.** Nach § 1 Abs. 2 Nr. 1 WaffG, Abschnitt 1, Unterabschnitt 1 Nr. 1.2 der Anlage 1 zum WaffG stehen tragbare Gegenstände den Schusswaffen gleich,
- die zum Abschießen von Munition zum Angriff oder zur Verteidigung, zur Signalgebung, zur Jagd, zur Distanzinjektion, zur Markierung, zum Sport oder zum Spiel bestimmt sind, oder
- bei denen bestimmungsgemäß feste Körper gezielt verschossen werden, deren Antriebsenergie durch Muskelkraft eingebracht und durch eine Sperrvorrichtung gespeichert werden kann (zB Armbrüste).

Diese Gegenstände sind wegen ihrer Gefährlichkeit (*Heinrich* in MüKoStGB WaffG § 1 Rn. 27) zwar waffenrechtlich den Schusswaffen gleichgestellt, nach § 30a Abs. 2 Nr. 2 gehören sie jedoch lediglich zu den „sonstigen Gegenständen", die ihrer Art nach zur Verletzung von Personen geeignet und bestimmt sein müssen. Nicht anders als bei den Waffen im technischen Sinn und den gekorenen Waffen kommen auch bei ihnen insoweit Erleichterungen bei der Feststellung in Betracht (→ Rn. 122, 135).

114   **(2) (Sonstige) Waffen im technischen Sinn.** Auch andere Gegenstände als Schusswaffen können bereits ihrem Wesen nach dazu bestimmt sein, die Angriffs- oder Abwehrfähigkeit von Menschen zu beseitigen oder herabzusetzen, und erfüllen deswegen strafrechtlich und waffenrechtlich (§ 1 Abs. 2 Nr. 2 Buchst. a WaffG) den Waffenbegriff. Betäubungsmittelrechtlich gehören die Waffen im technischen Sinn, die keine Schusswaffen sind, lediglich zu den „sonstigen Gegenständen" iSd Absatzes 2 Nr. 2 (*Franke/Wienroeder* Rn. 15); hinsichtlich der Eignung und Bestimmung zur Verletzung von Personen gelten allerdings Erleichterungen bei der Feststellung (→ Rn. 122, 135).

115   Zu den **Waffen im technischen Sinn** gehören insbesondere (Anlage 1 Abschnitt 1 Unterabschnitt 2 Nr. 1):
- **Hieb-** und **Stoßwaffen** (Anlage 1 Abschnitt 1 Unterabschnitt 2 Nr. 1.1); dies sind Gegenstände, die ihrem Wesen nach geeignet sind, unter unmittelbarer

Ausnutzung der Muskelkraft durch Hieb, Stoß, Stich, Schlag oder Wurf Verletzungen beizubringen; hierzu müssen sie nach der Art ihrer Anfertigung oder der herrschenden Verkehrsauffassung objektiv bestimmt sein (BGHR BtMG § 30a Abs. 2 Gegenstand 4 = NStZ 2003, 439 = StV 2003, 284). Zu den Hieb- und Stoßwaffen zählen
- **Stahlruten** (BGHR BtMG § 30a Abs. 2 Gegenstand 1 = BeckRS 1997, 00057; BGH NStZ 2014, 166); sie gehören zugleich zu den verbotenen Waffen (Anlage 2 Abschnitt 1 Nr. 1.3.2),
- **Totschläger** (BGHR BtMG § 30a Abs. 2 Gegenstand 5 = NStZ 2004, 111; BGH NStZ-RR 1999, 187; StV 2005, 558 = StraFo 2005, 390); sie sind ebenfalls verbotene Waffen (Anlage 2 Abschnitt 1 Nr. 1.3.2); kein Totschläger ist ein Teleskopschlagstock (BGH NStZ-RR 2009, 355),
- **Schlagringe** (BGHR BtMG § 30a Abs. 3 Strafzumessung 1 (→ Rn. 211); BGH NStZ 2010, 224; 2017, 714 (→ Rn. 78); OLG Frankfurt a. M. *Kotz/ Rahlf* NStZ-RR 2009, 193 (194); auch sie zählen zu den verbotenen Waffen (Anlage 2 Abschnitt 1 Nr. 1.3.2),
- **Wurfsterne;** sie sind ebenfalls verbotene Waffen (Anlage 2 Abschnitt 1 Nr. 1.3.3),
- **Schlagstöcke** (BGHR BtMG § 30a Abs. 2 Gegenstand 2 = NStZ 1996, 498 = StV 1996, 673), **Teleskopschlagstöcke** (BGH NStZ-RR 2009, 355; 2013, 150), **Gummiknüppel** (BGHR BtMG § 20a Abs. 2 Gegenstand 2 (s. o.)), auch solche der Bundeswehr (BGHR StGB § 177 Abs. 3 Waffe 1 = StV 2002, 80),
- **Dolche** (BGH BeckRS 2010, 27046), **Stilette, Hirschfänger** (zu den Messern → Rn. 129),
- **Elektroimpulsgeräte** – Elektroschocker – (BGH BeckRS 2019, 33502; NStZ-RR 2004, 169 = StV 2004, 183; 2016, 375; StraFo 2008, 254) oder sonstige Gegenstände, die eine andere als mechanische Energie zur Beibringung von Verletzungen ausnutzen, zB Distanz-Elektroimpulsgeräte – **Taser** – (Anlage 1 Abschnitt 1 Unterabschnitt 2 Nr. 1.2.1), soweit nicht in Nr. 2.2.1 aufgeführt (und deswegen zu den gekorenen Waffen (→ Rn. 116) gehörig); sie sind zugleich verbotene Waffen (Anlage 2 Abschnitt 1 Nr. 1.3.6, 1.4.4),
- **Reizstoffsprühgeräte**, sofern sie bestimmte Eigenschaften aufweisen (Anlage 1 Abschnitt 1 Unterabschnitt 2 Nr. 1.2.2, 1.2.3); sie sind zugleich verbotene Waffen, wenn sie bestimmte Merkmale erfüllen (Anlage 2 Abschnitt 1 Nr. 1.3.5); auch wenn sie danach nicht zu den verbotenen Waffen gehören, bleiben sie Waffen im technischen Sinn (BGH StV 2018, 496). Nicht zu den Waffen im technischen Sinn gehören **Pfeffersprays**, sofern sie (wie meist) zur Abwehr von Tieren bestimmt sind (*Jesse* NStZ 2009, 364 (365)), dazu auch → Rn. 118,
- **Flammenwerfer** (Anlage 1 Abschnitt 1 Unterabschnitt 2 Nr. 1.2.4),
- **Molotow-Cocktails** (Anlage 1 Abschnitt 1 Unterabschnitt 2 Nr. 1.2.5); sie sind zugleich verbotene Waffen (Anlage 2 Abschnitt 1 Nr. 1.3.4),
- **Drosselungsgeräte/Nun-Chakus** (Anlage 1 Abschnitt 1 Unterabschnitt 2 Nr. 1.2.6; s. BGH NStZ-RR 1997, 227 = StV 1997, 517); sie zählen ebenfalls zu den verbotenen Waffen (Anlage 2 Abschnitt 1 Nr. 1.3.8),
- **Präzisionsschleudern** (Anlage 1 Abschnitt 1 Unterabschnitt 2 Nr. 1.3); auch sie gehören zu den verbotenen Waffen (Anlage 2 Abschnitt 1 Nr. 1.3.7).

Keine Waffen im technischen Sinn sollen nach BGH NStZ 2014, 164; 2014, 718 mAnm *Kotz* = StV 2014, 616) **Macheten** sein, wohl aber sind sie sonstige gefährliche Gegenstände (BGH BeckRS 2017, 127528); → Rn. 123.

(3) Gekorene Waffen. Neben den Schusswaffen, den (sonstigen) Waffen im technischen Sinn und den den Schusswaffen gleichgestellten Gegenständen hat das WaffG vom 11.10.2002 eine weitere Kategorie von Waffen eingeführt (§ 1 Abs. 2

116

Nr. 2 Buchst. b WaffG), die in der Gesetzesbegründung (BT-Drs. 14/7758, 89) als **gekorene Waffen** bezeichnet werden und unter dieser Bezeichnung auch in die Rechtsprechung Eingang gefunden haben (BGH NStZ 2014, 466; 2015, 226; 2015, 349 mAnm *Volkmer;* BeckRS 2019, 19223; StraFo 2013, 171; *Patzak* in Körner/Patzak/Volkmer Rn. 74, 75; Rahlf in MüKoStGB, 2. Auflage, Rn. 159–161). Darunter sind tragbare Gegenstände zu verstehen, die, ohne dazu bestimmt zu sein, insbesondere wegen ihrer Beschaffenheit, Handhabung oder Wirkungsweise geeignet sind, die Angriffs- oder Abwehrfähigkeit von Menschen zu beseitigen oder herabzusetzen, und die im WaffG genannt sind. Betäubungsmittelrechtlich sind sie lediglich „sonstige Gegenstände" iSd § 30a Abs. 2 Nr. 2 Alt. 2. Auch bei ihnen erscheinen Feststellungserleichterungen angezeigt (→ Rn. 122, 135).

117 **Gekorene Waffen** sind (Anlage 1 Abschnitt 1 Unterabschnitt 2 Nr. 2):
– **bestimmte Messer** (Anlage 1 Abschnitt 1 Unterabschnitt 2 Nr. 2.1; BGH NJW 2008, 2861 mAnm *Mitsch* = NStZ 2008, 512 = StV 2008, 411 =JR 2009, 158 mAnm *Peglau* = StraFo 2008, 392 zählt sie zu den Waffen im technischen Sinn), nämlich
  – Springmesser (Nr. 2.1.1), dazu BGHR BtMG § 30a Abs. 2 Urteilsformel 1; § 30a Abs. 2 Gegenstand 4 (→ Rn. 115); die Eigenschaft als Springmesser verlieren sie, wenn sie auf Grund einer defekten Feder nicht mehr funktionsfähig sind (BGH NStZ 2018, 290 = StV 2018, 495),
  – Fallmesser (Nr. 2.1.2),
  – Faustmesser (Nr. 2.1.3),
  – Butterfly- oder Faltmesser (Nr. 2.1.4; BGH BeckRS 2017, 139530),
– **Elektroimpulsgeräte** oder Geräte, die sonst bestimmungsgemäß unter Ausnutzung einer anderen als mechanischer Energie Tieren Verletzungen beibringen (Nr. 2.2.1; BGH NStZ 2015, 349 mAnm *Volkmer*).

Hiervon sind Fall-, Faust- und Butterflymesser stets (Anlage 2 Abschnitt 1 Nr. 1.4.1–1.4.3), Springmesser bei bestimmten Merkmalen (Anlage 2 Abschnitt 1 Nr. 1.4.1 Satz 2) verbotene Waffen (s. auch BayObLG NJW 1999, 2535 = StV 1999, 383). Dasselbe gilt für Elektroimpulsgeräte unter bestimmten Voraussetzungen (Anlage 2 Abschnitt 1 Nr. 1.4.4).

118 **(4) Weitere Gegenstände, Gebrauchsgegenstände.** Auch weitere Gegenstände, namentlich auch Gebrauchsgegenstände, können ihrer Art nach geeignet sein, Personen zu verletzen. Als solche Gegenstände kommen vor allem in Betracht: Stöcke, Knüppel, Laternen, Äxte, Beile (→ Rn. 123), Sensen, flüssige Stoffe und bestimmte Tiere, namentlich Kampfhunde (→ Rn. 121), Baseballschläger, auch aus Holz (BGH NStZ-RR 2018, 286 (Ls.) = BeckRS 2018, 17706; BeckRS 2019, 34571), Holzknüppel, Sensen, flüssige Stoffe, Sprengkörper, Sprühdosen mit Tränengas oder Reizgas (LG Hanau bei *Kotz/Rahlf* NStZ-RR 2012, 198 (199)), Pfeffersprays (s. BGH NJW 2015, 2898; NStZ-RR 2012, 308; 2015, 378; *Jesse* NStZ 2009, 364), Schraubendreher (BGH NStZ 2012, 571). Zu den **Messern** → Rn. 129; zu den **ungeladenen** Schusswaffen und zu den **Scheinwaffen** → Rn. 105.

119 **(b) Zweckbestimmung zur Verletzung von Personen.** Der Gegenstand muss zur Verletzung einer Person auch bestimmt sein. Diese (subjektive) Zweckbestimmung ist vom Bewusstsein, den Gegenstand gebrauchsbereit mit sich zu führen, zu unterscheiden und muss zur (objektiven) Eignung hinzutreten. Sie ist grundsätzlich näher festzustellen und zu begründen. Nähere Darlegungen sind bei Waffen im technischen Sinn (→ Rn. 115) und gekorenen Waffen (→ Rn. 116) entbehrlich (BGH NStZ 2019, 419; BeckRS 2019, 19223; 2019, 16101). Ansonsten ist der Umfang der erforderlichen **Urteilsfeststellungen** zur Zweckbestimmung von der Einlassung des Angeklagten, weiteren Einzelfallumständen und dem Gegenstand selbst – etwa seiner Beschaffenheit, den für ihn bestehenden Verwendungsmöglichkeiten, Ort und Art seiner Aufbewahrung – sowie den individuellen Fähigkeiten des Täters abhängig (BGH BeckRS 2019, 16101 zu einem Taschenmesser mit 7 cm langer Klinge; BGH BeckRS 2018, 17706; 2020, 233; NStZ 2011, 98):

(aa) Durch den Täter. Die Bestimmung muss durch den Täter erfolgen (BGH NStZ 2000, 431; 2015, 226). Entscheidend ist der **subjektive Wille** des Gewahrsamsinhabers, nicht die generelle Zweckbestimmung des Gegenstandes, etwa durch den Hersteller (BGHSt 43, 266 = NJW 1998, 1504 = StV 1998, 262; *Sost-Scheible* NStZ 1997, 396; *Franke/Wienroeder* Rn. 16). 120

Der **Wille des Täters** wird sich meist schon aus den äußeren Umständen entnehmen lassen. Abzustellen ist zB auf die Art und die Beschaffenheit des Gegenstandes, auf seine Verwendungsmöglichkeiten oder den Ort oder die Art der Aufbewahrung, etwa die bewusste Positionierung in unmittelbarer Nähe des Rauschgifts oder auf fehlende Hinweise für eine andere Funktion bzw. Bestimmung des Gegenstands als die eines Angriffs- oder Abwehrmittels (BGH NStZ-RR 2019, 253; NStZ 2011, 98 = StV 2010, 685; *Sost-Scheible* NStZ 1997, 396). Bei einem **Pitbullterrier** oder sonstigen Kampfhund kann sie sich etwa daraus ergeben, dass der Hund speziell abgerichtet und „scharfgemacht" worden ist (BGH NStZ 2000, 431), bei einem griffbereit in einer sonst kaum möblierten Wohnung im Flur abgestellten Baseballschläger daraus, dass die Wohnung ausschließlich dem Rauschgifthandel, nicht dem Wohnen dient (BGH BeckRS 2018, 17706 (Ls.); NStZ-RR 2018, 286). 121

Je stärker der **waffen-** oder **waffenähnliche Charakter** des Gegenstandes hervortritt, desto eher ergibt sich daraus die **Bestimmung zur Verletzung von Menschen** (Joachimski/Haumer BtMG Rn. 7; Oğlakcıoğlu in Kotz/Rahlf BtMStrafR Kap. 3 Rn. 403) und desto geringer sind die Darlegungsanforderungen an das Gericht (vgl. BGH NStZ-RR 2018, 251 = BeckRS 2018, 12850 = StV 2018, 516). Bei **Waffen im technischen Sinn,** auch wenn sie keine Schusswaffen sind, wie zB Hieb- und Stoßwaffen (→ Rn. 114), liegt die Bestimmung durch den Täter zur Verletzung von Menschen so nahe, dass es einer ausdrücklichen Erörterung in den Urteilsgründen nicht bedarf (BGHSt 43, 266 (→ Rn. 120)). So wurden nähere beweiswürdigende Darlegungen für entbehrlich gehalten bei einem Schlagring (BGH NStZ 2017, 714), bei einem Teleskopschlagstock (BGH NStZ-RR 2013, 150), bei einem Baseballschläger (BGH NStZ-RR 2018, 286 (red. Ls.) = BeckRS 2018, 17706), bei Totschlägern und Schlagstöcken (BGHR BtMG § 30a Abs. 2 Gegenstand 5 = NStZ 2004, 111) und bei Elektroimpulsgeräten (BGH NStZ 2015, 349). Entsprechendes gilt für die **gekorenen Waffen** (BGH NStZ 2014, 466; 2015, 226; 2019, 419; NStZ-RR 2018, 251 = StV 2018, 516; StraFo 2013, 171; *Schmidt* NJW 2013, 2865 (2866)). Auch für die den Schusswaffen **gleichgestellten Gegenständen** (→ Rn. 113), die wegen ihrer Gefährlichkeit dem WaffG unterstellt wurden, kommt dies in Betracht. 122

Auf der anderen Seite bedarf es bei **Gebrauchsgegenständen,** bei denen ein Mitführen üblich erscheint oder die konkrete Möglichkeit besteht, dass der Täter sie aus anderen Gründen mit sich führt, der näheren Begründung, dass er sie zur Verletzung von Menschen bestimmt habe. Das Tatgericht hat anhand der Einzelfallumstände zu erörtern, inwieweit ein mitgeführter Gegenstand aus Sicht des Täters als Angriffs- oder Abwehrmittel dienlich sein soll; fehlen Hinweise auf eine konkrete Verwendungsbestimmung und erweist sich der Gegenstand nach seiner Beschaffenheit als gebrauchsüblich und auch sein Mitführen als üblich, scheidet § 30a Abs. 2 Nr. 2 aus (BGH BeckRS 2019, 16101 zu einem Taschenmesser in der Jackentasche; NStZ 2011, 98 = StV 2010, 685; KG StV 2008, 473). In Betracht kommt dies etwa bei einem Cuttermesser und einem Brieföffner ohne scharfe Klinge (BGH BeckRS 2018, 12850), bei ganz kleinen Messern (BGH NStZ 1997, 123

396 = StV 1996, 674), bei Klappmessern mit einer geringen (8 cm) Klingenlänge (BGH BeckRS 2009, 25653), Schweizer Offiziersmessern (KG StV 2008, 473), Einhand-Klappmessern, die zum Obstschälen benutzt werden (BGHSt 43, 266 (→ Rn. 120)), dem Messer eines Hausmeisters (BGH NStZ 2011, 98), Küchenmessern, Taschenmessern (BGH BeckRS 2019, 16101; BayObLG NStZ-RR 2001, 202 = JR 2001, 205 mkritAnm *Erb*), Teppichmessern (BGH NStZ-RR 2001, 41; OLG Schleswig NStZ 2004, 212 = StV 2004, 380), Fahrtenmessern mit einer Klingenlänge von 14,5 cm und abgebrochener Spitze (BGH NStZ 2014, 466) oder Campingbeilen (BGH NStZ 1999, 188). Auch bei einer **Machete**, die der Täter offen aufbewahrt, soll es einer besonderen Erörterung der Zweckbestimmung bedürfen (BGH NStZ 2014, 164 = StV 2014, 616 mAnm *Kotz* NStZ 2014, 718); auch → Rn. 115. Vgl. demgegenüber zu einem angeblich lange vor der Tat zu Sammelzwecken erworbenen nicht verbotenen, aber als gekorene Waffe einzuordnendem Springmesser BGH NStZ 2019, 419.

124 Eine Bestimmung zur Verletzung von Personen liegt vor, wenn der Täter ein Klappmesser mit entsprechender Klingenlänge (BGH *Zschockelt* NStZ 1998, 239) oder ein Einhandmesser mit einer Klingenlänge von 7,5 cm (BGH NStZ 2015, 347) nach eigenen Angaben **zu seiner Verteidigung** mit sich führt. Dasselbe gilt für einen Schlagstock aus Gummi, den der Täter zur **Selbstverteidigung** in einem Waffengeschäft erworben hat (BGHR BtMG § 30a Abs. 2 Gegenstand 2 = NStZ 1996, 498 = StV 1996, 673).

125 Eine **Zweckbestimmung** iSd § 30a Abs. 2 Nr. 2 liegt regelmäßig nahe, wenn nach den Umständen des Falles ein **nachvollziehbarer Grund** dafür **fehlt**, dass der Täter einen objektiv gefährlichen Gegenstand griffbereit mit sich führt (BGH BeckRS 2018, 17706; Ls. NStZ-RR 2018, 286). Eine darüber hinausgehende Begründung ist dann nicht erforderlich (BGH NStZ 2011, 98 = StV 2010, 685; BGH NStZ 2019, 419 zu einem in der Beintasche einer Cargohose mitgeführten nicht verbotenen Springmesser).

126 **(bb) Zeitpunkt, Verwendungsabsicht.** Die Bestimmung zur Verletzung von Menschen kann der Täter zu irgendeinem Zeitpunkt vor der Tat und völlig unabhängig von ihr getroffen haben (BGHSt 43, 266 (→ Rn. 120); BGH NStZ 2011, 98 = StV 2010, 685; BeckRS 2018, 17706; *Sost-Scheible* NStZ 1997, 396). Nicht notwendig ist, dass sie gerade mit Bezug auf die konkrete Tat erfolgt (BGH NStZ-RR 2018, 286).

127 Der Täter muss nicht vorhaben, den Gegenstand **bei der konkreten Tat** zur Verletzung von Menschen zu verwenden (BGHSt 43, 266 (→ Rn. 120); BGHR BtMG § 30a Abs. 2 Gegenstand 5 = NStZ 2004, 111; Mitsichführen 11 = NStZ 2011, 99; BGH NStZ 2013, 663; 2016, 614; 2017, 714 = StV 2018, 513; NStZ-RR 2013, 150); **ausreichend** ist auch hier das **Bewusstsein der Gebrauchsbereitschaft** (BGHSt 43, 266 (→ Rn. 120); BGHR BtMG § 30a Abs. 2 Gegenstand 2 = NStZ 1996, 498; BGHR Mitsichführen 1 = NStZ-RR 1997, 16; 5 = NJW 1999, 3206 = NStZ 2000, 208 mAnm *Hecker* = StV 1999, 650; BGH NStZ-RR 2013, 150). Dazu → Rn. 128, 134.

128 **(cc) Abgrenzung zum Bewusstsein der Verfügbarkeit.** Die Bestimmung eines Gegenstandes zur Verletzung eines Menschen (→ Rn. 119–127) ist von dem Bewusstsein, den Gegenstand gebrauchsbereit bei sich zu haben (→ Rn. 132), zu trennen (BGH NStZ 2011, 98 = StV 2010, 685; NStZ-RR 2018, 286). Während die Bestimmung zu irgendeinem Zeitpunkt unabhängig von der Tat erfolgen kann (→ Rn. 126), muss das Bewusstsein der Verfügbarkeit bei der Tat gegeben sein (BGHSt 43, 266 (→ Rn. 120); BGH NStZ 2017, 714; 2020, 48 zu einem Messer unter der Schreibtischplatte; *Sost-Scheible* NStZ 1997, 396).

(c) **Sonderfall Messer.** Das Mitsichführen von Messern ist in der Praxis beson- 129
ders häufig. Da sie keine Schusswaffen sind, sind sie betäubungsmittelrechtlich
sonstige Gegenstände, die ihrer Art nach zur Verletzung von Personen geeignet
sind und auch bestimmt sein müssen. Angesichts ihrer Vielgestaltigkeit können sie
nicht einheitlich behandelt werden (→ Rn. 130).
- Bestimmte Messer sind **gekorene Waffen** (→ Rn. 117); hinsichtlich der Eignung (→ Rn. 116) und Bestimmung (→ Rn. 122) zur Verletzung von Menschen oder zum Bewusstsein der Verfügbarkeit (→ Rn. 135) kommen hier **Feststellungserleichterungen** in Betracht.
- Der Ausdruck „**Einhandmesser**" ist der Oberbegriff für alle Messer, die – gleichgültig auf welche Weise – mit einer Hand geöffnet und festgestellt werden können. Alle in → Rn. 117 genannten Messer können als **Einhandmesser** bezeichnet werden (BGH NStZ 2015, 226; BeckRS 2017, 129001). Auf der anderen Seite verwendet das WaffG diesen Begriff generell für alle Messer mit einhändig feststellbarer Klinge (§ 42a Abs. 1 Nr. 3). Bei einer Verwendung dieses Begriffs ohne nähere Beschreibung lässt sich daher nicht feststellen, ob es sich um eine gekorene Waffe handelt (BGH NStZ 2015, 226). Aber auch bei einem anderen Messer bedarf die entsprechende Zweckbestimmung in der Regel keiner besonderen Begründung, wenn ein **nachvollziehbarer Grund** dafür fehlt, dass der Täter einen objektiv gefährlichen Gegenstand griffbereit mit sich führt (→ Rn. 122; auch → Rn. 130).
- Hat der Täter das **Einhandmesser,** das **keine** gekorene Waffe ist, beim **Angelsport** benötigt, kann bei der Prüfung der Zweckbestimmung § 42a Abs. 2 Nr. 3, Abs. 3 WaffG relevant sein; deren Anwendung setzt jedoch voraus, dass zwischen dem Sport und dem Führen des Messers ein innerer Zusammenhang besteht; der hierfür erforderliche sachliche und zeitlich-räumliche Bezug kann beim Hin- und Rückweg zur Sportausübung gegeben sein (BGH BeckRS 2017, 129001).
- Bei anderen Messern muss berücksichtigt werden, dass sie auch **als Gebrauchsgegenstände** dienen, so dass eine Bestimmung zur Verletzung von Menschen nicht ohne weiteres angenommen werden kann (→ Rn. 123, 124).

Sonstige Gegenstände iSd § 30a Abs. 2 Nr. 2 sind etwa Klappmesser, die zur 130
Verteidigung bestimmt sind (BGH *Zschockelt* NStZ 1998, 239; BGH NStZ-RR
2017, 283 vermisst bei einem Klappmesser eine entsprechende Feststellung nicht),
Einhandklappmesser, die in der Hosentasche mitgeführt werden (LG Hanau bei
Kotz/Rahlf NStZ-RR 2012, 198 (199), **feststehende Messer** mit einer Klingenlänge von 8,5 cm (BayObLG NJW 1999, 2535 = StV 1999, 383), Messer mit **seitlich herausspringender** einseitig geschliffener Klinge von weniger als 8,5 cm
Länge (BGH NStZ 2011, 98 = StV 2010, 685) oder **Cuttermesser** (BGH
BeckRS 2018, 12850). Keine Waffen, sondern Taschenmesser sind **Feuerzeugspringmesser,** bei denen die Klinge seitlich herausspringt und der Rücken mit Einkerbungen verziert ist (BGH NStZ-RR 2014, 259 auf der Grundlage eines Bescheids des BKA v. 20.1.2006 (BAnz. 2006)).

b) Mitsichführen. Die Schusswaffe oder den anderen Gegenstand muss der Tä- 131
ter bei der Tat mit sich führen. Der Begriff des Mitsichführens entspricht dem des
Beisichführens in § 125a S. 2 Nr. 1, § 244 Abs. 1 Nr. 1, § 250 Abs. 1 Nr. 1 StGB
(BGHR BtMG § 30a Abs. 2 Gegenstand 2 = NStZ 1996, 498 = StV 1996, 673;
Mitsichführen 2 = NStZ 1997, 137 = StV 1997, 189).

Mitsichführen liegt nach stRspr dann vor, wenn der Täter die Waffe oder den 132
Gegenstand bei der Tat **bewusst gebrauchsbereit** in der Weise bei sich hat, dass
er sich ihrer **jederzeit bedienen** kann (BGH NStZ 2020, 233; BeckRS 2018,
32153; BGHSt 52, 89 (→ Rn. 89); BGHR BtMG § 30a Abs. 2 Gegenstand 2
= NStZ 1996, 498; Mitsichführen 1 = NStZ-RR 1997, 16; 5 = NStZ 2004, 111;

BtMG § 30a Sechster Abschnitt. Straftaten und Ordnungswidrigkeiten

BGH NJW 2008, 2861 mAnm *Mitsch;* NStZ 2004, 111; 2011, 99; 2016, 613; 2017, 714; NStZ-RR 2003, 12 = StV 2003, 26). Das ist dann der Fall, wenn sich die Waffe in seiner **Griffnähe** befindet oder er sich ihrer **jederzeit ohne nennenswerten Zeitaufwand** und **ohne besondere Schwierigkeit** bedienen kann (BGH BeckRS 2019, 34571; 2018, 32153; NStZ 2019, 418; NStZ 2015, 349 mAnm *Volkmer;* NStZ 2016, 613; 2017, 714; BGHR BtMG § 30a Abs. 2 Mitsichführen 8 = NStZ 2007, 533 = StV 2008, 24; NStZ 2011, 99; NStZ-RR 2013, 150; 2018, 81 = StV 2018, 517). Ein **Tragen** der Waffe oder des Gegenstands **am Körper ist nicht erforderlich** (BGH BeckRS 2018, 32153; 2018, 24756). Die jederzeitige Zugriffsmöglichkeit muss im Urteil mit **konkreten Tatsachen** ausgefüllt werden; der bloße Hinweis, das Messer habe sich zugriffsbereit in der Wohnung befunden, genügt nicht (BGH NStZ-RR 2018, 251 = StV 2018, 516). Für die Bejahung der jederzeitigen Zugriffsmöglichkeit kommt es nicht nur auf die **örtlichen Verhältnisse**, sondern auch auf die **Zeitkomponente** an. Bei einem Zeitbedarf von 30 Sekunden, die Waffe einsatzfähig zu machen, liegt keine jederzeitige Zugriffsmöglichkeit mehr vor (BGH BeckRS 2018, 32153 zu einer mehrfach verpackten Waffe und ebenfalls verpackter Munition; vgl. auch BGH NStZ-RR 2020, 48 zu einem Messer unter der Schreibtischplatte).

133 Das Tatbestandsmerkmal Mitsichführen erfasst **nur bewegliche Tatmittel** (→ Rn. 89).

134 **aa) Bewusstsein der Verfügbarkeit.** Für die subjektive Seite des Mitsichführens genügt das Bewusstsein der Verfügbarkeit über die Schusswaffe oder den sonstigen Gegenstand, ist aber auch erforderlich (BGH NStZ-RR 2003, 12 = StV 2003, 26; BeckRS 2011, 8630). Der Wille des Täters, die Waffe gegebenenfalls einzusetzen (Verwendungsabsicht), ist nicht notwendig (→ Rn. 126, 127). Entscheidend ist vielmehr das **aktuelle Bewusstsein des Bewaffnetseins** (BGH NStZ 2000, 433; 2017, 714 (→ Rn. 78); *Rahlf* in MüKoStGB Rn. 170). Dies gilt nicht nur für Schusswaffen, sondern auch für die anderen Gegenstände (BGHR BtMG § 30a Abs. 2 Gegenstand 2 = NStZ 1996, 498; BGH StV 1998, 262; *Sost-Scheible* NStZ 1997, 396).

135 **Zum Bewusstsein der Verfügbarkeit** können im Einzelfall im Urteil besondere Ausführungen entbehrlich sein, wenn der Täter eine **Waffe im technischen Sinn** (BGH NStZ 2017, 714) oder einen Gegenstand mit sich führt, der typischerweise zur Verletzung von Personen verwendet wird (BGH NStZ 1997, 396 (→ Rn. 110)); auch bei gekorenen Waffen (→ Rn. 116) oder Gegenständen, die Schusswaffen gleichgestellt sind (→ Rn. 113), kommt dies in Betracht. Je ferner allerdings die Gefahr des Einsatzes der Waffe liegt, desto höhere Anforderungen sind an die Prüfung und Darlegung des aktuellen Bewusstsein des Bewaffnetseins zu stellen (BGH NStZ 2000, 433 = StV 2000, 622; 2017, 714 (→ Rn. 78); NStZ-RR 2003, 12 = StV 2003, 26; StV 2003, 80). Bei einem besonders kleinen Messer (BGH NStZ 1997, 396 (→ Rn. 110)), einem Taschenmesser mit einer Klingenlänge von ca. 8 cm (BGH NStZ-RR 2003, 12 = StV 2003, 26), einem Klappmesser von 7,5 cm Klingenlänge (BGH StraFo 2013, 171), einem Fahrtenmesser mit einer Klingenlänge von 14,5 cm und abgebrochener Spitze (BGH NStZ 2014, 466) oder anderen Gebrauchsgegenständen sind nähere Ausführungen stets veranlasst.

136 **bb) Gebrauchsbereit, räumliche Nähe zur Waffe.** Der Täter muss die Waffe bewusst gebrauchsbereit und im Bewusstsein der Gebrauchsfertigkeit (vgl. *Oğlakcıoğlu* in MüKoStGB Rn. 160, 163) so bei sich haben, dass er sich ihrer jederzeit bedienen kann (→ Rn. 132). Nicht erforderlich ist, dass die Waffe am Körper getragen wird (BGHR BtMG § 30a Mitsichführen 5 (→ Rn. 127); 11 = NStZ 2011, 99; BGH NStZ 2013, 663; 2017, 714); es reicht aus, wenn sie sich **in Griffweite** (BGHR BtMG § 30a Abs. 2 Mitsichführen 2 (→ Rn. 131); 5 (→ Rn. 127); 8 (→ Rn. 132); 11 = NStZ 2011, 99) oder jedenfalls in einer solchen räumlichen

Entfernung befindet, dass der Täter sich ihrer jederzeit **ohne nennenswerten Zeitaufwand** bedienen kann (BGHR BtMG § 30a Abs. 2 Mitsichführen 8 (→ Rn. 132); BGH NStZ 2016, 613; BayObLG NJW 1999, 2535 = StV 1999, 383).

(a) Griffweite, Zugriff ohne nennenswerten Zeitaufwand. Feste Grenzen 137 für die noch in Betracht kommende räumliche Entfernung des Täters von der Waffe bestehen nicht. Auch deshalb ist eine umfassende Würdigung aller Umstände des Einzelfalls notwendig, wobei die **räumliche Distanz** nur ein Kriterium ist (BGH NStZ 2017, 714; *Oğlakcıoğlu* in MüKoStGB Rn. 164); mit zu berücksichtigen ist auch die **zeitliche Komponente** dahin, dass die Waffe bzw. der Gegenstand ohne nennenswerten Zeitaufwand einsatzbereit sein muss (vgl. auch → Rn. 140).

Stets ausreichend ist es, wenn die Waffe sich **in greifbarer Nähe** (Griffweite, 138 Griffnähe) befindet (BGH NStZ 2019, 418; 2017, 714). Dies ist regelmäßig der Fall, wenn sich die Waffe **in dem Raum** befindet, in dem Handel getrieben wird; auch dann muss aber festgestellt werden, welche Maßnahmen und welcher Zeitaufwand erforderlich ist, damit der Täter auf die Waffe zugreifen kann (BGH NStZ 2019, 418 (419)). Die Griffweite ist etwa dann gegeben, wenn sie sich in der **Hosentasche** (BGH BeckRS 2000, 06650), in der linken **Brusttasche** (BGHSt 42, 368 (→ Rn. 105)), sonst in der **Kleidung** (s. BGH BeckRS 2000, 30098347; NStZ-RR 2002, 265 für die Munition), in einer **Einkaufstasche** (→ Rn. 101) oder in der **Handtasche** (BGH BeckRS 2019, 33502) oder in einem **Rucksack** (aA BayObLG NJW 1999, 2535, allerdings für die andere Situation des Diebstahls) befindet (*Oğlakcıoğlu* in MüKoStGB Rn. 166).

Bei **Tatbegehung unter Verwendung eines Kraftfahrzeugs** hat die Rspr. für 139 ausreichend erachtet: das Mitführen in der **Ablage** der **Beifahrerseite** eines Kraftfahrzeugs (BGHR BtMG § 30a Abs. 2 Mitsichführen 2 = NStZ 1997, 137; NStZ-RR 2016, 375), angesichts der für den Fahrer jederzeitigen Greifbarkeit das Mitsichführen im **Handschuhfach** (BGH BeckRS 2019, 33502; 1998, 30023790; BGH NJW 2002, 3116 = NStZ 2002, 600; OLG Düsseldorf NStZ-RR 1996, 375), das Mitführen unter dem **Fahrersitz** (BGH BeckRS 2004, 4270), in einem Rucksack im **Kofferraum** (BGHR BtMG § 30a Abs. 2 Gegenstand 5 = NStZ 2004, 111; BGH BeckRS 2019, 19348 zu einer Rauschgiftbeschaffungsfahrt, bei der der Täter das Geld zum Erwerb und einen Baseballschläger im Kofferraum mitführt) oder in einer Sporttasche auf der **Rückbank** des Fahrzeugs (BGH NStZ-RR 2013, 320).

Die notwendige **räumliche Nähe,** die es dem Täter ermöglicht, sich der Waffe 140 ohne nennenswerten Zeitaufwand zu bedienen, ist auch gegeben, wenn die Waffe in der **Wohnung** (Regal neben der Wohnzimmertür) aufbewahrt wird, in der das Rauschgift gelagert, gestreckt, portioniert und abgepackt wurde (BGHSt 43, 8 (→ Rn. 85)). Dies gilt jedenfalls bei Aufbewahrung **in dem Raum, in dem Handel getrieben wird** (BGHR BtMG Mitsichführen 1 (→ Rn. 127); *Schmidt* NJW 2013, 2865 (2867)). Dann ist die notwendige räumliche Nähe auch dann gegeben, wenn sich die Waffe dort in einer Schublade des Wandschrankes (BGH NStZ 2012, 340 = StV 2012, 411 mit abl. Anm. *Oğlakcıoğlu*) oder in einem Wäschekorb in einem Rucksack (BGH NStZ-RR 2013, 150) oder griffbereit unter der Schreibtischplatte (BGH NStZ-RR 2020, 48) befand. An einem **nicht nennenswerten Zeitaufwand,** um an die Waffe zu gelangen, **fehlt** es aber dann, wenn umständlichere **Zwischenschritte** erforderlich werden, um an die Waffe zu gelangen, so zB wenn erst noch ein Sofa hochgekippt werden muss (BGH StV 2002, 489) oder wenn die Waffe sich in dem Sitzteil einer Couch befindet, der nur schwer aufklappbar ist (BGH NStZ 2014, 466) oder Waffe und Munition mehrfach verpackt sind (BGH BeckRS 2018, 32153). Deswegen sind auch in den Fällen, in denen die Waffe sich im selben Raum befindet, in dem das Rauschgift gelagert wird, **Fest-**

stellungen zum exakten Auffindeort erforderlich (BGH NStZ-RR 2018, 81 (→ Rn. 132)).

141 Dagegen ist die notwendige räumliche Nähe **noch gegeben,** wenn sich die Waffe in der **Diele der Wohnung** befindet, aus der heraus das Handeltreiben stattfand (BGHR BtMG § 30a Abs. 2 Mitsichführen 8 (→ Rn. 132)) oder in einem **Badezimmerschrank,** der 2 m entfernt von dem Schrank im Flur stand, in dem die Drogen aufbewahrt wurden (BGH NStZ-RR 2013, 347).

142 Wird die Waffe in einem **anderen Raum** als dem, in dem der Betäubungsmittelhandel stattfand (→ Rn. 154–173), aufbewahrt, so ist eine konkrete Darlegung der räumlichen Verhältnisse erforderlich, die es dem Täter ermöglichten, sich bei der Tat ohne nennenswerten Aufwand der Waffe zu bedienen (BGHR BtMG § 30a Abs. 2 Mitsichführen 9 = NStZ 2000, 433; BGH NStZ-RR 2018, 251; NStZ 2020, 554). Daran **fehlt** es, wenn die Waffe dort **in einem Behältnis** wie einer unverschlossenen Schrankwand (BGH NStZ 2013, 663), in einem Staufach der hochzuklappenden Bettcouch (BGH NStZ 2015, 349 mAnm *Volkmer*) oder in einem mit Zahlencode gesicherten Tresor aufbewahrt wird, zu dessen Öffnung der Täter 30 Sekunden benötigt (BGHR BtMG § 30a Abs. 2 Mitsichführen 11 = NStZ 2011, 99). Dagegen kann die notwendige räumliche Nähe gegeben sein, wenn die **Betäubungsmittel** in einem Schranktresor im Schlafzimmer und die **Waffe** in der Schublade einer Kommode im Wohnzimmer aufbewahrt wurden; auf den Aufbewahrungsort der Gegenstände zur Zeit der Durchsuchung kann es hier nicht entscheidend ankommen, da die Betäubungsmittel jedenfalls bei einem konkreten Verkaufsgeschäft hätten hervorgeholt werden müssen (BGH NStZ 2017, 714). Insgesamt ist zu beachten, dass der räumlichen Entfernung zwischen Aufbewahrungsort der Drogen und dem der Waffe oder des gefährlichen Gegenstands zu einem bestimmten Zeitpunkt **nur indizielle Bedeutung** für die Beurteilung zukommt, ob der Täter die Zugriffsmöglichkeit jederzeit iSv ohne nennenswerten Zeitaufwand und ohne größere Schwierigkeiten realisieren kann; ebenso bedeutsam können Schwierigkeiten des Zugangs zur Waffe oder der Umstand sein, dass das von der Waffe separat gelagerte Rauschgift bei einem konkreten Verkaufsgeschäft hätte hervorgeholt werden müssen (BGH BeckRS 2019, 34571).

143 An der **räumlichen Nähe fehlt es,** wenn die Betäubungsmittel in einem **Kellerraum** (eines Mehrfamilienhauses) gelagert werden, während sich die Waffe in dem **Appartement** des Täters befindet (BGH StV 2018, 513 = BeckRS 2017, 126942). Etwas anderes würde gelten, wenn der Täter bereits begonnen hätte, Teile des Vorrats in der Wohnung zu portionieren, verpacken, in der Wohnung zu lagern oder zu verkaufen (BGH StV 2018, 513 = BeckRS 2017, 126942). Dazu auch → Rn. 168.

144 Ebenso ist die notwendige räumliche Nähe nicht gegeben, wenn die Waffe auf einem **Nachbargrundstück** abgelegt ist, um sie beim Abtransport des Rauschgifts mitzunehmen (BGH *Holtz* MDR 1980, 106). Die notwendige räumliche Nähe wird auch dann nicht erreicht, wenn die Waffe sich in einer Wohnung befindet, in die die **Betäubungsmittel erst noch gebracht** werden müssen (BGHR BtMG § 30a Abs. 2 Mitsichführen 8 = NStZ 2007, 533 = StV 2008, 24).

145 Hält der Täter in seiner Wohnung **Waffen parat,** um sich damit gegebenenfalls gegen gewaltbereite Käufer zur Wehr zu setzen, ist das Rauschgift aber noch nicht zu der Wohnung gelangt, so kann ein unbenannter besonders schwerer Fall des Handeltreibens (§ 29 Abs. 3 S. 1) vorliegen, weil in der Absicht, bei dem geplanten Weiterverkauf erforderlichenfalls Waffen einzusetzen, eine erhöhte kriminelle Energie des Täters zum Ausdruck kommt (BGH NStZ-RR 2015, 14).

146 **(b) Sonderfall: Mitführen durch einen Mittäter.** Bei der Frage, wie zu verfahren ist, wenn die Waffe mit Wissen und Billigung des Täters von einem Mittäter

(zur Teilnahme → Rn. 184, 185) mitgeführt wird, während der Täter selbst unbewaffnet ist, geht es um zwei Problemkreise:
- einmal stellt sich die Frage, unter welchen Umständen noch eine jederzeit zu realisierende Herrschaftsmöglichkeit (BGH NJW 2002, 3116 = NStZ 2002, 600) des Täters hinsichtlich der Waffe angenommen werden kann (→ Rn. 147–151). Solange dies gegeben ist, verwirklicht der Täter den Tatbestand selbst, sodass es auf eine Zurechnung nach § 25 Abs. 2 StGB nicht ankommt;
- fehlt eine solche Herrschaftsmöglichkeit, so stellt sich die Frage der Zurechnung der Bewaffnung nach § 25 Abs. 2 StGB (→ Rn. 152, 153).

(aa) Jederzeit zu realisierende Herrschaftsmöglichkeit. Unter welchen 147 Voraussetzungen noch eine jederzeit zu realisierende Herrschaftsmöglichkeit vorliegt, ist nicht abschließend geklärt; zu beachten ist, dass es sich bei § 30a Abs. 2 Nr. 2 nicht um ein eigenhändiges Delikt handelt. Es kann von folgendem ausgegangen werden:

(1) Leibwächter, Weisungsempfänger. Anerkannt ist, dass eine solche Herr- 148 schaftsmöglichkeit besteht, wenn die Waffe von einem den Täter begleitenden Leibwächter **(Bodyguard)** getragen wird (BGHSt 43, 8 (→ Rn. 85); BGH NJW 2002, 3116 = NStZ 2002, 600) unter teilweiser Aufgabe von BGHSt 42, 368 (→ Rn. 105); *Oğlakcıoğlu* in MüKoStGB Rn. 168). Für den Täter ist die Waffe ohne nennenswerten Zeitaufwand verfügbar: er kann sie sich von dem (weisungsgebundenen) Waffenträger aushändigen lassen oder diesen anweisen, von ihr Gebrauch zu machen (BGH NJW 1997, 1717 (1718)).

Nicht ausreichend soll es sein, wenn sich der (unbewaffnete) Täter **nicht in un-** 149 **mittelbarer Nähe** des bewaffneten Weisungsempfängers aufhält (BGH NJW 2002, 3116 = NStZ 2002, 600; *Oğlakcıoğlu* in Kotz/Rahlf BtMStrafR Kap. 3 Rn. 311), namentlich wenn etwaige Weisungen fernmündlich erteilt werden müssten (BGH StV 1997, 638; *Oğlakcıoğlu* in MüKoStGB Rn. 168). Hier stellt sich die Frage der Zurechnung nach § 25 Abs. 2 StGB, der mittelbaren Täterschaft oder der Anstiftung (→ Rn. 152, 153).

(2) Mitbesitzer. Eine jederzeit zu realisierende Herrschaftsmöglichkeit besteht 150 für alle Tatbeteiligten, wenn sie an der Waffe Mitbesitz haben, etwa wenn sie so verwahrt wird, dass jeder die Möglichkeit hat, bei Bedarf darauf zuzugreifen (BGHSt 42, 368 (→ Rn. 105)). Dies kommt etwa bei gemeinsamen Kaufverhandlungen in Betracht (BGHR BtMG § 30a Abs. 2 Mitsichführen 5 (→ Rn. 127)).

(3) Andere Tatbeteiligte. Auch sonst schließt der Umstand, dass die Waffe von 151 einem Tatbeteiligten getragen oder verwahrt wird, einen solchen **Zugriff auch außerhalb** eines Mitbesitzverhältnisses nicht von vornherein aus (zu eng daher BGHSt 42, 368 (→ Rn. 105); insoweit aufgegeben in BGH NJW 2002, 3116 = NStZ 2002, 600). So kann auch der **Fahrer** eine tatsächliche Zugriffsmöglichkeit haben, wenn die mitgeführte Pistole im Handschuhfach (BGH NJW 2002, 3116 = NStZ 2002, 600; *Oğlakcıoğlu* in MüKoStGB Rn. 168) oder in der Ablage auf der **Beifahrerseite** liegt (BGH NStZ 1997, 137; NStZ-RR 2016, 375; *Oğlakcıoğlu* in MüKoStGB Rn. 168) liegt. Letztlich handelt es sich um eine Tatfrage, die nicht generell beantwortet werden kann.

(bb) Fehlen einer jederzeit zu realisierenden Herrschaftsmöglichkeit. Ob 152 es zulässig ist, einem unbewaffneten Täter das bloße Wissen um die Bewaffnung eines Mittäters und deren Billigung nach den allgemeinen Grundsätzen über die Mittäterschaft (§ 25 Abs. 2 StGB) zuzurechnen, war zwischen den Strafsenaten des BGH umstritten.

Auf Vorlage des 3. Strafsenats (NStZ 2002, 601 mAnm *Weber*) hat der Große Se- 153 nat entschieden (BGHSt 48, 189 = BGHR BtMG § 30a Abs. 2 Mitsichführen 7 = NJW 2003, 1540 = NStZ 2003, 435 mAnm *Altenhain*), dass die vom **gemein-**

samen Tatplan umfasste Bewaffnung eines Mittäters den übrigen Tätern nach allgemeinen Grundsätzen zugerechnet werden kann (BGH NStZ-RR 2016, 375; BeckRS 2014, 1754). Der bewaffnete Betäubungsmittelhandel ist weder ein eigenhändiges Delikt (BGH NJW 2002, 1437 = NStZ 2002, 440 = StV 2002, 486 (504) m. Bespr. *Nestler*) noch ein echtes Sonderdelikt (*Weber* NStZ 2002, 601). Da § 30a Abs. 2 Nr. 2 auch für Einzeltäter und auch nicht nur für das Handeltreiben gilt, wäre es systemwidrig, gerade hier zu einer Begrenzung anzusetzen (BGHSt 48, 189 (s. o.)). Ob eine einschränkende Auslegung in Fällen geboten sein mag, in denen die die Qualifikation begründende besondere Gefährlichkeit nicht gegeben ist, hat der Große Senat offen gelassen (dazu → Rn. 155–162).

154   **cc) Bei der Tat.** Der Täter muss die Waffe bzw. den Gegenstand **nicht** während des **gesamten** tatbestandsmäßigen **Geschehens** mit sich führen; es genügt, dass sie ihm zu irgendeinem Zeitpunkt während des Tathergangs, insbesondere bei einem von mehreren **Einzelakten** der Tat zur Verfügung steht (stRspr, BGH NStZ-RR 2019, 220; 2018, 81; 251; BeckRS 2019, 26447; BGHSt 43, 8 (→ Rn. 85); BGHR BtMG § 30a Abs. 2 Mitsichführen 2 (→ Rn. 131); 5 (→ Rn. 127); 11 (→ Rn. 127); BGH NJW 2002, 1437 (→ Rn. 153); NStZ 2000, 433 = StV 2000, 622; NStZ 2014, 166; 2016, 613). Nicht erforderlich ist, dass sich dieser Teilakt auf die Gesamtmenge oder auf eine nicht geringe Menge bezieht; der Umgang mit einer **geringen Menge** oder einer **Teilmenge** unter Mitsichführen der Schusswaffe oder des Gegenstands reicht aus, sofern es sich um einen Teilakt eines Handeltreibens in nicht geringer Menge handelt (BGH NStZ-RR 2019, 220; NStZ 2012, 340; 2017, 298). Dies gilt für alle Teilakte der jeweiligen Begehungsweise. Es genügt etwa, wenn der Täter den gefährlichen Gegenstand erst am Tatort ergreift (BGH NStZ-RR 2003, 202). Ausreichend ist auch das Mitsichführen während des **Versuchs** auf der einen Seite und des Zeitraums **zwischen Vollendung** und **Beendigung** auf der anderen (BGH NJW 2010, 1385 = NStZ 2010, 327 für den schweren Raub), **nicht** dagegen während einer bloßen **Vorbereitungshandlung**. Zum Mitsichführen beim Handeltreiben → Rn. 155–163, zum Mitsichführen in den verschiedenen Stadien beim **Handeltreiben** → Rn. 164–171, 176, zu den **anderen Begehungsweisen** → Rn. 172, 173).

155   **(a) Beim Handeltreiben.** Beim Handeltreiben reicht es aus, wenn der Täter die Waffe **während eines Teilakts** mit sich führt (BGH NJW 2014, 1125; NStZ 2016, 613; NStZ-RR 2013, 150; 2018, 251 = StV 2018, 516; NStZ 2020, 232). Keine Teilakte des Handeltreibens sind bloße **Vorbereitungshandlungen**. Am anderen Ende soll auch die **Entsorgung von Cannabispflanzenabfällen** kein Teilakt des Handeltreibens sein, weil sie keine mit dem beabsichtigten Umsatz von Betäubungsmitteln zusammenhängende Bemühung sei (BGH NJW 2014, 1125 = NStZ 2014, 166 mablAnm *Patzak*). Da auch die Entsorgung von Pflanzenabfällen zum Betrieb einer Cannabisplantage gehört, erscheint dies wenig einleuchtend (ebenso *Patzak* NStZ 2014, 166, soweit die Entsorgung der Pflege der Plantage dient).

156   Auch mit den in → Rn. 155 genannten Einschränkungen führt dies angesichts der Weite des Begriffs des Handeltreibens zu einem **verhältnismäßig breiten Anwendungsbereich** der Qualifikation. In der Literatur (*Paul* NStZ 1998, 222; *Zaczyk* JR 1998, 256) wird deswegen vor allem auf der Basis eines engeren Begriffs (auf anderen Wegen *Hecker* NStZ 2000, 208) nach einer Einschränkung gesucht. Abgesehen davon, dass sich die Vorstellungen von einem engeren Begriff des Handeltreibens nicht durchgesetzt haben (→ § 29 Rn. 173–229), werden dabei die tatsächlichen Gegebenheiten eines illegalen und von offener oder jedenfalls struktureller Gewalt beherrschten Marktes aus den Augen verloren.

157   Denn ließe man die Qualifikation nur bei einem **räumlichen Kontakt** zu einem **Geschäftspartner** eingreifen (dazu *Altenhain* NStZ 2003, 437 (438)), so würden damit die Führungspersonen, die sich auf die Erteilung von Anweisungen

Straftaten **§ 30a BtMG**

beschränken können, privilegiert. Dies überzeugt auch deshalb nicht, weil das Gesetz damit ohne stichhaltige Gründe entgegen seinem Wortlaut eingeschränkt würde. Zudem fehlen Anhaltspunkte dafür, dass dem Gesetzgeber die weiten, allerdings keineswegs uferlosen (→ § 29 Rn. 229), Konturen des Handeltreibens unbekannt geblieben waren (*Helgerth/Weber* FS Böttcher, 1979, 489 (510)). In Fällen minderer Gefährlichkeit können durch Anwendung des Absatzes 3 angemessene Ergebnisse erzielt werden (*Oğlakcıoğlu* in MüKoStGB Rn. 171).

Das Gesetz sollte deshalb so ausgelegt werden, wie es seinem Wortlaut entspricht. **158** Die **Verfügbarkeit** einer **Schusswaffe** erleichtert den Umgang mit Rauschgift und ist daher eine besondere Bedrohung der durch § 30a Abs. 2 Nr. 2 geschützten Rechtsgüter (→ Rn. 79; BGH NStZ 2001, 440 (hier kam es zur Tötung eines Menschen); BGH BeckRS 2020, 2248; *Oğlakcıoğlu* in MüKoStGB Rn. 172; aA *Zaczyk* JR 1998, 256 (258)). Sie verschafft dem Täter ein Sicherheits- und Überlegenheitsgefühl, welches im Rauschgiftmilieu von lebenswichtiger Bedeutung werden kann (BGHSt 43, 8 (→ Rn. 85)). Soweit es um andere Gegenstände, etwa ein Messer geht, ist die gebotene Einschränkung in Übereinstimmung mit dem Gesetz in einem anderen Bereich des Tatbestands zu suchen (→ Rn. 108–118).

Auch die aus einem Beschluss des 1. Strafsenats (StV 1997, 638) hergeleitete **159** These, der Täter müsse **Rauschgift** und **Waffe gleichzeitig** in seinem Besitz haben (dazu *Altenhain* NStZ 2003, 437 (439)), hat sich zurecht nicht durchgesetzt. Der 1. Strafsenat hat daran für die Regelfall nicht festgehalten (vgl. BGH BeckRS 1999, 30054474; BGHR BtMG § 30a Abs. 2 Mitsichführen 5 (→ Rn. 127); ebenso BGH BeckRS 2012, 23989; NJW 1999, 3206). In der Tat liefe auch ein solches Erfordernis auf eine Privilegierung der Führungspersonen hinaus, die selbst kein Rauschgift mehr anfassen und andere für sich handeln lassen können. Im Übrigen würde es die Fälle nicht erfassen, in denen sich der Täter den Besitz des Rauschgifts erst verschaffen will (s. BGH NStZ 2001, 491: Tötung des Lieferanten durch den Abnehmer).

Dagegen kann dem Beschl. des 1. Senats v. 13. 4. 1999 (BeckRS 1999, 30054474) **160** **nicht zugestimmt** werden, soweit er an dem Erfordernis eines gleichzeitigen Besitzes von Rauschgift und Waffe für den Fall festhalten will, dass für das geschützte Rechtsgut schlechterdings keine Gefahr bestehen könne (ähnlich NJW 2002, 3116 (→ Rn. 139); BGHR BtMG § 30a Abs. 2 Gegenstand 5 (→ Rn. 115), wo ein „qualifikationsspezifischer Gefahrenzusammenhang" gefordert wird (auch → Rn. 153)). Er leitet dies im Anschluss an *Lenckner* (NStZ 1998, 257) aus einer teleologischen Reduktion der Vorschrift her und meint, eine solche Gefahr habe in dem seinerzeit von ihm entschiedenen Fall (StV 1997, 638) nicht bestanden (der aus Holland angereiste Rauschgifthändler hatte die Waffe vor dem Umladen des aus Rumänien angelieferten Rauschgifts seinem Capo übergeben und sich während des Umladevorgangs in einem Hotel aufgehalten).

Dass die vom Gesetzgeber gewollte Vorschrift für einen solchen Fall, in dem es **161** um das typische Abschieben von Risiken durch einen Rauschgifthändler einer gehobenen Hierarchiestufe geht, einer teleologischen Reduktion bedürfte, leuchtet nicht ein. Für die Praxis macht es auch wenig Sinn, den gesetzlichen Anwendungsbereich der Vorschrift teleologisch zu reduzieren und dann **wegen Anstiftung** (so BGH StV 1997, 638) oder **mittelbarer Täterschaft** (BGH NJW 2002, 3116 = NStZ 2002, 600) zu bestrafen.

Im Übrigen dürfte es auch **nicht zutreffen** (wie hier *Oğlakcıoğlu* in MüKoStGB **162** Rn. 173), dass auf der Anreise für die geschützten Rechtsgüter des § 30a Abs. 2 Nr. 2 (→ Rn. 79) „schlechterdings keine Gefahr" bestanden habe. Spätestens mit Reiseantritt und dann noch mehr mit Reisefortschritt konkretisiert sich die Gefahr des Absatzes von 27,3 kg Heroin (BGH StV 1997, 638). Angesichts der Zufälligkeiten einer solchen Reise, etwa bei einem Zusammentreffen mit der Polizei, kann auch keine Rede davon sein, dass der Täter mit Sicherheit in keine Lage kommen wird, die für ihn Anlass zum Schusswaffengebrauch sein könnte, oder dass er in einer solchen Lage ebenso sicher die Waffe nicht gebrauchen werde (s. auch *Lenckner* NStZ 1998, 257).

163 Der Tatbestand ist auch dann erfüllt, wenn sich die **nicht geringe Menge** des Drogenvorrats **außerhalb der Griffnähe** der Waffe befindet, während die Einzelakte der Portionierung und Veräußerung, bei denen die Schusswaffe in Griffweite war, nur geringe Betäubungsmittelmengen betrafen (BGH NStZ 2017, 298; BeckRS 2012, 23989). Auch dann ist damit zu rechnen, dass ein bewaffneter Täter seine Interessen, insbesondere an der Besitzerhaltung oder an dem Erwerb von Drogen oder Geld rücksichtslos durchsetzt, indem er von der Waffe Gebrauch macht. Dies gilt auch dann, wenn zwischen Waffe und Großvorrat **keinerlei räumlicher Zusammenhang** besteht (BGH BeckRS 2012, 23989; 2013, 15694; dazu *Schmidt* NJW 2013, 2865 (2867)).

164 **(aa) Vorbereitung von Verkauf und Ankauf.** Da dem Täter die Waffe nur zu irgendeinem Zeitpunkt während des Tathergangs zur Verfügung stehen muss, ist das Merkmal des Mitsichführens beim Handeltreiben auch dann erfüllt, wenn sie nur bei einer Tätigkeit mitgeführt wird, die dem unmittelbaren **Güterumsatz** noch vorgelagert ist, zB bei der Fahrt zu Abnehmern oder Drogenverkaufsfahrten (BGHR BtMG § 30a Abs. 2 Mitsichführen 2 = NStZ 1997, 137; Gegenstand 5 = NStZ 2004, 111). Dabei darf es sich allerdings nicht um bloße Handlungen handeln, die **im Vorbereitungsstadium stecken** geblieben sind, sondern das Handeltreiben muss wenigstens bis zum Versuch gediehen sein (→ Rn. 176; BGHR BtMG § 30a Abs. 2 Mitsichführen 12 = StraFo 2011, 356; dazu im Einzelnen → § 29 Rn. 573–629).

165 Dies gilt auch bei Fahrten, die dem **Einkauf** von Drogen dienen (BGHR BtMG § 30a Abs. 2 Gegenstand 5 = NStZ 2004, 111; BGH BeckRS 2011, 19180; → § 29 Rn. 566–569). Im Übrigen wäre ein „qualifikationsspezifischer Gefahrenzusammenhang" bei Beschaffungsfahrten jedenfalls dann gegeben, wenn der Täter im Pkw gleichzeitig die Waffe und die Betäubungsmittel aufbewahrt (BGHR BtMG § 30a Abs. 2 Gegenstand 5 = NStZ 2004, 111). Notwendig ist dies jedoch nicht (→ Rn. 153, 159–161).

166 Insbesondere muss noch **keine räumliche Nähe** zu dem Betäubungsmittel gegeben sein (s. BGHSt 43, 8 (→ Rn. 85); enger BGH StV 1997, 638); dazu → Rn. 159–162. Die besondere Gefährlichkeit, die sich aus der Verfügbarkeit über eine Waffe ergibt (→ Rn. 158), ist auch in einem solchen Falle gegeben, etwa wenn der Täter mit einem Lieferanten verhandelt, der sein Rauschgift irgendwo gebunkert hat, oder wenn es, etwa wegen eines Streits, nicht zur Übergabe der Betäubungsmittel kommt (→ Rn. 159).

167 Etwas anderes kann auch dann nicht in Betracht kommen, wenn der Teilakt des Handeltreibens noch nicht zu einem **räumlichen Kontakt mit der Sphäre** eines etwaigen Geschäftspartners geführt hat (→ Rn. 157), etwa wenn die Führungsperson die Waffe lediglich auf der Anreise führt und sie vor dem Umladen des Rauschgifts einem Capo übergibt, während sie selbst im Hotel bleibt; seine gegenteilige Ansicht in StV 1997, 638 hat der BGH aufgegeben. dazu → Rn. 155–162; *Patzak* in Körner/Patzak/Volkmer Rn. 85.

168 **(bb) Tätigkeiten zu Hause.** Ebenso erfüllt es den Tatbestand, wenn der Täter während eines **Telefonats** mit einem Abnehmer **von zu Hause aus** (*Patzak* in Körner/Patzak/Volkmer Rn. 82; offengelassen in BGHR BtMG § 30a Abs. 2 Mitsichführen 2 (→ Rn. 131)) oder **während** des **Streckens, Portionierens** oder **Vorrätighaltens** (BGH NStZ 2012, 340 = StV 2012, 411; NStZ 2014, 166; NStZ-RR 2013, 150; StV 2018, 513 (→ Rn. 143)) in der Wohnung zugleich Betäubungsmittel und Schusswaffe verfügbar hält (BGHSt 43, 8 (→ Rn. 85)). Dass eine als Heroinhändler bekannte Person im Zusammenhang mit Rauschgiftgeschäften in ihrer Wohnung aufgesucht wird, lässt sich, soweit es um Kunden und Lieferanten geht, niemals ausschließen und ist, soweit es um die Polizei einschließlich ihrer Verdeckten Ermittler geht, zu hoffen. Es kann daher auch nicht darauf ankommen, dass der Täter **nicht von sich aus** in Kontakt zu Dritten tritt. Hat ein auf Umsatz bedachter Täter Betäubungsmittel und Schusswaffe zugleich verfügungsbereit, so treffen das Risiko der Entdeckung, die Bedürfnisse nach Sicherung des Stoffs und die im Waffenbesitz dokumentierte Gewaltbereitschaft des Täters in besonderer Weise zusammen (BGHSt 43, 8 (→Rn. 85)).

Etwas anderes soll dann gelten, wenn der bewaffnete Drogenhändler von zu **169** Hause aus mit dem Abnehmer telefonisch verhandelt, das **Rauschgift** aber von seinem unbewaffneten, **weit entfernten** Mittäter, der die Bewaffnung kennt und sie billigt, bereit gehalten und übergeben werden soll (BGH NJW 2002, 3116 = NStZ 2002, 600; *Oğlakcıoğlu* in Kotz/Rahlf BtMStrafR Kap. 3 Rn. 326). Überzeugend ist dies nicht, da sich auch hier nicht ausschließen lässt, dass der Händler von einem Lieferanten oder Abnehmer oder auch der Polizei, etwa nach einer Telefonüberwachung, aufgesucht wird und die Waffe dann zum Einsatz kommt; dies spricht auch gegen die von *Schmidt* (NJW 2013, 2865 (2867)) mitgeteilte Entscheidung des LG Berlin v. 5.2.2010).

(cc) Schlussphase. Der Tatbestand wird auch dann erfüllt, wenn der Täter die **170** Waffe in der Schlussphase des Geschäfts mit sich führt, und zwar auch dann, wenn das Grunddelikt (hier § 29a Abs. 1 Nr. 2) bereits vollendet war (BGH NStZ-RR 2014, 82; s. auch BGHR BtMG § 30a Abs. 2 Mitsichführen 2 (→Rn. 131)). Endpunkt ist erst die **Beendigung** (→ § 29 Rn. 628, 629; *Oğlakcıoğlu* in MüKoStGB Rn. 175), etwa das Verlassen der Wohnung mit dem Betäubungsmittel (BGH NStZ 2017, 714 = StV 2018, 513). Auch in einem solchen Falle wird das gesamte einheitliche Geschehen durch das Qualifikationsmerkmal geprägt, so dass eine Tat nach § 30a Abs. 2 Nr. 2 vorliegt; der bis dahin allein erfüllte Tatbestand des § 29a Abs. 1 Nr. 2 wird durch die Qualifikation des § 30a Abs. 2 Nr. 2 verdrängt (BGH NStZ 2017, 714 = StV 2018, 513).

Das Mitsichführen der Waffe (nur) **auf der Flucht** nach einem missglückten Ver- **171** such erfüllt den Tatbestand nicht, da hier bereits Beendigung eingetreten ist (BGHR BtMG § 30a Abs. 2 Mitsichführen 2 = NStZ 1997, 137; *Oğlakcıoğlu* in MüKoStGB Rn. 175). Zum Mitsichführen während der **Entsorgung von Cannabispflanzenabfällen** → Rn. 155.

(b) Bei den anderen Begehungsweisen. Auch in den Fällen des Einführens, **172** Ausführens und Sichverschaffens/Erwerbens (→ Rn. 84) erfüllt das Mitsichführen während der Vorbereitungshandlung den Tatbestand noch nicht (BGHR BtMG § 30a Abs. 2 Mitsichführen 2 = NStZ 1997, 137; s. auch BGHSt 31, 105 = NJW 1982, 2784 = NStZ 1982, 508 = StV 1982, 525). Zum Mitsichführen während eines **Versuchs** → Rn. 176, 177.

Am anderen Ende ist der Tatbestand des § 30a Abs. 2 Nr. 2 auch dann verwirk- **173** licht, wenn der Täter die Waffe **nach der Vollendung,** aber **vor der Beendigung** mit sich führt (BGH NStZ-RR 2017, 85; s. BGH NStZ 1995, 339 = StV 1996, 147; *Oğlakcıoğlu* in MüKoStGB Rn. 175; aA *Lackner/Kühl* StGB § 244 Rn. 2). Zur Beendigung bei den jeweiligen Delikten s. dort. Ist beim **Sichverschaffen** der Erwerb des Rauschgifts bereits **abgeschlossen** (die tatsächliche Verfügungsgewalt erlangt), so erfüllt ein sich daran anschließendes Mitsichführen der Waffe den Tatbestand nicht (BGH NStZ 2016, 421; NStZ-RR 2017, 85).

(c) (Teil-)Rücktritt. Trennt sich der Täter nach dem Eintritt des Versuchssta- **174** diums, aber noch vor der Vollendung von der Waffe, so hat er gleichwohl die Qualifikation verwirklicht (BGH NStZ 1984, 216 mablAnm *Zaczyk*) und ist nicht nur

BtMG § 30a   Sechster Abschnitt. Straftaten und Ordnungswidrigkeiten

wegen des Grunddelikts strafbar (aA Fischer StGB § 244 Rn. 29; *Eser/Bosch* in Schönke/Schröder StGB § 24 Rn. 113; *Lackner/Kühl* StGB § 24 Rn. 13). Ein Teilrücktritt von einer Qualifikation scheidet jedenfalls dann aus, wenn das Qualifikationsmerkmal bereits verwirklicht ist (BGHSt 51, 276 = NJW 2007, 1699 = NStZ 2007, 468 = StV 2007, 298 = JZ 2007, 1089 mAnm *Streng* = JR 2007, 481 mAnm *Schroeder*). Dies ist hier in aller Regel gegeben. Im Übrigen bestehen dagegen auch in kriminalpolitischer Hinsicht keine Bedenken, weil dem Täter das Wegwerfen der Waffe bei der Strafzumessung, für die gerade im Rahmen des § 30a erhebliche Spielräume bestehen, zugutekommt (*Patzak* in Körner/Patzak/Volkmer Rn. 97; *Oğlakcıoğlu* in MüKoStGB Rn. 218).

175   **D. Vorbereitung, Versuch, Vollendung, Beendigung.** Bestimmte Vorbereitungshandlungen sind nach § 30 StGB strafbar (→ Vor § 29 Rn. 207–240); erforderlich ist allerdings, dass der Beteiligte nicht lediglich als Gehilfe tätig werden will (→ Vor § 29 Rn. 220).

176   Strafbar ist auch der **Versuch** (§ 23 Abs. 1 StGB). Da § 30a Abs. 2 Nr. 2 einen mehrgliedrigen Tatbestand darstellt, beginnt der Versuch erst mit dem Ansetzen zur Tatbestandsverwirklichung im Ganzen (→ Vor § 29 Rn. 175). Der Umgang mit einer nicht geringen Menge und/oder das Mitsichführen einer Waffe führt daher erst dann zum Versuch des § 30a Abs. 2 Nr. 2, wenn auch in Bezug auf den Grundtatbestand, etwa das Handeltreiben oder die Einfuhr, ein unmittelbares Ansetzen vorliegt (→ Vor § 29 Rn. 175). Hinsichtlich des Mitsichführens ergeben sich dabei Besonderheiten aus der Anwendung dieses Merkmals (→ Rn. 131–174). Zum Teilrücktritt → Rn. 174.

177   Wird umgekehrt der erschwerende Umstand **erst nach Überschreiten** der Versuchsschwelle des Grundtatbestands verwirklicht, so beginnt der Versuch des qualifizierten Delikts erst mit dem unmittelbaren Ansetzen zur Erfüllung des letzten Qualifikationsmerkmals (→ Vor § 29 Rn. 175). Handelt es sich dabei um die nicht geringe Menge, so gelten → § 29a Rn. 178, 179 sinngemäß. Beim Mitsichführen ist auf die dort gegebenen Besonderheiten (→ Rn. 131–174) zu achten.

178   Im Übrigen gelten die allgemeinen Grundsätze. Auf die Ausführungen zu den **Grunddelikten** → § 29 Rn. 573–632 (Handeltreiben), → § 29 Rn. 882–921, 986, 989, 991, 993, 996 (Einführen), → Rn. 1038–1041 (Ausführen) und → Rn. 1274–1277 (Sichverschaffen/Erwerben (→ Rn. 84))) wird daher verwiesen.

179   Der Tatbestand wird auch dann erfüllt, wenn der Täter die Waffe oder den sonstigen Gegenstand zwar nach der **Vollendung,** aber noch vor der **Beendigung** mit sich führt (→ Rn. 170, 173).

180   **E. Täterschaft, Teilnahme.** Es gelten die Grundsätze, die für die **Beteiligung** im Rahmen einer **Bande** gelten (→ § 30 Rn. 29–33, 96–99) sowie die Regeln, die für die **Grunddelikte** (→ § 29 Rn. 633–823 (Handeltreiben), → § 29 Rn. 922–982, 985, 988, 990, 992, 995 (Einführen), → Rn. 1042 (Ausführen)) und → Rn. 1278 (Sichverschaffen/Erwerben (→ Rn. 84))) maßgeblich sind.

181   Eine nicht geringe Menge kann beim Handeltreiben (→ § 29a Rn. 181), sowie beim Ein- und Ausführen (→ § 30 Rn. 259, 260) auch dadurch erreicht werden, dass die **bei mehreren Tatbeteiligten** festgestellten Mengen **zusammengerechnet** werden. Nicht ohne weiteres möglich ist die Zusammenrechnung beim Sichverschaffen. Dieses setzt die Erlangung der tatsächlichen Verfügungsgewalt voraus (→ § 29 Rn. 1278). Grundsätzlich ist daher eine Beteiligung am Besitz erforderlich (→ § 29 Rn. 1263). Dasselbe gilt für den Erwerb (→ Rn. 84).

182   Das **Mitsichführen einer Waffe** ist ein tatbezogenes qualifizierendes Unrechtsmerkmal, das die Gefährlichkeit der Tat näher beschreibt und auf das § 28 StGB **nicht** anwendbar ist (BGHSt 43, 8 (→ Rn. 85); 48, 189 (→ Rn. 153); BGHR BtMG § 30a Abs. 2 Mitsichführen 1 = NStZ 1997, 16; 2 = NStZ 1997, 137; 6

Straftaten **§ 30a BtMG**

= NStZ 2000, 431 = StV 2000, 623; BGH NStZ-RR 2002, 277; StraFo 2008, 254; BGH BeckRS 2014, 1754). Es gilt daher die strenge Akzessorietät:

Zum Mitführen der Waffe durch einen **Mittäter** → Rn. 146–153. Ob in der 183 Übergabe einer Waffe Anstiftung (BGHSt 42, 368 (→ Rn. 105)), mittelbare Täterschaft oder Mittäterschaft zu sehen ist, richtet sich nach den allgemeinen Grundsätzen.

Für die **Teilnahme** gilt folgendes: führt der Haupttäter keine Waffe mit sich, so 184 ist § 30a Abs. 2 Nr. 2 auf ihn nicht anwendbar (BGH NStZ-RR 2017, 346). Da die Vorschrift das Mitsichführen der Waffe **durch den Täter** verlangt, kann auch der **bewaffnete Gehilfe** grundsätzlich (→ Rn. 185) nicht wegen Beihilfe zum bewaffneten Betäubungsmittelhandel, sondern nur wegen Beihilfe zum Grunddelikt bestraft werden (BGHR BtMG § 30a Abs. 2 Mitsichführen 1 = NStZ-RR 1997, 16; 6 = NStZ 2000, 431; BGH NStZ-RR 2002, 277; 2010, 254; 2017, 346; StV 2005, 558; StraFo 2008, 254; BGH BeckRS 2014, 1754), selbst wenn der Haupttäter die Bewaffnung des Gehilfen kannte (*Winkler* NStZ 2001, 301 (302)).

Etwas anderes kann in Betracht kommen, wenn der Gehilfe die Waffe mit Wissen 185 des Haupttäters **in dessen Gegenwart** führt. Dann wird in der Regel ein Ober- und Unterordnungsverhältnis mit den entsprechenden tatsächlichen Zugriffsmöglichkeiten des Täters bestehen (dazu → Rn. 148–152 (für die Mittäterschaft); s. auch BGHR BtMG § 30a Abs. 2 Mitsichführen 6 = NStZ 2000, 431, wo allerdings nur auf die Kenntnis des Haupttäters abgestellt wird). In einem solchen Fall macht sich der Täter nach § 30a Abs. 2 Nr. 2 strafbar; der Gehilfe ist wegen Beihilfe hierzu strafbar (*Kessler* NStZ 1996, 500). Andernfalls kann dem Gehilfen auch hier seine Bewaffnung betäubungsmittelrechtlich nicht zugerechnet werden (→ Rn. 182, 184). Der (bewaffnete) Gehilfe beim Handeltreiben kann allerdings **bei einer anderen Alternative** des § 30a Abs. 2 Nr. 2, etwa dem Einführen oder Ausführen, (Mit-)Täter sein, so dass die Vorschrift deswegen anzuwenden ist (BGH NStZ-RR 2002, 277).

F. Handeln im Ausland. Es gelten die Grundsätze, die für die **Grunddelikte** 186 maßgeblich sind → § 29 Rn. 824–826 (Handeltreiben), → Rn. 997–999 (Einführen), → Rn. 1043–1045 (Ausführen) und → Rn. 1279 (Sichverschaffen/Erwerb (→ Rn. 84)).

Soweit das **Weltrechtsprinzip** (§ 6 Nr. 5 StGB) eingreift (→ Vor § 29 Rn. 119– 187 134), weil das Betäubungsmittel entgeltlich in den Besitz eines anderen gebracht werden soll, also namentlich beim Handeltreiben, gilt ohne weiteres auch die Qualifikation des § 30a Abs. 2 Nr. 2. Da allein deutsches Recht maßgeblich ist, kommt es insoweit auf das Recht des Tatorts nicht an. Dies gilt allerdings nur für Handlungen, die dem Vertrieb dienen; andere scheiden auch im Falle der Tateinheit aus (→ Vor § 29 Rn. 134).

Greift das **Weltrechtsprinzip nicht** ein, etwa weil das Einführen, Ausführen 188 oder Sichverschaffen zum Eigenbedarf erfolgt ist, und ist deswegen auch das Recht des Tatorts zu berücksichtigen (§ 7 StGB), so reicht es aus, wenn am Tatort das Grunddelikt (unter irgendeinem rechtlichen Gesichtspunkt) strafbar ist. Trifft ein Tatbestand des Tatortrechts auf das Täterverhalten zu, so führt dies zur umfassenden Geltung aller Vorschriften des deutschen Strafrechts (→ Vor § 29 Rn. 142) und damit auch der Qualifikation.

G. Subjektiver Tatbestand. Die Strafbarkeit setzt Vorsatz (→ Vor § 29 189 Rn. 389–425) voraus. In den Fällen der Fahrlässigkeit kommt nur eine Bestrafung wegen fahrlässiger Verwirklichung eines Grunddelikts (§ 29 Abs. 1 S. 1 Nr. 1, Abs. 4) in Betracht.

I. Grundtatbestände. Der Vorsatz muss sich zunächst auf die Grundtatbestände 190 beziehen. Wegen der Einzelheiten wird insoweit auf → § 29 Rn. 827–830 (Han-

Maier 1137

deltreiben), → Rn. 1000–1004 (Einführen), → Rn. 1046–1049 (Ausführen) und → Rn. 1280–1282 (Sichverschaffen/Erwerben (→ Rn. 84)) Bezug genommen.

191 **II. Qualifikationsmerkmale.** Darüber hinaus muss sich der Vorsatz auf die Qualifikationsmerkmale erstrecken:

192 **1. Nicht geringe Menge.** Die nicht geringe Menge ist ein normatives Tatbestandsmerkmal (→ Vor § 29 Rn. 400, 401), bei dem die Parallelwertung in der Laiensphäre genügt (→ Vor § 29 Rn. 407, 408; *Oğlakcıoğlu* in MüKoStGB Rn. 179). Auf → § 29 a Rn. 188 wird Bezug genommen. Zum Irrtum → Rn. 31–34. Zur Zusammenrechnung oder Nichtzusammenrechnung bei mehreren Geschäften → § 29 a Rn. 175.

193 **2. Mitsichführen einer Schusswaffe oder eines sonstigen Gegenstandes.** Beim Mitsichführen einer Schusswaffe oder eines sonstigen Gegenstandes, der seiner Art nach zur Verletzung von Personen bestimmt und geeignet ist, müssen zum Vorsatz (→ Rn. 194) weitere subjektive Merkmale (→ Rn. 195, 196) hinzutreten:

194 **a) Vorsatz.** Der Begriff der Schusswaffe ist ein normatives Tatbestandsmerkmal. Es gilt dasselbe wie bei der nicht geringen Menge (→ Rn. 192). Bei den **sonstigen Gegenständen** muss der Täter die tatsächliche Beschaffenheit des Gegenstands kennen, sowie die Eignung zur Verletzung von Menschen. Sowohl bei Schusswaffen als auch bei den sonstigen Gegenständen muss der Täter wissen, dass sich die Waffe oder der Gegenstand in Griffnähe befindet.

195 **b) Weitere subjektive Merkmale.** Hinzutreten müssen weitere subjektive Merkmale, wobei in die Überzeugungsbildung hinsichtlich des Vorsatzes auch der Umstand einer Aufbewahrung unterschiedlicher Waffen und gefährlicher Gegenstände sowie von erheblichen Barmitteln einzubeziehen ist (BGH NStZ 2017, 714):

196 Sowohl bei Schusswaffen als auch bei sonstigen Gegenständen ist das **Bewusstsein** des Täters von der **Verfügbarkeit** über die Schusswaffe oder den sonstigen Gegenstand erforderlich (→ Rn. 134, 135). Betrifft beim Handeltreiben die Verfügbarkeit nicht das eigentliche Umsatzgeschäft, so ist der subjektive Tatbestand genau zu prüfen; dabei sind die Anforderungen umso höher, je ferner die Gefahr des Einsatzes liegt (BGH NStZ-RR 2013, 150).

197 Bei den sonstigen Gegenständen muss ferner die **Bestimmung durch den Täter** zur Verletzung von Personen hinzutreten (→ Rn. 119–124).

198 **III. Bedingter Vorsatz** (→ Vor § 29 Rn. 415–420) genügt (BGH NStZ 2017, 714 (→ Rn. 78); NStZ-RR 1997, 121; BayObLGSt 1990, 99). Er kann sich sowohl auf die Grundtatbestände als auch auf die Qualifikationsmerkmale beziehen. Auf → § 29 a Rn. 189 wird Bezug genommen. Zum Vorsatz in den Fällen, in denen dem Täter die Menge oder Wirkstoffmenge **gleichgültig** ist → § 29 a Rn. 190.

199 **IV. Unrechtsbewusstsein.** Hat der Täter die spezifische Rechtsgutsverletzung des Grunddelikts erkannt, so erstreckt sich sein Unrechtsbewusstsein auch auf die Qualifikation (→ Vor § 29 Rn. 445).

200 **V. Irrtum.** § 30 a Abs. 2 Nr. 2 ist eine mehrgliedrige Qualifikation. Ein Irrtum kann sich sowohl auf das jeweilige Grunddelikt als auch auf jedes oder auch auf beide Qualifikationsmerkmale beziehen.

201 **1. Grunddelikte.** Für den Irrtum bei den Grunddelikten wird auf die Ausführungen in → § 29 Rn. 831–840 (Handeltreiben), → Rn. 1005, 1006 (Einführen), → Rn. 1050, 1051 (Ausführen) und → Rn. 1283 (Sichverschaffen/Erwerben (→ Rn. 84)) Bezug genommen.

202 **2. Nicht geringe Menge.** Die nicht geringe Menge ist ein normatives Tatbestandsmerkmal (→ Rn. 192). Ein Tatbestandsirrtum ist daher nicht ausgeschlossen (dazu → Vor § 29 Rn. 433, 434).

Straftaten **§ 30a BtMG**

a) Irrtum über die Qualität, Scheindroge. Es gilt dasselbe wie im Fall der 203
Nr. 1; auf → Rn. 32 wird verwiesen.

b) Irrtum über die Art des Betäubungsmittels. Es gilt dasselbe wie bei § 29a 204
Abs. 1 Nr. 2 (→ § 29a Rn. 198). Zur Scheindroge beim Handeltreiben → Rn. 32.

c) Irrtum über die Grenze zur nicht geringen Menge. Auch hier gilt das- 205
selbe wie bei § 29a Abs. 1 Nr. 2 (→ § 29a Rn. 199).

3. Mitsichführen einer Schusswaffe oder eines sonstigen Gegenstandes. 206
Auch bei diesem Merkmal kann es zu einem Tatbestandsirrtum kommen (dazu
→ Vor § 29 Rn. 400, 401, 433, 434).

H. Konkurrenzen. S. zunächst die zusammenfassende Darstellung in → Vor 207
§ 29 Rn. 551–587, 671–724. Tateinheit kommt in Betracht mit Straftaten gegen
die **körperliche Unversehrtheit** oder gegen das **Leben** (BGH NJW 2015, 2898;
NStZ 2001, 493). Gegenüber der **Geldwäsche** (Verschleierung von Vermögenswerten) ist das Verbrechen des § 30a Abs. 2 Nr. 1 taugliche Vortat (§ 261 Abs. 1 S. 2
Nr. 1 StGB); auch kann es selbst eine Tathandlung des § 261 StGB sein (dazu → Vor
§ 29 Rn. 717–720).

Zu den Konkurrenzen beim Handeltreiben **durch Zahlungsvorgänge** → Vor 208
§ 29 Rn. 683–696. In Fällen des § 30a verbindet der Bandenhandel die im Rahmen
ein und desselben Güterumsatzes aufeinanderfolgenden Teilakte zu einer einzigen
Tat iS einer **Bewertungseinheit;** führt der Täter die Schusswaffe bzw. den Gegenstand bei einem Teilakt mit sich, so ist sein auf demselben Güterumsatz gerichtetes
Verhalten als unbewaffnetes Handeltreiben zu bewerten (BGH NStZ 2020, 45;
BeckRS 2019, 16113). Zwischen zwei Verbrechen des bewaffneten Handeltreibens
besteht **Tateinheit,** wenn das zum Handel bestimmte Rauschgift aus zwei Lieferungen **gemeinsam aufbewahrt** und dabei **dieselbe Waffe** bereitgehalten wird;
denn dies begründet eine teilweise Überschneidung der Ausführungshandlungen
(BGH NStZ-RR 2020, 48; 2019, 220; BeckRS 2017, 139530).

I. Sondervorschrift. Im Übrigen geht § 30a Abs. 2 Nr. 2 als Qualifikation den 209
allgemeineren Tatbeständen vor. So werden verdrängt § 29 Abs. 1 S. 1 Nr. 1 (BGH
NStZ-RR 2018, 617; BeckRS 2010, 27046), § 29a Abs. 1 Nr. 2 (BGH
BeckRS 2019, 24805) und § 30 Abs. 1 Nr. 4 (BGH NStZ-RR 2018, 217) vor.
Dies gilt für § 29 auch dann, wenn die Voraussetzungen eines Regelbeispiels vorliegen (→ § 29 Rn. 1976–1979, 2073 BGH BeckRS 2003, 4642); für die Strafbemessung innerhalb des Strafrahmens der Qualifikation behält das Regelbeispiel allerdings seine Bedeutung (→ § 29 Rn. 1979).

Das Qualifikationsmerkmal des Mitsichführens einer Schusswaffe **prägt das ge-** 210
samte einheitliche Tatgeschehen auch dann, wenn es nur bei einem einzelnen,
und sei es auch der letzte, auf Umsatz gerichteten Teilakt vorliegt; auch in diesem
Fall liegt eine Tat nach § 30a Abs. 2 Nr. 2 vor (BGHR BtMG § 30a Abs. 2 Mitsichführen 2 = NStZ 1997, 137; BGH BeckRS 2019, 16113; 2010, 18400).

1. Handeltreiben und Einfuhr. Neben bewaffnetem Handeltreiben ist, bezo- 211
gen auf dieselbe Rauschgiftmenge, eine Verurteilung wegen **bewaffneter Einfuhr**
schon nach dem Gesetzeswortlaut („ohne Handel zu treiben …") **nicht** möglich
(BGHR BtMG § 30a Abs. 3 Strafzumessung 1 = NJW 2003, 1679 = NStZ 2003,
440 = StV 2003, 285; § 30a Abs. 2 Gegenstand 5 = NStZ 2004, 111; BGH NStZ
2013, 663). **Tateinheit** besteht dagegen zwischen bewaffneter Einfuhr und **Bei-**
hilfe zum bewaffneten Handeltreiben (BGH BeckRS 2017, 119046).

Die Einfuhr bleibt auch dann ein unselbständiger Teilakt des Handeltreibens, 212
wenn der Täter **erst bei der Einfuhr** eine Waffe mit sich führt. Auch dann ist die
Einfuhr kein gesondert zu ahndendes Unrecht, so dass der Täter lediglich den Tat-

bestand des § 30a Abs. 2 Nr. 2 verwirklicht (BGH NStZ-RR 1997, 144; *Körner* StV 1998, 626 (630)).

213 Erhält der Beteiligte in Holland 2 kg Haschisch mit dem Auftrag, dieses gegen 250 EUR in Deutschland einzuführen, so liegt (täterschaftliche) **bewaffnete Einfuhr** in nicht geringer Menge vor, wenn er bei der Fahrt einen Elektroschocker mit sich führt; in Tateinheit damit steht **Beihilfe zum unerlaubten Handeltreiben** in nicht geringer Menge; seine eigene Bewaffnung bleibt nach → Rn. 182, 184 insoweit außer Betracht (BGH StraFo 2008, 254).

214 **2. Handeltreiben und Besitz.** Der unerlaubte Besitz von Betäubungsmitteln tritt zwar nicht hinter die Beihilfe zum unerlaubten Handeltreiben in nicht geringer Menge (→ § 29a Rn. 215), wohl aber hinter die bewaffnete Einfuhr in nicht geringer Menge zurück (BGH StraFo 2008, 254).

215 **II. Handeltreiben und Eigenverbrauch.** Verschafft sich (→ Rn. 84) der (bewaffnete) Täter Betäubungsmittel zum späteren Weiterverkauf oder führt er sie ein oder aus, so erfüllt dies hinsichtlich der erworbenen **Gesamtmenge** den Tatbestand des Handeltreibens, auch wenn er später einen Teil zum Eigenverbrauch abzweigt (→ § 29a Rn. 204).

216 War dagegen **von vornherein** ein Teil zum Handeltreiben und ein Teil zum Eigenverbrauch bestimmt, so richtet sich die rechtliche Einordnung nach den jeweiligen Einzelmengen (→ § 29a Rn. 205). Im Anschluss an → § 29a Rn. 206–212 ergeben sich dann für die Betäubungsmitteldelikte die folgenden Besonderheiten:

217 **1. Übersteigen des Grenzwertes in der Summe.** Führt der Täter insgesamt eine nicht geringe Menge Betäubungsmittel ein oder aus, von denen ein Teil zum Handeltreiben und ein Teil zum Eigenverbrauch bestimmt ist, oder verschafft (erwirbt) er sich eine solche Menge, gilt folgendes:

218 **a) Kleine Handelsmenge/große Eigenverbrauchsmenge.** Bleibt die Handelsmenge unter dem Grenzwert, während die Eigenverbrauchsmenge darüber liegt, so ist auf die Teilakte zurückzugehen, die den späteren Teilmengen noch gemeinsam waren, hier also auf das (bewaffnete) **Sichverschaffen/Erwerben** (→ Rn. 84) und das Ein- oder Ausführen in nicht geringer Menge; diese stehen wiederum in Tateinheit mit dem Handeltreiben nach § 29 Abs. 1 S. 1 Nr. 1 (BGH NStZ 2010, 224; BeckRS 2000, 30096191). Dagegen werden der Besitz (auch in nicht geringer Menge) und die Einfuhr (auch in nicht geringer Menge) von § 30a Abs. 2 Nr. 2 verdrängt (BGH NStZ 2010, 224).

219 **b) Große Handelsmenge/kleine Eigenverbrauchsmenge.** Liegt die Eigenverbrauchsmenge unter dem Grenzwert, während die Handelsmenge darüber liegt, so sind hinsichtlich der Eigenverbrauchsmenge Sichverschaffen/Erwerben (→ Rn. 84) und Einfuhr nach § 29 Abs. 1 S. 1 Nr. 1 gegeben; der Besitz wird verdrängt. In Tateinheit damit steht hinsichtlich der Handelsmenge das bewaffnete Handeltreiben in nicht geringer Menge; die anderen Teilakte des § 30a Abs. 2 Nr. 2 (Sichverschaffen (→ Rn. 84), Ein- oder Ausführen) gehen insoweit im Handeltreiben auf (→ Rn. 220).

220 **c) Große Handelsmenge/große Eigenverbrauchsmenge.** Übersteigen beide Mengen schon für sich den Grenzwert der nicht geringen Menge, so liegt hinsichtlich der Handelsmenge bewaffnetes unerlaubtes Handeltreiben in nicht geringer Menge vor; die anderen Teilakte des § 30a Abs. 2 Nr. 2 (Sichverschaffen/Erwerben (→ Rn. 84), Ein- oder Ausführen) gehen insoweit im Handeltreiben auf (BGH BeckRS 2000, 30096191). Hinsichtlich der Eigenverbrauchsmenge steht damit in Tateinheit das bewaffnete Sichverschaffen/Erwerben (→ Rn. 84) und Ein- oder Ausführen in nicht geringer Menge (BGH BeckRS 2000, 30096191); von diesen wiederum wird der Besitz (in nicht geringer Menge) verdrängt.

§ 30a BtMG

d) Kleine Handelsmenge/kleine Eigenverbrauchsmenge. Erreichen beide 221
Mengen für sich den Grenzwert nicht (wohl aber in der Summe), so ist auf die
Teilakte zurückzugehen, die den späteren Teilmengen noch gemeinsam waren,
hier also auf das bewaffnete Sichverschaffen/Erwerben (→ Rn. 84) und Ein- oder
Ausführen in nicht geringer Menge; dieses steht in Tateinheit mit dem Handeltreiben nach § 29 Abs. 1 S. 1 Nr. 1 (BGH BeckRS 2000, 30096191). Dagegen werden
der Besitz (auch in nicht geringer Menge) und die Einfuhr (auch in nicht geringer
Menge) von § 30a Abs. 2 Nr. 2 verdrängt.

2. Nichtübersteigen des Grenzwertes in der Summe. Liegt bereits die er- 222
worbene Gesamtmenge unter dem Grenzwert zur nicht geringen Menge, so liegt
betäubungsmittelrechtlich unerlaubtes Handeltreiben in Tateinheit mit unerlaubtem Erwerb und unerlaubter Ein- oder Ausfuhr vor (BGHR BtMG § 29 Abs. 1
Nr. 1 Konkurrenzen 5 = StV 2002, 255). Der unerlaubte Besitz wird von den anderen Begehungsweisen verdrängt (BGH BeckRS 2004, 4030 = StraFo 2004, 252).

3. Nicht aufklärbares Verhältnis. Das Gericht hat daher festzustellen, welcher 223
Anteil für den späteren Verkauf vorgesehen war (BGH BtMG § 29 Abs. 1 Nr. 1
Konkurrenzen 5 (→ Rn. 222); BGH BeckRS 2000, 30096191). Lässt sich das Verhältnis der Handelsmenge zur Eigenverbrauchsmenge nicht aufklären, so ist es unter
Beachtung des Zweifelssatzes zu schätzen (BGHR BtMG § 29 Abs. 1 Nr. 1 Konkurrenzen 5 = StV 2002, 255; *Winkler* NStZ 2001, 303) und notfalls zu verfahren
wie in → Rn. 218 (s. auch BGHSt 42, 123 (→ Rn. 78)).

III. Waffendelikte. → Vor § 29 Rn. 578–580. Am häufigsten trifft der bewaff- 224
nete Umgang mit Betäubungsmitteln mit dem **Besitz** einer halbautomatischen
Kurzwaffe (§ 52 Abs. 1 Nr. 2 Buchst. b, Anlage 2 Abschnitt 2 Unterabschnitt 1 S. 1,
Anlage 1 Abschnitt 1 Unterabschnitt 1 Nr. 2.3, 2.4 WaffG) oder einer vollautomatischen Selbstladewaffe (§ 51 Abs. 1 Anlage 2 Abschnitt 1 Nr. 1.2.1, Anlage 1
Abschnitt 1 Unterabschnitt 1 Nr. 2.3 WaffG) oder dem **Führen** solcher Waffen zusammen. Nach Anlage 1 Abschnitt 2 Nr. 2 WaffG besitzt eine Waffe, wer die tatsächliche Gewalt darüber ausübt (→ Rn. 225). Das Führen einer Waffe (Ausüben
der tatsächlichen Gewalt außerhalb einer Wohnung, Geschäftsräume oder eines befriedeten Besitztums des Täters (Anlage 1 Abschnitt 2 Nr. 4 WaffG)) ist nunmehr
auch in dem Verbrechenstatbestand des § 51 WaffG ausdrücklich genannt. Führen
und Besitz treffen (nur) dann tateinheitlich zusammen, wenn die Waffe außerhalb
und innerhalb der Wohnung geführt wird (BGH NStZ 2015, 529).

Das **Ausüben der tatsächlichen Gewalt** setzt eine gewisse, jederzeit zu realisie- 225
rende tatsächliche Herrschaftsmöglichkeit voraus (§ 854 Abs. 2 BGB); Absprachen,
die nicht von einer tatsächlichen Einwirkungsmöglichkeit begleitet sind, können
die tatsächliche Gewalt über eine Waffe weder begründen noch aufrechterhalten
(*Steindorf* WaffG § 1 Rn. 33). Zu dem objektiven Beherrschungsverhältnis muss der
Herrschaftswillen hinzutreten (*Steindorf* WaffG § 1 Rn. 35). Bei dem von § 30
Abs. 2 Nr. 2 geforderten Mitsichführen der Waffe (→ Rn. 132) sind Herrschaftsmöglichkeit und Herrschaftswillen kaum zweifelhaft.

Die Ausübung der tatsächlichen Gewalt über eine Waffe ist ein **Dauerdelikt** 226
(BGH NStZ 2012, 452; NStZ-RR 2003, 124; StV 1998, 594). Dasselbe gilt für
das **Führen** (BGH NStZ 2012, 452). Es gelten daher die Grundsätze, die für das
Zusammentreffen von Dauerdelikten mit anderen Straftaten maßgeblich sind
(→ Vor § 29 Rn. 574–586). Danach reicht bloße Gleichzeitigkeit nicht aus; notwendig ist, dass sich die Ausführungshandlungen decken (BGH NStZ-RR 2013,
82).

Beim **Mitsichführen** als einem bewussten Innehaben (→ Rn. 132) dürfte dies 227
gegeben sein, so dass dieselbe Handlung vorliegt (BGH 5 StR 189/94 für den
gleichzeitigen Transport von Rauschgift und einer Maschinenpistole im Koffer-

raum). In einem solchen Fall ist auch stets **Tateinheit** (und nicht Gesetzeskonkurrenz) gegeben, weil das Betäubungsmitteldelikt auch von jemandem begangen werden kann, der die Waffe erlaubt besitzt.

228 Das **Führen** einer Waffe ist ein **eigenhändiges Delikt**. Eine mittäterschaftliche Zurechnung ist daher nicht möglich (BGH NStZ 2010, 456).

229 Das **Überlassen** einer Waffe an einen Tatbeteiligten kann bereits ein Teilakt des Handeltreibens sein (→ § 29 Rn. 453), so dass der darin liegende Verstoß gegen das WaffG mit dem Handeltreiben in Tateinheit steht. Steht das unerlaubte Überlassen der Waffe mit den Tatbeständen des § 30a Abs. 1 und 2 Nr. 2 BtMG in Tateinheit, so gilt dies auch für die unerlaubte Ausübung der tatsächlichen Gewalt über die Waffe, die ihrerseits mit dem unerlaubten Überlassen rechtlich zusammen trifft (BGH StV 1997, 638).

230 Das **gleichzeitige** unerlaubte Ausüben der **tatsächlichen Gewalt** über **mehrere Waffen** hat, auch wenn sie nicht unter dieselbe Strafbestimmung fallen, zur Folge, dass die verschiedenartigen Verstöße gegen das Waffengesetz **tateinheitlich** zusammentreffen (BGH NStZ 2003, 124; NStZ-RR 2013, 82; 321; 2015, 188). Dies gilt auch dann, wenn die Waffen an unterschiedlichen Orten gelagert werden (BGH NStZ-RR 2015, 188; 2018, 359) oder wenn sie zu unterschiedlichen Zeitpunkten erworben wurden (*Heinrich* in MüKoStGB WaffG § 52 Rn. 157)). Der Erwerb und der Besitz aller Waffen wird zu einer **tateinheitlichen Dauerstraftat** nach dem Waffengesetz verbunden, deren Bindeglied der zeitgleiche Besitz der Waffen bildet (BGH NStZ 2003, 124; NStZ-RR 2013, 82). Dabei ist die Konkurrenzfrage losgelöst von der waffenrechtlichen Einordnung der einzelnen Waffen zu beantworten (BGH NStZ-RR 2003, 124). Tateinheit besteht auch zwischen dem Führen einer Waffe und dem Besitz an weiteren Waffen (BGH BeckRS 2015, 10169 = NStZ-RR 2016, 155 (red. Ls.)).

231 Dasselbe gilt für den **Erwerb und Besitz** mehrerer Waffen (BGH NStZ 1997, 446; NStZ-RR 2003, 124) oder für **Einfuhr und Besitz** (BGH NStZ 1984, 171); Bindeglied ist der zeitgleiche Besitz. Dies gilt auch beim Besitz von Waffen und Kriegswaffen (BGH NStZ 1997, 446) oder Waffen, die den äußeren Anschein einer Kriegswaffe hervorrufen (BGH NStZ-RR 2003, 124).

232 Das **Konkurrenzverhältnis** der waffenrechtlichen Dauerstraftat zu zeitgleich begangenen **Betäubungsmittelstraftaten** beurteilt sich nach den allgemeinen Grundsätzen (BGH NStZ-RR 2013, 82). Danach reicht die bloße Gleichzeitigkeit zur Annahme von **Tateinheit** nicht aus; vielmehr bedarf es eines funktionalen Zusammenhangs zwischen beiden Besitzlagen (BGH BeckRS 2020, 21332) und müssen die maßgeblichen Tatbestände wenigstens teilweise durch ein und dieselbe Handlung verwirklicht werden (→ Vor § 29 Rn. 672). Tateinheit zwischen Waffenbesitz und Betäubungsmittelstraftaten kann sich allerdings auch durch die Klammerwirkung eines dritten Delikts ergeben (→ Vor § 29 Rn. 698–700). Dies kommt bei dem Überlassen einer Schusswaffe gemäß § 52 Abs. 3 Nr. 5 WaffG (Hingabe von Waffen aus einer Waffensammlung als Entgeltsicherheit für erworbene Betäubungsmittel) in Betracht (BGH NStZ-RR 2013, 82).

233 **I. Strafzumessung.** Die Strafzumessung wird in Kapitel 4 (→ Rn. 234–289) behandelt.

Kapitel 4. Strafzumessung (Absatz 3 in Verbindung mit den Absätzen 1 und 2)

234 **A. Ausgangslage.** Der Vorgang der Strafzumessung lässt sich zweckmäßig in drei Schritte gliedern (→ Vor § 29 Rn. 736, 737). Dabei hat bei jedem Schritt eine **Gesamtwürdigung** stattzufinden (→ Vor § 29 Rn. 738).

Bei der **Gesamtwürdigung** darf nicht allein auf Einzelaspekte wie etwa die 235 mindere Gefährlichkeit der Bande, der Drogen oder der Waffe abgestellt werden (→ Vor § 29 Rn. 734; BGHR BtMG § 30 a Abs. 3 Strafzumessung 1 (→ Rn. 211)). Umgekehrt darf auch kein einseitiger Blick auf die Zahl und Art der mitgeführten Waffen geworfen werden und etwa die Art und Menge der Drogen außer Betracht bleiben (BGHR hält (BGHR § 30 a Abs. 2 Strafzumessung 1 = StV 2004, 603).

I. Erster Schritt: Strafrahmenwahl. Grundsätzlich ist der Strafrahmen maß- 236 geblich, der in der konkreten Strafvorschrift genannt ist (Normalstrafrahmen). Eine Änderung kann sich hier nur aus dem Vorliegen eines vertypten Milderungsgrundes ergeben; **vertypte Milderungsgründe** (→ Vor § 29 Rn. 750) sind die besonderen gesetzlichen Milderungsgründe, die nach § 49 Abs. 1 StGB zu einer Milderung des Strafrahmens führen oder führen können (→ Vor § 29 Rn. 752–780).

Anders ist dies, wenn das Gesetz auch einen Strafrahmen für einen **minder** 237 **schweren Fall** zur Verfügung stellt, wie dies bei Verbrechen die Regel ist (hier Absatz 3). In einem solchen Falle kann der Strafrahmen auf zweierlei Weise gemindert werden
– auf Grund des vertypten Milderungsgrundes,
– auf Grund des minder schweren Falles.

Ein minder schwerer Fall liegt vor, wenn das gesamte Tatbild einschließlich 238 aller subjektiven Momente und der Täterpersönlichkeit vom Durchschnitt der erfahrungsgemäß gewöhnlich vorkommenden Fälle in einem solch erheblichen Maße abweicht, dass die Anwendung des Ausnahmestrafrahmens geboten erscheint (→ Vor § 29 Rn. 785–791). Ob dies gegeben ist, ist auf der Grundlage einer **Gesamtwürdigung** (→ Rn. 235; → Vor § 29 Rn. 787–791) zu entscheiden, in die alle Umstände einzubeziehen sind, die für die Wertung der Tat und des Täters von Bedeutung sind (stRspr, → Vor § 29 Rn. 785 und als Beispiel für § 30 a BGH NStZ-RR 2019, 253). Ganz außergewöhnliche Umstände müssen nicht vorliegen.

Das **Tatbild eines minder schweren Falles,** dessen Vorliegen vorrangig zu 239 prüfen ist (zur zwingenden Prüfungsreihenfolge *Maier* in MüKoStGB § 46 Rn. 118 ff. mwN), kann sich danach ergeben,
– auf Grund eines oder mehrerer allgemeiner Strafmilderungsgründe (→ Vor § 29 Rn. 794–826),
– auf Grund eines oder mehrerer vertypter Milderungsgründe (→ Vor § 29 Rn. 752–780, 827–832) oder
– auf Grund eines Zusammentreffens von einem oder mehreren allgemeinen Strafmilderungsgründen mit einem oder mehreren vertypten Milderungsgründen (→ Vor § 29 Rn. 833–842).

Haben danach ein oder mehrere vertypte Milderungsgründe einen minder 240 schweren Fall begründet, so dürfen diese zwar zu einer weiteren Milderung des Strafrahmens nicht mehr herangezogen werden (§ 50 StGB), bleiben aber für die Strafzumessung ieS, wenn auch mit geringerem Gewicht, bedeutsam.

Durch das am 23.7.2009 in Kraft getretene G v. 17.7.2009 (BGBl. I S. 1990) 241 wurde die **Strafobergrenze** für den minder schweren Fall von fünf Jahren auf **zehn Jahre** Freiheitsstrafe angehoben. Damit sollte der Wertungswiderspruch beseitigt werden, dass etwa für einen bewaffneten Betäubungsmittelhandel in einem minder schweren Fall ein niedrigerer Strafrahmen zur Verfügung stand als für eine Tat, die ohne einen solchen erschwerenden Umstand begangen wurde; auch wurde ein überlappender Strafrahmen geschaffen, was die Strafzumessung erleichtert (BT-Drs. 16/12256, 61; BGHR BtMG § 30 a Abs. 3 Strafzumessung 1 = NStZ 2003, 440 = StV 2003, 285). Zur Sperrwirkung → 262, 263.

II. Zweiter Schritt: Strafzumessung im engeren Sinn. Ist der Strafrahmen 242 bestimmt, so erfolgt innerhalb der Eckpunkte, die durch ihn festgelegt wurden, die

BtMG § 30a   Sechster Abschnitt. Straftaten und Ordnungswidrigkeiten

Strafzumessung im engeren Sinn mit dem Ziel, innerhalb des Rahmens die nach Art und Maß schuldangemessene Strafe zu finden (→ Vor § 29 Rn. 850).

243 **III. Dritter Schritt: weitere Entscheidungen.** Der dritte Schritt betrifft ggf. die Strafaussetzung zur Bewährung, die Frage, ob Maßnahmen oder Maßregeln anzuordnen sind oder sonstige eher präventive Aspekte.

244 **B. Strafrahmenwahl.** Im Hinblick auf § 50 StGB, der zu einem **Verbrauch von vertypten Milderungsgründen** führen kann, ist ein bestimmter **Prüfungsablauf** zu beachten (→ Vor § 29 Rn. 833–842). Dabei ist es ist es zweckmäßig, mit der Prüfung der allgemeinen (unbenannten) Strafmilderungsgründe zu beginnen.

245 **I. Allgemeine Strafmilderungsgründe.** Bei der Prüfung, ob ein solcher Strafmilderungsgrund vorliegt, sind alle Gesichtspunkte heranzuziehen, auch diejenigen, die für die Strafzumessung im engeren Sinn maßgeblich sind (→ Vor § 29 Rn. 794). Sie sind damit nicht verbraucht (→ Vor § 29 Rn. 739, 740), wenn auch in ihrem Gewicht möglicherweise geändert (→ Vor § 29 Rn. 743).

246 Dabei ist zu berücksichtigen, dass **ein**, wenn auch gewichtiger, allgemeiner Strafmilderungsgrund **allein** in der Regel zur Begründung eines minder schweren Falles **nicht** genügt (→ Vor § 29 Rn. 795). Ein minder schwerer Fall kommt daher vor allem dann in Betracht, wenn die allgemeinen Strafmilderungsgründe **gehäuft** auftreten.

247 **1. Häufige Strafzumessungserwägungen im Betäubungsmittelstrafrecht.** Einige allgemeine Strafmilderungsgründe geben im Betäubungsmittelstrafrecht besonders häufig Anlass, die Frage eines minder schweren Falles zu prüfen. Sie gelten mehr oder minder für alle Betäubungsmittelstraftaten und sind in den → Vor § 29 Rn. 785–826 aufgeführt. Hinzu können weitere Umstände treten, die sonst für die Strafzumessung im engeren Sinn von Bedeutung sind (→ Rn. 245, 247–256).

248 **2. Zusätzliche Strafzumessungsgründe für Absatz 1, 2 Nr. 1, 2.** Für alle Tatbestände des Absatzes 1 kommen jeweils besondere Gesichtspunkte für die Strafzumessung in Betracht:

249 **a) Bei § 30a Abs. 1 (Bande, nicht geringe Menge).** Zusätzliche Gesichtspunkte können sich sowohl aus dem Bereich der bandenmäßigen Begehung als auch aus dem Bereich der nicht geringen Menge ergeben. Hinsichtlich der **bandenmäßigen Begehung** wird zunächst auf → § 30 Rn. 302–306 verwiesen. An die Annahme eines Normalfalles und die Ablehnung eines minder schweren Falls dürfen keine zu hohen Anforderungen gestellt werden; so kommt ein Normalfall nicht nur bei international organisierten Drogensyndikaten in Betracht, die Drogen nach Deutschland einschleusen, hier Absatzorganisationen aufbauen und für das Waschen und den Rückfluss der Gelder sorgen (BGH NStZ-RR 2014, 82).

250 Hinsichtlich der **nicht geringen Menge** wird auf → § 29a Rn. 237 Bezug genommen. Zwar schließt eine große Rauschgiftmenge die Anwendung des § 30a Abs. 3 nicht aus, doch ist zu beachten: je größer die Menge ist und je deutlicher die Grenze zur nicht geringen Menge überschritten wird, desto gewichtiger müssen die für einen minder schweren Fall herangezogenen Umstände sein (BGH BeckRS 2019, 16101; Detter NStZ 2002, 418). Auch ohne konkrete Feststellungen zum Wirkstoffgehalt des transportierten Rauschgifts kann ein minder schwerer Fall ausgeschlossen werden; so liegt die Verneinung eines minder schweren Falls etwa auf der Hand, wenn der Beteiligte ein Kilogramm Cocain sowie eine hohe Kaufgeldsumme jeweils über zwei Staatsgrenzen geschmuggelt hat (BGH BeckRS 2009, 27067).

251 **b) Bei § 30a Abs. 2 Nr. 1 (Bestimmen Minderjähriger).** Strafmildernd kann ins Gewicht fallen, dass die Initiative für die Tat von dem Minderjährigen ausgegan-

gen ist (BGHSt 45, 373 (→ Rn. 48)), dass es sich bei diesem um einen 16jährigen mit erheblichen Drogenerfahrungen handelte und dass das Bestimmen sich auf weiche Drogen in einer Menge bezog, die die nicht geringe Menge nicht erreichte. Sonst sind Gründe, die einen minder schweren Fall rechtfertigen können, angesichts der Verwerflichkeit der Tat wohl seltener als bei anderen Tatbeständen. Insbesondere sollten auch besondere Familienstrukturen keinen Milderungsgrund darstellen (aA *Patzak* in Körner/Patzak/Volkmer Rn. 51), da die Vorschrift auch dem Schutz des dort oft besonders gefährdeten Minderjährigen dient. Auch → § 29a Rn. 236.

c) Bei § 30a Abs. 2 Nr. 2 (Bewaffnung, nicht geringe Menge). Für die Strafrahmenwahl kommen vor allem auch die zu § 29a Abs. 1 Nr. 2 (→ § 29a Rn. 237) und zu § 30 Abs. 1 Nr. 4 (→ § 30 Rn. 309–317) genannten Umstände in Betracht. Hinzu kommen, wobei die Prüfung nicht darauf verengt werden darf (BGHR BtMG § 30a Abs. 3 Strafzumessung 1 (→ Rn. 211)), die spezifischen Gesichtspunkte, die sich aus dem Mitsichführen einer Waffe ergeben, zB deren Gefährlichkeit (BGHR BtMG § 30a Gegenstand 2 = NStZ 1996, 498: Schlagstock). So muss das Tatgericht etwa in seine Erörterungen einbeziehen, dass ein Baseballschläger aus Aluminium gegenüber einer Schusswaffe ein geringeres Gefährdungspotential aufweist (BGH NStZ-RR 2019, 253). Zu der in den Fällen des § 30a Abs. 2 Nr. 2 besonders bedeutsamen **Sperrwirkung** der Mindeststrafen zurücktretender oder idealkonkurrierender Gesetze → Rn. 262, 263; dort auch zum **Höchststrafrahmen**.

Generell ist ein minder schwerer Fall in Erwägung zu ziehen bei **extrem untypisch** gelagerten Fällen **mangelnder Gefährlichkeit** (BGH BeckRS 2005, 7127), wobei dies aber nicht nur auf die Bewaffnung zu beziehen ist, sondern eine Gesamtabwägung stattzufinden hat (*Schäfer/Sander/van Gemmeren* Strafzumessung Rn. 1773). Bei der Abwägung kann auch bedeutsam werden, dass nur eine abstrakte und keine konkrete Gefahr des Waffeneinsatzes bestand (BGH BeckRS 2018, 28287). Allein der Umstand, dass der Täter die Waffe **nicht eingesetzt** hat, stellt nur das Fehlen eines Schärfungsgrundes dar und begründet **keinen** minder schweren Fall (BGH NStZ 2020, 45); zulässig kann diese Erwägung im Zusammenhang mit dem vom Täter signalisierten Verzicht auf Widerstand und seiner Kooperationsbereitschaft sein (BGH NStZ-RR 2017, 117).

Auch bei einer besonders großen Handelsmenge von Heroin und der Tatbegehung unter Mitführung einer dem kriminellen Milieu entstammenden scharfen Waffe kann die Annahme eines minder schweren Falles nach § 30a Abs. 3 (gerade) noch im Rahmen des tatrichterlichen Ermessens liegen, wenn dem eine **außergewöhnliche Häufung** von Strafmilderungsgründen gegenübersteht, etwa wenn der Angeklagte nicht der eigentliche Initiator, Drahtzieher und Hauptnutznießer des Geschäfts war, es sich um ein von Anfang an polizeilich überwachtes und kontrolliertes Scheingeschäft gehandelt hat, der Angeklagte in allen wesentlichen Punkten geständig war und insbesondere auch Angaben zur Person und zum Verhalten des Hintermannes gemacht hat (BGH StV 1997, 638).

Ein minder schwerer Fall kann auch dann in Betracht kommen, wenn die Wirkstoffmenge bei Cannabis **nur geringfügig über der Grenzmenge** liegt, zumal wenn sich die Tat trotz der Mehrheit der Waffen (halbautomatische Selbstladekurzwaffe) und verbotenen Gegenstände eher im unteren Bereich denkbarer Fallgestaltungen hält (BGHR BtMG § 30a Abs. 2 Strafzumessung 1 = NStZ 2003, 440 = StV 2003, 285).

Trifft (wegen Eigenkonsum) **unerlaubter Besitz** mit bewaffnetem Handeltreiben zusammen, so muss berücksichtigt werden, dass der Schuldumfang sich auch danach bestimmt, dass der Besitz im Zusammenhang mit der Verfügbarkeit über eine Waffe nicht dem § 30a Abs. 2 Nr. 2 BtMG unterfällt (BGH BeckRS 2007, 16732).

BtMG § 30a Sechster Abschnitt. Straftaten und Ordnungswidrigkeiten

257 **II. Die allgemeinen Strafmilderungsgründe begründen noch keinen minder schweren Fall.** Reichen die allgemeinen Strafmilderungsgründe nicht aus, um einen minder schweren Fall zu begründen, so verbleibt es bei dem **Normalstrafrahmen** der konkreten Strafvorschrift.

258 **1. Hinzutreten eines oder mehrerer vertypter Strafmilderungsgründe.** Etwas anderes kommt dann in Betracht, wenn auch ein oder mehrere vertypte Milderungsgründe vorliegen. Diese können (→ Vor § 29 Rn. 827)
– nach § 49 Abs. 1 StGB zu einer Milderung des Normalstrafrahmens dienen,
– aber auch **allein** (→ Vor § 29 Rn. 818) oder **zusammen** mit anderen vertypten Strafmilderungsgründen oder mit einem oder mehreren allgemeinen Strafmilderungsgründen einen minder schweren Fall begründen; im Hinblick auf die regelmäßig geringere Schuld, die die vertypten Milderungsgründe indizieren (*Schäfer/Sander/van Gemmeren* Strafzumessung Rn. 922), wird dies nicht selten der Fall sein (→ Vor § 29 Rn. 752–780).

259 **2. Die Wahl durch das Gericht.** In einem solchen Fall steht das **Gericht vor der Wahl,** entweder gemäß § 49 Abs. 1 StGB den Normalstrafrahmen zu mindern oder den Strafrahmen der Vorschrift zum minder schweren Fall zu entnehmen (→ Vor § 29 Rn. 818–822). Im ersten Fall führt dies im Falle des § 30a Abs. 3 gemäß § 49 Abs. 1 Nr. 2, 3 StGB zu einem Strafrahmen von zwei Jahren bis zu elf Jahren drei Monaten Freiheitsstrafe (*Schäfer/Sander/van Gemmeren* Strafzumessung Rn. 918), im letzten zu einem Strafrahmen von sechs Monaten bis zu zehn Jahren Freiheitsstrafe.

260 **Die Wahl** ist auf der Grundlage einer **Gesamtwürdigung** aller für die Bewertung von Tat und Täter in Betracht kommenden Umstände zu treffen. Dabei müssen die Urteilsgründe erkennen lassen, dass sich das Gericht aller Möglichkeiten bewusst war (→ Vor § 29 Rn. 829–831, 842). Das Gericht ist nicht verpflichtet, den für den Täter günstigeren Strafrahmen zu wählen, wenn dies auch mehr veranlasst sein wird (→ Vor § 29 Rn. 830, 831); entscheidend ist letztlich, welcher Strafrahmen der für den konkreten Fall angemessene ist. Vorrangig ist zu prüfen, ob ein minder schwerer Fall bejaht werden kann.

261 **3. Verbrauch vertypter Strafmilderungsgründe, Sperrwirkung.** Wählt das Gericht nach →Rn. 259, 260 den Strafrahmen für den minder schweren Fall (Absatz 3), so sind die **vertypten Milderungsgründe,** die dazu beigetragen haben (→ Vor § 29 Rn. 835), nach § 50 StGB für die Strafrahmenwahl **verbraucht** (→ Vor § 29 Rn. 834). Dies gilt nicht für die Strafzumessung im engeren Sinn (→ Vor § 29 Rn. 834).

262 Noch **nicht verbrauchte** vertypte Milderungsgründe können nach § 49 Abs. 1 StGB zu **weiteren Milderungen** herangezogen werden (→ Vor § 29 Rn. 836). Der Strafrahmen reicht bei einer weiteren Milderung von einem Monat bis zu sieben Jahren sechs Monaten Freiheitsstrafe. Bei Tateinheit und bei Gesetzeskonkurrenz ist die **Sperrwirkung idealkonkurrierender** oder **zurücktretender** Gesetze zu berücksichtigen (→ Vor § 29 Rn. 702, 722, 723). Haben auch diese Sonderstrafrahmen und kommen diese im konkreten Fall in Betracht, so sind sie maßgeblich (→ Vor § 29 Rn. 702, 723).

263 Die **Sperrwirkung** ist den Fällen der § 30a Abs. 1 und Abs. 2 Nr. 2 von besonderer Bedeutung. Die geringere Gefährlichkeit der Bande oder der Waffe darf für sich allein nicht dazu führen, dass dem Täter ein geringerer **Mindeststrafrahmen** zugutekommt, als wenn überhaupt keine Bande vorgelegen hätte oder er keine Waffe mitsichgeführt hätte, es sei denn, dass auch hinsichtlich dieser Gesetze ein minder schwerer Fall vorliegt (BGHR BtMG § 30a Abs. 3 Strafzumessung 1 = NStZ 2003, 440; BGH NStZ 2011, 98 = StV 2010, 685; NStZ-RR 2009, 214; 2015, 144; *Katholnigg* GA 1999, 500 (502)). Liegt ein Fall des § 30a Abs. 3 vor, jedoch kein minder schwerer Fall des § 29a Abs. 2, so entfaltet der im Wege der Gesetzeskonkurrenz verdrängte § 29a Abs. 1 – nach Entscheidungen des 1., 2. und 4. Strafsenats des BGH – aber **nur bzgl. der Mindeststrafe** eine Sperrwirkung, die Strafobergrenze richtet sich nach dem für den Schuldspruch maßgeblichen § 30a Abs. 3 (BGH BeckRS 2019, 26473 mwN; 2017, 134280; NStZ-RR 2018, 217; wohl auch der 5. Strafsenat BeckRS 2019, 24805). Wird § 29a Abs. 2 bejaht, so entfällt die Sperrwirkung und es bleibt beim Strafrahmen des § 30a Abs. 3 (BGH BeckRS 2020, 10625). Die – nicht entscheidungstragende – Gegenauffassung des 3. Strafsenats (BeckRS 2017, 127528; Ls. NStZ-RR 2017, 377), wonach – sofern kein minder schwerer Fall nach § 29a Abs. 2 anzunehmen ist – insgesamt der Strafrahmen des § 29a Abs. 1 maßgeblich sein soll, hat sich nicht durchgesetzt und wurde aufgegeben (NStZ 2021, 52); gegen sie spricht, dass sie zu einem nicht notwendigen Auseinanderdriften des Strafrahmens der für den Schuldspruch maßgeblichen Vorschrift und dem anzuwendenden Strafrahmen führen kann (auch → Vor § 29 Rn. 723). Die zu vergleichenden Mindeststrafen verlangen eine konkrete Betrachtung, sodass Milderungsgründe wie z. B. § 27 Abs. 2 StGB bei den zu vergleichenden Strafrahmen jeweils zu berücksichtigen sind (BGH BeckRS 2020, 25870).

4. Verbleiben beim Normalstrafrahmen. Reicht auch der vertypte Milderungsgrund allein oder zusammen mit den anderen Umständen nicht aus oder trifft das Gericht keine entsprechende Wahl (→ Rn. 259, 260), so **verbleibt** es bei der Anwendung des § 49 Abs. 1 StGB auf den **Normalstrafrahmen** (→ Vor § 29 Rn. 841). 264

III. Die allgemeinen Strafmilderungsgründe führen bereits zu einem minder schweren Fall. Reichen die allgemeinen Strafmilderungsgründe aus, um einen minder schweren Fall (Absatz 2) zu begründen, so muss oder kann dieser nach § 49 Abs. 1 StGB **weiter gemildert** werden, wenn ein oder mehrere vertypte Milderungsgründe vorliegen (→ Vor § 29 Rn. 836, 838). Auf die **Sperrwirkung** idealkonkurrierender oder zurücktretender Gesetze (→ Rn. 262, 263) ist dabei zu achten. 265

C. Strafzumessung im engeren Sinn. Nach der Bestimmung des Strafrahmens ist innerhalb der Eckpunkte, die durch ihn festgelegt werden, die nach Art und Maß schuldangemessene Strafe zu finden (*Schäfer/Sander/van Gemmeren* Strafzumessung Rn. 886). Dabei sind die Umstände, die zur Wahl des Strafrahmens herangezogen wurden, noch einmal heranzuziehen (→ Vor § 29 Rn. 740, 794, 897–899). Sie sind damit nicht verbraucht, wenn auch in ihrem Gewicht möglicherweise geändert (→ Vor § 29 Rn. 743, 897). Die für die Strafzumessung im engeren Sinne maßgebenden Gesichtspunkte sind umso eingehender darzulegen, je mehr die Strafe sich den Rändern des Strafrahmens nähert (BGH StV 1991, 396). 266

I. Strafzumessungserhebliche Umstände im Allgemeinen. Dazu → § 29 Rn. 127. 267

II. Häufige Strafzumessungserwägungen im Betäubungsmittelstrafrecht. Bestimmte Umstände sind bei der Strafzumessung im engeren Sinn im Betäubungsmittelstrafrecht besonders häufig heranzuziehen. Sie gelten mehr oder minder für alle Betäubungsmittelstraftaten und sind in den → Vor § 29 Rn. 938–1156 näher erläutert. 268

III. Zusätzliche Strafzumessungsgründe. Für alle Alternativen des Absatzes 1 kommen jeweils besondere Gesichtspunkte für die Strafzumessung in Betracht, die sich vor allem aus der Funktion des Tatbestands ergeben. 269

1. Bei § 30a Abs. 1 (Bande, nicht geringe Menge). Zusätzliche Gesichtspunkte können sich sowohl aus dem Bereich der bandenmäßigen Begehung als auch aus dem Bereich der nicht geringen Menge ergeben. 270

271 **a) Strafschärfend.** In strafschärfender Hinsicht kann für den Bereich der bandenmäßigen Begehung auf → § 30 Rn. 331–334 und für den Bereich des Handeltreibens und der nicht geringen Menge auf → § 29a Rn. 256–270 verwiesen werden.

272 **b) Strafmildernd** können namentlich die in → § 30 Rn. 335 und → § 29a Rn. 271 genannten Umstände herangezogen werden.

273 **2. Bei § 30a Abs. 2 Nr. 1 (Bestimmen Minderjähriger).** Als zusätzliche Gesichtspunkte kommen in Betracht:

274 **a) Strafschärfend.** Strafschärfend können die Umstände herangezogen werden, die in Art. 3 Abs. 5 ÜK 1988 genannt sind (→ § 29a Rn. 251, mit Ausnahme des Buchst. f in der Form des Benutzens eines Minderjährigen (§ 46 Abs. 3 StGB).

275 **Straferschwerend** kann auch berücksichtigt werden, wenn der Täter den Minderjährigen süchtig gemacht hat oder wenn er ein Abhängigkeits-, Ausbildungs- oder Betreuungsverhältnis **ausgenutzt hat** (→ § 29a Rn. 252, 253). Auch sonst kann sich strafschärfend auswirken, wenn der Täter als Angehöriger, Erzieher, Lehrer oder sonstiger Betreuer eine **besondere Verantwortung** für den Minderjährigen trug. Je ferner der Minderjährige von der Drogenszene war, desto verwerflicher ist die Tat (*Patzak* in Körner/Patzak/Volkmer Rn. 50).

276 Straferschwerungsgründe können auch die **Art und Weise des Bestimmens** sein, zB die Verharmlosung von Gefahren und Risiken oder das Winken mit hohem Gewinn. Ebenso können die negativen **Folgewirkungen der Tat** strafschärfend ins Gewicht fallen, zB Verletzungen, Haft, Beginn einer Drogensucht oder Einstieg ins kriminelle Milieu.

277 **b) Strafmildernd** können namentlich die in → Rn. 251 genannten Gesichtspunkte herangezogen werden. Bei besonderen Umständen kann auch eine aussetzungsfähige Gesamtstrafe in Betracht kommen (BGH NStZ-RR 2008, 288). Sind die Taten Bestandteil einer Tatserie, mit der der Täter bereits vor dem Erreichen des 21. Lebensjahres begonnen hatte (als er noch nicht Täter des § 30a Abs. 2 Nr. 1 sein konnte), so kann dies zu einer milderen Beurteilung führen; werden Taten gleichförmig **in Serie** begangen, kann sich daraus eine Verminderung des Schuldgehalts der Folgetaten ergeben, wenn auf Grund des inneren Zusammenhangs auf eine herabgesetzte Hemmschwelle geschlossen werden kann (BGHR StGB § 46 Abs. 2 Tatumstände 8; BGH BeckRS 2012, 3860).

278 **3. Bei § 30a Abs. 2 Nr. 2 (Bewaffnung, nicht geringe Menge).** Zusätzliche Gesichtspunkte können sich sowohl aus dem Bereich der nicht geringen Menge als auch dem Mitsichführen einer Schusswaffe oder eines sonstigen Gegenstands, der zur Verletzung einer Person geeignet und bestimmt ist, ergeben. Gegen § 46 Abs. 3 StGB verstößt es, wenn das Gericht die Einsatzbereitschaft der Waffe (BGH BeckRS 2005, 7127) oder die besondere Gefährlichkeit des bewaffneten Handeltreibens (BGH BeckRS 2010, 20289) strafschärfend berücksichtigt.

279 **a) Strafschärfend** können zunächst die Gesichtspunkte herangezogen werden, die in Art. 3 Abs. 5 ÜK 1988 genannt sind (→ Rn. 274). Dazu gehört der **Gebrauch** von Waffen (Buchst. d; BGH NStZ-RR 2004, 90), auch durch bloßes Vorzeigen (*Schäfer/Sander/van Gemmeren* Strafzumessung Rn. 1769); da § 30a Abs. 2 Nr. 2 den **Einsatz** der Waffe nicht voraussetzt, verstößt die Berücksichtigung nicht gegen § 46 Abs. 3 StGB. Dasselbe gilt für das **ständige Mitsichführen,** da der Tatbestand schon durch das Mitführen bei einer Gelegenheit erfüllt ist (*Schäfer/Sander/van Gemmeren* Strafzumessung Rn. 1769). Auch sonst können sich aus den Umständen, die das Mitsichführen einer Waffe im Einzelfall prägen, namentlich deren **Gefährlichkeit** (zB Maschinenpistole), Strafschärfungsgründe ergeben.

Hat sich die unter die erhöhte Strafdrohung gestellte **abstrakte Gefahr verwirklicht,** so darf diese Auswirkung dem Täter nur zur Last gelegt werden, wenn sie von ihm auch verschuldet wurde; daran fehlt es bei einem Messereinsatz in Putativnotwehr (BGH NStZ-RR 2004, 90 = StraFo 2004, 27) oder bei einer Tötung in Notwehr (BGH NStZ 2002, 313 = StV 2002, 254). **280**

Strafschärfend darf berücksichtigt werden, dass der Täter zwei Schusswaffen griffbereit zur Verfügung hatte (BGHR BtMG § 30a Abs. 2 Mitsichführen 8 = NStZ 2007, 533; *Schäfer/Sander/van Gemmeren* Strafzumessung Rn. 1771). **281**

Für die strafschärfenden Umstände, die sich aus dem Bereich der **nicht geringen Menge** ergeben, wird auf → § 29a Rn. 255–270 sowie → § 30 Rn. 343–348 verwiesen. **282**

b) **Strafmildernd** können namentlich die in → Rn. 252–256 genannten Gesichtspunkte ins Gewicht fallen. Zusätzliche Gesichtspunkte können sich sowohl aus dem Bereich der nicht geringen Menge, namentlich wenn die Wirkstoffmenge den Grenzwert nur unwesentlich überschreitet (BGHR BtMG § 30a Abs. 2 Strafzumessung 1 (→ Rn. 211)), als auch der Umstände des Mitsichführens einer Schusswaffe oder eines sonstigen Gegenstands, der zur Verletzung einer Person geeignet und bestimmt ist, ergeben. **283**

Zum Zusammentreffen von **unerlaubtem Besitz** und bewaffnetem Handeltreiben → Rn. 256 sowie BGHSt 52, 89 (→ Rn. 89). **284**

Sollte nach den Regeln der Strafzumessung ausnahmsweise eine **kurze Freiheitsstrafe** im Raume stehen, so ist die **Strafart** zu wählen (→ Vor § 29 Rn. 1159–1171). **285**

D. Weitere Entscheidungen. Sodann sind die weiteren Entscheidungen zu treffen: **286**

I. Strafaussetzung zur Bewährung. Dazu gehören insbesondere die Frage der Strafaussetzung zur Bewährung (→ Vor § 29 Rn. 1177–1237). Hierbei sind im Wesentlichen präventive Aspekte zu berücksichtigen. Dabei können alle Umstände, die schon bei der Strafrahmenwahl und der Strafzumessung im engeren Sinn gewertet wurde, noch einmal berücksichtigt werden (*Schäfer/Sander/van Gemmeren* Strafzumessung Rn. 888, 889). **287**

II. Maßnahmen. Weitere Entscheidungen betreffen die freiheitsentziehenden Maßregeln der Besserung und Sicherung (→ Vor § 29 Rn. 1299–1506), die Führungsaufsicht (§ 34) und den Entzug der Fahrerlaubnis durch die Strafgerichte → Vor § 29 Rn. 1507–1591. Zur Einziehung der Betäubungsmittel → § 33 Rn. 410–426. Zur Einziehung im Übrigen s. die (sonstigen) Erläuterungen zu § 33. **288**

E. Anwendung des Jugendstrafrechts → Vor § 29 Rn. 1672–1771. **289**

§ 30b Straftaten

§ 129 des Strafgesetzbuches gilt auch dann, wenn eine Vereinigung, deren Zwecke oder deren Tätigkeit auf den unbefugten Vertrieb von Betäubungsmitteln im Sinne des § 6 Nr. 5 des Strafgesetzbuches gerichtet sind, nicht oder nicht nur im Inland besteht.

Übersicht

		Rn.
A.	Einführung	1
B.	Völkerrechtliche Grundlagen	5
C.	Tathandlungen	6
	I. Vereinigung	7

BtMG § 30b   Sechster Abschnitt. Straftaten und Ordnungswidrigkeiten

	Rn.
II. Gerichtet auf den unbefugten Vertrieb	15
1. Unbefugter Vertrieb	16
2. Gerichtet	17
3. Auf die Begehung von Straftaten	20
III. Gründen	22
IV. Sich Beteiligen als Mitglied	23
V. Werben	26
VI. Unterstützen	27
VII. Folgen für die Einzeltaten	29
D. Vorbereitung, Versuch, Vollendung, Beendigung	30
E. Täterschaft, Teilnahme	32
F. Handeln im Ausland	33
G. Subjektiver Tatbestand	34
H. Konkurrenzen	36
I. Strafzumessung	40
J. Gerichtliche Zuständigkeit	43

A. Einführung

1   Die 1992 eingefügte Vorschrift stellt selbst keinen Straftatbestand dar, sondern **erweitert den Anwendungsbereich des § 129 StGB** auf den unbefugten Vertrieb von Betäubungsmitteln auch dann, wenn die Vereinigung nicht oder nicht nur im Inland besteht. Sie enthält damit eine Strafausdehnung, die darauf beruht, dass § 129 StGB nach dem völkerrechtlichen Grundsatz der Nichteinmischung und aus praktischen Gründen nur kriminelle Vereinigungen erfasst, die zumindest in der Form einer **Teilorganisation** auch im Inland bestehen (BGHSt 30, 328 = NJW 1982, 530 = NStZ 1982, 198 mAnm *Rudolphi*). Dass die kriminelle Vereinigung aus deutschen Staatsangehörigen besteht oder dass einige Mitglieder in Deutschland ihren Wohnsitz haben, ohne dort eine (Teil-)Organisation zu bilden, reicht zur Anwendung des § 129 StGB nicht aus (BGHSt 30, 328).

2   Beim illegalen Verkehr mit Betäubungsmitteln führte dies zu einer **Lücke** bei der Strafverfolgung, sodass es den Mitgliedern internationaler Rauschgiftorganisationen noch Ende der 80er Jahre des letzten Jahrhunderts möglich war, Deutschland als Ruheraum zu benutzen oder hier unbehelligt von den Strafverfolgungsbehörden ihre Verbindungen aufzubauen. Erst wenn der Anfangsverdacht einer konkreten Tat gegeben war, konnte die Strafverfolgung einsetzen. Mit dem durch das OrgKG eingeführten § 30b wurde diese Lücke geschlossen. Mittlerweile gilt § 129 StGB auch für **Vereinigungen in der EU** und unter bestimmten Voraussetzungen auch für Vereinigungen im übrigen Ausland (§ 129b Abs. 1 StGB).

3   Durch **Gesetz v. 17.7.2017** (BGBl. I S. 2440) wurde § 129 StGB, auf den § 30b verweist, **grundlegend geändert.** Ziel war die Anpassung des deutschen Begriffs der kriminellen Vereinigung an den Rahmenbeschluss 2008/841/JI v. 22.10.2008 (ABl. 2008 L 300, S. 42).

Nach **Art. 1 Nr. 1 des Rahmenbeschlusses** bezeichnet der Begriff kriminelle Vereinigung
– einen auf längere Dauer angelegten organisierten Zusammenschluss
– von mehr als zwei Personen,
– die mit dem Ziel, sich unmittelbar oder mittelbar einen finanziellen oder sonstigen materiellen Vorteil zu verschaffen,
– in Verabredung handeln,
– um Straftaten zu begehen, die mit einer Freiheitsstrafe oder einer freiheitsentziehenden Maßregel der Besserung und Sicherung im Höchstmaß von mindestens vier Jahren oder einer schwereren Strafe bedroht sind.

Nach **Art. 1 Nr. 2 des Rahmenbeschlusses** ist ein **organisierter Zusammenschluss** definiert als ein
- Zusammenschluss, der nicht zufällig zur unmittelbaren Begehung eines Verbrechens gebildet wird und der
- auch nicht notwendigerweise förmlich festgelegte Rollen für seine Mitglieder, eine kontinuierliche Mitgliedschaft oder eine ausgeprägte Struktur hat.

Dagegen verstand die **Rechtsprechung** (grundlegend BGHSt 31, 202 = NJW 1983, 1334 = NStZ 1983, 365 = StV 1983, 197; BGHSt 54, 69 (107) = NJW 2009, 3448 = NStZ 2010, 44 = StV 2009, 675; zuletzt BGH NJW 2015, 1540) unter einer Vereinigung iSd § 129 StGB nur
- den auf gewisse Dauer angelegten organisatorischen Zusammenschluss
- von mindestens drei Personen,
- die bei Unterordnung des Willens des Einzelnen unter den Willen der Gesamtheit
- gemeinsame Zwecke verfolgen und
- unter sich derart in Beziehung stehen, dass sie sich untereinander als einheitlicher Verband fühlen.

„Zur sachgerechten Einschränkung" der infolgedessen ausgeweiteten Vorfeldstrafbarkeit sieht das Gesetz v. 17.7.2017 vor, dass die Vereinigung auf Straftaten gerichtet sein muss, die im **Höchstmaß** mit Freiheitsstrafe von mindestens zwei Jahren bedroht sind. Beim Vertrieb von Betäubungsmitteln ist dies stets gegeben. Außerdem wird bei den Strafandrohungen zwischen der **Gründung** einer kriminellen Vereinigung und der **Mitgliedschaft** in ihr einerseits (§ 129 Abs. 1 S. 1 StGB) und der **Werbung** für sie und ihre **Unterstützung** andererseits (§ 129 Abs. 1 S. 1 StGB) differenziert.

Die **praktische Bedeutung** des § 30b darf wie bei § 129 StGB nicht an der Zahl 4 der Verurteilungen gemessen werden. Angesichts ihres niedrigen Strafrahmens (Geldstrafe oder Freiheitsstrafe bis zu fünf/drei Jahren) hat die Vorschrift ihr Schwergewicht im Ermittlungsverfahren (*Franke/Wienroeder* Rn. 1, 5), wo sie die wesentlichen Ermittlungsmöglichkeiten (zB § 98a S. 1, § 100a Abs. 2 Nr. 7 Buchst. b, § 110a Abs. 1 StPO) eröffnet (*Kotz* in MüKoStGB Rn. 6; *Franke/Wienroeder* Rn. 5).

B. Völkerrechtliche Grundlagen

Die Vorschrift findet eine Grundlage in Art. 3 Abs. 1 c Ziffer iv, Abs. 5 Buchst. b 5 ÜK 1988.

C. Tathandlungen

Tathandlungen sind 6
- die Gründung einer kriminellen Vereinigung oder die Beteiligung an einer solchen (§ 129 Abs. 1 S. 1 StGB) oder
- die Unterstützung einer solchen Vereinigung oder das Werben für sie um Mitglieder oder Unterstützer (§ 129 Abs. 1 S. 2 StGB).

Der Strafrahmen reicht in den Fällen des § 129 Abs. 1 S. 1 bis zu fünf Jahren Freiheitsstrafe, in den Fällen des § 129 Abs. 1 S. 2 StGB bis zu drei Jahren Freiheitsstrafe.

I. Vereinigung. Der Begriff der Vereinigung ist nunmehr in § 129 Abs. 2 StGB 7 **gesetzlich definiert.** Danach ist eine Vereinigung ein auf längere Dauer angelegter, von einer Festlegung von Rollen der Mitglieder, der Kontinuität der Mitgliedschaft und der Ausprägung der Struktur unabhängiger organisierter Zusammenschluss von mehr als zwei Personen zur Verfolgung eines übergeordneten gemeinsamen Interesses (BT-Drs. 18/11275, 11). Diese komplizierte Regelung, bei der die kriminelle Vereinigung letztlich durch Merkmale definiert wird, die **nicht** vorliegen müssen, zeigt, wie schwierig es ist, wenn der Gesetzgeber auf Rechtsprechung reagieren muss. In einer etwas übersichtlicheren Form lässt sich die Regelung wie folgt darstellen:

„**Eine Vereinigung** ist ein auf längere Dauer angelegter
- von
  - einer Festlegung von Rollen der Mitglieder,
  - der Kontinuität der Mitgliedschaft und
  - der Ausprägung der Struktur
- unabhängiger

organisierter Zusammenschluss von mehr als zwei Personen zur Verfolgung eines übergeordneten gemeinsamen Interesses"

8 Durch die ausdrückliche **gesetzliche Festlegung,** wonach eine Vereinigung auch dann vorliegt, wenn es an einer förmlichen Festlegung von Rollen für ihre Mitglieder, an der Kontinuität ihrer Mitgliedschaft oder an einer bestimmten Ausprägung ihrer Struktur fehlt, unterscheidet sich die Vereinigung neuen Rechts von der Vereinigung in der Auslegung durch die bisherige Rechtsprechung (BGH NStZ-RR 2018, 206; BT-Drs. 18/11275, 11).

9 Dadurch **verringern sich die Anforderungen** an die Organisationsstrukturen und die Willensbildung der Vereinigung. Es bedarf keiner solch ausgeprägten „Gruppenidentität" mehr, wie sie die Rechtsprechung (BGHSt 54, 69 (109) = NJW 2009, 3448 = NStZ 2010, 44 = StV 2009, 675; BGH NJW 2010, 1979; 2012, 325) vor der Gesetzesänderung verlangte. Damit erfasst § 129 StGB nunmehr nicht nur **Personenzusammenschlüsse,** deren Mitglieder sich untereinander **als einheitlicher Verband** fühlen, sondern **auch hierarchisch organisierte Gruppierungen** mit bloßer Durchsetzung eines autoritären Anführerwillens ohne „Gruppenidentität" (BGH NStZ-RR 2018, 206 unter Hinweis auf BT-Drs. 18/11275, 11).

10 Dennoch erfordert eine Vereinigung **mehr als eine bloß lose Übereinkunft** von mindestens drei Personen, miteinander bestimmte Straftaten begehen zu wollen (→ Rn. 21). Dies entspricht dem Rahmenbeschluss, der Zusammenschlüsse, die sich zufällig zur unmittelbaren Begehung einer Straftat bilden, aus dem Tatbestand ausscheidet und damit auch ein gewisses Maß an Organisation, Vorausplanung und Willensbildung bzw. Koordinierung voraussetzt (BT-Drs. 18/11275, 7, 11).

11 Die Vereinigung ist ein **organisierter Zusammenschluss**. Dies erfordert zumindest eine gewisse Organisationsstruktur sowie in gewissem Umfang instrumentelle Vorausplanung und Koordinierung (BT-Drs. 18/11275, 11). Notwendig ist ferner das Tätigwerden in einem übergeordneten gemeinsamen Interesse (BGH NStZ-RR 2018, 206, aktuelle Rspr. zusammenfassend *Gericke/Moldenhauer* NStZ 2020, 329).

12 **Von der Bande** (→ § 30 Rn. 13) unterscheidet sich die Vereinigung danach durch eine, möglicherweise nur rudimentäre, Organisationsstruktur und die Verfolgung eines übergeordneten gemeinsamen Interesses.

13 Bei Vereinigungen, die sich mit dem **internationalen Rauschgifthandel** befassen, ist eine solche **Organisationsstruktur** in aller Regel gegeben (→ Rn. 17). Ohne eine gewisse Organisation lassen sich die Abläufe, die der Erwerb, Transport, namentlich über Kontinente, und Verkauf von Rauschgift erfordern, nicht bewerkstelligen.

14 Die Verfolgung eines **übergeordneten gemeinsamen Interesses** ist insbesondere dann nicht zweifelhaft, wenn die Merkmale der Organisierten Kriminalität (→ Einl. Rn. 19, 20) vorliegen (s. BT-Drs. 18/11275, 11). Aber auch wenn das nicht gegeben ist, kann die Organisation von einem über die einzelne Straftat hinausgehenden Gewinn – und Machtstreben beherrscht sein, so dass auch in einem solchen Fall die Verfolgung eines übergeordneten gemeinsamen Interesses vorliegt (s. BT-Drs. 18/11275, 11).

II. Gerichtet auf den unbefugten Vertrieb von Betäubungsmitteln. Die 15 Zwecke oder die Tätigkeit der Vereinigung muss auf den unbefugten Vertrieb von Betäubungsmitteln iSd § 6 Nr. 5 StGB gerichtet sein:

1. Unbefugter Vertrieb. Erfasst werden alle Straftaten, die einen unbefugten 16 Vertrieb von Betäubungsmitteln nach § 6 Nr. 5 StGB darstellen. Zum Begriff des Vertriebs → Vor § 29 Rn. 125–130.

2. Gerichtet. Dies ist gegeben, wenn die Organisation nach dem Willen der für 17 ihre Willensbildung maßgeblichen Personen das Ziel verfolgt, Betäubungsmittel unbefugt zu vertreiben, und wenn sie deshalb auch nach ihrer inneren Struktur darauf angelegt ist (*Sternberg-Lieben/Schittenhelm* in Schönke/Schröder StGB § 129 Rn. 7). Dass sich die Verfolgung dieses Zwecks bereits in der Vorbereitung einzelner Taten konkretisiert oder sonst in einer entsprechenden nach außen gerichteten Tätigkeit niedergeschlagen hat, ist nicht erforderlich (BGHSt 27, 325 = NJW 1978, 433). Die bloße Existenz der Vereinigung genügt, sofern sie auf die gemeinschaftliche oder jedenfalls von der Organisation getragene Begehung des unerlaubten Vertriebs von Betäubungsmitteln hin konzipiert ist.

Nicht notwendig ist auch, dass die kriminellen Aktionen den **Hauptzweck** oder 18 die ausschließliche Tätigkeit der Vereinigung ausmachen; auch brauchen sie nicht der Endzweck zu sein (BGHSt 27, 325 = NJW 1978, 433). Sie müssen die Zielsetzung und die innere Struktur der Vereinigung jedenfalls aber mitprägen.

Die Vereinigung muss nicht auf den Vertrieb von Betäubungsmitteln **im Inland** 19 abzielen (*Kotz* in MüKoStGB Rn. 9; aA *Franke/Wienroeder* Rn. 3). Wortlaut und Sinn der Vorschrift geben für eine solche Einschränkung nichts her. Die Gesetzesbegründung sagt das Gegenteil (BT-Drs. 12/989, 31). Der öffentliche Frieden wird auch dadurch gestört, dass sich das Mitglied einer ausländischen kriminellen Vereinigung Deutschland zum Ruheraum auswählt, zumal die kriminellen Kontakte dabei erfahrungsgemäß erhalten bleiben (s. auch BGHSt 30, 328 (→ Rn. 1)).

3. Auf die Begehung von Straftaten gerichtet ist der Zweck der Vereinigung 20 nur dann, wenn die Organisation selbst Straftaten begehen will (BGHSt 27, 325 = NJW 1978, 433). Das (nicht strafbare) Billigen der Straftaten anderer oder die (nicht strafbare) Aufforderung zu Straftaten genügen nicht. Dagegen reicht es aus, wenn die Aufforderung (wie in § 29 Abs. 1 S. 1 Nr. 12) selbst eine Straftat ist (OLG Düsseldorf NStZ 1998, 249 mzustAnm *Hofmann*).

Erforderlich ist, dass eine Mehrheit gleich- oder verschiedenartiger Delikte be- 21 gangen werden sollen (*Kotz* in MüKoStGB Rn. 17). Nicht ausreichend ist der Zusammenschluss zu einer bestimmten deliktischen Einzelaktion.

III. Gründen ist das Mitwirken bei dem Zustandekommen der kriminellen Ver- 22 einigung (Fischer StGB § 129 Rn. 35). Gründer ist nicht nur eine beim Gründungsakt führende Person, sondern jeder, der die Gründung wesentlich fördert (BGH NJW 2006, 1603 = NStZ-RR 2006, 267 = StV 2006, 691).

IV. Beteiligen als Mitglied. Als Mitglied beteiligt sich, wer sich unter **einver-** 23 **nehmlicher Eingliederung** in die Organisation deren Willen unterordnet und eine organisationsbezogene Tätigkeit zur Förderung der kriminellen Ziele der Vereinigung entfaltet, durch die er diese von innen und nicht nur von außen **fördert** (BGH NStZ-RR 2018, 206; NStZ 2020, 26). Einer förmlichen Beitrittserklärung, einer förmlichen Mitgliedschaft oder eines Kontakts des Mitglieds zur Führungsebene bedarf es nicht. Der Täter muss aber eine Stellung innerhalb der Vereinigung einnehmen, die ihn als zum Kreis der Mitglieder gehörend kennzeichnet und ihn **von Nichtmitgliedern unterscheidbar** macht. Unterstützungshandlungen müssen vom einvernehmlichen Willen zur fortdauernden Teilnahme am Verbandsleben getragen sein; auf einseitigem Willensentschluss beruhendes Unterordnen und Tätigwerden genügt nicht (BGH NStZ 2020, 26). Auch **Rauschgiftkuriere** können den Tatbestand erfüllen (BGH NStZ 1981, 303; *Kotz* in MüKoStGB Rn. 20).

24 Das Sichbeteiligen setzt **keine Mitwirkung an den einzelnen Straftaten** voraus; vielmehr genügt jede Tätigkeit für Zwecke der Vereinigung. In Frage kommen etwa die Förderung von Aufbau, Zusammenhalt oder Tätigkeit der Organisation (BGH NStZ 2020, 26), ebenso die Erledigung allgemeiner oder logistischer Aufgaben ohne Kenntnis geplanter Taten (*Sternberg-Lieben/Schittenhelm* in Schönke/Schröder StGB § 129 Rn. 13). Die mitgliedschaftliche Beteiligung verlangt nicht, dass sich der Täter durchgehend für die Vereinigung betätigt; vielmehr genügen einzelne Betätigungen. Solange der einvernehmliche Wille zur fortdauernden Teilnahme am Verbandsleben besteht, stehen auch größere Unterbrechungen und **Pausenzeiten** zwischen einzelnen Beiträgen der Annahme durchgehender Mitgliedschaft nicht entgegen.

25 Bei der **Abgrenzung** der mitgliedschaftlichen Beteiligung vom Unterstützen sowie bei der Bestimmung des Bereichs strafloser **Alltagstätigkeiten** ist zunächst zu beachten, dass für eine Beteiligung die bloße Unterordnung aufgrund einseitigen Willensschlusses oder eine rein passive Mitgliedschaft nicht ausreichen. Ob etwa die Ausführung von Tätigkeiten im Haushalt schon eine Leistung für die Vereinigung darstellen, hängt vom Einzelfall und dort namentlich von der subjektiven Tatseite ab. Ein entsprechender Förderungswille ist nicht nur dann erforderlich, wenn man das Unterstützen als verselbstständigte Form der Beihilfe auffasst, sondern ebenso dort, wo auf eine „Solidarisierung" mit der Vereinigung und ihren Taten abgestellt wird (dazu *Fahl* NStZ 2020, 28).

26 **V. Werben** ist nicht nur ein Vorgehen mit dem Ziel, für die Vereinigung Anhänger zu gewinnen, sondern auch sonst **jede Propagandatätigkeit eines Nichtmitglieds,** die zur Verstärkung der Vereinigung führen soll (Fischer StGB § 129 Rn. 43). Dies kann durch ausdrückliche oder konkludente Äußerung erfolgen; eine als eigene Meinungsäußerung erkennbare Verbreitung fremder Inhalte genügt (Fischer StGB § 129 Rn. 46). Nicht mehr zum Werben gehört seit dem 34. StÄG v. 22.8.2002 (BGBl. I S. 3290) die Sympathiewerbung, mit der die Vereinigung gestärkt werden sollte (*Lackner/Kühl* StGB § 129 Rn. 7; *Altvater* NStZ 2003, 179). Die Werbung muss zugunsten einer konkreten Vereinigung erfolgen (BGH NStZ-RR 2013, 171). Einen Erfolg setzt das Werben nicht voraus. Das Werben durch ein Mitglied stellt ein Betätigen dar.

27 **VI. Unterstützen** ist – zusammengefasst – das Fördern des Fortbestands der Vereinigung oder der Verwirklichung ihrer Ziele durch ein **Nichtmitglied** (BGHSt 32, 243 = NJW 1984, 1049 = JR 1985, 121 mAnm *Bottke; Sternberg-Lieben/Schittenhelm* in Schönke/Schröder StGB § 129 Rn. 15). Nach stRspr erfasst das Unterstützen grundsätzlich jedes Tätigwerden eines Nichtmitglieds, das die innere Organisation der Vereinigung und ihren Zusammenhalt unmittelbar fördert, die Realisierung der von ihr geplanten Straftaten – wenngleich nicht unbedingt maßgebend – erleichtert oder sich sonst auf deren Aktionsmöglichkeiten und Zwecksetzung in irgendeiner Weise positiv auswirkt und damit die ihr eigene Gefährlichkeit festigt (zB BGH NJW 2018, 2425 mwN). Das Unterstützen kann zunächst dadurch erfolgen, dass ein Außenstehender mitgliedschaftliche Betätigungsakte eines Angehörigen der Vereinigung fördert; in diesem Sinne liegt im Unterstützen eine zur Täterschaft verselbstständigte Beihilfe zur mitgliedschaftlichen Beteiligung. Der Begriff des Unterstützens geht aber zudem **über eine Förderung iSd § 27 StGB hinaus;** denn er bezieht sich gleichermaßen auf die Vereinigung als solche,

ohne dass im konkreten Fall die Aktivität des Nichtmitglieds zu einer einzelnen organisationsbezogenen Tätigkeit eines Organisationsmitglieds hilfreich beitragen muss (BGH NJW 2018, 2425 (2426) mwN; NJW 2009, 3448). Erforderlich, aber auch ausreichend ist, dass die Förderungshandlung an sich konkret wirksam, für die Organisation **objektiv nützlich** ist und dieser mithin irgendeinen Vorteil bringt; ob der Vorteil genutzt wird und daher etwa eine konkrete, aus der Organisation heraus begangene Straftat oder auch nur eine organisationsbezogene Handlung eines ihrer Mitglieder mitprägt, ist dagegen ohne Belang. Der Organisation muss also durch die Tathandlung **kein messbarer Nutzen** entstehen. Die Wirksamkeit der Unterstützungsleistung und deren grundsätzliche Nützlichkeit müssen anhand belegter Fakten nachgewiesen sein (BGH NJW 2018, 2425).

Davon ausgehend genügen für ein Unterstützen beispielsweise das Gewähren von Unterschlupf, Liefern von Waffen, falschen Pässen oder technischem know how, die Zuwendung finanzieller Mittel oder Kurierdienste (BGH H. W. Schmidt MDR 1990, 104), Transportroutenplanungen, Herstellen von Kontakten, Ausschalten von Konkurrenten oder Geldwäschehandlungen (*Volkmer* in Körner/ Patzak/Volkmer Rn. 21). 28

VII. Folgen für die Einzeltaten. Der Zusammenschluss zu einer kriminellen Vereinigung hat, wie bei der Bande, nicht zur Folge, dass jede von einem Vereinigungsmitglied begangene Tat den anderen Mitgliedern ohne weiteres als gemeinschaftlich begangene Straftat iSd § 25 Abs. 2 StGB zugerechnet werden kann. Vielmehr ist für jede einzelne Tat nach den allgemeinen Kriterien festzustellen, ob sich die anderen Mitglieder hieran als Mittäter, Anstifter oder Gehilfen beteiligt haben oder ob sie gegebenenfalls überhaupt keinen strafbaren Tatbeitrag geleistet haben (BGH NStZ 2011, 577). Die Beteiligung an einzelnen Straftaten bedeutet noch keine Beteiligung als Mitglied. 29

D. Vorbereitung, Versuch, Vollendung, Beendigung

Grundsätzlich gelten die allgemeinen Regeln (→ Vor § 29 Rn. 171–206). Der Versuch ist nur in den Fällen der Gründung strafbar (§ 129 Abs. 4 StGB). Vollendet ist die Tat mit der Vornahme der in → Rn. 22–28 genannten Handlungen. Einen Erfolg verlangt nur die Gründung in Gestalt des Zustandekommens der Vereinigung. Nicht erforderlich ist es, dass es tatsächlich zur Begehung von Straftaten kommt. 30

Möglichkeiten **tätiger Reue** beim vollendeten Delikt eröffnet § 129 Abs. 7 StGB. S. dazu Fischer StGB § 129 Rn. 62–66. 31

E. Täterschaft, Teilnahme

Für die Täterschaft und Teilnahme gelten grundsätzlich die allgemeinen Regeln, insbesondere ist bei allen Begehungsweisen auch Teilnahme möglich, soweit die Tätigkeit nicht durch eine besondere Tatbestandsalternative erfasst wird (*Sternberg-Lieben/Schittenhelm* in Schönke/Schröder StGB § 129 Rn. 24; *Kotz* in MüKoStGB Rn. 25). 32

F. Handeln im Ausland

Die Vorschrift gilt für ausländische kriminelle Vereinigungen, deren Zwecke oder deren Tätigkeit auf den Vertrieb von Betäubungsmitteln iSd § 6 Nr. 5 StGB gerichtet ist. Sie gilt daher auch für das Handeln im Ausland (→ Rn. 19). Bestehen im Inland bereits Teilorganisationen, so ist § 129 StGB unmittelbar anwendbar. 33

G. Subjektiver Tatbestand

34 Die Strafbarkeit erfordert **Vorsatz** (→ Vor § 29 Rn. 389–424), wobei bezüglich der Umstände, die die Vereinigung ausmachen, bedingter Vorsatz (→ Vor § 29 Rn. 415–420) genügt (*Schäfer* in MüKoStGB § 129 Rn. 123); der Täter muss also zumindest damit rechnen und es billigen oder sich damit abfinden, dass es sich um eine kriminelle Vereinigung handelt, in der er Mitglied ist oder die er sonst fördert (BGH NStZ 1990, 501). Zur Gleichgültigkeit → Vor § 29 Rn. 417).

35 Der **Vorsatz** muss auch die Strafbarkeit der Taten umfassen; der Täter muss sie im Einzelnen allerdings nicht kennen (*Schäfer* in MüKoStGB § 129 Rn. 123; *Sternberg-Lieben/Schittenhelm* in Schönke/Schröder StGB § 129 Rn. 16). Die Begehungsweisen des Gründens und Werbens verlangen darüber hinaus eine auf den Gründungs- oder Werbungserfolg gerichtete Absicht im Sinne von zielgerichtetem Handeln (*Sternberg-Lieben/Schittenhelm* in Schönke/Schröder StGB § 129 Rn. 16).

H. Konkurrenzen

36 Hinsichtlich der Konkurrenzen gelten zunächst die allgemeinen Vorschriften (→ Vor § 29 Rn. 551–586, 671–724). § 30 b geht als das speziellere Gesetz dem § 129 b StGB vor; zur Verfolgung bedarf es daher keiner Ermächtigung des BMJ (*Lackner/Kühl* StGB § 129 b Rn. 6). § 129 b Abs. 2 bleibt anwendbar, da die Vorschrift sich auf alle kriminellen und terroristischen Vereinigungen bezieht und § 30 b insoweit keine speziellere Regelung enthält (*Schäfer* in MüKoStGB § 129 b Rn. 2).

37 Nach bisheriger und aktueller Rechtsprechung bilden **mehrere mitgliedschaftliche Beteiligungsakte** eine tatbestandliche Handlungseinheit bzw. eine **einheitliche Tat** nach § 129 StGB. Die Rspr., nach der zwischen den mitgliedschaftlichen Betätigungen und **Straftaten,** die zugleich eine Betätigung zur Verfolgung der Zwecke der Vereinigung (unbefugter Vertrieb von Betäubungsmitteln) oder zu ihrer organisatorischen Aufrechterhaltung oder Stärkung sind, **Tateinheit** angenommen wurde (BGHSt 29, 288 = NJW 1980, 2718; BGH NStZ 2011, 577) ist überholt; dabei wurden diese Delikte untereinander, sofern sie schwerer waren, nicht durch § 129 StGB, § 30 b BtMG zur Tateinheit verklammert (*Fischer* StGB § 129 Rn. 69; *Schäfer* in MüKoStGB § 129 Rn. 141; zur Klammerwirkung → Rn. 691–693; zum Strafklageverbrauch → Vor § 29 Rn. 696).

38 Nach einem Urteil des 3. Strafsenats v. 15.7.2015 (BGHSt 60, 308 = NJW 2016, 657 = NStZ 2016, 464 m. abl. Bespr. *van Lessen* NStZ 2016, 446) gilt die tatbestandliche Handlungseinheit nur noch für mitgliedschaftliche Beteiligungsakte, die **nicht** mit einer anderen Straftat **zusammentreffen.** Die anderen Beteiligungsakte (einschließlich der zu ihnen in Tateinheit stehenden Delikte) sollen zueinander in Tatmehrheit stehen. Diese Rechtsprechung wird sich trotz erheblicher rechtlicher und praktischer Schwierigkeiten (dazu *van Lessen* NStZ 2016, 446) durchgesetzt.

39 Keine Dauerstraftaten sind das **Unterstützen** und **Werben.** Es gelten daher die allgemeinen Regeln.

I. Strafzumessung

40 Zur Strafzumessung → Vor § 29 Rn. 725–1298. Der **Strafrahmen** reicht von Geldstrafe bis zu Freiheitsstrafe von fünf Jahren. Bei Rädelsführern oder Hintermännern oder wenn sonst ein besonders schwerer Fall vorliegt, beträgt die Strafe Freiheitsstrafe von sechs Monaten bis zu fünf Jahren (§ 129 Abs. 5 StGB). **Rädelsführer** ist, wer als Mitglied (BGHSt 15, 136 = NJW 1960, 2348; BGHSt 18, 296 = NJW 1963, 1315), **Hintermann,** wer als Nichtmitglied geistig oder wirtschaftlich eine maßgebende Rolle für die Vereinigung spielt (Fischer StGB § 129 Rn. 58); auf die Art der Betätigung kommt es nicht an. Ausreichend ist, wenn der Täter nur vorübergehend eine Führungsrolle übernimmt.

Ein **Absehen von Strafe** ermöglicht die sog. Mitläuferklausel des § 129 Abs. 6 StGB. Ihre Anwendung setzt kumulativ geringe Schuld und eine untergeordnete Bedeutung der Tathandlung für die Gesamtgefährlichkeit der Vereinigung voraus (Fischer StGB § 129 Rn. 61). Eine zusätzliche Einstellungsmöglichkeit eröffnet § 153c Abs. 1 Nr. 3 StPO. **41**

Zur **Einziehung** s. die Erläuterungen zu § 33. **42**

J. Gerichtliche Zuständigkeit.

Zuständig ist die allgemeine Strafkammer, nicht die Staatsschutzkammer (§ 74a Abs. 1 Nr. 4 GVG); dies gilt auch dann, wenn noch andere Straftaten zu den Betäubungsmitteldelikten hinzutreten (BGHSt 57, 3 = NStZ 2012, 396). **43**

§ 30c [aufgehoben]

§ 31 Strafmilderung oder Absehen von Strafe

¹Das Gericht kann die Strafe nach § 49 Abs. 1 des Strafgesetzbuches mildern oder, wenn der Täter keine Freiheitsstrafe von mehr als drei Jahren verwirkt hat, von Strafe absehen, wenn der Täter
1. durch freiwilliges Offenbaren seines Wissens wesentlich dazu beigetragen hat, dass eine Straftat nach den §§ 29 bis 30a, die mit seiner Tat in Zusammenhang steht, aufgedeckt werden konnte, oder
2. freiwillig sein Wissen so rechtzeitig einer Dienststelle offenbart, dass eine Straftat nach § 29 Abs. 3, § 29a Abs. 1, § 30 Abs. 1, § 30a Abs. 1, die mit seiner Tat in Zusammenhang steht und von deren Planung er weiß, noch verhindert werden kann.

²War der Täter an der Tat beteiligt, muss sich sein Beitrag zur Aufklärung nach Satz 1 Nummer 1 über den eigenen Tatbeitrag hinaus erstrecken. ³46b Abs. 2 und 3 des Strafgesetzbuches gilt entsprechend.

Übersicht

	Rn.
Einführung	1
A. Entstehungsgeschichte	4
B. Ziele	8
C. Gefahren	10
I. Falschbelastung	11
II. Schwierigkeiten für die Verteidigung	12
D. Zeugenschutz	13
E. Auslegungsgrundsätze	17
F. Abgrenzung zur allgemeinen Kronzeugenregelung des § 46b StGB	20
G. Geltung der Änderungen des § 31	22
1. Kapitel. Aufdeckung begangener Taten (Satz 1 Nr. 1, Sätze 2, 3)	23
A. Voraussetzungen, Prüfungsreihenfolge	26
B. Freiwilliges Offenbaren	28
I. Begriff, Form	29
1. Mitteilung	30
2. Tatsachen	33
3. Form	34
II. Wissen des Täters, sonstige Hilfe	35

		Rn.
III.	Zusammenhang der offenbarten Tat mit der Tat des Aufklärungsgehilfen	39
IV.	Bei Tatbeteiligung Offenbaren über den eigenen Tatbeitrag hinaus (Satz 2)	46
	1. Überholt: der autonome Begriff der Tat	47
	2. Über den eigenen Tatbeitrag hinaus	49
	a) Nicht das gesamte Wissen	50
	b) Eigene Tatbeteiligung	51
	c) Fremde Tatbeiträge	54
	d) Nicht schonungslos	56
	e) Wechsel im Aussageverhalten	58
	f) Schweigen	62
V.	Freiwilligkeit der Offenbarung, Motiv	65
	1. Entschlussfreiheit	66
	2. Kein ethisch anerkennungswertes Motiv	72
VI.	Zeitpunkt der Offenbarung	73
	1. Frühestmöglicher Zeitpunkt	74
	2. Spätestmöglicher Zeitpunkt	75

C. Aufklärungserfolg 82
  I. Begriff 83
 II. Voraussetzungen im Einzelnen 84
    1. Benennung von Tatbeteiligten und Tatbeteiligung 85
    2. Aufklärungseffekt 86
      a) Verbesserung des Erkenntnisstandes 87
        aa) Bisher unbekannte Tatsachen 89
        bb) Zusätzliche Informationen zu bereits bekannten Tatsachen 92
        cc) Sicherere Grundlage für den Nachweis der Tat. ... 96
      b) Abgesicherte Erkenntnisse der Ermittlungsbehörden ... 101
        aa) Überprüfung durch die Strafverfolgungsbehörden . 102
        bb) Abgesicherte Erkenntnisse 104
          (a) Abgesichert 107
          (b) Ermittlungsverfahren gegen den Belasteten, Verurteilung 112
          (c) Fahndung, Zugriff, Scheinübergabe 115
          (d) Sicherstellung, Drogenversteck 119
    3. Wesentlicher Beitrag zum Aufklärungserfolg, Gewicht 120
    4. Maßgeblicher Zeitpunkt für den Erfolg 126
      a) Aufklärungsbemühungen 127
      b) Ermittlungsmöglichkeiten, -ansätze, Verdacht 131
    5. Voraussichtlich erfolgreicher Abschluss der Strafverfolgung 132
 III. Ermittlungspflichten von Staatsanwaltschaft und Polizei 133
 IV. Feststellung des Aufklärungserfolgs durch das Gericht 137
    1. Überzeugungsbildung, Zweifelssatz, Wahrunterstellung ... 138
    2. Der Weg der Überzeugungsbildung 146
    3. Untersuchungspflicht 148
    4. Beweisanträge 152
  V. Aufklärungshilfe und Beweiswürdigung 154
    1. Der Aufklärungsgehilfe als Zeuge 157
      a) Bestätigung durch andere Beweismittel 158
      b) Aussage gegen Aussage 160
      c) Teilweise bestätigte Aussage 167
      d) Beweiswürdigung im Urteil 168
    2. Der Aufklärungsgehilfe als Mitangeklagter 169
    3. Flankierende Strafbarkeit (§ 145d Abs. 3, § 164 Abs. 3 StGB) 170
 VI. Darlegung des Aufklärungserfolgs im Urteil 172

D. Ermessen 174
E. Folgen 184
  I. Strafrahmenverschiebung, Absehen von Strafe 186
    1. Vertypter Strafmilderungsgrund 188

Strafmilderung oder Absehen von Strafe § 31 BtMG

Rn.
  2. Zur Anwendung im Einzelnen 191
     a) Fahrlässige Delikte (§ 29 Abs. 4) 192
     b) Grunddelikte (§ 29 Abs. 1, 2, 6) 193
     c) Besonders schwere Fälle (§ 29 Abs. 3) 194
        aa) Bejahung eines besonders schweren Falles 196
        bb) Verneinung eines besonders schweren Falles 199
     d) Verbrechenstatbestände (§§ 29a–30a) 201
        aa) Verbrechen nach § 29a 205
        bb) Verbrechen nach § 30 208
        cc) Verbrechen nach § 30a 211
  3. Mehrere Delikte des Aufklärungsgehilfen 214
  4. Aufklärungshilfe zu mehreren Straftaten 216
  5. Jugendstrafrecht 217
  6. Zusammentreffen von Nr. 1 und Nr. 2 218
  II. Sonstige Folgen 219
  1. Strafzumessung im engeren Sinn 220
  2. Strafaussetzung zur Bewährung 221
  3. Aussetzung des Strafrestes 222
F. Revision 223

2. Kapitel. Verhinderung schwerer Betäubungsmittelstraftaten (§ 31 S. 1 Nr. 2, S. 2) 224
A. Zweck 224
B. Voraussetzungen 225
C. Ermessen, Folgen 229

Einführung

Die Vorschrift eröffnet dem Gericht die Möglichkeit, nach § 49 Abs. 1 StGB **1** die Strafe zu mildern oder, wenn keine Freiheitsstrafe von mehr als drei Jahren verwirkt ist, von einer Bestrafung abzusehen, wenn der Täter durch freiwillige Offenbarung seines Wissens wesentlich dazu beigetragen hat, dass die Tat über seinen eigenen Tatbeitrag hinaus aufgedeckt werden konnte (Satz 1 Nr. 1) oder wenn er sein Wissen so rechtzeitig einer Dienststelle offenbart hat, dass bestimmte schwere Betäubungsmittelstraftaten verhindert werden konnten (Satz 1 Nr. 2).

Die Vorschrift gilt nur für **Betäubungsmitteldelikte** (BGH 1 StR 319/97; **2** Maier in MüKoStGB Rn. 11). Steht ein solches mit einer anderen Straftat in **Tateinheit**, so wird dadurch die Anwendung des § 31 nicht ausgeschlossen (OLG Hamm NStZ 1984, 79; Maier in MüKoStGB Rn. 12). Die für § 52 Abs. 2 S. 1 StGB maßgebliche Höchststrafe bestimmt sich dann nach dem gemäß § 49 Abs. 1 Nr. 2 StGB geminderten Strafrahmen. Ebenso ist der nach § 49 Abs. 1 Nr. 3 StGB geminderte Strafrahmen für die Mindeststrafe maßgeblich, der nach § 52 Abs. 2 S. 2 StGB nicht unterschritten werden darf. Sind für die andere Tat die Voraussetzungen der **allgemeinen Kronzeugenregelung** des § 46b StGB gegeben, so gelten diese Ausführungen für diese Tat entsprechend.

Soweit von Strafe abgesehen werden kann, kann bereits die **Staatsanwalt-** **3** **schaft** von dieser Möglichkeit Gebrauch machen und mit Zustimmung des Gerichts, das für die Hauptverhandlung zuständig wäre, von der Erhebung der öffentlichen Klage absehen (§ 153b Abs. 1 StPO). Ist die Klage bereits erhoben, kann das Gericht bis zum Beginn der Hauptverhandlung das Verfahren einstellen, sofern die Staatsanwaltschaft und der Angeschuldigte zustimmen (§ 153b Abs. 2 StPO).

A. Entstehungsgeschichte, Einwände. Die Vorschrift wurde durch das **4** BtMG 1982 eingeführt und blieb mit Ausnahme einer Folgeänderung durch das OrgKG (Ergänzung um die neu eingeführten Verbrechenstatbestände) unverändert. Dabei ist es bis zur Einführung der **allgemeinen Kronzeugenregelung** des § 46b StGB durch das 43. StRÄndG v. 29.7.2009 (BGBl. I S. 2288), in Kraft seit

1.9.2009, geblieben. Diese wiederum hat wesentliche Grundsätze übernommen, die von der Rechtsprechung zu § 31 entwickelt worden waren. Durch das 46. StrÄndG v. 10.6.2013 (BGBl. I S. 1497) wurde dies fortgeführt (→ Rn. 20); dazu krit. *Peglau* NJW 2013, 1910.

5 **Die Strafvergünstigung** des § 31 war bei ihrer Einführung **heftig umstritten**; auch später ist die Diskussion nicht zur Ruhe gekommen (zB *Kempf* StV 1999, 67; *Endriß* StraFo 2004, 151).

6 **Die Haupteinwände** sind:
- Die Glaubwürdigkeit des Kronzeugen sei immer fragwürdig (*Körner,* 6. Aufl. 2007, Rn. 11, 27; *Weider* in Kreuzer BtMStrafR-HdB § 15 Rn. 150; je höher der Anreiz zur Selbstentlastung sei, desto größer sei die Gefahr der Falschbelastung Dritter,
- die Belohnung des Aufklärungsgehilfen drohe den Nemo-tenetur-Grundsatz aufzuweichen; gerade zu Beginn der Ermittlungen könne der Beschuldigte die Beweislage nicht zuverlässig einschätzen (*Weider* Drogen und Gerechtigkeit S. 91; *Endriß* StraFo 2004, 151 (153, 154)),
- es komme zu einem unerquicklichen Handel zwischen den Strafverfolgungsbehörden und dem Beschuldigten (*Endriß* StraFo 2004, 151 (154); *Slotty* ZRP 1981, 321 (326); *Eberth/Müller* BtMR § 31 Rn. 2; *Weider* Drogen und Gerechtigkeit S. 91, 92); dies berühre das Legalitätsprinzip, den Gleichheitssatz und das Rechtsstaatsprinzip.

7 **An Forderungen,** von der Vorschrift nur in Extremfällen (*Slotty* ZRP 1981, 321 (326)) oder Ausnahmefällen (*Eberth/Müller* BtMR § 31 Rn. 2) oder jedenfalls zurückhaltend (*Körner* NJW 1982, 676; *Strate* ZRP 1987, 314; *Weider* NStZ 1984, 391 (392); 1985, 481) Gebrauch zu machen, fehlte es daher nicht. Die Zeit ist darüber hinweggegangen. Heute ist die Aufklärungshilfe im Betäubungsmittelstrafrecht ein **unentbehrliches Instrument,** das den ihm zugedachten Zweck erfüllt (*Patzak* in Körner/Patzak/Volkmer Rn. 10–12; *Maier* in MüKoStGB Rn. 16, 17; *Joachimski/Haumer* BtMG Rn. 3; *Malek* BtMStrafR Kap. 4 Rn. 16–20; *Mühlhoff/ Pfeiffer* ZRP 2000, 121 (127); *Schmidt* NJW 2005, 3250 (3255); krit. *König* in Symposion Betäubungsmittelstrafrecht S. 178; *König* NJW 2009, 2481; zur polizeilichen Bewertung s. *Stock* in Kreuzer BtMStrafR-HdB § 13 Rn. 645–651). Wegen ihrer Bewährung in der Praxis greift die allgemeine Kronzeugenregelung des § 46b StGB, die durch das 43. StrÄndG eingeführt wurde (→ Rn. 4), in weitem Umfang auf die kleine Kronzeugenregelung des § 31 BtMG zurück (BT-Drs. 16/6268, 12; nunmehr auch BT-Drs. 17/9695, 7).

8 **B. Ziele.** Die kriminalpolitischen Ziele der Vorschrift bestehen darin,
- das Aufbrechen von Banden und kriminellen Vereinigungen zu ermöglichen (BGHR BtMG § 31 Nr. 1 Aufdeckung 31 = NJW 2003, 1131 = NStZ 2003, 270 = StV 2003, 286; BGH NStZ 1983, 416 = StV 1983, 281; s. auch BGH NJW 2002, 908 = StV 2002, 259),
- die Möglichkeiten der strafrechtlichen Verfolgung begangener (Nr. 1) oder der Verhinderung geplanter (Nr. 2) Betäubungsmittelstraftaten zu verbessern (BGHSt 31, 163 = NJW 1983, 692 = NStZ 1983, 174 = StV 1983, 63; 33, 80 = NJW 1985, 691 = StV 1985, 59 = MDR 1985, 340; 1985, 687 mAnm *Körner*; BGHR BtMG § 31 Nr. 1 Aufdeckung 31 (s. o.); BGH NJW 2002, 908 (s. o.)) und
- es dem einzelnen Täter zu erleichtern, sich von dem illegalen Rauschgifthandel abzusetzen, gleichgültig, ob organisiert oder nicht organisiert (BT-Drs. 8/3551, 47; BGH NJW 2002, 908 (s. o.)).

9 **In diesen Zielen** liegen **sachliche Gründe** zur Strafmilderung für den Aufklärungsgehilfen, zumal die Kooperation mit den Ermittlungsbehörden seit jeher als

Strafmilderung oder Absehen von Strafe §31 BtMG

zulässiger Strafzumessungsgrund anerkannt ist. Auch bei einem Wegfall der Vorschrift wären daher ähnliche Überlegungen anzustellen (dazu im Einzelnen *Malek* BtMStrafR Kap. 4 Rn. 16–20). Auch sonst bestehen gegen §31 keine verfassungsrechtlichen Bedenken (BVerfG 2 BvR 1178/06; *Hund* in Kreuzer BtMStrafR-HdB §12 Rn. 143; *Hoyer* JZ 1994, 233; offengelassen in BVerfG NJW 1993, 190 – Lotze).

C. Gefahren. Gleichwohl dürfen die Gefahren, die mit der Anwendung der 10 Vorschrift verbunden sind, nicht aus den Augen verloren werden:

I. Falschbelastung. Im Vordergrund steht die Versuchung des Aufklärungsge- 11 hilfen, sein eigenes Handeln zu beschönigen und die Tatbeiträge anderer aufzubauschen oder sogar solche zu erfinden (*Körner*, 6. Aufl. 2007, Rn. 7, 11; *Weider* in Kreuzer BtMStrafR-HdB §15 Rn. 150–152; *Endriß/Malek* BtMStrafR §16 Rn. 3; s. aber auch *Stock* in Kreuzer BtMStrafR-HdB §13 Rn. 652–656). Unerlässlich ist daher eine besonders sorgfältige Beweiswürdigung (→ Rn. 154–169; *Maier* in MüKoStGB Rn. 19, 20). Eine flankierende Maßnahme ist die Einfügung der §145d Abs. 3, §164 Abs. 3 StGB mit einer **höheren Strafbarkeit** für Falschbelastungen, die gemacht werden, um eine Strafmilderung oder ein Absehen von Strafe nach §31 BtMG (oder §46b StGB) zu erlangen.

II. Schwierigkeiten für die Verteidigung. Nicht übersehen werden dürfen 12 die Probleme für die Verteidigung (*Wächtler* in FA-HdB StrafR Teil E Kap. 3 Rn. 37–42) sowohl des Kronzeugen (*Wesemann* in MAH Strafverteidigung §46 Rn. 210–223) als auch gegen den Kronzeugen (*Wesemann* in MAH Strafverteidigung §46 Rn. 226–233), etwa die Frage der Selbstbelastung und des Schuldumfangs, der Falsch- und Rückbelastung, eines faktischen Aussagezwangs, der Rolle eines Dauerzeugen mit ihren psychischen und physischen Belastungen (*Maier* in MüKoStGB Rn. 21).

D. Zeugenschutz. Aber auch die **Gefahren für den Aufklärungsgehilfen** 13 selbst müssen gesehen werden (*Weider* in Kreuzer BtMStrafR-HdB §15 Rn. 137–139; *Maier* in MüKoStGB Rn. 23, 24). Zwar ist die Zeit vorbei, in der ihm Staatsanwaltschaft und Polizei keine Unterstützung zusagen konnten. Der Zeugenschutz (§1 Abs. 1–3 ZSHG) hat mittlerweile auch in Deutschland einen beachtlichen Stand erreicht. Dies gilt nicht nur für das Strafverfahren, in dem neben der Vollsperrung (§§96, 110b Abs. 3 S. 3 StPO, §10 Abs. 3 ZSHG; s. *Köhler* in Meyer-Goßner/Schmitt StPO §96 Rn. 12–13, §110b Rn. 8) die Vernehmung ohne Preisgabe der (neuen) Identität (§10 Abs. 3 ZSHG, §68 Abs. 3, §168a Abs. 1 S. 2, §168b StPO) und an einem anonymen Ort (§247a StPO) die Basis für einen wirksamen Schutz bieten (*Maier* in MüKoStGB Rn. 25–34).

Auch außerhalb des Strafverfahrens ist Zeugenschutz möglich (*Maier* in 14 MüKoStGB Rn. 35–40). Soweit dies kompetenzrechtlich zulässig war, wurde er durch das ZSHG bundesgesetzlich geregelt (dazu *Soiné/Engelke* NJW 2002, 470). Dazu gehört etwa die zentrale Stellung der Zeugenschutzdienststellen (§2 ZSHG) und der Geheimhaltungsschutz auch in bundesgesetzlich geregelten Verfahren (§3 ZSHG), die Beteiligung der Staatsanwaltschaft (§2 Abs. 4 ZSHG), die Sperrung personenbezogener Daten (§4 ZSHG), die Herstellung von Tarndokumenten (§5 ZSHG), die Regelung der Ansprüche gegen Dritte (§7 ZSHG) oder von Dritten (§9 ZSHG) und die Möglichkeit, vor Gericht ihr Gesicht zu verhüllen (§10 Abs. 1 S. 3 ZSHG). Weitere Maßnahmen sind in bundeseinheitlichen Richtlinien geregelt (*Krehl* NJW 1991, 85; *Weigand* Kriminalistik 1992, 143; *Hund* in Kreuzer BtMStrafR-HdB §12 Rn. 182–185).

Auch die mit dem Zeugenschutz verbundenen **finanziellen Leistungen** 15 können erbracht werden, ohne dass die Gefahr eines Verwertungsverbots (§69 Abs. 3, §136a Abs. 1 S. 3 StPO) entsteht. Nach §8 ZSHG kann die Zeugenschutzdienststelle Zuwendungen in dem Umfang gewähren, in dem dies für den Zeugenschutz erforderlich ist. Materielle Vorteile, die über den Ausgleich von Nachteilen hinausgehen, kann der Zeuge danach allerdings nicht erwarten, so dass sich unter diesem Gesichtspunkt auch kaum Glaubwürdigkeitsprobleme ergeben können (*Maier* in MüKoStGB Rn. 37).

16 Gleichwohl wäre es falsch, die **Belastungen,** die sich für den Aufklärungsgehilfen aus seiner Zeugenrolle, namentlich aus einer Rolle als Dauerzeuge (*Weider* in Kreuzer BtMStrafR-HdB § 15 Rn. 139; *Wesemann* in MAH Strafverteidigung § 46 Rn. 212; *Endriß/Malek* BtMStrafR § 16 Rn. 4), ergeben können, gering zu schätzen. Ist sich der Zeuge dessen bewusst, so kann dies bei der Beurteilung seiner Glaubwürdigkeit in positivem Sinne von Bedeutung sein.

17 E. **Auslegungsgrundsätze** An den Zielen der Vorschrift (→ Rn. 8) hat sich ihre Auslegung zu orientieren. Danach kann eine Privilegierung nur in Betracht kommen
   – wenn eine Tat **tatsächlich begangen** oder **geplant** wurde (mit einer Ausdehnung auf unbewiesene, aber auch nicht zu widerlegende Sachverhalte würde das gesetzgeberische Ziel ins Gegenteil verkehrt)
   – **und** wenn auf Grund der Offenbarung des Täters **tatsächlich ein Aufklärungserfolg** über den Tatbeitrag des Täters hinaus eingetreten ist.

18 **§ 31 ist kein Fall der tätigen Reue** (aA *Patzak* in Körner/Patzak/Volkmer Rn. 2, 29: Elemente der tätigen Reue; ebenso *Winkler* in Hügel/Junge/Lander/Winkler Rn. 2.1). Entscheidend ist allein der tatsächlich eingetretene Aufklärungserfolg als einer Regelung des materiellen Rechts. Mit **Moral** hat die Aufklärungshilfe nach § 31 nichts im Sinn (*Becker* in BeckOK BtMG Rn. 17). Wer sich dies klarmacht, hat bereits einen großen Schritt zum richtigen Verständnis der Vorschrift getan. Es gibt daher insbesondere **keinen Grund**
   – dem **Motiv** des Aufklärungsgehilfen irgendeine Bedeutung für die Strafrahmenmilderung (anders für die allgemeine Strafzumessung) beizumessen (→ Rn. 72),
   – bei irgendeinem Element der Aufklärungshilfe (→ Rn. 26) den **Zweifelssatz** anzuwenden (→ Rn. 140),
   – bei irgendeinem Element der Aufklärungshilfe (→ Rn. 26) eine **Wahrunterstellung** vorzunehmen (→ Rn. 141–144),
   – das bloße **Aufklärungsbemühen** für die Strafrahmenmilderung (anders für die allgemeine Strafzumessung) als ausreichend anzusehen (→ Rn. 127–131).

19 **Auf der anderen Seite** darf die Strafrahmenmilderung **nicht** wegen mangelnder Schuldeinsicht, fehlender Reue oder einer schlechten Sozialprognose abgelehnt werden (→ Rn. 174–179).

20 F. **Abgrenzung zur allgemeinen Kronzeugenregelung des § 46b StGB.** Das 43. StrÄndG, durch das die allgemeine Kronzeugenregelung des § 46b StGB eingeführt wurde (→ Rn. 4), hat § 31 zur Vermeidung von Widersprüchen weitestgehend an die allgemeine Vorschrift angepasst. Durch das 46. StrÄndG (→ Rn. 4) wurde dies noch dadurch verstärkt, dass das Erfordernis eines Zusammenhangs mit der Tat des Kronzeugen auch für § 46b StGB eingeführt wurde. Gleichwohl sind beide Regelungen auch jetzt **nicht deckungsgleich;** ein Unterschied besteht allerdings nur noch in zwei Punkten:
   – So muss sich der Täter im Falle des § 31 eines **Betäubungsmitteldelikts** schuldig gemacht haben (→ Rn. 2); anders als im Falle des § 46b StGB muss dieses jedoch nicht mit einer im Mindestmaß erhöhten Freiheitsstrafe bedroht sein, kommt daher auch bei kleineren Straftaten in Betracht.
   – Auf der anderen Seite muss die Aufklärungshilfe in den Fällen des § 31 für eine Betäubungsmittelstraftat geleistet werden, während sie im Falle des § 46b StGB sich auf eine **Straftat nach § 100a Abs. 2 StPO** beziehen muss; zu diesen De-

likten gehören allerdings auch Straftaten nach einer in § 29 Abs. 3 S. 2 Nr. 1 BtMG in Bezug genommenen Vorschrift unter den dort genannten Voraussetzungen (§ 100a Abs. 2 Nr. 7 Buchst. a StPO) sowie Straftaten nach den §§ 29a, 30 Abs. 1 Nr. 1, 2, 4, §§ 30a, 30b BtMG (§ 100a Abs. 2 Nr. 7 Buchst. b StPO).

Im Übrigen bestimmt sich das Verhältnis des § 31 BtMG zur allgemeinen Kronzeugenregelung des § 46b StGB nach dem Grundsatz des **Vorrangs** der jeweiligen Spezialregelung und der Möglichkeit, auf die allgemeine Regelung **zurückzugreifen,** wenn deren Anwendung für den Offenbarenden im Einzelfall günstiger sein sollte (BT-Drs. 16/6268, 14; BGH StV 2014, 619 = BeckRS 2014, 10212). Insbesondere wird § 46b StGB durch die bereichsspezifische Regelung des § 31 nicht ausgeschlossen (BGH StV 2014, 619 (s. o.); *Becker* in BeckOK BtMG Rn. 8). So kann etwa auf die allgemeine Regelung zurückgegriffen werden, wenn der Aufklärungsgehilfe Angaben zu einer sonstigen Tat aus dem Katalog des § 100a Abs. 2 StPO macht. 21

G. Geltung der Änderungen des § 31. Die am 1.9.2009 durch das 43. StrÄndG v. 29.7.2009 in Kraft getretenen Änderungen des § 31 sind gemäß Art. 316d EGStGB nicht auf Verfahren anzuwenden, in denen vor dem 1.9.2009 die Eröffnung des Hauptverfahrens beschlossen wurde. Ist die Tat vor dem 1.9.2009 begangen worden, so gilt die frühere Fassung des § 31, sofern nicht das neuere Recht in seiner Gesamtheit für den Täter günstiger ist (BGH NStZ 2010, 523; 2012, 44). Zu den Strafrahmen nach dem früheren Recht s. → 3. Auflage, § 31 Rn. 162–174. Die Änderung durch das 46. StrÄndG sind am 1.8.2013 in Kraft getreten. 22

1. Kapitel. Die Aufdeckung begangener Taten (Satz 1 Nr. 1, Sätze 2, 3)

Von den beiden Alternativen des § 31 S. 1 ist die **Nr. 1** weitaus die am häufigsten angewandte. Dies liegt zum Teil auch daran, dass sich die beiden Varianten nicht selten überschneiden, etwa wenn der Aufklärungsgehilfe ein Rauschgiftdepot aufdeckt (→ Rn. 218). 23

Soweit § 31 **auf Täter** abstellt, sind stets **Beteiligte** gemeint; auch Teilnehmer (Anstifter, Gehilfen) können daher an in den Genuss der Strafmilderung kommen (BT-Drs. 16/6268, 11, 12; *Maier* in MüKoStGB Rn. 47). 24

Die offenbare Tat kann auch ein **Versuch** sein; § 31 ist auch dann anwendbar, wenn der Täter von dem Versuch der offenbarten Tat **zurückgetreten** ist (BGH NJW 2012, 1752 zu § 46b StGB). 25

A. Voraussetzungen, Prüfungsreihenfolge. Die Vorschrift hat folgende Voraussetzungen: 26
– es muss ein **Offenbaren** vorliegen (→ Rn. 28–81),
 – dieses muss sich auf eigenes Wissen beziehen (→ Rn. 35–38),
 – die offenbarte Tat muss mit der Tat des Aufklärungsgehilfen in Zusammenhang stehen (→ Rn. 39–45),
 – war der Täter an der Tat beteiligt, muss sein Aufklärungsbeitrag über den eigenen Tatbeitrag hinausgehen (→ Rn. 46–64),
 – das Offenbaren muss freiwillig sein (→ Rn. 65–72),
 – es muss erfolgt sein, bevor die Eröffnung des Hauptverfahrens (§ 207 StPO) gegen den Täter beschlossen wurde (→ Rn. 73–81),
– es muss ein **Aufklärungserfolg** eingetreten sein (→ Rn. 82–153),
 – dies verlangt einen Aufklärungseffekt (→ Rn. 86–119),
  – dazu muss eine Verbesserung des Erkenntnisstandes der Ermittlungsbehörden eingetreten sein (→ Rn. 87–100),

- dieser muss – nach Überprüfung durch die Ermittlungsbehörden (→ Rn. 102, 103) – zu abgesicherten Erkenntnissen der Ermittlungsbehörden geführt haben (→ Rn. 101–119),
- das Offenbaren muss einen wesentlichen Beitrag zum Aufklärungseffekt geleistet haben (→ Rn. 120–124)
- und damit zu einem voraussichtlich erfolgreichen Abschluss der Strafverfolgung beitragen (→ Rn. 132)
- (allein) das Gericht muss die **Überzeugung** von dem Aufklärungserfolg gewonnen haben (→ Rn. 137–153).

27 **Eine besondere Rolle** spielt die Aufklärungshilfe im Rahmen der **Beweiswürdigung** (→ Rn. 154–169).

28 **B. Freiwilliges Offenbaren.** Es muss danach eine **Offenbarung** vorliegen.

29 **I. Begriff, Form.** Eine Offenbarung liegt vor, wenn der Täter sein Wissen den Strafverfolgungsbehörden mitteilt (*Maier* in MüKoStGB Rn. 45). Dass die mitgeteilten Tatsachen diesen bisher nicht bekannt waren, ist kein Merkmal der Offenbarung, sondern eine Frage, ob ein Beitrag zur Aufdeckung der Tat geleistet wurde (→ Rn. 89–95; *Patzak* in Körner/Patzak/Volkmer Rn. 16, 20; *Oğlakcıoğlu* in Kotz/Rahlf BtMStrafR Kap. 6 Rn. 24).

30 **1. Mitteilung.** Es muss danach eine Mitteilung an eine Strafverfolgungsbehörde vorliegen, die im Wissen erfolgt, dass es sich bei dem Adressaten um eine solche handelt (*Oğlakcıoğlu* in Kotz/Rahlf BtMStrafR Kap. 6 Rn. 25). Daran fehlt es bei einer Mitteilung an einen unerkannten Verdeckten Ermittler (*Joachimski/Haumer* BtMG Rn. 8) oder V-Mann (*Maier* in MüKoStGB Rn. 48). Auch anonyme Hinweise, Briefe und verdeckte Vernehmungen reichen nicht aus, es sei denn, dass sie dem Täter eindeutig zugeordnet werden können (*Patzak* in Körner/Patzak/Volkmer Rn. 18).

31 Auf der anderen Seite genügt auch **eine Mitteilung,** die **mittelbar,** etwa durch einen Boten oder durch einen Mittäter aufgrund eines abgesprochenen Geständnisses erfolgt (s. BGHR BtMG § 31 Nr. 1 Aufdeckung 17 = StV 1990, 550; 30 = NStZ 2000, 325). Ausreichend ist auch eine Mitteilung an eine Person, von der der Täter weiß, dass es sich um eine V-Person handelt (→ Rn. 34; BGHR BtMG § 31 Nr. 1 Aufdeckung 30 (s. o.); *Maier* in MüKoStGB Rn. 51).

32 **Nicht ausreichend** ist die **Ankündigung** einer Mitteilung (BGHR BtMG § 31 Nr. 1 Milderung 2 = NJW 1989, 1681 = NStZ 1989, 580 mAnm *Weider* = StV 1990, 454) oder die **bloße Bereitschaft** zur Aussage. Dies ist noch keine Offenbarung (*Patzak* in Körner/Patzak/Volkmer Rn. 17, 45).

33 **2. Tatsachen.** Die Mitteilung muss Tatsachen enthalten. Bloße Vermutungen oder Verdächtigungen ohne konkreten Hintergrund sind kein Offenbaren von **Wissen.** Es genügt daher nicht, wenn der Täter eine andere Person verdächtigt, ohne sie konkret zu belasten. Darin ist auch dann keine Mitteilung von Tatsachen zu sehen, wenn diese Person den Strafverfolgungsbehörden aus der Betäubungsmittelszene bereits bekannt ist (*Patzak* in Körner/Patzak/Volkmer Rn. 19). Auch Angaben vom Hörensagen genügen nicht ohne weiteres (BGH DRsp Nr. 1994/834 ((3 StR 329/91); dazu → Rn. 36).

34 **3. Form.** Notwendig ist, dass der Täter sich eindeutig zu seinen Angaben bekennt. In welcher Form dies geschieht, ist nicht erheblich. In aller Regel wird die Offenbarung in einem polizeilichen, staatsanwaltschaftlichen oder richterlichen Vernehmungsprotokoll erfolgen. Zwingend ist dies jedoch nicht. Auch einfache Schriftform oder Mitteilung durch einen Boten kann genügen (BGHR BtMG § 31 Aufdeckung 17 (→ Rn. 31)). Dasselbe gilt für mündliche Angaben gegenüber einer in ihrer Funktion erkannten V-Person (BGHR BtMG § 31 Nr. 1 Aufdeckung 30 (→ Rn. 31)) oder einer Person, die die Angaben dann vor Gericht wiederholt.

II. Wissen des Täters, sonstige Hilfe. Die Offenbarung muss sich auf Wissen 35 des Täters beziehen (*Patzak* in Körner/Patzak/Volkmer Rn. 19) und auf eigenes Erleben zurückgehen. Daran fehlt es, wenn der Täter lediglich lose Gerüchte weiterträgt, zu denen er aus eigenem Erleben oder eigenem Wissen nichts beizutragen vermag (*Patzak* in Körner/Patzak/Volkmer Rn. 20). Dasselbe gilt, wenn er nur über Dinge berichtet, die er aus den Akten oder aus der Zeitung weiß, oder wenn er nur Angaben eines Mittäters wiederholt.

Hinweise vom Hörensagen können genügen, wenn sie mit eigenem Erleben 36 des Täters verbunden sind (→ Rn. 33). Dies kann vor allem in Betracht kommen, wenn der Täter Erkenntnisse weitergibt, die er aus Mitteilungen Dritter erhalten hat (*Maier* in MüKoStGB § 46b Rn. 23). Eine andere Frage ist, ob der notwendige Zusammenhang mit der Tat des Täters gegeben ist (→ Rn. –) und ob der mit solchen Hinweisen geleistete Beitrag zur Aufklärung wesentlich ist (BGH DRsp Nr. 1994/834 (→ Rn. 33)).

Der Preisgabe vorhandenen Wissens steht es gleich, wenn das **Wissen** erst mit 37 Hilfe des Beschuldigten **erlangt wird,** etwa durch Mitwirkung des Aufklärungsgehilfen an einem **Scheingeschäft** (→ Rn. 119; BGH NJW 2005, 2632 = NStZ 2006, 177 = StV 2005, 558) oder einer überwachten **Scheinübergabe** (→ Rn. 118; BGHR BtMG § 31 Nr. 1 Aufdeckung 34 (3 StR 478/05)) oder wenn er die Polizei bei der **telefonischen Anbahnung** eines Scheingeschäfts **mithören lässt** (OLG Hamm NStZ 1988, 515 mablAnm *Amelung;* zur Verwertbarkeit BGHSt 42, 139 = NJW 1996, 2940 = NStZ 1996, 502 mAnm *Rieß* und *Roxin* 1997, 18 = StV 1996, 465; 1997, 116 mAnm *Bernsmann* = JZ 1997, 110 mAnm *Renzikowski*).

Verzichtet der Täter auf die **Preisgabe des** von ihm **enttarnten V-Mannes** 38 und ermöglicht so die Festnahme der Haupttäter, sind die Voraussetzungen des § 31 nicht unmittelbar erfüllt; sein Verhalten hat jedoch kein geringeres Gewicht, so dass es nahe bei den vertypten Strafmilderungsgrund liegt und sich wie dieser auswirkt (BGH StraFo 2005, 345 (5 StR 69/05)).

III. Zusammenhang der offenbarten Tat mit der Tat des Aufklärungsge- 39 **hilfen.** Durch das 46. StrÄndG (→ Rn. 4) wurde das Erfordernis des Zusammenhangs zwischen der offenbarten Tat und der Tat des Aufklärungsgehilfen, das die Rechtsprechung aus dem Merkmal „über den eigenen Tatbeitrag hinaus" abgeleitet hatte (→ 4. Auflage, § 31 Rn. 42–47), zum **eigenständigen Tatbestandsmerkmal** entwickelt. Dass sich der Aufklärungsbeitrag des Kronzeugen über den eigenen Tatbeitrag hinaus erstrecken muss, gilt weiterhin für die Fälle, in denen der Aufklärungsgehilfe an der offenbarten Tat beteiligt war (Satz 2). Damit ist zugleich klargestellt, dass der sich Offenbarende an den aufgedeckten Taten **nicht** als Mittäter oder Teilnehmer **beteiligt** gewesen sein muss.

Der Zusammenhang zwischen der eigenen Tat des Aufklärungsgehilfen und 40 der aufgedeckten Tat ergibt sich nicht allein aus der Identität der Tatbeteiligten (BGH BeckRS 2015, 13125). Er ist namentlich auch dann gegeben, wenn beide Taten **Teile eines kriminellen Gesamtgeschehens** sind (BT-Drs. 17/9695, 8) und wenn damit ein **innerer oder inhaltlicher Bezug** zwischen ihnen besteht (BT-Drs. 17/9695, 8; BGH NStZ 2021, 285). Wie bisher kann es sich bei der aufgedeckten Tat um eine **rechtlich selbständige Tat** handeln (BT-Drs. 17/9695, 8; BGH NStZ 2014, 167 = StV 2013, 707); NStZ-RR 2015, 77). Ebenso muss sie **nicht Gegenstand** des anhängigen Verfahrens sein (BT-Drs. 17/9695, 8; BGHR BtMG § 31 Nr. 1 Tat 2 (s. o.); NStZ-RR 2020, 148), so dass auch andere Taten im prozessualen Sinn in Betracht kommen (*Maier* in MüKoStGB § 46b Rn. 45). Zum **Gewicht** der anderen Taten → Rn. 120–125.

BtMG § 31 Sechster Abschnitt. Straftaten und Ordnungswidrigkeiten

41 **Eine Einbettung** in ein kriminelles Gesamtgeschehen und damit der **erforderliche Zusammenhang** ist danach gegeben, wenn die aufgeklärten Taten Berührungspunkte mit der eigenen strafbaren Tätigkeit des Aufklärungsgehilfen, insbesondere seiner strafbaren Einfuhr- oder Handelstätigkeit, aufweisen (BGH NStZ 1995, 193; BayObLG 4St RR 35/2001), etwa wenn
– der Täter laufend als Kurier für denselben Auftraggeber tätig ist und nach dessen Anweisungen handelt (BGH 5 StR 327/13), namentlich wenn diese aufgedeckt werden (BGHR BtMG § 31 Nr. 1 Tat 3 (→ Rn. 40)),
– ein Händler sonst Bezugsquellen, Vertriebswege oder Mittäter erhellt (BGHR BtMG § 31 Nr. 1 Aufdeckung 1/2 = NJW 1987, 2882 = NStZ 1988, 505 mAnm *Körner* = StV 1987, 345; Tat 2 = StV 1994, 84; BGH NStZ 2000, 433 (→ Rn. 50)),
– ein Zwischenhändler Lieferanten und Abnehmer benennt,
– der Täter einer Einfuhrfahrt weitere Fälle der Einfuhr seiner Mittäter, auch wenn er daran nicht beteiligt war, aufdeckt (BGHR BtMG § 31 Nr. 1 Tat 1 (→ Rn. 47)),
– sich die aufgedeckten Taten als Teil einer Tatserie des Hintermannes darstellen, an welcher der Aufklärungsgehilfe jedenfalls in Teilabschnitten beteiligt war (BGH NStZ-RR 2015, 248) oder
– es sich um mehrere Bandentaten derselben Bandenmitglieder handelt (BGH NStZ 2021, 285).

42 **Ein solcher Zusammenhang** kann auch dann angenommen werden, wenn die Tatbegehung und das zugrunde liegende Motiv **gleichartig** sind **und** der Täter das Betäubungsmittel immer vom **gleichen** Verkäufer erworben und an den **gleichen** Abnehmer veräußert hat (BayObLG 4St RR 35/2001; auch → Rn. 43). Ebenso reicht es aus, wenn der Täter, der mehrere rechtlich selbständige, **untereinander in Verbindung** stehende Betäubungsmittelstraftaten begangen hat, **einige** durch Identifizierung des jeweiligen Veräußerers und Erwerbers **aufdeckt** (BayObLG 4St RR 35/2001).

43 **Sind weder** die Verkäufer noch die Abnehmer identisch, so reicht das den Taten zugrundeliegende **gleichartige Tatmotiv** für den Zusammenhang **nicht** aus (BGH StV 2014, 619 (→ Rn. 21)). Auch ein **rein örtliches** oder **zeitliches** Zusammentreffen der Taten oder auch eine langjährige **persönliche Beziehung** der Täter reicht **nicht** aus (BGH NStZ 2019, 98); notwendig ist ein inhaltlicher Zusammenhang, wie er sich etwa aus → Rn. 40–42 ergibt (BT-Drs. 17/9695, 9).

44 **Ergibt sich** ein Aufklärungserfolg lediglich im Bereich **einzelner Taten,** so ist § 31 **auf alle Taten** anwendbar, wenn bei ihnen ein Zusammenhang in dem oben beschriebenen Sinne besteht; ein Aufklärungserfolg ist bei ihnen nicht erforderlich (→ Rn. 214; BGH NStZ 2014, 167; BeckRS 2016, 17848; *Schäfer/Sander/van Gemmeren* Strafzumessung Rn. 1781).

45 **Fehlt es** an dem gebotenen **Zusammenhang,** so ist § 31 S. 1 Nr. 1 nicht anwendbar (BGH NStZ 1995, 193; *Franke/Wienroeder* Rn. 13). In Betracht kommt dann die Behandlung als allgemeiner Strafmilderungsgrund (BGH NStZ 1995, 193; *Endriß/Malek* BtMStrafR § 16 Rn. 9; auch → Rn. 130).

46 **IV. Bei Tatbeteiligung Offenbaren über den eigenen Tatbeitrag hinaus (Satz 2).** War der Aufklärungsgehilfe an der Tat beteiligt, so muss er (wesentlich) dazu beitragen, dass die Tat über seinen eigenen Tatbeitrag hinaus aufgedeckt werden kann.

47 **1. Überholt: der autonome Begriff der Tat.** Zur früheren Fassung des § 31 S. 1 Nr. 1 hatte die Rechtsprechung einen weitergehenden, eigenständigen Tatbegriff entwickelt, der sich von dem des § 264 StPO unterschied (BGHR BtMG § 31 Nr. 1 Tat 1 = NJW 1991, 1840 = NStZ 1991, 290 = StV 1991, 262) und mit dem den besonderen Erfordernissen der Aufklärungshilfe Rechnung getragen wer-

§ 31 BtMG

den sollte (**autonomer Begriff der Tat** (→ 4. Auflage, Rn. 40); eine Formulierung, die auch in die Rechtsprechung des BGH (NStZ-RR 2011, 57 und das Schrifttum (*Maier* in MüKoStGB Rn. 107; *Oğlakcıoğlu* in Kotz/Rahlf BtMStrafR Kap. 6 Rn. 46) Eingang gefunden hat).

Auf Grund der Neufassung des § 31 S. 1 Nr. 1 und der Einfügung des neuen 48 Satzes 2 ist nunmehr **gesetzlich klargestellt,** dass der Aufklärungsgehilfe an der aufgedeckten Tat nicht beteiligt sein muss und dass ein Zusammenhang mit seiner Tat genügt. Der eigenständige Begriff der Tat in § 31 S. 1 Nr. 1 kann daher aufgegeben werden.

2. Über den eigenen Tatbeitrag hinaus. Im Falle der Tatbeteiligung muss die 49 Tat über den Tatbeitrag des Täters hinaus aufgedeckt worden sein. Nicht erforderlich ist, dass der Täter sein gesamtes Wissen ausbreitet oder dass die Offenbarung schonungslos ist (*Patzak* in Körner/Patzak/Volkmer Rn. 21; aA OLG Düsseldorf StV 1983, 67).

a) Nicht das gesamte Wissen. Die Offenbarung muss **nicht umfassend** sein. 50 Auch unvollständige Angaben reichen aus, **sofern sie** noch einen wesentlichen Beitrag zur Aufklärung der Tat über die eigene Tatbeteiligung des Täters hinaus leisten. § 31 verlangt weder ein umfassendes Geständnis noch eine Offenlegung des gesamten Wissens des Täters (BGHR BtMG § 31 Nr. 1 Aufdeckung 19 = StV 1991, 67; 25 = StV 1994, 544; 30 = NStZ 2000, 325; Milderung 3 = NStZ 1989, 326 = StV 1990, 455; BGH NStZ 2000, 433 = StV 2000, 295; NStZ-RR 2013, 281; *Patzak* in Körner/Patzak/Volkmer Rn. 21; aA *Winkler* in Hügel/Junge/Lander/Winkler Rn. 3.2.3).

b) Eigene Tatbeteiligung. Es ist daher nicht notwendig, aber auch nicht ausreichend (BGHSt 33, 80 (→ Rn. 8); *Franke/Wienroeder* Rn. 7), dass der Täter sich zur 51 eigenen Tatbeteiligung umfassend äußert (BGHSt 33, 80 (→ Rn. 8); BGHR BtMG § 31 Nr. 1 Aufdeckung 5 ((3 StR 96/88); 25 (→ Rn. 50); *Joachimski/Haumer* BtMG Rn. 8). Ein wesentlicher Beitrag zur Aufdeckung der eigenen Tatbeteiligung genügt daher nicht (BGH NStZ 2019, 98; auf der anderen Seite ist er aber auch nicht erforderlich (BGHSt 33, 80 (→ Rn. 8)). Vielmehr kann der Täter seine eigenen Tatbeiträge auch **leugnen** (BGH NStZ-RR 2015, 248; StV 2014, 619 (→ Rn. 21); 2019, 446).

Führt die Zurückhaltung des Täters bei der Schilderung des eigenen Tatbei- 52 trags allerdings dazu, dass die **Tat insgesamt nur unzureichend** aufgeklärt werden kann, so kommt § 31 **nicht** in Betracht (BGHSt 33, 80 (→ Rn. 8); BGHR BtMG § 31 Nr. 1 Aufdeckung 36 = NStZ-RR 2011, 320). Dies ist der **entscheidende Gesichtspunkt,** der jeweils im Einzelfall geprüft werden muss. **Nur unterhalb** dieser Grenze wird die Anwendung der Vorschrift nicht dadurch ausgeschlossen, dass der Täter seinen Tatbeitrag herunterspielt oder beschönigt (BGHR BtMG § 31 Nr. 1 Aufdeckung 5 (→ Rn. 51); BGHR BtMG § 31 Nr. 1 Aufdeckung 36 (s. o.)) oder die subjektive Tatseite vollends bestreitet (BGHSt 33, 80 (→ Rn. 8)).

War ohne das Geständnis des Anklagten nicht nachweisbar, dass er von einer 53 bestimmten Person Rauschgift geliefert bekam, so liegt es nahe, dass es ohne dieses Geständnis auch keine Erkenntnisse über die Tatbeteiligung einer anderen Person gegeben hätte, so dass die Anwendung des § 31 Nr. 1 in Betracht kommt (BGH NStZ-RR 2008, 122). Dasselbe gilt, wenn das Geständnis im Ermittlungsverfahren und in der Hauptverhandlung wesentlich zur Überführung des nur teilweise geständigen Mitangeklagten beigetragen hat (BGH NStZ-RR 2008, 184).

c) Fremde Tatbeiträge. Ebensowenig steht der Anwendung des § 31 entgegen, 54 dass der Täter einzelne Tatbeteiligte, zB seine Lieferanten (BGH NStZ-RR 1996, 181), oder Tatumstände nicht benennen will (BGHR BtMG § 31 Nr. 1 Milderung 3 (→ Rn. 50)). Erst recht gilt dies, wenn es sich dabei um Tatteile von untergeordneter Bedeutung oder um Randpersonen handelt (BGH NStZ 1983, 416 = StV 1983, 281). Dass der Aufklärungsbeitrag nur beschränkt ist, ist bei der Strafzumessung zu berücksichtigen.

55 **Fremde Tatbeiträge** können sich auch im Rahmen eines **Geständnisses** ergeben (→ Rn. 53).

56 **d) Nicht schonungslos.** Die Offenbarung des Täters muss nicht schonungslos sein. Es wird nicht verlangt, dass er sein Wissen ohne Rücksicht auf sich selbst oder auf Dritte preisgibt (BGHSt 33, 80 (→ Rn. 8); BGH StV 1986, 436; 1987, 20; *Maier* in MüKoStGB Rn. 115).

57 **Es steht der Anwendung** des § 31 daher auch unter diesem Gesichtspunkt **nicht** entgegen, wenn der Täter seinen eigenen Tatbeitrag **herunterspielt** (BGHR BtMG § 31 Nr. 1 Aufdeckung 5 (→ Rn. 51); 19 (→ Rn. 95)), die **subjektive Tatseite** bestreitet (BGH NStZ 1983, 416 (→ Rn. 54); BGHSt 33, 80 (→ Rn. 8), eine falsche Darstellung seiner **Tatmotive** gibt (BGHR BtMG § 31 Nr. 1 Aufdeckung Nr. 5 (→ Rn. 51)), etwa wenn er eine **Bedrohungslage** behauptet (BGH StV 2011, 534), oder versucht, einen **Mitangeklagten zu entlasten**, während bei einem anderen ein Aufklärungserfolg eingetreten ist (BGH NStZ-RR 2012, 123). Allerdings gilt dies nur, wenn solche Manipulationen nicht dazu führen, dass die Tat **insgesamt nur unzureichend** aufgeklärt werden kann (→ Rn. 52).

58 **e) Wechsel im Aussageverhalten.** In welchem Verfahrensstadium der Beschuldigte sein Wissen preisgibt, ist grundsätzlich nicht erheblich. Allerdings muss die Offenbarung **vor der Eröffnung des Hauptverfahrens** (§ 207 StPO) erfolgen (§ 31 S. 2 BtMG, § 46b Abs. 3 StPO). Eine spätere Aufklärungshilfe kann nur noch als allgemeiner Strafzumessungsgrund berücksichtigt werden, wenn dieser auch je nach den Umständen, etwa wenn der Täter den offenbarten Sachverhalt selbst erst nach der Eröffnung des Hauptverfahrens erfahren hat, ein solches Gewicht haben kann, dass er als **bestimmender** Strafzumessungsgrund (§ 267 Abs. 3 S. 1 StPO) ausdrücklicher Würdigung im Urteil bedarf (*Maier* in MüKoStGB § 46b Rn. 38).

59 **Ein Wechsel im Aussageverhalten** steht der Anwendung des § 31 S. 1 Nr. 1 nicht entgegen, wenn gleichwohl ein wesentlicher Aufklärungseffekt eingetreten ist. Der Richter ist allerdings nicht gehindert, den Angaben insgesamt zu misstrauen (BGHR BtMG § 31 Nr. 1 Aufdeckung 20 = StV 1992, 421). Dass der Wechsel nachvollziehbar sein muss (so *Patzak* in Körner/Patzak/Volkmer Rn. 26), ist nicht notwendig. Zur Auswirkung des wechselnden Aussageverhaltens auf die Ermessensausübung → Rn. 180.

60 **Die Anwendung** des § 31 S. 1 Nr. 1 wird auch nicht dadurch ausgeschlossen, dass der Täter die Tatbeteiligung seiner Komplizen **zunächst verschleiert** und sich erst später offenbart, sofern dies noch vor der Eröffnung des Hauptverfahrens (§ 207 StPO) geschieht (vgl. BGH NJW 1985, 692 = StV 1985, 14 = JR 1985, 427 mAnm *Körner*). Entsprechendes gilt, wenn der Täter sich **taktierend verhält** und sein Wissen bewusst erst offenbart, wenn der von ihm Belastete das Land verlassen hat (BGH NStZ-RR 2017, 250). Hat der Täter den anderen Tatbeteiligten damit die Flucht ermöglicht, ist einer solchen „Aufklärungshilfe" bei der notwendigen Gesamtwürdigung allerdings keinerlei Gewicht zuzumessen (*Körner* JR 1985, 427 (428); der BGH (NStZ-RR 2017, 250) geht darauf nicht ein).

61 **Die Anwendung** des § 31 wird auch im umgekehrten Fall nicht ausgeschlossen, wenn der Täter **im Ermittlungsverfahren** hinreichende Angaben macht, diese in der Hauptverhandlung aber der Wahrheit zuwider ganz oder teilweise widerruft (BGHR BtMG § 31 Nr. 1 Aufdeckung 11 = StV 1990, 355; 16 = StV 1990, 455; 20 (→ Rn. 59); 21= NStZ 1992, 192; BGH NStZ 2009, 394; NStZ-RR 2012, 123; 2020, 148) oder **schweigt** (→ Rn. 62–64; BGH NStZ-RR 2002, 251; 2013, 281; StV 2017, 296). Auch hier kommt es entscheidend darauf an, ob und inwie-

weit durch den Widerruf oder das Schweigen der **Aufklärungserfolg in Frage gestellt** wird.

f) Schweigen. Entschließt sich der Täter, zu schweigen, so kann sich dies auf die 62 eigene Tatbeteiligung, auf die fremden Tatbeiträge oder auf beides beziehen. Macht er weder zu seinem eigenen Tatbeitrag noch zur Tatbeteiligung Dritter Angaben, so kommt eine Strafmilderung nach § 31 S. 1 Nr. 1 nicht in Betracht. Auch in diesem Fall darf ihm das Schweigen allerdings nicht straferschwerend zugerechnet werden.

Die Strafrahmenverschiebung des § 31 S. 1 Nr. 1 greift auch dann **nicht** ein, 63 wenn der Täter seine **eigene Tat gesteht**, zu den fremden Tatbeiträgen jedoch keine Angaben macht. Die allgemein strafmildernde Bedeutung des Geständnisses zu seiner eigenen Tatbeteiligung bleibt ihm allerdings erhalten. Erst recht ist es nicht zulässig, die Weigerung des Angeklagten, Hinterleute zu benennen, strafschärfend zu berücksichtigen.

Schweigt der Beschuldigte zu seinem eigenen Tatbeitrag, legt aber die Tatbei- 64 träge **der anderen offen,** ist und bleibt § 31 S. 1 Nr. 1 anwendbar (→ Rn. 51 – 54).

V. Freiwilligkeit der Offenbarung, Motiv. Die Offenbarung muss freiwillig 65 sein. Dagegen sind die Motive des Täters unerheblich.

1. Entschlussfreiheit. Die Offenbarung ist freiwillig, wenn der Täter **sich aus** 66 **seiner Sicht** frei zu ihr entschließen kann (*Patzak* in Körner/Patzak/Volkmer Rn. 27; *Maier* in MüKoStGB Rn. 56). Unfreiwillig handelt, wer meint, nicht mehr anders handeln zu können (BGHSt 55, 153 (→ Rn. 20)). Zeugen- und Anzeigepflichten (§ 138 StGB) hindern die Freiwilligkeit nicht, können allerdings im Rahmen der Ermessensentscheidung von Bedeutung werden (BGHSt 55, 153 (→ Rn. 20)).

Liegt die Freiheit zur Entscheidung vor, so kommt es nicht darauf an, welche 67 Motive für die Offenbarung leitend waren (BGHR BtMG § 31 Nr. 1 Freiwillig 1 = StV 1990, 550; 2 = StV 1990, 456; *Patzak* in Körner/Patzak/Volkmer Rn. 27; *Maier* in MüKoStGB Rn. 56). Maßgeblich ist nur, dass der Täter sich nach seiner Vorstellung frei entscheiden konnte und dass ihm die Offenbarung nicht in dem Sinne **aufgezwungen** wurde, dass er glaubte, er könne nicht mehr anders handeln (→ Rn. 66; BGHR BtMG § 31 Nr. 1 Freiwillig 2 (s. o.)). Seine Einstellung und seine Gefühle sind nicht erheblich.

An der Freiwilligkeit fehlt es daher nicht, wenn die Aufklärungshilfe aus **Angst** 68 vor der Bestrafung oder unter dem **Druck** der Festnahme oder der Untersuchungshaft (BGH NStZ 1983, 323 = StV 1983, 203) geleistet wird (*Maier* in MüKoStGB § 46b Rn. 25). Dasselbe gilt, wenn sich der Täter offenbart, um in den Genuss von **Haftverschonung** zu kommen (BGH NStZ 1983, 323).

Ebensowenig setzt die Freiwilligkeit voraus, dass der Täter annimmt, er könne 69 sein Wissen sonst vor den Strafverfolgungsbehörden **weiter geheim** halten (BGHR BtMG § 31 Nr. 1 Freiwillig 1 (→ Rn. 67) unter Aufgabe von BGH NStZ 1983, 323 (→ Rn. 68); 2 (→ Rn. 67); aA *Joachimski/Haumer* BtMG Rn. 5; *Endriß/ Malek* BtMStrafR § 16 Rn. 12). Freiwilligkeit liegt daher auch dann vor, wenn der Täter der Offenbarung durch andere Tatbeteiligte zuvorkommen wollte (BGHR BtMG § 31 Nr. 1 Freiwillig 2 (→ Rn. 67)) oder wenn er mit deren Festnahme oder damit, dass sie sich stellen, rechnete (BGHR BtMG § 31 Nr. 1 Freiwillig 1 (→ Rn. 67)).

Freiwillig handelt auch der Täter, der sich erst auf Grund eines **Vorhalts** (s. 70 BGHR BtMG § 31 Nr. 1 Freiwillig 1 (→ Rn. 67); *Joachimski/Haumer* BtMG Rn. 6) oder auf **Zureden** oder **Drängen** (*Franke/Wienroeder* Rn. 23) zur Offenbarung entschließt (eine andere Frage ist dann die des Aufklärungserfolgs, → Rn. 92). Ebenso steht ein anfängliches Zögern der Freiwilligkeit nicht entgegen (BGH

NStZ 1983, 416 (→ Rn. 54)), und zwar auch dann nicht, wenn der Täter zunächst von seinem Schweigerecht Gebrauch gemacht hat (*Winkler* in Hügel/Junge/Lander/Winkler Rn. 3.1).

71 **Die Freiwilligkeit** wird auch nicht dadurch ausgeschlossen, dass der Täter zu dem Eindruck gelangt ist, **weiteres Schweigen** sei **zwecklos** (BGHR BtMG § 31 Nr. 1 Freiwillig 1 (→ Rn. 67); *Franke/Wienroeder* Rn. 14; aA *Winkler* in Hügel/Junge/Lander/Winkler Rn. 3.1). Hat er diesen Eindruck gewonnen oder erkennt er aufgrund des Vernehmungsverlaufs die Erfolglosigkeit weiterer Ausflüchte, so bezieht sich dies primär auf seinen eigenen Tatbeitrag. Soweit es um die Tatbeteiligung Dritter geht, wird er gleichwohl in der Regel freiwillig handeln (BGHR BtMG § 31 Nr. 1 Freiwillig 1 (→ Rn. 67); *Weider* NStZ 1984, 391 (398)). Eine andere Frage ist, ob in solchen Fällen noch ein Aufklärungseffekt gegeben ist.

72 **2. Kein ethisch anerkennenswertes Motiv.** Das Motiv der Offenbarung muss nicht ethisch anerkennenswert sein; entscheidend ist der Aufklärungserfolg (BGH NStZ 2011, 100). § 31 S. 1 Nr. 1 kommt daher auch dann in Betracht, wenn der Täter zur Aufdeckung der Tat wesentlich beigetragen hat, obwohl er sich weiterhin „guten Freunden" verpflichtet fühlt, sich innerlich von der Rauschgiftszene nicht gelöst hat, seine Lieferanten (BGH NStZ-RR 2010, 25) oder Abnehmer nicht genannt hat, seine Tat nicht bereut und auch zu einer Lebensumkehr nicht bereit ist (BGH NStZ 1989, 326 = StV 1990, 455; *Joachimski/Haumer* BtMG Rn. 4). Sind die Motive anzuerkennen, so kann sich dies nicht nur bei der Ausübung des Ermessens, sondern auch bei der Strafzumessung im engeren Sinn auswirken.

73 **VI. Zeitpunkt der Offenbarung.** Der Aufklärungsbeitrag kann **nicht** zu einer beliebigen Zeit geleistet werden.

74 **1. Frühestmöglicher Zeitpunkt.** § 31 erfasst lediglich Aufklärungsbeiträge, die der Offenbarende **nach Einleitung** der Ermittlungen gegen ihn geleistet hat. Offenbarungsakte vor Begründung der Beschuldigteneigenschaft des Offenbarenden rechtfertigen die Annahme des vertypten Milderungsgrundes nicht; anderenfalls könnte sich der Beteiligte eine Art „Bonusheft" anlegen (BGH NStZ-RR 2015, 248).

75 **2. Spätestmöglicher Zeitpunkt.** Bis zur Änderung des § 31 durch das 43. StRÄndG (→ Rn. 4) war die Anwendung der Nr. 1 auch dann noch möglich, wenn die Offenbarung in der Hauptverhandlung erfolgte; der Täter trug lediglich das Risiko, dass die erforderlichen Ermittlungen nicht mehr geführt werden konnten. Seit dieser Änderung kommt eine **Strafrahmenverschiebung** nicht mehr in Betracht, wenn der Täter sein Wissen erst offenbart, nachdem die Eröffnung des Hauptverfahrens (§ 207 StPO) gegen ihn beschlossen wurde (§ 31 S. 2 BtMG, § 46b Abs. 2 StGB). Die Wahrung dieses Präklusionszeitpunktes ist eine **zwingende Voraussetzung** für die Anwendung des § 31; auf welchen Gründen die Verspätung beruht, ist nicht erheblich (BGHSt 63, 210 = NJW 2019, 245 = StV 2019, 324).

76 **Wird der Präklusionszeitpunkt nicht gewahrt,** so ist die Aufklärungshilfe bei der **Strafzumessung im engeren Sinn** zu berücksichtigen (BGH NJW 2011, 2529 = NStZ-RR 2011, 321 = StV 2011, 552; NStZ-RR 2016, 143; 2017, 251); dazu → Rn. 58. Dabei können auch die Umstände berücksichtigt werden, die zu der Verspätung geführt haben (BGHSt 63, 210 (→ Rn. 75)). Allerdings setzt eine Strafmilderung voraus, dass das Gericht von der Richtigkeit der Darstellung des Angeklagten überzeugt ist; insoweit sind die zu § 31 entwickelten Grundsätze entsprechend anzuwenden (BGHR § 46 Abs. 2 Nachtatverhalten 27 ((3 StR 271/10)). Nur zusammen mit anderen gewichtigen Strafmilderungsgründen kann die **verspätete Offenbarung** zu einer Strafrahmenverschiebung, etwa nach § 30a Abs. 2, führen (BGH NStZ-RR 2017, 251 = StV 2018, 520). Zu den Altfällen → Rn. 22.

Strafmilderung oder Absehen von Strafe **§ 31 BtMG**

Entscheidend ist der Zeitpunkt, zu dem **der Beschluss gefasst wird,** nicht 77
die Kenntnis des Angeklagten hiervon (BGHSt 63, 210 (→ Rn. 75); BGH NStZ
2017, 298). **Beschlossen** ist die Eröffnung des Hauptverfahrens mit dem Zeitpunkt, zu dem der Eröffnungsbeschluss zum Zweck der Zustellung **hinausgegeben** worden und damit für das Gericht unabänderlich geworden ist (BGH NStZ
2011, 713; OLG Köln NJW 1993, 608; *Schmitt* in Meyer-Goßner/Schmitt StPO
Vor § 33 Rn. 9; aA *Patzak* in Körner/Patzak/Volkmer Rn. 32; *Winkler* in Hügel/
Junge/Lander/Winkler Rn. 3.5.2: wenn er von dem letztunterzeichnenden Richter in den Geschäftsgang gegeben wurde, so auch die Vorauflage; *Gralmann-Scheerer*
in Löwe/Rosenberg StPO § 33 Rn. 12: Zustellung). Die Möglichkeit der Anwendung der allgemeinen Strafzumessungsregel des § 46 Abs. 2 StGB für erst später gemachte Angaben bleibt unberührt (BT-Drs. 16/6268, 14).

Erfolgt die Offenbarung noch vor der Beschlussfassung über die Eröffnung des 78
Hauptverfahrens, so ist die Anwendung des § 31 S. 1 Nr. 1 **nicht** davon abhängig,
dass der Täter sein Wissen **so früh wie möglich** offenbart hat (vgl. OLG Hamm
NStZ 1984, 79; *Maier* in MüKoStGB Rn. 70). Allerdings bedeutet dies nicht, dass
der Täter sich stets bis zur Eröffnung des Hauptverfahrens Zeit lassen könnte. Er
trägt weiterhin das Risiko, dass seine Angaben noch überprüft werden können,
ohne dass das Gericht hierzu Beweisermittlungen anstellen muss (→ Rn. 148–153).

Aus der Zeitgrenze des § 46b Abs. 3 StGB darf **nicht** geschlossen werden, 79
dass ein Aufklärungsbeitrag, der bis dahin geleistet wurde, stets zu einer Strafrahmenverschiebung führen muss (*Maier* NStZ 2011, 151 (152)). Auch ein solcher Beitrag kann gemessen an den gesamten Ermittlungen so spät erfolgt sein, dass eine
Milderung nach § 31 nicht veranlasst ist (§ 31 S. 2 BtMG, § 46b Abs. 2 Nr. 1 StGB).
Wurden durch die späte Aufdeckung allerdings keine staatlichen Belange beeinträchtigt, so darf auch bei einer relativ späten Offenbarung des Wissens die Anwendung des § 31 S. 1 Nr. 1 nicht versagt werden (BGH StV 1985, 506).

Das Risiko, dass die Offenbarung rechtzeitig erfolgt, liegt auch sonst allein bei 80
dem Täter. Sagt er erst zu einem Zeitpunkt aus, zu dem ein umfassendes **Geständnis eines anderen Tatbeteiligten** bereits vorlag, kann § 31 nicht mehr angewendet werden, es sei denn, seine Aussage enthält zusätzliche Angaben oder schafft, soweit sie sich mit den Aussagen anderer Beteiligter deckt, eine sicherere Grundlage
für den Nachweis der Taten (BGH StV 1998, 601; 2002, 260).

Etwas anderes gilt dann, wenn von mehreren Tatbeteiligten, gegen die ge- 81
meinsam verhandelt wird, **zur gleichen Zeit** Geständnisse angekündigt werden,
die im Ergebnis die gleichen Angaben zum Inhalt haben. Die Strafmilderung kann
dann nicht davon abhängen, welcher der Beteiligten zuerst vernommen wird
(BGHR BtMG § 31 Nr. 1 Aufdeckung 23 = NJW 1993, 77 = NStZ 1992, 389
= StV 1992, 420; BGH StV 2002, 260).

C. Aufklärungserfolg Die Offenbarung muss einen **Aufklärungserfolg** ge- 82
habt haben. Zum Aufklärungserfolg bei mehreren in Zusammenhang stehenden
Taten → Rn. 44.

I. Begriff. Dies ist dann gegeben, wenn sie wesentlich dazu beigetragen hat, dass 83
die Tat, im Falle des Satzes 2 über den eigenen Tatbeitrag des Täters hinaus, aufgedeckt werden konnte. Durch die Mitteilung seines Wissens muss der Aufklärungsgehilfe **die Voraussetzungen dafür geschaffen haben,** dass gegen den von
ihm Belasteten (gegebenenfalls im Falle der Ergreifung) voraussichtlich mit Erfolg
ein Strafverfahren geführt werden kann (BGHR BtMG § 31 Aufdeckung 11
(→ Rn. 61); § 30 Abs. 2 Strafrahmenwahl 4 (4 StR 463/95); BGH NJW 1989,
1043 = NStZ 1989, 77).

II. Voraussetzungen im Einzelnen. Im Einzelnen gilt folgendes: 84

Weber 1171

85 **1. Benennung von Tatbeteiligten und Tatbeteiligung.** Eine Hilfe zur Aufklärung kann der Aufklärungsgehilfe nur dann leisten, wenn er die Beteiligten an der Tat (Auftraggeber, Lieferanten, Mittäter, Abnehmer) nicht nur benennt, sondern auch ihren Anteil an der Tat beschreibt. Die bloße Benennung anderer Personen ist noch keine Offenlegung über den eigenen Tatbeitrag hinaus (BGH NJW 1989, 1043 (→ Rn. 83)). Ausnahmsweise reichen allerdings bereits Angaben zur Person. Zu einer wesentlichen Aufklärungshilfe s. BGH NStZ-RR 2021, 19.

86 **2. Aufklärungseffekt.** Die Angaben müssen tatsächlich zu einem Aufklärungseffekt geführt haben.

87 **a) Verbesserung des Erkenntnisstandes.** Dies setzt zunächst voraus, dass sich zum maßgeblichen Zeitpunkt der Erkenntnisstand der Strafverfolgungsbehörden verbessert hat. Diese Verbesserung muss nicht allein auf den Beitrag des Aufklärungsgehilfen zurückgehen; vielmehr reicht es aus, dass er einen wesentlichen Beitrag dazu geleistet hat. Die Ablehnung der Anwendung des § 31 kann daher nicht allein damit begründet werden, die von dem Aufklärungsgehilfen gelieferten Erkenntnisse seien **bereits bekannt** gewesen.

88 Eine **Verbesserung** des Erkenntnisstandes der Strafverfolgungsbehörden kann sich danach in **dreierlei Hinsicht** ergeben:

89 **aa) Bisher unbekannte Tatsachen.** Am deutlichsten ist die Verbesserung des Erkenntnisstands, die dadurch eintritt, dass der Aufklärungsgehilfe den Strafverfolgungsbehörden die Kenntnis von neuen, ihnen bisher unbekannten Tatsachen verschafft. Dies kommt etwa in Betracht, wenn der Aufklärungsgehilfe als **erstes Mitglied einer Bande** umfassend zu deren Struktur und zum Zusammenwirken der Tatbeteiligten aussagt (BGH NStZ 2010, 85). Dasselbe gilt, wenn das Gericht ausführt, ohne das Geständnis des seinen **Lieferanten benennenden** Angeklagten sei der Lieferant nicht zu überführen gewesen (BGH NStZ-RR 2008, 122).

90 **Ob neue Erkenntnisse** vorliegen, richtet sich nach dem Kenntnisstand der **sachbearbeitenden** Strafverfolgungsbehörden (*Maier* in MüKoStGB Rn. 124); das Wissen anderer Stellen (LKA, BKA, ausländische Dienststellen) schließt die Aufdeckung nicht aus. Gehen die Erkenntnisse dieser Stellen erst später bei der sachbearbeitenden Dienststelle ein, so bestätigen sie die Angaben des Täters, nicht umgekehrt (*Körner*, 6. Aufl. 2007, Rn. 74). Die Aufklärungshilfe wird deswegen auch nicht dadurch ausgeschlossen, dass eine ausländische Behörde bereits auf Grund eigener Erkenntnisse gegen den preisgegebenen Hintermann ermittelte und sich durch die Angaben des Beschuldigten nicht zu weiteren Ermittlungen veranlasst sah (BGH StV 1986, 435).

91 **Keine Vorkenntnis** der Strafverfolgungsbehörden liegt vor, wenn diese nur über einen bloßen **Verdacht** oder eine **pauschale Kenntnis** von einer Verstrickung der benannten Person in Drogengeschäfte verfügen (*Franke/Wienroeder* Rn. 9). Daher scheitert die Anwendung des § 31 S. 1 Nr. 1 nicht schon daran, dass die von dem Täter bezeichnete Person der Polizei bereits bekannt ist (BGHR BtMG § 31 Nr. 1 Aufdeckung 26 = StV 1994, 543; BGH StV 1986, 436), dass sie anderweit unter dem Verdacht des Betäubungsmittelhandels festgenommen wurde (BGH *Schoreit* NStZ 1992, 326) oder dass sie den Strafverfolgungsbehörden als heroinabhängige Person bekannt ist (BGH StV 1993, 474).

92 **bb) Zusätzliche Informationen zu bereits bekannten Tatsachen.** Enthalten die Angaben des Täters nur eine Bestätigung bereits vorliegender Erkenntnisse, so liegt keine Aufdeckung vor. Daher fehlt es an einer solchen, wenn der Täter **auf Vorhalt** der den Strafverfolgungsbehörden vorliegenden Erkenntnisse lediglich deren Richtigkeit einräumt (BGHR BtMG § 31 Nr. 1 Aufdeckung 18 = StV 1991, 66; 27 = NStZ-RR 1996, 48 = StV 1996, 87; BGH StV 2000, 623; *Oğlakcıoğlu* in Kotz/Rahlf BtMStrafR Kap. 6 Rn. 61).

§ 31 BtMG

Über eine solche bloße Bestätigung geht es hinaus, wenn die Strafverfol- 93
gungsbehörden aus den Angaben des Täters eine **genauere und zuverlässigere
Kenntnis** gewinnen können (stRspr; BGHR BtMG § 31 Nr. 1 Aufdeckung 4
= StV 1988, 388; 18 (→ Rn. 92); 25 (→ Rn. 50); 26 (→ Rn. 91); 27 (→ Rn. 92);
BGH *Detter* NStZ 2003, 134; 2011, 330; StV 2002, 254; *Maier* in MüKoStGB
Rn. 126–128), und damit die Möglichkeit der Strafverfolgung verbessert wird
(BGHR BtMG § 31 Nr. 1 Aufdeckung 31 (→ Rn. 106)), etwa, wenn der Täter
eine Handy-Nummer mitteilt, die die bisherigen Ermittlungsergebnisse bestätigt
(BGH StV 2001, 462).

Dasselbe gilt, wenn die Offenbarung des Aufklärungsgehilfen zu einer **Ände-** 94
rung der Verdachtslage und einer Bestätigung der Angaben einer V-Person führt
(BGH StV 1990, 456), wenn die Mitteilung die **Identifizierung** einer Person ermöglicht hat, deren Vorname sowie Art und Weise der Beteiligung an den Rauschgiftgeschäften der Polizei bereits bekannt war (BGHR BtMG § 31 Nr. 1 Aufdeckung 26 (→ Rn. 91)), oder wenn die **erfolgreiche Fahndung** nach einer
solchen Person ermöglicht wird (→ Rn. 116).

Eine Verbesserung des Erkenntnisstands ist regelmäßig auch dann anzuneh- 95
men, wenn der bisher nicht bekannte Auftraggeber für die Einfuhr einer größeren
Menge Rauschgift **benannt** und durch die Angaben hinreichend **individualisiert**
wird (BGHR BtMG § 31 Nr. 1 Aufdeckung 17 (→ Rn. 31)). Dasselbe gilt, wenn
auf Grund einer **Telefonüberwachung** (BGHR BtMG § 31 Aufdeckung 19
= StV 1991, 67; BGH StV 1996, 675) oder eines **Drogenfunds** in einem PKW
(BGHR BtMG § 31 Nr. 1 Aufdeckung 8 = StV 1989, 394) zwar bereits ein Verdacht gegen einen Dritten besteht, jedoch erst die Angaben des Aufklärungsgehilfen die erforderliche Gewissheit von dessen Tatbeteiligung erbringen.

cc) Sicherere Grundlage für den Nachweis der Tat. Eine Verbesserung des 96
Erkenntnisstands der Strafverfolgungsbehörden kann sich auch dann ergeben,
wenn sich die Angaben des Aufklärungsgehilfen mit den Erkenntnissen der Behörden **vollständig decken** (BGH BeckRS 2008, 24045; *Maier* in MüKoStGB
Rn. 130). Daran fehlt es, wenn der Täter, namentlich zur Vorhalt, nur das bestätigt,
was den deutschen Strafverfolgungsbehörden bereits **sicher** bekannt ist (*Maier* in
MüKoStGB Rn. 130) oder wenn sich auch sonst keine Verbesserung der Beweissituation ergibt.

Etwas anderes kann in Betracht kommen, wenn der Täter **von sich aus kon-** 97
krete Angaben macht, die sich mit bereits vorhandenen Erkenntnissen decken
(BGH NStZ 2020, 566; NStZ-RR 2009, 58), etwa wenn er Angaben zu **bereits
bekannten Hintermännern** macht (BGH *Winkler* NStZ 2011, 330; 3 StR
324/10. Dadurch wird nicht nur das bestätigt, was den Behörden bereits bekannt
ist, sondern es kann auch **eine sicherere Grundlage** für den Nachweis dieser Taten geschaffen und damit die Möglichkeit der Strafverfolgung verbessert werden
(BGHR BtMG § 31 Nr. 1 Aufdeckung 18 (→ Rn. 92); 25 (→ Rn. 50); BGH
NStZ 2009, 394; 2011, 100; NStZ-RR 2010, 385; StV 2019, 446; BeckRS 2008,
24045; *Maier* in MüKoStGB Rn. 130).

Dies tritt besonders hervor, wenn das Gericht feststellt, der Täter habe we- 98
sentlich zur **Überführung** der Tatbeteiligten **beigetragen**; es darf dann nicht die
Anwendung des § 31 Nr. 1 mit der Begründung ablehnen, die von dem Aufklärungsgehilfen Belasteten seien bereits als Tatbeteiligte bekannt gewesen (BGH *Schoreit* NStZ 1993, 378). Dasselbe gilt, wenn sich aus den Urteilsgründen ergibt, dass
das Geständnis wesentlich zur Überführung eines nur teilweise geständigen Mitangeklagten beigetragen hat (BGH NStZ-RR 2008, 184) oder wenn das Gericht
seiner Überzeugung von der Tatbeteiligung des bestreitenden Auftraggebers die

diesen belastende Einlassung des Aufklärungsgehilfen zugrunde legt (BGH NStZ-RR 2009, 58).

99 **Aber auch sonst** liegt ein Aufklärungserfolg vor, wenn die Angaben des Aufklärungsgehilfen den Strafverfolgungsbehörden die **Gewissheit** verschaffen, dass die bisherigen Erkenntnisse auch **zutreffen** (BGHR BtMG § 31 Nr. 1 Aufdeckung 18 (→ Rn. 92); 27 (→ Rn. 92); BGH NJW 2019, 2486 = NStZ-RR 2019, 240), namentlich wenn das Gericht durch die Aussage des Aufklärungsgehilfen die **Überzeugung** erlangt hat, die zu einer **Verurteilung** des Tatbeteiligten erforderlich ist (BGHR BtMG § 31 Nr. 1 Aufdeckung 8 (→ Rn. 95); 19 (→ Rn. 95); BGH StV 1994, 23; 1996, 675; BGH NStZ 2016, 721 zu § 46b StGB).

100 **Nicht selten ist** das (späte) Bemühen eines Beschuldigten, nachträglich noch zur Aufklärung beizutragen, von prozesstaktischen Erwägungen geleitet. Reichen die vorliegenden Erkenntnisse **zur Überzeugungsbildung aus,** so muss dieses Bemühen im Hinblick auf § 31 S. 1 Nr. 1 (anders für die Strafzumessung allgemein) vergeblich bleiben. Wird dagegen die Überzeugungsbildung erst durch die Angaben des Beschuldigten möglich oder erleichtert, kommt § 31 S. 1 Nr. 1 in Betracht (*Maier* in MüKoStGB Rn. 132).

101 **b) Abgesicherte Erkenntnisse der Ermittlungsbehörden.** Die Angaben des Aufklärungsgehilfen müssen einer Überprüfung durch die Ermittlungsbehörden standhalten und dazu führen, dass diese abgesicherte Erkenntnisse gewinnen. Liegen solche Erkenntnisse vor, kommt es auf ein etwaiges Ermittlungsverfahren gegen den Belasteten, dessen Stand oder auch den Erfolg einer Fahndung nicht an. (→ Rn. 112–119).

102 **aa) Überprüfung durch die Strafverfolgungsbehörden.** Abgesicherte Erkenntnisse können die Ermittlungsbehörden nur gewinnen, wenn die Angaben des Aufklärungsgehilfen geprüft werden können (BGHSt St 31, 163 = NJW 1983, 186 = NStZ 1983, 278 mAnm *Fezer* = StV 1983, 9; BGHR BtMG § 31 Nr. 1 Aufdeckung 10 = NJW 1989, 1043 = NStZ 1989, 77 = StV 1989, 393; BGH NStZ 2000, 433 (→ Rn. 50)). Dazu müssen sie so beschaffen sein, insbesondere so **konkret** sein (*Maier* in MüKoStGB Rn. 134; BGH NStZ 1984, 319 steht nicht entgegen), dass eine Überprüfung möglich ist. **Allgemeine, inhaltsleere** oder **widersprüchliche** Angaben genügen nicht (BGHR BtMG § 31 Nr. 1 Aufdeckung 1/2 (→ Rn. 41); BGH NStZ 1984, 28 = StV 1983, 505); dazu auch → Rn. 109.

103 **Ist eine Überprüfung nicht möglich,** so kommt die Strafmilderung nach § 31 S. 1 Nr. 1 auch dann **nicht** in Betracht, wenn die Angaben des Täters **nicht widerlegt** werden können (→ Rn. 17, 18; BGHSt 31, 163 = NJW 1983, 692 = NStZ 1983, 174 = StV 1983, 63; BGHR BtMG § 31 Nr. 1 Aufdeckung 10 (→ Rn. 102); BGH NStZ 1984, 28 (→ Rn. 102); *Maier* in MüKoStGB Rn. 134).

104 **bb) Abgesicherte Erkenntnisse.** Der Aufklärungserfolg ist erst bewirkt, wenn die Strafverfolgungsbehörden aufgrund der Angaben des Täters (nach der Überzeugung des Gerichts, → Rn. 137–145) abgesicherte Erkenntnisse zu Tatgenossen und deren Tatbeiträgen gewonnen haben (BGH NStZ 2003, 162 = StV 2003, 286 = StraFo 2003, 29; StV 1994, 544).

105 **Dabei ist zu beachten,** dass § 31 **nur den Erfolg** und **nicht schon das Bemühen** belohnt (→ Rn. 17, 18). Es reicht daher nicht aus, wenn der Täter nur Ermittlungsansätze aufzeigt, etwa wenn er lediglich den Vornamen seines Abnehmers angeben kann, auch wenn dadurch „vielversprechende" polizeiliche Ermittlungen in Gang gesetzt wurden (BGH BeckRS 2011, 23151) oder wenn die Angaben des Täters zur Identifizierung des Tatbeteiligten lediglich geeignet sind, auch wenn sie dessen Ermittlung ohne weiteres ermöglichen (BGHR BtMG § 31 Nr. 1 Aufdeckung 22 (2 StR 615/91)). Eine Aufdeckung liegt nur vor, wenn der Abnehmer zumindest so genau ermittelt worden ist, dass er zur Festnahme hätte ausgeschrieben werden

Strafmilderung oder Absehen von Strafe **§ 31 BtMG**

können (BGH StV 2000, 318; BeckRS 2011, 23151). Zur Aufklärungspflicht des Gerichts → Rn. 148–153; zu den Pflichten der Strafverfolgungsbehörden → Rn. 133, 135.

Auf der anderen Seite muss der Erfolg **nicht im Inland,** sondern kann auch in 106 einem anderen Vertragsstaat des SDÜ (BGHR BtMG § 31 Nr. 1 Aufdeckung 31 = NJW 2003, 1131 = NStZ 2003, 270 = StV 2003, 286 = JR 2003, 480 mAnm *Aulinger*) oder sonst im Ausland (BGHR BtMG § 31 Nr. 1 Aufdeckung 11 (→ Rn. 61); 13 = StV 1989, 393; BeckRS 2008, 24050; *Aulinger* JR 2003, 480) eingetreten sein.

(a) Abgesichert. Abgesichert sind Erkenntnisse, wenn die Angaben über den 107 Hintermann so konkret sind, dass er identifiziert, zur Festnahme ausgeschrieben (BGHR BtMG § 31 Nr. 1 Aufdeckung 14 (*Schoreit* NStZ 1990, 375)) oder festgenommen werden kann (BGHR BtMG § 31 Nr. 1 Aufdeckung 29 = NJW 1999, 1726 = StV 1999, 436), oder wenn die Angaben über die Tatbeteiligung eines Lieferanten oder Abnehmers, dessen Person feststeht, in sich schlüssig, detailreich, konstant und widerspruchsfrei sind (BGH StV 1997, 639).

An abgesicherten Erkenntnissen fehlt es dagegen, wenn der Hintermann auf 108 Grund der Angaben des Täters **nicht identifiziert** ist (BGHR BtMG § 31 Nr. 1 Aufdeckung 1/2 (→ Rn. 41); BGH StV 1997, 639) oder wenn Zweifel bestehen, ob die geschilderte Person **überhaupt existiert** oder in der beschriebenen Weise an der **Tat beteiligt** war (BGHR BtMG § 31 Nr. 1 Aufdeckung 3 (2 StR 599/87); BGH StV 1997, 639; *Zschockelt* NStZ 1998, 238 (241)).

Ebenso kann von abgesicherten Erkenntnissen keine Rede sein, wenn der 109 Beschuldigte nur die **Telefonnummer** eines Büros angibt, von dem aus Rauschgifthandel betrieben worden sein soll (BGHR BtMG § 31 Nr. 1 Milderung 2 (→ Rn. 32); *Patzak* in Körner/Patzak/Volkmer Rn. 49). Dasselbe gilt, wenn der Täter lediglich **Vor-** und **Spitznamen** von Hintermännern angibt und diese vage Bezeichnung nicht zu einer Identifizierung führt (BGHR BtMG § 31 Nr. 1 Milderung 2 (s. o.)). Anders, wenn der Täter mit der Offenbarung einer Handy-Nummer die Ermittlungsergebnisse der Polizei **bekräftigt** und die Beteiligung einer von der Polizei bereits ermittelten Person bestätigt (BGH StV 2001, 462).

Nicht ausreichend ist die **Benennung von Personen,** die nach der nicht bewiesenen Darstellung des Täters als Mittäter oder Gehilfen in Betracht kommen 110 (BGHR BtMG § 31 Nr. 1 Aufdeckung 1/2 (→ Rn. 41)). Dasselbe gilt bei der bloßen Benennung von Mittätern, Auftraggebern und Abnehmern ohne konkrete Angaben über **deren Tatbeteiligung** (BGHR BtMG § 31 Nr. 1 Aufdeckung 10 (→ Rn. 102); BGH NStZ 2000, 433 (→ Rn. 50); StV 1997, 639). Allerdings sind Angaben zur Tatbeteiligung **nicht** immer zwingend erforderlich, etwa wenn die Angaben zur Person eine genaue Identifizierung ermöglichen (*Maier* in MüKoStGB Rn. 136, 137).

Nicht ausreichend sind ferner **pauschale Angaben** über den Wohn- oder 111 Aufenthaltsort von Auftraggebern, Abnehmern oder Hintermännern, die zur Herbeiführung eines Fahndungserfolgs untauglich sind (BGHR BtMG § 31 Nr. 1 Aufdeckung 14 (→ Rn. 107)). Dies gilt etwa für Angaben, nach denen der Tatbeteiligte eine bestimmte Staatsangehörigkeit habe, seit einer bestimmten Zeit in X lebe und sich regelmäßig in bestimmten Clubs oder Diskotheken aufhalte (*Patzak* in Körner/Patzak/Volkmer Rn. 50).

(b) Ermittlungsverfahren gegen den Belasteten, Verurteilung. Sind ab- 112 gesicherte Erkenntnisse gegeben, so ist der Stand der Ermittlungen gegen die belastete Person nicht von entscheidender Bedeutung. § 31 S. 1 Nr. 1 setzt nicht voraus, dass die Strafverfolgungsbehörden einen dringenden Tatverdacht bejahen oder dass sie auch nur ein Ermittlungsverfahren gegen die belasteten Personen einleiten (OLG Düsseldorf StV 1983, 67).

113 **Ebensowenig** kommt es darauf an, ob die Angaben des Aufklärungsgehilfen für die **Verurteilung** des Belasteten ursächlich waren; § 31 ist daher auch dann anzuwenden, wenn der Belastete ein Geständnis ablegt und auf Grund dieses Geständnisses verurteilt wird (BGH NStZ-RR 2014, 215).

114 **Das Tatgericht** hat sich bei der Beurteilung des Erfolgs stets und ausschließlich an **seinen eigenen Feststellungen** zu orientieren (BGHR BtMG § 31 Nr. 1 Aufdeckung 9 = StV 1989, 391). Eine Bindung an die Feststellungen eines anderen Gerichts besteht nicht. Der Umstand, dass es möglicherweise (etwa wegen des Zweifelssatzes) nicht gelingen wird, den vom Aufklärungsgehilfen benannten Mittäter letztlich zu überführen, steht der Annahme eines Aufklärungserfolgs nicht entgegen (BGHR BtMG § 31 Aufdeckung 35 = NStZ 2009, 394). Dies gilt auch dann, wenn es zur **Einstellung des Verfahrens** (§ 170 Abs. 2 StPO) gegen den Belasteten gekommen ist.

115 **(c) Fahndung, Zugriff, Scheinübergabe.** Der Aufklärungserfolg darf nicht mit einem Fahndungserfolg gleichgesetzt werden. § 31 S. 1 Nr. 1 ist daher auch dann anwendbar, wenn der Belastete noch nicht ergriffen werden konnte (→ Rn. 117; BGHR BtMG § 31 Nr. 1 Aufdeckung 10 (→ Rn. 102); 13 (→ Rn. 106); 29 (→ Rn. 107); BGH NStZ 2003, 162 (→ Rn. 104); StV 1994, 544; *Patzak* in Körner/Patzak/Volkmer Rn. 44) oder noch kein **Haftbefehl** gegen ihn ergangen ist (BGHR BtMG § 31 Nr. 1 Aufdeckung 10 (→ Rn. 102); *Patzak* in Körner/Patzak/Volkmer Rn. 44). Maßgeblich ist, ob der Täter mit seinen Angaben die Voraussetzungen für die voraussichtlich erfolgreiche (→ Rn. 132) Durchführung eines Strafverfahrens geschaffen hat, wenn der Tatbeteiligte ergriffen wird (BGHR BtMG § 31 Nr. 1 Aufdeckung 10 (→ Rn. 102); BGH StV 1997, 639; 1998, 601).

116 **Die Anwendung** des § 31 S. 1 Nr. 1 verlangt **keinen Fahndungserfolg.** Ausreichend ist die **Ermöglichung** eines solchen, auch wenn das strafbare Verhalten des Tatbeteiligten den Ermittlungsbehörden bereits bekannt ist (BGHR BtMG § 31 Nr. 1 Aufdeckung 29 (→ Rn. 107)). Der konkrete Hinweis, wo sich der Auftraggeber des Transportes wohne in einem bestimmten Hotel, kann daher genügen. Dasselbe gilt, wenn der Polizei zwar das Wohnobjekt bekannt war, nicht aber Person, Name und Wohnung des Lieferanten, und wenn dann die Angaben des Angeklagten zur sofortigen Identifizierung und Festnahme führen (BGHR BtMG § 31 Nr. 1 Aufdeckung 33 (1 StR 102/04)).

117 **Da die Aufklärungshilfe** nicht auch **Fahndungshilfe** sein muss, steht es der Anwendung des § 31 S. 1 Nr. 1 nicht entgegen, wenn der Täter selbst erst durch den Hinweis des Mitangeklagten, dessen Tatbeitrag er aufgedeckt hat, festgenommen werden konnte (BGH StV 1991, 263).

118 **Einen Aufklärungserfolg** kann ein Täter (→ Rn. 37) auch dadurch erreichen, dass er an einer **überwachten Scheinübergabe** von Betäubungsmitteln an einen (bisher nicht bekannten) Abnehmer teilnimmt und so den Strafverfolgungsbehörden den Zugriff auf diesen ermöglicht; dabei kann offen bleiben, ob § 31 S. 1 Nr. 1 unmittelbar oder analog anzuwenden ist (BGHR BtMG § 31 Nr. 1 Aufdeckung 34 (→ Rn. 37)). Dasselbe gilt, wenn der Täter die Namen seiner Mittäter angibt und sie **veranlasst,** zu einem von der **Polizei** für die Festnahme **bestimmten Ort** zu kommen (BGH NStZ-RR 2012, 201).

119 **(d) Sicherstellung, Drogenversteck.** Ein Aufklärungserfolg iSd § 31 S. 1 Nr. 1 (und 2 (BGH NStZ-RR 2017, 377 = StV 2018, 500) „besonders wirksame Form der Verhinderung geplanter Straftaten")) kann auch dann vorliegen, wenn der Täter (→ Rn. 37) durch seine Kooperation die **Sicherstellung** bislang **versteckter Be-**

Strafmilderung oder Absehen von Strafe **§ 31 BtMG**

täubungsmittel ermöglicht (BGH NJW 2005, 2632 (→ Rn. 37); NStZ 2014, 167). Dies gilt auch dann, wenn sein Tatbeitrag bereits bekannt ist.

3. Wesentlicher Beitrag zum Aufklärungserfolg, Gewicht. Der Täter muss 120 zu dem Aufklärungserfolg einen **wesentlichen** Beitrag geleistet haben. Dies ist dann gegeben, wenn ohne ihn die Tat nicht oder nicht vollständig aufgeklärt, die Überführung von Tatbeteiligten oder die Entdeckung von Organisations- und Vertriebsstrukturen, Schmuggelwegen, Rauschgiftlabors und -depots nicht oder nicht im gegebenen Umfang möglich gewesen wäre (BGH NJW 2002, 908 = StV 2002, 259); BeckRS 2019, 23771; *Patzak* in Körner/Patzak/Volkmer Rn. 55). Auch in einem Fahndungserfolg ist ein wesentlicher Beitrag zu sehen (BGHR BtMG § 31 Nr. 1 Aufdeckung 33 (→ Rn. 116)).

Nicht notwendig ist, dass der Erfolg **allein** auf die Angaben des Täters zurück- 121 zuführen ist; es genügt, dass diese zusammen mit anderen Umständen dazu beigetragen haben (s. BGHR BtMG § 31 Nr. 1 Aufdeckung 22 (→ Rn. 105); BGH StV 1991, 67; *Maier* in MüKoStGB Rn. 148). Dies gilt auch in den Fällen der Selbstanzeige des Mitbeteiligten (BGH NStZ-RR 2019, 371). Dass die Angaben des Täters den Anstoß zur Aufklärung oder die Hauptursache gewesen sind, ist nicht notwendig (*Maier* in MüKoStGB Rn. 148).

Kein wesentlicher Beitrag ist gegeben, wenn der Täter zu bekannten Tat- 122 sachen lediglich einige bisher unbekannte **Randdetails** hinzufügt. Dies kann etwa dann gegeben sein, wenn Angaben des Täters über einen weiteren Tatbeteiligten und dessen Rolle bei der Lieferung auf bloßem Hörensagen beruhen (BGH DRsp Nr. 1994/834).

Dagegen ist ein Beitrag nicht deswegen unwesentlich, weil er sich (nur) auf die 123 Beteiligung eines **Gehilfen** bezieht (BGH NStZ-RR 1997, 278). Im Einzelfall kann das (geringe) Gewicht der Beihilfe, auch im Verhältnis zu der dem Angeklagten angelasteten Tat, es rechtfertigen, von dem Ermessen zur Strafmilderung nach § 31 keinen Gebrauch zu machen (BGH NStZ-RR 1997, 278) und nur einen allgemeinen Strafmilderungsgrund anzunehmen.

Ein wesentlicher Beitrag zum Aufklärungserfolg liegt nur dann vor, wenn er 124 im Vergleich zu der dem Täter zur Last liegenden Tat **nicht ohne Gewicht** ist (BGHR BtMG § 31 Nr. 1 Aufdeckung 1/2 (→ Rn. 41); *Eberth/Müller* Rn. 127; *Franke/Wienroeder* Rn. 12). Die Wesentlichkeit und das Gewicht decken sich nicht; notwendig ist ein wesentlicher Aufklärungsbeitrag, dem auch noch Gewicht zukommt (*Maier* in MüKoStGB Rn. 150). An dem notwendigen Gewicht des Tatbeitrags des Aufklärungsgehilfen fehlt es, wenn die offenbarte Tat sich auf ein Geschäft mit 20 g Cocain bezieht, während ihm die Einfuhr von 1 kg Cocain zur Last liegt. Dasselbe gilt für den Aufklärungsbeitrag, den der Täter bei einem Rauschgifthandel im großen Stil lediglich durch die Zuordnung sichergestellter Erlöse geleistet hat (BGH StR 499/04).

Die Frage des Gewichts der dem Täter zur Last liegenden Tat im Vergleich zur 125 Aufklärungshilfe ist auch ein Umstand, der im Rahmen der Ermessensausübung des Gerichts zu berücksichtigen ist (→ Rn. 174–183).

4. Maßgeblicher Zeitpunkt für den Erfolg. Über die Anwendung des § 31 126 S. 1 Nr. 1 entscheidet **das erkennende Gericht**. Dieses muss die Überzeugung gewinnen, dass die Voraussetzungen der Vorschrift vorliegen. Der maßgebliche Zeitpunkt, zu dem der Aufklärungseffekt vorliegen muss, ist daher die letzte Verhandlung, in der die tatsächlichen Feststellungen geprüft werden können. In der Revisionsinstanz ist für eine Beweisaufnahme zum Erfolgseintritt kein Raum (BGHSt 31, 129 (→ Rn. 102)). Wird das Urteil aufgehoben und die Sache neu verhandelt, so ist auf den Zeitpunkt der erneuten Hauptverhandlung abzustellen

(BGHR BtMG § 31 Nr. 1 Aufdeckung 21 (→ Rn. 61); 31 (→ Rn. 106); BGH NStZ-RR 2011, 90).

127 **aa) Aufklärungsbemühungen** sind noch kein Aufklärungserfolg (stRspr; BGHSt 31, 163 (→ Rn. 103); BGHR BtMG § 31 Nr. 1 Milderung 2 = NJW 1989, 1681 = NStZ 1989, 580 mAnm *Weider* = StV 1990, 454; Aufdeckung 14 (→ Rn. 107); 24 = NJW 1993, 1086 = NStZ 1993, 242 = StV 1993, 308; BGH NStZ 2003, 162 (→ Rn. 104); *Patzak* in Körner/Patzak/Volkmer Rn. 45, 46; *Maier* in MüKoStGB Rn. 155).

128 **Die Bemühungen** genügen auch dann **nicht,** wenn sie von dem **ernstlichen Bestreben** zur Aufklärung der Tat getragen sind. Aus Wortlaut und Sinn des § 31 S. 1 Nr. 1 ergibt sich, dass nach dieser Vorschrift **nur der Erfolg** belohnt werden kann, der tatsächlich eingetreten ist (→ Rn. 17, 18; *Franke/Wienroeder* Rn. 11). Der **Zweifelssatz** gilt insoweit **nicht** (→ Rn. 140). Zur Aufklärungspflicht des Gerichts → Rn. 148–153; zu den Pflichten der Strafverfolgungsbehörden → Rn. 133, 135.

129 **Auch die Bereitschaft** des Täters, an einer **überwachten Scheinübergabe** teilzunehmen, lässt den erforderlichen Aufklärungserfolg nicht eintreten; dass eine solche Übergabe auf Grund einer Entscheidung der Strafverfolgungsbehörden unterblieben ist, steht dem hier nicht entgegen, da dies nicht auf Versäumnisse der Behörden, sondern auf anderen Einsätzen beruhte, die nach der polizeilichen Lagebeurteilung vordringlicher waren (BGHR BtMG § 31 Nr. 1 Aufdeckung 34 (→ Rn. 37)).

130 Allerdings kann das **ernsthafte Aufklärungsbemühen** einen allgemeinen Strafmilderungsgrund nach § 46 Abs. 2 StGB begründen (stRspr; BGHSt 31, 163 (→ Rn. 103); BGHR BtMG § 31 Nr. 1 Milderung 2 (→ Rn. 32); BGH NStZ 2016, 525; BeckRS 2018, 6187; zust. *Weider* NStZ 1989, 580; krit. *Schoreit* NStZ 1988, 353), der im Einzelfall ein solches Gewicht haben kann, dass er als **bestimmender** Strafzumessungsgrund (§ 267 Abs. 3 S. 1 StPO) ausdrücklicher Würdigung im Urteil bedarf (BGHR BtMG § 31 Nr. 1 Milderung 2 (→ Rn. 32); BGH StV 1987, 487; *Franke/Wienroeder* Rn. 11).

131 **bb) Aufklärungsmöglichkeiten, Ermittlungsansätze, Verdacht.** Ein Aufklärungseffekt ist noch nicht eingetreten, wenn die Angaben des Täters lediglich einen Verdacht begründen (BGH StV 1994, 544; NStZ 2003, 162 (→ Rn. 104); NStZ-RR 2015, 77) oder Aufklärungsmöglichkeiten und Ermittlungsansätze eröffnen, die Aufdeckung selbst aber nicht bewirken (BGHR BtMG § 31 Nr. 1 Aufdeckung 14 (→ Rn. 127); 22 (→ Rn. 105); 34). Dabei kommt es nicht darauf an, ob bereits das Wissen des Täters unvollständig ist oder ob er mit seinen Angaben zurückhält; erheblich ist dies allerdings bei der Prüfung eines allgemeinen Strafmilderungsgrundes (→ Rn. 130).

132 **5. Voraussichtlich erfolgreicher Abschluss der Strafverfolgung.** Der Aufklärungserfolg setzt ferner voraus, dass die Angaben des Aufklärungsgehilfen (nach der Überzeugung des Gerichts, → Rn. 148–153) zu einem voraussichtlich erfolgreichen Abschluss der Strafverfolgung gegen den Belasteten beitragen (→ Rn. 137, 138; BGH NStZ-RR 2009, 320).

133 **III. Ermittlungspflichten von Staatsanwaltschaft und Polizei.** Die Strafverfolgungsbehörden sind verpflichtet, den Angaben des Aufklärungsgehilfen nachzugehen (§ 152 Abs. 2, §§ 160, 163 StPO). Voraussetzung ist, dass die Angaben hinreichend konkret sind, so dass sie als Ermittlungsansatz in Betracht kommen (BGH NStZ 1984, 28 (→ Rn. 102); BGHR BtMG § 31 Nr. 1 Aufdeckung 1/2 (→ Rn. 41)). Werden die Strafverfolgungsbehörden **nicht tätig,** weil die Angaben des Täters vage, inhaltsleer, unzureichend und zu allgemein sind, so sind die Voraussetzungen des § 31 S. 1 Nr. 1 nicht gegeben (BGHR BtMG § 31 Aufdeckung 1/2 (→ Rn. 41); 34 (→ Rn. 37)).

Strafmilderung oder Absehen von Strafe § 31 BtMG

Dasselbe gilt, wenn die Ermittlungen **erfolglos** bleiben, obwohl sie ordnungs- 134 gemäß durchgeführt wurden. In Ausnahmefällen mag es nicht ausgeschlossen sein, dass das Gericht gleichwohl die Überzeugung von einem Aufklärungserfolg gewinnt. Die Anwendung des § 31 S. 1 Nr. 1 erscheint dann nicht ausgeschlossen.

Haben die Behörden hinreichend konkrete Angaben **nicht** mit der gebotenen 135 **Sorgfalt und Eile** überprüft, so darf das Gericht **allein aus dem Ausbleiben** eines Ermittlungserfolgs bis zum Urteil keine Zweifel an der Richtigkeit der Angaben des Angeklagten und ihrer Eignung zur Überführung anderer Tatbeteiligter **ableiten** (BGHR BtMG § 31 Nr. 1 Aufdeckung 1/2 (→ Rn. 41); *Maier* in MüKoStGB Rn. 144). Vielmehr kann sich das Gericht in einem solchen Falle trotz des Ausbleibens des Ermittlungserfolgs von der Wahrheit der Angaben des Aufklärungsgehilfen überzeugen (*Oğlakcıoğlu* in Kotz/Rahlf BtMStrafR Kap. 6 Rn. 61).

Nicht selten scheitert die notwendige Überprüfung am **Personalmangel** der 136 Behörden. Die Verhinderung wegen „vordringlicher anderer Einsätze" haben BGH (BGHR BtMG § 31 Nr. Aufdeckung 34 (→ Rn. 37)) und BVerfG (2 BvR 1178/06) akzeptiert; allerdings hatte das LG das Bemühen des Täters „praktisch mit demselben Gewicht" wie eine Aufklärungshilfe gewürdigt.

IV. Feststellung des Aufklärungserfolgs durch das Gericht. Ob durch die 137 Angaben des Aufklärungsgehilfen ein wesentlicher Aufklärungserfolg bewirkt wurde, entscheidet allein das Gericht, das über **die Tat des Aufklärungsgehilfen** zu befinden hat. Nicht entscheidend ist die Sicht der Ermittlungsbehörden, obwohl sie zur Überprüfung der Angaben des Täters verpflichtet sind (*Weider* in Kreuzer BtMStrafR-HdB § 15 Rn. 130).

1. Überzeugungsbildung, Zweifelssatz, Wahrunterstellung. Das Gericht, 138 das über die Tat des Aufklärungsgehilfen zu entscheiden hat, muss nach dem Ergebnis der Hauptverhandlung (§ 261 StPO) **davon überzeugt sein** (BGH BeckRS 2011, 11230), dass
– die Angaben des Täters über die Beteiligung anderer richtig sind (BGHSt 31, 163 (→ Rn. 103); BGHR BtMG § 31 Nr. 1 Aufdeckung 1/2 (→ Rn. 41); BGH NStZ-RR 2009, 320; *Fezer* FS Lenckner, 1998, 681 (684, 687)) und
– sie zu einem voraussichtlich erfolgreichen Abschluss der Strafverfolgung beitragen (BGHR BtMG § 31 Nr. 1 Aufdeckung 1/2 (→ Rn. 41); BGH NStZ-RR 1998, 25 = StV 1997, 639; 2009, 320; StV 1985, 14; *Maier* in MüKoStGB Rn. 160).

Kann sich das Gericht hiervon **nicht überzeugen,** so darf es die Strafe nicht 139 nach § 31 S. 1 Nr. 1 mildern (BGHSt 31, 163 (→ Rn. 103)). Dabei sind die **Anforderungen,** die an das Vorliegen der Überzeugung gestellt werden, **nicht geringer** als bei den anderen Feststellungen. An der notwenigen Überzeugung fehlt es daher, wenn das Gericht die Angaben nur für nicht widerlegt hält.

Auch der Zweifelssatz ist nicht anwendbar (→ Rn. 17, 18; BGHR BtMG § 31 140 Nr. 1 Aufdeckung 7 = StV 1989, 392; 35 (→ Rn. 114); § 29 a Abs. 1 Nr. 2 Besitz 1 (3 StR 222/95); BGH NStZ 2003, 162 (→ Rn. 104); NStZ-RR 2015,77; BeckRS 2011, 11230; BT-Drs. 16/6228, 12; *Patzak* in Körner/Patzak/Volkmer Rn. 110; *Maier* in MüKoStGB Rn. 160; *Fischer* StGB § 46 b Rn. 15). Dies gilt auch, wenn das Gericht die notwendige Überzeugung nur deswegen nicht gewinnen kann, weil eine Beweiserhebung, etwa wegen der **Unerreichbarkeit eines Zeugen,** nicht durchgeführt werden kann (BGHR StPO § 244 Abs. 3 S. 2 Wahrunterstellung 24 (1 StR 619/91); *Oğlakcıoğlu* in Kotz/Rahlf BtMStrafR Kap. 6 Fn. 95).

Dass ein Aufklärungserfolg eingetreten ist, darf auch **nicht als wahr unter-** 141 **stellt** werden (→ Rn. 17, 18; BGH *H. W. Schmidt* MDR 1993, 202; *Patzak* in Körner/Patzak/Volkmer Rn. 113; *Weider* in Kreuzer BtMStrafR-HdB § 15 Rn. 132; *Oğlakcıoğlu* in Kotz/Rahlf BtMStrafR Kap. 6 Rn. 172, 173; *Winkler* NStZ 2007,

320; Fischer StGB § 46b Rn. 15). Die in ihrer Struktur eigenartige (BGHR BtMG § 31 Nr. 1 Aufdeckung 28 = NStZ-RR 1997, 85 = StV 1996, 662) Strafzumessungsvorschrift des § 31 Abs. 1 Nr. 1 setzt einen **tatsächlich eingetretenen Aufklärungserfolg** voraus (BGHR BtMG § 31 Nr. 1 Aufdeckung 24 (→ Rn. 127); 28 (s. o.); *Patzak* in Körner/Patzak/Volkmer Rn. 113). Die bloße Wahrunterstellung bleibt hinter dieser Voraussetzung zurück (BGHR StPO § 244 Abs. 3 S. 2 Wahrunterstellung 24 (→ Rn. 140)). Eine Wahrunterstellung ist daher nicht nur „zumindest bedenklich" (so BGHR BtMG § 31 Nr. Aufdeckung 28 (s. o.)), sondern vermag einen Aufklärungserfolg nicht zu begründen (*Schmitt* in Meyer-Goßner/Schmitt StPO § 244 Rn. 70; nach *Maier* in MüKoStGB Rn. 183 sollen einzelne Tatsachen als wahr unterstellt werden können, dazu → Rn. 142). Vielmehr hat die Sachaufklärung Vorrang, auch mit der Folge, dass bei nicht durchführbarer Beweiserhebung, etwa wegen Unerreichbarkeit eines Zeugen, ein Aufklärungserfolg verneint werden **muss** (s. BGHR StPO § 244 Abs. 3 S. 2 Wahrunterstellung 24 (→ Rn. 140)). Unberührt bleibt die Zulässigkeit der Wahrunterstellung für den **Schuldspruch** (s. BGHR BtMG § 31 Nr. 1 Aufdeckung 32 = NStZ 2005, 231 = StraFo 2004, 204).

142 **Nicht zulässig ist** auch die Wahrunterstellung **eines Elements** des Aufklärungserfolgs, etwa einer bestimmten Beweisbehauptung, um auf diese Weise die „Überzeugung" von einem „Aufklärungserfolg" zu gewinnen (*Patzak* in Körner/Patzak/Volkmer Rn. 113; aA BGHR BtMG § 31 Nr. 1 Aufdeckung 9 (→ Rn. 114); BGH StV 1986, 63; *Weider* StV 1989, 391, alle ohne auf die Problematik einzugehen). Auch in einem solchen Falle sind die „Voraussetzungen des § 31 Satz 1 Nr. 1" (BGHR StPO § 244 Abs. 3 S. 2 Wahrunterstellung 24 (→ Rn. 140)) nicht erfüllt, da auch in einem solchen Falle der tatsächlich eingetretene Aufklärungserfolg letztlich durch eine Fiktion ersetzt würde. Auch aus § 244 Abs. 3 S. 3 Nr. 6 StPO ergibt sich nichts anderes (aA *Maier* in MüKoStGB Rn. 183). Dass die behauptete Tatsache **nicht** so behandelt werden **kann**, als wäre sie wahr (§ 244 Abs. 3 S. 3 Nr. 6 StPO), ergibt sich aus der **materiell-rechtlichen** Vorschrift des § 31 S. 1 Nr. 1.

143 **Wahrunterstellungen** müssen daher **unterbleiben** (*Franke/Wienroeder* Rn. 16). Hat das Gericht gleichwohl eine solche **zugesagt**, so ist es allerdings daran gebunden und muss den Aufklärungserfolg unabhängig vom tatsächlichen Verfahrensstand gegen den Belasteten seiner Entscheidung zugrunde legen (BGHR StPO § 244 Abs. 3 S. 2 Wahrunterstellung 24 (→ Rn. 140); BGH 2 StR 134/97; *Patzak* in Körner/Patzak/Volkmer Rn. 114; *Maier* in MüKoStGB Rn. 184) und darf sich nicht in Widerspruch dazu setzen (BGH 4 StR 454/05).

144 **Die Bewertung** der Wesentlichkeit und des Gewichts des Tatbeitrags bleibt von einer solchen Zusage der Wahrunterstellung unberührt, da es sich dabei nicht um Tatsachen handelt; allerdings muss auch dieser Bewertung die als wahr unterstellte Tatsache zugrunde gelegt werden (so wohl *Maier* in MüKoStGB Rn. 185).

145 **Entscheidend ist** immer und allein die **Überzeugung des Gerichts** (BGH BeckRS 2009, 25653). Dem muss eine **eigene Bewertung** zugrunde liegen; das Gericht darf nicht einfach die Einschätzung eines anderen Gerichts übernehmen, erst recht nicht eine solche im Verfahren gegen den von dem Aufklärungsgehilfen belasteten Dritten (BGHR BtMG § 31 Aufdeckung 35 (→ Rn. 114); → Rn. 112, 114). Auf die **Existenz** oder den **Stand** eines inländischen oder ausländischen Ermittlungsverfahrens kommt es deshalb nicht an. Ein Aufklärungserfolg entfällt daher nicht schon deswegen, weil die niederländische Polizei gegen die belastete Person bereits ermittelte und durch die Angaben des Täters sich nicht veranlasst sah, weitere Ermittlungen aufzunehmen (BGHR BtMG § 31 Nr. 1 Aufdeckung 10 (→ Rn. 102); BGH StV 1986, 435).

2. Der Weg der Überzeugungsbildung. Während danach an das Vorliegen 146
einer Überzeugung keine geringeren Anforderungen gestellt werden dürfen, ist
der Weg, auf dem die Überzeugung gewonnen werden kann, weniger steinig als
sonst im Verfahren. So kann das Gericht einer Aussage des Angeklagten **ohne absichernde Beweiserhebung** Glauben schenken und von einem Aufklärungserfolg
überzeugt sein, auch wenn es für die Richtigkeit dieser Angaben keine weiteren
Beweismittel gibt (BGH NStZ 2003, 162 (→ Rn. 104); *Patzak* in Körner/Patzak/
Volkmer Rn. 111; *Fischer* StGB § 46b Rn. 15) oder in der laufenden Hauptverhandlung nicht zur Verfügung stehen (*Franke/Wienroeder* Rn. 13). Liegen daher solche Angaben vor, die auf Grund verlässlicher Anhaltspunkte Grundlage eines Aufklärungserfolgs sein können, so ist deren Bewertung im Urteil nachvollziehbar
darzulegen (BGH NStZ 2003, 162).

Das Gericht darf sich auch auf die **Aussagen von Ermittlungsbeamten** 147
(BGH NStZ 1983, 416; *Fezer* FS Lenckner, 1998, 681 (689) oder auf den ihm vorliegenden **Akteninhalt** (OLG Hamburg NStZ 1997, 443; *Fezer* FS Lenckner,
1998, 681 (689) stützen, ohne die betreffenden Beweise im Strengbeweisverfahren
selbst erheben zu müssen (OLG Hamburg NStZ 1997, 443; wohl auch *Weider*
NStZ 1985, 481 (483)). Ohne diese **Abweichung** vom Grundsatz der **Unmittelbarkeit** der Hauptverhandlung wäre die Regelung über die Aufklärungshilfe in der
Praxis nicht zu handhaben (OLG Hamburg NStZ 1997, 443; *Fezer* FS Lenckner,
1998, 681 (689, 691–693)).

3. Untersuchungspflicht. Von der Frage, in welcher Weise die Beweise zu er- 148
heben sind (→ Rn. 146, 150), ist die der Untersuchungspflicht zu unterscheiden.
Nach § 31 S. 1 Nr. 1 hat das Gericht festzustellen, ob ein Aufklärungserfolg eingetreten ist (BGHR BtMG § 31 Nr. 1 Aufdeckung 24 (→ Rn. 127)). Hierzu muss
es die Beweisaufnahme auf den möglichen Aufklärungserfolg erstrecken, wenn der
Angeklagte bei seiner Vernehmung sein Wissen über fremde Tatbeteiligungen offenbart hat (BGHR BtMG § 31 Nr. 1 Aufdeckung 12 = StV 1989, 392; 15; BGH
NStZ 2000, 433 (→ Rn. 50); BeckRS 2017, 132679).

Dazu genügt es, dass durch Vernehmung der Ermittlungsbeamten oder in sons- 149
tiger Weise aufgeklärt wird, welche Angaben der Angeklagte gemacht hat und zu
welchem Ergebnis die Überprüfung geführt hat (→ Rn. 150; *Maier* in MüKoStGB
Rn. 176). Ein **Beweisantrag** auf Vernehmung **eines Kriminalbeamten** zu der
Behauptung, dass die Polizei den vom Täter mit Namen genannten Lieferanten
identifiziert habe und die Angaben des Täters über diesen Mann der Überprüfung
durch die Polizei standgehalten hätten, darf daher **nicht abgelehnt** werden (BGH
NStZ 2000, 433 (→ Rn. 50); *Körner,* 6. Aufl. 2007, Rn. 59).

Die Untersuchungspflicht geht aber nicht weiter, als dies nach dem materiel- 150
len Recht geboten ist (*Maier* in MüKoStGB Rn. 178). Da es für § 31 S. 1 Nr. 1 nur
auf den **tatsächlich eingetretenen** Aufklärungserfolg ankommt, gebietet sie es
dem Gericht **nicht,** den Angaben des Angeklagten **selbst nachzugehen,** um ihre
Richtigkeit zu überprüfen und so gegebenenfalls den Aufklärungserfolg selbst herbeizuführen (BGHR BtMG § 31 Nr. 1 Aufdeckung 24 (→ Rn. 127); BGH StV
1994, 544; BGH NStZ 2003, 162 (→ Rn. 104); NStZ-RR 2004, 348;
BeckRS 2008, 01374; BT-Drs. 16/6268, 12; *Patzak* in Körner/Patzak/Volkmer
Rn. 112; *Maier* in MüKoStGB Rn. 178). Die Untersuchungspflicht verpflichtet das
Gericht nicht dazu, durch eigene Ermittlungen fremde Taten aufzuklären (BGH
NStZ 1998, 90 = StV 1997, 593).

Ebenso braucht das Gericht nicht **abzuwarten,** bis andere Stellen entspre- 151
chende Ermittlungen geführt haben (BGHR BtMG § 31 Nr. 1 Aufdeckung 24
(→ Rn. 127); BGH NStZ 1984, 28; 2003, 162 (→ Rn. 104); BeckRS 2008,
01374; BT-Drs. 16/6268, 12; *Franke/Wienroeder* Rn. 16). Ist dagegen zu klären, ob

durchgeführte Ermittlungen einen Aufklärungserfolg erbracht haben, so ist gegebenenfalls auch eine Hauptverhandlung zu unterbrechen oder auszusetzen, um diese Frage durch Vernehmung des Ermittlungsbeamten oder auf andere Weise zu klären (→ Rn. 149; *Maier* in MüKoStGB Rn. 178).

152 **4. Beweisanträge.** Auch durch Beweisanträge kann kein anderes Ergebnis erzielt werden. Der Aufklärungserfolg muss **vorliegen** und **nicht** erst **gesucht** werden (*Maier* in MüKoStGB Rn. 178). Es ergeben sich danach drei Fallgestaltungen:
- Ist der Beweisantrag darauf gerichtet, zu überprüfen, ob ein Aufklärungserfolg **bereits eingetreten ist,** so ist er zulässig und erheblich. Ein Beweisantrag, den Ermittlungsbeamten zu der Behauptung zu vernehmen, die Polizei habe den vom Täter mit Namen genannten Lieferanten identifiziert und die Angaben des Täters hätten der Überprüfung durch die Polizei standgehalten, darf daher nicht wegen Bedeutungslosigkeit (§ 244 Abs. 3 S. 3 Nr. 2 StPO) abgelehnt werden (→ Rn. 149). Auch eine Wahrunterstellung ist insoweit nicht zulässig (→ Rn. 141).
- Ist der Beweisantrag dagegen auf die **Herbeiführung des Aufklärungserfolgs** selbst gerichtet, soll mit ihm insbesondere erreicht werden, dass das Gericht den Angaben des Angeklagten selbst nachgeht, so ist der Beweisantrag zwar nicht unzulässig, es ist aber für die Entscheidung darüber, ob die Voraussetzungen des § 31 S. 1 Nr. 1 BtMG vorliegen, ohne Bedeutung (BGH NStZ 1998, 90 (→ Rn. 150); BT-Drs. 16/6268, 12; *Maier* in MüKoStGB Rn. 178). Auch eine Wahrunterstellung scheidet schon deswegen aus (BGH NStZ 2004, 51; NStZ-RR 2003, 268; StV 2007, 18; *Schmitt* in Meyer-Goßner/Schmitt StPO § 244 Rn. 68).
- Zwischen den beiden Fallgestaltungen liegt es, wenn mit dem Beweisantrag die **Zuverlässigkeit** der geleisteten Aufklärungshilfe bewiesen werden soll, etwa wenn mit der beantragten Zeugenvernehmung der bestreitende Mitangeklagte weiter belastet werden soll (BGHR BtMG § 31 Nr. 1 Aufdeckung 32 (→ Rn. 141)). Im Hinblick auf den Zweck des § 31 S. 1 Nr. 1 BtMG erscheint es vertretbar, auch in einem solchen Grenzfall zugunsten einer möglichen Bestätigung der Aufklärungshilfe zu entscheiden (*Schmidt* NJW 2005, 3250 (3255); krit. *Winkler* NStZ 2005, 317 (317)). Auch in einem solchen Falle ist eine Wahrunterstellung hinsichtlich der Beweistatsache nicht zulässig (→ Rn. 142).

153 **Ist die Beweiserhebung** nicht **durchführbar,** etwa weil ein Zeuge **unerreichbar ist,** und kann das Gericht deswegen die gebotene Überzeugung nicht gewinnen, so ist die Anwendung des § 31 S. 1 Nr. 1 nicht möglich (→ Rn. 140).

154 **VI. Aufklärungshilfe und Beweiswürdigung** Für die Glaubhaftigkeitsbeurteilung bei Aussagen im Betäubungsmittelstrafrecht ist es regelmäßig ein wesentlicher Gesichtspunkt, ob sich ein Zeuge oder Mitangeklagter durch die Aussage in seinem Verfahren im Hinblick auf § 31 entlasten wollte (BGH NStZ 2004, 691 = StV 2004, 578 = StraFo 2004, 354; NStZ-RR 2005, 88 = StV 2005, 253; 2009, 212 = StV 2009, 346; BeckRS 2009, 25653). Auch der Beschuldigte weiß in aller Regel, dass die Höhe einer etwaigen Strafmilderung von dem Gewicht der Aufklärungshilfe abhängt. Die Versuchung, ein tatsächliches Geschehen etwa nach der Menge der Betäubungsmittel oder der Zahl der Taten aufzubauschen, ist daher nicht gering. Hinzu tritt das Interesse des Beschuldigten, seinen eigenen Tatbeitrag möglichst auf Kosten der Mittäter zu verkleinern und das Gewicht der Tatbeiträge derart zu verlagern, dass er nur als Gehilfe erscheint (BGH NStZ-RR 2002, 146 = StV 2002, 470).

155 **Das Gericht** hat sich daher stets mit der **naheliegenden Möglichkeit** auseinanderzusetzen, dass sich der betreffende Tatbeteiligte selbst (auf Kosten des Angeklagten) entlasten und in dem gegen ihn selbst gerichteten Verfahren eine Strafmilderung wegen Aufklärungshilfe nach § 31 erreichen will oder wollte (BGH NStZ-RR 2009, 145 = StV 2009, 176; BeckRS 2009, 25653).

Strafmilderung oder Absehen von Strafe § 31 BtMG

Diese Gesichtspunkte gelten verstärkt im Falle einer **Verständigung** (§ 257c 156
StPO). Für die Glaubwürdigkeit eines Belastungszeugen oder Mitangeklagten
kann es entscheidend darauf ankommen, ob er sich geständig im Rahmen einer solchen Verständigung durch die Belastung von Mittätern – womöglich unter Verringerung seines eigenen Tatbeitrags – einen erheblichen Vorteil versprechen konnte
(BGHSt 48, 161 = NJW 2003, 1615 = NStZ 2003, 383 = StV 2003, 264; BGH
NStZ 2004, 691 (→ Rn. 154); StV 2006, 118). Es ist daher unerlässlich, dass das
Zustandekommen und der Inhalt der Absprache aufgeklärt und dokumentiert werden (BGHSt 48, 161 (s. o.); BGH StV 2006, 118; nunmehr § 273 Abs. 1a StPO).

1. Der Aufklärungsgehilfe als Zeuge. Wird der Angeklagte von einem Zeu- 157
gen belastet, der sich als Aufklärungsgehilfe betätigt hat oder betätigt, so ist es nicht
ohne Bedeutung, wie sich die Beweislage im Übrigen darstellt.

a) Bestätigung durch andere Beweismittel. Werden die Angaben des Zeu- 158
gen durch andere Beweismittel bestätigt, etwa durch gezielte Ermittlungen gegen
den Belasteten, durch die Angaben anderer Zeugen oder durch objektive Beweismittel, zB Fingerabdrücke des Belasteten, so spricht dies zunächst dafür, dass die
Angaben des Aufklärungsgehilfen zutreffen. Dies kommt vor allem dann in Betracht, wenn sich seine Angaben hinsichtlich **anderer** Lieferanten und Abnehmer
als zuverlässig erwiesen haben, denn dann hätte sich der Zeuge auch ohne die
Aufdeckung der den Angeklagten betreffenden Taten die Vorteile des § 31 verschaffen können (BGH NStZ-RR 2003, 245).

Grundsätzlich muss aber auch dann, wenn die Angaben des Aufklärungsgehil- 159
fen durch andere **Beweismittel bestätigt** werden, gewürdigt werden, ob der
Zeuge sich nicht nur durch die wahrheitsgemäße Belastung des nunmehr Angeklagten eigene Vorteile verschafft hat, sondern sich möglicherweise darüber hinaus in bedenklicher Weise zu dessen Lasten eingelassen hat, etwa durch eine übertriebene Darstellung von dessen Tatbeteiligung zur partiellen eigenen Entlastung,
zu der eines weiteren Tatbeteiligten oder zur Vertuschung der Beteiligung eines
Dritten (BGH NStZ 2004, 691 (→ Rn. 154)).

b) Aussage gegen Aussage. Nicht selten sind die Fälle, in denen zur Überfüh- 160
rung des Angeklagten nur die Aussage des Aufklärungsgehilfen zur Verfügung steht
und objektive Anhaltspunkte für das von ihm geschilderte Geschehen fehlen. In
diesen Fällen sind an die Beweiswürdigung besondere Anforderungen zu stellen
(BGH NStZ-RR 2002, 146 (→ Rn. 154); 2003; 245; 2017, 288; OLG Köln StV
2004, 419; *Maier* NStZ 2005, 246), wobei das Gericht alle Umstände, die die Entscheidung beeinflussen können, in seine Überlegungen einzubeziehen und in besonderem Maße eine **Gesamtwürdigung aller Indizien** vorzunehmen hat
(BGH NStZ-RR 2009, 145 (→ Rn. 155); 212 (→ Rn. 154)). Dabei dürfen die einzelnen Beweisergebnisse nicht nur isoliert gewertet werden, sondern ihr Gewicht
und ihr Zusammenspiel müssen in einer Gesamtschau bewertet werden (BGH
NStZ-RR 2017, 288).

Neben den **generellen Gesichtspunkten** 161
– Umstände der Entstehung der Aussage,
– Aussageentwicklung und Aussagekonstanz (BGH StV 2008, 451; 2009, 347),
– unterschiedliche Angaben zum Kern- und Randgeschehen,
– Widersprüche innerhalb der Aussage oder zu sonstigen Beweisergebnissen,
– unrichtige oder übertriebene Angaben,
– deutlich hervorgetretener Belastungseifer,
– nachgewiesene (teilweise) Falschbelastung (dazu → Rn. 165),
– Motiv für eine mögliche Falschbelastung
(*Wesemann* in MAH Strafverteidigung § 46 Rn. 228) ist dabei vor allem zu prüfen,
ob und inwieweit sich der nunmehrige Zeuge eine **Strafmilderung** als **Auflä-**

rungsgehilfe verdient hat (BGH NStZ-RR 2009, 212 (→ Rn. 154); StV 2008, 451). Dabei ist vor allem die nicht fernliegende Gefahr in die Überlegungen einzustellen, dass ein Zeuge, der sich durch seine Aussage Vorteile verspricht, andere Tatbeteiligte zu Unrecht belastet (BGH NStZ 2004, 691 (→ Rn. 154); 2010, 228; NStZ-RR 2009, 145 (→ Rn. 155); OLG Düsseldorf NStZ-RR 2008, 254 = StV 2008, 346; OLG Naumburg StraFo 2014, 76 = BeckRS 2014, 02842; *Nack* StV 2002, 559).

162 **Dass der Zeuge** im Zeitpunkt seiner Aussage **bereits rechtskräftig verurteilt** ist, räumt die Möglichkeit, dass sein Aussageverhalten von dieser Motivation weiterhin beeinflusst ist, **nicht aus,** denn ein Motiv, mögliche frühere unwahre Angaben aufrechtzuerhalten, kann darin liegen, dass der Zeuge eine (zusätzliche) Bestrafung wegen falscher Anschuldigung vermeiden will (BGHR BtMG § 29 Beweiswürdigung 10 = StV 1992, 555; BGH NStZ-RR 2002, 146 (→ Rn. 154); OLG Köln StV 2004, 419; OLG München BeckRS 2010, 30571). Auch im Falle einer rechtskräftigen Verurteilung ist daher stets zu klären, ob sich der Zeuge durch Aufklärungshilfe eine Strafmilderung verdient hat (BGH NStZ 2004, 691 = StV 2004, 578; StV 2008, 451).

163 **Auch der Gesichtspunkt,** dass „der Zeuge sich ganz erheblich selbst belastet" habe, muss namentlich im Hinblick auf die Beweissituation umfassend gewürdigt werden, etwa wenn der Zeuge mit dem **Rauschgift angetroffen** worden war, und ihm die Belastung einer anderen Person die Möglichkeit bot, seinen Tatbeitrag hinsichtlich des Handeltreibens als bloße Beihilfe darzustellen (BGH NStZ-RR 2002, 146 (→ Rn. 154); 2009, 145 (→ Rn. 155)).

164 **Überprüft werden** müssen auch **die Umstände,** die der Zeuge zur **Entstehung** seiner Aussage angibt. Gibt er an, er sei deshalb zur Polizei gegangen, weil er von Leuten aus dem Umfeld des Angeklagten verprügelt und bedroht worden sei, so ist dem nachzugehen und das Ergebnis im Urteil darzustellen (BGH StV 2009, 347).

165 **Einer besonders kritischen Würdigung** bedürfen auch die Angaben des Aufklärungsgehilfen, wenn diese an „Qualitätsmängeln"(BGH NStZ-RR 2005, 88 (→ Rn. 154)) leiden, insbesondere den nunmehrigen Angeklagten oder Dritte **in Teilen zu Unrecht belasten.** In einer solchen falschen Belastung liegt ein gewichtiges Indiz gegen die Glaubwürdigkeit insgesamt. Will das Gericht in den übrigen Punkten der Aussage gleichwohl folgen, so muss es jedenfalls die folgenden Gesichtspunkte würdigen:
– die Modalitäten beim Zustandekommen der falschen Aussage,
– den Umfang der bisherigen Falschbelastung,
– die erwiesenen oder jedenfalls zugunsten des nunmehrigen Angeklagten anzunehmenden Gründe des Zeugen für seine falschen Angaben,
– die Frage, ob die Falschbelastung vorsätzlich oder fahrlässig erfolgte, sowie
– die Umstände, unter denen gegebenenfalls eine Berichtigung erfolgt ist
(*Weider* in MAH Strafverteidigung, 1. Auflage, § 45 Rn. 191).

166 **Auch wenn dem Zeugen** in der Hauptverhandlung ein **verdichtetes Auskunftsverweigerungsrecht** zugestanden wird, so dass auf Aussagen vor der Polizei oder im eigenen Strafverfahren des Zeugen zurückgegriffen werden muss, ist eine besonders kritische Würdigung geboten (BGH NStZ 2004, 691 (→ Rn. 154); NStZ-RR 2009, 212 (→ Rn. 154)). Kann der Angeklagte sein Recht, Fragen an den Belastungszeugen zu stellen (Art. 6 Abs. 3 lit. d EMRK), nicht ausüben, so muss dies bei der Beweiswürdigung schon deshalb hinreichend bedacht werden, weil die durch die Vernehmung der Verhörsperson eingeführte Aussage bei Fehlen eines kontradiktatorischen Verhörs nur beschränkt hinterfragt und vervollständigt

werden kann (BGH NStZ 2004, 691 (→Rn. 154); NStZ-RR 2009, 212 (→Rn. 154)).

c) Teilweise bestätigte Aussage. Haben die Angaben des Aufklärungsgehilfen 167 teilweise eine Bestätigung erfahren, so ist dies zunächst ein Indiz für die Glaubhaftigkeit der Aussage insgesamt (*Wesemann* in MAH Strafverteidigung § 46 Rn. 231). Allerdings muss auch hier bedacht werden, dass es nicht ausgeschlossen ist, dass der Zeuge zu einem Punkt, der etwa leicht überprüfbar ist, richtig ausgesagt hat, zu anderen aber nicht. Dies kann etwa geschehen, um mit der Schilderung möglichst vieler und schwerer Taten die Bedeutung der Aussage für die Ermittlungsbehörden insgesamt zu steigern, um sich einen möglichst großen Strafabschlag zu verdienen (*Wesemann* in MAH Strafverteidigung § 46 Rn. 231). Die Gefahr ist besonders groß, wenn Taten geschildert werden, an denen der Zeuge nicht beteiligt ist.

d) Beweiswürdigung im Urteil. Im Hinblick auf die nicht fernliegende Ge- 168 fahr, dass ein Zeuge, der sich durch seine Aussage Vorteile verspricht, andere Tatbeteiligte zu Unrecht belastet, ist bei der Beweiswürdigung im Urteil gegen den von dem Zeugen Belasteten stets darauf einzugehen, ob sich der Zeuge eine Strafmilderung als Aufklärungsgehilfe verdient hat oder nicht (BGH NStZ-RR 2009, 212 (→Rn. 154); 2012, 52). Dies gilt auch im Falle einer rechtskräftigen Verurteilung (→Rn. 162).

2. Der Aufklärungsgehilfe als Mitangeklagter. Wird das Verfahren gegen 169 den Aufklärungsgehilfen und gegen die von diesem belasteten Personen **gemeinsam** geführt, so gelten im Wesentlichen dieselben Grundsätze. Die Gefahr, dass sich der Aufklärungsgehilfe durch eine nicht den Tatsachen entsprechende Darstellung der Tatbeiträge seiner Mitangeklagten Vorteile verspricht, ist hier jedenfalls nicht geringer. Daher muss bei der Verurteilung eines Angeklagten auf Grund des Geständnisses eines Mitangeklagten, das Gegenstand einer verfahrensbeendenden Absprache war, die Glaubhaftigkeit dieses Geständnisses kritisch gewürdigt werden; dazu gehört insbesondere die Erörterung von Zustandekommen und Inhalt der Absprache (BGH NJW 2013, 1316 = NStZ 2013, 415).

3. Flankierende Strafbarkeit (§ 145 d Abs. 3, § 164 Abs. 3 StGB). Um den 170 Missbrauch bei der Erlangung einer Vergünstigung nach § 31 BtMG (und § 46b StGB) durch bewusst unwahre Behauptungen möglichst einzudämmen, wurden durch das 43. StrÄndG (→Rn. 4) die Strafrahmen in § 145 d StGB (Vortäuschen einer Straftat) und § 164 StGB (Falsche Verdächtigung) für die Fälle erhöht, in denen die falschen Angaben gemacht werden, um eine Strafmilderung oder ein Absehen von Strafe nach der Kronzeugenregelung zu erreichen.

Damit hat sich das Gesetz (wohl zu Recht) der Einführung einer sogenannten 171 **Verwirkungsstrafe widersetzt,** die der Bundesrat vorgeschlagen hatte (BT-Drs. 16/6268, 19) und mit der eine Wiederaufnahme des Verfahrens ermöglicht werden sollte, um dem Aufklärungsgehilfen die erlangte Strafmilderung wieder zu entziehen, wenn er im Verfahren gegen den von ihm Belasteten nicht bei seinen Angaben bleibt. Eine solche Regelung hätte für den Aufklärungsgehilfen einen faktischen Zwang bedeutet, auch an einer unwahren Aussage festzuhalten.

VI. Darlegung im Urteil. Der Aufklärungserfolg und die ihm zugrunde lie- 172 gende richterliche Überzeugung müssen im Urteil konkret und nachprüfbar dargestellt werden (BGH NStZ-RR 2011, 320; *Maier* in MüKoStGB Rn. 186). Dazu gehört es, dass die Angaben des Angeklagten, jedenfalls in ihrem tatsächlichen Kern, der Erkenntnisstand der Ermittlungsbehörden und etwaige durch die Angaben veranlasste Strafverfolgungsmaßnahmen dargelegt werden (BGH NStZ-RR 2011, 320; *Maier* in MüKoStGB Rn. 186, 187). Nicht ausreichend ist es, wenn das Urteil lediglich formelhaft ausführt, die Aufklärungshilfe sei wertvoll oder wenig wertvoll, erheblich oder gering gewesen.

173 **Bei der Anwendung** des § 31 sind nur die letztlich verhängten und nicht auch die an sich verwirkten Strafen zu beziffern. Eine **numerische Kompensation** findet nicht statt (BGHR BtMG § 31 Nr. 1 Milderung 5 = NStZ-RR 2006, 201; krit. *König* NJW 2009, 2841 (2484)).

174 **D. Ermessen (Satz 2).** Ob und inwieweit die Strafe nach § 31 S. 1 Nr. 1 gemildert oder von ihr abgesehen werden kann, steht im **Ermessen des Gerichts.** § 31 S. 2 BtMG verweist insoweit auf § 46b Abs. 2 StGB. Dieser enthält eine Aufzählung von Kriterien für die Entscheidung des Gerichts, ob und in welchem Umfang es die Angaben des Täters honoriert. Die Aufzählung ist nicht abschließend (BT-Drs. 16/6268, 13).

175 **Dabei hat** das Gericht eine **Gesamtwürdigung** vorzunehmen (BT-Drs. 16/6268, 14; BGHSt 63, 210 (→ Rn. 75)). In deren Rahmen sind zunächst die **Art und der Umfang** der offenbarten Tatsachen und deren **Bedeutung** für die Aufklärung oder Verhinderung der Tat, der **Zeitpunkt** der Offenbarung (nunmehr im Rahmen des § 31 S. 2 BtMG, § 46b Abs. 3 StGB; dazu → Rn. 73–81), das **Ausmaß der Unterstützung** der Strafverfolgungsbehörden durch den Täter und die **Schwere der Tat,** auf die sich seine Angaben beziehen, festzustellen und zu würdigen (§ 46b Abs. 2 Nr. 1 StGB).

176 **Dies entspricht** der **bisherigen Rechtsprechung,** wonach in die Gesamtwürdigung (BGH NJW 1985, 692 (→ Rn. 60); StV 1985, 63, 506) alle Umstände des Einzelfalles, namentlich Gewicht, Umfang und Bedeutung des Aufklärungserfolgs (→ Rn. 18; BGH NJW 2002, 908 (→ Rn. 120)), der Zeitpunkt (BGH NJW 1985, 692 (→ Rn. 60)) sowie sonstige Begleitumstände der Offenbarung einzubeziehen waren.

177 **Sodann sind** diese Umstände gegen die **Schwere der Straftat** und **Schuld des Täters** abzuwägen (§ 46b Abs. 2 Nr. 2 StGB). Dieser Abwägung kommt im Hinblick auf den Schuldgrundsatz besondere Bedeutung zu (BVerfG NJW 1993, 190). Auch sie entspricht dem früheren Recht (BGH NJW 1985, 2882). Auch künftig darf die Strafmilderung daher nicht **allein** auf Grund des **Schuldumfangs** (BGH BeckRS 2012, 13639), etwa wegen der **Vielzahl** der Straftaten (BGH NStZ-RR 2010, 26) oder der **Menge** des verstrickten Rauschgifts (BGH NJW 2002, 908 (→ Rn. 120); NStZ-RR 2010, 26) abgelehnt werden. Dasselbe gilt von der **Art des Betäubungsmittels;** insbesondere ist die Anwendung des § 31 nicht auf weiche Drogen beschränkt (BGH NJW 2002, 908 (→ Rn. 120)).

178 **Von erheblicher Bedeutung** ist das **Gewicht des Aufklärungsbeitrags** (BGH BeckRS 2012, 13639). Seine Relevanz kann allerdings auch dann, wenn der Beitrag noch als wesentlich angesehen werden kann (→ Rn. 124, 123), im Rahmen der anzustellenden Gesamtwürdigung so gering sein, dass von dem Ermessen nicht im Sinne einer Strafmilderung Gebrauch zu machen ist (→ Rn. 124; BGH NStZ-RR 1997, 278).

179 Auf der anderen Seite darf eine Strafmilderung nicht schon deswegen abgelehnt werden, weil die **Tatbeiträge des Aufklärungsgehilfen** selbst von besonderem Gewicht gewesen seien; vielmehr wird dieses besondere Gewicht durch die Aufklärungshilfe gemildert (OLG Hamm NStZ 1984, 79).

180 Da die Aufzählung **nicht abschließend** ist, können in die notwendige Gesamtwürdigung auch weitere Einzelumstände einbezogen werden (BT-Drs. 16/6268, 14), etwa der **Wechsel des Aussageverhaltens,** namentlich der Widerruf des erweiterten Geständnisses, und die Auswirkung auf den Aufklärungserfolg (BGH NJW 1985, 696 (→ Rn. 60); StV 1985, 14). Hat der Täter damit die Tatbeteiligung seines Auftraggebers **verschleiert** und ihm die Flucht ermöglicht, so besteht in aller Regel zu einer Strafmilderung kein Anlass (→ Rn. 60).

Strafmilderung oder Absehen von Strafe § 31 BtMG

In die Abwägung nicht einzubeziehen sind die **Schuldeinsicht** und **Reue**. 181
Da es nach § 31 S. 1 Nr. 1 allein auf den Aufklärungserfolg ankommt, darf eine
Strafmilderung nach dieser Vorschrift nicht wegen ihres Fehlens versagt werden
(OLG Düsseldorf NStZ-RR 2001, 149).

Ebenfalls in die Abwägung nicht einzubeziehen ist die **Motivation** des Auf- 182
klärungsgehilfen (→ Rn. 72; aA *Fischer* StGB § 46 b Rn. 29). Dies gilt auch in negativer Hinsicht, so dass das bloße Bestreben des Aufklärungsgehilfen, Strafmilderung
zu erlangen, nicht negativ ausgelegt werden darf (*Fischer* StGB § 46 b Rn. 29).

Zur Ermessensentscheidung, wenn Nr. 1 und Nr. 2 zusammentreffen 183
→ Rn. 218.

E. Folgen. Sind die Voraussetzungen des § 31 S. 1 Nr. 1 erfüllt, so kann das Ge- 184
richt die Strafe nach § 49 Abs. 1 StGB mildern oder, wenn der Täter keine Freiheitsstrafe von mehr als drei Jahren verwirkt hat, von Strafe absehen.

Die Aufklärungshilfe ist danach ein **fakultativer vertypter Milderungsgrund** 185
der zu einer Verschiebung des **Strafrahmens** führt. Durch eine solche Verschiebung ist sie nicht verbraucht (→ Vor § 29 Rn. 740, 897–899), wenn auch in ihrem
Gewicht möglicherweise geändert (→ Vor § 29 Rn. 743, 897–899). Sie ist daher
auch bei der **Strafzumessung im engeren Sinn** zu berücksichtigen (BGHR
StGB § 46 Abs. 2 Gesamtbewertung 2 (3 StR 308/87); 5; BGH StV 1998, 601).

I. Strafrahmenverschiebung, Absehen von Strafe. Die durch das 43. 186
StrÄndG ebenso wie für die allgemeine Kronzeugenregelung des § 46b StGB angeordnete Anwendung des § 49 Abs. 1 StGB (statt § 49 Abs. 2 StGB) führt zu **festen
Strafrahmen**, die der Strafzumessung mehr Transparenz und Berechenbarkeit verleihen und sich bereits im Ermittlungsverfahren auswirken können, weil sie Staatsanwaltschaft und Verteidigung Fixpunkte bieten.

Das Absehen von Strafe ist nicht mehr an bestimmte Delikte geknüpft; es 187
kommt daher auch bei Verbrechen in Betracht (BT-Drs. 16/6268, 13), ist aber generell nur unter **besonders hohen Anforderungen** vertretbar (BGHSt 63, 210
(→ Rn. 75)). Mit der Möglichkeit des Absehens wird bereits für die Staatsanwaltschaft die Möglichkeit eröffnet, das Verfahren mit Zustimmung des Gerichts nach
§ 153b StPO einzustellen. Zieht das Gericht ein Absehen von Strafe oder eine Zustimmung nach § 153b StPO in Betracht, so muss es unter Berücksichtigung aller
Strafzumessungsgründe, aber **unter Außerachtlassung der Milderungsmöglichkeit** nach § 31 S. 1 Nr. 1 (BGHSt 63, 210 (→ Rn. 75)), entscheiden, ob es für
die Tat des Aufklärungsgehilfen eine Freiheitsstrafe von mehr als drei Jahren verhängen würde. Eine exakte Bestimmung der Strafhöhe ist dabei nicht notwendig (BT-Drs. 16/6258, 10, 13).

1. Vertypter Milderungsgrund. Die Aufklärungshilfe begründet auch nach 188
der Änderung des § 31 (Satz 1) Nr. 1 durch das 43. StrÄndG einen vertypten Milderungsgrund (→ Vor § 29 Rn. 780; BGHR BtMG § 31 Nr. 1 Aufdeckung 22
(→ Rn. 105); BGH NStZ-RR 1996, 181; NJW 2002, 908 (→ Rn. 120);
BeckRS 2017, 132679).

Als vertypter Milderungsgrund ist sie in der Lage, allein oder zusammen mit 189
anderen einen **minder schweren Fall** zu begründen (→ Vor § 29 Rn. 827–842).
Sie kann mit anderen vertypten Milderungsgründen (dazu → Vor § 29 Rn. 832)
und/oder mit allgemeinen Strafmilderungsgründen zusammentreffen (dazu → Vor
§ 29 Rn. 833–842). Ebenso ist sie ein besonderer gesetzlicher Milderungsgrund iSd
§ 50 StGB (BGH NJW 2002, 908 (→ Rn. 120)).

Der Milderungsgrund ist **schuldunabhängig.** Das Gericht kann unabhängig 190
von der persönlichen Schuld eine Strafrahmenverschiebung vornehmen, wenn die
Aufklärungshilfe Gewicht hat (BGH NJW 2002, 908 (→ Rn. 120)). Gewichtig ist

die Aufklärungshilfe dann, wenn der Täter einen wesentlichen Beitrag zum Aufklärungserfolg geleistet hat (dazu → Rn. 120–124).

191 **2. Zur Anwendung im Einzelnen.** Im Einzelnen ergibt sich Folgendes, wobei **Anlass zur Prüfung** bereits die Feststellung bietet, der Täter habe seine Lieferanten oder Abnehmer benannt (BGH NStZ-RR 2002, 251):

192 a) **Fahrlässige Delikte (§ 29 Abs. 4).** Bei den fahrlässigen Vergehen des § 29 Abs. 4 verbleibt es bei Geldstrafe als Mindeststrafe. Die Höchststrafe ermäßigt sich nach § 49 Abs. 1 Nr. 2 StGB von einem Jahr Freiheitsstrafe auf Freiheitsstrafe von neun Monaten. Das Absehen von Strafe ist hier immer möglich.

193 b) **Grunddelikte (§ 29 Abs. 1, 2, 6).** Auch bei den Grunddelikten des § 29 Abs. 1 einschließlich ihrer versuchten Begehung (§ 29 Abs. 2) sowie dem Umgang mit Betäubungsmittelimitaten (§ 29 Abs. 6) verbleibt es bei Geldstrafe als Mindeststrafe. Die Höchststrafe wird nach § 49 Abs. 1 Nr. 2 StGB von fünf Jahren Freiheitsstrafe auf drei Jahre neun Monate gesenkt (Schäfer/Sander/van Gemmeren Strafzumessung Rn. 918). Sofern keine höhere Freiheitsstrafe als drei Jahre verwirkt ist (→ Rn. 187), kommt auch das Absehen von Strafe in Betracht.

194 c) **Besonders schwere Fälle (§ 29 Abs. 3).** Kommt ein besonders schwerer Fall in Betracht, so gelten die hierzu entwickelten Grundsätze (→ § 29 Rn. 1980–2075). Bei der danach anzustellenden Gesamtwürdigung ist der vertypte Milderungsgrund des § 31 S. 1 Nr. 1 in die Erwägungen miteinzubeziehen (s. BGH NJW 2002, 908 (→ Rn. 120)).

195 Dabei ist zu berücksichtigen, dass er **allein oder zusammen** mit andern vertypten Milderungsgründen oder allgemeinen Strafmilderungsgründen dazu führen kann, dass die Regelwirkung eines **Regelbeispiels** entkräftet wird (→ § 29 Rn. 2048, 2060–2065; BGHR BtMG § 31 Nr. 1 Aufdeckung 22 (→ Rn. 105)) oder sonst ein **besonders schwerer Fall** (§ 29 Abs. 3 S. 1) zu verneinen ist (dazu → § 29 Rn. 1992). Zur **Prüfungsreihenfolge**, namentlich im Hinblick auf § 50 StGB wird auf § 29 Rn. 2000, 2060–2065 Bezug genommen.

196 aa) **Bejahung eines besonders schweren Falles.** Bejaht das Gericht einen besonders schweren Fall, so muss aus dem Urteil erkennbar sein, dass sich das Gericht trotz dieser Annahme, insbesondere trotz Verwirklichung eines Regelbeispiels, der **rechtlichen Möglichkeit bewusst** war, dass es entweder wegen des vertypten Milderungsgrundes des § 31 S. 1 Nr. 1 allein oder in Zusammenhang mit anderen Umständen den besonders schweren Fall verneinen und den Strafrahmen des § 29 Abs. 1 zugrunde legen oder aber den Strafrahmen des § 29 Abs. 3 nach § 49 Abs. 1 StGB mildern konnte (BGHR BtMG § 29 Abs. 3 Strafrahmenwahl 7 (2 StR 455/88); BGH NStZ 1986, 368 = StV 1986, 342; 1990, 595; 4 StR 333/01). Zu den bei dieser Wahl anzustellenden Erwägungen → § 29 Rn. 2064.

197 **Verbleibt es** bei einem **besonders schweren Fall**, so ermäßigt sich die in § 29 Abs. 3 angedrohte Mindeststrafe von einem Jahr Freiheitsstrafe nach § 49 Abs. 1 Nr. 3 StGB auf **drei Monate**. Auch kann statt der Freiheitsstrafe Geldstrafe verhängt werden, wobei die Mindeststrafe nach § 47 Abs. 2 S. 2 StGB 90 Tagessätze beträgt (Schäfer/Sander/van Gemmeren Strafzumessung Rn. 918). Die Höchststrafe wird nach § 49 Abs. 1 Nr. 2 StGB von 15 Jahren auf **11 Jahre 3 Monate** Freiheitsstrafe gesenkt (Schäfer/Sander/van Gemmeren Strafzumessung Rn. 918). Sofern keine höhere Freiheitsstrafe als drei Jahre verwirkt ist (→ Rn. 187), kommt auch das Absehen von Strafe in Betracht.

198 Daraus, dass sich die Aufklärungshilfe nach § 31 Nr. 1 aF in den Fällen des § 29 Abs. 3 auf die Höchststrafe nicht auswirkte, zog die obergerichtliche Rechtsprechung den Schluss, dass das Urteil bei Strafen aus dem **mittleren oder oberen Bereich** des Sonderstrafrahmens (§ 29 Abs. 3) auf einer fehlerhaften Anwendung des § 31 Nr. 1 **nicht beruhte,** wenn das Gericht den Beitrag des Angeklagten zu einer erweiterten Tataufklärung (erweitertes Geständnis) allgemein strafmildernd berücksichtigt hatte (BGH NStZ-RR 1997, 278). Im Hinblick auf die nunmehr gebotene Anwendung des § 49 Abs. 1 StGB ist diese Rechtsprechung obsolet.

bb) Verneinung eines besonders schweren Falles. Verneint das Gericht 199 einen besonders schweren Fall, **nachdem es,** namentlich zur Entkräftung eines Regelbeispiels, allein oder zusammen mit anderen Umständen **§ 31 S. 1 Nr. 1 angewendet hat,** so ist eine weitere Milderung oder ein Absehen von Strafe nicht möglich (→ § 29 Rn. 2062; aA *Joachimski/Haumer* BtMG Rn. 24). Der vertypte Milderungsgrund des § 31 S. 1 Nr. 1 ist dann für die Strafrahmenwahl verbraucht (§ 50 StGB) und kann nur noch bei der Strafzumessung im engeren Sinn berücksichtigt werden.

Ist der besonders schwere Fall dagegen **bereits aus anderen Gründen** zu ver- 200 neinen, so verbleibt es zunächst bei dem Strafrahmen des Grunddelikts (§ 29 Abs. 1). Da der vertypte Strafmilderungsgrund des § 31 S. 1 Nr. 1 nicht verbraucht ist, kann der Strafrahmen des Grunddelikts noch nach dieser Vorschrift gemindert oder von Strafe abgesehen werden. Es gilt dasselbe wie in → Rn. 193.

d) Verbrechenstatbestände (§§ 29a–30a). Die Verbrechenstatbestände des 201 BtMG sehen jeweils einen minder schweren Fall vor. Die Aufklärungshilfe begründet einen vertypten Milderungsgrund (→ Rn. 188), der allein oder zusammen mit anderen vertypten Milderungsgründen oder allgemeinen Strafmilderungsgründen in der Lage ist, einen minder schweren Fall zu begründen (→ Rn. 189).

Zur Prüfung und **Prüfungsreihenfolge** wird auf die jeweiligen Erläuterungen 202 zur Strafzumessung bei den einzelnen Verbrechenstatbeständen (§§ 29a–30a) sowie auf → Vor § 29 Rn. 837–842 Bezug genommen. Auch wenn die Anwendung des § 31 S. 1 Nr. 1 in Betracht kommt, ist mit der Prüfung des minder schweren Falles (BGH NJW 2002, 908 (→ Rn. 120)) und dort wiederum damit zu beginnen, ob bereits allgemeine Strafmilderungsgründe einen solchen Fall rechtfertigen (vgl. BGH NJW 2002, 908).

Das Gericht hat danach vielfach die **Wahl** (→ Vor § 29 Rn. 829–831), 203
- einen minder schweren Fall (§ 29a Abs. 2, § 30 Abs. 2; § 30a Abs. 3) anzunehmen,
- die Strafe dem nach § 49 Abs. 1 StGB gemilderten Normalstrafrahmen (§ 29a Abs. 1, § 30 Abs. 1, § 30a Abs. 1, 2) zu entnehmen, oder
- (bei einem ungemilderten Normalstrafrahmen) die Aufklärungshilfe nur bei der Strafzumessung im engeren Sinn zu berücksichtigen (BGHSt 33, 92 = NJW 1985, 1406 = StV 1985, 107; BGHR BtMG § 30 Abs. 2 Strafrahmenwahl 2 = StV 1989, 393; BGH NJW 2002, 908 (→ Rn. 120)).

Die Urteilsgründe müssen erkennen lassen, dass **das Gericht** sich dieser Wahl- 204 möglichkeiten **bewusst** war (BGH NStZ-RR 1996, 181) und aus welchen Gründen es seine Wahl getroffen hat. Zu den Kriterien für die Wahl → Rn. 174–179; → Vor § 29 Rn. 829–831.

aa) Verbrechen nach § 29a. Bei der Strafrahmenwahl (dazu auch → § 29a 205 Rn. 231–245) hat das Gericht zu berücksichtigen, dass § 31 S. 1 nunmehr auf § 49 Abs. 1 StGB verweist. Entschließt sich das Gericht, die Strafe dem nach dieser Vorschrift gemilderten Normalstrafrahmen des § 29a zu entnehmen, so reicht der Strafrahmen von **drei Monaten** Freiheitsstrafe (oder Geldstrafe von 90 Tagessätzen) bis zu **elf Jahren drei Monaten** Freiheitsstrafe (*Schäfer/Sander/ van Gemmeren* Strafzumessung Rn. 918). Er entspricht bei der Mindeststrafe damit dem minder schweren Fall (§ 29a Abs. 2), ist bei der Höchststrafe aber deutlich höher. Bei einem **weiteren** (noch nicht verbrauchten) **vertypten Milderungsgrund** ergibt sich ein Strafrahmen von **einem Monat** Freiheitsstrafe (oder Geldstrafe) bis zu **acht Jahren fünf Monaten** Freiheitsstrafe (*Schäfer/Sander/van Gemmeren* Strafzumessung Rn. 918).

206 Ist unter Berücksichtigung aller Strafzumessungsgründe, aber unter Außerachtlassung der Milderungsmöglichkeit nach § 31 S. 1 Nr. 1, **keine höhere Freiheitsstrafe** als drei Jahre verwirkt, so kann das Gericht die Aufklärungshilfe auch in der Weise berücksichtigen, dass es von Strafe **absieht** (→ Rn. 187).

207 Hat das Gericht sich wegen der **Aufklärungshilfe** für die Annahme eines minder schweren Falls (§ 29a Abs. 2) entschieden, so beträgt der Strafrahmen **drei Monate** Freiheitsstrafe (oder Geldstrafe von 90 Tagessätzen) bis zu **fünf Jahren** Freiheitsstrafe; ein Absehen von Strafe ist dann nicht mehr möglich. Etwas anderes gilt, wenn ein minder schwerer Fall bereits aus anderen Gründen gegeben ist (→ Rn. 187, 206).

208 bb) **Verbrechen nach § 30.** Auch hier hat das Gericht bei der Strafrahmenwahl (dazu auch → § 30 Rn. 297–325) zu berücksichtigen, dass § 31 S. 1 nunmehr auf § 49 Abs. 1 StGB verweist. Entschließt sich das Gericht, die Strafe dem nach dieser Vorschrift gemilderten (Normal-)Strafrahmen des § 30 zu entnehmen, so reicht der Strafrahmen von **sechs Monaten** bis zu **elf Jahren drei Monaten** Freiheitsstrafe (*Schäfer/Sander/van Gemmeren* Strafzumessung Rn. 918). Er ist damit deutlich höher als der Strafrahmen für einen minder schweren Fall (§ 30 Abs. 2). Bei einem weiteren (noch nicht verbrauchten) vertypten Milderungsgrund ergibt sich ein Strafrahmen von **einem Monat** Freiheitsstrafe (oder Geldstrafe) bis zu **acht Jahren fünf Monaten** Freiheitsstrafe (*Schäfer/Sander/van Gemmeren* Strafzumessung Rn. 918).

209 Ist unter Berücksichtigung aller Strafzumessungsgründe, aber unter Außerachtlassung der Milderungsmöglichkeit nach § 31 S. 1 Nr. 1, **keine höhere Freiheitsstrafe** als drei Jahre verwirkt, so kann das Gericht die Aufklärungshilfe auch in der Weise berücksichtigen, dass es von Strafe absieht (→ Rn. 187).

210 Hat das Gericht sich wegen der **Aufklärungshilfe** für die Annahme eines **minder schweren Falls** (§ 30 Abs. 2) entschieden, so beträgt der Strafrahmen **drei Monate** Freiheitsstrafe (oder Geldstrafe von 90 Tagessätzen) bis zu **fünf Jahren** Freiheitsstrafe; ein Absehen von Strafe ist dann nicht mehr möglich. Etwas anderes gilt, wenn ein minder schwerer Fall bereits aus anderen Gründen gegeben ist (→ Rn. 187, 209).

211 cc) **Verbrechen nach § 30a.** Auch hier hat Gericht bei der Strafrahmenwahl (dazu auch → § 30a Rn. 245–266) zu berücksichtigen, dass § 31 S. 1 nunmehr auf § 49 Abs. 1 StGB verweist. Entschließt sich das Gericht, die Strafe dem nach dieser Vorschrift gemilderten (Normal-)Strafrahmen des § 30a zu entnehmen, so reicht der Strafrahmen von **zwei Jahren** Freiheitsstrafe bis zu **elf Jahren drei Monaten** Freiheitsstrafe (BGH NStZ 2012, 44; *Schäfer/Sander/van Gemmeren* Strafzumessung Rn. 918). Er ist damit deutlich höher als der Strafrahmen für einen minder schweren Fall (§ 30a Abs. 3). Bei einem weiteren (noch nicht verbrauchten) vertypten Milderungsgrund ergibt sich ein Strafrahmen von **sechs Monaten** bis zu **acht Jahren fünf Monaten** Freiheitsstrafe (*Schäfer/Sander/van Gemmeren* Strafzumessung Rn. 918).

212 Ist unter Berücksichtigung aller Strafzumessungsgründe, aber unter Außerachtlassung der Milderungsmöglichkeit nach § 31 S. 1 Nr. 1, **keine höhere Freiheitsstrafe** als drei Jahre verwirkt, so kann das Gericht die Aufklärungshilfe auch in der Weise berücksichtigen, dass es von Strafe absieht (→ Rn. 187).

213 Hat das Gericht sich wegen der **Aufklärungshilfe** für die Annahme eines **minder schweren Falls** (§ 30a Abs. 3) entschieden, so beträgt der Strafrahmen **sechs Monate** bis zu **zehn Jahren** Freiheitsstrafe; ein Absehen von Strafe ist dann nicht

Strafmilderung oder Absehen von Strafe § 31 BtMG

mehr möglich. Etwas anderes gilt, wenn ein minder schwerer Fall bereits aus anderen Gründen gegeben ist (→ Rn. 187, 212).

4. Mehrere Delikte des Aufklärungsgehilfen. Liegen dem Täter mehrere 214 selbständige Einzeltaten zur Last, so muss für jede Tat gesondert geprüft werden, ob die Voraussetzungen des § 31 S. 1 Nr. 1 vorliegen (BT-Drs. 16/6268, 13; BGH NStZ-RR 2020, 148; StV 2014, 619 (→ Rn. 21)). Sind sie bei einzelnen Delikten nicht gegeben, so schließt dies die Anwendung des § 31 S. 1 Nr. 1 in anderen Fällen nicht aus. Besteht zwischen den Delikten ein Zusammenhang (→ Rn. 44), so ist § 31 S. 1 Nr. 1 auf alle diese Taten anwendbar; ein Aufklärungserfolg ist bei ihnen nicht erforderlich (→ Rn. 44).

Bei der Bildung einer Gesamtstrafe findet **keine neuerliche** Strafrahmen- 215 verschiebung mehr statt. Wurde die Aufklärungshilfe zu der Tat geleistet, die der Einsatzstrafe zugrunde liegt, so hat sie sich bereits bei deren Strafrahmen ausgewirkt. Wurde sie zu anderen Taten geleistet, so wurde sie bei den dafür verhängten Strafen berücksichtigt. Diese niedrigeren Strafen sind den in § 54 Abs. 1 S. 2, 3 StGB vorgeschriebenen Erwägungen zur Erhöhung der Einsatzstrafe zugrunde zu legen. Darüber hinaus ist die Aufklärungshilfe auch hier nicht verbraucht und im Rahmen der Strafzumessung im engeren Sinn zu berücksichtigen (→ Rn. 220).

5. Aufklärungshilfe zu mehreren Straftaten. Leistet der Täter Aufklärungs- 216 hilfe zu mehreren untereinander selbständigen Straftaten, so führt dies nicht zu einer mehrfachen Anwendung des § 31 S. 1 Nr. 1; der Umfang der Aufklärungshilfe kann bei der Ermessensentscheidung berücksichtigt werden (*Patzak* in Körner/Patzak/Volkmer Rn. 89). Eine **mehrfache Anwendung** des § 49 Abs. 1 StGB ist dagegen möglich, wenn der Täter über die von ihm geleistete Aufklärungshilfe iSd § 31 hinaus zusätzlich eine Katalogtat nach § 46b StGB aufgedeckt hat (*Maier* in MüKoStGB Rn. 219; *Patzak* in Körner/Patzak/Volkmer Rn. 90). Ob das Gericht von der damit eröffneten Möglichkeit zur doppelten Milderung Gebrauch macht, steht in seinem Ermessen (dazu *Maier* in MüKoStGB Rn. 220).

6. Jugendstrafrecht. Geleistete Aufklärungshilfe kann auch im Jugendstrafrecht 217 Bedeutung erlangen. Dies gilt zwar nicht für den Strafrahmen, für den § 31 nicht bestimmend sein kann, wohl aber für die Strafzumessung im engeren Sinn (BGH NStZ 1998, 90 (→ Rn. 150)).

7. Zusammentreffen von Satz 1 Nr. 1 und Nr. 2. Liegen sowohl die Voraus- 218 setzungen der Nr. 1 als auch die der Nr. 2 vor, so kann das Gericht nach seinem Ermessen § 49 Abs. 1 StGB **mehrfach** anwenden (*Maier* in MüKoStGB Rn. 218; *Patzak* in Körner/Patzak/Volkmer Rn. 90). Die zu dem früheren Rechtszustand ergangene Entscheidung des BGH (NJW 2006, 536 = NStZ-RR 2006, 56 = StV 2005, 558) ist mit der Anwendung des § 49 Abs. 1 StGB (statt § 49 Abs. 2 StGB) überholt.

II. Sonstige Folgen. Die Aufklärungshilfe muss nicht zwangsläufig zu einer 219 Strafrahmenverschiebung führen (→ Rn. 174–183). Sieht das Gericht hiervon ab, so ist sie jedenfalls im weiteren Strafzumessungsvorgang zu berücksichtigen. Aber auch wenn die Aufklärungshilfe zu einer Verschiebung des Strafrahmens geführt hat, ist sie dadurch **nicht verbraucht** (→ Rn. 185, BGH NStZ-RR 2014, 138).

1. Strafzumessung im engeren Sinn. Sie ist daher auch in einem solchen Falle 220 bei der Strafzumessung im engeren Sinne zu berücksichtigen, wenn auch gegebenenfalls mit geändertem Gewicht (→ Rn. 185).

2. Strafaussetzung zur Bewährung. Sind die Voraussetzungen des § 31 S. 1 221 Nr. 1 erfüllt, so kann darin auch ein besonderer Umstand gemäß § 56 Abs. 2 StGB zu sehen sein (BGH NStZ 1983, 218 = StV 1983, 106; NStZ-RR 2014, 138; BayObLG StV 1992, 15; *Patzak* in Körner/Patzak/Volkmer Rn. 94; *Maier* in MüKoStGB Rn. 229). Erst recht ist darin ein Umstand nach § 56 Abs. 1 S. 2 StGB zu erblicken, der bei der Prüfung der Strafaussetzung zu berücksichtigen ist (BayObLG StV 1992, 15). Auch sind die Benennung Tatbeteiligter und die Zusammenarbeit mit den Strafverfolgungsbehörden Anhaltspunkte für eine günstige Prognose (*Maier* in MüKoStGB Rn. 230).

222 **3. Aussetzung des Strafrestes.** Die geleistete Aufklärungshilfe kann auch für die Aussetzung des Strafrestes nach Verbüßung der Hälfte der Strafe von Bedeutung sein (*Maier* in MüKoStGB Rn. 232–234). Dabei fällt vor allem ins Gewicht, wenn der Täter die Aufklärungshilfe nach der Verurteilung im Strafvollzug freiwillig und erfolgreich fortsetzt (OLG Frankfurt a. M. NStZ-RR 1996, 213). Die für die Halbstrafenentlassung erforderlichen besonderen Umstände (§ 57 Abs. 2 Nr. 2 StGB) werden durch eine geleistete Aufklärungshilfe allerdings nicht ohne weiteres begründet (OLG Frankfurt a. M. NStZ-RR 1999, 340).

223 **F. Revision.** Ob die Voraussetzungen des § 31 hinreichend erörtert wurden, kann bereits auf Grund der allgemeinen **Sachrüge** überprüft werden, sofern sich der Rechtsfehler bereits aus den Urteilsgründen ergibt (BGH NStZ-RR 2002, 251). Andernfalls muss eine **Verfahrensrüge** erhoben werden (BGH 4 StR 169/11). Zu § 31 in der Revision s. ausführlich *Maier* in MüKoStGB Rn. 246–272.

Kapitel 2. Verhinderung schwerer Betäubungsmittelstraftaten (Satz 1 Nr. 2)

224 **A. Zweck.** Die Vorschrift wendet sich vor allem an Täter, die in die Planung schwerer Betäubungsmitteltaten verstrickt sind oder aus anderen Gründen von bevorstehenden Taten dieser Art Kenntnis haben. Für sie sollte ein Anreiz geschaffen werden, ihr Wissen preiszugeben, damit die Taten noch verhindert werden können.

225 **B. Voraussetzungen.** Ebenso wie Satz 1 Nr. 1 setzt Nr. 2 voraus, dass der Täter sein Wissen freiwillig offenbart (vgl. → Rn. 65–72). Der Preisgabe vorhandenen Wissens steht es gleich, wenn das Wissen erst mit Hilfe des Beschuldigten erlangt wird, etwa durch dessen Mitwirkung an einem **Scheingeschäft** (BGH NJW 2005, 2632 (→ Rn. 37)) oder einer überwachten **Scheinübergabe** (BGHR BtMG § 31 Nr. 1 Aufdeckung 34 (→ Rn. 37)).

226 **Die Offenbarung** muss gegenüber einer **Dienststelle** erfolgen. Als solche kommen nicht nur Strafverfolgungsbehörden, sondern jede staatliche oder kommunale Behörde sowie die Gerichte (*Joachimski/Haumer* BtMG Rn. 22; *Eberth/Müller* BtMR Rn. 10) in Betracht. (*Patzak* in Körner/Patzak/Volkmer Rn. 62; *Maier* in MüKoStGB Rn. 275). Da das Gesetz keine weiteren Vorgaben zu der Dienststelle macht, können Verzögerungen, die sich aus dem Behördenweg ergeben, nicht zu Lasten des Täters gehen (*Maier* in MüKoStGB Rn. 275; *Joachimski/Haumer* BtMG Rn. 22; aA *Franke/Wienroeder* Rn. 27).

227 **Das Wissen** muss so **rechtzeitig** offenbart werden, dass die Taten noch verhindert werden können. Dass sie tatsächlich verhindert werden, ist nicht notwendig. Es genügt die bloße Möglichkeit dazu (*Patzak* in Körner/Patzak/Volkmer Rn. 63; *Maier* in MüKoStGB Rn. 276). Unschädlich ist auch, wenn es zum Versuch kommt (*Eberth/Müller* BtMR Rn. 10).

228 Anders als Satz 1 Nr. 1 gilt Nr. 2 **nicht für alle Betäubungsmitteldelikte,** sondern nur für bestimmte schwere Straftaten.

229 **C. Ermessen, Folgen** Es gelten dieselben Grundsätze wie bei Satz 1 Nr. 1 (→ Rn. 174–183). Zum Zusammentreffen von Nr. 1 und Nr. 2 → Rn. 218.

§ 31a Absehen von der Verfolgung

(1) ¹Hat das Verfahren ein Vergehen nach § 29 Abs. 1, 2 oder 4 zum Gegenstand, so kann die Staatsanwaltschaft von der Verfolgung absehen, wenn die Schuld des Täters als gering anzusehen wäre, kein öffentliches Interesse an der Strafverfolgung besteht und der Täter die Betäubungsmittel lediglich zum Eigenverbrauch in geringer Menge anbaut, herstellt, einführt, ausführt, durchführt, erwirbt, sich in sonstiger Weise verschafft oder besitzt. ²Von der Verfolgung soll abgesehen werden, wenn der Täter in einem Drogenkonsumraum Betäubungsmittel lediglich zum Eigenverbrauch, der nach § 10a geduldet werden kann, in geringer Menge besitzt, ohne zugleich im Besitz einer schriftlichen Erlaubnis für den Erwerb zu sein.

(2) ¹Ist die Klage bereits erhoben, so kann das Gericht in jeder Lage des Verfahrens unter den Voraussetzungen des Absatzes 1 mit Zustimmung der Staatsanwaltschaft und des Angeschuldigten das Verfahren einstellen. ²Der Zustimmung des Angeschuldigten bedarf es nicht, wenn die Hauptverhandlung aus den in § 205 der Strafprozessordnung angeführten Gründen nicht durchgeführt werden kann oder in den Fällen des § 231 Abs. 2 der Strafprozessordnung und der §§ 232 und 233 der Strafprozessordnung in seiner Abwesenheit durchgeführt wird. ³Die Entscheidung ergeht durch Beschluss. ⁴Der Beschluss ist nicht anfechtbar.

Übersicht

	Rn.
Einführung	1
A. Die ursprüngliche Vorschrift (Absatz 1 Satz 1)	2
I. Zweck	3
II. Völkerrechtliche Fragen	6
B. Die Erweiterung durch das 3. BtMG-ÄndG (Absatz 1 Satz 2)	9
I. Zweck	10
II. Völkerrechtliche Fragen	12
C. Absatz 2	13
Kapitel 1 Die Anwendung des Absatzes 1 Satz 1	14
A. Anwendungsbereich	14
B. Abgrenzung	16
I. Einstellung nach § 29 Abs. 5 BtMG, § 153b StPO	17
II. Einstellung nach §§ 153, 153a StPO	18
III. Einstellung nach §§ 45, 47 JGG	19
IV. Verfahrensvorschrift	20
C. Absatz 1 Satz 1 als Ermessensnorm	21
D. Die tatbestandlichen Voraussetzungen	23
I. Betäubungsmittel	24
II. Täter	25
III. Tathandlungen	26
IV. Geringe Menge	27
V. Eigenverbrauch	28
VI. Geringe Schuld	29
1. Positive Feststellung	30
2. Nachweis	31
3. Maß der Schuld	32
a) Harte Drogen	34
b) Dauerkonsumenten	35
c) Wiederholungstäter	37
d) Gelegenheitstäter	38
VII. Kein öffentliches Interesse an der Strafverfolgung	39

BtMG § 31a   Sechster Abschnitt. Straftaten und Ordnungswidrigkeiten

	Rn.
1. Begriff	40
2. Spezialpräventive Erwägungen	42
a) Dauerkonsumenten	46
b) Wiederholungstäter	48
c) Gelegenheitstäter	49
d) Jugendliche, Heranwachsende	52
3. Generalpräventive Erwägungen	54
a) Grundsatz	55
b) Abschreckende Wirkung (Art. 3 Abs. 6 ÜK 1988)	56
c) Unmittelbares Umfeld eines Drogenkonsumraums	57
4. Fremdgefährdung	59
E. Die Entscheidung	60
I. Ermessen	61
II. Zuständigkeit	62
III. Form	63
IV. Kostenentscheidung	64
V. Kein Strafklageverbrauch	65
F. Verfahren der Polizei	66
I. Richtlinien	67
II. Straftaten im unmittelbaren Umfeld eines Drogenkonsumraums	70
G. Mitteilungen	73
H. Der Beschluss des BVerfG v. 9.3.1994	76
I. Die Tatsachengrundlage	77
II. Die Forderung nach einer einheitlichen Praxis	78
I. Die Richtlinien der Länder	82
I. Die einzelnen Richtlinien	83
II. Die Schwerpunkte der Richtlinien	84
1. Festlegung der geringen Menge	86
a) Cannabis	87
aa) Modell Obergrenze	88
bb) Modell untere/obere Grenze	89
cc) Praxis	90
b) Harte Drogen	93
aa) Richtlinien	94
bb) Praxis	95
2. Wiederholungstäter	96
a) Gelegenheitskonsumenten	97
b) Abhängige und Nichtabhängige	99
3. Die Behandlung der Fremdgefährdung	102
III. Zusammenfassung	105
1. Cannabis	106
2. Harte Drogen	107
Kapitel 2. Die Anwendung des Absatzes 1 Satz 2	109
A. Anwendungsbereich	109
B. Abgrenzung	110
C. Absatz 1 Satz 2 als Sollvorschrift	114
D. Die tatbestandlichen Voraussetzungen	115
I. Besitz	116
II. In einem Drogenkonsumraum	117
1. Drogenkonsumraum	118
2. Erlaubnis nach § 10a	119
3. Im Raum	120
III. Betäubungsmittel	121
IV. Eigenverbrauch	122
V. Nach § 10a geduldet	123
1. Kreis der berechtigten Benutzer	125
a) Betäubungsmittelabhängige	126
b) Alter und sonstige Einschränkungen	127
2. Betäubungsmittel	128

	Rn.
a) Mitgeführte Betäubungsmittel	129
b) Ärztlich nicht verschriebene Betäubungsmittel	130
c) Art der Betäubungsmittel	131
3. Konsummuster	132
VI. Geringe Menge	133
VII. Ohne schriftliche Erlaubnis	136
E. Keine tatbestandlichen Voraussetzungen	137
I. Geringe Schuld	138
II. Kein öffentliches Interesse an der Strafverfolgung	139
F. Entscheidung	140
I. Sollvorschrift	141
II. Zuständigkeit	142
III. Form	143
IV. Kostenentscheidung	144
G. Kein Strafklageverbrauch	145
H. Verfahren der Polizei	146
I. Mitteilungen	147
Kapitel 3. Die Anwendung des Absatzes 2	**148**
A. Anwendungsbereich	148
B. Ermessensnorm	150
C. Zustimmung der Staatsanwaltschaft	152
D. Zustimmung des Angeschuldigten	154
E. Beschluss	156
F. Kosten und Auslagen	157
G. Beschränkter Strafklageverbrauch	159
H. Mitteilungen	160
I. Unanfechtbarkeit	161

Entstehungsgeschichte

Die Vorschrift besteht seit dem 3. BtMG-ÄndG aus zwei Teilen, die zu unterschiedlichen Zeiten und unterschiedlichen Zwecken entstanden sind und sich an völlig verschiedene Zielgruppen wenden. In den beiden Sätzen des Absatzes 1 werden **zwei grundverschiedene Bereiche** geregelt, die nur äußerlich miteinander in Verbindung stehen: 1
- **Satz 1** ist eine Maßnahme der **Diversion,** die sich in erster Linie an Ersttäter, Probierer und Gelegenheitskonsumenten wendet (→ Rn. 3–5),
- **Satz 2** ist dagegen eine Maßnahme der **Schadensreduzierung** (harm reduction, → Einl. Rn. 182–202), mit der die Not Schwerstabhängiger gelindert werden soll, die sonst nicht mehr erreicht werden können (→ Rn. 10, 11).

Im Hinblick auf diese grundlegende Verschiedenheit (*Kotz/Oğlakcıoğlu* in MüKoStGB Rn. 6: „juristisches Patchwork") wäre es angezeigt gewesen, die beiden Regelungen in getrennte Paragraphen aufzunehmen.

A. Die ursprüngliche Vorschrift (nunmehr Absatz 1 Satz 1). In seinem Absatz 1 Satz 1 geht § 31a auf einen Gesetzentwurf des Bundesrates zurück, der im Jahre 1992 im Rahmen eines **Kompromisses zwischen den Ländern** als „Paket" zusammen mit zwei weiteren Entwürfen (dem besonders umstrittenen Entwurf eines OrgKG (→ Einl. Rn. 22) und dem Entwurf eines Gesetzes zur Einführung eines Zeugnisverweigerungsrechts für Beratung in Fragen der Betäubungsmittelabhängigkeit) beschlossen wurde (zu diesem Gesetzespaket s. *Helgerth/Weber* FS Böttcher, 1979, 489 (492)). 2

I. Zweck der Regelung ist die „Verbesserung der **prozessualen Einstellungsmöglichkeiten** für die Staatsanwaltschaften durch Verzicht auf richterliche Zustimmung" (BT-Drs. 12/934, 1). Ein „nicht zwingend gebotener Verfahrensaufwand" soll vermieden und eine „flexible und einheitliche" Verfolgungspraxis 3 erreicht werden (BT-Drs. 12/934, 6). Entsprechend diesem (bescheidenen) Zweck spielte die Vorschrift bei der Beratung des Gesetzespakets durch den Rechtsausschuss des Bundesrates und des Deutschen Bundestages keine große Rolle; sie war zwischen den Ländern im Vergleich zu anderen Regelungen des Paketes auch kaum umstritten (zur Entstehungsgeschichte s. auch *Aulinger* Rechtsgleichheit S. 7–9, 41, 42, 45, 46).

4   Soweit im **Vorblatt des Gesetzentwurfs** von einer Rücknahme der Strafverfolgung abhängiger Konsumenten und dem Ausbau des Prinzips „Hilfe vor Strafe" die Rede ist, hat dies seine Grundlage in der Absenkung der Eingangsvoraussetzungen für das Absehen von der Strafverfolgung im Rahmen der §§ 35, 37, die ebenfalls Gegenstand des Entwurfs war (s. auch *Aulinger* Rechtsgleichheit S. 10, 11).

5   Nach den Vorstellungen **des Bundesrates** sollte die Regelung **an die Stelle** des § 29 Abs. 5 treten (Art. 1 Nr. 2 Buchst. b des Entwurfs (BT-Drs. 12/934, 4). Der Rechtsausschuss **des Deutschen Bundestages** behielt § 29 Abs. 5 jedoch bei und **engte** den Anwendungsbereich des § 31a Abs. 1 S. 1 damit **erheblich ein:** er gilt nur für die Fälle, in denen **zusätzlich** zu den Voraussetzungen des § 29 Abs. 5 nur eine geringe Schuld vorliegt und kein öffentliches Interesse an der Strafverfolgung besteht. In dieser Fassung wurde das Gesetz am 4.6.1992 im Deutschen Bundestag verabschiedet (BT-Prot. 12/95, 7842). Weitergehende Vorstellungen (*Patzak* in Körner/Patzak/Volkmer Rn. 4) haben im Gesetz keinen Niederschlag gefunden.

6   **II. Völkerrechtliche Fragen.** Absatz 1 Satz 1 lässt die Strafbarkeit der darin genannten Begehungsweisen (Anbauen, Herstellen, Einführen, Ausführen, Durchführen, Erwerben, Sichverschaffen, Besitzen) unberührt und beschränkt sich auf eine verfahrensrechtliche Regelung (→ Rn. 20). Ein solches Auseinanderfallen von Strafbarkeit und Strafverfolgung wird von den internationalen Suchtstoffübereinkommen nicht ausgeschlossen (Art. 36 Abs. 4 ÜK 1961, Art. 22 Abs. 4 ÜK 1971, Art. 3 Abs. 11 ÜK 1988).

7   Allerdings sieht Art. 3 Abs. 6 ÜK 1988 vor, dass eine nach dem innerstaatlichen Recht bestehende **Ermessensfreiheit** so ausgeübt wird, dass die Maßnahmen der Strafrechtspflege größtmögliche Wirksamkeit erlangen, wobei der Notwendigkeit der **Abschreckung** gebührend Rechnung zu tragen ist.

8   Die Fassung des § 31a Abs. 1 S. 1 lässt es zu, diese Gesichtspunkte in vollem Umfang zu berücksichtigen (→ Rn. 56). **Bedenken** ergeben sich eher aus der **praktischen Handhabung,** die sich in manchen Bereichen von dem Gesetz weit entfernt hat (etwa → Rn. 107, 108).

9   **B. Die Erweiterung durch das 3. BtMG-ÄndG (Absatz 1 Satz 2).** Der durch das 3. BtMG-ÄndG eingefügte Absatz 1 Satz 2 ist am 1.4.2000 in Kraft getreten.

10 **I. Zweck.** Sein Zweck ist die Rücknahme der Strafverfolgung in **Drogenkonsumräumen.** Von der Verfolgung soll abgesehen werden, wenn der Täter in einem solchen Raum nicht ärztlich verschriebene Betäubungsmittel lediglich zum Eigenverbrauch in geringer Menge besitzt, ohne zugleich im Besitz einer schriftlichen Erlaubnis für den Erwerb zu sein. Die Vorschrift will damit die in einigen deutschen Städten bestehenden Drogenkonsumräume legalisieren und Einrichtung und Betrieb solcher Räume erleichtern.

11 § 31a Abs. 1 S. 2 ist damit eine typische Maßnahme der **Schadensreduzierung** (harm reduction, → Einl. Rn. 181, 188), mit der die Not Schwerstabhängiger gelindert werden soll, die auf andere Weise nicht erreicht werden können. Die Verbindung mit Absatz 1 Satz 1 besteht nur darin, dass es in beiden Fällen um Betäubungsmittel in geringer Menge geht, die zum Eigenverbrauch dienen. Dieser oberflächliche Zusammenhang rechtfertigt die Aufnahme der beiden Regelungen in einen Paragraphen nicht.

Absehen von der Verfolgung § 31a BtMG

II. Völkerrechtliche Fragen. Auch § 31a Abs. 1 S. 2 ist eine verfahrensrecht- 12
liche Regel und lässt die Strafbarkeit des Besitzes unberührt. Sie kann sich daher
ebenso wie Absatz 1 Satz 1 auf Art. 36 Abs. 4 ÜK 1961, Art. 22 Abs. 4 ÜK 1971,
Art. 3 Abs. 11 ÜK 1988 stützen. Allerdings ist die Vorschrift eine der Voraussetzungen zu Errichtung und Betrieb von Drogenkonsumräumen und nimmt insoweit an
den Bedenken teil, die gegen die Vereinbarkeit mit den internationalen Suchtstoffübereinkommen bestehen (→ § 10a Rn. 7–22).

C. Absatz 2. Absatz 2 ist durch das 3. BtMG-ÄndG nicht geändert worden. Er 13
bezieht sich sowohl auf die ursprüngliche Fassung des § 31a Abs. 1 wie auf die neue
und ermöglicht in beiden Fällen die Einstellung auch nach Erhebung der öffentlichen Klage.

Kapitel 1. Die Anwendung des Absatzes 1 Satz 1

A. Anwendungsbereich. Bereits die Entstehungsgeschichte des Satzes 1 (ins- 14
besondere → Rn. 5) zeigt, dass der Vorschrift **kein weitergehender Anwendungsbereich** als § 29 Abs. 5 zukommt und dass sie nicht auf alle Betäubungsmit-
telverbraucher, etwa auch auf Dauerkonsumenten und Drogenabhängige, **abzielt**
(so aber *Körner,* 4. Auflage, Rn. 18, und ihm folgend BayObLGSt 1994, 106
= NJW 1994, 3021 = NStZ 1994, 496). Mit Satz 1 war keine Erweiterung der Einstellungsmöglichkeiten, sondern lediglich eine **Vereinfachung des Verfahrens**
bezweckt (→ Rn. 1, 5).

Dasselbe ergibt sich aber auch aus der **Vorschrift selbst:** die einengenden Vor- 15
aussetzungen (geringe Schuld, kein öffentliches Interesse an der Strafverfolgung),
die § 31a Abs. 1 S. 1 gegenüber § 29 Abs. 5 aufweist, lassen es als wenig plausibel erscheinen, ihm einen breiteren oder auch nur denselben Anwendungsbereich wie
§ 29 Abs. 5 zuzubilligen. Vielmehr regelt die Vorschrift **einen Ausschnitt** aus dem
bisherigen Bereich des § 29 Abs. 5. Auch das BVerfG sieht den Unterschied zu § 29
Abs. 5 gerade in den beschränkenden Voraussetzungen des § 31a Abs. 1 S. 1
(BVerfG 90, 145 (189) = NJW 1994, 1577 mAnm *Kreuzer* NJW 1994, 2400
= NStZ 1994, 397 mAnm *Nelles/Velten* NStZ 1994, 366 = StV 1994, 298 (390)
mAnm *Schneider* = JZ 1994, 860 mAnm *Gusy*). Richtlinien oder Entscheidungen,
die diese Begrenzungen nicht einhalten, können auf § 31a Abs. 1 S. 1 nicht gestützt
werden.

B. Abgrenzung. Der Anwendungsbereich des § 31a Abs. 1 S. 1 überschneidet 16
sich mit dem anderer Regelungen, wobei dies jeweils auch für Absatz 2 gilt, soweit
dieser auf Absatz 1 Satz 1 Bezug nimmt:

I. Einstellung nach § 29 Abs. 5 BtMG, § 153b StPO. Das rechtliche Verhält- 17
nis zu § 29 Abs. 5 ergibt sich aus → Rn. 15, wonach § 31a Abs. 1 S. 1 nur einen Ausschnitt aus dem Bereich des § 29 Abs. 5 erfasst. In der Praxis des Ermittlungsverfahrens hat die Vorschrift die Anwendung der § 29 Abs. 5 BtMG, § 153b StPO nahezu
völlig verdrängt (*Aulinger* Rechtsgleichheit S. 300, 310, 311; *Schäfer/Paoli* S. 326).
Hauptgrund dürfte das umständlichere Verfahren (Zustimmung des Gerichts) sein.
§ 29 Abs. 5 verbleibt ein (in der Praxis aber kaum noch wahrgenommener (*Schäfer/
Paoli* S. 320–326)) Anwendungsbereich dort, wo die Schuld nicht gering ist und/
oder das öffentliche Interesse nicht verneint werden kann (*Körner,* 6. Aufl. 2007,
Rn. 10; *Aulinger* Rechtsgleichheit S. 57).

II. Einstellung nach §§ 153, 153a StPO. § 31a Abs. 1 S. 1 schließt die Anwen- 18
dung der §§ 153, 153a StPO nicht aus (BVerfGE 90, 145 (189) (→ Rn. 15)). Dies
gilt namentlich auch **für § 153 StPO** (aA *Malek* BtMStrafR Kap. 3 Rn. 250; *Aulinger* Rechtsgleichheit S. 58, 59; *Winkler* in Hügel/Junge/Lander/Winkler Rn. 2;
letztlich wie hier *Mavany* in Löwe/Rosenberg StPO § 153 Rn. 16); die gegenteilige
Äußerung des Bundesrates (BT-Drs. 12/934, 6) ist durch die späteren Änderungen

BtMG § 31a Sechster Abschnitt. Straftaten und Ordnungswidrigkeiten

im Gesetzgebungsverfahren (→ Rn. 5) überholt. Sowohl § 31a Abs. 1 S. 1 als auch § 29 Abs. 5 gelten nur im Falle einer geringen Menge und nur für den Eigenverbrauch. Eine geringe Schuld und ein fehlendes öffentliches Interesse (§ 153 StPO) können in Ausnahmefällen aber auch dann gegeben sein, wenn die Menge etwas größer ist oder zum Fremdverbrauch bestimmt ist. Nach der Öffnung des **§ 153a StPO** auch für Weisungen kann auch die Einstellung mit der Weisung in Betracht kommen, sich einer Drogenberatung zu unterziehen und eine Therapie anzutreten (Hügel/Junge/Lander/Winkler Rn. 6.1).

19   **III. Einstellung nach §§ 45, 47 JGG.** Eher noch weniger als für § 29 Abs. 5 (→ § 29 Rn. 2105, 2106) ist für § 31a Abs. 1 S. 1 (zu Satz 2 → Rn. 111) im Jugendstrafverfahren ein Anwendungsbereich eröffnet (OLG Hamm NStZ-RR 2010, 24; *Aulinger* Rechtsgleichheit S. 58–61; *Patzak* in Körner/Patzak/Volkmer Rn. 15; *Kotz/Oğlakcıoğlu* in MüKoStGB Rn. 17; aA *Eisenberg* § 45 Rn. 10b; *Schimmel* in Kotz/Rahlf BtMStrafR Kap. 9 Rn. 45; s. auch *Brunner/Dölling* § 45 Rn. 3b, 43). Die Taten, bei denen nach dieser Vorschrift verfahren werden könnte, fallen sämtlich in den Bereich der jugendstrafrechtlichen Diversion. Auch unter dem Gesichtspunkt der Eintragung in das Erziehungsregister macht es keinen Sinn, sie aus dem jugendstrafrechtlichen Sanktionsspektrum herauszulösen (→ § 29 Rn. 2105, 2106). Zur Anwendung des Jugendstrafrechts im unmittelbaren Umfeld eines Drogenkonsumraums → Rn. 53, zur Behandlung des Jugendstrafrechts in den Richtlinien der Länder → Rn. 85.

20   **IV. Verfahrensvorschrift.** Anders als § 29 Abs. 5 ist § 31a Abs. 1 keine Strafzumessungsregel, sondern eine Vorschrift des Verfahrensrechts. Die Entscheidung der Staatsanwaltschaft ist gerichtlich nicht überprüfbar (BayObLGSt 1995, 8 = BeckRS 1995, 1358; *Malek* BtMStrafR Kap. 3 Rn. 260). Über Einwendungen entscheiden der Generalstaatsanwalt und gegebenenfalls die Landesjustizverwaltung. Zur Lenkung der Staatsanwaltschaft durch Richtlinien → Rn. 78–81.

21   **C. Absatz 1 Satz 1 als Ermessensnorm.** Nicht anders als sonst sind bei der Anwendung des § 31a Abs. 1 S. 1 die tatbestandlichen Voraussetzungen von der Rechtsfolge, wonach von Strafe abgesehen werden kann (nicht muss oder soll), **strikt zu trennen.** Insbesondere kann das Erfordernis einer geringen Menge nicht durch das ohnehin notwendige Merkmal der geringen Schuld oder gar durch eine bloße Gesamtwürdigung ersetzt werden. Auch wenn alle tatbestandlichen Voraussetzungen der Vorschrift erfüllt sind, steht es im **Ermessen** der Staatsanwaltschaft oder des Gerichts, ob das Verfahren eingestellt wird.

22   **Zu einer regelmäßigen Einstellungspflicht** kann sich das Ermessen verdichten, wenn sich der Umgang des Täters mit Cannabisprodukten auf den gelegentlichen Besitz und Erwerb von geringen Mengen ausschließlich zum Eigenverbrauch ohne Fremdgefährdung beschränkt (BVerfGE 90, 145 (189) (→ Rn. 15)).

23   **D. Die tatbestandlichen Voraussetzungen** des § 31a Abs. 1 S. 1 sind die folgenden:

24   **I. Betäubungsmittel.** Nach seinem Wortlaut bezieht sich die Vorschrift auf alle Betäubungsmittel (*Patzak* in Körner/Patzak/Volkmer Rn. 20; *Kotz/Oğlakcıoğlu* in MüKoStGB Rn. 19; *Aulinger* Rechtsgleichheit S. 32). Nicht anders als in den sonstigen Vorschriften des BtMG wird zwischen harten und weichen Drogen nicht unterschieden. Eine andere Frage ist, ob bei harten Drogen die Schuld gering sein kann (→ Rn. 34), ob ein öffentliches Interesse an der Strafverfolgung besteht (→ Rn. 50) und ob und inwieweit es gegebenenfalls angezeigt ist, bei harten Drogen das Ermessen im Sinne einer Einstellung auszuüben (→ Rn. 61). Zum Besitz harter Drogen in geringer Menge zum Eigenkonsum im Umfeld eines Drogenkonsumraums → Rn. 33, 34.

II. Täter. § 31a Abs. 1 S. 1 setzt nach seinem Wortlaut nicht voraus, dass es sich 25
bei dem Täter um einen Ersttäter handelt oder dass er nicht einschlägig vorbestraft
ist. Eine andere Frage ist, ob bei Dauerkonsumenten, namentlich Betäubungsmittelabhängigen, oder anderen Wiederholungstätern die Schuld gering sein kann
(→ Rn. 37), ein öffentliches Interesse an der Strafverfolgung besteht (→ Rn. 46,
48) und ob und inwieweit es gegebenenfalls angezeigt ist, bei ihnen das Ermessen
im Sinne einer Einstellung auszuüben (→ Rn. 61). Zum Drogenbesitz Betäubungsmittelabhängiger im Umfeld eines Drogenkonsumraums → Rn. 33, 36.

III. Tathandlungen. Voraussetzung des Absatzes 5 ist, dass der Täter eine Tat- 26
handlung im Sinne der Absätze 1, 2 oder 4 verwirklicht hat, wobei die Begehungsweisen ausgeschlossen sind, die dritte Personen gefährden können. Danach ist
Absatz 5 bei den folgenden Tathandlungen des **Absatzes 1 Satz 1** anwendbar:
- **Nr. 1** – Anbauen, Herstellen, Einführen, Ausführen, Erwerben, Sich Verschaffen,
- **Nr. 3** – Besitzen und
- **Nr. 5** – Durchführen.

Dazu kommen die entsprechenden Fälle des Versuchs **(Absatz 2)** und der Fahrlässigkeit **(Absatz 4)**.

IV. Geringe Menge. Ähnlich wie bei § 29 Abs. 5 ist die geringe Menge ein **zen-** 27
trales Merkmal des § 31a Abs. 1 S. 1. Im Gesetz ist sie nicht definiert. Es besteht
aber weithin Übereinstimmung, dass sie nicht anders bestimmt werden darf als bei
§ 29 Abs. 5 (*Aulinger* Rechtsgleichheit S. 34; *Kotz/Oğlakcıoğlu* in MüKoStGB
Rn. 25; *Wettley* in BeckOK BtMG Rn. 19; *Malek* BtMStrafR Kap. 3 Rn. 252; aA
Patzak in Körner/Patzak/Volkmer Rn. 22 aus praktischen Erwägungen, die aber
weder mit der Entstehungsgeschichte des Gesetzes (→ Rn. 3) noch mit seinem
Zweck vereinbar sind). Auf die Ausführungen zu § 29 Abs. 5, insbesondere auch
zur Grenzwertdiskussion wird Bezug genommen (→ § 29 Rn. 2115–2146). Zu
der Festlegung der geringen Menge durch **Richtlinien** der Länder bei Cannabis
→ Rn. 87–92, bei harten Drogen → Rn. 93–95. Zum Begriff der geringen Menge
in **Drogenkonsumräumen** → Rn. 133, 134.

V. Eigenverbrauch. Ebenso wie § 29 Abs. 5 setzt die Anwendung der Vorschrift 28
voraus, dass die betreffenden Handlungen lediglich zum Eigenverbrauch erfolgt
sind (→ § 29 Rn. 2147–2149).

VI. Geringe Schuld. Enger als bei einer Einstellung nach § 29 Abs. 5 ist nach 29
§ 31a Abs. 1 S. 1 erforderlich, dass lediglich eine geringe Schuld vorliegt.

1. Positive Feststellung. Anders als § 153a StPO, bei dem es ausreicht, dass die 30
Schwere der Schuld der Einstellung nicht entgegensteht, setzt § 31a Abs. 1 S. 1 die
(positive) Feststellung voraus, dass die Schuld des Täters als gering anzusehen wäre.
Der Anwendungsbereich des § 31a Abs. 1 S. 1 ist daher deutlich schmäler.

2. Nachweis. Nicht notwendig ist, dass die Schuld nachgewiesen wird. Es ist daher 31
auch kein Geständnis erforderlich (→ § 29 Rn. 2150). Vielmehr genügt, dass für sie
eine gewisse Wahrscheinlichkeit besteht (**hypothetische Schuldbeurteilung**, s.
BVerfGE 82, 106 = NJW 1990, 2741; *Patzak* in Körner/Patzak/Volkmer Rn. 31).
Das Verfahren muss nicht weiter ausgedehnt werden, als es für diese Prognose notwendig ist (*Aulinger* Rechtsgleichheit S. 45). Dies gilt auch dann, wenn sich bei
einer Fortsetzung eine dem Beschuldigten günstigere Erledigungsart ergeben
könnte (*Schmitt* in Meyer-Goßner/Schmitt StPO § 153 Rn. 3).

3. Maß der Schuld. Die Schuld ist gering, wenn die Strafzumessungsgründe 32
überwiegend zugunsten des Beschuldigten sprechen, so dass die zu erwartende
Sanktion im unteren Bereich des Strafrahmens für das jeweilige Delikt liegen würde
(*Mavany* in Löwe/Rosenberg StPO § 153 Rn. 25). Grundlage der Beurteilung ist
eine **Gesamtbewertung von Tat und Täter**, in die eine Vielzahl von Einzel-

umständen einfließen muss. Dazu gehören die Art, Gefährlichkeit und Konzentration des Rauschgifts, die Beweggründe des Täters, sein Vorleben und sein Verhalten nach der Tat, die von ihm ausgehende Gefährdung, seine Bereitschaft, Hilfe in Anspruch zu nehmen sowie seine familiäre und soziale Einbindung (*Aulinger* Rechtsgleichheit S. 47).

33 Von einer geringen Schuld wird bei einem **Abhängigen** häufig ausgegangen werden können, wenn er eine geringe Menge auch harter Drogen im **unmittelbaren Umfeld eines Drogenkonsumraums** mit sich führt, um sie dort (selbst) zu verbrauchen. Er zeigt sich damit bereit, die für den Drogenkonsumraum geltenden Standards zu akzeptieren und sich dem dort geltenden Regime zu stellen. Dies ist zwar nicht viel, hebt den Fall aber doch ausreichend von anderen ab. Bei Erst- oder Gelegenheitskonsumenten greift dieser Gesichtspunkt nicht ein, zumal sie von der Benutzung eines Drogenkonsumraums ohnehin auszuschließen sind (§ 10a Abs. 2 S. 2 Nr. 7).

34 a) **Harte Drogen.** Die unterschiedliche Gefährlichkeit der Drogen ist ein Element von Unrecht und Schuld des Verstoßes gegen das BtMG. Der Umgang mit einer harten Droge muss sich daher bei der Strafzumessung niederschlagen (→ Vor § 29 Rn. 942–947). Gleichwohl ist auch in solchen Fällen das Vorliegen einer geringen Schuld nicht ausgeschlossen. Dies gilt namentlich im Zusammenhang mit dem beabsichtigten Verbrauch in einem Drogenkonsumraum (→ Rn. 33).

35 b) **Dauerkonsumenten.** Grundsätzlich spricht es gegen eine geringe Schuld, wenn der Täter bereits früher in ähnlicher Weise straffällig geworden ist (*Schoreit* in KK-StPO § 153 Rn. 19). Dies gilt erst recht, wenn sich seine Straffälligkeit laufend fortsetzt.

36 Bei **Betäubungsmittelabhängigen** ist jedoch zu berücksichtigen, dass der ständige Rückfall häufig kein Anzeichen erhöhter Schuld, sondern ein Charakteristikum der Sucht darstellt (→ Vor § 29 Rn. 1060, 1061, 1192–1201; *Aulinger* Rechtsgleichheit S. 47). Trotz mehrfacher Straffälligkeit kann daher eine geringe Schuld vorliegen. Dies gilt namentlich in Zusammenhang mit dem beabsichtigten Verbrauch in einem Drogenkonsumraum (→ Rn. 33).

37 c) **Wiederholungstäter.** Bei Tätern, zwischen deren Taten jeweils ein gewisser Abstand liegt, gilt für den Fall der Abhängigkeit grundsätzlich nichts anderes. Eine geringe Schuld lässt sich auch bei ihnen nicht generell ausschließen. Zum Antreffen eines Wiederholungstäters im unmittelbaren Umfeld eines Drogenkonsumraums → Rn. 33.

38 d) **Gelegenheitstäter** werden in der Regel nicht abhängig sein. Gleichwohl kann auch bei ihnen auf Grund der vorzunehmenden Gesamtbewertung noch eine geringe Schuld gegeben sein. Zum Begriff des Gelegenheitstäters → § 29 Rn. 2172–2176; ebenso *Patzak* in Körner/Patzak/Volkmer Rn. 34; nicht überzeugend der Hinweis auf Satz 2 durch *Kotz/Oğlakcıoğlu* in MüKoStGB Rn. 37. Zum Antreffen eines Gelegenheitstäters im unmittelbaren Umfeld eines Drogenkonsumraums → Rn. 33.

39 **VII. Kein öffentliches Interesse an der Strafverfolgung.** Enger als § 29 Abs. 5 setzt die Einstellung nach § 31a Abs. 1 S. 1 schließlich voraus, dass kein öffentliches Interesse an der Strafverfolgung besteht. Ist ein solches öffentliches Interesse gegeben, so darf das Verfahren trotz geringer Schuld nicht nach dieser Vorschrift eingestellt werden (*Patzak* in Körner/Patzak/Volkmer Rn. 32).

40 **1. Begriff.** Vielfach wird zur Bestimmung des öffentlichen Interesses auf dessen Umschreibung bei den Privatklagedelikten (§ 376 StPO) zurückgegriffen (Nr. 86 Abs. 2 RiStBV; *Franke/Wienroeder* Rn. 6). Danach liegt ein öffentliches Interesse an der Strafverfolgung in der Regel vor, wenn der Rechtsfrieden über den Lebenskreis

des Verletzten hinaus gestört und die Strafverfolgung ein gegenwärtiges Anliegen der Allgemeinheit ist.

Im Falle des § 31a Abs. 1 S. 1 fehlt es an einem Verletzten, so dass sich die Fragestellung in Richtung auf die zweite Komponente verschiebt. Danach kann sich das öffentliche Interesse an der Strafverfolgung aus Gründen der **Spezialprävention** oder der **Generalprävention** ergeben (*Kotz/Oğlakcıoğlu* in MüKoStGB Rn. 42; *Schmitt* in Meyer-Goßner/Schmitt StPO § 153 Rn. 7). 41

2. Spezialpräventive Erwägungen. Bei der Frage, welche Einwirkung am besten geeignet ist, den Täter von der Begehung weiterer Straftaten abzuhalten, darf die Prüfung nicht auf die Alternative der Bestrafung oder Nichtbestrafung verengt werden. Ihr Gegenstand muss vielmehr das **vollständige Instrumentarium des Strafrechts** sein, auch soweit es eine Therapie ermöglichen oder sicherstellen soll, insbesondere also die §§ 37, 38 Abs. 2 (*Patzak* in Körner/Patzak/Volkmer Rn. 33; *Aulinger* Rechtsgleichheit S. 49–53; aA *Kotz/Oğlakcıoğlu* in MüKoStGB Rn. 51, der die Nöte der Staatsanwaltschaft zwar zutreffend schildert, jedoch außer Acht lässt, dass sich die Frage, ob eine andere Maßnahme geboten ist, vielfach auch ohne aufwendige weitere Ermittlungen beantworten lässt, etwa wenn bereits frühere Vorgänge vorhanden sind). Eine Stütze findet dies in der obergerichtlichen Rechtsprechung zu § 29 Abs. 5, bei der die Gewährleistung oder Gefährdung einer Therapie durchgängig eine erhebliche Rolle spielt (→ § 29 Rn. 2168, 2169). 42

Der Hinweis, bei **suchtkranken Menschen** bestehe ein öffentliches Interesse an der Behandlung und nicht an der Bestrafung, greift daher zu kurz. Mit Recht wird die Prüfung verlangt, ob wegen eines therapeutischen Interventionsbedürfnisses zunächst (§§ 37, 38 Abs. 2) die Fortsetzung der Strafverfolgung notwendig ist (s. *Patzak* in Körner/Patzak/Volkmer Rn. 37, 38). 43

Nicht richtig wäre es dagegen, **diese Prüfung** auf den Ausnahmefall zu beschränken. Für die dahinter steckende **Hoffnung,** die Mehrzahl der Drogenabhängigen sei auch ohne den Druck der Strafverfolgung zur Annahme von Hilfsangeboten und Durchführung von Therapiemaßnahmen bereit, fehlt es an einer tragfähigen Grundlage (*Aulinger* Rechtsgleichheit S. 51; s. auch *Bühringer* in Kreuzer BtMStrafR-HdB § 5 Rn. 389; *Gebhardt* in Kreuzer BtMStrafR-HdB § 9 Rn. 83). 44

Von einem fehlenden öffentlichen Interesse an der Strafverfolgung wird häufig ausgegangen werden können, wenn der betäubungsmittelabhängige Täter eine geringe Menge auch harter Drogen im **unmittelbaren Umfeld eines Drogenkonsumraums** mit sich führt, um sie dort (selbst) zu verbrauchen. Hat sich die Landesregierung zur Zulassung von Drogenkonsumräumen entschlossen, so liegt es im öffentlichen Interesse, dass sie auch genutzt werden. Hierzu müssen sie auch erreicht werden können. 45

a) Dauerkonsumenten. Insgesamt steht das öffentliche Interesse der Anwendung des § 31a Abs. 1 S. 1 bei Dauerkonsumenten und Drogenabhängigen zwar nicht schlechterdings entgegen, sein Fehlen ist jedoch eher die Ausnahme. Eine solche **Ausnahme** kann in Betracht kommen (*Aulinger* Rechtsgleichheit S. 51), wenn 46
– ein therapeutisches **Interventionsbedürfnis** nicht (mehr) besteht (*Patzak* in Körner/Patzak/Volkmer Rn. 36),
– **konkrete Tatsachen** die Erwartung rechtfertigen, dass die notwendigen Hilfsmaßnahmen auch ohne Druck der Strafverfolgung durchgeführt werden (*Patzak* in Körner/Patzak/Volkmer Rn. 38),
– eine **Einwirkung** auf den Drogenabhängigen im Strafverfahren nicht mehr möglich ist, zB im fortgeschrittenen Stadium von AIDS (*Patzak* in Körner/Patzak/Volkmer Rn. 36) oder

- ein betäubungsmittelabhängiger Täter eine geringe Menge Betäubungsmittel im **unmittelbaren Umfeld eines Drogenkonsumraums** mit sich führt, um sie dort selbst zu verbrauchen (→ Rn. 45).

47 **Fehlende Therapieangebote** und der **tägliche Erledigungsdruck** der Verfahren stehen in vielen Fällen auf einem anderen Blatt. So mag es mancher Praktiker als entlastend empfinden, wenn ihm durch eine Richtlinie des Ministers oder Senators die Verantwortung für eine nach dem Gesetz eher fragwürdige Verfahrensweise abgenommen wird.

48 **b) Wiederholungstäter.** Handelt es sich um einen Abhängigen, wie es bei Wiederholungstätern aus dem Kreis der Konsumenten harter Drogen meist der Fall sein wird, so ist für eine Einstellung nach § 31a in aller Regel nur unter den in → Rn. 46 genannten Voraussetzungen Raum; zu einer Einstellung nach § 153a StPO → Rn. 18. Liegt keine Drogenabhängigkeit vor, so besteht zu einer Einstellung des Verfahrens grundsätzlich kein Anlass.

49 **c) Gelegenheitstäter.** Bei nur gelegentlichem Konsum (dazu → Rn. 38) geringer Mengen **Cannabis** ist nach BVerfGE 90, 145 (188) (→ Rn. 15) das öffentliche Interesse an der Strafverfolgung regelmäßig zu verneinen. Im Hinblick auf das deutlich höhere Gefährdungspotential lässt sich diese Entscheidung auf harte Drogen jedoch nicht übertragen (*Aulinger* Rechtsgleichheit S. 33; aA *Kreuzer* NJW 1994, 2400 (2401); *Schneider* StV 1994, 390 (393)).

50 **Das öffentliche Interesse** steht dem Absehen von der Verfolgung bei **harten Drogen** zwar nicht schlechthin entgegen, es ist aber nur ausnahmsweise und auf Grund besonderer Umstände ausgeschlossen, zB wenn der Tatvorwurf einen episodenhaften, abgeschlossenen Vorgang betrifft (*Patzak* in Körner/Patzak/Volkmer Rn. 35; *Aulinger* Rechtsgleichheit S. 49), wenn es sich um einen lange zurückliegenden Bagatellvorwurf handelt (*Patzak* in Körner/Patzak/Volkmer Rn. 35; *Aulinger* Rechtsgleichheit S. 45) oder wenn der Täter bereits ausreichende Anstrengungen unternommen hat, das Drogenproblem zu bewältigen (*Patzak* in Körner/Patzak/Volkmer Rn. 35).

51 Gelegenheitskonsumenten sind von der Benutzung von Drogenkonsumräumen ausgeschlossen (§ 10a Abs. 2 S. 2 Nr. 7). Die Gesichtspunkte, die bei einem Abhängigen, der im Besitz einer geringen, zum Eigenverbrauch bestimmten Menge im **unmittelbaren Umfeld eines Drogenkonsumraums** angetroffen wird, zur Verneinung des öffentlichen Interesses führen können (→ Rn. 45), greifen hier daher nicht ein.

52 **d) Jugendliche, Heranwachsende.** Ob und auf welche Weise bei Jugendlichen oder Heranwachsenden zu reagieren ist, richtet sich nach den Grundsätzen der §§ 45, 47 JGG (→ Rn. 19). Wesentlich ist dabei, ob es sich um eine Straftat handelt, wie sie der Jugendkriminalität eigen ist und die der Jugendliche oder Heranwachsende von selbst oder mit Hilfe der Familie oder Freunde bewältigt, oder ob eine tiefergehende Störung vorliegt, die mit professioneller Hilfe angegangen werden muss (dazu *Schäfer/Paoli* S. 307–312).

53 Dies gilt auch, wenn der Jugendliche oder Heranwachsende im **unmittelbaren Umfeld eines Drogenkonsumraums** im Besitz einer geringen, zum Eigenverbrauch bestimmten Menge angetroffen wird. Bundesgesetzlich sind Jugendliche und Heranwachsende von der Benutzung eines solchen Raums zwar nicht ausgeschlossen (§ 10a Abs. 2 S. 2 Nr. 7), gleichwohl ist das vielfältige Instrumentarium des Jugendstrafrechts das geeignetere Mittel, um auf das Verhalten des Jugendlichen oder Heranwachsenden zu reagieren.

54 **3. Generalpräventive Erwägungen.** Auch generalpräventive Erwägungen können ein Absehen von der Strafverfolgung verbieten:

Absehen von der Verfolgung **§ 31a BtMG**

a) Grundsatz. So steht das öffentliche Interesse einer Einstellung entgegen, 55
wenn die Allgemeinheit durch die Einstellung gefährdet würde (*Diemer* in KK-
StPO StPO § 153 Rn. 15) oder wenn nach der Art und den Umständen der Straftat
eine strafrechtliche Reaktion erfolgen muss, um das Vertrauen der Bürger in die
Unverbrüchlichkeit der Rechtsordnung zu stärken und andere von der Begehung
ähnlicher Straftaten abzuhalten (*Aulinger* Rechtsgleichheit S. 53).

b) Abschreckende Wirkung (Art. 3 Abs. 6 ÜK 1988). Generalpräventive Er- 56
wägungen werden auch durch Art. 3 Abs. 6 ÜK 1988 stärker in den Vordergrund
gerückt, wonach die Vertragsparteien bestrebt sind, sicherzustellen, dass eine nach
innerstaatlichem Recht bestehende Ermessensfreiheit hinsichtlich der Strafverfolgung so ausgeübt wird, dass die Maßnahmen der Strafrechtspflege die größtmögliche Wirksamkeit erlangen, wobei der Notwendigkeit der Abschreckung gebührend Rechnung zu tragen ist. Zur Heranziehung dieses Übereinkommens und zur
völkerrechtskonformen Auslegung → Vor § 29 Rn. 865 und → § 29 Rn. 2154.

c) Unmittelbares Umfeld eines Drogenkonsumraums. Führt ein Betäu- 57
bungsmittelabhängiger eine geringe Menge auch harter Drogen im unmittelbaren
Umfeld eines Drogenkonsumraums mit sich, um sie dort (selbst) zu verbrauchen,
so werden Gesichtspunkte der Generalprävention in der Regel der Einstellung
nicht entgegenstehen. Zwar kann davon ausgegangen werden, dass die **Einrichtung** von Drogenkonsumräumen vor allem wegen der damit verbundenen Signalwirkung auf die generalpräventive Wirkung des Strafrechts nicht ohne negativen
Einfluss bleibt (→ § 10a Rn. 13).

Hat sich ein Land aber gleichwohl dazu entschieden, so ist der entscheidende 58
Schritt getan. Die **tatsächliche Nutzung** des Drogenkonsumraums hat demgegenüber in generalpräventiver Hinsicht keine eigenständige oder allenfalls eine
untergeordnete Bedeutung, so dass sie dem Absehen von der Verfolgung nicht entgegen stehen sollte.

4. Fremdgefährdung. → § 29 Rn. 2157–2166. 59

E. Entscheidung. Für Inhalt, Zuständigkeit, Form, Kosten und Folgen der Ent- 60
scheidung gilt:

I. Ermessen. Auch wenn alle Voraussetzungen des § 31a Abs. 1 S. 1 erfüllt sind, 61
steht es im Ermessen der Staatsanwaltschaft oder des Gerichts, ob das Verfahren eingestellt wird (zu der Ausnahme bei Cannabis → Rn. 22). Forderungen, die Vorschrift als zwingende Regelung oder wenigstens als Sollvorschrift auszugestalten,
haben keine Mehrheit gefunden. Bei der Ausübung des Ermessens sind alle Umstände des Einzelfalles zu berücksichtigen (→ § 29 Rn. 2153–2176). Zur **Einziehung** → § 29 Rn. 2151. Zum **Handelsmuster** eines Dealers → § 29 Rn. 2152.

II. Zuständigkeit. Die Entscheidung obliegt allein der Staatsanwaltschaft. Das 62
Gericht ist nicht befugt, die Eröffnung des Hauptverfahrens abzulehnen, wenn es
entgegen der Auffassung der Staatsanwaltschaft die Voraussetzungen für eine Einstellung des Verfahrens nach § 31a Abs. 1 als gegeben ansieht (LG Oldenburg
NStZ-RR 2002, 119 = JR 2002, 302 mAnm *Aulinger*). In der Hauptverhandlung
kann es dann nach § 29 Abs. 5 entscheiden.

III. Form. Das Absehen von der Strafverfolgung nach Absatz 1 Satz 1 erfolgt 63
durch Verfügung des Staatsanwalts. Der Beschuldigte wird von der Einstellung unterrichtet.

IV. Kostenentscheidung. Die Entscheidung der Staatsanwaltschaft wird nicht 64
mit einer Kostenentscheidung versehen (Ausnahme § 467a StPO). Die notwendigen Auslagen werden, wenn nicht die Voraussetzungen des § 467a StPO vorliegen,
nicht erstattet. Auch in den Fällen des § 467a StPO kann von der Überbürdung der

BtMG § 31a Sechster Abschnitt. Straftaten und Ordnungswidrigkeiten

notwendigen Auslagen des Angeschuldigten auf die Staatskasse abgesehen werden (§ 467a Abs. 1 S. 2, § 467 Abs. 4 StPO).

65 **V. Kein Strafklageverbrauch.** Die Entscheidung nach § 31 a Abs. 1 S. 1 hat keinen Strafklageverbrauch zur Folge; das Verfahren kann jederzeit wieder aufgenommen werden (*Kotz/Oğlakcıoğlu* in MüKoStGB Rn. 64; *Wettley* in BeckOK BtMG Rn. 43; enger *Patzak* in Körner/Patzak/Volkmer Rn. 134: „auf Grund neuer Tatsachen"). Dagegen führt die Einstellung durch das Gericht nach Absatz 2 zu einer beschränkten Rechtskraftwirkung (→ Rn. 159).

66 **F. Verfahren der Polizei.** Die Befugnis zum Absehen von der Strafverfolgung steht nur der Staatsanwaltschaft zu (§ 31a Abs. 1 S. 1).

67 **I. Richtlinien.** Auch in den Fällen, in denen das Verfahren nach § 31a Abs. 1 S. 1 durch Richtlinien strukturiert ist (→ Rn. 82–108), darf die Polizei nicht von sich aus von den notwendigen Ermittlungen und der Vorlage der Anzeige an die Staatsanwaltschaft absehen (§ 163 StPO).

68 Die Richtlinien der Länder Berlin, Hamburg, Niedersachsen, Nordrhein-Westfalen, Rheinland-Pfalz, Saarland, Sachsen-Anhalt und Schleswig-Holstein (→ Rn. 83) bemühen sich, den **Ermittlungsaufwand der Polizei** dadurch zu begrenzen, dass ihr anheimgegeben wird, sich auf die Sicherstellung des Betäubungsmittels und der Konsumutensilien, das Wiegen des Betäubungsmittels, die Durchführung eines Vortestes (in Zweifelsfällen) und die Beschuldigtenvernehmung zu beschränken und auf weitergehende Ermittlungen (zB Durchsuchung, kriminaltechnische Untersuchung oder Zeugenvernehmung) regelmäßig zu verzichten.

69 In anderen Ländern, zB Bayern, kann die Polizei auf die für die Behandlung der Kleinkriminalität zwischen ihr und der Staatsanwaltschaft vereinbarten Grundsätze (sog. K-Verfahren) zurückgreifen. Ein Verzicht auf weitergehende Ermittlungen, insbesondere auf Durchsuchungen, wird der Polizei dagegen nicht nahegelegt und sollte auch nicht erfolgen.

70 **II. Straftaten im unmittelbaren Umfeld eines Drogenkonsumraums.** Nach dem Mindeststandard des § 10a Abs. 2 S. 2 Nr. 6 muss der Verordnungsgeber Regeln über die Zusammenarbeit des Betreibers eines Drogenkonsumraums mit den örtlichen Sicherheitsbehörden erlassen, um Straftaten im **unmittelbaren Umfeld** eines Drogenkonsumraums soweit wie möglich zu verhindern. Insoweit wird auf → § 10a Rn. 82–94 Bezug genommen.

71 **Eine Besonderheit** gilt für den **Besitz.** Nach der neuen Vorschrift des § 31a Abs. 1 S. 2 **soll** für den Besitz von Betäubungsmitteln in geringer Menge zum Eigenverbrauch **in** einem Drogenkonsumraum von der Strafverfolgung abgesehen werden (→ Rn. 120). Für den Täter, der sich mit einer geringen Menge Rauschgift auf dem Weg zu einem solchen Raum befindet, um es dort selbst zu verbrauchen, gilt, **solange** er die Schwelle des Drogenkonsumraums **nicht überschritten** hat, nicht Absatz 1 Satz 2, sondern Absatz 1 Satz 1 (*Katholnigg* NJW 2000, 1217 (1222)).

72 Dabei kann das **Vorhaben des Täters** allerdings für alle Merkmale des Absatzes 1 Satz 1 Bedeutung gewinnen. Sein Vorhaben kann es als vertretbar erscheinen lassen, auch in Fällen von der Verfolgung abzusehen, die sonst hierfür nicht in Betracht kämen. Auf → Rn. 24, 34 (Art der Betäubungsmittel), → Rn. 33, 36–38 (Maß der Schuld nach Tätertypen (Abhängige, Wiederholungstäter, Gelegenheitskonsumenten, Erstkonsumenten)), → Rn. 51, 53 (spezialpräventive Erwägungen, auch bei Jugendlichen und Heranwachsenden), → Rn. 57, 58 (generalpräventive Erwägungen), → Rn. 59 (Fremdgefährdung) und → Rn. 70–72 § 10a Rn. 88–93 (Verfahren der Polizei) wird Bezug genommen.

73 **G. Mitteilungen.** Zu den Mitteilungen der **Polizei** an die Fahrerlaubnisbehörden s. § 2 Abs. 12 StVG, wonach die Polizei Informationen über Tatsachen, die auf

nicht nur vorübergehende Mängel hinsichtlich der Eignung und Befähigung einer Person zum Führen von Kraftfahrzeugen schließen lassen, den Fahrerlaubnisbehörden mitzuteilen hat, soweit dies aus der Sicht der Polizei für die Überprüfung der Eignung und Befähigung erforderlich ist.

Für die Mitteilungen der **Justizbehörden,** insbesondere der Staatsanwaltschaft, an die Fahrerlaubnisbehörden gilt zunächst Nr. 45 MiStra, der in Absatz 1 wesentlich zu kurz greift, weil er nur die strafrechtliche Entziehung der Fahrerlaubnis im Auge hat, und auch in Absatz 2 im Vergleich zur Mitteilungsbefugnis der Polizei (→ Rn. 73) deutliche Einschränkungen enthält. 74

Wie sich aus den in der Überschrift enthaltenen Verweisungen ergibt, erläutert Nr. 45 MiStra jedoch lediglich die § 13 Abs. 1 Nr. 5, § 17 Nr. 1, 3 EGGVG. Die weitergehende gesetzliche Regelung des § 14 Abs. 1 Nr. 7 Buchst. b EGGVG, wonach bei Inhabern einer **verkehrsrechtlichen Erlaubnis** eine Mitteilung **stets** gemacht werden kann, wenn dies aus der Sicht der übermittelnden Stelle für den Widerruf oder die Einschränkung der Erlaubnis oder für die Anordnung einer Auflage erforderlich ist, bleibt danach unberührt (Nr. 1 Abs. 1 Satz 1 MiStra). 75

H. Der Beschluss des BVerfG v. 9.3.1994. Eine intensive Diskussion über die Anwendung des § 31a (jetzt Absatz 1 Satz 1) hat der Beschl. des BVerfG v. 9.3.1994 (BVerfGE 90, 145 (→ Rn. 15)) hervorgerufen. Das BVerfG hat darin (für das frühere Recht) eine „stark uneinheitliche" Einstellungspraxis in den Ländern beanstandet und für die Vorschrift eine einheitliche Handhabung gefordert, wobei die Einstellungspraxis der Staatsanwaltschaften durch Richtlinien „gesteuert" werden könne. 76

I. Die Tatsachengrundlage. Die Prämisse einer stark unterschiedlichen Einstellungspraxis entnimmt das BVerfG einem Bericht der Bundesregierung für die Jahre 1985 bis 1987 (BT-Drs. 11/4329, 15, 21, 22, 26). Im Hinblick auf die Fehlerquellen, die sich bei der in der Praxis äußerst unbeliebten Erfassung der Daten für solche Berichte ergeben und die sich mit einem vertretbaren Kontrollaufwand nicht verhindern lassen, erscheint diese Tatsachenbasis für weitgehende Aussagen etwas dürftig. Zu den mittlerweile vorliegenden Untersuchungen von *Aulinger* und *Schäfer/Paoli* → Rn. 82–108. 77

II. Die Forderung nach einer einheitlichen Praxis. Die in der verfassungsgerichtlichen Rechtsprechung erstmals in dieser Form erhobene Forderung nach einer einheitlichen Einstellungspraxis, für die die Länder „zu sorgen" hätten, dürfte nicht dahin missverstanden werden, dass dabei die **Unterschiedlichkeit der Lebensverhältnisse** außer Betracht bleiben müsste, die etwa einen Rechtsbruch in Hamburg oder Frankfurt a. M. in einem anderen Licht erscheinen lässt als die (vordergründig) gleiche Tat im Chiemgau oder Rupertiwinkel (noch weitergehend *Kreuzer* NJW 1994, 2400; s. auch *Aulinger* NStZ 1999, 111 (113, 114)). 78

Die in allen Staaten zu beobachtenden **regionalen Sanktionstraditionen** (dazu *Pfeiffer/Oswald* (Hrsg.), Strafzumessung, Stuttgart 1989) lassen sich weithin auf solche Unterschiede zurückführen. Mit Ausnahme der Schwerkriminalität dürften sie bei den meisten Delikten bestehen; ans Tageslicht treten sie aber bei den Verfahren der Massenkriminalität, weil dort das Bedürfnis besteht, durch **schriftliche** Anordnungen, seien es Behördenleiterweisungen, Richtlinien der Generalstaatsanwälte oder der Landesjustizverwaltungen, eine einigermaßen einheitliche Sachbehandlung innerhalb der Behörde, des Bezirks oder des Landes zu erreichen. Wer die uneinheitliche Praxis bei den Cannabiskonsumenten bekämpft, wird sich daher auch der Ladendiebe, Schwarzfahrer, Trunkenheitsfahrer, Steuerhinterzieher und anderer Massenkriminalität anzunehmen haben. 79

III. Die Steuerung der Staatsanwaltschaften. Die „Steuerung" der Staatsanwaltschaften durch Verwaltungsvorschriften wird im Allgemeinen auf §§ 145, 80

BtMG § 31a Sechster Abschnitt. Straftaten und Ordnungswidrigkeiten

147 GVG gestützt. Im Hinblick auf die jahrzehntealte kontroverse Diskussion zum sogenannten **„externen Weisungsrecht"** der Landesjustizverwaltungen (dazu etwa *Markwardt* FS Böttcher, 1979, 92 (98–102)) überrascht die Selbstverständlichkeit, mit der das BVerfG davon ausgeht, dass die Strafverfolgung „gesteuert" werden kann.

81 Das BVerfG hat keinen Anlass gesehen, sich mit den **Grenzen des Weisungsrechts** gegenüber der Staatsanwaltschaft zu befassen. Es ist selbstverständlich, dass sich die Richtlinien im Rahmen der Gesetze, insbesondere des § 31a BtMG oder der § 153b StPO, § 29 Abs. 5 BtMG halten müssen. Sie dürfen aber auch sonst nicht **justizfremden Zwecken** dienen, insbesondere nicht dazu, eigene drogenpolitische Vorstellungen, die sich im Gesetzgebungsverfahren nicht durchsetzen konnten, durch ein Unterlaufen des BtMG zu verwirklichen.

82 **I. Die Richtlinien der Länder.** Eine Verpflichtung zum Erlass von Richtlinien hat das BVerfG nicht ausgesprochen (*Aulinger* Rechtsgleichheit S. 29); es bemängelt lediglich unterschiedliche Verfahrensergebnisse aufgrund allgemeiner Weisungen, wenn diese „die Verfolgung bestimmter Verhaltensweisen nach abstrakt-generellen Merkmalen wesentlich unterschiedlich" vorschreiben oder unterbinden (BVerfGE 90, 145 (191) (→ Rn. 15)).

83 **I. Die einzelnen Richtlinien.** Gleichwohl haben sich die meisten Länder mit Ausnahme von Mecklenburg-Vorpommern für Richtlinien zur Bearbeitung von Betäubungsmittelsachen durch die Staatsanwaltschaften entschieden:
- Baden-Württemberg: Verwaltungsvorschrift des Justizministeriums v. 30. 9. 2009 (Die Justiz S. 309), geändert durch Verwaltungsvorschrift vom 11. 10. 2016 (Die Justiz 2016, 439), abgedr. bei *Wettley* in BeckOK BtMG Rn. 61.1,
- Bayern: Rundschreiben der Generalstaatsanwälte bei den Oberlandesgerichten v. 14. 8. 1994, abgedr. bei *Wettley* in BeckOK BtMG Rn. 62.1,
- Berlin: Gemeinsame Allgemeine Verfügung v. 25. 3. 2020, abgedr. bei *Wettley* in BeckOK BtMG Rn. 63.1,
- Brandenburg: Richtlinie v. 15. 8. 2006 (JMBl. 2006 Nr. 9), abgedr. bei *Wettley* in BeckOK BtMG Rn. 64.1,
- Bremen: Richtlinien der Senatorin für Justiz und Verfassung zur Anwendung des § 31a Abs. 1 S. 1 des Betäubungsmittelgesetzes in Bezug auf Cannabisprodukte v. 5. 3. 2020, Gz 4630, abgedruckt bei *Wettley* in BeckOK BtMG Rn. 65.1,
- Hamburg: AV der Justizbehörde v. 22. 11. 2010 (HambJVBl. 2011 S. 1), abgedr. bei *Wettley* in BeckOK BtMG Rn. 66.1,
- Hessen: Rundverfügung des Generalstaatsanwalts v. 6. 5. 2008 (406/30 – 1/08), abgedr. bei *Wettley* in BeckOK BtMG Rn. 67.1
- Mecklenburg-Vorpommern: keine offizielle Regelung, in der Regel wird das Verfahren bei Cannabisprodukten bis zu 6 g zum Eigenkonsum eingestellt (*Wettley* in BeckOK BtMG Rn. 68),
- Niedersachsen: Gemeinsamer Runderlass v. 7. 12. 2012, Nds. Rpfl. 2013, S. 47, dazu *Patzak* in Körner/Patzak/Volkmer Rn. 55, *Wettley* in BeckOK BtMG Rn. 69.1,
- Nordrhein-Westfalen: Gemeinsamer Runderlass v. 19. 5. 2011, JMBl. NW. S. 106, abgedr. bei *Wettley* in BeckOK BtMG Rn. 70.1,
- Rheinland-Pfalz: Rundschreiben v. 20. 1. 2012, JBl. RhPf. S. 9, abgedr. bei *Wettley* in BeckOK BtMG Rn. 71.1,
- Saarland: Gemeinsamer Erlass v. 25. 9. 2007, GMBl. Saar S. 150, abgedr. bei *Wettley* in BeckOK BtMG Rn. 72.1,
- Sachsen: Gemeinsame Richtlinie der Sächsischen Staatsanwaltschaften zur Strafzumessung und zu sonstigen Rechtsfolgen v. 15. 8. 2011, nicht veröffentlicht, dazu *Patzak* in Körner/Patzak/Volkmer Rn. 59, s. aber auch *Wettley* in BeckOK BtMG Rn. 73.1,

Absehen von der Verfolgung **§ 31a BtMG**

- Sachsen-Anhalt: Gemeinsamer Runderlass v. 21.10.2008, JMBl. LSA S. 243, abgedr. bei *Wettley* in BeckOK BtMG Rn. 74.1,
- Schleswig-Holstein: Bek. v. 25.7.2006, ABl. SchlH S. 679, abgedr. bei *Wettley* in BeckOK BtMG Rn. 75.1,
- Thüringen: Rundverfügung des Generalstaatsanwalts v. 19.2.1998 – (406/23-1), geändert durch Rundverfügung v. 20.12.2016 (*Wettley* in BeckOK BtMG Rn. 76.1; *Patzak* in Körner/Patzak/Volkmer Rn. 62).

Ein Versuch der Landesjustizverwaltungen, insgesamt zu einer bundeseinheitlichen Regelung zu gelangen, hatte keinen Erfolg. Bei der **Justizministerkonferenz** v. 6./7.6.2018 haben sich die Justizminister für Cannabisprodukte für eine gemeinsame Obergrenze ausgesprochen, die alle Länder auf **sechs Gramm** festlegen sollen.

II. **Schwerpunkte** der Richtlinien sind: 84
- die Bestimmung der geringen Menge bei Cannabis (→ Rn. 87–89),
- die Bestimmung der geringen Menge bei anderen Drogen (→ Rn. 93–95),
- die Behandlung der Wiederholungstäter (→ Rn. 96–105) einschließlich der Gelegenheitskonsumenten (→ Rn. 97),
- die Behandlung des öffentlichen Interesses an der Strafverfolgung, namentlich in den Fällen der Fremdgefährdung (→ Rn. 102).

Die meisten Regelungen (mit Ausnahme von Bayern, Berlin und Hessen) befassen sich auch mit dem Verfahren bei **harten Drogen** (→ Rn. 93), Bremen allerdings nur mit einem kleinen Hinweis. Mit Ausnahme von Hamburg finden sich ferner Hinweise zur Anwendung des **Jugendstrafrechts.** Nicht berücksichtigt wurde bislang die Öffnung des § 153a StPO für Weisungen (→ Rn. 18). 85

1. **Die Festlegung der geringen Menge.** Die Entscheidung des BVerfG vom 9.3.1994, bezieht sich ausschließlich auf Cannabis. 86

a) **Die geringe Menge bei Cannabis.** Bei der Festlegung der geringen Menge von Cannabis gibt es in den Richtlinien zwei Modelle, die sich als „Modell Obergrenze" und „Modell Untergrenze" (*Aulinger* Rechtsgleichheit S. 104) beschreiben lassen. 87

aa) **Modell Obergrenze.** In zwölf Ländern wurde eine Obergrenze festgelegt, bis zu der von einer geringen Menge ausgegangen werden **kann:** 88

Land	Betäubungsmittel
Baden-Württemberg	3 Konsumeinheiten
Bayern	6 g Gewichtsmenge
Brandenburg	6 g Gewichtsmenge
Hamburg	6 g Gewichtsmenge
Hessen	6 g Gewichtsmenge
Niedersachsen	6 g Gewichtsmenge
Nordrhein-Westfalen	10 g Gewichtsmenge
Rheinland-Pfalz	10 g Gewichtsmenge
Saarland	6 g Gewichtsmenge
Sachsen-Anhalt	6 g Gewichtsmenge
Schleswig-Holstein	6 g Gewichtsmenge
Thüringen	10 g Gewichtsmenge

bb) **Modell Untergrenze.** Das Modell Untergrenze (untere Grenze, bis zu der von der Verfolgung (grundsätzlich) abgesehen werden **muss,** und obere Grenze, bis zu der von der Verfolgung abgesehen werden **kann**) gibt es in Berlin (*Patzak* in Körner/Patzak/Volkmer Rn. 43) und Bremen. 89

Land	Untere Grenze	Obere Grenze
Berlin	10 g Gewichtsmenge	15 g Gewichtsmenge
Bremen	10 g Gewichtsmenge	15 g Gewichtsmenge

90 **cc) Praxis.** Die relativ große Übereinstimmung der Praxis, die sich noch in der Untersuchung von *Aulinger* (Rechtsgleichheit S. 214–216; *Aulinger* NStZ 1999, 111 (114, 115)) für das Jahr 1995 gezeigt hatte, hat sich in der Studie von *Schäfer/Paoli* für das Jahr 2001 nicht mehr ergeben. Weiterhin gleichmäßig ist die Rechtsanwendung bei den über 20-jährigen nicht oder nur geringfügig Vorbelasteten, die mit einer geringen Menge Cannabis (bis zu 6 g) angetroffen werden (*Schäfer/Paoli* S. 386), also bei der **Zielgruppe,** die das BVerfG im Beschl. v. 9.3.1994 im Blick hatte. Dem entspricht die Mehrheit der Richtlinien der Länder (→ Rn. 88). S. auch Beschluss der Justizministerkonferenz v. 6./7.7.2018 (→ Rn. 83).

91 Soweit bei **Jugendlichen** oder **Heranwachsenden** Unterschiede bestehen, ergeben sie sich zum Teil aus der juristischen Streitfrage, ob die Regeln der Diversion (§§ 45, 47 JGG) dem § 31 Abs. 1 S. 1 vorgehen (*Schäfer/Paoli* S. 386). Im Übrigen dürften die Ausreißer, die bei wenigen Ländern (Berlin und Schleswig-Holstein bei den Jugendlichen, Berlin, Hessen und Sachsen-Anhalt bei den Heranwachsenden (*Schäfer/Paoli* S. 267, 269) bestehen, auf eine Praxis zurückzuführen sein, die sich von dem Gesetz und von der Vorgabe des BVerfG **sehr weit entfernt** hat; es ist kaum anzunehmen, dass es sich bei mehr als 95% der dort angetroffenen Täter um gelegentliche Konsumenten handelt.

92 Soweit sich aber bei den stärker Vorbelasteten deutlichere Unterschiede ergeben, stellt sich auch hier die Frage, wieweit dies noch **mit dem Gesetz vereinbar ist,** das immerhin bestimmte Kriterien aufstellt und mit Sicherheit keinen Einstellungsautomatismus im Sinne hatte (→ Rn. 3–5). Hinzu kommen die völkerrechtlichen Verpflichtungen Deutschlands (→ Rn. 6–8).

93 **b) Harte Drogen.** Die Anwendung des § 31a Abs. 1 S. 1 auf harte Drogen war nicht Gegenstand der Entscheidung des BVerfG.

94 **aa) Richtlinien.** Zu der geringen Menge bei diesen besteht auch eine differenzierte Rechtsprechung des BayObLG und der Oberlandesgerichte (→ § 29 Rn. 2123–2136). Gleichwohl befassen sich einige Richtlinien auch mit der Festlegung einer solchen Menge, wobei die verschiedensten Formulierungen gewählt werden:

Land	Betäubungsmittel
Baden-Württemberg	– keine Anwendung auf „harte" Drogen
Bayern	– keine Regelung zu anderen Drogenarten
Berlin	– keine Regelung zu anderen Drogenarten
Thüringen	– keine Regelung zu anderen Drogenarten
Bremen	– Hinweis, dass die Anwendung des § 31a BtMG auf andere verbotene Drogen nicht ausgeschlossen ist
Rheinland-Pfalz	– Entscheidung der Staatsanwaltschaft im Einzelfall
Saarland	– Entscheidung der Staatsanwaltschaft im Einzelfall
Sachsen-Anhalt	– Entscheidung der Staatsanwaltschaft im Einzelfall
Niedersachsen	– in Ausnahmefällen durch Entscheidung der Staatsanwaltschaft
Sachsen	– nur in besonderen Ausnahmefällen
Nordrhein-Westfalen	– Heroin, Cocain, Amfetamin: bis zu 0,5 g – andere Betäubungsmittel: bis zu 3 Konsumeinheiten
Brandenburg	– bis zu 3 Konsumeinheiten grundsätzlich anwendbar
Hamburg	– Heroin, Cocain bis zu 1 g – Ecstasy: deutlich unter 10 Tabletten

Land	Betäubungsmittel
Hessen	– Entscheidung der Staatsanwaltschaft im Einzelfall
Schleswig-Holstein	– Cocain, Amfetamine: nicht mehr als 3 g
	– Heroin: nicht mehr als 1 g (jeweils Bruttogewicht)
	– auf andere Betäubungsmittel ebenfalls anwendbar

bb) Praxis. Bei den sogenannten harten Drogen hatten sich schon in der *Aulinger*-Studie deutlich größere Unterschiede der Einstellungspraxis ergeben als bei Cannabis. Während in manchen Ländern, zB Bayern, Baden-Württemberg und Sachsen, § 31a Abs. 1 S. 1 bei harten Drogen kaum zur Anwendung kam, wurden vor allem in Hessen und Schleswig-Holstein betäubungsmittelabhängige Wiederholungstäter in großem Umfang der Strafverfolgung entzogen (*Aulinger* Rechtsgleichheit S. 325; NStZ 1999, 111 (115)). Die Untersuchung von *Schäfer/Paoli* hat dies im Wesentlichen bestätigt (S. 284–290, 386, 387). Die harten Drogen waren allerdings nicht Gegenstand der Entscheidung des BVerfG. 95

2. Wiederholungstäter. Überwiegend befassen sich die Richtlinien auch mit der Behandlung von Wiederholungstätern. Nach dem Beschl. des BVerfG v. 9.3.1994 (BVerfGE 90, 145 (190) (→ Rn. 15)) verdichtet sich das Einstellungsermessen zu einer grundsätzlichen Einstellungspflicht, wenn die Tat von einem Gelegenheitskonsumenten von Cannabis begangen wurde (zum Begriff des gelegentlichen Konsums → Rn. 38). Die Richtlinien gehen zum Teil weit darüber hinaus: 96

a) Gelegenheitskonsumenten. Nach dem Rundschreiben der bayerischen Generalstaatanwälte kann von einem Gelegenheitskonsumenten ausgegangen werden, wenn der Täter im letzten Jahr mit Drogen nicht auffällig geworden ist, nach der Rundverfügung des Thüringer Generalstaatsanwalts v. 4.7.2018 kommt es auf einen einmaligen Wiederholungsfall innerhalb eines Jahres an. Eine grundsätzliche Beschränkung auf den gelegentlichen Konsum enthält auch die Allgemeine Verfügung des Justizministeriums Baden-Württemberg. Da in diesen Ländern bei harten Drogen das Verfahren ohnehin nicht nach § 31a Abs. 1 S. 1 eingestellt wird, beziehen sich diese Regelungen nur auf Cannabis. 97

In den Genuss der Einstellung kommen im Regelfall auch Wiederholungstäter in Bremen, Rheinland-Pfalz, Sachsen-Anhalt Schleswig-Holstein und wohl auch Hessen (*Schäfer/Paoli* S. 57). Dazwischen liegen die anderen Länder, die auf Erst- und Zweittäter (Berlin) oder auch auf Mehrfachtäter bei großen Tatzwischenräumen (Hamburg, Niedersachsen, Nordrhein-Westfalen, Saarland) oder generell auf das Fehlen zeitnaher Vorstrafen (Brandenburg) abstellen (*Schäfer/Paoli* S. 57). 98

b) Abhängige und nicht abhängige Täter. Berlin, Bremen, Hamburg, Niedersachsen, Nordrhein-Westfalen, das Saarland und Sachsen-Anhalt unterscheiden zwischen den Fällen, in denen der Täter nicht betäubungsmittelabhängig ist und den Fällen der Abhängigkeit (wobei diese in Nordrhein-Westfalen und Sachsen-Anhalt positiv festgestellt werden muss, während es in den anderen Ländern ausreicht, dass sie sich nicht ausschließen lässt). 99

Ist der Täter (nicht ausschließbar) **abhängig,** so wird grundsätzlich eine geringe Schuld angenommen, auch bei mehreren einschlägigen Vorstrafen und Handeln innerhalb offener Bewährungszeit. Ist er dagegen **nicht abhängig,** so beschränkt Sachsen-Anhalt die Einstellung in der Regel auf den gelegentlichen Eigenverbrauch, Berlin und Hamburg auf den Erst- und Zweitverstoß; dies gilt auch für die übrigen Länder dieser Gruppe, wobei diese die Einstellung ausnahmsweise auch bei weiteren Verstößen zulassen, wenn zwischen den Taten ein größerer Zeitraum liegt oder das Übermaßverbot eine Einstellung fordert. 100

Vor allem in diesem Bereich zeigt sich die **unterschiedliche Konzeption** der Länder in der Drogenpolitik. Mit dem Merkmal der Betäubungsmittelabhängigkeit 101 wird das Vorliegen einer Krankheit in den Vordergrund gestellt, was beliebig viele folgenlose Einstellungen zulässt. Die Länder, die den Weg der Therapie, notfalls über die §§ 35–37, für richtig halten (und auch die notwendigen Therapieplätze zur Verfügung gestellt haben), schließen die Anwendung des § 31a Abs. 1 S. 1 hier aus (*Schäfer/Paoli* S. 65).

102 **3. Die Behandlung der Fremdgefährdung.** Bei der Frage der Fremdgefährdung, die im Rahmen des öffentlichen Interesses zu prüfen ist, gehen die Richtlinien der Länder mit Ausnahme von Brandenburg und Schleswig-Holstein im Großen und Ganzen von den Hinweisen des BVerfG (→ Rn. 59) aus.

103 Stärker scheinen die Richtlinien zu differieren, wenn es um Konsumverhaltensweisen **im Vollzug** (von Strafe, Untersuchungshaft oder Unterbringung) geht. Während Baden-Württemberg, Bayern, Hamburg, Rheinland-Pfalz, Sachsen, Sachsen-Anhalt und Thüringen die Justizvollzugsanstalten generell als Örtlichkeiten mit erhöhter Verbreitungsgefahr betrachten, geht Schleswig-Holstein davon aus, dass auch beim Umgang mit Betäubungsmitteln im Vollzug in der Regel kein öffentliches Interesse an der Strafverfolgung besteht; in Nordrhein-Westfalen wird in der Regel das öffentliche Interesse an der Strafverfolgung bejaht, wobei Ausnahmen in enger Zusammenarbeit zwischen Staatsanwaltschaft und Justizvollzugsanstalt gemacht werden können (*Schäfer/Paoli* S. 60); ähnlich auch Bremen.

104 Mit dem **unmittelbaren Umfeld von Drogenkonsumräumen** als Orten einer erhöhten Verbreitungsgefahr befassen sich die Richtlinien nicht.

105 **III. Zusammenfassung.** Die Länder haben sich auf einheitliche Richtlinien nicht verständigen können. Gleichwohl hat sich eine Praxis entwickelt, die unter den Bedingungen eines Bundesstaates dem Gebot der Rechtsanwendungsgleichheit nicht widerspricht (das BVerfG NJW 2004, 3620 = StraFo 2004, 310 mAnm *Endriß* hat deswegen zu einem Eingreifen auch keinen Anlass gesehen; offen gelassen bei *Schäfer/Paoli* S. 394, 395).

106 **1. Cannabis.** Dies gilt zunächst für den Umgang mit Cannabis, der allein Gegenstand der Entscheidung des BVerfG v. 9.3.1994, gewesen ist. Soweit hier Unterschiede bestehen (→ Rn. 90–92), halten sie sich innerhalb des Beurteilungs- und Ermessensspielraums, den der Bundesgesetzgeber den Ländern mit den unbestimmten Rechtsbegriffen der geringen Schuld und des fehlenden öffentlichen Interesses und der Einräumung von Handlungsermessen gewährt hat. Die Richtlinien haben sich im Übrigen, von Berlin, Nordrhein-Westfalen, Rheinland-Pfalz und nun auch Thüringen abgesehen, einander angenähert (→ Rn. 88).

107 **2. Harte Drogen.** Problematischer ist die Behandlung des Umgangs mit harten Drogen (→ Rn. 95). Aber auch hier bleibt die Praxis noch im Rahmen der den Ländern in einem föderalen Staat zustehenden Handlungsspielräume, jedenfalls, soweit es um Erstkonsumenten und Gelegenheitstäter geht. Dass bei harten Drogen in einem Land seltener oder fast nie, in einem anderen Land häufiger von § 31a Gebrauch gemacht wird, ist eine Folge der bundesgesetzlichen Regelung, die den Ländern diesen Beurteilungs- und Ermessensspielraum lässt. Wie die seit jeher bestehende Zulässigkeit von Landesstrafrecht zeigt (Art. 1 Abs. 2, Art. 2–4 EGStGB), ergeben sich gegen eine solche Vielfalt nicht bereits Bedenken daraus, dass es sich um „das den Einzelnen besonders belastende Gebiet der Strafverfolgung handelt" (möglicherweise enger BVerfGE 90, 145 (190) (→ Rn. 15)).

108 **Bedenklich ist** allerdings die Behandlung von Dauerkonsumenten harter Drogen und Betäubungsmittelabhängigen (→ Rn. 101), wenn regelmäßig eine Einstellung erfolgt, **ohne dass** auf die Inanspruchnahme von **therapeutischen Hilfen** hingewirkt wird, was nunmehr auch über § 153a StPO möglich wäre (→ Rn. 18). Der Forderung des BtMG, dass Betäubungsmittelabhängige – auch mit justiziellem

Druck – grundsätzlich einer Therapie zuzuführen sind, wird damit nicht entsprochen.

Kapitel 2. Die Anwendung des Absatzes 1 Satz 2

A. Anwendungsbereich. Die Vorschrift verdankt ihre Entstehung der Einführung von Drogenkonsumräumen in einigen deutschen Städten. Hierauf ist sie ausgerichtet und auf diese Räume beschränkt sich auch ihr Anwendungsbereich. Eine ausdehnende Anwendung auf Gebiete außerhalb eines Drogenkonsumraums ist nicht möglich (*Patzak* in Körner/Patzak/Volkmer Rn. 125). Dies gilt, wie sich insbesondere aus § 10a Abs. 2 S. 2 Nr. 6 ergibt, auch für das unmittelbare Umfeld von Drogenkonsumräumen; zur Anwendung des Absatzes 1 Satz 1 in diesem Bereich → Rn. 70–72 (zust. *Patzak* in Körner/Patzak/Volkmer Rn. 125). 109

B. Abgrenzung. Der Anwendungsbereich des Absatzes 1 Satz 2 ist gegenüber anderen Bestimmungen, die ein Absehen von der Strafverfolgung ermöglichen, zum Teil enger, zum Teil weiter. Liegen die tatbestandlichen Voraussetzungen des Absatzes 1 Satz 2 vor, so ist in erster Linie diese Vorschrift als die **speziellere Regelung** anzuwenden. 110

Bei der Frage, wie sich § 31a Abs. 1 S. 2 zu den **§§ 45, 47 JGG** verhält, müssen zunächst die Fälle ausgeschieden werden, in denen sich der Jugendliche oder Heranwachsende **unbefugt** in dem Drogenkonsumraum aufhält, weil die Regelung für den Betrieb des Raumes eine entsprechende Altersbegrenzung enthält (§ 10a Abs. 2 S. 2 Nr. 7). In diesen Fällen ist § 31a Abs. 1 S. 2 von vornherein nicht anzuwenden (→ Rn. 127), so dass, da auch § 31a Abs. 1 S. 1 nicht eingreift (→ Rn. 19), allein die §§ 45, 47 JGG gelten. 111

In den übrigen Fällen ist es zweifelhaft, ob § 31a Abs. 1 S. 2 sich als die speziellere Regelung gegenüber §§ 45, 47 JGG darstellt. Wenn die Benutzung von Drogenkonsumräumen durch Jugendliche und Heranwachsende bundesgesetzlich auch nicht ausgeschlossen ist (§ 10a Abs. 2 S. 2 Nr. 7), so gehören diese doch jedenfalls nicht zu der primären Zielgruppe dieser Einrichtungen. Auf der anderen Seite sieht Absatz 1 Satz 2 keine Ausnahme für Jugendliche und Heranwachsende vor. Da es sich bei ihm nur um eine Sollvorschrift handelt, steht er im Einzelfall erzieherischen Maßnahmen nach den §§ 45, 47 JGG jedoch nicht entgegen. 112

Ebenso wie § 31a Abs. 1 S. 1 und im Unterschied zu § 29 Abs. 5 ist § 31a Abs. 1 S. 2 keine Strafzumessungsregel, sondern eine **Vorschrift des Verfahrensrechts.** Die Entscheidung der Staatsanwaltschaft ist gerichtlich nicht überprüfbar. Über Einwendungen entscheiden der Generalstaatsanwalt und gegebenenfalls die Landesjustizverwaltung. 113

C. Absatz 1 Satz 2 als Sollvorschrift. Nicht anders als sonst sind bei der Anwendung des Absatzes 1 Satz 2 die tatbestandlichen Voraussetzungen von der Rechtsfolge, wonach von Strafe abgesehen werden soll, **strikt zu trennen.** Auch wenn alle tatbestandlichen Voraussetzungen der Vorschrift erfüllt sind, kann die Staatsanwaltschaft, sofern sie dies auf Grund besonderer Umstände für angezeigt hält, das Verfahren fortführen (BT-Drs. 14/1515, 8; 14/1830, 8). 114

D. Die tatbestandlichen Voraussetzungen des § 31a Abs. 1 S. 2 sind die folgenden: 115

I. Besitz. Privilegiert ist ausschließlich der Besitz. In allen anderen Fällen, etwa bei einem Erwerb in einem Drogenkonsumraum (*Patzak* in Körner/Patzak/Volkmer Rn. 124), kommt Absatz 1 Satz 2 nicht in Betracht. Erst recht gilt dies für Handlungsweisen, durch die Dritte betroffen sind, etwa das Verabreichen, Abgeben, Veräußern oder Handeltreiben. 116

117 **II. In einem Drogenkonsumraum.** Absatz 1 Satz 2 gilt nur für den Besitz in einem Drogenkonsumraum. Dies besagt dreierlei:

118 **1. Drogenkonsumraum.** Es muss sich um einen Drogenkonsumraum handeln. Nach § 10a Abs. 1 S. 1 sind Drogenkonsumräume Räumlichkeiten, in denen Betäubungsmittelabhängigen eine Gelegenheit zum Verbrauch mitgeführter, ärztlich nicht verschriebener Betäubungsmittel gewährt wird (§ 10a Rn. 24−36).

119 **2. Erlaubnis nach § 10a.** Der Drogenkonsumraum muss von einer Einrichtung betrieben werden, die hierfür eine Erlaubnis nach § 10a erhalten hat oder ihn nach § 39 S. 2 weiter betreiben darf (→ § 39 Rn. 6). Das Erfordernis der Erlaubnis wird in § 31a Abs. 1 S. 2 zwar nicht ausdrücklich genannt. Es ergibt sich jedoch daraus, dass nur der Besitz zu einem Eigenverbrauch privilegiert wird, der nach § 10a geduldet werden kann. Eine solche Duldung setzt jedoch einen zugelassenen Drogenkonsumraum voraus.

120 **3. Im Raum.** Die Privilegierung gilt nur für den Besitz **in** einem Drogenkonsumraum (→ Rn. 71, 72, 109).

121 **III. Betäubungsmittel.** Ebenso wenig wie die anderen Bestimmungen des BtMG unterscheidet die Vorschrift zwischen harten und weichen Drogen. Da sie sich an Betäubungsmittelabhängige wendet, die auf andere Weise kaum erreicht werden können (BT-Drs. 14/2345, 10), sind die Konsumenten harter Drogen nach der Praxis und der Intention der Regelung ihre Zielgruppe. Zur Festlegung der Art der Betäubungsmittel auf Grund der Mindeststandards → Rn. 131.

122 **IV. Eigenverbrauch.** dazu → § 10a Rn. 29; → § 29 Rn. 2147−2149.

123 **V. Der nach § 10a geduldet werden kann.** Die Vorschrift ist sprachlich misslungen (*Katholnigg* NJW 2000, 1217 (1222)). An sich kann der Eigenverbrauch nach § 10a nur geduldet werden, wenn **alle** Voraussetzungen dieser Vorschrift einschließlich der Mindeststandards (und gegebenenfalls weiterer Anforderungen der Rechtsverordnung) nach § 10a Abs. 2 eingehalten sind. Mit Ausnahme des § 10a Abs. 2 S. 2 Nr. 7 wenden sich diese Standards jedoch an den Betreiber. Der Konsument hat auf sie praktisch keinen Einfluss, so dass sie auch einer Entscheidung nach § 31a Abs. 1 S. 2 nicht zugrunde gelegt werden können.

124 Vielmehr ist darauf abzustellen, ob der Täter sich **befugt in dem Drogenkonsumraum** aufgehalten hat (*Katholnigg* NJW 2000, 1217 (1222); *Franke/Wienroeder* Rn. 6). Das bedeutet:

125 **1. Kreis der berechtigten Nutzer.** Der Täter muss zum Kreis der berechtigten Benutzer des Drogenkonsumraums gehören (§ 10a Abs. 2 S. 2 Nr. 7).

126 **a) Betäubungsmittelabhängiger.** Drogenkonsumräume dürfen nur von Betäubungsmittelabhängigen genutzt werden (§ 10a Abs. 1 S. 1). Erst- oder Gelegenheitskonsumenten sind von der Benutzung auszuschließen (§ 10a Abs. 2 S. 2 Nr. 7). Auf diejenigen, die gleichwohl Zugang erlangt haben, ist § 31a Abs. 1 S. 2 daher von vornherein nicht anzuwenden (*Katholnigg* NJW 2000, 1217 (1222); s. auch BT-Drs. 14/1515, 8; 14/1830, 8).

127 **b) Alter und sonstige Einschränkungen.** Nach § 10a Abs. 2 S. 2 Nr. 7 muss der Kreis der berechtigten Benutzer des Drogenkonsumraums auch hinsichtlich des Alters festgelegt sein. Weitere Einschränkungen können vorgesehen werden. Der Täter muss auch insoweit zum berechtigten Benutzerkreis gehören. Andernfalls hält er sich nicht befugt in dem Drogenkonsumraum auf, so dass die Privilegierung des Absatzes 1 Satz 2 nicht eingreift. Bei Jugendlichen und Heranwachsenden kommen dann vor allem die Maßnahmen des Jugendstrafrechts in Betracht.

128 **2. Betäubungsmittel.** Der Besitz in dem Drogenkonsumraum muss sich auf Betäubungsmittel beziehen, deren Eigenverbrauch nach § 10a geduldet werden kann:

Absehen von der Verfolgung §31a BtMG

a) Mitgeführte Betäubungsmittel. → § 10a Rn. 29. 129

b) Ärztlich nicht verschriebene Betäubungsmittel. → Rn. 10a Rn. 35, 36. 130

c) Art der Betäubungsmittel. Die Mindeststandards des § 10a Abs. 2 S. 2 Nr. 7 131
sehen vor, dass auch die Art der mitgeführten Betäubungsmittel festgelegt wird.
Nur wer sich an diese Festlegung hält, nutzt den Drogenkonsumraum im erlaubten
Umfang. Wird der Besitz anderer Drogen festgestellt, so kann die Privilegierung des
Absatzes 1 Satz 2 daher nicht eingreifen.

3. Konsummuster. Schließlich muss sich der Konsument auch an die geduldeten 132
Konsummuster (Injizieren, Rauchen etc) handeln, die für den konkreten Drogenkonsumraum ebenfalls festzulegen sind (§ 10a Abs. 2 S. 2 Nr. 7). Nur in diesem
Rahmen handelt es sich um einen Eigenverbrauch, der nach § 10a geduldet werden
kann (s. *Patzak* in Körner/Patzak/Volkmer Rn. 121).

VI. Geringe Menge. Ebenso wie § 29 Abs. 5 und § 31a Abs. 1 S. 1 setzt § 31a 133
Abs. 1 S. 2 voraus, dass sich die Tat lediglich auf eine geringe Menge des Betäubungsmittels bezieht. Der Begriff der geringen Menge sollte im Rahmen desselben
Gesetzes einheitlich verstanden werden (*Aulinger* Rechtsgleichheit S. 34). Wie beim
Umfang der Erlaubnis nach § 10a (→ § 10a Rn. 30–33) ist es daher sinnvoll, an die
obergerichtliche Rechtsprechung zu § 29 Abs. 5 anzuknüpfen, die überwiegend
drei Konsumeinheiten noch als eine geringe Menge behandelt (→ § 29
Rn. 2115–2146). Die Vorschrift wendet sich an Schwerabhängige und Dauerkonsumenten; es könnte daher erwogen werden, bei der Feststellung der Konsumeinheit nicht auf die Einstiegsdosis, sondern auf die eines bereits Abhängigen abzustellen (s. *Kotz/Oğlakcıoğlu* in MüKoStGB Rn. 25; *Wettley* in BeckOK BtMG Rn. 50).

Dagegen sollte ebenso wie bei § 10a **nicht** auf die Grenzwerte für die geringe 134
Menge abgestellt werden, die in den **Richtlinien** der Länder festgelegt wurden
(→ Rn. 94; *Wettley* in BeckOK BtMG Rn. 50; aA *Patzak* in Körner/Patzak/Volkmer Rn. 122). Dazu im Einzelnen → § 10a Rn. 30–33. Die Gerichte sind an die
Verwaltungsvorschriften mit diesen Grenzwerten ohnehin nicht gebunden (→ § 29
Rn. 2146). Hält sich die mitgeführte Menge nur im Rahmen der Richtlinien der
Länder, gilt § 31a Abs. 1 S. 1 (nicht Satz 2), wobei allerdings die erhöhte Fremdgefährdung zu berücksichtigen ist.

Sieht die für den konkreten Drogenkonsumraum geltende Rechtsverordnung 135
eine **engere Begrenzung** vor, etwa auf eine Konsumeinheit oder eine Drogenration, so ist diese auch für die Anwendung des § 31a Abs. 1 S. 2 maßgeblich. Wird
die nach der Rechtsverordnung zugelassene Menge überschritten, ist daher nicht
mehr § 31a Abs. 1 S. 2, sondern nur § 31a Abs. 1 S. 1 anwendbar (*Patzak* in Körner/Patzak/Volkmer Rn. 122).

VII. Ohne schriftliche Erlaubnis für den Erwerb. → § 29 Rn. 1372–1374. 136

E. Keine tatbestandlichen Voraussetzungen. Anders als Absatz 1 Satz 1 und 137
in Übereinstimmung mit § 29 Abs. 5 verzichtet Absatz 1 Satz 2 sowohl auf das
Merkmal der geringen Schuld als auch das des fehlenden öffentlichen Interesses an
der Strafverfolgung.

I. Geringe Schuld. Dieser Verzicht bedeutet ebenso wenig wie in § 29 Abs. 5, 138
dass es auf das Maß der Schuld überhaupt nicht ankäme. Vielmehr kann dann,
wenn alle Voraussetzungen für einen geduldeten Konsum in einem Drogenkonsumraum – (bloßer) Besitz einer geringen Menge zum Eigenverbrauch durch einen
Betäubungsmittelabhängigen – gegeben sind, grundsätzlich von einer geringen
Schuld ausgegangen werden. Ist dies auf Grund besonderer Umstände nicht der
Fall, so lässt die Sollvorschrift des Absatzes 1 Satz 2 eine Fortsetzung der Strafverfolgung zu (→ Rn. 141).

Weber 1213

139 **II. Öffentliches Interesse an der Strafverfolgung.** Ähnliches gilt für das Merkmal des öffentlichen Interesses an der Strafverfolgung. Sind die Voraussetzungen für einen geduldeten Konsum – (bloßer) Besitz einer geringen Menge zum Eigenverbrauch in einem Drogenkonsumraum durch einen Betäubungsmittelabhängigen – gegeben, so kann meist von einem Fehlen des öffentlichen Interesses an der Strafverfolgung ausgegangen werden. Ist dies auf Grund besonderer Umstände nicht der Fall, so lässt die Sollvorschrift des Absatzes 1 Satz 2 eine Fortsetzung der Strafverfolgung zu (→ Rn. 141).

140 **F. Entscheidung.** Für Inhalt, Form, Kosten und Folgen der Entscheidung gilt:

141 **I. Sollvorschrift.** Auch wenn alle tatbestandlichen Voraussetzungen des Absatzes 1 Satz 1 erfüllt sind, führt dies nicht zwangsläufig zum Absehen von der Strafverfolgung. Anders als in den Fällen des Absatzes 1 Satz 1 steht die Entscheidung jedoch nicht im freien Ermessen des Staatsanwalts. Vielmehr **soll** er in solchen Fällen von der Verfolgung absehen. Dies bedeutet, dass er sich im Regelfall für das Absehen von der Strafverfolgung entscheiden muss. Beim Vorliegen besonderer Umstände kann die Strafverfolgung aber auch fortgesetzt werden (*Katholnigg* NJW 2000, 1217 (1222); BT-Drs. 14/1515, 8; 14/1830, 8).

142 **II. Zuständigkeit.** Die Entscheidung obliegt allein der Staatsanwaltschaft. Das Gericht ist nicht befugt, die Eröffnung des Hauptverfahrens abzulehnen, wenn es entgegen der Auffassung der Staatsanwaltschaft die Voraussetzungen für eine Einstellung des Verfahrens nach § 31a Abs. 1 als gegeben ansieht (LG Oldenburg NStZ-RR 2002, 119 (→ Rn. 62)).

143 **III. Form.** Das Absehen von der Strafverfolgung erfolgt durch Verfügung des Staatsanwalts. Der Beschuldigte wird von der Einstellung unterrichtet. Die Entscheidung der Staatsanwaltschaft ist gerichtlich nicht überprüfbar (→ Rn. 113). Dasselbe gilt für die Ablehnung der Einstellung.

144 **IV. Kostenentscheidung.** Die Entscheidung der Staatsanwaltschaft wird nicht mit einer Kostenentscheidung versehen (Ausnahme § 467a StPO). Die notwendigen Auslagen werden, wenn nicht die Voraussetzungen des § 467a StPO vorliegen, nicht erstattet. Auch in den Fällen des § 467a StPO kann von der Überbürdung der notwendigen Auslagen des Angeschuldigten auf die Staatskasse abgesehen werden (§ 467a Abs. 1 S. 2, § 467 Abs. 4 StPO).

145 **G. Kein Strafklageverbrauch.** Das Absehen von der Strafverfolgung durch die Staatsanwaltschaft hat keinen Strafklageverbrauch zur Folge; das Verfahren kann jederzeit wieder aufgenommen werden (→ Rn. 65). Dagegen führt die Einstellung durch das Gericht nach Absatz 2 zu einer beschränkten Rechtskraftwirkung (→ Rn. 159).

146 **H. Verfahren der Polizei.** → § 10a Rn. 74–77.

147 **I. Mitteilungen.** → Rn. 73–75.

Kapitel 3. Die Anwendung des Absatzes 2

148 **A. Anwendungsbereich.** Absatz 2 regelt die Einstellungsbefugnis nach Erhebung der öffentlichen Klage (§ 170 Abs. 1, § 407 Abs. 1 S. 3, § 418 Abs. 3 S. 2 StPO).

149 **Absatz 2 gilt** in jeder Lage des Verfahrens bis zum rechtskräftigen Abschluss des Erkenntnisverfahrens, auch noch für das Revisionsgericht, sofern sich die tatsächlichen Voraussetzungen des Absatzes 1 aus dem angefochtenen Urteil ergeben; auch die Rechtskraft des Schuldspruchs steht nicht entgegen (s. *Schmitt* in Meyer-Goßner/Schmitt StPO § 153 Rn. 25).

Absehen von der Verfolgung **§ 31a BtMG**

B. Ermessensnorm. Absatz 2 bezieht sich sowohl auf Absatz 1 Satz 1 wie auf 150
Absatz 1 Satz 2. Allerdings steht die Einstellung auch in den Fällen des **Absatzes 1
Satz 2** im **nicht gebundenen Ermessen** des Gerichts; die für die Staatsanwaltschaft geltende Regelung, wonach von der Verfolgung abgesehen werden soll, ist
für das Gericht nicht maßgeblich. Die Vorschrift ist daher auch in diesem Fall keine
Sollvorschrift, sondern eine Ermessensnorm.

An die Richtlinien der Länder (→ Rn. 82–108) ist das Gericht nicht gebunden 151
(→ § 29 Rn. 2146). Gleichwohl sind sie nicht bedeutungslos (→ § 29 Rn. 2177).

C. Die Zustimmung der Staatsanwaltschaft. Die Einstellung durch das Ge- 152
richt nach § 31a Abs. 2 ist anders als das Absehen von Strafe nach § 29 Abs. 5 nur
zulässig, wenn auch die Staatsanwaltschaft zustimmt (*Patzak* in Körner/Patzak/
Volkmer Rn. 140). Damit wird ihrem Anklagemonopol entsprochen (*Schmitt* in
Meyer-Goßner/Schmitt StPO § 153 Rn. 26). Die Verweigerung der Zustimmung
der Staatsanwaltschaft ist gerichtlich nicht überprüfbar (*Patzak* in Körner/Patzak/
Volkmer Rn. 141). Über Einwendungen gegen die Verweigerung entscheidet der
Generalstaatsanwalt und gegebenenfalls die Landesjustizverwaltung (§ 147 GVG).

Die Zustimmung der Staatsanwaltschaft hat sich an **denselben Merkmalen** zu 153
orientieren wie die Entscheidung des Gerichts. Auch in den Fällen des Absatzes 1
Satz 2 steht die Zustimmung daher **im nicht gebundenen Ermessen** der Staatsanwaltschaft. Die in Absatz 1 Satz 2 geregelte Sollvorschrift gilt nur bis zur Erhebung der öffentlichen Klage.

D. Die Zustimmung des Angeschuldigten. Zusätzlich zur Zustimmung der 154
Staatsanwaltschaft ist auch die Zustimmung des Angeschuldigten erforderlich. Er
soll die Möglichkeit haben, einen Freispruch zu erreichen, allerdings unter dem Risiko einer Verurteilung.

Der Zustimmung des Angeschuldigten **bedarf es nicht,** wenn er unbekann- 155
ten Aufenthalts ist oder dem Verfahren ein anderes in seiner Person liegendes Hindernis entgegensteht (§ 205 StPO), wenn er sich aus der Hauptverhandlung entfernt oder bei der Fortsetzung einer unterbrochenen Hauptverhandlung ausbleibt
(§ 231 Abs. 2 StPO) oder wenn die Hauptverhandlung nach § 232 StPO oder
§ 233 StPO in seiner Abwesenheit durchgeführt wird. Dies gilt auch dann, wenn
der anwesende Verteidiger der Einstellung widerspricht (OLG Düsseldorf MDR
1992, 1174; *Schmitt* in Meyer-Goßner/Schmitt StPO § 153 Rn. 27).

E. Beschluss Die Entscheidung ergeht in allen Fällen durch Beschluss (Satz 3). 156
Dies gilt auch in der Hauptverhandlung. Eine Begründung ist nicht vorgeschrieben
(Satz 4, § 34 StPO).

F. Kosten- und Auslagen. In dem Einstellungsbeschluss ist auch über die Kos- 157
ten des Verfahrens (§ 464a Abs. 1 StPO) und die notwendigen Auslagen des Angeschuldigten (§ 464a Abs. 2 StPO) zu entscheiden (§ 464 Abs. 1, 2 StPO). Da der
Angeschuldigte nicht verurteilt wird, fallen Gebühren nicht an. Die Auslagen der
Staatskasse, etwa für Sachverständigengutachten, sind dieser aufzuerlegen (§ 467
Abs. 1 StPO).

Dasselbe gilt grundsätzlich auch von den **notwendigen Auslagen** des An- 158
geschuldigten (§ 467 Abs. 1 StPO). Nach § 467 Abs. 4 StPO kann das Gericht aber
hiervon absehen, so dass der Angeschuldigte seine notwendigen Auslagen selbst zu
tragen hat. In den Fällen des § 31a wird dies regelmäßig angebracht sein, da an der
Begehung einer Straftat meist kein Zweifel bestehen wird.

G. Beschränkter Strafklageverbrauch. Die Einstellung durch das Gericht 159
(anders das Absehen von der Verfolgung durch die Staatsanwaltschaft (→ Rn. 65,
145)) führt zu einem beschränkten Strafklageverbrauch: eine Wiederaufnahme des
Verfahrens ist möglich, wenn sich herausstellt, dass ein Verbrechen vorliegt (OLG

BtMG § 32 Sechster Abschnitt. Straftaten und Ordnungswidrigkeiten

Hamm GA 1993, 231), im Übrigen nur, wenn sich neue Tatsachen oder Beweismittel ergeben, die dem Einstellungsbeschluss die Grundlage entziehen (*Schmitt* in Meyer-Goßner/Schmitt StPO § 153 Rn. 38).

160 **H. Mitteilungen.** Zu den Mitteilungen → Rn. 73.

161 **I. Unanfechtbarkeit.** Der Beschluss ist für die Staatsanwaltschaft und den Angeschuldigten nicht anfechtbar (Satz 4). Die Beschwerde (§ 304 StPO) ist jedoch zulässig, wenn eine prozessuale Voraussetzung für die Einstellung fehlt, etwa wenn der Angeschuldigte nicht zugestimmt hat (BGH StV 2002, 294; OLG Frankfurt a. M. NStZ-RR 1998, 52; *Patzak* in Körner/Patzak/Volkmer Rn. 144; *Schmitt* in Meyer-Goßner/Schmitt StPO § 153 Rn. 34) oder die Zustimmung der Staatsanwaltschaft fehlt (*Patzak* in Körner/Patzak/Volkmer Rn. 144; *Schmitt* in Meyer-Goßner/Schmitt StPO § 153 Rn. 34).

162 Lehnt das Gericht eine **beantragte Einstellung** ab, so ist dies weder für die Staatsanwaltschaft noch für den Angeschuldigten anfechtbar (§ 31a Abs. 2 S. 4).

§ 32 Ordnungswidrigkeiten

(1) Ordnungswidrig handelt, wer vorsätzlich oder fahrlässig
1. entgegen § 4 Abs. 3 Satz 1 die Teilnahme am **Betäubungsmittelverkehr nicht anzeigt**,
2. in einem Antrag nach § 7, auch in Verbindung mit § 10a Abs. 3 oder § 13 Absatz 3 Satz 3, unrichtige Angaben macht oder unrichtige Unterlagen beifügt,
3. entgegen § 8 Abs. 3 Satz 1, auch in Verbindung mit § 10a Abs. 3, eine Änderung nicht richtig, nicht vollständig oder nicht unverzüglich mitteilt,
4. einer vollziehbaren Auflage nach § 9 Abs. 2, auch in Verbindung mit § 10a Abs. 3, zuwiderhandelt,
5. entgegen § 11 Abs. 1 Satz 1 Betäubungsmittel ohne Genehmigung ein- oder ausführt,
6. einer Rechtsverordnung nach § 11 Abs. 2 Satz 2 Nr. 2 bis 4, § 12 Abs. 4, § 13 Abs. 3 Satz 2 Nr. 2, 3 oder 4, § 20 Abs. 1 oder § 28 Abs. 2 zuwiderhandelt, soweit sie für einen bestimmten Tatbestand auf diese Bußgeldvorschrift verweist,
7. entgegen § 12 Abs. 1 Betäubungsmittel abgibt oder entgegen § 12 Abs. 2 die Abgabe oder den Erwerb nicht richtig, nicht vollständig oder nicht unverzüglich meldet oder den Empfang nicht bestätigt,
7a. entgegen § 13 Absatz 1a Satz 3 nicht, nicht richtig oder nicht rechtzeitig bei einer Apotheke anfragt,
7b. entgegen § 13 Absatz 1a Satz 4 oder 5 eine Aufzeichnung nicht, nicht richtig oder nicht vollständig führt oder eine Aufzeichnung nicht oder nicht mindestens drei Jahre aufbewahrt,
8. entgegen § 14 Abs. 1 bis 4 Betäubungsmittel nicht vorschriftsmäßig kennzeichnet,
9. einer vollziehbaren Anordnung nach § 15 Satz 2 zuwiderhandelt,
10. entgegen § 16 Abs. 1 Betäubungsmittel nicht vorschriftsmäßig vernichtet, eine Niederschrift nicht fertigt oder sie nicht aufbewahrt oder entgegen § 16 Abs. 2 Satz 1 Betäubungsmittel nicht zur Vernichtung einsendet, jeweils auch in Verbindung mit § 16 Abs. 3,
11. entgegen § 17 Abs. 1 oder 2 Aufzeichnungen nicht, nicht richtig oder nicht vollständig führt oder entgegen § 17 Abs. 3 Aufzeichnungen oder Rechnungsdurchschriften nicht aufbewahrt,

12. entgegen § 18 Abs. 1 bis 3 Meldungen nicht richtig, nicht vollständig oder nicht rechtzeitig erstattet,
13. entgegen § 24 Abs. 1 einer Duldungs- oder Mitwirkungspflicht nicht nachkommt,
14. entgegen § 24a den Anbau von Nutzhanf nicht, nicht richtig, nicht vollständig oder nicht rechtzeitig anzeigt, oder
15. Betäubungsmittel in eine Postsendung einlegt, obwohl diese Versendung durch den Weltpostvertrag oder ein Abkommen des Weltpostvereins verboten ist; das Postgeheimnis gemäß Artikel 10 Abs. 1 des Grundgesetzes wird insoweit für die Verfolgung und Ahndung der Ordnungswidrigkeit eingeschränkt.

(2) Die Ordnungswidrigkeit kann mit einer Geldbuße bis zu fünfundzwanzigtausend Euro geahndet werden.

(3) Verwaltungsbehörde im Sinne des § 36 Abs. 1 Nr. 1 des Gesetzes über Ordnungswidrigkeiten ist das Bundesinstitut für Arzneimittel und Medizinprodukte, soweit das Gesetz von ihm ausgeführt wird, im Falle des § 32 Abs. 1 Nr. 14 die Bundesanstalt für Landwirtschaft und Ernährung.

Übersicht

	Rn.
A. Allgemeines	1
B. Die einzelnen Regelungen	3
I. Tatbestand	3
1. Verletzung von Anzeigepflichten (Nr. 1)	4
2. Unrichtige Angaben oder Unterlagen (Nr. 2)	5
3. Mitteilung von Änderungen (Nr. 3)	6
4. Vollziehbare Auflagen im Rahmen der Erlaubnis (Nr. 4)	7
5. Genehmigung für die Einfuhr oder Ausfuhr (Nr. 5)	9
6. Verstoß gegen Rechtsverordnungen (Nr. 6)	10
7. Abgabe und Erwerb (Nr. 7)	13
7a. Anfrage des Arztes vor dem Überlassen von Betäubungsmitteln an ambulante Palliativpatienten (Nr. 7a)	14
7b. Aufzeichnungen von Arzt und Apotheker beim Überlassen von Betäubungsmitteln an ambulante Palliativpatienten (Nr. 7b)	15
8. Kennzeichnung (Nr. 8)	16
9. Vollziehbare Anordnungen zur Sicherung (Nr. 9)	17
10. Vernichtung (Nr. 10)	18
11. Aufzeichnungen über Zu- und Abgänge (Nr. 11)	19
12. Meldungen der Mengen (Nr. 12)	20
13. Duldungs- und Mitwirkungspflichten (Nr. 13)	21
14. Nutzhanf (Nr. 14)	23
15. Weltpostvertrag (Nr. 15)	25
II. Schuld	28
C. Geldbuße	29
D. Bußgeldbehörde	30

A. Allgemeines

Die Vorschrift fasst die Zuwiderhandlungen zusammen, die das BtMG als Verwaltungsunrecht betrachtet, und stuft sie als **Ordnungswidrigkeiten** ein. Es sind Verstöße gegen staatliche Ge- und Verbote, die überwiegend die Interessen der Verwaltung an einer reibungslosen Überwachung des Betäubungsmittelverkehrs berühren, aber kein ethisch vorwerfbares und damit strafwürdiges Unrecht enthalten (*Joachimski/Haumer* BtMG Rn. 1; stRspr, zuletzt BVerfG NJW 2016, 3648 für das

Ordnungswidrigkeitenrecht allgemein). Einzelheiten zum Recht der Ordnungswidrigkeiten → AMG § 97 Rn. 1–16, 23–24.

2 § 32 gilt nur für den **legalen** (erlaubten oder erlaubnisfreien) **Betäubungsmittelverkehr** (*Franke/Wienroeder* Rn. 1; *Winkler* in Hügel/Junge/Lander/Winkler Rn. 1) sowie seit 1.4.2000 auch für die Überwachung der **Mindeststandards** in Drogenkonsumräumen.

B. Die einzelnen Regelungen (Absatz 1)

3 **I. Tatbestand.** Das Gesetz greift bestimmte Handlungen oder Unterlassungen heraus, die es zu einer Ordnungswidrigkeit ausgestaltet:

4 **1. Verletzung der Anzeigepflicht (Nr. 1).** Die Vorschrift richtet sich gegen die Betreiber von Apotheken und tierärztlichen Hausapotheken, die am Betäubungsmittelverkehr teilnehmen, bevor sie dies nach § 4 Abs. 3 angezeigt haben. Nicht bewehrt ist die unvollständige oder unrichtige Anzeige (*Patzak* in Körner/Patzak/Volkmer Rn. 7; *Kotz/Oğlakcıoğlu* in MüKoStGB Rn. 6; *Malek* BtMStrafR Kap. 6 Rn. 4; aA *Joachimski/Haumer* BtMG Rn. 2). Nicht abgewartet werden muss eine Eingangsbestätigung des BfArM (*Malek* BtMStrafR Kap. 6 Rn. 4).

5 **2. Unrichtige Angaben oder Unterlagen (Nr. 2).** Der Tatbestand ist erfüllt, wenn die nach § 7, auch in Verbindung mit § 10a Abs. 3 (Antrag auf Zulassung eines **Drogenkonsumraums**) oder § 13 Abs. 3 S. 2 (Antrag auf Zulassung einer **Einrichtung** zur diamorphingestützte Substitutionsbehandlung), erforderlichen Angaben **objektiv** unrichtig sind (*Joachimski/Haumer* BtMG Rn. 3); unrichtig sind auch unvollständige oder irreführende Angaben (*Malek* BtMStrafR Kap. 6 Rn. 5). Die subjektiven Vorstellungen des Betroffenen sind eine Frage der Schuld (*Malek* BtMStrafR Kap. 6 Rn. 5; *Joachimski/Haumer* BtMG Rn. 3).

6 **3. Unrichtige, unvollständige oder verspätete Mitteilung von Änderungen (Nr. 3).** Die Vorschrift bezieht sich nur auf die in § 8 Abs. 3 S. 1 genannten Änderungen. Unverzüglich bedeutet ohne schuldhaftes Zögern (*Patzak* in Körner/Patzak/Volkmer Rn. 15). Unterlässt es der Betroffene, nach § 8 Abs. 3 S. 2 eine neue Erlaubnis zu beantragen, so macht er sich nach § 29 strafbar (Hügel/Junge/Lander/Winkler Rn. 4; *Malek* BtMStrafR Kap. 6 Rn. 6; *Joachimski/Haumer* BtMG Rn. 4). Dies gilt auch, wenn dies in Verbindung mit dem Betrieb eines **Drogenkonsumraums** geschieht (§ 10a Abs. 3; *Patzak* in Körner/Patzak/Volkmer Rn. 13). Obwohl § 8 Abs. 3 S. 1 auch für Einrichtungen zur **diamorphingestützten Substitutionsbehandlung** gilt (§ 13 Abs. 3 S. 3), ist diese Vorschrift nicht in Bezug genommen, so dass entsprechende **Verstöße nicht bußgeldbewehrt** sind. Ein sachlicher Grund hierfür ist nicht erkennbar. Es dürfte sich um ein offensichtliches Redaktionsversehen handeln.

7 **4. Vollziehbare Auflagen im Rahmen der Erlaubnis (Nr. 4).** Eine Auflage nach § 9 Abs. 2 ist vollziehbar, wenn sie bestandskräftig ist oder wenn das BfArM sie für sofort vollziehbar erklärt hat (§ 36 Abs. 2 Nr. 4 VwVfG). Aus dem Kreis der nach § 9 Abs. 2 möglichen Nebenbestimmungen greift Nr. 4 nur die Auflagen heraus. Bei einem Verstoß gegen eine Befristung handelt der Betroffene unerlaubt und macht sich nach § 29 strafbar; dasselbe gilt bei Bedingungen (*Patzak* in Körner/Patzak/Volkmer Rn. 16, 17; *Malek* BtMStrafR Kap. 6 Rn. 7).

8 Die Vorschrift greift auch dann ein, wenn eine mit einer Erlaubnis nach § 10a **(Drogenkonsumraum)** verbundene Auflage verletzt wird (→ § 10a Rn. 149). Beim Verstoß gegen eine Bedingung oder Befristung liegt ein Handeln außerhalb einer Erlaubnis vor, so dass § 29 Abs. 1 S. 2 Nr. 11 in Betracht kommt (→ § 10a Rn. 132). Dieselbe **Ungereimtheit** wie bei der Nr. 3 (→ Rn. 6) ergibt sich bei den Einrichtungen zur **diamorphingestützten Substitutionsbehandlung;** bei ihnen sind **Verstöße** gegen den ebenfalls für sie geltenden § 9 Abs. 2 (§ 13 Abs. 3 S. 3) **nicht bußgeldbewehrt.**

5. Genehmigung für die Ein- oder Ausfuhr (Nr. 5). Die Vorschrift soll sicherstellen, dass die Ein- oder Ausfuhrgenehmigung **vor** dem genehmigungspflichtigen Vorgang eingeholt wird (*Patzak* in Körner/Patzak/Volkmer Rn. 18; *Kotz/Oğlakcıoğlu* in MüKoStGB Rn. 12). Täter der Ordnungswidrigkeit kann nur der Erlaubnisinhaber sein. Fehlt die Erlaubnis, ist sie abgelaufen oder unwirksam, so ist der Betroffene nach § 29 strafbar (*Patzak* in Körner/Patzak/Volkmer Rn. 19; *Kotz/Oğlakcıoğlu* in MüKoStGB Rn. 12). Beim Zusammentreffen mit einer Straftat (§ 29) tritt die Ordnungswidrigkeit zurück (§ 21 Abs. 1 OWiG). 9

6. Verstoß gegen Rechtsverordnungen (Nr. 6). Die Vorschrift enthält ein 10
Blankett für Zuwiderhandlungen gegen die auf Grund des BtMG erlassenen Rechtsverordnungen, soweit diese für einen bestimmten Tatbestand auf § 32 Abs. 1 Nr. 6 verweisen. Die in der Vorschrift angewandte **Rückverweisungstechnik** wurde bisher auch unter verfassungsrechtlichen Gesichtspunkten als zulässig angesehen (zuletzt BGH NJW 2016, 1251 = NStZ 2016, 481 = PharmR 2016, 86 = A&R 2016, 96; zum Streitstand *Hoven* NStZ 2016, 377). Dagegen spricht nun die Entscheidung des BVerfG v. 21.9.2016 (NJW 2016, 3648 mAnm *Hecker* und Bespr. *Cornelius* NStZ 2017, 682 = JR 2018, 461 m. Bespr. *Brand/Kratzer* JR 2018, 422 – RiFlEtikettG), mittlerweile aber relativiert durch BVerfG Beschl. v. 11.3.2020 (BeckRS 2020, 522); dazu → AMG Vor § 95 Rn. 4, 12. Gegebenenfalls ist eine Klärung durch ein **konkretes Normenkontrollverfahren** (Art. 100 Abs. 1 GG) herbeizuführen.

Derzeit wird das **Blankett** wie folgt **ausgefüllt:** 11
– hinsichtlich § 11 Abs. 2 Nr. 4 durch § 16 BtMAHV
– hinsichtlich § 12 Abs. 4 durch § 7 BtMBinHV
– hinsichtlich § 13 Abs. 3 Nr. 2, 3, 4 durch § 17 BtMVV.

Nicht ausgefüllt wurde das Blankett bislang durch eine Rechtsverordnung zu § 20 Abs. 1 und § 28 Abs. 2.

Während § 32 Abs. 1 Nr. 6 hinsichtlich § 12 umfassend auf dessen Absatz 4 verweist, ist die Verweisung bei den §§ 11, 13 insofern unvollkommen, als die Grundnormen (§ 11 Abs. 2 S. 1; § 13 Abs. 3 S. 1) nicht in Bezug genommen sind. Die Möglichkeiten **zur Bewehrung** sind danach enger als die Möglichkeiten **zur Regelung,** die dem Verordnungsgeber nach den jeweiligen Grundnormen zur Verfügung stehen (*Katholnigg* GA 1999, 500 (502)). Ob dies gewollt ist, muss mit Blick auf die umfassende Bewehrung des § 12 Abs. 4 bezweifelt werden. Die Lücke beruht wohl eher auf der Gesetzestechnik und ist eine unbeabsichtigte Folge der Erhebung des Verstoßes gegen § 11 Abs. 2 S. 2 Nr. 1, § 13 Abs. 3 S. 2 Nr. 1 zur Straftat (§ 29 Abs. 1 S. 2 Nr. 14). Die in § 16 BtMAHV enthaltenen Bewehrungen dürften allerdings noch auf § 11 Abs. 2 S. 2 Nr. 4 gestützt werden können, zumal sich auch aus § 12 Abs. 4 entnehmen lässt, dass der Gesetzgeber das Wesentliche des jeweiligen Verfahrens in der **Verwendung** der amtlichen Formblätter gesehen hat. Ähnliches gilt für § 17 BtMVV, wobei dort allerdings Lücken bleiben (s. dort). Soweit die dort geregelten Bewehrungen die Substitution betreffen, kommt als Grundlage auch noch § 13 Abs. 3 S. 2 Nr. 3, 4 in Betracht. 12

7. Abgabe; Meldung von Abgabe und Erwerb (Nr. 7). Die Vorschrift gilt 13
für den legalen Betäubungsmittelverkehr von Erlaubnisinhabern (*Patzak* in Körner/Patzak/Volkmer Rn. 38). Soweit sie auf § 12 Abs. 1 verweist, hat sie praktisch keinen eigenen Anwendungsbereich (*Joachimski/Haumer* BtMG Rn. 8; Hügel/Junge/Lander/Winkler Rn. 8). Da die Erlaubnis zur Abgabe, Veräußerung oder zum Handeltreiben nur die Abgabe an Empfänger umfasst, die ihrerseits erlaubt handeln (→ § 3 Rn. 11), wird § 32 Abs. 1 Nr. 7 regelmäßig durch § 29 Abs. 1 S. 1

Nr. 1, 7, Abs. 4 verdrängt (§ 21 Abs. 1 OWiG). Im Übrigen will die Vorschrift die Erfüllung der Meldepflicht des § 12 Abs. 2 sicherstellen.

14 **7a. Anfrage des Arztes vor dem Überlassen von Betäubungsmitteln an ambulante Palliativpatienten (Nr. 7a).** Mit der Vorschrift soll sichergestellt werden, dass das Überlassen von Betäubungsmitteln an ambulant versorgte Palliativpatienten durch den Arzt nur in Betracht kommt, wenn der Bedarf durch eine Verschreibung (und Abgabe durch die Apotheke) nicht rechtzeitig gedeckt werden kann.

15 **7b. Aufzeichnungen von Arzt und Apotheker beim Überlassen von Betäubungsmitteln an ambulante Palliativpatienten (Nr. 7b).** Mit der Vorschrift soll die Erfüllung der Dokumentationspflichten sichergestellt werden, die Arzt und Apotheker im Rahmen der Überlassung von Betäubungsmitteln an ambulant versorgte Palliativpatienten obliegen.

16 **8. Kennzeichnung (Nr. 8).** Die Vorschrift dient in erster Linie dem Schutz vor Verwechslungen und Fehlern. Erfasst wird jegliches vorschriftswidrige Verhalten und damit auch die unvollständige, irreführende, nicht in deutscher Sprache gehaltene, unleserliche oder nicht dauerhafte Kennzeichnung (Hügel/Junge/Lander/Winkler Rn. 9; *Malek* BtMStrafR Kap. 6 Rn. 13). Die illegale Werbung (§ 14 Abs. 5) ist eine Straftat nach § 29 Abs. 1 S. 1 Nr. 8.

17 **9. Vollziehbare Anordnungen zur Sicherung von Betäubungsmitteln (Nr. 9).** Nur die vollziehbaren Anordnungen nach § 15 S. 2 sind nach Nr. 9 mit Geldbuße bewehrt. Nicht dazu gehören die von den Kontrollpersonen nach § 22 Abs. 1 erlassenen vorläufigen Anordnungen, auch wenn deren sofortiger Vollzug angeordnet wurde (*Kotz/Oğlakcıoğlu* in MüKoStGB Rn. 24; *Malek* BtMStrafR Kap. 6 Rn. 14; aA *Joachimski/Haumer* BtMG Rn. 10); zu diesen Anordnungen s. § 32 Abs. 1 Nr. 13 (→ Rn. 21, 22).

18 **10. Vernichtung (Nr. 10).** Die Vorschrift erfasst Handlungen mit sehr unterschiedlichem Unrechtsgehalt. Durch die Vernichtung soll das Betäubungsmittel in einen Zustand versetzt werden, der jegliche Wiederverwendung ausschließt (*Malek* BtMStrafR Kap. 6 Rn. 15; Hügel/Junge/Lander/Winkler Rn. 11). Nr. 10 erfasst den Eigentümer, der die Vernichtung unterlässt (*Malek* BtMStrafR Kap. 6 Rn. 15) oder nicht sicher ausführt. Dasselbe gilt für den Eigentümer, der die Betäubungsmittel auf Aufforderung der zuständigen Behörde nicht zur Vernichtung einsendet. Bewehrt sind aber auch formale Verstöße (keine Zuziehung von Zeugen; Niederschriften).

19 **11. Aufzeichnungen über Zugänge und Abgänge (Nr. 11).** Die Vorschrift bewehrt § 17. Sie wendet sich nur an die Erlaubnisinhaber nach § 3, nicht aber an die von der Erlaubnispflicht befreiten Personen. Die Pflichten der Apotheker und anderen von der Erlaubnispflicht ausgenommenen Personen (§ 4) ergeben sich aus der BtMVV (§§ 13, 14, 17 Nr. 9), so dass insoweit die Nr. 6 in Betracht kommt (*Patzak* in Körner/Patzak/Volkmer Rn. 54).

20 **12. Meldungen der Mengen (Nr. 12).** Die Vorschrift bewehrt § 18. Sie wendet sich an die Erlaubnisinhaber nach § 3, die regelmäßig Meldungen über die Mengen der Betäubungsmittel erstatten müssen, mit denen sie umgehen. Die Meldung ist nur dann rechtzeitig, wenn sie zum vorgeschriebenen Termin beim BfArM eingeht (*Malek* BtMStrafR Kap. 6 Rn. 17; *Joachimski/Haumer* BtMG Rn. 10).

21 **13. Duldungs- und Mitwirkungspflichten (Nr. 13).** Die Vorschrift bewehrt § 24 Abs. 1, wonach den Teilnehmern am Betäubungsmittelverkehr und Herstellern ausgenommener Zubereitungen bestimmte Duldungs- und Mitwirkungspflichten gegenüber den Überwachungsbehörden obliegen. Die Befugnis dieser Behörden, ihre Anordnungen mit Verwaltungszwang durchzusetzen, bleibt davon unberührt. Zu den Teilnehmern am Betäubungsmittelverkehr gehören auch die

pharmazeutischen Unternehmer im Falle der Abgabe von Diamorphin (§ 19 Abs. 1 S. 3).

§ 32 Abs. 1 Nr. 13 gilt auch für die Überwachung der Einhaltung der in § 10a aufgeführten Mindeststandards für **Drogenkonsumräume** durch die zuständigen Behörden der Länder (*Kotz/Oğlakcıoğlu* in MüKoStGB Rn. 28; zw. Hügel/Junge/Lander/Winkler Rn. 14). Nach § 19 Abs. 1 S. 4 stehen diesen Behörden dazu die in § 24 geregelten Befugnisse zu. Da die Überwachung der Einhaltung der Mindeststandards nicht anders behandelt werden sollte als die des Betäubungsmittelverkehrs (BT-Drs. 14/2345, 11), gilt dies auch für die Bewehrung. Ob dies auch für die Einrichtungen zur **diamorphingestützten Substitutionsbehandlung** gelten kann, ist zweifelhaft. 22

14. Nutzhanf (Nr. 14). Nach dem durch Gesetz v. 4.4.1996 (BGBl. I S. 582) eingeführten § 24a ist der Anbau von Nutzhanf bis zum 1.7. des Anbaujahres der BLE anzuzeigen. Für die Anzeige sind bestimmte Formvorschriften vorgesehen. Die Zuwiderhandlung gegen § 24a ist nach Nr. 14 bewehrt, wobei auch formale Verstöße mit Geldbuße geahndet werden können. 23

Die Vorschrift gilt nur für **bestimmte Unternehmen** (→ § 24a Rn. 16–24). Inhaber anderer Betriebe oder andere Personen machen sich nach § 29 Abs. 1 S. 1 Nr. 1 strafbar (BR-Drs. 899/95, 5; *Patzak* in Körner/Patzak/Volkmer Rn. 60; *Kotz/Oğlakcıoğlu* in MüKoStGB Rn. 29). Auch Unternehmen der Landwirtschaft machen sich nach dieser Vorschrift strafbar, wenn sie die für den Nutzhanf geltenden Grenzen nicht einhalten, zB Hanf aus nicht zertifiziertem Saatgut anbauen (→ § 24a Rn. 25; *Patzak* in Körner/Patzak/Volkmer Rn. 60; *Kotz/Oğlakcıoğlu* in MüKoStGB Rn. 29). 24

15. Weltpostvertrag (Nr. 15). Die Vorschrift bewehrt Art. 25 Nr. 2.1 des Weltpostvertrags v. 15.9.1999 (G v. 18.6.2002 (BGBl. II S. 1446 (1470))), für Deutschland in Kraft in seit 8.11.2002 (BGBl. 2003 II S. 327). Danach ist der **internationale Versand** von Betäubungs- und Rauschmitteln sowie von psychotropen Stoffen in Sendungen jeglicher Art verboten. (Hügel/Junge/Lander/Winkler Rn. 16). Eine Möglichkeit, Betäubungsmittel auch in Wertbriefen zu medizinischen oder wissenschaftlichen Zwecken zu versenden, besteht nicht (Hügel/Junge/Lander/Winkler Rn. 16). Das Zitat Art. 19 Buchst. a Ziffer 2 des Postpaketübereinkommens (*Kotz/Oğlakcıoğlu* in MüKoStGB Rn. 30) dürfte überholt sein. 25

Für die Versendung von sichergestellten Betäubungsmitteln **innerhalb der EU** gilt der Beschluss des Rates v. 28.5.2001 über die Übermittlung von Proben kontrollierter Stoffe (ABl. L 150, S. 1). Die Übermittlung erfolgt durch Nationale Kontaktstellen (in Deutschland: BfArM, Bundesopiumstelle). Zum Ganzen Hügel/Junge/Lander/Winkler Rn. 16. 26

Der **innerdeutsche Postverkehr** wird von der Vorschrift nicht erfasst (*Patzak* in Körner/Patzak/Volkmer Rn. 63; *Malek* BtMStrafR Kap. 6 Rn. 20). Die Beförderung von Betäubungsmitteln mit der Post muss lediglich im Einklang mit dem BtMG stehen. Der legale Betäubungsmittelverkehr auf dem Postweg ist daher straf- und ahndungsfrei (*Patzak* in Körner/Patzak/Volkmer Rn. 63). Ordnungswidrig ist nur die Versendung aus dem Inland in das Ausland und umgekehrt (§ 4 Abs. 2 OWiG). Die Durchfuhr mit der Post entgegen § 11 Abs. 1 S. 2 ist eine Straftat nach § 29 Abs. 1 S. 1 Nr. 5. 27

II. Schuld. § 32 Abs. 1 umfasst sowohl das vorsätzliche wie das fahrlässige Handeln. Allerdings beträgt das Höchstmaß der Geldbuße in den Fällen der Fahrlässigkeit nur die Hälfte des für vorsätzliches Handeln angedrohten Betrags (§ 17 Abs. 2 OWiG). 28

C. Geldbuße (Absatz 2)

29 Die Höhe der Geldbuße reicht von 5,00 EUR (§ 17 Abs. 1 OWiG) bis zu 25.000 EUR (§ 32 Abs. 2), in den Fällen der Fahrlässigkeit bis zu 12.500 EUR (§ 17 Abs. 2 OWiG). Zur Einziehung s. § 33 BtMG, § 23 OWiG.

D. Bußgeldbehörde (Absatz 3)

30 **Bußgeldbehörde** ist das BfArM, soweit das Gesetz von ihm ausgeführt wird, in den Fällen des § 32 Abs. 1 Nr. 14 die BLE. In den Fällen des § 19 Abs. 1 S. 3 sind die obersten Landesbehörden zur Durchführung des Bußgeldverfahrens zuständig, soweit die Länder nicht von der Ermächtigung des § 36 Abs. 2 OWiG zur Delegation Gebrauch gemacht haben. Dies gilt auch für die Überwachung der Mindeststandards bei der Einrichtung und dem Betrieb von Drogenkonsumräumen (§ 19 Abs. 1 S. 4).

E. Verjährung

31 Die Verfolgung der vorsätzlichen Ordnungswidrigkeit verjährt in drei Jahren, die der fahrlässigen in zwei Jahren (§ 31 Abs. 2 Nr. 1, 2 OWiG).

§ 33 Einziehung

[1]**Gegenstände, auf die sich eine Straftat nach den §§ 29 bis 30a oder eine Ordnungswidrigkeit nach § 32 bezieht, können eingezogen werden.** [2]**§ 74a des Strafgesetzbuches und § 23 des Gesetzes über Ordnungswidrigkeiten sind anzuwenden.**

Übersicht

	Rn.
Vorbemerkung	1
A. Inhalt und Stellung des § 33	1
B. Völkerrechtliche Grundlage, Unionsrecht	2
C. Abschöpfung von Verbrechensgewinnen	5
Kapitel 1. Das Gesetz v. 13.4.2017 zur Reform der strafrechtlichen Vermögensabschöpfung	11
A. Inhalt	12
B. Inkrafttreten, Geltung auch für Altverfahren, Verjährung	14
Kapitel 2. Die Vermögensabschöpfung in Betäubungsmittelsachen	17
A. Das eigene Gepräge der Betäubungsmittelsachen	17
B. Feststellung des Subjekts des Verfahrens	18
Kapitel 3. Einziehung von Taterträgen (§§ 73–73e StGB)	19
Abschnitt 1. Allgemeines	19
A. Rechtsnatur	19
I. Die Einziehung von Taterträgen	20
II. Die erweiterte Einziehung von Taterträgen	22
B. Formen der Einziehung von Taterträgen (Übersicht)	23
Abschnitt 2. Die Einziehung von Taterträgen bei Tätern oder Teilnehmern (§ 73 StGB)	24
A. Voraussetzungen	24
I. Anknüpfungstat	25
II. Tatbeteiligter	29
III. Gegenstand der Einziehung von Taterträgen („etwas")	32

			Rn.
1.	Das Erlangte		33
	a)	Etwas (§ 73 Abs. 1 StGB)	36
	b)	Die Beschränkung des Bruttoprinzips; Anwendungsbereich des § 73 d Abs. 1 StGB	38
		aa) Der Abzug von Aufwendungen nach Satz 1	39
		(a) Aufwendungen des Täters, Teilnehmer oder anderen	40
		(b) Umfang der Abzugsfähigkeit	41
		bb) Das Abzugsverbot des Satzes 2	44
		(a) Für die Tat	45
		(b) Für die Vorbereitung der Tat	48
		(c) Betäubungsmittelstraftaten	49
		cc) Verwirklichung des Abzugsanspruchs	51
	c)	Die Vermögensverschiebungen im Einzelnen	52
		aa) Erlöse, Honorare, Gewinnbeteiligungen, Belohnungen	56
		bb) Gebrauchs- oder sonstige wirtschaftliche Vorteile, ersparte Aufwendungen	60
		cc) Erstattung von Auslagen, Spesen	62
		dd) Befreiung von Verbindlichkeiten	64
		ee) Besitzpositionen, faktische Verfügungsgewalt	65
		(a) Verkäufer	66
		(b) Kurier	67
		(c) Zwischenhändler, Kommissionär	70
		(d) Handelskette	71
		ff) Erzielbare Vermögenszuwächse	72
		gg) Betäubungsmittel	73
		(a) Erlangen durch die Tat	74
		(b) Erlangen für die Tat	76
		hh) Steuern	77
	b)	Erlangt	79
		aa) Grundsatz	80
		bb) Mehrere Tatbeteiligte, Mittäterschaft	85
		(a) Grundsätze, Gesamtschuldnerschaft	86
		(b) Handelskette	92
	c)	(Keine) Unmittelbarkeit	93
2.	Nutzungen, Surrogate		95
	a)	Nutzungen (§ 73 Abs. 2 S. 1 StGB)	96
	b)	Surrogate (§ 73 Abs. 2 S. 2 StGB)	97
IV.	Eigentum/Inhaberschaft		99
V.	Ansprüche des Verletzten		101
B. Schätzung (§ 73 d Abs. 2 StGB)			102
C. Härteklausel, Unterbleiben der Vollstreckung (§ 458 g Abs. 5 StPO)			103
D. Anordnung			107
E. Strafzumessung			111
F. Bezeichnung der Einziehungsgegenstände im Urteil			114
G. Wirkung (§ 75 StGB)			115
I.	Der Übergang des Eigentums oder des Rechts (Absatz 1)		116
	1. Der Übergang nach Satz 1		119
	a)	Die Wirkung bei Eigentümern/Inhabern (Nr. 1)	120
		aa) Geld	123
		bb) Betäubungsmittel	128
		cc) Vermittler	131
	b)	Die Wirkung bei Dritten (Nr. 2)	132
		aa) Gewährt	134
		bb) Für die Tat	135
		cc) Für andere Zwecke in Kenntnis der Tatumstände	136
	2. Der Übergang nach Satz 2		138
II.	Die Rechte Dritter (Absatz 2)		139

	Rn.
III. Veräußerungsverbot (Absatz 3)	141
IV. Verhältnis zur Insolvenz (Absatz 4)	143
H. Einziehung des Wertes von Taterträgen	144
I. Vollstreckung, Unterbleiben der Vollstreckung (§ 459g StPO)	145
J. Beschlagnahme zur Sicherung der Einziehung (§ 111b StPO)	151
K. Vereinfachung und Beschleunigung des Verfahrens	152
I. Absehen von der Einziehung (§ 421 StPO)	153
1. Geringer Wert (Absatz 1 Nr. 1)	154
2. Nicht ins Gewicht fallen (Absatz 1 Nr. 2)	155
3. Unangemessener Aufwand, unangemessene Erschwerung (Absatz 1 Nr. 3)	156
4. Wiedereinbeziehung (Absatz 2)	157
5. Beschränkung im Ermittlungsverfahren (Absatz 3)	158
II. Abtrennung der Einziehung (§§ 422, 423 StPO)	159

Abschnitt 3. Erweiterte Einziehung von Taterträgen bei Tätern oder Teilnehmern (§ 73a StGB) ... 163

A. Zweck	163
B. Inhalt; Subsidiarität	165
C. Anknüpfungstat	170
D. Erwerbstat (Herkunftstat)	173
I. Anforderungen	174
II. Beweisanforderungen	176
III. Nicht verfolgbare Erwerbstat, Verjährung (§ 76b StGB)	182
E. Einziehungsgegenstand	184
I. Beschränkung des Bruttoprinzips (§ 73d Abs. 1 StGB)	185
II. Unmittelbarkeit	186
III. Nutzungen, Surrogate	187
F. Schätzung (§ 73d Abs. 2 StGB)	188
G. Eigentum/Inhaberschaft	189
H. Härteklausel; Wegfall der Bereicherung	190
I. Mehrfacher Zugriff	191
J. Anordnung	192
K. Strafzumessung	194
L. Bezeichnung der Einziehungsgegenstände im Urteil	195
M. Wirkung (§ 75 StGB)	196
N. Einziehung des Wertes von Taterträgen	199
O. Vollstreckung, Unterbleiben der Vollstreckung (§ 459g Abs. 5 StPO)	200
P. Beschlagnahme (§ 111b StPO)	201
Q. Vereinfachung und Beschleunigung des Verfahrens (§§ 421–423 StPO)	202

Abschnitt 4. Einziehung von Taterträgen bei anderen (§ 73b StGB) ... 203

A. Ausgangspunkt	203
B. Voraussetzungen, Gegenstände	205
I. Die Drittbegünstigung	207
1. Die Regelfälle der Drittbegünstigung (Satz 1)	208
a) Vertretungsfälle (Nr. 1)	209
b) Verschiebungsfälle (Nr. 2)	212
aa) Unentgeltliche oder rechtsgrundlose Übertragung (Buchst. a)	213
bb) Übertragung an bösgläubigen Drittempfänger (Buchst. b)	214
c) Erwerb von Todes wegen (Nr. 3)	216
2. Ausnahmen (Satz 2)	217
II. Wertersatz, Nutzungen (Absatz 2)	218
III. Surrogate (Absatz 3)	220
IV. Beschränkung des Bruttoprinzips (§ 73d Abs. 1 StGB)	221
C. Schätzung (§ 73d Abs. 2 StGB)	222
D. Eigentum/Inhaberschaft	223

		Rn.

E. Härteklausel; Wegfall der Bereicherung (§ 73e Abs. 2 StGB) 224
F. Mehrfacher Zugriff 227
G. Anordnung 228
H. Strafzumessung 230
I. Bezeichnung der Einziehungsgegenstände im Urteil 231
J. Wirkung (§ 75 StGB) 232
K. Einziehung des Wertes von Taterträgen 234
L. Vollstreckung, Unterbleiben der Vollstreckung 235
M. Beschlagnahme (§ 111b StPO) 236
N. Vereinfachung und Beschleunigung des Verfahrens (§§ 421–423 StPO) 237

Abschnitt 5. Einziehung des Wertes von Taterträgen (§ 73c StGB)
A. Zweck, Bedeutung 238
B. Ohne Einziehung keine Einziehung des Wertes 239
C. Entstehungsgründe 241
    I. Unmöglichkeit der Einziehung eines Gegenstandes 242
       1. Beschaffenheit des Erlangten 244
       2. Anderer Grund 245
    II. Absehen von der Einziehung eines Surrogats 246
    III. Wertdifferenz 248
D. Schätzung (§ 73d Abs. 2 StGB) 249
E. Härteklausel; Wegfall der Bereicherung 250
F. Mehrfacher Zugriff 251
G. Anordnung 252
    I. Keine Einschränkung des Bruttoprinzips (§ 73d Abs. 1 S. 2 StGB) 253
    II. Einschränkung des Bruttoprinzips (§ 73d Abs. 1 S. 1 StGB) . . . 255
    III. Strafzumessung 256
H. Wirkung 257
I. Vollstreckung, Unterbleiben der Vollstreckung (§ 459g Abs. 5 StPO) 258
J. Vermögensarrest (§ 111e StPO) 261
K. Nachträgliche Anordnung (§ 76 StGB) 263

Abschnitt 6. Schätzung (§ 73d Abs. 2 StGB) 264
A. Geltungsbereich 264
B. Einziehung von Taterträgen 265
    I. Gegenstand 266
    II. Vorgang 269
C. Einziehung des Wertes von Taterträgen 273

Abschnitt 7. Unterbleiben der Vollstreckung (§ 459g Abs. 5 StPO) 275
A. Ausgangspunkt 275
B. Der Wegfall der Bereicherung (§ 459g Abs. 5 S. 1 Alt. 1 StPO) 277
    I. Feststellung, ob/inwieweit der Wert des Erlangten noch vorhanden ist 279
    II. Der Wert ist noch vorhanden 287
    III. Der Wert ist nicht mehr vorhanden 288
C. Die sonstige Unverhältnismäßigkeit der Vollstreckung (§ 459g Abs. 5 S. 1 Alt. 2 StPO) 289
D. Zahlungserleichterungen (§ 459g Abs. 2, § 459a StPO) 296

Kapitel 4. Einziehung von Tatprodukten, Tatmitteln und Tatobjekten (§§ 74–75 StGB, § 33 BtMG) 297

Abschnitt 1. Allgemeines 297
A. Das Gesetz v. 13.4.2017 297
B. Rechtsnatur 298
C. Ermessen, Verhältnismäßigkeit 300
D. Verhältnis zur Einziehung von Taterträgen 302
E. Formen 303

BtMG § 33 Sechster Abschnitt. Straftaten und Ordnungswidrigkeiten

Rn.

Abschnitt 2. Einziehung von Tatprodukten, Tatmitteln und Tatobjekten bei Tätern oder Teilnehmern (§ 74 StGB) 304
- A. Anknüpfungstat 306
- B. Gegenstände der Einziehung 308
  - I. Tatprodukte 310
  - II. Tatmittel 313
    1. Gebraucht worden oder bestimmt gewesen 314
       - a) Geld 315
       - b) Betäubungsmittel 320
       - c) Andere Tatmittel 321
    2. Stadium der Tat 322
    3. Förderung 324
       - a) Unmittelbare Förderung 326
       - b) Mittelbare Förderung 328
    4. Auch andere Zwecke 330
  - III. Tatobjekte 331
  - IV. Identität der Gegenstände 332
- C. Eigentum/Inhaberschaft 333
  - I. Anwendung des bürgerlichen Rechts 336
  - II. Vorbehaltseigentum, Sicherungseigentum 340
  - III. Miteigentum 342
- D. Einziehung des Wertes der Tatprodukte oder Tatmittel ... 344
- E. Verhältnismäßigkeit 345
- F. Anordnung, Ermessen 346
- G. Bezeichnung der Einziehungsgegenstände im Urteil 347
- H. Strafzumessung 348
- I. Wirkung (§ 75 StGB) 350
  - I. Eigentum/Inhaberschaft 352
  - II. Kein(e)Eigentum/Inhaberschaft 353
  - III. Rechte Dritter 355
  - IV. Veräußerungsverbot 356
- J. Vollstreckung (§ 459g StPO) 357
- K. Beschlagnahme zur Sicherung der Einziehung (§ 111b StPO) ... 358
- L. Absehen von der Einziehung (§ 421 StPO) 359

Abschnitt 3. Die Einziehung von Tatprodukten, Tatmitteln oder Tatobjekten bei anderen (§ 74a StGB) 360
- A. Verweisung 360
- B. Voraussetzungen 361
  - I. Beitrag des Eigentümers oder Inhabers (Nr. 1) 362
  - II. Erwerb in verwerflicher Weise (Nr. 2) 364
- C. Verfahren, Anordnung, Ermessen 365
- D. Wirkung 367
- E. Vollstreckung, Beschlagnahme, Absehen von der Einziehung ... 368

Abschnitt 4. Die Sicherungseinziehung (§ 74b StGB) 369
- A. Anknüpfungstat 370
- B. Einziehungsobjekte 371
- C. Gefährliche Gegenstände 372
  - I. Art- und umständebedingte Gefährlichkeit 373
  - II. Gefahr strafrechtswidrigen Gebrauchs 376
- D. Eigentum oder Inhaberschaft 378
- E. Anordnung, Ermessen, Strafzumessung 379
- F. Wirkung 383
- G. Vollstreckung, Beschlagnahme, Absehen von der Einziehung ... 385
- H. Entschädigung (§ 74 Abs. 2, 3 StGB) 386
- I. Einziehung des Wertersatzes 389
- J. Verfahren 390

Rn.

Abschnitt 5. Einziehung des Wertes von Tatprodukten, Tatmitteln, Tatobjekten bei Tätern oder Teilnehmern (§ 74c StGB) 391
A. Voraussetzungen 392
   I. Von der Anklage erfasste Tat 393
   II. Eigentum/Inhaberschaft des Tatbeteiligten 394
   III. Verwertungs- oder Vereitelungshandlung 397
B. Anordnung, Ermessen, Strafzumessung 401
C. Wirkung 403
D. Vollstreckung, Unterbleiben der Vollstreckung (§ 459g Abs. 5 StPO) 404
E. Vermögensarrest (§ 111e StPO) 405
F. Nachträgliche Anordnung (§ 76 StGB) 406

Abschnitt 6. Die Einziehung von Betäubungsmitteln 407
A. Betäubungsmittel als Tatprodukte (§ 74 Abs. 1 StGB) 408
B. Betäubungsmittel als Tatmittel (§ 74 StGB) 409
   I. Einziehungsgrundlagen 410
     1. Täterbezogene Einziehung 411
     2. Sicherungseinziehung 413
     3. Zusammentreffen von täterbezogener Einziehung und Sicherungseinziehung 414
   II. Anordnung, Ermessen, Strafzumessung 415
C. Betäubungsmittel als Tatobjekte (§ 33 BtMG) 418
   I. Anknüpfungstaten (§ 33 S. 1 BtMG) 419
   II. Einziehungsgegenstände 420
   III. Eigentum/Inhaberschaft 423
     1. Eigentum des Tatbeteiligten 424
     2. Fehlendes Eigentum 425
       a) Sicherungseinziehung (§ 74b StGB) 426
       b) Einziehung bei anderen (§ 33 S. 2 BtMG, § 74a StGB) .. 427
   IV. Anordnung, Ermessen 428
   V. Wirkung 429
   VI. Einziehung des Wertes von Tatobjekten (§ 74c StGB) 430
   VI. Zusammentreffen von § 74 Abs. 2 Nr. 2 StGB und § 74a StGB 433
   VII. Verfahren 434

Abschnitt 7. Grundsatz der Verhältnismäßigkeit (§ 74f StGB) .. 435
   I. Absehen von der Einziehung (§ 74f Abs. 1 S. 1 StGB) 436
   II. Vorbehalt der Einziehung (§ 74f Abs. 1 S. 2–4 StGB) 437

Kapitel 5. Selbständige Einziehung (§ 76a StGB) 438
A. Die selbständige Einziehung nach § 76a Abs. 1–3 StGB 440
   I. Grundsatz (Absätze 1, 2) 441
     1. Straftat 442
     2. Keine Verfolgung oder Verurteilung möglich, Verjährung .. 443
   II. Erweiterung (Absatz 3) 447
   III. Verjährung der Einziehung (§ 76b StGB) 448
   IV. Anordnung, Wirkung 449
   V. Verfahren, Zuständigkeit 450
B. Die selbständige Einziehung nach § 76a Abs. 4 StGB 453
   I. Voraussetzungen 454
     1. Aus einer rechtswidrigen Tat herrührender Gegenstand ... 455
     2. Sicherstellung wegen des Verdachts einer Katalogtat 458
     3. Keine Verfolgung oder Verurteilung wegen der Straftat möglich 460
       a) Fehlender Tatnachweis insgesamt 461
       b) Fehlender Nachweis einer Katalogtat 462
       c) Verurteilung wegen einer Katalogtat 464
   II. Verjährung der Einziehung (§ 76b StGB) 465
   III. Eigentum/Inhaberschaft 467
   IV. Anordnung, Sollvorschrift 468

BtMG § 33 Sechster Abschnitt. Straftaten und Ordnungswidrigkeiten

Rn.
V. Wirkung (§ 76a Abs. 4 S. 2 StGB) 469
VI. Verfahren 470

Kapitel 6. Formlose Einziehung 471
Anhang zu § 33. Checklisten 474

Vorbemerkung

1   **A. Inhalt und Stellung des § 33.** § 33 ist keine eigenständige Strafnorm, sondern nur ein Bindeglied zwischen dem Betäubungsmittelstrafrecht und dem allgemeinen Strafrecht. Nach der Änderung der Vorschrift durch Art. 6 Abs. 6 Nr. 3 des **Gesetzes zur Reform der strafrechtlichen Vermögensabschöpfung** v. 13.4.2017 (BGBl. I S. 872) befasst sie sich nur noch mit der Einziehung von **Beziehungsgegenständen (Tatobjekten).** Satz 2 lässt die Einziehung dieser Gegenstände unter bestimmten Voraussetzungen auch dann zu, wenn sie einem Dritten gehören oder zustehen (§ 74a StGB, § 23 OWiG; → Rn. 360ff.).

2   **B. Völkerrechtliche Grundlagen, Unionsrecht.** Die Vorschrift kann sich auf Art. 37 ÜK 1961, Art. 22 Abs. 3 ÜK 1971 und Art. 5 ÜK 1988 stützen.

3   Europäische Vorgaben enthält der **Rahmenbeschluss 2005/212/JI** v. 24.2.2005 über die Einziehung von Erträgen, Tatwerkzeugen und Vermögensgegenständen aus Straftaten (ABl. 2005 L 68, S. 49). Zur Bedeutung von Rahmenbeschlüssen für die Auslegung des nationalen Rechts → § 29 Rn. 186, 187.

4   Der Rahmenbeschluss wird ergänzt und zum Teil (Art. 3) ersetzt durch die **Richtlinie 2014/42/EU** v. 3.4.2014 über die Sicherstellung und Einziehung von Tatwerkzeugen und Erträgen aus Straftaten in der Europäischen Union (ABl. 2014 L 127, S. 39, ber. ABl. 2014 L 138, S. 114). Die Richtlinie wird durch das Gesetz v. 13.4.2017 (→ Rn. 1) umgesetzt.

5   **C. Abschöpfung von Verbrechensgewinnen.** Insgesamt wird mit § 33 der große Bereich der strafrechtlichen Vermögensabschöpfung betreten. Diese ist ein wesentliches Element einer wirksamen Bekämpfung der Organisierten Kriminalität, insbesondere der Rauschgiftkriminalität. Gleichwohl hat sie in Deutschland bislang nicht die Bedeutung erlangt, die ihr in anderen Ländern, insbesondere in Italien, Großbritannien und den USA zukommt.

6   Die deutschen Vorschriften (§§ 73–76a StGB aF, §§ 430–443 StPO aF) galten als **kompliziert** und **praxisfremd** (*Franke/Wienroeder* Rn. 1). Sie waren jedoch in sich logisch und konsequent. Einfache Lösungen lässt der schwierige Regelungsgegenstand unter der Geltung des GG und der Unschuldsvermutung kaum zu.

7   Der Scheu der Praxis vor der komplizierten Materie musste daher zunächst mit Mitteln der Aus- und Fortbildung begegnet werden. Mittlerweile sind die **Finanzermittlungen** (Rönnau Vermögensabschöpfung Rn. 1; *Mayer* in Vordermayer/v. Heintschel-Heinegg StA-HdB Kap. 12) fest etabliert. Polizei und Staatsanwaltschaften haben dabei ein beträchtliches Know-how erworben. Auch die geeigneten Organisationsformen (dazu *Lührs* Kriminalistik 2000, 683) sind im Wesentlichen gefunden, wobei es kein Nachteil sein musste, dass hierbei die verschiedensten Modelle zwischen Zentralisierung und Dezentralisierung erprobt wurden.

8   Auch die **Erfolge** sind nicht ausgeblieben. So ergingen in Deutschland im Jahr 2018 fast 50.000 Einziehungsentscheidungen. Der geschätzte Wert der eingezogenen Vermögensgegenstände betrug – ohne Berücksichtigung einer in die Statistik eingeflossenen Unternehmensgeldbuße von ca. 1 Milliarde EUR in Niedersachsen – etwa 860 Mio. EUR.[1] In Rauschgiftsachen haben allein in Nordrhein-

---

[1] Statistisches Bundesamt, Fachserie 10, Reihe 2.6, 2018, S. 18.

Westfalen die Strafverfolgungsbehörden im Jahre 2018 6,7 Mio. EUR mittels dinglichen Arrests oder Beschlagnahme gesichert.[2]

In welcher Höhe sichergestellte und/oder eingezogene Vermögenswerte dann im Rahmen der Vollstreckung tatsächlich verwertet werden können, ist statistisch nicht exakt feststellbar. Immerhin haben der Freistaat Bayern im Haushaltsjahr 2017 aus der Abschöpfung von Verbrechensgewinnen 12,9 Mio. EUR (Epl 04 Kapitel 0404 Titel 119 21-7) und das Land Baden-Württemberg 4,3 Mio. EUR (Epl 05 Kapitel 0503 Titel 11143) eingenommen (jeweils ohne Berücksichtigung der an Geschädigte ausgekehrten Vermögenswerte).

Die bisherigen Ergebnisse sind mit knappen sächlichen und personellen Mitteln erzielt worden. Mehr **Geld für die Ausstattung** der sachbearbeitenden Dienststellen und **mehr Stellen** bedeuten auch mehr Einnahmen für den Staat (*Katholnigg* JR 2000, 513 (514)). Baden-Württemberg stellt einen Teil der abgeschöpften Vermögensgewinne bereits seit 2001 speziell für diese Zwecke der Staatsanwaltschaft und der Polizei zur Verfügung (Erläuterung zu Epl. 05 Kapitel 0503 Titel 11143).

Kapitel 1. Das Gesetz v. 13.4.2017 zur Reform der strafrechtlichen Vermögensabschöpfung

Das Gesetz zur Reform der strafrechtlichen Vermögensabschöpfung v. 13.4.2017 (BGBl. I S. 872) **verfolgte das Ziel**, das Recht der Vermögensabschöpfung durch eine grundlegende Reform zu vereinfachen und nicht vertretbare Abschöpfungslücken zu schließen (BT-Drs. 18/9525, 2).

A. Inhalt. Rein äußerlich fällt auf, dass der Begriff des Verfalls entfallen ist. Er wurde durch den Begriff „Einziehung von Taterträgen" ersetzt, wobei dieser auch dann gilt, wenn es sich nur um einen (einzigen) Tatertrag handelt. Im internationalen Bereich hatte die dem deutschen Recht **eigentümliche Trennung** zwischen Verfall und Einziehung einige Schwierigkeiten bereitet (*Katholnigg* GA 1999, 500 (502)). Auch deswegen hat sich das Gesetz v. 13.4.2017 für einen einheitlichen Begriffs der Einziehung entschieden (BT-Drs. 18/9525, 46).

Im Übrigen zeigt auch das Gesetz v. 13.4.2017 (BGBl. I S. 872), dass die Materie nicht einfach zu regeln ist. Seine inhaltlichen Änderungen beschränken sich im Wesentlichen auf den ehemaligen Verfall, während die Vorschriften über die Einziehung (nunmehr Einziehung von Tatprodukten, Tatmitteln und Tatobjekten) keine erheblichen Änderungen erfahren haben. Soweit dies für Betäubungsmittelsachen in Betracht kommt (dazu gehört nicht die Reform der Rückgewinnungshilfe (BT-Drs. 18/9525, 44, 47–53)), waren die **wesentlichen Neuerungen** (s. auch *Trüg* NJW 2017, 1913):

- das von der Rechtsprechung entwickelte ungeschriebene Tatbestandsmerkmal der Unmittelbarkeit sollte aufgegeben werden (BT-Drs. 18/9525, 54, 61 (→ Rn. 93, 94))
- das Bruttoprinzip wurde „gestärkt" und „konkretisiert" (so BT-Drs. 18/9525, 54, 55), in Wirklichkeit eingeschränkt (→ Rn. 38),
- Eigentum und Inhaberschaft werden im Erkenntnisverfahren nicht mehr geprüft (BT-Drs. 18/9525, 61, 70 (→ Rn. 99, 100)); sie sind nur noch Urteilswirkungen (→ Rn. 115–143),
- die erweiterte Einziehung von Taterträgen ist nicht nur bei Katalogtaten, sondern bei allen Straftaten anzuordnen (BT-Drs. 18/9525, 61–64; (→ Rn. 172));
- die von der Rechtsprechung ohnehin nicht umgesetzte Beweiserleichterung des § 73d Abs. 1 S. 1 StGB aF entfiel (BT-Drs. 18/9525, 65 (→ Rn. 176–181),

---

[2] Finanzermittlungen, Lagebild für NRW, Hrsg. Landeskriminalamt Nordrhein-Westfalen, 2019.

- die unbillige Härte und der Wegfall der Bereicherung (§ 73c StGB aF) sind im Erkenntnisverfahren nicht mehr zu prüfen (BT-Drs. 18/9525, 56), gewannen aber im Vollstreckungsverfahren Bedeutung (→ Rn. 103, 275–296); auch später entdecktes Vermögen kann eine Entreicherung aufheben (BT-Drs. 18/9525, 56 (→ Rn. 150)),
- Neuregelung der Verschiebungsfälle (BT-Drs. 18/9525, 55, 56, 65 (→ Rn. 203–237)),
- Erweiterung der selbständigen Einziehung von Taterträgen auf verjährte Taten (BT-Drs. 11640, 82 (→ Rn. 183)),
- Einführung eines neuen Abschöpfungsinstruments für Vermögen unklarer Herkunft (BT-Drs. 18/9525, 57, 72, 73 (→ Rn. 453–470)),
- Einführung einer originären Verjährungsfrist von 30 Jahren für die erweiterte und die selbständige Einziehung (BT-Drs. 18/11640, 83, 84 (→ Rn. 183, 448, 465)),
- Vereinfachung und Beschleunigung des Verfahrens (BT-Drs. 18/9526, 54, 86, 87 (→ Rn. 152–162)).

14 **B. Inkrafttreten, Geltung auch für Altverfahren, Verjährung.** Das Gesetz ist am 1.7.2017 in Kraft getreten (Art. 8). Wird über die Anordnung der Einziehung des Tatertrages oder des Wertes des Tatertrages wegen einer Tat, die **vor dem 1.7.2017 begangen** wurde, nach diesem Zeitpunkt entschieden, so sind die §§ 73–73c, 75 Abs. 1 und 3, §§ 73d, 73e, 76, 76a, 76b und 78 Abs. 1 S. 2 StGB in der Fassung des Gesetzes v. 13.4.2017 anzuwenden (Art. 316h S. 1 EGStGB); nicht auf „Altfälle anwendbar sind hingegen die Gesetzesänderungen für die Einziehung von Tatprodukten, -mitteln und -objekten" (BGH BeckRS 2018, 28438). Die Regelung verstößt nicht gegen das Rückwirkungsverbot (BGH NStZ-RR 2018, 241; BeckRS 2018, 7862; OLG München BeckRS 2018, 15980; aA LG Kaiserslautern StV 2018, 333 m. Bespr. *Saliger/Schörner* StV 2018, 388; aber → Rn. 15).

15 Unter den Voraussetzungen der §§ 73, 73b und 73c StGB sollen die erweiterte und die selbständige Anordnung der Einziehung (§ 76a Abs. 2 S. 1 StGB) auch dann zulässig sein, wenn die Tat bei Inkrafttreten des Gesetzes **bereits verjährt** war (BT-Drs. 18/11460, 84). Der BGH hält dies für unvereinbar mit dem in der Verfassung verankerten grundsätzlichen Verbot echt rückwirkender Gesetze und hat deshalb die Frage, ob § 316h S. 1 EGStGB insoweit verfassungsgemäß ist, dem BVerfG zur Entscheidung vorgelegt (BGH NJW 2019, 1891 mAnm *Trüg*). Soweit das Gesetz das **Verfahrensrecht** geändert hat (Art. 3), gelten die Neuregelungen ohnehin (*Schmitt* in Meyer-Goßner/Schmitt Einl. Rn. 203). Die Ausnahme nach § 14 EGStPO in Fällen, in denen nach § 73 Abs. 1 S. 2 StGB aF wegen entgegenstehender Rechte Verletzter nicht auf einen Verfall erkannt wurde, spielt bei Betäubungsmitteldelikten keine Rolle. Vor dem 1.7.2017 ergriffene **Maßnahmen zur einstweiligen Sicherung** späterer Abschöpfung wirken fort (OLG München BeckRS 2017, 137369, das seine Entscheidung ua auf das der Gesetzesnovellierung zugrundeliegende „Prinzip der Kontinuität" stützt).

16 **Die Neuregelung** ist **nicht anzuwenden,** wenn bis zum 1.7.2017 bereits eine Entscheidung über die Anordnung des Verfalls oder des Verfalls von Wertersatz ergangen ist (Art. 316h S. 2 EGStGB); in diesen Fällen gilt dann das Gesetz, das im konkreten Fall das mildeste ist (§ 2 Abs. 5 StGB). Das mildeste Gesetz gilt auch für die Fälle der Einziehung von Tatprodukten, Tatmittel oder Tatobjekten. In einer auf ein Rechtsmittel ergehenden Entscheidung kann außerdem das Verbot der **„reformatio in peius"** der Anwendung des neuen Rechts entgegenstehen (BGH BeckRS 2018, 5734; 2018, 7998). Dies soll selbst dann gelten, wenn eine selbstständige Einziehung nach § 76a StGB möglich wäre (BGH NJW 2019, 1008).

Kapitel 2. Die Vermögensabschöpfung in Betäubungsmittelsachen

A. Das eigene Gepräge der Betäubungsmittelsachen. Betäubungsmittelsa- 17
chen haben auch im Rahmen der strafrechtlichen Vermögensabschöpfung ihr eigenes Gepräge. So spielt die Opferentschädigung hier keine Rolle (→ Rn. 101).
Die Diskussion über das Erlangte, die im Rahmen des Umwelt-, Wirtschafts- und
Korruptionsstrafrechts eine große Bedeutung hat (s. nur *Joecks* in MüKoStGB StGB
§ 73 Rn. 33–42), wirkt sich hier nicht aus. Wesentlich ist auch die Vielzahl der handelnden Personen, die in verschiedener Stellung an dem Umsatz von Rauschgift
beteiligt sind.

B. Feststellung des Subjekts des Verfahrens. Grundlegende Voraussetzung 18
für die Bewältigung der mit der strafrechtlichen Vermögensabschöpfung in Betäubungsmittelsachen verbundenen Probleme ist die Feststellung **des Subjekts** des
Verfahrens. Es muss daher stets exakt beantwortet werden, **gegen wen sich das
Verfahren richtet,** in dem über die Einziehung zu entscheiden ist. Deshalb ist stets
zu klären, ob der konkrete Beschuldigte auf der Verkäuferseite, der Käuferseite oder
sonst beim Umsatz des Betäubungsmittels tätig war. Nur so kann der zutreffende
Ansatzpunkt für die richtige Maßnahme gefunden werden.

Kapitel 3. Einziehung von Taterträgen (§§ 73–73 e StGB)

Abschnitt 1. Allgemeines

A. Rechtsnatur. Die Vorschriften über die Einziehung (§ 73 StGB) und die er- 19
weiterte Einziehung (§ 73a StGB) von Taterträgen dienen der Bestimmung von **Inhalt und Schranken des Eigentums** (BVerfG StV 2004, 409). Nach dem StGB
ist die Einziehung eine Maßnahme (§ 11 Abs. 1 Nr. 8 StGB), nach der StPO eine
Nebenfolge (§ 459g StPO). Beides trägt zur Klärung ihrer Rechtsnatur nur wenig
bei.

I. Die Einziehung von Taterträgen (§ 73 StGB). Zweck der Einziehung von 20
Taterträgen ist die Vermögensabschöpfung und damit der Ausgleich unrechtmäßiger Vermögensverschiebungen (BVerfGE 110, 1 = NJW 2004, 2073 = JR 2004,
494 mkritBspr *Herzog* = JUS 2004, 1092 mAnm *Sachs*). Sie ist damit keine (Neben-)Strafe (BGH NStZ-RR 2018, 241; NStZ 2018, 400; aA LG Kaiserslautern
StV 2018, 333 m. Bespr. *Saliger/Schörner* StV 2018, 388), sondern eine **Ausgleichsmaßnahme**. Sie ist zugleich ein Instrument der **Prävention**, weil sie bewirkt, dass
die mit der Bereicherung des Täters verbundene Störung der Rechtsordnung nicht
auf Dauer bestehen bleibt und ihm vor Augen geführt wird, dass Straftaten sich
nicht lohnen (BVerfGE 110, 1 (s. o.)). Dies gilt auch bei der Einziehung von Taterträgen bei anderen gemäß § 73b StGB (s. BGHSt 47, 369 = NJW 2002, 3339
= NStZ 2003, 37 = StV 2002, 601 = JR 2003, 337 mAnm *Best* = wistra 2003, 321
mAnm *Hohn*).

Darüber geht ihr Zweck auch dann nicht hinaus, wenn nicht nur der Gewinn, 21
sondern alles eingezogen wird, was der Täter durch die Tat oder für sie erlangt hat.
Auch in diesen Fällen kommt der Einziehung der Taterträge eine **strafähnliche
Natur nicht** zu (BVerfGE 110, 1 (→ Rn. 20); aA *Eser/Schuster* in Schönke/Schröder Rn. 16f.). Vielmehr werden dem Täter in Anknüpfung an das Zivilrecht (§ 817
S. 2 BGB) **wirtschaftliche Verlustrisiken zugewiesen** und damit Wertungswidersprüche beseitigt (BVerfGE 110, 1 (→ Rn. 20)). Ihre präventive Wirkung
wird noch dadurch verstärkt, dass Investitionen in ein verbotenes Geschäft unwiederbringlich verloren sind. Das Gesetz v. 13.4.2017 hat an diesem quasi-konditionellen Charakter der Vermögensabschöpfung nichts geändert (BT-Drs. 18/9525,
45, 54, 61).

BtMG § 33 Sechster Abschnitt. Straftaten und Ordnungswidrigkeiten

22 **II. Die erweiterte Einziehung von Taterträgen (§ 73 a StGB).** Auch die erweiterte Einziehung von Taterträgen hat keinen strafähnlichen Charakter; sie ist lediglich eine besondere Form der Einziehung von Taterträgen und verfolgt wie diese präventive Zwecke (BVerfGE 110, 1 (→ Rn. 20)). Auch bei ihr zielt die Anordnung darauf ab, einen rechtswidrigen Zustand für die Zukunft zu beseitigen. Auch insoweit hat das Gesetz v. 13.4.2017 nichts geändert (BT-Drs. 18/9525, 65).

23 **B. Die Formen der Einziehung von Taterträgen (Übersicht).** Die Einziehung von Taterträgen kommt in drei Formen vor:
– die Einziehung bei Tätern oder Teilnehmern (§ 73 StGB), → Rn. 24–162,
– die erweiterte Einziehung bei Tätern oder Teilnehmern (§ 73a StGB), → Rn. 163–202,
– die Einziehung bei anderen (§ 73b StGB), → Rn. 203–237.

Hinzu tritt die Einziehung des Wertes von Taterträgen (§ 73c StGB), → Rn. 238–263. Der frühere Verfall gegenüber einem Dritteigentümer (§ 73 Abs. 4 StGB aF) ist nur noch eine Urteilswirkung (§ 75 Abs. 1 S. 1 Nr. 2 StGB (BT-Drs. 18/9525, 61, 70)).

Abschnitt 2. Einziehung von Taterträgen bei Tätern und Teilnehmern (§ 73 StGB)

24 **A. Voraussetzungen.** Grundlage für die Einziehung von Taterträgen bei Tätern oder Teilnehmern (Beteiligten, § 29 StGB) ist § 73 Abs. 1 StGB. Hinzu treten § 73 Abs. 2 StGB für die Nutzungen und § 73 Abs. 3 StGB für die Surrogate. Zur zeitlichen **Geltung** der Vorschrift → Rn. 14, 16.

25 **I. Anknüpfungstat.** Voraussetzung der Einziehung ist eine rechtswidrige, nicht notwendig schuldhafte Tat **(Anknüpfungstat)**. Daran hat sich auch durch die Einführung des Bruttoprinzips (→ Rn. 36, 52; BGHR StGB § 73d Strafzumessung 1 = NJW 1995, 2235 = NStZ 1995, 491 = StV 1995, 297) und durch das Gesetz v. 13.4.2017 nichts geändert (BT-Drs. 18/9525, 60). Die Anknüpfungstat kann auch ein **Versuch** sein (*Oğlakcıoğlu* in MüKoStGB Rn. 10; *Lohse* in LK-StGB StGB § 73 Rn. 13). Ebenso reicht eine **fahrlässige** Straftat aus (BGHSt 57, 79 = NJW 2012, 1159 = NStZ 2012, 265; 2012, 381 mAnm *Wagner* = NZWiSt 2012, 144 mAnm *Rönnau*). Selbst eine nach § 30 StGB strafbare **Vorbereitungshandlung** genügt, wenn ausnahmsweise bereits aus dieser ein Vermögensvorteil zugeflossen ist (*Lohse* in LK-StGB StGB § 73 Rn. 13). Sonstige Vorbereitungshandlungen sind hingegen nicht ausreichend.

26 **Die Anknüpfungstat** muss (als Lebenssachverhalt, BGHR StGB § 74 Abs. 1 Tatmittel 1) von der Anklage umfasst, in der Hauptverhandlung festgestellt (BGHSt 28, 369 = NJW 1979, 1942; BGH StV 2018, 487; NStZ 2017, 220) und damit **Gegenstand der Verurteilung** sein (BGH NStZ-RR 2012, 312). **Nicht** ausreichend ist eine Tat, deretwegen das Verfahren nach **§ 154 Abs. 2 StPO** eingestellt wurde (BGH NStZ-RR 2018, 251); durch eine solche Einstellung entsteht ein Verfahrenshindernis, das die Verhängung von Rechtsfolgen ausschließt (BGH NStZ-RR 2018, 116). Es muss entweder eine Wiedereinbeziehung erfolgen (§ 154 Abs. 3 StPO) oder das selbständige Verfahren (§ 76a Abs. 3 StGB) durchgeführt werden (BGHR StGB § 73 Anwendungsbereich 1 = NStZ 2003, 422).

27 Im **Sicherungsverfahren nach § 413 StPO** können nur Maßregeln der Besserung und Sicherung angeordnet werden. Einziehungsentscheidungen als sonstige Maßnahmen iSd § 11 Abs. 1 StGB kommen dagegen allein im selbständigen Einziehungsverfahren nach § 435 StPO in Betracht (BGH StV 2019, 231; NStZ-RR 2019, 385).

Bei **mehreren Taten** muss nicht geklärt werden, aus welcher von ihnen der Vor- 28
teil erlangt ist (BGH NStZ 1995, 37 = StV 1995, 26 unter Hinweis auf § 73 d StGB
aF (nunmehr § 73 a StGB nF); NStZ 2004, 400; *Volkmer* in Körner/Patzak/Volkmer
Rn. 104; *Oğlakcıoğlu* in MüKoStGB Rn. 13). Ist eine Zuordnung zu einer in der
Anklage genannten Tat nicht möglich, so ist die erweiterte Einziehung
(→ Rn. 163–165) zu prüfen (BGH NStZ-RR 1997, 318).

II. Täter oder Teilnehmer. An dieser Anknüpfungstat muss der Beschuldigte 29
(→ Rn. 18) als Täter oder Teilnehmer beteiligt sein. Welche Beteiligungsform vorliegt, ist gleichgültig; ebenso ist es ohne Bedeutung, ob der Vorteil aus der Haupttat
oder der Teilnahme erlangt wurde (*Joecks* in MüKoStGB StGB § 73 Rn. 22; *Lohse* in
LK-StGB StGB § 73 Rn. 16).

Die Regelungen gelten nach wohl hM uneingeschränkt auch im **Jugendstraf-** 30
recht, also gegenüber Jugendlichen und Heranwachsenden. Nur im Rahmen der
im Vollstreckungsverfahren vorzunehmenden Härtefallprüfung können auch erzieherische Erwägungen zu berücksichtigen sein, wobei aber die Abschöpfung der Erträge aus Straftaten dem Erziehungsgedanken ohnehin regelmäßig entsprechen
wird (BGH NStZ 2019, 221 mkritAnm *Eisenberg;* BeckRS 2019, 9584). Demgegenüber vertritt der 1. Strafsenat des BGH der Auffassung, dass die Einziehung
von Taterträgen und des Wertes von Taterträgen im Jugendstrafverfahren gemäß
§ 8 Abs. 3 S. 1 JGG im Ermessen des Tatgerichts stehe (NZWiSt 2019, 360
= BeckRS 2019, 16530; näher hierzu *Fischer* StGB § 73 Rn. 3a).

Ein **Verdeckter Ermittler** ist weder Täter noch Teilnehmer und damit auch 31
nicht Tatbeteiligter (BGH DRsp Nr. 1995/4312). Das Geld, das er (etwa im Rahmen einer sell-bust-operation (dazu → § 4 Rn. 186)) von dem **Käufer** erhält, unterliegt daher nicht der Einziehung von Taterträgen. Vielmehr ist die Einziehung
nach § 74 Abs. 1 StGB zu prüfen. Dasselbe gilt für **V-Personen** (BGH StV 1990,
193). Zu dem Geld, das dem **Verkäufer** von einem Scheinaufkäufer der Strafverfolgungsbehörden gegeben wird, → Rn. 126.

III. Gegenstand der Einziehung von Taterträgen („etwas"). Gegenstand 32
der Einziehung von Taterträgen ist zunächst das, was der Tatbeteiligte durch die
Tat oder für sie erlangt hat (§ 73 Abs. 1 StGB). Dazu kommen die Nutzungen und
Surrogate (§ 73 Abs. 2, 3 StGB).

1. Das Erlangte. Voraussetzung der Einziehung ist, dass der Tatbeteiligte durch 33
die Tat oder für sie „etwas" erlangt hat (§ 73 Abs. 1 StGB):
– **durch die Tat** erlangt sind die wirtschaftlichen Werte, die dem Täter auf Grund
 der **Verwirklichung** des Tatbestandes zugeflossen sind, insbesondere die Beute
 (BGHSt 50, 299 = NJW 2006, 925; 2006, 3377 mAnm *Saliger* = NStZ 2006,
 210 m. Bespr. *Schünemann* 2007, 57 mAnm *Radtke* = StV 2006, 126 mAnm *Noltensmeier*; BGH NStZ-RR 2016, 108); das Gesetz v. 13.4.2017 hat das Wort
 „aus" durch das Wort „durch" ersetzt; dazu → Rn. 93, 94;
– **für die Tat** erlangt sind die wirtschaftlichen Werte, die dem Täter als **Gegen-**
 leistung für die Tatbegehung gewährt werden (BGHSt 50, 299 (s. o.); BGH
 NStZ-RR 2016, 108), insbesondere der **Lohn** oder das **Entgelt** (§ 11 Abs. 1
 Nr. 9 StGB).

Vermögenswerte, die der Tatbeteiligte dafür erhält, **dass er die Tat durchführen kann,** etwa Gelder zur Bestechung von Amtsträgern (BGH wistra 2011, 298),
zur Deckung der Mietkosten eines LKW, für den Unterhalt einer Cannabis-Plantage (BGH BeckRS 2018, 2603) oder zur Bezahlung von Mautgebühren bei einem
Betäubungsmitteltransport, unterliegen nicht der Einziehung von Taterträgen, sondern der Einziehung von Tatmitteln (BGH NStZ-RR 2011, 283 = StraFo 2011,
103; aber → Rn. 62, 63).

BtMG § 33 Sechster Abschnitt. Straftaten und Ordnungswidrigkeiten

34 Nicht ausreichend ist, wenn der Täter etwas **nur gelegentlich** der Tat erlangt, etwa wenn er neben der Einfuhr von Rauschgift Geld transportiert, das er im Auftrag eines Hintermannes von einem Dritten abgeholt hat und dessen (strafbare) Herkunft auch nicht iSd § 73a StGB aufgeklärt werden kann (BGH NStZ-RR 2003, 366 = StV 2003, 160; 2008, 87); in Betracht kommt hier nunmehr die **selbständige Einziehung** nach § 76a Abs. 4 StGB.

35 Auch das Geld, das der **Kurier/Bote bei der Übergabe des Rauschgifts kassiert,** kann als nur gelegentlich seiner Tat erlangt anzusehen sein. Entscheidend ist, ob der Kurier/Bote eine tatsächliche (Mit-)Verfügungsmöglichkeit über den Erlös erlangt hat (→ Rn. 85). Dies kann zwar grundsätzlich auch bei Gehilfentätigkeit und nur kurzfristigem Besitz gegeben sein, doch wird es regelmäßig an einem rechtserheblichen Vermögenszufluss und damit an einer faktischen Mitverfügungsgewalt fehlen, wenn Tatbeute lediglich zum Transport und zur Aufbewahrung überlassen wird (BGH NStZ-RR 2018, 14; NStZ 2019, 81; BGHR StGB § 73 Erlangtes 9 = NStZ 2011, 87 = StV 2010, 128 = StraFo 2010, 75).

36 **a) Etwas (§ 73 Abs. 1 StGB).** Mit diesem Wort wurde durch das Gesetz v. 28.2.1992 (BGBl. I S. 372) der frühere Begriff des Vermögensvorteils ersetzt, unter dem die Rechtsprechung nur den Betrag verstand, der dem Täter nach Abzug seiner Kosten verblieb (zuletzt zw. BGHSt 36, 251 = NJW 1989, 3165 = NStZ 1989, 572 = StV 1989, 528 = JR 1990, 207 mAnm *Meyer*). Die Ersetzung des Nettoprinzips durch das **Bruttoprinzip** kommt in der geänderten Formulierung hinreichend deutlich zum Ausdruck (BGHR StGB § 73 Erlangtes 1 = NJW 1994, 1357 = NStZ 1994, 123 = StV 1994, 126).

37 Unter „**etwas**" ist die Gesamtheit der **wirtschaftlich messbaren Vorteile** zu verstehen, die dem Tatbeteiligten oder Drittbegünstigten durch oder für die Tat zugeflossen sind. Unabhängig von der Wirksamkeit des zugrundeliegenden Grund- und Verfügungsgeschäfts ist schon dann „etwas" erlangt, wenn dem Täter durch die Tat oder für die Tat in **irgendeiner Phase des Tatablaufs**, sei es auch nur für einen kurzen Zeitraum (BVerfG StV 2004, 409), auf irgendeine Weise „etwas" wirtschaftlich messbar (BT-Drs. 12/989, 61) zugutegekommen ist. Daran hat das **Gesetz v. 13.4.2017** nichts geändert (BT-Drs. 18/9525, 61, 66; BGH NStZ-RR 2018, 240).

38 **b) Die Beschränkung des Bruttoprinzips; Anwendungsbereich des § 73d Abs. 1 StGB.** Das Bruttoprinzip wird dadurch eingeschränkt, dass bei der Bestimmung des Wertes des Erlangten unter den Voraussetzungen des § 73d Abs. 1 StGB die Aufwendungen des Tatbeteiligten oder Drittbegünstigten abzuziehen sind. Zwar könnte man aufgrund der Überschrift („Bestimmung des Wertes des Erlangten") und der systematischen Stellung annehmen, die Vorschrift komme nur in den Fällen der Einziehung von Wertersatz zur Anwendung, jedoch hat der Gesetzgeber dem Rechtsgedanken des § 73d Abs. 1 StGB ersichtlich für alle Formen der Einziehung von Taterlösen Bedeutung beigemessen (BT-Drs. 18/9525, 56, 62, 66f.). Zudem wäre es sachlich kaum zu rechtfertigen, den Tatbeteiligten oder Drittbegünstigten im Falle der Einziehung von Wertersatz besserzustellen als bei der Einziehung des aus der Tat Erlangten gemäß § 73 StGB, zumal dadurch ein Anreiz geschaffen würde, das Originalobjekt beiseitezuschaffen, um in den Genuss des § 73d Abs. 1 StGB zu kommen (*Eser/Schuster* in Schönke/Schröder StGB § 73d Rn. 3). Die Abzugsmöglichkeiten bestehen daher auch im Falle der Einziehung des noch vorhandenen Erlangten (zur Durchführung bei unteilbaren Sachen → Rn. 51).

39 **aa) Der Abzug von Aufwendungen nach Satz 1.** Nach der Gesetzesbegründung (BT-Drs. 18/9525, 66) soll die Vorschrift den § 73 Abs. 1 StGB ergänzen. Während das Erlangte nach § 73 Abs. 1 StGB auf der Grundlage einer rein gegenständlichen Betrachtungsweise zu bestimmen sei, sollen Gegenleistungen oder

sonstige Aufwendungen in einem zweiten Schritt berücksichtigt werden, wenn und soweit dies nach der Wertung des § 73d Abs. 1 StGB gerechtfertigt sei.

(a) Aufwendungen des Täters, Teilnehmers oder anderen. Abziehbar sind 40 Aufwendungen des Täters, Teilnehmers oder des anderen. Anderer ist der Drittbegünstigte iSd § 73b StGB (BT-Drs. 18/11460, 80). Jeder Beteiligte kann nur das abziehen, was er aufgewendet hat; Aufwendungen eines anderen Beteiligten sind nicht abziehbar.

(b) Umfang der Abzugsfähigkeit. Die Anwendung des § 73d Abs. 1 S. 1 41 StGB bedeutet **nicht,** dass jede Aufwendung, die der Einziehungsadressat im Zusammenhang mit dem Erlangten gemacht hat, abgezogen werden könnte. Abzugsfähig sind nur Aufwendungen, die in einem zeitlichen oder sachlichen Zusammenhang mit dem strafrechtswidrigen **Erlangen des Vermögenswertes** stehen (Ausschussbericht BT-Drs. 18/11640, 79), insbesondere in einem ursächlichen Zusammenhang damit stehen (*Lohse* in LK-StGB StGB § 73d Rn. 8, 9). **Nicht abzugsfähig** sind daher Aufwendungen, die dem tatsächlicher Vermögenszufluss (= Erlangen) **nachfolgen** (*Köhler* NStZ 2017, 497 (505)). Dies gilt etwa für Kosten, die dem Täter für die Sicherung, Verwaltung oder Verwertung des Erlangten entstehen. Außer Betracht bleiben auch Zahlungen auf ausländische Abschöpfungsentscheidungen wegen derselben rechtswidrigen Tat.

Nicht abzugsfähig sind auch (Einkommens-)**Steuern,** die auf das strafrechtswidrig erlangte Vermögen zu entrichten sind (dazu im Einzelnen → Rn. 77). 42

Nicht abzugsfähig sind ferner Aufwendungen, die dem Einziehungsadressaten 43 nur **gelegentlich** der Anknüpfungstat entstanden sind; der Ausschussbericht (BT-Drs. 18/11640, 79) nennt dazu die Frühstückskosten am Tattag. Aufwendungen sind schließlich nur freiwillig erbrachte Leistungen, nicht hingegen im Zuge der Tatausführung erlittene **Schäden** (*Lohse* in LK-StGB StGB § 73d Rn. 10).

bb) Das Abzugsverbot des Satzes 2. Nach dieser Vorschrift bleibt bei der Er- 44 mittlung des Wertes des Erlangten das außer Betracht, was für die Begehung der Tat oder ihre Vorbereitung aufgewendet oder eingesetzt wurde.

(a) Für die Tat. Die Tat ist die Tat, durch die oder für die dem Betroffenen das 45 Erlangte zugeflossen ist. Diese Tat muss weder vorsätzlich noch fahrlässig begangen sein; ausreichend ist eine rechtswidrige Tat (§ 73 Abs. 1 StGB). Für das Abzugsverbot kann nichts anderes gelten. Nach der Gesetzessystematik, der der Wortlaut der Vorschrift nicht entgegensteht, greift das Abzugsverbot daher stets ein, wenn der Lebensvorgang, für die die Aufwendung erbracht wurde, eine rechtswidrige Tat darstellt. Dies wird von der Gesetzesbegründung, die stattdessen von einer Straftat spricht (BT-Drs. 18/9525, 68), übersehen.

Nach der Gesetzesbegründung (BT-Drs. 18/9525, 67, 68) sollen auch die Auf- 46 wendungen abziehbar sein, die zwar für ein „verbotenes Geschäft" angefallen sind, jedoch **nicht willentlich und bewusst** dafür (?) getätigt wurden; verkenne der Täter das Verbotene des Geschäfts also fahrlässig (so auch Ausschussbericht (BT-Drs. 18/11640, 79)), so seien seine Aufwendungen für das Geschäft bei der Bestimmung des Erlangten zu berücksichtigen, da er sie nicht bewusst (vorsätzlich) für eine Straftat (!) getätigt habe. Dass danach das Abzugsverbot auch dann nicht in Betracht kommen soll, wenn dem Täter größte Sorgfaltsmängel zur Last liegen (*Rönnau* GA 2017, 1 (15); aA *Lohse* in LK-StGB StGB § 73d Rn. 15: kein Abzug bei Leichtfertigkeit), ist schon schwer erträglich, dass die Gesetzesbegründung aber darüber hinaus den Vorsatz mit dem direkten Vorsatz gleichsetzt, wird weder durch den Gesetzeswortlaut gefordert, noch entspricht dies dem Sinn der Regelung (s. *Lohse* in LK-StGB StGB § 73d Rn. 14). Für die Begehung einer rechtswidrigen Tat setzt auch derjenige etwas ein, der die Tatbestandsverwirklichung für möglich hält und sie billigend in Kauf nimmt (*Köhler* NStZ 2017, 497 (508)), sich damit abfindet oder sie ihm gleichgültig ist (**bedingter Vorsatz,** → Vor § 29 Rn. 415–420). Der Täter handelt nach den Regeln über den Verbotsirrtum (§ 17 StGB) ferner dann vorsätzlich, wenn er die Tatumstände kennt, die Tat aber für nicht rechtswidrig hält (*Rönnau* GA 2017, 1 (15); aA *Köhler* NStZ 2017, 497 (508); *Schäuble/Pananis* NStZ 2019, 65 (70f.)). Dabei ist es gleichgültig, ob der Irrtum vermeidbar oder unvermeidbar war (aA *Rönnau* GA 2017, 1 (15, 19)).

47 Soweit die Aufwendungen von einem **Teilnehmer** erbracht wurden, muss dieser die (Haupt-)Tat oder ihre Vorbereitung **nicht** in allen **Einzelheiten** kennen. Es reicht aus, wenn er sie in Umrissen kennt.

48 (b) **Für die Vorbereitung der Tat.** Das Abzugsverbot gilt auch für Aufwendungen, die für die Vorbereitung der Tat erbracht wurden. Auch hier ist der Lebenssachverhalt maßgeblich. Strafbar oder rechtswidrig muss die Vorbereitungshandlung nicht sein.

49 (c) **Betäubungsmittelstraftaten.** Zu den Betäubungsmitteldelikten bemerkt die Gesetzesbegründung (BT-Drs. 18/9525, 67) beruhigend, dass das Abzugsverbot für den Einkaufspreis der Betäubungsmittel und weitere Aufwendungen weiterhin gelte. Es gibt aber auch im **Betäubungsmittelstrafrecht** eine nicht zu vernachlässigende Zahl von Fällen, in denen ein Irrtum über Tatumstände eine Rolle spielt (nur zum unerlaubten Anbau → § 29 Rn. 110). Erst recht finden sich solche Fallgestaltungen im sonstigen **Stoffrecht,** namentlich im Arzneimittelrecht **(gefälschte Arzneimittel),** im **Anti-Doping-Recht** (→ AntiDopG § 4 Rn. 15) und im Recht der **neuen psychoaktiven Substanzen** (→ NpSG § 4 Rn. 13). Dabei geht es nicht um diese Stoffe selbst, die als Tatobjekte ohne Rücksicht auf § 73d Abs. 1 StGB eingezogen werden können, sondern um die Gewinne, die mit ihnen wesentlich risikoloser gemacht werden können, wenn der Täter sich auf Fahrlässigkeit berufen kann.

50 Bei **Betäubungsmitteldelikten** (dasselbe gilt für Straftaten nach dem NpSG oder anderen Verbotsgesetzen) keine Rolle spielt **die Rückausnahme** des § 73d Abs. 1 S. 2 StGB, wonach Aufwendungen abgezogen werden können, die in der Leistung zur Erfüllung einer Verbindlichkeit gegenüber dem Verletzten der Tat bestanden. Die Vorschrift gilt nur bei Delikten, die dem Individualrechtsgüterschutz dienen, etwa dem Betrug (Ausschussbericht BT-Drs. 18/11640, 80). Dient sie auch dem Schutz von Rechtsgütern der Allgemeinheit, greift die Rückausnahme nicht ein. Sie setzt im Übrigen voraus, dass die Verbindlichkeit wirksam ist (Ausschussbericht BT-Drs. 18/11640, 81).

51 cc) **Verwirklichung des Abzugsanspruchs.** Der Abzug der Aufwendungen lässt sich dann ohne Schwierigkeiten durchführen, wenn das Erlangte teilbar ist oder wenn die Anordnung des Wertes von Taterträgen (§ 73c Abs. 1 StGB) in Betracht kommt. Anders ist dies, wenn das Erlangte in einer Sache, etwa einem Kraftfahrzeug oder Schmuck, besteht. Die Gesetzesbegründung (BT-Drs. 18/9525, 66) geht davon aus, dass § 73d Abs. 1 StGB auch für diese Fälle gilt (→ Rn. 38; krit. *Rönnau/Begemann* GA 2017, 1 (4) (Fn. 29). Eine ausdrückliche gesetzliche Regelung zur Durchführung der Einziehung in diesen Fällen fehlt. Es gelten daher die allgemeinen Bestimmungen. Handelt es sich bei den Gegenständen um Surrogate (§ 93 Abs. 3 BGB), von denen keine Gefahr ausgeht, so kann das Gericht von der Einziehung absehen und stattdessen die Einziehung des Wertes von Taterträgen anordnen (§ 73c StGB). In den anderen Fällen kann der Abzug der Aufwendungen die Einziehung nicht hindern (aA *Köhler* NStZ 2017, 497 (511), der aufgrund einer Wertung des Erlangten zur Unmöglichkeit von dessen Herausgabe kommt und deswegen einen Wertersatzanspruch für gegeben hält). Das Eigentum an der Sache geht unabhängig davon auf den Staat über (§ 75 Abs. 1 StGB). Da der Staat damit mehr erlangt, als dem Wert des Erlangten (§ 73d Abs. 1 S. 1 StGB) entspricht, dürfte dem Täter, Teilnehmer oder Dritten, der die Aufwendungen erbracht hat, ein Bereicherungsanspruch zustehen, der im Vollstreckungsverfahren durch eine Teilauskehrung des Verwertungserlöses zu erfüllen ist (*Lohse* in LK-StGB StGB § 73 d Rn. 5).

c) Die Vermögensverschiebungen im Einzelnen. Das Bruttoprinzip hat in 52 Betäubungsmittelsachen im Allgemeinen zur Folge, dass weiterhin nicht bloß der Gewinn, sondern alles, was der Täter durch die Tat oder für sie erhalten hat, einzuziehen ist. Bei der Berechnung des bei einem verbotenen Verkauf Erlangten ist deshalb vom **gesamten Erlös ohne Abzug** des Einkaufspreises oder sonstiger Aufwendungen auszugehen (BT-Drs. 18/9525, 67).

Eine finanzielle Aufwendung, die **für die Tatbegehung** erbracht worden ist, ist 53 auch ein **Darlehen,** das der Täter zur Finanzierung eines Drogengeschäfts **gewährt** hat. Erhält er nach Durchführung des Geschäfts einen entsprechenden Betrag zurück, so unterliegt dieser in vollem Umfang der Einziehung (BGH NJW 2011, 2529 = NStZ-RR 2011, 321 = StV 2011, 552). Das zuvor gewährte Darlehen darf hiervon nicht abgezogen werden.

Bei **Betäubungsmitteldelikten** besteht auch sonst kein schützenswertes Vertrauen, Vermögensbestandteile behalten zu dürfen, die der Erlös strafbarer Geschäfte sind (BGHSt 47, 269 (→ Rn. 20); 51, 65 = NJW 2006, 2500 = NStZ 2006, 570; 2006, 683 mablAnm *Dannecker* = StV 2007, 74 = StraFo 2006, 385; 52, 227 = NStZ 2009, 275 mAnm *Brammsen* = JR 2009, 36 mAnm *Lagodny* und Anm. *Lohse* JR 2009, 188). 54

Im Einzelnen sind die **Vermögensverschiebungen** wie folgt zu bewerten: 55

aa) Erlöse, Honorare, Gewinnbeteiligungen, Belohnungen. Zu einem 56 Vermögenszuwachs führen **der (gesamte) Erlös** aus einem Rauschgiftgeschäft (→ Rn. 52, 65), **Honorare** (BGHR StGB § 74 Abs. 1 Tatmittel = NStZ 1994, 340 = StV 1994, 22), **Gewinnbeteiligungen** (BGH 2 StR 337/07) und **Belohnungen.** Entscheidend ist, was dem Betroffenen gerade durch die Straftat zugeflossen ist (BGHSt 47, 269 (→ Rn. 20)), beim Kurier also vor allem der **Kurierlohn** (BGH NStZ-RR 2012, 313), es sei denn, er ist auch beauftragt, den Kaufpreis für den Verkäufer entgegenzunehmen, um ihn später abzuliefern (→ Rn. 67, 85). Zu den (Kurier-)Spesen → Rn. 63.

Die Einziehung von Taterträgen nach § 73 Abs. 1 StGB erfordert, dass **Bargeld,** 57 das der Täter erlangt hat, **noch als solches** bei ihm vorhanden ist (s. BGHR StGB § 73 Erlangtes 8 = NStZ 2010, 85; § 73 c Härte 13 = NStZ-RR 2009, 234 = wistra 2009, 23). Dies muss (für jede Banknote und jede Münze) festgestellt werden (BGH BeckRS 2019, 5272; OLG Hamm NStZ-RR 2012, 272). Andernfalls kommt die Einziehung des Wertes von Taterträgen (§ 73 c StGB) in Betracht (→ Rn. 245). Zur (untrennbaren) **Vermischung** mit eigenem Geld → Rn. 124.

Der Einziehung von Taterträgen unterliegen auch **Bitcoins** (*Lohse* in LK-StGB 58 StGB § 73 Rn. 24). Sie stellen auf Grund ihres Marktwertes einen realisierbaren Vermögenswert dar, hinsichtlich dessen der Täter sowohl materiell Berechtigter ist als auch die faktische Verfügungsgewalt hat. Sie sind auf Grund der Kombination von öffentlichem und privatem Schlüssel hinreichend abgrenzbar und damit tauglicher, wenn auch nicht körperlicher Gegenstand einer Einziehungsanordnung (BGH NJW 2018, 3325 mAnm *Habetha* = NStZ-RR 2018, 337 mAnm *Bittmann;* NStZ 2018, 401 mAnm *Safferling*). Die Anordnung der Einziehung ist auch dann möglich, wenn der private Schlüssel für die Wallet nicht bekannt ist; die Kenntnis des Schlüssels ist nur für das Vollstreckungsverfahren von Bedeutung (BGH NJW 2018, 3325; NStZ 2018, 401).

59 **Uneinbringliche Außenstände** sind kein Vermögenszuwachs; keinen solchen hat daher der Verkäufer von Drogen erfahren, dem der Käufer den Kaufpreis schuldig bleibt (BGH NStZ 2003, 198).

60 **bb) Gebrauchs- oder sonstige wirtschaftliche Vorteile, ersparte Aufwendungen.** Der Vermögenszuwachs muss nicht notwendig ein Gegenstand (Sache oder Recht (§ 75 Abs. 1 StGB)) sein, sondern kann auch in Gebrauchs- oder sonstigen wirtschaftlichen Vorteilen (BT-Drs. 18/9525, 61) bestehen.

61 Dasselbe gilt für **ersparte Aufwendungen** (BGHSt 47, 269 (→ Rn. 20); BGH NStZ 2015, 469), wenn sie eine rechnerisch messbare Besserstellung bei dem Einziehungsadressaten bewirkt haben (*Lohse* in LK-StGB StGB § 73 Rn. 27). Der Vermögenszuwachs kann daher auch darin bestehen, dass mit **Drogengeld** andere Aufwendungen bestritten und mit den so eingesparten Mitteln das Vermögen gebildet oder dessen Verbrauch vermieden wurde (BGHR StGB § 73 c Wert 2 = NStZ 2000, 480; § 73 c Härte 6 = NStZ-RR 2002, 7). In Form ersparter Geldzahlungen hat der Täter auch insoweit etwas erlangt, als er den Kurier in Drogen „bezahlt" hat; der Wert des Erlangten kann dann allerdings nicht ohne weiteres mit dem Grammpreis angesetzt werden, den die Abnehmer bezahlen (BGHR StGB § 73 c Härte 13 (→ Rn. 57)).

62 **cc) Auslagen, Spesen.** Werden dem Beteiligten an einem Rauschgiftgeschäft die entstandenen **Auslagen** erstattet, so stellt dies (gegenüber dem vorigen Zustand) wieder einen Vermögenszuwachs dar, den der Beteiligte für die Tat erhält; in Betracht kommt daher die Einziehung eines Tatertrages (s. *Franke/Wienroeder* Rn. 27; auch → Rn. 63).

63 Ob **Spesen,** insbesondere Reisespesen des Kuriers, der Einziehung von Taterträgen (§ 73 Abs. 1 StGB) oder der Einziehung von Tatmitteln (§ 74 Abs. 1 StGB) unterliegen, ist nicht abschließend geklärt. In der früheren Rechtsprechung (zuletzt BGH NStZ-RR 2012, 313) wurde darauf abgestellt, dass sie **zur Durchführung der Tat** benötigt werden und daher Tatmittel seien. Demgegenüber kommt es nach BGH (NJW 2007, 1221 = NStZ 2007, 150; 4 StR 278/11) darauf an, dass der Kurier den Geldbetrag, der für die Finanzierung der Kurierfahrt gedacht war, **für die** Tat erlangt hat; dabei spiele es keine Rolle, ob auch eine Einziehung nach § 74 Abs. 1 StGB möglich gewesen sei. Da es keinen Unterschied machen sollte, ob der Betrag vom Kurier verauslagt wurde (→ Rn. 62) oder ob er ihn zuvor erhalten hat, dürfte dem zuzustimmen sein.

64 **dd) Befreiung von Verbindlichkeiten.** Auch die Befreiung von einer Verbindlichkeit stellt grundsätzlich einen Vermögensvorteil dar (*Lohse* in LK-StGB StGB § 73 Rn. 25). Bei echten, unbemakelten Schulden, die der Gläubiger einklagen kann, ist dies offenbar. Keinen Vorteil soll dagegen der Tatbeteiligte erlangen, dem für die Beteiligung an einem Rauschgiftgeschäft Schulden erlassen werden, da der Schuldenerlass nichtig sei (§ 134 BGB) und der Täter tatsächlich keinen Vorteil erlangt habe (BGHR StGB § 73 Erlangtes 11 = StraFo 2010, 348; BGH 3 StR 320/12). Dabei wird die **tatsächliche Position** übersehen sein, die der Beteiligte nach den Gepflogenheiten des Verkehrs in der Rauschgiftszene erlangt hat (→ Rn. 65).

65 **ee) Besitzpositionen, faktische Verfügungsgewalt.** Ausreichend sind auch tatsächliche, wirtschaftlich begünstigende Besitzpositionen (BGHSt 36, 251 (→ Rn. 36); 47, 369 (→ Rn. 20); *Oğlakcıoğlu* in MüKoStGB Rn. 26), zumal sich die Beteiligten der Rauschgiftszene unabhängig von der Eigentumsfrage in aller Regel darüber einig sind, dass das Geld endgültig in die Vermögenssphäre des Verkäufers übergehen soll (anders, wenn dieser nicht bezahlt wird, BGH NStZ 2003, 198; dazu auch → Rn. 81). Der Erhalt (Besitzerlangung) von Geld stellt jedenfalls dann einen dem jeweiligen Geldbetrag entsprechenden Wert dar, wenn der Täter

Einziehung §33 BtMG

zugleich die tatsächliche Möglichkeit erlangt, darüber zu verfügen (BGHSt 53, 179 (→ Rn. 79); BGH HRRS 2008, 348). Im Unterschied zum früheren Recht (dazu → 4. Auflage, Rn. 51–56) spielen die Besitzpositionen für die **Anordnung** der Einziehung von Taterträgen allerdings keine selbständige Rolle mehr, da es dazu nicht mehr des Eigentums des Einziehungsadressaten bedarf; dieses ist nur noch bei der **Urteilswirkung** (§ 75 StGB) von Bedeutung (BT-Drs. 18/9525, 61, 70).

(a) **Verkäufer.** Daher kann im Verfahren gegen den **Verkäufer** (→ Rn. 18) die **66** Einziehung des von dem Käufer bezahlten Geldes auch dann **angeordnet** werden, wenn der Verkäufer (wegen § 134 BGB) nicht Eigentümer geworden ist; zum **Kaufgeld,** das von einem polizeilichen Scheinaufkäufer bezahlt wurde → Rn. 81; ferner → Rn. 67, 70.

(b) **Kurier.** Dasselbe gilt bei dem **Kurier des Verkäufers,** der für diesen auch **67** den Kaufpreis von den Käufern entgegennimmt, um ihn später abzuliefern (etwas anderes soll für den kurzfristigen Besitz eines Boten gelten (BGH StGB § 73 Erlangtes 9 (→ Rn. 35); → Rn. 82)). Der von dem Kurier **kassierte Kaufpreis** unterliegt in voller Höhe der Einziehung nach § 73 Abs. 1 StGB, unabhängig von den zivilrechtlichen Besitz- und Eigentumsverhältnissen. Die – ohnehin unerlaubte – Weitergabe des Geldes an die Hintermänner ist im Rahmen der vollstreckungsrechtlichen Entreicherungsregelung (§ 459g Abs. 5 StPO) zu beurteilen.

Ist (nur) festgestellt, dass der **Kurier** für den **Transport** der **Drogen** einschließ- **68** lich Zwischenlagerung und Verteilung zuständig war, so folgt daraus noch nicht, dass er auch die erzielten Erlöse erhalten hat (BGH NStZ-RR 2007, 121); als erlangt kann in einem solchen Fall nur der **Kurierlohn** angesehen werden (BGH NStZ-RR 2008, 287).

In den Besitz des **Kuriers des Käufers** übergegangen und deswegen von ihm **69** erlangt ist das **(Kauf-)Geld,** das er dem Verkäufer überbringt (s. BGH 4 StR 25/11).

(c) **Zwischenhändler, Kommissionär.** Bei Zwischenhändlern unterliegt der **70** gesamte Erlös und nicht nur ihr Gewinnanteil der Einziehung von Taterträgen (s. BGHSt 51, 65 (→ Rn. 54)); mit der Übertragung der Beträge von ihren Abnehmern an sie werden die entsprechenden Geldmittel Teil ihres Vermögens, und zwar unabhängig davon, ob sie bar oder unbar eingehen oder ob sie mit anderen Geldern vermischt oder gesondert aufbewahrt werden. Unerheblich ist auch, aus welchem Guthaben anschließend der Lieferant bedient wird; selbst wenn dieselben Geldscheine weitergegeben werden, werden sie zunächst Bestandteil des Vermögens des Zwischenhändlers oder Kommissionärs (*Oğlakcıoğlu* in MüKoStGB Rn. 28). Spätere Mittelabflüsse sind (nur) im Rahmen des § 459g Abs. 5 StPO von Bedeutung.

(d) **Handelskette.** Zur Handelskette → Rn. 92. **71**

ff) **Erzielbare Vermögenszuwächse.** Noch kein Vermögenszuwachs ist ein **72** solcher, der erst noch erzielt werden soll. Was der Täter erst noch erlangen wollte, ist **kein „etwas"** Die zunichte gemachte **Gewinnaussicht** kann daher nicht für verfallen erklärt werden (BGH NStZ-RR 2006, 39 = StV 2006, 135). Dies wird namentlich bei Betäubungsmitteln bedeutsam, die **vor der (Weiter-)Veräußerung** sichergestellt wurden (BGHR StGB § 73 Erlangtes 8 (→ Rn. 57); BGH NStZ 2019, 414 = BeckRS 2019, 5128 zu in eigener Plantage gewonnenem Rauschgift).

gg) **Betäubungsmittel.** Bei Betäubungsmitteln ist zu unterscheiden: **73**

(a) **Erlangen durch die Tat.** Hat der Tatbeteiligte durch die Tat (noch) keinen **74** Erlös, sondern nur die Betäubungsmittel selbst erlangt, so unterliegen diese nicht der Einziehung von Taterträgen, sondern als Beziehungsgegenstände (§ 33 S. 1

Kornprobst 1239

BtMG, § 74 Abs. 2 StGB) der Einziehung von **Tatobjekten** (s. BGHSt 48, 40 = NJW 2003, 300 = NStZ 2003, 257; 2003, 367 mAnm *Rönnau* = StV 2003, 158; BGH NStZ 2011, 100). Dass Betäubungsmittel der Einziehung unterliegen, soll wohl auch nach dem Anfragebeschluss des 2. Strafsenats v. 1.6.2016 (NStZ 2016, 596) nicht fraglich sein (→ § 29 Rn. 17).

75 Die Einziehung von Taterträgen kommt erst dann in Betracht, wenn ein **Veräußerungserlös erzielt** wurde. Hat der Tatbeteiligte die Betäubungsmittel **selbst konsumiert**, so ist eine Einziehung ihres Wertes als Tatobjekte nur möglich, wenn sie ihm gehörten oder zustanden (§ 74c StGB; → Rn. 394). In aller Regel ist dies nicht gegeben. Allerdings kann hier auf die Einziehung des Wertes von Taterträgen zurückgegriffen werden: Der Konsument war durch die Tat zunächst bereichert; die spätere Entreicherung (durch den Verbrauch) schließt die Einziehung des Wertes des Tatertrags nicht aus. Auch verfolgen die Einziehung von Taterträgen und die Einziehung von Tatobjekten verschiedene Ziele und schließen sich deswegen nicht aus (BGH NStZ 2016, 618; s. auch BGH NJW 2007, 1221 (→ Rn. 63)). Mit einer (erfolgreichen) Einziehung des Tatobjekts wird dem Tatbeteiligten die Grundlage seiner Bereicherung entzogen, so dass für die Einziehung des Tatertrags grundsätzlich kein Bedürfnis besteht. Ist die Einziehung des Tatobjekts aber **nicht möglich,** besteht kein Grund, nicht auf die Einziehung des Tatertrags (Wertes des Tatertrags) zurückzugreifen (BGH NStZ 2016, 618; wohl aA BGH BeckRS 2020, 15820). Als Wert anzusetzen ist der (ersparte) **Einkaufsmarktwert** (BGH NJW 2001, 1805 = NStZ 2001, 381 = StV 2001, 407; NStZ 2016, 618).

76 **(b) Erlangen für die Tat.** Hat der Tatbeteiligte das Rauschgift für die Tat, etwa als **Honorar,** erhalten, so unterliegt es der Einziehung von Taterträgen (§ 73 Abs. 1 StGB) oder gegebenenfalls des Wertes von Taterträgen (§ 73c StGB). Dass der Täter sich mit der Entgegennahme seines Honorars das Rauschgift gleichzeitig verschaffte und dieses auch als Tatobjekt hätte eingezogen werden können, steht der Anwendung dieser Vorschriften nicht entgegen (BGH NStZ 2016, 618). Erweist sich das Rauschgift sowohl als Tatertrag als auch als Tatobjekt, so kommen die §§ 73, 73c StGB und 74, 74a StGB nebeneinander zur Anwendung (BGH NStZ 2016, 618).

77 **hh) Steuern.** Nach früherem Recht musste bei der Berechnung des Erlangten gegebenenfalls berücksichtigt werden, inwieweit die von der Einziehung von Taterträgen betroffenen Vermögensvorteile der **Einkommensteuer** unterliegen. Die hierzu ergangene Rechtsprechung (s. zB BGHSt 47, 260 = NJW 2002, 2257 = NStZ 2002, 477 = StV 2002, 483 = JR 2003, 160 mAnm *Wohlers* = StraFo 2002, 233; 51, 65 (→ Rn. 54); BGHSt 47, 260 (s. o.); 51, 65 (→ Rn. 54); BGH NStZ 2016, 733) ist **obsolet,** da die Festsetzung der steuerlichen Belastung und ihre Begleichung dem Zufluss der strafrechtswidrigen Einkünfte erst **nachfolgt** (Ausschussbericht BT-Drs. 18/11640, 78). Etwaige Doppelbelastungen werden steuerrechtlich vermieden, weil die Zahlungen auf eine Einziehungsanordnung als Ausgaben bei der Einkommensteuer abgesetzt werden können (BFH 14.5.2014 – X R 23/12; BFHE 235, 536).

78 Dementsprechend kommt auch eine Kürzung der Erlöse aus den Betäubungsmittelgeschäften um **Umsatzsteuer** grundsätzlich (weitergehend BGHSt 51, 65 (→ Rn. 54), „nie") nicht in Betracht. Eine Umsatzsteuerschuld fällt bei der unerlaubten Lieferung von Betäubungsmitteln ohnehin nicht an (BGH BeckRS 2015, 03560; auch → § 21 Rn. 36). Allerdings haftet der Täter für dennoch unrichtig in Rechnungen offen ausgewiesene Umsatzsteuerbeträge (§ 14c Abs. 1 S. 1 UStG). Berücksichtigt werden kann dies aber nur, wenn die Steuern tatsächlich gezahlt oder jedenfalls bestandskräftig festgesetzt sind (BGH BeckRS 2015, 03560).

79 **b) Erlangt.** Erlangt ist der Gegenstand oder Wert, sobald er in die eigene Verfügungsgewalt des Täters übergegangen ist (BGHSt 51, 65 (→ Rn. 54)). Das Erlangen ist ein **tatsächlicher Vorgang** (BT-Drs. 18/9525, 61; BGHSt 53, 179 = NJW 2009, 2073 = StV 2009, 353 = JZ 2009, 1124 mAnm *Rönnau;* BGH NStZ-RR 2015, 248). Erlangt ist etwas, wenn der Gegenstand in irgendeiner Phase des Tatablaufs in die Verfügungsgewalt des Täters übergegangen ist und ihm so durch die Tat oder für sie **etwas wirtschaftlich** messbar zugutekommt, unabhängig davon, ob das zugrunde liegende Grund- oder Verfügungsgeschäft wirksam ist und unabhängig von den zivilrechtlichen Besitz- und Eigentumsverhältnissen (BT-Drs. 18/9525, 61; BGHSt 51, 65 (→ Rn. 54); 53, 179 (s. o.); BGH NStZ-RR 2015, 310). Dies gilt auch nach der Neuregelung durch das Gesetz v. 13.4.2017 (BGH NStZ-RR 2018, 240; NStZ 2019, 272).

aa) Grundsatz. Bei einem Betäubungsmittelgeschäft ist der Erlös **erlangt,** sobald der Tatbeteiligte die faktische Verfügungsgewalt über ihn erworben hat (BGH NStZ 2008, 565 (623)). Der Vermögenszuwachs muss tatsächlich entstanden sein; dass er hätte erzielt werden können, genügt nicht (→ Rn. 72). 80

Erlangt ist nur das, worüber der Tatbeteiligte auch tatsächlich Verfügungsgewalt erworben hat (BGHSt 36, 251 (→ Rn. 36); BGHR StGB § 73c Härte 14 = NStZ 2010, 86 = StV 2010, 19 = StraFo 2009, 295; BGH NStZ-RR 2018, 278). An der notwendigen faktischen Verfügungsgewalt kann es fehlen, wenn dem Drogenhändler das bei einem **Scheinkauf** von einem V-Mann erhaltene Kaufgeld durch **anschließende** Sicherstellung wieder entzogen wird, so dass er keine faktische Besitzposition erlangt hat (→ Rn. 126; BGHSt 31, 145 = NJW 1983, 636 = NStZ 1983, 124 = StV 1983, 108 = JR 1983, 431 mAnm *Schmid;* iErg *Volkmer* in Körner/Patzak/Volkmer Rn. 147). Etwas **anderes** kommt dann in Betracht, wenn der Drogenhändler mit dem Erhalt und Besitz des (Kauf-)Geldes aus den **Scheinkäufen** die tatsächliche Möglichkeit erlangt hatte, darüber zu verfügen (BGHSt 53, 179 (→ Rn. 79)). Konnte das Kaufgeld nicht sichergestellt werden, so ist die Einziehung des Wertes von Taterträgen anzuordnen (BGHSt 53, 179 (→ Rn. 79); *Lohse* in LK-StGB StGB § 73 Rn. 39). Zum **Scheinkauf** auch → Rn. 101, 126. 81

Etwas erlangt ist auch in den Fällen des **Durchgangserwerbs.** Auch wenn der Täter das erhaltene Geld unmittelbar nach dem Empfang an einen Dritten, meist den Lieferanten, weitergegeben hat, hat er, wenn auch nur vorübergehend, die tatsächliche Möglichkeit erlangt, über die Beträge zu verfügen (BGHSt 53, 179 (→ Rn. 79)). Selbst wenn ein Rauschgifthändler dieselben Geldscheine, die er von den Käufern erhält, unmittelbar im Anschluss daran an seinen Lieferanten weitergibt, werden diese Beträge zunächst Bestandteil seines Vermögens und unterliegen der Einziehung (BGHSt 53, 179 (→ Rn. 79)). Gleiches gilt, wenn dem Käufer ein Teil des bezahlten Kaufpreises zurückgezahlt wird (BGH NStZ 2019, 272). An einem Durchgangserwerb (Vermögenszufluss) fehlt es, wenn der Beteiligte nur eine **kurzfristige** und **transitorische** Zugriffsmöglichkeit (hier: während des Transports des Diebesguts zur Aufnahmestelle) hat (BGH NStZ-RR 2014, 44; 2018, 341; *Lohse* in LK-StGB StGB § 73 Rn. 31; → Rn. 35). 82

Nicht ausreichend ist, dass der Vermögenswert lediglich **gefordert, angeboten** oder **versprochen** wird; notwendig ist der Wechsel der Verfügungsgewalt (*Lohse* in LK-StGB StGB § 73 Rn. 29). 83

Der Vermögenszuwachs muss **nicht im Inland** erfolgt sein; auch **Guthaben** bei einer Bank im Ausland können daher eingezogen werden (BGHR StGB § 73c Auslandsguthaben 1 = wistra 2001, 379). Dasselbe gilt für **Auslandsgrundstücke** (BGHR StGB § 73d Gegenstände 2 = NStZ 2000, 483 = StV 2000, 598). Ein solches Urteil greift nicht in die Souveränität ausländischer Staaten ein. Strafurteile wirken zunächst nur innerstaatlich. Ob sie im Ausland vollstreckt werden können, ist eine Frage der Internationalen Rechtshilfe in Strafsachen. (§ 90 IRG für die Mitgliedstaaten der EU, § 71a IRG für Drittstaaten). Auch wenn Rechtshilfe nicht ge- 84 leistet wird, ist die Anordnung der Einziehung von Taterträgen nicht sinnentleert, weil sie zur Strafbarkeit wegen Geldwäsche führen kann (BGHR StGB § 73c Auslandsguthaben 1 (s. o.)).

85 **bb) Mehrere Tatbeteiligte, Mittäterschaft.** Bei mehreren Beteiligten, insbesondere Mittätern, genügt wie nach altem Recht, dass sie zumindest eine **faktische oder wirtschaftliche Mitverfügungsmacht** über den Vermögensgegenstand erlangt haben, sie also im Sinne eines rein tatsächlichen Herrschaftsverhältnisses ungehinderten Zugriff auf den Vermögensgegenstand nehmen können (BGH NStZ-RR 2018, 240 (278); StV 2020, 738 = BeckRS 2020, 13453). Dabei ist unerheblich, ob und gegebenenfalls in welchem Umfang der Beteiligte eine unmittelbar aus der Tat gewonnene (Mit-)Verfügungsmacht später aufgegeben hat und der zunächst erzielte Vermögenszuwachs durch Mittelabflüsse bei Beuteteilung gemindert wurde (BGH NStZ-RR 2018, 240 (278, 335, 341)).

86 **(a) Gesamtschuldnerschaft.** Grundsätzlich kann bei jedem Beteiligten nur das eingezogen werden, was er im Sinne einer **tatsächlichen** (nicht notwendig rechtlichen) Verfügungsmacht selbst erlangt hat (BGH NStZ 2010, 390 = StraFo 2010, 257; 2010, 568 mAnm *Spillecke*). Dabei reicht das Erlangen einer (faktischen) **Mitverfügungsmacht** aus (BVerfG StV 2004, 409; BGHSt 52, 227 (→ Rn. 54); 56, 39 = NJW 2011, 624 = NStZ 2011, 295 = StV 2011, 133 = JR 2011, 242 mAnm *Lohse*). Ist eine solche gegeben, so ist bei der Bestimmung des Vermögensgegenstandes oder (im Falle der Einziehung des Wertes von Taterträgen) des staatlichen Zahlungsanspruchs von einer **gesamtschuldnerischen Haftung** der Beteiligten auszugehen (BGHSt 51, 65 (→ Rn. 54); 56, 39 (s. o.) je mwN; BGH NStZ 2013, 401 = StV 2013, 156; offen gelassen in BGH NJW 2012, 92 = NStZ 2012, 267). Dies gilt auch nach neuem Recht (BGH NStZ-RR 2018, 240; *Lohse* in LK-StGB StGB § 73 Rn. 54–56).

87 **Mittäterschaftliche Tatbeteiligung** belegt für sich betrachtet keine tatsächliche Verfügungsgewalt. Einem Tatbeteiligten kann die Gesamtheit des aus der Tat Erlangten mit der Folge einer gesamtschuldnerischen Haftung nur dann zugerechnet werden, wenn sich die Beteiligten einig sind, dass jedem die Mitverfügungsgewalt hierüber zukommen soll und er diese zumindest faktisch bzw. wirtschaftlich auch tatsächlich hatte (BGH NStZ 2019, 20; 2010, 568 mAnm *Spillecke*). Eine spätere Aufgabe der Mitverfügungsgewalt ist unerheblich (BGH NStZ-RR 2015, 310).

88 Die **Gesamtschuldnerschaft** als solche ist im **Urteilstenor** auszusprechen (BGH NStZ 2012, 382). Dies gilt auch neuem Recht (BGH BeckRS 2018, 13152 = NStZ-RR 2018, 341). Der Angabe des Namens des oder der anderen Gesamtschuldner bedarf es allerdings nicht, diese müssen nicht einmal bekannt sein (BGH BeckRS 2018, 23323 = NStZ-RR 2018, 369 mwN).

89 **Bei einer(m) gemeinsamen Kasse/Topf** haben alle Beteiligten gemeinsame Verfügungsgewalt (BGH NStZ 2012, 382), so dass die Einziehung gegenüber allen angeordnet werden kann; dies gilt auch dann, wenn der Erlös von einem Beteiligten im Interesse der anderen entgegengenommen wurde (BGH 1 StR 627/07). Werden Betäubungsmittel gemeinsam verkauft, so steht jedem Beteiligten die wirtschaftliche Mitverfügungsgewalt an dem gemeinsam unter seiner Beteiligung erzielten Erlös zu; welcher Anteil letztlich bei jedem verbleiben sollte, ist nicht erheblich (BGH NStZ 2008, 565).

90 **Hat ein Mittäter** den gesamten Verkaufserlös erlangt, um **die Anteile** an die anderen auszukehren, so ist die Einziehung von Taterträgen bei ihm auch nach der Weiterleitung für den gesamten Erlös anzuordnen (BGH NStZ 2003, 198; NStZ-RR 2018, 335; *Köhler* NStZ 2017, 665 (669)). Dasselbe gilt, wenn er nicht nur die Anteile, sondern den **gesamten Erlös weitergeleitet** hat (BGHSt 53, 179

(→ Rn. 79); BGH NStZ 2003, 198). Zu dem Kurier, der den Kaufpreis für eine Organisation entgegennimmt → Rn. 67. Zur Einziehung des Wertes von Taterträgen nach Auskehrung des Erlöses → Rn. 240.

Teilen Mittäter die Beute unter sich, so hat jeder (nur) seinen Anteil aus der Tat 91 erlangt (BGHR StGB § 73 Erlangtes 4; s. auch BGH 1 StR 627/07); hat aber zuvor eine **wirtschaftliche Mitverfügungsgewalt** bestanden, so ändert die spätere Aufteilung daran nichts mehr (→ Rn. 85, 90).

(b) Handelskette. Bei Beteiligten in einer Handelskette, in der dasselbe 92 Rauschgift mehrmals umgesetzt und der entsprechende Kaufpreis jeweils bezahlt und vom Verkäufer erlangt wird, ist jeder Beteiligte für sich zu betrachten und allein daran zu messen, was er konkret erhalten hat. Ziel der Einziehung des Tatertrags ist nicht die einmalige Abschöpfung des – regelmäßig beim Endabnehmer schließlich erreichten – höchsten Handelspreises, vielmehr soll jedem, der aus einer rechtswidrigen Tat etwas erlangt hat, dieses weggenommen werden, und zwar nach dem Bruttoprinzip. Auch nach neuem Recht werden daher von einem als Zwischenhändler oder als selbständiger Vermittler agierenden Täter grundsätzlich auch solche Geldbeträge iSd § 73 StGB erlangt, die er von seinem Abnehmer vereinnahmt und an den Lieferanten weitergibt (BGH NStZ-RR 2019, 22; *Lohse* in LK-StGB StGB § 73 Rn. 34). Bei einer Handelskette kann daher die **Summe** der eingezogenen Beträge den maximalen Handelspreis des umgesetzten Rauschgifts um **ein Mehrfaches übersteigen.** Dies mittels der Gesamtschuldnerschaft zu begrenzen oder auszugleichen, widerspräche dem Zweck der Einziehung von Taterträgen (iErg *Köhler/Burkhard* NStZ 2017, 665 (669); s. BGHSt 51, 65 (→ Rn. 54) für den Verfall).

c) (Keine) Unmittelbarkeit. Dadurch, dass § 73 Abs. 1 StGB nicht mehr darauf 93 abstellt, ob das Etwas **aus** der Tat, sondern **durch** die Tat erlangt wurde, sollte wohl erreicht werden, dass das von der Rechtsprechung entwickelte ungeschriebene Tatbestandsmerkmal der Unmittelbarkeit entfällt. Ausreichend sollte ein Kausalzusammenhang zwischen der rechtswidrigen Tat und dem Erlangen des Vermögenswertes sein (Ausschussbericht BT-Drs. 18/11640, 78). Die Rechtsprechung hat aber an dem Merkmal der Unmittelbarkeit festgehalten. Mittelbar durch die Verwertung oder den Einsatz der Tatbeute erlangte Vermögenszuwächse können weiterhin nur als Surrogat aufgrund einer Anordnung nach § 73 Abs. 3 Nr. 1 StGB eingezogen werden, weil ansonsten die vom Gesetz getroffene Unterscheidung zwischen der Einziehung des Erlangten nach § 73 Abs. 1 StGB und der Einziehung des Surrogats nach § 73 Abs. 3 Nr. 1 StGB keinen Sinn ergäbe (BGH NJW 2018, 2141).

Dem postulierten **Verzicht auf die Unmittelbarkeit steht mithin entgegen,** 94 dass § 73 Abs. 2, 3 StGB die früheren Vorschriften über Nutzungen und Surrogate in den entscheidenden Punkten übernommen hat. Der Ausschussbericht (BT-Drs. 18/11640, 78) sieht in § 73 Abs. 3 StGB eine „Einschränkung des Kausalzusammenhangs" (gemeint ist wohl, dass ein Kausalzusammenhang hier nicht genügt), so dass der Ersatz, der für einen Ersatzgegenstand erlangt wird, nicht abgeschöpft werden könne. Die Vermögenswerte, die der Täter durch die **Verwendung** oder den **Einsatz** des Erlangten gewonnen hat, etwa im Glücksspiel, durch Spekulation oder Investition, sind weder Nutzungen (§ 73 Abs. 2 StGB, § 100 BGB) noch Surrogate (§ 73 Abs. 3 StGB; s. *Fischer* StGB § 73 Rn. 33) und können als lediglich mittelbar erzielte Vermögenszuwächse auch nicht nach § 73 Abs. 1 StGB eingezogen werden (BGH NJW 2018, 2141; *Eser/Schuster* in Schönke/Schröder StGB § 73 Rn. 15; *Lohse* in LK-StGB StGB § 73 Rn. 45).

2. Nutzungen und Surrogate (§ 73 Abs. 2, 3 StGB). Für Nutzungen und 95 Surrogate gelten im Wesentlichen die früheren Regelungen; sie können daher nur auf Grund einer Anordnung nach § 73 Abs. 2, 3 StGB eingezogen werden (BGH NJW 2018, 2141).

96 a) **Nutzungen (§ 73 Abs. 2 StGB).** Die Anordnung der Einziehung von Taterträgen ist auch auf die gezogenen (und nicht erst erwarteten (*Fischer* StGB § 73 Rn. 31)) Nutzungen (§ 100 BGB) zu erstrecken. Dazu gehören Zinsen aus dem Erlangten (BGH 1 StR 328/91), Gewinn oder Mieteinnahmen aus dem damit angeschafften Haus (*Eser/Schuster* in Schönke/Schröder StGB § 73 Rn. 26). Auch bei den Nutzungen bedarf die Einziehung einer gerichtlichen Entscheidung (BT-Drs. 18/9525, 61).

97 b) **Surrogate (§ 73 Abs. 3 StGB).** Gegenstand der Einziehung von Taterträgen können – allerdings nur alternativ und nicht zusätzlich zur Einziehung des (vollen) Werts des zunächst Erlangten (BGH NStZ 2018, 654) – auch die Ersatzgegenstände oder Surrogate sein. Dies sind der Veräußerungserlös, der Ersatz für die Zerstörung, Beschädigung oder Entziehung des Originalobjekts sowie die auf Grund eines erlangten Rechts erworbenen Gegenstände (§ 73 Abs. 3 StGB). Nicht eingezogen werden kann, was für einen Ersatzgegenstand erlangt ist (→ Rn. 94).

98 Ist **Geld** erlangt, sind Gegenstand der Einziehung nicht nur die Geldbeträge als solche, sondern auch die Gegenstände, die der Tatbeteiligte mit dem Geld erworben hat (BGHR StGB § 73d Gegenstände 4 = NStZ 2001, 531; BGH NStZ-RR 2016, 83). Dasselbe gilt für **Forderungen,** etwa, wenn der Verkäufer von Betäubungsmitteln das erlangte Geld bei einer Bank einzahlt (*Volkmer* in Körner/Patzak/Volkmer Rn. 111).

99 V. **Eigentum/Inhaberschaft.** Die Anordnung des Verfalls im Verfahren gegen den Tatbeteiligten setzte nach dem früheren Recht voraus, dass diesem der Verfallsgegenstand **im Zeitpunkt** der Entscheidung **gehörte** oder **zustand** (BGHSt 36, 251 (→ Rn. 36)). Diese Voraussetzung ist für die **Anordnung** der Einziehung von Taterträgen **entfallen** (BT-Drs. 18/9525, 70; *Eser/Schuster* in Schönke/Schröder StGB § 73 Rn. 23). Die zivilrechtliche Zuordnung ist nun allein eine Frage der **Urteilswirkung** (BT-Drs. 18/9525, 61, 70).

100 Für das **Erkenntnisverfahren** bedeutet dies, dass es sich mit der Frage des Eigentums an den einzuziehenden Sachen oder der Inhaberschaft an einem einzuziehenden Recht **nicht befassen** muss. Es reicht aus, dass der Täter oder Teilnehmer die **tatsächliche** Verfügungsgewalt über den Gegenstand innehat und ihn damit **erlangt** hat (→ Rn. 79). Da sich die Einziehung nicht gegen ihn richtet, ist der (wahre) Eigentümer oder Inhaber nicht als Einziehungsbeteiligter (§ 424 Abs. 1 StPO) am Verfahren zu beteiligen. Auch eine Verfahrensbeteiligung als Nebenbetroffener (§ 438 StPO) kommt nicht in Betracht. Da die Einziehung von Taterträgen unabhängig von Eigentum oder Inhaberschaft anzuordnen ist, wäre die Beteiligung des Eigentümers oder Inhabers ohne Sinn. Dass sie möglicherweise im Hinblick auf die Urteilswirkungen hilfreich sein könnte, vermag eine Stellung als Verfahrensbeteiligter nicht zu begründen.

101 VI. **Ansprüche des Verletzten.** Ansprüche des Verletzten können die **Anordnung** der Einziehung von Taterträgen nicht mehr hindern. Das Gesetz v. 13. 4. 2017 sieht darin ein Kernstück der Reform (BT-Drs. 9525, 47–53). Die Entschädigung der Verletzten wird in das Strafvollstreckungsverfahren verlagert. Kein Verletzter ist der Staat, soweit es um **Kaufgeld** geht, das nach einem **Scheinkauf** nicht mehr sichergestellt werden konnte (→ Rn. 81, 126). Die Strafvorschriften des BtMG dienen nicht dem individuellen Rechtsgüterschutz staatlicher Stellen, sondern allein der Wahrung öffentlicher Belange BGHSt 53, 179 (→ Rn. 79)). Dies gilt auch nach neuem Recht.

102 B. **Schätzung.** Umfang und Wert des Erlangten sind gegebenenfalls zu **schätzen** (§ 73d Abs. 2 StGB). Zu den Einzelheiten → Rn. 264–270.

C. Härteklausel, Unterbleiben der Vollstreckung (§ 459g Abs. 5 StPO). 103
Während der Referentenentwurf für die Einziehung von Taterträgen noch eine
Härteklausel enthielt (§ 75 Abs. 1 StGB-E), wurde dies im Regierungsentwurf im
Hinblick auf die „Konkretisierung" des Bruttoprinzips aufgegeben (BT-Drs.
18/9525, 55). Die Frage einer etwaigen **unbilligen Härte** spielt daher im Erkenntnisverfahren keine Rolle (BGH NStZ-RR 2018, 241). Für die Einziehung, die zu
einer **Geldzahlung verpflichtet,** hat sie im Vollstreckungsverfahren in § 459g
Abs. 5 S. 1 Alt. 2 StPO einen gewissen Ersatz gefunden (→ Rn. 149, 289–295);
eine analoge Anwendung dieser Vorschrift im Erkenntnisverfahren kommt nicht in
Betracht (→ Rn. 276).

Das Gesetz v. 13. 4. 2017 hat auch § 73c Abs. 1 S. 2 StGB aF gestrichen. Auf den 104
Wegfall der Bereicherung kann sich der Tatbeteiligte (anders der gutgläubige
Drittbegünstigte (§ 73e Abs. 2 StGB)) im **Erkenntnisverfahren** daher nicht berufen; die Einziehung wird unabhängig von seiner etwaigen Entreicherung angeordnet (BT-Drs. 18/9525, 56, 68), das Erkenntnisverfahren wird von der Prüfung
dieser Frage entlastet. Auch insoweit ist eine analoge Anwendung des § 459g Abs. 5
StPO ausgeschlossen (→ Rn. 276).

Ein weiterer Vorteil dieser Regelung ist, dass sie es ermöglicht, Vermögenswerte 105
des **Tatbeteiligten,** die bis zum Urteil unentdeckt geblieben sind und deswegen
nach altem Recht zur Entreicherung geführt hätten, **nachträglich** im Strafvollstreckungsverfahren abzuschöpfen (BT-Drs. 18/9525, 56). Werden nach Rechtskraft
der Anordnung **bislang unentdeckte Vermögenswerte** des vermeintlich vermögenslosen Täters festgestellt, können diese daher aufgrund der rechtskräftigen
(vollstreckbaren) Einziehungsentscheidung (nachträglich) abgeschöpft werden
(*Köhler/Burkhard* NStZ 2017, 665 (670)).

Die Neuregelung bedeutet nicht, dass die Frage der **Entreicherung** im gesam- 106
ten Strafverfahren keine Rolle mehr spielen würde. Für Einziehungen, die zu einer
Geldzahlung verpflichten, **unterbleibt die** Vollstreckung auch, soweit der Wert
des Erlangten im Vermögen des Betroffenen nicht mehr vorhanden ist (§ 459g
Abs. 5 S. 1 Alt. 1 StPO; → Rn. 149, 275–296).

D. Anordnung. Die Anordnung der Einziehung von Taterträgen bei Tätern 107
oder Teilnehmern ist **zwingend** (BGHSt 47, 269 (→ Rn. 20); BGH NStZ 2004,
400; NStZ-RR 2019, 22). Deshalb ist die Einziehung auch keiner **Verständigung**
gemäß § 257c Abs. 2 StPO zugänglich; tauglicher Gegenstand einer Verständigung
können allenfalls eine Verfahrensbeschränkung nach § 421 StPO oder (etwa im
Rahmen einer Beschränkung des Verfahrensgegenstands nach § 154 StPO) ein Verzicht auf die Durchführung eines selbstständigen Einziehungsverfahrens nach § 435
Abs. 1 S. 2 StPO sein (BGH NStZ 2018, 366). Unbillig kann die erzwungene Einziehung aller erlangten Vermögenswerte unter Umständen im Anwendungsbereich
des § 31 BtMG erscheinen, wenn nämlich die aus Drogengeschäften resultierenden
Einnahmen des Täters ausschließlich aufgrund selbstbelastender Angaben im Rahmen einer **Kronzeugenaussage** nachgewiesen werden können. Mangels Strafcharakters unterfällt die Einziehung nicht der fakultativen Strafmilderung nach § 49
Abs. 1 StGB. Etwaigen Härten kann daher regelmäßig nur durch die Verhältnismäßigkeitsprüfung nach § 459g Abs. 5 S. 1 StPO im Vollstreckungsverfahren Rechnung getragen werden (→ Rn. 275ff.).

Maßgebend für die Anordnung ist die Zeit der Entscheidung. Das Erlangte, etwa 108
Bargeld, muss zu diesem Zeitpunkt noch als solches bei dem Tatbeteiligten vorhanden sein (BGHR StGB § 73 Erlangtes 7). Anderenfalls kommt die Einziehung des
Wertes von Taterträgen (§ 73c StGB) in Betracht. Zur Einzahlung bei der Gerichtskasse → Rn. 127. Auf Eigentum oder Inhaberschaft kommt es **nicht** an (→ Rn. 99,

100). Wird über den Gegenstand **nach** der Anordnung der Einziehung verfügt, gilt § 75 Abs. 3 StGB (→ Rn. 141, 142).

109 Auf die **sichergestellten Beträge** darf sich das Gericht **nicht** beschränken, wenn es zugleich feststellt, dass der Gesamtgewinn weit höher liegt (BGH NStZ 1989, 436). Insoweit ist die Einziehung des Wertes von Taterträgen anzuordnen.

110 **Zwingend** ist auch die Anordnung der Einziehung von **Nutzungen** (§ 93 Abs. 2 StGB). Nur die Entscheidung über die Einziehung der **Surrogate** steht im pflichtgemäßen Ermessen des Gerichts, das sich dabei auch von der Verfahrensökonomie leiten lassen darf (§ 73 Abs. 3 StGB). Es muss dann allerdings zwingend (*Fischer* StGB § 73c Rn. 5; *Eser/Schuster* in Schönke/Schröder StGB § 73 Rn. 27) die Einziehung des Wertes von Taterträgen anordnen (§ 73c S. 1 StGB).

111 **E. Strafzumessung.** Im Hinblick auf die mangelnde strafähnliche Wirkung der Einziehung von Taterträgen wirkt die mit ihr verbundene Vermögenseinbuße **nicht strafmildernd** (s. BGHSt 46, 380 = NJW 2001, 2812 = NStZ 2001, 488 = StV 2002, 260; BGH NStZ-RR 2015, 281; aA *Oğlakcıoğlu* in MüKoStGB Rn. 97: Berücksichtigung der Auswirkungen auf die Lebensverhältnisse des Tatbeteiligten im Rahmen des § 46 Abs. 2 StGB; überzeugend ist dies nicht; es ist insbesondere nicht einzusehen, dass die Entziehung kriminell erlangten Vermögens zu einer Strafmilderung führen soll). Durch die Neuregelung der strafrechtlichen Vermögensabschöpfung hat sich daran nichts geändert (BGH NStZ-RR 2018, 240 (241); 5 StR 600/17; BeckRS 2018, 19084).

112 Dies gilt auch in den Fällen des § 75d Abs. 1 S. 2 StGB, in denen der Erlös eingezogen wird, ohne dass die Aufwendungen abgezogen werden können (s. BGHR StGB § 46 Abs. 1 Schuldausgleich 38 = NStZ 2011, 312). Auch → Vor § 29 Rn. 1085. Anders als die Einziehung eines mit legalen Einkünften finanzierten Tatwerkzeugs betrifft die Einziehung des Rauschgifterlöses einen unrechtmäßig erlangten Vermögensbestandteil. Ein **rechtlich schützenswertes Vertrauen**, die Vorteile behalten zu dürfen, hat hier nie bestanden (BGHR StGB § 46 Abs. 1 Schuldausgleich 38 (s. o.)).

113 Da das **Abzugsverbot** nur noch für Aufwendungen gilt, die für die Begehung oder Vorbereitung der Tat gemacht wurden (§ 75d Abs. 1 S. 2 StGB), dürfte die Rechtsprechung, wonach die Höhe der Strafe und die Anordnung des Verfalls (Einziehung) ausnahmsweise aufeinander abzustimmen sind (BGHR StGB § 73d Strafzumessung 1 (→ Rn. 25)), obsolet sein.

114 **F. Bezeichnung der Einziehungsgegenstände im Urteil.** Im Hinblick auf die Urteilswirkung müssen die eingezogenen Gegenstände im **Urteilstenor** so **genau gekennzeichnet** werden, dass bei allen Beteiligten und der Vollstreckungsbehörde Klarheit über den Umfang der Einziehung besteht. Betäubungsmittel sind nach Art und Menge zu kennzeichnen (→ Rn. 347; BGHR BtMG § 33 Beziehungsgegenstand 2 = DRsp Nr. 1997/17240). Das Revisionsgericht kann gemäß § 354 Abs. 1 StPO die Entscheidung selbst treffen, wenn die Urteilsgründe die erforderlichen Angaben enthalten (BGHR BtMG § 33 Beziehungsgegenstand 2; BeckRS 2017, 102403).

115 **G. Wirkung (§ 75 StGB).** Die Vorschrift regelt, welche Wirkung die Anordnung der Einziehung hat. Sie ist an § 73e StGB aF angelehnt, gilt aber nicht nur für die Einziehung von Taterträgen, sondern auch für die Einziehung von Tatmitteln, Tatprodukten, Tatobjekten oder Schriften. Zur zeitlichen **Geltung** → Rn. 14, 16.

116 **I. Der Übergang des Eigentums oder des Rechts (Absatz 1).** Absatz 1 enthält zwei unterschiedliche Regelungen:

Einziehung § 33 BtMG

- **Satz 1** gilt in allen Fällen der Einziehung von Taterträgen (wie auch der von Tatmitteln, Tatprodukten und Tatobjekten) und ist daher auch in **Betäubungsmittelsachen** anwendbar,
- **Satz 2** knüpft an § 459i StPO an (BT-Drs. 18/10146, 3, 11) und setzt daher einen durch die Tat **Verletzten** voraus; in Betäubungsmittelsachen kommt dies nicht in Betracht.

Sind die **Voraussetzungen** des Absatzes 1 **nicht** gegeben, so verbleibt es beim 117 Eigentum oder der Inhaberschaft des Dritten. Anders als nach § 74e StGB aF findet ein originärer Erwerb des Staates (dazu Schmidt in LK-StGB StGB § 74e Rn. 3) nicht statt (*Lohse* in LK-StGB StGB § 75 Rn. 7). Das Recht des (nicht dolosen) Dritten bleibt von der Einziehungsanordnung unberührt (BT-Drs. 18/9525, 70). Da die Einziehung von Taterträgen im Erkenntnisverfahren unabhängig von der rechtlichen Zuordnung des Gegenstands **angeordnet** wird, wird die Entscheidung darüber, ob ein Eigentumsübergang stattgefunden hat, dem **Vollstreckungsverfahren** überlassen (→ Rn. 100). Der Dritte kann sein Recht jederzeit (zur Frist des Satzes 2 → Rn. 138), etwa durch eine Herausgabe- oder Feststellungsklage gegenüber dem Justizfiskus geltend machen (*Lohse* in LK-StGB StGB § 75 Rn. 10). In Betracht kommen auch Einwendungen gegen die Zulässigkeit der Strafvollstreckung nach § 458 Abs. 1 StPO (*Joecks* in MüKoStGB Rn. 4; *Rönnau* Vermögensabschöpfung Rn. 431 je zu § 73e StGB aF).

Da die Einziehung von Taterträgen unabhängig vom dem Eigentum oder der Inhaberschaft an dem Einziehungsgegenstand angeordnet wird, kommt es auf die **Vorstellungen** des **erkennenden Gerichts** hiervon **nicht** an. Es ist daher auch unerheblich, ob sich das Gericht dabei geirrt hat (s. BT-Drs. 18/9525, 70). 118

1. Der Übergang nach Satz 1. Satz 1 regelt zwei Fälle, die auf die unterschiedliche Rechtszuständigkeit im Zeitpunkt der Rechtskraft der Entscheidung abstellen. Beide Fälle haben gemeinsam, dass das Eigentum oder die Inhaberschaft auf den Staat übergehen. Staat ist das Land (Justizfiskus), dem das Gericht des ersten Rechtszuges angehört (§ 60 StVollstrO). Ein Übergang auf den Bund kommt in Betäubungsmittelsachen nicht in Betracht. 119

a) Die Wirkung bei Eigentümern/Inhabern (Nr. 1). Die Vorschrift gilt in 120 den Fällen, in denen der Einziehungsgegenstand dem Einziehungsadressaten (→ Rn. 18) im Zeitpunkt der Rechtskraft der Anordnung gehört oder zusteht. Sie wird auch dann gelten, wenn der Gegenstand zu diesem Zeitpunkt **herrenlos** ist (so zum alten Recht: *Eser* in Schönke/Schröder, 29. Aufl. 2014, StGB § 73e Rn. 6).

Wem der Gegenstand gehört oder zusteht, richtet sich auch nach neuem Recht 121 nicht nach der wirtschaftlichen Vermögenszuordnung, sondern **nach bürgerlichem Recht**. Zu Sicherungs- und Vorbehaltseigentum → Rn. 139, 340, 341, zu Miteigentum und Gesamthandseigentum → Rn. 342, 343.

Im Drogenhandel ist nicht nur das Verpflichtungsgeschäft, sondern auch das 122 Verfügungsgeschäft nichtig (§ 134 BGB):

aa) Geld. Der **Verkäufer** von Betäubungsmitteln erwirbt daher an dem **Geld**, 123 das er von dem Käufer erhalten hat, nach deutschem Recht kein Eigentum (BVerfGE 110, 1 (→ Rn. 20)). Ein Eigentumserwerb kann allerdings in Betracht kommen, wenn das Geschäft im **Ausland** stattgefunden hat, kein Fall des § 6 Nr. 5 StGB (→ Vor § 29 Rn. 119–134) vorliegt und festgestellt werden kann, dass eine dem § 134 BGB entsprechende ausländische Norm fehlt (BGHSt 33, 233 = NJW 1985, 2773 = NStZ 1985, 556 mAnm *Eberbach*). Die bloße Möglichkeit des Erwerbs unter der Geltung einer solchen Rechtsordnung genügt nicht (BGHSt 33, 233).

Ebenso kann der **Verkäufer** (Mit-)Eigentum an dem eingenommenen Geld erwerben, wenn er es mit eigenem Geld vermischt oder (rechtlich zutreffender) **ver-** 124 mengt (§§ 948, 947 BGB). Ist die Vermengung untrennbar oder nur mit unverhältnismäßigem Aufwand trennbar, so ist die Anordnung der Einziehung nicht ausführbar (s. *Fischer* StGB § 73 c Rn. 6). Nach § 76 StGB kann dann **nachträglich** die Einziehung des Wertes des Tatertrages angeordnet werden (s. BGHR StGB § 73 b Schätzung 2 = NStZ-RR 2000, 57; BGH StV 2002, 254; 3 StR 348/07). Die Entscheidung trifft das Gericht des ersten Rechtszuges (§ 462 Abs. 1 S. 2 StPO). Zur etwaigen Zuständigkeit der Strafvollstreckungskammer → Rn. 278. Das Verfahren richtet sich nach § 462 Abs. 2, 3 StGB.

125   Der Verkäufer erwirbt auch dann kein Eigentum an dem Geld, wenn der **Käufer** dieses Geld zuvor von seinen späteren Abnehmern erhalten hat, um Rauschgift zu kaufen. Die späteren Abnehmer sind Eigentümer des Geldes geblieben (wenn es der Käufer nicht mit eigenem vermengt hat (→ Rn. 124)). Für den Eigentumsübergang auf den Staat gilt Nr. 2.

126   Da der Verkäufer von Rauschgift kein Eigentum erwirbt, kann auch Geld, das ihm von einem **Scheinaufkäufer der Polizei** zur Bezahlung der Betäubungsmittel gegeben wurde (Kaufgeld), nicht eingezogen werden (BGH NStZ 2004, 554). Das Geld gehört weiterhin dem Staat und ist der Polizeibehörde herauszugeben, die es zur Verfügung gestellt hat (BGH NStZ 2018, 458). Dies kommt allerdings nur dann in Betracht, wenn das Kaufgeld im Anschluss an die Übergabe **sichergestellt** werden kann und der Verkäufer deswegen auch keine tatsächliche Verfügungsgewalt erlangt hat (→ Rn. 81). Dazu, dass der Staat nicht Verletzter sein kann, → Rn. 101.

127   Wird das sichergestellte Geld bei der **Gerichtskasse eingezahlt,** so bleibt es weiterhin Gegenstand der Einziehung nach § 73 StGB. Es ist insbesondere kein Fall des § 73 c StGB; nach der maßgeblichen Anschauung des täglichen Lebens macht es keinen Unterschied, ob eine bestimmte Banknote als vertretbare Sache durch einen gleichwertigen Anspruch gegen die Staatskasse ersetzt wird (BGHR StGB § 74 Identität 1; BGH NStZ-RR 2015, 282 = StV 2016, 150 m. Bespr. *Mayer*).

128   bb) **Betäubungsmittel.** Der **Käufer** von Betäubungsmitteln erwirbt an ihnen kein Eigentum. Etwas anderes gilt, wenn er sie im Ausland außerhalb der Geltung des § 134 BGB oder einer entsprechenden ausländischen Vorschrift erworben, mit eigenen Betäubungsmitteln vermengt oder durch Verarbeitung oder Umbildung eines oder mehrerer Stoffe zu einem neuen Stoff hergestellt hat und der Wert der Verarbeitung nicht erheblich geringer ist als der des Stoffes (→ Rn. 123, 124). Häufig wird dies nicht gegeben sein.

129   Da Betäubungsmittel aber **Beziehungsgegenstände** (Tatobjekte) sind, können sie nach § 33 BtMG unter den Voraussetzungen des § 74a StGB auch dann eingezogen werden, wenn sie nicht dem Käufer gehören. Dies muss allerdings im Erkenntnisverfahren geprüft werden.

130   **Eigentümer** der von ihnen **angebauten** oder **hergestellten** Betäubungsmittel werden die Anbauer oder Hersteller. Zur Einziehung aber → Rn. 408.

131   cc) **Vermittler.** An dem Eigentum an Geld oder Betäubungsmitteln fehlt es (natürlich), wenn der Angeklagte nur als **Vermittler** aufgetreten ist und die Ware nicht selbst erwerben wollte (BGHR StGB § 74c Abs. 1 Zustehen 1; *Volkmer* in Körner/Patzak/Volkmer Rn. 87). Es gilt § 75 Abs. 1 S. 1 Nr. 2 StGB.

132   **b) Die Wirkung bei Dritten (Nr. 2).** Mit Nr. 2, die im Wesentlichen dem früheren § 73 Abs. 4 StGB entspricht, wurde ein erheblicher Teil der Schwierigkeiten beseitigt, die sich daraus ergeben, dass der Einziehungsadressat nicht Eigentümer oder Inhaber des Einziehungsgegenstandes ist. Die Regelung erfasst vor allem die Fälle des **unerlaubten Betäubungsmittelhandels,** in denen der Betäubungsmittelverkäufer wegen der Nichtigkeit des Übereignungsgeschäfts nach § 134 BGB kein Eigentum an dem als Gegenleistung für die Betäubungsmittel hingegebenen

Geld erlangen kann. Dies hätte zur Folge, dass das Geld zwar eingezogen werden kann, jedoch nicht in das Eigentum des Staates übergehen könnte. Dies wird durch Nr. 2 vermieden, wobei auf die **Verstrickung** des Eigentümers oder Inhabers in das Geschäft abgestellt wird.

Danach geht das Eigentum auf den Staat über, wenn der Gegenstand einem anderen gehört oder zusteht, der ihn **für die Tat** oder **andere Zwecke** in **Kenntnis** der Tatumstände gewährt hat. 133

aa) Gewährt ist ein Gegenstand, wenn der Dritte ihn dem Tatbeteiligten tatsächlich zugewandt hat. Dabei muss der dem Dritten (formal) noch zustehende Gegenstand **zugleich** den Vermögenszuwachs bilden, den der Tatbeteiligte durch die konkrete Tat oder für sie erlangt hat. Dies ist vor allem bei der Zahlung des Kaufpreises bei Drogengeschäften durch den Käufer (BGHSt 36, 251 (→ Rn. 36)) gegeben. 134

bb) Für die Tat. Die Tat ist die Anknüpfungstat (→ Rn. 25−28). Da es sich nur um eine Unterstützungshandlung handelt, muss der Dritte sie **nicht** in allen **Einzelheiten** kennen. Ähnlich wie bei einem Gehilfen genügt die Kenntnis in ihren Umrissen. Die Tat beginnt mit dem Beginn des Versuchs und endet mit der Beendigung. Unverständlich ist, dass die **Vorbereitung** der Tat hier nicht genannt wird (s. demgegenüber § 73 d Abs. 1 S. 2 StGB). Es bleibt daher nichts anderes übrig als diese Fälle nach der zweiten Variante der Nr. 2 zu behandeln (→ Rn. 136). Im illegalen Drogenhandel ist der Käufer von Drogen nicht Tatbeteiligter (aA *Eser/Schuster* in Schönke/Schröder StGB § 75 Rn. 4), sondern Täter einer **selbständigen** Tat (→ Vor § 29 Rn. 260). Dies ändert nichts daran, dass das Geld wie von einem Außenstehenden für die Tat gegeben wird. 135

cc) Für andere Zwecke in Kenntnis der Tatumstände. Während § 73 Abs. 4 StGB aF darauf abstellte, dass der Gegenstand „sonst in Kenntnis der Tatumstände" gewährt wurde, kommt es nach der nicht erläuterten (BT-Drs. 18/9525, 70) Neuregelung des § 75 Abs. 1 S. 1 Nr. 2 StGB nF darauf an, ob der Gegenstand „für andere Zwecke in Kenntnis der Tatumstände" gewährt wurde. Ein solch anderer Zweck ist auch die Zuwendung zum Zwecke der Vorbereitung der Tat. Auch sonst kommen vor allem Handlungen in Betracht, mit denen die Tat mittelbar gefördert werden konnte. 136

Der Einziehungsgegenstand muss in Kenntnis der Tatumstände gewährt worden sein. Ein positives Wissen des Dritten um die Tatbegehung ist dazu nicht erforderlich. **Bedingt vorsätzliches** Handeln reicht (*Oğlakcıoğlu* in MüKoStGB Rn. 107; *Joecks* in MüKoStGB StGB § 73 Rn. 95; aA *Eser/Schuster* in Schönke/ Schröder StGB § 75 Rn. 4; *Lohse* in LK-StGB StGB § 75 Rn. 9). Leichtfertigkeit genügt nicht. 137

2. Der Übergang nach Satz 2. Satz 2 betrifft den sog. Kleinen Auffangrechtserwerb (BT-Drs. 18/9525, 70) und gilt damit für die Fälle des früheren § 73 Abs. 1 S. 2 StGB. In Betäubungsmittelsachen ist er ohne Bedeutung. Dies gilt auch in den Fällen, in denen der Einziehungsgegenstand, etwa das Geld, mit dem die Drogen bezahlt wurden, gestohlen war. Der Eigentümer ist Verletzter des Diebstahls, nicht aber der Tat, um die es hier geht. Auch wenn er eine Mitteilung über die Rechtskraft der Einziehungsanordnung erhalten haben sollte, ist die **Sechsmonatsfrist** für ihn **nicht** maßgeblich, da § 459i StPO für ihn nicht gilt und Satz 2 eine Mitteilung nach dieser Vorschrift voraussetzt (BT-Drs. 18/10146, 3, 11). 138

II. Die Rechte Dritter (Absatz 2). Nach **Satz 1** bleiben Rechte Dritter an dem Einziehungsgegenstand bestehen. Rechte Dritter sind (Grund-)Pfandrechte und Nießbrauch sowie der Rückübertragungsanspruch des Sicherungsgebers bei **Sicherungseigentum** und das Anwartschaftsrecht des Erwerbers bei **Vorbehaltseigentum** (unscharf BT-Drs. 18/9525, 70). Kein Fall des Absatz 2 Satz 1 ist es, 139 wenn sich die Einziehung gegen den Inhaber des Rückübertragungsanspruchs oder des Anwartschaftsrechts richtet (zur Einziehung dieser Rechte → Rn. 340, 341); **Dritter** kann nur eine Person sein, gegen die sich die Einziehungsanordnung nicht richtet (BT-Drs. 18/9525, 70).

140 Die **Sätze 2 und 3** kommen für die Einziehung von Taterträgen nicht in Betracht.

141 **III. Veräußerungsverbot (Absatz 3).** Absatz 3 entspricht den früheren § 73 e Abs. 2 und § 74 e Abs. 3 StGB. Die Vorschrift regelt die Wirkung einer nicht rechtskräftigen Anordnung der Einziehung eines Gegenstandes, der **nicht beschlagnahmt** ist. Veräußerungsverbote sind zivilrechtlich als Verfügungsverbote zu verstehen (BT-Drs. 18/11640, 81), so dass nicht nur Veräußerungen, sondern Verfügungen allgemein verboten sind.

142 War der Gegenstand zum Zeitpunkt der Entscheidung bereits in **Vollziehung** einer **Beschlagnahmeanordnung** nach den §§ 111b, 111c StPO sichergestellt, ergeben sich die rechtlichen Wirkungen aus § 111d StPO (BT-Drs. 18/9525, 70). Die bloße Beschlagnahme nach § 111b Abs. 1 StPO hat diese Wirkung nicht (*Joecks* in MüKoStGB zu § 74e aF Rn. 6; *Köhler* in Meyer-Goßner/Schmitt StPO § 111c Rn. 1).

143 **IV. Verhältnis zur Insolvenz (Absatz 4).** Absatz 4 ergänzt § 111d Abs. 1 S. 2 StPO. War der Einziehungsgegenstand vor der Einziehungsentscheidung bereits beschlagnahmt und wird die Wirkung der Beschlagnahme von der Eröffnung des Insolvenzverfahrens nicht berührt, soll die Einziehung auch während eines Insolvenzverfahrens zu einem Eigentumsübergang führen, ohne dass § 91 InsO entgegensteht.

144 **H. Einziehung des Wertes von Taterträgen.** Die Einziehung des Wertes von Taterträgen (§ 73 c StGB) ist gegebenenfalls möglich. Auf → Rn. 238–263 wird Bezug genommen.

145 **I. Vollstreckung, Unterbleiben der Vollstreckung (§ 459g StPO).** Mit der Rechtskraft der Anordnung gehen das Eigentum oder die Inhaberschaft an den eingezogenen Gegenständen auf den Justizfiskus über (→ Rn. 115–137).

146 **Bei Rechten** erlangt der Fiskus damit die Gläubigerstellung, so dass sich das weitere Vorgehen nach dem betreffenden Recht, meist Zivilrecht, richtet. Strafvollstreckungsrechtliche Regelungen sind insoweit nicht erforderlich. Dieses Recht ist daher auch keine Nebenfolge, die zu einer Geldzahlung verpflichtet, und unterfällt deswegen auch nicht § 459g Abs. 2, 5 StPO.

147 Die Vollstreckung des Anspruchs des Justizfiskus auf Besitzeinräumung an **beweglichen** und **unbeweglichen Sachen** regelt § 459g Abs. 1 StPO: Die Anordnung der Einziehung wird dadurch vollstreckt, dass die Sache **demjenigen,** gegen den sich die Anordnung richtet, **weggenommen** wird (§ 459g Abs. 1 S. 1 StPO). Es gelten die Vorschriften des JBeitrG idF d. Bek. v. 30. 6. 2017 (§ 459g Abs. 1 S. 2 StPO). Die etwas betulichen Vorschriften diese Gesetzes werden verschärft durch den auf Empfehlung des 6. Ausschusses (BT-Drs. 18/11640, 45) eingefügten § 459g Abs. 3 StPO, der auf die Regeln über die Durchsuchung (§§ 102–110 StPO), auch bei Dritten, die Beschlagnahme und den Vermögensarrest (§ 111c Abs. 1, 2, § 111f Abs. 1, § 111k Abs. 1, 2 StPO) sowie die Ausschreibung (§ 131 Abs. 1 StPO) verweist. Dabei soll die entsprechende Anwendung des § 131 Abs. 1 StPO die Ausschreibung der (Einziehungs-)Anordnung wie einen Haftbefehl zur Vollstreckung ermöglichen (BT-Drs. 18/11640, 89; *Köhler/Burkhard* NStZ 2017, 665 (670)). Bei Grundstücken ist der Eigentumsübergang dadurch zu dokumentieren, dass das Grundbuch zu berichtigen ist.

Einziehung **§ 33 BtMG**

Für die nach § 458 g Abs. 3 StPO notwendig werdenden gerichtlichen Entscheidungen verweist der Ausschussbericht (BT-Drs. 18/11640, 89) auf das **Gericht des ersten Rechtszuges**, das nach § 462a Abs. 2 S. 1 StPO zuständig sei. Dies gilt allerdings nur dann, wenn gegen den Verurteilten keine Freiheitsstrafe vollstreckt wird, denn sonst ist nach § 462 Abs. 1, § 462a Abs. 1 StPO die Strafvollstreckungskammer zuständig. Diese wird das Verfahren aber sinnvollerweise an das Gericht des ersten Rechtszuges abgeben (§ 462a Abs. 1 S. 3 StPO). 148

Die Vollstreckung einer Einziehung (Nebenfolge), die zu einer **Geldzahlung verpflichtet,** unterbleibt auf Anordnung des Gerichts, wenn der Wert des Erlangten **nicht mehr** im Vermögen des Betroffenen **vorhanden** ist (§ 459g Abs. 5 S. 1 Alt. 1 StPO). Die Vollstreckung unterbleibt auf Anordnung des Gerichts auch dann, wenn sie **sonst unverhältnismäßig** wäre. Wegen der Einzelheiten wird auf → Rn. 275–296 Bezug genommen. Zur Zuständigkeit des Gerichts und zum Verfahren → Rn. 278. 149

Werden **nachträglich** Umstände bekannt oder treten Umstände ein, die einer Anordnung nach § 459g Abs. 5 S. 1 StPO entgegenstehen, so ist die **Vollstreckung wieder aufzunehmen;** die Wiederaufnahme ist zwingend (§ 459g Abs. 5 S. 2 StPO). Nicht anders als das Unterbleiben bedarf sie einer Anordnung des Gerichts. Zur Zuständigkeit und zum Verfahren → Rn. 278. 150

J. Beschlagnahme zur Sicherung der Einziehung (§ 111b StPO). Ist die Annahme begründet, dass die Voraussetzungen der Einziehung eines Gegenstandes vorliegen, so kann er zur Sicherung der Einziehung **bereits im Ermittlungsverfahren beschlagnahmt** werden (§ 111b Abs. 1 S. 1 StPO). Sind die Gründe dringend, so soll die Beschlagnahme angeordnet werden. Sie wird nach § 111c StPO vollzogen. **Erst die Vollziehung** der Beschlagnahme wirkt als Veräußerungsverbot (§ 111d StPO). Eine **formlose Sicherstellung** begründet das Veräußerungsverbot noch **nicht.** 151

K. Vereinfachung und Beschleunigung des Verfahrens. Weitergehend als das bisherige Recht sieht das neue Recht für die Einziehung von Taterträgen und des Wertes von Taterträgen zwei Instrumente (§ 421 StPO und §§ 422, 423 StPO) vor; für die Einziehung von Tatprodukten, Tatmitteln und Tatobjekten gilt lediglich § 421 StPO: 152

I. Absehen von der Einziehung (§ 421 StPO). Aus dem früheren Recht (§§ 442, 430 StPO) stammt das Absehen von der Einziehung nach § 421 StPO. Die Vorschrift bezieht sich gleichermaßen auf die Einziehung von **Taterträgen** und des Wertes von Taterträgen (fraglich allerdings für Absatz 1 Nr. 2 → Rn. 155) wie auf die Einziehung von **Tatmitteln, Tatprodukten** und **Tatobjekten** und ihres Wertes. Während dies im Referentenentwurf durch die Aufspaltung in zwei Absätze noch deutlich unterschieden wurde, war diese Trennung, ohne dass dies von der Gesetzesbegründung bemerkt wurde (BT-Drs. 18/9525, 86), bereits im Regierungsentwurf entfallen. Das Absehen von der Einziehung bedarf der Zustimmung der Staatsanwaltschaft. Aus verfahrensökonomischen Gründen ist auch eine Teilbeschränkung innerhalb einer (einheitlichen) Einziehungsentscheidung zulässig; so kann zB bei mehreren durch die Tat erlangten, aber nicht mehr vorhandenen Gegenständen hinsichtlich einzelner von der Feststellung des Wertersatzes abgesehen werden, um einen unangemessenen Aufwand der nach § 73c StGB erforderlichen Wertbestimmung zu vermeiden (*Köhler* in Meyer-Goßner/Schmitt StPO § 421 Rn. 2; BGH BeckRS 2018, 28624). 153

1. Geringer Wert (Absatz 1 Nr. 1). In Übereinstimmung mit § 73c Abs. 1 S. 2 StGB aF kann nach Absatz 1 Satz 1 von der Einziehung abgesehen werden, wenn das Erlangte nur einen **geringen Wert** hat. Zweifelhaft erscheint die Ansicht, der geringe Wert entspreche dem der geringwertigen Sachen des § 248a StGB (*Fischer* 154

BtMG § 33 Sechster Abschnitt. Straftaten und Ordnungswidrigkeiten

StGB § 73 c Rn. 6). Vielmehr dürfte sich die Grenze des strafprozessualen Ermessensspielraums an dem mit der Herbeiführung und Vollstreckung von Einziehungsentscheidungen im Allgemeinen verbundenen Aufwand orientieren und deshalb höher liegen, zB entsprechend der in der Literatur (*Bach* JR 2008, 233 Fn. 43 mwN) zu Sicherstellungsentscheidungen nach § 111 d Abs. 1 S. 3 StPO aF vertretenen Auffassungen bei 100–200 EUR (*Schmidt* in KK-StPO StPO § 421 Rn. 3, der in Anlehnung an die Praxis in Steuerstrafverfahren die Grenze sogar bei etwa 500 EUR ansetzt).

155 **2. Nicht ins Gewicht fallen (Absatz 1 Nr. 2).** Die Vorschrift entspricht § 430 Abs. 1 StPO aF. Nicht ins Gewicht fällt die Einziehung, wenn sie auch unter dem Blickpunkt des Schutzes der Rechtsordnung entbehrlich erscheint (*Köhler* in Meyer-Goßner/Schmitt StPO § 421 Rn. 5). Da die an § 154 StPO angelehnte Vorschrift die Einziehung ins Verhältnis zu der zu erwartenden Strafe und Maßregel setzt, dürfte sie eigentlich nur die Fälle der strafähnlichen (Wertersatz-)Einziehung von Tatobjekten, -produkten und -mitteln nach §§ 74 ff. StGB betreffen (*Köhler* in Meyer-Goßner/Schmitt StPO § 421 Rn. 6). Der BGH wendet die Vorschrift gleichwohl auch auf Fälle der Einziehung (des Wertes) von Taterträgen nach §§ 73, 73 c StGB an (BGH BeckRS 2018, 31676; 2017, 139770). In der Praxis dürfte in diesen Fällen allerdings regelmäßig die Heranziehung von Absatz 1 Nr. 3 näher liegen.

156 **3. Unangemessener Aufwand, unangemessene Erschwerung (Absatz 1 Nr. 3).** Auch die Nr. 3 hat ihren Vorgänger in § 430 Abs. 1 StPO aF. Ein unangemessener **Aufwand** ist dann anzunehmen, wenn sich im Hinblick auf die Einziehung übermäßige Verfahrenskosten, etwa durch Sachverständigengutachten, Zeugenvernehmungen oder Ortstermine, ergeben oder wenn Gericht, Staatsanwaltschaft oder Beweispersonen ein Übermaß an Zeit aufwenden müssen (*Köhler* in Meyer-Goßner/Schmitt StPO § 421 Rn. 8). Von Bedeutung kann insoweit sein, ob sich etwa im Hinblick auf eine Mittellosigkeit des Täters der Aufwand überhaupt lohnen würde (*Schmidt* in KK-StPO StPO § 421 Rn. 5). Eine unangemessene Erschwerung der Entscheidung kann insbesondere in einer unverhältnismäßigen Verlängerung der Prozessdauer oder Ausdehnung oder Komplizierung der Aufklärungsarbeit bestehen (*Köhler* in Meyer-Goßner/Schmitt StPO § 421 Rn. 8).

157 **4. Wiedereinbeziehung (Absatz 2).** Das Gericht kann das Verfahren in jeder Lage des Verfahrens wieder auf die Einziehung erstrecken („Wiedereinbeziehung"). Einem Antrag der Staatsanwaltschaft muss es insoweit entsprechen.

158 **5. Beschränkung im Ermittlungsverfahren (Absatz 3).** Die Vorschrift entspricht § 430 Abs. 2 StPO aF. Danach kann im Ermittlungsverfahren die Staatsanwaltschaft die Beschränkung vornehmen. Die Beschränkung ist aktenkundig zu machen. Einer Zustimmung des Gerichts bedarf sie nicht (*Schmidt* in KK-StPO StPO § 421 Rn. 7).

159 **II. Abtrennung der Einziehung (§§ 422, 423 StPO).** Eine neue Regelung enthalten die §§ 422, 423 StPO nF. Sie gelten nur für die Einziehung von Taterträgen oder des Wertes von Taterträgen. Nach § 422 StPO kann das Gericht das Verfahren über die Einziehung von dem übrigen Verfahren abtrennen, wenn die Herbeiführung einer Entscheidung über sie die Entscheidung über die anderen Rechtsfolgen der Tat unangemessen erschweren oder verzögern würde (§ 422 S. 1 StPO). Dies kommt insbesondere in Haftsachen in Betracht. Die Abtrennung bedarf nicht der Zustimmung der Staatsanwaltschaft.

160 **Die Abtrennung** führt **nicht** zu einem endgültigen Ausscheiden aus dem Verfahren, sondern nur dazu, dass das Gericht die Entscheidung über die Einziehung **nach der Rechtskraft** des Urteils in der Hauptsache trifft (§ 423 Abs. 1 S. 1

StPO). Dabei ist das Gericht an die Entscheidung in der Hauptsache und die tatsächlichen Feststellungen, auf denen sie beruht, gebunden (Satz 2).

Die Entscheidung über die Einziehung soll spätestens **sechs Monate nach** der Rechtskraft der Entscheidung in der Hauptsache getroffen werden (Absatz 2). Sie ergeht durch Beschluss und ist dann mit sofortiger Beschwerde anfechtbar (Absatz 3). Das Gericht kann oder muss anordnen, dass nach **mündlicher Verhandlung** durch Urteil entschieden wird; für die mündliche Verhandlung gelten die Vorschriften über die Berufungshauptverhandlung (§ 324 StPO) und die Hauptverhandlung entsprechend (Absatz 4). 161

Das Verfahren bleibt auch nach der Abtrennung bei dem **Gericht anhängig,** das in der Hauptsache entschieden hat (s. § 423 Abs. 1 S. 1 StPO). Es gelten die allgemeinen Besetzungsregeln (§ 76 GVG). 162

Abschnitt 3. Erweiterte Einziehung von Taterträgen bei Tätern und Teilnehmern (§ 73 a StGB)

A. Zweck. Gesetzgeberisches Motiv für die Einführung des damaligen erweiterten Verfalls (§ 73 d StGB aF) war die bessere Bekämpfung der Organisierten Kriminalität durch Verstärkung der Gewinnabschöpfung. Trotz dieses allgemein akzeptierten Ziels war der erweiterte Verfall insbesondere unter den Gesichtspunkten der Unschuldsvermutung und der Eigentumsgarantie von jeher sehr umstritten (*Lohse* in LK-StGB StGB § 73a Rn. 23 mwN). In der Praxis ist die Maßnahme mittlerweile angekommen, wobei ihre Effizienz nicht nur an der Strafverfolgungsstatistik gemessen werden darf. Schon ihre bloße Existenz führt nicht selten dazu, dass der Betroffene mit der „formlosen Einziehung" einverstanden ist (→ Rn. 471). 163

Das **Gesetz 13.4.2017** (→ Rn. 13) hat die Maßnahme in Form der erweiterten Einziehung von Taterträgen bei Tätern und Teilnehmern (§ 73a StGB) übernommen, wobei es in vier wesentlichen Punkten Änderungen vorgenommen hat: 164
– die Anknüpfung an bestimmte Katalogtaten wurde aufgegeben; die erweiterte Einziehung von Taterträgen kommt bei jeder rechtswidrigen Tat in Betracht,
– hinsichtlich der Erwerbs- oder Herkunftstaten wurde die vormalige Rechtsprechung, wonach das Gericht von der deliktischen Herkunft überzeugt sein muss, in das Gesetz aufgenommen,
– Nutzungen und Surrogate gehören nicht zu den Einziehungsgegenständen,
– für die erweiterte Einziehung des Tatertrages wurde eine originäre Verjährungsfrist von 30 Jahren, beginnend mit der Beendigung der Anknüpfungstat, eingeführt.

Zur zeitlichen **Geltung** des Gesetzes → Rn. 14, 16.

B. Inhalt, Subsidiarität. Nach der Neuregelung (§ 73a Abs. 1 StGB) ordnet das Gericht, wenn eine rechtswidrige Tat begangen wurde, die Einziehung von Gegenständen des Täters oder Teilnehmers auch dann an, wenn diese Gegenstände durch **andere** rechtswidrige Taten oder für sie erlangt worden sind. Nicht erforderlich ist, dass diese anderen rechtswidrigen Taten im Einzelnen festgestellt werden (BT-Drs. 18/9525, 65). 165

Für das **Verhältnis des Verfalls zum erweiterten Verfall** hatte die Rechtsprechung (zuletzt BGHR StGB § 73d Anwendungsbereich 3 = NStZ-RR 2012, 312; BGH NStZ-RR 2012, 312; 2013, 207) einen **Anwendungsvorrang** des Verfalls entwickelt. Das Gesetz v. 13.4.2017 hält für die erweiterte Einziehung von Taterträgen an dieser **Subsidiarität** fest, wobei die Gesetzesbegründung auf die bisherige Rechtsprechung verweist (BT-Drs. 18/9525, 65). Dies gilt auch im Hinblick darauf, dass das Gesetz nunmehr ausdrücklich von „anderen" Taten spricht (§ 73a Abs. 1 StGB). 166

167 Wird von der bisherigen Rechtsprechung ausgegangen, so kommt die **erweiterte Einziehung** von Taterträgen in Betracht, wenn nach Ausschöpfung aller Beweismittel feststeht, dass der Angeklagte Gegenstände aus rechtswidrigen Taten erlangt hat, jedoch **nicht geklärt werden kann,** ob die Gegenstände aus den abgeurteilten oder aus anderen Taten stammen. Es muss daher vor der Anwendung des § 73a StGB nicht ausgeschlossen werden, dass der Gegenstand aus der Anknüpfungstat (→ Rn. 25–28) stammt (aA BGH NStZ-RR 2018, 337 zum alten Recht). Es genügt, dass das Tatgericht sich außerstande sieht, den Gegenstand eindeutig den abgeurteilten oder anderen rechtswidrigen Taten zuzurechnen. Von der Anordnung ausgenommen sind aber Gegenstände, die nicht **ausschließbar aus Taten stammen,** deretwegen der Angeklagte **freigesprochen** wurde (BGH NStZ-RR 2018, 380).

168 Das Gericht hat mithin **kein Wahlrecht** zwischen der Einziehung und der erweiterten Einziehung; kann das Erlangte **einer anderen Tat zugeordnet werden,** ist für die erweiterte Einziehung kein Raum. Dies gilt jedenfalls dann, wenn die andere Tat angeklagt ist und das Gericht sie **festgestellt** hat (s. BGH NStZ-RR 2016, 83). Auch dann, wenn die Erwerbstat zwar **in der Anklage enthalten,** auf Grund einer fehlerhaften Entscheidung des LG aber noch bei diesem anhängig ist (BGH NStZ-RR 2013, 207 (→ Rn. 166)), scheidet eine auf diese Tat gestützte erweiterte Einziehung aus. Dasselbe gilt, wenn die Tat in einer **anderen Anklage** enthalten ist.

169 Sehr weit allerdings geht der Beschluss des 2. Strafsenats v. 4.4.2013 (NStZ 2014, 82 mAnm *Knauer/Oğlakcıoğlu;* StV 2014, 617; ebenso BGH NJW 2018, 3325 mAnm *Habetha;* NStZ 2020, 213), wonach der erweiterte Verfall (die erweiterte Einziehung) auch dann nicht in Betracht kommen soll, wenn das Erlangte aus einer **nicht angeklagten,** aber **konkretisierbaren** Tat herrühren kann. Abgesehen von der Undeutlichkeit dieses Begriffs (Anfangsverdacht?, hinreichender Verdacht?) zeigt bereits das Verteidigungsverhalten, das durch eine solche Rechtsprechung ausgelöst wird, wie wenig überzeugend sie ist: Der Verteidiger müsste im laufenden Verfahren dartun, dass sein Mandant eine konkretisierbare Straftat begangen hat; in dem späteren Verfahren müsste er das wieder in Abrede stellen.

170 **C. Anknüpfungstat.** Ebenso wie die Einziehung setzt die erweiterte Einziehung eine rechtswidrige Tat voraus, die nicht notwendig schuldhaft sein muss. Dies gilt auch im Hinblick auf das – nunmehr ohnehin eingeschränkte – Bruttoprinzip (→ Rn. 36, 52). Diese Tat muss **von der Anklage umfasst** und in der Hauptverhandlung festgestellt sein.

171 Eine einheitliche Bezeichnung für diese Tat hat sich bislang nicht durchgesetzt. In den Materialien zum OrgKG (BT-Drs. 11/6623, 6) heißt sie **Anknüpfungstat** (ebenso BT-Drs. 18/9525, 64; BGHR StGB §73d Anwendungsbereich 3 (→ Rn. 166); *Köhler* NStZ 2017, 497 (499); *Oğlakcıoğlu* in MüKoStGB Rn. 118; *Fischer* StGB §73a Rn. 9; *Lohse* in LK-StGB StGB §73a Rn. 9; *Saliger* in NK-StGB StGB §73d Rn. 6; *Joecks* in MüKoStGB StGB §73d Rn. 22). In der Rechtsprechung wird sie überwiegend **Anlasstat** genannt (BVerfGE 110, 1 (→ Rn. 20); BGHSt 40, 371 = NJW 1995, 470 = NStZ 1995, 125 = StV 1995, 76 = JR 1995, 296 mAnm *Katholnigg;* BGH NStZ 2014, 82); der ebenfalls verwendete Begriff **Katalogtat** (BGHSt 41, 278 = NJW 1996, 136 = NStZ 1996, 78 = StV 1986, 23) kommt nicht mehr in Betracht (→ Rn. 172). Im Ausschussbericht zum Gesetz v. 13.4.2017 (BT-Drs. 18/11460, 82, 83) wird sie **Erwerbstat** genannt.

172 In Betracht kommen **alle rechtswidrigen Taten.** Die Beschränkung auf bestimmte Katalogtaten ist entfallen (BT-Drs. 18/9525, 64). Ob der mit dieser Erweiterung verbundene Gewinn die erheblichen Schwierigkeiten für die Praxis aufwiegen wird, muss die Zukunft lehren (s. auch *Rönnau/Begemeier* NZWiSt 2016, 260).

Einziehung **§ 33 BtMG**

Die neue Regelung gilt nach Art. 316h EGStGB auch für Taten, die **vor dem 1.7.2017** begangen wurden, es sei denn, es ist schon eine Entscheidung ergangen (Ausschussbericht BT-Drs. 18/11640, 21, 84).

D. Erwerbstat (Herkunftstat). Während bei der Einziehung von Taterträgen 173 die Erwerbstat mit der Anknüpfungstat oder wenigstens einer von ihnen (→ Rn. 26) identisch sein muss, wird diese Verknüpfung bei der erweiterten Einziehung gelockert. Hier reicht es aus, wenn die Gegenstände durch andere rechtswidrige Taten oder für sie erlangt sind. Eine einheitliche **Terminologie** hat sich für diese Taten noch nicht gebildet (→ Rn. 171). Während sie in den Materialien zum OrgKG (BT-Drs. 11/6623, 7; ebenso BVerfGE 110, 1 (→ Rn. 20); *Joecks* in MüKo-StGB StGB § 73d Rn. 31) **Herkunftstaten** genannt werden, verwendet BGHSt 41, 278 (→ Rn. 171) den Begriff **Erwerbstat** (ebenso BT-Drs. 18/9525, 64; *Lohse* in LK-StGB StGB § 73a Rn. 9; 42; *Köhler* NStZ 2017, 497 (499)). Um die Verwirrung voll zu machen, bezeichnet BGH NStZ-RR 2010, 385 die Tat als „Anknüpfungstat" (s. demgegenüber → Rn. 171).

I. Anforderungen. Ohne Bedeutung ist die **Qualität** dieser Erwerbs- oder 174 Herkunftstaten; jede beliebige rechtswidrige Tat reicht aus. Zwischen der Anknüpfungstat und der Erwerbstat muss kein (Kausal-)Zusammenhang bestehen; dementsprechend können auch nicht-gewinnorientierte Taten Anlass geben, im Wege der erweiterten Einziehung das aus anderen Taten illegal erzielte Vermögen abzuschöpfen (*Lohse* in LK-StGB StGB § 73a Rn. 9, 31). Auch ein Bezug zur Organisierten Kriminalität ist nicht erforderlich. Im Hinblick auf die Subsidiarität der erweiterten Einziehung darf die Erwerbstat nur nicht von der Anklage oder einer anderen Anklage erfasst sein (→ Rn. 168); zur bloßen Konkretisierbarkeit → Rn. 169. Es darf sich auch nicht um eine Tat handeln, deretwegen der Angeklagte rechtskräftig **freigesprochen** wurde (BGHR StGB § 73 Anwendungsbereich 3 (→ Rn. 167)) oder das Verfahren nach § 154 Abs. 2 StPO eingestellt ist (s. BGHR StGB § 73 Anwendungsbereich 1 = NStZ 2003, 422).

Zeit und Ort der Erwerbstat müssen nicht ermittelt werden (*Saliger* in NK- 175 StGB StGB § 73d Rn. 7; *Burghart* in Satzger/Schluckebier/Widmaier StGB § 73d Rn. 5). Die Erwerbstat kann **vor** (BGHR StGB § 73d Anwendungsbereich 3 (→ Rn. 166); BGH NStZ-RR 2010, 385) oder **nach** der Anknüpfungstat begangen sein. Sie kann auch einen im Ausland belegenen Gegenstand betreffen (*Saliger* in NK-StGB StGB § 73d Rn. 7), sofern der Erwerb nach deutschem Recht rechtswidrig war. Zur Verfolgbarkeit und zur Verjährung → Rn. 182, 183.

II. Beweisanforderungen. Die in § 73d Abs. 1 S. 1 StGB aF enthaltene Formel, 176 wonach es ausreichte, wenn „die **Umstände**" die Annahme einer deliktischen Herkunft der Gegenstände rechtfertigten, hat das Gesetz v. 13.4.2017 **gestrichen** und damit die verfassungsgerichtlich (BVerfGE 110, 1 (→ Rn. 20)) gebilligte Rechtsprechung (BGHSt 40, 371 (→ Rn. 171)) zu dieser Formel nachvollzogen (BT-Drs. 18/9525, 65). Der ohnehin nur halbherzige Versuch einer **Beweiserleichterung** (→ 4. Auflage, Rn. 224–226) ist damit obsolet.

Danach ist die Annahme der **deliktischen Herkunft** eines Gegenstands nur 177 dann iSd § 73a Abs. 1 StGB gerechtfertigt, wenn sich das Gericht durch Ausschöpfung aller vorhandenen Beweismittel von dieser Herkunft **überzeugt** hat. Für eine solche Überzeugungsbildung sind Feststellungen über **konkrete Herkunftstaten** nicht erforderlich (BT-Drs. 18/9525, 65).

Bei der **Überzeugungsbildung** ist der Maßstab anzulegen, der auch sonst bei 178 der Frage des Tatnachweises gilt (BT-Drs. 18/9525, 65). Danach bedarf die **richterliche Überzeugung** einer tragfähigen, verstandesmäßig einsehbaren Tatsachengrundlage, die aus rationalen Gründen den Schluss erlaubt, dass das festgestellte Geschehen mit der Wirklichkeit übereinstimmt BGH NStZ 2017, 480

Kornprobst 1255

= NZV 2017, 227 mAnm *Krenberger* = zfs 2017, 292). Die auf einer solchen Tatsachengrundlage gezogenen Schlussfolgerungen müssen nicht zwingend sein; es genügt, dass sie möglich sind (BGH NStZ 2017, 480). An Beweisregeln ist das Gericht nicht gebunden. Sachverhaltsvarianten, für die das aus dem Inbegriff der Hauptverhandlung geschöpfte Beweisergebnis keine zureichenden tatsächlichen Anhaltspunkte erbracht hat, sind für die richterliche Entscheidung ohne Belang (BGH NStZ 2017, 480).

179 **Vernünftige** Zweifel an einer deliktischen Herkunft stehen danach der Anordnung der erweiterten Einziehung entgegen, so dass sie ausscheidet, wenn bestimmte Tatsachen (BGH BeckRS 2020, 18465) die **nicht nur theoretische** Möglichkeit begründen, dass die Vermögensgegenstände des Täters aus rechtmäßigen Quellen stammen (BGH BeckRS 2018, 476; 2018, 13606; 2020, 29246). Verfügt der Angeklagte auch über **legale Einkünfte**, so bedarf die Annahme, es handle sich um aus rechtswidrigen Taten erlangte Gelder, einer besonders sorgfältigen Begründung (BGH BeckRS 2020, 25889). Allerdings dürfen **überspannte Anforderungen** an die Überzeugungsbildung nicht gestellt werden (BT-Drs. 18/9525, 65; BGH NStZ-RR 2012, 81).

180 Besonderes Gewicht kommt nach der Gesetzesbegründung (BT-Drs. 18/9525, 65) den **in § 437 StPO genannten Umständen** zu. Die dort genannten Kriterien haben schon bisher eine erhebliche Rolle gespielt. So ist es eine Selbstverständlichkeit, dass das Gericht seine Überzeugung von der deliktischen Herkunft auf das **grobe Missverhältnis** zwischen dem Wert des Gegenstandes und den rechtmäßigen Einkünften des Betroffenen stützen kann (§ 437 S. 1 StPO; dazu BGH NStZ 1995, 125; NStZ-RR 2010, 385). Entsprechendes gilt für

– das Ergebnis der Ermittlungen zu der Tat, die Anlass für das Verfahren war (§ 437 S. 2 Nr. 1 StPO), sowie weitere, nicht von der Verurteilung umfasste Betäubungsmittelgeschäfte (BGHR StGB § 73d Gegenstände 4 (→ Rn. 98)), auch aus ihnen kein Gewinn erzielt wurde (BGHSt 40, 371 (→ Rn. 171)),
– für die Umstände, unter denen der Gegenstand aufgefunden oder sichergestellt worden war (§ 437 S. 2 Nr. 2 StPO); dazu BGH NStZ-RR 2010, 385, oder
– die sonstigen persönlichen und wirtschaftlichen Verhältnisse des Betroffenen (§ 437 S. 2 Nr. 3 StPO); dazu BGHSt 40, 371 (→ Rn. 171).

181 **Beispiele:** Ein mehrfach in Erscheinung getretener Betäubungsmittelstraftäter, der ohne erkennbare sonstige Einkunftsquellen von Sozialhilfe lebt, verfügt über ein Spargutshaben von über 42.000 DM (BGH NStZ 1995, 125), ein arbeitsloser Rauschgifthändler verfügt über ein hochwertiges Kfz und erhebliche Barmittel (BGH NStZ-RR 2009, 384) oder das aufgefundene Geld war zusammen mit Betäubungsmitteln versteckt, die Einkommensverhältnisse des Täters waren eher bescheiden und zwischen seiner Vermögenslage und seiner legalen Einkunftsquelle bestand eine deutliche Diskrepanz (BGH NStZ-RR 2010, 385).

182 **III. Nicht verfolgbare Erwerbstat, Verjährung (§ 76b StGB).** Nicht erforderlich ist, dass die Erwerbstat verfolgbar ist. Dies gilt auch, wenn die Verfolgung aus rechtlichen Gründen nicht möglich ist (BT-Drs. 11/6623, 7; *Lohse* in LK-StGB StGB § 73a Rn. 41; *Katholnigg* JR 1995, 353 (354); aA *Joecks* in MüKoStGB StGB § 73d Rn. 24; *Saliger* in NK-StGB StGB § 73d Rn. 6). Abgesehen von dem gesetzgeberischen Willen macht es wenig Sinn, über die Verfolgbarkeit von Taten, die gerade nicht festgestellt werden müssen (→ Rn. 177), zu spekulieren. Da es auch nicht darum geht, dem Betroffenen vergeltend ein Übel zuzufügen (BVerfGE 110, 1 (→ Rn. 20)), sondern durch Straftaten erlangte Vermögenswerte zu entziehen, sind auch verfassungsrechtliche Bedenken nicht zu sehen. Im Hinblick darauf, dass die erweiterte Einziehung stets zusätzlich eine verfolgbare Anknüpfungstat (→ Rn. 170) voraussetzt, halten sich auch die teilweise gesehenen **Wertungswidersprüche**

(BGHSt 41, 278 (→ Rn. 171); sowie die oben zitierten Autoren) zur Einziehung jedenfalls noch in einem vertretbaren Rahmen.

Dass auch nicht mehr verfolgbare Taten Grundlage für die erweiterte Einziehung 183
von Taterträgen sein können, ist Ausgangspunkt der auf Empfehlung des 6. Ausschusses (BT-Drs. 18/11460, 18) durch das Gesetz v. 13.4.2017 eingeführten Vorschrift des § 76b StGB. Danach verjährt die erweiterte Einziehung in 30 Jahren (§ 76b Abs. 1 S. 1 StGB). Die Vorschrift führt damit für die Einziehung eine **originäre Verjährungsfrist** ein, die sich an der Höchstfrist für verjährbare Taten orientiert (BT-Drs. 18/11460, 83). Die Verjährung **beginnt** nach § 76b Abs. 1 S. 2 StGB mit der **Beendigung** der **Anknüpfungstat** (die im Ausschussbericht (BT-Drs. 18/11460, 83) „Erwerbstat" genannt wird). Die Regeln über das Ruhen, die Unterbrechung oder den Ausschluss der Verjährung gelten entsprechend (§ 76b Abs. 1 S. 3, Abs. 2 StGB). Die Vorschrift dient der Rechtssicherheit und erleichtert die Praxis insoweit, als sich das Gericht lediglich davon überzeugen muss, dass die betreffende (nicht konkret feststellbare) Erwerbstat nicht länger als 30 Jahre seit der Beendigung der Anknüpfungstat zurückliegt (BT-Drs. 18/11460, 83). Im Hinblick auf die quasi-bereicherungsrechtliche Natur der Einziehung von Taterträgen gilt die Verlängerung der Verjährung **auch für die Fälle,** in denen die Erwerbstaten bei Inkrafttreten des Gesetzes v. 13.4.2017 **bereits verjährt** waren (BT-Drs. 18/11640, 84; aber → Rn. 15).

E. Einziehungsgegenstand. Anders als bei der Einziehung können Objekte 184
der erweiterten Einziehung nur **Gegenstände,** also Sachen oder Rechte (→ Rn. 60), sein (*Schmidt* Vermögensabschöpfung-HdB Rn. 101, 102). Nicht dazu gehören nur rechnerisch fassbare Vorteile wie ersparte Aufwendungen (BGH wistra 2018, 471; BeckRS 2018, 17999; *Lohse* in LK-StGB StGB § 73a Rn. 44; *Eser/Schuster* in Schönke/Schröder StGB § 73a Rn. 8). Sind die an sich der Einziehung unterliegenden Gegenstände zum Zeitpunkt der Anordnung nicht mehr vorhanden, gelten die Regeln über die Einziehung des Wertes von Taterträgen (→ Rn. 199, 238–263; unklar *Lohse* in LK-StGB StGB § 73a Rn. 39, wonach die Gegenstände zum Zeitpunkt der Anordnung noch zum Vermögen des Täters gehören oder ihm zustehen müssen). Dass ein Gegenstand bereits von einer ausländischen Behörde sichergestellt wurde, steht der erweiterten Einziehung nicht entgegen; dieser Umstand ist erst im Vollstreckungsverfahren nach § 459g Abs. 5 StPO zugunsten des Verurteilten zu berücksichtigen (BGH BeckRS 2019, 4608).

I. Beschränkung des Bruttoprinzips. Nach der Stellung im Gesetz ist die An- 185
wendung der sich aus § 73d Abs. 1 StGB ergebenden Beschränkung des Bruttoprinzips auf die erweiterte Einziehung von Taterträgen nicht ausgeschlossen (→ Rn. 38). Auch dass sich die erweiterte Einziehung nur auf Gegenstände bezieht, schließt die Anwendung des § 73d Abs. 1 StGB nicht aus. Der Abzug von Aufwendungen wird allerdings in der Regel daran scheitern, dass konkrete Herkunftstaten nicht festgestellt werden müssen (→ Rn. 177).

II. Unmittelbarkeit. Die Gegenstände müssen durch rechtswidrige Taten oder 186
für sie erlangt sein. Insoweit gilt dasselbe wie bei der Einziehung von Taterträgen (→ Rn. 93). Der Vermögenszuwachs muss ferner erfolgt sein. Auch insoweit kann auf die Ausführungen zur Einziehung (→ Rn. 79–84) Bezug genommen werden.

III. Nutzungen und Surrogate. § 73a StGB bietet – anders als das frühere 187
Recht (§ 73d Abs. 1 S. 2 StGB aF) – keine Rechtsgrundlage für die erweiterte Einziehung eines mit dem aus dem Ertrag aus einer nicht konkret feststellbaren rechtswidrigen Tat erworbenen Surrogats (BGH BeckRS 2019, 2078; *Eser/Schuster* in Schönke/Schröder StGB § 73a Rn. 8) oder gezogener Nutzungen. Der Wortlaut („diese Gegenstände") des § 73a Abs. 1 StGB und das Fehlen einer Verweisung auf

§ 73 Abs. 2, 3 StGB lassen die Erstreckung der Einziehung auf Nutzungen und Surrogate nicht zu.

188 **F. Schätzung (§ 73d Abs. 2 StGB).** Anders als die Einziehung von Taterträgen, die Gebrauchsvorteile und andere nichtgegenständliche Erträge umfasst, bezieht sich die erweiterte Einziehung von Taterträgen nur auf Gegenstände (→ Rn. 184). Sind diese vorhanden, kommt eine Schätzung nicht in Betracht. Sind sie nicht mehr vorhanden, gelten die Regeln über die Einziehung des Wertes von Taterträgen (→ Rn. 238–263).

189 **G. Eigentum/Inhaberschaft.** Nicht anders als die Einziehung von Taterträgen setzt die erweiterte Einziehung von Taterträgen voraus, dass der Einziehungsgegenstand dem Tatbeteiligten zur Zeit der Entscheidung gehört oder zusteht (§ 73a Abs. 1 StGB). Dazu genügt, dass er faktische Verfügungsgewalt ("Eigenbesitz") hat (*Lohse* in LK-StGB StGB § 73a Rn. 39). Wie bei der Einziehung ist die zivilrechtliche Zuordnung aber nur eine Frage der **Urteilswirkung** (→ Rn. 99). Für das **Erkenntnisverfahren** reicht es aus, dass der Tatbeteiligte den Gegenstand erlangt (→ Rn. 79) hat; mit der rechtlichen Zuordnung des Gegenstands muss sich das Gericht dort **nicht befassen**. Bleiben Zweifel, ob ein Gegenstand in diesem Sinne ihm gehörte oder zustand, so kann er ihm gegenüber nicht eingezogen werden (BGH NStZ 2019, 141).

190 **H. Härteklausel; Wegfall der Bereicherung.** Zur unbilligen Härte wird auf → Rn. 103 verwiesen. Da sich die erweiterte Einziehung nur auf Gegenstände (→ Rn. 184) bezieht, kommt ein Unterbleiben der Vollstreckung nach § 459g Abs. 5 S. 1 Alt. 2 StPO nicht in Betracht. Dies gilt auch, soweit ihn eingezogen wurde, das zu einer Geldzahlung verpflichtet (→ Rn. 146). Entsprechendes gilt für den **Wegfall der Bereicherung** (→ Rn. 104–106). Ist die Einziehung des Wertes von Taterträgen (§ 73c StGB) an die Stelle der erweiterten Einziehung getreten (→ Rn. 199), ist § 459g Abs. 5 S. 1 StPO anwendbar.

191 **I. Mehrfacher Zugriff (§ 73a Abs. 2 StGB).** Um einen mehrfachen Zugriff auf denselben Gegenstand auszuschließen, sieht § 73a Abs. 2 StGB die Prüfung und Berücksichtigung vor, ob der Gegenstand bereits von einer früheren Einziehungsanordnung erfasst worden ist. Sind ausreichende Feststellungen hierzu nicht möglich, so gilt der Gegenstand als abgeschöpft (*Fischer* StGB § 73a Rn. 16; *Eser/Schuster* in Schönke/Schröder StGB § 73a Rn. 13).

192 **J. Anordnung.** Sind die Voraussetzungen des § 73a Abs. 1 StGB gegeben, ist die erweiterte Einziehung **zwingend** anzuordnen. Maßgebend ist der Zeitpunkt der Entscheidung. Auf → Rn. 107, 109 wird Bezug genommen. Auf das Eigentum oder die Inhaberschaft an dem Einziehungsgegenstand kommt es **nicht** an (→ Rn. 189).

193 Lässt sich die deliktische Herkunft der Gegenstände nicht hinreichend sicher feststellen, wohl aber ihre Bestimmung zur Finanzierung weiterer Taten, so kommt eine Einziehung nach § 74 StGB in Betracht (→ Rn. 315, 313, 327); dass das bereitgehaltene Geld tatsächlich benutzt wurde, ist dazu nicht notwendig (*Franke/Wienroeder* Rn. 10).

194 **K. Strafzumessung.** Da die erweiterte Einziehung von Taterträgen nur einen unrechtmäßig erlangten Vermögenszuwachs abschöpfen will, ist die mit ihr verbundene Vermögenseinbuße kein Strafmilderungsgrund (BGHR StGB § 73d Strafzumessung 1 (→ Rn. 25); BGH NStZ 2000, 137). S. auch → Rn. 111.

195 **L. Bezeichnung der Einziehungsgegenstände im Urteil.** Es gilt dasselbe wie bei der Einziehung von Taterträgen. Auf → Rn. 114 wird Bezug genommen.

196 **M. Wirkung (§ 75 StGB).** Für die Wirkung der Anordnung der erweiterten Einziehung von Taterträgen verweist die Begründung zum Gesetz v. 13.4.2017 (BT-Drs. 18/9525, 69) auf § 75 StGB. Dies ist unproblematisch, soweit die einzuziehenden Gegenstände dem Täter oder Teilnehmer **gehören** oder **zustehen** oder **herrenlos** sind (§ 75 Abs. 1 S. 1 Nr. 1 StGB). Insoweit kann auf → Rn. 115–127 verwiesen werden.

Schwieriger ist dies, wenn der Einziehungsgegenstand dem Tatbeteiligten **nicht** **197** **gehört** oder **zusteht.** Das frühere Recht (§ 73 d Abs. 1 S. 2 StGB aF) hatte in diesen Fällen den Verfall zugelassen, wenn die fehlende Rechtszuständigkeit darauf beruhte, dass der Täter oder Teilnehmer den Gegenstand für eine rechtswidrige Tat oder aus ihr erlangt hatte. Dies ergab sich jedenfalls in Betäubungsmittelsachen auch bei Taten, die im Einzelnen nicht festgestellt werden mussten (→ Rn. 177), regelmäßig von selbst.

Das neue Recht (§ 75 Abs. 1 S. 1 Nr. 2 StGB) enthält demgegenüber eine **sub-** **198** **jektive Komponente,** indem es darauf abstellt, dass der Eigentümer oder Inhaber den Gegenstand für die Tat oder für andere Zwecke in Kenntnis der Tatumstände gewährt hat (→ Rn. 132–137). In der Regel wird dazu die Feststellung genügen, dass der Gegenstand aus einem Betäubungsmittelgeschäft oder einem anderen Geschäft mit verbotenen Stoffen (gefälschte Arzneimittel oder Wirkstoffe, Dopingmittel, neue psychoaktive Substanzen) herrührt. Zumindest in dieser Richtung müssen die Taten, auch wenn sie im Einzelnen nicht festgestellt werden müssen, doch aufgeklärt werden. Dass sich bei anderen Taten erhebliche Schwierigkeiten ergeben können, ist nicht zu übersehen.

N. Einziehung des Wertes von Taterträgen. Die Einziehung des Wertes von **199** Taterträgen (§ 73 c StGB) ist möglich (s. BGH BeckRS 2019, 9078; 2019, 4608; 2019, 20575; *Lohse* in LK-StGB StGB § 73 a Rn. 43). Im früheren Recht war dies ausdrücklich geregelt (§ 73 d Abs. 2 StGB aF); im neuen Recht ergibt es sich aus der Stellung im Gesetz. Zu den Einzelheiten der Ersatzeinziehung wird auf → Rn. 238–263 verwiesen.

O. Vollstreckung, Unterbleiben der Vollstreckung (§ 459 g Abs. 5 StPO). **200** Die erweiterte Einziehung kommt nur bei Gegenständen (Sachen oder Rechte (→ Rn. 184)) in Betracht. Insoweit kann auf → Rn. 145–147 verwiesen werden. Ein Unterbleiben der Vollstreckung nach § 459 g Abs. 5 S. 1 StPO ist dann möglich, wenn die **Einziehung des Wertes** von Taterträgen (§ 73 c StGB) an die Stelle der erweiterten Einziehung von Taterträgen (§ 73 a StGB) getreten ist (→ Rn. 199).

P. Beschlagnahme (§ 111 b StPO). Es gilt dasselbe wie bei der Beschlagnahme **201** von Taterträgen. Auf → Rn. 151 wird Bezug genommen.

Q. Vereinfachung und Beschleunigung des Verfahrens (§§ 421–423 **202** **StPO).** Es gelten dieselben Regeln wie bei der Einziehung von Taterträgen. Auf → Rn. 152–162 wird Bezug genommen.

Abschnitt 4. Einziehung von Taterträgen bei anderen (§ 73 b StGB)

A. Ausgangspunkt. Mit § 73 b StGB soll die Einziehung auch für solche Fälle **203** ermöglicht werden, in denen der Wert des Erlangten nicht dem in das Verfahren verstrickten (→ Rn. 18) Tatbeteiligten zugeflossen ist, sondern **einem Dritten.** Die Vorschrift ersetzt § 73 Abs. 3 StGB aF und geht in Teilbereichen darüber hinaus (BT-Drs. 18/9525, 65). § 73 Abs. 3 StGB aF hat durch die Entscheidung des BGH v. 19.10.1999 (BGHSt 45, 235 = BGHR StGB § 73 Verfallsbeteiligte 2 = NJW 2000, 297 = StV 2000, 73; 130 = JR 2000, 509 mAnm *Katholnigg*) eine umfassende Interpretation gefunden, die nicht allgemein auf Zustimmung gestoßen ist (s. *Katholnigg* JR 2000, 509). Gleichwohl lehnt sich die neue Regelung daran an. Zur zeitlichen **Geltung** → Rn. 14, 16.

Im **Betäubungsmittelstrafrecht** ist der Dritte meist bösgläubig, so dass Geld- **204** wäsche (§ 261 StGB) vorliegt und die Einziehung gegen ihn nach § 73 Abs. 1 StGB angeordnet werden kann (*Oğlakcıoğlu* in MüKoStGB Rn. 103). Es bleiben aber Fälle, in denen sich die Regelung als notwendig erweist.

205 **B. Voraussetzungen, Erlangtes.** § 73b StGB regelt die Einziehung von Taterträgen bei einem anderen, der nicht Täter oder Teilnehmer ist (**Drittbegünstigter** (BT-Drs. 18/9525, 65)). Drittbegünstigter kann jede (natürliche oder juristische) Person sein, die im Zusammenhang mit einer rechtswidrigen Tat etwas erlangt hat. Dies bedeutet nicht, dass der Dritte durch ein und dieselbe Handlung etwas erlangt haben muss (BGHSt 45, 235 (→ Rn. 203)), wohl aber ist ein Bereicherungszusammenhang zwischen der Tat und dem Eintritt des Vorteils erforderlich (BGHSt 52, 227 (→ Rn. 54)).

206 Die Vorschrift gilt nach § 73b Abs. 1 StGB auch für die **erweiterte Einziehung** nach § 73a StGB; insoweit erfasst sie nur **Gegenstände** (Sachen oder Rechte). In den Fällen der **Einziehung** nach § 73 StGB bezieht sie sich generell auf das **Erlangte**.

207 **I. Die Drittbegünstigung (Absatz 1).** Absatz 1 Satz 1 bestimmt die Fälle, in denen ein Bereicherungszusammenhang gegeben ist. Ausnahmen hiervon werden in Satz 2 geregelt.

208 **1. Die Regelfälle der Drittbegünstigung (Satz 1).** Satz 1 regelt drei Fälle, in denen die Anordnung der Einziehung (§ 73 StGB) oder der erweiterten Einziehung (§ 73a StGB) gegen einen Drittbegünstigten gerichtet werden kann. Die Nummern 1 und 2 entsprechen im Wesentlichen dem früheren Recht in der Interpretation des BGH (→ Rn. 203), Nr. 3 ist neu.

209 **a) Vertretungsfälle (Nr. 1).** Nr. 1 erfasst die Fälle, in denen der Drittbegünstigte durch die Tat etwas erlangt hat und der Täter oder Teilnehmer für ihn und in seinem Interesse gehandelt hat. Dabei genügt ein faktisches Handeln für den Empfänger (*Lohse* in LK-StGB StGB § 73b Rn. 16); eine nach außen erkennbare Vertretung ist nicht notwendig (s. BGHSt 45, 235 (→ Rn. 203); *Lohse* in LK-StGB StGB § 73b Rn. 18). Auch auf die Rechtsform der Beziehung (offener oder verdeckter Stellvertreter, Organ, Bediensteter) kommt es nicht an (*Heger* in Lackner/Kühl StGB § 73b Rn. 2).

210 Zu den Vertretungsfällen gehört das Handeln als **Organ, Vertreter** oder **Beauftragter** iSd § 14 StGB. Vertreter können aber auch **sonstige Angehörige** einer Organisation sein, die im Organisationsinteresse tätig werden (BGHSt 47, 369 (→ Rn. 20)). Der notwendige Bereicherungszusammenhang ergibt sich hier bereits aus dem (betrieblichen) Zurechnungsverhältnis. Auf eine (weitergehende) **Unmittelbarkeit** des Dritterwerbs oder die **Bösgläubigkeit** des Dritten kommt es in diesen Fällen nicht an (*Fischer* StGB § 73b Rn. 10); aA möglicherweise *Lohse* in LK-StGB StGB § 73b Rn. 14: inkriminierter Vermögenswert müsse unmittelbar, dh ohne Durchgangserwerb erlangt worden sein, sonst liege ein Fall der Nr. 2 vor).

211 Entsprechendes gilt, wenn der Täter oder Teilnehmer **sonst als Vertreter** für den Drittempfänger handelt (s. *Eser/Schuster* in Schönke/Schröder StGB § 73b Rn. 3; *Saliger* in NK-StGB StGB § 73 Rn. 34).

212 **b) Verschiebungsfälle (Nr. 2).** Nr. 2 erfasst die Verschiebungsfälle. Dabei werden zwei Fallgestaltungen unterschieden:

213 **aa) Unentgeltliche oder rechtsgrundlose Übertragung (Buchst. a).** In diesen Fällen lässt der Täter dem Dritten die zunächst selbst erlangten Tatvorteile **unentgeltlich** oder **ohne rechtlichen Grund** zukommen, meist, um sie dem Zugriff des Gläubigers zu entziehen oder um die Tat zu verschleiern (BGH NStZ-RR 2006, 266; HRRS 2012, 207). Die Tat und die spätere Vermögensverschiebung werden hier häufig primär im Interesse des Täters und nur faktisch auch für den Dritten begangen. Darauf, ob der Täter im Einflussbereich des Dritten steht, ob

der Dritte gutgläubig ist oder ob zwischen Tat und Bereicherung weitere Rechtsgeschäfte geschaltet sind, kann es auch hier (mit Ausnahme des Satzes 2) nicht ankommen (BT-Drs. 18/9525, 55). Notwendig ist nur, dass der Drittbegünstigte die Taterträge in einer ununterbrochenen Bereicherungskette ausgehend vom Tatbeteiligten erlangt. Die Einziehung kann auch dann angeordnet werden, wenn der Taterlös mit legalem Vermögen vermischt und dann erst an den Dritten weitergeleitet wird (OLG Hamburg wistra 2005, 157; *Fischer* StGB § 73 b Rn. 9).

bb) Übertragung an einen bösgläubigen Drittempfänger (Buchst. b). 214
Entsprechendes gilt, wenn der Empfänger der Taterträge bei der Übertragung erkannt hatte oder hätte erkennen müssen, dass das Erlangte aus einer rechtswidrigen Tat herrührt. Einfache Fahrlässigkeit genügt.

Die Fälle des Buchst. b werden sich häufig mit § 73 StGB **überschneiden,** da 215
nicht selten Begünstigung (§ 257 StGB), Hehlerei (§ 259 StGB) oder Geldwäsche (§ 261 StGB) vorliegen wird; die Anordnung richtet sich dann gegen ihn als Täter (BT-Drs. 18/9525, 66). Dies kommt allerdings nur dann in Betracht, wenn sich auch das Verfahren gegen ihn richtet (→ Rn. 18).

c) Erwerb von Todes wegen (Nr. 3). Nr. 3 ist neu. Die Vorschrift stellt klar, 216
dass auch ein Erwerb von Todes wegen zur Anordnung der Einziehung gegen den Erben, Pflichtteilsberechtigten oder Vermächtnisnehmer führen kann (BT-Drs. 18/9525, 65). Darauf, ob der Erwerber gut- oder bösgläubig war, kommt es nicht an.

2. Ausnahmen (Satz 2). In den Fällen der Nummern 2 und 3 schließt ein red- 217
licher Zwischenerwerb die Anordnung der Einziehung gegen den Drittempfänger aus. Ein solcher Erwerb hat zwei Voraussetzungen:
– der Dritte muss bei der Übertragung oder dem Übergang nicht erkannt haben und auch nicht hätte erkennen müssen, dass das Erlangte aus einer rechtswidrigen Tat herrührt, **und**
– das Erlangte muss entgeltlich oder mit rechtlichem Grund übertragen worden sein; da der Erwerb von Todes wegen unentgeltlich erfolgt, kann diese Voraussetzung bei ihm nicht erfüllt werden.

II. Wertersatz, Nutzungen (Absatz 2). Nach Absatz 2 wird in den Fällen des 218
Absatzes 1 Satz 1 Nr. 2, 3 nicht nur die Verschiebung oder der Übergang des deliktisch erlangten Gegenstandes erfasst, sondern auch die Weiterreichung oder der Weiterübergang des **Wertersatzes** (BT-Drs. 18/9525, 66), etwa bei einem Bankguthaben, das auf der Einzahlung deliktisch erlangten Geldes beruht. Desgleichen erfasst die Einziehung auch die **Nutzungen,** die der Drittempfänger **gezogen** hat. Die Anordnung durch das Gericht ist zwingend.

In den Fällen des Absatzes 1 Satz 1 Nr. 1 (Vertretungsfälle) erlangt der Dritt- 219
begünstigte das Erlangte **ohne einen Durchgangserwerb** des Tatbeteiligten unmittelbar. Nur er kann daher Nutzungen aus dem Erlangten ziehen oder einen Ersatzgegenstand erlangen; entsprechendes gilt für den Wertersatz. Die Einziehung richtet sich daher insoweit gegen ihn (BT-Drs. 18/9525, 66).

III. Surrogate (Absatz 3). Absatz 3 bestimmt, dass das Gericht auch die Einzie- 220
hung dessen anordnen kann, was der Drittempfänger durch die Veräußerung des erlangten Gegenstandes oder als Ersatz für dessen Zerstörung, Beschädigung oder Entziehung oder auf Grund eines erlangten Rechts erworben wurde. Zu den Fällen des Abs. 1 S. 1 Nr. 1 → Rn. 219.

IV. Beschränkung des Bruttoprinzips (§ 73 d Abs. 1). Die sich aus § 73 d 221
Abs. 1 StGB ergebende Beschränkung des Bruttoprinzips gilt auch für die Einziehung von Taterträgen bei anderen. Auf → Rn. 38 ff. wird Bezug genommen.

222 **C. Schätzung (§ 73 d Abs. 2 StGB).** Umfang und Wert des Erlangten sind gegebenenfalls zu **schätzen** (§ 73 d Abs. 2 StGB). Zu den Einzelheiten → Rn. 264–270.

223 **D. Eigentum, Inhaberschaft.** Nicht anders als die Einziehung von Taterträgen setzt die Einziehung oder die erweiterte Einziehung von Taterträgen bei anderen voraus, dass der Einziehungsgegenstand dem anderen zur Zeit der Entscheidung gehört oder zusteht (§ 73 b Abs. 1 StGB). Wie bei der Einziehung ist die zivilrechtliche Zuordnung aber nur eine Frage der **Urteilswirkung** (→ Rn. 99). Für das **Erkenntnisverfahren** reicht es aus, dass der Drittbegünstigte den Gegenstand erlangt (→ Rn. 79) hat; mit der rechtlichen Zuordnung des Erlangten muss sich das Gericht dort **nicht befassen.**

224 **E. Härteklausel; Wegfall der Bereicherung (§ 73 e Abs. 2 StGB).** Zur unbilligen Härte → Rn. 103. Zur zeitlichen **Geltung** des § 73 e Abs. 2 StGB → Rn. 14, 16.

225 Anders als bei Tatbeteiligten (§§ 73, 73a StGB) ist der **Wegfall der Bereicherung** bei **gutgläubigen Drittbegünstigten** (§§ 73b, 73c StGB) bereits **im Erkenntnisverfahren** zu berücksichtigen (§ 73 e Abs. 2 StGB). Danach ist die Einziehung ausgeschlossen, soweit der Wert des Erlangten zur Zeit der Anordnung nicht mehr im Vermögen des Betroffenen vorhanden ist, es sei denn, dem Betroffenen waren die Umstände, welche die Anordnung der Einziehung gegen den Täter oder Teilnehmer ansonsten zugelassen hätten, zum Zeitpunkt des Wegfalls der Bereicherung bekannt oder infolge von Leichtfertigkeit unbekannt. Bei Gutgläubigkeit des Drittbegünstigten muss die Anordnung der Einziehung daher unterbleiben (BT-Drs. 18/9525, 56). Eine Einziehung von Vermögenswerten, die nach dem rechtskräftigen Abschluss des Verfahrens entdeckt werden, kommt mangels Einziehungsanordnung hier nicht Betracht (aA wohl BT-Drs. 18/9525, 68).

226 Sind die **Voraussetzungen** des § 73 e Abs. 2 StGB **nicht** gegeben, so wird die Einziehung unabhängig von einer etwaigen Entreicherung angeordnet. Zur **Vollstreckung** → Rn. 235.

227 **F. Mehrfacher Zugriff (§ 73a Abs. 2 StGB).** Soweit eine erweiterte Einziehung in Betracht kommt, kann es auch zu einem mehrfachen Zugriff bei dem Drittbegünstigten kommen. Insoweit wird auf → Rn. 191 Bezug genommen.

228 **G. Anordnung der Einziehung.** Sind die Voraussetzungen des § 73b StGB gegeben, so ist die Einziehung von Taterträgen bei anderen **zwingend** anzuordnen. Maßgebend ist der Zeitpunkt der Entscheidung. Auf → Rn. 107, 109 wird Bezug genommen. Auf das Eigentum oder die Inhaberschaft an dem Einziehungsgegenstand kommt es **nicht** an (→ Rn. 223).

229 Die Einziehung wird in dem Verfahren gegen den Tatbeteiligten angeordnet. Sie richtet sich aber gegen den Drittbegünstigten. Dieser ist **Einziehungsbeteiligter** iSd § 424 StPO und daher, soweit das Verfahren die Einziehung betrifft, zwingend an ihm zu beteiligen (BT-Drs. 18/9252, 88). Das Verfahren richtet sich nach den §§ 424–432 StPO. Macht er glaubhaft, dass er ohne sein Verschulden nicht imstande war, seine Rechte als Einziehungsbeteiligter wahrzunehmen, so kann er in einem Nachverfahren geltend machen, dass die Einziehung ihm gegenüber nicht gerechtfertigt war.

230 **H. Strafzumessung.** Die Einziehung ist für die Strafzumessung schon deswegen ohne Bedeutung, weil sie sich nicht gegen den Angeklagten richtet.

231 **I. Bezeichnung der Einziehungsgegenstände im Urteil.** Es gilt dasselbe wie bei der Einziehung von Taterträgen. Auf → Rn. 114 wird Bezug genommen.

232 **J. Wirkung (§ 75 StGB).** Für die Wirkung der Einziehung gilt § 75 StGB. Der von der Anordnung Betroffene ist der Drittbegünstigte, so dass es für die Frage des

Eigentums oder der Inhaberschaft auf ihn ankommt. Anders als in anderen Fällen der Einziehung wird er namentlich in den Verschiebungsfällen oder beim Erwerb von Todes wegen häufiger Eigentum an der Sache erworben haben oder Inhaber des Rechts geworden sein.

Ist er dies nicht, so ist zunächst in Beziehung auf den **Tatbeteiligten** zu prüfen, 233 ob diesem das Eigentum an der Sache oder das Recht für die Tat oder andere Zwecke in Kenntnis der Tatumstände gewährt worden ist (§ 75 Abs. 1 S. 1 Nr. 2 StGB); auf → Rn. 132–137, 198) wird Bezug genommen. Im zweiten Schritt sind dann die Voraussetzungen des § 73 b StGB zu prüfen.

K. Einziehung des Wertes von Taterträgen. Die Einziehung des Wertes von 234 Taterträgen (§ 73 c StGB) ist gegebenenfalls möglich (BT-Drs. 18/9525, 66; s. auch § 73 e Abs. 1). Auf → Rn. 238–263 wird Bezug genommen.

L. Vollstreckung, Unterbleiben der Vollstreckung (§ 459 g Abs. 5 StPO). 235 Hinsichtlich der Vollstreckung kann auf → Rn. 145–150 Bezug genommen werden. Für die Vollstreckung einer Einziehung, die zu einer Geldzahlung verpflichtet, gilt § 459 g Abs. 5 StPO; insoweit wird auf → Rn. 275–296 verwiesen.

M. Beschlagnahme (§ 111 b StPO). Es gilt dasselbe wie bei der Beschlag- 236 nahme von Taterträgen nach § 73 StGB. Auf → Rn. 151 wird Bezug genommen.

N. Vereinfachung und Beschleunigung des Verfahrens (§§ 421–423 237 **StPO).** Es gelten dieselben Regeln wie bei der Einziehung von Taterträgen nach § 73 StGB. Auf → Rn. 152–162 wird Bezug genommen.

Abschnitt 5. Einziehung des Wertes von Taterträgen (§ 73 c StGB)

A. Zweck, Bedeutung. Die Einziehung des Wertes von Taterträgen kommt 238 bei
– der Einziehung von Taterträgen (→ Rn. 144),
– der erweiterten Einziehung von Taterträgen (→ Rn. 199) und
– der Einziehung von Taterträgen bei anderen (→ Rn. 234)

in Betracht. Sie dient an sich der Schließung von Lücken und soll die Einziehung dann ersetzen, wenn deren Durchführung nicht möglich ist, etwa weil die **eingenommenen Geldscheine** nicht mehr vorhanden sind (BGH NStZ-RR 2010, 255) oder wenn von der Einziehung eines Ersatzgegenstandes abgesehen wird. Zwischen Einziehung des Erlangten im Original und von dessen Wert besteht kein Wahlrecht; Letzteres kommt nur in Betracht, wenn Ersteres ausscheidet (BGH NStZ 2018, 654). Die Einziehung des Wertes von Taterträgen hat in der Praxis eine erhebliche Bedeutung erlangt. So wird in 95% aller Verfahren die Einziehung von Wertersatz angeordnet (*Rönnau* GA 2017, 1 (6)). Zur **zeitlichen Geltung** der Vorschrift → Rn. 14, 16.

B. Ohne Einziehung keine Einziehung des Wertes. Die Einziehung des 239 Wertes von Taterträgen setzt als ungeschriebenes Tatbestandsmerkmal das **Vorliegen der allgemeinen Einziehungsvoraussetzungen** voraus (*Saliger* in NK-StGB StGB § 73 a Rn. 2; *Eser/Schuster* in Schönke/Schröder StGB § 73 c Rn. 2), so dass ohne die in § 73 c StGB beschriebenen Umstände die Einziehung nach §§ 73–73 b StGB anzuordnen gewesen wäre (BGHSt 53, 179 (→ Rn. 79); BGH NStZ-RR 2006, 39 (→ Rn. 72)). Der Tatbeteiligte muss demnach zunächst etwas im Sinne dieser Vorschriften erlangt haben. Daher kommt eine Einziehung des Wertes von Taterträgen für einen **nur erzielbaren,** aber nicht tatsächlich erzielten Vermögenszuwachs nicht in Frage (→ Rn. 72, 73). Für die ersatzweise Einziehung des Wertes erlangter Betäubungsmittel ist ebenfalls kein Raum, soweit diese nur der Einziehung als Tatobjekte (§ 74 Abs. 2 StGB), nicht hingegen der Einziehung nach § 73 StGB unterliegen (BGH BeckRS 2018, 25968; → Rn. 74, 75).

240 Bei der **Beteiligung mehrerer Personen,** insbesondere bei Mittätern, setzt die Einziehung des Wertes von Taterträgen **an dem an,** was der konkrete Beschuldigte (→ Rn. 18) durch die Tat oder für sie (faktisch) wirtschaftlich erlangt hat (→ Rn. 85–91). Die Einziehung des Wertes in voller Höhe kommt daher auch dann in Betracht, wenn der Betroffene die Geldbeträge vollständig an seine Mittäter weitergeleitet hat. Für die Beteiligten in einer Handelskette gilt → Rn. 92.

241 **C. Entstehungsgründe.** Die Einziehung des Wertes von Taterträgen kommt in vier Fällen in Betracht:

242 **I. Unmöglichkeit der Einziehung eines Gegenstandes.** Die beiden ersten Entstehungsgründe haben als gemeinsame Voraussetzung die Unmöglichkeit, einen bestimmten Gegenstand einzuziehen. Gegenstände sind Rechte und Sachen (→ Rn. 184). Dass es sich um einen bestimmten Gegenstand handeln muss, war in § 73 StGB aF noch aufgeführt. Eine sachliche Änderung ist mit der Neuregelung aber nicht verbunden.

243 **Die Unmöglichkeit** der Einziehung eines Gegenstandes kann auf Umständen beruhen, die von Anfang an gegeben waren oder erst später eingetreten sind:

244 **1. Beschaffenheit des Erlangten.** Von Anfang an gegeben war die Unmöglichkeit der Einziehung eines bestimmten Gegenstandes, wenn sie auf der Beschaffenheit des Erlangten beruhte. Dies kommt vor allem bei Tatvorteilen in Betracht, die sich nur rechnerisch ermitteln lassen, etwa Gebrauchsvorteilen und Ersparung von Aufwendungen (Schmidt Vermögensabschöpfung-HdB Rn. 91).

245 **2. Anderer Grund.** In der zweiten Variante hat der Tatbeteiligte oder Drittbegünstigte einen bestimmten Gegenstand zwar erlangt, dieser kann aber auf Grund eines später eingetretenen Umstandes nicht eingezogen werden. Dies ist vor allem dann gegeben, wenn der Gegenstand **im Zeitpunkt der Entscheidung** über die Einziehung nicht mehr im Vermögen des Empfängers vorhanden ist (*Lohse* in LK-StGB StGB § 73c Rn. 7), etwa weil der Betroffene das Erlangte verbraucht, verloren, unauffindbar beiseite geschafft oder einem anderen rechtswirksam übereignet oder sonst verschafft hat (BGH NStZ-RR 1997, 270). Dasselbe gilt, wenn die erlangten Gegenstände, etwa die eingenommenen Geldscheine (BGH NStZ-RR 2010, 255), mit einer anderen Sache vermischt, vermengt, verbunden oder verarbeitet sind (→ Rn. 124, 125; *Joecks* in MüKoStGB StGB § 73a Rn. 6). Kein Fall des § 73c StGB ist die **Einzahlung bei der Gerichtskasse** (→ Rn. 127). Zur Einziehung des Wertes von Taterträgen bei nicht mehr vorhandenem Kaufgeld, das der **Scheinaufkäufer** dem Verkäufer übergeben hatte, → Rn. 81.

246 **II. Absehen von der Einziehung eines Surrogats.** Die Einziehung des Wertes von Taterträgen ist ferner anzuordnen, wenn von der Einziehung eines Ersatzgegenstandes nach § 73 Abs. 3 StGB oder § 73b Abs. 3 StGB abgesehen wird (→ Rn. 97, 98).

247 Dagegen ist eine Einziehung **des Wertes eines Veräußerungssurrogates,** das nicht mehr vorhanden ist, nicht möglich. § 73c StGB bezieht sich, wie sich aus Satz 2 der Vorschrift ergibt, nicht auf die Einziehung des Werts von Surrogaten, sondern allein auf die Einziehung des Wertes des zunächst durch die Tat Erlangten (BGH NStZ 2018, 654).

248 **III. Wertdifferenz.** Schließlich kommt die Einziehung des Wertes von Taterträgen in Betracht, wenn der **Wert** des Gegenstandes hinter dem Wert des zunächst Erlangten **zurückbleibt** (§ 73c S. 2 StGB). In diesem Fall ist die Einziehung des Wertes von Taterträgen neben der Einziehung des Gegenstandes anzuordnen.

249 **D. Schätzung (§ 73d Abs. 2 StGB).** Umfang und Wert des Erlangten sowie die gegebenenfalls abzuziehenden Aufwendungen können **geschätzt** werden (§ 73d Abs. 2 StGB). Zu den Einzelheiten → Rn. 264–270.

E. Härteklausel; Wegfall der Bereicherung. Zur unbilligen Härte wird auf 250 → Rn. 103 verwiesen. Auch der Wegfall der Bereicherung ist nicht mehr Gegenstand des **Erkenntnisverfahrens** (→ Rn. 104–106). Eine Ausnahme gilt nach § 73e Abs. 2 StGB für die Entreicherung des gutgläubigen Drittbegünstigten (→ Rn. 225, 226). Für das **Vollstreckungsverfahren** wird auf → Rn. 260 verwiesen. Zur erneuten Einziehung → Rn. 105.

F. Mehrfacher Zugriff. Soweit eine erweiterte Einziehung in Betracht kam, 251 kann es auch zu einem mehrfachen Zugriff kommen. Insoweit wird auf → Rn. 191 Bezug genommen.

G. Anordnung. Auch die Anordnung der Einziehung des Wertes von Taterträ- 252 gen ist **zwingend** (s. BGH StraFo 2003, 283; NStZ 2019, 22; *Oğlakcıoğlu* in MüKoStGB Rn. 58). Zur Einzahlung bei der Gerichtskasse → Rn. 127. Bei der Anordnung ist zu unterscheiden:

I. Keine Einschränkung des Bruttoprinzips (§ 73d Abs. 1 S. 2 StGB). Sind 253 keine Aufwendungen abzuziehen (→ Rn. 38ff.), wird der **Geldbetrag** eingezogen, der dem **Wert des Erlangten** entspricht. Maßgeblicher Wert ist der **Verkehrswert,** bei Sachen also der gewöhnliche inländische Verkaufspreis für Waren gleicher Art und Güte (*Joecks* in MüKoStGB StGB § 73a Rn. 14). Dabei kommt es auch auf die Umsatzstufe an. So kann beim Drogenhandel bei einem Zwischenhändler nicht der Endverbraucherpreis zugrunde gelegt werden (*Joecks* in MüKoStGB StGB § 73a Rn. 15). Umfang und Wert des Erlangten können geschätzt werden (→ Rn. 249).

Für die Ermittlung des **Verkehrswerts** ist insoweit auf den **Zeitpunkt** abzustel- 254 len, zu dem der Wertersatzanspruch entstanden ist, als **spätere Wertsteigerungen** unbeachtlich sind (BGH NJW 2018, 3325 (→ Rn. 58)). Ob im Falle **späterer Wertverluste** auf den Verkehrswert zum Zeitpunkt der letzten tatrichterlichen Entscheidung abzustellen ist, ist damit nicht entschieden. Ebenso wenig, ob im Falle der ursprünglichen Unmöglichkeit („wegen der **Beschaffenheit**") so zu verfahren ist; hier kann es nur auf den Zeitpunkt der Entscheidung ankommen (*Bittmann* NStZ-RR 2018, 339 (340)).

II. Beschränkung des Bruttoprinzips (§ 73d Abs. 1 S. 1 StGB). Sind Auf- 255 wendungen abzuziehen (→ Rn. 38ff.), so ist der Wert des Erlangten um den Betrag der Aufwendungen zu mindern. Auch der Wert der abzuziehenden Aufwendungen kann geschätzt werden.

III. Strafzumessung. Auch hier besteht kein rechtlich zu schützendes Ver- 256 trauen (→ Rn. 111–113). Eine Berücksichtigung bei der Strafzumessung kommt daher nicht in Betracht (BGHR StGB § 46 Abs. 1 Schuldausgleich 38 = NStZ 2011, 312).

H. Wirkung. Mit der Rechtskraft entsteht ein staatlicher **Zahlungsanspruch** 257 in Höhe des festgesetzten Geldbetrages gegen den Tatbeteiligten oder Drittbegünstigten. Zur Haftung als **Gesamtschuldner** → Rn. 86–91.

I. Vollstreckung, Unterbleiben der Vollstreckung (§ 459g Abs. 5 StPO). 258 Die **Vollstreckung** obliegt der Staatsanwaltschaft oder dem Jugendrichter als Vollstreckungsleiter. Zuständig ist der Rechtspfleger (§ 31 Abs. 2 S. 1 RPflG), gegen dessen Verfügung der Staatsanwalt oder Jugendrichter als Vollstreckungsleiter angerufen werden kann. Werden gegen deren Entscheidung Einwendungen erhoben, entscheidet das Gericht (§ 459o StPO).

Die Einziehung des Wertes von Taterträgen ist eine **typische Nebenfolge,** die 259 zu einer **Geldzahlung verpflichtet.** Es gilt daher § 459g Abs. 2 StPO, der im Wesentlichen auf die Vollstreckung von Geldstrafen verweist. Im Unterschied zu diesen kann auch in den Nachlass vollstreckt werden.

260 Ist der Wert des Erlangten **nicht mehr im Vermögen** des Betroffenen vorhanden oder ist die Vollstreckung **sonst unverhältnismäßig,** unterbleibt auf Anordnung des Gerichts die Vollstreckung der Wertersatzeinziehung. (§ 459g Abs. 5 S. 1 StPO). Auf → Rn. 149, 150, 275–296 wird Bezug genommen.

261 **J. Vermögensarrest (§ 111e StPO).** Da lediglich ein Zahlungsanspruch des Staates entsteht (→ Rn. 257–262), darf sichergestelltes Geld nicht einfach vereinnahmt und in das Eigentum des Staates überführt werden. Vielmehr ist es zunächst durch **Vermögensarrest** zu sichern (§ 111e StPO), wobei darauf zu achten ist, dass der Arrest sofort (zB durch Pfändung) vollzogen wird (§ 111f StPO), weil erst dadurch das staatliche Pfandrecht entsteht. Bei Rechtskraft kann dann darauf zugegriffen werden (→ Rn. 262). Der Arrest wird durch den Richter, bei Gefahr im Verzug auch durch die Staatsanwaltschaft angeordnet (§ 111j StPO).

262 Anders als beim früheren Verfall hat das **noch nicht rechtskräftige** Urteil keine Wirkung für die Verfügungsbefugnis des Verurteilten. Er kann weiterhin über sein Vermögen verfügen, wenn es nicht nach → Rn. 261 für die Staatskasse mit Beschlag belegt war.

263 **K. Nachträgliche Anordnung. (§ 76 StGB).** Ist die Anordnung der Einziehung von Taterträgen nicht ausführbar oder unzureichend, weil die in § 73c StGB bezeichneten Voraussetzungen erst nach der Anordnung eingetreten oder bekannt geworden sind, so kann das Gericht die Einziehung des Wertersatzes auch **nachträglich** anordnen (§ 76 StGB). Zuständig ist das Gericht des ersten Rechtszuges (§ 462a Abs. 2 S. 1, § 462 Abs. 1 S. 2 StPO). Zur etwaigen Zuständigkeit der Strafvollstreckungskammer → Rn. 278. Das Verfahren richtet sich nach § 462 StPO. Zur zeitlichen **Geltung** des § 76 StGB → Rn. 14, 16.

Abschnitt 6. Schätzung (§ 73d Abs. 2 StGB)

264 **A. Geltungsbereich.** Die Vorschrift gilt sowohl für die Einziehung von Taterträgen als auch für die Einziehung des Wertes von Taterträgen (BGH NStZ-RR 2001, 327). Zur zeitlichen **Geltung** → Rn. 14, 16. Eine Schätzung kommt nur in Betracht, soweit die nach § 73 bis § 73d StGB maßgeblichen Werte nicht mit hinreichender Sicherheit festgestellt werden können oder ihre Ermittlung einen unverhältnismäßigen Aufwand an Zeit oder Kosten erfordert (BGH NStZ-RR 2019, 142).

265 **B. Einziehung von Taterträgen.** § 73d Abs. 2 StGB ermöglicht es dem Gericht, davon abzusehen, bis ins Einzelne gehende Feststellungen über den Umfang und den Wert des Erlangten zu treffen, und sich mit einer Wertannahme zu begnügen (BGHR StGB § 73b Schätzung 1 = NStZ 1989, 361; 2 = NStZ-RR 2000, 57).

266 **I. Gegenstand.** Geschätzt werden kann zunächst der **Umfang** des Erlangten. Dies kommt vor allem dann in Betracht, wenn nicht mit hinreichender Sicherheit festgestellt werden kann, in welcher Form und genauen Höhe Verkaufserlöse angefallen sind (vgl. BGHR StGB § 73b Schätzung 1 (→ Rn. 265); § 73c Härte 10 = NStZ-RR 2005, 104; BGH NStZ-RR 2001, 327). Dazu gehört auch der Differenzwert nach Wertminderung (*Fischer* StGB § 73d Rn. 10).

267 Geschätzt werden kann auch der **Wert** (Verkehrswert) des Erlangten. Dies ist vor allem für den Wert von Gebrauchsvorteilen, Nutzungen und ersparten Aufwendungen von Bedeutung (→ Rn. 60, 96).

268 Auch bei der Schätzung gilt das **Bruttoprinzip** in der Form des § 73d Abs. 1 StGB (→ Rn. 38–50).

269 **II. Vorgang.** Die Schätzung bedeutet, dass das Gericht sich unter Befreiung vom Strengbeweis (*Fischer* StGB § 73d Rn. 11; *Lohse* in LK-StGB § 73d Rn. 23),

Einziehung § 33 BtMG

gegebenenfalls unter Zuziehung von Sachverständigen, mit einer vermutlichen Wertannahme begnügen kann. Statt alle für die genaue Berechnung der Rechtsfolgen notwendigen Einzelheiten zu klären, darf es sich mit der Ermittlung von Anhaltspunkten begnügen (*Lohse* in LK-StGB StGB § 73d Rn. 23). Allerdings darf es dabei nicht willkürlich und ohne ein Mindestmaß an zureichenden Anhaltspunkten vorgehen. Die notwendigen Einzelheiten müssen so weit geklärt sein, dass eine hinreichend sichere Schätzungsgrundlage gegeben ist (BGH NStZ 2001, 327; 2 StR 586/06).

Dabei ist notfalls auch der **Zweifelssatz** anzuwenden, aber nur für die Ermittlung der **Schätzungsgrundlage,** nicht für die Schätzung selbst (BGHR StGB § 73b Schätzung 1 (→ Rn. 265); NStZ-RR 2019, 142). Dies heißt jedoch nicht, dass das Gericht ohne nähere Prüfung zugunsten des Tatbeteiligten Tatsachen unterstellen kann, für deren Richtigkeit es keine Beweise gibt. Es darf sich insbesondere **nicht** von **bloßen Vermutungen** leiten lassen, sondern muss sich aufgrund des gesamten Ergebnisses der Beweisaufnahme eine Überzeugung von der Richtigkeit des Umstandes bilden, um so die Festsetzung eines der Wirklichkeit möglichst nahekommenden Schätzwertes zu erreichen (BGHR StGB § 73b Schätzung 1 (→ Rn. 265)). 270

Besteht auf Grund der Beweisaufnahme eine sichere Schätzungsgrundlage für die **Gesamteinnahmen** einer Bande im maßgeblichen Zeitpunkt, so sind diese zu schätzen; können für die von dem **Tatbeteiligten vereinnahmten Erlöse** keine konkreten Feststellungen getroffen werden, so sind auch diese auf der Grundlage der Gesamteinnahmen zu schätzen; dabei sind gegebenenfalls die notwendigen Sicherheitsabschläge zu machen (BGH NStZ-RR 2009, 94). 271

Aus dem Urteil muss sich ergeben, ob ein angeordneter Einziehungsbetrag auf einer Berechnung oder einer Schätzung beruht (BGH NStZ-RR 2007, 376). 272

C. Einziehung des Wertes von Taterträgen. Besondere Bedeutung hat die Schätzung bei der Einziehung des Wertes von Taterträgen (BGH NStZ-RR 2001, 327). Dies kommt etwa in Betracht, wenn die genauen Verkaufspreise nicht mehr ermittelt werden können oder wenn der Umfang des Eigenkonsums festzustellen ist (BGH 1 StR 147/03). Auch hier ist auf eine hinreichend sichere Schätzungsgrundlage zu achten (→ Rn. 269, 270). Bei Betäubungsmittelgeschäften ist eine **Hochrechnung** aus der Menge der abgesetzten Drogen grundsätzlich möglich, sofern feststeht, dass für sie ein entsprechender Erlös erzielt worden ist (BGHR StGB § 73 Erlangtes 8 (→ Rn. 57); BGH NStZ-RR 2008, 287). Dabei darf davon ausgegangen werden, dass der Verkaufserlös jedenfalls nicht unter dem Einkaufspreis gelegen hat (BGH NStZ-RR 2000, 57; *Oğlakcıoğlu* in MüKoStGB Rn. 59). Mengen, die **polizeilich sichergestellt** wurden und für die deshalb kein Erlös erzielt wurde, sind herauszurechnen (BGH NStZ-RR 2008, 287). 273

Die **Feststellungen zu der Qualität** des Rauschgifts (→ Vor § 29 Rn. 961–1029) bieten grundsätzlich auch für den Verkaufspreis eine hinreichend sichere Basis für die Schätzung. Dies gilt auch für **Cannabis-Ernten** (→ Vor § 29 Rn. 976). Bei ihnen kann nach Zahl und Wuchshöhe der Pflanzen das Gewicht geschätzt werden; Anhaltspunkte für den THC-Gehalt können sich auch aus der Untersuchung noch nicht erntereifer Pflanzen ergeben; auf diese Weise kann auf die Qualität geschlossen werden, so dass auch für den Verkaufspreis eine hinreichend sichere Schätzungsgrundlage besteht (BGH NStZ 2005, 455). 274

Abschnitt 7. Unterbleiben der Vollstreckung (§ 459g Abs. 5 StPO)

A. Ausgangspunkt. Während noch der Referentenentwurf für die Einziehung von Taterträgen eine **Härtevorschrift** enthielt (§ 75 Abs. 1 StGB-E), wurde dies im Regierungsentwurf im Hinblick auf die „Konkretisierung" des Bruttoprinzips 275

aufgegeben (→ Rn. 103). Das Gesetz v. 13.4.2017 ist dem gefolgt. Dieses Gesetz hat auch § 73c Abs. 1 S. 2 StGB aF gestrichen. **Im Erkenntnisverfahren** spielen die Fragen der **unbilligen Härte** oder der **Wegfall der Bereicherung** (diese mit Ausnahme der Einziehung von Taterträgen bei gutgläubigen Dritten (§ 73e Abs. 2 StGB)) daher keine Rolle mehr (→ Rn. 104); sie sind (bei Einziehungen, die zu einer Geldzahlung verpflichten) lediglich im Vollstreckungsverfahren zu berücksichtigen (§ 459g Abs. 5 StPO).

276 Im Hinblick auf die bewusste Entscheidung des Gesetzgebers kommt eine **analoge Anwendung** des § 459g Abs. 5 StPO im Erkenntnisverfahren **nicht** in Betracht (BGH NStZ-RR 2018, 241). Die Neuregelung ist auch **nicht verfassungswidrig** (BGH NStZ-RR 2018, 241). Die Vereinbarkeit mit Art. 14 Abs. 1 GG ergibt sich als Inhalts- und Schrankenbestimmung des Eigentums aus denselben Gründen, die das BVerfG zum erweiterten Verfall (§ 73d StGB aF) ausgeführt hat (BVerfGE 110, 1 (→ Rn. 20)). Im Hinblick auf die Ausgestaltung des § 459g Abs. 5 StPO ist auch die Verhältnismäßigkeit gewahrt.

277 **B. Der Wegfall der Bereicherung (§ 459g Abs. 5 S. 1 Alt. 1 StPO).** Um der Gefahr einer „erdrosselnden" Wirkung einer Einziehungsanordnung trotz Entreicherung zu begegnen, sieht § 459g Abs. 5 S. 1 Alt. 1 StPO vor, dass die Vollstreckung einer Einziehung, die zu einer Geldzahlung verpflichtet, auf Anordnung des Gerichts unterbleibt, wenn der Wert des Erlangten nicht mehr im Vermögen des Betroffenen vorhanden ist (→ Rn. 288). Damit entspricht § 459g Abs. 5 S. 1 StPO in den Voraussetzungen dem früheren § 73c Abs. 1 S. 2 StGB, ohne dass der Gesetzgeber die Gelegenheit genutzt hat, die mit dieser Vorschrift verbundenen Streitfragen zu lösen (BT-Drs. 18/9525, 94; 18/11460, 89).

278 Das Unterbleiben der Vollstreckung setzt grundsätzlich eine **Anordnung des Gerichts** voraus (aber → Rn. 296 zur Möglichkeit der Vollstreckungsbehörde, nach § 459c Abs. 2 StPO vorzugehen). Zurückgehend auf eine Empfehlung des 6. Ausschusses (BT-Drs. 18/11640, 89) soll gemäß § 462a Abs. 2 S. 1 StPO das Gericht des ersten Rechtszuges zuständig sein, was allerdings nur zutrifft, wenn keine Freiheitsstrafe gegen den Verurteilten vollstreckt wird (§ 462 Abs. 1, § 462a Abs. 1 StPO; so wohl auch BGH BeckRS 2018, 7862). Es macht allerdings Sinn, wenn die dann zuständige Strafvollstreckungskammer das Verfahren an das Gericht des ersten Rechtszuges abgibt (§ 462a Abs. 1 S. 3 StPO). Die Entscheidung über das Unterbleiben der Vollstreckung kann von der Vollstreckungsbehörde oder dem Betroffenen beantragt werden (BGH BeckRS 2018, 7862); gegebenenfalls hat das Gericht die Entscheidung **von Amts wegen** zu treffen (BGH NStZ-RR 2018, 241). Das Verfahren selbst richtet sich als Verfahren der Strafvollstreckung nach § 462 StPO.

279 **I. Feststellung, ob/inwieweit der Wert Erlangten noch vorhanden ist.** Zunächst ist festzustellen, was der Beteiligte durch die Tat oder aus ihr erlangt hat; dem ist der Wert des noch vorhandenen Vermögens gegenüber zu stellen (BGHR StGB § 73c Härte 14 (→ Rn. 81); BGH NStZ-RR 2016, 83; 2017, 14). Nur soweit ein Gegenwert in Höhe des Erlangten **nicht mehr** vorhanden ist, kann die Vollstreckung der Einziehung unterbleiben, also dann **nicht,** wenn das **(Netto-) Vermögen** des Betroffenen den Wert des Erlangten zumindest **erreicht** (*Oğlakcıoğlu* in MüKoStGB Rn. 66). Dabei darf nicht nur auf Vermögenswerte abgestellt werden, für deren Anschaffung die Drogengelder verwendet wurden; vielmehr kommt es darauf an, ob der Betroffene über ein Vermögen verfügt, das **wertmäßig nicht hinter** dem angeordneten Einziehungsbetrag zurückbleibt (BGHSt 48, 40 (→ Rn. 74); 51, 65 (→ Rn. 54); 52, 227 (→ Rn. 54)); BGHR StGB § 73c Härte 13 (→ Rn. 57); BGH NJW 2012, 92 = NStZ 2012, 267; NStZ 2005, 455; NStZ-RR 2006, 376).

Einziehung § 33 BtMG

Dabei kommt es grundsätzlich nicht darauf an, ob das vorhandene Vermögen 280
einen **konkreten oder unmittelbaren Bezug** zu den Straftaten hat (BGHSt 51,
65 (→ Rn. 54); 52, 227 (→ Rn. 54)), insbesondere ob der Betroffene die vorhandenen Vermögenswerte unmittelbar mit Drogengeldern erworben hat oder damit
andere Aufwendungen bestritten und erst mit den eingesparten Mitteln das noch
vorhandene Vermögen gebildet (BGHR StGB § 73c Wert 2 (→ Rn. 61); Härte 13
(→ Rn. 57); *Oğlakcıoğlu* in MüKoStGB Rn. 67) oder dessen Verbrauch vermieden
hat (BGH NStZ-RR 2002, 7). **Nachforschungen** über die Verwendung der erlangten Beträge, über die Quellen des vorhandenen Vermögens, über Vermögensumschichtungen oder über ersparte Aufwendungen sind deshalb grundsätzlich
nicht erforderlich (BGHSt 51, 65 (→ Rn. 54); aber → Rn. 281).

Zwischen den Senaten des BGH ist **nicht abschließend geklärt,** ob vorhandenes Vermögen im Sinne einer widerleglichen Vermutung (*Winkler* NStZ 2003, 247 281
(250); *Oğlakcıoğlu* in MüKoStGB Rn. 67) nur nahelegt, dass der Wert des Erlangten
darin noch enthalten ist oder ob dies generell anzunehmen ist:
– der **4. Strafsenat** geht von einer bloßen Vermutungsregelung aus und scheidet
  deswegen Vermögen, das in **keinem denkbaren Zusammenhang** mit der
  Straftat steht, etwa eine Erbschaft, aus dem vorhandenen Vermögen aus (BGHSt
  48, 40 (→ Rn. 74); BGHR StGB § 73c Härte 13 (→ Rn. 57); 4 StR 153/08;
  zust. *Joecks* in MüKoStGB StGB § 73c Rn. 25); bei der (inzwischen abgeschafften) Ermessensausübung behalte das nicht bemakelte Vermögen allerdings seine
  Bedeutung (BGHSt 48, 40 (→ Rn. 74); BGH 4 StR 153/08; NStZ-RR 2016,
  339);
– nach der zum alten Recht vertretenen Auffassung des **1. Strafsenats** sollte es
  darauf, ob sich in dem vorhandenen Vermögen unbemakeltes Vermögen befindet, **nicht ankommen** (BGHSt 51, 65 (→ Rn. 54)); in besonders gelagerten
  Einzelfällen biete § 73c Abs. 1 S. 1 StGB aF („unbillige Härte", jetzt
  → Rn. 289–295) genügend Schutz.

Für das neue Recht scheint der 1. Strafsenat seine Auffassung aufgegeben zu haben (NStZ-RR 2018, 241): Danach erfolgt das Ausbleiben der Vollstreckung selbst 282
dann zwingend, wenn festgestellt wird, dass zwar Vermögen beim Betroffenen vorhanden ist, dieses aber ohne jeden Zusammenhang mit den zu Grunde liegenden
Straftaten erworben worden ist. Hierfür spricht, dass § 459g Abs. 5 S. 1 Alt. 1 StPO
nicht auf den Wert des Vermögens, sondern auf den Wert des Erlangten in dem Vermögen abstellt.

Für einen möglichen **Wegfall der Bereicherung** kommt es darauf an, ob Ereignisse eingetreten sind, die den Wert des Erlangten gemindert oder beseitigt haben. 283
Dazu muss konkret festgestellt werden, in welchem Umfang und zu welchem
Zweck das Erlangte ausgegeben wurde (BGHR StGB § 73c Härte 14 (→ Rn. 81);
BGH 4 StR 463/14). Sind der Einziehung unterliegende Mittel zur **Schuldentilgung** verwendet worden, so kommt es nicht auf einen abstrakten Vergleich der früheren mit der jetzigen Vermögenslage im Bereich der Passiva an, sondern darauf, ob
die Tilgung der Schuld zu einem **jetzt noch vorhandenen** positiven Vermögenswert geführt hat (BGHR StGB § 73c Wert 2 (→ Rn. 61); *Oğlakcıoğlu* in MüKoStGB Rn. 71).

Daher ist der Wert eines **Grundstücks** dem vorhandenen Vermögen zuzurechnen, wenn der Tatbeteiligte mit dem Geld Schulden für den früheren Erwerb getilgt hat (BGHSt 38, 23 = NJW 1991, 2714 = NStZ 1991, 529 = StV 1991, 515; 284
BGHR StGB § 73c Wert 2 (→ Rn. 61); s. auch BGHSt 51, 65 (→ Rn. 54)). Dasselbe gilt für die Ratenzahlung für einen unter **Eigentumsvorbehalt** erworbenen
Gegenstand (BGHSt 38, 23 (→ Rn. 284)) oder die Auslösung einer **sicherungsübereigneten** oder verpfändeten Sache (*Oğlakcıoğlu* in MüKoStGB Rn. 71).

BtMG § 33   Sechster Abschnitt. Straftaten und Ordnungswidrigkeiten

285 Bei der Prüfung, ob der Wert des Erlangten noch im Vermögen des Betroffenen vorhanden ist, sind die Vermögensgegenstände mit ihrem **Nettowert,** also mit dem Verkehrswert abzüglich etwaiger Belastungen zu berücksichtigen (BGH 1 StR 453/02). Billigkeitsgesichtspunkte müssen hier außer Betracht bleiben.

286 Ist der **Erlös aus Betäubungsmittelgeschäften** nicht mehr vorhanden und kann sein Verbleib nicht geklärt werden, so kann das Gericht grundsätzlich davon ausgehen, dass ein Wegfall der Bereicherung **nicht** eingetreten ist (BGH NStZ 2005, 232).

287 **II. Der Wert des Erlangten ist noch vorhanden.** Ergibt die Prüfung (→ Rn. 279–286), dass der Wert des Erlangten ganz oder teilweise („soweit") noch vorhanden ist, so kommt eine Entscheidung, wonach die Vollstreckung zu unterbleiben hat, **nicht** in Betracht (s. BGHSt 52, 227 (→ Rn. 54); BGH NStZ-RR 2016, 108; *Oğlakcıoğlu* in MüKoStGB Rn. 62). Die Vollstreckung hat stattzufinden, es sei denn, dass sie **sonst unverhältnismäßig** wäre (→ Rn. 289–295).

288 **III. Der Wert des Erlangten ist nicht mehr vorhanden.** Ergibt die Prüfung (→ Rn. 279–286), dass der Wert des Erlangten in dem Vermögen des Betroffenen nicht mehr vorhanden ist, so ordnet das Gericht an, dass die Vollstreckung unterbleibt. Nach Auffassung des BGH ist diese Anordnung **zwingend** und keiner wertenden Betrachtungsweise zugänglich (BGH NStZ-RR 2018, 241; BeckRS 2018, 7862; aA *Appl* in KK-StPO StPO § 459g Rn. 17; *Köhler* in Meyer-Goßner/Schmitt StPO § 459g Rn. 13). Damit könnte sich auch derjenige auf den Wegfall der Bereicherung berufen, der das Geld „verprasst" oder für die Tilgung von Schulden verwendet hat (zum alten Recht BGHSt 38, 23 (→ Rn. 284); BGHR StGB § 73c Wert 2 (→ Rn. 61); BGH NStZ-RR 2012, 323). Da § 459g StPO anders als § 73c StGB aF nicht auf den Urteilszeitpunkt abstellt, sondern erst zum späteren Zeitpunkt der Vollstreckung relevant wird, würde dies selbst dann gelten, wenn der Verurteilte – soweit er nicht durch die Sicherstellung von Vermögenswerten daran gehindert ist – nach dem Urteil mutwillig seine Entreicherung herbeiführt. Dies überzeugt nicht. Der Gesetzesbegründung (BT-Drs. 18/9525, 56, 89) sind keine Anhaltspunkte dafür zu entnehmen, dass die Reform der Vermögensabschöpfung eine so weitreichende Nutznießung aus rechtswidrig erlangten Vermögenswerten ermöglichen wollte (*Köhler* in Meyer-Goßner/Schmitt StPO § 459g Rn. 13; krit. wohl auch *Rönnau* GA 2017, 5 Fn. 33 mwN). Nach *Köhler/Burkhard* (NStZ 2017, 665 (675)) soll sich der Täter oder Teilnehmer aus dem Rechtsgedanken des § 819 BGB auf die Entreicherung nicht berufen können.

289 **C. Die sonstige Unverhältnismäßigkeit der Vollstreckung (§ 459g Abs. 5 S. 1 Alt. 2 StPO).** Von der Vollstreckung der Einziehung muss auf Anordnung des Gerichts auch dann ganz oder teilweise („soweit", BGH NStZ-RR 2009, 235) abgesehen werden, wenn sie sonst unverhältnismäßig wäre. Anders als der frühere § 73c Abs. 1 S. 1 StGB greift die Vorschrift **nur dann** ein, wenn der Betroffene **noch bereichert ist,** weil der Wert des Erlangten noch in seinem Vermögen vorhanden ist. Dies muss immer im Blick behalten werden. Eine sonstige Unverhältnismäßigkeit kann danach nur vorliegen, wenn die Vollstreckung der Einziehung **trotz** der noch vorhandenen Bereicherung **das Übermaßverbot** verletzen würde.

290 Auch das Unterbleiben der Vollstreckung wegen sonstiger Unverhältnismäßigkeit bedarf der **Anordnung des Gerichts.** → Rn. 278 gilt entsprechend.

291 **Das Übermaßverbot** kann dann verletzt sein, wenn die Auswirkungen der Maßnahme im konkreten Einzelfall außer Verhältnis zu dem vom Gesetzgeber angestrebten Zweck stehen; dazu müssen aber **besondere Umstände** vorliegen, aufgrund derer mit der Vollstreckung der Einziehung trotz der **noch gegebenen Bereicherung** eine außerhalb des Einziehungszwecks liegende zusätzliche Härte verbunden wäre, die dem Betroffenen auch unter Berücksichtigung des Zwecks

der Einziehung nicht zugemutet werden kann (s. BGHR StGB § 73 c Härte 13 (→ Rn. 57); Härte 14 (→ Rn. 81)).

An die Annahme der Unverhältnismäßigkeit sind danach **hohe Anforderungen** 292 zu stellen. Sie ist insbesondere dann **nicht** gegeben, wenn die Entziehung des Vermögens, in dem die deliktisch erlangten Werte noch vorhanden sind, den Betroffenen **vermögenslos** machen würde (s. BGH NStZ 2016, 279). Auch im Interesse der **Resozialisierung** ist ein solches Vermögen **nicht** für den Betroffenen zu erhalten (s. BGHR StGB § 73 c Härte 4 = NStZ 1995, 495 = StV 1995, 415; 14 (→ Rn. 81); BGH 4 StR 463/14). Nicht ausreichend ist daher auch die Erwägung, der Verurteilte werde bei Haftentlassung deutlich **über 50 Jahre alt** sein und müsse angesichts des wirtschaftlichen Niedergangs seiner Unternehmen nochmals von vorne anfangen (s. BGH NStZ 2016, 279).

Die Unverhältnismäßigkeit kann auch **nicht** auf die vom Gesetzgeber mit der 293 Einführung des konkretisierten **Bruttoprinzips** (→ Rn. 36–52) beabsichtigten Konsequenz gestützt werden, dass Aufwendungen für ein rechtswidriges Geschäft von dem Einziehungsbetrag nicht abgezogen werden können (s. BGHR StGB § 73 c Härte 15 = NJW 2009, 2755 = NStZ 2009, 627).

Auswirkungen auf Dritte können insbesondere dann nicht berücksichtigt 294 werden, wenn sie von dem durch oder für eine rechtswidrige Tat Erlangten weiterhin profitieren würden. Dass dies möglicherweise nur mittelbar geschieht, kann im Hinblick auf den Sinn der Neuregelung keine Rolle mehr spielen. Dem würde es widersprechen, dem Betroffenen das Vermögen mit den darin enthaltenen unrechtmäßigen Werten zu erhalten, um existenzbedrohenden Folgen für die Familie zu vermeiden.

Einer **fakultativen Bewährungsauflage** nach § 56 b Abs. 2 Nr. 2 StGB kann bei 295 der Frage der Unverhältnismäßigkeit keine Bedeutung zukommen. Vielmehr ist die Zumutbarkeit einer solchen Auflage an der Leistungsfähigkeit des Täters unter Berücksichtigung der vorrangigen Zahlungspflichten aus der Einziehung zu messen (BGHR StGB § 73 c Härte 6 = NStZ-RR 2002, 9; BGH NStZ-RR 2002, 7).

D. Zahlungserleichterungen (§ 459 g Abs. 2, §§ 459 a, 459 c StPO). Die 296 Entscheidung über Zahlungserleichterungen obliegt der Vollstreckungsbehörde. Über § 459 g Abs. 2 StPO gilt § 459 c Abs. 2 StPO, wonach die Beitreibung einer Geldstrafe bei zu erwartender Uneinbringlichkeit unterbleiben kann, für die Vollstreckung der Wertersatzeinziehung entsprechend. Das Verhältnis dieser Verweisung zu § 459 g Abs. 5 StPO ist unklar (ausf. hierzu *Lubini* NZWiSt 2019, 419 (422)), doch dürfte die Vollstreckungsbehörde hiernach in besonderen Fällen von der Vollstreckung einer Wertersatzeinziehung (gegebenenfalls auch nur vorübergehend) absehen können, ohne dass es hierzu einer gerichtlichen Anordnung bedarf. Praktisch relevant könnte diese Möglichkeit insbesondere bei einem langfristig mittellosen Wertersatzschuldner sein, der sich nicht mit Erfolg auf einen Wegfall der Bereicherung berufen kann.

Kapitel 4. Einziehung von Tatprodukten, Tatmitteln und Tatobjekten (§§ 74–74 f StGB, § 33 BtMG)

Abschnitt 1. Allgemeines

A. Das Gesetz v. 13. 4. 2017. Das Gesetz v. 13. 4. 2017 (→ Rn. 1) hatte die 297 Neuregelung des Verfalls (Einziehung von Taterträgen) zum Schwerpunkt. Die Änderung der Vorschriften über die Einziehung (nunmehr Einziehung von Tatprodukten, Tatmitteln und Tatobjekten) entspricht im Wesentlichen der bisher geltenden Regelung (BT-Drs. 18/9525, 68).

298 **B. Rechtsnatur.** Die Vorschriften über die Einziehung von Tatprodukten, Tatmitteln und Tatobjekten dienen der Bestimmung von **Inhalt und Schranken des Eigentums.** Nach dem StGB ist die Einziehung eine Maßnahme (§ 11 Abs. 1 Nr. 8 StGB), nach der StPO eine Nebenfolge (§ 459 g StPO). Erkenntnisse zu ihrer Rechtsnatur lassen sich daraus nicht gewinnen.

299 Die Einziehung von Tatprodukten, Tatmitteln und Tatobjekten kann **verschiedene Ziele** verfolgen. Sie hat **strafähnlichen Charakter,** wenn dem Tatbeteiligten durch die Entziehung der tatverstrickten Gegenstände die Verwerflichkeit seines Tuns besonders nachhaltig vor Augen geführt werden soll (täterbezogene Einziehung (§§ 74, 74a StGB)). Die Einziehung hat **Sicherungscharakter** (Sicherungseinziehung (§ 74b StGB)), wenn sie Gegenstände betrifft, die eine art- und umständebedingte Gefährlichkeit aufweisen oder bei denen die Gefahr eines strafrechtswidrigen Gebrauchs besteht. Nicht selten ist auch eine **Doppelnatur.** So wird die Einziehung eines Kraftfahrzeugs, mit dem Betäubungsmittel geschmuggelt wurden, von dem Tatbeteiligten meist als Strafe empfunden. Ist darin ein Schmuggelversteck eingebaut, dient die Einziehung auch Sicherungszwecken. Ihre Rechtsnatur ist in diesen Fällen nach den Umständen des Einzelfalles zu bestimmen (*Eser/Schuster* in Schönke/Schröder StGB § 74 Rn. 17).

300 **C. Ermessen.** Die Einziehung liegt im **pflichtgemäßen Ermessen** des Gerichts. Die **Urteilsgründe** müssen deshalb nicht nur erkennen lassen, von welchem **Einziehungszweck** (→ Rn. 299) das Gericht ausgegangen ist (täterbezogener oder Sicherungseinziehung oder auch von beiden); ihnen muss auch zu entnehmen sein, dass sich das Gericht bewusst war, eine Ermessensentscheidung zu treffen, und welche Gründe für die Ausübung des Ermessens gegeben waren (BGH NStZ 2017, 89).

301 Das Gericht hat nach § 74f Abs. 1 S. 1 StGB weiter zu prüfen, ob eine **strafähnliche Einziehung** zur Bedeutung der Tat und zum Tatvorwurf **außer Verhältnis** steht. Die Urteilsgründe müssen jedenfalls bei Einziehungsobjekten von einigem Belang (zB Tatfahrzeug, Grundstück) erkennen lassen, dass eine Abwägung stattgefunden hat (BGH NStZ 2017, 89). Dabei sind insbesondere die wirtschaftlichen und sonstigen Auswirkungen der Einziehung, etwa der Wert und der Umstand teilweiser Vermietung der Sache sowie Dauer und Umfang der illegalen Nutzung, zu berücksichtigen. In den Fällen der **Sicherungseinziehung** gilt § 74f Abs. 1 S. 1 StGB zwar nicht ausdrücklich, doch ist der Grundsatz der Verhältnismäßigkeit auch hier zu beachten (BGH NStZ 2017, 89). Auch zur Frage der **weniger einschneidenden Maßnahmen** (§ 74f Abs. 1 S. 2 StGB) hat sich das Gericht zu äußern (BGH NStZ 2017, 89). Zur täterbezogenen Einziehung im Übrigen → Rn. 348, 349, 435–437 zur Sicherungseinziehung → Rn. 379–381, 436.

302 **D. Verhältnis der Einziehung von Taterträgen zur Einziehung von Tatprodukten, Tatmitteln und Tatobjekten.** Die Einziehung von Taterträgen und die Einziehung von Tatprodukten, Tatmitteln und Tatobjekten stehen jedenfalls grundsätzlich nicht in einem die letztere bevorzugenden Rangverhältnis zueinander (BGH wistra 2010, 264). Dies gilt auch für das Verhältnis der Einziehung eines bestimmten (sichergestellten) Geldbetrages zur Einziehung des Wertes von Taterträgen (BGH 4 StR 278/11), obwohl diese lediglich einen Zahlungsanspruch begründet. Kommt die Anwendung der §§ 73–73c StGB in Betracht, sollte im Hinblick darauf, dass die Einziehung von Taterträgen zwingend anzuordnen ist, zunächst geprüft werden, ob diese anzuordnen ist (BGH 4 StR 278/11). Sind die Voraussetzungen der Einziehung von Taterträgen gegeben und hat das Gericht diese angeordnet, so kommt es nicht darauf an, ob auch die Einziehung nach §§ 74–74c StGB möglich gewesen wäre (BGH NJW 2007, 1221 (→ Rn. 63)).

Einziehung **§ 33 BtMG**

E. Formen. Die Einziehung von Tatprodukten, Tatmitteln und Tatobjekten 303
kommt in den folgenden Formen vor:
- als Einziehung bei Tätern und Teilnehmern (§ 74 StGB), → Rn. 304–406, gegebenenfalls mit Einziehung des Wertes der Tatprodukte, Tatmittel oder Tatobjekte (§ 74 c StGB), → Rn. 391–406,
- als Einziehung bei anderen (§ 74 a StGB), → Rn. 304–406, und
- als Sicherungseinziehung (§ 74 b StGB), → Rn. 369–390.

Betäubungsmittel können Tatprodukte oder Tatmittel (§ 74 Abs. 1 StGB) sein (→ Rn. 408–416). Im Rahmen des Betäubungsmittelstrafrechts (§§ 29–30a, 32 BtMG) sind sie in erster Linie Beziehungsgegenstände (in der neuen Terminologie: Tatobjekte (§ 74 Abs. 2 StGB)), deren Einziehung auf § 33 BtMG beruht (→ Rn. 418–434). Unter den Voraussetzungen des § 74 a StGB kommt auch die Einziehung von Betäubungsmitteln in Betracht, die dem Tatbeteiligten nicht gehören.

Abschnitt 2. Einziehung von Tatprodukten, Tatmitteln und Tatobjekten bei Tätern oder Teilnehmern (§ 74 StGB)

Grundlage der Einziehung gegenüber dem **tatbeteiligten** (§ 29 StGB) Eigen- 304
tümer oder Inhaber **(täterbezogene Einziehung)** ist § 74 Abs. 1, 3 S. 1 StGB.
Nicht zu den Tatbeteiligten gehört der Verdeckte Ermittler (→ Rn. 31).

Nach § 74 Abs. 1 StGB können Gegenstände, die durch eine vorsätzliche Straftat 305
hervorgebracht wurden **(Tatprodukte)** oder zu ihrer Begehung oder Vorbereitung gebraucht worden oder bestimmt gewesen sind **(Tatmittel)**, eingezogen werden. Die Einziehung von **Tatobjekten** ist in § 74 Abs. 2 StGB geregelt. Nach § 74 Abs. 3 S. 1 StGB ist die Einziehung nur zulässig, wenn die Gegenstände **zur Zeit der Entscheidung** dem Täter oder Teilnehmer gehören oder zustehen. Dies muss im **Erkenntnisverfahren** geprüft werden.

A. Die Anknüpfungstat. Tat iSd § 74 StGB ist der den Gegenstand der An- 306
klage bildende und vom Gericht festgestellte Lebenssachverhalt (BGHR StGB § 74 Abs. 1 Tatmittel 1; Tatmittel 6; BGH NStZ-RR 2007, 269; 2019, 155 = BeckRS 2019, 4520). Wie die Einziehung von Taterträgen (→ Rn. 26) kann die Einziehung von Tatprodukten, Tatmitteln oder Tatobjekten **nicht** auf Taten gestützt werden, deretwegen das Verfahren **nach § 154 Abs. 2 StPO** eingestellt wurde (BGH NStZ-RR 2018, 116; NStZ 2019, 271; BeckRS 2020, 1687).

Als Anknüpfungstat kommt der täterbezogenen Einziehung nur eine **vor-** 307
sätzliche Straftat in Betracht (§ 74 Abs. 1 StGB). Dazu genügt eine Form der Teilnahme (*Lohse* in LK-StGB StGB § 74 Rn. 9). Ein strafbarer Versuch oder Versuch der Beteiligung (§ 30 StGB) reicht aus (*Lohse* in LK-StGB StGB § 74 Rn. 9). Bei Rechtfertigungs- oder Schuldausschließungsgründen scheidet die **täterbezogene** Einziehung aus, ebenso beim Fehlen von Bedingungen der Strafbarkeit (*Fischer* StGB § 74 Rn. 18; *Oğlakcıoğlu* in MüKoStGB Rn. 142). Im Sicherungsverfahren nach § 413 StPO können Einziehungsentscheidungen nicht getroffen werden; bei schuldunfähigen Tätern kommen sie nur im selbständigen Einziehungsverfahren nach § 435 StPO in Betracht (BGH StV 2019, 231; NStZ-RR 2019, 385). Zum **Stadium** der Tat → Rn. 322, 323. Zur selbständigen Anordnung s. § 76a StGB.

B. Gegenstand der Einziehung. Anders als die Einziehung von Taterträgen ist 308
die Einziehung von Tatprodukten, Tatmitteln und Tatobjekten nur bei **Gegenständen** (Sachen und Rechte) möglich. Nicht dazu gehören ersparte Aufwendungen. Auch **ausländische** Vermögenswerte, namentlich Immobilien, können eingezogen werden; die Vollstreckung richtet sich nach Art. 5 Abs. 1 ÜK 1988 (BGH NStZ 2004, 505) und § 90 IRG (für die Mitgliedstaaten der EU) oder § 71a IRG für Drittstaaten.

BtMG § 33 Sechster Abschnitt. Straftaten und Ordnungswidrigkeiten

309 **Einziehungsobjekte** nach § 74 Abs. 1, 2 StGB sind:
- Tatprodukte (→ Rn. 310, 311),
- Tatmittel (→ Rn. 313–330) und
- Tatobjekte (→ Rn. 331).

310 **I. Tatprodukte (producta sceleris).** Merkmal der Tatprodukte ist, dass sie unmittelbar durch die Tat hervorgebracht sind. Dazu müssen sie ihre Entstehung oder ihre gegenwärtige Beschaffenheit der Tat verdanken (*Eser/Schuster* in Schönke/Schröder StGB § 74 Rn. 7; *Lohse* in LK-StGB StGB § 74 Rn. 12). Dass sie durch die Tat lediglich erlangt sind, genügt nicht.

311 Schon aus diesem Grund unterliegt im Verfahren gegen den **Verkäufer** (→ Rn. 18) der **Erlös** aus dem Verkauf von Betäubungsmitteln grundsätzlich nicht der Einziehung als Tatprodukt (→ Rn. 52, 56; BGHR StGB § 74 Abs. 1 Tatmittel 2; BGH NStZ-RR 2003, 57), sondern der Einziehung oder erweiterten Einziehung von **Taterträgen**. Zur Einziehung als **Tatmittel** → Rn. 315–319.

312 Zu den **Betäubungsmitteln** als Tatprodukte → Rn. 408.

313 **II. Tatmittel (instrumenta sceleris).** Tatmittel sind Gegenstände, die nach der Absicht des Täters als Mittel zur Verwirklichung eines kriminellen Plans eingesetzt oder dazu bestimmt wurden (BGHSt 10, 28 = NJW 1957, 351). Dazu ist erforderlich und genügend,
- dass der Gegenstand bei der Begehung der Tat oder einer Vorbereitung **verwendet wurde** oder **verwendet werden sollte** und
- dass diese Verwendung die Tat **gefördert** hat oder **fördern sollte** (*Fischer* StGB § 74 Rn. 11; *Eser/Schuster* in Schönke/Schröder StGB § 74 Rn. 11; *Lohse* in LK-StGB StGB § 74 Rn. 16).

314 **1. Gebraucht worden oder bestimmt gewesen.** Unter **Gebrauchen** ist das tatsächliche Verwenden bei der **Tat** (zum Tatstadium → Rn. 322, 323) oder bei einer (auch straflosen) **Vorbereitung** zu verstehen (*Lohse* in LK-StGB StGB § 74 Rn. 16), sofern es später zu einer Straftat kommt (→ Rn. 323). Zur Tat **bestimmt** gewesen sind Gegenstände, die zwar nicht verwendet wurden, jedoch für eine bestimmte Straftat vorgesehen und dazu auch bereitgestellt waren, und sei es auch nur für den Eventualfall (*Eser/Schuster* in Schönke/Schröder StGB § 74 Rn. 9). Festgestellt werden muss die tatsächliche Verwendung oder Bestimmung; dass ein Gegenstand typischerweise von Betäubungsmittelstraftätern zur Tatbegehung genutzt wird, genügt nicht (BGH 3 StR 14/02, Mobiltelefon).

315 **a) Geld.** Bei Geld, das beim **Verkäufer** von Betäubungsmitteln sichergestellt wurde, kommt die **Einziehung als Tatmittel** nur dann in Betracht, wenn er (→ Rn. 18) den konkreten Geldbetrag bereits wieder zur Begehung (weiterer) Drogengeschäfte **bestimmt** hatte (→ Rn. 327), diese Geschäfte (als Anknüpfungstaten, → Rn. 323, 327) ebenfalls Gegenstand der **Anklage** sind (BGHR StGB § 74 Abs. 1 Tatmittel 1 (→ Rn. 306); Tatmittel 2 (3 StR 417/88); BGH NStZ-RR 2004, 347; BGH 2 StR 444/04) **und** in der Hauptverhandlung **festgestellt** werden (BGHR StGB § 74 Abs. 1 Tatmittel 6 (→ Rn. 306)).

316 Dass das bereitgehaltene Geld tatsächlich **benutzt** wurde, ist **nicht** notwendig (BGH 1 StR 7/02; *Franke/Wienroeder* Rn. 10). Zu den Folgen mit Rücksicht auf die Eigentumslage → Rn. 338, 339. Schon im Hinblick auf die engeren und komplizierteren Voraussetzungen der Einziehung von Tatmitteln ist auch in solchen Fällen die Einziehung oder erweiterte Einziehung **von Taterträgen** (→ Rn. 311) **vorzuziehen.**

317 Im Verfahren gegen den **Käufer** (→ Rn. 18) kann der beim **Verkäufer** sichergestellte Erlös dagegen nach § 74 Abs. 1 StGB eingezogen werden, weil das Geld für die Tat des Käufers (Erwerb der Betäubungsmittel) **Tatmittel** (→ Rn. 313) war und der Käufer grundsätzlich auch Eigentümer geblieben war (→ Rn. 338, 339) oder die Voraussetzungen des § 74b StGB vorliegen (→ Rn. 376). Im Verfahren gegen den **Verkäufer** (→ Rn. 18) unterliegt dieses Geld dagegen der Einziehung von Taterträgen (→ Rn. 311).

Wird das Geld noch **beim Käufer** sichergestellt, so kommt die Einziehung als Tatmittel in Betracht, wenn der Käufer den konkreten Geldbetrag zur Begehung des Drogengeschäfts **bestimmt** hatte (→ Rn. 327), dieses Geschäft (als Anknüpfungstat, → Rn. 323, 327) ebenfalls Gegenstand der **Anklage** ist **und** in der Hauptverhandlung **festgestellt** wird (→ Rn. 315; BGHR StGB § 73d Strafzumessung 1 (→ Rn. 25); § 46 Abs. 1 Schuldausgleich 38 = NStZ 2001, 312). Dies gilt sowohl im Verfahren gegen den **Verkäufer** (→ Rn. 18) als auch im Verfahren gegen den **Käufer** (→ Rn. 18). Da der Verkäufer aus dem Geschäft noch nichts erlangt hat, scheidet auch im Verfahren gegen ihn die Einziehung von Taterträgen aus. Zu den Folgen im Hinblick auf die Eigentumslage beim Verkäufer → Rn. 338, 339. 318

Hatte der Käufer in den Fällen der → Rn. 318 das Geld **von seinen Abnehmern** oder anderen Personen erhalten, um Drogen einzukaufen **(Kaufgeld)**, so ist es zur Begehung einer Straftat bestimmt und kann daher als Tatmittel eingezogen werden. Dies gilt sowohl im Verfahren gegen den Käufer (→ Rn. 18) als auch gegen den Verkäufer (→ Rn. 18). Hat der Käufer das Kaufgeld mit eigenem vermengt, so kommt die Einziehung des Wertes des Tatmittels (§ 74c StGB) in Betracht. 319

b) Betäubungsmittel als Tatmittel. → Rn. 409–417. 320

c) Andere Tatmittel. Im Übrigen ist Tatmittel nicht nur das, was zur eigentlichen Tatbegehung gebraucht wurde oder bestimmt war, sondern alles, was die Tat vom Stadium der Vorbereitung bis zu ihrer Beendigung (BGHR StGB § 74 Abs. 1 Tatmittel 7 = NStZ-RR 2002, 332) überhaupt ermöglichte und zu ihrer Durchführung diente oder hierzu erforderlich war (BGHR StGB § 74 Abs. 1 Tatmittel 4 (→ Rn. 56)). Dazu gehören im Betäubungsmittelstrafrecht vor allem 321

- **Tatfahrzeuge** (BGH NStZ 2005, 232), auch Schiffe und Flugzeuge; erforderlich ist die Benutzung, nicht aber ein verkehrsspezifischer Zusammenhang (BGH NStZ 2005, 232 gegen OLG Koblenz StV 2004, 320),
- **Funk-** und **Mobiltelefone** (BGHR StGB § 73 Tatmittel 5 = DRsp Nr. 1996/203551; BGH NStZ 2007, 713 = StV 2007, 561 = StraFo 2007, 331; 3 StR 451/09),
- **Schmuggelbehältnisse,** zB Koffer mit doppeltem Boden, ausgehöhlte Gegenstände,
- **Streckmittel** (BGH NStZ 2007, 713 (s. o.)),
- **Grundstücke/Häuser,** die zum Betrieb einer Cannabisplantage genutzt werden (BGH NStZ 2017, 89; LG Kleve NStZ 2013, 167),
- **Anbaugerätschaften,** zB Dünger, Pflanzenschalen, Gewächshäuser, Bewässerungs- und Belichtungssysteme,
- **Laboreinrichtungen,** zB Prüfgeräte, Testreagenzien, Verpackungs- und Tablettiermaschinen, Waagen,
- **Handelswerkzeuge,** zB Verpackungsbeutel, Testreagenzien, Prüfgeräte, Rauschgiftwaagen,
- **Rauschgiftutensilien,** zB Wasserpfeifen, und andere Rauchgeräte, Spritzen und sonstiger Zubehör.

Zum **Vorzeigegeld** → Rn. 328, 330; zu den **Reisespesen,** namentlich des Kuriers, → Rn. 328, 330; zu **Flugscheinen** → Rn. 329, 330.

2. Stadium der Tat. Unerheblich ist, für welches Stadium der Tat der Gegenstand bestimmt war oder gedient hat (BGHR StGB § 74 Abs. 1 Tatmittel 7 (→ Rn. 321)). Ausreichend ist die Bestimmung oder Verwendung zur Vorbereitung (§ 74 Abs. 1 StGB). Der Begehung der Tat dienen auch Gegenstände, die nach der Vollendung, aber vor der Beendigung benutzt werden, zB die zum Fortschaffen der 322

Beute bestimmten Hilfsmittel oder das nach einer erfolgreichen Tat zur Flucht benutzte Fahrzeug (*Oğlakcıoğlu* in MüKoStGB Rn. 142).

323 Damit überhaupt eine Anknüpfungstat vorliegt, muss es jedoch **mindestens** zu einem strafbaren **Versuch** (BGHSt 13, 311 = NJW 1960, 107) oder einer strafbaren Vorbereitungshandlung gekommen sein.

324 **3. Förderung.** Aus der weiten Fassung des § 74 Abs. 1 ergibt sich, dass nicht nur solche Gegenstände eingezogen werden können, die zur Begehung der eigentlichen Tat Verwendung finden oder nach der Planung hierzu bestimmt sind, sondern alles, was die Tat überhaupt ermöglicht und zu ihrer Durchführung dient oder hierzu erforderlich ist (BGHR StGB § 74 Abs. 1 Tatmittel 4 (→ Rn. 56); BGH StV 2005, 210). Auch Gegenstände, die sowohl zur Tatbegehung **als auch weiteren Zwecken** dienen, unterliegen der Einziehung (BGHR StGB § 74 Abs. 1 Tatmittel 4 (→ Rn. 56); BGH StV 2005, 210), dagegen **nicht** Gegenstände, die **allein anderen Zwecken** dienen (BGH StV 2008, 582).

325 **Nicht** ausreichend ist auch die **gelegentliche** Benutzung eines Gegenstandes im Zusammenhang mit der Tat (BGHR StGB § 74 Abs. 1 Tatmittel 7 (→ Rn. 321); BGH NStZ 2005, 232; StV 2005, 210). Erforderlich ist vielmehr, dass der Gebrauch gezielt die Verwirklichung des deliktischen Vorhabens fördert oder nach dem Plan des Täters fördern soll (BGH StGB § 74 Abs. 1 Tatmittel 7 (→ Rn. 321); BGH StV 2005, 210).

326 **a) Unmittelbare Förderung.** Dies gilt zunächst für die Gegenstände (→ Rn. 308), die die Tat oder ihre Vorbereitung **unmittelbar** (BGHR StGB § 74 Abs. 1 Tatmittel 7 (→ Rn. 321)) fördern oder nach der Planung fördern sollen.

327 Dazu gehören das zur Begehung von Betäubungsmittelstraftaten vorgesehene **(Kauf-)Geld** (→ Rn. 315, 318; BGH *Schoreit* NStZ 1985, 61; BGH 1 StR 7/02), wobei allerdings die bloße Absicht, es später für eine solche Tat zu nutzen, nicht genügt (→ Rn. 323). Vielmehr muss der jeweilige konkrete Geldbetrag zur Durchführung (gegebenenfalls weiterer) Betäubungsmittelgeschäfte bestimmt gewesen sei, diese (begangenen oder jedenfalls strafbar versuchten) Geschäfte Gegenstand der Anklage sein und in der Hauptverhandlung festgestellt werden (→ Rn. 318, 319). Dass das Geld tatsächlich benutzt wurde, ist nicht notwendig (→ Rn. 316).

328 **b) Mittelbare Förderung.** Auch eine nur mittelbare Förderung reicht aus (krit. *Eser/Schuster* in Schönke/Schröder StGB § 74 Rn. 12). Der Einziehung als Tatmittel unterliegen daher das **Vorzeigegeld** für den Erwerb von Betäubungsmitteln (BGH *Schoreit* NStZ 1994, 325; *Volkmer* in Körner/Patzak/Volkmer Rn. 39) oder das **Mobiltelefon,** mit dem Verabredungen zum Drogenhandel ermöglicht wurden (BGHR StGB § 74 Abs. 1 Tatmittel 5 (→ Rn. 321)). Zu den **Reisespesen,** namentlich für einen Kurier → Rn. 63.

329 Auf der anderen Seite soll es zur Einziehung **nicht** genügen, wenn der Gegenstand lediglich im **Zusammenhang** mit der Tat steht, zB das **Flugticket** bei der Einfuhr von Betäubungsmitteln (LG Frankfurt a. M. StV 1984, 519; *Fischer* StGB § 74 Rn. 13; unklar BGH 2 StR 14/93; aA *Volkmer* in Körner/Patzak/Volkmer Rn. 38; *Franke/Wienroeder* Rn. 9), weil es lediglich die Berechtigung zum Betreten des als unmittelbares Transportmittel benutzten Flugzeugs verkörpere. Überzeugend ist dies nicht.

330 **4. Auch andere Zwecke.** Der Einziehung als Tatmittel unterliegen auch Gegenstände, die gleichzeitig der Tatbegehung und anderen Zwecken dienen, und zwar auch dann, wenn diese Zwecke nicht strafbar sind (→ Rn. 324). Daher können die Reisespesen oder das Transportfahrzeug auch dann eingezogen werden, wenn der Kurier neben dem Heroin auch andere Güter transportiert hat (BGHR StGB § 74 Abs. 1 Tatmittel 4 (→ Rn. 56)) oder wenn mit dem Mobiltelefon (→ Rn. 328) auch andere Gespräche geführt wurden.

III. Tatobjekte. Tatobjekte sind die Gegenstände, auf die sich eine Straftat bezieht (Beziehungsgegenstände). Im Betäubungsmittelstrafrecht sind dies im Wesentlichen die Betäubungsmittel selbst. Sie unterliegen der Einziehung nach Maßgabe besonderer Vorschriften (§ 74 Abs. 2 StGB). 331

IV. Die Identität der Gegenstände. Die Einziehung setzt voraus, dass der Einziehungsgegenstand zum Zeitpunkt der Entscheidung noch derselbe ist (BGHR StGB § 74 Identität 1 = NStZ 1993, 538). Maßgeblich ist dabei die Verkehrsanschauung (BGH NStZ 1993, 538). Wird eine bestimmte **Banknote** als vertretbare Sache durch einen gleichwertigen Anspruch gegen die Staatskasse ersetzt, so bleibt nach der Anschauung des täglichen Lebens die Identität erhalten (BGH NStZ 1993, 538; *Oğlakcıoğlu* in MüKoStGB Rn. 5; *Lohse* in LK-StGB StGB § 74 Rn. 45). Ist der Gegenstand dagegen nicht mehr derselbe, so kommt unter Umständen eine Einziehung des Wertes des Tatprodukts oder Tatmittels nach § 74c StGB in Betracht (BGH *Schoreit* NStZ 1986, 58 = DRsp Nr. 1997/17221; *Lohse* in LK-StGB StGB § 74 Rn. 45). 332

C. Eigentum/Inhaberschaft (§ 74 Abs. 3 StGB). Als täterbezogene Einziehung ist die Einziehung der Tatprodukte und Tatmittel nur zulässig, wenn diese **zur Zeit der Entscheidung** (letzte Tatsacheninstanz) dem Tatbeteiligten **gehören** oder **zustehen** (BGH NStZ-RR 2011, 370; *Lohse* in LK-StGB StGB § 74 Rn. 45) oder **herrenlos** sind (arg. § 74b Abs. 1 Nr. 2 StGB). Anders als bei der Einziehung von Taterträgen muss dies **im Erkenntnisverfahren** entschieden und in den Urteilsfeststellungen ausgeführt werden (BGH BeckRS 2019, 26439). Zur Klärung dieser Frage muss gegebenenfalls auch ausländisches Zivilrecht herangezogen werden (BGH NStE Nr. 10 zu § 74 StGB = DRsp Nr. 1995/4312). Auf die Rechtsverhältnisse vor der Tat, zur Zeit der Tat oder danach bis zur Entscheidung kommt es nicht an (*Fischer* StGB § 74 Rn. 19). 333

Nicht erforderlich ist, dass der Gegenstand **gerade dem Tatbeteiligten** gehört, der davon bei der Tat Gebrauch gemacht hat; dies gilt allerdings nur, wenn der andere Tatbeteiligte die Verwendung gebilligt hat, etwa wenn der Gehilfe dem Täter erlaubt, sein Auto für den Transport der Drogen zu benutzen, oder leichtfertig dazu beigetragen hat (*Lohse* in LK-StGB StGB § 74 Rn. 27; aA für den Fall der Leichtfertigkeit *Oğlakcıoğlu* in MüKoStGB Rn. 155; *Eser/Schuster* in Schönke/Schröder StGB § 74 Rn. 19; *Joecks* in MüKoStGB § 74 Rn. 28, 29). Nicht genügend ist auch die bloße **Vermittlung** eines Geschäfts, ohne dass der Tatbeteiligte Eigentum an den Betäubungsmitteln erwerben sollte (BGHR StGB § 74 Abs. 1 Tatmittel 1 (→ Rn. 306)). 334

Fehlt es am Eigentum oder der **Inhaberschaft,** ist die Sicherungseinziehung (§ 74b StGB, → Rn. 369–390) oder die Einziehung bei anderen (§ 74a StGB, → Rn. 361 ff.) zu prüfen. Hat der Täter, dem die Sache zur Zeit der Tat gehörte, sie veräußert oder sonst verwertet, kommt die Einziehung des Wertes des Tatprodukts oder Tatmittels (§ 74c StGB, → Rn. 391 ff.) in Betracht (BGH NStZ-RR 2011, 370). 335

I. Die Anwendung des bürgerlichen Rechts. Ob der Gegenstand dem Tatbeteiligten gehört oder zusteht, beurteilt sich nach dem bürgerlichen Recht. Dabei kommt es auf **die formale Rechtsposition** und nicht auf die wirtschaftliche Vermögenszugehörigkeit an (BGH NStZ 1997, 30 = JR 1997, 204 mAnm *Achenbach*; *Lohse* in LK-StGB StGB § 74 Rn. 32–34). Daher ist die Einziehung einer **EC-Karte** schon deshalb nicht möglich, weil das Eigentum an der Karte bei der Bank bleibt (BGH NStE Nr. 10 zu § 74 StGB (→ Rn. 333)). 336

Auch bei der Einziehung spielen die Folgen, die sich aus der zivilrechtlichen **Nichtigkeit der Verfügungsgeschäfte** nach § 134 BGB ergeben, eine erhebliche Rolle und tragen nicht unerheblich zur Kompliziertheit der Materie bei: 337

338 Da der **Verkäufer** von Betäubungsmitteln im Inland (zum Ausland → Rn. 124) durch Vertrag an dem **Kaufgeld** kein Eigentum erwirbt (→ Rn. 123), ist auch in den Fällen, in denen eine Einziehung des Kaufgelds an sich in Betracht kommt (→ Rn. 315, 318) eine täterbezogene Einziehung nach § 74 Abs. 1 StGB nicht möglich. In Betracht kommt die Sicherungseinziehung → Rn. 369–390. Zur Einziehung oder erweiterten Einziehung von Taterträgen als **Mittel der Wahl** → Rn. 315, 316.

339 Auch durch **Vermischung** (zutreffender: Vermengung) mit eigenem **Geld** kann der **Verkäufer** (Mit-)Eigentum erwerben. Hat der Verkäufer in diesem Fall unter den Voraussetzungen der → Rn. 315, 318 das gesamte (vermengte) Geld zu Betäubungsmittelgeschäften bestimmt, so sind regelmäßig die Voraussetzungen der Sicherungseinziehung (§ 74b StGB) hinsichtlich des gesamten Geldes erfüllt (→ Rn. 376, 378). Will er nur das frühere Kaufgeld zu diesen Zwecken einsetzen, so kommt insoweit die Einziehung des Wertes nach § 74c StGB in Betracht, da er durch die Vermengung die Einziehung vereitelt hat (→ Rn. 124).

340 **II. Vorbehalts- und Sicherungseigentum.** Die formale Rechtsposition **nach bürgerlichem Recht** ist auch bei Vorbehalts- und Sicherungseigentum allein maßgeblich (BGHSt 24, 222 = NJW 1971, 2235 = JZ 1972, 171 m. Bespr. *Eser* JZ 1972, 146 und *Meyer* JR 1972, 385; BGH NStZ-RR 1999, 11; *Lohse* in LK-StGB StGB § 74 Rn. 31–34; *Joecks* in MüKoStGB § 74 Rn. 33–36; *Eser/Schuster* in Schönke/Schröder StGB § 74 Rn. 22; *Herzog/Saliger* in NK-StGB § 74 Rn. 25; *Hölscher* in HK-GS StGB § 74 Rn. 2; krit. *Heger* in Lackner/Kühl StGB § 74 Rn. 7; offengelassen bei BGH NStZ 1997, 30 = JR 1997, 204 mAnm *Achenbach*).

341 Ein Schmuggelfahrzeug, das im **Sicherungseigentum** einer Bank steht oder unter **Eigentumsvorbehalt** erworben ist, kann danach nicht als Tatmittel eingezogen werden (§ 74 Abs. 3 StGB). Fehlt es auch an den Voraussetzungen des § 74b StGB (dazu → Rn. 376, 378), so kommt die Einziehung des **Rückübertragungsanspruchs** (BGH NStZ-RR 2017, 84) oder des **Anwartschaftsrechts** in Betracht (BGHSt 25, 10 = NJW 1972, 2053 = JZ 1973, 170 mAnm *Eser* = JR 1973, 338 mAnm *Meyer*; BGH NStZ-RR 1999, 11; 4 StR 619/10; *Lohse* in LK-StGB StGB § 74 Rn. 43; krit. OLG Karlsruhe NJW 1974, 709). Die Sache geht dann in das Eigentum des Staates über, wenn die noch ausstehenden Raten bezahlt sind (*Oğlakcıoğlu* in MüKoStGB Rn. 158; *Joecks* in MüKoStGB § 74 Rn. 35, 36). Hat der Täter das Sicherungseigentum erst **nach der Tat** begründet, so kommt die Einziehung des Wertes (§ 74c StGB) in Betracht.

342 **III. Miteigentum, Gesamthandeigentum.** Steht das Tatmittel (Schmuggelfahrzeug) im Miteigentum mehrerer Personen und liegen die Voraussetzungen des § 74 Abs. 1 StGB nur für einen von ihnen vor, so ist eine Einziehung des Fahrzeugs nach § 74 Abs. 1 StGB nicht möglich (BGHR BtMG § 33 Beziehungsgegenstand 1 = NStZ 1991, 496). Fehlt es auch an den Voraussetzungen des § 74b StGB (dazu → Rn. 376, 378), so kommt nur die **Einziehung des Miteigentumsanteils** in Betracht (BGH NStZ 1991, 496; *Oğlakcıoğlu* in MüKoStGB Rn. 159; *Joecks* in MüKoStGB StGB § 74 Rn. 37; *Lohse* in LK-StGB StGB § 74 Rn. 41).

343 **Bei Gesamthandseigentum** ist das körperliche Tatmittel einziehbar, wenn entweder alle Gesamthandsberechtigten tatbeteiligt waren oder ein Fall des § 74e StGB vorliegt (s. *Lohse* in LK-StGB StGB § 74 Rn. 42). Andernfalls müsste wohl der Anteil an der Gemeinschaft (nicht an dem einzelnen Gegenstand) eingezogen werden (*Lohse* in LK-StGB StGB § 74 Rn. 42).

344 **D. Einziehung des Wertes von Tatprodukten oder Tatmitteln.** Auf → Rn. 391–406 wird verwiesen.

345 **E. Verhältnismäßigkeit.** Auf → Rn. 301, 435–437 wird Bezug genommen.

Einziehung **§ 33 BtMG**

F. Anordnung, Ermessen. Im Unterschied zur Einziehung von Taterträgen ist 346
die Einziehung von Tatprodukten oder Tatmitteln nicht zwingend (§ 74 Abs. 1
StGB). Bei der Ausübung des Ermessens ist vor allem auf die Tat- und Schuldangemessenheit zu achten, denn als repressive Maßnahme darf die Einziehung nur angeordnet werden, wenn und soweit sie in einem angemessenen Verhältnis zur Tat
und Schuld des Täters steht (→ Rn. 300, 301).

G. Bezeichnung der Einziehungsgegenstände im Urteil. Die einzuziehen- 347
den Gegenstände sind im Urteilstenor so **genau zu benennen,** dass bei allen Beteiligten und den Vollstreckungsorganen Klarheit über den Umfang der Einziehung
besteht (BGH NStZ-RR 2015, 16); im Falle von Betäubungsmitteln müssen jedenfalls Art und Menge des einzuziehenden Rauschgifts angegeben werden (BGH
BeckRS 2019, 23105); dies kann bei umfangreichem Material in einer besonderen
Anlage zum Urteilstenor erfolgen; die Bezugnahme auf die Anklageschrift oder ein
Asservatenverzeichnis genügt nicht (BGH NStZ 2017, 88; NStZ-RR 2016, 313).
Das Revisionsgericht kann die genaue Bezeichnung nachholen, wenn die Urteilsgründe die erforderlichen Angaben enthalten (BGHR BtMG § 33 Beziehungsgegenstand 2 (→ Rn. 114); BGH NStZ 2007, 713 (→ Rn. 321); NStZ-RR 2015,
16; BeckRS 2019, 23105).

H. Strafzumessung. Die täterbezogene Einziehung (§ 74 Abs. 1 StGB) ist eine 348
Nebenstrafe und deswegen Teil der Strafzumessung (BGH NStZ 2018, 526; StV
2012, 595 = StraFo 2012, 152). Notwendig ist daher eine **Gesamtbetrachtung,**
bei der das Gewicht der Vermögenseinbuße zu würdigen ist (BGH NStZ 2017, 89;
NStZ-RR 2012, 169; 2016, 731; 3 StR 137/14) und bei der auch der Grundsatz
der Verhältnismäßigkeit (§ 74f Abs. 1 StGB) zu berücksichtigen ist (→ Rn. 301,
345). Dabei genügt die Berücksichtigung bei der **Gesamtstrafe** (BGHR StGB
§ 46 Abs. 1 Schuldausgleich 39).

Bei der Einziehung von **Tatfahrzeugen** sind im Urteil insbesondere Art und 349
Wert des Fahrzeugs (BGHR StGB § 46 Abs. 1 Schuldausgleich 39; BGH NStZ-RR 2012, 169; StV 1992, 570; 1994, 74), namentlich eines Lastzuges (BGH NStZ
1993, 95 = StV 1993, 71) oder einer Zugmaschine (BGH NStZ 1993, 400 = StV
1993, 359), darzulegen. Einziehung und Freiheitsstrafe dürfen zusammen das Maß
schuldangemessener Ahndung nicht übersteigen (stRspr; BGHR StGB § 46 Abs. 1
Schuldausgleich 39; BGH NStZ 2016, 731). Zur Einziehung eines **Grundstücks**
→ Rn. 301.

I. Wirkung (§ 75 StGB). Ebenso wie bei der Einziehung von Taterträgen be- 350
steht die Wirkung der Einziehung von Tatprodukten, Tatmitteln und Tatobjekten
darin, dass das Eigentum an der Sache oder das eingezogene Recht mit der Rechtskraft der Entscheidung auf das Land übergeht, dessen Gericht im ersten Rechtszug
entschieden hat (§ 75 Abs. 1 S. 1 StGB).

Das Gesetz v. 13.4.2017 hat die früheren § 73e StGB und § 74e StGB in § 75 351
StGB nF zusammengefasst. Dabei wurde nicht berücksichtigt, dass der Eigentumserwerb nach § 74e StGB aF im Unterschied zu dem des § 73e StGB **originär** war,
so dass er bei einem Irrtum des Gerichts auch gegenüber dem **wahren Eigentümer** wirkte (*Oğlakcıoğlu* in MüKoStGB Rn. 164; *Herzog/Saliger* in NK-StGB
§ 74e Rn. 1; aA *Burghart* in Satzger/Schluckebier/Widmaier StGB § 74e Rn. 1;
Joecks in MüKoStGB § 74e Rn. 5). Mit der Zusammenfassung in dem neuen § 75
StGB ist dies entfallen (*Eser/Schuster* in Schönke/Schröder StGB § 75 Rn. 5).

I. Eigentum/Inhaberschaft des Täters oder Teilnehmers. An sich dürfen 352
nur Gegenstände eingezogen werden, die dem Täter oder Teilnehmer im Zeitpunkt der Entscheidung gehören oder zustehen (§ 74 Abs. 3 StGB). Hat das Gericht
dies zutreffend erkannt, macht der Übergang des Eigentums oder der Inhaberschaft
keine Schwierigkeiten (§ 75 Abs. 1 S. 1 Nr. 1 StGB).

353 **II. Kein(e) Eigentum/Inhaberschaft des Täters oder Teilnehmers.** Schwierigkeiten ergeben sich, wenn sich das Gericht **geirrt hat** und Gegenstände eingezogen hat, die dem Täter oder Teilnehmer nicht gehörten oder zustanden. Gehörten sie einem Dritten, der mit der Tat nichts zu tun hatte, oder standen sie einem solchen zu, so bleibt dessen Eigentum/Inhaberschaft unberührt; er kann sein Recht jederzeit gegenüber dem Justizfiskus geltend machen (→ Rn. 117).

354 Unklar ist, ob Eigentum oder Inhaberschaft auch dann bei dem Dritten bleiben, wenn er die Sache dem Täter oder Teilnehmer **für die Tat** oder **in Kenntnis der Tatumstände** gewährt hat (§ 75 Abs. 1 S. 1 Nr. 1 StGB). Für einen Übergang spricht, dass das Gesetz die früheren § 73 e StGB und § 74 e StGB zusammengefasst und insoweit für die Einziehung von Tatprodukten, Tatmitteln und Tatobjekten keine Ausnahme angeordnet hat. Dagegen sprechen die §§ 74a, 74b StGB, die für eine ähnliche Situation eigene Regeln vorsehen. Weder § 74 a StGB noch § 74b StGB enthalten jedoch eigene Vorschriften über den Übergang des Eigentums und von Rechten. Dass dies möglicherweise auf einem gesetzgeberischen Versehen beruht, vermag daran nichts zu ändern.

355 **III. (Beschränkt dingliche) Rechte Dritter** am Einziehungsgegenstand bleiben bestehen (§ 75 Abs. 2 S. 1 StGB). Dazu im Einzelnen → Rn. 139. Das Gericht kann das **Erlöschen** eines solchen Rechts anordnen, wenn der Rechtsinhaber
– wenigstens leichtfertig dazu beigetragen hat, dass der Einziehungsgegenstand als Tatmittel verwendet oder Tatobjekt gewesen ist, oder
– das Recht an dem Gegenstand in Kenntnis der Umstände, welche die Einziehung zuglassen, in verwerflicher Weise erworben hatte

(§ 75 Abs. 2 S. 3 StGB). Die Merkmale stimmen im Wesentlichen („wenigstens" statt „mindestens") mit denen des § 74a StGB überein. Auf → Rn. 362–364 wird Bezug genommen.

356 **IV. Veräußerungsverbot.** Die **Anordnung** der Einziehung wirkt als Veräußerungsverbot (§ 75 Abs. 3 StGB). Soll der Gegenstand zum Schutz der Allgemeinheit aus dem Verkehr gezogen werden, etwa bei abstrakt gefährlichen Gegenständen, gilt dieses iSd § 134 BGB absolut; andernfalls, namentlich dann, wenn der Eigentumsübergang auf den Fiskus gesichert werden soll, kommt ihm nur relative Wirkung (§ 135 BGB) zu (allgM; *Heger* in Lackner/Kühl StGB § 75 Rn. 3). Auf → Rn. 141, 142 wird im Übrigen Bezug genommen.

357 **J. Vollstreckung (§ 459g StPO).** Die Vollstreckung richtet sich nach § 459g StPO. Auf → Rn. 145–147 wird Bezug genommen.

358 **K. Beschlagnahme zur Sicherung der Einziehung (§ 111b StPO).** Für die Beschlagnahme gilt § 111b StPO. Auf → Rn. 151 wird Bezug genommen.

359 **L. Absehen von der Einziehung (§ 421 StPO).** Unter bestimmten Voraussetzungen kann das Gericht mit Zustimmung der Staatsanwaltschaft von der Einziehung absehen. Im Ermittlungsverfahren kann die Staatsanwaltschaft das Verfahren auf die anderen Rechtsfolgen beschränken. Auf → Rn. 153–158 wird verwiesen.

Abschnitt 3. Die Einziehung von Tatprodukten, Tatmitteln oder Tatobjekten bei anderen (§ 74a StGB)

360 **A. Verweisung.** Die Einziehung von Tatprodukten, Tatmitteln oder Tatobjekten **bei anderen** kommt nur dann in Betracht, wenn ein Gesetz auf § 74a StGB verweist. Im Betäubungsmittelstrafrecht ist dies lediglich § 33 S. 2 BtMG, der für **alle Betäubungsmittelstraftaten** gilt und sich insbesondere auf die Betäubungsmittel als Tatobjekte bezieht. Obwohl § 33 BtMG nur die **Tatobjekte** (s. die Legaldefinition in § 74 Abs. 2 StGB) nennt, geht der BGH in einem Urteil vom 20.11.2018 – ohne dies zu begründen – anscheinend davon aus, dass die Verweisung auf § 74a StGB auch die **Tatmittel** umfasst (BGH BeckRS 2018, 33129 =NZWiSt 2019, 192 mAnm *Wissmann;* aA BGH NStZ 1991, 496; *Volkmer* in Körner/Patzak/Volkmer Rn. 56). Entsprechendes müsste dann auch für **Tatprodukte** gelten. Es bleibt aber abzuwarten, ob der 1. Strafsenat diese mit dem Wortlaut des § 33 S. 2 BtMG kaum zu vereinbarende Rechtsauffassung künftig aufrechterhält.

B. Voraussetzungen. Die wesentliche Folge des § 74a StGB ist, dass Gegenstände (Sachen oder Rechte) auch dann eingezogen werden, wenn sie dem Täter oder Teilnehmer zur Zeit der Entscheidung **nicht gehören** oder **zustehen**. Es handelt sich um eine strafähnliche Dritteinziehung (so zutreffend *Lohse* in LK-StGB StGB § 74a Rn. 11), die sich darauf stützt, dass der Dritte in vorwerfbarer Weise die Tat unterstützt hat („Quasibeihilfe") oder Gegenstände in verwerflicher Weise erworben hat („Quasihehlerei"). Voraussetzung ist, dass der Eigentümer oder Inhaber der Gegenstände 361

– mindestens leichtfertig dazu beigetragen hat, dass sie als Tatmittel verwendet oder Tatobjekt geworden sind, oder
– sie in Kenntnis der Umstände, welche die Einziehung zugelassen hätten, in verwerflicher Weise erworben hatte.

I. Beitrag des Eigentümers oder Inhabers (Nr. 1 StGB). Von den beiden Alternativen des § 74a StGB wird im Betäubungsmittelstrafrecht im Wesentlichen die Nr. 1 praktisch. Danach ist erforderlich, dass der Eigentümer oder Inhaber mindestens leichtfertig dazu beigetragen hat, dass die Betäubungsmittel oder -imitate Tatobjekte gewesen sind. Dies wird bei Betäubungsmitteln kaum je zweifelhaft sein (*Franke/Wienroeder* Rn. 4), anders aber uU bei Tatmitteln (s. BGH BeckRS 2018, 33129 = NZWiSt 2019, 192 mAnm *Wissmann,* zu einem als Drogenversteck genutzten Fahrzeug), worauf es freilich nur ankommt, wenn man der (wohl nicht richtigen) Auffassung folgt, dass § 33 S. 2 BtMG Tatmittel umfasst (→ Rn. 360). 362

II. Erwerb in verwerflicher Weise (Nr. 2 StGB). Diese Variante setzt voraus, dass derjenige, dem der Gegenstand zur Zeit der Entscheidung gehört oder zusteht, ihn nach der Tat (wirksam) erworben hat. In einem solchen Falle ist die Einziehung zulässig, wenn der Erwerb in Kenntnis der Umstände, welche die Einziehung zugelassen hätten, in verwerflicher Weise erfolgt ist. Für die **Kenntnis** dieser Umstände genügt **bedingter Vorsatz** (*Fischer* StGB § 74a Rn. 7; *Lohse* in LK-StGB StGB § 74a Rn. 22; *Herzog/Saliger* in NK-StGB § 74a Rn. 9; aA *Eser/Schuster* in Schönke/Schröder StGB § 74a Rn. 9). 363

In verwerflicher Weise erwirbt, wem es auf die Vereitelung der Einziehung ankommt oder wenn das Handeln dessen, dem die Betäubungsmittel oder Imitate zur Zeit der Entscheidung gehören, in einem erhöhten Maße sittliche Missbilligung verdient, namentlich wenn er Vorteile für sich erstrebt; auch die Kenntnis der in → Rn. 363 genannten Umstände macht das Handeln meist **verwerflich** (*Fischer* StGB § 74a Rn. 8). 364

C. Verfahren, Anordnung, Ermessen. Die Einziehung wird in dem Verfahren gegen den Tatbeteiligten angeordnet, wirkt aber gegenüber dem nicht angeklagten Dritten. Dieser ist daher als Einziehungsbeteiligter iSd § 424 StPO, soweit das Verfahren die Einziehung betrifft, zwingend an ihm zu beteiligen (KK-Schmidt § 424 Rn. 2; *Graf* in BeckOK StPO § 424 Rn. 2, 3). Das Verfahren richtet sich nach den §§ 424–432 StPO. 365

Die Anordnung steht im Ermessen des Gerichts. Auf → Rn. 300, 301 kann insoweit Bezug genommen werden. Von besonderer Bedeutung sind dabei auch Art und Schwere des Vorwurfs, der gegen den Dritten erhoben werden kann (BGH StV 1983, 107). Zur **Bezeichnung** der Gegenstände im Urteil → Rn. 347. 366

D. Wirkung. Die Einziehung richtet sich nicht gegen den Täter oder Teilnehmer, sondern gegen den „anderen". Dieser Dritte ist somit der von der Einziehung 367

Betroffene iSd § 75 Abs. 1 S. 1 Nr. 1 StGB. Somit geht mit der Rechtskraft der Einziehungsanordnung das Eigentum an der Sache oder die Inhaberschaft an dem Recht auf den Staat über, sofern dem Dritten – was die Anordnung nach § 74a StGB ja gerade voraussetzt – der Gegenstand zu dieser Zeit gehört bzw. zusteht. Darüber hinaus regelt § 75 Abs. 2 S. 3 StGB, dass das Gericht in den Fällen des § 74a StGB das Erlöschen des Rechts eines Dritten anordnen kann (→ Rn. 355). Zum Tragen kommt diese Bestimmung bei beschränkt dinglichen Rechten wie zB Pfandrechten, die nicht dem Einziehungsbetroffenen, sondern einer anderen Person zustehen. Bei den Tatobjekten des Betäubungsmittelrechts dürfte diese Regelung kaum jemals von Bedeutung sein.

368 **E. Vollstreckung, Beschlagnahme, Absehen von der Einziehung.** Auf → Rn. 357–359 wird verwiesen.

Abschnitt 4. Die Sicherungseinziehung (§ 74b StGB)

369 Die **Sicherungseinziehung** weicht in folgender Hinsicht von der täterbezogenen Einziehung ab. Sie ist auch dann zulässig,
– wenn der Täter oder Teilnehmer **nicht schuldhaft** gehandelt hat (→ Rn. 370) oder
– wenn die Gegenstände **einem anderen** als dem Täter oder Teilnehmer gehören oder zustehen (→ Rn. 378).

Stets ist **Voraussetzung,** dass die Gegenstände nach ihrer Art und nach den Umständen die Allgemeinheit gefährden oder die Gefahr besteht, dass sie der Begehung rechtswidriger Taten dienen werden (→ Rn. 372).

370 **A. Anknüpfungstat (§ 74b Abs. 1 StGB).** Die Sicherungseinziehung setzt zunächst eine Anknüpfungstat (→ Rn. 306, 307) voraus. Dazu genügt eine rechtswidrige Tat. Anders als bei der täterbezogenen Einziehung ist **nicht** notwendig, dass der Täter oder Teilnehmer **schuldhaft** gehandelt hat (§ 74b Abs. 1 Nr. 1 StGB).

371 **B. Einziehungsobjekte.** Einziehungsobjekte sind Tatprodukte, Tatmittel und Tatobjekte. Dies wird zwar nicht mehr durch die Stellung im Gesetz (§ 74 Abs. 2 Nr. 2, Abs. 3, 4 StGB aF) zum Ausdruck gebracht, da mit der Neufassung eine inhaltliche Änderung aber nicht verbunden sein sollte (BT-Drs. 18/9525, 69), davon ausgegangen werden, dass dies auch nunmehr gilt. Zu den einzelnen Objekten → Rn. 310–312 (Tatprodukte), → Rn. 313–330 (Tatmittel), → Rn. 331, 420, 421 (Tatobjekte).

372 **C. Die gefährlichen Gegenstände (§ 74b Abs. 1 StGB).** Die Einziehungsobjekte unterfallen je nach der Art der von ihnen ausgehenden Gefahren in zwei Gruppen:

373 **I. Art- und umständebedingte Gefährlichkeit.** Die erste Alternative der Vorschrift erfasst die Gegenstände, die im Zeitpunkt der Entscheidung gefährlich sind (*Fischer* StGB § 74b Rn. 5), weil sie nach ihrer Art und nach den Umständen die Rechtsgüter individuell nicht bestimmter Personen gefährden. Dazu gehören **die abstrakt gefährlichen** Gegenstände, deren Gefährlichkeit sich bereits aus ihrer Beschaffenheit ergibt (zB Gift, lebensgefährliche Lebensmittel, Betäubungsmittel (→ Rn. 413, *Oğlakcıoğlu* in MüKoStGB Rn. 188; *Lohse* in LK-StGB StGB § 74b Rn. 4); *Joecks* in MüKoStGB § 74 Rn. 41; *Herzog/Saliger* in NK-StGB § 74 Rn. 31), neue psychoaktive Stoffe (s. § 5 NpSG). Allerdings sind auch diese Gegenstände nicht absolut gefährlich, etwa Morphium in der Hand des Arztes (*Lohse* in LK-StGB StGB § 74b Rn. 4). Es muss daher auch bei ihnen hinzukommen, dass die Gefährlichkeit auch nach den Umständen gegeben ist.

374 Gefährliche Gegenstände sind auch die **relativ gefährlichen** Gegenstände, die zwar ihrer Art nach gefahrneutral oder ungefährlich sein mögen, die aber unter be-

Einziehung § 33 BtMG

sonderen Umständen, etwa durch die Art ihrer Verwendung, ihrer Verbindung mit anderen Tatmitteln oder auf Grund der kriminellen Neigungen oder der Nachlässigkeit ihres Inhabers zur Gefahrenquelle werden können (*Eser/Schuster* in Schönke/Schröder StGB § 74b Rn. 4). Dabei muss es sich um eine **konkrete,** nicht nur allgemein abstrakte Gefahr handeln (BGHSt 23, 64 = NJW 1969, 1970; *Fischer* StGB § 74b Rn. 6; s. auch *Heger* in Lackner/Kühl StGB § 74b Rn. 1a).

Die Gefährdung der **Allgemeinheit** verlangt keine Gemeingefahr oder Gefährdung von Allgemeininteressen. Es genügt jedes rechtlich geschützte Interesse (*Eser/ Schuster* in Schönke/Schröder StGB § 74b Rn. 4; *Lohse* in LK-StGB StGB § 74b Rn. 5), jedenfalls dann, wenn Belange der Allgemeinheit seine Wahrung erfordern (*Oğlakcıoğlu* in MüKoStGB Rn. 188; *Heger* in Lackner/Kühl StGB § 74b Rn. 1a). 375

II. Gefahr strafrechtswidrigen Gebrauchs. Die zweite Alternative der Vorschrift erfasst die Gegenstände, bei denen unabhängig von einer gegenstandsbedingten Gefährlichkeit (→ Rn. 373–375) die Gefahr (→ Rn. 377) besteht, dass sie der Begehung rechtswidriger Taten dienen werden. Dazu gehören **Betäubungsmittel, Streckmittel** (BGH NStZ 2007, 713 (→ Rn. 321)), geeignete Tatwerkzeuge, zB **Kraftfahrzeuge** (BGH StV 1991, 262; LG Siegen NStZ 1990, 338), insbesondere ein Schmuggelversteck, oder **Geld** einer kriminellen Vereinigung (BGH NStZ 1985, 262). 376

Eine Gefahr besteht nicht schon dann, wenn die bloße gedankliche Möglichkeit einer rechtswidrigen Verwendung besteht, sondern erst dann, wenn **konkrete Anhaltspunkte** die Besorgnis einer solchen Verwendung begründen, die rechtswidrige Verwendung mithin wahrscheinlich ist (BGHSt 18, 271 = NJW 1963, 1069; *Oğlakcıoğlu* in MüKoStGB Rn. 189; *Lohse* in LK-StGB StGB § 74b Rn. 7). Nicht notwendig ist, dass die zu befürchtenden rechtswidrigen Taten in ihrer Art oder Schwere der Anknüpfungstat entsprechen (*Eser/Schuster* in Schönke/Schröder StGB § 74b Rn. 6; *Lohse* in LK-StGB StGB § 74b Rn. 8). Es kommt nicht darauf an, von wem die Gefahr droht, ob vom Täter, Dritteigentümer oder einer anderen Person, wenn die Gefahr besteht, dass der Gegenstand in die Hand von unzuverlässigen Personen gerät (*Lohse* in LK-StGB StGB § 74b Rn. 9). 377

D. Eigentum oder Inhaberschaft. Die Sicherungseinziehung kommt zunächst bei Gegenständen in Betracht, die dem Täter oder Teilnehmer zur Zeit der Entscheidung gehören oder zustehen (§ 74b Abs. 1 StGB). Sie ist aber auch dann zulässig, wenn dies nicht der Fall ist (§ 74b Abs. 1 Nr. 2). Im Hinblick auf die Gefährlichkeit des Gegenstands und den Sicherungszweck kann es auf die **rechtliche** Zuordnung des Einziehungsgegenstands nicht ankommen. 378

E. Anordnung, Ermessen, Strafzumessung. (Auch) die Sicherungseinziehung steht im Ermessen des Gerichts (→ Rn. 346). Dass dieses ausgeübt wurde, muss aus dem Urteil erkennbar sein (KG NStZ-RR 2010, 58). Bei der Ausübung ist die wirtschaftliche Auswirkung der Maßnahme hinreichend abzuwägen, wobei es vor allem auf den Wert der Sache, die Bedeutung der Tat und den Vorwurf gegen einen (Dritt-)Eigentümer ankommt (KG NStZ-RR 2010, 58). Auch muss geprüft werden, ob weniger einschneidende Maßnahmen den verfolgten Sicherungszweck erfüllen können (KG NStZ-RR 2010, 58). Gebietet der Schutz der Allgemeinheit die Einziehung, so ist für ein Ermessen kein Raum (*Oğlakcıoğlu* in MüKoStGB Rn. 190). 379

Liegen sowohl die Voraussetzungen des § 74 Abs. 1, 3 S. 1 StGB als auch die des § 74b StGB vor, so ist die Anordnung grundsätzlich **auf beide Vorschriften** zu stützen; eine Ausnahme kommt bei einem ungemessenen Klärungsaufwand in Betracht (*Oğlakcıoğlu* in MüKoStGB Rn. 194, 195). Stets muss **das Urteil erkennen** lassen, ob die Einziehung zu Sicherungszwecken und/oder zu Ahndungszwecken erfolgt (BayObLG NJW 1994, 534). 380

381 Auch bei der **Sicherungseinziehung** muss der Grundsatz der Verhältnismäßigkeit beachtet werden (→ Rn. 301), wobei vor allem die wirtschaftlichen Auswirkungen der Maßnahme (→ Rn. 379) von Bedeutung sind (OLG Köln StV 1995, 306). Diese Auswirkungen können gegebenenfalls auch im Rahmen der **Strafzumessung** berücksichtigt werden (OLG Köln StV 1995, 306).

382 Zur **Bezeichnung** der Gegenstände im Urteil → Rn. 347.

383 **F. Wirkung.** Die Einziehungsanordnung richtet sich gegen den Eigentümer oder Inhaber des Gegenstands (aber → Rn. 384). Ist der Eigentümer/Inhaber nicht Angeklagter, so ist er gemäß §§ 424 ff. StPO am Verfahren zu beteiligen (→ Rn. 365; *Eser/Schuster* in Schönke/Schröder StGB § 74b Rn. 8). Mit Rechtskraft der Entscheidung geht das Eigentum an der Sache oder das Recht vom Eigentümer bzw. Inhaber als Betroffenen der Anordnung auf den Staat über (§ 75 Abs. 1 S. 1 Nr. 1 StGB; → Rn. 367). Darüber hinaus hat das Gericht nach § 75 Abs. 2 S. 2 StGB das Erlöschen etwaiger Drittrechte, dh beschränkt dinglicher Teilrechte (zB Pfandrechte) anzuordnen. Die Anordnung ist zwingend, weil Rechte Dritter nicht dem mit der Sicherungseinziehung bezweckten Schutz der Allgemeinheit im Wege stehen dürfen (*Lohse* in LK-StGB StGB § 75 Rn. 16).

384 Das Gesetz scheint allerdings davon auszugehen, dass das Eigentum/die Inhaberschaft an dem Gegenstand auch dann auf den Staat übergeht, wenn der **Gegenstand dem Einziehungsbetroffenen** zum Zeitpunkt der Rechtskraft des Urteils **nicht (mehr) gehört oder zusteht.** Andernfalls wäre die Entschädigungsregelung des § 74b Abs. 2 S. 1 StGB kaum verständlich. Denn diese wird gerade auch dann relevant, wenn die Einziehungsanordnung gegenüber einem Dritten wirkt, gegen den sich die Anordnung nicht richtet (→ Rn. 386). Im Übrigen gebietet auch der Sicherungszweck der Anordnung nach § 74b StGB den Eigentumsübergang auf den Staat unabhängig davon, wem der Gegenstand gehört oder zusteht, und unabhängig von den Voraussetzungen des § 75 Abs. 1 S. 1 Nr. 2 StGB. Eine eindeutige Regelung zum Eigentumsübergang in solchen Fällen enthält das Gesetz jedoch nicht.

385 **G. Vollstreckung, Beschlagnahme, Absehen von der Einziehung.** Auf → Rn. 357–359 wird verwiesen.

386 **H. Entschädigung (§ 74b Abs. 2, 3 StGB).** Ein tatunbeteiligter Dritter, dem das Eigentum an der Sache oder das Recht zum Zeitpunkt der Rechtskraft der Entscheidung zustand, ist aus der Staatskasse unter Berücksichtigung des Verkehrswertes angemessen in Geld zu entschädigen (§ 74b Abs. 2 S. 1 StGB). Dasselbe gilt beim Erlöschen oder bei der Beeinträchtigung eines beschränkt dinglichen Rechts an dem eingezogenen Gegenstand (§ 74b Abs. 2 S. 2 StGB). „Anderer" im Sinne dieser Vorschriften ist nicht der Täter oder Teilnehmer, und zwar unabhängig davon, ob ihn ein Schuldvorwurf trifft (*Lohse* in LK-StGB StGB § 74b Rn. 14). Kein Entschädigungsberechtigter ist auch derjenige, der gemäß § 74a StGB dem Täter oder Teilnehmer gleichsteht, weil ihm eine „Quasi-Beihilfe" oder „Quasi-Hehlerei" zur Last liegt (*Lohse* in LK-StGB StGB § 74b Rn. 14; → Rn. 361, 387). Als entschädigungsberechtigter tatunbeteiligter Dritteigentümer kommt hingegen auch in Betracht, wer zwischen letzter tatrichterlicher Verhandlung und Rechtskraft des Urteils gutgläubig Eigentum erwarb oder wer tatsächlich Eigentümer ist, aber ohne sein Verschulden im Strafverfahren nicht die Rechte eines Einziehungsbeteiligten wahrnehmen konnte (*Lohse* in LK-StGB StGB § 74b Rn. 15). Ging etwa das Gericht im Urteil von unrichtigen Eigentumsverhältnissen aus, so kann der nicht am Verfahren beteiligte wahre Eigentümer seine Rechte in einem Nachverfahren nach § 433 StPO geltend machen und – etwa nach Unbrauchbarmachung der eingezogenen Sache – unter den Voraussetzungen des § 74b Abs. 2 S. 1, Abs. 3 StGB eine Entschädigung verlangen (*Lohse* in LK-StGB StGB § 74b Rn. 15). Eine Entschädi-

Einziehung **§ 33 BtMG**

gung wird selbst dann in Betracht kommen, wenn die Fristen für ein Nachverfahren versäumt wurden (*Lohse* in LK-StGB StGB § 74b Rn. 15; *Eser/Schuster* in Schönke/Schröder StGB § 74b Rn. 10).

Ein Entschädigungsanspruch besteht allerdings nur dann, wenn dem Eigentümer 387 oder Inhaber im Hinblick auf die Tat **kein Vorwurf** gemacht werden kann. Das Gesetz (§ 74b Abs. 3 Nr. 1 StGB) entscheidet dies in erster Linie nach denselben Kriterien wie für die Einziehung bei anderen (§ 74a StGB); auf → Rn. 362–364 kann insoweit Bezug genommen werden. In einer zusätzlichen Nr. 2 wird die Entschädigung auch ausgeschlossen, wenn nach anderen Gesetzen (zB nach den Polizeigesetzen) eine entschädigungslose Einziehung zulässig wäre.

Die Entscheidung über die Entschädigung einschließlich ihrer Höhe ist grund- 388 sätzlich von der obersten Justizbehörde oder der von dieser bestimmten Stelle, im Streitfalle von den Zivilgerichten zu treffen. Ausnahmen: § 430 Abs. 3 StPO.

I. Einziehung des Wertersatzes. Die Einziehung des Wertersatzes kommt 389 auch in den Fällen der Sicherungseinziehung in Betracht, allerdings nur, wenn der Gegenstand zur Zeit der Tat dem Tatbeteiligten gehörte oder zustand (→ Rn. 394).

J. Verfahren. Die Einziehung wird im Verfahren gegen den Tatbeteiligten an- 390 geordnet. Gehört die Sache einem Dritten oder steht das Recht einem Dritten zu, so ist dieser am Verfahren zu beteiligen (§ 424 StPO), soweit dies ausführbar ist (§ 425 Abs. 1 StPO).

Abschnitt 5. Einziehung des Wertes von Tatprodukten, Tatmitteln, Tatobjekten bei Tätern oder Teilnehmern (§ 74c StGB)

Wird das Einziehungsobjekt zwischen der Tat und der Entscheidung durch den 391 Tatbeteiligten verwertet oder hat er die Einziehung sonst vereitelt, so kann das Gericht die Einziehung des **Wertes** des Tatprodukts, Tatmittels oder Tatobjekts anordnen (§ 74c Abs. 1 StGB). Die Einziehung des Wertes gilt für alle Fälle der strafrechtlichen Einziehung, namentlich auch für die Fälle des § 33 S. 1 BtMG, § 74 Abs. 2 StGB (BGHSt 28, 369 (→ Rn. 26); 33, 233 (→ Rn. 123); nicht dagegen für die Fälle des § 33 S. 2 BtMG, § 74a StGB (→ Rn. 432).

A. Voraussetzungen. Die Einziehung des Wertes des Einziehungsobjekts tritt 392 an die Stelle der Einziehung selbst. Es ist daher notwendig, dass der Gegenstand **im Zeitpunkt der Entscheidung** hätte eingezogen werden können, wenn der Tatbeteiligte noch dessen Eigentümer/Inhaber gewesen wäre. Daher müssen sämtliche Voraussetzungen eines Einziehungstatbestandes einschließlich des § 74f StGB vorliegen.

I. Von der Anklage umfasste Tat. Dies bedeutet, dass der ursprüngliche Ein- 393 ziehungsgegenstand Tatprodukt, Tatmittel oder, sofern die hierfür erforderlichen Voraussetzungen vorliegen, Tatobjekt der von der Anklage umfassten Tat gewesen ist (*Volkmer* in Körner/Patzak/Volkmer Rn. 81; *Oğlakcıoğlu* in MüKoStGB Rn. 171).

II. Eigentum/Inhaberschaft des Täters oder Teilnehmers. Der Gegenstand 394 musste ferner zur Zeit der Tat dem Tatbeteiligten gehört oder zugestanden haben (BGHSt 33, 233 (→ Rn. 123); BGH NStZ-RR 2018, 14); dazu → Rn. 333–342. Gegenüber einem **tatunbeteiligten** Dritteigentümer ist die Einziehung des Wertes des Gegenstandes **stets ausgeschlossen**, auch wenn er eine nach § 74a StGB oder § 74b Abs. 1 Nr. 2 StGB gegen ihn mögliche Einziehung des Gegenstandes vereitelte (*Lohse* in LK-StGB StGB § 74c Rn. 5). In der früheren Fassung des § 74c Abs. 1 StGB war dies ausdrücklich enthalten; in der Neufassung lässt sich dies aus der Überschrift erschließen. Zu den Eigentumsverhältnissen → Rn. 120–131.

BtMG § 33 Sechster Abschnitt. Straftaten und Ordnungswidrigkeiten

395 Am Eigentum (zur Zeit der Tat) **fehlt** es in aller Regel bei den **Betäubungsmitteln**, die der **Käufer** aus der Tat erlangt hat (→ Rn. 128, 129). Hat er sie inzwischen weiterveräußert oder abgegeben, so kommt eine Einziehung des Wertes des Tatobjekts daher nicht in Betracht (BGHR StGB § 73a Anwendungsbereich 1 (→ Rn. 26); OLG Dresden NStZ-RR 2003, 214; *Oğlakcıoğlu* in MüKoStGB Rn. 174). Hat der Käufer aus der Weitergabe **Geld** oder sonstige Tatvorteile erlangt, so ist insoweit die Einziehung (§ 73 StGB), erweiterte Einziehung von Taterträgen (§ 73a StGB) oder des Wertes von Taterträgen (§ 73c StGB) anzuordnen (BGH NStZ-RR 2009, 320; *Oğlakcıoğlu* in MüKoStGB Rn. 174). Zum Verbrauch durch **Konsum** → Rn. 75, 75.

396 Nach BGHSt 28, 369 (→ Rn. 26) sowie NStZ 1984, 27 (28) soll im Verfahren gegen den **Verkäufer** (→ Rn. 18) die Einziehung von Wertersatz in Betracht kommen, wenn die Einziehung der **Betäubungsmittel** nicht mehr möglich ist, weil der **Käufer** oder ein anderer die Droge inzwischen verbraucht hat oder ihr jetziger Besitzer nicht ermittelt werden kann. Soweit der BGH dabei auf die Frage des Eigentums des Verkäufers an den Drogen nicht eingeht, ist dies durch die neuere Rechtsprechung (BGHR StGB § 74 Abs. 1 Tatmittel 1 (→ Rn. 306); § 74c Abs. 1 Zustehen 2) **überholt** (*Oğlakcıoğlu* in MüKoStGB Rn. 175; s. auch *Volkmer* in Körner/Patzak/Volkmer Rn. 89). Auch der in → Rn. 397 genannte Gesichtspunkt steht der Einziehung von Wertersatz entgegen, es sei denn, Gegenstand der Anklage ist auch der Erwerb der später verkauften Betäubungsmittel durch den Verkäufer.

397 **III. Verwertungs- oder Vereitelungshandlung.** Schließlich muss aufgrund einer Handlung des Tatbeteiligten auf das ursprüngliche Einziehungsobjekt nicht mehr zurückgegriffen werden können. Diese Handlung muss eine **andere Handlung** als die Tathandlung sein (BGHR StGB § 74c Abs. 1 Vereitelung 1 = NStZ 1992, 81). Auch die bestimmungsgemäße Verwendung von Beträgen, die der Täter zur Anmietung einer Zugmaschine oder zur Bezahlung von Mautgebühren erhalten hat, genügt nicht (BGH NStZ-RR 2011, 283 (→ Rn. 33)).

398 Im Verfahren gegen den **Käufer** (→ Rn. 18) von Rauschgift kann daher auch dann kein Wertersatz für den von ihm als Tatmittel eingesetzten und an den Verkäufer bezahlten Kaufpreis eingezogen werden (BGHR StGB § 74c Abs. 1 Vereitelung 1 (→ Rn. 397)), wenn ihm das eingesetzte Geld gehörte.

399 Die andere Handlung kann entweder in einer **Verwertung** oder in einer **Vereitelung** bestehen. **Verwertungshandlungen** sind insbesondere die Veräußerung oder der Verbrauch, ebenso die Vermengung, Verbindung oder Verarbeitung. Dies kann auch durch einen gutgläubigen Dritten erfolgen, sofern es mit Billigung des Tatbeteiligten geschieht (*Herzog/Saliger* in NK-StGB StGB § 74c Rn. 7). Die Verwertungshandlung muss nicht vorwerfbar sein, da der Täter aus dem Einziehungsgegenstand Vorteile erlangt (*Eser/Schuster* in Schönke/Schröder StGB § 74c Rn. 5; *Herzog/Saliger* in NK-StGB StGB § 74c Rn. 7).

400 Fälle der **Vereitelung** sind insbesondere die Zerstörung oder der Verlust, wobei der objektive Wegfall des Gegenstandes nicht genügt, sondern dies muss dem Täter irgendwie vorwerfbar sein (*Eser/Schuster* in Schönke/Schröder StGB § 74c Rn. 6; *Herzog/Saliger* in NK-StGB StGB § 74c Rn. 10). Der **unfreiwillige Verlust** durch Verlieren, Brand und andere dem Tatbeteiligten nicht vorwerfbare Ereignisse genügen daher nicht. Auf der anderen Seite ist auch keine besondere Vereitelungsabsicht erforderlich (*Lohse* in LK-StGB StGB § 74c Rn. 10; *Eser/Schuster* in Schönke/Schröder StGB § 74c Rn. 6). Bedingter Vorsatz reicht aus (*Oğlakcıoğlu* in MüKoStGB Rn. 179; *Fischer* StGB § 74c Rn. 4 f.; weitergehend *Eser/Schuster* in Schönke/Schröder StGB § 74c Rn. 6: Nachlässigkeit genügt).

401 **B. Anordnung, Ermessen, Strafzumessung.** Die Anordnung steht im Ermessen des Gerichts (→ Rn. 300, 301). Dabei ist neben der Tat- und Schuldangemessenheit auch zu berücksichtigen, in welchem Grade dem Täter die Vereitelungshandlung vorzuwerfen ist (*Eser/Schuster* in Schönke/Schröder StGB § 74 c Rn. 10). Die Einziehung des Wertes des Einziehungsobjekts hat strafartigen Charakter (*Joecks* in MüKoStGB § 74 c Rn. 2). Sie ist daher wie die Einziehung selbst im Rahmen der **Strafzumessung** zu berücksichtigen (BGH NStZ 2016, 731); auf → Rn. 348, 349 wird verwiesen.

Die Einziehung des Wertersatzes kann das Gericht unter bestimmten Umständen **402** auch **neben der Einziehung** eines Gegenstandes oder **an deren Stelle** anordnen (§ 74 c Abs. 2 StGB). Im Betäubungsmittelstrafrecht kann dies bei der Belastung von Schmuggelfahrzeugen in Betracht kommen.

C. Wirkung. Es entsteht wie bei der Einziehung des Wertes von Taterträgen ein **403** **Zahlungsanspruch** des Landes gegen den Betroffenen (BGH NStZ 1984, 27 = StV 1983, 461). Die Höhe des Anspruchs richtet sich nach dem Wert des ursprünglichen Einziehungsobjekts, wobei der Wert nach § 74 Abs. 3 StGB geschätzt werden kann. Zur Schätzung → Rn. 264–272. Bei Drogen ist der im Inland für Betäubungsmittel gleicher Art, Güte und Menge erzielbare Preis maßgeblich (BGH NStZ 1984, 27 = StV 1983, 461; *Volkmer* in Körner/Patzak/Volkmer Rn. 90; *Franke/Wienroeder* Rn. 21); auch → Rn. 273, 274.

D. Vollstreckung, Unterbleiben der Vollstreckung (§ 459 g Abs. 5 StPO). **404** Die Vollstreckung richtet sich nach § 459 g Abs. 2 StPO. Auf den ersten Blick scheint auch § 459 g Abs. 5 StPO zu gelten. Die Anwendung der ersten Alternative des Satzes 1 kommt jedoch nicht in Betracht, da der Tatbeteiligte durch oder für die Tat nichts erlangt hat. Die zweite Alternative knüpft an die erste an („sonst"). Auch ist die Vorschrift eine Folge der **zwingenden** Anordnung der Einziehung des Wertes von Taterträgen.

E. Vermögensarrest (§ 111 e StPO). Der Zahlungsanspruch des Staates ist zu- **405** nächst durch Vermögensarrest zu sichern (§ 111 e StPO), wobei darauf zu achten ist, dass der Arrest sofort (zB durch Pfändung) vollzogen wird (§ 111 f StPO). Auf → Rn. 261, 262 wird Bezug genommen.

F. Nachträgliche Anordnung (§ 76 StGB). Ist die Anordnung der Einziehung **406** nicht ausführbar oder unzureichend, weil nach der Anordnung die in § 74 c StGB bezeichneten Voraussetzungen eingetreten oder bekannt geworden sind, so kann das Gericht die Einziehung des Wertersatzes auch nachträglich anordnen (§ 76 StGB). Zuständig ist das Gericht des ersten Rechtszuges (§ 462a Abs. 2 S. 1, § 462 Abs. 1 S. 2 StPO). Zur etwaigen Zuständigkeit der Strafvollstreckungskammer → Rn. 278. Das Verfahren richtet sich nach § 462 StPO.

Abschnitt 6. Die Einziehung von Betäubungsmitteln

Betäubungsmittel können Tatprodukte (→ Rn. 408) oder Tatmittel **407** (→ Rn. 409–417) sein. Im Betäubungsmittelstrafrecht (§§ 29–30a, 32) sind sie Tatobjekte (→ Rn. 418–434).

A. Betäubungsmittel als Tatprodukte. Betäubungsmittel, die aus dem Anbau **408** oder der Herstellung stammen, verdanken ihre Entstehung diesen Taten, wären also Tatprodukte. Sie sind aber zugleich ihr notwendiger Gegenstand und damit Tatobjekte (Beziehungsgegenstände). Für ihre Einziehung gilt nach § 74 Abs. 2 StGB die Sondervorschrift des § 33 BtMG (→ Rn. 418–434).

B. Betäubungsmittel als Tatmittel. Betäubungsmittel können Tatmittel sein, **409** etwa, wenn sie bei einem Raub oder einer Vergewaltigung verwendet werden. Es gelten dann die allgemeinen strafrechtlichen Regeln, insbesondere § 74 Abs. 1 StGB.

BtMG § 33 Sechster Abschnitt. Straftaten und Ordnungswidrigkeiten

410 **I. Einziehungsgrundlagen.** Die Einziehungsgrundlagen ergeben sich unmittelbar aus §§ 74, 74b StGB. Danach kommen in Betracht:

411 **1. Täterbezogene Einziehung (§ 74 Abs. 1 StGB).** Die täterbezogene Einziehung ist dann möglich, wenn die Betäubungsmittel zur Zeit der Entscheidung dem **Tatbeteiligten gehören.** Insoweit wird auf → Rn. 128–130 verwiesen. Zur täterbezogenen Einziehung im Übrigen → Rn. 313–332.

412 Standen die Betäubungsmittel **zur Zeit der Tat** im Eigentum des Tatbeteiligten, etwa des Anbauers oder Herstellers, kommt gegebenenfalls auch die Einziehung des **Wertes** der Tatmittel in Betracht (→ Rn. 344).

413 **2. Sicherungseinziehung (§ 74b StGB).** Betäubungsmittel sind gefährliche Gegenstände (→ Rn. 373, 376) und unterliegen daher der **Sicherungseinziehung.** Diese ist auch dann zulässig, wenn der Gegenstand dem Tatbeteiligten nicht gehört (→ Rn. 378). In diesem Fall kommt eine Einziehung des **Wertersatzes** allerdings nicht in Betracht (→ Rn. 389).

414 **3. Zusammentreffen der täterbezogenen Einziehung mit der Sicherungseinziehung.** Auf → Rn. 380 wird verwiesen.

415 **II. Anordnung, Ermessen, Strafzumessung.** Sowohl die täterbezogene Einziehung als auch die Sicherungseinziehung stehen an sich im Ermessen des Gerichts (→ Rn. 346, 379). Bei **Betäubungsmitteln** ist es aber regelmäßig **rechtsfehlerhaft,** wenn das Gericht **von der Einziehung absieht;** diese kann gegebenenfalls durch das Revisionsgericht nachgeholt werden (BGHR BtMG § 33 Einziehung, unterbliebene 1 = BeckRS 1986, 31087543; BGH BeckRS 2018, 31875; *Oğlakcıoğlu* in MüKoStGB Rn. 161). Fehlende Ausführungen zur **Ermessensausübung** sind in der Regel unschädlich, da eine Freigabe der Betäubungsmittel rechtsfehlerhaft wäre (OLG Koblenz BeckRS 2011, 01376).

416 Die täterbezogene Einziehung ist eine **Nebenstrafe** und deswegen grundsätzlich bei der **Strafzumessung** zu berücksichtigen (→ Rn. 348). Bei der Sicherungseinziehung von Betäubungsmitteln steht jedoch der Sicherungscharakter der Einziehung der Berücksichtigung der Vermögenseinbuße bei der Strafzumessung entgegen, → Rn. 428.

417 Zur **Bezeichnung** der Gegenstände im Urteil → Rn. 347.

418 **C. Betäubungsmittel als Tatobjekte.** Im Betäubungsmittelstrafrecht sind die Betäubungsmittel Beziehungsgegenstände (nach neuer Terminologie: **Tatobjekte** (§ 74 Abs. 2 StGB)) und werden als solche von § 74 Abs. 1 StGB nicht erfasst (BGHR BtMG § 33 Beziehungsgegenstand 1 (→ Rn. 342)). Um diese Lücke zu schließen, bestimmt § 33 S. 1, dass Gegenstände, auf sich eine Straftat nach den §§ 29–30a oder eine Ordnungswidrigkeit nach § 32 bezieht, eingezogen werden können. Die weiteren Voraussetzungen für die Einziehung ergeben sich aus § 74a StGB.

419 **I. Anknüpfungstaten** sind danach alle Tatbestände der §§ 29–30a. Damit werden anders als mit § 74 Abs. 1 StGB auch die Fahrlässigkeitstaten des § 29 Abs. 4 (Malek BtMStrafR Kap. 3 Rn. 210) sowie die Ordnungswidrigkeiten des § 32 erfasst. Sie müssen Gegenstand der von der Anklage umschriebenen und vom Gericht festgestellten Tat sein (BGH NStZ-RR 2017, 220).

420 **II. Einziehungsgegenstände** sind in erster Linie die **Betäubungsmittel selbst** (BGHR BtMG § 33 Beziehungsgegenstand 1 (→ Rn. 342); StGB § 73 Vorteil 7 (StraFo 2009, 81)) mit der **Ausnahme** der → Rn. 76. Auch sie müssen Gegenstand der von der Anklage umschriebenen Taten sein.

421 Zu den Tatobjekten gehören auch die **Betäubungsmittelimitate** (*Franke/Wienroeder* Rn. 3; *Oğlakcıoğlu* in MüKoStGB Rn. 151), und zwar auch dann, wenn beim Umgang mit ihnen Handeltreiben nach § 29 Abs. 1 S. 1 Nr. 1 gegeben ist

Einziehung **§ 33 BtMG**

(→ § 29 Rn. 2193). Dies gilt **nicht** für den Umgang mit **Streckmitteln** und anderen Gegenständen, etwa **Transportfahrzeugen,** auch wenn darin bereits Handeltreiben liegt; Gegenstand des Handeltreibens ist das Betäubungsmittel (*Oğlakcıoğlu* in MüKoStGB Rn. 151; aA *Franke/Wienroeder* Rn. 3). Streckmittel oder Transportfahrzeuge unterliegen als Tatmittel nach § 74 Abs. 1 der Einziehung (*Oğlakcıoğlu* in MüKoStGB Rn. 151). Zur Einziehung von **Grundstoffen** s. § 21 GÜG (Anh. D 1).

Die Betäubungsmittel, die Gegenstand der Tat sind, können **nicht als Taterträge eingezogen** werden (→ Rn. 73). Deswegen ist auch die Einziehung des Wertes von Taterträgen (§ 73c StGB) nicht möglich (s. BGH BeckRS 2020, 36449). Etwas anderes gilt, wenn sie aus anderen Gründen der Einziehung von Taterträgen unterliegen (→ Rn. 76). Auch kann die Einziehung ihres Wertes als Tatobjekt angeordnet werden, wenn der Betroffene sie **konsumiert** hat (→ Rn. 75). 422

III. Eigentum/Inhaberschaft. Nach § 74 Abs. 3 StGB setzt die **täterbezogene** Einziehung (anders die **Sicherungseinziehung** (→ Rn. 378)) voraus, dass der Gegenstand zur Zeit der Entscheidung dem Tatbeteiligten gehört oder zusteht (→ Rn. 333–334). 423

1. Eigentum des Tatbeteiligten. Bei **Betäubungsmittelimitaten** wird dies häufiger vorkommen. Bei **Betäubungsmitteln** ist dies eher selten (→ Rn. 411). Ist der Tatbeteiligte zur Zeit der Entscheidung Eigentümer, gilt für die Einziehung § 74 Abs. 3 S. 1 StGB (§ 74 Abs. 3 S. 2 StGB). 424

2. Fehlendes Eigentum. In den meisten Fällen wird der Tatbeteiligte nicht Eigentümer der Betäubungsmittel sein. 425

a) Sicherungseinziehung (§ 74b StGB). Betäubungsmittel sind gefährliche Gegenstände (→ Rn. 372–377). Sie unterliegen daher auch als Tatobjekte der Sicherungseinziehung. Insoweit braucht ohne auch nur die Gefahr weiterer Benutzung als Tatobjekt (Beziehungsgegenstand) zu bestehen (*Lohse* in LK-StGB StGB § 74b Rn. 4). Die Sicherungseinziehung greift auch dann ein, wenn die Betäubungsmittel dem Täter oder Teilnehmer nicht gehören (§ 74b Abs. 1 Nr. 2 StGB). 426

b) Einziehung bei anderen (§ 33 S. 2 BtMG, § 74a StGB). In diesen Fällen wird die Einziehung durch § 33 S. 2 BtMG ermöglicht. Diese Vorschrift füllt das **Blankett** des § 74a StGB aus und ermöglicht damit die Einziehung von Betäubungsmitteln und Imitaten, die **nicht** dem Tatbeteiligten gehören. Wegen der Voraussetzungen wird auf → Rn. 361–364 Bezug genommen. 427

IV. Anordnung, Ermessen, Strafzumessung. Auch § 33 BtMG ist eine Ermessensnorm. Zur Ermessensausübung und zu (fehlenden) Ausführungen im Urteil → Rn. 415. Zur **Bezeichnung** der Gegenstände im Urteil → Rn. 347. Die Einziehung der Betäubungsmittel, die Gegenstand der Tat selbst waren (Tatobjekte), hat keinen Straf-, sondern lediglich Sicherungscharakter. Ihre Einziehung berührt daher die Bemessung der Strafe nicht (BGH BeckRS 2018, 31875). 428

V. Wirkung. Stehen die Betäubungsmittel zur Zeit der Entscheidung **im Eigentum** des Tatbeteiligten (§ 74 Abs. 2, 3 StGB), so gehen sie mit der Rechtskraft der Entscheidung in das Eigentum des Staates über (→ Rn. 350–352); zuvor wirkt die Anordnung als Veräußerungsverbot (→ Rn. 356). Stehen sie **nicht im Eigentum** gilt → Rn. 367. 429

VI. Einziehung des Wertes von Tatobjekten (§ 74c StGB). War der Tatbeteiligte im Zeitpunkt der Tat **Eigentümer** der Betäubungsmittel (→ Rn. 411), so kommt die Einziehung des Wertes von Tatobjekten (§ 74c StGB) in Betracht. 430

War er **nicht Eigentümer** und beruht die Einziehung auf § 33 S. 1 BtMG, § 74b Abs. 1 Nr. 2 StGB **(Sicherungseinziehung),** so scheidet eine Einziehung des Wertersatzes aus (→ Rn. 394). Dies gilt auch, wenn der Tatbeteiligte das Eigentum 431 an den Betäubungsmitteln entgegen seiner Erwartung nicht erlangt hat, weil das Verfügungsgeschäft nach § 134 BGB nichtig war (BGHSt 33, 233 (→ Rn. 123); *Joecks* in MüKoStGB StGB § 74c Rn. 5; *Herzog/Saliger* in NK-StGB StGB § 74c Rn. 3).

432 Eine Einziehung des Wertersatzes scheidet auch dann aus, wenn die Einziehung auf § 33 S. 2 BtMG, § 74a StGB **(Einziehung bei anderen)** beruht (*Oğlakcıoğlu* in MüKoStGB Rn. 211); → Rn. 391.

433 **VII. Zusammentreffen von § 74 b Abs. 1 Nr. 2 StGB und § 74 a StGB.** Sind zugleich die Voraussetzungen des § 74b Abs. 1 Nr. 2 StGB und die des § 74a StGB erfüllt, so ist nur die erstere Vorschrift anzuwenden (*Oğlakcıoğlu* in MüKoStGB Rn. 212 mwN). Sind die Eigentumsverhältnisse **unklar,** so kann die Einziehung **wahlweise** begründet werden; der Täter und der Dritte sind jedoch so zu behandeln, als ob jeder von ihnen als Dritter von der Einziehung betroffen wäre (*Oğlakcıoğlu* in MüKoStGB Rn. 212 mwN).

434 **VIII. Verfahren.** Die Anordnung der Einziehung erfolgt in dem Verfahren gegen den Täter oder Teilnehmer, auf dessen Tat die Einziehung beruht (§§ 430–441 StPO).

Abschnitt 7. Grundsatz der Verhältnismäßigkeit (§ 74 f StGB)

435 Die Vorschrift ist eine Ausprägung des verfassungsrechtlichen Grundsatzes der Verhältnismäßigkeit. Im Hinblick auf die weite Fassung der Vorschriften über die Einziehung von Tatprodukten, Tatmitteln und Tatobjekten kann die Einziehung außer Verhältnis zur Bedeutung der Tat und zu dem Vorwurf stehen, der den von der Einziehung Betroffenen trifft.

436 **A. Absehen von der Einziehung (§ 74f Abs. 1 S. 1 StGB).** Die Vorschrift ordnet für die **täterbezogene Einziehung** (§§ 74, 74a StGB) an, dass die Einziehung in diesen Fällen nicht angeordnet werden darf. Im Betäubungsmittelstrafrecht kann dies vor allem bei (wertvollen) Tatmitteln (→ Rn. 301), etwa wertvollen **Kraftfahrzeugen,** in Betracht kommen. Auch bei der Sicherungseinziehung ist auf die Verhältnismäßigkeit zu achten (→ Rn. 301, 381). Die Regelung gilt prinzipiell selbst für **Betäubungsmittel.** Bereits aus deren Natur und im Hinblick auf das Verbot des Besitzes folgt aber, dass der Grundsatz der Verhältnismäßigkeit bei ihrer Einziehung keine Bedeutung gewinnen kann. Auch wenn nach § 29 Abs. 5, § 31a BtMG von der Verfolgung abgesehen oder das Verfahren eingestellt wird, bleibt deshalb die Einziehung der Betäubungsmittel zulässig (*Franke/Wienroeder* Rn. 5).

437 **B. Vorbehalt der Einziehung (§ 74f Abs. 1 S. 2–4 StGB).** In allen Fällen der Einziehung einschließlich der Sicherungseinziehung ordnet das Gericht an, dass die Einziehung vorbehalten bleibt, wenn ihr Zweck auch durch eine weniger einschneidende Maßnahme erreicht werden kann, etwa dadurch, dass der Gegenstand unbrauchbar gemacht wird (Satz 3 Nr. 1), bestimmte Einrichtungen an den Gegenständen entfernt werden (Satz 3 Nr. 2) oder in bestimmter Weise über die Gegenstände verfügt wird. Wird die Anweisung nicht befolgt, ist die Einziehung nachträglich anzuordnen; das Verfahren richtet sich nach § 462 StPO.

Kapitel 5. Selbständige Einziehung (§ 76a StGB)

438 **Unter dem Begriff** der „selbständigen Einziehung" fasst § 76a StGB nach der Neuregelung durch das Gesetz v. 13. 4. 2017 **zwei verschiedene Abschöpfungsinstrumente** zusammen:
– **in den Absätzen 1–3** die selbständige Einziehung, die im Wesentlichen dem früheren Recht entspricht,

Einziehung **§ 33 BtMG**

– **in Absatz 4** ein neues Abschöpfungsinstrument (**verurteilungsunabhängige Einziehung**), das an Regelungen des anglo-amerikanischen Rechtskreises („non-conviction-based confiscation/forfeiture") oder des italienischen Rechts („misure die prevenzione") anknüpfen will (BT-Drs. 18/9525, 57, 72).

Die selbständige Einziehung nach § 76a Abs. 1–3 StGB soll nach der Gesetzesbegründung (BT-Drs. 18/9525, 72) der Einziehung nach § 76a Abs. 4 StGB vorgehen; dasselbe soll von der Einziehung und der erweiterten Einziehung von Tatererträgen nach §§ 73–73c StGB gelten (aber → Rn. 463).

Die selbständige Einziehung nach § 76a Abs. 1–3 StGB ist **keine materielle Erweiterung** der Einziehungsvorschriften, sondern lediglich eine **besondere Verfahrensform**, die die materiell-rechtlichen Voraussetzungen für die Einziehung unberührt lässt. Dagegen ist die selbständige Einziehung nach § 76a Abs. 4 StGB ein **eigenständiges Einziehungsinstrument** (BT-Drs. 18/9525, 72). 439

A. Die selbständige Einziehung nach § 76a Abs. 1–3 StGB. Die selbständige Einziehung nach § 76a Abs. 1–3 StGB entspricht im Wesentlichen dem früheren Recht; allerdings ist ihr Anwendungsbereich erweitert worden. 440

I. Grundsatz (Absätze 1, 2). Nach Absatz 1 setzt die selbständige Einziehung voraus, dass wegen der Straftat keine bestimmte Person verfolgt oder verurteilt werden kann. 441

1. Straftat. Straftat ist die Anknüpfungstat. Sie muss die Voraussetzungen erfüllen, die an sie für die betreffende Maßnahme (Einziehung von Tatererträgen oder Einziehung von Tatprodukten, Tatmitteln oder Tatobjekten) gestellt werden (*Heger* in Lackner/Kühl StGB § 76a Rn. 1a; *Lohse* in LK-StGB StGB § 76a Rn. 7; Schmidt Vermögensabschöpfung-HdB Rn. 492). Da alle materiell-rechtlichen Merkmale erfüllt sein müssen, muss die Tat festgestellt werden (*Fischer* StGB § 76a Rn. 4; *Köhler* in Meyer-Goßner/Schmitt StPO § 435 Rn. 2). Es darf lediglich an der Verfolgbarkeit oder der Möglichkeit der Verurteilung fehlen. Dass ein subjektives Verfahren nicht möglich ist, hat das Gericht festzustellen (*Herzog/Saliger* in NK-StGB StGB § 76a Rn. 2). Ein Übergang vom subjektiven Verfahren in das objektive ist zulässig (→ Rn. 452). 442

2. Keine Verfolgung oder Verurteilung einer bestimmten Person möglich, Verjährung der Anknüpfungstat. Aus welchen Gründen eine bestimmte Person nicht verfolgt oder verurteilt werden kann, ist mit Ausnahme des Satzes 3 nicht erheblich. Die Beschränkung auf tatsächliche Gründe hat das Gesetz v. 13.4.2017 gestrichen (BT-Drs. 18/9525, 71). Die selbständige Einziehung ist danach auch bei **rechtlichen Gründen,** etwa dauernder Verhandlungsunfähigkeit des Tatbeteiligten, zulässig (BT-Drs. 18/9525, 71 zu Absatz 1 des § 76a). Dasselbe gilt, wenn die Anknüpfungstat wegen Strafklageverbrauchs nicht mehr verfolgt werden kann; damit wird eine nachträgliche Vermögensabschöpfung ermöglicht (BT-Drs. 18/9525, 71). 443

Nach **Satz 3** ist die selbständige Einziehung nicht zulässig, wenn Antrag, Ermächtigung oder Strafverlangen fehlen oder wenn in einem früheren Verfahren bereits rechtskräftig über die **Einziehung** entschieden ist. In diesen Fällen gibt das Gesetz der Autonomie des Antragstellers oder dem Rechtsfrieden den Vorrang. Eine Entscheidung über die Einziehung liegt aber nur vor, wenn das Gericht ausdrücklich darüber entschieden hat. War es sich der Möglichkeit der Einziehung nicht bewusst oder hat es ausdrücklich oder stillschweigend davon abgesehen, ist eine nachträgliche Einziehung zulässig (BT-Drs. 18/9525, 71). 444

Absatz 2 Satz 1 bezieht für die Einziehung von Tatererträgen nach §§ 73, 73b und 73c StGB **verjährte Taten** in den Anwendungsbereich der selbständigen Einziehung mit ein und gibt damit die vormalige Beschränkung in § 76a Abs. 2 S. 1 Nr. 1 StGB aF auf die Fälle der Sicherungseinziehung auf (*Lohse* in LK-StGB StGB 445

Kornprobst 1291

BtMG § 33 Sechster Abschnitt. Straftaten und Ordnungswidrigkeiten

§ 76a Rn. 19). Im Hinblick auf die quasi-bereicherungsrechtliche Natur der Vermögensabschöpfung soll dies auch gelten, wenn die Verjährung bei Inkrafttreten des Gesetzes v. 13.4.2017 bereits eingetreten war (BT-Drs. 18/11640, 84). Dies wird jedoch vom BGH (NJW 2019, 1891 mAnm *Trüg*) und Teilen der Literatur (s. zB *Lohse* in LK-StGB StGB § 76a Rn. 23) als eine mit den verfassungsrechtlichen Grundsätzen der Rechtssicherheit und des Vertrauensschutzes unvereinbare „echte Rückwirkung" und damit als verfassungswidrig angesehen (→ Rn. 15). Nach **Satz 2** hindert die Verfolgungsverjährung auch eine **Sicherungseinziehung** (§ 74b StGB) nicht.

446 Hiervon zu unterscheiden ist die **Verjährung der Einziehung.** Dazu → Rn. 448.

447 **II. Erweiterung (Absatz 3).** Absatz 1 ist auch anzuwenden, wenn das Gericht von Strafe absieht oder das Verfahren nach dem Ermessen der Staatsanwaltschaft und/oder des Gerichts eingestellt wird. Dies umfasst alle Einstellungen des Verfahrens aus Opportunitätsgründen (zB §§ 153ff. StPO, §§ 45, 47 JGG, §§ 31, 31a BtMG) und ist insbesondere hinsichtlich der in der Hauptverhandlung erfolgenden Einstellungen nach § 154 Abs. 2 StPO von erheblicher praktischer Relevanz (→ Rn. 452). Bei einer Einstellung gegen Auflage zB nach § 153a StPO kann und soll (s. Nr. 93 Abs. 1 Satz 1 RiStBV) allerdings der Vermögensvorteil durch die Auflage abgeschöpft werden. Absatz 3 verweist nur auf Absatz 1. Bei nachträglich entdecktem Vermögen kann sich dies als hinderlich erweisen.

448 **III. Verjährung der Einziehung (§ 76b StGB).** Die selbständige Einziehung (§ 76a StGB) des Tatertrages oder des Wertes des Tatertrages verjährt in 30 Jahren (§ 76b Abs. 1 S. 1 StGB); die Verjährung beginnt mit der Beendigung der Anknüpfungstat. Wegen der Einzelheiten wird auf → Rn. 183 Bezug genommen.

449 **IV. Anordnung, Wirkung.** In den Fällen der Einziehung von **Taterträgen** und des Wertes von Taterträgen ist die Anordnung **zwingend** (Absatz 1 Satz 1), in den Fällen der Einziehung von Tatprodukten, Tatmitteln und Tatobjekten, die § 76a Abs. 1 StGB ebenfalls zulässt (BT-Drs. 18/9525, 71), steht sie im **Ermessen** des Gerichts (Absatz 1 Satz 2). Die rechtskräftige Anordnung hat dieselbe **Wirkung** wie die entsprechende Maßnahme, die nicht im objektiven Verfahren angeordnet wurde (§ 75 Abs. 1 StGB; *Köhler* NStZ 2017, 497 (500)).

450 **V. Verfahren, Zuständigkeit.** Das Verfahren richtet sich nach den §§ 435, 436 StPO. Es wird auf Antrag der Staatsanwaltschaft oder des Privatklägers eingeleitet. Für den Antrag der Staatsanwaltschaft gilt das **Opportunitätsprinzip,** auch wenn die Anordnung der Einziehung zwingend ist (BT-Drs. 18/11640, 82). Die Staatsanwaltschaft kann außerdem von dem Antrag absehen, wenn das Erlangte nur einen geringen Wert hat oder das Verfahren einen unangemessenen Aufwand erfordern würde (§ 435 Abs. 1 S. 2 StPO). Im Übrigen setzt der Antrag voraus, dass die Anordnung der Einziehung zu erwarten ist; die Anordnung muss mithin hinreichend wahrscheinlich sein; andernfalls lehnt das Gericht die Durchführung des selbständigen Verfahrens ab (BT-Drs. 18/9525, 91).

451 **Zuständig** ist das Gericht, dass im Fall der Strafverfolgung einer bestimmten Person zuständig wäre; örtlich zuständig ist auch das Gericht, in dessen Bezirk der Gegenstand sichergestellt wurde (§ 436 Abs. 1 StPO). Für das Verfahren gilt § 435 Abs. 2, 3 StPO. Das Gericht entscheidet durch Beschluss, kann aber auch auf Grund mündlicher Verhandlung durch Urteil entscheiden (§ 436 Abs. 2, § 434 Abs. 2–4 StPO). Hat schon ein subjektives Verfahren stattgefunden, ist das Gericht an den Schuldspruch und die zugrundeliegenden Feststellungen gebunden (§ 436 Abs. 2, § 423 Abs. 1 S. 2 StPO). Mit Zustimmung der Staatsanwaltschaft kann auch das Gericht nach § 435 Abs. 1 S. 2 StPO von der Einziehung (teilweise) absehen (*Köhler* in Meyer-Goßner/Schmitt StPO § 435 Rn. 7).

Einziehung **§ 33 BtMG**

Möglich ist es auch, in der Hauptverhandlung (teilweise) vom subjektiven in das 452 objektive Verfahren überzugehen. So ist es zB zulässig, bei einer Einstellung nach § 154 Abs. 2 StPO den diesbezüglichen Tatertrag selbstständig einzuziehen. Voraussetzung hierfür ist jedoch, dass die Tat überhaupt Gegenstand des Verfahrens ist (BGH BeckRS 2018, 13610) und – als unerlässliche Verfahrensvoraussetzung – die Staatsanwaltschaft die selbstständige Einziehung förmlich beantragt (BGH BeckRS 2020, 16552; *Köhler* in Meyer-Goßner/Schmitt StPO § 435 Rn. 19).

B. Die verurteilungsunabhängige Einziehung (§ 76a Abs. 4 StGB). Ein 453 für das deutsche Recht völlig neues Abschöpfungsinstrument enthält § 76a Abs. 4 StGB (→ Rn. 438; *Lohse* in LK-StGB StGB § 76a Rn. 27; *Meyer* StV 2017, 343; *Schilling/Hübner* StV 2018, 49). Die Vorschrift ermöglicht es, Vermögen unklarer Herkunft unabhängig vom Nachweis einer konkreten rechtswidrigen Tat (selbständig) einzuziehen.

I. Voraussetzungen. Die verurteilungsunabhängige Einziehung hat die folgen- 454 den Voraussetzungen:

1. Aus einer rechtswidrigen Tat herrührender Gegenstand. Es muss sich 455 um einen Gegenstand handeln, der aus einer rechtswidrigen Tat herrührt. Nach der Gesetzesbegründung (BT-Drs. 18/9525, 72) kann es sich dabei um **irgendeine** rechtswidrige Tat handeln. Der Nachweis einer konkreten Tat ist nicht erforderlich; deswegen ist es auch nicht notwendig, dass die Tat im Einzelnen festgestellt wird oder dass es sich um eine Katalogtat handelt (*Lohse* in LK-StGB StGB § 76a Rn. 36). An die Überzeugung, dass eine solche Tat vorliegt, dürfen keine überspannten Anforderungen gestellt werden (BT-Drs. 18/9525, 72).

Der Begriff des **„Herrührens"** stimmt mit dem des § 261 StGB überein und ist 456 daher weit auszulegen (*Lohse* in LK-StGB StGB § 76a Rn. 37). Es genügt, wenn bei wirtschaftlicher Betrachtungsweise zwischen der **Tat** und dem **Gegenstand** ein **Kausalzusammenhang** besteht (BT-Drs. 18/9525, 72). Umfasst sind damit auch Surrogate, die wirtschaftlich an die Stelle des aus der Tat herrührenden Ursprungsgegenstands getreten sind (krit. *Eser/Schuster* in Schönke/Schröder StGB § 76a Rn. 13). Zur Anwendung bei in die Staatskasse eingezahlten sichergestellten Bargelds → Rn. 125.

Der Nachweis, dass der Gegenstand aus einer rechtswidrigen Tat herrührt, soll 457 sich an den **zivilrechtlichen Darlegungs- und Beweislastregeln** orientieren, da die selbständige Einziehung im Verfahren „ad rem" sei und sich nicht gegen eine Person richte (BT-Drs. 18/9525, 92). Umstände, die den Schluss auf eine deliktische Herkunft nahelegen, sind in § 437 StPO aufgeführt. Können sie bewiesen werden, so soll das bloße Schweigen oder das Bestreiten mit Nichtwissen die Einziehung nicht abwenden können. Auch wenn die **strafprozessualen Beweisgrundsätze** zugrunde gelegt werden (→ Rn. 178) ergibt sich nichts anderes.

2. Sicherstellung in einem Verfahren wegen des Verdachts einer Katalog- 458 **tat.** Der Gegenstand muss wegen des Verdachts einer in § 76a Abs. 4 S. 3 StGB genannten Straftat sichergestellt worden sein, dh, spätestens das Auffinden des Gegenstands muss den Verdacht einer Katalogstraftat begründen und dieser Verdacht muss der nachfolgenden Sicherstellung (§ 94 StPO) zugrunde liegen; nicht ausreichend ist, dass der Verdacht einer Katalogstraftat erst nach der Sicherstellung entsteht (BGH NStZ 2020, 129). **Katalogtaten** sind auch die in § 29 Abs. 3 S. 2 Nr. 1 BtMG in Bezug genommenen Vergehen sowie die Straftaten nach §§ 29a, 30 Abs. 1 Nr. 1, 2 und 4, §§ 30a, 30b BtMG (§ 76a Abs. 4 S. 3 Nr. 6 StGB).

Das Tatbestandsmerkmal, dass das Verfahren wegen des Verdachts einer Katalog- 459 tat geführt wurde, muss positiv festgestellt werden. Die übliche Bezeichnung „wegen ..." reicht dazu nicht aus. Maßgeblich ist, dass sich der **ernste Verfolgungswille** auf eine **Katalogtat** erstreckt.

Kornprobst 1293

460 **3. Keine Verfolgung oder Verurteilung wegen der Straftat möglich.** Weitere Voraussetzung ist, dass der von der Sicherstellung Betroffene wegen der Straftat nicht verfolgt oder verurteilt werden kann. Straftat ist die (Katalog-)Tat (aA *Trüg* NJW 2017, 1913 (1916)), die dem Verfahren zugrunde liegt, in dem die Gegenstände sichergestellt wurden. In aller Regel wird es sich dabei um ein subjektives Verfahren handeln, das sich gegen den von der Sicherstellung Betroffenen richtete. Das Ergebnis eines solchen Verfahrens und damit das Schicksal der Tat kann unterschiedlich sein:

461 **a) Fehlender Tatnachweis insgesamt.** Eine Verurteilung oder auch die weitere Verfolgbarkeit kann daran scheitern, dass der Tatverdacht nicht erhärtet und damit ein Tatnachweis nicht geführt werden kann. Nach der Gesetzesbegründung (BT-Drs. 18/9525, 57) soll die Einziehung unabhängig vom Nachweis einer rechtswidrigen Tat und gerade in solchen Fällen zulässig sein. Aus **strafrechtlicher** Sicht erscheint dies nur **schwer erträglich.** Wird aber davon ausgegangen, dass das neue Instrument nicht auf die Verhängung einer Sanktion gegen den Betroffenen abzielt, sondern strafrechtswidrige Vermögenslagen beseitigen soll, und dass es deswegen dem Schuldgrundsatz nicht unterliegt (BT-Drs. 18/9525, 57), wird dies hingenommen werden müssen.

462 **b) Fehlender Tatnachweis wegen einer Katalogtat.** Die Straftat, derentwegen das Verfahren geführt wurde, kann festgestellt werden, allerdings nicht als eine Katalogtat. Auch in diesem Fall kann der Betroffene wegen der (Katalog-)Tat nicht verurteilt werden, so dass das entsprechende Merkmal des § 76a Abs. 4 StGB erfüllt ist. Zugleich sind aber auch die Voraussetzungen des § 73a StGB (wenn wegen der Tat eine Verurteilung erfolgt) oder des § 76a Abs. 1 StGB gegeben, so dass dann, wenn diese Vorschriften wirklich Vorrang hätten, die Einziehung nur unter deren **engeren** Voraussetzungen zulässig wäre.

463 Werden die in Betracht kommenden Vorschriften (§§ 73a, 76 Abs. 1, 4 StGB) allerdings näher betrachtet, so zeigt sich, dass dieser von der Gesetzesbegründung (BT-Drs. 18/9525, 72) etwas leichthin propagierte Vorrang nicht zwangsläufig ist. Die Einziehung nach § 76a Abs. 4 StGB knüpft daran an, dass der Betroffene wegen einer **Katalogtat** nicht verfolgt oder verurteilt wird und dass es sich um **Gegenstände** handeln muss, die in einem **Verfahren** wegen des Verdachts einer **Katalogtat sichergestellt** wurden. § 76a Abs. 4 StGB enthält damit zwei Merkmale, die den Sachverhalt unter genaueren (spezielleren) Gesichtspunkten erfassen (BGHSt 49, 34 = NJW 2004, 1054 = NStZ 2004, 204; 53, 288 = NJW 2009, 2611 = NStZ 2009, 504), und ist daher die **speziellere Vorschrift.**

464 **c) Verurteilung wegen der Katalogtat.** Ein nicht aufzulösender Widerspruch ergibt sich allerdings in den Fällen, in denen das Verfahren wegen der Katalogtat erfolgreich mit einer Verurteilung wegen dieser Tat endet. Da § 76a Abs. 4 StGB nach seinem klaren Wortlaut voraussetzt, dass der Betroffene **wegen dieser Tat** weder verfolgt noch verurteilt wird, scheidet die Anwendung dieser Vorschrift aus. Die Einziehung der sichergestellten Gegenstände kommt nur unter den engeren Voraussetzungen des § 73a StGB in Betracht, auch hier ein rechtlich merkwürdiges Ergebnis, das in der Praxis aber keine allzu große Folgen haben wird (→ Rn. 457).

465 **II. Verjährung der Einziehung (§ 76b StGB).** § 76b StGB verweist auf den gesamten § 76a StGB und nimmt den § 76a Abs. 4 StGB nicht aus. Auch die Gesetzesbegründung (Ausschussbericht BT-Drs. 18/11640, 83) geht davon aus, dass § 76b StGB auch für die Einziehung von Vermögen unklarer Herkunft gilt. Da eine konkrete Tat hier nicht nachgewiesen muss, ergeben sich Ungereimtheiten im Hinblick auf den Beginn der Verjährung. Im Hinblick auf die lange Dauer der Verjährungsfrist dürften sie jedoch praktisch nicht ins Gewicht fallen.

Die Verjährung gilt in Verbindung mit Art. 316h EGStGB auch in den Fällen, in **466** denen die möglichen Herkunftstaten bei Inkrafttreten des Gesetzes v. 13.4.2017 bereits verjährt waren (BT-Drs. 18/11640, 84; aber → Rn. 15).

III. Eigentum/Inhaberschaft. Eigentum und Inhaberschaft des Betroffenen **467** sind auch im Verfahren der selbständigen Einziehung keine Einziehungsvoraussetzungen, sondern eine Urteilswirkung (→ Rn. 469).

IV. Anordnung, Sollvorschrift. § 76a Abs. 4 StGB ist eine Sollvorschrift. Das **468** freie Ermessen des Gerichts wird insoweit eingeschränkt. Liegen die Voraussetzungen der Vorschrift vor, ist die Einziehung anzuordnen. Etwas anderes kommt nur in Betracht, wenn ein Ausnahmefall vorliegt.

V. Wirkung (§ 76a Abs. 4 S. 2 StGB). Mit der Rechtkraft der Entscheidung **469** gehen das Eigentum an der Sache oder das Recht auf den Staat über (→ Rn. 115–131). Damit sollte die Wirkung der Einziehung als Ausdruck eines „eigenständigen Einziehungsinstruments" geregelt werden (BT-Drs. 18/9525, 72). Unproblematisch ist dies, soweit die Gegenstände dem von der Sicherstellung Betroffenen gehören oder zustehen. Eine dem § 75 Abs. 1 S. 1, Abs. 2 S. 1 StGB entsprechende Regelung fehlt, während § 75 Abs. 3 StGB ausdrücklich in Bezug genommen ist. Ob daraus ein originärer Rechtsübergang (wie in § 74e StGB aF) hergeleitet werden kann, erscheint zwar nicht ganz unzweifelhaft, wird im Hinblick auf den Wortlaut des Gesetzes und die Bemakelung der Gegenstände jedoch angenommen werden müssen (iErg *Köhler/Burkhard* NStZ 2017, 665 (671)). Der Eigentümer oder Rechtsinhaber ist Nebenbetroffener im Strafverfahren und kann seine Rechte gegebenenfalls im Nachverfahren nach § 438 Abs. 3 StPO in Verbindung mit § 433 StPO geltend machen. Bis zum Übergang des Eigentums oder des Rechts wirkt die Anordnung der Einziehung als Veräußerungsverbot (§ 75 Abs. 3 StGB).

VI. Verfahren, Zuständigkeit. Verfahren und Zuständigkeit richten sich nach **470** den §§ 435, 436 StPO. Auf → Rn. 450, 451. Eine Vorschrift, die die Beweisführung erleichtern soll (→ Rn. 457), enthält § 437 StPO.

Kapitel 6. Formlose Einziehung

Die Möglichkeit der in der Justizpraxis sehr verbreiteten formlosen Einziehung **471** wird durch das Gesetz v. 13.4.2017 nicht eingeschränkt (BT-Drs. 18/9525, 60). Dies gilt nicht nur für die Einziehung von Tatmitteln, Tatprodukten und Tatobjekten, sondern auch für die Einziehung des Erlangten (BGH NJW 2018, 2278 = NStZ 2018, 333). Dem Inhaber steht es daher weiterhin frei, statt die **gerichtliche** Einziehung abzuwarten, sich mit der **formlosen** Einziehung einverstanden zu erklären (BGHSt 20, 252 = NJW 1965, 1871). Diese Erklärung enthält einen **unwiderruflichen Verzicht** auf etwaige Herausgabeansprüche und macht einen förmlichen Einziehungsausspruch überflüssig (BGH NStZ 2018, 2278; NStZ-RR 2016, 83; BayObLGSt 1996, 99). Der Verzicht entbindet das Gericht nicht von der Prüfung, ob der Verzichtende mehr aus der Tat erlangt hat als das, worauf er verzichtet hat (BGH NStZ 2018, 2278). Fraglich ist, ob der Verzicht eine denselben Gegenstand betreffende Einziehungsanordnung ausschließt. Die letztgenannte Entscheidung des 5. Strafsenats könnte so verstanden werden, dass eine trotz wirksamen Verzichts angeordnete Einziehung unverhältnismäßig und damit rechtsfehlerhaft sei. Hiergegen wendet sich der 3. Strafsenat mit einem Anfragebeschluss vom 20.3.2019 in dem er überzeugend darlegt, dass die Einziehungsanordnung nicht überflüssig sei, weil allein diese sicherstelle, dass das Eigentum an dem Gegenstand in jedem Fall auf den Staat übergehe (StV 2019, 738 = BeckRS 2019, 16371). Kein Raum ist allerdings für eine Einziehung von Wertersatz nach § 73c StGB, soweit der diesbezügliche staatliche Zahlungsanspruch durch die formlose Einziehung eines Geldbetrags bereits erfüllt ist (BGH NJW 2019, 1692 mAnm *Habetha* NJW 2019, 1642).

472 Ob mit der formlosen Einziehung ein Eigentumsübergang stattfindet, beurteilt sich nach bürgerlichem Recht (OLG Düsseldorf NStZ 1993, 452; BayObLGSt 1996, 99 = NStZ-RR 1997, 51; *Brauch* NStZ 2013, 503). In der Regel ist der Verzicht auf etwaige Herausgabeansprüche als Angebot auf Übertragung des Eigentums auszulegen; dieses Angebot kann – zB in der Hauptverhandlung durch den staatsanwaltschaftlichen Sitzungsvertreter – grundsätzlich auch stillschweigend angenommen werden (BGH NJW 2019, 1692 (→ Rn. 471)). Unabhängig von diesen zivilrechtlichen Fragen soll aber jedenfalls beim Erlös aus Betäubungsmittelverkäufen der formlosen Einziehung nicht entgegenstehen, dass der Verzichtende möglicherweise nicht Eigentümer des Geldes ist (BGH NStZ 2018, 2278 mit eher pragmatischen Erwägungen).

473 Die formlose Einziehung muss dem sachenrechtlichen Bestimmtheitsgrundsatz genügen und sich daher auf bestimmte Sachen beziehen (OLG Düsseldorf NStZ-RR 1999, 114). Bei einer Sachgesamtheit setzt dies voraus, dass die einzelnen betroffenen Gegenstände durch einfache äußere Abgrenzungskriterien hinreichend bestimmt sind.

Anhang zu § 33. Checklisten

474 Die Vorschriften über die Einziehung von Taterträgen oder von Tatprodukten, Tatmitteln oder Tatobjekten können zwar wirksam sein, sind aber nicht gerade übersichtlich. Die nachfolgenden **Checklisten** für die häufigsten Zugriffssituationen sollen den sicheren Zugriff erleichtern.

I. Zugriff auf Geld beim Verkäufer im Verfahren gegen den Verkäufer (→ Rn. 18)

Zunächst ist zu klären, ob das beim Verkäufer gefundene Geld einer **konkreten**, von der **Anklage** umfassten **Anknüpfungstat**[3] zugeordnet werden kann oder nicht (→ Rn. 165, 168).

❶ **Zuordenbar.** Kann das Geld einer solchen Tat zugeordnet werden, so gilt folgendes:

❶❶ – **Leichtester Zugriff** über die Einziehung des Tatertrages (§ 73 StGB):

❶❶❶ – Auf das Eigentum an dem Geld kommt es für das Erkenntnisverfahren nicht an (→ Rn. 99, 100)

❶❷ – **Dagegen grundsätzlich kein Zugriff** über die Einziehung von Tatprodukten, Tatmitteln oder Tatobjekten:
das Geld ist für den Verkäufer (anders für den Käufer (→ Rn. 317)) weder Tatprodukt, noch Tatmittel noch Tatobjekt (→ Rn. 311, 327).

❶❷❶ – **Ausnahme:** Das Geld dient der Finanzierung weiterer Betäubungsmittelgeschäfte, die ebenfalls Gegenstand der Anklage sind und in der Hauptverhandlung festgestellt werden (→ Rn. 315, 318).

❶❸ – Die Rechtsprechung zum (mittelbaren) Zugriff über die Einziehung des Wertersatzes ist überholt (→ Rn. 396).

---

[3] Kann das Geld zwar einer konkretisierbaren Tat zugeordnet werden, ist diese von der Anklage aber nicht erfasst, so sollen die Einziehung von Taterträgen oder die erweiterte Einziehung von Taterträgen **in diesem Verfahren** nicht in Betracht kommen (→ Rn. 164); zur konkretisierbaren Tat → Rn. 165.

❷ **Nicht zuordenbar.** Kann das Geld nicht zugeordnet werden (→ Rn. 165–169), stammt es aber aus (nicht konkretisierbaren[4]) rechtswidrigen Taten des Tatbeteiligten, so gilt:

❷❶ – **Leichtester Zugriff** über die erweiterte Einziehung von Taterträgen (§ 73 a StGB (→ Rn. 163–202)).

❷❶❶ – Auf das Eigentum an dem Geld kommt es für das Erkenntnisverfahren nicht an

❷❷ – Die Einziehung von Tatmitteln (§ 74 StGB) kommt allenfalls in Betracht, wenn das Geld als Tatmittel (s. o. Ausnahme) angesehen werden kann.

❸ Hat der Verkäufer das Geld zum **Erwerb** eines noch vorhandenen (Wert-)**Gegenstands** (zB Kfz) **ausgegeben,** so gilt:

❸❶ – Erstreckung der Einziehung von Taterträgen auf das Surrogat (§ 73 Abs. 2 Nr. 1 StGB (→ Rn. 97, 98)), gegebenenfalls mit Einziehung des Wertes von Taterträgen (§ 73c S. 1 StGB (→ Rn. 110)).

❸❷ – Keine Erstreckung der Einziehung auf den Wert des (nicht mehr vorhandenen) Surrogats (→ Rn. 187)

❹ **Verbrauchtes Geld.** Hat der Verkäufer das Geld verbraucht, so gilt:

❹❶ – Einziehung des Wertes von Taterträgen (§ 73c StGB)

II. Zugriff auf Geld beim Käufer im Verfahren gegen den Käufer (→ Rn. 18)

Beim (potenziellen) Käufer von Rauschgift wird Geld gefunden

❶ **Liegt bereits eine Straftat vor** (zB Handeltreiben, auch Versuch oder strafbare Vorbereitungshandlung), zu deren Durchführung oder Förderung, gleich in welchem Stadium, das Geld dienen sollte, so gilt:

❶❶ – **Leichtester Zugriff** über die Einziehung von Tatmitteln:

❶❶❶ – Ist der Käufer (zum Zeitpunkt der Entscheidung) Eigentümer, so gilt § 74 Abs. 1, 3 Nr. 1 (Einziehung von Tatmitteln (→ Rn. 333)).

❶❶❷ – Ist der Käufer Miteigentümer (zB wegen Vermischung), so kommt es darauf an, ob er das Geld insgesamt (dann Einziehung von Tatmitteln (§ 74 Abs. 1, 3 StGB) oder nur zum Teil (dann Einziehung des Wertes von Tatmitteln (§ 74c Abs. 1 StGB)) für die Rauschgiftgeschäfte bestimmt hat (→ Rn. 339).

❶❶❸ – Ist der Käufer nicht Eigentümer, so kommt die Sicherungseinziehung (§ 74b StGB) in Betracht.

– Nicht anwendbar ist § 74a StGB, da das Geld kein Tatobjekt ist.

– Liegt im Verhältnis des Täters zum Eigentümer bereits eine Straftat vor (zB beim Handeltreiben), kommen Einziehung von Taterträgen (§ 73 Abs. 1 StGB) oder erweiterte Einziehung von Taterträgen (§ 73a Abs. 1 StGB) in Betracht (→ Rn. 319); das Eigentum wird im Erkenntnisverfahren nicht geprüft.

❷ **Liegt noch keine Straftat vor,** auch nicht in Form eines Versuchs oder einer strafbaren Vorbereitungshandlung, so ist eine Einziehung nicht möglich.

Ist im Verhältnis des Käufers zum Eigentümer des Geldes bereits eine Straftat gegeben, etwa weil dieser das Geld zum gewinnbringenden Erwerb zur Verfügung gestellt hat, so kommen die Einziehung von Taterträgen oder die erweiterte Einziehung von Taterträgen in Betracht (→ Rn. 319).

---

[4] Dazu → Rn. 165.

BtMG § 34   Sechster Abschnitt. Straftaten und Ordnungswidrigkeiten

III. Zugriff auf Betäubungsmittel (die die nicht Tatmittel sind)

Solche Betäubungsmittel sind Tatobjekte (§ 33 S. 1 BtMG).

Leichtester Zugriff über die Einziehung.

❶ – Ist der Täter (im Zeitpunkt der Einziehungsentscheidung) Eigentümer (→ Rn. 333, 334, 336), so gelten § 33 S. 1 BtMG, § 74 Abs. 2 StGB.

❷ – Ist der Täter (im Zeitpunkt der Einziehungsentscheidung) nicht Eigentümer (→ Rn. 333, 334, 336), so wird die Einziehung auf § 33 S. 2 BtMG, § 74a StGB oder auf § 74b StGB gestützt.

❸ – Ist im Verhältnis des Täters zum Eigentümer bereits eine Straftat gegeben (zB beim Handeltreiben), kommen Einziehung von Taterträgen oder erweiterte Einziehung von Taterträgen in Betracht (→ Rn. 319).

IV. Zugriff auf ein Tatmittel (zB Schmuggelfahrzeug)

Zu unterscheiden ist:

❶ **Liegt bereits eine Straftat vor** (zB Handeltreiben, auch Versuch oder strafbare Vorbereitungshandlung), zu deren Durchführung oder Förderung, gleich in welchem Stadium, das Fahrzeug gedient hat oder dienen sollte (zB Fluchtfahrzeug), so gilt:

❶❶ – **Leichtester Zugriff** über die Einziehung von Tatmitteln:

❶❶❶ – Ist der Täter (zum Zeitpunkt der Entscheidung) Eigentümer oder Miteigentümer des Fahrzeugs, so gilt § 74 Abs. 1, 3 StGB (→ Rn. 304–342).

❶❶❷ – Ist der Täter (im Zeitpunkt der Entscheidung) nicht Eigentümer des Fahrzeugs, so kommt die Sicherungseinziehung in Betracht (§ 74b StGB (→ Rn. 369).

– Nicht anwendbar ist § 33 S. 2 BtMG, § 74a StGB, da das Fahrzeug kein Tatobjekt ist.

– Liegt im Verhältnis des Täters zum Eigentümer bereits eine Straftat vor (zB Handeltreiben), kommen Einziehung von Taterträgen oder erweiterte Einziehung von Taterträgen (§ 73a StGB) in Betracht (→ Rn. 319).

❶❶❸ – Hat der Käufer das Fahrzeug, das ihm bei der Tat gehörte, vor der Entscheidung über die Einziehung veräußert oder hat er die Einziehung sonst vereitelt, so gilt § 74c StGB (→ Rn. 391).

❷ **Liegt noch keine Straftat vor**, so ist eine Einziehung nicht möglich.

§ 34 Führungsaufsicht

In den Fällen des § 29 Abs. 3, der §§ 29a, 30 und 30a kann das Gericht Führungsaufsicht anordnen (§ 68 Abs. 1 des Strafgesetzbuches).

Übersicht

	Rn.
A. Einführung	1
B. Natur, Zweck	2
C. Voraussetzungen, Klientel	3
I. Grundlagen	3
1. Angeordnete Führungsaufsicht	4
2. Kraft Gesetzes eintretende Führungsaufsicht	5
II. Klientel	6
1. Fälle mit ungünstiger Prognose	7
2. Fälle mit günstiger Prognose	9

Führungsaufsicht **§ 34 BtMG**

Rn.
D. Akzeptanz in der Praxis 10
E. Ausgestaltung 11
F. Beginn, Dauer 21
    I. Beginn 21
    II. Dauer 25
G. Jugendstrafrecht 27

A. Einführung

Die Vorschrift ermöglicht die Anordnung von Führungsaufsicht bei den besonders schweren Fällen des § 29 sowie bei den Verbrechenstatbeständen des BtMG. 1

B. Natur, Zweck

Die Führungsaufsicht ist eine Maßregel der Besserung und Sicherung (§ 61 Nr. 4, 2 §§ 68–68g StGB). Sie soll gefährliche oder gefährdete Täter in ihrer Lebensführung über gewisse kritische Zeiträume hinweg unterstützen und überwachen, um sie von weiteren Straftaten abzuhalten (*Kinzig* in Schönke/Schröder StGB § 68 Rn. 3). Von der Bewährungshilfe unterscheidet sie sich durch ihre **Doppelfunktion:** sie soll dem Verurteilten einerseits Hilfe und Unterstützung bei der Resozialisierung gewähren und andererseits aber auch die Allgemeinheit vor neuen Straftaten schützen.

C. Voraussetzungen, Klientel

I. Grundlagen. Die Führungsaufsicht kann auf zwei unterschiedlichen Grund- 3 lagen beruhen:

1. Angeordnete Führungsaufsicht. Sie kann durch das erkennende Gericht 4 angeordnet sein (§ 68 Abs. 1 StGB). Neben dem Erfordernis, dass das anzuwendende Strafgesetz sie – wie § 34 BtMG – besonders vorsieht, setzt die Anordnung der Führungsaufsicht lediglich voraus, dass Freiheitsstrafe von mindestens sechs Monaten verwirkt ist und die Gefahr besteht, dass der Täter weitere Strafen begehen wird (§ 68 Abs. 1 StGB). Trotz dieser geringen Anforderungen ist die angeordnete Führungsaufsicht selten (im Jahr 2019 25 Fälle[1]).

2. Kraft Gesetzes eintretende Führungsaufsicht. Wesentlich häufiger sind 5 auch im Betäubungsmittelstrafrecht die kraft Gesetzes eintretenden Fälle der Führungsaufsicht wegen der Vollverbüßung einer Freiheitsstrafe von mindestens zwei Jahren (§ 68f StGB) und wegen Aussetzung der Unterbringung (§§ 67b, 67c, 67d Abs. 2–6 StGB).

II. Klientel. Der Führungsaufsicht unterfällt danach eine **völlig heterogene** 6 **Klientel** mit verschiedener Prognose und verschiedenen Bedürfnissen. Auch die Neuregelung der Führungsaufsicht durch G v. 13.4.2007 (BGBl. I S. 513) hat daran nichts geändert.

1. Fälle mit ungünstiger Prognose. Ungünstig ist die Prognose in den Fällen 7 der angeordneten Führungsaufsicht (§ 34 BtMG, § 68 Abs. 1 StGB), der Vollverbüßung (§ 68f StGB), auch von Jugendstrafen (OLG München NStZ-RR 2002, 183), und der Entlassung aus der Unterbringung in der Entziehungsanstalt wegen Aussichtslosigkeit (§ 67d Abs. 5 S. 2 StGB). Hier steht die **Überwachung** im Vordergrund.

Zu diesen Fällen zählt wohl auch noch die Entlassung aus der Sicherungsverwah- 8 rung wegen Ablaufs der Höchstfrist (§ 67d Abs. 3 S. 2 StGB), die allerdings dann

---

[1] Statistisches Bundesamt, Fachserie 10, Reihe 3, Tabelle 5.1.

nicht in Betracht kommt, wenn die Gefahr von Straftaten besteht, durch welche die Opfer seelisch oder körperlich schwer geschädigt werden (§ 67 d Abs. 3 S. 1 StGB).

9   **2. Fälle mit günstiger Prognose.** Günstig ist die Prognose in den Fällen der Aussetzung der Unterbringung (§ 67b Abs. 1; § 67c Abs. 1 S. 2; Abs. 2 S. 4; § 67d Abs. 2 StGB). Hier geht es vorwiegend um Betreuung.

D. Akzeptanz in der Praxis

10 Es ist danach nicht überraschend, dass die Praxis die kraft Gesetzes eintretende Führungsaufsicht zwar hinnimmt, im Übrigen mit diesem Instrument und seiner Zwitternatur aber wenig anzufangen weiß. Auch im Betäubungsmittelstrafrecht ist die angeordnete Führungsaufsicht „totes" Recht. Dies ist umso bedauerlicher, als mit der **überwachenden Komponente** schon nach dem geltenden Recht einiges geleistet werden könnte (→ Rn. 20).

E. Ausgestaltung

11 **Während der Führungsaufsicht** untersteht der Verurteilte einer **Aufsichtsstelle** (§ 68a Abs. 1 Hs. 1 StGB), die in den meisten Ländern bei den Landgerichten eingerichtet ist (Art. 295 EGStGB). Zugleich wird ihm für die Dauer der Führungsaufsicht ein **Bewährungshelfer** bestellt (§ 68a Abs. 1 Hs. 2 StGB). Dass dieser auch weiblich sein kann, wird in der Neufassung (→ Rn. 6) im Unterschied zu anderen Vorschriften des StGB ausdrücklich betont. Die Aufsichtsstelle überwacht im Einvernehmen mit dem Gericht und mit Unterstützung durch den Bewährungshelfer das Verhalten des Verurteilten und die Erfüllung der Weisungen (§ 68a Abs. 3 StGB), die ihm nach § 68b StGB auferlegt werden können.

12 **Die Weisungen** können als **strafbewehrte Weisungen** in der Weise ausgestaltet werden, dass der Verstoß auf Antrag der Aufsichtsstelle mit Freiheitsstrafe bis zu drei Jahren belegt werden kann (§ 68b Abs. 1, § 145a StGB). In der Vergangenheit betrug die Höchststrafe ein Jahr. Die Vorschrift fristete ein Schattendasein. Dies hat sich inzwischen geändert. Im Jahre 2019 gab es immerhin 878 Verurteilungen.[2]

13 **Dass eine Weisung strafbewehrt** ist, muss **im Führungsaufsichtsbeschluss** unmissverständlich klargestellt sein (BGH StV 2020, 22). Die Weisungen müssen inhaltlich **bestimmt** sein. Sie müssen das von dem Betroffenen verlangte oder ihm verbotene Verhalten inhaltlich so genau beschreiben, wie dies von dem Tatbestand einer Strafnorm zu verlangen ist (BGH NJW 2013, 710; 1894 = NStZ 2013, 464). Dazu genügt es bei einer Meldeweisung, wenn in dem Beschluss ein Zeitraum genannt ist, innerhalb dessen der Betroffene sich bei dem Bewährungshelfer zu melden hat. Die Festlegung des konkreten Termins kann dem Bewährungshelfer überlassen bleiben (BGH NJW 2013, 710).

14 **Nicht zulässig** ist die Weisung, einen bestimmten Aufenthaltsort **zu nehmen** und diesen nicht zu verlassen (s. § 68b S. 1 Nr. 1 StGB); etwas anderes gilt, wenn der Verurteilte selbst seinen künftigen Aufenthaltsort benannt hat (OLG München NStZ 2012, 98). Grundsätzlich zulässig ist dagegen eine sog. **Abstinenzweisung** nach § 68b S. 1 Nr. 10 StGB; sie kann aber unzumutbar sein, wenn der Verurteilte nicht in der Lage ist, drogenabstinent zu leben und ihm damit die Fähigkeit zur Abstinenz fehlt (OLG München NStZ-RR 2012, 324). Zulässig ist auch eine begleitende **Kontrollweisung**; eine solche kommt aber auch in Betracht, wenn keine Abstinenzweisung angeordnet wurde (OLG München NStZ-RR 2012, 324).

---

[2] Statistisches Bundesamt, Fachserie 10, Reihe 3, Tabelle 2.

Weisungen können auch für den Fall erteilt werden, dass der Verurteilte seinen 15
Aufenthalt im **Ausland,** namentlich in einem anderen Mitgliedstaat der EU nimmt
(OLG München NStZ-RR 2013, 211).

Seit dem 1.1.2011 kann dem Verurteilten als strafbewehrte Weisung (§ 68 b 16
Abs. 1 S. 1 Nr. 12 StGB) auch auferlegt werden, die für eine elektronische Überwachung seines Aufenthaltsortes erforderlichen technischen Mittel **(elektronische Fußfessel)** ständig in betriebsbereitem Zustand bei sich zu führen. Eine solche Weisung ist bei den Verbrechen des Betäubungsmittelrechts zwar rechtlich möglich (§ 68 b Abs. 1 S. 3 StGB), kommt aber praktisch kaum in Betracht.

Eine nicht strafbewehrte Weisung ist die **Therapieweisung** (§ 68 b Abs. 2 S. 2 17
StGB), mit der der Verurteilte angewiesen werden kann, sich psychiatrisch, psycho- oder sozialtherapeutisch betreuen und behandeln zu lassen. Die Behandlung und Betreuung kann auch durch eine **forensische Ambulanz** erfolgen (§ 68 b Abs. 2 S. 3 StGB). Forensische Ambulanzen sind an sich Einrichtungen zur Nachsorge an den Maßregelvollzug. Für sie sind die **Vollverbüßer** oder gar die Verurteilten, für die Führungsaufsicht **angeordnet** ist, eine fremde Klientel (*Jehle* in Kotz/Rahlf BtMStrafR Kap. 11 Rn. 308).

Die Kosten für Drogenkontrollen, die in Erfüllung einer Weisung im Rah- 18
men der Führungsaufsicht durchgeführt werden, hat auf Grund des Veranlasserprinzips grundsätzlich der Verurteilte zu tragen, es sei denn, sie überfordern seine finanzielle Leistungsfähigkeit (OLG Jena NStZ-RR 2011, 296). Es sind daher das Veranlasserprinzip auf der einen Seite und der Verhältnismäßigkeitsgrundsatz, der Maßstab der Zumutbarkeit entsprechend § 68 b Abs. 3 StGB sowie das öffentliche Interesse an der Durchführung der Kontrollen auf der anderen Seite zu berücksichtigen. Auf Grund einer solchen Abwägung kann angeordnet werden, dass die Kosten der Drogenkontrollen bis auf Weiteres von der Staatskasse getragen werden (OLG München NStZ-RR 2012, 324).

Die StPO räumt der Aufsichtsstelle **weitere Befugnisse** ein (§ 463 a StPO), die 19
zum Teil weiter gehen als die der Staatsanwaltschaft. So können die Aufsichtsstellen nicht nur von der Polizei, sondern auch von anderen Behörden die Durchführung von Ermittlungen verlangen (§ 463 a Abs. 1 S. 1 StPO). Sie können ferner wie die Staatsanwaltschaft die Ausschreibung zur Aufenthaltsermittlung (§ 131 a Abs. 1 StPO) anordnen (§ 463 a Abs. 1 S. 2 StPO).

Nach § 463 a Abs. 2 StPO können sie außerdem die **Ausschreibung** des Ver- 20
urteilten **zur polizeilichen Beobachtung** anordnen, was die Erstellung eines **Bewegungsbilds** ermöglicht. Auch die Ausschreibung der von ihm benutzten Kraftfahrzeuge ist zulässig (§ 463 a Abs. 2 S. 2, § 163 e Abs. 2 StPO).

F. Beginn, Dauer

I. Beginn. Nach § 68 f Abs. 1 StGB beginnt die Führungsaufsicht bei **Vollver-** 21
büßern mit der Entlassung aus dem Strafvollzug. Dies bedeutet, dass sie im Falle der Anschlussvollstreckung weiterer Strafen erst mit dem Ende der letzten Strafe beginnt (KG NStZ 2006, 580). In diesem Falle ist die nach § 68 Abs. 2 StGB zu treffende Entscheidung bis zu diesem Zeitpunkt zurückzustellen (KG NStZ 2006, 580). Der Verurteilte ist auch dann aus dem Strafvollzug entlassen, wenn die Vollstreckung der weiteren Strafen nach § 35 Abs. 1 zurückgestellt ist; die Führungsaufsicht lässt sich auch während der Zurückstellung ohne weiteres durchführen und ist sogar geeignet, den der Hilfe bedürfenden Probanden zu unterstützen (KG NStZ 2006, 580).

Wird die Unterbringung in der **Entziehungsanstalt für erledigt** erklärt, so tritt 22
nach § 67 d Abs. 5 S. 2 StGB ebenfalls Führungsaufsicht ein. Die Maßregel beginnt

mit der Entlassung aus dem Vollzug der Unterbringung; dies gilt auch dann, wenn der Verurteilte noch Strafe zu verbüßen hat (OLG Düsseldorf NStZ 1996, 567; KG NStZ-RR 2002, 138).

23 **Für alle anderen Fälle** der Führungsaufsicht ist der Beginn nunmehr in § 68c Abs. 4 StGB geregelt. Danach beginnt die Führungsaufsicht in den Fällen ihrer **Anordnung** (§ 68 Abs. 1 StGB) mit der Rechtkraft der Anordnung (§ 68c Abs. 4 S. 1 StGB), in aller Regel also des Urteils; dagegen kommt es auf die Beschlüsse nach § 268a StPO nicht an. Verbüßt der Täter nach der Rechtskraft zunächst Freiheitsstrafe, so ruht die Führungsaufsicht (§ 68e Abs. 1 S. 2 StGB).

24 Hängt der Eintritt der Führungsaufsicht von einer **anderen gerichtlichen Entscheidung** ab (§ 67b Abs. 2, § 67c Abs. 1 S. 2, Abs. 2 S. 4, § 67d Abs. 2 S. 2 StGB), so beginnt sie mit der Rechtskraft dieser Entscheidung oder zu einem in der Aussetzungsentscheidung angeordneten späteren Zeitpunkt (§ 68c Abs. 4 S. 1 StGB).

25 **II. Dauer.** Die Führungsaufsicht dauert mindestens zwei und grundsätzlich höchstens fünf Jahre (§ 68c Abs. 1 StGB). Die Zeit, in welcher der Verurteilte flüchtig ist, sich verborgen hält oder auf behördliche Anordnung in einer Anstalt verwahrt wird, wird auf die Dauer der Unterbringung nicht angerechnet (§ 68c Abs. 4 S. 2 StGB).

26 **Eine unbefristete Führungsaufsicht** kann angeordnet werden, wenn der Verurteilte in eine Weisung, sich einer mit einem körperlichen Eingriff verbundenen Heilbehandlung oder einer Entziehungskur zu unterziehen, nicht einwilligt und eine Gefährdung der Allgemeinheit durch die Begehung weiterer erheblicher Straftaten zu befürchten ist. (§ 68c Abs. 2 S. 1 Nr. 1 StGB). Unter dieser Voraussetzung gilt dasselbe, wenn der Verurteilte der Weisung, sich einer Heilbehandlung oder einer Entziehungskur zu unterziehen, oder einer Therapieweisung nicht nachkommt (§ 68c Abs. 2 S. 1 Nr. 2 StGB).

G. Jugendstrafrecht

27 Die Vorschriften über die **angeordnete Führungsaufsicht** (§ 68f Abs. 1 StGB) gelten nach § 7 Abs. 1 JGG auch im Jugendstrafrecht. Danach setzt die Anordnung voraus, dass der Jugendliche eine Jugendstrafe von mindestens sechs Monaten verwirkt hat. Im Rahmen der Ermessensausübung ist zu fragen, ob mildere Mittel zur Verfügung stehen.

28 Nach § 7 Abs. 1 JGG sind auch die Vorschriften über die **kraft Gesetzes eintretende** Führungsaufsicht (§ 68f Abs. 2 JGG) im Jugendstrafrecht anzuwenden (BVerfG NStZ-RR 2008, 217). Dabei ist nicht erforderlich, dass wegen einer einzelnen Tat eine Jugendstrafe von mindestens zwei Jahren verwirkt ist; es genügt auch eine Einheitsjugendstrafe in dieser Höhe (BVerfG NStZ-RR 2008, 217; *Dölling* NStZ 2009, 193 (194)).

# Siebenter Abschnitt. Betäubungsmittelabhängige Straftäter

Vorbemerkungen zu den §§ 35–38

Übersicht

	Rn.
A. Entstehungsgeschichte	1
B. Ziel	3
C. Völkerrechtliche Grundlagen	4
D. Gleichbehandlung	5
E. Therapie und Zwang	6
I. (Straf-)justitieller Zwang	7
II. Nichtstrafrechtlicher Zwang	10
F. Abgrenzung zu anderen Regelungen	11
I. Strafaussetzung zur Bewährung	12
II. Unterbringung in der Entziehungsanstalt	15
G. Die Anwendung in der Praxis	16
I. Bewährung der §§ 35–38	16
II. Ergebnisse im einzelnen	17
1. Häufigkeit der Anwendung	18
2. Vorbelastung	20
3. Hauptformen der Therapie	21
4. Zusammenarbeit	22
5. Therapieverhalten	23
6. Legalbewährung	25

A. Entstehungsgeschichte der §§ 35–38

Die Vorschriften des Siebenten Abschnitts (§§ 35–38) über die Zurückstellung der Strafvollstreckung und der Erhebung der öffentlichen Klage gegen betäubungsmittelabhängige Straftäter wurden durch das BtMG 1982 eingeführt und durch d. G v. 9.9.1992 (BGBl. I S. 1593) behutsam erweitert. Sie sind das Ergebnis eines Kompromisses zwischen Bundestag und Bundesrat und konnten deswegen in beiden Gesetzgebungsorganen mit breiter Mehrheit (im Deutschen Bundestag sogar einstimmig) verabschiedet werden (*Slotty* NStZ 1981, 321; *Katholnigg* NStZ 1981, 417; *Eberth/Müller* BtMR Vor § 35 Rn. 2).

Die Auseinandersetzungen, die dem Kompromiss vorangingen, waren besonders heftig und nahmen zeitweise die Züge eines Glaubenskrieges an. Ihren Ausgangspunkt hatten sie im Wesentlichen in dem **unglücklichen Schlagwort** „Therapie statt Strafe", das den (falschen) Anschein erweckt, als ob der Staat auf Kriminalität nur noch mit einer Wohltat zu antworten wisse.[1] Mit der gefundenen Lösung, die die Therapie in geeigneten Fällen **vor die Strafe** setzt, steht der Praxis eine Regelung zur Verfügung, die einer breiten Zustimmung in Politik und Bevölkerung sicher sein kann.

B. Ziel

Die Regelung hat zum Ziel, dem drogenabhängigen Straftäter echte Therapiechancen einzuräumen und zugleich ein Zurückweichen vor der Betäubungsmittelkriminalität zu vermeiden, um nicht die Rechtstreue der Bevölkerung zu erschüttern (*Slotty* NStZ 1981, 321 (327)). Danach sollte auf die Sanktionierung von

---

[1] Umso bedauerlicher ist es, dass dieses ungute Schlagwort in der vom BMG geförderten Studie des Zentrums für Interdisziplinäre Suchtforschung (ZIS) der Universität Hamburg „Medizinische Rehabilitation Drogenkranker gemäß § 35 BtMG („Therapie statt Strafe"): Wirksamkeit und Trends", Abschlussbericht 2013, (künftig ZIS-Studie) wieder aufgegriffen wurde.

Straftaten betäubungsmittelabhängiger Personen nicht verzichtet werden, die Strafe sollte die Therapie der Täter aber auch nicht verhindern. Vielmehr sollte sie als zusätzliches Mittel zum Ansporn für eine Therapie dienen.

C. Völkerrechtliche Grundlagen

4   Die Regelung kann sich auf Art. 36 Abs. 1b, Art. 38 ÜK 1961, Art. 22 Abs. 1b, Art. 20 Abs. 1 ÜK 1971, Art. 3 Abs. 4b–4d ÜK 1988 stützen. Danach können die Vertragsstaaten vorsehen, dass sich der Täter neben der Verurteilung oder Bestrafung Maßnahmen, die der Behandlung, Rehabilitation oder sozialen Wiedereingliederung dienen, unterziehen muss.

D. Gleichbehandlung

5   Die §§ 35–38 gelten nur für Straftäter, die **von Betäubungsmitteln** abhängig sind. Im Hinblick auf die Illegalität dieser Drogen, den raschen Eintritt der Abhängigkeit und das nicht selten jugendliche Alter der Täter ist das darin liegende Sonderrecht auch unter dem Blickpunkt der neueren Erkenntnisse zu den Zusammenhängen zwischen Delinquenz und Drogenabhängigkeit (→ § 1 Rn. 86–91; *Kreuzer* BtMStrafR-HdB § 3 Rn. 28–279) gerechtfertigt (*Kornprobst* in MüKoStGB § 35 Rn. 4). Für eine Gleichstellung alkoholabhängiger Täter *Malek* Kap. 5 Rn. 4.

E. Therapie und Zwang

6   Ob Therapie und (justitieller) Zwang sich ausschließen oder in der Weise ergänzen können, dass Zwang die Motivation zur Therapie verbessert, gehört zu den besonders umstrittenen Fragen des Betäubungsmittelrechts (*Bühringer* in Egg Brennpunkte S. 119; *Bühringer* in Kreuzer BtMStrafR-HdB § 5 Rn. 389–423; *Gebhardt* StV 1994, 77; *Gebhardt* in Kreuzer BtMStrafR-HdB § 9 Rn. 83; *Kühne* in Kreuzer BtMStrafR-HdB § 22 Rn. 5, 6; *Fabricius* in Körner/Patzak/Volkmer § 35 Rn. 31–33).

7   **I. (Straf-)justitieller Zwang** Der strikte Vorrang der Freiwilligkeit, der die ursprünglichen Therapiekonzepte beherrschte, ist heute überwiegend der nüchternen Erkenntnis gewichen, dass Drogenabhängige erst dann eine Veränderungsbereitschaft entwickeln, wenn die negativen Folgen des Konsums in physischer, emotionaler oder sozialer Hinsicht derart stark sind, dass sie die positiven überwiegen (*Bühringer* in Kreuzer BtMStrafR-HdB § 5 Rn. 389; *Jehle* in Haller/Jehle Drogen S. 263, 264). Justitielle Zwänge können daher zu einem schnelleren Ausgleich zwischen den angenehmen und den zunächst noch geringen unangenehmen Folgen des Drogenkonsums beitragen (*Bühringer* in Kreuzer BtMStrafR-HdB § 5 Rn. 402).

8   Darüber hinaus kann der justitielle Zwang dazu führen, dass Drogenabhängige mit therapeutischer Hilfe erstmals (wieder) **in die Lage kommen,** die Vorteile eines drogenfreien Lebens oder einer Beendigung illegaler Verhaltensweisen im Rahmen einer Substitution zu erfahren, um dann anschließend zwischen den Vorzügen des Drogenkonsums und seiner Aufgabe abwägen zu können.

9   **Diese günstigen Auswirkungen** justitiellen Zwangs können aber nur dann **voll zur Geltung** kommen, wenn
   – ohne Zeitverzögerung auf die Straftat reagiert wird,
   – eine möglichst hohe Wahlfreiheit zwischen den einzelnen Maßnahmen besteht,
   – der justitielle Zwang hinreichend lang ausgeübt wird und sich am Verhaltensfortschritt orientiert und
   – kompetente Mitarbeiter, die das Justizsystem kennen, daran mitwirken

(*Bühringer* in Kreuzer BtMStrafR-HdB § 5 Rn. 407–410).

II. **Nichtstrafrechtlicher Zwang.** Bislang wird in Deutschland staatlicher 10
Druck zur Herbeiführung einer Therapie im Wesentlichen durch die Strafgerichte
ausgeübt (*Gebhardt* in Kreuzer BtMStrafR-HdB § 9 Rn. 72). Andere Länder, zB
Schweden, gehen auch den Weg nichtstrafrechtlichen Zwangs, etwa einer nichtstrafrechtlichen Unterbringung mit Therapieangeboten (→ Einl. Rn. 203; *Katholnigg* GA 1990, 193 (196)). In Deutschland wird der Zugang zu solchen Überlegungen auch heute noch durch das ungute **Schlagwort** von der **Zwangstherapie**
erschwert. Trotz der positiven Erfahrungen mit einer auf (strafjustitiellem) Zwang
beruhenden Therapie (*Bühringer* in Kreuzer BtMStrafR-HdB § 5 Rn. 411, 412;
Kühne in Kreuzer BtMStrafR-HdB § 22 Rn. 5, 6) wird insoweit weiterhin die
These vertreten, dass eine Therapie unter geschlossenen Bedingungen nicht „kura-
tiv" wirken könne (*Gebhardt* in Kreuzer BtMStrafR-HdB § 9 Rn. 72) oder wirkungslos sei (*Volkmer* in Körner/Patzak/Volkmer § 35 Rn. 571; differenzierter *Fabricius* in Körner/Patzak/Volkmer § 35 Rn. 31–33).

F. Abgrenzung zu anderen Regelungen

Die Anwendung der §§ 35, 36 und 38 wird durch die Strafaussetzung einschließ- 11
lich der Aussetzung des Strafrestes auf der einen Seite und durch die Unterbringung
in der Entziehungsanstalt auf der anderen Seite begrenzt.

I. **Strafaussetzung zur Bewährung.** Kann die Strafe nach § 56 StGB, § 21 12
JGG zur Bewährung ausgesetzt werden, so geht dies den §§ 36, 38 vor (allgM;
Franke/Wienroeder § 35 Rn. 1). Zur Weisung, sich einer Therapie zu unterziehen
(§ 56c Abs. 3 Nr. 1 StGB), → Vor § 29 Rn. 1232–1234.

In der Praxis geht allerdings die Zunahme der Zurückstellungen (→ Rn. 19) mit 13
einem **Rückgang der Strafaussetzungen** einher. So hat der Anteil der Strafaussetzungen bei den Verurteilungen mit einer Betäubungsmittelabhängigkeit von
47% im Jahr 1995 auf 19,3% im Jahr 2003 abgenommen (*Kornprobst* in MüKoStGB
§ 35 Rn. 14; s. dagegen *Fabricius* in Körner/Patzak/Volkmer Rn. 34–36).

Auch die Aussetzung des Strafrestes nach § 57 StGB, § 88 JGG geht der Zurück- 14
stellung nach §§ 35, 38 vor. Mit der Änderung der Prognoseformel der § 57 Abs. 1
Nr. 2 StGB, § 88 Abs. 1 JGG durch das Gesetz zur Bekämpfung von Sexualdelikten
und anderen gefährlichen Straftaten v. 26.1.1998 (BGBl. I S. 160) ist der Bereich
der Aussetzung des Strafrestes faktisch enger geworden (→ § 36 Rn. 48–53). Dem
korrespondiert zwar eine Erweiterung der §§ 35, 38, in der Praxis wird jedoch besonders sorgfältig zu prüfen sein, ob und wie die **Sicherheitsbedenken,** die gegen
diese Probanden bestehen, durch die Teilnahme an einer Drogentherapie ausgeräumt werden können.

II. **Unterbringung in der Entziehungsanstalt.** Auch die Unterbringung 15
nach § 64 StGB hat Vorrang vor den §§ 35, 38, da diese erst im Vollstreckungsverfahren eingreifen und keinen Einfluss auf das Erkenntnisverfahren haben können
(→ Vor § 29 Rn. 1308). **Vor dem Blick** auf die §§ 35, 38 sind daher die Voraussetzungen des § 64 StGB einschließlich der Aussetzung der Unterbringung nach § 67b
StGB zu prüfen. Das G v. 26.1.1998 (→ Rn. 14) hat an diesen Vorschriften nichts
geändert.

G. Die Anwendung in der Praxis

I. **Zur Bewährung der §§ 35–38.** Die Therapievorschriften des BtMG haben 16
sich bewährt. Kurze (NStZ 1996, 178) spricht nach der Auswertung eines bundes-
weit angelegten Forschungsprojektes der Kriminologischen Zentralstelle Wiesba-
den (Forschungs- und Dokumentationseinrichtung des Bundes und der Länder) sogar von einer Art **„Königsweg".** Aber auch sonst überwiegen die positiven

Stimmen (*Bühringer* in Kreuzer BtMStrafR-HdB § 5 Rn. 411, 412; *Fabricius* in Körner/Patzak/Volkmer § 35 Rn. 48; *Kornprobst* in MüKoStGB § 35 Rn. 12).

17 **II. Zu den Ergebnissen im Einzelnen.** Bislang liegen die folgenden Erfahrungen vor:

18 **1. Häufigkeit der Anwendung.** Die Zahl der Verfahren mit Zurückstellung nach § 35 ist von 1.542 im Jahre 1986 auf 5.003 im Jahre 1994 gestiegen. Diese 5003 Verfahren bezogen sich auf 2.900 Personen, ein Hinweis auf die hohe strafrechtliche Belastung der Betroffenen, von denen bei der Zurückstellungsentscheidung rund 40% zwei oder mehr Strafen zu verbüßen hatten (*Kurze* NStZ 1996, 178 (179, 180)).

19 Im Jahr 2003 betrug die Zahl der Zurückstellungen 10.957; sie entfielen auf 6.517 Verurteilte (*Kornprobst* in MüKoStGB § 35 Rn. 13). Die Zunahme dürfte auch auf den erheblichen Anstieg der Verurteilungen, in denen eine Betäubungsmittelabhängigkeit festgestellt wurde (von 11.794 im Jahr 1995 auf 19.811 im Jahr 2003 (*Kornprobst* in MüKoStGB § 35 Rn. 13)) zurückzuführen sein. Nach der im Jahre 2013 vorgelegten ZIS-Studie[2] zeigt sich für die Jahre 2001–2011 kein Trend zu einem Rückgang der Zurückstellungen.

20 **2. Vorbelastung.** Rund 50% der in die Untersuchung (→ Rn. 16) einbezogenen Drogenabhängigen waren bereits früher zu einer zu vollstreckenden Jugend- oder Freiheitsstrafe verurteilt worden, weitere 40% zu einer freiheitsentziehenden Maßnahme, die zur Bewährung ausgesetzt war. Mindestens jeder dritte Verurteilte hatte bereits einen oder mehrere gescheiterte Therapieversuche hinter sich. Bei rund jedem fünften Verurteilten überschritt die Dauer der verhängten Strafe die Zweijahresgrenze. Die Praxis macht danach von den Therapievorschriften des BtMG bei einer Klientel Gebrauch, die ohne diese Regelung keine oder nur eine geringe Chance gehabt hätte, in eine Therapie außerhalb des Strafvollzugs zu gelangen (*Kurze* NStZ 1996, 178 (180)). Durch die Untersuchung des ZIS (→ Rn. 19) wird dies für die Zeit von 2001 bis 2011 bestätigt.[3]

21 **3. Hauptform der Therapie** ist die stationäre Langzeittherapie in einer staatlich anerkannten Einrichtung. Für sie standen im Jahre 1990 etwa 6.000 Behandlungsmöglichkeiten zur Verfügung (*Kurze* NStZ 1996, 178 (180)). Vor allem aufgrund des Gesetzes vom 9.9.1992 (BGBl. I S. 1593) dürften sich die Anteile ambulanter Therapieformen an den Zurückstellungsverfahren erhöht haben. Präzise Zahlen hierzu stehen nicht zur Verfügung (zur Zunahme der Substitutionsbehandlungen s. *Bühringer* in Kreuzer BtMStrafR-HdB § 5 Rn. 171, 172). Am 1.7.2019 waren 79.742 Fälle der Substitution gemeldet[4]; wie viele davon mit einer Zurückstellung der Strafvollstreckung verbunden waren, ist nicht bekannt.

22 **4. Zusammenarbeit.** Die Zusammenarbeit zwischen den Vollstreckungsbehörden und den Therapieeinrichtungen verlief nach den Erkenntnissen des Forschungsprojekts der Kriminologischen Zentralstelle (→ Rn. 16) weitgehend reibungslos, dies wohl auch deswegen, weil sich rund 90% der Zurückstellungen auf Einrichtungen mit einer staatlichen Anerkennung bezogen. Zu einer guten Zusammenarbeit trug aber auch eine beiderseits flexible Handhabung der Meldepflichten bei (*Kurze* NStZ 1996, 178 (180)).

23 **5. Therapieverhalten.** Im Therapieverhalten schneiden die strafjustitiell übergeleiteten Drogenabhängigen im Vergleich mit freiwillig in Therapie befindlichen Personen zumindest nicht schlechter ab (*Kurze* NStZ 1996, 178 (181)). Neun von zehn Verurteilten traten ihre Therapie an, 43% beendeten die Behandlung regulär,

---

[2] S. Fn. 1.
[3] S. Fn. 1.
[4] Drogen- und Suchtbericht 2020 S. 52.

11% wurden aus disziplinarischen Gründen entlassen und der Rest von circa 36% brach die Therapie ab. Durch die ZIS-Studie (→ Rn. 19)[5] wird dies bestätigt.

Dabei steht die Art der **Therapiebeendigung** nicht mit der Höhe der ursprünglich verhängten Strafe, wohl aber mit den noch zu verbüßenden Strafanteilen, die sich mit den entsprechenden Therapiezeiten verrechnen lassen, in einer Wechselbeziehung: bei kleinen anrechenbaren Strafresten war die Bereitschaft zum Durchstehen der Therapie signifikant geringer. 24

6. **Legalbewährung.** Hinsichtlich der Legalbewährung ergab sich, dass rund 25% der Verurteilten während einer fünfjährigen Beobachtungszeit nicht mehr im Bundeszentralregister registriert wurden. Die Rückkehrquote in den Strafvollzug lag zwischen 59,4% (bei den Personen, die die Therapie erst gar nicht angetreten hatten) und 38,8% bei den Personen, die die Therapie regulär beendet hatten). 46% der untersuchten Personen wurden während des fünfjährigen Beobachtungszeitraums mindestens einmal wegen eines Verstoßes gegen das BtMG verurteilt. 25

§35 Zurückstellung der Strafvollstreckung

(1) ¹Ist jemand wegen einer Straftat zu einer Freiheitsstrafe von nicht mehr als zwei Jahren verurteilt worden und ergibt sich aus den Urteilsgründen oder steht sonst fest, dass er die Tat auf Grund einer Betäubungsmittelabhängigkeit begangen hat, so kann die Vollstreckungsbehörde mit Zustimmung des Gerichts des ersten Rechtszuges die Vollstreckung der Strafe, eines Strafrestes oder der Maßregel der Unterbringung in einer Entziehungsanstalt für längstens zwei Jahre zurückstellen, wenn der Verurteilte sich wegen seiner Abhängigkeit in einer seiner Rehabilitation dienenden Behandlung befindet oder zusagt, sich einer solchen zu unterziehen, und deren Beginn gewährleistet ist. ²Als Behandlung gilt auch der Aufenthalt in einer staatlich anerkannten Einrichtung, die dazu dient, die Abhängigkeit zu beheben oder einer erneuten Abhängigkeit entgegenzuwirken.

(2) ¹Gegen die Verweigerung der Zustimmung durch das Gericht des ersten Rechtszuges steht der Vollstreckungsbehörde die Beschwerde nach dem Zweiten Abschnitt des Dritten Buches der Strafprozessordnung zu. ²Der Verurteilte kann die Verweigerung dieser Zustimmung nur zusammen mit der Ablehnung der Zurückstellung durch die Vollstreckungsbehörde nach den §§ 23 bis 30 des Einführungsgesetzes zum Gerichtsverfassungsgesetz anfechten. ³Das Oberlandesgericht entscheidet in diesem Falle auch über die Verweigerung der Zustimmung; es kann die Zustimmung selbst erteilen.

(3) Absatz 1 gilt entsprechend, wenn
1. auf eine Gesamtfreiheitsstrafe von nicht mehr als zwei Jahren erkannt worden ist oder
2. auf eine Freiheitsstrafe oder Gesamtfreiheitsstrafe von mehr als zwei Jahren erkannt worden ist und ein zu vollstreckender Rest der Freiheitsstrafe oder der Gesamtfreiheitsstrafe zwei Jahre nicht übersteigt

und im Übrigen die Voraussetzungen des Absatzes 1 für den ihrer Bedeutung nach überwiegenden Teil der abgeurteilten Straftaten erfüllt sind.

(4) Der Verurteilte ist verpflichtet, zu Zeitpunkten, die die Vollstreckungsbehörde festsetzt, den Nachweis über die Aufnahme und über die Fortführung der Behandlung zu erbringen; die behandelnden Personen

---

[5] S. Fn. 1.

oder Einrichtungen teilen der Vollstreckungsbehörde einen Abbruch der Behandlung mit.

(5) ¹Die Vollstreckungsbehörde widerruft die Zurückstellung der Vollstreckung, wenn die Behandlung nicht begonnen oder nicht fortgeführt wird und nicht zu erwarten ist, dass der Verurteilte eine Behandlung derselben Art alsbald beginnt oder wieder aufnimmt, oder wenn der Verurteilte den nach Absatz 4 geforderten Nachweis nicht erbringt. ²Von dem Widerruf kann abgesehen werden, wenn der Verurteilte nachträglich nachweist, dass er sich in Behandlung befindet. ³Ein Widerruf nach Satz 1 steht einer erneuten Zurückstellung der Vollstreckung nicht entgegen.

(6) Die Zurückstellung der Vollstreckung wird auch widerrufen, wenn
1. bei nachträglicher Bildung einer Gesamtstrafe nicht auch deren Vollstreckung nach Absatz 1 in Verbindung mit Absatz 3 zurückgestellt wird oder
2. eine weitere gegen den Verurteilten erkannte Freiheitsstrafe oder freiheitsentziehende Maßregel der Besserung und Sicherung zu vollstrecken ist.

(7) ¹Hat die Vollstreckungsbehörde die Zurückstellung widerrufen, so ist sie befugt, zur Vollstreckung der Freiheitsstrafe oder der Unterbringung in einer Entziehungsanstalt einen Haftbefehl zu erlassen. ²Gegen den Widerruf kann die Entscheidung des Gerichts des ersten Rechtszuges herbeigeführt werden. ³Der Fortgang der Vollstreckung wird durch die Anrufung des Gerichts nicht gehemmt. ⁴§ 462 der Strafprozessordnung gilt entsprechend.

Übersicht

	Rn.
Einführung	1
A. Völkerrechtliche Grundlage	2
B. Zurückstellung nach Absatz 1 Satz 1	3
I. Rechtskräftige Verurteilung	4
II. Die Urteilsfolgen	7
1. Freiheitsstrafe	8
2. Von nicht mehr als zwei Jahren	10
a) Strafausspruch	11
b) Mehrere Strafen	13
aa) Summe von nicht mehr als zwei Jahren	14
bb) Summe über zwei Jahren	20
III. Straftat	21
IV. Auf Grund einer Betäubungsmittelabhängigkeit begangen	23
1. Betäubungsmittelabhängigkeit	24
a) Abhängigkeitsgrade	25
b) Betäubungsmittel der Anlagen I bis III	26
2. Zeitpunkte	30
3. Kausalzusammenhang	33
4. Urteilsgründe oder sonstige Feststellungen	42
a) Urteilsgründe	43
b) Sonstige Feststellungen	45
aa) Keine Feststellungen im Urteil	46
(a) Keine Stellungnahme	47
(b) Ausdrückliche Ablehnung	49
bb) Feststellung im Urteil	54
V. Der Rehabilitation dienende Behandlung	56
1. Anforderungen	57
a) Fachpersonal	58

	Rn.
b) Therapiekonzept	59
aa) Therapieziel	60
bb) Therapiemaßnahmen	67
cc) Phasen der Therapie	69
(a) Entzug	70
(b) Übergangseinrichtungen	76
(c) Entwöhnung	77
(aa) Methoden, Dauer	78
(bb) Teilstationäre Einrichtungen	79
(cc) Ambulante Therapie	80
(1) Voraussetzungen einer Zurückstellung	82
(2) Kriterienkatalog für die Zurückstellung	86
(dd) Ambulante Substitutionstherapie	87
(d) Nachsorge	96
c) Räumliche Voraussetzungen	99
d) Behandlung im Inland	100
2. Prüfung der Eignung der Therapie	101
VI. Behandlungsbeginn oder Zusage des Verurteilten	107
1. Entscheidung nach Behandlungsbeginn	108
2. Entscheidung vor Behandlungsbeginn	109
a) Zusage	110
b) Tatsächliche Therapiebereitschaft (Therapiewillen), Überprüfung	111
VII. Gewährleistung des Behandlungsbeginns	124
1. Zusage eines Therapieplatzes	125
2. Zusage eines Kostenträgers	128
VIII. Zustimmung des Gerichts	131
1. Zuständigkeit	132
2. Ermessen	134
3. Eindeutige Erklärung	135
4. Zeitpunkt	136
5. Bindung	137
6. Einschaltung bei beabsichtigter Ablehnung	138
IX. Entscheidung der Vollstreckungsbehörde	142
1. Ablehnung mangels Voraussetzungen	144
2. Ermessensentscheidung	145
a) Ermessensausübung	148
aa) Vorliegen von Gründen für einen Widerruf	149
bb) Tatschuld, Zahl und Höhe der Strafen	154
cc) Sozialprognose	156
dd) Sicherungsinteresse der Allgemeinheit	157
ee) Erfolgsprognose	159
ff) Ausländerrechtliche Hindernisse	164
b) Nebenbestimmungen (Auflagen und Weisungen)	168
3. Dauer der Zurückstellung	178
C. Zurückstellung nach Absatz 1 Satz 2	179
I. Voraussetzungen	180
II. Einrichtungen	181
III. Nur stationäre Einrichtungen	183
IV. Staatliche Anerkennung	184
V. Zweck	186
D. Rechtsmittel und Rechtsbehelfe (Absatz 2)	187
I. Beschwerde der Vollstreckungsbehörde (Satz 1)	188
II. Antrag des Verurteilten auf gerichtliche Entscheidung (Sätze 2, 3)	191
1. Anfechtung der Ablehnung der Zurückstellung	192
a) Grundlagen	194
b) Zuständigkeit	195
c) Vorschaltbeschwerde	196
d) Sonstige Zulässigkeitsvoraussetzungen	203

	Rn.
e) Entscheidung des OLG	207
2. Anfechtung der gerichtlichen Zustimmungsverweigerung	210
a) Voraussetzungen	211
b) Entscheidung des OLG	212
E. Zurückstellung bei Gesamtstrafen, Einheitsjugendstrafen und Strafresten (Absatz 3)	215
I. Gesamtfreiheitsstrafen, Einheitsjugendstrafen (Nr. 1)	216
II. Strafreste (Nr. 2)	222
F. Nachweis- und Mitteilungspflichten (Absatz 4)	225
I. Die Nachweispflicht des Verurteilten (Hs. 1)	226
1. Zeitpunkte des Nachweises	227
2. Form des Nachweises	228
3. Inhalt der Nachweispflicht	230
4. Zweck der Nachweispflicht	231
5. Weitergehende Nachweispflichten	233
II. Die Mitteilungspflicht des Behandelnden (Hs. 2)	234
1. Gegenstand der Mitteilung	236
a) Abbruch der Behandlung	237
b) Nichtantritt der Behandlung	241
c) Begleitung zum Therapieantritt	242
aa) Begleitung durch Mitarbeiter der Therapieeinrichtung	243
bb) Begleitung durch Mitarbeiter anderer Stellen	244
cc) (Selbst-)Verpflichtung zur Meldung	246
2. Form der Mitteilung	247
3. Inhalt der Mitteilung	248
4. Adressat der Mitteilungspflicht	250
5. Mitteilungsfrist	251
6. Schweigepflicht	252
7. Zeugnisverweigerungsrechte	254
8. Verstöße gegen die Mitteilungspflicht	258
G. Widerruf aus Behandlungsgründen (Absatz 5)	259
I. Voraussetzungen (Satz 1)	260
1. Nichtantritt der Therapie	261
a) Nicht begonnen	262
b) Erwartensklausel	263
aa) Nicht zu erwarten	264
bb) Behandlung derselben Art	266
cc) Alsbaldiger Beginn	268
2. Nichtfortführung der Therapie	270
a) Nicht fortgeführt	271
b) Erwartensklausel	273
aa) Nicht zu erwarten	274
bb) Behandlung derselben Art	275
cc) Alsbaldige Wiederaufnahme	276
3. Fehlende Nachweise über die Aufnahme oder Fortführung	277
II. Nachträglicher Nachweis (Satz 2)	278
III. Entscheidung über den Widerruf (Sätze 1, 2)	279
1. Verfahren	280
2. Erneute Straffälligkeit	282
IV. Erneute Zurückstellung (Satz 3)	286
H. Widerruf aus Rechtsgründen (Absatz 6)	288
I. Nachträgliche Bildung einer Gesamtstrafe (Nr. 1)	289
II. Vollstreckung einer weiteren Freiheitsstrafe/Maßregel (Nr. 2)	291
I. Haftbefehl, Antrag auf Entscheidung des Gerichts (Absatz 7)	292
I. Vollstreckungshaftbefehl (Satz 1)	293
II. Gerichtliche Entscheidung (Sätze 2–4)	296
1. Antrag	297
2. Keine Hemmung der Vollstreckung	298
3. Verfahren	299

Einführung

Die umfangreiche Vorschrift ist im Wortlaut seit ihrer Einführung **im Wesent-** 1
lichen unverändert geblieben. Durch G v. 9.9.1992 (BGBl. I S. 1593) wurde der
neue Absatz 2 eingefügt, der sich mit den Rechtsmitteln befasst. Außerdem wurden
die Voraussetzungen für den Widerruf der Zurückstellung durch eine Ergänzung
des Absatzes 5 Satz 1 eingeschränkt. Insgesamt hat sich die Norm als so flexibel erwiesen,
dass sie in der Lage war, auch die neueren Entwicklungen auf dem Gebiet
der Therapie aufzufangen und ihnen im Wesentlichen gerecht zu werden.

A. Völkerrechtliche Grundlagen

Die Vorschrift kann sich auf Art. 36 Abs. 1b, Art. 38 Abs. 1 ÜK 1961, Art. 22 2
Abs. 1b, Art. 20 Abs. 1 ÜK 1971, Art. 3 Abs. 4b–4d ÜK 1988 stützen.

B. Die Zurückstellung nach Absatz 1 Satz 1

Die Zurückstellung der Strafvollstreckung hängt von einer stattlichen Zahl von 3
Voraussetzungen ab, die die Regelung als ziemlich schwerfällig erscheinen lassen.
Insbesondere nach der Klärung einiger Zweifelsfragen durch die obergerichtliche
Rechtsprechung kommt die Praxis jedoch damit zurecht. Im Einzelnen ist erforderlich:

I. Rechtskräftige Verurteilung. Die Strafvollstreckung kann nur zurück- 4
gestellt werden, wenn sie ohne die Zurückstellung stattfinden könnte. Voraussetzung
der Zurückstellung ist daher ein rechtskräftiges Urteil (§ 449 StPO). Dieses
muss nicht schriftlich vorliegen. Verzichten die Beteiligten auf Rechtsmittel und
stimmt das Gericht der Zurückstellung zu, so kann sie sofort nach der Verkündung
des Urteils erfolgen (*Fabricius* in Körner/Patzak/Volkmer Rn. 54; *Kornprobst*
in MüKoStGB Rn. 24). Allerdings kann die Feststellung einer Drogenabhängigkeit
nie Gegenstand einer **Verständigung** (§ 257c StPO) sein (*Fabricius* in Körner/
Patzak/Volkmer Rn. 55).

Nicht notwendig ist, dass der Rechtspfleger die Strafvollstreckung **eingeleitet** 5
hat. Allerdings muss nach § 13 Abs. 2 StVollstrO eine beglaubigte Abschrift des erkennenden
Teils der Entscheidung vorliegen, auf der die Rechtskraft bescheinigt
und das Datum ihres Eintritts angegeben sein muss (*Bohnen* in BeckOK BtMG
Rn. 72). Nicht notwendig ist, dass mit dem Vollzug der Strafe oder der Maßregel
begonnen worden ist (BGH NStZ 1984, 573 = StV 1985, 27; *Fabricius* in Körner/
Patzak/Volkmer Rn. 54).

Ein Beschluss über die **nachträgliche** Bildung einer Gesamtstrafe (§ 460 StPO) 6
steht einem Urteil gleich. Dasselbe gilt für einen **Strafbefehl** (§ 407 Abs. 2 S. 2
StPO); allerdings kommt ein solcher als Grundlage für die Zurückstellung der Strafvollstreckung
erst dann in Betracht, wenn die in ihm angeordnete Strafaussetzung
rechtskräftig widerrufen ist.

II. Die Urteilsfolgen. Das Urteil muss auf Freiheitsstrafe von nicht mehr als 7
zwei Jahren lauten:

1. Freiheitsstrafe. In dem Strafekenntnis muss Freiheitsstrafe iSd § 38 StGB oder 8
Jugendstrafe (§ 38 Abs. 1 S. 1)) festgesetzt sein. Zu **Gesamtstrafen, Einheitsjugendstrafen**
und **Strafresten** s. die Erläuterungen zu **Absatz 3** (→ Rn. 216–224).
Eine **Ersatzfreiheitsstrafe** genügt nicht, da bei ihr die primäre Verurteilung auf
Geldstrafe lautet (allgM; s. *Katholnigg* NStZ 1981, 417 (418); *Fabricius* in Körner/
Patzak/Volkmer Rn. 114; *Kornprobst* in MüKoStGB Rn. 26). Da es an einer Freiheitsstrafe
fehlt, kann auch eine **isolierte Unterbringung** in der Entziehungsanstalt
nicht zurückgestellt werden (BT-Drs. 8/4283, 8; *Fabricius* in Körner/Patzak/Volk-

mer Rn. 122; *Bohnen* in BeckOK BtMG Rn. 70, 70.1; *Katholnigg* NStZ 1981, 417 (418)).

9   Auf der anderen Seite muss **nicht ausschließlich** Freiheitsstrafe oder Jugendstrafe festgesetzt sein. Eine daneben angeordnete Unterbringung in der Entziehungsanstalt steht der Zurückstellung nicht entgegen (*Bohnen* in BeckOK BtMG Rn. 67, 71); allerdings macht die Zurückstellung in einem solchen Fall nur Sinn, wenn sie zugleich auf die Unterbringung erstreckt wird (Satz 1). Auch andere Rechtsfolgen, die neben einer Freiheitsstrafe angeordnet wurden, wie Geldstrafen (zB § 41 StGB), Nebenstrafen (§ 44 StGB), nicht freiheitsentziehende Maßregeln der Besserung und Sicherung (§§ 68, 69, 70 StGB) oder andere Maßnahmen (§ 11 Abs. 1 Nr. 8 StGB) schließen die Zurückstellung nicht aus.

10 **2. Von nicht mehr als zwei Jahren.** Mit der absoluten Obergrenze von zwei Jahren orientiert sich das Gesetz an den Strafen, die noch (§ 56 Abs. 2 StGB; § 21 Abs. 2 JGG) zur Bewährung ausgesetzt werden können. Ein Vorschlag, die Grenze auf drei Jahre anzuheben, fand bei den Beratungen des G v. 9.9.1992 (→ Rn. 1) keine Mehrheit (*Fabricius* in Körner/Patzak/Volkmer Rn. 115; *Franke/Wienroeder* Rn. 7).

11 **a) Strafausspruch.** Entscheidend für die Anwendung des **Absatzes 1** (anders bei Absatz 3 Nr. 2) ist der **Strafausspruch im Urteil**, nicht die Strafzeit, die nach Anrechnung von Untersuchungshaft (§ 51 Abs. 1 StGB; § 450 Abs. 1 StPO; § 52a JGG), Auslieferungshaft (§ 450a StPO), verbüßter Strafhaft, Anrechnung konventionswidriger Verfahrensverzögerungen (→ Vor § 29 Rn. 1117–1141) oder sonstiger Erledigung (§ 51 Abs. 2–4 StGB) verbleibt (*Bohnen* in BeckOK BtMG Rn. 77). Dabei kann sich die Zurückstellung natürlich nur auf den verbliebenen Rest der Strafe beziehen.

12 Bei der für die Zurückstellung nach Absatz 1 **maßgeblichen Strafhöhe** kommt es auch nicht darauf an, ob die Strafe nach Verbüßung der Hälfte (§ 57 Abs. 2 StGB) oder von zwei Dritteln der Strafzeit (§ 57 Abs. 1 StGB) oder zu einem noch früheren Termin (§ 88 JGG) ausgesetzt werden kann oder muss (BGHSt 34, 318 = NJW 1987, 1833 = NStZ 1987, 292 = StV 1987, 301; *Fabricius* in Körner/Patzak/Volkmer Rn. 115). Zur Zurückstellung von **Gesamtstrafen** und **Strafresten** s. **Absatz 3** (→ Rn. 216–224).

13 **b) Mehrere Strafen.** Eine Zurückstellung nach Absatz 1 ist auch dann **möglich,** wenn mehrere Strafen zu vollstrecken sind:

14 **aa) Summe von nicht mehr als zwei Jahren.** Dies gilt zunächst für die Fälle, in denen die mehreren Strafen zusammen zwei Jahre **nicht übersteigen** (BGHSt 33, 94 = NJW 1985, 753 = NStZ 1985, 126 mAnm *Katholnigg* = StV 1985, 378 = JR 1985, 436 mAnm *Slotty; Fabricius* in Körner/Patzak/Volkmer Rn. 125).

15 **Dabei ist** für **jede Verurteilung gesondert** zu prüfen, ob die Voraussetzungen des § 35 Abs. 1 gegeben sind. Liegen für alle Strafen die Zurückstellungsvoraussetzungen vor, so kann die Zurückstellung für jede von ihnen erfolgen (*Kornprobst* in MüKoStGB Rn. 32).

16 Wie Absatz 6 Nr. 2 zu entnehmen ist, **fehlt es** an den Voraussetzungen für eine Zurückstellung, wenn **auch nur eine** der Strafen **zu vollstrecken ist** (BGHSt 33, 94 (→ Rn. 14); 55, 243 = NJW 2010, 3314 = StV 2010, 694; *Fabricius* in Körner/Patzak/Volkmer Rn. 125). Dies gilt nicht, solange die Frage der Vollstreckung der anderen Strafe **noch offen** ist. Erst wenn deren Vollstreckung endgültig feststeht, etwa weil sie selbst nicht mehr nach § 35 zurückgestellt werden kann, kann die Ablehnung der Zurückstellung darauf gestützt werden (OLG Karlsruhe NStZ 1982, 484 = JR 1983, 432; *Kornprobst* in MüKoStGB 34). Eine positive Entscheidung ist dagegen bereits vor diesem Zeitpunkt möglich, wegen der Gefahr des Widerrufs je-

doch nicht zweckmäßig. Zur Vollstreckung mehrerer Strafen, die zum Teil zurückstellungsfähig sind, → Rn. 150, 151.

Kommt eine Zurückstellung nach § 35 in Betracht und ist die andere Strafe 17
(noch) zur Bewährung ausgesetzt, so ist zu prüfen, ob von einem **Widerruf abgesehen** werden kann (OLG Düsseldorf StV 1998, 215). Eine stationäre Langzeittherapie kann in der Regel als eine günstige Voraussetzung für eine positive Sozialprognose angesehen werden (OLG Düsseldorf StV 1998, 215). Gegebenenfalls kann auch eine Unterstützung der Therapie durch eine **Therapieweisung** (§ 56 f Abs. 2, § 56 c Abs. 3 Nr. 1 StGB; § 26 Abs. 2 JGG) oder eine Verlängerung der Bewährungszeit in Erwägung gezogen werden (OLG Karlsruhe NStE Nr. 23 zu § 56 f StGB; OLG Düsseldorf StV 1994, 199).

Auch kann es geboten sein, die Entscheidung über den Widerruf der Strafaussetzung zunächst **zurückzustellen** und den Verlauf der Therapie abzuwarten (OLG 18
Düsseldorf StV 1989, 159 mAnm *Hellebrand;* zust. *Katholnigg* NJW 1990, 2296 (2300); OLG Celle StV 1998, 216; *Winkler* in Hügel/Junge/Lander/Winkler Rn. 7.4.2). Hierzu sollte der Resozialisierungsprozess aber bereits eingeleitet sein.

Der Zurückstellung steht nicht entgegen, dass bereits **mehr als zwei Drittel** der 19
Strafe vollstreckt sind, so dass eine Anrechnung der Therapiezeit nach § 36 nicht mehr möglich ist (→ § 36 Rn. 37; *Körner* NStZ 1998, 227 (228)).

bb) Summe über zwei Jahre. Eine Zurückstellung der Strafvollstreckung ist 20
auch dann möglich, wenn die mehreren Freiheitsstrafen zusammen die Obergrenze von **zwei Jahren übersteigen** (BGHSt 33, 94 (→ Rn. 14); OLG Karlsruhe StV 2019, 347; *Fabricius* in Körner/Patzak/Volkmer Rn. 127; *Kornprobst* in MüKoStGB Rn. 32; *Bohnen* in BeckOK BtMG Rn. 82). Eine Zusammenrechnung sieht das Gesetz nicht vor, so dass auch hier die Voraussetzungen für eine Zurückstellung **für jede Strafe gesondert** zu prüfen sind. Auch in solchen Fällen setzt die Zurückstellung voraus, dass keine der Strafen vollstreckt wird. Eine andere Frage ist, ob die Vollstreckungsbehörde bei solch beträchtlichen offenen Strafen von ihrem Ermessen im Sinne einer Zurückstellung Gebrauch macht (s. *Katholnigg* NStZ 1985, 127 (128)).

III. Straftat. Die Verurteilung muss wegen **einer Straftat** erfolgt sein. Die Tat 21
muss nach deutschem Recht mit Strafe bedroht sein, der Tatort muss aber nicht in Deutschland liegen. Unerheblich ist auch, ob die Tat von einem Deutschen oder einem ausländischen Staatsangehörigen begangen wurde. Ausländische Urteile, bei denen eine Entscheidung nach § 54 IRG ergangen ist, genügen (*Bohnen* in BeckOK BtMG Rn. 73; aA *Fabricius* in Körner/Patzak/Volkmer Rn. 53).

Die Straftat muss **kein Verstoß gegen das BtMG** sein, sofern sie nur aufgrund 22
einer Betäubungsmittelabhängigkeit begangen wurde (*Fabricius* in Körner/Patzak/Volkmer Rn. 52). Neben den Betäubungsmitteldelikten kommen daher vor allem die Taten der direkten (→ Einl. Rn. 103—105) und indirekten (→ Einl. Rn. 106—114) **Beschaffungskriminalität** in Betracht (*Fabricius* in Körner/Patzak/Volkmer Rn. 52; *Bohnen* in BeckOK BtMG Rn. 74).

IV. Auf Grund einer Betäubungsmittelabhängigkeit begangen. Weitere 23
Voraussetzung ist, dass sich aus den Urteilsgründen ergibt oder sonst feststeht, dass der Täter die Tat aufgrund einer Betäubungsmittelabhängigkeit begangen hat.

1. Betäubungsmittelabhängigkeit. Danach muss eine Betäubungsmittel- 24
abhängigkeit (→ § 1 Rn. 33—56) vorliegen. Nicht notwendig ist, dass seelische und körperliche Abhängigkeit gleichzeitig gegeben sind; psychische Abhängigkeit genügt (OLG Frankfurt a. M. NStZ-RR 2009, 214; OLG Stuttgart MDR 1989, 285). Erheblich verminderte Schuldfähigkeit braucht nicht vorzuliegen (OLG Stuttgart MDR 1989, 285; *Eberth/Müller* BtMR Rn. 17). Allein aus einem Missbrauch oder schädlichen Gebrauch (→ § 1 Rn. 63—65) kann noch nicht auf eine

Abhängigkeit geschlossen werden (OLG Hamm BeckRS 2013, 17411; *Kornprobst* in MüKoStGB Rn. 39). Erst recht gilt dies für einen regelmäßigen Betäubungsmittelkonsum (*Körner* NStZ 1998, 227 (228)). Die Übergänge sind allerdings fließend (*Bohnen* in BeckOK BtMG Rn. 90). Zum **Beurteilungsspielraum** bei der Frage der Abhängigkeit → Rn. 142.

25 **a) Abhängigkeitsgrade.** Die Abhängigkeit kann verschieden stark entwickelt sein (*Theune* NStZ 1997, 57). Dementsprechend unterschiedlich ist die Behandlungsbedürftigkeit. Eine Zurückstellung der Strafvollstreckung ist nur bei einer **festgestellten Behandlungsbedürftigkeit** gerechtfertigt (*Fabricius* in Körner/Patzak/Volkmer Rn. 65; *Kornprobst* in MüKoStGB Rn. 39). Auf der anderen Seite darf die Motivationshilfe des § 35 nicht zu spät einsetzen. Es wäre daher verfehlt, die Therapievorschriften erst dann anzuwenden, wenn die Grenzen des § 21 StGB überschritten sind (*Fabricius* in Körner/Patzak/Volkmer Rn. 65).

26 **b) Betäubungsmittel der Anlagen I bis III.** Im Rahmen des § 35 muss sich die Abhängigkeit auf Betäubungsmittel der Anlagen I bis III zum BtMG beziehen (*Körner* NStZ 1998, 227 (228, 229)). Dabei genügt es, wenn der jeweilige **Wirkstoff** als Betäubungsmittel eingestuft ist (*Kornprobst* in MüKoStGB Rn. 41; *Bohnen* in BeckOK BtMG Rn. 95; *Malek* BtMStrafR Kap. 5 Rn. 22; *Winkler* in Hügel/Junge/Lander/Winkler Rn. 4.1.4; aA OLG Koblenz BeckRS 2010, 6697). Nicht ausreichend ist allerdings die Abhängigkeit von **Arzneimitteln** in Form **ausgenommener Zubereitungen** (OLG Koblenz BeckRS 2010, 06697; *Fabricius* in Körner/Patzak/Volkmer Rn. 71; aA *Kornprobst* in MüKoStGB Rn. 41; *Joachimski*/*Haumer* BtMG Rn. 9; *Winkler* in Hügel/Junge/Lander/Winkler Rn. 4.1.4; *Kreuzer* NJW 1989, 1505 (1511)), da für diese das BtMG gerade nicht gilt. Etwas anderes kommt dann in Betracht, wenn die ausgenommene Zubereitung eine **Rückausnahme für Betäubungsmittelabhängige** enthält, etwa bei DHC-Saft (OLG Karlsruhe StV 1998, 672; OLG Koblenz BeckRS 2010, 6697).

27 **Das Gesetz** setzt **keine** Abhängigkeit von **bestimmten Betäubungsmitteln** voraus. Wie auch sonst unterscheidet es auch hier nicht zwischen harten und weichen Drogen. Die Opiatabhängigkeit mag zwar als Modellfall für die Anwendung der Therapievorschriften dienen (*Winkler* in Hügel/Junge/Lander/Winkler Rn. 4.1.3), eine Beschränkung auf harte Drogen ergibt sich daraus aber nicht. § 35 kann daher auch bei einer Abhängigkeit von Cannabis die Zurückstellung rechtfertigen (OLG Stuttgart MDR 1989, 285 (→ Rn. 24); OLG Hamm StV 1990, 605). Zur Entwicklung der Zugänge zur **ambulanten und stationären Therapie** mit der Hauptdiagnose **Cannabis** → § 1 Rn. 313.

28 Regelmäßiger maßvoller **Cannabiskonsum** wird dazu in aller Regel nicht ausreichen (*Kornprobst* in MüKoStGB Rn. 40); etwas anderes kommt bei einem Dauermissbrauch in Betracht (BGHR StGB § 64 Anordnung 2 (1 StR 317/90)), namentlich bei einer ungewöhnlichen Konsummenge (BGH NStZ 1993, 339 = StV 1994, 94 mkritAnm *Gebhardt*) oder ungewöhnlichen Konsumart (*Körner* in Kreuzer BtMStrafR-HdB § 18 Rn. 15; *Malek* BtMStrafR Kap. 5 Rn. 21).

29 **Nicht ausreichend** ist eine bloße **Alkohol- oder Medikamentenabhängigkeit** (*Fabricius* in Körner/Patzak/Volkmer Rn. 68–72; *Kornprobst* in MüKoStGB Rn. 42; *Bohnen* in BeckOK BtMG Rn. 94; *Malek* BtMStrafR Kap. 5 Rn. 23; zu den ausgenommenen Zubereitungen → Rn. 26). **Etwas anderes gilt,** wenn der Konsum von Betäubungsmitteln, Alkohol und Arzneimitteln im Rahmen einer **Polytoxikomanie** einander abwechseln (BGH StV 1992, 569; OLG Stuttgart NStZ 1999, 626 = StV 2000, 39; *Kornprobst* in MüKoStGB Rn. 42), und zwar auch dann, wenn am Tattag der Alkohol im Vordergrund stand (OLG Nürnberg StV 2017, 307). Ob bei Polytoxikomanie Straftaten im Zusammenhang mit **Ersatzdrogen, etwa NpS,** deren Wirkstoff nicht unter die Anlagen I bis III fällt,

noch zur Anwendung des § 35 führen können (*Kornprobst* in MüKoStGB Rn. 42; *Malek* BtMStrafR Kap. 5 Rn. 23; aA *Winkler* in Hügel/Junge/Lander/Winkler Vor § 35 Rn. 2), ist eine Frage der (Mit-)Ursächlichkeit (→ Rn. 34) und damit Tatfrage.

2. Zeitpunkte. Die Betäubungsmittelabhängigkeit muss zunächst **zum Zeit-** 30 **punkt der Tat** gegeben sein. Eine danach erworbene genügt nicht (*Fabricius* in Körner/Patzak/Volkmer Rn. 76; *Kornprobst* in MüKoStGB 43; *Malek* BtMStrafR Kap. 5 Rn. 24). Ergibt sich die Betäubungsmittelabhängigkeit erst aus einem zeitlich späteren Strafurteil, so kann daher daraus nicht geschlossen werden, dass sie bereits zur Zeit der Tat vorlag (*Körner* NStZ 1998, 227 (229)).

Es liegt in der Natur der Sache, dass die Betäubungsmittelabhängigkeit **zum** 31 **Zeitpunkt der Entscheidung über die Zurückstellung** noch andauern muss (*Kornprobst* in MüKoStGB Rn. 43; *Bohnen* in BeckOK BtMG Rn. 100). Für die Zurückstellung zum Zwecke einer Therapie ist kein Raum, wenn der Täter zu diesem Zeitpunkt seine Abhängigkeit überwunden hat und deswegen keiner Therapie mehr bedarf (OLG Frankfurt a. M. NStZ-RR 2009, 214; OLG Hamm StV 2010, 147; BeckRS 2015, 22898). In solchen Fällen kommt, sofern eine **Strafaussetzung** nach dem StGB nicht mehr möglich ist, weil bereits rechtskräftig entschieden ist, eine Strafaussetzung im **Wege der Gnade** in Betracht (s. *Körner* NStZ 1995, 63 (65); 1998, 227 (229)).

Daraus, dass die Zurückstellung der Behandlung einer Betäubungsmittelabhän- 32 gigkeit dient, folgt, dass die Abhängigkeit **auch zum Zeitpunkt der Verurteilung** bestehen muss (*Körner* NStZ 1998, 227 (229); *Malek* BtMStrafR Kap. 5 Rn. 24). Ist die Therapie bereits vor der Hauptverhandlung erfolgreich abgeschlossen, so kann sie die Zurückstellung der Strafvollstreckung nicht mehr rechtfertigen. In Betracht kommt dann eine Strafaussetzung zur Bewährung.

3. Kausalzusammenhang. Der Täter muss die Tat **aufgrund** seiner Betäu- 33 bungsmittelabhängigkeit begangen haben. Dies setzt einen **unmittelbaren Kausalzusammenhang** zwischen Abhängigkeit und Straftat voraus (OLG Frankfurt a. M. NStZ-RR 1998, 314). Ein solcher besteht nur bei Taten, der der Beschaffung von Drogen zur Befriedigung der Sucht dienen sollten oder die der Täter ohne die Betäubungsmittelabhängigkeit nicht begangen hätte (KG NStZ-RR 2008, 185). Die Sucht darf nicht hinweggedacht werden kann, ohne dass die Straftat entfiele (OLG Hamm NStZ-RR 2008, 185; 2011, 91; OLG Rostock NStZ 2010, 524 = StraFo 2009, 470; NStZ-RR 2013, 250). Bei **Gesamtstrafen** kommt es darauf an, ob nach ihrer Bedeutung überwiegende Teil der einbezogenen Strafen auf Grund einer Betäubungsmittelabhängigkeit begangen wurde (OLG Stuttgart NStZ-RR 2001, 343; OLG Hamm BeckRS 2014, 16348). Bei der Beurteilung der Kausalität kommt der Vollstreckungsbehörde ein **Beurteilungsspielraum** zu (→ Rn. 142).

Mitursächlichkeit genügt (OLG Saarbrücken NStZ-RR 1996, 246; OLG 34 Karlsruhe BeckRS 2014, 21836; *Fabricius* in Körner/Patzak/Volkmer Rn. 96). An ihr fehlt es, wenn der Täter die Tat auch ohne die Abhängigkeit begangen hätte, weil sie seinem Hang, seiner Neigung oder den (nicht abhängigkeitsbedingten) Umständen entsprach (*Körner* in Kreuzer BtMStrafR-HdB § 18 Rn. 21; *Kornprobst* in MüKoStGB Rn. 45). **Polytoxikomanie** reicht aus (→ Rn. 29).

(Mit-)Ursächlichkeit ist auch **nicht schon deswegen** gegeben, weil zur Zeit 35 der Tat eine Betäubungsmittelabhängigkeit bestanden hat und in ihr – unabhängig vom konkreten Einzelfall – allgemein eine Erklärung für das begangene Delikt gefunden werden kann (KG NStZ-RR 2008, 185; OLG Rostock NStZ-RR 2013, 250; OLG Koblenz BeckRS 2017, 146281; *Kornprobst* in MüKoStGB Rn. 44; *Fabricius* in Körner/Patzak/Volkmer Rn. 96; *Bohnen* in BeckOK BtMG Rn. 103; aA *Eberth/Müller* BtMR Rn. 32; *Malek* BtMStrafR Kap. 5 Rn. 25). Es reicht auch

BtMG § 35 Siebenter Abschnitt. Betäubungsmittelabhängige Straftäter

nicht aus, wenn der Verurteilte die Tat lediglich **bei Gelegenheit** eines Drogenkonsums begangen hat, dieser aber nicht der eigentliche Grund oder Auslöser hierfür gewesen ist; vielmehr muss die Drogensucht die **Bedingung für die Straftat** (drogenindizierte Straftat (OLG Rostock NStZ-RR 2013, 250)) und nicht nur ihre **Begleiterscheinung** sein (OLG Stuttgart NStZ-RR 2001, 343; KG NStZ-RR 2008, 185; OLG Hamm NStZ-RR 2011, 91).

36 **Ursächlichkeit** oder Mitursächlichkeit **müssen feststehen**. Die bloße, wenn auch mit gewichtigen Anhaltspunkten begründete Vermutung reicht für eine Zurückstellung der Strafvollstreckung nicht aus (KG NStZ-RR 2008, 185; OLG München BeckRS 2008, 11365; OLG Rostock NStZ-RR 2013, 250); der **Zweifelsgrundsatz** gilt hier **nicht** (KG BeckRS 2013, 13937; *Bohnen* in BeckOK BtMG Rn. 103). Die Vollstreckungsbehörde ist auch nicht gehalten, dazu eine langwierige und schwierige Beweisaufnahme durchzuführen (→ Rn. 51).

37 **Daher fehlt es** an dem notwendigen Kausalzusammenhang, wenn der drogenabhängige Täter die Tat begangen hat, weil er neben seiner rauschgiftabhängigen Freundin **nicht zurückstehen** wollte (OLG Hamm NStZ 1983, 287). Dasselbe gilt, wenn er die Tat aus einem starken **sexuellen Verlangen** (*Körner* NStZ 1998, 227 (230)), zur Abzahlung für seinen **aufwendigen Kraftwagen** oder sonst für seinen aufwändigen **Lebensstil**, zur Verbesserung seines **Lebensunterhalts,** aus einer ausgeprägten Neigung, **Beute zu machen** oder sonst **aus Profitstreben** begangen hat (*Fabricius* in Körner/Patzak/Volkmer Rn. 98−103; *Kornprobst* in MüKoStGB Rn. 47).

38 **Ein Hinweis** auf das Fehlen der Kausalität kann auch darin zu sehen sein, dass dem Täter zur Tatzeit **ausreichend Betäubungsmittel** zur Verfügung standen (*Kornprobst* in MüKoStGB Rn. 47; *Körner* NStZ 1998, 227 (229);) oder dass er die gesamte erworbene Menge weiter veräußert hat (*Katholnigg* NJW 1990, 2296 (2297); fragwürdig OLG Stuttgart MDR 1989, 285).

39 **Etwas anderes** kann bei **Milieutaten** in Betracht kommen, zu denen es ohne die Abhängigkeit des Verurteilten nicht gekommen wäre, etwa wenn sich der Verurteilte mit der Eintreibung von Forderungen eines Drogenlieferanten betätigt, um seinen eigenen Drogenerwerb sicherzustellen oder zu finanzieren (OLG Saarbrücken NStZ 1996, 246) oder weil er auf Grund seiner Drogenabhängigkeit keiner geregelten Arbeit mehr nachgeht und von Straftaten lebt (*Fabricius* in Körner/Patzak/Volkmer Rn. 100).

40 **Die Mitursächlichkeit wird** nicht dadurch ausgeschlossen, dass der Verurteilte erst nach einer **längeren kriminellen Karriere** drogenabhängig geworden ist, so dass die Betäubungsmittelabhängigkeit einer längeren Delinquenzkarriere nachfolgt (einschränkend *Kornprobst* in MüKoStGB Rn. 47). Eine andere Frage ist, ob die Therapie in diesen Fällen der Rehabilitation, als solche Täter meist anderer Hilfen bedürfen (*Winkler* in Hügel/Junge/Lander/Winkler Rn. 5.4.2).

41 **Der abhängige Täter** muss die Tat auch nicht im **Drogenrausch** oder unter dem Zwang bestehender oder drohender **Entzugserscheinungen** begangen haben. Die notwendige Kausalität besteht regelmäßig auch bei den Delikten der unmittelbaren oder mittelbaren **Beschaffungskriminalität** (→ Rn. 22; OLG Brandenburg NStZ-RR 2003, 376; *Fabricius* in Körner/Patzak/Volkmer Rn. 100; *Bohnen* in BeckOK BtMG Rn. 106).

42 **4. Urteilsgründe oder sonstige Feststellungen.** Betäubungsmittelabhängigkeit und Kausalzusammenhang müssen sich aus den Urteilsgründen ergeben oder wenigstens sonst feststehen.

43 **a) Urteilsgründe** sind die schriftlichen Gründe nach § 275 Abs. 1 StPO. Die Feststellungen zur Betäubungsmittelabhängigkeit (und/oder Kausalität) entfalten eine **eingeschränkte Bindungswirkung** für die StA. Sie haben die Bedeutung

einer **widerlegbaren Vermutung,** wenn das Gericht sich mit dieser Frage eingehend befasst hat (KG BeckRS 2016, 9293; OLG Oldenburg StV 2001, 467; OLG Karlsruhe StraFo 2009, 470 mAnm *Malek;* BeckRS 2014, 21836; *Fabricius* in Körner/Patzak/Volkmer Rn. 92). Feststellungen zur Abhängigkeit (und/oder Kausalität) können sich aus dem gesamten Inhalt der Urteilsgründe ergeben, etwa aus der Darstellung einer Drogenkarriere und von Therapiebemühungen oder wenn eine erhebliche Verminderung der Schuldfähigkeit aufgrund längeren Betäubungsmittelkonsums festgestellt wird (KG StV 1988, 213; *Kornprobst* in MüKoStGB Rn. 49).

Nicht zu den Urteilsgründen gehört die Liste der angewandten Vorschriften 44 (BGH BeckRS 2007, 12532). Dass der in ihr der nach § 260 Abs. 5 S. 2 StPO vorgeschriebene Hinweis auf die Registervergünstigung des § 17 Abs. 2 BZRG enthalten ist, belegt den notwendigen Kausalzusammenhang **für sich allein** noch nicht (KG BeckRS 2016, 9293; aA OLG Stuttgart NStZ-RR 2001, 343 = StV 2002, 265; *Kornprobst* in MüKoStGB Rn. 49). Allerdings kann aus dem Fehlen des Hinweises auch nicht der umgekehrte Schluss gezogen werden, da die Vorschrift oft übersehen wird (*Kornprobst* in MüKoStGB Rn. 49).

b) Sonstige Feststellungen. Als Grundlage für die Feststellung der Betäu- 45 bungsmittelabhängigkeit und der Kausalität (OLG Saarbrücken NStZ-RR 1996, 246) lässt das Gesetz auch **andere Erkenntnisquellen** zu. Im Gesetzgebungsverfahren war dies heftig umstritten, weil damit nachträgliche Eingriffe in die Sachverhalts- und Schuldfeststellung des Gerichts ermöglicht werden und zugleich ein Anreiz für den Täter geschaffen wird, seine Abhängigkeit möglichst lange zu verbergen. Der Gesetzgeber hat diese Bedenken gegenüber der Therapiebedürftigkeit auch solcher Täter, deren Abhängigkeit im Verfahren nicht erkannt wurde, zurückgestellt. Die Offenbarung der Drogenabhängigkeit soll den Angeklagten nicht um seine Verteidigungsstrategie bringen (OLG Karlsruhe NStZ-RR 2012, 250). Die Praxis kommt mit der Vorschrift im Wesentlichen zurecht (s. etwa OLG Hamburg StV 2003, 290).

aa) Keine Feststellungen im Urteil. Eine Feststellung der Betäubungsmittel- 46 abhängigkeit (und/oder Kausalität) im Urteil fehlt (→ Rn. 47,48), wenn es dazu überhaupt nicht Stellung nimmt oder wenn es sie ablehnt (→ Rn. 49−53).

(a) Keine Stellungnahme im Urteil. Enthält das Urteil überhaupt keine Fest- 47 stellungen zur Frage einer Betäubungsmittelabhängigkeit (und Kausalität), liegen aber beachtliche Anhaltspunkte (OLG Hamm NStZ 1983, 525; KG StV 1988, 213 (→ Rn. 43)) oder ein ausreichender Anlass (OLG Frankfurt a. M. NStZ-RR 1998, 314) für deren Annahme vor, so muss die Vollstreckungsbehörde eigene Feststellungen hierzu treffen (OLG Hamm NStZ 1983, 525; OLG Frankfurt a. M. NStZ-RR 1998, 314; OLG Stuttgart NStZ 1999, 626 (→ Rn. 29); OLG Karlsruhe NStZ-RR 2012, 250; *Fabricius* in Körner/Patzak/Volkmer Rn. 87; *Malek* BtMStrafR Kap. 5 Rn. 27).

Anhaltspunkte für eine Betäubungsmittelabhängigkeit können sich aus der Art 48 der Tat, den Bekundungen der festnehmenden Beamten, einem Entzugssyndrom, Einstichstellen, gefundenen Injektionswerkzeugen, Ausweisen von Therapieeinrichtungen, dem Strafregisterauszug oder Beiakten über frühere Verfahren (s. OLG Oldenburg StV 2001, 467) ergeben. Besonderes Gewicht kommt der Äußerung des erkennenden Richters zu (OLG Saarbrücken NStZ-RR 1996, 246).

(b) Ausdrückliche Ablehnung. Die ausdrückliche Ablehnung einer Betäu- 49 bungsmittelabhängigkeit (und/oder Kausalität) im Urteil hat die die Bedeutung **einer widerglichen Vermutung** (→ Rn. 43). Dabei kommt einer solchen Feststellung keine entscheidende Bedeutung zu, wenn sie nur darauf gegründet ist, dass sich der Angeklagte auf eine Betäubungsmittelabhängigkeit nicht berufen habe

(OLG Hamm NStZ 1983, 525; OLG Karlsruhe BeckRS 2015, 13250) oder wenn sie allein auf der Einlassung des Angeklagten beruht (OLG Oldenburg StV 2001, 467).

50 **Stützen sich** die gerichtlichen Feststellungen auf das **Gutachten** eines Sachverständigen und auf eine eingehende Erörterung des Vorlebens des Verurteilten, wird ein Abweichen von dem Urteil kaum je in Betracht kommen (OLG Hamm NStZ 1983, 525; s. auch OLG Stuttgart NStZ 1999, 626).

51 Um einen Missbrauch zu verhindern, dürfen die **Anforderungen,** die an die Sicherheit **späterer Feststellungen** gestellt werden müssen, zwar nicht überspannt werden, aber auch nicht gering sein (*Joachimski/Haumer* BtMG Rn. 8). Auf eine **schwierige** und **langwierige Beweiserhebung** muss sich die Vollstreckungsbehörde nicht einlassen (KG NStZ-RR 2008, 185; BeckRS 2008, 08310; OLG München BeckRS 2008, 113658; *Fabricius* in Körner/Patzak/Volkmer Rn. 91; *Kornprobst* in MüKoStGB Rn. 55; *Bohnen* in BeckOK BtMG Rn. 133).

52 **Die Angaben** des Verurteilten (*Körner* NStZ 1998, 227 (230)) oder bloße **Gefälligkeitsatteste** reichen zum Nachweis nicht aus (*Fabricius* in Körner/Patzak/Volkmer Rn. 90; *Bohnen* in BeckOK BtMG Rn. 131; *Körner* NStZ 1998, 227 (230); *Winkler* in Hügel/Junge/Lander/Winkler Rn. 4.2.4). Dies gilt etwa für den Bericht eines Sozialarbeiters, der keine Zeitangaben enthält und nur pauschal behauptet, bei dem Antragsteller liege seit Jahren eine Drogenabhängigkeit vor, obwohl sich aus den Akten nur ein unregelmäßiger Haschischkonsum oder ein geringfügiger Heroinverbrauch ergibt (*Fabricius* in Körner/Patzak/Volkmer Rn. 90). Auch **ärztliche Bescheinigungen** oder Berichte von Bewährungshelfern oder Drogenberatern, die nur auf Angaben des Verurteilten basieren, können fehlende Urteilsfeststellungen zu einer Drogenabhängigkeit nicht ersetzen und sind nicht in der Lage, den Nachweis der Abhängigkeit zur Tatzeit sowie der Kausalität zu erbringen (*Fabricius* in Körner/Patzak/Volkmer Rn. 90; *Körner* NStZ 1998, 227 (230)).

53 Die Gefahr der **Vortäuschung** einer Drogenabhängigkeit, um eine vorzeitige Haftentlassung zu erreichen, muss stets im Auge behalten werden. Sie lässt sich nur durch eine gründliche Prüfung des Antrags durch die Vollstreckungsbehörde entschärfen (*Fabricius* in Körner/Patzak/Volkmer Rn. 89; *Adams/Eberth* NStZ 1983, 196, *Eberth/Müller* BtMR Rn. 36, *Körner* NJW 1982, 673 (677); *Tröndle* MDR 1982, 1). Auch Sachverständigengutachten können erholt werden.

54 **bb) Feststellungen im Urteil.** Auch wenn die Betäubungsmittelabhängigkeit (und/oder Kausalität) ausdrücklich im Urteil festgestellt sind, hat dies nur die Bedeutung **einer widerleglichen Vermutung** (→ Rn. 43). Es ist daher **nicht** schlechthin ausgeschlossen, dass die Vollstreckungsbehörde mit nachträglich durchgeführten Ermittlungen die **Urteilsfeststellungen** zu **widerlegen** sucht und eine Zurückstellung ablehnt (OLG Hamm NStZ 1983, 525; OLG Oldenburg StV 2004, 385; *Kornprobst* in MüKoStGB Rn. 51; *Winkler* in Hügel/Junge/Lander/Winkler Rn. 4.2.5; aA *Joachimski/Haumer* BtMG Rn. 8; *Malek* BtMStrafR Kap. 5 Rn. 27). Namentlich wenn die Feststellungen im Urteil zur Betäubungsmittelabhängigkeit oder zum symptomatischen Zusammenhang **widersprüchlich** sind, muss die Vollstreckungsbehörde eine eigene Bewertung vornehmen (OLG Karlsruhe NStZ-RR 2015, 47; OLG München StV 2017, 306).

55 Im Übrigen kommt dies vor allem in Betracht, wenn die Betäubungsmittelabhängigkeit (und/oder Kausalität) in der Hauptverhandlung **keine entscheidende Rolle** gespielt haben und entsprechende Behauptungen nicht überprüft wurden (OLG Oldenburg StV 2004, 385), wenn die Feststellung der Betäubungsmittelabhängigkeit **im Widerspruch** zu den übrigen Urteilsfeststellungen steht (OLG München BeckRS 2008, 11365), wenn eindeutige und beweiskräftige gegenteilige Tatsachen zur **Erschütterung der Urteilsfeststellungen** vorliegen (*Kornprobst* in MüKoStGB Rn. 52), zB das Geständnis des Verurteilten oder von Zeugen, falsche Angaben gemacht zu haben, oder wenn das erkennende Gericht **aufgrund neuer Tatsachen** die Zustimmung verweigert (KG StV 1988, 213 (→ Rn. 43); s. dazu *Katholnigg* NJW 1990, 2296 (2297)).

V. Der Rehabilitation dienende Behandlung. Weitere Voraussetzung der 56 Zurückstellung der Strafvollstreckung ist, dass eine der Rehabilitation dienende Behandlung vorliegt oder alsbald angetreten werden kann (Satz 1). Zum Aufenthalt in einer staatlich anerkannten Einrichtung nach Satz 2 → Rn. 179–186.

1. Anforderungen. Im Hinblick darauf, dass die Entwicklung von Methoden 57 zur Behandlung Drogenabhängiger noch keineswegs abgeschlossen ist (s. *Bühringer* in Kreuzer BtMStrafR-HdB § 5 Rn. 62–97), dürfen an die Therapie keine überzogenen Anforderungen gestellt werden. Ausreichend ist ein Tätigwerden mit dem Ziel, die in der Abhängigkeit liegende Störung zu heilen oder zu lindern, das von qualifiziertem Fachpersonal nach einem anerkannten Therapiekonzept in einer Einrichtung durchgeführt wird, die auch nach ihren räumlichen Voraussetzungen einen Therapieerfolg erwarten lässt (*Joachimski/Haumer* BtMG Rn. 23; *Winkler* in Hügel/Junge/Lander/Winkler Rn. 5.1.2).

a) Fachpersonal. Eine Behandlung setzt voraus, dass sie von qualifiziertem 58 Fachpersonal geleitet wird (*Eberth/Müller* BtMR Rn. 71; *Winkler* in Hügel/Junge/Lander/Winkler Rn. 5.1.2). Dass die Leitung ärztlichem Personal obliegt, ist nicht erforderlich. Je nach Ausrichtung kommen Psychologen, Pädagogen, Sozialarbeiter oder Therapeuten verschiedener Fachrichtungen in Betracht (*Fabricius* in Körner/Patzak/Volkmer Rn. 136; *Eberth/Müller* BtMR Rn. 52).

b) Therapiekonzept. Die Behandlung muss auf einem **konkreten Therapie-** 59 **konzept** beruhen:

aa) Therapieziel. Dabei ist das Ziel der Therapie durch den Begriff der Rehabi- 60 litation vorgegeben. Nach dem allgemeinen Sprachgebrauch ist unter Rehabilitation die möglichst umfassende Wiederherstellung der Lebenstüchtigkeit des Menschen zu verstehen (*Fabricius* in Körner/Patzak/Volkmer Rn. 134; *Kornprobst* in MüKoStGB Rn. 64). Dass sich die Drogenpolitik von dem Gedanken der (Total) Abstinenz verabschiedet haben soll (*Bohnen* in BeckOK BtMG § 35 Rn. 4.1), ändert nichts an der **Geltung des Gesetzes.** Wenn man sich noch an das Gesetz halten will, so kann die von diesem geforderte Rehabilitation auch nicht „vor dem Hintergrund eines modernen Gesundheitsbegriffs" durch bloße Teilhabe ersetzt werden. Immerhin geht es im Rahmen des § 35 um **strafrechtlich Verurteilte** und um die **Zurückstellung von verwirkten Strafen,** die an sich verbüßt werden müssten. Dabei kann von dem Verurteilten schon etwas mehr verlangt werden kann, als eine bloße „Teilhabekompetenz". Zu einer Änderung des Rehabilitationsbegriffs abweichend von dem gesetzgeberischen Willen (→ Rn. 61) besteht daher jedenfalls im Rahmen des § 35 kein Anlass.

Bezogen auf einen Drogenabhängigen dient die Behandlung dessen **Rehabilita-** 61 **tion,** wenn sie darauf gerichtet ist, die Abhängigkeit zu beheben oder einer erneuten Abhängigkeit entgegen zu wirken, den Verurteilten zu befähigen, ein drogenfreies Leben zu führen und die dauerhaft in die Gesellschaft und das Berufs- und Arbeitsleben wieder einzugliedern (BT-Drs. 8/4283, 8; 9/500, 3; BSG NJW 1981, 2535; *Kornprobst* in MüKoStGB Rn. 64; *Malek* BtMStrafR Kap. 5 Rn. 31). Zur bloßen Teilhabekompetenz → Rn. 60.

Ein entscheidendes Kriterium für die Rehabilitation ist danach die **Betäu-** 62 **bungsmittelabstinenz.** Methoden, die nicht primär darauf ausgerichtet sind, sondern die soziale Eingliederung durch andere Maßnahmen, etwa lebenspraktische Alltagshilfen oder allgemeine psychosoziale Betreuung, zu erreichen suchen, können die Zurückstellung nicht begründen (*Kornprobst* in MüKoStGB Rn. 64; *Bohnen* in BeckOK BtMG Rn. 4). Auch Hilfsangebote, die von einer Abstinenzorientierung abrücken, etwa im Rahmen der sogenannten akzeptierenden Drogenarbeit (*Bohnen* in BeckOK BtMG Rn. 4.1; s. dazu *Bühringer* in Kreuzer BtMStrafR-HdB § 5 Rn. 78–82), dienen nicht der Rehabilitation und können daher eine Zurückstellung der Strafvollstreckung nicht rechtfertigen (*Kornprobst* in MüKoStGB Rn. 64). Auch das Therapieziel einer bloßen **Teilhabekompetenz** vermag eine Zurückstellung nicht zu begründen (→ Rn. 60).

63 Dasselbe gilt für eine medizinische Behandlung allein zur Stabilisierung oder Verbesserung des **Gesundheitszustandes** des Verurteilten (*Kornprobst* in MüKoStGB Rn. 64) oder wenn die Therapie der Aufarbeitung von **Persönlichkeitsstörungen** oder der Überwindung des Post-Traumatischen-Stress-Syndroms **(PTSD)**, zur Behandlung des Aufmerksamkeits-Defizits und Hyperaktivitätssyndroms **(ADHS)** oder einer Borderline-Persönlichkeits-Störung **(BPS)** dienen soll (*Fabricius* in Körner/Patzak/Volkmer Rn. 181–188). Erst recht gilt dies für **Abenteuer-** und **Erlebnisreisen** oder ein **Überlebenstraining** (*Fabricius* in Körner/Patzak/Volkmer Rn. 192).

64 Ob die Teilnahme an einem ambulanten **Anti-Craving-Programm (ACP)** eine Zurückstellung rechtfertigen kann, dürfte von den Umständen des Einzelfalles abhängen (unklar *Fabricius* in Körner/Patzak/Volkmer Rn. 189–191). Bei diesen Modellen wird versucht, bei Opiatabhängigen die therapeutisch erreichte Abstinenz durch Psychopharmaka aufrechtzuerhalten. Je mehr sich ein solches Programm einer ordnungsgemäß durchgeführten Substitution nähert, desto eher könnte eine Zurückstellung in Betracht kommen, wenn auch die sonstigen Voraussetzungen erfüllt sind.

65 **Eine andere Frage ist,** ob die Drogenfreiheit **unmittelbar oder nur als Endziel** angestrebt werden muss. Die Entwicklung ist in die letztere Richtung gegangen (krit. dazu *Kühne* in Kreuzer BtMStrafR-HdB § 22 Rn. 3). Durch G v. 9.9.1992 (→ Rn. 1) wurde klargestellt, dass Betäubungsmittel auch zur (ärztlichen) Behandlung einer Betäubungsmittelabhängigkeit verwendet werden dürfen (§ 13 Abs. 1 S. 1). Die **Substitution** mit der Abstinenz als Endziel hat damit eine gesetzliche Grundlage erhalten. Zu der (für die Zurückstellung nicht maßgeblichen) **weiteren Abschwächung** dieses Ziels durch die 3. BtMVVÄndV v. 22.5.2017 (BGBl. I S. 1275) dazu → Rn. 89.

66 **Unabhängig** von den Vorgaben der geänderten BtMVV (→ Rn. 89) darf eine Zurückstellung der Strafvollstreckung nur erfolgen, wenn mit der Substitution im konkreten Fall dem vom Gesetz vorgegebenen Ziel der **Rehabilitation** entsprochen wird (→ Rn. 60–62). **Die Substitution** darf **nicht** darauf hinauslaufen, ein illegales Betäubungsmittel lediglich durch ein ärztlich verordnetes zu ersetzen (*Bohnen* in BeckOK BtMG Rn. 54); vielmehr muss sie darauf angelegt sein, den Drogenabhängigen durch die mit dem Ersatzstoff zu erreichende Stabilisierung im Rahmen eines Therapiekonzepts in die Lage zu versetzen, ein drogenfreies Leben zu führen (*Fabricius* in Körner/Patzak/Volkmer Rn. 167; *Kornprobst* in MüKoStGB Rn. 64; *Bohnen* in BeckOK BtMG Rn. 3–6; s. auch *Fabricius* in Körner/Patzak/Volkmer Rn. 167). Zur ambulanten Substitutionsbehandlung → Rn. 87–95. Zu beachten ist, dass Substitutionsbehandlungen nur unter der Verantwortung eines **Arztes** durchgeführt werden dürfen (§ 13 Abs. 1 S. 1).

67 **bb) Therapiemaßnahmen.** Während das Therapieziel durch das Gesetz vorgeben ist, hat es den Weg dorthin nicht vorgeschrieben. Damit trägt es der Erkenntnis Rechnung, dass sich eine wissenschaftlich allseits gesicherte Behandlungsmethode bis dahin nicht durchsetzen konnte. Daran hat sich seit dem Inkrafttreten des Gesetzes nichts geändert (*Kornprobst* in MüKoStGB Rn. 62). Die **Methodenviel-**

falt ist eher noch größer geworden (*Bühringer* in Kreuzer BtMStrafR-HdB § 5 Rn. 135–208). Mittlerweile besteht in Deutschland ein differenziertes therapeutisches Versorgungssystem, das allerdings noch Lücken und Mängel aufweist (*Bühringer* in Kreuzer BtMStrafR-HdB § 5 Rn. 204–208).

Hauptanwendungsfall der Zurückstellung der Strafvollstreckung war in der Vergangenheit die stationäre Langzeittherapie, die in unterschiedlich organisierten und strukturierten Therapieeinrichtungen durchgeführt wurde; seit einigen Jahren sind ambulante Therapieformen im Vordringen begriffen (→ Vor § 35 Rn. 21). **68**

cc) Phasen der Therapie. Die Therapie wird üblicherweise in drei Phasen gegliedert, den **Entzug** (Entgiftung) zur Beendigung der körperlichen Abhängigkeit, die **Entwöhnung** zum Abbau der psychischen Abhängigkeit und zur Behandlung begleitender Störungen und die anschließende **Nachsorge** zur besseren Anpassung an das Alltagsleben und zur Vermeidung von Rückfällen (*Fabricius* in Körner/Patzak/Volkmer Rn. 160, 163, 173; *Kornprobst* in MüKoStGB Rn. 65; *Bühringer* in Kreuzer BtMStrafR-HdB § 5 Rn. 17; die Vereinbarung der Krankenkassen und Rentenversicherungsträger über die Behandlung Abhängigkeitskranker v. 4.5.2001 (*Bohnen* in BeckOK BtMG Rn. 13) unterscheidet fünf Phasen: Beratungs- und Orientierungsphase, körperlicher Entzug, psychische Entwöhnung, Adaptionsphase, Nachbetreuung). Hinzu kommt gegebenenfalls der Aufenthalt in einer **Übergangseinrichtung** zwischen Entzug und Entwöhnungsbehandlung (→ Rn. 76). **69**

(a) Entzug. Ziel der Entgiftung ist es, die physische Abhängigkeit durch Beendigung des Betäubungsmittelkonsums soweit abzubauen, dass eine weiterführende Behandlung mit dem Schwerpunkt der Beseitigung der psychischen Abhängigkeit und mit der erforderlichen sozialen Konsolidierung durchgeführt werden kann (*Bühringer* in Kreuzer BtMStrafR-HdB § 5 Rn. 175). Die Entgiftung wird in Deutschland in aller Regel stationär durchgeführt (*Bohnen* in BeckOK BtMG Rn. 15). Dazu dienen internistische Stationen von Allgemeinkrankenhäusern, psychiatrische oder toxikologische Abteilungen in Universitätskliniken oder psychiatrische Landes- oder Bezirkskrankenhäuser (*Bühringer* in Kreuzer BtMStrafR-HdB § 5 Rn. 175, 176, 178). **70**

Bei Opioidabhängigen sind die wichtigsten **Entzugssymptome** nach vier bis sechs Tagen abgeklungen. Während und nach dieser Zeit ist das Rückfallrisiko besonders hoch. Im Hinblick auf die medizinische Ausrichtung der meisten Entzugseinrichtungen fehlt es dort in aller Regel an der notwendigen psychotherapeutischen Begleitung, so dass die Abbruchquote hoch ist (*Bühringer* in Kreuzer BtMStrafR-HdB § 5 Rn. 179). **71**

Um dies zu vermeiden, wird der Entzug zunehmend in **qualifizierter Form** durchgeführt, wobei er als Ansatz für Maßnahmen zur Vermeidung von Rückfällen, zur HIV-Prävention, zu Hilfen bei Alltagsproblemen wie auch zur Motivation für längerfristige ambulante oder stationäre Therapien genutzt wird (s. *Bohnen* in BeckOK BtMG § 35 Rn. 16). Ein solcher qualifizierter Entzug dauert in der Regel drei Wochen (*Bühringer* in Kreuzer BtMStrafR-HdB § 5 Rn. 184). Im Gegensatz dazu steht der narkosegestützte sogenannte **Turboentzug** (dazu BGH NStZ 2008, 150 = StV 2008, 464 mAnm *Rönnau*). **72**

Sowohl der einfache wie der qualifizierte Entzug gehören zu der **Behandlung**, derentwegen die Strafvollstreckung zurückgestellt werden **kann** (*Eberth/Müller* BtMR Rn. 55). Ob dies jeweils angebracht ist, ist allerdings eine Frage des Einzelfalls (*Kornprobst* in MüKoStGB Rn. 65; *Fabricius* in Körner/Patzak/Volkmer Rn. 160; *Bohnen* in BeckOK BtMG Rn. 17). Keiner Zurückstellung bedarf es, wenn der Entzug in einem Anstaltskrankenhaus oder einer Krankenabteilung einer Justizvollzugsanstalt vorgenommen wird. **73**

BtMG § 35 Siebenter Abschnitt. Betäubungsmittelabhängige Straftäter

74 Dagegen rechtfertigt die Wahrnehmung **niedrigschwelliger Angebote** (*Leune/Kreuzer* in Kreuzer BtMStrafR-HdB § 20 Rn. 21, 22) durch die Verurteilten, insbesondere von Kontaktläden oder Notschlafstellen, die dem Entzug manchmal vorausgehen, die Zurückstellung noch nicht (*Kornprobst* in MüKoStGB Rn. 65; s. auch *Körner* NStZ 1998, 227 (231)). Etwa anderes kann bei betreuten Wohngemeinschaften in Betracht kommen, die stärker auf die Erreichung langfristiger Ziele, insbesondere auf Drogenabstinenz, ausgerichtet sind (*Bühringer* in Kreuzer BtMStrafR-HdB § 5 Rn. 148).

75 **Kostenträger** für die Akutbehandlung und damit auch für den Entzug sind die **Krankenkassen**.

76 **(b) Übergangseinrichtungen** sollen die Zeit zwischen der Entgiftung und der Entwöhnung[1] überbrücken und die Voraussetzungen für eine Langzeittherapie schaffen oder die Zeit therapeutisch nutzen, bis zu der ein Therapieplatz frei wird (*Fabricius* in Körner/Patzak/Volkmer Rn. 161; *Kornprobst* in MüKoStGB Rn. 65). Sie dienen ebenfalls der Rehabilitation, so dass auch der Aufenthalt in einer solchen Einrichtung die Zurückstellung der Strafvollstreckung begründen kann (KG StV 1988, 24 = JR 1988, 83; zust. *Katholnigg* NJW 1990, 2296 (2297)). Dass das sich anschließende Therapieprogramm bekannt, terminiert und geeignet ist (so noch *Patzak* in Körner/Patzak/Volkmer, 8. Aufl. 2016, Rn. 161, 162 und die Vorauflage), ist bei einer **anerkannten** Übergangseinrichtung (§ 35 Abs. 1 S. 2) nicht notwendig (*Fabricius* in Körner/Patzak/Volkmer Rn. 161). Kostenträger ist in der Regel die Sozialhilfe (*Bohnen* in BeckOK BtMG § 35 Rn. 21).

77 **(c) Entwöhnung.** An die Entgiftung schließt sich die Entwöhnung an. Sie hat den Abbau der psychischen Abhängigkeit und die Behandlung der sie begleitenden Störungen zum Ziel (*Bühringer* in Kreuzer BtMStrafR-HdB § 5 Rn. 17). Die klassische Form der Entwöhnung ist die stationäre Langzeittherapie (*Fabricius* in Körner/Patzak/Volkmer Rn. 164). Für sie gibt es in Deutschland zahlreiche Einrichtungen, bei denen es sich überwiegend um Therapeutische Gemeinschaften und Fachkliniken handelt, während nur wenige Fachabteilungen von psychiatrischen Kliniken hierzu zur Verfügung stehen (*Bühringer* in Kreuzer BtMStrafR-HdB § 5 Rn. 187, 188). Zu den Selbsthilfegruppen → Rn. 179–186.

78 **(aa) Methoden, Dauer.** Methoden der Entwöhnungsbehandlung sind die Strukturierung des Tagesablaufs, Gruppentherapie, manchmal auch Einzeltherapie, Arbeitstherapie, Beschäftigungstherapie, Familientherapie, Sport sowie Schule und Berufsausbildung. Die Therapiedauer lag zwischen fünf und achtzehn Monaten. Inzwischen gilt eine Regelzeit von sechs Monaten und gegebenenfalls eine Adaptionsphase von vier Monaten; nach dem Anforderungsprofil der Deutschen Rentenversicherung beträgt die **Regeltherapiedauer** bei Auffangbehandlungen 10 Wochen, bei Wiederholungsbehandlungen 16 Wochen, bei Kurzzeittherapien 12 bis 16 Wochen und bei Langzeittherapien bis zu 26 Wochen (ZIS-Studie[2] S. 8). Die Behandlung ist in der Regel in Stufen gegliedert mit unterschiedlichen Rechten und Pflichten für die Abhängigen. Von manchen Einrichtungen wird auch eine Kurzzeittherapie mit einer Dauer von etwa drei Monaten angeboten (*Bühringer* in Kreuzer BtMStrafR-HdB § 5 Rn. 190–192). Zu den Rückfallzahlen → Vor § 35 Rn. 25.

79 **(bb) Teilstationäre Einrichtungen.** Obwohl bei der Anwendung des § 35 Abs. 1 S. 1 die stationäre Langzeittherapie im Vordergrund steht, ist die Zurückstellung der Strafvollstreckung auch bei teilstationären Einrichtungen möglich (OLG

---

[1] Übergangseinrichtungen finden sich auch vor, zwischen und nach anderen Phasen der Behandlung (*Bohnen* in BeckOK BtMG § 35 Rn. 21).
[2] Vor § 35 Fn. 1.

Hamm NStZ 1990, 605; KG NStE Nr. 11 zu § 36 BtMG; *Kornprobst* in MüKo-StGB Rn. 71). Dies kommt vor allem dann in Betracht, wenn sich der Verurteilte noch nicht soweit vom gesellschaftlichen Leben entfernt hat, wie dies bei langjährig Abhängigen von harten Drogen in der Regel der Fall ist (OLG Hamm NStZ 1990, 605). Die Typen solcher Einrichtungen sind unterschiedlich (*Bühringer* in Kreuzer BtMStrafR-HdB § 5 Rn. 200–203). Vielfach arbeiten sie nach dem Modell einer Tagesklinik, in der die Abhängigen tagsüber betreut werden, während sie in ihrer gewohnten Umgebung schlafen und ihnen für die Wochenenden gezielte Pläne vorgegeben werden (OLG Hamm NStZ 1990, 605).

(cc) Ambulante Therapie. Schließlich kann die Entwöhnung auch ambulant 80 durchgeführt werden, etwa in der Weise, dass der Abhängige eine Suchtberatungsstelle oder psychosoziale Beratungsstelle (*Leune/Kreuzer* in Kreuzer BtMStrafR-HdB § 20 Rn. 1–31), eine Fachambulanz, einen niedergelassenen Arzt oder einen Gruppen- oder Einzeltherapeuten aufsucht (*Tröndle* MDR 1982, 1; *Slotty* NStZ 1981, 321 (327); *Katholnigg* NStZ 1981, 417 (418); *Eberth/Müller* BtMR Rn. 57). Dies kann vor allem dann in Erwägung gezogen werden, wenn der Abhängige noch über ein intaktes soziales Umfeld verfügt, zumal dann auch die vorhandenen sozialen Bezüge erhalten bleiben (OLG Karlsruhe StV 2000, 631).

Die Problematik ambulanter Therapien besteht vor allem darin, dass sie dem 81 Verurteilten deutlich mehr Gelegenheit zu einem Missbrauch und zu einem Ausweichverhalten bieten als die stationäre Therapie (*Kornprobst* in MüKoStGB Rn. 75). Die Ausgestaltung der Therapie, namentlich die notwendige Kontrolle, muss dem Rechnung tragen.

(1) Voraussetzungen einer Zurückstellung. Eine ambulante Therapie kann 82 eine Zurückstellung nur begründen, wenn das **Therapiekonzept** Art, Umfang und Dauer der Behandlung, Beratung und Kontrolle des Abhängigen festlegt (*Fabricius* in Körner/Patzak/Volkmer Rn. 152). Es muss ferner bestimmen, dass steigender Beikonsum und Straftaten während der ambulanten Therapie als Therapieabbruch gewertet und der Vollstreckungsbehörde gemeldet werden (*Fabricius* in Körner/Patzak/Volkmer Rn. 152).

Die an den Verurteilten zu stellenden Anforderungen dürfen auch bei einer 83 ambulanten Therapie nicht zu stark **abgesenkt** werden. Notwendig ist, dass sie nicht deutlich geringer sind als bei einer stationären Therapie (OLG Stuttgart StV 1994, 30; OLG Karlsruhe StV 2000, 631; OLG Jena BeckRS 2007, 05404; *Körner* NStZ 1998, 227 (231)). Allerdings kann es dabei nicht darauf ankommen, ob die Therapie einen freiheitsentziehenden oder strafvollzugsähnlichen Charakter hat (*Bohnen* in BeckOK BtMG Rn. 44; *Malek* BtMStrafR Kap. 5 Rn. 38). Maßgeblich ist die **Betreuungs- und Kontrollintensität** des Programms (*Kornprobst* in MüKoStGB Rn. 75). Auch die ambulante Therapie muss die Gewähr dafür bieten, dass sich der Abhängige ernsthaft und intensiv mit seiner Abhängigkeit auseinandersetzt und an seiner Rehabilitation mitarbeitet (OLG Jena BeckRS 2007, 05404; *Fabricius* in Körner/Patzak/Volkmer Rn. 151; *Kornprobst* in MüKoStGB Rn. 76).

Von besonderer Bedeutung sind dabei die **notwendigen Kontrollen.** Dar- 84 auf, dass die Therapie von ständigen, vorher nicht angekündigten Urinkontrollen begleitet wird, kann nicht verzichtet werden (*Fabricius* in Körner/Patzak/Volkmer Rn. 151; *Kornprobst* in MüKoStGB Rn. 76; s. auch OLG Stuttgart StV 1994, 30; OLG Oldenburg StV 1994, 262).

Eine Zurückstellung ist nach allem **nicht gerechtfertigt,** wenn der Ver- 85 urteilte lediglich ein wöchentliches Gespräch mit einem Sozialpädagogen in einer Drogenberatungsstelle führt und sich verpflichtet, die „Behandlung" nicht ohne Zustimmung des Sozialpädagogen abzubrechen (*Körner* NStZ 1998, 227 (231); aA AG Hannover StV 1994, 263). Dasselbe gilt, wenn die Behandlung in der Teilnahme an einer Psychotherapie mit einer Behandlungsfrequenz von einer Stunde pro Woche besteht (OLG Jena BeckRS 2007, 05404).

86 **(2) Zusammenfassender Kriterienkatalog.** Nach den bisherigen Erfahrungen der Strafvollstreckungsbehörden können die Voraussetzungen, unter denen es vertretbar ist, die Strafvollstreckung zugunsten einer ambulanten oder teilstationären Behandlung zurückzustellen, etwa wie folgt zusammengefasst werden (in Anlehnung an einen bayerischen Kriterienkatalog vom 14.12.2001; ebenso *Fabricius* in Körner/Patzak/Volkmer Rn. 153; zum Kriterienkatalog der Vereinbarung vom 4.5.2001 (→ Rn. 69), der auch für Alkohol- und Medikamentenabhängige gilt, s. *Bohnen* in BeckOK BtMG Rn. 39–41):
- Mitwirkung einer Therapieorganisation, mit der eine vertrauensvolle Zusammenarbeit gewährleistet ist
- Vorlage eines ausreichenden Therapiekonzepts, das insbesondere folgendes vorsieht:
    - die Einrichtung führt vor der Behandlung eine Vorbereitungsphase inklusive Diagnostik und Indikationsstellung durch,
    - die Einrichtung hält ein Angebot zur Krisenintervention vor,
    - Mitwirkung von auf dem Gebiet der Suchtkrankenhilfe qualifiziertem und erfahrenen Fachpersonal (Psychologen, Sozialpädagogen, ein Arzt muss zumindest auf Honorarbasis tätig sein),
    - es werden strenge, auch unangekündigte Kontrollen der Drogenabstinenz durchgeführt,
    - Zusage des Verurteilten, sich der Therapie in der konkret bezeichneten Form nach festgelegtem Therapiekonzept bei einer bestimmten Therapieeinrichtung zu unterziehen,
    - möglichst kein Einsatz von Drogenersatzstoffen; falls unvermeidlich, nur nach Maßgabe der BUB-Richtlinien[3],
    - häufiger, möglichst täglicher Kontakt zwischen Verurteiltem und Therapieeinrichtung; Tagesstrukturierung durch ganztägiges Beschäftigungs-, Ausbildungs- oder Umschulungsverhältnis oder – soweit dies fehlt – Tagesbetreuung in einer Therapieeinrichtung,
    - stabiles Wohnverhältnis in einer drogenfreien Umgebung,
    - Entbindung der Therapieeinrichtung von der Schweigepflicht gegenüber der Justiz; Bereitschaft der Therapieeinrichtung, der Staatsanwaltschaft und dem Gericht die verlangten Auskünfte über den Therapieverlauf und Therapieerfolg zu geben.
    - Bei schwangeren Drogenabhängigen strukturierter Tagesablauf auch durch die Vorbereitung auf die Geburt (zB Einzelgespräche in der Therapieeinrichtung, regelmäßige Kontakte zum Allgemeinen Sozialdienst und zu einer Müttergruppe, regelmäßiger Besuch eines Gynäkologen, Kontakte zur Entbindungsstation).

87 **(dd) Ambulante Substitutionstherapie.** In der Vergangenheit besonders umstritten war die Zurückstellung der Strafvollstreckung wegen einer (ambulanten) Substitution (→ § 13 Rn. 72–81; §§ 5, 5a BtMVV), wobei vor allem eingewandt wurde, dass lediglich ein illegales Betäubungsmittel durch ein legales Suchtmittel ersetzt und das Abstinenzziel aufgegeben werde (*Eberth/Müller* BtMR Rn. 57; *Pfeil/Hempel/Schiedermair/Slotty* BtmR Rn. 34; *Körner*, 3. Auflage, Rn. 39; krit. auch *Kühne* in Kreuzer BtMStrafR-HdB § 22 Rn. 3; zunehmend positiver *Franke/Wienroeder* Rn. 13). Beschränkt sich die Substitution hierauf und soll mit ihr lediglich eine Leidenslinderung erreicht werden, so kommt eine Zurückstellung nicht in Betracht (OLG Oldenburg StV 1994, 262; OLG Köln StV 1995, 649). Das **Absti-**

---
[3] Nunmehr MVV-RL Anlage I Nr. 2 (abgedr. als Anh. F 3).

nenzziel darf daher nicht aus den Augen verloren werden (OLG Oldenburg NStZ 1994, 347). Auch wenn dies nicht geschieht, ist die **ambulante** Substitutionstherapie **nicht das Mittel erster Wahl,** sondern kommt nur als **ultima ratio** in Betracht (KG BeckRS 2014, 10841; *Fabricius* in Körner/Patzak/Volkmer 168; *Kornprobst* in MüKoStGB Rn. 80).

Eine der Rehabilitation dienende Behandlung kann auch vorliegen, wenn die **Betäubungsmittelabstinenz** schrittweise über eine gesundheitliche Besserung und Stabilisierung sowie eine soziale und berufliche Wiedereingliederung des Verurteilten wiederhergestellt werden soll (OLG Hamburg StV 2003, 290; OLG Köln StV 1995, 649; *Körner,* 3. Auflage, Rn. 150; *Körner* NStZ 1998, 227 (231); *Kornprobst* in MüKoStGB Rn. 81; unklar OLG Oldenburg StV 1994, 262). **Das Abstinenzziel** muss danach mindestens **als Fernziel** erhalten bleiben. Entscheidend ist deswegen nicht die Substitution, sondern das **Gesamtprogramm** (*Katholnigg* NJW 1995, 1327 (1328); *Körner* NStZ 1995, 63 (66)), das auf die Rehabilitation abzielt. 88

In § 5 BtMVV in der Fassung der 3. BtMVVÄndV (→ Rn. 65) ist das **Abstinenzziel** (auch als Fernziel) so deutlich **abgeschwächt,** dass es in der Praxis nicht mehr sichtbar wird. Ermöglicht wird nunmehr eine ärztlich begleitete Langzeitsubstitution (→ BtMVV § 5 Rn. 58). Eine **Zurückstellung der Strafvollstreckung** kann auf eine solcherart ausgestaltete Substitution **nicht** gestützt werden. Die Zurückstellung darf nach dem Gesetz (§ 35 Abs. 1 S. 1), an dem die BtMVV als **Untergesetzesrecht** nichts ändern konnte, nur erfolgen, wenn der Verurteilte sich in einer seiner **Rehabilitation** dienenden Behandlung befindet oder zusagt, sich einer solchen zu unterziehen. Eine solche setzt aber das Ziel der Abstinenz zwingend voraus (→ Rn. 60–62, 66). 89

Die Zurückstellung kommt daher nur in Betracht, wenn sich die Substitutionsbehandlung nicht auf die Vergabe des Substitutionsmittels beschränkt, sondern der Verurteilte eine **psychiatrische, psychotherapeutische** oder **psychosoziale Begleitung** erfährt (OLG Frankfurt a. M. StV 1995, 90; *Fabricius* in Körner/Patzak/Volkmer Rn. 167–171; *Kornprobst* in MüKoStGB Rn. 82) und diese auch ernsthaft wahrnimmt (OLG Oldenburg StV 1994, 262; OLG Hamburg StV 2003, 290), sowie wenn eine **regelmäßige Kontrolle** auf verbotenen Beigebrauch von Betäubungsmitteln gegeben ist (OLG Stuttgart StV 1994, 30; OLG Oldenburg StV 1994, 262; OLG Köln StV 1995, 649; *Kornprobst* in MüKoStGB Rn. 83; *Bohnen* in BeckOK BtMG Rn. 46, 51). Ein solcher schließt die Zurückstellung zwar nicht aus, er muss jedoch bearbeitet werden (OLG Hamburg StV 2003, 290). 90

An diesen Voraussetzungen **fehlt es,** wenn der Verurteilte lediglich ein ärztliches Attest vorlegt, wonach er sich in ärztlicher Behandlung befindet und mit Methadon substituiert wird (OLG Oldenburg NStZ-RR 1996, 49 = StV 1995, 427; *Körner,* 6. Aufl. 2007, Rn. 153). Dasselbe gilt, wenn der Verurteilte lediglich in einer Notschlafstelle wohnt und gelegentlich den Drogenberater aufsucht (*Fabricius* in Körner/Patzak/Volkmer Rn. 170) oder wenn er sich polizeilich anmeldet und regelmäßig von einem niedergelassenen Arzt Substitutionsmittel erhält (*Fabricius* in Körner/Patzak/Volkmer Rn. 170). 91

Ist die **psychosoziale Begleitung** durch einen Drogenberater und einen Arzt gewährleistet, denen auch die Entscheidung über die Substitution obliegt, so kann auch eine Teilnahme an einem Programm zum **betreuten Wohnen** die Zurückstellung begründen (OLG Oldenburg StV 1995, 650 mAnm *Burchardt*). 92

Mit Wirkung vom 1.2.1998 durfte der Arzt „in anders nicht behandelbaren Ausnahmefällen" **Codein** oder **Dihydrocodein** als Substitutionsmittel verschreiben (§ 5 Abs. 3 S. 2 BtMVV aF). Durch die insoweit am 1.7.2001 in Kraft getretene 15. BtMÄndV wurde diese strenge Regelung etwas gelockert: nach § 5 Abs. 4 S. 1 93

BtMG § 35 Siebenter Abschnitt. Betäubungsmittelabhängige Straftäter

BtMVV nF darf der Arzt nunmehr Codein und Dihydrocodein in begründeten Ausnahmefällen als Substitutionsmittel verschreiben (→ BtMVV § 5 Rn. 93–95). Die 3. BtMVVÄndV hat dies unverändert gelassen (§ 5 Abs. 6 S. 1 Nr. 3 BtMVV).

94 Auch die Substitution mit Codein oder Dihydrocodein muss aufgrund eines **Behandlungskonzepts** erfolgen. Ebenso erforderlich sind **regelmäßige Kontrollen** auf Beigebrauch von Stoffen, deren Konsum nach Art und Menge den Zweck der Substitution gefährdet. Im **Ausnahmefall** kann daher auch eine professionell durchgeführte Substitution mit Codein und Dihydrocodein eine Zurückstellung begründen.

95 Eine ambulante Substitutionstherapie kann vor allem bei **schwangeren Frauen** in Betracht kommen (zu den Einzelheiten s. Kriterienkatalog (→ Rn. 86) sowie *Fabricius* in Körner/Patzak/Volkmer Rn. 171).

96 **(d) Nachsorge.** Die Nachsorge dient der besseren Anpassung des Abhängigen an das Alltagsleben und der Vermeidung von Rückfällen. Zur ihr gehören alle Maßnahmen, mit denen erreicht werden soll, dass dem ehemaligen Suchtkranken die Wiedereingliederung in das soziale Umfeld ermöglicht und er für die Verwirklichung einer abstinenten und eigenständigen Lebensweise gefestigt wird (*Leune/Kreuzer* in Kreuzer BtMStrafR-HdB § 20 Rn. 32). Die Nachsorge ist eine Phase der Therapie und damit Teil der der Rehabilitation dienenden Behandlung (*Fabricius* in Körner/Patzak/Volkmer Rn. 175/177; *Leune/Kreuzer* in Kreuzer BtMStrafR-HdB § 20 Rn. 32). Dass sie dazu dient, eine bereits erreichte Drogenfreiheit zu sichern, schließt dies nicht aus (aA *Eberth/Müller* BtMR Rn. 57).

97 Ähnlich wie für die Entwöhnung bestehen für die Nachsorge die **verschiedensten Konzepte,** die von einer völligen oder teilweisen stationären Unterbringung bis zum Angebot von Beratung reichen (s. *Fabricius* in Körner/Patzak/Volkmer Rn. 173, 174). Die Nachsorge kann daher zwar die Zurückstellung der Strafvollstreckung begründen, ob dies im Einzelfall gegeben ist, hängt aber von den Anforderungen ab, die an den Verurteilten gestellt werden und die nicht deutlich geringer sein dürfen als bei einer stationären Unterbringung (OLG Stuttgart StV 1994, 30); dazu näher → Rn. 98. Nicht ausreichend (nach einem Therapieabbruch) ist daher eine lockere Betreuung in einer betreuten Wohngemeinschaft ohne regelmäßige Urinkontrollen neben einem wöchentlichen Gespräch mit einer Sozialtherapeutin (*Fabricius* in Körner/Patzak/Volkmer Rn. 178).

98 **Nicht notwendig** ist, dass das **Nachsorgekonzept** alle denkbaren Beschränkungen einer stationären Drogentherapie enthält und dass die Beschränkungen Zwangscharakter haben oder dem Freiheitsentzug in einer geschlossenen Haft- oder Pflegeanstalt entsprechen (KG NStZ 1991, 244). Da die Drogentherapie den Abhängigen schrittweise zu einer eigenverantwortlichen Lebensgestaltung hinzuführen soll, steht der Zurückstellung auch nicht entgegen, wenn Umfang und Intensität der Einschränkung mit dem Fortschritt des Verurteilten geringer werden (KG NStZ 1991, 244).

99 **c) Räumliche Voraussetzungen.** Das Erfordernis der notwendigen Räumlichkeiten zielt vor allem auf die stationäre Langzeittherapie. Aber auch die Einrichtungen, in denen ambulant behandelt wird, müssen über die notwendigen Räumlichkeiten verfügen. Dies gilt insbesondere in den Fällen der Substitution.

100 **d) Behandlung im Inland.** Eine Zurückstellung kommt nur in Betracht, wenn die Behandlung im Inland durchgeführt wird (*Kornprobst* in MüKoStGB Rn. 70; *Winkler* in Hügel/Junge/Lander/Winkler Rn. 5.5; diff. *Bohnen* in BeckOK BtMG Rn. 35, 36a). Nur bei Einrichtungen im Inland ist eine wirksame Überwachung möglich, ob der Verurteilte die Therapie angetreten hat und sie fortsetzt. Ebenso ist die Vollstreckung der im Falle eines Therapieabbruchs notwendigen Sanktionen

Zurückstellung der Strafvollstreckung §35 BtMG

nur im Inland gewährleistet (*Fabricius* in Körner/Patzak/Volkmer Rn. 193; *Kornprobst* in MüKoStGB Rn. 70).

2. Prüfung der Eignung der Therapie. Die Prüfung, ob die Therapie im Einzelfall geeignet ist, obliegt der Strafvollstreckungsbehörde und dem Gericht (*Katholnigg* NStZ 1981, 417 (418); *Winkler* in Hügel/Junge/Lander/Winkler Rn. 5.4.1). Der Verurteilte kann insoweit nur Vorschläge machen (OLG Karlsruhe NStZ-RR 2011, 259). Die Entscheidung der Justizbehörden setzt voraus, dass ihnen das **Therapiekonzept der Einrichtung** mit den Aufnahmebedingungen, der Art der Behandlung und den Voraussetzungen für die Beendigung der Therapie bekannt ist (Kriterienkatalog (→ Rn. 86); *Fabricius* in Körner/Patzak/Volkmer Rn. 197). Darüber hinaus sollten sie sich ein auf **den konkreten Verurteilten** abgestimmtes **Behandlungskonzept** vorlegen lassen, in dem die näheren Einzelheiten für diesen bestimmt sind (Kriterienkatalog (→ Rn. 86)). Ferner muss gewährleistet sein, dass die erforderlichen Mitteilungen und Nachweise erfolgen (Kriterienkatalog (→ Rn. 86)). 101

Bei der Auswahl der Therapieeinrichtung muss die Vollstreckungsbehörde beachten, ob bei dem Verurteilten neben der Drogensucht **zusätzliche Verhaltensauffälligkeiten** bestehen, die ihn für die in Aussicht genommene Einrichtung, etwa eine Selbsthilfeeinrichtung, die ihrer Natur nach Verträglichkeit, Unterordnungsbereitschaft, Kommunikationsfähigkeit und ein hohes Maß an Anstrengungsbereitschaft erfordert, von vornherein als **ungeeignet** erscheinen lassen und gegebenenfalls ein anderes Therapieprogramm erfordern (OLG Karlsruhe NStZ-RR 2009, 122). 102

Auch der Verurteilte muss sich vor der Zurückstellung über die Methode der Behandlung, ihre Dauer, die Zielvorstellung und die Einzelheiten der Therapie im Klaren sein (Kriterienkatalog (→ Rn. 86); *Fabricius* in Körner/Patzak/Volkmer Rn. 198). 103

Von diesen beiden Voraussetzungen abgesehen, lässt sich durch die **Justiz** nur **schwer beurteilen,** ob die angetretene oder geplante Behandlung für die Rehabilitation des konkreten Verurteilten wirklich geeignet ist. Die Justizbehörden sollten sich daher nicht als „Therapieexperten oder Therapiedetektive" (*Fabricius* in Körner/Patzak/Volkmer Rn. 155) betätigen und bei der Beurteilung der Eignung den Fachleuten den Vortritt lassen. Bei ihrer Entscheidung hat die Vollstreckungsbehörde zudem der **Offenheit** des § 35 für **unterschiedliche Therapiekonzepte** Rechnung zu tragen, die daraus resultiert, dass sich bislang keine allseits anerkannten Standards der Behandlung von Drogensüchtigen durchsetzen konnten (OLG Karlsruhe NStZ-RR 2011, 259). **Grenzen** bestehen bei rechtlich unzulässigen Therapiemethoden, etwa wenn die Abhängigen ausgebeutet, in totalitäre Gemeinschaften eingebunden oder zu fragwürdigen Experimenten benutzt werden (*Fabricius* in Körner/Patzak/Volkmer Rn. 157). 104

Ebenso besteht **kein Grund,** die Frage der Eignung allein durch den **Verurteilten** entscheiden zu lassen (*Fabricius* in Körner/Patzak/Volkmer Rn. 198; *Kornprobst* in MüKoStGB Rn. 197; unklar *Körner* NStZ 1998, 227 (231, 233)). Wie sich auch aus Absatz 5 Satz 1 ergibt, kann es insbesondere nicht Gutdünken überlassen bleiben, sich irgendeine Behandlungsform auszusuchen (s. OLG Koblenz NStZ 1995, 294). Weigert sich der Verurteilte, an einer stationären Therapie teilzunehmen und ist er lediglich zu einer ambulanten Substitutionstherapie bereit, so kann die Zurückstellung daher abgelehnt werden. 105

Die Vollstreckungsbehörde darf die Zurückstellung der Strafvollstreckung nicht mit der Begründung verweigern, eine vom Verurteilten **abgelehnte Sozialtherapie** sei geeigneter als die von ihm **angestrebte stationäre Drogentherapie,** 106 wenn die Voraussetzungen des § 35 erfüllt sind und die Drogentherapie nicht als aussichtslos erscheint (OLG Karlsruhe NStZ-RR 2012, 184).

107 **VI. Behandlungsbeginn oder Zusage des Verurteilten.** Das Gesetz will es möglichst erleichtern, dass der Übergang des Verurteilten in eine Therapie zu einem möglichst günstigen Zeitpunkt stattfinden kann. Es stellt für die Zurückstellung der Strafvollstreckung daher zwei Zeitpunkte zur Verfügung:

108 **1. Entscheidung nach Behandlungsbeginn.** Ist der Verurteilte zum Zeitpunkt der Entscheidung über die Zurückstellung bereits in der seiner Rehabilitation dienenden Behandlung, so kann die Zurückstellung, sofern die sonstigen Voraussetzungen vorliegen, sofort erfolgen. In einem solchen Falle kann von der Therapiebereitschaft des Verurteilten ausgegangen werden (*Kornprobst* in MüKoStGB Rn. 91).

109 **2. Entscheidung vor Behandlungsbeginn.** Hat der Verurteilte die Therapie noch nicht angetreten, so kann die Zurückstellung erfolgen, wenn er zusagt, sich der Behandlung zu unterziehen und wenn deren Beginn gewährleistet ist.

110 **a) Zusage.** Mit der Zusage muss sich der Verurteilte zu der Behandlung bereit erklären und versprechen, sie zum nächstmöglichen Termin aufzunehmen (*Winkler* in Hügel/Junge/Lander/Winkler Rn. 6.1.1). Eine generelle Zusage, sich irgendeiner Behandlung zu unterziehen, genügt nicht (*Kornprobst* in MüKoStGB Rn. 93; *Eberth/Müller* BtMR Rn. 63): notwendig ist **eine Erklärung,** die sich auf die Behandlung in der konkret bezeichneten Form nach dem konkreten Behandlungskonzept bei einer bestimmten Person oder Einrichtung bezieht (*Kornprobst* in MüKoStGB Rn. 93). Die Erklärung muss sich auf den gesamten vorgesehenen Behandlungszeitraum erstrecken (*Kornprobst* in MüKoStGB Rn. 93; *Joachimski/Haumer* BtMG Rn. 25). Sie muss ferner **die Bereitschaft** umfassen, sich einer Hausordnung und einem Therapieprogramm zu unterwerfen und den Anweisungen der Therapeuten und Auflagen der Vollstreckungsbehörde Folge zu leisten (KG BeckRS 2014, 19169). Sie ist eine Prozesshandlung und darf daher nicht von Bedingungen abhängig gemacht werden (*Kornprobst* in MüKoStGB Rn. 93; *Joachimski/Haumer* BtMG Rn. 25).

111 **b) Tatsächliche Therapiebereitschaft (Therapiewillen), Überprüfung.** Voraussetzung der Zurückstellung ist ferner, dass der Verurteilte tatsächlich den Willen hat, sich der Therapie zu unterziehen (OLG Hamm NStZ 1982, 483). Die Strafvollstreckung kann ermessensfehlerfrei nur zurückgestellt werden, wenn die Vollstreckungsbehörde die Überzeugung gewonnen hat, dass der Beginn der Behandlung gewährleistet ist (*Kornprobst* in MüKoStGB Rn. 94; *Winkler* in Hügel/Junge/Lander/Winkler Rn. 6.1.1.). Es bedarf daher einer **Überprüfung** der Therapiebereitschaft und des Therapiewillens, um missbräuchliche Antragstellungen abzulehnen und die begrenzte Anzahl kostspieliger Therapieplätze ernsthaft therapiewilligen Drogenabhängigen bereitstellen zu können (OLG Koblenz NStZ-RR 2014, 375; OLG Celle BeckRS 2016, 3665; *Fabricius* in Körner/Patzak/Volkmer Rn. 204). Therapiebereitschaft und Therapiewillen sind unbestimmte Rechtsbegriffe, so dass der Vollstreckungsbehörde ein **Beurteilungsspielraum** eingeräumt ist (OLG Frankfurt a. M. BeckRS 2013, 16472). Zur Entscheidung → Rn. 142.

112 Dabei dürfen **die Anforderungen,** die an Therapiefähigkeit und -willigkeit gestellt werden, **nicht überspannt** werden (KG NStZ-RR 2008, 257; BeckRS 2014, 19169; OLG München StV 2009, 370; *Kornprobst* in MüKoStGB Rn. 95). Die Zurückstellung soll auch Abhängige, die nicht oder wenig therapieeinsichtig sind, in die Therapie führen. Grundsätzlich ausreichend sind daher die ernsthafte Bereitschaft, die Therapie zu einem bestimmten Zeitpunkt in einer geeigneten Einrichtung nach den dort geltenden Regeln, Anweisungen und Bedingungen anzu-

treten und durchzustehen, um eine bestehende Drogenabhängigkeit zu beseitigen, und an diesem Ziel aktiv mitzuarbeiten (OLG Karlsruhe StV 2007, 308).

Nicht notwendig ist der Nachweis einer besonderen **Eignung,** einer besonde- 113 ren **Willensstärke** oder eines besonderen **Durchhaltevermögens** (*Kornprobst* in MüKoStGB Rn. 95). Auch eine klare Zieldefinition für den weiteren Lebensweg kann nicht verlangt werden (OLG Koblenz StV 2006, 588 mAnm *Rühlmann;* OLG Karlsruhe StV 2007, 308 (→ Rn. 112)).

Bloße Zweifel an einer hinreichenden Therapiebereitschaft rechtfertigen die 114 Ablehnung der Zurückstellung nicht, da das Fehlen einer Behandlungsmotivation für Abhängige geradezu typisch ist (OLG Karlsruhe StV 1983, 112 = JR 1983, 386; 1999, 443; 2002, 263; OLG München StV 2009, 370; OLG Frankfurt a. M. BeckRS 2013, 16472; KG BeckRS 2014, 19169). **Eine tragfähige Motivation** zur Therapie ist daher das anzustrebende Ergebnis und nicht bereits die Voraussetzung therapeutischer Bemühungen (OLG Zweibrücken NStZ-RR 2000, 153 = StV 2000, 157).

Dass die Ernsthaftigkeit der Therapiebereitschaft bereits dann **unterstellt** 115 werden soll, wenn besondere Tatsachen fehlen, aus denen das Nichtvorliegen der Bereitschaft deutlich erkennbar wird (OLG Hamburg StV 2003, 290), dürfte zu weit gehen. Auf der anderen Seite kann eine ablehnende Entscheidung nicht damit begründet werden, dass der Verurteilte sich erst unter dem **Druck des Strafvollzugs** zu einer Therapie entschlossen hat (OLG Hamm NStZ 1982, 485 (→ Rn. 122); OLG Zweibrücken NStZ-RR 2000, 153 (→ Rn. 114)). Allerdings bedeutet **das Streben nach Freiheit** noch keinen Therapiewillen. Geht es dem Verurteilten allein um seine Freiheit, so rechtfertigt dies die Zurückstellung nicht (*Körner* NStZ 1998, 227 (232)). Dasselbe gilt, wenn der Verurteilte erfolglos die verschiedensten Formen der Therapie passiv durchlaufen und lediglich als angenehme Abwechslung zum Strafvollzug empfunden hat (*Körner* NStZ 1998, 227 (233)).

Nicht berücksichtigt werden kann, dass der Verurteilte bisher **keinen freiwil-** 116 **ligen Therapieversuch** unternommen hat (OLG Karlsruhe StV 1983, 112 (→ Rn. 114)). Die uneingeschränkt freiwillige Therapie ist eher die Ausnahme. Drogenabhängige sind Personen, die eine wirklich auf Freiwilligkeit beruhende Entschließung erst zu fassen in der Lage sind, wenn eine Langzeittherapie anschlägt und der Heilungsprozess schon weit fortgeschritten ist (OLG Zweibrücken NStZ-RR 2000, 153 (→ Rn. 114); *Tröndle* MDR 1982, 1).

Es ist für sich auch noch **kein Symptom** für eine mangelnde Therapiefähigkeit 117 und -willigkeit, wenn der Verurteilte eine oder mehrere frühere Therapien **abgebrochen** hat (KG NStZ-RR 2008, 257; OLG Karlsruhe NStZ-RR 2006, 287 = StV 2006, 590; 2014, 14; OLG Koblenz NStZ 2009, 395; *Kornprobst* in MüKoStGB Rn. 98); vielmehr muss den Gründen hierfür nachgegangen werden (OLG Zweibrücken StV 1983, 249; NStZ-RR 2000, 153 (→ Rn. 114)). Der Weg aus der Sucht ist ein prozesshaftes Geschehen, so dass zu einem Behandlungserfolg in der Regel zahlreiche Therapieversuche gehören (OLG Karlsruhe StV 2002, 263). Dasselbe gilt für den **Nichtantritt** einer stationären Therapie, erst recht bei gleichzeitigem Beginn einer ambulanten Behandlung (OLG Zweibrücken StV 1983, 249), oder auch bei einem Schwanken in der Therapiebereitschaft (*Winkler* in Hügel/Junge/Lander/Winkler Rn. 6.1.3).

Regelverstößen bei vorangegangenen stationären **Therapieversuchen** kommt 118 für die Frage der Therapiebereitschaft oder der Erfolgsaussichten der Therapie dann keine entscheidende Bedeutung mehr zu, wenn der Verurteilte zwischenzeitlich erstmals Freiheitsstrafe verbüßt, sich beanstandungsfrei verhalten hat und eine positive Entwicklung zu verzeichnen ist (OLG Karlsruhe StV 2000, 631). Auch Regelverstöße **in der Haft** sind nicht ohne weiteres als Ablehnungskriterium geeignet, namentlich wenn es sich um typische Krankheitssymptome eines nicht entwöhnten Drogenabhängigen handelt (OLG Zweibrücken NStZ-RR 2000, 153 (→ Rn. 114); OLG München StV 2009, 370). Auch die Weigerung, in der Haft **Urinkontrollen** zu dulden, lässt für sich allein noch nicht auf mangelnden Therapiewillen für eine bevorstehende Therapie schließen; dasselbe würde für den Fall gelten, dass die Urinproben positiv sind (OLG Frankfurt a. M. NStZ-RR 2003, 246 (→ Rn. 145); aA *Bohnen* in BeckOK BtMG Rn. 142).

119 Auf der anderen Seite ist eine Überprüfung namentlich dann angebracht, wenn aufgrund konkreter Anhaltspunkte gewichtige Zweifel an der der **Ernsthaftigkeit** der behaupteten Therapiebereitschaft bestehen oder zu erwarten ist, dass der Verurteilte eine Zurückstellung missbrauchen wird (OLG Koblenz StV 2006, 588 mAnm *Rühlmann; Körner* NStZ 1995, 63 (66); 1998, 227 (232); *Winkler* in Hügel/ Junge/Lander/Winkler Rn. 6.1.1).

120 **Solche Zweifel** können sich insbesondere daraus ergeben, dass der Verurteilte in besonders verantwortungsloser und leichtfertiger Weise Therapiechancen vergeben hat (OLG Karlsruhe NStZ-RR 2005, 57; 2014, 14; OLG Koblenz NStZ 2009, 395; KG BeckRS 2014, 19169; OLG Celle BeckRS 2016, 03665) ohne dass nunmehr ein Einstellungswandel erkennbar geworden ist (*Körner* NStZ 1998, 227 (232)). Dies kommt etwa dann in Betracht, wenn der Verurteilte wiederholt nach einer Zurückstellung die Therapie erst gar nicht angetreten hat (KG NStZ-RR 2008, 257; *Kornprobst* in MüKoStGB Rn. 99), wenn er bei früheren Therapieversuchen jegliche Mitarbeit verweigert hat oder wenn er aus der Einrichtung entwichen ist oder ständig Regelverstöße oder Straftaten (KG NStZ-RR 2008, 257) begangen hat.

121 Bei besonders **gravierendem Fehlverhalten** in früheren Therapien, etwa bei Bedrohungen und Verletzungen des therapeutischen oder sonstigen Personals (*Körner* NStZ 1998, 227 (232, 233)) oder Handeln mit Betäubungsmitteln, wird eine Zurückstellung nur in Betracht kommen, wenn konkrete Anhaltspunkte die Annahme rechtfertigen, dass der Verurteilte nunmehr zu einer grundlegenden Änderung seines Verhaltens bereit ist (*Kornprobst* in MüKoStGB Rn. 99).

122 Dass dem Verurteilten ein gewisses Maß an **Vertrauen** als zusätzliches Resozialisierungsmittel entgegen zu bringen ist (OLG Hamm NStZ 1982, 485 = StV 1982, 428), bezieht sich auf seine Fähigkeit, die Therapie durchzustehen, nicht aber auf die Ernsthaftigkeit seiner Bereitschaft zum Therapieantritt.

123 Kommt die Vollstreckungsbehörde nach Ausschöpfung aller Erkenntnismöglichkeiten zu dem Ergebnis, dass die notwendige **Therapiebereitschaft nicht** gegeben ist (→ Rn. 111), so kann sie die **Zurückstellung ablehnen** (OLG Hamm NStZ 1982, 483; OLG Karlsruhe NStZ 1999, 253 (→ Rn. 153); *Joachimski/Haumer* BtMG Rn. 17). Ihr steht dabei ein **Beurteilungsspielraum** zu (→ Rn. 142).

124 **VII. Gewährleistung des Behandlungsbeginns.** Für die Zurückstellung muss der künftige Beginn der Behandlung gewährleistet sein. Dies ist dann gegeben, wenn keine weitere Strafe zu vollstrecken ist (→ Rn. 16, 18), ein Therapieplatz zugesagt ist und eine Zusage des Kostenträgers vorliegt, die Kosten zu übernehmen.

125 **1. Zusage eines Therapieplatzes.** Es muss danach die Zusage einer Therapieeinrichtung vorliegen, die einen festen Aufnahmetermin enthält (*Fabricius* in Körner/Patzak/Volkmer Rn. 239; *Kornprobst* in MüKoStGB Rn. 103). Die bloße Aussicht auf einen solchen Platz genügt nicht (*Körner* NStZ 1998, 227 (233)).

126 Auf der anderen Seite reicht es aus, wenn der **Beginn** der Behandlung zugesagt wird; nicht notwendig ist die Garantie einer Fortführung für eine bestimmte Dauer, da es sich meist nicht vorhersagen lässt, wie lange der Drogenabhängige in der Einrichtung bleibt (*Eberth/Müller* BtMR Rn. 64).

Nach dem Gesetz ist nicht notwendig, dass der **unmittelbare** Beginn der Behandlung gewährleistet ist (*Kornprobst* in MüKoStGB Rn. 106). In aller Regel ist dies jedoch zweckmäßig. Es ist daher sinnvoll, sicherzustellen, dass der Verurteilte unmittelbar aus der Entziehungsanstalt, dem Gericht oder der Justizvollzugsanstalt durch Beauftragte der in Aussicht genommenen Einrichtung, des Sozialdienstes, der Justizvollzugsanstalt oder einer Beratungsstelle in die Einrichtung gebracht wird (*Kornprobst* in MüKoStGB Rn. 107; *Eberth/Müller* BtMR Rn. 66; *Adams/Gerhard* NStZ 1981, 241 (242)). Etwas anderes gilt dann, wenn das eigenverantwortliche Erscheinen des Verurteilten zum Behandlungskonzept der Einrichtung gehört (*Kornprobst* in MüKoStGB Rn. 107). Auch → Rn. 242–246. 127

2. Zusage des Kostenträgers. Vor allem bei dem Beginn einer stationären Therapie ist regelmäßig auch die Zusage eines Kostenträgers erforderlich (*Kornprobst* in MüKoStGB Rn. 104). Eine solche Zusage ist für die Gerichte und Vollstreckungsbehörden nicht bindend (OLG Koblenz NStZ-RR 2014, 375). 128

Als **Kostenträger** kommen die gesetzliche Rentenversicherung, die gesetzliche Krankenversicherung, die Arbeitslosenversicherung oder subsidiär der überörtliche Träger der Sozialhilfe in Betracht (*Bohnen* in BeckOK BtMG Rn. 184, 185). Auch von der privaten Krankenversicherung werden auf Grund einer Empfehlung des Verbands der privaten Krankenversicherer unter bestimmten Voraussetzungen Leistungen erbracht (*Bohnen* in BeckOK BtMG Rn. 186). Es kann auch ausreichen, wenn die Kosten der Therapie **durch Private** übernommen werden (*Bohnen* in BeckOK BtMG Rn. 187), sofern deren Zahlungen hinreichend abgesichert sind; allerdings muss sich die Absicherung auf die gesamte Therapiezeit erstrecken (OLG Hamm NStZ-RR 2015, 95). 129

Wer Kostenträger ist, ist häufig nicht leicht festzustellen. §§ 14, 15 SGB I gewähren daher einen Anspruch auf Auskunft und Beratung. Zuständig für die Beratung sind die Leistungsträger, denen gegenüber der Anspruch geltend gemacht werden soll (§ 14 S. 2 SGB I); zuständig für die Auskunft sind die nach Landesrecht zuständigen Stellen (zB in Bayern die Landkreise und kreisfreien Städte (Art. 1 AGSGB)) und die Träger der gesetzlichen Krankenversicherung und der sozialen Pflegeversicherung (§ 15 SGB I). Außerdem kann und muss unter bestimmten Umständen der **zuerst angegangene** Leistungsträger **vorläufige Leistungen** erbringen (§ 43 Abs. 1 S. 1 SGB I). 130

VIII. Zustimmung des Gerichts. Die Zurückstellung der Vollstreckung bedarf der Zustimmung des Gerichts des ersten Rechtszuges. Die Entscheidung des Gerichts ist keine eigene Sachentscheidung, sondern eine justizinterne Prozesserklärung (*Fabricius* in Körner/Patzak/Volkmer Rn. 255; *Kornprobst* in MüKoStGB Rn. 115; *Bohnen* in BeckOK BtMG Rn. 202). 131

1. Zuständigkeit. Das Gesetz geht davon aus, dass das erkennende Gericht am besten mit der Sache vertraut und in der Lage ist, die Chancen und Risiken einer Zurückstellung abzuschätzen. Zuständig ist stets das Prozessgericht erster Instanz, auch wenn die Strafe erst vom Berufungsgericht verhängt wurde. 132

Auch in Jugendsachen ist das Gericht des ersten Rechtszuges zuständig. Treffen der Vollstreckungsleiter (§ 82 JGG) und das Gericht des ersten Rechtszuges zusammen, so führt dies nicht dazu, dass das Zustimmungserfordernis entfällt; vielmehr hat der Jugendrichter in richterlicher Unabhängigkeit über die Zustimmung zu entscheiden, während er in seiner Eigenschaft als Vollstreckungsleiter unter der Aufsicht des Generalstaatsanwalts steht (OLG Stuttgart NStZ 1986, 141; *Kornprobst* in MüKoStGB Rn. 114; *Winkler* in Hügel/Junge/Lander/Winkler Rn. 7.1.6; s. auch OLG Stuttgart StV 1998, 671; OLG München NStZ 1993, 455 = StV 1993, 432 = JR 1994, 296 mzustAnm *Katholnigg*). 133

BtMG § 35 Siebenter Abschnitt. Betäubungsmittelabhängige Straftäter

134 2. **Ermessen.** Die Zustimmung steht im Ermessen des Gerichts. Bei seiner Entscheidung prüft das Gericht **alle Voraussetzungen** des § 35 selbst, wobei es die gleichen Kriterien anzulegen hat wie die Vollstreckungsbehörde (s. BGH NStZ-RR 2017, 283 zu den ermessensleitenden Gesichtspunkten der Vollstreckungsbehörde). Es trifft seine Entscheidung daher auf der Grundlage des vollständigen, auch nach dem Urteil von der Strafvollstreckungsbehörde ermittelten oder sonst bekannt gewordenen Sachverhalts (*Joachimski/Haumer* BtMG Rn. 20) und darf sich nicht auf die Erkenntnisse aus der Hauptverhandlung beschränken (*Kornprobst* in MüKoStGB Rn. 117). Eine Zurückstellung durch die Vollstreckungsbehörde kann das Gericht mit seiner Entscheidung nicht erzwingen (*Katholnigg* NStZ 1981, 417 (418)).

135 3. **Eindeutige Erklärung.** Die Zustimmung ist eine Grundlage für die Abweichung von der an sich vorgeschriebenen Vollstreckung der Strafe. Sie muss daher eine eindeutige Erklärung sein und die Zurückstellung ohne Wenn und Aber befürworten (OLG Hamm NStZ 1990, 407; *Kornprobst* in MüKoStGB Rn. 115). Äußert sich das Gericht mehrdeutig oder verweigert es eine Entscheidung, so liegt eine Zustimmung nicht vor (OLG Hamm NStZ 1990, 407). Dasselbe gilt, wenn in der Äußerung Einschränkungen gemacht werden (OLG Hamm NStZ 1990, 407). Die Entscheidung über die Zustimmung wird in richterlicher Unabhängigkeit getroffen (OLG Hamm NStZ 1990, 407). Der Beschluss, durch den die Zustimmung verweigert wird, ist zu begründen (§ 34 StPO, § 35 Abs. 2 BtMG). Die Zustimmung bezieht sich auf die konkrete Zurückstellung; nach einem Widerruf bedarf es daher einer erneuten Entscheidung (*Kornprobst* in MüKoStGB Rn. 115).

136 4. **Zeitpunkt.** Die Zustimmung kann bereits **in der Hauptverhandlung** erteilt werden (*Adams/Eberth* NStZ 1983, 194; *Katholnigg* NStZ 1989, 493 (494)), wobei sie auch in die schriftlichen Urteilsgründe aufgenommen werden kann (**gewichtige Bedenken** gegen diese Praxis bei *Bohnen* in BeckOK BtMG Rn. 213; s. auch BGH BeckRS 2015, 1163). In diesen Fällen wird sie mit der Rechtskraft des Urteils wirksam (OLG Frankfurt a. M. NStZ 1987, 42). Das Gericht kann sich in der Hauptverhandlung aber auch darauf beschränken, die Zustimmung nur in Aussicht zu stellen. Der Erteilung der Zustimmung steht dies nicht gleich, so dass diese zumindest aus nachträglich bekannt gewordenen Umständen noch verweigert werden kann.

137 5. **Bindung.** Die erteilte Zustimmung ist bindend. Aus Gründen des Vertrauensschutzes und der Rechtssicherheit kann sie **nicht widerrufen** oder nachträglich geändert werden (OLG Frankfurt a. M. NStZ 1987, 42). Etwas anderes gilt dann, wenn sich die Umstände, die für die Erteilung der Zustimmung maßgebend gewesen sind, verändert haben (OLG Frankfurt a. M. NStZ 1987, 42; *Fabricius* in Körner/Patzak/Volkmer Rn. 259; *Kornprobst* in MüKoStGB Rn. 119; *Franke/Wienroeder* Rn. 14).

138 6. **Einschaltung des Gerichts bei beabsichtigter Ablehnung.** Einer Einschaltung des Gerichts bedarf es nicht, wenn eine Zurückstellung schon aus formellen Gründen nicht möglich ist und deswegen von der Vollstreckungsbehörde abgelehnt wird (aA *Winkler* in Hügel/Junge/Lander/Winkler Rn. 7.1: „anders nur, wenn der Antrag wegen Fehlens der zeitlichen Voraussetzungen offensichtlich unzulässig ist"). Aber auch, wenn die Vollstreckungsbehörde die Ablehnung aus **anderen Gründen** beabsichtigt, ist im Grunde eine Entscheidung des Gerichts nicht erforderlich (OLG Frankfurt a. M. StV 1989, 439; KG BeckRS 2008, 00558; *Fabricius* in Körner/Patzak/Volkmer Rn. 256; *Kornprobst* in MüKoStGB Rn. 120; *Katholnigg* NJW 1990, 2296 (2297); aA KG StV 1988, 24 = JR 1988, 83; *Joachimski/Haumer* BtMG Rn. 15; *Winkler* in Hügel/Junge/Lander/Winkler Rn. 7.1). Zustimmungsbedürftig ist lediglich die Zurückstellung, da nur diese eine Abweichung von dem

Grundsatz enthält, dass rechtskräftige Urteile auch zu vollstrecken sind (OLG Hamm NStZ-RR 1998, 315).

Eine andere und allein nach den tatsächlichen Umständen zu entscheidende 139 Frage ist, ob die Vollstreckungsbehörde eine sachgerechte (Ermessens-)Entscheidung treffen kann, ohne sich die **Erkenntnisse des Gerichts** aus dem Verfahren und der Hauptverhandlung nutzbar zu machen (*Kornprobst* in MüKoStGB Rn. 121; *Bohnen* in BeckOK BtMG Rn. 218). Häufig wird durch einen solchen Verzicht nur ein unvollständiges Bild des Verurteilten entstehen, so dass die Einschaltung des Gerichts **aus diesem Grunde** geboten sein kann (OLG Karlsruhe NStZ 1986, 288 = StV 1986, 257; OLG Stuttgart NStZ 1989, 492 mAnm *Katholnigg*). Dies gilt namentlich dann, wenn die Vollstreckungsbehörde ihre Ablehnung auf **fehlende Betäubungsmittelabhängigkeit** oder auf **fehlende Kausalität** stützen will (OLG Karlsruhe NStZ 2013, 552).

Entbehrlich ist die Beteiligung des Gerichts, wenn es sich, etwa im Rahmen 140 der Hauptverhandlung, bereits zur Frage der Zurückstellung geäußert hat und dies aus den Akten zu entnehmen ist (*Katholnigg* NStZ 1989, 493 (494); *Kornprobst* in MüKoStGB Rn. 121).

Wiederum eine andere Frage ist, ob das Gericht, das von einer zur Ablehnung 141 entschlossenen Vollstreckungsbehörde um Stellungnahme gebeten wird, sich auf die Mitteilung von Tatsachen **beschränken darf** oder sich ohne Wenn und Aber (OLG Hamm NStZ 1990, 407) zur Zurückstellung aussprechen muss. Vor allem Gründe der Verfahrensökonomie und der Beschleunigung sprechen dafür, dass das Gericht sich mit der Beurteilung einer Zurückstellung nicht zurückhält und die Zustimmung entweder erteilt oder versagt. Wird sie versagt, so ist nunmehr zusammen mit der Ablehnung der Zurückstellung eine Anfechtung möglich (§ 35 Abs. 2), so dass das OLG auch die Versagung der Zustimmung überprüfen und diese gegebenenfalls selbst erteilen kann.

IX. Entscheidung der Vollstreckungsbehörde. Die Vollstreckungsbehörde 142 prüft zunächst, ob die Voraussetzungen einer Zurückstellung gegeben sind. Dabei steht ihr hinsichtlich der Tatbestandsvoraussetzungen (Betäubungsmittelabhängigkeit, Kausalität der Abhängigkeit und Therapiewilligkeit) ein **Beurteilungsspielraum** zu (OLG Karlsruhe NStZ 2008, 576; StV 2007, 308 (→ Rn. 112); 2019, 347).

Vollstreckungsbehörde ist die Staatsanwaltschaft (§ 451 Abs. 1 S. 1 StPO), bei 143 der Vollstreckung von Jugendstrafe der Jugendrichter als Vollstreckungsleiter (§ 82 Abs. 1 S. 1 JGG). Bei der Staatsanwaltschaft ist der Rechtspfleger zuständig (§ 31 Abs. 2 RPflG).

1. Ablehnung mangels Voraussetzungen. Fehlt es an den Voraussetzungen 144 der Zurückstellung (→ Rn. 3–141), so lehnt die Vollstreckungsbehörde die Zurückstellung ab (*Fabricius* in Körner/Patzak/Volkmer Rn. 332); ein Ermessen besteht insoweit nicht (*Kornprobst* in MüKoStGB Rn. 132); zum Beurteilungsspielraum → Rn. 142. Liegen die Voraussetzungen vor, so ist in die **Ermessensprüfung** (→ Rn. 148) einzutreten.

2. Ermessensentscheidung. Die Zurückstellung der Strafvollstreckung steht 145 im Ermessen der Vollstreckungsbehörde (OLG Stuttgart NStZ-RR 2001, 343; OLG Frankfurt a. M. NStZ-RR 2003, 246 = StV 2003, 630; OLG Karlsruhe NStZ 2008, 576 (→ Rn. 142); NStZ-RR 2011, 259; StV 2019, 347; OLG München StV 2009, 370). Damit sollte eine flexible Regelung erreicht und der Vollstreckungsbehörde ermöglicht werden, den im Rehabilitationsinteresse jeweils günstigsten Zeitpunkt für die Überführung in die Therapie zu nutzen (*Kornprobst* in MüKoStGB Rn. 136; *Eberth/Müller* BtMR Rn. 67) und den Missbrauch des Zurückstellungsverfahrens zu vermeiden (*Kornprobst* in MüKoStGB Rn. 136). Auch wenn alle Voraussetzungen für eine Zurückstellung gegeben sind, hat der Verurteilte daher grundsätzlich keinen Anspruch auf eine positive Entscheidung (*Kornprobst* in MüKoStGB Rn. 134; *Bohnen* in BeckOK BtMG Rn. 232).

146 Allerdings muss sich die Ermessensausübung **am alleinigen Zweck** des § 35 **orientieren** (→ Rn. 148) und ist daher weitgehend eingeschränkt (OLG Karlsruhe NStZ-RR 2011, 259) oder kann sich gar bis **fast auf Null** reduzieren (OLG Karlsruhe NStZ 2008, 576 (→ Rn. 142); NStZ-RR 2012, 184), wenn kein tragfähiger Ablehnungsgrund gegeben ist (*Kornprobst* in MüKoStGB Rn. 134; ähnlich *Malek* BtMStrafR Kap. 5 Rn. 52).

147 **Ermessensfehlerhaft** ist eine Entscheidung, wenn sie Umstände berücksichtigt, die nach Sinn und Zweck des § 35 (→ Rn. 148) unberücksichtigt bleiben müssen, wenn sie wesentliche Gesichtspunkte außer Acht lässt, die hätten beachtet werden müssen, oder wenn sie von unzutreffenden tatsächlichen oder rechtlichen Aspekten ausgeht (*Kornprobst* in MüKoStGB Rn. 135).

148 a) **Ermessensausübung.** Mit der Zurückstellung der Strafvollstreckung sollen drogenabhängige Straftäter aus dem Bereich kleiner und mittlerer Kriminalität im Interesse ihrer Rehabilitation zu einer Behandlung ihrer Abhängigkeit motiviert werden (OLG Karlsruhe NStZ 2008, 576; NStZ-RR 2011, 259), wobei die drohende Strafvollstreckung als Initialzündung dienen soll, um die Therapiebereitschaft zu wecken. An diesem Gesetzeszweck muss sich die Ermessensausübung orientieren (OLG Karlsruhe StV 1983, 112 (→ Rn. 114); OLG Zweibrücken NStZ-RR 2000, 153 (→ Rn. 114); *Joachimski/Haumer* BtMG Rn. 16).

149 aa) **Vorliegen von Gründen für einen Widerruf.** Eine Zurückstellung kommt nicht in Betracht, solange Gründe für einen Widerruf vorliegen (BGHSt 55, 243 = NJW 2010, 3314 = StV 2010, 694; OLG München NStZ 2000, 223; OLG Bamberg BeckRS 2014, 09278) oder entsprechende Zweifel nicht ausgeräumt sind (*Winkler* in Hügel/Junge/Lander/Winkler Rn. 7.4.3).

150 Dies gilt auch in den Fällen des § 35 Abs. 6 Nr. 2. Aus dieser Vorschrift ergibt sich, dass der **Vollstreckung weiterer Freiheitsstrafen**, die weder ausgesetzt noch ihrerseits zurückgestellt werden können, **der Vorrang vor** der Zurückstellung zusteht (BGHSt 55, 243 (→ Rn. 149); OLG München NStZ 2000, 223; OLG Bamberg BeckRS 2014, 09278; KG BeckRS 2014, 19169). Auf der anderen Seite kann die Möglichkeit, einen therapiebereiten Verurteilten rasch in eine Therapieeinrichtung zu bringen, ein wichtiger Grund (§ 43 StVollstrO) für eine Änderung der Vollstreckungsreihenfolge sein (OLG Karlsruhe StV 2003, 287; 2019, 351; *Kornprobst* in MüKoStGB Rn. 128).

151 **Eine solche Änderung** kommt bei **Ersatzfreiheitsstrafen** in Betracht (OLG Karlsruhe NStZ-RR 2006, 287 (→ Rn. 117)), auch bei Freiheitsstrafen **bis zu zwei Monaten** (§ 57 Abs. 1 S. 1 Nr. 1 StGB), bei **Jugendstrafen** (für die § 454b Abs. 2 S. 1 StPO nicht greift) und bei **Strafresten**, die auf Grund Widerrufs vollstreckt werden (KG NStZ-RR 2011, 260; *Fabricius* in Körner/Patzak/Volkmer Rn. 294). In allen **anderen Fällen** gelten § 454b Abs. 2 S. 1 StPO, wonach die Vollstreckung zu unterbrechen ist, wenn zwei Drittel der Strafe vollstreckt sind, und § 454b Abs. 4 StPO, wonach über die Aussetzung des Strafrestes erst dann entschieden werden kann, wenn der Zwei-Drittel-Zeitpunkt für alle Strafen erreicht ist. Bis dahin sind die nach der Unterbrechung entstehenden Strafreste als **noch zu vollstreckende Strafen** anzusehen, die der Zurückstellung nach § 35 Abs. 6 Nr. 2 entgegenstehen (BGHSt 55, 243 (→ Rn. 149)).

152 Um die sich daraus ergebenden negativen Folgen für die Therapie zu vermeiden, wurde durch Gesetz v. 17.8.2017 (BGBl. I S. 3202) ein neuer **Absatz 3** in § 454b StPO eingefügt, wonach die Vollstreckungsbehörde auf Antrag des Verurteilten **von der Unterbrechung** zum Halbstrafen- oder Zwei-Drittel-Zeitpunkt **abse-**

hen kann, wenn zu erwarten ist, dass nach der (Voll-)Verbüßung dieser Strafen die Voraussetzungen für eine Zurückstellung vorliegen. Die Vollstreckungsbehörde muss insoweit eine Prognose anstellen. Auch wenn diese positiv ausfällt, steht die Entscheidung der Vollstreckungsbehörde in ihrem **Ermessen** (BT-Drs. 18/11272, 35). Hat die Vollstreckungsbehörde von der Unterbrechung abgesehen, liegt regelmäßig ein wichtiger Grund für die **Änderung der Vollstreckungsreihenfolge** (§ 43 Abs. 4 StVollStrO) vor (BT-Drs. 18/11272, 35). Die Entscheidung der Vollstreckungsbehörde ändert nichts daran, dass hinsichtlich der vorab zu verbüßenden Freiheitsstrafe eine Entscheidung über die Strafaussetzung nach § 57 StGB zu treffen ist. Der Verurteilte kann dies dadurch verhindern, dass er seine Einwilligung (§ 57 Abs. 1 Nr. 3 StGB) nicht erteilt.

Das Vorliegen neuer Anklagen steht der Zurückstellung nicht von vornherein 153 entgegen. Wenn es in den neuen Verfahren zu einer Verurteilung kommt, ist zu prüfen, ob auch in dem neuen Verfahren eine Zurückstellung in Betracht kommt (OLG Karlsruhe NStZ 1999, 253 = StV 1999, 443).

bb) Tatschuld, Zahl und Höhe der Strafen. Das Maß der **Tatschuld** darf bei 154 der Entscheidung über die Zurückstellung keine Rolle spielen (OLG Karlsruhe NStZ 2008, 576 (→ Rn. 142); StV 2003, 287). Dies verbietet es auch, **Zahl und Höhe** der noch zu vollstreckenden Strafen und Strafreste als eigenständige Gesichtspunkte in die Ermessensausübung einzubeziehen (OLG Karlsruhe NStZ 2008, 576 (→ Rn. 142); wohl weitergehend OLG Karlsruhe StV 2003, 287).

Auf der anderen Seite kann, wenn auch ein gewisses Risiko in Kauf zu nehmen 155 ist, doch **nicht jedes Wagnis des Scheiterns** mit der Folge von Straftaten hingenommen werden (OLG Hamm bei *Katholnigg* NJW 1987, 1456 (1457)). Die Taten, die diesen Strafen und Strafresten zugrunde liegen, sind daher jedenfalls in die Prüfung des Sicherheitsinteresses der Allgemeinheit (→ Rn. 157, 158; aA wohl OLG Karlsruhe StV 2003, 287) und der Erfolgsaussichten einer Therapie (→ Rn. 159–163) einzubeziehen (*Kornprobst* in MüKoStGB Rn. 138; wohl auch *Bohnen* in BeckOK BtMG Rn. 240).

cc) Sozialprognose. Ähnliches wie für die Tatschuld gilt grundsätzlich auch für 156 die Sozialprognose. Während für die Fälle einer günstigen Prognose die Strafaussetzung und die Aussetzung des Strafrestes vorgesehen sind, kommt die Zurückstellung nach § 35 Abs. 1 vor allem dann in Betracht, wenn eine **positive Sozialprognose** noch **nicht gestellt** werden kann (BT-Drs. 8/4383, 7; OLG Karlsruhe NStZ 2008, 576; (→ Rn. 142); NStZ-RR 2010, 120; OLG Koblenz StV 2003, 288; *Kornprobst* in MüKoStGB Rn. 139; *Winkler* in Hügel/Junge/Lander/Winkler Rn. 3.1, 3.2). Dies gilt insbesondere dann, wenn die ungünstige Sozialprognose auf negative Umstände zurückzuführen ist, die Symptome der Sucht darstellen und damit durch die Therapie beseitigt werden sollen (*Adams/Eberth* NStZ 1983, 194 (196)).

dd) Sicherheitsinteresse der Allgemeinheit. Wenn es danach auch auf die 157 Sozialprognose grundsätzlich nicht ankommt, so darf sie doch nicht so negativ sein, dass die Zurückstellung unter Berücksichtigung des Sicherheitsinteresses der Allgemeinheit **nicht verantwortet** werden kann (*Kornprobst* in MüKoStGB Rn. 143; enger OLG Karlsruhe NStZ 2008, 576 (→ Rn. 142): nur bei Aussichtslosigkeit der Therapie; weiter etwas weiter OLG Karlsruhe NStZ-RR 2010, 120: auch bei konkreten Anhaltspunkten, dass der Verurteilte die Zurückstellung zur Begehung schwerer Straftaten nutzen wird (dazu →Rn. 158)). Dass dieser Gesichtspunkt nicht vernachlässigt werden darf, ist mit der Änderung der Prognoseformeln im StGB (§ 57 Abs. 1 S. 1 Nr. 2) und BtMG (§ 36 Abs. 1 S. 3, Abs. 2) durch das Gesetz v. 26.1.1998 (BGBl. I S. 160) verdeutlicht worden (→ § 36 Rn. 49–53). Mit der Neufassung soll klargestellt werden, dass eine Abwägung zwischen dem Resozialisierungsinteresse des Verurteilten und dem Sicherheitsinteresse der Allgemeinheit stattzufinden hat (gegen eine solche Abwägung im Regelfall OLG Karlsruhe NStZ-RR 2010, 120; noch enger OLG Saarbrücken BeckRS 2016, 114755, wonach dem Sicherheitsinteresse der Allgemeinheit im Rahmen der Ermessensentscheidung über die Zurückstellung **nur ausnahmsweise** wesentliche Bedeutung zukommen soll).

158 Dabei muss sich das **Maß der Wahrscheinlichkeit**, die an den erwünschten Erfolg zu stellen ist, nach dem **Gewicht** des bei einem Rückfall **bedrohten Rechtsguts** und nach dem Sicherheitsbedürfnis der Allgemeinheit richten (→ § 36 Rn. 50, 51). Besondere Bedeutung gewinnen hier die Art der begangenen und im Falle des Scheiterns der Therapie zu befürchtenden Taten (*Kornprobst* in MüKoStGB Rn. 143) sowie die Kausalität der Betäubungsmittelabhängigkeit, die hier besonders sorgfältig geprüft werden muss, wenn eine Zurückstellung in Erwägung gezogen werden soll.

159 **ee) Erfolgsprognose.** Während die Frage, ob der Verurteilte ernsthaft bemüht ist, die Therapie anzutreten, zu den **Voraussetzungen** der Ermessensentscheidung gehört, zählt die Frage, ob die Therapie Erfolg haben wird, zu den Gesichtspunkten, die **im Rahmen** der Ermessensentscheidung heranzuziehen sind.

160 Dabei ist davon auszugehen, dass die Zurückstellung der Strafvollstreckung **keine (positive) Feststellung voraussetzt,** dass ein Erfolg der Therapie zu erwarten ist (OLG Hamburg StV 1998, 390; OLG Karlsruhe StV 2019, 347; *Kornprobst* in MüKoStGB Rn. 141; aA wohl *Joachimski/Haumer* BtMG Rn. 17). Nur insoweit kann der Auffassung mancher Oberlandesgerichte (OLG Hamburg StV 1998, 390; OLG Koblenz StV 2003, 288; OLG Jena BeckRS 2007, 05404; OLG Karlsruhe NStZ 2008, 576 (→ Rn. 142); NStZ-RR 2009, 122) gefolgt werden, dass von einer Prüfung der Erfolgsaussicht der Therapie in der Regel abzusehen sei.

161 **Ob eine Therapie erfolgreich** sein wird, hängt von solch zahlreichen, vielfach nicht vorhersehbaren Umständen ab, dass eine solche Feststellung **seriös nicht getroffen** werden kann. Der Gefahr, dass ein Therapieversuch scheitert, war sich der Gesetzgeber bewusst (BT-Drs. 8/4283, 7). Mit der Möglichkeit zu einer raschen Fortsetzung der Vollstreckung (§ 35 Abs. 5) und Inhaftnahme (§ 35 Abs. 7) des Verurteilten sollte ihr begegnet werden. Danach dürfen die Anforderungen an die Therapiefähigkeit des Betroffenen nicht übersteigert werden (OLG Hamm NStZ 1982, 485 (→ Rn. 122)). Eine Ablehnung wegen ungünstiger Therapieaussichten ist daher in der Regel nicht begründet (OLG Karlsruhe StV 1983, 112 (→ Rn. 114); OLG Koblenz StV 2003, 288).

162 Auf der anderen Seite bedeutet dies **nicht,** dass das Gesetz **bewusst die Gefahr** erfolgloser Therapiebemühungen in Kauf nimmt (BT-Drs. 8/4283, 7; *Kornprobst* in MüKoStGB Rn. 141). Eine Zurückstellung kann daher nicht verantwortet werden, wenn im Einzelfall Erkenntnisse vorliegen, welche die Therapie von vornherein als völlig oder nahezu aussichtslos erscheinen lassen (BGH NStZ-RR 2017, 293; OLG Karlsruhe NStZ-RR 2009, 122; StV 2019, 347; *Kornprobst* in MüKoStGB Rn. 141), namentlich wenn ein vernünftiger Zweifel an der fehlenden Therapieaussicht ausgeschlossen ist (OLG Karlsruhe StV 1983, 112 (→ Rn. 114); NStZ 2008, 576 (→ Rn. 142)). Dies kann unter Umständen in Betracht kommen, wenn alle Therapiemöglichkeiten ergebnislos ausgeschöpft wurden (*Körner* NStZ 1998, 227 (233); s. OLG Hamm NStZ-RR 1998, 315). Auch das Verhalten des Verurteilten bei einem kurz zuvor gescheiterten Therapieversuch kann dabei eine Rolle spielen (*Kornprobst* in MüKoStGB Rn. 141).

163 Dagegen genügen die **wesentlichen Faktoren** und **typischen Erscheinungsformen der Betäubungsmittelabhängigkeit,** insbesondere die charakterliche Labilität, die Drogenkarriere, Häufigkeit der Vorstrafen und zunehmende Rückfall-

geschwindigkeit, dazu nicht (OLG Karlsruhe StV 1983, 112 (→ Rn. 114)). Auch → Rn. 118.

ff) Ausländerrechtliche Hindernisse. Bestehen gegen den Verurteilten eine **164** bestandskräftige Ausweisungsverfügung und Abschiebungsverfügung, so sollen diese einer Zurückstellung der Strafvollstreckung entgegen stehen (OLG Stuttgart StV 1998, 671; OLG Hamm NStZ 1999, 591; OLG Karlsruhe StV 2001, 467; OLG München StV 2017, 306; *Körner* NStZ 1998, 227 (233)). Dasselbe soll gelten, wenn die ausländerrechtliche Anordnung der Abschiebung zu erwarten ist (OLG Karlsruhe StV 2001, 467; OLG Hamm NStZ 1999, 591). Diese Regeln dürften zu kurz greifen:

Nach § 72 Abs. 4 AufenthG darf die Ausländerbehörde eine Abschiebung grund- **165** sätzlich nur im Einvernehmen mit der Strafvollstreckungsbehörde vollziehen, so dass eine Abschiebung während der Therapie **gegen den Willen der Vollstreckungsbehörde** nicht möglich ist (OLG Düsseldorf StV 1999, 445; OLG Frankfurt a. M. NStZ-RR 2000, 152; OLG Karlsruhe StV 2001, 467). Auf der anderen Seite verlangt der Grundsatz der Einheit der Rechtsordnung, dass die Vollstreckungsbehörde bei ihrer nach § 35 BtMG, § 72 Abs. 4 AufenthG einheitlich zu treffenden Ermessensentscheidung den **ausländerrechtlichen Interessen** angemessen Rechnung trägt (OLG Frankfurt a. M. NStZ-RR 2000, 152). Entsprechendes gilt nach §§ 6, 7, 11 Abs. 2 FreizügG/EU für **Unionsbürger** oder deren Familienangehörige.

Besteht die naheliegende Gefahr, dass der Verurteilte seine Therapiebereit- **166** schaft nur vorspiegelt und die Zurückstellung nutzt, um unterzutauchen und sich der **Therapie und der Abschiebung zu entziehen,** so ist die Ablehnung der Zurückstellung geboten (OLG Frankfurt a. M. NStZ-RR 2000, 152; *Fabricius* in Körner/Patzak/Volkmer Rn. 300–302). Dagegen kann eine Zurückstellung in Betracht kommen, wenn nach der Therapie eine freiwillige Ausreise wahrscheinlich ist oder mit einer ernsthaften Vollstreckung der Abschiebungsverfügung nicht zu rechnen ist (OLG Frankfurt a. M. NStZ-RR 2000, 152; *Fabricius* in Körner/Patzak/Volkmer Rn. 298), etwa weil der Verurteilte als Asylberechtigter mit einer Duldung rechnen kann.

Statt auf das formale Bestehen oder Drohen einer Abschiebungsverfügung **167** muss daher darauf abgestellt werden, ob die **Besorgnis** besteht, dass eine bestehende oder zu erwartende Abschiebungsverfügung **nicht vollstreckt werden kann,** weil der Verurteilte während der Zurückstellung untertaucht (OLG Frankfurt a. M. NStZ-RR 2000, 152; OLG Karlsruhe NStZ-RR 2010, 120). Dabei ist nicht nur die Möglichkeit in Betracht zu ziehen, dass die Therapiebereitschaft nur vorgespiegelt wird, sondern auch die Versuchung für den mit Abschiebung bedrohten Ausländer, bei einer Therapiekrise, beim drohenden Scheitern oder gegen Ende der Therapie unterzutauchen (OLG Frankfurt a. M. NStZ-RR 2000, 152; *Kornprobst* in MüKoStGB Rn. 147).

b) Nebenbestimmungen. Die Zurückstellung der Strafvollstreckung ist ein im **168** Ermessen der Strafvollstreckungsbehörde stehender begünstigender Justizverwaltungsakt, der wie andere Verwaltungsakte auch (§ 36 VwVfG) nach dem pflichtgemäßen Ermessen der Behörde mit Nebenbestimmungen verbunden werden darf. Dies macht zumal in den Fällen Sinn, in denen die Zurückstellung sonst abgelehnt werden müsste.

Zulässig sind insbesondere Auflagen und Bedingungen, mit denen erreicht **169** werden soll, dass die **gesetzlichen Voraussetzungen** der Zurückstellung **erfüllt** werden (s. § 36 Abs. 1 VwVfG). So kann die Zurückstellung zur Gewährleistung des Beginns der Behandlung mit der Bedingung versehen werden, dass der Ver-

BtMG § 35 Siebenter Abschnitt. Betäubungsmittelabhängige Straftäter

urteilte aus der Justizvollzugsanstalt in die Therapieeinrichtung gebracht oder begleitet wird (OLG Karlsruhe NStZ 1999, 253; *Kornprobst* in MüKoStGB Rn. 150).

170 Darüber hinaus kann die Vollstreckungsbehörde nach ihrem pflichtgemäßen Ermessen auch Nebenbestimmungen beifügen, die im Einzelfall **zur Förderung der Behandlung** geboten erscheinen (s. § 36 Abs. 2 VwVfG). Dies kommt vor allem bei ambulanten oder teilstationären Therapieformen in Betracht, wobei möglichst eine Abstimmung mit der behandelnden Einrichtung erfolgen sollte (*Kornprobst* in MüKoStGB Rn. 151).

171 **Die Beifügung solcher Nebenbestimmungen** wird nicht als problematisch angesehen (OLG Frankfurt a. M. StV 1995, 90 (→ Rn. 90)), soweit es um Regelungen geht, die nicht in die Beziehungen zwischen dem Verurteilten und dem Therapeuten eingreifen, etwa sich nicht an Orten aufzuhalten, wo Betäubungsmittel konsumiert werden, selbst keine Betäubungsmittel zu konsumieren oder Urinproben abzugeben (BVerfG NJW 1993, 3315 = NStZ 1993, 482 = StV 1993, 465; *Katholnigg* NJW 1995, 1327 (1328)). Ähnliches gilt von der Weisung, eine Berufs- oder Ausbildungstätigkeit fortzusetzen, an den therapeutischen Maßnahmen teilzunehmen und jeden Wechsel des gewöhnlichen Aufenthaltsorts anzuzeigen (*Kornprobst* in MüKoStGB Rn. 151).

172 **Als problematischer** gelten Auflagen, die **das Vertrauensverhältnis** zwischen dem Verurteilten und dem Therapeuten berühren könnten. In diesem Zusammenhang wird immer wieder die **Entbindung** des Therapeuten **von der Schweigepflicht** diskutiert. Zweckmäßig wird dabei unterschieden:

173 **Auch ohne** eine entsprechende Erklärung des Verurteilten ist der Therapeut zwar nicht verpflichtet, wohl aber befugt, **Auskunft über Verlauf und Ergebnis der Therapie** sowie über Umstände und Hintergründe eines Abbruchs der Behandlung zu erteilen (→ Rn. 252, 253; zust. *Kornprobst* in MüKoStGB Rn. 152). Jedenfalls in diesem Umfang dürften keine Bedenken dagegen bestehen, dem Verurteilten aufzuerlegen, den Therapeuten zur Auskunftserteilung zu ermächtigen und ihn insoweit von der Schweigepflicht zu entbinden (weitergehend OLG Hamm NStZ 1986, 333 mablAnm *Kreuzer* = StV 1986, 66; StV 1988, 24 mablAnm *Schneider*, bestätigt durch BVerfG DRsp Nr. 1995/3322 (2 BvR 201/86); *Fabricius* in Körner/Patzak/Volkmer Rn. 326, 417; *Kornprobst* in MüKoStGB Rn. 152; unklar *Bohnen* in BeckOK BtMG Rn. 245; *Joachimski/Haumer* BtMG Rn. 30); aA *Winkler* in Hügel/Junge/Lander/Winkler Rn. 8.1; s. auch *Katholnigg* NJW 1987, 1456 (1457); *Kreuzer* NJW 1989, 1509). S. auch Kriterienkatalog Rn. 86.

174 Eine solche **ausdrückliche** Ermächtigung schafft klare Verhältnisse. Sie ist auch insoweit sinnvoll, als der Therapeut bei ihrem Vorliegen Auskunft erteilen **muss.** Sie hält sich im Rahmen des § 36 Abs. 2 VwVfG, da die Vollstreckungsbehörde damit lediglich in die Lage versetzt wird, **die Informationen zu gewinnen**, die sie zur Erfüllung ihrer Aufgaben, insbesondere zur Prüfung des Widerrufs der Zurückstellung, braucht (*Kornprobst* in MüKoStGB Rn. 152). Dies liegt auch im eigenen Interesse des Verurteilten, weil damit ein Widerruf, der sich bei näherer Kenntnis des Therapieverlaufs eventuell als nicht notwendig erwiesen hätte, vermieden werden kann.

175 Dagegen dürfte es für eine Verpflichtung zu einer Ermächtigung über **weitergehende Auskünfte** und eine entsprechende Entbindung von der Schweigepflicht, etwa mit dem Inhalt, auch therapeutische Interna offenzulegen, ebenso wie im Falle der Strafaussetzung zur Bewährung (→ Vor § 29 Rn. 1226; BVerfG MedR 2006, 586) an einer gesetzlichen Grundlage fehlen.

176 **Nicht beanstandet** hat das BVerfG (MedR 2006, 586), dass sich die Gerichte eine Entbindungserklärung von der Schweigepflicht vor der Entscheidung vorlegen lassen (Kriterienkatalog (→ Rn. 86)).

Zurückstellung der Strafvollstreckung **§ 35 BtMG**

Die Einhaltung solcher Nebenbestimmungen kann nicht erzwungen werden. 177
Jedoch kann ein Verstoß sich als Abbruch der Therapie und damit als Widerrufsgrund darstellen, wenn die Erfüllung der Weisung für die Therapie unerlässlich ist (*Kornprobst* in MüKoStGB Rn. 151).

3. Dauer der Zurückstellung. Die Höchstdauer der Zurückstellung beträgt 178
zwei Jahre. Innerhalb dieser Höchstfrist steht die Festsetzung der Zurückstellungsfrist im Ermessen der Vollstreckungsbehörde, die sich dabei an der erwarteten Therapiezeit orientieren sollte. Nach Ablauf der Frist endet die Zurückstellung von selbst. Gegebenenfalls hat die Vollstreckungsbehörde zu prüfen, ob eine erneute Zurückstellung in Betracht kommt. Hierfür steht dann wieder der volle Zweijahreszeitraum zur Verfügung (*Fabricius* in Körner/Patzak/Volkmer Rn. 324; *Kornprobst* in MüKoStGB Rn. 149; aA OLG Nürnberg StraFo 1997, 150 mablAnm *Endriß*).

C. Die Zurückstellung nach Absatz 1 Satz 2

Auch Einrichtungen, in denen kein Fachpersonal tätig ist und deswegen keine 179
Behandlung stattfindet (*Winkler* in Hügel/Junge/Lander/Winkler Rn. 5.2; *Eberth/Müller* BtMR Rn. 72), können geeignet sein, den Drogenabhängigen vor weiterer Abhängigkeit zu bewahren. Absatz 1 Satz 2 eröffnet daher die Möglichkeit, die Strafvollstreckung auch bei dem Aufenthalt in einer solchen Einrichtung zurückzustellen. Das Gesetz hat dabei vor allem **Selbsthilfegruppen** (zB *Synanon; Die Fleckenbühler*) im Auge, die das Ziel verfolgen, das Selbstwertgefühl des Abhängigen zu stärken und sein soziales Verhalten zu trainieren (BT-Drs. 8/4283, 8).

I. Voraussetzungen. Absatz 1 Satz 2 ersetzt lediglich das Merkmal der Behand- 180
lung, das mangels Fachpersonal in den Einrichtungen nach Absatz 1 Satz 2 nicht erfüllt ist. Alle anderen Voraussetzungen des Satzes 1 müssen dagegen erfüllt sein.

II. Einrichtungen im Sinne des Absatzes 1 Satz 2 sind nur solche, die **nicht** 181
über eine fachtherapeutische Leitung und Betreuung verfügen (*Winkler* in Hügel/Junge/Lander/Winkler Rn. 5.2; *Joachimski/Haumer* BtMG Rn. 27; *Eberth/Müller* BtMR Rn. 72). Während Selbsthilfegruppen etwa bis 1975 in Deutschland eine erhebliche Bedeutung hatten, ist diese seither wesentlich zurückgegangen (*Bühringer* in Kreuzer BtMStrafR-HdB § 5 Rn. 215; *Bohnen* in BeckOK BtMG Rn. 59). Erhalten geblieben ist das von ihnen besonders gepflegte Prinzip der **therapeutischen Gemeinschaft,** das mittlerweile in abgewandelter Form von allen professionellen stationären Einrichtungen übernommen wurde (*Bühringer* in Kreuzer BtMStrafR-HdB § 5 Rn. 215). Zum Konzept der Selbsthilfeeinrichtungen und den Überschneidungen mit den professionellen psychotherapeutischen Ansätzen s. *Bühringer* in Kreuzer BtMStrafR-HdB § 5 Rn. 209–235.

Sind in Selbsthilfegruppen Mitglieder (häufig Ex-User) tätig, die in fachlicher 182
Hinsicht **nachqualifiziert** sind, so liegt bereits nach § 35 Abs. 1 S. 1 eine Behandlung vor. Dasselbe gilt für Einrichtungen, in denen neben fachlich qualifiziertem Personal auch ehemals Drogenabhängige arbeiten (*Eberth/Müller* BtMR Rn. 72).

III. Nur stationäre Einrichtungen. Nur der Aufenthalt **in** einer Einrichtung 183
ist der Behandlung nach Absatz 1 Satz 1 gleichgestellt. Das Gesetz geht daher davon aus, dass es sich um eine stationäre Einrichtung handelt (*Bohnen* in BeckOK BtMG Rn. 61; *Joachimski/Haumer* BtMG Rn. 27; *Eberth/Müller* BtMR Rn. 73; krit. *Kornprobst* in MüKoStGB Rn. 86; aA *Fabricius* in Körner/Patzak/Volkmer Rn. 145; *Malek* BtMStrafR Kap. 5 Rn. 40). Etwas anderes gilt, wenn bereits eine Behandlung nach § 35 Abs. 1 S. 1 vorliegt, weil therapeutisches Personal vorhanden ist.

BtMG § 35 Siebenter Abschnitt. Betäubungsmittelabhängige Straftäter

184 IV. Staatliche Anerkennung. Die Einrichtung muss staatlich anerkannt sein; die Anerkennung ersetzt dabei das sonst notwendige Tätigwerden von Fachpersonal (s. *Eberth/Müller* BtMR Rn. 74).

185 Zur Zuständigkeit und zu den Voraussetzungen für die Anerkennung → § 36 Rn. 13–19. Nach den Vorschriften der Länder wird eine Anerkennung auch und vor allem für Einrichtungen ausgesprochen, die über das notwendige fachtherapeutische Personal verfügen und in denen deswegen **bereits eine Behandlung** nach § 35 Abs. 1 S. 1 stattfindet. Unter diesen Voraussetzungen ist auch die Anerkennung ambulanter Programme möglich.

186 V. Zweck. Die Einrichtung muss dem Zweck dienen, die Abhängigkeit entweder zu beheben oder einer erneuten Abhängigkeit entgegenzuwirken. Da anderenfalls eine staatliche Anerkennung nicht ausgesprochen wird, kann die Vollstreckungsbehörde grundsätzlich davon ausgehen, dass dieser Zweck gegeben ist (*Winkler* in Hügel/Junge/Lander/Winkler Rn. 5.1.5). Etwas anderes gilt dann, wenn bekannt wird, dass sich seit der Anerkennung Änderungen ergeben haben.

D. Rechtsmittel und Rechtsbehelfe (Absatz 2)

187 Mit der Einfügung des Absatzes 2 Satz 1 durch Gesetz v. 9.9.1992 (→ Rn. 1) wurde der vielfach als unbefriedigend empfundene Umstand beendet, wonach gegen die Verweigerung der Zustimmung durch das Gericht kein Rechtsmittel gegeben war. Absatz 2 Satz 2 übernahm die bisherige Rechtsprechung zum Rechtsweg bei der Ablehnung der Zurückstellung durch die Vollstreckungsbehörde, wonach dagegen der Antrag auf gerichtliche Entscheidung nach § 23 Abs. 1 S. 2 EGGVG gegeben war.

188 I. Beschwerde der Vollstreckungsbehörde (Satz 1). Verweigert das Gericht die Zustimmung zu einer von der Vollstreckungsbehörde beabsichtigten Zurückstellung, so kann diese gegen die Verweigerung Beschwerde einlegen. Das gleiche gilt, wenn das Gericht sich nicht eindeutig äußert (→ Rn. 135) oder wenn es eine Stellungnahme überhaupt verweigert (→ Rn. 135; *Kornprobst* in MüKoStGB Rn. 156).

189 Für das Beschwerdeverfahren gelten die Vorschriften über die (einfache) Beschwerde nach den §§ 304–310 StPO nebst den allgemeinen Regeln über die Rechtsmittel (§§ 296–303 StPO). Danach kann das Gericht insbesondere der Beschwerde abhelfen (§ 306 Abs. 2 StPO) und die Zustimmung erteilen, wenn es aufgrund der Beschwerdebegründung zu einer anderen Überzeugung kommt.

190 Ist der Jugendrichter zugleich Vollstreckungsleiter (§ 82 JGG) und hat in derselben Sache entweder er selbst als Jugendrichter oder unter seinem Vorsitz das Jugendschöffengericht im ersten Rechtszug erkannt, so steht das Beschwerderecht dem Generalstaatsanwalt als der vorgesetzten Behörde zu (*Kornprobst* in MüKoStGB Rn. 159); dieser kann die dem Jugendgericht zugeordnete Staatsanwaltschaft mit der Wahrnehmung dieser Aufgabe beauftragen (OLG München NStZ 1993, 455 (→ Rn. 133)).

191 II. Antrag des Verurteilten auf gerichtliche Entscheidung (Sätze 2 und 3). Die Vorschriften befassen sich mit den Anfechtungsmöglichkeiten des Verurteilten gegen die Ablehnung der Zurückstellung durch die Vollstreckungsbehörde und die Verweigerung der Zustimmung durch das Gericht.

192 1. Anfechtung der Ablehnung der Zurückstellung; Nebenbestimmung. Die Entscheidung über die Zurückstellung der Strafvollstreckung durch die Vollstreckungsbehörde ist eine Maßnahme zur Regelung eines Einzelfalles, die auf dem Gebiet der Strafrechtspflege von einer Justizbehörde getroffen wird. Ihre Anfechtung richtet sich daher nach den §§ 23–30 EGGVG. Wird die Zurückstellung abgelehnt, so steht dem Verurteilten nach diesen Vorschriften der Antrag auf gerichtliche Entscheidung zu. Dies wird durch § 35 Abs. 2 S. 2 BtMG nunmehr klargestellt.

Anfechtbar sind auch **Nebenbestimmungen,** wenn sie die Lebensführung 193 des Verurteilten beeinträchtigen können oder eine Einschränkung der Zurückstellung enthalten (OLG Hamm StV 1988, 24; *Körner,* 6. Aufl. 2007, Rn. 304; *Kornprobst* in MüKoStGB Rn. 171).

a) Grundlagen. Die Ablehnung der Zurückstellung der Strafvollstreckung ist 194 eine Vollstreckungs- und keine Vollzugsentscheidung. Gesetzliche Grundlage für den Antrag ist daher § 23 Abs. 1 S. 1 EGGVG in Verbindung mit § 23 Abs. 2 EGGVG, wonach mit dem Antrag auf gerichtliche Entscheidung zugleich die Verpflichtung der Justizbehörde zum Erlass eines abgelehnten oder unterlassenen Verwaltungsaktes begehrt werden kann.

b) Zuständigkeit. Über den Antrag auf gerichtliche Entscheidung gegen die 195 Ablehnung der Zurückstellung der Strafvollstreckung entscheidet ein Strafsenat des Oberlandesgerichts, in dessen Bezirk die Vollstreckungsbehörde oder, wenn ein Vorschaltverfahren (→ Rn. 196) vorausgegangen ist, die Beschwerdebehörde ihren Sitz hat (§ 25 Abs. 1 EGGVG). Die Entscheidung kann bei einem Oberlandesgericht innerhalb eines Landes konzentriert werden (§ 25 Abs. 2 EGGVG). Hiervon hat das Land Nordrhein-Westfalen (OLG Hamm) Gebrauch gemacht.

c) Vorschaltbeschwerde. Zur Entlastung der Oberlandesgerichte sieht § 24 196 Abs. 2 EGGVG vor, dass in den Fällen, in denen der angefochtene Justizverwaltungsakt einer Beschwerde oder einem anderen förmlichen Rechtsbehelf unterliegt, der Antrag auf gerichtliche Entscheidung erst zulässig ist, wenn das Beschwerdeverfahren durchgeführt ist. Ob der Rechtsbehelf durch Gesetz, Rechtsverordnung oder eine allgemeine Verwaltungsvorschrift eingeführt ist, ist nicht erheblich (BVerfGE 40, 237 = NJW 1976, 34; OLG Oldenburg NStZ 1991, 512; OLG Hamburg BeckRS 2004, 05667; *Peglau* NJW 2015, 678; *Meyer-Goßner/ Schmitt* EGGVG § 24 Rn. 5, *Böttcher* in Löwe/Rosenberg, 26. Aufl. 2006, EGGVG § 24 Rn. 11–14).

Da die Ablehnung der Zurückstellung eine Vollstreckungs- und keine Vollzug- 197 sentscheidung ist, stehen dem Verurteilten dagegen **Einwendungen** nach § 21 StVollstrO zum Generalstaatsanwalt zu (*Körner* NStZ 1998, 227 (228); *Kornprobst* in MüKoStGB Rn. 161). Dies gilt auch, wenn der Jugendrichter als Vollstreckungsleiter entschieden hat (*Körner* NStZ 1998, 227 (228)). Dass die StVollstrO lediglich eine, wenn auch bundeseinheitliche, Verwaltungsvorschrift darstellt, die von den Justizverwaltungen des Bundes und der Länder erlassen wurde, steht der Anwendung des § 24 Abs. 2 nicht entgegen (→ Rn. 196).

Die Einfügung des neuen Absatzes 2 bietet keine tragfähige Grundlage für eine 198 Änderung dieser Rechtsprechung, weil es nicht Aufgabe des Gesetzgebers war, sich mit einer Verwaltungsvorschrift (§ 21 StVollstrO) zu befassen (*Katholnigg* JR 1994, 298; NJW 1995, 1327 (1330)). Das Erfordernis des Vorschaltverfahrens gilt daher nach wie vor (OLG München NStZ 1993, 455 (→ Rn. 133); OLG Stuttgart StV 1994, 30; *Fabricius* in Körner/Patzak/Volkmer Rn. 346; *Kornprobst* in MüKoStGB Rn. 161; aA OLG Oldenburg NStZ-RR 1996, 49 = StV 1995, 427; zw. *Joachimski/Haumer* BtMG Rn. 19).

Gleichwohl ist nicht zu übersehen, dass die derzeitige Regelung zu einem **Ver-** 199 **fahrensaufwand** führt, der in aller Regel nicht gerechtfertigt ist (OLG Oldenburg NStZ-RR 1996, 49 (→ Rn. 198); *Kornprobst* in MüKoStGB Rn. 162). Das OLG München (NStZ 1993, 455 (→ Rn. 133)) führt zwar zutreffend eine Reihe von Fallgestaltungen an, in denen das Eingreifen des Generalstaatsanwalts gerechtfertigt oder sogar geboten ist (ebenso *Fabricius* in Körner/Patzak/Volkmer Rn. 361; *Körner*

NStZ 1995, 63 (64, 65)). Diese Möglichkeit hat der Generalstaatsanwalt aber auch dann, wenn er im Rahmen der Vorlage an das OLG mit der Sache befasst ist. Sieht er in einem solchen Falle keinen Grund zum Eingreifen, so kann ohne Vorschaltverfahren sofort die Entscheidung des OLG herbeigeführt werden.

200 Die Vorschaltbeschwerde ist an **keine Form** und **Frist** gebunden (*Fabricius* in Körner/Patzak/Volkmer Rn. 353; *Kornprobst* in MüKoStGB Rn. 163). Sie bedarf auch keiner Begründung (*Kornprobst* in MüKoStGB Rn. 163).

201 **Das Vorschaltverfahren** ist auch dann durchzuführen, wenn **das Gericht** die Zustimmung zu der Zurückstellung **verweigert** hat; in diesem Fall überprüft der Generalstaatsanwalt die Sachentscheidungsvoraussetzungen der Zurückstellung erneut und leitet gegebenenfalls das Ergebnis dem Gericht wiederum zur Entscheidung über die Zustimmung zu (OLG Zweibrücken NStZ-RR 1999, 59).

202 **Die Zulässigkeit** des Antrags auf gerichtliche Entscheidung setzt **nicht** voraus, dass die Vollstreckungsbehörde gegen die Verweigerung der Zustimmung durch das Gericht **Beschwerde** nach § 35 Abs. 2 S. 1 eingelegt hat. § 24 Abs. 2 EGGVG greift nur ein, wenn der Antragsteller des Verfahrens nach § 23 EGGVG die Möglichkeit hat, eine vorrangige Entscheidung herbeizuführen; dies ist dem Verurteilten nach § 35 Abs. 2 S. 1 jedoch gerade nicht möglich.

203 **d) Sonstige Zulässigkeitsvoraussetzungen.** Der Antrag auf gerichtliche Entscheidung ist fristgebunden; er muss innerhalb eines Monats nach Zustellung oder schriftlicher Bekanntgabe des Bescheides der Vollstreckungsbehörde oder, soweit Einwendungen nach § 21 StVollstrO vorausgegangen sind, der Entscheidung des Generalstaatsanwalts schriftlich oder zur Niederschrift der Geschäftsstelle des OLG oder eines Amtsgerichts gestellt werden.

204 Der Antrag muss **innerhalb der Frist begründet** werden; die Ankündigung einer Begründung genügt nicht (*Kornprobst* in MüKoStGB Rn. 165). Zur Begründung gehört eine aus sich heraus verständliche Sachdarstellung, aus der Art und Datum der angefochtenen Entscheidung und die Gründe ersichtlich sind, aus denen sich der Antragsteller dagegen wendet (*Kornprobst* in MüKoStGB Rn. 166).

205 Der Antrag ist ferner nur **zulässig,** wenn der Antragsteller geltend macht, durch die Maßnahme, ihre Ablehnung oder Unterlassung oder durch eine Nebenbestimmung (*Kornprobst* in MüKoStGB Rn. 166) **in seinen Rechten** verletzt zu sein (§ 24 Abs. 1 EGGVG). Dabei genügt die bloße Behauptung einer Rechtsverletzung nicht. Notwendig ist vielmehr eine Sachdarstellung, die zumindest in groben Zügen eine Schlüssigkeitsprüfung ermöglicht (OLG Celle NStZ-RR 2014, 64). Dabei dürfen dem Antrag Anlagen beigefügt werden, auf die Bezug genommen werden kann (BVerfG NStZ-RR 2013, 187).

206 Der **Antrag einer Therapieeinrichtung** aus eigenem Recht ist mangels Verletzung in ihrem Recht nicht zulässig; sie kann sich allerdings durch den Verurteilten bevollmächtigen lassen, dessen Rechte geltend zu machen.

207 **e) Entscheidung des OLG.** Die Entscheidung der Vollstreckungsbehörde über die Zurückstellung der Vollstreckung ist eine **Ermessensentscheidung.** Nach § 28 Abs. 3 EGGVG darf das OLG daher nur prüfen, ob die Vollstreckungsbehörde den Sachverhalt in dem gebotenen Umfang unter Ausschöpfung der ihr zur Verfügung stehenden Erkenntnisquellen geprüft hat, ob sie die gesetzlichen Grenzen des Ermessens überschritten hat oder ob sie von dem Ermessen in einer dem Zweck der Ermächtigung nicht entsprechenden Weise Gebrauch gemacht hat (OLG Karlsruhe NStZ-RR 2010, 120 (→ Rn. 156); 2011, 259; OLG Celle BeckRS 2016, 03665; *Böttcher* in Löwe/Rosenberg, 26. Aufl. 2006, EGGVG § 28 Rn. 18). Auch muss sie ihrer Entscheidung den richtigen Begriff des Versagungsgrundes zugrunde gelegt haben (KG StV 1988, 213 (→ Rn. 43)).

Das OLG darf insbesondere sein Ermessen **nicht an die Stelle** des Ermessens 208
der Vollstreckungsbehörde setzen (OLG Hamm NStZ 1982, 483; OLG Frankfurt
a. M. NStZ-RR 2009, 214; OLG München StV 2009, 370). Es kommt daher nicht
darauf an, ob auch eine andere Entscheidung in Betracht gekommen oder vertretbar gewesen wäre (*Kornprobst* in MüKoStGB Rn. 173).

Bei einem **relevanten Verstoß** (→ Rn. 207, 208) hebt das OLG daher in aller 209
Regel die Entscheidung der Vollstreckungsbehörde und den Bescheid des Generalstaatsanwalts auf und verpflichtet die Vollstreckungsbehörde, den Antragsteller unter Beachtung der Rechtsauffassung des Senats erneut zu bescheiden. Im Falle einer **Ermessensreduktion auf Null** kann es auch, gegebenenfalls unter Ersetzung der gerichtlichen Zustimmung (§ 35 Abs. 2 S. 3 Hs. 3), die Vollstreckungsbehörde verpflichten, eine positive Entscheidung über die Zurückstellung zu treffen (OLG Stuttgart NStZ-RR 2001, 343).

2. Anfechtung der gerichtlichen Zustimmungsverweigerung. Während 210
die Verweigerung der Zustimmung durch das Gericht des ersten Rechtszuges früher auch durch das OLG nicht überprüft werden konnte, lässt der neu eingefügte Absatz 2 Satz 2 nunmehr eine Anfechtung der gerichtlichen Entscheidung zu.

a) Voraussetzung ist, dass der Verurteilte zugleich die Ablehnung der Zurück- 211
stellung durch die Vollstreckungsbehörde anficht (Absatz 2 Satz 2). Ein isoliertes
Vorgehen gegen die gerichtliche Entscheidung ist dem Verurteilten daher nicht
möglich.

b) Entscheidung des OLG. Liegt eine solche Anfechtung vor, so entscheidet 212
das OLG auch über die Verweigerung der Zustimmung durch das Gericht (Absatz 2
Satz 3 Hs. 1). Dasselbe gilt, wenn das Gericht mit der Zustimmung noch nicht befasst war (OLG Stuttgart NStZ-RR 2001, 343 (344)). Da das Gericht bei der Erteilung oder Verweigerung der Zustimmung nach seinem Ermessen entscheidet
(→ Rn. 145), kann sein Entscheiden ebenso wie die der Vollstreckungsbehörde
nur im Rahmen des § 28 Abs. 3 EGGVG überprüft werden (dazu → Rn. 207, 208;
OLG Saarbrücken NStZ-RR 1996, 50; OLG Jena BeckRS 2007, 05404). Stellt das
OLG einen Ermessensfehler fest, so kann es die Zustimmung zu der Zurückstellung
selbst erteilen (Absatz 3 Satz 3 Hs. 2). Eine Erweiterung seiner Prüfungskompetenz
ist damit nicht verbunden.

Das OLG darf eine Entscheidung **nicht** deswegen **verweigern,** weil die Voll- 213
streckungsbehörde gegen die Versagung der Zustimmung des Gerichts keine Beschwerde eingelegt hat (*Kornprobst* in MüKoStGB Rn. 178; aA OLG Celle NStZ
1996, 304; 1996, 615 mablAnm *Katholnigg*). § 24 Abs. 2 EGGVG gilt hier nicht
(→ Rn. 202). Abgesehen von den rechtlichen und praktischen Schwierigkeiten
(dazu Katholnigg NStZ 1996, 615) würde damit auch in die Kompetenz der Vollstreckungsbehörde eingegriffen (§ 150 GVG), der nur der Generalstaatsanwalt entsprechende Anweisungen erteilen kann. Das OLG hat dagegen von dem Verfahrensstand auszugehen, der zum Zeitpunkt seiner Entscheidung besteht.

Der Beurteilung des OLG unterliegt auch die auf Beschwerde der Vollstre- 214
ckungsbehörde ergangene Entscheidung des **Beschwerdegerichts,** mit der dieses
die Verweigerung der Zustimmung bestätigt hat (*Kornprobst* in MüKoStGB
Rn. 176; zw. *Katholnigg* NStZ 1996, 615 (616)). Auch dann liegt eine Verweigerung
der Zustimmung durch das Gericht des ersten Rechtszuges vor; dass diese durch das
Beschwerdegericht bestätigt wurde, ändert daran nichts.

E. Zurückstellung bei Gesamtstrafen, Einheitsjugendstrafen und Strafresten (Absatz 3)

215 Die Vorschrift befasst sich mit der Zurückstellung bei **Gesamtfreiheitsstrafen** und **Strafresten**. In beiden Fällen enthält sie eine Erweiterung der in § 35 Abs. 1 S. 1 genannten Voraussetzungen. Während sich die Ausdehnung bei den Gesamtfreiheitsstrafen auf das Erfordernis der Betäubungsmittelabhängigkeit bezieht, bezieht sie sich bei den Strafresten auf die Höhe der verhängten Strafe. Für **Einheitsjugendstrafen** gilt die Vorschrift entsprechend (→ Rn. 219–221).

216 **I. Gesamtfreiheitsstrafen, Einheitsjugendstrafen (Nr. 1).** Die Zurückstellung der Strafvollstreckung kommt auch bei einer Gesamtstrafe in Betracht, wenn sie zwei Jahre Freiheitsstrafe nicht übersteigt.

217 Dabei ist **nicht erforderlich,** dass der Verurteilte **alle Taten,** die der Gesamtstrafe zugrunde liegen, aufgrund einer Betäubungsmittelabhängigkeit begangen hat. Es reicht aus, wenn dies für **den ihrer Bedeutung nach überwiegenden Teil** zutrifft. Ob dies gegeben ist, richtet sich nicht nach der Zahl der Verstöße, sondern nach ihrem Gewicht (OLG Stuttgart NStZ-RR 2001, 343; OLG Karlsruhe NStZ-RR 2012, 250; *Fabricius* in Körner/Patzak/Volkmer Rn. 119). Dabei ist die Höhe der auf die abhängigkeitsbedingten Taten entfallenden Einzelstrafen ein wichtiges Indiz (*Kornprobst* in MüKoStGB Rn. 58). Die Bedeutung der Tat kann sich aber nicht nur daraus ergeben, sondern auch aus anderen Gründen (OLG Karlsruhe NStZ-RR 2012, 250), etwa wenn die Tat wegen ihres Einflusses auf die Persönlichkeitsentwicklung schwerer ins Gewicht fällt (OLG Stuttgart NStZ-RR 2001, 343; *Joachimski/Haumer* BtMG Rn. 28). Auch die Anbringung des Registervermerks nach § 260 Abs. 5 S. 2 StPO kann erkennen lassen, dass das Gericht den von der Betäubungsmittelabhängigkeit geprägten Strafen ein höheres Gewicht beigemessen hat (OLG Stuttgart NStZ-RR 2001, 343).

218 **Nicht zulässig** ist es, die Gesamtstrafe in einen zurückstellungsfähigen und einen nicht zurückstellungsfähigen Teil **aufzuspalten.** Liegen die Voraussetzungen für die Zurückstellung bei dem ihrer Bedeutung nach überwiegenden Teil der abgeurteilten Straftaten vor, so ist die Gesamtstrafe insgesamt zurückzustellen (*Kornprobst* in MüKoStGB Rn. 59; *Katholnigg* NStZ 1981, 417 (418); *Eberth/Müller* BtMR Rn. 79).

219 **Auf Einheitsjugendstrafen** (§§ 31, 66, 109 JGG) ist § 35 Abs. 3 Nr. 1 entsprechend anzuwenden (§ 38 Abs. 1 S. 1). Für die Zurückstellung reicht es daher aus, wenn die Kausalität bei einem nach Bedeutung und Gewicht überwiegenden Teil der Taten gegeben war (KG BeckRS 2008, 558).

220 Die entsprechende Anwendung ist unproblematisch, soweit bei der Anwendung von allgemeinem Strafrecht eine **Gesamtstrafenlage** bestanden hätte. Fehlt es daran, so kann die erweiterte Einbeziehung von Strafen zu einer Benachteiligung führen, wenn ihretwegen die Einheitsjugendstrafe zwei Jahre übersteigt oder die Voraussetzungen des § 35 Abs. 1 nicht mehr für den ihrer Bedeutung nach überwiegenden Teil der Straftaten erfüllt sind. In der Regel kann dies dadurch vermieden werden, dass nach § 31 Abs. 3, § 66 Abs. 1 S. 2, § 105 Abs. 1, 2 JGG aus **erzieherischen** Gründen von der Bildung einer Einheitsjugendstrafe **abgesehen** wird (*Kornprobst* in MüKoStGB Rn. 60; *Fabricius* in Körner/Patzak/Volkmer Rn. 121; *Bohnen* in BeckOK BtMG Rn. 115).

221 Ist dies unterblieben, so dürfte es im Hinblick auf die lediglich sinngemäße Geltung des § 35 Abs. 3 Nr. 1 im Jugendstrafrecht (§ 38 Abs. 1 S. 1) zulässig sein, den abhängigkeitsbedingten Delikten besonderes Gewicht beizumessen, wenn die dadurch ermöglichte Zurückstellung dem **Erziehungsziel jugendstrafrechtlicher Sanktionen** am besten gerecht wird (*Kornprobst* in MüKoStGB Rn. 60; *Fabricius* in

Körner/Patzak/Volkmer Rn. 121). Die damit mögliche Privilegierung der Jugendlichen sollte im Interesse des Erziehungsgedankens hingenommen werden (*Bohnen* in BeckOK BtMG Rn. 117).

II. Strafreste (Nr. 2). Die Vorschrift lässt die Zurückstellung auch bei Freiheits- 222
strafen oder Jugendstrafen von mehr als zwei Jahren zu, wenn der noch zu vollstreckende Strafrest zwei Jahre nicht übersteigt. Die damit verbundene Erweiterung der Zurückstellungsmöglichkeiten ist erheblich. Damit, dass die Strafe bis auf zwei Jahre erledigt sein muss, trägt die Regelung auf der anderen Seite auch der Schwere der Schuld Rechnung (*Winkler* in Hügel/Junge/Lander/Winkler Rn. 3.2).

Für die Berechnung des noch zu vollstreckenden Strafrestes kommt es auf die 223
Zeit zwischen dem erledigten Teil der Strafe und dem Strafende an. Eine mögliche vorzeitige Entlassung nach § 57 StGB, § 88 JGG oder § 456a StPO ist nicht zu berücksichtigen (BGHSt 34, 318 (→ Rn. 12)).

Absatz 3 Nr. 2 gilt auch für den **Rest einer Gesamtfreiheitsstrafe**. Bei dieser ist 224
neben der Begrenzung des Strafrestes auf höchstens zwei Jahre zusätzlich erforderlich, dass die Voraussetzungen des § 35 Abs. 1 für den seiner Bedeutung nach überwiegenden Teil der abgeurteilten Straftaten vorliegen. Für **Einheitsjugendstrafen** gilt dies entsprechend (§ 38 Abs. 1 S. 1; auch → Rn. 221).

F. Nachweis- und Mitteilungspflichten (Absatz 4)

Die Vorschrift soll mit Rücksicht darauf, dass von der Vollstreckung einer staat- 225
lichen Sanktion abgesehen wird, ein Mindestmaß an Kontrolle sicherstellen (*Kornprobst* in MüKoStGB Rn. 180). Sie wendet sich an den Verurteilten und an die behandelnden Personen und Einrichtungen, wobei unterschiedliche Pflichten begründet werden:

I. Die Nachweispflicht des Verurteilten (Hs. 1). Für den Verurteilten be- 226
gründet Absatz 4 Hs. 1 die Pflicht, zu bestimmten Zeitpunkten den Nachweis über die Aufnahme und die Fortführung der Behandlung zu erbringen.

1. Zeitpunkte des Nachweises. Die Zeitpunkte, zu denen die Nachweise zu 227
erbringen sind, müssen von der Vollstreckungsbehörde festgelegt werden. Ohne eine solche Festsetzung muss der Nachweis nicht erbracht werden (*Kornprobst* in MüKoStGB Rn. 182). Bei der Festsetzung des Zeitpunkts ist zu berücksichtigen, dass durch zu kurze Zeiträume ein erheblicher Aufwand auch bei der Vollstreckungsbehörde besteht. Eine zwei- bis dreimonatige Meldung reicht in aller Regel aus (*Fabricius* in Körner/Patzak/Volkmer Rn. 413). Im weiteren Fortschritt der Therapie sollten die Intervalle als Vertrauenserweis verlängert werden.

2. Form des Nachweises. Eine besondere Form schreibt das Gesetz für den 228
Nachweis nicht vor. Telefonische Mitteilungen genügen nur, wenn die Vollstreckungsbehörde sie ausdrücklich zugelassen hat (weitergehend *Joachimski/Haumer* BtMG Rn. 30). Sachgerecht ist es, wenn die Vollstreckungsbehörde bei der Festsetzung der Zeitpunkte, zu denen die Nachweise zu erbringen sind, auch deren Form näher beschreibt (→ Rn. 168, 169), wobei die Schriftform vorzuziehen ist (*Kornprobst* in MüKoStGB Rn. 183; *Bohnen* in BeckOK BtMG Rn. 326). Erscheinen die bloßen Angaben des Verurteilten nicht ausreichend, so kann von ihm verlangt werden, eine Bestätigung durch die behandelnden Personen oder die Einrichtung beizubringen (*Eberth/Müller* BtMR Rn. 83).

Das Gesetz sieht aus therapeutischen Gründen vor, dass der Verurteilte **den** 229
Nachweis selbst erbringt (*Kornprobst* in MüKoStGB Rn. 183). Daran sollte grundsätzlich festgehalten werden. Allerdings ist der Nachweis auch dann erbracht, wenn er von den behandelnden Personen oder der Einrichtung im Auftrag des Verurteilten geführt wird (*Kornprobst* in MüKoStGB Rn. 183).

230   **3. Inhalt der Nachweispflicht.** Der Inhalt der Nachweispflicht wird in Absatz 4 Hs. 1 dahin beschrieben, dass lediglich die Aufnahme und die Fortführung der Behandlung nachzuweisen sind. Ein Nachweis über die Fortschritte der Therapie ist dagegen nicht vorgeschrieben. Es genügt, wenn die äußere Fortsetzung der Behandlung belegt wird (*Joachimski/Haumer* BtMG Rn. 30).

231   **4. Zweck der Nachweispflicht.** Die Nachweispflicht soll der Vollstreckungsbehörde bei einem Misslingen der Behandlung eine schnelle Reaktion durch Widerruf der Zurückstellung und Erlass eines Vollstreckungshaftbefehls ermöglichen und damit ein längeres Untertauchen des Verurteilten in der Drogenszene verhindern (BT-Drs. 8/4283, 7; BayObLGSt 1989, 7 = NJW 1990, 786 = NStZ 1990, 85 mAnm *Kreuzer* = StV 1990, 114).

232   Besondere Bedeutung kommt dem Nachweis zu, die **Therapie angetreten** zu haben. Der Gesetzgeber hat sie dem Verurteilten auferlegt, um seine Therapiemotivation zu erproben und ihm schon zu Beginn der Behandlung seine eigene Verantwortung aufzuzeigen (*Kreuzer* NStZ 1990, 87). Nicht nur strafrechtliche Interessen, sondern auch die Belange der Therapie erfordern es daher, dass die Vollstreckungsbehörde den Therapieantritt **eng kontrolliert,** in diesem Punkt keine zu großzügigen Fristen setzt und bei Nichteingang des Nachweises zum festgesetzten Zeitpunkt sofort tätig wird (*Kreuzer* NStZ 1990, 87). Zur Mitteilung des Therapieantritts durch die behandelnde Einrichtung → Rn. 234–258.

233   **5. Weitergehende Nachweispflichten.** → Rn. 172–177.

234   **II. Die Mitteilungspflicht der Behandelnden (Hs. 2).** Während die Nachweispflicht des Verurteilten im Gesetzgebungsverfahren nicht umstritten war, wurde die Mitteilungspflicht der behandelnden Personen und Einrichtungen namentlich im Hinblick auf das therapeutische Vertrauensverhältnis und die ärztliche Schweigepflicht intensiv erörtert. Aus dieser Entstehungsgeschichte wird allgemein hergeleitet, dass § 35 Abs. 4 Hs. 2 eng auszulegen sei (BayObLGSt 1989, 7 (→ Rn. 231)).

235   Gleichwohl ist die Mitteilungspflicht ein besonders **neuralgischer Punkt** in den Beziehungen zwischen Justiz und Therapieeinrichtungen (*Fabricius* in Körner/Patzak/Volkmer Rn. 421; *Winkler* in Hügel/Junge/Lander/Winkler Rn. 8.2 je mwN). Jedoch kann auf sie nicht verzichtet werden. Auch wenn sie stets zu einer Belastung des Vertrauensverhältnisses zu dem Probanden führen würde (was aber nicht der Fall ist), könnte sie schon im staatlichen Interesse an einer wirksamen und gerechten Strafvollstreckung nicht aufgegeben werden.

236   **1. Gegenstand der Mitteilung.** Mitzuteilen ist der Abbruch der Behandlung:

237   **a) Abbruch der Behandlung.** Unter einem Abbruch der Behandlung (Therapieabbruch) ist ein Verhalten zu verstehen, aus dem der Schluss gezogen werden kann, dass der Verurteilte die Behandlung in der Einrichtung, in der er sich befindet, nicht fortsetzen will (OLG Koblenz NStZ 1995, 294; *Fabricius* in Körner/Patzak/Volkmer Rn. 422; *Kornprobst* in MüKoStGB Rn. 189). Ein Abbruch ist auch dann gegeben, wenn die Einrichtung dem Verurteilten wegen seines Verhaltens nicht erlaubt, die Behandlung fortzusetzen (*Kornprobst* in MüKoStGB Rn. 189; *Winkler* in Hügel/Junge/Lander/Winkler Rn. 9.1; *Adams/Eberth* NStZ 1983, 193 (197)). Allerdings muss ein Ausscheiden aus der Einrichtung aus **disziplinarischen Gründen,** zB wegen einer tätlichen Auseinandersetzung, noch keinen Abbruch bedeuten (AG Braunschweig StV 1990, 415; *Joachimski/Haumer* BtMG Rn. 34). Ein Abbruch liegt auch dann nicht vor, wenn der Verurteilte die Therapieeinrichtung sonst mit dem Willen der Einrichtung oder der Vollstreckungsbehörde verlässt.

238   **Eine vorübergehende Abwesenheit** von der Einrichtung (zB unerlaubter Besuch bei der Freundin) ist eine Unterbrechung, aber noch kein Abbruch der Therapie (*Fabricius* in Körner/Patzak/Volkmer Rn. 422). Auf der anderen Seite darf aus

der Erfahrung, dass viele Drogenabhängige nach einer Abwesenheit von bis zu sieben Tagen wieder in die Einrichtung zurückkehren, nicht **schematisch** geschlossen werden, erst eine darüber hinausgehende Abwesenheit sei als Therapieabbruch anzusehen (zw. OLG Koblenz NStZ 1995, 294). Diese Frist mag die äußerste Grenze (*Adams/Eberth* NStZ 1983, 194 (197)) für das Vorliegen einer wohlwollenden Interpretation der Abwesenheit sein (s. die von *Adams/Eberth* NStZ 1983, 193 (197) mitgeteilte Empfehlung der Drogenbeauftragten des Bundes und der Länder v. 29./30.10.1981; ebenso einige Vorschriften der Länder über die Anerkennung von Therapieeinrichtungen (*Bohnen* in BeckOK BtMG Rn. 339, 339.1); sehr krit. *Kornprobst* in MüKoStGB Rn. 190).

Sie entbindet jedoch **nicht von der Pflicht,** sofort nach dem Verlassen der 239 Einrichtung aufgrund der Umstände des Einzelfalls zu prüfen, ob mit einer alsbaldigen Rückkehr des Verurteilten zu rechnen ist (s. *Fabricius* in Körner/Patzak/Volkmer Rn. 423; *Joachimski/Haumer* BtMG Rn. 31) und gegebenenfalls unverzüglich (→ Rn. 251) eine Mitteilung zu machen. Dasselbe gilt, wenn wegen eines wiederholten Verlassens der Einrichtung nicht mehr vom Vorliegen einer Therapiebereitschaft ausgegangen werden kann (*Kornprobst* in MüKoStGB Rn. 190).

Bei einer ambulanten Therapie liegt ein Abbruch vor, wenn der Verurteilte die 240 Kautelen, unter denen die Zurückstellung der Strafvollstreckung stand (→ Rn. 170, 171), nicht beachtet, so dass wesentliche Bestandteile des Therapieprogramms nicht verwirklicht werden. Dies kommt etwa in Betracht, wenn er weisungswidrig keinen regelmäßigen Kontakt zum Therapeuten hält, wenn er sich weigert, Urinproben abzugeben, wenn er das Substitutionsmittel nicht einnimmt oder abzweigt, die psychosoziale Begleitung nicht mehr wahrnimmt oder das für die Wahl der Therapieform maßgebliche Arbeits- oder Ausbildungsverhältnis aufgibt (*Kornprobst* in MüKoStGB Rn. 189, 202).

b) Nichtantritt der Behandlung. Der Abbruch einer Behandlung setzt voraus, 241 dass sie begonnen wurde. Die Mitteilungspflicht des Absatzes 4 Hs. 2 erfasst daher nicht den Beginn der Behandlung. Tritt der Verurteilte die Therapie nicht an, so sind die behandelnden Personen zu einer Meldung nicht verpflichtet (BayObLGSt 1989, 7 (→ Rn. 231); *Fabricius* in Körner/Patzak/Volkmer Rn. 416; *Kornprobst* in MüKoStGB Rn. 191). Dies muss nicht zu Unzuträglichkeiten führen, wenn die Vollstreckungsbehörde den Therapieantritt über den Verurteilten eng kontrolliert (→ Rn. 232).

c) Begleitung zum Therapieantritt. In der Praxis ist es nicht selten, häufig 242 auch von der Vollstreckungsbehörde erwünscht und vielfach geboten, dass der Verurteilte zum Therapieantritt begleitet wird.

aa) Begleitung durch Mitarbeiter der Therapieeinrichtung. Hat es die 243 Therapieeinrichtung übernommen, den Verurteilten von der Vollzugsanstalt zur Einrichtung zu bringen, so kann das unerlaubte Sichentfernen des Verurteilten einen Therapieabbruch darstellen, wenn nach den Umständen bereits die Begleitung auf dem Weg zur Einrichtung als Beginn der Behandlung anzusehen ist (BayObLGSt 1989, 7 (→ Rn. 231); *Kornprobst* in MüKoStGB Rn. 192).

bb) Begleitung durch Mitarbeiter anderer Stellen. Erklären sich Mitarbeiter 244 der Justizvollzugsanstalt, von Drogenberatungsstellen oder anderen Einrichtungen bereit, den Verurteilten zum Therapieantritt zu begleiten, so liegt in der Regel ein Gefälligkeitsverhältnis vor, aus dem sich schon deswegen keine Rechtspflichten ergeben (*Fabricius* in Körner/Patzak/Volkmer Rn. 419).

Aber auch, wenn die Vollstreckungsbehörde einen **förmlichen Auftrag** erteilt, 245 ergibt sich daraus weder eine rechtliche Pflicht, noch die rechtliche Möglichkeit des Begleiters, den Verurteilten, der sich nicht (mehr) im Vollzug befindet, am Nichtantritt der Therapie zu hindern. Auch eine, zumal strafrechtlich bewehrte, **Melde-**

pflicht ergibt sich aus einer solchen Begleitung noch nicht, da die Mitwirkung bei der Verwirklichung des staatlichen Strafanspruchs grundsätzlich nicht zu ihrem Inhalt gehört (BayObLGSt 1989, 7 (→ Rn. 231); *Fabricius* in Körner/Patzak/Volkmer Rn. 419).

246 **cc) (Selbst-)Verpflichtung zur Meldung.** Hat sich der Begleiter zu einer Meldung verpflichtet, wenn sich der Verurteilte unerlaubt entfernt, so soll sich daraus eine Garantenstellung ergeben können, die zu einer strafrechtlichen Haftung (§ 258 Abs. 2, § 13 StGB) führen könne (BayObLGSt 1989, 7 (→ Rn. 231); *Bohnen* in BeckOK BtMG Rn. 344; *Joachimski/Haumer* BtMG Rn. 32; aA *Fabricius* in Körner/Patzak/Volkmer Rn. 419; *Kreuzer* NStZ 1990, 87 (88); zurückhaltend *Kornprobst* in MüKoStGB Rn. 192). Ob der Begleiter mit seiner Verpflichtung wirklich auch eine Gewähr für die Verwirklichung des staatlichen Vollstreckungsanspruchs übernommen hat, bedarf im Einzelfall aber einer genauen Prüfung.

247 **2. Form der Mitteilung.** Eine bestimmte Form ist für die Mitteilung nicht vorgeschrieben. Üblich ist die Mitteilung per Telefax. Aber auch telefonische Mitteilungen oder Mitteilungen per E-Mail reichen aus (*Bohnen* in BeckOK BtMG Rn. 347).

248 **3. Inhalt der Mitteilung.** Die gesetzliche Meldepflicht beschränkt sich auf die Mitteilung des Abbruchs. Hat der Verurteilte die Einrichtung verlassen, so muss zumindest mitgeteilt werden, dass es sich bei dem Verlassen um einen Behandlungsabbruch handelt. Unzureichend ist eine Mitteilung, die nur enthält, dass der Verurteilte sich innerhalb eines bestimmten Zeitraums in der Einrichtung aufgehalten und sie dann verlassen hat (*Fabricius* in Körner/Patzak/Volkmer Rn. 424).

249 **Ein differenzierendes** und **flexibles** Vorgehen der Vollstreckungsbehörde wird wesentlich erleichtert, wenn sie durch einen **Therapiebericht** auch über den Behandlungsverlauf und die Umstände und Hintergründe des Therapieabbruchs unterrichtet wird (*Fabricius* in Körner/Patzak/Volkmer Rn. 424; *Kornprobst* in MüKoStGB Rn. 195; *Winkler* in Hügel/Junge/Lander/Winkler Rn. 9.6; *Bohnen* in BeckOK BtMG Rn. 349, allerdings mit Hinweis auf die Schweigepflicht). Dass dem Verurteilten im Widerrufsverfahren Gelegenheit gegeben werden kann, die für ihn sprechenden Umstände vorzutragen, macht eine solche Unterrichtung nicht entbehrlich, da der Verurteilte in aller Regel nicht greifbar ist, so dass zunächst Vollstreckungshaftbefehl ergehen muss. Es trifft daher nicht zu, dass es für die Entscheidung der Vollstreckungsbehörde ohne Bedeutung ist, warum die Behandlung abgebrochen wurde (so aber *Eberth/Müller* BtMR Rn. 91). Zu einer etwaigen Schweigepflicht und zu etwaigen Zeugnisverweigerungsrechten → Rn. 252–257.

250 **4. Adressat der Mitteilungspflicht.** Zur Mitteilung des Behandlungsabbruchs sind die behandelnden Personen oder Einrichtungen verpflichtet. Bei Einzelpersonen, etwa bei einer ambulanten Behandlung, steht der Verpflichtete damit eindeutig fest. Erfolgt die Therapie in einer Einrichtung, so müssen deren Verantwortliche organisatorisch dafür sorgen, dass die Meldepflicht erfüllt wird (*Eberth/Müller* BtMR Rn. 86). Der Leiter der Einrichtung oder auch eine sonst behandelnde Person ist nicht befugt, den Verurteilten so lange festzuhalten, bis die Polizei ihn abholen kann. Ein vorläufiges Festnahmerecht besteht nicht (*Tröndle* MDR 1982, 1 (4)).

251 **5. Mitteilungsfrist.** Eine bestimmte Frist ist gesetzlich nicht festgelegt, es entspricht aber dem Gesetz, dass die Mitteilung unverzüglich zu erfolgen hat (BT-Drs. 8/4283, 8; *Kornprobst* in MüKoStGB Rn. 194; *Bohnen* in BeckOK BtMG Rn. 345). Ein schuldhaftes Zögern kann nicht nur dann vorliegen, wenn die Einrichtung nach dem Erkennen des Abbruchs unangemessen lange mit der Meldung zuwartet, sondern auch, wenn sie die Augen davor verschließt, dass der Verurteilte die Therapie abgebrochen hat, und sich auf die Sieben-Tage-Frist (→ Rn. 238) verlässt.

§ 35 BtMG

6. Schweigepflicht. Soweit Mitteilungspflichtige der ärztlichen oder einer anderen Schweigepflicht (§ 203 StGB) unterliegen, machen sie sich durch die Mitteilung des **Abbruchs der Behandlung** nicht strafbar, weil sie hierzu nicht nur befugt, sondern nach § 35 Abs. 4 Hs. 2 sogar verpflichtet sind (*Joachimski/Haumer* BtMG Rn. 32; *Winkler* in Hügel/Junge/Lander/Winkler Rn. 8.3; *Pfeil/Hempel/ Schiedermair/Slotty* BtmR Rn. 54). 252

Sie handeln auch **nicht unbefugt,** soweit sie Umstände und Hintergründe des Abbruchs der Behandlung einschließlich des **Therapieverlaufs** mitteilen. Der Umfang der Mitteilung ist im Gesetz nicht vorgeschrieben. Dass § 35 Abs. 4 Hs. 2 hinsichtlich des **Zwangs** zur Mitteilung eng auszulegen ist, ergibt sich aus seiner Entstehungsgeschichte. Für die **Befugnis** zur Mitteilung ist dagegen deren Sinn und Zweck maßgeblich, der darin besteht, die Vollstreckungsbehörde rechtzeitig in die Lage zu versetzen, eine sachgerechte Entschließung zu treffen. Soweit es um die Befugnis zur Mitteilung geht, hat die enge Auslegung des § 34 Abs. 4 Hs. 2 daher keinen Platz (iErg ebenso *Fabricius* in Körner/Patzak/Volkmer Rn. 424). 253

7. Zeugnisverweigerungsrechte. Die im Ersten Buch der StPO geregelten Zeugnisverweigerungsrechte der Berufsgeheimnisträger, namentlich der Ärzte (§ 53 Abs. 1 Nr. 3 StPO) und Berater für Fragen der Betäubungsmittelabhängigkeit in einer anerkannten Beratungsstelle (§ 53 Abs. 1 Nr. 3b StPO) und ihrer Berufshelfer (§ 53a StPO) gelten auch im Siebenten Buch der StPO (Vollstreckungsverfahren). Kein Zeugnisverweigerungsrecht haben andere Personen, die in Betäubungsmittelfragen beraten oder behandeln (*Schmitt* in Meyer-Goßner/Schmitt StPO § 53 Rn. 22), insbesondere nicht ehrenamtliche Mitarbeiter in Selbsthilfegruppen (BVerfG NJW 1996, 1587 = StV 1998, 355 mAnm *Kühne*). 254

Steht einem Arzt ein Zeugnisverweigerungsrecht zu, so obliegt es ausschließlich seiner **freien Entscheidung,** ob er sich nach Abwägung der widerstreitenden Interessen zu einer Zeugenaussage entschließt. Der Patient, der den Arzt von der Schweigepflicht entbindet, hat keinen strafprozessualen Anspruch darauf, dass der Arzt die Aussage verweigert (BGH NStZ 2018, 362 = StV 2018, 476 = MedR 2018, 968 mAnm *Ruppert* = StRR 2018, 12 mAnm *Burhoff*). Auch dann bleibt die Aussage grundsätzlich verwertbar. 255

Das Zeugnisverweigerungsrecht erstreckt sich **nicht** auf die sogenannten **Rahmendaten** der Therapie, zB ob der Verurteilte die Beratung weisungsgemäß in Anspruch genommen hat (BT-Drs. 12/2738, 5; LG Hamburg NStZ 1983, 182 mAnm *Dahs;* Hügel/Junge/Lander/Winkler § 36 Rn. 6.3.4; *Joachimski/Haumer* BtMG Rn. 33; *Eberth/Müller* BtMR Rn. 88). Für die Mitteilung des **Therapieabbruchs** enthält § 35 Abs. 4 Hs. 2 im Übrigen eine Sondervorschrift, so dass schon deswegen ein Recht, den Abbruch nicht mitzuteilen, nicht besteht. 256

Zur Mitteilung des **Therapieverlaufs** sind die Berufsgeheimnisträger zwar nicht verpflichtet, wohl aber **befugt.** Da auch insoweit eine Schweigepflicht nicht besteht (→ Rn. 253), steht es schon deswegen (→ Rn. 255) in ihrem Ermessen, ob sie von ihrem Zeugnisverweigerungsrecht Gebrauch machen. 257

8. Verstöße gegen die Mitteilungspflicht. Wird gegen die Pflicht verstoßen, den Abbruch der Behandlung der Vollstreckungsbehörde mitzuteilen, so können sich die behandelnden Personen oder die Verantwortlichen der Therapieeinrichtung wegen Vollstreckungsvereitelung (§ 258 Abs. 2, § 13 StGB) strafbar machen (BayObLGSt 1989, 7 (→ Rn. 231); *Fabricius* in Körner/Patzak/Volkmer Rn. 426; *Kornprobst* in MüKoStGB Rn. 196; *Bohnen* in BeckOK BtMG Rn. 351; *Malek* BtMStrafR Kap. 5 Rn. 67; aA *Kreuzer* NStZ 1990, 87 (88)). Soweit in diesem Zusammenhang auch fahrlässige Körperverletzung (§ 229 StGB) und fahrlässige Tötung (§ 222 StGB) durch Unterlassen genannt werden, dürften diese Tatbestände nach den Grundsätzen der eigenverantwortlichen Selbstgefährdung (→ § 13 258

BtMG § 35 Siebenter Abschnitt. Betäubungsmittelabhängige Straftäter

Rn. 178–181; → § 30 Rn. 158, 159, 209–234) regelmäßig ausscheiden. In bestimmten Fällen kann allerdings unterlassene Hilfeleistung (§ 323 c StGB) in Betracht kommen (*Bohnen* in BeckOK BtMG Rn. 351; *Malek* BtMStrafR Kap. 5 Rn. 67).

G. Widerruf aus Behandlungsgründen (Absatz 5)

259 **Die Zurückstellung** der Strafvollstreckung als Abweichung von dem Grundsatz, dass rechtskräftige Strafurteile zu vollstrecken sind, **ist nur und nur solange** gerechtfertigt, wie der Verurteilte **behandelt** wird. Tritt er die Therapie nicht an oder setzt er sie nicht fort, so muss die Zurückstellung rasch beendet werden können. Dies liegt auch im Interesse des Verurteilten selbst, weil so verhindert werden kann, dass er wieder über längere Zeit Betäubungsmittel zu sich nimmt (*Katholnigg* NStZ 1981, 417 (419)). Die Beendigung der Zurückstellung erfolgt durch ihren Widerruf.

260 **I. Voraussetzungen des Widerrufs (Satz 1).** Der Widerruf der Zurückstellung ist bei drei Fallgestaltungen möglich:

261 **1. Nichtantritt der Therapie.** Wird die Behandlung nicht begonnen, und ist auch nicht zu erwarten, dass der Verurteilte eine Behandlung derselben Art alsbald beginnt, so ist die Zurückstellung zu widerrufen.

262 **a) Nicht begonnen** ist die Behandlung dann, wenn der Verurteilte bereits auf dem Weg von der Justizvollzugsanstalt zur Therapieeinrichtung die Flucht ergreift (*Kornprobst* in MüKoStGB Rn. 199) oder wenn sonst der für den Beginn der Behandlung vorgesehene Zeitpunkt nicht unerheblich überschritten wird (*Kornprobst* in MüKoStGB Rn. 199; *Joachimski/Haumer* BtMG Rn. 37).

263 **b) Erwartensklausel.** Weitere Voraussetzung ist, dass nicht zu erwarten ist, dass der Verurteilte eine Behandlung derselben Art alsbald beginnt. Dieses Merkmal wurde durch Gesetz v. 9.9.1992 (→ Rn. 1) eingefügt und soll eine flexible und dem vielgestaltigen und wechselhaften Geschehen bei einer Therapie entsprechende Entscheidung der Vollstreckungsbehörde ermöglichen:

264 **aa) Nicht zu erwarten.** Der alsbaldige Beginn einer Behandlung derselben Art ist nicht zu erwarten, wenn keine durch Tatsachen begründete Wahrscheinlichkeit hierfür spricht (BGH NStZ 1986, 27 = StV 1986, 16; StV 1991, 514; ähnlich *Kornprobst* in MüKoStGB Rn. 207; *Bohnen* in BeckOK BtMG Rn. 369). Nicht erforderlich ist, dass der Nichtantritt gewiss ist. Erforderlich sind Tatsachen, die die Erwartung rechtfertigen, etwa erkennbare Bemühungen des Verurteilten um einen Therapieplatz in einer anderen Einrichtung.

265 **Nicht zu erwarten ist** der Therapiebeginn auch dann, wenn es dem Verurteilten an der erforderlichen **Therapiewilligkeit fehlt.** Für diese gelten die gleichen Grundsätze wie für die notwendige Therapiebereitschaft im Rahmen der Zurückstellung nach Absatz 1 Satz 1 (→ Rn. 111–123); daher ist auch für den Widerruf maßgeblich, ob das Verhalten des Verurteilten über die Tatsache des Scheiterns früherer Therapieversuche hinaus konkrete Zweifel an einem ernsthaften Therapiewillen begründet (OLG Koblenz NStZ 2009, 395).

266 **bb) Behandlung derselben Art.** Die Erwartung muss auf den Beginn einer Behandlung derselben Art bezogen sein. Ob dies gegeben ist, ist am Maßstab auszurichten, der bereits bei der Zurückstellung der Strafvollstreckung anzulegen war (OLG Koblenz NStZ 1995, 294). War diese zur Durchführung einer stationären Langzeittherapie erfolgt, so muss auch die Erwartung begründet sein, dass der Verurteilte die Therapie in einer vergleichbaren Therapieeinrichtung aufnimmt (OLG Koblenz NStZ 1995, 294; *Winkler* in Hügel/Junge/Lander/Winkler Rn. 10.3). Andernfalls würde es seinem Gutdünken überlassen, sich irgendeine Be-

handlungsform auszusuchen. Auch würde in die Zustimmungsentscheidung des Gerichts eingegriffen (*Kornprobst* in MüKoStGB Rn. 209; *Bohnen* in BeckOK BtMG Rn. 373). Zu den Fällen des Therapieabbruchs → Rn. 275.

Etwas anderes kann in Betracht kommen, wenn die neue Therapie konzeptionell **267** mit der ursprünglich vorgesehenen vergleichbar ist (*Kornprobst* in MüKoStGB Rn. 209; *Bohnen* in BeckOK BtMG Rn. 373; ähnlich *Fabricius* in Körner/Patzak/ Volkmer Rn. 454). Zeigt der Verurteilte lediglich die Bereitschaft zur Aufnahme einer **ambulanten** Behandlung an, obwohl ursprünglich eine stationäre vorgesehen war, so sind die Voraussetzungen für einen Widerruf gegeben (OLG Koblenz NStZ 1995, 294). Dem Verurteilten bleibt die Möglichkeit einen neuen Antrag zu stellen. Hierzu kann ihm auch Strafaufschub nach § 456 StPO gewährt werden (*Bohnen* in BeckOK BtMG Rn. 374).

cc) Alsbaldiger Beginn. Der Beginn muss alsbald zu erwarten sein. Der Begriff **268** „alsbald" ist nicht mit „unverzüglich" gleichzusetzen (aA *Körner* StV 1994, 514 (517); *Franke/Wienroeder* Rn. 20), sondern muss sich an § 35 Abs. 1 orientieren (OLG Koblenz NStZ 1985, 294; OLG Karlsruhe NStZ-RR 2003, 311 = StV 2003, 630). Der Beginn der Behandlung ist danach nur dann alsbald zu erwarten, wenn **die Voraussetzungen erfüllt sind,** die nach dieser Vorschrift an die Zurückstellung zu stellen sind (OLG Koblenz NStZ 1985, 294). Dazu gehören (OLG Koblenz NStZ 1985, 294; *Kornprobst* in MüKoStGB Rn. 208; *Bohnen* in BeckOK BtMG Rn. 371) sowohl die schriftliche Zusage des Verurteilten zum Beginn der Therapie in einer bestimmten vergleichbaren Einrichtung (→ Rn. 107–111) als auch die Gewährleistung des Behandlungsbeginns (→ Rn. 124–130).

Von einem alsbaldigen Beginn **kann keine Rede sein,** wenn der Verurteilte sich **269** **über mehrere Monate** um die Fortsetzung der Behandlung oder die Aufnahme in eine vergleichbare Einrichtung **bemüht** (*Fabricius* in Körner/Patzak/Volkmer Rn. 453; *Kornprobst* in MüKoStGB Rn. 208; aA OLG Karlsruhe NStZ-RR 2003, 311; OLG Frankfurt a. M. BeckRS 2006, 09098). Das Gesetz stellt nicht auf die Bemühen des Verurteilten, sondern auf die alsbaldige Aufnahme der Behandlung ab. Nur so ist gewährleistet, dass der Verurteilte sich auf nicht absehbare Zeit weder im Strafvollzug noch in therapeutischer Behandlung befindet.

2. Nichtfortführen der Therapie. Wird die Behandlung nicht fortgeführt und **270** ist auch nicht zu erwarten, dass der Verurteilte eine Behandlung derselben Art alsbald wieder aufnimmt, so ist die Zurückstellung ebenfalls zu widerrufen.

a) Nicht fortgeführt ist die Behandlung, wenn sie abgebrochen wurde, obwohl **271** ihr Ziel noch nicht erreicht ist. Ob dies gegeben ist, ist eine Entscheidung der Vollstreckungsbehörde und nicht der Wertung durch den Therapeuten vorbehalten (*Kornprobst* in MüKoStGB Rn. 201; *Bohnen* in BeckOK BtMG Rn. 360; *Joachimski/Haumer* BtMG Rn. 37; aA *Eberth/Müller* BtMR Rn. 109). Zum Therapieabbruch im Einzelnen → Rn. 237–240.

Ist der Verurteilte von der Einrichtung aus disziplinarischen Gründen wegen **272** Drogenkonsums entlassen worden, so reicht das **EMIT-Drogen-Screening** für sich **nicht** aus, um den Nachweis des Konsums zu führen und damit den Abbruch zu belegen (OLG Zweibrücken StV 1986, 113, dazu *Kreuzer* StV 1986, 129; *Katholnigg* NJW 1990, 2296 (2298); *Kreuzer* in Kreuzer BtMStrafR-HdB § 4 Rn. 82). Zur Absicherung ist eine chromatographische und spektroskopische Laboruntersuchung notwendig (→ § 1 Rn. 96).

b) Erwartensklausel. Weitere Voraussetzung für den Widerruf ist, dass nicht zu **273** erwarten ist, dass der Verurteilte eine Behandlung derselben Art alsbald wieder aufnimmt (→ Rn. 263).

aa) Nicht zu erwarten. → Rn. 264, 265. **274**

275 **bb) Behandlung derselben Art.** Grundsätzlich gilt der Maßstab, der bereits bei der Zurückstellung der Strafvollstreckung anzulegen war (→ Rn. 266). Anders als bei dem Nichtantritt der Therapie ist jedoch die **Entwicklung** zu berücksichtigen, die seit Beginn der Therapie eingetreten ist (aA wohl *Kornprobst* in MüKoStGB Rn. 209 im Hinblick auf die Zustimmung; ebenso *Bohnen* in BeckOK BtMG Rn. 372–374). Wechselt der Verurteilte gegen Ende der stationären Therapie zu einer ambulanten Behandlung, so kann daher anders als beim Therapieantritt eine Behandlung derselben Art gegeben sein (OLG Köln StV 1995, 649; *Fabricius* in Körner/Patzak/Volkmer Rn. 454–456; *Franke/Wienroeder* Rn. 20; noch weitergehend OLG Düsseldorf StV 1986, 25). Dies gilt insbesondere dann, wenn bis zur Entscheidung des Gerichts ein langer Zeitraum vergangen ist und der Verurteilte in der ambulanten Therapie bereits Erfolge erzielt hat (OLG Nürnberg StV 2004, 385).

276 **cc) Alsbaldige Wiederaufnahme.** Es gelten dieselben Grundsätze wie bei dem Beginn der Therapie (→ Rn. 268, 269).

277 **3. Fehlende Nachweise über die Aufnahme und die Fortführung.** Auch für den Fall, dass der Verurteilte den Nachweis über die Aufnahme und die Fortführung der Behandlung nicht erbringt, ist der Widerruf der Zurückstellung vorgesehen. Die Nachweise sind auch dann nicht erbracht, wenn sie nicht rechtzeitig oder nicht vollständig vorgelegt werden (*Kornprobst* in MüKoStGB Rn. 212; *Joachimski/Haumer* BtMG Rn. 38).

278 **II. Nachträglicher Nachweis (Satz 2).** Weist der Verurteilte nachträglich nach, dass er sich in Behandlung befindet, so kann von dem Widerruf abgesehen werden (Absatz 5 Satz 2). Ähnlich wie die Erwartensklausel ermöglicht dies eine flexible Handhabung durch die Vollstreckungsbehörde, die dem Verurteilten für den Nachweis gegebenenfalls eine Nachfrist setzen kann (*Franke/Wienroeder* Rn. 21; *Pfeil/Hempel/Schiedermair/Slotty* BtMR Rn. 57). Ob die Vollstreckungsbehörde von einem Widerruf absieht, steht anders als in den Fällen, in denen Beginn oder Wiederaufnahme der Therapie erwartet werden können, in ihrem Ermessen.

279 **III. Entscheidung über den Widerruf (Sätze 1 und 2).** Die Entscheidung über den Widerruf ist eine Maßnahme der **Strafvollstreckung.** Nach Ablauf der Zurückstellungszeit ist ein Widerruf nicht mehr möglich; eine entsprechende Entscheidung ist gegenstandslos und aufzuheben (OLG Hamm BeckRS 2013, 14306).

280 **1. Verfahren.** Zuständig ist die Vollstreckungsbehörde (Rechtspfleger § 31 Abs. 2 RPflG), in Jugendsachen der Vollstreckungsleiter. Eine Anhörung des Verurteilten ist nicht erforderlich (*Kornprobst* in MüKoStGB Rn. 216; *Joachimski/Haumer* BtMG Rn. 34; *Winkler* in Hügel/Junge/Lander/Winkler Rn. 11.3; aA *Eberth/Müller* BtMR Rn. 104), wenn sie auch zweckmäßig sein kann (*Joachimski/Haumer* BtMG Rn. 34). Die Anhörung darf jedoch nicht dazu führen, dass die möglichst rasche Ergreifung des Verurteilten vereitelt wird (*Joachimski/Haumer* BtMG Rn. 34).

281 **Die Widerrufsgründe** sind in den Absätzen 5 und 6 abschließend aufgeführt (*Joachimski/Haumer* BtMG Rn. 34); zur erneuten Straffälligkeit → Rn. 282–285. In den Fällen des Abbruchs der Behandlung oder des Ausschlusses des Verurteilten aus der Einrichtung muss die Vollstreckungsbehörde **die Gründe hierfür aufklären** (*Fabricius* in Körner/Patzak/Volkmer Rn. 463). So leuchtet es ein, wenn der Verurteilte die Einrichtung verlässt, weil er dort mit Personen zusammentrifft, die er im Verfahren belastet hat (*Fabricius* in Körner/Patzak/Volkmer Rn. 463).

282 **2. Erneute Straffälligkeit.** Ein Rückfall des Verurteilten reicht für den Widerruf grundsätzlich nicht aus; entscheidend ist, ob er sich noch in Behandlung befindet (*Kornprobst* in MüKoStGB Rn. 205 unter Hinweis auf Absatz 6 Nr. 2). Zu erheblicher neuer Straffälligkeit → Rn. 284, 285. Der Weg aus der Sucht ist ein

langes prozesshaftes Geschehen, so dass zu einem Behandlungserfolg in der Regel zahlreiche Therapieversuche gehören (OLG Saarbrücken NStZ-RR 1996, 50; OLG Karlsruhe StV 2002, 263). Rückfälle sind daher nicht ungewöhnlich, sondern gehören zur Therapie dazu (OLG Karlsruhe StV 2002, 263; *Fabricius* in Körner/Patzak/Volkmer Rn. 467; *Kornprobst* in MüKoStGB Rn. 205; *Hellebrand* in Kreuzer BtMStrafR-HdB § 14 Rn. 139). Entscheidend ist, in welchen Zusammenhang der Rückfall einzuordnen ist, insbesondere, ob der Verurteilte sonst Fortschritte gemacht hat (*Hellebrand* in Kreuzer BtMStrafR-HdB § 17 Rn. 249).

Dass ein Rückfall den Widerruf grundsätzlich (aber → Rn. 282) nicht begründet, **283** führt **nicht** dazu, dass die **neue Straftat nicht verfolgt** wird. Dasselbe gilt für andere Straftaten, die nicht als Rückfall anzusehen sind. Wird daher während der Behandlung eine neue Straftat bekannt, so ist zu prüfen, ob ein Absehen von der Erhebung der öffentlichen Klage nach § 37 möglich ist. Dies kann etwa in Betracht kommen, wenn der Verurteilte die Einrichtung nur kurz verlassen hat und es dabei zu einem Drogenrückfall gekommen ist (*Eberth/Müller* BtMR Rn. 116). Sonst muss das Strafverfahren seinen Gang gehen, wobei es über Absatz 6 Nr. 2 auch für die zurückgestellte Vollstreckung Bedeutung erlangen kann.

Wird der Verurteilte während des Laufs der Zurückstellung **in Unter- 284 suchungshaft** genommen, so liegt ein Abbruch der Therapie vor, und die Zurückstellung kann nach § 35 Abs. 5 S. 2 Alt. 2 widerrufen werden (KG StV 1999, 442; 2002, 264; *Kornprobst* in MüKoStGB Rn. 203; *Bohnen* in BeckOK BtMG Rn. 363). Im Hinblick auf die faktische und zeitlich unabsehbare Unmöglichkeit der Fortführung der Behandlung auf Grund der U-Haft ist bereits die Haft als zureichender Widerrufsgrund anzusehen (*Kornprobst* in MüKoStGB Rn. 203; *Winkler* in Hügel/Junge/Lander/Winkler Rn. 10.1). Es ist **nicht** erforderlich, dass sich die Vollstreckungsbehörde wie beim Widerruf der Strafaussetzung zur Bewährung (dazu → Vor § 29 Rn. 1239–1286) die Überzeugung vom Vorliegen der neuen Straftat verschaffen muss (*Kornprobst* in MüKoStGB Rn. 203; *Bohnen* in BeckOK BtMG Rn. 364; aA KG StV 1999, 442; 2002, 264).

Kommt es zu erheblicher **neuer Straffälligkeit** des Verurteilten, ohne dass zu- **285** gleich die Voraussetzungen des Absatzes 5 Satz 1 gegeben sind, so hat der Verurteilte durch die Straftat gezeigt, dass sich die Erwartung, die der Zurückstellung zugrunde lag, nicht erfüllt hat. Die Zurückstellung kann dann entsprechend § 37 Abs. 1 S. 3 Nr. 3 widerrufen werden (*Fabricius* in Körner/Patzak/Volkmer Rn. 467; ähnlich *Kornprobst* in MüKoStGB Rn. 204; aA *Bohnen* in BeckOK BtMG Rn. 365). Vielfach wird die Behandlung in solchen Fällen auch nur noch Fassade sein. Ob und wie sich die Vollstreckungsbehörde in diesen Fällen die Überzeugung von der neuen Tat verschaffen muss, ist nicht abschließend geklärt (dazu → § 37 Rn. 49).

IV. Erneute Zurückstellung (Satz 3). Die Möglichkeit zur erneuten Zurück- **286** stellung entspricht der Erfahrung, dass vor einer erfolgreichen Behandlung vielfach mehrere Therapieversuche notwendig sein können (OLG Saarbrücken NStZ-RR 1996, 50; OLG Karlsruhe StV 2002, 263) und dass sich nach mehrmaligen Abbrüchen das Durchhaltevermögen steigern kann. Nicht selten wird dem Abhängigen die Bedeutung der Behandlung erst nach ihrem Abbruch und nach einem erneuten Rückfall deutlich.

Um auch in solchen Fällen die Therapiemotivation zu nutzen, sieht das Gesetz **287** die **mehrmalige Zurückstellungsmöglichkeit** vor (*Eberth/Müller* BtMR Rn. 112). Die Ablehnung der Zurückstellung kann daher nicht allein darauf gestützt werden, dass frühere Zurückstellungen vergeblich waren, der Verurteilte trotz durchgeführter Therapie straffällig geworden ist und Therapiechancen nicht genutzt hat (OLG Saarbrücken NStZ-RR 1996, 50).

H. Widerruf aus Rechtsgründen (Absatz 6)

288 Die Vorschrift enthält **zwei Gründe,** die zu einem Widerruf der Zurückstellung zwingen:

289 **I. Nachträgliche Bildung einer Gesamtstrafe (Nr. 1).** Wird nachträglich eine Gesamtfreiheitsstrafe gebildet, deren Vollstreckung nicht zurückgestellt werden kann, weil die Voraussetzungen der Absätze 1, 3 nicht vorliegen, so muss die Zurückstellung widerrufen werden. Für den Widerruf ist die Vollstreckungsbehörde zuständig, die die Gesamtstrafe zu vollstrecken hat (*Kornprobst* in MüKoStGB Rn. 214). Deren Zuständigkeit richtet sich nach §§ 460, 462a Abs. 3, § 451 StPO.

290 Diese **Vollstreckungsbehörde** hat auch zu prüfen, ob die Vollstreckung der Gesamtstrafe nach den Absätzen 1 und 3 zurückgestellt werden kann oder ob eine erneute Zurückstellung nach Absatz 5 Satz 3 möglich ist (*Kornprobst* in MüKoStGB Rn. 214).

291 **II. Vollstreckung einer weiteren Freiheitsstrafe/Maßregel (Nr. 2).** Die Zurückstellung muss ferner widerrufen werden, wenn eine rechtskräftig verhängte (OLG Hamm BeckRS 2010, 03084) weitere Freiheitsstrafe oder freiheitsentziehende Maßregel der Besserung und Sicherung zu vollstrecken ist. Ein Ermessen besteht insoweit nicht (OLG Hamm BeckRS 2005, 30364895). Mit der Vorschrift soll verhindert werden, dass der Erfolg einer Zurückstellung durch die erneute Rückkehr des Verurteilten in den Strafvollzug gefährdet wird (BGH NStZ-RR 2010, 353; OLG Frankfurt a. M. NStZ-RR 2010, 185). Daher ist ein Widerruf nicht notwendig, wenn die weitere Freiheitsstrafe zur Bewährung ausgesetzt ist oder ihre Vollstreckung ebenfalls zurückgestellt werden kann (OLG Karlsruhe NStZ-RR 2003, 311 (→ Rn. 268); OLG Brandenburg NStZ-RR 2003, 376; KG BeckRS 2014, 19169; aA für den Fall der Zurückstellung *Joachimski/Haumer* BtMG Rn. 40). Dasselbe gilt, wenn mit einer solchen Zurückstellung sicher zu rechnen ist (OLG Karlsruhe NStZ-RR 2003, 311). Zum Fall der **Untersuchungshaft** wegen einer neuen Tat → Rn. 284. Zur Rückwirkung des Absatzes 6 Nr. 2 auf die Zurückstellungsentscheidung → Rn. 16, 150.

I. Haftbefehl, Antrag auf Entscheidung des Gerichts (Absatz 7)

292 **Die Vorschrift** enthält Regelungen für das weitere Verfahren nach dem Widerruf. Sie stellt einerseits eine rasche Fortsetzung der Vollstreckung sicher, gewährt andererseits dem Verurteilten aber auch den notwendigen Rechtsschutz.

293 **I. Vollstreckungshaftbefehl (Satz 1).** Hat die Vollstreckungsbehörde die Zurückstellung der Strafvollstreckung widerrufen, so kann sie zur Vollstreckung der Freiheitsstrafe oder der Unterbringung einen Haftbefehl erlassen. Der Haftbefehl ist kein Sicherungshaftbefehl nach § 453c StPO, sondern ein Vollstreckungshaftbefehl ähnlich wie in § 457 Abs. 2 S. 1 StPO, §§ 33, 53 StVollstrO (*Kornprobst* in MüKoStGB Rn. 217; *Bohnen* in BeckOK BtMG Rn. 389; aA *Eberth/Müller* BtMR Rn. 104). Gemäß § 31 Abs. 2 RPflG ist für den Erlass der Rechtspfleger zuständig (*Kornprobst* in MüKoStGB Rn. 218).

294 **Gegen den Erlass des Haftbefehls** durch den Rechtspfleger kann nach Vorschaltbeschwerde der Antrag auf gerichtliche Entscheidung nach § 23 EGGVG gestellt werden, solange der Haftbefehl nicht vollzogen ist (*Winkler* in Hügel/Junge/Lander/Winkler Rn. 11.3). Danach beruht der Freiheitsentzug auf dem Urteil, so dass § 28 Abs. 1 S. 4 EGGVG eingreift.

295 **Der Haftbefehl** ist keine automatische Folge des Widerrufs, sondern kommt nur in Betracht, wenn die Strafe sonst nicht vollstreckt werden kann (*Kornprobst* in

MüKoStGB Rn. 217). Er ist insbesondere dann entbehrlich, wenn erwartet werden kann, dass der Verurteilte freiwillig in die Therapieeinrichtung zurückkehrt. Die Vollstreckungsbehörde kann in einem solchen Falle auch durch Zustellung der Widerrufsentscheidung zu einem solchen Schritt beitragen, wobei sie deutlich machen muss, dass sie einen endgültigen Abbruch der Therapie nicht hinnimmt (*Adams/ Eberth* NStZ 1983, 193 (198)). Die Verhaftung eines in die Therapieeinrichtung zurückgekehrten Verurteilten sollte tunlichst unterbleiben.

II. Gerichtliche Entscheidung (Sätze 2–4). Gegen den Widerruf der Zurückstellung kann der Verurteilte die Entscheidung des Gerichts des ersten Rechtszuges herbeiführen. Zur Zuständigkeit in Jugendsachen s. § 38 Abs. 1 S. 4 BtMG, § 83 Abs. 2 Nr. 1, Abs. 3 S. 2 JGG. 296

1. Der Antrag muss keine Begründung enthalten, wenn sie auch zweckmäßig ist (*Joachimski/Haumer* BtMG Rn. 42). 297

2. Keine Hemmung der Vollstreckung. Die Vollstreckung wird durch den Antrag auf gerichtliche Entscheidung nicht gehemmt (Satz 3). 298

3. Das Verfahren richtet sich nach § 462 StPO (Satz 4). Danach entscheidet das Gericht ohne mündliche Verhandlung durch Beschluss. Gleichwohl ist es nicht gehindert, die Beteiligten auch mündlich anzuhören, wenn es auf den persönlichen Eindruck ankommt (*Schmitt* in Meyer-Goßner/Schmitt StPO § 462 Rn. 3). Gegen die Entscheidung ist **sofortige Beschwerde** zulässig (§ 462 Abs. 3 StPO). Zur aufschiebenden Wirkung der Beschwerde der Staatsanwaltschaft s. § 462 Abs. 3 S. 2 StPO. 299

§ 36 Anrechnung und Strafaussetzung zur Bewährung

(1) ¹**Ist die Vollstreckung zurückgestellt worden und hat sich der Verurteilte in einer staatlich anerkannten Einrichtung behandeln lassen, so wird die vom Verurteilten nachgewiesene Zeit seines Aufenthaltes in dieser Einrichtung auf die Strafe angerechnet, bis infolge der Anrechnung zwei Drittel der Strafe erledigt sind.** ²**Die Entscheidung über die Anrechnungsfähigkeit trifft das Gericht zugleich mit der Zustimmung nach § 35 Abs. 1.** ³**Sind durch die Anrechnung zwei Drittel der Strafe erledigt oder ist eine Behandlung in der Einrichtung zu einem früheren Zeitpunkt nicht mehr erforderlich, so setzt das Gericht die Vollstreckung des Restes der Strafe zur Bewährung aus, sobald dies unter Berücksichtigung des Sicherheitsinteresses der Allgemeinheit verantwortet werden kann.**

(2) **Ist die Vollstreckung zurückgestellt worden und hat sich der Verurteilte einer anderen als der in Absatz 1 bezeichneten Behandlung seiner Abhängigkeit unterzogen, so setzt das Gericht die Vollstreckung der Freiheitsstrafe oder des Strafrestes zur Bewährung aus, sobald dies unter Berücksichtigung des Sicherheitsinteresses der Allgemeinheit verantwortet werden kann.**

(3) **Hat sich der Verurteilte nach der Tat einer Behandlung seiner Abhängigkeit unterzogen, so kann das Gericht, wenn die Voraussetzungen des Absatzes 1 Satz 1 nicht vorliegen, anordnen, dass die Zeit der Behandlung ganz oder zum Teil auf die Strafe angerechnet wird, wenn dies unter Berücksichtigung der Anforderungen, welche die Behandlung an den Verurteilten gestellt hat, angezeigt ist.**

(4) **Die §§ 56a bis 56g und 57 Abs. 5 Satz 2 des Strafgesetzbuches gelten entsprechend.**

(5) ¹**Die Entscheidungen nach den Absätzen 1 bis 3 trifft das Gericht des ersten Rechtszuges ohne mündliche Verhandlung durch Beschluss.** ²**Die Vollstreckungsbehörde, der Verurteilte und die behandelnden Personen**

oder Einrichtungen sind zu hören. ³Gegen die Entscheidungen ist sofortige Beschwerde möglich. ⁴Für die Entscheidungen nach Absatz 1 Satz 3 und nach Absatz 2 gilt § 454 Abs. 4 der Strafprozessordnung entsprechend; die Belehrung über die Aussetzung des Strafrestes erteilt das Gericht.

Übersicht

	Rn.
Einführung	1
A. Völkerrechtliche Grundlage	4
B. Die Behandlung in einer staatlich anerkannten Einrichtung (Absatz 1)	5
I. Die (obligatorische) Anrechnung (Sätze 1 und 2)	6
1. Voraussetzungen der Anrechnung	7
a) Zurückstellung der Strafvollstreckung	8
b) Behandlung	11
c) In einer staatlich anerkannten Einrichtung	12
aa) Staatliche Anerkennung	13
(a) Fachpersonal	15
(b) Fachliche Konzeption	16
(c) Raumprogramm	17
(d) Zusammenarbeit mit den Vollstreckungsbehörden	18
(e) Kostensicherung	19
bb) Aufenthalt in der Einrichtung	20
2. Umfang der Anrechnung	26
a) Zeit des Aufenthalts	27
aa) Anzurechnende Zeiten	28
bb) Anrechnung und Therapieerfolg	31
cc) Anrechnung nur während Zurückstellung	33
b) Von dem Verurteilten nachgewiesene Zeit	34
c) Anrechnung bis zu zwei Dritteln der Strafe	36
3. Vorabentscheidung über die Anrechnung (Satz 2)	39
4. Entscheidung über die Anrechnung	43
II. Die Aussetzung der Reststrafe (Satz 3)	44
1. Voraussetzungen	45
a) Aussetzung bei Erledigung von zwei Dritteln der Strafe	46
aa) Maßgeblicher Zeitpunkt	47
bb) Günstige Prognose	48
(a) Prognoseformel und ihre Änderung	49
(b) Bewertung und Gesamtwürdigung	54
(c) Positive Feststellung	56
(d) Zur Prognose im einzelnen	59
(aa) Anzeichen für eine günstige Prognose	63
(bb) Anzeichen für eine ungünstige Prognose	64
cc) Berücksichtigung anderer Strafzwecke	67
dd) Die besondere Situation im Betäubungsmittelstrafrecht	69
b) Aussetzung wegen mangelnder Notwendigkeit weiterer Behandlung	71
aa) Kein Mindestmaß für die Aussetzung	72
bb) Günstige Prognose	75
cc) Berücksichtigung anderer Strafzwecke	76
2. Folgen und Verfahren	77
3. Aussetzung der Unterbringung	78
4. Entsprechende Anwendung des Absatzes 1 Satz 3	80
C. Aussetzung ohne Anrechnung (Absatz 2)	81
I. Anwendungsbereich	81
II. Voraussetzungen	83
1. Zurückstellung	84
2. Günstige Prognose	85

	Rn.
3. Berücksichtigung anderer Strafzwecke	86
4. Zeitpunkt	87
III. Folgen und Verfahren	88
IV. Aussetzung der Unterbringung	89
D. Die fakultative Anrechnung (Absatz 3)	90
I. Voraussetzungen der Anrechnung	91
1. Behandlung nach der Tat	92
a) Tat	93
aa) Kausalität	94
bb) Freiheitsstrafe	95
b) Nach der Tat	97
aa) Zeitpunkt der Therapie	98
bb) Art der Behandlung	103
2. Anforderungen an den Verurteilten	104
a) Keine Vergleichbarkeit mit Straf- oder Maßregelvollzug	105
b) Durchhaltewillen	107
II. Umfang der Anrechnung	108
1. Ermessensentscheidung	109
2. Therapieerfolg	110
3. Ambulante Therapie	111
III. Grenzen der Anrechnung	115
E. Die Gestaltung der Aussetzung (Absatz 4)	116
F. Zuständigkeit und Verfahren (Absatz 5)	117
I. Zuständigkeit	118
II. Verfahren	122

Einführung

Die Vorschrift regelt zwei Bereiche: Die **Anrechnung** von Therapiezeiten auf 1
die Strafe und die **Aussetzung** des Strafrestes. Die Möglichkeit der Anrechnung
soll die Bereitschaft des Drogenabhängigen wecken, sich freiwillig einer Therapie
zu unterziehen, und ihn zum Durchhalten der Behandlung motivieren. Mit der
Möglichkeit der Strafaussetzung soll vermieden werden, dass der Erfolg der Therapie durch einen sich anschließenden Strafvollzug wieder zunichte gemacht wird
(*Kornprobst* in MüKoStGB Rn. 1; *Malek* BtMStrafR Kap. 5 Rn. 101).

Das Gesetz versucht, mit einer möglichst flexiblen Regelung allen Besonder- 2
heiten des Einzelfalles gerecht zu werden. Zugleich will es möglichst verhindern,
dass die Vorschriften missbraucht werden (*Eberth/Müller* BtMR Rn. 2). Dies führt
zu einer komplizierten Regelung, die zahlreiche Zweifelsfragen aufwirft (*Franke/
Wienroeder* Rn. 2; s. auch *Katholnigg* GA 1999, 500 (501)).

Im Jahr 2003 sind nach einer Auswertung des BZR in Deutschland 3.686 Stra- 3
fen/Gesamtstrafen nach § 36 zur Bewährung ausgesetzt worden, davon 3.312 nach
§ 36 Abs. 1 S. 3 und 374 nach § 36 Abs. 2, wobei in 261 Fällen ein Strafrest und in
113 Fällen die gesamte Strafe ausgesetzt wurde. Die Zahl der Anrechnungen dürfte
höher sein, weil eine solche regelmäßig auch nach einer erfolglosen Therapie erfolgt (*Kornprobst* in MüKoStGB Rn. 3, 4).

A. Völkerrechtliche Grundlagen

Die Anrechnung von Therapiezeiten und die Strafaussetzung in Fällen der Be- 4
täubungsmittelabhängigkeit können sich auf Art. 36 Abs. 1b, Art. 38 Abs. 1 ÜK
1961, Art. 22 Abs. 1b, Art. 20 Abs. 1 ÜK 1971 und Art. 3 Abs. 4b–4d ÜK 1988
stützen.

B. Die Behandlung in einer staatlich anerkannten Einrichtung (Absatz 1)

5 **Die Vorschrift** behandelt den vom Gesetz vorausgesetzten **Regelfall.** Die hier getroffenen Grundentscheidungen sind von den Gerichten zu akzeptieren und dürfen bei aller Therapiefreundlichkeit nicht beiseitegeschoben werden, um einem Verurteilten im Einzelfall zu helfen (*Körner*, 6. Aufl. 2007, Rn. 10). Besteht hierzu wirklich ein Bedürfnis, so muss und kann dies im **Gnadenwege** geschehen.

6 **I. Die (obligatorische) Anrechnung (Sätze 1 und 2).** Während Satz 1 die Voraussetzungen und den Umfang der Anrechnung regelt, legt Satz 2 den Zeitpunkt für die Entscheidung über die Anrechnungsfähigkeit fest.

7 **1. Voraussetzungen der Anrechnung.** Nach Absatz 1 Satz 1 hat die Anrechnung der Therapiezeit auf die Strafe drei Voraussetzungen:

8 **a) Zurückstellung der Strafvollstreckung.** Die Vollstreckung muss nach § 35 zurückgestellt sein. Dazu ist eine förmliche Entscheidung über die Zurückstellung erforderlich. Nicht ausreichend ist, dass die Strafvollstreckung während des Aufenthalts des Verurteilten in der Einrichtung faktisch nicht betrieben wurde (*Katholnigg* NJW 1987, 1456 (1459); *Kornprobst* in MüKoStGB Rn. 9; *Bohnen* in BeckOK BtMG Rn. 9; aA *Malek* BtMStrafR Kap. 5 Rn. 109).

9 **Eine andere Frage** ist, ob in einem solchen Falle eine fakultative Anrechnung nach Absatz 3, verbunden mit einer entsprechenden Anwendung des Absatzes 1 Satz 3 (so OLG Celle StV 1986, 113; OLG Stuttgart NStZ 1987, 246 = StV 1987, 208; OLG Düsseldorf NStZ 1992, 244), in Betracht kommt (→ Rn. 80).

10 **Nicht anrechnungsfähig** ist eine Therapie, die im Wege der **Strafaussetzung** zur Bewährung oder der Aussetzung des Strafrestes absolviert wurde (→ Rn. 102; *Katholnigg* NJW 1987, 1456).

11 **b) Behandlung.** Der Verurteilte muss sich einer der Rehabilitation dienenden Behandlung (→ § 35 Rn. 56–100) unterzogen haben. Das zusätzliche Erfordernis, dass der Verurteilte in der freien Gestaltung seiner Lebensführung erheblichen Beschränkungen unterliegen muss, wurde durch Gesetz v. 9.9.1992 (BGBl. I S. 1593) gestrichen (zu den Folgen → Rn. 20–24).

12 **c) In einer staatlich anerkannten Einrichtung.** Die Behandlung muss in einer staatlich anerkannten Einrichtung erfolgen. Die staatliche Anerkennung kann auch durch das besondere wissenschaftliche Ansehen einer Therapieeinrichtung **nicht** ersetzt werden.

13 **aa) Staatliche Anerkennung.** Die staatliche Anerkennung von Therapieeinrichtungen ist Aufgabe des Gesundheitswesens, so dass die Länder hierfür zuständig sind. Zuständig ist das Land, in dem die Einrichtung ihren Sitz hat. Die Länder haben die Voraussetzungen der Anerkennung und das Verfahren zum Teil durch Gesetz oder Verwaltungsvorschrift (Baden-Württemberg, Bayern, Berlin, Hessen, Niedersachsen, Nordrhein-Westfalen, Rheinland-Pfalz, Saarland), geregelt (Zusammenstellung bei Hügel/Junge/Lander/Winkler Rn. 1.4); in anderen Ländern fehlt eine ausdrückliche Regelung oder sie orientieren sich an Empfehlungen der Drogenbeauftragten von Bund und Ländern.

14 **Die Anerkennung** ist ein Verwaltungsakt. In sachlicher Hinsicht setzt sie in der Regel voraus (*Joachimski/Haumer* BtMG Rn. 5; *Eberth/Müller* BtMR Rn. 14–17):

15 **(a) Fachpersonal.** Es muss geeignetes Fachpersonal (§ 35 Abs. 1 S. 1) vorhanden sein oder es müssen, sofern sie keine fachliche Ausbildung haben, ausreichend erfahrene Personen (häufig ehemalige Betäubungsmittelabhängige, Ex-User) zur Verfügung stehen (*Eberth/Müller* BtMR Rn. 16).

Anrechnung und Strafaussetzung zur Bewährung **§ 36 BtMG**

(b) Fachliche Konzeption. Die Einrichtung muss über eine fachliche Konzeption verfügen, aus der sich **Behandlungsziele** (Hügel/Junge/Lander/Winkler Rn. 5.1.3 zu § 35) und **Behandlungsmethoden** ergeben (*Joachimski/Haumer* BtMG Rn. 5; *Eberth/Müller* BtMR Rn. 16). 16

(c) Raumprogramm. Es müssen die notwendigen Räumlichkeiten zur Verfügung stehen (*Joachimski/Haumer* BtMG Rn. 5; *Eberth/Müller* BtMR Rn. 16). In den Fällen der stationären Langzeittherapie ist dies offenbar. Aber auch die ambulanten Therapieformen benötigen angemessene und zweckentsprechende Räume. 17

(d) Zusammenarbeit mit den Vollstreckungsbehörden. Es muss die Gewähr bestehen, dass die Einrichtung mit den Vollstreckungsbehörden nach Maßgabe des § 35 Abs. 4 zusammenarbeitet, insbesondere ihrer Meldepflicht nachkommt (*Joachimski/Haumer* BtMG Rn. 5; *Eberth/Müller* BtMR Rn. 16. 18

(e) Kostensicherung. Es sollte die Gewähr gegeben sein, dass die Kosten der Einrichtung aufgebracht werden. Dazu ist nicht notwendig, dass die staatliche Anerkennung von der Anerkennung aller oder mehrerer Kostenträger abhängig gemacht wird. Für den Gesetzeszweck ist es ohne Bedeutung, wer den Aufenthalt finanziert (*Eberth/Müller* BtMR Rn. 16). 19

bb) Aufenthalt in der Einrichtung. Aus der Änderung des Absatzes 1 Satz 1 durch das Gesetz vom 9.9.1992 (→ Rn. 11) wird vielfach geschlossen (*Fabricius* in Körner/Patzak/Volkmer Rn. 21; *Kornprobst* in MüKoStGB Rn. 14–17; *Malek* BtMStrafR Kap. 5 Rn. 108; *Joachimski/Haumer* BtMG Rn. 5; *Franke/Wienroeder* Rn. 4), dass auch die Teilnahme an einer ambulanten Therapie nach Absatz 1 Satz 1 anzurechnen ist. Dafür könnte sprechen, dass sich Bundestag und Bundesrat den bei der Einbringung des Entwurfs geäußerten Bedenken der Bundesregierung (BT-Drs. 12/934, 9) nicht angeschlossen haben. 20

Auf der anderen Seite ist der **Wortlaut der Vorschrift** in dem entscheidenden Punkt **nicht geändert** worden. Weiterhin kann nach Absatz 1 Satz 1 (anders nach Absatz 3) nur die Zeit des **Aufenthalts in der Einrichtung** auf die Strafe angerechnet werden (*Katholnigg* NJW 1995, 1327 (1329, 1330); GA 1999, 500; Hügel/Junge/Lander/Winkler Rn. 1.3.2; wohl auch *Bohnen* in BeckOK BtMG Rn. 17). Wie der Vergleich mit Absatz 3 ergibt, kann diese Zeit nicht schlicht mit der Zeit der Behandlung gleichgesetzt werden (dazu → Rn. 111–114). 21

Daher kann auch dann, wenn § 35 Abs. 1 S. 1 auf ambulante Therapien angewendet wird (→ Rn. 20), lediglich die Zeit angerechnet werden, die der Verurteilte **in der Einrichtung verbringt** (OLG Köln NStZ 2001, 55; OLG Schleswig SchlHA 2003, 215; aA *Malek* BtMStrafR Kap. 5 Rn. 114). 22

Nicht anders als beim **Strafvollzug** sind bei einer stationären Therapie auch die Zeiten anzurechnen, die der Verurteilte auf Grund von **Lockerungen** außerhalb des räumlichen Bereichs der Einrichtung verbracht hat (→ Rn. 27, 28, *Kornprobst* in MüKoStGB Rn. 23; wohl auch Hügel/Junge/Lander/Winkler Rn. 1.3.2). Dies gilt vor allem für die Fälle, in denen Umfang und Intensität der Einschränkungen mit fortschreitendem Therapieerfolg geringer werden (KG NStZ 1991, 244 = StV 1991, 432). 23

Aber auch bei teilstationären Einrichtungen, die etwa in der Form einer Tagesklinik („Heimschläfer") geführt werden, ist eine Anrechnung nach Absatz 1 Satz 1 möglich (OLG Hamm NStZ 1990, 605; Hügel/Junge/Lander/Winkler Rn. 1.3.2; krit. *Katholnigg* NJW 1995, 1327 (1330)). Das Schwergewicht liegt hier auf dem strukturierten Tagesablauf, zumal wenn dem Verurteilten für die Abendstunden und Wochenenden genaue und kontrollierte Vorgaben gemacht werden. 24

Nicht anrechenbar ist die Zeit, die der Verurteilte im **Maßregelvollzug** verbracht hat, und zwar auch dann nicht, wenn diese Zeit nicht nach § 67 Abs. 4 25

BtMG § 36 Siebenter Abschnitt. Betäubungsmittelabhängige Straftäter

StGB auf die Strafe anzurechnen ist (*Katholnigg* NJW 1995, 1327 (1329); aA OLG Celle StV 1993, 317).

26 **2. Umfang der Anrechnung.** Angerechnet wird die von dem Verurteilten nachgewiesene Zeit seines Aufenthalts in der Einrichtung bis infolge der Anrechnung zwei Drittel der Strafe erledigt sind.

27 **a) Zeit des Aufenthalts.** Anzurechnen ist nicht nur die Zeit, die der Verurteilte tatsächlich im räumlichen Bereich der Einrichtung verbracht hat. Ähnlich wie beim Strafvollzug sind aus rechtlichen Gründen weitere Zeiten hinzuzurechnen:

28 **aa) Anzurechnende Zeiten.** Zu der Zeit des tatsächlichen Aufenthalts in den Räumen der Einrichtung (→ Rn. 21, 22) selbst kommt die Zeit hinzu, in denen sich der Verurteilte im Rahmen des Therapiekonzepts mit dem Ziel der schrittweisen Hinführung zu einer eigenverantwortlichen Lebensgestaltung außerhalb der Einrichtung aufgehalten hat (→ Rn. 23, 24). **Nicht** anrechenbar sind dagegen Zeiten einer **eigenmächtigen Unterbrechung,** auch nicht der Zeitraum (→ § 35 Rn. 237–240), in dem sich die behandelnden Personen noch nicht schlüssig sind, ob die Abwesenheit des Verurteilten als Abbruch anzusehen ist (*Eberth/Müller* BtMR Rn. 19).

29 Nicht abschließend geklärt ist, ob in den Fällen, in denen die Zurückstellung während des **laufenden Aufenthalts** in der Einrichtung erfolgt, auch die Zeit zwingend anzurechnen, die **vor der Zurückstellungsentscheidung** liegt (*Fabricius* in Körner/Patzak/Volkmer Rn. 19; *Malek* BtMStrafR Kap. 5 Rn. 110; *Pfeil/Hempel/Schiedermair/Slotty* BtmR Rn. 16; ebenso die 3. Aufl.) oder ob diese Zeit lediglich nach Absatz 3 angerechnet werden kann (OLG Zweibrücken NStZ 1991, 92; OLG Schleswig BeckRS 2013, 20305; *Kornprobst* in MüKoStGB Rn. 26; *Bohnen* in BeckOK BtMG Rn. 19; Hügel/Junge/Lander/Winkler Rn. 1.5.5; wohl auch *Eberth/Müller* BtMR Rn. 23; offen gelassen KG NStZ-RR 2009, 321). Mit der lediglich fakultativen Anrechnung nach Absatz 3 kann eine ungerechtfertigte Bevorzugung der Verurteilten vermieden werden, bei denen die Therapieaufnahme bereits im Urteil strafmildernd berücksichtigt wurde.

30 **Eine zwingende Anrechnung** kommt auch dann **nicht** in Betracht, wenn der Verurteilte die Therapie gewechselt hat und die Zurückstellung nunmehr für die Behandlung in einer **anderen Einrichtung** erfolgt; auch in einem solchen Falle ist für die vor der (neuerlichen) Zurückstellung liegende Zeit nur eine fakultative Anrechnung nach Absatz 3 möglich. Dasselbe gilt, wenn im Zusammenhang mit der Therapie, deren Anrechnung gefordert wird, überhaupt keine Zurückstellung erfolgt ist (→ Rn. 8).

31 **bb) Anrechnung und Therapieerfolg.** Die Anrechnung setzt nicht voraus, dass der Verurteilte in dieser Zeit an dem Programm der Therapie aktiv mitgewirkt hat. Ebensowenig muss die Behandlung erfolgreich verlaufen oder beendet worden sein (*Fabricius* in Körner/Patzak/Volkmer Rn. 17; Hügel/Junge/Lander/Winkler Rn. 1.5.4; *Malek* BtMStrafR Kap. 5 Rn. 111). Der Verurteilte muss sich die Anrechnung nicht verdienen. Auch wenn er sich als therapieresistent erwiesen hat, sich während seines Aufenthalts in der Einrichtung destruktiv verhalten und die Behandlung erfolglos abgebrochen hat, ist die Anrechnung vorzunehmen (OLG Düsseldorf StV 1997, 542; *Kornprobst* in MüKoStGB Rn. 24; *Bohnen* in BeckOK BtMG Rn. 22; *Eberth/Müller* BtMR Rn. 23).

32 **Der Anrechnung** der bis dahin in der Einrichtung verbrachten Zeit steht auch nicht entgegen, dass die Zurückstellung der Strafvollstreckung aus Gründen, die in der Person des Verurteilten lagen, **widerrufen** werden musste (*Fabricius* in Körner/Patzak/Volkmer Rn. 17; *Kornprobst* in MüKoStGB Rn. 24; *Malek* BtMStrafR Kap. 5 Rn. 111).

cc) Anrechnung nur während Zurückstellung. Die Anrechnung kommt nur 33
in Betracht, wenn und solange die Vollstreckung zurückgestellt war. Im Falle eines
Widerrufs der Zurückstellung ist daher nur die Zeit bis zu diesem anrechnungsfähig
(*Joachimski/Haumer* BtMG Rn. 1). Da ein Rechtsmittel gegen die Widerrufsentscheidung keine aufschiebende Wirkung hat, endet der Anrechnungszeitraum mit
deren Erlass (*Kornprobst* in MüKoStGB Rn. 27).

b) Von dem Verurteilten nachgewiesene Zeit. Ohne Nachweis der Aufent- 34
haltszeit kann keine Anrechnung erfolgen. Zweifel gehen zu Lasten des Verurteilten
(*Fabricius* in Körner/Patzak/Volkmer Rn. 15; *Bohnen* in BeckOK BtMG Rn. 24).
Das Gericht ist zu Nachforschungen nicht verpflichtet (*Fabricius* in Körner/Patzak/
Volkmer Rn. 15; *Kornprobst* in MüKoStGB Rn. 18; *Bohnen* in BeckOK BtMG
Rn. 24). Die Nachweispflicht soll der Stärkung der Eigenverantwortlichkeit des
Verurteilten dienen. Gleichwohl ist es nicht angebracht, sie zu überspannen
(*Eberth/Müller* BtMR Rn. 19). Ist die Aufenthaltszeit dem Gericht aus anderen Erkenntnisquellen bekannt, etwa einer präzisen Meldung durch die behandelnden
Personen, so ist ein Nachweis durch den Verurteilten entbehrlich (*Kornprobst* in
MüKoStGB Rn. 18; aA *Bohnen* in BeckOK BtMG Rn. 24).

Weder von dem Verurteilten noch von der Einrichtung muss sich die Strafvoll- 35
streckungsbehörde **Gefälligkeitsbescheinigungen** gefallen lassen (*Fabricius* in
Körner/Patzak/Volkmer Rn. 18). Andere Erkenntnisse der Vollstreckungsbehörde,
als in dem Attest angegeben, können sich insbesondere aus anderen Strafverfahren
ergeben.

c) Anrechnung bis zu zwei Dritteln der Strafe. Die Anrechnung kann nur 36
erfolgen, bis zwei Drittel der Strafe erledigt sind. Das verbleibende Drittel der Strafe
soll dazu beitragen, dass bei dem Verurteilten auch für die restliche Behandlungszeit
die notwendige Motivation erhalten bleibt und vermieden wird, dass er nach dem
sonst möglichen Ablauf der Strafe die Therapie abbricht (OLG Düsseldorf StV
1987, 209; *Fabricius* in Körner/Patzak/Volkmer Rn. 24; *Kornprobst* in MüKoStGB
Rn. 28).

Bei der Berechnung des Drittels ist auf das **ursprüngliche Strafmaß** abzustel- 37
len (*Kornprobst* in MüKoStGB Rn. 29); der Strafrest, welcher zur Zeit der Zurückstellung noch zu verbüßen ist, ist für die Berechnung des Drittels ohne Bedeutung.
Ist er geringer als ein Drittel der ursprünglich verhängten Strafe, so scheidet eine
Anrechnung der Therapiezeit nach Absatz 1 Satz 1 auf die Strafe aus (BGHSt 48,
275 = NJW 2003, 2252 = NStZ 2004, 400; OLG Düsseldorf StV 1987, 209). Zur
Aussetzung → Rn. 80.

Ist die Vollstreckung **mehrerer Freiheitsstrafen** zurückgestellt worden, so ist 38
die Anrechnung in der Reihenfolge vorzunehmen, in der die zurückgestellten Strafen nach § 43 StVollstrO zu vollstrecken wären (*Kornprobst* in MüKoStGB Rn. 30;
Bohnen in BeckOK BtMG Rn. 44; aA *Fabricius* in Körner/Patzak/Volkmer Rn. 25;
Malek BtMStrafR Kap. 5 Rn. 116, wonach zunächst auf die zuerst zurückgestellte
Strafe anzurechnen ist). Damit werden die Zufälligkeiten vermieden, die sich ergeben, wenn mehrere Strafen in einer Entscheidung zurückgestellt wurden.

3. Vorabentscheidung über die Anrechnungsfähigkeit (Satz 2). Um dem 39
Verurteilten von vornherein Klarheit darüber zu verschaffen, ob die in Aussicht genommene Behandlung auf die Strafe angerechnet wird, sieht Satz 2 eine Vorabentscheidung über die Anrechnungsfähigkeit vor. Diese soll die Bereitschaft des Verurteilten stärken, die Therapie anzutreten und durchzuhalten und sollte daher
möglichst bereits vor Behandlungsbeginn erfolgen (*Eberth/Müller* BtMR Rn. 23).

Bei einer ambulanten Therapie kann die Vorabentscheidung über die An- 40
rechnungsfähigkeit auch darauf erstreckt werden, welche konkreten Behandlungs-

BtMG § 36 Siebenter Abschnitt. Betäubungsmittelabhängige Straftäter

maßnahmen in welchem Umfang auf die Strafe angerechnet werden (KG NStZ-RR 2009, 321).

41 **Zuständig** ist das Gericht des ersten Rechtszuges. Die Entscheidung ist zusammen mit der Entscheidung über die Zustimmung zur Zurückstellung zu treffen. Der Maßstab, an dem das Gericht seine Entscheidung auszurichten hat, ergibt sich allein aus § 36 Abs. 1 S. 1 und beschränkt sich damit in der Regel auf die Prüfung, ob die Einrichtung staatlich anerkannt ist. Bestehen Zweifel an der Anrechenbarkeit der in Aussicht genommenen Therapie, so sind der Verurteilte und die Einrichtung nach Absatz 5 Satz 2 zu hören (*Fabricius* in Körner/Patzak/Volkmer Rn. 3).

42 **Wird die Anrechnungsfähigkeit** durch das Gericht **verneint** und wird diese Entscheidung rechtskräftig (Absatz 5 Satz 3), so ist eine Anrechnung nach Absatz 1 Satz 1 ausgeschlossen (*Fabricius* in Körner/Patzak/Volkmer Rn. 4; aA *Malek* BtMStrafR Kap. 5 Rn. 111). Die mit der gerichtlichen Entscheidung erstrebte Klarheit würde nicht erreicht, wenn die Anrechnung trotz ablehnenden Gerichtsbeschlusses zwingend wäre. Die vom Gesetz vorgeschriebene gerichtliche Entscheidung wäre dann völlig ohne Sinn und eher kontraproduktiv, weil dem Verurteilten dokumentiert würde, dass man Konsequenzen gerichtlicher Entscheidungen nicht befürchten muss. Eine andere Frage ist die einer Anrechnung nach Absatz 3; dazu → Rn. 90–115.

43 **4. Entscheidung über die Anrechnung.** Die (spätere) Entscheidung über die Anrechnung selbst trifft nach Absatz 5 Satz 1 ebenfalls das Gericht des ersten Rechtszuges (*Fabricius* in Körner/Patzak/Volkmer Rn. 7). Sie kann mit der Entscheidung über die Aussetzung des Strafrestes verbunden werden. Das Anhörungsverfahren muss dann nur einmal durchgeführt werden (*Fabricius* in Körner/Patzak/Volkmer Rn. 10). Die Entscheidung über die Aussetzung ist der späteste Zeitpunkt für die Entscheidung über die Anrechnung, da andernfalls die Höhe der Reststrafe nicht feststeht (OLG Frankfurt a. M. NStZ-RR 1998, 77).

44 **II. Die Aussetzung der Reststrafe (Satz 3).** Sind durch die Anrechnung zwei Drittel der Strafe erledigt oder ist eine Behandlung in der Einrichtung zu einem früheren Zeitpunkt nicht mehr erforderlich, so ist die Reststrafe zur Bewährung auszusetzen, wenn dies unter Berücksichtigung des Sicherheitsinteresses der Allgemeinheit verantwortet werden kann.

45 **1. Voraussetzungen.** Die Aussetzung der Reststrafe ist danach **in zwei Fällen** möglich, wobei ein Merkmal, nämlich das **der günstigen Prognose,** beiden Alternativen gemeinsam ist.

46 **a) Aussetzung bei Erledigung von zwei Dritteln der Strafe.** Bei der ersten Alternative wird zunächst darauf abgestellt, ob durch die Anrechnung zwei Drittel der Strafe erledigt sind. Dabei kommt es auf den Abschluss der Behandlung nicht an. Die Strafe ist bei einer günstigen Prognose daher auch dann auszusetzen, wenn die Therapie noch nicht abgeschlossen ist (*Kornprobst* in MüKoStGB Rn. 39; *Bohnen* in BeckOK BtMG Rn. 49).

47 **aa) Maßgeblicher Zeitpunkt.** Ob dies gegeben ist, ist nach den oben in → Rn. 6–43 genannten Grundsätzen zu entscheiden. Das Erreichen des Zweidrittelzeitpunkts allein gewährt jedoch keinen Anspruch auf die Aussetzung des Strafrestes. Vielmehr muss das Gericht nun prüfen, ob eine günstige Prognose gegeben ist. Ist dies nicht der Fall, so kann die Therapiezeit zwar auf die Strafe angerechnet werden (etwa → Rn. 31), auch kann die Strafvollstreckung zurückgestellt bleiben, eine Aussetzung des Strafrestes kommt jedoch nicht in Betracht.

48 **bb) Günstige Prognose.** Das wesentliche Kriterium für die Aussetzung der Reststrafe nach Erledigung von zwei Dritteln der Strafe ist danach die günstige Prognose (zur Berücksichtigung repressiver und anderer Strafzwecke → Rn. 67–70).

§ 36 BtMG

(a) **Die Prognoseformel und ihre Änderung.** Die Prognoseformel des § 36 49
Abs. 1 S. 3 BtMG stimmt mit der des § 57 Abs. 1 S. 1 Nr. 2 StGB im Wesentlichen
überein. Beide Vorschriften sind durch das Gesetz zur Bekämpfung von Sexualdelikten und anderen gefährlichen Straftaten v. 28.1.1998 (BGBl. I S. 160) geändert
worden. Bis zu dieser Änderung setzte eine günstige Prognose voraus, dass verantwortet werden konnte zu erproben, ob der Verurteilte keine Straftaten mehr begehen wird. Diese Regelung wurde dahin verstanden, dass eine Aussetzung bereits
dann in Betracht kam, wenn unter Berücksichtigung der notwendigen Hilfestellungen (zB ambulante Therapie oder sonstige Weisungen) eine reelle Chance für
ein positives Ergebnis der Erprobung bestand (*Tröndle,* 48. Auflage 1997, StGB § 57
Rn. 6; *Stree* in Schönke/Schröder, 25. Auflage 1997, StGB § 57 Rn. 11; *Franke/
Wienroeder* (1. Aufl. 1996) Rn. 7; s. auch *Joachimski/Haumer* BtMG Rn. 8).

Auch unter der Geltung dieser zunächst sehr weitgehend erscheinenden Formu- 50
lierung war das **Sicherheitsbedürfnis der Allgemeinheit** jedoch nicht ohne Bedeutung (OLG Koblenz NJW 1981, 1522; Lackner, 22. Aufl. 1997, StGB § 57
Rn. 7). Maßgeblich war es vor allem für die Erfolgswahrscheinlichkeit, die gegeben
sein musste, um die Aussetzung der Reststrafe verantworten zu können (*Tröndle*
48. Auflage 1997, StGB § 57 Rn. 6; *Stree* in Schönke/Schröder, 25. Auflage 1997,
StGB § 57 Rn. 12, 16; Lackner, 22. Auflage 1997, StGB § 57 Rn. 7). Je gefährlicher
die begangene Tat gewesen war und je schwerer die gefährdeten Rechtsgüter wogen, eine desto größere Wahrscheinlichkeit musste für den Erfolg der Strafaussetzung bestehen (*Tröndle* 48. Auflage 1997, StGB § 57 Rn. 6; *Stree* in Schönke/
Schröder, 25. Auflage 1997, StGB § 57 Rn. 12).

Diese Wechselwirkung zwischen dem Maß der Wahrscheinlichkeit, das an die 51
erwartete Straffreiheit zu stellen ist, und dem Gewicht der bei einer erneuten Straffälligkeit bedrohten Rechtsgüter wird durch die Neufassung der § 57 Abs. 1 S. 1
Nr. 2 StGB, § 36 Abs. 1 S. 3 BtMG deutlicher herausgestellt (BT-Drs. 13/9062, 5).
Danach kommt eine Aussetzung des Strafrestes nur (noch) in Betracht, wenn sie unter Berücksichtigung des Sicherheitsinteresses der Allgemeinheit verantwortet werden kann. Damit wird auch im Wortlaut des Gesetzes klargestellt, dass eine **Abwägung** zwischen den zu erwartenden Wirkungen des erlittenen Strafvollzugs für
das künftige Leben des Verurteilten in Freiheit und den Sicherheitsinteressen der
Allgemeinheit stattzufinden hat (BGHR StGB § 57 Abs. 2 Erprobung 2 = NStZ-
RR 2003, 200 = StV 2003, 678), wobei dem Sicherheitsanliegen der Allgemeinheit besonderes Gewicht zukommt und daher von einem Vorrang des Resozialisierungsinteresses ausgegangen werden kann (OLG Bamberg NJW 1998, 3508; *Kornprobst* in MüKoStGB Rn. 47; *Bohnen* in BeckOK BtMG Rn. 95).

Hiervon ausgehend sind isolierte Aussagen über die Wahrscheinlichkeit künfti- 52
ger Straffälligkeit nicht hilfreich. Vielmehr muss stets der Bezug zu den Sicherheitsinteressen der Allgemeinheit im Auge behalten werden. Dies bedeutet, dass je nach
der Schwere der Straftaten, die von dem Verurteilten in Freiheit zu erwarten stünden, **unterschiedliche Anforderungen** an das Maß der Wahrscheinlichkeit für
ein künftiges straffreies Leben zu stellen sind (BGHR StGB § 57 Abs. 2 Erprobung
2 (→ Rn. 51)). Zwar soll weiterhin ein „vertretbares Restrisiko" eingegangen werden dürfen (BVerfG NJW 1998, 2202 = NStZ 1998, 373; 1998, 590 mAnm *Wolf*
= StV 1998, 428). Je schwerer zu erwartende Taten sein würden, desto geringer
muss dieses Risiko jedoch sein (BVerfG NJW 1998, 2202; OLG Stuttgart StV
1998, 668 mAnm *Schüler-Springorum;* OLG Saarbrücken NJW 1999, 439; OLG
Frankfurt a. M. NStZ-RR 1999, 346; *Franke/Wienroeder* Rn. 7; Hügel/Junge/Lander/Winkler Rn. 2.1.2)

Generell reicht es **nicht,** dass lediglich eine **Chance** für ein positives Ergebnis 53
besteht. Notwendig ist eine durch Tatsachen belegte **überwiegende Wahrscheinlichkeit** (OLG Koblenz NJW 1999, 734 = NStZ 1998, 591; 1999, 270 mAnm

BtMG § 36 Siebenter Abschnitt. Betäubungsmittelabhängige Straftäter

Feuerhelm = StV 1998, 667; OLG Düsseldorf NStZ-RR 2000, 187 = StV 2000, 685; OLG Hamm BeckRS 2008, 00858; 2009, 26828; *Hubrach* in LK-StGB, 12. Aufl. 2007, § 57 Rn. 10; weiter *Fischer* StGB § 57 Rn. 14: „naheliegende Chance" (ebenso *Groß* in MüKoStGB § 57 Rn. 16); *Kinzig* in Schönke/Schröder StGB § 57 Rn. 11, 14: „begründete Aussicht", „reelle Chance" (ebenso OLG Köln NStZ-RR 2000, 317; *Bohnen* in BeckOK BtMG Rn. 97; *Fabricius* in Körner/Patzak/Volkmer Rn. 70: „berechtigte Chance"), dass der Verurteilte keine Straftaten mehr begeht, und die umso höher sein muss, je schwerer etwaige zu befürchtende Straftaten wären. Stets muss die Aussicht auf ein Gelingen der Resozialisierung gegenüber deren Misslingen deutlich überwiegen (*Stree* in Schönke/Schröder, 27. Auflage 1997, StGB § 57 Rn. 14).

54   **(b) Bewertung und Gesamtwürdigung.** Bei der Prüfung der Prognose kommt es zunächst auf die Gefährlichkeit dieses Täters an. Generalpräventive Gesichtspunkte müssen in diesem Zusammenhang noch außer Betracht bleiben. Eine andere Frage ist, ob sie, namentlich im Betäubungsmittelstrafrecht, außerhalb der Prognose bei der Entscheidung über die Strafaussetzung berücksichtigt werden dürfen (dazu → Rn. 67–70).

55   Die nach § 36 Abs. 1 S. 3 anzustellende **Gefährlichkeitsprognose** setzt eine **Gesamtwürdigung** voraus, in die alle Umstände des konkreten Falles einzubeziehen sind (OLG Karlsruhe NStZ-RR 1997, 87; OLG Düsseldorf StV 1994, 552; OLG Bamberg NStZ 1998, 592 jeweils zu § 57 Abs. 1 S. 1 Nr. 2 StGB). Besondere Bedeutung haben dabei neben der Persönlichkeit des Verurteilten die Art der begangenen Straftaten (BGHR StGB § 57 Abs. 2 Erprobung 2 (→ Rn. 51)) und der bei erneuter Straffälligkeit zu befürchtenden Taten (OLG München StV 2000, 683 mAnm *Wolters*), das Maß der Gefährdung (Häufigkeit, Rückfallgeschwindigkeit), die Kausalität der Betäubungsmittelabhängigkeit für die Straftaten sowie weitere sucht- und therapiebezogene Umstände. Abzustellen ist dabei auf die künftige Legalbewährung. Das Fortbestehen der Betäubungsmittelabhängigkeit schließt die Aussetzung daher nicht ohne weiteres aus (BayObLG StV 1992, 15; Hügel/Junge/Lander/Winkler Rn. 2.1.2), so dass die Aussetzung auch dann in Betracht kommt, wenn der Verurteilte an einem Substitutionsprogramm teilnimmt.

56   **(c) Positive Feststellung.** Dass die Prognose günstig ist, muss positiv festgestellt werden. Zweifel gehen zu Lasten des Verurteilten (OLG Düsseldorf NStZ-RR 2000, 187 (→ Rn. 53); OLG Hamm NStZ-RR 2005, 154; StraFo 2008, 81; KG NStZ 2007, 472; *Kornprobst* in MüKoStGB Rn. 48; *Bohnen* in BeckOK BtMG Rn. 99). Da es sich um eine Aussetzungsprognose handelt, bei der es darum geht, ob die von dem Verurteilten ausgehenden Gefahren durch die Therapie entscheidend gemindert wurden, gilt dies sowohl für die **Prognosebasis** (*Heger* in Lackner/Kühl StGB § 61 Rn. 5; aA *Kinzig* in Schönke/Schröder StGB § 57 Rn. 14; *Horn* in SK-StGB StGB § 57 Rn. 9a) als auch für das **Prognoseurteil.** Es geht daher zu Lasten des Verurteilten, wenn der Richter im Zweifel bleibt, ob der Verurteilte eine feste Bindung aufgebaut hat, Arbeit gefunden hat oder die Betäubungsmittelabhängigkeit beseitigt wurde. Ebenso schlägt es zum Nachteil des Verurteilten aus, wenn der Richter sich nicht imstande sieht, auf Grund der festgestellten Tatsachen den Schluss zu ziehen, dass das je nach dem bedrohten Rechtsgut geforderte Maß an Wahrscheinlichkeit (→ Rn. 48–55) des Erfolgs gegeben ist (*Heger* in Lackner/Kühl StGB § 57 Rn. 10; *Horn* in SK-StGB StGB § 57 Rn. 9a; aA *Kinzig* in Schönke/Schröder StGB § 57 Rn. 14).

57   Bleibt danach die **Prognose** aus einem dieser beiden Gründe **unsicher,** so kann eine Aussetzung des Strafrestes nicht erfolgen (OLG Düsseldorf NStZ-RR 2000, 187 (→ Rn. 53)). Vor allem bei der Zurückstellung kurzer Freiheitsstrafen ist dies nicht selten.

Anrechnung und Strafaussetzung zur Bewährung **§ 36 BtMG**

Statt einer demotivierenden Ablehnung der Strafaussetzung kann das Gericht in 58 einem solchen Fall davon absehen, **von Amts wegen** über die Strafaussetzung zum Zwei-Drittel-Zeitpunkt zu entscheiden, und statt dessen den Abschluss der Behandlung abwarten (*Kornprobst* in MüKoStGB Rn. 41). **Beantragt der Verurteilte** jedoch eine Entscheidung, so wird sie getroffen werden müssen (*Kornprobst* in MüKoStGB Rn. 41).

(d) Zur Prognose im Einzelnen. Bei der Prognose drogenabhängiger, ins- 59 besondere opioidabhängiger, Verurteilter sind auch unter der Geltung der neu gefassten Prognoseformel die Besonderheiten zu beachten, die sich aus der Sucht ergeben (→ Vor § 29 Rn. 1192–1201). Wesentlich ist zunächst die Art der Tat und inwieweit die Sucht zu ihr beigetragen hat (→ Rn. 55).

Handelt es sich um **Verstöße gegen das BtMG,** sind auch nur solche zu be- 60 fürchten und ist vorrangiger Ausgangspunkt die Abhängigkeit, so kann sich die Zukunftsprognose ausgehend von der Persönlichkeit des Verurteilten primär an der erfolgten Therapie, seiner Führung in dieser Zeit und dem auf Grund der Behandlung zu erwartenden Verhalten orientieren (LG Bückeburg StV 2004, 386; *Kornprobst* in MüKoStGB Rn. 51). Je stärker die Wahrscheinlichkeit einer dauerhaften Überwindung der Drogenabhängigkeit und damit der Ursache der Delinquenz erscheint, desto weniger Gewicht wird dem Vorleben des Verurteilten und den Tatumständen beigemessen werden können (*Kornprobst* in MüKoStGB Rn. 51).

Auf der anderen Seite kann in einem solche Falle auch die Aussetzung trotz fort- 61 bestehender Betäubungsmittelabhängigkeit in Betracht kommen, wenn der Verurteilte eine **professionelle Substitutionsbehandlung** (§ 5 BtMVV) mit der notwendigen psychosozialen Begleitung antritt, so dass die berechtigte Erwartung besteht, dass er nicht mehr dem ständigen Beschaffungsdruck ausgesetzt ist und beruflich wieder Fuß fassen wird (OLG Hamm StV 1991, 427; BayObLG StV 1992, 15; *Kornprobst* in MüKoStGB Rn. 52; *Bohnen* in BeckOK BtMG Rn. 102; s. auch BGH StV 1998, 541).

Handelt es sich um **schwere Straftaten** der **Beschaffungskriminalität,** zB 62 Raub oder andere Delikte, die das Sicherheitsinteresse der Allgemeinheit mindestens gleich schwer berühren, so kann zwar auch keine Gewissheit des Erfolgs gefordert werden (BVerfG NJW 1998, 2202 (→ Rn. 52); OLG Düsseldorf StV 1994, 552; KG NJW 1999, 1797; OLG Hamm NJW 1999, 2453), jedoch müssen die Erfolgsaussichten die Gefahr des Scheiterns deutlich überwiegen (→ Rn. 51–57). Dabei ist ein strenger Maßstab anzulegen (OLG Düsseldorf NJW 1973, 2255). Dasselbe gilt bei erheblichen Straftaten, bei denen die Sucht zwar mitursächlich war, die wesentlich aber auch auf andere Ursachen zurückzuführen waren. Bestehen konkrete Anhaltspunkte dafür, dass der Verurteilte ein schweres Verbrechen begehen werde, so kommt eine Aussetzung auf keinen Fall in Betracht (BVerfG NJW 1998, 2202).

(aa) Anzeichen für eine günstige Prognose liegen vor, wenn der Verurteilte 63 eine Berufstätigkeit aufnimmt, seine Aus- oder Fortbildung betreibt, den Umgang mit der Szene aufgegeben hat, Kontakt zu einer Drogenberatungsstelle oder Nachsorgeeinrichtung unterhält oder eine feste Beziehung aufgenommen hat. Dasselbe gilt, wenn er auf Grund einer HIV-Infektion sein Leben grundlegend geändert hat und dabei die notwendige Unterstützung erfährt (OLG Hamm StV 1991, 427; *Fabricius* in Körner/Patzak/Volkmer Rn. 73).

(bb) Anzeichen für eine ungünstige Prognose können sich aus dem Vor- 64 leben des Verurteilten, zahlreichen Vorverurteilungen oder seinem Scheitern bei Vollzugslockerungen oder im offenen Vollzug ergeben. Ein Indiz hierfür ist auch die Zunahme der Rückfallgeschwindigkeit oder das Untertauchen in der Drogenszene (*Fabricius* in Körner/Patzak/Volkmer Rn. 77). Auch wenn der Verurteilte in verschiedenen Einrichtungen Therapieversuche unternommen, sie aber regelmäßig abgebrochen hat, kann dies gegen eine positive Prognose sprechen (*Fabricius* in Körner/Patzak/Volkmer Rn. 77).

65 Hat der Verurteilte während der Therapiezeit eine **neue Straftat** begangen, so kann auch dies eine ungünstige Prognose begründen. Ausreichend ist dabei der dringende Verdacht (OLG Frankfurt a. M. NStZ-RR 2005, 245) oder eine hohe Wahrscheinlichkeit (OLG Hamm NStZ-RR 2005, 154; KG NStZ 2007, 472) der neuen Tat. Die Unschuldsvermutung steht dem nicht entgegen (OLG Hamm NStZ 2004, 685; NStZ-RR 2005, 154; OLG Frankfurt a. M. NStZ-RR 2005, 248; KG NStZ 2007, 472; *Kornprobst* in MüKoStGB Rn. 55; *Bohnen* in BeckOK BtMG Rn. 111; wohl aA *Fabricius* in Körner/Patzak/Volkmer Rn. 71). Anders als in den Fällen, in denen die neue Tat als Widerrufsgrund herangezogen wird (dazu → Vor § 29 Rn. 1244–1263), gehen Zweifel an einer positiven Prognose zu Lasten des Verurteilten. Die Versagung der Aussetzung kann daher auch auf einen Sachverhalt gestützt werden, der Gegenstand eines Freispruchs war (OLG Frankfurt a. M. NStZ-RR 2005, 248).

66 Auch in den Fällen **schlechter Prognose** kann die von Amts wegen zu treffende Entscheidung über die Aussetzung der Reststrafe hinausgeschoben werden, wenn die Therapie noch andauert (→ Rn. 58; *Joachimski/Haumer* BtMG Rn. 8).

67 **cc) Berücksichtigung anderer Strafzwecke.** Bei der Frage, ob eine Aussetzung des Strafrestes „verantwortet" werden kann, würde es der Wortlaut an sich zulassen, auch die Strafzwecke des gerechten Schuldausgleichs und der Generalprävention in die Aussetzungsentscheidung miteinzubeziehen. Gleichwohl wurde in der Vergangenheit ausschließlich auf die Spezialprävention abgestellt. Gestützt wurde dies durch eine Entscheidung des BVerfG, wonach Gesichtspunkte der Schwere der Schuld, der Sühne für das begangene Unrecht und der Verteidigung der Rechtsordnung nach Wortlaut, Entstehungsgeschichte, bisheriger unheilliger Anwendung in Rechtsprechung und Literatur und dem Ziel der Vorschrift außer Betracht zu bleiben hätten (BVerfG NJW 1994, 378 = NStZ 1994, 53 = StV 1993, 597; anders für den Widerruf der Strafaussetzung BVerfG NJW 1995, 713 = NStZ 1994, 558; 1995, 437 m. Bespr. *ter Veen*).

68 Ob nach der **Neufassung** der Aussetzungsvorschriften daran festzuhalten ist, ist nicht abschließend geklärt. So hat das OLG Düsseldorf entschieden (NJW 1999, 3648 = NStZ 1999, 478; JR 2001, 296 mAnm *Götting;* StV 2003, 679 mablAnm *Schüler-Springorum*), dass auch eine **günstige Sozialprognose nicht** zwingend die Aussetzung des Strafrestes gebietet, wenn andere anerkannte Strafzwecke, vor allem die des gerechten Schuldausgleichs und der Verteidigung der Rechtsordnung, den weiteren Vollzug der Strafe erfordern. Die überwiegende Meinung hält nach dem derzeitigen Stand an der früheren Auffassung fest (OLG Koblenz StV 1989, 389; OLG München StV 1999, 550; *Fischer* StGB § 57 Rn. 12b; *Heger* in Lackner/Kühl StGB § 57 Rn. 8; *Hubrach* in LK-StGB, 12. Aufl. 2007, StGB § 57 Rn. 12; *Kinzig* in Schönke/Schröder StGB § 57 Rn. 12, 13).

69 **dd) Die besondere Situation im Betäubungsmittelstrafrecht.** Für das Betäubungsmittelstrafrecht könnte sich im Hinblick auf **Art. 3 Abs. 7 ÜK 1988** etwas anderes ergeben. Zur völkerrechtskonformen Auslegung und zur Heranziehung des ÜK 1988 → Vor § 29 Rn. 865. Die Entscheidung des BVerfG (→ Rn. 67) ist noch vor dem Inkrafttreten des Übereinkommens ergangen. Dass die Berücksichtigung solcher Umstände bei Vollstreckungsentscheidungen dem deutschen Recht nicht fremd ist, ergibt sich aus BVerfG NJW 1995, 713 (→ Rn. 67).

70 Allerdings ist *Kornprobst* Recht zu geben, wenn er ausführt, dass **kaum Fallgestaltungen denkbar** sind, in denen es sachlich gerechtfertigt wäre, zunächst die Strafvollstreckung zurückzustellen, nach einem etwaigen erfolgreichen Therapie-

Anrechnung und Strafaussetzung zur Bewährung § 36 BtMG

abschluss dann aber aus generalpräventiven oder schuldbezogenen Erwägungen den Strafrest doch noch zu vollstrecken; den Aspekten der Generalprävention und des Schuldausgleichs sei vielmehr bereits bei der Entscheidung über eine Zurückstellung Rechnung zu tragen (*Kornprobst* in MüKoStGB Rn. 49).

b) Aussetzung mangels Notwendigkeit weiterer Behandlung. Die zweite 71 Alternative des Absatzes 1 Satz 3 kommt dann in Betracht, wenn bereits vor Erledigung von zwei Dritteln der Strafe eine Behandlungsbedürftigkeit in der Einrichtung nicht mehr gegeben ist. Mit dieser Regelung soll verhindert werden, dass der Verurteilte, der die Therapie erfolgreich abgeschlossen hat, in den Strafvollzug verbracht werden muss, um dort den Zweidrittelzeitpunkt zu erreichen (*Eberth/Müller* BtMR Rn. 30).

aa) Kein Mindestmaß für die Aussetzung. Unter dieser Voraussetzung kann 72 wohl auch keine andere Mindestdauer der Vollstreckung gefordert werden. Insbesondere dürfte es nicht notwendig sein, dass ein Mindestmaß der Strafe durch Anrechnung erledigt ist (OLG Düsseldorf StV 1990, 214 = JR 1990, 349 mkritAnm *Katholnigg;* krit. *Katholnigg* NJW 1995, 1327 (1329)).

Die Aussetzung setzt daher **nicht** voraus, dass mindestens **die Hälfte der** 73 **Strafe** verbüßt ist oder durch Anrechnung oder sonstige Erledigung als verbüßt gilt (hM; OLG Stuttgart NStZ 1986, 187 m. vermittelnder Anm. *Katholnigg* = StV 1986, 111; StV 1998, 671; *Fabricius* in Körner/Patzak/Volkmer Rn. 67; *Kornprobst* in MüKoStGB Rn. 43; *Franke/Wienroeder* Rn. 8; *Joachimski/Haumer* BtMG Rn. 10; Hügel/Junge/Lander/Winkler Rn. 2.2.1; *Malek* BtMStrafR Kap. 5 Rn. 118; aA OLG Nürnberg MDR 1984, 513; OLG München MDR 1984, 513; *Katholnigg* NStZ 1981, 417 (419)).

Es ist nicht zu verkennen, dass dies zu einer erheblichen Bevorzugung betäu- 74 bungsmittelabhängiger Straftäter führen kann (so die Argumente der Gegenmeinung). Die Vollstreckungsbehörde kann eine allzu **grobe Ungleichbehandlung** dadurch vermeiden, dass sie die Strafvollstreckung erst zu einem Zeitpunkt zurückstellt, in dem das voraussichtliche Ende einer erfolgreichen Behandlung und die Erledigung der Hälfte der Strafe zusammenfallen (*Katholnigg* NStZ 1986, 188).

bb) Günstige Prognose. Auch die zweite Alternative des Absatzes 1 Satz 3 setzt 75 eine günstige Prognose (→ Rn. 48–63) voraus. Im Hinblick auf den erfolgreichen Abschluss der Therapie wird dies bei Straftaten, die allein auf die Betäubungsmittelabhängigkeit zurückzuführen waren, in der Regel gegeben sein. In den Fällen der bloßen Mitursächlichkeit kann sich anderes ergeben.

cc) Berücksichtigung anderer Strafzwecke. Die Ausführungen in → Rn. 67– 76 70 gelten entsprechend.

2. Folgen und Verfahren. Sind die Voraussetzungen des Absatzes 1 Satz 3 ge- 77 geben, so ist die Aussetzung des noch nicht erledigten Teils der Strafe zwingend. Zur näheren Ausgestaltung der Aussetzungsentscheidung, insbesondere zu den Auflagen und Weisungen, s. Absatz 4. Das Verfahren für die Aussetzung des Strafrestes ist in Absatz 5 geregelt; auch insoweit wird auf die Erläuterungen zu dieser Vorschrift verwiesen.

3. Aussetzung der Unterbringung. Keine ausdrückliche Regelung trifft § 36 78 Abs. 1 S. 3 für die Aussetzung einer neben der Strafe zurückgestellten Unterbringung. Überwiegend wird angenommen, dass § 67 d Abs. 2 StGB entweder entsprechend (LG München I NStZ 1988, 559; *Fabricius* in Körner/Patzak/Volkmer Rn. 79; Hügel/Junge/Lander/Winkler Rn. 3) oder unmittelbar (BT-Drs. 10/843, 36; *Maatz* MDR 1988, 10 (12); wohl auch *Kornprobst* in MüKoStGB Rn. 60) anwendbar ist.

BtMG § 36 Siebenter Abschnitt. Betäubungsmittelabhängige Straftäter

79 Seit der Änderung durch die Gesetze v. 26.1.1998 (→ Rn. 49) und 8.7.2016 (BGBl. I S. 1610) darf die Aussetzung der Unterbringung nach § 67d Abs. 2 StGB nur noch dann erfolgen, wenn **zu erwarten ist,** dass der Verurteilte außerhalb des Maßregelvollzuges keine **erheblichen** rechtswidrigen Taten mehr begehen wird. Darin liegt **einerseits** eine sachliche Änderung in Richtung auf die strengeren Voraussetzungen, die sonst für die Aussetzung zugleich mit der Anordnung gelten (§§ 56, 67b StGB; *Schöch* NJW 1998, 1257 (1258, 1259)), und **andererseits** eine Beschränkung auf Taten, deren Gewicht die Schwelle erreicht, bei der das Sicherungsbedürfnis der Allgemeinheit den Freiheitsanspruch überwiegt (BT-Drs. 18/7244, 29). Von **diesen Anforderungen** ist für die Aussetzung der Unterbringung auch dann auszugehen, wenn sie im Zusammenhang mit der Aussetzung der Strafe nach § 36 Abs. 1 S. 3 erfolgt. Mit der Aussetzung der Unterbringung tritt **Führungsaufsicht** ein (*Fabricius* in Körner/Patzak/Volkmer Rn. 79; *Kornprobst* in MüKoStGB Rn. 60; *Bohnen* in BeckOK BtMG Rn. 116).

80 **4. Entsprechende Anwendung des Absatzes 1 Satz 3.** Im Unterschied zu Absatz 1 sieht Absatz 3 für die dort geregelten Fälle keine Aussetzung der nach der Anrechnung verbleibenden Reststrafe vor. Um Unbilligkeiten zu vermeiden, ist Absatz 1 Satz 3 unter bestimmten Voraussetzungen entsprechend anzuwenden. Dies kommt vor allem in Betracht, wenn eine Anrechnung nach Absatz 1 Satz 1 nicht mehr möglich war, weil vor der Zurückstellung bereits zwei Drittel der Strafe erledigt waren (BGHSt 48, 275 (→ Rn. 41); LG Offenburg NStZ-RR 1996, 151 = StV 1996, 218) oder wenn eine Zurückstellungsentscheidung nicht ergangen ist, weil die Therapie bereits vor Rechtskraft der Verurteilung erfolgreich abgeschlossen war (OLG Düsseldorf NStZ 1992, 244 = StV 1992, 1846) oder über einen Antrag des Verurteilten nicht entschieden wurde (OLG Stuttgart NStZ 1987, 246 = StV 1987, 208).

C. Aussetzung ohne Anrechnung (Absatz 2)

81 **I. Anwendungsbereich.** Die Vorschrift ermöglicht eine Aussetzung in den Fällen, in denen zwar die Vollstreckung zurückgestellt wurde, die Therapie jedoch nicht nach **Absatz 1 Satz 1** (zu Absatz 3 → Rn. 82) auf die Strafe angerechnet wird. Häufige Fälle sind die Behandlung in einer Einrichtung, die nicht staatlich anerkannt ist, oder die Teilnahme an einer ambulanten Therapie. Sie erfasst aber auch sonst die Fälle, in denen eine positive Vorabentscheidung über die Anrechnung (→ Rn. 39–42) nicht erfolgt ist (*Eberth/Müller* BtMR Rn. 34), zB wenn der Verurteilte die Therapie abgebrochen und eine neue begonnen hat, ohne dass die richterliche Vorabentscheidung vorliegt (*Eberth/Müller* BtMR Rn. 34).

82 **Anders als** nach Absatz 1 kann nach Absatz 2 auch die **gesamte Freiheitsstrafe** ausgesetzt werden. Die Vorschrift greift aber auch dann ein, wenn die Behandlung nach **Absatz 3** (→ Rn. 91–115) auf die Freiheitsstrafe angerechnet wird (*Kornprobst* in MüKoStGB Rn. 58).

83 **II. Voraussetzungen.** Die Aussetzung nach Absatz 2 hat die folgenden Voraussetzungen:

84 **1. Zurückstellung.** Es muss eine Zurückstellung der Strafvollstreckung vorliegen. Daraus ergeben sich auch die notwendigen Begrenzungen der Aussetzungsregelung, insbesondere bei der Strafhöhe. Keine Zurückstellung ist die Festlegung der Vollstreckungsreihenfolge durch die Vollstreckungsbehörde nach § 44b Abs. 1 S. 1 StVollstrO (*Katholnigg* NJW 1995, 1327 (1329); aA OLG Celle StV 1993, 317 (→ Rn. 25)).

85 **2. Günstige Prognose.** Ebenso wie die Aussetzung nach Absatz 1 Satz 3 kommt die Aussetzung nach Absatz 2 nur in Betracht, wenn sie unter Berücksichtigung des

Anrechnung und Strafaussetzung zur Bewährung **§ 36 BtMG**

Sicherheitsinteresses der Allgemeinheit verantwortet werden kann. Auf die Erläuterungen zu Absatz 1 Satz 3 (→ Rn. 48–63) wird insoweit Bezug genommen.

3. Berücksichtigung anderer Strafzwecke. Die Ausführungen in → Rn. 67– 86 70 gelten entsprechend.

4. Zeitpunkt. Ein Zeitpunkt für die Entscheidung ist im Gesetz nicht ausdrück- 87 lich vorgesehen. Eine Entscheidung ist aber erst dann angezeigt, wenn der Verurteilte die Behandlung beendet hat oder beenden möchte. Eine Mindestzeit der Behandlung kommt schon deswegen nicht in Betracht, weil die Aussetzung keine Auswirkungen auf die Höhe der Strafe hat (*Eberth/Müller* BtMR Rn. 35).

III. Folgen und Verfahren. Sind die Voraussetzungen des Absatzes 2 gegeben, 88 so ist die Aussetzung zwingend. Zur näheren Ausgestaltung der Aussetzungsentscheidung s. Absatz 4. Das Verfahren für die Aussetzung des Strafrestes ist in Absatz 5 geregelt; auch insoweit wird auf die Erläuterungen zu dieser Vorschrift verwiesen.

IV. Aussetzung der Unterbringung. Die Erläuterungen zu Absatz 1 Satz 3 89 (78, 79) gelten entsprechend.

D. Die fakultative Anrechnung (Absatz 3)

Sind die Voraussetzungen des Absatzes 1 Satz 1 **nicht** erfüllt, so ist stets zu 90 prüfen, ob eine Anrechnung nach Absatz 3 in Betracht kommt. Die Vorschrift ist eine Regelung für **Ausnahme- und Härtefälle**, die Unbilligkeiten des obligatorischen Anrechnungsverfahrens ausgleichen soll (OLG Hamm NStZ 1987, 246; OLG Hamburg NStZ 1989, 127 = StV 1989, 258 mAnm *Müller;* OLG Köln NStZ-RR 2010, 386; *Fabricius* in Körner/Patzak/Volkmer Rn. 26; *Kornprobst* in MüKoStGB Rn. 61; *Bohnen* in BeckOK BtMG Rn. 65) und die deshalb erleichterte Voraussetzungen gegenüber der Anrechnung nach Absatz 1 Satz 1 vorsieht.

I. Voraussetzungen. Die Vorschrift hat nach ihrem Wortlaut einen nahezu 91 uferlosen Anwendungsbereich. **Notwendige** Begrenzungen ergeben sich jedoch aus ihrem Zweck (→ Rn. 90) und dem systematischen Zusammenhang, in den sie gestellt ist (*Kornprobst* in MüKoStGB Rn. 62).

1. Behandlung nach der Tat. Der Verurteilte muss sich nach der Tat einer Be- 92 handlung seiner Abhängigkeit unterzogen haben.

a) Tat. Der Verurteilte muss eine Straftat (→ § 35 Rn. 21, 22) begangen haben, 93 die auf seiner Betäubungsmittelabhängigkeit (→ § 35 Rn. 23–29) beruht, und wegen dieser Tat zu einer Freiheitsstrafe verurteilt worden sein:

aa) Kausalität. Es muss daher der notwendige Kausalzusammenhang zwischen 94 Abhängigkeit und Tat gegeben sein (→ § 35 Rn. 33–41). Insbesondere ist nicht ausreichend, wenn die Abhängigkeit der Tat nachfolgt (*Fabricius* in Körner/Patzak/ Volkmer Rn. 27; *Kornprobst* in MüKoStGB Rn. 63; *Bohnen* in BeckOK BtMG Rn. 66).

bb) Freiheitsstrafe. Wegen der Tat muss eine Freiheitsstrafe oder eine Gesamt- 95 freiheitsstrafe (allein oder in Verbindung mit einer Unterbringung in der Entziehungsanstalt) verhängt worden sein (→ § 35 Rn. 8, 9). Bei einer Gesamtstrafe müssen die Betäubungsmittelabhängigkeit und die Kausalität bei dem ihrer Bedeutung nach überwiegenden Teil der abgeurteilten Straftaten gegeben sein (→ § 35 Rn. 216–218). Entsprechendes gilt grundsätzlich für Einheitsjugendstrafen (→ § 35 Rn. 219–221).

Die (Gesamt-)Freiheitsstrafe oder der **noch zu vollstreckende Rest** (§ 35 96 Abs. 3) dürfen **zwei Jahre nicht übersteigen** (OLG Hamm NStZ 1987, 246; OLG Hamburg NStZ 1989, 127 (→ Rn. 90); OLG Zweibrücken NStZ 1991, 92 = StV 1991, 30; OLG Köln NStZ-RR 2010, 386; OLG Jena BeckRS 2015,

BtMG § 36 Siebenter Abschnitt. Betäubungsmittelabhängige Straftäter

05451; *Fabricius* in Körner/Patzak/Volkmer Rn. 31; *Kornprobst* in MüKoStGB Rn. 66; *Bohnen* in BeckOK BtMG Rn. 71; *Joachimski/Haumer* BtMG Rn. 14; *Franke/Wienroeder* Rn. 13; *Winkler* in Hügel/Junge/Lander/Winkler Rn. 4.6; offengelassen in BGHR BtMG § 36 Abs. 3 Anrechnung 1 (1 StR 50/91); aA LG Tübingen StV 1988, 21; LG Bremen StV 1992, 184; LG Görlitz NStZ-RR 2004, 283 = StV 2004, 609; *Malek* BtMStrafR Kap. 5 Rn. 122; *Fischer* StV 1991, 237). Andernfalls würde Absatz 3 entgegen seinem Zweck (→ Rn. 90) den Umfang der Anrechnungsmöglichkeiten erweitern und damit zu neuen Unbilligkeiten führen.

97 **b. Nach der Tat.** Der Verurteilte muss sich nach der Tat einer Behandlung unterzogen haben.

98 **aa) Zeitpunkt der Therapie.** Die Therapie muss nach der Tat erfolgt sein (*Franke/Wienroeder* Rn. 12). Eine davor liegende Behandlung kann nicht deshalb angerechnet werden, weil die Anrechnung auf eine frühere Freiheitsstrafe unterblieben ist (*Eberth/Müller* BtMR Rn. 40).

99 **Weitergehende Begrenzungen** enthält die Vorschrift in diesem Zusammenhang **nicht.** Sie gilt daher auch für eine Behandlung **zwischen Tat und Hauptverhandlung** (OLG Düsseldorf NStZ 1992, 244; *Fabricius* in Körner/Patzak/Volkmer Rn. 29; *Maatz* MDR 1985, 11; *Eberth/Müller* BtMR Rn. 40; aA *Winkler* in Hügel/Junge/Lander/Winkler Rn. 4.6). Soweit *Winkler* in Winkler in Hügel/Junge/Lander/Winkler Rn. 4.6) mit Recht (vgl. BGHR BtMG § 36 Abs. 3 Anrechnung 1 (→ Rn. 96)) darauf hinweist, dass die Behandlung dann regelmäßig bereits strafmildernd berücksichtigt wurde, ist es eine Frage des Ermessens, ob gleichwohl noch eine Anrechnung veranlasst ist (zust. *Kornprobst* in MüKoStGB Rn. 70; wohl auch *Bohnen* in BeckOK BtMG Rn. 92).

100 **Ebenso gilt Absatz 3** für eine Behandlung zwischen **Verurteilung und Rechtskraft** (OLG Düsseldorf NStZ 1992, 244 (→ Rn. 80); *Fabricius* in Körner/Patzak/Volkmer Rn. 29; *Eberth/Müller* BtMR Rn. 40; krit. *Kornprobst* in MüKoStGB Rn. 70). Dasselbe gilt für Behandlungen zwischen der **Rechtskraft** der Verurteilung und einer etwaigen **Zurückstellungsentscheidung** (allgM; *Fabricius* in Körner/Patzak/Volkmer Rn. 29). Setzt der Verurteilte nach der Zurückstellung die Therapie in derselben Einrichtung fort, so hat die Anrechnung allerdings bereits nach Absatz 1 Satz 1 zu erfolgen (→ Rn. 29).

101 **Die Anwendung** des Absatzes 3 setzt **nicht** voraus, dass eine **Entscheidung** über die Zurückstellung der Strafvollstreckung getroffen wurde (OLG Stuttgart NStZ 1987, 246 (→ Rn. 80); OLG Düsseldorf NStZ 1992, 244 (→ Rn. 80); LG Bochum StV 1997, 316; *Fabricius* in Körner/Patzak/Volkmer Rn. 28, 29; aA *Franke/Wienroeder* Rn. 12; diff. *Winkler* in Hügel/Junge/Lander/Winkler Rn. 4.5; zw. *Katholnigg* NJW 1990, 2296 (2299)). Soweit Katholnigg (NJW 1990, 2296 (2299)) mit Recht auf die fehlenden zeitlichen Grenzen dieser Lösung hinweist, dürfte dies ebenfalls im Rahmen der Ermessensentscheidung zu berücksichtigen sein.

102 **Nicht anrechenbar** ist eine Behandlung, der sich der Verurteilte während einer Strafaussetzung zur **Bewährung** unterzogen hat (LG Saarbrücken MDR 1989, 763; *Katholnigg* NJW 1990, 2296 (2299); *Fabricius* in Körner/Patzak/Volkmer Rn. 30). Eine solche Anrechnung wäre nur für den Fall des Widerrufs der Strafaussetzung von Bedeutung, würde damit dieser Sanktion einen erheblichen Teil ihrer Wirkung entziehen (*Katholnigg* NJW 1887, 1456 (1458)) und könnte sich unter Umständen geradezu als Belohnung für das Bewährungsversagen erweisen.

103 **bb) Art der Behandlung.** Absatz 3 gilt neben den in → Rn. 99 und 100 genannten Fällen vor allem für die Behandlungen, die nicht in einer staatlich anerkannten Einrichtung erfolgt sind. Dies kommt namentlich in Betracht, wenn die Einrichtung keinen Antrag auf Anerkennung gestellt hat, wenn der Antrag sonst

noch nicht vorliegt, aber auch, wenn er abgelehnt wurde oder die Anerkennung widerrufen wurde (*Fabricius* in Körner/Patzak/Volkmer Rn. 32, 33). Die Anrechnung setzt auch keine stationäre Therapie voraus (→ Rn. 106). Auch muss die Behandlung keine gewisse Dauer aufgewiesen haben (*Fabricius* in Körner/Patzak/Volkmer Rn. 32; *Kornprobst* in MüKoStGB Rn. 69; aA *Eberth/Müller* BtMR Rn. 38).

2. Anforderungen an den Verurteilten, ambulante Therapie. Die Behandlung muss Anforderungen an den Verurteilten gestellt haben, die es angezeigt erscheinen lassen, sie auf die Strafe anzurechnen. Kriterien für die Anrechenbarkeit sind zunächst der Zeitaufwand für die Teilnahme an Therapiemaßnahmen und die damit verbundenen Auswirkungen auf die Gestaltung der Lebensführung des Verurteilten (→ Rn. 105, 106); daneben kommt auch den Anforderungen Bedeutung zu (→ Rn. 107), die durch Konzept und Dauer der Therapie an das Durchhaltevermögen des Verurteilten gestellt werden (OLG Köln NStZ 2001, 55 = StV 2000, 324; NStZ-RR 2010, 386; *Kornprobst* in MüKoStGB Rn. 72). 104

a) Keine Vergleichbarkeit mit dem Straf- oder Maßregelvollzug. Nicht notwendig ist, dass die Einschränkungen des Lebensführung des Verurteilten mit denen des Straf- oder Maßregelvollzuges vergleichbar sind (*Fabricius* in Körner/Patzak/Volkmer Rn. 32; *Kornprobst* in MüKoStGB Rn. 73; *Bohnen* in BeckOK BtMG Rn. 72; *Malek* BtMStrafR Kap. 5 Rn. 123; aA *Katholnigg* NStZ 1981, 417 (419)). Wesentlich ist daher nicht die Freiheitsentziehung, sondern die (Mehr-)Belastung, die sich aus der aktiven Mitwirkung an der Therapie, dem erhöhten Rückfallrisiko und der notwendigen Bewältigung des Umgangs mit Arbeit, Familie und Umwelt ergibt (OLG Köln NStZ 2001, 55 (→ Rn. 104); *Fabricius* in Körner/Patzak/Volkmer Rn. 32). 105

Sind diese Voraussetzungen gegeben, sind namentlich die Maßgaben des Kriterienkatalogs (→ § 35 Rn. 86) erfüllt, so kann auch eine **ambulante Therapie,** gegebenenfalls teilweise, auf die Strafe angerechnet werden (LG Bochum StV 1997, 316; OLG Köln NStZ 2001, 55 (→ Rn. 104); *Fabricius* in Körner/Patzak/Volkmer Rn. 41; *Joachimski/Haumer* BtMG Rn. 12; krit. *Franke/Wienroeder* Rn. 12). Zum Umfang der Anrechnung bei geringer zeitlicher Beanspruchung → Rn. 107, 111–114. 106

b) Durchhaltewillen. Insbesondere in den Fällen, in denen die zeitliche Beanspruchung durch die Therapie eher geringfügig ist, kommt im Hinblick auf das gesetzgeberische Ziel des § 36 (Förderung der Bereitschaft zur Therapie) auch eine Berücksichtigung des Durchhaltewillens in Betracht. Die Anrechnung muss sich dann aber im unteren Bereich des Zeitrahmens halten (OLG Köln NStZ 2001, 55 (→ Rn. 104)). Zum Umfang der Anrechnung → Rn. 111–114. 107

II. Umfang der Anrechnung. Obergrenze der Anrechnung ist die Zeit der Behandlung. Ob und inwieweit das Gericht von der Möglichkeit der Anrechnung Gebrauch macht, steht in seinem pflichtgemäßen Ermessen. 108

1. Ermessensentscheidung. Dabei können die formellen Voraussetzungen zwar großzügig behandelt werden. Umso sorgfältiger muss dagegen die Wirkung der durchgeführten Therapie geprüft werden (LG Bochum StV 1997, 316; *Fabricius* in Körner/Patzak/Volkmer Rn. 35). Gegebenenfalls ist ein Sachverständiger einzuschalten. 109

2. Therapieerfolg. Die Anrechnung setzt nicht notwendig voraus, dass die Behandlung erfolgreich gewesen ist (*Fabricius* in Körner/Patzak/Volkmer Rn. 37; *Kornprobst* in MüKoStGB Rn. 71; *Joachimski/Haumer* BtMG Rn. 12). Maßgeblich ist nicht die Frage des Erfolgs, sondern die Beschränkung der Lebensführung, die mit der Behandlung verbunden war (Hügel/Junge/Lander/Winkler Rn. 4.9). Gegen eine Anrechnung sprechen allerdings eine bloß vorgetäuschte Therapiebereit- 110

BtMG § 36 Siebenter Abschnitt. Betäubungsmittelabhängige Straftäter

schaft, absolute Therapieresistenz, häufige Abwesenheit und Drogenhandel in der Einrichtung.

111 **3. Ambulante Therapie.** Stellt eine ambulante oder teilstationäre Therapie an die Lebensführung des Verurteilten Anforderungen, die denen einer staatlich anerkannten stationären Therapie entsprechen, so ist die Therapiezeit ganz anzurechnen (*Kornprobst* in MüKoStGB Rn. 77). Eine eher geringfügige zeitliche Beanspruchung (monatlich drei jeweils einstündige Therapiegespräche und begleitende Kontrollmaßnahmen (zwölfmalige Abgabe von Urinproben bei einem niedergelassenen Arzt) für den Zeitraum von knapp einem Jahr) kann zusammen mit dem zu berücksichtigenden **Durchhaltewillen** (→ Rn. 107) eine Anrechnung von einem Monat auf eine knapp zweijährige Restfreiheitsstrafe rechtfertigen (OLG Köln NStZ 2001, 55 (→ Rn. 104); ähnlich LG Waldshut-Tiengen (StV 2003, 291 mablAnm *Johnigk*) mit einer Anrechnung von 43 therapeutischen Gesprächen innerhalb eines Jahres mit 60 Tagen.

112 Absolviert der Verurteilte im Rahmen der ambulanten Maßnahme lediglich stundenweise therapeutische Sitzungen, so sind **nur diejenigen Tage** anrechenbar, an denen Behandlungen tatsächlich stattfinden; wird dabei jeder Sitzungstag mit einem Tag Freiheitsstrafe angerechnet, so **scheidet die zusätzliche Anrechnung** begleitender freizeitpädagogischer Aktivitäten oder der Teilnahme an einem Urinkontrollprogramm **aus** (KG NStZ-RR 2009, 321).

113 Im Hinblick auf den Grundsatz der Gleichbehandlung **nicht vertretbar** ist es dagegen, die Anwesenheit von durchschnittlich drei Tagen pro Monat in der Einrichtung sowie die Durchführung eines Gesprächs mit der Sozialarbeiterin und die Durchführung von Urinkontrollen an diesen Tagen mit einer Anrechnung zur Hälfte zu belohnen (so aber LG Bochum StV 1997, 316).

114 Eine Anrechnung kommt grundsätzlich auch dann nicht in Betracht, wenn sich die „Therapie" darauf beschränkt, dass der Verurteilte seine **Methadonration** bei dem Arzt **abholt** und eine psychosoziale Begleitung völlig fehlt (→ § 35 Rn. 81, 85, 90; *Fabricius* in Körner/Patzak/Volkmer Rn. 32, 40, 41). Allerdings erscheint auch hier eine Berücksichtigung des Durchhaltewillens nicht ausgeschlossen, wenn wenigstens die notwendigen Kontrollen durchgeführt werden und der Verurteilte sich dabei von Beikonsum frei zeigt.

115 **III. Grenzen der Anrechnung.** Obwohl diese Grenze in Absatz 3 nicht ausdrücklich erwähnt ist, darf auch hier die Anrechnung nur erfolgen, **bis zwei Drittel der Strafe** erledigt sind (OLG Hamm NStZ 1987, 246; OLG Hamburg NStZ 1989, 127 (→ Rn. 90); OLG Zweibrücken NStZ 1991, 92 (→ Rn. 96); OLG Celle StV 1993, 318; OLG Köln NStZ 2001, 55 (→ Rn. 104); NStZ-RR 2010, 386; *Fabricius* in Körner/Patzak/Volkmer Rn. 42, 43; *Kornprobst* in MüKoStGB Rn. 80; *Bohnen* in BeckOK BtMG Rn. 84; *Joachimski/Haumer* BtMG Rn. 13; *Hügel/Junge/Lander/Winkler* Rn. 4.6; aA *Franke/Wienroeder* Rn. 14; *Eberth/Müller* Rn. 42; *Malek* BtMStrafR Kap. 5 Rn. 126; *Pfeil/Hempel/Schiedermair/Slotty* BtmR Rn. 29; *Maatz* MDR 1985, 11; *Tröndle* MDR 1982, 2). Dies ergibt sich aus dem Zweck der Vorschrift (→ Rn. 90), die den Ausgleich von Unbilligkeiten, nicht aber die Erweiterung der Anrechnungsmöglichkeiten zum Ziel hat.

E. Die Gestaltung der Strafaussetzung (Absatz 4)

116 In der Form einer Verweisung auf §§ 56a–56g StGB regelt Absatz 4 die nähere **Ausgestaltung** der Strafaussetzung einschließlich des Widerrufs der Strafaussetzung sowie des Widerrufs des Straferlasses. Auf die Erläuterung dieser Vorschriften (→ Vor § 29 Rn. 1218–1289) kann verwiesen werden.

F. Zuständigkeit und Verfahren (Absatz 5)

Die Vorschrift regelt die Zuständigkeit und das Verfahren für die Entscheidung 117
über die Anrechnungsfähigkeit der Therapie, ihre Anrechnung und über die Strafaussetzung zur Bewährung.

I. Zuständigkeit. Zuständig ist das Gericht des **ersten Rechtszuges** (KG 118
NStZ 2014, 413). Dies gilt auch dann, wenn nur über die Strafaussetzung zur Bewährung zu entscheiden ist (→ Rn. 80), weil der Verurteilte bereits vor Antritt der Therapie zwei Drittel der Strafe verbüßt hat (BGHSt 48, 275 (→ Rn. 37)). In Jugendsachen werden die §§ 88 ff. JGG durch die Sonderregelung des § 36 Abs. 5 verdrängt (BGHR JGG § 58 Abs. 3 S. 2 Übertragung 2 (2 ARs 67/01); *Fabricius* in Körner/Patzak/Volkmer Rn. 49).

Das Gericht des ersten Rechtszugs ist auch zuständig, wenn der Verurteilte 119
während der Aussetzungsentscheidung (s. BGH NStZ-RR 2001, 343) oder vor der Zurückstellung **in Haft** war (BGHSt 48, 252 = NStZ-RR 2003, 215 = JR 2004, 81 mAnm *Immel*; Hügel/Junge/Lander/Winkler Rn. 6.1). Dieses Gericht hat dann auch über die **erstmaligen** Anordnungen nach §§ 56a–56d StGB zu entscheiden, weil die Prognoseentscheidung nicht losgelöst von diesen ergänzenden und unterstützenden Maßnahmen getroffen werden kann (BGHSt 48, 252 (s. o.)).

Dagegen ist für die **Bewährungsüberwachung** (§ 453b StPO) und die **nach-** 120
träglichen Entscheidungen, die im Rahmen der Strafaussetzung anfallen, insbesondere den Widerruf, das Gericht zuständig, das nach der allgemeinen Regelung (§ 462a StPO) zuständig ist (BGHSt 37, 338 = NJW 1991, 2162 = NStZ 1991, 355 = StV 1991, 431; BGH NStZ-RR 2001, 343; KG NStZ 2014, 413; *Kornprobst* in MüKoStGB Rn. 89; *Bohnen* in BeckOK BtMG Rn. 126, 129; aA OLG Düsseldorf StV 1987, 210; vermittelnd *Katholnigg* NJW 1990, 2296), nach § 462a Abs. 1 S. 1, § 463a Abs. 1 StPO also die Strafvollstreckungskammer, sofern der Verurteilte zu dem Zeitpunkt, zu dem das Gericht mit der Sache befasst wird, im Straf- oder Maßregelvollzug ist, oder der Jugendrichter als Vollstreckungsleiter (OLG Jena BeckRS 2011, 28900).

Aber auch die **Fortsetzungszuständigkeit der Strafvollstreckungskammer** 121
(§ 462a Abs. 1 S. 2, Abs. 4 S. 1, 3 StPO) wird durch § 36 Abs. 5 S. 5 nicht aufgehoben (OLG Düsseldorf JR 2003, 83; *Bohnen* in BeckOK BtMG Rn. 129; *Immel* JR 2004, 82; aA *Aulinger* JR 2003, 84). Diese Vorschrift besagt nichts darüber, welches Gericht nach der Strafaussetzung die Bewährungsaufsicht zu führen und die nachträglichen Entscheidungen zu treffen hat. Darauf, ob der Verurteilte zum Zeitpunkt der Aussetzungsentscheidung oder danach in Haft war, kommt es nicht an (BGH NStZ-RR 2001, 343), ebensowenig, ob die Strafvollstreckungskammer bereits mit Angelegenheiten des Verurteilten befasst war (OLG Düsseldorf NStZ 2003, 53; JR 2003, 83 mzustAnm *Aulinger; Immel* JR 2004, 82).

II. Verfahren. Das Gericht des ersten Rechtszuges entscheidet ohne mündliche 122
Verhandlung durch Beschluss **(Satz 1)**. Danach ist eine **mündliche Anhörung** des Verurteilten nicht vorgeschrieben. Das Gericht kann sie aber gleichwohl anordnen (*Eberth/Müller* BtMR Rn. 48).

Die Vollstreckungsbehörde, der Verurteilte und die behandelnden Personen oder 123
Einrichtungen sind zu hören **(Satz 2)**. Hat die Vollstreckungsbehörde ihren Antrag bereits vor dem Tätigwerden des Gerichts gestellt, so ist eine erneute Anhörung nicht mehr erforderlich. Geht der Antrag auf Entscheidung von dem Verurteilten aus, so muss er über die Tatsachen oder Beweisergebnisse gehört werden, die ihm bei der Antragstellung nicht bekannt waren, bevor eine Entscheidung zu seinem Nachteil ergeht (*Eberth/Müller* BtMR Rn. 50).

124 **Ein Recht auf Anhörung** haben auch die behandelnden Personen oder Einrichtungen. Von ihrer Anhörung kann entsprechend § 454 Abs. 1 S. 4 StPO allenfalls abgesehen werden, wenn die Aussetzung von ihnen befürwortet wird und das Gericht dem Antrag entsprechen will oder wenn der Antrag des Verurteilten unzulässig ist (OLG Hamm StV 2000, 40).

125 **Die behandelnden Personen** sind weder Zeugen noch Sachverständige, sondern **Verfahrensbeteiligte** (*Kornprobst* in MüKoStGB Rn. 93). Sie können sich jedenfalls dann frei äußern, wenn der Verurteilte sie von der Schweigepflicht entbindet. Aber auch wenn dies nicht geschehen ist, unterliegen sie keiner Schweigepflicht, da ihre Beteiligtenstellung eine **Befugnis** zur Offenbarung begründet (*Kornprobst* in MüKoStGB Rn. 94; *Hügel/Junge/Lander/Winkler* Rn. 6.2; aA *Eberth/Müller* BtMR Rn. 51, 52). Zu einem etwaigen Zeugnisverweigerungsrecht (*Hügel/Junge/Lander/Winkler* → Rn. 6.3.1) → § 35 Rn. 254–257.

126 Gegen die Entscheidung des Gerichts ist **sofortige Beschwerde** zulässig **(Satz 3)**. Sie ist binnen einer Woche nach Bekanntmachung der Entscheidung einzulegen (§ 311 Abs. 2, § 35 StPO).

127 Nach Satz 4 Hs. 1 gilt für die Entscheidung über die **Strafaussetzung** (Absatz 1 Satz 3, Absatz 2) § 454 Abs. 4 StPO entsprechend. Dort wiederum wird die entsprechende Geltung des § 453 StPO (Verfahren und Rechtsmittel bei Nachtragsentscheidungen über die Strafaussetzung), § 453b StPO (Überwachung während der Bewährungszeit) und § 453c StPO (Sicherungshaftbefehl) angeordnet. Ebenso verweist § 454 Abs. 4 StPO auf § 453a Abs. 1, 3 StPO und § 268a Abs. 3 StPO, die sich mit der Belehrung des Verurteilten über die Aussetzung des Strafrestes befassen.

128 Nach Satz 4 Hs. 2 obliegt die **Belehrung** ausschließlich dem Gericht; eine Übertragung auf einen ersuchten Richter, etwa an Ort der Therapie, ist zulässig (*Hügel/Junge/Lander/Winkler* Rn. 6.5; *Pfeil/Hempel/Schiedermair/Slotty* BtmR Rn. 46; *Eberth/Müller* BtMR Rn. 56).

§ 37 Absehen von der Erhebung der öffentlichen Klage

(1) ¹Steht ein Beschuldigter in Verdacht, eine Straftat auf Grund einer Betäubungsmittelabhängigkeit begangen zu haben, und ist keine höhere Strafe als eine Freiheitsstrafe bis zu zwei Jahren zu erwarten, so kann die Staatsanwaltschaft mit Zustimmung des für die Eröffnung des Hauptverfahrens zuständigen Gerichts vorläufig von der Erhebung der öffentlichen Klage absehen, wenn der Beschuldigte nachweist, dass er sich wegen seiner Abhängigkeit der in § 35 Abs. 1 bezeichneten Behandlung unterzieht, und seine Resozialisierung zu erwarten ist. ²Die Staatsanwaltschaft setzt Zeitpunkte fest, zu denen der Beschuldigte die Fortdauer der Behandlung nachzuweisen hat. ³Das Verfahren wird fortgesetzt, wenn
1. die Behandlung nicht bis zu ihrem vorgesehenen Abschluss fortgeführt wird,
2. der Beschuldigte den nach Satz 2 geforderten Nachweis nicht führt,
3. der Beschuldigte eine Straftat begeht und dadurch zeigt, dass die Erwartung, die dem Absehen von der Erhebung der öffentlichen Klage zugrunde lag, sich nicht erfüllt hat, oder
4. auf Grund neuer Tatsachen oder Beweismittel eine Freiheitsstrafe von mehr als zwei Jahren zu erwarten ist.

⁴In den Fällen des Satzes 3 Nr. 1, 2 kann von der Fortsetzung des Verfahrens abgesehen werden, werden, wenn der Beschuldigte nachträglich nachweist, dass er sich weiter in Behandlung befindet. ⁵Die Tat kann nicht

mehr verfolgt werden, wenn das Verfahren nicht innerhalb von zwei Jahren fortgesetzt wird.

(2) ¹Ist die Klage bereits erhoben, so kann das Gericht mit Zustimmung der Staatsanwaltschaft das Verfahren bis zum Ende der Hauptverhandlung, in der die tatsächlichen Feststellungen letztmals geprüft werden können, vorläufig einstellen. ²Die Entscheidung ergeht durch unanfechtbaren Beschluss. ³Absatz 1 Satz 2 bis 5 gilt entsprechend. ⁴Unanfechtbar ist auch eine Feststellung, dass das Verfahren nicht fortgesetzt wird (Absatz 1 Satz 5).

(3) Die in § 172 Abs. 2 Satz 3, § 396 Abs. 3 und § 467 Abs. 5 der Strafprozessordnung zu § 153a der Strafprozessordnung getroffenen Regelungen gelten entsprechend.

Übersicht

	Rn.
Einführung	1
A. Völkerrechtliche Grundlage	3
B. Abgrenzung	4
C. Absehen von der Klageerhebung durch die Staatsanwaltschaft (Absatz 1)	5
I. Voraussetzungen (Satz 1)	6
1. Verdacht	7
2. Straftat	9
3. Betäubungsmittelabhängigkeit	10
4. Kausalzusammenhang	11
5. Straferwartung	13
a) Höchstmaß	14
b) Prognoseentscheidung der Staatsanwaltschaft	17
6. Nachgewiesene Behandlung	18
a) In § 35 Abs. 1 bezeichnete Behandlung	19
b) Zeitpunkt der Behandlung	22
c) Nachweis der Behandlung	25
7. Erfolgsprognose	26
a) Resozialisierung	27
b) Erwartensklausel	28
8. Abschluss der Ermittlungen	30
II. Ermessen	31
1. Abwägung	32
2. Ermessensausübung	34
III. Zustimmung des Gerichts	35
IV. Verfügung der Staatsanwaltschaft	38
1. Entscheidung	39
2. Nachweise (Satz 2)	44
V. Fortsetzung des Verfahrens (Satz 3)	45
1. Voraussetzungen	46
a) Therapieabbruch (Nr. 1)	47
b) Fehlender Nachweis (Nr. 2)	49
c) Begehung einer weiteren Straftat (Nr. 3)	50
d) Neue Tatsachen oder Beweismittel (Nr. 4)	54
2. Folgen	57
a) Absehen von der Fortsetzung (Satz 4)	58
b) Zwingende Fortsetzung	61
c) Mitteilung der Fortsetzung	62
d) Grundsätzlich keine Anrechnung der Therapie	63
e) Entscheidung des Gerichts nach Anklageerhebung	64
VI. Endgültige Verfahrensbeendigung (Satz 5)	65
D. Die Einstellung durch das Gericht (Absatz 2)	70
I. Voraussetzungen	71

BtMG § 37 Siebenter Abschnitt. Betäubungsmittelabhängige Straftäter

	Rn.
II. Ermessen	74
III. Zustimmung der Staatsanwaltschaft	75
IV. Entscheidung	76
V. Fortsetzung des Verfahrens	78
VI. Endgültige Verfahrensbeendigung	80
E. Klageerzwingungsverfahren, Nebenklage, Kosten (Absatz 3)	84
F. Objektives Einziehungsverfahren	88

Einführung

1   **Die Vorschrift** ergänzt die Vollstreckungs- und Anrechnungslösung der §§ 35, 36. In ihr ist der Grundsatz „Therapie statt Strafe" am weitestgehenden verwirklicht (*Katholnigg* NStZ 1981, 417 (419)). Sie war im Gesetzgebungsverfahren sehr umstritten und bedarf, da sie das Legalitätsprinzip auch für Verbrechen durchbricht, einer restriktiven Auslegung (*Franke/Wienroeder* Rn. 1).

2   **In der Praxis** hat die Regelung **keine große Bedeutung** erlangt (*Volkmer* in Körner/Patzak/Volkmer Rn. 3). Im Jahr 2019 haben die deutschen Staatsanwaltschaften lediglich in 26 Verfahren[1] von der Vorschrift Gebrauch gemacht, die Amtsgerichte in 63 Verfahren[2]. Hauptgrund dürfte die Gefahr des Verlustes oder der Schwächung von Beweismitteln sein, die auch bei ausermittelten Verfahren nicht gering geschätzt werden darf. In einem großen Teil der Fälle kann auch nach § 153a StPO, verbunden mit einer Therapieweisung, vorgegangen werden (→ Rn. 4), wobei ein weiterer Vorteil darin besteht, dass dies mit weiteren Weisungen und Auflagen kombiniert werden kann (*Kornprobst* in MüKoStGB Rn. 4).

A. Völkerrechtliche Grundlage

3   Die Vorschrift kann sich auf Art. 36 Abs. 1b, Art. 38 Abs. 1 ÜK 1961, Art. 22 Abs. 1b, Art. 20 Abs. 1 ÜK 1971 und Art. 3 Abs. 4c, 4d ÜK 1988 stützen.

B. Abgrenzung

4   **Die Vorschrift** soll als Sonderrecht für betäubungsmittelabhängige Straftäter den §§ 153, 153a StPO, 45 JGG vorgehen (*Franke/Wienroeder* Rn. 1; *Malek* BtMStrafR Kap. 5 Rn. 135). Dem kann jedoch schon im Hinblick auf das wesentlich **umständlichere** Verfahren des § 37 und die mit der Zurückstellung verbundene Belastung für den Verurteilten nicht gefolgt werden (zust. *Kornprobst* in MüKoStGB Rn. 3; *Volkmer* in Körner/Patzak/Volkmer Rn. 2).

C. Vorläufige Einstellung durch die Staatsanwaltschaft (Absatz 1)

5   Ähnlich wie die § 153 Abs. 1, § 153a Abs. 1 StPO eröffnet das Gesetz bereits **für die Staatsanwaltschaft** die Möglichkeit, das Verfahren vorläufig einzustellen. Dies bedeutet nicht, dass von Anfang an von der Strafverfolgung abgesehen werden kann. Wie auch in der neu gefassten Überschrift zum Ausdruck gebracht wird, ist lediglich das Absehen von der Erhebung der öffentlichen Klage zulässig. Der Sachverhalt muss aber abschließend ermittelt sein (*Volkmer* in Körner/Patzak/Volkmer Rn. 1; *Bohnen* in BeckOK BtMG Rn. 8; Hügel/Junge/Lander/Winkler Rn. 2.2).

6   **I. Voraussetzungen.** Das Absehen von der Erhebung der öffentlichen Klage hat die folgenden Voraussetzungen:

7   **1. Verdacht.** Der Verurteilte muss im Verdacht einer Straftat stehen. Verdacht ist der hinreichende Tatverdacht, der ausreicht, die öffentliche Klage zu erheben (§ 170

---

[1] Statistisches Bundesamt Fachserie 10 Reihe 2.6 Staatsanwaltschaften Tabelle 2.2.
[2] Statistisches Bundesamt Fachserie 10 Reihe 2.3 Strafgerichte Tabelle 2.3.

Abs. 1, § 203 StPO; *Franke/Wienroeder* Rn. 2). Dies ist gegeben, wenn bei einem abschließend ermittelten Sachverhalt nach vorläufiger Tatbewertung die Verurteilung des Beschuldigten wahrscheinlicher ist als ein Freispruch (BGH StV 2001, 579 mAnm *Thode;* OLG Köln BeckRS 2014, 22479; *Kölbel* in MüKoStPO § 170 Rn. 14).

Der Sachverhalt muss daher **bis zur Anklagereife ausermittelt** sein 8 (→ Rn. 30); nur dann stellt sich die Frage, ob von der Erhebung der öffentlichen Klage abgesehen werden kann (*Katholnigg* NStZ 1981, 417 (420); *Franke/Wienroeder* Rn. 2; *Malek* BtMStrafR Kap. 5 Rn. 140). Besteht kein hinreichender Tatverdacht, so ist das Verfahren nach § 170 Abs. 2 StPO einzustellen.

2. Straftat. Von der Erhebung der öffentlichen Klage kann wegen jeder Straftat 9 abgesehen werden. Nicht notwendig ist, dass es sich um ein Betäubungsmitteldelikt handelt. Die vorläufige Einstellung ist auch bei einem Verbrechen zulässig (*Volkmer* in Körner/Patzak/Volkmer Rn. 6; *Franke/Wienroeder* Rn. 2).

3. Betäubungsmittelabhängigkeit. Es gelten dieselben Grundsätze wie bei 10 § 35. Auf die Erläuterungen hierzu (→ § 35 Rn. 23–32) wird verwiesen. Ob eine Betäubungsmittelabhängigkeit besteht, ist bei Vorliegen entsprechender Anhaltspunkte von Amts wegen zu prüfen. Da durch die vorläufige Einstellung eine Behandlung des Beschuldigten ermöglicht und gefördert werden soll, reicht es nicht aus, wenn lediglich der **Verdacht** einer **Betäubungsmittelabhängigkeit** besteht; vielmehr muss diese **nachgewiesen** sein (*Volkmer* in Körner/Patzak/Volkmer Rn. 7; *Kornprobst* in MüKoStPO Rn. 10; *Bohnen* in BeckOK BtMG Rn. 13; aA *Eberth/Müller* BtMR Rn. 10). Gegebenenfalls ist zur Prüfung ein Sachverständiger einzuschalten (*Volkmer* in Körner/Patzak/Volkmer Rn. 7; *Kornprobst* in MüKoStGB Rn. 10).

4. Kausalzusammenhang. Die Straftat muss auf Grund einer Betäubungsmit- 11 telabhängigkeit begangen worden sein. Insoweit gelten dieselben Grundsätze wie bei § 35, so dass auf die dortigen Ausführungen (→ § 35 Rn. 33–41) verwiesen werden kann. **Nicht** ausreichend ist der bloße **Verdacht** der **Kausalität** (*Bohnen* in BeckOK BtMG Rn. 14; wohl auch *Volkmer* in Körner/Patzak/Volkmer Rn. 8; aA *Kornprobst* in MüKoStGB Rn. 11; *Eberth/Müller* BtMR Rn. 10). Dass hinsichtlich der Tat der Verdacht genügt, steht dem nicht entgegen (aA *Kornprobst* in MüKoStGB Rn. 11), da die Tat **für die Prüfung** der Frage, ob eine Betäubungsmittelabhängigkeit für sie ursächlich war, als begangen unterstellt werden kann.

Beruht nur ein Teil der Straftaten auf einer Betäubungsmittelabhängigkeit, so 12 ist Anklage zu erheben, wenn es sich um eine Tat im prozessualen Sinn (§ 264 StPO) handelt und die anderen Taten nicht nach § 154a StPO ausgeschieden werden (*Volkmer* in Körner/Patzak/Volkmer Rn. 9; *Kornprobst* in MüKoStGB Rn. 12). Liegen mehrere Taten im prozessualen Sinn vor, so ist es rechtlich möglich, die eine anzuklagen und hinsichtlich der anderen nach § 37 zu verfahren (*Volkmer* in Körner/Patzak/Volkmer Rn. 10). Zweckmäßig ist dies in der Regel nicht, zumal wenn die zu erwartenden Strafen der Therapie im Wege stehen werden (*Kornprobst* in MüKoStGB Rn. 12).

5. Straferwartung. Es darf keine höhere Strafe als Freiheitsstrafe bis zu zwei Jah- 13 ren zu erwarten sein.

a) Höchstmaß. Eine Straferwartung von zwei Jahren Freiheitsstrafe ist die 14 oberste Grenze, bis zu der von der Erhebung der öffentlichen Klage abgesehen werden kann. Sie ist auch für eine etwaige Gesamtstrafe maßgeblich (*Joachimski/Haumer* BtMG Rn. 3). Auf der anderen Seite gilt die Vorschrift auch dann, wenn nur eine Geldstrafe (*Franke/Wienroeder* Rn. 5), Jugendarrest oder eine andere unterhalb der Freiheits- oder Jugendstrafe angesiedelte Sanktion (*Kornprobst* in MüKoStGB Rn. 14) zu erwarten ist. Dass auch eine Nebenstrafe, Nebenfolge oder nicht freiheitsentziehende Maßregel der Besserung und Sicherung in Betracht kommt, schließt die Zurückstellung nicht aus (*Kornprobst* in MüKoStGB Rn. 14).

15 Dagegen ist die Regelung bei einer zu erwartenden **Unterbringung im psychiatrischen Krankenhaus** (§ 63 StGB) schon mit Rücksicht auf deren nicht befristete und nicht vorhersehbare Dauer nicht anwendbar; auch steht die auf einer psychischen Störung beruhende Gefährlichkeit des Täters einer Zurückstellung entgegen (*Kornprobst* in MüKoStGB Rn. 16).

16 Bei der Verurteilung zur **Unterbringung in der Entziehungsanstalt** sieht § 35 Abs. 1 S. 1 die Möglichkeit zur Zurückstellung vor, wenn es sich **nicht** um eine **isolierte** Unterbringung handelt (→ § 35 Rn. 8). Dies legt es nahe, in den Fällen des § 37 entsprechend zu verfahren (*Volkmer* in Körner/Patzak/Volkmer Rn. 11; *Joachimski/Haumer* BtMG Rn. 3; Hügel/Junge/Lander/Winkler Rn. 2.3; *Katholnigg* NStZ 1981, 417 (420)). Kommt dagegen nur eine isolierte Unterbringung in Betracht, scheidet § 37 wie bei § 35 aus (*Bohnen* in BeckOK BtMG Rn. 21; aA *Kornprobst* in MüKoStGB Rn. 17; *Eberth/Müller* BtMR Rn. 13).

17 **b) Prognoseentscheidung des Staatsanwalts.** Die Einschätzung der Straferwartung erfordert eine Prognoseentscheidung des Staatsanwalts. Dies bedeutet, dass der Sachverhalt auch im Hinblick auf die Strafzumessungsgründe ausermittelt wird. Dabei müssen auch die Umstände aufgeklärt werden, die eine Strafrahmenverschiebung begründen können (*Kornprobst* in MüKoStGB Rn. 18; *Bohnen* in BeckOK BtMG Rn. 24). Der Zweifelsgrundsatz gilt hier nicht (*Kornprobst* in MüKoStGB Rn. 18; *Bohnen* in BeckOK BtMG Rn. 25; *Malek* BtMStrafR Kap. 5 Rn. 141). Bleibt daher zweifelhaft, ob eine höhere Strafe als zwei Jahre Freiheitsstrafe zu verhängen ist, so ist Anklage zu erheben (*Franke/Wienroeder* Rn. 6; aA *Malek* BtMStrafR Kap. 5 Rn. 141; *Joachimski/Haumer* BtMG Rn. 3). Dies gilt jedenfalls dann, wenn die Staatsanwaltschaft eine Strafe von mehr als zwei Jahren als wahrscheinlicher erachtet als eine geringere Strafe (*Kornprobst* in MüKoStGB Rn. 18; *Bohnen* in BeckOK BtMG Rn. 25). Es bleibt dann der Hauptverhandlung überlassen, ob noch eine vorläufige Einstellung (§ 37 Abs. 2) in Betracht kommt.

18 **6. Nachgewiesene Behandlung.** Der Beschuldigte muss nachweisen, dass er sich wegen seiner Abhängigkeit einer in § 35 Abs. 1 bezeichneten Behandlung unterzieht. Nicht mehr notwendig ist, dass sich der Betroffene bereits seit drei Monaten in einer Therapieeinrichtung befunden hat (Art. 1 Nr. 8 des Gesetzes v. 9.9.1992 (BGBl. I S. 1593)).

19 **a) In § 35 Abs. 1 bezeichnete Behandlung.** Als Behandlung kommt jede Therapie in Betracht, die nach § 35 Abs. 1 zur Zurückstellung der Strafvollstreckung führen kann. Auf die entsprechenden Erläuterungen zu § 35 (→ Rn. 56–106) kann daher Bezug genommen werden. Meist wird es sich um eine stationäre Langzeittherapie handeln.

20 Aber auch eine **teilstationäre** oder **ambulante Therapie** ist nicht ausgeschlossen, sofern sie die notwendige Behandlungs- und Kontrolldichte (*Kornprobst* in MüKoStGB Rn. 21; *Volkmer* in Körner/Patzak/Volkmer Rn. 12; *Bohnen* in BeckOK BtMG Rn. 26) aufweist. Da eine teilweise Anrechnung hier nicht in Betracht kommt, werden diese Anforderungen, um eine allzu krasse Ungleichbehandlung zu vermeiden, deutlich höher als in den Fällen des § 35 sein müssen, so dass die Zurückstellung nach § 37 nur in Ausnahmefällen in Betracht kommen wird (*Franke/Wienroeder* Rn. 8; *Joachimski/Haumer* BtMG Rn. 4; aA *Malek* BtMStrafR Kap. 5 Rn. 143). Nicht ausgeschlossen erscheint dies etwa bei einer **professionell durchgeführten Substitution** (§ 5 BtMVV) mit engmaschigen Kontrollen und einer intensiven psychosozialen Begleitung (AG Hannover StV 1993, 313; *Volkmer* in Körner/Patzak/Volkmer Rn. 12). Dagegen reichen die Inanspruchnahme niederschwelliger Hilfen (*Kornprobst* in MüKoStGB Rn. 21), etwa einer Drogenberatung (*Volkmer* in Körner/Patzak/Volkmer Rn. 12; *Bohnen* in BeckOK BtMG Rn. 26), oder der Nachweis eines wöchentlichen Gesprächs mit einem Sozialpädagogen in einer Drogenberatungsstelle und die Zusage, die Behandlung nicht ohne Zustimmung des Sozialpädagogen abzubrechen, auf keinen Fall aus (*Joachimski/ Haumer* BtMG Rn. 4; aA AG Hannover StV 1994, 263).

Notwendig ist ein konkreter **Behandlungsplan** und ein **Therapiekonzept,** 21 da sich nur auf einer solchen Grundlage eine Therapieprognose (→ Rn. 26) stellen lässt; außerdem bestimmt sich danach, wann von einem Therapieabbruch auszugehen ist (*Bohnen* in BeckOK BtMG Rn. 27).

b) Zeitpunkt der Behandlung. Der Beschuldigte muss die Therapie zum Zeit- 22 punkt der Entscheidung angetreten haben. Nicht ausreichend ist die Zusage, die Behandlung antreten zu wollen (*Volkmer* in Körner/Patzak/Volkmer Rn. 14; *Bohnen* in BeckOK BtMG Rn. 28; *Joachimski/Haumer* BtMG Rn. 5). Ist aber ein ernsthaftes Bemühen des Beschuldigten erkennbar, sich der Therapie zu unterziehen, so ist die Staatsanwaltschaft nicht gehindert, mit der Entscheidung über die vorläufige Einstellung noch kurze Zeit zu warten (*Kornprobst* in MüKoStGB Rn. 22; *Joachimski/Haumer* BtMG Rn. 5).

Ausreichend ist auch **eine Behandlung,** die zum Zeitpunkt der Entscheidung 23 über das Absehen von der Erhebung der öffentlichen Klage **bereits abgeschlossen** ist (AG Cochem StV 1992, 482; AG Bremen StV 1993, 319; *Volkmer* in Körner/ Patzak/Volkmer Rn. 13; *Kornprobst* in MüKoStGB Rn. 23; *Bohnen* in BeckOK BtMG Rn. 31).

Die Behandlung muss allerdings **nach der Tat** erfolgt sein (*Volkmer* in Körner/ 24 Patzak/Volkmer Rn. 13; aA *Bohnen* in BeckOK BtMG Rn. 30). Andernfalls würde sich ein Täter, der (irgendwann) eine Behandlung absolviert hat, einen Bonus für eine noch zu begehende Tat verdienen.

c) Nachweis der Behandlung. Der Nachweis, dass er die Therapie angetreten 25 hat, obliegt dem Beschuldigten. Zweifel gehen zu seinen Lasten (*Volkmer* in Körner/Patzak/Volkmer Rn. 14; *Kornprobst* in MüKoStGB Rn. 24; *Bohnen* in BeckOK BtMG Rn. 32). In aller Regel wird der Nachweis durch Vorlage einer aussagekräftigen Bescheinigung der behandelnden Personen oder Einrichtung geführt. Allerdings dürfen darin nicht nur Hoffnungen geäußert werden, sondern die Beurteilung muss sich auf Tatsachen stützen.

7. Erfolgsprognose. Die Resozialisierung des Beschuldigten muss zu erwarten 26 sein. Anders als in den Fällen des § 35 ist daher eine Erfolgsprognose zu stellen (*Volkmer* in Körner/Patzak/Volkmer Rn. 15; *Kornprobst* in MüKoStGB Rn. 26, *Bohnen* in BeckOK BtMG Rn. 35).

a) Resozialisierung. Trotz des unterschiedlichen Sprachgebrauchs ist das Be- 27 handlungsziel in §§ 35, 36 und § 37 identisch (Hügel/Junge/Lander/Winkler Rn. 3). Es gibt daher keinen Grund, den Begriff der Resozialisierung anders als den der Rehabilitation zu verstehen (*Kornprobst* in MüKoStGB Rn. 25; *Bohnen* in BeckOK BtMG Rn. 34; *Franke/Wienroeder* Rn. 9; *Malek* BtMStrafR Kap. 5 Rn. 143). Danach kommt es darauf an, die **Abhängigkeit als Ursache der Delinquenz** zu beheben oder einer erneuten Abhängigkeit entgegen zu wirken, den Verurteilten zu befähigen, ein drogen- und straffreies (*Bohnen* in BeckOK BtMG Rn. 34) Leben zu führen und ihn dauerhaft in die Gesellschaft und das Berufs- und Arbeitsleben wieder einzugliedern (→ § 35 Rn. 56, 59–66; *Malek* BtMStrafR Kap. 5 Rn. 143).

b) Erwarten. Der Begriff des Erwartens entspricht dem des § 56 StGB. Danach 28 ist zwar eine begründete Erwartung notwendig (*Fischer* StGB § 56 Rn. 4). Jedoch ist dazu keine sichere oder unbedingte Gewähr erforderlich, sondern es genügt, wenn eine durch Tatsachen begründete Wahrscheinlichkeit der Rehabilitation besteht (BGHR StGB § 56 Abs. 1 Sozialprognose 7 (2 StR 635/87), 13 (3 StR 28/90), 14;

BGH NStZ 1986, 27 = StV 1986, 16; StV 1991, 514; BayObLG StV 1992, 15; OLG Braunschweig NStZ-RR 1998, 186 jeweils für § 56 StGB). Dies ist mehr als eine realistische Chance, so dass die beiden Begriffe nicht gleichgesetzt werden sollten (s. aber *Volkmer* in Körner/Patzak/Volkmer Rn. 15; *Kornprobst* in MüKoStGB Rn. 26, *Bohnen* in BeckOK BtMG Rn. 35).

29 **Im Interesse der Gleichbehandlung** wäre es verfehlt, dabei generell einen großzügigen Maßstab anzulegen oder einen Vertrauensvorschuss zu gewähren (*Bohnen* in BeckOK BtMG Rn. 35; aA *Volkmer* in Körner/Patzak/Volkmer Rn. 15; *Kornprobst* in MüKoStGB Rn. 26; *Hügel/Junge/Lander/Winkler* Rn. 3). Entscheidend ist die sorgfältige **Prüfung im Einzelfall** (*Bohnen* in BeckOK BtMG Rn. 35). Danach ist die Erwartung der Resozialisierung jedenfalls dann nicht begründet, wenn konkrete Anhaltspunkte gegen die Ernsthaftigkeit der Therapieabsicht sprechen (→ § 35 Rn. 111–123). Schon im Hinblick auf die hohe Abbruchquote geht es auch zu weit, **allein aus dem Antritt** der Therapie auf eine günstige Prognose zu schließen (*Volkmer* in Körner/Patzak/Volkmer Rn. 15; *Kornprobst* in MüKoStGB Rn. 27; *Bohnen* in BeckOK BtMG Rn. 36; aA *Malek* BtMStrafR Kap. 5 Rn. 143). Auf der anderen Seite ist die Anwendung des § 37 auch bei **Wiederholungstätern** nicht schlechthin ausgeschlossen (AG Cochem StV 1992, 482; *Volkmer* in Körner/Patzak/Volkmer Rn. 15; *Kornprobst* in MüKoStGB Rn. 27; *Hügel/Junge/Lander/Winkler* Rn. 2.4).

30 **8. Abschluss der Ermittlungen.** Das Verfahren muss ausermittelt, und alle Beweismittel müssen gesichert sein (*Volkmer* in Körner/Patzak/Volkmer Rn. 16; *Eberth/Müller* BtMR Rn. 27; *Katholnigg* NStZ 1981, 417 (420)).

31 **II. Ermessen.** Liegen die Voraussetzungen für das Absehen von der Erhebung der öffentlichen Klage vor, so steht es im Ermessen der Staatsanwaltschaft, ob sie von dieser Möglichkeit Gebrauch machen will (allgM; *Volkmer* in Körner/Patzak/Volkmer Rn. 21; *Kornprobst* in MüKoStGB Rn. 33; *Bohnen* in BeckOK BtMG Rn. 40; *Eberth/Müller* BtMR Rn. 27). Der Beschuldigte hat daher keinen Anspruch auf vorläufige Einstellung, sondern nur darauf, dass ermessensfehlerfrei entschieden wird.

32 **1. Abwägung.** Der Staatsanwalt hat zwischen dem allgemeinen und individuellen Interesse an der Resozialisierung des Beschuldigten und dem öffentlichen Interesse an einer konsequenten und nachhaltigen Strafverfolgung abzuwägen. Dem Strafverfolgungsinteresse kommt dabei umso mehr Gewicht zu, je schwerer die Schuld und je höher die Straferwartung ist (*Kornprobst* in MüKoStGB Rn. 34).

33 Zu den Strafverfolgungsinteressen des Staates gehören auch Gesichtspunkte der **Generalprävention** (*Kornprobst* in MüKoStGB Rn. 34; *Hügel/Junge/Lander/Winkler* Rn. 3; aA *Bohnen* in BeckOK BtMG Rn. 43). Durch Art. 3 Abs. 6 ÜK 1988 haben diese ein besonderes Gewicht erlangt. Nach dieser Bestimmung sind die Vertragsparteien bestrebt, sicherzustellen, dass die Ermessensfreiheit hinsichtlich der Verfolgung von Betäubungsmittelstraftaten so ausgeübt wird, dass die Maßnahmen der Strafrechtspflege größtmögliche Wirksamkeit erlangen, wobei der Notwendigkeit der Abschreckung von diesen Straftaten gebührend Rechnung zu tragen ist. Aus Art. 3 Abs. 4 Buchst. c ÜK 1988 ergibt sich nichts anderes (aA *Bohnen* in BeckOK BtMG Rn. 43). Diese Regel besagt nur, dass bei weniger schweren Straftaten anstelle einer Verurteilung zu anderen Maßnahmen gegriffen werden darf, besagt aber nichts über das dabei auszuübende Ermessen. Zur Heranziehung des Art. 3 Abs. 6 → Vor § 29 Rn. 865.

34 **b) Ermessensausübung.** Die vorläufige Einstellung kommt, sofern nicht andere Gesichtspunkte entgegenstehen (→ Rn. 32), in Betracht, wenn der Staatsanwalt der Auffassung ist, der **Beschuldigte** werde auch ohne den Eindruck durch ein Gerichtsverfahren und ohne den Zwang, den eine zurückgestellte Strafvollstre-

ckung ausübt, im Bestreben um seine Resozialisierung **nicht nachlassen** (*Kornprobst* in MüKoStGB Rn. 35; *Joachimski/Haumer* BtMG Rn. 6). Von Bedeutung ist auch, inwieweit die Drogenabhängigkeit als primäre oder gar alleinige Ursache der bisherigen Straffälligkeit anzusehen ist (→ § 1 Rn. 85–91) und ob deswegen im Falle eines Therapieerfolgs ein **straffreies Leben** des Beschuldigten zu erwarten ist (*Kornprobst* in MüKoStGB Rn. 35).

III. Zustimmung des Gerichts. Von der Erhebung der öffentlichen Klage darf nur abgesehen werden, wenn das für die Eröffnung des Hauptverfahrens zuständige Gericht zugestimmt hat. Damit soll erreicht werden, dass alle für die Entscheidung wesentlichen Gesichtspunkte berücksichtigt werden (*Franke/Wienroeder* Rn. 11; *Pfeil/Hempel/Schiedermair/Slotty* BtMR Rn. 25). Das Gericht prüft die Voraussetzungen für das Absehen in eigener Zuständigkeit. Es ist daher berechtigt, selbst Erwägungen zu dem zu erwartenden Strafmaß und zu der Prognose anzustellen (*Eberth/Müller* BtMR Rn. 28). Es kann auch die Zustimmung von weiteren Nachweisen abhängig machen (*Volkmer* in Körner/Patzak/Volkmer Rn. 17). 35

Die Erteilung der Zustimmung ist eine justizinterne Prozesserklärung (*Volkmer* in Körner/Patzak/Volkmer Rn. 17; *Kornprobst* in MüKoStGB Rn. 30). **Stimmt** das Gericht **nicht zu**, so ist diese Entscheidung unanfechtbar (*Volkmer* in Körner/Patzak/Volkmer Rn. 18; *Kornprobst* in MüKoStGB 30; *Bohnen* in BeckOK BtMG Rn. 38). Die Staatsanwaltschaft hat die abschließende Verfügung zu treffen. Sie wird meist in der Erhebung der öffentlichen Klage bestehen. Die Staatsanwaltschaft ist allerdings auch nicht gehindert, aufgrund einer Änderung der Sachlage das Gericht erneut um Zustimmung zu ersuchen. Sieht die Staatsanwaltschaft von der Erhebung der öffentlichen Klage ab, ohne dass die Zustimmung des Gerichts vorliegt, so ist diese Verfügung gleichwohl wirksam (*Volkmer* in Körner/Patzak/Volkmer Rn. 18; *Kornprobst* in MüKoStGB Rn. 29; aA *Wagner* ZStW 109, 545 (589)). Dies gilt auch dann, wenn der Staatsanwalt versehentlich eine Entscheidung des Gerichts nicht für erforderlich hält (*Volkmer* in Körner/Patzak/Volkmer Rn. 18). 36

Einer Zustimmung des **Beschuldigten** bedarf es dagegen **nicht.** Er ist durch die vorläufige Einstellung nicht beschwert. Ist er mit dem Absehen von der Klageerhebung nicht einverstanden, etwa weil er sich für unschuldig hält, so kann er die Fortsetzung des Verfahrens dadurch erreichen, dass er die vom ihm geforderten Nachweise nicht erbringt (*Volkmer* in Körner/Patzak/Volkmer Rn. 20; *Kornprobst* in MüKoStGB Rn. 31). 37

IV. Verfügung der Staatsanwaltschaft. Stimmt das Gericht zu, so sieht der Staatsanwalt vorläufig von der Erhebung der öffentlichen Klage ab. 38

1. Entscheidung. Das vorläufige Absehen kann, namentlich wenn es sonst abgelehnt werden müsste, mit **Weisungen** verbunden werden (*Volkmer* in Körner/Patzak/Volkmer Rn. 24; *Kornprobst* in MüKoStGB Rn. 38). Dabei kommen die Weisungen in Betracht, wie sie auch bei der Zurückstellung der Strafvollstreckung üblich sind (→ § 35 Rn. 168–177). 39

Gegen die Entscheidung der Staatsanwaltschaft, **nicht** vorläufig von der Erhebung der öffentlichen Klage abzusehen, steht dem Beschuldigten **kein Rechtsbehelf** zu (*Volkmer* in Körner/Patzak/Volkmer Rn. 25; *Kornprobst* in MüKoStGB Rn. 43). Die Verweigerung der Einstellung ist als Prozesshandlung insbesondere nicht nach § 23 EGGVG überprüfbar (*Malek* BtMStrafR Kap. 5 Rn. 148). In Betracht kommt die Dienstaufsichtsbeschwerde. 40

Aus demselben Grund ist auch die Verfügung der Staatsanwaltschaft, durch die **vorläufig** von der Erhebung der öffentlichen Klage **abgesehen wird,** nicht anfechtbar (OLG Karlsruhe MDR 1982, 1043; *Volkmer* in Körner/Patzak/Volkmer Rn. 25; *Kornprobst* in MüKoStGB Rn. 43); der Beschuldigte erleidet durch sie 41 schon deswegen keine Nachteile, weil er die Fortsetzung des Verfahrens dadurch erzwingen kann, dass er keine Nachweise erbringt.

42 **Die Verweigerung** der **Zustimmung** durch das **Gericht** kann weder vom Beschuldigten noch von der Staatsanwaltschaft angefochten werden (*Volkmer* in Körner/Patzak/Volkmer Rn. 25; *Franke/Wienroeder* Rn. 21; *Malek* BtMStrafR Kap. 5 Rn. 150). Es handelt sich um eine Prozesserklärung und keine Entscheidung, da die eigentliche Entschließung erst in der Abschlussverfügung der Staatsanwaltschaft zu sehen ist.

43 **Durch das vorläufige Absehen** von der Erhebung der öffentlichen Klage entsteht ein **beschränktes Verfahrenshindernis** (→ Rn. 46). Ein Haftbefehl und ein Haftverschonungsbeschluss sind deswegen mit dem Antritt der Therapie aufzuheben (LG Hamburg StV 1996, 389; *Kornprobst* in MüKoStGB Rn. 40; *Bohnen* in BeckOK BtMG Rn. 53). Das Verfahrenshindernis entfällt erst dann, wenn die Voraussetzungen des Absatzes 1 Satz 3 gegeben sind. Dann kann neuer Haftbefehl ergehen (LG Hamburg StV 1996, 389).

44 **2. Nachweise (Satz 2).** Zugleich mit der Entscheidung setzt der Staatsanwalt die Zeitpunkte fest, zu denen der Beschuldigte die Fortdauer der Behandlung nachzuweisen hat. Diese Fristen dürfen nicht zu großzügig bemessen werden, da den behandelnden Personen und Einrichtungen keine Meldepflicht obliegt. Die Meldungen sollten mindestens monatlich erfolgen (*Volkmer* in Körner/Patzak/Volkmer Rn. 23).

45 **V. Fortsetzung des Verfahrens (Satz 3).** Tritt die erwartete Entwicklung nicht ein oder ergeben sich neue Erkenntnisse, so setzt die Staatsanwaltschaft das Verfahren fort.

46 **1. Voraussetzungen.** Die Gründe, die zur Fortsetzung des Verfahrens berechtigen, sind in **Satz 3 abschließend** aufgezählt (*Volkmer* in Körner/Patzak/Volkmer Rn. 26; *Kornprobst* in MüKoStGB Rn. 45). Daraus ergibt sich, dass schon mit der vorläufigen Einstellung ein **beschränkt wirksames** Verfolgungshindernis entsteht (*Bohnen* in BeckOK BtMG Rn. 52). Absatz 1 Satz 3 Nr. 4 wäre überflüssig, wenn der Staatsanwalt auch ohne äußeren Anlass das Verfahren fortsetzen könnte (*Joachimski/Haumer* BtMG Rn. 8). Zulässig sind aber Ermittlungen zur Feststellung, ob die Voraussetzungen einer Verfahrensfortsetzung gegeben sind sowie Maßnahmen der Beweissicherung.

47 **a) Therapieabbruch (Nr. 1).** In der Praxis besonders häufig ist die Fortsetzung des Verfahrens, weil die Behandlung nicht bis zu ihrem vorgesehenen Abschluss fortgeführt wird. Der vorgesehene Abschluss sollte sich aus dem Therapiekonzept ergeben (→ Rn. 21; *Franke/Wienroeder* Rn. 15). Dies ist aber nicht immer der Fall (*Joachimski/Haumer* BtMG Rn. 10).

48 In der Regel wird die vorzeitige Beendigung der Therapie mit dem **Abbruch der Behandlung** iSd § 35 Abs. 4 Hs. 2 zusammenfallen, so dass insoweit auf → § 35 Rn. 237–240 verwiesen werden kann. Ob die Behandlung nicht bis zu ihrem vorgesehenen Abschluss fortgeführt wird, muss die Staatsanwaltschaft vor der Fortsetzung des Verfahrens ermitteln. Zweifel gehen zu Lasten des Beschuldigten (*Volkmer* in Körner/Patzak/Volkmer Rn. 29; Hügel/Junge/Lander/Winkler Rn. 4.1.1). S. allerdings **Satz 4** (→ Rn. 58–60).

49 **b) Fehlender Nachweis (Nr. 2).** Das Verfahren muss auch dann fortgesetzt werden, wenn der Beschuldigte die erforderlichen Nachweise nicht erbringt. Die Nachweispflicht verfolgt den Zweck, den Beschuldigten zu einem eigenverantwortlichen Verhalten anzuhalten, damit er seine Angelegenheiten künftig selbst regeln kann (*Volkmer* in Körner/Patzak/Volkmer Rn. 30; *Joachimski/Haumer* BtMG Rn. 11). S. ferner **Satz 4** (→ Rn. 58–60).

Absehen von der Erhebung der öffentlichen Klage § 37 BtMG

c) Begehung einer weiteren Straftat (Nr. 3). Auch wenn der Beschuldigte 50 eine neue Straftat begeht, liegt ein Fortsetzungsgrund vor, wenn sich dadurch zeigt, dass sich die Erwartung, die dem Absehen von der Erhebung der öffentlichen Klage zugrunde lag, nicht erfüllt hat. Die neue Tat muss kein Betäubungsmitteldelikt sein (*Volkmer* in Körner/Patzak/Volkmer Rn. 31). Taten, die vor der vorläufigen Einstellung begangen wurden, reichen nicht (*Volkmer* in Körner/Patzak/Volkmer Rn. 31; *Kornprobst* in MüKoStGB Rn. 49); sie können aber eine höhere Straferwartung (Nr. 4) begründen (*Volkmer* in Körner/Patzak/Volkmer Rn. 31; *Kornprobst* in MüKoStGB Rn. 52).

Ähnlich wie beim Widerruf der Strafaussetzung zur Bewährung geht es hier um 51 die Beseitigung einer günstigen Position, die der Beschuldigte erreicht hatte (*Bohnen* in BeckOK BtMG Rn. 64; s. *Joachimski/Haumer* BtMG Rn. 12). Ob an die **Feststellung der neuen Tat** dieselben Anforderungen zu stellen sind wie bei § 56f Abs. 1 S. 1 Nr. 1 StGB oder ob es ausreicht, dass die Staatsanwaltschaft, etwa auf Grund eines Geständnisses, von der neuen Tat überzeugt ist (*Kornprobst* in MüKoStGB Rn. 50; *Franke/Wienroeder* Rn. 17; *Malek* BtMStrafR Kap. 5 Rn. 155) oder dass wegen der neuen Tat Anklage erhoben und das Hauptverfahren eröffnet ist (*Volkmer* in Körner/Patzak/Volkmer Rn. 34; aA *Bohnen* in BeckOK BtMG Rn. 64), ist nicht abschließend geklärt. Es ist allerdings zu befürchten, dass sich die Auffassung des EGMR auch hier durchsetzen wird, so dass der Staatsanwalt jedenfalls auf der sicheren Seite ist, wenn er nach den Grundsätzen verfährt, die für den Widerruf einer Strafaussetzung gelten (→ Vor § 29 Rn. 1239–1289).

Die Erwartung, die der vorläufigen Einstellung zugrunde lag, ist die in Absatz 1 52 Satz 1 genannte begründete Wahrscheinlichkeit der Rehabilitation (→ Rn. 28). Ähnlich wie bei § 56f Abs. 1 Nr. 1 StGB ist zu prüfen, ob die neue Straftat die Sozialprognose des Verurteilten in Frage stellt (→ Vor § 29 Rn. 1258–1262).

Die Fortsetzung des Verfahrens kommt danach in Betracht, wenn im Zeit- 53 punkt der Entscheidung der Staatsanwaltschaft nach der gebotenen Gesamtwürdigung aller maßgeblichen Umstände unter Einbeziehung der neuen Tat die erforderliche günstige Prognose nicht mehr gegeben ist. Fahrlässigkeitstaten werden die Fortsetzung daher kaum begründen können. **Verfehlt** wäre ein **genereller** Ausschluss weiterer Kategorien, etwa von Bagatelldelikten (*Kornprobst* in MüKoStGB Rn. 51; *Franke/Wienroeder* Rn. 17; *Malek* BtMStrafR Kap. 5 Rn. 154) oder Zufalls- oder Gelegenheitsdelikten (*Malek* BtMStrafR Kap. 5 Rn. 154). Auch Bagatelldelikte und namentlich Gelegenheitsdelikte können ein Symptom dafür sein, dass der Beschuldigte seine Lebensführung und seine Einstellung nicht geändert hat (*Volkmer* in Körner/Patzak/Volkmer Rn. 33; wohl auch *Bohnen* in BeckOK BtMG Rn. 65). Allerdings muss die mit einem Rückfall verbundene Begehung eines Betäubungsmitteldelikts noch nicht die begründete Erwartung einer Resozialisierung entfallen lassen, wenn der Beschuldigte sich weiterhin in Behandlung befindet (*Kornprobst* in MüKoStGB Rn. 51).

d) Neue Tatsachen oder Beweismittel (Nr. 4). Das Verfahren ist auch dann 54 fortzusetzen, wenn sich aufgrund neuer Tatsachen oder Beweismittel eine Straferwartung von mehr als zwei Jahren ergibt. **Neu sind Tatsachen,** wenn sie zum Zeitpunkt der Entscheidung über das Absehen von der Erhebung der öffentlichen Klage dem Staatsanwalt und dem Gericht nicht bekannt sind und auch nicht sonst aktenkundig waren (*Volkmer* in Körner/Patzak/Volkmer Rn. 36; *Kornprobst* in MüKoStGB Rn. 52). Keine Tatsache ist eine Änderung der Rechtsprechung (BVerfGE 12, 338 = NJW 1961, 1203; BGHSt 39, 75 = NJW 1993, 1481 = NStZ 1993, 502 = JZ 1994, mAnm *Joerden;* OLG Zweibrücken BeckRS 2009, 25266) oder eine andere rechtliche Bewertung der schon bekannten Tatsachen (*Bohnen* in BeckOK BtMG Rn. 68).

BtMG § 37 Siebenter Abschnitt. Betäubungsmittelabhängige Straftäter

55 **Neue Beweismittel** sind solche, deren sich die Staatsanwaltschaft bislang nicht bedient hat; den unbekannten Beweismitteln stehen die unbenutzten gleich (*Schmitt* in Meyer-Goßner/Schmitt StPO § 359 Rn. 32; *Kornprobst* in MüKoStGB Rn. 52; *Joachimski/Haumer* BtMG Rn. 13; aA *Franke/Wienroeder* Rn. 18; *Malek* BtMStrafR Kap. 5 Rn. 156). Eine Erhärtung des bereits der Sachbehandlung nach Satz 1 zugrunde gelegten Tatverdachts genügt nicht (*Kornprobst* in MüKoStGB Rn. 52; *Malek* BtMStrafR Kap. 5 Rn. 156).

56 **Die konkrete Straferwartung** muss sich auf mehr als zwei Jahre erhöhen. Die dabei von der Staatsanwaltschaft zu treffende Prognoseentscheidung muss alle erheblichen Umstände des Falles berücksichtigen. Dazu gehört auch, dass die Aufnahme einer therapeutischen Behandlung die zu erwartende Strafe zugunsten des Beschuldigten beeinflussen kann (*Volkmer* in Körner/Patzak/Volkmer Rn. 36; *Franke/Wienroeder* Rn. 18; *Malek* BtMStrafR Kap. 5 Rn. 155).

57 **2. Folgen.** Je nach der Art des Fortsetzungsgrundes sind die Folgen unterschiedlich; während in den Fällen des Therapieabbruches und der Verletzung der Nachweispflicht von der Fortsetzung abgesehen werden kann, ist dies in den anderen Fällen nicht möglich.

58 **a) Absehen von der Fortsetzung (Satz 4).** In den Fällen des Satzes 3 Nr. 1 und 2 kann von der Fortsetzung des Verfahrens abgesehen werden, wenn der Beschuldigte nachträglich nachweist, dass er sich weiter in Behandlung befindet (Satz 4). Die Staatsanwaltschaft kann ihm dazu ermöglichen, sich erneut in Behandlung zu begeben und dies nachzuweisen. Ist lediglich der Nachweis unterblieben, obwohl die Behandlung fortgeführt wurde, so genügt es, wenn der Nachweis nachgereicht wird. Dieser muss sich nicht auf die vergangene Zeit beziehen (*Eberth/Müller* BtMR Rn. 48).

59 **Nicht notwendig** ist, dass die Behandlung **in derselben Einrichtung** fortgeführt wird. Auch bei Fortführung einer stationären Behandlung in einer ambulanten Einrichtung kann die Staatsanwaltschaft von der Fortsetzung des Verfahrens absehen, sofern die sonstigen Voraussetzungen hierfür gegeben sind (*Eberth/Müller* BtMR Rn. 48).

60 Von der Möglichkeit des Satzes 4 kann auch dann noch Gebrauch gemacht werden, wenn das Verfahren **bereits fortgesetzt** wurde, etwa indem weitere Ermittlungen aufgenommen worden waren; im Unterschied zu einer nochmaligen Einstellung läuft dabei die Frist des Satzes 5 weiter (*Kornprobst* in MüKoStGB Rn. 55; *Bohnen* in BeckOK BtMG Rn. 62).

61 **b) Zwingende Fortsetzung.** In den Fällen des Satzes 3 Nr. 3 und 4 ist die Fortsetzung des Verfahrens zwingend. Da die Ermittlungen meist abgeschlossen sein werden, kann die Staatsanwaltschaft nunmehr die öffentliche Klage erheben. Auch eine Einstellung des Verfahrens nach einer anderen Vorschrift (zB §§ 154, 154b StPO) kann in Betracht kommen. Ebenso ist eine erneute vorläufige Einstellung möglich (*Kornprobst* in MüKoStGB Rn. 58; *Franke/Wienroeder* Rn. 20; *Malek* BtMStrafR Kap. 5 Rn. 157).

62 **c) Mitteilung der Fortsetzung.** Ist der Beschuldigte bei der vorläufigen Einstellung des Verfahrens über die Möglichkeiten der Fortsetzung belehrt worden, so ist eine Mitteilung über die Fortsetzung grundsätzlich nicht erforderlich. Zur Klarstellung kann sie sich jedoch empfehlen. In den Fällen des Satzes 3 Nr. 1 und 2 kann sie auch im Hinblick auf Satz 4 zweckmäßig sein (*Eberth/Müller* BtMR Rn. 45).

63 **d) Grundsätzlich keine Anrechnung der Therapie.** Eine Anrechnung der Zeit des Aufenthalts in der Einrichtung auf die Strafe sieht § 37 nicht vor. Nach der Durchführung der Hauptverhandlung kann das Gericht die Zeit der Behandlung jedoch nach § 36 Abs. 3 auf die Strafe anrechnen (*Volkmer* in Körner/Patzak/Volk-

Absehen von der Erhebung der öffentlichen Klage **§ 37 BtMG**

mer Rn. 38; *Kornprobst* in MüKoStGB Rn. 59; diff. *Bohnen* in BeckOK BtMG Rn. 73). Dies gilt auch dann, wenn das Verfahren nach Satz 3 Nr. 3 wegen einer weiteren Tat fortgesetzt wurde (LG München I StV 1985, 199).

e) Entscheidung des Gerichts nach Anklageerhebung. Führt die Staatsanwaltschaft das Verfahren fort, obwohl nach Überzeugung des Gerichts kein Fortsetzungsgrund vorliegt, so lehnt das Gericht nach § 204 StPO die Eröffnung des Verfahrens wegen des begrenzten Verfahrenshindernisses des Satzes 5 ab (*Kornprobst* in MüKoStGB Rn. 45; *Eberth/Müller* BtMR Rn. 47). 64

VI. Die endgültige Verfahrensbeendigung (Satz 5). Nach der vorläufigen Einstellung überwacht die Staatsanwaltschaft die Fortführung der Behandlung entsprechend Satz 3 Nr. 1–3. Wird das Verfahren innerhalb von zwei Jahren nicht fortgesetzt, so kann die Tat nicht mehr verfolgt werden (Satz 5). Mit dem Zeitablauf entsteht das Verfahrenshindernis von selbst, ohne dass es einer staatsanwaltschaftlichen Entscheidung bedarf (*Kornprobst* in MüKoStGB Rn. 61; *Franke/Wienroeder* Rn. 22). Lediglich aus Gründen der Klarstellung ist eine solche wünschenswert (*Volkmer* in Körner/Patzak/Volkmer Rn. 39; *Franke/Wienroeder* Rn. 22). Eine förmliche Entscheidung muss auch getroffen werden, wenn eine entschädigungsfähige Strafverfolgungsmaßnahme vorausgegangen ist (*Kornprobst* in MüKoStGB Rn. 61; *Bohnen* in BeckOK BtMG Rn. 75). Eine Eintragung im BZR erfolgt nicht (§§ 2, 3 BZRG). 65

Auf der anderen Seite entsteht das **Verfahrenshindernis nicht,** wenn das Verfahren innerhalb der Frist tatsächlich **fortgesetzt wurde.** Dies ist dann gegeben, wenn die Staatsanwaltschaft eine Maßnahme getroffen hat, die bezweckt, das Verfahren mit dem Ziel einer Sachentscheidung weiter zu betreiben (*Kornprobst* in MüKoStGB Rn. 62; *Bohnen* in BeckOK BtMG Rn. 76). Dass ein Fortsetzungsgrund vorlag, ändert am Fristenlauf noch nichts. 66

Die Zweijahresfrist beginnt mit dem Erlass der Entscheidung über die vorläufige Einstellung (*Volkmer* in Körner/Patzak/Volkmer Rn. 40; *Kornprobst* in MüKoStGB Rn. 64; *Bohnen* in BeckOK BtMG Rn. 77). Die Entscheidung ist erlassen, wenn sie hinausgegeben und damit unabänderlich geworden ist (→ § 31 Rn. 77). Da ein Rechtsmittel nicht gegeben ist, ist der Zeitpunkt der Bekanntmachung (§ 35 StPO) nicht maßgeblich. 67

Die Zweijahresfrist ist für **die endgültige Einstellung** auch dann maßgeblich, wenn die Therapie **vorher erfolgreich** abgeschlossen wurde. Namentlich im Hinblick auf Satz 3 Nr. 3 und 4 darf das Verfahren auch in einem solchen Fall nicht vor Ablauf der Zweijahresfrist beendet werden (*Kornprobst* in MüKoStGB Rn. 60; *Bohnen* in BeckOK BtMG Rn. 78). 68

Das Verfahrenshindernis erfasst alle Taten, die Gegenstand des Verfahrens waren. Anders als bei § 153a StPO gilt dies auch für **Verbrechen** (*Kornprobst* in MüKoStGB Rn. 63). 69

D. Die Einstellung durch das Gericht (Absatz 2)

Auch nach der Erhebung der öffentlichen Klage kann das Verfahren noch eingestellt werden. Zuständig hierzu ist das Gericht. Ebensowenig wie § 37 Abs. 1 den § 153 Abs. 1, § 153a Abs. 1 StPO, § 45 JGG vorgeht (→ Rn. 4), gilt dies für § 35 Abs. 2 gegenüber den entsprechenden gerichtlichen Einstellungsmöglichkeiten (*Volkmer* in Körner/Patzak/Volkmer Rn. 42). 70

I. Voraussetzungen. Die materiellen Voraussetzungen entsprechen denen des Absatzes 1 Satz 1 (*Bohnen* in BeckOK BtMG Rn. 82). Die fehlende Verweisung auf diese Vorschrift ist ein Redaktionsversehen (allgM; *Kornprobst* in MüKoStGB Rn. 68; *Malek* BtMStrafR Kap. 5 Rn. 147). 71

Weber 1385

BtMG § 37 Siebenter Abschnitt. Betäubungsmittelabhängige Straftäter

72 **In formeller Hinsicht** ist die Einstellung bis zum **Ende der Hauptverhandlung** zulässig, in der die tatsächlichen Feststellungen letztmals geprüft werden können. Eine Hauptverhandlung über den Strafausspruch genügt (*Volkmer* in Körner/Patzak/Volkmer Rn. 45; *Kornprobst* in MüKoStGB Rn. 67; *Bohnen* in BeckOK BtMG Rn. 81). Der späteste Zeitpunkt ist der Abschluss der Verkündung des Urteils (§ 260 Abs. 1 StPO), nicht dagegen die Vorlage an das Revisionsgericht (aA *Joachimski/Haumer* BtMG Rn. 14).

73 **Nach einer Zurückverweisung** der Sache durch das Revisionsgericht lebt die Einstellungsmöglichkeit wieder auf; sie kann vor allem dann veranlasst sein, wenn sich aufgrund der revisionsgerichtlichen Entscheidung eine geringere Straferwartung ergibt und der Angeklagte seit längerer Zeit in Behandlung ist.

74 **II. Ermessen.** Auch die vorläufige Einstellung nach Absatz 2 steht im Ermessen des Gerichts. Zumindest dann, wenn sonst eine Ablehnung angezeigt wäre, kann das Gericht seine Entscheidung mit Weisungen verbinden (*Volkmer* in Körner/Patzak/Volkmer Rn. 46; *Kornprobst* in MüKoStGB Rn. 72; aA *Joachimski/Haumer* BtMG Rn. 14). Es gilt dasselbe wie bei der Entscheidung der Staatsanwaltschaft (→ Rn. 39).

75 **III. Zustimmung der Staatsanwaltschaft.** Die vorläufige Einstellung bedarf der Zustimmung der Staatsanwaltschaft, die dabei eine eigene Beurteilung vorzunehmen hat. Eine Zustimmung des Beschuldigten ist nicht vorgesehen; seinen Interessen wird dadurch Rechnung getragen, dass er die Fortsetzung des Verfahrens durch Nichtvorlage der Nachweise erzwingen kann.

76 **IV. Entscheidung.** Die Entscheidung über die vorläufige Einstellung ergeht durch unanfechtbaren Beschluss (Satz 2). Die Ablehnung der Einstellung ist danach weder für die Staatsanwaltschaft noch für den Beschuldigten anfechtbar. Hat die Staatsanwaltschaft der Einstellung nicht zugestimmt, so steht ihr gegen eine gleichwohl erfolgte Einstellung die einfache Beschwerde nach § 304 StPO zu (*Kornprobst* in MüKoStGB Rn. 74; *Bohnen* in BeckOK BtMG Rn. 90; Hügel/Junge/Lander/Winkler Rn. 5; aA *Malek* BtMStrafR Kap. 5 Rn. 149; zw. *Volkmer* in Körner/Patzak/Volkmer Rn. 46).

77 **In dem Beschluss** setzt das Gericht die **Zeitpunkte** fest, zu denen der Beschuldigte die Fortdauer der Behandlung **nachzuweisen** hat (Absatz 2 Satz 3, Absatz 1 Satz 2).

78 **V. Fortsetzung des Verfahrens.** Für die Fortsetzung des Verfahrens gelten dieselben Regeln wie bei der vorläufigen Einstellung durch die Staatsanwaltschaft (Absatz 2 Satz 3, Absatz 1 Satz 3 und 4). Auch für das Gericht gilt, dass die Fortsetzung des Verfahrens zwingend ist, wenn die Voraussetzungen des Absatzes 1 Satz Nr. 3 und 4 vorliegen.

79 **Liegt ein Fortsetzungsgrund vor,** so kann die Fortsetzung des Verfahrens zwar formlos erfolgen, es empfiehlt sich jedoch, sie durch einen Beschluss anzuordnen. Ein solcher Beschluss ist nach § 305 StPO unanfechtbar (*Joachimski/Haumer* BtMG Rn. 15).

80 **VI. Die endgültige Verfahrensbeendigung.** Ebenso wie die Staatsanwaltschaft in den Fällen des Absatzes 1 überwacht das Gericht die Fortführung der Behandlung entsprechend Absatz 1 Satz 3 Nr. 1–3 (Absatz 2 Satz 3).

81 Wird das Verfahren nicht binnen zwei Jahren fortgesetzt, tritt ein **endgültiges Verfahrenshindernis** ein (Absatz 2 Satz 3, Absatz 1 Satz 5). Ein entsprechender Beschluss ist lediglich deklaratorisch; er ist nicht ausdrücklich vorgeschrieben, wird aber von § 467 Abs. 5, § 37 Abs. 3 BtMG vorausgesetzt (*Kornprobst* in MüKoStGB Rn. 78). Die Staatsanwaltschaft ist zuvor zu hören (§ 33 Abs. 2 StPO). Die Entscheidung ist unanfechtbar (Absatz 2 Satz 4).

Die **Frist** von zwei Jahren **beginnt** mit dem Erlass der Entscheidung über die 82
vorläufige Einstellung. Die Entscheidung ist erlassen, wenn sie die Geschäftsstelle
an eine Behörde oder Person außerhalb des Gerichts hinausgibt (→ § 31 Rn. 77).
Da ein Rechtsmittel nicht gegeben ist, ist der Zeitpunkt der Bekanntmachung
(§ 35 StPO) nicht maßgeblich. Dies gilt auch in einem Falle, in dem das Gericht
die vorläufige Einstellung fehlerhaft statt auf § 37 Abs. 2 BtMG auf § 205 StPO gestützt hat (LG Stuttgart NStZ-RR 1996, 375; *Kornprobst* in MüKoStGB Rn. 79).

Auch im Falle des § 37 Abs. 2 beträgt die Frist zwei Jahre, **unabhängig** davon, 83
wann der Angeschuldigte **die Therapie abschließt**. Dies gilt auch dann, wenn
dies zum Zeitpunkt der vorläufigen Einstellung bereits geschehen war (*Kornprobst*
in MüKoStGB Rn. 80; Hügel/Junge/Lander/Winkler Rn. 5; *Katholnigg* NJW
1995, 1327 (1331); aA AG Cochem StV 1992, 482; *Malek* BtMStrafR Kap. 5
Rn. 161; *Joachimski/Haumer* BtMG Rn. 14).

E. Klageerzwingungsverfahren, Nebenklage, Kosten (Absatz 3)

Da die Einstellung nicht nur bei Straftaten nach dem BtMG in Betracht kommt, 84
trifft das Gesetz noch besondere Regelungen zum Klageerzwingungsverfahren, zur
Nebenklage und zu den Kosten des Verfahrens, wobei auf die zu § 153a StPO getroffenen Regelungen abgestellt wird.

Danach ist wie in den Fällen des § 153a StPO ein **Klageerzwingungsverfahren** 85
nicht zulässig (§ 37 Abs. 3 BtMG, § 172 Abs. 2 S. 3 StPO). Daraus folgt, dass auch
die förmliche Beschwerde zum Generalstaatsanwalt nicht gegeben ist. Dem Antragsteller bleibt die Möglichkeit der Dienstaufsichtsbeschwerde.

Ist Nebenklage erhoben, so muss das Gericht, wenn es die Einstellung des Ver- 86
fahrens nach § 37 BtMG erwägt, zunächst über die Berechtigung zum Anschluss als
Nebenkläger entscheiden (§ 37 Abs. 3 BtMG, § 396 Abs. 3 StPO).

Wird das Verfahren endgültig eingestellt, so fallen die **Auslagen** der Staatskasse 87
zur Last (§ 467 Abs. 1 StPO). Dagegen werden die notwendigen Auslagen des Angeschuldigten der Staatskasse nicht auferlegt (§ 37 Abs. 3 BtMG, § 467 Abs. 5
StPO). Sie sind von diesem selbst zu tragen (*Kornprobst* in MüKoStGB Rn. 78).

F. Objektives Einziehungsverfahren

Sind Betäubungsmittel sichergestellt oder beschlagnahmt worden und werden sie 88
als Beweismittel nicht mehr benötigt, so können sie in␣Rahmen der selbständigen
Einziehung eingezogen werden (§ 76a StGB, §§ 435–437 StPO). In aller Regel
wird sich dies jedoch schon deswegen erübrigen, weil der Beschuldigte, der eine
Einstellung des Verfahrens erreichen will, mit der formlosen Einziehung einverstanden sein wird.

§ 38 Jugendliche und Heranwachsende

(1) ¹**Bei Verurteilung zu Jugendstrafe gelten die §§ 35 und 36 sinngemäß.**
²**Neben der Zusage des Jugendlichen nach § 35 Abs. 1 Satz 1 bedarf es auch
der Einwilligung des Erziehungsberechtigten und des gesetzlichen Vertreters.** ³**Im Falle des § 35 Abs. 7 Satz 2 findet § 83 Abs. 2 Nr. 1, Abs. 3 Satz 2
des Jugendgerichtsgesetzes sinngemäß Anwendung.** ⁴**Abweichend von
§ 36 Abs. 4 gelten die §§ 22 bis 26a des Jugendgerichtsgesetzes entsprechend.** ⁵**Für die Entscheidungen nach § 36 Abs. 1 Satz 3 und Abs. 2 sind neben § 454 Abs. 4 der Strafprozessordnung die §§ 58, 59 Abs. 2 bis 4 und § 60
des Jugendgerichtsgesetzes ergänzend anzuwenden.**

(2) **§ 37 gilt sinngemäß auch für Jugendliche und Heranwachsende.**

BtMG § 38 Siebenter Abschnitt. Betäubungsmittelabhängige Straftäter

Übersicht

	Rn.
A. Zweck	1
B. Zurückstellung der Strafvollstreckung, (Absatz 1)	2
I. Grundsätzliche Geltung der §§ 35, 36 (Satz 1)	3
II. Zusätzliche Einwilligungen (Satz 2)	6
III. Gerichtliche Zuständigkeit in den Fällen des § 35 Abs. 7 S. 2 (Satz 3)	7
IV. Ausgestaltung der Strafaussetzung (Satz 4)	8
V. Verfahren bei Strafaussetzung (Satz 5)	9
C. Absehen von der Erhebung der öffentlichen Klage (Absatz 2)	10

A. Zweck

1 **Mit der Vorschrift** soll sichergestellt werden, dass die Therapieregelungen des Siebenten Abschnitts auch dann gelten, wenn **Jugendstrafrecht** angewendet wird (§§ 1, 105 JGG).

B. Zurückstellung der Strafvollstreckung (Absatz 1)

2 **Die Vorschrift** ordnet die Anwendung der §§ 35, 36 für die Fälle an, in denen eine Verurteilung zu Jugendstrafe vorliegt (zur Verhängung und Bemessung von Jugendstrafe in Betäubungsmittelsachen → Vor § 29 Rn. 1683–1721). Gemäß § 82 Abs. 1 S. 1 JGG ist der **Jugendrichter als Vollstreckungsleiter** zur Entscheidung über die Zurückstellung und den Widerruf zuständig. Die Staatsanwaltschaft ist daran nicht beteiligt (LG Offenburg NStZ-RR 2002, 347). Der Jugendrichter als Vollstreckungsleiter untersteht der Dienstaufsicht des Generalstaatsanwaltes (§ 21 Buchst. a StVollstrO).

3 **I. Die grundsätzliche Geltung der §§ 35, 36 (Satz 1).** Wird auf Jugendstrafe erkannt, so sind die §§ 35, 36 sinngemäß anzuwenden. Die Jugendstrafe darf danach nicht zur Bewährung ausgesetzt sein. Nicht ausreichend ist auch eine Aussetzung der Verhängung der Jugendstrafe nach § 27 JGG oder die Vorbewährung nach §§ 57, 61–61b JGG. Ebenso sind die §§ 35, 36 nicht anwendbar, wenn lediglich Zuchtmittel, namentlich Jugendarrest, oder Erziehungsmaßregeln, etwa Hilfe zur Erziehung in einer Einrichtung über Tag und Nacht (§ 12 Nr. 2 JGG, § 34 SGB VIII), angeordnet wurden (*Franke/Wienroeder* Rn. 1).

4 **Die Höchstgrenze** von zwei Jahren (§ 35 Abs. 1, Abs. 2 Nr. 2) gilt auch bei Jugendstrafen (*Kornprobst* in MüKoStGB Rn. 7; *Bohnen* in BeckOK BtMG Rn. 6). Im Übrigen wird auf die Erläuterungen zu den §§ 35, 36 Bezug genommen, bei denen die jugendstrafrechtlichen Besonderheiten jeweils berücksichtigt sind.

5 **Bei der Unterbringung in der Entziehungsanstalt** ergibt sich eine gewisse Spannung zwischen § 5 Abs. 3 JGG und § 35 Abs. 1 S. 1 BtMG, der eine Zurückstellung nur bei nicht isolierten Unterbringungen erlaubt, während § 5 Abs. 3 JGG der isolierten Unterbringung den Vorzug gibt. Da es nicht angeht, eine (zusätzliche) Jugendstrafe nur zu verhängen, um eine Zurückstellung zu ermöglichen, ist daher hinzunehmen, dass eine Zurückstellung der Unterbringung im Jugendstrafrecht **nicht** in Betracht kommt (*Kornprobst* in MüKoStGB Rn. 8; *Joachimski/Haumer* BtMG Rn. 2; *Volkmer* in Körner/Patzak/Volkmer Rn. 3 und *Bohnen* in BeckOK BtMG Rn. 9 richten einen Hilferuf an den Gesetzgeber).

6 **II. Zusätzliche Einwilligungen (Satz 2).** Für die Zusage nach § 35 Abs. 1 S. 1 ist nicht nur die Erklärung des Jugendlichen, sondern auch die Einwilligung des Erziehungsberechtigten und des gesetzlichen Vertreters notwendig. Dies gilt nicht bei Heranwachsenden. Die Einwilligung ist auch entbehrlich, wenn der zur Tatzeit Jugendliche (§ 1 Abs. 2 JGG) mittlerweile 18 Jahre alt geworden ist (§§ 2, 1626 BGB).

Jugendliche und Heranwachsende **§ 38 BtMG**

III. Gerichtliche Zuständigkeit in den Fällen des § 35 Abs. 7 S. 2 (S. 3). 7
Die Vorschrift dient der Vermeidung einer Interessenkollision. Diese kann sich aus der Doppelfunktion des Jugendrichters ergeben, der nicht selten als Vollstreckungsleiter (§ 82 Abs. 1 JGG) Jugendstrafen zu vollstrecken hat, die er selbst verhängt hat, oder auf die unter seinem Vorsitz durch das Jugendschöffengericht im ersten Rechtszuge erkannt wurde. Das JGG löst diesen Konflikt in der Weise, dass in solchen Fällen die Jugendkammer für die gerichtlichen Entscheidungen gegen eine vom Vollstreckungsleiter getroffene Anordnung zuständig ist (§ 83 Abs. 2 Nr. 1 JGG). Diese Lösung wird durch Satz 4 auf die Fälle des § 35 Abs. 7 S. 2 BtMG übertragen: Zur gerichtlichen Entscheidung gegen den Widerruf der Zurückstellung der Strafvollstreckung durch den Vollstreckungsleiter ist danach in solchen Fällen die Jugendkammer berufen (OLG München NStZ 1993, 455 = StV 1993, 432 = JR 1994, 296 mzustAnm *Katholnigg*).

IV. Ausgestaltung der Strafaussetzung zur Bewährung (Satz 4). An die 8
Stelle der §§ 56a–56g StGB treten die §§ 22–26a JGG. Danach beträgt die Höchstdauer der Bewährungszeit grundsätzlich drei Jahre und nur in Ausnahmefällen vier Jahre (§ 22 JGG). Die Lebensführung des Verurteilten soll durch Weisungen erzieherisch beeinflusst werden (§ 23 Abs. 1 S. 1 JGG). Auch Auflagen können erteilt werden (§ 23 Abs. 1 S. 2 JGG). Nachträgliche Änderungen sind möglich (§ 23 Abs. 1 S. 3 JGG). Auch sind die Reaktionsmöglichkeiten gegen einen Weisungs- oder Auflagenverstoß breiter als im allgemeinen Strafrecht (§ 23 Abs. 1 S. 4 JGG). Ein Bewährungshelfer ist stets zu bestellen (§ 24 JGG).

V. Verfahren bei der Strafaussetzung (Satz 5). Es gelten zunächst die in § 454 9
Abs. 4 StPO genannten Regelungen (→ § 36 Rn. 122–128). Ergänzend treten hinzu § 58 JGG (weitere Entscheidungen), § 59 Abs. 2–4 JGG (Anfechtung von Entscheidungen im Rahmen der Strafaussetzung) und § 60 JGG (Bewährungsplan).

C. Absehen von der Erhebung der öffentlichen Klage (Absatz 2)

Die Vorschrift ordnet die sinngemäße Geltung des § 37 für Jugendliche und 10
Heranwachsende an. Dass diese Vorschrift aufgrund des Hinweises in § 38 Abs. 2 als Sondervorschrift gegenüber § 45 JGG anzusehen sei (*Franke/Wienroeder* Rn. 6; *Eberth/Müller* BtMR Rn. 19) ist im Hinblick auf die strengen Voraussetzungen und das komplizierte Verfahren des § 37 nicht einsichtig und entspricht auch nicht der Praxis (*Volkmer* in Körner/Patzak/Volkmer Rn. 7). Auch der Auffassung, dass § 45 JGG nur subsidiär anwendbar sei (*Winkler* in Hügel/Junge/Lander/Winkler Rn. 3), kann daher nicht zugestimmt werden. Die Vorschrift ist ein **zusätzliches Instrument** des Jugendrichters, schließt aber die einfacheren und weniger belastenden Verfahrensweisen des Jugendstrafrechts nicht aus (*Kornprobst* in MüKoStGB Rn. 14; *Bohnen* in BeckOK BtMG Rn. 26).

Nicht anders als im Erwachsenenstrafrecht kommt im Jugendstrafverfahren eine 11
Sachbehandlung nach § 37 Abs. 1 nur in Betracht, wenn **alle** für den Tat- und Schuldvorwurf **maßgeblichen Umstände ermittelt** sind. Dies gilt auch für die Feststellungen zur strafrechtlichen Verantwortlichkeit nach § 3 JGG (*Kornprobst* in MüKoStGB Rn. 15; aA *Eberth/Müller* BtMR Rn. 18).

Achter Abschnitt. Übergangs- und Schlussvorschriften

§ 39 Übergangsregelung

[1]Einrichtungen, in deren Räumlichkeiten der Verbrauch von mitgeführten, ärztlich nicht verschriebenen Betäubungsmitteln vor dem 1. Januar 1999 geduldet wurde, dürfen ohne eine Erlaubnis der zuständigen obersten Landesbehörde nur weiterbetrieben werden, wenn spätestens 24 Monate nach dem Inkrafttreten des Dritten BtMG-Änderungsgesetzes vom 28. März 2000 (BGBl. I S. 302) eine Rechtsverordnung nach § 10a Abs. 2 erlassen und ein Antrag auf Erlaubnis nach § 10a Abs. 1 gestellt wird. [2]Bis zur unanfechtbaren Entscheidung über einen Antrag können diese Einrichtungen nur weiterbetrieben werden, soweit die Anforderungen nach § 10a Abs. 2 oder einer nach dieser Vorschrift erlassenen Rechtsverordnung erfüllt werden. [3]§ 29 Abs. 1 Satz 1 Nr. 10 und 11 gilt auch für Einrichtungen nach Satz 1.

Übersicht

	Rn.
A. Befugnis zum Betrieb bestehender Drogenkonsumräume (Satz 1)	1
B. Einhaltung der Mindeststandards (Satz 2)	3
C. Strafvorschriften (Satz 3)	5

A. Befugnis zum Betrieb bestehender Einrichtungen (Satz 1)

1 § 39 enthält eine Übergangsregelung für bereits bestehende Drogenkonsumräume. Nach Satz 1 dürfen solche Räume, die vor dem 1.1.1999 geduldet wurden, weiter betrieben werden, wenn spätestens zwei Jahre nach dem Inkrafttreten des Gesetzes, also bis 31.3.2002, eine Rechtsverordnung nach § 10a Abs. 2 erlassen und ein Antrag auf Erteilung einer Erlaubnis nach § 10a Abs. 1 gestellt wird. Solche Rechtsverordnungen sind innerhalb der genannten Frist in Hamburg, Hessen, Nordrhein-Westfalen und dem Saarland erlassen worden (Anh. G).

2 **Fehlt** eine dieser Voraussetzungen, so ist der Betrieb des Drogenkonsumraums mit Ablauf des 31.3.2002 unzulässig geworden und musste eingestellt werden.

B. Einhaltung der Mindeststandards (Satz 2)

3 Ist eine Rechtsverordnung erlassen und der Erlaubnisantrag gestellt, so darf der Drogenkonsumraum bis zur bestandskräftigen Entscheidung über den Antrag weiter betrieben werden, sofern die Mindeststandards nach § 10a Abs. 2 S. 2 oder die Anforderungen einer nach § 10a Abs. 2 erlassenen Rechtsverordnung erfüllt werden.

4 Diese Regelung ist nicht dahin zu verstehen, dass die Mindeststandards vor dem Erlass der Rechtsverordnung oder vor der Stellung des Erlaubnisantrags nicht eingehalten werden müssten. Vielmehr gelten diese während des gesamten vorläufigen Betriebs (BT-Drs. 14/1515, 9; 14/1830, 9; *Katholnigg* NJW 2000, 1217 (1223)). Es liegt daher im Interesse der Betreiber, die Mindeststandards von vornherein einzuhalten.

C. Strafvorschriften (Satz 3)

5 Die Neufassung der Strafvorschriften des § 29 Abs. 1 S. 1 Nr. 10 und der neu eingeführte § 29 Abs. 1 S. 1 Nr. 11 gelten auch für die Drogenkonsumräume, die auf

Übergangsregelung   §39a BtMG

Grund der Übergangsregelung weiter betrieben werden (Satz 3). Der Umfang des erlaubten Handelns wird dann durch Satz 2 und den Inhalt des Antrags bestimmt.

Dasselbe muss auch für § 31a Abs. 1 S. 2 gelten, da es wenig einsichtig wäre, an der früheren strafrechtlichen Regelung für die Benutzer eines solchen Drogenkonsumraums festzuhalten, während die Betreiber nach neuem Recht behandelt werden (*Bohnen* in BeckOK BtMG Rn. 5). 6

§ 39a Übergangsregelung aus Anlass des Gesetzes zur Änderung arzneimittelrechtlicher und anderer Vorschriften

Für eine Person, die die Sachkenntnis nach § 5 Absatz 1 Nummer 2 nicht hat, aber am 22. Juli 2009 die Voraussetzungen nach § 141 Absatz 3 des Arzneimittelgesetzes erfüllt, gilt der Nachweis der erforderlichen Sachkunde nach § 6 Absatz 1 Nummer 1 als erbracht.

Die Vorschrift vollzieht die mit dem 14. AMGÄndG v. 29.8.2005 (BGBl. I S. 2570) in § 141 Abs. 3 AMG für Herstellungs- oder Kontrollleiter getroffene Übergangsregelung für den Kreis der betäubungsmittelrechtlich Verantwortlichen nach.

§§ 40, 40a (gegenstandslos)

§ 41 (weggefallen)

Anlagen I bis III zum Betäubungsmittelgesetz

in der Fassung der Bek. v. 1.3.1994 (BGBl. I S. 358),
zuletzt geändert durch VO v. 14.1.2021 (BGBl. I S. 70)[1]

Anlagen
(zu § 1 Abs. 1)

Spalte 1 enthält die International Nonproprietary Names (Inn) der Weltgesundheitsorganisation. Bei der Bezeichnung eines Stoffes hat der INN Vorrang vor allen anderen Bezeichnungen.

Spalte 2 enthält andere nicht geschützte Stoffbezeichnungen (Kurzbezeichnungen oder Trivialnamen). Wenn für einen Stoff kein INN existiert, kann zu seiner eindeutigen Bezeichnung die in dieser Spalte fett gedruckte Bezeichnung verwendet werden. Alle anderen nicht fett gedruckten Bezeichnungen sind wissenschaftlich nicht eindeutig. Sie sind daher in Verbindung mit der Bezeichnung in Spalte 3 zu verwenden.

Spalte 3 enthält die chemische Stoffbezeichnung nach der Nomenklatur der International Union of Pure and Applied Chemistry (IUPAC). Wenn in Spalte 1 oder 2 keine Bezeichnung aufgeführt ist, ist die der Spalte 3 zu verwenden.

Anlage I
(nicht verkehrsfähige Betäubungsmittel)

INN	andere nicht geschützte oder Trivialnamen	chemische Namen (IUPAC)
Acetorphin	–	{4,5α-Epoxy-7α-[(R)2-hydroxypentan 2 yl]-6 methoxy-17-methyl-6,14-ethenomorphinan-3-yl}acetat
–	Acetyldihydrocodein	4,5α-Epoxy-3-methoxy-17-methyl-morphinan-6a-yl)acetat
Acetylmethadol	–	6-Dimethylamino-4,4-diphenylheptan-3-yl)acetat
–	Acetyl-a-methylfentanyl	N-Phenyl-N-[1-(1-phenylpropan-2-yl)-4-piperidyl]acetamid
–	–	4-Allyloxy-3,5-dimethoxyphenethylazan
Allylprodin	–	(3-Allyl-1-methyl-4-phenyl-4-piperidyl)propionat
Alphacetylmethadol	–	[(3R,6R)-6-Dimethylamino-4,4-diphenylheptan-3-yl]acetat
Alphameprodin	–	[(3RS,4SR)-3-Ethyl-1-methyl-4-phenyl-4-piperidyl]propionat

---

[1] Änderungen durch die 32. BtMÄndV (→ BtMG § 1 Rn. 233b) bereits eingearbeitet.

nicht verkehrsfähige Betäubungsmittel **Anlage I   BtMG**

INN	andere nicht geschützte oder Trivialnamen	chemische Namen (IUPAC)
Alphamethadol	–	(3R,6R)-6-Dimethylamino-4-diphenylheptan-3-ol
Alphaprodin	–	[(3RS,4RS)-1,3-Dimethyl-4-phenyl-4-piperidyl]propionat
–	5-(2-Aminopropyl)indol (5-IT)	1-(1H-Indol-5-yl)propan-2-amin
Anileridin	–	Ethyl[1-(4-aminophenetyl)-4-phenyl-piperidin-4-carboxylat]
–	BDB	1-(1,3-Benzodioxol-5-yl)butan-2-ylazan
Benzethidin	–	Ethyl{1-[2-(benzyloxy)ethyl]-4-phenyl-piperidin-4-carboxylat
Benzfetamin	Benzphetamin	(Benzyl)(methyl)(1-phenylpropan-2-yl)azan
–	Benzylfentanyl	N-(1-Benzyl-4-piperidyl)-N-phenyl-propanamid
–	Benzylmorphin	3-Benzyloxy-4,5α-epoxy-17-methyl-morphin-7-en-6α-ol
Betacetylmethadol	–	[(3S,6R)-6-Dimethylamino-4,4-diphenylheptan-3-yl]acetat
Betameprodin	–	[(3RS,4RS)-3-Ethyl-1-methyl-4-phenyl-4-piperidyl]propionat
Betamethadol	–	(3S,6R)-6-Dimethylamino-4,4-diphenylheptan-3-ol
Betaprodin	–	[(3RS,4RS)-1,3-Dimethyl-4-phenyl-4-piperidyl]propionat
Bezitramin	–	4-[4-(2-Oxo-3-propionyl-2,3-dihydrobenzimidazol-1-yl)piperidino]-2,2-diphenyl-butannitril
–	25B-NBOMe (2C-B-NBOMe)	2-(4-Brom-2,5-dimethoxyphenyl)-N-[2-methoxyphenyl)methyl]ethanamin
Brolamfetamin	Dimethoxybromamfetamin (DOB)	(RS)-1-(4-Brom-2,5-dimethoxyphenyl)propan-2-ylazan
–	Bromdimethoxyphenethylamin (BDMPEA, 2C-B)	4-Brom-2,5-dimethoxyphenethylazan
–	**Cannabis** (Marihuana, Pflanzen und Pflanzenteile der zur Gattung Cannabis gehörenden Pflanzen)	–

– ausgenommen

a) deren Samen, sofern er nicht zum unerlaubten Anbau bestimmt ist,
b) wenn sie aus dem Anbau in Ländern der Europäischen Union mit zertifiziertem Saatgut von Sorten stammen, die am 15.3. des Anbaujahres in dem in Artikel 9 der Delegierten Verordnung (EU) Nr. 639/2014 der Kommission vom 11.3.2014 zur Ergänzung der Verordnung (EU) Nr. 1307/2013 des Europäischen Parlaments und des Rates mit Vorschriften über Direktzahlungen an Inhaber landwirtschaftlicher Betriebe im Rahmen von Stützungsregelungen der Gemeinsamen Agrarpolitik und zur Änderung des Anhangs X der genannten Verordnung (ABl. 2014 L 181, S. 1) in der jeweils geltenden Fassung genannten gemeinsamen Sortenkatalog für landwirtschaftliche Pflanzenarten aufgeführt sind, oder ihr Gehalt an Te-

BtMG Anlage I — Betäubungsmittelgesetz

INN	andere nicht geschützte oder Trivialnamen	chemische Namen (IUPAC)
		trahydrocannabinol 0,2 Prozent nicht übersteigt und der Verkehr mit ihnen (ausgenommen der Anbau) ausschließlich gewerblichen oder wissenschaftlichen Zwecken dient, die einen Missbrauch zu Rauschzwecken ausschließen,

c) wenn sie als Schutzstreifen bei der Rübenzüchtung gepflanzt und vor der Blüte vernichtet werden,

d) wenn sie von Unternehmen der Landwirtschaft angebaut werden, die die Voraussetzungen des § 1 Abs. 4 des Gesetzes über die Alterssicherung der Landwirte erfüllen, mit Ausnahme von Unternehmen der Forstwirtschaft, des Garten- und Weinbaus, der Fischzucht, der Teichwirtschaft, der Imkerei, der Binnenfischerei und der Wanderschäferei, oder die für eine Beihilfegewährung nach der Verordnung (EU) Nr. 1307/2013 des Europäischen Parlaments und des Rates vom 17.12.2013 mit Vorschriften über Direktzahlungen an Inhaber landwirtschaftlicher Betriebe im Rahmen von Stützungsregelungen der Gemeinsamen Agrarpolitik und zur Aufhebung der Verordnung (EG) Nr. 637/2008 des Rates und der Verordnung (EG) Nr. 73/2009 des Rates (ABl. 2013 L 347, S. 608) in der jeweils geltenden Fassung in Betracht kommen und der Anbau ausschließlich aus zertifiziertem Saatgut von Sorten erfolgt, die am 15.3. des Anbaujahres in dem in Artikel 9 der Delegierten Verordnung (EU) Nr. 639/2014 genannten gemeinsamen Sortenkatalog für landwirtschaftliche Pflanzenarten aufgeführt sind (Nutzhanf) oder

e) zu den in Anlage III bezeichneten Zwecken –

INN	andere nicht geschützte oder Trivialnamen	chemische Namen (IUPAC)
–	**Cannabisharz** (Haschisch, das abgesonderte Harz der zur Gattung Cannabis gehörenden Pflanzen)	—
Carfentanil	–	Methyl[1-phenethyl-4-(N-phenyl propanamido)piperidin-4-carboxylat
Cathinon	–	(S)-2-Amino-1-phenlpropan-1-on
–	2C-C	2-(4-Chlor-2,5- dimethoxyphenyl)ethanamin
–	2C-D (2C-M)	2-(2,5-Dimethoxy-4-methylphenyl)ethanamin
–	2C-E	2-(4-Ethyl-2,5-dimethoxyphenyl)ethanamin
–	2C I	4-Iod-2,5-dimethoxyphenethylazan
–	6-CI-MDMA	[1-(6-Chlor-1,3-benzodioxol-5-yl)propan-2-yl](methyl)azan
–	Clephedron (4-CMC, 4-Chlormethcathinon)	1-(4-Chlorphenyl)-2-(methylamino)propan-1-on
Clonitazen	–	{2-[2-(4-Chlorbenzyl)-5-nitrobenzimidazol-1-yl]ethyl}diethylazan
–	25C-NBOMe 2C-C-NBOMe)	2-(4-Clor-2,5-dimethoxyphenyl)-N-[2-methoxyphenyl)methyl]ethanamin
–	**Codein-N-oxid**	4,5α-Epoxy-3-methoxy-17-methylmorphin-7-en-6α-ol-17-oxid

nicht verkehrsfähige Betäubungsmittel   **Anlage I   BtMG**

INN	andere nicht geschützte oder Trivialnamen	chemische Namen (IUPAC)
Codoxim	–	(4,5α-Epoxy-3-methoxy-17-methyl-morphinan-6-ylidenamino-oxy)essigsäure
–	2C-P	2-(2,5-Dimethoxy-4-propylphenyl)ethanamin
–	2C-T-2	4-Ethylsulfanyl-2,5-dimethoxyphenethylazan
–	2C-T-7	2,5-Dimethoxy-4-(propylsulfanyl)phenethylazan
Desomorphin	Dihydrodesoxymorphin	4,5α-Epoxy-17-methylmorphinan-3-ol
Diampromid	–	N-{2-[(Methyl)(phenethyl)-amino]propyl}-N-phenylpropanamid
–	Diethoxybromamfetamin	1-(4-Brom-2,5-diethoxyphenyl)-propan-2-ylazan
Diethylthiambuten	–	Diethyl(-methyl-3,3-di-2-thienyl-allyl)azan
–	N,N-Diethyltriptamin (Diethyltriptamin, DET)	Diethyl[2-(indol-3-)ethyl]azan
–	**Dihydroetorphin** (18,19-Dihydroetorphin)	(5R,6R,7R,14R,)-4,5α-Epoxy-7a-[®-2-2-hydroxypentan-2-yl]-6-methoxy-17-methyl-6,14-ethanomorphinan-3-ol
Dimenoxadol	–	(2-Dimethylaminoethyl)[(ethoxy)-(diphenyl)acetat]
Dimepheptanol	Methadol	6-Dimethylamino-4,4-diphenyl-heptan-3-ol
–	Dimethoxyamfetamin (DMA)	1-(2,5-Dimethoxyphenyl)propan-2-ylazan
–	Dimethoxyethylamfetamin (DOET)	1-(4-Ethyl-2,5-dimethoxyphenyl)propan-2-ylazan
–	Dimethoxymethamfetamin (DMMA)	1-(3,4-Dimethoxyphenyl)-Nmethylpropan-2-amin
–	Dimethoxymethylamfetamin (DOM,STP)	(RS)-1-(2,5-Dimethoxy-4-methylphenyl)propan-2-ylazan
–	Dimethylheptyltetrahydrocannabinol (DMHP)	6,6,9-Trimethyl-3-(3-methyl-octan-2-yl)-7,8,9,10-tetrahydro-6H-benzo[c]chromen-1-ol
Dimethylthiambuten	–	Dimethyl(1-methyl-3,3-di-2-thienylallyl)azan
–	N,N-Dimethyltryptamin (Dimethyltryptamin, DMT)	[2-(Indol-3-yl)ethyl]dimethylazan
Dioxaphetylbutyrat	–	Ethyl(4-morpholino-2,2-diphenylbutanoat)
Dipipanon	–	4,4-Diphenyl-6-piperidinoheptan-3-on
–	DOC	1,(4-Chlor-2,5-dimethoxyphenyl)propan-2-ylazan

BtMG Anlage I

INN	andere nicht geschützte oder Trivialnamen	chemische Namen (IUPAC)
Drotebanol	–	3,4-Dimethoxy-17-methylmorphinan-6β,14-diol
–	N-Ethylbuphedron (NEB)	2-(Ethylamino)-1-phenylbutan-1-on
–	4-Ethylmethcathinon (4-EMC)	1-(4-Ethylphenyl)-2-(methylamino)propan-1-on
Ethylmethylthiambuten	–	(Ethyl)(methyl)(1-methyl-3,3-di-2-thienyl-allyl)azan
–	Ethylon (bk-MDEA,MDEC)	1-(1,3-Benzodioxol-5-yl)-2-(ethylamino)propan-1-on
–	Ethylpiperidylbenzilat	(1-Ethyl-3-piperidyl)benzilat
Eticyclidin	PCE	(Ethyl))(1-phenylcyclohexyl)-azan
Etonitazen		{2-[-(4-Ethoxybenzyl)-5-nitrobenzimidazol-1-yl]ethyl}diethylazan
Etoxeridin		Ethyl{1-[2-(2-hydroxyethoxy)-ethyl]-4-phenylpiperidin-4-carboxylat}
Etryptamin	α-Ethyltryptamin	1-(Indol-3-yl)butan-2-ylazan
–	FLEA	N-[1-(1,3-Benzodioxol-5-yl)propan-2-yl]-N-methylhydroxylamin
–	4-Fluoramfetamin (4-FA, 4-FMP)	(RS)-1-(4-Fluorphenyl)propan-2-amin
–	r-Fluorfentanyl	N-(4-Fluorphenyl)-N-(1-phenethyl-4-piperidil)propanamid
–	2-Fluormethamfetamin (2-FMA)	1-(2-Fluorphenyl)-N-methylpropan-2-amin
–	3-Fluormethamfetamin (3-FMA)	1-(3-Fluorphenyl)-N-methylpropan-2-amin
Furethidin	–	Ethyl{4-phenyl-1-[2-(tetrahydrofurfuryloxy)ethyl]piperidin-4-carboxylat}
–	**Heroin** (Diacethylmorphin, Diamorphin)	[(5R,6S)-4,5-Epoxy-17-methylmorphin-7-en-3,6-diyl]diacetat
– ausgenommen Diamorphin zu den in den Anlagen II und III bezeichneten Zwecken –		
Hydromorphinol	14-Hydroxydihydromorphin	4,5α-Epoxy-17-methylmorphinan-3,6α,14-triol
–	N-Hydroxyamfetamin (NOHA)	N-(1-Phenylpropan-2-yl)hydroxyl-amin
–	β-Hydroxyfentanyl	N-[1-(2-Hydroxy-2-phenylethyl)-4-piperidyl]-N-phenylpropanamid
–	Hydroxymethylendioxyamfetamin (N-Hydroxy-MDA, MDOH)	N-[1-(1,3-Benzodioxol-5-yl)propan-2-yl]hydroxylamin

nicht verkehrsfähige Betäubungsmittel **Anlage I BtMG**

INN	andere nicht geschützte oder Trivialnamen	chemische Namen (IUPAC)
–	β-Hydroxy-3-methylfen-tanyl (Ohmefentanyl)	N-[1-(2-Hydroxy-2-phenylethyl)-3-methyl-4-piperidyl]-N-phenyl-propanamid
Hydroxypethidin	–	Ethyl[4-(3-hydroxyphenyl)-1-methyl-piperidin-4-carboxylat]
Lefetamin	SPA	[(R)-1,2Diphenylethyl]dimethylazan
–	25I-NBOME (2C-I-NBOMe)	2-(4-Iod-2,5-dimethoxyphenyl-N-[(2-metoxyphenyl)methyl]ethanamin
Levomethorphan	–	(9R,13R,14R)-3-Methoxy-17-methylmorphinan
Levophenacylmorphan	–	2-[(9R,13R,14R)-3-Hydroxymorphinan-17-yl]-1-phenylethanon
Lofentanil	–	Methyl[3R,4S)-3-methyl-1-phenetyl-4-(N-phenylpropanamido)piperidin-4-carboxylat]
Lysergid	N,N-Diethyl-D-lysergamid (LSD, LSD-25)	N,N-Diethyl-6-methyl-9,10-dide-hydroergolin-8β-carboxamid
–	MAL	3,5-Dimethoxy-4-(2-methylallyl-oxy)phenetylazan
–	MBDB	[1-(1,3-Benzodioxol-5-yl)butan-2-yl(methyl)azan
–	MDPP	1-(1,3-Benzodioxol-5-yl)-2-(pyrrolidin-1-yl)propan-1-on
–	Mebroqualon	3-(2-Bromphenyl)-2-methyl-chinazolin-4(3H)-on
Mecloqualon	–	3-(2-Chlorphenyl)-2-methyl-chinazolin-4(3H)-on
–	**Mescalin**	3,4,5-Trimethoxyphenethylazan
Metazocin	–	3,6,11-Trimethyl-1,2,3,4,5,6-hexahydro-2,6-methano-3-benzazocin-8-ol
–	Methcatinon (Ephedron)	2-Methylamino-1-phenylpropan-1-on
–	Methiopropamin (MPA)	N-Methyl-1-(thiophen-2-yl)propan-2-amin
–	Methoxetamin (MXE)	2-(Ethylamino)-2-(3-methoxyphenyl)cyclohexanon
–	Methoxyamfetamin (PMA)	1-(4-Methoxyphenyl)propan-2-ylazan
–	5-Methoxy-N,N-diisopropyl-tryptamin (5-MeO-DIPT)	Diisopropyl[2-(5-methoxyindol-3-yl)ethyl]azan
–	5-Methoxy-DMT (5-Meo-DMT)	[2-(5-Methoxyindol-3-yl)ethyl]dimethylazan
–	–	(2-Methoxyethyl)(1-phenyl-cyclohexyl)azan

BtMG Anlage I

INN	andere nicht geschützte oder Trivialnamen	chemische Namen (IUPAC)
–	Methoxymetamfetamin (PMMA)	1-(4-Methoxyphenyl)propan-2-yl(methyl)azan
–	Methoxymethylendioxy-amfetamin (MMDA)	1-(7-Methoxy-1,3-benzodioxol-5-yl)propan-2-ylazan
–	–	(3-Methoxypropyl)(1-phenyl-cyclohexyl)azan
–	Methylaminorex (4-Methylaminorex)	4-Methyl-5-phenyl-4,5-dihydro-1,3-oxazol-2-ylazan
–	4-Methylbuphedron (4-MeMABP)	2-(Methylamino)-1-(4-methyl-phenyl)butan-1-on
Methyldesorphin	–	4,5α-Epoxy-6,17-dimethyl-morphin-6-en-3-ol
Methyldihydromorphin	–	4,5α-Epoxy-6,17-dimethyl-morphinan-3,6α-diol
–	Methylendioxyethylamfetamin (N-Ethyl-MDA, MDE, MDEA)	[1-(1,3-Benzodioxol-5-yl)pro-pan](ethyl)azan
–	Methylendioxymetamfetamin (MDMA)	[1-(1,3-Benzodioxol-5-yl)propan-2-yl)(methyl)azan
–	α-Methylfentanyl	N-Phenyl-N-[1-(1-phenylpropan-2-yl)-4-piperidyl]propana-mid
–	3-Methylfentanyl (Mefentanyl)	N-(3-Methyl-1-phenetyl-4-piperidyl)-N-phenylpropanamid
–	Methylmethaqualon	3-(2,4-Dimethylphenyl)-2-methyl-chinazolin-4(3H)on
–	3-Methylmethcathinon (3-MMC)	2-(Methylamino)-1-(3-methyl-phenyl)propan-1-on
–	4-Methylmethcathinon (Mephedron)	1-(4-Methylphenyl)-2-methyl-aminopropan-1-on
–	Methylphenylpropionoxypi-peridin (MPPP)	(1-Methyl-4-phenyl-4-piperi-dyl)propionat
–	Methyl-3-phenylpropyl-amin (1M-3PP)	(Methyl)(3-phenylpropyl)azan
–	Methylphenyltetrahydropyridin (MPTP)	1-Methyl-4-phenyl-1,2,3,6-tetra-hydropyridin
–	Methylpiperidylbenzilat	(1-Methyl-3-piperidyl)benzilat
–	4-Methylthioamfetamin (4-MTA)	1-[4-(Methylsufanyl)phenyl]propan-2-ylazan
–	α-Methylthiofenanyl	N-Phenyl-N-{1-[1-(2-thienyl)propan-2-yl]-4-piperidyl}pro-panamid
–	3-Methylthiofentanyl	N-{3-Methyl-1-[2-(2-thienyl)ethyl]-4-piperidyl}-N-phenylpropanamid
–	α-Methyltryptamin (α-MT, AMT)	1-(Indol-3-yl)propan-2-ylazan
Metopon	5-Methyldihydromorphinon	4,5α-Epoxy-3-hydroxy-5,17-dimethylmorphinan-6-on

nicht verkehrsfähige Betäubungsmittel **Anlage I BtMG**

INN	andere nicht geschützte oder Trivialnamen	chemische Namen (IUPAC)
Morpheridin	–	Ethyl[1-(2-morpholinoethyl)-4-phenylpiperidin-4-carboxylat]
–	**Morphin-N-oxid**	(5R,6S)-4,5-Epoxy-3,6-dihydroxy-17-methylmorphin-7-en-17—oxid
Myrophin	Myristylbenzylmorphin	(3-Benzyloxy-4,5α-epoxy-17-methyl-morphin-7-en-6-yl)tetradecanoat
–	25N-NBOMe (2C-N-NBOMe)	2-(2,5-Dimethoxy-4-nitrophenyl)-N-[(2-methoxyphenyl)methyl]ethanamin
Nicomorphin	3,6-Dinicotinoylmorphin	(4,5α-Epoxy-17-methylmorphin-7-en-3,6α-diyl)dinicotinat
Noracymethadol	–	(6-Methylamino-4,4-diphenylheptan-3-yl)acetat
Norcodein	N-Desmethylcodein	4,5α-Epoxy-3-methoxymorphin-7-en-6α-ol
Norlevophanol	(-)-3-Hydroxymorphinan	(9R,13R,14R)-Morphinan-3-ol
Normorphin	Desmethylmorphin	4,5α-Epoxymorphin-7-en-3,6α-diol
Norpipanon	–	4,4-Diphenyl-6-piperidinohexan-3-on
–	Parahexyl	3-Hexyl-6,6,9-trimethyl-7,8,9,10-tetra-hydro-6H-benzo[c]chromen-1-ol
–	PCPr	(1-Phenylcyclohexyl)(propyl)azan
–	Pentylon (bk-MBDP)	1-(1,3-Benzodioxol-5-yl)-2-(methylamino)pentan-1-on
Phenadoxon	–	6-Morpholino-4,4-diphenylheptan-3-on
Phenampromid	–	N-Phenyl-N-(1-piperidinpropan-2-yl)propanamid
Phenazocin	–	6,11-Dimethyl-3-phenethyl-1,2,3,4,5,6-hexahydro-2,6-methano-3-benzazocin-8-ol
Phencyclidin	PCP	1-(1-Phenylcyclohexyl)piperidin
–	Phenethylphenylacetoxypiperidin (PEPAP)	(1-Phenethyl-4-phenyl-4-piperidyl)acetat
–	Phenethylphenyltetrahydropyridin (PEPTP)	1-Phenethyl-4-phenyl-1,2,3,6-tetrahydropyrin
Phenprometamin	1-Methylamino-2-phenylpropan (PPMA)	(Methyl)(2-phenylpropyl)azan
Phenomorphan	–	17-Phenethylmorphinan-3-ol
Phenoperidin	–	Ethyl[1-(3-hydroxy-3-phenylpropyl)-4-phenylpiperidin-4-carboxylat]
Piminodin	–	Ethyl[1-(3-anilinopropyl)-4-phenylpiperidin-4-carboxylat]

BtMG Anlage I

INN	andere nicht geschützte oder Trivialnamen	chemische Namen (IUPAC)
–	PPP	1-Phenyl-2-(pyrrolidin-1-yl)propan-1-on
Proheptazin	–	(1,3-Dimethyl-4-phenylazepan-4-yl)propionat
Properidin	–	Isopropyl(1-methyl-4-phenylpiperidin-4-carboxylat
–	Psilocin (Psilotsin)	3-(2-Dimethylaminoethyl)indol-4-ol
–	Psilocin-(eth)	3-(2-Diethylaminoethyl)indol-4-ol
Psilocybin	–	[3-(2-Dimethylaminoethyl)indol-4-yl]dihydrogenphosphat
–	Psilocybin-(eth)	[3-(2-Diethylminoethyl)indol-4-yl]dihydrogenphosphat
–	4-MePPP	2-(Pyrrolidin-1-yl)-1-(r-tolyl)propan-1-on
Racemethorphan	–	(9RS,13RS,14RS)3-Methoxy-17-methylmorphinan
Rolicyclidin	PHP (PCPy)	1-(1-Phenylcyclohexyl)pyrrolidin
–	**Salvia divinorum** (Pflanzen und Pflanzenteile)	
Tenamfetamin	Methylendioxyamfetamin (MDA)	*(RS)*-1-(1,3-Benzodioxol-5-yl)propan-2-ylazan
Tenocyclidin	TCP	1-[1-(2-Thienyl)cyclohexyl]piperidin
–	Tetrahydrocannabinole, folgende Isomere und ihre stereochemischen Varianten:	
–	**Δ6a-(10a)-Tetrahydrocannabinol** (Δ6a(10a)-THC)	6,6,9-Trimethyl-3-pentyl-7,8,9,10-tetrahydro-6*H*-benzo[*c*]chromen-1-ol
–	**Δ6a-Tetrahydrocannabinol** (Δ6a-THC)	(9*R*,10a*R*)-6,6,9-Trimethyl-3-pentyl-8,9,10,10a,-tetrahydro-6*H*-benzo[*c*]chromen-1-ol
–	**Δ7-Tetrahydrocannabinol** (Δ7-THC)	(6a*R*,10a*R*)-6,6,9-Trimethyl-3-pentyl-6a,9,10,10a-tetrahydro-6*H*-benzo[*c*]chromen-1-ol
–	**Δ8-Tetrahydrocannabinol** (Δ8-THC)	(6a*R*,10a*R*)-6,6,9-Trimethyl-3-pentyl-6a,7,10,10a-tetrahydro-6*H*-benzo[*c*]chromen-1-ol
–	**Δ10-Tetrahydrocannabinol** (Δ10-THC)	(6a*R*)-6,6,9-Trimethyl-3-pentyl-6a,7,8,9-tetrahydro-6*H*-benzo[*c*]chromen-1-ol
–	**Δ9 (11)-Tetrahydrocannabinol** (Δ9(11)-THC)	(6a*R*,10a*R*)-6,6-Dimethyl-9-methylen-3-pentyl-6a,7,8,9,10,10a-hexahydro-6*H*-benzo[*c*]chromen-1-ol

verkehrsfähige, nicht verschreibungsfähige BtM **Anlage II BtMG**

INN	andere nicht geschützte oder Trivialnamen	chemische Namen (IUPAC)
–	Thenylfentanyl	N-Phenyl-N-(1-thenyl-4-piperidyl)propanamid
–	Thienoamfetamin (Thiopropamin)	1-(Thiophen-2-yl)propan-2-amin
–	Thiofentanyl	N-Phenyl-N-{1-[2-(-thienyl)ethyl]-4-piperidyl}propanamid
Trimeperidin	–	(1,2,5-Trimethyl-4-phenyl-4-piperidiyl)propionat
–	Trimethoxyamfetamin (TMA)	1-(3,4,5-Trimethoxyphenyl)propan-2-ylazan
–	2,4,5-Trimethoxyamfetamin (TMA)	1-(2,4,5-Trimethoxyphenyl)propan-2-ylazan

- die Ester, Ether und Molekülverbindungen der in dieser Anlage aufgeführten Stoffe, wenn sie nicht in einer anderen Anlage verzeichnet sind und das Bestehen solcher Ester, Ether und Molekülverbindungen möglich ist;
- die Salze der in dieser Anlage aufgeführten Stoffe, wenn das Bestehen solcher Salze möglich ist;
- die Zubereitungen der in dieser Anlage aufgeführten Stoffe, wenn sie nicht
  a) ohne am oder im menschlichen oder tierischen Körper angewendet zu werden, ausschließlich diagnostischen oder analytischen Zwecken dienen und ihr Gehalt an einem oder mehreren Betäubungsmitteln jeweils 0,001 vom Hundert nicht übersteigt oder die Stoffe in den Zubereitungen isotopenmodifiziert oder
  b) besonders ausgenommen sind;
- die Stereoisomere der in dieser oder einer anderen Anlage aufgeführten Stoffe, wenn sie als Betäubungsmittel missbräuchlich verwendet werden sollen;
- Stoffe nach § 2 Absatz 1 Nummer 1 Buchstabe b bis d mit in dieser oder einer anderen Anlage aufgeführten Stoffen, sowie die zur Reproduktion oder Gewinnung von Stoffen nach § 2 Absatz 1 Nummer 1 Buchstabe b bis d geeigneten biologischen Materialien, wenn ein Missbrauch zu Rauschzwecken vorgesehen ist.

Anlage II
(verkehrsfähige, aber nicht verschreibungsfähige Betäubungsmittel)

INN	andere nicht geschützte oder Trivialnamen	chemische Namen (IUPAC)
–	AB-CHMINACA	N-(1-Amino-3-methyl-1-oxobutan-2-yl-1-(cyclohexylmethyl)-1-H-indazol-3-carboxamid
–	AB-FUBINACA	N-(1-Amino-3-methyl-1-oxobutan-2-yl-1-[(4-fluorphenyl)methyl]-1-H-indazol-3-carboxamid
–	AB-PINACA	N-(1-Amino-3-methyl-1-oxobutan-2-yl-1-pentyl-1-H-indazol-3-carboxamid
–	Acetylfentanyl (Desmethylfentanyl)	N-Phenyl-N-[1-(2-phenylethyl)piperidin-4-yl]acetamid
–	Acryloylfentanyl (Acrylfentanyl, ACF)	N-Phenyl-N-[1-(2-phenylethyl)piperidin-4-yl]prop-3-enamid
–	1-Adamantyl(1-pentyl-1H-indol-3-yl)methanon	(Adamantyl-yl-)(1-pentyl-1H-indol-yl)methanon

BtMG   Anlage II   Betäubungsmittelgesetz

INN	andere nicht geschützte oder Trivialnamen	chemische Namen (IUPAC)
–	ADB-CHMINACA (MAB-CHMINACA)	N-(1-Amino-3,3-dimethyl-1-oxo-butan-2-yl)-1-(cyclohexylmethyl)-1H-indazol-3-carboxamid
–	ADB-FUBINACA	N-(1-Amino-3,3-dimethyl-1-oxo-butan-2-yl)-1-[(4-fluorphenyl)methyl]-1H-indazol-3-carboxamid
–	AH-7921 (Doxylam)	3,4-Dichlor-N-{[1-(dimethylamino)cyclohexyl]methyl}benzamid
–	AKB-48 (APINACA)	N-(Adamantan-1-yl)-1-pentyl-1H-indazol-3-carboxamid
–	AKB-48F	N-(Adamantan-1-yl)-1-(5-fluorpentyl)-1H-indazol-3-carboxamid
–	Alpha-PVT (α-PVT, alpha-Pyrrolidinopentiothiophenon	2-(Pyrrolidin-1-yl)-1-(thiophen-2-yl)pentan-1-on
–	AM-694	[1-(5-Fluorpentyl)-1H-indol-3-yl](2-iodphenyl)methanon
–	AM-1220	{1-[(1-Methylpiperidin-2-yl)methyl]-1H-indol-3-yl}(naphthalin-1-yl)methanon
–	AM-1220-Azepan	[1-(1-Methylazepan-3-yl)-1H-indol-3-yl](naphthalin-1-yl)methanon
–	AM-2201	[1-(5-Fluorpentyl)-1H-indol-3-yl](naphthalin-1-yl)methanon
–	AM 2232	5-[3-(Naphthalin-1-carbonyl)-1H-indol-1-yl]pentannitril
–	AM-2233	(2-Iodphenyl){1-[(1-methylpiperidin-2-yl)methyl]-1H-indol-3-yl}methanon
–	AMB-CHMICA (MMB-CHMICA)	Methyl{2-[1-(cyclohexylmethyl)-1H-indol-3-carboxamido]-3-methylbutanoat} l
–	AMB-FUBINACA (FUB-AMB)	Methyl(2-{1-[(4-fluorphenyl)methyl]-1H-indazol-3-carboxamid}-3-methylbutanoat)
Amfetaminil	–	(Phenyl)[(1-phenylpropan-2-yl)amino]acetonnitril
Amineptin	–	7-(10,11-Dihydro-5H-dibenzo[a,d][7]annulen-5-ylamino)heptansäure
Aminorex	–	5-Phenyl-4,5-dihydro-1,3-oxazol-2-ylazan
–	5-APB	1-(Benzofuran-5-yl)propan-2-amin
–	6-APB	1-(Benzofuran-6-yl)propan-2-amin

verkehrsfähige, nicht verschreibungsfähige BtM **Anlage II BtMG**

INN	andere nicht geschützte oder Trivialnamen	chemische Namen (IUPAC)
–	APICA (SDB-001, 2NE1)	N-(Adamantan-1-yl)-1-pentyl-1-H-indol-3-carboxamid
–	BB-22 (QUCHIC)	Chinolin-8-yl[1-(cyclohexylmethyl)-1H-indol-3-carboxamid
–	Benzylpiperazin(BZB)	1- Benzylpiperazin
–	Buphedron	2-(Methylamino)-1-phenylbutan-1-on
Butalbital	–	5-Allyl-5-isobutylbarbitursäure
–	**Butobarbital**	5-Butyl-5-ethylpyrimidin-2,4,6 (1H,3H,5H)-trion
–	Butylon	1-(Benzo[d][1,3]dioxol-5-yl)-2 (mthylamino)butan-1-on
–	Butyrfentanyl (Butyrylfentany)	N-Phenyl-N-[1-(2-phenylethyl) piperidin-4-yl]butanamid
Cetobemidon	Ketobemidon	1-[4-(3-Hydroxyphenyl)-1-methyl-4-piperidyl]propan-1-on
–	meta-Chlorphenyl-piperazin (m-CPP)	1-(3-Chlorpenyl)piperazin
–	5Cl-AKB-48 (5C-AKB-48, AKB-48Cl, 5Cl-APINACA, 5C-APINACA)	N-(Adamantan-1-yl)-1(5-chlorpentyl)-1H-indazol-3-carboxamid
–	5Cl-JWH-018 (JWH-018 N [5-Chlorpentyl]-Analogon)	[1-(Chlorpentyl)-1H-indol-3-yl] (naphtalin-1-yl)methanon
–	**d-Cocain**	Methyl[3β-(benzoyloxy)tropan-2α-carboxylat,]
–	CP 47,497 (*cis*-3[1,1-Dimethylheptyl)-2-hydroxyphenyl]-cyclohexanol)	5-(1,1-Dimethylheptyl)-2-[1RS,3SR)-3-hydroxycyclohexyl]-phenol
–	CP 47,497-C6-Homolog (*cis*-3[1,1-Dimethylhexyl)-2-hydroxyphenyl]-cyclohexanol)	5-(1,1-Dimethylhexyl)-2-[1RS,3SR)-3-hydroxycyclohexyl]-phenol
–	CP 47,497-C8-Homolog (*cis*-3[1,1-Dimethyloctyl)-2-hydroxyphenyl]-cyclohexanol)	5-(1,1-Dimethyloctyl)-2-[1RS,3SR)-3-hydroxycyclohexyl]-phenol
–	CP 47,497-C9-Homolog (*cis*-3[1,1-Dimethylnonyl)-2-hydroxyphenyl]-cyclohexanol)	5-(1,1-Dimethylnonyl)-2-[1RS,3SR)-3-hydroxycyclohexyl]-phenol
–	Crotonylfentanyl	(2E)-N-Phenyl-N-[1-(2-phenylethyl)piperidin-4-yl]but-2-enamid
–	CUMYL-PEGACLONE (SGT 151)	5-Pentyl-2-(2-phenylpropan-2-yl)-2,5-dihydro-1H-pyrido[4,3-b]indol-1-on
–	CUMYL-4CN-BINACA (SGT-78)	1-(4-Cyanobutyl)-N-(2-phenylpropan-2-yl)-1H-indazol-3-carboxamid
–	CUMYL-5F-P7AICA (5-Fluor-CUMYL-P7AICA SGT-263)	1-(5-Fluorpentyl)-N-(2-phenylpropan-2-yl)-1H-pyrrolo[2,3-b]pyridin-3-carboxamid

BtMG Anlage II

Betäubungsmittelgesetz

INN	andere nicht geschützte oder Trivialnamen	chemische Namen (IUPAC)
–	CUMYL-5F-PEGACLONE (5F-Cumyl-PeGaClone, 5F-SGT-151)	5-(5-Fluorpentyl)-2-(2-phenylpropan-2-yl)-2,5-dihydro-1H-pyrido[4,3-b]indol-1-on
Cyclobarbital	–	5-(Cyclohex-1-en-1-yl)-5-ethylpyrimidin-2,4,6(1H,3H,5H)-trion
	Cyclopropylfentanyl	N-Phenyl-N-[1-(2-phenylethyl)piperidin-4-yl] cyclopropancarboxamid
	Desoxypipradol (2-DPMP)	2-(Diphenylmethyl)piperidin
–	**Dextromethadon**	(S)-6-Dimethylamino-4,4-diphenyl-heptan-3-on
Dextromoramid	–	(S)-3-Methyl-4-morpholino-2,2-diphenyl-1-(pyrrolidin-1-yl)butan-1-on
Dextropropoxyphen	–	[2S,3R)-4-Dimethylamino-3-methyl-1,2-diphenylbutan-2-yl] propionat
–	**Diamorphin**	((5R,6S)-4,5-Epoxy-17-methylmorphin-7en-3,6-diyl)diacetat
– sofern es zur Herstellung von Zubereitungen zu medizinischen Zwecken bestimmt ist –		
–	Diclazepam (2'-Chlordiazepam)	7-Chlor-5-(2-chlorphenyl)-1-methyl-1,3-dihydro-2H-1,4-benzodiazepin-2-on
Difenoxin	–	1-(3-Cyan-3,3-diphenylpropyl)-4-phenyl-piperidin-4-carbonsäure
– ausgenommen in Zubereitungen, die ohne einen weiteren Stoff der Anlagen I bis III je abgeteilte Form bis zu 0,5 mg Difenoxin, berechnet als Base, und bezogen auf diese Menge, mindestens 5 vom Hundert Atropinsulfat enthalten –		
–	**Dihydromorphin**	4,5α-Epoxy-17-methylmorphinan-3,6αdiol
–	Dihydrothebain	4,5α-Epoxy-3,6-dimethoxy-17-methylmorphinen-6-en
–	Dimethocain (DMC, Larocain)	(Diethylamino-2,2-dimethylpropyl)-4-aminobenzoat
–	2,5-Dimethoxy-4-iodamfetamin (DOI)	1-(4-Jod-2,5-dimethoxyphenyl)propan-2-amin
–	3,4-Dimethylmethcathinon-(3,4-DMMC)	1-(3,4-Dimethylphenyl)-2-(methylamino)propan-1-on
Diphenoxylat	–	Ethyl(1–3-cyan-3,3-diphenylpropyl)-4-phenyl-piperidin-4-carbonsäure
– ausgenommen in Zubereitungen, die ohne eine weiteren Stoff der Anlagen I bis III bis zu 0,25 vom Hundert oder je abgeteilte Form bis zu 2,5 mg Diphenoxylat, berechnet als Base, und, bezogen auf diese Mengen, mindestens 1 vom Hundert Atropinsulfat enthalten –		
–	4,4'-DMAR (para-Methyl-4-methylaminorex)	4-Methyl-5-(4-methylphenyl)-4,5-dihydro-1,3-oxacol-2-amin

verkehrsfähige, nicht verschreibungsfähige BtM   **Anlage II   BtMG**

INN	andere nicht geschützte oder Trivialnamen	chemische Namen (IUPAC)
–	EAM-2201 (5-Fluor-JWH-210)	(4-Ethylnaphtalin-1-yl)[1-(5-fluorpentyl)-1H-indol-3-yl]methanon
–	**Ecgonin**	3β-Hydroxytropan-2β-carbonsäure
–	**Erythroxylum coca** (Pflanzen und Pflanzenteile der zur Art Erythroxylum coca – einschließlich der Varietäten bolivianum, spruceanum und novogranatense – gehörenden Pflanzen)	–
–	Ethcathinon	(RS)-2-(Ethylamino)-1-phenylpopan-1-on
–	N-Ethylhexedron (Ethyl-Hexedron, HexEn, Ethyl-Hex, NEH)	2-(Ethylamino)-1-phenylhexan-1-on
Ethchlorvynol	–	1-Chlor-3-ethylpent-1-en-4-in-3-ol
Ethinamat	–	(1-Ethinylcyclohexyl)carbamat
–	**3-O-Ethylmorphin** (Ethylmorphin)	4,5α-Epoxy-3-ethoxy-17-methylmorphin-7-en-6α-ol
– ausgenommen in Zubereitungen, die ohne einen weiteren Stoff der Anlagen I bis III bis zu 2,5 vom Hundert oder je abgeteilte Form bis zu 100 mg Ethylmorphin, berechnet als Base, enthalten –		
–	N-Ethylnorpentylon (Ephylon, bk-EBDP, bk-Ethyl-K)	1-(1,3-Benzodioxol-5-yl)-2-(ethylamino)pentan-1-on
–	Ethylphenidat	Ethyl[2-(phenyl)-2-(piperidin-2-yl)acetat]
Etilamfetamin	N-Ethylamphetamin	(Ethyl)(1-phenylpropan-2-yl)azan
–	5F-ABICA (5F-AMBICA, 5-Fluor-ABICA, 5-Fluor-AMBICA)	N-(1-Amino-3-methyl-1-oxobutan-2-yl)-1-(5-fluorpentyl)-1H-indol-3-carboxamid
–	5F-AB-PINACA (5-Fluor-AB-PINACA)	N-(1-Amino-3-methyl-1-oxobutan-2-yl)-1-(5-fluorpentyl)-1H-indazol-3-carboxamid
–	5F-ADB (5F-MDMB-PINACA)	Methyl{2-[1-(5-fluorpentyl)-1H-indazol-3-carboxamido]-3,3-dimethylbutanoat}
–	5F-AMB (5-Fluor-AMB)	Methyl{2-[1-(5-fluorpentyl)-1H-indazol-3-carboxamido]-3-methylbutanoat}
–	5F-MDMB-PICA (5F-MDMB-2201)	Methyl{2-[1-(5-fluorpentyl)-1H-indol-3-carboxamido]-3,3-dimethylbutanoat}
–	FDU-PB-22	Naphtalin-1-y-{1[(4-fluorphenyl)methyl]-1H-indol-3-carboxylat
Fencamfamin	–	N-Ethyl-3-phenylbicyclo[2.2.1]heptan-2-amin
–	Flephedron (Fluormethcathinon, 4-FMC)	1-(4Fluorphenyl)-2-(methylamino)propan-1-on

BtMG Anlage II

Betäubungsmittelgesetz

INN	andere nicht geschützte oder Trivialnamen	chemische Namen (IUPAC)
–	Flualprazolam (2-Fluor-Alprazolam, SCHEMBL7327360, Flu-Alp)	8-Chlor-6-(2-fluorphenyl)-1-methyl-4H-[1,2,4]triazolo[4,3-a][1,4]benzodiazepin
–	Flubromazepam	7-Brom-5-(2-fluorphenyl)-1,3-dihydro-2H-1,4-benzodiazepin-2-on
–	4-Fluorisobutyrfentanyl (4-Fluorisobutyrylfentanyl, 4F-iBF, p-FIBF)	N-(4-Fluorphenyl)-2-methyl-N-[1-(2-phenylethyl)piperidin-4-yl]propanamid
–	4-Fluormethamfetamin (4-FMA)	1-(4Fluorphenyl)-N-methylpropan-2-amin
–	3-Fluormethcathinon (3-FMC)	1-(3-Fluorphenyl)-2-(methylamino)propan-1-on
–	5-Fluorpentyl-JWH-122 (MAM-2201)	[1-(5-Fluorpentyl)-1H-indol-3-yl](4-methylnaphthalin-1-yl)methanon
–	p-Fluorphenylpiperazin (p-FPP)	1-(4-Fluorphenyl)piperazin
–	4-Fluortropacocain	3-(4-Fluorbenzoyloxy)tropan
–	5-Fluor-UR-144 (XLR-11)	[1-(5-Fluorpentyl)-1H-indol-3-yl](2,2,3,3-tetramethylcyclopropyl)methanon
–	4F-MDMB-BINACA (4F-MDMB-BUTINACA, 4F-ADB)	Methyl{2-[1-(4-fluorbutyl)-1H-indazol-3- carboxamido]-3,3-dimethylbutanoat}
–	5F-MN-18 (AM-2201Indazolcarboxamid-Analogon)	1-(5-Fluorpentyl)-N-1-(naphthalin-1-yl)-1H-indazol-3-carboxamid
–	5F-PB-22 (5F-QUPIC)	Chinolin-8-yl[1-(5-fluorpentyl)indol-3-carboxylat]
–	5F-SDB-006	N-Benzyl-1-(5-fluorpentyl)-1Hindol-3-carboxamid
–	FUB-PB-22	Chinolin-8-yl{1-[(4-fluorphenyl)methyl]-1H-indol-3-carboxylat}
–	Furanylfentanyl (FU-F)	N-Phenyl-N-[1-(2-phenylethyl)piperidin-4-yl]furan-2-carboxamid
Glutethimid	–	3-Ethyl-3-phenylpiperidin-2,6-dion
–	**Isocodein**	4,5α-Epoxy-3-methoxy-17-methylmorphin-7-en-6β-ol
Isomethadon	–	6-Dimethylamino-5-methyl-4,4-diphenylhexan-3-on
–	Isotonitazen* (Iso)	N,N-Diethyl-2-{[4-(1-methylethoxy)phenyl]methyl}-5-nitro-1H-benzimidazol-1- ethanamin
–	JWH-007	(2-Methyl-1-pentyl-1H-indol-3-yl(naphthalin-1-yl)methanon

* Eingefügt durch die 32. BtMÄndV (→ BtMG § 1 Rn. 233b).

verkehrsfähige, nicht verschreibungsfähige BtM   **Anlage II   BtMG**

INN	andere nicht geschützte oder Trivialnamen	chemische Namen (IUPAC)
–	JWH-015	(2-Methyl-1-propyl-1H-indol-3-yl(naphtalin-1-yl)methanon
–	JWH-018, 1-Pentyl-3-(1-naphthoyl)indol	(Naphtalin-1-yl)(1-pentyl-1H-indol-3-yl)methanon
–	JWH-019, 1-Hexyl-3-(1-naphthoyl)indol	Naphtalin-1-yl)(1-hexyl-1H-indol-3-yl)methadon
–	JWH-073, 1-Butyl-3-(1-naphthoyl)indol	Naphtalin-1-yl)(1-butyl-1H-indol-3-yl)methadon
–	JWH-081	(4-Methoxynaphtalin-1-yl)(1-pentyl-1H-indol-3-yl)methanon
–	JWH-122	(4-Methylnaphtalin-1-yl)(1-pentyl-1H-indol-3-yl)methanon
–	JWH-200	[1-(2-Morpholinoethyl)-1H-indol-3-yl](naphtalin-1-yl)methanon
–	JWH-203	2-(2-Chlorphenyl)-1-(pentyl-1H-indol-3-yl)ethanon
–	JWH-210	(4-Ethylnaphtalin-1-yl)(1-pentyl-1H-indol-3-yl)methanon
–	JWH-250 (1-Pentyl-3-(2-methoxyphenylacetyl)indol)	2-(2-Methoxyphenyl)-1-(1-pentyl-1H-indol-3-yl)ethanon
–	JWH-251	2-(2-Methylphenyl)-1-(1-pentyl-1H-indol-3-yl)ethanon
–	JWH-307	[5-(2-Fluorphenyl)-1-pentyl-1H-pyrrol-3-yl](naphthalin-1-yl)methanon
Levamfetamin	Levamphetamin	*(R)*-1-Phenylpropan-2-ylazan
–	Levmetamfetamin (Levometamfetamin)	*(R)*-(Methyl)(1-phenylpropan-2-yl)azan
Levomoramid	–	*(R)*-3-Methyl-4-morpholino-2,2-diphenyl-1-(pyrrolidin-1-yl)butan-1-on
Levorphanol	–	(9R,13R,14R)-17-Methylmorphinan-3-ol
Mazindol	–	5-(4-Chlorphenyl)-2,5-dihydro-3H-imidazol[2,1-a]isoindol-5-ol
–	MDMB-CHMCZCA (EGMB-CHMINACA)	Methyl{2−9-[(cyclohexylmethyl)-9H-carbazol-3-carboxamido]-3,3-dimethylbutanoat}
–	MDMB-CHMICA	Methyl{2-[1-((cyclohexylmethyl)-1H-indol-3-carboxamido]-3,3-dimethylbutanoat}
–	MDMB-4en-PINACA*	Methyl{2-[1-(pent-4-en-1-yl)-1H-indazol-3-carboxamido]-3,3-dimethylbutanoa
Mefenorex	–	3-Chlor-N-(1-phenylpropan-2-yl) propan-1-amin

* Eingefügt durch die 32. BtMÄndV (→ BtMG § 1 Rn. 233b).

BtMG Anlage II

INN	andere nicht geschützte oder Trivialnamen	chemische Namen (IUPAC)
Meprobamat	–	(2-Methyl-2-propylpropan-1,3-diyl)dicarbamat
Mesocarb	–	(Phenylcarbamoyl)[3-(-phenylpropan-2-yl)-1,2,3-oxadiazol-3-ium-5-yl]azanid
Metamfetamin	Methamphetamin	(2S)-N-Methyl-1-phenylpropan-2-amin
(RS)-Metamfetamin	Metamfetaminracemat	(RS)-(Methyl)(1-phenylpropan-2-yl)azan
–	Methadon-Zwischenprodukt (Premethadon)	4-Dimethylamino-2,2-diphenylpentannitril
Methaqualon	–	2-Methyl-3-(2-metylphenyl)chinazolin-4(3H)-on
–	Methedron (4-Methoxymethcathinon, PMMC)	1-(4-Methoxyphenyl)-2-(methylamino)propan-l-on
–	Methoxyacetylfentanyl	2-Methoxy-N-phenyl-N-[1-(2-phenylethyl)piperidin-4-yl]acetamid
–	p-Methoxyethylamfetamin (PMEA)	N-Ethyl-1-(4-methoxyphenyl)propan-2-amin
–	3-Methoxyphencyclidin (3-MeO-PCP)	1-[1-(3-Methoxyphenyl)cyclohexyl]piperidin
–	4-Methylamfetamin	1-(4-Methylphenyl)propan-2-amin
–	2-Methyl-AP-237 (2-Methyl-Bucinnazin)*	1-[2-Methyl-4-(3-phenylprop-2-en-1-yl)piperazin-1-yl]butan-1-on
–	Methylbenzylpiperazin (MBZP)	1-Benzyl-4-methylpiperazin
–	3,4-Methylendioxypyrovaleron (MDPV)	1-(Benzo[d][1,3]dioxol-5-yl)-2-(pyrrolidin-1-yl)pentan-1-on
–	4-Methylethcathinon (4-MEC)	2-(Ethylamino)-1-(4-methylphenyl)propan-1-on
–	Methylon (3,4-Methylendioxy-N-methcathinon, MDMC)	1-(Benzo[d][1,3]dioxol-5-yl)-2-(methylamino)propan-l-on
(RS,SR)-Methylphenidat	–	Methyl[(RS,SR)(phenyl)2-piperidyl)acetat]
Methyprylon	–	3,3-Diethyl-5-methylpiperidin-2,4-dion
–	MMB-2201 (5F-AMB-PICA, 5F-MMB-PICA)	Methyl{2-[1-(5-fluorpentyl]1-H-indol-3-carboxamido]-3-methylbutanoat}
–	**Mohnstrohkonzentrat** (das bei der Verarbeitung von Pflanzen und Pflanzenteilen der Art Papaver somniferum zur Konzentrierung der Alkaloide anfallende Material	

---

* Eingefügt durch die 32. BtMÄndV (→ BtMG § 1 Rn. 233b).

verkehrsfähige, nicht verschreibungsfähige BtM   **Anlage II   BtMG**

INN	andere nicht geschützte oder Trivialnamen	chemische Namen (IUPAC)
–	Moramid-Zwischenprodukt (Premoramid)	3-Methyl-4-morpholino-2,2-diphenyl-butansäure
–	MT-45	1-Cyclohexyl-4-(1,2-diphenylethyl)piperazin
–	Naphyron (Naphthylpyrovaleron)	1-(Naphthalin-2-yl)-2-(pyrrolidin-1-yl)pentan-1-on
–	NE-CHMIMO (JWH-018 N-[Cyclohexylmethyl]-Analogon,	[1-(Cyclohexylmethyl)-1H-indol-3-yl](naphtalin-1-yl)methanon
Nicocodin	6-Nicotinoylcodein	(4,5α-Epoxy-3-methoxy-17-methylmorphin-7-en-6α-yl) nicotinat
Nicodicodin	6-Nicotinoyldihydrocodein	(4,5α-Epoxy-3-methoxy-17-methylmorphinan-6α-yl)nicotinat
–	NM-2201 (CBL-2201)	Naphthalin-1-yl[1-(5-fluorpentyl)-1H-indol-3-carboxylat]
–	Ocfentanil (A-3217)	N-(2-Fluorphenyl)-2-methoxy-N-[1-(2-phenylethyl)piperidin-4-yl]acetamid
–	Oripavin	4,5α-Epoxy-6-methoxy-17-methylmorphina-6,8-dien-3-ol
–	Orthofluorfentanyl (2-Fluorfentanyl, 2F-F, 2-FF, o-FF)	N-(2-Fluorphenyl)-N-[1-(2-phenylethyl)piperidin-4-yl]propanamid
Oxymorphon	14-Hydroxydihydro-morphinon	4,5a-Epoxy-3,14-dihydroxy-17-methylmorphinan-6-on
–	**Papaver bracteatum** (Pflanzen und Pflanzenteile, ausgenommen die Samen, der zur Art Papaver bracteatum gehörenden Pflanzen)	–
– ausgenommen zu Zierzwecken –		
–	Parafluorbutyrylfentanyl (Parafluorbutyrfentanyl, 4-Fluorbutyrfentanyl, 4F-BF, PFBF)	N-(4-Fluorphenyl)-N-[1-(2-phenylethyl)piperidin-4-yl]butanamid
–	PB-22 (QUPIC)	Chinolin-8-yl(1-pentylindol-3.carboxylat
–	Pentedron	2-(Methylamino)-1-phenyl-pentan-1-on
–	Pethidin-Zwischenprodukt A (Prepethidin)	1-Methyl-4-phenylpiperidin-4-carbonitril
–	Pethidin-Zwischenprodukt B (Norpethidin)	Ethyl(4-phenylpiperidin-4-carboxylat
–	Pethidin-Zwischenprodukt C (Pethidinsäure)	1-Methyl-4-phenylpiperidin-4-carbonsäure
Phendimetrazin	–	(2S,3S)-3,4-Dimethyl-2-phenylmorpholin
Phenmetrazin	–	3-Methyl-2-phenylmorpholin

BtMG Anlage II

Betäubungsmittelgesetz

INN	andere nicht geschützte oder Trivialnamen	chemische Namen (IUPAC)
Pholcodin	Morpholinylethylmorphin	4,5α-Epoxy-17-methyl-3-(2-morpholinoethoxy)morphin-7-en-6α-ol
– ausgenommen in Zubereitungen, die ohne einen weiteren Stoff der Anlagen I bis III als Lösung bis zu 0,15 vom Hundert, je Packungseinheit jedoch nicht mehr als 150 mg, oder je abgeteilte Form bis zu 20 mg Pholcodin, berechnet als Base, enthalten –		
Propiram	–	N-(1-Piperidinopropan-2-yl)-N-(2-pyridyl)propanamid
Pyrovaleron	–	2-(Pyrrolidin-1-yl)-1-(p-tolyl)pentan-1-on
–	α-Pyrrolidinohexanophenon (Alpha-PHP, α-PHP, PV-7)	1-Phenyl-2-(pyrrolidin-1-yl)hexan-1-on
–	α-Pyrrolidinovalerophenon (α-PVP)	1-Phenyl-2-(pyrrolidin-1-yl)pentan-1-on
Racemoramid	–	(RS)-Methyl-4-morpholino-2,2-diphenyl-1-(pyrrolidin-1-yl)butan-1-on
Racemorphan	–	(9RS,13RS,14RS)-17-Methylmorphinan-3-ol
–	RCS-4	(4-Methoxyphenyl)(1-pentyl-1H-indol-3-yl)methanon
–	RCS-4 ortho-Isomer (o-RCS-4)	(2-Methoxyphenyl)(1-pentyl-1Hindol-3-yl)methanon
–	SDB-006	N-Benzyl-1-pentyl-1H-indol-3-carboxamid
Secbutabarbital	Butabarbital	5-(Butan-2-yl)-5-ethylpyrimidin-2,4,6(1H,3H,5H)-trion
–	STS-135 (5F-2NE1)	N-(Adamantan-1-yl)-1-(5-fluorpentyl)-1H-indol-3-carboxamid
–	**Δ 9-Tetrahydrocannabinol** (Δ 9-THC)	6,6,9-Trimethyl-3-pentyl-6a,7,8,10a-tetrahydro-6H-benzo[c]chromen-1-ol
–	Tetrahydrofuranylfentanyl (THF-F)	N-Phenyl-N-[1-(2-phenylethyl)piperidin-4-yl]tetrahydrofuran-2-carboxamid
–	**Tetrahydrothebain**	4,5α,Epoxy-3,6-dimethoxy-17-methylmorphinan
Thebacon	Acetyldihydrocodeinon	(4,5α-Epoxy-3-methoxy-17-methylmorphin-6-en-6-yl)acetat
–	**Thebain**	4,5α-Epoxy-3,6-dimethoxy-17-methylmorphina-6,8-dien
–	THJ-018 (JWH-018 Indazol-Analogon)	(Naphthalin-1-yl)(1-pentyl-1Hindazol-3-yl)methanon
–	THJ-2201 (AM-2201 Indazol Analogon)	[1-(5-Fluorpentyl)-1H-indazol-3-yl](naphtalin-1-yl)methanon
cis-Tilidin	–	Ethyl[1RS,2RS)-2-dimethylamino-1-phenylcyclohex-3-en-carbo-xylat]
–	3-Trifluormethylphenyl-piperazin (TFMPP)	1-[3-(Trifluormethyl)phenyl]piperazin

verkehrsfähige, verschreibungsfähige BtM   **Anlage III   BtMG**

INN	andere nicht geschützte oder Trivialnamen	chemische Namen (IUPAC)
–	U-47700	3,4-Dichlor-N-[2-(dimethylamino)cyclohexyl]-N-methylbenzamid
–	U-48800	2-(2,4-Dichlorphenyl)-N-[2-(dimethylamino)cyclohexyl]-N-methylacetamid
–	UR-144	(1-Pentyl-1H-indol-3-yl)(2,2,3,3-tetramethylcyclopropyl)metha-non
–	Valerylfentanyl	N-Phenyl-N-[1-(2-phenylethyl)piperidin-4-yl]pentanamid
Vinylbital	–	5-Ethenyl-5-(pentan-2-yl)pyrimidin-2,4,6(1H,3H,5H)-trion
Zipeprol	–	1-Methoxy-3-[4-(2-methoxy-2-phenylethyl)piperazin-1-yl]1-phenylpropan-2-ol

- die Ester, Ether und Molekülverbindungen der in dieser Anlage sowie die Ester und Ether der in Anlage III aufgeführten Stoffe, ausgenommen γ-Hydroxybuttersäure (GHB), wenn sie nicht in einer anderen Anlage verzeichnet sind und das Bestehen solcher Ester, Ether und Molekülverbindungen möglich ist;
- die Salze der in dieser Anlage aufgeführten Stoffe, wenn das Bestehen solcher Salze möglich ist sowie die Salze und Molekülverbindungen der in der Anlage III aufgeführten Stoffe, wenn das Bestehen solcher Salze und Molekülverbindungen möglich ist und sie nicht ärztlich, zahnärztlich oder tierärztlich angewendet werden;
- die Zubereitungen der in dieser Anlage aufgeführten Stoffe, wenn sie nicht
    a) ohne am oder im menschlichen oder tierischen Körper angewendet zu werden, ausschließlich diagnostischen oder analytischen Zwecken dienen und ihr Gehalt an einem oder mehreren Betäubungsmitteln, bei Lyophilisaten und entsprechend zu verwendenden Stoffgemischen in der gebrauchsfertigen Lösung, jeweils 0,01 vom Hundert nicht übersteigt oder die Stoffe in den Zubereitungen isotopenmodifiziert oder
    b) besonders ausgenommen sind.

Anlage III
(verkehrsfähige und verschreibungsfähige Betäubungsmittel)

INN	andere nicht geschützte oder Trivialnamen	chemische Namen (IUPAC)
Alfentanil	–	N-{1-[2-(4-Ethyl-5-oxo-4,5-dihydro-1H-tetrazol-1-yl)ethyl]-4-methoxymethyl-4-piperidyl}-N-phenylpropanamid
Allobarbital	–	5,5-Diallylbarbitursäure
Alprazolam	–	8-Chlor-1-methyl-6-phenyl-4H-[1,2,4]triazolo[4,3-a][1,4]benzodiazepin

– ausgenommen in Zubereitungen, die ohne einen weiteren Stoff der Anlagen I bis III je abgeteilte Form bis zu 1 mg Alprazolam enthalten –

| **Amfepramon** | Diethylpropion | 2-Diethylamino-1-phenylpropan-1-on |

– ausgenommen in Zubereitungen ohne verzögerte Wirkstofffreigabe, die ohne einen weiteren Stoff der Anlagen I bis III je abgeteilte Form bis zu 22 mg, und in den Zubereitungen mit verzögerter Wirkstofffreigabe, die ohne einen weiteren Stoff der Anlagen I bis III je abgeteilte Form bis zu 64 mg Amfepramon, berechnet als Base, enthalten –

BtMG Anlage III

Betäubungsmittelgesetz

INN	andere nicht geschützte oder Trivialnamen	chemische Namen (IUPAC)
Amfetamin	Amphetamin	*(RS)*-1-Phenylpropan-2-ylazan
Amobarbital	–	5-Ethyl-5-isopentylbarbitursäure
Barbital	–	5,5-Diethylbarbitursäure

– ausgenommen in Zubereitungen, die
  a) ohne einen weiteren Stoff der Anlagen I bis III bis zu 10 vom Hundert oder
  b) ohne am oder im menschlichen oder tierischen Körper angewendet zu werden, ausschließlich diagnostischen oder analytischen Zwecken dienen und ohne einen weiteren Stoff der Anlagen I bis III je Packungseinheit nicht mehr als 25 g Barbital, berechnet als Säure, enthalten –

Bromazepam	–	7-Brom-5-(2-pyridyl)-1,3-dihydro-2*H*-1,4-benzodiazepin-2-on

– ausgenommen in Zubereitungen, die ohne einen weiteren Stoff der Anlagen I bis III je abgeteilte Form bis zu 6 mg Bromazepam enthalten –

Brotizolam	–	2-Brom-4-(2-chlorphenyl)-9-me-thyl-6*H*-thieno[3,2-*f*]1,2,4]triazolo[4,3-*a*][1,4]diazepin

– ausgenommen in Zubereitungen, die ohne einen weiteren Stoff der Anlagen I bis III bis zu 0,02 vom Hundert oder je abgeteilte Form bis zu 0,25 mg Brotizolam enthalten –

Buprenorphin	–	(5*R*,6*R*,7*R*,14*S*)-17-Cyclopropyl-methyl-4,5-epoxy-7-[(*S*)-2-hydroxy-3,3-dimethylbutan-2-yl]-6-methoxy-6,14-ethanomorphinan-3-ol
Camazepam	–	(7-Chlor-1-methyl-2-oxo-5-phenyl-2,3-dihydro-1*H*-1,4-benzodiazepin-3-yl)(dimethyl-carbamat)
–	Cannabis (Marihuana, Pflanzen und Pflanzenteile der zur Gattung Cannabis gehörenden Pflanzen)	–

– nur aus einem Anbau, der zu medizinischen Zwecken unter staatlicher Kontrolle gemäß den Artikeln 23 und 28 Absatz 1 des Einheits-Übereinkommens von 1961 über Suchtstoffe erfolgt, sowie in Zubereitungen, die als Fertigarzneimittel zugelassen sind –

Cathin	(+)-Norpseudoephedrin (D-Norpseudoephedrin)	(1*S*,2*S*)-2-Amino-1-phenylpropan-1-ol

– ausgenommen in Zubereitungen, die ohne einen weiteren Stoff der Anlagen I bis III bis zu 5 vom Hundert als Lösung, jedoch nicht mehr als 1.600 mg je Packungseinheit oder je abgeteilte Form bis zu 40 mg Cathin, berechnet als Base, enthalten –

Chlordiazepoxid	–	7-Chlor-2-methylamino-5-phenyl-3*H*-1,4-benzodiazepin-4-oxid

– ausgenommen in Zubereitungen, die ohne einen weiteren Stoff der Anlagen I bis III je abgeteilte Form bis 25 mg Chlordiazepoxid enthalten –

Clobazam	–	7-Chlor-1-methyl-5-phenyl-1,3-dihydro-2*H*-1,5-benzodiazepin-2,4(5*H*)-dion

– ausgenommen in Zubereitungen, die ohne einen weiteren Stoff der Anlagen I bis III bis zu 0,2 Prozent als Suspension, jedoch nicht mehr als 300 mg je Packungseinheit, oder je abgeteilte Form bis zu 30 mg Clobazam enthalten –

verkehrsfähige, verschreibungsfähige BtM **Anlage III BtMG**

INN	andere nicht geschützte oder Trivialnamen	chemische Namen (IUPAC)
Clonazepam	–	5-(2-Chlorphenyl)-7-nitro-1,3-dihydro-2*H*-1,4-benzodiazepin-2-on

– ausgenommen in Zubereitungen, die ohne einen weiteren Stoff der Anlagen I bis III bis zu 0,25 vom Hundert als Tropflösung, jedoch nicht mehr als 250 mg je Packungseinheit oder je abgeteilte Form bis zu 2 mg Clonazepam enthalten –

Clorazepat	–	(*RS*)-7-Chlor-2-oxo-5-phenyl-2,3-dihydro-1*H*,-1,4-benzodiazepin-3-carbonsäure

– ausgenommen in Zubereitungen, die ohne einen weiteren Stoff der Anlagen I bis III je abgeteilte Form bis zu 50 mg, als Trockensubstanz nur zur parenteralen Anwendung bis zu 100 mg, Clorazepat als Dikaliumsalz enthalten –

Clotiazepam	–	5-(2-Chlorphenyl)-7-ethyl-1-me-thyl-1,3-dihydro-2*H*-thieno [2,3.*e*][1,4]diazepin-2-on

– ausgenommen in Zubereitungen, die ohne einen weiteren Stoff der Anlagen I bis III je abgeteilte Form bis zu 20 mg Clotiazepam enthalten –

Cloxazolam	–	10-Chlor-11b-(2-chlorphenyl)-2,3,7,11b-tetrahydro[1,3]oxazolo[3,2-*d*][1,4]benzodiazepin-6(5*H*)-on
–	**Cocain** (Benzoylecgoninmethylester)	Methyl[3β-benzoyloxy)tropan-2β-carboxylat]
–	**Codein** (3-Methylmorphin)	4,5α-Epoxy-3-methoxy-17-methylmorphin-7-en-6α-ol

– ausgenommen in Zubereitungen, die ohne einen weiteren Stoff der Anlagen I bis III bis zu 2,5 vom Hundert oder je abgeteilte Form bis zu 100 mg Codein, berechnet als Base, enthalten. Für ausgenommene Zubereitungen, die für betäubungsmittel- oder alkoholabhängige Personen verschrieben werden, gelten jedoch die Vorschriften über das Verschreiben und die Abgabe von Betäubungsmitteln. –

Delorazepam	–	7-Chlor-5-(2-chlorphenyl)-1,3-dihydro-2*H*-1,4-benzodiazepin-2-on
Dexamfetamin	Dexamphetamin	(*S*)-1-Phenylpropan-2-ylazan
Dexmethylphenidat	–	Methyl[(R,R)phenyl)(2-piperidyl)acetat]
–	**Diamorphin**	((5*R*,6*S*)-4,5-Epoxy-17-methylmorphin-7en-3,6-diyl)diacetat

– nur in Zubereitungen, die zur Substitutionsbehandlung zugelassen sind –

Diazepam	–	7-Chlor-1-methyl-5-phenyl-1,3-dihydro-2*H*-1,4-benzodiazepin-2-on

– ausgenommen in Zubereitungen, die ohne einen weiteren Stoff der Anlagen I bis III bis zu 1 vom Hundert als Sirup oder Tropflösung, jedoch nicht mehr als 250 mg je Packungseinheit, oder je abgeteilte Form bis zu 10 mg Diazepam enthalten –

Dihydrocodein	–	4,5α-Epoxy-3-methoxy-17-methylmorphinan-6α-ol

– ausgenommen in Zubereitungen, die ohne einen weiteren Stoff der Anlagen I bis III bis zu 2,5 vom Hundert oder je abgeteilte Form bis zu 100 mg Dihydrocodein, berechnet als Base, enthalten. Für ausgenommene Zubereitungen, die für betäubungsmittel- oder alkoholabhängige Personen verschrieben werden, gelten jedoch die Vorschriften über das Verschreiben und die Abgabe von Betäubungsmitteln. –

BtMG Anlage III Betäubungsmittelgesetz

INN	andere nicht geschützte oder Trivialnamen	chemische Namen (IUPAC)
Dronabinol	–	(6a*R*,10a*R*)-6,6,9-Trimethyl-3-pentyl-6a,7,8,10a-tetrahydro-6*H*-benzo[*c*]chromen-1-ol
Estazolam	–	8-Chlor-6-phenyl-4*H*-[1,2,4]triazolo[4,3-*a*]benzodiazepin

– ausgenommen in Zubereitungen, die ohne einen weiteren Stoff der Anlagen I bis III je abgeteilte Form bis zu 2 mg Estazolam enthalten –

Ethylloflazepat	–	Ethyl[7-chlor-5-(2-fluorphenyl)-2-oxo-2,3-dihydro-1*H*-1,4-benzodiazepin-3-carboxylat]
Etizolam	—	4-(2-Chlorphenyl)-2-ethyl-9-methyl-6H-thieno[3,2-f][1,2,4]triazolo[4,3-a][1,4]diazepin
Etorphin	–	(5*R*,6*R*,7*R*,14*R*)-4,5-Epoxy-7-[(*R*)-2-hydroxypentan-2-yl]-6-methoxy-17-methyl-6,14-ethenomorphinan-3-ol
Fenetyllin	–	1,3-Dimethyl-7-[2-(1-phenyl-pro-pan-2-ylamino)ethyl]-3,7-dihy-dro-2*H*-purin-2,6(1*H*)-dion
Fenproporex	–	(*RS*)-3-(1-Phenylpropan-2-ylamino)propannitril

– ausgenommen in Zubereitungen, die ohne einen weiteren Stoff der Anlagen I bis III je abgeteilte Form bis zu 11 mg Fenproporex, berechnet als Base, enthalten –

Fentanyl	–	*N*-(1-Phenthyl-4-piperidyl)-*N*-phenylpropanamid
Fludiazepam	–	7-Chlor-5-(2-fluorphenyl)-1-me-thyl-1,3-dihydro-2*H*-1,4-benzodiazepin-2-on
Flunitrazepam	–	5-(2-Fluorphenyl)-1-methyl-7-nitro-1,3-dihydro-2*H*-1,4-benzo-diazepin-2-on
Flurazepam	–	7-Chlor-1-(2-dimethylamino-ethyl)-5-(2-fluorphenyl)-1,3-dihydro-2*H*-1,4-benzodiazepin-2-on

– ausgenommen in Zubereitungen, die ohne einen weiteren Stoff der Anlagen I bis III je abgeteilte Form bis zu 30 mg Flurazepam enthalten –

Halazepam	–	7-Chlor-5-phenyl-1-(2,2,2-trifluorethyl)-1,3-dihydro-2*H*-1,4-benzodiazepin-2-on

– ausgenommen in Zubereitungen, die ohne einen weiteren Stoff der Anlagen I bis III je abgeteilte Form bis zu 120 mg Halazepam enthalten –

Haloxazolam	–	10-Brom-11b-(2-fluorphenyl)-2,3,7,11b-tetrahydro[1,3]oxazolo[3,2-*d*][1,4]benzodiazepin-6(5*H*)-on
Hydrocodon	Dihydrocodeinon	4,5α-Epoxy-3-methoxy-17-methylmorphinan-6-on
Hydromorphon	Dihydromorphinon	4,5α-Epoxy-3-hydroxy-17-methylmorphinan-6-on

verkehrsfähige, verschreibungsfähige BtM **Anlage III BtMG**

INN	andere nicht geschützte oder Trivialnamen	chemische Namen (IUPAC)
–	γ-Hydroxybuttersäure (GHB)	4-Hydroxybuttersäure

– ausgenommen in Zubereitungen zur Injektion, die ohne einen weiteren Stoff der Anlagen I bis III bis zu 20 vom Hundert und je abgeteilte Form bis zu 2 g γ-Hydroxybuttersäure, berechnet als Säure, enthalten –

Ketazolam		11-Chlor-2,8-dimethyl-12b-phe-nyl-8,12b-dihydro-4H-[1,3]oxazino[3,2-d][1,4]benzo-diazepin-4,7(6H)-dion

– ausgenommen in Zubereitungen, die ohne einen weiteren Stoff der Anlagen I bis III je abgeteilte Form bis zu 45 mg Ketazolam enthalten –

Levacetylmethadol	Levomethadylacetat (LAAM)	[(3S,6S)-6-Dimethylamino-4,4-diphenylheptan-3-yl]acetat
Levomethadon		(R)-6-Dimethylamino-4-diphe-nylheptan-3-on
Lisdexamfetamin	—	(2S)-2,6-Diamino-N-[(2S)-1-phenylpropan-2-yl]hexanamid
Loprazolam	–	6-(2-Chlorphenyl)-2-[(Z)-4-me-thylpiperazin-1-ylmethylen]-8-nitro-2,4-dihydro-1H-imida-zol[1,2-a][1,4]benzodiazepin-1-on

– ausgenommen in Zubereitungen, die ohne einen weiteren Stoff der Anlagen I bis III je abgeteilte Form bis zu 2,5 mg Loprazolam enthalten –

Lorazepam	–	(RS)-7-Chlor-5-(2-chlorphenyl)-3-hydroxy-1,3dihydro-2H-1,4-benzodiazepin-2-on

– ausgenommen in Zubereitungen, die ohne einen weiteren Stoff der Anlagen I bis III je abgeteilte Form bis zu 2,5 mg Lorazepam enthalten –

Lormetazepam		7-Chlor-5-(2-chlorphenyl)-3-hydroxy-1-methyl-1,3-dihydro-2H-1,4-benzodiazepin-2-on

– ausgenommen in Zubereitungen, die ohne einen weiteren Stoff der Anlagen I bis III je abgeteilte Form bis zu 2 mg Lormetazepam enthalten –

Medazepam		7-Chlor 1-methyl-5-phenyl-2,3-dihydro-1H-1,4-benzodiazepin

– ausgenommen in Zubereitungen, die ohne einen weiteren Stoff der Anlagen I bis III je abgeteilte Form bis zu 10 mg Medazepam enthalten –

Methadon	–	(RS)-6-Dimethylamino-4,4-di-phenylheptan-3-on
Methylphenidat	–	Methyl[(RS;RS)(phenyl)(2-pi-per-idyl)acetat
Methylphenobarbital	Mephobarbital	(RS)-5-Ethyl-1-methyl-5-phe-nyl-barbitursäure

– ausgenommen in Zubereitungen, die ohne einen weiteren Stoff der Anlagen I bis III je abgeteilte Form bis zu 200 mg Methylphenobarbital, berechnet als Säure, enthalten –

Midazolam	–	8-Chlor-6-(2-fluorphenyl)-1-me-thyl-4H-imidazo[1,5-a][1,4]ben-zodiazepin

– ausgenommen in Verbindungen, die ohne einen weiteren Stoff der Anlagen I bis III bis zu 0,2 vom Hundert oder je abgeteilte Form bis zu 15 mg Midazolam enthalten –

–	Morphin	(5R,6S)-4,5-Epoxy-17-methyl-morphin-7-en-3,6-diol

BtMG Anlage III Betäubungsmittelgesetz

INN	andere nicht geschützte oder Trivialnamen	chemische Namen (IUPAC)
Nabilon	–	(6aRS,10aRS)-1-Hydroxy-6,6-dimethyl-3-(2-methyloctan-2-yl)-6,6a,7,8,10,10a-hexahydro-9H-benzo[c]chromen-9-on
Nimetazepam	–	1-Methyl-7-nitro-5-phenyl-1,3-dihydro-2H-1,4-benzodiazepin-2-on
Nitrazepam	–	7-Nitro-5-phenyl-1,3-dihydro-2H-1,4-benzodiazepin-2-on

– ausgenommen in Zubereitungen, die ohne einen weiteren Stoff der Anlagen I bis III bis zu 0,5 vom Hundert als Tropflösung, jedoch nicht mehr als 250 mg je Packungseinheit, oder je abgeteilte Form bis zu 10 mg Nitrazepam enthalten –

Nordazepam	–	7-Chlor-5-phenyl-1,3-dihydro-2H-1,4-benzodiazepin-2-on

– ausgenommen in Zubereitungen, die ohne einen weiteren Stoff der Anlagen I bis III bis zu 0,5 vom Hundert als Tropflösung, jedoch nicht mehr als 150 mg je Packungseinheit, oder je abgeteilte Form bis zu 15 mg Nordazepam enthalten –

Normethadon	–	6-Dimethylamino-4,4-diphenyl-hexan-3-on
–	**Opium** (der geronnene Saft der zur Art Papaver somniferum gehörenden Pflanzen	

– ausgenommen in Zubereitungen, die nach einer im homöopathischen Teil des Arzneibuches beschriebenen Verfahrenstechnik hergestellt sind, wenn die Endkonzentration die sechste Dezimalpotenz nicht übersteigt –

Oxazepam	–	7-Chlor-3-hydroxy-5-phenyl-1,3-dihydro-2H-1,4-benzodiazepin-2-on

– ausgenommen in Zubereitungen, die ohne einen weiteren Stoff der Anlagen I bis III je abgeteilte Form bis zu 50 mg Oxazepam enthalten –

Oxazolam	–	(2RS,11bSR)-10-Chlor-2-methyl-11b-phenyl-2,3,7,11b-tetrahy-dro[1,3]oxazolo[3,2-d][1,4]ben-zodiazepin-6(5H)-on

– ausgenommen in Zubereitungen, die ohne einen weiteren Stoff der Anlagen I bis III je abgeteilte Form bis zu 20 mg Oxazolam enthalten –

Oxycodon	14-Hydroxydihydrocodeinon	4,5α-Epoxy-14-hydroxy-3-methoxy-17-methylmorphinan-6-on
–	**Papaver somniferum** (Pflanzen und Pflanzenteile, ausgenommen die Samen, der zur Art Papaver somniferum (einschließlich der Unterart setigerum) gehörenden Pflanzen)	–

– ausgenommen, wenn der Verkehr mit ihnen (ausgenommen der Anbau) zu Zierzwecken dient und wenn im getrockneten Zustand ihr Gehalt an Morphin 0,02 vom Hundert nicht übersteigt; in diesem Fall finden die betäubungsmittelrechtlichen Vorschriften nur Anwendung auf die Einfuhr, Ausfuhr und Durchfuhr –

– ausgenommen in Zubereitungen, die nach einer im homöopathischen Teil des Arzneibuches beschriebenen Verfahrenstechnik hergestellt sind, wenn die Endkonzentration die vierte Dezimalpotenz nicht übersteigt –

– ausgenommen in Zubereitungen, die ohne einen weiteren Stoff der Anlagen I bis III bis zu 0,015 vom Hundert Morphin, berechnet als Base, enthalten und die aus einem oder mehre-

verkehrsfähige, verschreibungsfähige BtM   **Anlage III   BtMG**

INN	andere nicht geschützte oder Trivialnamen	chemische Namen (IUPAC)

ren Bestandteilen in der Weise zusammengesetzt sind, dass das Betäubungsmittel nicht durch leicht anwendbare Verfahren oder in einem die öffentliche Gesundheit gefährdenden Ausmaß zurückgewonnen werden kann –

Pemolin – 2-Imino-5-phenyl-1,3-oxazolidin-4-on

– ausgenommen in Zubereitungen, die ohne einen weiteren Stoff der Anlagen I bis III je abgeteilte Form bis zu 20 mg Pemolin, berechnet als Base, enthalten –

Pentazocin – (2R,6R,11R)-6,11-Dimethyl-3-(3-methylbut-2-en-1-yl)-1,2,3,4,5,6-hexahydro-2,6-methano-3-benza-zocin-8-ol

Pentobarbital – (RS)-5-Ethyl-5-(pentan-2-yl)barbitursäure

Pethidin – Ethyl(1-methyl-4-phenylpiperidin-4-carboxylat)

– Phenazepam 7-Brom-5-(2-chlorphenyl)-1,3-dihydro-2H-1,4-benzodiazepin-2-on

Phenobarbital – 5-Ethyl-5-phenylbarbitursäure

– ausgenommen in Zubereitungen, die ohne einen weiteren Stoff der Anlagen I bis III bis zu 10 vom Hundert oder je abgeteilte Form bis zu 300 mg Phenobarbital, berechnet als Säure, enthalten –

Phentermin – 2-Benzylpropan-2-ylazan

– ausgenommen in Zubereitungen, die ohne einen weiteren Stoff der Anlagen I bis III je abgeteilte bis zu 15 mg Phentermin, berechnet als Base, enthalten –

Pinazepam – 7-Chlor-5-phenyl-1-(prop-2-in-1-yl)-1,3-dihydro-2H-1,4-benzo-diazepin-2-on

Pipradrol Diphenyl(2-piperidyl)methanol

Piritramid – 1'-(3-Cyan-3,3-diphenylpropyl)[1,4'-bipiperidin]-4'-carboxamid

Prazepam – 7-Chlor-1-cyclopropylmethyl-5-phenyl-1,3-dihydro-2H-1,4-benzodiazepin-2-on

– ausgenommen in Zubereitungen, die ohne einen weiteren Stoff der Anlagen I bis III je abgeteilte Form bis zu 20 mg Prazepam –

Remifentanil – Methyl{3-[4-methoxycarbonyl-4-(N-phenyl-propanamdo)piperidino]propanoat}

Remimazolam* – Methyl{3-[(4S)-8-brom-1-methyl-6-(pyridin-2-yl)-4H-imidazo[1,2-a][1,4]benzodiazepin-4-yl]propanoat}

– ausgenommen in Zubereitungen, die ohne einen weiteren Stoff der Anlagen I bis III als Lyophilisat nur zur parenteralen Anwendung bis zu 20 mg Remimazolam, berechnet als Base, enthalten –

Secobarbital – 5-Allyl-5-(pentan-2-yl)barbitursäure

---

* Eingefügt durch die 32. BtMÄndV (→ BtMG § 1 Rn. 233b).

BtMG Anlage III

Betäubungsmittelgesetz

INN	andere nicht geschützte oder Trivialnamen	chemische Namen (IUPAC)
Sufentanil	–	N-{4-Methoxymethyl-1-[2-(2-thienyl)ethyl]-4-piperidyl}-N-phenylpropanamid
Tapentadol	–	3-[(2R,3R)-1-Dimethylamino-2-methylpentan-3-yl]phenol
Temazepam	–	(RS)-7-Chlor-3-hydroxy-1-methyl-5-phenyl-1,3-dihydro-2H-1,4-benzodiazepin-2-on

– ausgenommen in Zubereitungen, die ohne einen weiteren Stoff der Anlagen I bis III je abgeteilte Form bis zu 20 mg Temazepam enthalten –

Tetrazepam	–	7-Chlor-5-(cyclohex-1-enyl)-1-methyl-1,3-dihydro-2H-1,4-ben-zodiazepin-2-on

– ausgenommen in Zubereitungen, die ohne einen weiteren Stoff der Anlagen I bis III je abgeteilte Form bis zu 100 mg Tetrazepam enthalten –

Tilidin	trans-Tilidin	Ethyl[(1RS,2SR)-2-dimethylamino-1-phenylcyclohex-3-encarboxylat]

– ausgenommen in festen Zubereitungen mit verzögerter Wirkstofffreigabe, die ohne einen weiteren Stoff der Anlagen I bis III je abgeteilte Form bis zu 300 mg Tilidin, berechnet als Base, und, bezogen auf diese Menge, mindestens 7,5 vom Hundert Naloxonhydrochlorid enthalten –

Triazolam	–	8-Chlor-6-(2-chlorphenyl)-1-methyl-4H-[1,2,4]triazolo[4,3-a][1,4]benzodiazepin

– ausgenommen in Zubereitungen, die ohne einen weiteren Stoff der Anlagen I bis III je abgeteilte Form bis zu 0,25 mg Triazolam enthalten -

Zolpidem	–	N,N-Dimethyl-2-[6-methyl-2-(p-tolyl)imidazo[1,2-a]pyridin-3-yl]acetamid

– ausgenommen in Zubereitungen zur oralen Anwendung, die ohne einen weiteren Stoff der Anlagen I bis III je abgeteilte Form bis zu 8,5 mg Zolpidem, berechnet als Base, enthalten –

– die Salze und Molekülverbindungen der in dieser Anlage aufgeführten Stoffe, wenn sie nach den Erkenntnissen der medizinischen Wissenschaft ärztlich, zahnärztlich oder tierärztlich angewendet werden;

– die Zubereitungen, der in dieser Anlage aufgeführten Stoffe, wenn sie nicht
  a) ohne am oder im menschlichen oder tierischen Körper angewendet zu werden, ausschließlich diagnostischen oder analytischen Zwecken dienen oder ihr Gehalt an einem oder mehreren Betäubungsmitteln, bei Lyophilisaten und entsprechend zu verwendenden Stoffgemischen in der gebrauchsfertigen Lösung, jeweils 0,01 vom Hundert nicht übersteigt oder die Stoffe in den Zubereitungen isotopenmodifiziert oder
  b) besonders ausgenommen sind. Für ausgenommene Zubereitungen – außer solchen mit Codein oder Dihydrocodein – gelten jedoch die betäubungsmittelrechtlichen Vorschriften über die Einfuhr, Ausfuhr und Durchfuhr. Nach Buchstabe b der Position Barbital ausgenommene Zubereitungen können jedoch ohne Genehmigung nach § 11 des Betäubungsmittelgesetzes ein-, aus- oder durchgeführt werden, wenn nach den Umständen eine missbräuchliche Verwendung nicht zu befürchten ist.

Die Verordnungen zum Betäubungsmittelgesetz

Betäubungsmittel-Außenhandelsverordnung (BtMAHV)

v. 16.12.1981 (BGBl. I S. 1420),
zuletzt geändert durch Gesetz v. 6.3.2017 (BGBl. I S. 403)

I. Einfuhr

§ 1 Einfuhrantrag

(1) Wer Betäubungsmittel einführen will, hat für jede Einfuhrsendung unter Verwendung eines amtlichen Formblatts eine Einfuhrgenehmigung beim Bundesamt für Arzneimittel und Medizinprodukte zu beantragen.

(2) Der Antragsteller hat auf dem Einfuhrantrag folgende Angaben zu machen:
1. BtM-Nummer, Name oder Firma und Anschrift des Einführers; bei einem Einführer mit mehreren Betriebsstätten BtM-Nummer und Anschrift der einführenden Betriebsstätte,
2. Name oder Firma und Anschrift des gebietsfremden Ausführers sowie BtM-Nummer und Name des Ausfuhrlandes,
3. für jedes einzuführende Betäubungsmittel:
   a) Pharmazentralnummer, soweit bekanntgemacht,
   b) Anzahl der Packungseinheiten,
   c) Packungseinheit (bei Stoffen und nicht abgeteilten Zubereitungen die Gewichtsmenge, bei abgeteilten Zubereitungen die Stückzahl),
   d) Bezeichnung des Betäubungsmittels; zusätzlich:
   – bei abgeteilten Zubereitungen die Darreichungsform und das Gewicht des enthaltenen reinen Stoffes in Milligramm je abgeteilte Form,
   – bei nicht abgeteilten Zubereitungen die Darreichungsform und das Gewicht des enthaltenen reinen Stoffes je Packungseinheit,
   – bei rohen, ungereinigten und nicht abgeteilten Betäubungsmitteln den Gewichtsvomhundertsatz des enthaltenen reinen Stoffes
4. den vorgesehenen Beförderungsweg sowie Namen und Anschriften der Beförderer,
5. a) bei der Einfuhr aus einem Staat, der nicht Mitglied der Europäischen Union ist, Bezeichnung und Anschrift derjenigen Zollstelle, über die gemäß § 4 Satz 1 eingeführt werden soll,
   b) bei der Einfuhr aus einem Mitgliedstaat der Europäischen Union der Vermerk „EU-Warenverkehr",
6. sofern die Betäubungsmittel unter zollamtlicher Überwachung gelagert werden sollen, Bezeichnung und Anschrift des Lagers sowie Name und Anschrift des Lagerhalters oder Lagerinhabers.

(3) ¹Sollen zur Durchfuhr bestimmte und abgefertigte Betäubungsmittel eingeführt werden, so ist dem Einfuhrantrag die Ausfuhrgenehmigung oder Ausfuhrerklärung des Ausfuhrlandes, die die Betäubungsmittel be-

gleitet hat, beizufügen. ²Das Bundesinstitut für Arzneimittel und Medizinprodukte gibt diese der für die Betäubungsmittelkontrolle zuständigen Behörde des Ausfuhrlandes zurück.

1   Die Vorschrift regelt den **Einfuhrantrag**.

2   **1. Absatz 1.** Nach Absatz 1 fordert der Einführer (→ BtMG § 2 Rn. 95) zunächst die amtlichen Formblätter (§ 18) an und reicht sie ausgefüllt beim BfArM ein. Die Einfuhrgenehmigung ist für jede Einfuhrsendung zu beantragen (§ 1 Abs. 1). Eine Einfuhrsendung ist die Menge, die an demselben Tag von demselben Lieferanten an denselben Einführer abgesandt und von derselben Zollstelle abgefertigt wird (Hügel/Junge/Lander/Winkler Rn. 3).

3   **2. Absatz 2** befasst sich mit dem Ausfüllen der Formblätter. Dabei gilt folgendes:

4   **a) Die BtM-Nummer.** Bei der in Nr. 1 genannten BtM-Nummer handelt es sich um eine siebenstellige Zahl, die dem Einführer im Rahmen der Erlaubnis nach § 3 BtMG zugewiesen wird und die an seine Person und Betriebsstätte gebunden ist (§ 18). BtM-Nummern erhalten auch die Ein- und Ausfuhrländer (§ 1 Abs. 2 Nr. 2, § 7 Abs. 2 Nr. 2 BtMAHV; Nr. 3. 3 der Bek.).

5   **b) Die Pharmazentralnummer** (Nr. 3 Buchst. a) ist ebenfalls eine siebenstellige Zahl, die vom Arzneibüro der Bundesvereinigung Deutscher Apothekerverbände – ABDA – für jede Packungseinheit eines Fertigarzneimittels oder jede abgabefertige Packung eines Betäubungsmittels, das als Stoff oder nicht abgeteilte Zubereitung in den Verkehr gebracht wird, vergeben wird. Die Pharmazentralnummern werden in der Großen Deutschen Spezialitäten-Taxe (Lauer-Taxe) veröffentlicht oder vom Bundesinstitut für Arzneimittel und Medizinprodukte bekanntgemacht (§ 18).

6   **c) Die Bezeichnung** der Betäubungsmittel (Nr. 3 Buchst. d) ist nicht mit der Kennzeichnung nach § 14 Abs. 1, 2 BtMG gleichzusetzen. Der Begriff der Bezeichnung ist umfassender. So ist auch die Verwendung von Warenzeichen zulässig (Hügel/Junge/Lander/Winkler Rn. 12).

7   **d) Die Zollstellen** (Nr. 5) werden durch den Bundesminister der Finanzen bekanntgemacht (§ 17).

8   **3. Zuwiderhandlungen.** Wer vorsätzlich oder fahrlässig entgegen § 1 Abs. 2 im Einfuhrantrag falsche oder unvollständige Angaben macht, handelt ordnungswidrig nach § 16 Nr. 1 BtMAHV, § 32 Abs. 1 Nr. 6 BtMG.

§ 2 Versagungsgründe

(1) **Das Bundesinstitut für Arzneimittel und Medizinprodukte hat die Einfuhrgenehmigung zu versagen, wenn die Einfuhr des Betäubungsmittels an ein Geldinstitut zur Verfügung einer anderen Person als der des Einführers oder an ein Postfach erfolgen soll oder es sich um Betäubungsmittel der Anlage I des Betäubungsmittelgesetzes handelt und diese unter zollamtlicher Überwachung gelagert werden.**

(2) **Das Bundesinstitut für Arzneimittel und Medizinprodukte hat die Einfuhrgenehmigung ferner zu versagen oder die einzuführende Menge des Betäubungsmittels zu beschränken, wenn die Einfuhr nicht im Rahmen der vom Internationalen Suchtstoffkontrollamt bekanntgegebenen Schätzung der Bundesrepublik Deutschland für dieses Betäubungsmittel abgewickelt werden kann, sofern nicht vom Einführer der Nachweis erbracht wird, dass dieses Betäubungsmittel entweder zur Wiederausfuhr bestimmt oder für eine Krankenbehandlung unerlässlich ist.**

Einfuhrgenehmigung **§ 3 BtMAHV**

(3) **Das Bundesinstitut für Arzneimittel und Medizinprodukte kann die Einfuhrgenehmigung versagen, wenn die Sicherheit oder Kontrolle des Betäubungsmittelverkehrs nicht gewährleistet ist.**

§ 2 enthält Gründe, unter denen die Einfuhrgenehmigung versagt werden kann. 1
Sie sind **nicht abschließend;** es darf daher auch keine Genehmigung erteilt werden, wenn der Einführer keine Erlaubnis für die Einfuhr hat. Ergeben sich im Genehmigungsverfahren Anhaltspunkte für Versagungsgründe nach § 5 BtMG, so ist die Rücknahme oder der Widerruf der Erlaubnis zu prüfen (§ 10 BtMG).

Absatz 1. Die Einfuhrgenehmigung ist nach Absatz 1 zu versagen, wenn die 2
Sendung an ein Postfach oder an ein Geldinstitut zur Verfügung einer anderen Person als den Einführer gerichtet ist; dasselbe gilt, wenn Betäubungsmittel der Anlage I unter zollamtlicher Überwachung gelagert werden sollen. Diese Regelung trägt den Verboten der Art. 31 Abs. 8 ÜK 1961, Art. 12 Abs. 3 ÜK 1971 Rechnung.

Absatz 2. Nach Absatz 2 ist die Genehmigung zu versagen oder zu beschränken, 3
wenn die Einfuhr sich nicht im Rahmen der vom Internationalen Suchtstoffkontrollamt bekanntgegebenen Schätzung für die Bundesrepublik Deutschland bewegt (Art. 21 ÜK 1961, s. dazu Hügel/Junge/Lander/Winkler Rn. 2), es sei denn, der Einführer erbringt den Nachweis, dass das Betäubungsmittel entweder zur Wiederausfuhr bestimmt oder für eine Krankenbehandlung unerlässlich ist.

Absatz 3. Schließlich kann die Genehmigung nach Absatz 3 versagt werden, 4
wenn die Sicherheit oder Kontrolle des Betäubungsmittelverkehrs nicht gewährleistet ist, insbesondere, wenn ein Missbrauch zu befürchten ist.

§ 3 Einfuhrgenehmigung

(1) ¹**Das Bundesinstitut für Arzneimittel und Medizinprodukte erteilt die Einfuhrgenehmigung unter Verwendung amtlicher Formblätter in dreifacher Ausfertigung.** ²**Es übersendet zwei Ausfertigungen dem Einführer und eine Ausfertigung der für die Betäubungsmittelkontrolle zuständigen Behörde des Ausfuhrlandes.**

(2) ¹**Die Einfuhrgenehmigung ist nicht übertragbar.** ²**Sie ist auf höchstens drei Monate und bei Einfuhren, die auf dem Seewege erfolgen sollen, auf höchstens sechs Monate zu befristen.** ³**Die Fristen können auf Antrag verlängert werden, wenn der Einführer nachweist, dass sich die Betäubungsmittel bereits auf dem Transport befinden.**

Absatz 1. Die Einfuhrgenehmigung (§ 11 BtMG) wird auf den amtlichen 1
Formblättern (§ 18) in dreifacher Ausfertigung erteilt. Zwei Ausfertigungen werden dem Einführer und eine Ausfertigung der für die Betäubungsmittelkontrolle zuständigen Behörde des Ausfuhrlandes übersandt. Dies ist auch deswegen angezeigt, weil die meisten Länder die Ausfuhr vom Vorliegen einer Einfuhrgenehmigung abhängig machen (Hügel/Junge/Lander/Winkler Rn. 1).

Absatz 2. Die Genehmigung kann nicht auf andere übertragen werden (Satz 1). 2
Zur Verhinderung von Missbräuchen ist sie auf höchstens drei Monate (bei Einfuhren auf dem Seewege auf sechs Monate) zu befristen; weist der Einführer nach, dass sich die Betäubungsmittel bereits auf dem Transport befinden, so können die Fristen verlängert werden (Satz 2). Werden die Betäubungsmittel nicht innerhalb der Frist eingeführt, so ist die Genehmigung an das BfArM zurückzusenden (§ 6 Abs. 2).

3 **Zuwiderhandlungen.** Wer vorsätzlich oder fahrlässig Betäubungsmittel ohne Einfuhrgenehmigung einführt, handelt ordnungswidrig nach § 32 Abs. 1 Nr. 5 BtMG.

§ 4 Einfuhrabfertigung

¹Betäubungsmittel dürfen nur über eine vom Bundesminister der Finanzen bestimmte Zollstelle eingeführt werden. ²Sie sind dieser Zollstelle unter Vorlage einer Ausfertigung der Einfuhrgenehmigung anzumelden und auf Verlangen vorzuführen. ³Diese Vorschrift gilt nicht bei der Einfuhr aus einem Mitgliedstaat der Europäischen Union.

1 Die (genehmigte) Einfuhr der Betäubungsmittel wird von den Zollstellen (→ § 1 Rn. 7) überwacht. Die Genehmigung wird ihnen bei der Einfuhr vorgelegt und von ihnen mit dem zollamtlichen Abfertigungsvermerk versehen. Der neue Satz 3 zieht die Folgerungen aus der Vollendung des Binnenmarktes in der Europäischen Union.

§ 5 Lagerung unter zollamtlicher Überwachung

¹Ist in der Einfuhrgenehmigung nur die Lagerung unter zollamtlicher Überwachung genehmigt, so dürfen die Betäubungsmittel nur in einer Zollniederlage, einem Zollverschlusslager oder einem Freihafen gelagert werden. ²Die gelagerten Betäubungsmittel dürfen keiner Behandlung unterzogen werden, die geeignet ist, die Beschaffenheit, die Verpackung oder die Markierung zu verändern. Sie dürfen nur nach den Vorschriften der §§ 7 bis 12 ausgeführt werden. ³Sollen die Betäubungsmittel im Geltungsbereich des Betäubungsmittelgesetzes verbleiben, ist für die Entnahme aus der Zollniederlage, dem Zollverschlußlager oder dem Freihafen die schriftliche Zustimmung des Bundesinstitutes für Arzneimittel und Medizinprodukte erforderlich.

1 Satz 1 zieht die Folgerung aus Art. 31 Abs. 9 ÜK 1961, Art. 12 Abs. 3 Buchst. c ÜK 1971, wonach Ausfuhren an ein Zollager nicht zulässig sind, es sei denn, die Hinterlegung in einem Zollager ist in der Einfuhrgenehmigung ausdrücklich erlaubt. Die Regelung gilt nur für Betäubungsmittel der Anlagen II und III, da die Einfuhr von Betäubungsmitteln der Anlage I generell abgelehnt werden muss, wenn sie unter zollamtlicher Überwachung gelagert werden sollen (§ 2 Abs. 1).

2 Satz 2 beruht auf Art. 31 Abs. 13 ÜK 1961, Art. 12 Abs. 3 Buchst. g ÜK 1971.

3 Satz 3 regelt die Ausfuhr von Betäubungsmitteln, die unter zollamtlicher Überwachung gelagert sind. Es ist ein Ausfuhrantrag zu stellen; auch sonst gelten die Regeln für die Ausfuhr. Die erteilte Ausfuhrgenehmigung (§ 9) schließt die Genehmigung zur Entnahme der zur Ausfuhr genehmigten Betäubungsmittel aus dem Zollager ein (JWH Rn. 2).

4 Satz 4 sieht für die Entnahme aus dem Zollager (wenn die Betäubungsmittel im Inland verbleiben sollen) die schriftliche Zustimmung des BfArM vor. Die Zustimmung zur Entnahme ist von dem Verfügungsberechtigten zu beantragen. Dies muss nicht der Einführer sein, da dieser die Betäubungsmittel weiterveräußert haben kann.

§ 6 Einfuhranzeige

(1) ¹Der Einführer hat die erfolgte Einfuhr dem Bundesinstitut für Arzneimittel und Medizinprodukte unverzüglich anzuzeigen und die Anzeige mit den der tatsächlichen Einfuhr entsprechenden Angaben nach § 1 Abs. 2, der Nummer und dem Ausstellungsdatum der Einfuhrgenehmigung und dem Einfuhrdatum zu versehen. ²Der Einfuhranzeige ist die mit einem zollamtlichen Abfertigungsvermerk versehene Einfuhrgenehmigung beizufügen. ³Für die Anzeige ist ein amtliches Formblatt zu verwenden.

(2) ¹Absatz 1 Satz 2 gilt nicht bei der Einfuhr aus einem Mitgliedstaat der Europäischen Union. ²In diesem Falle hat der Einführer auf der Rückseite der beizufügenden Einfuhrgenehmigung in dem für den zollamtlichen Abfertigungsvermerk vorgesehenen Feld folgende Angaben zu machen:
a) Nummer und Ausstellungsdatum der Handelsrechnung oder Packliste und
b) Nummer und Ausstellungsdatum des Frachtdokumentes mit Angabe des Frachtführers

und die Handelsrechnung oder Packliste der Einfuhrgenehmigung in Kopie beizufügen.

(3) ¹Werden Betäubungsmittel nicht innerhalb der in der Einfuhrgenehmigung angegebenen Frist eingeführt, ist dies dem Bundesinstitut für Arzneimittel und Medizinprodukte unverzüglich anzuzeigen. ²Der Anzeige ist die Einfuhrgenehmigung beizufügen.

Absatz 1. Nach der erfolgten Einfuhr ist diese dem BfArM anzuzeigen, wobei 1 die mit dem zollamtlichen Abfertigungsvermerk versehene Einfuhrgenehmigung beizufügen ist (Sätze 1, 2). Die Rückgabe der Einfuhrgenehmigung dient auch der Verhütung des Missbrauchs solcher Genehmigungen (Hügel/Junge/Lander/Winkler Rn. 3). Für die Anzeige ist das amtliche Formblatt (§ 18) zu verwenden (Satz 3).

Der neue **Absatz 2** dient der Verhinderung von Missbrauch unter den Bedin- 2 gungen des Binnenmarktes. Der Verstoß gegen die Dokumentationspflicht ist mit Geldbuße bedroht (→ Rn. 4).

Auch mit **Absatz 3** sollen Missbräuche verhindert werden. Dazu soll auch die 3 Rückgabe der Einfuhrgenehmigung beitragen.

Zuwiderhandlungen. Wer vorsätzlich oder fahrlässig entgegen Absatz 1 Satz 1 4 oder Absatz 2 Satz 2 die Einfuhranzeige nicht, nicht richtig oder nicht vollständig mit den dort bezeichneten Angaben versieht, handelt ordnungswidrig nach § 16 Nr. 2 BtMAHV, § 32 Abs. 1 Nr. 6 BtMG.

II. Ausfuhr

§ 7 Ausfuhrantrag

(1) **Wer Betäubungsmittel ausführen will, hat für jede Ausfuhrsendung unter Verwendung eines amtlichen Formblattes eine Ausfuhrgenehmigung beim Bundesinstitut für Arzneimittel und Medizinprodukte zu beantragen.**

(2) **Der Antragsteller hat auf dem Ausfuhrantrag folgende Angaben zu machen:**

BtMAHV § 7 II. Ausfuhr

1. BtM-Nummer, Name oder Firma und Anschrift des Ausführers; bei einem Ausführer mit mehreren Betriebsstätten BtM-Nummer und Anschrift der ausführenden Betriebsstätte,
2. Name oder Firma des gebietsfremden Einführers, die Versandanschrift sowie BtM-Nummer und Name des Einfuhrlandes,
3. Nummer und Ausstellungsdatum der Einfuhrgenehmigung sowie Bezeichnung und Anschrift der ausstellenden Behörde des Einfuhrlandes,
4. für jedes auszuführende Betäubungsmittel:
   a) Pharmazentralnummer, soweit bekanntgemacht,
   b) Anzahl der Packungseinheiten,
   c) Packungseinheit (bei Stoffen und nicht abgeteilten Zubereitungen die Gewichtsmenge, bei abgeteilten Zubereitungen die Stückzahl),
   d) Bezeichnung des Betäubungsmittels; zusätzlich:
      – bei abgeteilten Zubereitungen die Darreichungsform und das Gewicht des enthaltenen reinen Stoffes in Milligramm je abgeteilte Form,
      – bei nicht abgeteilten Zubereitungen die Darreichungsform und das Gewicht des enthaltenen reinen Stoffes je Packungseinheit,
      – bei rohen, ungereinigten und nicht abgeteilten Betäubungsmitteln den Gewichtsvomhundertsatz des enthaltenen reinen Stoffes,
5. Anzahl und Art der Packstücke, in denen die Betäubungsmittel ausgeführt werden sollen, und die auf diesen angebrachten Markierungen,
6. Beförderungsweg sowie Namen und Anschriften der Beförderer,
7. a) bei der Ausfuhr in einen Staat, der nicht Mitglied der Europäischen Union ist, Bezeichnung und Anschrift derjenigen Zollstelle, über die gemäß § 4 Satz 1 ausgeführt werden soll,
   b) bei der Ausfuhr in einen Mitgliedstaat der Europäischen Union der Vermerk „EU-Warenverkehr",
8. sofern die Betäubungsmittel unter zollamtlicher Überwachung lagern, Bezeichnung des Lagers sowie Name und Anschrift des Lagerhalters oder Lagerinhabers.

(3) ¹Dem Ausfuhrantrag ist die Einfuhrgenehmigung der für die Betäubungsmittelkontrolle zuständigen Behörde des Einfuhrlandes beizufügen. ²Diese muss den Formvorschriften der internationalen Suchtstoffübereinkommen auch dann entsprechen, wenn das Einfuhrland diesen Übereinkommen nicht beigetreten ist.

(4) ¹Sollen zur Durchfuhr bestimmte und abgefertigte Betäubungsmittel in ein anderes als in der sie begleitenden Ausfuhrgenehmigung oder Ausfuhrerklärung angegebenes Bestimmungsland umgeleitet werden oder in das Ausfuhrland zurückgeleitet werden, so ist dem Ausfuhrantrag diese Ausfuhrgenehmigung oder Ausfuhrerklärung beizufügen. ²Das Bundesinstitut für Arzneimittel und Medizinprodukte gibt diese der für die Betäubungsmittelkontrolle zuständigen Behörde des Ausfuhrlandes zurück.

1 **Absatz 1.** Das Genehmigungsverfahren für die Ausfuhr ist ähnlich ausgestaltet wie für die Einfuhr. Der Ausfuhrantrag ist von dem **Ausführer** (→ BtMG § 2 Rn. 100) zu stellen. Ausführer ist derjenige, der die Betäubungsmittel aus dem Inland verbringt oder verbringen lässt (→ BtMG § 2 Rn. 99). Kein Ausführer ist derjenige, welcher die Betäubungsmittel in das Einfuhrland einführt (gebietsfremder Einführer), ebenso nicht der Spediteur oder Frachtführer (Hügel/Junge/Lander/Winkler Rn. 1). Für den Antrag sind die amtlichen Formblätter (§ 18) zu verwenden.

2 **Absatz 2** legt in Anlehnung an § 1 Abs. 2 fest, welche **Angaben** zu machen sind. Eine Ausfuhrsendung ist die Menge, die ein Ausführer gleichzeitig über dieselbe

Zollstelle für dasselbe Käuferland nach demselben Verbrauchsland ausführt (Hügel/ Junge/Lander/Winkler Rn. 3). Die Ausfuhrsendung kann daher mehrere Betäubungsmittel umfassen. Im Übrigen kann auf die Erläuterungen zu § 1 Abs. 2 verwiesen werden.

Absatz 3 zieht die Folgerungen aus der Verpflichtung (Art. 31 Abs. 5 ÜK 1961, Art. 12 Abs. 1 Buchst. c ÜK 1971), eine Ausfuhrgenehmigung nur nach Vorlage einer Einfuhrgenehmigung des Einfuhrlandes zu erteilen, und dehnt sie auf alle Betäubungsmittel aus (Hügel/Junge/Lander/Winkler Rn. 21). Wird eine solche Genehmigung nicht beigefügt, so ist der Ausfuhrantrag abzulehnen (§ 8 Abs. 1 Nr. 4). 3

Absatz 4 befasst sich mit dem Sonderfall der Um- und Rückleitung von Betäubungsmitteln, die zur Durchfuhr abgefertigt waren. Sie sind als Ausfuhr zu behandeln (Hügel/Junge/Lander/Winkler Rn. 24). 4

Zuwiderhandlungen. Wer vorsätzlich oder fahrlässig entgegen § 7 Abs. 2 im Ausfuhrantrag falsche oder unvollständige Angaben macht, handelt ordnungswidrig nach § 16 Nr. 1 BtMAHV, § 32 Abs. 1 Nr. 6 BtMG. 5

§ 8 Versagungsgründe

(1) **Das Bundesinstitut für Arzneimittel und Medizinprodukte hat die Ausfuhrgenehmigung zu versagen, wenn**
1. **die Ausfuhr der Betäubungsmittel an ein Geldinstitut zur Verfügung einer anderen Person als der des gebietsfremden Empfängers oder an ein Postfach erfolgen soll,**
2. **es sich um Betäubungsmittel der Anlage I des Betäubungsmittelgesetzes handelt, die zur Lagerung in einem Zollager des Einfuhrlandes ausgeführt werden sollen,**
3. **die Betäubungsmittel zur Lagerung in einem Zollager des Einfuhrlandes ausgeführt werden sollen und in der Einfuhrgenehmigung die Lagerung der Sendung in einem Zollager nicht genehmigt ist,**
4. **dem Ausfuhrantrag keine oder keine den Formvorschriften der internationalen Suchtstoffübereinkommen entsprechende ausländische Einfuhrgenehmigung beigefügt ist,**
5. **das Einfuhrland der Bundesrepublik Deutschland über den Generalsekretär der Vereinten Nationen mitgeteilt hat, dass es die Einfuhr der Betäubungsmittel verbietet.**

(2) **Das Bundesinstitut für Arzneimittel und Medizinprodukte hat die Ausfuhrgenehmigung ferner zu versagen oder die auszuführende Menge des Betäubungsmittels zu beschränken, wenn die Ausfuhr nicht im Rahmen der vom Internationalen Suchtstoffkontrollamt bekanntgegebenen Schätzung des Einfuhrlandes für dieses Betäubungsmittel abgewickelt werden kann, sofern nicht in der Einfuhrgenehmigung angegeben ist, dass das Betäubungsmittel zur Wiederausfuhr vorgesehen ist, oder der Ausführende den Nachweis erbringt, dass das Betäubungsmittel für eine Krankenbehandlung unerlässlich ist.**

(3) **Das Bundesinstitut für Arzneimittel und Medizinprodukte kann die Ausfuhrgenehmigung versagen, wenn der begründete Verdacht besteht, dass das Betäubungsmittel im Einfuhrland nicht zu medizinischen, wissenschaftlichen oder anderen erlaubten Zwecken verwendet werden soll, oder wenn Sicherheit oder Kontrolle des Betäubungsmittelverkehrs nicht gewährleistet sind.**

BtMAHV § 9   II. Ausfuhr

1 **Absatz 1** regelt die Versagung der Ausfuhrgenehmigung in Anlehnung an die Versagungsgründe des § 2 Abs. 1. Zusätzliche Versagungsgründe gegenüber der Einfuhr ergeben sich daraus, dass der Verbleib der Betäubungsmittel bei der Ausfuhr immer auch die Interessen eines ausländischen Staates berührt: Die Ausfuhrgenehmigung wird deswegen auch abgelehnt, wenn dem Ausfuhrantrag keine oder keine formgerechte ausländische Einfuhrgenehmigung beigefügt ist, oder wenn das Einfuhrland über den Generalsekretär der Vereinten Nationen mitgeteilt hat, dass es die Einfuhr der Betäubungsmittel verbietet (Absatz 1 Nr. 4, 5).

2 **Absatz 2** entspricht den Versagungs- oder Einschränkungstatbeständen des § 2 Abs. 2.

3 **Absatz 3** nimmt bei der Regelung der fakultativen Versagungsgründe ebenfalls Rücksicht auf die Verhältnisse im Einfuhrland und erweitert sie auf die Fälle des begründeten Verdachts unerlaubter Zwecke. Die Regelung soll Abzweigungen aus dem erlaubten Betäubungsmittelverkehr verhindern.

§ 9 Ausfuhrgenehmigung

(1) ¹**Das Bundesinstitut für Arzneimittel und Medizinprodukte erteilt die Ausfuhrgenehmigung unter Verwendung amtlicher Formblätter in dreifacher Ausfertigung.** ²**Es übersendet zwei Ausfertigungen dem Ausführer und eine Ausfertigung der für die Betäubungsmittelkontrolle zuständigen Behörde des Einfuhrlandes.**

(2) ¹**Die Ausfuhrgenehmigung ist nicht übertragbar.** ²**Sie ist bis zum Ablauf der Einfuhrgenehmigung des Einfuhrlandes, höchstens jedoch auf drei Monate zu befristen.**

1 **Absatz 1.** Die Ausfuhrgenehmigung wird in dreifacher Form erteilt, wobei die verwendeten Formblätter (§ 18) im Wesentlichen den von der Suchtstoffkommission der UN ausgearbeiteten Formularen entsprechen. Dies macht sie international verwendbar.

2 Der Ausführer erhält zwei Ausfertigungen, von denen er eine für die zollamtliche Abfertigung (§ 11 Abs. 1) benötigt, während die andere den Versandpapieren beizufügen ist (§ 11 Abs. 2). Diese begleitet das Betäubungsmittel in das Einfuhrland; Sendungen ohne beigefügte Ausfuhrgenehmigung dürfen nicht abgefertigt werden (§ 11 Abs. 2 S. 3).

3 Die dritte Ausfertigung übersendet das BfArM der zuständigen Behörde des Einfuhrlandes, das diese nach der Einfuhr mit einem Bestätigungsvermerk wieder zurücksendet (Art. 31 Abs. 7 ÜK 1961, Art. 12 Abs. 1 Buchst. e ÜK 1971).

4 **Absatz 2.** Auch die Ausfuhrgenehmigung ist nicht übertragbar (Satz 1). Zur Befristung s. Satz 2.

5 **Zuwiderhandlungen.** Wer vorsätzlich oder fahrlässig Betäubungsmittel ohne Ausfuhrgenehmigung ausführt, handelt ordnungswidrig nach § 32 Abs. 1 Nr. 5 BtMG.

§ 10 Kennzeichnung

¹**Zur Ausfuhr bestimmte Betäubungsmittel sind in den Handelsrechnungen, Lieferscheinen, Ladelisten, Versand- und Zollpapieren nach § 14 Abs. 2 Satz 1 des Betäubungsmittelgesetzes zu bezeichnen.** ²**In der Handelsrechnung und im Lieferschein sind zusätzlich die auf den Packstücken angebrachten Markierungen und die Nummern und Ausstellungsdaten der Ausfuhrgenehmigung sowie der zugehörigen Einfuhrgenehmigung**

Ausfuhranzeige §12 BtMAHV

anzugeben. ³Das Bundesinstitut für Arzneimittel und Medizinprodukte kann im Einzelfall Ausnahmen zulassen, wenn dies nach den Vorschriften des Einfuhrlandes erforderlich ist.

Mit der Vorschrift soll erreicht werden, dass die Zollbehörden Sendungen von Betäubungsmitteln auch als solche erkennen. Die zur Ausfuhr bestimmten Betäubungsmittel sind daher, soweit keine Ausnahme zugelassen ist (Satz 3), in den Handelsrechnungen, Lieferscheinen, Ladelisten, Versand- und Zollpapieren unter Verwendung der in den Anlagen zum BtMG aufgeführten Kurzbezeichnungen (§ 14 Abs. 1 S. 1 BtMG) zu bezeichnen.

§ 11 Ausfuhrabfertigung

(1) ¹**Betäubungsmittel dürfen nur über eine vom Bundesminister der Finanzen bestimmte Zollstelle ausgeführt werden.** ²**Sie sind dieser Zollstelle unter Vorlage einer Ausfertigung der Ausfuhrgenehmigung anzumelden und auf Verlangen vorzuführen.** ³**Diese Vorschrift gilt nicht bei der Ausfuhr in einen Mitgliedstaat der Europäischen Union.**

(2) ¹**Eine weitere Ausfertigung der Ausfuhrgenehmigung ist den Versandpapieren beizufügen.** ²**Sie begleitet die Betäubungsmittel in das Einfuhrland.** ³**Betäubungsmittelsendungen ohne beigefügte Ausfuhrgenehmigung dürfen nicht abgefertigt oder versandt werden.**

Zu den Zollstellen s. § 17, zu ihrer Mitwirkung bei der Überwachung des Betäubungsmittelverkehrs s. § 21 BtMG. Der neue Absatz 1 Satz 3 zieht die Folgerungen aus der Vollendung des Binnenmarktes. Zu den beiden Ausfertigungen der Ausfuhrgenehmigung, die der Ausführer benötigt, s. § 9. Ohne beigefügte Ausfuhrgenehmigung dürfen Betäubungsmittel nicht versandt werden. Dies gilt auch für den Versand innerhalb der EU.

§ 12 Ausfuhranzeige

(1) ¹**Der Ausführer hat die erfolgte Ausfuhr dem Bundesinstitut für Arzneimittel und Medizinprodukte unverzüglich anzuzeigen und die Anzeige mit den der tatsächlichen Ausfuhr entsprechenden Angaben nach § 7 Abs. 2 Nr. 1 bis 7, der Nummer und dem Ausstellungsdatum der Ausfuhrgenehmigung und dem Ausfuhrdatum zu versehen.** ²**Der Ausfuhranzeige ist die mit einem zollamtlichen Abfertigungsvermerk versehene Ausfuhrgenehmigung beizufügen.** ³**Für die Anzeige ist ein amtliches Formblatt zu verwenden.**

(2) ¹**Absatz 1 Satz 2 gilt nicht bei der Ausfuhr in einen Mitgliedstaat der Europäischen Union.** ²**In diesem Falle hat der Ausführer auf der Rückseite der beizufügenden Ausfuhrgenehmigung in dem für den zollamtlichen Abfertigungsvermerk vorgesehenen Feld folgende Angaben zu machen:**
a) **Nummer und Ausstellungsdatum der Handelsrechnung oder Packliste und**
b) **Nummer und Ausstellungsdatum des Frachtdokumentes mit Angabe des Frachtführers**
und die Handelsrechnung oder Packliste der Ausfuhrgenehmigung in Kopie beizufügen.

(3) ¹**Werden die Betäubungsmittel nicht innerhalb der in der Ausfuhrgenehmigung angegebenen Frist ausgeführt, ist dies dem Bundesinstitut**

BtMAHV § 13   III. Durchfuhr

für Arzneimittel und Medizinprodukte unverzüglich anzuzeigen. ²Der Anzeige sind beide Ausfertigungen der Ausfuhrgenehmigung beizufügen.

1   **Absatz 1.** Nach der Ausfuhr ist diese dem Bundesinstitut für Arzneimittel und Medizinprodukte anzuzeigen, wobei die mit dem zollamtlichen Abfertigungsvermerk versehene Ausfuhrgenehmigung beizufügen ist (Sätze 1, 2). Die Rückgabe der Ausfuhrgenehmigung dient auch der Verhütung des Missbrauchs solcher Genehmigungen (Hügel/Junge/Lander/Winkler Rn. 3). Für die Anzeige ist das amtliche Formblatt (§ 18) zu verwenden (Satz 3).

2   **Absatz 2** dient ebenfalls der Verhütung des Missbrauchs von Ausfuhrgenehmigungen unter den Bedingungen des Binnenmarktes. Der Verstoß ist mit Geldbuße bedroht (→ Rn. 3). **Absatz 3** will Missbräuchen bei Ausfuhren in den Raum außerhalb der Europäischen Union entgegenwirken.

3   **Zuwiderhandlungen.** Wer vorsätzlich oder fahrlässig entgegen Absatz 1 Satz 1 oder Absatz 2 Satz 2 die Ausfuhranzeige nicht, nicht richtig oder nicht vollständig mit den dort bezeichneten Angaben versieht, handelt ordnungswidrig nach § 16 Nr. 2 BtMAHV, § 32 Abs. 1 Nr. 6 BtMG.

III. Durchfuhr

§ 13 [Durchfuhr]

(1) ¹Betäubungsmittel dürfen durch den Geltungsbereich des Betäubungsmittelgesetzes nur unter zollamtlicher Überwachung ohne weiteren als den durch die Beförderung oder den Umschlag bedingten Aufenthalt und ohne dass das Betäubungsmittel zu irgendeinem Zeitpunkt des Verbringens dem Durchführenden oder einer dritten Person tatsächlich zur Verfügung steht, durchgeführt werden. ²Sie dürfen während der Durchfuhr keiner Behandlung unterzogen werden, die geeignet ist, die Beschaffenheit, die Kennzeichnung, die Verpackung oder die Markierung zu verändern. ³Beim Betäubungsmittelverkehr mit einem Mitgliedstaat der Europäischen Union entfällt die zollamtliche Überwachung.

(2) Sofern Betäubungsmittel bei der Durchfuhr nicht von der nach den internationalen Suchtstoffübereinkommen vorgeschriebenen Ausfuhrgenehmigung oder Ausfuhrerklärung des Ausfuhrlandes begleitet werden, dürfen sie nur mit Genehmigung des Bundesinstituts für Arzneimittel und Medizinprodukte zur Durchfuhr abgefertigt werden.

(3) ¹Zur Durchfuhr bestimmte Betäubungsmittel dürfen jeweils nur über eine vom Bundesminister der Finanzen bestimmte Zollstelle in den und aus dem Geltungsbereich des Betäubungsmittelgesetzes verbracht werden. ²Sie sind diesen Zollstellen unter Vorlage der sie begleitenden Ausfuhrgenehmigung oder Ausfuhrerklärung des Ausfuhrlandes oder der in Absatz 2 genannten Genehmigung des Bundesinstitutes für Arzneimittel und Medizinprodukte anzumelden und auf Verlangen vorzuführen. ³Dies gilt nicht beim Betäubungsmittelverkehr mit einem Mitgliedstaat der Europäischen Union.

(4) Zur Durchfuhr abgefertigte Betäubungsmittel dürfen in Abänderung dieser Zweckbestimmung nur
1. nach den Vorschriften der §§ 1 bis 6 eingeführt oder
2. nach den Vorschriften der §§ 7 bis 12 in ein anderes als das in der Ausfuhrgenehmigung oder Ausfuhrerklärung genannte Bestimmungsland umgeleitet oder in das Ausfuhrland zurückgeleitet werden.

Durchfuhr **§ 13 BtMAHV**

(5) **Die Absätze 2 bis 4 finden keine Anwendung auf die Durchfuhr von Betäubungsmitteln bei Zwischenlandungen im Luftverkehr oder bei Anlandung im Seeschiffsverkehr, wenn die Betäubungsmittel nicht aus dem Flugzeug oder dem Seeschiff entladen werden.**

A. Maßgebliche Grenze. Die Vorschrift stellt ebenso wie die anderen Regelungen der BtMAHV auf die Hoheitsgrenze ab und gilt daher auch für die Durchfuhr durch deutsche Gebiete, die nicht zum Zollgebiet der Gemeinschaft gehören (Helgoland und Büsingen, Art. 4 Abs. 1 UZK), oder durch deutsche Freizonen (→ BtMG § 11 Rn. 8). 1

B. Definition (Absatz 1 Sätze 1, 3). Absatz 1 wiederholt in Satz 1 zunächst die Definition der Durchfuhr nach der gesetzlichen Regelung des § 11 Abs. 1 S. 2 BtMG. Danach setzt die Durchfuhr voraus, dass die folgenden drei Merkmale erfüllt sind: 2
– der Transport muss unter **zollamtlicher Überwachung** erfolgen (Satz 1). Hiervon macht Satz 3 eine Ausnahme für den Betäubungsmittelverkehr mit einem Mitgliedstaat der **Europäischen Union.** Wegen der Einzelheiten wird auf → BtMG § 11 Rn. 11, 12, 19–25 verwiesen; dort auch zur Zulässigkeit der Ausnahme des Satzes 3,
– das Betäubungsmittel muss ohne weiteren als durch die Beförderung oder den Umschlag bedingten **Aufenthalt** durchgeführt werden; dazu → BtMG § 11 Rn. 13.
– das Betäubungsmittel darf zu keinem Zeitpunkt während der Durchfuhr dem Durchführenden oder einer dritten Person **zur Verfügung** stehen; dazu → BtMG § 11 Rn. 14–18.

C. Zusätzliches Verbot (Absatz 1 Satz 2). Gegenüber § 11 Abs. 1 S. 2 BtMG enthält Satz 2 ein zusätzliches Verbot, das auf Art. 31 Abs. 13 ÜK 1961, Art. 12 Abs. 3 Buchst. g ÜK 1971 beruht. Eine besondere Bewehrung ist für diese Vorschrift nicht vorgesehen; es gelten die allgemeinen Vorschriften. 3

D. Durchfuhrgenehmigung (Absatz 2). Anders als die Einfuhr oder Ausfuhr bedarf die Durchfuhr keiner Erlaubnis (→ BtMG § 3 Rn. 55). Sie bedarf grundsätzlich auch keiner Genehmigung. Etwas anderes gilt dann, wenn das Betäubungsmittel bei der Durchfuhr nicht von der nach den internationalen Suchtstoffübereinkommen (Art. 31 Abs. 11 ÜK 1961, Art. 12 Abs. 3 Buchst. e ÜK 1971) vorgeschriebenen Ausfuhrgenehmigung oder Ausfuhrerklärung (Art. 12 Abs. 2 Buchst. b S. 2 ÜK 1971) **des Ausfuhrlandes** begleitet wird (Hügel/Junge/Lander/Winkler Rn. 3). Für diesen Fall sieht Absatz 2 eine (Durchfuhr-)Genehmigung des BfArM vor. 4

Die Durchfuhrgenehmigung ist vom Durchführer formlos beim BfArM zu beantragen (Hügel/Junge/Lander/Winkler Rn. 4), wobei zweckmäßig Angaben in Anlehnung an § 2 Abs. 2, § 7 Abs. 2 gemacht werden. Das BfArM erteilt die Genehmigung gegebenenfalls im Einvernehmen mit den Suchtstoffkontrollbehörden des Ausfuhr- und des Einfuhrlandes. 5

E. Verfahren bei der Durchfuhr (Absatz 3). Betäubungsmittelsendungen, die zur Durchfuhr bestimmt sind, dürfen nach Absatz 3 Sätze 1 und 2 nur über eine nach § 17 bestimmte Zollstelle in das deutsche Hoheitsgebiet verbracht werden und sind dort unter Vorlage der notwendigen Papiere anzumelden und auf Verlangen vorzuführen. Die Zollstelle prüft, ob die Voraussetzungen der Durchfuhr erfüllt sind und sorgt für die zollamtliche Überwachung der Durchfuhr (Hügel/Junge/Lander/Winkler Rn. 5). 6

Beim Verlassen des deutschen Hoheitsgebietes ist die Sendung erneut einer solchen Zollstelle anzumelden (Absatz 3 Sätze 1, 2). Diese prüft, ob die Vorschriften des Absatzes 1 eingehalten wurden, insbesondere ob die Beschaffenheit, Kenn- 7 zeichnung, Verpackung oder die Markierungen verändert wurden. Es gilt dann § 21 BtMG.

8   Absatz 3 Sätze 1, 2 gelten **nicht** beim Betäubungsmittelverkehr mit einem **Mitgliedstaat der EU** (Absatz 3 Satz 3). Dabei genügt es nicht, wenn nur entweder das Einfuhr- oder das Ausfuhrland ein Mitgliedstaat der EU ist. Die Durchfuhr geht in einem solchen Fall über innergemeinschaftliche Grenzen hinaus, ohne dass das Betäubungsmittel letztlich im Unionsgebiet verbleibt.

9   **F. Änderung der Zweckbestimmung (Absatz 4).** Die Vorschrift befasst sich mit der Änderung der Zweckbestimmung, wenn Betäubungsmittel zur Durchfuhr abgefertigt worden waren. Sie dürfen nur eingeführt werden, wenn das BfArM dies nach den §§ 1–6 genehmigt. Sollen sie in ein anderes als das in der Ausfuhrgenehmigung oder -erklärung des Ausfuhrlandes genannte Bestimmungsland umgeleitet oder in das Ausfuhrland zurückgeleitet werden, so ist eine Genehmigung nach den §§ 7–12 erforderlich. Zu dem dann zu stellenden Ausfuhrantrag s. § 7 Abs. 4.

10 **G. Zwischenlandungen, Anlandungen (Absatz 5).** Die Vorschrift legt fest, dass die Absätze 2–4 nicht gelten, wenn die Betäubungsmittel bei Zwischenlandungen im Luftverkehr oder bei Anlandungen im Seeschiffsverkehr nicht aus dem Flugzeug oder Seeschiff entladen werden. Dies steht mit Art. 31 Abs. 14 ÜK 1961, Art. 12 Abs. 3 Buchst. k ÜK 1971 im Einklang.

IV. Ausnahmeregelungen

§ 14 Einfuhr und Ausfuhr im Rahmen internationaler Zusammenarbeit

(1) ¹Bundes- und Landesbehörden dürfen Betäubungsmittel für den Bereich ihrer dienstlichen Tätigkeit und die von ihnen mit der Untersuchung von Betäubungsmitteln beauftragten Behörden auch nach dem in den Absätzen 2 bis 4 geregelten vereinfachten Verfahren einführen oder ausführen. ²Die Vorschriften der §§ 1 bis 12 finden insoweit keine Anwendung.

(2) Bei der Einfuhr hat der Einführer die ausländische Ausfuhrgenehmigung oder die entsprechende Ausfuhrerklärung mit einer Bestätigung über Art und Menge der empfangenen Betäubungsmittel, dem Empfangsdatum, seiner Unterschrift und seinem Dienstsiegel zu versehen und dem Bundesinstitut für Arzneimittel und Medizinprodukte unverzüglich zu übersenden.

(3) Zur Ausfuhr der Betäubungsmittel hat der Ausführer eine Ausfuhrerklärung unter Verwendung eines amtlichen Formblattes in fünffacher Ausfertigung abzugeben. In der Ausfuhrerklärung sind folgende Angaben zu machen:
1. Name und Anschrift des Ausführers,
2. Name und Anschrift des gebietsfremden Einführers sowie Name des Einfuhrlandes,
3. Menge und Bezeichnung der Betäubungsmittel,
4. Zweckbestimmung der Ausfuhr,
5. Beförderungsweg und Beförderer,
6. Name und Anschrift der für die Betäubungsmittelkontrolle zuständigen Behörde des Einfuhrlandes.

(4) ¹Von den in Absatz 3 genannten Ausfertigungen begleitet die erste Ausfertigung die Betäubungsmittel in das Einfuhrland. ²Die zweite und dritte Ausfertigung sind mit dem Absendedatum zu versehen und unverzüglich dem Bundesinstitut für Arzneimittel und Medizinprodukte zu

übersenden, das eine Ausfertigung der in Absatz 3 Nr. 6 bezeichneten Behörde zuleitet. ³Die vierte Ausfertigung übersendet der Ausführer dem gebietsfremden Einführer. ⁴Die fünfte Ausfertigung hat der Ausführer mit dem Absendedatum zu versehen und drei Jahre, vom Ausstellungsdatum an gerechnet, aufzubewahren.

Für die Ein- und Ausfuhr von Betäubungsmitteln durch Bundes- oder Landesbehörden im Bereich ihrer dienstlichen Tätigkeit sowie für die von ihnen mit der Untersuchung von Betäubungsmitteln beauftragten Behörden sieht § 14 ein vereinfachtes Verfahren vor. Die Regelung entspricht im Wesentlichen einem Vorschlag der Interpol. Auch die Formblätter wurden von Interpol erarbeitet. Sie werden vom Bundeskriminalamt ausgegeben. Dieses besorgt im Wesentlichen auch die Versendung der Betäubungsmittel. 1

Neben den betäubungsmittelrechtlichen Bestimmungen sind noch zoll- und außenwirtschaftliche Vorschriften zu beachten (Hügel/Junge/Lander/Winkler Rn. 4). 2

§ 15 Vereinfachter grenzüberschreitender Verkehr

(1) ¹Die Vorschriften der §§ 1 bis 12 finden keine Anwendung auf Zubereitungen der in den Anlagen II und III des Betäubungsmittelgesetzes aufgeführten Stoffe, die entweder
1. durch Ärzte, Zahnärzte oder Tierärzte zur zulässigen ärztlichen, zahnärztlichen oder tierärztlichen Berufsausübung oder zur ersten Hilfeleistung in angemessenen Mengen oder
2. durch andere Personen in der Dauer der Reise angemessenen Mengen auf Grund ärztlicher Verschreibung oder Bescheinigung für den eigenen Bedarf

im grenzüberschreitenden Verkehr mitgeführt werden. ²Satz 1 Nummer 2 gilt auch für den in der Anlage III des Betäubungsmittelgesetzes aufgeführten Cannabis in Form von getrockneten Blüten.

(2) Die Vorschriften der §§ 1 bis 12 finden ferner keine Anwendung auf Betäubungsmittel, wenn diese in angemessenen Mengen als Ausrüstungen für die erste Hilfeleistung oder für sonstige dringende Fälle in Autobussen, Eisenbahnzügen, Luftfahrzeugen oder Schiffen im internationalen Verkehr mitgeführt werden.

(3) Die Vorschriften der §§ 7 bis 12 finden keine Anwendung auf Betäubungsmittel, die in Katastrophenfällen durch Hilfsorganisationen, Hersteller oder andere Lieferanten, die eine entsprechende Erlaubnis gemäß § 3 Abs. 1 des Betäubungsmittelgesetzes besitzen, auf der Grundlage der Model Guidelines for the International Provision of Controlled Medicines for Emergency Medical Care der Weltgesundheitsorganisation (Dokument WHO/PSA/96.17; Weltgesundheitsorganisation, 1211 Genf 27, Schweiz) ausgeführt werden.

Zu Absatz 1 zunächst → BtMG § 4 Rn. 98–105. Die Ärzte oder Reisenden sind beim Grenzübertritt nicht verpflichtet, die mitgeführten Betäubungsmittel bei den Zollstellen anzumelden, da auch die Vorschriften über die Zollabfertigung nicht gelten. Die Zollbeamten sind jedoch zu einer Überprüfung befugt, wenn Betäubungsmittel mitgeführt werden. 1

Die bisher nur für Arzneimittel in der Form von Zubereitungen geltenden Regeln wurden durch das Gesetz v. 6.3.2017 (BGBl. I S. 403) auf in den der Anlage III aufgeführten Cannabis in Form von getrockneten Blüten ausgedehnt. 2

3 Für das Mitführen von Betäubungsmitteln in die Vertragsparteien des **Schengener Abkommens** s. Art. 75 SDÜ (Anh. B 4.1) sowie Bek. v. 27.3.1995 (BAnz. S. 4349), geändert durch Bek. v. 1.6.1995 (BAnz. S. 6567), abgedr. in Anh. F 3.1, 3.2. Danach können ärztlich verschriebene Betäubungsmittel für bis zu 30 Tage mitgeführt werden, wenn eine behördlich ausgestellte oder beglaubigte Bescheinigung (auf einem amtlichen Formblatt) vorliegt. Anders als § 4 Abs. 1 Nr. 4 ist Art. 75 SDÜ nicht auf Betäubungsmittel der Anlage III beschränkt, so dass etwa aus den Niederlanden dort als Arzneimittel verschriebenes Cannabis eingeführt werden darf; dies gilt jedoch nur, wenn das Arzneimittel einer in den Niederlanden ansässigen Person verschrieben wurde (Nr. 2 der Bek.).

4 In Deutschland wird die Bescheinigung **vom Arzt ausgestellt** und von der obersten Landesgesundheitsbehörde oder dem Bundesministerium der Verteidigung beglaubigt. Vordrucke der Bescheinigung können beim BfArM angefordert oder vom Internet heruntergeladen werden.

5 **Absatz 2** entspricht Art. 14 ÜK 1971 und geht etwas weiter als Art. 32 ÜK 1961, der nur Schiffe und Luftfahrzeuge nennt. Mit der Vorschrift wird praktischen Bedürfnissen entsprochen. Welche Betäubungsmittel in welcher Menge und Art mitgeführt werden dürfen, richtet sich nach den Vorschriften des Staates, in dem das Verkehrsmittel zugelassen ist (Hügel/Junge/Lander/Winkler Rn. 6).

6 **Absatz 3** wurde durch die 10. BtMÄndV eingeführt und soll die Ausfuhr von Betäubungsmitteln in Katastrophenfällen vereinfachen. Die in Absatz 3 angesprochene Erlaubnis kann vorsorglich für derartige Lieferungen beantragt werden, so dass im Ernstfall eine sofortige Lieferung von Betäubungsmitteln ohne weitere Formalitäten nach dem BtMG möglich ist (BR-Drs. 881/97, 59). Es ist lediglich ein gesondertes Anforderungs- und Berichtsformblatt für die Lieferung auszufüllen, das unverzüglich den zuständigen Stellen des Aus- und Einfuhrlandes zuzuleiten ist. Weitere Regelungen zur Sicherheit und Kontrolle des Betäubungsmittelverkehrs enthalten die WHO-Richtlinien.

V. Ordnungswidrigkeiten

§ 16 [Ordnungswidrigkeiten]

Ordnungswidrig im Sinne des § 32 Abs. 1 Nr. 6 des Betäubungsmittelgesetzes handelt, wer vorsätzlich oder fahrlässig
1. **entgegen § 1 Abs. 2 oder § 7 Abs. 2 im Einfuhr- oder Ausfuhrantrag unrichtige oder unvollständige Angaben macht oder**
2. **entgegen § 6 Abs. 1 oder Absatz 2 Satz 2 oder § 12 Abs. 1 Satz 1 oder Abs. 2 Satz 2 die Ein- oder Ausfuhranzeige oder die Ein- oder Ausfuhrgenehmigung nicht, nicht richtig oder nicht vollständig mit den dort bezeichneten Angaben versieht.**

1 Die Vorschrift soll für den Bereich der BtMAHV das Blankett des § 32 Abs. 1 Nr. 6 BtMG ausfüllen[1]. Dieses verweist lediglich auf eine Rechtsverordnung nach § 11 Abs. 2 S. 2 Nr. 2–4 BtMG. Verstöße gegen eine nach § 12 Abs. 2 S. 2 Nr. 1 BtMG erlassene Verordnung könnten nach § 29 Abs. 1 S. 1 Nr. 14 BtMG mit Strafe bedroht werden; hiervon hat der Verordnungsgeber bislang keinen Gebrauch gemacht. Nicht bewehrt ist § 11 Abs. 2 S. 1 (→ BtMG § 32 Rn. 11, 12).

2 **Zu Nr. 1.** Von den in § 32 Nr. 6 BtMG genannten Vorschriften kommt als unmittelbarer Anknüpfungspunkt für die Bewehrung unrichtiger oder unvollständiger

---

[1] Zur etwaigen Nichtigkeit des Blanketts → BtMG § 32 Rn. 10.

Angaben im Einfuhr- oder Ausfuhrantrag (Nr. 1) lediglich § 11 Abs. 2 S. 2 **Nr. 4** in Betracht, der sich unter anderem auch mit dem Inhalt und der Anfertigung der zu verwendenden amtlichen Formblätter befasst. Darauf dürfte sich § 16 Nr. 1 gerade noch stützen können (→ BtMG § 32 Rn. 12). § 11 Abs. 2 S. 2 Nr. 4 ist die Grundlage für die Anordnung der **Verwendung** der Formblätter. Der Verordnungsgeber kann auf dieser Basis auch die Art der Verwendung vorschreiben, insbesondere, dass die Formblätter vollständig und richtig auszufüllen sind. Die bloße Möglichkeit der Bewehrung der reinen Ausgestaltung und Herstellung der (unausgefüllten) Formblätter würde dagegen keinen Sinn machen. Es kommt hinzu, dass der Gesetzgeber in dem Umgang mit den amtlichen Formblättern ein ihm besonders wichtiges Merkmal des Verfahrens sieht (→ BtMG § 32 Rn. 12).

Zu Nr. 2. Dieselbe Problematik wie bei Nr. 1 ergibt sich auch in den Fällen der 3 Nr. 2, der sich mit Mängeln im Zusammenhang mit der Ein- oder Ausfuhranzeige oder der Ein- oder Ausfuhrgenehmigung befasst. Auch insoweit ist § 11 Abs. 2 S. 2 Nr. 4 BtMG dahin zu verstehen, dass er es nicht nur ermöglicht, die Verwendung der Formblätter vorzuschreiben, sondern auch die Art der Verwendung.

Auch die Nr. 2 wendet sich allein an den Ein- oder Ausführer. Dies gilt auch, so- 4 weit sie sich auf Angaben in der Ein- oder Ausfuhrgenehmigung bezieht (die vom BfArM ausgestellt wird). Die Vorschrift ist insoweit auch für den Betäubungsmittelverkehr mit den **Mitgliedstaaten der EU** anzuwenden, für den der Ein- oder Ausführer entsprechende Angaben auf der Rückseite der Ein- oder Ausfuhrgenehmigung zu machen hat (§ 6 Abs. 2, § 12 Abs. 2).

VI. Schlussvorschriften

§ 17 Zuständige Zollstellen

Der Bundesminister der Finanzen gibt im Bundesanzeiger die Zollstellen bekannt, bei denen Betäubungsmittel zur Einfuhr, Ausfuhr und Durchfuhr abgefertigt werden.

S. Bek. der Zollstellen, bei denen Betäubungsmittel zur Einfuhr, Ausfuhr und 1 Durchfuhr abgefertigt werden, v. 16.2.2021 (BAnz. AT 25.2.2021 B2).

§ 18 Sonstige Vorschriften

Das Bundesinstitut für Arzneimittel und Medizinprodukte gibt die amtlichen Formblätter nach § 1 Abs. 1, § 3 Abs. 1 Satz 1, § 6 Abs. 1 Satz 3, § 7 Abs. 1, § 9 Abs. 1 Satz 1, § 12 Abs. 1 Satz 3 und § 14 Abs. 3 Satz 1 heraus und macht sie im Bundesanzeiger bekannt. Es weist die BtM-Nummern nach § 1 Abs. 2 Nr. 1 und § 7 Abs. 2 Nr. 1 den Einführern oder Ausführern zu, macht die BtM-Nummern der Einfuhr- und Ausfuhrländer nach § 1 Abs. 2 Nr. 2 und § 7 Abs. 2 Nr. 2 und die Pharmazentralnummern nach § 1 Abs. 2 Nr. 3 Buchstabe a und § 7 Abs. 2 Nr. 4 Buchstabe a der Betäubungsmittel im Bundesanzeiger bekannt.

S. Bek. zur Betäubungsmittel-Außenhandelsverordnung (BtMAHV) v. 1 22.12.1981 (BAnz. 1982 Nr. 9), zuletzt geändert durch Bek. v. 30.1.2001 (BAnz. S. 2104)), abgedr. bei Hügel/Junge/Lander/Winkler Nr. 1.4.1. Die Formblätter können von der Website des BfArM heruntergeladen werden, ebenso Hinweise zum Ausfüllen der Formblätter.

§ 19

[gegenstandslos]

§ 20 Inkrafttreten

(1) Diese Verordnung tritt am 1. Januar 1982 in Kraft.

(2) Gleichzeitig treten außer Kraft
1. die Verordnung über die Einfuhr, Durchfuhr und Ausfuhr von Betäubungsmitteln in der im Bundesgesetzblatt Teil III, Gliederungsnummer 2121-6-3, veröffentlichten bereinigten Fassung, zuletzt geändert durch die Verordnung vom 15. Juni 1981 (BGBl. I S. 528), und
2. die Verordnung über den Verkehr mit Betäubungsmitteln in den Zollausschlüssen von Hamburg und Cuxhaven in der im Bundesgesetzblatt Teil III, Gliederungsnummer 2121-6-1, veröffentlichten bereinigten Fassung.

(3) Einfuhrscheine, die nach § 2 und Ausfuhrscheine, die nach § 13 der Verordnung über die Einfuhr, Durchfuhr und Ausfuhr von Betäubungsmitteln erteilt worden sind und zum Zeitpunkt des Inkrafttretens dieser Verordnung rechtsgültig bestanden, gelten im bisherigen Umfang als Einfuhrgenehmigung nach § 3 Abs. 1 Satz 1 oder als Ausfuhrgenehmigung nach § 9 Abs. 1 Satz 1 bis zu der in ihnen jeweils angegebenen Frist weiter.

Betäubungsmittel-Binnenhandelsverordnung
(BtMBinHV)

v. 16.12.1981 (BGBl. I S. 1425),
zuletzt geändert durch VO v. 17.8.2011 (BGBl. I S. 1754)

§ 1 [Ausgabenbeleg]

Wer Betäubungsmittel nach § 12 Abs. 1 des Betäubungsmittelgesetzes abgibt, hat für jede einzelne Abgabe einen Abgabebeleg schriftlich unter Verwendung des amtlichen Formblatts gemäß § 6 Absatz 1 Satz 1 oder elektronisch gemäß § 6 Absatz 1 Satz 2 zu erstellen.

Die BtMBinHV regelt das Verfahren für die Abgabe und den Erwerb von Betäubungsmitteln zwischen berechtigten Teilnehmern am Betäubungsmittelverkehr. Ausgangspunkt ist § 12 BtMG, der festlegt, an wen Betäubungsmittel abgegeben werden dürfen. Die Prüfung der Berechtigung zum Erwerb obliegt dem Abgebenden (→ BtMG § 12 Rn. 8). 1

Grundlage des Verfahrens nach der BtMBinHV ist der Abgabebeleg. Er ist von dem Abgebenden für jede einzelne Abgabe auf einem amtlichen Formblatt oder elektronisch (§ 6) auszufertigen. Der Auftrag zur Abgabe kann dagegen in jeder Form, auch mündlich oder fernmündlich, erfolgen. 2

Zuwiderhandlungen. Wer vorsätzlich oder fahrlässig entgegen § 1 einen Abgabebeleg nicht ausfertigt, handelt ordnungswidrig nach § 7 Nr. 1 BtMBinHV, § 32 Abs. 1 Nr. 6 BtMG. 3

§ 2 [Angaben]

(1) ¹Der Abgebende hat auf allen Teilen des Abgabebeleges (Abgabemeldung, Empfangsbestätigung, Lieferschein und Lieferscheindoppel) übereinstimmend folgende Angaben zu machen:
1. BtM-Nummer, Name oder Firma und Anschrift des Abgebenden; bei Abgebenden mit mehreren Betriebsstätten BtM-Nummer und Anschrift der abgebenden Betriebsstätte.
2. BtM-Nummer, Name oder Firma und Anschrift des Erwerbers; bei Erwerbern mit mehreren Betriebsstätten BtM-Nummer der erwerbenden Betriebsstätte,
3. für jedes abgegebene Betäubungsmittel:
   a) Pharmazentralnummer,
   b) Anzahl der Packungseinheiten,
   c) Packungseinheit gemäß verwendeter Pharmazentralnummer (bei Stoffen und nicht abgeteilten Zubereitungen die Gewichtsmenge, bei abgeteilten Zubereitungen die Stückzahl),
   d) Bezeichnung des Betäubungsmittels; zusätzlich:
      – bei abgeteilten Zubereitungen die Darreichungsform und das Gewicht des enthaltenen reinen Stoffes in Milligramm je abgeteilte Form,
      – bei nicht abgeteilten Zubereitungen die Darreichungsform und das Gewicht des enthaltenen reinen Stoffes je Packungseinheit,

BtMBinHV § 3

   – bei rohen, ungereinigten und nicht abgeteilten Betäubungsmitteln den Gewichtsvomhundertsatz des enthaltenen reinen Stoffes,
4. Abgabedatum.
²Der Abgebende hat die Abgabemeldung eigenhändig mit Kugelschreiber zu unterschreiben oder mit seiner elektronischen Signatur zu versehen.

(2) ¹Ist der Abgebende oder Erwerber eine in § 4 Abs. 2 oder § 26 des Betäubungsmittelgesetzes genannte Behörde oder Einrichtung, so entfällt die Angabe der BtM-Nummer nach Absatz 1 Satz 1 Nr. 1 oder 2. ²Die Angabe der Pharmazentralnummer des Betäubungsmittels nach Absatz 1 Satz 1 Nr. 3 Buchstabe a entfällt, wenn eine solche vom Bundesinstitut für Arzneimittel und Medizinprodukte nicht bekanntgemacht wurde.

(3) *(weggefallen)*

1   **Der Inhalt** des Abgabebelegs ist in § 2 im Einzelnen vorgeschrieben. Nach Absatz 1 hat der Abgebende neben zahlreichen anderen Angaben auch die BtM-Nummern (→ BtMAHV § 1 Rn. 4) einzutragen (mit Ausnahme des Betäubungsmittelverkehrs mit Behörden, Absatz 2 Satz 1) und das Betäubungsmittel nach bestimmten Kriterien, zu denen grundsätzlich (Ausnahmen in Absatz 2 Satz 2) auch die Pharmazentralnummer (→ BtMAHV § 1 Rn. 5) gehört, zu bezeichnen (Absatz 1 Satz 1 Nr. 3).

2   **Zuwiderhandlungen.** Wer vorsätzlich oder fahrlässig entgegen Absatz 1 auf einem Abgabebeleg eine Angabe nicht, nicht richtig, nicht vollständig, nicht übereinstimmend oder nicht in der vorgeschriebenen Weise macht oder entgegen Absatz 1 Satz 2 den Abgabebeleg nicht oder nicht vorschriftsmäßig unterschreibt, handelt ordnungswidrig nach § 7 Nr. 2, 3 BtMBinHV, § 32 Abs. 1 Nr. 6 BtMG.

§ 3 [Übersendung und Aufbewahrung bestimmter Belege]

(1) **Die Empfangsbestätigung und der Lieferschein sind dem Erwerber zusammen mit den Betäubungsmitteln als Schriftstücke oder elektronische Dokumente zu übersenden.**

(2) **Zur Meldung der Abgabe nach § 12 Abs. 2 des Betäubungsmittelgesetzes ist dem Bundesinstitut für Arzneimittel und Medizinprodukte die Abgabemeldung binnen einer Woche nach der Abgabe zu übersenden.**

(3) **Das Lieferscheindoppel ist vorbehaltlich der Vorschrift des § 4 Abs. 2 bis zum Eingang der Empfangsbestätigung aufzubewahren.**

1   **Absatz 1.** Empfangsbestätigung und Lieferschein sind dem Erwerber zusammen mit dem Betäubungsmittel zu übersenden. Die Art und Weise der Übersendung ist den Beteiligten freigestellt (Hügel/Junge/Lander/Winkler Rn. 1), sofern die notwendige Sicherheit des Betäubungsmittelverkehrs gewährleistet ist (§ 29 Abs. 1 S. 1 Nr. 1, Abs. 4 BtMG).

2   **Absatz 2.** Die Abgabemeldung, die der Abgebende nach § 12 Abs. 2 S. 1 BtMG zu erstatten hat, ist binnen einer Woche dem BfArM zu übersenden.

3   **Absatz 3.** Das Lieferscheindoppel bleibt beim Abgebenden und ist von diesem bis zum Eingang der Empfangsbestätigung aufzubewahren. Sofern sich beim Empfang keine Abweichungen ergeben haben, wird es nicht mehr benötigt (*Cremer-Schaeffer* in Hügel/Junge/Lander/Winkler Rn. 4). Andernfalls hat der Abgebende nach § 4 Abs. 2 zu verfahren.

4   **Zuwiderhandlungen.** Wer vorsätzlich oder fahrlässig entgegen Absatz 3 das Lieferscheindoppel nicht aufbewahrt, handelt ordnungswidrig nach § 7 Nr. 4 BtMBinHV, § 32 Abs. 1 Nr. 6 BtMG.

§ 4 [Pflichten des Erwerbers]
(1) Der Erwerber hat
1. die Angaben auf den ihm zugegangenen Teilen des Abgabebelegs (Empfangsbestätigung und Lieferschein) zu prüfen,
2. gegebenenfalls von ihm festgestellte Abweichungen auf diesen schriftlich oder elektronisch in erkennbarer Weise und so zu vermerken, dass die Angaben des Abgebenden als solche nicht verändert werden,
3. diese Teile schriftlich oder elektronisch mit dem Empfangsdatum zu versehen und eigenhändig mit Kugelschreiber zu unterschreiben oder mit seiner elektronischen Signatur zu versehen und
4. die Empfangsbestätigung spätestens an dem auf den Empfang der Betäubungsmittel folgenden Werktag dem Abgebenden zurückzusenden.

(2) Der Abgebende hat im Falle des Absatzes 1 Nr. 2
1. auf dem Lieferscheindoppel schriftlich oder elektronisch
   a) das Empfangsdatum der Empfangsbestätigung und
   b) die von dem Erwerber nach Absatz 1 Nr. 2 vermerkten Abweichungen als solche erkennbar einzutragen und sich zu ihrer Richtigkeit zu erklären und sodann
2. das Lieferscheindoppel dem Bundesinstitut für Arzneimittel und Medizinprodukte binnen einer Woche nach dem Empfang der Empfangsbestätigung zu übersenden.

Die Pflichten des Erwerbers (Absatz 1). Der Erwerber ist verpflichtet, die Angaben auf der Empfangsbestätigung und dem Lieferschein zu prüfen **(Nr. 1)** und die Empfangsbestätigung mit dem Empfangsdatum und seiner Unterschrift **(Nr. 3)** spätestens am nächsten Werktag an den Abgebenden zurückzusenden **(Nr. 4)**. Stellt er Abweichungen fest, so vermerkt er sie schriftlich oder elektronisch in der Empfangsbestätigung und in dem Lieferschein in einer Weise, dass die Angaben des Abgebenden nicht verändert werden **(Nr. 2)**, und schickt die Empfangsbestätigung an den Abgebenden zurück. 1

Die Pflichten des Abgebenden (Absatz 2). Hat der Erwerber auf der Empfangsbestätigung Abweichungen vermerkt, so hat der Abgebende das Datum des Eingangs der Empfangsbestätigung (bei ihm), die von dem Erwerber vermerkten Abweichungen und seine eigene Erklärung hierzu auf dem Lieferscheindoppel einzutragen und dieses binnen einer Woche an das BfArM zu übersenden. 2

Versehentliche Zusendung. Werden Betäubungsmittel versehentlich einer Person zugesandt, die zum Erwerb nicht berechtigt ist, so sollte sie den Empfang nicht bestätigen, sondern die Betäubungsmittel mit einem entsprechenden Vermerk auf dem Lieferschein zurücksenden; andernfalls kann ein unerlaubter Erwerb in Betracht kommen (*Cremer-Schaeffer* in Hügel/Junge/Lander/Winkler Rn. 2.3). 3

Zuwiderhandlungen. Wer (als Erwerber) vorsätzlich oder fahrlässig entgegen Absatz 1 die Empfangsbestätigung oder den Lieferschein nicht mit dem Empfangsdatum versieht, nicht oder nicht vorschriftsmäßig unterschreibt oder festgestellte Abweichungen in ihnen nicht oder nicht vorschriftsmäßig vermerkt oder die Empfangsbestätigung nicht rechtzeitig zurücksendet, handelt ordnungswidrig nach § 7 Nr. 5 BtMBinHV, § 32 Abs. 1 Nr. 6 BtMG. 4

Wer (als Abgebender) entgegen Absatz 2 das Lieferscheindoppel nicht mit dem Empfangsdatum der Empfangsbestätigung versieht, vermerkte Abweichungen nicht oder nicht vorschriftsmäßig auf dem Lieferscheindoppel einträgt oder dieses nicht rechtzeitig dem BfArM übersendet, handelt ordnungswidrig nach § 7 Nr. 6 BtMBinHV, § 32 Abs. 1 Nr. 6 BtMG. 5

§ 5 [Aufbewahrungspflicht]

¹Die Empfangsbestätigungen oder bis zu deren Eingang die Lieferscheindoppel sind vom Abgebenden nach Abgabedaten, die Lieferscheine vom Erwerber nach Erwerbsdaten geordnet drei Jahre gesondert aufzubewahren und auf Verlangen der nach § 19 Abs. 1 des Betäubungsmittelgesetzes zuständigen Behörde einzusenden, Beauftragten dieser Behörde vorzulegen oder ihnen im Falle einer elektronischen Aufbewahrung zugänglich zu machen. ²Die Frist beginnt für den Abgebenden mit dem Abgabedatum, für den Erwerber mit dem Datum des Empfangs der Betäubungsmittel.

1   **Aufbewahrungspflichten.** Der Erwerber behält in allen Fällen den Lieferschein zurück und bewahrt ihn auf. Die Empfangsbestätigung sendet er, gegebenenfalls nach einem Vermerk über festgestellte Abweichungen (§ 4 Abs. 1 Nr. 2), an den Abgebenden zurück, der sie behält. Die Unterrichtung des BfArM über die Abweichungen erfolgt auf dem Lieferscheindoppel (§ 4 Abs. 2 Nr. 2). Sowohl der Erwerber als auch der Abgebende haben die bei ihnen verbleibenden Unterlagen drei Jahre lang geordnet aufzubewahren und den Überwachungsbehörden gegebenenfalls zur Verfügung zu stellen.

2   **Zuwiderhandlungen.** Wer vorsätzlich oder fahrlässig entgegen § 5 die dort bezeichneten Teile des Abgabebelegs nicht oder nicht vorschriftsmäßig aufbewahrt, handelt ordnungswidrig nach § 7 Nr. 7 BtMBinHV, § 32 Abs. 1 Nr. 6 BtMG.

§ 6 [Herausgabe und Bekanntmachung des amtlichen Formblattes]

(1) ¹Das Bundesinstitut für Arzneimittel und Medizinprodukte gibt das amtliche Formblatt nach § 1 heraus und macht es im Bundesanzeiger bekannt. ²Für das elektronische Verfahren legt das Bundesinstitut für Arzneimittel und Medizinprodukte die Bearbeitungsvoraussetzungen fest und gibt auf seiner Internetseite www.bfarm.de insbesondere Folgendes bekannt:
1. das zu verwendende elektronische Muster und das Format, in dem die elektronischen Dokumente einzureichen sind,
2. die Einzelheiten des Verfahrens, das bei einer elektronischen Übermittlung einzuhalten ist, einschließlich des Standards für die Verschlüsselung.

(2) Das Bundesinstitut für Arzneimittel und Medizinprodukte weist die BtM-Nummern (§ 2 Abs. 1 Satz 1 Nr. 1 und 2) den berechtigten Personen und Personenvereinigungen zu und macht die vom Bundesinstitut für Arzneimittel und Medizinprodukte zugewiesenen Pharmazentralnummern für Betäubungsmittel (§ 2 Abs. 1 Satz 1 Nr. 3 Buchstabe a) auf seiner Internetseite www.bfarm.de bekannt.

1   S. Bek. zur Betäubungsmittel-Binnenhandelsverordnung (BtMBinHV) v. 20.12.1988 (BAnz. 1989 S. 341), v. 7.10.1994 (BAnz. S. 10911), v. 25.6.1997 (BAnz. S. 8313), und v. 6.6.2012 (BAnz. v. 13.6.2012 B4), sowie Bek. zum elektronischen Abgabebelegverfahren der Betäubungsmittel-Binnenhandelsverordnung (BtMBinHV) v. 2.9.2011. Zum Verfahrensgang im elektronischen Verfahren s. Hügel/Junge/Lander/Winkler 1.2.1 S. 8.

§ 7 [Ordnungswidrigkeiten]

Ordnungswidrig im Sinne des § 32 Abs. 1 Nr. 6 des Betäubungsmittelgesetzes handelt, wer vorsätzlich oder fahrlässig
1. entgegen § 1 einen Abgabebeleg nicht erstellt,

2. entgegen § 2 Abs. 1 Satz 1 auf einem Abgabebeleg eine Angabe nicht, nicht richtig, nicht vollständig, nicht übereinstimmend oder nicht in der vorgeschriebenen Weise macht,
3. entgegen § 2 Abs. 1 Satz 2 die Abgabemeldung nicht oder nicht vorschriftsmäßig unterschreibt oder nicht mit seiner elektronischen Signatur versieht,
4. entgegen § 3 Abs. 3 das Lieferscheindoppel nicht aufbewahrt,
5. entgegen § 4 Abs. 1 die Empfangsbestätigung oder den Lieferschein nicht mit dem Empfangsdatum versieht, nicht oder nicht vorschriftsmäßig unterschreibt oder nicht mit seiner elektronischen Signatur versieht oder festgestellte Abweichungen in ihnen nicht oder nicht vorschriftsmäßig vermerkt oder die Empfangsbestätigung nicht rechtzeitig zurücksendet,
6. entgegen § 4 Abs. 2 das Lieferscheindoppel nicht mit dem Empfangsdatum der Empfangsbestätigung versieht, vermerkte Abweichungen nicht oder nicht vorschriftsmäßig auf dem Lieferscheindoppel einträgt oder dieses nicht rechtzeitig dem Bundesinstitut für Arzneimittel und Medizinprodukte übersendet oder
7. entgegen § 5 die dort bezeichneten Teile des Abgabebelegs nicht oder nicht vorschriftsmäßig aufbewahrt.

Die Vorschrift füllt für den Bereich der BtMBinHV das Blankett des § 32 Abs. 1 Nr. 6 BtMG aus.[1] Wegen der Einzelheiten wird auf die jeweiligen Vorschriften verwiesen.

§ 8

(aufgehoben)

§ 9 [Inkrafttreten, Außerkrafttreten]

(1) Diese Verordnung tritt am 1. Januar 1982 in Kraft.

(2) Gleichzeitig treten außer Kraft
1. die Verordnung über den Bezug von Betäubungsmitteln vom 17. November 1972 (BGBl. I S. 2141), zuletzt geändert durch die Verordnung vom 25. März 1974 (BGBl. I S. 775),
mit Ausnahme des § 6 Abs. 1 und 3 Satz 1 und des § 8, die am 1. Februar 1982 außer Kraft treten,
und des § 3 Satz 2 und des § 6 Abs. 3 Satz 2 und Abs. 4, die am 31. Dezember 1984 außer Kraft treten und
2. die Verordnung über die Ausnahme von der Meldepflicht nach der Verordnung über den Bezug von Betäubungsmitteln vom 9. Oktober 1974 (BGBl. I S. 2448).

(3) Das nach der Verordnung über den Bezug von Betäubungsmitteln vorgeschriebene amtliche Formblatt „Erwerbsbeleg" darf noch bis zum 31. Dezember 1982 mit der Maßgabe weiterverwendet werden, daß Teil I anstelle der Abgabemeldung, Teil II anstelle der Empfangsbestätigung, Teil III anstelle des Lieferscheins und eine weitere Durchschrift oder Ablichtung anstelle des Lieferscheindoppels des nach § 1 vorgeschriebenen Abgabebelegs tritt.

---

[1] Zur etwaigen Nichtigkeit des Blanketts → BtMG § 32 Rn. 10.

Betäubungsmittel-Kostenverordnung
(BtMKostV)

v. 30. 6. 2009 (BGBl. I S. 1675),
zuletzt geändert durch VO v. 18. 8. 2019
(BGBl. I S. 1356)[1]

§ 1 Anwendungsbereich

Das Bundesinstitut für Arzneimittel und Medizinprodukte erhebt für individuell zurechenbare öffentliche Leistungen auf dem Gebiet des Betäubungsmittelverkehrs Gebühren und Auslagen nach den folgenden Vorschriften und dem Gebührenverzeichnis der Anlage.

1   Den Teilnehmern am Betäubungsmittelverkehr entstehen Kosten nur dann, wenn der entsprechende Kostentatbestand in der BtMKostV geregelt ist. Andere Leistungen, zB die Ausgabe von Betäubungsmittelrezepten, sind kostenlos.

§ 2 Gebühren in besonderen Fällen

Für den Widerruf oder die Rücknahme einer Erlaubnis, für die Versagung einer Erlaubnis oder Genehmigung sowie für die Rücknahme eines Antrags durch den Antragsteller nach Beginn der sachlichen Bearbeitung wird eine Gebühr in Höhe von 75 Prozent der für die Vornahme der individuell zurechenbaren Leistung festzusetzenden Gebühr erhoben. Die vorgesehene Gebühr kann bis zu 25 Prozent der für die Vornahme festzusetzenden Gebühr ermäßigt oder von ihrer Erhebung kann ganz abgesehen werden, wenn dies der Billigkeit entspricht.

§ 3 Gebühren in Widerspruchsverfahren

(1) Für die teilweise oder vollständige Zurückweisung eines Widerspruchs gegen eine Sachentscheidung beträgt die Gebühr mindestens 100 Euro, höchstens jedoch die für den angefochtenen Verwaltungsakt festgesetzte Gebühr. Dies gilt nicht, wenn der Widerspruch nur deshalb keinen Erfolg hat, weil die Verletzung einer Verfahrens- oder Formvorschrift nach § 45 des Verwaltungsverfahrensgesetzes unbeachtlich ist.

(2) Wird ein Widerspruch nach Beginn der sachlichen Bearbeitung, jedoch vor deren Beendigung zurückgenommen, beträgt die Gebühr mindestens 50 Euro, höchstens jedoch 75 Prozent der Gebühr nach Absatz 1.

(3) Für die teilweise oder vollständige Zurückweisung und bei Rücknahme eines ausschließlich gegen den Gebühren- oder Auslagenbescheid gerichteten Widerspruchs beträgt die Gebühr mindestens 50 Euro, höchstens jedoch 10 Prozent des streitigen Betrages. Ist der streitige Betrag geringer als 50 Euro, wird eine Gebühr in Höhe des streitigen Betrages erhoben.

---

[1] Wird mit Wirkung v. 1.10.2021 aufgehoben (Art. 4 Abs. 8, Art. 7 Abs. 3 des Gesetzes v. 18.7.2016 (BGBl. I S. 1666).

(4) Wird ein Widerspruch vollständig als unzulässig zurückgewiesen, so beträgt die Gebühr nach den Absätzen 1 und 3 mindestens 50 Euro, höchstens 100 Euro.

(5) Wird ein Widerspruch teilweise zurückgewiesen, ist die Gebühr nach den Absätzen 1 und 3 entsprechend dem Anteil der Stattgabe zu ermäßigen; die Mindestgebühr nach den Absätzen 1 und 3 darf nicht unterschritten werden.

§ 4 Ermäßigungen

Von der Erhebung einer Gebühr oder Auslage kann in den Fällen der Gebührennummern 1, 3 bis 9 und 11 teilweise oder ganz abgesehen werden, wenn die individuell zurechenbare öffentliche Leistung wissenschaftlichen, analytischen oder anderen im öffentlichen Interesse liegenden Zwecken von besonderer Bedeutung dient oder wenn die Erhebung in einem offensichtlichen Missverhältnis zum wirtschaftlichen Nutzen für den Kostenschuldner steht.

§ 5 Übergangsvorschrift

Die Betäubungsmittel-Kostenverordnung in der am 5. September 2019 geltenden Fassung ist weiterhin anzuwenden auf individuell zurechenbare öffentliche Leistungen, die vor dem 6. September 2019 beantragt wurden.

Anlage (zu § 1)

Gebührenverzeichnis

Gebühren-nummer	Gebührenpflichtige Amtshandlung	Gebühr in Euro
1	Erteilung einer Erlaubnis nach § 3 des Betäubungsmittelgesetzes	
1.1	Für jede der nachfolgenden Verkehrsarten wird je Betäubungsmittel und Betriebsstätte folgende Gebühr erhoben:	
1.1.1	Anbau einschließlich Gewinnung	240
1.1.2	Herstellung (mit Ausnahme von Zwischenprodukten, die bei der Herstellung anfallen und unmittelbar weiterverarbeitet werden)	480
1.1.3	Binnenhandel	590
1.1.4	– jedoch insgesamt je Betriebsstätte nicht mehr als	8.850
1.1.5	Außenhandel einschließlich Binnenhandel	1.040
1.1.6	– jedoch insgesamt je Betriebsstätte nicht mehr als	15.600
1.2	Sofern der Verkehr nur wissenschaftlichen oder analytischen Zwecken dient oder ohne wirtschaftliche Zwecksetzung erfolgt, wird für jede der nachfolgenden Verkehrsarten je Betäubungsmittel und Betriebsstätte folgende Gebühr erhoben:	
1.2.1	Anbau einschließlich Gewinnung	190

BtMKostV Anlage (zu § 1)

Gebühren-nummer	Gebührenpflichtige Amtshandlung	Gebühr in Euro
1.2.2	Herstellung (mit Ausnahme von Zwischenprodukten, die bei der Herstellung anfallen und unmittelbar weiterverarbeitet werden und von Zubereitungen zu betriebseigenen wissenschaftlichen Zwecken)	190
1.2.3	Erwerb	190
1.2.4	Abgabe	190
1.2.5	Einfuhr	190
1.2.6	Ausfuhr	190
1.3	Für jede der nachfolgenden Verkehrsarten wird je ausgenommene Zubereitung und Betriebsstätte folgende Gebühr erhoben:	
1.3.1	Herstellung (mit Ausnahme von Zwischenprodukten, die bei der Herstellung anfallen und unmittelbar weiterverarbeitet werden)	480
1.3.2	Einfuhr	500
1.3.3	Ausfuhr	500
2	Bearbeitung einer Anzeige nach § 4 Abs. 3 des Betäubungsmittelgesetzes	
2.1	Anzeige einer Neugründung, eines Betreiberwechsels oder einer Rechtsformänderung einer Apotheke oder eines Apothekenverbundes	250
2.2	Anzeige einer Änderung des Namens oder der Anschrift der Apotheke oder des Apothekenbetreibers	110
3	In den Fällen des § 8 Abs. 3 S. 2 des Betäubungsmittelgesetzes werden folgende Gebühren erhoben:	
3.1	Erteilung einer neuen Erlaubnis auf Grund neu aufgenommener Verkehrsarten, Betäubungsmittel oder ausgenommener Zubereitungen	entsprechend Gebührennummer 1
3.2	Erteilung einer neuen Erlaubnis auf Grund einer Änderung in der Person des Erlaubnisinhabers	50 Prozent der Gebühr nach Gebührennummer 1
3.3	Erteilung einer neuen Erlaubnis auf Grund einer Änderung der Lage der Betriebsstätte, ausgenommen innerhalb eines Gebäudes,	50 Prozent der Gebühr nach Gebührennummer 1
4	In den Fällen des § 8 Abs. 3 S. 3 des Betäubungsmittelgesetzes werden je Betriebsstätte folgende Gebühren erhoben:	
4.1	Änderung einer Erlaubnis, soweit der Verkehr nur wissenschaftlichen oder analytischen Zwecken dient oder ohne wirtschaftliche Zwecksetzung erfolgt, je Änderung	90

Anlage (zu § 1) **Anlage (zu § 1) BtMKostV**

Gebührennummer	Gebührenpflichtige Amtshandlung	Gebühr in Euro
4.2	Änderung einer Erlaubnis in allen anderen Fällen, je Änderung	190
5	Verlängerung einer nach § 9 Abs. 2 Nummer 1 des Betäubungsmittelgesetzes befristeten Erlaubnis	25 Prozent der Gebühr nach Gebührennummer 1
6	Änderung einer Erlaubnis von Amts wegen iSd § 9 Abs. 2 Nummer 2 des Betäubungsmittelgesetzes	190
7	Anordnung einer Sicherungsmaßnahme nach § 15 des Betäubungsmittelgesetzes	150
8	Besichtigungen nach § 22 Abs. 1 Nummer 3 des Betäubungsmittelgesetzes	600–15.000
9	Erteilung einer Einfuhrgenehmigung nach § 3 Abs. 1, Ausfuhrgenehmigung nach § 9 Abs. 1, sowie einer Durchfuhrgenehmigung nach § 13 Abs. 2 der Betäubungsmittel-Außenhandelsverordnung, je Betäubungsmittel oder je ausgenommene Zubereitung	70
10	Vernichtung von Betäubungsmitteln durch das Bundesinstitut für Arzneimittel und Medizinprodukte nach § 16 Abs. 2 des Betäubungsmittelgesetzes, bei Stoffen und nicht abgeteilten Zubereitungen je angefangenes Kilogramm, bei abgeteilten Zubereitungen je angefangene 500 Stück	60
11	Sonstige auf Antrag vorgenommene individuell zurechenbare öffentliche Leistungen	
11.1	Nicht einfache schriftliche Fachauskünfte	50–500
11.2	Beantragte fachliche Bescheinigungen und Beglaubigungen	50–250
11.3	Fachliche Beratung des Antragstellers (Beratungsgespräch)	500–5.000

Verordnung über das Verschreiben, die Abgabe und den Nachweis des Verbleibs von Betäubungsmitteln (Betäubungsmittel-Verschreibungsverordnung – BtMVV)

v. 20.1.1998 (BGBl. I S. 74),
zuletzt geändert durch VO v. 2.7.2018
(BGBl. I S. 1078)[1]

§ 1 Grundsätze

(1) ¹Die in Anlage III des Betäubungsmittelgesetzes bezeichneten Betäubungsmittel dürfen nur als Zubereitungen, Cannabis auch in Form von getrockneten Blüten, verschrieben werden. ²Die Vorschriften dieser Verordnung gelten auch für Salze und Molekülverbindungen der Betäubungsmittel, die nach den Erkenntnissen der medizinischen Wissenschaft ärztlich, zahnärztlich oder tierärztlich angewendet werden. ³Sofern im Einzelfall nichts anderes bestimmt ist, gilt die für ein Betäubungsmittel festgesetzte Höchstmenge auch für dessen Salze und Molekülverbindungen.

(2) Betäubungsmittel für einen Patienten oder ein Tier und für den Praxisbedarf eines Arztes, Zahnarztes oder Tierarztes dürfen nur nach Vorlage eines ausgefertigten Betäubungsmittelrezeptes (Verschreibung), für den Stationsbedarf, den Notfallbedarf nach § 5d und den Rettungsdienstbedarf nach § 6 Absatz 1 nur nach Vorlage eines ausgefertigten Betäubungsmittelanforderungsscheines (Verschreibung für den Stationsbedarf, den Notfallbedarf und den Rettungsdienstbedarf) abgegeben werden.

(3) Der Verbleib und der Bestand der Betäubungsmittel sind lückenlos nachzuweisen:
1. in Apotheken und tierärztlichen Hausapotheken,
2. in Praxen der Ärzte, Zahnärzte und Tierärzte,
3. auf Stationen der Krankenhäuser und der Tierkliniken,
4. in Alten- und Pflegeheimen sowie in Hospizen,
5. in Einrichtungen der Rettungsdienste,
6. in Einrichtungen nach § 5 Absatz 10 Satz 1 Nr. 3 Buchstabe a, b und c, Satz 2 Nummer 1 Buchstabe b und Nr. 4 und § 5a Absatz 2 sowie
7. auf Kauffahrteischiffen, die die Bundesflagge führen.

1 Die Vorschrift enthält die **Grundsätze** (BR-Drs. 881/97, 46), die für das Verschreiben, die Abgabe und den Nachweis des Verbleibs von Betäubungsmitteln gelten. Während der Verschreibungsgrundsatz bereits früher Gegenstand der BtMVV war, sind die Grundsätze über die Abgabe und die Nachweisführung eine Ergänzung, die durch die 10. BtMÄndV eingeführt wurde (BR-Drs. 881/97, 46).

2 **A. Verschreibungsgrundsatz (Absatz 1).** In Absatz 1 ist der Verschreibungsgrundsatz niedergelegt. Nach **Satz 1** dürfen Betäubungsmittel nicht als (Rein)Stoff, sondern nur als **Zubereitung** (§ 2 Abs. 1 Nr. 2 BtMG) verschrieben werden. Eine Ausnahme gilt seit dem Gesetz v. 6.3.2017 (BGBl. I S. 403) für Cannabis in Form von getrockneten Blüten, die keine Zubereitung, sondern einen Stoff nach § 2

---

[1] Weitere Änderungen durch die 32. BtMÄndV (→ BtMG § 1 Rn. 233b); bereits eingearbeitet.

Abs. 1 Nr. 1 Buchst. b BtMG darstellen (BT-Drs. 18/8965, 20). Nach **Satz 2** gilt die BtMVV auch für **Salze** oder **Molekülverbindungen** der Betäubungsmittel, soweit sie in der Medizin Verwendung finden. Die angegebenen Höchstmengen gelten dann für diese **(Satz 3)**, so dass es nicht zulässig ist, auf der Basis des Wertes für die Base oder Säure die entsprechende Menge des jeweiligen Salzes zu verschreiben (*Cremer-Schaeffer* in Hügel/Junge/Lander/Winkler Rn. 1.2). Der Verschreibungsgrundsatz gilt auch für das Verschreiben von Diamorphin.

Die Verschreibung ausgenommener Zubereitungen richtet sich nicht nach dem BtMG und der BtMVV, sondern nach dem AMG (*Patzak* in Körner/Patzak/Volkmer Rn. 6). Eine Ausnahme gilt für die Verschreibung von Codein und Dihydrocodein für betäubungsmittel- oder alkoholabhängige Personen (Anlage III Positionen Codein und Dihydrocodein). 3

B. Grundsätze für die Abgabe (Absatz 2). Nach Absatz 2 dürfen Betäubungsmittel nur nach Vorlage einer Verschreibung, Stationsverschreibung, Verschreibung für den Notfallbedarf nach § 5 d und den Rettungsdienstbedarf nach § 6 Abs. 1 abgegeben werden. Dabei wird die **Verschreibung** als **ausgefertigtes Betäubungsmittelrezept** (→ BtMG § 4 Rn. 18–20, 22–32) definiert, während die Stationsverschreibung, die Verschreibungen für den Notfallbedarf und den Rettungsdienstbedarf einen ausgefertigten Betäubungsmittelanforderungsschein erfordern (→ BtMG § 4 Rn. 21). 4

C. Grundsätze für den Nachweis (Absatz 3). Die Vorschrift ordnet an, dass der Verbleib und Bestand der Betäubungsmittel bei allen Stellen, die aus therapeutischen Gründen befugt mit ihnen umgehen, lückenlos nachzuweisen ist. 5

D. Zuwiderhandlungen gegen Absatz 1. Wird ein Betäubungsmittel entgegen Absatz 1 Satz 1, auch in Verbindung mit Satz 2, nicht als Zubereitung verschrieben, so ist dies, sofern der Täter vorsätzlich handelt, nach § 29 Abs. 1 S. 1 Nr. 14 BtMG **strafbar** (§ 16 Nr. 1 BtMVV).[1] 6

§ 2 Verschreiben durch einen Arzt

(1) **Für einen Patienten darf der Arzt innerhalb von 30 Tagen verschreiben:**
a) **bis zu zwei der folgenden Betäubungsmittel unter Einhaltung der nachstehend festgesetzten Höchstmengen:**

1.	Amfetamin	600 mg,
2.	Buprenorphin	800 mg,
2 a.	Cannabis in Form von getrockneten Blüten	100 000 mg,
2 b.	Cannabisextrakt (bezogen auf den Δ9-Tetrahydrocannabinol-Gehalt)	1 000 mg,
3.	Codein als Substitutionsmittel	40 000 mg,
3 a.	Dexamfetamin	600 mg,
3 b.	Diamorphin	30 000 mg,
4.	Dihydrocodein als Substitutionsmittel	40 000 mg,
5.	Dronabinol	500 mg,
6.	Fenetyllin	2 500 mg,
7.	Fentanyl	500 mg,
7 a.	Flunitrazepam	30 mg,
8.	Hydrocodon	1 200 mg,
9.	Hydromorphon	5 000 mg,
10.	*(aufgehoben)*	–

---

[1] Zur etwaigen Nichtigkeit des Blanketts → § 16 Rn. 1.

BtMVV § 2

11.	Levomethadon	1 800 mg,
11a.	Lisdexamfetamindimesilat	2 100 mg,
12.	Methadon	3 600 mg,
13.	Methylphenidat	2 400 mg,
14.	*(weggefallen)*	–
15.	Morphin	24 000 mg,
16.	Opium, eingestelltes	4 000 mg,
17.	Opiumextrakt	2 000 mg,
18.	Opiumtinktur	40 000 mg,
19.	Oxycodon	15 000 mg,
20.	Pentazocin	15 000 mg,
21.	Pethidin	10 000 mg,
22.	*(weggefallen)*	–
23.	Piritramid	6 000 mg,
23a.	Tapentadol	18 000 mg,
24.	Tilidin	18 000 mg

oder

b) eines der weiteren in Anlage III des Betäubungsmittelgesetzes bezeichneten Betäubungsmittel außer Alfentanil, Cocain, Etorphin, Remifentanil und Sufentanil.

(2) ¹In begründeten Einzelfällen und unter Wahrung der erforderlichen Sicherheit des Betäubungsmittelverkehrs darf der Arzt für einen Patienten, der in seiner Dauerbehandlung steht, von den Vorschriften des Absatzes 1 hinsichtlich

1. der Zahl der verschriebenen Betäubungsmittel und
2. der festgesetzten Höchstmengen

abweichen. ²Eine solche Verschreibung ist mit dem Buchstaben „A" zu kennzeichnen.

(3) ¹Für seinen Praxisbedarf darf der Arzt die in Absatz 1 aufgeführten Betäubungsmittel sowie Alfentanil, Cocain bei Eingriffen am Kopf als Lösung bis zu einem Gehalt von 20 vom Hundert oder als Salbe bis zu einem Gehalt von 2 vom Hundert, Remifentanil und Sufentanil bis zur Menge seines durchschnittlichen Zweiwochenbedarfs, mindestens jedoch die kleinste Packungseinheit, verschreiben. ²Die Vorratshaltung soll für jedes Betäubungsmittel den Monatsbedarf des Arztes nicht überschreiten. ³Diamorphin darf der Arzt bis zur Menge seines durchschnittlichen Monatsbedarfs verschreiben. ⁴Die Vorratshaltung soll für Diamorphin den durchschnittlichen Zweimonatsbedarf des Arztes nicht überschreiten.

(4) ¹Für den Stationsbedarf darf nur der Arzt verschreiben, der ein Krankenhaus oder eine Teileinheit eines Krankenhauses leitet oder in Abwesenheit des Leiters beaufsichtigt. ²Er darf die in Absatz 3 bezeichneten Betäubungsmittel unter Beachtung der dort festgelegten Beschränkungen über Bestimmungszweck, Gehalt und Darreichungsform verschreiben. ³Dies gilt auch für einen Belegarzt, wenn die ihm zugeteilten Betten räumlich und organisatorisch von anderen Teileinheiten abgegrenzt sind.

Übersicht

	Rn.
Vorbemerkung zu den §§ 2–4	1
Die Regelung des § 2	3
A. Verschreibung für einen Patienten (Absätze 1, 2)	4
I. Verschreibungshöchstmenge (Absatz 1 Buchst. a)	5

Verschreiben durch einen Arzt **§ 2 BtMVV**

Rn.
II. Verschreibung eines anderen Betäubungsmittels (Absatz 1 Buchst. b) 12
III. Obergrenzen 13
IV. Abweichung in begründeten Einzelfällen (Absatz 2) 14
V. Keine Abgabe von Betäubungsmitteln durch den Arzt 19
VI. Zuwiderhandlungen 20
B. Verschreibung für den Praxisbedarf (Absatz 3) 23
    I. Ausübung der Praxis 26
    II. Sicherung 27
    III. Höchstmenge 29
    IV. Betäubungsmittelrezept 30
    V. Keine Abgabe aus dem Praxisbedarf 31
    VI. Zuwiderhandlungen 32
C. Verschreibung für den Stationsbedarf (Absatz 4) 34
    I. Verschreibungsberechtigte 36
    II. Betäubungsmittelanforderungsschein 38
    III. Keine Abgabe aus dem Stationsbedarf 40
    IV. Zuwiderhandlungen 41

Vorbemerkungen vor den §§ 2–4

Die §§ 2–4 befassen sich mit den **Mengen,** die der Arzt, Zahnarzt oder Tierarzt **1 höchstens** verschreiben darf. Dabei wird unterschieden, ob die Verschreibung für den Patienten, den Praxisbedarf oder den Stationsbedarf (eines Krankenhauses, einer Tierklinik oder einer Teileinrichtung hiervon) bestimmt ist.

Höchstmenge ist die Gewichtsmenge eines Betäubungsmittels (nicht der Zu- **2** bereitung, in der das Betäubungsmittel enthalten ist), die der Arzt, Zahnarzt oder Tierarzt innerhalb von 30 Tagen verschreiben darf. Auf die Darreichungsform kommt es dabei nicht an.

Die Regelung des § 2

Die Vorschrift befasst sich mit der Verschreibung durch den **Arzt.** Dabei regeln **3** die Absätze 1 und 2 die Verschreibung für einen Patienten, Absatz 3 die für den Praxisbedarf und Absatz 4 die Verschreibung für den Stationsbedarf.

A. Verschreibung für einen Patienten (Absätze 1, 2)

Die Verschreibung für **einen Patienten** wurde durch die 10. BtMÄndV we- **4** sentlich vereinfacht. Dies gilt insbesondere für Absatz 1:

I. Verschreibungshöchstmenge (Absatz 1 Buchst. a). Der Arzt kann inner- **5** halb von 30 Tagen bis zu zwei der in Buchst. a genannten Betäubungsmittel verschreiben. Sofern die verschriebene Menge die für 30 Tage vorgesehene Höchstmenge nicht übersteigt, kann die Reichdauer von 30 Tagen auch überschritten werden (BR-Drs. 881/97, 46).

Die Vorschrift enthält nur noch Höchstmengen für Betäubungsmittel, die **in der 6 Verschreibungspraxis** von Bedeutung sind und für die das BtMG keine ausgenommenen Zubereitungen vorsieht (BR-Drs. 881/97, 46); eine Ausnahme gilt für Codein und Dihydrocodein. Die Höchstmengen sind so bestimmt, dass bei durchschnittlicher Dosierung eine Reichdauer von 30 Tagen gewährleistet ist. Deswegen ist bei der Frage, ob eine Überschreitung der Höchstmenge vorliegt, auf den Verordnungszeitraum von 30 Tagen abzustellen (OLG Celle StV 2019, 346 = A&R 2018, 288 = BeckRS 2018, 29520).

Die Festlegung von Höchstmengen für **Codein** und **Dihydrocodein** ist not- **7** wendig geworden, weil das Verschreiben dieser Wirkstoffe für Betäubungsmittel-

BtMVV § 2

oder Alkoholabhängige nach betäubungsmittelrechtlichen Regeln erfolgen soll. Die Höchstmengen berücksichtigen die Toleranzentwicklung bei Opiatabhängigen, so dass sie auch für die Substitution ausreichend sind (BR-Drs. 881/97, 47). Sie gelten nur bei der **Verschreibung als Substitutionsmittel.** Sie sind durch die 15. BtMÄndV auf die jetzt geltende Höhe erweitert worden. Auch soweit **Buprenorphin** als **Substitutionsmittel** eingesetzt wird, bedarf es der jetzt festgesetzten erweiterten Höchstmenge.

8 **Auch unterhalb** der zulässigen Höchstmenge nach § 2 Abs. 1 hat sich die Verschreibung weiterhin am **Ultima-ratio-Gebot** des § 13 Abs. 1 BtMG zu orientieren, wonach eine Anwendung insbesondere dann nicht mehr begründet ist, wenn der beabsichtigte Zweck auf andere Weise erreicht werden kann (OLG Celle StV 2019, 346 (→ Rn. 6)).

9 Mit Buchst. a Nr. 2a wird die Folgerung daraus gezogen, dass nach dem Gesetz v. 6.3.2017 (BGBl. I S. 403) **Cannabis auch** in Form von getrockneten Blüten verschrieben werden darf. Da bei unterschiedlichen Krankheitsbildern verschiedene Sorten von Cannabis zum Einsatz kommen können, die im THC-Gehalt differieren, wird die Höchstverschreibungsmenge unabhängig vom THC-Gehalt festgelegt (BT-Drs. 18/8965, 20). Gleichwohl soll eine Standardisierung erfolgen (BT-Drs. 18/8965, 32).

10 Mit dem nunmehrigen **Buchst. a Nr. 2b** wurde die Folgerung daraus gezogen, dass nach der 25. BtMÄndV zugelassene **Fertigarzneimittel** auf der Basis von **Cannabis** verschreibungsfähig geworden sind. Für die Berechnung der Höchstmenge wurde der Wirkstoffgehalt an Δ9-Tetrahydrocannabinol (THC) zugrunde gelegt, da Cannabisextrakte auf einen bestimmten THC-Gehalt eingestellt werden. Nach den Angaben der Fachinformation für Ärzte und Apotheker für das in Deutschland zugelassene Fertigarzneimittel Sativex®-Spray ergibt sich, bei einer Tageshöchstdosis von 12 Sprühstößen, ein Verbrauch von 1000 Milligramm THC für 30 Tage (BR-Drs. 317/12, 12).

11 Absatz 1 Buchst. a Nr. 3b erweckt den Eindruck, als ob **jeder Arzt Diamorphin** (Heroin) in **jeder Form** verschreiben könne; durch Absatz 3 Sätze 3 und 4 wird dieser Eindruck verstärkt. Dass dies **nicht richtig ist,** muss anderen Vorschriften entnommen werden. Dass nur behandelnde Ärzte in einer anerkannten Einrichtung zur Verschreibung von Diamorphin befugt sind, ergibt sich aus § 47b Abs. 1 S. 1 AMG, § 5a Abs. 3 BtMVV. Dass Diamorphin nur in Zubereitungen, die zur Substitutionsbehandlung zugelassen sind, verschrieben werden darf, folgt aus § 13 Abs. 1 S. 1 BtMG, Anlage III Position Diamorphin, da der Stoff nur in dieser Form ein Betäubungsmittel der Anlage III ist. Eine insoweit präzisere Fassung des § 2 Abs. 1 Buchst. a, Abs. 3 S. 3 und 4 wäre zweckmäßig gewesen.

12 **II. Verschreibung eines anderen Betäubungsmittels (Absatz 1 Buchst. b).** Der Arzt darf **statt** der in Buchst. a genannten Betäubungsmittel auch ein anderes in der Anlage III bezeichnetes Betäubungsmittel verschreiben. Hiervon ausgenommen sind Alfentanil, Cocain, Etorphin, Remifentanil und Sufentanil; diese dürfen nicht für den Patienten, sondern nur für den Praxis- oder Stationsbedarf verschrieben werden (*Patzak* in Körner/Patzak/Volkmer Rn. 8, 15), wobei Etorphin dem Tierarzt vorbehalten ist (*Patzak* in Körner/Patzak/Volkmer Rn. 8). Für die Betäubungsmittel nach Buchst. b gelten keine Verschreibungshöchstmengen (*Patzak* in Körner/Patzak/Volkmer Rn. 8). Eine Verschreibung nach Buchst. b kommt nur in Betracht, wenn nicht bereits von der Verschreibungsmöglichkeit nach Buchst. a Gebrauch gemacht wurde (*Patzak* in Körner/Patzak/Volkmer Rn. 8; *Weinzierl* in BeckOK BtMG Rn. 10).

13 **III. Obergrenzen.** Die in Absatz 1 genannten Mengen sind Obergrenzen. Sie dürfen nur dann ausgeschöpft werden, wenn dies nach § 13 Abs. 1 BtMG **ärztlich**

begründet ist (OLG Celle StV 2019, 346 (→ Rn. 6)). Auch wenn der Arzt bei der Verschreibung weiß, dass er die verordnete Menge bei seinem Patienten nicht anwenden wird und auch wenn die dann angewandte Menge ärztlich begründet ist, ist die Verschreibung einer größeren Menge ärztlich unbegründet und nach § 29 Abs. 1 Nr. 6 Buchst. a BtMG strafbar (BGHSt 1, 318 = NJW 1951, 970).

IV. Abweichung in begründeten Einzelfällen (Absatz 2). Nach dieser Vorschrift darf der Arzt in **begründeten Einzelfällen** und unter Wahrung der erforderlichen Sicherheit des Betäubungsmittelverkehrs bei einem Patienten, der in seiner **Dauerbehandlung** steht, von der Beschränkung **der Zahl** der Betäubungsmittel und den **festgesetzten Höchstmengen** (und damit auch von dem Verschreibungszeitraum (BR-Drs. 252/01, 47)) abweichen. Damit soll die **Schmerztherapie** weiter erleichtert werden. Die Regelung gilt auch für Cannabis (BT-Drs. 18/8965, 20). 14

Absatz 2 ist eine **Ausnahmevorschrift** und daher eng auszulegen. Er sieht zwar keine Obergrenze vor, der Arzt hat aber die zu verschreibende Menge am jeweiligen Einzelfall aus medizinischer Sicht zu bewerten. Entscheidend sind die notwendige Tagesdosis und der Zeitraum, für den die verschriebene Menge reichen soll (*Patzak* in Körner/Patzak/Volkmer Rn. 11; *Weinzierl* in BeckOK BtMG Rn. 14). 15

Ein begründeter Einzelfall liegt vor, wenn die in Absatz 1 vorgesehene Menge des Betäubungsmittels keine Linderung der Schmerzen eines Patienten auf ein erträgliches Maß erbringt oder wenn die Verschreibung einer größeren Menge sonst dringend geboten ist (*Patzak* in Körner/Patzak/Volkmer Rn. 10; *Malek* in Spickhoff Rn. 2). Voraussetzung ist danach ein durch die Schwere der Krankheit begründetes Bedürfnis; **Betäubungsmittelabhängigkeit scheidet** damit als Krankheitsfall **aus** (*Patzak* in Körner/Patzak/Volkmer 10; *Oğlakcıoğlu* in MüKoStGB § 16 Rn. 29; *Weinzierl* in BeckOK BtMG Rn. 13; *Malek* in Spickhoff Rn. 2). 16

Weitere Voraussetzung ist, dass die Sicherheit des Betäubungsmittelverkehrs gewahrt bleibt. Der Arzt muss daher davon überzeugt sein, dass es zu keinem Missbrauch des Betäubungsmittels kommt. 17

Das Rezept ist **mit „A"** zu **kennzeichnen** (Satz 2 sowie § 9 Abs. 1 Nr. 6), so dass eine Gegenkontrolle sowohl in der Apotheke als auch beim Arzt durch die zuständige Überwachungsbehörde möglich ist. Fehlt der Vermerk, so darf das Rezept grundsätzlich nicht beliefert werden (§ 12 Abs. 1 Nr. 1 Buchst. b, Abs. 2). 18

V. Keine Abgabe von Betäubungsmitteln durch den Arzt. Ärzte dürfen Betäubungsmittel verschreiben, verabreichen und zum unmittelbaren Verbrauch überlassen. Sie dürfen sie jedoch ohne eine entsprechende Erlaubnis (§ 3 Abs. 1 Nr. 1) auch aus Praxis- oder Stationsbedarf, **nicht abgeben** (→ Rn. 31, 40). Es ist daher nicht zulässig und als **unerlaubtes Abgeben** (Veräußern, Handeltreiben) **strafbar,** wenn ein Arzt auch im Rahmen einer ärztlichen Behandlung dem Patienten oder einem Dritten die tatsächliche Sachherrschaft über ein Betäubungsmittel überlässt. Eine **Ausnahme** gilt nur in den Fällen des § 5 Abs. 7 S. 2 (Auffüllen der Tagesdosis bei der Substitution mit Codeinprodukten) und des § 13 Abs. 1a S. 1 BtMG (Abgabe an ambulant versorgte Palliativpatienten in palliativmedizinischen Krisensituationen). 19

VI. Zuwiderhandlungen.[1] Die Bewehrung der Absätze 1, 2 befindet sich in § 16 Nr. 2 Buchst. a. Zur Auslegung des § 16 Nr. 2 → § 16 Rn. 3–6. Danach macht sich nach § 16 Nr. 2 Buchst. a BtMVV, § 29 Abs. 1 S. 1 Nr. 14 BtMG, allerdings nur unter der Maßgabe der nachstehenden → Rn. 21, **strafbar,** wer vorsätzlich entgegen den Absätzen 1 oder 2 Satz 1 20
– andere als die dort bezeichneten Betäubungsmittel,
– Alfentanil, Cocain, Etorphin, Remifentanil und Sufentanil,

---

[1] Zur etwaigen Nichtigkeit des Blanketts → § 16 Rn. 1.

- innerhalb von 30 Tagen mehr als ein Betäubungsmittel (§ 2 Abs. 1 Buchst. b), im Falle des § 2 Abs. 1 Buchst. a mehr als zwei Betäubungsmittel,
- ein Betäubungsmittel über die festgesetzte Höchstmenge hinaus oder
- ein Betäubungsmittel unter Nichteinhaltung der vorgegebenen Bestimmungszwecke oder sonstiger Beschränkungen

für einen Patienten verschreibt. Ob die Überschreitung einer Höchstmenge vorliegt, ist nach einer durchgehenden Betrachtung der Verordnungszeiträume von jeweils 30 Tagen zu beurteilen, wenn es zu einem kontinuierlichen Bezug der Medikamente ohne längere zeitliche Unterbrechungen gekommen ist (OLG Celle StV 2019, 436 (→ Rn. 6)). Hält der Arzt sich **innerhalb der Obergrenzen**, verschreibt er aber dem Patienten mehr als indiziert ist, macht er sich nach § 29 Abs. 1 S. 1 Nr. 6 Buchst. a BtMG strafbar (→ Rn. 13). Zur **Abgabe** durch den Arzt → Rn. 19.

21 Anders als § 4 Abs. 2 beim Tierarzt (§ 16 Nr. 2 Buchst. c) ist **§ 2 Abs. 2 S. 1** beim Humanmediziner in § 16 Nr. 2 Buchst. a ausdrücklich in Bezug genommen, wobei allerdings unzutreffend der Anschein einer eigenen Sanktionierung erweckt wird. In Wirklichkeit ist bei einem Verstoß gegen § 2 Abs. 1 zunächst zu prüfen, ob die Verschreibung auf § 2 Abs. 2 S. 1 gestützt werden kann. Erst wenn **dies nicht der Fall** ist, kommt Strafbarkeit in Betracht.

22 Der vorsätzliche oder leichtfertige Verstoß gegen **Absatz 2 Satz 2** ist über § 9 Abs. 1 nach § 17 Nr. 1[2] als **Ordnungswidrigkeit** ahndbar (nicht ganz vollständig daher *Cremer-Schaeffer* in Hügel/Junge/Lander/Winkler Rn. 8); dazu auch → § 17 Rn. 2, 3.

B. Verschreibung für den Praxisbedarf (Absatz 3).

23 **Für seinen Praxisbedarf** darf der Arzt den **Zweiwochenbedarf** der in Absatz 1 genannten Betäubungsmittel **verschreiben;** hinzu kommen Alfentanil, Remifentanil und Sufentanil sowie zu bestimmten Zwecken und in einer bestimmten Form auch Cocain **(Satz 1)**. **Praxisbedarf** sind die Betäubungsmittel, die nicht für bestimmte einzelne Patienten vorgesehen sind, sondern zur alltäglichen Behandlung ambulanter Patienten in der Praxis oder zur Notfallversorgung vorgesehen sind (OVG Münster BeckRS 1996, 20812; *Patzak* in Körner/Patzak/Volkmer Rn. 14; *Weinzierl* in BeckOK BtMG Rn. 18).

24 Dabei soll die **Vorratshaltung** für jedes Betäubungsmittel den Monatsbedarf des Arztes nicht überschreiten **(Satz 2)**; damit soll vermieden werden, dass sich in Arztpraxen größere Bestände ansammeln, die Ziel krimineller Aktivitäten werden können.

25 **Diamorphin** darf der (behandelnde) Arzt (in einer anerkannten Einrichtung) bis zu seinem monatlichen Durchschnittsbedarf verschreiben **(Satz 3)**; seine Vorratshaltung soll den durchschnittlichen Zweimonatsbedarf nicht überscheiten **(Satz 4)**. Mit dieser Regelung soll die Transportfrequenz vermindert werden (BT-Drs. 16/11515, 11). Im Hinblick darauf, dass das Diamorphin nur in anerkannten Einrichtungen mit ihren gegenüber der Arztpraxis höheren Sicherheitseinrichtungen aufbewahrt werden darf, erscheint dies vertretbar.

26 **I. Ausübung der Praxis.** Die Ausübung der Praxis ist nach den ärztlichen Berufsordnungen regelmäßig an eine Niederlassung gebunden. Obwohl sich der Vorschlag, den Begriff „Praxisbedarf" durch „Bereitschaftsbedarf" zu ersetzen, bisher nicht durchgesetzt hat, besteht Übereinstimmung, dass die Befugnis, Betäubungsmittel zu verschreiben, nicht auf eine räumlich abgegrenzte Praxis beschränkt ist

---

[2] Zur etwaigen Nichtigkeit des Blanketts → § 17 Rn. 1.

(*Patzak* in Körner/Patzak/Volkmer Rn. 14; *Weinzierl* in BeckOK BtMG Rn. 19). Unter „Praxisbedarf" fallen danach auch die Betäubungsmittel, die zu Hausbesuchen, für den Bereitschafts- oder Notfalldienst eines nicht niedergelassenen Arztes oder für den Bedarf eines Belegarztes (soweit dieser nicht unter Absatz 4 Satz 3 fällt) benötigt werden (*Oğlakcıoğlu* in MüKoStGB BtMVV § 16 Rn. 105).

II. Sicherung. Zur Sicherung der Betäubungsmittel (§ 15 BtMG) dürfte es in diesen Fällen ausreichend sein, wenn sie in einer verschließbaren Tasche aufbewahrt werden, die Unbefugten nicht zugänglich ist; in einem Fahrzeug darf diese zwar mitgeführt, nicht jedoch aufbewahrt werden (*Oğlakcıoğlu* in MüKoStGB BtMVV § 16 Rn. 106). 27

In einer **Gemeinschaftspraxis** oder einer **Praxisgemeinschaft** ist jeder Arzt für die Beschaffung, ordnungsgemäße Aufbewahrung, den Nachweis des Verbleibs und die Einhaltung der sonstigen betäubungsmittelrechtlichen Vorschriften verantwortlich (BT-Drs. 10/843, 14; *Patzak* in Körner/Patzak/Volkmer Rn. 14). 28

III. Höchstmenge. Der Zweiwochenbedarf (mindestens die kleinste Packungseinheit) ist, auch iSd § 16 Nr. 2, eine Höchstmenge (*Oğlakcıoğlu* in MüKoStGB BtMVV § 16 Rn. 111). Dies folgt aus der unterschiedlichen Formulierung gegenüber dem Monatsbedarf **(Satz 2),** aber auch daraus, dass er die früheren gewichtsmäßigen Beschränkungen abgelöst hat (*Cremer-Schaeffer* in Hügel/Junge/Lander/Winkler § 2 Rn. 6.4; § 16 Rn. 3.3. Entsprechendes gilt bei der Verschreibung von Diamorphin. Hier ist der Monatsbedarf eine Höchstmenge **(Satz 3)** nicht dagegen der Zweimonatsvorrat **(Satz 4).** 29

IV. Betäubungsmittelrezept. Bei einer Verschreibung für den Praxisbedarf muss das Betäubungsmittelrezept anstelle der Personalien des Patienten und der Gebrauchsanweisung den Vermerk „Praxisbedarf" tragen (§ 9 Abs. 1 Nr. 8). Fehlt der Vermerk, so darf das Rezept grundsätzlich nicht beliefert werden (§ 12 Abs. 1 Nr. 1 Buchst. b, Abs. 2). 30

V. Keine Abgabe aus dem Praxisbedarf. Die Abgabe von Betäubungsmitteln aus dem Praxisbedarf ist auch im Rahmen einer Behandlung nicht zulässig (§ 13 Abs. 1 S. 1 BtMG; BT-Drs. 8/3551, 32) und als unerlaubtes Abgeben (§ 29 Abs. 1 S. 1 Nr. 1) strafbar (→ § 29 Rn. 1450). Aus dem Praxisbedarf dürfen Betäubungsmittel lediglich verabreicht oder zum unmittelbaren Verbrauch überlassen werden. 31

VI. Zuwiderhandlungen.[3] Die Bewehrung des Absatzes 3 befindet sich in § 16 Nr. 2 Buchst. b. Zur Auslegung des § 16 Nr. 2 → § 16 Rn. 3–6. Nach § 16 Nr. 2 Buchst. b BtMVV, § 29 Abs. 1 S. 1 Nr. 14 BtMG macht sich danach **strafbar,** wer vorsätzlich entgegen Absatz 3 Satz 1
– andere als die dort bezeichneten Betäubungsmittel,
– ein Betäubungsmittel über den durchschnittlichen Zweiwochenbedarf hinaus (→ Rn. 29), es sei denn es handelt sich um die kleinste Packungseinheit, oder
– ein Betäubungsmittel unter Nichteinhaltung der vorgegebenen Bestimmungszwecke oder sonstiger Beschränkungen
für seinen Praxisbedarf verschreibt. Nicht mit Strafe bedroht ist der Verstoß gegen § 2 Abs. 3 S. 2 (Monatsbedarf). Zur **Abgabe** aus dem Praxisbedarf → Rn. 31. 32

Ebensowenig sind die neu eingeführten **Sätze 3 und 4** bewehrt. Dabei dürfte es sich hinsichtlich **Satz 3** um ein **Gesetzgebungsversehen** handeln, da es keinen Sinn macht, den Verstoß gegen die Höchstmenge bei Diamorphin straffrei zu lassen, bei anderen Betäubungsmitteln dagegen mit Strafe zu bewehren. 33

---

[3] S. Fn. 1.

C. Verschreibung für den Stationsbedarf (Absatz 4).

34 Die Vorschrift befasst sich mit der Verschreibung für **den Stationsbedarf.** Eine Station ist ein Krankenhaus (→ Rn. 37) oder ein Teil eines Krankenhauses. Für Diamorphin kommt eine Stationsverschreibung nicht in Betracht, da dieses nur in anerkannten Einrichtungen verschrieben und verbraucht werden darf (§ 5a Abs. 3).

35 Für diese Verschreibungen gibt es **keine Höchstmengen** (*Oğlakcıoğlu* in MüKo-StGB BtMVV § 16 Rn. 128), allerdings sollte der Monatsbedarf aus Sicherheitsgründen (§ 15 BtMG) nicht überschritten werden (*Patzak* in Körner/Patzak/Volkmer Rn. 26)

36 **I. Verschreibungsberechtigte.** Betäubungsmittel für den Stationsbedarf dürfen nur Ärzte verschreiben, die ein Krankenhaus oder eine Teileinheit eines Krankenhauses leiten oder in Abwesenheit des Leiters beaufsichtigen **(Satz 1).** Die Verschreibung ist auch durch Belegärzte zulässig, wenn die ihnen zugeteilten Betten räumlich und organisatorisch von anderen Teileinheiten abgegrenzt sind **(Satz 3);** sonst gilt Absatz 3 (→ Rn. 26).

37 **Krankenhäuser** sind Einrichtungen, in denen durch ärztliche und pflegerische Hilfeleistung Krankheiten, Leiden oder Körperschäden festgestellt, geheilt oder gelindert werden sollen oder Geburtshilfe geleistet wird und in denen die zu versorgenden Personen untergebracht und verpflegt werden können (§ 14 Abs. 8 S. 1 ApoG, § 2 Nr. 1 KHG). **Kur- und Spezialeinrichtungen,** die der Gesundheitsvorsorge oder der medizinischen oder beruflichen Rehabilitation dienen, stehen unter bestimmten Voraussetzungen den Krankenhäusern gleich (§ 14 Abs. 8 S. 2 Nr. 2 ApoG). Dasselbe gilt für nach Landesrecht bestellte Träger und Durchführende des **Rettungsdienstes** (§ 14 Abs. 8 S. 2 Nr. 1 ApoG). **Altenheime** sind in der Regel keine Krankenhäuser (*Weinzierl* in BeckOK BtMG Rn. 27).

38 **II. Betäubungsmittelanforderungsschein.** Die Verschreibung erfolgt nicht auf einem Betäubungsmittelrezept, sondern auf einem Betäubungsmittelanforderungsschein (§§ 10, 11). Damit sollen die Förmlichkeiten vereinfacht werden. Auch diese Verschreibung ist eine Verschreibung im Sinne des BtMG, namentlich auch der Strafvorschriften.

39 Für **Art, Menge, Bestimmungszweck, Gehalt** und **Darreichungsform** der Betäubungsmittel, die für den Stationsbedarf verschrieben werden dürfen, gelten dieselben Regelungen wie für den Praxisbedarf **(Satz 2).**

40 **III. Keine Abgabe aus Stationsbedarf.** Ebenso wie aus dem Praxisbedarf ist eine Abgabe von Betäubungsmitteln aus dem Stationsbedarf nicht zulässig (→ Rn. 31; *Oğlakcıoğlu* in MüKoStGB BtMVV § 16 Rn. 129). Dies gilt trotz der damit verbundenen Schwierigkeiten auch in den Fällen des **Entlassmanagements** (§ 39 Abs. 1a SGB V) und bei **Tageskliniken** (*Gehring* MedR 2018, 874).

41 **IV. Zuwiderhandlungen.**[4] Die Bewehrung des Absatzes 4 befindet sich in § 16 Nr. 3. Danach macht sich nach § 16 Nr. 3 BtMVV, § 29 Abs. 1 S. 1 Nr. 14 BtMG **strafbar,** wer vorsätzlich entgegen Absatz 4
– Betäubungsmittel für andere als die dort bezeichneten Einrichtungen,
– andere als die dort bezeichneten Betäubungsmittel oder
– dort bezeichnete Betäubungsmittel unter Nichteinhaltung der dort genannten Beschränkungen
verschreibt. Zur Abgabe aus dem Stationsbedarf → Rn. 40.

---

[4] S. Fn. 1.

§ 3 Verschreiben durch einen Zahnarzt

(1) Für einen Patienten darf der Zahnarzt innerhalb von 30 Tagen verschreiben:
a) eines der folgenden Betäubungsmittel unter Einhaltung der nachstehend festgesetzten Höchstmengen:

1.	Buprenorphin	40 mg,
2.	Hydrocodon	300 mg,
3.	Hydromorphon	1 200 mg,
4.	Levomethadon	200 mg,
5.	Morphin	5 000 mg,
6.	Oxycodon	4 000 mg,
7.	Pentazocin	4 000 mg,
8.	Pethidin	2 500 mg,
9.	Piritramid	1 500 mg,
9a.	Tapentadol	4 500 mg,
10.	Tilidin	4 500 mg

oder
b) eines der weiteren in Anlage III des Betäubungsmittelgesetzes bezeichneten Betäubungsmittel außer Alfentanil, Amfetamin, Cannabis, Cocain, Diamorphin, Dronabinol, Etorphin, Fenetyllin, Fentanyl, Levacetylmethadol, Methadon, Methylphenidat, Nabilon, Normethadon, Opium, Papaver somniferum, Pentobarbital, Remifentanil, Secobarbital und Sufentanil.

(2) ¹Für seinen Praxisbedarf darf der Zahnarzt die in Absatz 1 aufgeführten Betäubungsmittel sowie Alfentanil, Fentanyl, Remifentanil und Sufentanil bis zur Menge seines durchschnittlichen Zweiwochenbedarfs, mindestens jedoch die kleinste Packungseinheit, verschreiben. ²Die Vorratshaltung soll für jedes Betäubungsmittel den Monatsbedarf des Zahnarztes nicht übersteigen.

(3) ¹Für den Stationsbedarf darf nur der Zahnarzt verschreiben, der ein Krankenhaus oder eine Teileinheit eines Krankenhauses leitet oder in Abwesenheit des Leiters beaufsichtigt. ²Er darf die in Absatz 2 bezeichneten Betäubungsmittel unter Beachtung der dort festgelegten Beschränkungen über Bestimmungszweck, Gehalt und Darreichungsform verschreiben. ³Dies gilt auch für einen Belegzahnarzt, wenn die ihm zugeteilten Betten räumlich und organisatorisch von anderen Teileinheiten abgegrenzt sind.

Übersicht

	Rn.
A. Verschreibung für einen Patienten (Absatz 1)	1
I. Verschreibungshöchstmengen	2
II. Keine Abgabe von Betäubungsmitteln	3
III. Zuwiderhandlungen	4
B. Verschreibung für den Praxisbedarf (Absatz 2)	5
I. Umfang	6
II. Betäubungsmittelrezept	7
III. Keine Abgabe aus dem Praxisbedarf	8
IV. Zuwiderhandlungen	9
C. Verschreibung für den Stationsbedarf (Absatz 3)	11
I. Grundsatz	11
II. Keine Abgabe aus dem Stationsbedarf	12
III. Zuwiderhandlungen	13

BtMVV § 3

A. Verschreibung für einen Patienten (Absatz 1)

1 **Die Vorschrift** regelt die Verschreibung durch **Zahnärzte** (→ BtMG § 4 Rn. 25). Sie wurde durch die 10. BtMÄndV in Anlehnung an § 2 Abs. 1 neu gefasst, wobei unter Berücksichtigung der akuten zahnmedizinischen Indikationen eine Reichdauer von einer Woche für ausreichend gehalten wurde (BR-Drs. 881/97, 48). Die Verschreibung von Diamorphin oder von Cannabis durch Zahnärzte ist nicht zulässig (§ 3 Abs. 1 Buchst. b).

2 **I. Verschreibungshöchstmengen.** Die in Absatz 1 festgelegten Höchstmengen sind Obergrenzen (→ § 2 Rn. 13). Anders als der Arzt darf der Zahnarzt von den in Buchst. a festgel Mengen nicht abweichen; eine dem § 2 Abs. 2 entsprechende Ausnahmeregelung fehlt (*Weinzierl* in BeckOK BtMG Rn. 3). Im Übrigen gelten für den Zahnarzt dieselben Bestimmungen wie für den Arzt. Insbesondere ist eine Verschreibung nach Buchst. b ist nur möglich, wenn nicht bereits von der Verschreibungsmöglichkeit nach Buchst. a Gebrauch gemacht wurde (*Patzak* in Körner/Patzak/Volkmer Rn. 7; *Weinzierl* in BeckOK BtMG Rn. 3).

3 **II. Keine Abgabe von Betäubungsmitteln.** Wie Ärzte (→ § 2 Rn. 19) dürfen auch Zahnärzte keine Betäubungsmittel **abgeben**.

4 **III. Zuwiderhandlungen.**[1] Die Bewehrung des Absatzes 1 befindet sich in § 16 Nr. 2 Buchst. a. Zu der den § 16 Nr. 2 betreffenden Verständnisschwierigkeit und ihrer Lösung → § 16 Rn. 3–6 Danach macht sich nach § 16 Nr. 2 Buchst. a BtMVV, § 29 Abs. 1 S. 1 Nr. 14 BtMG **strafbar,** wer vorsätzlich entgegen Absatz 1
– andere als die dort bezeichneten Betäubungsmittel,
– innerhalb von 30 Tagen mehr als ein Betäubungsmittel,
– ein Betäubungsmittel über die festgesetzte Höchstmenge hinaus oder
– ein Betäubungsmittel unter Nichteinhaltung der vorgegebenen Bestimmungszwecke oder sonstiger Beschränkungen
für einen Patienten verschreibt. Zur (unzulässigen) Abgabe → Rn. 3.

B. Verschreibung für den Praxisbedarf (Absatz 2)

5 **Die Vorschrift** regelt die Verschreibung durch den Zahnarzt für seinen Praxisbedarf.

6 **I. Umfang.** Für seinen Praxisbedarf darf der Zahnarzt die in Absatz 1 genannten Betäubungsmittel sowie Alfentanil, Fentanyl, Remifentanil und Sufentanil bis zur Menge seines durchschnittlichen **Zweiwochenbedarfs** verschreiben. Dagegen ist die Verschreibung von Cocain für die Zahnarztpraxis nicht vorgesehen (Satz 1). Der Zweiwochenbedarf ist eine Höchstmenge auch im strafrechtlichen Sinn (→ § 2 Rn. 29). Auch die **Vorratshaltung** des Zahnarztes soll für jedes Betäubungsmittel den Monatsbedarf der Praxis nicht übersteigen (Satz 2).

7 **II. Betäubungsmittelrezept.** Bei einer Verschreibung für den Praxisbedarf muss das Betäubungsmittelrezept anstelle der Personalien des Patienten und der Gebrauchsanweisung den Vermerk „Praxisbedarf" tragen (§ 9 Abs. 1 Nr. 8). Fehlt der Vermerk, so darf das Rezept grundsätzlich nicht beliefert werden (§ 12 Abs. 1 Nr. 1 Buchst. b, Abs. 2).

8 **III. Keine Abgabe aus Praxisbedarf.** Ebenso wie bei den Ärzten ist auch bei den Zahnärzten eine **Abgabe** von Betäubungsmitteln **aus dem Praxisbedarf** nicht zulässig (→ § 2 Rn. 31).

---

[1] Zur etwaigen Nichtigkeit des Blanketts → § 16 Rn. 1.

IV. Zuwiderhandlungen.[2] Die Bewehrung des Absatzes 2 befindet sich in § 16 9
Nr. 2 Buchst. b. Zu der § 16 Nr. 2 betreffenden Verständnisschwierigkeit und ihrer
Lösung → § 16 Rn. 3–6. Danach macht sich nach § 16 Nr. 2 Buchst. b BtMVV,
§ 29 Abs. 1 S. 1 Nr. 14 BtMG strafbar, wer vorsätzlich entgegen Absatz 2
– andere als die dort bezeichneten Betäubungsmittel,
– ein Betäubungsmittel über den durchschnittlichen Zweiwochenbedarf hinaus
  (→ Rn. 6), es sei denn es handelt sich um die kleinste Packungseinheit, oder
– ein Betäubungsmittel unter Nichteinhaltung der vorgegebenen Bestimmungszwecke oder sonstiger Beschränkungen
für seinen Praxisbedarf verschreibt. Nicht mit Strafe bedroht ist der Verstoß gegen
§ 2 Abs. 3 S. 2 (Monatsbedarf). Zur **Abgabe** aus dem Praxisbedarf → Rn. 8.

C. Verschreibung für den Stationsbedarf (Absatz 3)

Die Vorschrift regelt die Verschreibung für den Stationsbedarf des Zahnarztes. 10

I. Grundsatz. Die Regelung ist an § 2 Abs. 4 angelehnt. Es gelten daher im We- 11
sentlichen dieselben Grundsätze wie für den Stationsbedarf des Arztes (→ § 2
Rn. 34–39).

II. Keine Abgabe aus Stationsbedarf. Ebenso wie bei den Ärzten ist auch bei 12
den Zahnärzten eine **Abgabe** von Betäubungsmitteln **aus dem Stationsbedarf**
nicht zulässig (→ § 2 Rn. 41).

III. Zuwiderhandlungen.[3] Die Bewehrung des Absatzes 3 befindet sich in § 16 13
Nr. 3. Danach macht sich nach § 16 Nr. 3 BtMVV, § 29 Abs. 1 S. 1 Nr. 14 BtMG
strafbar, wer vorsätzlich entgegen Absatz 3
– Betäubungsmittel für andere als die dort bezeichneten Einrichtungen,
– andere als die dort bezeichneten Betäubungsmittel oder
– dort bezeichnete Betäubungsmittel unter Nichteinhaltung der dort genannten
  Beschränkungen
verschreibt. Zur **Abgabe** aus dem Stationsbedarf → Rn. 11.

§ 4 Verschreiben durch einen Tierarzt

(1) **Für ein Tier darf der Tierarzt innerhalb von 30 Tagen verschreiben:**
**a) eines der folgenden Betäubungsmittel unter Einhaltung der nachste-
hend festgesetzten Höchstmengen:**

1.	Amfetamin	600 mg,
2.	Buprenorphin	150 mg,
3.	Hydrocodon	1 200 mg,
4.	Hydromorphon	5 000 mg,
5.	Levomethadon	750 mg,
6.	Morphin	20 000 mg,
7.	Opium, eingestelltes	12 000 mg,
8.	Opiumextrakt	6 000 mg,
9.	Opiumtinktur	120 000 mg,
10.	Pentazocin	15 000 mg,
11.	Pethidin	10 000 mg,
12.	Piritramid	6 000 mg,
15.	Tilidin	18 000 mg

oder

---

[2] Zur etwaigen Nichtigkeit des Blanketts → § 16 Rn. 1.
[3] Zur etwaigen Nichtigkeit des Blanketts → § 16 Rn. 1.

b) eines der weiteren in Anlage III des Betäubungsmittelgesetzes bezeichneten Betäubungsmittel außer Alfentanil, Cannabis, Cocain, Diamorphin, Dronabinol, Etorphin, Fenetyllin, Fentanyl, Levacetylmethadol, Methadon, Methylphenidat, Nabilon, Oxycodon, Papaver somniferum, Pentobarbital, Remifentanil, Secobarbital und Sufentanil.

(2) ¹In begründeten Einzelfällen und unter Wahrung der erforderlichen Sicherheit des Betäubungsmittelverkehrs darf der Tierarzt in einem besonders schweren Krankheitsfall von den Vorschriften des Absatzes 1 hinsichtlich
1. der Zahl der verschriebenen Betäubungsmittel und
2. der festgesetzten Höchstmengen

abweichen. ²Eine solche Verschreibung ist mit dem Buchstaben „A" zu kennzeichnen.

(3) ¹Für seinen Praxisbedarf darf der Tierarzt die in Absatz 1 aufgeführten Betäubungsmittel sowie Alfentanil, Cocain zur Lokalanästhesie bei Eingriffen am Kopf als Lösung bis zu einem Gehalt von 20 vom Hundert oder als Salbe bis zu einem Gehalt von 2 vom Hundert, Etorphin nur zur Immobilisierung von Tieren, die im Zoo, im Zirkus oder in Wildgehegen gehalten werden, durch eigenhändige oder in Gegenwart des Verschreibenden erfolgende Verabreichung, Fentanyl, Methadon, Pentobarbital, Remifentanil und Sufentanil bis zur Menge seines durchschnittlichen Zweiwochenbedarfs, mindestens jedoch die kleinste Packungseinheit, verschreiben. ²Die Vorratshaltung soll für jedes Betäubungsmittel den Monatsbedarf des Tierarztes nicht überschreiten.

(4) ¹Für den Stationsbedarf darf nur der Tierarzt verschreiben, der eine Tierklinik oder eine Teileinheit einer Tierklinik leitet oder in Abwesenheit des Leiters beaufsichtigt. ²Er darf die in Absatz 3 bezeichneten Betäubungsmittel, ausgenommen Etorphin, unter Beachtung der dort festgelegten Beschränkungen über Bestimmungszweck, Gehalt und Darreichungsform verschreiben.

Übersicht

	Rn.
A. Verschreibung für ein Tier (Absätze 1, 2)	1
I. Verschreibungshöchstmengen	2
II. Abweichungen	3
III. Zuwiderhandlungen	4
B. Verschreibung für den Praxisbedarf (Absatz 3)	7
I. Umfang	8
II. Betäubungsmittelrezept	9
III. Zulässige Abgabe aus dem Praxisbedarf	10
IV. Zuwiderhandlungen	11
C. Verschreibung für den Stationsbedarf (Absatz 4)	12
I. Verschreibungsberechtigte	13
II. Umfang	14
III. Zuwiderhandlungen	15

A. Verschreibung für ein Tier (Absätze 1, 2)

1 **Die Vorschriften** befassen sich mit der Verschreibung durch den **Tierarzt** (→ BtMG § 4 Rn. 25). Diamorphin oder Cannabis darf durch Tierärzte nicht verschrieben werden (§ 4 Abs. 1 Buchst. b).

Verschreiben durch einen Tierarzt § 4 **BtMVV**

I. Grundsatz (Absatz 1). Die Verschreibung für ein Tier lehnt sich auch in der 2
Neufassung durch die 10. BtMÄndV eng an § 2 an. Die in Absatz 1 festgelegten
Höchstmengen sind **Obergrenzen** (→ § 2 Rn. 13).

II. Abweichungen (Absatz 2). Ähnlich wie der Arzt und anders als der Zahn- 3
arzt darf der Tierarzt unter bestimmten Voraussetzungen von den in Absatz 1 festgelegten Höchstmengen in einem bestimmten Umfang abweichen, wenn ein besonders schwerer Krankheitsfall vorliegt (Absatz 2 Satz 1) und die Sicherheit des Betäubungsmittelverkehrs gewahrt bleibt (→ § 2 Rn. 14–18). Das Rezept ist mit „A" zu kennzeichnen (Absatz 2 Satz 2 sowie § 9 Abs. 1 Nr. 6). Fehlt der Vermerk, so darf es grundsätzlich nicht beliefert werden (§ 12 Abs. 1 Nr. 1 Buchst. b, Abs. 2).

III. Zuwiderhandlungen.[1] Die Bewehrung des Absatzes 1 (auch in Verbin- 4
dung mit Absatz 2 Satz 1) befindet sich in § 16 Nr. 2 Buchst. c. Zur Auslegung des
§ 16 Nr. 2 → § 16 Rn. 3–6. Danach macht sich nach § 16 Nr. 2 Buchst. c BtMVV,
§ 29 Abs. 1 S. 1 Nr. 14 BtMG, allerdings nur unter den Voraussetzungen der nachfolgenden → Rn. 5, **strafbar**, wer vorsätzlich entgegen Absatz 1
– andere als die dort bezeichneten Betäubungsmittel,
– innerhalb von 30 Tagen mehr als ein Betäubungsmittel,
– ein Betäubungsmittel über die festgesetzte Höchstmenge hinaus oder
– ein Betäubungsmittel unter Nichteinhaltung der vorgegebenen Bestimmungszwecke oder sonstiger Beschränkungen
für ein Tier verschreibt.

Anders als § 2 Abs. 2 S. 1 beim Humanmediziner (§ 16 Nr. 2 Buchst. a) ist § 4 5
Abs. 2 S. 1 beim Tierarzt in § 16 Nr. 2 Buchst. c nicht in Bezug genommen. Dies
führt jedoch zum gleichen Ergebnis. Auch im Falle des § 4 ist bei einem Verstoß gegen Absatz 1 zunächst zu prüfen, ob die Verschreibung auf Absatz 2 gestützt werden kann. Erst wenn dies nicht der Fall ist, kommt Strafbarkeit in Betracht.

Der vorsätzliche oder leichtfertige Verstoß gegen **Absatz 2 Satz 2** ist über § 9 6
Abs. 1 nach § 17 Nr. 1[2] als **Ordnungswidrigkeit** ahndbar (Hügel/Junge/Lander/
Winkler Rn. 4); dazu auch → § 17 Rn. 3, 4.

B. Verschreibung für den Praxisbedarf (Absatz 3)

Die Vorschrift befasst sich mit der Verschreibung des Tierarztes für seinen Pra- 7
xisbedarf.

I. Umfang. Für seinen Praxisbedarf darf der Tierarzt den **Zweiwochenbedarf** 8
der in Absatz 1 genannten Betäubungsmittel sowie den entsprechenden Bedarf
weiterer Betäubungsmittel, deren Verwendung nach tierärztlichen Gesichtspunkten festgelegt ist, verschreiben; dazu gehört auch Cocain, das aber nur zu Eingriffen am Kopf verwendet werden darf (Satz 1). Auch beim Tierarzt soll die **Vorratshaltung** den Monatsbedarf nicht übersteigen (Satz 2).

II. Betäubungsmittelrezept. Bei einer Verschreibung für den Praxisbedarf 9
muss das Betäubungsmittelrezept anstelle der Personalien des Patienten und der Gebrauchsanweisung den Vermerk „Praxisbedarf" tragen (§ 9 Abs. 1 Nr. 8). Fehlt der Vermerk, so darf es grundsätzlich nicht beliefert werden (§ 12 Abs. 1 Nr. 1 Buchst. b, Abs. 2).

III. Zulässige Abgabe aus Praxisbedarf. Im Unterschied zu den Ärzten und 10
Zahnärzten darf der Tierarzt Betäubungsmittel an den Tierhalter **abgeben** (§ 4
Abs. 1 Nr. 2 Buchst. c BtMG), aber nur aus seiner Hausapotheke für ein von ihm
behandeltes Tier (→ BtMG § 4 Rn. 85, 88–91).

---

[1] Zur etwaigen Nichtigkeit des Blanketts → § 16 Rn. 1.
[2] Zur etwaigen Nichtigkeit des Blanketts → § 17 Rn. 1.

BtMVV § 5

11 **IV. Zuwiderhandlungen.**[3] Die Bewehrung des Absatzes 3 Satz 1 befindet sich in § 16 Nr. 2 Buchst. b. Zur Auslegung der § 16 Nr. 2 → § 16 Rn. 3–6. Danach macht sich nach § 16 Nr. 2 Buchst. b BtMVV, § 29 Abs. 1 S. 1 Nr. 14 BtMG **strafbar,** wer vorsätzlich entgegen Absatz 3 Satz 1
– andere als die dort bezeichneten Betäubungsmittel,
– ein Betäubungsmittel über den durchschnittlichen Zweiwochenbedarf hinaus (→ Rn. 8), es sei denn es handelt sich um die kleinste Packungseinheit, oder
– ein Betäubungsmittel unter Nichteinhaltung der vorgegebenen Bestimmungszwecke oder sonstiger Beschränkungen
für seinen Praxisbedarf verschreibt. Nicht mit Strafe bedroht ist der Verstoß gegen § 4 Abs. 3 S. 2 (Monatsbedarf). Zur (zulässigen) **Abgabe** aus dem Praxisbedarf → Rn. 10.

C. Verschreibung für den Stationsbedarf (Absatz 4)

12 **Die Vorschrift** regelt die Verschreibung von Betäubungsmitteln für den Stationsbedarf in Tierkliniken.

13 **I. Verschreibungsberechtigte.** Betäubungsmittel für den Stationsbedarf dürfen nur Tierärzte verschreiben, die eine Tierklinik oder eine Teileinheit derselben leiten oder in Abwesenheit des Leiters beaufsichtigen (Satz 1). Der Begriff der Tierklinik ist gesetzlich nicht definiert. Die Anforderungen, die an eine solche Einrichtung zu stellen sind, finden sich jedoch in den tierärztlichen Berufsordnungen, zB in § 23 der Berufsordnung der Landestierärztekammer Baden-Württemberg v. 25.6.2014.

14 **II. Umfang.** Die Verschreibungsberechtigten dürfen die in Absatz 3 bezeichneten Betäubungsmittel (ausgenommen Etorphin) unter Beachtung der dort festgelegten Beschränkungen über Bestimmungszweck, Gehalt und Darreichungsform verschreiben (Satz 2).

15 **III. Zuwiderhandlungen.**[4] Die Bewehrung des Absatzes 4 befindet sich in § 16 Nr. 3. Danach macht sich nach § 16 Nr. 3 BtMVV, § 29 Abs. 1 S. 1 Nr. 14 BtMG **strafbar,** wer vorsätzlich entgegen Absatz 4
– Betäubungsmittel für andere als die dort bezeichneten Einrichtungen,
– andere als die dort bezeichneten Betäubungsmittel oder
– dort bezeichnete Betäubungsmittel unter Nichteinhaltung der dort genannten Beschränkungen
verschreibt.

§ 5 Substitution, Verschreiben von Substitutionsmitteln

(1) ¹Substitution im Sinne dieser Verordnung ist die Anwendung eines Substitutionsmittels. ²Substitutionsmittel im Sinne dieser Verordnung sind ärztlich verschriebene Betäubungsmittel, die bei einem opioidabhängigen Patienten im Rahmen eines Therapiekonzeptes zur medizinischen Behandlung einer Abhängigkeit, die durch den Missbrauch von erlaubt erworbenen oder durch den Missbrauch von unerlaubt erworbenen oder erlangten Opioiden begründet ist, angewendet werden.

(2) ¹Im Rahmen der ärztlichen Therapie soll eine Opioidabstinenz des Patienten angestrebt werden. ²Wesentliche Ziele der Substitution sind dabei insbesondere
1. die Sicherstellung des Überlebens,
2. die Besserung und Stabilisierung des Gesundheitszustandes,
3. die Abstinenz von unerlaubt erworbenen oder erlangten Opioiden,

---

[3] S. Fn. 1.
[4] S. Fn. 1.

4. die Unterstützung der Behandlung von Begleiterkrankungen oder
5. die Verringerung der durch die Opioidabhängigkeit bedingten Risiken während einer Schwangerschaft sowie während und nach der Geburt.

(3) ¹Ein Arzt darf einem Patienten Substitutionsmittel unter den Voraussetzungen des § 13 Absatz 1 des Betäubungsmittelgesetzes verschreiben, wenn er die Mindestanforderungen an eine suchtmedizinische Qualifikation erfüllt, die von den Ärztekammern nach dem allgemein anerkannten Stand der medizinischen Wissenschaft festgelegt werden (suchtmedizinisch qualifizierter Arzt). ²Zudem muss er die Meldeverpflichtungen nach § 5b Absatz 2 erfüllen.

(4) ¹Erfüllt der Arzt nicht die Mindestanforderungen an eine suchtmedizinische Qualifikation nach Absatz 3 Satz 1 (suchtmedizinisch nicht qualifizierter Arzt), muss er zusätzlich zu der Voraussetzung nach Absatz 3 Satz 2
1. sich zu Beginn der Behandlung mit einem suchtmedizinisch qualifizierten Arzt abstimmen sowie
2. sicherstellen, dass sich sein Patient zu Beginn der Behandlung und mindestens einmal in jedem Quartal dem suchtmedizinisch qualifizierten Arzt nach Nummer 1 im Rahmen einer Konsiliarbehandlung vorstellt.

²Ein suchtmedizinisch nicht qualifizierter Arzt darf gleichzeitig höchstens zehn Patienten mit Substitutionsmitteln behandeln. ³Er darf keine Behandlung nach § 5a durchführen.

(5) ¹Im Vertretungsfall soll der substituierende Arzt von einem suchtmedizinisch qualifizierten Arzt vertreten werden. Gelingt es dem substituierenden Arzt nicht, einen Vertreter nach Satz 1 zu bestellen, so kann er von einem suchtmedizinisch nicht qualifizierten Arzt vertreten werden. ²In diesem Fall darf die Vertretung einen zusammenhängenden Zeitraum von bis zu vier Wochen und höchstens insgesamt zwölf Wochen im Jahr umfassen. ³Der Vertreter hat sich mit dem zu vertretenden Arzt grundsätzlich vor Beginn des Vertretungsfalles abzustimmen. Notfallentscheidungen bleiben in allen Vertretungsfällen unberührt. ⁴Der Vertreter fügt den Schriftwechsel sowie die sonstigen Aufzeichnungen zwischen den an der Vertretung beteiligten Ärzten der Dokumentation nach Absatz 11 bei. ⁵Der Vertreter nach Satz 2 darf im Rahmen seiner Vertretung keine Behandlung nach § 5a durchführen.

(6) ¹Als Substitutionsmittel im Sinne von Absatz 1 darf der substituierende Arzt nur Folgendes verschreiben:
1. ein zur Substitution zugelassenes Arzneimittel, das nicht den Stoff Diamorphin enthält,
2. eine Zubereitung von Levomethadon, von Methadon oder von Buprenorphin oder
3. in begründeten Ausnahmefällen eine Zubereitung von Codein oder Dihydrocodein.

²Die in Satz 1 genannten Substitutionsmittel dürfen nicht zur intravenösen Anwendung bestimmt sein. ³Die Verschreibung eines in Satz 1 genannten Substitutionsmittels ist mit dem Buchstaben „S" zu kennzeichnen. ⁴Für die zur Substitution zugelassenen Arzneimittel mit dem Stoff Diamorphin gilt § 5a.

(7)* ¹Dem Patienten oder bei dem Patienten ist das vom Arzt verschriebene Substitutionsmittel von den in Absatz 10 Satz 1 und 2 bezeichneten

---

* Satz 1 in der Fassung der 32. BtMÄndV (→ BtMG § 1 Rn. 233b).

Personen oder dem dort bezeichneten Personal in den Absatz 10 Satz 1 und 2 genannten Einrichtungen zum unmittelbaren Verbrauch zu überlassen, zu verabreichen oder gemäß dem in der arzneimittelrechtlichen Zulassung vorgesehenen Verfahren anzuwenden. ²Im Fall des Verschreibens von Codein oder Dihydrocodein kann dem Patienten nach der Überlassung jeweils einer Dosis zum unmittelbaren Verbrauch die für einen Tag zusätzlich benötigte Menge des Substitutionsmittels in abgeteilten Einzeldosen ausgehändigt und ihm die eigenverantwortliche Einnahme gestattet werden, sofern dem Arzt keine Anhaltspunkte für eine nicht bestimmungsgemäße Einnahme des Substitutionsmittels vorliegen.

(8) ¹Abweichend von Absatz 7 Satz 1 darf der substituierende Arzt dem Patienten das Substitutionsmittel zur eigenverantwortlichen Einnahme gemäß den Feststellungen der Bundesärztekammer nach Absatz 12 Satz 1 Nummer 3 Buchstabe b ausnahmsweise dann verschreiben, wenn
1. die Kontinuität der Substitutionsbehandlung des Patienten nicht anderweitig gewährleistet werden kann,
2. der Verlauf der Behandlung dies zulässt,
3. Risiken der Selbst- oder Fremdgefährdung so weit wie möglich ausgeschlossen sind und
4. die Sicherheit und Kontrolle des Betäubungsmittelverkehrs nicht beeinträchtigt werden.

²In diesem Fall darf das Substitutionsmittel nur in folgenden Mengen verschrieben werden:
1. in der für bis zu zwei aufeinanderfolgende Tage benötigten Menge oder
2. in der Menge, die benötigt wird für die Wochenendtage Samstag und Sonntag und für dem Wochenende vorangehende oder folgende Feiertage, auch einschließlich eines dazwischen liegenden Werktages, höchstens jedoch in der für fünf Tage benötigten Menge.

³Der substituierende Arzt darf dem Patienten innerhalb einer Kalenderwoche nicht mehr als eine Verschreibung aushändigen. Er darf die Verschreibung nur im Rahmen einer persönlichen Konsultation aushändigen. Die Verschreibung ist nach dem Buchstaben „S" zusätzlich mit dem Buchstaben „Z" zu kennzeichnen.

(9) ¹Sobald und solange der substituierende Arzt zu dem Ergebnis kommt, dass eine Überlassung des Substitutionsmittels zum unmittelbaren Verbrauch nach Absatz 7 nicht mehr erforderlich ist, darf er dem Patienten Substitutionsmittel zur eigenverantwortlichen Einnahme gemäß den Feststellungen der Bundesärztekammer nach Absatz 12 Satz 1 Nummer 3 Buchstabe b in folgenden Mengen verschreiben:
1. grundsätzlich in der für bis zu sieben Tage benötigten Menge oder
2. in begründeten Einzelfällen in der für bis zu 30 Tage benötigten Menge.

²Ein Einzelfall nach Satz 1 Nummer 2 kann durch einen medizinischen oder einen anderen Sachverhalt begründet sein. ³Ein durch einen anderen Sachverhalt begründeter Einzelfall liegt vor, wenn der Patient aus wichtigen Gründen, die seine Teilhabe am gesellschaftlichen Leben oder seine Erwerbstätigkeit betreffen, darauf angewiesen ist, eine Verschreibung des Substitutionsmittels zur eigenverantwortlichen Einnahme für bis zu 30 Tage zu erhalten. ⁴Der Patient hat dem Substitutionsarzt diese Sachverhalte glaubhaft zu machen. ⁵Medizinische Sachverhalte, die einen Einzelfall begründen, werden im Rahmen von Absatz 12 Satz 1 Nummer 3 Buchstabe b durch die Bundesärztekammer festgestellt. ⁶Der substituierende Arzt darf die Verschreibung nach Satz 1 Nummer 1 und 2 nur im

Rahmen einer persönlichen Konsultation an den Patienten aushändigen. [7]Die Verschreibung ist nach dem Buchstaben „S" zusätzlich mit dem Buchstaben „T" zu kennzeichnen. [8]Der substituierende Arzt kann patientenindividuelle Zeitpunkte festlegen, an denen Teilmengen des verschriebenen Substitutionsmittels in der Apotheke an den Patienten oder an die Praxis des substituierenden Arztes abgegeben oder zum unmittelbaren Verbrauch überlassen werden sollen.

(10) *[1]Substitutionsmittel nach Absatz 6 Satz 1 dürfen nur von folgenden Personen dem Patienten zum unmittelbaren Verbrauch überlassen, ihm verabreicht oder bei ihm gemäß dem in der arzneimittelrechtlichen Zulassung vorgesehenen Verfahren angewendet werden:
1. dem substituierenden Arzt in der Einrichtung, in der er ärztlich tätig ist,
2. dem vom substituierenden Arzt in der Einrichtung nach Nummer 1 eingesetzten medizinischen Personal oder
3. dem medizinischen, pharmazeutischen oder pflegerischen Personal in
   a) einer stationären Einrichtung der medizinischen Rehabilitation,
   b) einem Gesundheitsamt,
   c) einem Alten- oder Pflegeheim,
   d) einem Hospiz oder
   e) einer anderen geeigneten Einrichtung, die zu diesem Zweck von der zuständigen Landesbehörde anerkannt sein muss, sofern der substituierende Arzt nicht selber in der jeweiligen Einrichtung tätig ist und er mit der jeweiligen Einrichtung eine Vereinbarung getroffen hat.

*[2]Außerdem darf ein Substitutionsmittel nach Absatz 6 Satz 1 dem Patienten zum unmittelbaren Verbrauch überlassen, ihm verabreicht oder bei ihm gemäß dem in der arzneimittelrechtlichen Zulassung vorgesehenen Verfahren angewendet werden
1. bei einem Hausbesuch
   a) vom substituierenden Arzt oder dem von ihm eingesetzten medizinischen Personal oder
   b) vom medizinischen oder pflegerischen Personal, das von einem ambulanten Pflegedienst oder von einer Einrichtung der spezialisierten ambulanten Palliativversorgung eingesetzt wird, sofern der substituierende Arzt für diesen Pflegedienst oder diese Einrichtung nicht selber tätig ist und er mit diesem Pflegedienst oder dieser Einrichtung eine Vereinbarung getroffen hat,
2. in einer Apotheke von dem Apotheker oder von dem dort eingesetzten pharmazeutischen Personal, sofern der substituierende Arzt mit dem Apotheker eine Vereinbarung getroffen hat,
3. in einem Krankenhaus von dem dort eingesetzten medizinischen oder pflegerischen Personal, sofern der substituierende Arzt für dieses Krankenhaus nicht selber tätig ist und er mit dem Krankenhaus eine Vereinbarung getroffen hat, oder
4. in einer staatlich anerkannten Einrichtung der Suchtkrankenhilfe von dem dort eingesetzten und dafür ausgebildeten Personal, sofern der substituierende Arzt für diese Einrichtung nicht selber tätig ist und er mit der Einrichtung eine Vereinbarung getroffen hat.

*[3]Der substituierende Arzt hat sicherzustellen, dass das Personal nach den Sätzen 1 und 2 fachgerecht in das Überlassen des Substitutionsmittels zum unmittelbaren Verbrauch, in dessen Verabreichung oder dessen Anwendung gemäß dem in der arzneimittelrechtlichen Zulassung vorgesehenen Verfah-

---

* Sätze 1 bis 3 in der Fassung der 32. BtMÄndV (→ BtMG § 1 Rn. 233b).

ren eingewiesen wird; eine invasive Verabreichung darf nur durch das in der arzneimittelrechtlichen Zulassung vorgesehene Personal erfolgen. ⁴Die Vereinbarung nach den Sätzen 1 und 2 hat schriftlich oder elektronisch zu erfolgen und muss bestimmen, wie das eingesetzte Personal einer Einrichtung nach den Sätzen 1 und 2 fachlich eingewiesen wird und muss daneben mindestens eine verantwortliche Person in der jeweiligen Einrichtung benennen sowie Regelungen über die Kontrollmöglichkeiten durch den substituierenden Arzt enthalten. ⁵Der substituierende Arzt darf die benötigten Substitutionsmittel in den in den Sätzen 1 und 2 genannten Einrichtungen unter seiner Verantwortung lagern. ⁶Die Einwilligung des über die jeweiligen Räumlichkeiten Verfügungsberechtigten bleibt unberührt.

(11) ¹Der substituierende Arzt hat die Erfüllung seiner Verpflichtungen nach den Absätzen 1 bis 10 sowie nach § 5a Absatz 1 bis 4 und § 5b Absatz 2 und 4 gemäß den von der Bundesärztekammer nach Absatz 12 Satz 3 bestimmten Anforderungen zu dokumentieren. ²Die Dokumentation ist auf Verlangen der zuständigen Landesbehörde zur Einsicht und Auswertung vorzulegen oder einzusenden.

(12) ¹Die Bundesärztekammer stellt den allgemein anerkannten Stand der Erkenntnisse der medizinischen Wissenschaft für die Substitution in einer Richtlinie fest, insbesondere für
1. die Ziele der Substitution nach Absatz 2,
2. die allgemeinen Voraussetzungen für die Einleitung und Fortführung einer Substitution nach Absatz 1 Satz 1,
3. die Erstellung eines Therapiekonzeptes nach Absatz 1 Satz 2, insbesondere
   a) die Auswahl des Substitutionsmittels nach Absatz 1 Satz 2 und Absatz 6,
   b) die Voraussetzungen für das Verschreiben des Substitutionsmittels zur eigenverantwortlichen Einnahme nach den Absätzen 8 und 9,
   c) die Entscheidung über die Erforderlichkeit einer Einbeziehung psychosozialer Betreuungsmaßnahmen sowie
   d) die Bewertung und Kontrolle des Therapieverlaufs.

²Daneben kann die Bundesärztekammer nach dem allgemein anerkannten Stand der Erkenntnisse der medizinischen Wissenschaft weitere als die in Absatz 2 Satz 2 bezeichneten wesentliche Ziele der Substitution in dieser Richtlinie feststellen. ⁴Sie bestimmt auch die Anforderungen an die Dokumentation der Substitution nach Absatz 11 Satz 1 in dieser Richtlinie.⁵Die Einhaltung des allgemein anerkannten Standes der Erkenntnisse der medizinischen Wissenschaft wird vermutet, wenn und soweit die Feststellungen nach den Sätzen 1 und 2 beachtet worden sind.

(13) ¹Vor der Entscheidung der Bundesärztekammer über die Richtlinie nach Absatz 12 Satz 1 bis 3 ist dem Gemeinsamen Bundesausschuss nach § 91 des Fünften Buches Sozialgesetzbuch Gelegenheit zur Stellungnahme zu dem allgemein anerkannten Stand der Erkenntnisse der medizinischen Wissenschaft für die Substitution zu geben.²Die Stellungnahme ist von der Bundesärztekammer in ihre Entscheidung über die Richtlinie nach Absatz 12 Satz 1 bis 3 einzubeziehen.

(14) ¹Die Bundesärztekammer hat dem Bundesministerium für Gesundheit die Richtlinie nach Absatz 12 Satz 1 bis 3 zur Genehmigung vorzulegen. Änderungen der vom Bundesministerium für Gesundheit genehmigten Richtlinie sind dem Bundesministerium für Gesundheit von der Bundesärztekammer ebenfalls zur Genehmigung vorzulegen. ²Das Bun-

desministerium für Gesundheit kann von der Bundesärztekammer im Rahmen des Genehmigungsverfahrens zusätzliche Informationen und ergänzende Stellungnahmen anfordern.[3] Das Bundesministerium für Gesundheit macht die genehmigte Richtlinie und genehmigte Änderungen der Richtlinie im Bundesanzeiger bekannt.

(15) **Die Absätze 3 bis 11 sind entsprechend anzuwenden, wenn das Substitutionsmittel aus dem Bestand des Praxis- oder Stationsbedarfs zum unmittelbaren Verbrauch überlassen oder nach Absatz 7 Satz 2 ausgehändigt wird.**

Übersicht

	Rn.
A. Einführung	1
B. Die fragwürdige Rechtsgrundlage der BÄK-Richtlinien	3
C. Das Gesetz zur diamorphingestützten Substitutionsbehandlung	9
D. Systematische Stellung des § 5	10
E. Die grundlegende Voraussetzung einer Substitution: § 13 Abs. 1 BtMG; Substitution und SARS-CoV-2-Pandemie	11
F. Der Begriff der Substitution (Absatz 1)	13
I. Substitution (Satz 1)	14
1. Legaldefinition	15
2. Die grundlegende Voraussetzung einer jeglichen Substitution	16
3. Die allgemeinen Voraussetzungen für die Einleitung und Fortführung einer Substitution	17
II. Substitutionsmittel (Satz 2)	20
1. Ärztlich verschriebene Betäubungsmittel, Substitutionsberechtigte	21
2. Opioidabhängiger Patient	24
3. Medizinische Behandlung einer Abhängigkeit, die durch Missbrauch von erlaubt erworbenen oder unerlaubt erworbenen oder erlangten Opioide begründet ist	27
a) Medizinische Behandlung	28
b) Abhängigkeit	29
c) Missbrauch von erlaubt erworbenen oder unerlaubt erworbenen oder erlangten Opioide	30
4. Therapiekonzept	32
a) Ohne Therapiekonzept keine Substitution	33
b) Die Erstellung des Therapiekonzepts; Richtlinien der BÄK	35
aa) Abklärung der Indikation und des Therapiekonzeptes (Kap. 3.1)	36
bb) Festlegung patientenbezogener Therapieziele (Kap. 3.2)	40
cc) Auswahl und Einstellung des Substitutionsmittels (Kap. 3.3)	41
dd) Einbeziehung psychosozialer und weiterer Betreuungsmaßnahmen (Kap. 3.4)	42
ee) Bewertung des Therapieverlaufs einschließlich der Durchführung von Kontrollen (Kap. 4)	43
III. Zuwiderhandlungen gegen Absatz 1	44
G. Substitutionsziele (Absatz 2)	51
I. Die Substitutionsziele nach der Verordnung	52
1. Die anzustrebende Opioidabstinenz (Satz 1)	53
a) Sollvorschrift	54
b) Anstreben	55
c) Opioidabstinenz	56
d) Therapeutische Maßnahmen	60
e) Geltung auch für den einzelnen Arzt	62

	Rn.
2. Die wesentliche Ziele der Substitution (Satz 2)	63
a) Sicherstellung des Überlebens (Nr. 1)	64
b) Besserung und Stabilisierung des Gesundheitszustandes (Nr. 2)	65
c) Abstinenz von unerlaubt erworbenen oder erlangten Opioiden (Nr. 3)	67
d) Unterstützung der Behandlung von Begleiterkrankungen (Nr. 4)	68
e) Verringerung der Risiken einer Opioidabhängigkeit während einer Schwangerschaft sowie während und nach einer Geburt	69
II. Die Substitutionsziele nach den Richtlinien der BÄK	70
III. Zuwiderhandlungen gegen Absatz 2	73

H. Grundlegende Voraussetzungen der Substitution; suchtmedizinische Qualifikation (Absatz 3) 76
   I. Begründetheit der Substitution (Satz 1) 76
      1. Notwendige Eingangsuntersuchung 77
      2. Indikationsstellung 78
      3. Prüfung von Behandlungsalternativen, Ultima-Ratio-Regel .. 79
      4. Keine Kontraindikatoren 80
      5. Bewertung und Kontrolle des Therapieverlaufs 81
         a) Häufigkeit der Konsultationen 82
         b) Kontrollen zum bestimmungsgemäßen Gebrauch und zum Beikonsum 83
         c) Durchführung der Verlaufskontrolle 87
      6. Einbeziehung psychosozialer und weiterer Betreuungsmaßnahmen 88
   II. Suchtmedizinische Qualifikation (Satz 1) 89
   III. Erfüllung der Meldepflicht nach § 5b Abs. 2 (Satz 2) 91
   IV. Zuwiderhandlungen gegen Absatz 3 92

I. Substitution trotz fehlender suchtmedizinischer Qualifikation (Absatz 4) 95
   I. Regelungen 96
   II. Zuwiderhandlungen gegen Absatz 4 98

J. Vertretung (Absatz 5) 99
   I. Regelungen 99
   II. Zuwiderhandlungen 102

K. Substitutionsmittel (Absatz 6) 103
   I. Die zugelassenen Substitutionsmittel (Satz 1) 104
      1. Bezeichnung (Satz 2) 105
         a) Ohne Einschränkung zugelassene Substitutionsmittel (Nr. 1, 2) 106
         b) Codein, Dihydrocodein (Nr. 3) 107
      2. Applikationsformen (Satz 2) 110
   II. Die Kennzeichnung der Verschreibung (Satz 3) 111
   III. Diamorphin (Satz 4) 112
   IV. Zuwiderhandlungen gegen Absatz 6 113
      1. Andere Betäubungsmittel (Satz 1) 114
      2. Nichteinhaltung der vorgegebenen Beschränkungen (Satz 1 Nr. 3) 115
      3. Applikationsformen (Satz 2) 116
      4. Kennzeichnungspflicht (Satz 3) 117
      5. Auswahl des Substitutionsmittels 118

L. Der Umgang mit dem Substitutionsmittel (Absatz 7) 120
   I. Die Überlassung zum unmittelbaren Verbrauch, Überlassen zum unmittelbaren Verbrauch, Verabreichen, Anwenden – Sichtbezug (Satz 1) 122
   II. Die Überlassung von Codeinprodukten (Satz 2) 124
   III. Zuwiderhandlungen gegen Absatz 7 125

Substitution, Verschreiben von Substitutionsmitteln § 5 **BtMVV**

Rn.
M. Vorbemerkung zu den Absätzen 8 und 9 (Verschreibung zur eigenverantwortlichen Einnahme (Take-home-Verschreibung)) 126
    I. Definition 126
    II. Grundsätze 127
    III. Bezugsquelle für illegalen Handel 130
N. Zwei-Tage-Regelung, „Wochenendrezept" (Absatz 8) 131
    I. Voraussetzungen (Satz 1) 132
    II. Dauer, Häufigkeit (Sätze 2, 3) 137
    III. Persönliche Konsultation (Satz 4) 138
    IV. Kennzeichnung (Satz 5) 139
    V. Zuwiderhandlungen gegen Absatz 8 140
O. Sieben-Tage-Regelung, 30-Tage-Regelung, Mischrezepte
   (Absatz 9) 147
    I. Sieben-Tage-Regelung (Satz 1 Nr. 1, Sätze 6, 7) 149
      1. Voraussetzungen (Satz 1 Nr. 1) 150
      2. Persönliche Konsultation (Satz 6) 154
      3. Kennzeichnung (Satz 7) 155
    II. 30-Tage-Regelung (Satz 1 Nr. 2, Sätze 2–7) 156
      1. Voraussetzungen (Satz 1 Nr. 2, Sätze 2 bis) 157
        a) Medizinische Sachverhalte (Satz 5) 159
        b) Andere Sachverhalte (Sätze 2–4) 160
      2. Persönliche Konsultation (Satz 6) 163
      3. Kennzeichnung (Satz 7) 164
    III. Patientenindividuelle Therapieführung, Mischrezepte (Satz 8) 165
    IV. BÄK-Richtlinien zu den Sätzen 6–8 166
    V. Zuwiderhandlungen gegen Absatz 9 167
P. Keine Substitutionsbescheinigung mehr bei Arztwechsel
   (Absatz 9 aF) 175
Q. Personenkreis und Einrichtungen (Absatz 10) 176
    I. Einrichtungen (Sätze 1, 2) 177
    II. Die Einweisung des Personals (Satz 3) 180
    III. Lagern, Poolen (Satz 5) 181
R. Dokumentation (Absatz 11) 185
    I. Umfang, Verfahren 186
    II. Zuwiderhandlungen gegen Absatz 11 188
S. Richtlinien der BÄK (Absatz 12) 189
    I. Verpflichtung der BÄK (Satz 1) 189
    II. Ermächtigung der BÄK (Satz 2) 190
    III. Vermutung (Satz 4) 191
T. Einbeziehung des Gemeinsamen Bundesausschusses nach § 91
   SGB V (Absatz 13) 194
U. Genehmigung der BÄK-Richtlinien durch das BMG (Absatz 14) . 195
V. Vergabe aus Praxis- oder Stationsbedarf (Absatz 15) 196
W. Substitution im Strafvollzug 197
Exkurs: Substitution nach der Richtlinie „Methoden vertragsärztliche
Versorgung" (MVV-RL) 203

A. Einführung

Die Vorschrift wurde durch die 10. BtMÄndV eingeführt und ist damals an die 1
Stelle des § 2a getreten. Durch die 15. BtMÄndV wurde sie nicht unwesentlich geändert. Ausgangspunkt war die Erkenntnis, dass unter den Konsumenten ein **erheblicher illegaler Handel mit Substitutionsmitteln,** insbesondere Methadon stattfindet, der überwiegend aus ärztlicher Verschreibung gespeist wird (BR-Drs. 252/01, 40). Ziel der Änderungen war daher vor allem die Verbesserung der Qualität der ärztlichen Tätigkeit bei der Durchführung einer substitutionsgestützten Behandlung.

Durch die **3. BtMVVÄndV v. 22.5.2017** (BGBl. I S. 1275) wurden die Regeln 2
erneut **grundlegend geändert.** Der Kampf gegen den illegalen Handel mit Sub-

stitutionsmitteln spielt nunmehr, wenn überhaupt, allenfalls noch am Rande eine Rolle. Im Vordergrund steht die Anpassung an „den wissenschaftlichen Erkenntnisfortschritt und aktuelle praktische Bedürfnisse" (BR-Drs. 222/17, 11). Neben dieser Anpassung soll die Neuregelung die Motivation der Ärzte fördern, sich an der Substitution zu beteiligen. Zu der zahlenmäßigen Entwicklung seit der VO s. Bericht der BReg v. 30.10.2020 (BR-Drs. 969/20).

B. Die fragwürdige Rechtsgrundlage der BÄK-Richtlinien

3   Um dies zu erreichen, sollen sich die **staatlichen Regelungen** auf die Festsetzung des Rahmens der Therapie und ihrer Ziele sowie auf die Sicherheit und Kontrolle des Betäubungsmittelverkehrs **beschränken.** Die Substitutionssachverhalte, die unmittelbar ärztlich-therapeutische Bewertungen betreffen, werden nicht mehr in der BtMVV geregelt, sondern in die **Richtlinienkompetenz** der BÄK überführt (BR-Drs. 222/17, 12). Ob die **gesetzliche** Ermächtigung des § 13 Abs. 3 BtMG **dies trägt,** wird in der Verordnungsbegründung nicht problematisiert.

4   Nach dieser Begründung (BR-Drs. 222/17, 26) soll Absatz 14, wonach die BÄK-Richtlinien und ihre Änderungen durch das BMG genehmigt und im BAnz. bekanntgemacht werden müssen, die notwendige Rechtssicherheit schaffen. Dabei ist allerdings **der Blick** auf die **gesetzliche** Verordnungsermächtigung des § 13 Abs. 3 BtMG **verloren gegangen.** § 13 Abs. 3 S. 2 Nr. 2 BtMG ermächtigt den Verordnungsgeber lediglich, die Festlegung der Mindestanforderungen an die Qualifikation der substituierenden Ärzte den Ärztekammern zu übertragen; dies ist in § 5 Abs. 3 S. 1 BtMVV geschehen. Die in § 5 Abs. 12 BtMVV vorgesehenen Richtlinien der BÄK beziehen sich dagegen sämtlich auf Bereiche, für die eine ausdrückliche Ermächtigung des Gesetzgebers zur Übertragung auf die Ärztekammern nicht vorliegt. Schon im Hinblick auf die Tragweite einer solchen Übertragung auf nicht staatliche Stellen lässt sie sich auch kaum stillschweigend aus dem Wort „insbesondere" in § 13 Abs. 3 S. 2 BtMG herleiten (s. auch Art. 80 Abs. 1 S. 2 GG). Es spricht daher einiges dafür, dass sich § 5 Abs. 12 BtMVV **nicht** im Rahmen der **gesetzlichen** Verordnungsermächtigung hält.

5   Durch die **Genehmigung** der Richtlinien durch das BMG wird dies **nicht geheilt.** Auch wenn die Richtlinien als eine bloße Ausformung der Verordnung betrachtet werden (BR-Drs. 222/17, 25 „norm-konkretisierende Natur"), die durch die Genehmigung in den Willen des Verordnungsgebers erhoben wird, so wäre hier eine Genehmigung der **gesamten Bundesregierung** (mit Zustimmung des Bundesrates) notwendig, da nur **dieser** die Verordnungsermächtigung übertragen ist. Eine Delegation auf das BMG ist in der **gesetzlichen** Ermächtigung nicht vorgesehen. Auch soweit in der Verordnungsbegründung (BR-Drs. 222/17, 26) ausgeführt wird, die Richtlinien hätten den Charakter eines „rechtssystematisch **antizipierten Sachverständigengutachtens**", trägt dies nicht weiter. Auf → Rn. 191 wird verwiesen.

6   Die durch die BtMVV eingeräumte, über die Ermächtigungsgrundlage des § 13 Abs. 3 S. 2 Nr. 2 **hinausgehende Richtlinienkompetenz der BÄK** betrifft insbesondere
   – die allgemeinen Voraussetzungen zur Einleitung und Fortführung einer Substitutionstherapie,
   – die Behandlung des Beikonsums,
   – die Verschreibung zur eigenverantwortlichen Einnahme und
   – die Entscheidung über die Erforderlichkeit psychosozialer Betreuungsmaßnahmen (BR-Drs. 222/17, 12). Mit weiteren Regelungen soll ein flexiblerer Versorgungszugang der Patienten, insbesondere auf dem flachen Land, erreicht werden und

dem zunehmend höheren Alter der Patienten Rechnung getragen werden (BR-Drs. 222/17, 12).

Die Richtlinien der BÄK (Absätze 12, 13) wurden am 19.7.2017 dem BMG vorgelegt, am 26.9.2017 von diesem genehmigt (§ 5 Abs. 14) und am 2.10.2017 im BAnz. bekanntgemacht (BAnz. AT 2.10.2017 B1). Sie sind in **Anhang F 2** abgedruckt. Die BÄK hat zugleich einen Anhang mit **Hinweisen zur Patientenaufklärung** veröffentlicht, die nicht Bestandteil der BÄK-Richtlinien sind; sie sind im Anschluss an die BÄK-Richtlinien abgedruckt.

Ob die mit der Neuregelung bezweckten Ziele erreicht werden, bleibt abzuwarten. Jedenfalls ist nicht zu verkennen, dass die neuen Regelungen auch den schwarzen Schafen unter den Ärzten ein breites Betätigungsfeld eröffnen. Ein Rückgang der **Dealer in Weiß** ist jedenfalls kaum zu erwarten.

C. Das Gesetz zur diamorphingestützten Substitutionsbehandlung

Wesentliche Ergänzungen des § 5 haben sich durch das **Gesetz v. 15.7.2009** (BGBl. I S. 1801) zur **diamorphingestützten Substitutionsbehandlung** ergeben. Dabei geht das Gesetz davon aus, dass auch die Behandlung mit dem Substitutionsmittel Diamorphin grundsätzlich auf der Grundlage der bestehenden Vorschriften über die Substitution erfolgt, allerdings wegen der Besonderheit der Substanz und der Behandlungsmethode einige **Sonderregeln** erforderlich sind (BT-Drs. 16/11515, 9). Diese sind nunmehr in dem **neuen § 5a** enthalten.

D. Systematische Stellung der §§ 5, 5a

Die §§ 5, 5a enthalten kein in sich geschlossenes System der Substitution. Sie sind lediglich **eine Ergänzung** der sonst geltenden Vorschriften. So gelten insbesondere § 1 Abs. 1 sowie die in § 2 Abs. 1 Buchst. a, Abs. 3 S. 1 festgesetzten Höchstmengen für die einzelnen Substitutionsmittel (*Cremer-Schaeffer* in Hügel/Junge/Lander/Winkler Rn. 7). Der Verstoß ist auch nach der Neuregelung durch die 3. BtMVVÄndV gemäß §§ 1, 2 Abs. 1, § 16 Nr. 1, 2 Buchst. a BtMVV, § 29 Abs. 1 S. 1 Nr. 14[1] strafbar.

E. Die grundlegende Voraussetzung einer Substitution: § 13 Abs. 1 BtMG; Substitution und SARS-CoV-2-Epidemie

Anders als im früheren Recht erscheint die **grundlegende Voraussetzung** einer jeglichen Substitution, wonach stets die Voraussetzungen des § 13 Abs. 1 BtMG erfüllt sein müssen, nicht mehr an prominenter Stelle, sondern eher verschämt zusammen mit dem Erfordernis der suchtmedizinischen Qualifikation des Arztes in § 5 Abs. 3 BtMVV nF. Die Substitution ist danach **nur zulässig,** wenn und solange sie unter Beachtung der Regeln der ärztlichen Kunst erfolgt. Dazu gehört auch **die ultima-ratio-Regel** des § 13 Abs. 1 S. 2 BtMG (BR-Drs. 881/97, 49). Voraussetzung einer zulässigen Substitution ist deswegen stets, dass zuvor und laufend eingehend geprüft wird, ob Behandlungsalternativen bestehen (BGH NStZ 2012, 337 = StV 2013, 157 = A&R 2012, 89 mAnm *Winkler*; *Patzak* in Körner/Patzak/Volkmer § 29 Teil 15 Rn. 28, 29). Bei der Beurteilung, ob die Substitution den Regeln der ärztlichen Kunst entspricht, muss sie in **ihrer konkreten Gestalt** betrachtet werden (*Hellebrand* ZRP 1989, 161 (162)). Dabei ist weniger ein Programm von Bedeutung als die tatsächliche Umsetzung in der Praxis.

Die Regeln der Substitution gelten auch unter den Bedingungen der **SARS-CoV-2-Epidemie.** Allerdings werden durch die **SARS-CoV-2-Arzneimittelversorgungsverordnung** (abgedr. in **Anh. M**) weitgehende Abweichungen er-

---

[1] Zur etwaigen Nichtigkeit des Blanketts → § 16 Rn. 1.

möglicht. Die Verordnung ist solange in Kraft, bis der Deutsche Bundestag die Feststellung der epidemischen Lage von nationaler Tragweite außer Kraft gesetzt hat und dies im Bundesgesetzblatt verkündet wurde (s. Anh. M).

F. Der Begriff der Substitution (Absatz 1)

13 **Absatz 1** enthält sowohl für die Substitution (Satz 1) als auch für die Substitutionsmittel (Satz 2) eine **Legaldefinition.** Die Substitutionszwecke sind nunmehr in Absatz 2 geregelt. Dass eine Substitution nur unter den Voraussetzungen des § 13 Abs. 1 BtMG in Betracht kommt, ergibt sich aus Absatz 3 Satz 1 (→ Rn. 11).

14 **I. Substitution (Satz 1).** Die Vorschrift enthält eine Legaldefinition der Substitution. Sie besagt nichts über ihre grundlegenden und allgemeinen Voraussetzungen.

15 **1. Legaldefinition.** Satz 1 definiert Substitution als **Anwendung** eines Substitutionsmittels. Was unter Anwendung zu verstehen ist, erschließt sich nicht ohne weiteres. Dass der Konsum damit nicht gemeint sein kann, ergibt sich bereits aus der Ermächtigungsgrundlage (§ 13 Abs. 3 BtMG), die eine Regelung des Konsums nicht vorsieht. Aber auch sonst dürfte aus Satz 1 nicht zu entnehmen sein, dass nur noch der Umgang mit einem bereits verschriebenen Substitutionsmittel als Substitution zu betrachten wäre. Vielmehr dürfte unter den Begriff der Anwendung der Gesamtvorgang zu verstehen sein, der aus der Verschreibung und dem Umgang mit dem Substitutionsmittel besteht. Dafür spricht auch die Einrichtung des Substitutionsregisters, das vor allem an Verschreibungsvorgänge anknüpft (§ 13 Abs. 3 S. 2 Nr. 3 BtMG).

16 **2. Die grundlegende Voraussetzung einer Substitution.** Die grundlegende Voraussetzung einer jeglichen Substitution, wonach stets die Voraussetzungen des § 13 Abs. 1 BtMG erfüllt sein müssen, findet sich versteckt in Absatz 3 Satz 1 (→ Rn. 11).

17 **3. Die allgemeinen Voraussetzungen für die Einleitung und Fortführung einer Substitution.** Während die BtMVV in der früheren Fassung die Voraussetzungen der Substitutionstherapie noch in der (staatlichen) Verordnung selbst festgelegt hat (§ 5 Abs. 2 BtMVV aF), sieht die 3. BtMVVÄndV in der Feststellung dieser allgemeinen Voraussetzungen eine „unmittelbar ärztlich-therapeutische Bewertung" (BR-Drs. 222/17, 11) und überträgt sie den Richtlinien der BÄK (Absatz 12 Satz 1 Nr. 2). Abgesehen von der Fragwürdigkeit der Rechtsgrundlage dieser Richtlinien (→ Rn. 3–6, 191), erscheint es zweifelhaft, ob sich der Staat auf diese Weise seiner Verantwortung für die Einleitung und Fortführung einer Maßnahme, die immerhin auch **für die strafrechtliche Beurteilung,** namentlich auch der Ärzte, von Bedeutung ist, entledigen kann.

18 **Die BÄK** hat von ihrer Richtlinienkompetenz in **Kap. 2 der Richtlinien** Gebrauch gemacht. Darin fehlt jeder Hinweis auf die grundlegende Voraussetzung einer jeden Substitution, wonach eine solche nach § 13 Abs. 1 BtMG **ärztlich begründet** sein muss. Voraussetzung ist nach Kap. 2 Abs. 1 lediglich eine Opioidabhängigkeit, die nach § 5 Abs. 2 S. 2 BtMVV erworben ist. Auch die **Ultima-Ratio-Regel** des § 13 Abs. 1 S. 2 BtMG wird allenfalls in Kap. 2 Abs. 5 angesprochen, wo es heißt, dass „relevante Vorerkrankungen des Patienten anamnestisch erhoben, beachtet und gegebenenfalls weiter abgeklärt sowie mögliche Therapiealternativen besprochen werden" müssten. Ansonsten soll für die Entscheidung, ob eine Substitutionsbehandlung **indiziert** ist, eine Abwägung des Nutzens einer Substitutionsbehandlung gegenüber den Gefahren eines unkontrollierten Drogenkonsums stattfinden (Kap. 2 Abs. 2 Satz 1); es kommt hinzu, dass die Substitution nach Kap. 1 Satz 3 für die Mehrheit der Patienten die „Therapie der Wahl" darstelle. Mit der **im Gesetz** festgelegten Ultima-Ratio-Regel ist dies auch bei gutem Willen schwerlich vereinbar. **Der Arzt,** der sich insoweit mit den Richtlinien der BÄK begnügt, läuft daher ein erhebliches **strafrechtliches Risiko** (s. BGHSt 59, 150 = NJW 2014, 1680 = NStZ 2014, 709 mAnm *Patzak* = A&R 2014, 131 mkritAnm *Winkler*).

Rechtssicherheit geben die Richtlinien in ihrer Neufassung dem Arzt auch unter Berücksichtigung des Absatzes 12 Satz 4 **nicht** (→ Rn. 191). Auch wenn sie nach Auffassung der BÄK den allgemein anerkannten Stand der medizinischen Wissenschaft wiedergeben, würden sie den **gesetzlichen** Vorgaben nicht entsprechen und wären damit unbeachtlich. Darüber hinaus erwecken die Richtlinien den Eindruck, dass der Arzt die **gesetzlichen** Vorgaben des § 13 Abs. 1 BtMG nicht allzu ernst nehmen müsste, und leisten damit der in gerichtlichen Urteilen (→ BtMG § 29 Rn. 1509) immer wieder festgestellten **Verwahrlosung der Substitution** Vorschub. 19

II. Substitutionsmittel (Satz 2). Wesentliche **weitere Elemente** der Substitution sind in der in Satz 2 enthaltenen Definition der Substitutionsmittel **versteckt.** Danach sind Substitutionsmittel ärztlich verschriebene Betäubungsmittel, die bei einem opioidabhängigen Patienten im Rahmen eines Therapiekonzeptes zur medizinischen Behandlung einer Abhängigkeit, die durch den Missbrauch von erlaubt erworbenen oder durch den Missbrauch von unerlaubt erworbenen oder erlangten Opioiden begründet ist, angewendet werden. Diese weiteren Elemente einer Substitution sind: 20

1. Ärztlich verschriebene Betäubungsmittel, Substitutionsberechtigte. Es müssen zur Behandlung eines opioidabhängigen Patienten **Betäubungsmittel** angewendet werden. Die Vorschrift stützt sich damit auf § 13 Abs. 1 S. 1 BtMG, wonach Betäubungsmittel auch zur Behandlung einer Betäubungsmittelabhängigkeit verschrieben werden können. Die zulässigen Substitutionsmittel sind in Absatz 6 Satz 1 aufgeführt. Die Substitution mit Diamorphin ist nunmehr in § 5a geregelt. 21

Die Substitutionsmittel müssen **ärztlich** (§ 13 Abs. 1 S. 1 BtMG) verschrieben werden. Die Substitution liegt danach ausschließlich in den Händen des **Arztes** (→ BtMG § 4 Rn. 25–27). Zahnärzte oder Tierärzte dürfen keine Substitutionsmaßnahmen durchführen, auch wenn sie sonst Betäubungsmittel verschreiben dürfen (*Patzak* in Körner/Patzak/Volkmer Rn. 8). 22

Zur Verschreibung von **Diamorphin** sind nur die behandelnden Ärzte in einer anerkannten Einrichtung befugt (§ 47 Abs. 1 S. 1 AMG, § 5a Abs. 2, 3). 23

2. Opioidabhängiger Patient. Der Patient muss opioidabhängig sein. Damit werden auch synthetische Opioide erfasst (BR-Drs. 222/17, 15). Für die Abhängigkeit von anderen Betäubungsmitteln kommt eine Substitution nicht in Betracht (BGHR BtMG § 29 Abs. 1 Nr. 6 Verabreichen 1 = NStZ 1998, 414 = StV 1998, 593; *Patzak* in Körner/Patzak/Volkmer Rn. 3). Es ist daher nicht zulässig, einen Patienten, der nicht opioidabhängig ist, in ein Methadonprogramm aufzunehmen (BGH (s. o.)). 24

Ausreichend ist, wenn die Opioidabhängigkeit, namentlich in Fällen der **Polytoxikomanie** (→ BtMG § 1 Rn. 54–56) neben der Abhängigkeit von anderen Betäubungsmitteln besteht. Eine andere Frage ist, ob sich die Ziele der Substitution in den Fällen der Mehrfachabhängigkeit überhaupt erreichen lassen. Ausgeschlossen ist dies nicht, sofern eine begründete Chance besteht, auch den Konsum der anderen Betäubungsmittel in den Griff zu bekommen (s. Kap. 4 BÄK-Richtlinien). Etwas anderes gilt nach den Richtlinien der BÄK, wenn der Beikonsum wegen der Art des Stoffes zu einem besonders riskanten Zusammenwirken mit dem Substitutionsmittel führt (Kap. 4 BÄK-Richtlinien). 25

Für die diamorphingestützte Substitutionsbehandlung reicht bloße Opioidabhängigkeit nicht aus (§ 5a Abs. 1). 26

3. Medizinische Behandlung einer Abhängigkeit, die durch Missbrauch erlaubt erworbener oder unerlaubt erworbener oder erlangter Opioide begründet ist. Die Vorschrift grenzt die Substitution von anderen Behandlungsformen ab. 27

BtMVV § 5 BtM-Verschreibungsverordnung

28   a) **Medizinische Behandlung.** Erforderlich ist danach eine medizinische Behandlung. Nicht ausreichend sind andere Formen, etwa eine psychosoziale oder sozialarbeiterische. Den im Rahmen des § 13 BtMG bestehenden Streit, ob der ärztliche Behandlungsauftrag nur die Besserung von Krankheiten im medizinisch-naturwissenschaftlichen Sinn oder auch die sogenannten sozialmedizinischen Maßnahmen umfasst (→ BtMG § 13 Rn. 33–38), kann die BtMVV als **Untergesetzesrecht** nicht lösen. Immerhin dürfte es auch nach der Abschwächung des Abstinenzziels (→ Rn. 51–62) **nicht zulässig sein,** mit der Vergabe von Substitutionsmitteln lediglich zu bezwecken, bei gleichzeitiger Aufrechterhaltung der Sucht nur auf psychosoziale Belange des Patienten Einfluss zu nehmen (→ BtMG § 13 Rn. 37, 38).

29   b) **Abhängigkeit.** Die Substitution muss der Behandlung einer Abhängigkeit dienen. Zum Begriff der Abhängigkeit → BtMG § 1 Rn. 33–56. Die BÄK-Richtlinien (Kap. 2) verweisen insoweit auf die ICD (→ BtMG § 1 Rn. 38).

30   c) **Missbrauch erlaubt erworbener oder unerlaubt erworbener oder erlangter Opioide.** Die Abhängigkeit muss durch den Missbrauch von erlaubt erworbenen oder von unerlaubt erworbenen oder erlangten Betäubungsmitteln entstanden sein. Zum Begriff des Missbrauchs → BtMG § 1 Rn. 63–65. Die Verordnungsbegründung (BR-Drs. 222/17, 15, 16) unterscheidet demgegenüber die folgenden Fallgruppen:
– ein Missbrauch in der **ersten** und **dritten** Fallgruppe („von **erlaubt erworbenen** ... oder von **unerlaubt erlangten** Opioiden") soll unmittelbar in Anlehnung an Art. 1 Nr. 16 der Richtlinie 2001/83/EG v. 6.11.2001 (→ AMG § 2 Rn. 2) zu verstehen sein „als die beabsichtigte, ständige oder sporadische übermäßige Verwendung von als Arzneimittel zugelassenen Opioiden, die iatrogen verschrieben wurden, mit der Folge körperlicher oder psychologischer Schäden";
– dieser Begriff soll dann auch auf die **zweite Fallgruppe der unerlaubt erworbenen** Opioide entsprechend angewandt werden, die insbesondere nicht als Arzneimittel zugelassen oder iatrogen verschrieben wurden, da deren Missbrauch mit vergleichbaren Folgen verbunden sei.

Der Sinn dieser Aufteilung **erschließt sich nicht wirklich,** zumal sie **die Fallgruppe der erlaubt erlangten** Opioide außer Acht lässt. So können Opioide sowohl erlaubt als auch unerlaubt nicht nur erworben sondern auch **erlangt** werden, etwa durch eine (erlaubte) Herstellung. Auch diese Opioide können missbraucht werden. Ihren Ausschluss von der Substitution würde keinen Sinn machen. Ob der Wortlaut der Verordnung ihre Einbeziehung zulässt, kann allerdings fraglich sein.

31   **Sinnvoll ist** dagegen die Abgrenzung zu den Fällen, in denen die Abhängigkeit **nicht** als Folge eines **Missbrauchs** sondern als **unerwünschte Nebenwirkung,** etwa als Begleiterscheinung einer Schmerztherapie, eingetreten ist (BR-Drs. 222/17, 16). Soweit hier im Rahmen einer Abhängigkeitsbehandlung Arzneimittel eingesetzt werden, die auch Substitutionsmittel sind, gelten hierfür nicht die besonderen Regelungen des § 5 BtMVV, sondern die allgemeine Vorschrift des § 13 Abs. 1 BtMG (BR-Drs. 222/17, 16); s. dazu auch *Cremer-Schaeffer* in Hügel/Junge/Lander/Winkler § 5 Rn. 8.1).

32   **4. Therapiekonzept.** Die medizinische Behandlung muss im Rahmen eines Therapiekonzeptes erfolgen.

33   a) **Ohne Therapiekonzept keine Substitution.** In der früheren Fassung des § 5 wurde das Therapiekonzept nicht ausdrücklich erwähnt, es galt aber gleichwohl als wesentlicher Bestandteil einer ordnungsgemäß durchgeführten Substitution (BGH NStZ 2012, 337 = StV 2013, 157 = A&R 2012, 89 mAnm *Winkler*). Dies erforderte, dass ein solches Konzept **überhaupt aufgestellt** wurde. Fehlte es bereits daran, so waren schon deswegen die Voraussetzungen einer ärztlich indizierten Ver-

schreibung von Substitutionsmitteln nicht gegeben, so dass die Verschreibung nach § 29 Abs. 1 S. 1 Nr. 6 Buchst. a, § 13 Abs. 1 strafbar war (BGH(s. o.)).

§ 5 Abs. 1 S. 2 nF enthält demgegenüber eine gewisse **Verschärfung**. Danach liegt eine Substitution überhaupt nur dann vor, wenn die medizinische Behandlung **im Rahmen eines Therapiekonzepts** erfolgt. Fehlt ein solches Konzept, so ist fehlt es an einer Substitution und damit schon deswegen an einer begründeten Verschreibung, so dass ebenfalls Strafbarkeit nach § 29 Abs. 1 S. 1 Nr. 6, § 13 Abs. 1 BtMG eintritt. 34

b) Die Erstellung des Therapiekonzepts; Richtlinien der BÄK. Das Therapiekonzept ist nach dem allgemein anerkannten Stand der Erkenntnisse der medizinischen Wissenschaft zu erstellen (Absatz 12 Satz 1). Dessen Feststellung ist nach Absatz 12 Satz 1 Nr. 3 den Richtlinien der BÄK übertragen (dazu → Rn. 3–5, 191). Die Richtlinien sehen zum Therapiekonzept vier Abschnitte vor (Kap. 3). Nach Absatz 12 Satz 1 Nr. 3 Buchst. d ist auch die Bewertung und Kontrolle des Therapieverlaufs Teil des Therapiekonzepts. Die BÄK-Richtlinien sehen hierfür ein eigenes (Kap. 4) vor, in dem auch die Take-home-Verordnungen (Kap. 4.1.1–4.1.3; dazu → Rn. 126–175) und Beendigung und Abbruch der substitutionsgestützten Behandlung (Kap. 4.2) behandelt werden: 35

aa) Abklärung der Indikation und des Therapiekonzeptes (Kap. 3.1). Die Richtlinien sehen dazu neun Maßnahmen vor. Von besonderer Bedeutung ist dabei die gründliche diagnostische Abklärung, die ihrerseits eine **eingehende Untersuchung** erfordert (→ BtMG § 13 Rn. 27, 28; *Patzak* in Körner/Patzak/Volkmer Rn. 17). Auf die Angaben des Patienten darf sich der Arzt nicht verlassen. Die eigene Untersuchung ist eine unverzichtbare Voraussetzung der Indikation (BGHSt 9, 370 = NJW 1957, 29; 1957, 431 mAnm *Traub;* BGH NStZ 2012, 337 (→ Rn. 33); BayObLG NJW 2003, 371 = JR 2003, 428 mAnm *Freund/Klapp*). Auch wenn die Untersuchungsmöglichkeiten beschränkt sind, darf sie nicht unterbleiben. 36

Nur durch eine **eigene eingehende Untersuchung** kann auch geklärt werden, ob andere (ungefährlichere) Mittel ausreichen (ultima-ratio-Regel) oder ob ein süchtiger Patient durch Vortäuschen von Krankheitssymptomen versucht, die Verschreibung von Betäubungsmitteln zu erschleichen (*Kreuzer* NJW 1979, 2357). Dabei muss der Arzt berücksichtigen, dass Abhängigen im Zustand des Entzuges nahezu jedes Mittel recht ist, um an das begehrte Betäubungsmittel zu gelangen. Er muss daher das ihm Mögliche tun, um sich eine eigene Überzeugung von der Notwendigkeit der Verschreibung zu verschaffen. 37

Die Notwendigkeit einer eigenen Untersuchung und gründlichen diagnostischen Abklärung (VG Augsburg BeckRS 2004, 28023) ist eine selbstverständliche Bedingung jeglichen ärztlichen Handelns. Fehlt es an der Untersuchung, liegt ein Kunstfehler vor, der die Substitution nicht mehr als ärztlich begründet erscheinen lässt. 38

Die Substitution bei **Minderjährigen** ist ein erheblicher Eingriff in das Sorgerecht der Erziehungsberechtigten. Sie darf daher nicht ohne deren Zustimmung erfolgen. Der Arzt darf sich auch insoweit nicht auf die Angaben des Patienten verlassen, sondern muss sich selbst vergewissern, dass sie vorliegt. 39

bb) Festlegung patientenbezogener Therapieziele (Kap. 3.2). Sodann sind, abhängig von der Indikationsstellung, die Therapieziele (dazu → Rn. 52–72) zu identifizieren und mit dem Patienten abzustimmen. Hierzu gehören neben der Überlebenssicherung und der Behandlung der Opioidabhängigkeit insbesondere 40
– die Behandlung komorbider psychischer und substanzbedingter Störungen,
– die Behandlung begleitender somatischer Erkrankungen,
– die Vermittlung in bedarfsgerechte psychosoziale Betreuungsmaßnahmen.

Die Ziele sind im Verlauf der Behandlung zu überprüfen, gegebenenfalls neu zu bewerten und entsprechend anzupassen

41   cc) **Auswahl und Einstellung des Substitutionsmittels (Kap. 3.3).** Hierzu verweist die Richtlinie darauf, dass die in Absatz 6 genannten Substitutionsmittel unterschiedliche Wirkungs- und Nebenwirkungsprofile haben, die zu beachten und unter Berücksichtigung der individuellen Patientensituation in das Therapiekonzept einzupassen sind.

42   dd) **Einbeziehung psychosozialer und weiterer Betreuungsmaßnahmen (Kap. 3.4).** Während die Einbeziehung erforderlicher psychiatrischer, psychotherapeutischer oder psychosozialer Behandlungs- und Betreuungsmaßnahmen nach dem früheren Recht (§ 5 Abs. 2 S. 1 Nr. 2 BtMVV aF) eine Zulässigkeitsvoraussetzung der Substitution war, ist die Festlegung des allgemein anerkannten Standes der medizinischen Wissenschaft für die Entscheidung über die Erforderlichkeit solcher Maßnahmen nunmehr den Richtlinien der BÄK übertragen (Absatz 12 Satz 1 Nr. 3 Buchst. c). Diese weisen lediglich daraufhin, dass eine psychosoziale Betreuung sowie psychiatrische oder psychotherapeutische Behandlung die Behandlungsergebnisse verbessern könnten. Eine psychosoziale Betreuung solle dem Patienten regelhaft empfohlen werden. Es ist danach zu erwarten, dass **dieses Element** der Substitutionsbehandlung, das früher als **unverzichtbar** gegolten hat (BR-Drs. 881/97, 51), noch mehr **in der Bedeutungslosigkeit** verschwindet. Offensichtlich haben sich hier die „aktuellen praktischen Bedürfnisse" (BR-Drs. 222/17, 11) durchgesetzt.

43   ee) **Bewertung des Therapieverlaufs einschließlich der Durchführung von Kontrollen (Kap. 4).** Wie sich aus Absatz 12 Satz 1 Nr. 3 Buchst. d ergibt, gehört die Bewertung und Kontrolle des Therapieverlaufs ebenfalls zum Therapiekonzept des Absatzes 1 Satz 2 (→ Rn. 35). Im Hinblick auf die enge Verschränkung mit der Begründetheit der Substitution wird dieser Punkt in → Rn. 81–91 behandelt.

44   **III. Zuwiderhandlungen gegen Absatz 1.**[2] Die in dem früheren § 16 Nr. 2 Buchst. a enthaltene Bewehrung des § 5 Abs. 1 ist in der Neufassung entfallen. Daraus darf aber nicht geschlossen werden, dass eine Strafbarkeit von Verstößen nicht in Betracht komme (*Patzak* in Körner/Patzak/Volkmer Rn. 30). Auch die BÄK-Richtlinien weisen auf eine mögliche Strafbarkeit hin. Nach der Rechtsprechung (BGH NStZ 2012, 337 (→ Rn. 33)) sanktionieren § 29 Abs. 1 S. 1 Nr. 14 BtMG, § 16 BtMVV nur Verstöße gegen **formelle Voraussetzungen** der Substitutionsbehandlung; im Übrigen sind § 29 Abs. 1 S. 1 Nr. 6, § 13 Abs. 1 BtMG anzuwenden.

45   Soweit es um **das Verabreichen** und **das Überlassen** zum unmittelbaren Verbrauch geht, kann sich diese Auffassung darauf stützen, dass § 29 Abs. 1 S. 1 Nr. 14 BtMG lediglich für **das Verschreiben** gilt (§ 13 Abs. 3 S. 2 Nr. 1 BtMG). Eine eigene Strafbewehrung für die beiden anderen Verkehrsformen (§ 5 Abs. 7, 10 BtMVV) ist dort nicht vorgesehen. Da keine Anhaltspunkte dafür bestehen, dass Verstöße hier sanktionslos bleiben sollten, ist es richtig, für **das Verabreichen** und **die Verbrauchsüberlassung** auf § 29 Abs. 1 S. 1 Nr. 6 Buchst. b BtMG (mit der Folge der Versuchs- und Fahrlässigkeitsstrafbarkeit) zurückzugreifen. **Beim Verschreiben** (§ 29 Abs. 1 S. 1 Nr. 6 Buchst. a BtMG) ist darauf abzustellen, ob der Verstoß eher formaler Natur ist oder die materiellen Voraussetzungen der Substitution betrifft (BGH NStZ 2012, 337 (→ Rn. 33)).

46   Eine zulässige Substitution setzt das Vorliegen einer **Opioidabhängigkeit** voraus (→ Rn. 24). Für die Abhängigkeit von anderen Betäubungsmitteln gilt die Regelung nicht. Es kommt daher Strafbarkeit nach § 13 Abs. 1, § 29 Abs. 1 S. 1 Nr. 6 BtMG in Betracht (BGHR BtMG § 29 Abs. 1 Nr. 6 Verabreichen 1 (→ Rn. 24)), sofern nicht das Verschreiben eines Betäubungsmittels sonst begründet ist. Erkennt der Arzt beim Verabreichen oder Überlassen zum unmittelbaren Verbrauch fahrlässig die

---

[2] Zur etwaigen Nichtigkeit des Blanketts → § 16 Rn. 1.

fehlende Opioidabhängigkeit nicht, tritt Strafbarkeit nach § 29 Abs. 4 BtMG ein (BGHR BtMG § 29 Abs. 1 Nr. 6 Verabreichen 1 (s. o.)).

Die Substitution muss der medizinischen Behandlung einer **Abhängigkeit** 47 dienen, die durch den **Missbrauch** erlaubt erworbener oder unerlaubt erworbener oder erlangter Opioide begründet ist; je nach dem Verständnis der Vorschrift kommt der **Missbrauch** erlaubt erlangter Opioide hinzu (→ Rn. 29, 30). **Fehlt es daran,** so liegt eine **zulässige Substitution nicht** vor, so dass eine Straflosigkeit nicht nach den hierfür geltenden Vorschriften eintreten kann. Fehlt es an einer Abhängigkeit, so ist die Verschreibung auch nach § 13 Abs. 1, § 29 Abs. 1 S. 1 Nr. 6 Buchst. a BtMG nicht begründet. Ist die Abhängigkeit auf andere Weise als in § 5 Abs. 1 S. 2 BtMVV beschrieben eingetreten (→ Rn. 31), so liegt zwar keine Substitution vor, gleichwohl kann die Verschreibung eines Betäubungsmittels, das auch ein Substitutionsmittel ist, nach § 13 Abs. 1 BtMG begründet sein.

An einer Substitutionsbehandlung fehlt es, wenn **kein Therapiekonzept** 48 vorliegt (→ Rn. 32, 34). Werden gleichwohl Substitutionsmittel verschrieben, verabreicht oder zum unmittelbaren Verbrauch überlassen, tritt Strafbarkeit nach § 13 Abs. 1, § 29 Abs. 1 S. 1 Nr. 6 BtMG ein (s. BGH NStZ 2012, 337 (→ Rn. 33)).

Liegt ein Therapiekonzept vor, ist es aber **inhaltlich mangelhaft,** entspricht 49 es insbesondere nicht den Kap. 3 und 4 BÄK-Richtlinien, ist zwar eine Substitution gegeben. Ob die Mängel so erheblich sind, dass von einer ärztlichen Begründung der Maßnahme nicht mehr gesprochen werden kann, muss im Einzelfall entschieden werden.

Ist das Therapiekonzept aufgestellt, so muss der Arzt **darauf hinwirken,** dass 50 der Abhängige an den von ihm für notwendig angesehenen Maßnahmen kontinuierlich teilnimmt. Die Hinwirkung muss mit dem **notwendigen Ernst und Nachdruck** erfolgen; andernfalls kann die Vergabe von Betäubungsmitteln nicht (mehr) als indiziert angesehen werden (VG Augsburg BeckRS 2004, 28023). Entzieht sich der Abhängige den von dem Arzt für notwendig gehaltenen Maßnahmen, so muss der Arzt prüfen, ob er die Substitutionsbehandlung beendet. Zur Beendigung und zum Abbruch der substitutionsgestützten Behandlung s. Kap. 4.2 der BÄK-Richtlinien.

G. Substitutionsziele (Absatz 2)

Die Substitutionsziele sind zunächst in der Verordnung selbst geregelt 51 (Absatz 2). Weitere Ziele ergeben sich aus den Richtlinien der BÄK, die diese auf der Grundlage des Absatzes 12 Satz 1 Nr. 1, Satz 2 erlassen hat. Sowohl in der Verordnung als auch in den BÄK-Richtlinien haben die Substitutionsziele eine **wesentliche Neubestimmung** erfahren.

I. Die Substitutionsziele nach der Verordnung. Wie sich insbesondere aus 52 Absatz 12 Satz 1 Nr. 1 ergibt, enthalten beide Sätze des Absatzes 2 trotz verschiedener Formulierungen Substitutionsziele, wobei **in Satz 1 das leitende Element** der Substitutionstherapie enthalten ist (BR-Drs. 222/17, 16).

1. Die anzustrebende Opioidabstinenz (Satz 1). Dieses leitende Element ist 53 das Anstreben der **Opioidabstinenz** (BR-Drs. 222/17, 16). Dies entspricht sowohl dem Zweck des BtMG, das den Missbrauch von Betäubungsmitteln und die Entstehung oder Erhaltung einer Betäubungsmittelabhängigkeit soweit wie möglich ausschließen will (§ 5 Abs. 1 Nr. 6 BtMG), als auch dem Behandlungsauftrag des Arztes, dessen Aufgabe es ist, Krankheiten zu heilen oder zu lindern (BGHSt 29, 6 = NJW 1979, 1943; 1979, 2357 mAnm *Kreuzer*).

a) Sollvorschrift. Die Umwandlung in eine **Sollvorschrift** stellt dies grund- 54 sätzlich nicht in Frage; Sollvorschriften sind nahezu ebenso verbindlich wie Mussvorschriften; von ihnen darf nur dann abgewichen werden, wenn überzeugende und gewichtige Gründe hierfür vorliegen (s. VG München BeckRS 1999, 24589). Solche Gründe wären etwa die in Satz 2 Nr. 4 und 5 genannte Unterstützung der Behandlung von Begleiterkrankungen oder die Verringerung von Risiken während einer Schwangerschaft oder während oder nach einer Geburt. Dass diese beiden Zwecke anders als nach dem früheren Absatz 1 Nr. 2 und 3 nur „dabei" (also neben der Opioidabstinenz) verfolgt werden sollen, dürfte wohl ein Versehen des Verordnungsgebers sein.

55 **b) Anstreben.** Ähnliches wie für die Sollvorschrift gilt von der Formulierung, dass die Opioidabstinenz **„angestrebt"** werden soll (aA *Patzak* in Körner/Patzak/Volkmer Rn. 11). Auch wenn etwas angestrebt werden soll, gibt es ein Ziel, zu dem gestrebt wird. Dass dabei auf die Bemühungen, zu dem Ziel zu gelangen, abgestellt wird, gibt lediglich der nüchternen Erkenntnis Raum, dass solche nicht immer von Erfolg gekrönt sind. An dem Endziel ändert sich dadurch nichts. **Nicht davon gedeckt** ist daher Kap. 1 aE der BÄK-Richtlinien, wonach eine Opioidabstinenz „auch" **thematisiert** werden soll; ein Anstreben liegt darin nicht (→ Rn. 72). **Richtig ist,** dass eine bloße **Opioiderhaltungstherapie,** die sich darauf beschränkt, die jeweiligen gesundheitlichen Störungen zu behandeln, ohne die Abstinenz zu fördern, **unzulässig ist** (*Cremer-Schaeffer* in Hügel/Junge/Lander/Winkler Rn. 8.2).

56 **c) Opioidabstinenz.** Die Abstinenz, die nach Satz 1 angestrebt werden soll, ist die Abstinenz von **Opioiden.** Dies ist eine deutliche Einschränkung gegenüber dem früheren Recht (§ 5 Abs. 1 Nr. 1 BtMVV aF), das generell auf die Abstinenz von Betäubungsmitteln abstellte. Vom Wortlaut des § 13 Abs. 1 S. 1 BtMG wird dies noch gedeckt, vom gesetzlichen Heilauftrag jedenfalls noch dann, wenn die Opioidabhängigkeit als schwere chronische Krankheit betrachtet wird, die der in der Regel der lebenslangen Behandlung bedarf (Kap. 1 BÄK-Richtlinien). Auch → Rn. 67.

57 Ob darüber hinaus die nach Satz 1 anzustrebende Abstinenz lediglich eine solche von **nichtärztlich** verordneten Opioiden bedeutet (*Patzak* in Körner/Patzak/Volkmer Rn. 11), ist nicht klar geregelt. Dagegen spricht an sich, dass eine solche eingeschränkte Zielsetzung eine bloße Verschreibung von Substitutionsmitteln ohne eine greifbare Perspektive der Suchtbehandlung und damit eine reine Opioiderhaltungstherapie ermöglicht. Eine solche läuft aber stets Gefahr, zu einer bloßen Ruhigstellung Abhängiger zu verkommen, die der Gesellschaft damit zwar weniger lästig sind (*Köhler* NJW 1993, 762 (763)), jedoch von einem eigenverantwortlichen Leben abgeschnitten sind und aus der Gesellschaft ausgegrenzt werden (*Rahlf* in MüKoStGB BtMVV § 16 Rn. 53). Die Beschränkung auf nichtärztlich verordnete Opioide lässt sich auch nicht zwingend aus Satz 2 Nr. 3 herleiten (aA *Patzak* in Körner/Patzak/Volkmer Rn. 11). Diese Vorschrift steht unter dem leitenden Ziel des Satzes 1 („dabei") und kann daher auch als ein Zwischenschritt zur Erreichung dieses Ziels interpretiert werden.

58 Auf der anderen Seite hat die Neuregelung ersichtlich zum Ziel, eine ärztlich begleitete **Langzeitsubstitution** zuzulassen. Nach der Verordnungsbegründung (BR-Drs. 222/17, 17) soll damit „wesentlichen Ergebnissen jüngerer wissenschaftlicher Erkenntnisse zu den langfristigen Effekten der Opioidsubstitution" Rechnung getragen werden, die zeigten „dass Patienten in stabiler Langzeitsubstitution erfolgreich behandelt werden können, während in Einrichtungen mit hoher Abstinenzorientierung Substitutionspatienten von Komplikationen wie Mortalität und vorheriger Substitutionsabbruch gehäuft betroffen" seien. Wenn auch eine Langzeitsubstitution in den Vorstellungen des historischen Gesetzgebers keinen Platz hatte (→ BtMG § 13 Rn. 70), ist nicht zu übersehen, dass der Verordnungsgeber der 3. BtMVVÄndV einen Paradigmenwechsel in diese Richtung gewollt hat. Vom Wortlaut des § 13 Abs. 1 S. 1 BtMG wird dies noch gedeckt. Unter der Prämisse, dass es sich bei der Opioidabhängigkeit um eine chronische Krankheit handelt, die

in der Regel einer lebenslangen Behandlung bedarf (Kap. 1 BÄK-Richtlinien), wird dies auch inhaltlich von der gesetzlichen Regelung noch getragen.

Auch dem **eingeschränkten Therapieziel** der Abstinenz von nichtärztlich verordneten Opioiden würde es allerdings **widersprechen,** wenn der Arzt es hinnähme, dass der Patient jahrelang neben dem verordneten Substitutionsmittel weitere Opioide konsumiert (*Patzak* in Körner/Patzak/Volkmer Rn. 12). Nichts anderes kann für den Konsum anderer Betäubungsmittel, etwa von Cocain oder Cannabis gelten (aA *Patzak* in Körner/Patzak/Volkmer Rn. 14). Gelingt es dem Arzt nicht, den Beikonsum einzudämmen, so ist die Substitution abzubrechen, da sie den wesentlichen Zielen einer Substitutionsbehandlung nicht gerecht wird (*Patzak* in Körner/Patzak/Volkmer Rn. 11). 59

d) Therapeutische Maßnahmen. Die Substitutionsbehandlung muss danach nicht in einer ausschleichenden Entziehung gegen den Willen der Patienten bestehen. Das Therapieziel der Abstinenz kann auch mit therapeutischen Maßnahmen des Arztes angestrebt werden. Als eine solche Maßnahme kommen nach der Verordnungsbegründung (S. 16) insbesondere „motivierende Gespräche mittels der Technik des Motivationalen Interviews" in Betracht, wie sie in Baustein V des (Muster)Kursbuches „Suchtmedizinische Grundversorgung" der BÄK festgelegt sind. Das Motivationale Interview dient nach der Verordnungsbegründung der Herausarbeitung von „kognitiven Ambivalenzen hinsichtlich des Suchtmittelkonsums sowie der Identifikation des aktuellen Motivationslevels als Ausgangsbasis für weitere Verhaltensänderungen des Patienten mit dem Ziel, durch die Motivation seine Lebenssicherung zu erreichen und, soweit es im individuellen Einzelfall möglich ist, auch seine Opioidabstinenz zu erreichen". 60

Allerdings trifft die Auffassung der Verordnungsbegründung (BR-Drs. 222/17, 16), dass das **Kursbuch** eine „leitende Vorgabe" der BÄK sei, **nicht** zu. Leitend sind nach Absatz 12 (nur) die Richtlinien der BÄK, die nach Absatz 14 vom BMG genehmigt sind (dazu allerdings → Rn. 195). Dazu gehört das Kursbuch nicht. In den Richtlinien (Kap. 1 Abs. 3) heißt es lediglich, dass „im Rahmen eines zielorientierten motivierenden Gesprächs – entsprechend der Vorgaben in § 5 Absatz 2 Satz 1 BtMVV – auch eine Opioidabstinenz thematisiert und entsprechend dokumentiert werden solle". **Nicht von der Verordnung gedeckt** ist daher auch die kurzschlüssige Aussage der Verordnungsbegründung, sofern der Arzt nachweislich von dem motivationalen Interview Gebrauch mache, könne er belegen, dass er die in Satz 1 bestimmte Opioidabstinenz anstrebe, so dass auch eine Strafbarkeit nach § 29 Abs. 1 S. 1 Nr. 6 Buchst. a, § 13 Abs. 1 BtMG nicht in Betracht komme. 61

e) Geltung auch für den einzelnen Arzt. Das Anstreben der Opioidabstinenz gilt nicht nur für staatliche oder andere öffentliche Programme, sondern ist auch für den einzelnen Arzt verbindlich, gleichgültig welche wahren Motive ihn leiten. Eine „großzügige" Verschreibungspraxis aus wirtschaftlichen Gründen oder weil sich der Arzt der Forderungen seiner Patienten sonst nicht zu erwehren weiß, ist damit nicht vereinbar. Dies gilt besonders dann, wenn die Verschreibung zu einer bloßen zusätzlichen Versorgungsquelle für den Drogenabhängigen entartet oder sogar die Entstehung eines neuen Zweigs des illegalen Drogenmarktes fördert. Nach den derzeitigen Erkenntnissen ist dies weitgehend der Fall (so schon BR-Drs. 252/01, 40). 62

2. Die wesentlichen Ziele der Substitution (Satz 2). Die wesentlichen Ziele der Substitution sind in Satz 2 aufgeführt. Mit dem Wort **„dabei"** nimmt Satz 2 auf Satz 1 Bezug und stellt damit klar, dass die in Satz 2 genannten wesentlichen Ziele der Substitution nicht losgelöst von dem nach Satz 1 anzustrebenden Ziel der Opioidabstinenz gesehen werden können (→ Rn. 53–62). 63

64 **a) Sicherstellung des Überlebens (Nr. 1).** Anders als der frühere Absatz 1 Nr. 1, bei dem die Sicherstellung des Überlebens aus der Besserung und Stabilisierung des Gesundheitszustandes zu entnehmen war, wird die Sicherstellung des Überlebens in Satz 2 Nr. 1 als eigenes wesentliches Ziel der Substitution genannt. Überzeugend ist dies nicht. Nach Absatz 1 Satz 2 setzt jegliche Substitution eine **medizinische** Behandlung voraus (→ Rn. 28). Damit wird zwangsläufig auf eine Besserung oder Stabilisierung des Gesundheitszustandes abgezielt. Es kommt hinzu, dass auch das wesentliche Substitutionsziel des Satzes 2 Nr. 1 unter dem „leitenden Element" (BR-Drs. 222/17, 16) des Satzes 1 steht („dabei").

65 **b) Besserung und Stabilisierung des Gesundheitszustandes (Nr. 2).** Dieses wesentliche Ziel der Substitution war bereits in dem früheren Absatz 1 Nr. 1 enthalten. Bereits damals wurde dies in einem umfassenden Sinn verstanden, derart, dass der intravenöse Konsum von Betäubungsmitteln entfällt, die soziale Wiedereingliederung, insbesondere durch Herausnahme aus der Drogenszene und Wegfall von Beschaffungskriminalität und Prostitution, die berufliche und schulische Integration sowie das Wecken der Bereitschaft für medizinische oder psychotherapeutische Maßnahmen gefördert wird (→ 5. Auflage, BtMVV § 5 Rn. 22). Sofern diese **unmittelbaren Ziele** erreicht wurden, genügte es zur Erfüllung des übergeordneten Behandlungsziels, wenn bei dem Opiatabhängigen eine Behandlungsfähigkeit mit der begründeten Chance bestand, über die Substitutionsbehandlung einschließlich der damit verbundenen Psycho- und/oder Sozialtherapie Abstinenz von Betäubungsmitteln zu erreichen. Ob dies gegeben war, lag in der Entscheidung des behandelnden Arztes (BR-Drs. 881/97, 50).

66 An diesem **weiten Inhalt** der Vorschrift hat auch die Aufnahme in Satz 2 Nr. 2 nichts geändert. Dies gilt auch für das Substitutionsziel der Opioidabstinenz. Zwar ist der Zusammenhang damit gelockert, die Regelung steht aber weiterhin unter diesem „leitenden Element" (BR-Drs. 222/17, 16) des Satzes 1 („dabei").

67 **c) Abstinenz von unerlaubt erworbenen oder erlangten Opioiden (Nr. 3).** Dazu → Rn. 56–59.

68 **d) Unterstützung der Behandlung von Begleiterkrankungen (Nr. 4).** Ein weiteres wesentliches Ziel der Substitution ist die Unterstützung der Behandlung von Begleiterkrankungen. Es ist eher ein Zweck als ein Ziel und war bereits im früheren Recht (§ 5 Abs. 1 Nr. 2 aF) enthalten. Nach diesem Substitutionszweck ist der Austausch eines unerlaubt konsumierten Opioids durch ein Substitutionsmittel zulässig, wenn er im Rahmen der Behandlung einer Krankheit erfolgt, die neben einer Opioidabhängigkeit besteht. Die Erkrankung muss schwer sein (zB maligne Tumore, HIV-Infektion, chronische Hepatitis (B + C), rezidivierende Abzesserkrankungen, wiederholte Pneumonien, behandlungsbedürftige Tbc (*Weinzierl* in BeckOK BtMG Rn. 18); eine Bagatellerkrankung rechtfertigt die Verschreibung eines Betäubungsmittels auch im Hinblick auf § 13 Abs. 1 S. 2 BtMG nicht (BR-Drs. 881/97, 50). Eine ausdrückliche zeitliche Beschränkung besteht nicht; sie ergibt sich jedoch aus dem Ultima-ratio-Grundsatz. Keine schwere (Begleit-)Erkrankung ist die Opioidabhängigkeit selbst (*Weinzierl* in BeckOK BtMG Rn. 18).

69 **e) Verringerung der Risiken einer Opioidabhängigkeit während einer Schwangerschaft sowie während und nach der Geburt (Nr. 5).** Schließlich darf ein Substitutionsmittel verschrieben werden, um die Risiken einer Opioidabhängigkeit während einer Schwangerschaft sowie während und nach der Geburt für Mutter und Kind zu verringern.

70 **II. Die Substitutionsziele nach den Richtlinien der BÄK.** Nach Absatz 12 Satz 1 Nr. 1 erstreckt sich die Richtlinienkompetenz der BÄK auch auf **die Ziele der Substitution** nach Absatz 2. Dabei ist die BÄK nicht auf die in Absatz 2 Satz 2

Substitution, Verschreiben von Substitutionsmitteln § 5 BtMVV

genannten wesentlichen Substitutionsziele beschränkt, sondern kann weitere feststellen (Absatz 12 Satz 2).

In Kap. 1 der Richtlinien werden (ohne Differenzierung nach der unterschiedlichen Rechtsgrundlage) „Therapieziele" genannt von denen fünf eine Ausformung der in Absatz 2 Satz 2 der Verordnung genannten Substitutionsziele darstellen. Über diese hinaus werden folgende zusätzliche Therapieziele benannt: 71
- Reduktion riskanter Applikationsformen von Opioiden,
- Reduktion des Gebrauchs weiterer Suchtmittel,
- Verbesserung der gesundheitsbezogenen Lebensqualität,
- Reduktion der Straffälligkeit und
- Teilhabe am Leben in der Gesellschaft und am Arbeitsleben.

Im Hinblick auf die Erweiterungsmöglichkeit des Absatzes 12 Satz 2 begegnet dies keinen Bedenken.

Anders ist dies mit der Behandlung von § 5 Abs. 2 S. 1 (→ Rn. 55). Nach dieser Vorschrift soll eine Opioidabstinenz des Patienten **angestrebt** werden. In den Richtlinien heißt es dazu lediglich: „Im Rahmen eines zielorientierten motivierenden Gesprächs soll – entsprechend der Vorgaben des § 5 Absatz 2 Satz 1 BtMVV – auch eine Opioidabstinenz **thematisiert** und entsprechend dokumentiert werden." Ein bloßes Thematisieren ist noch kein Anstreben. Da die Richtlinie für den Regelfall gelten soll, kann sie sich auch nicht darauf stützen, dass Absatz 2 Satz 1 eine Sollvorschrift ist (→ Rn. 54). Auch diese Regel der Richtlinie verfehlt auch unter Berücksichtigung der Vermutung des Absatzes 12 Satz 4 daher den Zweck, dem Arzt Rechtssicherheit in seinem Handeln zu geben. 72

III. Zuwiderhandlungen. Die bisher in § 16 Nr. 2 Buchst. a enthaltene Strafbewehrung des Verstoßes gegen die Therapieziele des § 5 Abs. 1 aF ist durch die Neuregelung des § 16 aufgehoben worden (BR-Drs. 222/17, 29). Damit ist aber lediglich eine etwaige Strafbarkeit nach § 29 Abs. 1 S. 1 Nr. 14 BtMG entfallen. 73

Wie die Verordnungsbegründung (BR-Drs. 222/17, 29) selbst hervorhebt, bleibt eine etwaige **Strafbarkeit** nach § 29 Abs. 1 S. 1 Nr. 6, § 13 Abs. 1 BtMG wegen Verstößen gegen das Verschreibungsverhalten bei der Substitution hiervon unberührt. Danach ist die Verletzung der Pflicht, das Abstinenzziel (wirklich) anzustreben nach diesen Vorschriften strafbar (*Cremer-Schaeffer* in Hügel/Junge/Lander/Winkler Rn. 8.2). Im Übrigen wird auf → Rn. 44, 45 verwiesen. 74

H. Grundlegende Voraussetzung der Substitution; suchtmedizinische Qualifikation (Absatz 3)

Nach der etwas merkwürdigen Gesetzgebungstechnik, die auch an anderen Stellen der Verordnung zu finden ist (→ Rn. 20), wird in Absatz 3 Satz 1 die **grundlegende Voraussetzung jeglicher Substitution** mit der suchtmedizinischen Qualifikation der Substitutionsärzte vermischt. Die beiden Elemente sind daher zu trennen. 75

I. Begründetheit der Substitution (Satz 1). Der Arzt darf zur Behandlung einer Opioidabhängigkeit Substitutionsmittel nur verschreiben, wenn und so lange ihre Anwendung unter den Voraussetzungen des § 13 Abs. 1 BtMG erfolgt (→ Rn. 11). Eine **begründete Verschreibung** im Sinne dieser Vorschrift setzt voraus (*Patzak* in Körner/Patzak/Volkmer Rn. 16), dass: 76
– eine Eingangsuntersuchung stattfindet (→ Rn. 77),
– eine Indikation zur Verschreibung von Substitutionsmitteln vorliegt (→ Rn. 78),
– Behandlungsalternativen geprüft wurden (→ Rn. 79),
– keine Kontraindikation besteht (→ Rn. 80),
– eine Verlaufskontrolle erfolgt (→ Rn. 81–87),

Weber 1477

- die erforderlichen Konsultationen angeordnet und wahrgenommen werden (→ Rn. 82, 87),
- Kontrollen zum bestimmungsgemäßen Gebrauch und zum Beikonsum durchgeführt werden (→ Rn. 83–87)
- sofern notwendig, psychosoziale und weitere Betreuungsmaßnahmen einbezogen werden (→ Rn. 42, 88).

77 **1. Notwendige Eingangsuntersuchung.** Ob der Patient für eine Substitutionsbehandlung geeignet ist, kann nur auf Grund einer eingehenden ärztlichen Untersuchung festgestellt werden. Zu den Einzelheiten → Rn. 36.

78 **2. Indikationstellung.** Es muss eine Indikation zur Verschreibung von Substitutionsmitteln vorliegen. Der der Patient muss opioidabhängig sein, und die Abhängigkeit muss auf einem Missbrauch von erlaubt erworbenen oder Missbrauch von unerlaubt erworbenen oder erlangten Opioiden beruhen. Zu den Einzelheiten, auch hinsichtlich der BÄK-Richtlinien → Rn. 17–19, 24–31.

79 **3. Prüfung von Behandlungsalternativen (Ultima-Ratio-Regel).** Eine zulässige Substitution setzt nach § 13 Abs. 1 S. 2 BtMG voraus, dass der Arzt Behandlungsalternativen prüft und dem Patienten aufzeigt. Die Verschreibung ohne eine solche Prüfung ist regelmäßig unbegründet und strafbar (BGHSt 59, 150 (→ Rn. 18); BGH NStZ 2012, 337 (→ Rn. 33)). Zu den Einzelheiten auch hinsichtlich der BÄK-Richtlinien → Rn. 18.

80 **4. Keine Kontraindikatoren.** Die Substitution ist auch dann unbegründet, wenn Kontraindikatoren festgestellt werden, bei denen die Behandlung mit Substitutionsmitteln aller Voraussicht zu einer erheblichen Gesundheitsgefährdung führen wird, und wenn erkannte Risikofaktoren ärztlich nicht beherrschbar sind (*Patzak* in Körner/Patzak/Volkmer Rn. 22); s. auch Kap. 3.1 BÄK-Richtlinien.

81 **5. Bewertung und Kontrolle des Therapieverlaufs.** Nach Absatz 12 Satz 1 Nr. 3 Buchst. d ist die Bewertung und Kontrolle des Therapieverlaufs Gegenstand des Therapiekonzepts (→ Rn. 35). Dabei sind die früheren strikten Regeln des § 5 Abs. 2 S. 1 Nr. 4, 5 BtMVV aF in den nunmehr maßgeblichen Richtlinien der BÄK (Kap. 4) im Sinne eines größeren Spielraums des Arztes geändert worden.

82 **a) Häufigkeit der Konsultationen.** Nach den Richtlinien (Kap. 4) soll die Kontrolldichte dem Behandlungsverlauf angepasst werden, wobei sie während der Eindosierungsphase engmaschiger gesetzt werden sollte. Bei stabilem Verlauf können dann größere Intervalle gewählt werden, die in instabilen Behandlungsphasen wieder zu verkürzen sind.

83 **b) Kontrollen zum bestimmungsgemäßen Gebrauch und zum Beikonsum.** Zur Verlaufskontrolle gehören auch die Kontrollen zur bestimmungsgemäßen Einnahme des Substitutionsmittels und zu einem möglichen Beikonsum. Dabei muss sich der Arzt im gesamten Behandlungsverlauf
- anhand des **klinischen Eindrucks** und
- gegebenenfalls unter Hinzuziehung **laborchemischer Parameter**

ein Bild davon machen, ob der Patient das Substitut in der verordneten Weise einnimmt sowie ob und in welchem Umfang ein Konsum anderer psychotroper Substanzen einschließlich Alkohol besteht (Kap. 4 BÄK-Richtlinien).

84 Hat der Patient **akut** andere psychotrope Stoffe konsumiert, die in Kombination mit dem Substitut zu einer gesundheitlichen Gefährdung führen können, ist das Substitut in angepasster Dosierung zu verabreichen oder gegebenenfalls von einer Verabreichung vollständig abzusehen (Kap. 4 BÄK-Richtlinien).

85 Stellt der Arzt den **Konsum weiterer psychotroper Substanzen** fest, so sollte er zunächst die Ursache eruieren und nach Möglichkeiten ihrer Beseitigung suchen. Dabei soll er insbesondere die folgenden Gründe berücksichtigen:

Substitution, Verschreiben von Substitutionsmitteln § 5 BtMVV

- eine erfolgte Destabilisierung der individuellen Lebenssituation,
- eine inadäquate Dosierung oder Wahl des Substitutionsmittels,
- eine komorbide somatische oder psychische Erkrankung, inklusive einer weiteren substanzgebundenen Abhängigkeit.

Die Ergebnisse der sich daraus ergebenden Überlegungen sollen in das Therapiekonzept einbezogen werden, wobei sich eine Zusammenarbeit mit den an der Behandlung oder Betreuung beteiligten Berufsgruppen empfehle (Kap. 4 BÄK-Richtlinie).

Wie schon nach früherem Recht steht dem Arzt damit ein **Beurteilungsspielraum** zu, in welchen Zeitintervallen er Kontrolluntersuchungen zur Frage des Beikonsums durchführt und mit welchen Maßnahmen er auf einen festgestellten Beikonsum reagiert. Allerdings bleibt es auch nach der Neuregelung dabei, dass eine **Verschreibung unbegründet** und mithin nach § 29 Abs. 1 S. 1 Nr. 6 BtMG strafbewehrt ist (*Patzak* in Körner/Patzak/Volkmer Rn. 26), wenn der Arzt 86
- auf regelmäßige Kontrollen ganz verzichtet oder
- eine Substitutionstherapie fortsetzt, obwohl keine berechtigten Aussichten darauf bestehen, den zusätzlichen Konsum von Opioiden mit Maßnahmen zur Eindämmung des Beikonsums von Betäubungsmitteln zu beherrschen (s. BGHSt 59, 150 (→ Rn. 18)).

c) Durchführung der Verlaufskontrolle. Die Richtlinien enthalten keine ausdrücklichen Hinweise darauf, dass die Verlaufskontrolle eine körperliche Untersuchung oder eine Unterredung unter vier Augen voraussetzt, bei denen der Fortschritt der Substitutionstherapie und die weiter unabdingbare Verschreibung von Substitutionsmitteln überprüft werden können; Gespräche **außerhalb einer förmlichen Untersuchungssituation,** etwa „am Tresen", „im Vorbeigehen" oder über den Mobilfunkanschluss des Patienten, sind aber jedenfalls nicht ausreichend (BGH NStZ 2012, 337 (→ Rn. 33); *Patzak* in Körner/Patzak/Volkmer Rn. 24). 87

6. Einbeziehung psychosozialer und weiterer Betreuungsmaßnahmen. Auf → Rn. 42 wird verwiesen. 88

II. Suchtmedizinische Qualifikation des Arztes (Satz 1). Die substitutionsgestützte Behandlung Opioidabhängiger erfordert eine spezifische ärztliche Qualifikation (→ BtMG § 13 Rn. 76, 77; BR-Drs. 881/97, 52). Dies gilt auch im Hinblick auf den von dem Arzt auch strafrechtlich zu verantwortenden Risikobereich. Nur ein für die Substitution qualifizierter Arzt ist in der Lage, Substitutionsmittel gesetzeskonform zu verschreiben, den Missbrauch und eine Suchtverlängerung zu vermeiden und das anzustrebende Behandlungsziel der Opioidabstinenz konsequent zu verfolgen (BR-Drs. 881/97, 52). 89

Die insoweit am 1.7.2002 in Kraft getretene 15. BtMÄndV (Art. 4 S. 2) hat die erforderliche ärztliche **Qualifikation** daher als **Voraussetzung für die Zulässigkeit** der Substitution eingeführt. Die 3. BtMVVÄndV hat daran festgehalten. Die Substitution ist danach nur zulässig, wenn der substituierende Arzt die Mindestanforderungen an eine **suchtmedizinische Qualifikation** erfüllt. Hiervon kann nur unter den Voraussetzungen des Absatzes 4 abgewichen werden. Die Ausgestaltung dieser Qualifikation obliegt der ärztlichen Selbstverwaltung im Rahmen der Weiter- und Fortbildung der Ärzte. Dies ist in der Verordnungsermächtigung (§ 13 Abs. 3 S. 2 Nr. 2 BtMG) ausdrücklich vorgesehen. 90

III. Erfüllung der Meldeverpflichtungen des Arztes (Satz 2). Weitere Zulässigkeitsvoraussetzung der Substitution ist, dass der Arzt seine Meldeverpflichtungen nach § 5b Abs. 2 erfüllt hat. 91

IV. Zuwiderhandlungen gegen Absatz 3. Werden entgegen Absatz 3 Satz 1 Substitutionsmittel verschrieben, obwohl die **Voraussetzungen des § 13 Abs. 1** 92

BtMVV § 5 BtM-Verschreibungsverordnung

BtMG nicht vorliegen (→ Rn. 76–88), ist dies eine **Straftat** nach § 29 Abs. 1 S. 1 Nr. 6 Buchst. a BtMG.

93 Der vorsätzliche oder leichtfertige Verstoß gegen das Erfordernis der **suchtmedizinischen Qualifikation** des substituierenden Arztes (Absatz 3 Satz 1) ist dadurch privilegiert, dass er lediglich eine **Ordnungswidrigkeit** nach § 17 Nr. 10 BtMVV, § 32 Abs. 1 Nr. 6 BtMG[3] darstellt.

94 **Entsprechendes** gilt für die vorsätzliche oder leichtfertige **Nichterfüllung der Meldepflicht.** Dies ergibt sich zwar nicht aus § 5 Abs. 3 S. 2, wohl aber aus der selbständigen Norm des § 5b Abs. 2, auf die in § 17 Nr. 1 BtMVV unmittelbar verwiesen wird.

I. Substitution trotz fehlender suchtmedizinischer Qualifikation (Absatz 4)

95 Das große Interesse, das der Gesetzgeber der **suchtmedizinischen Qualifikation** des behandelnden Arztes beimisst, kommt in der diffizilen Regelung des Absatzes 4 (und 5) besonders zum Ausdruck.

96 **I. Regelungen.** Danach darf ein Arzt, der die Mindestanforderungen an eine suchtmedizinische Qualifikation nicht erfüllt, für **höchstens zehn Patienten** (Satz 2) gleichzeitig Substitutionsmittel verschreiben, wenn er zu Beginn der Behandlung das Vorliegen der Zulässigkeitsvoraussetzungen mit einem **Konsiliarius** abstimmt (Satz 1 Nr. 1) und sicherstellt, dass sein Patient zu Beginn der Behandlung und mindestens einmal im Quartal dem Konsiliarius vorgestellt wird (Satz 1 Nr. 2). Die Zusammenarbeit zwischen Arzt und Konsiliarius ist nach den Anforderungen der BÄK (Kap. 7 Buchst. f der BÄK-Richtlinien) zu **dokumentieren** (Absatz 11).

▶ Zeitlich begrenzte **Abweichung** von Satz 2 durch § 6 Abs. 1 Nr. 1 der SARS-CoV-Verordnung (abgedruckt in Anhang M).

97 Der suchtmedizinisch nicht qualifizierte Arzt darf **keine Substitution mit Diamorphin** durchführen (Satz 3).

98 **II. Zuwiderhandlungen gegen Absatz 4.**[4] Wer entgegen **Absatz 4 Satz 1 Nr. 2** ein Substitutionsmittel verschreibt, ohne einen **Konsiliarius** in die Behandlung einzubeziehen, handelt ordnungswidrig nach § 17 Nr. 10 BtMVV, § 32 Abs. 1 Nr. 6 BtMG. Der Verstoß gegen **Absatz 4 Satz 2 (Höchstpatientenzahl)** ist nicht bußgeldbewehrt; Strafbarkeit (§ 29 Abs. 1 S. 1 Nr. 6 BtMG) kommt allerdings in Betracht, wenn auf Grund der Zahl der Patienten die Voraussetzungen des § 13 Abs. 1 BtMG nicht mehr gegeben sind. Der Verstoß gegen **Absatz 4 Satz 3** (Diamorphin) wird über § 5a Abs. 1 S. 2 als Ordnungswidrigkeit erfasst (§ 17 Nr. 10).

J. Vertretung (Absatz 5)

99 **I. Regelungen.** Grundsätzlich soll ein substituierender Arzt nur von einem Arzt vertreten werden, der ebenfalls die notwendige suchtmedizinische Qualifikation besitzt (Satz 1). In manchen Regionen Deutschlands kann es jedoch schwierig werden, einen solchen Vertreter zu finden. Sätze 2 und 3 lassen daher für eine begrenzte Zeit (längstens vier Wochen für die Vertretung; im Jahr insgesamt höchstens zwölf Wochen) die Vertretung auch durch einen Arzt zu, der die suchtmedizinischen Mindestanforderungen nicht erfüllt

▶ Zeitlich begrenzte **Abweichung** von Satz 3 durch § 6 Abs. 1 Nr. 2 der SARS-CoV-2-Verordnung (abgedruckt in Anh. M).

---

[3] Zur etwaigen Nichtigkeit des Blanketts → § 17 Rn. 1.
[4] Zur etwaigen Nichtigkeit des Blanketts → § 17 Rn. 1.

Substitution, Verschreiben von Substitutionsmitteln   § 5 BtMVV

Dabei muss sich der Vertreter **vor Beginn des Vertretungsfalles** grundsätzlich 100
mit dem vertretenen Arzt **abstimmen** (Satz 4). Notfallentscheidungen bleiben unberührt (Satz 5). Der Vertreter fügt den Schriftwechsel und die sonstigen Aufzeichnungen der Dokumentation nach Absatz 11 bei (Satz 6).

Der selbst nicht suchtmedizinisch qualifizierte Arzt darf auch als Vertreter eines 101
solchen **keine Substitution mit Diamorphin** durchführen (Satz 7).

II. Zuwiderhandlungen gegen Absatz 5. Wer vorsätzlich oder leichtfertig 102
entgegen Absatz 5 ein Substitutionsmittel ohne die nach dieser Vorschrift notwendige Abstimmung (→ Rn. 100) verschreibt, handelt ordnungswidrig nach § 17 Nr. 10 BtMVV, § 32 Abs. 1 Nr. 6 BtMG[5].

K. Die Substitutionsmittel (Absatz 6)

Die Vorschrift regelt im Wesentlichen die **zugelassenen Substitutionsmittel** 103
und ihre **Verwendung** im Einzelfall. Durch die 10. BtMÄndV wurden auch Codein und Dihydrocodein, die häufig zur sogenannten „wilden" oder „grauen" Substitution missbraucht wurden (→ Rn. 108), in bestimmten Ausnahmefällen zur regulären Substitution zugelassen. Die 15. BtMÄndV hat am Einsatz als Substitutionsmittel festgehalten und die Anwendungsvoraussetzungen noch etwas gemildert. Die 3. BtMVVÄndV hat diese Regelung beibehalten. Für das durch G v. 15.7.2009 (BGBl. I S. 1801) zur diamorphingestützten Substitutionsbehandlung als Substitutionsmittel eingeführte Diamorphin gilt nunmehr § 5a.

I. Die zugelassenen Substitutionsmittel (Satz 1). Die zugelassenen Substitu- 104
tionsmittel werden in Satz 1 geregelt:

1. Bezeichnung (Satz 1). Die Vorschrift legt die zugelassenen Substitutions- 105
mittel fest. Generell nicht zugelassen sind Betäubungsmittel, die nicht nach §§ 1, 2 verschreibungsfähig sind, insbesondere Betäubungsmittel der Anlage I.

a) Ohne Einschränkung zugelassene Substitutionsmittel (Nr. 1, 2). Ohne 106
Einschränkung als Substitutionsmittel zugelassen sind
– zur Substitution zugelassene Arzneimittel, die nicht den Stoff Diamorphin enthalten – Nr. 1,
– Zubereitungen von Levomethadon (→ § 1 Rn. 595–606), Methadon (→ § 1 Rn. 607–610) oder Buprenorphin (§ 1 Rn. 531–534) – Nr. 2.

Levacetylmethadol (LAAM) ist durch die 23. BtMÄndV v. 19.3.2009 gestrichen worden (→ BtMG § 1 Rn. 596). Ein zur Substitution zugelassenes Arzneimittel (Nr. 1) ist **retardiertes Morphin** – Morphinsulfat in retardierter Darreichungsform (s. BAS-Leitfaden Nr. 3.3.4), das unter der Handelsmarke **Substitol®** auf dem Markt ist.

b) Codein und Dihydrocodein (Nr. 3). Nur eingeschränkt als Substitutions- 107
mittel zugelassen sind Codein und Dihydrocodein. Sie dürfen nur in begründeten Ausnahmefällen als Substitutionsmittel verschrieben werden. Die Sonderregelung für diese Substanzen ist auf ihre deutlich geringere Eignung zur Substitution zurückzuführen. Die Halbwertzeit der beiden Stoffe ist wesentlich geringer als die von Methadon (LSG Schleswig-Holstein MedR 1993, 152) und entspricht etwa der des Heroins. Wegen der benötigten großen Mengen (LSG Schleswig-Holstein MedR 1993, 152) ist die Dosierung erheblich schwieriger. Auch sind die Entzugserscheinungen wesentlich gravierender (→ BtMG § 1 Rn. 566–572, 574–579).

Die besonderen Risiken, die mit einer unregulierten und unkontrollierten 108
Vergabe von Codein und Dihydrocodein verbunden sind, zeigen sich an der großen Zahl von **Drogentoten,** bei denen sie (insbesondere DHC) nach Heroin die häu-

---

[5] Zur etwaigen Nichtigkeit des Blanketts → § 17 Rn. 1.

figste Todesursache stellten (BLKA, Untersuchungsbericht über 261 Rauschgifttodesfälle in Bayern (1996), S. 17, 44). Von den 191 in die toxikologische Analyse einbezogenen Todesfällen war in 48 Fällen eine Überdosierung von DHC für sich todesursächlich (S. 32, 44). Dagegen gab es keinen Todesfall durch Methadon; zwar wurde es in 13 Fällen festgestellt, der Tod beruhte jedoch jeweils auf einer Mischintoxikation (S. 29). Charakteristisch für die Konsumenten von Codein und Dihydrocodein war nicht nur der Beikonsum von harten Drogen (31 Fälle mit Heroin und 3 Fälle mit Cocain), sondern auch die häufige Einnahme von rezeptpflichtigen Arzneimitteln und der Konsum von Cannabis und Alkohol (S. 17, 18, 32). Neuere Untersuchungen dieser Art sind nicht veröffentlicht; in der Statistik der Drogentodesfälle verschwinden Codein und DHC in der großen Gruppe der Opioide (→ Einl. Rn. 81).

109 Die Verschreibungsvoraussetzungen für **Codein und Dihydrocodein** beruhen auf der Erfahrung, dass deren Verschreibung nicht nur in anders nicht behandelbaren Ausnahmefällen sinnvoll sein kann. Vielmehr erscheint ihre Anwendung als Substitutionsmittel vertretbar, wenn
– eine Unverträglichkeit gegenüber Methadon oder anderen Substitutionsmitteln vorliegt,
– die substitutionsgestützte Behandlung unter Codein oder Dihydrocodein deutlich besser verläuft oder
– nach mehrjähriger Substitution mit Codein oder Dihydrocodein der Patient zur Umstellung auf Methadon oder ein anderes Substitutionsmittel nicht motiviert werden kann
(BR-Drs. 252/01, 50).

110 **2. Applikationsformen (Satz 2).** Weitergehend als nach dem früheren Recht („parenteral") dürfen die Substitutionsmittel nicht zur **intravenösen** Anwendung bestimmt sein. Die BtMVV öffnet damit die Substitutionsvorschriften für moderne Darreichungsformen wie transdermale therapeutische Systeme oder oro-mucosale Sprays (BR-Drs. 222/17, 19).

111 **II. Die Kennzeichnung der Verschreibung (Satz 3).** Nach dieser Vorschrift sind Verschreibungen über ein Substitutionsmittel mit dem **Buchstaben „S"** zu kennzeichnen (s. auch § 9 Abs. 1 Nr. 6). Diese Regelung dient der Gegenkontrolle in der Apotheke und durch die zuständigen Überwachungsbehörden, dass die Substitution mit geeigneten Mitteln durchgeführt wird. Fehlt die Kennzeichnung, so darf das Substitutionsmittel auf die Verschreibung grundsätzlich nicht abgegeben werden (§ 12 Abs. 1 Nr. 1 Buchst. b).

112 **III. Diamorphin (Satz 4).** Für die zugelassenen Arzneimittel mit dem Stoff Diamorphin wird auf § 5a verwiesen.

113 **IV. Zuwiderhandlungen gegen Absatz 6.**[6] Zuwiderhandlungen gegen Absatz 6 sind zum Teil Straftaten nach § 16 Nr. 2 Buchst. a BtMVV, § 29 Abs. 1 S. 1 Nr. 14 BtMG, zum Teil Ordnungswidrigkeiten nach § 9 Abs. 1 Nr. 6, § 17 Nr. 1. Im Übrigen kommt Strafbarkeit nach § 29 Abs. 1 S. 1 Nr. 6 Buchst. a in Betracht,[7] wenn in der Zuwiderhandlung eine Verletzung der sich aus § 13 Abs. 1 BtMG ergebenden Pflichten zu sehen ist. Im Einzelnen gilt:

114 **1. Verschreibung anderer Betäubungsmittel (Satz 1).** Nach § 16 Nr. 2 Buchst. a BtMVV, § 29 Abs. 1 S. 1 Nr. 14 BtMG macht sich strafbar, wer vorsätzlich entgegen § 5 Abs. 6 S. 1 andere als dort zugelassene Substitutionsmittel verschreibt. Bedingter Vorsatz genügt.

---

[6] S. Fußnoten 1 und 3.
[7] Die etwaige Nichtigkeit bezieht sich nur auf die Blankette der § 29 Abs. 1 S. 1 Nr. 14 und § 32 Abs. 1 Nr. 6 BtMG; § 29 Abs. 1 S. 1 Nr. 6 Buchst. a BtMG wird davon nicht erfasst.

2. Verschreibung unter Nichteinhaltung der vorgegebenen Bestim- 115
mungszwecke oder Beschränkungen (Satz 1 Nr. 3). Ebenso macht sich strafbar,
wer vorsätzlich entgegen § 5 Abs. 6 S. 1 Betäubungsmittel unter Nichteinhaltung der
vorgegebenen Bestimmungszwecke oder sonstiger Beschränkungen verschreibt.
Eine solche Beschränkung ist insbesondere die Beschränkung des Einsatzes von
Codein und Dihydrocodein auf begründete Ausnahmefälle (→ Rn. 107–109). Bedingter Vorsatz genügt. Wer diese Betäubungsmittel (auch als ausgenommene Zubereitungen) an betäubungsmittel- oder alkoholabhängige Personen (Anlage III Positionen Codein und Dihydrocodein)) zu Substitutionszwecken verschreibt, ohne
dass ein begründeter Ausnahmefall vorliegt, kann sich daher nach § 5 Abs. 6 S. 1
Nr. 3, § 16 Nr. 2 Buchst. a BtMVV, § 29 Abs. 1 S. 1 Nr. 14 BtMG strafbar machen
(*Patzak* in Körner/Patzak/Volkmer Rn. 55; § 29 Teil 15 Rn. 47).

3. Applikationsformen (Satz 2). Mit dem neuen Satz 2 wird klargestellt, dass 116
die verschriebene Arzneiform generell nicht zur intravenösen Anwendung bestimmt (und verwendbar) sein darf. Der Verordnungsgeber hat bereits die frühere
engere Vorschrift zum Schutz vor Missbrauch für unverzichtbar gehalten (BR-Drs.
252/01, 50). Eine eigene Bewehrung dieser Vorschrift ist gleichwohl nicht vorgesehen. Strafbarkeit nach § 29 Abs. 1 S. 1 Nr. 6 Buchst. a BtMG kommt aber in Betracht, wenn der Arzt mit der Verschreibung seine sich aus § 13 Abs. 1 ergebenden
Pflichten verletzt, etwa wenn er dem Drogenabhängigen den Kick verschaffen will.

4. Verstoß gegen die Kennzeichnungspflicht (Satz 3). Der vorsätzliche oder 117
leichtfertige Verstoß gegen die Pflicht zur Kennzeichnung mit dem **Buchstaben
„S"** ist eine **Ordnungswidrigkeit** nach § 9 Abs. 1 Nr. 6, § 17 Nr. 1 BtMVV, § 32
Abs. 1 Nr. 6 BtMG[8].

5. Auswahl des Substitutionsmittels. Die früher in § 5 Abs. 4 S. 4 BtMVV 118
enthaltene Vorschrift über die Auswahl der Substitutionsmittel wurde gestrichen.
Welches der zugelassenen Mittel im konkreten Fall einzusetzen ist, bestimmt sich
gleichwohl nicht nach dem Belieben des Arztes, sondern nach dem allgemein anerkannten Stand der medizinischen Wissenschaft. Dieser Stand kann von der BÄK in
Richtlinien festgestellt werden (Absatz 12 Satz 1 Nr. 3 Buchst. a). Dies ist in
Kap. 3.3 der BÄK-Richtlinien geschehen (→ Rn. 41).

Eine eigene Bewehrung dieser Vorschrift ist **nicht** vorgesehen. Strafbarkeit 119
nach § 29 Abs. 1 S. 1 Nr. 6 Buchst. a BtMG kommt aber in Betracht, wenn der
Arzt mit der Verschreibung seine sich aus § 13 Abs. 1 ergebenden Pflichten verletzt.

L. Der Umgang mit dem Substitutionsmittel (Absatz 7)

Die Vorschrift bestimmt nur noch, wie mit dem **Substitutionsmittel** zu verfah- 120
ren ist. Die bisherige in § 5 Abs. 5 enthaltene Regelung, wonach der Arzt mit Ausnahme der Take-Home-Verordnung die **Verschreibung** dem Patienten **nicht aushändigen** durfte, sondern seitens seinem Personal in der Apotheke vorlegen
musste, wurde **gestrichen.** Es ist schon überraschend, **mit welcher Nonchalance**
(„zur Vermeidung bürokratischen Aufwands" (BR-Drs. 222/17, 20)) sich die
3. BtMVVÄndV über die im Zusammenhang mit der Ergänzung des § 13 (→ BtMG
§ 13 Rn. 79) erhobene sachlich begründete Forderung des Bundesrates hinwegsetzt,
wonach in der BtMVV klarzustellen sei, dass ein Betäubungsmittelrezept **in keinem
Fall** an einen Abhängigen ausgehändigt werden darf (BT-Drs. 12/934, 5).

Nach der neuen Vorschrift darf daher der Arzt in den Fällen, in denen das 121
Substitutionsmittel nach pflichtgemäßer ärztlicher Entscheidung dem Substitutionspatienten, etwa zum unmittelbaren Verbrauch in einer Apotheke (Absatz 10
Satz 2 Nr. 2), überlassen werden soll, dem Patienten die Verschreibung aushändigen

---

[8] Zur etwaigen Nichtigkeit des Blanketts → § 17 Rn. 1.

(*Weinzierl* in BeckOK BtMG Rn. 47). Einen Rechtsanspruch auf Aushändigung hat der Patient nicht (*Patzak* in Körner/Patzak/Volkmer Rn. 58).

122 I. Die Überlassung zum unmittelbaren Verbrauch, Verabreichen, Anwenden – Sichtbezug – (Satz 1). Das Substitutionsmittel ist dem Abhängigen von oder in den in Absatz 10 Satz 1 und 2 genannten Personen oder Einrichtungen oder von dem dort bezeichneten Personal **zum unmittelbaren Verbrauch zu überlassen (Einnahme unter Sicht).** Durch die 32. BtMÄndV (→BtMG §1 Rn. 233b) wurde Satz 1 namentlich im Hinblick auf **Depotpräparate** durch das **Verabreichen** (→BtMG §29 Rn. 1538) und das **Anwenden** (→BtMG §29 Rn. 1538) gemäß dem in der arzneimittelrechtlichen Zulassung vorgesehenen Verfahren erweitert (BR-Drs. 190/21 S. 8). Der Patient darf keine eigene Verfügungsgewalt über das Substitutionsmittel erlangen; insbesondere darf er es nicht mitnehmen, sondern hat es unter den Augen des Arztes oder der sonst in Satz 1 genannten Personen einzunehmen. Setzen sich der Arzt oder seine Substitutionsgehilfen darüber hinweg, so verstoßen sie nicht nur gegen die Regeln der ärztlichen Kunst, sondern es liegt eine unerlaubte Abgabe vor (→ Rn. 125).

123 Da die Überlassung eines Betäubungsmittels zum unmittelbaren Verbrauch (dasselbe gilt für das Verabreichen und das Anwenden →Rn. 122) nur im Rahmen einer ärztlichen Behandlung zulässig ist (§ 13 Abs. 1 BtMG), verbleibt die rechtliche und fachliche **Verantwortung** auch dann bei dem Arzt, wenn die Verbrauchsüberlassung durch die anderen in Satz 1 genannten Personen erfolgt (BR-Drs. 881/97, 53; BR-Drs. 222/17, 20). Eine ständige Kontrolle durch den Arzt ist daher schon in seinem Interesse unerlässlich.

124 II. Die Überlassung von Codeinprodukten (Satz 2). Um die substitutionsgestützte Behandlung praktikabler gestalten zu können und die soziale Integration des Abhängigen zu fördern (BR-Drs. 881/97, 54), sieht Satz 2 die Möglichkeit vor, bei der Verschreibung von Codein und Dihydrocodein dem Patienten nach der ersten Einnahme am Tag die für diesen Tag zusätzlich benötigten Mengen zur eigenverantwortlichen Einnahme mitzugeben, wenn dem Arzt keine Anhaltspunkte für eine nicht bestimmungsgemäße Verwendung des Substitutionsmittels durch den Patienten vorliegen.

125 III. Zuwiderhandlungen gegen Absatz 7. Verstoßen der Arzt oder die sonst in Absatz 10 Satz 1 oder 2 genannten Personen gegen **Satz 1** (→ Rn. 122, 123), indem sie dem Patienten das Substitutionsmittel aushändigen, so liegt eine unerlaubte **Abgabe** nach § 29 Abs. 1 S. 1 Nr. 1 BtMG, gegebenenfalls auch Veräußerung oder Handeltreiben, vor (→ BtMG § 29 Rn. 1515–1517). Strafbar ist hier auch fahrlässiges Handeln (§ 29 Abs. 4 BtMG). Eine unerlaubte **Abgabe** liegt auch dann vor, wenn der Arzt entgegen **Satz 2** dem Patienten den noch offenen Teil der Tagesdosis Codein oder Dihydrocodein aushändigt, obwohl ihm Anhaltspunkte dafür vorliegen, dass der Patient dass Substitutionsmittel nicht bestimmungsgemäß verwendet, es insbesondere in der Drogenszene veräußert (→ BtMG § 29 Rn. 1522). Auch in einem solchen Falle sind die Voraussetzungen für die Ausnahme von der Erlaubnispflicht nicht erfüllt.

M. Vorbemerkung zu den Absätzen 8 und 9 – Verschreibung zur eigenverantwortlichen Einnahme (Take-home-Verschreibung)

126 I. Definition. Die Verschreibung **zur eigenverantwortlichen Einnahme (Take-home-Verschreibung)** ist eine Ausnahme von der Verschreibung des Substitutionsmittels zur Einnahme unter Aufsicht. Sie ist mit einer Ausgabe des **Rezeptes** an den Patienten im Rahmen einer **persönlichen Konsultation** verbunden (§ 5 Abs. 8 S. 4, Abs. 9 S. 6; Kap. 4.1 BÄK-Richtlinien). Gibt der Arzt dagegen dem Patienten das **Substitutionsmittel** selbst mit, liegt eine unerlaubte **Abgabe,** gegebenenfalls auch Veräußern oder Handeltreiben, vor (→ Rn. 125), und zwar auch dann, wenn die Voraussetzungen des § 5 Abs. 8, 9 an sich gegeben sind (→ § 29 Rn. 1516). Bei Fahrlässigkeit kommt Strafbarkeit nach § 29 Abs. 4 BtMG in Betracht.

II. Grundsätze. Wegen des Missbrauchsrisikos obliegt dem behandelnden Arzt bei Take-home-Verschreibungen eine **besondere Verantwortung**. Diese umfasst auch eine Abklärung möglicher Gefährdungen des Patienten sowie Dritter, etwa im Haushalt lebender Kinder (Kap. 4.1 BÄK-Richtlinien). 127

In der Regel sollte eine Take-home-Verschreibung zunächst nur **für kurze Zeiträume** erfolgen. Die ihr zugrundeliegende Einschätzung ist **fortlaufend** gemäß den Anforderungen und Feststellungen des allgemein anerkannten Standes der Erkenntnisse der medizinischen Wissenschaft zu überprüfen (Kap. 4.1 BÄK-Richtlinien). 128

Die Verschreibung unterliegt der Entscheidung und Verantwortung des behandelnden Arztes, ein **Anspruch** auf sie besteht seitens des Patienten **nicht** (Kap. 4.1 BÄK-Richtlinien). 129

III. Bezugsquelle für illegalen Handel. Unkontrollierte und massenhafte Take-home-Verschreibungen haben sich in der Vergangenheit als eine Hauptquelle für den illegalen Handel mit Substitutionsmitteln erwiesen. In gerichtlichen Entscheidungen (→ BtMG § 29 Rn. 1511) werden immer wieder Zustände festgestellt, die den Eindruck vermitteln, dass jedenfalls **manche Ärzte** die rechtlichen Vorgaben für die Take-home-Verschreibungen **nicht allzu ernst nehmen.** Ob sich dies nach der Änderung des § 5 BtMVV bessern wird, erscheint eher fraglich. 130

N. Zwei-Tage-Regelung, „Wochenendrezept" (Absatz 8)

Eine wesentliche Erleichterung der Substitutionsbehandlung und in ihrer praktischen Bedeutung kaum zu überschätzen ist die durch die 23. BtMÄndV v. 19.3.2009 eingeführte Verschreibung zur eigenverantwortlichen Einnahme (→ Rn. 126) für grundsätzlich zwei Tage oder Wochenendverschreibung. Sie entspricht einer von der ärztlichen Praxis seit langem erhobenen Forderung und soll an Wochenenden und Feiertagen oder bei unaufschiebbaren Terminen an Werktagen die **kontinuierliche Fortführung der Therapie** ermöglichen. Diese Regelung wurde durch die 3. BtMVVÄndV fortgeführt und im zeitlichen Rahmen erweitert. Zu den Grundsätzen und zu den Gefahren → Rn. 127–130. 131

I. Voraussetzungen (Satz 1). Nach Satz 1 kann der Arzt einem Patienten das Substitutionsmittel zur eigenverantwortlichen Einnahme gemäß den Feststellungen der BÄK nach Absatz 12 Satz 1 Nr. 3 Buchst. b **ausnahmsweise** dann verschreiben, wenn 132
– die Kontinuität der Substitutionsbehandlung nicht anderweitig gewährleistet werden kann (Nr. 1),
– der Verlauf der Behandlung dies zulässt (Nr. 2),
– Risiken der Selbst- oder Fremdgefährdung soweit wie möglich ausgeschlossen sind (Nr. 3) **und**
– die Sicherheit und Kontrolle des Betäubungsmittelverkehrs nicht beeinträchtigt werden (Nr. 4).
Diese Voraussetzungen müssen **kumulativ** erfüllt sein.

Schon nach dem **Wortlaut der Nr. 1** ist die Zwei-Tage-Regelung stets **subsidiär**. Zunächst müssen alle anderen Möglichkeiten (Absatz 10) ausgeschöpft werden. Aber auch inhaltlich ist dies geboten. Anders als die traditionelle Sieben-Tage-Regelung setzt die Zwei-Tage-Regelung **keine Stabilisierung** des Patienten voraus und ist daher **mit erheblichen Gefahren** verbunden. Sie ist auf keinen Fall in das Belieben des Arztes gestellt und darf nicht nur seiner Bequemlichkeit dienen. Die mit der Wochenendverschreibung verbundene Lockerung ist nur zu vertreten, 133 wenn der Arzt seine Verantwortung ernst nimmt und die Voraussetzungen hierfür sorgfältig prüft und beachtet. Unverantwortlich wäre etwa eine Wochenendverschreibung trotz des Missbrauchs von Substitutionsmitteln.

134 **Für die Bewertung des Verlaufs der Behandlung (Nr. 2)** verwies der frühere Satz 6 auf den allgemein anerkannten Stand der medizinischen Wissenschaft, der von der BÄK in Richtlinien festgestellt werden konnte. Dieser Hinweis ist im Hinblick auf die allgemeine Verweisung auf die Richtlinien der BÄK in Satz 1 entfallen. Die entsprechenden Regelungen sind in Kap. 4 der BÄK-Richtlinien enthalten. Die Bewertung des Verlaufs der Behandlung ist Teil des Therapiekonzepts (→ Rn. 43).

135 **Nicht unproblematisch** ist die **Nr. 3**, soweit sie auch auf das Risiko der **Selbstgefährdung** abstellt. Allerdings gehört auch die Gesundheit des Einzelnen zu den durch das BtMG geschützten Rechtsgütern (→ BtMG § 1 Rn. 3–6; *Weber* Handeltreiben S. 359–371), so dass sich die Vorschrift letztlich im Rahmen der Ermächtigung des § 13 Abs. 3 S. 1 BtMG hält.

136 **Auch die weitere Voraussetzung,** dass die Sicherheit und Kontrolle des Betäubungsmittelverkehrs nicht beeinträchtigt werden darf **(Nr. 4)**, ist keine bloße Floskel und sollte namentlich im Hinblick auf die fehlende Stabilisierung des Patienten von dem substituierenden Arzt sehr ernst genommen werden.

137 **II. Dauer, Häufigkeit (Sätze 2, 3).** Das Substitutionsmittel darf nur in folgenden Mengen verschrieben werden:
– in der für bis zu zwei aufeinanderfolgende Tage benötigten Menge **(Satz 2 Nr. 1)** oder
– in der Menge, die benötigt wird für die Wochenendtage Samstag und Sonntag und für dem Wochenende vorangehende oder folgende Feiertage, auch einschließlich eines dazwischen liegenden Werktages, höchstens jedoch in der für fünf Tage benötigten Menge **(Satz 2 Nr. 2).**

Dabei darf der Arzt dem Patienten innerhalb einer **Kalenderwoche** nicht mehr als eine Verschreibung aushändigen **(Satz 3).**

▶ Zeitlich begrenzte **Abweichungen** von Satz 2 Nr. 1 und Satz 3 durch § 6 Abs. 1 Nr. 3 und 4 der SARS-CoV-2-Verordnung (abgedruckt in Anhang M).

138 **III. Persönliche Konsultation (Satz 4).** Nach Absatz 8 Satz 4 darf der substituierende Arzt die Verschreibung nur im Rahmen einer **persönlichen Konsultation** aushändigen. In den BÄK-Richtlinien wird diese **zwingende, durch die BÄK-Richtlinien nicht änderbare** und für den **Arzt verbindliche** Regelung für alle drei Formen der Verschreibung zur eigenverantwortlichen Einnahme mit dem eher nebensächlich erscheinenden Hinweis abgetan, eine solche Verschreibung sei „mit einer Ausgabe des Rezeptes an den Patienten im Rahmen einer persönlichen Konsultation verbunden" (Kap. 4.1 Satz 2). Insbesondere im Hinblick auf die strafrechtlichen Konsequenzen, die mit einem Verstoß verbunden sein können (→ Rn. 145), ist es bedauerlich, dass bei den einzelnen Verschreibungen dieser Art nicht näher auf die Bedeutung dieser Regelung eingegangen wird.

▶ Zeitlich begrenzte **Abweichung** von Satz 4 durch § 6 Abs. 1 Nr. 5 der SARS-CoV-2-Verordnung (abgedruckt in Anhang M).

139 **IV. Kennzeichnung (Satz 5).** Die Verschreibung ist ferner nach dem Buchstaben „S" zusätzlich mit dem Buchstaben **„Z"** zu **kennzeichnen (Satz 5).** Damit soll mehr Fälschungsschutz erreicht und den Apotheken ermöglicht werden, diesen Patienten besondere Aufmerksamkeit zu gewähren (BR-Drs. 222/17, 21).

140 **V. Zuwiderhandlungen gegen Absatz 8.** Die unkontrollierte und massenhafte Take-home-Verschreibung ist eine **Hauptquelle für den illegalen Handel** mit Substitutionsmitteln (→ Rn. 130).

Gleichwohl ist eine **besondere Bewehrung** der Vorschriften des Absatzes 8 141
nicht vorgesehen. Es gelten daher die allgemeinen Regeln. Dies ist zunächst § 29
Abs. 1 S. 1 Nr. 14 BtMG[9], soweit § 16 BtMVV auch für die Substitution gilt
(→ BtMG § 29 Rn. 1502), etwa wenn die Höchstmengen des § 2 überschritten
werden.

Verstößt der Arzt gegen **Satz 1,** indem er dem Patienten das Substitutionsmittel 142
nicht nur verschreibt, sondern **mitgibt** oder es gar durch Freunde oder Angehörige
abholen lässt, liegt eine unerlaubte **Abgabe,** gegebenenfalls auch **Veräußern**
oder **Handeltreiben,** vor, und zwar auch dann, wenn die Voraussetzungen des § 5
Abs. 8 an sich gegeben sind (→ Rn. 126; → BtMG § 29 Rn. 1516). Bei Fahrlässigkeit kommt Strafbarkeit nach § 29 Abs. 4 BtMG in Betracht.

Setzt der Arzt sich über die in **Satz 1 Nr. 1–4** enthaltenen **besonderen Zuläs-** 143
sigkeitsvoraussetzungen hinweg, oder verstößt er gegen die **Sätze 2 und 3,**
kann Strafbarkeit nach § 29 Abs. 1 S. 1 Nr. 6 Buchst. a BtMG in Betracht kommen,
wenn die Verschreibung nicht mehr als nach § 13 Abs. 1 BtMG ärztlich indiziert angesehen werden kann. Dies liegt insbesondere bei einem Verstoß gegen die Sätze 2
oder 3 nahe.

Soweit der **Verlauf der Behandlung** zu **bewerten** ist (Satz 1 Nr. 2), ist der allgemein anerkannte Stand der medizinischen Wissenschaft maßgeblich; dazu 144
→ Rn. 43.

Besonders oft wurde gegen § 5 Abs. 8 S. 10 BtMVV aF verstoßen, wonach jede 145
Take-home-Verschreibung im Rahmen einer **persönlichen ärztlichen Konsultation** auszuhändigen ist. Diese zwingende Regelung ging über die des früheren
Absatzes 2 Satz 1 Nr. 5 hinaus, die bereits als **verbindliche Richtschnur** für die erforderliche ärztliche Begleitung anzusehen war (BGHSt 59, 150 (→ Rn. 18));
BGH NStZ 2012, 337 (→ Rn. 33)). Der neue Absatz 8 Satz 4 schreibt die zwingende Regelung des früheren Absatzes 8 Satz 10 fort und gibt damit ebenfalls eine
verbindliche Richtschnur für die Substitution in diesen Fällen. Auf die diese
Rechtslage abschwächenden Formulierungen der BÄK-Richtlinien (→ Rn. 138)
kann sich der Arzt nicht berufen (BGHSt 59, 150 (→ Rn. 18)).

Keine Ordnungswidrigkeit ist die unterlassene **Kennzeichnung** des Rezepts 146
mit dem **Buchstaben Z** (aA *Patzak* in Körner/Patzak/Volkmer § 5 Rn. 88, § 17
Rn. 5). § 5 Abs. 8 S. 5 wird in § 17 weder eigens noch in Verbindung mit § 9 Abs. 1
genannt; die bloße Erwähnung in § 9 Abs. 1 Nr. 6 führt noch nicht zur Einbeziehung in die Ahndungsnorm. Es dürfte sich dabei um ein Redaktionsversehen handeln, denn mit der Absicht, durch die Kennzeichnung mehr Fälschungsschutz zu
erreichen und es den Apotheken zu ermöglichen, diesen Patienten besondere Aufmerksamkeit zu gewähren (BR-Drs. 222/17, 21), ist dies nur schwerlich vereinbar.

O. Sieben-Tage-Regelung, 30-Tage-Regelung, Mischrezepte
(Absatz 9)

Während in Absatz 9 Satz 1 Nr. 1 (Sieben-Tage-Regelung) im Grundsatz die frü- 147
here Regelung (§ 5 Abs. 8 S. 4–6 BtMVV aF) fortgeführt wird, geht Absatz 9 Satz 1
Nr. 2 wesentlich darüber hinaus (§ 5 Abs. 8 S. 7–9 BtMVVaF). Insbesondere gilt die
Neuregelung nicht nur für die Zeit eines Auslandsaufenthalts (BR-Drs. 222/17,
21).

Sowohl für die Sieben-Tage-Regelung als auch für die 30-Tage-Regelung gilt 148
bereits nach dem klaren Wortlaut der Verordnung ("solange"), dass **die ärztliche**
Einschätzung, wonach eine Überlassung des Substitutionsmittels zum unmittel-

---

[9] Zur etwaigen Nichtigkeit des Blanketts → § 16 Rn. 1.

baren Verbrauch nicht mehr erforderlich ist, von dem Arzt **nicht nur einmal** zu treffen, sondern **fortlaufend zu überprüfen ist** (*Patzak* in Körner/Patzak/Volkmer Rn. 76; *Weinzierl* in BeckOK BtMG Rn. 56). Sowohl bei der erstmaligen Einschätzung als auch bei der fortlaufenden Überprüfung müssen die Feststellungen der BÄK nach Absatz 12 Satz 1 Nr. 3 Buchst. b beachtet werden.

149 **I. Sieben-Tage-Regelung (Satz 1 Nr. 1, Sätze 6–8).** Mit Satz 1 Nr. 1 wird die frühere Sieben-Tage-Verschreibung fortgeführt.

150 **1. Voraussetzungen (Satz 1 Nr. 1).** Während im früheren Recht (Absatz 8 Satz 5) bestimmte Ausschlusstatbestände normiert waren, wird nunmehr positiv darauf abgestellt, ob der Arzt zu dem Ergebnis kommt, dass eine Überlassung des Substitutionsmittels zum unmittelbaren Verbrauch nicht mehr erforderlich ist. Die Feststellung der Voraussetzungen für die Eignung des Patienten zu einer solchen Verschreibung ist den **Richtlinien der BÄK** übertragen. Diese sehen in **Kap. 4.1.2** für die Sieben-Tage-Regelung folgendes vor:

„Eine Verschreibung des Substitutionsmittels zur eigenverantwortlichen Einnahme für einen Zeitraum bis zu sieben Tagen kann dann erfolgen, wenn der Patient sich in einer stabilen Substitutionsbehandlung befindet. Zur Bewertung des Einzelfalls soll der Arzt folgende Kriterien heranziehen:
- regelmäßige Wahrnehmung der erforderlichen Arztkontakte,
- die Einstellung auf das Substitutionsmittel ist abgeschlossen,
- der bisherige Verlauf der Behandlung hat zu einer klinischen Stabilisierung des Patienten geführt,
- Risiken einer Selbst- und Fremdgefährdung, insbesondere für gegebenenfalls im Haushalt mitlebende Kinder, sind soweit wie möglich ausgeschlossen,
- der Patient konsumiert stabil keine weiteren Substanzen, die zusammen mit der Einnahme des Substitutionsmittels zu einer schwerwiegenden gesundheitlichen Gefährdung führen können,
- der Patient verstößt nicht gegen getroffene Vereinbarungen,
- eine psychosoziale Stabilisierung ist erfolgt."

151 Auch nach den **Richtlinien der BÄK** kommt es danach darauf an, dass sich der **Zustand** des Patienten **stabilisiert** hat (*Patzak* in Körner/Patzak/Volkmer Rn. 76) und eine Überlassung des Substitutionsmittels zum Verbrauch unter Sicht nicht mehr erforderlich ist. Dies setzt voraus, dass der Verlauf der Behandlung so weit fortgeschritten ist, dass der Patient in der Lage ist, mit dem Substitutionsmittel **eigenverantwortlich umzugehen** und es **bestimmungsgemäß** zu verwenden. Daran fehlt es insbesondere, wenn
- die **Einstellung** auf das Substitutionsmittel noch **nicht abgeschlossen** ist (Kap. 4.1.2. Punkt 2 BÄK-Richtlinien oder
- der Patient **weitere Substanzen konsumiert,** die zusammen mit der Einnahme des Substitutionsmittels zu einer schwerwiegenden gesundheitlichen Gefährdung führen.; nach Kap. 4.1.2 Punkt 5 BÄK-Richtlinien darf er „stabil" keine weiteren Substanzen konsumieren,

152 Die Verschreibung zur eigenverantwortlichen Einnahme setzt die **Zuverlässigkeit des Patienten** voraus (BGHSt 59, 150 (→ Rn. 18)) Daran fehlt es, wenn er das Substitutionsmittel nicht einnimmt. **Unterbleibt die Einnahme,** droht die Realisierung der Gefahr, dass unerlaubte Mittel in den illegalen Markt gelangen. Setzt der Arzt trotz Kenntnis der Nichteinnahme des Mittels durch den Patienten über einen gewissen Zeitraum das Take-Home-Verfahren fort, ist die Anwendung nicht mehr begründet (BGHSt 59, 150 (→ Rn. 18)). Daran hat sich durch die Neufassung der BtMVV und der BÄK-Richtlinien nichts geändert (*Patzak* in Körner/Patzak/Volkmer Rn. 77).

An der notwendigen Zuverlässigkeit fehlt es auch bei einem **missbräuchlichen** 153
Konsum von Stoffen (§ 5 Abs. 8 S. 5 Nr. 3 BtMVV aF). Dieser **tatsächliche** Umstand gilt unabhängig davon, dass er im Kriterienkatalog der BÄK-Richtlinien (Kap. 4.1.2) nicht unmittelbar erwähnt ist.

2. Persönliche Konsultation (Satz 6). Nach der **zwingenden** Vorschrift des 154
§ 5 Abs. 9 S. 6 darf der substituierende Arzt die Verschreibung nur im Rahmen einer **persönlichen Konsultation** aushändigen. In den BÄK-Richtlinien wird diese zwingende und für den Arzt verbindliche Regelung gewissermaßen vor die Klammer gezogen (→ Rn. 138). Im gegebenen Kontext wird diese Regelung nicht ausdrücklich erwähnt. So heißt es in Kap. 4.1.2 BÄK-Richtlinien lediglich:

„Im Rahmen der Take-home-Verschreibung nach § 5 Absatz 9 Satz 1 Nummer 1 BtMVV soll der Arzt aus medizinischer Sicht in der Regel einmal pro Woche persönlichen Kontakt mit dem Patienten haben und bei Bedarf eine klinische Untersuchung sowie eine geeignete Kontrolle komorbiden Substanzgebrauchs durchführen, um den Behandlungsverlauf angemessen beurteilen und gegebenenfalls darauf reagieren zu können. Einmal die Woche soll auch eine kontrollierte Einnahme des Substitutionsmittels stattfinden."

Dem Arzt, der nach **Rechtssicherheit,** gerade in **strafrechtlicher** Hinsicht (→ Rn. 145) **sucht,** ist damit **nicht gedient.** Unabhängig davon ist auch die Ansammlung von **Sollvorschriften** geeignet, den Blick dafür zu verdunkeln, dass ein Abweichen von einer solchen Vorschrift nur in Ausnahmefällen in Betracht kommen kann (→ Rn. 54), die jeweils im Einzelnen zu begründen sind.

▶ Zeitlich begrenzte **Abweichung** von Satz 6 durch § 6 Abs. 1 Nr. 5 der SARS-CoV-2-Verordnung (abgedruckt in Anhang M).

3. Kennzeichnung (Satz 7). Nach Satz 7 ist die Take-home-Verschreibung 155
nach dem Buchstaben „S" zusätzlich mit dem **Buchstaben „T"** zu kennzeichnen. Die Verordnungsbegründung (BR-Drs. 222/17, 22) erweckt hier den Anschein, als ob dies nur für die 30-Tage-Regelung gelten würde. Nach Wortlaut und Systematik der Verordnung trifft dies jedoch nicht zu.

II. 30-Tage-Regelung (Satz 1 Nr. 2, Sätze 2–7). Satz 1 Nr. 2 dehnt die bisher 156
nur für Auslandsaufenthalte geltende Regelung mit, allerdings nicht unerheblichen, Änderungen auf Inlandssachverhalte aus. Mit der Neuregelung soll die Patientenautonomie erhöht, die Möglichkeit der Reintegration des Patienten in ein selbstbestimmtes Leben und seine Teilnahme am gesellschaftlichen Leben, insbesondere am Erwerbsleben, gefördert werden (BR-Drs. 222/17, 21).

1. Voraussetzungen (Satz 1 Nr. 2, Sätze 2, 3). Nach Satz 1 Nr. 2 kommt in 157
begründeten Einzelfällen eine Verschreibung der bis zu 30 Tagen benötigten Menge in Betracht. Ob der Arzt von dieser Möglichkeit Gebrauch macht, muss individuell für den einzelnen Patienten nach ärztlicher Einschätzung unter Einbeziehung des **Selbstkontrollverhaltens** des Patienten entschieden werden. Hierbei ist, wie die Verordnungsbegründung (BR-Drs. 222/17, 21) selbst hervorhebt, die **Stabilität des Patienten** für die Eigenverantwortlichkeit von besonderer Bedeutung. Wenn die Ärzteschaft diese mahnenden Worte nicht ernst nimmt, ist zu erwarten, dass sich nicht anders als bei der früheren Sieben-Tage-Regelung eine unkontrollierte und massenhafte 30-Tage-Verschreibung entwickelt, die sich dann als eine Haupteinfallspforte für den illegalen Handel mit Substitutionsmitteln erweisen würde.

Der Einzelfall kann durch einen medizinischen oder durch einen anderen Sach- 158
verhalt begründet sein.

BtMVV § 5

159   **a) Medizinischer Sachverhalt (Satz 5).** Medizinische Sachverhalte, die einen Einzelfall begründen, werden nach Satz 5 im Rahmen von Absatz 12 Satz 1 Nr. 3 Buchst. b durch die BÄK festgestellt. Nach den dazu erlassenen BÄK-Richtlinien (Kap. 4.1.3) sind für die Beurteilung, ob für bis zu 30 Tagen die eigenverantwortliche Einnahme des Substitutionsmittels gestattet werden kann, die in Kap. 4.1.2 (→ Rn. 150) genannten Kriterien heranzuziehen. Dabei seien die **medizinische** wie die **psychosoziale Stabilität** des Patienten von besonderer Bedeutung. Ein medizinischer Sachverhalt könne für den Zeitraum vorliegen, in dem bei einem schwerwiegend erkrankten, immobilen Patienten vorübergehend eine medizinische Versorgung nicht sichergestellt ist.

160   **b) Anderer Sachverhalt (Satz 3, 4).** Nach Satz 3 liegt ein durch einen anderen Sachverhalt begründeter Einzelfall vor, wenn der Patient aus wichtigen Gründen, die seine Teilhabe am gesellschaftlichen Leben oder seine Erwerbstätigkeit betreffen, darauf angewiesen ist, eine Verschreibung des Substitutionsmittels zur eigenverantwortlichen Einnahme für bis zu 30 Tage zu erhalten.

161   Der Patient hat diese Sachverhalte **glaubhaft zu machen** (Satz 4). Hierfür kommen geeignete Unterlagen, etwa Nachweise über ein dauerhaftes Beschäftigungsverhältnis mit Arbeitszeiten, die ein in der Regel tägliches Aufsuchen der Arztpraxis nicht ermöglichen, Nachweise über einen auswärtigen Arbeitseinsatz, über Urlaubsreisen oder über persönliche oder gesellschaftliche Verpflichtungen in Betracht (BR-Drs. 222/17, 21).

162   Eine **Ermittlungspflicht** für den Arzt besteht nicht. Vorhandene Erkenntnisse, die geeignet sind, die Glaubwürdigkeit der Angaben des Patienten zu erschüttern, müssen aber zur Kenntnis genommen und sorgfältig in die Entscheidung einbezogen werden (BR-Drs. 222/17, 21).

163   **2. Persönliche Konsultation (Satz 6).** Nach der zwingenden Vorschrift des § 5 Abs. 9 S. 6 darf der substituierende Arzt die Verschreibung nur im Rahmen einer **persönlichen Konsultation** aushändigen. Wegen der Bedeutung dieser Regelung, die in den BÄK-Richtlinien **nicht** abgebildet wird (auch → Rn. 167), wird auf → Rn. 154 verwiesen.

▶ Zeitlich begrenzte **Abweichung** von Satz 6 durch § 6 Abs. 1 Nr. 5 der SARS-CoV-2-Verordnung (abgedruckt in Anhang M).

164   **3. Kennzeichnung (Satz 7).** Nach Satz 7 ist die Verschreibung auch bei der 30-Tage-Regelung nach dem Buchstaben „S" zusätzlich mit dem **Buchstaben „T"** zu kennzeichnen. auch → Rn. 167.

165   **III. Patientenindividuelle Therapieführung, Mischrezepte (Satz 8).** Die in Satz 8 genannten Möglichkeiten zur patientenindividuellen Therapieführung gelten sowohl für die Sieben-Tage-Regelung als auch für die 30-Tage-Regelung. Die nicht leicht lesbare Vorschrift enthält nach der Verordnungsbegründung (BR-Drs. 222/17, 22) die folgenden Regelungen:
– der Arzt kann auf der Verschreibung vorgeben, dass das Substitutionsmittel dem Patienten in der Apotheke **nur in Teilmengen ausgehändigt** wird, die für eine jeweils bestimmte Zahl von Tagen benötigt werden,
– alternativ oder kumulativ **(Mischrezept)** zur Aushändigung von Teilmengen zur eigenverantwortlichen Einnahme kann der Arzt auf der Verschreibung festlegen, dass das Substitutionsmittel zum Zweck der Überlassung zum unmittelbaren Verbrauch von der Apotheke **an die ärztliche Praxis abgegeben** wird oder **in der Apotheke** zum unmittelbaren Verbrauch überlassen wird.

166   **IV. BÄK-Richtlinien zu den Sätzen 6–8.** In den BÄK-Richtlinien (Kap. 4.1.3) heißt es schlicht, dass die Vorgaben für eine Verordnung des Substituts gemäß Satz 6–8 zu beachten sind. Dies ist zwar rechtlich richtig, erweckt aber den

Eindruck, als ob der Arzt die sonstigen Regeln des § 5 nicht so ernst nehmen müsste.

V. Zuwiderhandlungen gegen Absatz 9. Die unkontrollierte und massenhafte Take-home-Verordnung ist eine **Hauptquelle** für den illegalen Handel mit Substitutionsmitteln (→ Rn. 130). 167

Gleichwohl ist eine **besondere Bewehrung** der Vorschriften des Absatzes 9 **nicht** vorgesehen. Es gelten daher die allgemeinen Regeln. Dies ist zunächst § 29 Abs. 1 S. 1 Nr. 14 BtMG[10], soweit § 16 BtMVV auch für die Substitution gilt (→ BtMG § 29 Rn. 1497), etwa wenn die Höchstmengen des § 2 überschritten werden. 168

Verstößt der Arzt gegen **Satz 1,** indem er dem Patienten das Substitutionsmittel nicht nur verschreibt, sondern **mitgibt** oder es gar durch Freunde oder Angehörige **abholen lässt,** liegt eine unerlaubte **Abgabe,** gegebenenfalls auch **Veräußern** oder **Handeltreiben,** vor, und zwar auch dann, wenn die Voraussetzungen des § 5 Abs. 9 an sich gegeben sind (→ Rn. 126; → BtMG § 29 Rn. 1516). Bei Fahrlässigkeit kommt Strafbarkeit nach § 29 Abs. 4 BtMG in Betracht. 169

Verstößt der Arzt gegen **Satz 1 Nr. 1, 2,** indem er dem Patienten **Substitutionsmittel über die dort genannten Höchstmengen hinaus** verschreibt, so ist auch dies nicht eigens strafbewehrt; es kann Strafbarkeit nach § 29 Abs. 1 S. 1 Nr. 6 Buchst. a BtMG in Betracht kommen, wenn die Verschreibung nicht mehr als nach § 13 Abs. 1 BtMG ärztlich indiziert angesehen werden kann. 170

Dasselbe gilt, wenn **der Arzt sich über** die in den **Richtlinien der BÄK** enthaltenen Voraussetzungen für eine Sieben-Tage- oder 30-Tage-Verschreibung (→ Rn. 150, 151, 157–162) hinwegsetzt. 171

Soweit der **Verlauf der Behandlung** zu **bewerten** ist, ist der allgemein anerkannte Stand der medizinischen Wissenschaft maßgeblich (Satz 1); dazu → Rn. 43. 172

Für den Verstoß gegen das Gebot, jede Take-home-Verschreibung nur im Rahmen einer **persönlichen ärztlichen Konsultation** auszuhändigen (Absatz 9 Satz 6), gilt dasselbe wie in den Fällen der Zwei-Tage-Regelung. Auf → Rn. 145 wird verwiesen. 173

Keine Ordnungswidrigkeit ist die unterlassene **Kennzeichnung** des Rezepts mit dem **Buchstaben T** (aA *Patzak* in Körner/Patzak/Volkmer § 5 Rn. 88, § 17 Rn. 5). § 5 Abs. 9 S. 7 (dazu → Rn. 155, 164) wird in § 17 weder eigens noch in Verbindung mit § 9 Abs. 1 erwähnt. Dazu auch → Rn. 146. 174

P. Keine Substitutionsbescheinigung mehr bei Arztwechsel (Absatz 9 aF)

Die in dem früheren Absatz 9 geregelte **Substitutionsbescheinigung** bei einem zeitweiligen oder dauernden Wechsel der Praxis des behandelnden Arztes wurde im Interesse des „Abbaus vermeidbarer Bürokratie" (BR-Drs. 222/1, 22) aufgegeben. Die mit der Bescheinigung verbundene Kontrollfunktion werde nunmehr durch das Substitutionsregister übernommen. Auch ließe sich die Arztwechsel wie auch sonst auf andere Weise organisieren (BR-Drs. 222/17, 22). 175

Q. Personenkreis und Einrichtungen (Absatz 10)

Die Vorschrift regelt, **wer** die Substitution durchführen kann und in **welchen Einrichtungen** dies geschehen kann. Dabei werden der berechtigte **Personenkreis** und der Katalog der **Einrichtungen,** in denen das Substitutionsmittel zum unmittelbaren Verbrauch überlassen, verabreicht oder angewendet (→ Rn. 122) 176

---

[10] Zur etwaigen Nichtigkeit des Blanketts → § 16 Rn. 1.

werden darf, **erheblich erweitert.** Damit soll auch in der Fläche eine wohnortnahe Versorgung geschaffen werden. Auch soll der Tatsache Rechnung getragen werden, dass Substitutionspatienten mittlerweile ein höheres Lebensalter erreichen und deshalb häufiger stationäre Pflege- und Rehabilitationseinrichtungen in Anspruch nehmen. Deshalb soll zukünftig neben dem medizinischen und pharmazeutischen auch pflegerisches Personal zur unmittelbaren Überlassung des Substitutionsmittels berechtigt sein.

177   **I. Einrichtungen (Sätze 1, 2).** Die Sätze 1 und 2 bestimmen die Einrichtungen, in denen einem Patienten ein Substitutionsmittel zum unmittelbaren Verbrauch überlassen werden darf. Für die Auswahl der Einrichtung und die Organisation der Ausgabe des Substitutionsmittels ist der Arzt verantwortlich.

178   Weitergehend als bisher darf der Arzt oder das von ihm eingesetzte Personal das Substitutionsmittel bei einem **Hausbesuch** nicht nur im Falle einer ärztlich bescheinigten Pflegebedürftigkeit zum unmittelbaren Verbrauch überlassen (Satz 2 Nr. 1 Buchst. a); es darf ferner bei einem solchen Besuch auch von medizinischem oder pflegerischem Personal zum unmittelbaren Verbrauch überlassen werden (Satz 2 Nr. 1 Buchst. b).

179   Im übrigen wird **zwischen Einrichtungen,** in denen der substituierende Arzt **selbst** tätig ist, insbesondere seiner Praxis, und Einrichtungen, in denen dies **nicht** der Fall ist, **unterschieden.** Im letzteren Fall hat der Arzt mit der jeweiligen Einrichtung eine **Vereinbarung** zu treffen, die schriftlich oder elektronisch abzuschließen ist **(Satz 4).** In dieser muss mindestens eine in der Einrichtung für die Substitution **verantwortliche Person** benannt und festgelegt werden; es muss ferner festgelegt werden, wie vom substituierenden Arzt sichergestellt wird; ferner muss bestimmt werden, wie das für das Überlassen des Substitutionsmittels zum unmittelbaren Verbrauch eingesetzte Personal **fachlich eingewiesen** wird und wie erforderliche Kontrollen durch den substituierenden Arzt durchgeführt werden. Unbenommen hiervon besteht die Möglichkeit einer konsiliarischen Substitution durch einen in der Einrichtung tätigen Arzt gemäß § 5 Abs. 4 (Kap. 5 BÄK-Richtlinien).

▶ Zeitlich begrenzte **Abweichung** von Satz 1 und 2 durch § 6 Nr. 6 der SARS-CoV-2-Verordnung in Verbindung mit einer bußgeldbewehrten Verpflichtung in § 6 Abs. 1 Nr. 7, § 8 Nr. 1 der SARS-CoV-2-Verordnung (abgedruckt in Anh. M).

180   **II. Die Einweisung des Personals (Satz 3).** Nach Satz 3 hat der substituierende Arzt sicherzustellen, dass das Personal fachgerecht in das Überlassen des Substitutionsmittels zum unmittelbaren Verbrauch eingewiesen wird; dasselbe gilt für das Verabreichen und das Anwenden (→ Rn. 122). Die Einweisung muss nicht persönlich von dem Arzt vorgenommen werden, sondern kann auch durch regionale Schulungen geleistet werden. Die Verantwortung des Arztes für die patientenbezogene Aufsicht und Kontrolle des Personals bleibt davon unberührt (BR-Drs. 252/01, 50)

181   **III. Lagern, Poolen (Satz 5).** Die Vorschrift regelt die Lagerung der benötigten Substitutionsmittel in der Praxis des Arztes oder in anderen Einrichtungen. Auch für die Lagerung ist der Arzt verantwortlich (BR-Drs. 881/97, 54). Die Einrichtungen, in denen der Arzt Betäubungsmittel lagert, nehmen am Betäubungsmittelverkehr teil und unterliegen damit der Überwachung durch die Landesbehörden nach § 19 Abs. 1 S. 3 BtMG.

182   Eine Lagerung des Substitutionsmittels in der **Wohnung** des Patienten, den der Arzt bei einem Hausbesuch aufsucht, wird nicht von Satz 5 erfasst und ist daher unzulässig (BR-Drs. 222/17, 24; *Patzak* in Körner/Patzak/Volkmer Rn. 68).

183   **Ein Poolen** von Substitutionsmitteln für mehrere Patienten ist **nicht zulässig;** vielmehr müssen die Einzelmengen dem jeweiligen Patienten zuzuordnen sein.

Substitution, Verschreiben von Substitutionsmitteln **§ 5 BtMVV**

Der Arzt verwaltet insoweit nur das Eigentum der Patienten (*Patzak* in Körner/ Patzak/Volkmer Rn. 68). Nicht benötigte Restmengen dürfen nicht für andere Patienten verwendet werden, sondern sind entweder am nächsten Tag bei demselben Patienten zu verwenden oder der Apotheke zurückzugeben. Etwas anderes gilt in den Fällen eines **Alten**- und **Pflegeheimes** oder eines **Hospizes** (§ 5c Abs. 4). Auch in den **Notfallvorrat dieser Einrichtung** dürfen die Betäubungsmittel überführt werden (§ 5d), nicht aber in den Notfallvorrat einer **anderen** Einrichtung (BR-Drs. 130/11, 11).

Der Bedarf an Substitutionsmitteln (**ohne Take-home-Mengen**) darf in den 184 Grenzen des § 2 Abs. 4 als **Praxisbedarf** bezogen und in der Praxis des Arztes, etwa mit einem Dosierautomaten (→ § 3 Rn. 36), für den einzelnen Patienten zum unmittelbaren Verbrauch dosiert werden. Unzulässig ist es, Praxisbedarf für den Take-home-Bedarf einzelner Patienten zu verwenden (*Patzak* in Körner/ Patzak/Volkmer § 13 Rn. 69). Auf die Verwendung eines Dosierautomaten kommt es dabei nicht an.

R. Dokumentation (Absatz 11)

Ohne zuverlässige Dokumentation ist eine professionelle Substitution nicht 185 möglich. Absatz 11 zieht daraus die notwendigen Folgerungen.

I. Umfang, Verfahren. Nach Satz 1 hat der Arzt die Erfüllung seiner Verpflich- 186 tungen im Rahmen der Substitution zu dokumentieren. Dies gilt auch für die Meldepflichten nach § 5b Abs. 2 und 4. Die Dokumentation muss den Anforderungen entsprechen, die die BÄK in ihren Richtlinien festgelegt hat. Die Verpflichtung der BÄK zum Erlass der entsprechenden Richtlinien ist in Absatz 12 Satz 3 geregelt. Die einzelnen Anforderungen an die Dokumentation hat die BÄK in Kap. 7 ihrer Richtlinien festgelegt.

Die Dokumentation ist auf Verlangen der zuständigen Landesbehörde zur Ein- 187 sicht und Auswertung vorzulegen oder einzusenden (Satz 2).

II. Zuwiderhandlungen gegen Absatz 11. Wer vorsätzlich oder leichtfertig 188 entgegen Absatz 10 die erforderlichen Maßnahmen nicht oder nicht vollständig dokumentiert oder der zuständigen Landesbehörde die Dokumentation nicht zur Einsicht und Auswertung vorlegt oder einsendet, handelt ordnungswidrig nach § 17 Nr. 2 BtMVV, § 32 Abs. 1 Nr. 6 BtMG.[11] Eine Verschreibung von Betäubungsmitteln **ohne jegliche Dokumentation** ist aber unbegründet iSd § 13 Abs. 1 BtMG und damit unerlaubt und strafbar (*Patzak* in Körner/Patzak/Volkmer Rn. 94).

S. Richtlinien der BÄK (Absatz 12)

I. Verpflichtung der BÄK (Satz 1). Während nach dem früheren Recht die 189 BÄK zum Erlass von Richtlinien lediglich ermächtigt war, wird sie durch Satz 1 nunmehr dazu verpflichtet, den **allgemein anerkannten Stand der Erkenntnisse der medizinischen Wissenschaft** für die Substitution in einer Richtlinie festzulegen. Dies gilt insbesondere für
– die Ziele der Substitution nach Absatz 2 (Nr. 1); dazu Kap. 1 BÄK-Richtlinien (→ Rn. 70–72),
– die allgemeinen Voraussetzungen für die Einleitung und Fortführung der Substitution nach Absatz 1 Satz 1 (Nr. 2); dazu Kap. 2 BÄK-Richtlinien,
– die Erstellung eines Therapiekonzeptes nach Absatz 1 Satz 2, insbesondere
  – die Auswahl des Substitutionsmittels nach Absatz 1 Satz 2 und Absatz 6 (Nr. 3 Buchst. a); dazu Kap. 3.3 BÄK-Richtlinien,

---

[11] Zur etwaigen Nichtigkeit des Blanketts → § 17 Rn. 1.

BtMVV § 5

– die Voraussetzungen für das Verschreiben des Substitutionsmittels zur eigenverantwortlichen Einnahme nach den Absätzen 8 und 9 (Nr. 3 Buchst. b), dazu Kap. 4.1 BÄK-Richtlinien,
– die Entscheidung über die Erforderlichkeit einer Einbeziehung psychosozialer Betreuungsmaßnahmen (Nr. 3 Buchst. c); dazu Kap. 3.4 BÄK-Richtlinien, sowie
– die Bewertung und Kontrolle des Therapieverlaufs (Nr. 3 Buchst. d); dazu Kap. 4 BÄK-Richtlinien.

Die Richtlinien sind in **Anh. F 2** abgedruckt. Zur **ihrer fragwürdigen Rechtsgrundlage** → Rn. 3–6, 191.

190 **II. Ermächtigung der BÄK (Satz 2).** Neben der Verpflichtung nach Satz 1 ermächtigt Satz 2 die BÄK, nach dem allgemein anerkannten Stand der Erkenntnisse der medizinischen Wissenschaft weitere als die in Absatz 2 Satz 2 bezeichneten wesentliche Ziele der Substitution feststellen. Auf → Rn. 70 wird insoweit verwiesen.

191 **III. Vermutung (Satz 4).** Die Verantwortung der ärztlichen Selbstverwaltungsträger wird verstärkt durch die **Vermutung** der Einhaltung des allgemein anerkannten Standes der medizinischen Wissenschaft, wenn der Arzt die Richtlinien der BÄK beachtet hat (Satz 4). Nach der Verordnungsbegründung (BR-Drs. 222/17, 25) verdeutlicht diese Regelung den Charakter der Feststellungen als „rechtssystematisch antizipiertes Sachverständigengutachten" (zu einem solchen s. VGH München BeckRS 2014, 53520). Dies steht im Widerspruch zum Wortlaut der Regelung, aber auch zu dem Erfordernis der Genehmigung durch das BMG (Absatz 14). Für eine (unter)gesetzliche Vermutung würde die Ermächtigungsnorm des § 13 Abs. 3 BtMG auch nichts hergeben. Allerdings ist auch ein Sachverständigengutachten nicht bindend, zumal wenn es gesetzliche Vorgaben vernachlässigt.

192 **Trotz der Vermutung** ist der Arzt **nicht** davon entbunden, sich an die Regeln des BtMG (§ 13 Abs. 1) und der BtMVV (insbesondere § 5) zu halten und sich nicht nur auf die BÄK-Richtlinien zu verlassen. Dies gilt namentlich
– von der Prüfung von Behandlungsalternativen – Ultima-Ratio-Regel (→ Rn. 18, 19, 79),
– zum Anstreben der Opioidabstinenz (→ Rn. 55, 72),
– zum Beikonsum (→ Rn. 86),
– zu den persönlichen Konsultationen (→ Rn. 138, 145, 154, 173).

Ebenfalls von der Verordnung nicht gedeckt sind die Ausführungen der Verordnungsbegründung zum motivationalen Interview (→ Rn. 61).

193 Im Übrigen bedeutet die Regelung **nicht,** dass sich der Arzt **außerhalb** der in ihr bezeichneten Voraussetzungen nicht an die Regeln der ärztlichen Kunst halten müsste (s. BGH NStZ 2012, 337 (→ Rn. 33)). Vielmehr gilt auch für diese anderen Voraussetzungen der Einleitungssatz des Absatzes 3, wonach Substitutionsmittel **nur unter den Voraussetzungen des § 13 Abs. 1 BtMG** verschrieben werden dürfen.

T. Einbeziehung des Gemeinsamen Bundesausschusses nach § 91 SGB V (Absatz 13)

194 Im Rahmen des Richtlinienverfahrens ist dem Gemeinsamen Bundesausschuss nach § 91 SGB V Gelegenheit zur Stellungnahme zu geben (Satz 1). Die Stellungnahme ist in die Entscheidung der BÄK über ihre Richtlinie einzubeziehen (Satz 2). Damit soll vermieden werden, dass die Richtlinien des Gemeinsamen Bundesausschusses zur Substitution nach § 135 Abs. 1, § 92 Abs. 1 S. 2 Nr. 5 SGB V (Richtlinie Methoden vertragsärztliche Versorgung, abgedr. im Anhang F 3) hin-

Substitution, Verschreiben von Substitutionsmitteln **§ 5 BtMVV**

sichtlich des allgemein anerkannten Standes der Erkenntnisse der medizinischen Wissenschaft von der Richtlinie der BÄK abweicht.

U. Genehmigung der Richtlinien durch das BMG (Absatz 14)

Absatz 14 sieht vor, dass die BÄK-Richtlinien und ihre Änderungen durch das 195 BMG **genehmigt** und im BAnz. **bekannt gemacht** werden. Nach der Verordnungsbegründung (BR-Drs. 222/17, 16) soll damit die notwendige Rechtssicherheit geschaffen werden. Ob dies gelungen ist, erscheint eher zweifelhaft (→ Rn. 3–6, 191).

V. Vergabe aus Praxis- oder Stationsbedarf (Absatz 15)

Die Vorschrift stellt klar, dass die Absätze 3–11 entsprechend anzuwenden sind, 196 wenn das Substitutionsmittel aus dem Bestand des Praxis- oder des Stationsbedarfs **zum unmittelbaren Verbrauch** überlassen oder nach Absatz 7 Satz 2 **ausgehändigt** wird. Der Verbleib der Betäubungsmittel ist **patientenbezogen** nach § 13 Abs. 1 S. 4 BtMVV zu dokumentieren.

W. Substitution im Strafvollzug

Die Substitution im Strafvollzug ergibt **kein einheitliches Bild.** Die Substi- 197 tution in der Haft wird zwar von allen Ländern ermöglicht, es bestehen jedoch hinsichtlich der Häufigkeit zwischen den Ländern und auch zwischen den einzelnen Haftanstalten erhebliche Unterschiede. Zur Situation der Substitution im Strafvollzug s. insbesondere die Stellungnahme der Wissenschaftliche Dienste des Deutschen Bundestages, Substitution im Strafvollzug, v. 28.9.2016 – WD 9 – 3000 – 049/16.

Während sich die Substitution eines in Freiheit befindlichen Patienten allein nach 198 medizinischen und betäubungsmittelrechtlichen, eventuell noch krankenversicherungsrechtlichen Fragen richtet, **treten beim Strafgefangenen vollzugliche Fragen hinzu.** Die Substitutionstherapie ist zwar eine Krankenbehandlung, über die der Anstaltsarzt nach seinem pflichtgemäßen ärztlichen Ermessen entscheidet. Neben ärztlichen Aspekten sind für die Entscheidung der Vollzugseinrichtung (→ Rn. 202) aber auch Resozialisierungs- und Behandlungsaufgaben sowie Erfordernisse des Strafvollzugs von Belang (BayObLG NStZ 2020, 109 mAnm *Reichenbach;* OLG Hamburg StV 2002, 265 mAnm *Kubink;* OLG München BeckRS 2012, 14564; *Patzak* in Körner/Patzak/Volkmer Vor § 29 Rn. 496).

Die Aufnahme und Fortsetzung einer Substitutionstherapie hat **keinen Vor-** 199 **rang** gegenüber anderen, ebenfalls medizinisch indizierten Behandlungsalternativen. Jeder Einzelfall erfordert eine individuelle Abwägung dahingehend, welche Therapie für den konkreten Patienten und zum jeweiligen Zeitpunkt am besten geeignet ist (BayObLG NStZ 2020, 109 mAnm *Reichenbach*). Die **Dauersubstitution** (anders eventuell ein „Ausschleichen" aus der Sucht nach Strafantritt eines Strafgefangenen) **widerspricht,** was von der Anstalt und dem Anstaltsarzt zu berücksichtigen ist, in aller Regel den in §§ 2, 3 StVollzG formulierten Zielen (*Arloth* in BeckOK Strafvollzug Bayern BayStVollzG Art. 60 Rn. 4; aA *Fährmann/Schuster/ Stöver/Häßler/Keppler* NStZ 2021, 271 unter Außerachtlassung der gesetzl. Regelung), zumal die Gründe für die Substitution (Verhinderung einer möglichen Verelendung) im Vollzug ohnehin nicht gegeben sind. **Drogenabstinenz** ist schon deswegen ein **Vollzugsziel,** weil mit ihrer Erreichung eine tragfähige Grundlage für künftige Straffreiheit gegeben ist. Daran hat sich durch die 3. BtMVVÄndV nichts geändert (*Arloth* in BeckOK Strafvollzug Bayern BayStVollzG Art. 60 Rn. 4; aA *Patzak* in Körner/Patzak/Volkmer Vor § 29 Rn. 502). Selbst wenn diese das (End)Ziel der Drogenabstinenz aufgegeben haben sollte (→ Rn. 53–62), wäre es

Weber 1495

mit diesem Vollzugsziel unvereinbar, einen Gefangenen während der gesamten Dauer seiner Haft mit Substitutionsmitteln zu versorgen. Auch die **angeblich jederzeitige Verfügbarkeit** von Drogen im Vollzug ist kein nicht beherrschbares Naturereignis, das nicht durch geeignete Maßnahmen deutlich reduziert werden könnte (OLG Hamburg StV 2002, 265 mablAnm *Kubink,* 2003, 293 m. abl. Bespr. *Ullmann;* diff. *Körner,* 6. Aufl. 2007, BtMG § 13 Rn. 103–106). Auch im Strafvollzug ist die Substitution nicht das Mittel der Wahl (aA *Fährmann/Schuster/Stöver/ Häßler/Keppler* NStZ 2021, 271 unter Außerachtlassung der gesetzlichen **Ultima-Ratio-Regel** in § 13 Abs. 1 Satz 2 BtMG).

200 Eine **laufende Substitutionstherapie** stellt unter den Gesichtspunkten des Bestandsschutzes und im Blick auf gesundheitliche Risiken beim Absetzen von Medikamenten stets ein zusätzliches, zu Gunsten des Patienten bei der Ermessensentscheidung über die zukünftige ärztliche Behandlung zu berücksichtigendes Abwägungskriterium dar (BayObLG NStZ 2020, 109 mAnm *Reichenbach*). Auch muss die Vollzugsbehörde nach dem Urteil des EGMR v. 1.9.2016 (StV 2018, 619), wenn sie dem Vorwurf der Folter oder einer unmenschlichen Behandlung (Art. 3 EMRK) entgehen will, bei einem **Langzeitsubstituierten** unter Zuziehung eines unabhängigen Fachmediziners besonders gründlich (!) prüfen, ob der Gefangene auch in Haft zu substituieren ist.

201 Ein die Gesundheit ernsthaft gefährdender **Beikonsum** zwingt die Justizvollzugsanstalt zur Beendigung der Substitution (OLG Hamburg StV 2002, 265 mablAnm *Kubink,* 2003, 293 m. abl. Bespr. *Ullmann; Körner,* 6. Aufl. 2007, BtMG § 13 Rn. 105, 106). Dies ist etwa gegeben, wenn der mit Methadon substituierte Gefangene gleichwohl Benzodiazepine konsumiert.

202 **Die Entscheidung der Justizvollzugsanstalt** über die Bewilligung oder Ablehnung einer Substitutionsbehandlung sowie deren Abbruch steht **im Ermessen der Anstalt** und ist daher nur eingeschränkt auf Ermessensfehler überprüfbar (LG Offenburg BeckRS 2016, 20575; *Patzak* in Körner/Patzak/Volkmer Vor § 29 Rn. 504; Wissenschaftliche Dienste (→ Rn. 197) S. 9).

Exkurs: Substitution nach der Richtlinie „Methoden vertragsärztliche Versorgung" (MVV-RL)

203 Um den Ärzten Anhaltspunkte dafür zu geben, unter welchen Voraussetzungen die Substitution eine von den Krankenkassen **zu finanzierende Krankenbehandlung** darstellt, hat der **Gemeinsame Bundesausschuss** (G-BA; oberstes Beschlussgremium der gemeinsamen Selbstverwaltung der Ärzte, Zahnärzte, Psychotherapeuten, Krankenhäuser und Krankenkassen in Deutschland) am 18.3.2010 beschlossen, die am gleichen Tag neu gefassten Richtlinien zur substitutionsgestützten Behandlung Opiatabhängiger in die Anlage I seiner Richtlinien zu Untersuchungs- und Behandlungsmethoden der vertragsärztlichen Versorgung **(Richtlinie Methoden vertragsärztliche Versorgung (MVV-RL))** aufgenommen. Derzeit gilt die Anlage I Nr. 2 in der Fassung des Beschlusses v. 6.9.2018, geändert durch Beschluss v. 22.11.2018 (BAnz. AT 6.12.2018 B6), in Kraft getreten am 7.12.2018. Die Richtlinien sind in Anh. F 3 abgedruckt.

204 **Die Richtlinien** (dazu *Butzer/Kaltenborn* MedR 2001, 333; krit. *Ebsen* MedR 2018, 931) beruhen auf § 135 Abs. 1 SGB V und regeln die Rechte und Pflichten der Vertragsärzte sowie die Leistungsansprüche der Versicherten mit bindender Wirkung (BSG NJW 1997, 823). Die darin liegende Übertragung von Rechtsetzungsbefugnissen ist mit dem Grundgesetz vereinbar (BSG NJW 1998, 2765).

205 In die Richtlinien sind auch die Voraussetzungen aufgenommen worden, unter denen die **diamorphingestützte Substitutionsbehandlung** von der Leistungspflicht der Gesetzlichen Krankenversicherung erfasst wird. Dazu gehören auch die

Anforderungen, die an die personelle, räumliche und organisatorische Ausstattung der Einrichtungen gestellt werden, in denen eine solche Behandlung stattfindet.

Wegen der Einzelheiten der sehr differenzierten Regelungen, unter denen die Krankenkassen Leistungen erbringen, wird auf die Richtlinien (Anh. F 3) verwiesen. Hervorzuheben ist das Gewicht, das auch die neuen Regelungen auf die Qualitätssicherung legen.

§ 5a Verschreiben von Substitutionsmitteln mit dem Stoff Diamorphin

(1) ¹Zur Behandlung einer schweren Opioidabhängigkeit können zur Substitution zugelassene Arzneimittel mit dem Stoff Diamorphin verschrieben werden. ²Der substituierende Arzt darf diese Arzneimittel nur verschreiben, wenn
1. er ein suchtmedizinisch qualifizierter Arzt ist und sich seine suchtmedizinische Qualifikation auf die Behandlung mit Diamorphin erstreckt oder er im Rahmen des Modellprojektes „Heroingestützte Behandlung Opiatabhängiger" mindestens sechs Monate ärztlich tätig war,
2. bei dem Patienten eine seit mindestens fünf Jahren bestehende Opioidabhängigkeit verbunden mit schwerwiegenden somatischen und psychischen Störungen bei derzeit überwiegend intravenösem Konsum vorliegt,
3. ein Nachweis über zwei erfolglos beendete Behandlungen der Opioidabhängigkeit vorliegt, von denen mindestens eine eine sechsmonatige Behandlung nach § 5 sein muss, und
4. der Patient das 23. Lebensjahr vollendet hat.

³§ 5 Absatz 1, 2, 3 Satz 2, Absatz 6 Satz 3 und Absatz 12 gilt entsprechend. ⁴Die Verschreibung darf der Arzt nur einem pharmazeutischen Unternehmer vorlegen.

(2) ¹Die Behandlung mit Diamorphin darf nur in Einrichtungen durchgeführt werden, denen eine Erlaubnis durch die zuständige Landesbehörde erteilt wurde. ²Die Erlaubnis wird erteilt, wenn
1. nachgewiesen wird, dass die Einrichtung in das örtliche Suchthilfesystem eingebunden ist,
2. gewährleistet ist, dass die Einrichtung über eine zweckdienliche personelle und sachliche Ausstattung verfügt und 3. eine sachkundige Person benannt worden ist, die für die Einhaltung der in Nummer 2 genannten Anforderungen, der Auflagen der Erlaubnisbehörde sowie der Anordnungen der Überwachungsbehörde verantwortlich ist (Verantwortlicher).

(3) ¹Diamorphin darf nur innerhalb der Einrichtung nach Absatz 2 verschrieben, verabreicht oder unter Aufsicht des substituierenden Arztes oder des sachkundigen Personals nach Absatz 2 Satz 2 Nummer 2 zum unmittelbaren Verbrauch überlassen werden. ²In den ersten sechs Monaten der Behandlung müssen Maßnahmen der psychosozialen Betreuung stattfinden.

(4) ¹Die Behandlung mit Diamorphin ist nach jeweils spätestens zwei Jahren Behandlungsdauer daraufhin zu überprüfen, ob die Voraussetzungen für die Behandlung noch gegeben sind und ob die Behandlung fortzusetzen ist. ²Die Überprüfung erfolgt, indem eine Zweitmeinung eines suchtmedizinisch qualifizierten Arztes, der nicht der Einrichtung angehört, eingeholt wird. ³Ergibt diese Überprüfung, dass die Voraussetzungen für die Behandlung nicht mehr gegeben sind, ist die diamorphingestützte Behandlung zu beenden.

(5) **Die Absätze 1 bis 4 und § 5 Absatz 11 sind entsprechend anzuwenden, wenn Diamorphin aus dem Bestand des Praxis- oder Stationsbedarfs nach Absatz 3 Satz 1 verabreicht oder zum unmittelbaren Verbrauch überlassen wird.**

Übersicht

	Rn.
A. Einführung	1
B. Verschreibungsvoraussetzungen (Absatz 1)	2
I. Behandlung einer schweren Opioidabhängigkeit (Satz 1)	2
II. Besondere Voraussetzungen der Substitution mit Diamorphin (Satz 2)	4
1. Besondere suchtmedizinische Qualifikation des Arztes (Nr. 1)	5
2. Schwere Opioidabhängigkeit (Nr. 2)	7
3. Erfolglose Behandlungen (Nr. 3)	8
4. Alter des Patienten (Nr. 4)	9
III. Verweisung (Satz 3)	10
1. Verweisung auf § 5 Abs. 1 (Legaldefinitionen)	11
2. Verweisung auf § 5 Abs. 2 (Substitutionsziele)	12
a) Anstreben der Opioidabstinenz (Satz 1)	13
b) Wesentliche Ziele der Substitution (Satz 2)	14
3. Verweisung auf § 5 Abs. 3 S. 2 (Meldepflicht)	15
4. Verweisung auf § 5 Abs. 6 S. 3 (Kennzeichnungspflicht)	16
5. Verweisung auf § 5 Abs. 12 (Richtlinienkompetenz der BÄK)	17
IV. Vorlage der Verschreibung bei einem pharmazeutischen Unternehmer (Satz 4)	19
V. Zuwiderhandlungen gegen Absatz 1	20
1. Verstoß gegen Satz 1 (Behandlung einer schweren Opioidabhängigkeit)	21
2. Verstoß gegen Satz 2	23
a) Verstoß gegen Nr. 1 (Besondere suchtmedizinische Qualifikation des Arztes)	24
b) Verstöße gegen Nr. 2, 3 und 4 (Schwere Opioidabhängigkeit)	25
3. Verstöße gegen Satz 3 (Verweisungen)	26
4. Verstöße gegen Satz 4 (Vorlage der Verschreibung bei einem pharmazeutischen Unternehmer)	29
C. Anerkannte Einrichtungen (Absatz 2)	30
I. Behandlung nur in anerkannten Einrichtungen (Satz 1)	30
II. Voraussetzungen für die Erteilung der Erlaubnis (Satz 2)	31
1. Einbindung in das örtliche Suchthilfesystem (Nr. 1)	32
2. Personelle und sachliche Ausstattung (Nr. 2)	33
3. Sachkundige Person (Nr. 3)	34
III. Zuwiderhandlungen gegen Absatz 2	35
D. Modalitäten der Behandlung (Absatz 3)	36
I. Umgang mit dem Substitutionsmittel	36
1. Verschreiben, Verabreichen (Satz 1 Alt. 1)	37
2. Überlassen zum unmittelbaren Verbrauch (Satz 1 Alt. 2)	38
3. Psychosoziale Betreuung (Satz 2)	39
II. Zuwiderhandlungen gegen Absatz 3	40
E. Überprüfung (Absatz 4)	43
I. Regelmäßige Überprüfung	43
1. Zeitliche Begrenzung (Satz 1)	44
2. Externer Gutachter (Satz 2)	45
3. Beendigung der Behandlung (Satz 3)	48
II. Zuwiderhandlungen gegen Absatz 4	49
F. Vergabe aus Praxis- oder Stationsbedarf (Absatz 5)	51

Verschreiben von Substitutionsmitteln mit dem Stoff Diamorphin **§ 5a BtMVV**

A. Einführung

Der neue § 5a, der im Wesentlichen dem früheren § 5 Abs. 9a–9d entspricht, enthält die **Sonderregelungen,** die wegen der Besonderheit der Substanz und der Methode für die Substitutionsbehandlung mit Diamorphin erforderlich sind. Es gelten aber auch die allgemeinen Regeln, die sonst für das Verschreiben von Betäubungsmitteln oder für die Substitution Geltung haben, insbesondere über
– das Verschreiben als Zubereitung (§ 1 S. 1),
– die Höchstmengen (§ 2 Abs. 1 Buchst. a Nr. 3b),
– die Definition einer Substitution (§ 5 Abs. 1, § 5a Abs. 1 S. 2),
– die wesentlichen Ziele der Substitution, einschließlich des Anstrebens der Opioidabstinenz (§ 5 Abs. 2, § 5a Abs. 1 S. 2).

1

B. Verschreibungsvoraussetzungen (Absatz 1)

I. Behandlung einer schweren Opioidabhängigkeit (Satz 1). Die Vorschrift erweitert zur Behandlung einer **schweren** Opioidabhängigkeit die in § 5 Abs. 6 aufgeführten Substitutionsmittel um zur Substitution zugelassene Arzneimittel mit dem Stoff Diamorphin. Damit dieses Substitutionsmittel verschrieben werden kann, muss eine **schwere** Opioidabhängigkeit vorliegen. Diese wird in Satz 2 Nr. 2 (→ Rn. 7) näher erläutert. Dass auch die allgemeinen Voraussetzungen einer Substitution gegeben sein müssen, ergibt sich aus der Verweisung des Satzes 3 auf § 5 Abs. 1, 2, 3 S. 2 (dazu → Rn. 10–15).

2

In der Neufassung wurden die Worte **„zur parenteralen Anwendung"** gestrichen. Damit soll es ermöglicht werden, bei Patienten mit schlechten Venenverhältnissen, namentlich auf Grund ihres langjährigen intravenösen Konsums, auch auf andere Darreichungsformen zurückzugreifen, sofern eine intravenöse Injektion nicht mehr oder nicht mehr verlässlich möglich ist (BR-Drs. 222/17, 26).

3

II. Besondere Voraussetzungen der Substitution mit Diamorphin (Satz 2). Um sicherzustellen, dass die Zielgruppe der Schwerstabhängigen nicht verfehlt wird und dass die Substitution mit Diamorphin wirklich nur als letztes Mittel angewendet werden wird (BT-Drs. 16/11515, 11) stellt Satz 2 weitere Regeln auf.

4

1. Besondere suchtmedizinische Qualifikation des Arztes (Nr. 1). An die erste Stelle setzt die Neuregelung das Erfordernis der suchtmedizinischen Qualifikation des Arztes. Damit wird die Bedeutung dieser Anforderung für die richtige Diagnose und Therapie hervorgehoben. Diamorphin darf nur durch einen Arzt verschrieben werden, der eine suchtmedizinische Qualifikation erworben hat, die sich auf die Behandlung mit Diamorphin erstreckt, oder der im Rahmen des Modellprojekts „Heroingestützte Behandlung Opiatabhängiger" mindestens sechs Monate ärztlich tätig war.

5

Die besondere suchtmedizinische Qualifikation des Arztes wird danach als eine besonders wichtige Zulässigkeitsvoraussetzung der Substitution angesehen, gleichwohl ist die Nichterfüllung dieser Voraussetzung in strafrechtlicher Hinsicht dadurch privilegiert, dass sie lediglich eine **Ordnungswidrigkeit** nach § 17 Nr. 10 BtMVV, § 32 Abs. 1 Nr. 6 BtMG darstellt.

6

2. Schwere Opioidabhängigkeit (Nr. 2). Anders als die sonstige Substitution, bei der die bloße Opioidabhängigkeit genügt, setzt die diamorphingestützte Substitutionsbehandlung eine schwere Opioidabhängigkeit voraus. In Nr. 2 wird dies dahin erläutert,
– dass die Opioidabhängigkeit seit mindestens fünf Jahren bestehen muss und
– dass sie mit schwerwiegenden somatischen und psychischen Störungen bei derzeit überwiegend intravenösem Konsum verbunden sein muss.

7

8   **3. Erfolglose Behandlungen (Nr. 3).** Weitere Voraussetzung, in der sich die Schwere der Opioidabhängigkeit dokumentieren muss, ist der **Nachweis über zwei erfolglos** beendete **Behandlungen** der Opioidabhängigkeit, davon eine mindestens sechsmonatige Substitutionsbehandlung nach § 5. Erfolglos ist eine Behandlung, wenn sie nicht planmäßig beendet wurde, etwa bei einem endgültigen Abbruch oder Entlassung aus disziplinarischen Gründen (*Patzak* in Körner/Patzak/Volkmer Rn. 15). Das Erfordernis einer begleitenden psychosozialen Betreuung (§ 5 Abs. 9a S. 2 Nr. 3 BtMVV aF) ist in der Neufassung entfallen. Auch hier zeigt sich, welches geringe Gewicht die Neuregelung auf dieses früher hochgeschätzte Element einer Substitutionsbehandlung legt.

9   **4. Alter des Patienten (Nr. 4).** Eine Behandlung mit Diamorphin kann nur bei einem ausgeprägten Erkrankungsbild und Abhängigkeitsprofil verantwortet werden. Dies kann erst bei Patienten erwartet werden, die mindestens 23 Jahre alt sind. Nr. 4 schreibt daher eine solche Altersgrenze vor. Wird sie nicht eingehalten, ist die diamorphingestützte Substitutionsbehandlung medizinisch nicht indiziert.

10   **III. Verweisung (Satz 3).** Mit der Verweisung des Satzes 3 wird verdeutlicht, dass die Substitution mit Diamorphin in die allgemeinen Regeln zur Substitution eingebettet ist. Die Verweisung enthält fünf Elemente:

11   **1. Verweisung auf § 5 Abs. 1 (Legaldefinitionen).** Mit der Verweisung auf § 5 Abs. 1 wird klargestellt, dass die **Legaldefinitionen** dieser Vorschrift auch für die substitutionsgestützte Behandlung mit Diamorphin gelten. Auf → § 5 Rn. 11–19 wird verwiesen. Von besonderer Bedeutung ist auch hier das **Therapiekonzept** (→ § 5 Rn. 32–44), bei dessen Fehlen bereits keine Substitution gegeben ist, sodass Strafbarkeit nach § 29 Abs. 1 S. 1 Nr. 6 Buchst. a, § 13 Abs. 1 BtMG eintritt.

12   **2. Verweisung auf § 5 Abs. 2 (Substitutionsziele).** Die Verweisung auf § 5 Abs. 2 stellt klar, dass die Substitutionsziele auch für die Substitution mit Diamorphin gelten.

13   **a) Anstreben der Opioidabstinenz (§ 5 Abs. 2 S. 1).** Dies gilt zunächst von dem Anstreben der Opioidabstinenz (*Patzak* in Körner/Patzak/Volkmer § 5a Rn. 8). Auf → § 5 Rn. 52–60 wird insoweit verwiesen.

14   **b) Wesentliche Ziele der Substitution (§ 5 Abs. 2 S. 2).** Aber auch die in § 5 Abs. 2 S. 2 genannten wesentlichen Ziele der Substitution sind auch für die Substitutionsbehandlung mit Diamorphin maßgeblich. Auf → § 5 Rn. 63–72 kann insoweit Bezug genommen werden.

15   **3. Verweisung auf § 5 Abs. 3 S. 2 (Meldepflicht).** Mit der Verweisung auf § 5 Abs. 3 S. 2 wird klargestellt, dass die Meldepflicht des Arztes auch für die Substitution mit Diamorphin gilt. Auf → § 5 Rn. 91 wird verwiesen.

16   **4. Verweisung auf § 5 Abs. 6 S. 3 (Kennzeichnungspflicht).** Nach dieser Vorschrift gilt die Kennzeichnung mit dem **Buchstaben „S"** auch für die Verschreibung von Diamorphin. Auf → § 5 Rn. 112 wird Bezug genommen.

17   **5. Verweisung auf § 5 Abs. 12 (Richtlinienkompetenz der BÄK).** Die Vorschrift öffnet die Richtlinienkompetenz der BÄK auch für die Substitutionsbehandlung mit Diamorphin. Nicht verwiesen wird auf § 5 Abs. 13 und 14. Da eine andere Regelung aber keinen Sinn machen würde, ist davon auszugehen, dass auch diese gelten. Zur **Fragwürdigkeit** der Rechtsgrundlage der BÄK-Richtlinien → § 5 Rn. 3–6, 191.

18   Von der ihr zugewiesenen Richtlinienkompetenz für die Substitution mit Diamorphin hat die BÄK nur geringen Gebrauch gemacht. In den **BÄK-Richtlinien** beschränken sich die Vorschriften in der Regel darauf, dass auf § 5a BtMVV zurückverwiesen wird (Nr. 2 Abs. 2, Nr. 3.3 Abs. 5, Nr. 3.4 Abs. 2, Nr. 6 Abs. 2, Nr. 7 Abs. 1, 3 Buchst. g).

IV. Vorlage der Verschreibung bei einem pharmazeutischen Unterneh- 19
mer (Satz 4). Wie in der früheren Regelung (§ 5 Abs. 5 S. 3 aF) darf der Arzt die
Verschreibung nur einem pharmazeutischen Unternehmer vorlegen. Der pharmazeutische Unternehmer darf das Diamorphin nur an eine anerkannte Einrichtung abgeben (§ 13 Abs. 2 S. 2 BtMG, § 47b AMG; andernfalls macht er sich nach § 29 Abs. 1 S. 1 Nr. 7 Buchst. b BtMG strafbar.

V. Zuwiderhandlungen gegen Absatz 1. Eine Folge, die allen Verstößen ge- 20
gen Absatz 1 gemeinsam ist, gibt es nicht. Vielmehr sind die Folgen unterschiedlich, je nachdem welche Vorschrift verletzt wurde.

1. Verstoß gegen Satz 1 (Behandlung einer schweren Opioidabhängig- 21
keit). Ein Verstoß gegen Satz 1 kommt in Betracht, wenn **keine** oder keine
schwere Opioidabhängigkeit vorliegt. Fehlt es an einer Opioidabhängigkeit überhaupt, so scheidet eine Substitution aus und es kommt Strafbarkeit nach § 13 Abs. 1, § 29 Abs. 1 S. 1 Nr. 6 BtMG in Betracht (→ § 5 Rn. 46, 47).

Ob eine Opioidabhängigkeit **schwer** ist, wird in Satz 2 Nr. 2, 3 näher erläutert. 22
Ein Verstoß gegen diese Vorschriften ist daher auch ein Verstoß gegen Satz 1. Auf → Rn. 21 wird verwiesen.

2. Verstoß gegen Satz 2 (Besondere Voraussetzungen der Substitution 23
mit Diamorphin). Die Verstöße gegen Satz 2 haben im Einzelnen die folgenden Konsequenzen:

a) Verstoß gegen Nr. 1 (Besondere suchtmedizinische Qualifikation des 24
Arztes). Wird ein Arzt vorsätzlich oder leichtfertig im Rahmen der Substitution
tätig, ohne die diamorphinspezifischen Anforderungen an die Qualifikation zu erfüllen (§ 5a Abs. 1 S. 2 Nr. 1), ist dies eine Ordnungswidrigkeit nach § 17 Nr. 10 BtMVV (→ Rn. 5, 6).

b) Verstöße gegen Nr. 2, 3 und 4 (Schwere Opioidabhängigkeit). Verstöße 25
gegen Nr. 2, 3 und 4 sind in § 16 nicht eigens strafbewehrt. Allerdings führen solche Verstöße regelmäßig dazu, dass eine **ärztliche Begründung** für die Anwendung des Substitutionsmittels Diamorphin nicht gegeben ist, so dass Strafbarkeit nach § 13 Abs. 1, § 29 Abs. 1 S. 1 Nr. 6 BtMG in Betracht kommt (→ § 5 Rn. 45–48; *Patzak* in Körner/Patzak/Volkmer Rn. 22).

c) Verstöße gegen Satz 3 (Verweisungen). Die Vorschrift enthält Verweisun- 26
gen auf die Legaldefinitionen des § 5 Abs. 1, auf die Substitutionsziele des § 5 Abs. 2, auf das Erfordernis der Erfüllung der Meldepflicht nach § 5 Abs. 3 S. 2 und auf die Kennzeichnung der Verschreibung nach § 5 Abs. 6 S. 3. Wird im Rahmen der Substitutionsbehandlung mit Diamorphin gegen diese Vorschriften verstoßen, gelten daher im Wesentlichen dieselben Regelungen wie sonst bei Verstößen gegen diese Vorschriften. Danach kommt bei Verstößen gegen § 5 Abs. 1 und Abs. 2 Strafbarkeit in Betracht (→ § 5 Rn. 46–50, 73–75).

Demgegenüber ist die vorsätzliche oder leichtfertige **Nichterfüllung der Mel-** 27
depflicht eine Ordnungswidrigkeit. Dies ergibt sich zwar nicht aus § 5a Abs. 1 S. 3, § 5 Abs. 3 S. 2, wohl aber aus der selbständigen Norm des § 5b Abs. 2, auf die in § 17 Nr. 1 BtMVV unmittelbar verwiesen wird.

Keine Ordnungswidrigkeit ist die unterlassene **Kennzeichnung** des Rezepts 28
mit dem **Buchstaben S** (aA *Patzak* in Körner/Patzak/Volkmer § 5a Rn. 26; → § 17 Rn. 5). Die Verbindung von § 5a Abs. 1 S. 3, § 5 Abs. 6 S. 3 wird in § 17 weder eigens noch in Verbindung mit § 9 Abs. 1 genannt; die bloße Erwähnung in § 9 Abs. 1 Nr. 6 führt noch nicht zur Einbeziehung in die Ahndungsnorm. Es dürfte sich auch hier um ein Redaktionsversehen handeln (→ § 5 Rn. 139), wenn auch bei der Verschreibung von Diamorphin offenkundig ist, dass es sich um eine Substitution handelt.

BtMVV § 5a

29 **d) Verstoß gegen Satz 4 (Vorlage der Verschreibung bei einem pharmazeutischen Unternehmer).** Ein Verstoß gegen Satz 4 ist weder straf- noch bußgeldbewehrt. Solche Verstöße lassen sich in der Praxis allerdings auch kaum vorstellen.

C. Anerkannte Einrichtungen (Absatz 2)

30 **I. Behandlung nur in anerkannten Einrichtungen (Satz 1).** Die Behandlung mit Diamorphin darf nur in Einrichtungen durchgeführt werden, denen eine Erlaubnis durch die zuständige Landesbehörde erteilt wurde. Das Verfahren ergibt sich aus § 13 Abs. 3 S. 2 BtMG. Auf die Erteilung der Erlaubnis besteht ein **Rechtsanspruch,** wenn die Voraussetzungen des Absatzes 2 Satz 2 vorliegen, keine Versagungsgründe nach dem BtMG (§ 5 Abs. 1, § 6 Abs. 1) gegeben sind und auch andere gesetzliche Gründe die Ablehnung nicht gebieten (→ BtMG § 3 Rn. 60, 61; *Weinzierl* in BeckOK BtMG Rn. 12).

31 **II. Voraussetzungen für die Erteilung der Erlaubnis (Satz 2).** Die Voraussetzungen für die Erteilung der Erlaubnis sind die folgenden:

32 **1. Einbindung in das örtliche Suchthilfesystem (Nr. 1).** Es muss nachgewiesen werden, dass die Einrichtung in das örtliche Suchthilfesystem eingebunden ist.

33 **2. Personelle und sachliche Ausstattung (Nr. 2).** Es muss gewährleistet sein, dass die Einrichtung über eine zweckdienliche personelle und sachliche Ausstattung verfügt. Zu der Ausstattung gehören insbesondere die notwendigen Sicherheitsvorkehrungen. Die Einzelheiten sollen in Richtlinien der Länder geregelt werden (BT-Drs. 16/11515, 11).

34 **3. Sachkundige Person (Nr. 3).** Es muss eine sachkundige Person benannt sein, die für die Einhaltung der in Nr. 2 genannten Anforderungen, der Auflagen der Erlaubnisbehörde und der Anordnungen der Überwachungsbehörde verantwortlich ist (Verantwortlicher). Die Befugnis zur Erteilung von Auflagen ergibt sich aus § 13 Abs. 3 S. 2, § 9 Abs. 2 BtMG.

35 **III. Zuwiderhandlungen gegen Absatz 2.** Wer in einem Antrag nach Absatz 2 unrichtige Angaben macht oder unrichtige Unterlagen beifügt, handelt **ordnungswidrig** (§ 7, § 13 Abs. 3 S. 3, § 32 Abs. 1 Nr. 2 BtMG).

D. Modalitäten der Behandlung (Absatz 3)

36 **I. Umgang mit dem Substitutionsmittel.** Für den Umgang mit dem Substitutionsmittel stellt Absatz 3 eigene Regeln auf:

37 **1. Verschreiben, Verabreichen (Satz 1 Alt. 1).** Diamorphin darf **nur innerhalb der Einrichtung** (Absatz 2) verschrieben oder verabreicht werden. Es ist daher nicht zulässig, dass der Arzt einem Patienten Diamorphin verschreibt, obwohl dieser nicht in der Einrichtung anwesend ist (*Weinzierl* in BeckOK BtMG Rn. 16). Der Arzt muss sich daher ständig selbst davon überzeugen, dass die Verschreibung zulässig ist. Erst recht darf außerhalb der Einrichtung kein Diamorphin verabreicht werden, auch wenn dies in einem Krankenhaus oder einer Arztpraxis geschieht (*Weinzierl* in BeckOK BtMG Rn. 17).

38 **2. Überlassen zum unmittelbaren Verbrauch (Satz 1 Alt. 2).** Auch das Überlassen zum unmittelbaren Verbrauch ist **nur innerhalb der Einrichtung** zulässig. Darüber hinaus ist bestimmt, dass das Überlassen zum unmittelbaren Verbrauch nur unter der Aufsicht des Arztes oder des sachkundigen Personals stattfinden darf.

3. Psychosoziale Betreuung (Satz 2). In den ersten sechs Monaten der Behandlung müssen Maßnahmen der psychosozialen Betreuung stattfinden. Dies bedeutet nicht, dass die Behandlung nach Ablauf dieser Frist ohne weiteres ohne eine solche Betreuung fortgesetzt werden dürfte. Vielmehr gelten jetzt die allgemeinen, für jede Substitutionsbehandlung maßgeblichen Regeln nach § 5 Abs. 12 S. 1 Nr. 3, Buchst. c BtMVV (*Weinzierl* in BeckOK BtMG Rn. 20). 39

II. Zuwiderhandlungen gegen Absatz 3. Der Verstoß gegen **Satz 1 (Verschreiben etc allein innerhalb der Einrichtung)** ist in § 16 Nr. 5 eigens bewehrt und daher nach § 29 Abs. 1 S. 1 Nr. 14 BtMG strafbar. 40

Ist die Aufsicht der Überlassung zum unmittelbaren Verbrauch so mangelhaft, dass das Diamorphin in die Verfügungsgewalt des Patienten gerät, liegt eine **Abgabe** vor (BGHSt 52, 271 = NJW 2008, 2596 = NStZ 2008, 274 = StV 2008, 471 mAnm *Nestler* StV 2009, 211), so dass auch Strafbarkeit nach § 29 Abs. 1 S. 1 Nr. 1 BtMG eintritt; insoweit ist auch Fahrlässigkeit ausreichend (§ 29 Abs. 4 BtMG). 41

Der Verstoß gegen Satz 2 (psychosoziale Betreuung) ist für sich weder mit Strafe noch mit Geldbuße bedroht. Allerdings kann die Vergabe des Diamorphins beim Fehlen der vorgeschriebenen psychosozialen Betreuung nicht (mehr) als indiziert angesehen werden (s. VG Augsburg BeckRS 2004, 28023) mit der Folge von **Strafbarkeit** nach § 29 Abs. 1 S. 1 Nr. 6. In den Fällen des Verabreichens oder Überlassens zum unmittelbaren Verbrauch ist auch Fahrlässigkeit strafbar (§ 29 Abs. 4 BtMG). 42

E. Überprüfung (Absatz 4)

I. Regelmäßige Überprüfung. In Absatz 4 wird eine regelmäßige Prüfung der Voraussetzungen vorgeschrieben, unter denen die diamorphingestützte Substitutionsbehandlung durchgeführt werden darf. Damit soll verhindert werden, dass die Behandlung mit Diamorphin ohne zeitliche Begrenzung immer weiter fortgesetzt wird. 43

1. Zeitliche Begrenzung (Satz 1). Die Überprüfung hat spätestens nach zwei Jahren stattzufinden. Damit wird der **äußerste zeitliche Rahmen** für eine Fortsetzung der Behandlung abgesteckt. Wie schon der Wortlaut zeigt, bedeutet dies nicht, dass die Überprüfung nicht auch früher stattfinden könnte, wenn sich Zweifel ergeben haben, ob die Voraussetzungen für die Behandlung noch gegeben sind und ob die Behandlung fortzusetzen ist. Solchen Zweifeln haben die Ärzte der Einrichtung nachzugehen. Können sie sie nicht ausräumen, so müssen sie schon vor dem Ablauf der Zweijahresfrist den Zweitgutachter einschalten, wenn sie die Substitution fortsetzen wollen. 44

2. Externer Gutachter (Satz 2). Nach Satz 2 erfolgt die Überprüfung durch Einholung der Zweitmeinung eines Gutachters, der der Einrichtung nicht angehört. Die Einschaltung eines externen Gutachters macht die Ärzte der Einrichtung nicht mundtot. Daraus, dass „die Überprüfung aber durch Einholung seiner Zweitmeinung erfolgt", ergibt sich allerdings, dass seine Meinung den Ausschlag geben und nicht nur als Material für die Entscheidung dienen soll (aA *Weinzierl* in BeckOK BtMG Rn. 32 jedenfalls für den Fall, dass der externe Gutachter nicht über die besondere Qualifikation des Absatzes 1 Satz 2 Nr. 1 verfügt). Auf der anderen Seite sind die behandelnden Ärzte nicht gehindert, die Substitution auch ohne Beteiligung eines Zweitgutachters zu beenden, wenn die Zulässigkeitsvoraussetzungen der Substitution nicht mehr gegeben sind. 45

Nach dem **Wortlaut der Vorschrift** muss der externe Gutachter lediglich „suchtmedizinisch qualifiziert" sein; dass er auch die Voraussetzungen des Absat- 46

BtMVV § 5b BtM-Verschreibungsverordnung

zes 1 Satz 2 Nr. 1 erfüllt, ist danach nicht erforderlich. Ob es sich dabei um ein Redaktionsversehen handelt, ist nicht abschließend geklärt (*Weinzierl* in BeckOK BtMG Rn. 26, 27).

47 **Gegenstand der Prüfung** sind alle Zulässigkeitsvoraussetzungen der Substitution, insbesondere die Fortschritte oder wenigstens Bemühungen zur Erreichung der Betäubungsmittelabstinenz (→ Rn. 12).

48 **3. Beendigung der Behandlung (Satz 3).** Nach Satz 3 ist die diamorphingestützte Substitutionsbehandlung zu beenden, wenn die Überprüfung ergibt, dass die Voraussetzungen für die Behandlung nicht mehr gegeben sind. Diese Regelung ist **zwingend**; für ein ärztliches Ermessen ist hier kein Raum (*Weinzierl* in BeckOK BtMG Rn. 29).

49 **II. Zuwiderhandlungen gegen Absatz 4.** Der Verstoß gegen § 5a Abs. 4 ist nicht eigens mit Strafe bedroht oder als Ordnungswidrigkeit ahndbar. Das Gesetz geht jedoch davon aus, dass die Fortsetzung der diamorphingestützte Substitutionsbehandlung spätestens nach zwei Jahren der in Absatz 4 vorgesehenen Überprüfung bedarf, wenn sie indiziert sein soll (vgl. BT-Drs. 16/11515, 12). Wird die in **Satz 1** vorgeschriebene Prüfung unterlassen oder wird sie entgegen **Satz 2** nicht ordnungsgemäß durchgeführt, insbesondere indem kein externer Gutachter eingeschaltet wird, bedarf es zumindest besonderer Umstände, um die Fortsetzung der Behandlung gleichwohl noch als indiziert ansehen zu können.

50 Wird die diamorphingestützte Substitutionsbehandlung fortgesetzt, obwohl sie nach **Satz 3 hätte beendet** werden müssen, so ist sie als nicht mehr medizinisch indiziert anzusehen, und es tritt Strafbarkeit nach § 13 Abs. 1, § 29 Abs. 1 S. 1 Nr. 6 BtMG (*Patzak* in Körner/Patzak/Volkmer Rn. 28) und gegebenenfalls nach § 29 Abs. 4 BtMG ein.

F. Vergabe aus Praxis- oder Stationsbedarf (Absatz 5)

51 Die Vorschrift stellt klar, dass die Absätze 1–4 und § 5 Abs. 11 entsprechend anzuwenden sind, wenn das Substitutionsmittel aus dem Bestand des Praxisbedarfs oder Stationsbedarfs **verabreicht** oder **zum unmittelbaren Verbrauch** überlassen wird.

§ 5b Substitutionsregister

(1) [1]Das Bundesinstitut für Arzneimittel und Medizinprodukte (Bundesinstitut) führt für die Länder als vom Bund entliehenes Organ ein Register mit Daten über das Verschreiben von Substitutionsmitteln (Substitutionsregister). [2]Die Daten des Substitutionsregisters dürfen nur verwendet werden, um
1. das Verschreiben eines Substitutionsmittels durch mehrere Ärzte für denselben Patienten und denselben Zeitraum frühestmöglich zu unterbinden,
2. zu überprüfen, ob die ein Substitutionsmittel verschreibenden Ärzte die Mindestanforderungen nach § 5 Absatz 3 Satz 1 oder die Anforderungen nach § 5 Absatz 4 Satz 1 erfüllen sowie
3. das Verschreiben von Substitutionsmitteln entsprechend den Vorgaben nach § 13 Abs. 3 Nr. 3 Buchstabe e des Betäubungsmittelgesetzes statistisch auszuwerten.

[3]Das Bundesinstitut trifft organisatorische Festlegungen zur Führung des Substitutionsregisters.

(2) ¹Jeder Arzt, der ein Substitutionsmittel für einen Patienten verschreibt, hat dem Bundesinstitut unverzüglich schriftlich oder kryptiert auf elektronischem Wege folgende Angaben zu melden:
1. den Patientencode,
2. das Datum der ersten Anwendung eines Substitutionsmittels,
3. das verschriebene Substitutionsmittel,
4. das Datum der letzten Anwendung eines Substitutionsmittels,
5. Name, Vorname, Geburtsdatum, dienstliche Anschrift und Telefonnummer des verschreibenden Arztes sowie
6. im Falle des Behandelns nach § 5 Absatz 4 Satz 1 Nummer 1 Name, Vorname, dienstliche Anschrift und Telefonnummer des suchtmedizinisch qualifizierten Arztes, bei dem sich der jeweilige Patient nach § 5 Absatz 4 Satz 1 Nummer 2 vorzustellen hat.

²Der Patientencode setzt sich wie folgt zusammen:
a) erste und zweite Stelle: erster und zweiter Buchstabe des ersten Vornamens
b) dritte und vierte Stelle: erster und zweiter Buchstabe des Familiennamens
c) fünfte Stelle: Geschlecht („F" für weiblich, „M" für männlich
d) sechste bis achte Stelle: jeweils letzte Ziffer von Geburtstag, -monat und -jahr.

³Es ist unzulässig, dem Bundesinstitut Patientendaten uncodiert zu melden. ⁴Der Arzt hat die Angaben zur Person durch Vergleich mit dem Personalausweis oder Reisepass des Patienten zu überprüfen.

(3) ¹Das Bundesinstitut verschlüsselt unverzüglich den Patientencode nach Absatz 2 Satz 1 Nr. 1 nach einem vom Bundesamt für Sicherheit in der Informationstechnik vorgegebenen Verfahren in ein Kryptogramm in der Weise, dass er daraus nicht oder nur mit einem unverhältnismäßig großen Aufwand zurückgewonnen werden kann. ²Das Kryptogramm ist zusammen mit den Angaben nach Absatz 2 Satz 1 Nr. 2 bis 6 zu speichern und spätestens sechs Monate nach Bekanntwerden der Beendigung des Verschreibens zu löschen. ³Die gespeicherten Daten und das Verschlüsselungsverfahren nach Satz 1 sind durch geeignete Sicherheitsmaßnahmen gegen unbefugte Kenntnisnahme und Verwendung zu schützen.

(4) ¹Das Bundesinstitut vergleicht jedes neu gespeicherte Kryptogramm mit den bereits vorhandenen. ²Ergibt sich keine Übereinstimmung, ist der Patientencode unverzüglich zu löschen. ³Liegen Übereinstimmungen vor, teilt das Bundesinstitut dies jedem beteiligten Arzt unter Angabe des Patientencodes, des Datums der ersten Anwendung eines Substitutionsmittels und der Namen, Vornamen, dienstlichen Anschriften und Telefonnummern der anderen beteiligten Ärzte unverzüglich mit. ⁴Die Ärzte haben zu klären, ob der Patientencode demselben Patienten zuzuordnen ist. ⁵Wenn dies zutrifft, haben sie sich darüber abzustimmen, wer künftig für den Patienten Substitutionsmittel verschreibt, und über das Ergebnis das Bundesinstitut unter Angabe des Patientencodes zu unterrichten. ⁶Wenn dies nicht zutrifft, haben die Ärzte darüber ebenfalls das Bundesinstitut unter Angabe des Patientencodes zu unterrichten. ⁷Das Substitutionsregister ist unverzüglich entsprechend zu bereinigen. ⁸Erforderlichenfalls unterrichtet das Bundesinstitut die zuständigen Überwachungsbehörden der beteiligten Ärzte, um das Verschreiben von Substitutionsmitteln von mehreren Ärzten für denselben Patienten und denselben Zeitraum unverzüglich zu unterbinden.

(5) ¹Die Ärztekammern haben dem Bundesinstitut auf dessen Anforderung, unter Angabe von Vorname, Name, dienstlicher Anschrift und Geburtsdatum eines nach Absatz 2 Satz 1 Nummer 5 oder Nummer 6 gemeldeten Arztes, unverzüglich zu melden, ob der Arzt die Mindestanforderungen nach § 5 Absatz 3 Satz 1 erfüllt. ²Die Ärztekammern haben dem Bundesinstitut unverzüglich nach Bekanntwerden die Angabe „Hinweis: Suchttherapeutische Qualifikation liegt nicht mehr vor." zu denjenigen Ärzten, welche zuvor von den Ärztekammern dem Bundesinstitut gemeldet wurden, zu übermitteln, die die Mindestanforderungen nach § 5 Absatz 3 Satz 1 bisher erfüllt haben, aktuell aber nicht mehr erfüllen. ³Das Bundesinstitut kann zum Zweck der Datenbereinigung von den Ärztekammern auch Meldungen zu allen Kammermitgliedern, die die Mindestanforderungen nach § 5 Absatz 3 Satz 1 erfüllen, mit folgenden Angaben verlangen:
1. Name und Vorname,
2. dienstliche Anschrift,
3. Geburtsdatum.

⁴Das Bundesinstitut unterrichtet aus dem Datenbestand des Substitutionsregisters unverzüglich die zuständigen Überwachungsbehörden der Länder über Name, Vorname, Anschrift und Telefonnummer
1. der Ärzte, die ein Substitutionsmittel nach § 5 Absatz 3 Satz 1 verschrieben haben, und
2. der nach Absatz 2 Satz 1 Nummer 6 gemeldeten suchtmedizinisch qualifizierten Ärzte,

wenn die in Nummer 1 und 2 genannten Ärzte die Mindestanforderungen nach § 5 Absatz 3 Satz 1 in Verbindung mit den nach den Sätzen 1 bis 3 übermittelten Daten nicht erfüllen

(6) ¹Das Bundesinstitut teilt den zuständigen Überwachungsbehörden zum 30. Juni und 31. Dezember eines jeden Jahres folgende Angaben aus dem Datenbestand des Substitutionsregisters mit:
1. Namen, Vornamen, Anschriften und Telefonnummern der Ärzte, die nach § 5 Absatz 3 Satz 1 Substitutionsmittel verschrieben haben,
2. Namen, Vornamen, Anschriften und Telefonnummern der Ärzte, die nach § 5 Absatz 4 Substitutionsmittel verschrieben haben,
3. Namen, Vornamen, Anschriften und Telefonnummern der Ärzte, die nach Absatz 2 Satz 1 Nummer 6 als suchtmedizinisch qualifizierter Arzt gemeldet worden sind, sowie
4. Anzahl der Patienten, für die ein unter Nummer 1 oder 2 genannter Arzt ein Substitutionsmittel verschrieben hat.

²Die zuständigen Überwachungsbehörden können auch jederzeit im Einzelfall vom Bundesinstitut entsprechende Auskunft verlangen.

(7) ¹Das Bundesinstitut teilt den obersten Landesgesundheitsbehörden für das jeweilige Land zum 31. Dezember eines jeden Jahres folgende Angaben aus dem Datenbestand des Substitutionsregisters mit:
1. die Anzahl der Patienten, denen ein Substitutionsmittel verschrieben wurde,
2. die Anzahl der Ärzte, die nach § 5 Absatz 3 Satz 1 Substitutionsmittel verschrieben haben,
3. die Anzahl der Ärzte, die nach § 5 Absatz 4 Substitutionsmittel verschrieben haben,
4. die Anzahl der Ärzte, die nach Absatz 2 Satz 1 Nummer 6 als suchtmedizinisch qualifizierter Arzt gemeldet worden sind, sowie

Alten- oder Pflegeheime, Hospize, Einrichtungen der SPAV **§ 5c BtMVV**

5. Art und Anteil der verschriebenen Substitutionsmittel.
²Auf Verlangen erhalten die obersten Landesgesundheitsbehörden die unter den Nummern 1 bis 5 aufgeführten Angaben auch aufgeschlüsselt nach Überwachungsbereichen.

Mit § 5a, dem Vorläufer des jetzigen § 5b, sollte auf Grund der mit dem 1
3. BtMG-ÄndG erweiterten Ermächtigung des § 13 Abs. 3 Nr. 3 ein **Meldesystem** über das Verschreiben von Substitutionsmitteln **(Substitutionsregister)** eingeführt werden, das der Vermeidung von Mehrfachsubstitutionen und der Verbesserung der Qualifikation der Ärzte dienen soll. Um den hier sehr engen Zusammenhang zwischen Ermächtigung und Verordnung nicht zu lösen, sind die Vorschriften des § 5b (früher § 5a) BtMVV gemeinsam mit denen des § 13 Abs. 3 Nr. 3 BtMG erläutert. Auf → BtMG § 13 Rn. 149–157 wird daher verwiesen.

Absatz 1 befasst sich mit der organisatorischen Grundlage der Melde- und Mit- 2
teilungspflichten. Zu der erstmaligen Konstruktion eines vom Bund entliehenen Organs der Länder und der sich daraus ergebenden Schwierigkeiten, namentlich bei der Dienstaufsicht und beim Datenschutz, → BtMG § 13 Rn. 155, 156.

Die **Absätze 2–4** setzen die Vorschriften des § 13 Abs. 3 Nr. 3 BtMG zur Ver- 4
meidung von Mehrfachsubstitutionen um. Auf → BtMG § 13 Rn. 150, 151 wird insoweit verwiesen.

Mit den **Absätzen 5 und 6** werden die Vorschriften des § 13 Abs. 3 Nr. 3 BtMG 5
umgesetzt, die der Verbesserung der Qualifikation der Ärzte dienen. Auf → BtMG § 13 Rn. 148 wird insoweit Bezug genommen.

Mit den in **Absatz 7** geregelten Verfahren wird das Bundesinstitut für Arzneimit- 6
tel und Medizinprodukte verpflichtet, die Länder jährlich statistisch über den Stand der Verschreibung im jeweiligen Land zu unterrichten. Auf → BtMG § 13 Rn. 152 wird verwiesen.

Zuwiderhandlungen. Bewehrt ist lediglich Absatz 2. Wer die dort vorgeschrie- 7
benen **Meldungen** nicht, nicht richtig, nicht vollständig oder nicht in der vorgeschriebenen Form macht, handelt **ordnungswidrig** nach § 17 Nr. 1 BtMVV, § 32 Abs. 1 Nr. 6 BtMG[1] (auch → § 17 Rn. 2, 3; → BtMG § 13 Rn. 170, 171).

§ 5c Verschreiben für Patienten in Alten- oder Pflegeheimen, Hospizen und in der spezialisierten ambulanten Palliativversorgung

(1) ¹Der Arzt, der ein Betäubungsmittel für einen Patienten in einem Alten- oder Pflegeheim, einem Hospiz oder in der spezialisierten ambulanten Palliativversorgung verschreibt, kann bestimmen, dass die Verschreibung nicht dem Patienten ausgehändigt wird. ²In diesem Falle darf die Verschreibung nur von ihm selbst oder durch von ihm angewiesenes oder beauftragtes Personal seiner Praxis, des Alten- oder Pflegeheimes, des Hospizes oder der Einrichtung der spezialisierten ambulanten Palliativversorgung in der Apotheke vorgelegt werden.

(2) **Das Betäubungsmittel ist im Falle des Absatzes 1 Satz 1 dem Patienten vom behandelnden Arzt oder dem von ihm beauftragten, eingewiesenen und kontrollierten Personal des Alten- oder Pflegeheimes, des Hospizes oder der Einrichtung der spezialisierten ambulanten Palliativversorgung zu verabreichen oder zum unmittelbaren Verbrauch zu überlassen.**

---

[1] Zur etwaigen Nichtigkeit des Blanketts → § 17 Rn. 1.

BtMVV § 5d

(3) ¹Der Arzt darf im Falle des Absatzes 1 Satz 1 die Betäubungsmittel des Patienten in dem Alten- oder Pflegeheim, dem Hospiz oder der Einrichtung der spezialisierten ambulanten Palliativversorgung unter seiner Verantwortung lagern; die Einwilligung des über die jeweiligen Räumlichkeiten Verfügungsberechtigten bleibt unberührt. ²Für den Nachweis über den Verbleib und Bestand gelten die §§ 13 und 14 entsprechend.

(4) Betäubungsmittel, die nach Absatz 3 gelagert wurden und nicht mehr benötigt werden, können von dem Arzt
1. einem anderen Patienten dieses Alten- oder Pflegeheimes, dieses Hospizes oder dieser Einrichtung der spezialisierten ambulanten Palliativversorgung verschrieben werden,
2. an eine versorgende Apotheke zur Weiterverwendung in einem Alten- oder Pflegeheim, einem Hospiz oder einer Einrichtung der spezialisierten ambulanten Palliativversorgung zurückgegeben werden oder
3. in den Notfallvorrat nach § 5d Absatz 1 Satz 1 überführt werden.

1   Mit § 5c sollen **spezielle Regelungen** für das Verschreiben von Betäubungsmitteln für Patienten von Alten- und Pflegeheimen, von Hospizen und von Einrichtungen der spezialisierten ambulanten Palliativversorgung (SPAV) getroffen werden. Die Erfahrungen der Praxis haben gezeigt, dass dies im Interesse von Sicherheit und Kontrolle des Betäubungsmittelverkehrs erforderlich ist. Das gilt insbesondere für solche Fälle, in denen ein eigenverantwortlicher Umgang des Patienten mit verschriebenen Betäubungsmitteln nicht möglich ist.

2   Der Begriff Einrichtungen der **spezialisierten ambulanten Palliativversorgung (SPAV)** umfasst alle entsprechenden Leistungserbringer nach SGB V; besondere Anforderungen an die Organisationsform bestehen nicht (BR-Drs. 130/11, 7).

3   Für Patienten in Alten- und Pflegeheimen, in Hospizen und in Einrichtungen der SPAV sollen Betäubungsmittel grundsätzlich **individuell auf Betäubungsmittelrezepten** verschrieben werden (BR-Drs. 130/11, 11). Um die Weiterverwendung dieser Betäubungsmittel zu ermöglichen, sofern sie nicht mehr benötigt werden, aber weiterverwendbar sind, darf der behandelnde Arzt die in geeigneten Räumlichkeiten gelagerten Betäubungsmittel (Absatz 3) anderen Patienten dieser Einrichtung verschreiben (Absatz 4 Nr. 1) oder an eine versorgende Apotheke zur Weiterverwendung in solchen Einrichtungen (Absatz 4 Nr. 2) zurückgeben (BR-Drs. 130/11, 11; krit. *Wesser* A&R 2016, 153 (157)).

4   Die betreffenden Betäubungsmittel dürfen aber auch in den **Notfallvorrat** (§ 5d) dieser Einrichtung überführt werden (§ 5c Abs. 4 Nr. 3). Die Überführung in den Notfallvorrat einer anderen Einrichtung ist nicht zulässig (BR-Drs. 130/11, 11).

§ 5d Verschreiben für den Notfallbedarf in Hospizen und in der spezialisierten ambulanten Palliativversorgung

(1) Hospize und Einrichtungen der spezialisierten ambulanten Palliativversorgung dürfen in ihren Räumlichkeiten einen Vorrat an Betäubungsmitteln für den unvorhersehbaren, dringenden und kurzfristigen Bedarf ihrer Patienten (Notfallvorrat) bereithalten. Berechtigte, die von der Möglichkeit nach Satz 1 Gebrauch machen, sind verpflichtet,
1. einen oder mehrere Ärzte damit zu beauftragen, die Betäubungsmittel, die für den Notfallvorrat benötigt werden, nach § 2 Absatz 4 Satz 2 zu verschreiben,
2. die lückenlose Nachweisführung über die Aufnahme in den Notfallvorrat und die Entnahme aus dem Notfallvorrat durch interne Regelungen

mit den Ärzten und Pflegekräften, die an der Versorgung von Patienten mit Betäubungsmitteln beteiligt sind, sicherzustellen und
3. mit einer Apotheke die Belieferung für den Notfallvorrat sowie eine mindestens halbjährliche Überprüfung der Notfallvorräte insbesondere auf einwandfreie Beschaffenheit sowie ordnungsgemäße und sichere Aufbewahrung schriftlich zu vereinbaren; der unterzeichnende Apotheker zeigt die Vereinbarung der zuständigen Landesbehörde vor der ersten Belieferung schriftlich oder elektronisch an; § 6 Absatz 3 Satz 2 bis 4 gilt entsprechend.

(2) **Der oder die Ärzte nach Absatz 1 Satz 2 Nummer 1 dürfen die für den Notfallvorrat benötigten Betäubungsmittel bis zur Menge des durchschnittlichen Zweiwochenbedarfs, mindestens jedoch die kleinste Packungseinheit, verschreiben. Die Vorratshaltung darf für jedes Betäubungsmittel den durchschnittlichen Monatsbedarf für Notfälle nicht überschreiten.**

Die Vorschrift wurde durch die 25. BtMÄndV in die BtMVV eingefügt. Es hatte sich gezeigt, dass in Hospizen und Einrichtungen der spezialisierten ambulanten Palliativversorgung (SAPV) ein erheblicher **Bedarf** an Betäubungsmitteln **für Notfälle** besteht und es deshalb erforderlich ist, einen Notfallvorrat einzurichten und zur Verfügung zu halten. Der **Notfallvorrat** soll dazu beitragen, die Versorgung der Patienten mit Betäubungsmitteln in den genannten Hospizen und Einrichtungen jederzeit sicherzustellen. 1

Nach Absatz 1 Satz 1 dürfen Hospize und Einrichtungen der SAPV in ihren Räumlichkeiten einen Vorrat an Betäubungsmitteln für Notfälle (Notfallvorrat) anlegen. Soweit sie davon Gebrauch machen, müssen sie nach **Absatz 1 Satz 2 Nr. 1** einen oder mehrere Ärzte beauftragen, die für den Notfallvorrat benötigten Betäubungsmitteln mittels eines Betäubungsmittelanforderungsscheines zu verschreiben. Nach **Absatz 1 Satz 2 Nr. 2, 3** sind sie ferner verpflichtet, die lückenlose Nachweisführung über die Aufnahme von Betäubungsmitteln in den Notfallvorrat und die Entnahme aus dem Notfallvorrat durch interne Regelungen mit den Ärzten und Pflegekräften, die an der Behandlung der Patienten beteiligt sind, sicherzustellen sowie die Belieferung und die Kontrolle des Notfallvorrats mit einer Apotheke schriftlich zu vereinbaren. 2

Für den Notfallvorrat können vom beauftragten Arzt Betäubungsmittel **verschrieben** werden. Außerdem können weiterverwendbare, **nicht mehr benötigte** Betäubungsmittel, die für einen Patienten verschrieben waren, in ihn eingespeist werden (§ 5c Abs. 4 Nr. 3). Diese Überführung ist auf solche Betäubungsmittel beschränkt, die unter der Verantwortung des Arztes gelagert wurden. 3

Die Überprüfungspflicht nach Absatz 1 Satz 2 Nr. 3 entspricht den entsprechenden Vorschriften für den Rettungsdienst (§ 6 Abs. 3 S. 2–5). Der Pflicht, die Betäubungsmittel auf ihre einwandfreie Beschaffenheit zu überprüfen, muss der Apotheker insoweit nachkommen, wie die Beschaffenheit äußerlich erkennbar ist oder sich aus den Lagerumständen erkennbar ergibt. Entsprechend § 6 Ab. 3 S. 5 hat der Apotheker den Hospizen oder Einrichtungen der SAPV eine angemessene Frist zur Beseitigung festgestellter Mängel zu setzen und bei der Nichteinhaltung der Frist die zuständige Landesbehörde zu unterrichten. Der Apotheker kann im Rahmen der Überprüfungen sowohl qualitätssichernd als auch pharmazeutisch beratend für die palliative Arzneimittelversorgung tätig werden. 4

§ 5e

Sollte § 6 der SARS-CoV-2-Arzneimittelversorgungsverordnung (abgedr. in Anh M) ersetzen, wurde aber nicht umgesetzt.

§ 6 Verschreiben für Einrichtungen des Rettungsdienstes

(1) Für das Verschreiben des Bedarfs an Betäubungsmitteln für Einrichtungen und Teileinheiten von Einrichtungen des Rettungsdienstes (Rettungsdienstbedarf) finden die Vorschriften über das Verschreiben für den Stationsbedarf nach § 2 Abs. 4 entsprechende Anwendung.

(2) ¹Der Träger oder der Durchführende des Rettungsdienstes hat einen Arzt damit zu beauftragen, die benötigten Betäubungsmittel nach § 2 Abs. 4 zu verschreiben. ²Die Aufzeichnung des Verbleibs und Bestandes der Betäubungsmittel ist nach den §§ 13 und 14 in den Einrichtungen und Teileinheiten der Einrichtungen des Rettungsdienstes durch den jeweils behandelnden Arzt zu führen.

(3) ¹Der Träger oder der Durchführende des Rettungsdienstes hat mit einer Apotheke die Belieferung der Verschreibungen für den Rettungsdienstbedarf sowie eine mindestens halbjährliche Überprüfung der Betäubungsmittelvorräte in den Einrichtungen oder Teileinheiten der Einrichtungen des Rettungsdienstes insbesondere auf deren einwandfreie Beschaffenheit sowie ordnungsgemäße und sichere Aufbewahrung schriftlich zu vereinbaren. ²Mit der Überprüfung der Betäubungsmittelvorräte ist ein Apotheker der jeweiligen Apotheke zu beauftragen. ⁴Es ist ein Protokoll anzufertigen. ³Zur Beseitigung festgestellter Mängel hat der mit der Überprüfung beauftragte Apotheker dem Träger oder Durchführenden des Rettungsdienstes eine angemessene Frist zu setzen und im Falle der Nichteinhaltung die zuständige Landesbehörde zu unterrichten.

(4) ¹Bei einem Großschadensfall sind die benötigten Betäubungsmittel von dem zuständigen leitenden Notarzt nach § 2 Abs. 4 zu verschreiben. ²Die verbrauchten Betäubungsmittel sind durch den leitenden Notarzt unverzüglich für den Großschadensfall zusammengefasst nachzuweisen und der zuständigen Landesbehörde unter Angabe der nicht verbrauchten Betäubungsmittel anzuzeigen. ³Die zuständige Landesbehörde trifft Festlegungen zum Verbleib der nicht verbrauchten Betäubungsmittel.

1 **A. Absatz 1.** Für Einrichtungen des Rettungsdienstes (einschließlich ihrer mobilen Ausstattung wie Rettungshubschrauber, Notarztwagen) können Betäubungsmittel nach den Regeln verschrieben werden, die § 2 Abs. 4 für die Verschreibung für den Stationsbedarf aufstellt (Absatz 1).

2 **B. Absatz 2.** Mit der Verschreibung beauftragt der Träger oder der Durchführende des Rettungsdienstes einen Arzt (Absatz 2 Satz 1). Dagegen obliegt die Aufzeichnung des Verbleibs und des Bestandes der Betäubungsmittel (§§ 13, 14) dem jeweils behandelnden (Rettungs-)Arzt (Absatz 2 Satz 2).

3 **C. Absatz 3.** Über die Belieferung der Stationsverschreibungen hat der Rettungsdienst mit einer Apotheke einen schriftlichen Vertrag abzuschließen (Satz 1). Der Vertrag muss auch die mindestens halbjährliche Überprüfung der Betäubungsmittelvorräte vor allem auf deren einwandfreie Beschaffenheit sowie ordnungsgemäße und sichere Aufbewahrung umfassen. Der Apotheker muss den Vertragsabschluss der zuständigen Landesbehörde anzeigen (Satz 2).

Die Überprüfung darf nur durch einen **Apotheker** vorgenommen werden (Satz 3). Über sie ist ein Protokoll aufzunehmen (Satz 4). Zur Beseitigung von Mängeln hat der Apotheker dem Träger oder Durchführenden des Rettungsdienstes eine Frist zu setzen. Wird sie nicht eingehalten, so muss er die zuständige Landesbehörde unterrichten (Satz 5).

D. Absatz 4. Mit dem neu eingeführten Absatz 4 soll die Versorgung mit betäubungsmittelhaltigen Arzneimitteln im **Katastrophenfall** praktikabler organisiert werden können. Insbesondere sollen damit die Ärzte der Rettungsdienste von der Nachweisführung für am einzelnen Patienten verbrauchte Betäubungsmittel entlastet werden (BR-Drs. 252/01, 53).

E. Zuwiderhandlungen. Nach **Absatz 1** finden auf das Verschreiben für den Rettungsdienstbedarf die Vorschriften über das Verschreiben für den **Stationsbedarf** nach § 2 Abs. 4 entsprechende Anwendung. Dass diese Verweisung sich auch auf die **Strafbewehrung** des § 2 Abs. 4 erstreckt, würde Sinn machen. Allerdings wird § 6 Abs. 1 in der maßgeblichen Strafvorschrift (§ 16 Nr. 3) nicht genannt, so dass eine entsprechende Strafbarkeit nicht in Betracht kommen dürfte (aA *Patzak* in Körner/Patzak/Volkmer Rn. 8; *Weinzierl* in BeckOK BtMG Rn. 8). Es verbleiben die etwaigen verwaltungsrechtlichen Maßnahmen. Für die **Verschreibungen bei einem Großschadensfall**, die ebenfalls nach § 2 Abs. 4 erfolgen (Absatz 4), gilt dies entsprechend.

Betäubungsmittel für den Rettungsdienstbedarf sind auf einem **Betäubungsmittelanforderungsschein** zu verschreiben (§ 10 Abs. 1 S. 1); der Verstoß dagegen ist eine Ordnungswidrigkeit nach § 17 Nr. 3.

§ 7 Verschreiben für Kauffahrteischiffe

(1) ¹**Für das Verschreiben und die Abgabe von Betäubungsmitteln für die Ausrüstung von Kauffahrteischiffen gelten die §§ 8 und 9.** ²**Auf den Betäubungsmittelrezepten sind die in Absatz 4 Nr. 4 bis 6 genannten Angaben anstelle der in § 9 Abs. 1 Nr. 1 und 5 vorgeschriebenen anzubringen.**

(2) ¹**Für die Ausrüstung von Kauffahrteischiffen darf nur ein von der zuständigen Behörde beauftragter Arzt Betäubungsmittel verschreiben; er darf für diesen Zweck bei Schiffsbesetzung ohne Schiffsarzt das Betäubungsmittel Morphin verschreiben.** ²**Für die Ausrüstung von Kauffahrteischiffen bei Schiffsbesetzung mit Schiffsarzt und solchen, die nicht die Bundesflagge führen, können auch andere der in der Anlage III des Betäubungsmittelgesetzes bezeichneten Betäubungsmittel verschrieben werden.**

(3) **Ausnahmsweise dürfen Betäubungsmittel für die Ausrüstung von Kauffahrteischiffen von einer Apotheke zunächst ohne Verschreibung abgegeben werden, wenn**
1. **der in Absatz 2 bezeichnete Arzt nicht rechtzeitig vor dem Auslaufen des Schiffes erreichbar ist,**
2. **die Abgabe nach Art und Menge nur zum Ersatz**
   a) **verbrauchter,**
   b) **unbrauchbar gewordener oder**
   c) **außerhalb des Geltungsbereichs des Betäubungsmittelgesetzes von Schiffen, die die Bundesflagge führen, beschaffter und entsprechend dem vom Bundesministerium für Verkehr und digitale Infrastruktur nach § 108 Absatz 2 Satz 1 des Seearbeitsgesetzes bekanntgemachten Stand der medizinischen Erkenntnisse auszutauschender Betäubungsmittel erfolgt,**

3. der Abgebende sich vorher überzeugt hat, dass die noch vorhandenen Betäubungsmittel nach Art und Menge mit den Eintragungen im Betäubungsmittelbuch des Schiffes übereinstimmen und
4. der Abgebende sich den Empfang von dem für die ordnungsgemäße Durchführung der von dem für die ordnungsgemäße Durchführung der medizinischen Betreuung nach den seearbeitsrechtlichen Vorschriften Verantwortlichen bescheinigen lässt.

(4) Die Bescheinigung nach Absatz 3 Nr. 4 muss folgende Angaben enthalten:
1. Beschreibung der verschriebenen Arzneimittel nach § 9 Abs. 1 Nr. 3,
2. Menge der abgegebenen Arzneimittel nach § 9 Abs. 1 Nr. 4,
3. Abgabedatum,
4. Name des Schiffes,
5. Name des Reeders,
6. Heimathafen des Schiffes und
7. Unterschrift des für die medizinische Betreuung nach den seearbeitsrechtlichen Vorschriften Verantwortlichen.

(5) [1]Der Abgebende hat die Bescheinigung nach Absatz 3 Nr. 4 unverzüglich dem von der zuständigen Behörde beauftragten Arzt zum nachträglichen Verschreiben vorzulegen. [2]Dieser ist verpflichtet, unverzüglich die Verschreibung auf einem Betäubungsmittelrezept der Apotheke nachzureichen, die das Betäubungsmittel nach § 7 Abs. 3 beliefert hat. [3]Die Verschreibung ist mit dem Buchstaben „K" zu kennzeichnen. [4]Die Bescheinigung nach § 7 Abs. 3 Nr. 4 ist dauerhaft mit dem in der Apotheke verbleibenden Teil der Verschreibung zu verbinden. [5]Wenn die Voraussetzungen des Absatzes 3 Nr. 1 und 2 nicht vorgelegen haben, ist die zuständige Behörde unverzüglich zu unterrichten.

(6) Für das Verschreiben und die Abgabe von Betäubungsmitteln für die Ausrüstung von Schiffen, die keine Kauffahrteischiffe sind, sind die Absätze 1 bis 5 entsprechend anzuwenden.

1 **A. Einführung.** § 7 gilt auf den ersten Blick nur für **Kauffahrteischiffe** (Absätze 1–5). Kauffahrteischiffe sind **zur See** fahrende Handelsschiffe oder Fischereifahrzeuge, die Güter und/oder Fahrgäste befördern, nicht aber Fahrzeuge der Binnenschifffahrt (*Patzak* in Körner/Patzak/Volkmer Rn. 1). In Absatz 6 wird allerdings bestimmt, dass die Regelung für Seeschiffe, die **keine Kauffahrteischiffe** sind, etwa Forschungs- oder Traditionsschiffe (BR-Drs. 881/97, 55), entsprechend gilt.

2 **Die medizinische Ausstattung** der Kauffahrteischiffe ist grundsätzlich in § 107 SeeArbG geregelt. Einzelheiten, mit welchen Betäubungsmitteln und in welcher Menge Schiffe auszurüsten sind, sieht die auf § 108 Abs. 2 SeeArbG beruhende Bek. des Standes der medizinischen Anforderungen in der Seeschifffahrt des BMV v. 1.8.2013 vor (BAnz. AT 1.8.2013 B6). Bei den dort festgelegten Mengen handelt es sich um Mindestmengen (*Patzak* in Körner/Patzak/Volkmer Rn. 3).

3 **B. Verschreibung, Abgabe auf Verschreibung.** Die Verschreibung zur Ausrüstung von Kauffahrteischiffen erfolgt auf einem Betäubungsmittelrezept (§ 7 Abs. 1, §§ 8, 9). Dabei sind die Namen des Schiffes und des Reeders sowie der Heimathafen anzugeben (§ 7 Abs. 1 S. 2, Abs. 4 Nr. 4–6).

4 **I. Verschreibungsberechtigung (Absatz 2).** Verschreibungsberechtigt sind nur Ärzte, die von der zuständigen Landesbehörde **beauftragt sind;** in der Regel sind dies Ärzte des **hafenärztlichen** Dienstes (*Patzak* in Körner/Patzak/Volkmer

Rn. 2). Der beauftragte Arzt darf nur Betäubungsmittel für die im Hafen seines Zuständigkeitsbereichs liegenden Kauffahrteischiffe verschreiben (*Cremer-Schaeffer* in Hügel/Junge/Lander/Winkler Rn. 2.2). Auf Grund der Verschreibung können die Betäubungsmittel dann über eine Apotheke erlaubnisfrei erworben werden (§ 4 Abs. 1 Nr. 3 Buchst. a BtMG).

II. Verschreibungsfähige Betäubungsmittel (Absatz 2). Bei einer Schiffsbesetzung **ohne Schiffsarzt** darf der beauftragte Arzt lediglich das Betäubungsmittel Morphin verschreiben (Absatz 2 Satz 1 Hs. 2). Bei einer Schiffsbesetzung **mit Schiffsarzt** und solchen (auch ohne Schiffsarzt), die **nicht die Bundesflagge** führen, können auch andere der in Anlage III zum BtMG bezeichneten Betäubungsmittel verschrieben werden (Absatz 2 Satz 2). 5

C. Abgabe ohne Verschreibung (Absätze 3–5). Kann wegen der kurzen Liegezeit des Schiffes oder aus anderen Gründen der beauftragte Arzt nicht rechtzeitig vor dem Auslaufen erreicht werden (Absatz 3 Nr. 1), so dürfen Apotheker und deren pharmazeutisches Personal Betäubungsmittel unter bestimmten Bedingungen ausnahmsweise auch **ohne Vorlage** eines Betäubungsmittelrezepts abgeben, wenn die Betäubungsmittel nach Art und Menge nur zum Ersatz verbrauchter, unbrauchbar gewordener oder von Schiffen, die die Bundesflagge führen, im Ausland beschaffter und nach der Bek. v. 1.8.2013 (→ Rn. 2) auszutauschender Betäubungsmittel erfolgt (Absatz 3 Nr. 2). Um die Voraussetzungen hierfür zu klären, muss der Apotheker oder sein pharmazeutisches Personal sich **an Bord** zuvor **persönlich** davon **überzeugen,** dass der Bestand der vorhandenen Betäubungsmittel mit den Eintragungen im Betäubungsmittelbuch übereinstimmt (Absatz 3 Nr. 3). Anschließend muss sich die Apotheke **den Empfang** von dem Schiffsarzt oder auf einem Schiff ohne Schiffsarzt dem Kapitän (§ 109 Abs. 1 SeeArbG) **bescheinigen** lassen (Absatz 3 Nr. 4). Die Bescheinigung muss die in Absatz 4 vorgeschriebenen Angaben enthalten. Liegen diese Voraussetzungen (kumulativ) vor, so ist der Apotheker von der Erlaubnispflicht für die Abgabe befreit (*Weinzierl* in BeckOK BtMG Rn. 12). 6

Die Bescheinigung ist unverzüglich dem **beauftragten Arzt** vorzulegen (Absatz 5 Satz 1). Dieser erstellt ein **Betäubungsmittelrezept,** das er mit „K" zu kennzeichnen und unverzüglich der Apotheke vorzulegen hat (Absatz 5 Sätze 2, 3). Dieses darf (natürlich) nicht beliefert werden (§ 12 Abs. 1 Nr. 1 Buchst. d). 7

Lagen die **Voraussetzungen** des Absatzes 3 Nr. 1 und 2 **nicht** vor, ist die zuständige Behörde zu unterrichten (Absatz 5 Satz 3). 8

D. Zuwiderhandlungen. Verstöße gegen § 7 sind zum Teil Straftaten, zum Teil Ordnungswidrigkeiten: 9

I. Straftaten. Wer entgegen Absatz 2 Betäubungsmittel für die Ausrüstung von **Kauffahrteischiffen** verschreibt, ist nach § 16 Nr. 4 BtMVV, § 29 Abs. 1 Nr. 14 BtMG[1] strafbar. Dies gilt, wohl auf Grund eines Redaktionsversehens, nicht bei anderen Schiffen (*Weinzierl* in BeckOK BtMG Rn. 20). 10

II. Ordnungswidrigkeiten. Wer vorsätzlich oder leichtfertig auf dem Betäubungsmittelrezept entgegen **§ 7 Abs. 1 S. 2, Abs. 4** oder **5 S. 3** eine Angabe nicht, nicht richtig, nicht vollständig oder nicht in der vorgeschriebenen Form macht, handelt ordnungswidrig nach § 17 Nr. 1 BtMVV, § 32 Abs. 1 Nr. 6 BtMG[2]. Nach diesen Vorschriften handelt auch ordnungswidrig, wer es entgegen **§ 7 Abs. 5 S. 3** (in Verbindung mit § 9 Abs. 1) vorsätzlich oder leichtfertig unterlässt, die Verschreibung mit dem Buchstaben „K" zu kennzeichnen. 11

---

[1] Zur etwaigen Nichtigkeit des Blanketts → § 16 Rn. 1.
[2] Zur etwaigen Nichtigkeit des Blanketts → § 17 Rn. 1.

12 **Ordnungswidrig** handelt auch, wer vorsätzlich oder leichtfertig entgegen § 7 Abs. 2, § 8 Abs. 1 S. 1 die Betäubungsmittel nicht auf einem **gültigen Betäubungsmittelrezept** verschreibt (§ 17 Nr. 3).

§ 8 Betäubungsmittelrezept

(1) ¹Betäubungsmittel für Patienten, den Praxisbedarf und Tiere dürfen nur auf einem dreiteiligen amtlichen Formblatt (Betäubungsmittelrezept) verschrieben werden. ²Das Betäubungsmittelrezept darf für das Verschreiben anderer Arzneimittel nur verwendet werden, wenn dies neben der eines Betäubungsmittels erfolgt. ³Die Teile I und II der Verschreibung sind zur Vorlage in einer Apotheke, im Falle des Verschreibens von Diamorphin nach § 5a Absatz 1 zur Vorlage bei einem pharmazeutischen Unternehmer, bestimmt, Teil III verbleibt bei dem Arzt, Zahnarzt oder Tierarzt, an den das Betäubungsmittelrezept ausgegeben wurde.

(2) ¹Betäubungsmittelrezepte werden vom Bundesinstitut für Arzneimittel und Medizinprodukte auf Anforderung an den einzelnen Arzt, Zahnarzt oder Tierarzt ausgegeben. ²Das Bundesinstitut für Arzneimittel und Medizinprodukte kann die Ausgabe versagen, wenn der begründete Verdacht besteht, dass die Betäubungsmittelrezepte nicht den betäubungsmittelrechtlichen Vorschriften gemäß verwendet werden.

(3) ¹Die nummerierten Betäubungsmittelrezepte sind nur zur Verwendung des anfordernden Arztes, Zahnarztes oder Tierarztes bestimmt und dürfen nur im Vertretungsfall übertragen werden. ²Die nicht verwendeten Betäubungsmittelrezepte sind bei Aufgabe der ärztlichen, zahnärztlichen oder tierärztlichen Tätigkeit dem Bundesinstitut für Arzneimittel und Medizinprodukte zurückzugeben.

(4) ¹Der Arzt, Zahnarzt oder Tierarzt hat die Betäubungsmittelrezepte gegen Entwendung zu sichern. ²Ein Verlust ist unter Angabe der Rezeptnummern dem Bundesinstitut für Arzneimittel und Medizinprodukte unverzüglich anzuzeigen, das die zuständige Landesbehörde unterrichtet.

(5) Der Arzt, Zahnarzt oder Tierarzt hat Teil III der Verschreibung und die Teile I bis III der fehlerhaft ausgefertigten Betäubungsmittelrezepte nach Ausstellungsdaten oder nach Vorgabe der zuständigen Landesbehörde geordnet drei Jahre aufzubewahren und auf Verlangen der nach § 19 Abs. 1 Satz 3 des Betäubungsmittelgesetzes zuständigen Landesbehörde einzusenden oder Beauftragten dieser Behörde vorzulegen.

(6) ¹Außer in den Fällen des § 5 dürfen Betäubungsmittel für Patienten, den Praxisbedarf und Tiere in Notfällen unter Beschränkung auf die zur Behebung des Notfalls erforderliche Menge abweichend von Absatz 1 Satz 1 verschrieben werden. ²Verschreibungen nach Satz 1 sind mit den Angaben nach § 9 Abs. 1 zu versehen und mit dem Wort „Notfall-Verschreibung" zu kennzeichnen. ³Die Apotheke hat den verschreibenden Arzt, Zahnarzt oder Tierarzt unverzüglich nach Vorlage der Notfall-Verschreibung und möglichst vor der Abgabe des Betäubungsmittels über die Belieferung zu informieren. ⁴Dieser ist verpflichtet, unverzüglich die Verschreibung auf einem Betäubungsmittelrezept der Apotheke nachzureichen, die die Notfall-Verschreibung beliefert hat. ⁵Die Verschreibung ist mit dem Buchstaben „N" zu kennzeichnen. ⁶Die Notfall-Verschreibung *ist dauerhaft mit dem in der Apotheke verbleibenden Teil der nachgereichten Verschreibung zu verbinden.*

Betäubungsmittelrezept **§ 8 BtMVV**

Übersicht

	Rn.
A. Das Betäubungsmittelrezept (Absätze 1–5)	1
I. Ausgabe, Ablehnung der Ausgabe (Absatz 2)	4
II. Verwendung (Absatz 3)	5
III. Sicherung (Absatz 4)	6
IV. Aufbewahrung und Vorlage (Absatz 5)	7
B. Die Notfallverschreibung (Absatz 6)	8
C. Zuwiderhandlungen	9

A. Das Betäubungsmittelrezept (Absätze 1–5)

Aus Satz 1 ergibt sich zunächst, dass die Verschreibung von Betäubungsmitteln **schriftlich** zu erfolgen hat. Eine wirksame Verschreibung liegt nur vor, wenn die Schriftform eingehalten ist (→ BtMG § 4 Rn. 22, 23). **1**

Das Betäubungsmittelrezept muss außerdem aus Deutschland stammen. Die **Anerkennung** von Verschreibungen aus den Mitgliedstaaten der EU, den Vertragsstaaten des EWR und der Schweiz gilt für Betäubungsmittelrezepte **nicht** (§ 2 Abs. 1a S. 2 AMVV). **2**

Um die Gefahr der Fälschung, Verfälschung oder des Missbrauchs der Verschreibung möglichst gering zu halten, schreibt Satz 1 vor, dass Betäubungsmittel nur auf einem dreiteiligen amtlichen Formblatt (Betäubungsmittelrezept) verschrieben werden dürfen, wobei die Teile I und II zur Vorlage in der Apotheke (bei der Verschreibung von Diamorphin bei dem pharmazeutischen Unternehmer) bestimmt sind, während Teil III bei dem Verschreibenden verbleibt (Satz 3). Andere Arzneimittel dürfen auf dem Betäubungsmittelrezept nur verordnet werden, wenn zugleich Betäubungsmittel verschrieben werden (Satz 2). **3**

I. Ausgabe (Absatz 2). Die Formblätter werden den einzelnen Verschreibungsberechtigten auf Anforderung durch das BfArM (Satz 1) übersandt. Besteht der begründete Verdacht, dass sie nicht gemäß den betäubungsmittelrechtlichen Vorschriften verwendet werden, so kann das Bundesinstitut **die Ausgabe ablehnen** (Satz 2). Ein solcher Verdacht besteht insbesondere dann, wenn tatsächliche Anhaltspunkte dafür vorliegen, dass die Formblätter zu ärztlich nicht begründeten Verschreibungen verwendet werden. Zu den Mitteilungen in diesem Zusammenhang → BtMG § 27 Rn. 13, 14. **4**

II. Verwendung (Absatz 3). Die Rezeptformulare werden vom BfArM mit der BtM-Nummer des anfordernden Arztes gekennzeichnet und so dem Verschreibungsberechtigten persönlich zugeordnet (Satz 1). Eine Übertragung ist nur auf eine andere zur ärztlichen Berufsausübung berechtigte Person zulässig. Auch dies darf nur im Vertretungsfall (Krankheit, Urlaub oder sonstige Abwesenheit) erfolgen. Gibt der Verschreibungsberechtigte seine Tätigkeit auf, so sind die nicht verwendeten Rezeptformulare dem BfArM zurückzugeben (Satz 2). **5**

▶ Zeitlich begrenzte **Abweichung** von Satz 1 durch § 6 Abs. 3 der SARS-CoV-2-Verordnung (abgedruckt in Anh. M).

III. Sicherung (Absatz 4). Die Betäubungsmittelrezepte sind gegen Entwendung zu sichern (Satz 1). Ein Verlust ist unverzüglich (telefonisch, per Fax oder E-Mail) dem BfArM anzuzeigen (Satz 2). Dieses unterrichtet die zuständige oberste Landesbehörde, die ihrerseits die in Betracht kommenden Apotheker verständigt, damit diese Fälschungen leichter erkennen können. **6**

IV. Aufbewahrung und Vorlage (Absatz 5). Der Arzt, Zahnarzt oder Tierarzt ist verpflichtet, Teil III der von ihm ausgefertigten Betäubungsmittelrezepte drei Jahre lang aufzubewahren und sie auf Verlangen der zuständigen Landesbehörde **7**

BtMVV § 9 BtM-Verschreibungsverordnung

einzusenden oder einem Beauftragten dieser Behörde vorzulegen; dasselbe gilt für die Teile I bis III von versehentlich falsch ausgefertigten Rezepten.

B. Die Notfallverschreibung (Absatz 6)

8 Mit dem durch die 10. BtMÄndV neu eingeführten Absatz 6 wird das Verschreiben von Betäubungsmitteln in Notfällen auch ohne **Betäubungsmittelrezept** ermöglicht. Verschrieben werden darf nur die Menge, die zur Behebung des Notfalls erforderlich ist (Satz 1). Die Verschreibung ist als Notfall-Verschreibung zu kennzeichnen (Satz 2). Die Apotheke ist verpflichtet, den Arzt möglichst noch vor der Abgabe des Betäubungsmittels über die Belieferung zu informieren (Satz 3). Dieser hat die Verschreibung auf einem **Betäubungsmittelrezept** nachzureichen, das mit dem Buchstaben „N" besonders zu kennzeichnen ist (Sätze 4, 5; § 9 Abs. 1 Nr. 6). Die Notfall-Verschreibung ist in der Apotheke dauerhaft mit der nachgereichten Verschreibung zu verbinden (Satz 6). Verschreibungen mit dem Buchstaben „N" dürfen (natürlich) nicht beliefert werden (§ 12 Abs. 1 Nr. 1 lit. d).

▶ Zeitlich begrenzte **Abweichung** von Satz 1 durch § 6 Abs. 2 der SARS-CoV-2-Verordnung (abgedruckt in Anh. M).

C. Zuwiderhandlungen[1]

9 Ordnungswidrig (§ 32 Abs. 1 Nr. 6 BtMG[2]; dazu → § 17 Rn. 3–6) handelt, wer vorsätzlich oder leichtfertig
- entgegen **Absatz 6 Satz 2 oder Satz 5** (dieser in Verbindung mit § 9 Abs. 1) eine Angabe nicht, nicht richtig, nicht vollständig oder nicht in der vorgeschriebenen Form macht (§ 17 Nr. 1),
- entgegen **Absatz 1 Satz 1,** auch in Verbindung mit **§ 7 Abs. 1,** Betäubungsmittel nicht auf einem gültigen Betäubungsmittelrezept verschreibt (§ 17 Nr. 3),
- entgegen **Absatz 3** Betäubungsmittelrezepte, die für seine Verwendung bestimmt sind, überträgt oder bei Aufgabe der Tätigkeit dem BfArM nicht zurückgibt (§ 17 Nr. 4),
- entgegen **Absatz 4** Betäubungsmittelrezepte nicht gegen Entwendung sichert oder einen Verlust nicht unverzüglich anzeigt (§ 17 Nr. 5),
- entgegen **Absatz 5** die dort bezeichneten Teile der Verschreibung oder Stationsverschreibung nicht oder nicht vorschriftsmäßig aufbewahrt (§ 17 Nr. 6) oder
- entgegen **Absatz 6 Satz 4** die Verschreibung nicht unverzüglich der Apotheke nachreicht (§ 17 Nr. 7).

§ 9 Angaben auf dem Betäubungsmittelrezept

(1) **Auf dem Betäubungsmittelrezept sind anzugeben:**
1. **Name, Vorname und Anschrift des Patienten, für den das Betäubungsmittel bestimmt ist; bei tierärztlichen Verschreibungen die Art des Tieres sowie Name, Vorname und Anschrift des Tierhalters,**
2. **Ausstellungsdatum,**
3. **Arzneimittelbezeichnung, soweit dadurch eine der nachstehenden Angaben nicht eindeutig bestimmt ist, jeweils zusätzlich Bezeichnung und Gewichtsmenge des enthaltenen Betäubungsmittels je Packungseinheit, bei abgeteilten Zubereitungen je abgeteilter Form, Darreichungsform,**
4. **Menge des verschriebenen Arzneimittels in Gramm oder Milliliter, Stückzahl der abgeteilten Form,**

---
[1] Zur etwaigen Nichtigkeit des Blanketts → § 17 Rn. 1.
[2] Zur etwaigen Nichtigkeit des Blanketts → § 17 Rn. 1.

5. Gebrauchsanweisung mit Einzel- und Tagesgabe oder im Falle, daß dem Patienten eine schriftliche Gebrauchsanweisung übergeben wurde, ein Hinweis auf diese schriftliche Gebrauchsanweisung; im Fall des § 5 Absatz 8 und 9 zusätzlich die Reichdauer des Substitutionsmittels in Tagen und im Fall des § 5 Absatz 9 Satz 8 Vorgaben zur Abgabe des Substitutionsmittels oder, im Fall, dass dem Patienten schriftliche Vorgaben zur Abgabe oder zum Überlassen zum unmittelbaren Verbrauch des Substitutionsmittels übergeben wurden, ein Hinweis auf diese schriftlichen Vorgaben,
6. in den Fällen des § 2 Abs. 2 Satz 2 und des § 4 Abs. 2 Satz 2 der Buchstabe „A", in den Fällen des § 5 Absatz 6 Satz 3 und § 5a Absatz 1 Satz 1 der Buchstabe „S", in den Fällen des § 5 Absatz 8 Satz 5 zusätzlich der Buchstabe „Z", in den Fällen des § 5 Absatz 9 Satz 7 zusätzlich der Buchstabe „T", in den Fällen des § 7 Abs. 5 Satz 3 der Buchstabe „K", in den Fällen des § 8 Abs. 6 Satz 5 der Buchstabe „N".
7. Name des verschreibenden Arztes, Zahnarztes oder Tierarztes, seine Berufsbezeichnung und Anschrift einschließlich Telefonnummer,
8. in den Fällen des § 2 Abs. 3, § 3 Abs. 2 und § 4 Abs. 3 der Vermerk „Praxisbedarf" anstelle der Angaben in den Nummern 1 und 5,
9. Unterschrift des verschreibenden Arztes, Zahnarztes oder Tierarztes, im Vertretungsfall darüber hinaus der Vermerk „i. V.".

(2) ¹Die Angaben nach Absatz 1 sind dauerhaft zu vermerken und müssen auf allen Teilen des Betäubungsmittelrezeptes übereinstimmend enthalten sein. ²Die Angaben nach den Nummern 1 bis 8 können durch eine andere Person als den Verschreibenden erfolgen. ³Im Falle einer Änderung der Verschreibung hat der verschreibende Arzt die Änderung auf allen Teilen des Betäubungsmittelrezeptes zu vermerken und durch seine Unterschrift zu bestätigen.

A. Die notwendigen Angaben (Absatz 1). Die Vorschrift bestimmt, welche 1 Angaben auf dem Betäubungsmittelrezept zu machen sind. Durch die 10. BtMÄndV wurde die Regelung spürbar vereinfacht und gestrafft. Die bisherige Differenzierung zwischen Fertigarzneimitteln, Rezepturen und homöopathischen Fertigarzneimitteln ist entfallen.

Die Angabe der **Reichdauer** des Substitutionsmittels in Tagen (Absatz 1 Nr. 5) 2 soll dazu dienen, dass der maximale Zeitraum für eine **Take-home-Verschreibung** nicht überschritten wird. Bei einer Überschreitung dieses Zeitraums darf das Rezept nicht beliefert werden (BR-Drs. 881/97, 56).

Für die Fälle der **patientenindividuellen Zeitpunkte,** an denen Teilmengen 3 des Substitutionsmittels in der Apotheke an den Patienten oder an die Praxis des Arztes abgegeben oder zum unmittelbaren Verbrauch überlassen werden (§ 5 Abs. 9 S. 8), eröffnet die Ergänzung der Nr. 5 die Möglichkeit, dass die Angaben hierüber auf einem separaten Dokument gemacht werden. Wurden die Vorgaben dem Patienten übergeben, so muss ein Hinweis darauf auf der Verschreibung gemacht werden, damit die Apotheke die ärztlichen Vorgaben erkennen kann.

Eine Unterschrift (Nr. 9) muss als „Gebilde aus Buchstaben einer üblichen 4 Schrift nicht lesbar" sein; es muss jedoch ein „Schriftzug vorliegen, der erkennen lässt, dass es sich um Schriftzeichen handelt, die eine Unterschrift zum Ausdruck bringen sollen"; die Mängel dürfen nicht so weit gehen, dass „seine Entstehung aus der üblichen Schrift nicht einmal andeutungsweise zu erkennen ist" (BGH NJW 1975, 1705; *Cremer-Schaeffer* in Hügel/Junge/Lander/Winkler Rn. 10).

5 B. Die Vermerke (Absatz 2). Satz 1 bestimmt, dass die Angaben dauerhaft zu vermerken sind und auf allen drei Teilen des Rezepts übereinstimmen müssen. Abweichend von der früheren Regelung werden mit Ausnahme der Unterschrift des behandelnden Arztes keine handschriftlichen Eintragungen mehr gefordert. Damit soll auch die rechnergestützte Ausfertigung von Betäubungsmittelrezepten ermöglicht werden (BR-Drs. 881/97, 56).

6 C. Belieferung. Rezepte, bei deren Ausfertigung eine Vorschrift des § 9 nicht beachtet wurde, dürfen grundsätzlich nicht beliefert werden (§ 12 Abs. 1 Nr. 1 Buchst. b).

7 D. Zuwiderhandlungen.[1] Wer vorsätzlich oder leichtfertig entgegen **Absatz 1** eine Angabe nicht, nicht richtig, nicht vollständig oder nicht in der vorgeschriebenen Form macht, handelt ordnungswidrig nach § 17 Nr. 1 BtMVV, § 32 Abs. 1 Nr. 6 BtMG; → § 17 Rn. 3.

§ 10 Betäubungsmittelanforderungsschein

(1) ¹Betäubungsmittel für den Stationsbedarf nach § 2 Abs. 4, § 3 Abs. 3 und § 4 Abs. 4, den Notfallbedarf nach § 5 d und den Rettungsdienstbedarf nach § 6 Absatz 1 dürfen nur auf einem dreiteiligen amtlichen Formblatt (Betäubungsmittelanforderungsschein) verschrieben werden. ²Die Teile I und II der Verschreibung für den Stationsbedarf, den Notfallbedarf und den Rettungsdienstbedarf sind zur Vorlage in der Apotheke bestimmt, Teil III verbleibt bei dem verschreibungsberechtigten Arzt, Zahnarzt oder Tierarzt.

(2) Betäubungsmittelanforderungsscheine werden vom Bundesinstitut für Arzneimittel und Medizinprodukte auf Anforderung ausgegeben an:
1. den Arzt oder Zahnarzt, der ein Krankenhaus oder eine Krankenhausabteilung leitet,
2. den Tierarzt, der eine Tierklinik leitet,
3. einen beauftragten Arzt nach § 5 d Absatz 1 Satz 2 Nummer 1,
4. den nach § 6 Absatz 2 beauftragten Arzt des Rettungsdienstes oder
5. den zuständigen leitenden Notarzt nach § 6 Absatz 4.

(3) ¹Die nummerierten Betäubungsmittelanforderungsscheine sind nur zur Verwendung in der Einrichtung bestimmt, für die sie angefordert wurden. ²Sie dürfen vom anfordernden Arzt, Zahnarzt oder Tierarzt an Leiter von Teileinheiten oder an einen weiteren beauftragten Arzt nach § 5 d Absatz 1 Satz 2 Nummer 1 weitergegeben werden. ³Über die Weitergabe ist ein Nachweis zu führen.

(4) Teil III der Verschreibung für den Stationsbedarf, den Notfallbedarf und den Rettungsdienstbedarf und die Teile I bis III von fehlerhaft ausgefertigten Betäubungsmittelanforderungsscheinen sowie die Nachweisunterlagen gemäß Absatz 3 sind vom anfordernden Arzt, Zahnarzt oder Tierarzt drei Jahre, von der letzten Eintragung an gerechnet, aufzubewahren und auf Verlangen der nach § 19 Abs. 1 Satz 3 des Betäubungsmittelgesetzes zuständigen Landesbehörde einzusenden oder Beauftragten dieser Behörden vorzulegen.

1 A. Betäubungsmittelanforderungsschein (Absatz 1). Betäubungsmittel für den Stationsbedarf, den Notfallbedarf und den Rettungsdienstbedarf dürfen nur auf einem Betäubungsmittelanforderungsschein verschrieben werden **(Satz 1)**. Da-

---

[1] Zur etwaigen Nichtigkeit des Blanketts → § 17 Rn. 1.

bei handelt es sich um ein **vereinfachtes Verfahren,** das die Einzelverschreibung für den Stationsbedarf ersetzt. Es wurde nicht nur aus Kostengründen eingeführt, sondern bezweckt auch, den umfangreichen und für Missbräuche anfälligen Verkehr mit Einzelrezepten zu vermeiden. Die Regelung ist daher zwingend (s. auch § 31 Abs. 1 S. 1 ApBetrO).

Betäubungsmittelanforderungsscheine sind Verschreibungen im Sinne des BtMG und der BtMVV. Mit dem neu eingeführten Begriff der Stationsverschreibung (§ 1 Abs. 2) wird dies verdeutlicht. Ergänzend gelten daher die Regelungen, die auch sonst für die Verschreibungen gelten, zB über die sichere Aufbewahrung der Formulare (§ 8 Abs. 4) oder die Ablehnung der Ausgabe (§ 8 Abs. 2 S. 2). 2

B. Ausgabe der Formblätter (Absatz 2). Die Formblätter werden vom BfArM auf Anforderung an die Ärzte, Zahnärzte oder Tierärzte ausgegeben, die ein Krankenhaus, eine Krankenhausabteilung oder eine Tierklinik leiten sowie an die beauftragten Ärzte der Rettungsdienste und den leitenden Notarzt bei Großschadensereignissen. 3

C. Umgang (Absätze 3, 4). Zur Verwendung, zur Weitergabe an Leiter von Teileinheiten sowie zu den Nachweisen und deren Aufbewahrung und Vorlage s. Absätze 3, 4. 4

D. Zuwiderhandlungen.[1] Ordnungswidrig handelt, wer vorsätzlich oder leichtfertig 5
– entgegen **Absatz 1 Satz 1** Betäubungsmittel nicht auf einem gültigen Betäubungsmittelanforderungsschein verschreibt (§ 17 Nr. 3),
– entgegen **Absatz 3 Satz 3** keinen Nachweis über die Weitergabe von Betäubungsmittelanforderungsscheinen führt (§ 17 Nr. 8) oder
– entgegen **Absatz 4** die dort genannten Unterlagen nicht oder nicht vorschriftsmäßig aufbewahrt (§ 17 Nr. 6).

§ 11 Angaben auf dem Betäubungsmittelanforderungsschein

(1) **Auf dem Betäubungsmittelanforderungsschein sind anzugeben:**
1. **Name oder die Bezeichnung und die Anschrift der Einrichtung, für die die Betäubungsmittel bestimmt sind,**
2. **Ausstellungsdatum,**
3. **Bezeichnung der verschriebenen Arzneimittel nach § 9 Abs. 1 Nr. 3,**
4. **Menge der verschriebenen Arzneimittel nach § 9 Abs. 1 Nr. 4,**
5. **Name des verschreibenden Arztes, Zahnarztes oder Tierarztes, seine Berufsbezeichnung und Anschrift einschließlich Telefonnummer,**
6. **Unterschrift des verschreibenden Arztes, Zahnarztes oder Tierarztes, im Vertretungsfall darüber hinaus der Vermerk „i. V.".**

(2) [1]**Die Angaben nach Absatz 1 sind dauerhaft zu vermerken und müssen auf allen Teilen der Verschreibung für den Stationsbedarf, den Notfallbedarf und den Rettungsdienstbedarf übereinstimmend enthalten sein.** [2]**Die Angaben nach den Nummern 1 bis 5 können durch eine andere Person als den Verschreibenden erfolgen.** [3]**Im Falle einer Änderung der Stationsverschreibung hat der verschreibende Arzt die Änderung auf allen Teilen des Betäubungsmittelanforderungsscheines zu vermerken und durch seine Unterschrift zu bestätigen.**

A. Inhalt. Die Vorschrift legt in Anlehnung an § 9 die Angaben fest, die auf dem Betäubungsmittelanforderungsschein zu machen sind. Auch hier werden mit Aus- 1

---
[1] Zur etwaigen Nichtigkeit des Blanketts → § 17 Rn. 1.

nahme der Unterschrift des anfordernden Arztes keine handschriftlichen Eintragungen mehr gefordert.

2 **B. Zuwiderhandlungen** Wer vorsätzlich oder leichtfertig entgegen **Absatz 1** (in Verbindung mit § 9 Abs. 1) eine Angabe nicht, nicht richtig, nicht vollständig oder nicht in der vorgeschriebenen Form macht, handelt ordnungswidrig nach § 17 Nr. 1 BtMVV, § 32 Abs. 1 Nr. 6 BtMG.[1]; auch → § 17 Rn. 2, 4. Ebenfalls handelt **ordnungswidrig**, wer vorsätzlich oder leichtfertig entgegen Absatz 4 Satz 1 die dort bezeichneten Teile der Verschreibung oder Verschreibung für den Stations-, Notfall-, und Rettungsdienstbedarf nicht oder nicht vorschriftsmäßig aufbewahrt (§ 17 Nr. 6 BtMVV, § 32 Abs. 1 Nr. 6 BtMG[2]).

§ 12 Abgabe

(1) **Betäubungsmittel dürfen vorbehaltlich des Absatzes 2 nicht abgegeben werden:**
1. **auf eine Verschreibung,**
    a) **die nach den §§ 1 bis 4 oder § 7 Abs. 2 für den Abgebenden erkennbar nicht ausgefertigt werden durfte,**
    b) **bei deren Ausfertigung eine Vorschrift des § 7 Abs. 1 Satz 2, des § 8 Abs. 1 Satz 1 und 2 oder des § 9 nicht beachtet wurde,**
    c) **die bei Vorlage vor mehr als sieben Tagen ausgefertigt wurde, ausgenommen bei Einfuhr eines Arzneimittels nach § 73 Abs. 3 Arzneimittelgesetz, oder**
    d) **die mit dem Buchstaben „K" oder „N" gekennzeichnet ist;**
2. **auf eine Verschreibung für den Stationsbedarf, den Notfallbedarf und den Rettungsdienstbedarf,**
    a) **die nach den §§ 1 bis 4, § 7 Abs. 1 oder § 10 Abs. 3 für den Abgebenden erkennbar nicht ausgefertigt werden durfte oder**
    b) **bei deren Ausfertigung eine Vorschrift des § 10 Abs. 1 oder des § 11 nicht beachtet wurde;**
3. **auf eine Verschreibung nach § 8 Abs. 6, die**
    a) **nicht nach Satz 2 gekennzeichnet ist oder**
    b) **vor mehr als einem Tag ausgefertigt wurde;**
4. **auf eine Verschreibung nach § 5 Absatz. 8 oder Absatz 9, wenn sie nicht in Einzeldosen und in kindergesicherter Verpackung konfektioniert sind.**

(2) ¹**Bei Verschreibungen und Verschreibungen für den Stationsbedarf, den Notfallbedarf und den Rettungsdienstbedarf, die einen für den Abgebenden erkennbaren Irrtum enthalten, unleserlich sind oder den Vorschriften nach § 9 Abs. 1 oder § 11 Abs. 1 nicht vollständig entsprechen, ist der Abgebende berechtigt, nach Rücksprache mit dem verschreibenden Arzt, Zahnarzt oder Tierarzt Änderungen vorzunehmen.** ²**Angaben nach § 9 Abs. 1 Nr. 1 oder § 11 Abs. 1 Nr. 1 können durch den Abgebenden geändert oder ergänzt werden, wenn der Überbringer der Verschreibung oder der Verschreibung für den Stationsbedarf, den Notfallbedarf und den Rettungsdienstbedarf diese Angaben nachweist oder glaubhaft versichert oder die Angaben anderweitig ersichtlich sind.** ³**Auf Verschreibungen oder Verschreibungen für den Stationsbedarf, den Notfallbedarf und den Rettungsdienstbedarf, bei denen eine Änderung nach Satz 1 nicht möglich ist, dürfen die verschriebenen Betäubungsmittel oder Teilmengen davon**

---

[1] Zur etwaigen Nichtigkeit des Blanketts → § 17 Nr. 1.
[2] Zur etwaigen Nichtigkeit des Blanketts → § 17 Nr. 1.

Abgabe **§ 12 BtMVV**

abgegeben werden, wenn der Überbringer glaubhaft versichert oder anderweitig ersichtlich ist, dass ein dringender Fall vorliegt, der die unverzügliche Anwendung des Betäubungsmittels erforderlich macht. ⁴In diesen Fällen hat der Apothekenleiter den Verschreibenden unverzüglich über die erfolgte Abgabe zu benachrichtigen; die erforderlichen Korrekturen auf der Verschreibung oder der Verschreibung für den Stationsbedarf, den Notfallbedarf und den Rettungsdienstbedarf sind unverzüglich vorzunehmen. ⁵Änderungen und Ergänzungen nach den Sätzen 1 und 2, Rücksprachen nach den Sätzen 1 und 4 sowie Abgaben nach Satz 3 sind durch den Abgebenden auf Teil I und II, durch den Verschreibenden, außer im Falle des Satzes 2, auf Teil III der Verschreibung oder der Verschreibung für den Stationsbedarf, den Notfallbedarf und den Rettungsdienstbedarf zu vermerken. ⁶Für die Verschreibung von Diamorphin gelten die Sätze 2 bis 4 nicht.

(3) Der Abgebende hat auf Teil I der Verschreibung oder der Verschreibung für den Stationsbedarf, den Notfallbedarf und den Rettungsdienstbedarf folgende Angaben dauerhaft zu vermerken:
1. Name und Anschrift der Apotheke,
2. Abgabedatum und
3. Namenszeichen des Abgebenden.

(4) ¹Der Apothekenleiter hat Teil I der Verschreibungen und Verschreibungen für den Stationsbedarf, den Notfallbedarf und den Rettungsdienstbedarf nach Abgabedaten oder nach Vorgabe der zuständigen Landesbehörde geordnet drei Jahre aufzubewahren und auf Verlangen dem Bundesinstitut für Arzneimittel und Medizinprodukte oder der nach § 19 Abs. 1 Satz 3 des Betäubungsmittelgesetzes zuständigen Landesbehörde einzusenden oder Beauftragten dieser Behörden vorzulegen. ²Teil II ist zur Verrechnung bestimmt. ³Die Sätze 1 und 2 gelten im Falle der Abgabe von Diamorphin für den Verantwortlichen für Betäubungsmittel des pharmazeutischen Unternehmers entsprechend.

(5) Der Tierarzt darf aus seiner Hausapotheke Betäubungsmittel nur zur Anwendung bei einem von ihm behandelten Tier und nur unter Einhaltung der für das Verschreiben geltenden Vorschriften der §§ 1 und 4 Abs. 1 und 2 abgeben.

Übersicht

	Rn.
A. Bedeutung	1
B. Verbot der Belieferung (Absatz 1)	2
C. Erkennbare Irrtümer, fehlende Personalien, Notfälle (Absatz 2)	7
D. Vermerke des Abgebenden (Absatz 3)	10
E. Aufbewahrung (Absatz 4)	11
F. Abgabe aus einer tierärztlichen Hausapotheke (Absatz 5)	12
G. Zuwiderhandlungen	14
I. Straftaten	15
II. Ordnungswidrigkeiten	17

A. Bedeutung

Die Vorschrift ist für die Abgabe von Betäubungsmitteln zu therapeutischen **1** Zwecken von **zentraler Bedeutung.** Sie regelt die Förmlichkeiten, die der Apotheker und das pharmazeutische Personal zu beachten haben, wenn sie verschriebene Betäubungsmittel abgeben. Zum Umfang ihrer Prüfungspflicht, die sich nicht auf die Beachtung von Förmlichkeiten beschränkt, → BtMG § 4 Rn. 35–38.

B. Verbot der Belieferung (Absatz 1).

2 Absatz 1 beschreibt die Verschreibungen (Nr. 1), Verschreibungen für den Stationsbedarf, Notfallbedarf und Rettungsdienstbedarf (Nr. 2), Notfall-Verschreibungen (Nr. 3) und Take-home-Verschreibungen (Nr. 4), die **nicht beliefert** werden dürfen. Danach dürfen Betäubungsmittel nicht abgegeben werden, wenn bei der Verschreibung für den Abgebenden erkennbar ein Verschreibungsgrundsatz nicht eingehalten wurde (Nr. 1 Buchst. a, Nr. 2 Buchst. a), die Verschreibung nicht auf dem amtlichen Formblatt vorgenommen wurde (ohne dass ein Notfall vorlag) und/oder nicht die notwendigen Angaben enthält, wenn sie die Formalien nicht einhält (Nr. 1 Buchst. b, Nr. 2 Buchst. b), wenn sie in den Fällen der Notfall-Verschreibung nicht ordnungsgemäß gekennzeichnet ist (Nr. 3 Buchst. a) oder wenn die Betäubungsmittel bei einer Take-home-Verschreibung nicht in Einzeldosen und in kindergesicherter Verpackung konfektioniert sind (Nr. 4).

3 Verschreibungen (nicht Stationsverschreibungen) dürfen ferner nicht beliefert werden, wenn sie **vor mehr als sieben Tagen** ausgefertigt wurden (Nr. 1 Buchst. c), ausgenommen bei Einfuhr eines Arzneimittels nach § 73 Abs. 3 AMG; dasselbe gilt bei **Notfall-Verschreibungen,** wenn sie **vor mehr als einem Tag** ausgefertigt wurden (Nr. 3 Buchst. b). Der Verordnungsgeber geht davon aus, dass das Betäubungsmittel im Grunde nicht benötigt wird, wenn das Rezept innerhalb dieser Fristen nicht eingelöst wird (*Cremer-Schaeffer* in Hügel/Junge/Lander/Winkler Rn. 7.1). Bei der Verschreibung in Teilmengen kommt es für die Sieben-Tage-Frist auf die Vorlage bei der **ersten Teilmenge** an (BR-Drs. 222/17, 28).

4 **Der Apotheker** darf sich über diese Fristen **nicht hinwegsetzen,** auch wenn er das Betäubungsmittel nicht auf Lager hat und sich Schwierigkeiten bei der Beschaffung ergeben. Sofern er den Überbringer nicht an eine andere Apotheke verweist, muss er sich mit dem Verschreibenden in Verbindung setzen, damit dieser möglicherweise ein anderes Betäubungsmittel verordnet (§ 9 Abs. 2 S. 3). Für diese Verschreibung gelten die allgemeinen Regeln.

5 **Die Abgabe** darf nur im **verschriebenen Umfang** erfolgen. Die Verschreibung muss ihrerseits ärztlich begründet sein (§ 13 Abs. 1 BtMG). Der Verschreibende ist daher nicht an die handelsüblichen Packungen gebunden und kann daher zB nur eine Ampulle verordnen. Der Apotheker muss sich daran halten und ist nicht berechtigt, stattdessen die handelsübliche Einheit abzugeben (*Cremer-Schaeffer* in Hügel/Junge/Lander/Winkler Rn. 3.2).

6 In den §§ 2–4 sind **Höchstmengen** festgelegt, die verschrieben werden dürfen. Eine entsprechende Regelung für die Abgabe gibt es nicht. Der Apotheker darf daher mehrere unter verschiedenen Daten ausgefertigte Verschreibungen an einem Tag beliefern, sofern die Frist (Nr. 1 Buchst. c) eingehalten wird.

C. Erkennbare Irrtümer, fehlende Personalien, Notfälle (Absatz 2)

7 Enthält die Verschreibung oder Verschreibung für den Stationsbedarf, Notfallbedarf und Rettungsdienstbedarf einen für den Abgebenden erkennbaren Irrtum, sind sie unleserlich oder werden bestimmte Formvorschriften (§ 9 Abs. 1, § 11 Abs. 1) nicht vollständig eingehalten, so kann der Abgebende nach Rücksprache mit dem Verschreibenden Änderungen vornehmen **(Satz 1).** Diese Regelung gilt auch für die Abgabe von Diamorphin durch den pharmazeutischen Unternehmer.

8 **Fehlende Personalien** des Patienten oder Tierhalters kann der Abgebende ohne Rücksprache ergänzen, wenn die Angaben von dem Überbringer des Rezepts glaubhaft versichert werden **(Satz 2).** Dies gilt nicht für die Abgabe von Diamorphin (Satz 6). Zu den erforderlichen Vermerken s. Satz 5.

Abgabe § 12 BtMVV

Ist eine Änderung nach Satz 1 nicht möglich, so darf das verschriebene Betäubungsmittel unter bestimmten Voraussetzungen ganz oder teilweise abgegeben werden, wenn ein **dringender Fall** vorliegt, der die Anwendung des Betäubungsmittels erforderlich macht **(Satz 3)**. Wenn nicht die Sicherheit oder Kontrolle des Betäubungsmittelverkehrs unterlaufen werden soll, muss es sich um einen **wirklichen Notfall** handeln. Der Opiathunger eines Heroinabhängigen oder eine vergleichbare Sucht genügen hierzu nicht. Der Apothekenleiter ist verpflichtet, den Verschreibenden unverzüglich über die Abgabe zu informieren **(Satz 4)**; die erforderlichen Korrekturen auf der Verschreibung oder Stationsverschreibung sind unverzüglich vorzunehmen. Zu der notwendigen Dokumentation s. Satz 5. Die Sätze 3 und 4 gelten nicht für die Abgabe von Diamorphin (Satz 6). 9

D. Vermerke des Abgebenden (Absatz 3)

Damit die Überwachungsbehörden auch die Abgabe von Betäubungsmitteln nachvollziehen können, sieht Absatz 3 vor, dass der Apotheker auf Teil I der Verschreibung oder Verschreibung für den Stationsbedarf, Notfallbedarf und Rettungsdienstbedarf einen in den Nr. 1–3 näher beschriebenen Abgabevermerk anbringt. 10

E. Aufbewahrung (Absatz 4)

Teil I der Verschreibungen oder Verschreibung für den Stationsbedarf, Notfallbedarf oder Rettungsdienstbedarf ist drei Jahre aufzubewahren und auf Verlangen den Überwachungsbehörden vorzulegen **(Satz 1)**; Teil II ist zur Verrechnung bestimmt **(Satz 2)**. Für den Verantwortlichen für Betäubungsmittel des pharmazeutischen Unternehmers gilt dies entsprechend **(Satz 3)**. 11

F. Abgabe aus einer tierärztlichen Hausapotheke (Absatz 5)

Tierärzte dürfen aus ihrer **Hausapotheke** Betäubungsmittel abgeben. Die Abgabe darf nur zur Anwendung an einem von ihnen behandelten Tier erfolgen. Bei der Abgabe haben sie die für die Verschreibung geltenden Vorschriften der §§ 1, 4 Abs. 1, 2 einzuhalten. 12

Nach § 61 AMG stehen die von Apothekern oder Tierärzten geleiteten Apotheken der tierärztlichen Bildungsstätten den tierärztlichen Hausapotheken gleich. Zwar ist es nicht deren Aufgabe, die Tiere selbst zu behandeln; es spricht jedoch nichts dagegen, sie auch für die Abgabe von Betäubungsmitteln zur Behandlung von Tieren, die im Universitätsbereich versorgt werden, den Inhabern tierärztlicher Hausapotheken gleichzustellen (§ 14 TÄHAV; zw. *Cremer-Schaeffer* in Hügel/Junge/Lander/WinklerRn. 14.2). 13

G. Zuwiderhandlungen

Die Verstöße gegen § 12 sind zum Teil Straftaten und zum Teil Ordnungswidrigkeiten: 14

I. Straftaten. Die **Abgabe** eines Betäubungsmittels ist nicht zulässig und nach § 29 Abs. 1 S. 1 Nr. 7 Buchst. a BtMG strafbar, wenn keine wirksame Verschreibung eines Arztes oder Zahnarztes vorliegt. Zu den Wirksamkeitserfordernissen → BtMG § 4 Rn. 29–32. Verstöße gegen die sonst in § 12 Abs. 1, 2 enthaltenen Anforderungen machen die Verschreibung nicht unwirksam (→ BtMG § 4 Rn. 30, 31). Mangels Aufnahme in § 16 tritt auch keine Strafbarkeit nach § 29 Abs. 1 S. 1 Nr. 14 BtMG ein. 15

Zur **Abgabe** von Betäubungsmitteln in einer **tierärztlichen Hausapotheke** (Absatz 5) → BtMG § 29 Rn. 1639, 1640 16

17 **II. Ordnungswidrigkeiten.** Ordnungswidrig (§ 32 Abs. 1 Nr. 6 BtMG) handelt, wer vorsätzlich oder leichtfertig
- entgegen **Absatz 3** eine Angabe nicht, nicht richtig, nicht vollständig oder nicht in der vorgeschriebenen Form macht (§ 17 Nr. 1; → § 17 Rn. 2, 4) oder
- entgegen **Absatz 4 Satz 1** die dort genannten Unterlagen nicht oder nicht vorschriftsmäßig aufbewahrt (§ 17 Nr. 6; → § 17 Rn. 2, 6).

§ 13 Nachweisführung

(1) ¹**Der Nachweis von Verbleib und Bestand der Betäubungsmittel in den in § 1 Abs. 3 genannten Einrichtungen ist unverzüglich nach Bestandsänderung nach amtlichem Formblatt zu führen.** ²Es können Karteikarten oder Betäubungsmittelbücher mit fortlaufend nummerierten Seiten verwendet werden. ³Die Aufzeichnung kann auch mittels elektronischer Datenverarbeitung erfolgen, sofern jederzeit der Ausdruck der gespeicherten Angaben in der Reihenfolge des amtlichen Formblattes gewährleistet ist. ⁴Im Falle des Überlassens eines Substitutionsmittels zum unmittelbaren Verbrauch nach § 5 Absatz 7 Satz 1 oder eines Betäubungsmittels nach § 5c Absatz 2 ist der Verbleib patientenbezogen nachzuweisen.

(2) ¹Die Eintragungen über Zugänge, Abgänge und Bestände der Betäubungsmittel sowie die Übereinstimmung der Bestände mit den geführten Nachweisen sind
1. von dem Apotheker für die von ihm geleitete Apotheke,
2. von dem Tierarzt für die von ihm geleitete tierärztliche Hausapotheke und
3. von dem in den §§ 2 bis 4 bezeichneten, verschreibungsberechtigten Arzt, Zahnarzt oder Tierarzt für den Praxis- oder Stationsbedarf,
4. von einem nach § 5d Absatz 1 Satz 2 Nummer 1 beauftragten Arzt für Hospize und Einrichtungen der spezialisierten ambulanten Palliativversorgung sowie von dem nach § 6 Absatz 2 beauftragten Arzt für Einrichtungen des Rettungsdienstes,
5. vom für die Durchführung der Krankenfürsorge Verantwortlichen für das jeweilige Kauffahrteischiff, das die Bundesflagge führt,
6. im Falle des Nachweises nach Absatz 1 Satz 4 von den in § 5 Absatz 10 Satz 1 und 2 oder den in § 5c Absatz 2 benannten Personen,
7. vom Verantwortlichen im Sinne des § 5a Absatz 2 Satz 2 Nummer 3

am Ende eines jeden Kalendermonats zu prüfen und, sofern sich der Bestand geändert hat, durch Namenszeichen und Prüfdatum zu bestätigen. ²Für den Fall, dass die Nachweisführung mittels elektronischer Datenverarbeitung erfolgt, ist die Prüfung auf der Grundlage zum Monatsende angefertigter Ausdrucke durchzuführen. ³Sobald und solange der Arzt die Nachweisführung und Prüfung nach Satz 1 Nummer 6 nicht selbst vornimmt, hat er sicherzustellen, dass er durch eine Person nach § 5 Absatz 10 Satz 1 und 2 oder § 5c Absatz 2 am Ende eines jeden Kalendermonats über die erfolgte Prüfung und Nachweisführung schriftlich oder elektronisch unterrichtet wird.

(3) ¹Die Karteikarten, Betäubungsmittelbücher oder EDV-Ausdrucke nach Absatz 2 Satz 2 sind von den in § 1 Abs. 3 genannten Einrichtungen drei Jahre, von der letzten Eintragung an gerechnet, aufzubewahren. ²Bei einem Wechsel in der Leitung einer Krankenhausapotheke, einer Einrichtung eines Krankenhauses, einer Tierklinik oder einem Wechsel des beauftragten Arztes nach § 5c Absatz 1 Satz 2 Nummer 1oder § 6 Absatz 2 Satz 1 sind durch die in Absatz 2 genannten Personen das Datum der Übergabe

sowie der übergebene Bestand zu vermerken und durch ihre Unterschrift zu bestätigen. ³Die Karteikarten, die Betäubungsmittelbücher und die EDV-Ausdrucke sind auf Verlangen der nach § 19 Abs. 1 Satz 3 des Betäubungsmittelgesetzes zuständigen Landesbehörde einzusenden oder Beauftragten dieser Behörde vorzulegen. ⁴In der Zwischenzeit sind vorläufige Aufzeichnungen vorzunehmen, die nach Rückgabe der Karteikarten und Betäubungsmittelbücher nachzutragen sind.

A. Führung von Aufzeichnungen (Absatz 1). Die Vorschrift regelt den Nachweis des Verbleibs der Betäubungsmittel. Hierzu sind von den in § 1 Abs. 3 genannten Einrichtungen für jedes Betäubungsmittel fortlaufende Aufzeichnungen (Karteikarten, Betäubungsmittelbücher oder edv-unterstützt) zu führen, für die Formblätter nach amtlichem Muster (Bek. v. 31.1.2013 (BAnz. AT 15.2.2013 B6)) vorgeschrieben sind.   **1**

B. Prüfung der Eintragungen (Absatz 2). Der verantwortliche Arzt oder Apotheker kann die Führung der Karteien und Bücher zwar seinem Hilfspersonal anvertrauen, er bleibt aber verpflichtet, die Eintragungen und die Übereinstimmung der Bestände mit den Nachweisen allmonatlich selbst zu überprüfen. Bei der diamorphingestützten Substitutionsbehandlung obliegt die Prüfung dem Verantwortlichen (§ 5 Abs. 9b S. 2 Nr. 3) der anerkannten Einrichtung (Satz 1 Nr. 7).   **2**

C. Aufbewahrung und Vorlage (Absatz 3). Die Karteikarten, Bücher und EDV-Ausdrucke sind über einen Zeitraum von drei Jahren hinweg aufzubewahren (Absatz 3) und auf Verlangen den zuständigen Überwachungsbehörden einzusenden oder vorzulegen (Absatz 4).   **3**

D. Zuwiderhandlungen. Wer vorsätzlich oder leichtfertig einer Vorschrift des § 13 Abs. 1 S. 1, Abs. 2 oder 3 über die Führung von Aufzeichnungen, deren Prüfung und Aufbewahrung zuwiderhandelt, handelt ordnungswidrig nach § 17 Nr. 9, § 32 Abs. 1 Nr. 6 BtMG[1] (→ § 17 Rn. 2, 6).   **4**

§ 14 Angaben zur Nachweisführung

(1) ¹Beim Nachweis von Verbleib und Bestand der Betäubungsmittel sind für jedes Betäubungsmittel dauerhaft anzugeben:
1. Bezeichnung, bei Arzneimitteln entsprechend § 9 Abs. 1 Nr. 3,
2. Datum des Zugangs oder des Abgangs,
3. zugegangene oder abgegangene Menge und der sich daraus am Ende eines Kalendermonats ergebende Bestand; bei Stoffen und nicht abgeteilten Zubereitungen die Gewichtsmenge in Gramm oder Milligramm, bei abgeteilten Zubereitungen die Stückzahl; bei flüssigen Zubereitungen, die im Rahmen einer Behandlung angewendet werden, die Menge auch in Millilitern,
4. Name oder Firma und Anschrift des Lieferers oder des Empfängers oder die sonstige Herkunft oder der sonstige Verbleib,
5. in Apotheken im Falle der Abgabe auf Verschreibung für Patienten sowie für den Praxisbedarf der Name und die Anschrift des verschreibenden Arztes, Zahnarztes oder Tierarztes und die Nummer des Betäubungsmittelrezeptes, im Falle der Verschreibung für den Stationsbedarf, den Notfallbedarf sowie den Rettungsdienstbedarf der Name des verschreibenden Arztes, Zahnarztes oder Tierarztes und die Nummer des Betäubungsmittelanforderungsscheines,

---

[1] Zur etwaigen Nichtigkeit des Blanketts → § 17 Rn. 1.

5 a. in Krankenhäusern, Tierkliniken, Hospizen sowie in Einrichtungen der spezialisierten ambulanten Palliativversorgung und des Rettungsdienstes im Falle des Erwerbs auf Verschreibung für den Stationsbedarf, den Notfallbedarf sowie den Rettungsdienstbedarf der Name des verschreibenden Arztes, Zahnarztes oder Tierarztes und die Nummer des Betäubungsmittelanforderungsscheines.
6. beim pharmazeutischen Unternehmen im Falle der Abgabe auf Verschreibung von Diamorphin Name und Anschrift des verschreibenden Arztes und die Nummer des Betäubungsmittelrezeptes.

²Bestehen bei den in § 1 Abs. 3 genannten Einrichtungen Teileinheiten, sind die Aufzeichnungen in diesen zu führen.

(2) ¹Bei der Nachweisführung ist bei flüssigen Zubereitungen die Gewichtsmenge des Betäubungsmittels, die in der aus technischen Gründen erforderlichen Überfüllung des Abgabebehältnisses enthalten ist, nur zu berücksichtigen, wenn dadurch der Abgang höher ist als der Zugang. ²Die Differenz ist als Zugang mit „Überfüllung" auszuweisen.

1 **A. Die Nachweisführung (Absatz 1).** Die Vorschrift legt die Angaben fest, die bei der Nachweisführung zu machen sind.

2 Bei der **Abgabe von Diamorphin** sieht Nr. 6 des Absatzes 1 Satz 1 beim pharmazeutischen Unternehmen lediglich Name und Anschrift des verschreibenden Arztes und die Nummer des Betäubungsmittelrezepts vor. Da die Verschreibung nur von dem behandelnden Arzt einer anerkannten Einrichtung ausgestellt werden darf (§ 47 Abs. 1 S. 1 AMG), ist auch deren Angabe zumindest zweckmäßig.

3 **B. Technische Überfüllungen (Absatz 2).** Die Vorschrift enthält eine Vereinfachung für die Mengenangabe bei flüssigen Zubereitungen. Bei diesen ist es die Regel, dass das Füllvolumen der Ampulle das Nominalvolumen geringfügig überschreitet, damit dem Arzt auch tatsächlich das Nominalvolumen zur Verfügung steht. Die Vorschrift stellt klar, dass technische Überfüllungen bei flüssigen Zubereitungen von Betäubungsmitteln nur bei der Nachweisführung und nur dann zu berücksichtigen sind, wenn der Abgang höher als der Zugang ist (BR-Drs. 881/97, 58).

4 **C. Zuwiderhandlungen.** Wer vorsätzlich oder leichtfertig einer Vorschrift des § 14 über die Führung von Aufzeichnungen, deren Prüfung und Aufbewahrung zuwiderhandelt, handelt ordnungswidrig nach § 17 Nr. 9, § 32 Abs. 1 Nr. 6 BtMG[1] (→ § 17 Rn. 2, 6).

§ 15 Formblätter

Das Bundesinstitut für Arzneimittel und Medizinprodukte gibt die amtlichen Formblätter für das Verschreiben (Betäubungsmittelrezepte und Betäubungsmittelanforderungsscheine) und für den Nachweis von Verbleib und Bestand (Karteikarten und Betäubungsmittelbücher) heraus und macht sie im Bundesanzeiger bekannt.

1 Bek zur Betäubungsmittel-Verschreibungsverordnung (BtMVV) v 31.1.2013 (BAnz AT 15.02.2013 B6).

---

[1] Zur etwaigen Nichtigkeit des Blanketts → § 17 Rn. 1.

§ 16 Straftaten

Nach § 29 Abs. 1 Satz 1 Nr. 14 des Betäubungsmittelgesetzes wird bestraft, wer
1. entgegen § 1 Abs. 1 Satz 1, auch in Verbindung mit Satz 2, ein Betäubungsmittel nicht als Zubereitung verschreibt,
2. a) entgegen § 2 Abs. 1 oder 2 Satz 1, § 3 Abs. 1 oder § 5 Absatz 6 Satz 1 für einen Patienten,
   b) entgegen § 2 Abs. 3 Satz 1, § 3 Abs. 2 Satz 1 oder § 4 Abs. 3 Satz 1 für seinen Praxisbedarf oder
   c) entgegen § 4 Abs. 1 für ein Tier
   andere als die dort bezeichneten Betäubungsmittel oder innerhalb von 30 Tagen mehr als ein Betäubungsmittel, im Falle des § 2 Abs. 1 Buchstabe a mehr als zwei Betäubungsmittel, über die festgesetzte Höchstmenge hinaus oder unter Nichteinhaltung der vorgegebenen Bestimmungszwecke oder sonstiger Beschränkungen verschreibt,
3. entgegen § 2 Abs. 4, § 3 Abs. 3 oder § 4 Abs. 4
   a) Betäubungsmittel für andere als die dort bezeichneten Einrichtungen,
   b) andere als die dort bezeichneten Betäubungsmittel oder
   c) dort bezeichnete Betäubungsmittel unter Nichteinhaltung der dort genannten Beschränkungen
   verschreibt oder
4. entgegen § 7 Abs. 2 Betäubungsmittel für die Ausrüstung von Kauffahrteischiffen verschreibt,
5. entgegen § 5a Absatz 3 Satz 1 Diamorphin verschreibt, verabreicht oder überlässt.

Die Vorschrift soll das **Blankett** des § 29 Abs. 1 S. 1 Nr. 14 BtMG ausfüllen. Zu den verfassungsrechtlichen Bedenken gegen die **Rückverweisungstechnik,** auf der die Vorschrift beruht, → BtMG § 29 Rn. 1958. 1

Die Strafbarkeit der Zuwiderhandlungen gegen die BtMVV ist **bei den einzelnen Vorschriften der BtMVV behandelt.** Auf die jeweiligen Ausführungen wird verwiesen. Anders als bei den Ordnungswidrigkeiten sind **leichtfertige** Verstöße nicht strafbar. Dasselbe gilt für den **Versuch** (§ 29 Abs. 2 BtMG, § 23 Abs. 1 StGB). Es gibt auch **keine Regelbeispiele** für den besonders schweren Fall; allerdings kommt der **unbenannte besonders schwere Fall** in Betracht (§ 29 Abs. 3 S. 1 BtMG). 2

Die Vorschrift erfasst Verstöße, die **bei Gelegenheit ärztlich indizierter** Verschreibungen unter Verletzung wesentlicher Regelungen über die Verschreibung selbst begangen wurde. Das Verschreiben von Betäubungsmitteln **ohne ärztliche Indikation** ist nach § 13 Abs. 1 S. 1, § 29 Abs. 1 S. 1 Nr. 6 Buchst. a BtMG strafbar. 3

Seit dem Inkrafttreten der 15. BtMÄndV am 1.7.2001 leidet die Fassung des § 16 Nr. 2 unter einem **Mangel an Verständlichkeit,** der offensichtlich durch ein Redaktionsversehen entstanden ist (*Patzak* in Körner/Patzak/Volkmer Rn. 6; *Oğlakcıoğlu* in MüKoStGB Rn. 14, 15; *Kotz* in Kotz/Rahlf BtMStrafR Kap. 2 Rn. 608; Hügel/Junge/Lander/Winkler Rn. 3.1; aA *Kotz* in HK-AKM Betäubungsmittelrecht Rn. 113, 114). Mit der durch Art. 2 Nr. 12 Buchst. b der 15. BtMÄndV vorgenommenen Änderung sollte klargestellt werden, dass auch der Verstoß gegen die in § 2 Abs. 1 Buchst. b, § 3 Abs. 1 und § 4 Abs. 1 vorgenommene Beschränkung der Zahl der Betäubungsmittel als Straftat sanktioniert werden kann (BR-Drs. 252/01, 4

55). Auch sollten die „vorgegebenen Bestimmungszwecke" mit aufgenommen werden (BR-Drs. 252/01, 55).

5 Dabei wurde **jedoch übersehen,** vor den Worten „über die festgesetzte Höchstmenge hinaus" (wie in der früheren Fassung) noch einmal die Worte „oder ein Betäubungsmittel" einzufügen. Damit knüpft der als Alternative gedachte Satzteil „über die festgesetzte Höchstgrenze hinaus oder unter Nichteinhaltung der vorgegebenen Bestimmungszwecke oder sonstiger Beschränkungen" unmittelbar an die Worte „mehr als ein Betäubungsmittel, in den Fällen des § 2 Abs. 1 Buchst. a mehr als zwei Betäubungsmittel" an und erweckt auf diese Weise den Eindruck, dass er zur kumulativen Voraussetzung für die Strafbarkeit werden würde. Dies hätte zur Folge, dass der Arzt jedenfalls ein Betäubungsmittel in unbegrenzter Höhe und losgelöst von den Bestimmungszwecken und sonstigen Beschränkungen verschreiben dürfte, ohne **strafrechtlich** dafür zur Verantwortung gezogen werden zu können.

6 **Die Problematik** ist **seit langem** bekannt und auch in der Literatur behandelt (→ Rn. 4). Gleichwohl hat die **3. BtMVVÄndV** den Text insoweit **unverändert gelassen,** so dass man wohl davon ausgehen muss, dass die Regelung gewollt ist. Die bewehrte Vorschrift (§ 2 Abs. 1) und die Bewehrung (§ 16 Nr. 2) fallen daher auseinander. Unberührt bleibt allerdings das Erfordernis der ärztlichen Begründung für die Verschreibung (§ 13 Abs. 1 BtMG). Eine solche wird in den Fällen, in denen der Arzt die Höchstmenge wesentlich überschreitet oder sonstige Beschränkungen nicht einhält, in aller Regel nicht gegeben sein, so dass Strafbarkeit nach § 29 Abs. 1 S. 1 Nr. 6 Buchstabe a BtMG eintritt.

§ 17 Ordnungswidrigkeiten

Ordnungswidrig im Sinne des § 32 Abs. 1 Nr. 6 des Betäubungsmittelgesetzes handelt, wer vorsätzlich oder leichtfertig
1. entgegen § 5b Absatz 2, § 7 Abs. 1 Satz 2 oder Abs. 4, § 8 Abs. 6 Satz 2, § 9 Abs. 1, auch in Verbindung mit § 2 Abs. 2 Satz 2, § 4 Abs. 2 Satz 2, § 5 Absatz 6 Satz 3, § 7 Abs. 5 Satz 3 oder § 8 Abs. 6 Satz 5, § 11 Abs. 1 oder § 12 Abs. 3, eine Angabe nicht, nicht richtig, nicht vollständig oder nicht in der vorgeschriebenen Form macht,
2. entgegen § 5 Absatz 11 die erforderlichen Maßnahmen nicht oder nicht vollständig dokumentiert oder der zuständigen Landesbehörde die Dokumentation nicht zur Einsicht und Auswertung vorlegt oder einsendet,
3. entgegen § 8 Abs. 1 Satz 1, auch in Verbindung mit § 7 Abs. 1, Betäubungsmittel nicht auf einem gültigen Betäubungsmittelrezept oder entgegen § 10 Abs. 1 Satz 1 Betäubungsmittel nicht auf einem gültigen Betäubungsmittelanforderungsschein verschreibt,
4. entgegen § 8 Abs. 3 für eine Verwendung bestimmte Betäubungsmittelrezepte überträgt oder bei Aufgabe der Tätigkeit dem Bundesinstitut für Arzneimittel und Medizinprodukte nicht zurückgibt,
5. entgegen § 8 Abs. 4 Betäubungsmittelrezepte nicht gegen Entwendung sichert oder einen Verlust nicht unverzüglich anzeigt,
6. entgegen § 8 Abs. 5, § 10 Abs. 4 oder § 12 Abs. 4 Satz 1 die dort bezeichneten Teile der Verschreibung oder der Verschreibung für den Stationsbedarf, den Notfallbedarf und den Rettungsdienstbedarf nicht oder nicht vorschriftsmäßig aufbewahrt,
7. entgegen § 8 Abs. 6 Satz 4 die Verschreibung nicht unverzüglich der Apotheke nachreicht,
8. entgegen § 10 Abs. 3 Satz 3 keinen Nachweis über die Weitergabe von Betäubungsmittelanforderungsscheinen führt,

Ordnungswidrigkeiten **§ 17 BtMVV**

9. einer Vorschrift des § 13 Abs. 1 Satz 1, Abs. 2 oder 3 oder des § 14 über die Führung von Aufzeichnungen, deren Prüfung oder Aufbewahrung zuwiderhandelt oder
10. entgegen § 5 Absatz 3 Satz 1 oder Absatz 4 oder Absatz 5 oder § 5a Absatz 1 Satz 2 Nummer 1 ein Substitutionsmittel verschreibt, ohne die Mindestanforderungen an die Qualifikation zu erfüllen oder ohne einen Konsiliarius in die Behandlung einzubeziehen oder ohne sich als Vertreter, der die Mindestanforderungen an die Qualifikation nicht erfüllt, abzustimmen oder ohne die diamorphinspezifischen Anforderungen an die Qualifikation nach § 5a Absatz 1 Satz 2 Nummer 1 zu erfüllen.

Die Vorschrift füllt das Blankett des § 32 Abs. 1 Nr. 6 BtMG aus. Zur **Rückverweisungstechnik**, auf der die Vorschrift beruht, s. → BtMG § 32 Rn. 10. 1

Die einzelnen Zuwiderhandlungen sind bei den **jeweiligen Vorschriften der BtMVV** behandelt; auf die entsprechenden Erläuterungen wird verwiesen. Anders als bei den Straftaten (§ 16) sind auch **leichtfertige** Verstöße ahndbar. **Leichtfertigkeit** bezeichnet einen erhöhten Grad von Fahrlässigkeit, der etwa der groben Fahrlässigkeit des Zivilrechts entspricht, allerdings auf die persönlichen Fähigkeiten des Täters abstellt (→ BtMG § 30 Rn. 183). Die Vorschrift ist damit enger als das Blankett, das bloße Fahrlässigkeit ausreichen lässt (§ 32 BtMG). 2

Zur Problematik der **unvollkommenen Bewehrung** des § 13 Abs. 3 BtMG → BtMG § 32 Rn. 12. Unter diesem Blickpunkt ist zu den einzelnen Vorschriften des § 17 zu bemerken: 3

Nr. 1 befasst sich mit den **zu machenden Angaben;** insoweit gilt dasselbe wie bei § 16 BtMAHV. Auf → BtMAHV § 16 Rn. 2, 3 wird verwiesen. Soweit die Substitution angesprochen ist (§§ 5–5b), kommt auch § 13 Abs. 3 S. 2 Nr. 2, 3 BtMG als Grundlage in Betracht. 4

Die **Rechtsgrundlage für die Nr. 2** erscheint fraglich. Die Dokumentationspflicht des § 5 Abs. 11 lässt sich weder aus § 13 Abs. 3 S. 2 Nr. 2 noch Nr. 3 oder 4 herleiten, sondern beruht allein auf § 13 Abs. 3 S. 1 BtMG. Es ist könnte daher einiges dafür sprechen, dass die **Bewehrung** keinen Bestand haben kann (→ BtMG § 32 Rn. 11, 12). Davon unberührt bleibt die in § 5 Abs. 11 geregelte Dokumentationspflicht selbst. Sie kann und muss daher gegebenenfalls mit den Mitteln des Verwaltungszwangs durchgesetzt werden. 5

Die **Nr. 3–9** befassen sich mit dem **Umgang** mit Betäubungsmittelrezepten, Verschreibungen und Aufzeichnungen und können daher wohl auf die Bewehrung des § 13 Abs. 3 S. 2 Nr. 4 gestützt werden (→ BtMAHV § 16 Rn. 2, 3). 6

Nr. 10 geht auf § 13 Abs. 3 S. 2 Nr. 2 BtMG zurück. Dies gilt auch, soweit es um die Einbeziehung eines **Konsiliarius** oder um die **Abstimmung** des vertretenden Arztes geht, der die Mindestanforderungen an die suchttherapeutische Qualifikation **nicht** erfüllt. Die Vorschrift erfasst ferner den Verstoß gegen § 5a Abs. 1 S. 2 Nr. 1, wonach der Arzt, der (in einer anerkannten Einrichtung) Diamorphin als Substitutionsmittel verschreibt, eine suchttherapeutische Qualifikation erworben haben muss, die sich auf Diamorphin bezieht, oder im Modellprojekt zur diamorphingestützten Substitutionsbehandlung mindestens sechs Monate ärztlich tätig gewesen sein muss. 7

§ 18 Übergangsvorschrift

(1) ¹Die Bundesärztekammer hat die Richtlinie nach § 5 Absatz 12 Satz 1 bis 3 und Absatz 14 Satz 3 dem Bundesministerium für Gesundheit spätestens bis zum 31. August 2017 zur Genehmigung vorzulegen. ²Das Bundesministerium für Gesundheit macht die genehmigte Richtlinie unverzüglich im Bundesanzeiger bekannt.

(2) Bis zur Bekanntmachung der Richtlinie gemäß Absatz 1 Satz 2 findet die Verordnung in ihrer bis zum 29. Mai 2017 geltenden Fassung weiter Anwendung.

1 Die Richtlinien der BÄK (§ 5 Abs. 12, 13) wurden am 19.7.2017 dem BMG vorgelegt, am 26.9.2017 von diesem genehmigt (§ 5 Abs. 14) und am 2.10.2017 im BAnz. bekanntgemacht (BAnz. AT 2.10.2017 B1).

Gesetz über den Verkehr mit Arzneimitteln (Arzneimittelgesetz – AMG)

idF der Bek. v. 12.12.2005 (BGBl. I S. 3394),
zuletzt geändert durch G v. 9.12.2020 (BGBl. I S. 2870)

Auszug
(Strafvorschriften und zugehörige Vorschriften des Verwaltungsrechts[1])

Einleitung

Übersicht

	Rn.
A. Arzneimittelrecht und verwandte Rechtsgebiete	1
I. Verbindung und Schwerpunkte	1
II. Hellfeld und Dunkelfeld	3
B. Der illegale Arzneimittelmarkt	5
C. Illegaler Arzneimittelmarkt und Drogenmarkt	8

A. Arzneimittelrecht und verwandte Rechtsgebiete

I. Verbindung und Schwerpunkte. Betäubungsmittelrecht und Arzneimittel- 1
recht stehen miteinander in enger Verbindung. Bis zum Jahre 1917 unterstanden
die Betäubungsmittel den Vorschriften für Arzneimittel (Kaiserliche Verordnung v.
22.3.1917 (RGBl. 1917 S. 256)). Seither hat sich ein eigenes **Betäubungsmittelrecht** entwickelt, bei dem der Schwerpunkt mittlerweile auf den Regelungen für
den **illegalen Markt** liegt. Ähnliches gilt für das **Antidopingrecht,** das mit G v.
10.12.2015 (BGBl. I S. 2210) aus dem Arzneimittelrecht ausgegliedert wurde und
das sich ebenfalls vorwiegend mit dem illegalen Markt und illegalen Betätigungen
befasst. Die **neuen psychoaktiven Substanzen** (sog. Legal Highs etc) wurden bis
zum Urteil des EuGH v. 10.7.2014 (→Rn. 10) als Arzneimittel behandelt. Sie sind
nun in einem eigenen Gesetz (→Rn. 10) geregelt, das ebenfalls einen illegalen
Markt betrifft.

Demgegenüber steht im **Arzneimittelrecht** die Regelung des **legalen Marktes** 2
weiterhin im Vordergrund. Spezielle strafrechtliche Vorschriften, etwa Verbrechenstatbestände gegen bandenmäßige oder bewaffnete Begehungsweisen oder
beim Umgang mit nicht geringen Mengen verbotener oder gar gefälschter Arzneimittel fehlen. Auf der anderen Seite gibt es auch keine Sondervorschriften über die
Einstellung der Strafverfolgung oder die Zurückstellung der Strafvollstreckung. Angesichts von lediglich 3.134 registrierten Verstößen gegen das AMG im Jahre 2019[2]
muss das Fehlen solcher Vorschriften nicht verwundern.

II. Hellfeld und Dunkelfeld. Ob diese 3.355 Fälle der registrierten Arzneimit- 3
telkriminalität angesichts geschätzter 1,4 bis 1,5 Mio. Medikamentenabhängiger

---

[1] Die Kommentierung ist eine (neben-)strafrechtliche. Sie erhebt daher nicht den Anspruch, das AMG in seiner Gesamtheit zu erläutern, sondern nimmt vor allem die in dem Gesetz enthaltenen Straftatbestände und Ordnungswidrigkeiten in den Blick. Kommentiert, und zwar in der gesetzlichen Reihenfolge, werden auch die diesen Tatbeständen zugehörigen Vorschriften des Verwaltungsrechts.
[2] Polizeiliche Kriminalstatistik 2020 Grundtabelle, Tabelle 01.

(manche Schätzungen gehen bis 2,3 Mio.) in Deutschland[3] allerdings die Wirklichkeit abzubilden vermögen, muss hier noch eher in Zweifel gezogen werden als in anderen Feldern der Kriminalität. Dies gilt auch dann, wenn davon ausgegangen wird, dass der weitaus überwiegende Teil der Medikamentenabhängigen die benötigten Arzneimittel **vom Arzt verschrieben** und **vom Apotheker ausgehändigt** erhält (Medikamente – schädlicher Gebrauch und Abhängigkeit, Leitfaden für die ärztliche Praxis, hrsg. von der Bundesärztekammer 2007; Medikamente – schädlicher Gebrauch und Abhängigkeit, Leitfaden für die apothekerliche Praxis, hrsg. von der Bundesapothekerkammer, 2008).

4   Ebenso wie die Betäubungsmitteldelikte sind die Arzneimitteldelikte **Kontrolldelikte,** die in der Regel nicht auf Grund von Strafanzeigen sondern von Aktivitäten der Strafverfolgungsbehörden verfolgt werden (→ BtMG Einl. Rn. 63). Dies gilt sowohl für den illegalen Arzneimittelhandel als auch für den Handel mit gefälschten Arzneimitteln (*Volkmer* in Körner/Patzak/Volkmer AMG Rn. 9).

B. Der illegale Arzneimittelmarkt

5   Vor allem für Abhängige, denen der Zugang über Ärzte und Apotheker nicht oder nicht mehr möglich ist, hat sich neben dem legalen ein **illegaler Arzneimittelmarkt** ausgebildet, auf dem nahezu alle Wünsche nach Arzneimitteln erfüllt werden können (so bereits *Körner* ZRP 1986, 170). Ein erheblicher Teil dieser Arzneimittel stammt aus Verschreibungen, die entweder betrügerisch erlangt oder missbräuchlich ausgestellt wurden (s. etwa BezirksberufsG für Ärzte Stuttgart MedR 2000, 105 zur Verschreibung von Anabolika). Ein weiterer Teil stammt aus Lieferungen verantwortungsloser Arzneimittelvertreter oder Apotheker. Große Mengen der auf dem grauen Markt abgesetzten Arzneimittel rühren aus dem Import durch illegale Großhändler her (*Volkmer* in Körner/Patzak/Volkmer AMG Rn. 32).

6   Ein wesentlicher Teilmarkt ist der Markt für **Dopingmittel.** Er wird mittlerweile vom **Anti-Doping-Gesetz (AntiDopG)** v. 10.12.2015 (BGBl. I S. 2210), zuletzt geändert durch Gesetz v. 20.11.2019 (BGBl. I S. 1724), erfasst. Wegen der Einzelheiten wird auf → AntiDopG Einl. Rn. 7, 8 verwiesen.

7   Schließlich hat sich ein weiterer illegaler Markt für Arzneimittel aufgrund der zahlreichen Angebote entwickelt, die **im Internet** zu finden sind (*Volkmer* in Körner/Patzak/Volkmer AMG Rn. 30).

C. Illegaler Arzneimittelmarkt und Drogenmarkt

8   Der illegale Arzneimittelmarkt hat **mannigfache Berührungen** mit dem illegalen Drogenmarkt. Vor allem unter Schwerabhängigen sind polytoxikomane Gebrauchsmuster oder ein polyvalenter Substanzmissbrauch weit verbreitet (→ BtMG § 1 Rn. 54–56); es werden die Drogen oder Ersatzdrogen genommen, die gerade zur Verfügung stehen. Häufig sind dies Arzneimittel, die leichter zu beschaffen und auch billiger sind als Betäubungsmittel.

9   Arzneimittelmarkt und illegaler Drogenmarkt **gehen manchmal ineinander** über, weil der Wirkstoff von Arzneimitteln wegen seiner suchterzeugenden Potenz und wegen des Missbrauchs, der mit dem Arzneimittel getrieben wird, dem BtMG unterstellt wird (zB Fortral, Mandrax, Vesparax, Temgesic, Valoron). In manchen Fällen wird auch nur die Verschreibung für betäubungsmittel- oder alkoholabhängige Personen (Codein und Dihydrocodein; DHC-60-Mundipharma, Codein- oder DHC-Saft, Remedacen, Rohypnol) dem betäubungsmittelrechtlichen Regime unterworfen (→ BtMG § 13 Rn. 90–93).

---

[3] Drogen- und Suchtbericht 2019 S. 172.

Ein praktisch besonders bedeutsamer Berührungspunkt zwischen dem (illegalen) Arzneimittelmarkt und dem illegalen Drogenmarkt waren in der Vergangenheit die Produktion und der Vertrieb der sog. **Neuen psychoaktiven Stoffe (NPS).** Diese Stoffe werden zwar als Rauschmittel missbraucht, sie sind aber mangels Aufnahme in die Anlagen I bis III zum BtMG keine Betäubungsmittel. Bis zur Entscheidung des EuGH v. 10.7.2014 (→ NpSG Einl. Rn. 16) konnten sie jedenfalls als Arzneimittel behandelt werden. Seit dem 26.11.2016 werden sie vom Neue-psychoaktive-Stoffe-Gesetz (NpSG) v. 21.11.2016 (BGBl. I S. 2615) erfasst. Wegen des insoweit bestehenden illegalen Marktes wird auf → NpSG Einl. Rn. 1–13 verwiesen. 10

Nicht unter das NpSG fallen Arzneimittel, die als Streckmittel für illegale Drogen verwendet werden, etwa Paracetamol, oder die sog. Prodrugs (GHB). 11

Erster Abschnitt. Zweck des Gesetzes und Begriffsbestimmungen, Anwendungsbereich

§ 1 Zweck des Gesetzes

Es ist der Zweck dieses Gesetzes, im Interesse einer ordnungsgemäßen Arzneimittelversorgung von Mensch und Tier für die Sicherheit im Verkehr mit Arzneimitteln, insbesondere für die Qualität, Wirksamkeit und Unbedenklichkeit der Arzneimittel nach Maßgabe der folgenden Vorschriften zu sorgen.

Übersicht

	Rn.
A. Inhalt und Bedeutung	1
B. Rechtsgüter	5
I. Verwaltungsrechtsgüter	5
II. Strafrechtsgüter	6

A. Inhalt und Bedeutung

Die Vorschrift enthält das **Programm** des Gesetzes. Danach hat es die Aufgabe, im Interesse einer ordnungsgemäßen Arzneimittelversorgung für die Sicherheit im Verkehr mit Arzneimitteln zu sorgen. Die **Arzneimittelsicherheit** hat zwei Aspekte: 1

Der eine betrifft **das Produkt selbst** (*Müller* in Kügel/Müller/Hofmann § 1 Rn. 9). Das Gesetz will verhindern, dass Mensch oder Tier durch mangelhafte Medikamente zu Schaden kommen. Diesem Zweck dienen vor allem die Vorschriften über die Verkehrsunfähigkeit bedenklicher Arzneimittel (§ 5), dem Schutz vor Fälschungen (§ 8), die Zulassung von Arzneimitteln (§ 21) oder die Notwendigkeit einer Erlaubnis für Herstellung (§ 13), Großhandel (§ 52a) oder Import (§ 72). 2

Der zweite Aspekt weist über diese produktbezogene Risikovorsorge (*Dettling* PharmR 2005, 162 (164)) hinaus und umfasst **alle Elemente der Versorgung.** Auch die heilsamste Arznei ist nutzlos, wenn sie nicht am rechten Ort zur rechten Zeit zur Verfügung steht und fachgerecht angewendet wird. Die Arzneimittelsicherheit erfasst damit auch die ordnungsgemäße Verfügbarkeit, Abgabe und Anwendung. Diesem Ziel dient vor allem das **Apothekenmonopol** (§ 43), mit dem sichergestellt werden soll, dass nicht nur die normalerweise benötigten, sondern auch die für die Bewältigung nicht allzu fern liegender Ausnahmesituationen erforderlichen Arzneimittel in ausreichender Zahl und einwandfreier Beschaffenheit 3 auch dann für die Bevölkerung bereitstehen, wenn dies wirtschaftlich uninteressant ist.

4 Ein Teilaspekt der Arzneimittelsicherheit (→ Rn. 2) ist die **Vorbeugung vor Missbrauch.** Dieser Zweck hat in den Jahren seit Inkrafttreten des AMG eine immer größere Bedeutung erlangt. Im Unterschied zum BtMG (§ 5 Abs. 1 Nr. 5) wird er im Gesetz zwar nicht ausdrücklich genannt, liegt aber zahlreichen arzneimittelrechtlichen Regelungen, etwa der Verschreibungspflicht (§ 48), der Apothekenpflicht (§ 43) oder den Vertriebswegen (§§ 47–47b) zugrunde.

B. Rechtsgüter

5 **I. Verwaltungsrechtsgüter** (dazu *Roxin* StrafR AT I § 2 Rn. 97; *Gössel* GA 2005, 664 (666); *Frisch* Rechtsgutstheorie S. 215, 219) des Arzneimittelrechts sind das Leben, die Gesundheit des Einzelnen (*Müller* in Kügel/Müller/Hofmann § 1 Rn. 13), die öffentliche Gesundheit (Volksgesundheit; zu diesem Begriff → BtMG § 1 Rn. 3, 7) und die Umwelt (*Müller* in Kügel/Müller/Hofmann § 1 Rn. 8, 10). Dabei ist der Schutz der Gesundheit des Einzelnen **nicht nur ein Reflex** des Schutzes der Volksgesundheit, sondern ein Individualrechtsgut (*Sander* § 1 Erl. 1; *Fuhrmann* in Fuhrmann/Klein/Fleischfresser ArzneimittelR-HdB § 2 Rn. 178). Auch werden die Rechtsgüter nicht nur negativ durch das Prinzip der Gefahrenabwehr geschützt, sondern auch positiv durch Gesundheitsfürsorge und -vorsorge.

6 Die Vorschriften, die konkret auf die Arzneimittelsicherheit gerichtet sind, sind **Schutzgesetze** iSd § 823 Abs. 2 BGB; entsprechende deliktische Ansprüche können neben den Ansprüchen aus Gefährdungshaftung (§§ 84ff.) geltend gemacht werden (*Müller* in Kügel/Müller/Hofmann § 1 Rn. 13). Desgleichen können sie Grundlage von Amtshaftungsansprüchen sein (*Müller* in Kügel/Müller/Hofmann § 1 Rn. 13).

7 **II. Strafrechtsgüter.** Anders als im Betäubungsmittelrecht, bei dem das Verwaltungsrechtsgut der Sicherstellung der Versorgung der Bevölkerung (§ 5 Abs. 1 Nr. 6) strafrechtlich nicht abgesichert ist, sind im Arzneimittelrecht die **Strafrechtsgüter** mit den Verwaltungsrechtsgütern vielfach identisch. Auch die Strafvorschriften, etwa das Verbot des Handeltreibens mit Arzneimitteln außerhalb einer Apotheke (§ 95 Abs. 1 Nr. 4), dienen häufig nicht nur der Vorbeugung gegen Missbrauch, sondern auch der Aufrechterhaltung der Versorgungssicherheit.

§ 2 Arzneimittelbegriff

(1) **Arzneimittel sind Stoffe oder Zubereitungen aus Stoffen,**
1. **die zur Anwendung im oder am menschlichen oder tierischen Körper bestimmt sind und als Mittel mit Eigenschaften zur Heilung oder Linderung oder zur Verhütung menschlicher oder tierischer Krankheiten oder krankhafter Beschwerden bestimmt sind oder**
2. **die im oder am menschlichen oder tierischen Körper angewendet oder einem Menschen oder einem Tier verabreicht werden können, um entweder**
   a) **die physiologischen Funktionen durch eine pharmakologische, immunologische oder metabolische Wirkung wiederherzustellen, zu korrigieren oder zu beeinflussen oder**
   b) **eine medizinische Diagnose zu erstellen.**

(2) **Als Arzneimittel gelten**
1. **Gegenstände, die ein Arzneimittel nach Absatz 1 enthalten oder auf die ein Arzneimittel nach Absatz 1 aufgebracht ist und die dazu bestimmt**

sind, dauernd oder vorübergehend mit dem menschlichen oder tierischen Körper in Berührung gebracht zu werden,

1a. bis 4. *(nicht abgedruckt).*

(3) Arzneimittel sind nicht
1. Lebensmittel im Sinne des § 2 Abs. 2 des Lebensmittel- und Futtermittelgesetzbuches,
2. kosmetische Mittel im Sinne des § 2 Abs. 5 des Lebensmittel- und Futtermittelgesetzbuches,
3. Erzeugnisse im Sinne des § 2 Nummer 1 des Tabakerzeugnisgesetzes,
4. Stoffe oder Zubereitungen aus Stoffen, die ausschließlich dazu bestimmt sind, äußerlich am Tier zur Reinigung oder Pflege oder zur Beeinflussung des Aussehens oder des Körpergeruchs angewendet zu werden, soweit ihnen keine Stoffe oder Zubereitungen aus Stoffen zugesetzt sind, die vom Verkehr außerhalb der Apotheke ausgeschlossen sind,
5. Biozid-Produkte nach Art. 3 Buchstabe a der Verordnung (EU) Nr. 528/2012 des Europäischen Parlaments und des Rates vom 22. Mai 2012 über die Bereitstellung auf dem Markt und die Verwendung von Biozidprodukten (ABl L 167 vom 27.6.2012 S. 1,
6. Futtermittel im Sinne des § 3 Nr. 12 bis 16 des Lebensmittel- und Futtermittelgesetzbuches,
7. Medizinprodukte und Zubehör für Medizinprodukte im Sinne des § 3 des Medizinproduktegesetzes, es sei denn, es handelt sich um Arzneimittel im Sinne des § 2 Abs. 1 Nummer 2 Buchstabe b,[1]
8. Organe im Sinne des § 1a Nr. 1 des Transplantationsgesetzes, wenn sie zur Übertragung auf menschliche Empfänger bestimmt sind.

(3a) Arzneimittel sind auch Erzeugnisse, die Stoffe oder Zubereitungen aus Stoffen sind oder enthalten, die unter Berücksichtigung aller Eigenschaften des Erzeugnisses unter eine Begriffsbestimmung des Absatzes 1 fallen und zugleich unter die Begriffsbestimmung eines Erzeugnisses nach Absatz 3 fallen können.

(4) Solange ein Mittel nach diesem Gesetz als Arzneimittel zugelassen oder registriert oder durch Rechtsverordnung von der Zulassung oder Registrierung freigestellt ist, gilt es als Arzneimittel. Hat die zuständige Bundesoberbehörde die Zulassung oder Registrierung eines Mittels mit der Begründung abgelehnt, dass es sich um kein Arzneimittel handelt, so gilt es nicht als Arzneimittel.

Übersicht

	Rn.
A. Inhalt der Vorschrift	1
B. Arzneimittelbegriff (Absatz 1)	2
I. Gemeinsame Tatbestandsmerkmale	6
1. Stoffe oder Zubereitungen aus Stoffen	7
2. Rohstoffe, Grundstoffe, Ausgangsstoffe	11
a) Keine Arzneimittel	12
aa) Rohstoffe	14
bb) Grundstoffe	15
cc) Ausgangsstoffe	16
b) Abgrenzung Vorprodukte Arzneimittel	18

---

[1] Mit Wirkung v. 26.5.2022 gilt Nr. 7 in einer geänderten Fassung (Art. 8 des Medizinprodukte-EU-Anpassungsgesetzes v. 28.4.2020 (BGBl. I S. 960), geändert durch Art. 15 Abs. 3 des Gesetzes v. 19.5.2020 (BGBl. I S. 1018).

	Rn.
3. Menschlicher/tierischer Körper	22
4. Anwendung am/im menschlichen/tierischen Körper	23
II. Die besonderen Merkmale der Präsentationsarzneimittel (Nr. 1)	26
1. Bestimmung zur Heilung, Linderung oder Verhütung	27
a) Krankheit, krankhafte Beschwerden	30
b) Heilen, Lindern Verhüten	32
2. Bestimmt	33
a) Bestimmung zur Anwendung im/am menschlichen/ -tierischen Körper	34
b) Bestimmung zur Heilung/Linderung/Verhütung	35
aa) Bestimmung durch ausdrückliche Angabe	36
bb) Bestimmung nach der Verkehrsauffassung	37
III. Die besonderen Merkmale der Funktionsarzneimittel (Nr. 2)	46
1. Die Auslegung im Allgemeinen	47
a) Die Einzelfallprüfung	48
b) Die erforderliche positive Wirkung	51
2. Bestimmtheitsgrundsatz	57
3. Die Merkmale im Einzelnen	58
a) Möglichkeit der Anwendung im/am menschlichen oder tierischen Körper	59
b) Möglichkeit der Verabreichung an Menschen oder ein Tier	60
c) Ziel der Anwendung oder Verabreichung	62
aa) Wiederherstellung, Korrektur, Beeinflussung der physiologischen Funktionen (Buchst. a)	64
(a) Physiologische Funktionen	65
(b) Wiederherstellung, Korrektur, Beeinflussung	66
(aa) Wiederherstellung	67
(bb) Korrektur	68
(cc) Beeinflussung	69
(1) Gifte, Gebrauchsstoffe, Arbeitsstoffe	71
(2) Neue psychoaktive Stoffe (sog. Legal Highs)	72
(3) Prodrugs, insbesondere GBL	73
(4) Streckmittel	74
(c) Wirkungsweise	75
(aa) Pharmakologische Wirkung	76
(bb) Immunologische Wirkung	79
(cc) Metabolische Wirkung	80
bb) Erstellung einer medizinischen Diagnose (Buchst. b)	82
IV. Verhältnis des Absatzes 1 Nr. 1 zu Nr. 2	83
C. Fiktive Arzneimittel (Absatz 2)	84
D. Ausschluss vom Arzneimittelbegriff (Absatz 3)	86
I. Lebensmittel (Nr. 1)	87
1. Begriff	88
2. Abgrenzung zu den Arzneimitteln	90
a) Wissenschaftliche Feststellung	92
b) Nennenswerte Auswirkung	93
c) Gesundheitsrisiko	95
d) Besondere physiologische Bedürfnisse	97
e) Muskelaufbaupräparate	98
f) Übersicht über die einzelnen Mittel	99
II. Kosmetische Mittel (Nr. 2)	100
III. Erzeugnisse iSd § 2 Nr. 1 TabakerzG, E-Zigaretten (Nr. 3)	102
IV. Futtermittel (Nr. 6)	103
V. Medizinprodukte (Nr. 7)	104
VI. Organe zur Übertragung auf menschliche Empfänger (Nr. 8)	105
E. Zweifelsfallregelung (Absatz 3a)	108
F. Arzneimittel kraft gesetzlicher Fiktion (Absatz 4)	111

Arzneimittelbegriff § 2 AMG

A. Inhalt der Vorschrift

Die Vorschrift **definiert** in **Absatz 1** den Begriff des Arzneimittels und **grenzt** 1
ihn in **Absatz 3 und 3a** von anderen Stoffen, insbesondere den Lebensmitteln oder
Nahrungsergänzungsmitteln, ab. Diese Vorschriften sind von zentraler Bedeutung,
namentlich auch in strafrechtlicher Hinsicht. **Absatz 2** regelt die sog. fiktiven Arzneimittel, **Absatz 4** die Arzneimittel kraft gesetzlicher Fiktion.

B. Arzneimittelbegriff (Absatz 1)

Der europarechtliche Begriff des Arzneimittels war ursprünglich in Art. 1 Nr. 2 2
der **Richtlinie 2001/83/EG**[2] v. 6.11.2001 zur Schaffung eines Gemeinschaftskodexes für Humanarzneimittel (ABl. 2001 L 311, S. 67) und in Art. 1 Nr. 2 der
Richtlinie 2001/82/EG[3,4] v. 23.10.2001 zur Schaffung eines Gemeinschaftskodexes für Tierarzneimittel (ABl. 2001 L 311, S. 1) enthalten.

Durch Art. 1 Buchst. b der **Richtlinie 2004/27/EG** v. 31.3.2004 zur Änderung 3
der Richtlinie 2001/83/EG (ABl. 2004 L 136, S. 34) und Art. 1 Buchst. b der
Richtlinie 2004/28/EG v. 31.3.2004 zur Änderung der Richtlinie 2001/82/EG
(ABl. 2004 L 136, S. 58) wurde der Begriff des Arzneimittels geändert, wobei der
Begriff des Stoffes (§ 3) unverändert blieb.

Die durch das G v. 17.7.2009 (BGBl. I S. 1990) neugefasste **Legaldefinition** des 4
Arzneimittels schließt sich an diese europarechtliche Änderung an.

Auch nach der Neufassung sind **zwei große Gruppen** von Arzneimitteln zu un- 5
terscheiden. Beide Gruppen stehen **gleichberechtigt** nebeneinander. Ein Erzeugnis ist immer dann ein Arzneimittel, wenn es von einer der in § 2 Abs. 1 enthaltenen
Definitionen erfasst wird (OVG Münster PharmR 2019, 669). Die beiden Gruppen
haben allerdings einige **Tatbestandsmerkmale gemeinsam:**

I. Gemeinsame Tatbestandsmerkmale. Solche gemeinsamen Tatbestands- 6
merkmale sind:

1. Stoffe oder Zubereitungen aus Stoffen. Der Begriff des Stoffs ist in § 3 ab- 7
schließend definiert. Die Definition stimmt mit der des **§ 2 Abs. 1 Nr. 1 BtMG**
überein, so dass primär auf die dortigen Ausführungen verwiesen werden kann.
Aus arzneimittelrechtlicher Sicht ist zu ergänzen:

Arzneimittel sind danach auch **Eigenblut-** oder **Eigenurin-Zubereitungen** 8
(§ 4 Abs. 2 (→ § 4 Rn. 25)). Blut ist ein Körperbestandteil (§ 3 Nr. 3), Urin ein
Stoffwechselprodukt (§ 3 Nr. 3). Werden sie, nachdem sie dem Körper entzogen
und verselbständigt worden sind (dazu → Rn. 24), ihm zu den in → Rn. 30–32 beschriebenen Zwecken wieder zugeführt, erfüllen sie die Voraussetzungen des Absatzes 1 Nr. 1 (BayObLG NJW 1998, 3430; *Volkmer* in Körner/Patzak/Volkmer
Rn. 56; *Raum* in Kügel/Müller/Hofmann § 95 Rn. 6).

Dasselbe gilt für **Transplantate.** Werden sie einem Körper entnommen, um auf 9
einen anderen übertragen zu werden (allogene Transplantate), so sind sie Stoffe
nach § 3 Nr. 3 und Arzneimittel nach § 2 Abs. 1 (*Rehmann* § 2 Rn. 17). Werden sie
in Gewebebanken oder anderen Einrichtungen aufbereitet und dann vorgefertigt
an andere Kliniken abgegeben, sind sie Fertigarzneimittel.

---

[2] Aktuelle konsolidierte Fassung v. 26.7.2019, Dokument 02001L0083–20190726.
[3] Aktuelle konsolidierte Fassung v. 7.8.2009, Dokument 02001L0082–20090807.
[4] Die Richtlinie 2001/82/EG wird mit Wirkung v. 28.1.2022 aufgehoben (Art. 149, 160 der VO (EU) 2019/6 v. 11.12.2018 (ABl. 2019 L 4, S. 43). Zum gleichen Zeitpunkt sollen die Tierarzneimittel aus dem Geltungsbereich des AMG herausgenommen und in einem eigenen Tierarzneimittelgesetz geregelt werden (BR-Drs. 247/21); s. dazu *Dettling/Schmidt* PharmR 2021, 178.

AMG § 2 Erster Abschnitt. Gesetzeszweck, Begriffe, Anwendungsbereich

10 Im Unterschied zum BtMG (§ 2 Abs. 1 Nr. 2) enthält das AMG keine eigene Definition der **Zubereitung**. Auch arzneimittelrechtlich entsteht eine solche aber aus der Verarbeitung mehrerer Stoffe durch Verbinden, Vermischen, Lösen, Filtern, Verdünnen oder sonstigen Vorgänge (*Rehmann* § 2 Rn. 8). Sie setzt also stets einen Verarbeitungsvorgang voraus, so dass wie im BtMG natürlich vorkommende Gemische oder Lösungen keine Zubereitungen darstellen (*Kloesel/Cyran* § 2 Anm. 16; *Müller* in Kügel/Müller/Hofmann § 2 Rn. 64; § 3 Rn. 9; aA *Sander* ArzneimittelR § 2 Erl. 6; unklar *Koyuncu* in Deutsch/Lippert § 2 Rn. 6, der sich an das Chemikaliengesetz anlehnt). Dies gilt namentlich für **unbehandeltes Vollblut**. Keine Zubereitung aus Stoffen entsteht, wenn ein Stoff lediglich in eine bestimmte (Darreichungs-)Form gebracht wird, etwa eine Tablette; er bleibt dann ein Stoff (*Kloesel/Cyran* § 2 Anm. 16; *Sander* ArzneimittelR § 2 Erl. 6).

11 **2. Rohstoffe, Grundstoffe, Ausgangsstoffe.** Stoffe oder Zubereitungen aus Stoffen sind noch keine Arzneimittel. Zum Arzneimittel werden sie erst dann, wenn sie die Voraussetzungen des § 2 Abs. 1 erfüllen.

12 **a) Rohstoffe, Grundstoffe, Ausgangsstoffe.** Dies gilt auch für Rohstoffe, Grundstoffe und Ausgangsstoffe. Sie dienen der Herstellung von Arzneimitteln, können aber selbst Arzneimittel sein, wenn sie die Voraussetzungen des § 2 Abs. 1 erfüllen und keine wesentlichen Bearbeitungsschritte bis zum abgabefertigen Endprodukt erforderlich sind (→ Rn. 18–21).

13 **Definitionen** der Begriffe Rohstoffe, Grundstoffe und Ausgangsstoffe sind in den Pharmazeutischen Begriffsbestimmungen des Ausschusses „Arzneimittel-, Apotheken- und Gefahrstoffwesen der Arbeitsgemeinschaft der Leitenden Medizinalbeamten der Länder" aus dem Jahre 1992 (Bundesgesundheitsblatt 1992 S. 158) enthalten, die allgemein anerkannt sind und auch von der Rechtsprechung angewendet werden (VG Hamburg PharmR 2002, 110; *Müller* in Kügel/Müller/Hofmann § 3 Rn. 32–38; *Koyuncu* in Deutsch/Lippert § 3 Rn. 12). Danach gilt:

14 **aa) Rohstoffe** sind alle bei der Herstellung eines **Grundstoffs** verwendeten Stoffe.

15 **bb) Grundstoffe** sind die in einer Produktionsstufe (Synthese oder Naturstoffaufbereitung) bereits bearbeiteten oder weiterverarbeiteten Rohstoffe. Sie sind mit diesen aufgrund der Be- oder Verarbeitung **nicht mehr identisch** (VG Hamburg PharmR 2002, 110); dabei kommt es nicht darauf an, in wie vielen Phasen die Aufbereitung erfolgt wie zeitlich und technisch aufwendig sie ist; ebenso wenig ist eine chemische Veränderung erforderlich; ausreichend ist etwa eine bloße Zerkleinerung (VG Hamburg PharmR 2002, 110). Gelangt ein Grundstoff in den Bereich eines Arzneimittelherstellers, so wird er dort als Ausgangsmaterial zur Arzneimittelherstellung verwendet und stimmt als solcher mit dem Ausgangsstoff überein (VG Hamburg PharmR 2002, 110).

16 **cc) Ausgangsstoffe** sind alle für die Herstellung eines Arzneimittels verwendeten Stoffe oder Zubereitungen aus Stoffen mit Ausnahme des Verpackungsmaterials (§ 1 a Abs. 6 ApBetrO). Sie bestehen aus **Wirkstoffen,** anderen arzneilich **wirksamen Bestandteilen** und **Hilfsstoffen** (s. *Müller* in Kügel/Müller/Hofmann § 3 Rn. 33).

17 **Wirksame Bestandteile** sind die Wirkstoffe sowie andere Stoffe, die als solche pharmakologische Wirkungen zeigen oder die Wirkung anderer Bestandteile des Arzneimittels beeinflussen (*Müller* in Kügel/Müller/Hofmann § 3 Rn. 33). Die **Wirkstoffe** sind in 4 Abs. 19 definiert (→ § 4 Rn. 80–83). Eine Definition der **Hilfsstoffe** enthält § 2 Nr. 2 AMWHV. Danach ist Hilfsstoff jeder Bestandteil eines Arzneimittels, mit Ausnahme des Wirkstoffs oder des Verpackungsmaterials. Hilfsstoffe sind danach Stoffe ohne pharmakologische Bedeutung; erforderlich sind sie zur Herstellung einer optimalen Darreichungsform (VG Hamburg PharmR 2002, 110).

b) Abgrenzung Vorprodukte – Arzneimittel. Wegen der erheblichen rechtlichen Konsequenzen für Herstellung und Vertrieb ist die Abgrenzung zwischen Vorprodukten und Arzneimitteln von großer Bedeutung. Gleichwohl enthält das Gesetz dazu keine ausdrückliche Regelung. Das BVerwG stellte zunächst darauf ab, ab welcher Produktionsstufe die Bestimmung eines Anwendungszwecks iSd § 2 Abs. 1 AMG möglich und erkennbar war. Danach genügte es für die Anwendung des Arzneimittelrechts, dass ein Stoff mit seiner Herstellung für arzneiliche Zwecke bestimmt war. Ob er vor der Anwendung erst noch weiterverarbeitet werden musste, war ohne Bedeutung, wenn für das Produkt bereits im Zeitpunkt der Herstellung eindeutig feststand, dass seine künftige Zweckbestimmung **ausschließlich** darin bestand, durch Anwendung am oder im menschlichen Körper – wenn auch erst im notwendigen Zusammenwirken mit einem anderen Stoff – arzneilichen Zwecken zu dienen (BVerwG NJW 1985, 1410 – *Markierungs-Kits*; in diesem Sinne auch BGH NStZ 2008, 530 = StraFo 2008, 85 = PharmR 2008, 209 m. abl. Bespr. *Knauer* PharmR 2008, 199 – *Paracetamol/Coffeingemisch*). 18

Allerdings kann **diese Auslegung** dazu führen, dass bei einem mehrstufigen Herstellungsprozess bereits **jede Art von Vorprodukten** oder sogar **Rohstoffen** dem Arzneimittelbegriff unterfällt, sobald ihre Bestimmung zur Weiterverarbeitung zu einem Mittel mit arzneilichem Zweck erkennbar ist. In einem ausführlich begründeten obiter dictum wies das BVerwG (NVwZ-RR 2011, 430 = PharmR 2011, 168 = A&R 2011, 128 – *TCM-Granulate*) daher darauf hin, dass es als begrenzendes Kriterium für die Arzneimitteleigenschaft in einem mehrstufigen Herstellungsprozess darauf ankommen sollte, dass **keine wesentlichen Bearbeitungsschritte** bis zum abgabefertigen Endprodukt mehr erforderlich sind (OVG Lüneburg NVwZ-RR 2003, 645 = BeckRS 2003, 21020; VGH München PharmR 2009, 573 = BeckRS 2009, 38609; 2014, 589 = BeckRS 2014, 57174 – *Blutegel*; VG Hamburg PharmR 2014, 148 mAnm *Sander/Irmer;* Sander ArzneimittelR § 2 Anm. 4). In seinem Urteil v. 17.8.2017 (BVerwG PharmR 2018, 98 = NVwZ 2018, 83 – *lebende Blutegel* mAnm *Müller*) hat das BVerwG diesen Standpunkt jedenfalls für lebende Arzneimittel als Entscheidungsgrundlage übernommen. 19

Ob bis zur Herstellung des abgabefertigen Endprodukts noch **wesentliche Bearbeitungs- oder Aufbereitungsschritte** erforderlich sind, beurteilt sich anhand einer wertenden Gesamtbetrachtung des Herstellungsprozesses (BVerwG PharmR 2018, 98 (→ Rn. 19); s. auch BGHSt 57, 312 (zu § 21 Abs. 2 Nr. 1 AMG)). Eine Bearbeitung oder Aufbereitung **ist wesentlich,** wenn sie nach der Verkehrsanschauung den Herstellungsprozess prägt oder für die Anwendungsfertigkeit des Erzeugnisses von besonderer Bedeutung ist (BVerwG PharmR 2018, 98 (→ Rn. 19)). Da noch wesentliche Bearbeitungsschritte fehlen, sind **medizinische Cannabisblüten,** die ein Großhändler an Apotheken vertreibt, Stoffe (§ 3 Nr. 2), aber keine Arzneimittel (OLG Hamburg A&R 2021, 43). 20

Nach der **Neufassung** des § 2 Abs. 1 durch das G v. 17.7.2009 (→ Rn. 4) gilt nichts anderes. Die Neufassung kann zwar dafür von Bedeutung sein, ab welcher Produktionsstufe der Stoff (ausschließlich) für arzneiliche Zwecke bestimmt ist (→ Rn. 18). Darauf, ob von dieser Produktionsstufe ab noch wesentliche oder unwesentliche Bearbeitungsschritte bis zum Endprodukt erforderlich sind (→ Rn. 19), hat die Neufassung keinen Einfluss. 21

3. Menschlicher oder tierischer Körper. Das AMG dient dem Schutz vor Arzneimittelrisiken. Körper ist daher nur der **lebende** menschliche oder tierische Körper (*Müller* in Kügel/Müller/Hofmann § 2 Rn. 66). Stoffe, die der Behandlung toter Körper, etwa deren Konservierung, dienen, sind keine Arzneimittel, sondern Biozidprodukte gemäß Absatz 2 Nr. 5 (*Müller* in Kügel/Müller/Hofmann § 2 Rn. 66). 22

23 **4. Anwendung am oder im menschlichen/tierischen Körper.** Eine Anwendung **am Körper** ist gegeben, wenn der Stoff auf die Außenfläche (Haut (ohne Schleimhaut), Haare, Nägel) des Körpers gebracht wird, um dadurch eine Wirkung zu erzeugen (*Kloesel/Cyran* § 2 Anm. 36; *Rehmann* § 2 Rn. 9). Dazu gehören Salben, Pflaster mit Wirkstoffen, Einreibemittel, Puder, Sprays oder Schlammpackungen. Eine Anwendung **im Körper** liegt vor, wenn der Stoff eingenommen oder in den Körper eingebracht wird, etwa durch Einnehmen, Inhalieren, Einspritzen, das Auftragen auf die Schleimhäute, die **Verabreichung** von Infusionen oder das sonstige Einführen von Arzneimitteln (*Kloesel/Cyran* § 2 Anm. 37; *Rehmann* § 2 Rn. 10).

24 **Körperbestandteile**, etwa **Blut**, die zur Eigentransplantation vorgesehen sind, bilden in der Regel auch nach der Trennung mit dem Körper eine funktionale Einheit mit der Folge, dass der Einsatz von Stoffen oder Zubereitungen an ihnen ein solcher **im Körper** ist (*Kloesel/Cyran* § 2 Rn. 60; *Volkmer* in Körner/Patzak/Volkmer AMG Rn. 56). Diese Einheit endet spätestens dann, wenn die Blutkonserve auch funktionell von dem ihr zuzuordnenden Körper getrennt und ihr selbst ein arzneilicher Zweck beigelegt wird (*Volkmer* in Körner/Patzak/Volkmer AMG Rn. 56; dazu auch → Rn. 8).

25 **Keine Anwendung** ist die Herstellung, die Abgabe oder das Inverkehrbringen (BVerwG NVwZ 1994, 1013; BayObLG NJW 1998, 3430). Keine Anwendung durch den Arzt ist es, wenn er dem Patienten das Arzneimittel überlässt, damit dieser es **selbst** anwendet (BayObLG NJW 1998, 3430). Der Arzt legt damit lediglich die Modalitäten der Behandlung fest, während es ausschließlich an dem Patienten liegt, ob und wie genau er den ärztlichen Vorgaben folgt. Etwas anderes gilt für die Überlassung zum **unmittelbaren** Verbrauch.

26 **II. Die besonderen Merkmale der Präsentationsarzneimittel (Nr. 1).** Nr. 1 erfasst die **Präsentationsarzneimittel** (Arzneimittel nach der Bezeichnung; *Volkmer* in Körner/Patzak/Volkmer AMG Rn. 53: Zweckarzneimittel), wie sie vom EuGH in ständiger Rechtsprechung genannt werden (BT-Drs. 16/12256, 41). Arzneimittel in diesem Sinne sind Stoffe und Zubereitungen aus Stoffen, die zur Anwendung im oder am menschlichen oder tierischen Körper bestimmt sind und als Mittel mit Eigenschaften zur Heilung oder Linderung oder zur Verhütung menschlicher oder tierischer Krankheiten oder krankhafter Beschwerden bestimmt sind. Das Gesetz verwendet zwar auch im zweiten Halbsatz das Merkmal „**bestimmt**" (→ Rn. 33–45). Dies ist aber ersichtlich darauf zurückzuführen, dass die deutsche Fassung des Art. 1 Buchst. b der Richtlinie 2004/27/EG in das AMG übernommen wurde, die, das Wort „bestimmt" verwendet, während in der französischen und der englischen Fassung die Worte „**présentée**" und „**presented**" gebraucht werden (iErg OVG Münster PharmR 2019, 669; 2020, 496).

27 **1. Bestimmung zur Heilung, Linderung oder Verhütung.** Die Präsentationsarzneimittel sind die Arzneimittel, die früher als Heilmittel bezeichnet wurden. Sie sind dazu bestimmt, durch Anwendung am oder im menschlichen oder tierischen Körper Krankheiten zu heilen, zu lindern oder zu verhüten.

28 Darauf, ob sie dazu **geeignet** sind, kommt es nicht an (LG Hildesheim PharmR 2018, 208; *Kloesel/Cyran* § 2 Anm. 25; *Koyuncu* in Deutsch/Lippert § 2 Rn. 15); ob ein Präparat eine therapeutische Wirkung entfaltet, ist keine Frage des Arzneimittelbegriffs (*Doepner/Hüttebräuker* in Dieners/Reese PharmaR-HdB § 3 Rn. 78), sondern eine Voraussetzung für seine Zulassung (BGHSt 43, 366 (→ Rn. 57); BVerwG PharmR 2020, 202 = NVwZ 2020, 545 mAnm *Müller*). Daran hat sich auch nach der Neufassung des § 2 Abs. 1 Nr. 1 nichts geändert. Arzneimittel iSd § 2 Abs. 1 Nr. 1 sind daher auch die sog. **Anscheinsarzneimittel** (**Placebos**, dazu *Drechsler* MedR 2020, 271), die, etwa weil sie den in der Aufmachung genannten Wirkstoff nicht enthalten, nur den Anschein erwecken, therapeutischen oder prophylaktischen Zwecken zu dienen (BGHSt 59, 16 = NJW 2014, 326 = NStZ 2014, 468 mAnm *Volkmer* = PharmR 2014 mAnm *Floeth* = A&R 2014, 35 mAnm *Winkler; Müller* in Kügel/Müller/Hofmann § 2 Rn. 72). Dasselbe gilt, wenn sie einen **anderen,** nicht deklarierten Wirkstoff enthalten (BGHSt 59, 16 (s. o.)). **Unerheblich** ist auch, ob das Mittel in der Medizin **eingesetzt** wird (*Volkmer* in Körner/Patzak/Volkmer AMG Rn. 38).

Nach dem Zweck des AMG (§ 1) ist der Verbraucher nicht nur vor gesundheits- 29 schädlichen Arzneimitteln zu schützen, sondern auch vor solchen, die **anstelle geeigneter Arzneimittel** verwendet werden, insbesondere vor unwirksamen, nicht ausreichend wirksamer oder vor solchen, die nicht die Wirkung haben, die der Verbraucher nach ihrer Bezeichnung von ihnen erwarten darf (EuGH EuZW 2008, 56 = PharmR 2008, 59 – *Knoblauch-Extrakt-Pulver-Kapseln*; BVerwG PharmR 1995, 256; *Volkmer* in Körner/Patzak/Volkmer AMG Rn. 65; *Doepner/Hüttebräuker* in Dieners/Reese PharmaR-HdB § 3 Rn. 22). Darauf, ob bei dem Stoff eine **arzneiliche Wirkung feststeht,** kommt es in den Fällen der Nr. 1 daher **nicht** an (BVerwG PharmR 2011, 168 (→ Rn. 36); VGH München PharmR 2014, 589; OVG Münster 2019, 669; 2020, 496).

a) Krankheit, krankhafte Beschwerden. Ein zentrales Tatbestandsmerkmal ist 30 die Krankheit. Als eine **Krankheit** ist jede auch nur unerhebliche oder vorübergehende Störung der normalen Beschaffenheit oder der normalen Tätigkeit des Körpers oder der seelischen Befindlichkeit anzusehen jenseits einer natürlichen Schwankungsbreite; darauf, ob die Krankheit geheilt werden kann, kommt es nicht an (*Freund* in MüKoStGB § 2 Rn. 12 Fn. 12; *Müller* in Kügel/Müller/Hofmann § 2 Rn. 76; *Kloesel/Cyran* § 2 Anm. 45; aA BGH NJW 1958, 916; *Sander* ArzneimittelR § 2 Erl. 10; *Räpple* S. 28 Fn. 30). Ebenso werden auch psychische Krankheiten ohne organischen Befund von dem Krankheitsbegriff erfasst (*Kloesel/Cyran* § 2 Anm. 45; *Doepner/Hüttebräuker* in Dieners/Reese PharmaR-HdB § 3 Rn. 12; *Müller* in Kügel/Müller/Hofmann § 2 Rn. 76).

Krankhafte Beschwerden sind vorübergehende Unpässlichkeiten oder Stö- 31 rungen des Wohlbefindens (*Kloesel/Cyran* § 2 Anm. 46; *Sander* ArzneimittelR § 2 Erl. 13; *Räpple* S. 27, 28). Eine eigenständige Bedeutung kommt dem Begriff nicht zu (*Rehmann* § 2 Rn. 13). Die Neufassung des § 2 Abs. 1 Nr. 1 hat ihn aber (ebenso wie das Lindern (→ Rn. 32)) aus Gründen der Klarstellung beibehalten, um deutlich zu machen, dass aus Gründen der Arzneimittelsicherheit alle Mittel erfasst werden sollen, für die eine arzneiliche Wirkung in Anspruch genommen wird (BT-Drs. 16/12256, 41).

b) Heilen, Lindern, Verhüten. Heilen ist das Beseitigen der Krankheit (*Freund* 32 in MüKoStGB § 2 Rn. 14). Lindern ist die Verminderung der durch eine Krankheit hervorgerufenen Beschwerden. Verhüten sind alle Maßnahmen der Krankheitsvorbeugung, etwa das Impfen (*Rehmann* § 2 Rn. 14).

2. Bestimmt. Der Begriff „bestimmt" kommt in Nr. 1 zweimal vor (→ Rn. 26): 33

a) Bestimmung zur Anwendung im/am menschlichen/tierischen Kör- 34 **per.** Einmal müssen Präsentationsarzneimittel zur Anwendung im oder am menschlichen oder tierischen Körper bestimmt sein. Stoffe oder Zubereitungen, die diese Zweckbestimmung nicht aufweisen, sind keine (Präsentations-)Arzneimittel. Es reicht daher nicht aus, dass sie im oder am menschlichen/tierischen Körper angewendet werden können.

b) Bestimmung zur Heilung, Linderung oder Verhütung. Sodann müssen 35 Präsentationsarzneimittel zur Heilung, Linderung oder Verhütung bestimmt sein. Diese Bestimmung kann sich auf zweierlei Weise ergeben: ein Erzeugnis kann dann ein Präsentationsarzneimittel sein, wenn es entweder ausdrücklich als Arzneimittel zur Heilung, Linderung oder Verhütung von Krankheiten bezeichnet wird oder wenn es einem Arzneimittel zumindest genügend ähnelt, weil bei einem durchschnittlich informierten, aufmerksamen und verständigen Verbraucher schlüssig, aber mit Gewissheit der Eindruck entsteht, dass das Erzeugnis nach seiner Aufmachung in Bezug auf bestimmte Erkrankungen eine heilende, vorbeugende oder Leiden lindernde Wirkung hat (OVG Münster A&R 2020, 86 mwN; OVG Lüneburg PharmR 2021, 31 = A&R 2021, 52; VG München PharmR 2020, 299).

36 **aa) Bestimmung durch ausdrückliche Angabe.** Die Bestimmung kann dadurch erfolgen, dass das Produkt, etwa durch die Bezeichnung, das Etikett, den Beipackzettel, die Aufmachung oder in der mündlichen Präsentation, **ausdrücklich** als Mittel mit Eigenschaften zur Heilung, Linderung oder Verhütung von Krankheiten **bezeichnet** oder **empfohlen** wird (EuGH EuZW 2008, 56 (→ Rn. 29); BVerwG NVwZ 2015, 749 mAnm *Müller* = PharmR 2015, 249 – E-Zigaretten; NVwZ-RR 2015, 420 = PharmR 2015, 252 – E-Zigaretten; 2015, 425 – E-Zigaretten; PharmR 2011, 168 = A&R 2011, 128 – TCM-Granulate; 2018, 98 (→ Rn. 19); BGH PharmR 2016, 86 – E-Zigaretten; VGH München PharmR 2014, 589 – Blutegel; OVG Münster PharmR 2019, 669 – Chlorhexidin ua; aA BGHSt 54, 243 = NJW 2010, 2528 = A&R 2010, 85 – GBL mAnm *Winkler*).

37 **bb) Bestimmung nach der Verkehrsauffassung.** Fehlt es an einer ausdrücklichen Bestimmung zum Arzneimittel, so kann nach der **Verkehrsauffassung** gleichwohl ein Arzneimittel vorliegen. Dies ist dann gegeben, wenn bei einem durchschnittlich informierten, aufmerksamen und verständigen Durchschnittsverbraucher, gegebenenfalls auch nur schlüssig, aber mit Gewissheit, der Eindruck entsteht, dass das Produkt in Anbetracht seiner Aufmachung in Bezug auf bestimmte Erkrankungen eine heilende, vorbeugende oder Leiden lindernde Wirkung hat (EuGH EuZW 2008, 56 (→ Rn. 29); BVerwG NVwZ 2015, 249 (→ Rn. 36); NVwZ-RR 2015, 420 (→ Rn. 36); PharmR 2018, 98 (→ Rn. 19); BGH PharmR 2016, 86; VGH Mannheim PharmR 2019, 292; VGH München PharmR 2014, 589 (→ Rn. 36); OVG Münster PharmR 2019, 669; 2020, 496; 711).

38 Die Angabe, dass das Erzeugnis **kein Arzneimittel** ist oder dass es **nicht als Arzneimittel** in den Verkehr gebracht wird, ist ein nützlicher Anhaltspunkt, der dabei berücksichtigt werden kann; dies ist jedoch für sich allein nicht entscheidend (EuGH BeckRS 1991, 176523; OVG Münster PharmR 2019, 669; 2020, 711; OVG Lüneburg PharmR 2021, 31 (→ Rn. 35)). Im Allgemeinen wird ein verständiger Durchschnittsverbraucher nicht annehmen, dass ein solches Produkt entgegen einem ausdrücklichen Hinweis oder einer anderen Bezeichnung ein Arzneimittel ist; allerdings können im Einzelfall Umstände hinzutreten, die es gleichwohl als Arzneimittel erscheinen lassen, etwa die Art der Bewerbung oder die preisende Nennung von (vermeintlich) arzneilich wirksamen Bestandteilen (OVG Münster 2019, 669; 2020, 496; 711).

39 Die **Verkehrsauffassung** knüpft regelmäßig an eine schon bestehende Auffassung über den Zweck vergleichbarer Mittel und ihrer Anwendung an, die wiederum davon abhängt, welche Verwendungsmöglichkeiten solche Mittel ihrer Art nach haben (BGHSt 54, 243 (→ Rn. 36)).

40 Die **Anschauungen der Verbraucher** werden ferner durch die stoffliche Zusammensetzung und die pharmakologischen Eigenschaften des Produkts, durch die Auffassung der pharmazeutischen oder medizinischen Wissenschaft sowie durch die dem Mittel beigefügten oder in Werbeprospekten enthaltenen Indikationshinweise, Gebrauchsanweisungen oder durch die Aufmachung beeinflusst, in der das Mittel dem Verbraucher allgemein entgegentritt; von Bedeutung sind schließlich auch der Umfang der Verbreitung eines Produkts, seine Bekanntheit bei den Verbrauchern, aber auch die Gefahren aufgrund von Nebenwirkungen und Risiken bei längerem Gebrauch (BGHSt 54, 243 (→ Rn. 36)). Dazu gehören auch Infor-

mationen, die dem Verbraucher erst auf Anfrage vom Hersteller oder von Dritten, die in dessen Auftrag handeln oder mit diesem in Verbindung stehen, zugänglich gemacht werden (OVG Münster PharmR 2019, 669).

Hat sich, vor allem bei **neuen Erzeugnissen,** noch keine Verkehrsauffassung gebildet, so kommt es wesentlich auf die stoffliche Zusammensetzung, den Namen, die Verpackung, die Gebrauchsanweisung, die Werbung und Vertriebswege und auf zugängliche wissenschaftliche Erkenntnisse an (*Volkmer* in Körner/Patzak/Volkmer AMG Rn. 67). Vor allem bei neuen Erzeugnissen kann im Rahmen der anzustellenden Gesamtwürdigung auch auf die vom Hersteller angegebene Zweckbestimmung zurückgegriffen werden (*Volkmer* in Körner/Patzak/Volkmer AMG Rn. 67). 41

Wird ein Stoff **nicht einheitlich** verwendet **(Dual-Use-Erzeugnisse),** etwa in der chemischen Industrie in großen Mengen und geringer Konzentration auf der einen Seite und von Personen, die sich berauschen wollen, in kleineren Mengen und hoher Konzentration auf der anderen Seite, kommt es für die Beurteilung der Verkehrsauffassung nicht auf das zahlenmäßige Verhältnis der Verwendungsarten an, sondern nur auf die **Verwendung innerhalb eines einheitlichen Verkehrskreises,** in dem das Mittel auf dieselbe Art und Weise gebraucht wird (BGHSt 54, 243 (→ Rn. 36)). 42

Allerdings wird ein Stoff noch nicht dadurch zum Arzneimittel, dass er von **einigen wenigen Personen,** denen die Wirkungsweise des Stoffes bekannt ist, als psychoaktive Substanz verwendet wird. Ist die Wirkungsweise des Mittels aber einer ins Gewicht fallenden Zahl von Personen bekannt und wird es von diesen als eine solche Substanz genutzt, so hat sich insoweit eine **Verkehrsanschauung gebildet** (BGHSt 54, 243 (→ Rn. 36)). 43

Eine Verkehrsauffassung kann sich auch auf Grund **schlüssigen Verhaltens** bilden (EuGH EuZW 2008, 56 (→ Rn. 29); BVerwG NVwZ 2015, 249 (→ Rn. 36); NVwZ-RR 2015, 420 (→ Rn. 36); 2015, 425; PharmR 2011, 168 (→ Rn. 36); BGH PharmR 2016, 86; VGH München PharmR 2014, 589 (→ Rn. 36)). Auch Empfehlungen **von dritter Seite,** etwa von Ärzten oder medizinischen Fachgesellschaften, können den Schluss nahelegen, dass es sich um ein Arzneimittel handelt (OVG Münster PharmR 2010, 607; *Koyuncu* in Deutsch/Lippert § 2 Rn. 13). Die Annahme eines Arzneimittels liegt auch dann nahe, wenn es mit der **Nennung** (vermeintlich) **arzneilich** wirksamer Bestandteile oder Wirkungen unmittelbar oder mittelbar, etwa über Werbung, Werbeauftritte oder Verlinkungen im Internet, **angepriesen** wird (OVG Münster 2010, 607; *Koyuncu* in Deutsch/Lippert § 2 Rn. 14). 44

Allein auf Grund seiner Aufmachung, etwa als Kapsel, ist ein Produkt dagegen noch nicht als Arzneimittel anzusehen. Die **Darreichungsform** ist ein zu würdigender Gesichtspunkt bei der Abgrenzung, reicht aber für sich allein zur Begründung der Arzneimitteleigenschaft nicht aus (OVG Münster PharmR 2010, 607; *Volkmer* in Körner/Patzak/Volkmer AMG Rn. 66; *Koyuncu* in Deutsch/Lippert § 2 Rn. 16). Entsprechendes gilt für den **Vertrieb über Apotheken** (BGH NJW-RR 2000, 1284 = PharmR 2000, 184 – L-Carnitin; *Volkmer* in Körner/Patzak/Volkmer AMG Rn. 66). 45

III. Die besonderen Merkmale der Funktionsarzneimittel (Nr. 2). Nr. 2 erfasst die Arzneimittel nach Wirkweise am oder im Körper **(Funktionsarzneimittel,** BT-Drs. 16/12256, 41). Anders als der Begriff des Präsentationsarzneimittels (Nr. 1), dessen weite Auslegung den Verbraucher vor Erzeugnissen schützen soll, die nicht die Wirksamkeit besitzen, welche sie erwarten dürfen (→ Rn. 29), soll der Begriff des Funktionsarzneimittels Erzeugnisse erfassen, deren Eignung, die physiologische Funktionen durch eine pharmakologische, immunologische oder metabolische Wirkung wiederherzustellen, **wissenschaftlich festgestellt** wurden 46

(EuGH EuZW 2008, 56 (→ Rn. 29)); dass sie bloß nicht ausgeschlossen werden kann, reicht nicht (LG Hildesheim PharmR 2018, 208). Fehlt es an einer solchen wissenschaftlichen Feststellung, liegt **kein Funktionsarzneimittel** vor (BVerwG 2020, 202 (→ Rn. 28)). Der Begriff erfasst daher insbesondere keine Anscheinsarzneimittel (*Müller* in Kügel/Müller/Hofmann § 2 Rn. 87).

47 **1. Die Auslegung im Allgemeinen.** Nach Nr. 2 sind alle Stoffe oder Zubereitungen als Arzneimittel anzusehen, die im oder am menschlichen oder tierischen Körper angewendet oder einem Menschen oder einem Tier verabreicht werden können, **um die physiologischen Funktionen** durch eine pharmakologische, immunologische oder metabolische Wirkung wiederherzustellen, zu korrigieren oder zu beeinflussen oder eine medizinische Diagnose zu erstellen.

48 **a) Die Einzelfallprüfung.** Die Entscheidung, ob ein Erzeugnis unter diese Definition fällt, ist **von Fall zu Fall** zu treffen (BGH NStZ-RR 2020, 84 = PharmR 2020, 152 = A&R 2020, 35). Nach BGHSt 54, 243 (→ Rn. 36) soll es dabei nach der Neufassung des § 2 Abs. 1 durch das G v. 17.7.2009 (→ Rn. 4) allein auf dessen **Wirkungsweise** bei der Anwendung am oder im Körper ankommen. Allerdings hebt der BGH zugleich hervor, dass die Änderungen nach den Gesetzesmaterialien weitgehend ohne Auswirkungen in der Anwendungspraxis bleiben sollen, weil die Kernelemente der bisherigen deutschen und der gemeinschaftsrechtlichen Arzneimitteldefinition übereinstimmten (BT-Drs. 16/12256, 41).

49 Dementsprechend sind auch nach der Neufassung **alle Merkmale** des Produkts zu berücksichtigen (s. § 2 Abs. 3a; Art. 2 Abs. 2 Richtlinie 2001/83/EG), insbesondere seine Zusammensetzung, seine pharmakologischen, immunologischen oder metabolischen Eigenschaften, die Modalitäten seines Gebrauchs, der Umfang seiner Verbreitung, seine Bekanntheit bei den Verbrauchern und die Risiken seiner Verwendung (stRspr; EuGH EuZW 2009, 219 mAnm *Riemer* = NVwZ 2009, 439 mBspr *Müller* NVwZ 2009, 425 = PharmR 2009, 122 – Hecht-Pharma; 2009, 545 = NVwZ 2009, 967 = PharmR 2009, 334 – Bios Naturprodukte; 2014, 120 = PharmR 2013, 485 – Laboratoires Lyocentre; BGH NStZ-RR 2020, 84 (→ Rn. 48); BVerwG NVwZ 2015, 749 (→ Rn. 36); NVwZ-RR 2015, 420 (425) (→ Rn. 36)). Dass ein Stoff eine pharmakologische, immunologische oder metabolische Wirkung hat, ist daher ein notwendiges, aber noch kein hinreichendes Kriterium für ein Arzneimittel (BVerwG PharmR 2018, 98 Rn. 19); 2020, 202 (→ Rn. 28)). Die Auslegung des Arzneimittelbegriffs im unionsrechtlichen Sinne ist durch die Rechtsprechung des EuGH bereits in einer Weise geklärt, die keinen vernünftigen Zweifel offenlässt – „acte éclairé" – (BGH NStZ-RR 2020, 84 (→ Rn. 48)).

50 **Im Rahmen der Einzelfallprüfung** sind die pharmakologischen, immunologischen oder metabolischen Eigenschaften das Kriterium, auf dessen Grundlage, ausgehend von den Wirkungsmöglichkeiten des Erzeugnisses, zu beurteilen ist, ob es zur Wiederherstellung, Korrektur oder Beeinflussung der physiologischen Funktionen im oder am menschlichen Körper angewandt oder einem Menschen verabreicht werden kann (EuGH EuZW 2014, 120 (→ Rn. 49); BVerwG NVwZ 2015, 749 (→ Rn. 36); NVwZ-RR 2015, 420 (425) (→ Rn. 36)). Das Produkt muss die Körperfunktionen **nachweisbar** und **in nennenswerter Weise** wiederherstellen, korrigieren oder beeinflussen **können,** wobei auf den bestimmungsgemäßen, normalen Gebrauch abzustellen ist (EuGH EuZW 2009, 545 (s. o.); 2012, 783 mAnm *Riemer* = NVwZ 2012, 1459 – Chemische Fabrik Kreussler; BVerwG NVwZ 2009, 1038 = PharmR 2009, 397 – Red Rice GPH Kapseln; 2015, 749 (→ Rn. 36); NVwZ-RR 2015, 420 (425) (→ Rn. 36)).

51 **b) Die erforderliche positive Wirkung. Nicht erfasst** vom Begriff des Funktionsarzneimittels sind Stoffe oder Zubereitungen aus Stoffen,

– deren Wirkungen sich auf eine **schlichte Beeinflussung** der physiologischen Funktionen **beschränken,** ohne dass sie geeignet wären, der menschlichen Gesundheit unmittelbar oder mittelbar zuträglich zu sein,
– die nur konsumiert werden, um einen **Rauschzustand** hervorzurufen, **und**
– die dabei **gesundheitsschädlich** sind

(EuGH EuZW 2014, 742 mAnm *Müller* = NStZ 2014, 461 mAnm *Ewald/Volkmer* = StV 2014, 598; 2015, 166 – synthetische Cannabinoide mAnm *Oğlakcıoğlu;* BGH NStZ-RR 2020, 84 (→ Rn. 48); aA BGHSt 54, 243 (→ Rn. 36); BGH PharmR 2016, 40 sieht diese Entscheidung im Hinblick auf die Entscheidung des EuGH als wohl nicht mehr haltbar an).

Diese drei Merkmale sind **kumulativ** zu verstehen (*Müller* EuZW 2014, 744). 52
Daher können Erzeugnisse, die nicht zu therapeutischen, sondern ausschließlich zu Entspannungs- oder Rauschzwecken konsumiert werden und dabei gesundheitsschädlich sind, nicht als Arzneimittel eingestuft werden (BVerwG NVwZ 2015, 749 (→ Rn. 36); NVwZ-RR 2015, 420 (425) (→ Rn. 36); PharmR 2008, 254; BGH PharmR 2016, 86; 2016, 331; krit. *Volkmer* in Körner/Patzak/Volkmer AMG Rn. 72b, 72c).

Es muss zwar keine Krankheit vorliegen, wohl aber muss der Stoff für die physio- 53 logischen Funktionen eine **positive Wirkung** haben. Dies gilt nicht nur für die Merkmale des Wiederherstellens und des Korrigierens, sondern auch für das **Beeinflussen.** Zwar sagt dieser Begriff nichts darüber aus, ob die Wirkungen förderlich oder schädlich sein müssen; mit dem Ziel, ein hohes Niveau des Schutzes der Gesundheit zu erreichen (Richtlinie 2004/27(EG) Erwägungsgrund 3) wäre eine schlichte Neutralität der Auswirkung auf die menschliche Gesundheit jedoch nicht vereinbar; vielmehr wird eine gesundheitsfördernde Wirkung impliziert (EuGH EuZW 2014, 742 (→ Rn. 51)). Für die Annahme einer positiven Beeinflussung der physiologischen Funktionen reicht es aus, dass die betreffenden Stoffe **eine positive Wirkung** für das Funktionieren des menschlichen Organismus und folglich für die menschliche Gesundheit haben (BVerwG PharmR2020, 202 (→ Rn. 28)).

Dabei genügt es nicht, dass das fragliche Erzeugnis Eigenschaften besitzt, die 54 der Gesundheit im Allgemeinen förderlich sind, oder dass es einen Stoff enthält, der für therapeutische Zwecke verwendet werden kann. Ihm muss vielmehr tatsächlich die Funktion der Heilung, Linderung oder Verhütung von Krankheiten oder krankhaften Beschwerden zukommen (EuGH EuZW 2008, 56 (→ Rn. 29)). Das Produkt muss danach **objektiv** geeignet sein, für therapeutische Zwecke eingesetzt zu werden (BVerwG NVwZ 2015, 749 (→ Rn. 36); NVwZ-RR 2015, 420 (425) (→ Rn. 36)). Dies gilt auch für **Anabolika;** dass mit vorteilhaften Auswirkungen Nebenwirkungen einhergehen, die einen positiven Gesamtnutzen in Frage stellen können, ist für Arzneimittel typisch und deswegen kein Grund, die Arzneimitteleigenschaft zu verneinen (BGH NStZ-RR 2020, 84 (→ Rn. 48)).

Auf der anderen Seite rechtfertigt **allein** das Bestehen von **Gesundheitsrisiken** 55 bei der Anwendung eines Produkts nicht, es als Arzneimittel anzusehen (EuGH EuZW 2009, 545 (→ Rn. 49); 2014, 742 (→ Rn. 51); BVerwG NVwZ 2015, 749 (→ Rn. 36); NVwZ-RR 2015, 420 (425) (→ Rn. 36)). Das Gesundheitsrisiko ist eines der Kriterien, die bei der Beurteilung, ob es sich um Arzneimittel handelt, heranzuziehen sind (EuGH EuZW 2009, 545 (→ Rn. 49)). Zur Bedeutung des Gesundheitsrisikos im Grenzbereich von Arzneimittel und Lebensmittel → Rn. 95.

Ebenso wenig kann die Einordnung eines Präparats als Funktionsarzneimittel auf 56 **Angaben** gestützt werden, die nur für die Einordnung als **Präsentationsarzneimittel** sprechen (BGH PharmR 2016, 79 = A&R 2016, 83 mAnm *Tillmanns*).

2. Bestimmtheitsgrundsatz. Zu der früheren Fassung des Gesetzes (§ 2 Abs. 1 57 Nr. 5) hatte das BVerfG (NJW 2006, 2684 – Designerdrogen) darauf hingewiesen, dass der materielle Inhalt der Norm einer an teleologischen Wertungen ausgerichteten **einschränkenden Auslegung** bedürfe, die der BGH (BGHSt 43, 336 = NJW 1998, 836 = NStZ 1998, 258 = StV 1998, 136 = BGHSt 43, 336 – Designerdroge) vorgenommen habe, indem er grundsätzlich nur diejenigen Substanzen als Arzneimittel angesehen habe, die auch von der allgemeinen Verkehrsanschauung als solche bewertet würden. Im Hinblick auf die Interpretation des EuGH und die sich anschließende Rechtsprechung (→ Rn. 51) kommt es künftig nicht mehr darauf an.

58 **3. Die Merkmale im Einzelnen.** Die Merkmale, die die Funktionsarzneimittel von den Präsentationsarzneimitteln unterscheiden, sind:

59 **a) Möglichkeit der Anwendung im/am menschlichen/tierischen Körper.** Die Stoffe oder Zubereitungen aus Stoffen müssen im oder am menschlichen/tierischen Körper angewendet werden **können** (s. BGHSt 54, 243 (→ Rn. 36)). Sie müssen daher zu einer solchen Anwendung geeignet sein.

60 **b) Möglichkeit der Verabreichung an einen Menschen oder ein Tier.** Entsprechendes gilt für die Möglichkeit des Verabreichens. In Übereinstimmung mit den beiden EU-Richtlinien (→ Rn. 2) wird bei den Funktionsarzneimitteln (Nr. 2) neben dem „Verwenden" diese Möglichkeit ausdrücklich erwähnt. Verabreichen ist die unmittelbare Anwendung des Arzneimittels am oder im Körper des Patienten ohne dessen aktive Mitwirkung (→ BtMG § 29 Rn. 1538).

61 Anders als im Betäubungsmittelrecht kommt im Arzneimittelrecht auch die Verabreichung **an Tiere** in Betracht. Während das Verabreichen bei einem Menschen in einer unmittelbaren Anwendung des Arzneimittels am oder im Körper des Menschen ohne dessen Mitwirkung besteht (→ Rn. 60), kann beim Tier auf dessen (fehlende) Mitwirkung nicht abgestellt werden. Verabreichen ist hier nicht nur das Eingeben von Tabletten, das Injizieren, Intubieren, Infundieren, Inhalieren, Einreiben und Einsprayen (*Patzak* in Körner/Patzak/Volkmer BtMG § 29 Teil 15 Rn. 85), sondern auch die Gabe von Futter oder Trinkwasser, das die betreffenden Stoffe enthält (s. § 4 Abs. 14 Hs. 2) und bei deren Verzehr das Tier aktiv mitwirkt. Auch solche Stoffe gehören daher zu den Arzneimitteln.

62 **c) Ziel der Anwendung oder Verabreichung, Eignung.** Die Verabreichung oder sonstige Anwendung kann zwei Ziele (Nr. 2 Buchst. a (→ Rn. 64−80) und Nr. 2 Buchst. b (→ Rn. 82)) verfolgen. Dabei muss **die Eignung**, physiologische Funktionen durch eine pharmakologische, immunologische oder metabolische Wirkung wiederherzustellen, zu korrigieren oder zu beeinflussen oder eine medizinische Diagnose zu erstellen, **wissenschaftlich festgestellt** werden (BVerwG PharmR 2020, 202 (→ Rn. 28)); dass sie bloß nicht ausgeschlossen werden kann, reicht nicht (EuGH EuZW 2009, 219 (→ Rn. 49); OVG Münster PharmR 2010, 289).

63 Auf der anderen Seite kommt es auf den **Nachweis einer therapeutischen Wirksamkeit** auch bei Funktionsarzneimitteln nicht an. Die therapeutische Wirksamkeit ist nicht Bestandteil des Arzneimittelbegriffs (EuGH PharmR 2017, 61; BVerwG PharmR 2020, 202 (→ Rn. 28)). Der vom EuGH geforderte wissenschaftliche Nachweis bezieht sich daher nicht hierauf, sondern nur auf die Frage, ob der Stoff geeignet ist, dem Funktionieren des menschlichen Organismus und folglich der menschlichen Gesundheit zuträglich zu sein (BVerwG PharmR 2020, 202 (→ Rn. 28)).

64 **aa) Wiederherstellung, Korrektur, Beeinflussung der physiologischen Funktionen (Buchst. a).** Die Verabreichung oder sonstige Anwendung kann einmal zum Ziel haben, die menschlichen oder tierischen physiologischen Funktionen wiederherzustellen, zu korrigieren oder zu beeinflussen.

(a) **Physiologische Funktionen.** Physiologische Funktionen sind die natürlichen Lebensvorgänge, die im menschlichen oder tierischen Organismus ablaufen (BVerwG PharmR 2008, 73; *Müller* in Kügel/Müller/Hofmann § 2 Rn. 88). Der Begriff entstammt den beiden EU-Richtlinien v. 31.3.2004 (→ Rn. 3). Eine sachliche Änderung gegenüber den bisherigen Begriffen „Beschaffenheit, Zustand oder Funktion des Körpers oder seelische Zustände" (§ 2 Abs. 1 Nr. 5 AMG aF) soll mit seiner Verwendung nicht verbunden sein (s. BT-Drs. 16/12256, 41). Auch die Verwendung im **Kraftsport** erfüllt daher den Tatbestand (BGH NStZ 2011, 583 = A&R 2011, 136 – Ephedrinhydrochlorid mAnm *Winkler*) für die frühere Fassung). Physiologische Funktionen des Körpers sind auch solche **seelischer** Art (s. *Koyuncu* in Deutsch/Lippert § 2 Rn. 20).

(b) **Wiederherstellung, Korrektur oder Beeinflussung** der physiologischen 66 Funktionen sind die Ziele der Anwendung oder Verabreichung.

(aa) **Wiederherstellung.** Der Wiederherstellung dient ein Stoff, wenn die naturgegebenen Zustände wieder herbeigeführt werden sollen. Dabei ist Voraussetzung, dass die normalen Lebensvorgänge nicht mehr ordnungsgemäß ablaufen (BVerwG PharmR 2008, 73). Es geht um die Rückführung zum gesundheitlichen Normalzustand und damit um therapeutische Zwecke (*Müller* in Kügel/Müller/ Hofmann § 2 Rn. 89).

(bb) **Korrektur.** Therapeutischen Zwecken dient ein Stoff auch dann, wenn er 68 eine Korrektur der physiologischen Funktionen herbeiführen soll. Auch eine Korrektur kommt nur bei einer Abweichung vom normalen Funktionieren des Organismus in Betracht (BVerwG PharmR 2008, 73; *Müller* in Kügel/Müller/Hofmann § 2 Rn. 90).

(cc) **Beeinflussung.** Eine Beeinflussung kommt einmal in Betracht, wenn das 69 Ziel der Wiederherstellung oder Korrektur nicht erreicht wird (*Volkmer* in Körner/Patzak/Volkmer AMG Rn. 72); sie ist aber auch dann gegeben, wenn naturgegebene Zustände beeinträchtigt oder geändert werden (*Volkmer* in Körner/Patzak/Volkmer AMG Rn. 72; *Müller* in Kügel/Müller/Hofmann § 2 Rn. 91). In beiden Fällen ist aber erforderlich, dass sie Wirkungen hervorruft, die **außerhalb** der normalen im menschlichen Körper ablaufenden Lebensvorgänge liegen (BVerwG PharmR 2008, 73).

Dass ein Stoff die physiologischen Funktionen lediglich beeinflusst, reicht **nicht** 70 aus. Ein Arzneimittel liegt nur dann vor, wenn er auch eine **Wirkung** hat, die der menschlichen Gesundheit **zuträglich** ist (→ Rn. 51–55). Für die Annahme einer positiven Beeinflussung der physiologischen Funktionen reicht aus, dass die betreffenden Stoffe eine positive Wirkung für das Funktionieren des menschlichen Organismus und folglich für die menschliche Gesundheit haben, und zwar auch ohne dass eine Krankheit vorliegt

(1) **Gifte, Gebrauchsmittel, Arbeitsstoffe.** Wird davon ausgegangen, dass 71 Stoffe, deren Wirkungen sich auf eine schlichte Beeinflussung der physiologischen Funktionen beschränken und die keinen therapeutischen Nutzen haben, keine (Funktions)Arzneimittel sind, so scheiden **Gifte** (zB Rattengift), **Tränengas, Gebrauchsmittel** des täglichen Lebens (etwa Klebstoffe, Reinigungsmittel) und **Arbeitsstoffe** (Lösemittel, Farben- oder Lackverdünner, Abbeizmittel etc) aus diesem Kreise aus, ohne dass auf die Verkehrsauffassung zurückgegriffen werden müsste

(2) **Neue psychoaktive Stoffe (sog. Legal Highs).** Die Abgrenzung der 72 neuen psychoaktiven Stoffe (NPS) zu den Arzneimitteln ist nunmehr in § 1 Abs. 2 Nr. 2 NpSG enthalten. Danach geht des **Arzneimittelrecht vor.** Erfüllt ein neuer psychoaktiver Stoff die Merkmale eines Arzneimittels nach des § 2 Abs. 1, 2, 3a oder 4 S. 1 AMG, so ist das NpSG nicht anzuwenden. Zur Abgrenzung im Einzelnen → NpSG Einl. Rn. 15–17, → § 1 Rn. 4).

AMG § 2 Erster Abschnitt. Gesetzeszweck, Begriffe, Anwendungsbereich

73 **(3) Prodrugs, insbesondere GBL.** Prodrugs, insbesondere GBL sind auch nach der Entscheidung des EuGH v. 10.7.2014 (EuZW 2014, 742 (→ Rn. 51)) als Arzneimittel anzusehen. Wegen der Einzelheiten wird auf → Rn. 80, 81 sowie auf → BtMG § 1 Rn. 235, 236, 589–595 verwiesen.

74 **(4) Streckmittel, insbesondere Paracetamol.** Sehr häufig werden Paracetamol/Coffein-Gemische als Streckmittel verwandt (s. Anh. H). Paracetamol ist ein Arzneimittel (BGH NStZ 2008, 530 (→ Rn. 18)). → BtMG § 1 Rn. 237–239.

75 **(c) Wirkungsweise.** Die Wiederherstellung, Korrektur oder Beeinflussung der physiologischen Funktionen muss durch eine pharmakologische, immunologische oder metabolische Wirkung erfolgen. Dabei sind neben den unmittelbaren Wirkungen auch die Neben- und Folgewirkungen des Stoffes zu berücksichtigen (BGH NJW-RR 2010, 1705 = PharmR 2010, 638).

76 **(aa) Pharmakologische Wirkung.** Die pharmakologische Wirkung stellt eine gezielte Steuerung von Körperfunktionen von außen dar (BVerwG NVwZ 2007, 591 = PharmR 2007, 211; PharmR 2008, 73). Bei der Frage, ob eine solche Wirkung vorliegt, zieht die neuere Rechtsprechung (BGH NJW-RR 2011, 49 = PharmR 2010, 641; OVG Münster PharmR 2019, 669; *Koyuncu* in Deutsch/Lippert § 2 Rn. 30; dagegen *Kahl/Hilbert* PharmR 2012, 177 (183)) die sogenannte **MEDDEV-Leitlinie** heran, die von einer Expertengruppe unter Federführung der Europäischen Kommission erarbeitet wurde (auszugsweise abgedr. in *Doepner/Hüttebräuker* in Dieners/Reese PharmaR-HdB § 3 Rn. 66; dazu auch *Dettling/Koppe-Zagouras* PharmR 2010, 152). Danach ist eine Wirkung pharmakologisch, wenn sie auf Grund einer Wechselwirkung zwischen den Molekülen der in Frage stehenden Substanz und einem Zellbestandteil (Rezeptor) eintritt, die entweder in einer direkten Reaktion oder in der Blockierung einer Reaktion zu einem anderen Wirkstoff besteht. Die Leitlinie weist darauf hin, dass es sich dabei nicht um ein vollständig zuverlässiges Kriterium handelt; gleichwohl sei das Vorhandensein einer Dosis-Wirkung-Korrelation ein Indikator für einen pharmakologischen Effekt. Dabei muss die Wechselwirkung nicht unmittelbar zwischen Substanz und Körper bestehen, sondern es reicht aus, wenn sie im Hinblick auf andere am (*Koyuncu* MedR 2014, 102) oder im Körper befindliche zelluläre Bestandteile wie Viren, Bakterien oder Parasiten besteht und damit die physiologische Funktion des Menschen beeinflusst (EuGH PharmR 2012, 442 = A&R 2012, 225 mAnm *Tilmanns* = NVwZ 2012, 1459 mAnn *Müller* – Mundspüllösung; OLG Frankfurt a. M. MedR 2014, 99 mAnm *Koyuncu;* OVG Münster PharmR 2019, 669).

77 Die physiologischen Funktionen des Körpers müssen **in erheblicher Weise** beeinflusst werden (BVerwG NVwZ 2015, 749 (→ Rn. 36); NVwZ-RR 2015, 420 (→ Rn. 36); 425; BGH NJW-RR 2010, 1407; PharmR 2010, 181; *Hofmann* in Kügel/Müller/Hofmann § 2 Rn. 99). Kommen die in einem Produkt enthaltenen Stoffe auch in natürlichen Lebensmitteln vor, müssen die Wirkungen des Stoffs oder der Zubereitung **nennenswert** (→ Rn. 93, 94) **über dasjenige hinausgehen,** was physiologisch auch durch Nahrungsaufnahme im menschlichen Körper ausgelöst wird. Die arzneimittelrechtliche Rechtsprechung und Literatur zur Abgrenzung von den Lebensmitteln oder Nahrungsergänzungsmitteln ist sehr vielfältig (s. etwa bei *Doepner/Hüttebräuker* in Dieners/Reese PharmaR-HdB § 3 Rn. 60–73) und vor allem durch den EuGH geprägt (→ Rn. 90–93).

78 Bei den **strafrechtlich interessanten Substanzen** spielen diese Abgrenzungsfragen kaum eine Rolle (s. auch *Patzak/Volkmer* NStZ 2011, 498 (500)). Insoweit ist eine pharmakologische Wirkung dann gegeben, wenn die körperlichen oder seelischen Zustände eines Menschen beeinflusst werden (BGHSt 54, 243 (→ Rn. 36)). Eine Beeinflussung der körperlichen Beschaffenheit liegt auch dann vor, wenn der

Stoff im **Kraftsport** verwendet wird (BGH NStZ 2011, 583 = A&R 2011, 136 mAnm *Winkler*).

(bb) Immunologische Wirkung. Eine immunologische Wirkung liegt vor, 79 wenn sie zur Bildung spezifischer Antikörper führt, die ihrerseits eine veränderte Reaktionsbereitschaft des Körpers auf Antigene und einen Schutz vor Infektionen bewirken (*Kloesel/Cyran* § 2 Anm. 5; *Doepner/Hüttebräuker* in Dieners/Reese PharmaR-HdB § 3 Rn. 74). Bei den strafrechtlich interessanten Stoffen und Zubereitungen spielt diese Wirkung keine Rolle.

(cc) Metabolische Wirkung. Eine metabolische (auf den Stoffwechsel bezo- 80 gene (*Volkmer* in Körner/Patzak/Volkmer AMG Rn. 85)) Wirkung liegt vor, wenn sie mittels der lebensnotwendigen biochemischen Vorgänge beim Auf-, Um- und Abbau des Organismus oder beim Austausch von Stoffen zwischen Organismus und Umwelt erzielt wird, wobei (innerhalb und außerhalb der Zelle) Enzyme und Hormone als Katalysatoren wirken (VG Köln PharmR 2020, 88 unter Hinweis auf MEDDEV-Guideline 2.1/33, rev. 3; *Doepner/Hüttebräuker* in Dieners/Reese PharmaR-HdB § 3 Rn. 75: „wenn ein Stoff in einem (bio-)chemischen Prozess während der Körperpassage in einen oder mehrere andere Stoffe umgesetzt wird"). Stets muss die Wirkung **nennenswert** (→ Rn. 93, 94) über dasjenige hinausgehen, was physiologisch auch durch Nahrungsaufnahme im menschlichen Körper ausgelöst wird (OLG Frankfurt a. M. PharmR 2019, 252; VG Köln PharmR 2020, 88).

Eine metabolische Wirkung haben (nach allen Definitionen) insbesondere die 81 sog. **Prodrugs**, bei denen der zugeführte Stoff (etwa GBL) nur eine Vorstufe der Substanz (etwa GHB) ist, die nach seiner Veränderung durch den physiologischen Metabolismus ihre eigentliche, pharmakologische Wirkung entfaltet (*Dettling* PharmR 2006, 58 (65)). Die bloße Annahme einer pharmakologischen Wirkung (BGHSt 54, 243 (→ Rn. 36); *Kloesel/Cyran* § 2 Anm. 6) ist daher verkürzt, da der pharmakologisch wirksame Stoff erst infolge des Metabolismus entsteht.

bb) Erstellung einer medizinischen Diagnose (Buchst. b). Die Verabrei- 82 chung oder sonstige Anwendung kann auch zum Ziel haben, eine medizinische Diagnose zu erstellen. Im Kontext dieses Kommentars spielen Diagnostica keine Rolle.

IV. Verhältnis des Absatzes 1 Nr. 1 zu Nr. 2. Arzneilich wirksame Stoffe oder 83 Zubereitungen aus Stoffen können gleichzeitig Präsentationsarzneimittel (Nr. 1) und Funktionsarzneimittel (Nr. 2) sein; die Einstufung als Präsentationsarzneimittel steht der Funktionsarzneimittel nicht entgegen (*Volkmer* in Körner/Patzak/Volkmer AMG Rn. 70).

C. Fiktive Arzneimittel (Absatz 2)

Absatz 2 behandelt die sogenannten fiktiven oder gekorenen (*Volkmer* in Körner/ 84 Patzak/Volkmer AMG Rn. 88) Arzneimittel. Das sind Stoffe, Gegenstände und Instrumente, die nach der Definition in Absatz 1 keine Arzneimittel sind, doch als solche gelten sollen. Hierzu gehören namentlich **Pflaster**, die ein Arzneimittel enthalten oder mit diesem beschichtet sind, oder Verbandsstoffe, die mit Arzneimitteln präpariert sind. Durch die gesetzliche Fiktion soll eine **Erweiterung des Schutzzwecks** des AMG erreicht werden, da es im Interesse der Arzneimittelsicherheit nicht darauf ankommen kann, ob ein Arzneimittel für sich allein oder im Zusammenhang mit einem Gegenstand angewendet wird (*Kloesel/Cyran* § 2 Anm. 20; Wolz S. 27).

Am häufigsten werden die in **Nr. 1 aufgeführten Gegenstände** mit den Arz- 85 neimitteln im Sinne des Absatzes 1 gleichgestellt (s. etwa §§ 13, 21, 43, 72). Bei ihnen handelt es sich um zusammengesetzte Produkte, die aus einem neutralen Gegenstand und einem Arzneimittel nach Absatz 1 bestehen (*Müller* in Kügel/Müller/Hofmann § 2 Rn. 129) und die dazu bestimmt sind, dauernd oder vorübergehend mit dem menschlichen oder tierischen Körper in Berührung gebracht zu werden. Dazu gehören vor allem Pflaster.

D. Ausschluss vom Arzneimittelbegriff (Absatz 3)

86 Die Vorschrift enthält die notwendige **Abgrenzung** der Arzneimittel von den Produkten benachbarter Rechtsbereiche. Die darin genannten acht Produktgruppen werden aus dem Arzneimittelbegriff ausgegliedert (BVerwG NJW 1998, 3433). Sofern ihre Merkmale eingreifen, sind die Bestimmungen des AMG unanwendbar (*Rehmann* § 2 Rn. 26).

87 **I. Lebensmittel (Nr. 1).** Arzneimittelrechtlich von besonderer Bedeutung, namentlich im Hinblick auf die Nahrungsergänzungsmittel, ist die **Abgrenzung** der **Arzneimittel** von den **Lebensmitteln** (Nr. 1). Im hier gegebenen Zusammenhang spielt die Abgrenzung vor allem **im Sport** eine Rolle (→ Rn. 97), wenn auch die spezielle Strafvorschrift gegen das Dopen auf eine konkrete Liste abstellt (§ 2 AntiDopG). Das Arzneimittelrecht und das Lebensmittelrecht sind in der Weise aufeinander bezogen, dass ein Produkt nur entweder ein Arzneimittel oder ein Lebensmittel sein kann (VG Köln PharmR 2014, 464; 2020, 88).

88 **1. Begriff.** Lebensmittel sind alle Stoffe oder Erzeugnisse, die dazu bestimmt sind oder von denen nach vernünftigem Ermessen erwartet werden kann, dass sie in verarbeitetem, teilweise verarbeitetem oder unverarbeitetem Zustand von Menschen aufgenommen werden (§ 2 Abs. 2 LFGB, Art. 2 Abs. 1 VO (EG) Nr. 178/2002 v. 28.1.2002 (ABl. 2002 L 31, S. 1)).

89 **Nicht zu den Lebensmitteln** gehören Futtermittel, lebende Tiere, soweit sie nicht für das Inverkehrbringen zum menschlichen Verzehr hergerichtet worden sind, Pflanzen vor dem Ernten, Arzneimittel, kosmetische Mittel, Tabak und Tabakerzeugnisse, Betäubungsmittel und psychotrope Stoffe sowie Rückstände und Kontaminanten (Art. 2 Abs. 2 EU-VO Nr. 178/2002).

90 **2. Abgrenzung zu den Arzneimitteln.** Die Entscheidung, ob ein Erzeugnis ein Arzneimittel ist, ist nach der Rechtsprechung des EuGH (EuGH NVwZ 2009, 439 mBspr *Müller* NVwZ 2009, 425) auf Grund einer **Gesamtschau aller seiner Merkmale** zu treffen, insbesondere seiner Zusammensetzung, seiner pharmakologischen, immunologischen oder metabolischen Eigenschaften wie sie sich beim jeweiligen Stand der Wissenschaft feststellen lassen, der Modalitäten seines Gebrauchs, des Umfangs seiner Verbreitung, seiner Bekanntheit bei den Verbrauchern und der Risiken seiner Verwendung (ebenso BGHZ 151, 286 = NJW 2002, 3469 = PharmR 2002, 400 – Muskelaufbaupräparate; BGH NJW-RR 2008, 1255 = NVwZ 2008, 1270 = PharmR 2008, 430 – HMB-Kapseln; L-Carnitin; 2010, 1407 = PharmR 2010, 522 – Gingko biloba mAnm *Dettling;* PharmR 2010, 181 – Nobilin Gluco Zimt; BVerwG 2020, 202 (→ Rn. 28) – Gingko GPH Kapseln etc; OVG Münster PharmR 2015, 142 – Liponsäure; OLG Celle PharmR 2017, 251 – Melatonin; VG Köln PharmR 2017, 267 – Tee mit Sennablättern; 2020, 88 – Rotschimmelreis). Die Neudefinition des Arzneimittels durch die EU-Richtlinien von 2004 (→ Rn. 3) hat daran nichts geändert (EuGH NVwZ 2009, 439 mBspr *Müller* NVwZ 2009, 425). Nicht ausreichend ist, dass das Erzeugnis Eigenschaften hat, die der Gesundheit allgemein förderlich sind (EuGH NVwZ 2012, 1459; BVerwG NVwZ 2009, 1038; VG Köln PharmR 2020, 88).

91 Die Beurteilung des Produkts auf Grund dieser Gesamtschau ist eine **nationale Einzelfallentscheidung** (EuGH NVwZ 2009, 439 mBspr *Müller* NVwZ 2009, 425; EuGH NVwZ 2009, 967). Es kommt daher nicht darauf an, wie das Erzeugnis

in einem anderen Land der EU bewertet wurde. Auch wenn es dort als Lebensmittel beurteilt wurde, kann es nach deutschem Recht ein Arzneimittel sein (BVerwG PharmR 2007, 211; 2020, 202 (→ Rn. 28)).

a) Wissenschaftliche Feststellung. Von besonderer Bedeutung sind die phar- 92 makologischen, immunologischen oder metabolischen Wirkungen des Erzeugnisses. Ein Arzneimittel liegt nur vor, wenn diese Wirkungen **wissenschaftlich festgestellt** sind; nicht ausreichend ist, dass sie nur nicht ausgeschlossen werden können (→ Rn. 62).

b) Nennenswerte Auswirkung. Keine Arzneimittel sind Stoffe, die zwar auf 93 den menschlichen Körper einwirken, sich aber nicht nennenswert auf den Stoffwechsel auswirken und damit auch dessen Funktionsbedingungen nicht wirklich beeinflussen (EuGH NVwZ 2009, 439 mBspr *Müller* NVwZ 2009, 425; EuGH NVwZ 2009, 967; BGH NJW-RR 2008, 1255 (→ Rn. 90); 2010, 1407 (→ Rn. 90); OVG Bautzen PharmR 2014, 591). Dabei ist auf den **normalen Gebrauch** des Erzeugnisses abzustellen; ob das Erzeugnis in einer höheren als der auf dem Beipackzettel oder in der Verzehrempfehlung angegebenen Dosierung eine nennenswerte physiologische Wirkung haben kann, ist nicht erheblich (EuGH NVwZ 2009, 967). Ein Arzneimittel ist nicht schon deswegen gegeben, weil das Erzeugnis Eigenschaften besitzt, die der Gesundheit im Allgemeinen förderlich sind (OVG Münster 2015, 142).

Eine **nennenswerte Auswirkung** auf den Stoffwechsel **fehlt,** wenn die Aus- 94 wirkungen eines Stoffes, der auch in einem Lebensmittel in dessen natürlichem Zustand vorkommt, nicht über die Wirkungen hinausgehen, die ein in angemessener Menge verzehrtes Lebensmittel auf die physiologischen Funktionen haben kann (BGH NJW-RR 2008, 1255 (→ Rn. 90); PharmR 2010, 181 mkritAnm *Delewski;* BVerwG PharmR 2020, 202 (→ Rn. 28); VGH Mannheim PharmR 2019, 292). Ein solcher Stoff würde sich auch bei normaler Ernährung in dieser Weise auf den Stoffwechsel auswirken. Dabei kommt es nicht darauf an, ob es zu den normalen Essgewohnheiten gehört, die betreffende Menge täglich zu verzehren. Etwas anderes kann sich allerdings dann ergeben, wenn sich aus einem Konsum über längere Zeitdauer schädliche Nebenwirkungen ergeben.

c) Gesundheitsrisiko. Dass die Verwendung eines Erzeugnisses ein Gesund- 95 heitsrisiko darstellt, lässt noch nicht auf seine pharmakologische Wirksamkeit schließen. Das Gesundheitsrisiko ist zwar bei der Einstufung eines Erzeugnisses als Funktionsarzneimittel zu berücksichtigen, wobei es ein gewichtiges Indiz für eine pharmakologische Wirkung sein kann (*Doepner/Hüttebräuker* in Dieners/Reese PharmaR-HdB § 3 Rn. 73), es ist jedoch ein eigenständiger Faktor und auch nur eines der Kriterien, die die zuständigen nationalen Behörden ihrer Beurteilung zugrunde legen können (EuGH NVwZ 2009, 967).

Liegen die Auswirkungen eines Erzeugnisses auf die physiologischen Funktionen 96 **im Grenzbereich** zwischen Nahrungsergänzungs- und Arzneimitteleigenschaft, kommt den möglichen Gesundheitsrisiken besonderes Gewicht zu (BGH NVwZ 2008, 1266; BVerwG PharmR 2020, 202 (→ Rn. 28)). Eine Einstufung als Arzneimittel ist dann gerechtfertigt, wenn dies zum Schutz der Gesundheit, etwa bei vernünftigen Zweifeln an der Unbedenklichkeit des Produkts, erforderlich ist; der fehlende Nachweis einer therapeutischen Wirksamkeit genügt dazu nicht (BVerwG PharmR 2020, 202 (→ Rn. 28)).

d) Besondere physiologische Bedürfnisse. Das Lebens- oder Nahrungs- 97 ergänzungsmittel wird nicht dadurch zum Arzneimittel, dass es der Befriedigung besonderer physiologischer Bedürfnisse und sich daraus ergebender Ernährungserfordernisse einer speziellen Personengruppe, etwa Sportlern, dient. Dabei kann eine **(Sportler-)Nahrung** in diesem Sinne nicht nur dann einem besonderen

Ernährungszweck dienen, wenn sie Mangelzustände nach Höchstleistungen auffüllen soll, sondern auch, wenn sie die Fähigkeit fördern soll, Höchstleistungen erst zu erreichen (BGH NJW-RR 2008, 1255 (→ Rn. 90)).

98 **e) Muskelaufbaupräparate.** Muskelaufbaupräparate oder Präparate gegen den Muskelabbau nach intensivem Training können danach nicht schlechthin als Arzneimittel angesehen werden (*Volkmer* in Körner/Patzak/Volkmer AMG Rn. 121). Die Arzneimitteleigenschaft liegt allerdings dann nahe, wenn
– eine mit Gesundheitsgefahren einhergehende pharmakologische Manipulation der körpereigenen Funktionen oder
– eine ernährungsphysiologisch riskante, gesundheitsschädliche Überdosierung, die nicht Ernährungserfordernissen, sondern der Erreichung von Höchstleistungen dient, bezweckt wird

(BGHZ 151, 286 (→ Rn. 90); BGH NJW 2004, 3122 = GRUR 2004, 793). Eine Arzneimitteleigenschaft liegt ferner nahe, wenn die Indikation für die Anwendung eher im Sport als in der Ernährung zu sehen ist, etwa in sportlichen Startschwierigkeiten oder bei Wettkampfunfällen (*Volkmer* in Körner/Patzak/Volkmer AMG Rn. 124).

99 **f) Übersicht.** Eine Übersicht über **die einzelnen Mittel** und ihre Abgrenzung findet sich in *Doepner/Hüttebräuker* in Dieners/Reese PharmaR-HdB § 3 Rn. 80.

100 **II. Kosmetische Mittel (Nr. 2).** Nicht zu den Arzneimitteln zählen die kosmetischen Mittel. Dies sind Stoffe oder Zubereitungen aus Stoffen, die ausschließlich oder überwiegend dazu bestimmt sind, äußerlich am Körper des Menschen oder in seiner Mundhöhle zur Reinigung, zum Schutz, zur Erhaltung eines guten Zustandes, zur Parfümierung, zur Veränderung des Aussehens oder dazu angewendet zu werden, den Körpergeruch zu beeinflussen (§ 2 Abs. 5 LFGB). Für die **Abgrenzung** kommt es danach vor allem darauf an, ob das Produkt ausschließlich oder überwiegend kosmetischen Zwecken dient (*Volkmer* in Körner/Patzak/Volkmer Rn. 129; krit. *Freund* in MüKoStGB § 2 Rn. 36). Dabei ist nicht die Zweckbestimmung einzelner Bestandteile maßgeblich, sondern es kommt darauf an, wie das Gesamtprodukt einem durchschnittlich informierten Verbraucher gegenüber in Erscheinung tritt; ein als heilend anerkannter Bestandteil, der in anderen Zubereitungen zur Anerkennung als Arzneimittel führt, schließt daher nicht aus, dass das Gesamtprodukt als ein kosmetisches Mittel anzusehen ist (BVerwG NJW 1998, 3433).

101 Eine **Übersicht über die einzelnen Mittel** und ihre Abgrenzung findet sich in *Doepner/Hüttebräuker* in Dieners/Reese PharmaR-HdB § 3 Rn. 82.

102 **III. Erzeugnisse iSd § 2 Nr. 1 TabakerzG.** Keine Arzneimittel sind Erzeugnisse iSd § 2 Nr. 1 TabakerzG. Erzeugnisse im Sinne dieser Vorschrift sind Tabakerzeugnisse und verwandte Erzeugnisse. Verwandte Erzeugnisse sind **elektronische Zigaretten**, Nachfüllbehälter und pflanzliche Raucherzeugnisse (§ 2 Nr. 2 TabakerzG). Nähere Bestimmungen, auch zu den Inhaltsstoffen enthalten die §§ 13–16 TabakerzG. Der Streit, ob elektronische Zigaretten Tabakerzeugnisse oder Arzneimittel sind, ist damit erledigt. Auch auf den Inhalt der Nachfüllbehälter kommt es insoweit nicht mehr an.

103 **IV. Futtermittel (Nr. 6).** Die Verweisung ist nicht mehr korrekt; die entsprechenden Regeln sind nunmehr in Nr. 13–17 LFBG enthalten. Zur Abgrenzung von Arzneimitteln und Futtermitteln s. *Bruggmann* A&R 2018, 209.

104 **V. Medizinprodukte (Nr. 7).** Eine große Nähe zu den Arzneimitteln haben die Medizinprodukte. Stoffe und Zubereitungen aus Stoffen sind Medizinprodukte, wenn ihre bestimmungsgemäße Hauptwirkung nicht auf pharmakologischem, immunologischem oder metabolischem, sondern auf **physikalischem** Gebiet liegt (OVG Münster MedR 2013, 325 mzustAnm *Jäkel;* PharmR 2020, 711; Übersicht über die einzelnen Mittel und ihre Abgrenzung in *Doepner/Hüttebräuker* in Dieners/

Reese PharmaR-HdB § 3 Rn. 84). Dies gilt auch dann, wenn ihre Wirkungsweise durch pharmakologisch oder immunologisch oder metabolisch wirkende Mittel unterstützt wird (§ 3 Nr. 1 MPG). Im hier gegebenen Zusammenhang spielen sie keine Rolle.

V. Organe zur Übertragung auf menschliche Empfänger (Nr. 8). Die Organe sind in § 1a Nr. 1 TPG näher umschrieben. Nicht dazu gehören Fettgewebe und Fettzellen (OVG Lüneburg PharmR 2019, 183 = MedR 2019, 973 mAnm *Faltus*). Die Regelung gilt sowohl für die Übertragung der Organe auf Dritte (allogene Transplantation) als auch für die Rückübertragung auf den „Spender" (autologe Transplantation). Die von Nr. 8 nicht erfassten menschlichen Organe (Haut (§ 1a Nr. 1 TPG)), Organteile, Gewebe, Gewebezubereitungen und Zellen sowie tierische Organe, Organteile und Gewebe unterliegen dem AMG und sind unter den Voraussetzungen des § 2 Abs. 1 Arzneimittel (*Müller* in Kügel/Müller/Hofmann § 2 Rn. 224). 105

Allerdings sind aus dem Kreis dieser Stoffe **Gewebe** (§ 1a Nr. 4 TPG, *Müller* in Kügel/Müller/Hofmann § 4a Rn. 16), die **innerhalb eines Behandlungsvorgangs** einer Person entnommen werden, um auf diese ohne Änderung ihrer stofflichen Beschaffenheit rückübertragen zu werden, von der Anwendung des AMG ausgeschlossen (§ 4a S. 1 Nr. 3). Zu den Einzelheiten → § 4a Rn. 4. 106

Produkte, die im Rahmen des **Issue Engineering** (dazu *Brucklacher/Walles* PharmR 2010, 581) gewonnen werden (Gewebezüchtungen), wurden schon in der Vergangenheit überwiegend als Arzneimittel angesehen (*König* in Schroth/König/Gutmann/Oduncu § 1 Rn. 11). Mittlerweile ergibt sich dies auch aus Art. 2 Abs. 1 der VO (EG) Nr. 1394/2007 (ABl. L 324, S. 121) über Arzneimittel für neuartige Therapien (*Müller* in Kügel/Müller/Hofmann § 2 Rn. 227). S. dazu auch § 4 Abs. 9. 107

E. Zweifelsfallregelung (Absatz 3a)

In Absatz 3a wird die Zweifelsfallregelung aus den EU-Richtlinien v. 31.3.2004 (→ Rn. 2) übernommen. Sie steht im Zusammenhang mit deren Erwägungsgrund 7, wonach die Arzneimittelrichtlinien nicht gelten sollen, wenn ein Produkt eindeutig unter die Definition anderer Produktgruppen, insbesondere von Lebensmitteln, Nahrungsergänzungsmitteln, Produkten der Medizintechnik, Bioziden oder kosmetischen Mitteln fällt. 108

Die **Zweifelsfallregelung bestimmt,** dass ein Erzeugnis, das die Definition eines Arzneimittels erfüllt, aber zugleich auch unter die Definition eines Erzeugnisses nach § 2 Abs. 3, etwa eines Lebensmittels oder eines Medizinproduktes, fallen kann, als Arzneimittel einzuordnen ist (OVG Münster PharmR 2010, 342). Die Anwendung der Zweifelsfallregelung setzt die **positive Feststellung** der Arzneimitteleigenschaft des betreffenden Mittels voraus (EuGH NVwZ 2009, 439 mBspr *Müller* NVwZ 2009, 425; BGH PharmR 2011, 299; VGH Mannheim PharmR 2011, 92 = A&R 2011, 41; OVG Münster PharmR 2010, 342; 2010, 471 mAnm *v Czettritz*; PharmR 2019, 669; A&R 2013, 241). Eine Einordnung auf Verdacht kommt nicht in Betracht (VGH Mannheim PharmR 2019, 292). Die Bestandschutzregelung nach Absatz 4 findet Anwendung. 109

Die Zweifelsfallregelung gilt auch für **Präsentationsarzneimittel** (OVG Münster PharmR 2019, 669). 110

F. Arzneimittel kraft gesetzlicher Fiktion (Absatz 4)

Nach **Satz 1** gilt ein Mittel, solange es nach § 21 zugelassen, nach § 38 registriert oder durch Rechtsverordnung von der Zulassung/Registrierung freigestellt ist, 111 auch dann als Arzneimittel, wenn es die entsprechenden materiellen Kriterien der Beurteilung als Arzneimittel nicht (mehr) erfüllt. Der Gesetzgeber hat für diesen Fall die Arzneimitteleigenschaft im Interesse der Rechtssicherheit fingiert. Besteht für das Produkt eine Standardzulassung, so greift die Fiktion nur ein, wenn das Produkt den Anforderungen der Standardzulassung genügt (OVG Bautzen A&R 2014, 231). Macht daher der Hersteller eines solchen Produkts von der **Standardzulassung** keinen Gebrauch, indem er ihre Anforderungen, insbesondere im Hinblick auf Kennzeichnung, Packungsbeilage und Fachinformation **nicht erfüllt,** liegen die Voraussetzungen der Fiktion nicht vor.

112 Umgekehrt zu Satz 1 gilt nach **Satz 2** eine Ablehnung der Zulassung oder Registrierung der Bundesoberbehörde mit der Begründung, es handele sich nicht um ein Arzneimittel, als negative Fiktion der Arzneimitteleigenschaft.

§ 3 Stoffbegriff

Stoffe im Sinne dieses Gesetzes sind
1. **chemische Elemente und chemische Verbindungen sowie deren natürlich vorkommende Gemische und Lösungen,**
2. **Pflanzen, Pflanzenteile, Pflanzenbestandteile, Algen, Pilze und Flechten in bearbeitetem oder unbearbeitetem Zustand,**
3. **Tierkörper, auch lebender Tiere, sowie Körperteile, -bestandteile und Stoffwechselprodukte von Mensch oder Tier in bearbeitetem oder unbearbeitetem Zustand,**
4. **Mikroorganismen einschließlich Viren sowie deren Bestandteile oder Stoffwechselprodukte.**

Inhalt und Bedeutung

1 Die Vorschrift enthält eine **Legaldefinition** des Stoffs. Sie entspricht seit dem Gesetz v. 17.7.2009 (BGBl. I S. 1990) in vollem Umfang dem Stoffbegriff des § 2 Abs. 1 Nr. 1 BtMG (übersehen von *Koyuncu* in Deutsch/Lippert (→ § 3 Rn. 5)). Auf → BtMG § 2 Rn. 2–47 kann daher zunächst Bezug genommen werden. Allerdings haben die **Stoffe der Nr. 3** im Arzneimittelrecht eine wesentlich größere Bedeutung als im Betäubungsmittelrecht.

2 **Tierkörper** ist der tierische Körper in seiner Gesamtheit (*Müller* in Kügel/Müller/Hofmann § 3 Rn. 22). Zum Begriff des Tieres → BtMG § 2 Rn. 40. Tierkörper lebender Tiere sind Fliegenlarven oder **Blutegel.** Werden sie wild gefangen, so sind sie zunächst ein Vorprodukt; sind bis zum abgabefertigen Endprodukt noch wesentliche Bearbeitungs- und Aufbereitungsschritte erforderlich, werden sie erst dann zum Arzneimittel (→ § 2 Rn. 19–21). Als tote Tierkörper werden vor allem in der Homöopathie die Honigbiene, die Spanische Fliege und die Rote Waldameise eingesetzt.

3 **Körperteile** sind die einzelnen abtrennbaren, nicht lebensfähigen Teile des menschlichen oder tierischen Körpers. Im Unterschied zu den Köperbestandteilen, erfasst der Begriff „Körperteil" nur diesen selbst, nicht aber die Stoffe, aus denen er besteht, etwa das Organ, nicht aber die Zellen und Gewebe, aus denen das Organ besteht (*Müller* in Kügel/Müller/Hofmann § 3 Rn. 23).

4 **Körperbestandteile** sind die Stoffe, aus denen der Körper oder die Körperteile bestehen (OVG Lüneburg PharmR 2019, 183 = MedR 2019, 973 mAnm *Faltus*; *Müller* in Kügel/Müller/Hofmann § 3 Rn. 24). Dies sind insbesondere die Zellen, Gewebe und Blut. **Zellen** sind die kleinsten Bau- und Funktionseinheiten der Organismen; sie haben insbesondere die Fähigkeit zu Stoffwechselleistungen, Reizbeantwortung und Reduplikation (*Müller* in Kügel/Müller/Hofmann § 3 Rn. 24).

Gewebe ist ein Verbund von Zellen gleichartiger Differenzierung, sowie deren Interzellularsubstanz (*Müller* in Kügel/Müller/Hofmann § 3 Rn. 24); eine auf den Menschen bezogene Definition ist in § 1a Nr. 4 TPG enthalten. **Blut** ist ein spezielles Gewebe, das aus Blutplasma und korpuskulären Bestandteilen besteht (*Müller* in Kügel/Müller/Hofmann § 3 Rn. 24).

Stoffwechselprodukte sind alle Produkte, die beim Stoffwechsel (Gesamtheit aller lebensnotwendigen chemischen Reaktionen in einem Organismus) entstehen; dazu zählt der Harnstoff, aber auch Sekrete (etwa Moschus) und Gifte von Schlangen und Insekten (*Müller* in Kügel/Müller/Hofmann § 3 Rn. 25).

Ohne Bedeutung für die Einstufung als Stoff ist der **Bearbeitungszustand.**

§ 4 Sonstige Begriffsbestimmungen

(1) ¹**Fertigarzneimittel sind Arzneimittel, die im Voraus hergestellt und in einer zur Abgabe an den Verbraucher bestimmten Packung in den Verkehr gebracht werden oder andere zur Abgabe an Verbraucher bestimmte Arzneimittel, bei deren Zubereitung in sonstiger Weise ein industrielles Verfahren zur Anwendung kommt oder die, ausgenommen in Apotheken, gewerblich hergestellt werden.** ²**Fertigarzneimittel sind nicht Zwischenprodukte, die für eine weitere Verarbeitung durch einen Hersteller bestimmt sind.**

(2) **Blutzubereitungen sind Arzneimittel, die aus Blut gewonnene Blut-, Plasma- oder Serumkonserven, Blutbestandteile oder Zubereitungen aus Blutbestandteilen sind oder als Wirkstoffe enthalten.**

(3) bis (8) *nicht abgedruckt*

(9) **Arzneimittel für neuartige Therapien sind Gentherapeutika, somatische Zelltherapeutika oder biotechnologisch bearbeitete Gewebeprodukte nach Artikel 2 Absatz 1 Buchstabe a der Verordnung (EG) Nr. 1394/2007 des Europäischen Parlaments und des Rates vom 13. November 2007 über Arzneimittel für neuartige Therapien und zur Änderung der Richtlinie 2001/83/EG und der Verordnung (EG) Nr. 726/2004 (ABl. L 324 vom 10.12.2007, S. 121).**

(10) bis (12) *nicht abgedruckt*

(13) ¹**Nebenwirkungen sind bei Arzneimitteln, die zur Anwendung bei Menschen bestimmt sind, schädliche und unbeabsichtigte Reaktionen auf das Arzneimittel.** ²**Nebenwirkungen sind bei Arzneimitteln, die zur Anwendung bei Tieren bestimmt sind, schädliche und unbeabsichtigte Reaktionen bei bestimmungsgemäßem Gebrauch.** ³**Schwerwiegende Nebenwirkungen sind Nebenwirkungen, die tödlich oder lebensbedrohend sind, eine stationäre Behandlung oder Verlängerung einer stationären Behandlung erforderlich machen, zu bleibender oder schwerwiegender Behinderung, Invalidität, kongenitalen Anomalien oder Geburtsfehlern führen.** ⁴**Für Arzneimittel, die zur Anwendung bei Tieren bestimmt sind, sind schwerwiegend auch Nebenwirkungen, die ständig auftretende oder lang anhaltende Symptome hervorrufen.** ⁵**Unerwartete Nebenwirkungen sind Nebenwirkungen, deren Art, Ausmaß oder Ergebnis von der Fachinformation des Arzneimittels abweichen.**

(14) **Herstellen ist das Gewinnen, das Anfertigen, das Zubereiten, das Be- oder Verarbeiten, das Umfüllen einschließlich Abfüllen, das Abpacken, das Kennzeichnen und die Freigabe; nicht als Herstellen gilt das Mischen von Fertigarzneimitteln mit Futtermitteln durch den Tierhalter zur unmittelbaren Verabreichung an die von ihm gehaltenen Tiere.**

(15) Qualität ist die Beschaffenheit eines Arzneimittels, die nach Identität, Gehalt, Reinheit, sonstigen chemischen, physikalischen, biologischen Eigenschaften oder durch das Herstellungsverfahren bestimmt wird.

(16) Eine Charge ist die jeweils aus derselben Ausgangsmenge in einem einheitlichen Herstellungsvorgang oder bei einem kontinuierlichen Herstellungsverfahren in einem bestimmten Zeitraum erzeugte Menge eines Arzneimittels.

(17) Inverkehrbringen ist das Vorrätighalten zum Verkauf oder zu sonstiger Abgabe, das Feilhalten, das Feilbieten und die Abgabe an andere.

(18) ¹Der pharmazeutische Unternehmer ist bei zulassungs- oder registrierungspflichtigen Arzneimitteln der Inhaber der Zulassung oder Registrierung. ²Pharmazeutischer Unternehmer ist auch, wer Arzneimittel im Parallelvertrieb oder sonst unter seinem Namen in den Verkehr bringt, außer in den Fällen des § 9 Abs. 1 Satz 2.

(19) Wirkstoffe sind Stoffe, die dazu bestimmt sind, bei der Herstellung von Arzneimitteln als arzneilich wirksame Bestandteile verwendet zu werden oder bei ihrer Verwendung in der Arzneimittelherstellung zu arzneilich wirksamen Bestandteilen der Arzneimittel zu werden.

(20) *(weggefallen)*

(21) *nicht abgedruckt*

(22) Großhandel mit Arzneimitteln ist jede berufs- oder gewerbsmäßige zum Zwecke des Handeltreibens ausgeübte Tätigkeit, die in der Beschaffung, der Lagerung, der Abgabe oder Ausfuhr von Arzneimitteln besteht, mit Ausnahme der Abgabe von Arzneimitteln an andere Verbraucher als Ärzte, Zahnärzte, Tierärzte oder Krankenhäuser.

(22a) Arzneimittelvermittlung ist jede berufs- oder gewerbsmäßig ausgeübte Tätigkeit von Personen, die, ohne Großhandel zu betreiben, selbständig und im fremden Namen mit Arzneimitteln im Sinne des § 2 Absatz 1 oder Absatz 2 Nummer 1, die zur Anwendung bei Menschen bestimmt sind, handeln, ohne tatsächliche Verfügungsgewalt über diese Arzneimittel zu erlangen.

(23)¹ ¹Klinische Prüfung bei Menschen ist jede am Menschen durchgeführte Untersuchung, die dazu bestimmt ist, klinische oder pharmakologische Wirkungen von Arzneimitteln zu erforschen oder nachzuweisen oder Nebenwirkungen festzustellen oder die Resorption, die Verteilung, den Stoffwechsel oder die Ausscheidung zu untersuchen, mit dem Ziel, sich von der Unbedenklichkeit oder Wirksamkeit der Arzneimittel zu überzeugen. ²Satz 1 gilt nicht für eine Untersuchung, die eine nichtinterventionelle Prüfung ist. ³Nichtinterventionelle Prüfung ist eine Untersuchung, in deren Rahmen Erkenntnisse aus der Behandlung von Personen mit Arzneimitteln anhand epidemiologischer Methoden analysiert werden; dabei folgt die Behandlung einschließlich der Diagnose und Überwachung nicht einem vorab festgelegten Prüfplan, sondern ausschließlich der ärztlichen Praxis; soweit es sich um ein zulassungspflichtiges oder nach § 21a Absatz 1 genehmigungspflichtiges Arzneimittel handelt, erfolgt dies ferner gemäß den in der Zulassung oder der Genehmigung festgelegten Angaben für seine Anwendung

---

¹ Eine Neufassung tritt sechs Monate nach Veröffentlichung der Mitteilung über die Funktionsfähigkeit des EU-Portals nach Art. 82 der VO (EU) Nr. 536/2014 in Kraft; der Zeitpunkt wird vom BMG im BGBl. bekannt gemacht (Art. 13 Abs. 2, 3 des Gesetzes v. 20.12.2016 (BGBl. I S. 3048)); → Vor §§ 40ff. Rn. 5.

(24)[2] Sponsor ist eine natürliche oder juristische Person, die die Verantwortung für die Veranlassung, Organisation und Finanzierung einer klinischen Prüfung bei Menschen übernimmt.

(25)[3] ¹Prüfer ist in der Regel ein für die Durchführung der klinischen Prüfung bei Menschen in einer Prüfstelle verantwortlicher Arzt oder in begründeten Ausnahmefällen eine andere Person, deren Beruf auf Grund seiner wissenschaftlichen Anforderungen und der seine Ausübung voraussetzenden Erfahrungen in der Patientenbetreuung für die Durchführung von Forschungen am Menschen qualifiziert. ²Wird eine klinische Prüfung in einer Prüfstelle von einer Gruppe von Personen durchgeführt, so ist der Prüfer der für die Durchführung verantwortliche Leiter dieser Gruppe. ³Wird eine Prüfung in mehreren Prüfstellen durchgeführt, wird vom Sponsor ein Prüfer als Leiter der klinischen Prüfung benannt.

(26) Homöopathisches Arzneimittel ist ein Arzneimittel, das nach einem im Europäischen Arzneibuch oder, in Ermangelung dessen, nach einem in den offiziell gebräuchlichen Pharmakopöen der Mitgliedstaaten der Europäischen Union beschriebenen homöopathischen Zubereitungsverfahren hergestellt worden ist. Ein homöopathisches Arzneimittel kann auch mehrere Wirkstoffe enthalten.

(27) Ein mit der Anwendung des Arzneimittels verbundenes Risiko ist
a) jedes Risiko im Zusammenhang mit der Qualität, Sicherheit oder Wirksamkeit des Arzneimittels für die Gesundheit der Patienten oder die öffentliche Gesundheit, bei zur Anwendung bei Tieren bestimmten Arzneimitteln für die Gesundheit von Mensch oder Tier,
b) jedes Risiko unerwünschter Auswirkungen auf die Umwelt.

(28) Das Nutzen-Risiko-Verhältnis umfasst eine Bewertung der positiven therapeutischen Wirkungen des Arzneimittels im Verhältnis zu dem Risiko nach Absatz 27 Buchstabe a, bei zur Anwendung bei Tieren bestimmten Arzneimitteln auch nach Absatz 27 Buchstabe b.

(29) Pflanzliche Arzneimittel sind Arzneimittel, die als Wirkstoff ausschließlich einen oder mehrere pflanzliche Stoffe oder eine oder mehrere pflanzliche Zubereitungen oder eine oder mehrere solcher pflanzlichen Stoffe in Kombination mit einer oder mehreren solcher pflanzlichen Zubereitungen enthalten.

(30) ¹Gewebezubereitungen sind Arzneimittel, die Gewebe im Sinne von § 1a Nr. 4 des Transplantationsgesetzes sind oder aus solchen Geweben hergestellt worden sind. ²Menschliche Samen- und Eizellen (Keimzellen) sowie imprägnierte Eizellen und Embryonen sind weder Arzneimittel noch Gewebezubereitungen.

(30a) bis (30d) *nicht abgedruckt*

(31) Rekonstitution eines Fertigarzneimittels zur Anwendung beim Menschen ist die Überführung in seine anwendungsfähige Form unmittelbar vor seiner Anwendung gemäß den Angaben der Packungsbeilage oder im Rahmen der klinischen Prüfung nach Maßgabe des Prüfplans.

(32) ¹Verbringen ist jede Beförderung in den, durch den oder aus dem Geltungsbereich des Gesetzes. ²Einfuhr ist die Überführung von unter das Arzneimittelgesetz fallenden Produkten aus Drittstaaten, die nicht Vertragsstaaten des Abkommens über den Europäischen Wirtschaftsraum

---

[2] S. Fn. 1.
[3] S. Fn. 1.

sind, in den zollrechtlich freien Verkehr. ³Produkte gemäß Satz 2 gelten als eingeführt, wenn sie entgegen den Zollvorschriften in den Wirtschaftskreislauf überführt wurden. ⁴Ausfuhr ist jedes Verbringen in Drittstaaten, die nicht Vertragsstaaten des Abkommens über den Europäischen Wirtschaftsraum sind.

(33)–(39) *nicht abgedruckt*

(40) Ein gefälschtes Arzneimittel ist ein Arzneimittel mit falschen Angaben über
1. die Identität, einschließlich seiner Verpackung, seiner Kennzeichnung, seiner Bezeichnung oder seiner Zusammensetzung in Bezug auf einen oder mehrere seiner Bestandteile, einschließlich der Hilfsstoffe und des Gehalts dieser Bestandteile,
2. die Herkunft, einschließlich des Herstellers, das Herstellungsland, das Herkunftsland und den Inhaber der Genehmigung für das Inverkehrbringen oder den Inhaber der Zulassung oder
3. den in Aufzeichnungen und Dokumenten beschriebenen Vertriebsweg.

(41) Ein gefälschter Wirkstoff ist ein Wirkstoff, dessen Kennzeichnung auf dem Behältnis nicht den tatsächlichen Inhalt angibt oder dessen Begleitdokumentation nicht alle beteiligten Hersteller oder nicht den tatsächlichen Vertriebsweg widerspiegelt.

Übersicht

	Rn.
A. Inhalt und Bedeutung der Vorschrift	1
B. Fertigarzneimittel; Zwischenprodukte (Absatz 1)	2
I. Fertigarzneimittel (Satz 1)	2
1. Im Voraus hergestellt und zur Abgabe an den Verbraucher verpackt (Alt. 1)	3
a) Im Voraus hergestellt	4
aa) Abgrenzung	5
bb) Rezept	9
cc) Herstellung	10
b) Zur Abgabe an den Verbraucher verpackt	11
aa) Bulkware	12
bb) Inverkehrbringen	13
cc) Abgabe	14
dd) Verbraucher	15
2. Zubereitung in einem industriellen Verfahren und zur Abgabe an den Verbraucher bestimmt (Alt. 2)	16
a) Zubereitung	17
b) Anwendung industrieller Verfahren	18
c) Zur Abgabe an den Verbraucher bestimmt	19
3. Gewerbliche Herstellung, ausgenommen in Apotheken (Alt. 3)	20
II. Zwischenprodukte (Satz 2)	22
C. Blutzubereitungen (Absatz 2)	25
I. Blutzubereitungen	25
II. Blutkonserven	26
III. Blutbestandteile	27
D. Nebenwirkungen bei Human- und Tierarzneimitteln (Absatz 13)	28
E. Herstellen (Absatz 14)	31
F. Qualität (Absatz 15)	39
G. Charge (Absatz 16)	40
H. Inverkehrbringen (Absatz 17)	44
I. Inverkehrbringen und Handeltreiben	48
II. Inverkehrbringen durch Unterlassen, unterlassener Rückruf	49

Sonstige Begriffsbestimmungen **§ 4 AMG**

Rn.
III. Die einzelnen Stufen des Inverkehrbringens 50
    1. Vorrätighalten zum Verkauf oder zu sonstiger Abgabe 51
        a) Formen des Vorrätighaltens 52
            aa) Vorrätighalten zum Verkauf 53
            bb) Vorrätighalten zu sonstiger Abgabe 54
        b) Vorrätighalten zu Exportzwecken 55
    2. Feilhalten 58
    3. Feilbieten 59
    4. Abgabe an andere 61
        a) Abgebender 65
        b) Empfänger 69
        c) Übergabe zur freien Verfügung 70
        d) (Keine) Erweiterung des Kreises, Rückgabe 71
        e) Verabreichen, Anwenden, Überlassen zum unmittelbaren
           Verbrauch, Verschreiben 72
I. Pharmazeutischer Unternehmer (Absatz 18) 74
    I. Inhaber der Zulassung (Satz 1) 74
    II. Inverkehrbringen unter seinem Namen (Satz 2) 75
J. Wirkstoffe (Absatz 19) 80
K. Großhandel (Absatz 22) 84
L. Arzneimittelvermittlung (Absatz 22a) 92
M. Klinische Prüfung (Absatz 23) 96
    I. Begriff 97
    II. Abgrenzung 99
    III. Voraussetzungen und Durchführung 105
N. Sponsor (Absatz 24) 106
O. Prüfer (Absatz 25) 107
P. Anwendungsrisiko (Absatz 27) 108
Q. Nutzen-Risiko-Verhältnis (Absatz 28) 112
    I. Feststellung des Nutzens 113
    II. Feststellung der Risiken 115
    III. Abwägung 118
R. Rekonstitution (Absatz 31) 119
S. Verbringen, Durchfuhr, Einfuhr, Ausfuhr (Absatz 32) 120
    I. Verbringen (Satz 1) 120
    II. Durchfuhr 121
    III. Einfuhr (Satz 2) 122
    IV. Überführung in den Wirtschaftskreislauf entgegen den Zoll-
        vorschriften (Satz 3) 125
    V. Ausfuhr (Satz 4) 128
T. Gefälschte Arzneimittel (Absatz 40) 129
    I. Falsche Angaben über die Identität (Nr. 1) 131
    II. Falsche Angaben über die Herkunft (Nr. 2) 132
    III. Falsche Angaben über den Vertriebsweg (Nr. 3) 133
    IV. Nicht notwendig Minderung der Qualität 133
U. Gefälschte Wirkstoffe (Absatz 41) 134

A. Inhalt und Bedeutung der Vorschrift

§ 4 enthält weitere Legaldefinitionen für Begriffe, die im AMG häufig vorkom- 1
men oder besonders wichtig sind. Seit dem G v. 17.7.2009 (BGBl. I S. 1990) sind
einige der in § 4 enthaltenen Begriffsbestimmungen auch **im Betäubungsmittelrecht** unmittelbar anwendbar.

B. Fertigarzneimittel, Zwischenprodukte (Absatz 1)

I. Fertigarzneimittel (Satz 1). Der Begriff des Fertigarzneimittels ist für das 2
Arzneimittelrecht von zentraler Bedeutung (s. etwa §§ 13, 21) und mittlerweile
auch betäubungsmittelrechtlich von Relevanz (§ 4 Abs. 1 Nr. 1 Buchst. f, Nr. 2,

AMG § 4 Erster Abschnitt. Gesetzeszweck, Begriffe, Anwendungsbereich

§ 13 Abs. 1 a BtMG). Satz 1 enthält eine Legaldefinition dieses Begriffs. Die Vorschrift unterscheidet drei Alternativen. Danach sind **Fertigarzneimittel** Arzneimittel,
- die im Voraus hergestellt und in einer zur Abgabe an den Verbraucher bestimmten Packung in den Verkehr gebracht werden **(Alt. 1)**,
- andere zur Abgabe an Verbraucher bestimmte Arzneimittel, bei deren Zubereitung in sonstiger Weise ein industrielles Verfahren zur Anwendung kommt **(Alt. 2)** oder
- die, ausgenommen in Apotheken, gewerblich hergestellt werden **(Alt. 3)**.

3 **1. Im Voraus hergestellt und zur Abgabe an den Verbraucher verpackt (Alt. 1).** Die praktisch häufigste Variante ist in Alt. 1 beschrieben.

4 **a) Im Voraus hergestellt.** Nach dieser Alternative müssen Fertigarzneimittel im Voraus hergestellt sein. Im Voraus bedeutet vor dem Vorliegen einer konkreten ärztlichen Verordnung (BGHSt 57, 312 = NJW 2012, 3665 = JZ 2013, 849 mablAnm *Kölbel* = PharmR 2013, 41 = A&R 2012, 272 m. abl. Bespr. *Wesser*).

5 **aa) Abgrenzung.** Das Merkmal dient der Abgrenzung von den Rezepturarzneimitteln (§ 7 ApBetrO) und allen sonstigen Arzneimitteln, die im Einzelfall auf besondere Anforderung hergestellt werden (BVerwG BeckRS 1999, 30050365). **Rezepturarzneimittel** sind nach der Definition des § 1a Abs. 8 ApBetrO Arzneimittel, die in der Apotheke im Einzelfall auf Grund einer Verschreibung oder auf sonstige Anforderung einer einzelnen Person und nicht im Voraus hergestellt werden. Die wesentlichen Unterschiede zu den Fertigarzneimitteln liegen danach in Folgendem:

6 Bei **Rezepturarzneimitteln** beginnt die Herstellung erst dann, wenn eine ärztliche Anweisung (Rezept) zur Herstellung dieses konkreten Arzneimittels vorliegt. Rezepturarzneimittel werden nicht für eine abstrakte, sondern für eine konkrete Anwendung hergestellt (OLG München PharmR 2010, 476). Die Zusammensetzung, Stärke und Darreichungsform der verwendeten arzneilichen Stoffe und Stoffzusammensetzungen werden vom Arzt individuell bestimmt und verantwortet (*Prinz* PharmR 2008, 364 (365)). Die Ausstellung des Rezepts muss vor der Zubereitung erfolgen (EuGH PharmR 2015, 436 mAnm *v. Czettritz* = A&R 2015, 229 mAnm *Tillmanns*). Werden **mehr Arzneimittel** produziert als es den vom Arzt ausgestellten Rezepten entspricht, so liegt kein Rezepturarzneimittel, sondern ein **Fertigarzneimittel** vor (BGHR AMG § 95 Abs. 1 Nr. 1 Arzneimittel 3 = NStZ 1999, 625 = StV 2000, 81). Auch dieses kann als **Defekturarzneimittel** (§ 1a Abs. 9, § 8 ApBetrO) von der Zulassung befreit sein (→ § 21 Rn. 16–25).

7 Eine individuelle Rezeptur wird allein durch die ärztliche **Verschreibung** bestimmt. Ein **Rezepturarzneimittel** ist daher auch dann gegeben, wenn die vom Arzt verschriebene Rezeptur mit einem bereits als Fertigarzneimittel **verfügbaren** Präparat **übereinstimmt** (OLG München PharmR 2010, 476; *Krüger* in Kügel/ Müller/Hofmann § 4 Rn. 6; *Rehmann* § 4 Rn. 1; *Hasskarl/Bakhschai* PharmR 2005, 132 (133–135); *Saalfrank/Wesser* A&R 2012, 152 (154); aA *Eisenblätter/Meinberg* PharmR 2003, 425 (427); *Pannenbecker/Guttmann* PharmR 2011, 356).

8 Bei **Fertigarzneimitteln** erfolgt die Herstellung unabhängig von einer vorherigen ärztlichen Anordnung und ist vor der Verschreibung regelmäßig bereits abgeschlossen. Die Abgabe soll an eine unbestimmt große Zahl von Verbrauchern erfolgen; notwendig ist dies nicht; entscheidend ist, dass der Patient bei der Herstellung unbekannt ist (*Krüger* in Kügel/Müller/Hofmann § 4 Rn. 7; *Fleischfresser* in Fuhrmann/Klein/Fleischfresser ArzneimittelR-HdB § 2 Rn. 171). Die Anwendungsfälle werden typisiert und abstrakt definiert. Die Zusammensetzung und Stärke der verwendeten Stoffe und Zubereitungen sowie die Darreichungs-

form werden nicht vom Arzt, sondern vom pharmazeutischen Hersteller bestimmt und damit auch verantwortet (*Prinz* PharmR 2008, 364 (365)).

bb) Rezept. Die Rezepte können zwar standardisiert sein (OLG Hamburg PharmR 2002, 441; 2003, 46), es muss sich jedoch tatsächlich um eine individuelle Rezeptur für einen **bestimmten Patienten,** dessen Identität bekannt ist, handeln (s. § 7 Abs. 1 c S. 1 Nr. 4, 5, S. 2 ApBetrO); eine Verschreibung für den **Praxisbedarf** oder ad manu medici genügt **nicht** (VG Schleswig PharmR 2017, 215 m. abl. Bespr. *Wesser* A&R 2017, 99 = BeckRS 2017, 106186). Nicht erforderlich ist, dass das Arzneimittel an individuelle Bedürfnisse des Patienten angepasst wird, sondern es genügt, wenn es aufgrund von Fachvorgaben immer in demselben Zusammensetzung angefertigt wird (OLG München PharmR 2010, 476). Angaben auf der Verpackung, die ein Arzneimittel als Rezepturarzneimittel ausweisen, obwohl es in Wirklichkeit für eine Vielzahl von Verbrauchern hergestellt wird, ändern an seiner Eigenschaft als Fertigarzneimittel nichts (*Rehmann* § 4 Rn. 1). 9

cc) Herstellen. Zum Begriff des Herstellens → Rn. 31–37. Ein Fertigarzneimittel liegt auch dann vor, wenn das Arzneimittel im Voraus hergestellt ist und lediglich das Umfüllen, Abfüllen, Abpacken und Kennzeichnen auf die konkrete Anforderung des Patienten hin erfolgt (BVerwG BeckRS 1999, 30050365). 10

b) Zur Abgabe an den Verbraucher verpackt. Die Voraussetzungen der Alt. 1 sind nur erfüllt, wenn die Arzneimittel in einer zur Abgabe an den Verbraucher bestimmten Packung in den Verkehr gebracht werden. Das Arzneimittel muss anwendungsfertig sein (*Koyuncu* in Deutsch/Lippert § 4 Rn. 3). 11

aa) Bulkware. Zur Bulkware im Einzelnen → Rn. 23, 24. 12

bb) Inverkehrbringen. Zum Begriff des Inverkehrbringens → Rn. 44–59. 13

cc) Abgabe. Abgabe ist die körperliche Übergabe (Übertragung der tatsächlichen Verfügungsgewalt) an einen anderen durch deren Inhaber in einer Weise, dass der Empfänger tatsächlich in die Lage versetzt wird, sich des Arzneimittels zu bemächtigen und mit ihm nach seinem Belieben umzugehen (BGH NStZ-RR 2015, 218 = StV 2015, 636). Ebenso wie in § 4 Abs. 1 Nr. 1 Buchst. c BtMG ist eine Abgabe im arzneimittelrechtlichen Sinn auch dann gegeben, wenn die Verfügungsmacht über das Arzneimittel auf **rechtsgeschäftlicher Grundlage** und **gegen Entgelt** übertragen wird (→ BtMG § 4 Rn. 39). Wegen der Einzelheiten zur Abgabe wird auf → Rn. 61–72 Bezug genommen. 14

dd) Verbraucher. Verbraucher ist jeder, der Arzneimittel erwirbt, um sie an sich, an anderen oder an Tieren anzuwenden (*Koyuncu* in Deutsch/Lippert § 4 Rn. 3). Auch als im Zivilrecht sind daher auch Einrichtungen des Gesundheitswesens und der Krankenfürsorge, in denen Arzneimittel angewendet werden, Verbraucher (*Kloesel/Cyran* § 4 Anm. 4b; *Fleischfresser* in Fuhrmann/Klein/Fleischfresser ArzneimittelR-HdB § 2 Rn. 175). Zur Abgabe an den Verbraucher bestimmt sind daher auch Klinikpackungen. 15

2. Zubereitung in einem industriellen Verfahren und zur Abgabe an den Verbraucher bestimmt (Alt. 2). Fertigarzneimittel sind auch andere zur Abgabe an Verbraucher bestimmte Arzneimittel, bei deren Zubereitung in sonstiger Weise ein industrielles Verfahren zur Anwendung kommt. 16

a) Zubereitung. Zum Begriff der Zubereitung zunächst → Rn. 34. Dem Zubereiten vergleichbar sind das Anfertigen und das Be- und Verarbeiten. Sie dürften daher ebenfalls von § 4 Abs. 1 S. 1 erfasst werden (*Kloesel/Cyran* § 4 Anm. 8 *Volkmer* in Körner/Patzak/Volkmer AMG § 96 Rn. 75; *Prinz* PharmR 2008, 364 (366)). Dagegen scheiden andere Herstellungsvorgänge, etwa das Umfüllen, das Abpacken, das Kennzeichnen und die Freigabe aus; dasselbe gilt für vorgelagerte Herstellungs- 17 akte wie das Gewinnen oder das Anfertigen einzelner Bestandteile, die als Zwischenprodukte anzusehen sind (*Prinz* PharmR 2008, 364 (366)).

18 **b) Anwendung eines industriellen Verfahrens.** Die Gesetzesbegründung (BT-Drs. 15/5316, 6) versteht darunter eine breite Herstellung nach einheitlichen Vorschriften. Auf das Bestehen einheitlicher Vorschriften allein kann es jedoch nicht ankommen (*Krüger* in Kügel/Müller/Hofmann § 4 Rn. 14). Nach der Rechtsprechung (EuGH PharmR 2015, 436 (→ Rn. 6); BGH PharmR 2017, 340) ist ein industrielles Verfahren im Allgemeinen durch eine Abfolge von Operationen gekennzeichnet, die insbesondere mechanisch oder chemisch sein können, um ein standardisiertes Erzeugnis in einer bedeutenden Menge zu erhalten (in diese Richtung wohl auch *Krüger* in Kügel/Müller/Hofmann § 4 Rn. 14). Die Verwendung industriell vorgefertigter Wirkstoffe durch die Apotheke schließt ein Rezepturarzneimittel nicht aus (OLG München PharmR 2010, 476). Die industrielle Herstellung kann auch in einer Apotheke erfolgen, was etwa dann in Betracht kommt, wenn sich eine Großapotheke darauf spezialisiert hat, für andere Apotheken bestimmte Arzneimittel herzustellen (*Prinz* PharmR 2008, 364 (366)). Unter Alt. 2 fallen auch die sogenannten Specifics, die ein pharmazeutischer Unternehmer im Einzelfall auf besondere Anforderung oder Bestellung gezielt herstellt (*Sander* ArzneimittelR § 4 Erl. 3; *Koyuncu* in Deutsch/Lippert § 4 Rn. 6).

19 **c) Zur Abgabe an den Verbraucher bestimmt.** Die Arzneimittel müssen ferner zur Abgabe (→ Rn. 14) an den Verbraucher (→ Rn. 15) bestimmt sein. Dazu müssen sie in der Darreichungsform vorliegen, in der sie üblicherweise anwendet werden (*Kloesel/Cyran* § 4 Anm. 7 a). Nicht erforderlich ist, dass die Abgabe vom Herstellungsbetrieb unmittelbar an den Verbraucher erfolgt.

20 **3. Gewerbliche Herstellung, ausgenommen in Apotheken (Alt. 3).** Schließlich sind Fertigarzneimittel Arzneimittel, die gewerblich hergestellt werden, ausgenommen in Apotheken. Anders als die voranstehende Alternative umfasst diese Variante nicht nur die Zubereitung, sondern alle Phasen der Herstellung (Absatz 14; → Rn. 31–37). Eine gewerbliche Herstellung liegt vor, wenn damit eine fortlaufende Einnahmequelle von einiger Dauer und einigem Umfang geschaffen werden soll (→ § 13 Rn. 26). Daran fehlt es bei wissenschaftlichen Instituten oder behördlichen Einrichtungen (*Prinz* PharmR 2008, 364 (367)).

21 **Ausgenommen** ist die gewerbliche Herstellung **in Apotheken.** Im Unterschied zu § 21 Abs. 2 Nr. 1 und entgegen einem Vorschlag des Bundesrats (BT-Drs. 15/5656, 6) ist die Ausnahme nicht auf den üblichen Apothekenbetrieb beschränkt. Vielfach werden bereits die beiden ersten Alternativen zur Annahme eines Fertigarzneimittels führen (s. auch die Gegenäußerung der Bundesregierung, BT-Drs. 15/5656, 16). Es bleibt aber ein Anwendungsbereich für die Ausnahme, etwa wenn der Apotheker die Arzneimittel nicht nur für sich selbst zur eigenen Abgabe, sondern auch für andere Apotheken herstellt (*Prinz* PharmR 2008, 364 (367)). Dagegen findet die Auffassung, auch solche Rezepturen, die eine Apotheke im Einzelfall bei einem industriellen Hersteller in Auftrag gibt, seien keine Fertigarzneimittel (*Prinz* PharmR 2008, 364 (367)) im Gesetzeswortlaut keine Stütze (*Fleischfresser* in Fuhrmann/Klein/Fleischfresser ArzneimittelR-HdB § 2 Rn. 174).

22 **II. Zwischenprodukte (Satz 2).** Zwischenprodukte sind keine Fertigarzneimittel Sie sind noch nicht zur Abgabe an den Verbraucher bestimmt, sondern unterliegen noch einem oder mehreren weiteren Verarbeitungsvorgängen durch einen Hersteller. Zum Begriff der Herstellung → Rn. 31–37. Die in Satz 2 genannten **Zwischenprodukte** müssen bereits Arzneimittel sein, da die Vorschrift ihren Sinn nur in der Abgrenzung von Arzneimittel zu Fertigarzneimittel findet (*Fleischfresser* in Fuhrmann/Klein/Fleischfresser ArzneimittelR-HdB § 2 Rn. 176).

Anders als der Begriff des Zwischenprodukts ist der der **Bulkware** nicht gesetzlich 23 geregelt. Bulkware ist deshalb **kein Rechtsbegriff**, sondern eine in der Praxis gebräuchliche Bezeichnung für **Massenware in Großgebinden** auf unterschiedlichen Produktionsebenen (*Fleischfresser* in Fuhrmann/Klein/Fleischfresser ArzneimittelR-HdB § 2 Rn. 177). Dementsprechend ist die Frage, ob Bulkware ein Fertigarzneimittel ist, allein an Hand der Kriterien des Absatzes 1 Satz 1 zu entscheiden. Danach fehlt es an einem Fertigarzneimittel nach Absatz 1 Satz 1 **erste Alternative,** wenn die Arzneimittel in einem Behältnis zum Abpacken und Umfüllen geliefert werden (*Rehmann* § 4 Rn. 1). Werden die Arzneimittel durch Abpacken oder Umfüllen in eine zur Abgabe an den Verbraucher bestimmte Verpackung gebracht, so entsteht das Fertigarzneimittel erst dann (BVerwG BeckRS 1999, 30050365). Wie sich aus dem Wortlaut des Satzes 1 Alt 1. ergibt, gilt dies nur für die umverpackten oder umgefüllten Teilmengen (*Fleischfresser* in Fuhrmann/Klein/Fleischfresser ArzneimittelR-HdB § 2 Rn. 177).

Für Arzneimittel, die in einem industriellen Verfahren zubereitet oder gewerb- 24 lich, ausgenommen in Apotheken, hergestellt wurden, gilt das **Erfordernis der Verpackung** in einer für den Verbraucher bestimmten Verpackung nicht, hier reicht es aus, dass sie zur Abgabe an Verbraucher bestimmt sind (Absatz 1 Satz 1 Alt. 2, 3). Insoweit kann ein Fertigarzneimittel auch dann vorliegen, wenn die Arzneimittel noch nicht umverpackt oder umgefüllt sind (*Krüger* in Kügel/Müller/Hofmann § 4 Rn. 19; *Freund* in MüKoStGB § 4 Rn. 3; *Koyuncu* in Deutsch/Lippert § 4 Rn. 13).

C. Blutzubereitungen (Absatz 2)

I. Blutzubereitungen sind Arzneimittel, die aus Blut gewonnene Blut-, 25 Plasma- oder Serumkonserven, Blutbestandteile oder Zubereitungen aus Blutbestandteilen **sind** oder als **Wirkstoffe enthalten.** Dabei gibt es zwischen fremdem und Eigenblut keinen Unterschied (*Koyuncu* in Deutsch/Lippert § 4 Rn. 14). Ebenso ist unerheblich, ob der Ausgangsstoff menschliches oder tierisches Blut ist (*Krüger* in Kügel/Müller/Hofmann § 4 Rn. 22; *Rehmann* § 4 Rn. 2). In der Praxis werden für Menschen bestimmte Blutzubereitungen aber nur aus humanem Blut gewonnen (*Zimmermann* in Fuhrmann/Klein/Fleischfresser ArzneimittelR-HdB § 32 Rn. 5). Eine Blutzubereitung muss Blutbestandteile als **Wirkstoff** enthalten; die Verwendung als **Hilfsstoff** genügt nicht (*Freund* in MüKoStGB § 4 Rn. 6; *Rehmann* § 4 Rn. 2; *Zimmermann* in Fuhrmann/Klein/Fleischfresser ArzneimittelR-HdB § 32 Rn. 3). Keine Zubereitung und damit auch keine Blutzubereitung ist **unbehandeltes Vollblut** (→ § 2 Rn. 10).

II. Blutkonserven sind durch Stabilisatoren haltbar gemachtes und in Behältnis- 26 sen aufbewahrtes Vollblut (*Krüger* in Kügel/Müller/Hofmann § 4 Rn. 23; *Sander* ArzneimittelR § 4 Erl. 5); die Herstellung erfolgt ausschließlich in Blutbanken, Blutspendezentralen oder Krankenhäusern (*Rehmann* § 4 Rn. 2). **Plasmakonserven** bestehen aus dem flüssigen Teil des menschlichen Blutes in haltbar gemachter flüssiger oder trockener Form (*Krüger* in Kügel/Müller/Hofmann § 4 Rn. 23), **Serumkonserven** enthalten den von Blutkörperchen und Fibrin befreiten, nicht mehr gerinnbaren, flüssigen Teil des Blutes (*Krüger* in Kügel/Müller/Hofmann § 4 Rn. 23).

III. Blutbestandteile sind aus Frischblut oder Blutkonserven extrahierte Be- 27 standteile des Blutes, wie die roten oder weißen Blutkörperchen, Albumine, Gammaglobulin, Fibrinogen (*Krüger* in Kügel/Müller/Hofmann § 4 Rn. 23). **Zubereitungen aus Blutbestandteilen** sind etwa pasteurisierte Plasmaprotein- und Albuminlösungen.

D. Nebenwirkungen bei Human- und Tierarzneimitteln (Absatz 13)

28 **Nebenwirkungen** sind die schädlichen unbeabsichtigten Reaktionen, die bei dem Gebrauch eines Arzneimittels auftreten.
– Nach der Neufassung durch das Gesetz v. 19.10.2012 (BGBl. I S. 2192) umfassen Nebenwirkungen bei **Humanarzneimitteln** nicht mehr nur solche, die beim bestimmungsgemäßem Gebrauch auftreten, sondern auch Reaktionen infolge von Überdosierung, Fehlgebrauch, Missbrauch oder Medikationsfehlern sowie Nebenwirkungen, die mit beruflicher Exposition verbunden sind (BT-Drs. 17/9341, 47).
– Bei Arzneimitteln, die **zur Anwendung bei Tieren bestimmt sind,** wird wie bisher auf den bestimmungsgemäßen Gebrauch abgestellt (Satz 2). Mit dem Begriff „zur Anwendung bei Tieren bestimmt" werden nur **Tierarzneimittel** erfasst (s. auch § 10 Abs. 5), während das Gesetz sonst den Begriff „Arzneimittel, die bei Tieren angewendet werden" (s. etwa Überschrift zum Neunten Abschnitt) verwendet.

Umfasst sind wie bisher schon auch die Wechselwirkungen mit anderen Arzneimitteln (BT-Drs. 17/9341, 47), wenn dies auch nicht mehr ausdrücklich erwähnt wird.

29 **Schädliche Reaktionen** sind Beeinträchtigungen des Gesundheitszustands, die auf Grund ernst zu nehmender Hinweise, insbesondere ihrer Art oder des zeitlichen Zusammenhangs, mit dem Arzneimittel in Verbindung gebracht werden können (*Schickert* in Kügel/Müller/Hofmann § 4 Rn. 88). Ob eine (erwünschte) Hauptwirkung oder eine Nebenwirkung vorliegt, hängt vom jeweiligen Behandlungsziel ab (*Kloesel/Cyran* § 4 Anm. 47). Nebenwirkungen können sowohl auf den Wirkstoff selbst als auch auf arzneilich nicht wirksame Stoffe, Verunreinigungen oder Fremdkörper zurückgehen (*Wolz* Bedenkliche Arzneimittel S. 55).

30 Entsprechend dem Gemeinschaftsrecht werden im Gesetz noch die **schwerwiegenden Nebenwirkungen** (Sätze 3 und 4) und die **unerwarteten Nebenwirkungen** (Satz 5) definiert. Ob eine Nebenwirkung unerwartet ist, richtet sich nunmehr danach, ob sie nach Art, Ausmaß oder Ergebnis von der Fachinformation des Arzneimittels abweichen. Nebenwirkungen, die, allerdings bei bestimmungsgemäßem Gebrauch, nach dem jeweiligen Stand der wissenschaftlichen Erkenntnisse **über ein vertretbares Maß** hinausgehen, machen das Arzneimittel **bedenklich** (§ 5).

E. Herstellen (Absatz 14)

31 Der im AMG verwendete Begriff des Herstellens ist umfassend. Er ist **bewusst weit gefasst**, da sichergestellt werden soll, dass die nach dem AMG vorgesehenen Sicherungsmaßnahmen, insbesondere die Überwachung der an der Arzneimittelherstellung beteiligten Personen (§ 13), keine Lücken aufweisen (BGHSt 57, 312 (→ Rn. 4)). Er erfasst alle Vorgänge, die zur Herstellung eines Arzneimittels erforderlich sind und umfasst damit **alle Tätigkeiten** des Produktions- und Verarbeitungsprozesses bis zum verkaufsfertig verpackten und freigegebenen Endprodukt (BGHSt 43, 336 = NJW 1998, 836 = NStZ 1998, 258 = StV 1998, 136). Bei natürlicher Betrachtung stellt sich ein Arzneimittel als das Ergebnis **mehrerer aufeinanderfolgender** Herstellungstätigkeiten dar (BGHSt 57, 312 (→ Rn. 4)). Eine andere Frage ist, ob durch einen Herstellungsschritt ein **neues Arzneimittel** entsteht. Bei arbeitsteiligen Produktionsprozessen ist das Arzneimittel dort „hergestellt", wo der Schwerpunkt der Herstellungstätigkeiten liegt. Danach vorgenommene einfache Formen der Herstellung (Umfüllen, Abpacken, Veränderung der Darreichungsform oder des Aggregatzustandes etc) führen nicht zu einem neuen Arzneimittel und zwar auch dann nicht, wenn zusätzliche Inhaltsstoffe (hier Kochsalzlösung) beigefügt werden (BGHSt 57, 312 (→ Rn. 4)).

Keine Herstellung ist das **Mischen** von **Fertigarzneimitteln** mit **Futtermitteln** durch den Tierhalter zur unmittelbaren Verabreichung an die von ihm gehaltenen Tiere (Absatz 14 Hs. 2). Wenn die Formulierung entgegen der gesetzgeberischen Erwartung (BT-Drs. 17/4231, 9) auch nicht eindeutig ist, dürfte es darauf ankommen, dass der Tierhalter das Mischen für seine Tiere vornimmt und dass keine Abgabe an Dritte dazwischen tritt. Dagegen sollte es ihm wohl kaum verboten werden, die Mischung für einige Mahlzeiten gleichzeitig vorzunehmen. 32

Der tatbestandsmäßige Herstellungsvorgang ist nicht erst bei Erreichen eines 33 konsumfertigen Endprodukts vollendet. Das Herstellen ist wie im Betäubungsmittelrecht ein **unechtes Unternehmensdelikt** (→ BtMG § 29 Rn. 139, 273–278; *Raum* in Kügel/Müller/Hofmann § 95 Rn. 29) und deshalb bereits **vollendet**, wenn mit einem der in → Rn. 31 genannten Herstellungsstadien begonnen wird. Wird durch die Synthese verschiedener Stoffe die **Vorstufe** eines Arzneimittels, ein **Zwischenprodukt** oder ein **Endprodukt** erarbeitet, so liegt bereits Vollendung im Sinne des Tatbestands vor (BGHSt 43, 336 (→ Rn. 31)).

Die **Herstellungsbegriffe** des Betäubungsmittelrechts (BtMG § 2 Abs. 1 Nr. 4) 34 und des Arzneimittelrechts (§ 4 Abs. 14) stimmen nur teilweise überein. Identisch (BGHSt 43, 336 (→ Rn. 31)) sind sie hinsichtlich des **Anfertigens** (→ BtMG § 2 Rn. 57), **Zubereitens** (→ BtMG § 2 Rn. 58, 59), **Be-** und **Verarbeitens** (→ BtMG § 2 Rn. 60–62) und **Gewinnens** (→ BtMG § 2 Rn. 55, 56), zu dem auch die Entnahme eines Stoffes aus seiner natürlichen Umgebung zum Zwecke der Arzneimittelherstellung zählt (BVerwG PharmR 2018, 98 = NVwZ 2018, 83 – lebende Blutegel mAnm *Müller*).

Die in § 2 Abs. 1 Nr. 4 BtMG enthaltenen Herstellungsformen des **Reinigens** 35 (→ BtMG § 2 Rn. 63) und **Umwandelns** (BtMG § 2 Nr. 64) sind in der Definition des § 4 Abs. 14 AMG nicht gesondert aufgeführt. Allerdings sind sie Formen der Be- und Verarbeitung, so dass sie auch von dem arzneimittelrechtlichen Herstellungsbegriff erfasst werden.

Anders als das Betäubungsmittelrecht, das diese Tätigkeiten dem Handeltreiben 36 zuweist (→ BtMG § 29 Rn. 497), gehören nach dem Arzneimittelrecht auch das **Umfüllen,** einschließlich **Abfüllen,** das **Abpacken** und das **Kennzeichen** (zu diesen Begriffen → BtMG § 2 Rn. 61) zur Herstellung. Keine Kennzeichnung ist allerdings die bloße Beschriftung des Arzneimittels mit dem Namen des pharmazeutischen Unternehmers (*Freund* in MüKoStGB § 4 Rn. 19; *Sander* ArzneimittelR § 4 Erl. 18).

Zur Herstellung gehört arzneimittelrechtlich auch die **Freigabe** (§ 4 Abs. 14). 37 Die Freigabe ist die Entscheidung (§ 19) der sachkundigen Person (§ 14 Abs. 1 Nr. 1), dass die Charge eines (Fertig-)Arzneimittels oder eines erlaubnispflichtigen Wirkstoffs im Hinblick auf ihre Qualität in den Verkehr gebracht werden darf (§§ 16, 17, 25 AMWHV). Auch **nach der Freigabe** liegende Arbeitsschritte können im Hinblick auf den umfassenden Schutzgedanken des weiten Herstellungsbegriffs noch Teil der Herstellung sein (BGHSt 57, 312 (→ Rn. 4)).

Von der Freigabe zu **unterscheiden** ist die Bestätigung, dass etwa Ausgangsstoffe, 38 Verpackungsmaterial, Zwischenprodukte oder Bulkware für die Weiterverarbeitung verwendet werden dürfen, nachdem sie vorher untersucht wurden; diese Bestätigung wird ebenfalls häufig als Freigabe bezeichnet und in der Regel von dem Leiter der Qualitätskontrolle vorgenommen (*Anhalt/Lützeler* in Dieners/Reese PharmaR-HdB § 8 Rn. 112).

F. Qualität (Absatz 15)

39 Die Qualität ist die Beschaffenheit des Arzneimittels. Der Begriff ist wertneutral (*Freund* in MüKoStGB § 4 Rn. 20; *Krüger* in Kügel/Müller/Hofmann § 4 Rn. 128; *Koyuncu* in Deutsch/Lippert § 4 Rn. 55) und wird allein anhand der in Absatz 15 genannten Merkmale bestimmt.

G. Charge (Absatz 16)

40 **Eine Charge** ist
- die jeweils aus derselben Ausgangsmenge in einem **einheitlichen Herstellungsvorgang** produzierte Menge eines Arzneimittels (Alt. 1) oder
- bei der Produktion in einem **kontinuierlichen Herstellungsprozess** die in einem bestimmten Zeitraum produzierte Menge eines Arzneimittels (Alt. 2).

41 Ein **einheitlicher Herstellungsvorgang** ist gegeben, wenn die Herstellung in einem identischen, räumlich und zeitlich zusammenhängenden Prozess erfolgt, der auch in mehreren Phasen verlaufen kann (*Freund* in MüKoStGB § 4 Rn. 21; *Kügel* in Kügel/Müller/Hofmann § 4 Rn. 136; *Sander* ArzneimittelR § 4 Erl. 20). Besteht die Herstellung darin, dass in gewissen zeitlichen Abständen einzelne Mengen eines Arzneimittels konfektioniert und freigegeben werden, handelt es sich um einzelne Herstellungsvorgänge, die jeweils eine eigene Charge darstellen (OVG Münster BeckRS 2010, 45023).

42 Der Begriff der **Charge** stellt allein auf den einheitlichen oder kontinuierlichen Herstellungsvorgang ab; dass auch die **Endprodukte** einheitlich sind, ist nicht erforderlich. So ist eine Charge, die trotz einheitlicher Herstellung wegen Qualitätsmängeln inhomogen ist, gleichwohl eine Charge im Sinne des AMG (*Kügel* in Kügel/Müller/Hofmann § 4 Rn. 136). Auch auf eine einheitliche **Etikettierung** kommt es nicht an (*Kügel* in Kügel/Müller/Hofmann § 4 Rn. 136).

43 Nach § 10 Abs. 1 S. 1 Nr. 4 dürfen Fertigarzneimittel nur in den Verkehr gebracht werden, wenn auf den Behältnissen die **Chargenbezeichnung** (Ch.-B.) angegeben ist.

H. Inverkehrbringen (Absatz 17)

44 Während dem (sonstigen) Inverkehrbringen im Betäubungsmittelrecht lediglich eine Auffangfunktion zukommt (→ BtMG § 29 Rn. 1153), ist das Inverkehrbringen im Arzneimittelrecht **von zentraler Bedeutung.** Dementsprechend reicht der Begriff über den betäubungsmittelrechtlichen Begriff (→ BtMG § 29 Rn. 1157) weit hinaus. Arzneimittelrechtlich umfasst das Inverkehrbringen bereits das **Vorrätighalten** zum Verkauf oder zu sonstiger Abgabe, das **Feilhalten**, das **Feilbieten** und die **Abgabe an andere** und damit Erscheinungsformen, die im Betäubungsmittelrecht von dem umfassenden Begriff des **Handeltreibens** erfasst werden.

45 Nach den vom BGH zum Betäubungsmittelrecht entwickelten Grundsätzen der **Bewertungseinheit** (→ BtMG Vor § 29 Rn. 588–670), die auf die gleichgelagerte Konstellation des Inverkehrbringens von Arzneimitteln übertragbar sind, bilden das Vorrätighalten zum Verkauf und die aus diesem Vorrat sukzessiv erfolgenden Abgabeakte materiell-rechtlich eine **einheitliche Tat** (BGHSt 46, 380 = NJW 2001, 2812 = NStZ 2001, 488 mAnm *Hecker* NStZ 2001, 549 = StV 2002, 260; 54, 243 = NJW 2010, 2528 = StV 2010, 683; 57, 312 = NJW 2012, 3665 = PharmR 2013, 41 = A&R 2012, 272 m. abl. Bespr. *Wesser*; 59, 16 = NJW 2014, 326 = NStZ 2014, 468 mAnm *Volkmer* = PharmR 2014, 114 mAnm *Floeth* = A&R 2014, 35 mAnm *Winkler*; BGHR AMG § 95 Abs. 1 Nr. 2a Dopingmittel 2 = NStZ 2012, 218

= PharmR 2012, 158 mAnm *Krüger* = A&R 2012, 128 mAnm *Winkler;* BGH NStZ 2015, 591).

Eine Bewertungseinheit ist anzunehmen, wenn ein und derselbe Güterumsatz 46 Gegenstand der strafrechtlichen Bewertung ist. Voraussetzung ist das Vorliegen konkreter Anhaltspunkte dafür, dass bestimmte Einzelverkäufe aus einer einheitlich erworbenen Gesamtmenge herrühren. Obwohl der **Erwerb** der Arzneimittel **nicht strafbar** ist (zu diesem Erfordernis → BtMG Vor § 29 Rn. 593), kann auf die Erwerbshandlungen abgestellt werden, da durch diese ein Vorrat angelegt wird und damit ein strafbares Vorrätighalten begründet wird (BGHR AMG § 95 Abs. 1 Nr. 2a Dopingmittel 2 (→ Rn. 45)). Dies kann auch bei verschiedenen Präparaten gegeben sein, etwa wenn sie im Gesamtpaket erworben werden (BGHR AMG § 95 Abs. 1 Nr. 2a Dopingmittel 2 (→ Rn. 45)).

Als **Handelnde des Inverkehrbringens** kommen auf dem legalen Markt vor 47 allem Hersteller, Importeure, Großhändler, Apotheker, Einzelhändler und Ärzte in Betracht; auf den illegalen Märkten kann jeder Inverkehrbringender sein (*Räpple* S. 38). Jeder Marktteilnehmer ist Adressat der Vorschrift, unabhängig davon, ob das Arzneimittel auf einer **anderen Vertriebsstufe** bereits in den Verkehr gebracht worden war (*Räpple* S. 38). Ein Inverkehrbringen ist daher mehrmals möglich. Zum Inverkehrbringen durch **Unterlassen** → § 95 Rn. 40–43.

I. Inverkehrbringen und Handeltreiben. Seit dem 8. AMGÄndG v. 48 7.9.1998 (BGBl. I S. 2649) kennt zwar auch das AMG den Begriff des Handeltreibens; auch sollte der Begriff so verstanden werden wie im Betäubungsmittelrecht (→ § 43 Rn. 38). Allerdings ist die dazu notwendige Abstimmung mit dem sonstigen Normenbestand unterblieben (*Weber* Handeltreiben S. 160, 161). Dies gilt insbesondere von der fehlenden Ausgestaltung des Handeltreibens als einer umfassenden Norm (*Weber* Handeltreiben S. 269, 270). Das Inverkehrbringen hat daher gegenüber dem Handeltreiben seine Bedeutung behalten (→ § 43 Rn. 37–43). Von vornherein **kein** Inverkehrbringen ist das **besitzlose** Handeltreiben.

II. Inverkehrbringen durch Unterlassen; unterlassener Rückruf. → § 95 49 Rn. 40–43.

III. Die einzelnen Stufen des Inverkehrbringens. Die einzelnen Stufen des 50 Inverkehrbringens sind in Absatz 17 in zeitlicher Hinsicht gereiht.

1. Vorrätighalten zum Verkauf oder zu sonstiger Abgabe. Der erste Akt 51 des Inverkehrbringens ist das Vorrätighalten. Es verlangt Besitz (*Horn* NJW 1977, 2329 (2931)), wobei der **bloße Besitz** allerdings **nicht** ausreicht. Notwendig ist eine Lager- oder Vorratshaltung (BGHSt 59, 16 (→ Rn. 45)). Das Verbringen von Arzneimitteln in das Inland ist daher noch kein Vorrätighalten, sondern lediglich der Versuch dazu; Vollendung tritt erst dann ein, wenn der Täter das Arzneimittel in ein irgendwie geartetes Lager aufnimmt (BGHR AMG § 96 Nr. 5 Inverkehrbringen 1 = StV 1998, 663). **Mittelbarer Besitz** reicht aus; entscheidend ist die tatsächliche Verfügungsgewalt (BGHR AMG § 96 Nr. 5 Inverkehrbringen 1 (s. o.); *Freund* in MüKoStGB AMG § 4 Rn. 24; *Krüger* in Kügel/Müller/Hofmann § 4 Rn. 140; *Raum* in Kügel/Müller/Hofmann § 95 Rn. 13; *Wolz* Bedenkliche Arzneimittel S. 33). Am **Ort des Verkaufs** oder in **verkaufsfertigem Zustand** muss sich die Sache **nicht** befinden (*Raum* in Kügel/Müller/Hofmann § 95 Rn. 13). Zum Ganzen auch → BtMG § 29 Rn. 507.

a) Formen des Vorrätighaltens. Im Rahmen des Vorrätighaltens ist zwischen 52 zwei Formen zu unterscheiden. Andere Zwecke, etwa die Lagerung zum Eigenverbrauch, zur Vernichtung oder mit dem Ziel der Rückgabe, erfüllen den Tatbestand nicht.

aa) Vorrätighalten zum Verkauf. Vollendetes Inverkehrbringen liegt vor, 53 wenn die Arzneimittel zum Zwecke des Verkaufs vorrätig gehalten werden. Im Betäubungsmittelrecht ist das Vorrätighalten zum Verkauf eine Erscheinungsform des Handeltreibens; die in → BtMG § 29 Rn. 505–509 enthaltenen Erläuterungen gelten aber auch hier. **Verkauf** ist das schuldrechtliche Geschäft (*Horn* NJW 1977, 2329 (2333)); eine Übereignung ist nicht notwendig (*Kloesel/Cyran* § 4 Anm. 57; aA *Wolz* Bedenkliche Arzneimittel S. 33, 34).

54 **bb) Vorrätighalten zu sonstiger Abgabe.** Vollendetes Inverkehrbringen liegt auch dann vor, wenn die Arzneimittel zum Zwecke der Abgabe vorrätig gehalten werden. Zur Abgabe → Rn. 61–73.

55 **b) Vorrätighalten zu Exportzwecken.** Nicht abschließend geklärt ist die Frage, ob ein Inverkehrbringen (im Inland) auch dann vorliegt, wenn Arzneimittel im Inland vorrätig gehalten werden, die zum Export bestimmt sind. In der Diskussion sollten die Fälle, in denen der Lagerhalter die zum Export bestimmten Arzneimittel noch im Inland an einen Dritten abgibt, der sie dann im Ausland auf den Markt bringt, von den Fällen unterschieden werden, in denen der Lagerhalter auch der Exporteur ist, so dass vor dem Überschreiten der Grenze kein Wechsel in der Verfügungsgewalt eintritt.

56 Im ersten Fall sollen der intendierte Verkauf oder die intendierte Abgabe **noch im Inland** erfolgen. Dass in dem Vorrätighalten zu diesen Zwecken bereits ein Inverkehrbringen zu sehen ist, entspricht Wortlaut und Sinn des § 4 Abs. 17 (so wohl auch *Rehmann* § 4 Rn. 16, 17, § 21 Rn. 1; *Handorn* in Fuhrmann/Klein/Fleischfresser ArzneimittelR-HdB § 27 Rn. 13; *Freund* in MüKoStGB § 4 Rn. 24; *Volkmer* in Körner/Patzak/Volkmer § 95 Rn. 47). Die darüber hinausgehende Exportabsicht vermag dies nicht zu ändern. § 73 a steht einem solchen Verständnis schon deswegen nicht entgegen, weil zum Zeitpunkt des Verkaufs oder der Abgabe noch keine Ausfuhr und kein Verbringen aus Deutschland vorliegen.

57 Sollen Verkauf oder Abgabe **erst im Ausland** stattfinden, so geht die überwiegende Meinung davon aus, dass das Vorrätighalten im Inland **noch kein inländisches Inverkehrbringen** darstellt (*Sander* ArzneimittelR § 4 Erl. 21; *Rehmann* § 4 Rn. 16, 17, § 21 Rn. 1; *Handorn* in Fuhrmann/Klein/Fleischfresser ArzneimittelR-HdB § 27 Rn. 13; *Freund* in MüKoStGB § 4 Rn. 24, krit. Rn. 27; *Volkmer* in Körner/Patzak/Volkmer § 95 Rn. 47; *Linse/Porstner* PharmR 2005, 420 (424)). Der Wortlaut des § 4 Abs. 17 gibt dies nicht ohne Weiteres her. Es würde jedoch wenig Sinn machen, Arzneimittel, die für das Ausland produziert wurden, für die vorübergehende Zeit des Vorrätighaltens bis zum Export den deutschen Vorschriften zu unterwerfen. Auch aus § 73 a lässt sich nichts Gegenteiliges herleiten (aA *Kügel* in Kügel/Müller/Hofmann § 73 a Rn. 12). Die Vorschrift gilt für bedenkliche Arzneimittel und solche iSd § 8 Abs. 1. Es hat gute Gründe, wenn der Gesetzgeber den Export solcher Medikamente nur unter besonderen Voraussetzungen zulässt.

58 **2. Feilhalten.** Der nächste Akt des Inverkehrbringens ist das Feilhalten. Dazu → BtMG § 29 Rn. 512–515. Mit dem Vorrätighalten hat das Feilhalten gemeinsam, dass es sich um ein **Besitzen** mit Abgabeabsicht handelt (*Horn* NJW 1977, 2329 (2331)). Auch hier muss eine Lager- oder Vorratshaltung vorliegen (BGHSt 59, 16 (→ Rn. 45)). Hinzukommen muss, dass das Arzneimittel in einer Weise aufgestellt ist, die **äußerlich erkennbar** auf **Verkaufsabsicht** hindeutet (BGHSt 23, 286 = NJW 1970, 1647). Nicht ausreichend ist daher die Absicht zur kostenlosen Abgabe als Muster (*Wolz* Bedenkliche Arzneimittel S. 35).

59 **3. Feilbieten.** Die nächste Stufe auf dem Weg zum eigentlichen Inverkehrbringen ist das Feilbieten. Dazu → BtMG § 29 Rn. 516, 517. Auch hier muss sich das Arzneimittel in der tatsächlichen **Verfügungsgewalt** (Lager- oder Vorratshaltung (BGHSt 59, 16 (→ Rn. 45)); eingehend *Floeth* PharmR 2014, 115 (116)) des Betroffenen befinden; dass er die Beschaffung verspricht, genügt nicht (*Horn* NJW 1977, 2329 (2332)). Schließlich muss es sich um ein Feilbieten zum Verkauf han-

deln; das Angebot zum Verschenken reicht nicht aus (*Horn* NJW 1977, 2329 (2332)).

Ob auch das **Anbieten** zum Feilbieten gehört, ist nicht abschließend geklärt (*Kloesel/Cyran* § 4 Anm. 56; *Rehmann* § 4 Rn. 18; *Freund* in MüKoStGB § 4 Rn. 32; *Pfohl* in Erbs/Kohlhaas AMG § 4 Rn. 28). Dagegen spricht, dass das Gesetz selbst in § 59a Abs. 1 S. 1 das Anbieten neben das Feilbieten (als Bestandteil des Inverkehrbringens) stellt. Anbieten ist jede Form der Anregung zur Anschaffung einer Ware, auch durch Zeitungsanzeigen, Prospekte oder im Internet. Das Anbieten umfasst auch die Werbung (*Freund* in MüKoStGB § 4 Rn. 32). Ebenso setzt es nicht voraus, dass die Ware bereits im Verfügungsbereich des Anbietenden ist (*Rohnfelder/Freytag* in Erbs/Kohlhaas LFGB § 3 Rn. 6; wohl auch BGHSt 59, 16 (→ Rn. 45); aA *Krüger* in Kügel/Müller/Hofmann § 4 Rn. 141). 60

4. Abgabe an andere. Der **zentrale Begriff** im Rahmen des Absatzes 17 ist der der **Abgabe**. Die anderen Varianten des Inverkehrbringens gehen der Abgabe voraus. 61

Abgabe ist die körperliche Übergabe (Übertragung der tatsächlichen Verfügungsgewalt (BVerwG NVwZ 2008, 1238)) an einen anderen durch deren Inhaber in einer Weise, dass der Empfänger tatsächlich in die Lage versetzt wird, sich des Arzneimittels zu bemächtigen und mit ihm nach seinem Belieben (BGHSt 59, 16 (→ Rn. 45); BGH NStZ 2015, 591) zu verfahren. Der Begriff der Abgabe im AMG entspricht damit grundsätzlich dem der Abgabe im BtMG; dazu → BtMG § 29 Rn. 1117–1124. 62

Die Abgabe erfasst die Verschaffung der tatsächlichen Verfügungsmacht **auch ohne Übereignung** (*Freund* in MüKoStGB § 4 Rn. 33) oder ohne Rechtsgeschäft, auch unentgeltlich (*Volkmer* in Körner/Patzak/Volkmer AMG § 95 Rn. 52) oder im Wege des Tauschs oder der Vermietung. Ausreichend ist auch die Abtretung des Herausgabeanspruchs gegen einen Dritten (*Freund* in MüKoStGB § 4 Rn. 33; *Wolz* Bedenkliche Arzneimittel S. 40) oder die Einräumung eines Besitzkonstituts (*Volkmer* in Körner/Patzak/Volkmer AMG § 95 Rn. 52). 63

Einen Begriff der **Veräußerung** kennt das AMG nicht. Im Verhältnis zum **Handeltreiben** ist zu berücksichtigen, dass das Handeltreiben im AMG **nicht** als die **umfassendere Begehungsform** anzusehen ist, in der die anderen Alternativen als Teilakte aufgehen (→ § 43 Rn. 39). Die Abgabe und das Handeltreiben können daher (tateinheitlich) nebeneinander stehen. Allerdings kommt dies derzeit nur bei gefälschten Arzneimitteln und Wirkstoffen (§ 8 Abs. 2) oder bei der Abgabe von apothekenpflichtigen Arzneimitteln außerhalb der Apotheke (§ 43 Abs. 1 S. 2) in Betracht. 64

a) Abgebender. Die Abgabe muss durch den Inhaber der tatsächlichen Verfügungsgewalt erfolgen (→ BtMG § 29 Rn. 1118). **Abgebender** kann daher nur sein, wer die eigene tatsächliche Verfügungsgewalt über das Arzneimittel hat; diese muss übertragen werden. Wer nur bei der Übertragung einer fremden Verfügungsmacht mitwirkt, etwa indem er den Gewahrsamswechsel auf den Abnehmer bewirkt, ist nicht Abgebender (→ BtMG § 29 Rn. 1118). Dies gilt für den Boten des Käufers wie für den pharmazeutisch-technischen Assistenten, der das Rezept dem Apotheker vorzulegen hat (OLG Celle NJW 1985, 2206). Eigene tatsächliche Verfügungsgewalt haben auch der **Besitzherr** oder der **mittelbare Besitzer** (→ BtMG § 29 Rn. 1118). Zur eigenmächtigen Weitergabe durch den Besitzdiener oder unmittelbaren Besitzer → BtMG Rn. 1066. 65

Auch im Arzneimittelrecht ist eine **rechtliche Verfügungsbefugnis nicht** erforderlich (*Kloesel/Cyran* § 4 Rn. 57; *Wolz* Bedenkliche Arzneimittel S. 41). Dies wird verkannt, wenn eine solche gefordert wird, weil eine Übergabe des Arzneimittels an den Taxifahrer oder sonstigen Boten keine Abgabe sein könne (*Bakhschai* 66

AMG § 4   Erster Abschnitt. Gesetzeszweck, Begriffe, Anwendungsbereich

in Fuhrmann/Klein/Fleischfresser ArzneimittelR-HdB § 17 Rn. 10). Eine Abgabe an den Taxifahrer oder sonstigen Boten liegt schon deswegen nicht vor, weil damit lediglich eine Übergabe vom Besitzherrn an den Besitzdiener erfolgt, die zudem **nicht zur freien Verfügung** geschieht, sondern zum Bewirken des Gewahrsamswechsels (→ BtMG § 29 Rn. 1120). Die Abgabe ist erst dann vollendet, wenn der Taxifahrer oder sonstige Bote das Arzneimittel dem Empfänger übergibt.

67   Bei der **Lohnherstellung** (→ § 13 Rn. 17) ist der Lohnhersteller **unmittelbarer Besitzer** der für den Lohnauftraggeber hergestellten Arzneimittel, während der Lohnauftraggeber mittelbarer Besitzer ist. Werden die Arzneimittel nach der Herstellung dem Lohnauftraggeber übergeben, so liegt darin keine Abgabe, sondern lediglich eine Beendigung des bisher bestehenden Besitzmittlungsverhältnisses (aA *Sander* ArzneimittelR § 13 Erl. 4; nur iErg richtig *Bakhschai* in Fuhrmann/Klein/Fleischfresser ArzneimittelR-HdB § 17 Rn. 11).

68   Wird das Arzneimittel **innerhalb desselben Unternehmens** von einer Betriebsstätte in eine andere oder auch in die Verkaufsstelle verbracht, so bleibt in der Regel die tatsächliche Verfügungsgewalt des Betriebsinhabers erhalten (*Horn* NJW 1977, 2329 (2333); *Räpple* S. 36). Etwas anders kommt in Betracht, wenn dessen Einwirkungsmöglichkeiten völlig oder im Wesentlichen durch die eines anderen setzt wird (*Horn* NJW 1977, 2329 (2333)). Im Einzelfall kommt es daher darauf, inwieweit die Mitarbeiter der Verkaufsstelle den Anweisungen der Zentrale unterstehen, so dass diese jederzeit in den Geschäftsbetrieb eingreifen und auf diese Weise tatsächliche Verfügungsgewalt ausüben kann (*Horn* NJW 1977, 2329 (2333)).

69   **b) Empfänger.** Dem Empfänger muss das Arzneimittel so übertragen werden, dass er tatsächliche Verfügungsmacht erlangt (→ BtMG § 29 Rn. 1119).

70   **c) Übergabe zur freien Verfügung.** Die Übertragung der tatsächlichen Verfügungsmacht muss zur freien Verfügung erfolgen, so dass der Empfänger das Betäubungsmittel nach Belieben verbrauchen oder weitergeben kann (BGH NStZ-RR 2015, 218 (→ Rn. 14); → BtMG § 29 Rn. 1120).

71   **d) (Keine) Erweiterung des Kreises, Rückgabe.** Im illegalen Betäubungsmittelverkehr liegt eine Abgabe nur vor, wenn dadurch der Kreis der Personen, die zu dem Betäubungsmittel in Beziehung stehen, erweitert wird (→ BtMG § 29 Rn. 1123, 1124), so dass eine Rückgabe an denjenigen, der zuvor die Verfügungsgewalt hatte, keine Abgabe darstellt. Eine Ausnahme kommt in Betracht, wenn das Betäubungsmittel zuvor in den legalen Betäubungsmittelverkehr gelangt war (→ BtMG § 29 Rn. 1124). Ob die Abgabe im Arzneimittelrecht ebenfalls eine Erweiterung des Kreises voraussetzt, ist zweifelhaft. **Dagegen** spricht, dass in § 30 Abs. 4 S. 2 die Zulässigkeit der Rückgabe von Arzneimitteln, deren Zulassung nicht mehr wirksam ist, an den pharmazeutischen Unternehmer ausdrücklich angeordnet ist (*Freund* in MüKoStGB § 4 Rn. 33; *Rehmann* § 4 Rn. 19; s. auch *Sander* ArzneimittelR § 4 Erl. 21; *Krüger* in Kügel/Müller/Hofmann § 4 Rn. 144). Auch die **Rückgabe** ist daher eine Abgabe. Dasselbe gilt für die Überlassung eines Blutpräparates an den Spender zur Eigenanwendung (BayObLG NJW 1998, 3430 = MedR 1998, 418).

72   **e) Verabreichen, Anwenden, Überlassen zum unmittelbaren Verbrauch, Verschreiben.** Keine Abgabe ist das **Verabreichen,** da hierbei keine tatsächliche Verfügungsmacht an den Patienten übertragen wird (→ BtMG § 29 Rn. 1531; *Freund* in MüKoStGB § 4 Rn. 34). Dasselbe gilt für das sonstige **Anwenden** (*Räpple* S. 37, 38); durch die Neufassung des § 5 Abs. 1, der die Anwendung beim Menschen neben das Inverkehrbringen stellt, wird dies bestätigt. Dies gilt auch für die Anwendung durch den Tierarzt, da der Tierhalter keine Verfügungsgewalt über das Arzneimittel erhält (BVerwGE 94, 341; *Kloesel/Cyran* § 4 Anm. 58). Auch das **Überlassen zum unmittelbaren Verbrauch** ist keine Abgabe, da auch in einem

solchen Falle keine tatsächliche Verfügungsmacht übertragen wird (BGH NStZ-RR 2015, 218 (→ Rn. 14); → BtMG § 29 Rn. 1542–1546).

Keine Abgabe ist auch das **Verschreiben,** da dem Arzt keine tatsächliche Verfügungsmacht über das Arzneimittel zusteht (→ BtMG § 29 Rn. 1160). **Keine** (mittäterschaftliche) Abgabe liegt auch vor, wenn der **Arzt** sich mit einem **Apotheker zusammengeschlossen** hat, und der Arzt bedenkliche Rezepturarzneimittel verschreibt, die der Apotheker dann herstellt und veräußert (aA OVG Münster NJW 1997, 2471; *Freund* in MüKoStGB § 4 Rn. 35, der sich zu Unrecht auf BGH NStZ 1999, 625 = StV 2000, 81 beruft); die Abgabe ist ein echtes Sonderdelikt, das nur von dem verwirklicht werden kann, der die tatsächliche Verfügungsgewalt ausübt (→ BtMG § 29 Rn. 1177). Strafrechtlich kommt daher nur Teilnahme in Betracht. 73

I. Pharmazeutischer Unternehmer (Absatz 18)

I. Inhaber der Zulassung (Satz 1). Pharmazeutischer Unternehmer ist bei zulassungspflichtigen Arzneimitteln der Inhaber der Zulassung (§ 21). Dies ist nicht notwendig der Hersteller. Der Inhaber der Zulassung ist immer auch pharmazeutischer Unternehmer (*Krüger* in Kügel/Müller/Hofmann § 4 Rn. 147; *Koyuncu* in Deutsch/Lippert § 4 Rn. 66). 74

II. Inverkehrbringen unter seinem Namen (Satz 2). Pharmazeutischer Unternehmer ist auch, wer, ohne Zulassungsinhaber zu sein, das Arzneimittel unter seinem Namen in den Verkehr bringt. Dies gilt nicht für den Sponsor (§ 9 Abs. 1 S. 2). Auch bei der Abgabe von Diamorphin kann Satz 2 nicht praktisch werden (→ BtMG § 13 Rn. 124). 75

Das entscheidende Merkmal ist das **Inverkehrbringen unter seinem Namen** (*Rehmann* § 4 Rn. 20). Dazu ist eine nach außen erkennbare Kundgabe erforderlich (*Fleischfresser* in Fuhrmann/Klein/Fleischfresser ArzneimittelR-HdB § 5 Rn. 9). Auch im Sinne des Satzes 2 ist daher nicht notwendig der Hersteller pharmazeutischer Unternehmer, wohl aber jeder, der die Arzneimittel unter seinem Namen in Verkehr bringt. Dies können auch **Apotheker** und **Großhändler** sein, die Arzneimittel umfüllen oder abfüllen, abpacken oder kennzeichnen, sofern sie diese unter eigenem Namen in den Verkehr bringen (*Bakhschai* in Fuhrmann/Klein/Fleischfresser ArzneimittelR-HdB § 18 Rn. 2; *Räpple* S. 39). 76

Pharmazeutischer Unternehmer ist auch der **Mitvertreiber** (*Räpple* S. 39). Der Mitvertrieb ist eine in der Praxis übliche, arzneimittelrechtlich aber nicht abschließend geregelte Vertriebsform (*Fuhrmann/Fleischfresser* in Fuhrmann/Klein/Fleischfresser ArzneimittelR-HdB § 7 Rn. 20), bei der weiteren Unternehmern zivilrechtlich das Recht eingeräumt wird, ein zugelassenes Arzneimittel **unter eigenem Namen** in den Verkehr zu bringen. Die Rechtsstellung des Mitvertreibers ist akzessorisch zu der des Zulassungsinhaber (*Fuhrmann/Fleischfresser* in Fuhrmann/Klein/Fleischfresser ArzneimittelR-HdB § 7 Rn. 20). Daher darf der Mitvertreiber öffentlich-rechtlich nur das Präparat in den Verkehr bringen, das der Zulassung entspricht. Pharmazeutischer Unternehmer ist, wie das Gesetz jetzt klargestellt hat, auch der **Parallelimporteur.** 77

Kein pharmazeutischer Unternehmer ist dagegen der **Lohnhersteller,** der ein Arzneimittel für einen anderen produziert, das der andere dann unter seinem eigenen Namen vertreibt (*Freund* in MüKoStGB § 4 Rn. 40; *Rehmann* § 4 Rn. 20). 78

Bedarf das Arzneimittel **keiner Zulassung** (§ 21 Abs. 2), ist pharmazeutischer Unternehmer derjenige, der das Arzneimittel unter seinem Namen in den Verkehr bringt (*Bakhschai* in Fuhrmann/Klein/Fleischfresser ArzneimittelR-HdB § 18 Rn. 2). 79

J. Wirkstoffe (Absatz 19)

80 Der Begriff des Wirkstoffs ist vor allem für die Überwachung und die Einfuhr von Bedeutung. Wirkstoffe sind selbst (noch) **keine Arzneimittel** (*Krüger* in Kügel/Müller/Hofmann § 4 Rn. 154; *Koyuncu* in Deutsch/Lippert § 3 Rn. 14). Sie sind Stoffe, die dazu bestimmt sind,
– bei der Herstellung von Arzneimitteln als arzneilich wirksame Bestandteile **verwendet** zu werden oder
– bei ihrer Verwendung in der Arzneimittelherstellung **zu** arzneilich wirksamen Bestandteilen der Arzneimittel **zu werden.**

Stoffe, die arzneilich ohne Wirkung sind, sind keine Wirkstoffe. Werden solche Stoffe durch Zusammenführung im Herstellungsprozess nach ihrer Bestimmung zum arzneilich wirksamen Bestandteil, so werden sie dadurch zum Wirkstoff (BT-Drs. 15/2109, 26; *Rehmann* § 4 Rn. 21).

81 Ebenso wie bei der Kategorisierung eines Produktes als Arzneimittel richtet sich die **Bestimmung** eines Stoffes als arzneilich wirksamen Bestandteil nicht nach den Vorstellungen des Wirkstoffproduzenten oder pharmazeutischen Unternehmers, sondern zunächst nach **objektiven Maßstäben.** Dabei ist zu ermitteln, zu welchen Zwecken der Stoff nach der allgemeinen Verkehrsauffassung, insbesondere der Ansicht eines beachtlichen Teils der Abnehmer oder bei neuartigen Mitteln nach Auffassung der Wissenschaft, zu dienen bestimmt ist (*Krüger* in Kügel/Müller/Hofmann § 4 Rn. 156; *Krüger* in Fuhrmann/Klein/Fleischfresser ArzneimittelR-HdB § 14 Rn. 40).

82 Wird ein Stoff **sowohl** als arzneilich wirksamer Bestandteil **als auch zu anderen Zwecken** eingesetzt **(ambivalenter Stoff),** so gilt er nur dann als Wirkstoff, wenn er vom Hersteller selbst zur Herstellung von Arzneimitteln eingesetzt oder an Arzneimittelhersteller geliefert wird (BT-Drs. 11/5373, 12; *Freund* in MüKoStGB § 4 Rn. 41; *Krüger* in Kügel/Müller/Hofmann § 4 Rn. 157; *Krüger* in Fuhrmann/Klein/Fleischfresser ArzneimittelR-HdB § 14 Rn. 41).

83 Enthält ein Roh-, Grund- oder Ausgangstoff (→ § 2 Rn. 11–17) **neben** arzneilich wirksamen Bestandteilen auch solche Bestandteile, die **keine pharmakologische Wirkung** zeigen, so handelt es sich nicht um einen Wirkstoff (VG Hamburg PharmR 2002, 110; *Rehmann* § 4 Rn. 21).

K. Großhandel (Absatz 22)

84 Die Begriffsbestimmung des **Großhandels** entspricht im Wesentlichen der Definition des Art. 1 Nr. 17 der Richtlinien 2001/83/EG und 2001/82/EG. Danach ist **Großhandel** jede **berufs-** oder **gewerbsmäßige** (→ Rn. 87) zum Zwecke des **Handeltreibens** ausgeübte Tätigkeit, die in der Beschaffung (→ Rn. 88), Lagerung (→ Rn. 89), Abgabe (→ Rn. 61–73) oder Ausfuhr (→ Rn. 128) von Arzneimitteln besteht, mit Ausnahme der Abgabe an andere Verbraucher als Ärzte, Zahnärzte, Tierärzte oder Krankenhäuser. Eine solche Abgabe wäre eine klassische Apotheken- oder Einzelhandelstätigkeit. Daher ist die Abgabe von Desinfektionsmitteln an Ärzte und Krankenhäuser erlaubnispflichtig, nicht aber an Alten- und Pflegeheime (*Bakhschai* in Fuhrmann/Klein/Fleischfresser ArzneimittelR-HdB § 18 Rn. 9). Insoweit liegt Einzelhandel vor (*Stumpf* in Kügel/Müller/Hofmann § 4 Rn. 173). Großhandel kann auch das **Vermitteln** entsprechender Geschäfte sein (BGH PharmR 2016, 40; *Stumpf* in Kügel/Müller/Hofmann § 52a Rn. 11). Der Großhändler bedarf der **Erlaubnis** (§ 52a).

85 Für den Begriff des Großhandels kommt es auf die Art der Tätigkeit, nicht aber auf die funktionelle Stellung der ihn ausführenden Personen an. Gemäß § 52a Abs. 7 sind auch **Apotheker** Großhändler, soweit sie nicht im Rahmen des üb-

Sonstige Begriffsbestimmungen **§ 4 AMG**

lichen Apothekenbetriebs handeln (→ § 52a Rn. 14; BGH NStZ 2011, 583 = A&R 2011, 136 mAnm *Winkler*).

Übt der Großhändler eine Tätigkeit aus, die über die in Absatz 22 genannten Tä- 86 tigkeiten **hinausgeht,** nimmt er insbesondere eine Veränderung des Arzneimittels vor, bedarf er einer **Herstellungserlaubnis** (*Sandrock/Nawroth* in Dieners/Reese PharmaR-HdB § 9 Rn. 93). Einer solchen bedarf es auch für das Umfüllen, Abpacken und Kennzeichnen (unklar *Sandrock/Nawroth* in Dieners/Reese PharmaR-HdB § 9 Rn. 93), das ebenfalls zur Herstellung gehört (Absatz 14; → Rn. 36). Dass das Zusammenfügen von Arzneimitteln zu apothekengerechten Gebinden keine Herstellung, sondern Großhändlertätigkeit sein soll (*Sandrock/Nawroth* in Dieners/ Reese PharmaR-HdB § 9 Rn. 93), muss daher bezweifelt werden. Ein Großhändler, der **Arzneimittelvermittlung** (§ 52c) betreibt, bedarf weder der Anzeige noch der Registrierung (BT-Drs. 17/9341, 59).

Alle in Absatz 22 aufgeführten Tätigkeiten stehen rechtlich gleichwertig neben- 87 einander. **Jede einzelne** dieser Tätigkeiten, die zum Zweck des Handeltreibens (→ Rn. 90) ausgeübt wird, **erfüllt** den Begriff des **Großhandels** (VG Stuttgart PharmR 2007, 36; *Koyuncu* in Deutsch/Lippert § 4 Rn. 75). Die Tätigkeit muss **berufs**- oder **gewerbsmäßig** ausgeübt werden; dazu → § 13 Rn. 25−31; → § 43 Rn. 17−27. Beziehen sich die jeweiligen Tätigkeiten auf **ein** Arzneimittel, so liegt eine **Bewertungseinheit** (→ Rn. 45) vor.

Von besonderer Bedeutung ist der Begriff des **Beschaffens.** Er ist mit dem des 88 Sichverschaffens iSd § 29 Abs. 1 S. 1 Nr. 1 BtMG (→ BtMG § 29 Rn. 1261−1273) nicht vergleichbar und umfasst jede Tätigkeit, die es dem Beschaffenden ermöglicht, über die beschafften Arzneimittel zu verfügen, vor allem der Kauf, Ankauf auf Abruf oder auch der Kontor-Handel, ohne dass die Ware in Besitz genommen wird (*Stumpf* in Kügel/Müller/Hofmann § 4 Rn. 169; *Sandrock/Nawroth* in Dieners/Reese PharmaR-HdB § 9 Rn. 88).

Bedeutsam ist auch die Lagerung. **Lagern** ist das Aufbewahren zu einer späteren 89 Verwendung oder zu einer Abgabe an andere. Das Lagern setzt Besitz voraus (BayObLGSt 1959, 157), wobei alle Formen des Besitzes (→ BtMG § 29 Rn. 1335−1353) in Betracht kommen. Es muss daher nicht in eigenen Räumen stattfinden (*Pfohl* in Erbs/Kohlhaas AMG § 96 Rn. 41).

Die Handlungen müssen zum Zweck des **Handeltreibens** erfolgen. Der Begriff 90 des Handeltreibens ist weiter als der Begriff des in Absatz 17 definierten Inverkehrbringens (→ § 8 Rn. 41−57; → § 43 Rn. 36−59; *Sandrock/Nawroth* in Dieners/ Reese PharmaR-HdB § 9 Rn. 87). Am Zweck des Handeltreibens fehlt es bei **Logistikunternehmen** (zB Spediteuren), die die Arzneimittel lediglich transportieren oder ihren Transport veranlassen; sie sind daher keine Großhändler (*Bakhschai* in Fuhrmann/Klein/Fleischfresser ArzneimittelR-HdB § 18 Rn. 10). Auch der **Warenfluss** zwischen verschiedenen **Betriebsstätten eines Konzerns** ist kein Handeltreiben, so dass auch insoweit eine Großhandelserlaubnis nicht erforderlich ist (*Bakhschai* in Fuhrmann/Klein/Fleischfresser ArzneimittelR-HdB § 18 Rn. 10).

Großhändler ist dagegen der **pharmazeutische Unternehmer,** der nicht zu- 91 gleich Inhaber einer Herstellungserlaubnis für die von ihm in den Verkehr gebrachten Arzneimittel ist (→ § 52a Rn. 12). Entsprechendes gilt für **Importeure** (→ § 52a Rn. 13). Dasselbe gilt für den **Mitvertreiber** (→ Rn. 77), der ebenfalls pharmazeutischer Unternehmer ist (*Bakhschai* in Fuhrmann/Klein/Fleischfresser ArzneimittelR-HdB § 18 Rn. 9). Großhändler sind auch **Makler** (Broker) und Betriebe, die **Streckengeschäfte** betreiben; auch sie beschaffen Arzneimittel berufs- oder gewerbsmäßig zum Zwecke des Handeltreibens. Auf eine körperliche Entgegennahme der Arzneimittel kommt es nicht an (*Stumpf* in Kügel/Müller/Hofmann § 52a Rn. 11). Großhandel wird auch von **Einzelhändlern,** etwa Inhabern

AMG § 4 Erster Abschnitt. Gesetzeszweck, Begriffe, Anwendungsbereich

von Drogeriemärkten und Reformhäusern, betrieben, die Arzneimittel auch an andere Einzelhändler (Wiederverkäufer) abgeben. Dasselbe gilt für **Franchisegeber** mit zentralem Arzneimitteleinkauf für Apotheken als Franchisenehmer (*Stumpf* in Kügel/Müller/Hofmann § 52a Rn. 11).

L. Arzneimittelvermittlung (Absatz 22a)

92 Mit der neuen Definition in Absatz 22a wird entsprechend dem europäischen Recht (Art. 1 Nr. 17a der Richtlinie 2001/83/EG) neben den Großhändlern eine weitere Personengruppe (**Arzneimittelvermittler**) den Regelungen des AMG unterworfen. Erfasst hiervon sind alle Personen, die berufs- oder gewerbsmäßig, selbständig im fremden Namen mit Arzneimitteln iSd § 2 Abs. 1, 2 Nr. 1, die zur Anwendung bei Menschen bestimmt sind, handeln.

93 Der Arzneimittelvermittler muss danach mit diesen Arzneimitteln **handeln.** Das Gesetz verwendet hier den Begriff „handeln" statt „Handel treiben". Es bestehen aber keine Anhaltspunkte dafür, dass damit etwas anderes gemeint sein soll; dementsprechend verwendet auch die Gesetzesbegründung (BT-Drs. 17/9341, 47) den Begriff „Handel treiben". Zu diesem Begriff → Rn. 90.

94 Der Arzneimittelvermittler muss **berufs-** oder **gewerbsmäßig** handeln (dazu → Rn. 87). Er muss ferner **selbständig** tätig werden; Angestellte oder sonst abhängig Arbeitende werden von der Regelung daher nicht erfasst. Ferner muss er **in fremdem Namen** handeln. Dies bedeutet, dass er keine eigenen Umsätze von Arzneimitteln vornehmen darf (dann wäre er Großhändler), sondern Fremdumsätze herbeiführen muss. Auf welcher Seite des Geschäfts er dabei steht, ob er im Namen des Käufers oder des Verkäufers handelt, ist unerheblich.

95 Schließlich muss er handeln, ohne die **tatsächliche Verfügungsgewalt** über die gehandelten Arzneimittel zu erlangen. Bei vorliegender Verfügungsgewalt, etwa bei einer Zwischenlagerung der Arzneimittel oder sonstigen Tätigkeiten, die dem Großhandel (§ 4 Abs. 22) unterfallen, gelten die Anforderungen für Großhändler (BT-Drs. 17/9341, 47). Nicht erfasst sind Handelsmakler im Sinne von § 93 HGB, soweit sie nicht selbst mit Arzneimitteln handeln, sondern nur die Gelegenheit eines entsprechenden Vertragsabschlusses zwischen Käufer und Verkäufer herbeiführen (BT-Drs. 17/9341, 47).

M. Klinische Prüfung, nichtinterventionelle Prüfung (Absatz 23)[4]

96 Nach § 4 Abs. 1 Nr. 6 BtMG dürfen Probanden oder Patienten im Rahmen einer klinischen Prüfung in Anlage I, II oder III bezeichnete Betäubungsmittel **ohne Erlaubnis** erwerben. Der Begriff der **klinischen Prüfung** hat damit **betäubungsmittelrechtlich** erhebliche Bedeutung erlangt, zumal sich die Erlaubnisfreiheit auch auf nicht verschreibungsfähige oder nicht verkehrsfähige Betäubungsmittel (Anlage I und II zum BtMG) bezieht.

97 **I. Begriff.** Nach Absatz 23 ist eine **klinische Prüfung** jede am Menschen durchgeführte Untersuchung, die dazu bestimmt ist,
– klinische oder pharmakologische Wirkungen von Arzneimitteln zu erforschen oder nachzuweisen,
– Nebenwirkungen (Absatz 13) festzustellen oder
– die Resorption, die Verteilung, den Stoffwechsel oder die Ausscheidung zu untersuchen,

mit dem Ziel, sich von der Unbedenklichkeit oder Wirksamkeit der Arzneimittel zu überzeugen **(Satz 1).** Eine klinische Prüfung liegt danach nur vor, wenn ein

---

[4] S. Fn. 1.

Arzneimittel am Menschen erprobt wird, um **neue verallgemeinerungsfähige Erkenntnisse** zur Wirksamkeit und Sicherheit des Arzneimittels zu gewinnen (*Freund* in MüKoStGB § 4 Rn. 45). Die klinische Prüfung muss nicht in einer Klinik, sondern kann auch ambulant erfolgen (*Rehmann* § 21 Rn. 12).

Unter dem Begriff der **Wirksamkeit** sind die positiven Wirkungen eines Arz- 98 neimittels im Hinblick auf ein bestimmtes therapeutisches Ziel zu verstehen (*Sander* ArzneimittelR § 4 Erl. 27). Er darf daher mit den Wirkungen des Arzneimittels nicht gleichgesetzt werden, da diese auch unerwünscht sein können. Zur **Unbedenklichkeit** s. § 5.

II. Abgrenzung. Keine klinische Prüfung ist der ärztliche **Heilversuch** (*Volk-* 99 *mer* in Körner/Patzak/Volkmer AMG § 96 Rn. 166, 167; *Heil/Lützeler* in Dieners/ Reese PharmaR-HdB § 4 Rn. 28). Der Heilversuch ist gesetzlich nicht definiert. Er beruht auf der ärztlichen Therapiefreiheit. Bei ihm geht es nicht um die Sammlung von Erkenntnissen über die Wirkungsweise eines Arzneimittels, sondern um einen konkreten Therapieerfolg.

Von der klinischen Prüfung **unterscheidet** er sich deutlich, wenn nur eine ein- 100 zelne versuchsweise Erprobung einer (nicht völlig) neuartigen medizinischen Behandlungsmethode am Menschen vorliegt (*Bender* MedR 2005, 511 (512)). Schwierig wird die Abgrenzung, wenn mehrere oder gar viele Personen in ihn einbezogen werden (*Helle/Frölich/Haindl* NJW 2002, 857; *Binder* MedR 2005, 511). Für die Anwendung des § 4 Abs. 1 Nr. 6 BtMG ist die Abgrenzung allerdings ohne Bedeutung, weil klinische Prüfung im Sinne dieser Vorschrift lediglich die **genehmigte Prüfung** darstellt (→ BtMG § 4 Rn. 120–122).

Keine klinische Prüfung ist auch die **nichtinterventionelle Prüfung** (Sätze 2, 101 3). Dies sind Untersuchungen, in deren Rahmen Erkenntnisse aus der Behandlung von Personen mit Arzneimitteln gemäß den in der Zulassung festgelegten Angaben für ihre Anwendung anhand epidemiologischer Methoden analysiert werden und bei denen die Behandlung einschließlich der Diagnose und Überwachung nicht einem vorab festgelegten Prüfplan, sondern der ärztlichen Praxis (gegebenenfalls in Verbindung mit den Anwendungshinweisen des Arzneimittels) folgt.

Nichtinterventionelle Prüfungen folgen keinem Prüfplan und greifen nicht 102 in die ärztliche Therapieentscheidung ein (*Heil/Lützeler* in Dieners/Reese PharmaR-HdB § 4 Rn. 25). Ob und wie ein Patient zu behandeln ist, entscheidet allein der Arzt. Die Behandlung dient nicht einem allgemeinen wissenschaftlichen Erkenntnisinteresse, sondern hat sich allein am Interesse des Patienten zu orientieren (*Heil/Lützeler* in Dieners/Reese PharmaR-HdB § 4 Rn. 25). Auch erfolgt die Behandlung des Patienten nach der Zulassung des Arzneimittels. Es findet auch keine Anwendung außerhalb der genehmigten Indikation oder Anwendungsart (Off-Label-Use) statt (*Rehmann* § 4 Rn. 25). Eine Selbstverpflichtung der Pharmaindustrie zu bestimmten Qualitäts- und Complianceanforderungen enthält der FSA-Kodex Fachkreise (dazu *Broch* PharmR 2016, 314 (318)).

Um nichtinterventionelle Prüfungen handelt es sich insbesondere bei den so- 103 genannten **Anwendungsbeobachtungen** (§ 67 Abs. 6; *Wachenhausen* in Kügel/ Müller/Hofmann § 4 Rn. 188–191; *Broch* PharmR 2016, 314 (316)). Sie dienen der systematischen Sammlung von Daten über die Anwendung eines bestimmten bereits zugelassenen oder registrierten Arzneimittels. Sie sollen systematisch, anhand eines sogenannten Beobachtungsplans erfolgen, der sich allerdings vom Prüfplan in der klinischen Prüfung unterscheidet, weil er dem Arzt keine studienspezifischen Vorgaben macht (*Heil/Lützeler* in Dieners/Reese PharmaR-HdB § 4 Rn. 26). Zur Strafbarkeit des Arztes bei Gewährung überhöhter Vergütungen s. *Böse/Mölders* MedR 2008, 585; *Schneider/Strauß* HRRS 2011, 333.

104 Nichtinterventionelle Prüfungen sind auch die sogenannten **epidemiologischen Studien,** die sich mit der Verteilung von übertragbaren und nicht übertragbaren Krankheiten, deren physikalischen, chemischen, psychischen und sozialen Determinanten und Folgen in der Bevölkerung befassen (*Wachenhausen* in Kügel/Müller/Hofmann § 4 Rn. 192; *Heil/Lützeler* in Dieners/Reese PharmaR-HdB § 4 Rn. 27).

105 III. Voraussetzungen und Durchführung. Die Voraussetzungen und die Durchführung der klinischen Prüfung sind in den §§ 40–42a geregelt.

N. Sponsor (Absatz 24)[5]

106 Der Begriff des Sponsors entstammt den gemeinschaftsrechtlichen Vorgaben in der Richtlinie 2001/20/EG v. 4.4.2001 (ABl. 2001 L 121, S. 34). Sponsor ist eine natürliche oder juristische Person, welche die **Verantwortung** für die Veranlassung, Organisation und Finanzierung einer klinischen Prüfung bei Menschen trägt.

O. Prüfer (Absatz 25)[6]

107 Auch der Begriff des **Prüfers** folgt dem Gemeinschaftsrecht. In der Regel ist der Prüfer Arzt; in Ausnahmefällen kommt auch eine andere Person in Betracht, deren Beruf aufgrund seiner wissenschaftlichen Anforderungen und der seine Ausübung voraussetzenden Erfahrungen in der Patientenbetreuung die erforderliche Qualifikation verbürgt. Dies kann bei einem psychologischen Psychotherapeuten der Fall sein, mangels fehlenden wissenschaftlichen Hintergrunds nicht jedoch bei Heilpraktikern (*Freund* in MüKoStGB § 4 Rn. 47; *Rehmann* § 4 Rn. 27). Wird die Prüfung in einer Prüfstelle von einer Gruppe von Personen durchgeführt, so ist Prüfer im Sinne des Gesetzes nur der für die Durchführung verantwortliche **Leiter** dieser Gruppe (Satz 2); er hat für die Auswahl angemessen qualifizierter Mitglieder der Prüfgruppe (in der Regel Ärzte) zu sorgen, diese anzuleiten, zu informieren und zu überwachen und das Verfahren zu dokumentieren (BT-Drs. 17/9341, 47).

P. Anwendungsrisiko (Absatz 27)

108 Auch mit der Definition des mit der Anwendung eines Arzneimittels verbundenen Risikos wird Gemeinschaftsrecht umgesetzt. Ein solches **Risiko** besteht, wenn die Möglichkeit gegeben ist, dass sich eine bestimmte Gefahr verwirklicht (*Krüger* in Kügel/Müller/Hofmann § 4 Rn. 212). Anforderungen an die **Risikohöhe** oder die **Eintrittswahrscheinlichkeit** legt Absatz 27 **nicht** fest, so dass nach seinem Wortlaut jedes Risiko und jede Eintrittswahrscheinlichkeit ausreicht, um ein mit der Anwendung eines Arzneimittels verbundenes Risiko zu begründen. Allerdings würde damit jede Begrenzung entfallen. Die Vorschrift ist daher einschränkend dahin auszulegen, dass die Möglichkeit des Gefahreneintritts auf einer **plausiblen wissenschaftlichen Annahme** beruhen muss (*Krüger* in Kügel/Müller/Hofmann § 4 Rn. 213). Das Risiko erfordert zwar nicht die sichere Erwartung schädlicher Wirkungen, sondern nur den begründeten Verdacht, es könne vermehrt zu derartigen Wirkungen kommen; ein begründeter Verdacht liegt vor, wenn ernst zu nehmende Erkenntnisse einen solchen Schluss nahelegen (BVerwG PharmR 2017, 196 = A&R 2017, 75 = BeckRS 2016, 116156). Hypothesen oder nicht verizifierbare Vermutungen genügen nicht (VG Köln A&R 2014, 192 = BeckRS 2014, 52464). Allerdings dürfen im Interesse der Arzneimittelsicherheit die Anforderungen nicht überspannt werden (VG Köln BeckRS 2014, 52464).

---

[5] S. Fn. 1.
[6] S. Fn. 1.

Das Risiko muss für die Gesundheit der **Patienten** oder für die **öffentliche Ge-** 109
sundheit, bei Tierarzneimitteln für die Gesundheit von Mensch oder Tier bestehen (**Buchst. a**). Ein mit der Anwendung von Arzneimitteln verbundenes Risiko ist ferner jedes Risiko unerwünschter Wirkungen auf die **Umwelt** (**Buchst. b**). Ein Risiko für die **öffentliche Gesundheit** besteht, wenn sich der mögliche Gefahreneintritt nicht auf individuelle Patienten bezieht, sondern auf die Bevölkerung oder Teile von ihr, unabhängig davon, ob es sich um Patienten handelt (*Krüger* in Kügel/Müller/Hofmann § 4 Rn. 215). Ein Risiko unerwünschter Wirkungen auf die **Umwelt** ist gegeben, wenn die Anwendung des Arzneimittels zu nachteiligen Auswirkungen auf Ökosysteme, etwa auf Oberflächengewässer führen kann (*Krüger* in Kügel/Müller/Hofmann § 4 Rn. 217).

Das Risiko muss in Zusammenhang mit der **Qualität**, der **Sicherheit** oder der 110
Wirksamkeit des Arzneimittels stehen. Risiken, die nicht damit zusammenhängen, sind keine Risiken im Sinne des Absatzes 27 (*Krüger* in Kügel/Müller/Hofmann § 4 Rn. 214). Dies gilt etwa dann, wenn der Patient ein Arzneimittel anwendet, das weniger wirksam ist als ein anderes (OVG Münster MedR 2014, 673 = BeckRS 2014, 47935). Beruht die geringere Wirksamkeit allerdings auf einem Qualitätsmangel, so ist der erforderliche Zusammenhang gegeben (*Krüger* in Kügel/Müller/Hofmann § 4 Rn. 214). Der weite Risikobegriff des § 4 Abs. 27 Buchst. a erfasst auch die Gefahr, dass im Fall der Anwendung eines Medikaments mit zweifelhafter therapeutischer Wirksamkeit die Anwendung eines wirksamen Mittels unterbleibt und so die Erkrankung möglicherweise unbehandelt bleibt (BVerwG PharmR 2017, 196 (→ Rn. 108)).

Der Risikobegriff ist insbesondere für die bei der Bewertung des **Nutzen-Ri-** 111
siko-Verhältnisses vorzunehmenden Abwägung der von einem Arzneimittel ausgehenden Risiken im Vergleich zu seinem therapeutischen Nutzen von Bedeutung. Das Nutzen-Risiko-Verhältnis bestimmt die Verkehrsfähigkeit eines Arzneimittels (§ 5).

Q. Nutzen-Risiko-Verhältnis (Absatz 28)

Nach der Definition des Absatzes 28 erfolgt die Feststellung des Nutzen-Risiko- 112
Verhältnisses in drei Stufen (*Rehmann* § 4 Rn. 30; das BVerwG (PharmR 2017, 196 (→ Rn. 108)) fasst die beiden ersten Stufen zusammen).

I. Feststellung des Nutzens. Zunächst ist der Nutzen des Arzneimittels zu er- 113
mitteln; dieser liegt in seinen **positiven therapeutischen Wirkungen**. Mit **therapeutischer Wirksamkeit** ist die Ursächlichkeit der Arzneimittelanwendung für den Heilungserfolg gemeint, wobei dies nur als Wahrscheinlichkeitsaussage zu verstehen ist (BVerwG PharmR 2017, 196 (→ Rn. 108)). Im Rahmen des Absatzes 28 sind insbesondere der Grad der Wirksamkeit des Arzneimittels (OVG Münster PharmR 2010, 84), die Schwere der Erkrankung, bei der es eingesetzt werden soll, die zur Verfügung stehenden Behandlungsalternativen (OVG Münster PharmR 2010, 84) und die Folgen einer Nichtbehandlung von Bedeutung. Daneben ist auch die quantitative Größe des Nutzens zu erfassen; dabei kommt es darauf an, wie hoch der Anteil der Fälle ist, in denen das Arzneimittel den mit der Anwendung erwarteten Erfolg herbeizuführen vermag (*Räpple* S. 107). Auch die therapeutische Breite, die Einfachheit der Anwendung und die Dauer der Haltbarkeit können berücksichtigt werden (*Räpple* S. 108).

Als **therapeutischer Nutzen** gilt auch die diagnostische oder prophylaktische 114
Wirkung (BT-Drs. 15/5316, 33; *Krüger* in Kügel/Müller/Hofmann § 4 Rn. 221).

II. Feststellung der Risiken. Sodann sind die Risiken festzustellen. Die Risiken 115
müssen sich bei **Humanarzneimitteln** auf die Gesundheit der Patienten oder die öffentliche Gesundheit (Absatz 27 Buchst. a), bei **Tierarzneimitteln** auf die Ge-

sundheit von Mensch oder Tier und auf die Umwelt (Absatz 27 insgesamt) beziehen (→ Rn. 109); andere Risiken bleiben außer Betracht (*Krüger* in Kügel/Müller/Hofmann § 4 Rn. 222). Ferner müssen die Risiken im Zusammenhang mit der **Qualität, Sicherheit** oder **Wirksamkeit** des Arzneimittels stehen (→ Rn. 110).

116 Bei der Ermittlung der Risiken sind zunächst **Art, Intensität und Dauer** der schädlichen Wirkungen festzustellen; dabei spielt auch eine Rolle, ob sie reversibel sind, ob sie mit Gegenmitteln beherrscht werden können, ob sie unvermittelt auftreten, so dass Arzt und Patient nicht gegensteuern können oder ob der Schaden sofort oder erst nach langer Zeit eintritt (*Räpple* S. 109).

117 Sodann ist die **Eintrittswahrscheinlichkeit** zu ermitteln. Es ist zu klären, wie häufig die schädlichen Wirkungen eintreten, wenn die Patienten das Arzneimittel anwenden. Dabei sind alle schädlichen Wirkungen zu berücksichtigen, unabhängig davon, ob ihr Auftreten auf bestimmte Umstände des Einzelfalls zurückzuführen ist (BT-Drs. 7/3060, 45; *Räpple* S. 109).

118 **III. Abwägung von Nutzen und Risiken.** Dritte Stufe ist die **Abwägung** beider. Das Nutzen-Risiko-Verhältnis ist ungünstig, wenn die Anwendung des Arzneimittels mit einem Risiko verbunden ist, das die positiven therapeutischen Wirkungen überwiegt (BVerwG PharmR 2017, 196 (→ Rn. 108); auch → § 5 Rn. 42–50; *Rehmann* § 4 Rn. 30). Nutzen und Risiko stehen in einem Wechselverhältnis. Ist ein therapeutischer Nutzen ungewiss, aber immerhin möglich, so steht dies einem festgestellten fehlenden Nutzen nicht gleich; allerdings können bei einem ungewissen Nutzen bereits geringe Risiken ein ungünstiges Nutzen-Risiko-Verhältnis begründen (BVerwG PharmR 2017, 196).

R. Rekonstitution (Absatz 31)

119 Die Rekonstitution fällt unter den Begriff des Herstellens (BT-Drs. 16/12256, 42), ist allerdings grundsätzlich von der Erlaubnispflicht ausgenommen (§ 13 Abs. 1a Nr. 4). Sie ist ein einfacher Prozess, etwa das Auflösen eines Arzneimittels, das Verdünnen für einen bestimmten Patienten oder das Mischen mit einem für die Anwendung erforderlichen Hilfsstoff, der so kurz wie möglich vor der Anwendung durchgeführt wird. Das Arzneimittel muss bereits vorliegen und darf nicht erst durch den Prozess entstehen.

S. Verbringen, Durchfuhr, Einfuhr, Ausfuhr, Durchfuhr (Absatz 32)

120 **I. Verbringen (Satz 1).** Anders als im Betäubungsmittelrecht wird der Begriff des Verbringens im Arzneimittelrecht gesetzlich definiert. Die Definition greift allerdings die Merkmale auf, die im Betäubungsmittelrecht gelten und bezeichnet als Verbringen jede Beförderung in den, durch den oder aus dem Geltungsbereich des AMG. Erfasst wird damit **jede Beförderung,** unabhängig von der Art und Weise des Verbringes, auf welchem Weg dies geschieht, oder davon, ob mit der Beförderung ein Wechsel der tatsächlichen Verfügungsgewalt verbunden ist. Auch ist **nicht** maßgebend, ob der Täter den Stoff **eigenhändig** verbringt oder ob er sich hierzu menschlicher, tierischer oder technischer Hilfe bedient. Verbringen kann auch derjenige, der während des Vorgangs der Einfuhr keine **tatsächliche Verfügungsgewalt** über den Stoff hat. Wegen der Einzelheiten wird auf → BtMG § 2 Rn. 67–71 verwiesen. **Maßgebliche Grenze** für das Verbringen ist die **deutsche Hoheitsgrenze** (→ BtMG § 2 Rn. 72–93). Wie im BtMG gilt der Begriff des Verbringens sowohl für die Einfuhr als auch für die Durchfuhr und die Ausfuhr von Produkten.

Sonstige Begriffsbestimmungen **§ 4 AMG**

II. Durchfuhr. Hat das nach Deutschland verbrachte Produkt einen **ausländi-** 121 **schen Bestimmungsort** und soll es im Inland nicht in den Verkehr gebracht werden, liegt eine **Durchfuhr** vor (*Sandrock/Nawroth* in Dieners/Reese PharmaR-HdB § 9 Rn. 182; *Ratzel* in Deutsch/Lippert § 72 Rn. 1). Da eine Überführung in den zollrechtlich freien Verkehr nicht stattfindet, liegt eine Einfuhr (Satz 2) auch dann nicht vor, wenn das Verbringen aus einem Drittstaat erfolgt. Eine Einfuhr ist in einem solchen Fall allerdings dann gegeben, wenn das Produkt trotz eines ausländischen Bestimmungsorts so nach Deutschland verbracht wird, dass es faktisch ohne weitere zollamtliche Überwachung oder zollamtliche Maßnahmen frei verwendet werden kann (→ Rn. 127). Auch zulassungspflichtige Arzneimittel dürfen durch Deutschland verbracht werden, wenn dies **unter zollamtlicher Überwachung** geschieht (§ 73 Abs. 2 Nr. 3); auf → § 73 Rn. 27–30 wird verwiesen.

III. Einfuhr (Satz 2). Wesentlich enger als im Betäubungsmittelrecht (→ BtMG 122 § 2 Rn. 66) ist der Begriff der Einfuhr im Arzneimittelrecht. Insoweit definiert Satz 2 das Einführen als die Überführung von unter das AMG fallenden Produkten **aus Drittstaaten,** die nicht Vertragsstaaten des EWR sind, in den **zollrechtlich freien Verkehr.** Das Verbringen von Arzneimitteln aus der EU oder Vertragsstaaten des EWR nach Deutschland ist daher keine Einfuhr (BT-Drs. 17/9341, 48). Zur **Durchfuhr** → Rn. 121. Zur **Ausfuhr** → Rn. 128.

Eine Einfuhr liegt erst dann vor, wenn die Waren in Deutschland (→ Rn. 120) in 123 den **zollrechtlich freien Verkehr überführt** worden sind. Das Gesetz verwendet insoweit noch die Formulierung des Zollkodex 1992 (Art. 79). Nach dem seit 1.6.2016 geltenden UZK ist auf die Überlassung zum zollrechtlich freien Verkehr abzustellen. Mit dieser Überlassung erhält die Nicht-Unionsware den zollrechtlichen Status einer Unionsware (Art. 201 Abs. 3 Zollkodex). Im Hinblick darauf, dass auch nach der früheren Fassung zur Beendigung der zollamtlichen Überwachung eine Überlassung erforderlich war (Art. 73, 74 Zollkodex 1992; nunmehr Art. 194, 195 UZK) und der Wirtschaftsbeteiligte erst danach über die Ware frei verfügen konnte, ist eine sachliche Änderung damit nicht verbunden.

Noch keine Einfuhr liegt vor, wenn die Nicht-Unionswaren in ein besonderes 124 Zollverfahren nach Art. 5 Nr. 16 Buchst. b, Art. 210–262 UZK überführt werden. Eingeführt sind diese Produkte erst dann, wenn sie zum zollrechtlich freien Verkehr überlassen (→ Rn. 123) wurden (BT-Drs. 17/3698, 82).

IV. Überführung in den Wirtschaftskreislauf entgegen den Zollvor- 125 **schriften (Satz 3).** Satz 2 gilt lediglich für die Fälle, in denen der Einführer die dort genannten Produkte in einem ordnungsgemäßen zollrechtlichen Verfahren abfertigen lässt und in den zollrechtlich freien Verkehr überführt (BT-Drs. 17/3698, 81). Um auch die Fälle zu erfassen, in denen dies unterblieben ist, gelten die in Satz 2 genannten Produkte nach dem durch G v. 22.12.2010 (BGBl. I S. 2262) neu eingeführten **Satz 3** auch dann **als eingeführt,** wenn sie **entgegen den Zollvorschriften** in den Wirtschaftskreislauf überführt wurden. Dies ist dann gegeben, wenn die Produkte so nach Deutschland verbracht werden, dass sie faktisch ohne weitere zollamtliche Überwachung oder zollamtliche Maßnahmen frei verwendet werden können (BT-Drs. 17/3698, 81). Dies kommt insbesondere in den Fällen des Einfuhrschmuggels in Betracht.

Die Überführung in den Wirtschaftskreislauf setzt **nicht** voraus, dass die Arznei- 126 mittel oder sonstigen Produkte **in Verkehr** gebracht wurden. Auch wenn dies noch nicht geschehen ist, sind sie in den Wirtschaftskreislauf überführt, sobald die deutsche Hoheitsgrenze überschritten ist, ohne dass der zuständigen Zollbehörde Zugang zu der Ware gewährt oder Gelegenheit zu den notwendigen Prüfungen gegeben wurde. Auf → BtMG § 29 Rn. 1425 wird Bezug genommen.

127 Noch keine Überführung in den Wirtschaftskreislauf liegt vor, wenn die Nichtgemeinschaftswaren in ein besonderes Zollverfahren nach Art. 5 Nr. 16 Buchst. b, Art. 210–262 UZK überführt werden (→ Rn. 124). In einem solchen Fall steht die Endbestimmung noch nicht fest. **In den Wirtschaftskreislauf gehen** diese Produkte **erst dann**, wenn sie zum zollrechtlich freien Verkehr abgefertigt oder unter Verletzung der zollrechtlichen Bestimmungen aus der zollamtlichen Überwachung entfernt werden (BT-Drs. 17/3698, 82).

128 **V. Ausfuhr (Satz 4).** Nach der durch G v. 19.10.2012 (BGBl. I S. 2192) eingefügten Definition ist eine Ausfuhr jedes Verbringen von Arzneimitteln in Drittstaaten, die nicht Vertragsstaaten des Abkommens über den EWR sind. Darauf, dass sie im Ausfuhrland abgegeben oder sonst in den Verkehr gebracht wurden, kommt es nicht an. Im Übrigen ist die Formulierung nicht gelungen. Sie lässt Zweifel, ob das Überschreiten der deutschen Hoheitsgrenze (mit dem Ziel Drittstaat) entscheidend ist, wie dies Satz 1 (→ Rn. 120) entspricht, oder ob erst das Verbringen in den Drittstaat über dessen Hoheitsgrenze maßgeblich ist. Im Hinblick darauf, dass die in Satz 1 enthaltene Definition des Verbringens durch Satz 4 nicht geändert wurde und auf den Zweck des Gesetzes, die Ausfuhr im Gleichklang mit der Einfuhr zu regeln (BT-Drs. 17/9341, 48) dürfte daher auf das Überschreiten der **deutschen Hoheitsgrenze** mit dem Bestimmungsland Drittstaat abzustellen sein. Dafür spricht auch, dass, mit Ausnahme der Grenze zur Schweiz, auch nur insoweit eine Kontrollmöglichkeit durch die deutschen Behörden besteht.

T. Gefälschte Arzneimittel (Absatz 40)

129 **In Absatz 40** wird die bisher in § 8 Abs. 1 Nr. 1a enthaltene Legaldefinition für gefälschte Arzneimittel überführt und dabei an Art. 1 Nr. 33 der geänderten Richtlinie 2001/83/EG angepasst (BT-Drs. 17/9341, 48) und konkretisiert. **Unbeabsichtigte** Kennzeichnungs- oder Qualitätsmängel, die in berechtigten Betrieben auftreten, unterfallen **nicht** dem Fälschungsbegriff (BT-Drs. 17/9341, 48; 78/79, 101; *Nickel* in Kügel/Müller/Hofmann § 4 Rn. 326). Das Gesetz zählt **drei Gruppen** der Fälschung auf:

130 **I. Falsche Angaben über die Identität (Nr. 1).** Die erste Gruppe erfasst die falschen Angaben über die Identität des Arzneimittels, einschließlich seiner Verpackung, seiner Kennzeichnung, seiner Bezeichnung oder seiner stofflichen Zusammensetzung in Bezug auf einen oder mehrere seiner Bestandteile, einschließlich der Hilfsstoffe und des Gehalts dieser Bestandteile. Dies kommt namentlich in Betracht, wenn ein Arzneimittel falsche Wirkstoffe oder eine zu geringe Wirkstoffmenge enthält, völlig ohne Wirkstoffe ist (*Wesch* in Dieners/Reese PharmaR-HdB § 16 Rn. 14, 15) oder wenn das Verfallsdatum verlängert wird (*Nickel* in Kügel/Müller/Hofmann § 4 Rn. 327).

131 **II. Falsche Angaben über die Herkunft (Nr. 2).** Die zweite Gruppe umfasst die falschen Angaben über die Herkunft, einschließlich des Herstellers, das Herstellungsland, das Herkunftsland und den Inhaber der Genehmigung für das Inverkehrbringen oder den Inhaber der Zulassung. Diese Gruppe bezieht sich vor allem auf die Vorstellungen, welche der betreffende Verkehrskreis, etwa der verständige Durchschnittsverbraucher (*Volkmer* in Körner/Patzak/Volkmer AMG § 95 Rn. 175), mit einer bestimmten Herkunftsangabe verbindet (*Rehmann* § 4 Rn. 47). Das Verbot greift nur ein, wenn der falschen Angabe über die Herkunft eine **Täuschungsrelevanz** (*Volkmer* in Körner/Patzak/Volkmer AMG § 95 Rn. 175) und **Täuschungseignung** zukommt (BGH PharmR 2015, 127).

132 **III. Falsche Angaben über den Vertriebsweg (Nr. 3).** Die dritte Gruppe befasst sich mit den falschen Angaben über den Vertriebsweg. Solche sind dann gegeben, wenn der in Aufzeichnungen und Dokumenten beschriebene Vertriebsweg

Ausnahmen vom Anwendungsbereich § 4a AMG

mit dem tatsächlichen Vertriebsweg nicht übereinstimmt. Nicht jede falsche Aufzeichnung führt jedoch zu einer Herkunftstäuschung (*Rehmann* § 4 Rn. 48). Auch **Originalpräparate** können unter die Vorschrift fallen, wenn sie auf einem anderen als dem vorgesehenen (und überwachten) Vertriebsweg in den Verkehr gebracht werden (*Volkmer* in Körner/Patzak/Volkmer AMG § 95 Rn. 176).

IV. Nicht notwendig Qualitätsminderung. Eine Qualitätsminderung oder 133 eine Gefahr muss mit der falschen Kennzeichnung **nicht** verbunden sein; es werden daher auch einwandfreie Produkte erfasst (*Volkmer* in Körner/Patzak/Volkmer AMG § 95 Rn. 173c; *Nickel* in Kügel/Müller/Hofmann § 4 Rn. 328; *Wesch* in Dieners/Reese PharmaR-HdB § 16 Rn. 18; *Hornung/Fuchs* PharmR 2012, 501).

U. Gefälschte Wirkstoffe (Absatz 41)

Eine Konkretisierung enthält auch die neue Definition der gefälschten Wirk- 134 stoffe. Wirkstoffe sind danach gefälscht, wenn ihre Kennzeichnung auf dem Behältnis nicht den tatsächlichen Inhalt angibt oder die Begleitdokumentation nicht alle beteiligten Hersteller oder nicht den tatsächlichen Vertriebsweg widerspiegelt.

Eine **falsche Kennzeichnung** liegt vor, wenn der Wirkstoff mit der Kennzeich- 135 nung auf dem Behältnis nicht übereinstimmt, etwa wenn er entgegen der Kennzeichnung nach Art oder Menge nicht in dem Behältnis enthalten ist oder wenn er sonst von der Kennzeichnung abweicht. **Unbeabsichtigte** Kennzeichnungs- oder Qualitätsmängel, die in berechtigten Betrieben auftreten, unterfallen **nicht** dem Fälschungsbegriff (BT-Drs. 17/9341, 48, 79, 101; *Nickel* in Kügel/Müller/Hofmann § 4 Rn. 331; *Rehmann* § 4 Rn. 49).

Eine **unrichtige Begleitdokumentation** liegt vor, wenn sie nicht alle beteilig- 136 ten Hersteller oder den tatsächlichen Vertriebsweg widerspiegelt. Maßgeblich ist auch hier die Täuschung über die Herkunft; unbeabsichtigte Dokumentationsfehler an sich Berechtigter sollen wie Qualitätsmängel auch hier außer Betracht bleiben (*Rehmann* § 4 Rn. 49).

§ 4a Ausnahmen vom Anwendungsbereich

¹**Dieses Gesetz findet keine Anwendung auf**
1. **Arzneimittel, die unter Verwendung von Krankheitserregern oder auf biotechnischem Wege hergestellt werden und zur Verhütung, Erkennung oder Heilung von Tierseuchen bestimmt sind,**
2. **die Gewinnung und das Inverkehrbringen von Keimzellen zur künstlichen Befruchtung bei Tieren,**
3. **Gewebe, die innerhalb eines Behandlungsvorgangs einer Person entnommen werden, um auf diese ohne Änderung ihrer stofflichen Beschaffenheit rückübertragen zu werden.**

²**Satz 1 Nr. 1 gilt nicht für § 55.**

Inhalt und Bedeutung

Nach einer etwas merkwürdigen Gesetzestechnik (gemeint ist wohl die (Nicht-) 1 Anwendung der „sonstigen" Vorschriften des AMG; selbstverständlich soll auch der Arzneimittelbegriff des § 2 gelten) bestimmt die Vorschrift drei Ausnahmen, in denen die sonstigen Regelungen des AMG nicht gelten sollen, es sei denn, es greift die Rückausnahme des Satzes 2 ein.

Satz 1 Nr. 1 betrifft Arzneimittel, die zur Verhütung, Erkennung oder Heilung 2 von **Tierseuchen** bestimmt sind und nach einem in Nr. 1 genannten Verfahren hergestellt werden. Anwendbar bleibt § 55 (Arzneibuch). Arzneimittel nach Nr. 1 unterliegen der Zulassungspflicht nach § 17 c Tierseuchengesetz.

3 Satz 1 Nr. 2 nimmt vor allem die künstliche Besamung von **Tieren** von der Anwendbarkeit des AMG aus; sie ist im Tierzuchtgesetz geregelt. Für die künstliche Befruchtung beim Menschen gelten für den Umgang mit menschlichen Keimzellen (als Gewebe nach § 1a Nr. 4 TPG) die §§ 20b–20d, 64 und 72b und das Embryonenschutzgesetz; hinzutreten die allgemeinen Vorschriften des StGB und des BGB (*Müller* in Kügel/Müller/Hofmann § 4a Rn. 13).

4 Satz 1 Nr. 3 steht im Zusammenhang mit § 3 Nr. 3 und § 2 Abs. 3 Nr. 8. Auf → § 2 Rn. 105, 106 wird verwiesen. **Ein Behandlungsvorgang** liegt vor, wenn die einzelnen Schritte der Entnahme und Rückübertragung in einem engen fachlichen, medizinisch bedingten Zusammenhang stehen (OVG Lüneburg PharmR 2019, 183 = MedR 2019, 973 mAnm *Faltus; Müller* in Kügel/Müller/Hofmann § 4a Rn. 17). Die Vorschrift bezieht sich nicht nur auf die Entnahme und Rückübertragung des Gewebes selbst, sondern erfasst auch die in Zusammenhang damit stehenden Tätigkeiten, wie etwa die kurzzeitige Aufbewahrung und die Aufbereitung des Gewebes (dazu *Brucklacher/Walles* PharmR 2010, 581 (583)). Nicht dazu gehört die Zentrifugation von Gewebe (OVG Lüneburg PharmR 2019, 183 (s. o.)).

§ 4b Sondervorschriften für Arzneimittel für neuartige Therapien

(1) ¹**Für Arzneimittel für neuartige Therapien, die im Geltungsbereich dieses Gesetzes**
1. **als individuelle Zubereitung für einen einzelnen Patienten ärztlich verschrieben,**
2. **nach spezifischen Qualitätsnormen nicht routinemäßig hergestellt und**
3. **in einer spezialisierten Einrichtung der Krankenversorgung unter der fachlichen Verantwortung eines Arztes angewendet**

werden, finden der Vierte Abschnitt, mit Ausnahme des § 33, und der Siebte Abschnitt dieses Gesetzes keine Anwendung. ²**Die übrigen Vorschriften des Gesetzes sowie Artikel 14 Absatz 1 und Artikel 15 Absatz 1 bis 6 der Verordnung (EG) Nr. 1394/2007 gelten entsprechend mit der Maßgabe, dass die dort genannten Amtsaufgaben und Befugnisse entsprechend den ihnen nach diesem Gesetz übertragenen Aufgaben von der zuständigen Behörde oder der zuständigen Bundesoberbehörde wahrgenommen werden und an die Stelle des Inhabers der Zulassung im Sinne dieses Gesetzes oder des Inhabers der Genehmigung für das Inverkehrbringen im Sinne der Verordnung (EG) Nr. 1394/2007 der Inhaber der Genehmigung nach Absatz 3 Satz 1 tritt.**

(2) **Nicht routinemäßig hergestellt im Sinne von Absatz 1 Satz 1 Nummer 2 werden insbesondere Arzneimittel,**
1. **die in so geringem Umfang hergestellt und angewendet werden, dass nicht zu erwarten ist, dass hinreichend klinische Erfahrung gesammelt werden kann, um das Arzneimittel umfassend bewerten zu können, oder**
2. **die noch nicht in ausreichender Anzahl hergestellt und angewendet worden sind, so dass die notwendigen Erkenntnisse für ihre umfassende Beurteilung noch nicht vorliegen.**

(3) ¹**Arzneimittel nach Absatz 1 Satz 1 dürfen nur an andere abgegeben werden, wenn sie durch die zuständige Bundesoberbehörde genehmigt worden sind.** ²**§ 21a Absatz 2 Satz 1, Absatz 3 bis 6 und 8 gilt entsprechend. Zusätzlich zu den Angaben und Unterlagen nach § 21a Absatz 2 Satz 1 sind**

dem Antrag auf Genehmigung folgende Angaben und Unterlagen beizufügen:
1. Angaben zu den spezialisierten Einrichtungen der Krankenversorgung, in denen das Arzneimittel angewendet werden soll,
2. die Anzahl der geplanten Anwendungen oder der Patienten im Jahr,
3. Angaben zur Dosierung, Angaben zum Risikomanagement-Plan mit einer Beschreibung des Risikomanagement-Systems, das der Antragsteller für das betreffende Arzneimittel einführen wird, verbunden mit einer Zusammenfassung des Risikomanagement-Plans und Risikomanagement-Systems, und
5. *nicht abgedruckt*
⁴§ 22 Absatz 2 Satz 1 Nummer 5, Absatz 4 und 7 Satz 1 gilt entsprechend.

(4) bis (11) *nicht abgedruckt*

Inhalt und Bedeutung

Die Vorschrift legt für nicht routinemäßig hergestellte Arzneimittel für neuartige Therapien einen **eigenen Regelungsrahmen** fest, in dem sie anordnet, dass bestimmte Vorschriften des AMG keine Anwendung finden und die Vorschriften des § 4b an ihre Stelle treten. **1**

Der Begriff **Arzneimittel für neuartige Therapien** erfasst gemäß § 4 Abs. 9 Gentherapeutika, somatische Zelltherapeutika und biotechnologisch bearbeitete Gewebeprodukte. Die in Absatz 1 Satz 1 genannten zusätzlichen Anforderungen müssen kumulativ vorliegen (*Müller* in Kügel/Müller/Hofmann § 4b Rn. 10). Sie müssen ferner in Deutschland erfüllt sein. **2**

Die vorsätzliche Abgabe entgegen § 4b Abs. 3 S. 1 ist eine **Straftat** nach § 96 Nr. 1 (→ § 96 Rn. 15–24), die fahrlässige eine **Ordnungswidrigkeit** nach § 97 Abs. 1 Nr. 1. **3**

Zweiter Abschnitt. Anforderungen an die Arzneimittel

§ 5 Verbot bedenklicher Arzneimittel

(1) **Es ist verboten, bedenkliche Arzneimittel in den Verkehr zu bringen oder bei einem anderen Menschen anzuwenden.**

(2) **Bedenklich sind Arzneimittel, bei denen nach dem jeweiligen Stand der wissenschaftlichen Erkenntnisse der begründete Verdacht besteht, dass sie bei bestimmungsgemäßem Gebrauch schädliche Wirkungen haben, die über ein nach den Erkenntnissen der medizinischen Wissenschaft vertretbares Maß hinausgehen.**

Übersicht

	Rn.
A. Bedeutung	1
B. Das Verkehrs- und Anwendungsverbot (Absatz 1)	5
I. Das Verkehrsverbot	6
1. Arzneimittel	7
2. Bedenkliche Arzneimittel	8
3. Inverkehrbringen	9
II. Das Anwendungsverbot	10
C. Bedenklichkeit (Absatz 2)	13
I. Begründeter Verdacht schädlicher Wirkungen	15
1. Schädliche Wirkungen	16

	Rn.
2. Begründeter Verdacht	23
3. Nach dem jeweiligen Stand der wissenschaftlichen Erkenntnisse	26
4. Bestimmungsgemäßer Gebrauch	31
II. Nach den Erkenntnissen der medizinischen Wissenschaft über ein vertretbares Maß hinaus	42
D. Straftaten	51

A. Bedeutung

1 Die Vorschrift des § 5 enthält eine **zentrale Regelung** des AMG. Sie verbietet bedenklichen Arzneimitteln den Zugang zum Patienten. Sinn des § 5 ist es nicht, jedem mit einem Risiko behafteten Arzneimittel die Verkehrsfähigkeit zu versagen. Dies würde der **ambivalenten Natur** der Arzneimittel, die einerseits Krankheiten zu heilen vermögen, andererseits aber auch negative Auswirkungen auf die Gesundheit haben können, nicht gerecht. Bei der Anwendung des § 5 geht es daher darum, die mit einem Arzneimittel verbundenen Risiken zu seinem Nutzen ins Verhältnis zu setzen. Dabei ergibt sich aus § 5 Abs. 2, dass **nur ein positives Nutzen-Risikoverhältnis** es erlaubt, das Arzneimittel in Verkehr zu bringen (BT-Drs. 7/3060, 7).

2 Das in § 5 geregelte **Verkehrsverbot** gilt absolut, gegenüber jedermann und für jegliche Arzneimittel (*Freund* in MüKoStGB § 5 Rn. 1; *Kloesel/Cyran* § 5 Anm. 2; *Sander* ArzneimittelR § 5 Erl. 1), Das neu (→ Rn. 10) eingeführte **Anwendungsverbot** gilt demgegenüber nur für die Anwendung bei anderen Menschen und nicht für die Anwendung bei Tieren.

3 Zur (Nicht-)Anwendung des § 5 auf **nach Deutschland** unter bestimmten Voraussetzungen **verbrachte** Arzneimittel → § 73 Rn. 66–74; zur Inkonsequenz der dort getroffenen Regelung → § 73 Rn. 68, 73.

4 § 5 ist ein **Schutzgesetz** iSd § 823 Abs. 2 BGB (*Deutsch/Lippert* § 5 Rn. 10). Namentlich in den Fällen der → Rn. 33–41 wird häufig ein mitwirkendes Verschulden (§ 254 BGB) in Betracht kommen. Dies gilt auch im Falle der Körperverletzung (§ 823 Abs. 1 BGB).

B. Das Verkehrs- und Anwendungsverbot (Absatz 1)

5 Bedenkliche Arzneimittel sind **nicht verkehrsfähig.** Sie dürfen bei einem anderen Menschen auch **nicht angewendet** werden.

6 **I. Das Verkehrsverbot.** Nach Absatz 1 dürfen bedenkliche Arzneimittel nicht in den Verkehr gebracht werden. Das Verbot gilt für **jedermann,** also nicht nur für den Hersteller, pharmazeutischen Unternehmer, Großhändler, Arzt oder Apotheker (*Rehmann* § 5 Rn. 1; *Deutsch/Lippert* § 5 Rn. 3) sondern auch für Verbraucher oder Patienten (*Hofmann* in Kügel/Müller/Hofmann § 5 Rn. 5); allerdings müssen die Voraussetzungen des Inverkehrbringens (→ Rn. 9) erfüllt sein.

7 **1. Arzneimittel.** Erfasst werden alle Arzneimittel iSd § 2; dies gilt nicht nur für die Präsentations- und Funktionsarzneimittel (§ 2 Abs. 1), sondern auch für die fiktiven Arzneimittel (§ 2 Abs. 2), die Arzneimittel kraft Zweifelsfall (§ 2 Abs. 3a) und die Arzneimittel kraft gesetzlicher Fiktion (§ 2 Abs. 4). Auch **zugelassene** Arzneimittel fallen unter das Verbot (BGHR AMG § 95 Abs. 1 Nr. 1 Arzneimittel 2 = StV 1998, 663; *Raum* in Kügel/Müller/Hofmann § 95 Rn. 14; *Rehmann* § 5 Rn. 1). Ebenso spielt es keine Rolle, ob es sich um ein Fertigarzneimittel oder ein Rezepturarzneimittel handelt. Das Verkehrsverbot bezieht sich auch auf **Tierarzneimittel.** Nicht abschließend geklärt ist, ob auch Prüfpräparate zur klinischen Prüfung Arzneimittel in diesem Sinne sind (*Freund* in MüKoStGB § 5 Rn. 4); dagegen

Verbot bedenklicher Arzneimittel **§ 5 AMG**

spricht an sich die Systematik des Gesetzes, das in § 40 eine spezielle Regelung vorsieht (*Deutsch/Lippert* § 5 Rn. 1).

2. Bedenkliche Arzneimittel. Der Begriff der Bedenklichkeit eines Arzneimittels ist in Absatz 2 gesetzlich definiert. Auf → Rn. 13–49 wird verwiesen. 8

3. Inverkehrbringen. Auch der Begriff des Inverkehrbringens ist gesetzlich definiert (§ 4 Abs. 17). Von besonderer Bedeutung ist, dass er sich nicht nur auf den Abgabevorgang beschränkt, sondern auch **vorgelagerte Stadien** erfasst (→ § 4 Rn. 50–59). Zum maßgeblichen Zeitpunkt bei der Vertretbarkeitsprüfung → Rn. 30. Das Verbot gilt auch für den **Export** (→ § 4 Rn. 55–57; *Hofmann* in Kügel/Müller/Hofmann § 5 Rn. 6); allerdings gibt es insoweit Ausnahmen (§ 73a Abs. 1). Das Verbot gilt auch für **Apotheker** (*Wigge/Schütz* A&R 2015, 243 (248)). 9

II. Das Anwendungsverbot des Absatzes 1 ist durch G v. 17.7.2009 (BGBl. I S. 1990) eingeführt worden, um Strafbarkeitslücken zu schließen (BT-Drs. 16/12256, 43). Es spricht von der Anwendung **bei** einem Menschen und umfasst damit sowohl die Anwendung **im** menschlichen Körper als auch **am** menschlichen Körper. Nicht erfasst wird die Anwendung durch die anwendende Person an sich selbst (Eigenanwendung). Dasselbe gilt für die Anwendung bei Tieren. 10

Meist wird es sich bei dem **Anwenden** um ein **Verabreichen** (→ § 2 Rn. 60) handeln. Beide Begriffe, die sich im AMG an verschiedenen Stellen finden, können jedoch nicht gleichgesetzt werden. Vielmehr erscheint die Anwendung als Oberbegriff, der auch das **Überlassen zum unmittelbaren Verbrauch** (→ BtMG § 29 Rn. 1542–1546) umfasst (wohl auch *Deutsch* VersR 2007, 145 (148)). Ein Verabreichen gilt auch vor, wenn das verwendete Arzneimittel aus dem Besitz des Patienten stammt, etwa weil es ihm zuvor verschrieben wurde. Die **Verschreibung** selbst ist dagegen noch keine Anwendung. Ebenfalls keine Anwendung ist die Überlassung zum **Gebrauch,** etwa einer Salbe; in einem solchen Falle erlangt der Empfänger die tatsächliche Verfügungsgewalt, so dass eine Abgabe und damit ein Inverkehrbringen vorliegen. 11

Das Anwendungsverbot bei anderen Menschen gilt für **jedermann.** Es bezieht sich auf **alle Arzneimittel** (→ Rn. 7) und gilt auch für die **heimliche** Anwendung. 12

C. Bedenklichkeit (Absatz 2)

Ob Arzneimittel nicht in den Verkehr gebracht oder bei anderen Menschen angewendet werden dürfen, entscheidet sich danach, ob es sich **um bedenkliche Arzneimittel** handelt (→ Rn. 1). Ob ein Arzneimittel bedenklich ist, regelt **Absatz 2.** Danach sind Arzneimittel bedenklich, bei denen nach dem jeweiligen Stand der wissenschaftlichen Erkenntnis der begründete Verdacht besteht, dass sie bei bestimmungsgemäßem Gebrauch schädliche Wirkungen haben, die über ein nach den Erkenntnissen der medizinischen Wissenschaft vertretbares Maß hinausgehen (BGH NJW 2019, 3392 = PharmR 2019, 654 = A&R 2019, 239; NStZ-RR 2018, 50 = StV 2018, 300). Maßgeblich für die Beurteilung der Bedenklichkeit ist daher die Relation des therapeutischen Nutzens zu dem Verdacht schädlicher Wirkungen (OVG Koblenz PharmR 2016, 426). 13

Die Abgrenzung erfolgt in einem komplexen Prognose- und Abwägungsvorgang (*Freund* in MüKoStGB § 5 Rn. 5) anhand **zweier,** jeweils aus mehreren Merkmalen bestehender Kriterien (**Verdacht schädlicher Wirkungen** (→ Rn. 15–41) und **Nutzen-Risiko-Abwägung** (→ Rn. 42–50)). In dieser Form entbehrt das Gesetz nicht der erforderlichen Bestimmtheit und ist daher verfassungsrechtlich unbedenklich (BVerfG NJW 2000, 3417 = NStZ 2000, 595; BGHSt 43, 336 = NJW 14

1998, 836 = NStZ 1998, 258 = StV 1998, 136; BGHR AMG § 95 Abs. 1 Nr. 1 Arzneimittel 3 = NStZ 1999, 625 = StV 2000, 81).

15   **I. Begründeter Verdacht schädlicher Wirkungen.** Zunächst muss festgestellt werden, ob
— nach dem jeweiligen Stand der wissenschaftlichen Erkenntnisse (→ Rn. 26–29)
— bei bestimmungsgemäßem Gebrauch des Arzneimittels (→ Rn. 31–41)
— ein begründeter Verdacht (→ Rn. 23–25)
— schädlicher Wirkungen (→ Rn. 16–22)
besteht.

16   **1. Schädliche Wirkungen.** Zunächst ist festzustellen, ob ein Verdacht schädlicher Wirkungen besteht. Wirkungen sind alle physischen oder psychischen Reaktionen des Organismus, die unmittelbar oder mittelbar (*Mayer* in Fuhrmann/Klein/Fleischfresser ArzneimittelR-HdB § 43 Rn. 14) durch ein Arzneimittel ausgelöst werden (*Freund* in MüKoStGB § 5 Rn. 12). Sie umfassen alle schädlichen oder nützlichen Effekte, die auf irgendeine Weise wahrnehmbar sind. Wirkungen sind auch Neben- und Wechselwirkungen, die im Hinblick auf das verfolgte Therapieziel allerdings in der Regel unerwünscht sind. Eine (psychische) Wirkung kann auch der **Placebo-Effekt** sein (*Freund* in MüKoStGB § 5 Rn. 12; aA *Räpple* S. 42). Ob sie das Arzneimittel zu einem bedenklichen Arzneimittel macht, ist eine Frage der Wertung (*Freund* in MüKoStGB § 5 Rn. 12; aA *Wolz* Bedenkliche Arzneimittel S. 53, 54).

17   **Schädlich** ist eine Wirkung, wenn sie den Gesundheitszustand des Konsumenten nachteilig beeinflusst (*Freund* in MüKoStGB § 5 Rn. 13; *Räpple* S. 42, 43), insbesondere wenn sie körperliche oder seelische Beschwerden, Leiden oder Schmerzen hervorruft, die den Gesundheitszustand oder die Arbeitskraft nach Intensität und Dauer beeinträchtigt; eine ernste oder langwierige Krankheit muss nicht vorliegen (*Mayer* Produktverantwortung S. 8). Gleichgültig ist es, ob die schädliche Wirkung sofort eintritt, unmittelbar oder mittelbar (→ Rn. 20) erfolgt oder sich erst als Spät- oder Langzeitfolge ergibt (*Deutsch/Lippert* § 5 Rn. 7; *Mayer* in Fuhrmann/Klein/Fleischfresser ArzneimittelR-HdB § 43 Rn. 14; *Mayer* Produktverantwortung S. 105; *Räpple* S. 43). Ob die schädliche Wirkung eine Nebenwirkung (§ 4 Abs. 13 S. 1) oder beabsichtigt ist, etwa ein Rausch, ist nicht erheblich.

18   Auch **leichte gesundheitliche Nachteile**, etwa eine gesteigerte Pulsfrequenz oder Akkomodationsstörungen des Auges, können schädliche Wirkungen sein (LG Hildesheim PharmR 2018, 208; *Freund* in MüKoStGB § 5 Rn. 14; *Hofmann* in Kügel/Müller/Hofmann § 5 Rn. 15; *Volkmer* in Körner/Patzak/Volkmer AMG § 95 Rn. 34; *Mayer* Produktverantwortung S. 105, 106; *Räpple* S. 57; *Fries* ArzneimittelR S. 267; aA OVG Berlin PharmR 1988, 57 (66); 1989, 160). Dasselbe gilt für **statistisch extrem seltene** gesundheitliche Beeinträchtigungen (*Freund* in MüKoStGB § 5 Rn. 14; aA *Deutsch/Lippert* § 5 Rn. 8) oder Beeinträchtigungen, die **Folge besonderer Umstände** des Einzelfalles sind (*Hofmann* in Kügel/Müller/Hofmann § 5 Rn. 15). Eine andere Frage ist, ob die schädliche Wirkung in diesen Fällen über das vertretbare Maß hinausgeht.

19   **Auslöser schädlicher Wirkungen** können sowohl die eigentlichen Wirkstoffe als auch arzneilich nicht wirksame Stoffe, Verunreinigungen oder sonstige Fremdkörper in dem Arzneimittel sein (*Räpple* S. 43). Ebenso können schädliche Wirkungen als Folge von **Wechselwirkungen** eintreten (*Wolz* Bedenkliche Arzneimittel S. 56).

20   Für den Verdacht der Schädlichkeit genügen die **mittelbaren Folgen** der Gesundheitsbeeinflussung (OLG Koblenz PharmR 1981, 247). Dies kommt etwa beim Verzehr von Fleisch in Betracht, das von mit Fütterungsarzneimitteln behandelten Tieren stammt (*Räpple* S. 42).

Verbot bedenklicher Arzneimittel §5 AMG

Schädliche Wirkungen sind etwa gegeben, wenn die Einnahme der Substanz 21
zu Krämpfen, Brechreiz, Verwirrung und komatösen Zuständen führen kann oder
wenn bei einer Überdosierung oder in Verbindung mit Alkohol lebensbedrohliche
Zustände entstehen können; auch die Entstehung einer Sucht mit schwerwiegenden Abhängigkeitserkrankungen kann dazu führen, dass ein Arzneimittel als bedenklich anzusehen ist (BGHSt 54, 243 = NJW 2010, 2528 = StV 2010, 683
= A&R 2010, 85 mAnm *Winkler*).

In den bisher strafgerichtlich entschiedenen Fällen haben die Gerichte jeweils 22
schädliche Wirkungen bejaht:
- BGHSt 43, 336 (→ Rn. 14): *Methyl-Methaqualon* **(Designerdroge),**
- BGHR AMG § 95 Abs. 1 Nr. 1 Arzneimittel 2 (→ Rn. 7): *Metandienon* (anaboles Stereoid; **Dopingmittel),**
- BGHR AMG § 95 Abs. 1 Nr. 1 Arzneimittel 3 (→ Rn. 14): *Schlankheitsmittel* mit einer riskanten Kombination zweier **Appetitzügler,**
- BGH NStZ 2008, 530 = StraFo 2008, 85 = PharmR 2008, 209, 199 mablBspr *Knauer*; *Paracetamol/Coffein-Gemisch* **(Streckmittel),**
- BGHSt 54, 243 (→ Rn. 21): *GBL*, **Prodrug,** (dazu → § 2 Rn. 73, 81),
- BGHSt 56, 235 = NJW 2011, 2377 = NStZ 2012, 46 = StV 2011, 607: *Phenacetin*, **Streckmittel,**
- BGH NStZ-RR 2018, 50 (→ Rn. 13): *anabole Steroide,* **Dopingmittel,**
- BGH NJW 2019, 3392 (→ Rn. 13): **Natriumchloritlösung,**
- OLG Koblenz PharmR 1980, 195: *JB 336 (Benzilsäure N Methyl-3-Piperidylester).*

2. Begründeter Verdacht. Nicht erforderlich ist, dass das Arzneimittel nach- 23
weislich zu schädlichen Wirkungen führt (OVG Münster PharmR 2010, 84). Ausreichend ist ein begründeter Verdacht. Auf einen (naturwissenschaftlichen) Nachweis des Kausalzusammenhangs zwischen der Anwendung des Arzneimittels und
dem eingetretenen Schaden wird damit verzichtet (BVerwG NVwZ-RR 2007,
774 = PharmR 2007, 423; OVG Münster PharmR 2010, 84; *Volkmer* in Körner/
Patzak/Volkmer AMG § 95 Rn. 28; *Mayer* Produktverantwortung S. 108). Das Gesetz trägt damit einmal der Schwierigkeit des Kausalnachweises Rechnung, es berücksichtigt aber auch, dass die wissenschaftliche Feststellung der Kausalität nur
durch langwierige empirische Untersuchungen erfolgen kann, während Maßnahmen zur Abwehr von Risiken bereits vor deren erfolgreichem Abschluss zulässig
sein müssen (*Mayer* Produktverantwortung S. 108).

Ein **begründeter Verdacht** bedeutet eine **aus Tatsachen** ableitbare Gefahr; 24
nicht ausreichend sind bloße Vermutungen oder Besorgnisse (BGHR AMG § 95
Abs. 1 Nr. 1 Arzneimittel 3 (→ Rn. 14); *Raum* in Kügel/Müller/Hofmann § 95
Rn. 14), erst recht nicht bloße Spekulationen (*Freund* in MüKoStGB § 5 Rn. 17;
Fries ArzneimittelR S. 285). Vielmehr ist erforderlich, dass **ernstzunehmende Erkenntnisse oder Erfahrungen** irgendwelcher Art auf eine gewisse Wahrscheinlichkeit schädlicher Wirkungen hindeuten (LG Hildesheim PharmR 2018, 208).
Dies können anerkannte wissenschaftliche Erkenntnisse oder klinische Erfahrungen
sein, auch theoretische Überlegungen und Berechnungen (*Kloesel/Cyran* § 5
Anm. 26), ausreichend sind aber auch auf Tatsachen gegründete Feststellungen anderer Art (*Mayer* Produktverantwortung S. 109). Ein ausreichender Rechtsgüterschutz wäre nicht gewährleistet, wenn nur auf wissenschaftliche Erkenntnisse und
Erfahrungen abgestellt würde.

Bei der Feststellung eines begründeten Verdachts schädlicher Wirkungen sind die 25
Anforderungen an die Wahrscheinlichkeit eines Schadenseintritts **umso geringer,**
je schwerer die drohenden Gefahren für die Gesundheit sind (OVG Berlin VersR
1989, 70; VGH München BeckRS 2001, 25562; *Hofmann* in Kügel/Müller/
Hofmann § 5 Rn. 23; *Rehmann* § 5 Rn. 2; *Räpple* S. 86; aA *Wolz* Bedenkliche
Arzneimittel S. 117, 118; *Mayer* Produktverantwortung S. 109). Stehen **schwere**

Gesundheitsgefahren in Rede, sind an die Wahrscheinlichkeit eines Schadenseintritts keine allzu hohen Anforderungen zu stellen. In diesen Fällen ist ein begründeter Verdacht bereits dann anzunehmen, wenn lediglich die **entfernte Möglichkeit** einer Risikoverwirklichung besteht (OVG Münster PharmR 2010, 84).

26 **3. Nach dem jeweiligen Stand der wissenschaftlichen Erkenntnisse.** Die den Verdacht begründenden Tatsachen müssen nach dem jeweiligen Stand der wissenschaftlichen Erkenntnisse bestehen. Dies ist dann gegeben, wenn ein Zusammenhang zwischen der Anwendung des Arzneimittels und der schädlichen Wirkung **wissenschaftlich plausibel** erklärt ist (*Kloesel/Cyran* § 5 Anm. 27; *Räpple* S. 98). Dasselbe gilt, wenn und solange die den Verdacht begründenden Tatsachen nicht widerlegt sind oder eine andere Erklärung für die strittigen Wirkungen erhärtet ist (*Kloesel/Cyran* § 5 Anm. 27; *Rehmann* § 5 Rn. 2; *Räpple* S. 98). Der Verdacht muss dem aktuellen Erkenntnisstand Rechnung tragen und darf diesem insbesondere nicht widersprechen (*Mayer* Produktverantwortung S. 110); nicht erforderlich ist jedoch, dass er selbst wissenschaftlich begründet ist (→ Rn. 24).

27 Werden in der Wissenschaft einander **widersprechende Meinungen** vertreten, kann nicht zugewartet werden, bis die eine oder andere Ansicht wissenschaftlich erhärtet ist. Im Hinblick auf den bestmöglichen Rechtsgüterschutz ist daher zunächst einmal davon auszugehen, dass die Schädlichkeitshypothese begründet ist (*Räpple* S. 97; aA *Hauke/Kremer* PharmR 2014, 384 (386)).

28 Auf einen bestimmten Zweig der Wissenschaft stellt das Gesetz nicht ab. Es können daher **alle wissenschaftlichen Disziplinen** herangezogen werden, neben der Pharmakologie die Medizin, die Biologie, Biophysik, Biochemie und Statistik (*Räpple* S. 95).

29 Maßgeblich ist der **jeweilige** Stand der wissenschaftlichen Erkenntnisse. Damit wird an ihren fortschreitenden Stand und den Wandel der Verhältnisse angeknüpft (BVerfG NStZ 2000, 595) und die Konsequenz daraus gezogen, dass sich auch bei einem ursprünglich als unbedenklich angesehenen und deshalb zugelassenen Arzneimittel auf Grund neuer wissenschaftlicher Erkenntnisse der begründete Verdacht (unvertretbarer) schädlicher Wirkungen ergeben kann (*Freund* in MüKoStGB § 5 Rn. 20). Damit dies erkannt werden kann, sieht das Gesetz (§§ 62–63j) ein System der Beobachtung, Sammlung und Auswertung von Arzneimittelrisiken **(Pharmakovigilanz)** vor, in dem auch dem pharmazeutischen Unternehmer und vor allem dem Inhaber der Zulassung bestimmte Pflichten übertragen sind.

30 **Maßgeblicher Zeitpunkt** für die Frage der Vertretbarkeit ist daher nicht das erstmalige Inverkehrbringen, sondern das der Charge, welcher das konkrete Arzneimittel angehört (*Mayer* Produktverantwortung S. 196). Dies ist allerdings kein Grund, den Begriff des Inverkehrbringens auf die Entlassung aus der tatsächlichen Verfügungsgewalt des jeweils am Arzneimittelverkehr Beteiligten zu beschränken (so *Mayer* Produktverantwortung S. 197). Ergibt sich die Bedenklichkeit während der Lagerung des Arzneimittels, so ist das Vorrätighalten von jedem der Beteiligten, dem dies bekannt wird, sofort zu beenden (→ § 95 Rn. 40). Erst recht dürfen die Arzneimittel nicht mehr feilgehalten oder feilgeboten werden.

31 **4. Bestimmungsgemäßer Gebrauch.** Das Merkmal des bestimmungsgemäßen Gebrauchs hat zum Ziel, die einzelnen Verantwortungsbereiche abzugrenzen: wer ein Arzneimittel in den Verkehr bringt, ist dafür verantwortlich, dass es bei bestimmungsgemäßem Gebrauch keine (unvertretbaren) schädlichen Wirkungen hat, weichen dagegen der Arzt oder der wirksam aufgeklärte Konsument davon ab, so fallen die schädlichen Wirkungen in ihren Verantwortungsbereich (*Freund* in MüKoStGB § 5 Rn. 7; *Räpple* S. 58).

§ 5 AMG

Damit ist jedoch noch nicht entschieden, was **unter bestimmungsgemäßem** 32 **Gebrauch** zu verstehen ist. Einigkeit besteht insoweit, als jede Verwendung eines Arzneimittels bestimmungsgemäß ist, die der vom pharmazeutischen Unternehmer **abgegebenen Festlegung entspricht** (BGHR AMG § 95 Abs. 1 Nr. 1 Arzneimittel 2 (→ Rn. 7); OLG Karlsruhe PharmR 2009, 81; *Volkmer* in Körner/Patzak/ Volkmer AMG § 95 Rn. 11; *Raum* in Kügel/Müller/Hofmann § 95 Rn. 15). Diese Festlegung erfolgt regelmäßig über die Angaben in der Packungsbeilage, in der Fachinformation an den Arzt und Apotheker und durch Einbeziehung in das unternehmerische Marketing (*Räpple* S. 59). Den Rahmen für die Bestimmung bilden auf der einen Seite die in der Zulassung enthaltenen allgemeinen Merkmale des Arzneimittels, insbesondere Therapiegebiet, Indikationen, Dosierungsvorgaben, Art und Dauer der Anwendung, Gegenanzeigen, Nebenwirkungen und Warnhinweise; auf der anderen Seite kann der pharmazeutische Unternehmer durch ausdrückliche und eindeutige Nennung von Kontraindikationen den bestimmungsgemäßen Gebrauch beschränken (OLG Karlsruhe PharmR 2009, 81; *Koenig/ Müller* MedR 2008, 190). **Bewirbt** der pharmazeutische Unternehmer das Medikament **über die Gebrauchsinformationen hinaus,** so liegt auch insoweit ein bestimmungsgemäßer Gebrauch vor (*Dany* Arzneimittelschäden S. 88, 89); auch → Rn. 36.

Strittig ist die Frage, was für einen Gebrauch gilt, der **außerhalb der Ge-** 33 **brauchsangaben** des pharmazeutischen Unternehmers liegt, wobei die Anwendung abweichend von den in der Zulassung benannten Indikationen (**„Off-label-Use"**) oder darüber hinaus auch abweichend von dem übergeordneten Therapiegebiet (**„Off-off-label-Use"**) erfolgen kann (*Koenig/Müller* MedR 2008, 190). **Einerseits** wird vertreten, die Bestimmung könne **nur durch denjenigen** vorgenommen werden, der das Arzneimittel in Verkehr bringt (*Rehmann* § 5 Rn. 3; *Voit* in Dieners/Reese PharmaR-HdB § 13 Rn. 13, 14; *Dany* Arzneimittelschäden S. 77; *Samson/Wolz* MedR 1988, 71; *Hauke/Kremers* PharmR 1992, 162).

Anderseits wird das **objektive Kriterium** der allgemeinen Verkehrsauffassung 34 für maßgeblich gehalten (*Freund* in MüKoStGB § 5 Rn. 7–10; *Hofmann* in Kügel/ Müller/Hofmann § 5 Rn. 20; *Sander* ArzneimittelR § 5 Erl. 5; *Pfohl* in Erbs/Kohlhaas AMG § 5 Rn. 8; *Räpple* S. 63, 64; *Mayer* Produktverantwortung S. 106, 107; *Fries* ArzneimittelR S. 345; offen gelassen in BGHR AMG § 95 Abs. 1 Nr. 1 Arzneimittel 2 (→ Rn. 7)). Danach ist ein Gebrauch auch dann bestimmungsgemäß, wenn er sich aus der **Sicht der einschlägigen Verkehrskreise** als ein solcher darstellt.

Aber auch dann, wenn sich die Verkehrsanschauung über vorhandene **Ge-** 35 **brauchsangaben hinwegsetzt**, etwa wenn ein bestimmter Fehlgebrauch **nicht nur vereinzelt** auftritt, entspricht es dem Zweck des § 5 (anders mag dies bei der Gefährdungshaftung (§ 84) sein), sie nicht außer Betracht zu lassen (*Räpple* S. 64, 65; *Fries* ArzneimittelR S. 345; krit. *Hofmann* in Kügel/Müller/Hofmann § 5 Rn. 17). Dasselbe gilt für einen in voraussehbarer Art **naheliegenden Fehlgebrauch** (*Räpple* S. 65; *Fries* ArzneimittelR S. 345). Ein bestimmungsgemäßer Gebrauch liegt allerdings dann nicht mehr vor, wenn die in der Packungsbeilage angegebene **Tageshöchstdosis** um mehr als das Doppelte überschritten wird (OLG Karlsruhe PharmR 2009, 81).

Zu eng und mit dem Zweck des § 5 nicht vereinbar ist es dagegen, wenn nur auf 36 den **wissenschaftlich anerkannten** „Off label Use" (*Volkmer* in Körner/Patzak/ Volkmer § 95 Rn. 11 im Anschluss an *Kloesel/Cyran* § 5 Anm. 20) oder darauf abgestellt wird, ob der Hersteller durch ihm zurechenbare Verlautbarungen **Vertrauen** in die Unbedenklichkeit einer bestimmten über die Zulassung hinausgehenden Form der Anwendung hervorgerufen hat (*Volkmer* in Körner/Patzak/ Volkmer § 95 Rn. 12; weitergehend → Rn. 18 c; *Deutsch/Lippert* § 5 Rn. 6; *Handorn* in Fuhrmann/Klein/Fleischfresser ArzneimittelR-HdB § 27 Rn. 46, dieser allerdings nur im Rahmen der Gefährdungshaftung (→ Rn. 35)). Ob der Inverkehrbringende einen wissenschaftlich nicht anerkannten, nicht nur vereinzelt auftretenden Gebrauch außerhalb der Zulassung kennt oder ob er gar Vertrauen in einen solchen Gebrauch hervorgerufen hat, ist eine Frage des Verschuldens.

37 Der bestimmungsgemäße Gebrauch kann auch **ein Missbrauch** sein; wird das Arzneimittel lediglich in der Szene ohne therapeutische Indikation, etwa zur Erzielung eines Rauschs oder zum Muskelaufbau, verwendet und ist dies dem **Inverkehrbringenden bewusst,** so ist der bestimmungsgemäße Gebrauch der Tabletten auch nach der subjektiven Abgrenzung (→ Rn. 33) mit dem auf diesem Markt vorgesehenen Missbrauch gleichzusetzen (BGHR AMG § 95 Abs. 1 Nr. 1 Arzneimittel 2 (→ Rn. 7); *Kloesel/Cyran* § 5 Anm. 17; krit. *Hofmann* in Kügel/Müller/Hofmann § 5 Rn. 20).

38 Die **konkrete Zweckbestimmung,** die der konkrete Hersteller oder Händler mit dem Stoff verbindet, ist auch dann maßgebend, wenn während eines illegalen Herstellungsvorgangs ein Stoff entstanden ist, für den ein **medizinisch anerkannter Anwendungsbereich besteht.** Ob der Stoff in anderer Weise auf dem Markt vertrieben wird, spielt keine Rolle.

39 Sind **Dopingmittel** Arzneimittel, handelt es sich insbesondere um zugelassene Arzneimittel, die lediglich als Dopingmittel missbraucht werden, so ist die Frage, ob darin ein bestimmungsgemäßer Gebrauch liegt, nach den → Rn. 32–38 zu beantworten. Ist das Präparat **eigens für Dopingzwecke hergestellt,** richtet sich der bestimmungsgemäße Gebrauch nach dem üblichen Gebrauch des Konsumenten und nicht nach der Zwecksetzung eines artverwandten oder wirkstoffidentischen Arzneimittels; danach ist der bestimmungsgemäße Gebrauch gleichzusetzen mit dem auf diesem Markt (Dopingszene) vorgesehenen Missbrauch (BGH NStZ-RR 2018, 50 (→ Rn. 13); 2020, 84 = PharmR 2020, 152 = A&R 2020, 35). Hat das Dopingmittel keinen medizinisch anerkannten Anwendungsbereich, so stellt sich die Frage, ob überhaupt ein Arzneimittel vorliegt. Unter dem Blickpunkt der Entscheidung des EuGH v. 10.7.2014 (→ § 2 Rn. 49) wird ein Funktionsarzneimittel nicht selten ausscheiden. Nach Sachlage dürfte auch ein Präsentationsarzneimittel kaum in Betracht kommen. Auch → AntiDopG Einl. Rn. 20.

40 Dient ein **Streckmittel** nicht nur der Volumenvergrößerung, sondern hat es auch den Zweck, pharmakologische Wirkungen zu erzeugen, so liegt darin der bestimmungsgemäße Gebrauch (BGHSt 56, 235 (→ Rn. 22)). Ist dabei auf einer **Vor- oder Zwischenstufe** die Grenze zum Arzneimittel bereits überschritten (→ § 2 Rn. 18–21), so liegt ein bestimmungsgemäßer Gebrauch dieses Arzneimittels auch dann vor, wenn es vor der Anwendung noch mit einem Stoff, etwa Heroin gemischt wird (BGH NStZ 2008, 530 (→ Rn. 22)).

41 Kein bestimmungsgemäßer Gebrauch liegt vor, wenn **Ärzte** aus eigenem Antrieb **Fehlverordnungen** vornehmen. Verschreiben sie etwa ein codeinhaltiges Arzneimittel als Heroinersatz, ohne dass der Inverkehrbringer zu einem solchen Einsatz des Arzneimittels beigetragen hat, so liegt ein bestimmungsgemäßer Gebrauch nicht vor (*Wolz* Bedenkliche Arzneimittel S. 65).

42 **II. Nach den Erkenntnissen der medizinischen Wissenschaft über ein vertretbares Maß hinaus.** Auch wenn ein Arzneimittel bei bestimmungsgemäßem Gebrauch schädlicher Wirkungen verdächtig ist, muss es deshalb noch nicht bedenklich sein. Dazu bedarf es vielmehr solcher schädlichen Folgen, die das nach wissenschaftlicher Erkenntnis **vertretbare Maß überschreiten.** Schädliche Wirkungen sind hinzunehmen, wenn die therapeutische Effekte überwiegen (*Freund* in MüKoStGB § 5 Rn. 22). Das Merkmal der Vertretbarkeit ist ein **wertausfüllungsbedürftiger Begriff,** dem es nicht an der notwendigen Bestimmbarkeit fehlt (BGHR AMG § 95 Abs. 1 Nr. 1 Arzneimittel 3 (→ Rn. 14); BGH NJW 2019, 3392 (→ Rn. 13)).

Ob das vertretbare Maß überschritten ist, muss auf der Basis der Erkenntnisse der 43 medizinischen Wissenschaft im Rahmen einer **Nutzen-Risiko-Abwägung** (§ 4 Abs. 28) ermittelt werden (→ § 4 Rn. 112; BGHR AMG § 95 Abs. 1 Nr. 1 Arzneimittel 3 (→ Rn. 14); *Freund* in MüKoStGB § 5 Rn. 22). Danach ist zunächst der **Nutzen** des Arzneimittels festzustellen; Nutzen ist die positive therapeutische Wirksamkeit des Arzneimittels (→ § 4 Rn. 113, 114). Sodann sind die **Risiken** zu ermitteln (→ § 4 Rn. 115–117). Zu den Risiken gehört auch das **Suchtpotential**, das bei einem bestimmungsgemäßen Gebrauch besteht (*Mayer* Produktverantwortung S. 192). Auch kann sich aus mehreren unbedenklichen Wirkstoffen ein **Kombinationspräparat** mit bedenklicher Wirkung ergeben (*Körner,* 6. Aufl. 2007, AMG § 95 Rn. 2)

In einem weiteren Schritt sind der Nutzen und die Risiken gegeneinander **abzu-** 44 **wägen** (→ § 4 Rn. 118). Das Erfordernis der Abwägung führt nicht zur Unbestimmtheit der Norm (BVerfG NStZ 2000, 595; BGHR AMG § 95 Abs. 1 Nr. 1 Arzneimittel 3 (→ Rn. 14)), zumal das Gesetz für die **Nutzen-Risiko-Abwägung** auf die Erkenntnisse der **medizinischen Wissenschaft** verweist und damit einen Maßstab vorgibt, der den Abwägungsvorgang in einer Weise zu steuern vermag, die Beliebigkeit und Willkür ausschließt.

Bei der Abwägung sind Intensität und Wahrscheinlichkeit der positiven und ne- 45 gativen Wirkungen einander **gegenüberzustellen.** Dabei sind die Nachteile der Anwendung und die Nachteile der Nichtanwendung des Arzneimittels gegeneinander abzuwägen (OVG Münster PharmR 2010, 84). Es ist zu entscheiden, ob die Vorteile der Verfügbarkeit des Arzneimittels die mit seiner Anwendung zu erwartenden Nachteile überwiegen oder hinter diesen zurückbleiben (*Räpple* S. 110). Dabei kommt es nicht auf das individuelle Risiko für einen bestimmten Patienten an, sondern auf eine nach allgemeinen Merkmalen bestimmte **Patientengruppe** (*Mayer* Produktverantwortung S. 194; *Sieger* VersR 1989, 1015). Die Nutzen-Risiko-Abwägung für den einzelnen Patienten obliegt dem Arzt.

Ein wesentlicher Abwägungsgesichtspunkt ist die **vorgesehene Indikation.** 46 Während bei einem Arzneimittel, das zur Heilung oder Linderung schwerer Krankheiten beiträgt und damit einen hohen therapeutischen Nutzen hat, auch schwere Nebenwirkungen vertretbar sind, sind diese bei der Therapie einer leichten Krankheit nicht zu vertreten (*Fries* ArzneimittelR S. 366; *Mayer* Produktverantwortung S. 194 mwN).

Ob auch **wirtschaftliche Gesichtspunkte,** etwa die Entlastung des Gesund- 47 heitssystems durch ein preiswerteres Medikament mit einem etwas höheren Gefährdungspotential, bei der Abwägung eine Rolle spielen dürfen, ist nicht abschließend geklärt (dafür *Mayer* Produktverantwortung S. 195 mwN; dagegen *Flatten* MedR 1993, 465). Wird nur auf den therapeutischen Nutzen abgestellt, so dürften wirtschaftliche Gesichtspunkte jedenfalls als wesentliches Abwägungskriterium ausscheiden.

Ein weiterer wesentlicher Abwägungsgesichtspunkt ist auch die **Relation zu an-** 48 **deren Arzneimitteln.** So ist ein Präparat (relativ) bedenklich, wenn das Nutzen-Risiko-Verhältnis eines anderen Arzneimittels mit demselben Anwendungsgebiet positiver ist, so dass der angestrebte therapeutische Erfolg auf weniger riskante Weise erreicht werden kann (*Hofmann* in Kügel/Müller/Hofmann § 5 Rn. 33; *Kloesel/Cyran* § 5 Anm. 35; *Räpple* S. 110; *Mayer* Produktverantwortung S. 196).

Die Abwägung führt zu einem **klaren Ergebnis,** wenn das Arzneimittel hin- 49 sichtlich der Wahrscheinlichkeit oder der Intensität schädlicher Wirkungen **riskanter** ist als die zu behandelnde Krankheit selbst (*Freund* in MüKoStGB § 5 Rn. 23;

AMG § 6 Zweiter Abschnitt. Anforderungen an die Arzneimittel

Fries ArzneimittelR S. 367). Dasselbe gilt, wenn es **keinen therapeutischen Nutzen**, wohl aber schädliche Wirkungen aufweist (BGH NJW 2019, 3392 (→ Rn. 22); LG Hildesheim PharmR 2018, 208; *Freund* in MüKoStGB § 5 Rn. 23; *Räpple* S. 112; *Wolz* Bedenkliche Arzneimittel S. 89; *Fries* ArzneimittelR S. 367). Bei den betäubungsmittelrechtlich interessanten Stoffen und Zubereitungen, insbesondere Prodrugs und Streckmittel (BGHSt 56, 235 (→ Rn. 22); auch → Rn. 40), Schlankheitsmittel (BGHR AMG § 95 Abs. 1 Nr. 1 Arzneimittel 3 (→ Rn. 14); OVG Münster NJW 1997, 2470), sexuelle Stimulationsmittel (*Körner,* 6. Aufl. 2007, AMG § 95 Rn. 10) und Dopingmittel, die keinen medizinisch anerkannten Anwendungsbereich haben oder sonst zu Dopingzwecken im Sport missbraucht werden (→ Rn. 39), wird dies in der Regel gegeben sein.

50   **Außerhalb** dieser klaren Ergebnisse ist der Abwägungsprozess nicht einfach. Entscheidend ist, ob die schädlichen Wirkungen den therapeutischen Nutzen überschreiten oder ob dieser gegenüber den schädlichen Wirkungen überwiegt. Dabei kann sich die Bedenklichkeit allein aus dem zu beurteilenden Präparat ergeben (**absolute Bedenklichkeit;** *Raum* in Kügel/Müller/Hofmann § 95 Rn. 14) oder aus der Beziehung zu anderen Arzneimitteln (**relative Bedenklichkeit;** → Rn. 48; *Raum* in Kügel/Müller/Hofmann § 95 Rn. 14). Eine Unbedenklichkeit oder Bedenklichkeit kann auch allein in Bezug auf **bestimmte Indikationen** oder **Patientengruppen** in Betracht kommen (*Mayer* Produktverantwortung S. 195).

D. Straftaten

51   Der **vorsätzliche** Verstoß gegen § 5 Abs. 1 ist eine Straftat nach § 95 Abs. 1 Nr. 1 (→ § 95 Rn. 33–88). Im Falle der **Fahrlässigkeit** ist Strafbarkeit nach § 95 Abs. 4 (→ § 95 Rn. 77, 81) gegeben.

§ 6 Verbote zum Schutz der Gesundheit, Verordnungsermächtigungen

(1) **Es ist verboten, ein Arzneimittel herzustellen, in Verkehr zu bringen oder bei Menschen oder Tieren anzuwenden, wenn bei der Herstellung des Arzneimittels einer durch Rechtsverordnung nach Absatz 2 angeordneten Bestimmung über die Verwendung von Stoffen, Zubereitungen aus Stoffen oder Gegenständen, die in der Anlage genannt sind, zuwidergehandelt wird.**

(2) **Das Bundesministerium für Gesundheit (Bundesministerium) wird ermächtigt, durch Rechtsverordnung mit Zustimmung des Bundesrates die Verwendung der in der Anlage genannten Stoffe, Zubereitungen aus Stoffen oder Gegenstände bei der Herstellung von Arzneimitteln vorzuschreiben, zu beschränken oder zu verbieten, soweit es zur Verhütung einer Gefährdung der Gesundheit von Mensch oder Tier (Risikovorsorge) oder zur Abwehr einer unmittelbaren oder mittelbaren Gefährdung der Gesundheit von Mensch oder Tier durch Arzneimittel geboten ist.**

(3) **Das Bundesministerium wird ermächtigt, durch Rechtsverordnung mit Zustimmung des Bundesrates weitere Stoffe, Zubereitungen aus Stoffen oder Gegenstände in die Anlage aufzunehmen, soweit es zur Risikovorsorge oder zur Abwehr einer unmittelbaren oder mittelbaren Gefährdung der Gesundheit von Mensch oder Tier durch Arzneimittel geboten ist. Durch Rechtsverordnung nach Satz 1 sind Stoffe, Zubereitungen aus Stoffen oder Gegenstände aus der Anlage zu streichen, wenn die Voraussetzungen des Satzes 1 nicht mehr erfüllt sind.**

(4) **Die Rechtsverordnungen nach den Absätzen 2 und 3 werden vom Bundesministerium für Ernährung und Landwirtschaft im Einvernehmen**

mit dem Bundesministerium erlassen, sofern es sich um Arzneimittel handelt, die zur Anwendung bei Tieren bestimmt sind.

(5) **Die Rechtsverordnungen nach den Absätzen 2 und 3 ergehen im Einvernehmen mit dem Bundesministerium für Umwelt, Naturschutz und nukleare Sicherheit, sofern es sich um radioaktive Arzneimittel oder um Arzneimittel handelt, bei deren Herstellung ionisierende Strahlen verwendet werden.**

Übersicht

	Rn.
A. Einführung	1
B. Verbot (Absatz 1)	3
C. Ermächtigung zum Erlass von Rechtsverordnungen (Absatz 2)	5
D. Bisher erlassene Verordnungen	9
E. Ermächtigung zur Änderung der Anlage zu § 6 (Absatz 3)	13
F. Zuständigkeiten (Absätze 4 und 5)	14
G. Straftaten, Ordnungswidrigkeiten	15

A. Einführung

Die Vorschrift wurde durch das Gesetz v. 9.8.2019 (BGBl. I S. 1202) grundlegend geändert, um den Anforderungen des BVerfG im Beschluss v. 21.9.2016 (dazu → Vor § 95 Rn. 13) zur **Bestimmtheit von Blankettstrafnormen** zu genügen. 1

Absatz 1 enthält das Verbot, ein Arzneimittel herzustellen, in den Verkehr zu bringen oder bei Menschen oder Tieren anzuwenden, wenn bei dessen Herstellung einer Rechtsverordnung nach **Absatz 2** über die Verwendung von Stoffen, Zubereitungen aus Stoffen und Gegenständen zuwidergehandelt wird. Welche Substanzen oder Gegenstände Inhalt einer solchen Verordnung sein können, ergibt sich aus der **Anlage zu § 6**. Unter den Voraussetzungen des **Absatzes 3** wird das BMG ermächtigt, diese Anlage zu ändern. 2

B. Verbot (Absatz 1)

Das grundlegende Verbot enthält **Absatz 1**. Es verbietet das Herstellen (§ 4 Abs. 14 (→ Rn. 31–38)), das Inverkehrbringen (§ 4 Abs. 17 (→ Rn. 44–73)) oder das Anwenden (→ § 5 Rn. 11) eines Arzneimittels, wenn bei dessen Herstellung einer Rechtsverordnung nach Absatz 2 zuwidergehandelt wird. Das Gesetz verbietet bereits die Herstellung solcher Arzneimittel. Damit soll gewährleistet werden, dass sie gar nicht erst in den Verkehr gelangen können (BT-Drs. 19/8753, 45); allerdings ist das verbotene Herstellen nur mit einer geringeren Strafe bedroht (§ 96 Nr. 2). 3

Adressat der Verbots ist nicht nur der Hersteller, sondern jeder, der das Arzneimittel in Verkehr bringt oder anwendet. Das Verbot bezieht sich auf **Arzneimittel aller Art** gemäß der in § 2 enthaltenen Legaldefinition., unabhängig davon, ob sie apothekenpflichtig oder verschreibungspflichtig sind oder zugelassen oder registriert sind (*Freund* in MüKoStGB § 6 Rn. 7; *Deutsch/Lippert* § 6 Rn. 1). 4

C. Ermächtigung zum Erlass von Rechtsverordnungen (Absatz 2)

Die bisher in Absatz 1 enthaltene Verordnungermächtigung ist nunmehr in **Absatz 2** aufgenommen. Wie bisher wird das BMG ermächtigt, durch Rechtsverordnung die Verwendung bestimmter Stoffe, Zubereitungen aus Stoffen oder Gegenstände bei der Herstellung von Arzneimitteln vorzuschreiben, zu beschränken 5

Weber

oder zu verbieten. Voraussetzung ist, dass der Erlass einer solchen Rechtsverordnung zur Risikovorsorge oder zur Abwehr einer unmittelbaren oder mittelbaren Gefährdung der Gesundheit von Mensch oder Tier geboten ist.

6 In der Auswahl der Substanzen oder Gegenstände ist das BMG nicht frei, sondern an die **Anlage zu § 6** gebunden. In der Anlage sind derzeit Aflatoxine, Ethylenoxid, Farbstoffe, Frischzellen und Stoffe, Zubereitungen aus Stoffen oder Gegenstände tierischer Herkunft mit dem Risiko der Übertragung transmissibler spongiformer Enzephalopathien aufgeführt (Art. 1 Nr. 30 des Gesetzes v. 9.8.2019 (BGBl. I S. 1202).

7 Absatz 2 setzt **nicht** voraus, dass die Arzneimittel **bedenklich** sind (*Freund* in MüKoStGB § 6 Rn. 3; *Rehmann* § 6 Rn. 1). Dies folgt bereits daraus, dass in der Verordnung auch die Verwendung eines Stoffes, etwa einen Markierungsstoffes, vorgeschrieben werden kann. Bei einem Verwendungsverbot wird die Bedenklichkeit allerdings häufig gegeben sein.

8 Die Verordnungen sind **Schutzgesetze** iSd § 823 Abs. 2 BGB (*Deutsch/Lippert* § 6 Rn. 4).

D. Bisher erlassene Verordnungen

9 **Verordnungen,** die nach § 6 aF erlassen wurden, sind:
– die **Arzneimittelfarbstoffverordnung** (AMFarbV) v. 17.10.2005 (BGBl. I S. 3031), zuletzt geändert durch Gesetz v. 9.8.2019 (BGBl. I S. 1202); sie befasst sich mit den Farbstoffen, die bei der Herstellung von Arzneimitteln verwendet werden dürfen; dazu *Nickel* in Kügel/Müller/Hofmann § 6 Rn. 20,
– die **Arzneimittel-TSE-Verordnung** v. 9.5.2001 (BGBl. I S. 856), geändert durch Gesetz v. 17.7.2009 (BGBl. I S. 1990); sie ist im Zusammenhang mit BSE ergangen (*Nickel* in Kügel/Müller/Hofmann § 6 Rn. 24),
– die **EthylenoxidV** v. 11.8.1988 (BGBl. I S. 1586), geändert durch Gesetz v. 17.7.2009 (BGBl. I S. 1990); sie verbietet die Verwendung von Ethylenoxid (*Nickel* in Kügel/Müller/Hofmann § 6 Rn. 22), und
– die **AflatoxinVerbotsV** v. 19.7.2000 (BGBl. I S. 1081), geändert durch Gesetz v. 17.7.2009 (BGBl. I S. 1990); sie befasst sich mit der Verwendung von Aflatoxinen (*Nickel* in Kügel/Müller/Hofmann § 6 Rn. 23).

Diese Verordnungen gelten für die Herstellung von Human- und Tierarzneimitteln gleichermaßen (*Kluge* in Fuhrmann/Klein/Fleischfresser ArzneimittelR-HdB § 38 Rn. 25; *Heßhaus/Laber-Probst* in Kügel/Müller/Hofmann § 59a Rn. 6).

10 Mit Ausnahme der Arzneimittelfarbstoffverordnung (AMFarbV), die allerdings in einem anderen Kontext geändert wurde (Art. 5), hat das Gesetz v. 9.8.2019 die **Verordnungen unberührt gelassen.** Sie werden lediglich im Zusammenhang mit der Einführung der Anlage zu § 6 erwähnt (BT-Drs. 19/8753, 54) und wohl als fortbestehend angesehen. Dies ist insofern zutreffend, als Rechtsverordnungen **trotz der Änderung der Ermächtigungsgrundlage,** auf der sie beruhen, **fortgelten** (BVerfGE 9, 3 (12) = NJW 1959, 91; 78, 179 (198) = NJW 1988, 2290; BVerwGE 104, 331 = DÖV 1997, 915; *Remmert* in Maunz/Dürig GG Art. 80 Rn. 51–54; *Uhle* in BeckOK GG Art. 80 Rn. 9; *Mann* in Sachs GG Art. 80 Rn. 7). Obsolet sind allerdings die Verweisungen auf § 95 Abs. 1 Nr. 2 und § 96 Nr. 2, die in den Verordnungen enthalten sind. Nach der Neufassung dieser beiden Vorschriften durch das Gesetz v. 9.8.2019 ergibt sich die Strafbarkeit unmittelbar aus dem Verstoß gegen das Verbot des § 6 Abs. 1, so dass die Verordnungen insoweit inhaltlich nicht mehr in Einklang mit der neuen Gesetzeslage stehen (BVerwG NJW 1990, 849; *Uhle* in BeckOK GG Art. 80 Rn. 8).

Verbote zum Schutz der Gesundheit, Verordnungsermächtigungen **§ 6 AMG**

Nicht mehr gelten 11
- die **Tierarzneimittel-Verbotsverordnung** v. 21.10.1981; sie wurde durch Verordnung v. 16.3.2009 (BGBl. I S. 510) aufgehoben, weil die entsprechenden Stoffe nunmehr in der PharmStV (→ Rn. 12) enthalten sind (BR-Drs. 82/09, 10).
- die **Frischzellenverordnung** v. 4.3.1997 (BGBl. I S. 432); die Verordnung wurde durch Urteil des BVerfG v. 16.10.2000 (BVerfGE 102, 26 = NJW 2000, 1771) mangels Kompetenz des Bundes für nichtig erklärt; die Kompetenz des Bundes ist mittlerweile gegeben (Art. 79 Abs. 1 Nr. 19 GG „Recht der Arzneien"); die Frischzellen sind in der Anlage zu § 6 enthalten. Der Entwurf einer neuen FrischzellenVO liegt vor (BR-Drs. 111/21); der Bundesrat hat ihm am 26.3.2021 mit bestimmten Maßgaben zugestimmt (BR-Drs. 111/21 (B)).

Ein Sonderfall ist die Verordnung über Stoffe mit pharmakologischer Wirkung 12 **(PharmStV)**, die zuletzt durch Verordnung v. 16.3.2009 (BGBl. I S. 510) geändert und in der Fassung v. 8.7.2009 (BGBl. I S. 1768) neu bekanntgemacht wurde. In der Neubekanntmachung werden die Ermächtigungsgrundlagen der Verordnung nach der üblichen Praxis nicht zitiert. Sie ergeben sich aus der Änderungsverordnung v. 16.3.2009, die auch die Erlaubnis zur Neubekanntmachung enthält (Art. 4). Danach ist die PharmStV, die ursprünglich allein auf lebensmittelrechtlichen Grundlagen beruhte, nunmehr auch auf die Ermächtigungsgrundlage des § 6 Abs. 1 aF (und des § 56a Abs. 3) gestützt. Ihre Bewehrung bezieht sich allerdings allein auf das LFGB (§ 58), so dass die § 95 Abs. 1 Nr. 2, § 96 Nr. 2 auch in der neuen Fassung nicht anwendbar sind. Strafrechtliche Bedeutung gewinnt die PharmStV allerdings in Zusammenhang mit § 96 Nr. 15 (→ § 96 Rn. 145–154), 16 (→ § 96 Rn. 155–164) und 18 (→ § 96 Rn. 165–192).

E. Ermächtigung zur Änderung der Anlage zu § 6 (Absatz 3)

In **Absatz 3** wird das BMG ermächtigt, Stoffe, Zubereitungen aus Stoffen und 13 Gegenstände, die Gegenstand einer Rechtsverordnung nach Absatz 2 sind, in die Anlage aufzunehmen oder aus der Anlage zu streichen.

F. Zuständigkeiten (Absätze 4 und 5)

Je nach dem Gegenstand der jeweiligen Verordnung werden ergänzende Zustän- 14 digkeiten der betroffenen Ressorts festgelegt.

G. Straftaten, Ordnungswidrigkeiten

Wer **vorsätzlich** entgegen § 6 Abs. 1 in Verbindung mit einer Verordnung nach 15 § 6 Abs. 2, 3 ein Arzneimittel in den Verkehr bringt oder bei einem anderen Menschen oder einem Tier anwendet, begeht eine Straftat nach § 95 Abs. 1 Nr. 2 (→ § 95 Rn. 89–108); bei **Fahrlässigkeit** ist eine Straftat nach § 95 Abs. 4 gegeben (→ § 95 Rn. 103, 106).

Wer **vorsätzlich** entgegen § 6 Abs. 1 in Verbindung mit einer Verordnung nach 16 § 6 Abs. 2, 3 ein Arzneimittel **herstellt**, begeht eine Straftat nach § 96 Nr. 2 (→ § 96 Rn. 25–34). Bei **Fahrlässigkeit** ist eine Ordnungswidrigkeit nach § 97 Abs. 1 Nr. 1 gegeben.

§ 8 Verbote zum Schutz vor Täuschung

(1) Es ist verboten, Arzneimittel oder Wirkstoffe herzustellen oder in den Verkehr zu bringen, die
1. durch Abweichung von den anerkannten pharmazeutischen Regeln in ihrer Qualität nicht unerheblich gemindert sind oder
1a. *weggefallen*
2. mit irreführender Bezeichnung, Angabe oder Aufmachung versehen sind. Eine Irreführung liegt insbesondere dann vor, wenn
   a) Arzneimitteln eine therapeutische Wirksamkeit oder Wirkungen oder Wirkstoffen eine Aktivität beigelegt werden, die sie nicht haben,
   b) fälschlich der Eindruck erweckt wird, dass ein Erfolg mit Sicherheit erwartet werden kann oder dass nach bestimmungsgemäßem oder längerem Gebrauch keine schädlichen Wirkungen eintreten,
   c) zur Täuschung über die Qualität geeignete Bezeichnungen, Angaben oder Aufmachungen verwendet werden, die für die Bewertung des Arzneimittels oder Wirkstoffs mitbestimmend sind.

(2) Es ist verboten, gefälschte Arzneimittel oder gefälschte Wirkstoffe herzustellen, in den Verkehr zu bringen oder sonst mit ihnen Handel zu treiben.

(3) Es ist verboten, Arzneimittel, deren Verfalldatum abgelaufen ist, in den Verkehr zu bringen.

Übersicht

	Rn.
A. Einführung	1
B. Herstellen oder Inverkehrbringen qualitätsgeminderter Arzneimittel oder Wirkstoffe (Absatz 1 Nr. 1)	8
I. Qualitätsgeminderte Arzneimittel oder Wirkstoffe	9
1. Abweichung von den anerkannten pharmazeutischen Regeln	10
2. Nicht unerhebliche Minderung der Qualität	12
a) Minderung der Qualität	13
b) Nicht unerhebliche Minderung	15
II. Verbotene Handlungen	17
C. Herstellen oder Inverkehrbringen mit irreführenden Angaben versehener Arzneimittel oder Wirkstoffe (Absatz 1 Nr. 2)	18
I. Arzneimittel oder Wirkstoffe mit irreführenden Angaben	18
1. Grundsatz (Satz 1)	20
a) Bezeichnung	24
b) Angaben	25
c) Aufmachung	26
2. Fälle einer Irreführung (Satz 2)	27
a) Beilegung nicht vorhandener therapeutischer Wirksamkeit oder Wirkungen (Buchst. a)	28
b) Fälschliches Erwecken des Eindrucks einer Erfolgssicherheit oder fehlender schädlicher Wirkungen (Buchst. b)	30
c) Verwendung von zur Täuschung geeigneten Bezeichnungen, Angaben oder Aufmachungen (Buchst. c)	33
II. Verbotene Handlungen	35
D. Herstellen oder Inverkehrbringen gefälschter Arzneimittel oder Wirkstoffe, sonstiges Handeltreiben mit ihnen (Absatz 2)	36
I. Gefälschte Arzneimittel oder Wirkstoffe	37
II. Verbotene Handlungen	38
1. Herstellen, Inverkehrbringen	39

Verbote zum Schutz vor Täuschung **§ 8 AMG**

	Rn.
2. Sonst mit ihnen Handel zu treiben	40
a) Der Begriff des Handeltreibens in § 8 Abs. 2	41
b) Der Tatbestand im Einzelnen	42
aa) Handlung	43
bb) Ausrichtung auf den Umsatz von gefälschten Arzneimitteln oder Wirkstoffen	44
(a) Umsatzgeschäft	45
(b) Endziel	46
(c) Tätigkeitsdelikt	47
(d) Verkauf- und Kaufgeschäfte, sonstige Rechtsgeschäfte, Anbahnung von Geschäften, Zahlungsvorgänge	49
(e) Tatsächliche Handlungen als Teilakte des Handeltreibens	50
cc) Erkennbarkeit	52
dd) Eigennützigkeit	53
3. Verhältnis des Inverkehrbringens zum Handeltreiben	57
E. Ablauf des Verfalldatums (Absatz 3)	58
F. Straftaten und Ordnungswidrigkeiten	59

A. Einführung

Die Vorschrift dient dem **Verbraucherschutz.** Der Verbraucher soll vor man- 1
gelhaften, minderwertigen oder mit irreführenden Angaben versehenen
(Absatz 1), sowie insbesondere auch gefälschten Arzneimitteln **(Absatz 2)** geschützt werden. Arzneimittel, deren Verfalldatum abgelaufen ist, gelten kraft Gesetzes als qualitativ minderwertig **(Absatz 3).**

Seit der Ergänzung des nunmehrigen Absatzes 2 **decken** sich die verbotenen 2
Handlungen in den verschiedenen Absätzen **nicht** mehr:
- **Absatz 1 Nr. 1** verbietet das Herstellen und Inverkehrbringen qualitätsgeminderter Arzneimittel oder Wirkstoffe (Strafvorschrift: § 95 Abs. 1 Nr. 3a Alt. 1 (→ § 95 Rn. 110–140), bei Fahrlässigkeit Straftat nach § 95 Abs. 4 (→ § 95 Rn. 134, 137);
- **Absatz 1 Nr. 2** verbietet das Herstellen und Inverkehrbringen von Arzneimitteln oder Wirkstoffen mit irreführender Bezeichnung, Angabe oder Aufmachung (Strafvorschrift: § 96 Nr. 3 (→ § 96 Rn. 35–48), bei Fahrlässigkeit Ordnungswidrigkeit nach § 97 Abs. 1 Nr. 1,
- **Absatz 2** verbietet das Herstellen und Inverkehrbringen gefälschter Arzneimittel oder Wirkstoffe und das sonstige Handeltreiben mit ihnen (Strafvorschrift: § 95 Abs. 1 Nr. 3a Alt. 2 (→ § 95 Rn. 141–194), bei Fahrlässigkeit Straftat nach § 95 Abs. 4 (→ § 95 Rn. 172, 175; 176; 185);
- **Absatz 3** verbietet das Inverkehrbringen von Arzneimitteln, deren Verfalldatum abgelaufen ist (Ordnungswidrigkeit nach § 97 Abs. 2 Nr. 1).

§ 8 betrifft zunächst **Arzneimittel aller Art** gemäß der in § 2 enthaltenen Legal- 3
definition (*Wesch* in Dieners/Reese PharmaR-HdB § 16 Rn. 17), unabhängig davon, ob sie apothekenpflichtig oder verschreibungspflichtig sind oder der Zulassung bedürfen (*Nickel* in Kügel/Müller/Hofmann § 8 Rn. 3). Die Absätze 1 und 2 beziehen sich nunmehr darüber hinaus auch auf **Wirkstoffe;** der Begriff des Wirkstoffs ist in § 4 Abs. 19 (→ § 4 Rn. 80–83) und des gefälschten Wirkstoffs in § 4 Abs. 41 (→ § 4 Rn. 134–136) gesetzlich definiert.

Zur (Nicht-)Anwendung des § 8 auf bestimmte Arzneimittel, die im Wege des 4
Einzelimports **nach Deutschland verbracht** wurden, → § 73 Rn. 66–74. Das
verwaltungsrechtliche Verbot reicht dabei weiter als die Strafvorschrift (→ § 73
Rn. 68, 73). Zum Verbot, gefälschte Arzneimittel oder Wirkstoffe nach Deutsch-

land zu verbringen, s. § 73 Abs. 1 b (→ § 73 Rn. 11–13). Auch hier decken sich verwaltungsrechtliches und strafrechtliches Verbot nicht.

5   Die Vorschrift ist ein **Gefährdungstatbestand,** der bereits die abstrakte Gefahr einer Täuschung oder Irreführung des Verbrauchers genügen lässt (*Freund* in MüKoStGB § 8 Rn. 4).

6   Das Verbot richtet sich an **jedermann** (*Wesch* in Dieners/Reese PharmaR-HdB § 16 Rn. 20), also nicht nur an den Hersteller, sondern an alle, die Arzneimittel in Verkehr bringen, namentlich pharmazeutische Unternehmer, Großhändler, Apotheker, Ärzte, Tierärzte, Händler (*Freund* in MüKoStGB § 8 Rn. 5; *Rehmann* § 8 Rn. 1), aber auch Private (BGH NStZ 2008, 530 = StraFo 2008, 85 = PharmR 2008, 109 mAnm *Knauer* PharmR 2008, 199).

7   § 8 ist ein **Schutzgesetz** iSd § 823 Abs. 2 BGB, allerdings nicht zum Schutze von Mitbewerbern, sondern allein zum Schutze der Patienten (*Deutsch/Lippert* § 8 Rn. 13).

B. Herstellen oder Inverkehrbringen qualitätsgeminderter Arzneimittel oder Wirkstoffe (Absatz 1 Nr. 1)

8   Absatz 1 Nr. 1 enthält das Verbot, Arzneimittel oder Wirkstoffe herzustellen oder in den Verkehr zu bringen, die nicht unerheblich qualitätsgemindert sind. Ob das Arzneimittel in der Qualität gemindert ist, ist anhand **objektiver Kriterien** zu ermitteln (*Rehmann* § 8 Rn. 1); auf den Willen oder das Unrechtsbewusstsein des Betroffenen, kommt es nur bei der straf- und bußgeldrechtlichen Beurteilung an (*Wesch* in Dieners/Reese PharmaR-HdB § 16 Rn. 17).

9   **I. Qualitätsgeminderte Arzneimittel oder Wirkstoffe.** Objekte des Verbots sind Arzneimittel oder Wirkstoffe, die durch Abweichung von den anerkannten pharmazeutischen Regeln in ihrer Qualität nicht unerheblich gemindert sind. Zur Legaldefinition der Qualität s. § 4 Abs. 15 (→ § 4 Rn. 39).

10   **1. Abweichung von den anerkannten pharmazeutischen Regeln.** Notwendig ist danach eine Abweichung von den pharmazeutischen Regeln. Diese Regeln ergeben sich aus dem Arzneibuch (§ 55), aus dem Grundsätzen und Leitlinien der Guten Herstellungspraxis (→ § 13 Rn. 5, 6) und aus dem EG-GMP-Leitfaden (→ § 13 Rn. 7, 8). Ihre Einhaltung ist in Deutschland für die Herstellung von Arzneimitteln und Wirkstoffen durch § 3 AMWHV verbindlich vorgeschrieben.

11   Enthält das **Arzneibuch** für den Stoff oder Sachverhalt (noch) **keine Bestimmungen,** so können andere Quellen, etwa ausländische Arzneibücher oder von der pharmazeutischen Wissenschaft entwickelte Regeln ausreichend sein (*Wesch* in Dieners/Reese PharmaR-HdB § 16 Rn. 29). Die anerkannten pharmazeutischen Regeln sind daher nicht auf das Arzneibuch beschränkt. Wird ein neuer Stoff entwickelt (New Chemical Entity, NCE), so sind die allgemeinen Regeln der pharmazeutischen Wissenschaft und die Zulassungsunterlagen zur pharmazeutischen Qualität maßgeblich, insbesondere die Angaben über die Herstellung des Arzneimittels, die Art der Haltbarmachung, die Methoden zur Kontrolle der Qualität und die Ergebnisse der analytischen Prüfungen (*Wesch* in Dieners/Reese PharmaR-HdB § 16 Rn. 29).

12   **2. Nicht unerhebliche Minderung der Qualität.** Werden die Regeln (→ Rn. 10, 11) nicht eingehalten, so führt dies nicht zwangsläufig zu einem Verstoß gegen § 8 Abs. 1 Nr. 1. Vielmehr muss die Abweichung dazu geführt haben, dass die Qualität des Arzneimittels in ihrer Qualität **nicht unerheblich** gemindert ist (*Freund* in MüKoStGB § 8 Rn. 6, 7; *Volkmer* in Körner/Patzak/Volkmer AMG § 95 Rn. 171; *Deutsch/Lippert* § 8 Rn. 5). Zwischen der Abweichung und der nicht unerheblichen

Qualitätsminderung muss ein ursächlicher Zusammenhang bestehen (*Volkmer* in Körner/Patzak/Volkmer AMG § 95 Rn. 172).

a) Minderung der Qualität. Qualität ist nach der gesetzlichen Definition (§ 4 13 Abs. 15 (→ § 4 Rn. 39)) die Beschaffenheit des Arzneimittels, die nach der Identität, dem Gehalt, der Reinheit, sonstigen chemischen, physikalischen, biologischen Eigenschaften oder durch das Herstellungsverfahren bestimmt wird.

Minderungen der Qualität können etwa in einer verminderten Wirksamkeit des 14 Präparates, in einem zu hohen oder zu geringen Wirkstoffgehalt, in Verunreinigungen oder in einer mangelnden Haltbarkeit bestehen (*Deutsch/Lippert* § 8 Rn. 6). In den auch betäubungsmittelrechtlich interessierenden Fällen, namentlich bei **Streckmitteln,** werden vielfach Verunreinigungen vorliegen, die sich schon auf Grund des Herstellungsverfahrens ergeben (zu einem Paracetamol/Coffein-Gemisch s. BGH NStZ 2008, 530 (→ Rn. 6)).

b) Nicht unerhebliche Minderung. Diese Qualität muss nicht unerheblich 15 gemindert sein. Ob eine solche Qualitätsminderung vorliegt, richtet sich nach den Umständen des Einzelfalles (*Freund* in MüKoStGB § 8 Rn. 8). An ihr fehlt es, wenn die Geringfügigkeitsschwelle nicht überschritten und der Behandlungserfolg nicht nennenswert beeinträchtigt wird (*Freund* in MüKoStGB § 8 Rn. 8; *Rehmann* § 8 Rn. 2; *Pfohl* in Erbs/Kohlhaas AMG § 8 Rn. 6). Dafür, ob dies gegeben ist, kann die Verkehrsanschauung eine Richtschnur bieten. Im Übrigen ist in einer **Interessen- und Güterabwägung** zu bestimmen, welche Toleranzen dem Konsumenten noch zugemutet werden können und wo die Grenze zum rechtlich missbilligten Verhalten überschritten ist (*Freund* in MüKoStGB § 8 Rn. 8). Dabei kann auch der hohe Aufwand, der zur Vermeidung einer Abweichung notwendig ist, zu berücksichtigen sein, da daran auch der Verbraucher ein Interesse haben kann (*Freund* in MüKoStGB § 8 Rn. 8).

Ist die Grenze zu einer nicht unerheblichen Qualitätsminderung überschritten, 16 so kommt es **nicht** darauf an, dass sich daraus eine **konkrete Gefahr** für den Verbraucher ergibt. Ausreichend ist die **abstrakte** Gefahr, die von einem qualitativ minderwertigen Arzneimittel oder Wirkstoff ausgeht (*Freund* in MüKoStGB § 8 Rn. 9).

II. Verbotene Handlungen. Verboten sind 17
– das **Herstellen** (§ 4 Abs. 14), dazu → § 4 Rn. 31–38, und
– das **Inverkehrbringen** (§ 4 Abs. 17), dazu → § 4 Rn. 44–73.

C. Herstellen oder Inverkehrbringen mit irreführenden Angaben versehener Arzneimittel oder Wirkstoffe (Absatz 1 Nr. 2)

Absatz 1 Nr. 2 enthält das Verbot, Arzneimittel oder Wirkstoffe herzustellen oder 18 in den Verkehr zu bringen, die mit irreführenden Bezeichnungen, Angaben oder Aufmachungen versehen sind.

I. Arzneimittel oder Wirkstoffe mit irreführenden Angaben. Objekte des 19 Verbots sind Arzneimittel oder Wirkstoffe, die mit irreführenden Bezeichnungen, Angaben oder Aufmachungen versehen sind.

1. Grundsatz (Satz 1). Die grundsätzliche Regelung ist in Satz 1 enthalten. **Ir-** 20 **reführung** ist ein Verhalten, das geeignet ist, bei den angesprochenen Verkehrskreisen eine unrichtige Vorstellung über die wesentlichen Eigenschaften eines Arzneimittels hervorzurufen (*Freund* in MüKoStGB § 8 Rn. 10). Danach reicht das Bestehen der **Gefahr einer Täuschung** aus; nicht notwendig ist, dass es tatsächlich zu einer Täuschung gekommen ist (BGHSt 25, 1 = NJW 1972, 2227).

Auf der anderen Seite genügen die Täuschung oder Gefahr der Täuschung von 21 **Einzelpersonen nicht** (*Körner*, 6. Aufl. 2007, AMG § 96 Rn. 16). Notwendig, aber auch ausreichend ist, wenn zumindest die Gefahr besteht, dass ein nicht unerheblicher Teil der angesprochenen **Verkehrskreise** irregeführt wird (BGH NJW 1983, 2633; OVG Münster BeckRS 2009, 38835; *Nickel* in Kügel/Müller/Hofmann § 8 Rn. 14). Dabei ist auf den durchschnittlich informierten, aufmerksamen und verständigen Durchschnittsverbraucher abzustellen, wobei es ausreicht, wenn mehr als 10% der maßgeblichen Verkehrskreise in die Gefahr einer Täuschung geraten (*Deutsch/Lippert* § 8 Rn. 8).

22 Ein verbotenes Inverkehrbringen mit irreführender Bezeichnung liegt daher auch vor, wenn **die Erwerber,** etwa die Landwirte, mit dem Tierarzt **gemeinsame Sache** machen und ein Arzneimittel, das als Beruhigungsmittel für Rinder vertrieben wird, für Zwecke der Mast erwerben und verwenden (BGHSt 25, 1 (→ Rn. 20)).

23 Die Irreführung musste ursprünglich **in anderer Weise** als in den Fällen der Nr. 1 und Nr. 1 a erfolgen, also **nicht** durch eine Qualitätsminderung oder eine falsche Kennzeichnung ihrer Identität oder Herkunft. Als Folgeänderung der Überführung der Definition der gefälschten Arzneimittel und Wirkstoffe in § 4 Abs. 40, 41 durch Gesetz v. 19.10.2012 (BGBl. I S. 2192) ist diese Voraussetzung entfallen.

24 **a) Bezeichnung.** Unter Bezeichnung ist der Name des Arzneimittels zu verstehen, unter dem es zugelassen oder registriert wurde. Sie kann sich auf die Gattung, etwa Jodtinktur, auf die Beschaffenheit, etwa 95%iger Alkohol, oder auf die Herkunft, etwa Emser Salz, beziehen oder ein Phantasiename sein.

25 **b) Angaben.** Angaben können sonstige mündliche, schriftliche oder bildliche Erklärungen über Herkunft, Herstellung, Menge, Güte, Wirkung oder andere für die Bewertung maßgebende Umstände sein (*Pfohl* in Erbs/Kohlhaas AMG § 8 Rn. 9). Eine **irreführende** Angabe liegt auch dann vor, wenn die Arzneimittel einen **anderen als** den angegebenen Wirkstoff enthalten (BGHSt 59, 16 = NJW 2014, 326 = NStZ 2014, 468 mAnm *Volkmer* = StV 2014, 221 = PharmR 2014 mAnm *Floeth* = A&R 2014, 35 mAnm *Winkler*).

26 **c) Aufmachung.** Unter Aufmachung ist die äußere Gestaltung zu verstehen, namentlich die Art und Farbe der Verpackung, die Form der Gefäße oder eine bildliche Darstellung (*Nickel* in Kügel/Müller/Hofmann § 8 Rn. 12; *Pfohl* in Erbs/Kohlhaas AMG § 8 Rn. 9).

27 **2. Fälle einer Irreführung (Satz 2).** In Satz 2 werden drei Fälle aufgeführt, in denen zwingend eine Irreführung gegeben ist. Die Aufzählung ist nicht abschließend (*Volkmer* in Körner/Patzak/Volkmer AMG § 96 Rn. 27).

28 **a) Beilegung nicht vorhandener therapeutischer Wirksamkeit oder Wirkungen (Buchst. a).** Nach Buchst. a ist eine Irreführung insbesondere dann gegeben, wenn der Hersteller oder Inverkehrbringende dem Arzneimittel eine therapeutische Wirksamkeit (→ § 4 Rn. 113) oder Wirkungen zuschreibt, die es nicht mehr nicht hat. Jedenfalls im gerichtlichen Verfahren muss der Richter die Überzeugung hiervon gewinnen (s. *Sander* ArzneimittelR § 8 Erl. 7). Ob es dazu ausreicht, dass die Wirksamkeit nicht mit anerkanntem Erkenntnismaterial belegt werden kann oder ob dazu neben wissenschaftlich fundierten Erfahrungen auch die praktischen Erfahrungen des täglichen Lebens genügen, ist keine Frage des Tatbestands, sondern der Überzeugungsbildung des Gerichts.

29 Bei zugelassenen Arzneimitteln, bei denen auch die Wirksamkeit des Arzneimittels geprüft wird, dürften Fälle des Buchst. a eher selten sein. Allerdings kann nicht nur über die **Wirksamkeit überhaupt,** sondern auch über deren **Stärke** irregeführt werden (*Freund* in MüKoStGB § 8 Rn. 12), etwa durch Zusatzbezeichnungen wie Doppel-, forte oder akut (*Nickel* in Kügel/Müller/Hofmann § 8 Rn. 21; *Deutsch/Lippert* § 8 Rn. 8; zu forte s. *Dietel* A&R 2013, 18; zum Verständnis von „akut" im Sinne einer schnellen Wirkung s. OVG Münster MedR 2014, 334

Verbote zum Schutz vor Täuschung **§ 8 AMG**

mAnm *Brixius* = A&R 2013, 252; aA OLG München PharmR 2010, 233 mAnm *Brixius/Frohn* = A&R 2010, 96).

b) Fälschliches Erwecken des Eindrucks einer Erfolgssicherheit oder fehlender schädlicher Wirkungen (Buchst. b). Eine Irreführung liegt auch dann vor, wenn fälschlich der Eindruck hervorgerufen wird, dass ein Erfolg mit Sicherheit erwartet werden kann oder dass nach bestimmungsgemäßem oder längerem Gebrauch keine schädlichen Wirkungen eintreten. 30

Das Vorspiegeln des **sicheren Erfolgseintritts** ist in der Sache ein Unterfall der Täuschung über die Wirksamkeit des Arzneimittels. 31

Da (bekannte) **Nebenwirkungen** in der Packungsbeilage ausdrücklich aufgeführt werden müssen (§ 11 Abs. 1 Nr. 5), reicht das bloße Weglassen aus, um bei dem Abnehmer einen falschen Eindruck zu erwecken (*Freund* in MüKoStGB § 8 Rn. 13). Dabei handelt es sich nicht um Unterlassen, sondern um einen Fall der Täuschung durch aktives Tun, bei dem das Bekundete wegen seiner Unvollständigkeit in die Irre führt (*Freund* in MüKoStGB § 8 Rn. 13). 32

c) Verwendung von zur Täuschung geeigneten Bezeichnungen, Angaben oder Aufmachungen (Buchst. c). Schließlich liegt eine Irreführung auch dann vor, wenn der Hersteller oder Inverkehrbringende Bezeichnungen, Angaben oder Aufmachungen verwendet, die zur Täuschung über die Qualität des Arzneimittels oder Wirkstoffs geeignet und für deren Bewertung mitbestimmend sind. In vielen Fällen werden bereits die Voraussetzungen der Buchst. a und b erfüllt sein, die in einem solchen Falle vorgehen (*Freund* in MüKoStGB § 8 Rn. 14). 33

Die Vorschrift gewinnt aber vor allem bei **zusätzlichen** Bezeichnungen, Angaben oder Aufmachungen Bedeutung, durch die ein falscher Anschein erweckt wird, der für die Bewertung des Arzneimittels oder Wirkstoffs mitbestimmend ist („**Nebenbei-Äußerungen**" (*Deutsch/Lippert* § 8 Rn. 10)), etwa vitaminhaltig, Naturheilmittel oder keine Tierversuche (*Freund* in MüKoStGB § 8 Rn. 15). Sie kann auch bei der Angabe eines zu langen Verfalldatums in Betracht kommen (*Nickel* in Kügel/Müller/Hofmann § 8 Rn. 26). 34

II. Verbotene Handlungen. Verboten sind 35
- das **Herstellen** (§ 4 Abs. 14), dazu → § 4 Rn. 31–38, und
- das **Inverkehrbringen** (§ 4 Abs. 17), dazu → § 4 Rn. 44–73.

D. Gefälschte Arzneimittel oder Wirkstoffe (Absatz 2)

Absatz 2 enthält das Verbot, gefälschte Arzneimittel oder Wirkstoffe herzustellen, in den Verkehr zu bringen oder sonst mit ihnen Handel zu treiben. 36

I. Gefälschte Arzneimittel oder Wirkstoffe. Die gefälschten Arzneimittel oder Wirkstoffe sind in § 4 Abs. 40, 41 (→ § 4 Rn. 129–136) gesetzlich definiert. 37

II. Verbotene Handlungen. Verbotene Handlungen sind das **Herstellen**, das **Inverkehrbringen** und das (sonstige) **Handeltreiben**. Ergänzt wird dies durch das Verbot, gefälschte Arzneimittel oder Wirkstoffe nach Deutschland zu **verbringen** (§ 73 Abs. 1 b (→ § 73 Rn. 11–13)). 38

1. Herstellen, Inverkehrbringen. Zu dem Begriff des Herstellens s. § 4 Abs. 14 (→ § 4 Rn. 31–38), zu dem des Inverkehrbringens s. § 4 Abs. 17 (→ § 4 Rn. 44–73). 39

2. Sonst mit ihnen Handel zu treiben. Durch Gesetz v. 19.10.2012 (BGBl. I S. 2192) wurde das Verbot eingefügt, mit den gefälschten Arzneimitteln und Wirkstoffen **sonst Handel zu treiben**. Damit sollte Art. 51b Abs. 1 der Richtlinie 2001/83 (EG) umgesetzt werden. Eine nähere Begründung findet sich in den Gesetzesmaterialien (BT-Drs. 17/9341, 48) nicht. Da nicht anzunehmen ist, dass 40

AMG § 8 Zweiter Abschnitt. Anforderungen an die Arzneimittel

derselbe Begriff in **einem** Gesetz eine verschiedene Bedeutung haben sollte, ist davon auszugehen, dass der Begriff des Handeltreibens so zu verstehen ist wie in § 43 Abs. 1 S. 2, § 95 Abs. 1 Nr. 4.

41 **a) Der Begriff des Handeltreibens in § 8 Abs. 2.** Ausgehend von der Rezeption des betäubungsmittelrechtlichen Begriffs (→ § 43 Rn. 37–43) ist der Begriff des Handeltreibens auch im Arzneimittelrecht **weit auszulegen** (→ § 43 Rn. 48). Er reicht von einfachen, rein tatsächlichen Handlungen bis zu komplizierten Finanztransaktionen. Unter Handeltreiben im Rahmen des § 8 Abs. 2 ist danach jedes **eigennützige Bemühen** zu verstehen, das darauf **gerichtet** ist, den Umsatz von gefälschten Arzneimitteln oder Wirkstoffen zu ermöglichen oder zu fördern (→ BtMG § 29 Rn. 169). Dies kann auch durch ein **Unterlassen** geschehen (→ BtMG § 29 Rn. 169). Auf Berufs- oder Gewerbsmäßigkeit kommt es nicht an; ausreichend ist auch eine einmalige oder gelegentliche Tätigkeit (→ BtMG § 29 Rn. 170).

42 **b) Der Tatbestand im Einzelnen.** Der Tatbestand des Handeltreibens setzt die Erfüllung der folgenden Merkmale voraus:

43 **aa) Handlung.** Es muss eine Handlung vorliegen. Darunter fällt jegliche Tätigkeit (→ BtMG § 29 Rn. 231). Dies können Rechtsgeschäfte oder Tätigkeiten, die mit solchen in Zusammenhang stehen (→ Rn. 49), oder tatsächliche Handlungen (→ Rn. 50, 51) sein.

44 **bb) Ausrichtung auf den Umsatz von gefälschten Arzneimitteln oder Wirkstoffen.** Die Tätigkeit muss auf einen Umsatz von gefälschten Arzneimitteln oder Wirkstoffen gerichtet sein.

45 **(a) Umsatzgeschäft.** Die Tätigkeit muss sich auf die Vornahme eines Umsatzgeschäfts richten (→ BtMG § 29 Rn. 256–258). Ein Umsatzgeschäft liegt vor, wenn der rechtsgeschäftliche Übergang der Arzneimittel oder Wirkstoffe von einer Person auf eine andere bewirkt werden soll (→ BtMG § 29 Rn. 257, 258).

46 **(b) Endziel.** Ziel des Vorgangs muss es sein, die Arzneimittel oder Wirkstoffe auf dem Weg zum Konsumenten weiterzubringen (→ BtMG § 29 Rn. 259–292). Daran fehlt es bei einem Erwerb zum **Eigenbedarf** oder **Eigenverbrauch**.

47 **(c) Tätigkeitsdelikt.** Das Handeltreiben ist auch im Arzneimittelrecht ein Tätigkeitsdelikt. Es reicht aus, dass es auf den Umsatz der gefälschten Arzneimittel oder Wirkstoffe Arzneimittel **gerichtet ist** (→ BtMG § 29 Rn. 263). **Nicht notwendig** ist daher,
- dass Umsatzgeschäfte tatsächlich stattgefunden haben (→ BtMG § 29 Rn. 264),
- dass es auch nur zur Anbahnung bestimmter Geschäfte gekommen ist (→ BtMG § 29 Rn. 263), anders, wenn sich die Handlung nicht unmittelbar auf gefälschte Arzneimittel oder Wirkstoffe bezieht (s. u.),
- dass die Tätigkeit den Umsatz gefördert hat oder auch nur dazu geeignet war (→ BtMG § 29 Rn. 265),
- dass ein Umsatzerfolg eingetreten ist (→ BtMG § 29 Rn. 266–269),
- dass die gefälschten Arzneimittel oder Wirkstoffe vorhanden sein müssen (→ BtMG § 29 Rn. 219, 280),
- dass der Täter über eine Verfügungsmöglichkeit oder Beschaffungsmöglichkeit verfügte (→ BtMG § 29 Rn. 219, 284, 285),
- dass der eigene Umsatz gefördert wird (→ BtMG § 29 Rn. 296–308),
- dass das Objekt, auf das sich die konkrete Handlung bezieht, ein gefälschtes Arzneimittel oder ein gefälschter Wirkstoff sein muss; Handeltreiben kann auch dann vorliegen, wenn sich die Handlung auf Erlöse, Kaufgeld oder andere Stoffe (Grundstoffe, Ausgangsstoffe etc) oder Gegenstände (Laborgeräte, Schmuggelfahrzeuge, Labor- oder Lagerräume etc) bezieht (→ BtMG § 29 Rn. 234–236), sofern die notwendige Beziehung zu einem Umsatzgeschäft mit gefälschten Arz-

Verbote zum Schutz vor Täuschung **§ 8 AMG**

neimitteln oder Wirkstoffen besteht (dazu im Einzelnen → BtMG § 29 Rn. 237–252).

Daraus, dass die Tätigkeit lediglich **auf den Umsatz abzielen** muss, folgt ferner, **48** dass Handeltreiben auch dann in Betracht kommt,
- wenn die Substanz, auf die sich die Abrede bezog, in Wirklichkeit kein gefälschtes Arzneimittel oder gefälschter Wirkstoff war, sondern ein anderer Stoff (→ BtMG § 29 Rn. 220, 223, 280–283),
- wenn die Arzneimittel oder Wirkstoffe zum Zeitpunkt des Tätigwerdens der Beteiligten bereits unter polizeilicher Kontrolle standen, sichergestellt oder beschlagnahmt waren, sofern dies den Beteiligten nicht bekannt war (→ BtMG § 29 Rn. 225, 286–289),
- wenn auf einer oder beiden Seiten des Umsatzgeschäfts, das der Täter vermitteln wollte, Verdeckte Ermittler, sonstige nicht offen ermittelnde Beamte oder V-Personen tätig geworden sind oder wenn sich ein solcher Beamter oder eine V-Person nur zum Schein an den Kaufverhandlungen beteiligt (→ BtMG § 29 Rn. 290, 291) oder
- wenn der angesprochene Vertragspartner die Arzneimittel oder Wirkstoffe nicht kaufen oder verkaufen will, sondern eine Verkaufs- oder Kaufabsicht nur vorspiegelt, um das Geld oder die Arzneimittel oder Wirkstoffe mit Gewalt oder auf andere Weise an sich zu bringen (→ BtMG § 29 Rn. 292).

(d) Verkauf- und Kaufgeschäfte, sonstige Rechtsgeschäfte, Anbahnung **49** **von Geschäften, Zahlungsvorgänge.** Das für den Handel mit gefälschten Arzneimitteln und Wirkstoffen typische Umsatzgeschäft ist deren Verkauf (→ BtMG § 29 Rn. 357–366). Aber auch der Kauf kann Handeltreiben sein, wenn der gewinnbringende Weiterverkauf beabsichtigt ist (→ BtMG §§ 367–375). Entsprechendes gilt für die Anbahnung dieser Geschäfte (→ BtMG § 29 Rn. 376–416). Auch eine Vielzahl **anderer Geschäfte**, etwa Vermittlungs- oder Finanzierungsgeschäfte, können einen Teilakt des Handeltreibens darstellen, wenn sie dem gewinnbringenden Umsatz von gefälschten Arzneimitteln und Wirkstoffen dienen (→ BtMG § 29 Rn. 417–454). Zum Handeltreiben gehören auch die Handlungen nach Geschäftsschluss, insbesondere die **Zahlungsvorgänge** (→ BtMG § 29 Rn. 455–479).

(e) Tatsächliche Handlungen als Teilakte des Handeltreibens. Der Tat- **50** bestand des Handeltreibens kann auch durch rein faktische Handlungen erfüllt werden, sofern sie nur zum Ziele haben, den Umsatz von gefälschten Arzneimitteln oder Wirkstoffen zu fördern. Eine große Gruppe tatsächlicher Handlungen, die Teilakte des Handeltreibens sein können, finden sich **im Umfeld des Umsatzes** von gefälschten Arzneimitteln oder Wirkstoffen (→ BtMG § 29 Rn. 451–454). Den Tatbestand des (vollendeten) Handeltreibens können aber auch tatsächliche Handlungen erfüllen, die sich (noch weit) **im Vorfeld eines Umsatzes** von gefälschten Arzneimitteln oder Wirkstoffen ereignen.

Dazu gehören das **Herstellen** (§ 4 Abs. 14 (→ Rn. 31–38)), das **Verbringen,** **51** Einführen Ausführen und Durchführen (§ 4 Abs. 32 (→ Rn. 120–128)), das **Vorrätighalten,** das Feilhalten und Feilbieten (§ 4 Abs. 17 (→ Rn. 51–60)), sofern dies nicht bereits durch das Anbahnen erfasst wird (→ Rn. 49), das **Besitzen** oder Lagern für einen anderen (→ BtMG § 29 Rn. 526–533), das **Transportieren** (→ BtMG § 29 Rn. 534–549) und **weitere** Handlungen im Zusammenhang mit dem Umsatz gefälschter Arzneimittel und Wirkstoffe (→ BtMG § 29 Rn. 550–571).

ee) Erkennbarkeit. Nicht erforderlich ist, dass nach außen sichtbar wird, dass **52** eine auf Umsatz gerichtete Handlung vorliegt. Ausreichend ist, dass der Handelnde nach seiner Vorstellung eine umsatzfördernde Maßnahme vorgenommen hat (→ BtMG § 29 Rn. 293, 294).

AMG § 8 Zweiter Abschnitt. Anforderungen an die Arzneimittel

53 **ff) Eigennützigkeit.** Weitere tatbestandsmäßige Voraussetzung des Handeltreibens ist die Eigennützigkeit (Eigennutz). Sie dient als weiteres Regulativ für den weitgefassten Bereich von Bemühungen, die den Begriff des Handeltreibens kennzeichnen. Auch Tätigkeiten, die auf den Umsatz von gefälschten Arzneimitteln oder Wirkstoffen gerichtet sind, sind **kein Handeltreiben,** wenn sie aus anderen als eigennützigen Motiven vorgenommen werden (→ BtMG § 29 Rn. 309–312).

54 **Eigennützig** handelt der Täter, dem es auf seinen persönlichen Vorteil, insbesondere auf die Erzielung von Gewinn ankommt (zu den Einzelheiten → BtMG § 29 Rn. 308–353). Sein Tun muss vom Streben nach Gewinn geleitet sein oder er muss sich sonst irgendeinen persönlichen Vorteil davon versprechen, durch den er materiell oder immateriell besser gestellt wird (→ BtMG § 29 Rn. 313). Daran fehlt es (→ BtMG § 29 Rn. 314), wenn der Beteiligte die gefälschten Arzneimittel oder Wirkstoffe verschenkt (Abgabe), zum Selbstkosten- oder Einstandspreis veräußert oder sie sonst hergibt (Abgabe).

55 Dass das **Gewinnstreben** ungewöhnlich oder übersteigert ist, ist **nicht** erforderlich. Es genügt, dass der Täter das Arzneimittel mit Gewinn veräußern will. Dazu ist es nicht notwendig, dass das von ihm verlangte Entgelt den Marktpreis übersteigt oder auch nur erreicht (→ BtMG § 29 Rn. 316).

56 Das Merkmal der Eigennützigkeit bezieht sich auf den Umsatz der gefälschten Arzneimittel oder Wirkstoffe. Der Gewinn oder die sonstigen Vorteile müssen daher **gerade durch den Umsatz** erzielt werden und sich aus dem Umsatzgeschäft selbst ergeben (→ BtMG § 29 Rn. 341–346). Außerhalb des Umsatzes liegende Vorteile reichen nicht.

57 **3. Verhältnis des Inverkehrbringens zum Handeltreiben.** Zu Verwirrung könnte es führen, dass das Gesetz v. 19.10.2012 durch die Verwendung des Wortes „sonst" eine Verbindung zum Inverkehrbringen herstellt, so dass der Eindruck entstehen könnte, dass dieses lediglich ein Unterfall des Handeltreibens ist. Beide Begriffe haben eine Schnittmenge (eigennütziges Inverkehrbringen) gemeinsam, decken sich aber im Übrigen nicht. Es spricht nichts dafür, dass der Gesetzgeber mit der Verwendung des Wortes „sonst" den Begriff des Inverkehrbringens auf diese Schnittmenge reduzieren wollte, so dass es bei der bisherigen Auslegung verbleiben kann.

E. Ablauf des Verfalldatums (Absatz 3)

58 Arzneimittel, deren Verfalldatum abgelaufen ist, dürfen nicht mehr in Verkehr gebracht werden. Sie gelten kraft Gesetzes als qualitativ minderwertig. Darauf, ob und inwieweit eine Qualitätsbeeinträchtigung durch den Ablauf der Verfallzeit tatsächlich eingetreten ist, kommt es nicht an (*Freund* in MüKoStGB § 8 Rn. 18). Dies gilt natürlich nicht im Rahmen der ordnungswidrigkeitsrechtlichen Beurteilung, bei der die tatsächliche Qualitätsminderung für die Strafzumessung von Bedeutung ist (*Freund* in MüKoStGB § 8 Rn. 18).

F. Straftaten und Ordnungswidrigkeiten

59 Auf → Rn. 2 wird Bezug genommen.

§ 9 Der Verantwortliche für das Inverkehrbringen

(1) ¹**Arzneimittel, die im Geltungsbereich dieses Gesetzes in den Verkehr gebracht werden, müssen den Namen oder die Firma und die Anschrift des pharmazeutischen Unternehmers tragen.** ²**Dies gilt nicht für Arzneimittel, die zur klinischen Prüfung bei Menschen bestimmt sind.**

(2) ¹**Arzneimittel dürfen im Geltungsbereich dieses Gesetzes nur durch einen pharmazeutischen Unternehmer in den Verkehr gebracht werden, der seinen Sitz im Geltungsbereich dieses Gesetzes, in einem anderen Mitgliedstaat der Europäischen Union oder in einem anderen Vertragsstaat des Abkommens über den Europäischen Wirtschaftsraum hat.** ²**Bestellt der pharmazeutische Unternehmer einen örtlichen Vertreter, entbindet ihn dies nicht von seiner rechtlichen Verantwortung.**

Übersicht

	Rn.
A. Inhalt und Bedeutung	1
B. Die Kennzeichnungspflicht (Absatz 1)	2
C. Die Anforderungen an den Sitz des pharmazeutischen Unternehmers (Absatz 2)	6
D. Zuwiderhandlungen	9

A. Inhalt und Bedeutung

Die Überschrift der Vorschrift verspricht mehr als ihr Inhalt zu halten vermag. Sie regelt nicht die Verantwortlichkeit für das Inverkehrbringen von Arzneimitteln, sondern bestimmt lediglich, dass der für das Inverkehrbringen Verantwortliche verpflichtet ist, durch bestimmte Angaben seine Identifizierung zu ermöglichen **(Absatz 1)**. Um eine zuverlässige Rechtsverfolgung zu ermöglichen wird ferner bestimmt, dass der pharmazeutische Unternehmer, der das Arzneimittel in den Verkehr bringt, seinen Sitz in Deutschland, sonst in der EU oder in einem anderen Vertragsstaat des Abkommens über den EWR haben muss **(Absatz 2)**. 1

B. Die Kennzeichnungspflicht (Absatz 1)

Die Vorschrift gilt für **alle Arzneimittel** (§ 2) und nicht nur für Fertigarzneimittel (*Krüger* in Kügel/Müller/Hofmann § 9 Rn. 3). Daher unterliegen Arzneimittel auch während eines arbeitsteiligen Herstellungsprozesses der Kennzeichnungspflicht (*Krüger* in Kügel/Müller/Hofmann § 9 Rn. 4); es muss sich allerdings bereits um Arzneimittel handeln. Ausgenommen von der Kennzeichnungspflicht sind nur Arzneimittel, die für klinische Prüfungen am Menschen bestimmt sind (Satz 2); für diese gilt § 5 GCP-V. 2

Maßgeblicher Zeitpunkt für das Entstehen der Kennzeichnungspflicht ist das Inverkehrbringen. Dabei werden alle Stufen des Inverkehrbringens (→ § 4 Rn. 44–73), also nicht erst die Abgabe, sondern auch das Vorrätighalten (*Krüger* in Kügel/Müller/Hofmann § 9 Rn. 4) erfasst. 3

Pharmazeutischer Unternehmer iSd § 9 ist immer der **Zulassungsinhaber** (§ 4 Abs. 19 S. 1). Er ist daher stets anzugeben (BVerwG NVwZ-RR 2004, 179 für § 10; *Rehmann* § 9 Rn. 2; *Krüger* in Kügel/Müller/Hofmann § 9 Rn. 6; aA *Dettling/Lenz* PharmR 2002, 96). Wird das Arzneimittel von einem **Mitvertreiber** (§ 4 Abs. 19 S. 2) in den Verkehr gebracht, so müssen sowohl der Zulassungsinhaber als auch der Mitvertreiber angegeben werden; die bloße Angabe desjenigen, der das 4

Arzneimittel unter seinem Namen vertreibt, genügt nicht (*Krüger* in Kügel/Müller/ Hofmann § 9 Rn. 6).

5 Die Kennzeichnung hat so zu erfolgen, dass eine **Postzustellung** möglich ist (*Krüger* in Kügel/Müller/Hofmann § 9 Rn. 10). Für Fertigarzneimittel ist sie in § 10 geregelt. Für Arzneimittel, die nicht unter diese Vorschrift fallen, hat die Bezeichnung des pharmazeutischen Unternehmers so zu erfolgen, dass von ihr unter Berücksichtigung der verkehrsüblichen Transport- und Lagergewohnheiten in zumutbarer und verlässlicher Weise Kenntnis genommen werden kann (*Rehmann* § 9 Rn. 2).

C. Die Anforderungen an den Sitz des pharmazeutischen Unternehmers (Absatz 2)

6 Der pharmazeutische Unternehmer, der im Inland Arzneimittel in den Verkehr bringt, muss seinen Sitz in Deutschland, in der EU oder einem anderen Vertragsstaat des Abkommens über den EWR haben **(Satz 1)**. Wo der Sitz ist, richtet sich nach den einschlägigen zivil- und gesellschaftsrechtlichen Vorschriften einschließlich solcher des Internationalen Privatrechts.

7 **Satz 2** dient der Umsetzung des Art. 6 Abs. 1a der Richtlinie 2001/83 (EG) in der Fassung der Richtlinie 2004/27 (EG). Sie ändert nichts an der grundsätzlichen Geltung des Satzes 1 und ist daher nur anwendbar, wenn der (Haupt-)Sitz des pharmazeutischen Unternehmers in Deutschland, in der EU oder einem anderen Vertragsstaat des Abkommens über das EWR ist (*Rehmann* § 9 Rn. 3; s. auch EuGH Slg. 1984, 1111; VGH Mannheim PharmR 2008, 202).

8 Die Vorschrift gilt allein für die Fälle des § 9. Es ist eine Ausnahmevorschrift, die nichts an dem Grundsatz ändert, dass Erlaubnisse nur für Antragsteller erteilt werden können, die ihren Sitz im Inland haben. Daher kann für einen Großhandel, der von einem örtlichen Vertreter betrieben werden soll, eine Großhandelserlaubnis nicht erteilt werden (VGH Mannheim PharmR 2008, 202).

D. Zuwiderhandlungen

9 Vorsätzliche oder fahrlässige Zuwiderhandlungen sind Ordnungswidrigkeiten nach § 97 Abs. 2 Nr. 2 oder 3.

Dritter Abschnitt. Herstellung von Arzneimitteln

§ 13 Herstellungserlaubnis

(1) ¹**Wer**
1. **Arzneimittel im Sinne des § 2 Absatz 1 oder Absatz 2 Nummer 1,**
2. **Testsera oder Testantigene,**
3. **Wirkstoffe, die menschlicher, tierischer oder mikrobieller Herkunft sind oder die auf gentechnischem Wege hergestellt werden, oder**
4. **andere zur Arzneimittelherstellung bestimmte Stoffe menschlicher Herkunft**

gewerbs- oder berufsmäßig herstellt, bedarf einer Erlaubnis der zuständigen Behörde. ²Das Gleiche gilt für juristische Personen, nicht rechtsfähige Vereine und Gesellschaften bürgerlichen Rechts, die Arzneimittel zum Zwecke der Abgabe an ihre Mitglieder herstellen. ³Satz 1 findet auf eine Prüfung, auf deren Grundlage die Freigabe des Arzneimittels für das Inverkehrbringen erklärt wird, entsprechende Anwendung. ⁴§ 14 Absatz 4 bleibt unberührt.

§ 13 AMG

(1a) **Absatz 1 findet keine Anwendung auf**
1. **bis 3.** *nicht abgedruckt*
4. **die Rekonstitution, soweit es sich nicht um Arzneimittel handelt, die zur klinischen Prüfung bestimmt sind.**

(2) ¹**Einer Erlaubnis nach Absatz 1 bedarf nicht**
1. **der Inhaber einer Apotheke für die Herstellung von Arzneimitteln im Rahmen des üblichen Apothekenbetriebs, oder für die Rekonstitution oder das Abpacken einschließlich der Kennzeichnung von Arzneimitteln, die zur klinischen Prüfung bestimmt sind, sofern dies dem Prüfplan entspricht,**
2. **der Träger eines Krankenhauses, soweit er nach dem Gesetz über das Apothekenwesen Arzneimittel abgeben darf, oder für die Rekonstitution oder das Abpacken einschließlich der Kennzeichnung von Arzneimitteln, die zur klinischen Prüfung bestimmt sind, sofern dies dem Prüfplan entspricht,**
3. **der Tierarzt im Rahmen des Betriebes einer tierärztlichen Hausapotheke für**
   a) **das Umfüllen, Abpacken oder Kennzeichnen von Arzneimitteln in unveränderter Form,**
   b) **die Herstellung von Arzneimitteln, die ausschließlich für den Verkehr außerhalb der Apotheken freigegebene Stoffe oder Zubereitungen aus solchen Stoffen enthalten,**
   c) *nicht abgedruckt,*
   d) **das Zubereiten von Arzneimitteln aus einem Fertigarzneimittel und arzneilich nicht wirksamen Bestandteilen,**
   e) **das Mischen von Fertigarzneimitteln für die Immobilisation von Zoo-, Wild- und Gehegetieren,**
   soweit diese Tätigkeiten für die von ihm behandelten Tiere erfolgen,
4. **der Großhändler für**
   a) **das Umfüllen von flüssigem Sauerstoff in mobile Kleinbehältnisse für einzelne Patienten in Krankenhäusern oder bei Ärzten einschließlich der erforderlichen Kennzeichnung,**
   b) **das Umfüllen, Abpacken oder Kennzeichnen von sonstigen Arzneimitteln in unveränderter Form, soweit es sich nicht um Packungen handelt, die zur Abgabe an den Verbraucher bestimmt sind,**
5. **der Einzelhändler, der die Sachkenntnis nach § 50 besitzt, für das Umfüllen, Abpacken oder Kennzeichnen von Arzneimitteln zur Abgabe in unveränderter Form unmittelbar an den Verbraucher,**
6. *nicht abgedruckt*

(2a) ¹**Die Ausnahmen nach Absatz 2 gelten nicht für die Herstellung von Blutzubereitungen, Gewebezubereitungen, Sera, Impfstoffen, Allergenen, Testsera, Testantigenen und Arzneimitteln für neuartige Therapien, xenogenen und radioaktiven Arzneimitteln.** ²**Satz 1 findet keine Anwendung auf die in Absatz 2 Nummer 1 oder Nummer 2 genannten Einrichtungen, soweit es sich um**
1. **das patientenindividuelle Umfüllen in unveränderter Form, das Abpacken oder Kennzeichnen von im Geltungsbereich dieses Gesetzes zugelassenen Sera nicht menschlichen oder tierischen Ursprungs oder**
2. **die Rekonstitution oder das Umfüllen, das Abpacken oder Kennzeichnen von Arzneimitteln, die zur klinischen Prüfung bestimmt sind, sofern dies dem Prüfplan entspricht, oder**
3. **die Herstellung von Testallergenen**

AMG § 13 Dritter Abschnitt. Herstellung von Arzneimitteln

handelt. ³Tätigkeiten nach Satz 2 Nummer 1 und 3 sind der zuständigen Behörde anzuzeigen.

(2b) ¹Einer Erlaubnis nach Absatz 1 bedarf ferner nicht eine Person, die Arzt oder Zahnarzt ist oder sonst zur Ausübung der Heilkunde bei Menschen befugt ist, soweit die Arzneimittel unter ihrer unmittelbaren fachlichen Verantwortung zum Zwecke der persönlichen Anwendung bei einem bestimmten Patienten hergestellt werden. ²Satz 1 findet keine Anwendung auf

1. Arzneimittel für neuartige Therapien und xenogene Arzneimittel sowie
2. Arzneimittel, die zur klinischen Prüfung bestimmt sind, soweit es sich nicht nur um eine Rekonstitution handelt,
3. Arzneimittel, die der Verschreibungspflicht nach § 48 unterliegen, sofern die Herstellung nach Satz 1 durch eine Person erfolgt, die nicht Arzt oder Zahnarzt ist.

(2c) Absatz 2b Satz 1 gilt für Tierärzte im Rahmen des Betriebes einer tierärztlichen Hausapotheke für die Anwendung bei von ihnen behandelten Tieren entsprechend.

(3) *nicht abgedruckt*

(4) ¹Die Entscheidung über die Erteilung der Erlaubnis trifft die zuständige Behörde des Landes, in dem die Betriebsstätte liegt oder liegen soll. *Satz 2 nicht abgedruckt.*

Übersicht

	Rn.
A. Vorbemerkung: Zulassung und Herstellung	1
I. Arzneimittelrechtliche Zulassung	2
II. Herstellung, Anforderungen	4
B. Inhalt der Vorschrift	10
C. Der (Verwaltungs-)Akt der Erlaubnis	11
D. Die Herstellungserlaubnis (Absatz 1)	14
I. Herstellen	14
II. Arzneimittel oder andere Stoffe	19
1. Arzneimittel	20
2. Testsera, Testantigene	22
3. Wirkstoffe menschlicher, tierischer oder mikrobieller Herkunft	23
4. Andere Stoffe menschlicher Herkunft	24
III. Gewerbs- oder berufsmäßig	25
1. Gewerbsmäßigkeit	26
2. Berufsmäßigkeit	28
IV. Herstellung zur Abgabe an Mitglieder (Satz 2)	32
V. Arzneimittelprüfung (Satz 3)	33
E. Nichtanwendbarkeit des Absatzes 1 (Absatz 1a)	34
F. Ausnahmen von der Erlaubnispflicht (Absatz 2)	35
I. Inhaber von Apotheken (Nr. 1)	36
1. Herstellen im Rahmen des üblichen Apothekenbetriebs	38
2. Rekonstitution	43
3. Abpacken einschließlich Kennzeichnen von Prüfpräparaten	44
II. Krankenhausträger (Nr. 2)	45
III. Tierärzte (Nr. 3)	46
IV. Großhändler für das Umfüllen von flüssigem Sauerstoff und das Umfüllen, Abpacken, Kennzeichnen anderer Arzneimittel (Nr. 4)	47
V. Einzelhändler (Nr. 5)	51
G. Rückausnahmen von Absatz 2 für Blutzubereitungen und andere Arzneimittel (Absatz 2a)	53

	Rn.
I. Rückausnahmen von Absatz 2 (Absatz 2a Satz 1)	54
II. Rückausnahme von der Rückausnahme (Absatz 2a Satz 2)	56
H. Ausnahme von der Erlaubnispflicht für Ärzte, Zahnärzte und Heilpraktiker (Absatz 2b)	57
I. Voraussetzungen (Satz 1)	58
II. Rückausnahmen (Satz 2)	61
I. Ausnahme von der Erlaubnispflicht für Tierärzte (Absatz 2c)	63
J. Zuständigkeit (Absatz 4)	65
K. Straftat, Ordnungswidrigkeit	66

A. Vorbemerkung: Zulassung und Herstellung

Im Hinblick auf die Risiken, die Arzneimittel in sich bergen können, stellen das 1
deutsche und das europäische Recht die **Herstellung** unter ein Verbot mit Erlaubnisvorbehalt. Davon zu **unterscheiden** ist die arzneimittelrechtliche **Zulassung**.

I. Arzneimittelrechtliche Zulassung. Gegenstand des Zulassungsverfahrens, 2
das durchzuführen ist, bevor das Arzneimittel in den Verkehr gebracht werden darf, ist die Qualität des Präparats, das als Muster für das in den Verkehr zu bringende Arzneimittel dienen soll (*Anhalt/Lützeler* in Dieners/Reese PharmaR-HdB § 8 Rn. 1). Der Antragsteller im Zulassungsverfahren erforscht und entwickelt das Arzneimittel **als Modell** nach pharmazeutischen, toxikologischen, klinischen und technologisch-galenischen Gesichtspunkten (*Anhalt/Lützeler* in Dieners/Reese PharmaR-HdB § 8 Rn. 1).

Im Rahmen der **Zulassung** des Arzneimittels wird sodann die **Qualität des** 3
Musters durch die Zulassungsbehörde **bewertet**. Auch nach Erteilung der Zulassung bleibt der pharmazeutische Unternehmer, der das Arzneimittel unter seinem Namen in den Verkehr bringt, dafür verantwortlich, etwaige neue Erkenntnisse auszuwerten, um gegebenenfalls die Qualität des Modells des Arzneimittels entsprechend anzupassen (*Anhalt/Lützeler* in Dieners/Reese PharmaR-HdB § 8 Rn. 1).

II. Herstellung, Anforderungen. Demgegenüber ist der **Hersteller** dafür ver- 4
antwortlich, dass die hergestellten **Arzneimittel** mit dem zugelassenen Arzneimittel-Muster **übereinstimmen**. Herstellung und Qualitätskontrolle müssen daher für jede einzelne Charge (§ 4 Abs. 16) den im Zulassungsbescheid dokumentierten Anforderungen entsprechen. Dazu muss der Hersteller nachweisen, dass er über geeignete Räumlichkeiten und Einrichtungen und über angemessene organisatorische Vorkehrungen für die Herstellung und Qualitätskontrolle von Arzneimitteln verfügt (§ 14 Abs. 1 Nr. 6, 6 a). Zu Aufbau und Struktur von Pharma-Unternehmen → § 19 Rn. 8–36.

Die **Anforderungen**, die an die **Herstellung** von Arzneimitteln gestellt wer- 5
den, sind in der auf der Grundlage des § 54 erlassenen AMWHV (dazu näher → § 19 Rn. 8–36) enthalten. Weitere spezielle pharmazeutische Regelungen enthält das **Arzneibuch** (§ 55). Dieses ist eine vom BfArM im Einvernehmen mit dem PEI und dem BVL bekannt gemachte Sammlung anerkannter pharmazeutischer Regeln über die Qualität, Prüfung, Lagerung, Abgabe und Bezeichnung von Arzneimitteln und den bei ihrer Herstellung verwendeten Stoffen. Beschlossen werden diese Regeln von der Deutschen Arzneibuch-Kommission, der Europäischen Arzneibuch-Kommission (§ 55 Abs. 2) und gegebenenfalls der Deutschen Homöopathischen Arzneibuch-Kommission (§ 55 Abs. 6). Das Arzneibuch umfasst damit das Europäische Arzneibuch (Ph. Eur.), das Deutsche Arzneibuch (DAB) sowie das Homöopathische Arzneibuch (HAB).

Eine zentrale Rolle spielen die Grundsätze und Leitlinien der **Guten Her-** 6
stellungspraxis (Good Manufacturing Practices, GMP), die in der Richt-

linie 2003/94/EG v. 8.10.2003 (ABl. L 262, S. 22) für Humanarzneimittel und der Richtlinie 91/412/EWG v. 23.7.1991 (ABl. L 228, S. 70) für Tierarzneimittel festgelegt sind. Die beiden Richtlinien wurden durch die § 13 Abs. 1 S. 2, § 22 Abs. 1 AMWHV umgesetzt, wonach die Herstellungsvorgänge in Übereinstimmung mit der Guten Herstellungspraxis und den anerkannten pharmazeutischen Regeln erfolgen müssen. Die **Rechtssatzqualität** der Anforderungen an die Gute Herstellungspraxis ist danach gegeben (*Blattner* in Kügel/Müller/Hofmann § 54 Rn. 9). Dies gilt auch in strafrechtlicher Hinsicht, namentlich soweit die betreffenden Vorschriften im Rahmen der Fahrlässigkeit (→ Vor § 95 Rn. 65) von Bedeutung sind.

7   Dagegen wird den Regelungen des **EU-GMP Leitfadens** (§ 2 Nr. 3 AMWHV) der Rechtssatzcharakter abgesprochen; dessen Regelungen sollen für die Behörden verbindlich, für den Bürger aber nur eine Empfehlung sein (*Anhalt/Lützeler* in Dieners/Reese PharmaR-HdB § 8 Rn. 34). Abgesehen davon, dass nicht klar ist, wie diese Spaltung in der Praxis umgesetzt werden soll, widerspricht dies Art. 3 Abs. 2 der Richtlinie 2003/94/EG für Humanarzneimittel (→ Rn. 6) und Art. 3 der Richtlinie 91/412/EWG für Tierarzneimittel (→ Rn. 6), wonach nicht nur die zuständigen Behörden, sondern auch die Hersteller den EU-GMP Leitfaden zur Auslegung der Grundsätze der Guten Herstellungspraxis zu berücksichtigen haben. Auch in § 3 Abs. 2 AMWHV, durch den diese Regelung umgesetzt wurde, werden die Hersteller, an die sich die Verordnung sonst auch richtet („Betriebe und Einrichtungen" (§ 1 Abs. 1 AMWHV)), nicht ausgenommen. Auch die Rechtssatzqualität der Regelungen in Teil I und Teil II des EU-GMP Leitfadens, auf die § 3 Abs. 2 AMWHV verweist, sollte danach nicht zweifelhaft sein (iErg *Blattner* in Kügel/Müller/Hofmann § 54 Rn. 10, 11).

8   **Auf der anderen Seite** soll der EU-GMP Leitfaden sowohl nach den europarechtlichen Normen (→ Rn. 7) als auch nach der deutschen Norm (→ Rn. 7) lediglich **zur Auslegung** der Grundsätze der Guten Herstellungspraxis herangezogen werden. Seine Regelungen sind daher **nur verbindlich, soweit** sie sich in diesem Rahmen halten. Dies gilt aber für die Behörden und den Bürger gleichermaßen. Dass der Leitfaden möglicherweise, etwa in einer Übergangszeit, hinter dem Stand der Wissenschaft und Technik zurückbleibt (*Krüger* in Fuhrmann/Klein/Fleischfresser ArzneimittelR-HdB § 14 Rn. 173), ist dabei nicht erheblich. Auch dass der Leitfaden in aller Regel nur Sollvorschriften enthält (*Blattner* in Kügel/Müller/Hofmann § 54 Rn. 12), ändert an der Begrenzung der Verbindlichkeit als bloßer Auslegungsrichtlinie nichts (so wohl auch *Blatter* in Kügel/Müller/Hofmann § 54 Rn. 13).

9   **Entnahme- und Gewebeeinrichtungen** (§ 2 Nr. 10, 11 AMWHV) sowie **Gewebespenderlabore** (§ 2 Nr. 13) können ihre Tätigkeiten nach den Standards der **Guten fachlichen Praxis (GFP)** ausüben; für sie gilt § 3 Abs. 2 AMWHV dann nicht (§ 3 Abs. 2, 3 AMWHV). Im Kontext dieses Kommentars spielen solche Einrichtungen keine Rolle.

B. Inhalt der Vorschrift

10   § 13 Abs. 1 S. 1 **Nr. 1** regelt die Erlaubnispflicht für die Herstellung von **Arzneimitteln.** Sie gilt, soweit dies hier von Interesse ist, lediglich für die Präsentations- und Funktionsarzneimittel sowie für bestimmte fiktive Arzneimittel (§ 2 Abs. 1, 2 Nr. 1). Für die Herstellung von **Betäubungsmitteln** benötigt der Hersteller zusätzlich eine Erlaubnis nach § 3 BtMG. Die Erlaubnispflicht für die Herstellung **weiterer Stoffe** ist in **Nr. 2−4** geregelt.

C. Der Verwaltungsaktakt der Erlaubnis

Die Erlaubnis wirkt konstitutiv. Sie ist ein begünstigender, gestaltender **Verwaltungsakt,** der, soweit nicht die besonderen Regeln des AMG, namentlich § 18, eingreifen, nach dem VwVfG zu behandeln ist. Der Verwaltungsakt wird mit der Bekanntgabe wirksam (§ 43 Abs. 1 VwVfG). 11

Die Wirksamkeit tritt unabhängig von einer etwaigen materiell-rechtlichen Unrichtigkeit ein und ist vom Strafrichter zu beachten (**Verwaltungsakzessorietät;** → BtMG § 3 Rn. 7), solange sie nicht (ex nunc oder gar ex tunc) **zurückgenommen** (§ 48 VwVfG) oder **aufgehoben** (§ 49 VwVfG) ist (dazu → § 18 Rn. 3–9). Nur unter den Voraussetzungen des § 44 VwVfG ist sie **nichtig.** Dazu reicht es nicht aus, dass sie durch **arglistige Täuschung, Drohung** oder **Bestechung** erlangt wurde (→ BtMG § 3 Rn. 8). 12

Die Erlaubnispflicht begründet ein **Verbot mit Erlaubnisvorbehalt** (VGH Mannheim A&R 2018, 143 = BeckRS 2018, 6560), so dass mit einer Herstellungshandlung erst dann begonnen werden darf, wenn die Erlaubnis vorliegt (→ BtMG § 3 Rn. 11). Die Erlaubnispflicht besteht unabhängig von der Zweckbestimmung des Arzneimittels (*Krüger* in Fuhrmann/Klein/Fleischfresser ArzneimittelR-HdB § 13 Rn. 3). 13

D. Die Voraussetzungen der Herstellungserlaubnis (Absatz 1)

I. Herstellen. Erlaubnispflichtig ist die Herstellung von Arzneimitteln. Zum Begriff der Herstellung s. § 4 Abs. 14 (→ § 4 Rn. 31–38). Dabei gilt jede Tätigkeit auf einer Verfahrensstufe innerhalb eines **mehrstufigen Produktions- oder Verarbeitungsprozesses** als Herstellen (*Sander* ArzneimittelR § 13 Erl. 1). Hersteller ist daher nicht nur der letzte Produktionsschritt vor Abgabe an den Verbraucher (BVerwG PharmR 2011, 168). 14

Die Vorschrift erfasst nunmehr **jegliche Herstellung;** die Einschränkung, dass die Herstellung zum Zwecke der Abgabe an andere erfolgen muss, wurde durch das Gesetz v. 17.7.2009 (BGBl. I S. 1990) aus Sicherheitsgründen aufgehoben (BT-Drs. 16/12256, 13, 45). 15

Hersteller können sowohl natürliche als auch juristische Personen sein. Dies gilt auch für Personengesellschaften oder nicht rechtsfähige Vereine. 16

Die **einzelnen Herstellungstätigkeiten** unterliegen der Erlaubnispflicht unabhängig von der Frage, ob die Herstellung im Lohnauftrag für Dritte erfolgt (**Lohnherstellung;** → § 4 Rn. 67, 78) oder für eigene Rechnung (*Ratzel* in Deutsch/Lippert § 13 Rn. 1). Die Erlaubnispflicht knüpft ausschließlich an die Ausübung einer Herstellungstätigkeit an, ohne dass es auf die rechtlichen oder wirtschaftlichen Hintergründe ankommt. Es ist daher auch nicht erheblich, ob die Herstellung vollständig im Lohnauftrag erfolgt oder ob dort nur einzelne Herstellungsschritte durchgeführt werden. 17

Die Erlaubnispflicht ist **nicht** davon abhängig, dass die hergestellten Produkte **als Arzneimittel zugelassen** sind. Maßgeblich ist nur, dass es sich bei ihnen um Arzneimittel handelt. Auch die Herstellung eines zulassungspflichtigen aber (rechtswidrig) ohne Zulassung in den Verkehr gebrachten Produkts ist daher eine erlaubnispflichtige Herstellung. Dasselbe gilt für die Herstellung von **gefälschten Arzneimitteln** (*Krüger* in Fuhrmann/Klein/Fleischfresser ArzneimittelR-HdB § 13 Rn. 14). 18

II. Arzneimittel oder andere Stoffe. Die Erlaubnispflicht erfasst nicht nur Arzneimittel, sondern auch andere Stoffe. 19

AMG § 13   Dritter Abschnitt. Herstellung von Arzneimitteln

20   **1. Arzneimittel (Nr. 1).** Sie gilt zunächst für die Herstellung von Arzneimitteln iSd § 2 Abs. 1, 2 Nr. 1 (→ § 2 Rn. 2–10, 22–83). Dabei muss es sich **nicht** um Fertigarzneimittel handeln. Auch kommt es nicht darauf an, ob die Arzneimittel zulassungs-, verschreibungs- oder apothekenpflichtig sind; § 13 gilt daher auch für freiverkäufliche Medikamente (*Anhalt/Lützeler* in Dieners/Reese PharmaR-HdB § 8 Rn. 2).

21   Nicht erlaubnispflichtig ist die Herstellung von **Roh- und Grundstoffen** (→ § 2 Rn. 11–21; *Ratzel* in Deutsch/Lippert § 13 Rn. 1), etwa der Anbau von Pflanzen oder das Sammeln von Kräutern (*Sander* ArzneimittelR § 13 Erl. 1). Dasselbe gilt für Stoffe, die sowohl als Arzneimittel als auch zu anderen Zwecken verwendet werden können (VGH München PharmR 1987, 69; *Anhalt/Lützeler* in Dieners/Reese PharmaR-HdB § 8 Rn. 36). Ihre Herstellung wird erlaubnispflichtig, wenn sie als Arzneimittel Verwendung finden sollen. Zur **Abgrenzung** → § 2 Rn. 18–21.

22   **2. Testsera, Testantigene (Nr. 2).** Der Begriff der Testsera ist in § 4 Abs. 6, der der Testantigene ist in § 4 Abs. 7 definiert.

23   **3. Wirkstoffe menschlicher, tierischer oder mikrobieller Herkunft (Nr. 3).** Erlaubnispflichtig ist auch die Herstellung von Wirkstoffen, die menschlicher, tierischer oder mikrobieller Herkunft sind oder die auf gentechnischem Wege hergestellt werden. Zum Begriff des Wirkstoffs s. § 4 Abs. 19 (→ § 4 Rn. 80–83). **Menschlicher Herkunft** sind die Wirkstoffe, wenn sie aus Körperteilen, Körperbestandteilen oder Stoffwechselprodukten von Menschen stammen, sei es in bearbeitetem oder unbearbeitetem Zustand (§ 3 Nr. 3; *Kügel* in Kügel/Müller/Hofmann § 13 Rn. 16). Entsprechendes gilt für die Wirkstoffe tierischer oder mikrobieller Herkunft.

24   **4. Andere Stoffe menschlicher Herkunft.** Die Erlaubnispflicht gilt ferner für die Herstellung anderer zur Arzneimittelherstellung bestimmter Stoffe menschlicher Herkunft. Zum Begriff „menschlicher Herkunft" → Rn. 23.

25   **III. Gewerbs- oder Berufsmäßigkeit.** Die Erlaubnispflicht besteht nur dann, wenn die Herstellung gewerbs- oder berufsmäßig erfolgt.

26   **1. Gewerbsmäßigkeit.** Gewerbsmäßigkeit liegt vor, wenn der Hersteller die Absicht verfolgt, sich durch eine wiederholte Tätigkeit eine fortlaufende Einnahmequelle von einiger Dauer und einigem Umfang zu verschaffen. Auf → BtMG § 29 Rn. 2002–2022 wird insoweit verwiesen. Die von der Gewerbsmäßigkeit vorausgesetzte Wiederholungsabsicht muss sich dabei auf die Herstellung als der Handlung beziehen, die die Erlaubnispflicht begründet (s. BGH BtMG § 30 Abs. 1 Nr. 2 Gewerbsmäßig 1 = NJW 1996, 1069 = NStZ 1996, 285 = StV 1996, 213). Ob im Einzelfall die Tätigkeit tatsächlich lohnend im Sinne von gewinnbringend ist, ist nicht erheblich (*Krüger* in Fuhrmann/Klein/Fleischfresser ArzneimittelR-HdB § 14 Rn. 27). Die Absicht, Einnahmen zu erzielen, kann auch dann vorliegen, wenn die Arzneimittel zum Selbstkostenpreis abgegeben werden (→ § 43 Rn. 21). Zu den **Apothekern** → Rn. 29.

27   Darauf, dass die Tätigkeit **im Rahmen** eines **Gewerbes** erfolgt, kann es jedenfalls für die Strafbarkeit eines Verstoßes (§ 96 Nr. 4) nicht ankommen. Auch insoweit gilt nichts anderes als im BtMG.

28   **2. Berufsmäßigkeit.** Für die berufsmäßige Handlung gilt nichts anderes als für die gewerbsmäßige Tätigkeit. Der Unterschied besteht lediglich darin, dass sie statt von einem Gewerbetreibenden von einem Angehörigen der freien Berufe (→ Rn. 29) ausgeübt wird (*Stumpf* in Kügel/Müller/Hofmann § 4 Rn. 167; *Hofmann* in Kügel/Müller/Hofmann § 43 Rn. 10; *Sander* ArzneimittelR § 13 Erl. 3). Auch die berufsmäßige Herstellung muss daher auf die Erzielung dauerhafter Einnahmen gerichtet sein (*Kügel* in Kügel/Müller/Hofmann § 13 Rn. 21; *Anhalt/*

Herstellungserlaubnis **§ 13 AMG**

Lützeler in Dieners/Reese PharmaR-HdB § 8 Rn. 41; *Krüger* in Fuhrmann/Klein/ Fleischfresser ArzneimittelR-HdB § 14 Rn. 27; *Wesch* MedR 2001, 191 (192)). Es würde keinen Sinn machen, die Angehörigen der freien Berufe insoweit anders zu behandeln als Gewerbetreibende.

Ein **Beruf** ist eine auf Dauer angelegte Tätigkeit, die der Schaffung und Erhal- 29 tung einer Lebensgrundlage dient. In Betracht kommen vor allem der **Arzt, Zahnarzt** und Tierarzt. **Apotheker** sind dagegen gewerbsmäßig tätig; sie sind zwar Angehörige eines freien Berufs, aber auch Kaufleute (BVerfGE 17, 232 = NJW 1964, 1067 mAnm *Hamel*).

Ebenso wie die gewerbsmäßige Tätigkeit (→ BtMG § 29 Rn. 2006) ist auch die 30 berufsmäßige Tätigkeit bereits bei ihrer **ersten Vornahme** auf Dauer angelegt, wenn die Aufnahme der Tätigkeit mit dem Willen verbunden ist, diese bei entsprechender Nachfrage erneut vorzunehmen (*Krüger* in Fuhrmann/Klein/Fleischfresser ArzneimittelR-HdB § 14 Rn. 27).

Nicht berufs- oder **gewerbsmäßig** handelt, wer für sich selbst oder für andere, 31 etwa Angehörige oder Freunde, **unentgeltlich** Arzneimittel herstellt (*Sander* ArzneimittelR § 13 Erl. 3). Das gilt jedoch nicht für juristische Personen, nicht rechtsfähige Vereine und BGB-Gesellschaften in den Fällen des Satzes 2 (→ Rn. 32).

IV. Herstellung zur Abgabe an Mitglieder (Satz 2). Die Vorschrift soll eine 32 Umgehung verhindern. Die Erlaubnispflicht gilt unabhängig davon, ob die Herstellung gewerbsmäßig erfolgt (*Rehmann* § 13 Rn. 2) oder Arzneimittel unentgeltlich oder zum Selbstkostenpreis abgegeben werden (*Sander* ArzneimittelR § 13 Erl. 3).

V. Arzneimittelprüfung (Satz 3). Die Arzneimittelprüfung gehört an sich 33 nicht zur Herstellung (§ 4 Abs. 14). Nach Satz 3 bedürfen Prüfungen, auf deren Grundlage die Freigabe des Arzneimittels für das Inverkehrbringen erklärt wird, aber ebenfalls der Erlaubnis.

E. Nichtanwendbarkeit des Absatzes 1 (Absatz 1a)

Absatz 1a enthält vier stoff- und anwendungsbezogene Ausnahmen von der Er- 34 laubnispflicht. Im Kontext dieses Kommentars kann lediglich Nr. 4 Bedeutung gewinnen, wonach Absatz 1 auf die **Rekonstitution** nicht anwendbar ist, es sei denn, dass es sich um Arzneimittel handelt, die zur klinischen Prüfung bestimmt sind **(Absatz 1 Nr. 4).** Zum Begriff der Rekonstitution s. § 4 Abs. 31 (→ § 4 Rn. 119). Sind die Arzneimittel zur klinischen Prüfung bestimmt, so kann sich die Erlaubnisfreiheit der Rekonstitution aus Absatz 2 Satz 1 Nr. 1, 2 ergeben (*Kügel* in Kügel/ Müller/Hofmann § 13 Rn. 33).

F. Ausnahmen von der Erlaubnispflicht (Absatz 2)

Nachdem der frühere Satz 2 in Absatz 2a (→ Rn. 53) aufgenommen wurde, ent- 35 hält Absatz 2 nur noch einen Satz. Der danach verbliebene **einzige Satz in Absatz 2** sieht die folgenden Ausnahmen vor:

I. Inhaber von Apotheken (Nr. 1). Keiner Erlaubnis bedarf der Inhaber einer 36 Apotheke für
- die Herstellung von Arzneimitteln im Rahmen des üblichen Apothekenbetriebs,
- die Rekonstitution (§ 4 Abs. 31) oder
- das Abpacken einschließlich der Kennzeichnung von Arzneimitteln, die zur klinischen Prüfung bestimmt sind, sofern dies dem Prüfplan entspricht.

Die Ausnahme beruht darauf, dass die Inhaber einer Apotheke insoweit bereits der Überwachung aufgrund des ApoG und der ApBetrO unterliegen. Apotheken gehören grundsätzlich nicht zum Adressatenkreis der AMWHV und damit auch

AMG § 13 Dritter Abschnitt. Herstellung von Arzneimitteln

der GMP (§ 1 Abs. 2 Nr. 1; dazu *Prinz* PharmR 2012, 16). Allerdings unterliegen sie seit der Verordnung v. 6.6.2012 (BGBl. I S. 1254) einem Qualitätsmanagementsystem (QMS) nach § 2a ApBetrO, das für **Rezepturarzneimittel** (§ 1a Abs. 8 ApBetrO) in § 7 Abs. 1a–1c ApBetrO näher ausgestaltet ist (dazu BR-Drs. 61/12, 32) und in § 8 nähere Regeln für die **Defekturarzneimittel** (§ 1a Abs. 9 ApBetrO) enthält.

37 **1. Inhaber.** Der Begriff Inhaber erfasst sowohl den Eigentümer einer Apotheke, soweit er Apotheker ist, als auch den Pächter einer solchen, nicht dagegen den Verpächter. Auch derjenige, der als Verwalter nach dem Tode des Inhabers einer Apothekenbetriebserlaubnis für die Erben, die nicht selbst die Voraussetzung zur Fortführung einer Apotheke erfüllen, die Apotheke führt, ist Inhaber.

38 **2. Herstellung im Rahmen des üblichen Apothekenbetriebs.** Der Begriff des üblichen Apothekenbetriebs ist gesetzlich nicht definiert. Dazu gehören jedenfalls alle Tätigkeiten, die den Apotheken nach dem AMG, BtMG, ApoG, SGB V und der ApBetrO erlaubt und damit von der Betriebserlaubnis nach § 1 Abs. 2 ApoG abgedeckt sind (BVerwG NJW 2015, 3465 = PharmR 2015, 446). Dazu zählt auch jede Tätigkeit, die funktional mit der Abgabe von Arzneimitteln an Endverbraucher verbunden ist (BVerwG NJW 2015, 3465 = PharmR 2015, 446). Zu den Herstellungsformen des üblichen Apothekenbetriebes zählen die **Rezepturarzneimittel** (→ § 4 Rn. 5–7, 9) und die **Defekturarzneimittel** (→ § 21 Rn. 16–25); eine Verschreibung für den **Praxisbedarf** oder ad manu medici erfüllt die Voraussetzungen für diese beiden Arzneimittelformen allerdings **nicht** (VG Schleswig PharmR 2017, 215 m. abl. Bespr. *Wesser* A&R 2017, 99 = BeckRS 2017, 106186).

39 Soweit es um die **Herstellung** geht, ist apothekenüblich nur die Herstellung von Arzneimitteln zur **Abgabe in der Apotheke**. Eine darüber hinaus gehende räumliche Einschränkung etwa dahin, dass die Apotheke sich auf die Herstellung für ein regional begrenztes Gebiet beschränken müsste, ist schon im Hinblick darauf, dass ein solcher räumlicher Bereich sich nicht bestimmen lässt, nicht angezeigt (str.; *Kügel* in Kügel/Müller/Hofmann § 13 Rn. 37, 38; *Rehmann* § 13 Rn. 6).

40 Ob eine Herstellung in der Apotheke zum **anschließenden Versand** an den Patienten von der Ausnahmeregelung erfasst ist, wurde früher verneint, kann nach Aufhebung des Versandverbots jedoch nicht mehr vertreten werden (BGH NJW 2011, 3363 = GRUR 2011, 1165 = A&R 2011, 231; *Rehmann* § 13 Rn. 6; *Krüger* in Fuhrmann/Klein/Fleischfresser ArzneimittelR-HdB § 14 Rn. 51; anders für § 21 Abs. 2 Nr. 1 *Fleischfresser* in Fuhrmann/Klein/Fleischfresser ArzneimittelR-HdB § 6 Rn. 27; ebenso OLG Hamburg PharmR 2008, 449 mablAnm *Kieser* PharmR 2008, 413). Ein solches Verbot folgt insbesondere nicht aus § 11a S. 1 Nr. 1 ApoG. Mit dieser Vorschrift sollte die Entstehung von reinen Versandapotheken, die sich etwa nicht am Nacht- und Notdienst beteiligen, verhindert werden (*Kieser* PharmR 2008, 413). Auch wird damit klargestellt, dass für den Versand eine besondere Erlaubnis notwendig ist. Ist diese aber erteilt, so ist der Versand Teil des üblichen Apothekenbetriebs dieser Apotheke, nicht anders als eine Heim- oder Krankenhausversorgung (§§ 12a, 14 ApoG). Danach wird auch das patientenindividuelle **Verblistern** von Arzneimitteln sowie der **Versand** solcher Blister an Patienten als noch apothekenüblich angesehen werden können (OVG Lüneburg BeckRS 2006, 23460; *Rehmann* § 13 Rn. 6).

41 Die **Abgabe an andere Apotheken** oder **an Groß- oder Einzelhändler** ist von der Ausnahmebestimmung nicht mehr gedeckt (*Kügel* in Kügel/Müller/Hofmann § 13 Rn. 39; *Rehmann* § 13 Rn. 6; *Krüger* in Fuhrmann/Klein/Fleischfresser ArzneimittelR-HdB § 14 Rn. 50; *Sander* ArzneimittelR § 13 Erl. 6). Dagegen liegt die Belieferung eigener Filialapotheken oder der Hauptapotheke durch eine her-

stellende Filialapotheke noch im Rahmen des üblichen Apothekenbetriebs (*Krüger* in Fuhrmann/Klein/Fleischfresser ArzneimittelR-HdB § 14 Rn. 50). Zulässig ist auch ein kollegiales Aushelfen von Apotheken untereinander (*Rehmann* § 13 Rn. 6; *Sander* ArzneimittelR § 13 Erl. 6) sowie die Herstellung von Arzneimitteln zur Abgabe an Krankenhäuser mit denen ein Vertrag nach § 14 ApoG besteht.

Nicht zum üblichen Apothekenbetrieb gehört es, wenn der Apotheker, der sich 42 mit dem Hersteller eines Wirk- oder Trägerstoffs zusammengetan hat, lediglich die Stellung eines **Handlangers** innehat (*Kügel* in Kügel/Müller/Hofmann § 13 Rn. 39). Dasselbe gilt, wenn die Apotheke lediglich als **ausgelagerte Produktionsstätte** eines Pharmabetriebs dient, um das Zulassungsverfahren zu umgehen (*Kügel* in Kügel/Müller/Hofmann § 13 Rn. 39).

3. Rekonstitution. Erlaubnisfrei ist auch die Rekonstitution (*Kügel* in Kügel/ 43 Müller/Hofmann § 13 Rn. 42). Zum Begriff der Rekonstitution s. § 4 Abs. 31 (→ § 4 Rn. 119),

4. Abpacken einschließlich Kennzeichnen von Prüfpräparaten. Erlaubnis- 44 frei ist auch das Abpacken einschließlich der Kennzeichnung von Prüfpräparaten. Dazu gehört auch das Abpacken beim Verblinden oder das Umpacken in eine andere Darreichungsform, nicht aber wenn dies einer Umarbeitung bedarf (*Kügel* in Kügel/Müller/Hofmann § 13 Rn. 43). Zum Begriff der klinischen Prüfung s. § 4 Abs. 23 (→ § 4 Rn. 96–105).

II. Krankenhausträger (Nr. 2). Der Träger eines Krankenhauses darf ebenfalls 45 Arzneimittel ohne besondere Erlaubnis herstellen, soweit er nach dem ApoG Arzneimittel abgeben darf. Danach ist die Abgabe von Arzneimitteln durch die Krankenhausapotheke **innerhalb des Krankenhauses** zulässig, dessen Träger Inhaber der jeweiligen Erlaubnis zum Betrieb der Krankenhausapotheke ist. Ihnen ist ferner die Abgabe dieser Arzneimittel an andere Krankenhäuser gestattet, sofern ein entsprechender schriftlicher Vertrag besteht (§ 14 ApoG).

III. Tierärzte (Nr. 3). Tierärzte sind im Rahmen des Betriebs einer tierärzt- 46 lichen Hausapotheke (dazu → § 43 Rn. 77) für bestimmte Tätigkeiten ebenfalls von der Erlaubnispflicht ausgenommen, sofern die von ihnen hergestellten Arzneimittel ausschließlich für Tiere bestimmt sind, die ihrer Behandlung unterliegen. Die Erlaubnisfreiheit gilt allerdings nur noch für bestimmte Tätigkeiten (Buchst. a und c) und für bestimmte Arzneimittel (Buchst. b und d). Zum Begriff der **Behandlung** → BtMG § 4 Rn. 88–91.

IV. Großhändler für das Umfüllen und Kennzeichnen von flüssigem Sau- 47 **erstoff und das Umfüllen, Abpacken, Kennzeichnen von anderen Arzneimitteln (Nr. 4).** Großhändler dürfen ohne Herstellungserlaubnis
- **flüssigen Sauerstoff** in mobile Kleinbehältnisse für einzelne Patienten in Krankenhäusern oder bei Ärzten umfüllen und kennzeichnen **(Buchst. a),**
- **sonstige Arzneimittel,** umfüllen, abpacken und kennzeichnen, sofern die Arzneimittel hierbei nicht verändert werden und keine Packungen zur Abgabe an den Verbraucher hergestellt werden **(Buchst. b).**

Buchst. a wurde durch Gesetz v. 20.12.2016 (BGBl. I S. 3048) eingeführt und soll den Großhändler mit dem Einzelhändler gleichstellen, der dieselbe Tätigkeit direkt bei den Patienten in dessen privatem Bereich ausübt (BT-Drs. 18/8034, 35).

Buchst. b erlaubt es dem Großhändler, Arzneimittel, umzufüllen, abzupacken 48 und zu kennzeichnen, sofern sie dadurch nicht verändert werden und auch keine Packungen für Verbraucher hergestellt werden. Der Großhändler darf also die Konfektionierung der Arzneimittel nicht verändern, insbesondere keine abgabefertige Einzelmengen für den Verbraucher herstellen, die Arzneimittel nicht in ihrer Darreichungsform verändern oder sonstige die Eigenschaften des Arzneimittels beeinflussende Handlungen vornehmen (OVG Münster PharmR 1981, 185; *Reh-*

mann § 13 Rn. 9). Der Großhändler darf daher insbesondere **keine Fertigarzneimittel** herstellen (*Krüger* in Fuhrmann/Klein/Fleischfresser ArzneimittelR-HdB § 14 Rn. 69). Zulässig ist nach Nr. 4 in erster Linie das Herstellen apothekengerechter Gebinde aus Großmengen (*Sander* ArzneimittelR § 13 Erl. 9; *Rehmann* § 13 Rn. 9).

49 Ob der Großhändler ein von ihm umgepacktes, abgepacktes oder gekennzeichnetes Arzneimittel **subjektiv** zur unmittelbaren Abgabe an den Verbraucher **bestimmt hat,** ist nicht maßgeblich. Entscheidend ist, ob es sich bei den hergestellten Arzneimittelpackungen um solche handelt, die **objektiv** zur Abgabe an den **Verbraucher** bestimmt sind. Dies bemisst sich nach der konkreten Beschaffenheit der Packung, insbesondere nach ihrer Art, ihrem Umfang und ihrer Aufmachung (*Krüger* in Fuhrmann/Klein/Fleischfresser ArzneimittelR-HdB § 14 Rn. 69).

50 Das Umfüllen, Abpacken und Kennzeichnen durch den Großhandel ist nur dann statthaft, wenn die Stoffe **als Arzneimittel bezogen** wurden und damit von einem Hersteller stammen, der über eine Erlaubnis nach § 13 verfügt (s. *Ratzel* in Deutsch/Lippert § 13 Rn. 15). Erfahren die vom Großhändler umgefüllten, abgepackten oder gekennzeichneten Produkte eine Umwidmung, indem sie zu Arzneimitteln werden, so ist die entsprechende Tätigkeit erlaubnispflichtig (*Rehmann* § 13 Rn. 9).

51 **V. Einzelhändler (Nr. 5).** Einzelhändler dürfen mit freiverkäuflichen Arzneimitteln nach § 50 Handel treiben. Im Rahmen dieser zulässigen Tätigkeit dürfen sie ohne entsprechende Herstellungserlaubnis **freiverkäufliche** Arzneimittel umfüllen, abpacken oder kennzeichnen, soweit dies zur Abgabe unmittelbar an den **Verbraucher** erfolgt. Eine Abfüllung von Arzneimitteln aus großen Gebinden in Behältnisse, die zwar zur Abgabe an Verbraucher geeignet sind, jedoch nicht an Verbraucher, sondern an (Groß-)Händler oder selbständige Drogeriemarktfilialen weitergegeben werden, unterliegt hingegen der Erlaubnispflicht (OVG Hamburg MedR 1999, 418 (Ls.); *Krüger* in Fuhrmann/Klein/Fleischfresser ArzneimittelR-HdB § 14 Rn. 71).

52 Eine **Veränderung der Arzneimittel** ist dem Einzelhändler ebenso wie dem Großhändler nicht gestattet. Er darf daher ohne Herstellungserlaubnis keinen lose verpackten Arzneitee in Filterbeutel abfüllen oder ein in Pulverform geliefertes Arzneimittel in Kapseln abfüllen (*Krüger* in Fuhrmann/Klein/Fleischfresser ArzneimittelR-HdB § 14 Rn. 71; *Kloesel/Cyran* § 13 Anm. 62b).

G. Rückausnahmen von Absatz 2 für Blutzubereitungen und andere Arzneimittel (Absatz 2a)

53 Die durch das Gesetz v. 19.10.2012 (BGBl. I S. 2192) eingeführte Vorschrift verwies zunächst auf Satz 1. Diese fehlerhafte (und sinnlose) Verweisung wurde durch das Gesetz v. 7.8.2013 (BGBl. I S. 3108) korrigiert, so dass sich nunmehr auch aus dem Gesetzestext ergibt, dass es sich bei dem neuen Absatz 2a um eine Ausnahme von Absatz 2 handelt.

54 **I. Rückausnahmen von Absatz 2 (Absatz 2a Satz 1).** Die in Absatz 2a Satz 1 geregelten Rückausnahmen für bestimmte Arzneimittel tragen dem besonders hohen Gefährdungspotential dieser Arzneimittel Rechnung (*Ratzel* in Deutsch/Lippert § 13 Rn. 19). Solche Arzneimittel sind Blutzubereitungen (§ 4 Abs. 2), Gewebezubereitungen (§ 4 Abs. 30), Sera (§ 4 Abs. 3), Impfstoffe (§ 4 Abs. 4), Allergene (§ 4 Abs. 5), Testsera (§ 4 Abs. 6), Testantigene (§ 4 Abs. 7), Arzneimittel für neuartige Therapien (§ 4 Abs. 9), xenogene (§ 4 Abs. 21) und radioaktive Arzneimittel (§ 4 Abs. 8).

55 **Blutspendeeinrichtungen** sind danach erlaubnispflichtig (*Ratzel* in Deutsch/Lippert § 13 Rn. 5). Dies gilt auch für die berufsmäßige Herstellung von **Eigen-**

Herstellungserlaubnis § 13 AMG

blutzubereitungen, die anschließend dem Spender zur Selbstanwendung oder zur Injizierung durch den Hausarzt überlassen werden sollen (BVerwG NJW 1999, 882). Etwas anderes gilt nach Absatz 2b dann, wenn die Zubereitung nicht nur unter der fachlichen Verantwortung des Arztes hergestellt, sondern auch unter seiner persönlichen Verantwortung angewendet wird (*Ratzel* in Deutsch/Lippert § 13 Rn. 5).

II. Rückausnahme von der Rückausnahme (Absatz 2a Satz 2). Von der 56 Rückausnahme des Absatzes 2a Satz 1 enthält Satz 2 wiederum eine Rückausnahme für Apotheken (Absatz 2 Nr. 1) und Krankenhausapotheken (Absatz 2 Nr. 2) für bestimmte Herstellungsformen. Die Rückausnahme von der Rückausnahme soll der Versorgungssicherheit dienen (BT-Drs. 17/10156, 87). Trotz der etwas merkwürdigen Gesetzgebungstechnik (Regel-Ausnahme-Rückausnahme-Rückausnahme von der Rückausnahme, so dass die Ausnahme wieder gilt) dürfte die notwendige Bestimmtheit noch gegeben sein.

H. Ausnahme von der Erlaubnispflicht für Ärzte, Zahnärzte und sonstige zur Ausübung der Heilkunde beim Menschen befugte Personen (Absatz 2 b)

Ärzte, Zahnärzte und sonstige zur Ausübung der Heilkunde bei Menschen be- 57 fugte Personen (zB Heilpraktiker, psychologische Psychotherapeuten) bedürfen **keiner Herstellungserlaubnis,** sofern die entsprechenden Arzneimittel unter ihrer unmittelbaren fachlichen Verantwortung zum Zweck der persönlichen Anwendung bei einem bestimmten Patienten hergestellt werden. Unberührt bleibt die **Anzeigepflicht** (§ 64). Die Erlaubnisfreiheit bezieht sich nur auf Arzneimittel (§ 13 Abs. 1 Nr. 1), **nicht** aber auf **Wirkstoffe der in § 13 Abs. 1 Nr. 3 genannten Art,** auch dann nicht, wenn diese nur einen Zwischenschritt zur Herstellung eine Arzneimittels darstellen (VGH Mannheim A&R 2018, 143 = BeckRS 2018, 6560; aA *Krüger* in Fuhrmann/Klein/Fleischfresser ArzneimittelR-HdB § 14 Rn. 62a).

I. Voraussetzungen (Satz 1). Voraussetzung für die Ausnahme von der Erlaub- 58 nispflicht ist, dass die Herstellung unter ihrer **unmittelbaren fachlichen Verantwortung** erfolgt. Der Arzt oder sonst Befugte muss nicht ständig anwesend sein (*Kügel* in Kügel/Müller/Hofmann § 13 Rn. 69, die Herstellung muss aber unter ihrer Gesamtaufsicht erfolgen, damit sie zu jedem Zeitpunkt die Herstellungsschritte hinsichtlich etwaiger Auswirkungen auf die Arzneimittelqualität und die Unbedenklichkeit der Arzneimittel beurteilen können (*Kügel* in Kügel/Müller/Hofmann § 13 Rn. 69). Dementsprechend muss die Organisation der Herstellung gewährleisten, dass der Arzt oder sonst Befugte jeden relevanten Herstellungsschritt unmittelbar prüfen und kontrollieren kann und von dieser Möglichkeit auch Gebrauch macht.

Erlaubnisfrei ist außerdem nur eine Herstellung durch Ärzte oder sonst Befugte 59 zur **persönlichen Anwendung** des Arzneimittels durch den herstellenden Arzt oder sonst Befugten **bei einem bestimmten Patienten** (*Ratzel* in Deutsch/Lippert § 13 Rn. 17). Es muss sich dabei um ihre Patienten handeln (*Kügel* in Kügel/Müller/Hofmann § 13 Rn. 67). Nicht erlaubnisfrei ist danach eine Herstellung von Arzneimitteln zum Zwecke der Abgabe an Dritte, etwa an andere Ärzte oder Heilpraktiker. Dasselbe gilt, wenn sie das von ihnen hergestellte Arzneimittel dem Patienten oder deren Angehörigen mit der Maßgabe aushändigen, es selbst anzuwenden oder durch einen anderen Arzt anwenden zu lassen (BVerwG NJW 1999, 882 für Eigenblutzubereitungen; BayObLG NJW 1998, 3430 für Eigenblut- und Eigenurinzubereitungen; *Ratzel* in Deutsch/Lippert § 13 Rn. 17). Persönliche Anwendung ist dagegen auch die Anwendung unter Hilfestellung von **weisungs-**

gebundenem nichtärztlichen Personal (*Kloesel/Cyran* Rn. 73; *Böhnke/Köbler* MedR 2016, 306 (308)).

60 Ebenfalls **nicht erlaubnisfrei** ist die Herstellung von Arzneimitteln durch den Arzt oder sonst Befugten, wenn die Herstellung **im Voraus** erfolgt, ohne dass zum Zeitpunkt der Herstellung bereits feststeht, bei welchem Patienten das Arzneimittel angewendet wird (*Kügel* in Kügel/Müller/Hofmann § 13 Rn. 67). Bei einer Vorratsherstellung muss daher sichergestellt sein, dass bereits zur Zeit der Herstellung ein bestimmtes Arzneimittel einem bestimmten Patienten zugeordnet wird.

61 **II. Rückausnahme für bestimmte Arzneimittel (Satz 2).** In Satz 2 wird diese Ausnahme für bestimmte Arzneimittel wieder zurückgenommen. Diese Rückausnahme wurde durch das Gesetz v. 19.10.2012 (BGBl. I S. 2192) im Interesse der Arzneimittelsicherheit generell auf Arzneimittel für neuartige Therapien (§ 4 Abs. 9) und xenogene Arzneimittel (§ 4 Abs. 21) erweitert (BT-Drs. 17/9341, 50). Die Vorschrift gilt ferner für Prüfpräparate (§ 3 Abs. 3 GCP-Verordnung) es sei denn, es handelt sich um eine Rekonstitution (Nr. 2). Hintergrund der Rückausnahme ist die begrenzte Erfahrung mit diesen Arzneimitteln (*Böhnke/Köbler* MedR 2016, 306 (309)).

62 Durch Gesetz v. 9.8.2019 (BGBl. I S. 1202) wurde die Rückausnahme auf **verschreibungspflichtige** Arzneimittel (§ 48) **ausgedehnt,** sofern die Herstellung durch eine Person erfolgt, die nicht Arzt oder Zahnarzt ist. Die Erweiterung dient der Patientensicherheit (BT-Drs. 19/8753, 46). Es wird damit erreicht, dass nur solche Personen verschreibungspflichtige Arzneimittel zum Zwecke der persönlichen Anwendung bei einem bestimmten Patienten erlaubnisfrei herstellen dürfen, die sie auch verschreiben dürfen. Sonst zur Ausübung der Heilkunde bei Menschen befugte Personen bedürfen zur Herstellung solcher Arzneimittel der Herstellungserlaubnis (BT-Drs. 19/8753, 46).

I. Ausnahme von der Erlaubnispflicht für Tierärzte (Absatz 2c)

63 Nach Absatz 2c gilt Absatz 2b Satz 1 für **Tierärzte** im Rahmen des Betriebes einer tierärztlichen Hausapotheke für die Anwendung bei von ihnen behandelten Tieren entsprechend.

64 Danach muss der Tierarzt im Rahmen des Betriebs einer **tierärztlichen Hausapotheke** tätig werden; dazu → § 43 Rn. 77. Die Arzneimittel müssen ferner unter seiner unmittelbaren **fachlichen Verantwortung** hergestellt werden; dazu → Rn. 58. Auch müssen die Arzneimittel zur **persönlichen Anwendung** durch den Tierarzt bestimmt sein (*Krüger* in Fuhrmann/Klein/Fleischfresser ArzneimittelR-HdB § 14 Rn. 64 Fn. 1). Schließlich müssen sie zur Anwendung bei **bestimmten Tierbeständen** hergestellt werden. Dies bedeutet keine Beschränkung auf ein bestimmtes Tier. Erforderlich ist lediglich, dass der Tierarzt das Arzneimittel mit dem Ziel der Anwendung bei dem Bestand eines bestimmten Halters herstellt (*Krüger* in Fuhrmann/Klein/Fleischfresser ArzneimittelR-HdB § 14 Rn. 64 Fn. 100).

J. Örtliche Zuständigkeit (Absatz 4)

65 Absatz 4 regelt die **örtliche** Zuständigkeit der Erlaubnisbehörde. Welche Behörde **sachlich** zuständig ist, richtet sich nach Landesrecht. Ein **Verzeichnis** der für den Vollzug des AMG zuständigen Behörden, Stellen und Sachverständigen wird vom BMG herausgegeben.

K. Straftat, Ordnungswidrigkeit

Der **vorsätzliche** Verstoß gegen § 13 Abs. 1 S. 1 ist eine Straftat nach § 96 Nr. 4 Alt. 1 (→ § 96 Rn. 50–64), bei **Fahrlässigkeit** eine Ordnungswidrigkeit nach § 97 Abs. 1 Nr. 1. **66**

§ 14 Entscheidung über die Herstellungserlaubnis

(1) **Die Erlaubnis darf nur versagt werden, wenn**
1. nicht mindestens eine Person mit der nach § 15 erforderlichen Sachkenntnis (sachkundige Person nach § 14) vorhanden ist, die für die in § 19 genannte Tätigkeit verantwortlich ist,
2. *[aufgehoben]*
3. die sachkundige Person nach Nummer 1 oder der Antragsteller die zur Ausübung ihrer Tätigkeit erforderliche Zuverlässigkeit nicht besitzt,
4. die sachkundige Person nach Nummer 1 die ihr obliegenden Verpflichtungen nicht ständig erfüllen kann,
5. *[aufgehoben]*
5a. bis 5c. *nicht abgedruckt*
6. geeignete Räume und Einrichtungen für die beabsichtigte Herstellung, Prüfung und Lagerung der Arzneimittel nicht vorhanden sind oder
6a. der Hersteller nicht in der Lage ist zu gewährleisten, dass die Herstellung oder Prüfung der Arzneimittel nach dem Stand von Wissenschaft und Technik und bei der Gewinnung von Blut und Blutbestandteilen zusätzlich nach den Vorschriften des Zweiten Abschnitts des Transfusionsgesetzes vorgenommen wird.

(2) *[aufgehoben]*
(2a) *nicht abgedruckt*
(2b) *[aufgehoben]*
(3) *[aufgehoben]*

(4) **Abweichend von Absatz 1 Nr. 6 kann teilweise außerhalb der Betriebsstätte des Arzneimittelherstellers**
1. die Herstellung von Arzneimitteln zur klinischen Prüfung am Menschen in einer beauftragten Apotheke,
2. die Änderung des Verfalldatums von Arzneimitteln zur klinischen Prüfung am Menschen in einer Prüfstelle durch eine beauftragte Person des Herstellers, sofern diese Arzneimittel ausschließlich zur Anwendung in dieser Prüfstelle bestimmt sind,
3. die Prüfung der Arzneimittel in beauftragten Betrieben,
4. die Gewinnung oder Prüfung, einschließlich der Laboruntersuchungen der Spenderproben, von zur Arzneimittelherstellung bestimmten Stoffen menschlicher Herkunft, mit Ausnahme von Gewebe, in anderen Betrieben oder Einrichtungen,

die keiner eigenen Erlaubnis bedürfen, durchgeführt werden, wenn bei diesen hierfür geeignete Räume und Einrichtungen vorhanden sind und gewährleistet ist, dass die Herstellung und Prüfung nach dem Stand von Wissenschaft und Technik erfolgt und die sachkundige Person nach Absatz 1 Nummer 1 ihre Verantwortung wahrnehmen kann.

(5) ¹Bei Beanstandungen der vorgelegten Unterlagen ist dem Antragsteller Gelegenheit zu geben, Mängeln innerhalb einer angemessenen Frist abzuhelfen. ²Wird den Mängeln nicht abgeholfen, so ist die Erteilung der Erlaubnis zu versagen

AMG § 14   Dritter Abschnitt. Herstellung von Arzneimitteln

Übersicht

	Rn.
A. Versagungsgründe (Absatz 1)	1
I. Fehlen einer sachkundigen Person (Nr. 1)	2
II. Unzuverlässigkeit des Antragstellers oder der sachkundigen Person (Nr. 3)	6
1. Unzuverlässigkeit	7
2. Unzuverlässigkeit des Antragstellers	9
3. Unzuverlässigkeit der sachkundigen Person	11
III. Keine ständige Erfüllung der Pflichten der sachkundigen Person (Nr. 4)	12
IV. Keine geeignete Räume und Einrichtungen (Nr. 6)	14
V. Keine Gewährleistung der Herstellung oder Prüfung nach dem Stand von Wissenschaft und Technik (Nr. 6a)	15
VI. Inspektion des Betriebs (§ 64 Abs. 3a S. 2)	16
B. Herstellung von Prüfarzneimitteln, Arzneimittelprüfung (Absatz 4)	17
C. Beanstandungen (Absatz 5)	18

A. Versagungsgründe (Absatz 1)

1 Die Herstellungserlaubnis darf nur abgelehnt werden, wenn einer der **Versagungsgründe** des Absatzes 1 vorliegt. Andere Gründe, etwa die Nichteinhaltung der Vorschriften der AMWHV, können über Absatz 1 Nr. 6a Bedeutung gewinnen (*Rehmann* § 14 Rn. 1). Die Regelung gilt zunächst nur für Arzneimittel. Durch § 20a wird sie auf bestimmte andere in § 13 Abs. 1 genannte Stoffe ausgedehnt.

2 **I. Fehlen einer sachkundigen Person (Nr. 1).** Voraussetzung für die Erteilung einer Herstellungserlaubnis ist nach Nr. 1 das Vorhandensein mindestens einer sachkundigen Person. Deren Verantwortungsbereich ergibt sich aus § 19. Die Voraussetzungen für ihre Sachkenntnis ergeben sich aus § 15.

3 Die **sachkundige Person** kann entweder ein angestellter Mitarbeiter im Unternehmen des Inhabers der Herstellungserlaubnis sein oder ein externer Mitarbeiter, der im Rahmen vertraglicher Vereinbarungen für den Erlaubnisinhaber als sachkundige Person tätig wird (*Krüger* in Fuhrmann/Klein/Fleischfresser ArzneimittelR-HdB § 14 Rn. 81).

4 Die **sachkundige Person** muss aufgrund vertraglicher und organisatorischer Vorkehrungen **in der Lage sein**, die ihr obliegenden Verpflichtungen zu erfüllen. Dies gilt insbesondere in zeitlicher Hinsicht (s. Nr. 4). Aber auch in organisatorischer Hinsicht ist dies sicherzustellen. Namentlich im Hinblick auf die Freigabe (§ 4 Abs. 14 (→ § 4 Rn. 37)) muss gewährleistet sein, dass die sachkundige Person ihre Beurteilung und die darauf gestützte Entscheidung frei von Weisungen treffen und durchsetzen kann (*Krüger* in Fuhrmann/Klein/Fleischfresser ArzneimittelR-HdB § 14 Rn. 82). Ist der sachkundigen Person aufgrund der betrieblichen Verhältnisse oder der betrieblichen Organisation die ordnungsgemäße Erfüllung ihrer Aufgaben und Pflichten auch nur zeitweise nicht möglich, ist ein Versagungsgrund gegeben (*Krüger* in Fuhrmann/Klein/Fleischfresser ArzneimittelR-HdB § 14 Rn. 82).

5 Neben der sachkundigen Person muss in jedem Herstellungsbetrieb für Arzneimittel ein **Leiter der Herstellung** und ein **Leiter der Qualitätskontrolle** mit angemessener fachlicher Qualifikation und Sachkunde vorhanden sein (§§ 4, 12 AMWHV). Sie brauchen jedoch nicht (mehr) generell den strengen Anforderungen an die Sachkenntnis nach § 15 zu entsprechen (*Anhalt/Lützeler* in Dieners/Reese PharmaR-HdB § 8 Rn. 66). Das Fehlen solcher Personen ist zwar kein eigener Versagungsgrund, wohl aber kann darin ein Versagungsgrund iSv Nr. 6a liegen, weil nicht gewährleistet ist, dass die Herstellung oder Prüfung nach dem Stand von Wissenschaft und Technik vorgenommen werden (*Kügel* in Kügel/Müller/

Hofmann § 14 Rn. 13; *Krüger* in Fuhrmann/Klein/Fleischfresser ArzneimittelR-HdB § 14 Rn. 122).

II. Unzuverlässigkeit des Antragstellers oder der sachkundigen Person (Nr. 3). Die Erlaubnis ist zu versagen, wenn der Antragsteller oder die sachkundige Person nicht über die für die Ausübung ihrer Tätigkeit gebotene Zuverlässigkeit verfügen. Die Unzuverlässigkeit des einen oder des anderen genügt.

1. Unzuverlässigkeit. Unzuverlässig ist, wer keine Gewähr dafür bietet, dass er sein Gewerbe in Zukunft zuverlässig ausüben wird (*Rehmann* § 14 Rn. 6). Die Unzuverlässigkeit ist nachzuweisen. Dazu hat eine **Gesamtbewertung** stattzufinden (dazu → BtMG § 5 Rn. 18). Anders als § 52a Abs. 4 Nr. 2 knüpft Nr. 3 zwar nicht an bestimmte Tatsachen an, dies bedeutet jedoch nicht, dass bloße Verdachtsmomente, Gerüchte oder Vermutungen ohne tatsächliche Grundlagen ausreichten (*Kügel* in Kügel/Müller/Hofmann § 14 Rn. 17; *Ratzel* in Deutsch/Lippert § 14 Rn. 2). Bei festgestellten Verstößen genügt es, wenn die Prognose ergibt, dass weitere Verstöße in den Bereichen, für die die Person verantwortlich ist, als naheliegend erscheinen (*Rehmann* § 14 Rn. 6; *Sander* ArzneimittelR § 14 Erl. 5) oder dass mit solchen Verstößen gerechnet werden muss (*Kügel* in Kügel/Müller/Hofmann § 14 Rn. 17).

Die Unzuverlässigkeit kann sich auch bei einem **nicht berufstypischen Fehlverhalten** ergeben, etwa wenn dieses auf erhebliche Charakterfehler schließen lässt. Dies kommt vor allem dann in Betracht, wenn es bei der Gefährdung Dritter auf einen allgemeinen Sorgfaltsmangel oder auf Leichtsinn schließen lässt. Darüber hinaus kann das Fehlen der erforderlichen Zuverlässigkeit auch bei bestimmten Krankheiten, etwa **Suchterkrankungen,** angenommen werden, wenn anzunehmen ist, dass der Betreffende auf Grund der Erkrankung seiner Verantwortung nicht mehr gerecht werden kann (*Rehmann* § 14 Rn. 6; *Krüger* in Fuhrmann/Klein/Fleischfresser ArzneimittelR-HdB § 14 Rn. 115).

1. Unzuverlässigkeit des Antragstellers. Ist Antragsteller eine natürliche Person, muss diese die erforderliche Zuverlässigkeit aufweisen. Wird der Antrag von einer juristischen Person gestellt, so gilt dies für deren Organe (VG Potsdam PharmR 2020, 376). Bei einem Wechsel, etwa der Neubestellung des Geschäftsführers einer GmbH, ist dieser der zuständigen Behörde mitzuteilen und gegebenenfalls der Zuverlässigkeitsnachweis für diesen zu führen (*Krüger* in Fuhrmann/Klein/Fleischfresser ArzneimittelR-HdB § 14 Rn. 76).

Das Erfordernis der Zuverlässigkeit bezieht sich auf die **Tätigkeit** des Antragstellers **als Hersteller.** Als solcher hat er dafür Sorge zu tragen, dass die weiteren verantwortlichen Personen ihren Aufgaben ordnungsgemäß und unbehindert nachgehen und diese wahrnehmen können. Sofern Tatsachen vorliegen, die nahe legen, dass der Antragsteller den Funktionsträgern im Herstellungsbereich nicht die erforderlichen Kompetenzen und Entscheidungsmöglichkeiten einräumt und die betriebliche Organisation nicht so vornimmt, dass sie ihre Aufgaben und Verantwortungsbereiche ordnungsgemäß wahrnehmen können, ist die notwendige Zuverlässigkeit nicht gegeben.

2. Unzuverlässigkeit der sachkundigen Person. Bei der sachkundigen Person bezieht sich das Erfordernis der Zuverlässigkeit auf deren Tätigkeitsbereich. Maßgeblich ist daher der Umgang mit Arzneimitteln, wobei zu berücksichtigen ist, dass die Funktion der sachkundigen Person geschaffen wurde, um die Qualität der Arzneimittel und deren ordnungsgemäße Herstellung zu gewährleisten und damit den Schutz der Allgemeinheit vor schadhaften Arzneimitteln oder Arzneimitteln minderer Qualität zu verbessern.

III. Keine ständige Erfüllung der Pflichten der sachkundigen Person (Nr. 4). Die sachkundige Person muss in der Lage sein, die ihr obliegenden Pflichten ständig zu erfüllen. Dazu muss die sachkundige Person ständig anwesend sein. Zwar muss nicht eine Verfügbarkeit rund um die Uhr bestehen, die sachkundige Person muss aber jedenfalls in einem Umfang im Betrieb anwesend sein, der es ihr ermöglicht, die ihr obliegenden Aufgaben zu erfüllen (*Krüger* in Fuhrmann/Klein/Fleischfresser ArzneimittelR-HdB § 14 Rn. 116). Danach richtet sich auch, ob eine Tätigkeit in mehreren Betrieben oder im Nebenberuf möglich ist.

13 Neben der Anwesenheit der sachkundigen Person setzt die Möglichkeit zur ständigen Pflichterfüllung voraus, dass **betriebliche Verhältnisse** geschaffen werden, die es ihr ermöglichen, ihren Aufgaben nachzukommen. Daran fehlt es, wenn ihr, etwa auf Grund der Organisation des Betriebs, die die notwendigen Informationen vorenthalten werden (*Krüger* in Fuhrmann/Klein/Fleischfresser ArzneimittelR-HdB § 14 Rn. 117).

14 **IV. Keine geeignete Räume und Einrichtungen (Nr. 6).** Die Erlaubnis wird für eine bestimmte Betriebsstätte erteilt (§ 16). Die Anforderungen an die Räume richten sich nach der Art der konkreten Herstellungstätigkeit. Die Räume müssen sich im Besitz des Antragstellers befinden. Sie müssen so gestaltet sein und genutzt werden, dass das Risiko von Fehlern auf ein Minimum reduziert wird (*Krüger* in Fuhrmann/Klein/Fleischfresser ArzneimittelR-HdB § 14 Rn. 142). Alle für Produktion, Lagerung und Prüfung genutzten Räumlichkeiten müssen darüber hinaus sorgfältig **in Stand gehalten** werden. Durch erforderlich werdende Reparatur- und Wartungsarbeiten darf weder die Qualität der herzustellenden Produkte noch der Ausgangsstoffe beeinträchtigt werden (*Krüger* in Fuhrmann/Klein/Fleischfresser ArzneimittelR-HdB § 14 Rn. 148).

15 **V. Keine Gewährleistung der Herstellung oder Prüfung nach dem Stand von Wissenschaft und Technik (Nr. 6a).** Der Hersteller muss in der Lage sein, die Herstellung und Prüfung der Arzneimittel nach dem Stand von Wissenschaft und Technik vorzunehmen. Im Antrag sind daher die Herstellungs- und Kontrollmethoden zu beschreiben, um der zuständigen Behörde die Prüfung zu ermöglichen, ob sie ausreichend sind. Maßgebend ist der jeweils aktuelle Stand. Der **aktuelle Stand** ist insbesondere im Arzneibuch nach § 55 sowie im EU-GMP-Leitfaden (zu diesen → § 13 Rn. 5–8) niedergelegt, der regelmäßig fortgeschrieben und den wissenschaftlichen Entwicklungen und Fortschritten angepasst wird (*Anhalt/Lützeler* in Dieners/Reese PharmaR-HdB § 8 Rn. 78). Da sich der Stand von Wissenschaft und Technik ständig fortentwickelt, muss der Hersteller seinen Betrieb laufend an die technische Fortentwicklung anpassen (*Rehmann* § 14 Rn. 10).

16 **VI. Inspektion des Betriebs (§ 64 Abs. 3 a S. 2).** Die Erlaubnis darf nur erteilt werden, wenn sich die zuständige Behörde durch eine Inspektion davon überzeugt hat, dass die für die Herstellung erforderlichen Voraussetzungen vorliegen.

B. Herstellung von Prüfarzneimitteln, Arzneimittelprüfung (Absatz 4)

17 Nach Absatz 4 können die Herstellung von Arzneimitteln zur klinischen Prüfung am Menschen (Nr. 1, 2) sowie die Prüfung von Arzneimitteln (Nr. 3, 4) teilweise auch außerhalb des Herstellerbetriebs in dessen Auftrag durchgeführt werden. Ist dies beabsichtigt, muss ein entsprechender Hinweis in den Antrag auf Erteilung der Herstellungserlaubnis aufgenommen werden, da diese gemäß § 16 dann eine entsprechende Einschränkung erfahren wird.

C. Beanstandungen (Absatz 5)

18 Bei Beanstandungen der vom Antragsteller eingereichten Unterlagen ist diesem zunächst Gelegenheit zu geben, die Mängel seines Antrags zu beheben; hierzu ist

ihm eine angemessene Frist einzuräumen **(Satz 1).** Bei fruchtlosem Verstreichen dieser Frist muss die Erlaubnis versagt werden **(Satz 2).** Ein Ermessen steht der Behörde insoweit nicht zu (*Krüger* in Fuhrmann/Klein/Fleischfresser ArzneimittelR-HdB § 14 Rn. 6). Die Mängel können auch noch im Widerspruchsverfahren behoben werden, so dass die Behörde dem Widerspruch abhelfen kann.

§ 16 Begrenzung der Herstellungserlaubnis

¹Die Erlaubnis wird dem Antragsteller für eine bestimmte Betriebsstätte und für bestimmte Arzneimittel und Darreichungsformen erteilt, in den Fällen des § 14 Abs. 4 auch für eine bestimmte Betriebsstätte des beauftragten oder des anderen Betriebes. ²**Soweit die Erlaubnis die Prüfung von Arzneimitteln oder Wirkstoffen umfasst, ist die Art der Prüfung aufzuführen.**

Übersicht

		Rn.
A.	Wirkung	1
B.	Personenbezogenheit	4
C.	Betriebsstättenbezogenheit	5
D.	Beschränkung auf bestimmte Tätigkeiten, Arzneimittel und Darreichungsformen	7
E.	Prüferlaubnis	8

A. Wirkung

Die Herstellungserlaubnis gestattet lediglich die **Herstellung als solche.** Mit ihrer Erteilung ist nicht die Befugnis verbunden, die hergestellten Arzneimittel in den Verkehr zu bringen (*Krüger* in Fuhrmann/Klein/Fleischfresser ArzneimittelR-HdB § 14 Rn. 1). Sofern Arzneimittel nicht ausnahmsweise von der Zulassungspflicht freigestellt sind, ist für das rechtmäßige Inverkehrbringen die Zulassung oder Registrierung erforderlich. 1

Die Vorschrift gilt zunächst nur für **Arzneimittel.** Durch § 20a wird sie auf bestimmte andere in Absatz 1 Satz 1 genannte Stoffe ausgedehnt 2

Die Erteilung der Erlaubnis ist in die **Datenbank** nach § 67a einzugeben (§ 64 Abs. 3g S. 2). 3

B. Personenbezogenheit

Die Erlaubnis ist an die **Person des Inhabers** gebunden (*Kügel* in Kügel/Müller/Hofmann § 13 Rn. 26), wobei sie auch auf juristische Personen, Personengesellschaften und nicht rechtsfähige Vereine lauten kann (§ 13 Abs. 1 S. 3). Ob sie mit Rücksicht auf das Merkmal der Zuverlässigkeit (§ 13 Abs. 1 Nr. 3) als **höchstpersönlich** anzusehen ist (*Kügel* in Kügel/Müller/Hofmann § 13 Rn. 26; *Krüger* in Fuhrmann/Klein/Fleischfresser ArzneimittelR-HdB § 14 Rn. 2, 75; aA *Anhalt/Lützeler* in Dieners/Reese PharmaR-HdB § 8 Rn. 44), ist eher ein Spiel mit Worten. Anders als die betäubungsmittelrechtliche Erlaubnis (§ 8 Abs. 3 S. 2 BtMG) ist sie bei Änderungen in der Person des Inhabers nicht neu zu beantragen, kann daher auf den neuen Inhaber umgeschrieben werden (*Anker* in Deutsch/Lippert § 21 Rn. 11; *Sander* ArzneimittelR § 16 Erl. 3). Neben dem Zuverlässigkeitsnachweis für den neuen Inhaber muss der zuständigen Behörde in der Regel lediglich nachgewiesen werden, dass keine Änderung hinsichtlich der maßgeblichen Räume und Einrichtungen erfolgt und dass die verantwortlichen Personen ihre Tätigkeit fortsetzen (*Anhalt/Lützeler* in Dieners/Reese PharmaR-HdB § 8 Rn. 44). 4

C. Betriebsstättenbezogenheit

5 Die Erlaubnis wird für eine **bestimmte Betriebsstätte** erteilt, die in der Erlaubnisurkunde bezeichnet wird. Die Betriebsstätte muss in Deutschland liegen, da die Behörden ihre öffentlich-rechtliche Gewalt nur auf deutschem Staatsgebiet ausüben können,

6 Auch die **Räume innerhalb** einer Betriebsstätte, in denen die Arzneimittelherstellung erfolgen soll, sind schon im Antrag auf Erteilung der Erlaubnis genau anzugeben. Spätere Änderungen innerhalb einer Betriebsstätte sind anzeigepflichtig (§ 20). Eine Verlagerung der Betriebsstätte als solche wie auch eine Änderung der Räume oder Einrichtungen bedarf dagegen der Änderung der Erlaubnis (§ 17 Abs. 2; *Anhalt/Lützeler* in Dieners/Reese PharmaR-HdB § 8 Rn. 43).

D. Beschränkung auf bestimmte Tätigkeiten, Arzneimittel und Darreichungsformen

7 Die Erlaubnis wird dem Inhaber für bestimmte **Tätigkeiten**, etwa vollständige oder teilweise Herstellung einschließlich verschiedener Prozesse wie Umfüllen, Abpacken oder Kennzeichnen, Freigabe des Fertigprodukts zum Inverkehrbringen, Einfuhr, für bestimmte **Arzneimittel**, etwa pflanzliche, biologische oder homöopathische, und für bestimmte **Darreichungsformen**, etwa Tabletten, andere feste Formen, flüssige oder halbfeste Darreichungsformen, erteilt (*Anhalt/Lützeler* in Dieners/Reese PharmaR-HdB § 8 Rn. 44). Bei Änderungen der Arzneimittel ist auch eine Änderung der Erlaubnis erforderlich (§ 17 Abs. 2; *Anhalt/Lützeler* in Dieners/Reese PharmaR-HdB § 8 Rn. 43).

E. Prüferlaubnis

8 Die vorstehenden Regelungen gelten auch für die Prüfung. Zusätzlich muss in der Erlaubnis zur Prüfung von Arzneimitteln und Wirkstoffen auch die Art der Prüfung aufgeführt werden (Satz 2).

§ 18 Rücknahme, Widerruf, Ruhen

(1) ¹**Die Erlaubnis ist zurückzunehmen, wenn nachträglich bekannt wird, dass einer der Versagungsgründe nach § 14 Abs. 1 bei der Erteilung vorgelegen hat.** ²Ist einer der Versagungsgründe nachträglich eingetreten, so ist sie zu widerrufen; an Stelle des Widerrufs kann auch das Ruhen der Erlaubnis angeordnet werden. ³§ 13 Abs. 4 findet entsprechende Anwendung.

(2) ¹**Die zuständige Behörde kann vorläufig anordnen, dass die Herstellung eines Arzneimittels eingestellt wird, wenn der Hersteller die für die Herstellung und Prüfung zu führenden Nachweise nicht vorlegt.** ²Die vorläufige Anordnung kann auf eine Charge beschränkt werden.

Übersicht

	Rn.
A. Einführung	1
B. Rücknahme (Absatz 1 Satz 1)	3
C. Widerruf, Ruhen (Absatz 1 Satz 2)	5
D. Vorläufige Einstellung der Herstellung (Absatz 2)	10

A. Einführung

§ 18 enthält **Sondervorschriften** zu den allgemeinen Bestimmungen über Rücknahme und Widerruf eines begünstigenden Verwaltungsaktes (§§ 48, 49 VwVfG). Beides sind belastende Verwaltungsakte, die zu begründen sind (§ 39 VwVfG). Sie sind mit Widerspruch und Anfechtungsklage anfechtbar. Wird die Herstellungserlaubnis zurückgenommen, widerrufen oder zum Ruhen gebracht, so **entfällt** damit auch die Befugnis zum Großhandel, sofern nicht eine eigene Großhandelserlaubnis vorliegt.

Die Vorschrift gilt zunächst nur für **Arzneimittel.** Durch § 20a wird sie auf bestimmte andere in Absatz 1 Satz 1 genannte Stoffe ausgedehnt.

B. Rücknahme (Absatz 1 Satz 1)

Hätte die Erlaubnis nicht erteilt werden dürfen, weil ein Versagungsgrund (§ 14 Abs. 1) vorlag, so ist sie rechtswidrig. Wird dies nachträglich bekannt, so ist die Erlaubnis zurückzunehmen (Absatz 1 Satz 1). Diese Regelung ist **zwingend** und geht der Ermessensvorschrift des § 48 Abs. 1 VwVfG vor (*Kügel* in Kügel/Müller/Hofmann § 18 Rn. 5). Ob aus dem Gesetz auch entnommen werden kann, dass die Rücknahme stets mit Wirkung für **die Vergangenheit (ex tunc)** zu erfolgen hat (*Kügel* in Kügel/Müller/Hofmann § 18 Rn. 5; *Rehmann* § 18 Rn. 2), ist zweifelhaft. Jedenfalls kommt eine solche Rücknahme dann in Betracht, wenn der Fehler auf einem Verschulden des Begünstigten beruht oder in seinem Verantwortungsbereich liegt (BVerwGE 40, 212 = JZ 1973, 122 = BeckRS 1972, 30439373; *Sachs* in Stelkens/Bonk/Sachs VwVfG § 48 Rn. 107). Beruht die Erteilung der Erlaubnis jedoch auf einem Fehler der Behörde, wird aus Gründen des Vertrauensschutzes lediglich eine Rücknahme für **die Zukunft** in Betracht kommen (*Lietz* in Fuhrmann/Klein/Fleischfresser ArzneimittelR-HdB § 9 Rn. 11 für die Rücknahme der Zulassung). Der maßgebliche **Zeitpunkt** muss in der Rücknahmeverfügung festgesetzt werden. Gegebenenfalls ist dem Bescheid durch Auslegung zu entnehmen, welche zeitliche Wirkung ihm zukommt (BVerwG NVwZ 2005, 1329; 2007, 470; *Müller* in BeckOK VwVfG § 48 Rn. 44).

Die Rücknahme wird mit der **Bestandskraft** des Rücknahmebescheids wirksam, es sei denn, dass die Behörde die sofortige Vollziehung angeordnet hat (§ 80 Abs. 2 Nr. 4 VwGO). Wird die Erlaubnis mit Wirkung für die Vergangenheit (**ex tunc**) zurückgenommen, so gilt sie als von Anfang nicht erteilt. Die Herstellung war dann zwar unbefugt, der Herstellende wird dadurch jedoch **nicht strafbar,** weil die Erlaubnis im Zeitpunkt seines Handelns bestand (→ BtMG § 10 Rn. 15). Etwas anderes gilt nur im Falle der Nichtigkeit (§ 33 Abs. 3, § 44 VwVfG).

C. Widerruf, Ruhen (Absatz 1 Satz 2)

Tritt ein Versagungsgrund **nachträglich** ein, so wird die Erlaubnis dadurch nicht rechtswidrig. Gleichwohl ist sie nach der ausdrücklichen Vorschrift (s. dazu § 49 Abs. 1 Nr. 1 VwVfG) des Absatzes 1 Satz 2 Halbsatz 1 zu **widerrufen.** Auch diese Regelung ist **zwingend** und geht der Ermessensvorschrift des § 49 Abs. 2 Nr. 3 VwVfG vor (*Kügel* in Kügel/Müller/Hofmann § 18 Rn. 8). Allerdings kann die Behörde statt des Widerrufs das **Ruhen** der Erlaubnis anordnen (Absatz 1 Satz 2 Halbsatz 2).

Die Versagungsgründe müssen **nachträglich eingetreten** sein; ihr bloßes nachträgliches Bekanntwerden genügt nicht; allerdings kommt in einem solchen Fall die Rücknahme nach Satz 1 in Betracht (*Sachs* in Stelkens/Bonk/Sachs VwVfG § 49 Rn. 62).

AMG § 19   Dritter Abschnitt. Herstellung von Arzneimitteln

7   Auch der Widerruf wird mit der **Bestandskraft** des Widerrufsbescheids **wirksam**, es sei denn, dass die **sofortige Vollziehung** des Bescheids angeordnet wurde (§ 80 Abs. 2 Nr. 4 VwGO). Nach den allgemeinen verwaltungsrechtlichen Regeln kann die Behörde allerdings auch einen anderen Zeitpunkt bestimmen (§ 49 Abs. 4 VwVfG). Dies wird durch § 18 Abs. 1 S. 2 zwar nicht ausgeschlossen, aber jedenfalls dann, wenn die Arzneimittelsicherheit berührt ist, dürfte ein **späterer** Zeitpunkt **nicht** in Betracht kommen. Mit dem bestandskräftigen Widerruf endet zu dem in dem Widerrufsbescheid bestimmten Zeitpunkt die Wirksamkeit der Erlaubnis (§ 49 Abs. 4 VwVfG).

8   Bei Vorliegen eines **Widerrufsgrundes** kann die Behörde statt des Widerrufs auch das **Ruhen** der Erlaubnis anordnen (Satz 2 Halbsatz 2). Dies gilt nicht, wenn ein Rücknahmegrund gegeben ist (*Rehmann* § 18 Rn. 4). Das Ruhen der Erlaubnis führt dazu, dass der Erlaubnisinhaber von ihr keinen Gebrauch machen darf.

9   **Ob** die Behörde das **Ruhen anordnet**, steht in ihrem pflichtgemäßen Ermessen; weil es gegenüber dem Widerruf den geringeren Eingriff darstellt, wird sie allerdings stets prüfen müssen, ob die Anordnung des Ruhens ausreicht. Das Ruhen kommt vor allem in Betracht, wenn die Mängel, die sich nachträglich ergeben haben, in angemessener Frist behoben werden können.

D. Vorläufige Einstellung der Herstellung (Absatz 2)

10 Weniger weitgehend als der Widerruf oder das Ruhen der Erlaubnis ist die Anordnung, die Herstellung eines bestimmten Arzneimittels **vorläufig einzustellen** (Absatz 2). Dies kann von der zuständigen Behörde angeordnet werden, wenn der Hersteller die für die Herstellung und Prüfung eines Arzneimittels zu führenden Nachweise nicht vorlegt. Um welche Nachweise es sich dabei handelt, ergibt sich aus der AMWHV. Eine Anordnung nach Absatz 2 ist nur gerechtfertigt, wenn die Vorlage von Unterlagen verweigert wird, die Voraussetzung für die Erteilung einer Herstellungserlaubnis sind (*Krüger* in Fuhrmann/Klein/Fleischfresser ArzneimittelR-HdB § 14 Rn. 17).

11 Die Möglichkeit einer vorläufigen Anordnung nach Absatz 2 bezieht sich nur auf die Herstellung von **Arzneimitteln**, nicht von Wirkstoffen (*Krüger* in Fuhrmann/Klein/Fleischfresser ArzneimittelR-HdB § 14 Rn. 18).

12 Die vorläufige Anordnung der Einstellung liegt im **pflichtgemäßen Ermessen** der Behörde. Bei dessen Ausübung ist zu berücksichtigen, dass die Anordnung nach Absatz 2 Satz 2 auf eine oder mehrere Chargen beschränkt werden kann. Die Anordnung ist aufzuheben, wenn die Unterlagen nunmehr vorgelegt werden.

§ 19 Verantwortungsbereiche

[1]**Die sachkundige Person nach § 14 ist dafür verantwortlich, dass jede Charge des Arzneimittels entsprechend den Vorschriften über den Verkehr mit Arzneimitteln hergestellt und geprüft wurde.** [2]**Sie hat die Einhaltung dieser Vorschriften für jede Arzneimittelcharge in einem fortlaufenden Register oder einem vergleichbaren Dokument vor deren Inverkehrbringen zu bescheinigen.**

Übersicht

		Rn.
A.	Die sachkundige Person	1
B.	Exkurs: Betriebe und Einrichtungen nach der AMWHV	8
	I. Der Geltungsbereich der AMWHV	9
	II. Räumliche Anforderungen	12

	Rn.
III. Personal	13
IV. Organisation	14
1. Qualitätsmanagement (QM-System)	15
2. Personalorganisation	16
3. Pflicht zur Selbstinspektion und Lieferantenqualifizierung	18
4. Dokumentation	19
5. Tätigkeiten im Auftrag	20
V. Aufgaben- und Verantwortungsbereiche	22
1. Der Inhaber des Betriebs oder der Einrichtung	23
2. Die sachkundige Person	27
3. Der Leiter der Herstellung	28
4. Der Leiter der Qualitätskontrolle	30
5. Stufenplanbeauftragter, Informationsbeauftragter	32
a) Stufenplanbeauftragter	33
b) Informationsbeauftragter	34
6. Der (frühere) Vertriebsleiter	36

A. Die sachkundige Person

Nach **Satz 1** ist die sachkundige Person dafür verantwortlich, dass jede Charge (§ 4 Abs. 16 (→ § 4 Rn. 40–43)) des Arzneimittels entsprechend den Vorschriften über den Verkehr mit Arzneimitteln hergestellt und geprüft wurde. Nach **Satz 2** hat sie vor dem Inverkehrbringen die Einhaltung dieser Vorschriften für jede Arzneimittelcharge in einem fortlaufenden Register oder einem vergleichbaren Dokument zu bescheinigen.   **1**

Während § 19 in seiner früheren Fassung die Aufgaben der einzelnen Bereichsleiter (→ Rn. 28) definierte und die Zuständigkeits- und Verantwortungsbereiche abgrenzte, weist die Vorschrift nunmehr die **Gesamtverantwortung** der **sachkundigen Person** zu (*Rehmann* § 19 Rn. 1). Diese ist nach Satz 1 für die Herstellung und die Qualitätskontrolle verantwortlich, **nicht** aber für den **Vertrieb** (*Rehmann* § 19 Rn. 2, 5).   **2**

Die Gesamtverantwortung der sachkundigen Person bedeutet allerdings nicht, dass der **Inhaber der Erlaubnis** von jeglicher Verantwortung entbunden wäre. Vielmehr bleibt er selbst für eine entsprechende ordnungsgemäße personelle und organisatorische Ausstattung seines Unternehmens verantwortlich (→ Rn. 25).   **3**

Hauptaufgabe der **sachkundigen Person** ist die **Freigabe** von Arzneimittelchargen (§ 16 AMWHV). Sie übernimmt damit einen Teil der Verantwortung, die sich ehemals der Herstellungsleiter und der Kontrollleiter geteilt haben (Überprüfung der ordnungsgemäßen Herstellung und Qualitätskontrolle). Vom Kontrollleiter ist das Führen eines Freigaberegisters hinzugekommen (*Anhalt/Lützeler* in Dieners/Reese PharmaR-HdB § 8 Rn. 60). Die **Chargenfreigabe** der Arzneimittel und der Hilfspräparate erfolgt unter Beachtung der Vorgaben des § 16 AMWHV, bei importierten Arzneimitteln des § 17 AMWHV und bei Wirkstoffen des § 25 AMWHV.   **4**

Die Verantwortlichkeit für die Freigabe bedeutet **nicht,** dass die Leiter der Herstellung und der Qualitätskontrolle (→ Rn. 28, 30) nunmehr **von jeder Verantwortung befreit** wären. Vielmehr bleiben sie für ihre eigenen, in der AMWHV beschriebenen Aufgabenbereiche verantwortlich (*Hasskarl* FS Deutsch, 1999, 217 (227)). Die sachkundige Person wird mit der Verantwortlichkeit für die Freigabe nicht selbst zum Hersteller oder Prüfer, sondern sie hat, wie sich insbesondere aus § 16 AMWHV ergibt, die ordnungsgemäße und von anderen (Herstellungs- und Kontrollleiter) zu verantwortende Herstellung und Prüfung zu bescheinigen, wenn die Voraussetzungen hierfür gegeben sind (*Hasskarl* FS Deutsch, 1999, 217 (227); *Hasskarl/Ziegler* PharmR 2005, 15 (17, 18)).   **5**

6 **Weitere Einzelheiten** zu den Aufgaben und zum Verantwortungsbereich der sachkundigen Person sind in weiteren Vorschriften der AMWHV sowie im EU-GMP-Leitfaden (zu diesen → § 13 Rn. 5–8) enthalten. Darüber hinaus liegt es in der **Eigenverantwortung** des Herstellers, den Verantwortungsbereich der sachkundigen Person festzulegen (*Anhalt/Lützeler* in Dieners/Reese PharmaR-HdB § 8 Rn. 60).

7 Die **sachkundige Person** kann **zugleich** entweder Herstellungsleiter oder Kontrolleiter sein (so bis zur 15. AMG-Novelle ausdrücklich § 14 Abs. 1 Nr. 1 AMG). Allerdings hat die sachkundige Person eine Qualitätssicherungsfunktion mit typischen Steuerungsaufgaben in der oberen Organisationshierarchie, während die Leiter der Herstellung oder der Qualitätskontrolle im operativen Tagesgeschäft tätig sind. Ob eine solche Doppelfunktion möglich ist, dürfte von der Art und Größe des Herstellungsbetriebs abhängen (*Anhalt/Lützeler* in Dieners/Reese PharmaR-HdB § 8 Rn. 61).

B. Exkurs: Betriebe und Einrichtungen nach der AMWHV

8 Der Umgang mit Arzneimitteln einschließlich der Herstellung erfordert geeignete **Betriebsräume** und **Ausrüstungen,** eine zweckmäßige **Organisation** und sachkundiges und angemessen qualifiziertes **Personal.** Vorgaben hierfür ergeben sich aus dem AMG und der AMWHV. Vor allem die AMWHV enthält für den gesamten Betrieb detaillierte Regelungen.

9 **I. Der Geltungsbereich der AMWHV.** Anders als es die Überschrift der AMWHV vermuten ließe, gilt die Verordnung nicht nur für die **(gewerbsmäßige) Herstellung** von Arzneimitteln, sondern findet auch auf Betriebe und Einrichtungen Anwendung, die Arzneimittel gewerbsmäßig **prüfen, lagern, in den Verkehr bringen,** in den oder aus dem Geltungsbereich des AMG **verbringen, einführen** oder **ausführen** (§ 1 Abs. 1 S. 1 AMWHV). Sie ist auch auf **Personen** anzuwenden, die diese Tätigkeiten **berufsmäßig** ausüben (§ 1 Abs. 1 S. 2 AMWHV).

10 Die Verordnung ist ferner anzuwenden auf **Apotheken,** den **Einzelhandel** mit Arzneimitteln außerhalb von Apotheken, **Ärzte oder Personen,** die sonst zur **Ausübung der Heilkunde** bei Menschen befugt sind, **Zahnärzte, Tierärzte, tierärztliche Hausapotheken** und **Arzneimittelgroßhandelsbetriebe,** soweit sie einer Erlaubnis nach § 13 oder § 72 Abs. 1 AMG bedürfen, auf **pharmazeutische Unternehmer** nach § 4 Abs. 18 AMG und auf Betriebe und Einrichtungen oder Personen, die mit Wirkstoffen zur Herstellung von Arzneimitteln, die zur Anwendung bei Menschen bestimmt sind, **handeln** (§ 1 Abs. 2 AMWHV).

11 Hinsichtlich der Produkte bezieht sich die AMWHV im Wesentlichen auf **Arzneimittel,** auf **Wirkstoffe,** die zur Herstellung von Arzneimitteln bestimmt sind, und auf zur Arzneimittelherstellung bestimmte **Stoffe menschlicher Herkunft** (§ 1 S. 1 Nr. 1, 2, 3, 4) sowie auf weitere Stoffe, die nach den Regeln einer **angemessenen Guten Herstellungspraxis** herzustellen sind (Nr. 5).

12 **II. Räumliche Anforderungen.** Anforderungen an die Räumlichkeiten einschließlich der erforderlichen Ausrüstungen enthalten die §§ 5–8 AMWV. Danach kommt es auf den beabsichtigten Zweck an. So sind etwa die Anforderungen an die Betriebsräume eines mit dem Umpacken und Umkennzeichnen von parallel importierten Arzneimitteln befassten Unternehmens andere als die Anforderungen an einen Hersteller von Blutprodukten oder Impfstoffen.

13 **III. Personal.** In personeller Hinsicht schreibt die AMWHV zunächst allgemein vor, dass die Betriebe und Einrichtungen über sachkundiges und angemessen qualifiziertes Personal in ausreichender Zahl verfügen müssen (§ 4 Abs. 1 S. 1). Für besonders herausgehobene Mitarbeiter (sachkundige Person, Herstellungs- und Kontrolleiter, Stufenplanbeauftragter, Informationsbeauftragter) enthält die AMWHV besondere Regelungen (→ Rn. 16–35). Zum (früheren) Vertriebsleiter → Rn. 36.

IV. Organisation. Deutliche Vorgaben macht die AMWHV zur Organisation der Betriebe und Einrichtungen. Werden sie nicht eingehalten, so kann sich für die Verantwortlichen eine straf- oder zivilrechtliche Haftung aus Organisationsverschulden ergeben.

1. Qualitätsmanagementsystem (QM-System). Vorgeschrieben (§ 3 AMWHV) wird zunächst ein funktionierendes Qualitätsmanagementsystem (QM-System). Das System muss die Qualitätssicherung, die Gute Herstellungspraxis/ Gute fachliche Praxis (→ § 13 Rn. 5, 7) einschließlich der Qualitätskontrolle und der periodischen Produktqualitätsüberprüfungen enthalten (§ 2 Nr. 4 AMWHV). Es muss ferner die aktive Beteiligung der Betriebsleitung und des Personals der einzelnen betroffenen Bereiche vorsehen. Alle Bereiche, die mit dem QM-System befasst sind, sind angemessen mit kompetentem Personal sowie mit geeigneten und ausreichenden Räumlichkeiten und Ausrüstungen auszustatten. Das QM-System muss vollständig dokumentiert sein und auf seine Funktionstüchtigkeit kontrolliert werden. Zur Auslegung der Grundsätze der Guten Herstellungspraxis ist der EU-GMP Leitfaden heranzuziehen (→ § 13 Rn. 6–8).

2. Personalorganisation. Das Personal darf nur entsprechend seiner Ausbildung und seinen Kenntnissen **eingesetzt** werden. Es ist über die bei den jeweiligen Tätigkeiten gebotene Sorgfalt zu Anfang und danach fortlaufend zu **unterweisen** (§ 4 Abs. 1 S. 2 AMWHV). Die Unterweisung muss sich namentlich auf die Theorie und Anwendung des Qualitätssicherungskonzepts und der Guten Herstellungspraxis oder der Guten fachlichen Praxis sowie auf Besonderheiten der jeweiligen Produktgruppe erstrecken; der **Erfolg der Unterweisung** ist zu prüfen (§ 4 Abs. 1 S. 3, 4 AMWHV).

Die Aufgaben der Mitarbeiter, die für die Einhaltung der Guten Herstellungspraxis/Guten fachlichen Praxis zuständig sind, müssen in **Arbeitsplatzbeschreibungen** festgelegt sein (§ 4 Abs. 2 S. 1 AMWHV). Die **Verantwortungsbereiche** müssen so ausgestaltet sein, dass keine verantwortungsfreien Bereiche existieren; auf der anderen Seite sind unbegründete Überlappungen zu vermeiden (§ 4 Abs. 2 S. 2 AMWHV). Die hierarchischen Beziehungen sind in einem **Organisationsschema** zu beschreiben (§ 4 Abs. 2 S. 3 AMWHV). Den Mitarbeitern in leitender oder verantwortlicher Stellung sind **ausreichende Befugnisse** einzuräumen, damit sie ihrer Verantwortung nachkommen können (§ 4 Abs. 2 S. 5 AMWV).

3. Pflicht zur Selbstinspektion und Lieferantenqualifizierung. Die Betriebe und Einrichtungen unterliegen der Pflicht zur Selbstinspektion und Lieferantenqualifizierung (§ 11 AMWHV).

4. Dokumentation. § 10 Abs. 1 S. 1 AMWHV verpflichtet die Betriebe und Einrichtungen zur Unterhaltung eines Dokumentationssystems, dass an die jeweiligen Tätigkeiten des Betriebs oder der Einrichtung angepasst ist. Das Dokumentationssystem muss gewährleisten, dass der Werdegang jeder Arzneimittelcharge und jedes Prüfarzneimittels sowie vorgenommene Änderungen zurückverfolgt werden können (§ 10 Abs. 1 S. 2 AMWHV). Beim Inverkehrbringen sind die Aufzeichnungen so zu ordnen, dass sie den unverzüglichen Rückruf des jeweiligen Produkts ermöglichen (§ 10 Abs. 3 AMWHV).

5. Tätigkeiten im Auftrag. Für jede Tätigkeit im Auftrag, insbesondere die Herstellung, Prüfung und das Inverkehrbringen oder jeden damit verbundenen Vorgang, der im Auftrag ausgeführt wird, muss ein **schriftlicher Vertrag** bestehen; elektronische Form genügt nicht (*Jäkel* PharmR 2017, 229). In dem Vertrag müssen die Verantwortlichkeiten jeder Seite klar festgelegt und insbesondere die Einhaltung der Guten Herstellungspraxis/Guten fachlichen Praxis geregelt sein (§ 9 Abs. 1 AMWHV).

21 Der **Auftraggeber** hat sich zu vergewissern, dass der Auftragnehmer die Tätigkeit entsprechend der vorgegebenen Anweisungen durchführt und über eine Erlaubnis verfügt, soweit diese nach den §§ 13, 72 AMG erforderlich ist. Der **Auftragnehmer** darf die ihm übertragene Arbeit ohne schriftliche Genehmigung des Auftraggebers nicht an Dritte weiter vergeben. Er muss die Grundsätze und Leitlinien der Guten Herstellungspraxis/Guten fachlichen Praxis und insbesondere die vorgegebenen Herstellungs- und Prüfanweisungen einhalten (§ 9 Abs. 2, 3 AMWHV).

22 **V. Aufgaben- und Verantwortungsbereiche.** Die Arzneimittelproduktion und -verteilung ist eine typisch **arbeitsteilige** Tätigkeit. Dies kommt auch in den Arbeitsbereichen zum Ausdruck, die zum Teil durch die AMWHV bestimmt werden.

23 **1. Der Inhaber des Betriebs oder der Einrichtung.** Die Herstellungserlaubnis wird dem Antragsteller für eine bestimmte Betriebsstätte erteilt (§ 16 AMG). Der Inhaber der Erlaubnis ist daher auch Inhaber des Herstellungsbetriebs (§ 16 AMG). Innerhalb des Herstellungsunternehmens trifft die Verantwortung zunächst die **Geschäftsleitung**. Ist das Unternehmen eine GmbH oder eine Aktiengesellschaft, so sind die Geschäftsführer (§ 43 GmbHG) oder der Vorstand (§ 93 AktG) verantwortlich. Für andere juristische Personen und Personenvereinigungen gilt dies entsprechend, desgleichen für andere Betriebe und Einrichtungen, die der AMWHV unterliegen. Betriebsinhaber oder Geschäftsleiter haben eine **Garantenstellung** (s. *Fischer* StGB § 13 Rn. 67). Daraus kann sich auch eine (Garanten) **Pflicht** zur Verhinderung von Straftaten nachgeordneter Mitarbeiter ergeben; diese beschränkt sich auf die Verhinderung **betriebsbezogener** Straftaten (BGHSt 57, 42 = NJW 2012, 1237 = NStZ 2012, 142 = StV 2012, 403 = JR 2012, 305 mAnm *Roxin* = wistra 2012, 64 mAnm *Kuhn;* BGH NStZ 2018, 648). Zur Haftung für **unternehmerische Kollegialentscheidungen** wird auf → Vor § 95 Rn. 28–49 verwiesen.

24 Schon nach allgemeinen Grundsätzen ist der **Betriebsinhaber** für eine ordnungsgemäße räumliche, personelle und organisatorische Ausstattung seines Unternehmens und für die Anwendung geeigneter Verfahren verantwortlich. Die AMWHV enthält hierzu nähere Anforderungen (→ Rn. 12–21).

25 Die **Delegation** bestimmter Aufgaben auf die sachkundige Person und die einzelnen Bereichsleiter enthebt den Betriebsinhaber seiner Organisationsverantwortung nicht (*Kügel* in Kügel/Müller/Hofmann § 19 Rn. 29; *Rehmann* § 19 Rn. 1). Für ein entsprechendes Organisationsverschulden haftet er strafrechtlich nach den allgemeinen Vorschriften (→ Vor § 95 Rn. 68), zivilrechtlich nach § 823 Abs. 1 BGB (→ Vor § 95 Rn. 126).

26 Greift der Betriebsinhaber durch **Einzelweisungen** oder sonstige organisatorische Maßnahmen in Herstellungs- oder Kontrollvorgänge ein, so ist er hierfür verantwortlich (*Kügel* in Kügel/Müller/Hofmann § 19 Rn. 30). Hält der jeweils verantwortliche Leiter Maßnahmen des Erlaubnisinhabers mit den zu beachtenden gesetzlichen oder sonstigen zu beachtenden Normen für unvereinbar, so hat er hierauf hinzuweisen. Die Ausführung gesetzeswidriger Anordnungen kann er verweigern, da ihm nicht zugemutet werden kann, hierfür die Verantwortung zu übernehmen (*Rehmann* § 19 Rn. 1; *Kloesel/Cyran* § 19 Anm. 2). Unterlässt er den Hinweis, so haftet er neben dem Inhaber der Herstellungserlaubnis (*Kügel* in Kügel/Müller/Hofmann § 19 Rn. 30).

27 **2. Die sachkundige Person.** Auf → Rn. 1–7 wird verwiesen; zur Garantenstellung *Pfohl* in Erbs/Kohlhaas AMG Vor § 95 Rn. 17.

Verantwortungsbereiche § 19 AMG

3. Der Leiter der Herstellung. Die Aufgaben und Verantwortlichkeit des Herstellungsleiters sind in § 12 Abs. 1 S. 2, § 13 AMWHV geregelt. Er ist für den Herstellungsvorgang verantwortlich und hat dafür zu sorgen, dass bei jedem einzelnen Schritt die gesetzlichen Vorschriften einschließlich der mit der Arzneimittelzulassung verbundenen Vorgaben eingehalten werden (*Freund* in MüKoStGB §§ 13–20 d Rn. 8; *Rehmann* § 19 Rn. 3). Seine Verantwortlichkeit bezieht sich auf **alle Abschnitte des Herstellungsvorgangs** (→ § 4 Rn. 31–38) mit Ausnahme der Freigabe (→ Rn. 4; § 13 Abs. 1 S. 1 AMWHV; *Hasskarl* FS Deutsch, 1999, 217 (224)). Um diese Aufgabe sachgerecht erfüllen zu können, ist er vom Erlaubnisinhaber mit den notwendigen Befugnissen und Weisungsrechten auszustatten (*Freund* in MüKoStGB §§ 13–20 d Rn. 8). Die Leiter der Herstellung und der Qualitätskontrolle müssen voneinander **unabhängig** sein (§ 12 Abs. 1 S. 4 AMWHV). Dagegen können der Leiter der Herstellung und die sachkundige Person personenidentisch sein (→ Rn. 7; *Kügel* in Kügel/Müller/Hofmann § 14 Rn. 11). Im Rahmen seines Aufgabenkreises hat der Herstellungsleiter eine **Garantenstellung** (s. BGH NJW 2000, 2754 = NStZ 2001, 188 mAnm *Altenhain*). 28

Herstellungsvorgänge, die **außerhalb des Betriebs,** etwa bei der Lohnherstellung, stattfinden, sind von der Verantwortlichkeit des Herstellungsleiters ausgenommen. Die Verantwortung trifft hier den Lohnhersteller und dessen Herstellungsleiter (*Freund* in MüKoStGB §§ 13–20 d Rn. 8). 29

4. Der Leiter der Qualitätskontrolle. Die Aufgaben und die Verantwortlichkeit des Leiters der Qualitätskontrolle sind in § 12 Abs. 1 S. 3, § 14 AMWHV geregelt. Ihr Gegenstand ist die **Qualitätsprüfung.** Danach hat der Kontrollleiter sicherzustellen, dass die im Betrieb befindlichen Stoffe, die bei der Arzneimittelherstellung Verwendung finden sollen, Zubereitungen und Gegenstände sowie die hergestellten Arzneimittel den nach den anerkannten pharmazeutischen Regeln erforderlichen Prüfungen auf ihre Qualität unterzogen werden. Zu prüfen sind die Ausgangsstoffe sowie die Zwischen- und Endprodukte entsprechend den rechtlichen Vorgaben, namentlich der Guten Herstellungspraxis (→ § 13 Rn. 6–8) und den anerkannten pharmazeutischen Regeln (§ 14 Abs. 1 S. 2 AMWHV). Der Kontrollleiter und die sachkundige Person können personenidentisch sein, nicht aber der Kontrollleiter und der Herstellungsleiter (→ Rn. 7; *Kügel* in Kügel/Müller/ Hofmann § 14 Rn. 11). Im Rahmen seines Aufgabenkreises hat der Kontrollleiter eine **Garantenstellung** (s. BGH NJW 2000, 2754 (→ Rn. 28)). 30

Der Kontrollleiter muss die Überprüfung **nicht selbst** vornehmen. Er darf sich vielmehr fachkundiger Hilfe bedienen, die er aber zu überwachen hat. Wird die Qualitätsprüfung auf einen **Auftragnehmer außerhalb** der Betriebsstätte verlagert (§ 14 Abs. 4), wird der Kontrollleiter **nicht** von seiner Verantwortung entbunden; deswegen muss ihm, vor allem durch eine Klausel im Werkvertrag, die Möglichkeit eingeräumt werden, auch im Auftragsunternehmen Prüfungen durchzuführen (*Freund* in MüKoStGB §§ 13–20 d Rn. 9; *Rehmann* § 19 Rn. 4). 31

5. Stufenplanbeauftragter, Informationsbeauftragter. Soweit Fertigarzneimittel in den Verkehr gebracht werden, sind zusätzlich die Verantwortungsbereiche des Stufenplanbeauftragten nach Maßgabe des § 63 a und des Informationsbeauftragten nach Maßgabe des § 74 a festzulegen (§ 12 Abs. 2 AMHWV). 32

a) Stufenplanbeauftragter (§ 63 a AMG). Aufgabe des Stufenplanbeauftragten ist es, bekannt gewordene Meldungen über Arzneimittelrisiken zu sammeln, zu bewerten und die notwendigen Maßnahmen zu koordinieren **(Absatz 1 Satz 1).** Er ist ferner für die Erfüllung der Anzeigepflichten verantwortlich, soweit sie Arzneimittelrisiken betreffen **(Absatz 1 Satz 3).** Er hat schließlich sicherzustellen, dass auf Verlangen der zuständigen Bundesoberbehörde weitere Informationen für die Beurteilung des Nutzen-Risiko-Verhältnisses eines Arzneimittels, einschließlich ei- 33 gener Bewertungen, unverzüglich und vollständig übermittelt werden (**Absatz 1 Satz 4**). Das Nähere regelt die AMWHV (**Absatz 1 Satz 5**); s. dazu insbesondere § 19 AMWHV. Zur Abgrenzung seines Verantwortungsbereichs s. *Geiger* PharmR 2011, 262 (264). Im Rahmen seines Aufgabenkreises hat der Stufenplanbeauftragte eine **Garantenstellung** (s. BGH NJW 2000, 2754 (→ Rn. 28)).

34   b) **Informationsbeauftragter (§ 74 a AMG).** Der Informationsbeauftragte hat die Aufgabe, die wissenschaftliche Information über das Arzneimittel verantwortlich wahrzunehmen (**Absatz 1 Satz 1**). Der Informationsbeauftragte ist insbesondere dafür verantwortlich, dass keine Arzneimittel unter irreführender Bezeichnung in den Verkehr gebracht werden (§ 8 Abs. 1 Nr. 2) und die Kennzeichnung, die Packungsbeilage, die Fachinformation und die Werbung der Zulassung oder der Freistellung hiervon entsprechen. Im Rahmen seines Aufgabenkreises hat der Informationsbeauftragte eine **Garantenstellung** (s. BGH NJW 2000, 2754 (→ Rn. 28)).

35   **Die Aufgaben** des Informationsbeauftragten können auch von der sachkundigen Person, dem Herstellungsleiter, dem Kontrollleiter (*Rehmann* § 19 Rn. 1) oder dem Stufenplanbeauftragten (*Freund* in MüKoStGB §§ 74a–76 Rn. 3) wahrgenommen werden.

36   **6. Der (frühere) Vertriebsleiter.** Der Vertriebsleiter, der in der früheren Fassung des § 19 ausdrücklich genannt war, war für das Inverkehrbringen der Arzneimittel in Übereinstimmung mit den gesetzlichen Vorgaben des AMG, BtMG und HWG verantwortlich; dazu gehörte auch der Arzneimittelrückruf (*Rehmann* § 19 Rn. 5). Diese Verantwortungsabgrenzung sieht § 19 nicht mehr vor. Die sachkundige Person ist für den Vertrieb nicht verantwortlich (→ Rn. 2). Allerdings hat der pharmazeutische Unternehmer für eine ordnungsgemäße **Organisation auch des Vertriebes** zu sorgen. Dazu kann er sich auch weiterhin eines Vertriebsleiters bedienen. Der Vertriebsleiter ist namentlich auch für die Einhaltung der vorgeschriebenen **Vertriebswege** zuständig und damit auch für den Vertrieb von Diamorphin (§ 47 b). Sein Verantwortungsbereich beginnt dort, wo die Verantwortungsbereiche des Herstellungsleiters, des Kontrollleiters (*Freund* in MüKoStGB §§ 13–20d Rn. 10) und des Informationsbeauftragten (*Rehmann* § 19 Rn. 5) enden.

§ 20a Geltung für Wirkstoffe und andere Stoffe

§ 13 Abs. 2 und 4 und die §§ 14 bis 20 gelten entsprechend für Wirkstoffe und für andere zur Arzneimittelherstellung bestimmte Stoffe menschlicher Herkunft, soweit ihre Herstellung oder Prüfung nach § 13 Abs. 1 einer Erlaubnis bedarf

Die in § 13 Abs. 2 geregelten Ausnahmen von der Erlaubnispflicht sowie die §§ 14–20 gelten zunächst nur für Arzneimittel. § 20a dehnt die Geltung dieser Vorschriften auf Wirkstoffe und andere zur Arzneimittelherstellung bestimmte Stoffe menschlicher Herkunft (→ § 13 Rn. 23) aus, soweit ihre Herstellung oder Prüfung der Erlaubnis bedarf (§ 13 Abs. 1 S. 1 Nr. 3, 4).

Zulassungspflicht **§ 21 AMG**

Vierter Abschnitt. Zulassung der Arzneimittel

§ 21 Zulassungspflicht

(1) ¹Fertigarzneimittel, die Arzneimittel im Sinne des § 2 Abs. 1 oder Abs. 2 Nr. 1 sind, dürfen im Geltungsbereich dieses Gesetzes nur in den Verkehr gebracht werden, wenn sie durch die zuständige Bundesoberbehörde zugelassen sind oder wenn für sie die Europäische Gemeinschaft oder die Europäische Union eine Genehmigung für das Inverkehrbringen gemäß Artikel 3 Abs. 1 oder 2 der Verordnung (EG) Nr. 726/2004 auch in Verbindung mit der Verordnung (EG) Nr. 1901/2006 des Europäischen Parlaments und des Rates vom 12. Dezember 2006 über Kinderarzneimittel und zur Änderung der Verordnung (EWG) Nr. 1768/92, der Richtlinien 2001/20/EG und 2001/83/EG, der Verordnung (EG) Nr. 726/2004 (ABl. L 378 vom 27.12.2006, S. 1) oder der Verordnung (EG) Nr. 1394/2007 erteilt hat. ²Das gilt auch für Arzneimittel, die keine Fertigarzneimittel und zur Anwendung bei Tieren bestimmt sind, sofern sie nicht an pharmazeutische Unternehmer abgegeben werden sollen, die eine Erlaubnis zur Herstellung von Arzneimitteln besitzen.

(2) Einer Zulassung bedarf es nicht für Arzneimittel, die
1. zur Anwendung bei Menschen bestimmt sind und auf Grund nachweislich häufiger ärztlicher oder zahnärztlicher Verschreibung in den wesentlichen Herstellungsschritten in einer Apotheke in einer Menge bis zu hundert abgabefertigen Packungen an einem Tag im Rahmen des üblichen Apothekenbetriebs hergestellt werden und zur Abgabe im Rahmen der bestehenden Apothekenbetriebserlaubnis bestimmt sind,
1a. bis 1g. *nicht abgedruckt.*
2. zur klinischen Prüfung bei Menschen bestimmt sind,
3. Fütterungsarzneimittel sind, die bestimmungsgemäß aus Arzneimittel-Vormischungen hergestellt sind, für die eine Zulassung nach § 25 erteilt ist,
4. für Einzeltiere oder Tiere eines bestimmten Bestandes in Apotheken oder in tierärztlichen Hausapotheken unter den Voraussetzungen des Absatzes 2a hergestellt werden,
5. zur klinischen Prüfung bei Tieren oder zur Rückstandsprüfung bestimmt sind oder
6. unter den in Artikel 83 der Verordnung (EG) Nr. 726/2004 genannten Voraussetzungen kostenlos für eine Anwendung bei Patienten zur Verfügung gestellt werden, die an einer zu einer schweren Behinderung führenden Erkrankung leiden oder deren Krankheit lebensbedrohend ist, und die mit einem zugelassenen Arzneimittel nicht zufrieden stellend behandelt werden können; dies gilt auch für die nicht den Kategorien des Artikels 3 Absatz 1 oder 2 der Verordnung (EG) Nr. 726/2004 zugehörigen Arzneimitteln; Verfahrensregelungen werden in einer Rechtsverordnung nach § 80 bestimmt.

(2a) ¹Arzneimittel, die für den Verkehr außerhalb von Apotheken nicht freigegebene Stoffe und Zubereitungen aus Stoffen enthalten, dürfen nach Absatz 2 Nr. 4 nur hergestellt werden, wenn für die Behandlung ein zugelassenes Arzneimittel für die betreffende Tierart oder das betreffende Anwendungsgebiet nicht zur Verfügung steht, die notwendige arzneiliche Versorgung der Tiere sonst ernstlich gefährdet wäre und eine unmittelbare oder mittelbare Gefährdung der Gesundheit von Mensch und Tier nicht zu

befürchten ist. ²Die Herstellung von Arzneimitteln gemäß Satz 1 ist nur in Apotheken zulässig. ³Satz 2 gilt nicht für das Zubereiten von Arzneimitteln aus einem Fertigarzneimittel und arzneilich nicht wirksamen Bestandteilen sowie für das Mischen von Fertigarzneimitteln zum Zwecke der Immobilisation von Zoo-, Wild- und Gehegetieren. ⁴Als Herstellen im Sinne des Satzes 1 gilt nicht das Umfüllen, Abpacken oder Kennzeichnen von Arzneimitteln in unveränderter Form, soweit
1. keine Fertigarzneimittel in für den Einzelfall geeigneten Packungsgrößen im Handel verfügbar sind oder
2. in sonstigen Fällen das Behältnis oder jede andere Form der Arzneimittelverpackung, die unmittelbar mit dem Arzneimittel in Berührung kommt, nicht beschädigt wird.

Satz 5 *nicht abgedruckt*

(3) ¹Die Zulassung ist vom pharmazeutischen Unternehmer zu beantragen. ²Für ein Fertigarzneimittel, das in Apotheken oder sonstigen Einzelhandelsbetrieben auf Grund einheitlicher Vorschriften hergestellt und unter einer einheitlichen Bezeichnung an Verbraucher abgegeben wird, ist die Zulassung vom Herausgeber der Herstellungsvorschrift zu beantragen. ³Wird ein Fertigarzneimittel für mehrere Apotheken oder sonstige Einzelhandelsbetriebe hergestellt und soll es unter deren Namen und unter einer einheitlichen Bezeichnung an Verbraucher abgegeben werden, so hat der Hersteller die Zulassung zu beantragen.

(4) ¹Die zuständige Bundesoberbehörde entscheidet ferner, unabhängig von einem Zulassungsantrag nach Absatz 3 oder von einem Genehmigungsantrag nach § 21a Absatz 1 oder § 42 Absatz 2, auf Antrag einer zuständigen Landesbehörde über die Zulassungspflicht eines Arzneimittels, die Genehmigungspflicht einer Gewebezubereitung oder über die Genehmigungspflicht einer klinischen Prüfung. ²Dem Antrag hat die zuständige Landesbehörde eine begründete Stellungnahme zur Einstufung des Arzneimittels oder der klinischen Prüfung beizufügen.

Übersicht

	Rn.
A. Die Arzneimittelzulassung	1
B. Formen der Arzneimittelzulassung	3
I. Die (nationale) Zulassung	4
II. Das Verfahren der gegenseitigen Anerkennung	5
III. Das dezentralisierte Verfahren	6
IV. Das Gemeinschaftsverfahren	7
C. Zulassungspflicht (Absatz 1)	8
I. Zulassungspflicht für Fertigarzneimittel (Satz 1)	8
1. Inverkehrbringen	10
2. Fertigarzneimittel	11
3. Ausdehnung auf andere Arzneimittel	12
4. Zulassung und Genehmigung	14
II. Tierarzneimittel (Satz 2)	15
D. Ausnahmen von der Zulassungspflicht (Absatz 2)	16
I. Defektur, verlängerte Rezeptur (Nr. 1)	16
1. Nachweislich häufige ärztliche oder zahnärztliche Verschreibung	20
2. Vornahme der wesentlichen Herstellungsschritte in der Apotheke	22
3. In einer Menge bis zu hundert abgabefertigen Packungen an einem Tag	23
4. Herstellung im Rahmen des üblichen Apothekenbetriebs	24

	Rn.
5. Zur Abgabe im Rahmen der bestehenden Apothekenbetriebserlaubnis bestimmt	25
II. Zur klinischen Prüfung bei Menschen bestimmt (Nr. 2)	26
III. Für Einzeltiere oder Tiere eines bestimmten Bestandes bestimmt (Nr. 4)	27
IV. Zur klinischen Prüfung bei Tieren oder zur Rückstandsprüfung bestimmt (Nr. 5)	29
V. Für die kostenlose Anwendung im Rahmen der Behandlung von Härtefällen bestimmt (Nr. 6)	30
E. Einschränkung für Tierarzneimittel (Absatz 2a)	32
F. Antragsteller (Absatz 3)	35
G. Antragsunabhängige Entscheidung über die Zulassungspflicht (Absatz 4)	38
H. Straftat, Ordnungswidrigkeit	40

A. Die Arzneimittelzulassung

Zum Verhältnis von Zulassung und Herstellung → § 13 Rn. 1–4. Die Zulas- 1
sungsvorschriften sind ein **zentraler Teil** des AMG. Die Zulassung soll hierbei
einem doppelten Anspruch genügen: einerseits soll sie den Marktzutritt von bedenklichen Arzneimitteln ausschließen, andererseits muss sie die Bereicherung der
medizinischen Praxis durch neue, wertvolle Arzneimittel ermöglichen (*Rehmann*
Vor § 21 Rn. 3).

Die **Arzneimittelzulassung** (Zulassung oder Genehmigung) ist eine behörd- 2
liche und verbindliche Unbedenklichkeitsbescheinigung, dass ein Arzneimittel von
einem bestimmten Antragsteller in einer festgelegten Form in den Verkehr gebracht
werden darf (BGH NJW 1990, 2931 = MDR 1990, 914). Das Zulassungsverfahren
ist nicht mehr allein national geregelt, sondern wurde im Bereich der EU zunehmend harmonisiert, wobei wesentliche Entscheidungsbefugnisse von den nationalen Behörden zu den EU-Behörden übergegangen sind.

B. Formen der Arzneimittelzulassung

Danach kann die Verkehrsfähigkeit eines Arzneimittels auf die folgende Weise er- 3
reicht werden:

I. Die nationale Zulassung. Die ursprüngliche Form der Arzneimittelzulas- 4
sung war die nationale Zulassung. Das nationale Verfahren gilt nur noch für die Erteilung und Verwaltung von Zulassungen für Arzneimittel, die allein in Deutschland vermarktet werden sowie für die Verwaltung der vor dem 1.1.1998 erteilten
nationalen Genehmigungen (EuGH BeckRS 2002, 70572 Erwägungsgrund 116;
Rehmann Vor § 21 Rn. 2).

II. Das Verfahren der gegenseitigen Anerkennung. Dieses Verfahren gilt für 5
Arzneimittel, die in einem Mitgliedstaat der EU bereits zugelassen sind und deren
Zulassung in anderen Mitgliedstaaten erfolgen soll (**MR-Procedure** (Mutual Recognition Procedure)). Es beruht auf den Richtlinien 2001/83/EG und 2001/82/
EG (→ § 2 Rn. 2) und ist in § 25b näher geregelt. Das Verfahren der gegenseitigen
Anerkennung mündet in eine nationale Zulassung (→ § 25b Rn. 1).

III. Das dezentralisierte Verfahren. Dieses Verfahren betrifft Arzneimittel, 6
deren Zulassung in mehreren Mitgliedstaaten der EU beantragt wird, ohne dass in
einem Mitgliedstaat bereits eine Zulassung besteht, auf die Bezug genommen werden könnte (**DC-Procedure** (Decentralised Procedure)). Es beruht ebenfalls auf
den Richtlinien 2001/83/EG und 2001/82/EG (→ § 2 Rn. 2) und ist in § 25b näher geregelt. Auch das dezentralisierte Verfahren mündet in eine nationale Zulassung (→ § 25b Rn. 1).

AMG § 21   Vierter Abschnitt. Zulassung der Arzneimittel

7   **IV. Das Gemeinschaftsverfahren oder Zentrale Zulassungsverfahren.** Dieses Verfahren beruht auf der VO (EG) Nr. 726/2004 v. 31.3.2004 (ABl. 2004 L 136, S. 1) und weist die Entscheidung über die Genehmigung der Europäischen Kommission zu. Es gilt für
- biotechnologisch hergestellte Arzneimittel, bei deren Herstellung ein im Anhang zu der Verordnung beschriebenes Verfahren verwendet wird (Nr. 1),
- Arzneimittel für bestimmte neuartige Therapien (Nr. 1a),
- Tierarzneimittel, die vorwiegend als Leistungssteigerungsmittel zur Förderung des Wachstums oder zur Erhöhung der Ertragsleistung vorgesehen sind (Nr. 2),
- Humanarzneimittel mit neuen Wirkstoffen der in der Anlage genannten Art (Nr. 3),
- Arzneimittel für seltene Leiden (Nr. 4; Orphan Drugs).

Eine zentrale Rolle im Gemeinschaftsverfahren kommt der **Europäischen Arzneimittelagentur (EMA)** zu (Art. 1 der VO (EG) Nr. 726/2004). Zu **Rücknahme,** Widerruf oder Aussetzung der **Gemeinschaftszulassung** → § 37 Rn. 6–9.

C. Zulassungspflicht (Absatz 1

8   **I. Zulassungspflicht für Fertigarzneimittel (Satz 1).** Fertigarzneimittel dürfen in Deutschland nur in den Verkehr gebracht werden, wenn sie zuvor von der zuständigen Bundesoberbehörde zugelassen wurden oder eine Genehmigung der zuständigen Organe der EU vorliegt (Satz 1). Das Erfordernis der Zulassung oder Genehmigung begründet ein **Verbot mit Erlaubnisvorbehalt** (*Winnands* in Kügel/Müller/Hofmann § 21 Rn. 2; *Fleischfresser/Fuhrmann* in Fuhrmann/Klein/ Fleischfresser ArzneimittelR-HdB § 7 Rn. 13; *Räpple* S. 22; *Mayer* Produktverantwortung S. 53; *Deutsch* VersR 2004, 938), so dass mit dem Inverkehrbringen erst dann begonnen werden darf, wenn die Zulassung vorliegt.

9   Die Vorschrift gilt für **Präsentations-** und **Funktionsarzneimittel** nach § 2 Abs. 1 (→ § 2 Rn. 2–10, 18–83) und für **fiktive** Arzneimittel iSd § 2 Abs. 2 Nr. 1 (→ § 2 Rn. 84, 85). Dabei kommt es nicht darauf an, ob sie zur Anwendung am Menschen oder am Tier bestimmt sind. Zu den **Tierarzneimitteln** ferner → Rn. 15.

10   **1. Inverkehrbringen.** Zum Begriff des Inverkehrbringens s. § 4 Abs. 17 (→ § 4 Rn. 44–73). Danach ist die **Herstellung** zulassungspflichtiger Arzneimittel bereits vor der Zulassung zulässig; verboten ist lediglich das vorherige Inverkehrbringen, wozu allerdings auch bereits das Vorrätighalten zum Verkauf oder sonstiger Abgabe genügt. Zur Zulassung bei **Parallelimport, Reimport** und **Parallelvertrieb** → Vor § 72 Rn. 1–10.

11   **2. Fertigarzneimittel.** Zum Begriff des Fertigarzneimittels s. § 4 Abs. 1 (→ § 4 Rn. 2–21). Arzneimittel, die keine Fertigarzneimittel sind, unterliegen, wie bereits der Wortlaut des § 21 Abs. 1 zeigt, nicht der Zulassungspflicht. Auch aus europäischem Recht ergibt sich nichts anderes (*Hasskarl/Bakhschai* PharmR 2005, 132 (134); aA *Eisenblätter/Meinberg* PharmR 2003, 425 (427)).

12   **3. Ausdehnung auf andere Arzneimittel.** Nach § 35 Abs. 1 Nr. 2 kann die Zulassungspflicht durch Rechtsverordnung auf **andere Arzneimittel,** also solche, die keine Fertigarzneimittel sind oder von der Verweisung auf § 2 Abs. 1 oder Abs. 2 Nr. 1 nicht erfasst werden, ausgedehnt werden, soweit es geboten ist, um eine unmittelbare oder mittelbare Gefährdung der Gesundheit von Mensch oder Tier zu verhüten. Hiervon wurde bisher nur zurückhaltend Gebrauch gemacht (*Krüger* in Kügel/Müller/Hofmann § 35 Rn. 7–11; derzeit **BlutZV** v. 5.7.1994 (BGBl. I S. 1614)) geändert durch VO v. 26.6.1995 (BGBl. I S. 854), **IVD-AMG**-V v. 24.5.2000 (BGBl. I S. 746) und **TherapAllVO** v. 7.11.2008 (BGBl. I S. 2177)).

Insbesondere wurde von einer Ausweitung auf Bulkware abgesehen (*Fleischfresser* in Fuhrmann/Klein/Fleischfresser ArzneimittelR-HdB § 6 Rn. 7).

§ 60 Abs. 1 sieht eine Ausnahme von der Zulassungspflicht für Arzneimittel vor, 13 die für **bestimmte Heimtiere** bestimmt sind. Durch Rechtsverordnung kann die Zulassungspflicht wieder auf solche Arzneimittel ausgedehnt werden, soweit dies geboten ist, um eine unmittelbare oder mittelbare Gefährdung der Gesundheit von Mensch oder Tier zu verhüten (§ 60 Abs. 3).

4. Zulassung und Genehmigung. Zu den Formen der Arzneimittelzulassung 14 → Rn. 3–7. Hiervon erfasst Absatz 1 die (nationale) Zulassung (→ Rn. 4–6) und die gemeinschaftsrechtliche Genehmigung (→ Rn. 7); das Verfahren in den Fällen der → Rn. 5 und 6 ist in § 25b geregelt. Die beiden Formen der Arzneimittelzulassung werden in § 21 Abs. 1 gleich behandelt und haben beide gleichermaßen die Wirkung, dass bei ihrem Vorliegen die in ihnen beschriebenen Arzneimittel in den Verkehr gebracht werden dürfen. Zur **Rechtsnatur** und **Wirkung** der Zulassung → § 25 Rn. 3–5. Einzelheiten zur **Genehmigung** sind in § 37 enthalten.

II. Zulassungspflicht für Tierarzneimittel (Satz 2). Satz 2 erweitert die 15 Zulassungspflicht bei Tierarzneimitteln auch auf solche Arzneimittel, die **keine Fertigarzneimittel** sind, namentlich auf Bulkware (*Winnands* in Kügel/Müller/Hofmann § 21 Rn. 9). Hiervon gilt eine Ausnahme, wenn die Arzneimittel an pharmazeutische Unternehmer abgegeben werden, die eine Erlaubnis zur Herstellung von Arzneimitteln besitzen.

D. Ausnahmen von der Zulassungspflicht (Absatz 2)

I. Defektur, verlängerte Rezeptur (Nr. 1). Die Vorschrift behandelt die so- 16 genannte Defektur (§ 1a Abs. 9, § 8 ApBetrO) oder verlängerte Rezeptur. Danach bedürfen
- Humanarzneimittel, die
  - auf Grund nachweislich häufiger ärztlicher oder zahnärztlicher Verschreibung
  - in den wesentlichen Herstellungsschritten in einer Apotheke
  - in einer Menge bis zu hundert abgabefertigen Packungen an einem Tag
  - im Rahmen des üblichen Apothekenbetriebs
- hergestellt werden und
- zur Abgabe im Rahmen der bestehenden Apothekenbetriebserlaubnis bestimmt sind,

keiner Zulassung. Die Regelung ist mit Art. 2 Abs. 1 der Richtlinie 2001/83 EG in der durch Richtlinie 2011/62/EU geänderten Fassung vereinbar (EuG PharmR 2017, 17 mAnm *Willhöft* = A&R 2016, 281).

Mit dieser Regelung sollten **Fertigarzneimittel** von der Zulassung freigestellt 17 werden, die im Wesentlichen in der Apotheke selbst und **nicht** durch einen **industriellen Hersteller** (→ § 4 Rn. 18) produziert werden. Die Ausnahme soll es dem Apotheker ermöglichen, häufig verordnete Arzneimittel in einem einzigen Herstellungsvorgang zu fertigen, da dies nicht nur rationeller ist, sondern auch die Dosiergenauigkeit erhöht (*Rehmann* § 21 Rn. 4).

Die Voraussetzungen für die Ausnahmeregelung müssen **kumulativ** vorliegen 18 und sind zur Vermeidung von Missbräuchen restriktiv auszulegen (*Rehmann* § 21 Rn. 4; *Fleischfresser* in Fuhrmann/Klein/Fleischfresser ArzneimittelR-HdB § 6 Rn. 23).

Die Apotheken unterliegen auch bei der Herstellung von Defekturarzneimit- 19 teln dem in § 2a ApBetrO geregelten Qualitätsmanagementsystem (QMS). Sie müssen die nach der pharmazeutischen Wissenschaft erforderliche Qualität aufweisen und sind nach den anerkannten pharmazeutischen Regeln herzustellen und zu prüfen; enthält das Arzneibuch entsprechende Regeln, sind die Arzneimittel nach diesen Regeln herzustellen und zu prüfen (§ 6 ApBetrO). Die Arzneimittel sind ferner nach einer vorher erstellten schriftlichen Herstellungsanweisung herzustellen (§ 8 ApBetrO).

20 **1. Nachweislich häufige ärztliche oder zahnärztliche Verschreibung.** Ausreichend, aber auch erforderlich ist der Nachweis einer gewissen Verschreibungs- und damit Nachfragehäufigkeit (OLG München GRUR-RR 2006, 343). Da die Zulassungspflicht sich nicht nur auf verschreibungsbedürftige Arzneimittel bezieht, ist unter dem Begriff der Verschreibung generell die Veranlassung der Herstellung zu verstehen (*Fleischfresser* in Fuhrmann/Klein/Fleischfresser ArzneimittelR-HdB § 6 Rn. 24). **Häufig** ist eine solche Veranlassung dann, wenn sie so zahlreich ist, dass eine Bevorratung gerechtfertigt ist. Dies ist dann gegeben, wenn sie mindestens täglich oder bei komplizierten Rezepturen mindestens einmal wöchentlich vorgelegt wird (*Winnands* in Kügel/Müller/Hofmann § 21 Rn. 21; *Rehmann* § 21 Rn. 4; OLG München GRUR-RR 2006, 343: 20 im Monat). Die Verschreibung eines Tierarztes oder eines Heilpraktikers genügt nicht (*Winnands* in Kügel/Müller/Hofmann § 21 Rn. 19).

21 Anders als bei den Rezepturarzneimitteln kann die Verschreibung eine solche für den **Praxisbedarf** oder ad manu medici sein (VG Schleswig PharmR 2017, 215 m. abl. Bespr. *Wesser* A&R 2017, 99 = BeckRS 2017, 106186). Die notwendige Begrenzung erfolgt hier auf andere Weise (→ Rn. 23).

22 **2. Vornahme der wesentlichen Herstellungsschritte in der Apotheke.** Mit dem Erfordernis, dass **alle** (BGH NJW 2005, 2705; BVerwG BeckRS 1999, 30050363) **wesentlichen Herstellungsschritte** in der Apotheke erfolgen, soll verhindert werden, dass ein Hersteller die Zulassungsvorschriften dadurch umgeht, dass er ein Arzneimittel in großer Menge herstellt, um es dann in einer Apotheke nur noch konfektionieren zu lassen. Ob das Merkmal erfüllt ist, ist auf Grund einer Prüfung des Einzelfalls zu entscheiden, wobei im Rahmen einer wertenden Gesamtbetrachtung der gesamte Herstellungsverlauf zu betrachten und die Art und die Anzahl der jeweiligen Herstellungsschritte zu berücksichtigen sind (BGHSt 57, 312 = NJW 2012, 3665 = JZ 2013, 849 mablAnm *Kölbel* = A&R 2012, 272 m. abl. Bespr. *Wesser;* BGH NJW 2005, 2705). Wird der von der Apotheke für die Rezeptur verwendete Wirkstoff außerhalb der Apotheke industriell gefertigt, so kommt es auf den Stellenwert der weiteren in der Apotheke vorgenommenen Herstellungsschritte an. Allein die Dosierung und Abpackung eines als Bulkware angelieferten Wirkstoffes ist nicht ausreichend (BGH NJW 2005, 2705). Etwas anderes gilt, wenn weitere Herstellungsschritte, etwa das Vermischen mehrerer Wirkstoffe oder Hilfsstoffe, hinzukommen (OLG München GRUR-RR 2006, 343; *Rehmann* § 21 Rn. 4). Dass der Wirkstoff selbst in der Apotheke hergestellt wird, kann nicht gefordert werden (*Winnands* in Kügel/Müller/Hofmann § 21 Rn. 24).

23 **3. In einer Menge bis zu hundert abgabefertigen Packungen an einem Tag.** Die Mengenbeschränkung soll einer industriellen Fertigung vorbeugen. Dabei entspricht eine abgabefertige Packung **einer Patientenportion** und damit einer für den einzelnen Patienten bestimmten Einheit (VG Schleswig PharmR 2017, 215 (→ Rn. 21)).

24 **4. Herstellung im Rahmen des üblichen Apothekenbetriebs.** Zum Begriff des üblichen Apothekenbetriebs → § 13 Rn. 39–43. Die gebotene restriktive Auslegung (→ Rn. 18) führt nicht dazu, den Begriff des üblichen Apothekenbetriebs enger als in § 13 auszulegen und den Versandhandel mit Defekturarzneimitteln auf ein regional begrenztes Gebiet zu begrenzen (BGH NJW 2011, 3363 = GRUR 2011, 1165 = A&R 2011, 231; aA OLG Hamburg PharmR 2008, 449; *Volkmer* in Körner/Patzak/Volkmer AMG § 96 Rn. 94).

§ 21 AMG

5. Zur Abgabe im Rahmen der bestehenden Apothekenbetriebserlaubnis bestimmt. Mit dieser Formulierung wird berücksichtigt, dass mit einer Apothekenbetriebserlaubnis eine Hauptapotheke und bis zu drei Filialapotheken betrieben werden können (§ 2 Abs. 4, 5 ApoG). Erlaubt ist daher eine zulassungsfreie Abgabe von Defekturarzneimitteln innerhalb dieses Apothekenverbundes (*Anker* in Deutsch/Lippert § 21 Rn. 23). Dasselbe gilt für den Versandhandel, soweit dessen weitere Voraussetzungen, insbesondere eine Versandhandelserlaubnis, vorliegen (*Winnands* in Kügel/Müller/Hofmann § 21 Rn. 28).

II. Zur klinischen Prüfung bei Menschen bestimmt (Nr. 2). Bei neu entwickelten Arzneimitteln ist die klinische Prüfung eine Voraussetzung der Zulassung (§ 22 Abs. 3 Nr. 3). Sie sind daher typischerweise nicht zugelassen. Der Begriff der klinischen Prüfung ist in § 4 Abs. 23 definiert (→ § 4 Rn. 96–105). Ihre Voraussetzungen und die Durchführung richten sich nach den §§ 40–42a. Nur in diesem Rahmen besteht eine Ausnahme von der Zulassungspflicht. Zulassungsfreie Prüfarzneien sind auch wirkstofffreie Zubereitungen in Form von Placebos (*Fleischfresser* in Fuhrmann/Klein/Fleischfresser ArzneimittelR-HdB § 6 Rn. 32). Die Arzneimittel zur klinischen Prüfung bei Tieren sind in Nr. 5 geregelt.

III. Für Einzeltiere oder Tiere eines bestimmten Bestandes bestimmt (Nr. 4). Keiner Zulassung bedürfen Arzneimittel für Einzeltiere oder Tiere eines bestimmten (von vornherein festgelegten (*Winnands* in Kügel/Müller/Hofmann § 21 Rn. 63)) Bestandes, die unter den Voraussetzungen des Absatzes 2a hergestellt werden (→ Rn. 32–34). Daran fehlt es, wenn der Tierarzt sich einen Vorrat anlegt, aus dem er die Arzneimittel bei Bedarf verkauft (BGH NStZ 2004, 457 = BeckRS 2003, 07432). Die Vorschrift wird **durch Absatz 2a eingeschränkt** (BGH NStZ 2004, 457 (s. o.)). Die Arzneimittel dürfen nur in Apotheken hergestellt werden (Satz 2); etwas anderes gilt für die in den Sätzen 3 und 4 beschriebenen Arzneimittel und Handlungen; in diesen Fällen kommt auch die tierärztliche Hausapotheke in Betracht.

Einzeltiere sind Tiere, die von anderen Tieren unterschieden werden können; ist dies nicht möglich, sind es keine Einzeltiere (*Wolf* in Fuhrmann/Klein/Fleischfresser ArzneimittelR-HdB § 37 Rn. 4). Eine Maximalzahl ist im Gesetz allerdings nicht angegeben. Ebenso wie Einzeltiere müssen auch die Tiere eines bestimmten Bestandes benannt werden können (*Wolf* in Fuhrmann/Klein/Fleischfresser ArzneimittelR-HdB § 37 Rn. 4).

IV. Zur klinischen Prüfung bei Tieren oder zur Rückstandsprüfung bestimmt (Nr. 5). Die Vorschrift enthält die Nr. 2 (→ Rn. 26) entsprechende Regelung für Tierarzneimittel (→ § 4 Rn. 28).

V. Für die kostenlose Anwendung im Rahmen der Behandlung von Härtefällen bestimmt (Nr. 6). Eine Ausnahme von der Zulassungspflicht gilt auch für Arzneimittel, die im Rahmen eines Härtefalls nach Art. 83 der VO (EG) Nr. 726/2004 v. 31.3.2004 angewendet werden **(Compassionate Use).** Der Compassionate Use verschafft schwer erkrankten Patienten im Rahmen eines entsprechenden Programms Zugang zu neuen Arzneimitteln, die sich noch in der Erprobung befinden. Die Rahmenbedingungen sind in Art. 83 Abs. 1 der VO (EG) Nr. 726/2004 festgelegt. Die Durchführung eines Compassionate Use-Programms setzt danach voraus, dass ein entsprechendes Arzneimittel aus **humanen Gründen** einer Gruppe von Patienten zur Verfügung gestellt wird, die an einer zur Invalidität führenden chronischen der schweren Krankheit leiden oder deren Krankheit als lebensbedrohend gilt und die mit einem zugelassenen Arzneimittel nicht zufriedenstellend behandelt werden können (Art. 83 Abs. 2 S. 1 der EG-VO). Die näheren Voraussetzungen und das Verfahren sind nunmehr in der **AMHV** geregelt.

AMG § 21　　　　　　　　　　　　　　　　Vierter Abschnitt. Zulassung der Arzneimittel

31　Der Compassionate Use dient der **Behandlung,** nicht der klinischen Prüfung. **Kein Fall** des Compassionate-Use ist auch der **individuelle Einsatz** eines nicht genehmigten oder nicht zugelassenen Arzneimittels bei nur einer Patientin oder einem Patienten unter der unmittelbaren Verantwortung eines Arztes (§ 1 Abs. 2 AMHV). Zum Compassionate Use s. Leitfaden des BfArM zur Anzeige eines Arzneimittel-Härtefallprogramms nach Arzneimittel-Härtefall-Verordnung (AMHV), Version 1.3 v. 20. 4. 2017.

E. Einschränkung für Tierarzneimittel (Absatz 2a)

32　Die Vorschrift enthält besondere Bestimmungen für die Herstellung von Tierarzneimitteln nach Absatz 2 Nr. 4. Sie greift daher nur ein, wenn die Arzneimittel im Hinblick auf ein bestimmtes Tier oder einen bestimmten Tierbestand bezogen werden (BGH NStZ 2004, 457 (→ Rn. 27)).

33　Ist dies gegeben, so dürfen Arzneimittel, die apothekenpflichtige Stoffe oder Zubereitungen aus Stoffen enthalten, nach Absatz 2 Nr. 4 **hergestellt** werden, allerdings nur dann,
– wenn für die Behandlung ein zugelassenes Arzneimittel für die betreffende Tierart oder das betreffende Anwendungsgebiet nicht zur Verfügung steht,
– die notwendige arzneiliche Versorgung der Tiere sonst ernstlich gefährdet wäre und
– eine unmittelbare oder mittelbare Gefährdung der Gesundheit von Mensch und Tier nicht zu befürchten ist

(Satz 1).

34　Die Herstellung darf nur in Apotheken erfolgen **(Satz 2),** es sei denn, dass es sich um das Zubereiten von Arzneimitteln aus einem Fertigarzneimittel und arzneilich nicht wirksamen Bestandteilen oder um das Mischen von Fertigarzneimitteln zum Zwecke der Immobilisation von Zoo-, Wild- und Gehegetieren handelt **(Satz 3).** Unter bestimmten Umständen gilt das Umfüllen, Abpacken oder Kennzeichen von Arzneimitteln nicht als Herstellen **(Satz 4).** Für bestimmte homöopathische Arzneimittel gelten besondere Regeln **(Satz 5).**

F. Antragsteller (Absatz 3)

35　Die Zulassung ist grundsätzlich vom **pharmazeutischen Unternehmer** (§ 4 Abs. 18 (→ § 4 Rn. 74–79)), namentlich von demjenigen, der das Arzneimittel unter seinem Namen in den Verkehr bringen will (§ 4 Abs. 18 S. 2), zu beantragen **(Satz 1).** Er wird Inhaber der Zulassung (*Anker* in Deutsch/Lippert § 21 Rn. 15). Die zuständige Behörde ergibt sich aus § 77. Sind mehrere Unternehmen an der Entwicklung beteiligt und soll das Arzneimittel unter einer gemeinsamen Bezeichnung in den Verkehr gebracht werden, so kann der Zulassungsantrag auch gemeinsam gestellt werden (*Rehmann* § 21 Rn. 15).

36　Für bestimmte Fertigarzneimittel ist der Antrag vom **Herausgeber der Herstellungsvorschrift** zu stellen **(Satz 2).** Die Bestimmungen sind insbesondere für die sogenannten STADA-Präparate von Bedeutung, die in den Mitgliederapotheken nach einheitlicher Rezeptur und STADA-Vorschrift hergestellt und unter einheitlicher Bezeichnung in den Verkehr gebracht werden (*Rehmann* § 21 Rn. 15; *Kloesel/ Cyran* § 21 Anm. 70). Die STADA war eine Apothekengenossenschaft und ist nunmehr eine Aktiengesellschaft.

37　Bei der Herstellung für mehrere Apotheken oder Großhandelsunternehmen ist die Zulassung grundsätzlich vom **Hersteller (Satz 3)** zu beantragen. Dies betrifft vor allem die sogenannten **unechten Hausspezialitäten** (*Rehmann* § 21 Rn. 15).

Dabei handelt es sich um Arzneimittel, die ein Hersteller in jeweils gleichbleibender Zusammensetzung herstellt und verschiedenen Apotheken oder Einzelhändlern in einer Aufmachung liefert, die sie als Erzeugnis der belieferten Apotheken oder des Einzelhändlers erscheinen lässt. Die Arzneimittelbezeichnung muss dabei jeweils identisch sein.

G. Antragsunabhängige Entscheidung über die Zulassungspflicht (Absatz 4)

Die Vorschrift dient der Schaffung von Rechtsklarheit. Besteht Unsicherheit 38 über die Zulassungspflicht eines Arzneimittels, so kann eine zuständige Landesbehörde unabhängig von einem Zulassungsantrag die zuständige Bundesoberbehörde anrufen, die dann verbindlich über den Status des Arzneimittels entscheidet. Diese Entscheidung schließt auch die Entscheidung darüber ein, **ob** ein Arzneimittel vorliegt (OVG Münster MedR 2013, 325 mzustAnm *Jäkel;* VG Köln PharmR 2020, 88). Die Entscheidung der Bundesoberbehörde hat rechtsgestaltende Wirkung, die Landesbehörden bindet und den Antragsteller des Präparates unmittelbar betrifft. Sieht die Behörde das Arzneimittel als zulassungspflichtig an, so hat dies auch für den Hersteller oder Vertreiber rechtsgestaltende Wirkung und ist ein belastender Verwaltungsakt (OVG Münster PharmR 2010, 607; *Rehmann* § 21 Rn. 16). Durch das Gesetz v. 19.10.2012 (BGBl. I S. 2192) wurde die Regelung auf die Genehmigungspflicht von Gewebezubereitungen und klinischen Prüfungen ausgedehnt.

Nicht abschließend geklärt ist, ob die Antragsbefugnis lediglich der zuständigen 39 Landesbehörde zusteht, oder ob § 21 Abs. 4 dahin auszulegen ist, dass entsprechend § 13 Abs. 3 MPG **auch ein Produkthersteller** das BfArM in Zweifelsfällen um eine Entscheidung über das (Nicht)Bestehen der Zulassungspflicht ersuchen kann (BVerwG NVwZ-RR 2015, 425 mit Sympathien für die letzte Alternative).

H. Straftat, Ordnungswidrigkeit

Der **vorsätzliche** Verstoß gegen § 21 Abs. 1 ist eine Straftat nach § 96 Nr. 5 40 (→ § 96 Rn. 82–96), soweit er sich auf **Fertigarzneimittel** oder **Tierarzneimittel** bezieht. Die Strafvorschrift gilt auch für Arzneimittel, die in einer Rechtsverordnung nach § 35 Abs. 1 Nr. 2 oder § 60 Abs. 3 bezeichnet sind. Bei **Fahrlässigkeit** liegt eine Ordnungswidrigkeit nach § 97 Abs. 1 Nr. 1 vor.

§ 25 Entscheidung über die Zulassung

(1) ¹**Die zuständige Bundesoberbehörde erteilt die Zulassung schriftlich unter Zuteilung einer Zulassungsnummer.** ²**Die Zulassung gilt nur für das im Zulassungsbescheid aufgeführte Arzneimittel und bei Arzneimitteln, die nach einer homöopathischen Verfahrenstechnik hergestellt sind, auch für die in einem nach § 25 Abs. 7 Satz 1 in der vor dem 17. August 1994 geltenden Fassung bekannt gemachten Ergebnis genannten und im Zulassungsbescheid aufgeführten Verdünnungsgrade.**

(2) ¹**Die zuständige Bundesoberbehörde darf die Zulassung nur versagen, wenn**
1. **die vorgelegten Unterlagen, einschließlich solcher Unterlagen, die auf Grund einer Verordnung der Europäischen Gemeinschaft oder der Europäischen Union vorzulegen sind, unvollständig sind,**
2. **das Arzneimittel nicht nach dem jeweils gesicherten Stand der wissenschaftlichen Erkenntnisse ausreichend geprüft worden ist oder das andere wissenschaftliche Erkenntnismaterial nach § 22 Abs. 3 nicht dem**

AMG § 25 Vierter Abschnitt. Zulassung der Arzneimittel

jeweils gesicherten Stand der wissenschaftlichen Erkenntnisse entspricht,
3. das Arzneimittel nicht nach den anerkannten pharmazeutischen Regeln hergestellt wird oder nicht die angemessene Qualität aufweist,
4. dem Arzneimittel die vom Antragsteller angegebene therapeutische Wirksamkeit fehlt oder diese nach dem jeweils gesicherten Stand der wissenschaftlichen Erkenntnisse vom Antragsteller unzureichend begründet ist,
5. das Nutzen-Risiko-Verhältnis ungünstig ist,
5a. bei einem Arzneimittel, das mehr als einen Wirkstoff enthält, eine ausreichende Begründung fehlt, dass jeder Wirkstoff einen Beitrag zur positiven Beurteilung des Arzneimittels leistet, wobei die Besonderheiten der jeweiligen Arzneimittel in einer risikogestuften Bewertung zu berücksichtigen sind,
6. die angegebene Wartezeit nicht ausreicht,
6a. bei Arzneimittel-Vormischungen die zum qualitativen und quantitativen Nachweis der Wirkstoffe in den Fütterungsarzneimitteln angewendeten Kontrollmethoden nicht routinemäßig durchführbar sind,
6b. das Arzneimittel zur Anwendung bei Tieren bestimmt ist, die der Gewinnung von Lebensmitteln dienen, und einen pharmakologisch wirksamen Bestandteil enthält, der nicht in Tabelle 1 des Anhangs der Verordnung (EU) Nr. 37/2010 enthalten ist,
7. das Inverkehrbringen des Arzneimittels oder seine Anwendung bei Tieren gegen gesetzliche Vorschriften oder gegen eine Verordnung oder eine Richtlinie oder eine Entscheidung oder einen Beschluss der Europäischen Gemeinschaft oder der Europäischen Union verstoßen würde.

²Die Zulassung darf nach Satz 1 Nr. 4 nicht deshalb versagt werden, weil therapeutische Ergebnisse nur in einer beschränkten Zahl von Fällen erzielt worden sind. ³Die therapeutische Wirksamkeit fehlt, wenn der Antragsteller nicht entsprechend dem jeweils gesicherten Stand der wissenschaftlichen Ergebnisse nachweist, dass sich mit dem Arzneimittel therapeutische Erzeugnisse erzielen lassen. ⁴Die medizinischen Erfahrungen der jeweiligen Therapierichtung sind zu berücksichtigen. ⁵Die Zulassung darf nach Satz 1 Nr. 6b nicht versagt werden, wenn das Arzneimittel zur Behandlung einzelner Einhufer bestimmt ist, bei denen die in Artikel 6 Abs. 3 der Richtlinie 2001/82/EG genannten Voraussetzungen vorliegen, und es die übrigen Voraussetzungen des Artikels 6 Abs. 3 der Richtlinie 2001/82/EG erfüllt.

(3) ¹Die Zulassung ist für ein Arzneimittel zu versagen, das sich von einem zugelassenen oder bereits im Verkehr befindlichen Arzneimittel gleicher Bezeichnung in der Art oder der Menge der Wirkstoffe unterscheidet. ²Abweichend von Satz 1 ist ein Unterschied in der Menge der Wirkstoffe unschädlich, wenn sich die Arzneimittel in der Darreichungsform unterscheiden.

(4) ¹Ist die zuständige Bundesoberbehörde der Auffassung, dass eine Zulassung auf Grund der vorgelegten Unterlagen nicht erteilt werden kann, teilt sie dies dem Antragsteller unter Angabe von Gründen mit. ²Dem Antragsteller ist dabei Gelegenheit zu geben, Mängeln innerhalb einer angemessenen Frist, jedoch höchstens innerhalb von sechs Monaten abzuhelfen. ³Wird den Mängeln nicht innerhalb dieser Frist abgeholfen, so ist die Zulassung zu versagen. ⁴Nach einer Entscheidung über die Ver-

sagung der Zulassung ist das Einreichen von Unterlagen zur Mängelbeseitigung ausgeschlossen.

(5) ¹Die Zulassung ist auf Grund der Prüfung der eingereichten Unterlagen und auf der Grundlage der Sachverständigengutachten zu erteilen. ²Zur Beurteilung der Unterlagen kann die zuständige Bundesoberbehörde eigene wissenschaftliche Ergebnisse verwerten, Sachverständige beiziehen oder Gutachten anfordern. ³Die zuständige Bundesoberbehörde kann in Betrieben und Einrichtungen, die Arzneimittel entwickeln, herstellen, prüfen oder klinisch prüfen, zulassungsbezogene Angaben und Unterlagen, auch im Zusammenhang mit einer Genehmigung für das Inverkehrbringen gemäß Artikel 3 Abs. 1 oder 2 der Verordnung (EG) Nr. 726/2004 überprüfen. ⁴Zu diesem Zweck können Beauftragte der zuständigen Bundesoberbehörde im Benehmen mit der zuständigen Behörde Betriebs- und Geschäftsräume zu den üblichen Geschäftszeiten betreten, Unterlagen einsehen sowie Auskünfte verlangen. ⁵Die zuständige Bundesoberbehörde kann ferner die Beurteilung der Unterlagen durch unabhängige Gegensachverständige durchführen lassen und legt deren Beurteilung der Zulassungsentscheidung und, soweit es sich um Arzneimittel handelt, die der Verschreibungspflicht nach § 48 Abs. 2 Nr. 1 unterliegen, dem der Zulassungskommission nach Absatz 6 Satz 1 vorzulegenden Entwurf der Zulassungsentscheidung zugrunde. ⁶Als Gegensachverständiger nach Satz 5 kann von der zuständigen Bundesoberbehörde beauftragt werden, wer die erforderliche Sachkenntnis und die zur Ausübung der Tätigkeit als Gegensachverständiger erforderliche Zuverlässigkeit besitzt. ⁷Dem Antragsteller ist auf Antrag Einsicht in die Gutachten zu gewähren. ⁸Verlangt der Antragsteller, von ihm gestellte Sachverständige beizuziehen, so sind auch diese zu hören. ⁹Für die Berufung als Sachverständiger, Gegensachverständiger und Gutachter gilt Absatz 6 Satz 5 und 6 entsprechend.

(5a) bis (9) *nicht abgedruckt*

(10) **Die Zulassung lässt die zivil- und strafrechtliche Verantwortlichkeit des pharmazeutischen Unternehmers unberührt.**

Übersicht

	Rn.
A. Zulassung und Vertriebsrecht	1
B. Der Verwaltungsakt der Zulassung, Bescheid (Absatz 1)	3
C. Versagungsgründe (Absätze 2, 3)	6
D. Gelegenheit zur Abhilfe (Absatz 4)	7
E. Entscheidungsgrundlagen (Absatz 5)	8
F. Haftung (Absatz 10)	9
I. Strafrechtliche Verantwortlichkeit	10
1. Fehlende Zulassung als Tatbestandsmerkmal	11
2. (Keine) Rechtfertigung durch vorhandene Zulassung	12
II. Zivilrechtliche Haftung	16

A. Zulassung und Vertriebsrecht

Die Zulassung ist ein begünstigender Verwaltungsakt (→ Rn. 3), dessen Bedeu- 1 tung sich im **öffentlichen Recht** erschöpft (BGH NJW 1990, 2931 = MDR 1990, 914). Sie dokumentiert, dass die im öffentlichen Interesse liegende Prüfung des Arzneimittels vor seinem Inverkehrbringen stattgefunden hat (*Rehmann* Vor § 21 Rn. 39). Darüber hinaus gewährt sie dem Zulassungsinhaber das Recht, das im Bescheid bezeichnete Arzneimittel unter den dort genannten Voraussetzungen in den Verkehr zu bringen (BGH NJW 1990, 2931 (s. o.); *Fleischfresser/Fuhrmann* in Fuhrmann/Klein/Fleischfresser ArzneimittelR-HdB § 7 Rn. 9).

2   Die Zulassung wird nur dem **Antragsteller** erteilt (§ 21 Abs. 3 S. 1, § 25 Abs. 3). Dabei wird aber nicht auf die Eigenschaften dieser Person abgestellt, sondern auf die Eigenschaften des Arzneimittels (Arzneimittelmodell (→ § 13 Rn. 2, 3)). Auf der anderen Seite kann nur der Inhaber der Zulassung und nicht jeder das Arzneimittel in den Verkehr bringen. Die Zulassung ist danach sowohl **produktbezogen** als auch **personenbezogen** (*Wagner* in Dieners/Reese PharmaR-HdB § 6 Rn. 86; *Anker* in Deutsch/Lippert § 21 Rn. 10; auf die Produktbezogenheit legen das Schwergewicht *Kügel* in Kügel/Müller/Hofmann § 21 Rn. 7; *Rehmann* Vor § 21 Rn. 39; *Fleischfresser/Fuhrmann* in Fuhrmann/Klein/Fleischfresser ArzneimittelR-HdB § 7 Rn. 17; *Mayer* Produktverantwortung S. 54; auf die Personenbezogenheit *Kortland* in Kügel/Müller/Hofmann Vor § 21 Rn. 16). Die Zulassung ist nicht pfändbar (BGH NJW 1990, 2931 (→ Rn. 1), allerdings ausgehend von der Personenbezogenheit). Entscheidend ist, dass die Zulassung allein nur ein im öffentlichen Recht wurzelndes Hilfsrecht zur Ausübung des privatrechtlichen Herstellungs- und Vertriebsrechts ist; der in ihr verkörperte Vermögenswert kann nur mit dem Zugriff auf die privatrechtliche Herstellungs- und Verfügungsbefugnis erfasst werden (*Kortland* in Kügel/Müller/Hofmann Vor § 21 Rn. 16; *Rehmann* Vor § 21 Rn. 39).

B. Der Verwaltungsakt der Zulassung, Bescheid (Absatz 1)

3   Die Zulassung ist ein begünstigender, gestaltender **Verwaltungsakt** (*Kügel* in Kügel/Müller/Hofmann § 25 Rn. 4), der, soweit nicht die besonderen Regeln des AMG (§§ 30, 31) eingreifen, nach dem VwVfG zu behandeln ist. Unabhängig von einer etwaigen materiell-rechtlichen Unrichtigkeit ist die Zulassung wirksam und vom Strafrichter **im Umfang ihrer Geltung** (→ Rn. 9, 11) zu beachten. Im Übrigen wird auf → § 13 Rn. 11–13 Bezug genommen. Auch die Zulassung kann ruhen (§ 30). Anders als bei der Herstellungserlaubnis sieht das Gesetz für die Zulassung besondere Erlöschensgründe vor (§ 31), bei deren Vorliegen die Zulassung von selbst unwirksam wird.

4   Die **Gestaltungswirkung** beschränkt sich auf die öffentlich-rechtlichen Voraussetzungen des Inverkehrbringens. Die durch den gestaltenden Verwaltungsakt verliehene Rechtsstellung ist jedoch nicht in jeder Hinsicht absolut und unterliegt im öffentlichen Interesse der Arzneimittelsicherheit vielfachen Einschränkungen (*Fleischfresser/Fuhrmann* in Fuhrmann/Klein/Fleischfresser ArzneimittelR-HdB § 7 Rn. 9; *Anker* in Deutsch/Lippert § 25 Rn. 14). Insbesondere lässt die Zulassung gemäß Absatz 10 die zivil- und strafrechtliche Verantwortlichkeit des pharmazeutischen Unternehmers unberührt (→ Rn. 9–16).

5   Der **Zulassungsbescheid** wird schriftlich erteilt (Satz 1). Er wird mit seiner Bekanntgabe wirksam (§ 43 Abs. 1 VwVfG). Der Bescheid enthält das zugelassene Arzneimittel, die Zulassungsnummer und gegebenenfalls die Auflagen (§ 28), die bei dem Inverkehrbringen zu beachten sind. Die Zulassung ist eine Einzelzulassung (zur Standardzulassung s. § 36); sie beschränkt sich auf das jeweils im Zulassungsbescheid aufgeführte Arzneimittel.

C. Versagungsgründe (Absätze 2, 3)

6   Der Antragsteller hat einen **Rechtsanspruch** auf die beantragte Zulassung, sofern keiner der in Absatz 2 Satz 1 Nr. 1–8 oder in Absatz 3 aufgeführten Versagungsgründe vorliegt (*Kügel* in Kügel/Müller/Hofmann § 25 Rn. 8; *Anker* in Deutsch/Lippert § 21 Rn. 15). Ihre Aufzählung ist abschließend. Die Zulassungsbehörde entscheidet nach pflichtgemäßem Ermessen, ob sie die Zulassung wegen des Vorliegens eines oder mehrerer gesetzlicher Versagungsgründe nicht erteilt

oder ob sie stattdessen die Zulassung unter Auflage nach § 28 gewährt. Im Regelfall wird das Vorliegen eines der in Absatz 2 Nr. 1–8 aufgeführten Versagungsgründe jedoch einer Erteilung der Zulassung entgegenstehen (*Rehmann* § 25 Rn. 3).

D. Gelegenheit zur Abhilfe (Absatz 4)

Bei Lücken oder Mängeln in den vorgelegten Unterlagen ist der Antragsteller darauf hinzuweisen und ihm **Gelegenheit zur Nachbesserung** innerhalb einer angemessenen Frist, die nicht länger sein darf als sechs Monate, zu geben (**Sätze 1 und 2**). Darauf kann auch bei besonders gravierenden Mängeln nicht verzichtet werden (OVG Münster PharmR 2009, 462). Nach Ablauf der Frist ist die Zulassung zu versagen **(Satz 3);** diese Präklusionswirkung ist mit dem Grundgesetz vereinbar (OVG Münster BeckRS 2007, 23164). War die gesetzte Frist kürzer als sechs Monate, so kommt eine Fristverlängerung bis zu diesem Zeitpunkt in Betracht (*Rehmann* § 25 Rn. 15). Nach Fristablauf können Unterlagen zur Mängelbeseitigung nicht mehr eingereicht werden **(Satz 4)**.

E. Entscheidungsgrundlagen (Absatz 5)

Grundlage der Zulassungsentscheidung ist die erfolgreiche Prüfung der von dem Antragsteller eingereichten Unterlagen sowie die nach § 24 beizufügenden Sachverständigengutachten **(Satz 1)**. Zur Beurteilung der Unterlagen kann die Zulassungsbehörde auch eigene wissenschaftliche Erkenntnisse verwerten, Sachverständige beiziehen oder Gutachten einholen **(Satz 2)**. Sie hat ferner die Möglichkeit, zulassungsbezogene Angaben und Unterlagen an Ort und Stelle zu überprüfen und die Betriebs- und Geschäftsräume dazu zu betreten **(Sätze 3 und 4);** Einzelheiten zu solchen **Inspektionen** enthält **§ 5 AMGVwV**. Der Auf Grund dieser Prüfung erstellte Inspektionsbericht sowie die abschließende Bewertung sind keine Verwaltungsakte (OVG Münster PharmR 2014, 59). Schließlich kann die Behörde zur Beurteilung der Unterlagen unabhängige Gegensachverständige zuziehen **(Sätze 5–9)**.

F. Haftung (Absatz 10)

Nach **Absatz 10** lässt die Zulassung die zivilrechtliche Haftung und die strafrechtliche Verantwortlichkeit des pharmazeutischen Unternehmers unberührt. Die Vorschrift hat nicht nur klarstellenden Charakter (aA *Kügel* in Kügel/Müller/Hofmann § 25 Rn. 229; *Rehmann* § 25 Rn. 26; *Anker* in Deutsch/Lippert § 25 Rn. 30). Vielmehr bedeutet sie, dass sich der pharmazeutische Unternehmer grundsätzlich **nicht darauf berufen kann,** ein Arzneimittelschaden sei durch ein zugelassenes Präparat verursacht worden (*Fleischfresser/Fuhrmann* in Fuhrmann/Klein/Fleischfresser ArzneimittelR-HdB § 7 Rn. 9; nicht so klar *Mayer* in Fuhrmann/Klein/Fleischfresser ArzneimittelR-HdB § 43 Rn. 57; *Räpple* S. 22). Eine tatbestandsausschließende Vertrauensgrundlage wird durch die Zulassung daher nicht geschaffen. Eine entsprechende Regelung enthalten Art. 15, 40 der VO (EG) Nr. 726/2004 für das Gemeinschaftsverfahren (→ § 21 Rn. 7).

I. Strafrechtliche Verantwortlichkeit. Wie weit sich Absatz 10 im Strafrecht auswirkt, hängt von der Struktur der anwendbaren Straftatbestände ab:

1. Fehlende Zulassung als Tatbestandsmerkmal. Keine Auswirkung hat Absatz 10 auf die Fälle, in denen das Fehlen der Zulassung als **Tatbestandsmerkmal** ausgestaltet ist, namentlich auf das Inverkehrbringen entgegen § 21 (§ 96 Nr. 5; § 97 Abs. 1). In diesen Fällen schließt ihr (wirksames) Vorliegen den Tatbestand aus (*Sternberg-Lieben* in Schönke/Schröder StGB Vor § 32 Rn. 62a; *Mayer* in Fuhrmann/Klein/Fleischfresser ArzneimittelR-HdB § 43 Rn. 56; *Mayer* MedR 2008,

AMG § 25b Vierter Abschnitt. Zulassung der Arzneimittel

595 (596)). Hier gilt in vollem Umfang die **Verwaltungsakzessorietät** (→ Rn. 3). Daran wird durch Absatz 10 nichts geändert. Insbesondere bedeutet die Vorschrift nicht, dass das Verfahren so geführt werden müsste, als sei der Verwaltungsakt der Zulassung nicht erfolgt oder nicht wirksam.

12   2. **(Keine) Rechtfertigung durch vorhandene Zulassung.** Knüpft der Tatbestand nicht an das Fehlen oder Vorhandensein der Zulassung an, so stellt sich die Frage, ob der Verwaltungsakt der Zulassung zu einer Rechtfertigung führen kann. In den Fällen des § 95 Abs. 1 Nr. 1 (Inverkehrbringen bedenklicher Arzneimittel) hat dies die Rechtsprechung (BGHR AMG § 95 Abs. 1 Nr. 1 Arzneimittel 2 = StV 1998, 663; ebenso *Rehmann* § 5 Rn. 1; *Räpple* S. 23 für § 95 Abs. 1 Nr. 1) verneint (aA *Mayer* Produktverantwortung S. 585, der entgegen Absatz 10 (→ Rn. 9) Strafbarkeit nur annehmen will, wenn das Vertrauen des Unternehmers in die Zulassung im Lichte des Vertrauensgrundsatzes unberechtigt erscheint). Nichts anderes kann für die Strafvorschriften des Allgemeinen Strafrechts gelten, insbesondere §§ 222, 229 StGB (s. auch BGHSt 37, 106 = NJW 1990, 2560 = NStZ 1990, 587 = JR 1992, 30 = JZ 1992, 257). Dies wird durch Absatz 10 verdeutlicht.

13   Eine andere Frage ist die Bedeutung der Zulassung für den **Sorgfaltsmaßstab**, den der pharmazeutische Unternehmer anzuwenden hat (*Mayer* in Fuhrmann/ Klein/Fleischfresser ArzneimittelR-HdB § 43 Rn. 56; *Mayer* Produktverantwortung S. 335, 336, 561). Hat die Zulassungsbehörde **bei ihrer Entscheidung** über eine zumindest gleichwertige Risikokenntnis verfügt, die es ihr ermöglichte, die Bedenklichkeit des Medikaments zu erkennen und entsprechend darauf zu reagieren, so kann der pharmazeutische Unternehmer auf die Zulassung **vertrauen** (*Mayer* in Fuhrmann/Klein/Fleischfresser ArzneimittelR-HdB § 43 Rn. 87; *Mayer* MedR 2008, 595 (597)).

14   Ist die Zulassung infolge **nachträglich** hervorgetretener Bedenklichkeit **überholt**, so kann der pharmazeutische Unternehmer **keinen Vertrauensschutz** daraus herleiten, dass die Behörde die Zulassung nicht widerrufen oder eingeschränkt hat (s. BGH JR 2010, 68 mAnm *Ufer*). Schon wegen der Dauer, die eine solche Entscheidung benötigt, gilt dies auch dann, wenn der pharmazeutische Unternehmer seinen Unterrichtungspflichten (§ 29 Abs. 1; § 31 Abs. 2, § 63b) nachgekommen ist (aA *Mayer* in Fuhrmann/Klein/Fleischfresser ArzneimittelR-HdB § 43 Rn. 87; *Mayer* MedR 2008, 595 (598)).

15   Im Übrigen gelten für den Sorgfaltsmaßstab die Grundsätze, die für die Beachtung einer Vorschrift mit **Rechtssatzqualität** maßgeblich sind (→ Vor § 95 Rn. 104), entsprechend.

16   **II. Zivilrechtliche Haftung.** Auch im Rahmen des § 823 Abs. 1 BGB scheidet die Zulassung als Rechtfertigungsgrund aus. Hinsichtlich des Sorgfaltsmaßstabs → Rn. 13.

§ 25b **Verfahren der gegenseitigen Anerkennung und dezentralisiertes Verfahren**

(1) **Für die Erteilung einer Zulassung oder Genehmigung in mehr als einem Mitgliedstaat der Europäischen Union hat der Antragsteller einen auf identischen Unterlagen beruhenden Antrag in diesen Mitgliedstaaten einzureichen; dies kann in englischer Sprache erfolgen.**

(2) ¹**Ist das Arzneimittel zum Zeitpunkt der Antragstellung bereits in einem anderen Mitgliedstaat der Europäischen Union genehmigt oder zugelassen worden, ist diese Zulassung auf der Grundlage des von diesem Staat übermittelten Beurteilungsberichtes anzuerkennen, es sei denn, dass Anlass zu der Annahme besteht, dass die Zulassung des Arzneimittels eine**

schwerwiegende Gefahr für die öffentliche Gesundheit, bei Arzneimitteln zur Anwendung bei Tieren eine schwerwiegende Gefahr für die Gesundheit von Mensch oder Tier oder für die Umwelt darstellt. ²In diesem Fall hat die zuständige Bundesoberbehörde nach Maßgabe des Artikels 29 der Richtlinie 2001/83/EG oder des Artikels 33 der Richtlinie 2001/82/EG zu verfahren.

(3) Ist das Arzneimittel zum Zeitpunkt der Antragstellung noch nicht zugelassen, hat die zuständige Bundesoberbehörde, soweit sie Referenzmitgliedstaat im Sinne des Artikels 28 der Richtlinie 2001/83/EG oder des Artikels 32 der Richtlinie 2001/82/EG ist, Entwürfe des Beurteilungsberichtes, der Zusammenfassung der Merkmale des Arzneimittels und der Kennzeichnung und der Packungsbeilage zu erstellen und den zuständigen Mitgliedstaaten und dem Antragsteller zu übermitteln. § 25 Absatz 5 Satz 5 gilt entsprechend.

(4) Für die Anerkennung der Zulassung eines anderen Mitgliedstaates finden Kapitel 4 der Richtlinie 2001/83/EG und Kapitel 4 der Richtlinie 2001/82/EG Anwendung.

(5) ¹Bei einer abweichenden Entscheidung bezüglich der Zulassung, ihrer Aussetzung oder Rücknahme finden die Artikel 30, 32, 33 und 34 der Richtlinie 2001/83/EG und die Artikel 34, 36, 37 und 38 der Richtlinie 2001/82/EG Anwendung. ²Im Falle einer Entscheidung nach Artikel 34 der Richtlinie 2001/83/EG oder nach Artikel 38 der Richtlinie 2001/82/EG ist über die Zulassung nach Maßgabe der nach diesen Artikeln getroffenen Entscheidung oder des nach diesen Artikeln getroffenen Beschlusses der Europäischen Gemeinschaft oder der Europäischen Union zu entscheiden. ³Ein Vorverfahren nach § 68 der Verwaltungsgerichtsordnung findet bei Rechtsmitteln gegen Entscheidungen der zuständigen Bundesoberbehörden nach Satz 2 nicht statt. Ferner findet § 25 Abs. 6 keine Anwendung.

(6) *nicht abgedruckt*

Übersicht

	Rn.
A. Inhalt der Vorschrift	1
B. Zulassungsantrag (Absatz 1)	2
C. Verfahren der gegenseitigen Anerkennung (Absatz 2)	3
D. Dezentralisiertes Verfahren (Absatz 3)	4
E. Das weitere Verfahren (Absätze 4, 5)	5

A. Inhalt der Vorschrift

§ 25b greift die gemeinschaftsrechtlichen Vorschriften (Richtlinien 2001/83/EG für Humanarzneimittel und 2001/82/EG für Tierarzneimittel (dazu → § 2 Rn. 2)) zum Verfahren der gegenseitigen Anerkennung (→ § 21 Rn. 5) und zum dezentralisierten Verfahren (→ § 21 Rn. 6) auf und setzt sie in nationales Recht um. Die beiden Verfahren begründen keine besondere Form der Zulassung, sondern sind lediglich eine verfahrensrechtliche und -technische Modifikation im Interesse des freien Warenverkehrs innerhalb der EU. Beide münden in **nationale Zulassungen** (*Fleischfresser* in Fuhrmann/Klein/Fleischfresser ArzneimittelR-HdB § 6 Rn. 46). 1

B. Zulassungsantrag (Absatz 1)

2 **Voraussetzung** für die Erteilung einer Zulassung oder Genehmigung in mehr als einem Mitgliedstaat der EU ist die Einreichung eines auf identischen Unterlagen beruhenden Antrags in den jeweiligen Mitgliedstaaten (Absatz 1).

C. Verfahren der gegenseitigen Anerkennung (Absatz 2)

3 Absatz 2 regelt das Verfahren der gegenseitigen Anerkennung (→ § 21 Rn. 5), das dann eingreift, wenn das Arzneimittel zum Zeitpunkt der Antragstellung bereits in einem anderen Mitgliedstaat der EU genehmigt oder zugelassen worden ist. In einem solchen Falle ist diese ausländische Zulassung **anzuerkennen,** es sei denn, dass Anlass zu der Annahme besteht, dass die Zulassung des Arzneimittels eine schwerwiegende Gefahr für die öffentliche Gesundheit, bei Arzneimitteln zur Anwendung bei Tieren eine schwerwiegende Gefahr für die Gesundheit von Mensch oder Tier oder für die Umwelt darstellt **(Satz 1).** Ist dies gegeben, so darf die deutsche Zulassungsbehörde die Zulassung nicht versagen, sondern hat das gemeinschaftsrechtliche Abstimmungsverfahren einzuleiten **(Satz 2).**

D. Dezentralisiertes Verfahren (Absatz 3)

4 Absatz 3 regelt das Verfahren der deutschen Zulassungsbehörde, wenn Deutschland vom Antragsteller zum Referenzmitgliedstaat ausgewählt wurde und das Arzneimittel zum Zeitpunkt der Antragstellung noch in keinem Mitgliedstaat der EU zugelassen ist **(Satz 1).** Die deutsche Behörde kann auch in diesem Verfahren Gegensachverständige zuziehen **(Satz 2).**

E. Das weitere Verfahren (Absätze 4, 5)

5 Das weitere Verfahren richtet sich dann sowohl für das Verfahren der gegenseitigen Anerkennung als auch für das dezentralisierte Verfahren nach den Kapiteln 4 der Richtlinie 2001/83/EG und der Richtlinie 2001/82/EG, jeweils in der Fassung der Richtlinien vom 31.3.2004 **(Absatz 4).** Diese Richtlinien gelten auch bei einer abweichenden Entscheidung über die Zulassung, ihre Aussetzung oder Rücknahme **(Absatz 5 Satz 1).** Kommt es zu einer endgültigen Entscheidung der Kommission **(Absatz 5 Satz 2),** so ist diese für die Mitgliedstaaten und den Antragsteller bindend und verpflichtet die zuständige Behörde zur Erteilung, Rücknahme oder Versagung der Zulassung (*Rehmann* Vor § 21 Rn. 19).

6 Im Übrigen richtet sich die Zulassungserteilung oder Zulassungsversagung nach nationalem Recht (*Rehmann* Vor § 21 Rn. 20).

§ 30 Rücknahme, Widerruf, Ruhen

(1) ¹Die Zulassung ist zurückzunehmen, wenn nachträglich bekannt wird, dass einer der Versagungsgründe des § 25 Abs. 2 Nr. 2, 3, 5, 5a, 6 oder 7 bei der Erteilung vorgelegen hat; sie ist zu widerrufen, wenn einer der Versagungsgründe des § 25 Abs. 2 Nr. 3, 5, 5a, 6 oder 7 nachträglich eingetreten ist. ²Die Zulassung ist ferner zurückzunehmen oder zu widerrufen, wenn
1. sich herausstellt, dass dem Arzneimittel die therapeutische Wirksamkeit fehlt,
2. in den Fällen des § 28 Abs. 3 die therapeutische Wirksamkeit nach dem jeweiligen Stand der wissenschaftlichen Erkenntnisse unzureichend begründet ist.

³Die therapeutische Wirksamkeit fehlt, wenn feststeht, dass sich mit dem Arzneimittel keine therapeutischen Ergebnisse erzielen lassen. ⁴In den Fällen des Satzes 1 kann auch das Ruhen der Zulassung befristet angeordnet werden.

(1a) ¹Die Zulassung ist ferner ganz oder teilweise zurückzunehmen oder zu widerrufen, soweit dies erforderlich ist, um einer Entscheidung oder einem Beschluss der Europäischen Gemeinschaft oder der Europäischen Union nach Artikel 34 der Richtlinie 2001/83/EG oder nach Artikel 38 der Richtlinie 2001/82/EG zu entsprechen. ²Ein Vorverfahren nach § 68 der Verwaltungsgerichtsordnung findet bei Rechtsmitteln gegen Entscheidungen der zuständigen Bundesoberbehörde nach Satz 1 nicht statt. ³In den Fällen des Satzes 1 kann auch das Ruhen der Zulassung befristet angeordnet werden.

(2) ¹Die zuständige Bundesoberbehörde kann die Zulassung
1. zurücknehmen, wenn in den Unterlagen nach den §§ 22, 23 oder 24 unrichtige oder unvollständige Angaben gemacht worden sind oder wenn einer der Versagungsgründe des § 25 Abs. 2 Nr. 6a oder 6b bei der Erteilung vorgelegen hat,
2. widerrufen, wenn einer der Versagungsgründe des § 25 Abs. 2 Nr. 2, 6a oder 6b nachträglich eingetreten ist oder wenn eine der nach § 28 angeordneten Auflagen nicht eingehalten und diesem Mangel nicht innerhalb einer von der zuständigen Bundesoberbehörde zu setzenden angemessenen Frist abgeholfen worden ist; dabei sind Auflagen nach § 28 Abs. 3 und 3a jährlich zu überprüfen,
3. im Benehmen mit der zuständigen Behörde widerrufen, wenn die für das Arzneimittel vorgeschriebenen Prüfungen der Qualität nicht oder nicht ausreichend durchgeführt worden sind,
4. im Benehmen mit der zuständigen Behörde widerrufen, wenn sich herausstellt, dass das Arzneimittel nicht nach den anerkannten pharmazeutischen Regeln hergestellt worden ist.

²In diesen Fällen kann auch das Ruhen der Zulassung befristet angeordnet werden.

(2a) ¹In den Fällen der Absätze 1 und 1a ist die Zulassung zu ändern, wenn dadurch der in Absatz 1 genannte betreffende Versagungsgrund entfällt oder der in Absatz 1a genannten Entscheidung entsprochen wird. ²In den Fällen des Absatzes 2 kann die Zulassung durch Auflage geändert werden, wenn dies ausreichend ist, um den Belangen der Arzneimittelsicherheit zu entsprechen.

(3) ¹Vor einer Entscheidung nach den Absätzen 1 bis 2a muss der Inhaber der Zulassung gehört werden, es sei denn, dass Gefahr im Verzuge ist. ²Das gilt auch, wenn eine Entscheidung der zuständigen Bundesoberbehörde über die Änderung der Zulassung, Auflagen zur Zulassung, den Widerruf, die Rücknahme oder das Ruhen der Zulassung auf einer Einigung der Koordinierungsgruppe nach Artikel 107g, 107k oder Artikel 107q der Richtlinie 2001/83/EG beruht. ³Ein Vorverfahren nach § 68 der Verwaltungsgerichtsordnung findet in den Fällen des Satzes 2 nicht statt ⁴In den Fällen des § 25 Abs. 2 Nr. 5 ist die Entscheidung sofort vollziehbar. ⁵Widerspruch und Anfechtungsklage haben keine aufschiebende Wirkung.

(4) ¹Ist die Zulassung für ein Arzneimittel zurückgenommen oder widerrufen oder ruht die Zulassung, so darf es
1. nicht in den Verkehr gebracht und
2. nicht in den Geltungsbereich dieses Gesetzes verbracht werden.

²**Die Rückgabe des Arzneimittels an den pharmazeutischen Unternehmer ist unter entsprechender Kenntlichmachung zulässig.** ³**Die Rückgabe kann von der zuständigen Behörde angeordnet werden.**

Übersicht

	Rn.
A. Einführung	1
B. Absolute Rücknahme- und Widerrufsgründe (Absatz 1)	3
I. Nachträglich erkannte Versagungsgründe (Satz 1 Halbsatz 1)	4
II. Nachträglich eingetretene Versagungsgründe (Satz 1 Halbsatz 2)	7
III. Rücknahme/Widerruf wegen mangelnder therapeutischer Wirksamkeit (Satz 2)	9
C. Rücknahme, Widerruf oder Ruhen im Verfahren der gegenseitigen Anerkennung oder im dezentralisierten Verfahren (Absatz 1a)	10
D. Relative Rücknahme- oder Widerrufsgründe (Absatz 2)	11
E. Änderung der Zulassung (Absatz 2a)	13
I. Zwingende Änderung der Zulassung (Satz 1)	14
II. Ermessensentscheidung (Satz 2)	16
F. Anhörung, sofortige Vollziehbarkeit (Absatz 3)	17
G. Verkehrsverbot, Rückgabe, Anordnung der Rückgabe (Absatz 4)	21
H. Straftaten, Ordnungswidrigkeiten	27

A. Einführung

1   Ebenso wie § 18 enthält § 30 **Sondervorschriften** zu den allgemeinen Bestimmungen über die Rücknahme und den Widerruf eines begünstigenden Verwaltungsaktes (§§ 48, 49 VwVfG). Wegen der Einzelheiten wird auf → § 18 Rn. 1 Bezug genommen.

2   Bei der **Anwendung** der Vorschriften über die Aufhebung einer Zulassung ist zu berücksichtigen, dass dem **Schutz der Gesundheit** gegenüber wirtschaftlichen Erwägungen **Vorrang** zukommt (EuG BeckRS 2002, 70572 Rn. 173–178, 184; *Wagner* in Dieners/Reese PharmaR-HdB § 6 Rn. 145). Insbesondere bei wissenschaftlicher Ungewissheit gilt für die Behörden der Vorsorgegrundsatz (EuG BeckRS 2002, 70572 Rn. 181). Sie können bei Ungewissheit über das Bestehen oder den Umfang eines Risikos Vorsorgemaßnahmen treffen, ohne abwarten zu müssen, bis das tatsächliche Bestehen und die Schwere der Risiken in vollem Umfang dargelegt sind (EuG BeckRS 2002, 70572 Rn. 185). Bestehen ernsthafte und stichhaltige Anhaltspunkte, die, ohne die wissenschaftliche Ungewissheit zu beseitigen, vernünftige Zweifel an der Unbedenklichkeit oder Wirksamkeit eines Arzneimittels erlauben, genügt dies, um eine Zulassung aufzuheben (EuG BeckRS 2002, 70572 Rn. 192).

B. Absolute Rücknahme- und Widerrufsgründe (Absatz 1)

3   Absatz 1 fasst Fälle der Rücknahme und des Widerrufs zusammen.

4   **I. Nachträglich erkannte Versagungsgründe (Satz 1 Halbsatz 1):** Hätte die Zulassung nicht erteilt werden dürfen, weil ein Versagungsgrund (§ 25 Abs. 1–3) vorlag, so ist sie rechtswidrig. Wird dies nachträglich bekannt, so kann sie nach den allgemeinen Vorschriften (§ 48 Abs. 1 VwVfG) **zurückgenommen** werden. Nach Satz 1 Halbsatz 1 ist die Rücknahme **zwingend** (aber → Rn. 5), wenn die Versagungsgründe des § 25 Abs. 2 Nr. 2 (fehlerhafte Prüfung oder fehlerhaftes Erkenntnismaterial), Nr. 3 (fehlende Qualität), Nr. 5 (ungünstiges Nutzen-Risiko-Verhältnis), Nr. 5a (bei mehreren Wirkstoffen Beitrag jedes Wirkstoffs zur positiven Beurteilung), Nr. 6 (nicht ausreichende Wartezeit) oder Nr. 7 (Verstoß gegen ge-

setzliche Vorschriften oder gegen eine europarechtliche Verordnung, Richtlinie oder Entscheidung) vorliegen.

Allerdings kann in diesen Fällen nach dem pflichtgemäßen Ermessen der Behörde auch das **Ruhen der Zulassung** befristet angeordnet werden **(Satz 4).** Dies kommt namentlich dann in Betracht, wenn die nachträglich festgestellten Versagungsgründe durch die Beibringung weiterer Unterlagen oder eine Beschränkung der Zulassung geheilt werden können oder wenn dem Zulassungsinhaber Gelegenheit gegeben werden soll, einen etwaigen Rücknahmegrund auszuräumen. 5

Zum **Wirksamwerden** → Rn. 18, 19. Ob die Zulassung mit Wirkung für die Vergangenheit **(ex tunc)** zurückgenommen wird, entscheidet die zuständige Behörde (*Anker* in Deutsch/Lippert Rn. 7; aA *Wagner* in Dieners/Reese PharmaR-HdB § 6 Rn. 144) nach den allgemeinen verwaltungsrechtlichen Grundsätzen (dazu → § 18 Rn. 3). Erfolgt die Rücknahme mit Wirkung für die Vergangenheit **(ex tunc),** so gilt die Zulassung als von Anfang nicht erteilt. Das Inverkehrbringen war dann zwar unbefugt, der Inverkehrbringende wird dadurch jedoch **nicht strafbar,** weil die Zulassung im Zeitpunkt seines Handelns bestand (→ BtMG § 10 Rn. 15). Etwas anderes gilt nur im Falle der Nichtigkeit (§ 33 Abs. 3, § 44 VwVfG). 6

II. Nachträglich eingetretene Versagungsgründe (Satz 1 Halbsatz 2). Tritt ein Versagungsgrund nachträglich ein, so wird die Zulassung dadurch nicht rechtswidrig. Gleichwohl ist sie nach der ausdrücklichen Vorschrift (s. dazu § 49 Abs. 2 Nr. 1 VwVfG) des Satzes 1 Halbsatz 2 zu **widerrufen,** wenn die Versagungsgründe des 25 Abs. 2 Nr. 3 (fehlende Qualität), Nr. 5 (ungünstiges Nutzen-Risiko-Verhältnis), Nr. 5a (bei mehreren Wirkstoffen Beitrag jedes Wirkstoffs zur positiven Beurteilung), Nr. 6 (nicht ausreichende Wartezeit) oder Nr. 7 (Verstoß gegen gesetzliche Vorschriften oder gegen eine europarechtliche Verordnung, Richtlinie oder Entscheidung) vorliegen. Auch diese Regelung ist **zwingend** und geht der Ermessensvorschrift des § 49 Abs. 2 Nr. 3 VwVfG vor. Allerdings kann die Behörde nach **Satz 4** auch das **Ruhen** der Erlaubnis anordnen; insoweit gelten die Ausführungen zur Rücknahme entsprechend (→ Rn. 5). Zum **Wirksamwerden** → Rn. 18, 19. 7

Nicht aufgeführt ist § 25 Abs. 2 **Nr. 4** (fehlende oder unzureichend begründete therapeutische Wirksamkeit). Insoweit gelten Absatz 1 Sätze 2 und 3, die die **positive Feststellung** der Unwirksamkeit erfordern. Allerdings bleibt die aktuelle Bewertung der Wirksamkeit eines Arzneimittels ein maßgeblicher Abwägungsbelang bei der Bewertung des Nutzen-Risiko-Verhältnisses, auf das es im Rahmen der Nr. 5 ankommt (VG Köln A&R 2014, 192 = BeckRS 2014, 52464). 8

III. Rücknahme/Widerruf wegen mangelnder therapeutischer Wirksamkeit (Satz 2). Die Rücknahme oder der Widerruf sind ferner **zwingend,** wenn sich herausstellt, dass dem Arzneimittel die therapeutische Wirksamkeit fehlt **(Nr. 1)** oder wenn sich ergibt, dass die therapeutische Wirksamkeit bei einem Arzneimittel, in das große therapeutische Hoffnungen gesetzt wurden (§ 28 Abs. 3), nach dem jeweiligen Stand der wissenschaftlichen Erkenntnisse nur unzureichend begründet ist **(Nr. 2).** Dabei muss feststehen, dass sich mit dem Arzneimittel keine therapeutischen Ergebnisse erzielen lassen **(Satz 3).** Die Anordnung des Ruhens der Zulassung ist in diesen Fällen nicht möglich **(Satz 4).** 9

C. Rücknahme, Widerruf oder Ruhen im Verfahren der gegenseitigen Anerkennung oder im dezentralisierten Verfahren (Absatz 1a)

Absatz 1a betrifft die (nationalen) Zulassungsentscheidungen (→ § 25b Rn. 1), die im Verfahren der gegenseitigen Anerkennung (→ § 21 Rn. 5) oder im dezentralisierten Verfahren (→ § 21 Rn. 6) ergangen sind. Diese Zulassungen sind zurückzu- 10 nehmen oder zu widerrufen, wenn dies auf Grund von Entscheidungen der Kommission oder des Rates im Schiedsverfahren geboten ist **(Satz 1)**. Wird die Entscheidung der zuständigen Bundesoberbehörde angefochten, so findet ein Vorverfahren nicht statt **(Satz 2)**. Statt einer Rücknahme oder eines Widerrufs kann auch das Ruhen der Zulassung befristet angeordnet werden **(Satz 3)**. Zu der Rücknahme, dem Widerruf oder der Aussetzung einer **Gemeinschaftszulassung** → § 37 Rn. 6–9.

D. Relative Rücknahme- oder Widerrufsgründe (Absatz 2)

11   Absatz 2 führt die Versagungsgründe auf, bei deren ursprünglichem oder nachträglichem Fehlen eine Rücknahme oder ein Widerruf nach dem Ermessen der Zulassungsbehörde angeordnet werden kann **(Satz 1)**. Die durch Gesetz v. 19.10.2012 (BGBl. I S. 2192) eingefügte **Nr. 4** korrespondiert dem geänderten § 25 Abs. 2 Nr. 3, in dem ebenfalls auf den **Herstellungsprozess** abgestellt wird. Während nach § 25 Abs. 2 Nr. 3 die Zulassung versagt werden kann, kann die Bundesoberbehörde nach § 30 Abs. 2 Nr. 4 einen Widerruf oder ein Ruhen der Zulassung anordnen, wenn der Herstellungsprozess nicht den anerkannten Regeln der pharmazeutischen Wissenschaft entspricht. Bei der Ausübung des Ermessens ist entscheidend, ob die Mängel so gravierend sind, dass die Zulassung keinen Bestand haben kann.

12   Statt der sofortigen Rücknahme oder des sofortigen Widerrufs kann auch das befristete Ruhen der Zulassung angeordnet werden **(Satz 2)**.

E. Zulassungsänderungen (Absatz 2a)

13   Es entspricht dem Verhältnismäßigkeitsgrundsatz, dass eine Rücknahme oder ein Widerruf einer Zulassung nur dann in Betracht kommen, wenn dem in Betracht kommenden Versagungsgrund nicht auf andere, mildere Weise abgeholfen werden kann.

14   **I. Zwingende Änderung der Zulassung (Satz 1).** Satz 1 verpflichtet die Behörde daher in den Fällen der Absätze 1 und 1a zu einer Änderung der Zulassung wenn hierdurch der Versagungsgrund beseitigt werden kann. Bis zum Inkrafttreten des Gesetzes v. 19.10.2012 (→ Rn. 11) hatte die Änderung durch Auflage zu erfolgen. Durch Art. 1 Nr. 24 Buchst. c dieses Gesetzes wurde dies gestrichen, um klarzustellen, dass „es sich bei zulassungseinschränkenden Entscheidungen der Bundesoberbehörden immer um (Teil-)Versagungen und nicht um Auflagen handelt" (BT-Drs. 17/9341, 54). In Wirklichkeit handelt es sich nicht um Teilversagungen, sondern, da die Zulassung nun einmal erteilt war, um teilweise Rücknahmen oder Widerrufe, die nur unter den Voraussetzungen der Absätze 1 oder 1a in Betracht kommen.

15   Entspricht das Arzneimittel der geänderten Zulassung, so darf es in den Verkehr gebracht werden. Andernfalls gilt Absatz 4 Satz 1.

16   **II. Ermessensentscheidung (Satz 2).** Für die Fälle des Absatzes 2 steht die Änderung im Ermessen der Behörde. Entschließt sie sich zu einer Änderung, so hat sie durch Auflage zu erfolgen. Sinn macht diese unterschiedliche Behandlung zu Satz 1 nicht. Offensichtlich handelt es sich um gesetzgeberisches Versehen.

F. Anhörung, sofortige Vollziehbarkeit (Absatz 3)

17   Sofern nicht Gefahr im Verzug vorliegt, ist dem Zulassungsinhaber vor der Anordnung einer Maßnahme nach den Absätzen 1–2a rechtliches Gehör zu gewähren **(Satz 1)**. Gefahr im Verzug besteht, wenn bei einer Verzögerung der Entscheidung

durch die weitere Anwendung des Arzneimittels eine Gesundheitsgefährdung zu besorgen wäre.

Ergeht eine Entscheidung, weil das Arzneimittel ein **ungünstiges Nutzen-Risiko-Verhältnis** (§ 25 Abs. 2 S. 1 Nr. 5) hat, ist sie kraft Gesetzes **sofort vollziehbar (Satz 3)**; die Vorschrift korrespondiert dem Verbot des § 5 (*Anker* in Deutsch/Lippert Rn. 15). Widerspruch und Anfechtungsklage haben keine aufschiebende Wirkung **(Satz 4)**. Insbesondere in den Fällen, in denen der Zulassungsinhaber lediglich wirtschaftliche Nachteile erleidet, das Arzneimittel aber ernste Nebenwirkungen hat, kann die aufschiebende Wirkung auch nicht wiederhergestellt werden (*Wagner* in Dieners/Reese PharmaR-HdB § 6 Rn. 150 Fn. 13). 18

In den **übrigen Fällen** muss die Entscheidung für **sofort vollziehbar erklärt** werden, wenn Widerspruch und Anfechtungsklage keine aufschiebende Wirkung haben sollen (*Rehmann* § 30 Rn. 11; unklar *Wagner* in Dieners/Reese PharmaR-HdB § 6 Rn. 150). 19

Ein **Patient** ist gegenüber dem Widerruf einer Zulassung **nicht klagebefugt**, da er nicht in seinen Rechten verletzt ist (BVerwG NJW 1993, 3002). 20

G. Verkehrsverbot (Absatz 4)

Mit der Rücknahme, dem Widerruf oder dem Ruhen der Zulassung ist das Arzneimittel **nicht mehr verkehrsfähig**. Es darf daher nicht mehr in Verkehr gebracht werden **(Satz 1 Nr. 1)**. Dieses Verbot richtet sich an jedermann, der die tatsächliche Gewalt über ein solches Arzneimittel innehat. Aus diesem Grund werden die Entscheidungen nach § 34 bekanntgemacht. 21

Soweit **Satz 1 Nr. 2** ein Verbringungsverbot anordnet, gilt dies nicht für Arzneimittel, die nach § 73 Abs. 3 nach Deutschland verbracht werden. § 30 Abs. 4 Nr. 2, § 97 Abs. 2 Nr. 8 sind in § 73 Abs. 4 S. 2 nicht genannt; eine innere Begründung findet sich darin, dass die Arzneimittel in dem Staat, aus dem sie stammen, rechtmäßig in den Verkehr gebracht werden dürfen (*Krüger* in Kügel/Müller/Hofmann § 30 Rn. 46). Im Übrigen gilt → Rn. 21 entsprechend. 22

Da sich § 30 nur mit Zulassungen befasst, die im rein **nationalen** Verfahren, im Verfahren der **gegenseitigen Anerkennung** und im **dezentralisierten Verfahren** ergangen sind, gilt Absatz 4 auch nur in diesem Rahmen. Zwar können auch **Gemeinschaftszulassungen** zurückgenommen, widerrufen oder ausgesetzt werden (→ § 37 Rn. 6–9). Eine § 30 Abs. 4 entsprechende Regelung für diese Zulassungen fehlt jedoch. Auch in § 37 Abs. 1 S. 1 wird § 30 Abs. 4 nicht erwähnt. Es gelten daher die allgemeinen Regeln, wonach eine zurückgenommene oder widerrufene Genehmigung nicht mehr vorhanden ist und das Inverkehrbringen nicht rechtfertigen kann; entsprechendes gilt für die Aussetzung, durch die die Genehmigung ihre aktuelle Wirksamkeit verliert. 23

Anders als im Betäubungsmittelrecht setzt die Abgabe im Arzneimittelrecht keine Erweiterung des Kreises voraus (→ § 4 Rn. 71). Durch § 30 Abs. 4 S. 2 wird klargestellt, dass die **Rückgabe des Arzneimittels** an den pharmazeutischen Unternehmer nicht unter das Verkehrsverbot fällt, sofern das Arzneimittel entsprechend **kenntlich gemacht** wurde. 24

Die **Anordnung der Rückgabe (Satz 3)** richtet sich nicht gegen den Zulassungsinhaber, sondern gegen den jeweiligen Besitzer. 25

Absatz 4 lässt **zivilrechtliche Ansprüche** unberührt. Arzneimittel, deren Zulassung widerrufen wurde, sind zivilrechtlich mangelhaft (OLG Schleswig NJW-RR 2004, 1027; *Rehmann* § 30 Rn. 12). Dabei ist der Zeitpunkt des Widerrufs maßgeblich; es kommt daher nicht darauf an, dass der Widerruf erst nach Kauf und 26

AMG § 31 Vierter Abschnitt. Zulassung der Arzneimittel

Übergabe für sofort vollziehbar erklärt wurde (OLG Schleswig NJW-RR 2004, 1027).

H. Straftat, Ordnungswidrigkeiten

27 Der **vorsätzliche** Verstoß gegen § 30 Abs. 4 S. 1 **Nr. 1** ist eine Straftat nach § 96 Nr. 7 (→ § 96 Rn. 103–106). Die Strafvorschrift gilt auch für Arzneimittel, die in einer Rechtsverordnung nach § 35 Abs. 1 Nr. 2 bezeichnet sind. Bei **Fahrlässigkeit** liegt eine Ordnungswidrigkeit nach § 97 Abs. 1 Nr. 1 vor.

28 Der **vorsätzliche** oder **fahrlässige** Verstoß gegen § 30 Abs. 4 S. 1 **Nr. 2** ist eine Ordnungswidrigkeit nach § 97 Abs. 2 Nr. 8.

§ 31 Erlöschen, Verlängerung

(1) ¹Die Zulassung erlischt
1. wenn das zugelassene Arzneimittel innerhalb von drei Jahren nach Erteilung der Zulassung nicht in den Verkehr gebracht wird oder wenn sich das zugelassene Arzneimittel, das nach der Zulassung in den Verkehr gebracht wurde, in drei aufeinander folgenden Jahren nicht mehr im Verkehr befindet,
2. durch schriftlichen Verzicht,
3. nach Ablauf von fünf Jahren seit ihrer Erteilung, es sei denn, dass
    a) bei Arzneimitteln, die zur Anwendung bei Menschen bestimmt sind, spätestens neun Monate,
    b) bei Arzneimitteln, die zur Anwendung bei Tieren bestimmt sind, spätestens sechs Monate
    vor Ablauf der Frist ein Antrag auf Verlängerung gestellt wird,
3 a. bei einem Arzneimittel, das zur Anwendung bei Tieren bestimmt ist, die der Gewinnung von Lebensmitteln dienen und das einen pharmakologisch wirksamen Bestandteil enthält, der in die Tabelle 2 des Anhangs der Verordnung (EU) Nr. 37/2010 aufgenommen wurde, nach Ablauf einer Frist von 60 Tagen nach Veröffentlichung im Amtsblatt der Europäischen Union, sofern nicht innerhalb dieser Frist auf die Anwendungsgebiete bei Tieren, die der Gewinnung von Lebensmitteln dienen, nach § 29 Abs. 1 verzichtet worden ist; im Falle einer Änderungsanzeige nach § 29 Abs. 2a, die die Herausnahme des betreffenden pharmakologisch wirksamen Bestandteils bezweckt, ist die 60-Tage-Frist bis zur Entscheidung der zuständigen Bundesoberbehörde oder bis zum Ablauf der Frist nach § 29 Abs. 2a Satz 2 gehemmt und es ruht die Zulassung nach Ablauf der 60-Tage-Frist während dieses Zeitraums; die Halbsätze 1 und 2 gelten entsprechend, soweit für die Änderung des Arzneimittels die Verordnung (EG) Nr. 1234/2008 Anwendung findet,
4. wenn die Verlängerung der Zulassung versagt wird.

²In den Fällen des Satzes 1 Nr. 1 kann die zuständige Bundesoberbehörde Ausnahmen gestatten, sofern dies aus Gründen des Gesundheitsschutzes für Mensch oder Tier erforderlich ist.

(1a) Eine Zulassung, die verlängert wird, gilt ohne zeitliche Begrenzung, es sei denn, dass die zuständige Bundesoberbehörde bei der Verlängerung nach Absatz 1 Satz 1 Nr. 3 eine weitere Verlängerung um fünf Jahre nach Maßgabe der Vorschriften in Absatz 1 Satz 1 Nr. 3 in Verbindung mit Absatz 2 auch unter Berücksichtigung einer zu geringen Anzahl von Patienten, bei denen das betreffende Arzneimittel, das zur Anwendung bei

Menschen bestimmt ist, angewendet wurde, als erforderlich beurteilt und angeordnet hat, um das sichere Inverkehrbringen des Arzneimittels weiterhin zu gewährleisten.

(2) ¹Der Antrag auf Verlängerung ist durch einen Bericht zu ergänzen, der Angaben darüber enthält, ob und in welchem Umfang sich die Beurteilungsmerkmale für das Arzneimittel innerhalb der letzten fünf Jahre geändert haben. ²Der Inhaber der Zulassung hat der zuständigen Bundesoberbehörde dazu eine überarbeitete Fassung der Unterlagen in Bezug auf die Qualität, Unbedenklichkeit und Wirksamkeit vorzulegen, in der alle seit der Erteilung der Zulassung vorgenommenen Änderungen berücksichtigt sind; bei Arzneimitteln, die zur Anwendung bei Tieren bestimmt sind, ist anstelle der überarbeiteten Fassung eine konsolidierte Liste der Änderungen vorzulegen. ³Bei Arzneimitteln, die zur Anwendung bei Tieren bestimmt sind, die der Gewinnung von Lebensmitteln dienen, kann die zuständige Bundesoberbehörde ferner verlangen, dass der Bericht Angaben über Erfahrungen mit dem Rückstandsnachweisverfahren enthält.

(3) ¹Die Zulassung ist in den Fällen des Absatzes 1 Satz 1 Nr. 3 oder des Absatzes 1a auf Antrag nach Absatz 2 Satz 1 innerhalb von sechs Monaten vor ihrem Erlöschen um fünf Jahre zu verlängern, wenn kein Versagungsgrund nach § 25 Abs. 2 Nr. 3, 5, 5a, 6, 6a oder 6b, 7 vorliegt oder die Zulassung nicht nach § 30 Abs. 1 Satz 2 zurückzunehmen oder zu widerrufen ist oder wenn von der Möglichkeit der Rücknahme nach § 30 Abs. 2 Nr. 1 oder des Widerrufs nach § 30 Abs. 2 Nr. 2 kein Gebrauch gemacht werden soll. ²§ 25 Abs. 5 Satz 5 und Abs. 5a gilt entsprechend. ³Bei der Entscheidung über die Verlängerung ist auch zu überprüfen, ob Erkenntnisse vorliegen, die Auswirkungen auf die Unterstellung unter die Verschreibungspflicht haben.

(4) ¹Erlischt die Zulassung nach Absatz 1 Nr. 2 oder 3, so darf das Arzneimittel noch zwei Jahre, beginnend mit dem auf die Bekanntmachung des Erlöschens nach § 34 folgenden 1. Januar oder 1. Juli, in den Verkehr gebracht werden. ²Das gilt nicht, wenn die zuständige Bundesoberbehörde feststellt, dass eine Voraussetzung für die Rücknahme oder den Widerruf nach § 30 vorgelegen hat; § 30 Abs. 4 findet Anwendung.

Übersicht

	Rn.
A. Erlöschen der Zulassung (Absatz 1)	1
I. Erlöschengründe (Satz 1)	2
1. Durch längeren Nichtgebrauch (Nr. 1)	3
2. Durch schriftlichen Verzicht (Nr. 2)	6
3. Durch Fristablauf (Nr. 3)	7
4. Durch Aufnahme in die Tabelle 2 des Anhangs der VO (EU) Nr. 37/2010 für Arzneimittel, die zur Anwendung bei Lebensmittel liefernden Tieren bestimmt sind (Nr. 3a)	10
a) Zur Anwendung bei Tieren bestimmt	11
b) Die der Lebensmittelgewinnung dienen	12
5. Versagung der Verlängerung (Nr. 4)	16
II. Ausnahmen aus Gründen des Gesundheitsschutzes (Satz 2)	17
B. Zeitliche Wirkung der Verlängerung (Absatz 1a)	18
C. Inhalt des Verlängerungsantrags (Absatz 2)	19
D. Die Entscheidung über die Verlängerung (Absatz 3)	20
E. Aufbrauchsfrist (Absatz 4)	22

AMG § 31

Vierter Abschnitt. Zulassung der Arzneimittel

A. Erlöschen der Zulassung (Absatz 1)

1   Absatz 1 führt die Gründe auf, die zu einem Erlöschen der Zulassung führen können. Das Erlöschen erfolgt **kraft Gesetzes**, ohne dass die Zulassungsbehörde tätig werden muss. Das Erlöschen der Zulassung wird von Amts wegen im Bundesanzeiger nach § 34 Nr. 5 bekanntgemacht. Die Bekanntmachung hat lediglich deklaratorische Bedeutung (*Rehmann* § 31 Rn. 1).

2   **I. Erlöschensgründe (Satz 1).** Die Gründe, die zum Erlöschen der Zulassung führen können, sind in Satz 1 Nr. 1–4 abschließend aufgeführt. Danach erlischt die Zulassung:

3   **1. Durch längeren Nichtgebrauch (Nr. 1).** Wegen längeren Nichtgebrauchs tritt das Erlöschen der Zulassung ein, wenn entweder innerhalb von drei Jahren nach Zulassungserteilung das Arzneimittel nicht in Verkehr gebracht wird oder aber sich das Arzneimittel nach einer Vertriebsaufnahme in drei aufeinanderfolgenden Jahren nicht mehr in Verkehr befindet **(Sunset-Clause).** Eine entsprechende Klausel für zentral zugelassene Arzneimittel enthält Art. 14 VO (EG) 726/2004. Die Vorschrift wurde eingeführt, insbesondere damit die Fortführung solcher Zulassungen keinen Verwaltungsaufwand mehr verursacht (s. Erwägung 35 zur VO (EG) 726/2004).

4   In beiden Alternativen der Vorschrift knüpft das Erlöschen wegen Nichtgebrauchs an das **Inverkehrbringen** (§ 4 Abs. 17) an. Dieser Begriff ist weit (→ § 4 Rn. 44–73). Allerdings muss das Arzneimittel physisch vorhanden sein (*Krüger* in Kügel/Müller/Hofmann § 31 Rn. 8). Ob es darüber hinaus zur Aufrechterhaltung der Zulassung genügt, dass das Arzneimittel zum Verkauf oder sonstiger Abgabe **vorrätig gehalten** wird (*Krüger* in Kügel/Müller/Hofmann § 31 Rn. 9), oder ob es in gemeinschaftsrechtskonformer Auslegung darauf ankommt, dass das Arzneimittel in der Distributionskette weitergegeben wird und der Zulassungsinhaber die Verfügungsgewalt verliert, ist nicht abschließend geklärt (*Wagner* in Dieners/Reese PharmaR-HdB § 6 Rn. 141). **Kein** Inverkehrbringen ist das **Vorrätighalten zum Export,** sofern der der Verkauf oder die Abgabe erst im Ausland erfolgen sollen (→ § 4 Rn. 57).

5   Das sich **Imverkehrbefinden** endet mit dem Ablauf des Haltbarkeitsdatums der letzten von dem Zulassungsinhaber in Verkehr gebrachten Charge (*Krüger* in Kügel/Müller/Hofmann § 31 Rn. 13; *Rehmann* § 31 Rn. 4; wohl auch *Wagner* in Dieners/Reese PharmaR-HdB § 6 Rn. 141). Nicht entscheidend ist danach die Anzeige der Vertriebseinstellung oder die letzte Vertriebshandlung des Zulassungsinhabers (*Rehmann* § 31 Rn. 4; anders die EMA (→ § 21 Rn. 7) bei zentral zugelassenen Arzneimitteln). Auf Handlungen des Zulassungsinhabers kommt es nach dem Gesetz nicht an.

6   **2. Durch schriftlichen Verzicht (Nr. 2).** Der Zulassungsinhaber kann auf die ihm erteilte Zulassung schriftlich verzichten. Der Verzicht wird mit Zugang bei der Zulassungsbehörde wirksam. Das mit einem Verzicht verbundene Erlöschen der Zulassung lässt einen lässt einen bestehenden Parallelimport zunächst unberührt (→ Vor § 72 Rn. 9; aA *Kloesel/Cyran* § 31 Anm. 10; unklar *Sander* ArzneimittelR § 31 Erl. 5).

7   **3. Durch Fristablauf (Nr. 3).** Die Arzneimittelzulassung erlischt, wenn vor Ablauf von fünf Jahren seit ihrer Erteilung kein Antrag auf Verlängerung gestellt wird. Die **Fünfjahresfrist** beginnt mit dem Zugang des Zulassungsbescheids (BVerwG NVwZ-RR 2006, 125) und ist unabhängig von einem etwaigen Ruhen der Zulassung, so dass auch in einem solchen Fall ein Verlängerungsantrag erforderlich ist (*Rehmann* § 31 Rn. 6; *Wagner* in Dieners/Reese PharmaR-HdB § 6 Rn. 137). Sie ist eine materiell-rechtliche Ausschlussfrist; eine Wiedereinsetzung in

den vorigen Stand ist nicht möglich (*Kloesel/Cyran* § 31 Anm. 6; *Wagner* in Dieners/ Reese PharmaR-HdB § 6 Rn. 137).

Der Antrag auf Verlängerung der Zulassung muss bei Humanarzneimitteln spätestens **neun Monate,** bei Tierarzneimitteln (→ Rn. 11) **sechs Monate** vor Fristablauf bei der Zulassungsbehörde eingegangen sein. Diese Frist ist eine Notfrist; wurde sie versäumt, kann Wiedereinsetzung in den vorigen Stand beantragt werden (§ 32 VwVfG), allerdings nur, solange die Zulassung nicht durch Ablauf der Fünfjahresfrist erloschen ist (OVG Berlin BeckRS 1990, 08102; *Krüger* in Kügel/ Müller/Hofmann § 31 Rn. 22; *Rehmann* § 31 Rn. 6; *Wagner* in Dieners/Reese PharmaR-HdB § 6 Rn. 137). 8

Wurde der Verlängerungsantrag **rechtzeitig** gestellt, so erlischt die Zulassung nicht; das Arzneimittel bleibt **verkehrsfähig,** selbst wenn vor Ablauf der Fünfjahresfrist nicht mehr über den Verlängerungsantrag entschieden wird (*Rehmann* § 31 Rn. 11; s. auch BVerwG NVwZ-RR 2006, 125). 9

4. Durch Aufnahme in die Tabelle 2 des Anhangs der VO (EU) N. 37/2010 für Arzneimittel, die zur Anwendung bei Lebensmittel liefernden Tieren bestimmt sind (Nr. 3 a). Die Vorschrift dient der Umsetzung der VO (EU) Nr. 37/2010 v. 22.12.2009 (ABl. 2010 L 15, S. 1). Sie ist ein besonderer Erlöschenstatbestand für Arzneimittel, die zur Anwendung bei Tieren bestimmt sind, die der Gewinnung von Lebensmitteln dienen und einen pharmakologisch wirksamen Bestandteil enthalten. Dass es hier auf die jeweilige Fassung der Tabelle ankommt, ergibt sich aus der Natur der Sache und dem Hinweis auf die Veröffentlichung im Amtsblatt. 10

a) Zur Anwendung bei Tieren bestimmt. Die Vorschrift gilt nur für **Tierarzneimittel** (→ § 4 Rn. 28). 11

b) Die der Lebensmittelgewinnung dienen. Mit der besonderen Behandlung der Arzneimittel, die für Lebensmittel liefernde Tiere bestimmt sind, soll verhindert werden, dass Rückstände der Arzneimittel für die menschliche Gesundheit gefährlich werden können. Dies ist dann gegeben, wenn die Gefahr besteht, dass das Tier (*Rehmann* § 95 Rn. 16) oder von ihm stammende Erzeugnisse (etwa Eier, Milch, Honig) in die menschliche Nahrungskette gelangen könnte. 12

Ob diese Gefahr gegeben ist und ob ein Tier damit der Lebensmittelgewinnung dient, entscheidet sich zunächst nach der **allgemeinen Verkehrsanschauung,** die in Deutschland gilt. Damit werden jedenfalls die Tiere erfasst, die oder deren Produkte hier üblicherweise in die menschliche Nahrungskette gelangen (*Heßhaus/ Laber-Probst* in Kügel/Müller/Hofmann § 58 Rn. 6; *Rehmann* § 58 Rn. 1; *Freund* in MüKoStGB §§ 56–61 Rn. 17, 18). Dazu können auch exotische Tiere wie Lamas oder Strauße gehören. Auszuscheiden sind Tiere, bei denen nicht ernsthaft damit gerechnet werden muss, dass sie in Deutschland von einem Menschen verzehrt werden; dies kann sich auch aus den konkreten Umständen ergeben, etwa bei Reitpferden. 13

Sind die Tiere im konkreten Fall abweichend von den in Deutschland üblichen Essgewohnheiten zum Verzehr bestimmt, etwa Hunde oder Katzen, so genügt die (subjektive) **Zweckbestimmung durch den Halter** (*Heßhaus/Laber-Probst* in Kügel/Müller/Hofmann § 58 Rn. 6; *Freund* in MüKoStGB §§ 56–61 Rn. 18; *Rehmann* § 58 Rn. 1; aA *Kloesel/Cyran* § 58 Anm. 2; unklar *Volkmer* in Körner/Patzak/ Volkmer AMG § 95 Rn. 308). Dass diese ausreichen kann, ergibt sich aus der gesetzlichen Regelung für Kaninchen in § 60 Abs. 1. Ob der Abgebende die Zweckbestimmung erkennt oder hätte erkennen können, ist eine Frage des subjektiven Tatbestands. Auch → Rn. 15. 14

Mittlerweile ist in Art. 2 Buchst. b VO (EG) Nr. 470/2009 (ABl. L 152, S. 11) eine **Legaldefinition** der „der Lebensmittelgewinnung dienenden Tiere" enthalten, wonach dies solche Tiere sind, die für den Zweck der Lebensmittelgewinnung 15 gezüchtet, aufgezogen, gehalten, geschlachtet oder geerntet werden. Von den → Rn. 12–14 abweichende Ergebnisse folgen daraus nicht. Insbesondere zeigt sich, dass es auf die Zweckbestimmung durch den Halter und nicht darauf ankommt, ob die Tiere ihrer Art nach geeignet sind, als Grundlage der Lebensmittelgewinnung zu dienen. Die Legaldefinition des Art. 2 Buchst. b VO (EG) Nr. 470/2009 gilt nach deren Art. 4 Nr. 38 auch für die VO (EU) 2019/6 über Tierarzneimittel und zur Aufhebung der Richtlinie EG/2001/82 v. 11.12.2018 (ABl. 2019 L 4), in Kraft am 28.1.2022.

16   **5. Durch Versagung der Verlängerung (Nr. 4).** Die Zulassung erlischt auch dann, wenn ihre Verlängerung versagt wird. Die Versagung kann mit Widerspruch und Anfechtungsklage angefochten werden. Diese haben aufschiebende Wirkung, es sei denn die sofortige Vollziehung wurde angeordnet oder ist kraft Gesetzes eingetreten. Für die Dauer der aufschiebenden Wirkung bleibt das Arzneimittel verkehrsfähig (*Rehmann* § 31 Rn. 8).

17   **II. Ausnahmen aus Gründen des Gesundheitsschutzes (Satz 2).** In den Fällen des längeren Nichtgebrauchs (Satz 1 Nr. 1) kann die Zulassungsbehörde Ausnahmen gestatten, wenn dies zum Schutz der Gesundheit von Mensch und Tier erforderlich ist.

B. Zeitliche Wirkung der Verlängerung (Absatz 1a)

18   Wird die Zulassung verlängert, so gilt sie nunmehr grundsätzlich ohne zeitliche Begrenzung. Allerdings kann die Behörde die Verlängerung auf fünf Jahre begrenzen, wenn dies erforderlich ist, um das sichere Inverkehrbringen des Arzneimittels weiterhin zu gewährleisten. Eine neuerliche Befristung kann auch dann in Betracht kommen, wenn die Anzahl der Patienten, bei denen das betreffende Arzneimittel angewendet worden ist, zu gering war, um verlässliche Aussagen über die Nutzen-Risiko-Relation zu gewinnen. Das Vorliegen der Voraussetzungen für eine Befristung der Verlängerung muss die Behörde nachweisen (*Fuhrmann* in Fuhrmann/Klein/Fleischfresser ArzneimittelR-HdB § 9 Rn. 71).

C. Inhalt des Verlängerungsantrags (Absatz 2)

19   Absatz 2 regelt den notwendigen Inhalt des Verlängerungsantrags. Das Verfahren zur Verlängerung der Zulassung ist ein eigenständig ausgestaltetes Verfahren und keine Wiederholung des Zulassungsverfahrens (VG Köln PharmR 2005, 186). Der pharmazeutische Unternehmer ist daher insbesondere nicht verpflichtet, die in den §§ 22 bis § 24 bezeichneten Unterlagen vorzulegen und die hiernach vorgeschriebenen Prüfungen durchzuführen (VG Köln PharmR 2005, 186). Es sind vielmehr nur die Änderungen zu dokumentieren, die sich nach der Erteilung der Zulassung ergeben haben.

D. Entscheidung über die Verlängerung (Absatz 3)

20   Die Verlängerung der Zulassung darf nur abgelehnt werden, wenn einer der in Absatz 3 genannten Versagungsgründe (§ 25 Abs. 2 Nr. 3, 5, 5a, 6, 6a oder 6b, 7 oder 8) vorliegt, eine Rücknahme oder ein Widerruf nach § 30 Abs. 1 S. 2 zu erfolgen hat oder von der Möglichkeit der Rücknahme nach § 30 Abs. 2 Nr. 1 oder des Widerrufs nach § 30 Abs. 2 Nr. 2 kein Gebrauch gemacht werden soll. Über die Verlängerung hat die Zulassungsbehörde innerhalb von sechs Monaten vor dem Erlöschen der Zulassung zu entscheiden. Entscheidet die Behörde nicht fristgerecht, so gilt die Zulassung fort (→ Rn. 9). Die in § 25 Abs. 1 enthaltenen Darlegungs- und **Beweiserleichterungen** für die Zulassungsbehörde gelten im Verlängerungsverfahren **nicht** (BVerwG PharmR 2017, 196 = A&R 2017, 75 mAnm *Utzerath* = BeckRS 2016, 116156).

Wird die Zulassung (ausnahmsweise (Absatz 1 a)) nur um weitere fünf Jahre verlängert, so beginnt diese Frist erst mit der **Bekanntgabe** des Verlängerungsbescheids an den Zulassungsinhaber; dies gilt jedenfalls dann, die Behörde erst nach Ablauf der Fünfjahresfrist entscheidet (BVerwG NVwZ-RR 2006, 125).

E. Aufbrauchsfrist (Absatz 4)

Erlischt die Zulassung nach Absatz 1 Satz 1 Nr. 2 oder Nr. 3, so kann das Arzneimittel während einer Aufbrauchsfrist von zwei Jahren, gerechnet von dem der Bekanntgabe des Erlöschens im Bundesanzeiger nach § 34 folgenden 1.1. oder 1.7., weiter in Verkehr gebracht werden (Absatz 4). Dies gilt nicht, sofern die Zulassungsbehörde gegenüber dem Zulassungsinhaber festgestellt hat, dass die Voraussetzungen für eine Rücknahme oder einen Widerruf vorgelegen haben. Innerhalb der Aufbrauchsfrist bleibt das Arzneimittel, obwohl dessen Zulassung erloschen ist, verkehrsfähig.

§ 35 Ermächtigung zur Zulassung und Freistellung

(1) **Das Bundesministerium wird ermächtigt, durch Rechtsverordnung mit Zustimmung des Bundesrates**
1. *(weggefallen)*
2. **die Vorschriften über die Zulassung auf Arzneimittel, die nicht der Zulassungspflicht nach § 21 Absatz 1 unterliegen, sowie auf Arzneimittel, die nach § 21 Absatz 2 Nummer 1g von der Zulassung freigestellt sind, auszudehnen, soweit es geboten ist, um eine unmittelbare oder mittelbare Gefährdung der Gesundheit von Mensch und Tier zu verhüten,**
3. *nicht abgedruckt*
4. *nicht abgedruckt*

(2) **Die Rechtsverordnungen nach Absatz 1 Nr. 2 bis 4 ergehen im Einvernehmen mit dem Bundesministerium für Wirtschaft und Energie und, soweit es sich um radioaktive Arzneimittel und um Arzneimittel handelt, bei deren Herstellung ionisierende Strahlen verwendet werden, im Einvernehmen mit dem Bundesministerium für Umwelt, Naturschutz und nukleare Sicherheit und, soweit es sich um Arzneimittel handelt, die zur Anwendung bei Tieren bestimmt sind, im Einvernehmen mit dem Bundesministerium für Ernährung und Landwirtschaft.**

Die Vorschrift enthält eine Verordnungsermächtigung zur Ausweitung des Zulassungserfordernisses auf andere als die in § 21 Abs. 1 genannten Arzneimittel; dazu → § 21 Rn. 12.

§ 36 Ermächtigung für Standardzulassungen

(1) ¹**Das Bundesministerium wird ermächtigt, durch Rechtsverordnung ohne Zustimmung des Bundesrates bestimmte Arzneimittel oder Arzneimittelgruppen oder Arzneimittel in bestimmten Abgabeformen von der Pflicht zur Zulassung freizustellen, soweit eine unmittelbare oder mittelbare Gefährdung der Gesundheit von Mensch oder Tier nicht zu befürchten ist, weil die Anforderungen an die erforderliche Qualität, Wirksamkeit und Unbedenklichkeit erwiesen sind.** ²**Das Bundesministerium kann diese Ermächtigung durch Rechtsverordnung ohne Zustimmung des Bundesrates auf die zuständige Bundesoberbehörde übertragen.** ³**Die Freistellung kann zum Schutz der Gesundheit von Mensch oder Tier von einer be-**

AMG § 37

stimmten Herstellung, Zusammensetzung, Kennzeichnung, Packungsbeilage, Fachinformation oder Darreichungsform abhängig gemacht sowie auf bestimmte Anwendungsarten, Anwendungsgebiete oder Anwendungsbereiche beschränkt werden. ⁴Die Angabe weiterer Gegenanzeigen, Nebenwirkungen und Wechselwirkungen durch den pharmazeutischen Unternehmer ist zulässig.

(2) ¹Bei der Auswahl der Arzneimittel, die von der Pflicht zur Zulassung freigestellt werden, muss den berechtigten Interessen der Arzneimittelverbraucher, der Heilberufe und der pharmazeutischen Industrie Rechnung getragen werden. ²In der Wahl der Bezeichnung des Arzneimittels ist der pharmazeutische Unternehmer frei.

(3) Die Rechtsverordnung nach Absatz 1 ergeht im Einvernehmen mit dem Bundesministerium für Wirtschaft und Energie und, soweit es sich um radioaktive Arzneimittel und um Arzneimittel handelt, bei deren Herstellung ionisierende Strahlen verwendet werden, im Einvernehmen mit dem Bundesministerium für Umwelt, Naturschutz und nukleare Sicherheit und, soweit es sich um Arzneimittel handelt, die zur Anwendung bei Tieren bestimmt sind, im Einvernehmen mit dem Bundesministerium für Ernährung und Landwirtschaft.

(4) *weggefallen*

(5) ¹Die der Rechtsverordnung nach Absatz 1 zugrunde liegenden Monographien sind von der zuständigen Bundesoberbehörde regelmäßig zu überprüfen und soweit erforderlich, an den jeweils gesicherten Stand der Wissenschaft und Technik anzupassen. ²Dabei sind die Monographien daraufhin zu prüfen, ob die Anforderungen an die erforderliche Qualität, Wirksamkeit und Unbedenklichkeit einschließlich eines positiven Nutzen-Risiko-Verhältnisses, für die von der Pflicht zur Zulassung freigestellten Arzneimittel, weiterhin als erwiesen gelten können.

1 Die **Standardzulassung** dient vor allem der Entlastung der Zulassungsbehörden. Durch die Rechtsverordnung nach § 36 wird ein Arzneimittel von der nach § 21 bestehenden Verpflichtung zur Einzelzulassung befreit (*Rehmann* § 36 Rn. 1). Jeder Hersteller, der den durch die Verordnung vorgegebenen Standard einhält, kann sich auf die Standardzulassung berufen und braucht keine Einzelzulassung zu beantragen.

2 Von der Verordnungsermächtigung hat das zuständige Bundesministerium durch die Verordnung über Standardzulassungen von Arzneimitteln (StandZV) v. 3.12.1982 (BGBl. I S. 1601), zuletzt geändert durch VO v. 19.10.2006 (BGBl. I S. 2287) Gebrauch gemacht.

§ 37 Genehmigung der Europäischen Gemeinschaft oder der Europäischen Union für das Inverkehrbringen, Zulassungen von Arzneimitteln aus anderen Staaten

(1) ¹Die von der Europäischen Gemeinschaft oder der Europäischen Union gemäß der Verordnung (EG) Nr. 726/2004 auch in Verbindung mit der Verordnung (EG) Nr. 1901/2006 oder der Verordnung (EG) Nr. 1394/2007 erteilte Genehmigung für das Inverkehrbringen steht, soweit in den §§ 11a, 13 Abs. 2a, § 21 Abs. 2 und 2a, §§ 40, 56, 56a, 58, 59, 67, 69, 73, 84 oder 94 auf eine Zulassung abgestellt wird, einer nach § 25 erteilten Zulassung gleich. ²Als Zulassung im Sinne des § 21 gilt auch die von

Genehmigung der EG oder der EU **§ 37 AMG**

einem anderen Staat für ein Arzneimittel erteilte Zulassung, soweit dies durch Rechtsverordnung des Bundesministeriums bestimmt wird.

(2) ¹Das Bundesministerium wird ermächtigt, eine Rechtsverordnung nach Absatz 1, die nicht der Zustimmung des Bundesrates bedarf, zu erlassen, um eine Richtlinie des Rates durchzuführen oder soweit in internationalen Verträgen die Zulassung von Arzneimitteln gegenseitig als gleichwertig anerkannt wird. ²Die Rechtsverordnung ergeht im Einvernehmen mit dem Bundesministerium für Ernährung und Landwirtschaft, soweit es sich um Arzneimittel handelt, die zur Anwendung bei Tieren bestimmt sind.

Übersicht

	Rn.
A. Inhalt	1
I. Gemeinschaftszulassungen (Absatz 1 Satz 1)	2
II. Zulassungen anderer Staaten (Absatz 1 Satz 2)	4
III. Verordnungsermächtigung (Absatz 2)	5
B. Exkurs: Rücknahme, Widerruf, Aussetzung einer im zentralen Zulassungsverfahren erteilten Genehmigung	6

A. Inhalt

Die Vorschrift enthält Regelungen mit verschiedener Reichweite: 1

I. Gemeinschaftszulassungen (Absatz 1 Satz 1). Die von der Europäischen 2 Kommission oder dem Rat erteilten Genehmigungen beruhen auf der VO (EG) 726/2004. Diese ist in den Mitgliedstaaten der EU unmittelbar geltendes Recht (Art. 288 AEUV). Nach Art. 13, 38 VO (EG) 726/2004 sind die auf der Grundlage dieser Verordnung erteilten Genehmigungen für die gesamte Gemeinschaft gültig. Sie begründen in jedem einzelnen Mitgliedstaat dieselben Rechte und Pflichten wie eine Genehmigung, die von dem jeweiligen Mitgliedstaat erteilt wurde.

Nun bestimmt **Absatz 1 Satz 1,** dass die von den Organen der EU erteilten Ge- 3 nehmigungen der nationalen Zulassung **gleichstehen,** wobei allerdings **nicht alle Vorschriften,** in denen die Zulassung von Bedeutung ist, aufgeführt werden. Auf der anderen Seite ist nicht erkennbar, dass damit die Geltung der von den Organen der EU erteilten Genehmigungen eingeschränkt werden sollte. Der Vorschrift kann daher allenfalls deklaratorische Bedeutung beigemessen werden (*Anker* in Deutsch/ Lippert Vor § 21 Rn. 10; *Fleischfresser* in Fuhrmann/Klein/Fleischfresser ArzneimittelR-HdB § 6 Rn. 44: „Konkretisierung"), wobei der Zweck einer Klarstellung allerdings deutlich verfehlt wird. Zur Verschreibungspflicht → § 48 Rn. 4.

II. Die Zulassung anderer Staaten (Absatz 1 Satz 2). Lediglich im Ausland 4 zugelassene Arzneimittel bedürfen weiterhin einer Zulassung nach §§ 21, 25, 25b, wenn sie in Deutschland in den Verkehr gebracht werden sollen (*Kortland* in Kügel/Müller/Hofmann § 37 Rn. 1; *Pfohl* in Erbs/Kohlhaas AMG § 37 Rn. 2). Durch eine vom BMG zu erlassende Rechtsverordnung kann ihre Zulassung der des § 21 gleichgestellt werden.

III. Verordnungsermächtigung (Absatz 2). Absatz 2 enthält die Ermächti- 5 gung zum Erlass der Verordnung nach Absatz 1 (*Fleischfresser* in Fuhrmann/Klein/ Fleischfresser ArzneimittelR-HdB § 6 Rn. 45). Eine solche ist bisher nicht ergangen (s. *Rehmann* § 37 Rn. 2).

Weber   1661

AMG § 38 Vierter Abschnitt. Zulassung der Arzneimittel

B. Exkurs: Rücknahme, Widerruf, Aussetzung einer im zentralen Zulassungsverfahren erteilten Genehmigung

6   Nach Art. 81 Abs. 1 S. 1 VO (EG) 726/2004 ist jede Entscheidung über die Erteilung, Versagung, Änderung, Aussetzung, Rücknahme oder den Widerruf, die auf Grund der Verordnung getroffen wird, eingehend zu begründen. Nach Art. 81 Abs. 2 der Verordnung darf die Gemeinschaftszulassung nur aus den in der Verordnung festgelegten Gründen und Verfahren erteilt, versagt, geändert, ausgesetzt, zurückgenommen oder widerrufen werden.

7   Die **Gründe,** bei deren Vorliegen eine Zulassung zu **versagen** ist, sind in Art. 12 VO (EG) 726/2004 festgelegt. Dagegen enthält die Verordnung keine ausdrückliche Regelung, aus welchen Gründen eine Rücknahme, ein Widerruf oder eine Aussetzung der Gemeinschaftszulassung erfolgen muss oder kann. Sie verweist jedoch vielfach auf Regelungen der Richtlinien 2003/82 EG und 2003/83 EG (→ § 2 Rn. 2), so dass auf diese zurückgegriffen werden kann (*Friese* in Dieners/Reese PharmaR-HdB § 5 Rn. 150). Die entsprechenden Regelungen sind in Art. 83, 84 der Richtlinie 2003/82 EG und in Art. 116, 117 der Richtlinie 2003/83 EG enthalten.

8   Das **Verfahren** zum Erlass einer Gemeinschaftsentscheidung über die Rücknahme, den Widerruf oder die Aussetzung einer Gemeinschaftszulassung ist gemäß Art. 81 Abs. 2 VO (EG) 726/2004 nach den Vorschriften der Verordnung durchzuführen (*Friese* in Dieners/Reese PharmaR-HdB § 5 Rn. 153). Die **Beweislast** obliegt der Behörde, wobei allerdings eine entsprechende Maßnahme schon dann in Betracht kommt, wenn neue Daten ernste Zweifel an der Sicherheit oder Wirksamkeit des Arzneimittels wecken und wenn diese ernsten Zweifel zu einer negativen Nutzen-Risiko-Bewertung führen. (EuG BeckRS 2002, 70572 Rn. 191, 192; *Friese* in Dieners/Reese PharmaR-HdB § 5 Rn. 152).

9   Gegen die Entscheidung der Kommission oder des Rates kann der Inhaber der Genehmigung binnen zwei Monaten ab Bekanntgabe (Art. 263 AEUV) **Klage** zum EuGH erheben. Zuständig ist das Gericht erster Instanz.

§ 38 Registrierung homöopathischer Arzneimittel

(1) ¹Fertigarzneimittel, die Arzneimittel im Sinne des § 2 Abs. 1 oder Abs. 2 Nr. 1 sind, dürfen als homöopathische Arzneimittel im Geltungsbereich dieses Gesetzes nur in den Verkehr gebracht werden, wenn sie in ein bei der zuständigen Bundesoberbehörde zu führendes Register für homöopathische Arzneimittel eingetragen sind (Registrierung). ²Einer Zulassung bedarf es nicht; § 21 Abs. 1 Satz 2 und Abs. 3 findet entsprechende Anwendung. ³Einer Registrierung bedarf es nicht für Arzneimittel, die von einem pharmazeutischen Unternehmer in Mengen bis zu 1 000 Packungen in einem Jahr in den Verkehr gebracht werden, es sei denn, es handelt sich um Arzneimittel,
1. die Zubereitungen aus Stoffen gemäß § 3 Nr. 3 oder 4 enthalten,
2. die mehr als den hundertsten Teil der in nicht homöopathischen, der Verschreibungspflicht nach § 48 unterliegenden Arzneimitteln verwendeten kleinsten Dosis enthalten oder
3. bei denen die Tatbestände des § 39 Abs. 2 Nr. 3, 4, 5, 6, 7 oder 9 vorliegen.

(2) ¹Dem Antrag auf Registrierung sind die in den §§ 22 bis 24 bezeichneten Angaben, Unterlagen und Gutachten beizufügen. ²Das gilt nicht für die Angaben über die Wirkungen und Anwendungsgebiete, für die Unterlagen und Gutachten über die klinische Prüfung sowie für Angaben nach

§ 22 Absatz 2 Nummer 5 und 5 a und Absatz 7 Satz 2. ³Die Unterlagen über die pharmakologisch-toxikologische Prüfung sind vorzulegen, soweit sich die Unbedenklichkeit des Arzneimittels nicht anderweitig, insbesondere durch einen angemessen hohen Verdünnungsgrad ergibt. ⁴§ 22 Absatz 1a gilt entsprechend.

Übersicht

	Rn.
A. Registrierungspflicht	1
I. Registrierungspflicht für Fertigarzneimittel	1
1. Inverkehrbringen	3
2. Fertigarzneimittel	4
3. Homöopathische Arzneimittel	5
4. Verhältnis zur Zulassung (Satz 2 Halbsatz 1)	6
II. Registrierungspflicht für Tierarzneimittel (Satz 2 Halbsatz 2)	7
III. Ausnahme von der Registrierungspflicht (Satz 3)	8
B. Folgen	10
C. Straftat	13

A. Registrierungspflicht (Absatz 1)

I. Registrierungspflicht für Fertigarzneimittel (Satz 1). Fertigarzneimittel 1 dürfen in Deutschland als **homöopathische** Arzneimittel nur in den Verkehr gebracht werden, wenn sie zuvor von der zuständigen Bundesoberbehörde registriert wurden.

Die Vorschrift gilt für **Präsentations-** und **Funktionsarzneimittel** nach § 2 2 Abs. 1 (→ § 2 Rn. 2–10, 18–83) und für **fiktive** Arzneimittel iSd § 2 Abs. 2 Nr. 1 (→ § 2 Rn. 84, 85). Dabei kommt es nicht darauf an, ob sie zur Anwendung beim Menschen oder Tier bestimmt sind.

1. Inverkehrbringen. Zum Begriff des Inverkehrbringens s. § 4 Abs. 17 (→ § 4 3 Rn. 44–73). Danach ist die **Herstellung** registrierungspflichtiger Arzneimittel bereits vor der Registrierung zulässig; verboten ist lediglich das vorherige Inverkehrbringen, wozu allerdings auch bereits das Vorrätighalten zum Verkauf oder sonstiger Abgabe genügt.

2. Fertigarzneimittel. Zum Begriff des Fertigarzneimittels s. § 4 Abs. 1 (→ § 4 4 Rn. 2–21). Arzneimittel, die keine Fertigarzneimittel sind, unterliegen, wie bereits der Wortlaut des § 38 Abs. 1 zeigt, nicht der Registrierungspflicht. Etwas anderes gilt für **Tierarzneimittel** (→ Rn. 7).

3. Homöopathisches Arzneimittel. Die Registrierungspflicht gilt für ho- 5 möopathische Arzneimittel. Diese sind in § 4 Abs. 26 legal definiert.

4. Verhältnis zur Zulassung (Satz 2 Halbsatz 1). Mit Satz 2 Halbsatz 1, wo- 6 nach es keiner Zulassung bedarf, wird klargestellt, dass dem Antragsteller nach seiner Wahl für registrierungsfähige Arzneimittel das Registrierungs- oder das Zulassungsverfahren alternativ zur Verfügung stehen. Nach § 39 Abs. 2 Nr. 8 können zugelassene Arzneimittel nicht registriert werden. Dies gilt aber nicht für den umgekehrten Fall (*Pannenbecker* in Kügel/Müller/Hofmann § 38 Rn. 9; *Rehmann* § 95 Rn. 1).

II. Registrierungspflicht für Tierarzneimittel (Satz 2 Halbsatz 2). Satz 2 7 erweitert die Registrierungspflicht bei Tierarzneimitteln auch auf solche Arzneimittel, die **keine Fertigarzneimittel** sind. Hiervon gilt eine Ausnahme, wenn die Arzneimittel an pharmazeutische Unternehmer abgegeben werden, die eine Erlaubnis zur Herstellung von Arzneimitteln besitzen.

AMG § 38   Vierter Abschnitt. Zulassung der Arzneimittel

8   **III. Ausnahme von der Registrierungspflicht (Satz 3).** Satz 3 enthält eine **Ausnahme** von der Registrierungspflicht für den Fall, dass homöopathische Arzneimittel vom pharmazeutischen Unternehmer in Mengen bis zu 1.000 Packungen in einem Jahr in den Verkehr gebracht werden. Das Jahr soll das Kalenderjahr sein (*Pannenbecker* in Kügel/Müller/Hofmann § 38 Rn. 12). Da die Regelung nicht an die Herstellung anknüpft, steht der Herstellung von mehr als 1.000 Packungen im Jahr nicht entgegen. Allerdings ist auf die weite Fassung des Inverkehrbringens, namentlich auf den Teilakt des Vorrätighaltens, zu achten.

9   Von der Ausnahme gibt es **Rückausnahmen** für Arzneimittel,
– die Zubereitungen aus den in § 3 Nr. 3 genannten Stoffen tierischer oder menschlicher Herkunft oder aus in § 3 Nr. 4 genannten Mikroorganismen, unter Einschluss derer Bestandteile oder Stoffwechselprodukte enthalten,
– die mehr als den einhundertsten Teil der in nicht homöopathischen, der Verschreibungspflicht nach § 48 unterliegenden Arzneimitteln verwendeten kleinsten Dosis enthalten, oder
– wenn einer der Versagungsgründe des § 39 Abs. 2 Nr. 3, 4,5,6,7 oder 9 vorliegt.

B. Folgen

10   Das Erfordernis der Registrierung begründet ein **Verbot mit Erlaubnisvorbehalt**, so dass mit dem Inverkehrbringen erst dann begonnen werden darf, wenn die Registrierung vorliegt. Registrierte homöopathische Arzneimittel unterliegen nicht der Gefährdungshaftung nach § 84, jedoch ist neben der allgemeinen deliktischen Haftung das **ProdHaftG** einschlägig (*Pannenbecker* in Kügel/Müller/Hofmann § 38 Rn. 10; *Rehmann* § 38 Rn. 5).

11   Die Registrierung (§ 39) ist ein **begünstigender Verwaltungsakt**, der, soweit nicht die besonderen Regeln des AMG (§ 39 Abs. 2c, 2d) eingreifen, nach dem VwVfG zu behandeln ist. Unabhängig von einer etwaigen materiell-rechtlichen Unrichtigkeit ist die Registrierung wirksam und vom Strafrichter im Umfang ihrer Geltung zu beachten. Im Übrigen wird auf → § 13 Rn. 11–13 Bezug genommen. Auch die Registrierung kann ruhen (§ 39 Abs. 2d, § 30). Auch sind besondere Erlöschensgründe vorgesehen (§ 39 Abs. 2c), bei deren Vorliegen die Zulassung von selbst unwirksam wird.

12   Die **Gestaltungswirkung** beschränkt sich auf die öffentlich-rechtlichen Voraussetzungen des Inverkehrbringens. Für die Frage, ob die Registrierung allein produkt- oder (wenigstens auch) personenbezogen wirkt, gelten die Ausführungen zur Zulassung von Arzneimitteln entsprechend (→ § 25 Rn. 2; *Volkmer* in Körner/Patzak/Volkmer § 96 Rn. 162). Der Antragsteller hat einen Anspruch auf die Registrierung, sofern das Arzneimittel ein nach Absatz 1 registrierungsfähiges Arzneimittel ist und kein Versagungsgrund nach § 39 Abs. 2 vorliegt (*Pannenbecker* in Kügel/Müller/Hofmann § 38 Rn. 5).

C. Straftat

13   Der **vorsätzliche** Verstoß gegen § 38 Abs. 1 S. 1 ist eine **Straftat** nach § 96 Nr. 9 (→ § 96 Rn. 107–119), der **fahrlässige** eine **Ordnungswidrigkeit** nach § 97 Abs. 1 Nr. 1.

§ 39a Registrierung traditioneller pflanzlicher Arzneimittel

¹Fertigarzneimittel, die pflanzliche Arzneimittel und Arzneimittel im Sinne des § 2 Abs. 1 sind, dürfen als traditionelle pflanzliche Arzneimittel nur in den Verkehr gebracht werden, wenn sie durch die zuständige Bundesoberbehörde registriert sind. ²Dies gilt auch für pflanzliche Arzneimittel, die Vitamine oder Mineralstoffe enthalten, sofern die Vitamine oder Mineralstoffe die Wirkung der traditionellen pflanzlichen Arzneimittel im Hinblick auf das Anwendungsgebiet oder die Anwendungsgebiete ergänzen.

Übersicht

	Rn.
A. Registrierungspflicht	1
I. Traditionelle pflanzliche Arzneimittel (Satz 1)	1
1. Arzneimittel	2
2. Inverkehrbringen	4
II. Anreicherung mit Vitaminen und Mineralstoffen (Satz 2)	5
B. Folgen	6
C. Straftat	9

A. Registrierungspflicht

I. Traditionelle pflanzliche Arzneimittel (Satz 1). Fertigarzneimittel, die 1 pflanzliche Arzneimittel und Arzneimittel iSd § 2 Abs. 1 sind, dürfen **als traditionelle pflanzliche** Arzneimittel nur in den Verkehr gebracht werden, wenn sie durch die zuständige Bundesoberbehörde registriert sind.

1. Arzneimittel. Die Vorschrift bezieht sich nur auf **Fertigarzneimittel** (§ 4 2 Abs. 1; → Rn. 2–21). Sie umfasst Präsentations- und Funktionsarzneimittel nach § 2 Abs. 1 (→ § 2 Rn. 2–10, 18–83), nicht dagegen fiktive Arzneimittel nach § 2 Abs. 2.(→ § 2 Rn. 84, 85). Sie gilt auch für **Tierarzneimittel** (*Heßhaus* in Kügel/Müller/Hofmann § 39a Rn. 1).

Es muss sich um **traditionelle pflanzliche Arzneimittel** handeln. Eine Legal- 3 definition des **pflanzlichen** Arzneimittels enthält § 4 Abs. 29. Um ein **traditionelles** Arzneimittel handelt es sich, wenn es zum Zeitpunkt der Stellung des Registrierungsantrages seit mindestens **30 Jahren**, davon mindestens **15 Jahre in der EU**, medizinisch oder tiermedizinisch verwendet wird (Art. 16a Abs. 1 Buchst. d, Art. 16c Abs. 1 S. 1 Buchst. d der Richtlinie 2001/83/EG v. 6.11.2001 (→ § 2 Rn. 2); *Rehmann* § 39a Rn. 1).

2. Inverkehrbringen. Dazu → § 38 Rn. 3. 4

II. Anreicherung mit Vitaminen und Mineralstoffen (Satz 2). Nach Satz 2 5 gilt die Registrierungspflicht auch für pflanzliche Arzneimittel, die Vitamine oder Mineralstoffe enthalten, sofern diese die Wirkung der traditionellen pflanzlichen Arzneimittel im Hinblick auf das Anwendungsgebiet oder die Anwendungsgebiete ergänzen. Auch hier muss es sich um traditionelle pflanzliche Arzneimittel handeln. Eine Ergänzung liegt nicht mehr vor, wenn sich das beanspruchte Anwendungsgebiet allein von dem zugesetzten Vitamin oder Mineralstoff ableiten würde, da dann dem pflanzlichen Wirkstoff lediglich eine Zusatzfunktion zukommen würde (*Heßhaus* in Kügel/Müller/Hofmann § 29a Rn. 14).

B. Folgen

6 Das Erfordernis der Registrierung begründet ein **Verbot mit Erlaubnisvorbehalt**, so dass mit dem Inverkehrbringen erst dann begonnen werden darf, wenn die Registrierung vorliegt. Registrierte homöopathische Arzneimittel unterliegen nicht der Gefährdungshaftung nach § 84, jedoch ist neben der allgemeinen deliktischen Haftung das **ProdHaftG** einschlägig (*Rehmann* § 39 a Rn. 4).

7 Die Registrierung (§ 39c) ist ein **begünstigender Verwaltungsakt**, der, soweit nicht die besonderen Regeln des AMG (§ 39d Abs. 8) eingreifen, nach dem VwVfG zu behandeln ist. Unabhängig von einer etwaigen materiell-rechtlichen Unrichtigkeit ist die Registrierung wirksam und vom Strafrichter im Umfang ihrer Geltung zu beachten. Im Übrigen wird auf → § 13 Rn. 11–13 Bezug genommen. Auch die Registrierung kann ruhen (§ 39d Abs. 8). Auch sind besondere Erlöschensgründe vorgesehen (§ 39d Abs. 3), bei deren Vorliegen die Zulassung von selbst unwirksam wird.

8 Die **Gestaltungswirkung** beschränkt sich auf die öffentlich-rechtlichen Voraussetzungen des Inverkehrbringens. Der Antragsteller hat einen Anspruch auf die Registrierung, sofern das Arzneimittel ein nach § 39a registrierungsfähiges Arzneimittel ist und kein Versagungsgrund nach § 39 Abs. 2 vorliegt (*Heßhaus* in Kügel/Müller/Hofmann § 39a Rn. 12).

C. Straftat

9 Der **vorsätzliche** Verstoß gegen § 39a S. 1 ist eine **Straftat** nach § 96 Nr. 9 (→ § 96 Rn. 107–119), der **fahrlässige** eine **Ordnungswidrigkeit** nach § 97 Abs. 1 Nr. 1.

Sechster Abschnitt. Schutz des Menschen bei der klinischen Prüfung

Vorbemerkung vor den §§ 40ff.

Übersicht

		Rn.
A.	Bedeutung	1
B.	Rechtsrahmen für klinische Prüfungen	4
C.	Phasen der klinischen Prüfung	8
D.	Die klinische Prüfung von Betäubungsmitteln	13

A. Bedeutung

1 Vor allem die Contergan-Katastrophe Anfang der 60er Jahre hat die Gefährlichkeit unerwarteter Nebenwirkungen von Arzneimitteln in das öffentliche Bewusstsein gerückt und zu einem **Konzept einer präventiven Kontrolle** der Unbedenklichkeit und Wirksamkeit neuer Arzneimittel, einschließlich der **klinischen Erprobung am Menschen,** geführt. Dadurch sollen Arzneimittelrisiken frühzeitig erkannt und die Markteinführung bedenklicher Arzneimittel von vornherein verhindert werden.

2 Die klinische Prüfung neuer Arzneimittel am Menschen bringt allerdings unvermeidlich Risiken für die Testpersonen mit sich. Sie steht damit in einem **rechtlichen** und **ethischen Spannungsverhältnis** (*Heil/Lützeler* in Dieners/Reese PharmaR-HdB § 4 Rn. 1) zwischen der Sorge für die Gesundheit dieser Personen

Vorbemerkung vor den §§ 40 ff. **Vor §§ 40 ff. AMG**

(Prüfungsteilnehmer) und der Vorsorge für die Gesundheit der späteren Konsumenten der Arzneimittel, die eine klinische Prüfung neuer Arzneimittel gebietet.

Mit den Erfordernissen einer **Nutzen-Risiko-Abwägung** und der Freiwilligkeit der Teilnahme an einer solchen Prüfung wird versucht, das Spannungsverhältnis aufzulösen (*Heil/Lützeler* in Dieners/Reese PharmaR-HdB § 4 Rn. 4). Besondere Probleme stellen sich beim Einschluss minderjähriger und einwilligungsunfähiger Testpersonen (§ 41). 3

B. Rechtsrahmen der klinischen Prüfung

Derzeit ist die klinische Prüfung in der **Richtlinie 2001/20/EG** v. 4.4.2001 (ABl. L 121, S. 34) geregelt. Die §§ 40–42b setzen diese Richtlinie um. 4

Die Richtlinie 2001/20/EG wurde durch Art. 96 Abs. 1 **VO (EU) Nr. 536/2014** v. 16.4.2014 (ABl. L 151, S. 1) aufgehoben. Die Aufhebung tritt aber erst sechs Monate nach Veröffentlichung der Mitteilung über die Funktionsfähigkeit des EU-Portals nach Art. 82 VO (EU) Nr. 536/2014 in Kraft (Art. 99 Abs. 2 der Verordnung). Zu diesem Zeitpunkt wird auch eine Neufassung und Ergänzung der §§ 40–42b wirksam. Der Zeitpunkt wird vom BMG im BGBl. bekannt gemacht (Art. 13 Abs. 2, 3 des Gesetzes v. 20.12.2016 (BGBl. I S. 3048)). 5

In seinem bereits am 24.12.2016 in Kraft getretenen Teil enthält das Gesetz v. 20.12.2016 in den **neuen §§ 41a–41c** detaillierte Regelungen über die Registrierung, die Verfahrungsordnung und den Geschäftsverteilungsplan der Ethik-Kommissionen sowie eine Verordnungsermächtigung. Vom Abdruck wurde abgesehen. 6

Die §§ 40–42a gelten nur für klinische Prüfungen, die **in Deutschland** durchgeführt werden (*Heil/Lützeler* in Dieners/Reese PharmaR-HdB § 4 Rn. 33). Sie sind ferner nicht anwendbar bei der Prüfung von **Arzneimitteln, die bei Tieren angewendet werden;** s. insoweit gilt § 59. 7

C. Phasen der klinischen Prüfung

Klinische Prüfungen werden in der Regel in **drei Phasen** eingeteilt (*Wachenhausen* in Kügel/Müller/Hofmann § 40 Rn. 22), die **vor der Zulassung** des Prüfpräparats stattfinden (Phase I-III), und **eine Phase,** die **danach** erfolgt (Phase IV). 8

In **Phase I** wird das Prüfpräparat nach Abschluss des tierexperimentellen Teils der Arzneimittelentwicklung erstmals an **gesunden Menschen** (Probanden) getestet (*Freund* in MüKoStGB §§ 40–42c Rn. 2). Ziel ist es, Informationen über die Verträglichkeit der Prüfsubstanz bei ein- oder mehrmaliger Gabe, zur Pharmakokinetik und zur Pharmakodynamik zu erhalten. Studienteilnehmer sind eine geringe Zahl von gesunden (im Regelfall männlichen) Personen (10 bis 50 Probanden). 9

Primäres Ziel der **Phase II** ist die Erforschung der therapeutischen Wirksamkeit des neuen Arzneimittels im geplanten Indikationsbereich. Studienteilnehmer sind eine begrenzte Anzahl Patienten **mit der Zielerkrankung** (ca. 100 bis 300 Probanden). Die Gruppe wird dabei möglichst schon so weit gefasst, dass die Ergebnisse repräsentativ sind und verallgemeinert werden können. Die Phase II wird im Regelfall bereits kontrolliert und randomisiert durchgeführt (*Heil/Lützeler* in Dieners/Reese PharmaR-HdB § 4 Rn. 106). 10

Sofern in der Phase II die gewünschte Wirkung und eine für die spätere Anwendung angemessene Dosierung gefunden werden konnte und sich zudem eine entsprechende Sicherheit des Prüfpräparats gewährleisten lässt, wird die Studie in der **Phase III** auf eine größere Anzahl an **kranken Prüfungsteilnehmern** (bis zu mehreren Tausend) erweitert, um sie in diesem größeren Kreis noch einmal auf Wirksamkeit, Sicherheit und Verträglichkeit zu untersuchen und auch seltene Ne- 11 benwirkungen feststellen zu können. Diese Phase bildet den Abschluss der klinischen Prüfung vor der Zulassung (*Freund* in MüKoStGB §§ 40–42c Rn. 2).

12 In der (Nach-)**Phase IV** findet eine kritische Überwachung und weitere Prüfung des zugelassenen Arzneimittels statt (*Freund* in MüKoStGB §§ 40–42c Rn. 2). Sie dient insbesondere der Beurteilung der Langzeitverträglichkeit des Arzneimittels und der Erfassung der Inzidenz (weiterer) unerwünschter Nebenwirkungen, aber auch der Optimierung der Therapie (*Heil/Lützeler* in Dieners/Reese PharmaR-HdB § 4 Rn. 113).

D. Die klinische Prüfung von Betäubungsmitteln

13 Ist ein Arzneimittel zugleich ein Betäubungsmittel, so sind nach § 81 AMG sowohl das AMG als auch das BtMG anzuwenden. Für die Voraussetzungen und Durchführung einer klinischen Prüfung bei einem solchen Arzneimittel gelten daher zunächst die §§ 40–42c AMG (*Wagner* MedR 2004, 373). Es gilt aber auch § 3 BtMG, wonach für den **Verkehr mit Betäubungsmitteln** eine Erlaubnis des BfArM erforderlich ist (Hügel/Junge/Lander/Winkler BtMVV § 1 Rn. 1.4; *Volkmer* in Körner/Patzak/Volkmer AMG § 96 Rn. 204; *Wachenhausen* in Kügel/Müller/Hofmann § 40 Rn. 37–40; *Heil/Lützeler* in Dieners/Reese PharmaR-HdB § 4 Rn. 230; *Sander* ArzneimittelR § 40 Anm. 15; *Wagner* MedR 2004, 373; aA *Dähne* MedR 2003, 547).

14 Dies gilt nicht nur für die Phase I, sondern auch für die **späteren Phasen** einschließlich der Phase IV. Auch aus § 13 Abs. 1 BtMG lässt sich nichts anderes herleiten (*Wachenhausen* in Kügel/Müller/Hofmann § 40 Rn. 38; aA *Dähne* MedR 2003, 547). Dies zeigt sich deutlich bei den Betäubungsmitteln der Anlagen II und III: diese können zwar Gegenstand einer klinischen Prüfung sein (§ 4 Abs. 1 Nr. 6 BtMG), sie können aber nicht verschrieben, verabreicht oder zum unmittelbaren Verbrauch überlassen werden (§ 13 Abs. 1 S. 3).

15 Nach § 13 Abs. 1 BtMG ist die Anwendung eines Betäubungsmittels nur zulässig, wenn sie **im Rahmen einer ärztlichen Behandlung** erfolgt. Dies setzt voraus, dass der Arzt im Rahmen seines Heilauftrags handelt (→ BtMG § 13 Rn. 21–29). Demgegenüber ist die klinische Prüfung keine Heilbehandlung (*Wachenhausen* in Kügel/Müller/Hofmann § 40 Rn. 39), jedenfalls steht diese nicht im Vordergrund. Sie ist ein Arzneimitteltest, der nach einem Prüfplan abläuft und damit primär wissenschaftlichen Zwecken dient (*Wagner* MedR 2004, 373 (375)).

16 Ist Gegenstand der klinischen Prüfung ein Betäubungsmittel der **Anlagen II oder III**, so kommt eine Erlaubnis nach § 3 Abs. 1 Nr. 1 BtMG in Betracht; für Betäubungsmittel der **Anlage I** gilt § 3 Abs. 2 BtMG, wonach eine Erlaubnis nur ausnahmsweise zu wissenschaftlichen oder anderen im öffentlichen Interesse liegenden Zwecken erteilt werden darf (dazu → BtMG § 3 Rn. 64–101).

17 Die Erlaubnis ist vom Sponsor bei dem BfArM zu beantragen. In aller Regel wird sie zunächst die **Einfuhr** und/oder den **Erwerb** der Betäubungsmittel betreffen. Wird das Arzneimittel an die Probanden abgegeben, so bedarf es auch einer Erlaubnis für die **Abgabe**. § 4 Abs. 1 Nr. 6 BtMG, der nunmehr den erlaubnisfreien Erwerb durch die Probanden zulässt, hat daran nichts geändert (BT-Drs. 16/12256, 60). Meist wird das Betäubungsmittel auch im Rahmen einer klinischen Prüfung jedoch nicht abgegeben, sondern **verabreicht** oder zum unmittelbaren Verbrauch **überlassen** (*Wagner* MedR 2004, 373). Als mindere Form der Abgabe dürfte es zulässig sein, die Erlaubnis auf das Verabreichen oder das Überlassen zum unmittelbaren Verbrauch zu beschränken.

§ 40 Allgemeine Voraussetzungen der klinischen Prüfung[1]

(1) ¹Der Sponsor, der Prüfer und alle weiteren an der klinischen Prüfung beteiligten Personen haben bei der Durchführung der klinischen Prüfung eines Arzneimittels bei Menschen die Anforderungen der guten klinischen Praxis nach Maßgabe des Artikels 1 Abs. 3 der Richtlinie 2001/20/EG einzuhalten. ²Die klinische Prüfung eines Arzneimittels bei Menschen darf vom Sponsor nur begonnen werden, wenn die zuständige Ethik-Kommission diese nach Maßgabe des § 42 Abs. 1 zustimmend bewertet und die zuständige Bundesoberbehörde diese nach Maßgabe des § 42 Abs. 2 genehmigt hat. Die klinische Prüfung eines Arzneimittels darf bei Menschen nur durchgeführt werden, wenn und solange
1. in Sponsor oder ein Vertreter des Sponsors vorhanden ist, der seinen Sitz in einem Mitgliedstaat der Europäischen Union oder in einem anderen Vertragsstaat des Abkommens über den Europäischen Wirtschaftsraum hat,
2. die vorhersehbaren Risiken und Nachteile gegenüber dem Nutzen für die Person, bei der sie durchgeführt werden soll (betroffene Person), und der voraussichtlichen Bedeutung des Arzneimittels für die Heilkunde ärztlich vertretbar sind,
2a. nach dem Stand der Wissenschaft im Verhältnis zum Zweck der klinischen Prüfung eines Arzneimittels, das aus einem gentechnisch veränderten Organismus oder einer Kombination von gentechnisch veränderten Organismen besteht oder solche enthält, unvertretbare schädliche Auswirkungen auf
    a) die Gesundheit Dritter und
    b) die Umwelt
    nicht zu erwarten sind,
3. die betroffene Person
    a) volljährig und in der Lage ist, Wesen, Bedeutung und Tragweite der klinischen Prüfung zu erkennen und ihren Willen hiernach auszurichten,
    b) nach Absatz 2 Satz 1 aufgeklärt worden ist und schriftlich eingewilligt hat, soweit in Absatz 4 oder in § 41 nichts Abweichendes bestimmt ist und
    c) nach Absatz 2a Satz 1 und 2 informiert worden ist und schriftlich oder elektronisch eingewilligt hat; die Einwilligung muss sich ausdrücklich auch auf die Verarbeitung von Angaben über die Gesundheit beziehen,
4. die betroffene Person nicht auf gerichtliche oder behördliche Anordnung in einer Anstalt untergebracht ist,
5. sie in einer geeigneten Einrichtung von einem angemessen qualifizierten Prüfer verantwortlich durchgeführt wird und die Prüfung von einem Prüfer mit mindestens zweijähriger Erfahrung in der klinischen Prüfung von Arzneimitteln geleitet wird,
6. eine dem jeweiligen Stand der wissenschaftlichen Erkenntnisse entsprechende pharmakologisch-toxikologische Prüfung des Arzneimittels durchgeführt worden ist,

---

[1] Eine Neufassung tritt sechs Monate nach Veröffentlichung der Mitteilung über die Funktionsfähigkeit des EU-Portals nach Art. 82 der VO (EU) Nr. 536/2014 in Kraft; → Vor §§ 40ff. Rn. 5.

7. jeder Prüfer durch einen für die pharmakologisch-toxikologische Prüfung verantwortlichen Wissenschaftler über deren Ergebnisse und die voraussichtlich mit der klinischen Prüfung verbundenen Risiken informiert worden ist,
8. für den Fall, dass bei der Durchführung der klinischen Prüfung ein Mensch getötet oder der Körper oder die Gesundheit eines Menschen verletzt wird, eine Versicherung nach Maßgabe des Absatzes 3 besteht, die auch Leistungen gewährt, wenn kein anderer für den Schaden haftet, und
9. für die medizinische Versorgung der betroffenen Person ein Arzt oder bei zahnmedizinischer Behandlung ein Zahnarzt verantwortlich ist.

Sätze 4 bis 6 nicht abgedruckt

(1a) bis (5) *nicht abgedruckt*

Übersicht

	Rn.
A. Allgemeine Voraussetzungen der klinischen Prüfung (§ 40)	1
B. Besondere Voraussetzungen der klinischen Prüfung (§ 41)	6
C. Straftaten, Ordnungswidrigkeiten	7

A. Allgemeine Voraussetzungen der klinischen Prüfung

1   Die allgemeinen Voraussetzungen der klinischen Prüfung sind in § 40 geregelt. Zum Begriff der klinischen Prüfung s. § 4 Abs. 23 (→ § 4 Rn. 96–105). Zum Begriff des Sponsors s. Art. 4 Abs. 24 (→ § 4 Rn. 106), zu dem des Prüfers s. Art. 4 Abs. 25 (→ § 4 Rn. 107). Wichtige Regelungen, die vor Beginn und bei der Durchführung einer klinischen Prüfung zu beachten sind, enthält die **GCP-V** (→ § 42 Rn. 7).

2   Die klinische Prüfung darf vom Sponsor **nur begonnen werden,** wenn die zuständige Ethik-Kommission sie zustimmend bewertet (§ 42 Abs. 1) und die zuständige Bundesoberbehörde sie genehmigt (§ 42 Abs. 2) hat **(Absatz 1 Satz 2).** Bei der **Durchführung** der klinischen Prüfung eines Arzneimittels am Menschen haben der Sponsor, der Prüfer und alle weiteren an der klinischen Prüfung beteiligten Personen die Anforderungen der guten klinischen Praxis nach Maßgabe des Art. 1 Abs. 3 der Richtlinie 2001/20/EG einzuhalten **(Absatz 1 Satz 1).**

3   Regeln für die **Durchführung** der klinischen Prüfung enthält **Satz 3**. Wie sich aus der Einleitung („wenn und solange") ergibt, müssen die dort genannten Voraussetzungen während des **gesamten Verlaufs** der klinischen Prüfung gegeben sein. Entfallen sie, darf die klinische Prüfung nicht fortgesetzt werden. Ein Teil der in Satz 3 (in Verbindung mit Absatz 4) aufgestellten Regeln ist mit Strafe bewehrt (§ 96 Nr. 10).

4   Von besonderer Bedeutung ist dabei Satz 3 Nr. 2, wonach die klinische Prüfung nur durchgeführt werden darf, wenn die vorhersehbaren Risiken und Nachteile gegenüber dem Nutzen für die Person, bei der sie durchgeführt werden soll (betroffene Person), und der voraussichtlichen Bedeutung des Arzneimittels für die Heilkunde ärztlich **vertretbar** sind. Ob dies gegeben ist, ist auf Grund einer umfassenden **Nutzen-Risiko-Abwägung** festzustellen. Besonders hohe Maßstäbe sind anzulegen, soweit die Prüfung an gesunden Probanden durchgeführt wird, da diese selbst von der Teilnahme an der Prüfung keinen Nutzen haben (*Wachenhausen* in Kügel/Müller/Hofmann § 40 Rn. 44).

5   Abgesehen von → Rn. 3 darf die klinische Prüfung **nicht fortgesetzt werden,** wenn die Genehmigung zurückgenommen (§ 42a Abs. 1 S. 1 Hs. 1) oder wider-

rufen ist (§ 42a Abs. 1 S. 1 Hs. 2 oder Abs. 2 S. 1) oder wenn sie ruht (§ 42a Abs. 1 S. 2, Abs. 2 S. 2). Dies bedeutet nicht, dass das Arzneimittel den Kranken, die auf das bisherige Prüfpräparat eingestellt sind, plötzlich vorenthalten werden darf. Vielmehr muss dies von dem Arzt im Einzelfall geprüft werden. Dies kann zum Ergebnis führen, dass das Prüfpräparat außerhalb der Prüfung auf Grund ärztlicher Entscheidung weiter zu verabreichen ist (*Deutsch* in Deutsch/Lippert Rn. 4; wohl auch *Wachenhausen* in Kügel/Müller/Hofmann § 42a Rn. 16).

B. Besondere Voraussetzungen der klinischen Prüfung

Besondere Voraussetzungen der klinischen Prüfung **enthält § 41**. Für die klinische Prüfung 6
- bei einer volljährigen Person, die an einer Krankheit leidet, zu deren Behandlung das zu prüfende Arzneimittel angewendet werden soll (§ 41 Abs. 1),
- bei einem Minderjährigen, der an einer Krankheit leidet, zu deren Behandlung das zu prüfende Arzneimittel angewendet werden soll (§ 41 Abs. 2),
- bei einer volljährigen Person, die nicht in der Lage ist, Wesen, Bedeutung und Tragweite der klinischen Prüfung zu erkennen und ihren Willen hiernach auszurichten und die an einer Krankheit leidet, zu deren Behandlung das zu prüfende Arzneimittel angewendet werden soll (§ 41 Abs. 3),

gilt § 40 Abs. 1–3 nur unter bestimmten engeren Voraussetzungen.

C. Straftaten und Ordnungswidrigkeiten

Der **vorsätzliche** Verstoß gegen bestimmte Regeln für die **Durchführung** der 7 klinischen Prüfung (**§ 40 Abs. 1 S. 3** auch in Verbindung mit **§ 41**) ist nach § 96 Nr. 10 strafbewehrt (→ § 96 Rn. 120–127). Der Verstoß gegen **§ 40 Abs. 1 S. 2** ist eine Straftat nach § 96 Nr. 11 (→ § 96 Rn. 128–140). In beiden Fällen ist bei **Fahrlässigkeit** eine Ordnungswidrigkeit nach § 97 Abs. 1 Nr. 1 gegeben.

§ 42 Verfahren bei der Ethik-Kommission, Genehmigungsverfahren bei der Bundesoberbehörde

(1) [1]**Die nach § 40 Abs. 1 Satz 2 erforderliche zustimmende Bewertung der Ethik-Kommission ist vom Sponsor bei der nach Landesrecht für den Prüfer zuständigen unabhängigen interdisziplinär besetzten Ethik-Kommission zu beantragen. Sätze 2 bis 6** *nicht abgedruckt* [7]**Die zustimmende Bewertung darf nur versagt werden, wenn**
1. **die vorgelegten Unterlagen auch nach Ablauf einer dem Sponsor gesetzten angemessenen Frist zur Ergänzung unvollständig sind,**
2. **die vorgelegten Unterlagen einschließlich des Prüfplans, der Prüferinformation und der Modalitäten für die Auswahl der Prüfungsteilnehmer nicht dem Stand der wissenschaftlichen Erkenntnisse entsprechen, insbesondere die klinische Prüfung ungeeignet ist, den Nachweis der Unbedenklichkeit oder Wirksamkeit eines Arzneimittels einschließlich einer unterschiedlichen Wirkungsweise bei Frauen und Männern zu erbringen, oder**
3. **die in § 40 Abs. 1 Satz 3 Nr. 2 bis 9, Abs. 4 und § 41 geregelten Anforderungen nicht erfüllt sind.**

[8]**Das Nähere wird in der Rechtsverordnung nach Absatz 3 bestimmt.** [9]**Die Ethik-Kommission hat eine Entscheidung über den Antrag nach Satz 1 innerhalb einer Frist von höchstens 60 Tagen nach Eingang der erforderlichen Unterlagen zu übermitteln, die nach Maßgabe der Rechtsverordnung nach Absatz 3 verlängert oder verkürzt werden kann; für die Prüfung**

xenogener Arzneimittel gibt es keine zeitliche Begrenzung für den Genehmigungszeitraum.

(2) ¹Die nach § 40 Abs. 1 Satz 2 erforderliche Genehmigung der zuständigen Bundesoberbehörde ist vom Sponsor bei der zuständigen Bundesoberbehörde zu beantragen. Satz 2 *nicht abgedruckt* ³Die Genehmigung darf nur versagt werden, wenn
1. die vorgelegten Unterlagen auch nach Ablauf einer dem Sponsor gesetzten angemessenen Frist zur Ergänzung unvollständig sind,
2. die vorgelegten Unterlagen, insbesondere die Angaben zum Arzneimittel und der Prüfplan einschließlich der Prüferinformation nicht dem Stand der wissenschaftlichen Erkenntnisse entsprechen, insbesondere die klinische Prüfung ungeeignet ist, den Nachweis der Unbedenklichkeit oder Wirksamkeit eines Arzneimittels einschließlich einer unterschiedlichen Wirkungsweise bei Frauen und Männern zu erbringen,
3. die in § 40 Abs. 1 Satz 3 Nr. 1, 2, 2a und 6, bei xenogenen Arzneimitteln auch die in Nummer 8 geregelten Anforderungen insbesondere im Hinblick auf eine Versicherung von Drittrisiken nicht erfüllt sind,
4. der zuständigen Bundesoberbehörde Erkenntnisse vorliegen, dass die Prüfeinrichtung für die Durchführung der klinischen Prüfung nicht geeignet ist oder dass von dieser die in Nummer 2 bezeichneten Anforderungen an die klinische Prüfung nicht eingehalten werden können, oder
5. die in § 40 Absatz 4 oder § 41 geregelten Anforderungen nicht erfüllt sind.

⁴Die Genehmigung gilt als erteilt, wenn die zuständige Bundesoberbehörde dem Sponsor innerhalb von höchstens 30 Tagen nach Eingang der Antragsunterlagen keine mit Gründen versehenen Einwände übermittelt. ⁵Wenn der Sponsor auf mit Gründen versehene Einwände den Antrag nicht innerhalb einer Frist von höchstens 90 Tagen entsprechend abgeändert hat, gilt der Antrag als abgelehnt. ⁶Das Nähere wird in der Rechtsverordnung nach Absatz 3 bestimmt. ⁷Abweichend von Satz 4 darf die klinische Prüfung von Arzneimitteln,
1. die unter die Nummer 1 des Anhangs der Verordnung (EG) Nr. 726/2004 fallen,
2. die Arzneimittel für neuartige Therapien, xenogene Arzneimittel sind,
3. die genetisch veränderte Organismen enthalten oder
4. deren Wirkstoff ein biologisches Produkt menschlichen oder tierischen Ursprungs ist oder biologische Bestandteile menschlichen oder tierischen Ursprungs enthält oder zu seiner Herstellung derartige Bestandteile erfordert,

nur begonnen werden, wenn die zuständige Bundesoberbehörde dem Sponsor eine schriftliche Genehmigung erteilt hat. ⁸Die zuständige Bundesoberbehörde hat eine Entscheidung über den Antrag auf Genehmigung von Arzneimitteln nach Satz 7 Nr. 2 bis 4 innerhalb einer Frist von höchstens 60 Tagen nach Eingang der in Satz 2 genannten erforderlichen Unterlagen zu treffen, die nach Maßgabe einer Rechtsverordnung nach Absatz 3 verlängert oder verkürzt werden kann; für die Prüfung xenogener Arzneimittel gibt es keine zeitliche Begrenzung für den Genehmigungszeitraum.

(2a) *nicht abgedruckt*

(3) *nicht abgedruckt*

Verfahren der Ethik-Kommission und der Bundesoberbehörde § 42 AMG

Übersicht

	Rn.
A. Inhalt der Vorschrift	1
B. Verfahren der Ethik-Kommission, Bewertung (Absatz 1)	2
C. Verfahren der Bundesoberbehörde, Genehmigung (Absatz 2)	3
I. Die Formen der Erteilung der Genehmigung	3
II. Der Verwaltungsakt der Genehmigung	5

A. Inhalt der Vorschrift

§ 42 enthält Anforderungen an das Verfahren und die Entscheidung der **Ethik-** 1 **Kommission** und der zuständigen **Bundesoberbehörde** (§ 77) sowie eine Verordnungsermächtigung.

B. Verfahren der Ethik-Kommission, Bewertung (Absatz 1)

Voraussetzung für die Zulässigkeit einer klinischen Prüfung ist eine **zustim-** 2 **mende Bewertung** durch die Ethik-Kommission (§ 40 Abs. 1 S. 2). **Absatz 1** regelt das Verfahren und die Entscheidung der Kommission. Diese Entscheidung ist ein **Verwaltungsakt** (*Wachenhausen* in Kügel/Müller/Hofmann § 42 Rn. 4; *Rehmann* § 42aF Rn. 2; *Heil/Lützeler* in Dieners/Reese PharmaR-HdB § 4 Rn. 62; *Deutsch* in Deutsch/Lippert Rn. 16). Es gelten für sie insoweit dieselben Regeln wie für die Genehmigung (→ Rn. 5, 6).

C. Verfahren der Bundesoberbehörde, Genehmigung (Absatz 2)

I. Die Formen der Erteilung der Genehmigung. Weitere Voraussetzung für 3 die Durchführung einer klinischen Prüfung ist die Genehmigung der zuständigen Bundesoberbehörde (§ 40 Abs. 1 S. 2). Absatz 2 regelt das Verfahren und die Entscheidung der Behörde. Von besonderer Bedeutung auch für die betäubungsmittelrechtliche Regelung des § 4 Abs. 1 Nr. 6 BtMG ist, dass das Gesetz für den Regelfall eine sogenannte **implizite Genehmigung** vorsieht. Danach gilt die Genehmigung als erteilt, wenn die Behörde dem Sponsor innerhalb von 30 Tagen nach Erhalt der vollständigen Antragsunterlagen keine mit Gründen versehenen Einwände übermittelt (Satz 4). Wenn die Behörde innerhalb der 30-Tage-Frist begründete Einwände geltend macht, ist der Sponsor verpflichtet, den Antrag innerhalb von weiteren 90 Tagen entsprechend zu ändern oder zu ergänzen. Anderenfalls gilt der Antrag als **abgelehnt** (Satz 5).

Etwas anderes gilt für die in Satz 7 Nr. 1–4 aufgeführten Arzneimittel. Wegen der 4 besonderen Risiken, die sie für den Prüfungsteilnehmer bergen, ist bei ihnen eine **schriftliche (explizite) Genehmigung** erforderlich.

II. Der Verwaltungsakt der Genehmigung. Die Genehmigung ist ein be- 5 günstigender, gestaltender Verwaltungsakt, der, soweit nicht die besonderen Regeln des AMG (§ 42a) eingreifen, nach dem VwVfG zu behandeln ist. Unabhängig von einer etwaigen materiell-rechtlichen Unrichtigkeit ist die Genehmigung wirksam und vom Strafrichter dort, wo sie **ein Tatbestandsmerkmal** darstellt (§ 96 Nr. 11), zu beachten (→ § 25 Rn. 11). Dies gilt nicht nur für die explizite Genehmigung sondern auch für die implizite Entscheidung. Im Übrigen wird auf § 13 Rn. 11, 12 Bezug genommen. Auch die Genehmigung kann ruhen (§ 42a Abs. 1 S. 2).

Knüpft der Tatbestand **nicht** an das Fehlen oder Vorhandensein der Genehmi- 6 gung an, so ist sie für die Tatbestandsmäßigkeit nicht von Bedeutung. Sie kann auch nicht zu einer Rechtfertigung führen; auf → § 25 Rn. 12 kann verwiesen werden. Allerdings kann sie Bedeutung für den Sorgfaltsmaßstab gewinnen, den die Beteiligten zu beachten haben; auf → § 25 Rn. 13–15 wird Bezug genommen.

§ 42a Rücknahme, Widerruf und Ruhen der Genehmigung oder der zustimmenden Bewertung

(1) ¹Die Genehmigung ist zurückzunehmen, wenn bekannt wird, dass ein Versagungsgrund nach § 2 Abs. 2 Satz 3 Nr. 1, Nr. 2 oder Nr. 3 bei der Erteilung vorgelegen hat; sie ist zu widerrufen, wenn nachträglich Tatsachen eintreten, die die Versagung nach § 42 Abs. 2 Satz 3 Nr. 2, Nr. 3, Nummer 4 oder Nummer 5 rechtfertigen würden. ²In den Fällen des Satzes 1 kann auch das Ruhen der Genehmigung befristet angeordnet werden.

(2) ¹Die zuständige Bundesoberbehörde kann die Genehmigung widerrufen, wenn die Gegebenheiten der klinischen Prüfung nicht mit den Angaben im Genehmigungsantrag übereinstimmen oder wenn Tatsachen Anlass zu Zweifeln an der Unbedenklichkeit oder der wissenschaftlichen Grundlage der klinischen Prüfung geben. ²In diesem Fall kann auch das Ruhen der Genehmigung befristet angeordnet werden. ³Die zuständige Bundesoberbehörde unterrichtet unter Angabe der Gründe unverzüglich die anderen für die Überwachung zuständigen Behörden und Ethik-Kommissionen sowie die Europäische Kommission und die Europäische Arzneimittel-Agentur.

(3) ¹Vor einer Entscheidung nach den Absätzen 1 und 2 ist dem Sponsor Gelegenheit zur Stellungnahme innerhalb einer Frist von einer Woche zu geben. § 28 Abs. 2 Nr. 1 des Verwaltungsverfahrensgesetzes gilt entsprechend. ²Ordnet die zuständige Bundesoberbehörde die sofortige Unterbrechung der Prüfung an, so übermittelt sie diese Anordnung unverzüglich dem Sponsor. ³Widerspruch und Anfechtungsklage gegen den Widerruf, die Rücknahme oder die Anordnung des Ruhens der Genehmigung sowie gegen Anordnungen nach Absatz 5 haben keine aufschiebende Wirkung.

(4) Ist die Genehmigung einer klinischen Prüfung zurückgenommen oder widerrufen oder ruht sie, so darf die klinische Prüfung nicht fortgesetzt werden.

(4a) ¹Die zustimmende Bewertung durch die zuständige Ethik-Kommission ist zurückzunehmen, wenn die Ethik-Kommission nachträglich davon Kenntnis erlangt, dass ein Versagungsgrund nach § 42 Absatz 1 Satz 7 vorgelegen hat; sie ist zu widerrufen, wenn die Ethik-Kommission davon Kenntnis erlangt, dass nachträglich
1. die Anforderungen an die Eignung des Prüfers, seines Stellvertreters oder der Prüfstelle nicht mehr gegeben sind,
2. keine ordnungsgemäße Probandenversicherung mehr besteht oder die Voraussetzungen für eine Ausnahme von der Versicherungspflicht nicht mehr vorliegen,
3. die Modalitäten für die Auswahl der Prüfungsteilnehmer nicht mehr dem Stand der medizinischen Erkenntnisse entsprechen, insbesondere die klinische Prüfung ungeeignet ist, den Nachweis der Unbedenklichkeit oder der Wirksamkeit eines Arzneimittels einschließlich einer unterschiedlichen Wirkungsweise bei Frauen und Männern zu erbringen, oder
4. die Voraussetzungen für die Einbeziehung von Personen nach § 40 Absatz 4 oder § 41 nicht mehr gegeben sind.

²Die Absätze 3 und 4 gelten entsprechend. ³Die zuständige Ethik-Kommission unterrichtet unter Angabe der Gründe unverzüglich die zustän-

dige Bundesoberbehörde und die anderen für die Überwachung zuständigen Behörden.

(5) ¹Wenn der zuständigen Bundesoberbehörde im Rahmen ihrer Tätigkeit Tatsachen bekannt werden, die die Annahme rechtfertigen, dass der Sponsor, ein Prüfer oder ein anderer Beteiligter seine Verpflichtungen im Rahmen der ordnungsgemäßen Durchführung der klinischen Prüfung nicht mehr erfüllt, informiert die zuständige Bundesoberbehörde die betreffende Person unverzüglich und ordnet die von dieser Person durchzuführenden Abhilfemaßnahmen an; betrifft die Maßnahme nicht den Sponsor, so ist dieser von der Anordnung zu unterrichten. ²Maßnahmen der zuständigen Überwachungsbehörde gemäß § 69 bleiben davon unberührt.

Übersicht

		Rn.
A.	Inhalt der Vorschrift	1
B.	Absolute Rücknahme- und Widerrufsgründe, Ruhen der Genehmigung (Absatz 1)	2
	I. Rücknahme (Satz 1 Halbsatz 1)	2
	II. Widerruf (Satz 1 Halbsatz 2)	3
	III. Ruhen (Satz 2)	4
C.	Relative Widerrufsgründe, Ruhen der Genehmigung (Absatz 2)	5
D.	Verfahren hinsichtlich der Genehmigung, keine aufschiebende Wirkung (Absatz 3)	6
E.	Verbot der Fortsetzung der klinischen Prüfung (Absatz 4)	7
F.	Entscheidungen der Ethik-Kommission (Absatz 4a)	8
G.	Maßnahmen bei Nichtmehrerfüllung der Pflichten der Beteiligten (Absatz 5)	9

A. Inhalt der Vorschrift

Die Vorschrift enthält **Sondervorschriften** zu den allgemeinen Bestimmungen 1 über die Rücknahme und den Widerruf eines begünstigenden Verwaltungsaktes (§§ 48, 49 VwVfG). Absätze 1–4 beziehen sich auf die Genehmigung, Absatz 4a gilt für die zustimmende Bewertung der Ethik-Kommission. Als Genehmigung ist sowohl die explizite als auch die implizite Genehmigung anzusehen. In Absatz 5 sind weitere Befugnisse der Behörden geregelt.

B. Absolute Rücknahme- und Widerrufsgründe, Ruhen der Genehmigung (Absatz 1)

I. Rücknahme (Satz 1 Halbsatz 1). Hätte die Genehmigung nicht erteilt wer- 2 den dürfen, weil ein Versagungsgrund (§ 42 Abs. 2 S. 3) vorlag, so ist sie rechtswidrig. Wird dies nachträglich bekannt, so kann sie nach den allgemeinen Vorschriften (§ 48 Abs. 1 VwVfG) zurückgenommen werden. Nach Satz 1 Hs. 1 ist die Rücknahme der Genehmigung **zwingend** (*Wachenhausen* in Kügel/Müller/Hofmann § 42a Rn. 7), wenn bei ihrer Erteilung die Versagungsgründe nach § 42 Abs. 2 S. 3 Nr. 1, 2 oder 3 vorgelegen haben. Die Rücknahme wird sofort wirksam (Absatz 3 Satz 4). Ob sie nur mit Wirkung für die Zukunft (ex nunc) oder auch für die Vergangenheit (es tunc) zurückgenommen wird, entscheidet die zuständige Behörde. Im Übrigen wird auf → § 30 Rn. 6 Bezug genommen. Statt der Rücknahme kann die Behörde befristet auch das **Ruhen** der Genehmigung anordnen **(Satz 3).**

II. Widerruf (Satz 1 Halbsatz 2). Treten nachträglich Tatsachen ein, die die 3 Versagung nach § 42 Abs. 2 S. 3 Nr. 2, 3 oder 4 rechtfertigen würden, so **ist** die Genehmigung zwingend (*Wachenhausen* in Kügel/Müller/Hofmann § 42a Rn. 7) zu **widerrufen** (Satz 2). Auch der Widerruf wird sofort wirksam (Absatz 3 Satz 4).

4 **III. Ruhen (Satz 2).** Statt der Rücknahme oder des Widerrufs kann die Behörde befristet auch das Ruhen der Genehmigung anordnen. Auch die Anordnung des Ruhens wird sofort wirksam (Absatz 3 Satz 4).

C. Relative Widerrufsgründe, Ruhen der Genehmigung (Absatz 2)

5 Zwei Widerrufsgründe, deren Vorliegen aber nicht zwingend zum Widerruf führen muss, enthält Absatz 2. Danach kann die zuständige Bundesoberbehörde die Genehmigung widerrufen, wenn die Gegebenheiten der klinischen Prüfung nicht mit den Angaben im Genehmigungsantrag übereinstimmen oder wenn Tatsachen Anlass zu Zweifeln an der Unbedenklichkeit oder der wissenschaftlichen Grundlage der klinischen Prüfung geben (Satz 1). Statt des Widerrufs kann befristet das Ruhen der Genehmigung angeordnet werden (Satz 2). Sowohl der Widerruf als auch die Anordnung des Ruhens werden sofort wirksam (Absatz 3 Satz 4).

D. Verfahren hinsichtlich der Genehmigung, keine aufschiebende Wirkung (Absatz 3)

6 Nach Satz 1 ist dem Sponsor vor der Entscheidung nach den Absätzen 1 und 2 Gelegenheit zur Stellungnahme zu geben. Hiervon kann abgesehen werden, wenn eine sofortige Entscheidung wegen Gefahr im Verzug oder im öffentlichen Interesse notwendig erscheint (Satz 2). Ordnet die Bundesoberbehörde die sofortige Unterbrechung der Prüfung an, so übermittelt sie diese Anordnung unverzüglich dem Sponsor (Satz 3). Der Widerspruch und die Anfechtungsklage gegen die Entscheidungen nach Absatz 2 oder Absatz 5 haben keine aufschiebende Wirkung (Satz 4).

E. Verbot der Fortsetzung der klinischen Prüfung (Absatz 4)

7 Wird die Genehmigung zurückgenommen oder widerrufen oder ruht sie, so darf die klinische Prüfung nicht fortgesetzt werden (Absatz 4). Dies bedeutet jedoch nicht, dass das Arzneimittel den Kranken, die auf das bisherige Prüfpräparat eingestellt sind, plötzlich vorenthalten werden darf. Vielmehr muss dies von den Arzt im Einzelfall geprüft werden. Dies kann zum Ergebnis führen, dass das Prüfpräparat außerhalb der Prüfung auf Grund ärztlicher Entscheidung weiter zu verabreichen ist (*Deutsch* in Deutsch/Lippert Rn. 4; wohl auch *Wachenhausen* in Kügel/Müller/Hofmann § 42a Rn. 16).

F. Entscheidungen der Ethik-Kommission (Absatz 4a)

8 Nach Absatz 4a Satz 1 Hs. 1 ist die zustimmende Bewertung durch die zuständige Ethik-Kommission **zurückzunehmen,** wenn diese nachträglich davon Kenntnis erlangt, dass ein Versagungsgrund nach § 42 Abs. 1 S. 7 vorgelegen hat. Wird einer der in Absatz 4a Satz 1 Hs. 2 Nr. 1–4 genannten Gründe nachträglich bekannt, so ist die zustimmende Bewertung zu **widerrufen.** Für das Verfahren gilt Absatz 3 entsprechend (Satz 2); Widerspruch und Anfechtungsklage haben keine aufschiebende Wirkung. Ist die zustimmende Bewertung zurückgenommen oder widerrufen, darf die klinische Prüfung nicht fortgesetzt werden (Absatz 4). Rn. 7 gilt entsprechend (s. *Wachenhausen* in Kügel/Müller/Hofmann § 42a Rn. 18).

G. Maßnahmen bei Nichtmehrerfüllung der Pflichten der Beteiligten (Absatz 5)

9 Werden der Bundesoberbehörde im Rahmen ihrer Tätigkeit Tatsachen bekannt, die die Annahme rechtfertigen, dass der Sponsor, ein Prüfer oder ein anderer Beteiligter seine Verpflichtungen im Rahmen der ordnungsgemäßen Durchführung der klinischen Prüfung nicht mehr erfüllt, so ist die betreffende Person unverzüglich zu informieren. Zugleich hat die Bundesoberbehörde die von dieser Person durchzuführenden Abhilfemaßnahmen anzuordnen. Diese werden sofort wirksam (Absatz 3 Satz 4). Betrifft die Maßnahme nicht den Sponsor, so ist auch dieser zu unterrichten.

Siebter Abschnitt. Abgabe von Arzneimitteln

§ 43 Apothekenpflicht, Inverkehrbringen durch Tierärzte

(1) ¹Arzneimittel im Sinne des § 2 Abs. 1 oder Abs. 2 Nr. 1, die nicht durch die Vorschriften des § 44 oder der nach § 45 Abs. 1 erlassenen Rechtsverordnung für den Verkehr außerhalb der Apotheken freigegeben sind, dürfen außer in den Fällen des § 47 berufs- oder gewerbsmäßig für den Endverbrauch nur in Apotheken und ohne behördliche Erlaubnis nicht im Wege des Versandes in den Verkehr gebracht werden; das Nähere regelt das Apothekengesetz. ²Außerhalb der Apotheken darf außer in den Fällen des Absatzes 4 und des § 47 Abs. 1 mit den nach Satz 1 den Apotheken vorbehaltenen Arzneimitteln kein Handel getrieben werden. ³Die Angaben über die Ausstellung oder Änderung einer Erlaubnis zum Versand von Arzneimitteln nach Satz 1 sind in die Datenbank nach § 67a einzugeben.

(2) Die nach Absatz 1 Satz 1 den Apotheken vorbehaltenen Arzneimittel dürfen von juristischen Personen, nicht rechtsfähigen Vereinen und Gesellschaften des bürgerlichen Rechts und des Handelsrechts an ihre Mitglieder nicht abgegeben werden, es sei denn, dass es sich bei den Mitgliedern um Apotheken oder um die in § 47 Abs. 1 genannten Personen und Einrichtungen handelt und die Abgabe unter den dort bezeichneten Voraussetzungen erfolgt.

(3) Auf Verschreibung dürfen Arzneimittel im Sinne des § 2 Abs. 1 oder Abs. 2 Nr. 1 nur von Apotheken abgegeben werden. § 56 Abs. 1 bleibt unberührt.

(3a) *nicht abgedruckt*

(4) ¹Arzneimittel im Sinne des § 2 Abs. 1 oder Abs. 2 Nr. 1 dürfen ferner im Rahmen des Betriebes einer tierärztlichen Hausapotheke durch Tierärzte an Halter der von ihnen behandelten Tiere abgegeben und zu diesem Zweck vorrätig gehalten werden. ²Dies gilt auch für die Abgabe von Arzneimitteln zur Durchführung tierärztlich gebotener und tierärztlich kontrollierter krankheitsvorbeugender Maßnahmen bei Tieren, wobei der Umfang der Abgabe den auf Grund tierärztlicher Indikation festgestellten Bedarf nicht überschreiten darf. ³Weiterhin dürfen Arzneimittel im Sinne des § 2 Abs. 1 oder Abs. 2 Nr. 1, die zur Durchführung tierseuchenrechtlicher Maßnahmen bestimmt und nicht verschreibungspflichtig sind, in der jeweils erforderlichen Menge durch Veterinärbehörden an Tierhalter abgegeben werden. ⁴Mit der Abgabe ist dem Tierhalter eine schriftliche Anweisung über Art, Zeitpunkt und Dauer der Anwendung auszuhändigen.

(5) ¹Zur Anwendung bei Tieren bestimmte Arzneimittel, die nicht für den Verkehr außerhalb der Apotheken freigegeben sind, dürfen an den Tierhalter oder an andere in § 47 Abs. 1 genannten Personen nur in der Apotheke oder tierärztlichen Hausapotheke oder durch den Tierarzt ausgehändigt werden. ²Dies gilt nicht für Fütterungsarzneimittel und für

AMG § 43 Siebter Abschnitt. Abgabe von Arzneimitteln

Arzneimittel im Sinne des Absatzes 4 Satz 3. ³Abweichend von Satz 1 dürfen Arzneimittel, die ausschließlich zur Anwendung bei Tieren, die nicht der Gewinnung von Lebensmitteln dienen, zugelassen sind, von Apotheken, die eine behördliche Erlaubnis nach Absatz 1 haben, im Wege des Versandes abgegeben werden. ⁴Ferner dürfen in Satz 3 bezeichnete Arzneimittel im Rahmen des Betriebs einer tierärztlichen Hausapotheke im Einzelfall in einer für eine kurzfristige Weiterbehandlung notwendigen Menge für vom Tierarzt behandelte Einzeltiere im Wege des Versandes abgegeben werden. ⁵Sonstige Vorschriften über die Abgabe von Arzneimitteln durch Tierärzte nach diesem Gesetz und der Verordnung über tierärztliche Hausapotheken bleiben unberührt.

(6) Arzneimittel dürfen im Rahmen der Übergabe einer tierärztlichen Praxis an den Nachfolger im Betrieb der tierärztlichen Hausapotheke abgegeben werden.

Übersicht

	Rn.
A. Die Abgabe von Arzneimitteln	1
I. Apothekenpflichtige Arzneimittel (OTC-Präparate)	3
II. Verschreibungspflichtige Arzneimittel (Rx-Präparate)	4
III. Freiverkäufliche Arzneimittel	6
B. Apothekenmonopol	7
C. Apothekenpflicht (Absatz 1)	8
I. Inverkehrbringen für den Endverbrauch (Satz 1)	9
1. Arzneimittel	10
2. Nicht freiverkäufliche Arzneimittel	11
3. Inverkehrbringen	12
4. In einer Apotheke	13
5. Berufs- oder gewerbsmäßig	17
a) Einmalige Abgabe	18
b) Wiederholte Abgabe	19
aa) Absicht der Gewinnerzielung	20
bb) Abgabe zum Selbstkostenpreis	21
cc) Unentgeltliche Abgabe	22
6. Für den Endverbrauch	28
7. Ausnahme Vertriebsweg für pharmazeutische Unternehmer und Großhändler (§ 47)	29
8. Ausnahme Versandhandel	30
9. Dispensierrecht der Tierärzte	35
II. Handeltreiben (Satz 2)	36
1. Ziel der neuen Regelung	37
a) Übernahme des betäubungsmittelrechtlichen Begriffs des Handeltreibens	38
b) Keine vollständige Zielerreichung	40
aa) Berufs- oder Gewerbsmäßigkeit, einmaliges Handeln	41
bb) Unentgeltlichkeit, Eigennützigkeit	42
2. Tathandlung	44
a) Apothekenpflichtige Arzneimittel	45
b) Außerhalb der Apotheken	46
c) Der Begriff des Handeltreibens in § 43 Abs. 1 S. 2	48
d) Der Tatbestand im Einzelnen	50
aa) Handlung	51
bb) Ausrichtung auf den Umsatz von apothekenpflichtigen Arzneimitteln außerhalb der Apotheken	52
(a) Umsatzgeschäft	53
(b) Endziel	54
(c) Tätigkeitsdelikt, Folgen	56
(d) Erkennbarkeit	58

	Rn.
cc) Eigennützigkeit	59
e) Ausnahme Vertriebsweg für pharmazeutische Unternehmer und Großhändler (§ 47 Abs. 1)	60
f) Ausnahme Dispensierrecht der Tierärzte (Absatz 4)	61
III. Versandhandelsregister (Satz 3)	62
D. Abgabe durch Personenvereinigungen an ihre Mitglieder (Absatz 2)	63
E. Abgabe auf Verschreibung (Absatz 3)	65
I. Geltungsbereich	65
II. Abgrenzung	67
III. Weitergabe nach erfolgter Abgabe	69
IV. Von Apotheken	70
F. Dispensierrecht der Tierärzte, Abgabe durch Veterinärbehörden (Absatz 4)	71
I. Dispensierrecht der Tierärzte	72
1. Arzneimittel	73
2. Abgabe an Tierhalter, Vorrätighalten zu diesem Zweck	74
3. Zwecke	75
4. Im Rahmen des Betriebs einer tierärztlichen Hausapotheke	77
5. Schriftliche Anweisung	78
II. Abgabe durch Veterinärbehörden (Satz 3)	79
G. (Beschränktes) Versandverbot für Tierarzneimittel (Absatz 5)	80
I. Versandverbot für Tierarzneimittel für Lebensmittel liefernde Tiere (Sätze 1, 2)	81
II. Versandhandel bei Arzneimitteln für nicht Lebensmittel liefernde Tiere (Satz 3)	85
III. Versendung durch den Tierarzt (Sätze 4, 5)	86
H. Übergabe einer tierärztlichen Praxis (Absatz 6)	88
I. Straftaten, Ordnungswidrigkeiten	89
I. Verschreibungspflichtige Arzneimittel	90
1. Verstoß gegen § 43 Abs. 1 S. 1	91
2. Verstoß gegen § 43 Abs. 1 S. 2	92
3. Verstoß gegen § 43 Abs. 2	93
4. Verstoß gegen § 43 Abs. 3 S. 1	94
5. Verstoß gegen § 43 Abs. 4	95
6. Verstoß gegen § 43 Abs. 5 S. 1	96
7. Verstoß gegen § 43 Abs. 5 S. 3	97
8. Verstoß gegen § 43 S. 5 Satz 4	98
II. (Lediglich) apothekenpflichtige Arzneimittel	99
1. Verstoß gegen § 43 Abs. 1 S. 1	100
2. Verstoß gegen § 43 Abs. 1 S. 2	101
3. Verstoß gegen § 43 Abs. 2	102
4. Verstoß gegen § 43 Abs. 3 S. 1	103
5. Verstoß gegen § 43 Abs. 4	104
6. Verstoß gegen § 43 Abs. 5 S. 1	105
7. Verstoß gegen § 43 Abs. 5 S. 3	106
8. Verstoß gegen § 43 Abs. 5 S. 4	107

A. Die Abgabe von Arzneimitteln

Die Abgabe von Arzneimitteln an Verbraucher richtet sich nach dem jeweiligen **Produktstatus** des Arzneimittels (*Sandrock/Nawroth* in Dieners/Reese PharmaR-HdB § 9 Rn. 5). Das AMG unterscheidet insoweit zwischen verschreibungspflichtigen, apothekenpflichtigen und freiverkäuflichen Arzneimitteln und sieht je nach der Kategorie unterschiedliche Vertriebswege vor. Ist das Arzneimittel **freiverkäuflich** (→ Rn. 6), so kann es im Einzelhandel auch außerhalb von Apotheken an den Endverbraucher verkauft werden. Ist es **apothekenpflichtig** (→ Rn. 3), kann es nur über Apotheken bezogen werden (**OTC-Präparate** (over the counter)). Ist es **verschreibungspflichtig** (→ Rn. 4, 5), so kann es grundsätzlich ebenfalls nur über Apotheken bezogen werden, wobei die Abgabe nur gegen Vorlage einer ärztlichen

Verschreibung erfolgen darf (**Rx-Präparate**). Verschreibungspflichtige Arzneimittel unterliegen daher immer der Apothekenpflicht (*Freund* in MüKoStGB §§ 43–53 Rn. 5). Etwas anderes gilt nur für fiktive Arzneimittel iSd § 2 Abs. 2 Nr. 1a–4, die der Verschreibungspflicht unterstellt werden können, ohne dass sie über die Apotheken bezogen werden müssen (*Hofmann* in Kügel/Müller/Hofmann § 43 Rn. 9).

2 Darüber hinaus bestehen Sonderregelungen für **Tierarzneimittel** (§ 43 Abs. 4–6) und für **Betäubungsmittel** (§ 13 Abs. 2 BtMG in Verbindung mit der BtMVV). Auf **diamorphinhaltige** Fertigarzneimittel, die zur substitutionsgestützten Behandlung zugelassen sind, ist § 43 nicht anwendbar (§ 47 b Abs. 2).

3 **I. Apothekenpflichtige Arzneimittel (OTC-Präparate).** Ein Arzneimittel ist lediglich (→ Rn. 5) apothekenpflichtig, wenn es weder der Verschreibungspflicht (§ 48 in Verbindung mit der AMVV) unterliegt noch freiverkäuflich (§§ 44, 45 in Verbindung mit der AMVerkRV) ist. Die Eingruppierung richtet sich nach dem Gefährdungs- und Risikopotential, das nach Einschätzung des zuständigen Bundesministeriums und eines eigens dazu berufenen Sachverständigengremiums mit der Anwendung eines Arzneimittels verbunden ist. Bereits durch die Apothekenpflicht wird ein Schutz des Verbrauchers erreicht, indem gewährleistet ist, dass die abgegebenen Arzneimittel einwandfrei und unbeschädigt in die Hände des Verbrauchers gelangen und vor der Anwendung eine fachkundige Beratung durch den Apotheker erfolgt.

4 **II. Verschreibungspflichtige Arzneimittel (Rx-Präparate).** Die Verschreibungspflicht richtet sich nach § 48 in Verbindung mit § 1 AMVV, wo die verschreibungspflichtigen Arzneimittel definiert sind. Durch das Erfordernis einer ärztlichen Verschreibung soll die Anwendungssicherheit bestimmter Arzneimittel gewährleistet werden, deren Wirkungen wissenschaftlich noch nicht allgemein bekannt sind, bei deren Indikation die Inanspruchnahme eines Arztes angezeigt ist oder deren Anwendung wegen eines möglichen Missbrauchspotentials nur unter ärztlicher Überwachung erfolgen soll (*Sandrock/Nawroth* in Dieners/Reese PharmaR-HdB § 9 Rn. 10). Zwar geht auch bei ihnen mit der Aushändigung des Medikaments die Verantwortung für die bestimmungsgemäße Anwendung auf den Patienten über, so dass die Gefahren einer unkontrollierten Selbstmedikation oder einer mangelnden Therapietreue (Compliance) auch bei verschreibungspflichtigen Arzneimitteln nicht ausgeschlossen werden können. Durch die Verschreibungspflicht werden sie jedoch jedenfalls gemindert.

5 Auch **verschreibungspflichtige** Arzneimittel dürfen grundsätzlich nur **in einer Apotheke** abgegeben werden (§ 43 Abs. 1 S. 1; → Rn. 1). Ihr **Anteil** am Gesamtumsatz aller Medikamente ist hoch; er betrug im Jahre 2007 ca. 81 % (*Sandrock/Nawroth* in Dieners/Reese PharmaR-HdB § 9 Rn. 15).

6 **III. Freiverkäufliche Arzneimittel.** Welche Arzneimittel von der Apothekenpflicht befreit sind, richtet sich nach §§ 44, 45 in Verbindung mit der AMVerkRV. Es sind im Wesentlichen Arzneimittel, die bei bestimmungs- oder gewohnheitsmäßem Gebrauch keine Risiken für Mensch oder Tier befürchten lassen. Der bestimmungsgemäße Gebrauch richtet sich nach der jeweiligen Indikation und den weiteren Angaben zur Verwendung des Arzneimittels. Liegt es nahe, dass das Arzneimittel gewohnheitsmäßig, auch ohne Notwendigkeit, eingenommen wird und ist dies nicht ohne Gefahr für die Gesundheit von Mensch oder Tier, so kann diesem Missbrauch durch die Einführung der Apothekenpflicht begegnet werden (§ 46).

B. Apothekenmonopol

Arzneimittel nach § 2 Abs. 1, 2 Nr. 1 dürfen nur in Apotheken abgegeben wer- 7
den, sofern ihr Inverkehrbringen außerhalb der Apotheke nicht ausdrücklich durch
§ 44 oder durch Rechtsverordnung nach § 45 gestattet ist (freiverkäufliche Arzneimittel). Die sich hieraus ergebende Apothekenpflicht hat insoweit ein **Apothekenmonopol** zur Folge (→ § 1 Rn. 3). Die verfassungsrechtliche Zulässigkeit des Apothekenmonopols wurde vom BVerfG in den Jahren 1958 und 1959 (BVerfGE 7, 377 = NJW 1958, 1035; 9, 73 = NJW 1959, 667) bestätigt. Auch unionsrechtlich ist das Apothekenmonopol unbedenklich, da es schützenswerten Interessen des Gemeinwohls dient (EuGH NJW 2009, 2803 = PharmR 2009, 451).

C. Apothekenpflicht (Absatz 1)

Grundlage der Apothekenpflicht ist **Absatz 1**. Die Vorschrift enthält hierfür 8
zwei Regelungen:
– das berufs- und gewerbsmäßige **Inverkehrbringen** von Arzneimitteln für den **Endverbrauch** ist grundsätzlich den Apotheken vorbehalten **(Satz 1),**
– **außerhalb** des nach § 47 vorgeschriebenen Vertriebswegs und des Dispensierrechts der Tierärzte (§ 43 Abs. 4) darf generell kein **Handel** mit apothekenpflichtigen Arzneimitteln getrieben werden **(Satz 2).**

Von der grundsätzlichen Apothekenpflicht sind Arzneimittel nur dann ausgenommen, wenn sie unter §§ 44, 45 in Verbindung mit der AMVerkRV fallen. **Satz 3** enthält noch eine formelle Vorschrift für den Versandhandel.

I. Inverkehrbringen für den Endverbrauch (Satz 1). Nach Satz 1 dürfen 9
Arzneimittel berufs- oder gewerbsmäßig für den Endverbrauch grundsätzlich nur in Apotheken in den Verkehr gebracht werden.

1. Arzneimittel. Die Vorschrift gilt nach ihrem eindeutigen Wortlaut für alle 10
Arzneimittel iSd § 2 Abs. 1, 2 Nr. 1, also nicht nur für Fertigarzneimittel (*Sander* ArzneimittelR § 43 Erl. 1; aA *Freund* in MüKoStGB §§ 43–53 Rn. 2; *Rehmann* § 43 Rn. 2), sondern auch für Bulkware und speziell für den Endverbraucher hergestellte Arzneimittel (*Sandrock/Nawroth* in Dieners/Reese PharmaR-HdB § 9 Rn. 40; *von Czettritz* in Fuhrmann/Klein/Fleischfresser ArzneimittelR-HdB § 24 Rn. 5). Sie gilt für Präsentationsarzneimittel (§ 2 Abs. 1 Nr. 1 (→ § 2 Rn. 26–45), Funktionsarzneimittel (§ 2 Abs. 1 Nr. 2 (→ § 2 Rn. 46–83)) und einen Teil der fiktiven Arzneimittel (§ 2 Abs. 2 Nr. 1 (→ § 2 Rn. 84, 85)).

2. Nicht freiverkäufliche Arzneimittel. Allerdings muss es sich um nicht frei 11
verkäufliche Arzneimittel handeln (→ Rn. 6). Das Verbot bezieht sich damit sowohl auf Arzneimittel, die lediglich apothekenpflichtig (→ Rn. 3) sind, als auch auf solche, die verschreibungspflichtig (→ Rn. 4, 5) sind.

3. Inverkehrbringen. Verboten ist das Inverkehrbringen außerhalb der Apothe- 12
ken (zum Versand → Rn. 30–34). Zum Begriff des Inverkehrbringens s. § 4 Abs. 17 (→ § 4 Rn. 44–73). Kein Inverkehrbringen ist danach das **Verabreichen** oder **Überlassen** zum **unmittelbaren Verbrauch** durch den Arzt oder sonst zur Ausübung der Heilkunde befugte Personen. Dazu gehört auch die Anwendung von **Applikationsarzneimitteln,** die von dem Patienten nicht selbst angewandt werden können (BGH PharmR 2019, 57 = A&R 2018, 268 mAnm *Bongers-Gehlert/ Douglas*). Da in diesen Fällen keine Abgabe vorliegt, darf der Arzt die betreffenden Arzneimittel auch vorrätig halten. Ein Inverkehrbringen ist dagegen gegeben, wenn der Arzt das Arzneimittel an den Patienten **abgibt,** so dass dieser tatsächliche Verfügungsgewalt über das Arzneimittel erlangt (→ § 4 Rn. 14). Eine andere Frage ist, ob dies berufs- oder gewerbsmäßig erfolgt (dazu → Rn. 17–27).

13   **4. In Apotheken.** Das Inverkehrbringen muss in der Apotheke erfolgen. Demgemäß bestimmt § 17 Abs. 1a ApBetrO, dass das Arzneimittel, außer in den Fällen des Versandes (§ 11a ApoG, § 43 Abs. 2a AMG), in den Betriebsräumen der Apotheke in den Verkehr gebracht und durch pharmazeutisches Personal ausgehändigt werden muss. Dadurch ist auch gewährleistet, dass der Apotheker seiner Verpflichtung zur Prüfung der Arzneimittel (§ 12 ApBetrO) und zur Information und Beratung (§ 20 ApBetrO) nachkommen kann. Nicht zu den Räumen einer Apotheke gehört ein Drugmobil, es sei denn, dass sich die Apothekenerlaubnis darauf erstreckt (→ BtMG § 4 Rn. 6).

14   Nicht (mehr) notwendig ist, dass sich der **Empfänger** des Arzneimittels bei der Übergabe **in den Betriebsräumen** der Apotheke aufhält. Mit der Zulassung des Versandhandels hat der Gesetzgeber eine Form der Medikamentenabgabe ermöglicht, bei der das Arzneimittel zwar aus einer Apotheke heraus abgegeben werden muss, der Kunde aber nicht gehalten ist, die Apotheke zu betreten. Er kann seine Bestellung schriftlich oder, soweit nicht die Vorlage eines Rezepts notwendig ist, telefonisch oder über das Internet aufgeben und sich die bestellte Ware an einen beliebigen Ort zustellen lassen. Zulässig ist daher auch die Abgabe über einen an der Apotheke eingerichteten **Außen-** oder **Autoschalter** (BVerwG NJW 2005, 3736 = NVwZ 2005, 1198). Ebenso zulässig ist ein **Notdienstschalter** (BVerwG NJW 1999, 881).

15   Auch die Abgabe über ein an der Außenwand angebrachtes **Terminal** ist nicht deshalb unzulässig, weil sie nicht **in** einer Apotheke erfolgt (BVerwG NVwZ-RR 2010, 809 = PharmR 2010, 462 = MedR 2011, 173). Bei **verschriebenen** Arzneimitteln ergibt sich die Unzulässigkeit einer solchen Abgabe jedoch daraus, dass die Dokumentationspflichten des § 17 Abs. 5, 6 ApBetrO nicht eingehalten werden können (BVerwG NVwZ-RR 2010, 809 (s. o.)). Bei **freiverkäuflichen** Arzneimitteln verstößt eine solche Abgabe gegen § 52 Abs. 1 Nr. 1, 2. Bei **apothekenpflichtigen** Arzneimitteln werden außerdem die Informations- und Beratungspflichten des Apothekers (§ 20 ApBetrO) verletzt, soweit das Terminal außerhalb der normalen Öffnungszeiten der Apotheke eingesetzt wird (BVerwG NVwZ-RR 2010, 809 (s. o.)), da der Kunde in dieser Zeit nicht mehr die Wahl zwischen dem Terminal und dem persönlichen Kontakt mit dem Apotheker hat. Die Verbindung zu diesem über Bildtelefon kann dies nicht ersetzen (BVerwG NVwZ-RR 2010, 809 (s. o.)). Die „Bereitstellung, Aushändigung und Ausgabe" von Arzneimitteln durch **automatisierte Ausgabestationen** ist seit dem 15.12.2020 in § 17 Abs. 1b ApBetrO geregelt (Art. 3 G v. 9.12.2020 (BGBl. I S. 2870)).

16   Auch bei Präsenzapotheken ist die Zustellung **durch Boten** zulässig (§ 17 Abs. 2 ApBetrO). Ein besonderer Grund ist hierzu nicht mehr notwendig (BVerwG NJW 2005, 3736 (→ Rn. 14)). Die Boten müssen zur pharmazeutischen Beratung geeignet sein, wenn eine solche Beratung nicht schon zuvor durch Fachpersonal stattgefunden hat (§ 17 Abs. 2 S. 4 Nr. 2 ApBetrO; OLG Düsseldorf A&R 2013, 248 mkritAnm *Kieser*), oder wenn die Verschreibung nicht in der Apotheke vorgelegen hat (§ 17 Abs. 2 S. 4 Nr. 1 ApBetrO).

17   **5. Berufs- oder gewerbsmäßig.** Nur das berufs- oder gewerbsmäßige Inverkehrbringen außerhalb von Apotheken ist verboten. Zum Begriff der Berufs- oder Gewerbsmäßigkeit zunächst → § 13 Rn. 25–31. Das Verbot gilt auch für Ärzte oder Zahnärzte (BGH PharmR 2019, 57 (→ Rn. 12)).

18   **a) Einmalige Abgabe.** Nicht erfasst wird daher die entgeltliche oder unentgeltliche Abgabe im Einzelfall (*Freund* in MüKoStGB § 95 Rn. 47). Eine Ausnahme gilt allerdings für die entgeltliche Abgabe, auch die Abgabe zum Selbstkostenpreis in den in → Rn. 21 beschriebenen Fällen. ferner → Rn. 24. Besteht die Absicht der Gewinnerzielung, kommt auch Handeltreiben (Satz 2) in Betracht (→ Rn. 41).

Apothekenpflicht, Inverkehrbringen durch Tierärzte **§ 43 AMG**

b) Wiederholte Abgabe. In den Fällen der wiederholten Abgabe gilt: 19

aa) Absicht der Gewinnerzielung. Ein berufs- oder gewerbsmäßiges Inver- 20
kehrbringen kommt namentlich dann in Betracht, wenn es auf die Erzielung dauernder Einnahmen angelegt und mit der Absicht der Gewinnerzielung verbunden ist. Ein solches Handeln ist (gegenüber dem Endverbraucher) nur dem Apotheker in seiner Apotheke erlaubt (zum Versandhandel → Rn. 30–34). In den anderen Fällen, etwa wenn ein pharmazeutischer Unternehmer oder Großhändler Arzneimittel verbilligt an das eigene Personal **(Personalverkauf)** oder an **Apothekenpersonal** veräußert, wird nicht nur gegen das Verbot des Inverkehrbringens nach **Satz 1** verstoßen (*Sandrock/Nawroth* in Dieners/Reese PharmaR-HdB § 9 Rn. 37), sondern zugleich der Tatbestand des **unerlaubten Handeltreibens (Satz 2)** verwirklicht.

bb) Abgabe zum Selbstkostenpreis. Ein berufsmäßiges Inverkehrbringen 21
kommt in Betracht, wenn die Arzneimittel zum **Selbstkostenpreis** abgegeben werden (BGH NStZ 2004, 457 = BeckRS 2003, 07432 = JR 2004, 248 mAnm *Rotsch* = wistra 2003, 424 = StoffR 2004, 90 mAnm *Pauly*). Dass der Abgebende, etwa ein Arzt, kraft seiner Berufstätigkeit eine gewisse Nähe zum Umgang mit Arzneimitteln hat, macht auch eine Abgabe allerdings nicht zwangsläufig zu einer berufsmäßigen Abgabe, da die Abgabe von Arzneimitteln nicht zum typischen Berufsbild des Arztes gehört (*Bowitz* MedR 2016, 168 (171)). Entscheidend ist auch hier, ob die Abgabe der Erzielung dauernder Einnahmen dient (→ Rn. 24). Entsprechendes gilt für die gewerbsmäßige Abgabe.

cc) Unentgeltliche Abgabe. Grundsätzlich (Ausnahme → Rn. 24) nicht mehr 22
auf die Erzielung dauernder Einnahmen angelegt (→ § 13 Rn. 26) und deswegen kein berufsmäßiges Inverkehrbringen ist die unentgeltliche Abgabe (*Freund* in MüKoStGB § 95 Rn. 47; aA *Sandrock/Nawroth* in Dieners/Reese PharmaR-HdB § 9 Rn. 34; *von Czettritz* in Fuhrmann/Klein/Fleischfresser ArzneimittelR-HdB § 24 Rn. 6; *Wesch* MedR 2001, 191 (192), ebenso BGH PharmR 2019, 57 (→ Rn. 12) ohne Begründung). Soweit in der Gesetzesbegründung zum 8. AMGÄndG (BT-Drs. 13/9996, 15) ausgeführt wird, mit der Regelung solle klargestellt werden, dass auch eine unentgeltliche Abgabe über die Notfallversorgung hinaus unterbleiben müsse, hat dies im geänderten **Gesetzeswortlaut** (zu dessen Bedeutung für die Auslegung → BtMG § 29 Rn. 210) keinen Niederschlag gefunden. Das Gesetz hat die Worte „im Einzelhandel" zwar durch die Worte „für den Endverbrauch" ersetzt, so dass insoweit auch unentgeltliches Handeln erfasst ist. Es wurde jedoch übersehen, dass **Berufs-** oder **Gewerbsmäßigkeit** nur vorliegen, wenn sie auf die Erzielung dauerhafter Einnahmen gerichtet sind (→ § 13 Rn. 26, 28), so dass ein **unentgeltliches** Handeln grundsätzlich (→ Rn. 24) nicht genügt. Beide Begriffe können in § 43 Abs. 1 S. 1 nicht anders ausgelegt werden als in § 13 Abs. 1.

Auch aus der **Systematik des Gesetzes,** das einen solchen Vertriebsweg nicht 23
vorsehe (*Wesch* MedR 2001, 191 (192)), kann angesichts der Wortlautschranke nichts anderes hergeleitet werden. Zudem läuft diese Argumentation auf einen Zirkelschluss hinaus, denn es geht ja gerade darum, ob die nicht berufs- oder gewerbsmäßige Abgabe zulässig ist.

Dient die unentgeltliche Abgabe aber dazu, **den Empfänger** als Patienten oder 24
Kunden **zu werben** oder **zu erhalten,** so ist sie letztlich auf die Erzielung dauerhafter Einnahmen gerichtet, so dass auch schon bei der unentgeltlichen Abgabe, etwa einer **Gratisprobe,** ein berufs- oder gewerbsmäßiges Inverkehrbringen in Betracht kommt (→ BtMG § 29 Rn. 2006).

Kein Verstoß gegen Satz 1 ist es, wenn sich **Angehörige, Nachbarn** oder **sons-** 25
tige Personen unentgeltlich mit Medikamenten aushelfen, und zwar auch dann nicht, wenn es sich nicht um eine „Notfallversorgung" (BT-Drs. 13/9996, 15) han-

26 Auch der Arzt, der **unentgeltlich** Arzneimittel, etwa **Ärztemuster,** an seine Patienten abgibt, bringt sie nicht unerlaubt in Verkehr (iErg ebenso *Kloesel/Cyran* § 43 Rn. 26; *Sandrock/Nawroth* in Dieners/Reese PharmaR-HdB § 9 Rn. 41, *von Czettritz* in Fuhrmann/Klein/Fleischfresser ArzneimittelR-HdB § 24 Rn. 6, *Lippert* in Deutsch/Lippert § 43 Rn. 13; *Sander* ArzneimittelR § 43 Erl. 3, *Wesch* MedR 2001, 191 (192) die die Zulässigkeit aus § 47 Abs. 3, 4 herleiten). Dabei kommt es nicht darauf an, ob es sich um **einige wenige Arzneimittel** handelt, „deren Abgabe der Anwendung in der Sprechstunde gleichsteht" (so *Sander* ArzneimittelR § 43 Erl. 3; *Wesch* MedR 2001, 191 (192)). Verlangt der Arzt für das Arzneimittel dagegen **ein Entgelt,** macht er sich des **unerlaubten Handeltreibens** schuldig (Satz 2).

27 Ebenso ist es dem **Arzt** (und dem zurückgebenden Patienten) **nicht** verboten, nicht benötigte Medikamente von dem Patienten **zurückzunehmen** und sie **unentgeltlich** bei anderen, etwa bedürftigen, Patienten **einzusetzen** (aA AG Detmold MedR 2003, 351; *Lippert* in Deutsch/Lippert § 43 Rn. 13; unnötig diff. *Volkmer* in Körner/Patzak/Volkmer AMG § 95 Rn. 219). Dies mag im Einzelfall aus anderen Gründen, namentlich der Arzneimittelsicherheit, unerwünscht sein (bei original verpackten Arzneimitteln dürfte dies kaum in Betracht kommen (*Rehmann* § 43 Rn. 2; wenig überzeugend *Wesch* MedR 2001, 191 (192)), aus Satz 1 kann ein solches Verbot jedoch nicht hergeleitet werden. Keine Zweifel bestehen, wenn der Arzt das zurückgegebene Arzneimittel **verabreicht** oder zum unmittelbaren Verbrauch **überlässt,** da dann schon kein Inverkehrbringen vorliegt (→ § 4 Rn. 72). Aber auch dann, wenn der Arzt das Arzneimittel erwirbt, setzt das in Satz 1 enthaltene Verbot voraus, dass dies, unabhängig vom Erwerb, gewerbs- oder berufsmäßig und damit nicht **ohne Entgelt** geschieht (→ Rn. 22–24). Lässt er sich die Medikamente allerdings bezahlen, so liegt **verbotenes Handeltreiben** (Satz 2) vor.

28 **6. Für den Endverbrauch.** Nach Satz 1 verboten ist das Inverkehrbringen für den Endverbrauch. Ein Endverbrauch liegt dann vor, wenn das Arzneimittel von dem Empfänger nicht mehr in den Verkehr gebracht, sondern angewendet oder verbraucht wird. Danach hängt es von den **Umständen des Einzelfalles** ab, ob der Empfänger, etwa der Arzt, Zahnarzt oder Tierarzt, Endverbraucher oder Zwischenhändler ist (BGH BeckRS 2003, 07432 (→ Rn. 21; *Wesser* A&R 2020, 166)). Wendet er das Medikament selbst am Patienten oder Tier an, ohne dass es seine Verfügungsgewalt verlässt, wie etwa in den Fällen des Sprechstundenbedarfs, ist er Endverbraucher (anders als bei Applikationsarzneimitteln BGH PharmR 2019, 57 (→ Rn. 12), wenn der Arzt als Besitzmittler des Patienten auftritt (*Wesser* A&R 2020, 166 (174)); hier ist Endverbraucher der Patient. Gelangt das Arzneimittel vor der Anwendung in die Verfügungsgewalt eines anderen, so ist der Arzt, Zahnarzt oder Tierarzt nicht mehr Endverbraucher; dies ist dann derjenige, der es am Patienten oder Tier anwendet (BGH BeckRS 2003, 07432 (→ Rn. 21)).

29 **7. Ausnahme Vertriebsweg für pharmazeutische Unternehmer und Großhändler (§ 47).** Ausgenommen vom Apothekenmonopol ist der Vertriebsweg für pharmazeutische Unternehmer (§ 4 Abs. 18 (→ § 4 Rn. 74–79)) und Großhändler (§ 4 Abs. 22 (→ § 4 Rn. 84–91)). Wegen der Einzelheiten wird auf die Erläuterungen zu § 47 verwiesen. Dort auch zu den in § 47 Abs. 1 ausdrücklich genannten Apotheken (→ § 47 Rn. 10).

30 **8. Ausnahme Versandhandel.** Vor dem 1.1.2004 war der Versandhandel mit apothekenpflichtigen Arzneimitteln bis auf wenige Ausnahmen verboten. Mit der Entscheidung v. 11.12.2003 (NJW 2004, 131 – DocMorris; dazu abl. *Dettling*

PharmR 2004, 66; *Lenz* NJW 2004, 322) stellte der EuGH klar, dass ein grundsätzliches Verbot des Versandhandels für in Deutschland nicht verschreibungspflichtige Arzneimittel gegen das Gebot des freien Warenverkehrs (Art. 28 EGV (Art. 34 AEUV)) verstößt. Ohne diese Entscheidung abzuwarten, hatte der Gesetzgeber durch Art. 20–23 GMG mit Wirkung v. 1.1.2004 das bis dahin geltende Versandverbot in ein **Verbot mit Erlaubnisvorbehalt** umgewandelt. Dabei ging er über das europarechtlich geforderte Mindestmaß hinaus und ließ den Versandhandel auch für **verschreibungspflichtige** Arzneimittel zu (BVerwG NVwZ 2005, 1198; *Volkmer* in Körner/Patzak/Volkmer AMG Rn. 337; *Hofmann* in Kügel/Müller/Hofmann § 43 Rn. 32; *Rehmann* § 43 Rn. 3; *Lietz* in Fuhrmann/Klein/Fleischfresser ArzneimittelR-HdB § 21 Rn. 60). Die Diskussion ist auf Grund eines Urteils des EuGH v. 19.10.2016 (NJW 2016, 3771 = NVwZ 2016, 1793 (mAnm *Ludwigs*) = PharmR 2016, 494 = MedR 2017, 86 mAnm *Bergmann; Wodarz* PharmR 217, 131), mit dem die Zulässigkeit der deutschen Preisbindung für ausländische Apotheken verneint wurde, neu entflammt. Mittlerweile hat sich der Gesetzgeber für ein Rabattverbot entschieden (G v. 9.12.2020 (BGBl. I S. 2870)).

Ausgeschlossen vom Versandhandel sind Arzneimittel, die die Wirkstoffe **Thalidomid** oder **Lenalidomid** enthalten (§ 17 Abs. 2b ApBetrO). Dies steht in einem etwas merkwürdigen Gegensatz dazu, dass der Versandhandel mit **Betäubungsmitteln** zulässig sein soll (→ BtMG § 4 Rn. 8). **31**

Versandhandel liegt dann vor, wenn die Apotheke sich eines Dienstleisters, etwa DHL, UPS oder auch eines Drogeriemarktes (BVerwGE 131, 1 = NVwZ 2008, 1238 = MedR 2008, 572) zur Auslieferung der Arzneimittel bedient. Dass sich die Apotheke auch eines eigenen Boten bedient, schließt den Versandhandel nicht aus (BVerwG PharmR 2020, 562 = A&R 2020, 189 mAnn *Buckstegge* = BeckRS 2020, 16718). Dies gilt auch dann, wenn die Apotheke eine Einrichtung zum Sammeln von Verschreibungen und Arzneimittelbestellungen betreibt (BVerwG PharmR 2020, 562 (s.o.)). Der Versandhandel setzt nicht voraus, dass die Ware individuell an die Anschrift des Empfängers zugestellt wird. Vielmehr umfasst der Begriff auch die Auslieferung der bestellten Ware über eine **Abholstation** oder **Pick-up-Stelle** (BVerwGE 131, 1 (s.o.); dazu krit. im Hinblick auf die Neufassung des § 24 ApBetrO OLG Hamm PharmR 2015, 375 = A&R 2015, 188 mAnm *Preuschhof;* OVG Münster A&R 2016, 130; VG Gelsenkirchen A&R 2017, 47; zusammenfassend *Kieser/Buckstegge* A&R 2017, 24). Er ist ein zusätzlicher Vertriebsweg neben dem Betrieb einer Präsenzapotheke. Kein Versand ist der „**antizipierte Transport**" von Arzneimitteln (→ § 73 Rn. 8). Das Nähere zur Erteilung der Erlaubnis, zu ihrer Rücknahme oder ihren Widerruf ist in §§ 11a, 11b ApoG geregelt, zu ihrem Umfang s. BVerfG A&R 2019, 25. Zur Kooperation des Einzelhandels mit **Versandapotheken** → § 50 Rn. 5, dort auch zu der **Sammeleinrichtung** für Rezepte einer **Präsenzapotheke**. **32**

Seit dem 21.4.2009 führt das DIMDI auf der Grundlage des § 67a im Auftrag des BMG ein Register, in dem alle Apotheken erfasst werden, die über eine Erlaubnis zum Versand von Arzneimitteln für Deutschland verfügen und die ihr Einverständnis zum Eintrag in das **Versandapothekenregister** gegeben haben. Die Angaben über die Ausstellung oder Änderung einer solchen Erlaubnis sind von den zuständigen Behörden in das Register einzugeben (**Satz 3**). Die registrierten Versandapotheken erhalten für ihre Internetseiten ein offizielles Logo, das dem Verbraucher die Seriosität signalisiert. Seit 26.5.2020 werden die Aufgaben des DIMDI von dem BfArM wahrgenommen (s. → § 77 Rn 7). **33**

Der Versandhandel **aus anderen EU-Ländern** ist nur von einer dazu berechtigten Apotheke zulässig (§ 73 Abs. 1 S. 1 Nr. 1a). Die Berechtigung kann sich aus den nationalen Bestimmungen des Landes, in dem die Apotheke ihren Sitz hat, oder aus deutschem Recht ergeben. Die nationalen Bestimmungen haben dabei dem deut- **34** schen Apothekenrecht zu entsprechen. Die Länder, in denen mit Deutschland vergleichbare Sicherheitsstandards bestehen, werden vom BMG in einer **Länderliste** aufgeführt (§ 73 Abs. 1 S. 3). Die Länderliste ist insoweit bindend, als sie feststellt, dass in bestimmten Staaten, gegebenenfalls unter bestimmten Voraussetzungen, zum Zeitpunkt ihrer Veröffentlichung vergleichbare Sicherheitsstandards bestanden.

35 **9. Dispensierrecht der Tierärzte.** Im Unterschied zu Satz 2 ist das Dispensierrecht der Tierärzte (→ Rn. 71–78) in Satz 1 nicht ausdrücklich als Ausnahme erwähnt. Wie sich bereits aus dem Wortlaut („ferner") des Absatzes 4 Satz 1 ergibt, gilt es allerdings auch in den Fällen des Satzes 1. Es liegt eher näher, dass es auch beim Verbot des Handeltreibens (Satz 2) nicht ausdrücklich hätte aufgeführt werden müssen.

36 **II. Handeltreiben (Satz 2).** Die Vorschrift wurde durch das 8. AMGÄndG (→ Rn. 22) in § 43 Abs. 1 eingefügt. Sie verbietet das Handeltreiben mit apothekenpflichtigen Arzneimitteln außerhalb von Apotheken mit Ausnahme des in § 47 Abs. 1 geregelten Vertriebswegs und des Dispensierrechts der Tierärzte.

37 **1. Ziel der neuen Regelung, Zielerreichung.** Mit der neuen Regelung sollte klargestellt werden, dass andere Personen als die am Arzneimittelverkehr Beteiligten apothekenpflichtige Arzneimittel auch dann nicht entgeltlich abgeben dürfen, wenn es nicht berufs- oder gewerbsmäßig geschieht; die Regelung sollte insbesondere auch Einzelfälle der Abgabe von Ersatzdrogen erfassen (BT-Drs. 13/9996, 16).

38 **a) Übernahme des betäubungsmittelrechtlichen Begriffs des Handeltreibens.** Dies sollte mit der Übernahme des betäubungsmittelrechtlichen Begriffs des Handeltreibens erreicht werden (BT-Drs. 13/9996, 16, 17; BGH NStZ 2004, 457 (→ Rn. 21); OLG Stuttgart NStZ-RR 2012, 154 = A&R 2012, 184 mkritAnm *Winkler;* 2013, 174 = PharmR 2013, 245 mAnm *Floeth* = MedR 2013, 536 mAnm *Corsten/Raddatz; Koyuncu* in Deutsch/Lippert § 4 Rn. 74). Hierfür sprechen auch die Verwendung **desselben Begriffs wie im BtMG** sowie der enge Sachzusammenhang zwischen den beiden Rechtsgebieten (*Weber* Handeltreiben S. 159, 160). Ferner wird in der Entwurfsbegründung in offensichtlicher Anlehnung an das Betäubungsmittelrecht von dem „umfassenderen Verbot des Handeltreibens" gesprochen (BT-Drs. 13/9996, 17). Auch der Hinweis auf die Ersatzdrogen spricht dafür, dass dem Gesetzgeber das Handeltreiben im Sinne des BtMG vor Augen gestanden hat und er keinen eigenen Begriff hierfür entwickeln wollte.

39 Anders als im Betäubungsmittelrecht (§ 3 Abs. 1 Nr. 1 BtMG) wird das Handeltreiben im Arzneimittelrecht gegenüber anderen Handlungsalternativen, etwa dem Inverkehrbringen, **nicht** dadurch hervorgehoben, dass diesen der Einschub „ ohne Handel zu treiben" beigefügt ist. Das Handeltreiben ist daher zwar eine **umfassendere Begehungsform** (BT-Drs. 13/9996, 17), die anderen Alternativen gehen jedoch nicht als Teilakte darin auf. Eine weitere Bedeutung hat das Fehlen des Einschubs nicht. Insbesondere lassen sich daraus keine Gründe für eine lediglich lückenfüllende Funktion des Handeltreibens oder eine engere Interpretation im Vorfeldbereich oder bei der Beteiligung herleiten. In strafrechtlicher Hinsicht liegt Tateinheit vor.

40 **b) Keine vollständige Zielerreichung.** Allerdings wird das in der Entwurfsbegründung angesprochene Ziel mit der Übernahme des betäubungsmittelrechtlichen Begriffs des Handeltreibens nur zum Teil erreicht:

41 **aa) Berufs- oder Gewerbsmäßigkeit, einmaliges Handeln.** Die Rezeption ist insofern gelungen, als es beim Handeltreiben im betäubungsmittelrechtlichen Sinn auf berufs- oder gewerbsmäßiges Handeln nicht ankommt (→ BtMG § 29 Rn. 170). Auch reicht eine einmalige oder eine gelegentliche Tätigkeit aus (→ BtMG § 29 Rn. 170). Dies gilt nunmehr auch für das Handeltreiben mit Arzneimitteln.

bb) Unentgeltlichkeit, Eigennützigkeit. Nicht erreicht wird das in der Gesetzesbegründung angesprochene Ziel, soweit sie davon ausgeht, dass das Verbot des Handeltreibens bereits die **entgeltliche** (und nicht nur die eigennützige) Abgabe erfasst. Im Gesetzeswortlaut hat sich dies nicht niedergeschlagen, so dass eine entsprechende Interpretation nicht in Betracht kommt (BGH NStZ 2004, 457 (→ Rn. 21); krit. *Freund* in MüKoStGB § 95 Rn. 45 Fn. 63). Unter Handeltreiben sind danach auch im Arzneimittelrecht nur **eigennützige** (→ BtMG § 29 Rn. 308–351) Handlungen zu verstehen (*Raum* in Kügel/Müller/Hofmann § 95 Rn. 32). 42

Nicht ausreichend ist es daher, wenn ein Tierarzt die Arzneimittel zum **Selbstkostenpreis** abgibt (BGH NStZ 2004, 457 (→ Rn. 21); krit. *Freund* in MüKoStGB § 95 Rn. 47 Fn. 63), und zwar auch dann nicht, wenn er damit durch eine Umsatzsteigerung **(Natural-)Rabatte** bei den Pharmafirmen erreicht (→ BtMG § 29 Rn. 345). Allerdings müssen diese Rabatte an die Erwerber weitergegeben werden; andernfalls liegt verbotenes Handeltreiben vor (BGH NStZ 2004, 457 (→ Rn. 21)). Nicht ausreichend ist auch die Abgabe zu **Dumpingpreisen,** um einen Konkurrenten vom Markt zu verdrängen (→ BtMG § 29 Rn. 345; aA *Freund* in MüKoStGB § 95 Rn. 47 Fn. 63). 43

2. Tathandlung. Verboten ist das Handeltreiben mit apothekenpflichtigen Arzneimitteln außerhalb der Apotheken mit Ausnahme des in § 47 Abs. 1 geregelten Vertriebswegs und des Dispensierrechts der Tierärzte. 44

a) Apothekenpflichtige Arzneimittel. Gegenstand des verbotenen Handeltreibens sind wie in Satz 1 apothekenpflichtige Arzneimittel. Auf → Rn. 3–6, 10, 11 wird verwiesen. 45

b) Außerhalb der Apotheken. Verboten ist das Handeltreiben außerhalb der Apotheken. Dies gilt zunächst für die **Umsatzgeschäfte** selbst, die **außerhalb** einer Apotheke stattfinden, etwa Verkauf oder Übereignung oder Erwerb mit dem Ziel gewinnbringender Veräußerung. Verbotenes Handeltreiben sind dann auch die Handlungen, die auf ein solches Geschäft abzielen. Soll das **eigentliche Umsatzgeschäft** aber **in der Apotheke** stattfinden, so ist der Tatbestand des § 43 Abs. 1 S. 2 auch dann nicht erfüllt, wenn die auf den Umsatz abzielenden Aktivitäten, etwa die Geschäftsanbahnung, außerhalb der Apotheke stattgefunden haben. Das Verbot des Handeltreibens erhält hier sein besonderes Gepräge durch die Verletzung des Apothekenmonopols. Daran fehlt es, wenn das eigentliche Umsatzgeschäft in der Apotheke stattfinden soll oder stattgefunden hat. 46

Außerhalb der Apotheken erfolgt der Umsatz oder soll erfolgen, wenn er nicht in den Räumen der Apotheke stattfindet; in der Apotheke wird auch gehandelt, wenn der Empfänger die Apotheke nicht betritt (→ Rn. 13–15). **Nicht** außerhalb der Apotheke erfolgt auch der ordnungsgemäß betriebene **Versandhandel** (→ Rn. 30–34). Dasselbe gilt, wenn das Arzneimittel durch einen **Boten** zugestellt wird (→ Rn. 16). Nicht außerhalb der Apotheke erfolgt die Abgabe durch einen **Notdienstschalter** (→ Rn. 14), einen **Außen-** oder **Autoschalter** (→ Rn. 14) oder ein an der Außenwand angebrachtes **Terminal** (→ Rn. 15). Die Unzulässigkeit der Abgabe aus dem Terminal aus anderen Gründen steht dem nicht entgegen. 47

c) Der Begriff des Handeltreibens in § 43 Abs. 1 S. 2. Abgesehen von der räumlichen Beschränkung (→ Rn. 46, 47) ist der Begriff des Handeltreibens ausgehend von der Rezeption (→ Rn. 38) des betäubungsmittelrechtlichen Begriffs (→ BtMG § 29 Rn. 168) auch in den Fällen des § 43 Abs. 1 S. 3 **weit auszulegen** (*Freund* in MüKoStGB § 95 Rn. 47 Fn. 62; *Volkmer* in Körner/Patzak/Volkmer § 95 Rn. 201; s. auch *Raum* in Kügel/Müller/Hofmann § 95 Rn. 40). Er reicht von einfachen, rein tatsächlichen Handlungen bis zu komplizierten Finanztransaktionen. 48

Unter Handeltreiben im Rahmen des § 43 Abs. 1 S. 2 ist daher jedes **eigennützige** (→ Rn. 42, 43) **Bemühen** zu verstehen, das darauf gerichtet ist, den Umsatz 49

AMG § 43 Siebter Abschnitt. Abgabe von Arzneimitteln

von **apothekenpflichtigen** (→ Rn. 3) Arzneimitteln **außerhalb der Apotheken** (→ Rn. 46, 47) zu ermöglichen oder zu fördern (→ BtMG § 29 Rn. 169). Dies kann auch durch ein Unterlassen geschehen. Auf Berufs- oder Gewerbsmäßigkeit kommt es nicht an; ausreichend ist auch eine einmalige oder gelegentliche Tätigkeit (→ BtMG § 29 Rn. 170).

50   d) **Der Tatbestand im Einzelnen.** Der Tatbestand des Handeltreibens setzt im Rahmen des § 43 Abs. 1 S. 2 die Erfüllung der folgenden Merkmale voraus:

51   **aa) Handlung.** Es muss eine Handlung vorliegen. Darunter fällt jegliche Tätigkeit (→ BtMG § 29 Rn. 231). Dies können Rechtsgeschäfte oder Tätigkeiten, die mit solchen in Zusammenhang stehen, oder tatsächliche Handlungen sein (→ § 8 Rn. 43).

52   **bb) Ausrichtung auf den Umsatz von apothekenpflichtigen Arzneimitteln außerhalb der Apotheken.** Die Handlung muss auf einen Umsatz von apothekenpflichtigen Arzneimitteln außerhalb einer Apotheke gerichtet sein.

53   **(a) Umsatzgeschäft.** Die Tätigkeit muss sich auf die Vornahme eines Umsatzgeschäfts (→ BtMG § 29 Rn. 256–258) außerhalb der Apotheken (→ Rn. 46, 47) richten. Ein Umsatzgeschäft liegt vor, wenn der rechtsgeschäftliche Übergang des Arzneimittels von einer Person auf eine andere bewirkt werden soll (→ BtMG § 29 Rn. 257, 258).

54   **(b) Endziel.** Ziel des Vorgangs muss es sein, die Arzneimittel auf dem Weg zum Konsumenten weiterzubringen (→ § 8 Rn. 46).

55   An diesem Ziel fehlt es bei einem Erwerb zum **Eigenverbrauch.** Eigenverbrauch ist **nicht** gleichzusetzen mit **Endverbrauch** (→ Rn. 28). Endverbrauch, aber kein Eigenverbrauch ist das Verabreichen (→ BtMG § 29 Rn. 1538) oder Überlassen zum unmittelbaren Verbrauch (→ BtMG § 29 Rn. 1542–1547). Wenn ein Arzt sich außerhalb einer Apotheke apothekenpflichtige Arzneimittel verschafft, um sie in seiner Praxis in Gewinnabsicht zu verabreichen oder seinen Patienten zum unmittelbaren Verbrauch zu überlassen, so ist er zwar Endverbraucher, nicht aber Eigenverbraucher, und treibt damit verbotenen Handel.

56   **(c) Tätigkeitsdelikt, Folgen.** Ausreichend ist es, dass die Handlung auf den Umsatz **gerichtet** ist. Auch hier gilt dasselbe wie beim Handeltreiben mit gefälschten Arzneimitteln; auf → § 8 Rn. 47, 48 wird daher verwiesen. Handeltreiben liegt daher bereits in dem Bereitstellen einer **Internetplattform,** in der Dritten gegen eine Kommissionsgebühr und gegen eine Verkaufsprovision nach Art einer Versteigerung der Kauf und Verkauf von nicht mehr benötigten Arzneimitteln ermöglicht wird (VGH München NJW 2006, 715).

57   **Typische Umsatzgeschäfte** sind in → § 8 Rn. 49–51 aufgeführt. Sie kommen auch beim Handeltreiben mit apothekenpflichtigen Arzneimitteln außerhalb einer Apotheke in Betracht.

58   **(d) Erkennbarkeit.** Nicht erforderlich ist, dass nach außen sichtbar wird, dass eine auf Umsatz gerichtete Handlung vorliegt (→ § 8 Rn. 52).

59   **cc) Eigennützigkeit.** Weitere tatbestandsmäßige Voraussetzung des Handeltreibens ist die Eigennützigkeit (→ Rn. 42, 43; → § 8 Rn. 53–56).

60   **e) Ausnahme Vertriebsweg für pharmazeutische Unternehmer und Großhändler (§ 47 Abs. 1).** Ausgenommen vom Apothekenmonopol ist der Vertriebsweg für pharmazeutische Unternehmer (§ 4 Abs. 18 (→ § 4 Rn. 74–79)) und Großhändler (§ 4 Abs. 22 (→ § 4 Rn. 84–91)). Wegen der Einzelheiten wird auf die Erläuterungen zu § 47 verwiesen.

61   **f) Ausnahme Dispensierrecht der Tierärzte (Absatz 4).** Eine weitere Ausnahme ist das Dispensierrecht der Tierärzte. Auf die Erläuterungen zu Absatz 4 (→ Rn. 72–78) wird verwiesen.

Apothekenpflicht, Inverkehrbringen durch Tierärzte § 43 AMG

III. Versandhandelsregister (Satz 3). Auf → Rn. 33 wird Bezug genommen. 62

D. Abgabe durch Personenvereinigungen an ihre Mitglieder (Absatz 2)

Nach **Absatz 2** sind juristische Personen, Vereine und Gesellschaften des bürgerlichen Rechts und des Handelsrechts nicht berechtigt, apothekenpflichtige Arzneimittel (→ Rn. 10) an ihre Mitglieder abzugeben. es sei denn, dass es sich bei den Mitgliedern um Apotheken oder um die in § 47 Abs. 1 genannten Personen und Einrichtungen handelt und die Abgabe unter den dort bezeichneten Voraussetzungen erfolgt. Zum Begriff der Abgabe → § 4 Rn. 14, 61–72. 63

Damit soll die Bildung von Vereinigungen verhindert werden, die den Zweck haben, ihren Mitgliedern durch Direktbezug vom pharmazeutischen Unternehmer oder Großhändler apothekenpflichtige Arzneimittel zu günstigeren Konditionen zu beschaffen (*Rehmann* § 43 Rn. 4; *von Czettritz* in Fuhrmann/Klein/Fleischfresser ArzneimittelR-HdB § 24 Rn. 11). Die Bildung von Einkaufsgenossenschaften durch Apotheken ist allerdings zulässig. 64

E. Abgabe auf Verschreibung (Absatz 3)

I. Geltungsbereich. Arzneimittel (mit Ausnahme von Fütterungsarzneimitteln (Satz 2)) dürfen auf Verschreibung nur von Apotheken abgegeben werden **(Satz 1).** Die **Apothekenpflicht** wird damit auf alle Arzneimittel **ausgedehnt,** die auf Grund einer **Verschreibung** abgegeben werden (→ Rn. 66). Dies bedeutet insbesondere, dass Drogerien, Reformhäuser oder sonstige Einzelhändler Verschreibungen nicht beliefern dürfen. Damit soll sichergestellt werden, dass der Patient auch im Einzelfall tatsächlich das Arzneimittel erhält, das der Arzt verschrieben hat (*von Czettritz* in Fuhrmann/Klein/Fleischfresser ArzneimittelR-HdB § 24 Rn. 12). 65

Die Vorschrift gilt auch für Arzneimittel, die weder **verschreibungs-** noch **apothekenpflichtig** sind (OLG Köln NStZ 1981, 444; OLG Stuttgart NStZ-RR 2012, 154 (→ Rn. 38); *Volkmer* in Körner/Patzak/Volkmer AMG § 95 Rn. 208; *Pfohl* in Erbs/Kohlhaas AMG § 43 Rn. 15; *Hofmann* in Kügel/Müller/Hofmann § 43 Rn. 45; *von Czettritz* in Fuhrmann/Klein/Fleischfresser ArzneimittelR-HdB § 24 Rn. 12). Die Vorschrift behandelt daher nicht die Abgabe verschreibungspflichtiger Arzneimittel, sondern die **Abgabe von Arzneimitteln auf Verschreibung.** Dies wird immer wieder übersehen, vor allem, wenn eine Notwendigkeit gesehen wird, die Geltung der Vorschrift durch zusätzliche Merkmale wie Berufs- oder Gewerbsmäßigkeit oder Entgeltlichkeit einzuschränken (→ Rn. 68). 66

II. Abgrenzung. Gegenüber § 43 Abs. 1 S. 1 ist § 43 Abs. 3 S. 1 daher teils weiter und teils enger. **Weiter** ist Absatz 3 Satz 1 insofern, als er **alle** Arzneimittel umfasst, auch solche, die sonst nicht apothekenpflichtig sind. 67

Enger ist Absatz 3 Satz 1 insoweit, als die Vorschrift eine **Abgabe auf Verschreibung** erfordert. Dies bedeutet, dass ein Arzt dieses Medikament verschrieben haben muss und dass diese Verschreibung bei der Abgabe vorgelegt werden muss. Eine solche Abgabe darf nur in einer Apotheke erfolgen. Dem Inhaber einer Drogerie oder eines Reformhauses oder sonstigen Einzelhändler ist es daher nicht erlaubt, Medikamente auf Rezept abzugeben. Entsprechendes gilt für sonstige Personen oder Stellen, auch wenn dies kaum praktisch werden wird. Dass diese **berufs-** oder **gewerbsmäßig** oder **entgeltlich** handeln müssen (so aber OLG Köln NStZ 1981, 444; OLG Stuttgart NStZ-RR 2012, 154 (→ Rn. 38); *Bowitz* MedR 2016, 168 (170); unklar *Volkmer* in Körner/Patzak/Volkmer AMG § 95 Rn. 209), ist bereits dem Wortlaut der Vorschrift nicht zu entnehmen (*Pfohl* in Erbs/Kohlhaas 68

AMG § 43 Rn. 15). Noch weniger entspricht dies ihrem Schutzzweck (→ Rn. 65). **Keine** Abgabe auf Verschreibung ist gegeben, wenn der Patient das Rezept **nicht vorlegt** und das Arzneimittel damit außerhalb der Verschreibung erwirbt (*Bowitz* MedR 2016, 168 (170)).

69   **III. Weitergabe nach erfolgter Abgabe.** Ist die Abgabe erfolgt, so gelten für eine etwaige Weitergabe allein die Regeln, die auch sonst für das betreffende Arzneimittel gelten. Die Abgabe auf Verschreibung führt **nicht** zu einem **Statuswechsel** des Arzneimittels. Ist das Medikament für den Verkehr außerhalb der Apotheken zugelassen, so kann es frei weitergegeben werden, auch gegen Entgelt. Ist es apothekenpflichtig, so gilt § 43 Abs. 1 S. 1 (→ Rn. 8–35, 91, 100); auf solche Fälle beziehen sich in Wirklichkeit die Entscheidungen des OLG Köln NStZ 1981, 444 und des OLG Stuttgart NStZ-RR 2012, 154 (→ Rn. 38)). Handelt der Weitergebende in Gewinnabsicht, so gilt § 43 Abs. 1 S. 2.

70   **IV. Von Apotheken.** Ausreichend ist, dass die Arzneimittel **von** Apotheken abgegeben werden. Dass sie **in** der Apotheke abgegeben werden, ist nicht notwendig (BVerwG NJW 2005, 3736 (→ Rn. 14); NVwZ-RR 2010, 809 (→ Rn. 15)). Auf → Rn. 13–16 wird verwiesen.

F. Dispensierrecht der Tierärzte; Abgabe durch Veterinärbehörden (Absatz 4)

71   **Tierärzte** haben in den Grenzen des Absatzes 4 Sätze 1, 2 ein **Dispensierrecht.** Zur Bekämpfung von Tierseuchen enthält Absatz 4 Satz 3 ferner ein besonderes Abgaberecht für **Veterinärbehörden.** Satz 4 regelt die bei der Abgabe einzuhaltenden Formalitäten.

72   **I. Dispensierrecht der Tierärzte (Sätze 1, 2).** Abweichend von Absatz 1 dürfen Arzneimittel im Rahmen des Betriebes einer tierärztlichen Hausapotheke durch Tierärzte an Halter der von ihnen behandelten Tiere abgegeben und zu diesem Zweck vorrätig gehalten werden. Die Vorschrift entspricht der **betäubungsmittelrechtlichen** Regelung, wobei diese statt auf das Vorrätighalten auf den Erwerb abstellt (§ 4 Abs. 1 Nr. 2 Buchst. b, c). Das Dispensierrecht steht nur den Tierärzten zu; Tierheilpraktiker sind ihnen nicht gleichgestellt (BayObLG NJW 1974, 2060; *Volkmer* in Körner/Patzak/Volkmer AMG § 95 Rn. 299).

73   **1. Arzneimittel.** Das Dispensierrecht umfasst alle Arzneimittel, gleichgültig ob sie verschreibungspflichtig, apothekenpflichtig oder frei verkäuflich sind.

74   **2. Abgabe an Tierhalter, Vorrätighalten zu diesem Zweck.** Zur Abgabe → § 4 Rn. 14, 61–72. Zum Vorrätighalten → § 4 Rn. 51–54. Die Abgabe muss unmittelbar (*Rehmann* § 43 Rn. 6) an einen Tierhalter oder dessen Personal erfolgen. Auch das Vorrätighalten muss die unmittelbare Abgabe an Tierhalter zum Ziel haben. **Nicht** zulässig ist die Abgabe an einen **anderen Tierarzt** oder an einen **Pharmareferenten** (s. auch § 47 Abs. 1 Nr. 6, Abs. 2 S. 1); wird das Verbot nicht eingehalten, kommt unerlaubtes Handeltreiben nach Absatz 1 Satz 2 in Betracht (BGH NStZ 2004, 457 (→ Rn. 21)).

75   **3. Zwecke, Behandlung.** Die Abgabe oder das Vorrätighalten darf nur für die von ihm **behandelten Tiere** (Satz 1) oder zur Durchführung tierärztlich gebotener und tierärztlich kontrollierter **krankheitsvorbeugender Maßnahmen** (Satz 2) erfolgen. Die Erfordernisse einer ordnungsgemäßen Behandlung ergeben sich aus § 12 TÄHAV. Eine Fernbehandlung ist dem Tierarzt nicht gestattet (*Rehmann* § 43 Rn. 6). Zum Begriff der **Behandlung** → BtMG § 4 Rn. 88–91.

76   Die vom Tierarzt **abgegebenen Mengen** müssen sich im Rahmen des für die angeordnete Behandlung Erforderlichen halten und dürfen nicht zu einer Vorratshaltung beim Tierhalter führen. In Satz 2 ist dies ausdrücklich geregelt. Für die Fälle des Satzes 1 ergibt sich dies aus den Erfordernissen einer ordnungsgemäßen Behandlung.

4. Im Rahmen des Betriebes einer tierärztlichen Hausapotheke. Die Ausübung des Dispensierrechts ist an den Betrieb einer tierärztlichen Hausapotheke gebunden. Wegen der Einzelheiten wird auf → BtMG § 4 Rn. 75–78 verwiesen. 77

5. Schriftliche Anweisung (Satz 4). Mit der Abgabe ist dem Tierhalter eine schriftliche Anweisung über Art, Zeitpunkt und Dauer der Anwendung auszuhändigen. 78

II. Abgabe durch Veterinärbehörden (Satz 3). Nach dieser Vorschrift dürfen Arzneimittel, die zur Durchführung tierseuchenrechtlicher Maßnahmen bestimmt und **nicht verschreibungspflichtig** sind, in der jeweils erforderlichen Menge durch Veterinärbehörden an Tierhalter abgegeben werden. Auch insoweit ist dem Tierhalter mit der Abgabe eine schriftliche Anweisung über Art, Zeitpunkt und Dauer der Anwendung auszuhändigen. 79

G. (Beschränktes) Versandverbot für Tierarzneimittel (Absatz 5)

Das Versandverbot für apothekenpflichtige Tierarzneimittel (→ § 4 Rn. 28) ist **weitergehend** als das für Humanarzneimittel. 80

I. Versandverbot für Tierarzneimittel für Lebensmittel liefernde Tiere (Sätze 1, 3). Apothekenpflichtige Tierarzneimittel, die nur oder auch für Lebensmittel liefernde Tiere (→ § 31 Rn. 12–15) zugelassen sind (diese Einschränkung ergibt sich aus Satz 3), dürfen nur in der Apotheke, in der tierärztlichen Hausapotheke oder (in der Außenpraxis des Tierarztes) durch diesen **ausgehändigt** werden. Ein Versand dieser Arzneimittel ist danach nicht zulässig. Dieses Versandverbot soll eine unkontrollierte Anwendung von Tierarzneimitteln ausschließen (BT-Drs. 17/4231, 10; OVG Koblenz PharmR 2006, 186). 81

Der **Vertriebsweg** für pharmazeutische Unternehmer und Großhändler (§ 47 Abs. 1) ist von dem Versandverbot für Tierarzneimittel ausgenommen. 82

Die **Aushändigung** des Tierarzneimittels hat in den Räumen der Apotheke (→ Rn. 13, 15) oder tierärztlichen Hausapotheke oder (in der Außenpraxis) durch den Tierarzt zu erfolgen. Die Arzneimittel sind in erster Linie dem **Tierhalter** selbst, seinem Personal oder seinen Familienangehörigen auszuhändigen. Auch eine Übergabe an sonstige vom Tierhalter beauftragte Dritte ist, wie sich bereits aus dem Wortlaut ergibt, zulässig (*Rehmann* § 43 Rn. 7; aA *Kloesel/Cyran* § 43 Anm. 70). 83

Ausnahmen von dem generellen Versendungsverbot gelten für **Fütterungsarzneimittel** (§ 4 Abs. 10) sowie für Arzneimittel, die nach Absatz 4 Satz 3 im Rahmen tierseuchenrechtlicher Maßgaben von den **Veterinärbehörden** abgegeben werden **(Satz 2).** 84

II. Versandhandel bei Arzneimitteln für nicht Lebensmittel liefernde Tiere (Satz 3). Um einer Beschwerde der Europäischen Kommission und einer Entscheidung des BGH (PharmR 2010, 345) Rechnung zu tragen, wurde durch das 15. AMGÄndG v. 25.5.2011 (BGBl. I S. 946) eine Ausnahme von dem strikten Versandhandelsverbot für Tierarzneimittel eingeführt. Sie gilt für apothekenpflichtige Arzneimittel, die ausschließlich zur Anwendung bei Tieren zugelassen sind, die **nicht** der Gewinnung von Lebensmitteln dienen. Diese Arzneimittel dürfen nunmehr von Apotheken auch im Wege des Versandes abgegeben werden. Die Apotheken müssen eine Versandhandelserlaubnis nach Absatz 1 haben. Die Vorschrift gilt auch für verschreibungspflichtige Arzneimittel (→ Rn. 30). Entscheidend ist die **Zulassung;** sie muss sich **ausschließlich** auf die Anwendung bei Tieren bezie- 85

AMG § 43 Siebter Abschnitt. Abgabe von Arzneimitteln

hen, die nicht der Lebensmittelgewinnung dienen. Zum Erwerb durch den Tierhalter oder andere Personen → § 57 Rn. 24, 25.

86 **III. Versendung durch den Tierarzt (Sätze 4, 5).** Die in → Rn. 85 genannten Arzneimittel dürfen auch durch den Tierarzt versendet werden, allerdings nur im Rahmen des Betriebs einer tierärztlichen Hausapotheke und nur im Einzelfall in einer für eine kurzfristige Weiterbehandlung notwendigen Menge für vom Tierarzt behandelte Einzeltiere. Diese Regelung ist deutlich enger als für die Apotheken und soll der Stellung des Tierarztes als Angehörigen eines Heilberufs Rechnung tragen, bei dem die Abgabe von Arzneimitteln lediglich ein Teil der Behandlung ist. Mit der Verweisung auf die anderen arzneimittelrechtlichen Vorschriften in Satz 5 soll der enge Bezug zur tierärztlichen Behandlung zum Ausdruck gebracht werden (BT-Drs. 17/4231, 10).

87 Die **Versendung durch den Tierarzt** ist **kein** Versandhandel wie in Satz 3. Der Tierarzt bedarf daher keiner behördlichen Erlaubnis. Auf der anderen Seite darf der Tierarzt in (elektronischen) Medien, etwa der Homepage eines Tierarztes, nicht auf diese Tätigkeit hinweisen (BT-Drs. 17/4231, 10).

H. Übergabe einer tierärztlichen Praxis (Absatz 6)

88 Die Vorschrift ergänzt das in Absatz 4 geregelte Dispensierrecht. In einer tierärztlichen Praxis vorhandene Arzneimittel dürfen dem **Praxisnachfolger** übertragen werden und von diesem im Rahmen des Betriebs der tierärztlichen Hausapotheke abgegeben werden. Die Vorschrift entspricht der betäubungsmittelrechtlichen Regelung (BtMG § 4 Abs. 1 Nr. 2 Buchst. d).

I. Straftaten, Ordnungswidrigkeiten

89 Verstöße gegen die Vorschriften des § 43 sind teils Straftaten, teils Ordnungswidrigkeiten. Insgesamt ist die Regelung unübersichtlich und erschließt sich nicht leicht. Zweckmäßig wird danach unterschieden, ob sich der Verstoß auf verschreibungspflichtige oder lediglich apothekenpflichtige Arzneimittel bezieht.

90 **I. Verschreibungspflichtige Arzneimittel.** Bei den verschreibungspflichtigen Arzneimitteln gilt folgendes:

91 **1. Verstoß gegen § 43 Abs. 1 S. 1.** Der vorsätzliche oder fahrlässige Verstoß gegen § 43 Abs. 1 S. 1 ist eine Ordnungswidrigkeit nach § 97 Abs. 2 Nr. 10. Dies gilt auch für verschreibungspflichtige Arzneimittel (BGH NStZ 2004, 457 (→ Rn. 21)). Werden diese allerdings eigennützig (→ Rn. 42, 43) in den Verkehr gebracht, liegt verbotenes Handeltreiben (§ 43 Abs. 1 S. 2) und damit bei vorsätzlichem Handeln eine Straftat nach § 95 Abs. 1 Nr. 4 Alt. 1 (→ § 95 Rn. 198–224), bei Fahrlässigkeit eine Straftat nach § 95 Abs. 4 vor. Wegen der Einzelheiten des Verhaltens, das nach § 97 Abs. 2 Nr. 10 mit Bußgeld bewehrt ist, wird auf → Rn. 9–35 verwiesen.

92 **2. Verstoß gegen § 43 Abs. 1 S. 2.** Der Verstoß gegen § 43 Abs. 1 S. 2 ist als verbotenes Handeltreiben bei Vorsatz nach § 95 Abs. 1 Nr. 4 Alt. 1 strafbar (→ § 95 Rn. 198–224), bei Fahrlässigkeit nach § 95 Abs. 4.

93 **3. Verstoß gegen § 43 Abs. 2.** Der Verstoß gegen § 43 Abs. 2 ist eine Straftat nach § 95 Abs. 1 Nr. 4 Alt. 2 (BGH NStZ 2004, 457 (→ Rn. 21)), bei Fahrlässigkeit nach § 95 Abs. 4. Auf → § 95 Rn. 225–242 wird verwiesen.

94 **4. Verstoß gegen § 43 Abs. 3 S. 1.** Der Verstoß gegen § 43 Abs. 3 S. 1 ist eine Straftat nach § 95 Abs. 1 Nr. 4 Alt. 3 (BGH NStZ 2004, 457 (→ Rn. 21)), bei Fahrlässigkeit nach § 95 Abs. 4. Auf → § 95 Rn. 243–258 wird Bezug genommen.

5. Verstoß gegen § 43 Abs. 4. Absatz 4 ist eine Ausnahme vom Verbot des 95
Handeltreibens (Abs. 1 Satz 2). Werden die Kriterien des Absatzes 4 nicht eingehalten, liegt daher verbotenes Handeltreiben vor. Bezieht sich dieses auf verschreibungspflichtige Arzneimittel, so ist eine Straftat nach § 95 Abs. 1 Nr. 4 Alt. 1 (*Körner*, 6. Aufl. 2007, AMG § 95 Rn. 154) oder bei Fahrlässigkeit nach § 95 Abs. 4 gegeben.

6. Verstoß gegen § 43 Abs. 5 S. 1. Der vorsätzliche oder fahrlässige Verstoß ge- 96
gen Absatz 5 Satz 1 ist eine Ordnungswidrigkeit nach § 97 Nr. 11. Dies gilt auch für verschreibungspflichtige Arzneimittel. Wegen der Einzelheiten des Verhaltens, das nach § 97 Nr. 11 mit Bußgeld bewehrt ist wird auf → Rn. 80–84 Bezug genommen. Absatz 5 Satz 1 betrifft lediglich die Modalitäten der Aushändigung. Liegt sonst eine unerlaubte Abgabe oder ein unerlaubtes Handeltreiben vor, so gelten die hierfür maßgeblichen Vorschriften.

7. Verstoß gegen § 43 Abs. 5 S. 3. Absatz 5 Satz 3 ist eine Ausnahme vom Ver- 97
bot des Satzes 1. Werden die Kriterien der Vorschrift vorsätzlich oder fahrlässig nicht eingehalten, etwa weil der Apotheker über keine Versandhandelserlaubnis verfügt, liegt daher eine Ordnungswidrigkeit nach § 97 Nr. 11 vor. Auch sonst gelten die Ausführungen in → Rn. 96.

8. Verstoß gegen § 43 Abs. 5 S. 4. Absatz 5 Satz 4 ist eine Erweiterung des tier- 98
ärztlichen Dispensierrechts und damit eine Ausnahme vom Verbot des Handeltreibens (→ Rn. 30). Werden bei verschreibungspflichtigen Arzneimitteln die Kriterien der Vorschrift nicht eingehalten, kommt daher verbotenes Handeltreiben in Betracht (→ Rn. 30).

II. Apothekenpflichtige Arzneimittel. Für (lediglich) apothekenpflichtige 99
Arzneimittel gilt:

1. Verstoß gegen § 43 Abs. 1 S. 1. Der vorsätzliche oder fahrlässige Verstoß ge- 100
gen § 43 Abs. 1 S. 1 ist eine Ordnungswidrigkeit nach § 97 Abs. 2 Nr. 10. Dies gilt auch dann, wenn die Arzneimittel eigennützig in den Verkehr gebracht werden und damit Handel getrieben wird (→ § 95 Rn. 203). Wegen der Einzelheiten des nach § 97 Abs. 2 Nr. 10 bewehrten Verhaltens wird auf → Rn. 9–35 verwiesen.

2. Verstoß gegen § 43 Abs. 1 S. 2. Der vorsätzliche oder fahrlässige Verstoß ge- 101
gen § 43 Abs. 1 S. 2 ist als verbotenes Handeltreiben mit (lediglich) apothekenpflichtigen Arzneimitteln eine Ordnungswidrigkeit nach § 97 Abs. 2 Nr. 10. Der Tatbestand entspricht im Wesentlichen dem des § 95 Abs. 1 Nr. 4 Alt. 1, so dass auf → § 95 Rn. 198–224 verwiesen werden kann. Wie auch sonst beim Handeltreiben ist berufs- oder gewerbsmäßiges Handeln nicht erforderlich (→ Rn. 103; aA *Volkmer* in Körner/Patzak/Volkmer AMG § 97 Rn. 39.

3. Verstoß gegen § 43 Abs. 2. Der vorsätzliche oder fahrlässige Verstoß gegen 102
§ 43 Abs. 2 ist eine Ordnungswidrigkeit nach § 97 Abs. 2 Nr. 10. Der Tatbestand entspricht im Wesentlichen dem des § 95 Abs. 1 Nr. 4 Alt. 2, so dass auf → § 95 Rn. 225–242 Bezug genommen werden kann.

4. Verstoß gegen § 43 Abs. 3 S. 1. Der vorsätzliche oder fahrlässige Verstoß ge- 103
gen § 43 Abs. 3 ist eine Ordnungswidrigkeit nach § 97 Abs. 2 Nr. 10. Der Tatbestand entspricht im Wesentlichen dem des § 95 Abs. 1 Nr. 4 Alt. 3, so dass auf → § 95 Rn. 243–258 verwiesen werden kann. Auch hier ist es **nicht** erforderlich, dass die Abgabe berufs- oder gewerbsmäßig oder entgeltlich erfolgt (→ Rn. 65, 68; aA OLG Stuttgart NStZ-RR 2012, 154 (→ Rn. 38); *Volkmer* in Körner/Patzak/Volkmer § 97 Rn. 36–39). Auch bei dieser Auslegung bleibt die entgeltliche Weitergabe einer Flasche Hustensaft (*Volkmer* in Körner/Patzak/Volkmer § 97 Rn. 36–39) straf- und bußgeldfrei, da ein Verstoß gegen § 43 Abs. 3 S. 1 eine Abgabe auf Verschreibung (→ Rn. 68, 69) verlangt und mangels Eigennutz auch ein Handeltreiben nicht vorliegt. Soll mit der Weitergabe der Flasche Hustensaft aber

AMG § 44 Siebter Abschnitt. Abgabe von Arzneimitteln

ein Geschäft gemacht werden, so ist es richtig, wenn dieses Verhalten als Handeltreiben mit Geldbuße bedroht ist.

104   **5. Verstoß gegen § 43 Abs. 4.** Absatz 4 ist eine Ausnahme vom Verbot des Handeltreibens (Abs. 1 Satz 2). Werden die Kriterien des Absatzes 4 nicht eingehalten, liegt daher verbotenes Handeltreiben vor. Bezieht sich dieses auf apothekenpflichtige Arzneimittel, so ist eine Ordnungswidrigkeit nach § 97 Abs. 1 Nr. 10 gegeben (*Körner*, 6. Aufl. 2007, AMG § 95 Rn. 154).

105   **6. Verstoß gegen § 43 Abs. 5 S. 1.** Der vorsätzliche oder fahrlässige Verstoß gegen Absatz 5 Satz 1 ist eine Ordnungswidrigkeit nach § 97 Nr. 11. Wegen der Einzelheiten wird auf → Rn. 80–84 Bezug genommen. Im Übrigen gilt → Rn. 96 sinngemäß.

106   **7. Verstoß gegen § 43 Abs. 5 S. 3.** Der vorsätzliche oder fahrlässige Verstoß gegen Absatz 5 Satz 3 ist eine Ordnungswidrigkeit nach § 97 Abs. 2 Nr. 11 (→ Rn. 97).

107   **8. Verstoß gegen § 43 Abs. 5 S. 4.** Der vorsätzliche oder fahrlässige Verstoß gegen Absatz 5 Satz 4 ist eine Ordnungswidrigkeit nach § 97 Abs. 2 Nr. 10 (→ Rn. 98).

§ 44 Ausnahme von der Apothekenpflicht

(1) **Arzneimittel, die von dem pharmaceutischen Unternehmer ausschließlich zu anderen Zwecken als zur Beseitigung oder Linderung von Krankheiten, Leiden, Körperschäden oder krankhaften Beschwerden zu dienen bestimmt sind, sind für den Verkehr außerhalb der Apotheken freigegeben.**

(2) Ferner sind für den Verkehr außerhalb der Apotheken freigegeben:
1. a) natürliche Heilwässer sowie deren Salze, auch als Tabletten oder Pastillen,
   b) künstliche Heilwässer sowie deren Salze, auch als Tabletten oder Pastillen, jedoch nur, wenn sie in ihrer Zusammensetzung natürlichen Heilwässern entsprechen,
2. Heilerde, Bademoore und andere Peloide, Zubereitungen zur Herstellung von Bädern, Seifen zum äußeren Gebrauch,
3. mit ihren verkehrsüblichen deutschen Namen bezeichnete
   a) Pflanzen und Pflanzenteile, auch zerkleinert,
   b) Mischungen aus ganzen oder geschnittenen Pflanzen oder Pflanzenteilen als Fertigarzneimittel,
   c) Destillate aus Pflanzen und Pflanzenteilen,
   d) Presssäfte aus frischen Pflanzen und Pflanzenteilen, sofern sie ohne Lösungsmittel mit Ausnahme von Wasser hergestellt sind,
4. Pflaster,
5. ausschließlich oder überwiegend zum äußeren Gebrauch bestimmte Desinfektionsmittel sowie Mund- und Rachendesinfektionsmittel.

(3) Die Absätze 1 und 2 gelten nicht für Arzneimittel, die
1. nur auf ärztliche, zahnärztliche oder tierärztliche Verschreibung abgegeben werden dürfen oder
2. durch Rechtsverordnung nach § 46 vom Verkehr außerhalb der Apotheken ausgeschlossen sind.

Übersicht

	Rn.
A. Ausnahmen von der Apothekenpflicht (Absätze 1, 2)	1
I. Ausnahmen kraft Bestimmung durch den pharmazeutischer Unternehmer (Absatz 1)	1
II. Ausnahmen kraft stofflicher Beschaffenheit (Absatz 2)	2
1. Heilwässer (Nr. 1)	3
2. Heilerde, Bademoore und andere Peloide, Zubereitungen zur Herstellung von Bädern, Seifen zum äußeren Gebrauch (Nr. 2)	5
3. Mit ihren verkehrsüblichen deutschen Namen bezeichnete Pflanzen und Pflanzenteile, Mischungen, Destillate und Presssäfte aus Pflanzen und Pflanzenteilen (Nr. 3)	6
4. Pflaster (Nr. 4)	7
5. Zum äußeren Gebrauch bestimmte Desinfektionsmittel sowie Mund- und Rachendesinfektionsmittel (Nr. 5)	8
III. Apothekenvertriebsweg	9
B. Rückausnahmen (Absatz 3)	10
C. Verstöße	11

A. Ausnahmen von der Apothekenpflicht (Absätze 1, 2)

I. Ausnahmen kraft Bestimmung durch den pharmazeutischer Unternehmer (Absatz 1). Die Vorschrift betrifft Arzneimittel, die ausschließlich **zu anderen Zwecken** als zu Heilzwecken zu dienen bestimmt sind. Diese Bestimmung wird durch den pharmazeutischen Unternehmer vorgegeben und darf keine Heilindikation enthalten (*Rehmann* § 44 Rn. 1). Die Vorgabe durch den Unternehmer bedeutet nicht, dass er willkürlich ein Präparat als Nicht–Heilmittel deklarieren könnte (*Hofmann* in Kügel/Müller/Hofmann § 44 Rn. 4). Wesentlich ist aber auch das Verkehrsverständnis der Praxis; wird ein Präparat allgemein als Heilmittel angesehen, kommt es auf die Bestimmung durch den pharmazeutischen Unternehmer nicht entscheidend an. Es muss daher stets geprüft werden, ob sich das Mittel nicht doch nach seiner regelmäßigen Anwendung objektiv als Heilmittel darstellt (BGHSt 23, 184 = NJW 1957, 949). 1

II. Ausnahmen kraft stofflicher Beschaffenheit (Absatz 2). Die Vorschrift bestimmt Arzneimittelgruppen, für die auf Grund ihrer **stofflichen Beschaffenheit** die Beschränkung der Abgabe auf Apotheken nicht erforderlich erscheint. Solche Gruppen sind: 2

1. Heilwässer (Nr. 1). Die Ausnahme gilt für natürliche und künstliche Heilwässer sowie für ihre Salze, auch in Form von Tabletten oder Pastillen. Natürliche Heilwässer entstammen Heilquellen. Künstliche Heilwässer müssen in ihrer Zusammensetzung natürlichen Heilwässern entsprechen, weil nur dann Erfahrungen über das Risikopotential vorliegen (*Hofmann* in Kügel/Müller/Hofmann § 44 Rn. 8). 3

Tabletten sind einzeldosierte feste Arzneiformen. Sie werden durch Pressen gleich großer Volumina von kristallinen, gepulverten oder granulierten Arzneistoffen oder Gemischen, meist unter Zusatz von Hilfsstoffen hergestellt (*Hofmann* in Kügel/Müller/Hofmann § 44 Rn. 8). **Pastillen** sind feste, einzeldosierte, zur peroralen Anwendung bestimmte elastische bis plastische und im Allgemeinen scheiben-, kugel- oder kegelförmige Arzneizubereitungen *Hofmann* in Kügel/Müller/Hofmann § 44 Rn. 8). 4

2. Heilerde, Bademoore und andere Peloide, Zubereitungen zur Herstellung von Bädern, Seifen zum äußeren Gebrauch (Nr. 2). Heilerden sind Zubereitungen aus Ton, Lehm oder Aluminiumsilikaten oder Mischungen daraus 5

(*Rehmann* § 44 Rn. 5), **Bademoore** (Moorbäder) und andere **Peloide** sind in der Natur vorkommende Stoffe (Schlämme), die sich durch hohes Wasserhaltungsvermögen und die Fähigkeit, Wärme zu halten und sie nur langsam abzugeben, auszeichnen, etwa Fango (*Hofmann* in Kügel/Müller/Hofmann § 44 Rn. 9). **Seifen** sind Alkalisalze der höheren Fettsäuren und Ölsäuren; sie sind nur dann Arzneimittel, wenn sie den Zweckbestimmungen nach § 2 dienen, andernfalls sind sie kosmetische Mittel (*Hofmann* in Kügel/Müller/Hofmann § 44 Rn. 9).

6   **3. Mit ihren verkehrsüblichen deutschen Namen bezeichnete**
 – Pflanzen und Pflanzenteile **(Nr. 3 Buchst. a)**, auch zerkleinert,
 – Mischungen aus ganzen oder geschnittenen Pflanzen oder Pflanzenteilen als Fertigarzneimittel **(Nr. 3 Buchst. b)**; die Mischungen sind nur in Form von Fertigarzneimitteln von der Apothekenpflicht befreit, weil dadurch sichergestellt wird, dass sie im Rahmen eines Zulassungsverfahrens geprüft wurden oder einer Standardzulassung (§ 36) entsprechen (*Müller* in Kügel/Müller/Hofmann § 44 Rn. 12)
 – Destillate aus Pflanzen und Pflanzenteilen **(Nr. 3 Buchst. c)**; Destillate werden durch ein thermisches Verfahren gewonnen. Unter die Ausnahme fallen nur Destillate aus Pflanzen oder Pflanzenteilen, nicht aber aus Pflanzenbestandteilen oder aus Mischungen von Pflanzen oder Pflanzenteilen oder aus verschiedenen Destillaten (*Hofmann* in Kügel/Müller/Hofmann § 44 Rn. 13),
 – Presssäfte aus frischen Pflanzen und Pflanzenteilen, sofern sie ohne Lösungsmittel mit Ausnahme von Wasser hergestellt sind **(Nr. 3 Buchst. d)**.

7   **4. Pflaster (Nr. 4)**. Pflaster sind zum äußerlichen Gebrauch bestimmte Arzneizubereitungen. Keine Pflaster in diesem Sinne sind Heftpflaster oder Verbandsstoffe, weil diese keine Wirkstoffe enthalten. Pflaster mit verschreibungspflichtigen Wirkstoffen unterfallen Absatz 3 und sind deshalb nicht von der Apothekenpflicht befreit (zum Ganzen *Hofmann* in Kügel/Müller/Hofmann § 44 Rn. 14).

8   **5. Zum äußeren Gebrauch bestimmte Desinfektionsmittel sowie Mund- und Rachendesinfektionsmittel (Nr. 5).** Desinfektionsmittel zielen darauf ab, die Übertragung aller pathogenen Mikroorganismen (samt Sporen) und Viren zu verhindern

9   **III. Apothekenvertriebsweg.** Die Ausnahme aus der Apothekenpflicht führt dazu, dass auch der nach § 47 Abs. 1 vorgeschriebene **Apothekenvertriebsweg nicht** eingehalten werden muss (*Hofmann* in Kügel/Müller/Hofmann § 44 Rn. 1).

B. Rückausnahmen (Absatz 3)

10   Nach **Absatz 3** gelten die Ausnahmen von der Apothekenpflicht dann nicht, wenn die Mittel verschreibungspflichtig sind **(Nr. 1)** oder gemäß der Verordnung nach § 46 doch ausdrücklich der Apothekenpflicht unterstellt worden sind **(Nr. 2)**.

C. Verstöße

11   Bei Verstößen gegen § 44 gelten die Rechtsfolgen für die Abgabe von apothekenpflichtigen Arzneimitteln außerhalb der Apotheken (§ 43).

§ 45 Ermächtigung zu weiteren Ausnahmen von der Apothekenpflicht

(1) ¹Das **Bundesministerium wird ermächtigt,** im Einvernehmen mit dem Bundesministerium für Wirtschaft und Energie nach Anhörung von Sachverständigen durch Rechtsverordnung mit Zustimmung des Bundesrates Stoffe, Zubereitungen aus Stoffen oder Gegenstände, die dazu bestimmt sind, teilweise oder ausschließlich zur Beseitigung oder Linderung von Krankheiten, Leiden, Körperschäden oder krankhaften Beschwerden zu dienen, für den Verkehr außerhalb der Apotheken freizugeben,
1. soweit sie nicht nur auf ärztliche, zahnärztliche oder tierärztliche Verschreibung abgegeben werden dürfen,
2. soweit sie nicht wegen ihrer Zusammensetzung oder Wirkung die Prüfung, Aufbewahrung und Abgabe durch eine Apotheke erfordern,
3. soweit nicht durch ihre Freigabe eine unmittelbare oder mittelbare Gefährdung der Gesundheit von Mensch oder Tier, insbesondere durch unsachgemäße Behandlung, zu befürchten ist oder
4. soweit nicht durch ihre Freigabe die ordnungsgemäße Arzneimittelversorgung gefährdet wird.

²Die Rechtsverordnung wird vom Bundesministerium für Ernährung und Landwirtschaft im Einvernehmen mit dem Bundesministerium und dem Bundesministerium für Wirtschaft und Energie erlassen, soweit es sich um Arzneimittel handelt, die zur Anwendung bei Tieren bestimmt sind.

(2) Die Freigabe kann auf Fertigarzneimittel, auf bestimmte Dosierungen, Anwendungsgebiete oder Darreichungsformen beschränkt werden.

(3) *nicht abgedruckt*

Übersicht

	Rn.
A. Ausnahmen von der Apothekenpflicht durch Rechtsverordnung (Absatz 1)	1
B. Beschränkung auf bestimmte Formen (Absatz 2)	2

A. Ausnahmen von der Apothekenpflicht durch Rechtsverordnung (Absatz 1)

Neben den Vorbeugemitteln und Arzneimitteln mit unbedenklichen Produkteigenschaften (§ 44) können durch Rechtsverordnung weitere Präparate **für freiverkäuflich** erklärt werden **(Absatz 1).** Die entsprechenden substanz-, indikations- und darreichungsformbezogenen Regelungen sind in der **AMVerkRV** enthalten. Ausgeschlossen von der Freiverkäuflichkeit sind die verschreibungspflichtigen Arzneimittel **(Nr. 1).** Im Übrigen hat der Verordnungsgeber sich daran zu orientieren (*Sandrock/Nawroth* in Dieners/Reese PharmaR-HdB § 9 Rn. 46), ob bei den Arzneimitteln wegen ihrer Zusammensetzung oder Wirkung die Prüfung, Aufbewahrung und Abgabe durch eine Apotheke erforderlich ist **(Nr. 2),** ihre Freigabe eine unsachgemäße Behandlung erwarten lässt, die zu einer unmittelbaren oder mittelbaren Gefährdung der Gesundheit von Mensch oder Tier führt **(Nr. 3),** oder ob die Arzneimittelversorgung gefährdet wird **(Nr. 4).** Satz 2 regelt die Zuständigkeit zum Erlass der Verordnung.

B. Beschränkung auf bestimmte Formen (Absatz 2)

2 Die Freigabe kann in der Rechtsverordnung auf Fertigarzneimittel, auf bestimmte Dosierungen, Anwendungsgebiete oder Darreichungsformen beschränkt werden **(Absatz 2).**

§ 46 Ermächtigung zur Ausweitung der Apothekenpflicht

(1) ¹**Das Bundesministerium wird ermächtigt, im Einvernehmen mit dem Bundesministerium für Wirtschaft und Energie nach Anhörung von Sachverständigen durch Rechtsverordnung mit Zustimmung des Bundesrates Arzneimittel im Sinne des § 44 vom Verkehr außerhalb der Apotheken auszuschließen, soweit auch bei bestimmungsgemäßem oder bei gewohnheitsmäßigem Gebrauch eine unmittelbare oder mittelbare Gefährdung der Gesundheit von Mensch oder Tier zu befürchten ist.** ²**Die Rechtsverordnung wird vom Bundesministerium für Ernährung und Landwirtschaft im Einvernehmen mit dem Bundesministerium und dem Bundesministerium für Wirtschaft und Energie erlassen, soweit es sich um Arzneimittel handelt, die zur Anwendung bei Tieren bestimmt sind.**

(2) **Die Rechtsverordnung nach Absatz 1 kann auf bestimmte Dosierungen, Anwendungsgebiete oder Darreichungsformen beschränkt werden.**

(3) *nicht abgedruckt*

A. Ermächtigung zur Ausweitung der Apothekenpflicht

1 Die Vorschrift enthält eine **Ermächtigung zur Ausweitung** der Apothekenpflicht. Sie knüpft an § 44 Abs. 3 Nr. 2 an, wonach solche Arzneimittel nicht freiverkäuflich sind, für die durch eine Rechtsverordnung nach § 46 die Apothekenpflicht bestimmt wurde. Die entsprechenden Regelungen sind in §§ 7–10 AMVerkRV enthalten.

B. Voraussetzungen

2 Die Unterstellung unter die Apothekenpflicht setzt voraus, dass die Arzneimittel bei **bestimmungs-** oder **gewohnheitsgemäßem Gebrauch** Risiken für Mensch oder Tier befürchten lassen **(Absatz 1).** Der bestimmungsgemäße Gebrauch richtet sich nach der jeweiligen Indikation und den weiteren Angaben zur Verwendung des Arzneimittels. Liegt es nahe, dass das Arzneimittel gewohnheitsmäßig, also regelmäßig, gegebenenfalls auch ohne Notwendigkeit eingenommen wird und ist dies nicht ohne Gefahr für die Gesundheit von Mensch oder Tier, so soll diesem Missbrauch ebenfalls durch die Einführung der Apothekenpflicht begegnet werden. Die Einschränkung der Freiverkäuflichkeit kann auf bestimmte Dosierungen, Anwendungsgebiete oder Darreichungsformen begrenzt werden **(Absatz 2).**

§ 47 Vertriebsweg

(1) ¹Pharmazeutische Unternehmer und Großhändler dürfen Arzneimittel, deren Abgabe den Apotheken vorbehalten ist, außer an Apotheken nur abgeben an
1. andere pharmazeutische Unternehmer und Großhändler,
2. Krankenhäuser und Ärzte, soweit es sich handelt um
   a) aus menschlichem Blut gewonnene Blutzubereitungen mit Ausnahme von Gerinnungsfaktorenzubereitungen[1],
   b) bis f) *nicht abgedruckt*
   g) Arzneimittel, die mit dem Hinweis „Zur klinischen Prüfung bestimmt" versehen sind, sofern sie kostenlos zur Verfügung gestellt werden,
   h) *nicht abgedruckt,* oder
   i) Arzneimittel, die im Falle des § 21 Absatz 2 Nummer 6 zur Verfügung gestellt werden.
3. bis 3 c. *nicht abgedruckt*
4. Veterinärbehörden, soweit es sich um Arzneimittel handelt, die zur Durchführung öffentlich-rechtlicher Maßnahmen bestimmt sind,
5. auf gesetzlicher Grundlage eingerichtete oder im Benehmen mit dem Bundesministerium von der zuständigen Behörde anerkannte zentrale Beschaffungsstellen für Arzneimittel,
6. Tierärzte im Rahmen des Betriebes einer tierärztlichen Hausapotheke, soweit es sich um Fertigarzneimittel handelt, zur Anwendung an den von ihnen behandelten Tieren und zur Abgabe an deren Halter,
7. zur Ausübung der Zahnheilkunde berechtigte Personen, soweit es sich um Fertigarzneimittel handelt, die ausschließlich in der Zahnheilkunde verwendet und bei der Behandlung am Patienten angewendet werden,
8. Einrichtungen von Forschung und Wissenschaft, denen eine Erlaubnis nach § 3 des Betäubungsmittelgesetzes erteilt worden ist, die zum Erwerb des betreffenden Arzneimittels berechtigt,
9. Hochschulen, soweit es sich um Arzneimittel handelt, die für die Ausbildung der Studierenden der Pharmazie und der Veterinärmedizin benötigt werden,
10. staatlich anerkannte Lehranstalten für pharmazeutisch-technische Assistentinnen und Assistenten, sofern es sich um Arzneimittel handelt, die für die Ausbildung benötigt werden.

Satz 2 *nicht abgedruckt*

(1a) Pharmazeutische Unternehmer und Großhändler dürfen Arzneimittel, die zur Anwendung bei Tieren bestimmt sind, an die in Absatz 1 Nr. 1 oder 6 bezeichneten Empfänger erst abgeben, wenn diese ihnen eine Bescheinigung der zuständigen Behörde vorgelegt haben, dass sie ihrer Anzeigepflicht nach § 67 nachgekommen sind.

(1b) Pharmazeutische Unternehmer und Großhändler haben über den Bezug und die Abgabe zur Anwendung bei Tieren bestimmter verschreibungspflichtiger Arzneimittel, die nicht ausschließlich zur Anwendung bei anderen Tieren als solchen, die der Gewinnung von Lebensmitteln dienen, bestimmt sind, Nachweise zu führen, aus denen gesondert für jedes

---

[1] Fassung mit Wirkung v. 15.8.2020 (Art. 21 Abs. 3 des Gesetzes v. 9.8.2019 (BGBl. I S. 1202)).

dieser Arzneimittel zeitlich geordnet die Menge des Bezugs unter Angabe des oder der Lieferanten und die Menge der Abgabe unter Angabe des oder der Beziehen nachgewiesen werden kann, und diese Nachweise der zuständigen Behörde auf Verlangen vorzulegen.

(1c) ¹Pharmazeutische Unternehmer und Großhändler haben bis zum 31. März jedes Kalenderjahres nach Maßgabe einer Rechtsverordnung nach Satz 2 elektronisch Mitteilung an das zentrale Informationssystem über Arzneimittel nach § 67a Absatz 1 zu machen über Art und Menge der von ihnen im vorangegangenen Kalenderjahr an Tierärzte abgegebenen Arzneimittel, die
1. Stoffe mit antimikrobieller Wirkung,
2. in Tabelle 2 des Anhangs der Verordnung (EU) Nr. 37/2010 aufgeführte Stoffe oder
3. in einer der Anlagen der Verordnung über Stoffe mit pharmakologischer Wirkung aufgeführte Stoffe

enthalten. ²Das Bundesministerium für Ernährung und Landwirtschaft wird ermächtigt, im Einvernehmen mit dem Bundesministerium, durch Rechtsverordnung mit Zustimmung des Bundesrates
1. Näheres über Inhalt und Form der Mitteilungen nach Satz 1 zu regeln und
2. vorzuschreiben, dass
    a) in den Mitteilungen die Zulassungsnummer des jeweils abgegebenen Arzneimittels anzugeben ist,
    b) die Mitteilung der Menge des abgegebenen Arzneimittels nach den ersten beiden Ziffern der Postleitzahl der Anschrift der Tierärzte aufzuschlüsseln ist.

³In Rechtsverordnungen nach Satz 2 können ferner Regelungen in entsprechender Anwendung des § 67a Absatz 3 und 3a getroffen werden.

(2) ¹Die in Absatz 1 Nr. 5 bis 9 bezeichneten Empfänger dürfen die Arzneimittel nur für den eigenen Bedarf im Rahmen der Erfüllung ihrer Aufgaben beziehen. ²Die in Absatz 1 Nr. 5 bezeichneten zentralen Beschaffungsstellen dürfen nur anerkannt werden, wenn nachgewiesen wird, dass sie unter fachlicher Leitung eines Apothekers oder, soweit es sich um zur Anwendung bei Tieren bestimmte Arzneimittel handelt, eines Tierarztes stehen und geeignete Räume und Einrichtungen zur Prüfung, Kontrolle und Lagerung der Arzneimittel vorhanden sind.

(3) ¹Pharmazeutische Unternehmer dürfen Muster eines Fertigarzneimittels abgeben oder abgeben lassen an
1. Ärzte, Zahnärzte oder Tierärzte,
2. andere Personen, die die Heilkunde oder Zahnheilkunde berufsmäßig ausüben, soweit es sich nicht um verschreibungspflichtige Arzneimittel handelt,
3. Ausbildungsstätten für die Heilberufe.

²Pharmazeutische Unternehmer dürfen Muster eines Fertigarzneimittels an Ausbildungsstätten für die Heilberufe nur in einem dem Zweck der Ausbildung angemessenen Umfang abgeben oder abgeben lassen. ³Muster dürfen keine Stoffe oder Zubereitungen
1. im Sinne des § 2 des Betäubungsmittelgesetzes, die als solche in Anlage II oder III des Betäubungsmittelgesetzes aufgeführt sind, oder
2. die nach § 48 Absatz 2 Satz 3 nur auf Sonderrezept verschrieben werden dürfen,
enthalten.

Vertriebsweg **§ 47 AMG**

(4) ¹Pharmazeutische Unternehmer dürfen Muster eines Fertigarzneimittels an Personen nach Absatz 3 Satz 1 nur auf jeweilige schriftliche oder elektronische Anforderung, in der kleinsten Packungsgröße und in einem Jahr von einem Fertigarzneimittel nicht mehr als zwei Muster abgeben oder abgeben lassen. ²Mit den Mustern ist die Fachinformation, soweit diese nach § 11a vorgeschrieben ist, zu übersenden. ³Das Muster dient insbesondere der Information des Arztes über den Gegenstand des Arzneimittels. ⁴Über die Empfänger von Mustern sowie über Art, Umfang und Zeitpunkt der Abgabe von Mustern sind gesondert für jeden Empfänger Nachweise zu führen und auf Verlangen der zuständigen Behörde vorzulegen.

Übersicht

	Rn.
A. Inhalt und Bedeutung	1
B. Vertriebsweg und Verschreibungspflicht	5
C. Direktvertrieb (Absatz 1)	6
I. Abgebender, Empfänger, Prüfungspflicht des Abgebenden	6
II. Die einzelnen Berechtigten (Satz 1)	9
1. Abgabe an Apotheken	10
2. Abgabe an andere pharmazeutische Unternehmer oder Großhändler (Nr. 1)	11
3. Abgabe von bestimmten Arzneimitteln an Krankenhäuser und Ärzte (Nr. 2)	12
4. Abgabe bestimmter Arzneimittel an Veterinärbehörden (Nr. 4)	13
5. Abgabe an zentrale Beschaffungsstellen (Nr. 5)	14
6. Abgabe von Fertigarzneimitteln an Tierärzte (Nr. 6)	15
7. Abgabe bestimmter Fertigarzneimittel an Zahnärzte und Dentisten (Nr. 7)	16
8. Abgabe an Einrichtungen von Forschung und Wissenschaft mit Erlaubnis nach § 3 BtMG (Nr. 8)	17
9. Abgabe bestimmter Arzneimittel an Hochschulen (Nr. 9)	18
D. Weitere Voraussetzungen bei der Abgabe von Arzneimitteln, die zur Anwendung bei Tieren bestimmt sind (Absatz 1a)	19
E. Nachweispflichten über Bezug und Abgabe von verschreibungspflichtigen Arzneimitteln, die auch zur Anwendung bei Lebensmittel liefernden Tieren bestimmt sind (Absatz 1b)	20
F. Mitteilungspflichten hinsichtlich bestimmter an Tierärzte abgegebener Arzneimittel (Absatz 1c)	21
G. Bezugsbeschränkung, Anerkennungsvoraussetzungen (Absatz 2)	22
H. Muster von Fertigarzneimitteln (Absätze 3 und 4)	26
I. Straftaten, Ordnungswidrigkeiten	33
I. Verschreibungspflichtige Arzneimittel	34
1. Verstoß gegen § 47 Abs. 1	35
2. Verstoß gegen § 47 Abs. 1a	36
3. Verstoß gegen § 47 Abs. 2 S. 1	37
II. (Lediglich) apothekenpflichtige Arzneimittel	38
1. Verstoß gegen § 47 Abs. 1	39
2. Verstoß gegen § 47 Abs. 1a	40
3. Verstoß gegen § 47 Abs. 2 S. 1	41
III. Weitere Ordnungswidrigkeiten	42
1. Verstoß gegen § 47 Abs. 1b	43
2. Verstoß gegen § 47 Abs. 4 S. 1	44
3. Verstoß gegen § 47 Abs. 4 S. 3	45
J. Zivilrecht	46

AMG § 47

A. Inhalt und Bedeutung

1 § 47 ist eine der wesentlichen Vorschriften des AMG, die insbesondere für die **pharmazeutische Industrie** und den **Arzneimittelgroßhandel** von besonderer Bedeutung ist. Die Vorschrift ist eine Ausnahme von dem Grundsatz des Vertriebsweges über Apotheken. Sie regelt abschließend, unter welchen Voraussetzungen welche Personen oder Einrichtungen Arzneimittel, die der Apothekenpflicht unterliegen, vom pharmazeutischen Unternehmer (§ 4 Abs. 18) oder vom Großhandel (§ 4 Abs. 22) **direkt** beziehen dürfen oder umgekehrt, welche Personen oder Einrichtungen mit Arzneimitteln vom pharmazeutischen Unternehmer oder Großhändler **beliefert werden** dürfen.

2 Zugleich ergibt sich aus der Vorschrift, dass apothekenpflichtige Arzneimittel **nur vom** pharmazeutischen Unternehmer oder Großhändler abgegeben werden dürfen; die Abgabe solcher Arzneimittel durch Tierärzte an andere Tierärzte ist daher nicht zulässig und im Falle der Eigennützigkeit verbotenes Handeltreiben nach § 43 Abs. 1 S. 2, § 95 Abs. 1 Nr. 4 (BGH NStZ 2004, 457 = BeckRS 2003, 07432 = JR 2004, 248 mAnm *Rotsch* = wistra 2003, 424 = StoffR 2004, 90 mAnm *Pauly*).

3 Gemäß § 52a Abs. 7 sind auch **Apotheker** Großhändler, soweit sie nicht im Rahmen des üblichen Apothekenbetriebs handeln (→ § 52a Rn. 15; BGH NStZ 2011, 583 = A&R 2011, 136 mAnm *Winkler*).

4 Auf **diamorphinhaltige** Fertigarzneimittel, die zur substitutionsgestützten Behandlung zugelassen sind, ist § 47 nicht anwendbar (§ 47b Abs. 2).

B. Vertriebsweg und Verschreibungspflicht

5 Die Erlaubnis zur Direktbelieferung umfasst auch die verschreibungspflichtigen Arzneimittel (*Miller* in Kügel/Müller/Hofmann § 47 Rn. 3). Soweit § 47 Abs. 1 die Direktbelieferung von Verbrauchern (Nr. 2–4, 6 und 7) zulässt, ist nicht abschließend geklärt, ob dazu im Hinblick auf § 48 Abs. 1 S. 1 **eine Verschreibung** erforderlich ist. Eine Ausnahme wie für Kauffahrteischiffe (§ 48 Abs. 1 S. 2) sieht § 48 nicht vor. Auf der anderen Seite ist nach § 95 Abs. 1 Nr. 5 nur die Abgabe verschreibungspflichtiger Arzneimittel **an andere** als die in § 47 genannten Empfänger strafbar, nicht aber die Abgabe ohne Verschreibung an die dort genannten Empfänger (*Miller* in Kügel/Müller/Hofmann § 47 Rn. 5). Es erscheint daher vertretbar, im Hinblick auf die besondere Fachkompetenz auch der in § 47 Abs. 1 Nr. 2–4, 6 und 7 genannten Empfänger deren Belieferung auch ohne Verschreibung zuzulassen (*Miller* in Kügel/Müller/Hofmann § 47 Rn. 5; *von Czettritz* in Fuhrmann/Klein/Fleischfresser ArzneimittelR-HdB § 24 Rn. 31; aA *Rehmann* § 47 Rn. 2; *Pfohl* in Erbs/Kohlhaas AMG § 47 Rn. 2). Werden die Arzneimittel an Endverbraucher weitergegeben, bedarf es einer Verschreibung.

C. Zulässige Direktbelieferung (Absatz 1)

6 **I. Abgebender, Empfänger, Prüfungspflicht des Abgebenden.** Absatz 1 Satz 1 beschreibt **abschließend** den Kreis der Personen und Stellen, an die apothekenpflichtige Arzneimittel vom pharmazeutischen Unternehmer (→ § 4 Rn. 74–79) oder Großhändler (→ § 4 Rn. 84–91) abgegeben werden dürfen. Die Abgabe an andere Abnehmer ist nicht zulässig. Dies gilt auch, wenn die Abgabe unter Aufsicht eines Apothekers erfolgt (*Rehmann* § 47 Rn. 2; *Kloesel/Cyran* § 47 Anm. 3). Zur Abgabe **durch andere** Personen → Rn. 2. Die Vorschrift des Absatzes 1 erfasst jedweden Weiterverkauf, der nicht durch diese Norm gestattet ist (BGH NStZ 2011, 583 (→ Rn. 3)).

Auf der **Abgabeseite** gilt die Vorschrift für jeden, der eine Tätigkeit als pharmazeutischer Unternehmer oder Großhändler **ausübt, unabhängig** davon, ob er eine Herstellungs- oder eine Großhandelserlaubnis (BGH NStZ 2011, 583 (→ Rn. 3)) innehat. 7

Auf der **Empfängerseite** gehört der Handelnde dagegen nur dann zum Kreis 8
der berechtigten Personen, wenn er über die notwendigen Erlaubnisse verfügt (BGH NStZ 2011, 583 (→ Rn. 3)). Dies muss der Abgebende **überprüfen** (*Miller* in Kügel/Müller/Hofmann § 47 Rn. 7; *Rehmann* § 47 Rn. 3; *Sander* ArzneimittelR § 47 Erl. 2). Er hat sich dazu etwa eine Kopie der Herstellererlaubnis (§ 13) oder der Großhandelserlaubnis (§ 52a) vorlegen zu lassen (*von Czettritz* in Fuhrmann/Klein/Fleischfresser ArzneimittelR-HdB § 24 Rn. 32). Der Abgebende hat dagegen nicht zu prüfen, ob der Empfänger seinerseits die Arzneimittel nur im Rahmen der gesetzlichen Vorschriften abgibt oder verwendet. Hat er allerdings Grund zu der Annahme, dass dies nicht geschieht, kann er zu weiteren Nachforschungen verpflichtet sein (*Miller* in Kügel/Müller/Hofmann § 47 Rn. 7; *Rehmann* § 47 Rn. 3).

II. Die einzelnen Berechtigten (Satz 1). Die Vorschrift wendet sich an pharmazeutische Unternehmer und Großhändler. Sie bestimmt zugleich die berechtigten Empfänger und die Voraussetzungen der Empfangsberechtigung. 9

1. Abgabe an Apotheken. Die Belieferung von Apotheken durch pharmazeutische Unternehmer und Großhändler ist stets zulässig. Nach einer etwas seltsamen Gesetzestechnik findet sich diese Grundaussage nicht in einer der Nummern des Absatzes 1 sondern versteckt im Einleitungssatz. 10

2. Abgabe an andere pharmazeutische Unternehmer oder Großhändler 11
(Nr. 1). Die Belieferung von pharmazeutischen Unternehmern und Großhändlern durch andere pharmazeutische Unternehmer oder Großhändler ist stets und ohne weitere Voraussetzungen zulässig.

3. Abgabe von bestimmten Arzneimitteln an Krankenhäuser und Ärzte 12
(Nr. 2). Nach dieser Vorschrift dürfen pharmazeutische Unternehmer und Großhändler auch Krankenhäuser und Ärzte beliefern allerdings nur mit bestimmten Arzneimitteln oder zu bestimmten Zwecken (Buchst. a–i). **Krankenhäuser** sind Einrichtungen, in denen durch ärztliche und pflegerische Hilfeleistung Krankheiten, Leiden oder Körperschäden festgestellt, geheilt oder gelindert werden sollen oder Geburtshilfe geleistet wird, und in denen die zu versorgenden Personen untergebracht und verpflegt werden können (§ 2 KHG; *Miller* in Kügel/Müller/Hofmann § 47 Rn. 8). Die Vorschrift gilt nur für Krankenhäuser ohne eigene Apotheke, da Krankenhausapotheken ohnehin beliefert werden dürfen (→ Rn. 10; *von Czettritz* in Fuhrmann/Klein/Fleischfresser ArzneimittelR-HdB § 24 Rn. 33). Zum Begriff des **Arztes** → BtMG § 4 Rn. 25. **Heilpraktiker** sind von der Direktbelieferung danach ausgeschlossen (*Miller* in Kügel/Müller/Hofmann § 47 Rn. 8; *Rehmann* § 47 Rn. 4; *von Czettritz* in Fuhrmann/Klein/Fleischfresser ArzneimittelR-HdB § 24 Rn. 33); eine Ausnahme gilt für Blutegel und Fliegenlarven (Buchst. h).

4. Abgabe bestimmter Arzneimittel an Veterinärbehörden (Nr. 4). Nach 13
Nr. 4 dürfen auch Veterinärbehörden mit Arzneimitteln direkt beliefert werden, die zur Durchführung öffentlich-rechtlicher Maßnahmen bestimmt sind. Veterinärbehörden, sind Behörden, die nach Landesrecht zur Bekämpfung von übertragbaren Tierkrankheiten zuständig sind (*Miller* in Kügel/Müller/Hofmann § 47 Rn. 37).

5. Abgabe an zentrale Beschaffungsstellen (Nr. 5). Nach dieser Vorschrift ist 14
ferner die Direktbelieferung von zentralen Beschaffungsstellen erlaubt. Diese müssen auf gesetzlicher Grundlage errichtet oder von den zuständigen Behörden im Benehmen mit den zuständigen Bundesministerien (für Tierarzneimittel s. Absatz 1

Satz 2) anerkannt sein. Die Anerkennungsvoraussetzungen sind in Absatz 2 Satz 2 geregelt. Beschaffungsstellen müssen übergeordnete, etwa karitative, Zwecke erfüllen und dürfen nicht der Umgehung des Apothekenmonopols (§ 43) und der Preisbestimmung für Arzneimittel (§ 78) dienen (*Miller* in Kügel/Müller/Hofmann § 47 Rn. 39). Anerkannte Beschaffungsstellen sind das Deutsche Rote Kreuz, der Deutsche Entwicklungsdienst, die zuständigen Einrichtungen der Bundeswehr, der Bundespolizei, der Bereitschaftspolizei der Länder und des Zivilschutzes (*Miller* in Kügel/Müller/Hofmann § 47 Rn. 39). Ob es sich um eine anerkannte zentrale Beschaffungsstelle handelt, muss der Abgebende prüfen. Die Beschaffungsstellen dürfen die Arzneimittel nur für den eigenen Bedarf im Rahmen der Erfüllung ihrer Aufgaben beziehen (→ Rn. 22).

15   **6. Abgabe von Fertigarzneimitteln an Tierärzte (Nr. 6).** Die Vorschrift regelt die Direktbelieferung von Tierärzten. Sie gilt nur
– für **Fertigarzneimittel** (→ § 4 Rn. 2–21), die
– im Rahmen des Betriebs einer **tierärztlichen Hausapotheke** (→ § 43 Rn. 77)
– zur **Anwendung** an den von dem Tierarzt behandelten Tieren und zur **Abgabe** an deren Halter (→ § 43 Rn. 74) bestimmt sind.

Die Direktbelieferung beschränkt sich nicht auf Tierarzneimittel (→ § 4 Rn. 28). Die Zulässigkeit der Belieferung mit Humanarzneimitteln ist jedoch davon abhängig, dass der Tierarzt sie ausdrücklich zur Anwendung an Tieren bestellt und eine Therapielücke besteht (*Rehmann* § 47 Rn. 9). Der Tierarzt darf die Arzneimittel nicht seinerseits an andere Tierärzte (oder Pharmareferenten) abgeben (→ Rn. 2). Zur Belieferung mit Tierarzneimitteln auch → Rn. 19. Die Tierärzte dürfen die Arzneimittel nur für den eigenen Bedarf im Rahmen der Erfüllung ihrer Aufgaben beziehen (→ Rn. 22).

16   **7. Abgabe bestimmter Fertigarzneimittel an Zahnärzte und Dentisten (Nr. 7).** Nach dieser Vorschrift dürfen an Zahnärzte und andere zur Zahnheilkunde berechtigte Personen (→ BtMG § 4 Rn. 25)
– **Fertigarzneimittel** (→ § 2 Rn. 2–21) direkt geliefert werden,
– die **ausschließlich in der Zahnheilkunde** verwendet und
– bei der **Behandlung am Patienten** Anwendung finden.

Arzneimittel, die auch in der ärztlichen Praxis verwendet werden oder die der Patient, etwa bei einer Nachbehandlung, auch selbst verwenden kann, sind von der Direktbelieferung ausgeschlossen (*Miller* in Kügel/Müller/Hofmann § 47 Rn. 46; *Rehmann* § 47 Rn. 10). Die Zahnärzte und Dentisten dürfen die Arzneimittel nur für den eigenen Bedarf im Rahmen der Erfüllung ihrer Aufgaben beziehen (→ Rn. 22).

17   **8. Abgabe an Einrichtungen von Forschung und Wissenschaft mit Erlaubnis nach § 3 BtMG (Nr. 8).** Die Vorschrift erlaubt die Direktbelieferung von Einrichtungen von Forschung und Wissenschaft, denen eine Erlaubnis nach § 3 BtMG erteilt worden ist, die zum Erwerb des betreffenden Arzneimittels berechtigt. Eine gesetzliche Beschränkung auf Fertigarzneimittel (so *Rehmann* § 47 Rn. 11) besteht dabei nicht. Die Einrichtungen können universitäre oder außeruniversitäre Einrichtungen sein; auch private Einrichtungen kommen in Betracht (*Miller* in Kügel/Müller/Hofmann § 47 Rn. 47). Ob der Empfänger eine Erwerbserlaubnis nach § 3 BtMG hat, ist von dem Abgebenden zu prüfen. Die Einrichtungen dürfen die Arzneimittel nur für den eigenen Bedarf im Rahmen der Erfüllung ihrer Aufgaben beziehen (→ Rn. 22).

18   **9. Abgabe bestimmter Arzneimittel an Hochschulen (Nr. 9).** Dasselbe gilt für die Belieferung von Hochschulen (§ 1 HRG) mit Arzneimitteln, die für die Ausbildung der Studierenden der Pharmazie und der Veterinärmedizin benötigt

Vertriebsweg   § 47 AMG

werden. Die Hochschulen dürfen die Arzneimittel nur für den eigenen Bedarf im Rahmen der Erfüllung ihrer Aufgaben beziehen (→ Rn. 22).

D. Weitere Voraussetzungen bei der Abgabe von Arzneimitteln, die zur Anwendung bei Tieren bestimmt sind (Absatz 1a)

Die Vorschrift macht die Abgabe von Tierarzneimitteln (→ § 4 Rn. 28) von weiteren Voraussetzungen abhängig. Danach dürfen pharmazeutische Unternehmer und Großhändler andere pharmazeutische Unternehmer und Großhändler (Absatz 1 (Satz 1) Nr. 1) und Tierärzte (Absatz 1 (Satz 1) Nr. 6) erst dann mit solchen Arzneimitteln beliefern, wenn diese eine Bescheinigung der zuständigen Behörde vorgelegt haben, dass sie ihre Anzeigepflicht nach § 67 erfüllt haben. Die Vorschrift ist auf Grund der unsauberen Verweisungstechnik nicht ganz klar, es lässt sich aber noch mit hinreichender Deutlichkeit aus ihr entnehmen, was gemeint ist. 19

E. Nachweispflichten über Bezug und Abgabe verschreibungspflichtiger Arzneimittel, die auch zur Anwendung bei Lebensmitteln liefernden Tieren bestimmt sind (Absatz 1b)

Nach Absatz 1b haben pharmazeutische Unternehmer und Großhändler über den Bezug und die Abgabe zur Anwendung bei Tieren bestimmter verschreibungspflichtiger Arzneimittel, die **nicht ausschließlich** zur Anwendung bei Tieren bestimmt sind, die **nicht** der **Lebensmittelgewinnung** (→ § 31 Rn. 11–15) dienen, Nachweise über die Menge und den Vertriebsweg (Lieferanten und Bezieher) zu führen. Damit soll eine **Überwachung des Vertriebs** solcher Tierarzneimittel von der Herstellung bis zur Anwendung ermöglicht werden, und zwar auch im Hinblick auf die früher üblichen, heute allerdings nicht mehr zulässigen Naturalrabatte (*Miller* in Kügel/Müller/Hofmann § 47 Rn. 57). Für pharmazeutische Unternehmer sind die Einzelheiten der Dokumentation in § 10 AMWHV geregelt (*Miller* in Kügel/Müller/Hofmann § 47 Rn. 55); die Regelungen für die Großhändler ergeben sich aus der AM-HandelsV. 20

F. Mitteilungspflichten hinsichtlich bestimmter an Tierärzte abgegebener Arzneimittel (Absatz 1c)

Nach Absatz 1c haben pharmazeutische Unternehmer und Großhändler bis zum 31.3. jeden Jahres nach Maßgabe einer Rechtsverordnung (**DIMDI-AMV** vom 24.2.2010 (BGBl. I S. 140), zuletzt geändert durch VO vom 13.7.2020 (BGBl. I S. 1692)) die Art und Menge bestimmter Arzneimittel, insbesondere **Antibiotika;** die sie im Vorjahr an Tierärzte abgegeben haben, an das zentrale Informationsytem über Arzneimittel nach § 67a Absatz 1 zu melden. Damit soll es ermöglicht werden, das Verhältnis abgegebener Antibiotika zu aufgetretenen Resistenzen besser beurteilen zu können (*Miller* in Kügel/Müller/Hofmann § 47 Rn. 58). 21

G. Bezugsbeschränkung, Anerkennungsvoraussetzungen (Absatz 2)

Nach Satz 1 dürfen die in Absatz 1 (Satz 1) Nr. 5–9 bezeichneten Empfänger die Arzneimittel nur für den **eigenen Bedarf** und im Rahmen der **Erfüllung ihrer Aufgaben beziehen.** Eine Mengenbegrenzung ist damit nicht vorgeschrieben (*Miller* in Kügel/Müller/Hofmann § 47 Rn. 60; *Rehmann* § 47 Rn. 15; *von Czettritz* in Fuhrmann/Klein/Fleischfresser ArzneimittelR-HdB § 24 Rn. 50). Daher ist eine Vorratshaltung zwar erlaubt (*Miller* in Kügel/Müller/Hofmann § 47 Rn. 60; *Rehmann* § 47 Rn. 15). Der **Vorrat** darf jedoch **nicht größer** sein, als es die Erfüllung ihrer Aufgaben erfordert. 22

23 **Die Empfänger** dürfen ihrerseits nicht als Großhändler tätig werden (BGH NStZ 2004, 457 (→ Rn. 2)). Auch dürfen sie die Arzneimittel nicht zur Deckung des persönlichen Bedarfs der in den Impfzentren tätigen Personen, der Tierärzte und Zahnärzte beziehen oder abgeben (*Miller* in Kügel/Müller/Hofmann § 47 Rn. 59; *von Czettritz* in Fuhrmann/Klein/Fleischfresser ArzneimittelR-HdB § 24 Rn. 50). Auch eine Weitergabe, um einem andern Tierarzt oder einer anderen Stelle „auszuhelfen", ist nicht zulässig (*Miller* in Kügel/Müller/Hofmann § 47 Rn. 60). Zum Begriff des **Beziehens** → § 95 Rn. 291.

24 Satz 2 regelt die Anerkennungsvoraussetzungen für die Zentralen Beschaffungsstellen. Der Apotheker oder Tierarzt muss nicht hauptberuflich bei der Beschaffungsstelle tätig und auch nicht ständig anwesend sein (*Miller* in Kügel/Müller/Hofmann § 47 Rn. 61).

H. Muster von Fertigarzneimitteln (Absätze 3, 4)

25 Die Abgabe von **Mustern** eines Fertigarzneimittels ist in den Absätzen 3 und 4 abschließend geregelt (*Miller* in Kügel/Müller/Hofmann § 47 Rn. 64). **Muster** sind zugelassene (oder registrierte) Fertigarzneimittel, die von pharmazeutischen Unternehmern zum Zwecke der Information und Erprobung abgegeben werden. Sie sind von **Arzneimittelproben** (Gratisproben) zu unterscheiden, die in der Regel in kleineren als der kleinsten für den Verkehr zugelassenen Packungsgröße unentgeltlich abgegeben werden (*Miller* in Kügel/Müller/Hofmann § 47 Rn. 65) und nicht mit der Kennzeichnung als unverkäufliches Muster versehen werden dürfen (*Volkmer* in Körner/Patzak/Volkmer AMG § 96 Rn. 238). Besondere Regeln im AMG fehlen, so dass dort die allgemeinen Vorschriften gelten. Die kostenlose Abgabe von Arzneimittelproben außerhalb der Fachkreise ist nach § 11 Nr. 14 HWG verboten (*Miller* in Kügel/Müller/Hofmann § 47 Rn. 65). Arzneimittelmuster bleiben solche auch dann, wenn sie den Aufdruck „Zu Demonstrationszwecken" tragen (OLG Hamburg A&R 2014, 283). Dasselbe gilt für angebrochene Muster (OLG Hamburg A&R 2014, 283).

26 **Arzneimittelmuster** (→ Rn. 25) dürfen nach **Absatz 3 Satz 1** von pharmazeutischen Unternehmern oder in ihrem Auftrag an Ärzte, Zahnärzte und Tierärzte **(Nr. 1)**, an andere Personen, die die Heilkunde oder Zahnheilkunde berufsmäßig ausüben, insoweit allerdings nur, soweit es sich um nicht verschreibungspflichtige Arzneimittel handelt **(Nr. 2)**, und an Ausbildungsstätten für die Heilberufe **(Nr. 3)**, an diese allerdings nur in einem dem Zweck der Ausbildung angemessenen Umfang **(Satz 2)**, abgegeben werden.

27 Nach Art. 96 der Richtlinie 2001/83/EG sind bei **verschreibungspflichtigen** Arzneimitteln nur Personen **empfangsberechtigt**, die zur Verschreibung der Arzneimittel berechtigt sind. **Nicht** dazu gehören **Apotheker** (EuGH A&R 2020, 127 = PharmR 2020, 474 m Anm *Viefhues*); Apotheker können solche Muster daher auch nicht abgeben (*Körner,* 6. Aufl. 2007, AMG § 96 Rn. 92; aA *Kozianka/Dietel* PharmR 2014, 5). Eine unzulässige Umgehung ist es, wenn Gutscheine an Ärzte ausgegeben werden, mit denen diese die Arzneimittel bei Apotheken unentgeltlich erwerben können (OLG Stuttgart NJW-RR 1997, 359; *Miller* in Kügel/Müller/Hofmann § 47 Rn. 69). Gratismuster **nicht verschreibungspflichtiger** Arzneimittel dürfen nach der Richtlinie auch an Apotheker abgegeben werden (EuGH A&R 2020, 127 (s.o.)). Im Hinblick auf die richtlinienkonforme Auslegung des nationalen Rechts ist diese Unterscheidung auch im Rahmen des § 47 Abs. 3 maßgeblich.

28 Nicht empfangsberechtigt sind auch **Tierheilpraktiker** (*Miller* in Kügel/Müller/Hofmann § 47 Rn. 71). Zur Abgabe durch **Ärzte** → § 43 Rn. 26.

29 Die **Muster** dürfen **keine Stoffe** oder Zubereitungen enthalten, die als solche in den Anlagen II oder III zum BtMG enthalten sind oder die nach § 48 Abs. 2 S. 3 nur

Vertriebsweg **§ 47 AMG**

auf Sonderrezept verschrieben werden dürfen, etwa die thalidomidhaltigen Präparate **(Satz 3)**. Dies gilt auch für ausgenommene Zubereitungen im Sinne des BtMG (BR-Drs. 565/93, 55; OLG Köln NJWE-WettbR 1998, 175; *Miller* in Kügel/Müller/Hofmann § 47 Rn. 78).

Die Abgabe von Ärztemustern dient vor allem dem Zweck, dass sich der Arzt mit 30 dem jeweiligen Arzneimittel vertraut macht **(Absatz 4 Satz 3)**. Damit er nicht die Möglichkeit hat, durch die kostenlose Abgabe an Patienten in unsachgerechter Weise für sich, bestimmte Arzneimittel oder pharmazeutische Unternehmen zu werben, dürfen in einem Jahr an einen Empfänger nicht mehr als **zwei Muster** des Arzneimittels in der kleinsten Packungsgröße abgegeben werden **(Absatz 4 Satz 1)**. Dabei ist es zulässig, zwei Muster je Darreichungsform abzugeben (*Miller* in Kügel/Müller/Hofmann § 47 Rn. 83). Die kleinste Packungsgröße ergibt sich in der Regel aus dem Zulassungsbescheid; allerdings dürfte hier auf die kleinste im Handel befindliche Packungsgröße abzustellen sein (*Miller* in Kügel/Müller/Hofmann § 47 Rn. 84; *von Czettritz* in Fuhrmann/Klein/Fleischfresser ArzneimittelR-HdB § 24 Rn. 51). Mit den Mustern ist die Fachinformation, soweit sie nach § 11a vorgeschrieben ist, zu übersenden **(Absatz 4 Satz 2)**.

Voraussetzung der Abgabe ist, dass eine **schriftliche Anforderung** durch die 31 empfangsberechtigte Person vorliegt **(Absatz 4 Satz 1)**. Eine Anforderung durch einen Vertreter genügt, sofern hierzu die Vollmacht vorgelegt wird (*Miller* in Kügel/Müller/Hofmann § 47 Rn. 81), ob auch sonst, ist umstritten (dagegen *Rehmann* § 47 Rn. 17; *Kloesel/Cyran* § 47 Anm. 63; aA *von Czettritz* in Fuhrmann/Klein/Fleischfresser ArzneimittelR-HdB § 24 Rn. 52; *Sander* ArzneimittelR § 47 Erl. 20).

Über die Empfänger der Muster sowie über die Art und Weise der Abgabe sind 32 entsprechende Nachweise zu führen und der zuständigen Aufsichtsbehörde auf Verlangen vorzulegen **(Absatz 4 Satz 4)**.

I. Straftaten, Ordnungswidrigkeiten

Verstöße gegen die Vorschriften des § 47 sind teils Straftaten und teils Ordnungs- 33 widrigkeiten. Zweckmäßig wird danach unterschieden, ob sich der Verstoß auf verschreibungspflichtige oder lediglich apothekenpflichtige Arzneimittel bezieht. Hinzu kommen weitere Ordnungswidrigkeiten, die sich sowohl auf verschreibungspflichtige als auch auf apothekenpflichtige Arzneimittel beziehen.

I. Verschreibungspflichtige Arzneimittel. Für verschreibungspflichtige Arz- 34 neimittel gilt folgendes:

1. Verstoß gegen § 47 Abs. 1. Der Verstoß gegen § 47 Abs. 1 (→ Rn. 6–18) ist 35 bei Vorsatz eine Straftat nach § 95 Abs. 1 Nr. 5 Alt. 1 (→ § 95 Rn. 262–280), bei Fahrlässigkeit nach § 95 Abs. 4.

2. Verstoß gegen § 47 Abs. 1a. Der Verstoß gegen § 47 Abs. 1a (→ Rn. 19) ist 36 bei Vorsatz eine Straftat nach § 95 Abs. 1 Nr. 5 Alt. 2 (→ § 95 Rn. 281–287), bei Fahrlässigkeit nach § 95 Abs. 4.

3. Verstoß gegen § 47 Abs. 2 S. 1. Der Verstoß gegen § 47 Abs. 2 S. 1 37 (→ Rn. 22) ist bei Vorsatz eine Straftat nach § 95 Abs. 1 Nr. 5 Alt. 3 (→ § 95 Rn. 288–306), bei Fahrlässigkeit nach § 95 Abs. 4.

II. (Lediglich) apothekenpflichtige Arzneimittel. Für (lediglich) apothe- 38 kenpflichtige Arzneimittel gilt folgendes:

1. Verstoß gegen § 47 Abs. 1. Der vorsätzliche oder fahrlässige Verstoß gegen 39 § 47 Abs. 1 (→ Rn. 6–18) ist eine **Ordnungswidrigkeit** nach **§ 97 Abs. 2 Nr. 12**. Der Tatbestand entspricht im Wesentlichen dem des § 95 Abs. 1 Nr. 5 Alt. 1, so dass auf → § 95 Rn. 262–280 Bezug genommen werden kann.

Weber 1707

AMG § 47b Siebter Abschnitt. Abgabe von Arzneimitteln

40 2. **Verstoß gegen § 47 Abs. 1 a.** Der vorsätzliche oder fahrlässige Verstoß gegen § 47 Abs. 1 a (→ Rn. 19) ist eine **Ordnungswidrigkeit** nach **§ 97 Abs. 2 Nr. 12.** Der Tatbestand entspricht im Wesentlichen dem des § 95 Abs. 1 Nr. 5 Alt. 2, so dass auf → § 95 Rn. 281–287 verwiesen werden kann.

41 3. **Verstoß gegen § 47 Abs. 2 S. 1.** Der vorsätzliche oder fahrlässige Verstoß gegen § 47 Abs. 2 S. 1 (→ Rn. 22) ist eine **Ordnungswidrigkeit** nach **§ 97 Abs. 2 Nr. 12.** Der Tatbestand entspricht im Wesentlichen dem des § 95 Abs. 1 Nr. 5 Alt. 3, so dass auf → § 95 Rn. 288–306 Bezug genommen werden kann.

42 **III. Weitere Ordnungswidrigkeiten.** § 47 enthält noch weitere Vorschriften, die als Ordnungswidrigkeiten mit Geldbuße bewehrt sind:

43 1. **Verstoß gegen § 47 Abs. 1 b.** Wer vorsätzlich oder fahrlässig die in § 47 Abs. 1 b (→ Rn. 20) vorgeschriebenen **Nachweise** nicht oder nicht richtig führt oder der zuständigen Behörde auf Verlangen nicht vorlegt, begeht eine **Ordnungswidrigkeit** nach **§ 97 Abs. 2 Nr. 13.**

44 2. **Verstoß gegen § 47 Abs. 4 S. 1.** Wer vorsätzlich oder fahrlässig entgegen § 47 Abs. 4 S. 1 **Ärztemuster** ohne schriftliche Anforderung, in einer anderen als der kleinsten Packungsgröße oder über die zulässige Menge hinaus abgibt oder abgeben lässt (→ Rn. 30, 31), begeht eine **Ordnungswidrigkeit** nach **§ 97 Abs. 2 Nr. 12 a.**

45 3. **Verstoß gegen § 47 Abs. 4 S. 3.** Nach § 97 Abs. 2 Nr. 13 soll auch eine Ordnungswidrigkeit begehen, wer die in „§ 47 Abs. 4 Satz 3" vorgeschriebenen **Nachweise** nicht oder nicht richtig führt oder der zuständigen Behörde auf Verlangen nicht vorlegt. Die Vorschrift geht **ins Leere**. Ersichtlich ist eine Bewehrung des Satzes 4 gewollt. Auch im Ordnungswidrigkeitenrecht gilt das Gesetzlichkeitsprinzip (§ 3 OWiG), so dass eine Ahndung nach Satz 4 nicht in Betracht kommt.

J. Zivilrecht

46 Rechtsgeschäfte, die unter Umgehung von § 47 abgeschlossen wurden, sind **nach § 134 BGB nichtig** (LG Düsseldorf NJW 1980, 647; *Miller* in Kügel/Müller/Hofmann § 47 Rn. 96; aA *Rehmann* § 47 Rn. 3; s. dazu auch BGH NJW 1968, 2286).

§ 47b Sondervertriebsweg Diamorphin

(1) ¹**Pharmazeutische Unternehmer dürfen ein diamorphinhaltiges Fertigarzneimittel, das zur substitutionsgestützten Behandlung zugelassen ist, nur an anerkannte Einrichtungen im Sinne des § 13 Absatz 3 Satz 2 Nummer 2a des Betäubungsmittelgesetzes und nur auf Verschreibung eines dort behandelnden Arztes abgeben.** ²**Andere Personen dürfen die in Satz 1 genannten Arzneimittel nicht in Verkehr bringen.**

(2) **Die §§ 43 und 47 finden auf die in Absatz 1 Satz 1 genannten Arzneimittel keine Anwendung.**

Die Vorschrift wurde durch Gesetz v. 15.7.2009 (BGBl. I S. 1801) eingeführt. Nach ihr dürfen diamorphinhaltige Fertigarzneimittel, die zur substitutionsgestützten Behandlung zugelassen sind, nur vom **pharmazeutischen Unternehmer** unmittelbar an die **behandelnde Einrichtung** abgegeben werden (→ BtMG § 13 Rn. 121–140). Dort auch zu den Prüfungspflichten des pharmazeutischen Unternehmers.

§ 48 Verschreibungspflicht

(1) ¹Arzneimittel, die
1. durch Rechtsverordnung nach Absatz 2, auch in Verbindung mit den Absätzen 4 und 5, bestimmte Stoffe, Zubereitungen aus Stoffen oder Gegenstände sind oder denen solche Stoffe oder Zubereitungen aus Stoffen zugesetzt sind,
2. nicht unter Nummer 1 fallen und zur Anwendung bei Tieren, die der Gewinnung von Lebensmitteln dienen, bestimmt sind oder
3. Arzneimittel im Sinne des § 2 Absatz 1 oder Absatz 2 Nummer 1 sind, die Stoffe mit in der medizinischen Wissenschaft nicht allgemein bekannten Wirkungen oder Zubereitungen solcher Stoffe enthalten,

dürfen nur bei Vorliegen einer ärztlichen, zahnärztlichen oder tierärztlichen Verschreibung an Verbraucher abgegeben werden. ²Satz 1 Nummer 1 gilt nicht für die Abgabe von Apotheken zur Ausstattung von Kauffahrteischiffen im Hinblick auf die Arzneimittel, die auf Grund seearbeitsrechtlicher Vorschriften für den Schutz der Gesundheit der Personen an Bord und deren unverzügliche angemessene medizinische Betreuung an Bord erforderlich sind. ³Satz 1 Nummer 3 gilt auch für Arzneimittel, die Zubereitungen aus in ihren Wirkungen allgemein bekannten Stoffen sind, wenn die Wirkungen dieser Zubereitungen in der medizinischen Wissenschaft nicht allgemein bekannt sind, es sei denn, dass die Wirkungen nach Zusammensetzung, Dosierung, Darreichungsform oder Anwendungsgebiet der Zubereitung bestimmbar sind. ⁴Satz 1 Nummer 3 gilt nicht für Arzneimittel, die Zubereitungen aus Stoffen mit bekannter Wirkungen sind, soweit diese außerhalb der Apotheken abgegeben werden dürfen. ⁵An die Stelle der Verschreibungspflicht nach Satz 1 Nummer 3 tritt mit der Aufnahme des betreffenden Stoffes oder der betreffenden Zubereitung in die Rechtsverordnung nach Absatz 2 Nummer 1 die Verschreibungspflicht nach der Rechtsverordnung.

(2) ¹Das Bundesministerium wird ermächtigt, im Einvernehmen mit dem Bundesministerium für Wirtschaft und Energie durch Rechtsverordnung mit Zustimmung des Bundesrates
1. Stoffe oder Zubereitungen aus Stoffen zu bestimmen, bei denen die Voraussetzungen nach Absatz 1 Satz 1 Nummer 5 auch in Verbindung mit Absatz 1 Satz 3 vorliegen,
2. Stoffe, Zubereitungen aus Stoffen oder Gegenstände zu bestimmen,
   a) die die Gesundheit des Menschen oder, sofern sie zur Anwendung bei Tieren bestimmt sind die Gesundheit des Tieres, des Anwenders oder die Umwelt auch bei bestimmungsgemäßem Gebrauch unmittelbar oder mittelbar gefährden können, wenn sie ohne ärztliche, zahnärztliche oder tierärztliche Überwachung angewendet werden,
   b) die häufig in erheblichem Umfang nicht bestimmungsgemäß gebraucht werden, wenn dadurch die Gesundheit von Mensch oder Tier unmittelbar oder mittelbar gefährdet werden kann, oder
   c) sofern sie zur Anwendung bei Tieren bestimmt sind, deren Anwendung eine vorherige tierärztliche Diagnose erfordert oder Auswirkungen haben kann, die die späteren diagnostischen oder therapeutischen Maßnahmen erschweren oder überlagern,
3. die Verschreibungspflicht für Arzneimittel aufzuheben, wenn auf Grund der bei der Anwendung des Arzneimittels gemachten Erfahrungen die Voraussetzungen nach Nummer 2 nicht oder nicht mehr vorliegen, bei Arzneimitteln nach Nummer 1 kann frühestens drei Jahre nach

Inkrafttreten der zugrunde liegenden Rechtsverordnung die Verschreibungspflicht aufgehoben werden,
4. für Stoffe oder Zubereitungen aus Stoffen vorzuschreiben, dass sie nur abgegeben werden dürfen, wenn in der Verschreibung bestimmte Höchstmengen für den Einzel- und Tagesgebrauch nicht überschritten werden oder wenn die Überschreitung vom Verschreibenden ausdrücklich kenntlich gemacht worden ist,
5. zu bestimmen, ob und wie oft ein Arzneimittel auf dieselbe Verschreibung wiederholt abgegeben werden darf,
6. vorzuschreiben, dass ein Arzneimittel nur auf eine Verschreibung von Ärzten eines bestimmten Fachgebietes oder zur Anwendung in für die Behandlung mit dem Arzneimittel zugelassenen Einrichtungen abgegeben werden darf oder über die Verschreibung, Abgabe und Anwendung Nachweise geführt werden müssen,
7. Vorschriften über die Form und den Inhalt der Verschreibung, einschließlich der Verschreibung in elektronischer Form, zu erlassen.

²Die Rechtsverordnungen nach Satz 1 Nummer 2 bis 7 werden nach Anhörungen von Sachverständigen erlassen, es sei denn, es handelt sich um Arzneimittel, die nach Artikel 3 Absatz 1 oder 2 der Verordnung (EG) Nr. 726/2004 zugelassen sind oder die solchen Arzneimitteln im Hinblick auf Wirkstoff, Indikation, Wirkstärke und Darreichungsform entsprechen. ³In der Rechtsverordnung nach Satz 1 Nummer 7 kann für Arzneimittel, deren Verschreibung die Beachtung besonderer Sicherheitsanforderungen erfordert, vorgeschrieben werden, dass
1. die Verschreibung nur auf einem amtlichen Formblatt (Sonderrezept), das von der zuständigen Bundesoberbehörde auf Anforderung eines Arztes ausgegeben wird, erfolgen darf,
2. das Formblatt Angaben zur Anwendung sowie Bestätigungen enthalten muss, insbesondere zu Aufklärungspflichten über Anwendung und Risiken des Arzneimittels, und
3. eine Durchschrift der Verschreibung durch die Apotheke an die zuständige Bundesoberbehörde zurückzugeben ist.

(3) ¹Die Rechtsverordnung nach Absatz 2, auch in Verbindung mit den Absätzen 4 und 5, kann auf bestimmte Dosierungen, Potenzierungen, Darreichungsformen, Fertigarzneimittel oder Anwendungsbereiche beschränkt werden. ²Ebenso kann eine Ausnahme von der Verschreibungspflicht für die Abgabe an Hebammen und Entbindungspfleger vorgesehen werden, soweit dies für eine ordnungsgemäße Berufsausübung erforderlich ist. ³Die Beschränkung auf bestimmte Fertigarzneimittel zur Anwendung am Menschen nach Satz 1 erfolgt, wenn gemäß Artikel 74a der Richtlinie 2001/83/EG die Aufhebung der Verschreibungspflicht auf Grund signifikanter vorklinischer oder klinischer Versuche erfolgt ist; dabei ist der nach Artikel 74a vorgesehene Zeitraum von einem Jahr zu beachten.

(4), (5) *nicht abgedruckt*

(6) Das Bundesministerium für Ernährung und Landwirtschaft wird ermächtigt, im Einvernehmen mit dem Bundesministerium durch Rechtsverordnung mit Zustimmung des Bundesrates im Falle des Absatzes 1 Satz 1 Nr. 2 Arzneimittel von der Verschreibungspflicht auszunehmen, soweit die auf Grund des Artikels 67 Doppelbuchstabe aa der Richtlinie 2001/82/EG festgelegten Anforderungen eingehalten sind.

Übersicht

	Rn.
A. Zur Verschreibungspflicht	1
B. Europarechtliche Regelungen, zentrale Zulassung	4
I. Europarechtliche Regelungen	4
II. Zentrale Zulassung	5
C. Verschreibungspflichtige Arzneimittel (Absatz 1)	7
I. Inhalt der Verschreibungspflicht (Satz 1)	7
1. Begriff der Verschreibung	9
2. Formerfordernisse	10
3. Verschreibungsberechtigung	15
4. Vorliegen der Verschreibung, Ausnahmen	16
a) Grundsatz	17
b) Ausnahmen nach der AMVV	18
aa) Notfallregelung	19
(a) Kein Verzicht auf die Verschreibung	20
(b) Keinen Aufschub	21
(c) Unterrichtung über die Verschreibung	24
(d) Gewissheit über die Identität des Verschreibenden	26
(e) Nachreichen der Verschreibung	27
bb) Eigenbedarf	28
c) Nichterreichen des Arztes, § 34 StGB	29
5. Prüfungspflichten des Apothekers	30
6. Begriff des Abgebens	32
7. Abgeben im Rahmen der Verschreibung	33
8. An Verbraucher	34
9. Hinweis auf die Verschreibungspflicht	36
II. Gruppen der Verschreibungspflicht (Absatz 1)	37
1. Verschreibungspflicht kraft Rechtsverordnung (Satz 1 Nr. 1)	38
2. Arzneimittel für Lebensmittel liefernde Tiere (Satz 1 Nr. 2, Absatz 6)	42
3. Arzneimittel mit nicht allgemein bekannten Wirkungen (Satz 1 Nr. 3, Sätze 3–5)	47
a) Umfang der Regelung	48
b) Stoffe oder Zubereitungen	52
c) Nicht allgemein bekannte Wirkungen	53
d) Vorrang der Verordnung	54
D. Sonderregelung für Kauffahrteischiffe (Satz 2)	55
E. Verordnungsermächtigung, AMVV (Absatz 2)	56
F. Beschränkung der Verschreibungspflicht (Absatz 3)	57
G. Zuständigkeiten (Absätze 4, 5)	58
H. Ermächtigung zur Ausnahme von der Verschreibungspflicht (Absatz 6)	59
I. Die verschreibungspflichtigen Arzneimittel nach der AMVV	60
J. Straftaten	65

A. Zur Verschreibungspflicht

Die **Verschreibungspflicht** von Arzneimitteln begründet für die Apotheken 1 ein Verbot, bestimmte Arzneimittel ohne eine schriftliche ärztliche, zahnärztliche oder tierärztliche Anweisung an Verbraucher abzugeben (→ Rn. 7; *Pabel* PharmR 2009, 499). Sie greift damit in die allgemeine Handlungsfreiheit (Art. 2 Abs. 1 GG) ein und beschränkt zugleich das Recht des Verbrauchers, sich durch den Konsum solcher Arzneimittel selbst zu gefährden. Obwohl das Verbot damit an eine **paternalistische Regelung** erinnert, wird es anders als beim Doping (→ AntiDopG § 1 Rn. 4–11) oder im Betäubungsmittelrecht (→ BtMG § 1 Rn. 3–6) allgemein akzeptiert (*Nestler* in Kreuzer BtMStrafR-HdB § 11 Rn. 87; *Pabel* PharmR 2009, 499).

AMG § 48   Siebter Abschnitt. Abgabe von Arzneimitteln

2   Zu dieser **Akzeptanz** trägt vor allem die allgemeine Erkenntnis bei, dass die Anwendung bestimmter Arzneien typischerweise mit Risiken behaftet ist, die der Konsument nicht abschätzen kann und die nur durch ärztliche Beratung und Indikationsstellung vermindert werden können (*Nestler* in Kreuzer BtMStrafR-HdB § 11 Rn. 87). Die Verschreibung solcher Arzneimittel ist ein geeignetes Mittel, diesen Risiken zu begegnen (*Sandrock/Nawroth* in Dieners/Reese PharmaR-HdB § 9 Rn. 10; *Pabel* PharmR 2009, 499).

3   **Grundlage, Inhalt und Gruppen** der Verschreibungspflicht sind in § 48 geregelt; die näheren Regeln, insbesondere die verschreibungspflichtigen Arzneimittel ergeben sich aus der **Arzneimittelverschreibungsverordnung – AMVV-** (abgedr. in **Anh. I**); dazu → Rn. 56).

B. Die Verschreibungspflicht im Europarecht

4   **I. Europarechtliche Regelungen.** Die Verschreibungspflicht ist in Titel VI der Richtlinie 2001/83/EG (→ § 2 Rn. 2) geregelt. Die Richtlinie beschränkt sich auf die Unterscheidung von verschreibungspflichtig und nicht verschreibungspflichtig und verzichtet damit auf eine weitere Differenzierung zwischen apothekenpflichtigen und freiverkäuflichen Arzneimitteln. Auch enthält die Richtlinie keine Festlegung der Apotheke als der einzigen Stelle, die verschreibungspflichtige Arzneimittel abgeben darf. Entsprechendes gilt für **Tierarzneimittel** (Art. 67 der Richtlinie 2001/82/EG (→ § 2 Rn. 2).

5   **II. Zentral zugelassene Arzneimittel.** Dass die Organe der EU bei der Entscheidung über die zentrale Zulassung eines Arzneimittels auch über die **Verschreibungspflicht** zu befinden haben, ist in den einschlägigen Vorschriften (Art. 14 Abs. 10, Art. 39 Abs. 9 VO (EG) Nr. 726/2004 (→ § 21 Rn. 7)) zwar nicht klar geregelt, lässt sich ihnen aber noch mit hinreichender Deutlichkeit entnehmen (*Hofmann* in Kügel/Müller/Hofmann § 48 Rn. 5; *Guttau/Winnands* PharmR 2009, 274).

6   **Wechselt** auf Grund einer Entscheidung der europäischen Behörden der **Produktstatus** eines zentral zugelassenen Arzneimittels von „verschreibungspflichtig" (Rx) zu „nicht verschreibungspflichtig" (OTC (→ § 43 Rn. 1)), so ist diese Entscheidung auch dann in Deutschland gültig, wenn der betreffende Wirkstoff (noch) im Anhang der AMVV (→ Rn. 3, 56) gelistet ist (*Guttau/Winnands* PharmR 2009, 274). Dies bedeutet nicht, dass der Wirkstoff faktisch aus dem Anhang zur AMVV gestrichen wäre. Andere Medikamente mit demselben Wirkstoff bleiben, selbst bei identischer Dosierung dennoch verschreibungspflichtig. Auch für Generika können insoweit keine Ausnahmen gelten. Die vollständige Herausnahme des Wirkstoffes aus der Verschreibungspflicht kann nur durch die Anpassung des Verordnungs-Anhangs im nächsten Turnus erreicht werden (*Guttau/Winnands* PharmR 2009, 274).

C. Verschreibungspflichtige Arzneimittel (Absatz 1)

7   **I. Inhalt der Verschreibungspflicht (Absatz 1 Satz 1).** Verschreibungspflichtige Arzneimittel dürfen nur bei Vorliegen einer ärztlichen, zahnärztlichen oder tierärztlichen Verschreibung an Verbraucher abgegeben werden. Die Verschreibungspflicht führt zu einem **Abgabeverbot** (→ Rn. 1) für die betreffenden Arzneimittel, wenn eine Verschreibung nicht vorliegt. Bei **Betäubungsmitteln** sind auch die Bestimmungen der BtMVV zu beachten. Zur **Apothekenpflicht** verschreibungspflichtiger Arzneimittel → § 43 Rn. 1, 4, 5.

8   § 48 regelt nicht, **wer** zur Abgabe von verschreibungspflichtigen Arzneimitteln **befugt** ist, sondern setzt eine solche Befugnis voraus. Die Vorschrift gilt daher in

Verschreibungspflicht **§ 48 AMG**

erster Linie für Apotheken (§ 43), aber auch für pharmazeutische Unternehmer und Großhändler, soweit diese im Rahmen des § 47 Abs. 1 verschreibungspflichtige Arzneimittel auch an Verbraucher (→ Rn. 34; → § 47 Rn. 5) abgeben dürfen.

1. Begriff der Verschreibung. Die Verschreibung ist eine **Anweisung** an den Apotheker zur Verabfolgung eines bestimmten Mittels an eine bestimmte Person (→ BtMG § 4 Rn. 19–21). Verschreiben ist danach in der Regel die Aushändigung des Rezepts an die Person. Zu den Verschreibungen gehört auch die Anweisung eines Arztes zur Abgabe des Arzneimittels an sich selbst für den Bedarf seiner Praxis (Verschreibung für den **Eigenbedarf,** § 2 Abs. 2, § 4 Abs. 2 AMVV), zur Abgabe an Krankenhäuser und an sonstige in § 2 Abs. 2 AMVV genannte Einrichtungen. 9

2. Formerfordernisse. Die Anforderungen an eine ordnungsgemäße Verschreibung sind auf der Grundlage von Absatz 2 Nr. 7 in § 2 Abs. 1 Nr. 1–10 **AMVV** geregelt. Die dort enthaltenen Formvorschriften sind zwingend (*von Czettritz* in Fuhrmann/Klein/Fleischfresser ArzneimittelR-HdB § 25 Rn. 5; *Volkmer* in Körner/Patzak/Volkmer AMG § 96 Rn. 226). Rezepte, die ihnen nicht entsprechen, dürfen nach § 17 Abs. 5 S. 2 ApBetrO nicht ausgeführt werden (*von Czettritz* in Fuhrmann/Klein/Fleischfresser ArzneimittelR-HdB § 25 Rn. 4). 10

Ein besonders wichtiges Formerfordernis ist die die **eigenhändige Unterschrift** des Verschreibenden oder, bei Verschreibungen in elektronischer Form, dessen qualifizierte elektronische Signatur nach dem Signaturgesetz (§ 2 Abs. 1 Nr. 10 AMVV). Eine Verschreibung per **Telefax** reicht daher **nicht** aus; eine Ausnahme machen Verschreibungen, die für ein Krankenhaus bestimmt sind (§ 2 Abs. 8 AMVV). Ebenso **nicht** ausreichend ist eine **Ablichtung** oder eine **E-Mail** (*Volkmer* in Körner/Patzak/Volkmer AMG § 96 Rn. 218; *Wesser* A&R 2020, 166 (169)). 11

Ein wichtiges Formerfordernis ist auch die Angabe der abzugebenden **Menge** (§ 2 Abs. 1 Nr. 6). Fehlt bei Arzneimitteln in abgabefertigen Packungen die Angabe der Menge, so gilt die kleinste Packung als verschrieben (§ 2 Abs. 4 AMVV). Die **wiederholte Abgabe** eines zur Anwendung bei Menschen bestimmten verschreibungspflichtigen Arzneimittels auf dieselbe Verschreibung bedarf der Anordnung des Verschreibenden (§ 4 Abs. 3 S. 1 AMVV). Bei Tierarzneimitteln ist die wiederholte Abgabe über die verschriebene Menge hinaus **unzulässig** (§ 4 Abs. 3 S. 5 AMVV). 12

Zu den **weiteren Formerfordernissen** s. § 2 Abs. 1 Nr. 1–5, 7–9 AMVV sowie zu den Sonderregelungen s. § 2 Abs. 2, 3, 5–7. 13

Besondere Formerfordernisse enthält § 3a AMVV für die Verschreibung von Arzneimitteln, welche die Wirkstoffe **Lenalidomid, Pomalidomid** oder **Thalidomid** enthalten. 14

3. Verschreibungsberechtigung. Verschreibungsberechtigt sind nur approbierte Ärzte, Zahnärzte und Tierärzte sowie Ärzte aus einem anderen Mitgliedstaat der EU oder des EWR im Rahmen ihrer Approbation (→ BtMG § 4 Rn. 25–28). 15

4. Vorliegen der Verschreibung, Ausnahmen. Die Abgabe darf nur bei Vorliegen einer Verschreibung erfolgen. 16

a) Grundsatz. Die Verschreibung muss dem Apotheker zum Zeitpunkt der Abgabe körperlich oder in elektronischer Form **vorliegen** und darf nicht erst in Aussicht gestellt sein. Auf die Vorlage kann auch dann nicht verzichtet werden, wenn die Verschreibung existiert (*Volkmer* in Körner/Patzak/Volkmer AMG § 96 Rn. 226). Der Apotheker darf sich daher nicht auf das Versprechen einlassen, dass das Rezept nachgereicht werde. Auch eine telefonische Verschreibung genügt grundsätzlich nicht. Zu den Ausnahmen → Rn. 19–27, 29). 17

b) Ausnahmen nach der AMVV. Die AMVV sieht zwei Ausnahmen von der **körperlichen** Vorlage der Verschreibung vor: 18

Weber 1713

19 **aa) Notfallregelung.** Erlaubt die Anwendung eines verschreibungspflichtigen Arzneimittels keinen Aufschub, kann der Verschreibende den Apotheker in geeigneter Weise, insbesondere fernmündlich, über die Verschreibung und deren Inhalt unterrichten (§ 4 Abs. 1 S. 1 AMVV).

20 **(a) Kein Verzicht auf die Verschreibung.** Die Vorschrift enthält keinen Verzicht auf die ärztliche Verschreibung; sie erleichtert lediglich die Unterrichtung des Apothekers über sie. Wie auch sonst muss der Verschreibung daher eine eigene Therapieentscheidung des behandelnden Arztes auf der Grundlage einer vorherigen, regelgerechten eigenen Diagnose vorausgehen (BGH NJW-RR 2015, 1315 = MDR 2015, 965 = PharmR 2015, 502 = A&R 2015, 184).

21 **(b) Keinen Aufschub.** Die Anwendung des Arzneimittels duldet stets dann keinen Aufschub, wenn der in der Apotheke anwesende Patient sich in einer lebensbedrohlichen Situation befindet (BGH NJW-RR 2015, 1315 (→ Rn. 20); LG Berlin StV 1997, 309). Ausreichend ist aber auch, wenn allgemein eine Lebens- oder Gesundheitsgefährdung des Patienten besteht. Dies kommt etwa bei schweren Schmerzzuständen oder drohendem Kollabieren in Betracht, aber auch bei bestehenden oder drohenden Entzugserscheinungen (BGH NJW-RR 2015, 1315 (→ Rn. 20); LG Berlin StV 1997, 309; *Raum* in Kügel/Müller/Hofmann § 96 Rn. 40), namentlich wenn sie sich in Krämpfen, Zittern, Herzrasen bis zur Kollapsneigung und Bewusstseinsstörung äußern (BayObLG NJW 1996, 1606 = MedR 1996, 321 mAnm *Körner*). Dies gilt auch im Falle der Unterbrechung einer regelmäßigen Einnahme (BGH NJW-RR 2015, 1315 (→ Rn. 20)).

22 Die **Entscheidung darüber**, ob die Anwendung des Arzneimittels keinen Aufschub erlaubt, ist Sache des verschreibenden Arztes, nicht des Apothekers (BayObLG NJW 1996, 1606 (→ Rn. 21)). Der Apotheker darf sich insoweit auf auch sehr allgemein gehaltene Angaben des Arztes verlassen und muss dies wie eine Verschreibung auffassen und ausführen (LG Berlin StV 1997, 309).

23 Ob die Anwendung des Arzneimittels keinen Aufschub duldet, ist **nicht** davon abhängig, dass eine **rechtzeitige Vorlage** des Rezepts **nicht möglich** ist. Weshalb eine Verschreibung nicht vorgelegt werden kann, wird sich meist der Überprüfung durch den Apotheker entziehen. Entscheidend ist, dass der Patient im Zeitpunkt der Abgabe des Arzneimittels nicht in der Lage ist, eine Verschreibung vorzulegen und dass nach ärztlicher Diagnose im Notfall gegeben ist. Die Vorschrift greift daher auch dann ein, wenn der Apotheker weiß, dass der Arzt die Möglichkeit gehabt hätte, dem Patienten die Verschreibung mitzugeben, dies aber unterlassen hat, um einen Missbrauch zu verhindern (BayObLG NJW 1996, 1606 (→ Rn. 21)). Unter diesen Umständen schließt auch eine Vereinbarung des Arztes mit dem Apotheker, dass in dieser Weise verfahren wird, die Anwendung des § 4 Abs. 1 S. 1 AMVV nicht aus (BayObLG NJW 1996, 1606 (→ Rn. 21); aA *Volkmer* in Körner/Patzak/Volkmer AMG § 96 Rn. 223).

24 **(c) Unterrichtung über die Verschreibung.** Die Unterrichtung über die Verschreibung und deren Inhalt setzt nicht voraus, dass sie auf Initiative des Arztes zustande kommt. Es reicht aus, wenn der Apotheker den **behandelnden** Arzt anruft, um festzustellen, ob eine entsprechende Verschreibung vorliegt (LG Berlin StV 1997, 309). Ein Arzt, der den Patienten nicht kennt und nicht untersucht hat, genügt nicht (BGH NJW-RR 2015, 1315 (→ Rn. 20)). Kann der behandelnde Arzt nicht erreicht werden, gilt → Rn. 29.

25 Die Unterrichtung muss fernmündlich oder in sonst geeigneter Weise erfolgen. Dies kann auch durch **Telefax** geschehen. Dies entbindet den Apotheker allerdings nicht von der Pflicht des Satzes 2 (→ Rn. 26). Ein Rückruf ist daher auch in solchen Fällen erforderlich, wobei es bei einem dem Apotheker nicht bekannten Arzt nicht ausreicht, die Telefonnummer aus dem Fax zu entnehmen.

Verschreibungspflicht § 48 AMG

(d) Gewissheit über die Identität des Verschreibenden. Der Apotheker hat 26
sich in einem solchen Falle über die Identität des Verschreibenden Gewissheit zu
verschaffen (§ 4 Abs. 1 S. 2 AMVV). Er darf danach keine Zweifel an der Identität
der verschreibenden Person haben (BayObLG NJW 1996, 1606 (→Rn. 21)).
Nicht ausreichend ist eine bloße Kenntnis (*Körner*, 6. Aufl. 2007, AMG § 96 Rn. 84)

(e) Nachreichen der Verschreibung. Die Verschreibung ist sodann in schrift- 27
licher oder elektronischer Form unverzüglich nachzureichen (§ 4 Abs. 1 S. 3
AMVV). Unterbleibt dies, so führt dies, da es insoweit auf den Zeitpunkt der Abgabe ankommt, nicht zur Strafbarkeit nach § 96 Nr. 13.

bb) Eigenbedarf. Die zweite Ausnahme (→ Rn. 18) ist die Verschreibung für 28
den Eigenbedarf (Praxisbedarf). In einem solchen Falle bedarf die Verschreibung
nicht der schriftlichen oder elektronischen Form (§ 4 Abs. 2 S. 1 AMVV). Zum Begriff des Praxisbedarfs → BtMVV § 2 Rn. 23. Auch hier muss sich der Apotheker
Gewissheit über die Identität der verschreibenden Person befassen (§ 4 Abs. 2 S. 2
AMVV).

c) Nichterreichen des Arztes, § 34 StGB. Falls auf andere Art und Weise eine 29
erhebliche, akute Gesundheitsgefährdung des Patienten (→Rn. 21) nicht abzuwenden ist, kann die Abgabe eines verschreibungspflichtigen Medikaments durch
den Apotheker in engen Grenzen im Einzelfall analog § 34 StGB in Betracht kommen (BGH NJW-RR 2015, 1315 (→Rn. 20)). Um festzustellen, ob ein solcher
Sachverhalt vorliegt, kann der Apotheker Auskünfte anderer Ärzte einholen, wenn
der behandelnde Arzt nicht erreicht werden kann (BGH NJW-RR 2015, 1315
(→ Rn. 20)). Strafrechtlich gilt § 34 StGB unmittelbar.

5. Prüfungspflichten des Apothekers. Bei der Abgabe verschreibungspflichti- 30
ger Arzneimittel obliegen dem Apotheker bestimmte Prüfungspflichten. Auf
→ BtMG § 4 Rn. 35–39 wird verwiesen. Enthält eine Verschreibung einen für den
Abgebenden erkennbaren **Irrtum,** ist sie nicht **lesbar** oder ergeben sich **sonstige
Bedenken,** so darf das Arzneimittel nicht abgegeben werden, bevor die Unklarheit
beseitigt ist (§ 17 Abs. 5 S. 2 ApBetrO). Der Apotheker hat jede Änderung auf der
Verschreibung zu vermerken und zu unterschreiben oder im Falle der Verschreibung in elektronischer Form der elektronischen Verschreibung hinzuzufügen und
das Gesamtdokument mit einer qualifizierten elektronischen Signatur nach dem Signaturgesetz zu versehen (§ 17 Abs. 5 S. 3 ApBetrO).

Dagegen hat der Apotheker nicht zu prüfen, ob die Verschreibung **medizinisch** 31
begründet ist. Ob die sachlichen Voraussetzungen für die Verordnung eines Arzneimittels gegeben sind, hat primär der verschreibende Arzt zu verantworten. Erkennt der Apotheker aber, dass die ihm vorgelegte Verschreibung **erschlichen**
oder **erpresst** wurde, so muss er die Bedenken mit dem Arzt erörtern (→ Rn. 30).
Einem erkennbaren **Arzneimittelmissbrauch** hat das pharmazeutische Personal
in geeigneter Weise entgegenzutreten; bei begründetem Verdacht auf Missbrauch
ist die Abgabe zu verweigern (§ 17 Abs. 8 ApBetrO).

6. Begriff des Abgebens. Auf → § 4 Rn. 14, 61–73 kann verwiesen werden. 32
Die Abgabe umfasst auch das **Veräußern** und das **Handeltreiben,** sofern diese
mit einer Übertragung der tatsächlichen Verfügungsgewalt einhergehen

7. Abgeben im Rahmen der Verschreibung. Die abgegebenen Arzneimittel 33
müssen den Verschreibungen und den damit verbundenen Vorschriften des SGB V
(§ 129) entsprechen (§ 17 Abs. 5 S. 1 ApBetrO). Für Privatversicherte, Beihilfeempfänger und Selbstzahler enthält Satz 2 eine ähnliche Regelung **(aut-idem-Regelung).** Eine weitere Ausnahme besteht für die Dienstbereitschaft während der
allgemeinen Ladenschlusszeiten, wenn das verschriebene Arzneimittel nicht verfügbar ist und ein dringender Fall vorliegt, der die unverzügliche Anwendung des Arzneimittels erforderlich macht (§ 17 Abs. 5a ApBetrO).

34 **8. An Verbraucher.** Verbraucher sind auch Ärzte, Zahnärzte und Tierärzte, soweit sie die Arzneimittel für ihre Praxis benötigen (→ § 43 Rn. 28). Der Verschreibungspflicht unterliegen daher auch die Arzneimittel, die für den Eigenbedarf bestimmt sind (*Rehmann* § 48 Rn. 2). Dagegen gilt sie nicht für Arzneimittel, die von pharmazeutischen Unternehmern oder Großhändlern im Rahmen des Vertriebswegs nach § 47 an Verbraucher abgegeben werden dürfen (→ § 47 Rn. 5). Zur Vorlage der Verschreibung → Rn. 28.

35 Für die Abgabe an **Hebammen** und Endbindungspfleger kann eine **Ausnahme** von der Verschreibungspflicht vorgesehen werden, soweit dies für eine ordnungsgemäße Berufsausübung erforderlich ist **(Absatz 3 Satz 2).** Dies bezieht sich in erster Linie auf krampflösende oder schmerzstillende Arzneimittel. Die Ausnahmen sind in der Anlage 1 zur AMVV aufgeführt.

36 **9. Hinweis auf die Verschreibungspflicht.** Ob ein Arzneimittel verschreibungspflichtig ist, ergibt sich aus dem Zulassungsbescheid, der sich allerdings an den pharmazeutischen Unternehmer richtet. Damit verschreibungspflichtige Arzneimittel jederzeit und ohne weiteres als solche zu erkennen sind, müssen verschreibungspflichtige Fertigarzneimittel auf den Behältnissen und, soweit verwendet, auf den äußeren Umhüllungen in gut lesbarer Schrift den Hinweis „Verschreibungspflichtig" tragen (§ 10 Abs. 1 Nr. 10).

37 **II. Gruppen der Verschreibungspflicht (Absatz 1).** Absatz 1 Satz 1 sieht drei Gruppen von verschreibungspflichtigen Arzneimitteln vor:

38 **1. Verschreibungspflicht kraft Rechtsverordnung (Satz 1 Nr. 1).** Der Verschreibungspflicht nach Satz 1 Nr. 1 unterliegen alle Arzneimittel,
– die Stoffe, Zubereitungen aus Stoffen oder Gegenstände **sind,** welche in einer nach Absatz 2 erlassenen Rechtsverordnung genannt werden, oder
– denen solche Stoffe oder Zubereitungen aus Stoffen **zugesetzt** sind.

Grundlage der Verschreibungspflicht ist in allen diesen Fällen die **Rechtsverordnung** (zu dieser → Rn. 56). Dies gilt auch dann, wenn die Verschreibungspflicht nach Nr. 3 zunächst kraft Gesetzes eingetreten war; nach dem Inkrafttreten der Verordnung ist nur noch diese maßgebend (→ Rn. 54).

39 Satz 1 Nr. 1 gilt für **alle Arzneimittel** (§ 2). Die Verordnung kann die Verschreibungspflicht auf **Stoffe** (§ 3), **Zubereitungen** aus Stoffen (→ § 2 Rn. 10) oder **Gegenstände** erstrecken.

40 Die **erste Alternative** der Vorschrift umfasst auch die **Reinsubstanzen,** bei denen der Stoff selbst das Arzneimittel ist (*Pabel* PharmR 2009, 499 (501)). Im legalen Arzneimittelverkehr besteht zwar kaum ein Interesse daran, Arzneimittel als Reinsubstanz in den Verkehr zu bringen. Manche Substanzen werden aber als Anregungsmittel, Drogenersatzstoff oder Dopingmittel missbräuchlich eingenommen. Ohne Verschreibungspflicht wäre der Zugang zu diesen Stoffen erleichtert.

41 Nach der **zweiten Alternative** fallen auch Arzneimittel unter die Verschreibungspflicht, denen entsprechende Stoffe oder Zubereitungen **zugesetzt** wurden. Nicht erfasst werden damit Arzneimittel, die solche Stoffe von Natur aus enthalten (*Volkmer* in Körner/Patzak/Volkmer AMG § 95 Rn. 188; *Hofmann* in Kügel/Müller/Hofmann § 48 Rn. 12; *Pabel* PharmR 2009, 499 (501)), namentlich Pflanzen und Pflanzenteile. Dass sie diese nur in geringen Mengen enthalten (so *Rehmann* § 48 Rn. 2; *Sandrock/Nawroth* in Dieners/Reese PharmaR-HdB § 9 Rn. 21), ergibt sich aus dem Gesetz nicht.

42 **2. Arzneimittel für Lebensmittel liefernde Tiere (Satz 1 Nr. 2, Absatz 6).** Verschreibungspflichtig sind nach Satz 1 Nr. 2 Arzneimittel,
– die **nicht** unter Satz 1 Nr. 1 fallen und

Verschreibungspflicht **§ 48 AMG**

– zur Anwendung bei **Tieren** bestimmt sind, die der Gewinnung von **Lebensmitteln** dienen.

Nach der **gesetzlichen Regelung** handelt es sich danach um Arzneimittel, die 43 nicht in der in Satz 1 Nr. 1 genannten Verordnung aufgeführt sind, aber zur Anwendung bei Lebensmitteln liefernden Tieren bestimmt sind. Allerdings **verweist die AMVV** (§ 1 Nr. 4) für diese Arzneimittel wieder auf das Gesetz zurück, so dass alle Arzneimittel, die in den gesetzlichen Anwendungsbereich des § 48 Abs. 1 S. 1 Nr. 2 fallen, zugleich auch verschreibungspflichtige Arzneimittel im Sinne der AMVV sind. Dies ist für die Ausnahme nach § 6 AMVV, aber auch für die strafrechtliche Regelung von Bedeutung (→ Rn. 61).

Arzneimittel, die zur Anwendung bei **Tieren** bestimmt sind, die der Gewinnung 44 von **Lebensmitteln** dienen (dazu → 4 Rn. 28), sind danach grundsätzlich **verschreibungspflichtig.** Grund ist, dass ihre Anwendung zu Rückständen der verwendeten pharmakologisch wirksamen Stoffe in Lebensmitteln und damit zu einer Verbrauchergefährdung führen kann. Die kraft Gesetzes eintretende Verschreibungspflicht soll sicherstellen, dass Arzneimittel bei diesen Tieren nur dann angewendet werden, wenn auch tatsächlich eine (tierärztlich festgestellte) Indikation und damit Notwendigkeit für die Anwendung besteht.

Allerdings ermächtigt **Absatz 6** das zuständige Bundesministerium, Arzneimittel 45 für Lebensmittel liefernde Tiere von der Verschreibungspflicht **auszunehmen,** sofern die Anforderungen des Gemeinschaftsrechts eingehalten werden. Die gemeinschaftsrechtlichen Kriterien für solche Ausnahmen sind in der Richtlinie 2006/130/EG v. 11.12.2006 (ABl. 2006 L 349, S. 15) festgelegt. Das Ministerium hat von seiner Ermächtigung in § 6 AMVV in Verbindung mit der Anlage 2 der AMVV Gebrauch gemacht.

Auch unter Berücksichtigung dieser Ausnahmen unterliegt ein **größerer Anteil** 46 der **Tierarzneimittel** der Verschreibungspflicht als der der Humanarzneimittel. Vor allem bei Lebensmittel liefernden Tieren ist es zum Schutz der Verbraucher erforderlich, dass Arzneimittel nur dann eingesetzt werden, wenn die Notwendigkeit durch einen Tierarzt festgestellt wurde (*Kluge* in Fuhrmann/Klein/Fleischfresser ArzneimittelR-HdB § 38 Rn. 14).

3. Arzneimittel mit nicht allgemein bekannten Wirkungen (Satz 1 Nr. 3, 47 **Sätze 3–5).** Mit der gesetzlichen Verschreibungspflicht nach Satz 1 Nr. 3 soll eine Lücke geschlossen werden, die sich nach dem Wegfall der in § 49 aF geregelten automatischen Verschreibungspflicht daraus ergeben hatte, dass ein Arzneimittel mit einem neuen Stoff erst mit der Aufnahme in die Rechtsverordnung nach Nr. 1 verschreibungspflichtig wurde. Die Verschreibungspflicht der Nr. 3 gilt ohne weitere Voraussetzungen kraft Gesetzes (*Wesser* A&R 2020, 99 (101)). Ob sich aus dem Bestimmtheitsgrundsatz ergibt, dass sie nur für Fertigarzneimittel gilt (so *Wesser* A&R 2020, 99 (102)), ist zweifelhaft. Dass die Feststellung der einzelnen Tatbestandsmerkmale schwierig sein kann, ist keine Frage des Bestimmtheitsgrundsatzes (zu diesem → BtMG § 29 Rn. 205, 206). Ob der Betroffene ihre Bedeutung erkannt hat oder hätte erkennen müssen, ist eine Frage des Verschuldens.

a) Umfang der Regelung. Die Verschreibungspflicht nach Satz 1 Nr. 3 gilt zu- 48 nächst für Arzneimittel, die Stoffe mit in der medizinischen Wissenschaft **nicht allgemein bekannten Wirkungen** oder Zubereitungen solcher Stoffe enthalten. Trotz des von Nr. 1 abweichenden Wortlauts werden Arzneimittel, die solche Stoffe von Natur aus enthalten, nicht erfasst (*Hofmann* in Kügel/Müller/Hofmann § 48 Rn. 14; *Pabel* PharmR 2009, 499 (501)).

Die Verschreibungspflicht gilt ferner für Arzneimittel, die Zubereitungen aus in 49 ihren Wirkungen allgemein bekannten Stoffen sind, wenn die **Wirkung dieser Zubereitungen** in der medizinischen Wissenschaft nicht allgemein bekannt ist, es sei denn, dass sie nach Zusammensetzung, Dosierung, Darreichungsform oder Anwendungsgebiet der Zubereitung bestimmbar ist **(Satz 3)**. Bestimmbar ist eine Wirkung, die aus dem vorhandenen wissenschaftlichen Erkenntnismaterial zweifelsfrei ableitbar ist (*Rehmann* § 48 Rn. 6).

50 **In beiden Fällen** gilt die Verschreibungspflicht nur für die Präsentations- und Funktionsarzneimittel (§ 2 Abs. 1) sowie die fiktiven Arzneimittel iSd § 2 Abs. 2 Nr. 1 (Satz 1 Nr. 3). Satz 3 enthält eine Erweiterung des Satzes 1 Nr. 3. Aber auch bei dieser dürften lediglich Arzneimittel iSd § 2 Abs. 1, Abs. 2 Nr. 1 in Betracht kommen.

51 Die gesetzliche Verschreibungspflicht gilt **nicht** für Arzneimittel, die Zubereitungen aus Stoffen bekannter Wirkungen sind, soweit diese **außerhalb der Apotheken** abgegeben werden dürfen **(Satz 4)**.

52 **b) Stoffe oder Zubereitungen.** Nach dem Wortlaut des Satzes 1 Nr. 3 sind Arzneimittel nur dann verschreibungspflichtig, wenn sie Stoffe oder deren Zubereitungen enthalten. Aus der Verwendung des Plurals kann nicht geschlossen werden, dass die gesetzlich geregelte Verschreibungspflicht nur durch eine Kombination mehrerer Stoffe ausgelöst wird (*Pabel* PharmR 2009, 499 (500)). Auch ein **einzelner Stoff** unbekannter Wirksamkeit kann aus Sicherheitsgründen die ärztliche Überwachung der Anwendung erforderlich machen.

53 **c) Nicht allgemein bekannte Wirkungen.** Ob ein Stoff oder eine Zubereitung aus Stoffen mit in der medizinischen nicht allgemein bekannten Wirkungen vorliegt, richtet sich nach dem Stand der Erkenntnisse, wie er sich unter Berücksichtigung der gesamten national und international zugänglichen medizinischen wissenschaftlichen Literatur darstellt (*Hofmann* in Kügel/Müller/Hofmann § 48 Rn. 26).

54 **d) Vorrang der Verordnung (Satz 5).** Sobald die in Satz 1 Nr. 3, Satz 3 genannten Stoffe oder Zubereitungen in die Verordnung nach Absatz 2 Nr. 1 aufgenommen sind, richtet sich die Verschreibungspflicht allein nach dieser Verordnung (*Ambrosius/Jacobs* PharmR 2019, 317 (318)). Diese Regelung schafft Rechtsklarheit nur für die Stoffe und Zubereitungen, die Aufnahme in die Verordnung gefunden haben. Für alle anderen verbleibt es bei der Regelung des Satzes 1 Nr. 3. Dies gilt auch dann, wenn der Verordnungsgeber sich mit dem betreffenden Stoff oder der Zubereitung befasst hat und sie gleichwohl nicht in die Verordnung aufgenommen hat. Der Vorrang der Verordnung gilt auch nicht für Arzneimittel nach Absatz 1 Satz 1 Nr. 2.

D. Sonderregelung für Kauffahrteischiffe (Satz 2)

55 Satz 1 Nr. 1 gilt nicht für die Abgabe von Arzneimitteln durch Apotheken für Kauffahrteischiffe (BT-Drs. 18/8034, 39).

E. Verordnungsermächtigung, AMVV (Absatz 2)

56 Absatz 2 regelt den Inhalt und den Umfang der Ermächtigung zum Erlass der in Absatz 1 Satz 1 Nr. 1 vorgesehenen Verordnung sowie das Verfahren. Die Verordnungsermächtigung wurde durch die **AMVV** (abgedr. in **Anh. I**) ausgefüllt (dazu → Rn. 60–64).

F. Beschränkung der Verschreibungspflicht (Absatz 3)

57 Nach Absatz 3 kann die Verschreibungspflicht in einem bestimmten Umfang beschränkt werden. Die entsprechenden Regeln sind in der Anlage 1 zur AMVV aufgeführt.

G. Zuständigkeiten (Absätze 4, 5)

Die Absätze 4 und 5 regeln die Zuständigkeiten zum Erlass der Rechtsverordnung. 58

H. Ermächtigung zur Ausnahme von der Verschreibungspflicht (Absatz 6)

Eine weitere Ermächtigung zur Ausnahme von der Verschreibungspflicht enthält 59 Absatz 6 für Tierarzneimittel, die für zur Nahrungsmittelerzeugung genutzte Tiere bestimmt sind.

I. Die verschreibungspflichtigen Arzneimittel nach der AMVV

Nach § 1 AMVV dürfen Arzneimittel, 60
1. die in der Anlage 1 zu dieser Verordnung bestimmte Stoffe oder Zubereitungen aus Stoffen sind,
2. die Zubereitungen aus den in der Anlage 1 bestimmten Stoffen oder Zubereitungen aus Stoffen sind,
3. denen die unter Nr. 1 oder 2 genannten Stoffe und Zubereitungen aus Stoffen zugesetzt sind oder
4. die in den Anwendungsbereich des § 48 Abs. 1 S. 1 Nr. 2 AMG fallen

nur bei Vorliegen einer ärztlichen, zahnärztlichen oder tierärztlichen Verschreibung abgegeben werden (**verschreibungspflichtige Arzneimittel**).

Die **entscheidende Grundlage** für die Verschreibungspflicht ist danach die 61 Anlage 1 zur AMVV. Dies gilt zunächst auch für die Arzneimittel, die zur Anwendung bei **Lebensmittel** liefernden **Tieren** (→ Rn. 42, 44) bestimmt sind. Allerdings lässt es das Gesetz dabei nicht bewenden: nach § 48 Abs. 1 S. 1 Nr. 2 gilt die Verschreibungspflicht für diese Arzneimittel auch dann, wenn sie nicht in die Verordnung aufgenommen sind (→ Rn. 43). Allerdings hat die Verordnung sie in ihren Kreis miteinbezogen (§ 1 Nr. 4). Dies ist im Hinblick auf die Ausnahme des § 6 AMVV in Verbindung mit der Anlage 2 zur AMVV (→ Rn. 59, 64) sachgerecht, aber auch für die strafrechtliche Anknüpfung von Bedeutung.

Die Verschreibungspflicht gilt, soweit nichts anderes bestimmt ist, auch für die 62 **Salze** der in die AMVV aufgenommenen Stoffe (**Anlage Satz 2**).

Ein **Coffein-Paracetamol-Gemisch** ist ein verschreibungspflichtiges Arznei- 63 mittel, unabhängig davon, ob es als Fertigarzneimittel oder als Streckmittel für Drogen verkauft wird (KG NStZ-RR 2011, 353). Von der Verschreibungspflicht sind Paracetamol enthaltende Mittel nur dann ausgenommen, wenn sie der symptomatischen Behandlung mäßig bis starker Schmerzen und/oder von Fieber beim Menschen dienen und eine Gesamtwirkstoffmenge von bis zu 10 g je Packung nicht übersteigen (§ 1 Nr. 1 AMVV in Verbindung mit der Anlage 1). Für alle anderen Verwendungszwecke bleibt das Gemisch unabhängig von der Wirkstoffmenge verschreibungspflichtig (KG NStZ-RR 2011, 353).

Von der Verschreibungspflicht nach § 48 Abs. 1 S. 1 Nr. 2 AMG sind Arznei- 64 mittel **ausgenommen,** die weder ein in Anlage 2 zur AMVV aufgeführter Stoff, dessen Zubereitung oder Salz (→ BtMG § 2 Rn. 18) sind, noch einen solchen Stoff, eine solche Zubereitung oder ein solches Salz enthalten (§ 6 AMVV). Die Ausnahme von der Verschreibungspflicht beruht auf § 48 Abs. 6 AMG (→ Rn. 59).

J. Straftaten, Ordnungswidrigkeiten

Der vorsätzliche **Verstoß gegen § 48 Abs. 1 S. 1** in Verbindung mit einer 65 Rechtsverordnung nach § 48 Abs. 2 Nr. 1 oder 2 ist eine Straftat nach § 95 Abs. 1

Nr. 6 (→ § 95 Rn. 307–331), soweit sich die Abgabe auf Arzneimittel bezieht, die zur **Anwendung bei Lebensmittel liefernden Tieren** bestimmt sind (→ Rn. 42, 44). Bei Fahrlässigkeit liegt eine Straftat nach § 95 Abs. 4 vor.

66 Der vorsätzliche **Verstoß gegen § 48 Abs. 1 S. 1 Nr. 1** in Verbindung mit einer Rechtsverordnung nach § 48 Abs. 2 Nr. 1 oder 2 oder **gegen § 48 Abs. 1 S. 1 Nr. 3**, auch in Verbindung mit einer Rechtsverordnung nach § 48 Abs. 2 S. 1 Nr. 1, ist eine Straftat nach § 96 Nr. 13 (→ § 96 Rn. 141–144), wenn die Tat nicht in § 95 Abs. 1 Nr. 6 (→ Rn. 65) mit Strafe bedroht ist. Bei Fahrlässigkeit ist eine Ordnungswidrigkeit nach § 97 Abs. 1 Nr. 1 gegeben.

§ 50 Einzelhandel mit freiverkäuflichen Arzneimitteln

(1) ¹Einzelhandel außerhalb von Apotheken mit Arzneimitteln im Sinne des § 2 Abs. 1 oder Abs. 2 Nr. 1, die zum Verkehr außerhalb der Apotheken freigegeben sind, darf nur betrieben werden, wenn der Unternehmer, eine zur Vertretung des Unternehmens gesetzlich berufene oder eine von dem Unternehmer mit der Leitung des Unternehmens oder mit dem Verkauf beauftragte Person die erforderliche Sachkenntnis besitzt. ²Bei Unternehmen mit mehreren Betriebsstellen muss für jede Betriebsstelle eine Person vorhanden sein, die die erforderliche Sachkenntnis besitzt.

(2) ¹Die erforderliche Sachkenntnis besitzt, wer Kenntnisse und Fertigkeiten über das ordnungsgemäße Abfüllen, Abpacken, Kennzeichnen, Lagern und Inverkehrbringen von Arzneimitteln, die zum Verkehr außerhalb der Apotheken freigegeben sind, sowie Kenntnisse über die für diese Arzneimittel geltenden Vorschriften nachweist. ²Das Bundesministerium wird ermächtigt, im Einvernehmen mit dem Bundesministerium für Wirtschaft und Energie und dem Bundesministerium für Bildung und Forschung durch Rechtsverordnung mit Zustimmung des Bundesrates Vorschriften darüber zu erlassen, wie der Nachweis der erforderlichen Sachkenntnis zu erbringen ist, um einen ordnungsgemäßen Verkehr mit Arzneimitteln zu gewährleisten. ³Es kann dabei Prüfungszeugnisse über eine abgeleistete berufliche Aus- oder Fortbildung als Nachweis anerkennen. ⁴Es kann ferner bestimmen, dass die Sachkenntnis durch eine Prüfung vor der zuständigen Behörde oder einer von ihr bestimmten Stelle nachgewiesen wird und das Nähere über die Prüfungsanforderungen und das Prüfungsverfahren regeln. ⁵Die Rechtsverordnung wird, soweit es sich um Arzneimittel handelt, die zur Anwendung bei Tieren bestimmt sind, vom Bundesministerium für Ernährung und Landwirtschaft im Einvernehmen mit dem Bundesministerium für Wirtschaft und Energie und dem Bundesministerium für Bildung und Forschung erlassen.

(3) Einer Sachkenntnis nach Absatz 1 bedarf nicht, wer Fertigarzneimittel im Einzelhandel in den Verkehr bringt, die
1. im Reisegewerbe abgegeben werden dürfen,
2. zur Verhütung der Schwangerschaft oder von Geschlechtskrankheiten beim Menschen bestimmt sind,
3. *(weggefallen)*
4. ausschließlich zum äußeren Gebrauch bestimmte Desinfektionsmittel oder
5. Sauerstoff sind.

§ 50 AMG Einzelhandel mit freiverkäuflichen Arzneimitteln

Übersicht

	Rn.
A. Inhalt	1
B. Das Erfordernis der erforderlichen Sachkenntnis (Absatz 1)	2
C. Umfang und Nachweis der erforderlichen Sachkenntnis (Absatz 2)	7
D. Befreiung vom Sachkundenachweis (Absatz 3)	9
E. Ordnungswidrigkeit	10
F. Zivilrecht	11

A. Inhalt

Die Vorschrift regelt den Einzelhandel mit frei verkäuflichen (§§ 44, 45) Arznei- 1
mitteln außerhalb von Apotheken. Ein solcher darf nur betrieben werden, wenn der
Unternehmer oder die sonst maßgebliche Person die erforderliche Sachkenntnis
besitzen (Absatz 1). In Absatz 2 werden die Voraussetzungen der Sachkenntnis und
die Anforderungen an deren Nachweis bestimmt. Absatz 3 enthält Ausnahmen.

B. Das Erfordernis der erforderlichen Sachkenntnis (Absatz 1)

Einzelhandel außerhalb von Apotheken mit Arzneimitteln (§ 2 Abs. 1, 2 Nr. 1), 2
die nicht apothekenpflichtig sind, darf nur betrieben werden, wenn der Unterneh-
mer, der gesetzliche Vertreter oder die mit der Leitung des Unternehmens oder mit
dem Verkauf von Waren im Unternehmen beauftragte Person die erforderliche
Sachkenntnis besitzen **(Satz 1)**. Weitere Voraussetzungen stellt das Gesetz nicht auf
(*Stumpf* in Kügel/Müller/Hofmann § 50 Rn. 6). Allerdings ist das Betreiben von
Einzelhandel ohne die erforderliche Sachkenntnis ordnungswidrig (§ 97 Abs. 2
Nr. 14).

Einzelhandel betreibt, wer gewerbsmäßig Waren anschafft und sie unverändert 3
oder nach im Einzelhandel üblicher Be- oder Verarbeitung in einer oder mehreren
offenen Verkaufsstellen zum Verkauf an jedermann feilhält (OLG Bremen GRUR
1989, 533; s. auch BayObLG NJW 1974, 2060; 1977, 1501). Keine Abgabe im
Einzelhandel liegt daher bei Lieferungen pharmazeutischer Unternehmer an den
Großhandel oder Apotheken vor, sowie bei Lieferungen des Großhandels an Apotheken. Kein Einzelhandel liegt vor, wenn ein Arzt oder Zahnarzt Arzneimittel unentgeltlich an Patienten abgibt, jedenfalls dann, wenn dies in geringfügiger Menge
geschieht (OLG Bremen GRUR 1989, 533; *Stumpf* in Kügel/Müller/Hofmann
§ 50 Rn. 5).

Anhaltspunkte dafür, **welche Handlungen** dem Einzelhandel zugerechnet wer- 4
den können, ergeben sich aus Absatz 2 Satz 1.

Durch eine neue Form der **Kooperation mit (Versand-)Apotheken** hat der 5
Einzelhandel eine größere Bedeutung für den Arzneimittelvertrieb erlangt. **Versandapotheken** dürfen für das **Einsammeln** von Bestellungen **und die Aushändigung** der bestellten Arzneimittel den Dienst von Drogeriemärkten in Anspruch
nehmen (→ § 43 Rn. 32; BVerwGE 131, 1 = NVwZ 2008, 1238 = MedR 2008,
572). Dabei muss sich die Beteiligung des Drogeriemarkts allerdings auf **rein logistische Leistungen** beschränken. Auch die **Werbung** muss insoweit eindeutig sein;
es darf insbesondere nicht der Eindruck erweckt werden, als ob die Arzneimittel in
der Drogerie **gekauft** werden könnten (BVerwGE 131, 1 (s. o.)). Die Einrichtung
dieser Arzneimittelabholstellen beschränkt sich mittlerweile nicht auf Drogerie-
märkte, auch in Blumenläden, Tankstellen und Supermärkten werden inzwischen
solche **Pick-up-Stellen** eingerichtet (*Lietz* in Fuhrmann/Klein/Fleischfresser ArzneimittelR-HdB § 21 Rn. 59). Dazu → § 43 Rn. 32. Zur Rezeptsammlung in
einem **Supermarkt** durch eine Versandapotheke s. BVerwG PharmR 2020, 562
= A&R 2020, 189 mAnm *Buckstegge* = BeckRS 2020, 16718).

AMG § 51 Siebter Abschnitt. Abgabe von Arzneimitteln

6   Hat das Unternehmen **mehrere Betriebsstellen,** muss eine entsprechend sachkundige Person in jeder Betriebsstelle vorhanden sein **(Satz 2).** Dies setzt die körperliche Anwesenheit der sachkundigen Person **in der Betriebsstelle** während der üblichen Verkaufszeiten voraus, da nur so eine sachkundige Handhabung des Verkaufs und der Beratung sichergestellt ist (*Stumpf* in Kügel/Müller/Hofmann § 50 Rn. 12). Auch die Anwesenheit in einer zentralen Hauptverwaltung genügt nicht (*Sandrock/Nawroth* in Dieners/Reese PharmaR-HdB § 9 Rn. 48). Die gleichzeitige Betreuung mehrerer Betriebsstellen durch eine Person ist daher nicht möglich (*Stumpf* in Kügel/Müller/Hofmann § 50 Rn. 13; *Rehmann* § 50 Rn. 1; *Kloesel/Cyran* § 50 Anm. 4).

C. Umfang und Nachweis der erforderlichen Sachkenntnis (Absatz 2)

7   **Absatz 2** regelt den Umfang und Nachweis der erforderlichen Sachkenntnis. Diese umfasst Kenntnisse zum Abfüllen, Abpacken, Kennzeichnen, Lagern und Inverkehrbringen von Arzneimitteln. Eine Herstellungserlaubnis ist hierfür dann nicht erforderlich (*Rehmann* § 50 Rn. 2). Die Sachkenntnis ist durch eine entsprechende Prüfung bei der IHK oder durch Prüfzeugnisse über eine bestimmte andere berufliche Ausbildung oder auf andere Art nachzuweisen. Einzelheiten sind in der **AMSachKV** bestimmt.

8   Ein **Verzeichnis der zuständigen Stellen** für die Prüfung der Sachkenntnis nach § 50 findet sich in der in der auf der Homepage des BMG veröffentlichten Bekanntmachung über die für den Vollzug des AMG zuständigen Behörden, Stellen und Sachverständigen.

D. Befreiung vom Sachkundenachweis (Absatz 3)

9   Absatz 3 nennt die Fälle, in denen der Unternehmer vom Nachweis der erforderlichen Sachkenntnis **befreit ist.** Die Befreiung gilt für den Vertrieb von Arzneimitteln, welche auch im Reisegewerbe abgegeben werden dürfen, Fertigarzneimittel zur Schwangerschaftsverhütung oder Verhütung von Geschlechtskrankheiten, soweit diese nicht verschreibungspflichtig sind und damit zwingend in Apotheken abzugeben sind, Desinfektionsmittel, die ausschließlich zum äußeren Gebrauch bestimmt sind, sowie Sauerstoff.

E. Ordnungswidrigkeit

10   Das vorsätzliche oder fahrlässige Betreiben von Einzelhandel entgegen § 50 Abs. 1 ist eine **Ordnungswidrigkeit** nach § 97 Abs. 2 Nr. 14.

F. Zivilrecht

11   Rechtsgeschäfte, die entgegen § 50 abgeschlossen wurden, sind **nach § 134 BGB** nichtig (BVerwG NJW 1990, 2948; diff. *Stumpf* in Kügel/Müller/Hofmann § 50 Rn. 38).

§ 51 Abgabe im Reisegewerbe

(1) **Das Feilbieten von Arzneimitteln und das Aufsuchen von Bestellungen auf Arzneimittel im Reisegewerbe sind verboten; ausgenommen von dem Verbot sind für den Verkehr außerhalb der Apotheken freigegebene Fertigarzneimittel, die
1. mit ihren verkehrsüblichen deutschen Namen bezeichnete, in ihren Wirkungen allgemein bekannte Pflanzen oder Pflanzenteile oder Press-**

Abgabe im Reisegewerbe § 51 AMG

säfte aus frischen Pflanzen oder Pflanzenteilen sind, sofern diese mit keinem anderen Lösungsmittel als Wasser hergestellt wurden, oder
2. Heilwässer und deren Salze in ihrem natürlichen Mischungsverhältnis oder ihre Nachbildungen sind.

(2) ¹Das Verbot des Absatzes 1 erster Halbsatz findet keine Anwendung, soweit der Gewerbetreibende andere Personen im Rahmen ihres Geschäftsbetriebes aufsucht, es sei denn, dass es sich um Arzneimittel handelt, die für die Anwendung bei Tieren in land- und forstwirtschaftlichen Betrieben, in gewerblichen Tierhaltungen sowie in Betrieben des Gemüse-, Obst-, Garten- und Weinbaus, der Imkerei und der Fischerei feilgeboten oder dass bei diesen Betrieben Bestellungen auf Arzneimittel, deren Abgabe den Apotheken vorbehalten ist, aufgesucht werden. ²Dies gilt auch für Handlungsreisende und andere Personen, die im Auftrag und im Namen eines Gewerbetreibenden tätig werden

Übersicht

	Rn.
A. Verbotstatbestand	1
B. Zulässiger Besuch anderer Geschäftsinhaber (Absatz 2)	6
C. Ordnungswidrigkeit	8
D. Zivilrecht	9

A. Verbotstatbestand (Absatz 1)

Das **Feilbieten** (→ § 4 Rn. 59, 60) und das **Aufsuchen von Bestellungen** 1 (→ BtMG § 29 Rn. 390–392) von Arzneimitteln im Reisegewerbe sind verboten, soweit nicht einer der in § 51 genannten Ausnahmetatbestände eingreift **(Absatz 1)** Da mit dem Vertrieb von Arzneimitteln im Reisegewerbe nicht selten eine unerlaubte Ausübung der Heiltätigkeit verbunden ist, soll das Verbot vor allem der Vorbeugung gegen Scharlatanerie und Quacksalbertum dienen (*Rehmann* § 51 Rn. 1). Auch wird der Kaufwunsch im Reisegewerbe in aller Regel durch den Verkäufer herbeigeführt, ohne dass zuvor ein entsprechendes Bedürfnis des Käufers bestand (*Stumpf* in Kügel/Müller/Hofmann § 51 Rn. 1).

Der **Begriff des Reisegewerbes** ist § 55 GewO entnommen. Danach ist im 2 Reisegewerbe tätig, wer gewerbsmäßig ohne vorhergehende Bestellung außerhalb seiner gewerblichen Niederlassung oder eine solche zu besitzen, Waren feilbietet, vertreibt oder verkauft. Die Tätigkeit ist erlaubnispflichtig. Der Vertrieb auf **Messen** ist kein Reisegewerbe, sondern Einzelhandel (*Stumpf* in Kügel/Müller/Hofmann § 51 Rn. 9).

Zulässig ist der Vertrieb von Fertigarzneimitteln im Reisegewerbe, die für den 3 Verkehr außerhalb der Apotheken **freigegeben** sind (§ 44) und zugleich zu den **in Nr. 1 und 2 genannten Produktgruppen** gehören.

Nr. 1 bezieht sich auf Arzneimittel, deren Wirkungen **allgemein bekannt** sein 4 müssen (etwa Hausmittel wie Baldrian oder Lindenblütentee). Ihre Bekanntheit in der Wissenschaft reicht nicht aus. Auch darf als Lösungsmittel nur Wasser verwendet worden sein. Nicht freigegeben sind daher Destillate (→ § 44 Rn. 6). Die Präparate müssen mit ihren verkehrsüblichen deutschen Namen bezeichnet sein. Phantasiebezeichnungen sind daher nicht zulässig. Zweckbestimmungsangaben, wie etwa Hustentee oder Nervenstärker können ergänzend gemacht werden, reichen allein jedoch nicht aus (*Rehmann* § 51 Rn. 1).

Nach **Nr. 2** dürfen ferner Heilwässer und ihre Salze, auch soweit sie künstlich 5 hergestellt sind (Nachbildungen), im Reisegewerbe vertrieben werden

B. Zulässiger Besuch anderer Geschäftsinhaber (Absatz 2)

6   Das **Verbot** des Absatzes 1 gilt nicht, soweit der Gewerbetreibende andere Personen im Rahmen **ihres Geschäftsbetriebes** aufsucht **(Absatz 2 Halbsatz 1, Satz 2).**

7   Dies gilt wiederum nicht uneingeschränkt für landwirtschaftliche und ähnliche Betriebe **(Absatz 2 Satz 1 Halbsatz 2):**
    – in land- und forstwirtschaftlichen Betrieben, in gewerblichen Tierhaltungen sowie in Betrieben des Gemüse-, Obst-, Garten- und Weinbaus, der Imkerei und der Fischerei dürfen Arzneimittel für die **Anwendung bei Tieren** nicht feilgeboten werden; nicht darunter fallen Arzneimittel, die nicht der Anwendung bei Tieren, sondern sonst dem Geschäftsbetrieb dienen, etwa Desinfektionsmittel für Ställe (*Stumpf* in Kügel/Müller/Hofmann § 51 Rn. 19), ebenso fallen nicht darunter rein vorbeugende Pflegemittel (*Stumpf* in Kügel/Müller/Hofmann § 51 Rn. 19).
    – Bei diesen Betrieben dürfen Bestellungen auf Arzneimittel, deren Abgabe den Apotheken vorbehalten ist, nicht aufgesucht werden; zulässig ist das Aufsuchen von Bestellungen für freiverkäufliche Arzneimittel.

8   Gestattet ist daher insbesondere auch die Tätigkeit des **Reisevertreters,** der im Auftrag des Großhandels oder pharmazeutischen Unternehmers bei Apotheken um Bestellungen nachsucht.**(Absatz 2 Satz 2).**

C. Ordnungswidrigkeit

9   Das vorsätzliche oder fahrlässige Feilbieten von Arzneimitteln im Reisegewerbe oder das Aufsuchen von Bestellungen entgegen § 51 Abs. 1 ist eine Ordnungswidrigkeit nach § 97 Abs. 2 Nr. 15.

D. Zivilrecht

10 Rechtsgeschäfte, die gegen § 51 verstoßen, sind **gemäß § 134 BGB** insgesamt nichtig (LG Düsseldorf NJW 1980, 647; *Stumpf* in Kügel/Müller/Hofmann § 51 Rn. 23; s. auch BGH NJW 1978, 1970).

§ 52 Verbot der Selbstbedienung

(1) **Arzneimittel im Sinne des § 2 Abs. 1 oder Abs. 2 Nr. 1 dürfen**
1. **nicht durch Automaten und**
2. **nicht durch andere Formen der Selbstbedienung in den Verkehr gebracht werden.**

(2) **Absatz 1 gilt nicht für Fertigarzneimittel, die**
1. **im Reisegewerbe abgegeben werden dürfen,**
2. **zur Verhütung der Schwangerschaft oder von Geschlechtskrankheiten beim Menschen bestimmt und zum Verkehr außerhalb der Apotheken freigegeben sind,**
3. *(weggefallen)*
4. **ausschließlich zum äußeren Gebrauch bestimmte Desinfektionsmittel oder**
5. **Sauerstoff sind.**

(3) **Absatz 1 Nr. 2 gilt ferner nicht für Arzneimittel, die für den Verkehr außerhalb der Apotheken freigegeben sind, wenn eine Person, die die Sachkenntnis nach § 50 besitzt, zur Verfügung steht.**

Verbot der Selbstbedienung § 52 AMG

Übersicht

	Rn.
A. Verbotstatbestand (Absatz 1)	1
B. Ausnahmen (Absätze 2, 3)	4
C. Ordnungswidrigkeit	6
D. Zivilrecht	7

A. Verbotstatbestand (Absatz 1)

Im Interesse des Gesundheits- und Verbraucherschutzes sowie des Schutzes von 1 Kindern und Jugendlichen verbietet Absatz 1 das **Inverkehrbringen** von Arzneimitteln durch **Automaten** oder durch andere Formen der **Selbstbedienung**. Die Vorschrift gilt auch für Apotheken (BVerwG PharmR 2013, 125 = A&R 2013, 32). Sie umfasst alle Arzneimittel iSd § 2 Abs. 1, 2 Nr. 1, auch wenn sie nicht apothekenpflichtig sind; verfassungsrechtliche Bedenken bestehen auch insoweit nicht (BVerwG PharmR 2013, 125 (s. o.)). Verboten ist das Inverkehrbringen (→ § 4 Rn. 44–73) und damit nicht nur die Abgabe, sondern auch das Vorrätighalten, Feilhalten und Feilbieten.

Automaten sind Einrichtungen, die vom Kunden zum Zwecke des Kaufs selbst 2 bedient werden und in einem automatisierten Prozess die betreffenden Waren an ihn abgeben; die Abgabe erfolgt ohne eine bewusste und konkrete Willensbildung des Verkäufers, ohne unmittelbare Kontrollmöglichkeit des Verkäufers und grundsätzlich ohne seine Anwesenheit (VGH Mannheim MedR 2010, 600; *Stumpf* in Kügel/Müller/Hofmann § 52 Rn. 5). **Keine** Automaten sind **Apothekenterminals**, soweit die Abgabe jederzeit vom Verkäufer gesteuert, kontrolliert und gegebenenfalls abgebrochen werden kann (OVG Koblenz PharmR 2009, 624; *Stumpf* in Kügel/Müller/Hofmann § 52 Rn. 5). Dies gilt auch für die automatisierten Ausgabestationen (→ AMG § 43 Rn. 15).

Andere Formen der **Selbstbedienung** sind solche, bei denen die Abgabe zwar 3 nicht automatisiert, aber ohne aktive Beteiligung des Verkäufers erfolgt. Dazu gehört etwa die Entnahme aus einem Regal (*Stumpf* in Kügel/Müller/Hofmann § 52 Rn. 6), dagegen wohl nicht die Abgabe im Versandhandel (aA *Stumpf* in Kügel/Müller/Hofmann § 52 Rn. 6).

B. Ausnahmen (Absätze 2, 3)

Absatz 2 enthält eine Ausnahme für Fertigarzneimittel, die als vergleichsweise 4 ungefährlich angesehen werden oder deren Abgabe aus gesundheitspolitischen Gründen erleichtert werden soll (*Stumpf* in Kügel/Müller/Hofmann § 52 Rn. 8).

Absatz 3 lässt Selbstbedienung zu, wenn eine Person, die die Sachkenntnis nach 5 § 50 besitzt, zur Verfügung steht. Dies erfordert die Anwesenheit der sachkundigen Person während der gesamten Öffnungszeiten des betreffenden Einzelhandelsgeschäfts (NiedersächsOVG A&R 2012, 87).

C. Ordnungswidrigkeit

Der vorsätzliche oder fahrlässige Verstoß gegen § 52 Abs. 1 ist eine Ordnungs- 6 widrigkeit nach § 97 Abs. 2 Nr. 16.

D. Zivilrecht

Rechtsgeschäfte, die gegen § 52 verstoßen, sind **gemäß § 134 BGB** nichtig 7 (*Stumpf* in Kügel/Müller/Hofmann § 52 Rn. 14).

§ 52a Großhandel mit Arzneimitteln

(1) ¹Wer Großhandel mit Arzneimitteln im Sinne des § 2 Abs. 1 oder Abs. 2 Nr. 1, Testsera oder Testantigenen betreibt, bedarf einer Erlaubnis. ²Ausgenommen von dieser Erlaubnispflicht sind die in § 51 Absatz 1 Nummer 2 genannten und für den Verkehr außerhalb von Apotheken freigegebenen Fertigarzneimittel.

(2) Mit dem Antrag hat der Antragsteller
1. die bestimmte Betriebsstätte sowie die Tätigkeiten und die Arzneimittel zu benennen, für die die Erlaubnis erteilt werden soll,
2. Nachweise darüber vorzulegen, dass er über geeignete und ausreichende Räumlichkeiten, Anlagen und Einrichtungen verfügt, um eine ordnungsgemäße Lagerung und einen ordnungsgemäßen Vertrieb und, soweit vorgesehen, ein ordnungsgemäßes Umfüllen, Abpacken und Kennzeichnen von Arzneimitteln zu gewährleisten,
3. eine verantwortliche Person zu benennen, die die zur Ausübung der Tätigkeit erforderliche Sachkenntnis besitzt, und
4. eine Erklärung beizufügen, in der er sich schriftlich verpflichtet, die für den ordnungsgemäßen Betrieb eines Großhandels geltenden Regelungen einzuhalten.

(3) ¹Die Entscheidung über die Erteilung der Erlaubnis trifft die zuständige Behörde des Landes, in dem die Betriebsstätte liegt oder liegen soll. ²Die zuständige Behörde hat eine Entscheidung über den Antrag auf Erteilung der Erlaubnis innerhalb einer Frist von drei Monaten zu treffen. ³Verlangt die zuständige Behörde vom Antragsteller weitere Angaben zu den Voraussetzungen nach Absatz 2, so wird die in Satz 2 genannte Frist so lange ausgesetzt, bis die erforderlichen ergänzenden Angaben der zuständigen Behörde vorliegen.

(4) Die Erlaubnis darf nur versagt werden, wenn
1. die Voraussetzungen nach Absatz 2 nicht vorliegen,
2. Tatsachen die Annahme rechtfertigen, dass der Antragsteller oder die verantwortliche Person nach Absatz 2 Nr. 3 die zur Ausübung ihrer Tätigkeit erforderliche Zuverlässigkeit nicht besitzt oder
3. der Großhändler nicht in der Lage ist, zu gewährleisten, dass die für den ordnungsgemäßen Betrieb geltenden Regelungen eingehalten werden.

(5) ¹Die Erlaubnis ist zurückzunehmen, wenn nachträglich bekannt wird, dass einer der Versagungsgründe nach Absatz 4 bei der Erteilung vorgelegen hat. ²Die Erlaubnis ist zu widerrufen, wenn die Voraussetzungen für die Erteilung der Erlaubnis nicht mehr vorliegen; anstelle des Widerrufs kann auch das Ruhen der Erlaubnis angeordnet werden.

(6) Eine Erlaubnis nach § 13 oder § 72 umfasst auch die Erlaubnis zum Großhandel mit den Arzneimitteln, auf die sich die Erlaubnis nach § 13 oder § 72 erstreckt.

(7) Die Absätze 1 bis 5 gelten nicht für die Tätigkeit der Apotheken im Rahmen des üblichen Apothekenbetriebes.

(8) ¹Der Inhaber der Erlaubnis hat jede Änderung der in Absatz 2 genannten Angaben sowie jede wesentliche Änderung der Großhandelstätigkeit unter Vorlage der Nachweise der zuständigen Behörde vorher anzuzeigen. ²Bei einem unvorhergesehenen Wechsel der verantwortlichen Person nach Absatz 2 Nr. 3 hat die Anzeige unverzüglich zu erfolgen.

Großhandel mit Arzneimitteln § 52a AMG

Übersicht

	Rn.
A. Inhalt	1
B. Der Verwaltungsakt der Großhandelserlaubnis	2
C. Die Erlaubnispflicht	3
D. Die Anforderungen an die Großhandelserlaubnis (Absätze 2–4)	5
E. Rücknahme, Widerruf, Ruhen (Absatz 5)	9
F. Ausnahmen von der Großhandelserlaubnispflicht (Absätze 6 und 7)	11
I. Herstellungserlaubnis	12
II. Einführerlaubnis	13
III. Üblicher Apothekenbetrieb	14
G. Anzeigepflicht bei Änderungen (Absatz 8)	18
H. Straftaten und Ordnungswidrigkeiten	19

A. Inhalt

§ 52a regelt die Erlaubnispflicht für den Großhandel mit Arzneimitteln. Sie gilt 1
für die Präsentations- und Funktionsarzneimittel, für bestimmte fiktive Arzneimittel (§ 2 Abs. 1, 2 Nr. 1) sowie für Testsera und Testantigene. Für den Großhandel mit Betäubungsmitteln benötigt der Händler zusätzlich eine Erlaubnis nach § 3 BtMG. **Nach Absatz 1 Satz 2** ausgenommen von der Erlaubnispflicht ist der Großhandel mit Fertigarzneimitteln, die Heilwässer und deren Salze im natürlichen Mischungsverhältnis sowie deren Nachbildungen sind und für den Verkehr außerhalb von Apotheken freigegeben sind. Die frühere weitergehende Fassung wurde durch das Gesetz v. 19.10.2012 (BGBl. I S. 1929) aus europarechtlichen Gründen aufgehoben (BT-Drs. 17/9341, 58). Zur **Abgrenzung** von der **Herstellung** → § 4 Rn. 86.

B. Der Verwaltungsakt der Großhandelserlaubnis

Die Erlaubnispflicht begründet ein Verbot mit Erlaubnisvorbehalt (*Stumpf* in Kü- 2
gel/Müller/Hofmann § 52a Rn. 7). Die Erlaubnis wirkt **konstitutiv**. Sie ist ein begünstigender, gestaltender Verwaltungsakt, der, soweit nicht die besonderen Regeln des AMG, namentlich des Absatzes 5 (→ Rn. 9), eingreifen, nach dem VwVfG zu behandeln ist. Es gelten dieselben Regeln wie für die Herstellungserlaubnis; auf → § 13 Rn. 11–13 kann daher verwiesen werden.

C. Die Erlaubnispflicht (Absatz 1)

Erlaubnispflichtig ist das Betreiben von Großhandel mit den in → Rn. 1 ge- 3
nannten Arzneimitteln und anderen Stoffen. Großhandel betreibt, wer eine in § 4 Abs. 22 genannte Tätigkeit berufs- oder gewerbsmäßig zum Zwecke des Handeltreibens ausübt. Auf → § 4 Rn. 84–91 wird Bezug genommen. Großhandelserlaubnisse, die in einem **anderen EU-Staat** erteilt wurden, gelten auch in Deutschland; dasselbe gilt umgekehrt (*Stumpf* in Kügel/Müller/Hofmann § 52a Rn. 14, 15).

Die Großhandelserlaubnis ist **personen-** und **betriebsbezogen;** sie wird dem 4
Großhändler für eine oder mehrere Betriebsstätten erteilt (*Lietz* in Fuhrmann/Klein/Fleischfresser ArzneimittelR-HdB § 22 Rn. 4). Die Betriebsstätten sind in der Erlaubnisurkunde zu benennen; dasselbe gilt für etwaige Logistikunternehmen, die im Auftrag tätig werden sollen; zu benennen sind auch die jeweils auszuübenden Tätigkeiten (*Lietz* in Fuhrmann/Klein/Fleischfresser ArzneimittelR-HdB § 22 Rn. 4).

D. Anforderungen an die Großhandelserlaubnis (Absätze 2–4)

In **Absatz 2** sind die **Anforderungen** beschrieben, die an den Antrag auf Ertei- 5
lung der Großhandelserlaubnis gestellt werden. Danach hat der Antragsteller eine

konkrete Betriebsstätte zu bezeichnen, für die die Erlaubnis erteilt werden soll (**Nr. 1**). Für die im Antrag bezeichnete Betriebsstätte sind die räumlichen Voraussetzungen darzulegen (**Nr. 2**). Weiterhin ist eine verantwortliche Person zu benennen, die über die erforderliche Sachkenntnis (und Zuverlässigkeit (→ Rn. 8)) verfügt (**Nr. 3**). Die notwendige Sachkenntnis kann durch Ausbildung oder berufliche Erfahrung erlangt werden (im Einzelnen dazu BVerwG A&R 2021, 92 mAnm *Brixius* = PharmR 2021, 136). Schließlich ist die Vorlage einer Erklärung erforderlich, in der sich der Großhändler verpflichtet, die für den ordnungsgemäßen Betrieb eines Großhandels geltenden Regelungen einzuhalten (**Nr. 4**).

6   Die näheren Einzelheiten für den **Betrieb** des Großhandels sind in der **AM-HandelsV** geregelt. Diese enthält insbesondere Vorschriften für das notwendige Qualitätssicherungssystem, das Personal und die Betriebsräume, den Bezug, das Umfüllen, Abpacken und Kennzeichnen, das Lagern und die Auslieferung von Arzneimitteln und die Dokumentation. Weitere Anforderungen an den Betrieb sind in den **Leitlinien vom 5.11.2013 für die gute Vertriebspraxis von Humanarzneimitteln** – 2013/C 343/01 (ABl. 2013 C 343, S. 1) enthalten.

7   In **Absatz 3** sind die Zuständigkeit und das Verfahren für die Erteilung der Erlaubnis geregelt. Eine weitere Voraussetzung ist in § 64 Abs. 3 S. 3 enthalten, wonach die Erlaubnis nur erteilt werden darf, nachdem sich die Erlaubnisbehörde durch eine **Inspektion** überzeugt hat, dass die für den Großhandel erforderlichen Voraussetzungen vorliegen.

8   Absatz 4 nennt die Gründe, aus denen die Erteilung der Erlaubnis **versagt** werden kann. Dies ist einmal der Fall, wenn die **Voraussetzungen des Absatzes 2** nicht vorliegen (**Nr. 1**) und dann, wenn Tatsachen die Annahme rechtfertigen, dass der Antragsteller oder die verantwortliche Person (Absatz 2 Nr. 3) die zur Ausübung ihrer Tätigkeit erforderliche **Zuverlässigkeit** nicht besitzt (**Nr. 2**); auf → BtMG § 5 Rn. 17–22 kann insoweit verwiesen werden. Schließlich kann die Erlaubnis versagt werden, wenn der Großhändler nicht in der Lage ist, zu gewährleisten, dass die für den ordnungsgemäßen **Betrieb geltenden** Regelungen eingehalten werden (**Nr. 3**). Dies gilt namentlich für die Vorschriften der AM-HandelsV. Liegt kein Versagungsgrund vor, ist die Erlaubnis zu erteilen; ein Ermessen besteht nicht (VG Köln PharmR 2020, 429).

E. Rücknahme, Widerruf, Ruhen (Absatz 5)

9   In **Absatz 5** werden die Rücknahme und der Widerruf der Erlaubnis geregelt. Die **Rücknahme** hat **zwingend** zu erfolgen, wenn nachträglich bekannt wird, dass einer der Versagungsgründe des Absatzes 4 bei der Erteilung vorgelegen hat (**Satz 1**). Liegen die Voraussetzungen der Erlaubnis nicht mehr vor, so ist sie zu **widerrufen;** allerdings kann auch ihr **Ruhen** angeordnet werden (**Satz 2**). Im Übrigen gelten auch hier dieselben Regeln wie für die Herstellungserlaubnis (→ § 18 Rn. 3–9).

10 Die Erteilung der Erlaubnis, ihre Rücknahme, der Widerruf und das Ruhen sind in die **Datenbank** nach § 67a einzugeben (§ 64 Abs. 3 S. 8).

F. Ausnahmen von der Großhandelserlaubnispflicht (Absätze 6, 7)

11 In den Absätzen 6 und 7 sind die Ausnahmen von der Großhandelserlaubnispflicht geregelt.

12 **I. Herstellungserlaubnis.** Die Herstellungserlaubnis nach § 13 umfasst auch die Erlaubnis zum Großhandel mit den Arzneimitteln, die von der Erlaubnis nach § 13 erfasst sind (**Absatz 6**). Handelt der Betrieb auch noch mit anderen Arzneimitteln, so ist insoweit eine Großhandelsbetriebserlaubnis erforderlich. Der **pharmazeuti-**

Großhandel mit Arzneimitteln **§ 52a AMG**

sche Unternehmer, der nicht zugleich Inhaber einer Herstellungserlaubnis für die von ihm in den Verkehr gebrachten Arzneimitteln ist, bedarf gleichfalls einer Großhandelserlaubnis.

II. Einfuhrerlaubnis. Entsprechendes gilt für Importeure, die Arzneimittel in 13 den Geltungsbereich des AMG einführen **(Absatz 6).** Die Einfuhrerlaubnis nach § 72 umfasst auch die Erlaubnis zum Großhandel mit den Arzneimitteln, die von der Erlaubnis nach § 72 AMG erfasst sind.

III. Üblicher Apothekenbetrieb. Ferner gilt die Erlaubnispflicht nicht für die 14 Tätigkeit der Apotheken im Rahmen des üblichen Apothekenbetriebs **(Absatz 7).** Zum Begriff des üblichen Apothekenbetriebs zunächst → § 13 Rn. 38–42. Danach dürfen öffentliche Apotheken aufgrund der Apothekenbetriebserlaubnis (§ 1 ApoG) Arzneimittel unmittelbar an **Verbraucher** (Patienten, Ärzte, Zahnärzte, Tierärzte oder Krankenhäuser) **abgeben.** Zum üblichen Apothekenbetrieb soll es auch noch gehören, wenn eine Apotheke Bestellungen ihrer Kunden an eine ausländische Apotheke weiterleitet, die gewünschten Arzneimittel über Großhändler in Deutschland beschafft und an die ausländische Apotheke ausliefern lässt, von wo sie mit dem Bestellschein und einer Rechnung der ausländischen Apotheke an sie zurückgeliefert werden, wo sie vor der Aushändigung auf Richtigkeit der Dokumente, Unversehrtheit der Packung, Verfallsdatum und mögliche Wechselwirkungen überprüft werden; dass es sich dabei um ein neues Geschäftsmodell handelt, steht dem nicht entgegen (BVerwG NJW 2015, 3465 = PharmR 2015, 446).

Ferner gehören zum **üblichen Apothekenbetrieb** der **Erwerb** von Arzneimit- 15 teln einschließlich des **Bezugs** im Rahmen von Einkaufsgemeinschaften (BVerwG NJW 2015, 3465 (→ Rn. 14); *Kieser* A&R 2013, 274 (276); anders für die beliefernde Apotheke *Stumpf* in Kügel/Müller/Hofmann § 52a Rn. 69), der **Einzelimport** gemäß § 73 Abs. 3, die **Heimversorgung** (§ 12a ApoG), der **Versandhandel** (§ 11a ApoG), **Retouren** (Rückgabe an den Großhändler oder pharmazeutischen Unternehmer, von denen diese Arzneimittel zuvor bezogen wurden), die Weitergabe von Arzneimitteln im Rahmen von **Haupt- und Filialapotheken** und im Wege der **kollegialen Aushilfe** die Weitergabe von Arzneimitteln an andere Apotheken im Einzelfall (zum Ganzen *Bakhschai* in Fuhrmann/Klein/Fleischfresser ArzneimittelR-HdB § 18 Rn. 12). Ob und inwieweit diese Ausnahmen **europarechtlich** haltbar sind, muss im Hinblick auf das Urteil des EuGH v. 28.6.2012 (A&R 2012, 240 = BeckRS 2012, 81321) bezweifelt werden; zu einer strafrechtlichen Verantwortung führt der bloße Verstoß gegen eine EU-Richtlinie jedoch nicht (EuGH A&R 2012, 240 = BeckRS 2012, 81321).

Jedenfalls nicht mehr zum üblichen Apothekenbetrieb gehört der **Export** in das 16 Ausland (*Stumpf* in Kügel/Müller/Hofmann § 52a Rn. 69).

Handelt ein **Apotheker nicht** im Rahmen des üblichen Apothekenbetriebs, so 17 ist er insoweit Großhändler (BGH NStZ 2011, 583 = A&R 2011, 136 mAnm *Winkler*).

G. Anzeigepflicht bei Änderungen (Absatz 8)

Der Inhaber der Erlaubnis hat jede Änderung der in Absatz 2 genannten An- 18 gaben sowie jede wesentliche Änderung der Großhandelstätigkeit unter Vorlage der Nachweise der zuständigen Behörde **vorher** anzuzeigen **(Satz 1).** Bei einem **unvorhergesehenen** Wechsel der verantwortlichen Person nach Absatz 2 Nr. 3 hat die Anzeige unverzüglich zu erfolgen **(Satz 2).**

H. Straftat, Ordnungswidrigkeiten

19 Der vorsätzliche **Verstoß** gegen § 52a Abs. 1 S. 1 ist eine Straftat nach § 96 Nr. 14 (→ § 96 Rn. 145–158); bei Fahrlässigkeit ist eine Ordnungswidrigkeit nach § 97 Abs. 1 Nr. 1 gegeben.

20 Der vorsätzliche oder fahrlässige Verstoß gegen § 52a Abs. 8 ist eine **Ordnungswidrigkeit** nach § 97 Abs. 2 Nr. 7.

§ 52c Arzneimittelvermittlung

(1) Ein Arzneimittelvermittler darf im Geltungsbereich dieses Gesetzes nur tätig werden, wenn er seinen Sitz im Geltungsbereich dieses Gesetzes, in einem anderen Mitgliedstaat der Europäischen Union oder in einem anderen Vertragsstaat des Abkommens über den Europäischen Wirtschaftsraum hat.

(2) ¹Der Arzneimittelvermittler darf seine Tätigkeit erst nach Anzeige gemäß § 67 Absatz 1 Satz 1 bei der zuständigen Behörde und Registrierung durch die Behörde in einer öffentlichen Datenbank nach § 67a oder einer Datenbank eines anderen Mitgliedstaates der Europäischen Union oder eines anderen Vertragsstaates des Abkommens über den Europäischen Wirtschaftsraum aufnehmen. ²In der Anzeige sind vom Arzneimittelvermittler die Art der Tätigkeit, der Name und die Adresse anzugeben. ³Zuständige Behörde nach Satz 1 ist die Behörde, in deren Zuständigkeitsbereich der Arzneimittelvermittler seinen Sitz hat.

(3) Erfüllt der Arzneimittelvermittler nicht die nach diesem Gesetz oder die nach einer auf Grund dieses Gesetzes erlassenen Verordnung vorgegebenen Anforderungen, kann die zuständige Behörde die Registrierung in der Datenbank versagen oder löschen.

Übersicht

	Rn.
A. Inhalt	1
B. Sitz, Anzeige und Registrierung (Absätze 1, 2)	2
C. Nichterfüllung der Anforderungen (Absatz 3)	5
H. Straftat, Ordnungswidrigkeit	6

A. Inhalt

1 § 52c bestimmt die **Pflichten der Arzneimittelvermittler.** Der Begriff der Arzneimittelvermittlung ist in § 4 Abs. 22a (→ § 4 Rn. 92–95) gesetzlich definiert. Er umfasst alle Personen, die berufs- oder gewerbsmäßig selbständig im fremden Namen mit Arzneimitteln iSd § 2 Abs. 1, 2 Nr. 1, die zur Anwendung bei Menschen bestimmt sind, handeln. Zu den Einzelheiten wird auf → § 4 Rn. 92–95 verwiesen. Anders als beim Großhandel werden Testsera und Testantigene nicht erfasst. Für die Vermittlung von **Betäubungsmitteln** benötigt der Vermittler zusätzlich eine Erlaubnis nach § 3 BtMG. Wird die Arzneimittelvermittlung von einem **Großhändler** vorgenommen, so bedarf dieser keiner besonderen Registrierung (BT-Drs. 17/9341, 59).

B. Sitz, Anzeige und Registrierung (Absätze 1, 2)

2 Arzneimittelvermittler kann nur sein, wer seinen **Sitz** in der EU oder in einem Vertragsstaat des EWR hat **(Absatz 1).** Er muss ferner seine Tätigkeit gemäß § 67 Abs. 1 S. 1 bei der zuständigen Behörde **angezeigt** haben und von dieser in einer öffentlichen Datenbank **registriert** sein **(Absatz 2)**. Zuständige Behörde ist die Behörde, in deren Zuständigkeitsbereich der Arzneimittelvermittler seinen Sitz hat.

Die **Anzeige** muss **vor der Aufnahme** der Tätigkeit als Arzneimittelvermittler 3 erfolgen. Die zuständigen Behörden sollen damit die Möglichkeit erhalten, schon vor der tatsächlichen Aufnahme der Tätigkeit Überwachungsmaßnahmen zu ergreifen.

Die Datenbank, in der der Arzneimittelvermittler **registriert** wird, ist in 4 Deutschland die Datenbank nach § 67a. Nicht ganz klar ist die **Rechtsnatur** der Registrierung. Da der Arzneimittelvermittler seine Tätigkeit erst nach der Registrierung aufnehmen darf, geht sie über eine bloße Feststellung hinaus und hat nicht anders als eine Erlaubnis Regelungscharakter. Sie ist daher als ein (begünstigender) **Verwaltungsakt** anzusehen (nach *Stumpf* in Kügel/Müller/Hofmann § 52c Rn. 19 ist die Versagung und Löschung ein belastender Verwaltungsakt). Dafür spricht auch Absatz 3, wonach sie „versagt" werden kann. Auf diesen Verwaltungsakt hat der Arzneimittelvermittler einen Anspruch, wenn er die Voraussetzungen des § 4 Abs. 22a und der AM-HandelsV erfüllt.

C. Nichterfüllung der Anforderungen (Absatz 3)

Weitere Anforderungen an den Arzneimittelvermittler sind in der **AM-Han-** 5 **delsV** enthalten. Werden sie oder die im AMG vorgegebenen Anforderungen von dem Arzneimittelvermittler nicht erfüllt, so kann die zuständige Behörde die Registrierung in der Datenbank versagen oder löschen **(Absatz 3)**. Hinsichtlich der Löschung tritt die Vorschrift an die Stelle der Vorschriften des VwVfG über die Rücknahme oder den Widerruf von Verwaltungsakten.

D. Straftat, Ordnungswidrigkeit

Die vorsätzliche Aufnahme der Tätigkeit als Arzneimittelvermittler vor der Re- 6 gistrierung ist eine Straftat nach § 96 Nr. 14a (→ § 96 Rn. 159–172); bei Fahrlässigkeit ist eine Ordnungswidrigkeit nach § 97 Abs. 1 Nr. 1 gegeben.

Neunter Abschnitt. Sondervorschriften für Arzneimittel, die bei Tieren angewendet werden

§ 56a Verschreibung, Abgabe und Anwendung von Arzneimitteln durch Tierärzte

(1) ¹**Der Tierarzt darf für den Verkehr außerhalb der Apotheken nicht freigegebene Arzneimittel dem Tierhalter vorbehaltlich besonderer Bestimmungen auf Grund des Absatzes 3 nur verschreiben oder an diesen nur abgeben, wenn**
1. **sie für die von ihm behandelten Tiere bestimmt sind,**
2. **sie zugelassen sind oder sie auf Grund des § 21 Abs. 2 Nr. 4 in Verbindung mit Abs. 1 in Verkehr gebracht werden dürfen oder in den Anwendungsbereich einer Rechtsverordnung nach § 36 oder § 39 Abs. 3 Satz 1 Nr. 2 fallen oder sie nach § 38 Abs. 1 in den Verkehr gebracht werden dürfen,**
3. **sie nach der Zulassung für das Anwendungsgebiet bei der behandelten Tierart bestimmt sind,**
4. **ihre Anwendung nach Anwendungsgebiet und Menge nach dem Stand der veterinärmedizinischen Wissenschaft gerechtfertigt ist, um das Behandlungsziel in dem betreffenden Fall zu erreichen, und**

5. die zur Anwendung bei Tieren, die der Gewinnung von Lebensmitteln dienen,
   a) vorbehaltlich des Buchstaben b, verschriebene oder abgegebene Menge verschreibungspflichtiger Arzneimittel zur Anwendung innerhalb der auf die Abgabe folgenden 31 Tage bestimmt ist, oder
   b) verschriebene oder abgegebene Menge von Arzneimitteln, die antimikrobiell wirksame Stoffe enthalten und nach den Zulassungsbedingungen nicht ausschließlich zur lokalen Anwendung vorgesehen sind, zur Anwendung innerhalb der auf die Abgabe folgenden sieben Tage bestimmt ist,
   sofern die Zulassungsbedingungen nicht eine längere Anwendungsdauer vorsehen.

²Der Tierarzt darf verschreibungspflichtige Arzneimittel zur Anwendung bei Tieren, die der Gewinnung von Lebensmitteln dienen, für den jeweiligen Behandlungsfall erneut nur abgeben oder verschreiben, sofern er in einem Zeitraum von 31 Tagen vor dem Tag der entsprechend seiner Behandlungsanweisung vorgesehenen letzten Anwendung der abzugebenden oder zu verschreibenden Arzneimittel die behandelten Tiere oder den behandelten Tierbestand untersucht hat. ³Satz 1 Nr. 2 bis 4 gilt für die Anwendung durch den Tierarzt entsprechend. ⁴Abweichend von Satz 1 darf der Tierarzt dem Tierhalter Arzneimittel-Vormischungen weder verschreiben noch an diesen abgeben.

(1a) Absatz 1 Satz 3 gilt nicht, soweit ein Tierarzt Arzneimittel bei einem von ihm behandelten Tier anwendet und die Arzneimittel ausschließlich zu diesem Zweck von ihm hergestellt worden sind.

(2) ¹Soweit die notwendige arzneiliche Versorgung der Tiere ansonsten ernstlich gefährdet wäre und eine unmittelbare oder mittelbare Gefährdung der Gesundheit von Mensch und Tier nicht zu befürchten ist, darf der Tierarzt bei Einzeltieren oder Tieren eines bestimmten Bestandes abweichend von Absatz 1 Satz 1 Nr. 3, auch in Verbindung mit Absatz 1 Satz 3, nachfolgend bezeichnete zugelassene oder von der Zulassung freigestellte Arzneimittel verschreiben, anwenden oder abgeben:
1. soweit für die Behandlung ein zugelassenes Arzneimittel für die betreffende Tierart und das betreffende Anwendungsgebiet nicht zur Verfügung steht, ein Arzneimittel mit der Zulassung für die betreffende Tierart und ein anderes Anwendungsgebiet;
2. soweit ein nach Nummer 1 geeignetes Arzneimittel für die betreffende Tierart nicht zur Verfügung steht, ein für eine andere Tierart zugelassenes Arzneimittel;
3. soweit ein nach Nummer 2 geeignetes Arzneimittel nicht zur Verfügung steht, ein zur Anwendung beim Menschen zugelassenes Arzneimittel oder, auch abweichend von Absatz 1 Satz 1 Nr. 2, auch in Verbindung mit Absatz 1 Satz 3, ein Arzneimittel, das in einem Mitgliedstaat der Europäischen Union oder einem anderen Vertragsstaat des Abkommens über den Europäischen Wirtschaftsraum zur Anwendung bei Tieren zugelassen ist; im Falle von Tieren, die der Gewinnung von Lebensmitteln dienen, jedoch nur solche Arzneimittel aus anderen Mitgliedstaaten der Europäischen Union oder anderen Vertragsstaaten des Abkommens über den Europäischen Wirtschaftsraum, die zur Anwendung bei Tieren, die der Gewinnung von Lebensmitteln dienen, zugelassen sind;
4. soweit ein nach Nummer 3 geeignetes Arzneimittel nicht zur Verfügung steht, ein in einer Apotheke oder durch den Tierarzt nach § 13 Abs. 2 Satz 1 Nr. 3 Buchstabe d hergestelltes Arzneimittel.

²Bei Tieren, die der Gewinnung von Lebensmitteln dienen, darf das Arzneimittel jedoch nur durch den Tierarzt angewendet oder unter seiner Aufsicht verabreicht werden und nur pharmakologisch wirksame Stoffe enthalten, die in Tabelle 1 des Anhangs der Verordnung (EU) Nr. 37/2010 aufgeführt sind. ³Der Tierarzt hat die Wartezeit anzugeben; das Nähere regelt die Verordnung über tierärztliche Hausapotheken. ⁴Die Sätze 1 bis 3 gelten entsprechend für Arzneimittel, die nach § 21 Abs. 2 Nr. 4 in Verbindung mit Abs. 2a hergestellt werden. ⁵Registrierte oder von der Registrierung freigestellte homöopathische Arzneimittel dürfen abweichend von Absatz 1 Satz 1 Nr. 3 verschrieben, abgegeben und angewendet werden; dies gilt für Arzneimittel, die zur Anwendung bei Tieren bestimmt sind, die der Gewinnung von Lebensmitteln dienen, nur dann wenn sie ausschließlich Wirkstoffe enthalten, die in im Anhang der Verordnung (EU) Nr. 37/2010 als Stoffe aufgeführt sind, für die eine Festlegung von Höchstmengen nicht erforderlich ist.

(2a) Abweichend von Absatz 2 Satz 2 dürfen Arzneimittel für Einhufer, die der Gewinnung von Lebensmitteln dienen und für die nichts anderes in Abschnitt IX Teil II des Equidenpasses im Sinne der Verordnung (EG) Nr. 504/2008 der Kommission vom 6. Juni 2008 zur Umsetzung der Richtlinie 90/426/EWG des Rates in Bezug auf Methoden zur Identifizierung von Equiden (ABl. L 149 vom 7.6.2008, S. 3) in der jeweils geltenden Fassung festgelegt ist, auch verschrieben, abgegeben oder angewendet werden, wenn sie Stoffe, die in der Verordnung (EG) Nr. 1950/2006 der Kommission vom 13. Dezember 2006 zur Erstellung eines Verzeichnisses von für die Behandlung von Equiden wesentlichen Stoffen gemäß der Richtlinie 2001/82/EG des Europäischen Parlaments und des Rates zur Schaffung eines Gemeinschaftskodexes für Tierarzneimittel (ABl. L 367 vom 22.12.2006, S. 33) aufgeführt sind, enthalten.

(3) ¹Das Bundesministerium für Ernährung und Landwirtschaft wird ermächtigt, im Einvernehmen mit dem Bundesministerium durch Rechtsverordnung mit Zustimmung des Bundesrates
1. Anforderungen an die Abgabe und die Verschreibung von Arzneimitteln zur Anwendung an Tieren, auch im Hinblick auf die Behandlung, festzulegen,
2. vorbehaltlich einer Rechtsverordnung nach Nummer 5 zu verbieten, bei der Verschreibung, der Abgabe oder der Anwendung von zur Anwendung bei Tieren bestimmten Arzneimitteln, die antimikrobiell wirksame Stoffe enthalten, von den in § 11 Absatz 1 Satz 1 Nummer 3 und 5 genannten Angaben der Gebrauchsinformation abzuweichen, soweit dies zur Verhütung einer unmittelbaren oder mittelbaren Gefährdung der Gesundheit von Mensch oder Tier durch die Anwendung dieser Arzneimittel erforderlich ist,
3. vorzuschreiben, dass der Tierarzt im Rahmen der Behandlung bestimmter Tiere in bestimmten Fällen eine Bestimmung der Empfindlichkeit der eine Erkrankung verursachenden Erreger gegenüber bestimmten antimikrobiell wirksamen Stoffen zu erstellen oder erstellen zu lassen hat,
4. vorzuschreiben, dass
   a) Tierärzte über die Abgabe, Verschreibung und Anwendung, auch im Hinblick auf die Behandlung, von für den Verkehr außerhalb der Apotheken nicht freigegebenen Arzneimitteln Nachweise führen müssen,
   b) bestimmte Arzneimittel nur durch den Tierarzt selbst angewendet werden dürfen, wenn diese Arzneimittel

aa) die Gesundheit von Mensch oder Tier auch bei bestimmungsgemäßem Gebrauch unmittelbar oder mittelbar gefährden können, sofern sie nicht fachgerecht angewendet werden,
bb) wiederholt in erheblichem Umfang nicht bestimmungsgemäß gebraucht werden und dadurch die Gesundheit von Mensch oder Tier unmittelbar oder mittelbar gefährdet werden kann,
5. vorzuschreiben, dass der Tierarzt abweichend von Absatz 2 bestimmte Arzneimittel, die bestimmte antimikrobiell wirksame Stoffe enthalten, nur
   a) für die bei der Zulassung vorgesehenen Tierarten oder Anwendungsgebiete abgeben oder verschreiben oder
   b) bei den bei der Zulassung vorgesehenen Tierarten oder in den dort vorgesehenen Anwendungsgebieten anwenden darf, soweit dies erforderlich ist, um die Wirksamkeit der antimikrobiell wirksamen Stoffe für die Behandlung von Mensch und Tier zu erhalten.

²In Rechtsverordnungen nach Satz 1 können ferner
1. im Falle des Satzes 1 Nummer 3 Anforderungen an die Probenahme, die zu nehmenden Proben, das Verfahren der Untersuchung sowie an die Nachweisführung festgelegt werden,
2. im Falle des Satzes 1 Nummer 4 Buchstabe a
   a) Art, Form und Inhalt der Nachweise sowie die Dauer der Aufbewahrung geregelt werden,
   b) vorgeschrieben werden, dass Nachweise auf Anordnung der zuständigen Behörde nach deren Vorgaben vom Tierarzt zusammengefasst und ihr übermittelt werden, soweit dies zur Sicherung einer ausreichenden Überwachung der Anwendung von Arzneimitteln bei Tieren, die der Gewinnung von Lebensmitteln dienen, erforderlich ist.

³In Rechtsverordnungen nach Satz 1 Nummer 2, 3 und 5 ist Vorsorge dafür zu treffen, dass die Tiere jederzeit die notwendige arzneiliche Versorgung erhalten. ⁴Die Nachweispflicht kann auf bestimmte Arzneimittel, Anwendungsbereiche oder Darreichungsformen beschränkt werden.

(4) Der Tierarzt darf durch Rechtsverordnung nach Absatz 3 Satz 1 Nummer 4 Buchstabe b bestimmte Arzneimittel dem Tierhalter weder verschreiben noch an diesen abgeben.

(5) ¹Das Bundesministerium für Ernährung und Landwirtschaft wird ermächtigt, im Einvernehmen mit dem Bundesministerium durch Rechtsverordnung mit Zustimmung des Bundesrates eine Tierarzneimittelanwendungskommission zu errichten. ²Die Tierarzneimittelanwendungskommission beschreibt in Leitlinien den Stand der veterinärmedizinischen Wissenschaft, insbesondere für die Anwendung von Arzneimitteln, die antimikrobiell wirksame Stoffe enthalten. ³In der Rechtsverordnung ist das Nähere über die Zusammensetzung, die Berufung der Mitglieder und das Verfahren der Tierarzneimittelanwendungskommission zu bestimmen. ⁴Ferner können der Tierarzneimittelanwendungskommission durch Rechtsverordnung weitere Aufgaben übertragen werden.

(6) Es wird vermutet, dass eine Rechtfertigung nach dem Stand der veterinärmedizinischen Wissenschaft im Sinne des Absatzes 1 Satz 1 Nr. 4 oder des § 56a Abs. 5 Satz 1 Nr. 3 gegeben ist, sofern die Leitlinien der Tierarzneimittelanwendungskommission nach Absatz 5 Satz 2 beachtet worden sind.

Übersicht

	Rn.
A. Vorbemerkung	1
B. Verschreibung, Abgabe und Anwendung von Arzneimitteln durch Tierärzte (Absätze 1, 1a)	3
I. Verschreibung, Abgabe durch Tierärzte (Absatz 1 Satz 1)	4
1. Grundsatzregelung	5
a) Verschreibung, Abgabe	6
b) Für vom Tierarzt behandelte Tiere (Nr. 1)	7
c) Verkehrsfähigkeit (Nr. 2)	8
d) Beschränkung auf das Anwendungsgebiet (Nr. 3)	9
e) Beschränkung der Anwendung nach Anwendungsgebiet und Menge (Nr. 4)	11
f) Zusätzliche Vorschriften bei Tieren, die der Lebensmittelgewinnung dienen (Nr. 5)	14
2. Erneute Verschreibung oder Abgabe bei Lebensmittel liefernden Tieren (Absatz 1 Satz 2)	17
3. Verschreibung oder Abgabe von Arzneimittelvormischungen (Absatz 1 Satz 4)	18
II. Anwendung durch Tierärzte (Absatz 1 Satz 3)	19
1. Anwendung verschreibungs-/apothekenpflichtiger Arzneimittel (Absatz 1 Satz 3)	20
2. Anwendung eines vom Tierarzt für ein von ihm behandeltes Tier hergestelltes Arzneimittel durch ihn (Absatz 1a)	22
C. Therapienotstand, Umwidmungskaskade (Absatz 2)	23
I. Grundsatzregelung (Absatz 2 Satz 1)	24
1. Therapienotstand	25
2. Umwidmungskaskade	27
a) Abweichung hinsichtlich des Anwendungsgebietes (Nr. 1)	28
b) Abweichung hinsichtlich der Tierart (Nr. 2)	29
c) Verwendung von Humanarzneimitteln oder im Inland nicht zugelassenen Tierarzneimitteln (Nr. 3)	30
aa) Humanarzneimittel	31
bb) In einem EU-Mitgliedstaat/anderen Vertragsstaat des EWR zugelassenes Tierarzneimittel	32
d) In einer Apotheke oder von dem Tierarzt hergestellte Arzneimittel (Nr. 4)	34
II. Regelungen bei Lebensmittel liefernden Tieren (Absatz 2 Sätze 2, 3)	35
1. Anwendung durch den Tierarzt oder unter seiner Aufsicht	36
2. Pharmakologisch wirksame Stoffe der Anlage zur VO (EU) Nr. 37/2010	37
3. Wartezeit (Satz 3)	38
III. Für Einzeltiere oder Tiere eines bestimmten Bestandes hergestellte Arzneimittel (Absatz 2 Satz 4)	39
D. Abweichende Vorschriften für Equide (Absatz 2a)	40
E. Verordnungsermächtigung (Absatz 3)	41
F. Anwendungsvorbehalt für den Tierarzt (Absatz 4)	43
G. Die Tierarzneimittelanwendungskommission (Absätze 5, 6)	44
H. Straftaten, Ordnungswidrigkeiten	45
I. Verschreibungspflichtige Arzneimittel	46
1. Arzneimittel für Lebensmittel liefernde Tiere	47
a) Verstoß gegen § 56a Abs. 1 S. 1	48
b) Verstoß gegen § 56a Abs. 1 S. 1 in Verbindung mit Satz 3	49
c) Verstoß gegen § 56a Abs. 1 S. 2	50
2. Arzneimittel für andere Tiere	51
a) Verstoß gegen § 56a Abs. 1 S. 1 Nr. 1–4	52
b) Verstoß gegen § 56a Abs. 1 S. 1 in Verbindung mit Satz 3	53
II. (Lediglich) apothekenpflichtige Arzneimittel	54
1. Verstoß gegen § 56a Abs. 1 S. 1 Nr. 1–4	55

	Rn.
2. Verstoß gegen § 56a Abs. 1 S. 1 Nr. 1–4 in Verbindung mit Satz 3	56
III. Weitere Straftaten und Ordnungswidrigkeiten	57
1. Verstoß gegen § 56a Abs. 4	58
2. Verstoß gegen eine Rechtsverordnung nach § 56 Abs. 3	59

A. Vorbemerkung

1 Während § 43 Abs. 4 die Abgabe von Arzneimitteln in der tierärztlichen Hausapotheke regelt, ist § 56a die **zentrale Vorschrift** für die **Verschreibung, Abgabe** und **Anwendung** apothekenpflichtiger Arzneimittel durch Tierärzte. Das Gesetz ist kein Muster an Übersichtlichkeit. Die Entstehung zu verschiedenen Zeiten ist ihm deutlich anzumerken. Zusammengehöriges wird getrennt und an mehreren Stellen behandelt. Das Ganze wird dadurch noch verwirrender, dass manche Regeln nur für bestimmte Arzneimittel gelten oder für bestimmte Tiere.

2 Die Vorschrift beruht auf **zwei Grundsätzen** (*Kluge* in Fuhrmann/Klein/Fleischfresser ArzneimittelR-HdB § 38 Rn. 16):
– vorrangig sollen nur Arzneimittel verschrieben, abgegeben oder angewendet werden, die für die betreffende **Tierart** und das betreffende **Anwendungsgebiet** zugelassen und damit auf Qualität, Wirksamkeit und Unbedenklichkeit geprüft sind,
– die **Abgabemenge** darf nicht größer sein, als es der Gesundheitszustand des behandelten Einzeltieres oder Tierbestandes und der Behandlungszweck erfordern; eine Abgabe auf Vorrat durch den Tierarzt ist unzulässig.

B. Verschreibung, Abgabe und Anwendung von Arzneimitteln durch Tierärzte (Absätze 1, 1a)

3 In den Absätzen 1 und 1a finden sich bunt gemischt Regelungen für die **Verschreibung** von Arzneimitteln für den Tierhalter oder die **Abgabe** an ihn und für die **Anwendung** von Arzneimitteln durch den Tierarzt. Abweichend von der Reihenfolge im Gesetz werden sie im Folgenden jeweils zusammen behandelt.

4 **I. Die Verschreibung für den Tierhalter oder die Abgabe an ihn (Absatz 1 Sätze 1, 2 und 4).** Regeln über die Verschreibung für den Tierhalter oder die Abgabe an ihn finden sich in den Sätzen 1, 2 und 4 des Absatzes 1.

5 **1. Grundsatzregelung (Satz 1).** Dabei sind die grundlegenden Vorschriften in Satz 1 enthalten. Die Vorschrift gilt für **verschreibungspflichtige** und **apothekenpflichtige** Arzneimittel (→ § 43 Rn. 3, 5). Sie erfasst auch **Humanarzneimittel**, die an einem Tier angewendet werden (→ § 4 Rn. 28; s. auch Absatz 2 Satz 1 Nr. 3; *Rehmann* § 56a Rn. 1).

6 **a) Verschreibung, Abgabe.** Die Verschreibung (→ § 48 Rn. 10) von Arzneimitteln für den Tierhalter oder die Abgabe an ihn (→ § 43 Rn. 74) haben die folgenden **Voraussetzungen,** die **kumulativ** (*Sandrock/Nawroth* in Dieners/Reese PharmaR-HdB § 9 Rn. 63; *Anker* in Deutsch/Lippert § 56a Rn. 5) erfüllt ein sein müssen:

7 **b) Für vom Tierarzt behandelte Tiere (Nr. 1).** Die Verschreibung oder Abgabe darf nur für die von dem Tierarzt **behandelten** Tiere erfolgen. Zum Begriff der Behandlung → § 43 Rn. 75. Während die Verschreibung durch jeden Tierarzt erfolgen kann, kommt eine Abgabe nur im Rahmen des Betriebs einer tierärztlichen Hausapotheke in Betracht (→ § 43 Rn. 77).

8 **c) Verkehrsfähigkeit (Nr. 2).** Die Arzneimittel müssen zugelassen (§§ 21, 36) oder registriert (§§ 38, 39 Abs. 1 S. 3 Nr. 2) sein oder nach § 21 Abs. 2 Nr. 4 für Einzeltiere oder Tiere eines bestimmten Bestandes in Apotheken oder tierärztlichen

Hausapotheken unter den Voraussetzungen des § 21 Abs. 2a hergestellt sein (dazu
→ § 21 Rn. 27, 28).

d) Beschränkung auf das Anwendungsgebiet (Nr. 3). Die Arzneimittel 9
müssen für die zu behandelnde Tierart und das Anwendungsgebiet zugelassen sein.
Abweichungen sind nur nach Maßgabe der Absätze 2 und 2a zulässig (*Heßhaus/Laber-Probst* in Kügel/Müller/Hofmann § 56a Rn. 8). Der „Off-Label-Gebrauch"
von Tierarzneimitteln ist daher grundsätzlich unzulässig (*Heßhaus/Laber-Probst* in
Kügel/Müller/Hofmann § 56a Rn. 20).

Bei den **Rezepturarzneimitteln** nach § 21 Abs. 2 Nr. 4 (→ Rn. 7) fehlt eine 10
Zulassung; hier ist daher die Zweckbestimmung durch den behandelnden Tierarzt
maßgeblich (*Heßhaus/Laber-Probst* in Kügel/Müller/Hofmann § 56a Rn. 9).

e) Beschränkung der Anwendung nach Anwendungsgebiet und Menge 11
(Nr. 4). Die Anwendung der Arzneimittel muss nach Anwendungsgebiet und
Menge nach dem Stand der veterinärmedizinischen Wissenschaft gerechtfertigt
sein, um das Behandlungsziel zu erreichen. Danach hat sich die tierärztliche Praxis
nach dem wissenschaftlichen Standard zu richten (*Heßhaus/Laber-Probst* in Kügel/
Müller/Hofmann § 56a Rn. 10). Der Tierarzt hat sich daher an die gegenwärtigen
wissenschaftlichen Erkenntnisse zu halten, auch wenn sich diese in der Praxis noch
nicht durchgesetzt haben (*Heßhaus/Laber-Probst* in Kügel/Müller/Hofmann § 56a
Rn. 10).

Dies gilt namentlich hinsichtlich der zu **verschreibenden Menge.** Dem gegen- 12
wärtigen wissenschaftlichen Stand entspricht es, dass sich die Verschreibungs- oder
Abgabemenge eng an den tatsächlichen Bedarf der Behandlung zu halten hat und
nicht größer sein darf, als es der Gesundheitszustand des Einzeltieres oder des Tierbestandes erfordert. Eine Verschreibung oder Abgabe **auf Vorrat** ist **unzulässig**
(*Körner,* 6. Aufl. 2007, AMG § 95 Rn. 160, 164; *Rehmann* § 56a Rn. 1). Dies gilt
auch, wenn der Tierarzt einen **Betreuungsvertrag** mit dem Tierhalter abgeschlossen hat (BayObLG BeckRS 2015, 00174). Werden die Leitlinien der Tierarzneimittelanwendungskommission nach Absatz 5 Satz 2 beachtet, so wird **vermutet,**
dass eine Rechtfertigung nach dem Stand der veterinärmedizinischen Wissenschaft
gegeben ist **(Absatz 6).**

Mit der Verweisung darauf, dass das Behandlungsziel **in dem betreffenden Fall** 13
erreicht werden soll, soll klargestellt werden, dass ein unmittelbarer Zusammenhang
zwischen Diagnose und Therapieentscheidung des behandelnden Arztes bestehen
muss (*Heßhaus/Laber-Probst* in Kügel/Müller/Hofmann § 56a Rn. 11).

f) Zusätzliche Regeln bei Tieren, die der Lebensmittelgewinnung die- 14
nen (Nr. 5). Für die Verschreibung oder die Abgabe von Arzneimitteln, die zur
Anwendung bei Lebensmittel liefernden Tieren (→ § 31 Rn. 11–15) bestimmt
sind, gelten zusätzliche Regeln:
– Die Verschreibungs- oder Abgabemenge darf die Menge nicht überschreiten, die
  für die Anwendung innerhalb der auf die Abgabe folgenden **31 Tage** benötigt
  wird **(Buchst. a);** dies gilt nur für **verschreibungspflichtige** Arzneimittel.
– Bei Arzneimitteln, die antimikrobiell wirksame Stoffe enthalten und nach den
  Zulassungsbedingungen nicht ausschließlich zur Behandlung für lokalen Anwendung vorgesehen sind, ist die Menge auf den Bedarf von **sieben Tagen** beschränkt
  (Buchst. b); dies gilt auch für nur **apothekenpflichtige** Arzneimittel.

Die Regelung bedeutet **nicht,** dass die Fristen stets ausgeschöpft werden dürften. 15
Vielmehr ist stets Voraussetzung, dass die verschriebene oder abgegebene Menge
veterinärmedizinisch indiziert ist. Eine Abgabe über die veterinärmedizinisch gerechtfertigte Menge hinaus ist auch innerhalb des Rahmens von 31 oder sieben Tagen nicht erlaubt (*Kluge* in Fuhrmann/Klein/Fleischfresser ArzneimittelR-HdB
§ 38 Rn. 17).

AMG § 56a

16 Sehen die **Zulassungsbedingungen** des Arzneimittels eine längere Anwendungsdauer vor, so ist diese maßgeblich **(Satz 1 aE)**. Aber auch hier muss die Verschreibungs- oder Abgabemenge veterinärmedizinisch gerechtfertigt und durch eine entsprechende tierärztlich festgestellte Indikation begründet sein (*Kluge* in Fuhrmann/Klein/Fleischfresser ArzneimittelR-HdB § 38 Rn. 17).

17 **2. Erneute Verschreibung oder Abgabe bei Lebensmittel liefernden Tieren (Absatz 1 Satz 2).** Eine erneute Verschreibung oder Abgabe zur Anwendung bei Lebensmittel liefernden Tieren ist im jeweiligen Behandlungsfall nur zulässig, wenn eine **neuerliche Untersuchung** der Tiere oder des Tierbestandes stattgefunden hat. Dabei darf die Untersuchung nicht länger als 31 Tage vor der vorgesehenen letzten Anwendung der Arzneimittel liegen (*Heßhaus/Laber-Probst* in Kügel/Müller/Hofmann § 56a Rn. 15). Satz 2 gilt im Anschluss an Satz 1 Nr. 5 Buchst. a nur für **verschreibungspflichtige** Arzneimittel.

18 **3. Verschreibung oder Abgabe von Arzneimittel-Vormischungen (Absatz 1 Satz 4).** Abweichend von Satz 1 darf der Tierarzt dem Tierhalter Arzneimittel-Vormischungen weder verschreiben noch abgeben. Arzneimittel-Vormischungen sind Arzneimittel, die ausschließlich dazu bestimmt sind, zur Herstellung von Fütterungsarzneimitteln verwendet zu werden; sie gelten als Fertigarzneimittel (§ 4 Abs. 11).

19 **II. Anwendung durch Tierärzte (Absatz 1 Satz 3, Absatz 1a).** Absatz 1 Satz 3, Absatz 1a betreffen als dritte Handlungsform die **Anwendung** durch den Tierarzt.

20 **1. Anwendung verschreibungs-/apothekenpflichtiger Arzneimittel (Absatz 1 Satz 3).** Absatz 1 Satz 3 verweist auf Satz 1 Nr. 2–4. Für die Anwendung müssen daher grundsätzlich dieselben Voraussetzungen gegeben sein, wie für die Verschreibung oder Abgabe. Dass es sich um verschreibungspflichtige oder apothekenpflichtige Arzneimittel handeln muss, ergibt sich ebenfalls aus der Verweisung. Auf Satz 1 Nr. 1 wird nicht Bezug genommen, da bei einem Anwenden bei einem Tier stets auch eine Behandlung vorliegt (*Heßhaus/Laber-Probst* in Kügel/Müller/Hofmann § 56a Rn. 16). Auch auf Satz 1 Nr. 5 und auf Satz 2 wird im Hinblick darauf, dass der Tierarzt bei der Anwendung vor Ort ist, nicht verwiesen. Die Rechtfertigung der Verschreibung oder Abgabe muss sich auf den konkreten Behandlungsfall beziehen, so dass ein direkter Zusammenhang zwischen Diagnosestellung und Therapieentscheidung bestehen muss (BT-Drs. 17/11293, 15).

21 Während **das Anwenden** bei einem anderen Menschen auch in der Überlassung zum unmittelbaren Verbrauch bestehen kann (→ § 5 Rn. 11), kann dies bei einem Tier, das über keinen Rechtswillen verfügt, nicht gelten. Das Anwenden erschöpft sich dann in einem Verabreichen (→ § 2 Rn. 59). Etwas anderes kommt in Betracht, wenn zwischen dem Anwendenden (Tierarzt), noch eine andere Person steht, etwa der Tierhalter, der, ohne dass er eine tatsächliche Verfügungsgewalt über das Arzneimittel erlangt, dieses dem Tier appliziert. Auch in einem solchen Falle liegt noch eine Anwendung durch den Tierarzt vor.

22 **2. Anwendung vom Tierarzt hergestellter Arzneimittel durch ihn (Absatz 1a).** Nach Absatz 1a gilt Absatz 1 Satz 3 nicht, soweit ein Tierarzt Arzneimittel bei einem von ihm behandelten Tier anwendet, die er ausschließlich zu diesem Zweck hergestellt hat. Dies bedeutet eine Freistellung von allen in Absatz 1 Satz 1 Nr. 2–4 aufgestellten Voraussetzungen (*Heßhaus/Laber-Probst* in Kügel/Müller/Hofmann § 56a Rn. 19), sofern nur eine Herstellung durch den Tierarzt vorliegt. Allerdings ist eine erlaubnisfreie Herstellung nur im Rahmen des § 13 Abs. 2 S. 1 Nr. 3 zulässig. Zum Begriff der Behandlung → § 43 Rn. 75.

C. Therapienotstand, Umwidmungskaskade (Absatz 2)

Absatz 2 regelt die sogenannte **Umwidmungskaskade** in den Fällen eines 23
Therapienotstandes.

I. Grundsatzregelung (Absatz 2 Satz 1). Die grundsätzliche Regelung ist in 24
Satz 1 enthalten. Danach darf der Tierarzt, soweit sonst die notwendige arzneiliche Versorgung der Tiere ernstlich gefährdet wäre und eine unmittelbare oder mittelbare Gefährdung der Gesundheit von Mensch und Tier (durch den Einsatz) nicht zu befürchten ist, bei Einzeltieren oder Tieren eines bestimmten Bestandes Arzneimittel **verschreiben, abgeben** oder **anwenden,** die nicht für das betreffende Anwendungsgebiet und/oder die betreffende Tierart zugelassen sind (*Kluge* in Fuhrmann/Klein/Fleischfresser ArzneimittelR-HdB § 38 Rn. 19).

1. Therapienotstand. Die notwendige arzneiliche Versorgung der Tiere ist ge- 25
fährdet, wenn eine **Versorgungslücke** besteht (*Heßhaus/Laber-Probst* in Kügel/
Müller/Hofmann § 56a Rn. 22). Eine solche ist dann gegeben, wenn für die Behandlung des Einzeltieres oder bestimmten Tierbestandes kein Arzneimittel zur Verfügung steht, das für das konkrete Anwendungsgebiet und die betroffene Tierart zugelassen ist (*Heßhaus/Laber-Probst* in Kügel/Müller/Hofmann § 56a Rn. 22). Die notwendige Versorgung der Tiere muss **ernstlich** gefährdet sein (sog. **Therapienotstand**). Die Versorgungslücke muss danach von erheblichem Gewicht sein; auch muss eine erhebliche Gesundheitsbeeinträchtigung des Einzeltieres oder der Tiere des bestimmten Bestandes zu befürchten sein (*Heßhaus/Laber-Probst* in Kügel/Müller/Hofmann § 56a Rn. 24).

Bei der Beurteilung dieser Fragen steht dem Tierarzt **kein gerichtlich nur be-** 26
grenzt überprüfbarer Beurteilungsspielraum zu (aA *Heßhaus/Laber-Probst* in Kügel/Müller/Hofmann § 56a Rn. 22; die dort zitierte Fundstelle (Stelkens/
Bonk/Sachs § 40 Rn. 222) befasst sich mit Prüfungsentscheidungen). Die tierärztliche Beurteilung muss wie jede ärztliche Beurteilung begründet sein. Dabei wird, namentlich bei der Beurteilung von Grenzsituationen, vielfach nicht festgestellt werden können, ob die Beurteilung des Tierarztes falsch oder richtig war. Seine Entscheidung muss dann akzeptiert werden, aber nicht als Folge eines nicht überprüfbaren Beurteilungsspielraums, sondern auf der Grundlage der Erkenntnis, dass sich ärztliche Indikationen häufig nicht mit zwingender Eindeutigkeit stellen lassen

2. Umwidmungskaskade. Ist ein Therapienotstand gegeben, so ist es dem 27
Tierarzt erlaubt, abweichend von Absatz 1 Satz 1 Nr. 3, auch in Verbindung mit Absatz 1 Satz 3, Arzneimittel zu **verschreiben, abzugeben** oder **anzuwenden,**
die nicht für das betreffende Anwendungsgebiet und/oder nicht für die betreffende Tierart zugelassen sind. Dabei stehen die ausnahmsweise zulässigen Behandlungsmaßnahmen in einem **Stufenverhältnis** zu einander. Der Tierarzt darf die nächste Stufe erst dann betreten, wenn keine der im Gesetz zuvor genannten Modalitäten in Betracht kommt (*Heßhaus/Laber-Probst* in Kügel/Müller/Hofmann § 56a Rn. 21).

a) Abweichung hinsichtlich des Anwendungsgebietes (Nr. 1). Auf der ers- 28
ten Stufe (Nr. 1) ist dem Tierarzt lediglich erlaubt, hinsichtlich des Anwendungsgebietes von der Zulassung abzuweichen. Dagegen muss er auf ein für die betreffende Tierart zugelassenes Arzneimittel zurückgreifen. Damit soll gewährleistet werden, dass Arzneimittel verwendet werden, deren Unbedenklichkeit für die betreffende Tierart belegt ist und für die wissenschaftlich nachgewiesene Wartezeiten bestehen (*Heßhaus/Laber-Probst* in Kügel/Müller/Hofmann § 56a Rn. 22, 26).

b) Abweichung hinsichtlich der Tierart (Nr. 2). Steht für die betreffende 29
Tierart kein zur Behandlung geeignetes Arzneimittel zur Verfügung, so darf der

Tierarzt auf der zweiten Stufe auf ein für eine andere Tierart zugelassenes Arzneimittel zurückgreifen (*Heßhaus/Laber-Probst* in Kügel/Müller/Hofmann § 56a Rn. 27).

30   c) **Verwendung von Humanarzneimitteln oder im Inland nicht zugelassenen Tierarzneimitteln (Nr. 3).** Steht auch ein hinsichtlich Anwendungsgebiet und Tierart geeignetes Tierarzneimittel nicht zur Verfügung, so stellt die Nr. 3 zwei Möglichkeiten zur Verfügung:

31   aa) **Humanarzneimittel.** Der Tierarzt darf auf ein zur Anwendung beim Menschen zugelassenes Arzneimittel zurückgreifen.

32   bb) **In einem EU-Mitgliedstaat/anderen Vertragsstaat des EWR zugelassenes Tierarzneimittel.** Der Tierarzt darf aber auch auf ein Tierarzneimittel zurückgreifen, das in einem Mitgliedstaat der EU oder einem anderen Vertragsstaat des EWR zugelassen ist; eine nationale Zulassung oder Registrierung ist dann nicht erforderlich (*Heßhaus/Laber-Probst* in Kügel/Müller/Hofmann § 56a Rn. 28). Für die Verbringung dieser Arzneimittel gilt § 73 Abs. 3a (*Kluge* in Fuhrmann/Klein/Fleischfresser ArzneimittelR-HdB § 38 Rn. 20). Die Verwendung von ausschließlich in **Drittländern** zugelassenen Tierarzneimitteln ist nicht zulässig (*Kluge* in Fuhrmann/Klein/Fleischfresser ArzneimittelR-HdB § 38 Rn. 20).

33   Bei Tierarzneimitteln, die bei **Lebensmittel liefernden Tieren** (→ § 31 Rn. 11–15) eingesetzt werden sollen, muss sich die ausländische Zulassung auf die Anwendung bei solchen Tieren beziehen.

34   d) **In einer Apotheke oder von dem Tierarzt hergestellte Arzneimittel (Nr. 4).** Steht auch ein nach Nr. 3 geeignetes Arzneimittel nicht zur Verfügung, so darf der Tierarzt ein in einer Apotheke oder ein nach § 13 Abs. 2 Nr. 3 Buchst. d von ihm hergestelltes Arzneimittel verwenden. Dabei ist der Tierarzt bei der Herstellung und der Zubereitung aus einem Fertigarzneimittel und arzneilich nicht wirksamen Bestandteilen beschränkt. Ob diese Beschränkung auch für die Apotheken gilt (so wohl *Heßhaus/Laber-Probst* in Kügel/Müller/Hofmann § 56a Rn. 26), ist aus dem unklaren Gesetzeswortlaut nicht zwingend zu entnehmen. Auch Art. 1 Nr. 6 der Richtlinie 2004/28/EG fordert dies nicht.

35   **II. Regelungen bei Lebensmittel liefernden Tieren (Absatz 2 Sätze 2, 3).** Für die Behandlung von Tieren, die der Lebensmittelgewinnung dienen (→ § 31 Rn. 11–15), enthalten die Sätze 2 und 3 weitere Regelungen:

36   1. **Anwendung durch den Tierarzt oder unter seiner Aufsicht.** So darf das Arzneimittel nur durch den Tierarzt angewendet oder unter seiner Aufsicht verabreicht werden. Dies bedeutet nicht, dass der Tierarzt ständig persönlich anwesend ist (BT-Drs. 15/4736, 11), die Anwendung der Arzneimittel unterliegt aber der besonderen Verantwortung des Tierarztes. Er muss den Tierhaltern daher konkrete Behandlungsanweisungen einschließlich der Angabe der Wartezeit erteilen und die Anwendung der Arzneimittel laufend kontrollieren (*Heßhaus/Laber-Probst* in Kügel/Müller/Hofmann § 56a Rn. 27).

37   2. **Pharmakologisch wirksame Stoffe der Anlage zur VO (EU) Nr. 37/2010.** Die Arzneimittel dürfen ferner nur pharmakologisch wirksame Stoffe enthalten, die in Tabelle 1 des Anhangs der VO (EU) Nr. 37/2010 (→ § 31 Rn. 10)) aufgeführt sind. Die Vorschrift erweckt den Eindruck einer **statischen Verweisung** und steht damit **im Widerspruch** zu § 59d S. 1 Nr. 2. Diese Vorschrift stellt auf die jeweils neueste und durch Verordnung benannte (→ § 59d Rn. 3) Fassung der Tabelle 1 des Anhangs der VO (EU) Nr. 37/2010 ab und lässt die **Verabreichung** von Arzneimitteln mit Stoffen zu, die in Tabelle 1 in der jeweils neueren Fassung gelistet sind. Für die Anwendung durch den Tierarzt und die Verabreichung unter seiner Aufsicht kann dann eigentlich nichts anderes gelten.

Tierärztliche Verschreibung, Abgabe und Anwendung **§ 56a AMG**

3. **Wartezeit (Satz 2).** Der Tierarzt hat die Wartezeit anzugeben. Nähere An- 38
forderungen sind in § 12a TÄHAV enthalten.

III. Für Einzeltiere oder Tiere eines bestimmten Bestandes hergestellte 39
Arzneimittel (Satz 4). Die Sätze 1–3 (→ Rn. 23–37) gelten auch für Arzneimittel, die nach § 21 Abs. 2 Nr. 4, Abs. 2a (für Einzeltiere oder Tiere eines bestimmten Bestandes) hergestellt wurden. Die Herstellung, die an dieselben Voraussetzungen wie der Therapienotstand anknüpft (§ 21 Abs. 2a S. 1), darf grundsätzlich nur in einer Apotheke erfolgen (§ 21 Abs. 2a S. 2). Etwas anderes gilt den Fällen des § 21 Abs. 2a S. 3 und 4.

D. Abweichende Vorschriften für Equide (Absatz 2a)

Abweichende Vorschriften gelten für Equide (Absatz 2a). Equide sind nach der 40
Richtlinie 90/426/EWG des Rates als Haustiere gehaltene oder frei lebende Einhufer (Pferde, Esel, einschließlich der asiatischen Halbesel, Zebras und ihre Kreuzungen).

E. Verordnungsermächtigung (Absatz 3)

Absatz 3 enthielt ursprünglich Verordnungsermächtigungen zur Festlegung von 41
Anforderungen an die Abgabe und Verschreibung von Arzneimitteln zur Anwendung an Tieren, auch im Hinblick auf die Behandlung (Satz 1 Nr. 1), zur Begründung von Aufbewahrungs- und Nachweispflichten für Tierärzte (Satz 1 Nr. 2 Buchst. a, Sätze 2, 3) und zur Begründung eines Anwendungsvorbehalts für Tierärzte (Satz 1 Nr. 2 Buchst. b). Die **Nachweispflichten** sind in **§ 13 TÄHAV** geregelt. Die Arzneimittel, die dem **Anwendungsvorbehalt** durch den Tierarzt unterliegen, sind in den Anlagen 2 und 3 der **PharmStV**, die auch auf die Ermächtigungsgrundlage des § 56a Abs. 3 gestützt ist (→ Rn. 43), aufgeführt (*Kluge* in Fuhrmann/Klein/Fleischfresser ArzneimittelR-HdB § 38 Rn. 23).

Durch das 16. **AMGÄndG** v. 10.10.2013 (BGBl. I S. 3813) wurde **Absatz 3** 42
vornehmlich aus Gründen der Bekämpfung der Antibiotika-Resistenz wesentlich umgestaltet (BT-Drs. 17/11293, 15, 16):
– geblieben ist **Satz 1 Nr. 1,**
– mit der Ermächtigung in **Satz 1 Nr. 2** wird die Möglichkeit geschaffen, durch präzise Vorgaben die **Therapiefreiheit** des Tierarztes **zu begrenzen** mit dem Zweck, den verantwortungsvollen und zulassungskonformen Umgang mit Antibiotika zu verbessern,
– mit der Ermächtigung in **Satz 1 Nr. 3** wird die Grundlage geschaffen, um ein **Antibiogramm** (Test zur Bestimmung der Empfindlichkeit von Erregern) verbindlich vorzuschreiben,
– der neue **Satz 1 Nr. 4** entspricht im Wesentlichen dem **früheren Satz 1 Nr. 2;** der Verordnungsgeber kann daher wie bisher vorschreiben, dass
  – Tierärzte über die Abgabe, Verschreibung und Anwendung, auch im Hinblick auf die Behandlung, von verschreibungs- und apothekenpflichtigen Arzneimitteln **Nachweise** führen müssen **(Buchst. a)**
  – bestimmte Arzneimittel nur **durch den Tierarzt selbst angewendet** werden dürfen **(Buchst. b);** der Austausch der Ermächtigungsgrundlage hat auf den Fortbestand der entsprechenden Regeln in der PharmStV keinen Einfluss (→ § 6 Rn. 10, 12). Fraglich ist allerdings die Auswirkung auf die Strafvorschrift (§ 96 Nr. 16), die weiterhin auf eine Rechtsverordnung nach § 56a Abs. 3 S. 1 Nr. 2 verweist.
– mit der Ermächtigung in **Satz 1 Nr. 5** wird die Möglichkeit geschaffen, eine **Umwidmung** bestimmter Antibiotika zu **verbieten,** wobei davon ausgegan-

AMG § 56a Neunter Abschnitt. Arzneimittel zur Anwendung bei Tieren

gen wird, dass die notwendige Therapie erkrankter Tiere auch durch andere Antibiotika sichergestellt werden kann,
- mit dem neuen **Satz 2**
  - wird für die Fälle des Satzes 1 Nr. 3 eine Ermächtigung für Regelungen geschaffen, mit denen Anforderungen an die Probenahme, die zu nehmenden Proben, das Verfahren der Untersuchung sowie an die Nachweisführung festgelegt werden können **(Nr. 1)**,
  - wird für die Fälle des Satzes 1 Nr. 4 Buchst. a eine Ermächtigung für eine Regelung **(Nr. 2)**
    - zu Art, Form und Inhalt der Nachweise sowie zur Dauer der Aufbewahrung **(Buchst. a)**,
    - zur Zusammenfassung und Übermittlung der Nachweise **(Buchst. b)** geschaffen.

Bei allen diesen Regelungen hat der Verordnungsgeber ausreichende **Vorkehrungen** für eine notwendige **arzneiliche Versorgung** der Tiere auch bei ansonsten restriktiven Therapievorgaben zu treffen (Satz 3).

F. Anwendungsvorbehalt für den Tierarzt (Absatz 4)

43 Zu den Arzneimitteln, die der Tierarzt dem Tierhalter weder verschreiben noch abgeben, sondern nur selbst anwenden darf (Absatz 4), verweist das Gesetz auf eine Rechtsverordnung nach Absatz 3 Satz 1 Nr. 4 Buchst. b, der den früheren Absatz 3 Satz 1 Nr. 2 abgelöst hat (→ Rn. 42). Die betreffende Rechtsverordnung ist die PharmStV, die seit der Änderungsverordnung vom 16.3.2009 (BGBl. I S. 510) auch auf § 56a Abs. 3 gestützt ist (→ § 6 Rn. 12). Der Bestand der Verordnung wird durch die Änderung der Ermächtigungsgrundlage nicht berührt (→ § 6 Rn. 10). Maßgeblich sind die Anlagen 2 und 3 der **PharmStV** (→ Rn. 41). Es handelt sich um β-Agonisten mit anaboler Wirkung sowie um Testosteron, Progesteron und deren Derivate (*Kluge* in Fuhrmann/Klein/Fleischfresser ArzneimittelR-HdB § 38 Rn. 23 FN 31). Tierhalter dürfen solche Arzneimittel nicht besitzen (§ 57 Abs. 1a).

G. Die Tierarzneimittelanwendungskommission (Absätze 5, 6)

44 **Absatz 5** enthält eine weitere Ermächtigung zum Erlass einer Verordnung zur Schaffung einer Tierarzneimittelanwendungskommission. Die Kommission soll den Stand der veterinärmedizinischen Wissenschaft insbesondere im Bereich der Anwendung von Arzneimitteln bei Tieren aufnehmen und laufend fortschreiben. **Absatz 6** begründet die **gesetzliche Vermutung,** dass eine Übereinstimmung mit den jeweiligen Leitlinien der Kommission einen Rechtfertigungsgrund für Maßnahmen nach Absatz 1 Satz 1 Nr. 4 oder nach § 56 Abs. 5 S. 1 Nr. 3 begründet.

H. Straftaten, Ordnungswidrigkeiten

45 Verstöße gegen die Vorschriften des § 56a sind teils Straftaten und teils Ordnungswidrigkeiten. Insgesamt ist die Gesamtregelung recht unübersichtlich und erschließt sich nicht leicht. Auch hier wird zweckmäßig danach unterschieden, ob sich der Verstoß auf verschreibungspflichtige oder lediglich apothekenpflichtige Arzneimittel bezieht. Zusätzlich muss noch eine Unterscheidung zwischen Lebensmittel liefernden Tieren und anderen Tieren getroffen werden.

46 **I. Verschreibungspflichtige Arzneimittel.** Zu unterscheiden ist zwischen Arzneimitteln, die für Lebensmittel liefernde Tiere und solchen, die (auch) für andere Tiere bestimmt sind.

47 **1. Arzneimittel für Lebensmittel liefernde Tiere.** Für die Arzneimittel, die zur Anwendung bei diesen Tieren bestimmt sind, gilt:

Ausnahmen **§ 56b AMG**

a) Verstoß gegen § 56a Abs. 1 S. 1. Der Verstoß gegen § 56a Abs. 1 S. 1 (Ver- 48
schreiben, Abgeben, → Rn. 4–16) ist bei Vorsatz eine Straftat nach § 95 Abs. 1 Nr. 8
(→ § 95 Rn. 332–346, 352–364), bei Fahrlässigkeit nach § 95 Abs. 4.

b) Verstoß gegen § 56a Abs. 1 S. 1 in Verbindung mit Satz 3. Der Verstoß 49
gegen § 56a Abs. 1 S. 1 in Verbindung mit Satz 3 (Anwenden, → Rn. 19) ist bei
Vorsatz ebenfalls eine Straftat nach § 95 Abs. 1 Nr. 8 (→ § 95 Rn. 349–364), bei
Fahrlässigkeit nach § 95 Abs. 4.

c) Verstoß gegen § 56a Abs. 1 S. 2. Der Verstoß gegen § 56a Abs. 1 S. 2 (wie- 50
derholtes Abgeben oder Verschreiben, → Rn. 17) ist bei Vorsatz ebenfalls eine
Straftat nach § 95 Abs. 1 Nr. 8 (→ § 95 Rn. 347, 348, 352–364), bei Fahrlässigkeit
nach § 95 Abs. 4.

2. Arzneimittel für andere Tiere. Für Arzneimittel, die (auch) für andere 51
Tiere bestimmt sind, gilt:

a) Verstoß gegen § 56a Abs. 1 S. 1 Nr. 1, 2, 3 oder 4. Der vorsätzliche oder 52
fahrlässige Verstoß gegen § 56a Abs. 1 S. 1 Nr. 1, 2, 3 oder 4 (Verschreiben, Abgeben, → Rn. 4–11) ist eine Ordnungswidrigkeit nach § 97 Abs. 2 Nr. 21 Buchst. a.

b) Verstoß gegen § 56a Abs. 1 S. 1 Nr. 1, 2, 3 oder 4 in Verbindung mit 53
Satz 3. Der vorsätzliche oder fahrlässige Verstoß gegen § 56a Abs. 1 S. 1 Nr. 1, 2, 3
oder 4 in Verbindung mit Satz 3 (Anwenden, → Rn. 19) ist ebenfalls eine Ordnungswidrigkeit nach § 97 Abs. 2 Nr. 21 Buchst. a.

II. (Lediglich) apothekenpflichtige Arzneimittel. Für (lediglich) apothe- 54
kenpflichtige Arzneimittel gilt:

1. Verstoß gegen § 56a Abs. 1 S. 1 Nr. 1, 2, 3 oder 4. Der vorsätzliche oder 55
fahrlässige Verstoß gegen § 56a Abs. 1 S. 1 Nr. 1, 2, 3 oder 4 (Verschreiben, Abgeben, → Rn. 52) ist eine Ordnungswidrigkeit nach § 97 Abs. 2 Nr. 21 Buchst. b.

2. Verstoß gegen § 56a Abs. 1 S. 1 Nr. 1, 2, 3 oder 4 in Verbindung mit 56
Satz 3. Der vorsätzliche oder fahrlässige Verstoß gegen § 56a Abs. 1 S. 1 Nr. 1, 2, 3
oder 4 in Verbindung mit Satz 3 (Anwenden, → Rn. 19) ist ebenfalls eine Ordnungswidrigkeit nach § 97 Abs. 2 Nr. 21 Buchst. b.

III. Weitere Straftaten und Ordnungswidrigkeiten. Weitere Bewehrungen 57
des § 56a sind:

1. Verstoß gegen § 56a Abs. 4. Der Verstoß gegen § 56a Abs. 4 ist bei Vorsatz 58
eine Straftat nach § 96 Nr. 15 (→ § 96 Rn. 173–182), bei Fahrlässigkeit eine Ordnungswidrigkeit nach § 97 Abs. 1 Nr. 1.

2. Verstoß gegen eine Rechtsverordnung nach § 56a Abs. 3. Der vorsätz- 59
liche oder fahrlässige Verstoß gegen eine Rechtsverordnung nach § 56a Abs. 3 ist
eine Ordnungswidrigkeit nach § 97 Abs. 2 Nr. 31 (zu diesem Blankett → § 97
Rn. 20).

§ 56b Ausnahmen

Das Bundesministerium für Ernährung und Landwirtschaft wird er-
mächtigt, im Einvernehmen mit dem Bundesministerium durch Rechts-
verordnung mit Zustimmung des Bundesrates Ausnahmen von § 56a zu-
zulassen, soweit die notwendige arzneiliche Versorgung der Tiere sonst
ernstlich gefährdet wäre.

Die Vorschrift soll die notwendige Flexibilität herstellen. Es soll vermieden wer- 1
den, dass die zwingenden Regeln des § 56a in Sondersituationen eine ordnungsgemäße arzneiliche Versorgung von Tieren ernsthaft gefährden.

AMG § 57 Neunter Abschnitt. Arzneimittel zur Anwendung bei Tieren

2 Von der Ermächtigung hat das zuständige Bundesministerium bisher mit einer Verordnung (AMG-Blauzungenkrankheit-Ausnahmeverordnung v. 7.4.2008 (BGBl. I S. 721)) Gebrauch gemacht.

§ 57 Erwerb und Besitz durch Tierhalter, Nachweise

(1) ¹Der Tierhalter darf Arzneimittel, die zum Verkehr außerhalb der Apotheken nicht freigegeben sind, zur Anwendung bei Tieren nur in Apotheken, bei dem den Tierbestand behandelnden Tierarzt oder in den Fällen des § 56 Abs. 1 bei Herstellern erwerben. ²Andere Personen, die in § 47 Abs. 1 nicht genannt sind, dürfen solche Arzneimittel nur in Apotheken erwerben. ³Satz 1 gilt nicht für Arzneimittel im Sinne des § 43 Abs. 4 Satz 3. ⁴Die Sätze 1 und 2 gelten nicht, soweit Arzneimittel, die ausschließlich zur Anwendung bei Tieren, die nicht der Gewinnung von Lebensmitteln dienen, zugelassen sind,
a) vom Tierhalter im Wege des Versandes nach § 43 Absatz 5 Satz 3 oder 4 oder
b) von anderen Personen, die in § 47 Absatz 1 nicht genannt sind, im Wege des Versandes nach § 43 Absatz 5 Satz 3

oder nach § 73 Absatz 1 Nummer 1a erworben werden.⁵Abweichend von Satz 1 darf der Tierhalter Arzneimittel-Vormischungen nicht erwerben.

(1 a) ¹Tierhalter dürfen Arzneimittel, bei denen durch Rechtsverordnung vorgeschrieben ist, dass sie nur durch den Tierarzt selbst angewendet werden dürfen, nicht im Besitz haben. ²Dies gilt nicht, wenn die Arzneimittel für einen anderen Zweck als zur Anwendung bei Tieren bestimmt sind oder der Besitz nach der Richtlinie 96/22/EG des Rates vom 29. April 1996 über das Verbot der Verwendung bestimmter Stoffe mit hormonaler beziehungsweise thyreostatischer Wirkung und von ß-Agonisten in der tierischen Erzeugung und zur Aufhebung der Richtlinien 81/602/EWG, 88/146/EWG und 88/299/EWG (ABl. EG Nr. L 125 S. 3) erlaubt ist.

(2) ¹Das Bundesministerium für Ernährung und Landwirtschaft wird ermächtigt, im Einvernehmen mit dem Bundesministerium durch Rechtsverordnung mit Zustimmung des Bundesrates vorzuschreiben, dass
1. Betriebe oder Personen, die Tiere halten, die der Gewinnung von Lebensmitteln dienen, und diese oder von diesen stammende Erzeugnisse in Verkehr bringen, und
2. andere Personen, die in § 47 Absatz 1 nicht genannt sind,

Nachweise über den Erwerb, die Aufbewahrung und den Verbleib der Arzneimittel und Register oder Nachweise über die Anwendung der Arzneimittel zu führen haben, soweit es geboten ist, um eine ordnungsgemäße Anwendung von Arzneimitteln zu gewährleisten und sofern es sich um Betriebe oder Personen nach Nummer 1 handelt, dies zur Durchführung von Rechtsakten der Europäischen Gemeinschaft und der Europäischen Union auf diesem Gebiet erforderlich ist. ²In der Rechtsverordnung können Art, Form und Inhalt der Register und Nachweise sowie die Dauer ihrer Aufbewahrung geregelt werden. ³In der Rechtsverordnung kann ferner vorgeschrieben werden, dass Nachweise auf Anordnung der zuständigen Behörde nach deren Vorgaben vom Tierhalter zusammenzufassen und ihr zur Verfügung gestellt werden, soweit dies zur Sicherung einer ausreichenden Überwachung im Zusammenhang mit der Anwendung von Arzneimitteln bei Tieren, die der Gewinnung von Lebensmitteln dienen, erforderlich ist.

(3) ¹Das **Bundesministerium für Ernährung und Landwirtschaft** wird **ermächtigt**, im Einvernehmen mit dem Bundesministerium durch Rechtsverordnung mit Zustimmung des Bundesrates vorzuschreiben, dass Betriebe oder Personen, die
1. Tiere in einem Tierheim oder in einer ähnlichen Einrichtung halten, oder
2. gewerbsmäßig Wirbeltiere, ausgenommen Tiere, die der Gewinnung von Lebensmitteln dienen, züchten oder halten oder vorübergehend für andere Betriebe oder Personen betreuen,

Nachweise über den Erwerb verschreibungspflichtiger Arzneimittel zu führen haben, die für die Behandlung der in den Nummern 1 und 2 bezeichneten Tiere erworben worden sind. ²In der Rechtsverordnung können Art, Form und Inhalt der Nachweise sowie die Dauer ihrer Aufbewahrung geregelt werden.

Übersicht

	Rn.
A. Inhalt und Zweck	1
B. Erwerb von Arzneimitteln zur Anwendung bei Tieren (Absatz 1)	3
I. Erwerb durch den Tierhalter (Sätze 1, 3–5)	3
1. Arzneimittel	5
2. Zur Anwendung bei Tieren	6
3. Tierhalter	7
4. Erwerb	11
5. Bezugsquellen	12
a) Erwerb in der Apotheke	13
b) Erwerb bei dem behandelnden Tierarzt	14
c) Erwerb von Fütterungsarzneimitteln beim Hersteller	17
II. Erwerb durch andere nicht in § 47 Abs. 1 genannte Personen (Satz 2)	18
1. Apothekenpflichtige Arzneimittel	19
2. Andere in § 47 Abs. 1 nicht genannte Personen	20
III. Arzneimittel zur Durchführung tierseuchenrechtlicher Maßnahmen (Satz 3)	22
IV. Erwerb im Wege des Versandes (Satz 4)	23
1. Erwerb durch den Tierhalter	24
2. Erwerb durch andere Personen	25
V. Kein Erwerb von Arzneimittel-Vormischungen (Satz 5)	26
C. Verbot des Besitzes von Arzneimitteln durch Tierhalter (Absatz 1a)	27
D. Verordnungsermächtigung	29
E. Verordnungsermächtigung	30
F. Straftat, Ordnungswidrigkeiten	31

A. Inhalt und Zweck

§ 57 regelt in **Absatz 1** den **Erwerb** von apothekenpflichtigen Arzneimitteln durch den Tierhalter oder im Falle des Absatzes 1 Satz 2 auch durch andere Personen. In diesen Fällen dürfen der Tierhalter oder die anderen Personen die Arzneimittel auch **besitzen.** Nach **Absatz 1a** gilt dies aber **nicht** für Arzneimittel, bei denen durch Rechtsverordnung vorgeschrieben ist, dass sie nur durch den Tierarzt selbst angewendet werden dürfen. **Absatz 2** enthält eine Verordnungsermächtigung. Eine weitere Verordnungsermächtigung enthält der durch das 16. AMGÄndG v. 10.10.2013 (BGBl. I S. 3813) eingefügte **Absatz 3**. 1

§ 57 **begrenzt** damit die **Bezugsquellen,** aus denen sich der Tierhalter oder andere Personen mit apothekenpflichtigen Arzneimitteln versorgen können. Zweck dieser Beschränkung ist es, durch die Kanalisierung der Bezugswege den Verkehr 2 mit Tierarzneimitteln besser überwachen zu können und die Eindeckung über den sogenannten grauen Markt unter Kontrolle zu bringen (BayObLG NStZ 1987, 179; *Sandrock/Nawroth* in Dieners/Reese PharmaR-HdB § 9 Rn. 68).

B. Erwerb von Arzneimitteln zur Anwendung bei Tieren (Absatz 1)

3   **I. Erwerb durch den Tierhalter (Sätze 1, 3–5).** Nach Satz 1 kann der Tierhalter apothekenpflichtige Arzneimittel zur Anwendung bei Tieren
– in der Apotheke,
– bei dem behandelnden Tierarzt oder,
– soweit es sich um Fütterungsarzneimittel handelt und eine Verschreibung eines Tierarztes vorliegt, bei dem Hersteller
erwerben.

4   Arzneimittel, die **ausschließlich** zur Anwendung bei Tieren zugelassen sind, die **nicht** der Gewinnung von Lebensmitteln dienen, darf der Tierhalter nach **Satz 4** auch im Wege des **Versandes** erwerben (→ Rn. 23, 24).

5   **1. Arzneimittel.** Die Vorschrift gilt für alle apothekenpflichtigen Arzneimittel. Zum Erwerb im Wege des Versandes oder der Versendung → Rn. 4.

6   **2. Zur Anwendung bei Tieren.** Zweck des Erwerbs des Arzneimittels muss die Anwendung bei Tieren sein. Die Vorschrift gilt danach **nicht nur für Tierarzneimittel,** sondern auch für Humanarzneimittel, die bei Tieren angewendet werden sollen (→ § 31 Rn. 11). Nicht erfasst wird die Anwendung von Tierarzneimitteln bei Menschen, etwa als Dopingmittel (s. *Körner,* 6. Aufl. 2007, AMG § 95 Rn. 175).

7   **3. Tierhalter.** Tierhalter ist, wer die Bestimmungsmacht über das Tier hat, aus eigenem Interesse für die Kosten des Tieres aufkommt, den allgemeinen Wert und Nutzen des Tieres für sich in Anspruch nimmt und das wirtschaftliche Risiko seines Verlustes trägt (BGH NJW-RR 1988, 655; *Freund* in MüKoStGB §§ 56–61 Rn. 11). Entscheidend sind die **tatsächlichen,** nicht die rechtlichen Verhältnisse; auf Eigentum oder auch nur Eigenbesitz kommt es für die Haltereigenschaft daher nicht an (BGH NJW-RR 1990, 789; *Heßhaus/Laber-Probst* in Kügel/Müller/Hofmann § 56 Rn. 7).

8   Bei der **Überlassung eines Tieres,** etwa an einen Mieter, Pächter oder Entleiher, bleibt grundsätzlich der Überlassende Tierhalter (BGH NJW-RR 1988, 655; OLG Hamm NZV 2007, 143). Etwas anderes kommt bei langfristiger Aufgabe der Nutzung durch den ursprünglichen Halter und Nutzung und Unterhaltung durch einen anderen in dessen eigenem Interesse, etwa bei Vermietung eines Reit- oder Dressurpferdes (BGH NJW-RR 1988, 655), in Betracht. Eine Reitbeteiligung steht dem nicht gleich (OLG Schleswig OLGR 2007, 768).

9   Ein **Entlaufen des Tieres** lässt die Haltereigenschaft nicht entfallen, solange nicht ein anderer das Tier aufnimmt und dadurch Halter wird (BGH NJW 1965, 2397; VersR 1978, 515).

10   Bei **Minderjährigen** ist die strafrechtliche Verantwortlichkeit nach § 3 JGG entscheidend (*Freund* in MüKoStGB §§ 56–61 Rn. 12).

11   **4. Erwerb.** Für den Begriff kann auf das Betäubungsmittelrecht (→ BtMG § 29 Rn. 1197–1215) zurückgegriffen werden (BayObLG NStZ 1987, 179). Es ist daher insbesondere erforderlich, dass der Tierhalter die tatsächliche Verfügungsgewalt über das Arzneimittel erlangt. Dies ist nicht gegeben, wenn er es unmittelbar durch einen Dritten, der es selbst beschafft hat, dem Tier verabreichen lässt (BayObLG NStZ 1987, 179). Anders als im Betäubungsmittelrecht ist eine Erweiterung des Kreises (→ BtMG § 29 Rn. 1214, 1215) nicht erforderlich (→ § 4 Rn. 71).

5. Bezugsquellen. Für die einzelnen Bezugsquellen gilt: 12

a) Erwerb in der Apotheke. Die Regelung korrespondiert der Abgabevorschrift des § 43 Abs. 5 S. 1. Handelt es sich um verschreibungspflichtige Arzneimittel, muss ferner eine tierärztliche Verschreibung vorliegen (§§ 48, 56 a). Da der Tierhalter die Arzneimittel erwerben darf, darf er sie auch **besitzen,** soweit nicht das Besitzverbot des Absatzes 1 a eingreift. Zum Erwerb im Wege des **Versandes** → Rn. 4. 13

b) Erwerb bei dem behandelnden Tierarzt. Der Erwerb bei dem behandelnden Tierarzt entspricht dem Dispensierrecht des Tierarztes (§ 43 Abs. 4; § 56 a). Der Tierbestand kann auch ein **Einzeltier** sein (s. *Rehmann* § 57 Rn. 1). Auch die nach dieser Vorschrift erworbenen Arzneimittel darf der Tierhalter **besitzen,** soweit nicht das Besitzverbot des Absatzes 1 a eingreift. 14

Der Erwerb ist nur dann zulässig, wenn der Tierarzt das Tier oder die Tiere **behandelt.** Zum Begriff der Behandlung → § 43 Rn. 75. Ob eine Behandlung vorliegt, wird auch dem Tierhalter in aller Regel bekannt sein. 15

Der Tierarzt darf die Arzneimittel nur **im Rahmen des Betriebs** einer **tierärztlichen Hausapotheke** abgeben (→ § 43 Rn. 77). Von dem Tierhalter kann nicht erwartet werden, dass er diese Voraussetzung des tierärztlichen Dispensierrechts überprüft. Zum Erwerb im Wege der **Versendung** → Rn. 4. 16

c) Erwerb von Fütterungsarzneimitteln beim Hersteller. Fütterungsarzneimittel darf der Tierhalter unmittelbar beim Hersteller erwerben (§ 56 Abs. 1). 17

II. Erwerb durch andere, nicht in § 47 Abs. 1 genannte Personen (Satz 2). Andere Personen, die keine Tierhalter sind und nicht zum Kreis der in § 47 Abs. 1 genannten Personen gehören (→ Rn. 20), etwa Tierheilpraktiker (*Heßhaus/Laber-Probst* in Kügel/Müller/Hofmann § 59 a Rn. 6), dürfen die in Satz 1 genannten Arzneimittel zur Anwendung bei Tieren (→ Rn. 6) nur **in Apotheken** erwerben (zum Versand → Rn. 25). 18

1. Apothekenpflichtige Arzneimittel. Die Regelung gilt klarstellend (*Pfohl* in Erbs/Kohlhaas AMG § 57 Rn. 4; *Heßhaus/Laber-Probst* in Kügel/Müller/Hofmann § 67 Rn. 3) nur für apothekenpflichtige Arzneimittel; für verschreibungspflichtige gilt dies ohnehin (s. *Kluge* in Fuhrmann/Klein/Fleischfresser ArzneimittelR-HdB § 38 Rn. 30). 19

2. Andere in § 47 Abs. 1 nicht genannte Personen. Dies sind solche Personen, die 20
– weder Tierhalter sind,
– noch zum Kreis der in § 47 Abs. 1 genannten Personen gehören.

Nach **dem Wortlaut** der Vorschrift kommt es allein darauf an, dass die anderen Personen nicht in § 47 Abs. 1 genannt sind. Nicht mit miteinbezogen sind die **weiteren Voraussetzungen,** unter denen diese Personen direkt beliefert werden können, etwa im Falle des § 47 Abs. 1 Nr. 6 der Tierarzt nur im Rahmen des Betriebs einer tierärztlichen Hausapotheke und nur mit Fertigarzneimitteln. Auch wenn diese Personen außerhalb dieser Beschränkungen handeln, gilt § 57 Abs. 1 S. 2 daher nicht. Anzuwenden sind die sonst für den Erwerb durch diese Personen maßgeblichen Bestimmungen, namentlich § 47 Abs. 2 S. 1. 21

III. Arzneimittel zur Durchführung tierseuchenrechtlicher Maßnahmen (Satz 3). Eine zu weit geratene Regelung enthält Satz 3. Mit ihr wird ersichtlich davon ausgegangen, dass der Tierhalter die entsprechenden Präparate bei den Veterinärbehörden erwirbt (*Heßhaus/Laber-Probst* in Kügel/Müller/Hofmann § 57 Rn. 4). Die Vorschrift geht darüber jedoch weit hinaus, indem sie die Tierhalter (anders als der neue Satz 4) bei solchen Arzneimitteln generell von der Pflicht freistellt, einen bestimmten Bezugsweg einzuhalten. 22

23 **IV. Erwerb im Wege des Versandes (Satz 4).** Regelungen zum Erwerb im Wege des Versandes enthält der durch Gesetz v. 25.5.2011 (BGBl. I S. 946) eingefügte neue Satz 4.

24 **1. Erwerb durch den Tierhalter.** Danach kann der Tierhalter Arzneimittel, die **ausschließlich** zur Anwendung bei Tieren zugelassen sind, die **nicht** der Gewinnung von Lebensmitteln dienen, im Wege des Versandes von einer dazu **zugelassenen Apotheke** oder unter engeren Voraussetzungen im Wege der Versendung auch **vom Tierarzt** erwerben (Buchst. a). Die Vorschrift korrespondiert den Regelungen des § 43 Abs. 5 S. 3 und 4. Auf → § 43 Rn. 85–87 wird verwiesen. Nach Satz 4 Hs. 2 kann der Versand unter den Voraussetzungen des § 73 Abs. 1 Nr. 1a auch aus der Apotheke eines anderen EU-Mitgliedstaats oder Vertragsstaats des EWR erfolgen (→ § 73 Rn. 8).

25 **2. Erwerb durch andere Personen.** Auch andere Personen, die in § 47 Abs. 1 nicht genannt sind, können die in → Rn. 24 genannten Arzneimittel im Wege des Versandes erwerben, allerdings nur in der Apotheke (Buchst. b). Die Vorschrift korrespondiert § 43 Abs. 5 S. 3. Auf → § 43 Rn. 85 wird verwiesen. Der Versand kann auch hier aus der Apotheke eines anderen EU-Mitgliedstaats oder Vertragsstaats des EWR erfolgen, sofern die Voraussetzungen des § 73 Abs. 1 Nr. 1a vorliegen (→ § 73 Rn. 8).

26 **V. Kein Erwerb von Arzneimittel-Vormischungen (Satz 5).** Arzneimittel-Vormischungen (→ § 56a Rn. 18) darf der Tierhalter auch bei den in Satz 1 genannten Bezugsquellen nicht erwerben. Zum Verbot des Erwerbs von **Rohstoffen** durch den Tierhalter s. § 59a Abs. 1 S. 2, Abs. 2 S. 2.

C. Verbot des Besitzes von Arzneimitteln durch Tierhalter (Absatz 1a)

27 Die Vorschrift korrespondiert § 56a Abs. 4, wonach der Tierarzt Arzneimittel, deren Anwendung auf Grund einer Rechtsverordnung nach § 56a Abs. 3 S. 1 Nr. 2 ihm vorbehalten ist, dem Tierhalter weder verschreiben noch abgeben darf. Nach **Absatz 1a** dürfen solche Arzneimittel durch den Tierhalter **auch nicht besessen** werden **(Satz 1).** Zum Begriff des Besitzes → BtMG § 29 Rn. 1324–1371. Die Bestimmung dieser Arzneimittel ist in der PharmStV enthalten (→ § 56a Rn. 41). Durch die Änderung der Ermächtigungsgrundlage durch das 16. AMGÄndG (→ § 56a Rn. 42) wird der Bestand dieser Verordnung nicht berührt (→ § 56a Rn. 43).

28 Das Verbot gilt nicht, wenn die Arzneimittel für einen **anderen Zweck** als zur Anwendung bei Tieren bestimmt sind **(Satz 2 Alt. 1).** Es gilt ferner nicht, wenn der Besitz auf Grund der Richtlinie 96/22 EG v. 29.4.1996 (ABl. L 125, S. 3) erlaubt ist **(Satz 2 Alt. 2).**

D. Verordnungsermächtigung (Absatz 2)

29 Absatz 2 enthält eine Verordnungsermächtigung, von der die zuständigen Bundesministerien durch die **THAMNV** v. 17.7.2015 (BGBl. I S. 1380) Gebrauch gemacht haben.

E. Verordnungsermächtigung (Absatz 3)

30 Durch das 16. AMGÄndG (→ Rn. 1) wurde eine weitere Verordnungsermächtigung (Absatz 3) eingeführt, die sich auf Betriebe oder Personen beziehen, die Tiere in einem Tierheim oder in einer ähnlichen Einrichtung halten oder die gewerbsmäßig Wirbeltiere, ausgenommen Tiere, die der Gewinnung von Lebensmitteln dienen, züchten, halten oder vorübergehend für andere Betriebe oder Personen betreuen. Sie sollen verpflichtet werden können, Nachweise über den Erwerb verschreibungspflichtiger Arzneimittel zu führen, damit die zuständigen Behörden nachvollziehen können, ob die Anwendung dieser Arzneimittel auf den Tierarzt zurückgeht, der das Tier kennt und behandelt. Auch hiervon wurde in der **THAMNV** Gebrauch gemacht.

F. Straftat, Ordnungswidrigkeiten

Der **Verstoß gegen § 57 Abs. 1** ist, soweit er sich auf **verschreibungspflich-** 31 **tige** Arzneimittel bezieht, bei Vorsatz eine Straftat nach § 95 Abs. 1 Nr. 9 (→ § 95 Rn. 365–387), bei Fahrlässigkeit eine Straftat nach § 95 Abs. 4. Ist das Arzneimittel lediglich **apothekenpflichtig,** liegt bei einem vorsätzlichen oder fahrlässigen Verstoß eine Ordnungswidrigkeit nach § 97 Abs. 2 Nr. 22 vor.

Der **Verstoß gegen § 57 Abs. 1a** ist bei Vorsatz eine Straftat nach § 96 Nr. 16 32 (→ § 96 Rn. 183–192), bei Fahrlässigkeit eine Ordnungswidrigkeit nach § 97 Abs. 1 Nr. 1.

§ 57a Anwendung durch Tierhalter

Tierhalter und andere Personen, die nicht Tierärzte sind, dürfen verschreibungspflichtige Arzneimittel bei Tieren nur anwenden, soweit die Arzneimittel von dem Tierarzt verschrieben oder abgegeben worden sind, bei dem sich die Tiere in Behandlung befinden.

Übersicht

		Rn.
A.	Zweck	1
B.	Adressat	2
C.	Arzneimittel	3
D.	Anwenden	4
E.	Behandelnder Tierarzt	5
F.	Ordnungswidrigkeit	6

A. Zweck

Die durch das 15. AMGÄndG v. 25.5.2011 (BGBl. I S. 946) eingefügte Vor- 1 schrift soll im Interesse des Tierschutzes, der Tiergesundheit und der Wahrung der Arzneimittelsicherheit der **eigeninitiativen Selbstmedikation** von Tieren durch den Tierhalter und andere **entgegenwirken,** wenn diese ohne tierärztliche Konsultation in den Besitz solcher Arzneimittel gelangt sind (BT-Drs. 17/4720, 7).

B. Adressat

Die Vorschrift wendet sich nicht nur an den Tierhalter, sondern an jedermann 2 (BT-Drs. 17/4720, 7).

C. Arzneimittel

Die Vorschrift gilt für alle verschreibungspflichtigen Tier- oder Humanarznei- 3 mittel, die bei einem Tier angewendet werden (→ § 4 Rn. 28). Es kommt auch nicht darauf an, ob es sich um ein Lebensmittel lieferndes Tier (→ § 31 Rn. 12–15) handelt (BT-Drs. 17/4720, 7).

AMG § 58 Neunter Abschnitt. Arzneimittel zur Anwendung bei Tieren

D. Anwenden

4 Die Vorschrift wendet sich an den Tierhalter (→ § 57 Rn. 7–10) und andere Personen, die keine Tierärzte sind. Das Anwenden wird daher im Wesentlichen in einem **Verabreichen** (→ § 2 Rn. 61) bestehen (→ § 56a Rn. 21).

E. Behandelnder Tierarzt

5 Die Arzneimittel müssen von dem Tierarzt verschrieben oder abgegeben worden sein, bei dem sich die Tiere in Behandlung befinden. Auch die Verschreibung muss daher durch den behandelnden Tierarzt erfolgt sein. Zur Behandlung → § 43 Rn. 75.

F. Ordnungswidrigkeit

6 Der vorsätzliche oder fahrlässige Verstoß gegen § 57a ist eine Ordnungswidrigkeit nach § 97 Abs. 2 Nr. 22a.

§ 58 Anwendung bei Tieren, die der Gewinnung von Lebensmitteln dienen

(1) ¹Zusätzlich zu der Anforderung des § 57a dürfen Tierhalter und andere Personen, die nicht Tierärzte sind, verschreibungspflichtige Arzneimittel oder andere vom Tierarzt verschriebene oder erworbene Arzneimittel bei Tieren, die der Gewinnung von Lebensmitteln dienen, vorbehaltlich einer Maßnahme der zuständigen Behörde nach § 58d Absatz 3 Satz 2 Nummer 2 nur nach einer tierärztlichen Behandlungsanweisung für den betreffenden Fall anwenden. ²Nicht verschreibungspflichtige Arzneimittel, die nicht für den Verkehr außerhalb der Apotheken freigegeben sind und deren Anwendung nicht auf Grund einer tierärztlichen Behandlungsanweisung erfolgt, dürfen nur angewendet werden,

1. wenn sie zugelassen sind oder in den Anwendungsbereich einer Rechtsverordnung nach § 36 oder § 39 Abs. 3 Satz 1 Nr. 2 fallen oder sie nach § 38 Abs. 1 in den Verkehr gebracht werden dürfen,
2. für die in der Kennzeichnung oder Packungsbeilage der Arzneimittel bezeichneten Tierarten und Anwendungsgebiete und
3. in einer Menge, die nach Dosierung und Anwendungsdauer der Kennzeichnung des Arzneimittels entspricht.

³Abweichend von Satz 2 dürfen Arzneimittel im Sinne des § 43 Abs. 4 Satz 3 nur nach der veterinärbehördlichen Anweisung nach § 43 Abs. 4 Satz 4 angewendet werden.

(2) Das Bundesministerium für Ernährung und Landwirtschaft wird ermächtigt, im Einvernehmen mit dem Bundesministerium durch Rechtsverordnung mit Zustimmung des Bundesrates zu verbieten, dass Arzneimittel, die zur Anwendung bei Tieren bestimmt sind, die der Gewinnung von Lebensmitteln dienen, für bestimmte Anwendungsgebiete oder -bereiche in den Verkehr gebracht oder zu diesen Zwecken angewendet werden, soweit es geboten ist, um eine mittelbare Gefährdung der Gesundheit des Menschen zu verhüten.

(3) Das Bundesministerium für Ernährung und Landwirtschaft wird ermächtigt, im Einvernehmen mit dem Bundesministerium durch Rechtsverordnung mit Zustimmung des Bundesrates Einzelheiten zu technischen Anlagen für die orale Anwendung von Arzneimitteln bei Tieren, die Instandhaltung und Reinigung dieser Anlagen und zu Sorgfaltspflichten

Anwendung bei Tieren, die der Gewinnung von Lebensmitteln dienen § 58 AMG

des Tierhalters festzulegen, um eine Verschleppung antimikrobiell wirksamer Stoffe zu vermindern.

Übersicht

	Rn.
A. Inhalt	1
B. Anwendung der Arzneimittel (Absatz 1)	3
I. Zusätzlich zu der Anforderung des § 57a	3
II. Verschreibungspflichtige oder andere vom Tierarzt verschriebene oder erworbene Arzneimittel (Satz 1)	5
III. Apothekenpflichtige Arzneimittel (Sätze 2, 3)	10
C. Verordnungsermächtigung (Absatz 2)	12
D. Weitere Verordnungsermächtigung (Absatz 3)	13
E. Straftat, Ordnungswidrigkeiten	14

A. Inhalt

Die Vorschrift stellt für den Halter von Tieren, die der Lebensmittelgewinnung 1 dienen (→ § 31 Rn. 11–15), über § 57a hinausgehende Anforderungen bei der **Anwendung** von Arzneimitteln auf. Um zu vermeiden, dass solche Arzneimittel in die Nahrungskette des Menschen gelangen, soll damit sichergestellt werden, dass die Arzneimittel nur so angewendet werden, wie der Tierarzt dies im konkreten Fall angeordnet hat; auch soll vermieden werden, dass die Arzneimittel auf Grund einer bloßen Entscheidung des Tierhalters oder sonstiger Personen angewendet werden (*Volkmer* in Körner/Patzak/Volkmer AMG § 95 Rn. 307). Die Vorschrift gilt daher auch für andere Personen, die nicht Tierärzte sind.

Die Voraussetzungen für die **Verschreibung** oder **Abgabe** durch den **Tierarzt** 2 sind in § 56a enthalten.

B. Anwendung der Arzneimittel (Absatz 1)

I. Zusätzlich zu der Anforderung des § 57a. Dieser Einschub wurde durch 3 das 15. AMGÄndG v. 25.5.2011 (BGBl. I S. 946) eingefügt. Nach seinem Wortlaut ist „die Anforderung des § 57a" damit zum Tatbestandsmerkmal des § 58 Abs. 1 geworden. Dies würde auch Sinn machen, weil damit eine unterschiedliche Behandlung der Nichteinschaltung eines Tierarztes (Ordnungswidrigkeit nach § 97 Abs. 2 Nr. 22a) und der Abweichung von einer Behandlungsanweisung (Straftat nach § 95 Abs. 1 Nr. 9) vermieden wird.

Ob dies allerdings gewollt war, erscheint zweifelhaft, weil der Einschub nach der 4 Gesetzesbegründung (BT-Drs. 17/4720, 7) deswegen erfolgt ist, weil „aus Gründen der Rechtsklarheit" eine Anpassung des § 58 Abs. 1 angezeigt sei. Wenn der Einschub (nur) der Rechtsklarheit dienen sollte, wäre eine Erweiterung des Umfangs der Strafbarkeit damit nicht verbunden. In der Praxis würde dies allerdings dadurch abgemildert, dass es in den Fällen der Selbstmedikation regelmäßig an einer tierärztlichen Behandlungsanweisung für den konkreten Anwendungsfall (§ 58 Abs. 1 S. 1) fehlen wird.

II. Verschreibungspflichtige oder andere vom Tierarzt verschriebene 5 **oder erworbene Arzneimittel (Satz 1).** Solche Arzneimittel dürfen der Tierhalter oder andere Personen, die nicht Tierärzte sind, bei Tieren, die der Gewinnung von Lebensmitteln dienen (→ § 31 Rn. 11–15), nur nach einer tierärztlichen Behandlungsanweisung für den betreffenden Fall **anwenden.** Die Vorschrift bezieht sich damit nicht nur auf verschreibungspflichtige, sondern auch auf apothekenpflichtige oder freiverkäufliche Arzneimittel, die der Tierarzt verschrieben hat oder die der Tierhalter von ihm erworben hat. Sie gilt ferner nicht nur für **Tierarznei-**

mittel, sondern auch für **Humanarzneimittel,** die bei Tieren angewendet werden (→ § 4 Rn. 28).

6   Der Tierhalter oder die sonstigen Personen haben sich strikt an die vom Tierarzt vorgeschriebene Dosierung und dessen sonstige Anweisungen **zu halten** (*Freund* in MüKoStGB §§ 56–61 Rn. 19). Die Behandlungsanweisung hat insofern **Vorrang** vor den Hinweisen der Packungsbeilage (*Kluge* in Fuhrmann/Klein/Fleischfresser ArzneimittelR-HdB § 38 Rn. 31).

7   Die **Behandlungsanweisung** muss sich auf den **betreffenden Fall,** und damit auf den konkreten Anwendungsfall beziehen. Ist das Arzneimittel dabei **nicht verbraucht** worden, darf der Tierhalter es **nicht** in einem anderen Fall verwenden. Allerdings kann der Tierarzt bei Vorliegen einer entsprechenden Indikation und sofern keine Anhaltspunkte dafür vorliegen, dass die Arzneimittelqualität beeinträchtigt ist, auf das nicht verbrauchte Arzneimittel zurückgreifen. Dazu hat er aber eine neue Behandlungsanweisung zu erstellen (*Kluge* in Fuhrmann/Klein/Fleischfresser ArzneimittelR-HdB § 38 Rn. 31).

8   Eine bestimmte **Form** der Behandlungsanweisung wird in § 58 Abs. 1 S. 1 **nicht vorgeschrieben** (s. *Kluge* in Fuhrmann/Klein/Fleischfresser ArzneimittelR-HdB § 38 Rn. 31). Die TÄHAV hat aber in Form von Nachweisen, die dem Tierhalter auszuhändigen oder als elektronisches Dokument zu übermitteln sind (§ 13 Abs. 1 S. 4), die Schriftform oder elektronische Form vorgesehen.

9   Auch für den **Inhalt** der Behandlungsanweisung enthält das Gesetz **keine Vorschriften.** § 13 Abs. 1 S. 2, 3 TÄHAV schreibt eine Vielzahl von Angaben vor. Von besonderer Bedeutung ist die in § 12a TÄHAV enthaltene Pflicht zum Hinweis auf die Wartezeit.

10 **III. Apothekenpflichtige Arzneimittel (Sätze 2, 3).** Liegt eine Behandlungsanweisung durch den Tierarzt vor, so ist allein diese auch dann maßgeblich, wenn es sich um apothekenpflichtige Arzneimittel handelt (→ Rn. 5). Liegt eine tierärztliche Behandlungsanweisung **nicht vor,** so ist die Anwendung nur zulässig, wenn das Arzneimittel
– zugelassen oder sonst verkehrsfähig ist **(Satz 2 Nr. 1),**
– nach seiner Kennzeichnung oder der Packungsbeilage für die Tierart und das Anwendungsgebiet bestimmt ist, für die es Verwendung finden soll **(Satz 2 Nr. 2), und**
– die Mengen- und Dosierungsvorschriften sowie die in der Kennzeichnung angegebene Anwendungsdauer beachtet werden **(Satz 2 Nr. 3).**

11 Bei Arzneimitteln, die zur Durchführung **tierseuchenrechtlicher** Maßnahmen bestimmt und nicht verschreibungspflichtig sind, hat sich der Tierhalter bei der Anwendung allein nach den veterinärbehördlichen Anweisungen zu richten **(Satz 3)**

C. Verordnungsermächtigung (Absatz 2)

12 Absatz 2 enthält eine Verordnungsermächtigung. Von ihr wurde bisher noch kein Gebrauch gemacht (*Kluge* in Fuhrmann/Klein/Fleischfresser ArzneimittelR-HdB § 38 Rn. 31).

D. Weitere Verordnungsermächtigung (Absatz 3)

13 Durch 16. AMGÄndG v. 10.10.2013 (BGBl. I S. 3813) wurde eine weitere Verordnungsermächtigung (Absatz 3) in das Gesetz aufgenommen, mit der Einzelheiten zur oralen Anwendung von Arzneimitteln bei Tieren geregelt werden können, um so das Risiko einer unkontrollierten Verbreitung antimikrobiell wirksamer Stoffe zu verringern. Von der Ermächtigung wurde in der **THAMNV** Gebrauch gemacht.

Klinische-/Rückstandsprüfung b. Lebensmittel liefernden Tieren §59 AMG

E. Straftaten und Ordnungswidrigkeiten

Der vorsätzliche **Verstoß gegen § 58 Abs. 1 S. 1** ist eine Straftat nach § 95 Abs. 1 Nr. 10 (→ § 95 Rn. 388–407), soweit er sich auf die Anwendung verschreibungspflichtiger Arzneimittel bei Lebensmittel liefernden Tieren bezieht. Bei Fahrlässigkeit liegt eine Straftat nach § 95 Abs. 4 vor. 14

Der vorsätzliche oder fahrlässige **Verstoß gegen § 58 Abs. 1 S. 2 oder 3** ist eine Ordnungswidrigkeit nach § 97 Abs. 2 Nr. 23, soweit er sich auf die Anwendung von apothekenpflichtigen Arzneimitteln bei Lebensmittel liefernden Tieren bezieht. 15

---

§ 59 Klinische Prüfung und Rückstandsprüfung bei Tieren, die der Gewinnung von Lebensmitteln dienen

(1) Ein Arzneimittel im Sinne des § 2 Abs. 1 oder Abs. 2 Nr. 1 darf abweichend von § 56a Abs. 1 vom Hersteller oder in dessen Auftrag zum Zweck der klinischen Prüfung und der Rückstandsprüfung angewendet werden, wenn sich die Anwendung auf eine Prüfung beschränkt, die nach Art und Umfang nach dem jeweiligen Stand der wissenschaftlichen Erkenntnisse erforderlich ist.

(2) ¹Von den Tieren, bei denen diese Prüfungen durchgeführt werden, dürfen Lebensmittel nicht gewonnen werden. Satz 1 gilt nicht, wenn die zuständige Bundesoberbehörde eine angemessene Wartezeit festgelegt hat. ²Die Wartezeit muss
1. **mindestens der Wartezeit nach der Verordnung über tierärztliche Hausapotheken entsprechen und gegebenenfalls einen Sicherheitsfaktor einschließen, mit dem die Art des Arzneimittels berücksichtigt wird, oder,**
2. **wenn Höchstmengen für Rückstände im Anhang der Verordnung (EU) Nr. 37/2010 festgelegt wurden, sicherstellen, dass diese Höchstmengen in den Lebensmitteln, die von den Tieren gewonnen werden, nicht überschritten werden.**

³Der Hersteller hat der zuständigen Bundesoberbehörde Prüfungsergebnisse über Rückstände der angewendeten Arzneimittel und ihrer Umwandlungsprodukte in Lebensmitteln unter Angabe der angewandten Nachweisverfahren vorzulegen.

(3) *nicht abgedruckt*

(4) Über die durchgeführten Prüfungen sind Aufzeichnungen zu führen, die der zuständigen Behörde auf Verlangen vorzulegen sind.

Übersicht

	Rn.
A. Inhalt	1
B. Voraussetzungen (Absatz 1)	2
I. Arzneimittel	3
II. Klinische Prüfung oder Rückstandsprüfung	3
III. Erforderlichkeit	5
IV. Hersteller	6
C. Verbot der Gewinnung von Lebensmitteln (Absatz 2)	7
I. Grundsatz (Satz 1)	7
1. Lebensmittel	8
2. Gewinnen	9
II. Ausnahme (Sätze 2, 3)	10
D. Straftat, Ordnungswidrigkeiten	11

AMG § 59 Neunter Abschnitt. Arzneimittel zur Anwendung bei Tieren

A. Inhalt

1   Die Vorschrift enthält eine **Abweichung von** § 56a für die Anwendung von Arzneimitteln bei Lebensmittel liefernden Tieren zum **Zweck der klinischen Prüfung** oder der **Rückstandsprüfung**. Die Anwendung muss sich auf eine Prüfung beschränken, die durch den Hersteller oder in dessen Auftrag erfolgt und nach Art und Umfang nach dem jeweiligen Stand der wissenschaftlichen Erkenntnisse erforderlich ist.

B. Voraussetzungen

2   **I. Arzneimittel.** Die Vorschrift gilt für Arzneimittel iSd § 2 Abs. 1, 2 Nr. 1. Da die Vorschrift sich selbst als Abweichung von § 56a bezeichnet, gilt sie wie dieser nicht nur für Tierarzneimittel (→ § 4 Rn. 28) sondern auch für Humanarzneimittel, die bei Tieren angewendet werden. (*Pfohl* in Erbs/Kohlhaas AMG § 59 Rn. 2). Die Arzneimittel müssen ferner apothekenpflichtig sein. Sie bedürfen keiner Zulassung (§ 21 Abs. 2 Nr. 5).

3   **II. Klinische Prüfung oder Rückstandsprüfung.** Die **klinische Prüfung** ist die Erprobung eines Arzneimittels. Sie dient dazu, die Wirkung des Arzneimittels nach Verabreichung gemäß dem vorgeschlagenen Dosierungsschema nachzuweisen oder zu erhärten und seine Indikationen und Gegenanzeigen je nach Tierart, Alter, Rasse und Geschlecht sowie die Anweisungen zum Gebrauch und mögliche Nebenwirkungen zu spezifizieren (*Heßhaus/Laber-Probst* in Kügel/Müller/Hofmann § 59 Rn. 7).

4   **Die Rückstandsprüfung** dient der Feststellung, ob und gegebenenfalls unter welchen Bedingungen und in welchem Umfang Rückstände in von behandelten Tieren stammenden Lebensmitteln bestehen bleiben; auch sollen die einzuhaltenden Wartezeiten ermittelt werden. Rückstände sind alle wirksamen Bestandteile oder deren Metaboliten, die im Fleisch oder anderen Lebensmitteln erhalten sind, die von Tieren gewonnen wurden, denen das betreffende Arzneimittel verabreicht wurde (*Heßhaus/Laber-Probst* in Kügel/Müller/Hofmann § 59 Rn. 8, 9).

5   **III. Erforderlichkeit.** Die Anwendung der Arzneimittel muss auf eine Prüfung beschränkt sein, die nach Art und Umfang nach dem jeweiligen Stand der wissenschaftlichen Erkenntnisse erforderlich ist. Dies kann etwa bei Vorliegen eines neuen Präparates, einer neuen Indikation oder einer anderen Dosierung gegeben sein (*Rehmann* § 59 Rn. 1). Bei der Beurteilung des Standes der wissenschaftlichen Erkenntnisse sollten die europäischen Empfehlungen, insbesondere die Good Clinical Practice für Tierarzneimittel herangezogen werden; dazu im Einzelnen *Kloesel/ Cyran* § 59 Rn. 6; *Heßhaus/Laber-Probst* in Kügel/Müller/Hofmann § 59 Rn. 14).

6   **IV. Hersteller.** Die Prüfung darf nur von dem Hersteller oder in dessen Auftrag erfolgen. Betroffen ist allerdings in erster Linie der pharmazeutische Unternehmer, der die Zulassung eines Arzneimittels beantragt und dafür entsprechende Nachweise aus einer klinischen Prüfung oder einer Rückstandsprüfung benötigt (*Freund* in MüKoStGB §§ 56–61 Rn. 22).

C. Verbot der Gewinnung von Lebensmitteln (Absatz 2)

7   **I. Grundsatz (Satz 1).** Von den Tieren, bei denen die Prüfung durchgeführt wird, dürfen Lebensmittel nicht gewonnen werden.

8   **1. Lebensmittel.** Zum Begriff des Lebensmittels → § 2 Rn. 88, 89.

9   **2. Gewinnen.** Das Gesetz verwendet den Begriff „Gewinnen", der **arzneimittelrechtlich** einen Teilakt des Herstellens darstellt (§ 4 Abs. 14) und lediglich die Entnahme eines Stoffes aus seiner natürlichen (tierischen) Umgebung umfasst

(*Volkmer* in Körner/Patzak/Volkmer AMG § 96 Rn. 272); für die weiteren Teilakte der Herstellung verwendet das AMG eigene Begriffe (§ 4 Abs. 14). Demgegenüber wird der Begriff „Gewinnen" im **Lebensmittelrecht** in einem weiteren Sinn verstanden. Er umfasst dort nicht nur die Entnahme der unmittelbar vom Tier gewonnenen Erzeugnisse (etwa Fleisch, Milch, Eier), sondern auch die Weiterverarbeitung zu anderen Lebensmitteln (*Rohnfelder/Freytag* in Erbs/Kohlhaas § 10 Rn. 11). Da derselbe Begriff im selben Gesetz nicht ohne Not (s. etwa BVerfGE 6, 32) unterschiedlich ausgelegt werden sollte, sollte es aber trotz der Sachnähe des § 59 Abs. 2 S. 1 zum Lebensmittelrecht (s. etwa § 58 Abs. 1 Nr. 6 LFBG: „Lebensmittel von einem Tier gewinnt") bei der arzneimittelrechtlichen Auslegung des Begriffs verbleiben.

II. Ausnahme Sätze 2, 3. Das Verbot gilt nicht, wenn die zuständige Bundesoberbehörde eine angemessene Wartezeit (§ 4 Abs. 12) festgelegt hat und diese Wartezeit eingehalten wird. Satz 3 richtet sich an die Bundesoberbehörde und schreibt vor, was diese bei der Festlegung der Wartezeit zu beachten hat. 10

D. Straftat, Ordnungswidrigkeit

Der **vorsätzliche** Verstoß gegen **§ 59 Abs. 2 S. 1** ist eine Straftat nach § 96 Nr. 17 → § 96 Rn. 193–203), der **fahrlässige** eine Ordnungswidrigkeit nach § 97 Abs. 1 Nr. 1. 11

Der vorsätzliche oder fahrlässige Verstoß gegen **§ 58 Abs. 4** (Aufzeichnungs- und Vorlagepflichten) ist eine Ordnungswidrigkeit nach § 97 Abs. 2 Nr. 24. 12

§ 59a Verkehr mit Stoffen und Zubereitungen aus Stoffen

(1) ¹Personen, Betriebe und Einrichtungen, die in § 47 Abs. 1 aufgeführt sind, dürfen Stoffe oder Zubereitungen aus Stoffen, die auf Grund einer Rechtsverordnung nach § 6 bei der Herstellung von Arzneimitteln für Tiere nicht verwendet werden dürfen, zur Herstellung solcher Arzneimittel oder zur Anwendung bei Tieren nicht erwerben und für eine solche Herstellung oder Anwendung nicht anbieten, lagern, verpacken, mit sich führen oder in den Verkehr bringen. ²Tierhalter sowie andere Personen, Betriebe und Einrichtungen, die in § 47 Abs. 1 nicht aufgeführt sind, dürfen solche Stoffe oder Zubereitungen nicht erwerben, lagern, verpacken oder mit sich führen, es sei denn, dass sie für eine durch Rechtsverordnung nach § 6 nicht verbotene Herstellung oder Anwendung bestimmt sind.

(2) ¹Tierärzte dürfen Stoffe oder Zubereitungen aus Stoffen, die nicht für den Verkehr außerhalb der Apotheken freigegeben sind, zur Anwendung bei Tieren nur beziehen und solche Stoffe oder Zubereitungen dürfen an Tierärzte nur abgegeben werden, wenn sie als Arzneimittel zugelassen sind oder sie auf Grund des § 21 Abs. 2 Nr. 3 oder 5 oder auf Grund einer Rechtsverordnung nach § 36 ohne Zulassung in den Verkehr gebracht werden dürfen. ²Tierhalter dürfen sie für eine Anwendung bei Tieren nur erwerben oder lagern, wenn sie von einem Tierarzt als Arzneimittel verschrieben oder durch einen Tierarzt abgegeben worden sind. ³Andere Personen, Betriebe und Einrichtungen, die in § 47 Abs. 1 nicht aufgeführt sind, dürfen durch Rechtsverordnung nach § 48 bestimmte Stoffe oder Zubereitungen aus Stoffen nicht erwerben, lagern, verpacken, mit sich führen oder in den Verkehr bringen, es sei denn, dass die Stoffe oder Zubereitungen für einen anderen Zweck als zur Anwendung bei Tieren bestimmt sind.

(3) **Die futtermittelrechtlichen Vorschriften bleiben unberührt.**

Übersicht

	Rn.
A. Inhalt	1
I. Kritik	1
II. Tatgegenstände	2
B. Die Verbote des Absatzes 1	3
I. Umgang von in § 47 Abs. 1 aufgeführten Personen/Stellen mit Stoffen/Zubereitungen iSd § 6 (Satz 1)	4
1. Adressaten	5
2. Gegenstand des Verbots	6
3. Handlungen	9
a) Handlungsformen	10
aa) Erwerben	11
bb) Inverkehrbringen	12
cc) Anbieten, Lagern, Verpacken, Mitsichführen	13
(a) Anbieten, Lagern	14
(b) Verpacken	15
(c) Mitsichführen	16
b) Handlungszwecke	17
II. Umgang von Tierhaltern und anderen nicht in § 47 Abs. 1 aufgeführten Personen/Stellen mit Stoffen/Zubereitungen iSd § 6 (Satz 2)	18
C. Die Ge- und Verbote des Absatzes 2	19
I. Als Arzneimittel zugelassene oder sonst verkehrsfähige Stoffe/Zubereitungen (Sätze 1, 2)	20
1. Bezug durch Tierärzte, Abgabe an Tierärzte (Satz 1)	21
a) Der Bezug durch Tierärzte	22
b) Die Abgabe an Tierärzte	23
c) Zur Anwendung bei Tieren	24
2. Erwerb und Lagerung durch Tierhalter (Satz 2)	25
II. Umgang von anderen nicht in § 47 Abs. 1 aufgeführte Personen/Stellen mit verschreibungspflichtigen Stoffen/Zubereitungen (Satz 3)	30
D. Absatz 3	31
E. Straftaten, Ordnungswidrigkeiten	32

A. Inhalt

1 **I. Kritik.** Die Vorschrift ist kein Musterbeispiel für Normenklarheit und Normenbestimmtheit. Dies gilt namentlich im Hinblick auf die strafrechtliche Bewehrung (§ 96 Nr. 18). Es werden verschiedene Tatsubjekte, unterschiedliche Tatgegenstände mit der verschiedensten Reichweite und mehreren Handlungsalternativen in Form von Geboten und Verboten durcheinander gemischt, so dass die Vorschrift nicht nur an der fehlenden Übersichtlichkeit leidet, sondern dass sich der Rechtsanwender, jedenfalls im Rahmen des § 96 Nr. 18, die anzuwendenden Tatbestände letztlich selbst zusammenstellen muss. Nicht gerade ein Vorteil ist es auch, dass bewehrte Norm und Bewehrung nicht genau aufeinander abgestimmt sind.

2 **II. Tatgegenstände.** Der Inhalt der Vorschrift erschließt sich am leichtesten, wenn auf die Tatgegenstände abgestellt wird:
- Absatz 1 Satz 1 betrifft Stoffe und Zubereitungen aus Stoffen, die auf Grund einer Verordnung nach § 6 bei der Herstellung von Tierarzneimitteln nicht verwendet werden dürfen,
- Absatz 1 Satz 2 betrifft dieselben Stoffe und Zubereitungen wie Satz 1,
- Absatz 2 Satz 1 bezieht sich auf apothekenpflichtige Stoffe oder Zubereitungen aus Stoffen, wenn sie als Arzneimittel zugelassen sind oder nach § 22 Abs. 2 Nr. 3, 5 oder § 36 verkehrsfähig sind,
- Absatz 2 Satz 2 bezieht sich auf dieselben Stoffe und Zubereitungen aus Stoffen wie Absatz 2 Satz 1,

- Absatz 2 Satz 3 betrifft Stoffe oder Zubereitungen aus Stoffen, die durch Rechtsverordnung nach § 48 bestimmt und damit verschreibungspflichtig sind.

B. Die Verbote des Absatzes 1

Die Vorschrift unterscheidet zwischen Personen, Betrieben und Einrichtungen, die **in § 47 Abs. 1 aufgeführt** sind, auf der einen Seite **(Satz 1)**, und **Tierhaltern und anderen** Personen, Betrieben oder Einrichtungen, die in § 47 Abs. 1 **nicht** aufgeführt sind, auf der anderen Seite **(Satz 2)**. 3

I. Umgang von in § 47 Abs. 1 aufgeführten Personen/Stellen mit Stoffen/Zubereitungen iSd § 6 (Satz 1). Personen, Betriebe und Einrichtungen, die in § 47 Abs. 1 aufgeführt sind, dürfen Stoffe (§ 3) oder Zubereitungen (→ § 2 Rn. 10) aus Stoffen, die auf Grund einer Rechtsverordnung nach § 6 bei der **Herstellung** von Arzneimitteln für Tiere nicht verwendet werden dürfen, 4
- zur Herstellung solcher Arzneimittel oder zur Anwendung bei Tieren nicht **erwerben,** oder
- für eine solche Herstellung oder Anwendung nicht **anbieten, lagern, verpacken, mit sich führen** oder in den **Verkehr bringen.**

1. Adressaten. Die Vorschrift wendet sich an Personen, Betriebe und Einrichtungen, die in § 47 Abs. 1 aufgeführt sind. Im Wesentlichen sind dies die pharmazeutischen Unternehmer, Großhändler, Krankenhäuser und Tierärzte. Darunter fallen auch Chemikaliengroßhändler, wenn sie arzneilich wirksame Stoffe an Tierärzte abgeben, da dann begrifflich ein Arzneimittelgroßhandel vorliegt (*Heßhaus/ Laber-Probst* in Kügel/Müller/Hofmann § 59a Rn. 5). 5

2. Gegenstand des Verbots. Der verbotene Verkehr muss sich auf Stoffe oder Zubereitungen aus Stoffen beziehen, die auf Grund einer Rechtsverordnung nach § 6 bei der **Herstellung** von Arzneimitteln für Tiere nicht verwendet werden dürfen. 6

Arzneimittel für Tiere sind Tierarzneimittel. Eine spezielle Verordnung für diese gibt es zwar nicht mehr (→ § 6 Rn. 9, 11); die derzeit geltenden Verordnungen zu § 6 (→ § 6 Rn. 9, 10) greifen aber dann ein, wenn ein gelisteter Stoff für die Herstellung eines Tierarzneimittels verwendet wird. Die Verordnungen gelten auch nach der Änderung des § 6 durch Gesetz v. 9. 8. 2019 (→ § 6 Rn. 1) fort (→ § 6 Rn. 10). 7

Fraglich ist, ob die in der **PharmStV,** namentlich ihrer Anlage 1, aufgeführten Stoffe zu den Stoffen iSd § 59a Abs. 1 gehören. Die PharmStV nennt auch § 6 als Ermächtigungsgrundlage. Die Verordnung über das Verbot der Verwendung bestimmter Stoffe bei der Herstellung von Arzneimitteln zur Anwendung bei Tieren v. 21. 10. 1981 wurde zudem aufgehoben, weil die entsprechenden Stoffe nunmehr in der PharmStV enthalten seien (→ § 6 Rn. 12). Dabei wurde jedoch übersehen, dass sich die PharmStV nicht mit der Herstellung von Arzneimitteln befasst, sondern damit, dass die Stoffe den Tieren nicht zugeführt werden dürfen (§ 1 PharmStV) oder dass sie für eine verbotene Anwendung nicht in den Verkehr gebracht werden dürfen (§ 3 Abs. 2 S. 1 PharmStV). Es spricht daher einiges dafür, dass die in der PharmStV aufgeführten Stoffe nicht zu den Stoffen iSd § 59a Abs. 1 gehören (widersprüchlich *Heßhaus/Laber-Probst* in Kügel/Müller/Hofmann § 59a Rn. 6, 15). 8

3. Handlungen. Das Gesetz benennt eine Reihe von Handlungen, die aber einem bestimmten Zweck dienen müssen, um verboten zu sein: 9

a) Handlungsformen. Zunächst fällt auf, dass das Erwerben und die anderen Handlungsformen mit dem Wort „und" verbunden sind, so dass der Eindruck entsteht, dass die Merkmale **kumulativ** vorliegen müssten. In der Sache macht dies je- 10

AMG § 59a

doch keinen Sinn, so dass bei der ohnehin recht schlampig zusammengestellten Vorschrift (→ Rn. 1) von einem Redaktionsversehen ausgegangen werden muss. Dafür spricht auch die Bewehrung (§ 97 Abs. 1 Nr. 18), die die verschiedenen Handlungsformen **alternativ** nebeneinander stellt. Im Übrigen gilt:

11   aa) **Erwerben.** An erster Stelle steht der Erwerb. Zum Begriff des Erwerbs → § 57 Rn. 11.

12   bb) **Inverkehrbringen.** Eine typische Handelstätigkeit ist das Inverkehrbringen, das auch das Vorrätighalten zum Verkauf oder zur Abgabe an andere, das Feilhalten, das Feilbieten und die Abgabe an andere umfasst (§ 4 Abs. 17 (→ Rn. 44–73)).

13   cc) **Anbieten, Lagern, Verpacken, Mitsichführen.** Das Gesetz nennt daneben noch das Anbieten, das Lagern, das Verpacken und das Mitsichführen.

14   **(a) Anbieten, Lagern.** Zum Begriff des **Anbietens** → § 4 Rn. 60, zu dem des **Lagerns** → § 4 Rn. 89.

15   **(b) Verpacken** ist das Anbringen einer Umhüllung zum Schutz der verbotenen Stoffe oder Zubereitungen (s. *Rohnfelder/Freytag* in Erbs/Kohlhaas LFBG § 3 Rn. 14); gegenüber dem Abpacken (§ 4 Abs. 14), unter dem das Verpacken in jeweils bestimmter Menge verstanden werden kann, ist es der weitergehende Begriff.

16   **(c) Mitsichführen.** Im Hinblick auf die anderen Verkehrsformen des § 59a Abs. 1 S. 2 bleibt für das Mitsichführen nicht viel Raum. Mitsichführen geht über den bloßen Besitz, der von § 59a Abs. 1 S. 2 nicht erfasst wird, hinaus und erfordert, dass der Besitzer einen (beweglichen) Gegenstand zu einem bestimmten Zweck bei sich tragen oder haben muss (s. BGHSt 52, 89 = NJW 2008, 386 = NStZ 2008, 286). Ein solcher Zweck ist hier gegeben (→ Rn. 17). Allerdings fehlt es, anders als in den Fällen der § 244 Abs. 1, § 250 Abs. 1 StGB, § 30a Abs. 2 BtMG, an einer ausdrücklichen zeitlichen Begrenzung. Wird hierzu auf den Begriff des „Führens" („in Bewegung setzen" (s. BGHSt 52, 89 (s. o.))) zurückgegriffen, so ist ein Mitsichführen dann gegeben (anders die Vorauflage),
– wenn der Betroffene die tatsächliche Verfügungsmacht über die Stoffe und Zubereitungen hat und
– wenn er sich mit ihnen zum Zweck der Herstellung von Arzneimitteln für Tiere oder zur Anwendung bei Tieren in Bewegung setzt, sie also dazu befördert.
Der bloße Besitz zu diesen Zwecken reicht dagegen nicht aus.

17   b) **Handlungszwecke.** Der Erwerb oder die sonstigen Handlungen sind dann verboten, wenn sie der
– Herstellung von Arzneimitteln für Tiere oder
– der Anwendung bei Tieren dienen.
Gegenstand beider Alternativen sind „Arzneimittel für Tiere" und damit Tierarzneimittel (→ Rn. 7). Nicht erfasst wird die Anwendung beim Menschen, etwa das Doping.

18   **II. Umgang von Tierhaltern und anderen nicht in § 47 Abs. 1 aufgeführten Personen/Stellen mit Stoffen/Zubereitungen iSd § 6 (Satz 2).** Tierhalter (→ § 57 Rn. 7–10) und andere nicht in § 47 Abs. 1 aufgeführte Personen, Betriebe oder Einrichtungen dürfen solche Stoffe oder Zubereitungen aus Stoffen (→ Rn. 6–8) nicht erwerben (→ Rn. 11), lagern (→ Rn. 13), verpacken (→ Rn. 15) oder mit sich führen (→ Rn. 16), es sei denn, dass sie für eine durch Rechtsverordnung nach § 6 nicht verbotene Herstellung oder Anwendung bestimmt sind. Nicht genannt wird das **Inverkehrbringen.**

C. Die Ge- und Verbote des Absatzes 2

Absatz 2 betrifft verschiedene Tatgegenstände und unterscheidet zudem zwischen Tierärzten **(Satz 1)**, Tierhaltern **(Satz 2)** und anderen nicht in § 47 Abs. 1 aufgeführten Personen oder Stellen **(Satz 3)**. Absatz 2 bezieht sich im Unterschied zu Absatz 1 **nicht** auf Stoffe/Zubereitungen, die in einer Verordnung nach § 6 gelistet sind. 19

I. Als Arzneimittel zugelassene oder sonst verkehrsfähige Stoffe/Zubereitungen (Sätze 1 und 2). Die beiden Sätze betreffen apothekenpflichtige Stoffe (§ 3) und Zubereitungen (→ § 2 Rn. 10) aus Stoffen, die 20
– als Arzneimittel zugelassen sind,
– Fütterungsarzneimittel sind, die bestimmungsgemäß aus Arzneimittel-Vormischungen hergestellt sind, für die eine Zulassung nach § 25 erteilt ist (§ 21 Abs. 2 Nr. 3),
– zur klinischen Prüfung bei Tieren oder zur Rückstandsprüfung bestimmt sind (§ 21 Abs. 2 Nr. 5) oder
– auf Grund einer Standardzulassung (§ 36) in den Verkehr gebracht werden dürfen.

1. Bezug durch Tierärzte, Abgabe an Tierärzte (Satz 1). Die Vorschrift enthält in einem Satz zwei Alternativen, die sich an verschiedene Adressaten wenden: 21

a) Der Bezug durch Tierärzte. Die erste Alternative befasst sich mit dem Bezug von apothekenpflichtigen Stoffen und Zubereitungen aus Stoffen. Diese darf der Tierarzt zur Anwendung bei Tieren nur **beziehen**, wenn sie die in → Rn. 20 genannten Voraussetzungen erfüllen. Damit soll erreicht werden, dass der Tierarzt grundsätzlich nur zugelassene Arzneimittel einsetzt (*Kluge* in Fuhrmann/Klein/Fleischfresser ArzneimittelR-HdB § 38 Rn. 26). Zum Begriff des **Beziehens** → § 95 Rn. 291. Auch soll verhindert werden, dass der Tierarzt in seiner Hausapotheke Arzneimittel aus zulassungspflichtigen Ausgangsstoffen herstellt (*Heßhaus/Laber-Probst* in Kügel/Müller/Hofmann § 59a Rn. 10). 22

b) Die Abgabe an Tierärzte. Auch die Abgabe apothekenpflichtiger Stoffe und Zubereitungen aus Stoffen an Tierärzte darf nur solche erfassen, die die in → Rn. 20 genannten Voraussetzungen erfüllen. Anders als beim Bezug durch Tierärzte fehlt bei der Abgabe an Tierärzte die Einschränkung „zur Anwendung bei Tieren". Dies macht jedoch Sinn, da es dem Abgebenden nicht zugemutet werden kann, bei dem Tierarzt zu erforschen, was dieser mit dem Stoff vorhat. Zum Begriff der **Abgabe** → § 4 Rn. 14, 61–73. 23

c) Zur Anwendung bei Tieren. Das Verbot gilt für alle Stoffe und Zubereitungen aus Stoffen, die zur Anwendung bei Tieren bezogen oder abgegeben werden. 24

2. Erwerb und Lagerung durch Tierhalter (Satz 2). Die Vorschrift hat die folgenden Voraussetzungen: 25

1. Adressat. Die Regelung wendet sich an die Tierhalter (→ § 57 Rn. 7–10). 26

2. Tatgegenstände. Die Vorschrift erweckt zunächst den Eindruck, als sei sie lediglich eine Konsequenz aus Satz 1. Dies ist sie aber nur, soweit es sich um Stoffe oder Zubereitungen handelt, die der Tierarzt nach Satz 1 beziehen durfte und die an ihn abgegeben werden durften. Die Vorschrift enthält jedoch keine Regelung für apothekenpflichtige Stoffe oder Zubereitungen aus Stoffen, die der Tierarzt selbst nach § 59a Abs. 2 S. 1 nicht erwerben darf und die nicht an ihn abgegeben werden dürfen. Es darf bezweifelt werden, ob dies gewollt war, zumal die Lücke auch nicht durch andere Vorschriften geschlossen werden kann. Eine andere Interpretation würde die Wortlautgrenze jedoch überschreiten. 27

| 28 | **3. Handlungsformen.** Verboten ist das Erwerben (→ Rn. 11) oder Lagern (→ Rn. 13, 14) durch den Tierhalter, sofern ihm die Stoffe oder Zubereitungen nicht von einem Tierarzt als Arzneimittel verschrieben oder durch einen Tierarzt abgegeben wurden. Dass es sich um den behandelnden Tierarzt handeln muss, schreibt die Vorschrift nicht vor (s. dazu § 56a, sowie für die Anwendung § 57a). |

29 **4. Handlungszweck.** Der Erwerb oder die Lagerung wird von der Vorschrift nur erfasst, wenn sie zur Anwendung bei Tieren erfolgen.

30 **II. Umgang von anderen nicht in § 47 Abs. 1 aufgeführten Personen/Stellen mit verschreibungspflichtigen Stoffen/Zubereitungen (Satz 3).** Die Vorschrift betrifft durch Rechtsverordnung nach § 48 bestimmte und damit verschreibungspflichtige Stoffe (§ 3) oder Zubereitungen (→ § 2 Rn. 10) aus Stoffen. Andere Personen, Betriebe oder Einrichtungen, die in § 47 Abs. 1 nicht aufgeführt sind, etwa Tierheilpraktiker (*Heßhaus/Laber-Probst* in Kügel/Müller/Hofmann § 59a Rn. 13), dürfen diese Stoffe oder Zubereitungen aus Stoffen nicht **erwerben** (→ Rn. 11), **lagern** (→ Rn. 13, 14), **verpacken** (→ Rn. 15), **mit sich führen** (→ Rn. 16) oder **in den Verkehr bringen** (→ Rn. 12), es sei denn, dass die Stoffe oder Zubereitungen zu einem anderen Zweck als zur Anwendung bei Tieren bestimmt sind.

D. Absatz 3

31 Die futtermittelrechtlichen Bestimmungen bleiben unberührt.

E. Straftaten, Ordnungswidrigkeiten

32 Vorsätzliche **Verstöße gegen § 59a Abs. 1 oder 2** sind Straftaten nach § 96 Nr. 18 (→ § 96 Rn. 204–238). Bei Fahrlässigkeit sind Ordnungswidrigkeiten nach § 97 Abs. 1 Nr. 1 gegeben.

§ 59d Verabreichung pharmakologisch wirksamer Stoffe an Tiere, die der Lebensmittelgewinnung dienen

¹Pharmakologisch wirksame Stoffe, die
1. als verbotene Stoffe in Tabelle 2 des Anhangs der Verordnung (EU) Nr. 37/2010 der Kommission vom 22. Dezember 2009 über pharmakologisch wirksame Stoffe und ihre Einstufung hinsichtlich der Rückstandshöchstmengen in Lebensmitteln tierischen Ursprungs (ABl. L 15 vom 20.1.2010, S. 1), die zuletzt durch die Durchführungsverordnung (EU) Nr. 2019/238 (ABl. L 39 vom 11.2.2019, S. 4) geändert worden ist, oder
2. nicht im Anhang der Verordnung (EU) Nr. 37/2010

aufgeführt sind, dürfen einem der Lebensmittelgewinnung dienenden Tier nicht verabreicht werden. ²Satz 1 gilt nicht in den Fällen des § 56a Absatz 2a und des Artikels 16 Absatz 2 der Verordnung (EG) Nr. 470/2009 sowie für die Verabreichung von Futtermitteln, die zugelassene Futtermittelzusatzstoffe enthalten.

Übersicht

	Rn.
A. Verbotene Verabreichung an Lebensmittel liefernde Tiere (Satz 1)	1
I. Verbotene Stoffe (Nr. 1)	2
II. Nicht im Anhang der VO (EU) Nr. 37/2010 aufgeführte Stoffe (Nr. 2)	6
B. Ausnahmen vom Verbot der Verabreichung (Satz 2)	7
C. Straftaten, Ordnungswidrigkeit	9

A. Verbotene Verabreichung an Lebensmittel liefernde Tiere (Satz 1)

Das Verabreichungsverbot des Satzes 1 greift eine geänderte unionsrechtliche 1
Rechtslage auf (BT-Drs. 17/4231, 11).

I. Verbotene Stoffe (Nr. 1). Nr. 1 verbietet die Verabreichung von pharmakolo- 2
gisch wirksamen Stoffen, die in **Tabelle 2** des Anhangs der VO (EU) Nr. 37/2010 v.
22.12.2009 (ABl. 2010 L 15, letzte konsolidierte Fassung v. 7.12.2020) aufgeführt
sind, an Tiere, die der Lebensmittelgewinnung dienen (→ § 31 Rn. 11–15). Diese
Stoffe waren bisher in Anhang IV der VO (EWG) Nr. 2377/90 enthalten. Es waren
und sind Stoffe, für die keine Höchstmenge festgesetzt werden konnte, weil sie in
jeglicher Konzentration als gesundheitsgefährdend zu bewerten sind (BT-Drs.
17/4231, 11).

§ 59d steht in einem **engen Zusammenhang mit § 83** (s. dort). Beide Vor- 3
schriften sind durch das 15. AMGÄndG v. 25.11.2011 (BGBl. I S. 946) eingeführt
worden. § 59d Abs. 1 S. 1 Nr. 1 verwies in diesem Gesetz auf „die VO (EU)
Nr. 37/2010, die zuletzt durch die Verordnung (EU) Nr. 914/2010 (ABl. 2010 L
269, S. 5) geändert worden ist". Diese **Verweisung** wurde zuletzt durch **VO v.
17.4.2019** (BGBl. I S. 537) durch die nunmehrige Fassung (Verweisung auf die
Durchführungsverordnung (EU) Nr. 2019/238) ersetzt. Sie geht allerdings in der
Sache insofern ins Leere, als sich die EU-Verordnung, auf die verwiesen wird, **nur**
auf eine **Änderung der Tabelle 1** bezieht. Dasselbe gilt für die (noch) zitierten Änderungen der VO (EU) Nr. 37/2010 durch Durchführungsverordnungen
Nr. 2020/42 und 2020/43 vom 17.1.2020 (ABl. I 15 vom 20.1.2020).

Die nach § 59d verbotenen Stoffe (Tabelle 2 der konsolidierten Fassung der 4
VO (EU) 37/2010) sind:

Aristolochia spp. und deren Zubereitungen, Dimetridazol,
Chloramphenicol, Metronidazol,
Chlorpromazin, Nitrofurane (einschließlich Furazolidon),
Colchicin Ronidazol.
Dapson,

Anders als § 56a Abs. 1 S. 3, §§ 57a, 58 beschränkt das Gesetz das Verbot auf das 5
Verabreichen (→ § 2 Rn. 61) und erfasst damit nur den unmittelbaren Applikationsvorgang.

II. Nicht im Anhang der VO (EU) Nr. 37/2010 aufgeführte Stoffe (Nr. 2). 6
Das Zitat ist zu weit geraten. Gemeint ist die **Tabelle 1** des Anhangs der VO (EU)
Nr. 37/2010, letzte konsolidierte Fassung v. 7.12.2020; in dieser Fassung sind die
Änderungen durch die in → Rn. 3 genannten Durchführungsverordnungen vom
17.1.2020 erfasst; dass diese Änderungen trotz § 83a (→ § 83a Rn. 1–5) in § 59d bislang keinen Niederschlag gefunden haben, muss überraschen). Diese Tabelle führt
die Stoffe auf, die unter Beachtung der dort genannten Bestimmungen Lebensmittel liefernden Tieren verabreicht werden dürfen. Nr. 2 verweist nur allgemein auf
die VO (EU) Nr. 37/2010. Da Nr. 2 aber kaum anders verstanden werden kann als
Nr. 1, kann wohl davon ausgegangen werden, dass sich die Verweisung auf die jeweils geltende Fassung der Verordnung bezieht. In strafrechtlicher Sicht könnten
allerdings Zweifel bestehen.

B. Ausnahmen vom Verbot der Verabreichung (Satz 2)

Satz 2 sieht drei Ausnahmen von dem Verabreichungsverbot des Satzes 1 vor: 7

Erlaubt ist die Verabreichung von Stoffen, die in der VO (EU) Nr. 1950/2006 für 8
die **Behandlung von Equiden** aufgeführt sind (§ 56 Abs. 2a), ferner die Verabreichung im Rahmen **klinischer Prüfungen** unter den in Art. 16 Abs. 2 VO (EG)

AMG § 63 Zehnter Abschnitt. Pharmakovigilanz

Nr. 470/2009 genannten Bedingungen (Folge: § 59 Abs. 2) und schließlich die Verabreichung als Futtermittel, die diese Stoffe als **zugelassene** Futtermittelzusatzstoffe enthalten (BT-Drs. 17/4731, 11).

C. Straftaten, Ordnungswidrigkeit

9   Der **Verstoß gegen Satz 1 Nr. 1** ist bei Vorsatz eine Straftat nach § 95 Abs. 1 Nr. 11 (→ § 95 Rn. 408–416), bei Fahrlässigkeit eine Straftat nach § 95 Abs. 4.

10 Der **Verstoß gegen Satz 1 Nr. 2** ist bei Vorsatz eine Straftat nach § 96 Nr. 18a (→ § 96 Rn. 239–241), bei Fahrlässigkeit eine Ordnungswidrigkeit nach § 97 Abs. 1 Nr. 1.

Zehnter Abschnitt. Pharmakovigilanz

§ 63 Stufenplan

¹**Die Bundesregierung erstellt durch allgemeine Verwaltungsvorschrift mit Zustimmung des Bundesrates zur Durchführung der Aufgaben nach § 62 einen Stufenplan.** ²**In diesem werden die Zusammenarbeit der beteiligten Behörden und Stellen auf den verschiedenen Gefahrenstufen, die Einschaltung der pharmazeutischen Unternehmer sowie die Beteiligung der oder des Beauftragten der Bundesregierung für die Belange der Patientinnen und Patienten näher geregelt und die jeweils nach den Vorschriften dieses Gesetzes zu ergreifenden Maßnahmen bestimmt.** ³**In dem Stufenplan können ferner Informationsmittel und -wege bestimmt werden.**

1   § 63 ermächtigt die Bundesregierung zum Erlass einer allgemeinen Verwaltungsvorschrift zur Zusammenarbeit der nationalen Behörden und anderer Stellen bei der Durchführung ihrer Aufgaben der Pharmakovigilanz nach § 62. Dabei wird die Koordination der Arbeit der Bundesoberbehörden und anderer beteiligter Behörden und Stellen bei ihrem Umgang mit Arzneimittelrisiken auf den verschiedenen Gefahrenstufen (Gefahrenstufe I und II) geregelt.

2   Der Stufenplan ist eine **Verwaltungsvorschrift** und hat eine unmittelbar verbindliche Wirkung nur gegenüber den zuständigen Behörden (*Rehmann* § 63 Rn. 1). Die Einleitung eines Stufenplanverfahrens lässt die Handlungspflichten des pharmazeutischen Unternehmers unberührt (*Schickert* in Kügel/Müller/Hofmann § 63 Rn. 6).

3   Die Bundesregierung hat mit Zustimmung des Bundesrates zuletzt am 9.2.2005 einen Stufenplan erlassen (BAnz. 2005, S. 2383).

§ 63a Stufenplanbeauftragter

(1) ¹**Wer als pharmazeutischer Unternehmer Fertigarzneimittel, die Arzneimittel im Sinne des § 2 Abs. 1 oder Abs. 2 Nr. 1 sind, in den Verkehr bringt, hat eine in einem Mitgliedstaat der Europäischen Union ansässige qualifizierte Person mit der erforderlichen Sachkenntnis und der zur Ausübung ihrer Tätigkeit erforderlichen Zuverlässigkeit (Stufenplanbeauftragter) zu beauftragen, ein Pharmakovigilanzsystem einzurichten, zu führen und bekannt gewordene Meldungen über Arzneimittelrisiken zu sammeln, zu bewerten und die notwendigen Maßnahmen zu koordinieren.** ²**Satz 1 gilt nicht für Personen, soweit sie nach § 13 Absatz 2 Satz 1 Nummer 1, 2, 3, 5 oder Absatz 2b keiner Herstellungserlaubnis bedürfen.** ³**Der Stufenplanbeauftragte ist für die Erfüllung von Anzeigepflichten ver-**

antwortlich, soweit sie Arzneimittelrisiken betreffen. ⁴Er hat ferner sicherzustellen, dass auf Verlangen der zuständigen Bundesoberbehörde weitere Informationen für die Beurteilung des Nutzen-Risiko-Verhältnisses eines Arzneimittels, einschließlich eigener Bewertungen, unverzüglich und vollständig übermittelt werden. ⁵Das Nähere regelt die Arzneimittel- und Wirkstoffherstellungsverordnung. ⁶Andere Personen als in Satz 1 bezeichnet dürfen eine Tätigkeit als Stufenplanbeauftragter nicht ausüben.

(2) Der Stufenplanbeauftragte kann gleichzeitig sachkundige Person nach § 14 oder verantwortliche Person nach § 20 c sein.

(3) Der pharmazeutische Unternehmer hat der zuständigen Behörde und der zuständigen Bundesoberbehörde den Stufenplanbeauftragten und jeden Wechsel vorher mitzuteilen. Bei einem unvorhergesehenen Wechsel des Stufenplanbeauftragten hat die Mitteilung unverzüglich zu erfolgen.

Übersicht

		Rn.
A.	Bestellung eines Stufenplanbeauftragten	1
B.	Qualifikation, Aufgaben und Stellung des Stufenplanbeauftragten ..	4
C.	Mitteilungspflichten	8
D.	Ordnungswidrigkeiten	9

A. Bestellung eines Stufenplanbeauftragten

Die Verantwortung für die Sammlung von Meldungen über Arzneimittelrisiken 1 trägt der pharmazeutische Unternehmer, der das Arzneimittel unter seinem Namen in den Verkehr gebracht hat (*Anhalt/Lützeler* in Dieners/Reese PharmaR-HdB § 8 Rn. 116). Bringt der pharmazeutische Unternehmer Fertigarzneimittel (→ § 4 Rn. 2–21) iSd § 2 Abs. 1 oder Abs. 2 Nr. 1 in Verkehr, ist er verpflichtet, einen **Stufenplanbeauftragten** zu bestellen **(Absatz 1 Satz 1).** Dies bezieht sich, wie der Wortlaut der Vorschrift ergibt, nicht nur auf zulassungspflichtige Arzneimittel. § 12 Abs. 2, § 19 Abs. 7 AMHWV erstrecken diese Pflicht auch auf Arzneimittel, die in § 63 a Abs. 1 nicht genannt sind (*Rehmann* § 63 a Rn. 1).

Der **Stufenplanbeauftragte** ist ein Funktionsträger des pharmazeutischen Unternehmers mit vielfältigen Aufgaben und großer Verantwortung (→ § 19 Rn. 33). 2 Er soll Arzneimittelrisiken erkennen und geeignete Maßnahmen ergreifen, um stets ein positives Nutzen-Risiko-Verhältnis der Arzneimittel zu erhalten. Er ist eng verknüpft mit der im EU-Recht (VO (EG) Nr. 726/1004, geändert durch VO (EU) Nr. 1235/2010; RL 2001/83/EG, geändert durch RL 2010/84/EU) geforderten **Qualified Person for Pharmacovigilance (EU-QPPV),** hat aber weiterführende Verantwortlichkeiten, da er nach deutschem Recht nicht nur für unerwünschte Wirkungen, sondern für alle Arzneimittelrisiken zuständig ist (*Simmchen-Wittekopf* A&R 2014, 243).

Die Verpflichtung gilt **nicht** für Apothekeninhaber (§ 13 Abs. 2 Nr. 1), Krankenhausträger (§ 13 Abs. 2 Nr. 2), Tierärzte (§ 13 Abs. 2 Nr. 3), Einzelhändler (§ 13 3 Abs. 2 Nr. 5) und Ärzte und Heilpraktiker (§ 13 Abs. 2 b), soweit diese Personen keiner Herstellungserlaubnis bedürfen **(Absatz 1 Satz 2).** Der pharmazeutische Unternehmer kann auch mehrere Stufenplanbeauftragte ernennen. In einem solchen Fall müssen die Verantwortungsbereiche der Beauftragten durch einen Organisationsplan klar abgegrenzt werden.

B. Qualifikation, Aufgaben und Stellung des Stufenplanbeauftragten

4   Der Stufenplanbeauftragte muss eine **qualifizierte** Person mit der erforderlichen Sachkenntnis und der notwendigen Zuverlässigkeit sein; er muss ferner in einem Mitgliedstaat der EU ansässig sein **(Absatz 1 Satz 1)**. Nähere Anforderungen zur erforderlichen Sachkenntnis enthält das Gesetz nach der Streichung des Absatzes 2 Satz 1 nicht mehr. Andere Personen als in Absatz 1 Satz 1 bezeichnet dürfen eine Tätigkeit als Stufenplanbeauftragter nicht ausüben **(Absatz 1 Satz 6)**. Der Stufenplanbeauftragte kann **gleichzeitig** sachkundige Person nach § 14 oder verantwortliche Person nach § 20c sein **(Absatz 2)**. Zumindest in diesem Fall muss er auch über die diesen entsprechende Qualifikation verfügen.

5   Nach § 19 AMWHV soll der Stufenplanbeauftragte von den **Verkaufs- und Vertriebseinheiten unabhängig** sein; sofern kein atypischer Fall vorliegt, ist dies als Muss-Vorschrift zu verstehen. Eine solche Unabhängigkeit besteht nicht für den Unternehmer selbst, wenn dieser eine natürliche Person ist, und auch nicht für den alleinigen Geschäftsführer (OVG Münster A&R 2016, 95).

6   Der Stufenplanbeauftragte hat die **Aufgabe**, ein **Pharmakovigilanzsystem** einzurichten, zu führen und bekannt gewordene Meldungen über Arzneimittelrisiken zu sammeln, zu bewerten und die notwendigen Maßnahmen zu koordinieren **(Absatz 1 Satz 1)**. Soweit sie Arzneimittelrisiken betreffen, ist er für die Erfüllung von Anzeigepflichten verantwortlich **(Absatz 1 Satz 3)**. Schließlich hat er sicherzustellen, dass auf Verlangen der zuständigen Bundesoberbehörde weitere Informationen für die Beurteilung des Nutzen-Risiko-Verhältnisses eines Arzneimittels, einschließlich eigener Bewertungen, unverzüglich und vollständig übermittelt werden **(Absatz 1 Satz 4)**. Zur näheren Aufgabenbeschreibung wird auf § 19 AMWHV verwiesen.

7   Zum Stufenplanbeauftragten kann ein Angestellter des pharmazeutischen Unternehmens oder ein freier Mitarbeiter bestellt werden (Rehmann § 63a Rn. 2). Jedenfalls muss ihm die Art und Weise seiner Bestellung die **effektive Wahrnehmung** seiner Aufgaben ermöglichen. Der pharmazeutische Unternehmer muss für eine ausreichende personelle und sachliche Ausstattung sorgen. Auch muss er sicherstellen, dass die von dem Beauftragten zu erhebenden Daten und Informationen sicher an diesen weitergeleitet werden. Nur bei einer ordnungsgemäßen Ausstattung und einer effizienten Organisation der innerbetrieblichen Abläufe kann sich der Unternehmer im Einzelfall von einem **Organisationsverschulden** (→ Vor § 95 Rn. 71) entlasten (Rehmann § 63a Rn. 2).

8   Unabhängig hiervon ist der Stufenplanbeauftragte neben dem pharmazeutischen Unternehmer für die Erfüllung der Anzeigepflichten, soweit sie Arzneimittelrisiken betreffen, **verantwortlich**. Unterlässt er schuldhaft eine entsprechende Anzeige, haftet er zivil- und strafrechtlich für eine hierdurch eintretende Schädigung (→ § 19 Rn. 32, 33). Der Stufenplanbeauftragte hat seine Aufgaben **aktiv** wahrzunehmen (Rehmann § 63a Rn. 2). Er muss daher bekanntgewordenen Verdachtsfällen auch selbst nachgehen.

C. Mitteilungspflichten

9   Der pharmazeutische Unternehmer hat der zuständigen Überwachungsbehörde und der zuständigen Bundesoberbehörde sowohl die Bestellung eines Stufenplanbeauftragten als auch jeden Wechsel mitzuteilen **(Absatz 3)**. Die Mitteilung muss grundsätzlich erfolgen, bevor der Beauftragte seine Tätigkeit aufnimmt. Ist der Wechsel unvorhergesehen, so hat die Anzeige unverzüglich zu erfolgen.

D. Ordnungswidrigkeiten

Der vorsätzliche oder fahrlässige Verstoß gegen § 63a Abs. 1 S. 1 (Bestellung 10 eines Stufenplanbeauftragten) oder gegen **Absatz 3** (unterlassene oder fehlerhafte Mitteilung) ist eine Ordnungswidrigkeit nach § 97 Abs. 2 Nr. 24c.

Der vorsätzliche oder fahrlässige Verstoß gegen § 63a Abs. 1 S. 6 (Tätigkeit als 11 Stufenplanbeauftragten) ist eine Ordnungswidrigkeit nach § 97 Abs. 2 Nr. 24d.

Elfter Abschnitt. Überwachung

§ 64 Durchführung der Überwachung

(1) ¹Betriebe und Einrichtungen, in denen Arzneimittel hergestellt, geprüft, gelagert, verpackt oder in den Verkehr gebracht werden, in denen sonst mit ihnen Handel getrieben wird oder die Arzneimittel einführen oder in denen mit den genannten Tätigkeiten im Zusammenhang stehende Aufzeichnungen aufbewahrt werden, unterliegen insoweit der Überwachung durch die zuständige Behörde; das Gleiche gilt für Betriebe und Einrichtungen, die Arzneimittel entwickeln, klinisch prüfen, einer Rückstandsprüfung unterziehen oder Arzneimittel nach § 47a Abs. 1 Satz 1 oder zur Anwendung bei Tieren bestimmte Arzneimittel erwerben oder anwenden oder in denen mit den genannten Tätigkeiten im Zusammenhang stehende Aufzeichnungen aufbewahrt werden oder die einen Datenspeicher einrichten oder verwalten, der zum Datenspeicher- und -abrufsystem nach Artikel 31 der Delegierten Verordnung (EU) 2016/161 der Kommission vom 2. Oktober 2015 zur Ergänzung der Richtlinie 2001/83/EG des Europäischen Parlaments und des Rates durch die Festlegung genauer Bestimmungen über die Sicherheitsmerkmale auf der Verpackung von Humanarzneimitteln (ABl. L 32 vom 9.2.2016, S. 1) gehört. ²Die Entwicklung, Herstellung, Prüfung, Lagerung, Verpackung, Einfuhr und das Inverkehrbringen von Wirkstoffen und anderen zur Arzneimittelherstellung bestimmten Stoffen und von Gewebe, der sonstige Handel mit diesen Wirkstoffen und Stoffen sowie die mit den genannten Tätigkeiten im Zusammenhang stehende Aufbewahrung von Aufzeichnungen unterliegen der Überwachung, soweit sie durch eine Rechtsverordnung nach § 54, nach § 12 des Transfusionsgesetzes oder nach § 16a des Transplantationsgesetzes geregelt sind. ³Im Falle des § 14 Absatz 4 Nummer 4 und des § 20b Abs. 2 unterliegen die Entnahmeeinrichtungen und die Labore der Überwachung durch die für sie örtlich zuständige Behörde; im Fall des § 20c Absatz 2 Satz 2 unterliegen die beauftragten Betriebe der Überwachung der für sie örtlich zuständigen Behörde. ⁴Satz 1 gilt auch für Personen, die diese Tätigkeiten berufsmäßig ausüben oder Arzneimittel nicht ausschließlich für den Eigenbedarf mit sich führen, für den Sponsor einer klinischen Prüfung oder seinen Vertreter nach § 40 Abs. 1 Satz 3 Nr. 1 sowie für Personen oder Personenvereinigungen, die Arzneimittel für andere sammeln. ⁵Satz 1 findet keine Anwendung auf die Rekonstitution, soweit es sich nicht um Arzneimittel handelt, die zur klinischen Prüfung bestimmt sind.

(2) ¹Die mit der Überwachung beauftragten Personen müssen diese Tätigkeit hauptberuflich ausüben. Die zuständige Behörde kann Sachverständige beiziehen.

Sätze 3, 4 nicht abgedruckt

AMG § 64

(3) ¹Die zuständige Behörde hat sich davon zu überzeugen, dass die Vorschriften über Arzneimittel, Wirkstoffe und andere zur Arzneimittelherstellung bestimmte Stoffe sowie über Gewebe, über die Werbung auf dem Gebiete des Heilwesens, des Zweiten Abschnitts des Transfusionsgesetzes, der Abschnitte 2, 3 und 3a des Transplantationsgesetzes und über das Apothekenwesen beachtet werden. ²Sie hat dafür auf der Grundlage eines Überwachungssystems unter besonderer Berücksichtigung möglicher Risiken in angemessenen Zeitabständen und in angemessenem Umfang sowie erforderlichenfalls auch unangemeldet Inspektionen vorzunehmen und wirksame Folgemaßnahmen festzulegen. ³Sie hat auch Arzneimittelproben amtlich untersuchen zu lassen. ⁴Unangemeldete Inspektionen sind insbesondere erforderlich

1. bei Verdacht von Arzneimittel- oder Wirkstofffälschungen,
2. bei Hinweis auf schwerwiegende Mängel von Arzneimitteln oder Wirkstoffen sowie
3. in angemessenen Zeitabständen im Rahmen der Überwachung der Arzneimittelherstellung nach § 35 der Apothekenbetriebsordnung und der Herstellung von Arzneimitteln zur parenteralen Anwendung für Apotheken.

(3a) ¹Betriebe und Einrichtungen, die einer Erlaubnis nach den §§ 13, 20c, 72, 72b Absatz 1 oder § 72c bedürfen, tierärztliche Hausapotheken sowie Apotheken, die Arzneimittel nach § 35 der Apothekenbetriebsordnung herstellen, sind in der Regel alle zwei Jahre nach Absatz 3 zu überprüfen. Die zuständige Behörde erteilt die Erlaubnis nach den §§ 13, 20c, 52a, 72, 72b Absatz 1 oder § 72c erst, wenn sie sich durch eine Inspektion davon überzeugt hat, dass die Voraussetzungen für die Erlaubniserteilung vorliegen.

(3b) bis (3k) *nicht abgedruckt*

(4) Die mit der Überwachung beauftragten Personen sind befugt

1. Grundstücke, Geschäftsräume, Betriebsräume, Beförderungsmittel und zur Verhütung dringender Gefahr für die öffentliche Sicherheit und Ordnung auch Wohnräume zu den üblichen Geschäftszeiten zu betreten, zu besichtigen sowie in Geschäftsräumen, Betriebsräumen und Beförderungsmitteln zur Dokumentation Bildaufzeichnungen anzufertigen, in denen eine Tätigkeit nach Absatz 1 ausgeübt wird; das Grundrecht des Artikels 13 des Grundgesetzes auf Unverletzlichkeit der Wohnung wird insoweit eingeschränkt,
2. Unterlagen über Entwicklung, Herstellung, Prüfung, klinische Prüfung oder Rückstandsprüfung, Erwerb, Einfuhr, Lagerung, Verpackung, Abrechnung, Inverkehrbringen und sonstigen Verbleib der Arzneimittel, der Wirkstoffe und anderer zur Arzneimittelherstellung bestimmter Stoffe sowie über das im Verkehr befindliche Werbematerial und über die nach § 94 erforderliche Deckungsvorsorge einzusehen,
2a. Abschriften oder Ablichtungen von Unterlagen nach Nummer 2 oder Ausdrucke oder Kopien von Datenträgern, auf denen Unterlagen nach Nummer 2 gespeichert sind, anzufertigen oder zu verlangen, soweit es sich nicht um personenbezogene Daten von Patienten handelt,
3. von natürlichen und juristischen Personen und nicht rechtsfähigen Personenvereinigungen alle erforderlichen Auskünfte, insbesondere über die in Nummer 2 genannten Betriebsvorgänge zu verlangen,
4. vorläufige Anordnungen, auch über die Schließung des Betriebes oder der Einrichtung zu treffen, soweit es zur Verhütung dringender Gefahren für die öffentliche Sicherheit und Ordnung geboten ist.

Durchführung der Überwachung § 64 AMG

(4a) *nicht abgedruckt*

(5) **Der zur Auskunft Verpflichtete kann die Auskunft auf solche Fragen verweigern, deren Beantwortung ihn selbst oder einen seiner in § 383 Abs. 1 Nr. 1 bis 3 der Zivilprozessordnung bezeichneten Angehörigen der Gefahr strafrechtlicher Verfolgung oder eines Verfahrens nach dem Gesetz über Ordnungswidrigkeiten aussetzen würde.**

(6) *nicht abgedruckt*

Übersicht

	Rn.
A. Inhalt und Bedeutung	1
B. Überwachte Betriebe und Tätigkeiten, Behörden (Absatz 1)	4
C. Sachkenntnis (Absatz 2)	5
D. Überwachungsauftrag (Absätze 3, 3a)	7
E. Befugnisse der mit der Überwachung beauftragen Personen (Absätze 4, 4a, 5)	9
F. Ordnungswidrigkeit	11

A. Inhalt und Bedeutung

Mit den §§ 64–69b soll eine wirksame **Überwachung** des Verkehrs mit Arzneimitteln, Wirkstoffen und Geweben sichergestellt werden. Die Überwachung ist neben dem Erfordernis einer Herstellungserlaubnis und der Notwendigkeit einer Zulassung, Genehmigung oder Registrierung die **dritte Säule** zur Verwirklichung der in § 1 genannten Zwecke des AMG. Zweck der Überwachung ist die Kontrolle, ob im Interesse einer ordnungsgemäßen Arzneimittelversorgung die Sicherheit im Verkehr mit Arzneimitteln, insbesondere deren Qualität, Wirksamkeit und Unbedenklichkeit, gewährleistet ist (*Delewski* in Kügel/Müller/Hofmann § 64 Rn. 4). 1

Die §§ 64–66 behandeln die **anlasslose Regelüberwachung** (BVerwG NVwZ 2005, 87). Die darin geregelten Überwachungsmittel können allerdings nicht dazu eingesetzt werden, um zu klären, ob überhaupt ein überwachungspflichtiges Verhalten vorliegt. Anordnungen zur Klärung dieser Frage können gegebenenfalls auf § 69 Abs. 1 S. 1 gestützt werden (BVerwG NVwZ 2005, 87). 2

Liegen konkrete Verdachtsmomente vor, dass etwa Arzneimittel an Dritte abgegeben werden, so können diese eine hinreichenden Gefahrenverdacht begründen, um den Sachverhalt im Wege der Gefahrenerforschung auf der Grundlage des **allgemeinen Sicherheits- und Ordnungsrechts** der Länder aufzuklären (*Delewski* in Kügel/Müller/Hofmann § 64 Rn. 7). 3

B. Überwachte Betriebe, Einrichtungen und Personen (Absatz 1)

In Absatz 1 werden die Objekte und Subjekte aufgeführt, die der Überwachung unterliegen. Während die Sätze 1–3 für Betriebe und Einrichtungen gelten, dehnt Satz 4 die Überwachung 4
- auf **Personen** aus, die
  - die die in Satz 1 genannten Tätigkeiten **berufsmäßig** ausüben oder
  - Arzneimittel nicht ausschließlich für den Eigenbedarf **mit sich führen** (zu diesem Begriff s. → § 59d Rn. 16),
- auf den **Sponsor** einer klinischen Prüfung oder seinen Vertreter
- sowie auf **Personen** oder Personenvereinigungen, die Arzneimittel für andere **sammeln.**

Weber 1767

AMG § 64 Elfter Abschnitt. Überwachung

Die zuständigen Überwachungsbehörden, ergeben sich, soweit nicht eine Bundesoberbehörde zuständig ist, aus dem Landesrecht.

C. Sachkenntnis (Absatz 2)

5 Um die Überwachungsaufgaben ordnungsgemäß wahrnehmen zu können, müssen die Überwachungsbehörden mit den notwendigen sachlichen und personellen Mitteln ausgestattet sein. Absatz 2 bestimmt insofern, dass die konkret mit der Überwachung beauftragten Personen **hauptberuflich** tätig sein müssen. Damit sollen auch die notwendige Unabhängigkeit gewährleistet und Interessenkollisionen vermieden werden (*Rehmann* § 64 Rn. 3). Eine hauptberufliche Tätigkeit kann auch eine Teilzeitbeschäftigung sein; maßgeblich ist, dass ein festes Beschäftigungsbehältnis zur Überwachungsbehörde besteht (*Delewski* in Kügel/Müller/Hofmann § 64 Rn. 49).

6 Die mit der Überwachung beauftragten Personen müssen über die **notwendige Sachkenntnis** verfügen. Ein bestimmter Ausbildungsgang ist dazu im Gesetz nicht vorgeschrieben. Nähere Regelungen finden sich in der auf der Grundlage des § 82 erlassenen AMGVwV. Die Behörde kann ferner Sachverständige zuziehen.

D. Überwachungsauftrag (Absätze 3, 3a)

7 Der Überwachungsauftrag beschränkt sich nicht nur auf die Einhaltung des AMG, sondern auch der weiteren in Satz 1 genannten Bestimmungen. Die Überwachung erfolgt insbesondere durch **Betriebsbesichtigungen** und **Arzneimittelproben**, die regelmäßig erfolgen sollen. Näheres bestimmt die AMGVwV. Der vom Gesetz vorgegebene zweijährige Rhythmus ist eine Zielvorgabe und nicht verbindlich. Die Häufigkeit, Intensität, Art und Dauer der entsprechenden Überprüfungsmaßnahmen richten sich nach den konkreten Umständen des Einzelfalls. Die Überwachungsbehörde entscheidet über den Umfang und die Auswahl der Überwachungsmethoden im pflichtgemäßen Ermessen (*Rehmann* § 67 Rn. 4).

8 Nähere Regeln über die Art und Weise der Inspektionen, ihrer Durchführung auf Grund Ersuchens eines anderen Mitgliedstaates, der Kommission oder der EMA und des Umgangs mit den Inspektionsergebnissen enthalten die Absätze 3b–3h (nicht abgedruckt).

E. Befugnisse der mit der Überwachung beauftragen Personen (Absätze 4, 4a, 5)

9 Die Befugnisse der mit der Überwachung beauftragten Personen ergeben sich aus Absatz 4; für die Sachverständigen der EU, die die Überwachungsbehörden begleiten können, gilt Absatz 4a. Die Befugnisse umfassen Betretungs- und Besichtigungsrechte, das Recht der Einsicht in Unterlagen und zum Anfertigen von Abschriften sowie Auskunftsansprüche. Sie können ferner vorläufige Anordnungen treffen, die bis zur Schließung des Betriebs oder der Einrichtung reichen. Zum Auskunftsverweigerungsrecht des Betroffenen s. Absatz 5.

10 Die den Behörden zustehenden Befugnisse können mit Verwaltungszwang durchgesetzt werden (*Rehmann* § 67 Rn. 7).

F. Ordnungswidrigkeit

11 Der vorsätzliche oder fahrlässige Verstoß gegen § 64 Abs. 4 Nr. 4 (Zuwiderhandlung einer vollziehbaren Anordnung), auch in Verbindung mit § 69a, ist eine Ordnungswidrigkeit nach § 97 Abs. 2 Nr. 25.

Allgemeine Anzeigepflicht § 67 AMG

§ 65 Probenahme

(1) ¹Soweit es zur Durchführung der Vorschriften über den Verkehr mit Arzneimitteln, über die Werbung auf dem Gebiete des Heilwesens, des Zweiten Abschnitts des Transfusionsgesetzes, der Abschnitte 2, 3 und 3a des Transplantationsgesetzes und über das Apothekenwesen erforderlich ist, sind die mit der Überwachung beauftragten Personen befugt, gegen Empfangsbescheinigung Proben nach ihrer Auswahl zum Zwecke der Untersuchung zu fordern oder zu entnehmen. ²Diese Befugnis erstreckt sich insbesondere auf die Entnahme von Proben von Futtermitteln, Tränkwasser und bei lebenden Tieren, einschließlich der dabei erforderlichen Eingriffe an diesen Tieren. *Satz 3 nicht abgedruckt*

(2) bis (4) *nicht abgedruckt*

Nach § 65 sind die mit der Überwachung beauftragten Personen befugt, Proben 1
bei Betrieben, Einrichtungen und Personen zu ziehen, die der Überwachung nach § 64 unterliegen.

§ 66 Duldungs- und Mitwirkungspflicht

(1) ¹Wer der Überwachung nach § 64 Abs. 1 unterliegt, ist verpflichtet, die Maßnahmen nach den §§ 64 und 65 zu dulden und die in der Überwachung tätigen Personen bei der Erfüllung ihrer Aufgaben zu unterstützen, insbesondere ihnen auf Verlangen die Räume und Beförderungsmittel zu bezeichnen, Räume, Behälter und Behältnisse zu öffnen, Auskünfte zu erteilen und die Entnahme der Proben zu ermöglichen. ²Die gleiche Verpflichtung besteht für die sachkundige Person nach § 14, die verantwortliche Person nach § 20c, den Stufenplanbeauftragten, Informationsbeauftragten, die verantwortliche Person nach § 52a und den Leiter der klinischen Prüfung sowie deren Vertreter, auch im Hinblick auf Anfragen der zuständigen Bundesoberbehörde.

(2) *nicht abgedruckt*

Die Vorschrift ist das Gegenstück zu den §§ 64, 66. Sie regelt die Verpflichtung 1
der Betriebe, Einrichtungen und Personen, die Entnahme von Proben zu **dulden**. In Betracht kommt die Ziehung planmäßiger Proben (**Planproben**) sowie von außerplanmäßigen Proben (**Verdachtsproben**). Näheres ist in § 5 AMGVwV geregelt.

Die vorsätzliche oder fahrlässige Zuwiderhandlung gegen eine Duldungs- oder 2
Mitwirkungspflicht nach § 66, auch in Verbindung mit § 69a, ist eine **Ordnungswidrigkeit** nach § 97 Abs. 2 Nr. 26.

§ 67 Allgemeine Anzeigepflicht

(1) ¹Betriebe und Einrichtungen, die Arzneimittel entwickeln, herstellen, klinisch prüfen oder einer Rückstandsprüfung unterziehen, prüfen, lagern, verpacken, einführen, in den Verkehr bringen oder sonst mit ihnen Handel treiben, haben dies vor der Aufnahme der Tätigkeiten der zuständigen Behörde, bei einer klinischen Prüfung bei Menschen auch der zuständigen Bundesoberbehörde, anzuzeigen. *Satz 2 nicht abgedruckt* ³Die Entwicklung von Arzneimitteln ist anzuzeigen, soweit sie durch eine Rechtsverordnung nach § 54 geregelt ist. ⁴Das Gleiche gilt für Personen, die diese Tätigkeiten selbständig und berufsmäßig ausüben, sowie für Per-

sonen oder Personenvereinigungen, die Arzneimittel für andere sammeln. [5]In der Anzeige sind die Art der Tätigkeit und die Betriebsstätte anzugeben; werden Arzneimittel gesammelt, so ist das Nähere über die Art der Sammlung und über die Lagerstätte anzugeben. *Satz 6 nicht abgedruckt* [7]Die Sätze 1 und 3 bis 5 gelten entsprechend für Betriebe und Einrichtungen, die Wirkstoffe oder andere zur Arzneimittelherstellung bestimmte Stoffe herstellen, prüfen, lagern, verpacken, einführen in den Verkehr bringen oder sonst mit ihnen Handel treiben, soweit diese Tätigkeiten durch eine Rechtsverordnung nach § 54 geregelt sind. *Sätze 8 und 9 nicht abgedruckt*

(2) Ist die Herstellung von Arzneimitteln beabsichtigt, für die es einer Erlaubnis nach § 13 nicht bedarf, so sind die Arzneimittel mit ihrer Bezeichnung und Zusammensetzung anzuzeigen.

(3) [1]Nachträgliche Änderungen sind ebenfalls anzuzeigen. *Satz 2 nicht abgedruckt*

(3a), (3b) *nicht abgedruckt*

(4) [1]Die Absätze 1 bis 3 gelten nicht für diejenigen, die eine Erlaubnis nach § 13, § 20b, § 20c, § 52a, § 72, § 72b oder § 72c haben, und für Apotheken nach dem Gesetz über das Apothekenwesen. [2]Absatz 2 gilt nicht für tierärztliche Hausapotheken.

(5) [1]Wer als pharmazeutischer Unternehmer ein Arzneimittel, das nach § 36 Absatz 1 von der Pflicht zur Zulassung freigestellt ist, in den Verkehr bringt, hat dies zuvor der zuständigen Bundesoberbehörde und der zuständigen Behörde anzuzeigen. *Satz 2 nicht abgedruckt* [3]Anzuzeigen sind auch jede Änderung der Angaben und die Beendigung des Inverkehrbringens.

(6) [1]Wer Untersuchungen durchführt, die dazu bestimmt sind, Erkenntnisse bei der Anwendung zugelassener oder registrierter Arzneimittel zu sammeln, hat dies der zuständigen Bundesoberbehörde, der Kassenärztlichen Bundesvereinigung, dem Spitzenverband Bund der Krankenkassen und dem Verband der Privaten Krankenversicherung e. V. unverzüglich anzuzeigen. [2]Dabei sind Ort, Zeit, Ziel und Beobachtungsplan der Anwendungsbeobachtung anzugeben sowie gegenüber der Kassenärztlichen Bundesvereinigung und dem Spitzenverband Bund der Krankenkassen die beteiligten Ärzte namentlich mit Angabe der lebenslangen Arztnummer, der Betriebsstättennummer und der Praxisadresse zu benennen. [3]Entschädigungen, die an Ärzte für ihre Beteiligung an Untersuchungen nach Satz 1 geleistet werden, sind nach ihrer Art und Höhe so zu bemessen, dass kein Anreiz für eine bevorzugte Verschreibung oder Empfehlung bestimmter Arzneimittel entsteht. [4]Sofern beteiligte Ärzte Leistungen zu Lasten der gesetzlichen Krankenversicherung erbringen, sind bei Anzeigen nach Satz 1 auch die Art und die Höhe der jeweils an sie tatsächlich geleisteten Entschädigungen anzugeben sowie jeweils eine Ausfertigung der mit ihnen geschlossenen Verträge und jeweils eine Darstellung des Aufwandes für die beteiligten Ärzte und eine Begründung für die Angemessenheit der Entschädigung zu übermitteln. [5]Sofern sich bei den in Satz 4 genannten Informationen Änderungen ergeben, sind die jeweiligen Informationen nach Satz 4 vollständig in der geänderten, aktualisierten Form innerhalb von vier Wochen nach jedem Quartalsende zu übermitteln; die tatsächlich geleisteten Entschädigungen sind mit Zuordnung zu beteiligten Ärzten namentlich mit Angabe der lebenslangen Arztnummer, der Betriebsstättennummer und der Praxisadresse zu übermitteln. [6]Innerhalb eines Jahres nach Abschluss der Datenerfassung sind unter Angabe der ins-

Allgemeine Anzeigepflicht § 67 AMG

gesamt beteiligten Ärzte die Anzahl der jeweils und insgesamt beteiligten Patienten und Art und Höhe der jeweils und insgesamt geleisteten Entschädigungen zu übermitteln. [7]Der zuständigen Bundesoberbehörde ist innerhalb eines Jahres nach Abschluss der Datenerfassung bei Untersuchungen mit Arzneimitteln, die zur Anwendung bei Menschen bestimmt sind, ein Abschlussbericht zu übermitteln. [8]§ 42b Absatz 2 Satz 1 und 4 gilt entsprechend. *Sätze 9 bis 11 nicht abgedruckt.* [12]Die Sätze 4 bis 6 gelten nicht für Anzeigen gegenüber der zuständigen Bundesoberbehörde. *Satz 13 nicht abgedruckt* [14]Für Arzneimittel, die zur Anwendung bei Tieren bestimmt sind, sind die Anzeigen nach Satz 1 nur gegenüber der zuständigen Bundesoberbehörde zu erstatten. [15]Die Sätze 1 bis 12 und 14 gelten nicht für Unbedenklichkeitsstudien nach § 63 f.

(7) [1]Wer beabsichtigt, gewerbs- oder berufsmäßig Arzneimittel, die in einem anderen Mitgliedstaat der Europäischen Union zum Inverkehrbringen durch einen anderen pharmazeutischen Unternehmer zugelassen sind, erstmalig aus diesem Mitgliedstaat in den Geltungsbereich des Gesetzes zum Zweck des Inverkehrbringens im Geltungsbereich des Gesetzes zu verbringen, hat dies dem Inhaber der Zulassung vor der Aufnahme der Tätigkeit anzuzeigen. [2]Für Arzneimittel, für die eine Genehmigung für das Inverkehrbringen gemäß der Verordnung (EG) Nr. 726/2004 erteilt worden ist, gilt Satz 1 mit der Maßgabe, dass die Anzeige dem Inhaber der Genehmigung und der Europäischen Arzneimittel-Agentur zu übermitteln ist.

Satz 3 nicht abgedruckt

(8) [1]Wer zum Zwecke des Einzelhandels Arzneimittel, die zur Anwendung bei Menschen bestimmt sind, im Wege des Versandhandels über das Internet anbieten will, hat dies vor Aufnahme der Tätigkeit der zuständigen Behörde unter Angabe des Namens oder der Firma und der Anschrift des Ortes, von dem aus die Arzneimittel geliefert werden sollen, und die Adresse jedes Internetportals einschließlich aller Angaben zu deren Identifizierung anzuzeigen. [2]Nachträgliche Änderungen sind ebenfalls anzuzeigen. *Sätze 3 und 4 nicht abgedruckt*

(9) [1]Wer nicht zulassungs- oder genehmigungspflichtige Arzneimittel für neuartige Therapien bei einem Patienten anwendet, hat dies der zuständigen Bundesoberbehörde gemäß den Sätzen 2 und 3 anzuzeigen. [2]Die Anzeige ist unverzüglich nach Beginn der Anwendung einzureichen.

Sätze 3 und 4 nicht abgedruckt

Übersicht

	Rn.
A. Inhalt und Bedeutung	1
B. Anzeige vor Aufnahme der Tätigkeit (Absatz 1)	2
C. Anzeigepflichtige Herstellung (Absatz 2)	5
D. Nachträgliche Änderungen (Absätze 3, 3a)	6
E. Ausnahmen (Absatz 4)	8
F. Standardzulassungen (Absatz 5)	9
G. Anwendungsbeobachtungen (Absatz 6)	10
I. Anwendungsbeobachtungen in der Praxis	10
II. Die gesetzlichen Regeln	12
H. Anzeigepflicht bei Parallelhandel (Absatz 7)	16
I. Anzeigepflicht bei Versandhandel über das Internet (Absatz 8)	18
J. Ordnungswidrigkeiten	19

AMG § 67

A. Inhalt und Bedeutung

1   Die Vorschrift regelt die allgemeine **Anzeigepflicht** der Betriebe, Einrichtungen sowie bestimmter Personen und Personenvereinigungen, die mit Arzneimitteln umgehen.

B. Anzeige vor Aufnahme der Tätigkeit (Absatz 1)

2   **Der Kreis** der Betriebe, Einrichtungen, Personen und Personenvereinigungen, die die Aufnahme ihrer Tätigkeit der zuständigen Behörde anzuzeigen haben, entspricht mit wenigen, sachlich veranlassten Abweichungen dem Kreis derjenigen, die nach § 64 der Überwachung unterliegen **(Sätze 1–4, 7, 8)**. Bei einer klinischen Prüfung am Menschen hat die Anzeige auch gegenüber der zuständigen Bundesoberbehörde zu erfolgen

3   **In der Anzeige** sind die Art der Tätigkeit und die Betriebsstätte anzugeben; werden **Arzneimittel gesammelt,** so ist das Nähere über die Art der Sammlung und über die Lagerstätte anzugeben **(Satz 5)**. Bei klinischen Prüfungen am Menschen sind weitere Angaben zu machen **(Satz 6)**.

4   Um der Überwachungsbehörde die Möglichkeit zu geben, ihrer Überwachungsverpflichtung nachzukommen, muss die Anzeige jeweils **vor Aufnahme der Tätigkeit** erfolgen. Die Anzeige kann **formlos** sein (*Rehmann* § 67 Rn. 1), muss aber die erforderlichen Angaben enthalten.

C. Anzeigepflichtige Herstellung (Absatz 2)

5   Die Anzeigepflicht gilt **nicht** für die Hersteller von Arzneimitteln, welche einer Erlaubnis nach § 13 bedürfen (Absatz 4 Satz 1), da die Überwachungsbehörde bereits aus ihrem Antrag die notwendigen Kenntnisse erlangt. Bedarf die Herstellung dagegen keiner Erlaubnis (→ § 13 Rn. 35–55, 57–60, 63), so ist sie in der Weise anzuzeigen, dass die Arzneimittel mit ihrer Bezeichnung und Zusammensetzung mitgeteilt werden (Absatz 2).

D. Nachträgliche Änderungen (Absatz 3)

6   Nachträgliche Änderungen sind ebenfalls anzuzeigen **(Satz 1)**. Dies gilt vor allem für Änderungen, die für die Arzneimittelüberwachung von Bedeutung sind, etwa eine Änderung des Herstellungsprogramms, eine erhebliche Vergrößerung der Betriebsstätte oder eine Erweiterung des Tätigkeitsbereichs. Die Änderungsanzeige kann auch nach der durchgeführten Änderung erfolgen, muss aber unverzüglich sein (*Rehmann* § 67 Rn. 3). Für Betriebe und Einrichtungen, die Wirkstoffe herstellen, einführen oder sonst mit ihnen Handel treiben, sind Erleichterungen vorgesehen **(Satz 2)**

7   Bei **klinischen Prüfungen** ist deren Verlauf anzuzeigen, also insbesondere auch deren Beendigung und die erzielten Ergebnisse **(Absatz 3a)**. Das Nähere bestimmt die GCP-V.

E. Ausnahmen (Absatz 4)

8   Arzneimittelhersteller und -importeure sowie Großhändler, welche einer Erlaubnis nach §§ 13, 20b, 20c, 52a, 72, 72b oder 72c bedürfen, sind von der Anzeigepflicht des § 67 ausgenommen (→ Rn. 5). Dasselbe gilt für Apotheken. Absatz 2 gilt nicht für tierärztliche Hausapotheken.

Allgemeine Anzeigepflicht § 67 AMG

F. Standardzulassungen (Absatz 5)

Standardzulassungen sind durch Rechtsverordnung von der Einzelzulassung freigestellt (§ 36). Das Inverkehrbringen von ihnen entsprechenden Arzneimitteln ist allerdings der zuständigen Bundesoberbehörde anzuzeigen (Absatz 5). Diese soll damit einen Überblick über sämtliche am Markt erhältlichen Arzneimittel erhalten, die unter Bezugnahme auf die Standardzulassung vertrieben werden. Dies ist insbesondere wichtig, wenn Risikomaßnahmen veranlasst sind. Der Inhalt der Anzeige wird ebenfalls von Absatz 5 vorgegeben. 9

G. Anwendungsbeobachtungen (Absatz 6)

I. Anwendungsbeobachtungen in der Praxis. Anwendungsbeobachtungen (BT-Drs. 18/856) sind eine systematische Sammlung von Kenntnissen und Erfahrungen, die bei der Anwendung eines bestimmten bereits zugelassenen oder registrierten Arzneimittels gemacht werden (*Rehmann* § 67 Rn. 6). Mit ihrer Hilfe haben die Unternehmen die Möglichkeit, die Anwendungsvor- und nachteile im Rahmen der Zweckbestimmung des Produkts oder seiner Verträglichkeit auf einer breiteren (Patienten-)Basis zu überprüfen. Anwendungsbeobachtungen zählen zu den nichtinterventionellen Prüfungen nach § 4 Abs. 23 S. 3 (→ § 4 Rn. 103; *Franken* in Fuhrmann/Klein/Fleischfresser ArzneimittelR-HdB § 12 Rn. 6). Sie unterliegen daher nicht den strengen Regelungen, die für klinische Studien gelten (*Dieners/Klümper/Oeben* in Dieners/Reese PharmaR-HdB § 12 Rn. 68). S. auch Nr. 1.1 der Empfehlungen des BfArM und des PEI zur Planung, Durchführung und Auswertung von Anwendungsbeobachtungen (*Rehmann* § 67 Rn. 6). **Sachlich gerechtfertigt** ist die Anwendungsbeobachtung, wenn ihr ein tatsächlich bestehendes, nachvollziehbares und dokumentiertes Erkenntnisinteresse zugrunde liegt (*Dieners/Klümper/Oeben* in Dieners/Reese PharmaR-HdB § 12 Rn. 69). 10

Da der Wert für das Unternehmen nicht immer ohne weiteres erkennbar ist, werden sie in der **strafrechtlichen** Praxis manchmal als bloße **Marketing-Studien** betrachtet, deren eigentliches Ziel in der Erhöhung des Verbrauchs von Arzneimitteln und damit in einer bloßen Umsatzsteigerung besteht (*Dieners/Klümper/Oeben* in Dieners/Reese PharmaR-HdB § 12 Rn. 69). Allerdings erfüllt die bloße Teilnahme an einer vergüteten Anwendungsbeobachtung den Tatbestand des **§ 299a StGB noch nicht** (BT-Drs. 18/6446, 18; *Broch* PharmR 2016, 314 (318)). Etwas anderes gilt, wenn die Anwendungsbeobachtung Bestandteil einer **Unrechtsvereinbarung** (Verknüpfung von Vorteil und Gegenleistung) ist und die vorgesehene Vergütung den teilnehmenden Arzt nicht für seinen zusätzlichen Aufwand entschädigt, sondern ihm als Bestechungsgeld für die bevorzugte Verordnung bestimmter Präparate gewährt wird (BT-Drs. 18/6446, 18). 11

II. Die gesetzlichen Regeln. Nach **Satz 1** obliegt die Anzeigepflicht **jedem**, der verantwortlich eine Anwendungsbeobachtung durchführt, nicht nur dem pharmazeutischen Unternehmer (BT-Drs. 17/9341, 64). In der Anzeige sind Ort, Zeit, Ziel und Beobachtungsplan der Anwendungsbeobachtung anzugeben; gegenüber der Kassenärztlichen Bundesvereinigung und dem Spitzenverband Bund der Krankenkassen sind die Namen, Arztnummern, Betriebsstättennummern und die Praxisadressen der beteiligten Ärzte zu benennen **(Satz 2)**. Soweit Leistungen zu Lasten der gesetzlichen Krankenversicherung erbracht werden, ist der Anzeigeninhalt erweitert **(Sätze 4–6)**. Bei Arzneimitteln, die zur Anwendung bei Menschen bestimmt sind, ist der zuständigen Bundesoberbehörde innerhalb eines Jahres nach Abschluss der Datenerfassung ein Abschlussbericht zu übermitteln **(Satz 7)**. Für den Inhalt des Berichts gelten die Bestimmungen, die auch für klinische Prüfungen maßgeblich sind **(Satz 8)**. Die eingegangenen Anzeigen und Abschlussberichte 12 sind im Internet zu veröffentlichen **(Sätze 10, 11)**. Bei Tierarzneimitteln muss die Anzeige nur gegenüber der zuständigen Bundesoberbehörde (BVL) erfolgen **(Satz 13)**.

13   Um eine gezielte Beeinflussung des Verschreibungsverhaltens zu verhindern, dürfen Entschädigungen, die Ärzte für ihre Beteiligung an der Anwendungsbeobachtung erhalten, nur so bemessen sein, dass **kein Anreiz für eine bevorzugte** Verschreibung oder Empfehlung bestimmter Arzneimittel besteht **(Satz 3)**. Hinweise für eine sachgerechte Honorierung enthält Nr. 9 der Empfehlungen des BfArM und des PEI (→ Rn. 10).

14   Um zu verhindern, dass das Gesundheitsversorgungssystem mit den Kosten von Anwendungsbeobachtungen belastet wird, sieht **Satz 4** vor, dass, wenn beteiligte Ärzte Leistungen der Gesetzlichen Krankenversicherung erbringen, bei den Anzeigen nach Satz 1 auch die **Art und Höhe der Entschädigung** mitzuteilen, eine Ausfertigung der geschlossenen Verträge vorzulegen und eine Darstellung des Aufwandes für die beteiligten Ärzte und eine Begründung für die Angemessenheit der Entschädigung zu übermitteln ist.

15   Für Anwendungsbeobachtungen, die eine Überprüfung der Unbedenklichkeit zum Ziel haben, gelten die Sätze 1–5 nicht **(Satz 6);** hier sind die Sondervorschriften nach § 64h anzuwenden (BT-Drs. 17/9341, 64).

H. Parallelhandel (Absatz 7)

16   Der durch Gesetz v. 19. 10. 2012 (BGBl. I S. 2192) eingeführte Absatz 7 dient der Umsetzung von Art. 76 Abs. 3, 4 der geänderten Richtlinie 2001/83/EG. Diese Vorschriften betreffen den **Parallelhandel mit zugelassenen oder genehmigten Arzneimitteln** (dazu im Einzelnen → Vor § 72 Rn. 1–9). Danach hat jeder Händler von zugelassenen Arzneimitteln, die aus einem anderen Mitgliedstaat erstmals nach Deutschland verbracht werden sollen, um diese hier in den Verkehr zu bringen, diese Absicht gegenüber dem Zulassungsinhaber anzuzeigen **(Satz 1).** Die **Anzeige** ersetzt **nicht** eine **Zulassung** für das Inverkehrbringen nach § 21 (BT-Drs. 17/9341, 64).

17   Beim **Parallelvertrieb** von zentral zugelassenen Arzneimitteln (→ Vor § 73 Rn. 10) ist keine weitere Zulassung durch die zuständige Bundesoberbehörde erforderlich. Hier hat die Anzeige gegenüber dem Genehmigungsinhaber und gegenüber der EMA zu erfolgen **(Satz 2).** Diese prüft, ob das Arzneimittel den Bedingungen für das Inverkehrbringen entspricht, die für den jeweiligen Mitgliedstaat in der zentralen Genehmigung festgelegt wurden.

I. Anzeigepflicht bei Versandhandel über das Internet (Absatz 8)

18   Die durch Gesetz v. 19. 12. 2012 (→ Rn. 16) eingeführte Anzeigepflicht **(Absatz 8)** dient der Umsetzung des Art. 85c Abs. 1 Buchst. b der Richtlinie 2001/83/EG, wonach Einzelhändler, die Arzneimittel im Wege des Fernabsatzes über das Internet anbieten, dies der zuständigen Behörde anzuzeigen haben, wobei auch Angaben zur Identifizierung der genutzten Internetseiten zu machen sind. Die Einstellung in die Datenbank nach § 67a dient vor allem dem Schutz der legalen Vertriebskette vor gefälschten Arzneimitteln und schafft die notwendige Transparenz (BT-Drs. 17/9341, 64). Mit der Verlinkung der entsprechenden Informationen innerhalb der EU ist es möglich, in der gesamten EU die Seriosität der Bezugsquelle von Arzneimitteln zu überprüfen. Absatz 8 ist am 1.1.2016 in Kraft getreten (Bek. v. 30.1.2017 (BGBl. I S. 154)).

Maßnahmen der zuständigen Behörden § 69 AMG

J. Ordnungswidrigkeiten

Ein vorsätzlicher oder fahrlässiger Verstoß (unterlassene oder fehlerhafte Anzeige) 19
gegen § 67
- **Abs. 1 Satz 1,** auch in Verbindung mit **Satz 2,** jeweils auch in Verbindung mit § 69a, ist eine Ordnungswidrigkeit nach § 97 Abs. 2 Nr. 7 Buchst. c,
- **Abs. 5 Satz 1** ist eine Ordnungswidrigkeit nach § 97 Abs. 2 Nr. 7 Buchst. c,
- **Abs. 6 Satz 1** ist eine Ordnungswidrigkeit nach § 97 Abs. 2 Nr. 7 Buchst. b,
- **Abs. 8 Satz 1** ist eine Ordnungswidrigkeit nach § 97 Abs. 2 Nr. 7 Buchst. a,
- **Abs. 9 Satz 1** ist eine Ordnungswidrigkeit nach § 97 Abs. 2 Nr. 7 Buchst. c.

§ 69 Maßnahmen der zuständigen Behörden

(1) ¹Die zuständigen Behörden treffen die zur Beseitigung festgestellter Verstöße und die zur Verhütung künftiger Verstöße notwendigen Anordnungen. ²Sie können insbesondere das Inverkehrbringen von Arzneimitteln oder Wirkstoffen untersagen, deren Rückruf anordnen und diese sicherstellen, wenn
1. die erforderliche Zulassung oder Registrierung für das Arzneimittel nicht vorliegt oder deren Ruhen angeordnet ist,
2. das Arzneimittel oder der Wirkstoff nicht nach den anerkannten pharmazeutischen Regeln hergestellt ist oder nicht die nach den anerkannten pharmazeutischen Regeln angemessene Qualität aufweist,
2a. der begründete Verdacht besteht, dass es sich um ein gefälschtes Arzneimittel oder einen gefälschten Wirkstoff handelt
3. dem Arzneimittel die therapeutische Wirksamkeit fehlt,
4. der begründete Verdacht besteht, dass das Arzneimittel schädliche Wirkungen hat, die über ein nach den Erkenntnissen der medizinischen Wissenschaft vertretbares Maß hinausgehen,
5. die vorgeschriebenen Qualitätskontrollen nicht durchgeführt sind,
6. die erforderliche Erlaubnis für das Herstellen des Arzneimittels oder des Wirkstoffes oder das Verbringen in den Geltungsbereich des Gesetzes nicht vorliegt oder ein Grund zur Rücknahme oder zum Widerruf der Erlaubnis nach § 18 Abs. 1 gegeben ist oder
7. die erforderliche Erlaubnis zum Betreiben eines Großhandels nach § 52a nicht vorliegt oder ein Grund für die Rücknahme oder den Widerruf der Erlaubnis nach § 52a Abs. 5 gegeben ist.

(1a) ¹Bei Arzneimitteln, für die eine Genehmigung für das Inverkehrbringen oder Zulassung
1. gemäß der Verordnung (EG) Nr. 726/2004 oder
2. im Verfahren der Anerkennung gemäß Kapitel 4 der Richtlinie 2001/83/EG oder Kapitel 4 der Richtlinie 2001/82/EG oder
3. auf Grund eines Gutachtens des Ausschusses gemäß Artikel 4 der Richtlinie 87/22/EWG vom 22. Dezember 1986 vor dem 1. Januar 1995

erteilt worden ist, unterrichtet die zuständige Bundesoberbehörde den Ausschuss für Humanarzneimittel oder den Ausschuss für Tierarzneimittel über festgestellte Verstöße gegen arzneimittelrechtliche Vorschriften nach Maßgabe der in den genannten Rechtsakten vorgesehenen Verfahren unter Angabe einer eingehenden Begründung und des vorgeschlagenen Vorgehens. ²Bei diesen Arzneimitteln können die zuständigen Behörden vor der Unterrichtung des Ausschusses nach Satz 1 die zur Beseitigung festgestellter und zur Verhütung künftiger Verstöße notwendigen Anordnungen treffen, sofern diese zum Schutz der Gesundheit von Mensch oder

Tier oder zum Schutz der Umwelt dringend erforderlich sind. ³In den Fällen des Satzes 1 Nr. 2 und 3 unterrichten die zuständigen Behörden die Kommission der Europäischen Gemeinschaften und die anderen Mitgliedstaaten, in den Fällen des Satzes 1 Nr. 1 die Europäische Kommission und die Europäische Arzneimittel-Agentur über die zuständige Bundesoberbehörde spätestens am folgenden Arbeitstag über die Gründe dieser Maßnahmen. ⁴Im Fall des Absatzes 1 Satz 2 Nummer 2a und 4 kann auch die zuständige Bundesoberbehörde das Ruhen der Zulassung anordnen oder den Rückruf eines Arzneimittels anordnen, sofern ihr Tätigwerden zum Schutz der in Satz 2 genannten Rechtsgüter dringend erforderlich ist; in diesem Fall gilt Satz 3 entsprechend.

(1b) Bei anderen als den in Absatz 1a Satz 1 genannten Arzneimitteln kann die zuständige Bundesoberbehörde im Fall des Absatzes 1 Satz 2 Nummer 2, 2a und 4 den Rückruf eines Arzneimittels anordnen, sofern ihr Tätigwerden zum Schutz der Gesundheit von Mensch oder Tier oder zum Schutz der Umwelt geboten ist. Erfolgt der Rückruf nach Satz 1 im Zusammenhang mit Maßnahmen nach den §§ 28, 30, 31 Absatz 4 Satz 2 oder nach § 32 Absatz 5, ist die Entscheidung der zuständigen Bundesoberbehörde sofort vollziehbar. Soweit es sich bei Arzneimitteln nach Absatz 1 Satz 2 Nummer 4 um solche handelt, die für die Anwendung bei Tieren bestimmt sind, beschränkt sich die Anwendung des Arzneimittels auf den bestimmungsgemäßen Gebrauch.

(2) ¹Die zuständigen Behörden können das Sammeln von Arzneimitteln untersagen, wenn eine sachgerechte Lagerung der Arzneimittel nicht gewährleistet ist oder wenn der begründete Verdacht besteht, dass die gesammelten Arzneimittel missbräuchlich verwendet werden. ²Gesammelte Arzneimittel können sichergestellt werden, wenn durch unzureichende Lagerung oder durch ihre Abgabe die Gesundheit von Mensch und Tier gefährdet wird.

(2a) Die zuständigen Behörden können ferner zur Anwendung bei Tieren bestimmte Arzneimittel sowie Stoffe und Zubereitungen aus Stoffen im Sinne des § 59a sicherstellen, wenn Tatsachen die Annahme rechtfertigen, dass Vorschriften über den Verkehr mit Arzneimitteln nicht beachtet worden sind.

(3) Die zuständigen Behörden können Werbematerial sicherstellen, das den Vorschriften über den Verkehr mit Arzneimitteln und über die Werbung auf dem Gebiete des Heilwesens nicht entspricht.

(4) Im Fall eines Rückrufs eines Arzneimittels nach Absatz 1a Satz 4 oder nach Absatz 1b Satz 1 kann auch eine öffentliche Warnung durch die zuständige Bundesoberbehörde erfolgen.

(5) Die zuständige Behörde kann im Benehmen mit der zuständigen Bundesoberbehörde bei einem Arzneimittel, das zur Anwendung bei Menschen bestimmt ist und dessen Abgabe untersagt wurde oder das aus dem Verkehr gezogen wurde, weil
1. die Voraussetzungen für das Inverkehrbringen nicht oder nicht mehr vorliegen,
2. das Arzneimittel nicht die angegebene Zusammensetzung nach Art und Menge aufweist oder
3. die Kontrollen der Arzneimittel oder der Bestandteile und der Zwischenprodukte nicht durchgeführt worden sind oder ein anderes Erfordernis oder eine andere Voraussetzung für die Erteilung der Herstellungserlaubnis nicht erfüllt worden ist,

Maßnahmen der zuständigen Behörden　　　　　　　　§ 69 AMG

in Ausnahmefällen seine Abgabe an Patienten, die bereits mit diesem Arzneimittel behandelt werden, während einer Übergangszeit gestatten, wenn dies medizinisch vertretbar und für die betroffene Person angezeigt ist.

Übersicht

	Rn.
A. Einführung	1
B. Generalklausel und besondere Maßnahmen (Absatz 1)	2
I. Die Anwendung des Absatzes 1	2
II. Die besonderen Maßnahmen des Satzes 2	8
1. Anordnungsbefugnisse	9
2. Anordnungsvoraussetzungen	14
a) Fehlende/ruhende Zulassung oder Registrierung (Nr. 1)	15
b) Unzureichende Herstellung oder Qualität (Nr. 2)	16
c) Fehlende Wirksamkeit (Nr. 3)	17
d) Begründeter Verdacht unvertretbarer schädlicher Wirkungen (Nr. 4)	18
e) Unzureichende Qualitätskontrollen (Nr. 5)	20
f) Keine Herstellungs- oder Importerlaubnis, Vorliegen eines Rücknahme- oder Widerrufsgrundes (Nr. 6)	21
g) Keine Großhandelserlaubnis, Vorliegen eines Rücknahme- oder Widerrufsgrundes (Nr. 7)	22
C. Gemeinschaftsrechtliche Zulassungen (Absatz 1a)	25
D. Rückruf durch die Bundesoberbehörden (Absatz 1b)	27
E. Sammeln von Arzneimitteln (Absatz 2)	28
F. Sicherstellung bei Tierarzneimitteln (Absatz 2a)	30
G. Sicherstellung von Werbematerial (Absatz 3)	31
H. Öffentliche Warnung (Absatz 4)	32
I. Vorübergehende Weiterversorgung bestimmter Patienten (Absatz 5)	33

A. Einführung

§ 69 bietet die Rechtsgrundlage für das Einschreiten der mit dem Vollzug des AMG beauftragten Behörden bei Verstößen gegen die arzneimittelrechtlichen Bestimmungen. Die Vorschrift entspricht Art. 116, 117 der Richtlinie 2001/83/EG in der Fassung der Richtlinie 2004/27/EG (→ § 2 Rn. 2, 3) und Art. 84, 85 der Richtlinie 2001/82/EG in der Fassung der Richtlinie 2004/28/EG (→ § 2 Rn. 2, 3).   1

B. Generalklausel und besondere Maßnahmen (Absatz 1)

I. Die Generalklausel des Satzes 1. In Form einer Generalklausel ermächtigt   2
Satz 1 die zuständigen Behörden, alle notwendigen Maßnahmen zur Beseitigung festgestellter Verstöße gegen arzneimittelrechtliche Bestimmungen sowie die notwendigen Anordnungen zur Unterbindung zukünftiger Verstöße zu treffen. Die Vorschrift ist eine generelle Ermächtigung zur Überwachung des Verkehrs mit Arzneimitteln; sie gibt den zuständigen Behörden die Möglichkeit, die Einhaltung der arzneimittelrechtlichen Bestimmungen durch **ordnungsbehördliche Verfügungen** sicherzustellen (BVerwGE 94, 341 = NVwZ 1994, 1013; NVwZ 2005, 87). In § 69 Abs. 1 S. 2, Abs. 1b, Abs. 2, 2a und 3 wird die generelle Eingriffsbefugnis dann für bestimmte Fälle modifiziert (s. BVerwG NJW 1990, 2948).

Voraussetzung einer Anordnung nach § 69 ist, dass die Tätigkeit des Betroffe-   3
nen dem AMG unterliegt. Ob dies gegeben ist, ist nach den allgemeinen Vorschriften aufzuklären und festzustellen. Die Behörde kann diese Frage nicht offen lassen und statt dessen eine Maßnahme der Regelüberwachung nach § 64 ergreifen, da eine solche nicht dazu eingesetzt werden darf, um zu klären, ob ein überwachungs-

bedürftiger Sachverhalt überhaupt vorliegt. (BVerwG NVwZ 2005, 87; → § 64 Rn. 2, 3).

4 Die Maßnahmen nach § 69 können auch **neben** der Rücknahme, dem Widerruf oder dem Ruhen einer Erlaubnis getroffen werden (auch → Rn. 27). Zum **sofortigen Vollzug** s. OVG Lüneburg PharmR 2021, 31 = A&R 2021, 52.

5 Bei der Frage, welchen Umfang die zu treffende Maßnahme haben muss, ist **generell** zu beachten, ob der jeweilige Verstoß sich auf das Arzneimittel insgesamt bezieht oder ob nur eine **bestimmte Charge** betroffen ist. In einem solchen Falle kann sich die Maßnahme auf die Charge beschränken, wenn anzunehmen ist, dass die Mängel künftig ausgeräumt werden.

6 Die Ermächtigung zur Untersagung der **Anwendung** von bedenklichen Arzneimitteln durch einen Arzt ergibt sich unmittelbar aus der Generalklausel des § 69 Abs. 1 S. 1; die Anwendung solcher Arzneimittel ist nach § 5 verboten, so dass die Untersagung der Verhinderung künftiger Verstöße dient (OVG Koblenz PharmR 2016, 426). Dasselbe gilt für die Untersagung der **Herstellung** solcher Arzneimittel durch einen **Arzt** (OVG Koblenz PharmR 2016, 426).

7 Ist das Inverkehrbringen **strafbar**, so gelten daneben die allgemeinen sicherheits- und ordnungsrechtlichen Befugnisse (OVG Münster PharmR 2014, 546).

8 **II. Die besonderen Maßnahmen der Satzes 2.** Für bestimmte Maßnahmen enthält Satz 2 eine besondere Regelung.

9 **1. Anordnungsbefugnisse.** Solche Maßnahmen sind
– die Untersagung des Inverkehrbringens (Vertriebsverbot),
– die Anordnung des Rückrufs und
– die Sicherstellung von Arzneimitteln und Wirkstoffen.

Diese Maßnahmen dürfen nur bei Vorliegen der in den einzelnen Nummern des Satzes 2 enthaltenen Voraussetzungen ergriffen werden; auf Satz 1 dürfen sie nicht gestützt werden (OVG Münster PharmR 2014, 546 für das Inverkehrbringen; *Rehmann* § 69 Rn. 2; *Schafranek* PharmR 2016, 37).

10 Im Übrigen sind die Behörden frei. Maßnahmen **anderer Art** können sie nach Satz 1 daher auch dann ergreifen, wenn die besonderen Voraussetzungen des Satzes 2 nicht vorliegen.

11 Dies hat zur Folge, dass die Behörde **nach pflichtgemäßem Ermessen** stets prüfen muss, ob Maßnahmen anderer Art ausreichen, um festgestellte Verstöße zu unterbinden oder künftig zu verhüten **(Satz 1).** Dabei hat sie eine Abwägung zwischen dem öffentlichen Interesse an der Unterbindung und Verhütung der Verstöße und dem Interesse des Betroffenen an der Wahrung seiner unternehmerischen Entscheidungsfreiheit und seinem Recht am eingerichteten und ausgeübten Gewerbebetrieb vorzunehmen (*Rehmann* § 69 Rn. 2).

12 Ein **Vertriebsverbot** (Verbot des Inverkehrbringens) kommt in Betracht, wenn die Arzneimittel oder Wirkstoffe noch nicht ausgeliefert sind. Ist dies bereits geschehen, so ist zusätzlich der **Rückruf** (→ Rn. 27) in Betracht zu ziehen, es sei denn, dass nur geringfügige Gefahren zu befürchten sind. Ist das Arzneimittel noch nicht ausgeliefert, kommt auch die **Sicherstellung** in Betracht. Die Sicherstellung kann auch als vorläufige Maßnahme der späteren Einziehung vorausgehen.

13 Die **jeweils zuständigen Behörden** sind dem Verzeichnis des BMG zu entnehmen.

14 **2. Anordnungsvoraussetzungen.** Die Untersagung des Inverkehrbringens, der Rückruf oder die Sicherstellung haben im Einzelnen dir folgenden Voraussetzungen:

a) Fehlende/ruhende Zulassung oder Registrierung (Nr. 1). Das Inver- 15
kehrbringen von Arzneimitteln ohne derzeit wirksame Zulassung oder Registrierung ist ein schwerer Verstoß und nach § 96 Nr. 5, 7 strafbar. Die Vorschrift ist ein **abstrakter Gefährdungstatbestand;** eine konkrete Gefährdung der Arzneimittelsicherheit oder auch nur der Verdacht einer solchen ist nicht erforderlich (OVG Münster MedR 2016, 811 mzustAnm *Fuhrmann*). Der Ermessenspielraum der Behörde tendiert in der Regel gegen Null, sodass ein Vertriebsverbot regelmäßig angezeigt ist (*Delewski* in Kügel/Müller/Hofmann Rn. 31).

b) Unzureichende Herstellung oder Qualität (Nr. 2). Die Vorschrift enthält 16
einen **konkreten Gefährdungstatbestand,** dessen Nachweis der Behörde obliegt (OVG Münster MedR 2016, 811 mzustAnm *Fuhrmann*). Ob Qualitätsmängel vorliegen, richtet sich nach den Standards des § 55 und dem Inhalt des bestandskräftigen Zulassungsbescheids. Solange Herstellung oder Qualität diesem entsprechen, kommt eine Untersagung nicht in Betracht (*Delewski* in Kügel/Müller/Hofmann § 69 Rn. 32). Die Mängel können chargenbedingt oder herstellungsbedingt und damit generell vorhanden sein (→ Rn. 5).

c) Fehlende Wirksamkeit (Nr. 3). Die Vorschrift enthält einen **konkreten** 17
Gefährdungstatbestand (→ Rn. 16). An sich darf bei einer fehlende Wirksamkeit keine Zulassung erteilt werden (§ 25 Abs. 2 Nr. 4). Ist dies doch geschehen, so ist die Zulassung zu widerrufen oder zurückzunehmen (§ 30). Ein Arzneimittel, dem die therapeutische Wirksamkeit fehlt, ist nicht verkehrsfähig. Dies rechtfertigt die vorläufige Maßnahme nach Nr. 3.

d) Begründeter Verdacht unvertretbarer schädlicher Wirkungen (Nr. 4). 18
Nr. 4 enthält die Normierung eines Gefahrenverdachts; hier reicht der begründete Verdacht einer Gefahr; die ihm zugrundeliegenden Tatsachen muss die Behörde nachweisen (OVG Münster MedR 2016, 811 mzustAnm *Fuhrmann*).

An die Begründung des Verdachts in Satz 2 Nr. 4 sind trotz der abweichenden 19
Fassung der Vorschrift dieselben Anforderungen zu stellen wie an den Verdacht in § 5 Abs. 2 (s. *Räpple* S. 99 – 103). Zu beachten ist allerdings, dass es, soweit **Humanarzneimittel** betroffen sind **(Satz 5),** anders als im Falle des § 5 **nicht** (mehr) auf den **bestimmungsgemäßen Gebrauch** ankommt, so dass auch die Fälle der Überdosierung, des Fehlgebrauchs, Missbrauchs oder der Medikationsfehler in Betracht kommen (BT-Drs. 17/9341, 65). Auch im Falle der Nr. 4 wird in der Regel eine Ermesssensreduktion auf Null vorliegen (*Delewski* in Kügel/Müller/Hofmann § 69 Rn. 39). Zu Tierarzneimitteln s. Abs. 1b Satz 3.

e) Unzureichende Qualitätskontrollen (Nr. 5). Die vorgeschriebenen Qua- 20
litätskontrollen sind Bestandteil der Zulassung (§ 22 Abs. 1 Nr. 15) und daher Maßstab für ihre Durchführung. Auf Verlangen ist dies der Überwachungsbehörde nachzuweisen. Eine Missachtung kann bereits nach § 18 Abs. 2 geahndet werden. Ob zusätzlich noch Maßnahmen nach Nr. 6 veranlasst sind, hängt insbesondere von der Schwere des Verstoßes ab. Wurden Qualitätskontrollen überhaupt nicht durchgeführt, so wird in der Regel eine Maßnahme nach Nr. 5 in Betracht kommen; sind die Kontrollen lediglich inhaltlich zu beanstanden, ist nach der Schwere der festgestellten Mängel zu differenzieren (*Rehmann* § 69 Rn. 8).

f) Keine Herstellungs- oder Importerlaubnis, Vorliegen eines Rück- 21
nahme- oder Widerrufsgrundes (Nr. 6). Die Vorschrift ist ein abstrakter Gefährdungstatbestand (→ Rn. 15). In diesen Fällen ist in aller Regel ein Grund für eine Maßnahme nach Nr. 6 gegeben (*Delewski* in Kügel/Müller/Hofmann § 69 Rn. 43; *Rehmann* § 69 Rn. 9).

g) Keine Großhandelserlaubnis, Vorliegen eines Rücknahme- oder Wi- 22
derrufsgrundes (Nr. 7). Die Vorschrift soll dazu beitragen, den „grauen Arzneimittelmarkt" einzudämmen (BT-Drs. 15/5728, 83). Sie ist ein abstrakter Gefähr-

AMG § 69

dungstatbestand (→ Rn. 15). Das Vorliegen einer konkreten Gefahr ist daher kein Tatbestandsmerkmal. Ihr Fehlen ist erst im Rahmen des Ermessens zu berücksichtigen; der Nachweis obliegt dem Adressaten der Verfügung (OVG Münster MedR 2016, 811 mzustAnm *Fuhrmann*).

23   Die Vorschrift greift auch dann ein, wenn **in einer Lieferkette** auch nur einer der beteiligten Großhändler keine Großhandelserlaubnis hat. Dies gilt auch dann, wenn dieser Großhändler in einem **anderen EU-Mitgliedstaat** ansässig ist und nicht über die nach seinem nationalen (und auf Art. 77 der Richtlinie 2001/83/EG beruhenden) Recht über eine Großhandelserlaubnis verfügt. Als mögliche **Adressaten** einer Untersagungsverfügung kommen auch alle anderen Großhändler in Betracht, die demjenigen, der über keine Großhandelserlaubnis verfügt, in der **Lieferkette nachfolgen** (OVG Münster MedR 2016, 811 mzustAnm *Fuhrmann;* aA *Delewski* in Kügel/Müller/Hofmann § 69 Rn. 45; *Rehmann* § 69 Rn. 10).

24   Auf der anderen Seite enthält die Vorschrift kein Verkehrsverbot. Die Arzneimittel verlieren ihre Verkehrsfähigkeit erst als Folge der (im Ermessen der Behörde stehenden) Untersagungsverfügung (OVG Münster MedR 2016, 811 mzustAnm *Fuhrmann*).

C. Gemeinschaftsrechtliche Zulassungen (Absatz 1a)

25   **Absatz 1a** gilt für die zentral zugelassenen (→ § 21 Rn. 7) Arzneimittel **(Satz 1 Nr. 1)** und die Arzneimittel, die im Verfahren der gegenseitigen Anerkennung (→ § 21 Rn. 5) oder im dezentralen Verfahren (→ § 21 Rn. 6) zugelassen wurden **(Satz 1 Nr. 2)** sowie für einige Arzneimittel, die bereits vor dem 1.1.1995 zugelassen wurden **(Satz 1 Nr. 3)**. Bei diesen Arzneimitteln unterrichtet die zuständige Bundesoberbehörde unter Angabe einer eingehenden Begründung und des vorgeschlagenen Vorgehens die jeweiligen Ausschüsse für Human- oder Tierarzneimittel bei der EMA **(Satz 1)**.

26   Sofern dies zum Schutz der Gesundheit von Mensch und Tier oder zum Schutz der Umwelt erforderlich ist, können die zuständigen Behörden **bereits vor der Unterrichtung** des Ausschusses die zur Beseitigung festgestellter und zur Verhütung künftiger Verstöße notwendigen Anordnungen treffen **(Satz 2)**. Spätestens am nächsten Arbeitstag sind in den Fällen des Satzes 1 Nr. 1 die Europäische Kommission und die EMA, in den beiden anderen Fällen die Kommission und die anderen Mitgliedstaaten über die getroffenen Maßnahmen zu unterrichten **(Satz 3)**. Bei **bedenklichen Arzneimitteln** (Absatz 1 Satz 2 Nr. 4) kann auch die zuständige Bundesoberbehörde das Ruhen der Zulassung anordnen oder den Rückruf eines Arzneimittels anordnen, sofern ihr Tätigwerden zum Schutz der Gesundheit von Tier und Mensch oder zum Schutz der Umwelt dringend erforderlich ist **(Satz 4)**.

D. Rückruf durch die Bundesoberbehörden (Absatz 1b)

27   **Absatz 1b** (idF des Gesetzes v. 9.8.2019 (BGBl. I S. 1202)) enthält für andere als die in Absatz 1a Satz 1 genannten Arzneimittel in Erweiterung des früheren Absatzes 1 Satz 3 eine unabhängig von zulassungsbezogenen Maßnahmen bestehende **Rückrufkompetenz** der Bundesoberbehörden für alle Fälle, bei denen ein Qualitätsmangel (Absatz 1 Satz 2 Nr. 2) vorliegt, der Verdacht einer Arzneimittelfälschung (Absatz 1 Satz 2 Nr. 2a) gegeben ist oder das Nutzen-Risiko-Verhältnis negativ ist (Absatz 1 Satz 2 Nr. 4). Erfolgt das Tätigwerden der Bundesoberbehörde im Zusammenhang mit zulassungsbezogenen Maßnahmen, ist ihre Entscheidung, wie bisher, sofort vollziehbar **(Satz 2)**. Bei Tierarzneimitteln kommt es in der Folge des § 4 Abs. 13 S. 1 darauf an, ob schädliche Wirkungen beim bestimmungsgemäßen Gebrauch eintreten **(Satz 3)**.

Maßnahmen der zuständigen Behörden   §69 AMG

E. Sammeln von Arzneimitteln (Absatz 2)

Besondere Regeln enthält **Absatz 2** für das Sammeln von Arzneimitteln. Es kann 28
untersagt werden, wenn eine sachgerechte Lagerung der Arzneimittel nicht gewährleistet ist oder wenn der **begründete Verdacht** besteht, dass die gesammelten Arzneimittel missbräuchlich verwendet werden **(Satz 1).** Ein solcher **Missbrauch** ist etwa dann gegeben, wenn die gesammelten Arzneimittel im Inland wieder unter Umgehung der Abgabevorschriften in den Verkehr gebracht werden sollen (*Rehmann* § 69 Rn. 12).

Werden durch eine unsachgerechte Lagerung oder durch die Abgabe **Gesund-** 29
heitsgefahren für Mensch und Tier begründet, kommt auch eine Sicherstellung der Arzneimittel in Betracht **(Satz 2).**

F. Sicherstellung bei Tierarzneimitteln (Absatz 2a)

Absatz 2a sieht die Sicherstellung von Tierarzneimitteln und Stoffen und Zu- 30
bereitungen, die nach § 59a zur Herstellung von Tierarzneimitteln nicht verwendet werden dürfen, vor, sofern ein **begründeter Verdacht** besteht, dass gegen arzneimittelrechtliche Vorschriften verstoßen wird. Mit dieser Regelung soll den Behörden ein rasches Handeln ermöglicht werden, um einem drohenden Missbrauch solcher Präparate oder Stoffe zuvorzukommen.

G. Sicherstellung von Werbematerial (Absatz 3)

Die zuständigen Behörden können Werbematerial sicherstellen, das den Vor- 31
schriften über den Verkehr mit Arzneimitteln oder HWG nicht entspricht. **Werbematerial** sind vor allem Unterlagen, Prospekte, Packmaterial, Anzeigen, Broschüren und sonstige Unterlagen oder Bild- und Tonmittel, welche zum Vertrieb des Arzneimittels eingesetzt werden oder diesen fördern sollen.

H. Öffentliche Warnung (Absatz 4)

Nach **Absatz 4** kann die zuständige Bundesoberbehörde die Öffentlichkeit **war-** 32
nen, wenn sie nach Absatz 1 Satz 3 (→ Rn. 27) zur Abwehr von Gefahren für die Gesundheit von Mensch oder Tier den **Rückruf** eines Arzneimittels angeordnet hat. In einem solchen Falle wird die Warnung regelmäßig veranlasst sein (*Rehmann* § 69 Rn. 15).

I. Weiterversorgung bestimmter Patienten (Absatz 5)

Auf Grund des durch das Gesetz v. 19.10.2012 (BGBl. I S. 2192) eingefügten 33
Absatzes 5 besteht nunmehr die Möglichkeit, Patienten, die mit einem Arzneimittel behandelt worden waren, für das eine Abgabeuntersagung oder ein Verkehrsverbot angeordnet wurde, für eine Übergangszeit mit diesem Arzneimittel weiter zu behandeln. Die Regelung ist nicht auf Einzelfälle beschränkt; sie kann auch für eine Gruppe von Patienten getroffen werden (*Delewski* in Kügel/Müller/Hofmann § 69 Rn. 62).

Dreizehnter Abschnitt. Einfuhr und Ausfuhr

Vorbemerkungen zu den §§ 72 ff.

Parallelhandel, Parallelimport, Reimport, Parallelvertrieb

1   Das Preisniveau für Arzneimittel in den Mitgliedstaaten der EU ist nach wie vor sehr unterschiedlich, so dass sich bei in mehreren Mitgliedstaaten zugelassenen oder sonst verkehrsfähigen Arzneimitteln ein **Parallelhandel** entwickelt hat, der zu einem wichtigen Mittel der **Kostenreduzierung** in der Arzneimittelversorgung geworden ist (*Bauroth* in Fuhrmann/Klein/Fleischfresser ArzneimittelR-HdB § 23 Rn. 1). **Rechtlicher Rahmen** für den Parallelhandel ist der Europäische Binnenmarkt für Arzneimittel gemeinsam mit verschiedenen Grundsatzentscheidungen des EuGH (OVG Münster PharmR 2012, 490). In Deutschland wird dieser Rahmen neben dem AMG durch verschiedene Bekanntmachungen und Mitteilungen ausgestaltet (dazu im Einzelnen *Bauroth* in Fuhrmann/Klein/Fleischfresser ArzneimittelR-HdB § 23 Rn. 2). Maßgeblich sind ferner Mitteilungen der Europäischen Kommission und der EMA (dazu *Bauroth* in Fuhrmann/Klein/Fleischfresser ArzneimittelR-HdB § 23 Rn. 3). Subjektiv-öffentliche Rechte ergeben sich aus der Regelung nicht (OVG Münster A&R 2012, 285).

2   Für Arzneimittel, die **nicht** in der EU oder einem anderen Vertragsstaat des EWR hergestellt oder zugelassen sind, gelten bei der Einfuhr die §§ 21 ff., 72 f, ohne die sich aus der Warenverkehrsfreiheit (Art. 34 AEUV) ergebenden Erleichterungen (*Kügel* in Kügel/Müller/Hofmann Vor § 72 Rn. 3).

3   Die **beabsichtigte Aufnahme** des Parallelhandels ist dem Inhaber der Zulassung **anzuzeigen** (§ 67 Abs. 7 S. 1 (→ § 67 Rn. 16)). Beim Parallelvertrieb von zentral zugelassenen Arzneimitteln hat die **Anzeige** gegenüber dem Genehmigungsinhaber und der EMA zu erfolgen (§ 67 Abs. 7 S. 2 (→ § 67 Rn. 17)). Die Anzeige hat **vor Aufnahme** der Tätigkeit zu erfolgen.

4   Durch das Gesetz v. 19.10.2012 (BGBl. I S. 2192) wurde der **Parallelhandel** dadurch **erleichtert,** dass in Deutschland nicht zugelassene Arzneimittel durch Inhaber einer Erlaubnis nach § 13 **nach Deutschland verbracht** werden können, um aus ihnen in Deutschland zugelassene Arzneimittel herzustellen (§ 73 Abs. 2 Nr. 2b (→ § 73 Rn. 25, 26)).

5   **I. Parallelimport, Reimport.** Ein Parallelimport liegt vor, wenn ein vom ursprünglichen Zulassungsinhaber oder Hersteller unabhängiges Unternehmen Arzneimittel in einem anderen Mitgliedstaat der EU/Vertragsstaat des EWR erwirbt und nach Deutschland importiert, um sie dort, parallel zum ursprünglichen pharmazeutischen Unternehmer, ebenfalls in den Verkehr zu bringen (GmS-OGB NJW 2013, 1425 = PharmR 2013, 168 = A&R 2013, 75 mBspr *Mand; Kügel* in Kügel/Müller/Hofmann Vor § 72 Rn. 4; *Bauroth* in Fuhrmann/Klein/Fleischfresser ArzneimittelR-HdB § 23 Rn. 4).

6   Letztlich ein Unterfall des Parallelimports ist der **Reimport** (*Fleischfresser* in Fuhrmann/Klein/Fleischfresser ArzneimittelR-HdB § 6 Rn. 11). Hierbei wird das Arzneimittel in Deutschland hergestellt, in einen anderen EU-Mitgliedstaat/anderen Vertragsstaat des EWR verbracht, und schließlich nach Deutschland zurück exportiert (GmS-OGB NJW 2013, 1425 (→ Rn. 5)). Für den Reimport gelten dieselben Regeln wie für den Parallelimport (*Kügel* in Kügel/Müller/Hofmann Vor § 72 Rn. 5).

7   In den Fällen des Parallel- und des Reimports sind die Importeure **pharmazeutische Unternehmer** (GmS-OGB NJW 2013, 1425 (→ Rn. 5)). Sie müssen daher

alle für diese einschlägigen Vorschriften erfüllen (*Bauroth* in Fuhrmann/Klein/ Fleischfresser ArzneimittelR-HdB § 23 Rn. 6). Die Arzneimittel bedürfen daher insbesondere der Zulassung. Allerdings gilt für Parallel- und Reimporte ein **vereinfachtes Zulassungsverfahren** (OVG Münster PharmR 2012, 490; *Maur* A&R 2015, 159 (162)), das auf ein Urteil des EuGH v. 25.5.1976 (EuGH Slg. 1976, 613) zurückgeht, in dem dieser es als unvereinbar mit dem Grundsatz des freien Warenverkehrs angesehen hat, wenn die nationalen Zulassungsbehörden für die Zulassung parallel importierter Arzneimittel die Vorlage von Unterlagen verlangen, welche der Zulassungsbehörde im Einfuhrland bereits aufgrund der bestehenden Zulassung für das Bezugsarzneimittel vorliegen (s. auch EuGH PharmR 2017, 95). Auf der anderen Seite kann auf das (vereinfachte) Zulassungsverfahren nicht verzichtet werden, da sichergestellt werden muss, dass es sich tatsächlich um identische Arzneimittel handelt (BGHSt 57, 312 = NJW 2012, 3665 = MedR 2013, 174 = PharmR 2013, 41 = A&R 2012, 272 m. abl. Bespr. *Wesser*).

Die Einzelheiten des vereinfachten Zulassungsverfahrens ergeben sich aus den 8 Veröffentlichungen des BfArM, insbesondere aus dessen Homepage. Stets ist erforderlich, dass die Arzneimittel mindestens nach der gleichen Formel und unter Verwendung des gleichen Wirkstoffs hergestellt sind und die gleichen therapeutischen Wirkungen haben; nicht therapeutisch relevante Unterschiede sind dagegen unerheblich (OVG Münster PharmR 2012, 490).

Das **Erlöschen** der Zulassung für das Bezugsarzneimittel **(Bezugszulassung)**, 9 etwa durch Verzicht oder Rücknahme führt grundsätzlich nicht zum Erlöschen der Parallelimportzulassung, da dies eine Beschränkung des freien Warenverkehrs bedeuten würde (EuGH Slg. 2002, I-6891 = EuZW 2002, 663 mAnm *Reich/Helios* = NJW 2002, 1776; 2003, I-4175 = EuZW 2003, 410 = NJW 2003, 2519; PharmR 2021, 75). Etwas anderes gilt dann, wenn andernfalls eine Gefahr für die menschliche Gesundheit besteht (Art. 34, 36 S. 1 AEUV; *Kügel* in Kügel/Müller/ Hofmann Vor § 72 Rn. 30). Die Feststellung einer Gesundheitsgefährdung obliegt den nationalen Behörden des Mitgliedstaates, in dem das Arzneimittel noch vertrieben wird, im Rahmen der Arzneimittelüberwachung (EuGH Slg. 2002, I-6891 (s. o.); 2003, I-4243 (s. o.); *Kügel* in Kügel/Müller/Hofmann Vor § 72 Rn. 30). Allerdings kann es Gründe geben, die es aus Gründen des Gesundheitsschutzes erforderlich machen, die Parallelimportzulassung an den Bestand der Bezugszulassung zu knüpfen; diese Gründe müssen aber ersichtlich sein (EuGH Slg. 2002, I-6891 (s. o.); 2003, I-4243 (s. o.)).

III. Parallelvertrieb. Der Parallelvertrieb darf mit dem Parallelimport nicht ver- 10 wechselt werden (*Fleischfresser* in Fuhrmann/Klein/Fleischfresser ArzneimittelR-HdB § 6 Rn. 12). Der Parallelvertrieb ist der Vertrieb von **gemeinschaftlich zugelassenen** Arzneimitteln (*Kügel* in Kügel/Müller/Hofmann Vor § 72 Rn. 4, 27; *Fleischfresser* in Fuhrmann/Klein/Fleischfresser ArzneimittelR-HdB § 6 Rn. 12). Parallel vertriebene Arzneimittel bedürfen keiner nationalen Zulassung, da sie aufgrund des zentralen Zulassungsverfahrens der EMA innerhalb der EU verkehrsfähig sind. Der Begriff Parallelvertrieb sagt lediglich etwas über den Zulassungsstatus aus. Faktisch werden die vom Importeur parallel vertriebenen Arzneimittel aber in der Form eines Parallel- oder Reimportes nach Deutschland eingeführt. Die Aufnahme des Parallelvertriebes setzt nicht voraus, dass die EMA den ordnungsgemäß angezeigten Parallelvertrieb zuvor prüft und genehmigt (OLG Hamburg PharmR 2009, 559; *Kügel* in Kügel/Müller/Hofmann Vor § 72 Rn. 27; *Bauroth* in Fuhrmann/ Klein/Fleischfresser ArzneimittelR-HdB § 23 Rn. 20).

§ 72 Einfuhrerlaubnis

(1) ¹Wer
1. Arzneimittel im Sinne des § 2 Absatz 1 oder Absatz 2 Nummer 1,
2. Wirkstoffe, die menschlicher, tierischer oder mikrobieller Herkunft sind oder die auf gentechnischem Wege hergestellt werden, oder
3. andere zur Arzneimittelherstellung bestimmte Stoffe menschlicher Herkunft

gewerbs- oder berufsmäßig aus Ländern, die nicht Mitgliedstaaten der Europäischen Union oder andere Vertragsstaaten des Abkommens über den Europäischen Wirtschaftsraum sind, in den Geltungsbereich dieses Gesetzes einführen will, bedarf einer Erlaubnis der zuständigen Behörde. ²§ 13 Absatz 4 und die §§ 14 bis 20a sind entsprechend anzuwenden.

(2) Auf Personen und Einrichtungen, die berufs- oder gewerbsmäßig Arzneimittel menschlicher Herkunft zur unmittelbaren Anwendung bei Menschen einführen wollen, findet Absatz 1 mit der Maßgabe Anwendung, dass die Erlaubnis nur versagt werden darf, wenn der Antragsteller nicht nachweist, dass für die Beurteilung der Qualität und Sicherheit der Arzneimittel und für die gegebenenfalls erforderliche Überführung der Arzneimittel in ihre anwendungsfähige Form nach dem Stand von Wissenschaft und Technik qualifiziertes Personal und geeignete Räume vorhanden sind.

(3) bis (5) *nicht abgedruckt*

Übersicht

	Rn.
A. Vorbemerkung	1
B. Die Einfuhrerlaubnis (Absatz 1)	4
I. Erlaubnispflichtigkeit (Satz 1)	5
1. Arzneimittel und andere Stoffe	6
2. Einführen	8
a) Überführung in den zollrechtlich freien Verkehr (§ 4 Abs. 32 S. 2)	9
b) Überführung in den Wirtschaftskreislauf entgegen den zollrechtlichen Vorschriften (§ 4 Abs. 32 S. 3)	10
c) Einführer	11
d) Aus Staaten, die nicht Vertragsstaaten des EWR sind (Drittstaaten)	12
3. Gewerbs- oder berufsmäßig	14
II. Voraussetzungen der Erlaubnis (Satz 2)	15
III. Der Verwaltungsakt der Erlaubnis	18
C. Eigene Voraussetzungen für die Einfuhr bestimmter Arzneimittel (Absatz 2)	22
D. Straftat, Ordnungswidrigkeit	24

A. Vorbemerkung

1 Ebenso wie der Arzneimittelverkehr innerhalb Deutschlands stark reguliert ist, unterliegt auch der Import von Arzneimitteln **gesetzlichen Beschränkungen**, die sich insbesondere im 13. Abschnitt des AMG finden. Damit soll im Interesse des Gesundheitsschutzes vor allem sichergestellt werden, dass die aus dem Ausland nach Deutschland importierten Arzneimittel **denselben Sicherheitsstandards** entsprechen wie die hier hergestellten Präparate.

Einfuhrerlaubnis **§ 72 AMG**

Dabei **unterscheidet** das Gesetz zwischen der **Einfuhr** aus einem Staat, der 2 nicht Mitglied der EU/anderer Vertragsstaat des EWR ist (Drittstaat) und dem **Verbringen** von Arzneimitteln aus der EU oder dem EWR. Mit den Einfuhren aus einem Drittstaat befasst sich § 72, mit dem Verbringen § 73. Der Begriff der Einfuhr ist in § 4 Abs. 32 S. 2 und 3 (→ Rn. 8–13), der des Verbringens in § 4 Abs. 32 S. 1 gesetzlich definiert.

Das Bestehen einer Einfuhrerlaubnis ermöglicht die Einfuhr noch nicht. Vielmehr ist zusätzlich noch ein **Einfuhrzertifikat** nach § 72a (für Gewebe nach 3 § 72b) erforderlich (*Kügel* in Kügel/Müller/Hofmann § 72 Rn. 4).

B. Die Einfuhrerlaubnis (Absatz 1)

Absatz 1 regelt die Einfuhrerlaubnis für Arzneimittel und bestimmte andere 4 Stoffe. Für Arzneimittel menschlicher Herkunft, die zur unmittelbaren Anwendung bei Menschen eingeführt werden sollen, sieht Absatz 2 eine erleichterte Erteilung vor.

I. Erlaubnispflichtigkeit (Satz 1). Erlaubnispflichtig ist das gewerbs- oder be- 5 rufsmäßige Einführen von bestimmten Arzneimitteln und anderen Stoffen aus **Drittstaaten** nach Deutschland.

1. Arzneimittel und andere Stoffe. Die Vorschrift bezieht sich in ihrer **Nr. 1** 6 nunmehr auf **alle** Arzneimittel iSd § 2 Abs. 1, Abs. 2 Nr. 1 und nicht mehr nur auf Fertigarzneimittel. Auf → § 2 Rn. 26–83 wird verwiesen. Ob die Arzneimittel zulassungs-, verschreibungs- oder apothekenpflichtig sind, ist nicht maßgeblich; § 72 gilt daher auch für freiverkäufliche Medikamente.

Der Erlaubnispflicht unterliegt auch die Einfuhr bestimmter **Wirkstoffe (Nr. 2).** 7 Zum Begriff des Wirkstoffs s. § 4 Abs. 19 (→ § 4 Rn. 80–83). Schließlich bezieht sich die Regelung generell auf alle zur Arzneimittelherstellung bestimmten Stoffe **menschlicher** Herkunft **(Nr. 3).** Zum Begriff der menschlichen, tierischen oder mikrobiellen Herkunft → § 13 Rn. 23.

2. Einführen. Der Begriff der Einfuhr ist in § 4 Abs. 32 S. 2, 3 (→ § 4 8 Rn. 122–127) definiert. Er umfasst zwei Formen:

a) Überführung in den zollrechtlich freien Verkehr (§ 4 Abs. 32 S. 2). Die 9 Einfuhr setzt danach voraus, dass das Arzneimittel in Deutschland in den zollrechtlich freien Verkehr überführt wird (→ § 4 Rn. 122–124). Dass die Einfuhr zum Zwecke der Abgabe an andere oder zur Weiterverarbeitung erfolgt, ist nicht mehr erforderlich (allerdings → Rn. 14). Zur **Durchfuhr** → § 4 Rn. 121; diese bedarf keiner Erlaubnis, wenn sie unter zollamtlicher Überwachung erfolgt (*Krüger* in Fuhrmann/Klein/Fleischfresser ArzneimittelR-HdB § 16 Rn. 4).

b) Überführung in den Wirtschaftskreislauf entgegen den zollrecht- 10 **lichen Vorschriften (§ 4 Abs. 32 S. 3).** Nach § 4 Abs. 32 S. 3 gelten die in Satz 2 genannten Produkte auch dann als eingeführt, wenn sie entgegen den Zollvorschriften in den Wirtschaftskreislauf überführt wurden (→ § 4 Rn. 125–127). Auch in einem solchen Falle liegt daher eine Einfuhr vor, so dass auch eine **Erlaubnis** hierfür **erforderlich** ist, wenn sie auch in der Praxis wohl kaum eingeholt werden wird. Zur **Durchfuhr** → Rn. 9.

c) Einführer können sowohl natürliche als auch juristische Personen sein. Das- 11 selbe gilt für Personengesellschaften oder nicht rechtsfähige Vereine.

d) Aus Staaten, die nicht Vertragsstaaten des EWR sind (Drittstaaten). 12 Nach § 4 Abs. 32 S. 2 liegt eine Einfuhr nur vor, wenn sie aus einem Drittstaat erfolgt, der nicht Vertragsstaat des EWR ist. Eine Anpassung des § 72 Abs. 1 an diese Regelung ist unterblieben. Ein sachlicher Unterschied zwischen den beiden Formulierungen besteht nicht.

AMG § 72   Dreizehnter Abschnitt. Einfuhr und Ausfuhr

13 Bei der Frage, ob eine **Einfuhr aus einem Drittstaat** vorliegt, kommt es darauf an, ob die Arzneimittel oder sonstigen Produkte in dem Drittstaat **hergestellt** worden sind (BayObLG NStZ 1998, 578; *Sandrock/Nawroth* in Dieners/Reese PharmaR-HdB § 9 Rn. 187; *Ratzel* in Deutsch/Lippert § 72 Rn. 1; *Volkmer* in Körner/Patzak/Volkmer § 96 Rn. 45, 62). Eine solche Einfuhr kann daher auch dann vorliegen, wenn in einem Drittstaat hergestellte Arzneimittel über einen Mitgliedstaat der EU oder anderen Vertragsstaat des EWR nach Deutschland verbracht werden (BayObLG NStZ 1998, 578). Dasselbe gilt umgekehrt, wenn Arzneimittel, die in einem Mitgliedstaat der EU oder einem anderen Vertragsstaat des EWR hergestellt wurden, über einen Drittstaat in Deutschland eingeführt werden; eine Erlaubnis ist dann nicht notwendig (BayObLG NStZ 1998, 578).

14 **3. Gewerbs- oder berufsmäßig.** Erlaubnispflichtig ist lediglich die gewerbs- oder berufsmäßige Einfuhr. Auf → § 13 Rn. 25–31 wird insoweit verwiesen.

15 **II. Voraussetzungen der Erlaubnis (Satz 2).** Hinsichtlich der Voraussetzungen für die Erteilung der Erlaubnis verweist **Satz 2** auf die **§§ 14–20a**. Es gelten daher dieselben Grundsätze wie für die Herstellungserlaubnis.

16 Die Erteilung der Erlaubnis setzt einen entsprechenden **Antrag** voraus. Die Erlaubnis darf darüber hinaus nur erteilt werden, wenn sich die zuständige Behörde durch eine **Inspektion** davon **überzeugt** hat, dass die Voraussetzungen für die Erteilung der Erlaubnis vorliegen (§ 64 Abs. 3 S. 3).

17 Die Erlaubnis darf **nur versagt** werden, wenn einer der Versagungsgründe des § 14 vorliegt. Auch für das sonstige Verfahren einschließlich der **Fristen** (§ 17) gelten dieselben Regeln wie bei der Herstellungserlaubnis, ebenso für die **Rücknahme**, den **Widerruf** und das **Ruhen** (§ 18) und die **Anzeigepflichten** des Erlaubnisinhabers bei Änderungen (§ 20).

18 **III. Der Verwaltungsakt der Erlaubnis.** Das Erfordernis der Erlaubnis begründet ein Verbot mit Erlaubnisvorbehalt (*Kügel* in Kügel/Müller/Hofmann § 72 Rn. 2). Die Erlaubnis wirkt konstitutiv. Sie ist ein begünstigender, gestaltender Verwaltungsakt, der, soweit nicht die besonderen Regeln des AMG, namentlich § 72 Abs. 1 S. 2, § 18, eingreifen, nach dem VwVfG zu behandeln ist. Wegen der Einzelheiten wird auf → § 13 Rn. 11–13 verwiesen.

19 Die Erlaubnis ist **personenbezogen** (*Sandrock/Nawroth* in Dieners/Reese PharmaR-HdB § 9 Rn. 191) Zu der Frage, ob sie deswegen als höchstpersönlich zu bezeichnen ist (*Krüger* in Fuhrmann/Klein/Fleischfresser ArzneimittelR-HdB § 16 Rn. 7–9), gilt dasselbe wie bei der Herstellungserlaubnis (→ § 16 Rn. 4). Ebenso wie die Herstellungserlaubnis ist die Einfuhrerlaubnis **betriebsstättenbezogen** (→ § 16 Rn. 5, 6). Sie ist ferner für bestimmte **Arzneimittel** und für bestimmte **Darreichungsformen** zu erteilen (→ § 16 Rn. 7).

20 Die Einfuhrerlaubnis umfasst auch die Erlaubnis zum **Großhandel** mit den Arzneimitteln, auf die sie sich erstreckt (§ 52a Abs. 6). Im Übrigen gestattet die Einfuhrerlaubnis lediglich die **Einfuhr als solche.** Mit ihr ist **nicht** die Befugnis verbunden, die eingeführten Arzneimittel in den Verkehr zu bringen (*Krüger* in Fuhrmann/Klein/Fleischfresser ArzneimittelR-HdB § 16 Rn. 6). Bringt der Importeur das Arzneimittel **unter seinem Namen** in Deutschland in Verkehr, so wird er zum pharmazeutischen Unternehmer mit den daran anknüpfenden Pflichten (*Sandrock/Nawroth* in Dieners/Reese PharmaR-HdB § 9 Rn. 192). Ist das Arzneimittel zulassungspflichtig, ist für das Inverkehrbringen die Zulassung erforderlich.

21 Die Einfuhrerlaubnis ersetzt auch **nicht** die **Herstellungserlaubnis,** falls sie im Einzelfall benötigt wird, etwa wenn der Importeur Herstellungshandlungen iSd § 4 Abs. 14 vornimmt (zB Verpackung, Kennzeichnung oder Verarbeitung).

C. Eigene Voraussetzungen für die Einfuhr bestimmter Arzneimittel (Absatz 2)

Abweichend von Absatz 1 Satz 2 legt Absatz 2 für die Erlaubnis zur gewerbs- oder berufsmäßigen Einfuhr von Arzneimitteln menschlicher Herkunft zur unmittelbaren Anwendung bei Menschen **eigene Versagungsgründe** fest. Dass damit auch der Versagungsgrund der Unzuverlässigkeit des Antragstellers ausgeschlossen werden sollte, ist nicht anzunehmen (*Krüger* in Fuhrmann/Klein/Fleischfresser ArzneimittelR-HdB § 16 Rn. 14); er gilt daher weiterhin (*Kügel* in Kügel/Müller/Hofmann § 72 Rn. 38). 22

Die Einfuhr muss zum Zweck der **unmittelbaren Anwendung** der Arzneimittel bei Menschen erfolgen. Unmittelbare Anwendung bedeutet Anwendung ohne weitere Verarbeitungs- oder Aufbereitungsschritte (BT-Drs. 16/3146, 64). Dies kommt namentlich bei Ärzten und Kliniken in Betracht. Eine Einfuhr zum Zwecke der Lagerung oder der Weiterverarbeitung wird von der Ausnahmevorschrift daher nicht erfasst (*Kügel* in Kügel/Müller/Hofmann § 72 Rn. 40; *Krüger* in Fuhrmann/Klein/Fleischfresser ArzneimittelR-HdB § 16 Rn. 15). 23

D. Straftat, Ordnungswidrigkeit

Der Verstoß gegen **§ 72 Abs. 1 S. 1** ist bei Vorsatz eine Straftat nach § 96 Nr. 4 Alt. 2 (→ § 96 Rn. 65–81), bei Fahrlässigkeit eine Ordnungswidrigkeit nach § 97 Abs. 1 Nr. 1. 24

§ 72a Zertifikate

(1) [1]Der Einführer darf Arzneimittel im Sinne des § 2 Abs. 1 und 2 Nr. 1, 1 a, 2 und 4 oder Wirkstoffe nur einführen, wenn
1. die zuständige Behörde des Herstellungslandes durch ein Zertifikat bestätigt hat, dass die Arzneimittel oder Wirkstoffe entsprechend anerkannten Grundregeln für die Herstellung und die Sicherung ihrer Qualität der Europäischen Union oder nach Standards, die diesen gleichwertig sind, hergestellt werden, die Herstellungsstätte regelmäßig überwacht wird, die Überwachung durch ausreichende Maßnahmen, einschließlich wiederholter und unangekündigter Inspektionen, erfolgt und sie im Falle wesentlicher Abweichungen von den anerkannten Grundregeln die zuständige Behörde informiert wird und solche Zertifikate für Arzneimittel im Sinne des § 2 Abs. 1 und 2 Nr. 1, die zur Anwendung bei Menschen bestimmt sind, und Wirkstoffe, die menschlicher, tierischer oder mikrobieller Herkunft sind, oder Wirkstoffe, die auf gentechnischem Wege hergestellt werden, gegenseitig anerkannt sind,
2. die zuständige Behörde bescheinigt, dass die genannten Grundregeln bei der Herstellung und der Sicherung der Qualität der Arzneimittel sowie der dafür eingesetzten Wirkstoffe, soweit sie menschlicher, tierischer oder mikrobieller Herkunft sind, oder Wirkstoffe, die auf gentechnischem Wege hergestellt werden, oder bei der Herstellung der Wirkstoffe eingehalten werden oder
3. die zuständige Behörde bescheinigt hat, dass die Einfuhr im öffentlichen Interesse liegt.
[2]*Satz 2 nicht abgedruckt* [3]Die zuständige Behörde darf eine Bescheinigung nach
1. Satz 1 Nummer 2 nur ausstellen, wenn ein Zertifikat nach Satz 1 Nummer 1 nicht vorliegt und

a) sie oder eine zuständige Behörde eines Mitgliedstaates der Europäischen Union oder eines anderen Vertragsstaates des Abkommens über den Europäischen Wirtschaftsraum sich regelmäßig im Herstellungsland vergewissert hat, dass die genannten Grundregeln bei der Herstellung der Arzneimittel oder Wirkstoffe eingehalten werden, oder
b) mit einem Staat ein Abkommen über die gegenseitige Anerkennung der Guten Herstellungspraxis im Arzneimittelbereich mit der Europäischen Union besteht und die zuständige Behörde dieses Staates sich regelmäßig vergewissert hat, dass die genannten Grundregeln bei der Herstellung der Arzneimittel oder Wirkstoffe in dem Hoheitsgebiet dieses Staates eingehalten werden,
2. Satz 1 Nummer 3 nur erteilen, wenn ein Zertifikat nach Satz 1 Nummer 1 nicht vorliegt und eine Bescheinigung nach Satz 1 Nummer 2 nicht vorgesehen oder nicht möglich ist.

(1a) Absatz 1 Satz 1 gilt nicht für
1. Arzneimittel, die zur klinischen Prüfung beim Menschen oder zur Anwendung im Rahmen eines Härtefallprogramms bestimmt sind,
2. Arzneimittel menschlicher Herkunft zur unmittelbaren Anwendung oder hämatopoetische Stammzellzubereitungen aus dem peripheren Blut oder aus dem Nabelschnurblut, die zur gerichteten, für eine bestimmte Person vorgesehenen Anwendung bestimmt sind,
3. Wirkstoffe, die menschlicher, tierischer oder mikrobieller Herkunft sind und für die Herstellung von nach einer im Homöopathischen Teil des Arzneibuches beschriebenen Verfahrenstechnik herzustellenden Arzneimitteln bestimmt sind,
4. Wirkstoffe, die Stoffe nach § 3 Nummer 1 bis 3 sind, soweit sie den Anforderungen der Guten Herstellungspraxis gemäß den Grundsätzen und Leitlinien der Europäischen Kommission nicht unterliegen,
5. bis 7. *nicht abgedruckt*
8. Wirkstoffe, die in einem Staat hergestellt und aus diesem eingeführt werden, der nicht Mitgliedstaat der Europäischen Union oder ein anderer Vertragsstaat des Abkommens über den Europäischen Wirtschaftsraum ist und der in der von der Europäischen Kommission veröffentlichten Liste nach Artikel 111b der Richtlinie 2001/83/EG aufgeführt ist.

(1b) Die in Absatz 1 Satz 1 Nr. 1 und 2 für Wirkstoffe, die menschlicher, tierischer oder mikrobieller Herkunft sind, oder für Wirkstoffe, die auf gentechnischem Wege hergestellt werden, enthaltenen Regelungen gelten entsprechend für andere zur Arzneimittelherstellung bestimmte Stoffe menschlicher Herkunft.

(1c) Arzneimittel und Wirkstoffe, die menschlicher, tierischer oder mikrobieller Herkunft sind oder Wirkstoffe, die auf gentechnischem Wege hergestellt werden, sowie andere zur Arzneimittelherstellung bestimmte Stoffe menschlicher Herkunft, ausgenommen die in Absatz 1a Nr. 1 und 2 genannten Arzneimittel, dürfen nicht auf Grund einer Bescheinigung nach Absatz 1 Satz 1 Nr. 3 eingeführt werden.

(1d) Absatz 1 Satz 1 findet auf die Einfuhr von Wirkstoffen sowie anderen zur Arzneimittelherstellung bestimmten Stoffen menschlicher Herkunft Anwendung, soweit ihre Überwachung durch eine Rechtsverordnung nach § 54 geregelt ist.

(2) Das Bundesministerium wird ermächtigt, durch Rechtsverordnung mit Zustimmung des Bundesrates zu bestimmen, dass Stoffe und Zu-

bereitungen aus Stoffen, die als Arzneimittel oder zur Herstellung von Arzneimitteln verwendet werden können, nicht eingeführt werden dürfen, sofern dies zur Abwehr von Gefahren für die Gesundheit des Menschen oder zur Risikovorsorge erforderlich ist.

(3) ¹Das Bundesministerium wird ferner ermächtigt, durch Rechtsverordnung mit Zustimmung des Bundesrates die weiteren Voraussetzungen für die Einfuhr von den unter Absatz 1a Nr. 1 und 2 genannten Arzneimitteln, zu bestimmen, sofern dies erforderlich ist, um eine ordnungsgemäße Qualität der Arzneimittel zu gewährleisten. ²Es kann dabei insbesondere Regelungen zu den von der sachkundigen Person nach § 14 durchzuführenden Prüfungen und der Möglichkeit einer Überwachung im Herstellungsland durch die zuständige Behörde treffen.

(4) *(weggefallen)*

Übersicht

	Rn.
A. Inhalt und Bedeutung	1
B. Die einzelnen Zertifikate (Absatz 1)	6
I. Einfuhrzertifikat des Herstellungslandes (Satz 1 Nr. 1)	7
II. Bescheinigung der deutschen Überwachungsbehörde (Satz 1 Nr. 2, Satz 3 Nr. 1)	8
III. Bescheinigung wegen öffentlichen Interesses an der Einfuhr (Satz 1 Nr. 3, Satz 3 Nr. 2)	9
C. Weitere Regelungen (Absätze 1a–1d)	11
I. Ausnahmen von der Zertifizierungspflicht (Absatz 1a)	12
II. Ausdehnung der Zertifizierungspflicht (Absatz 1b)	13
III. Verbot der Einfuhr auf Grund einer Bescheinigung nach Absatz 1 Satz 1 Nr. 3 (Absatz 1c)	14
IV. Rechtsverordnung nach Absatz 1d	16
D. Verordnungsermächtigungen (Absätze 2, 3)	17
E. Straftaten, Ordnungswidrigkeiten	18

A. Inhalt und Bedeutung

Neben der Einfuhrerlaubnis nach § 72 ist für den Import von Arzneimitteln und Wirkstoffen **aus Drittstaaten** (*Sandrock/Nauroth* in Dieners/Reese PharmaR-HdB § 9 Rn. 187) ein **Zertifikat** nach § 72a erforderlich. Während die Einfuhrerlaubnis sicherstellen soll, dass der Betrieb des Importeurs bestimmten Anforderungen hinsichtlich Aufbewahrung, Transport und Handhabung von Arzneimitteln entspricht, geht es bei den Zertifikaten um die konkret einzuführenden Präparate und deren Herstellung entsprechend den allgemein anerkannten Herstellungsstandards, namentlich solchen, welche die EU festgelegt hat oder die den Regeln der EU gleichwertig sind. 1

Die Vorschrift gilt **nicht nur** für Fertigarzneimittel (*Ratzel* in Deutsch/Lippert § 72a Rn. 1). Einfuhrzertifikate sind auch für noch nicht endgültig konfektionierte Arzneimittel oder **Bulkware** erforderlich (*Freund* in MüKoStGB §§ 72–74 Rn. 5; *Rehmann* § 72a Rn. 1). 2

Der **Begriff der Einfuhr** (→ § 72 Rn. 8–14) umfasst sowohl die Überführung in den zollrechtlich freien Verkehr (§ 4 Abs. 32 S. 2) als auch die Überführung in den Wirtschaftskreislauf entgegen den zollrechtlichen Vorschriften (§ 4 Abs. 32 S. 3). Auch im letzteren Fall ist daher ein Einfuhrzertifikat erforderlich, wenn es auch in der Praxis kaum je eingeholt werden wird. 3

Die Vorschrift gilt nur für die Einfuhr aus **Drittstaaten** (§ 4 Abs. 32 S. 2, 3). Der Import von Arzneimitteln, die in einem Mitgliedstaat der EU oder einem anderen 4

AMG § 72a

Vertragsstaat des EWR **hergestellt** worden sind, bedarf auch dann keines Einfuhrzertifikats, wenn sie über einen Drittstaat nach Deutschland gelangen (BayObLG NStZ 1998, 578; *Sandrock/Nawroth* in Dieners/Reese PharmaR-HdB § 9 Rn. 187).

5   **Adressat** der Vorschrift ist der **Einführer.** Bei der Überführung in den zollrechtlich freien Verkehr ist dies derjenige, der für dieses Zollverfahren (Art. 5 Nr. 16 UZK) verantwortlich ist, in der Regel also der Anmelder (Art. 5 Nr. 15 UZK). Nicht erforderlich ist, dass der Anmelder in eigener Person handelt (Art. 5 Nr. 15 UZK). Werden die Arzneimittel oder sonstigen Produkte entgegen den zollrechtlichen Vorschriften in den Wirtschaftskreislauf überführt, so ist derjenige Einführer, der für die Verletzung der zollrechtlichen Verpflichtungen verantwortlich ist.

B. Die einzelnen Zertifikate (Absatz 1)

6   Absatz 1 bezieht sich auf **Arzneimittel** iSd § 2 Abs. 1 und 2 Nr. 1, 1a, 2 und 4 (→ § 2 Rn. 2 Rn. 26–83) und auf **Wirkstoffe** (§ 4 Abs. 19 (→ § 4 Rn. 80–83)). Zur Erlangung eines Zertifikates für diese Stoffe bestehen drei Möglichkeiten, die in einer **Stufenfolge** zueinander stehen (*Kügel* in Kügel/Müller/Hofmann § 72a Rn. 1; *Krüger* in Fuhrmann/Klein/Fleischfresser ArzneimittelR-HdB § 16 Rn. 25; *Ratzel* in Deutsch/Lippert § 72a Rn. 2):

7   **I. Einfuhrzertifikat der Behörde des Herstellungslandes (Satz 1 Nr. 1).** Zunächst kann der Importeur ein Zertifikat der zuständigen Behörde des Herstellungslandes vorlegen, in dem bestätigt wird, dass
– das Arzneimittel oder der Wirkstoff nach den anerkannten Grundregeln der EU für die Herstellung und die Sicherung ihrer Qualität oder nach Standards hergestellt werden, die diesen gleichwertig sind,
– die Herstellungsstätte regelmäßig überwacht wird,
– die Überwachung durch ausreichende Maßnahmen, einschließlich wiederholter und unangekündigter Inspektionen, erfolgt und
– im Falle wesentlicher Abweichungen von den anerkannten Grundregeln die zuständige Behörde informiert wird.

Bei bestimmten Arzneimitteln und Wirkstoffen ist ferner erforderlich, dass die Zertifikate **gegenseitig anerkannt** sind. Solche Anerkennungsverträge (Mutual Recognition Agreements – **MRA**) bestehen etwa mit Australien, Kanada, Neuseeland, Japan und der Schweiz (s. näher *Kügel* in Kügel/Müller/Hofmann § 72a Rn. 19–21). Ein entsprechendes Abkommen mit den USA ist am 11.7.2019 in Kraft getreten (Mitteilung der ZLG v. 15.7.2019).

8   **II. Bescheinigung der deutschen Überwachungsbehörde (Satz 1 Nr. 2, Satz 3 Nr. 1).** Das Einfuhrzertifikat kann durch eine **Bescheinigung** der für den Antragsteller zuständigen deutschen Überwachungsbehörde ersetzt werden, wenn kein Zertifikat der Behörde des Herstellungslandes vorliegt und
– sie oder eine zuständige Behörde eines Mitgliedstaates der EU oder Vertragsstaates der EWR sich regelmäßig im Herstellungsland vergewissert hat, dass die genannten Grundregeln bei der Herstellung der Arzneimittel oder Wirkstoffe eingehalten werden, oder
– mit einem Staat ein Abkommen über die gegenseitige Anerkennung der Guten Herstellungspraxis im Arzneimittelbereich mit der Europäischen Union besteht und die zuständige Behörde dieses Staates sich regelmäßig vergewissert hat, dass die genannten Grundregeln bei der Herstellung der Arzneimittel oder Wirkstoffe in dem Hoheitsgebiet dieses Staates eingehalten werden.

Zur Vergewisserung ist erforderlich, dass die zuständige Überwachungsbehörde eine Inspektion des Betriebes vornimmt, in dem das einzuführende Produkt im Ausland hergestellt wird (*Krüger* in Fuhrmann/Klein/Fleischfresser ArzneimittelR-HdB § 16 Rn. 22). Diese **Fremdinspektion** ist von dem Importeur zu beantragen.

Sie entlastet ihn allerdings nicht von den ihm nach der AMWHV obliegenden Inspektionspflichten. Einzelheiten zu den **Inspektionen** enthält § 5 AMGVwV.

III. Bescheinigung wegen öffentlichen Interesses an der Einfuhr (Satz 1 Nr. 3, Satz 3 Nr. 2). Schließlich kann die für den Antragsteller im Inland zuständige Überwachungsbehörde bescheinigen, dass die Einfuhr des konkreten Arzneimittels oder Wirkstoffs im öffentlichen Interesse liegt. Eine solche Bescheinigung kommt allerdings nur in Betracht, wenn ein Zertifikat nach Satz 1 Nr. 1 nicht vorliegt und eine Bescheinigung nach Satz 1 Nr. 2 nicht vorgesehen oder nicht möglich ist (Satz 3 Nr. 2). Eine weitere Einschränkung ergibt sich aus Absatz 1 c.

Die **Bescheinigung** ist ein **feststellender Verwaltungsakt,** durch den die Rechtslage für den Einzelfall verbindlich festgestellt wird (*Stelkens* in Stelkens/ Bonk/Sachs § 35 Rn. 219, 220). Entspricht die Feststellung nicht dem geltenden Recht, so ist der Verwaltungsakt zwar rechtswidrig, aber gleichwohl wirksam, und schneidet den „Durchgriff" auf das materielle Recht ab (*Stelkens* in Stelkens/Bonk/ Sachs § 35 Rn. 215), solange sie nicht (ex nunc oder gar ex tunc) **zurückgenommen** (§ 48 VwVfG) oder **aufgehoben** (§ 49 VwVfG) ist. Nur unter den Voraussetzungen des § 44 VwVfG ist sie **nichtig.** Dazu reicht es nicht aus, dass sie durch **arglistige Täuschung, Drohung** oder **Bestechung** erlangt wurde (→ BtMG § 3 Rn. 8).

C. Weitere Regelungen (Absätze 1a–1d)

Einschränkungen und Ausdehnungen der Zertifizierungspflicht sind in den Absätzen 1a–1d enthalten.

I. Ausnahmen von der Zertifizierungspflicht (Absatz 1a). Absatz 1a enthält Ausnahmen von der Zertifizierungspflicht, namentlich für Arzneimittel, die zur klinischen Prüfung beim Menschen oder zur Anwendung im Rahmen eines Härtefallprogramms bestimmt sind (Nr. 1) oder für Arzneimittel menschlicher Herkunft zur unmittelbaren Anwendung oder Blutstammzellzubereitungen, die zur gerichteten, für eine bestimmte Person vorgesehenen Anwendung bestimmt sind (Nr. 2). Zum Begriff der **menschlichen Herkunft** → § 13 Rn. 23, zu dem der **unmittelbaren Anwendung** → § 72 Rn. 23.

II. Ausdehnung der Zertifizierungspflicht (Absatz 1b). Die in Absatz 1 Satz 1 Nr. 1 und 2 für bestimmte Wirkstoffe enthaltene Zertifizierungspflicht wird durch **Absatz 1b** auf andere zur Arzneimittelherstellung bestimmte Stoffe menschlicher Herkunft ausgedehnt. Absatz 1 Satz 1 Nr. 3 gilt hier nicht; eine Bescheinigung nach dieser Vorschrift kommt daher nicht in Betracht.

III. Verbot der Einfuhr auf Grund einer Bescheinigung nach Absatz 1 Satz 1 Nr. 3 (Absatz 1c). Eine Vorschrift, deren Sinn sich auf Grund der verunglückten Gesetzgebungstechnik nur schwer erschließt, enthält **Absatz 1c.** Danach dürfen Arzneimittel und Wirkstoffe, die menschlicher, tierischer oder mikrobieller Herkunft sind oder Wirkstoffe, die auf gentechnischem Wege hergestellt werden, sowie andere zur Arzneimittelherstellung bestimmte Stoffe menschlicher Herkunft **nicht** auf Grund einer Bescheinigung nach Absatz 1 Satz 1 Nr. 3 eingeführt werden, **ausgenommen**
– Arzneimittel, die zur klinischen Prüfung beim Menschen oder zur Anwendung im Rahmen eines Härtefallprogramms bestimmt sind oder
– Arzneimittel menschlicher Herkunft zur unmittelbaren Anwendung (→ § 72 Rn. 23) oder um Blutstammzellzubereitungen, die zur gerichteten, für eine bestimmte Person vorgesehenen Anwendung bestimmt sind.

Allerdings ist in diesen Ausnahmefällen nach Absatz 1a Nr. 1, 2 ein Zertifikat ohnehin nicht erforderlich (*Rehmann* § 73c Rn. 2).

15 Im Ergebnis dürfte dies zunächst bedeuten, dass die Einfuhr der in Absatz 1c genannten Arzneimittel, Wirkstoffe und Stoffe **außerhalb der Ausnahmeregelung** (→ Rn. 14) kraft Gesetzes **nicht im öffentlichen Interesse** liegt, so dass die (deutschen) Überwachungsbehörden auch keine Bescheinigung nach Absatz 1 Satz 1 Nr. 3 ausstellen dürfen (*Pohl* in Erbs/Kohlhaas AMG § 72a Rn. 7; *Rehmann* § 72a Rn. 2). Wurde gleichwohl eine solche Bescheinigung ausgestellt, so ist diese zwar rechtswidrig, aber wirksam (→ Rn. 10). Die Einfuhr ist damit zulässig (anders die Vorauflage).

16 III. Rechtsverordnung nach Absatz 1d. Eine Einschränkung der Zertifizierungspflicht enthält Absatz 1d, wonach Absatz 1 Satz 1 für die Einfuhr von Wirkstoffen sowie anderen zur Arzneimittelherstellung bestimmten Stoffen menschlicher Herkunft (nur) gilt, soweit ihre Überwachung durch eine Rechtsverordnung nach § 54 geregelt ist. Dies ist durch § 1 Abs. 1 S. 1 Nr. 2, 3, § 17 AMWHV geschehen (*Kügel* in Kügel/Müller/Hofmann § 72a Rn. 39).

D. Verordnungsermächtigungen (Absätze 2, 3)

17 Nach **Absatz 2** kann das BMG im Wege der Rechtsverordnung ein Einfuhrverbot anordnen, wenn dies zur Abwehr von Gefahren für die Gesundheit des Menschen oder zur Risikovorsorge erforderlich ist. Nach **Absatz 3** kann es ferner weitere Voraussetzungen für die Einfuhr von den in Absatz 1a Nr. 1 und 2 genannten Arzneimitteln, bestimmen, sofern dies erforderlich ist, um eine ordnungsgemäße Qualität der Arzneimittel zu gewährleisten.

E. Straftaten, Ordnungswidrigkeiten

18 Verstöße gegen
- § 72a Abs. 1 S. 1,
- § 72a Abs. 1 S. 1 in Verbindung mit Absatz 1b,
- § 72a Abs. 1 S. 1 in Verbindung mit Absatz 1d oder gegen
- § 72a Abs. 1c

sind **Straftaten** nach § 96 Nr. 18c (→ § 96 Rn. 242–256). Im Falle der Fahrlässigkeit sind Ordnungswidrigkeiten nach § 97 Abs. 1 Nr. 1 gegeben.

§ 73 Verbringungsverbot

(1) ¹Arzneimittel, die der Pflicht zur Zulassung oder Genehmigung nach § 21a oder zur Registrierung unterliegen, dürfen in den Geltungsbereich dieses Gesetzes nur verbracht werden, wenn sie zum Verkehr im Geltungsbereich dieses Gesetzes zugelassen, nach § 21a genehmigt, registriert oder von der Zulassung oder der Registrierung freigestellt sind und
1. der Empfänger in dem Fall des Verbringens aus einem Mitgliedstaat der Europäischen Union oder einem anderen Vertragsstaat des Abkommens über den Europäischen Wirtschaftsraum pharmazeutischer Unternehmer, Großhändler oder Tierarzt ist, eine Apotheke betreibt oder als Träger eines Krankenhauses nach dem Apothekengesetz von einer Apotheke eines Mitgliedstaates der Europäischen Union oder eines anderen Vertragsstaates des Abkommens über den Europäischen Wirtschaftsraum mit Arzneimitteln versorgt wird,
1a. im Falle des Versandes an den Endverbraucher das Arzneimittel von einer Apotheke eines Mitgliedstaates der Europäischen Union oder eines anderen Vertragsstaates des Abkommens über den Europäischen Wirtschaftsraum, welche für den Versandhandel nach ihrem nationalen Recht, soweit es dem deutschen Apothekenrecht im Hinblick auf

Verbringungsverbot §73 AMG

die Vorschriften zum Versandhandel entspricht, oder nach dem deutschen Apothekengesetz befugt ist, entsprechend den deutschen Vorschriften zum Versandhandel oder zum elektronischen Handel versandt wird oder
2. der Empfänger in dem Fall des Verbringens aus einem Staat, das nicht Mitgliedstaat der Europäischen Union oder ein anderer Vertragsstaat des Abkommens über den Europäischen Wirtschaftsraum ist, eine Erlaubnis nach §72, §72b oder §72c besitzt.

²Die in §47a Abs. 1 Satz 1 genannten Arzneimittel dürfen nur in den Geltungsbereich dieses Gesetzes verbracht werden, wenn der Empfänger eine der dort genannten Einrichtungen ist. ³Das Bundesministerium veröffentlicht in regelmäßigen Abständen eine aktualisierte Übersicht über die Mitgliedstaaten der Europäischen Union und die anderen Vertragsstaaten des Europäischen Wirtschaftsraums, in denen für den Versandhandel und den elektronischen Handel mit Arzneimitteln dem deutschen Recht vergleichbare Sicherheitsstandards bestehen.

(1a) *nicht abgedruckt*

(1b) ¹Es ist verboten, gefälschte Arzneimittel oder gefälschte Wirkstoffe in den Geltungsbereich dieses Gesetzes zu verbringen. ²Die zuständige Behörde kann in begründeten Fällen, insbesondere zum Zwecke der Untersuchung oder Strafverfolgung, Ausnahmen zulassen.

(2) Absatz 1 Satz 1 gilt nicht für Arzneimittel, die
1. im Einzelfall in geringen Mengen für die Arzneimittelversorgung bestimmter Tiere bei Tierschauen, Turnieren oder ähnlichen Veranstaltungen bestimmt sind,
2. für den Eigenbedarf der Einrichtungen von Forschung und Wissenschaft bestimmt sind und zu wissenschaftlichen Zwecken benötigt werden, mit Ausnahme von Arzneimitteln, die zur klinischen Prüfung bei Menschen bestimmt sind,
2a. in geringen Mengen von einem pharmazeutischen Unternehmer, einem Betrieb mit einer Erlaubnis nach §13 oder von einem Prüflabor als Anschauungsmuster oder zu analytischen Zwecken benötigt werden,
2b. von einem Betrieb mit Erlaubnis nach §13 entweder zum Zweck der Be- oder Verarbeitung und des anschließenden Weiter- oder Zurückverbringens oder zum Zweck der Herstellung eines zum Inverkehrbringen im Geltungsbereich zugelassenen oder genehmigten Arzneimittels aus einem Mitgliedstaat der Europäischen Union oder einem anderen Vertragsstaat des Abkommens über den Europäischen Wirtschaftsraum verbracht werden,
3. unter zollamtlicher Überwachung durch den Geltungsbereich des Gesetzes befördert oder in ein Zolllagerverfahren oder eine Freizone des Kontrolltyps II übergeführt oder in eine Freizone des Kontrolltyps I oder ein Freilager verbracht werden,
3a. in einem Mitgliedstaat der Europäischen Union oder einem anderen Vertragsstaat des Abkommens über den Europäischen Wirtschaftsraum zugelassen sind und auch nach Zwischenlagerung bei einem pharmazeutischen Unternehmer, Hersteller oder Großhändler wiederausgeführt oder weiterverbracht oder zurückverbracht werden,
4. für das Oberhaupt eines auswärtigen Staates oder seine Begleitung eingebracht werden und zum Gebrauch während seines Aufenthalts im Geltungsbereich dieses Gesetzes bestimmt sind,

5. zum persönlichen Gebrauch oder Verbrauch durch die Mitglieder einer diplomatischen Mission oder konsularischen Vertretung im Geltungsbereich dieses Gesetzes oder Beamte internationaler Organisationen, die dort ihren Sitz haben, sowie deren Familienangehörige bestimmt sind, soweit diese Personen weder Deutsche noch im Geltungsbereich dieses Gesetzes ständig ansässig sind,
6. bei der Einreise in den Geltungsbereich dieses Gesetzes in einer dem üblichen persönlichen Bedarf oder dem üblichen Bedarf der bei der Einreise mitgeführten nicht der Gewinnung von Lebensmitteln dienenden Tiere entsprechenden Menge eingebracht werden,
6a. im Herkunftsland in Verkehr gebracht werden dürfen und ohne gewerbs- oder berufsmäßige Vermittlung in einer dem üblichen persönlichen Bedarf entsprechenden Menge aus einem Mitgliedstaat der Europäischen Union oder einem anderen Vertragsstaat des Abkommens über den Europäischen Wirtschaftsraum bezogen werden,
7. in Verkehrsmitteln mitgeführt werden und ausschließlich zum Gebrauch oder Verbrauch der durch diese Verkehrsmittel beförderten Personen bestimmt sind,
8. zum Gebrauch oder Verbrauch auf Seeschiffen bestimmt sind und an Bord der Schiffe verbraucht werden,
9. als Proben der zuständigen Bundesoberbehörde zum Zwecke der Zulassung oder der staatlichen Chargenprüfung übersandt werden,
9a. als Proben zu analytischen Zwecken von der zuständigen Behörde im Rahmen der Arzneimittelüberwachung benötigt werden,
10. durch Bundes- oder Landesbehörden im zwischenstaatlichen Verkehr bezogen werden.

(3) ¹Abweichend von Absatz 1 Satz 1 dürfen Fertigarzneimittel, die zur Anwendung bei Menschen bestimmt sind und nicht zum Verkehr im Geltungsbereich dieses Gesetzes zugelassen, registriert oder von der Zulassung oder Registrierung freigestellt sind, in den Geltungsbereich dieses Gesetzes verbracht werden, wenn
1. sie von Apotheken auf vorliegende Bestellung einzelner Personen in geringer Menge bestellt und von diesen Apotheken im Rahmen der bestehenden Apothekenbetriebserlaubnis abgegeben werden,
2. sie in dem Staat rechtmäßig in Verkehr gebracht werden dürfen, aus dem sie in den Geltungsbereich dieses Gesetzes verbracht werden, und
3. für sie hinsichtlich des Wirkstoffs identische und hinsichtlich der Wirkstärke vergleichbare Arzneimittel für das betreffende Anwendungsgebiet im Geltungsbereich des Gesetzes nicht zur Verfügung stehen

oder wenn sie in angemessenem Umfang, der zur Sicherstellung einer ordnungsgemäßen Versorgung der Patienten des Krankenhauses notwendig ist, zum Zwecke der vorübergehenden Bevorratung von einer Krankenhausapotheke oder krankenhausversorgenden Apotheke unter den Voraussetzungen der Nummer 2 bestellt und von dieser Krankenhausapotheke oder krankenhausversorgenden Apotheke unter den Voraussetzungen der Nummer 3 im Rahmen der bestehenden Apothekenbetriebserlaubnis zum Zwecke der Verabreichung an einen Patienten des Krankenhauses unter der unmittelbaren persönlichen Verantwortung einer ärztlichen Person abgegeben werden oder sie nach den apothekenrechtlichen Vorschriften oder berufsgenossenschaftlichen Vorgaben oder im Geschäftsbereich des Bundesministeriums der Verteidigung für Notfälle vorrätig zu halten sind oder kurzfristig beschafft werden müssen, wenn im Geltungsbereich dieses Gesetzes Arzneimittel für das betreffende Anwendungsgebiet nicht zur

Verfügung stehen. ²Die Bestellung nach Satz 1 Nummer 1 und die Abgabe der nach Satz 1 in den Geltungsbereich dieses Gesetzes verbrachten Arzneimittel bedürfen der ärztlichen oder zahnärztlichen Verschreibung für Arzneimittel, die nicht aus Mitgliedstaaten der Europäischen Union oder anderen Vertragsstaaten des Abkommens über den Europäischen Wirtschaftsraum bezogen worden sind. ³Das Nähere regelt die Apothekenbetriebsordnung.

(3a) *nicht abgedruckt*

(3b) ¹Abweichend von Absatz 1 Satz 1 dürfen Fertigarzneimittel, die nicht zum Verkehr im Geltungsbereich dieses Gesetzes zugelassen oder registriert oder von der Zulassung oder Registrierung freigestellt sind, zum Zwecke der Anwendung bei Tieren, in den Geltungsbereich dieses Gesetzes nur verbracht werden, wenn

1. sie von Apotheken für Tierärzte oder Tierhalter bestellt und von diesen Apotheken im Rahmen der bestehenden Apothekenbetriebserlaubnis abgegeben werden oder vom Tierarzt im Rahmen des Betriebs einer tierärztlichen Hausapotheke für die von ihm behandelten Tiere bestellt werden,
2. sie in einem Mitgliedstaat der Europäischen Union oder einem anderen Vertragsstaat des Abkommens über den Europäischen Wirtschaftsraum zur Anwendung bei Tieren zugelassen sind und
3. im Geltungsbereich dieses Gesetzes kein zur Erreichung des Behandlungsziels geeignetes zugelassenes Arzneimittel, das zur Anwendung bei Tieren bestimmt ist, zur Verfügung steht.

²Die Bestellung und Abgabe in Apotheken dürfen nur bei Vorliegen einer tierärztlichen Verschreibung erfolgen. ³Absatz 3 Satz 3 gilt entsprechend. ⁴Tierärzte, die Arzneimittel nach Satz 1 bestellen oder von Apotheken beziehen oder verschreiben, haben dies unverzüglich der zuständigen Behörde anzuzeigen. ⁵In der Anzeige ist anzugeben, für welche Tierart und welches Anwendungsgebiet die Anwendung des Arzneimittels vorgesehen ist, der Staat, aus dem das Arzneimittel in den Geltungsbereich dieses Gesetzes verbracht wird, die Bezeichnung und die bestellte Menge des Arzneimittels sowie seine Wirkstoffe nach Art und Menge.

(4) ¹Auf Arzneimittel nach Absatz 2 Nummer 4 und 5 finden die Vorschriften dieses Gesetzes keine Anwendung. ²Auf Arzneimittel nach Absatz 2 Nummer 1 bis 3 und 6 bis 10 und den Absätzen 3 und 3a finden die Vorschriften dieses Gesetzes keine Anwendung mit Ausnahme der §§ 5, 8, 13 bis 20a, 52a, 64 bis 69a und 78, ferner in den Fällen des Absatzes 2 Nummer 2 und der Absätze 3 und 3a auch mit Ausnahme der §§ 48, 95 Absatz 1 Nummer 1 und 3a, Absatz 2 bis 4, § 96 Nummer 3, 10 und 11 sowie § 97 Absatz 1, 2 Nummer 1 und 9 sowie Absatz 3, ferner in den Fällen des Absatzes 3a auch mit Ausnahme der §§ 20b bis 20d, 72, 72b, 72c, 96 Nummer 18b und 18d und des § 97 Absatz 2 Nummer 7a. ³Auf Arzneimittel nach Absatz 3b finden die Vorschriften dieses Gesetzes keine Anwendung mit Ausnahme der §§ 5, 8, 48, 52a, 56a, 57, 58 Absatz 1 Satz 1, der §§ 59, 64 bis 69a, 78, 95 Absatz 1 Nummer 1, 3a, 6, 8, 9 und 10, Absatz 2 bis 4, § 96 Nummer 3, 13, 14 und 15 bis 17, § 97 Absatz 1, 2 Nummer 1, 21 bis 24 sowie 31 und Absatz 3 sowie der Vorschriften der auf Grund des § 12 Absatz 1 Nummer 1 und 2 sowie Absatz 2, des § 48 Absatz 2 Nummer 4 und Absatz 4, des § 54 Absatz 1, 2 und 3 sowie des § 56a Absatz 3 erlassenen Verordnung über tierärztliche Hausapotheken und der auf Grund der §§ 12, 54 und 57 erlassenen Verordnung über Nachweispflichten für Arzneimittel, die zur Anwendung bei Tieren bestimmt sind.

(5) ¹Ärzte und Tierärzte dürfen bei der Ausübung ihres Berufes im kleinen Grenzverkehr im Sinne der Verordnung (EG) Nr. 1931/2006 des Europäischen Parlaments und des Rates vom 20. Dezember 2006 zur Festlegung von Vorschriften über den kleinen Grenzverkehr an den Landaußengrenzen der Mitgliedstaaten sowie zur Änderung der Bestimmungen des Übereinkommens von Schengen (ABl. L 405 vom 30.12.2006, S. 1) nur Arzneimittel mitführen, die zum Verkehr im Geltungsbereich dieses Gesetzes zugelassen oder registriert sind oder von der Zulassung oder Registrierung freigestellt sind. ²Abweichend von Absatz 1 Satz 1 dürfen Ärzte, die eine Gesundheitsdienstleistung im Sinne der Richtlinie 2011/24/EU des Europäischen Parlaments und des Rates vom 9. März 2011 über die Ausübung der Patientenrechte in der grenzüberschreitenden Gesundheitsversorgung (ABl. L 88 vom 4.4.2011, S. 45) erbringen, am Ort ihrer Niederlassung zugelassene Arzneimittel in kleinen Mengen in einem für das Erbringen der grenzüberschreitenden Gesundheitsversorgung unerlässlichen Umfang in der Originalverpackung mit sich führen, wenn und soweit Arzneimittel gleicher Zusammensetzung und für gleiche Anwendungsgebiete auch im Geltungsbereich dieses Gesetzes zugelassen sind; der Arzt darf diese Arzneimittel nur selbst anwenden. ³Ferner abweichend von Absatz 1 Satz 1 Tierärzte, die als Staatsangehörige eines Mitgliedstaates der Europäischen Union oder eines anderen Vertragsstaates des Abkommens über den Europäischen Wirtschaftsraum eine Dienstleistung im Sinne der Richtlinie 2006/123/EG des Europäischen Parlaments und des Rates vom 12. Dezember 2006 über Dienstleistungen im Binnenmarkt (ABl. L 376 vom 27.12.2006, S. 36) erbringen, am Ort ihrer Niederlassung zugelassene Arzneimittel in kleinen Mengen in einem für das Erbringen der Dienstleistung unerlässlichen Umfang in der Originalverpackung mit sich führen, wenn und soweit Arzneimittel gleicher Zusammensetzung und für gleiche Anwendungsgebiete auch im Geltungsbereich dieses Gesetzes zugelassen sind; der Tierarzt darf diese Arzneimittel nur selbst anwenden. Er hat den Tierhalter auf die für das entsprechende, im Geltungsbereich dieses Gesetzes zugelassene Arzneimittel festgesetzte Wartezeit hinzuweisen.

(6) ¹Für die zollamtliche Abfertigung zum freien Verkehr im Falle des Absatzes 1 Satz 1 Nr. 2 sowie des Absatzes 1a Nr. 2 in Verbindung mit Absatz 1 Satz 1 Nr. 2 ist der Vorlage einer Bescheinigung der für den Empfänger zuständigen Behörde erforderlich, in der die Arzneimittel bezeichnet sind und bestätigt wird, dass die Voraussetzungen nach Absatz 1 oder Absatz 1a erfüllt sind. ²Die Zolldienststelle übersendet auf Kosten des Zollbeteiligten die Bescheinigung der Behörde, die diese Bescheinigung ausgestellt hat.

(7) Im Falle des Absatzes 1 Nr. 1 hat ein Empfänger, der Großhändler ist oder eine Apotheke betreibt, das Bestehen der Deckungsvorsorge nach § 94 nachzuweisen.

Übersicht

	Rn.
A. Inhalt und Bedeutung	1
B. Zulassungspflichtige Arzneimittel (Absatz 1)	5
I. Verbringen aus einem EU-Mitgliedstaat/anderen Vertragsstaat des EWR (Satz 1 Nr. 1)	6
II. Versandhandel aus einem EU-Mitgliedstaat/anderen Vertragsstaat des EWR (Satz 1 Nr. 1a)	8
III. Verbringen aus einem Drittstaat (Satz 1 Nr. 2)	10

Verbringungsverbot § 73 AMG

		Rn.
C.	Gefälschte Arzneimittel oder Wirkstoffe (Absatz 1 b)	11
D.	Ausnahmen vom Verbringungsverbot (Absätze 2–3 b)	14
	I. Die Ausnahmen des Absatzes 2	15
	1. Tierschauen, Turniere (Nr. 1)	16
	2. Wissenschaftliche Zwecke (Nr. 2)	18
	3. Anschauungs- und Untersuchungsmuster (Nr. 2 a)	21
	4. Grenzüberschreitende Dienstleistungen, Herstellung aus in Deutschland nicht zugelassenen Arzneimitteln (Nr. 2 b) . . .	22
	a) Grenzüberschreitende Dienstleistungen (Nr. 2 b Alt. 1) . .	23
	b) Herstellung aus in Deutschland nicht zugelassenen Arzneimitteln (Nr. 2 b Alt. 2)	25
	5. Durchfuhr, Zolllager, Freizonen (Nr. 3)	27
	6. Wiederausfuhr, Weiter- oder Zurückverbringen (Nr. 3 a) . .	31
	7. Staatsbesuche, diplomatische/konsularische Vertretungen (Nr. 4, 5)	32
	8. Mitführen bei der Einreise (Nr. 6)	33
	9. Bezug zum persönlichen Bedarf (Nr. 6 a)	36
	10. Reiseapotheken in Verkehrsmittel (Nr. 7)	40
	11. Seeschiffe (Nr. 8)	41
	12. Proben für Bundesoberbehörden (Nr. 9)	42
	13. Proben zu analytischen Zwecken im Rahmen der Arzneimittelüberwachung benötigt werden (Nr. 9 a)	43
	14. Arzneimittel für Bundes- oder Landesbehörden (Nr. 10) . . .	44
	II. Einzelbezug über Apotheken für Humanarzneimittel; Notfälle (Absatz 3)	45
	1. Einzelbezug über Apotheken (Satz 1 Alt. 1)	47
	a) Bestellung von Apotheken auf vorliegende Bestellung einzelner Personen in geringer Menge (Nr. 1)	48
	b) Verkehrsfähigkeit im Herkunftsstaat (Nr. 2)	52
	c) Fehlen vergleichbarer Arzneimittel im Inland (Nr. 3) . . .	53
	2. Notfälle (Satz 1 Alt. 2)	54
	3. Verschreibungspflicht bei Arzneimitteln aus Drittstaaten (Satz 2)	56
	4. Apothekenbetriebsordnung (Satz 3)	58
	5. (Weitere) Anwendung des AMG	59
	III. Arzneimittel zum Zwecke der Anwendung bei Tieren (Absatz 3 b)	60
	1. Grundsatz (Satz 1)	61
	2. Verschreibungspflicht bei Apothekenbestellung (Satz 2) . . .	62
	3. Apothekenbetriebsordnung (Satz 3)	63
	4. Anzeigepflichten des Tierarztes (Satz 4)	64
	5. (Weitere) Anwendung des AMG	65
E.	Gestaffelte Nichtanwendung des AMG (Absatz 4)	66
	I. Nichtanwendung des AMG	66
	1. Arzneimittel nach Absatz 2 Nr. 4, 5	67
	2. Arzneimittel nach Absatz 2 Nr. 1, 2 a, 2 b, 3, 6–10, Abs. 3, 3 a	68
	3. Arzneimittel nach Absatz 2 Nr. 2, Abs. 3, 3 a	69
	4. Arzneimittel nach Absatz 3 a	70
	5. Arzneimittel nach Absatz 3 b	71
	6. Arzneimittel nach Absatz 2 Nr. 3 a	72
	II. Sinn der Regelung	73
F.	Kleiner Grenzverkehr (Absatz 5)	75
G.	Zollbescheinigungen (Absatz 6)	78
H.	Deckungsvorsorge (Absatz 7)	80
I.	Straftaten und Ordnungswidrigkeiten	81

A. Inhalt und Bedeutung

1   Die Vorschrift enthält in **Absatz 1** zunächst ein grundsätzliches Verbringungsverbot für Arzneimittel, die der **Pflicht** zur Zulassung, Genehmigung oder Registrierung **unterliegen,** in Deutschland aber nicht zugelassen, genehmigt, registriert sind oder von der Genehmigung oder Registrierung nicht freigestellt sind. Damit soll verhindert werden, dass solche Arzneimittel in Deutschland in den Verkehr gelangen. Von dem Verbringungsverbot gibt es allerdings eine Reihe von Ausnahmen **(Absätze 2–5).**

2   Auf der anderen Seite gilt das Verbringungsverbot **nicht** für Arzneimittel, die **nicht** zulassungs- oder registrierungspflichtig sind oder die von der Zulassung oder Registrierung freigestellt sind; sie dürfen daher auch dann nicht nach Deutschland verbracht werden, wenn sie für andere als die in Absatz 1 genannten Empfänger bestimmt sind, sofern keine Apothekenpflicht besteht (*Kügel* in Kügel/Müller/Hofmann § 73 Rn. 12).

3   Ein weiteres Verbringungsverbot enthält **Absatz 1b** für **gefälschte Arzneimittel** und gefälschte Wirkstoffe. Die Ausnahmen der Absätze 2–4 gelten für sie nicht.

4   Der **Begriff des Verbringens** ist in § 4 Abs. 32 S. 1 definiert (→ § 4 Rn. 120). Er umfasst an sich auch die Ausfuhr (→ § 4 Rn. 128) und die Durchfuhr (→ § 4 Rn. 121). Da § 73 ein Verbot nur für das Verbringen nach Deutschland betrifft, scheidet hier die Ausfuhr aus. Grundsätzlich erfasst wird dagegen die Durchfuhr (s. Absatz 2 Nr. 2, 3a). Dies gilt auch für die Bußgeldvorschrift des § 97 Abs. 2 Nr. 8.

B. Zulassungspflichtige Arzneimittel (Absatz 1)

5   Absatz 1 regelt die Verbringung von Arzneimitteln, die der Pflicht zur Zulassung (§ 21) oder Genehmigung nach § 21a oder zur Registrierung (§ 38) unterliegen, nach Deutschland. Die Zulässigkeit des Verbringens **setzt** zunächst **voraus,** dass solche Arzneimittel zum Verkehr **in Deutschland** zugelassen, genehmigt oder registriert oder von der Zulassung oder Registrierung freigestellt **sind (Absatz 1 Satz 1).** Je nach der Fallgestaltung treten weitere Voraussetzungen hinzu:

6   **I. Verbringen aus einem EU-Mitgliedstaat/anderen Vertragsstaat des EWR (Satz 1 Nr. 1).** Beim Verbringen solcher Arzneimittel aus einem Mitgliedstaat der EU/anderen Vertragsstaat des EWR sind **Einfuhrberechtigte** oder zulässige Empfänger pharmazeutische Unternehmer, Großhändler, Tierärzte, Apotheker und Träger eines Krankenhauses, dessen Apotheke von einer Apotheke in einem EU-Mitgliedstaat/anderen Vertragsstaat des EWR versorgt wird. Einer besonderen Erlaubnis bedarf es in diesen Fällen nicht (*Sandrock/Nauroth* in Dieners/Reese PharmaR-HdB § 9 Rn. 187).

7   Zulässiger Empfänger ist eine **inländische Apotheke** (Pick-up-Stelle) auch dann, wenn der Patient auf Veranlassung dieser Apotheke den Kaufvertrag mit einer ausländischen Apotheke abschließt, diese das Arzneimittel an die inländische Apotheke übermittelt, die es ihrerseits vor Aushändigung an den Patienten auf Unversehrtheit der Verpackung, Verfallsdatum sowie mögliche Wechselwirkungen überprüft und den Patienten auf Wunsch pharmazeutisch berät (BGH MedR 2012, 800 mAnm *Mand* = A&R 2012, 178 mAnm *Laskowski;* BVerwG NJW 2015, 3465 = PharmR 2015, 446 = A&R 2015, 129). Die Besonderheit einer Pick-up-Stelle, dass die Medikamente bei ihr abgeholt werden können (→ § 50 Rn. 5), ist damit gegeben. Dass das Medikament zuvor aus Deutschland in den ausländischen Staat verbracht worden war, schließt die Anwendung der Nr. 1 **nicht** aus (BVerwG NJW 2015, 3465 (s. o.)).

II. Versandhandel aus einem EU-Mitgliedsstaat/anderen Vertragsstaat 8
des EWR (Satz 1 Nr. 1 a). Soll das Arzneimittel im Wege des Versandes (→ § 43
Rn. 30–34) an den **Endverbraucher** (→ § 43 Rn. 28) verbracht werden, so gilt
Nr. 1 a, der im Wesentlichen darauf abhebt, ob der Versand- oder elektronische
Handel entsprechend den deutschen Vorschriften stattfindet. Der Versandhandel ist
(unter den Voraussetzungen des Absatzes 3 a (→ Rn. 60–65)) nunmehr auch für
Tierarzneimittel zulässig. Dies gilt nach § 43 Abs. 5 S. 4 allerdings nur für Arzneimittel, die ausschließlich zur Anwendung bei Tieren, die nicht der Gewinnung von
Lebensmitteln dienen, zugelassen sind (→ § 43 Rn. 85; → § 57 Rn. 23–25; BT-Drs.
17/4231, 11, 12). Kein Versand ist der von einer konkreten Kundenanforderung
unabhängige, **„antizipierte"** Transport von Arzneimitteln zu einem inländischen Lager außerhalb von Apothekenräumen und eine anschließende Lagerung
dieser Arzneimittel bis zum Zeitpunkt einer künftigen, ungewissen Kundenanforderung (BGH PharmR 2020, 560 = A&R 2020, 195 = BeckRS 2020, 18885;
OLG Karlsruhe PharmR 2019, 613 = BeckRS 2019, 21485).

Das BMG veröffentlicht in regelmäßigen Abständen eine **aktualisierte Übersicht** 9
über die Staaten, in denen für den Versandhandel und den elektronischen
Handel mit Arzneimitteln dem deutschen Recht vergleichbare Sicherheitsstandards
bestehen **(Satz 3).** Die Rechtsnatur der Bekanntmachung ist nicht abschließend
geklärt (*Kügel* in Kügel/Müller/Hofmann § 73 Rn. 24; S. 10–13 der Ausarbeitung
des Wissenschaftlichen Dienstes des Deutschen Bundestages vom 3.9.2020, WD 9-
3000-067/20). Unabhängig hiervon sieht das BVerwG (NVwZ 2008, 1238) darin
eine gesetzlich vorgesehene sachverständige Feststellung, die auch für die Gerichte
grundsätzlich so lange bindend ist, wie die ihr zu Grunde liegende fachliche Einschätzung nicht substantiiert in Frage gestellt wird. Demgegenüber bindet die
Übersicht nach Auffassung des BGH (GRUR 2008, 275 = BeckRS 2008, 01694)
die Gerichte insoweit, als sie Feststellungen dazu enthält, dass in diesen Staaten vergleichbare Sicherheitsstandards bestehen. Der Veröffentlichungspflicht ist das BMG
zuletzt mit Bek. v. 5.7.2011 (BAnz. 2011, S. 2552) nachgekommen (S. 10 der
Ausarbeitung des Wissenschaftlichen Dienstes des Deutschen Bundestages vom
3.9.2020 (s.o.)).

III. Verbringen aus einem Drittstaat (Satz 1 Nr. 2). Beim Verbringen aus 10
einem Staat, der kein Mitgliedstaat der EU/anderer Vertragsstaat des EWR ist, bedarf der Empfänger einer Einfuhrerlaubnis nach §§ 72, 72b oder 72c.

C. Gefälschte Arzneimittel oder Wirkstoffe (Absatz 1 b)

Ein Verbringungsverbot für gefälschte Arzneimittel oder Wirkstoffe (§ 4 Abs. 40, 11
41 (→ § 4 Rn. 129–136)) enthält **Absatz 1 b Satz 1.** Damit soll verhindert werden,
dass solche Substanzen bereits im Vorfeld eines Inverkehrbringens nach Deutschland gelangen (BT-Drs. 16/12256, 55).

Die **Ausnahmen vom Verbringungsverbot** nach den Absätzen 2–3 b finden 12
keine Anwendung, da sie sich nur auf das Verbringungsverbot des Absatzes 1
Satz 1 beziehen (BT-Drs. 16/12256, 55). Dies gilt auch für die Fälle des Absatzes 2
Nr. 2 a; der pharmazeutische Unternehmer bedarf auch in solchen Fällen für die
Zulassung einer Ausnahme nach Satz 2 (aA *Kügel* in Kügel/Müller/Hofmann § 73
Rn. 28).

Nach **Satz 2** kann die zuständige Behörde in begründeten Fällen, insbesondere 13
zum Zwecke der Untersuchung oder Strafverfolgung, Ausnahmen zulassen. Ein
weiterer Anwendungsfall des Satzes 2 ist die Vernichtung (BT-Drs. 16/12256, 55).

D. Ausnahmen vom Verbringungsverbot (Absätze 2–3b)

14 In den **Absätzen 2–3b** sind wesentliche Ausnahmen vom Verbringungsverbot geregelt. Die hiervon erfassten Arzneimittel dürfen trotz fehlender inländischer Zulassung, Registrierung oder Freistellung nach Deutschland verbracht werden. Die Ausnahmen gelten für alle Tatbestände des Absatzes 1 Satz 1, soweit nicht ausdrücklich etwas anderes bestimmt ist (zB Absatz 2 Nr. 2b). Auch bei Drittstaaten ist eine Einfuhrerlaubnis daher nicht erforderlich (*Kügel* in Kügel/Müller/Hofmann § 73 Rn. 30). Als Ausnahmevorschriften sind die Regeln **eng auszulegen** (*Kügel* in Kügel/Müller/Hofmann § 73 Rn. 30).

15 **I. Die Ausnahmen des Absatzes 2.** Absatz 2 enthält 15 Ausnahmen von unterschiedlichem Gewicht. Die Ausnahmen behandeln den sogenannten **Einzelimport** (BGH NJW 2010, 3724 = PharmR 2010, 634 = MedR 2011, 429 mAnm *Mand*) und beruhen auf der Annahme, dass die hier genannten Arzneimittel außerhalb der persönlichen Verwendung nicht in den Verkehr gelangen (*Freund* in MüKoStGB AMG §§ 72–74 Rn. 8).

16 **1. Tierschauen, Turniere (Nr. 1).** Ausländische Tierhalter, die an inländischen Tierschauen oder Turnieren teilnehmen, dürfen die an der Dauer der Veranstaltung orientierte Menge von Arzneimitteln für den Fall einer etwa erforderlichen Behandlung der mitgebrachten Tiere mit sich führen. Es muss sich um eine **geringe Menge** handeln. Diese bemisst sich danach, was im Einzelfall zur Arzneimittelversorgung der mitgeführten Tiere für die Dauer der betreffenden Veranstaltung gerade ausreichend ist. Der Bedarf muss nicht bereits zum Zeitpunkt des Verbringens bestehen; es reicht aus, wenn zu erwarten ist, dass sich während der Veranstaltung ein solcher Bedarf ergibt (*Kügel* in Kügel/Müller/Hofmann § 73 Rn. 31).

17 Zur **Nichtanwendbarkeit** der sonstigen Vorschriften des AMG auf Arzneimittel nach **Nr. 1** und zu den Ausnahmen s. Absatz 4 Satz 2 Hs. 1 (→ Rn. 66, 68, 73). Danach gelten zwar die verwaltungsrechtlichen Verbote der §§ 5 und 8, nicht aber deren Strafbewehrungen.

18 **2. Wissenschaftliche Zwecke (Nr. 2).** Das Verbringen von Arzneimitteln, die für wissenschaftliche Zwecke benutzt werden sollen und **nur für den Eigenbedarf** der Forschungsstelle bestimmt sind, unterfällt ebenfalls nicht dem Verbringungsverbot des Absatzes 1. Der Eigenbedarf ist auf das zu wissenschaftlichen Zwecken benötigte Maß beschränkt. Eine Abgabe dieser Arzneimittel an andere, auch an andere Institute oder Forschungseinrichtungen, ist nicht erlaubt. Zulässig ist dagegen eine gemeinsame Bestellung mehrerer Forschungsinstitute (*Rehmann* § 73 Rn. 4) oder eine Sammelbestellung durch eine Einrichtung für mehrere und damit auch die Abgabe an diese in diesem Rahmen (*Kügel* in Kügel/Müller/Hofmann § 73 Rn. 32).

19 Mit der Einfügung des Halbsatzes 2 durch das 12. AMG-ÄndG sollte „im Interesse der Rechtsklarheit und des einheitlichen Vollzuges" klargestellt werden, dass die Einfuhr von **Prüfpräparaten** kein Eigenbedarf ist (BT-Drs. 15/2360 S. 11, 17; 15/2849 S. 62). Dadurch sollte die „bisher uneinheitliche und teilweise sehr weitgehende Auslegung (und damit auch die Umgehung der Einfuhrvorschriften der §§ 72, 72a)" unterbunden werden. Die Klarstellung stehe auch im Einklang mit Artikel 13 der EU-GCP-Richtlinie 2001/20/EG, der für die Einfuhr von Prüfpräparaten grundsätzlich eine Genehmigungspflicht vorschreibe. Allerdings unterliegen Prüfpräparate nicht der Zulassungspflicht (§ 21 Abs. 2 Nr. 2), so dass § 73 Abs. 1 für sie ohnehin nicht gilt (*Kügel* in Kügel/Müller/Hofmann § 73 Rn. 33, 89; *Rehmann* § 73 Rn. 4).

20 Zur **Nichtanwendbarkeit** der sonstigen Vorschriften des AMG auf die Arzneimittel der **Nr. 2** und zu den Ausnahmen s. Absatz 4 Satz 2 Hs. 2 (→ Rn. 66, 69, 73). Anders als in den anderen Fällen des Absatzes 2 gelten danach einige **Strafvor-**

schriften (§ 95 Abs. 1 Nr. 1 und 3a, Abs. 2–4; § 96 Nr. 3; § 97 Abs. 1, 2 Nr. 1 und 9, Abs. 3). Die Strafvorschriften sind auch auf Arzneimittel anwendbar, die zur klinischen Prüfung bei Menschen bestimmt sind (→ Rn. 74).

3. Anschauungs- und Untersuchungsmuster (Nr. 2a). Pharmazeutische Unternehmer, Betriebe mit einer Erlaubnis nach § 13 und Prüflabore dürfen Arzneimittel in geringen Mengen als Anschauungsmuster oder zu analytischen Zwecken nach Deutschland verbringen. Die **geringe Menge** bemisst sich hier nach dem zu den genannten Zwecken erforderlichen Maß. Hinsichtlich der **Nichtanwendbarkeit** der sonstigen Vorschriften des AMG auf Arzneimittel nach **Nr. 2a** gilt dasselbe wie für die Arzneimittel nach Nr. 1 (→ Rn. 17). 21

4. Grenzüberschreitende Dienstleistungen, Herstellung aus in Deutschland nicht zugelassenen Arzneimitteln (Nr. 2b). Die Vorschrift enthält zwei Alternativen, die verschiedene Sachverhalte betreffen: 22

a) Grenzüberschreitende Dienstleistungen (Alt. 1). Die erste Alternative ermöglicht ein temporäres Verbringen von Arzneimitteln, die nicht oder nicht in der vorhandenen Form oder Aufmachung in Deutschland in den Verkehr gebracht werden dürfen, durch Herstellerbetriebe zum Zweck der grenzüberschreitenden Erbringung von Dienstleistungen in Bezug auf diese Arzneimittel. Danach kann zum Beispiel eine Verblisterung oder Konfektionierung eines nicht in Deutschland zugelassenen Fertigarzneimittels durch einen Betrieb in Deutschland erfolgen, wenn diese Fertigarzneimittel anschließend weiter- oder zurückverbracht werden sollen (BT-Drs. 17/9341, 66). 23

Hinsichtlich der **Nichtanwendbarkeit** der sonstigen Vorschriften des AMG auf Arzneimittel nach **Nr. 2b Alt. 1** gilt dasselbe wie für die Arzneimittel nach Nr. 1 (→ Rn. 17). 24

b) Herstellung aus in Deutschland nicht zugelassenen Arzneimitteln (Alt. 2). Die zweite Alternative betrifft das Verbringen nicht zugelassener Arzneimittel zum Zweck der Herstellung eines in Deutschland zugelassenen oder genehmigten Arzneimittels. Dies ist relevant für den von der zuständigen Bundesoberbehörde zugelassenen **Parallelimport** (→ Vor § 72 Rn. 5–8) oder bei zentral zugelassenen Arzneimitteln für den nach § 67 Abs. 7 S. 2 bei der EMA zu notifizierenden **Parallelvertrieb** (→ Vor § 72 Rn. 9). Die betreffenden Arzneimittel müssen in der Regel erst umkonfektioniert werden, damit sie den für Deutschland geltenden Zulassungs- bzw. Genehmigungsbedingungen entsprechen. Ein solcher Herstellungsschritt soll auch in einer Betriebsstätte in Deutschland möglich sein (BT-Drs. 17/9341, 66). 25

Hinsichtlich der **Nichtanwendbarkeit** der sonstigen Vorschriften des AMG auf Arzneimittel nach **Nr. 2b** gilt dasselbe wie für die Arzneimittel nach Nr. 1 (→ Rn. 17). 26

5. Durchfuhr, Zolllager, Freizonen (Nr. 3). Ein Verbringen in den Geltungsbereich des AMG liegt auch dann vor, wenn das Arzneimittel durchgeführt werden soll (§ 4 Abs. 32 S. 1 (→ § 4 Rn. 121)), so dass die Durchfuhr an sich auch unter das Verbringungsverbot des Absatzes 1 fällt. Hiervon macht Nr. 3 eine Ausnahme, wenn das Arzneimittel **unter zollamtlicher Überwachung** durch Deutschland befördert oder in ein Zolllagerverfahren oder eine Freizone des Kontrolltyps II übergeführt oder in eine Freizone des Kontrolltyps I oder ein Freilager verbracht wird (→ Rn. 28). Zum Begriff der zollamtlichen Überwachung → BtMG § 11 Rn. 11, 12; zum Verstoß dagegen → BtMG § 29 Rn. 1425. Anders als im Betäubungsmittelrecht ist eine Ausnahme vom Erfordernis der zollamtlichen Überwachung für den Verkehr mit Mitgliedstaaten der EU nicht vorgesehen. 27

Zolllager sind Räumlichkeiten oder sonstige Stätten, in denen Nicht-Unionswaren unter zollamtlicher Überwachung gelagert werden können und die für die- 28 sen Zweck von den Zollbehörden zugelassen sind (Art. 240 Abs. 1 UZK). **Freizonen** sind Teile des Zollgebietes der Union, die von den Mitgliedstaaten bestimmt und abgegrenzt werden (Art. 243 UZK). In Deutschland sind Freizonen die Freihäfen Bremerhaven und Cuxhaven. Die Freilager und die Freizonen des Kontrolltyps II sind abgeschafft; Sie gelten gemäß Anhang 90 UZK-DelVO seit dem 1.5.2016 als **Zollager** (*Witte* Vor Art. 243 Rn. 5).

29 Eine § 11 Abs. 1 S. 2 BtMG entsprechende Regel, wonach die Arzneimittel während der Durchfuhr zu **keinem Zeitpunkt** dem Durchführenden oder einem Dritten **tatsächlich zur Verfügung** stehen dürfen, enthält § 73 Abs. 2 Nr. 3 **nicht.**

30 Hinsichtlich der **Nichtanwendbarkeit** der sonstigen Vorschriften des AMG auf Arzneimittel nach **Nr. 3** gilt dasselbe wie für die Arzneimittel nach Nr. 1 (→ Rn. 17).

31 **6. Wiederausfuhr, Weiter- oder Zurückverbringen (Nr. 3 a).** Danach dürfen Arzneimittel nach Deutschland verbracht werden, die in einem EU-Mitgliedstaat/anderen Vertragsstaat des EWR zugelassen sind, und wiederausgeführt oder weiterverbracht oder zurückverbracht werden (sollen). Eine Zwischenlagerung bei einem pharmazeutischen Unternehmer, Hersteller oder Großhändler ist nicht (mehr) zwingend notwendig (BT-Drs. 17/9341, 66). Eine Ausnahme von der Anwendung des AMG auf diese Arzneimittel ist nicht vorgesehen (Absatz 4; → Rn. 72).

32 **7. Staatsbesuche, diplomatische/konsularische Vertretungen (Nr. 4, 5).** Die Ausnahme hinsichtlich der Staatsbesuche trägt der völkerrechtlichen Stellung der Besucher Rechnung. Entsprechendes gilt für die Angehörigen des diplomatischen Dienstes und der konsularischen Vertretungen. Die Vorschriften gelten nur für die zum persönlichen Gebrauch (Verbrauch) **bestimmten** Arzneimittel; dass sie dazu auch benötigt werden, ist nicht erforderlich. Auf die nach den Nummern 4 und 5 nach Deutschland verbrachten Arzneimittel finden die sonstigen Vorschriften das AMG keine Anwendung (Absatz 4 Satz 1 (→ Rn. 66, 67, 73)).

33 **8. Mitführen bei der Einreise (Nr. 6).** Die Vorschrift erlaubt dem Einreisenden die Mitnahme der von ihm benötigten Arzneimittel in einer seinem üblichen persönlichen Bedarf oder dem üblichen Bedarf der bei der Einreise mitgeführten nicht der Gewinnung von Lebensmitteln dienenden Tiere entsprechenden Menge. Maßstab für die Menge sind die Dauer der Reise, des Gesundheitszustand des Reisenden oder des Tieres sowie der übliche Bedarf. Die Vorschrift gilt auch für Personen, die ihren Wohnsitz oder ständigen Aufenthalt im Inland haben (*Rehmann* § 73 Rn. 10).

34 Mit der Beschränkung auf den **üblichen** Bedarf soll einem Missbrauch der Vergünstigung mit der Behauptung eines ungewöhnlich hohen Eigenbedarfs vorgebeugt werden (BT-Drs. 11/5373, 34). Als Anhaltspunkte für die Bemessung des üblichen Bedarfs kommen in Betracht der Gesundheitszustand des Reisenden, die Dauer und Modalitäten der Reise, die Dosierungsempfehlungen und die Zumutbarkeit und Möglichkeit, sich die Arzneimittel in Deutschland beschaffen zu können (*Kügel* in Kügel/Müller/Hofmann § 73 Rn. 44).

35 Hinsichtlich der **Nichtanwendbarkeit** der sonstigen Vorschriften des AMG auf Arzneimittel nach **Nr. 6** gilt dasselbe wie für die Arzneimittel nach Nr. 1 (→ Rn. 17).

36 **9. Bezug zum persönlichen Bedarf (Nr. 6a).** Die Regelung, mit der zwei Entscheidungen des EuGH (NJW 1989, 2185; PharmR 1992, 29) umgesetzt werden, erlaubt Privatpersonen den Bezug von Arzneimitteln aus Mitgliedsländern der EU oder anderen Vertragsstaaten des EWR für den üblichen eigenen Bedarf. Voraussetzung ist, dass die Arzneimittel im Herkunftsland in den Verkehr gebracht werden dürfen. Dazu ist erforderlich, dass das Präparat im Herkunftsstaat **gerade als**

Arzneimittel in den Verkehr gebracht werden kann; dass es dort als Nahrungsergänzungsmittel verkehrsfähig ist, genügt nicht (BGH NJW 2002, 3469).

Auch diese Vorschrift ist beschränkt auf das Verbringen zum **üblichen** Bedarf 37
(→ Rn. 34).

Weitere Voraussetzung ist, dass der Bezug **ohne gewerbs- oder berufsmäßige** 38
Vermittlung erfolgt (OLG Frankfurt a. M. NJW-RR 2001, 1408). Damit ist insbesondere ein gewerblicher Versandhandel nicht zulässig (BGH GRUR 2008, 275
(→ Rn. 9); *Rehmann* § 73 Rn. 11). Dasselbe gilt für das gewerbsmäßige Sammeln
von Rezepten für inländische Patienten, um den Versand der Arzneimittel aus dem
Ausland en gros zu organisieren (*Rehmann* § 73 Rn. 11).

Hinsichtlich der **Nichtanwendbarkeit** der sonstigen Vorschriften des AMG auf 39
Arzneimittel nach **Nr. 6a** gilt dasselbe wie für die Arzneimittel nach Nr. 1
(→ Rn. 17).

10. Reiseapotheken in Verkehrsmitteln (Nr. 7). Nicht unter das Verbrin- 40
gungsverbot fallen Arzneimittel, die in Reisebussen, Zügen, Flugzeugen, Taxen
oder anderen Verkehrsmitteln mitgeführt werden, um die Benutzer der Verkehrsmittel im Bedarfsfall mit Arzneimitteln versorgen zu können. Zu den Benutzern gehört auch das Personal. Die Arzneimittel müssen bestimmungsgemäß (ge-)verbraucht werden, insbesondere muss der Ge- oder Verbrauch im Zusammenhang
mit der Nutzung des Verkehrsmittels stehen (*Kügel* in Kügel/Müller/Hofmann
§ 73 Rn. 50). Hinsichtlich der **Nichtanwendbarkeit** der sonstigen Vorschriften
des AMG auf Arzneimittel nach **Nr. 7** gilt dasselbe wie für die Arzneimittel nach
Nr. 1 (→ Rn. 17).

11. Seeschiffe (Nr. 8). Entsprechendes gilt für Arzneimittel, die zum Ge- oder 41
Verbrauch auf Seeschiffen bestimmt sind und dort verbraucht werden.

12. Proben für Bundesoberbehörden (Nr. 9). Vom Verbringungsverbot 42
ausgenommen sind Arzneimittel, die der zuständigen Bundesoberbehörde zum
Zwecke der Zulassung oder der staatlichen Chargenprüfung übersandt werden.
Hinsichtlich der **Nichtanwendbarkeit** der sonstigen Vorschriften des AMG auf
Arzneimittel nach **Nr. 9** gilt dasselbe wie für die Arzneimittel nach Nr. 1
(→ Rn. 17).

13. Proben zu analytischen Zwecken im Rahmen der Arzneimittelüber- 43
wachung (Nr. 9a). Die Vorschrift ermöglicht es den zuständigen Behörden der
Länder, im Rahmen der Arzneimittelüberwachung nicht zugelassene Arzneimittel
zu Analyse- oder Untersuchungszwecken nach Deutschland zu verbringen. Hinsichtlich der **Nichtanwendbarkeit** der sonstigen Vorschriften des AMG auf Arzneimittel nach **Nr. 9a** gilt dasselbe wie für die Arzneimittel nach Nr. 1 (→ Rn. 17).

14. Arzneimittel für Bundes- oder Landesbehörden (Nr. 10). Entspre- 44
chendes gilt für Arzneimittel, die durch Bundes- oder Landesbehörden im zwischenstaatlichen Verkehr bezogen werden.

II. Einzelbezug über Apotheken für Humanarzneimittel; Notfallversor- 45
gung (Absatz 3). Die Vorschrift erlaubt das Verbringen von Fertigarzneimitteln,
die zur Anwendung bei Menschen bestimmt sind und nicht zum Verkehr im Inland
zugelassen, genehmigt, registriert oder hiervon freigestellt sind, nach Deutschland.
War das Arzneimittel allerdings in Deutschland überprüft worden und hat dies zu
einer Versagung, zur Rücknahme, zum Widerruf oder zum Ruhen der Zulassung,
Genehmigung oder Registrierung geführt, ist § 73 Abs. 3 nicht anzuwenden; es gilt
dann allein das Importverbot des § 30 Abs. 4 S. 1 Nr. 2 (*Kügel* in Kügel/Müller/
Hofmann § 73 Rn. 56).

In der nunmehr (Gesetz v. 17. 7. 2009 (BGBl. I S. 1990)) etwas besser lesbaren Be- 46
stimmung werden **zwei Fälle** unterschieden:

AMG § 73 Dreizehnter Abschnitt. Einfuhr und Ausfuhr

47 **1. Einzelbezug über Apotheken (Satz 1 Alt. 1).** Zulässig ist das Verbringen solcher (Fertig-)Arzneimittel nach Deutschland, wenn
- sie von **Apotheken** auf vorliegende Bestellung **einzelner Personen** in **geringer Menge** bestellt und von diesen Apotheken im Rahmen der bestehenden Apothekenbetriebserlaubnis abgegeben werden **(Nr. 1),**
- sie in dem Staat **rechtmäßig** in Verkehr gebracht werden dürfen, aus dem sie nach Deutschland verbracht werden **(Nr. 2),** und
- für sie hinsichtlich des **Wirkstoffs identische** und hinsichtlich der **Wirkstärke vergleichbare** Arzneimittel für das betreffende Anwendungsgebiet im Inland nicht zur Verfügung stehen **(Nr. 3).**

Die Voraussetzungen müssen **kumulativ** gegeben sein. Zur Prüfungsbefugnis der **Zollbehörden** → § 74 Rn. 3.

48 **a) Bestellung von Apotheken auf vorliegende Bestellung einzelner Personen in geringer Menge (Nr. 1).** Die Arzneimittel müssen von Apotheken auf vorliegende Bestellung einzelner Personen in geringer Menge bestellt und von diesen Apotheken im Rahmen der Apothekenerlaubnis abgegeben werden. Eine Direktlieferung vom Importeur oder Zwischenhändler an Endverbraucher ist danach unzulässig; dasselbe gilt für einen Versandhandel (*Kügel* in Kügel/Müller/Hofmann § 73 Rn. 62).

49 Die Apotheke darf bei der Beschaffung der Arzneimittel **Dritte,** namentlich Großhändler oder andere Apotheken, in Anspruch nehmen (*Kügel* in Kügel/Müller/Hofmann § 73 Rn. 58). Eine Bündelung der Bestellungen, etwa durch einen Großhändler, der mehrere Apothekenbestellungen bedient, ist zulässig (*Rehmann* § 73 Rn. 16). Stets muss die Apotheke, die das Arzneimittel bestellt hat, aber **identifizierbar** sein (*Kügel* in Kügel/Müller/Hofmann § 73 Rn. 58).

50 Die bestellte Menge ist nach dem **Bedarf der einzelnen Person** zu bemessen (*Kügel* in Kügel/Müller/Hofmann § 73 Rn. 60) und richtet sich in der Regel nach der üblicherweise für die entsprechende Indikation erforderlichen Verordnungsmenge (*Sandrock/Nawroth* in Dieners/Reese PharmaR-HdB § 9 Rn. 202). Dabei kann es sich auch um den **Praxisbedarf** eines Arztes handeln, der das Arzneimittel in seiner Praxis verwenden will, allerdings nur, wenn die betreffenden Patienten bereits bekannt sind und wenn keine den konkreten Patientenbedarf übersteigende Vorratshaltung betrieben wird (*Kügel* in Kügel/Müller/Hofmann § 73 Rn. 61; *Rehmann* § 73 Rn. 16; enger *Kloesel/Cyran* § 73 Anm. 48; weiter *Sander* ArzneimittelR § 73 Erl. 9c).

51 Ob eine **geringe Menge** vorliegt, richtet sich nach dem Bedarf der einzelnen Person, für die das Arzneimittel bestellt wird, und nicht nach der der Bestellmenge der Apotheke, wenn diese mehrere Patienten oder Ärzte aufgrund entsprechender Einzelbestellungen versorgt (*Kügel* in Kügel/Müller/Hofmann § 73 Rn. 60; *Rehmann* § 73 Rn. 16). Eine Bestellung auf **Vorrat** ohne vorliegende Einzelbestellungen ist **nicht zulässig** (*Kügel* in Kügel/Müller/Hofmann § 73 Rn. 53; *Sandrock/Nawroth* in Dieners/Reese PharmaR-HdB § 9 Rn. 201).

52 **b) Verkehrsfähigkeit im Herkunftsstaat (Nr. 2).** Das Arzneimittel muss im Herkunftsstaat rechtmäßig in den Verkehr gebracht werden können. Ob dazu wie in den Fällen des Absatzes 2 Nr. 6a (→ Rn. 36) erforderlich ist, dass es dort gerade als Arzneimittel in den Verkehr gebracht werden kann, ist nicht abschließend geklärt. Dafür sprechen der Wortlaut und derselbe Grund wie in Absatz 2 Nr. 6a. Ob dem damit begegnet werden kann, dass der Import nach Absatz 3 die Einschaltung eines Apothekers oder Arztes (Satz 2) erfordert, so dass die notwendige Verbrauchersicherheit deswegen gewährleistet ist (*Sandrock/Nawroth* in Dieners/Reese PharmaR-HdB § 9 Rn. 9), erscheint zweifelhaft.

c) Fehlen vergleichbarer Arzneimittel im Inland (Nr. 3). Ferner dürfen für 53 die Arzneimittel im Inland keine wirkstoffidentischen und hinsichtlich der Wirkstärke vergleichbare Arzneimittel für das betreffende Anwendungsgebiet zur Verfügung stehen. Voraussetzung ist damit eine Versorgungslücke (*Kügel* in Kügel/Müller/Hofmann § 73 Rn. 66).

2. Notfälle (Satz 1 Alt. 2). Nach ihrer Ergänzung durch das G v. 4.5.2017 54 (BGBl. I S. 1050) enthält die schwer zu lesende Vorschrift drei Varianten:
– Verbringung auf Grund einer begrenzten Vorratsbestellung einer Krankenhausapotheke/krankenhausversorgenden Apotheke, um den Zeitbedarf für einen Einzelimport in einer Akutsituation zu kompensieren; zu den Einzelheiten dieser Regelung, auch zur Abgabe der Arzneimittel s. BT-Drs. 18/10208, 41).
– Verbringung, um die Arzneimittel nach den apothekenrechtlichen Vorschriften oder berufsgenossenschaftlichen Vorgaben oder im Geschäftsbereich des BMVg **für Notfälle vorrätig** zu halten sind oder
– Verbringung zur **kurzfristig** notwendig werdenden Beschaffung,

wenn in Deutschland Arzneimittel für das betreffende Anwendungsgebiet nicht zur Verfügung stehen.

Die nach Satz 1 Alt. 2 Var. 2, 3 in das Inland verbrachten Arzneimittel dürfen 55 **vorrätig** gehalten werden; sie müssen aber der apothekenrechtlich definierten **Notfallversorgung** (§ 15 ApBetrO) dienen (*Rehmann* § 73 Rn. 17).

3. Verschreibungspflicht bei Arzneimitteln aus Drittstaaten (Satz 2). Bei 56 Arzneimitteln, die nicht aus Mitgliedstaaten der EU oder anderen Vertragsstaaten des EWR bezogen werden, bedürfen die **Bestellung** nach Satz 1 Nr. 1 und die **Abgabe** der nach Satz 1 nach Deutschland verbrachten Arzneimittel der ärztlichen oder zahnärztlichen **Verschreibung.**

Bei dem Verbringen **aus einem Mitgliedstaat** oder anderen Vertragsstaat des 57 EWR ist eine Verschreibung dann vorzulegen, wenn eine Verschreibungspflicht nach deutschem Recht besteht (Absatz 4 Satz 2 Alt. 2; *Pfohl* in Erbs/Kohlhaas § 73 Rn. 11).

4. Apothekenbetriebsordnung (Satz 3). Die entsprechende Regelung wurde 58 in § 18 Abs. 1 ApBetrO getroffen.

5. Die Nichtanwendung sonstiger Vorschriften des AMG. Hinsichtlich der 59 Nichtanwendbarkeit der sonstigen Vorschriften des AMG auf Arzneimittel nach **Absatz 3** gelten dieselben Regeln wie für die Arzneimittel nach Absatz 2 Nr. 2 (→ Rn. 20).

III. Arzneimittel zum Zwecke der Anwendung bei Tieren (Absatz 3 b). 60 Strengere Voraussetzungen für die Ausnahme vom Verbringungsverbot wegen fehlender inländischer Zulassung, Registrierung oder Freistellung bestimmt das Gesetz für Arzneimittel, die zum Zwecke der Anwendung bei Tieren nach Deutschland verbracht werden. Die Regelung gilt damit an sich auch für Humanarzneimittel (→ § 4 Rn. 28); sie müssen jedoch im Ausland zur Anwendung bei Tieren zugelassen sein (Nr. 2).

1. Grundsatz (Satz 1). Nach dieser Vorschrift dürfen abweichend von Absatz 1 61 Satz 1 Fertigarzneimittel, die nicht zum Verkehr im Inland zugelassen, registriert oder hiervon freigestellt sind, zum Zwecke der Anwendung bei Tieren nach Deutschland nur verbracht werden, wenn
– sie
  – von **Apotheken** für Tierärzte oder Tierhalter bestellt und von diesen Apotheken im Rahmen der bestehenden Apothekenbetriebserlaubnis abgegeben werden **(Satz 1 Nr. 1 Alt. 1)** oder

AMG § 73

- vom **Tierarzt** im Rahmen des Betriebs einer tierärztlichen Hausapotheke für die von ihm behandelten Tiere bestellt werden **(Satz 1 Nr. 1 Alt. 2)**,
- sie in einem **EU-Mitgliedstaat/anderen Vertragsstaat** des EWR zur Anwendung bei Tieren **zugelassen** sind **(Satz 1 Nr. 2) und**
- in Deutschland **kein** zur Erreichung des Behandlungsziels **geeignetes zugelassenes** Arzneimittel, das zur Anwendung bei Tieren bestimmt ist (→ § 4 Rn. 28), zur Verfügung steht **(Satz 1 Nr. 3)**.

Diese Voraussetzungen müssen **kumulativ** erfüllt sein (*Pfohl* in Erbs/Kohlhaas § 73 Rn. 13).

62 **2. Verschreibungspflicht bei Apothekenbestellung (Satz 2).** Werden die Arzneimittel von einer Apotheke bestellt und abgegeben, so muss eine tierärztliche Verschreibung vorliegen.

63 **3. Apothekenbetriebsordnung (Satz 3).** Die entsprechende Regelung wurde in § 19 Abs. 1 ApBetrO getroffen. Auch § 18 ApBetrO ist anwendbar; dass dort nur auf § 73 Abs. 3 verwiesen wird, beruht auf einem Versehen nach Einführung des Absatzes 3a (*Kügel* in Kügel/Müller/Hofmann § 73 Rn. 81).

64 **4. Anzeigepflichten des Tierarztes (Satz 4).** Tierärzte, die Arzneimittel, die nach Deutschland verbracht werden sollen, bestellen oder von Apotheken beziehen oder verschreiben, müssen dies unverzüglich der zuständigen Behörde anzeigen. In der Anzeige ist anzugeben, für welche Tierart und welches Anwendungsgebiet die Anwendung des Arzneimittels vorgesehen ist, der Staat, aus dem das Arzneimittel nach Deutschland verbracht wird, die Bezeichnung und die bestellte Menge des Arzneimittels sowie seine Wirkstoffe nach Art und Menge.

65 **5. Die Anwendung sonstiger Vorschriften des AMG.** Auf Arzneimittel, die nach Absatz 3a nach Deutschland verbracht wurden, ist das AMG in deutlich weiterem Umfang anzuwenden als bei den Arzneimitteln nach Absatz 3 (→ Rn. 59). Dies gilt insbesondere von den Strafvorschriften; auf → Rn. 66, 68, 71, 73, 74 wird Bezug genommen.

E. Gestaffelte Nichtanwendung des AMG (Absatz 4)

66 **I. Nichtanwendung des AMG.** Nach einer etwas merkwürdigen Gesetzestechnik (gemeint ist wohl die (Nicht-)Anwendung der „sonstigen" Vorschriften des AMG) sieht Absatz 4 eine gestaffelte Nichtanwendung des AMG auf die Arzneimittel vor, die nach den Absätzen 2–3b im Wege des sogenannten **Einzelimports** in das Inland verbrachten wurden. Damit werden die in Absatz 4 genannten Arzneimittel im jeweiligen Umfang von dem deutschen Arzneimittelregime freigestellt (BGH NJW 2010, 3724 (→ Rn. 15); *Kügel* in Kügel/Müller/Hofmann § 73 Rn. 77). Da die Vorschrift andernfalls wenig Sinn machen würde, dürfte sich die Freistellung auch auf den Verbringungsvorgang selbst erstrecken. Im Einzelnen gilt:

67 **1. Arzneimittel nach Absatz 2**
- **Nr. 4** – Staatsoberhäupter,
- **Nr. 5** – diplomatischer/konsularischer Dienst
keine Anwendung des AMG **(Satz 1)**.

68 **2. Arzneimittel nach Absatz 2**
- **Nr. 1** – Tierschauen etc (→ Rn. 15),
- **Nr. 2a** – Anschauungs- und Vergleichsmuster, analytische Zwecke (→ Rn. 21),
- **Nr. 2b** – Temporäreres Verbringen (→ Rn. 22, 25),
- **Nr. 3** – Durchfuhr, Zollager, Freizonen, Freilager (→ Rn. 27),
- **Nr. 6** – Mitführen bei der Einreise (→ Rn. 33–35),
- **Nr. 6a** – Persönlicher Bedarf (→ Rn. 36),
- **Nr. 7** – Reiseapotheken in Verkehrsmitteln (→ Rn. 40),

Verbringungsverbot **§ 73 AMG**

- **Nr. 8** – Mitführen in Seeschiffen (→ Rn. 41),
- **Nr. 9** – Proben für Bundesoberbehörde (→ Rn. 42),
- **Nr. 9a** – Proben zu analytischen Zwecken (→ Rn. 43),
- **Nr. 10** – Bezug durch Bundes- oder Landesbehörden (→ Rn. 44)

keine Anwendung des AMG **(Satz 2 Hs. 1)** mit Ausnahme der §§ 5, 8, 13–20a, 52a, 64–69a und 78 (dazu BGH NJW 2010, 3724 (→ Rn. 15)). Für diese Arzneimittel gelten daher die verwaltungsrechtlichen Vorschriften der §§ 5, 8 und 52a, nicht aber die entsprechenden Strafvorschriften.

3. Arzneimittel nach 69
- **Absatz 2 Nr. 2** – Wissenschaftliche Zwecke (→ Rn. 18)
- **Absatz 3** – Apothekenbestellungen von Humanarzneimitteln, Notfallversorgung (→ Rn. 45–59)

keine Anwendung des AMG **(Satz 2 Hs. 2)** mit Ausnahme der in → Rn. 68 genannten Vorschriften **und** der §§ 48, 95 Abs. 1 Nr. 1, 3a, Abs. 2–4, § 96 Nr. 3, 10, 11, § 97 Abs. 1, Abs. 2 Nr. 1, 9, Abs. 3 (auch → Rn. 59). Für diese Arzneimittel gelten § 48 sowie die genannten Strafvorschriften.

4. Arzneimittel nach 70
- **Absatz 3a** – Gewebezubereitungen

keine Anwendung des AMG **(Satz 2 Hs. 2)** mit Ausnahme der in → Rn. 68 und 69 genannten Vorschriften **und** der §§ 20b–20d, 72, 72b, 72c, 96 Nr. 18b, 18d, § 97 Abs. 2 Nr. 7a.

5. Arzneimittel nach 71
- **Absatz 3b** – Arzneimittel zum Zweck der Anwendung bei Tieren (→ Rn. 60–65)

keine Anwendung des AMG **(Satz 3)** mit Ausnahme der §§ 5, 8, 48, 52a, 56a, 57, 58 Abs. 1 S. 1, §§ 59, 64–69a, 78, 95 Abs. 1 Nr. 1, 3a, 6, 8, 9 und 10, Abs. 2–4, § 96 Nr. 3, 13, 14 und 15–17, § 97 Abs. 1, Abs. 2 Nr. 1, 21–24, 31 und Abs. 3 sowie der Vorschriften der TÄHV und der THAMNV (→ § 57 Rn. 29, 30). Für diese Arzneimittel gelten weitere Strafvorschriften.

6. Arzneimittel nach 72
- **Absatz 2 Nr. 3a** – Wiederausfuhr (→ Rn. 31)

keine Ausnahme von der Anwendung des AMG. Dies bedeutet, dass die Arzneimittel zwar nach Deutschland verbracht werden dürfen, für sie aber alle Regeln des AMG gelten.

II. Sinn der Regelung. Der Sinn dieser Regelung ist nicht in allen Fällen gleich 73
einsichtig. Während die Nichtanwendung der sonstigen Vorschriften des AMG in den Fällen des Absatzes 2 Nr. 4, 5 (Staatsoberhäupter, Diplomaten) einleuchten kann, ist bei der zweiten Gruppe (Absatz 2 Nr. 1–3, 6–10) kaum einzusehen, dass zwar die verwaltungsrechtlichen Verbote der §§ 5 und 8 gelten sollen, nicht aber die Strafbewehrungen (→ Rn. 68).

Die Erwähnung der Strafvorschriften § 96 Nr. 10, 11 in Absatz 4 Satz 2 geht ins 74
Leere, weil für Prüfpräparate der Anwendungsbereich des § 73 von vornherein nicht eröffnet ist (→ Rn. 19). Die Vorschriften gelten daher unanhängig von ihrer Aufnahme in Absatz 4 Satz 2. Es ist daher auch ohne Bedeutung, dass die bewehrte Vorschrift (§ 40) dort nicht genannt ist (anders die Vorauflage; unklar BT-Drs. 15/2360 S. 11).

F. Kleiner Grenzverkehr (Absatz 5)

Ärzte und Tierärzte dürfen bei der Ausübung ihres Berufes im kleinen Grenzver- 75
kehr nur Arzneimittel mitführen, die zum Verkehr in Deutschland **zugelassen** oder sonst **verkehrsfähig** sind **(Satz 1)**.

AMG § 73 Dreizehnter Abschnitt. Einfuhr und Ausfuhr

76 Darüber hinaus dürfen **Ärzte (Satz 2),** die eine Gesundheitsdienstleistung im Sinne der Richtlinie 2011/24/EU v. 9.3.2011 erbringen,
- am Ort ihrer Niederlassung zugelassene Arzneimittel in kleinen Mengen in einem für das Erbringen der Dienstleistung unerlässlichen Umfang in der Originalverpackung mit sich führen,
- wenn und soweit Arzneimittel gleicher Zusammensetzung und für gleiche Anwendungsgebiete auch in Deutschland zugelassen sind.

Der Arzt darf diese Arzneimittel nur selbst anwenden.

77 Ferner dürfen **Tierärzte (Satz 3),**
- die als Staatsangehörige eines Mitgliedstaates der EU/anderen Vertragsstaates des EWR eine Dienstleistung im Sinne der Richtlinie 2006/123/EG v. 12.12.2006 erbringen,
- am Ort ihrer Niederlassung zugelassene Arzneimittel in kleinen Mengen in einem für das Erbringen der Dienstleistung unerlässlichen Umfang in der Originalverpackung mit sich führen,
- wenn und soweit Arzneimittel gleicher Zusammensetzung und für gleiche Anwendungsgebiete auch im Geltungsbereich dieses Gesetzes zugelassen sind.

Der Tierarzt darf diese Arzneimittel nur selbst anwenden und hat den Tierhalter auf die für das entsprechende, in Deutschland zugelassene Arzneimittel festgesetzte Wartezeit hinzuweisen.

G. Zollbescheinigung (Absatz 6)

78 Für die zollamtliche Abfertigung von Arzneimitteln, die **nicht** aus dem Bereich der EU oder des EWR eingeführt werden, ist die Vorlage einer Bescheinigung der Arzneimittelüberwachungsbehörde am Sitz des Empfängers erforderlich, aus der ersichtlich ist, dass die nach Art und Menge zu bezeichnenden Arzneimittel im Inland verkehrsfähig sind und dass der Einführer über die erforderliche Erlaubnis nach § 72 verfügt. Für Arzneimittel, die aus der EU oder dem EWR importiert werden, ist eine entsprechende Einfuhrbescheinigung nicht erforderlich.

79 Zuständig für die Abfertigung der eingeführten Arzneimittel ist das Zollamt, bei dem der Abfertigungsantrag gestellt wird. Den Zollbehörden kommt ein **eigenständiges** Prüfungs- und Beurteilungsrecht bezüglich des Inhalts einer erteilten Bescheinigung nicht zu (*Rehmann* § 73 Rn. 21).

H. Deckungsvorsorge (Absatz 7)

80 Im Falle des Imports aus Mitgliedstaaten der EU/anderen Vertragsstaaten des EWR haben auch der Großhändler und der Apotheker die Deckungsvorsorge nach § 94 nachzuweisen.

I. Straftat, Ordnungswidrigkeiten

81 Der vorsätzliche oder fahrlässige **Verstoß gegen § 73 Abs. 1** (Verbringen von zulassungs-, genehmigungs- oder registrierungspflichtigen Arzneimitteln nach Deutschland, → Rn. 5–10) oder gegen **§ 73 Abs. 1a** (Verbringen von Fütterungsarzneimitteln) ist eine Ordnungswidrigkeit nach § 97 Abs. 2 Nr. 8.

82 Der vorsätzliche **Verstoß gegen § 73 Abs. 1b S. 1** (gefälschte Arzneimittel oder Wirkstoffe) ist eine Straftat nach § 96 Nr. 18e (→ § 96 Rn. 257–266); bei Fahrlässigkeit ist eine Ordnungswidrigkeit nach § 97 Abs. 1 Nr. 1 gegeben.

83 Der vorsätzliche oder fahrlässige **Verstoß gegen § 73 Abs. 3b S. 4** (unterlassene oder fehlerhafte Anzeige des Tierarztes) ist eine Ordnungswidrigkeit nach § 97 Abs. 2 Nr. 7 Buchst. a.

§ 73a Ausfuhr

(1) ¹Abweichend von den §§ 5 und 8 Abs. 1 und 2 dürfen die dort bezeichneten Arzneimittel ausgeführt oder aus dem Geltungsbereich des Gesetzes verbracht werden, wenn die zuständige Behörde des Bestimmungslandes die Einfuhr oder das Verbringen genehmigt hat. ²Aus der Genehmigung nach Satz 1 muss hervorgehen, dass der zuständigen Behörde des Bestimmungslandes die Versagungsgründe bekannt sind, die dem Inverkehrbringen im Geltungsbereich dieses Gesetzes entgegenstehen.

(2) ¹Auf Antrag des pharmazeutischen Unternehmers, des Herstellers, des Ausführers oder der zuständigen Behörde des Bestimmungslandes stellt die zuständige Behörde oder die zuständige Bundesoberbehörde, soweit es sich um zulassungsbezogene Angaben handelt und der Zulassungsinhaber seinen Sitz außerhalb des Geltungsbereiches des Arzneimittelgesetzes hat, ein Zertifikat entsprechend dem Zertifikatsystem der Weltgesundheitsorganisation aus. ²Wird der Antrag von der zuständigen Behörde des Bestimmungslandes gestellt, ist vor Erteilung des Zertifikats die Zustimmung des Herstellers einzuholen.

Übersicht

		Rn.
A.	Inhalt der Vorschrift	1
B.	Ausfuhr, Verbringen über die deutsche Hoheitsgrenze	2
	I. Ausfuhr	3
	II. Verbringen aus dem Geltungsbereich des AMG	4
	III. Nicht erforderlich: Berufs- oder Gewerbsmäßigkeit	5
C.	Zur Frage der Erlaubnis	6
D.	Ausfuhr, Verbringen bedenklicher, qualitätsgeminderter oder gefälschter Arzneimittel (Absatz 1)	7
E.	Zertifikate (Absatz 2)	10
F.	Straftaten, Ordnungswidrigkeit	13

A. Inhalt der Vorschrift

§ 73a ist eine **Ausnahme** von den §§ 5 und 8 Abs. 1, 2. Er hat ersichtlich zum 1 Ziel, das Inverkehrbringen bedenklicher, qualitätsgeminderter oder verfälschter Arzneimittel im Ausland zu ermöglichen, wenn die ausländischen Behörden über die damit verbundenen Risiken voll informiert sind (*Freund* in MüKoStGB §§ 72–74 Rn. 10).

B. Ausfuhr, Verbringen über die deutsche Hoheitsgrenze

Allerdings knüpft die Vorschrift nicht an den Wortlaut der Normen an, von de- 2 nen sie eine Ausnahme macht (§§ 5, 8 Abs. 1), sondern geht darüber hinaus, indem nicht erst auf das Inverkehrbringen im Ausland, sondern bereits auf das Ausführen und Verbringen aus dem Geltungsbereich des AMG abgestellt wird.

I. Ausfuhr. Der Begriff der Ausfuhr ist nunmehr gesetzlich definiert (§ 4 Abs. 32 3 S. 4) und umfasst jedes Verbringen in einen Drittstaat, der nicht Mitgliedstaat der EU/anderer Vertragsstaat des Abkommens über den EWR ist; entscheidend ist dabei das Überschreiten der deutschen Hoheitsgrenze mit dem Bestimmungsland Drittstaat (→ § 4 Rn. 128).

II. Verbringen aus dem Geltungsbereich des AMG. Zusätzlich erfasst § 73a 4 Abs. 1 auch die Arzneimittel, die aus dem Geltungsbereich des AMG verbracht werden, also nicht in einen Drittstaat, sondern in einen Mitgliedstaat der EU/anderen Vertragssaat des EWR (BT-Drs. 17/9341, 66). Entscheidend ist daher auch hier das Überschreiten der deutschen Hoheitsgrenze. Zum Begriff des Verbringens → § 4 Rn. 120.

5   **III. Nicht erforderlich Berufs- oder Gewerbsmäßigkeit.** Nicht erforderlich ist, dass die Ausfuhr oder das Verbringen berufs- oder gewerbsmäßig erfolgt (*Kügel* in Kügel/Müller/Hofmann § 73a Rn. 10; aA *Sandrock/Nawroth* in Dieners/Reese PharmaR-HdB § 9 Rn. 205). Die Vorschrift ist eine Ausnahme vom Verbot des Inverkehrbringens bedenklicher, qualitätsgeminderter oder verfälschter Arzneimittel; das Inverkehrbringen setzt aber ebenfalls kein berufs- oder gewerbsmäßiges Handeln voraus.

C. Zur Frage der Erlaubnis

6   Die Ausfuhr oder das Verbringen bedürfen grundsätzlich **keiner Erlaubnis.** Insbesondere enthält das AMG insoweit kein Verbot mit Erlaubnisvorbehalt. Allerdings kann sich die Erlaubnispflicht aus anderen Vorschriften ergeben. So umfasst die Legaldefinition des Großhandels auch die Ausfuhr von Arzneimitteln (§ 4 Abs. 22), so dass der Exporteur grundsätzlich einer Großhandelserlaubnis bedarf (*Kügel* in Kügel/Müller/Hofmann § 73a Rn. 16). Hat der Exporteur die Arzneimittel auf der Grundlage einer Herstellungserlaubnis (§ 13) hergestellt, ist eine Großhandelserlaubnis auch für die Ausfuhr nicht erforderlich (§ 52a Abs. 6).

D. Ausfuhr, Verbringen bedenklicher, qualitätsgeminderter oder gefälschter Arzneimittel (Absatz 1)

7   Bedenkliche (§ 5), in der Qualität geminderte (§ 8 Abs. 1 Nr. 1), mit irreführender Bezeichnung, Angabe oder Aufmachung versehene (§ 8 Abs. 1 Nr. 2) oder gefälschte (§ 8 Abs. 2) Arzneimittel dürfen nicht in den Verkehr gebracht werden. Dieses Verkehrsverbot gilt **weltweit** (*Kügel* in Kügel/Müller/Hofmann § 73a Rn. 12). Hiervon macht § 73a eine Ausnahme. Die Ausfuhr oder das Verbringen solcher Arzneimittel ist möglich, wenn die zuständige Behörde des Bestimmungslandes die Einfuhr oder das Verbringen in das Land genehmigt hat **(Absatz 1 Satz 1).** Der Begriff der **Einfuhr** ist in § 4 Abs. 32 S. 2 definiert. Zum Begriff der **Ausfuhr** → Rn. 3. Zum **Verbringen** → Rn. 4. § 73a gilt **nicht** für **Wirkstoffe** (*Kügel* in Kügel/Müller/Hofmann § 73a Rn. 9).

8   Aus der Genehmigung muss hervorgehen, dass der genehmigenden Behörde die Gründe bekannt sind, die der Verkehrsfähigkeit in Deutschland entgegenstehen **(Absatz 1 Satz 2).** Damit soll sichergestellt werden, dass die Länder, in die die Arzneimittel exportiert werden sollen, sich des Gefährdungspotentials der Arzneimittel bewusst sind und die Einfuhrgenehmigung nicht erschlichen wurde. Versagungsgründe sind nicht nur die des § 25 Abs. 2 Nr. 7 in Verbindung mit §§ 5, 8 Abs. 1, 2 sondern sämtliche Versagungsgründe, die einem Inverkehrbringen in Deutschland entgegenstehen (*Kügel* in Kügel/Müller/Hofmann § 73a Rn. 14).

9   Für Arzneimittel, deren **Verfalldatum** abgelaufen ist (§ 8 Abs. 3) gilt die Regelung nicht; ihre Ausfuhr ist stets unzulässig (*Pfohl* in Erbs/Kohlhaas § 73a Rn. 3; aA *Freund* in MüKoStGB §§ 72–74 Rn. 10).

E. Zertifikate (Absatz 2)

10   Nach **Satz 1** stellt die zuständige Behörde oder, soweit es sich um zulassungsbezogene Angaben handelt und der Zulassungsinhaber seinen Sitz außerhalb des Geltungsbereiches des AMG hat, die zuständige Bundesoberbehörde auf Antrag des pharmazeutischen Unternehmers, des Herstellers, des Ausführers oder der zuständigen Behörde des Bestimmungslandes ein Zertifikat entsprechend dem Zertifikat-

system der WHO aus. Wird der Antrag von der zuständigen Behörde des Bestimmungslandes gestellt, ist vor Erteilung des Zertifikats die Zustimmung des Herstellers einzuholen (Satz 2).

Absatz 2 dient der Umsetzung des Art. 127 der Richtlinie 2001/83/EG (→ § 2 Rn. 2, 3) in nationales Recht. Danach bescheinigen die Mitgliedstaaten auf Antrag des pharmazeutischen Unternehmers, des Herstellers, des Ausführers oder der zuständigen Behörde des Bestimmungslandes, dass sich der Hersteller eines Arzneimittels im Besitz der **Herstellungserlaubnis** befindet (Art. 127 Abs. 1 der Richtlinie). Hat der Hersteller keine Genehmigung für das **Inverkehrbringen,** so muss er den für die Ausstellung der Bescheinigung zuständigen Behörden eine Erklärung geben, warum er nicht darüber verfügt (Art. 127 Abs. 2 der Richtlinie). **11**

Ein **Verzeichnis der zuständigen Behörden** für die Ausstellung von Zertifikaten in Verbindung mit § 73a Abs. 2 im Rahmen des revidierten Zertifikatsystems der WHO über die Qualität pharmazeutischer Produkte im internationalen Handel findet sich in dem in der auf der Homepage des BMG veröffentlichten **Verzeichnis** über die für den Vollzug des AMG zuständigen Behörden, Stellen und Sachverständigen. **12**

F. Straftaten, Ordnungswidrigkeit

§ 73a enthält Ausnahmen vom Verbot der Ausfuhr oder des Verbringens der in → Rn. 7 genannten Arzneimittel. Werden die Voraussetzungen dieser Ausnahmen nicht eingehalten, so liegen vor: **13**
- beim **Inverkehrbringen bedenklicher Arzneimittel (§ 5)** eine Straftat nach § 95 Abs. 1 Nr. 1 (→ § 95 Rn. 33–88), bei Fahrlässigkeit eine Straftat nach § 95 Abs. 4,
- beim **Herstellen** oder **Inverkehrbringen qualitätsgeminderter Arzneimittel (§ 8 Abs. 1 Nr. 1)** eine Straftat § 95 Abs. 1 Nr. 3a Alt. 1 (→ § 95 Rn. 110–140), bei Fahrlässigkeit eine Straftat nach § 95 Abs. 4,
- beim **Herstellen** oder **Inverkehrbringen** von **Arzneimitteln mit irreführender Bezeichnung, Angabe** oder **Aufmachung (§ 8 Abs. 1 Nr. 2)** eine Straftat nach § 96 Nr. 3 (→ § 96 Rn. 35–49), bei Fahrlässigkeit eine Ordnungswidrigkeit nach § 97 Abs. 1 Nr. 1.
- beim **Herstellen** oder **Inverkehrbringen** von **gefälschten** Arzneitmitteln oder dem **Handeltreiben** mit ihnen **(§ 8 Abs. 2)** eine Straftat nach § 95 Abs. 1 Nr. 3a Alt. 2 (→ § 95 Rn. 141–194), bei Fahrlässigkeit nach § 95 Abs. 4

§ 74 Mitwirkung von Zolldienststellen

(1) ¹**Das Bundesministerium der Finanzen und die von ihm bestimmten Zolldienststellen wirken bei der Überwachung des Verbringens von Arzneimitteln und Wirkstoffen in den Geltungsbereich dieses Gesetzes und der Ausfuhr mit.** ²**Die genannten Behörden können**
1. **Sendungen der in Satz 1 genannten Art sowie deren Beförderungsmittel, Behälter, Lade- und Verpackungsmittel zur Überwachung anhalten,**
2. **den Verdacht von Verstößen gegen Verbote und Beschränkungen dieses Gesetzes oder der nach diesem Gesetz erlassenen Rechtsverordnungen, der sich bei der Wahrnehmung ihrer Aufgaben ergibt, den zuständigen Verwaltungsbehörden mitteilen,**
3. **in den Fällen der Nummer 2 anordnen, dass die Sendungen der in Satz 1 genannten Art auf Kosten und Gefahr des Verfügungsberechtigten einer für die Arzneimittelüberwachung zuständigen Behörde vorgeführt werden.**

³Das Brief- und Postgeheimnis nach Artikel 10 des Grundgesetzes wird nach Maßgabe der Sätze 1 und 2 eingeschränkt.

(2) ¹Das Bundesministerium der Finanzen regelt im Einvernehmen mit dem Bundesministerium durch Rechtsverordnung, die nicht der Zustimmung des Bundesrates bedarf, die Einzelheiten des Verfahrens nach Absatz 1. ²Es kann dabei insbesondere Pflichten zu Anzeigen, Anmeldungen, Auskünften und zur Leistung von Hilfsdiensten sowie zur Duldung der Einsichtnahme in Geschäftspapiere und sonstige Unterlagen und zur Duldung von Besichtigungen und von Entnahmen unentgeltlicher Proben vorsehen. ³Die Rechtsverordnung ergeht im Einvernehmen mit dem Bundesministerium für Umwelt, Naturschutz und nukleare Sicherheit, soweit es sich um radioaktive Arzneimittel und Wirkstoffe oder um Arzneimittel und Wirkstoffe handelt, bei deren Herstellung ionisierende Strahlen verwendet werden, und im Einvernehmen mit dem Bundesministerium für Ernährung, Landwirtschaft und Verbraucherschutz, soweit es sich um Arzneimittel und Wirkstoffe handelt, die zur Anwendung bei Tieren bestimmt sind.

Übersicht

	Rn.
A. Mitwirkung der Zollverwaltung (Absatz 1)	1
B. Verordnungsermächtigung (Absatz 2)	5
C. Ordnungswidrigkeiten	6

A. Mitwirkung der Zollverwaltung (Absatz 1)

1 Das BMF und die von ihm bestimmten Zolldienststellen wirken bei der Überwachung des Verbringens von Arzneimitteln und Wirkstoffen nach Deutschland und deren Ausfuhr mit **(Satz 1)**. Zum **Aufbau** und zu den **Aufgaben** der Zollverwaltung → BtMG § 21 Rn. 2–17).

2 Anders als § 21 Abs. 1 BtMG enthält § 74 Abs. 1 S. 2 AMG hinsichtlich der **Befugnisse** der Zollverwaltung eine eigene Regelung **(Satz 2)**. Dies bedeutet jedoch **nicht,** dass die Behörden der Zollverwaltung auf diese Befugnisse **beschränkt** wären (*Kügel* in Kügel/Müller/Hofmann § 74 Rn. 7). Unberührt bleiben ihre Befugnisse innerhalb und außerhalb des grenznahen Raums (→ BtMG § 21 Rn. 20–29). Unberührt bleibt auch ihre Befugnis nach § 5 Abs. 1 ZollVG zur Nachprüfung der ihr von der Post vorgelegten Sendungen und zur Vorlage an die Staatsanwaltschaft (→ BtMG § 21 Rn. 30–33). Schließlich werden auch die **strafprozessualen** Befugnisse der Zollverwaltung (→ BtMG § 21 Rn. 34–49) durch Satz 2 nicht eingeschränkt (*Pfohl* in Erbs/Kohlhaas § 74 Rn. 1). Unberührt bleiben ferner die Befugnisse nach dem ZFdG (→ BtMG § 21 Rn. 50–52).

3 § 74 Abs. 1 gibt den Zollbehörden (Hauptzollamt) **keine Entscheidungsbefugnis** darüber, ob ein Apotheker gemäß § 73 Abs. 3 berechtigt ist, Arzneimittel zu beziehen, die nach dieser Vorschrift eingeführt worden sind. Darüber entscheidet vielmehr die zuständige Arzneimittelüberwachungsbehörde. Hat das Hauptzollamt Zweifel an der Bezugsberechtigung, kann es vor Überlassung der Waren die Sendung vorübergehend anhalten, um der Arzneimittelüberwachungsbehörde Gelegenheit zu geben, die Frage der Bezugsberechtigung binnen angemessener Frist zu entscheiden (BFH PharmR 2010, 245).

4 Aus **§ 74 Abs. 1 S. 3** ist nicht zu entnehmen, dass die Zollbehörden auf die Befugnisse des Satzes 2 beschränkt seien. Die Einschränkung des Brief- und Postgeheimnisses ergibt sich für die Maßnahmen nach dem ZollVG aus den einschlägigen Vorschriften dieses Gesetzes.

B. Verordnungsermächtigung (Absatz 2)

Die Einzelheiten des Verfahrens nach Absatz 1 können in einer Rechtsverordnung geregelt werden. Davon wurde bisher kein Gebrauch gemacht. Es liegt lediglich eine interne Dienstanweisung für die Zolldienststellen vor (abgedr. bei *Kloesel/Cyran* Anh. 2.49).

C. Ordnungswidrigkeiten

Der vorsätzliche oder fahrlässige **Verstoß gegen** eine vollziehbare Anordnung nach § 74 Abs. 1 S. 2 Nr. 3 (Vorführung einer Sendung) ist eine Ordnungswidrigkeit nach § 97 Abs. 2 Nr. 27.

Der vorsätzliche oder fahrlässige **Verstoß gegen** eine Rechtsverordnung nach § 74 Abs. 2 oder gegen eine vollziehbare Anordnung auf Grund einer solchen Rechtsverordnung ist eine Ordnungswidrigkeit nach § 97 Abs. 2 Nr. 31. Zu diesem Blankett → § 97 Rn. 20.

Vierzehnter Abschnitt. Informationsbeauftragter, Pharmaberater

§ 74a Informationsbeauftragter

(1) ¹**Wer als pharmazeutischer Unternehmer Fertigarzneimittel, die Arzneimittel im Sinne des § 2 Abs. 1 oder Abs. 2 Nr. 1 sind, in den Verkehr bringt, hat eine Person mit der erforderlichen Sachkenntnis und der zur Ausübung ihrer Tätigkeit erforderlichen Zuverlässigkeit zu beauftragen, die Aufgabe der wissenschaftlichen Information über die Arzneimittel verantwortlich wahrzunehmen (Informationsbeauftragter).** ²**Der Informationsbeauftragte ist insbesondere dafür verantwortlich, dass das Verbot des § 8 Abs. 1 Nr. 2 beachtet wird und die Kennzeichnung, die Packungsbeilage, die Fachinformation und die Werbung mit dem Inhalt der Zulassung oder der Registrierung oder, sofern das Arzneimittel von der Zulassung oder Registrierung freigestellt ist, mit den Inhalten der Verordnungen über die Freistellung von der Zulassung oder von der Registrierung nach § 36 oder § 39 Abs. 3 übereinstimmen.** ³**Satz 1 gilt nicht für Personen, soweit sie nach § 13 Abs. 2 Satz 1 Nr. 1, 2, 3 oder 5 keiner Herstellungserlaubnis bedürfen.** ⁴**Andere Personen als in Satz 1 bezeichnet dürfen eine Tätigkeit als Informationsbeauftragter nicht ausüben.**

(2) **Der Informationsbeauftragte kann gleichzeitig Stufenplanbeauftragter sein.**

(3) ¹**Der pharmazeutische Unternehmer hat der zuständigen Behörde den Informationsbeauftragten und jeden Wechsel vorher mitzuteilen.** ²**Bei einem unvorhergesehenen Wechsel des Informationsbeauftragten hat die Mitteilung unverzüglich zu erfolgen.**

Übersicht

	Rn.
A. Bestellung eines Informationsbeauftragten	1
B. Qualifikation, Aufgaben und Stellung des Informationsbeauftragten	2
C. Mitteilungspflichten	4
D. Ordnungswidrigkeiten	7

AMG § 74a Vierzehnter Abschnitt. Informationsbeauftragter, Pharmaberater

A. Bestellung eines Informationsbeauftragten

1 Die Verantwortung für die wissenschaftliche Information über die von ihm **in den Verkehr gebrachten** Arzneimittel obliegt im Grundsatz dem pharmazeutischen Unternehmer. Handelt sich dabei um **Fertigarzneimittel** (→ § 4 Rn. 2–21) iSd § 2 Abs. 1 oder Abs. 2 Nr. 1, so ist er verpflichtet, einen Informationsbeauftragten bestellen **(Absatz 1 Satz 1)**. Die Verpflichtung gilt **nicht** für Apothekeninhaber (§ 13 Abs. 2 Nr. 1), Krankenhausträger (§ 13 Abs. 2 Nr. 2), Tierärzte (§ 13 Abs. 2 Nr. 3) und Einzelhändler (§ 13 Abs. 2 Nr. 5), soweit diese Personen keiner Herstellungserlaubnis bedürfen **(Absatz 1 Satz 3)**.

B. Qualifikation, Aufgaben und Stellung des Informationsbeauftragten

2 Der Informationsbeauftragte muss eine **qualifizierte** Person mit der erforderlichen Sachkenntnis und der notwendigen Zuverlässigkeit sein.**(Absatz 1 Satz 1)**. Die erforderliche Sachkenntnis wurde bisher in Absatz 2 Satz 1 beschrieben. Nunmehr soll sie sich aus Absatz 1 Satz 1 ergeben (BT-Drs. 17/9341, 66). **Andere Personen** dürfen eine Tätigkeit als Informationsbeauftragter nicht ausüben **(Absatz 1 Satz 4)**. Der Informationsbeauftragte kann **gleichzeitig** Stufenplanbeauftragter sein **(Absatz 2 Satz 2)**.

3 Der Informationsbeauftragte (dazu auch → § 19 Rn. 34) hat die Aufgabe, die **wissenschaftliche Information** über die in den Verkehr gebrachten Arzneimittel verantwortlich wahrzunehmen **(Absatz 1 Satz 1)**. Er ist insbesondere dafür verantwortlich,
– dass keine Arzneimittel mit irreführender Bezeichnung, Angabe oder Aufmachung versehen in den Verkehr gelangen und
– dass die Kennzeichnung, Packungsbeilage, Fachinformation und Werbung der Zulassung oder Registrierung oder sofern das Arzneimittel hiervon freigestellt ist, den Bestimmungen aus der entsprechenden Verordnung entsprechen
(Absatz 1 Satz 2).

4 Der Informationsbeauftragte ist **persönlich** für die Einhaltung dieser Ver- und Gebote verantwortlich (*Koyuncu* in Deutsch/Lippert § 74a Rn. 21, 22). Er hat insbesondere eine **Garantenstellung** (*Pfohl* in Erbs/Kohlhaas § 74 Rn. 2; *Fehn/Meyer* PharmR 2014, 135 (139)). Verletzt der Informationsbeauftragte seine Pflichten, so kann dies für ihn zu verwaltungsrechtlichen, strafrechtlichen und haftungsrechtlichen Folgen führen (*Koyuncu* in Deutsch/Lippert § 74a Rn. 10).

5 Der pharmazeutische Unternehmer muss dem Informationsbeauftragten die **effektive Wahrnehmung** seiner Aufgaben ermöglichen. Er muss daher für eine ausreichende personelle und sachliche Ausstattung sorgen. Nur bei einer ordnungsgemäßen Ausstattung und einer effizienten Organisation der innerbetrieblichen Abläufe kann sich der Unternehmer im Einzelfall von einem **Organisationsverschulden** (→ Vor § 95 Rn. 69) entlasten.

C. Mitteilungspflichten

6 Der pharmazeutische Unternehmer hat der zuständigen Überwachungsbehörde und der zuständigen Bundesoberbehörde sowohl die Bestellung eines Informationsbeauftragten als auch jeden Wechsel mitzuteilen, wobei die Nachweise nach Absatz 2 beizufügen sind **(Absatz 3)**. Die Mitteilung muss grundsätzlich erfolgen, bevor der Beauftragte seine Tätigkeit aufnimmt. Ist der Wechsel unvorhergesehen, so hat die Anzeige unverzüglich zu erfolgen.

D. Ordnungswidrigkeiten

Der vorsätzliche oder fahrlässige Verstoß gegen § 74a Abs. 1 S. 1 (Nichtbestellung eines Informationsbeauftragten) oder gegen § 74a Abs. 3 (unterlassene oder fehlerhafte Mitteilung) ist eine Ordnungswidrigkeit nach § 97 Abs. 2 Nr. 27a. 7

Der vorsätzliche oder fahrlässige Verstoß gegen § 74a Abs. 1 S. 4 (Tätigwerden als Informationsbeauftragter) ist eine Ordnungswidrigkeit nach § 97 Abs. 2 Nr. 27b. 8

§ 75 Sachkenntnis

(1) ¹Pharmazeutische Unternehmer dürfen nur Personen, die die in Absatz 2 bezeichnete Sachkenntnis besitzen, beauftragen, hauptberuflich Angehörige von Heilberufen aufzusuchen, um diese über Arzneimittel im Sinne des § 2 Abs. 1 oder Abs. 2 Nr. 1 fachlich zu informieren (Pharmaberater). ²Satz 1 gilt auch für eine fernmündliche Information. ³Andere Personen als in Satz 1 bezeichnet dürfen eine Tätigkeit als Pharmaberater nicht ausüben.

(2) Die Sachkenntnis besitzen
1. Apotheker oder Personen mit einem Zeugnis über eine nach abgeschlossenem Hochschulstudium der Pharmazie, der Chemie, der Biologie, der Human- oder der Veterinärmedizin abgelegte Prüfung,
2. Apothekerassistenten sowie Personen mit einer abgeschlossenen Ausbildung als technische Assistenten in der Pharmazie, der Chemie, der Biologie, der Human- oder Veterinärmedizin,
3. Pharmareferenten.

(3) Die zuständige Behörde kann eine abgelegte Prüfung oder abgeschlossene Ausbildung als ausreichend anerkennen, die einer der Ausbildungen der in Absatz 2 genannten Personen mindestens gleichwertig ist.

Übersicht

	Rn.
A. Aufgabe des Pharmaberaters	1
B. Sachkenntnis	3
C. Ordnungswidrigkeiten	5

A. Aufgabe des Pharmaberaters

Aufgabe der Pharmaberater ist es, nach einem entsprechenden Auftrag durch den pharmazeutischen Unternehmer Angehörige der Heilberufe **aufzusuchen** oder mit ihnen in telefonischen Kontakt zu treten, um sie über die von dem Unternehmer in den Verkehr gebrachten Arzneimittel **fachlich zu informieren (Absatz 1 Sätze 1, 2)**. Die Tätigkeit muss **hauptberuflich** erfolgen; die nur gelegentliche Beratung fällt nicht darunter (*Stebner* PharmR 2019, 221). 1

Aufgabe des Pharmaberaters ist die **Sachaufklärung** des Arztes und **nicht** die **Werbung,** sofern sich diese nicht von selbst aus der Qualität der fachlich präsentierten Arzneimittel ergibt (*Freund* in MüKoStGB §§ 74a–76 Rn. 4; *Rehmann* § 75 Rn. 1). Auch die Vermittlung von Geschäftsabschlüssen wird vom Aufgabenbereich des Pharmaberaters nicht erfasst. Er ist daher kein Handelsvertreter und hat nach seinem Ausscheiden keinen Anspruch auf Handelsvertreterausgleich (*Freund* in MüKoStGB §§ 74a–76 Rn. 4; *Rehmann* § 75 Rn. 1; aA *Anker* in Deutsch/Lippert § 75 Rn. 3). 2

AMG § 76 Vierzehnter Abschnitt. Informationsbeauftragter, Pharmaberater

B. Sachkenntnis

3 Der pharmazeutische Unternehmer darf nur Personen als Pharmaberater **beauftragen**, die über die notwendige Sachkenntnis verfügen **(Absatz 1 Sätze 1, 2)**. Ist die entsprechende Qualifikation nicht gegeben, so ist die Tätigkeit als Pharmaberater nicht zulässig **(Absatz 1 Satz 3)**. Das entsprechende Verbot richtet sich daher an beide.

4 Die erforderliche **Sachkenntnis** ist in **Absatz 2** beschrieben. Neben den Apothekern und anderen Hochschulabsolventen **(Nr. 1)** sind dies die Apothekerassistenten und technische Assistenten in anderen Bereichen **(Nr. 2)** sowie die **Pharmareferenten (Nr. 3)**. Auch diese müssen eine Prüfung abgelegt haben (VO v. 26.6.2007 (BGBl. I S. 1192), geändert durch VO v. 30.11.2017 (BGBl. I S. 3827); *Schickert* in Kügel/Müller/Hofmann Rn. 13; dort auch Näheres zur Ausbildung). Die zuständige Behörde kann eine Prüfung oder Ausbildung als ausreichend anerkennen, wenn sie gleichwertig ist **(Absatz 3)**. Im Einzelnen zur Sachkenntnis nach den Absätzen 2 und 3 s. *Stebner* PharmR 2019, 221.

C. Ordnungswidrigkeiten

5 Ein vorsätzlicher oder fahrlässiger Verstoß gegen § 75 Abs. 1 S. 1 (Beauftragung eines Pharmaberaters) ist eine Ordnungswidrigkeit nach § 97 Abs. 2 Nr. 28.

6 Ein vorsätzlicher oder fahrlässiger Verstoß gegen § 75 Abs. 1 S. 3 (Tätigwerden als Pharmaberater) ist eine Ordnungswidrigkeit nach § 97 Abs. 2 Nr. 29.

§ 76 Pflichten

(1) ¹**Der Pharmaberater hat, soweit er Angehörige der Heilberufe über einzelne Arzneimittel fachlich informiert, die Fachinformation nach § 11a vorzulegen.** ²**Er hat Mitteilungen von Angehörigen der Heilberufe über Nebenwirkungen und Gegenanzeigen oder sonstige Risiken bei Arzneimitteln schriftlich oder elektronisch aufzuzeichnen und dem Auftraggeber schriftlich oder elektronisch mitzuteilen.**

(2) **Soweit der Pharmaberater vom pharmazeutischen Unternehmer beauftragt wird, Muster von Fertigarzneimitteln an die nach § 47 Abs. 3 berechtigten Personen abzugeben, hat er über die Empfänger von Mustern sowie über Art, Umfang und Zeitpunkt der Abgabe von Mustern Nachweise zu führen und auf Verlangen der zuständigen Behörde vorzulegen.**

Übersicht

	Rn.
A. Informationspflichten (Absatz 1)	1
B. Abgabe von Ärztemustern (Absatz 2)	3
C. Ordnungswidrigkeiten	5

A. Informationspflichten (Absatz 1)

1 Soweit der Pharmaberater den Arzt oder andere Angehörige der Heilberufe über einzelne Arzneimittel fachlich informiert, hat er ihnen die Fachinformation nach § 11a vorzulegen, aus der sich die Produkteigenschaften ergeben **(Satz 1)**.

2 Werden **ihm gegenüber** Angaben zu Nebenwirkungen, Wechselwirkungen, Gegenanzeigen oder sonstige Risiken gemacht, so hat er diese zu dokumentieren und schriftlich an seinen Auftraggeber weiterzuleiten **(Satz 2)**. Es ist dann Aufgabe des pharmazeutischen Unternehmers, dass die Meldungen die zuständigen Stellen in seinem Betrieb (Informationsbeauftragter, Stufenplanbeauftragter) erreichen und zu entscheiden, ob und welche Maßnahmen zu veranlassen sind. Der Pharmaberater hat nicht nur die Risiken zu melden, die sich auf die von ihm präsentierten Arzneimittel beziehen, sondern alle, die **Produkte seines Auftraggebers** betreffen (*Rehmann* § 76 Rn. 1).

B. Abgabe von Ärztemustern (Absatz 2)

Ärztemuster dürfen nur in beschränktem Umfang abgegeben werden (§ 47 Abs. 3, 4). Dies hat auch der Pharmaberater zu beachten. Damit überprüft werden kann, ob die entsprechenden Vorschriften eingehalten werden, hat er die in Absatz 2 vorgeschriebenen Aufzeichnungen zu führen. Um die ihn nach § 47 Abs. 4 S. 3 treffenden Dokumentationspflichten erfüllen zu können, muss der pharmazeutische Unternehmer den Pharmaberater überwachen (*Rehmann* § 76 Rn. 2).

Die ihm überlassenen Arzneimittelmuster sind von dem Pharmaberater ordnungsgemäß zu **lagern.** Der jeweilige Herstellungsleiter des pharmazeutischen Unternehmers hat dies nach § 19 Abs. 1 zu überwachen (*Rehmann* § 76 Rn. 2).

3

4

C. Ordnungswidrigkeiten

Vorsätzliche oder fahrlässige Zuwiderhandlungen gegen § 76 Abs. 1 S. 2 oder **Abs. 2** (Aufzeichnungs-, Mitteilungs- und Nachweispflichten) sind Ordnungswidrigkeiten nach § 97 Abs. 2 Nr. 30.

5

Fünfzehnter Abschnitt. Bestimmung der zuständigen Bundesoberbehörden und sonstige Bestimmungen

§ 77 Zuständige Bundesoberbehörde

(1) Zuständige Bundesoberbehörde ist das Bundesinstitut für Arzneimittel und Medizinprodukte, es sei denn, dass das Paul-Ehrlich-Institut oder das Bundesamt für Verbraucherschutz und Lebensmittelsicherheit zuständig ist.

(2) Das Paul-Ehrlich-Institut ist zuständig für Sera, Impfstoffe, Blutzubereitungen, Gewebezubereitungen, Gewebe, Allergene, Arzneimittel für neuartige Therapien, xenogene Arzneimittel und gentechnisch hergestellte Blutbestandteile.

(3) ¹**Das Bundesamt für Verbraucherschutz und Lebensmittelsicherheit ist zuständig für Arzneimittel, die zur Anwendung bei Tieren bestimmt sind.** ²**Zum Zwecke der Überwachung der Wirksamkeit von Antibiotika führt das Bundesamt für Verbraucherschutz und Lebensmittelsicherheit wiederholte Beobachtungen, Untersuchungen und Bewertungen von Resistenzen tierischer Krankheitserreger gegenüber Stoffen mit antimikrobieller Wirkung, die als Wirkstoffe in Tierarzneimitteln enthalten sind, durch (Resistenzmonitoring).** ³**Das Resistenzmonitoring schließt auch das Erstellen von Berichten ein.**

(4) Das Bundesministerium wird ermächtigt, durch Rechtsverordnung ohne Zustimmung des Bundesrates die Zuständigkeit des Bundesinstituts für Arzneimittel und Medizinprodukte und des Paul-Ehrlich-Instituts zu ändern, sofern dies erforderlich ist, um neueren wissenschaftlichen Entwicklungen Rechnung zu tragen oder wenn Gründe der gleichmäßigen Arbeitsauslastung eine solche Änderung erfordern.

AMG § 77 Fünfzehnter Abschnitt. Bundesbehörden, sonstige Bestimmungen

Übersicht

	Rn.
A. Zuständige Behörde	1
B. Zuständigkeitsverteilung zwischen den Bundesoberbehörden	4
I. Paul-Ehrlich-Institut (PEI)	4
II. Bundesamt für Verbraucherschutz und Lebensmittelsicherheit (BVL)	5
III. Bundesinstitut für Arzneimittel und Medizinprodukte (BfArM)	6
C. Sonstige Behörden und Stellen	7
I. DIMDI	7
II. Europäische Arzneimittel-Agentur (EMA)	8

A. Zuständige Behörden

1 Die **Arzneimittelüberwachung** ist, soweit sie nicht im AMG abweichend geregelt ist, **Ländersache.** In den meisten Ländern obliegt die Überwachung den Regierungspräsidien oder Bezirksregierungen. Die durch Staatsvertrag der Länder gegründete **Zentralstelle der Länder für Gesundheitsschutz bei Arzneimitteln und Medizinprodukten – ZLG-** (ZLG, Sebastianstraße 189, 53 115 Bonn; Tel: 0228977940; Fax: 02289779444; E-Mail: zlg@zlg.nrw.de) nimmt Aufgaben der Länder im Bereich der Medizinprodukte und Koordinierungsfunktionen im Bereich der Arzneimittel wahr.

2 § 77 regelt die Zuständigkeit der **Bundesbehörden** für die Maßnahmen, die im Gesetz den Bundesoberbehörden zugewiesen sind. **Alle** für den Vollzug des AMG zuständigen Behörden, Stellen und Sachverständigen sind in einer auf der Homepage des BMG veröffentlichten Bekanntmachung aufgeführt.

3 Absatz 1 zählt insoweit die **Bundesoberbehörden,** die nach diesem Gesetz zuständig sein können, enumerativ auf. Die Zuständigkeit ist verteilt auf drei Behörden: das Bundesinstitut für Arzneimittel und Medizinprodukte, das Paul-Ehrlich-Institut und das Bundesamt für Verbraucherschutz und Lebensmittelsicherheit.

B. Zuständigkeitsverteilung zwischen den Bundesoberbehörden

4 **I.** Das **Paul-Ehrlich-Institut (PEI)** ist zuständig für die Zulassung, Risikoüberwachung und Chargenprüfung von Sera, Impfstoffen, Blutzubereitungen, Knochenmark- und Gewebezubereitungen sowie die weiteren in Absatz 2 aufgeführten Produkte (Absatz 2).

5 **II.** Das **Bundesamt für Verbraucherschutz und Lebensmittelsicherheit (BVL)** ist im Wesentlichen für die Zulassung und Risikoüberwachung von Tierarzneimitteln, für Fragen der Tiergesundheit sowie für die Erfassung und Bewertung von Ersatz- und Ergänzungsmethoden zu Tierversuchen zuständig (Absatz 3).

6 **III.** Die Zuständigkeit des **Bundesinstituts für Arzneimittel und Medizinprodukte (BfArM)** folgt aus der Negativabgrenzung des Absatzes 1. Es ist in allen arzneimittelrechtlichen Angelegenheiten zuständig, die nicht der Sonderzuständigkeit der beiden anderen Bundesoberbehörden zugewiesen sind (*Nickel* in Kügel/Müller/Hofmann § 77 Rn. 2).

C. Sonstige Behörden und Stellen

7 **I. DIMDI.** Das Deutsche Institut für medizinische Dokumentation und Information (DIMDI) war durch Erlass des BMG v. 1.9.1969 errichtet worden. Später ist an dessen Stelle die **DIMDI-Verordnung** v. 4.12.2002 (BGBl. I S. 4456) getreten. Diese wurde durch Art. 15 Abs. 5 S. 2 des Gesetzes v. 19.5.2020 (BGBl. I S. 1018) mit Wirkung v. 26.5.2020 aufgehoben. Die Aufgaben des DIMDI werden nunmehr vom BfArM wahrgenommen.

II. Europäische Arzneimittel-Agentur (EMA). Sie wurde errichtet durch 8
VO 2309/93 (EWG), die durch die VO (EG) Nr. 726/2004 abgelöst wurde. Sie
hat ihren Sitz nunmehr in Amsterdam.

§ 80 Ermächtigung für Verfahrens- und Härtefallregelungen

¹Das Bundesministerium wird ermächtigt, durch Rechtsverordnung,
die nicht der Zustimmung des Bundesrates bedarf, die weiteren Einzelheiten über das Verfahren bei
1. der Zulassung einschließlich der Verlängerung der Zulassung,
1a. der Genehmigung nach § 21a Absatz 1 und der Bescheinigung nach § 21a Absatz 9
1b. der Genehmigung nach § 4b Absatz 3
2. der staatlichen Chargenprüfung und der Freigabe einer Charge,
3. den Anzeigen zur Änderung der Zulassungsunterlagen,
3a. den Anzeigen über Änderungen der Angaben und Unterlagen für die Genehmigung nach § 21a Absatz 1 oder über Änderungen in den Anforderungen für die Bescheinigung nach § 21a Absatz 9,
3b. den Anzeigen über Änderungen der Angaben und Unterlagen für die Genehmigung nach § 4b Absatz 3,
3c. der zuständigen Bundesoberbehörde und den beteiligten Personen im Falle des Inverkehrbringens in Härtefällen nach § 21 Abs. 2 Satz 1 Nr. 6 in Verbindung mit Artikel 83 der Verordnung (EG) Nr. 726/2004,
4. der Registrierung einschließlich der Verlängerung der Registrierung,
4a. den Anzeigen zur Änderung der Registrierungsunterlagen,
4b. der Veröffentlichung der Ergebnisse klinischer Prüfungen nach § 42b,
5. den Meldungen von Arzneimittelrisiken und
6. der elektronischen Einreichung von Unterlagen nach den Nummern 1 bis 5 einschließlich der zu verwendenden Formate

zu regeln; es kann dabei die Weiterleitung von Ausfertigungen an die zuständigen Behörden bestimmen sowie vorschreiben, dass Unterlagen in mehrfacher Ausfertigung sowie auf elektronischen oder optischen Speichermedien eingereicht werden. ²Das Bundesministerium kann diese Ermächtigung ohne Zustimmung des Bundesrates auf die zuständige Bundesoberbehörde übertragen. ³In der Rechtsverordnung nach Satz 1 Nr. 3a können insbesondere die Aufgaben der zuständigen Bundesoberbehörde im Hinblick auf die Beteiligung der Europäischen Arzneimittel-Agentur und des Ausschusses für Humanarzneimittel entsprechend Artikel 83 der Verordnung (EG) Nr. 726/2004 sowie die Verantwortungsbereiche der behandelnden Ärzte und der pharmazeutischen Unternehmer oder Sponsoren geregelt werden, einschließlich von Anzeige-, Dokumentations- und Berichtspflichten insbesondere für Nebenwirkungen entsprechend Artikel 24 Abs. 1 und Artikel 25 der Verordnung (EG) Nr. 726/2004. ⁴Dabei können auch Regelungen für Arzneimittel getroffen werden, die unter den Artikel 83 der Verordnung (EG) Nr. 726/2004 entsprechenden Voraussetzungen Arzneimittel betreffen, die nicht zu den in Artikel 3 Abs. 1 oder 2 dieser Verordnung genannten gehören. ⁵Die Rechtsverordnungen nach den Sätzen 1 und 2 ergehen im Einvernehmen mit dem Bundesministerium für Ernährung und Landwirtschaft, soweit es sich um Arzneimittel handelt, die zur Anwendung bei Tieren bestimmt sind.

Erläuterung

1 Die Vorschrift enthält in den **Sätzen 1–3 und 5** eine Ermächtigung zum Erlass von Verfahrensregelungen, mit denen die weiteren technisch geprägten Einzelheiten über die arzneimittelrechtlichen Verfahren geregelt werden können. Die möglichen inhaltlichen Regelungen ergeben sich aus der Bestimmung selbst und sind weitgehend selbsterklärend. Zu den insoweit erlassenen Verordnungen s. *Nickel* in Kügel/Müller/Hofmann § 80 Rn. 7–9.

2 **Satz 4** enthält eine Ermächtigung zu Regelungen für Arzneimittel, die unter den Artikel 83 der Verordnung (EG) Nr. 726/2004 fallen **(Compassionate Use).** Der Verordnungsgeber hat hierzu die AMHV erlassen.

§ 81 Verhältnis zu anderen Gesetzen

Die Vorschriften des Betäubungsmittel- und Atomrechts, des Anti-Doping-Gesetzes und des Tierschutzgesetzes bleiben unberührt.

1 Die Vorschrift bestimmt das Verhältnis des AMG zu anderen Gesetzen und ordnet an, dass diese unberührt bleiben. Es besteht daher insbesondere keine Spezialität des BtMG und AntiDopG. Zur Erläuterung wird auf → BtMG § 1 Rn. 23–25 und → AntiDopG Einl. Rn. 20–22 verwiesen.

§ 83 Angleichung an das Recht der Europäischen Union

(1) **Rechtsverordnungen oder allgemeine Verwaltungsvorschriften nach diesem Gesetz können auch zum Zwecke der Angleichung der Rechts- und Verwaltungsvorschriften der Mitgliedstaaten der Europäischen Union erlassen werden, soweit dies zur Durchführung von Verordnungen, Richtlinien, Entscheidungen oder Beschlüssen der Europäischen Gemeinschaft oder der Europäischen Union, die Sachbereiche dieses Gesetzes betreffen, erforderlich ist.**

(2) *(weggefallen)*

1 Die Vorschrift soll die Umsetzung von europäischem Recht in nationales Recht erleichtern. Sie ist **keine eigenständige Ermächtigungsgrundlage,** sondern modifiziert die jeweiligen im AMG enthaltenen Ermächtigungsnormen zum Erlass von Rechtsverordnungen oder Allgemeinen Verwaltungsvorschriften im Hinblick auf die Umsetzung des europäischen Rechts (*Nickel* in Kügel/Müller/Hofmann § 83 Rn. 2). Die bestehenden Ermächtigungsnormen des AMG werden dahin erweitert, dass die erforderliche Angleichung dieser nationalen Regelungen an Regelungen der EG oder EU, die Sachbereiche des AMG betreffen, von der jeweiligen Ermächtigung mit umfasst ist (*Nickel* in Kügel/Müller/Hofmann § 83 Rn. 1).

2 Die Frage, ob und inwieweit diese weitgehende Regelung, die praktisch eine automatische Erweiterung der jeweiligen Ermächtigungsgrundlage bedeutet, für den Erlass von Verordnungen den Voraussetzungen der **Art. 80 Abs. 1 S. 2 GG** entspricht, ist bisher ohne Erörterung geblieben. Zweifel erscheinen angebracht.

3 Verordnungen bedürfen im Hinblick darauf, dass es sich bei dem AMG um ein zustimmungsbedürftiges Gesetz handelt, nach Art. 80 Abs. 2 GG der **Zustimmung des Bundesrates** (aA *Rehmann* § 83 Rn. 2).

§ 83a Rechtsverordnungen in bestimmten Fällen

¹Das Bundesministerium wird ermächtigt, durch Rechtsverordnung ohne Zustimmung des Bundesrates Verweisungen auf Vorschriften in Rechtsakten der Europäischen Gemeinschaft oder der Europäischen Union in diesem Gesetz oder in aufgrund dieses Gesetzes erlassenen Rechtsverordnungen zu ändern, soweit es zur Anpassung an Änderungen dieser Vorschriften erforderlich ist. ²Handelt es sich um Vorschriften über Arzneimittel oder Stoffe, die zur Anwendung am Tier bestimmt sind, tritt an die Stelle des Bundesministeriums das Bundesministerium für Ernährung und Landwirtschaft, das die Rechtsverordnung im Einvernehmen mit dem Bundesministerium erlässt.

Nach den Vorstellungen des Gesetzgebers (BT-Drs. 17/4231, 12) soll durch die Ermächtigung gewährleistet werden, dass auf Änderungen von Vorschriften in Rechtsakten der EG oder EU zeitnah durch die entsprechende Anpassung von Bezugnahmen auf diese Vorschriften im Verordnungswege reagiert werden kann. So soll diese neue Ermächtigung dafür genutzt werden, bei Änderungen der VO (EU) Nr. 37/2010 Verweise auf diese Verordnung in den neu gefassten §§ 95 und 96 zu ändern. Aufgrund der für Straf- und Bußgeldbewehrungen geltenden besonderen Bestimmtheitsanforderungen kann in den genannten Vorschriften nicht pauschal auf die jeweils geltende Fassung der EU-Verordnung verwiesen werden. Zur Vermeidung von Diskrepanzen zwischen geltendem Unionsrecht und den zugehörigen Bewehrungen im nationalen Recht soll sichergestellt werden, dass die erforderlichen Anpassungen der Bewehrungen an Änderungen des Unionsrechts möglichst zügig vorgenommen werden können. 1

Trotz dieser Begründung tritt die Reichweite der Vorschrift nicht klar hervor. Dass die Verordnungsgeber ermächtigt sein sollen, **„Verweisungen"** auf Unionsrecht zu ändern, könnte eher auf einen **deklaratorischen Charakter** der jeweiligen Verordnungen hindeuten; der Zeitpunkt der Geltung des geänderten Unionsrechts für Deutschland würde sich dann allein nach diesem richten, nicht nach der (deutschen) Verordnung. Die Verweisungen im AMG auf Unionsrecht wären damit in Wirklichkeit sämtlich **dynamische Verweisungen**. 2

Gerade dies sollte mit § 83a aber vermieden werden. **Dynamische Verweisungen** auch auf Vorschriften eines anderen Normgebers sind zwar nicht schlechthin ausgeschlossen, aber, wie auch die Gesetzesbegründung hervorhebt, nur unter bestimmten engen Voraussetzungen zulässig (zuletzt BVerfG NJW 2016, 3648 – RiFlEtikettG mAnm *Hecker*). Sinn und Zweck des § 83a sprechen daher dafür, dass die auf seiner Grundlage erlassenen Verordnungen nicht bloß deklaratorischen Charakter haben, sondern die **Geltung des Unionsrechts** für das deutsche Recht bestimmen. Letztlich handelt es sich daher um eine Ermächtigung zur Vornahme statischer Verweisungen auf Unionsrecht. 3

Die Ermächtigung hält sich auch mit diesem Inhalt noch im Rahmen des Art. 80 Abs. 1 S. 2 GG. Inhalt, Zweck und Ausmaß werden in § 83a bestimmt. Die Ermächtigung ist auf die **Anpassung von Verweisungen** auf Gemeinschafts- oder Unionsrecht beschränkt, die im Zeitpunkt des Inkrafttretens des § 83a **im AMG** oder einer auf Grund des AMG erlassenen Rechtsverordnung **bereits enthalten** waren. 4

Dass die Verordnung nicht nur deklaratorische Bedeutung hat, hat zur Folge, dass das **geänderte Unionsrecht** erst **von dem Zeitpunkt** an in Deutschland gilt, zu dem die auf Grund des § 83a erlassene Verordnung in Kraft getreten ist. Es dient nicht der Rechtsklarheit, dass dies in den bisher erlassenen Verordnungen nicht zum Ausdruck kommt. 5

Weber

§ 83b Verkündung von Rechtsverordnungen

Rechtsverordnungen nach diesem Gesetz können abweichend von § 2 Absatz 1 des Verkündungs- und Bekanntmachungsgesetzes im Bundesanzeiger verkündet werden.

1 Ob der Verordnungsgeber die Verordnung im BGBl. I oder im (elektronischen) BAnz. verkündet, steht in seinem Ermessen. Besondere Gründe für die Verkündung im BAnz. muss er nicht darlegen (*Nickel* in Kügel/Müller/Hofmann § 83b Rn. 3).

§ 94 Deckungsvorsorge

(1) ¹Der pharmazeutische Unternehmer hat dafür Vorsorge zu treffen, dass er seinen gesetzlichen Verpflichtungen zum Ersatz von Schäden nachkommen kann, die durch die Anwendung eines von ihm in den Verkehr gebrachten, zum Gebrauch bei Menschen bestimmten Arzneimittels entstehen, das der Pflicht zur Zulassung unterliegt oder durch Rechtsverordnung von der Zulassung befreit worden ist (Deckungsvorsorge). ²Die Deckungsvorsorge muss in Höhe der in § 88 Satz 1 genannten Beträge erbracht werden. Sie kann nur
1. durch eine Haftpflichtversicherung bei einem im Geltungsbereich dieses Gesetzes zum Geschäftsbetrieb befugten unabhängigen Versicherungsunternehmen, für das im Falle einer Rückversicherung ein Rückversicherungsvertrag nur mit einem Rückversicherungsunternehmen, das seinen Sitz im Geltungsbereich dieses Gesetzes, in einem anderen Mitgliedstaat der Europäischen Union, in einem anderen Vertragsstaat des Abkommens über den Europäischen Wirtschaftsraum oder in einem von der Europäischen Kommission auf Grund von Artikel 172 der Richtlinie 2009/138/EG des Europäischen Parlaments und des Rates vom 25. November 2009 betreffend die Aufnahme und Ausübung der Versicherungs- und Rückversicherungstätigkeit (Solvabilität II) (ABl. L 335 vom 17.12.2009, S. 1) als gleichwertig anerkannten Staat hat, besteht, oder
2. durch eine Freistellungs- oder Gewährleistungsverpflichtung eines inländischen Kreditinstituts oder eines Kreditinstituts eines anderen Mitgliedstaates der Europäischen Union oder eines anderen Vertragsstaates des Abkommens über den Europäischen Wirtschaftsraum

erbracht werden.

(2) bis (5) *nicht abgedruckt*

Übersicht

	Rn.
A. Voraussetzungen	1
B. Straftat, Ordnungswidrigkeit	5

A. Voraussetzungen

1 Die **Verpflichtung zur Deckungsvorsorge** soll gewährleisten, dass der pharmazeutische Unternehmer in der Lage ist, ihn treffende Schadensersatzansprüche zu erfüllen. Die Vorschrift bezieht sich auf die Tatbestände der Gefährdungshaftung nach §§ 84 ff. Es muss sich deswegen um ein zum Gebrauch bei Menschen bestimmtes Arzneimittel handeln, das zudem der Pflicht zur Zulassung unterliegt

oder durch Rechtsverordnung von der Pflicht zur Zulassung befreit worden ist (Absatz 1 Satz 1).

Die Deckungsvorsorge muss **in Höhe der in § 88 S. 1** genannten Beträge erbracht werden (Absatz 1 Satz 2). 2

Erbracht wird die Deckungsvorsorge durch eine **Haftpflichtversicherung** oder eine **Freistellungs- oder Gewährleistungsverpflichtung** eines inländischen Kreditinstituts oder eines Kreditinstituts eines anderen Mitgliedstaates der EU oder eines anderen Vertragsstaates des EWR. 3

Die Deckungsvereinbarung muss rechtswirksam sein, **bevor** das Arzneimittel in den Verkehr gebracht wird. 4

B. Straftat, Ordnungswidrigkeit

Das Inverkehrbringen eines zum Gebrauch bei Menschen bestimmten Arzneimittels, obwohl die nach § 94 erforderliche Deckungsvorsorge nicht oder nicht mehr besteht, ist bei Vorsatz **eine Straftat** nach § 96 Nr. 19, bei Fahrlässigkeit **eine Ordnungswidrigkeit** nach § 97 Abs. 1 Nr. 1. 5

Siebzehnter Abschnitt. Straf- und Bußgeldvorschriften

Vorbemerkungen zu den §§ 95 ff.

Übersicht

	Rn.
A. Arzneimittelstrafrecht	1
I. Arzneimittelstrafrecht als Annex zum Verwaltungsrecht	1
II. Verfassungsrechtliche Bedenken	3
1. Die neue Rechtsprechung des BVerfG	4
2. Die Auswirkungen auf AMG und BtMG	11
III. Rechtsgut	13
IV. Typen der Tatbestände	14
V. Konkurrenzen, Bewertungseinheit	15
VI. Keine Entfernung vom allgemeinen Strafrecht	20
VII. Strafzumessung	21
1. Keine stark ausgeprägten Besonderheiten	22
2. Aufklärungshilfe	23
3. Arzneimittelrecht als Stoffrecht	24
4. Sonstige Strafzumessungserwägungen	25
5. Sonderfall: Gleichbehandlung von Menschen und Tieren	26
B. (Unternehmerische) Gremien- oder Kollegialentscheidungen	28
I. Allgemeines	28
II. Die Pflichten der Gremienmitglieder	30
III. Kausalität	34
1. Förmliche Beschlussfassung, tatsächliche Verständigung	35
a) Einstimmigkeit, Mehrheit von einer Stimme, Stimmengleichheit	36
b) Mehrheit mit mehr als einer Stimme	37
aa) Erfolglosigkeit einer etwaigen Gegenstimme	38
(a) Vorsatzdelikte	39
(b) Fahrlässigkeitsdelikte	42
bb) Mehrheit auch ohne ihre Stimme	44
c) Stimmenthaltung	45
d) Keine Haftung des pflichtgemäß Abstimmenden	46
2. Keine Befassung des Gesamtorgans	47
C. Strafrechtliche Produktverantwortlichkeit	50
I. Arbeitsteiligkeit	51

AMG Vor §§ 95 ff. Siebzehnter Abschnitt. Straf- und Bußgeldvorschriften

	Rn.
II. Erlaubtes Risiko	52
III. Fahrlässige Körperverletzung, fahrlässige Tötung	55
1. Positives Tun oder Unterlassen	57
2. Der Pflichtenkreis bei der Herstellung und dem Vertrieb von Arzneimitteln	64
3. Verantwortlichkeit bei Arbeitsteilung	68
a) Horizontale innerbetriebliche Arbeitsteilung	72
b) Vertikale innerbetriebliche Arbeitsteilung	77
c) Zwischenbetriebliche Arbeitsteilung	82
aa) Horizontale zwischenbetriebliche Arbeitsteilung	83
bb) Vertikale zwischenbetriebliche Arbeitsteilung	85
4. Ursächlichkeit	87
5. Eigenverantwortliche Selbstgefährdung, einverständliche Fremdgefährdung	94
6. Rechtswidrigkeit	95
a) Einwilligung	96
b) Behördliche Genehmigung (Erlaubnis, Zulassung)	97
7. Fahrlässigkeit	100
a) Grundsätze	101
aa) Objektive Sorgfaltspflichtverletzung	102
bb) Objektive Vorhersehbarkeit	107
cc) Subjektive Vorhersehbarkeit	108
dd) Subjektive Pflichtwidrigkeit	109
ee) Potentielles Unrechtsbewusstsein	111
ff) Zumutbarkeit	112
b) Die verantwortlichen Personen	113
aa) Die Geschäftsleitung	114
bb) Die sachkundige Person	115
cc) Die Leiter der sonstigen Bereiche	117
dd) Die sonstigen Mitarbeiter	118
D. Exkurs: Zivilrechtliche Produktverantwortung	119
I. Gefährdungshaftung und deliktische Haftung	119
II. Deliktische Haftung	121
1. Haftung nach § 823 Abs. 1 BGB	122
2. Haftung nach § 823 Abs. 2 BGB	124

A. Arzneimittelstrafrecht

1 **I. Arzneimittelstrafrecht als Annex zum Verwaltungsrecht.** Anders als das Betäubungsmittelrecht ist das Arzneimittelrecht im Wesentlichen Verwaltungsrecht geblieben. Dies zeigt sich auch in den Straf- und Bußgeldvorschriften, die hier noch als **Annex** der verwaltungsrechtlichen Gebots- und Verbotstatbestände erscheinen. Im Vordergrund steht der legale Arzneimittelverkehr. Die Straf- und Bußgeldvorschriften sollen den arzneimittelrechtlichen Vorgaben lediglich zusätzliches Gewicht verleihen und ihnen zu größtmöglicher Durchsetzung verhelfen (zum Rechtsgut → Rn. 13).

2 **Gesetzestechnisch** wird dies dadurch erreicht, dass in der Straf- oder Bußgeldvorschrift auf die jeweilige Verwaltungsnorm **verwiesen** wird. Anders als das Betäubungsmittelstrafrecht, das in seiner Grundnorm (§ 29 BtMG) ebenfalls diese Verweisungstechnik kennt, zerfällt das Arzneimittelstrafrecht aber in eine unübersichtliche Vielzahl kleiner Sanktionstatbestände, die schwer leserlich und oft nur mit Mühe verständlich sind (*Freund* in MüKoStGB Vor § 95 Rn. 80; *Pfohl* in Erbs/Kohlhaas AMG Vor § 95 Rn. 5) und darüber hinaus Lücken und Spannungen aufweisen (*Körner*, 6. Aufl. 2007, AMG Rn. 4; *Freund* in MüKoStGB Vor § 95 Rn. 81–84). Bei den einzelnen Vorschriften wird darauf hingewiesen.

3 **II. Verfassungsrechtliche Bedenken.** Die Zulässigkeit der auch im AMG (und BtMG, s. § 29 Abs. 1 S. 1 Nr. 14, § 32 Abs. 1 Nr. 6) angewandten **Verweisungs-**

technik ist in verfassungsrechtlicher Hinsicht nicht unumstritten (*Freund/Rostalski* GA 2016, 443 mwN).

1. Die neue Rechtsprechung des BVerfG. Das BVerfG hat in seinem Beschluss v. 21.9.2016 (NJW 2016, 3648 mAnm *Hecker* und Bespr. *Cornelius* NStZ 2017, 682 = JR 2018, 461 mBspr *Brand/Kratzer* JR 2018, 422 – *RiFlEtikettG*; dazu *Kretschmer* ZIS 2016, 763; fortgeführt von BVerfG BeckRS 2020, 522) den Rahmen abgesteckt (s. dazu auch BGH NStZ-RR 2020, 84 = PharmR 2020, 152 = A&R 2020, 35): 4

Die **Blankettgesetzgebungstechnik** ist verfassungsrechtlich unbedenklich, wenn das Blankettstrafgesetz hinreichend klar erkennen lässt, worauf sich die Verweisung bezieht. Dazu gehört, dass es die Regelungen, die zu seiner Ausfüllung in Betracht kommen und durch sie bewehrt werden, sowie deren möglichen Inhalt und Gegenstand genügend deutlich bezeichnet und abgrenzt. Unter diesen Voraussetzungen ist auch eine Verweisung auf eine **Rechtsverordnung** zulässig. Dasselbe gilt für Verweisungen auf Vorschriften **anderer Normgeber** sowie auf Normen und Begriffe des **Rechts der EU.** 5

Die Verweisung ist dann unbedenklich, wenn sie sich auf Rechtsvorschriften in der Fassung bezieht, die zur Zeit der Verweisung galt **(statische Verweisung).** Wird hingegen auf Vorschriften in ihrer jeweils geltenden Fassung verwiesen **(dynamische Verweisung),** kann dies dazu führen, dass der verweisende Gesetzgeber den Inhalt seiner Vorschriften nicht mehr in eigener Verantwortung bestimmt und damit der Entscheidung Dritter überlässt. Damit sind dynamische Verweisungen zwar nicht schlechthin ausgeschlossen, aber nur in dem Rahmen zulässig, den die Prinzipien der Rechtsstaatlichkeit, der Demokratie und der Bundesstaatlichkeit ziehen und die sich auch innerhalb grundrechtlicher Gesetzesvorbehalte halten. 6

An **Verweisungen auf das Unionsrecht** sind keine strengeren verfassungsrechtlichen Anforderungen zu stellen als an solche auf das innerstaatliche Recht. Auch ist es dem nationalen Gesetzgeber im Grundsatz verwehrt, unmittelbar anwendbares Unionsrecht im nationalen Recht durch gleichlautende Vorschriften zu wiederholen, da die Normadressaten über den Unionscharakter einer Rechtsnorm nicht im Unklaren gelassen werden dürfen. 7

Dem in Art. 103 Abs. 2 GG verankerten **Bestimmtheitsgebot** genügen Blankettstrafgesetze nur dann, wenn sich die möglichen Fälle der Strafbarkeit **schon aufgrund des Gesetzes** voraussehen lassen. Die Voraussetzungen der Strafbarkeit und die Art der Strafe müssen daher bereits entweder im Blankettstrafgesetz selbst oder in einem in Bezug genommenen Gesetz hinreichend deutlich umschrieben sein. Zudem müssen neben der Blankettstrafnorm auch die sie ausfüllenden Vorschriften die sich aus Art. 103 Abs. 2 GG ergebenden Anforderungen erfüllen. 8

Legt die Blankettstrafnorm **nicht vollständig selbst** oder durch **Verweis auf ein anderes Gesetz** fest, welches Verhalten durch sie bewehrt werden soll, sondern erfolgt dies **erst durch eine (nationale) Rechtsverordnung,** auf die verwiesen wird, müssen die Voraussetzungen der Strafbarkeit und die Art der Strafe für den Bürger schon aufgrund des Gesetzes und nicht erst aufgrund der hierauf gestützten Rechtsverordnung vorhersehbar sein. Um den Grundsatz der Gewaltenteilung zu wahren, darf dem Verordnungsgeber lediglich die Konkretisierung des Straftatbestands eingeräumt werden, **nicht** aber **die Entscheidung** darüber, **welches Verhalten als Straftat** geahndet werden soll. Diese Anforderungen lassen sich sinngemäß auf den Fall übertragen, dass Blankettstrafgesetze auf das Unionsrecht verweisen. 9

Wird auf eine **Verordnung** verwiesen, so muss die **Ermächtigungsnorm,** auf die die Verordnung gestützt ist, Inhalt, Zweck und Ausmaß der erteilten Ermächtigung bestimmen (Art. 80 Abs. 1 S. 2 GG). Welche Anforderungen im Einzelnen an 10 das Maß der erforderlichen Bestimmtheit zu stellen sind, lässt sich nicht allgemein festlegen. Eine Rolle spielt die Intensität der Auswirkungen der Regelung für die Betroffenen. Die Bestimmtheit der Ermächtigungsnorm muss der Grundrechtsrelevanz der Regelung entsprechen, zu der ermächtigt wird. Dies spricht dafür, dass bei einer Ahndung als Ordnungswidrigkeit geringere Anforderungen an den Grad der Bestimmtheit der Ermächtigungsnorm zu stellen sind als im Fall der Strafbewehrung.

11 **2. Die Auswirkungen auf AMG und BtMG.**[1] Keine Bedenken bestehen gegen Verweisungen auf konkrete, in demselben Fachgesetz (AMG, BtMG) geregelte Verhaltensanforderungen – **einfache Blankettstrafnorm** – (BVerfG NJW 2016, 3648 (→ Rn. 4)); *Freund* in MüKoStGB Vor § 95 Rn. 52; *Raum* in Kügel/Müller/Hofmann Vor § 95 Rn. 5; *Eschelbach* in Graf/Jäger/Wittig AMG § 95 Rn. 4; *Mayer* in Fuhrmann/Klein/Fleischfresser ArzneimittelR-HdB § 43 Rn. 5). Eine solche Verweisung ist grundsätzlich eher präziser als eine gesonderte abstrakt-generelle Umschreibung in eigenständigen Straftatbeständen. Allerdings sollten die bewehrte Norm und die Bewehrung dann jeweils genau aufeinander abgestimmt sein und keine Überschneidungen aufweisen. Dies ist im AMG nicht immer der Fall, so dass manche Ge- oder Verbote nicht bewehrt sind, obwohl dies ersichtlich gewollt war. Unklarheiten ergeben sich auch, wenn mit einer Verweisung die verschiedensten Tatbestände erfasst werden sollen, so dass sich der Rechtsanwender die anzuwendenden Straftatbestände letztlich selbst zusammenstellen muss (→ § 59a Rn. 1; → § 96 Rn. 204–238). Keine Bedenken bestehen auch gegen **Verweisungen auf Unionsrecht (§ 59d)** und ihre **strafrechtliche Bewehrung (§ 96 Abs. 1 Nr. 18).** Dies gilt auch unter dem Gesichtspunkt, dass § 83a eine Ermächtigung enthält, diese Verweisung durch Verordnung an geänderte Fassungen der unionsrechtlichen Verordnungen anzupassen (→ § 83a Rn. 2–4).

12 **Ins Gewicht fallende Bedenken** konnten gegen § 95 Abs. 1 Nr. 2, § 96 Abs. 1 Nr. 2, § 97 Abs. 2 Nr. 31 AMG, § 29 Abs. 1 S. 1 Nr. 14, § 32 Abs. 1 Nr. 6 BtMG geltend gemacht werden, die sämtlich eine Rückverweisungsklausel (→ Rn. 9) enthalten. Durch das Gesetz v. 9.8.2019 (BGBl. I S. 1202) wurden die § 95 Abs. 1 Nr. 2, § 96 Nr. 2 geändert, um diese Bedenken auszuräumen. Nach der Entscheidung des BVerfG v. 11.3.2020 (→ Rn. 4) dürfte sich die anderen Vorschriften des AMG und des BtMG im Rahmen der Verfassung halten (s. auch *Cornelius* (NStZ 2017, 682 (688)). Gegebenenfalls wäre die Frage im Rahmen eines konkreten Normenkontrollverfahrens nach Art. 100 Abs. 1 GG zu klären.

13 **III. Rechtsgut.** Das von den Straf- und Bußgeldvorschriften geschützte Rechtsgut ist dem in § 1 festgeschriebenen Gesetzeszweck des AMG zu entnehmen. Auch die Straf- und Bußgeldvorschriften sollen dazu beitragen, im Interesse einer ordnungsgemäßen Arzneimittelversorgung von Mensch und Tier für die Sicherheit im Verkehr mit Arzneimitteln zu sorgen. Sie dienen damit in erster Linie dem Gesundheitsschutz. Nur als Nebenzweck sind der Schutz des Vermögens und der Dispositionsfreiheit von Verbrauchern und, soweit es um Tierarzneimittel oder die Anwendung von Arzneimitteln an Tieren geht, der Tierschutz anzusehen (*Pfohl* in Erbs/Kohlhaas AMG Vor § 95 Rn. 6; *Eschelbach* in Graf/Jäger/Wittig Vor § 95 Rn. 4).

14 **IV. Typen der Tatbestände.** Wie die meisten Tatbestände des Betäubungsmittelstrafrechts sind auch die meisten die Straf- und Bußgeldtatbestände des Arzneimittelrechts **abstrakte Gefährdungsdelikte** (→ BtMG Vor § 29 Rn. 165, 166). Die Vorschriften dienen zwar dem Schutz bestimmter Rechtsgüter, namentlich der Gesundheit des Einzelnen und der Bevölkerung im Ganzen, greifen aber bereits

---

[1] Zur besonderen Problematik im Anti-Doping-Gesetz dort → § 2 Rn. 9–18.

ein, **bevor** ein solches Rechtsgut verletzt ist (*Mayer* in Fuhrmann/Klein/Fleischfresser ArzneimittelR-HdB § 43 Rn. 4; *Mayer* Produktverantwortung S. 103, 104). Dies gilt auch in den Fällen, in denen das Gesetz nicht nur den Verkehr mit Arzneimitteln regelt, sondern auch ihre **Anwendung** verbietet. Auch in einem solchen Falle kommt es nicht darauf, ob tatsächlich eine Gesundheitsbeeinträchtigung eingetreten ist.

V. Konkurrenzen, Bewertungseinheit. Auf Grund dieser Konzeption finden 15 die Vorschriften des Arzneimittelstrafrechts und die als Verletzungsdelikte ausgestalteten **Körperverletzungs-** und **Tötungsdelikte** des allgemeinen Strafrechts **nebeneinander** Anwendung (*Räpple* S. 39). Namentlich in den Fällen der Fahrlässigkeit stellen sich die Fragen der eigenverantwortlichen **Selbstgefährdung** (→ BtMG § 30 Rn. 158, 159, 209–234), der einverständlichen Fremdgefährdung (→ BtMG § 30 Rn. 166, 211–214, 234) und der Einwilligung (→ BtMG § 13 Rn. 186–208).

Tateinheit besteht auch, sofern der Stoff nicht schon von sich aus giftig oder ge- 16 sundheitsschädlich ist (OLG Zweibrücken BeckRS 2016, 08586), mit dem Verbrechen der **Gemeingefährlichen Vergiftung** nach § 314 StGB (*Fischer* StGB § 314 Rn. 15; *Wolff* in LK-StGB, 12. Aufl. 2007, § 314 Rn. 19; *Kargl* in NK-StGB StGB § 314 Rn. 15; *Raum* in Kügel/Müller/Hofmann § 95 Rn. 56; *Mayer* in Fuhrmann/Klein/Fleischfresser ArzneimittelR-HdB § 43 Rn. 4; aA *Wolters* in Satzger/Schluckebier/Widmaier StGB StGB § 314 Rn. 23: privilegierende Spezialität). Diese Vorschrift ist zwar ebenfalls als abstraktes Gefährdungsdelikt ausgestaltet (*Wolff* in LK-StGB, 12. Aufl. 2007, § 314 Rn. 1; *Wolters* in Satzger/Schluckebier/Widmaier StGB StGB § 314 Rn. 2), sie ist jedoch teils enger und teils weiter als die arzneimittelrechtlichen Strafvorschriften.

Entsprechendes gilt für den Straftatbestand der **Schweren Gefährdung durch** 17 **Freisetzung von Giften** nach § 330a StGB, der allerdings hinter § 314 StGB zurücktritt.

Die Grundsätze der **Bewertungseinheit** gelten bei allen **Absatzdelikten** (Han- 18 deltreiben, Veräußern, Abgeben) und kommen daher auch im Rahmen des AMG zur Geltung. Auf → BtMG Rn. 588–670 wird verwiesen. Auch → Rn. 20.

Zum **uneigentlichen Organisationsdelikt,** das in Betracht kommt, wenn der 19 Täter an der unmittelbaren Ausführung der Taten nicht beteiligt ist, → BtMG Vor § 29 Rn. 276.

VI. Keine Entfernung vom allgemeinen Strafrecht. Anders als beim Betäu- 20 bungsmittelstrafrecht (dazu → BtMG Vor § 29 Rn. 9) hat sich beim Arzneimittelstrafrecht nicht die Gefahr ergeben, sich vom allgemeinen Strafrecht zu entfernen und ein **Eigenleben** zu beginnen. Der Begriff des **Handeltreibens**, der ein wesentliches Element der betäubungsmittelrechtlichen Entwicklung darstellt, wurde erst durch das 8. AMGÄndG v. 7.9.1998 (BGBl. I S. 2649) in das AMG eingeführt und hat dort auch nicht die umfassende Bedeutung wie im BtMG (→ AMG § 43 Rn. 36–59); s. nunmehr auch § 8 Abs. 2 (→ § 8 Rn. 40–57). Der Begriff der **Bewertungseinheit** gilt auch bei den komplexen Tatbeständen des Arzneimittelrechts, namentlich dem Inverkehrbringen (→ § 4 Rn. 44–71) oder dem Großhandel (→ § 4 Rn. 84–91), hat aber bisher dort nicht das Gewicht erlangt, das ihm im Betäubungsmittelrecht zukommt (→ BtMG Vor § 29 Rn. 588–670). Entsprechendes gilt von dem Begriff des (unechten) **Unternehmensdelikts** (→ BtMG Vor § 29 Rn. 160, 161; → § 29 Rn. 273–278), der bisher jedenfalls bei der Herstellung (→ § 4 Rn. 31–38) herangezogen wird (BGHSt 43, 336 = NJW 1998, 836 = NStZ 1998, 258 = StV 1998, 136).

21 **VII. Strafzumessung.** Nicht anders als im Betäubungsmittelstrafrecht gelten im Arzneimittelstrafrecht für die **Strafzumessung** grundsätzlich keine anderen Regeln als im allgemeinen Strafrecht (§§ 46–51 StGB).

22 **1. Keine stark ausgeprägten Besonderheiten.** Vorhanden (→ Rn. 24), wenn auch weniger ausgeprägt, sind dagegen die Besonderheiten, die der Strafzumessung in Betäubungsmittelsachen eigentümlich sind (→ BtMG Vor § 29 Rn. 725). Zu einem Teil liegt dies an der praktischen Ermittlungsarbeit; so ist die Tatprovokation (→ BtMG § 4 Rn. 167–307) in einer reinen Arzneimittelstrafsache bislang selten. Zum anderen Teil beruht dies auf den Vorgaben des Gesetzes; so enthält das Arzneimittelstrafrecht keine Verbrechen und damit auch keine minder schweren Fälle, was vor allem für die Strafrahmenwahl wesentlich ist.

23 **2. Aufklärungshilfe.** Eine § 31 BtMG entsprechende Vorschrift für Arzneimittel, die keine Betäubungsmittel sind, gibt es nicht. Die allgemeine Strafrahmenmilderung wegen Aufklärungshilfe (§ 46b StGB) kommt in den Fällen des § 95 Abs. 3 (besonders schwere Fälle) als Anlasstat zwar in Betracht (§ 46b Abs. 1 S. 2 StGB; Fischer StGB § 46b Rn. 6), hat aber wegen des Straftatenkatalogs für die aufgeklärte oder geplante Tat (§ 46b Abs. 1 S. 1 StGB) und des notwendigen Zusammenhangs mit der Anlasstat keinen praktischen Anwendungsbereich.

24 **3. Arzneimittelrecht als Stoffrecht.** Auf der anderen Seite ist das Arzneimittelrecht wie das Betäubungsmittelrecht Stoffrecht, so dass die dort geltenden Regeln grundsätzlich auch hier gelten (→ § 95 Rn. 27).

25 **4. Sonstige Strafzumessungserwägungen.** Dasselbe gilt für die Strafzumessungserwägungen, die an die Person des Täters anknüpfen oder sich aus dem Verfahren ergeben (→ § 95 Rn. 28, 29).

26 **5. Sonderfall: Gleichbehandlung der Gefährdung von Menschen und Tieren.** Nicht unproblematisch ist, dass nicht zwischen Arzneimitteln, die dem Menschen gefährlich werden können, und solchen, die nur Gefahren für Tiere bergen, unterschieden wird. Der Gedanke, dass damit Ungleiches gleich behandelt wird, liegt hier nicht fern (*Freund* in MüKoStGB Vor § 95 Rn. 85). Allerdings steht den Gerichten wie bei den harten und weichen Drogen (→ BtMG § 29 Rn. 11, 12) auch hier als **Regulativ die Ausschöpfung des Strafrahmens** zur Verfügung, der bei einer Obergrenze von drei Jahren (§ 95) und einem Jahr (§ 96) Freiheitsstrafe allerdings nicht sehr imponierend ist.

27 Eine **Differenzierung**, etwa mit einer Anhebung für Arzneimittel, die dem Menschen gefährlich werden können, auf fünf Jahre Freiheitsstrafe, könnte dazu beitragen, den Anschein einer sachwidrigen Gleichbehandlung gar nicht erst aufkommen zu lassen.

B. (Unternehmerische) Gremien- oder Kollegialentscheidungen

28 **I. Allgemeines.** Im Wirtschafts- und Geschäftsleben, auch im Pharmabereich, sind meist Unternehmen tätig, die überwiegend in Form einer juristischen Person geführt werden. Das geschäftsleitende Organ, das für diese Unternehmen handelt, besteht meist aus mehreren Personen (Geschäftsleitung; Geschäftsführung; Vorstand). Dabei gilt als gesellschaftsrechtliches Grundprinzip, dass das jeweilige Organ in **Gesamtverantwortung** entscheidet. Für die Aktiengesellschaft ist dies in § 77 Abs. 1 AktG gesetzlich geregelt, für die GmbH entspricht dies allgemeiner Meinung (*Raum* in Wabnitz/Janovsky/Schmitt WirtschaftsStrafR-HdB Kap. 4 Rn. 27 mwN).

29 Die Satzung oder die Geschäftsordnung der juristischen Person können vorsehen, dass anstatt der Einstimmigkeit in dem betreffenden Gremium **mit Stimmenmehrheit** entschieden wird. Ebenso kann festgelegt werden, dass bei **Stimmen-**

gleichheit die Stimme eines bestimmten Kollegiumsmitglieds den Ausschlag gibt. In diesen Fällen haften strafrechtlich grundsätzlich nur die Personen, die die **Mehrheitsentscheidung tragen** (*Fischer* StGB § 25 Rn. 43; *Heine/Weißer* in Schönke/Schröder StGB § 25 Rn. 80; *Raum* in Wabnitz/Janovsky/Schmitt WirtschaftsStrafR-HdB Kap. 4 Rn. 31). Allerdings sind die unterlegenen Kollegiumsmitglieder von der strafrechtlichen Verantwortung nur dann befreit, wenn sie ihre Pflichten erfüllt haben (→ Rn. 30–33).

II. Die Pflichten der Gremienmitglieder. Jedes Gremienmitglied hat so ab- 30 zustimmen, dass durch den Beschluss keine strafrechtlich relevanten Pflichten verletzt und keine fremden Rechtsgüter gefährdet oder verletzt werden. Es darf daher einem Beschluss, der den Vertrieb eines bedenklichen Arzneimittels freigibt (§ 95 Abs. 1 Nr. 1) oder die Herstellung eines minderwertigen Arzneimittels zum Ziele hat (§ 95 Abs. 1 Nr. 3a), nicht zustimmen. Vielmehr hat es unter vollem Einsatz seiner Mitwirkungsrechte **das ihm Mögliche und Zumutbare zu tun,** damit ein solcher Beschluss der Gesamtgeschäftsführung nicht zustande kommt (BGHSt 37, 106 = NJW 1990, 2560 mBspr *Meier* NJW 1992, 3193 = NStZ 1990, 587, m. Bespr. *Kuhlen* NStZ 1990, 566 und *Hilgendorf* NStZ 1994, 561 = JR 1992, 30 mAnm *Puppe* = StV 1991, 182 mAnm *Samson* = JZ 1992, 257; *Raum* in Wabnitz/Janovsky/Schmitt WirtschaftsStrafR-HdB Kap. 4 Rn. 31).

Dies gilt auch im Fall des **Unterlassens,** etwa wenn der Rückruf eines Arznei- 31 mittels unterlassen wird. Auch hier hat das Gremienmitglied kraft der es treffenden Garantenstellung (→Rn. 57, 68) **alles ihm Mögliche und Zumutbare** zu tun, um einen Beschluss der Gesamtgeschäftsleitung über Anordnung und Vollzug des gebotenen Rückrufs zustande zu bringen (BGHSt 37, 106 (→ Rn. 30)). Ist das einzelne Gremienmitglied nach dem **Ressortprinzip** innerbetrieblich nicht berechtigt, aus eigener Machtvollkommenheit die erforderlichen, vom Geschäftsleitungsgremium aber abgelehnten Maßnahmen zu ergreifen (→ Rn. 72–76), so ändert dies zwar nichts am Fortbestand seiner umfassenden, zur Schadensabwendung verpflichtenden **Garantenstellung.** Jedoch erfahren seine aus dieser Stellung fließenden, konkreten **Garantenpflichten** dadurch eine **Begrenzung.** Durch seine Stellung als Garant wird er insbesondere nicht verpflichtet, die vom Kollegium abgelehnten Maßnahmen eigenmächtig zu ergreifen (*Mayer* Produktverantwortung S. 492, 493).

Ob das überstimmte Mitglied gehalten ist, sich an den **Aufsichtsrat** oder die 32 **Gesellschafter** zu wenden oder sonstige Maßnahmen zu ergreifen, ist eine Frage des Einzelfalls, wobei vor allem die Größe der Gefahr maßgeblich ist. Davon unabhängig ist das überstimmte Mitglied der Geschäftsleitung im Hinblick auf das Vertrauen, das es bei den Aufsichtsgremien für seinen Kompetenzbereich verfügt, jedenfalls dann zu einer Gegenvorstellung beim Aufsichtsrat oder den Gesellschaftern verpflichtet, wenn der strafrechtlich relevante Beschluss seine **Ressortzuständigkeit** berührt (*Raum* in Wabnitz/Janovsky/Schmitt WirtschaftsStrafR-HdB Kap. 4 Rn. 31).

Hat das überstimmte Mitglied die ihm gegebenenfalls obliegende Pflicht zur **Re-** 33 **monstration** (erfolglos) ausgeübt, so kommt eine Strafbarkeit grundsätzlich nur noch nach § 138 StGB in Betracht (*Raum* in Wabnitz/Janovsky/Schmitt WirtschaftsStrafR-HdB § 4 Rn. 32; *Mayer* Produktverantwortung S. 493). Eine darüber hinausgehende Pflicht, sich an die Behörden oder die Öffentlichkeit zu wenden, besteht nicht.

III. Kausalität. Kommt ein Gremienbeschluss mit strafrechtlich relevantem In- 34 halt zustande, so bereitet die Feststellung eines Kausalzusammenhangs zwischen dem Abstimmungsverhalten des einzelnen Gremienmitglieds, der gefassten Kollegialentscheidung und der daraus hervorgehenden Rechtsverletzungen in einigen Fallgestaltungen Schwierigkeiten.

35 **1. Förmliche Beschlussfassung/tatsächliche Verständigung.** Hat das Gremium einen förmlichen Beschluss gefasst, so liegt positives Tun vor. Dem förmlichen Beschluss steht eine tatsächliche Verständigung gleich (*Raum* in Wabnitz/Janovsky/Schmitt WirtschaftsStrafR-HdB Kap. 4 Rn. 33). Unterlassen ist gegeben, wenn die Gremienmitglieder beschließen oder sich tatsächlich darauf verständigen, eine rechtlich gebotene Handlung nicht vorzunehmen (s. BGHSt 37, 106 (→ Rn. 30)).

36 **a) Einstimmigkeit, Mehrheit von einer Stimme, Stimmengleichheit.** Unproblematisch sind dabei die Fälle, in denen das Zustandekommen des Beschlusses Einstimmigkeit verlangt, in denen sich eine Stimmenmehrheit von nur einer Stimme ergibt oder in denen bei Stimmengleichheit die Stimme eines hervorgehobenen Mitglieds den Ausschlag gibt. Hier steht die Kausalität des Abstimmungsverhaltens des zustimmenden Gremienmitglieds außer Frage, denn ohne seine Stimme wäre der Beschluss nicht zustande gekommen. Dasselbe gilt, wenn bei **Stimmengleichheit** ein positiver Beschluss, etwa zu einem Rückruf, **nicht zustande** kommt.

37 **b) Mehrheit mit mehr als einer Stimme.** Erhält der Beschluss mehr Stimmen als nach dem Quorum erforderlich wären, so ergeben sich für die Gremienmitglieder, die dem Beschluss zugestimmt haben, grundsätzlich zwei Einwände, die allerdings beide nicht zum Erfolg führen.

38 **aa) Erfolglosigkeit einer etwaigen Gegenstimme.** So kann sich das zustimmende Gremienmitglied nicht darauf berufen, seinem Bemühen, eine gesetzmäßige Kollegialentscheidung herbeizuführen, wäre ohnehin kein Erfolg beschieden gewesen, weil ihn die anderen Gremienmitglieder überstimmt hätten (BGHSt 37, 106 (→ Rn. 30); 48, 77 = NJW 2003, 522; 2003, 3101 mAnm *Knauer* = NStZ 2003, 141 = StraFo 2003, 109 mAnm *Arnold* = JZ 2003, 582 mAnm *Ranft*; dazu auch *Hefendehl* GA 2004, 575; *Kühl* in Lackner/Kühl StGB Vor § 13 Rn. 12; *Freund* in MüKoStGB StGB Vor § 13 Rn. 346: „hypothetischer Verlauf"):

39 **(a) Vorsatzdelikte.** Handeln die Beteiligten bei der Beschlussfassung vorsätzlich, so folgt dies daraus, dass sich jeder von ihnen nach den Grundsätzen der **Mittäterschaft** (§ 25 Abs. 2 StGB) die Tatbeiträge der anderen zurechnen lassen muss (BGHSt 37, 106 (→ Rn. 30); 48, 77 (→ Rn. 38); *Raum* in Wabnitz/Janovsky/Schmitt WirtschaftsStrafR-HdB Kap. 4 Rn. 29; *Mayer* Produktverantwortung S. 477; aA ein Teil des Schrifttums, s. bei *Mayer* Produktverantwortung S. 477).

40 Dies gilt auch in den Fällen, in denen **beschlossen** wird, die gebotene Handlung, etwa einen Arzneimittelrückruf, **zu unterlassen.** Mittäterschaft ist auch bei den (unechten) Unterlassungsdelikten möglich. Dies kommt namentlich in Betracht, wenn mehrere Garanten, die eine ihnen gemeinsam obliegende Pflicht nur gemeinsam erfüllen können, gemeinschaftlich den Entschluss fassen, dies nicht zu tun (BGHSt 37, 106 (→ Rn. 30); *Raum* in Wabnitz/Janovsky/Schmitt WirtschaftsStrafR-HdB Kap. 4 Rn. 30).

41 In beiden Fällen setzt die mittäterschaftliche Haftung allerdings voraus, dass sämtliche Mitglieder einen **vergleichbaren Kenntnisstand** haben (*Heine/Weißer* in Schönke/Schröder StGB § 25 Rn. 79; *Raum* in Wabnitz/Janovsky/Schmitt WirtschaftsStrafR-HdB Kap. 4 Rn. 29). Die subjektive Tatseite ist daher für jedes Gremienmitglied selbständig zu prüfen. Unterschiede in der Verantwortlichkeit (→ Rn. 31, 73) können sich auch aus den verschiedenen **Ressortzuständigkeiten** ergeben (*Raum* in Wabnitz/Janovsky/Schmitt WirtschaftsStrafR-HdB Kap. 4 Rn. 29). Das ressortmäßig zuständige Mitglied der Geschäftsleitung hat den Vorsitzenden und die anderen Gremienmitglieder umfassend zu informieren (*Mayer* Pro-

duktverantwortung S. 488). Diese können sich auf die Vorlage des zuständigen Gremienmitglieds **zunächst verlassen** (*Raum* in Wabnitz/Janovsky/Schmitt WirtschaftsStrafR-HdB Kap. 4 Rn. 29); ergeben sich daraus allerdings Zweifel oder Unstimmigkeiten, ist eine Rückfrage oder eine eigene Nachprüfung geboten (BGHSt 46, 30 = NJW 2000, 2364 = NStZ 2000, 655 mAnm *Dierlamm/Links* = StV 2000, 483 = JR 2000, 517 mAnm *Otto;* 47, 148 = NJW 2002, 1211 = NStZ 2002, 262; 2002, 399 mAnm *Knauer* = StV 2002, 193 mAnm *Kühne* = wistra 2002, 101; 2002, 365 mAnm *Keller/Sauer*).

(b) Fahrlässigkeitsdelikte. Auch in den Fällen der Fahrlässigkeit kann sich das 42 zustimmende Gremienmitglied nicht darauf berufen, seinem Bemühen um eine gesetzmäßige Kollegialentscheidung wäre ohnehin kein Erfolg beschieden gewesen (BGHSt 37, 106 (→ Rn. 30)). Führen mehrere Beteiligte unabhängig voneinander den tatbestandsmäßigen Erfolg erst durch die Gesamtheit ihrer Handlungsbeiträge herbei, so ist jeder einzelne Beitrag im haftungsbegründenden Sinne ursächlich (**kumulative Kausalität,** BGHSt 37, 106 (→ Rn. 30); auch → BtMG § 30 Rn. 146).

Dies gilt auch dann, wenn **beschlossen** wird, die gebotene Handlung zu **unter-** 43 **lassen.** Kann die zur Schadensabwendung gebotene Maßnahme, etwa ein Arzneimittelrückruf, nur durch das **Zusammenwirken** mehrerer Beteiligter zustande kommen, so setzt jeder, der es unterlässt, seinen Beitrag dazu zu leisten, eine Ursache dafür, dass die gebotene Maßnahme unterbleibt; innerhalb dieses Rahmens haftet er für die sich daraus ergebenden tatbestandsmäßigen Folgen (BGHSt 37, 106 (→ Rn. 30); 48, 77 (→ Rn. 38)). Ob darin eine **fahrlässige Mittäterschaft** gesehen werden kann, ist nicht abschließend geklärt (*Fischer* StGB § 25 Rn. 49–52 mwN). Im neueren **arzneimittelrechtlichen** Schrifttum wird das Ergebnis aus einer Verknüpfung der kumulativen (→ BtMG § 30 Rn. 146) mit der alternativen Kausalität (→ BtMG § 30 Rn. 145) hergeleitet (*Mayer* in Fuhrmann/Klein/Fleischfresser ArzneimittelR-HdB § 43 Rn. 59; *Mayer* Produktverantwortung S. 475, 476, 483–488). Von seiner strafrechtlichen Mitverantwortung wäre das Gremienmitglied nur befreit, wenn es alles ihm Mögliche und Zumutbare getan hätte, um den gebotenen Beschluss zu erwirken.

bb) Mehrheit auch ohne ihre Stimme. Die Gremienmitglieder, die dem Be- 44 schluss zugestimmt haben, können sich auch nicht darauf berufen, ihr Stimmverhalten sei nicht kausal gewesen, weil der Beschluss auch ohne ihre Stimme zustande kommen wäre (BGHSt 37, 106 (→ Rn. 30); 48, 77 (→ Rn. 38); *Kühl* in Lackner/Kühl StGB Vor § 13 Rn. 11). Insoweit gilt dasselbe, wie wenn sie geltend machen würden, ihr Bemühen wäre ohnehin erfolglos geblieben, weil sie von den anderen überstimmt worden wären (→ Rn. 38–43).

c) Stimmenthaltung. Auch wer sich der Stimme enthält, komplettiert die Ab- 45 stimmung und verhilft dem Beschluss zur Wirksamkeit (BGHSt 50, 331 = NJW 2006, 522; 2006, 814 mAnm *Ransiek* = NStZ 2006, 214 mAnm *Rönnau* und Bespr. *Schünemann* NStZ 2006, 196 = StV 2006, 301 mAnm *Daniel* = JZ 2006, 568 mAnm *Vogel* und *Hocke*). Für die Ursächlichkeit seiner Stimmabgabe gilt daher dasselbe wie im Falle der Zustimmung (→ Rn. 36–44). Ebenso wie der Zustimmende kann er bei Vorsatztaten Mittäter sein (BGHSt 50, 331 (s. o.)). Auch kann er sich nicht darauf berufen, der Beschluss wäre auch dann wirksam zustande gekommen, wenn er mit Nein gestimmt hätte.

d) Keine Haftung des pflichtgemäß Abstimmenden. Den pflichtgemäß 46 Abstimmenden, der unter vollem Einsatz seiner Mitwirkungsrechte das ihm Mögliche und Zumutbare getan hat, damit ein rechtswidriger Beschluss des Gremiums nicht zustande kommt, trifft keine strafrechtliche Haftung (→ Rn. 29–33; BGHSt 37, 106 (→ Rn. 30); aA OLG Düsseldorf NJW 1980, 71; OLG Stuttgart NStZ

1981, 27). Auch das pflichtgemäß abstimmende, aber unterlegene Gremiummitglied wirkt am Zustandekommen des Beschlusses mit, so dass auch bei ihm die Kausalität seiner Stimmabgabe gegeben sein dürfte (*Mayer* Produktverantwortung S. 489). Hat er das ihm Mögliche und Zumutbare getan, um den rechtswidrigen Beschluss zu verhindern, so wird ihm diese Mitwirkung aber nicht zugerechnet. Dies gilt umso mehr, als diese Mitwirkung Voraussetzung dafür ist, dass er seine Gegenstimme überhaupt abgeben kann (*Mayer* Produktverantwortung S. 490).

47 **2. Keine Befassung des Gesamtorgans.** Nicht selten wird sich weder eine förmliche Beschlussfassung des Gesamtorgans noch eine tatsächliche Verständigung feststellen lassen. An den Pflichten der Gremiummitglieder (→ Rn. 30–33) ändert sich dadurch nichts. Allerdings ist die Handlungspflicht, die dem Gremiummitglied obliegt, nunmehr **zweistufig** (*Raum* in Wabnitz/Janovsky/Schmitt WirtschaftsStrafR-HdB Kap. 4 Rn. 39): zunächst muss er dafür sorgen, dass das Gesamtorgan mit der Sache befasst wird und sodann muss er innerhalb des Gesamtorgans auf eine Abwendung des strafrechtlichen Erfolgs hinwirken.

48 Wird dies unterlassen, so setzt **jeder der Unterlassenden** eine Ursache dafür, dass die Maßnahme unterbleibt und haftet innerhalb dieses Rahmens für die sich daraus ergebenden tatbestandsmäßigen Folgen (BGHSt 48, 77 (→ Rn. 38)). Dabei kann er sich nicht damit entlasten, seinem Bemühen wäre schon deswegen kein Erfolg beschieden gewesen, weil ihn seine Kollegen überstimmt hätten. Für die Beurteilung der Kausalität des Unterlassens der Gremiummitglieder kommt es nicht darauf an, welche Wirkung das Handeln gehabt hätte, das jedem einzelnen geboten war. Vielmehr ist auf das parallele Unterlassen aller derjenigen abzustellen, die pflichtwidrig untätig geblieben sind, und damit auf die Untätigkeit aller Gremiummitglieder im maßgeblichen Zeitraum (BGHSt 48, 77 (→ Rn. 38)).

49 Die kollektive Verweigerung des gebotenen Handelns durch gleichermaßen verpflichtete Garanten stellt sich als **Nebentäterschaft** dar (*Raum* in Wabnitz/Janovsky/Schmitt WirtschaftsStrafR-HdB Kap. 4 Rn. 40). Der Annahme einer Mittäterschaft bedarf es hier nicht, da es anders als in den Fällen aktiver Mittäterschaft nicht erforderlich ist, jedem Mittäter aktive Tatbeiträge anderer Mittäter zuzurechnen (BGHSt 48, 77 (→ Rn. 38)).

C. Strafrechtliche Produktverantwortlichkeit

50 Das Arzneimittelrecht kennt eine Fülle von Strafvorschriften, auf die bei den Erläuterungen zu den §§ 95, 96 näher eingegangen wird. Neben und unabhängig von diesen gelten auch die Vorschriften des allgemeinen Strafrechts (→ Rn. 15–17). Sie haben vor allem für die **strafrechtliche Produktverantwortlichkeit** Bedeutung. Diese greift dann ein, wenn es bei einem Patienten auf Grund von Verunreinigungen, Hilfsstoffen oder der Wirkstoffe selbst zu einem Arzneimittelschaden kommt.

51 **I. Arbeitsteiligkeit.** Bei der Arzneimittelherstellung wird arbeitsteilig ein Produkt hergestellt. Es ergeben sich daher grundsätzlich dieselben Probleme, die sich auch sonst bei der **strafrechtlichen Produkthaftung** stellen; vor allem liegen Schadensverursachung und Schadenseintritt meist räumlich und zeitlich weit auseinander und sind durch eine Kette von Zwischenakten und eine Vielzahl von Personen verbunden (*Mayer* Produktverantwortung S. 12 mwN). Schwierigkeiten bereitet daher nicht nur die **Ursächlichkeit** der Beschaffenheit eines Produkts für den Schadenseintritt (→ Rn. 87–91), sondern auch die **Verantwortlichkeit** der jeweiligen am Produktionsprozess beteiligten Personen (→ Rn. 68–86). Erschwert wird dies dadurch, dass nicht selten unternehmerische **Kollektiventscheidungen** in die Ursachenkette einzubeziehen sind (→ Rn. 28–46).

52 **II. Erlaubtes Risiko.** Bei **Arzneimitteln** tritt noch die Besonderheit hinzu, dass schädliche Wirkungen, die bei bestimmungsgemäßem Gebrauch nicht über ein nach den Erkenntnissen der medizinischen Wissenschaft vertretbares Maß hinausgehen, toleriert werden (§ 5). Insoweit kann § 5 für das Inverkehrbringen als eine Ausprägung des erlaubten Risikos angesehen werden (*Mayer* in Fuhrmann/Klein/Fleischfresser ArzneimittelR-HdB § 43 Rn. 55).

Allerdings wird das erlaubte Risiko nicht nur von § 5 bestimmt. Eine weitere Voraussetzung ist die **Zulassung** oder **Genehmigung** nach §§ 21, 25b, 37 oder die **Genehmigung** nach § 40 Abs. 1 S. 2, § 42 Abs. 2 (*Mayer* in Fuhrmann/Klein/Fleischfresser ArzneimittelR-HdB § 43 Rn. 55). Auch sie gehören zu den zu den Sicherheitsmaßnahmen, die ergriffen werden müssen, um das Gefahrenpotenzial auf das unvermeidbare Minimum zurückzuführen. Das **ungenehmigte** Inverkehrbringen eines Arzneimittels stellt daher grundsätzlich **kein erlaubtes Risiko** dar (*Mayer* in Fuhrmann/Klein/Fleischfresser ArzneimittelR-HdB § 43 Rn. 55); eine Ausnahme bildet der compassionate use (§ 21 Abs. 2 Nr. 6), wobei allerdings die für diesen geltenden Regeln eingehalten werden müssen (→ § 21 Rn. 30, 31). Die bloße **Genehmigungsfähigkeit** genügt nicht (*Mayer* Produktverantwortung S. 336, 337). 53

Kein Fall des erlaubten Risikos ist es, wenn die Gefährlichkeit des Arzneimittels nicht Ausfluss der generellen Bedenklichkeit des Arzneimittels ist, sondern auf der Mangelhaftigkeit, etwa der Verunreinigung, des konkreten Präparates beruht. 54

III. Fahrlässige Körperverletzung, fahrlässige Tötung. Grundlage der strafrechtlichen Produktverantwortung sind vor allem die Straftatbestände der fahrlässigen Körperverletzung (§ 229 StGB) und der fahrlässigen Tötung (§ 222 StGB). Kann eher ausnahmsweise (BGHSt 41, 206 = NJW 1995, 2930 = NStZ 1995, 590; 1996, 105 mAnm *Volk* = JZ 1996, 315 mAnm *Puppe; Mayer* Produktverantwortung S. 265, 266) ein (bedingter) Vorsatz (→ BtMG Vor § 29 Rn. 415–420) festgestellt werden, hat die Verurteilung wegen der entsprechenden **Vorsatzdelikte** zu erfolgen, gegebenenfalls mit **Qualifikationen** (BGHSt 37, 106 (→ Rn. 30)). 55

Dagegen kommt ein Verbrechen nach **§ 314 StGB** nur in Betracht, wenn die ohnehin vorhandene Toxizität eines Arzneimittels vorsätzlich durch das Beimischen zusätzlicher Stoffe gesteigert wird (*Fischer* StGB § 314 Rn. 9; *Wolters* in Satzger/Schluckebier/Widmaier StGB StGB § 314 Rn. 8 aA wohl *Mayer* in Fuhrmann/Klein/Fleischfresser ArzneimittelR-HdB § 43 Rn. 27). Schließlich ist, etwa bei einem unterlassenen Rückruf, noch **§ 330a StGB** in Erwägung zu ziehen (*Heine/Schittenhelm* in Schönke/Schröder StGB § 330a Rn. 6), der auch fahrlässig begangen werden kann (§ 330a Abs. 4, 5). 56

1. Positives Tun oder Unterlassen. Grundsätzlich gilt, dass der Hersteller oder Vertriebshändler dafür einzustehen hat, wenn er ein Produkt (Arzneimittel) **in den Verkehr bringt,** das derart beschaffen ist, dass seine bestimmungsgemäße Verwendung für den Verbraucher (Patienten) entgegen dessen berechtigter Erwartungen die Gefahr des Eintritts gesundheitlicher Schäden (→ Rn. 52) begründet (BGHSt 37, 106 (→ Rn. 30)). Wird durch ein solches Arzneimittel bei dem Patienten ein Schaden hervorgerufen, so wird damit in Form eines **Begehungsdelikts** (BGHSt 37, 106 (→ Rn. 30); 41, 206 (→ Rn. 55)) der Tatbestand der fahrlässigen oder vorsätzlichen Körperverletzung oder Tötung verwirklicht. Ein solches Delikt kommt insbesondere in den Fällen der aktiven Verkaufsfreigabe in Betracht oder wenn Produktion und Vertrieb (aktiv) fortgesetzt werden, obwohl die Gefährlichkeit bereits hervorgetreten ist (BGHSt 37, 106 (→ Rn. 30); *Mayer* in Fuhrmann/Klein/Fleischfresser ArzneimittelR-HdB § 43 Rn. 37). 57

Hat der Hersteller oder **Vertriebshändler** das Arzneimittel in den Verkehr gebracht, **bevor** seine Gefährlichkeit oder der Verdacht seiner Bedenklichkeit (§ 5) hervorgetreten sind, so ist er zur Schadensabwendung verpflichtet (**Garantenstellung aus Ingerenz** (vorausgegangenes pflichtwidriges Gefährdungsverhalten)). 58

Kommt er dieser Pflicht schuldhaft nicht nach, so haftet er für dadurch verursachte Schäden strafrechtlich unter dem Gesichtspunkt der durch **Unterlassen** begangenen Körperverletzung oder Tötung (BGHSt 37, 106 (→ Rn. 30); *Fischer* StGB § 13 Rn. 50, 52, 70).

59 Im Arzneimittelrecht bestimmt sich die **objektive Pflichtwidrigkeit** des Vorverhaltens nach § 5 oder den sonstigen Vorschriften, die Gebote oder Verbote enthalten (→ Rn. 64−67). Dabei setzt sie nicht voraus, dass der Handelnde **bereits damit** seine Sorgfaltspflichten verletzt und sich fahrlässig verhalten hat (BGHSt 37, 106 (→ Rn. 30); *Fischer* StGB § 13 Rn. 71). Es kommt daher nicht darauf an, ob etwa der Verdacht der Bedenklichkeit des Arzneimittels bei Anwendung der gehörigen Sorgfalt bereits im Zeitpunkt des Inverkehrbringens erkennbar war (aA *Mayer* in Fuhrmann/Klein/Fleischfresser ArzneimittelR-HdB § 43 Rn. 40; *Mayer* Produktverantwortung S. 247−258, die die Garantenstellung aus Übernahme einer Schutzfunktion oder Beherrschung einer Gefahrenquelle herleiten, so dass es auf diese Frage nicht ankommt).

60 **Ausreichend** ist die rechtliche Missbilligung des **Gefährdungserfolgs.** Ob das Verhalten dessen, der ihn herbeiführt, im Sinne persönlicher Schuld vorwerfbar ist, ist nicht maßgeblich. Daher begründet die **Schaffung einer Gefahrenlage** die zur Schadensabwendung verpflichtende Garantenstellung auch dann, wenn darin noch keine Sorgfaltswidrigkeit liegt; schuldhaft muss das pflichtwidrige Vorverhalten des Garanten nicht sein (BGHSt 37, 106 (→ Rn. 30); *Fischer* StGB § 13 Rn. 71).

61 Handelt es sich bei vereinzelt aufgetretenen Schadensfällen um offensichtliche **Ausreißer,** bei denen ein Zusammenhang mit einer generellen Fehlerhaftigkeit des Produkts auszuschließen ist, so kann die objektive Pflichtwidrigkeit unter dem Gesichtspunkt des **erlaubten Risikos** entfallen (BGHSt 37, 106 (→ Rn. 30); *Fischer* StGB § 13 Rn. 72; → Vor § 32 Rn. 13a).

62 Liegt eine Garantenstellung vor, so ergibt sich daraus eine Pflicht zum **Rückruf** bereits in den Handel gelangter, gesundheitsgefährdender **Produkte** (BGHSt 37, 106 (→ Rn. 30); Fischer StGB § 13 Rn. 72). Dies gilt auch für Arzneimittel. Zur Ursächlichkeit des Unterlassens eines Rückrufs → Rn. 92, 93. Zur Zumutbarkeit eines Rückrufs → Rn. 112.

63 Beruht die Gefahr allerdings **nicht** auf der **Beschaffenheit** des Arzneimittels, sondern auf einer objektiv riskanten **Verwendung,** vor der bisher nicht gewarnt wurde, so kann der pharmazeutische Unternehmer gegebenenfalls die Unbedenklichkeit des Arzneimittels (§ 5 Abs. 2) durch eine Einschränkung des Indikationsgebiets oder des bestimmungsgemäßen Gebrauchs herbeiführen; ist dies zur Vermeidung von Gesundheitsschäden ausreichend, so ist ein Rückruf nicht erforderlich (*Mayer* Produktverantwortung S. 303).

64 **2. Der Pflichtenkreis bei der Herstellung und dem Vertrieb von Arzneimitteln.** Im Zivilrecht hat auf Grund einer intensiven Diskussion und einer Reihe von höchstrichterlichen Entscheidungen ein Pflichtenkatalog des Produzenten entwickelt, der Konstruktions-, Fabrikations-, Instruktions-, Produktbeobachtungs- und Reaktionspflichten, insbesondere Warn- und Rückrufpflichten umfasst. Unabhängig davon, ob und inwieweit dieser Katalog in das Strafrecht übernommen werden kann, ist der entsprechende Pflichtenkreis im AMG, in europarechtlichen Vorschriften und in der AMWHV geregelt und bestimmt damit die objektive Sorgfaltspflicht auch im strafrechtlichen Sinne (→ Rn. 104).

65 Danach ist der Herstellung von Arzneimitteln die **Gute Herstellungspraxis** (→ § 13 Rn. 6−8) oder Gute fachliche Praxis (→ § 13 Rn. 9) zugrunde zu legen (§§ 3, 13, 22 AMWHV). Die **Kennzeichnung** der Arzneimittel ist in §§ 10−12, § 74a AMG, §§ 15, 24 AMWHV geregelt. Bestimmungen zur **Produktbeobachtung** einschließlich eines etwaigen **Rückrufs** enthalten die Vorschriften des AMG

Vorbemerkungen zu den §§ 95 ff. **Vor §§ 95 ff. AMG**

(§§ 62–63k), des Europarechts (s. § 63b Abs. 8) und der AMWHV (§§ 19, 28) über die **Pharmakovigilanz**.

Die AMWHV enthält ferner Regelungen über die **räumlichen** Voraussetzungen 66
(→ § 19 Rn. 12), über das **einzusetzende Personal** (→ § 19 Rn. 13), über die **Organisation** (QM-System, Personalorganisation, Pflicht zur Selbstinspektion und Lieferantenqualifizierung, Dokumentation, Pflichten bei Tätigkeiten im Auftrag (→ § 19 Rn. 14–21)) und über bestimmte **Aufgaben- und Verantwortungsbereiche** (sachkundige Person, Herstellungs- und Kontrollleiter, Stufenplanbeauftragter, Informationsbeauftragter (→ § 19 Rn. 22–35)). Häufig wird es auch notwendig sein, einen Vertriebsleiter (→ § 19 Rn. 36) zu bestellen.

Die **objektive Sorgfaltspflicht** sowohl der Geschäftsleitung als auch der Be- 67
reichsleiter und letztlich auch des sonstigen Personals ist damit bei der Herstellung und dem Vertrieb von Arzneimitteln deutlich besser strukturiert als bei anderen Produkten.

3. Verantwortlichkeit bei Arbeitsteilung. Strafrechtlich verantwortlich ist der 68
Hersteller oder, sofern die in → Rn. 57–65 beschriebenen Merkmale auch auf ihn zutreffen, der Vertriebshändler (BGHSt 37, 106 (→ Rn. 30)). Bei der Arzneimittelherstellung ist dies der Inhaber der Erlaubnis (→ § 19 Rn. 23), beim Vertrieb der pharmazeutische Unternehmer (→ § 4 Rn. 74–79) oder der sonstigen Betriebe und Einrichtungen, die in § 1 Abs. 2 Nr. 1 AMWHV genannt sind. Innerhalb des Herstellungs- oder Vertriebsunternehmens trifft die Verantwortung zunächst die **Geschäftsleitung.** Ist das Unternehmen eine GmbH, so sind die Geschäftsführer verantwortlich. Ihnen wird die Produktion und der Vertrieb von Erzeugnissen auch strafrechtlich als eigenes Handeln zugerechnet (BGHSt 37, 106 (→ Rn. 30)). Für andere juristische Personen und Personenvereinigungen gilt dies entsprechend (s. auch § 93 AktG). Zur strafrechtlichen Haftung für unternehmerische **Kollektiventscheidungen** → Rn. 28–49.

Es ist die Regel, dass sich die Geschäftsleitung in Produktions- und Vertriebs- 69
unternehmen einer mehr oder weniger **komplexen arbeitsteiligen Organisation** bedient. Schon wegen der Dezentralisation der Ursachen und Verursacher der Gefahren führt dies zur Entstehung **zusätzlicher Risiken**. Für diese ist in erster Linie derjenige verantwortlich, der eine solche Organisation nutzt. Daher muss die Geschäftsleitung die sich aus der Arbeitsteilung ergebenden Gefahren vermeiden. Dies bedeutet, dass sie für eine sachgerechte Organisation zu sorgen und für Organisationsmängel einzustehen hat.

Für die **Arzneimittelherstellung** sind diese Pflichten in der AMWHV geregelt 70
(→ Rn. 66). Diese enthält ferner generelle Regelungen über die Auswahl und den Einsatz des Personals und besondere Bestimmungen über die Bestellung und den Aufgabenbereich der Mitarbeiter in leitender oder verantwortlicher Stellung (→ Rn. 66).

Die **Organisationsverantwortung** kann nicht delegiert werden (→ Rn. 69, 71
80; → § 19 Rn. 25). Dasselbe gilt für die **Eingriffsverantwortung** der Geschäftsleitung in Ausnahme- und Krisenfällen (→ Rn. 75, 76). Im Übrigen ist sie für das eingesetzte Personal insoweit verantwortlich, als ihr **Auswahl-, Aufsichts- und Kontrollpflichten** obliegen (→ Rn. 77–81). Auch dies kann nicht delegiert werden.

a) Horizontale innerbetriebliche Arbeitsteilung. Besteht die Geschäftslei- 72
tung aus mehreren Personen, so werden die Verantwortungsbereiche im Allgemeinen aufgeteilt. Dies ist auch bei Arzneimittelproduktion und -vertrieb die Regel; allerdings enthält die AMWHV hierzu keine Regelungen. Sie schreibt auch nicht vor, dass die sachkundige Person in die Geschäftsleitung aufgenommen werden

Weber 1835

muss, wenn dies auch nicht selten der Fall sein wird. Zur strafrechtlichen Haftung für die Abstimmung im **Geschäftsleitungsgremium** → Rn. 28–49.

73 In einem solchen Fall der Aufteilung knüpft die **Pflichtenstellung** des Mitglieds der Geschäftsleitung grundsätzlich an den von ihm betreuten Geschäfts- und Verantwortungsbereich an (BGHSt 37, 106 (→ Rn. 30)). Die anderen Mitglieder der Geschäftsleitung können dann berechtigt darauf **vertrauen,** dass das zuständige Mitglied seine Aufgaben sachgerecht und damit auch gesetzestreu erfüllt (*Duttge* in MüKoStGB StGB § 15 Rn. 146; *Raum* in Wabnitz/Janovsky/Schmitt Wirtschafts-StrafR-HdB Kap. 4 Rn. 35; *Mayer* in Fuhrmann/Klein/Fleischfresser ArzneimittelR-HdB § 43 Rn. 70; *Schmidt-Salzer* NJW 1988, 1937 (1940)).

74 Jedes Mitglied der Geschäftsleitung **muss aber eingreifen,** wenn es Anhaltspunkte dafür hat, dass die Erfüllung der der Gesellschaft obliegenden Aufgaben durch das zuständige Gremienmitglied nicht mehr gewährleistet erscheint (*Mayer* in Fuhrmann/Klein/Fleischfresser ArzneimittelR-HdB § 43 Rn. 70). Was das einzelne Mitglied der Geschäftsleitung in einem solchen Falle unternehmen muss, namentlich ob die zu treffenden Maßnahmen auf das problematische Ressort beschränkt werden können, richtet sich nach den Umständen des Einzelfalls (*Raum* in Wabnitz/Janovsky/Schmitt WirtschaftsStrafR-HdB Kap. 4 Rn. 37).

75 Der Grundsatz der **Generalverantwortung** und Allzuständigkeit der Geschäftsleitung **greift dann wieder ein,** wenn, etwa in Krisen- und Ausnahmesituationen, aus besonderem Anlass das Unternehmen als Ganzes betroffen ist; in einem solchen Falle ist die **Geschäftsleitung insgesamt** zum Handeln berufen; dies kann etwa bei einer Entscheidung über den Rückruf gegeben sein (BGHSt 37, 106 (→ Rn. 30); *Mayer* in Fuhrmann/Klein/Fleischfresser ArzneimittelR-HdB § 43 Rn. 70; *Geiger* PharmR 2011, 262 (264)). Das **einzelne Mitglied** der Geschäftsleitung ist verpflichtet, dafür zu sorgen, dass das **Kollegium** mit der Sache **befasst** wird (→ Rn. 47).

76 Bei der Frage, **wie** auf die Krise oder Ausnahmesituation **zu reagieren ist,** dürfen sich die einzelnen Mitglieder der Geschäftsleitung aufgrund des Vertrauensgrundsatzes grundsätzlich darauf **verlassen,** dass sie von dem für das betroffene Ressort zuständigen Kollegen sachgerecht und umfassend über die aufgetretenen Probleme unterrichtet werden (→ Rn. 41). Auch dürfen sie dessen sachkundige Bewertung zur **Grundlage ihrer Abstimmung** machen. Solange sich die beschlossenen Maßnahmen unter Zugrundelegung der unterbreiteten Informationen als hinreichend darstellen, scheidet eine Strafbarkeit der ressortfremden Geschäftsleitungsmitglieder wegen Ergreifens unzureichender Maßnahmen, etwa eines unterlassenen Produktrückrufs, aus.

77 **b) Vertikale innerbetriebliche Arbeitsteilung.** Die Erfüllung betriebsbezogener Sorgfaltspflichten kann im Normalfall auch auf Mitarbeiter übertragen werden. Für die **Arzneimittelherstellung** ist dies in der AMWHV ausdrücklich vorgesehen, wobei die Verordnung auch Regelungen über die Auswahl und den Einsatz des Personals enthält (→ Rn. 66) und für die Mitarbeiter in leitender und verantwortlicher Stellung (→ Rn. 66, 70) besondere Bestimmungen trifft. In Übereinstimmung mit der Rechtsprechung (BGHSt 47, 224 = NJW 2002, 1887 = NStZ 2002, 421 mAnm *Freund*) legt die Verordnung auch großes Gewicht auf eine genaue und transparente **Abgrenzung der Aufgabenbereiche** (→ § 19 Rn. 17).

78 Haben der Inhaber des Herstellungsbetriebs, der pharmazeutische Unternehmer oder die Geschäftsleitung eines sonstigen Betriebs (§ 1 Abs. 2 AMWHV) diesen **Voraussetzungen genügt,** so können sie grundsätzlich darauf **vertrauen,** dass die Mitarbeiter die ihnen übertragenen Aufgaben sorgfältig, umsichtig und gewissenhaft erfüllen (*Sternberg-Lieben/Schuster* in Schönke/Schröder StGB § 15 Rn. 151;

Duttge in MüKoStGB StGB § 15 Rn. 147; *Duttge* HRRS 2009, 145 (147); *Mayer* Produktverantwortung S. 449, 450). Werden allerdings **konkrete Anhaltspunkte** dafür sichtbar, dass die Aufgabe nicht ordnungsgemäß erfüllt wird, so trifft die Geschäftsleitung trotz der Delegation die Pflicht zum sofortigen Einschreiten (BGH MedR 2007, 304 = BeckRS 2006, 153005; *Duttge* HRRS 2009, 145 (147)).

Ebenso wie in den Fällen der horizontalen Aufgabenverteilung (→ Rn. 75) wird 79 auch hier die **Eingriffsverantwortung** der Geschäftsleitung in **Ausnahme- und Krisenfällen** durch die Aufgabenübertragung nicht berührt. Zeigt sich, dass trotz der Delegation einzelner Pflichtenbereiche auf Mitarbeiter Anlass zu der Annahme besteht, dass strafrechtlich geschützte Rechtsgüter im Betrieb verletzt werden, muss sich die Geschäftsleitung einschalten und die nach der Sachlage gebotenen Maßnahmen treffen (*Schmidt-Salzer* NJW 1988, 1937 (1941)).

Nicht übertragbar sind die allgemeinen **Organisationspflichten** (→ Rn. 66, 80 69, 71), die die Geschäftsleitung verpflichten, die allgemeinen Voraussetzungen dafür zu schaffen, dass innerhalb des Unternehmens ein der AMWHV und damit auch den strafrechtlichen Anforderungen genügender Geschäftsablauf sichergestellt ist (*Schmidt-Salzer* NJW 1988, 1937 (1941); *Duttge* HRRS 2009, 145 (147)).

Mit der Übertragung wird der **Mitarbeiter persönlich** verantwortlich. Er kann 81 allerdings seinerseits **darauf vertrauen,** dass die ihm erteilten Anweisungen und Informationen im Rahmen des ihm erteilten Auftrags sachgerecht sind und ihn befähigen, die übernommene Aufgabe zu erfüllen (→ § 19 Rn. 16). Werden aber konkrete Anhaltspunkte dafür erkennbar, dass die Erledigung dieser Aufgabe erhöhte Gefahren mit sich bringt, so muss er innehalten und die Geschäftsleitung informieren (BGHSt 53, 38 = NJW 2009, 240 = NStZ 2009, 146; 2009, 386 mAnm *Bußmann* = StV 2009, 406 (443) mAnm *Renzikowski* = JR 2009, 182 mAnm *Kraatz*; *Duttge* HRRS 2009, 145 (147)).

c) Zwischenbetriebliche Arbeitsteilung. Bei der zwischenbetrieblichen Ar- 82 beitsteilung ist danach zu unterscheiden, ob sie zur kooperativen Erfüllung einer Gemeinschaftsaufgabe (horizontale zwischenbetriebliche Arbeitsteilung) erfolgt oder ob sie sich als Delegation eigener Aufgaben an betriebsfremde Dritte darstellt (vertikale zwischenbetriebliche Arbeitsteilung).

aa) Horizontale zwischenbetriebliche Arbeitsteilung. Bei der horizontalen 83 zwischenbetrieblichen Arbeitsteilung wirken die Angehörigen verschiedener Betriebe zusammen, um durch das Zusammenführen unterschiedlicher Erfahrungen und Kenntnisse bestmögliche Ergebnisse zu erzielen. In einem solchen Falle rechtfertigen die grundsätzliche Gleichrangigkeit der Beteiligten und die fehlende Einsicht in das fremde Fachgebiet ein **umfassendes Vertrauen** in die Qualifikation des Kooperationspartners sowie die sachgerechte Ausgestaltung der diesem unterstehenden Organisation (*Mayer* in Fuhrmann/Klein/Fleischfresser ArzneimittelR-HdB § 43 Rn. 67; *Mayer* Produktverantwortung S. 422). Ein berechtigtes Vertrauen kommt allerdings dann nicht (mehr) in Betracht, wenn sich der Kooperationspartner offenkundig fehlerhaft verhält oder wenn sich auch für einen Fachfremden ernsthafte Zweifel an seiner Zuverlässigkeit aufdrängen (*Mayer* in Fuhrmann/Klein/Fleischfresser ArzneimittelR-HdB § 43 Rn. 67; *Mayer* Produktverantwortung S. 422).

Die **horizontale** zwischenbetriebliche Arbeitsteilung ist in der **AMWHV** nicht 84 geregelt. § 9 befasst sich mit den Tätigkeiten im Auftrag und bezieht sich damit auf die vertikale zwischenbetriebliche Arbeitsteilung.

bb) Vertikale zwischenbetriebliche Arbeitsteilung. Eine andere Aufgaben- 85 abgrenzung gilt in den Fällen der vertikalen zwischenbetrieblichen Arbeitsteilung, wie sie vor allem für das sogenannte **Outsourcing** typisch ist. In einem solchen Falle wird der Subunternehmer im originären Aufgaben- und Kompetenzbereich des Auftraggebers tätig, so dass dieser auch nicht vollständig von der Verantwortung befreit ist (*Mayer* in Fuhrmann/Klein/Fleischfresser ArzneimittelR-HdB § 43 Rn. 68). Die Geschäftsleitung hat das nach Lage der Dinge Erforderliche zu tun, um die ordnungsgemäße Erfüllung der übertragenen Pflichten zu gewährleisten. Der beauftragte Dritte muss ausreichend instruiert, qualifiziert und zuverlässig sein und es muss durch Stichproben geprüft werden, ob er die übertragenen Aufgaben tatsächlich und ordnungsgemäß erfüllt. Ist dies gegeben, so kann der übertragende Betrieb darauf vertrauen, daß der beauftragte Drittunternehmer seine Pflichten ordnungsgemäß erfüllt (*Schmidt-Salzer* NJW 1988, 1937 (1942)), und wird von eigener Verantwortung frei (*Mayer* in Fuhrmann/Klein/Fleischfresser ArzneimittelR-HdB § 3 Rn. 68). Wie bei der Übertragung auf Mitarbeiter verbleiben ihm allerdings Überwachungs-, Kontroll- und Eingriffspflichten.

86   Im **Arzneimittelrecht** finden sich entsprechende Regelungen in § 9 AMWHV. Danach muss die Übertragung schriftlich vereinbart werden. In dem Vertrag müssen die Verantwortlichkeiten genau festgelegt und die Anwendung der Guten Herstellungspraxis oder der Guten fachlichen Praxis vereinbart werden. Der Auftraggeber hat sich ferner zu vergewissern, dass die Aufgabe entsprechend den erteilten Anweisungen erledigt wird und dass der Auftragnehmer über die erforderlichen Erlaubnisse verfügt (zu den Aufgaben des Kontrollleiters in diesem Fall → § 19 Rn. 31).

87   **4. Ursächlichkeit.** Ein besonderes Problem im Rahmen der Produkthaftung ist die Feststellung des Ursachenzusammenhangs zwischen der Beschaffenheit eines Produkts und den Gesundheitsbeeinträchtigungen seiner Verbraucher (→ Rn. 51). Dies gilt auch für Arzneimittel. Keine Erleichterung des Nachweises ergibt sich insoweit aus § 5. Während es zur Strafbarkeit des Inverkehrbringens (§ 95 Abs. 1 Nr. 1) ausreicht, dass der Verdacht der Bedenklichkeit besteht, erfordern die Körperverletzungs- und Tötungsdelikte den vollen Nachweis der Kausalität. Zu den **Merkmalen** und **Formen** der Kausalität → BtMG § 30 Rn. 142–154. Zur Kausalität bei **Gremienentscheidungen** → Rn. 34–49.

88   Allerdings ist der **Ursachenzusammenhang** zwischen der Beschaffenheit eines Produkts und Gesundheitsbeeinträchtigungen seiner Verbraucher auch dann rechtsfehlerfrei festgestellt, **wenn offenbleibt,** welche einzelne der im Produkt enthaltenen Substanzen den Schaden ausgelöst hat, aber **andere** in Betracht kommende Schadensursachen **auszuschließen** sind (**generelle Kausalität;** BGHSt 37, 206 (→ Rn. 30); 41, 206 (→ Rn. 55); *Fischer* StGB Vor § 13 Rn. 32a; *Kühl* in Lackner/Kühl StGB Vor § 13 Rn. 11; *Heinrich* in HK-GS StGB Vor § 13 Rn. 57; krit. *Eisele* in Schönke/Schröder StGB Vor § 13 Rn. 75a mwN). Auch eine missbräuchliche, außerhalb des bestimmungsgemäßen Gebrauchs liegende Verwendung schließt den Ursachenzusammenhang nicht aus, ist allerdings für die Verantwortlichkeit des Produzenten von Bedeutung (BGHSt 37, 106 (→ Rn. 30)).

89   Der **Nachweis des Kausalzusammenhangs** verlangt keine absolute, das Gegenteil oder andere Möglichkeiten **denknotwendig** ausschließende Gewissheit. Es genügt ein mit den Mitteln des Strafverfahrens gewonnenes, nach der Lebenserfahrung ausreichendes Maß an Sicherheit, das keinen vernünftigen Zweifel bestehen lässt (BGHSt 41, 206 (→ Rn. 55)). Das Gericht ist daher nicht gehindert, sich nach Anhörung von Sachverständigen auf Untersuchungsergebnisse zu stützen, die Gegenstand eines wissenschaftlichen Meinungsstreites sind (zw. *Heinrich* in HK-GS StGB Vor § 13 Rn. 59, 60). Auch der **Zweifelssatz** zwingt nicht dazu, von der Feststellung eines Kausalzusammenhangs nur deswegen abzusehen, weil dessen Existenz und Ablauf naturwissenschaftlich noch nicht geklärt ist (BGHSt 41, 206 (→ Rn. 55)).

Der ursächliche Zusammenhang (so die Rechtsprechung, Fischer StGB Vor § 13 90
Rn. 31) zwischen dem pflichtwidrigen Verhalten des Täters und dem Verletzungs-
oder Tötungserfolg **entfällt** allerdings, wenn der **gleiche Erfolg** auch bei **pflichtgemäßem** Verhalten des Täters eingetreten wäre oder wenn sich dies aufgrund erheblicher Tatsachen nach der Überzeugung des Gerichts nicht ausschließen lässt
(BGHSt 49, 1 = NJW 2004, 237 = NStZ 2004, 151; 2004, 554 mAnm *Puppe*
= StV 2004, 484 mAnm *Roxin*).

Die Prüfung der Ursächlichkeit hat mit dem Eintritt der **konkreten Gefähr-** 91
dungslage einzusetzen, die **unmittelbar** zu dem schädigenden Ereignis geführt
hat (BGHSt 49, 1 (→ Rn. 90); 53, 55 = NJW 2009, 1155 = NStZ 2009, 690
mAnm *Duttge* = JZ 2009, 399 mBspr *Roxin;* dazu auch *Puppe* GA 2009, 486;
Fischer StGB Vor § 13 Rn. 33).

In den Fällen der **Unterlassung eines Produktrückrufs,** stellt sich die Frage 92
der Ursächlichkeit dieser Unterlassung für einen eingetretenen Arzneimittelschaden
auf drei Stufen (BGHSt 37, 106 (→ Rn. 30)). Auf der ersten Stufe ist zu entscheiden, ob die gebotene Rückrufaktion überhaupt zustande gekommen wäre, auf der
zweiten, ob sie die jeweils zwischengeschalteten Großhändler, Apotheker und
Ärzte rechtzeitig erreicht hätte, und auf der dritten, ob diese den Rückruf beachtet
und das Arzneimittel nicht weiter in den Verkehr gebracht oder verabreicht hätten.

Strafbar ist **nicht** der **unterlassene Rückruf** an sich, sondern die Körperver- 93
letzung oder Tötung, die darauf zurückzuführen ist. Keine Rolle kann es daher
spielen, ob und inwieweit ein Rückruf erfahrungsgemäß von den Teilnehmern am
Arzneimittelverkehr beachtet wird (aA *Mayer* in Fuhrmann/Klein/Fleischfresser
ArzneimittelR-HdB § 43 Rn. 52). Ist das Arzneimittel ordnungsgemäß in den Verkehr gelangt, kann die **Vertriebskette** vom geschädigten Patienten bis zum Hersteller **zurückverfolgt** werden (s. § 10 Abs. 3, §§ 19, 28 AMWHV), so dass auch
festgestellt werden kann, ob die Beteiligten einem Rückruf Folge geleistet hätten.

5. Eigenverantwortliche Selbstgefährdung, einverständliche Fremdge- 94
fährdung. Bereits am **Tatbestand** fehlt es, wenn der Konsument das Arzneimittel
in voller Kenntnis oder sogar wegen seiner Bedenklichkeit, namentlich wenn diese
in einer psychotropen Wirkung besteht, zu sich nimmt. Insoweit gelten die Grundsätze der eigenverantwortlichen Selbstgefährdung (→ BtMG § 30 Rn. 158, 159,
209–234). Zur einverständlichen Fremdgefährdung, die vor allem beim Anwenden
in Betracht kommt, und zur Abgrenzung von der eigenverantwortlichen Selbstgefährdung → BtMG § 30 Rn. 166, 211–214, 234).

6. Rechtswidrigkeit. Das Verhalten muss rechtswidrig sein. Als Rechtferti- 95
gungsgründe kommen vor allem die Einwilligung in den Konsum und die behördliche Genehmigung (Zulassung) des Arzneimittelvertriebs in Betracht.

a) Einwilligung. Der Rechtfertigungsgrund der **Einwilligung** kann eingrei- 96
fen, wenn der Gesichtspunkt der eigenverantwortlichen Selbstgefährdung nicht in
Betracht kommt, weil die **Tatherrschaft** über die Gefährdungshandlung nicht
allein bei dem Gefährdeten liegt, etwa bei der einverständlichen Verabreichung
von Arzneimitteln. Auf → BtMG § 13 Rn. 186–208 wird Bezug genommen.

b) Behördliche Genehmigung (Erlaubnis, Zulassung). Entsteht bei der 97
Herstellung ein Arzneimittel, dessen fehlerhafte Beschaffenheit bei einem Patienten
einen Schaden (→ Rn. 52) hervorruft, so vermag die **Herstellungserlaubnis** dies
nicht zu rechtfertigen. Dabei kommt es nicht darauf an, ob der Schaden durch die
Wirkstoffe, durch Hilfsstoffe oder auf Grund von Verunreinigungen entstanden ist.

Auch der **Zulassung** des Arzneimittels kommt keine rechtfertigende Wirkung 98
zu (→ § 25 Rn. 10–15).

99 Auf der anderen Seite führt bereits das **Fehlen der Zulassung** oder Genehmigung dazu, dass das erlaubte Risiko überschritten ist (→ Rn. 53) und Strafbarkeit in Betracht kommt. Die bloße Genehmigungsfähigkeit genügt nicht.

100 **7. Fahrlässigkeit.** Schließlich muss auch Fahrlässigkeit gegeben sein.

101 a) **Grundsätze.** Fahrlässig handelt ein Täter, der eine **objektive Pflichtverletzung** begeht, sofern er diese nach seinen **subjektiven** Kenntnissen und Fähigkeiten vermeiden konnte, und wenn gerade die Pflichtverletzung objektiv und subjektiv **vorhersehbar** den Erfolg herbeigeführt hat (→ BtMG § 29 Rn. 2084, 2085). Die Sorgfaltspflicht, gegen die der Täter verstoßen hat, muss **gerade dem Schutz** des beeinträchtigten Rechtsguts dienen (BGH NStZ 2005, 446; 2005, 602 mAnm *Herzberg* = JZ 2005, 685 mAnm *Walter*; *Fischer* StGB § 15 Rn. 20).

102 aa) **Objektive Sorgfaltspflichtverletzung.** Im Rahmen der Fahrlässigkeit ist die objektive Sorgfaltspflichtverletzung von besonderer Bedeutung. Sie ist nach dem allgemeinen Maßstab der Anforderungen zu bestimmen, die bei einer objektiven Betrachtung der Gefahrenlage ex ante an einen einsichtigen und besonnenen Menschen in der konkreten Lage und sozialen Rolle des Täters, insbesondere in seinem **jeweiligen Verkehrskreis**, zu stellen sind (→ BtMG § 29 Rn. 2087). Wegen der besonderen Bedeutung des Schutzes der Volksgesundheit müssen an die Sorgfalt der an der Herstellung, dem Vertrieb und der Anwendung von Arzneimitteln beteiligten Personen strenge Anforderungen gestellt werden. Dies gilt sowohl hinsichtlich der Eigenschaften der Arzneimittel selbst (Zusammensetzung, Beschaffenheit, Wirkungen, Nebenwirkungen) als auch für die Überwachung des Personals und der Betriebsabläufe (*Volkmer* in Körner/Patzak/Volkmer § 95 Rn. 60).

103 Das Maß der erforderlichen Sorgfalt kann in **besonderen Vorschriften** oder allgemeinen Regeln konkretisiert sein; insoweit kann eine Pflicht zum Handeln in bestimmter Richtung durch eine wichtigere Pflicht zum Handeln zum gegenteiligen Tun verdrängt werden (*Fischer* StGB § 222 Rn. 5).

104 Kommt der Vorschrift **Rechtssatzqualität** zu, wie es etwa bei den Vorschriften des **AMG** und der **AMWHV** zutrifft, so scheidet bei ihrer Einhaltung eine Sorgfaltswidrigkeit aus, sofern sie das erlaubte Risiko abschließend festlegen und nicht nur Mindestanforderungen aufstellen will und im Einzelfall keine atypische Gefahrenlage vorlag (*Sternberg-Lieben/Schuster* in Schönke/Schröder StGB § 15 Rn. 135; wohl auch OLG Bamberg NStZ-RR 2008, 10; *Fischer* StGB § 222 Rn. 6); umgekehrt liegt bei einem Verstoß, sofern gerade die vom Normgeber ins Auge gefasste Gefahrenlage vorlag, grundsätzlich eine Sorgfaltspflichtverletzung vor (BGHR StGB § 222 Pflichtverletzung 9 = BeckRS 2009, 20066; *Sternberg-Lieben/Schuster* in Schönke/Schröder StGB § 15 Rn. 135). Entsprechendes gilt, wenn die Pflichten des Täters durch **Verwaltungsakt** festgelegt sind.

105 Regeln, denen die **Rechtssatzqualität** fehlt (etwa DIN- oder EN-Normen), gelten als das Ergebnis einer auf Erfahrung und Überlegung beruhenden umfassenden Voraussicht möglicher Gefahren (BGHSt 4, 182 = NJW 1954, 1121; 12, 75 = NJW 1958, 1980) und machen damit die Grenzen des erlaubten Risikos deutlich (*Kühl* in Lackner/Kühl StGB § 15 Rn. 39). Da im Einzelfall **nicht das Vorschriftsmäßige** geboten ist, sondern **das Richtige** (*Duttge* in HK-GS § 15 Rn. 38), haben sie lediglich indizielle Bedeutung, so dass weder ein entsprechender Normenverstoß stets Sorgfaltswidrigkeit begründet noch die Einhaltung ein sorgfaltswidriges Verhalten stets ausschließt (BGHSt 4, 182 (s.o.); 20, 326 = NJW 1966, 673; 37, 189; *Sternberg-Lieben/Schuster* in Schönke/Schröder StGB § 15 Rn. 135; *Hardtung* in MüKoStGB § 222 Rn. 19, 20).

106 **Rechtssatzqualität** haben die Anforderungen an die **Gute Herstellungspraxis** (→ § 13 Rn. 6). Dasselbe gilt für die Regeln des **EG-GMP Leitfadens,** soweit sie sich **im Rahmen der Auslegung** der Grundsätze der Guten Herstellungspraxis

Vorbemerkungen zu den §§ 95 ff. **Vor §§ 95 ff. AMG**

halten (→ § 13 Rn. 7, 8). Wird dieser Rahmen **überschritten,** so sind sie immerhin das Ergebnis einer auf Erfahrung und Überlegung beruhenden umfassenden Voraussicht möglicher Gefahren und sollten daher wie DIN- oder EN-Normen behandelt werden.

bb) Objektive Vorhersehbarkeit. Sie liegt vor, wenn der eingetretene tatbestandsmäßige Erfolg nach allgemeiner Lebenserfahrung, sei es auch nicht als regelmäßige, so doch als nicht ungewöhnliche Folge erwartet werden konnte (→ BtMG § 29 Rn. 2090). Auf die Einzelheiten des durch das pflichtwidrige Verhalten in Gang gesetzten Kausalverlaufs muss sich dies nicht beziehen (→ BtMG § 29 Rn. 2090). 107

cc) Subjektive Vorhersehbarkeit. Der Täter muss in der konkreten Lage nach seinen persönlichen Kenntnissen und Fähigkeiten in der Lage gewesen sein, die Tatbestandsverwirklichung **vorherzusehen.** Auf → BtMG § 29 Rn. 2091, 2092 wird Bezug genommen. 108

dd) Subjektive Pflichtwidrigkeit (Vermeidbarkeit). Anders als im Zivilrecht setzt fahrlässiges Handeln im Strafrecht voraus, dass der Täter auch nach seinen persönlichen Fähigkeiten und Kenntnissen in der Lage gewesen sein muss, die objektive Sorgfaltspflichtverletzung zu vermeiden und die Tatbestandsverwirklichung vorauszusehen (BGHSt 40, 341 = NJW 1995, 795 = NStZ 1995, 183; 1995, 344 mAnm *Foerster; Kühl* in Lackner/Kühl StGB § 15 Rn. 49). Ist dies nicht gegeben, so kann allerdings ein Verschulden darin liegen, dass er eine Aufgabe übernommen hat, der er nicht gewachsen war (**Übernahmeverschulden;** BGHSt 43, 306 = NJW 1998, 1802 = NStZ 1998, 52; 1999, 133 mAnm *Wolfslast* = StV 1998, 199; 55, 121 = NJW 2010, 2595 mAnm *Eidam* = StV 2010, 678; *Kühl* in Lackner/Kühl StGB § 15 Rn. 39a; *Rehmann* § 95 Rn. 27). Auf der anderen Seite hat der Täter auch für ein **größeres individuelles Leistungsvermögen** einzustehen (str.; *Sternberg-Lieben/Schuster* in Schönke/Schröder StGB § 15 Rn. 138–142; *Mayer* in Fuhrmann/Klein/Fleischfresser ArzneimittelR-HdB § 43 Rn. 73; diff. *Vogel/Bülte* in LK-StGB StGB § 15 Rn. 163). 109

Tritt der Erfolg aber durch das **Zusammenwirken mehrerer Umstände** ein, müssen alle diese Umstände dem Täter erkennbar sein, weil nur dann der Erfolg für ihn voraussehbar ist (BGH NStZ 2001, 143; BeckRS 2001, 30179737). 110

ee) Potentielles Unrechtsbewusstsein. → BtMG § 29 Rn. 2094. 111

ff) Zumutbarkeit. Die Pflichtwidrigkeit entfällt, wenn dem Täter anderes Handeln nicht zugemutet werden kann, wobei sich die Zumutbarkeit auch nach der Größe der drohenden Gefahr richtet (BGH BeckRS 2001, 30179737; *Fischer* StGB § 15 Rn. 30). Ein zur Schadensabwendung erforderlicher **Rückruf** ist grundsätzlich auch dann **zumutbar,** wenn er Kosten verursacht, den Ruf der beteiligten Firma beeinträchtigt und zu einem Absatzrückgang und Gewinneinbußen führt; wirtschaftliche Belange müssen gegenüber dem Schutz der Verbraucher vor Gesundheitsschäden zurücktreten (BGHSt 37, 106 (→ Rn. 30)). Etwas anderes kann in Betracht kommen, wenn den Patienten nur geringfügige Nachteile drohen, der Rückruf für das Unternehmen jedoch mit schwerwiegenden, womöglich existenzgefährdenden Folgen verbunden wäre (BGHSt 37, 106 (→ Rn. 30)). Ebenso ist der Rückruf in der Regel unzumutbar, wenn das Arzneimittel nur auf Grund der zwischenzeitlichen Neuzulassung eines wirksameren oder minder gefährlichen Arzneimittels relativ bedenklich (→ § 5 Rn. 50) wird (*Mayer* Produktverantwortung S. 305). 112

b) Die verantwortlichen Personen. Hinsichtlich der einzelnen Personen im arbeitsteiligen Geschehen der Herstellung und Prüfung von Arzneimitteln gilt: 113

aa) Die Geschäftsleitung. Auf → Rn. 68–86 sowie → § 19 Rn. 23–26 wird verwiesen. 114

Weber 1841

AMG Vor §§ 95 ff. Siebzehnter Abschnitt. Straf- und Bußgeldvorschriften

115 **bb) Die sachkundige Person.** Zur sachkundigen Person → § 19 Rn. 1–7. Bei ihr richtet sich der objektive Sorgfaltsmaßstab **nach § 19** (widersprüchlich *Rehmann* § 19 Rn. 2) in Verbindung mit der **AMWHV**. Insoweit wird auf → Rn. 104 verwiesen. Dass § 19 öffentlich-rechtlicher Natur ist, kann schon angesichts der Einheit der Rechtsordnung keine Rolle spielen (aA *Rehmann* § 19 Rn. 2; *Kloesel/Cyran* § 19 aF Anm. 2). Das Arzneimittelrecht dient auch dem Schutz der Gesundheit des Einzelnen, und dies nicht nur als Reflex des Schutzes der Volksgesundheit (→ § 1 Rn. 5). Für § 19 gilt nichts anderes (aA *Rehmann* § 19 Rn. 2). Die Annahme, dass die Pflicht zur Herstellung gemäß den arzneimittelrechtlichen Vorschriften und zur Überprüfung jeder einzelnen Charge vor dem Inverkehrbringen lediglich der Volksgesundheit und nicht auch dem Schutz des Patienten dienen soll, liegt nicht gerade nahe. Will man dem nicht folgen, so ist auf die **Maßfigur** (→ Rn. 102) zurückzugreifen.

116 Die sachkundige Person kann nur für etwas verantwortlich gemacht werden, was sie mit der nach § 15 nachzuweisenden Sachkenntnis beurteilen kann. **Keine** strafrechtlich relevante **Pflichtverletzung** liegt daher vor, wenn die sachkundige Person trotz ihrer Sachkunde **objektiv** nicht imstande war, zu erkennen, dass die Charge fehlerhaft war. Dasselbe gilt, wenn sie nach ihren **persönlichen** Kenntnissen und Fähigkeiten hierzu nicht in der Lage war (BGHSt 40, 341 (→ Rn. 109); *Fischer* StGB § 15 Rn. 31; 32). Allerdings kann ein **Übernahmeverschulden** in Betracht kommen (→ Rn. 109).

117 **cc) Die Leiter der sonstigen Bereiche.** Für die Leiter der sonstigen Bereiche, namentlich für die Leiter der **Herstellung** (→ § 19 Rn. 28, 29) und der **Qualitätskontrolle** (→ § 19 Rn. 30, 31) gelten die → Rn. 115, 116 entsprechend (s. auch *Hasskarl* FS Deutsch, 1999, 217 (229)). Dasselbe gilt für den **Stufenplanbeauftragten** (→ § 19 Rn. 32, 33), den **Informationsbeauftragen** (→ § 19 Rn. 32, 34, 35) und, sofern ein solcher bestellt ist, für den **Vertriebsleiter** (→ § 19 Rn. 36).

118 **dd) Die sonstigen Mitarbeiter.** Insoweit wird auf → Rn. 81 verwiesen; zur Garantenstellung s. *Fehn/Meyer* PharmR 2014, 135 (139)).

D. Exkurs: Die zivilrechtliche Haftung

119 **I. Gefährdungshaftung und deliktische Haftung.** Im Rahmen der zivilrechtlichen Haftung steht vor allem die arzneimittelrechtliche Gefährdungshaftung (§ 84) im Vordergrund. Sie gilt aber nur für den pharmazeutischen Unternehmer (§ 4 Abs. 18; → § 4 Rn. 74–79), der das Arzneimittel in Deutschland in den Verkehr gebracht hat (§ 84 Abs. 1 S. 1). Nicht erheblich ist, wer das Arzneimittel hergestellt hat. Der Hersteller, der **nicht zugleich pharmazeutischer Unternehmer** ist, unterliegt daher lediglich den allgemeinen deliktsrechtlichen Bestimmungen, namentlich der allgemeinen Produzentenhaftung gemäß § 823 BGB. Den allgemeinen Vorschriften unterliegen auch Zulieferer oder sonstige Personen, die in der Herstellung oder dem Vertrieb von Arzneimitteln tätig sind, namentlich Mitarbeiter, die für Entwicklungs- oder Herstellungsfehler verantwortlich sind.

120 Aber auch für Ansprüche gegen Hersteller oder sonstige Personen, die **pharmazeutische Unternehmer sind,** hat das Deliktsrecht seine Bedeutung nicht verloren. Dies gilt zunächst für Sachschäden sowie für Schäden, die auf Grund der Anwendung wirkungsloser Arzneimittel (*Voit* in Dieners/Reese PharmaR-HdB § 13 Rn. 43) oder aus der Verletzung einer über die Pharmakovigilanz (§§ 62–63k) hinausgehenden Produktbeobachtungspflicht (*Voit* in Dieners/Reese PharmaR-HdB § 13 Rn. 45) entstanden sind. Es gilt im Unterschied zur Gefährdungshaftung (§ 88) auch keine Haftungsobergrenze. Schließlich ermöglicht das Deliktsrecht unter bestimmten Voraussetzungen (BGH NJW 1975, 1827; 1990, 976; 1996, 1535)

Ansprüche gegen die Leitungsorgane pharmazeutischer Unternehmen. Zur **Kausalitätsvermutung** des § 84 Abs. 2 s. LG Waldshut-Tiengen PharmR 2019, 75.

II. Deliktische Haftung. Die deliktische Haftung nach § 823 BGB steht neben 121 der des AMG (*Deutsch/Lippert* § 84 Rn. 29; *Dany* Arzneimittelschäden S. 185). Schadensersatzansprüche wegen Delikts können grundsätzlich auf den rechtsgutsbezogenen Tatbestand des § 823 Abs. 1 BGB (Haftung wegen Verletzung bestimmter Rechtsgüter) oder auf den verhaltensbezogenen Tatbestand des § 823 Abs. 2 BGB (Haftung wegen Verstoßes gegen bestimmte gesetzliche Verhaltensgebote) gestützt werden. Daneben kann auch eine Haftung des Geschäftsherrn nach § 831 BGB in Betracht kommen.

1. Haftung nach § 823 Abs. 1 BGB. Im Vordergrund steht die Haftung nach 122 § 823 Abs. 1 BGB. Insoweit gelten die Ausführungen zur strafrechtlichen Verantwortlichkeit (→ Rn. 50–118) entsprechend. **Unterschiede** bestehen allerdings darin, dass im Zivilrecht
- die Bedingung adäquat kausal sein muss, so dass **außergewöhnliche** Kausalverläufe dem Schädiger nicht angelastet werden,
- die eigenverantwortliche Selbstgefährdung die Tatbestandsmäßigkeit nicht entfallen lässt (→ BtMG Vor § 29 Rn. 1795),
- es im Bereich der Fahrlässigkeit auf die im Verkehr erforderliche Sorgfalt ankommt (§ 276 Abs. 2 BGB), so dass nur die **objektive** Sorgfaltspflichtverletzung und die **objektive** Vorhersehbarkeit maßgeblich sind und
- das Merkmal der **Unzumutbarkeit** (→ Rn. 112) nicht eingreift.

Als **verletzte Rechtsgüter** kommen vor allem das Leben, der Körper oder die 123 Gesundheit in Betracht.

2. Haftung nach § 823 Abs. 2 BGB. Nach § 823 Abs. 2 BGB ist auch derjenige 124 zum Schadensersatz verpflichtet, der gegen ein den Schutz eines anderen bezweckendes Gesetz verstößt. Schutzgesetz ist jede Rechtsnorm iSd Art. 2 EGBGB (RGZ 135, 242 (245)) und damit auch eine Rechtsverordnung.

Schutzwirkung kommt einer Norm zu, wenn sie, sei es auch nur neben dem 125 Schutz der Allgemeinheit, dazu dient, den Einzelnen gegen die Verletzung eines Rechtsguts zu schützen. Es genügt, dass die Norm **auch** das Interesse des Einzelnen schützen soll, mag sie auch in erster Linie das Interesse der Allgemeinheit im Auge haben; **nicht ausreichend** ist aber, dass der Individualschutz durch Befolgung der Norm nur als ihr **Reflex** objektiv erreicht wird; er muss vielmehr im Aufgabenbereich der Norm liegen (stRspr; BGHZ 100, 13 = NJW 1987, 1818; 122, 1 = NJW 1993, 1580; BGH NJW 2005, 2923; 2008, 2245; 2014, 64). Außerdem muss die Schaffung eines individuellen Schadensersatzanspruches sinnvoll und im Licht des haftungsrechtlichen Gesamtsystems tragbar erscheinen (BGHZ 66, 388 = NJW 1976, 1740; 84, 312 = NJW 1982, 2780; BGH NJW 2005, 2923; 2008, 2245).

Solche Schutzgesetze können auch **Vorschriften des AMG** sein (*Koyuncu* in 126 Deutsch/Lippert § 1 Rn. 25; *Handorn* in Fuhrmann/Klein/Fleischfresser ArzneimittelR-HdB § 27 Rn. 89). Dies gilt namentlich für das Inverkehrbringen bedenklicher Arzneimittel (BGH NJW 1991, 2351; OLG Stuttgart VersR 1990, 631 – *Procain* zu §§ 5, 11 AMG), aber auch für andere Vorschriften (*Koyuncu* in Deutsch/Lippert § 1 Rn. 25). In Betracht kommen in hier gegebenen Zusammenhang § 19 AMG für die sachkundige Person (aA *Rehmann* § 19 Rn. 2) sowie die **Vorschriften der AMWHV** für die Leiter der sonstigen Verantwortungsbereiche. Es kann zwar davon ausgegangen werden, dass diese Vorschriften in erster Linie dem Schutz der Volksgesundheit dienen sollten, es gibt aber keine Anhaltspunkte dafür, dass die Personen, die mit den fehlerhaften Arzneimittelchargen in Berührung kommen, vom Schutz der Vorschrift ausgeschlossen werden sollten. Aus dem haftungsrechtlichen Gesamtsystem ergeben sich schon im Hinblick auf den begrenzten Umfang der arzneimittelrechtlichen Gefährdungshaftung, die zudem für die sachkundige Person und die Bereichsleiter nicht gilt, keine Bedenken.

§ 95 Strafvorschriften

(1) **Mit Freiheitsstrafe bis zu drei Jahren oder mit Geldstrafe wird bestraft, wer**
1. **entgegen § 5 Absatz 1 ein Arzneimittel in den Verkehr bringt oder bei anderen anwendet,**
2. **entgegen § 6 Absatz 1 in Verbindung mit einer Rechtsverordnung nach § 6 Absatz 2, jeweils auch in Verbindung mit einer Rechtsverordnung nach § 6 Absatz 3, ein Arzneimittel in den Verkehr bringt oder bei einem anderen Menschen oder einem Tier anwendet,**
3. *nicht abgedruckt*
3a. **entgegen § 8 Abs. 1 Nr. 1 oder Absatz 2, auch in Verbindung mit § 73 Abs. 4 oder § 73a, Arzneimittel oder Wirkstoffe herstellt, in den Verkehr bringt oder sonst mit ihnen Handel treibt,**
4. **entgegen § 43 Abs. 1 Satz 2, Abs. 2 oder 3 Satz 1 mit Arzneimitteln, die nur auf Verschreibung an Verbraucher abgegeben werden dürfen, Handel treibt oder diese Arzneimittel abgibt,**
5. **Arzneimittel, die nur auf Verschreibung an Verbraucher abgegeben werden dürfen, entgegen § 47 Abs. 1 an andere als dort bezeichnete Personen oder Stellen oder entgegen § 47 Abs. 1a abgibt oder entgegen § 47 Abs. 2 Satz 1 bezieht,**
5a. *nicht abgedruckt*
6. **entgegen § 48 Abs. 1 Satz 1 in Verbindung mit einer Rechtsverordnung nach § 48 Abs. 2 Nr. 1 oder 2 Arzneimittel, die zur Anwendung bei Tieren bestimmt sind, die der Gewinnung von Lebensmitteln dienen, abgibt.**
7. *nicht abgedruckt*
8. **entgegen § 56a Abs. 1 Satz 1, auch in Verbindung mit Satz 3, oder Satz 2 Arzneimittel verschreibt, abgibt oder anwendet, die zur Anwendung bei Tieren bestimmt sind, die der Gewinnung von Lebensmitteln dienen, und nur auf Verschreibung an Verbraucher abgegeben werden dürfen,**
9. **Arzneimittel, die nur auf Verschreibung an Verbraucher abgegeben werden dürfen, entgegen § 57 Abs. 1 erwirbt,**
10. **entgegen § 58 Abs. 1 Satz 1 Arzneimittel, die nur auf Verschreibung an Verbraucher abgegeben werden dürfen, bei Tieren anwendet, die der Gewinnung von Lebensmitteln dienen oder**
11. **entgegen § 59d Satz 1 Nummer 1 einen verbotenen Stoff einem dort genannten Tier verabreicht.**

(2) **Der Versuch ist strafbar.**

(3) ¹In besonders schweren Fällen ist die Strafe Freiheitsstrafe von einem Jahr bis zu zehn Jahren. ²Ein besonders schwerer Fall liegt in der Regel vor, wenn der Täter
1. durch eine der in Absatz 1 bezeichneten Handlungen
   a) die Gesundheit einer großen Zahl von Menschen gefährdet,
   b) einen anderen der Gefahr des Todes oder einer schweren Schädigung an Körper oder Gesundheit aussetzt oder
   c) aus grobem Eigennutz für sich oder einen anderen Vermögensvorteile großen Ausmaßes erlangt oder

Strafvorschriften **§ 95 AMG**

2. in den Fällen des Absatzes 1 Nr. 3a gefälschte Arzneimittel oder Wirkstoffe herstellt oder in den Verkehr bringt und dabei gewerbsmäßig oder als Mitglied einer Bande handelt, die sich zur fortgesetzten Begehung solcher Taten verbunden hat.

(4) Handelt der Täter in den Fällen des Absatzes 1 fahrlässig, so ist die Strafe Freiheitsstrafe bis zu einem Jahr oder Geldstrafe.

Übersicht

Rn.

Einführung 1
  A. Die Tatbestände 1
  B. Gremienentscheidungen 2
  C. Tatgegenstand 3
  D. Vorbereitungshandlungen 4
  E. Handeln im Ausland, Ausfuhr, Verbringen nach Deutschland 5
  F. Rechtswidrigkeit, Zulassung eines Arzneimittels, Einwilligung ... 8
  G. Subjektiver Tatbestand 9
    I. Vorsatz 10
    II. Irrtumsfälle 13
    III. Fahrlässigkeit 19
  H. Konkurrenzen, Bewertungseinheit 21
  I. Strafzumessung 23
    I. Erster Schritt: Strafrahmenwahl 24
    II. Zweiter Schritt: Strafzumessung im engeren Sinn 25
    III. Dritter Schritt: weitere Entscheidungen 30

Abschnitt 1. Die Strafvorschriften des § 95 Abs. 1 31

Kapitel 1. Inverkehrbringen oder Anwenden bedenklicher Arzneimittel entgegen § 5 Abs. 1 (§ 95 Abs. 1 Nr. 1) .. 32
  A. Grundtatbestand 33
  B. Tathandlungen 34
    I. Arzneimittel 35
    II. Inverkehrbringen 37
      1. Stadien des Inverkehrbringens 38
      2. Export 39
      3. Inverkehrbringen durch Unterlassen, unterlassener Rückruf 40
    III. Anwenden bei anderen 44
    IV. Entgegen § 5 Abs. 1 46
      1. Begründeter Verdacht schädlicher Wirkungen 47
      2. Jeweiliger Stand der wissenschaftlichen Erkenntnisse .. 48
      3. Nach den Erkenntnissen der medizinischen Wissenschaft über ein vertretbares Maß hinaus 49
  C. Vorbereitung, Versuch, Vollendung, Beendigung 50
    I. Inverkehrbringen 51
      1. Vorrätighalten 52
      2. Feilhalten 54
      3. Feilbieten 55
      4. Abgabe 56
    II. Anwenden bei anderen 58
  D. Täterschaft, Teilnahme 59
    I. Inverkehrbringen 60
      1. Inhaber der tatsächlichen Verfügungsgewalt in Pharma-Unternehmen 64
      2. Erweiterung des Täterkreises in Pharma-Unternehmen ... 65
      3. Empfänger 73
    II. Anwenden bei anderen 74
  E. Handeln im Ausland 76
  F. Subjektiver Tatbestand 77

	Rn.
I. Vorsatz	78
II. Irrtumsfälle	80
III. Fahrlässigkeit	81
G. Konkurrenzen	82
I. Inverkehrbringen	83
II. Anwenden bei anderen	87
H. Strafzumessung	88

Kapitel 2. Inverkehrbringen oder Anwenden von Arzneimitteln entgegen § 6 Abs. 1 (§ 95 Abs. 1 Nr. 2) ... 89

A. Grundtatbestand	89
B. Tathandlung	91
I. Arzneimittel	91
II. Inverkehrbringen	93
III. Anwenden bei einem anderen Menschen oder einem Tier	94
IV. Entgegen § 6 Abs. 1 in Verbindung mit einer Rechtsverordnung nach § 6 Abs. 2, auch in Verbindung mit § 6 Abs. 3	96
1. Aufnahme in die Anlage zu § 6	97
2. Aufnahme in eine nach § 6 Abs. 2, 3 erlassene Rechtsverordnung	98
C. Vorbereitung, Versuch, Vollendung, Beendigung	100
D. Täterschaft, Teilnahme	101
E. Handeln im Ausland	102
F. Subjektiver Tatbestand	103
I. Vorsatz	104
II. Irrtumsfälle	105
III. Fahrlässigkeit	106
G. Konkurrenzen	107
H. Strafzumessung	108

Kapitel 3. Die Tatbestände des § 95 Abs. 1 Nr. 3a ... 109

Teil 1. Herstellen, Inverkehrbringen qualitätsgeminderter Arzneimittel oder Wirkstoffe entgegen § 8 Abs. 1 Nr. 1 (§ 95 Abs. 1 Nr. 3a Alt. 1) ... 110

A. Grundtatbestand	110
B. Tathandlungen	111
I. Arzneimittel, Wirkstoffe	112
II. Herstellen, Inverkehrbringen	114
1. Herstellen	115
2. Inverkehrbringen	117
3. Keine Tathandlung: Handeltreiben	118
III. Entgegen § 8 Abs. 1 Nr. 1	119
1. Abweichung von den anerkannten pharmazeutischen Regeln	120
2. Nicht unerhebliche Minderung der Qualität	121
3. Kausalität	122
C. Vorbereitung, Versuch, Vollendung, Beendigung	123
I. Herstellen	124
II. Inverkehrbringen	128
D. Täterschaft, Teilnahme	129
I. Herstellen	130
II. Inverkehrbringen	132
E. Handeln im Ausland	133
F. Subjektiver Tatbestand	134
I. Vorsatz	135
II. Irrtumsfälle	136
III. Fahrlässigkeit	137
G. Konkurrenzen	138
H. Strafzumessung	140

Strafvorschriften §95 AMG

Rn.

Teil 2. Herstellen, Inverkehrbringen gefälschter Arzneimittel oder Wirkstoffe, Handeltreiben mit ihnen entgegen §8 Abs. 2 (§95 Abs. 1 Nr. 3a Alt. 2) 141
A. Grundtatbestand 141
B. Tathandlungen 142
   I. Arzneimittel oder Wirkstoffe 143
   II. Herstellen, Inverkehrbringen, Handeltreiben 144
     1. Herstellen 145
     2. Inverkehrbringen 146
     3. Handeltreiben 147
   III. Entgegen § 8 Abs. 2 149
     1. Gefälschtes Arzneimittel 150
     2. Gefälschter Wirkstoff 151
C. Vorbereitung, Versuch, Vollendung, Beendigung 152
   I. Herstellen 154
   II. Inverkehrbringen 155
   III. Handeltreiben 156
D. Täterschaft, Teilnahme 162
   I. Herstellen 163
   II. Inverkehrbringen 164
   III. Handeltreiben 165
E. Handeln im Ausland 171
F. Subjektiver Tatbestand 172
   I. Herstellen 173
   II. Inverkehrbringen 176
   III. Handeltreiben 177
     1. Vorsatz 178
     2. Irrtumsfälle 179
       a) Geltung der allgemeinen Regeln 180
       b) Keine Geltung der allgemeinen Regeln 181
     3. Fahrlässigkeit 185
G. Konkurrenzen 186
   I. Herstellen 187
   II. Inverkehrbringen 188
   III. Handeltreiben 189
H. Strafzumessung 194

Kapitel 4. Die Tatbestände des § 95 Abs. 1 Nr. 4 195

Teil 1. Handeltreiben mit verschreibungspflichtigen Arzneimitteln außerhalb von Apotheken entgegen § 43 Abs. 1 S. 2 (§ 95 Abs. 1 Nr. 4 Alt. 1) 198
A. Grundtatbestand 198
B. Tathandlung 199
   I. Arzneimittel 200
   II. Handeltreiben 201
   III. Entgegen § 43 Abs. 1 S. 2 202
     1. Verschreibungspflichtige Arzneimittel 203
     2. Außerhalb der Apotheken 204
       a) Geltung für Jedermann 205
       b) Apotheker 206
       c) Ärzte 207
       d) Tierärzte 208
       e) Pharmazeutische Unternehmer, Großhändler ... 210
C. Vorbereitung, Versuch, Vollendung, Beendigung 211
D. Täterschaft, Teilnahme 212
E. Handeln im Ausland 213
F. Subjektiver Tatbestand 214
   I. Vorsatz 215
   II. Irrtumsfälle 216
   III. Fahrlässigkeit 217

AMG § 95 Siebzehnter Abschnitt. Straf- und Bußgeldvorschriften

	Rn.
G. Konkurrenzen, Bewertungseinheit	218
I. Arzneimittelstraftaten	219
1. Tateinheit	220
2. Spezialität	221
II. Allgemeine Straftaten	223
H. Strafzumessung	224

Teil 2. Abgabe von verschreibungspflichtigen Arzneimitteln durch juristische Personen/Personenvereinigungen an ihre Mitglieder entgegen § 43 Abs. 2 (§ 95 Abs. 1 Nr. 4 Alt. 2) ... 225

A. Grundtatbestand	225
B. Tathandlung	226
I. Arzneimittel	227
II. Abgabe	228
III. Entgegen § 43 Abs. 2	229
1. Juristische Personen und Personenvereinigungen	230
2. Mitglieder	231
3. Ausnahme: Einhaltung des Vertriebswegs nach § 47 Abs. 1	232
C. Vorbereitung, Versuch, Vollendung, Beendigung	233
D. Täterschaft, Teilnahme	234
E. Handeln im Ausland	236
F. Subjektiver Tatbestand	237
G. Konkurrenzen	241
H. Strafzumessung	242

Teil 3. Abgabe von verschreibungspflichtigen Arzneimitteln auf Verschreibung durch Nicht-Apotheken entgegen § 43 Abs. 3 S. 1 (§ 95 Abs. 1 Nr. 4 Alt. 3) ... 243

A. Grundtatbestand	243
B. Tathandlung	244
I. Arzneimittel	245
II. Abgabe	246
III. Entgegen § 43 Abs. 3 S. 1	247
1. Auf Verschreibung	248
2. Nicht von Apotheken	249
C. Vorbereitung, Versuch, Vollendung, Beendigung	250
D. Täterschaft, Teilnahme	251
E. Handeln im Ausland	252
F. Subjektiver Tatbestand	253
G. Konkurrenzen	257
H. Strafzumessung	258

Kapitel 5. Die Tatbestände des § 95 Abs. 1 Nr. 5 ... 259

Teil 1. Abgabe von verschreibungspflichtigen Arzneimitteln durch pharmazeutische Unternehmer und Großhändler entgegen § 47 Abs. 1 (§ 95 Abs. 1 Nr. 5 Alt. 1) ... 262

A. Grundtatbestand	262
B. Tathandlung	263
I. Arzneimittel	264
II. Abgabe	265
III. Entgegen § 47 Abs. 1	266
1. Pharmazeutische Unternehmer und Großhändler	267
2. An andere als die in § 47 Abs. 1 genannten Personen/Stellen	269
3. Einschränkungen der Belieferung	271
C. Vorbereitung, Versuch, Vollendung, Beendigung	272
D. Täterschaft, Teilnahme	273
E. Handeln im Ausland	274
F. Subjektiver Tatbestand	275
G. Konkurrenzen	279
H. Strafzumessung	280

Strafvorschriften **§ 95 AMG**

Rn.

Teil 2. Abgabe von verschreibungspflichtigen Tierarzneimitteln durch pharmazeutische Unternehmer und Großhändler ohne Vorlage einer Bescheinigung über die Erfüllung der Anzeigepflicht entgegen § 47 Abs. 1a (§ 95 Abs. 1 Nr. 5 Alt. 2) 281
A. Grundtatbestand 281
B. Tathandlung 282
   I. Arzneimittel 283
   II. Abgabe 284
   III. Entgegen § 47 Abs. 1a 285
C. Verweisung 287

Teil 3. Beziehen von verschreibungspflichtigen Arzneimitteln durch die in § 47 Abs. 1 S. 1 Nr. 5–9 bezeichneten Empfänger nicht für den eigenen Bedarf oder über zur Erfüllung ihrer Aufgabe notwendigen Bedarf hinaus entgegen § 47 Abs. 2 S. 1 (§ 95 Abs. 1 Nr. 5 Alt. 3) 288
A. Grundtatbestand 288
B. Tathandlung 289
   I. Arzneimittel 290
   II. Beziehen 291
   III. Entgegen § 47 Abs. 2 S. 1 292
     1. Die in § 47 Abs. 1 S. 1 Nr. 5–9 genannten Personen oder Stellen 293
     2. Nicht für den eigenen Bedarf 294
     3. Nicht im Rahmen der Erfüllung ihrer Aufgabe 295
C. Vorbereitung, Versuch, Vollendung, Beendigung 296
D. Täterschaft, Teilnahme 300
E. Subjektiver Tatbestand 301
F. Konkurrenzen 305
G. Strafzumessung 306

Kapitel 6. Abgabe von Arzneimitteln, die zur Anwendung bei Lebensmittel liefernden Tieren bestimmt sind, ohne Vorlage einer Verschreibung entgegen § 48 Abs. 1 S. 1 (§ 95 Abs. 1 Nr. 6) 307
A. Grundtatbestand 307
B. Tathandlung 308
   I. Adressat 309
   II. Arzneimittel, die zur Anwendung bei Lebensmittel liefernden Tieren bestimmt sind 311
     1. Arzneimittel 312
     2. Zur Anwendung bei Tieren bestimmt 313
     3. Die der Lebensmittelgewinnung dienen 314
   III. Abgabe 315
   IV. An Verbraucher 316
   V. Entgegen § 48 Abs. 1 S. 1 in Verbindung mit einer Rechtsverordnung nach § 48 Abs. 2 Nr. 1, 2 317
     1. Verschreibungspflicht nach der AMVV 318
       a) Arzneimittel nach § 1 Nr. 1–3 AMVV in Verbindung mit der Anlage 1 319
       b) Tierarzneimittel nach § 1 Nr. 4 AMVV in Verbindung mit § 48 Abs. 1 S. 1 Nr. 2 AMG 320
     2. Ohne Vorliegen einer tierärztlichen Verschreibung 322
C. Vorbereitung, Versuch, Vollendung, Beendigung 323
D. Täterschaft, Teilnahme 324
E. Handeln im Ausland 325
F. Subjektiver Tatbestand 326
G. Konkurrenzen 330
H. Strafzumessung 331

AMG § 95 Siebzehnter Abschnitt. Straf- und Bußgeldvorschriften

Rn.

Kapitel 7. Verschreibung, Abgabe oder Anwendung von verschreibungspflichtigen Tierarzneimitteln bei Lebensmitteln liefernden Tieren durch den Tierarzt entgegen § 56a Abs. 1 (§ 95 Abs. 1 Nr. 8) 332
A. Grundtatbestand 332
B. Tathandlungen 333
  I. Adressaten 334
  II. Arzneimittel 335
  III. Zur Anwendung bei Tieren bestimmt, die der Lebensmittelgewinnung dienen 336
  IV. Verschreiben, Abgeben, Anwenden entgegen § 56a Abs. 1 S. 1–3 337
    1. Verschreiben, Abgeben entgegen § 56a Abs. 1 S. 1, 2 338
      a) Verschreiben, Abgeben 339
      b) Entgegen § 56a Abs. 1 S. 1, 2 340
        aa) Verschreiben, Abgeben entgegen § 56a Abs. 1 S. 1 ... 341
          (a) Nicht für die von ihm behandelten Tiere bestimmt (Nr. 1) 342
          (b) Fehlende Zulassung etc (Nr. 2) 343
          (c) Keine Zulassung für das Anwendungsgebiet bei der behandelten Tierart (Nr. 3) 344
          (d) Fehlende Rechtfertigung nach Anwendungsgebiet und Menge (Nr. 4) 345
          (e) Verstoß gegen Abgabebeschränkungen (Nr. 5) .. 346
        bb) Verschreiben, Abgeben entgegen § 56a Abs. 1 S. 2 ... 347
    2. Anwenden entgegen § 56a Abs. 1 S. 3 349
C. Vorbereitung, Versuch, Vollendung, Beendigung 352
D. Täterschaft, Teilnahme 356
E. Handeln im Ausland 358
F. Subjektiver Tatbestand 359
G. Konkurrenzen 363
H. Strafzumessung 364

Kapitel 8. Erwerb von verschreibungspflichtigen Arzneimitteln zur Anwendung bei Tieren durch den Tierhalter und andere in § 47 Abs. 1 nicht genannte Personen entgegen § 57 Abs. 1 (§ 95 Abs. 1 Nr. 9) 365
A. Grundtatbestand 365
B. Tathandlung 366
  I. Adressaten 367
  II. Arzneimittel 368
  III. Zur Anwendung bei Tieren 369
  IV. Erwerben 370
  V. Entgegen § 57 Abs. 1 371
    1. Tierhalter (Sätze 1, 3) 372
    2. Andere und in § 47 Abs. 1 nicht genannte Personen (Satz 2) 374
    3. In § 47 Abs. 1 genannte Personen 375
C. Vorbereitung, Versuch, Vollendung, Beendigung 376
D. Täterschaft, Teilnahme 378
E. Handeln im Ausland 381
F. Subjektiver Tatbestand 382
G. Konkurrenzen 386
H. Strafzumessung 387

§ 95 AMG

Rn.

Kapitel 9. Anwendung von verschreibungspflichtigen Arzneimitteln bei Lebensmitteln liefernden Tieren ohne oder gegen eine tierärztliche Behandlungsanweisung entgegen § 58 Abs. 1 S. 1 (§ 95 Abs. 1 Nr. 10) 388
A. Grundtatbestand 388
B. Tathandlung 389
   I. Adressaten 390
   II. Arzneimittel 391
   III. Anwenden 392
   IV. Bei Tieren, die der Lebensmittelgewinnung dienen 393
   V. Entgegen § 58 Abs. 1 S. 1 394
      1. Anwendung nur nach einer tierärztlichen Behandlungsanweisung 395
      2. Tierärztliche Behandlungsanweisung für den konkreten Anwendungsfall 397
C. Vorbereitung, Versuch, Vollendung, Beendigung 398
D. Täterschaft, Teilnahme 399
E. Handeln im Ausland 401
F. Subjektiver Tatbestand 402
G. Konkurrenzen 406
H. Strafzumessung 407

Kapitel 10. Verabreichung von in Tabelle 2 des Anhangs der Verordnung (EU) Nr. 37/2010 aufgeführten Stoffen an Tiere, die der Lebensmittelgewinnung dienen, entgegen § 59d S. 1 Nr. 1 (§ 95 Abs. 1 Nr. 11) 408
A. Grundtatbestand 408
B. Tathandlung 409
   I. Verbotene Stoffe 410
   II. Verabreichen 411
   III. Tiere, die der Lebensmittelgewinnung dienen 412
   IV. Entgegen § 59d S. 1 Nr. 1 413
C. Vorbereitung, Versuch, Vollendung, Beendigung 414
D. Täterschaft, Teilnahme 415
E. Handeln im Ausland, subjektiver Tatbestand, Konkurrenzen, Strafzumessung 416

Abschnitt 2. Strafbarkeit des Versuchs (Absatz 2) 417

Abschnitt 3. Besonders schwere Fälle (Absatz 3) 418
A. Überblick 418
B. Rechtsnatur 419
C. Strafrahmenwahl 420
D. Prüfungsreihenfolge 421
E. Der unbenannte besonders schwere Fall (Satz 1) 422
   I. Gesamtwürdigung 423
      1. Voraussetzungen 424
      2. Straferschwerende Umstände 425
      3. Auswirkung von Strafmilderungsgründen 426
   II Versuch 428
   III. Mehrere Beteiligte 429
   IV. Subjektiver Tatbestand 430
F. Die Regelbeispiele (Satz 2) 431
   I. Handlungen 432
      1. Die für alle Tatbestände geltenden Regelbeispiele (Nr. 1) .. 433
         a) Gefährdung der Gesundheit einer großen Zahl von Menschen (Buchst. a) 434
            aa) Gefährdung 435
            bb) Gesundheit 437
            cc) Große Zahl von Menschen 438

AMG § 95 Siebzehnter Abschnitt. Straf- und Bußgeldvorschriften

Rn.
```
    b) Einen anderen der Gefahr des Todes oder einer schweren
       Schädigung an Körper oder Gesundheit aussetzen
       (Buchst. b) ............................................  440
    c) Erlangen von Vermögensvorteilen großen Ausmaßes für
       sich oder einen anderen aus grobem Eigennutz (Buchst. c)  442
       aa) Vermögensvorteile großen Ausmaßes ..........  443
       bb) Aus grobem Eigennutz ....................  445
  2. Das nur für Absatz 1 Nr. 3 geltende Regelbeispiel (Nr. 2) ..  446
 II. Versuch ..............................................  449
III. Mehrere Beteiligte .................................  452
 IV. Subjektiver Tatbestand .........................  454
G. Die Anwendung der Regelbeispiele ....................  455
  I. Vorliegen eines Regelbeispiels ..................  456
 II. Nichtvorliegen eines Regelbeispiels ............  459
III. Vertypte Milderungsgründe und Regelbeispiele .........  460
```

Abschnitt 4. Fahrlässige Taten (Absatz 4) 463

Einführung

1   **A. Die Tatbestände** des § 95 sind neben denen des § 96 die Grundlage des Arzneimittelstrafrechts. Sie sind mit Ausnahme der Regelbeispiele für einen besonders schweren Fall in Absatz 3 Satz 2 Nr. 1 (dazu → Rn. 433–445) abstrakte Gefährdungsdelikte (→ Vor § 95 Rn. 14).

2   **B. Gremienentscheidungen.** Nicht selten werden die Tatbestände des § 95 nicht von einem Einzeltäter, sondern auf Grund einer Kollegialentscheidung verwirklicht. Insoweit wird auf → Vor § 95 Rn. 28–49 verwiesen.

3   **C. Tatgegenstand.** Gegenstand der Straftatbestände sind in der Regel **Arzneimittel** (in den Fällen des Absatzes 1 Nr. 3a auch **Wirkstoffe**, im Falle des Absatzes 1 Nr. 11 pharmakologisch wirksame **Stoffe**). Der Begriff des Arzneimittels ist in § 2 definiert. Eine Einschränkung, etwa auf Arzneimittel iSd § 2 Abs. 1 oder Abs. 2 Nr. 1, ergibt sich in bestimmten Fällen aus der Vorschrift, auf die verwiesen wird.

4   **D. Vorbereitungshandlungen.** Die Straftaten des § 95 sind keine Verbrechen (→ Rn. 419). Strafbare Vorbereitungshandlungen (§ 30 StGB) kommen daher nicht in Betracht.

5   **E. Handeln im Ausland, Ausfuhr, Verbringen nach Deutschland.** Es gelten die allgemeinen international-strafrechtlichen Regeln (*Tag* in Deutsch/Lippert § 95/96 Rn. 7), so dass auf → BtMG § 29 Rn. 99–106 verwiesen werden kann. Dies ist auch für das Handeltreiben (Absatz 1 Nr. 3a, 4) maßgeblich, da sich § 6 Nr. 5 StGB nur auf Betäubungsmittel bezieht. Im Übrigen ist zu beachten, dass bei einem Handeln im Ausland (auch) eine **Inlandstat** vorliegen kann (→ BtMG Vor § 29 Rn. 81–112).

6   Dass die Strafvorschriften einen Verstoß gegen **verwaltungsrechtliche Regelungen** voraussetzen, steht der Anwendung auf **Auslandstaten nicht entgegen,** da unter dem Begriff des deutschen Strafrechts in §§ 4, 7 StGB die Gesamtheit aller Normen des Bundes und der Länder zu verstehen ist (→ BtMG Vor § 29 Rn. 73, 142). Zum **Irrtum** des Täters über die Anwendbarkeit deutschen Strafrechts → BtMG Vor § 29 Rn. 32, 33.

7   Zum **Export** von Arzneimitteln → Rn. 39. Soweit die Strafvorschriften auf Arzneimittel, die unter bestimmten Umständen erlaubt nach Deutschland **verbracht** wurden, nicht anzuwenden sind (§ 73 Abs. 4), ist dies bei den einzelnen Vorschriften vermerkt.

8   **F. Rechtswidrigkeit, Zulassung eines Arzneimittels, Einwilligung.** Es gelten die allgemeinen Grundsätze (→ Vor § 95 Rn. 95–99). Insbesondere bildet

§ 95 AMG

die **Zulassung des Arzneimittels** keinen Rechtfertigungsgrund (→ § 25 Rn. 12); sie kann allerdings für den subjektiven Tatbestand von Bedeutung sein (→ § 25 Rn. 13–15). Zur Einwilligung → BtMG § 13 Rn. 186–208. Die dortigen Grundsätze, insbesondere die neue Rechtsprechung zu einer **einverständlichen illegalen** Handlung (BGHSt 60, 166 = NJW 2015, 1540 mAnm *Mitsch* = NStZ 2015, 270; → BtMG § 13 Rn. 197–202), gelten auch hier. Allerdings verstoßen Maßnahmen, die medizinisch indiziert sind, grundsätzlich nicht gegen die guten Sitten iSd § 228 StGB (BGH NJW 2019, 3253 = NStZ 2020, 29 mAnm *Magnus*).

G. Subjektiver Tatbestand. Strafbarkeit nach Absatz 1 verlangt Vorsatz 9 (→ BtMG Vor § 29 Rn. 389–425). Zur Fahrlässigkeit s. Absatz 2 sowie → Rn. 19.

I. Vorsatz. Zu den Tatbestandsmerkmalen, auf die sich der Vorsatz erstrecken 10 muss, gehört in den Vorschriften des § 95 das **Arzneimittel**, in einigen Vorschriften auch der Wirkstoff oder (in Nr. 11) der pharmakologisch wirksame Stoff oder die Bedenklichkeit eines Arzneimittels. Diese Begriffe zählen zu den ein **normativen** Tatbestandsmerkmalen (→ BtMG Vor § 29 Rn. 400, 401), bei denen der Täter nicht nur die reinen Tatsachen kennen, sondern auch deren Bedeutung richtig erfassen muss **(Bedeutungskenntnis),** wobei allerdings eine **Parallelwertung** in der **Laiensphäre** ausreicht (→ BtMG Vor § 29 Rn. 407, 408; *Raum* in Kügel/Müller/Hofmann Vor § 95 Rn. 17).

Bei der Frage, ob ein Irrtum vorliegt, ist, wie auch sonst, nicht kritiklos der Ein- 11 lassung des Täters zu folgen. Insbesondere bedarf es grundsätzlich **konkreter Anhaltspunkte** für die Richtigkeit des Vortrags, wenn bei einem im **Pharmabereich erfahrenen** Täter vorgebracht wird, es habe an der notwendigen Bedeutungskenntnis der einschlägigen arzneimittelrechtlichen Tatbestandsmerkmale gefehlt (*Raum* in Kügel/Müller/Hofmann Vor § 95 Rn. 20). Zum Vorsatz der Unternehmensleitung, namentlich bei einem **Nichtwissenwollen** s. *Rönnau/Becker* NStZ 2016, 569.

In allen Fällen reicht **bedingter Vorsatz** (→ BtMG Vor § 29 Rn. 415–420) aus. 12 Bedingten Vorsatz hat auch, wer sich um eines anderen erstrebten Zieles willen mit der Tatbestandsverwirklichung **abfindet,** mag ihm auch der Erfolgseintritt unerwünscht sein (→ BtMG Vor § 29 Rn. 416), oder wer aus **Gleichgültigkeit** mit jeder eintretenden Möglichkeit einverstanden ist (→ BtMG Vor § 29 Rn. 417).

II. Irrtumsfälle. Irrt der Täter über die Substanz, die er in Verkehr bringt oder 13 über ihre tatsächlichen Eigenschaften (ohne dass ein Fall der → Rn. 15 vorliegt), so kommt ein **Tatbestandsirrtum** (→ BtMG Vor § 29 Rn. 429–438) in Betracht. Dasselbe gilt, wenn der Täter zwar die tatsächlichen Eigenschaften der Substanz kennt, sie aber irrtümlich nicht für ein **Arzneimittel** (oder einen sonstigen als Tatgegenstand in Betracht kommenden **Stoff**) hält, weil er die notwendige **Bedeutungskenntnis** (→ Rn. 10, 11) nicht erlangt (*Raum* in Kügel/Müller/Hofmann Vor § 95 Rn. 17, 19). In beiden Fällen ist dann die fahrlässige Begehung (Absatz 2) zu prüfen. **Besonderheiten** gelten beim **Handeltreiben;** auf → Rn. 179–184 wird insoweit verwiesen.

Hat der Täter die notwendige Bedeutungskenntnis, legt er den Begriff aber 14 gleichwohl fehlerhaft aus, etwa weil er meint, nur Heilmittel seien Arzneimittel, so liegt ein **Subsumtionsirrtum** vor, der den Vorsatz nicht ausschließt (→ BtMG Vor § 29 Rn. 434; *Raum* in Kügel/Müller/Hofmann Vor § 95 Rn. 17, 19; in diesem Sinne wohl auch *Freund* in MüKoStGB §§ 13–20a Rn. 15). Der Subsumtionsirrtum kann relevant werden, wenn er zu einem **Verbotsirrtum** führt, weil der Täter annimmt, sein Verhalten sei nicht rechtswidrig (→ BtMG Vor § 29 Rn. 434).

Kein Subsumtionsirrtum ist der Irrtum über Umstände, die **nicht zum Tat-** 15 **bestand gehören** (→ BtMG Vor § 29 Rn. 462–464), etwa über die Art des Arzneimittels; ein solcher Irrtum ist für die Schuldfrage (anders für die Strafzumessung) **nicht beachtlich**.

16 Ein **Verbotsirrtum** kommt in Betracht, wenn der Täter sein Verhalten für rechtmäßig hält, etwa annimmt, die Verbotsvorschrift gelte nicht, weil das Arzneimittel **zugelassen** ist. Eine andere Frage ist, ob ein solcher Verbotsirrtum vermeidbar ist (→ Rn. 17).

17 Für den **Verbotsirrtum** gelten die allgemeinen Regeln (→ BtMG Vor § 29 Rn. 441–451). Bei der Frage der Vermeidbarkeit ist zu berücksichtigen, dass die Straftatbestände des Arzneimittelrechts in der Regel berufs- oder berufsähnliche Pflichten betreffen und sich auf Verstöße im Umgang mit Arzneimitteln beziehen. Wer aber mit Arzneimitteln umgeht, weiß, dass er sich in einem rechtlich sensiblen Bereich bewegt, so dass ihm auch zuzumuten ist, qualifizierten Rechtsrat einzuholen (*Raum* in Kügel/Müller/Hofmann Vor § 95 Rn. 23).

18 Die allgemeinen Regeln gelten auch für den **umgekehrten Irrtum**. Hält der Täter danach einen Tatumstand irrtümlich für gegeben, so kommt an sich ein (untauglicher) **Versuch** in Betracht, der in den Fällen des § 96 allerdings **nicht strafbar** ist. Hält er sein Verhalten irrtümlich für rechtswidrig, so liegt ein **Wahndelikt** vor (→ BtMG Vor § 29 Rn. 452–461), das straffrei ist.

19 **III. Fahrlässigkeit.** Nach Absatz 2 ist bei allen Straftatbeständen des § 95 auch die fahrlässige Begehung strafbar. Zum Begriff der Fahrlässigkeit → Vor § 95 Rn. 100–112.

20 Kann der **Nachweis vorsätzlichen Handelns nicht geführt** werden, so hat das Gericht im Rahmen seiner Pflicht zur erschöpfenden Aburteilung (BGH NStZ 1983, 174; 2010, 222 = NStZ-RR 2010, 53; BeckRS 1999, 30070917; 2016, 21431) die fahrlässige Begehung (Absatz 2) zu prüfen.

21 **H. Konkurrenzen, Bewertungseinheit.** Es gelten die allgemeinen Regeln (→ BtMG Rn. 551–587; → Rn. 671–724, soweit eine Bewertungseinheit in Betracht kommt, auch → BtMG Vor § 29 Rn. 588–670. Mit den Vorschriften des **allgemeinen Strafrechts** besteht in der Regel Tateinheit (→ Vor § 95 Rn. 14–19). Auch die arzneimittelrechtlichen Tatbestände untereinander treffen tateinheitlich zusammen, soweit sie einen eigenen Unrechtsgehalt aufweisen. Soweit sich bei einzelnen Tatbeständen Abweichungen ergeben, wird dort darauf eingegangen.

22 Auch im Verhältnis zu den **betäubungsmittelrechtlichen** Tatbeständen besteht in der Regel Tateinheit (→ BtMG § 1 Rn. 25). Dies gilt auch für das **Handeltreiben** (§ 95 Abs. 1 Nr. 4 Alt. 1; → Rn. 198–224), das dann in Betracht kommt, wenn die betroffenen Arzneimittel verschreibungspflichtig und zum gewinnbringenden Umsatz außerhalb von Apotheken bestimmt sind. Tateinheit besteht auch mit den Straftatbeständen des **AntiDopG** (→ BtMG § 1 Rn. 26). Die **neuen psychoaktiven Substanzen** sind keine Arzneimittel (→ NpSG Einl. Rn. 16, 17).

23 **I. Strafzumessung.** Zu den Grundlagen der Strafzumessung → BtMG Vor § 39 Rn. 727–732. Erfahrungsgemäß ist es zweckmäßig, den Vorgang der Strafzumessung in drei Schritte zu gliedern (→ BtMG Vor § 29 Rn. 736). Zu den einzelnen Schritten → BtMG Vor § 29 Rn. 737–743. Bei jedem Schritt hat eine **Gesamtwürdigung** stattzufinden (→ BtMG Vor § 29 Rn. 738–741), bei der Strafrahmenwahl naturgemäß nur dann, wenn der Strafrahmen nicht von vornherein feststeht. Zur Strafzumessung im Übrigen → BtMG Vor § 29 Rn. 726–732 und 735–1237. Zu den Sanktionen des Jugendstrafrechts → BtMG Vor § 29 Rn. 1672–1771. Zur Darlegung im Urteil → BtMG Vor § 29 Rn. 1290–1298.

24 **I. Erster Schritt: Strafrahmenwahl.** Zunächst ist der gesetzliche Strafrahmen zu ermitteln, aus dem im konkreten Fall die Strafe zu entnehmen ist. Sind keine Besonderheiten in der Sache oder in der rechtlichen Regelung gegeben, so steht der

Strafrahmen auf Grund der Strafvorschrift sofort fest. Im Rahmen des § 95 stehen im Hinblick auf Absatz 3 nicht selten zwei Strafrahmen zur Verfügung. Während der Normalstrafrahmen von Geldstrafe bis zu Freiheitsstrafe von drei Jahren reicht, reicht der für die besonders schweren Fälle (→ Rn. 418, 419) von einem Jahr Freiheitsstrafe bis zu zehn Jahren. Zum unbenannten besonders schweren Fall → Rn. 422–430, zu den Regelbeispielen → Rn. 431–454, zur Strafrahmenwahl → Rn. 420, 421 und zur Strafrahmenwahl bei vertypten Strafmilderungsgründen → Rn. 460–462. Die wesentlichen vertypten Milderungsgründe sind in → BtMG Rn. 752–779 aufgeführt; allerdings scheidet die Aufklärungshilfe bei Arzneimitteln, die keine Betäubungsmittel sind, bei der Strafrahmenwahl praktisch aus (→ Vor § 95 Rn. 23).

II. Zweiter Schritt: Strafzumessung im engeren Sinne. Nachdem der 25 Strafrahmen festgestellt wurde, ist innerhalb der Eckpunkte, die durch ihn festgelegt werden, die nach Art und Maß schuldangemessene Strafe zu finden (*Schäfer/Sander/van Gemmeren* Strafzumessung Rn. 886). Auch dies hat auf der Grundlage einer Gesamtwürdigung zu geschehen (→ BtMG Vor § 29 Rn. 850). Dabei sind die für die Strafrahmenwahl maßgeblichen Gesichtspunkte **noch einmal** zu berücksichtigen, wenn auch möglicherweise mit geringerem Gewicht (→ BtMG Vor § 29 Rn. 897–899). Zu den strafzumessungserheblichen Umständen **im Allgemeinen** → BtMG Vor § 29 Rn. 852–937;
– zum gerechten Schuldausgleich einschließlich der Gleichbehandlung mehrerer Täter (→ BtMG Vor § 29 Rn. 852–861),
– zu den anderen Strafzwecken (→ BtMG Vor § 29 Rn. 862–873),
– zum Unterschreiten der schuldangemessenen Strafe (→ BtMG Vor § 29 Rn. 874–878),
– zur Orientierung durch den Strafrahmen (→ BtMG Vor § 29 Rn. 879–899),
– zum Verbot der Doppelverwertung (→ BtMG Vor § 29 Rn. 900–929) und
– zum Fehlen von Strafschärfungs- oder Strafmilderungsgründen (→ BtMG Vor § 29 Rn. 930–937).

Zur Wahl der Strafart und zu kurzen Freiheitsstrafen → BtMG Vor § 29 Rn. 1157–1171. Zur Gesamtstrafenbildung → BtMG Vor § 29 Rn. 1172–1176.

Vorhanden (→ Rn. 27), wenn auch weniger stark ausgeprägt, sind bislang die 26 **Besonderheiten**, die der Strafzumessung in Betäubungsmittelsachen eigentümlich sind. Zu einem Teil liegt dies an der praktischen Ermittlungsarbeit; so ist die Tatprovokation (→ Vor § 95 Rn. 23; → BtMG § 4 Rn. 167–307) in einer reinen Arzneimittelsache bislang eher selten. Zum anderen Teil beruht dies auf den Vorgaben des Gesetzes, das keinen Verbrechenstatbestand enthält. Zur Gleichbehandlung der Gefährdung von **Menschen und Tieren** → Vor § 95 Rn. 26.

Wie das Betäubungsmittelrecht ist das Arzneimittelrecht **Stoffrecht**. Die Eigen- 27 schaften des Stoffs, namentlich Art und Menge der betroffenen Arzneimittel, Gefährlichkeit und eingetretene Schäden sind daher auch hier für die Bestimmung des Schuldumfangs von Bedeutung.

Dasselbe gilt für die Strafzumessungserwägungen, die an die **Person des Täters** 28 anknüpfen namentlich Vorleben und Vorstrafen (→ BtMG Vor § 29 Rn. 1062–1068), Lebensführung → BtMG Vor § 29 Rn. 1069–1072), berufliche Stellung (→ Vor § 29 Rn. 1073–1075), Strafempfindlichkeit (→ Vor § 29 Rn. 1078–1081) und Prozessverhalten, insbesondere Geständnis (→ Vor § 29 Rn. 1086–1101). Zahlenmäßig von geringerer Bedeutung als im Betäubungsmittelstrafrecht ist die Ausländereigenschaft des Täters (dazu → BtMG Rn. 1035–1055).

Von Gewicht sind auch Umstände, die mit **dem Verfahren** in Zusammenhang 29 stehen, etwa die staatliche Beteiligung wie polizeiliche Überwachung, Observation und Sicherstellung (→ Vor § 29 Rn. 1031–1033), Tatprovokation (→ Rn. 26), Untersuchungshaft (→BtMG Vor § 29 Rn. 1076, 1077), Verfahrensverzögerung (→BtMG Rn. 1102–1145) und sonstige Verstöße gegen Verfahrensrecht (→BtMG Vor § 29 Rn. 1151).

30 **III. Dritter Schritt: weitere Entscheidungen.** Zur Strafaussetzung zur Bewährung →BtMG Vor § 29 Rn. 1177–1237, zu ihrem Widerruf → Vor § 29 Rn. 1239–1289. Freiheitsentziehende Maßregeln dürften aus schon praktischen Gründen kaum in Betracht kommen. Dasselbe gilt für die Entziehung der Fahrerlaubnis durch die Strafgerichte. Gegenstände, auf die sich eine Tat nach §§ 95, 96 bezieht, können als Beziehungsgegenstände (Tatobjekte) eingezogen werden (§ 98). Zur Einziehung im Übrigen s. die Erläuterungen zu BtMG § 33. Zum Berufsverbot →BtMG Rn. 1772–1782. Ein solches Verbot kann auch bei einer erstmaligen Verurteilung in Betracht kommen (→BtMG Rn. 1778).

Abschnitt 1. Die Strafvorschriften des Absatzes 1

31 **Absatz 1** enthält die Vorschriften des Arzneimittelstrafrechts, die den größten Unrechtsgehalt aufweisen.

Kapitel 1. Inverkehrbringen oder Anwenden bedenklicher Arzneimittel entgegen § 5 Abs. 1 (§ 95 Abs. 1 Nr. 1)

32 Absatz 1 Nr. 1 wird im Arzneimittelstrafrecht **grundlegende Bedeutung** zugewiesen (*Freund* in MüKoStGB § 95 Rn. 38; *Raum* in Kügel/Müller/Hofmann § 95 Rn. 12).

33 **A. Grundtatbestand.** Grundlage der Strafvorschrift ist § 5 Abs. 1 (→ § 5 Rn. 5–12).

34 **B. Tathandlungen.** Unter Strafe gestellt ist das Inverkehrbringen oder Anwenden von Arzneimitteln entgegen § 5 Abs. 1. Die Vorschrift ist verfassungsrechtlich unbedenklich (→ § 5 Rn. 14). Dies gilt auch für die Alternative des Anwendens bei anderen.

35 **I. Arzneimittel.** Sowohl die Strafvorschrift als auch § 5 verweisen allgemein auf Arzneimittel. Erfasst werden damit alle Arzneimittel iSd § 2 (→ § 5 Rn. 7). Auch Tierarzneimittel gehören dazu. Es kommt auch nicht darauf an, ob das Arzneimittel zugelassen ist (→ § 5 Rn. 7).

36 Für Arzneimittel, die im Wege des sog. **Einzelimportes** nach Deutschland verbracht worden waren, gilt § 95 Abs. 1 **nur eingeschränkt** (→ § 73 Rn. 65), und zwar
– für Arzneimittel, die zu wissenschaftlichen Zwecken nach Deutschland verbracht wurden (**§ 73 Abs. 2 Nr. 2;** → § 73 Rn. 69),
– für Arzneimittel zur Wiederausfuhr (**§ 73 Abs. 2 Nr. 3a;** → § 73 Rn. 72),
– für Apothekenbestellungen und Notfallversorgung (**§ 73 Abs. 3;** → § 73 Rn. 69),
– für Gewebezubereitungen (**§ 73 Abs. 3a;** → § 73 Rn. 70) und
– für Arzneimittel zum Zweck der Anwendung bei Tieren (**§ 73 Abs. 3b;** → § 73 Rn. 71).
Zu pauschal *Pfohl* in Erbs/Kohlhaas Rn. 1.

37 **I. Inverkehrbringen.** Unter Strafe gestellt ist zunächst das Inverkehrbringen.

38 **1. Stadien des Inverkehrbringens.** Das Inverkehrbringen ist in § 4 Abs. 17 gesetzlich definiert und umfasst
– das **Vorrätighalten** zum Verkauf oder zu sonstiger Abgabe (→ § 4 Rn. 51–57),
– das **Feilhalten** (→ § 4 Rn. 58),

Strafvorschriften **§ 95 AMG**

– das **Feilbieten** (→ § 4 Rn. 59, 60) und
– die **Abgabe** an andere (→ § 4 Rn. 14, 61–71).

Nicht zum Inverkehrbringen gehören der bloße **Besitz** (→ § 4 Rn. 51), desgleichen nicht die **Herstellung** (→ § 4 Rn. 31–38), die **Verabreichung,** die (sonstige) **Anwendung,** die Überlassung zum **unmittelbaren** Verbrauch (→ § 4 Rn. 72) und die **Verschreibung** (→ § 4 Rn. 73).

2. Export. Beim Vorrätighalten zum Export ist zu unterscheiden: Sollen der intendierte Verkauf oder die intendierte Abgabe der zum Export bestimmten Arzneimittel noch im Inland stattfinden, so liegt ein (inländisches) Vorrätighalten vor (→ § 4 Rn. 56). Sollen Verkauf oder Abgabe erst im Ausland stattfinden, ist ein Vorrätighalten noch nicht gegeben (→ § 4 Rn. 57). Dies gilt auch in strafrechtlicher Hinsicht. 39

3. Inverkehrbringen durch Unterlassen, unterlassener Rückruf. Da als Erfolg iSd § 13 Abs. 1 StGB auch die Verwirklichung eines schlichten Begehungstatbestandes zu verstehen ist (str.; s. *Fischer* StGB § 13 Rn. 2), kann das Inverkehrbringen in allen Varianten (→ Rn. 37) auch durch Unterlassen begangen werden (*Freund* in MüKoStGB § 4 Rn. 36–38; *Rehmann* § 95 Rn. 3). Zur Garantenpflicht bei **Gremienentscheidungen** → Vor § 95 Rn. 31. 40

Unproblematisch ist das Unterlassen bei den Varianten des **Vorrätighaltens** (→ § 4 Rn. 51–57) und des **Feilhaltens** (→ § 4 Rn. 58). Beide sind Dauerdelikte, die auch darin bestehen, dass der Täter seiner Pflicht, den rechtswidrigen Zustand zu beenden, nicht nachkommt (*Freund* in MüKoStGB § 4 Rn. 37; *Puppe* in NK-StGB § 52 Rn. 14; *Oğlakcıoğlu* in Kotz/Rahlf BtMStrafR Kap. 2 Rn. 28). Dies kommt namentlich dann in Betracht, wenn die Bedenklichkeit des Arzneimittels erst nach dem Beginn des Vorrätig- oder Feilhaltens hervorgetreten ist. Nichts anderes gilt für das **Feilbieten** (zw. *Freund* in MüKoStGB § 4 Rn. 37) das ebenfalls die tatsächliche Verfügungsgewalt des Feilbietenden voraussetzt (→ § 4 Rn. 59). 41

Keine Schwierigkeiten bereitet die Unterlassensstrafbarkeit auch in den Fällen, in denen die **Abgabe** selbst durch ein passives bloßes Geschehenlassen (eines Garantenpflichtigen) erfolgt (*Freund* in MüKoStGB § 4 Rn. 36). Ein Inverkehrbringen durch Unterlassen liegt aber dann nicht vor, wenn das Arzneimittel bereits **aus der tatsächlichen Verfügungsgewalt** des Abgebenden entlassen (*Freund* in MüKoStGB § 4 Rn. 37) und in die des Empfängers übergegangen war. Dies kommt namentlich dann in Betracht, wenn ein Hersteller oder Vertriebshändler Arzneimittel abgegeben hat, deren Bedenklichkeit erst nach der Abgabe hervortritt. 42

Da der zum Rückruf Verpflichtete keine tatsächliche Verfügungsgewalt (mehr) an dem Arzneimittel hat, kann der **unterlassene Rückruf** nicht als Inverkehrbringen durch Unterlassen angesehen werden (*Freund* in MüKoStGB § 4 Rn. 37; s. auch *Wolters* in Satzger/Schluckebier/Widmaier StGB § 314 Rn. 22). Das der Abgabe nachfolgende Unterlassen kann daher nur noch unter dem Gesichtspunkt der allgemeinen Verletzungsdelikte, namentlich der Körperverletzung, verfolgt werden (*Freund* in MüKoStGB § 4 Rn. 37). 43

III. Anwenden bei anderen. Unter Strafe gestellt ist ferner das Anwenden bei anderen. Wie aus § 5 Abs. 1 zu entnehmen ist, ist darunter die Anwendung bei einem anderen Menschen zu verstehen. Nicht erfasst ist die Anwendung bei einem **Tier.** Ebenso nicht erfasst ist die **Eigenanwendung.** Den Tatbestand erfüllt auch die **heimliche** Anwendung. 44

Das **Anwenden** bei einem Menschen umfasst die Anwendung am oder im menschlichen Körper (→ § 5 Rn. 10). Es kommen insoweit vor allem das **Verabreichen** und das **Überlassen zum unmittelbaren Verbrauch** in Betracht (→ § 5 Rn. 11). Keine Anwendung ist die **Verschreibung** (→ § 5 Rn. 11). Wird das Arz- 45 neimittel zum **Gebrauch** überlassen, so liegt eine Abgabe und damit ein Inverkehrbringen vor (→ § 5 Rn. 11).

46 **IV. Entgegen § 5 Abs. 1.** Das Inverkehrbringen oder Anwenden muss entgegen § 5 Abs. 1 erfolgen. Diese Vorschrift verbietet das Inverkehrbringen oder Anwenden **bedenklicher** Arzneimittel. Welche Arzneimittel **bedenklich** sind, ist in § 5 Abs. 2 definiert (→ § 5 Rn. 13–50).

47 **1. Begründeter Verdacht schädlicher Wirkungen.** Danach muss zunächst festgestellt werden, ob
– bei bestimmungsgemäßem Gebrauch des Arzneimittels (→ § 5 Rn. 31–41)
– ein begründeter Verdacht (→ § 5 Rn. 23–25)
– schädlicher Wirkungen (→ § 5 Rn. 16–22)
besteht.

48 **2. Jeweiliger Stand der wissenschaftlichen Erkenntnisse.** Dieser Verdacht muss nach dem jeweiligen Stand der wissenschaftlichen Erkenntnisse bestehen (→ § 5 Rn. 26–30).

49 **3. Nach den Erkenntnissen der medizinischen Wissenschaft über ein vertretbares Maß hinaus.** Sodann muss geklärt werden, ob die schädlichen Wirkungen nach der anzustellenden Nutzen-Risiko-Abwägung das nach wissenschaftlicher Erkenntnis vertretbare Maß überschreiten (→ § 5 Rn. 42–50).

50 **C. Vorbereitung, Versuch, Vollendung, Beendigung.** Der Straftatbestand ist ein Vergehen, so dass eine Strafbarkeit von Vorbereitungshandlungen (§ 30 StGB) nicht in Betracht kommt. Dagegen ist der Versuch strafbar (§ 95 Abs. 2). Es gelten die allgemeinen strafrechtlichen Grundsätze (→ BtMG Vor § 29 Rn. 171–206). Zum untauglichen Versuch → BtMG Vor § 29 Rn. 177–179, zum Rücktritt und zum fehlgeschlagenen Versuch → BtMG Vor § 29 Rn. 201–206.

51 **I. Inverkehrbringen.** Das Inverkehrbringen umfasst nicht nur den Verkauf und die sonstige Abgabe, sondern auch bestimmte Vorbereitungshandlungen dazu. Durch Absatz 2 wird die Grenze noch einmal vorverlegt.

52 **1. Vorrätighalten.** Vorrätighalten ist Besitzen mit dem Ziel, den Vorrat zu verkaufen oder sonst abzugeben (→ § 4 Rn. 51–57). Wie die Abgabe ist das Vorrätighalten daher ein dingliches Geschäft. Der **Versuch** beginnt daher erst mit Handlungen, mit denen der Täter nach seiner Vorstellung unmittelbar zu dem dinglichen Vorgang der Erlangung der tatsächlichen Verfügungsgewalt ansetzt. **Vollendet** ist das Vorrätighalten, wenn das Arzneimittel in ein irgendwie geartetes Lager aufgenommen wird, das zum Verkauf oder zu sonstiger Abgabe bestimmt ist; das **Verbringen** über die deutsche Hoheitsgrenze ist daher nur ein Versuch (BGHSt 59, 16 = NJW 2014, 326 = NStZ 2014, 468 mAnm *Volkmer* = StV 2014, 221 = PharmR 2014 mAnm *Floeth* = MedR 2014, 655 = A&R 2014, 35 mAnm *Winkler*; BGHR AMG § 96 Nr. 5 Inverkehrbringen 1 = StV 1998, 663). Dasselbe gilt für die **Herstellung.**

53 **Beendet** ist das Vorrätighalten mit dem Verkauf oder sonstiger Abgabe oder mit der Bestimmung zum Eigenverbrauch.

54 **2. Feilhalten.** Auch in diesem Fall muss sich das Arzneimittel in der Verfügungsgewalt des Täters befinden und in eine Lager- oder Vorratshaltung aufgenommen sein (→ § 4 Rn. 58), so dass für den Beginn des **Versuchs** ebenfalls zunächst auf → Rn. 52 verwiesen werden kann. **Hinzu kommen** muss die Aufstellung in einer Weise, die äußerlich erkennbar auf die Verkaufsabsicht hindeutet (→ § 4 Rn. 58). Auch in diesem Fall wird in aller Regel bereits Vorrätighalten und damit vollendetes Inverkehrbringen vorliegen. **Vollendet** ist das Feilhalten, wenn es zu einer solchen Aufstellung gekommen ist. Für die **Beendigung** gilt → Rn. 53 entsprechend.

Strafvorschriften **§ 95 AMG**

3. Feilbieten. Auch beim Feilbieten muss sich das Arzneimittel in der tatsäch- 55
lichen Verfügungsgewalt des Täters befinden und in eine Lager- oder Vorratshaltung aufgenommen sein (→ § 4 Rn. 59), so dass für den Beginn des Versuchs ebenfalls zunächst auf → Rn. 52 Bezug genommen werden kann. Hinzukommen muss das Anpreisen der Arzneimittel (→ § 4 Rn. 59). In vielen Fällen wird auch hier bereits Vorrätighalten oder Feilhalten vorliegen. Das Feilbieten ist erst **vollendet**, wenn die Anpreisung dem potenziellen Empfänger zugegangen ist (→ BtMG § 29 Rn. 517). Für die **Beendigung** gilt → Rn. 53 entsprechend.

4. Abgabe. Die Abgabe und damit das Inverkehrbringen ist ein dingliches Ge- 56
schäft (→ BtMG § 29 Rn. 1126). Zum Beginn des **Versuchs** daher → BtMG § 29
Rn. 1126. Allerdings wird in solchen Fällen vielfach ein Vorrätighalten, Feilhalten oder Feilbieten und damit bereits vollendetes Inverkehrbringen vorliegen.

Vollendet ist die Abgabe mit dem Übergang der tatsächlichen Verfügungsgewalt 57
auf den Empfänger. Das Arzneimittel muss in den **Zugriffsbereich des Adressaten** gelangen; so ist es bei einer Versendung nicht ausreichend, wenn das Arzneimittel am Zielflughafen von Zollbeamten entdeckt und beschlagnahmt wird oder wenn es von der Polizei an einer Tarnadresse in Empfang genommen und sichergestellt wird (BGHSt 59, 16 (→ Rn. 52); BGH NStZ 2015, 591). Im Übrigen wird auf → BtMG § 29 Rn. 1127 Bezug genommen. Vollendung und **Beendigung** fallen bei der Abgabe zusammen (→ BtMG § 29 Rn. 1128).

II. Anwenden bei anderen. Da das Anwenden bei einem anderen Menschen 58
im Wesentlichen in einem Verabreichen oder Überlassen zum unmittelbaren Verbrauch besteht, sind dieselben Regeln wie im Betäubungsmittelrecht maßgeblich.
Auf → BtMG § 29 Rn. 1553–1555 kann daher Bezug genommen werden.

D. Täterschaft, Teilnahme. Es gelten die allgemeinen Regeln (→ BtMG Vor 59
§ 29 Rn. 241–386). Jeder Marktteilnehmer oder Anwender kann daher grundsätzlich als Täter, mittelbarer Täter oder Mittäter in Betracht kommen (→ § 4 Rn. 47;
→ § 5 Rn. 6, 12).

I. Inverkehrbringen. Allerdings setzt das Inverkehrbringen **in jeder Variante** 60
des § 4 Abs. 17 die tatsächliche Verfügungsgewalt des Inverkehrbringenden voraus.
Es gehört damit zu den **echten Sonderdelikten** (BGH NStZ-RR 2016, 346
(= PharmR 2016, 40 = BeckRS 2015, 19540; *Oğlakcıoğlu* in Kotz/Rahlf BtM-StrafR Kap. 2 Rn. 260; *Horn* NJW 1977, 2329 (2334)), so dass Täter, mittelbarer Täter und Mittäter nur sein kann, wer **eigene tatsächliche Verfügungsgewalt** mit dem Ziel der Übertragung ausübt (Vorrätighalten (→ § 4 Rn. 51), Feilhalten (→ § 4 Rn. 58), Feilbieten (→ § 4 Rn. 59)) oder wer eine solche überträgt (Abgabe;
→ § 4 Rn. 14, 61–71). Zur Mittäterschaft bei **Gremienentscheidungen** → Vor § 95 Rn. 28–49.

Das Erfordernis der eigenen Verfügungsmacht dient nicht der sachlichen Charak- 61
terisierung der Tat, sondern als Anknüpfung für die Pflichtenbindung des Täters, der für den Übergang der Gefahrenquelle verantwortlich ist (→ BtMG § 29 Rn. 1131). Es ist daher ein **strafbegründendes** besonderes persönliches Merkmal **nach § 28 Abs. 1 StGB** (*Wolters* in Satzger/Schluckebier/Widmaier StGB § 314 Rn. 21; *Horn* NJW 1977, 2329 (2334)); dazu → BtMG Vor § 29 Rn. 777, 778. Zur etwaigen **doppelten** Strafmilderung → BtMG Vor § 29 Rn. 772.

Wer **fremde** Verfügungsgewalt **ausübt** oder ihren Übergang **bewirkt,** ist 62
grundsätzlich Teilnehmer (*Wolters* in Satzger/Schluckebier/Widmaier StGB § 314 Rn. 21). Zum mittelbaren Besitz → § 4 Rn. 65, zur Besitzdienerschaft (zB Bote)
→ § 4 Rn. 65. Ob der Transporteur von Arzneimitteln (Kurier) Besitzmittler (unmittelbarer Besitzer) oder Besitzdiener ist oder ob er eigene tatsächliche Verfügungsgewalt in Anspruch nimmt, richtet sich nach den Umständen des Einzelfalls.

AMG § 95 Siebzehnter Abschnitt. Straf- und Bußgeldvorschriften

63 Dadurch, dass die gesetzliche Regelung auf das **Inverkehrbringen** abstellt und auch keinen eigenen Tatbestand des **Förderns** enthält wie etwa das KWKG (§ 19 Abs. 1 Nr. 2, § 20 Abs. 1 Nr. 2, § 20a Abs. 1 Nr. 3), kann sie zu empfindlichen **Strafbarkeitslücken** führen (*Freund* in MüKoStGB Vor § 95 Rn. 82), etwa wenn ein externer Chemiker, der mit der Prüfung eines Produkts betraut ist, festgestellte Bedenken nicht mitteilt, oder wenn ein Saboteur ein Arzneimittel unbemerkt kontaminiert (Beispiele von *Freund* in MüKoStGB Vor § 95 Rn. 82).

64 **1. Inhaber der tatsächlichen Verfügungsgewalt in Pharma-Unternehmen.** Inhaber der tatsächlichen Verfügungsgewalt ist in einem Pharma-Unternehmen der Inhaber des Betriebs oder der Einrichtung oder bei juristischen Personen die Geschäftsleitung (→ § 19 Rn. 23–26). Dass sie nur in den seltensten Fällen selbst den Übergang der tatsächlichen Verfügungsgewalt bewirken, ändert daran nichts; die Personen, die für sie handeln, werden in aller Regel als Besitzdiener oder Besitzmittler für sie tätig (→ Rn. 62). Lassen sie es zu, dass die Mitarbeiter bedenkliche Arzneimittel in den Verkehr bringen, so haben sie, sofern nicht bereits mittelbare Täterschaft vorliegt, nach den Grundsätzen des begehungsgleichen Unterlassens dafür einzustehen (*Freund* in MüKoStGB § 4 Rn. 23, 36; *Mayer* Produktverantwortung S. 586).

65 **2. Erweiterung des Täterkreises in Pharma-Unternehmen.** Problematisch ist das Beteiligungsverhältnis der Mitarbeiter eines Pharma-Unternehmens, etwa wenn sie ein verunreinigtes Arzneimittel nicht melden und so ohne Wissen der Geschäftsleitung in den Verkehr gelangen lassen. Hier sind die **gesetzlich** geregelten Besonderheiten zu beachten, die den pharmazeutischen Betrieb gegenüber anderen kennzeichnen und die mit der Festlegung von Verantwortungsbereichen eine **Erweiterung des Täterkreises** des Sonderdelikts zur Folge haben (iErg auch *Horn* NJW 1977, 2329 (2334)):

66 Dies gilt zunächst für die **sachkundige Person** (§ 14 Abs. 1 Nr. 1; → § 19 Rn. 1–7, 27). Nach § 19 S. 2 hat diese die Einhaltung der arzneimittelrechtlichen Vorschriften vor dem Inverkehrbringen jeder Charge zu bescheinigen; nach § 16 Abs. 1 AMWHV darf eine Charge nur in den Verkehr gebracht werden, wenn sie von der sachkundigen Person freigegeben wurde. **Kraft Gesetzes** wurde ihr damit die Verantwortung für das Inverkehrbringen übertragen, so dass es (nur) insoweit (→ § 19 Rn. 3) auf den pharmazeutischen Unternehmer **nicht** ankommt.

67 Rechtlich geregelte Verantwortungsbereiche sind auch dem **Leiter der Herstellung** (→ § 19 Rn. 28, 29) und dem **Leiter der Qualitätskontrolle** (→ § 19 Rn. 30, 31) zugewiesen (*Tag* in Deutsch/Lippert § 95/96 Rn. 29). Auch sie tragen kraft Rechtsvorschrift (AMWHV) die Verantwortung für ein ordnungsgemäßes Inverkehrbringen des Arzneimittels, so dass auch sie als Mittäter oder mittelbarer Täter in Betracht kommen. Sie nur als Teilnehmer zu betrachten, wird ihrer auf **gesetzlicher** Grundlage beruhenden Verantwortung nicht gerecht.

68 Auch der Verantwortungsbereich des **Informationsbeauftragten** (§ 74a; → § 19 Rn. 32, 34, 35) ist **gesetzlich** geregelt. Er ist persönlich hierfür verantwortlich, so dass er insoweit auch für ein ordnungsgemäßes Inverkehrbringen einzustehen hat.

69 Auch dem **Pharmaberater** (§§ 75, 76) obliegt im Rahmen der Pharmakovigilanz ein **gesetzlich** geregelter Verantwortungsbereich, der ihn verpflichtet, Mitteilungen von Angehörigen der Heilberufe über Nebenwirkungen, Gegenanzeigen und sonstige Risiken bei Arzneimitteln zu dokumentieren und seinem Auftraggeber schriftlich mitzuteilen (§ 76 Abs. 1 S. 2; *Freund* in MüKoStGB §§ 74a–76 Rn. 6). Auch er hat daher durch Erfüllung seiner Pflichten für ein ordnungsgemäßes Inverkehrbringen der Arzneimittel einzustehen (*Mayer* Produktverantwortung S. 586).

Entsprechendes gilt für den **Stufenplanbeauftragten** (§ 63a; → § 19 Rn. 32, 33; *Mayer* Produktverantwortung S. 586). Er wird zwar erst tätig, nachdem zumindest die erste Charge eines Arzneimittels in den Verkehr gebracht wurde, kann aber für das Inverkehrbringen späterer Chargen (mit-)verantwortlich sein (s. *Koyuncu* in Deutsch/Lippert § 74a Rn. 10). 70

Der Aufgabenbereich des **Vertriebsleiters,** der nach § 19 aF für das Inverkehrbringen der Arzneimittel in Übereinstimmung mit den gesetzlichen Vorgaben des AMG, BtMG und HWG verantwortlich war, ist seit der Neufassung des § 19 nicht mehr **gesetzlich** geregelt (→ § 19 Rn. 36), so dass insoweit eine **gesetzliche** Erweiterung des Täterkreises nicht mehr in Betracht kommt. Wird ein solcher Vertriebsleiter durch den pharmazeutischen Unternehmer bestellt, so ist er allerdings, da er für das Inverkehrbringen der Arzneimittel unmittelbar verantwortlich ist, auch als Inhaber der tatsächlichen Verfügungsgewalt anzusehen. 71

Dies kommt auch bei **anderen Mitarbeitern** in Betracht, wenn sie ein eigenes tatsächliches Herrschaftsverhältnis zu den Arzneimitteln begründen (→ BtMG § 29 Rn. 1066, 1159), etwa indem sie sie eigenmächtig verkaufen oder abgeben. In aller Regel wird es aber an der tatsächlichen Verfügungsgewalt fehlen, so dass die in → Rn. 62 beschriebenen **Strafbarkeitslücken** hier verstärkt auftreten. 72

3. Empfänger. Nicht strafbar wegen Anstiftung oder Beihilfe macht sich der Empfänger, auf den die tatsächliche Verfügungsgewalt übertragen wird. Die Abgabe verlangt, dass der Empfänger die tatsächliche Verfügungsmacht erlangt (→ Rn. 56, 57). Er ist daher **notwendiger Teilnehmer,** da der Tatbestand zu seiner Erfüllung notwendig die Beteiligung zweier Personen erfordert; (→ BtMG Vor § 29 Rn. 280, 281). Der **Erwerb** selbst ist anders als im BtMG nicht strafbar. 73

II. Anwenden bei anderen. Im Unterschied zum Inverkehrbringen wird bei der Anwendung eines bedenklichen Arzneimittels bei einem anderen Menschen keine tatsächliche Verfügungsgewalt übertragen (→ Rn. 45). Es kommt daher **nicht** darauf an, wer deren **Inhaber** ist, so dass Täter, mittelbarer Täter oder Mittäter auch derjenige sein kann, dem die tatsächliche Verfügungsgewalt **nicht** zukommt (→ BtMG § 29 Rn. 1557). 74

Der **Empfänger** ist **notwendiger Teilnehmer,** da der Tatbestand zu seiner Erfüllung notwendig die Beteiligung zweier Personen erfordert (→ BtMG § 29 Rn. 1558). Er kann sich daher nicht wegen Anstiftung oder Beihilfe strafbar machen. 75

E. Handeln im Ausland. Auf → Rn. 5, 6 wird Bezug genommen. Dies gilt sowohl für das **Inverkehrbringen** im Ausland als auch für das **Anwenden.** Wird auch nur ein Teilakt des Inverkehrbringens in Deutschland verwirklicht, liegt im Hinblick auf die Bewertungseinheit eine Inlandstat vor (§ 9 StGB). 76

F. Subjektiver Tatbestand. Die Strafbarkeit nach Absatz 1 Satz 1 Nr. 1 verlangt Vorsatz (→ Rn. 78, 79). Kann **der Nachweis** vorsätzlichen Handelns **nicht geführt** werden, so hat das Gericht im Rahmen seiner **Pflicht zur erschöpfenden Aburteilung** (→ Rn. 20) die fahrlässige Begehung (Absatz 4; → Rn. 81) zu prüfen. 77

I. Vorsatz. Der Vorsatz (→ Rn. 9–12) muss sich auf das Inverkehrbringen oder Anwenden bedenklicher Arzneimittel beziehen (→ Rn. 35–49). **Bedingter Vorsatz** (→ Rn. 12) reicht aus. 78

Bedenklich ist ein Arzneimittel dann, wenn nach dem jeweiligen Stand der wissenschaftlichen Erkenntnisse der begründete **Verdacht** besteht, dass sie bei bestimmungsgemäßem Gebrauch schädliche Wirkungen haben, die über ein nach den Erkenntnissen der medizinischen Wissenschaft vertretbares Maß hinausgehen (→ Rn. 47–49). Der Vorsatz muss sich auf alle diese Merkmale beziehen. Dies gilt auch für das normative Tatbestandsmerkmal (→ Rn. 10) der Bedenklichkeit. Um 79 dessen sozialen Bedeutungsgehalt zu erfassen, muss der Täter die tatsächlichen Umstände kennen, die für die Abwägung zwischen dem bekannten Risiko und dem Nutzen und damit für den therapeutischen Nutzen des Präparats von Relevanz sind; vorsätzlich handelt er dann, wenn er diese nach einer Parallelwertung in der Laiensphäre richtig in sein Vorstellungsbild aufgenommen hat (BGH NJW 2019, 3392 = PharmR 2019, 564 = A&R 2019, 239). Ist das Arzneimittel zugelassen (§ 21), so kann der Inverkehrbringende oder Anwendende mangels gegenteiliger Anhaltspunkte grundsätzlich davon ausgehen, dass ein Verdacht der (unvertretbaren) Schädlichkeit nicht besteht (→ § 25 Rn. 13–15; *Kloesel/Cyran* § 95 Anm. 3).

80 **II. Irrtumsfälle.** Zu den Irrtumsfällen → Rn. 13–18. Die dort genannten Regeln gelten auch für den **begründeten Verdacht** schädlicher Wirkungen: irrt der Täter über die Tatsachen, die diesen Verdacht begründen oder erlangt er nicht die notwendige Bedeutungskenntnis des Begriffs des Verdachts (→ Rn. 10, 13, 14), so kommt ein **Tatbestandsirrtum** in Betracht; es ist dann fahrlässige Begehung zu prüfen (→ Rn. 19, 20). Hat der Täter die notwendige Bedeutungskenntnis, hält er aber gleichwohl einen begründeten Verdacht nicht für gegeben, so liegt ein **Subsumtionsirrtum** vor, der dann relevant werden kann, wenn er zu einem **Verbotsirrtum** führt (→ Rn. 14). Entsprechendes gilt für die Frage der **Vertretbarkeit:** irrt der Täter über die tatsächlichen Voraussetzungen des Abwägungsprozesses, liegt ein Tatbestandsirrtum vor; dagegen ist die Abwägung selbst eine rechtliche Wertung (BGH NJW 2019, 3392 (→ Rn. 79)). Irrt der Täter über **Umstände,** die **nicht zum Tatbestand** gehören, etwa die Art des Arzneimittels, so ist dies für die Schuldfrage unbeachtlich (→ Rn. 15).

81 **III. Fahrlässigkeit.** Nach Absatz 4 ist die fahrlässige Begehung strafbar. Zur Fahrlässigkeit → Vor § 95 Rn. 100–112. Dort auch zu den Sorgfaltspflichten beim Inverkehrbringen und Anwenden von Arzneimitteln. Zu den verantwortlichen Personen in Pharma-Unternehmen → Vor § 95 Rn. 113–118.

82 **G. Konkurrenzen.** Zu den Konkurrenzen → Rn. 21, 22. Im Übrigen gilt:

83 **I. Inverkehrbringen.** Das Inverkehrbringen ist ein Absatzdelikt, so dass gegebenenfalls mehrere Teilakte eine **Bewertungseinheit** bilden können (→ § 4 Rn. 45, 46); der Tatbestand wird daher nur einmal erfüllt, wenn der Verkaufsvorrat später verkauft wird (*Freund* in MüKoStGB § 95 Rn. 73; *Volkmer* in Körner/Patzak/Volkmer Rn. 65). Nicht zu dieser Bewertungseinheit gehört das **Herstellen.** Wird beim Herstellen ein Vorrat gebildet, wie es meist der Fall sein wird, kommt Tateinheit in Betracht.

84 Im Übrigen kann das Inverkehrbringen bedenklicher Arzneimittel mit verschiedenen Tatbeständen des Arzneimittelrechts und des allgemeinen Strafrechts zusammentreffen. Da nicht alle Dopingmittel bedenkliche Arzneimittel sein müssen, ist auch Tateinheit mit § 4 Abs. 1 Nr. 1 AntiDopG möglich (*Volkmer* in Körner/Patzak/Volkmer Rn. 67). Entsprechendes gilt für § 95 Abs. 1 Nr. 2 und Nr. 3 a (s. *Wolz* Bedenkliche Arzneimittel S. 53) und § 96 Nr. 5 (BGHR Abs. 1 Nr. 1 Arzneimittel 2 = StV 1998, 663). **Tateinheit** besteht auch mit § 95 Abs. 1 Nr. 4 (BGH NStZ 2012, 218 = PharmR 2012, 158 mAnm *Krüger* = A&R 2012, 128; *Volkmer* in Körner/Patzak/Volkmer Rn. 66); sind die bedenklichen (verschreibungspflichtigen) Arzneimittel zum gewinnbringenden Umsatz außerhalb von Apotheken bestimmt, so kann der Tatbestand des Handeltreibens (§ 95 Abs. 1 Nr. 4) auch schon vor dem Inverkehrbringen erfüllt sein.

85 Mit den Tatbeständen des StGB, die die **körperliche Unversehrtheit** (zB §§ 223, 229) oder das **Leben** (zB §§ 212, 222, 227) schützen, liegt Tateinheit vor. Zur **Produkthaftung** → Vor § 95 Rn. 50–118).

86 An der Strafbarkeit nach den allgemeinen Vorschriften kann es allerdings fehlen, wenn die Voraussetzungen der eigenverantwortlichen **Selbstgefährdung** (→ Vor

Strafvorschriften **§ 95 AMG**

§ 95 Rn. 94), oder der **Einwilligung** (→ Vor § 95 Rn. 96) vorliegen. Sie sind auch bei bedenklichen Arzneimitteln nicht ausgeschlossen.

II. Anwenden bei anderen. Eine Bewertungseinheit kommt hier nicht in Betracht. Tateinheit ist mit § 4 Abs. 1 Nr. 2 AntiDopG möglich (→ Rn. 84). Tateinheit besteht auch mit den Tatbeständen des StGB, die die **körperliche Unversehrtheit** (zB §§ 223, 229) oder das **Leben** (zB §§ 212, 222, 227) schützen. An der Strafbarkeit nach diesen Vorschriften kann es allerdings auch hier fehlen, wenn die Voraussetzungen der eigenverantwortlichen **Selbstgefährdung,** oder der **Einwilligung** vorliegen (→ Rn. 86). Zur einverständlichen **Fremdgefährdung** und zur Abgrenzung von der eigenverantwortlichen Selbstgefährdung → Vor § 95 Rn. 94. 87

G. Strafzumessung. → Rn. 23–30. 88

Kapitel 2. Inverkehrbringen oder Anwenden von Arzneimitteln entgegen § 6 Abs. 1 (§ 95 Abs. 1 Nr. 2)

A. Grundtatbestand. Grundlage der Strafvorschrift ist § 6 Abs. 1 in Verbindung mit einer nach § 6 Abs. 2, auch in Verbindung mit Absatz 3, erlassenen Rechtsverordnung. Das Verbot ist nunmehr im Gesetz selbst enthalten, so dass die verfassungsrechtlichen Bedenken, die gegen die frühere Fassung mit ihrer **Rückverweisungstechnik** (→ Vor § 95 Rn. 3–13) bestanden haben, ausgeräumt sind (→ § 6 Rn. 1). 89

B. Tathandlung. Unter Strafe gestellt ist das **Inverkehrbringen** oder das **Anwenden** eines Arzneimittels (bei einem anderen Menschen oder einem Tier) entgegen § 6 Abs. 1 in Verbindung mit einer Rechtsverordnung nach § 6 Abs. 2, auch in Verbindung mit § 6 Abs. 3. Die Bewehrung der in § 6 Abs. 1 ebenfalls genannten **Herstellung** eines solchen Arzneimittels ist in § 96 Nr. 2 enthalten. 90

I. Arzneimittel. Die Vorschrift gilt für Arzneimittel aller Art (→ § 6 Rn. 4). 91

Für Arzneimittel, die im Wege des sog. **Einzelimportes** nach Deutschland verbracht worden waren, gilt § 95 Abs. 1 **nur eingeschränkt** (→ § 73 Rn. 65), und zwar nur für Arzneimittel, die wieder außer Landes verbracht werden sollen (§ 73 Abs. 2 Nr. 3a). Auf → § 73 Rn. 66, 72 wird verwiesen. 92

II. Inverkehrbringen. Auf → Rn. 37–43 wird Bezug genommen. Dies gilt auch für das Vorrätighalten zu Exportzwecken (→ Rn. 39). 93

III. Anwenden bei einem anderen Menschen oder einem Tier. Verboten ist nunmehr nicht nur das Inverkehrbringen, sondern auch das Anwenden bei einem anderen Menschen oder einem Tier. Die früher bestehende Ungereimtheit (→ 5. Auflage, Rn. 93) ist damit beseitigt. Das ebenfalls in § 6 Abs. 1 genannte Verbot der Herstellung ist in § 96 Nr. 2 unter Strafe bewehrt. 94

Soweit es um die Anwendung **bei Menschen** geht, kann auf → Rn. 44, 45 Bezug genommen werden. Bei der Anwendung **bei einem Tier** wird es sich in aller Regel um ein Verabreichen handeln (→ § 2 Rn. 61). In Betracht kommt aber auch die Überlassung zum unmittelbaren Verbrauch (→ § 56a Rn. 21). 95

IV. Entgegen § 6 Abs. 1 in Verbindung mit einer Rechtsverordnung nach § 6 Abs. 2, auch in Verbindung mit § 6 Abs. 3. Das Inverkehrbringen oder Anwenden muss entgegen § 6 Abs. 1 in Verbindung mit einer Rechtsverordnung nach § 6 Abs. 2, 3 erfolgen. § 6 Abs. 1 verbietet das Inverkehrbringen oder Anwenden von Arzneimitteln, bei deren Herstellung einer durch Rechtsverordnung nach § 6 Abs. 2, auch in Verbindung mit § 6 Abs. 3, angeordneten Bestimmung über die Verwendung von Stoffen, Zubereitungen aus Stoffen oder Gegenständen, die in der Anlage zu § 6 genannt sind, zuwidergehandelt wurde. **Das Verbot** erfordert danach **zweierlei:** 96

Weber 1863

AMG § 95 Siebzehnter Abschnitt. Straf- und Bußgeldvorschriften

97 **1. Aufnahme in die Anlage zu § 6.** Die Stoffe, Zubereitungen aus Stoffen oder Gegenstände müssen in der Anlage zu § 6 genannt sein. Dies sind derzeit Aflatoxine, Ethylenoxid, Farbstoffe, Frischzellen und Stoffe, Zubereitungen aus Stoffen oder Gegenstände tierischer Herkunft mit dem Risiko der Übertragung transmissibler spongiformer Enzephalopathien (→ § 6 Rn. 6).

98 **2. Aufnahme in eine nach § 6 Abs. 2, 3 erlassene Rechtsverordnung.** Die in → Rn. 97 genannten Stoffe, Zubereitungen aus Stoffen oder Gegenstände müssen in eine Rechtsverordnung nach § 6 Abs. 2, 3, aufgenommen sein, in der ihre Verwendung bei der Herstellung von Arzneimitteln vorgeschrieben, beschränkt oder verboten wird.

99 Die **derzeit geltenden Verordnungen** sind in → § 6 Rn. 9 aufgeführt. Sie enthalten sämtlich Verbote. Die Verordnungen wurden nach der Änderung des § 6 nicht neu gefasst, sind aber weiterhin in Geltung (→ § 6 Rn. 10). Nicht nach § 6 strafbewehrt ist die PharmStV (→ § 6 Rn. 12).

100 **C. Vorbereitung, Versuch, Vollendung, Beendigung.** Eine Strafbarkeit von Vorbereitungshandlungen kommt nicht in Betracht (§ 30 StGB). Dagegen ist der Versuch strafbar (§ 95 Abs. 2). Es gelten die allgemeinen Regeln. dazu näher → Rn. 50. Zu den einzelnen Stadien der Tatbestandsverwirklichung beim **Inverkehrbringen** → Rn. 50–57 und beim **Anwenden** → Rn. 58; die dort genannten Regeln gelten auch für die Anwendung an einem Tier.

101 **D. Täterschaft, Teilnahme.** Unter Strafe gestellt ist einmal das **Inverkehrbringen.** Auf → Rn. 59–73 kann insoweit verwiesen werden. Die bei Pharmaunternehmen anzutreffenden Besonderheiten (→ Rn. 64–72) dürften auch hier häufiger in Betracht kommen. Strafbar ist auch das **Anwenden** bei einem anderen Menschen oder einem Tier. Zur Beteiligung hierbei → Rn. 74 und soweit es um die Anwendung bei einem Menschen geht, auch → Rn. 75.

102 **E. Handeln im Ausland.** Auf → Rn. 5, 6, 76 wird Bezug genommen.

103 **F. Subjektiver Tatbestand.** Die Strafbarkeit nach Absatz 1 Nr. 2 verlangt Vorsatz. Kann der Nachweis vorsätzlichen Handelns nicht geführt werden, so hat das Gericht im Rahmen seiner Pflicht zur erschöpfenden Aburteilung (→ Rn. 20) die fahrlässige Begehung (Absatz 4; → Rn. 106) zu prüfen.

104 **I. Vorsatz.** Der Vorsatz (→ Rn. 9–12) muss sich auf das Inverkehrbringen oder das Anwenden von Arzneimitteln beziehen, bei deren Herstellung in der Anlage zu § 6 genannte Stoffe, Zubereitungen aus Stoffen oder Gegenstände verwendet wurden, deren Verwendung in einer Rechtsverordnung nach § 6 Abs. 2, 3 verboten wurde (→ Rn. 97–99). **Bedingter Vorsatz** (→ Rn. 12) reicht aus.

105 **II. Irrtumsfälle.** Zu den Irrtumsfällen → Rn. 13–18. Die dort genannten Regeln gelten auch für die Aufnahme einer Substanz oder eines Gegenstands in die Anlage zu § 6 oder in eine Rechtsverordnung zu § 6 Abs. 2, 3. Irrt der Täter über die Tatsache der Aufnahme und erlangt er nicht die notwendige Bedeutungskenntnis so kommt ein **Tatbestandsirrtum** in Betracht; es ist die fahrlässige Begehung zu prüfen (→ Rn. 19, 20). Hat der Täter die notwendige Kenntnis, hält er aber gleichwohl die Verwendung der Substanz für zulässig, etwa weil er nur eine geringe Menge verwendet, so liegt ein **Subsumtionsirrtum** vor, der dann relevant werden kann, wenn er zu einem **Verbotsirrtum** führt (→ Rn. 14).

106 **III. Fahrlässigkeit.** Nach Absatz 4 ist die fahrlässige Begehung strafbar. Zur Fahrlässigkeit → Rn. 19 sowie → Vor § 95 Rn. 100–112, dort auch zu den Sorgfaltspflichten beim Inverkehrbringen und Anwenden von Arzneimitteln. Zu den verantwortlichen Personen in Pharma-Unternehmen → Vor § 95 Rn. 113–118.

Strafvorschriften § 95 AMG

G. Konkurrenzen. zunächst → Rn. 21, 22. Strafbar ist das Inverkehrbringen 107
und das Anwenden. Hinsichtlich des **Inverkehrbringens** gelten die → Rn. 83–86
entsprechend. Hinsichtlich des **Anwendens** wird auf → Rn. 87 verwiesen.

H. Strafzumessung. Es gelten die in → Rn. 23–30 dargestellten Regeln. 108

Kapitel 3. Die Tatbestände des § 95 Abs. 1 Nr. 3a

Die Vorschrift enthält **zwei Alternativen,** die selbständig nebeneinander stehen 109
und seit dem Gesetz v. 19.10.2012 (BGBl. I S. 2192) nur noch hinsichtlich des Herstellens und des Inverkehrbringens übereinstimmen. Auch die Handlungsobjekte
sind verschieden.

Teil 1. Herstellen, Inverkehrbringen qualitätsgeminderter Arzneimittel oder Wirkstoffe entgegen § 8 Abs. 1 Nr. 1 (§ 95 Abs. 1 Nr. 3a Alt. 1)

A. Grundtatbestand. Grundlage der Strafvorschrift ist das in § 8 Abs. 1 Nr. 1 110
geregelte Verbot des Herstellens und des Inverkehrbringens von qualitätsgeminderten Arzneimitteln oder Wirkstoffen (→ § 8 Rn. 1–17). Zur Verweisung auf § 73
Abs. 4 und § 73a → Rn. 113 und 117.

B. Tathandlungen. Unter Strafe gestellt ist das Herstellen oder Inverkehrbrin- 111
gen qualitätsgeminderter Arzneimittel oder Wirkstoffe entgegen § 8 Abs. 1 Nr. 1.

I. Arzneimittel, Wirkstoffe. Die Vorschrift gilt für Arzneimittel aller Art 112
(→ § 8 Rn. 3) sowie für Wirkstoffe (§ 4 Abs. 19 (→ § 4 Rn. 80–83)). Sie ist auch
dann anwendbar, wenn die Arzneimittel nicht den angegebenen, sondern einen anderen Wirkstoff enthalten (BGHSt 59, 16 (→ Rn. 52)).

Eine **verwirrende Regelung** enthält das Gesetz für qualitätsgeminderte Arznei- 113
mittel, die unter den Voraussetzungen des § 73 Abs. 2–3a im Wege des sog. **Einzelimportes** erlaubt nach Deutschland **verbracht** worden waren (→ § 73 Rn. 66).
Während in § 95 Abs. 1 Nr. 3a generell auf § 73 Abs. 4 verwiesen wird, sieht diese
Vorschrift selbst die Anwendung des § 95 Abs. 1 Nr. 3a lediglich bei den in → § 73
Rn. 69–72 genannten Arzneimitteln vor (dazu im Einzelnen → Rn. 36). Ein Sinn
dieser Einschränkung ist nicht überall zu erkennen (→ § 73 Rn. 73). Gleichwohl ist
für die **strafrechtliche** Beurteilung im Interesse der Gesetzesklarheit allein auf die
engere Fassung des § 73 Abs. 4 abzustellen (*Pfohl* in Erbs/Kohlhaas Rn. 8). Für
Wirkstoffe gilt § 73 Abs. 4 nicht.

II. Herstellen, Inverkehrbringen. Anders als bei den bedenklichen Arznei- 114
mitteln ist bei den qualitätsgeminderten Arzneimitteln (oder Wirkstoffen) bereits
das **Herstellen** strafbar. Hinzu kommt das **Inverkehrbringen.** Zu dem in der
Strafvorschrift ebenfalls genannten **Handeltreiben** → Rn. 118.

1. Herstellen. Der Begriff des Herstellens ist umfassend zu verstehen (→ § 4 115
Rn. 31–38). Er erfasst alle Vorgänge, die zur Herstellung eines Arzneimittels erforderlich sind, und umfasst damit **alle Tätigkeiten** des Produktions- und Verarbeitungsprozesses bis zum verkaufsfertig verpackten und freigegebenen Endprodukt
(BGHSt 43, 336 = NJW 1998, 836 = NStZ 1998, 258 = StV 1998, 136; *Koyuncu*
in Deutsch/Lippert § 4 Rn. 52). Zur Herstellung bei verschiedenen Produktionsstufen → § 13 Rn. 14.

Das Herstellen umfasst das Gewinnen, das Anfertigen, das Zubereiten, das Be- 116
oder Verarbeiten, das Umfüllen einschließlich Abfüllen, das Abpacken, das Kennzeichnen und die Freigabe. Im Einzelnen wird dazu auf → § 4 Rn. 34–37 verwiesen. Keine Herstellung ist nach § 4 Abs. 14 Hs. 2 das Mischen von Fertigarzneimitteln mit Futtermitteln durch den Tierhalter zur unmittelbaren Verabreichung an die
von ihm gehaltenen Tiere (→ § 4 Rn. 32).

AMG § 95   Siebzehnter Abschnitt. Straf- und Bußgeldvorschriften

117   **2. Inverkehrbringen.** Auf → Rn. 37–43 wird verwiesen. Dies gilt auch für das Vorrätighalten zum **Export** (→ Rn. 39). Im Unterschied zu § 95 Abs. 1 Nr. 1 wird in Nr. 3a weiterhin auf § 73a verwiesen. Einen Rückschluss auf den Status von Arzneimitteln, die zum Export bestimmt sind, lässt dies nicht zu (→ § 4 Rn. 56). Immerhin stellt die Verweisung klar, dass auch der Export qualitätsgeminderter oder gefälschter Arzneimittel unter den Voraussetzungen des § 73a Abs. 1 nicht verboten ist.

118   **3. Keine Tathandlung: Handeltreiben.** Das Handeltreiben ist zwar in der Strafvorschrift genannt, aber in der bewehrten Vorschrift (§ 8 Abs. 1 Nr. 1) **nicht** vorhanden; seine Aufnahme in § 95 Abs. 1 Nr. 3a kann sich daher nur auf die gefälschten Arzneimittel oder Wirkstoffe (§ 8 Abs. 2) und damit auf die zweite Alternative der Nr. 3a beziehen (zum vergleichbaren Tatbestandsmix bei § 95 Abs. 1 Nr. 4 s. BGH NStZ 2004, 457 (→ Rn. 168)).

119   **III. Entgegen § 8 Abs. 1 Nr. 1.** Das Herstellen oder Inverkehrbringen muss entgegen § 8 Abs. 1 Nr. 1 erfolgen.

120   **1. Abweichung von den anerkannten pharmazeutischen Regeln.** Erforderlich ist danach, dass eine Abweichung von den anerkannten pharmazeutischen Regeln gegeben ist; dazu → § 8 Rn. 10, 11.

121   **2. Nicht unerhebliche Minderung der Qualität.** Weitere Voraussetzung ist, dass eine nicht unerhebliche Minderung der Qualität des Arzneimittels oder Wirkstoffs festgestellt wird; dazu → § 8 Rn. 12–16.

122   **3. Kausalität.** Die nicht unerhebliche Minderung der Qualität muss ursächlich auf die Abweichung von den anerkannten pharmazeutischen Regeln zurückzuführen sein; dazu → § 8 Rn. 12.

123   **C. Vorbereitung, Versuch, Vollendung, Beendigung.** Eine Strafbarkeit von Vorbereitungshandlungen kommt nicht in Betracht (§ 30 StGB). Dagegen ist der Versuch strafbar (§ 95 Abs. 2). Es gelten die allgemeinen strafrechtlichen Grundsätze (dazu näher → Rn. 50). Im Übrigen ist zwischen den einzelnen Tathandlungen zu unterscheiden:

124   **I. Herstellen.** Bloße **Vorbereitungshandlungen** sind die in → BtMG § 29 Rn. 137 genannten Tätigkeiten. Wird ein Grund- oder Ausgangsstoff (→ § 2 Rn. 11–21) nicht angeschafft, sondern entsteht er durch einen **Herstellungsvorgang,** so liegt bereits Vollendung vor (BGHSt 43, 336 (→ Rn. 115)).

125   Zum Beginn des **Versuch** → BtMG § 29 Rn. 138. Dabei ist auf die Legaldefinition des Herstellens (→ § 4 Rn. 34–37) zu achten.

126   Die Herstellung ist ein **(unechtes) Unternehmensdelikt** (→ § 4 Rn. 33; → BtMG § 29 Rn. 139), so dass für Versuchshandlungen nur wenig Raum bleibt. Schon mit der Aufnahme der Arzneimittelherstellung (möglicherweise enger BGHSt 43, 336 (→ Rn. 115)) und damit mit dem Beginn des Herstellungsvorgangs tritt **Vollendung** ein. Sie bedarf weder des Eintritts des erstrebten Erfolgs noch eines Zwischenergebnisses (enger möglicherweise BGHSt 43, 336 (→ Rn. 115): Vor- oder Zwischenprodukt).

127   **Beendet** ist die Herstellung, wenn der Herstellungsprozess zu Ende geführt und keine weitere Veränderung des gewonnenen Produkts beabsichtigt ist. Der Täter muss **alle Einzeltätigkeiten,** die nach seinem Tatplan zur Herstellung erforderlich sind, **erledigt** haben. Das Produkt kann auch ein Grund- oder Ausgangsstoff (→ Rn. 124) oder ein Zwischenprodukt (→ § 4 Rn. 22–24) sein. Es ist daher nicht notwendig, dass das Produktionsergebnis konsumfertig oder als Arzneimittel brauchbar ist. Entscheidend ist nur, dass der Täter eine weitere Veränderung nicht beabsichtigt (→ BtMG § 29 Rn. 140).

128   **II. Inverkehrbringen.** Auf → Rn. 51–57 wird verwiesen.

Strafvorschriften **§ 95 AMG**

D. Täterschaft, Teilnahme. Es gelten die allgemeinen Regeln (→ BtMG Vor 129 § 29 Rn. 241–386). Im Übrigen ist zu unterscheiden:
I. Herstellen. Das Herstellen ist kein Sonderdelikt (→ § 8 Rn. 6). Täter, mittel- 130 barer Täter oder Mittäter kann einschließlich des Geldgebers jeder am Herstellungsprozess Beteiligte sein. Nicht notwendig ist, dass ihm die Rohstoffe oder Produktionsmittel gehören oder das Endprodukt wirtschaftlich zusteht. Danach kann auch Mittäter sein, wer durch Überlassen von Geld und Räumen die Herstellung qualitätsgeminderter Arzneimittel fördert (→ BtMG § 29 Rn. 141).

Nicht ohne weiteres (Mit-)Täter sind Personen, die am Herstellungsprozess nur 131 als **Arbeitnehmer** oder in einer arbeitnehmerähnlichen Stellung tätig sind (erfüllen sie alle Tatbestandsmerkmale des Herstellens **eigenhändig,** so sind sie Täter (→ BtMG § 29 Rn. 76)) oder lediglich **am Rande** des eigentlichen Herstellungsprozesses **mitgewirkt** haben, etwa bei der Suche nach geeigneten Laborräumen oder der Beschaffung chemischer Stoffe. Auch wenn der Beteiligte entlohnt wird, bedarf es hier einer besonderen Prüfung der Willensrichtung (→ BtMG § 29 Rn. 142). Zur Herstellung in fremden Wohnungen oder Räumen → BtMG § 29 Rn. 143.

II. Inverkehrbringen. Insoweit kann auf → Rn. 59–73 Bezug genommen wer- 132 den. Die bei Pharmaunternehmen anzutreffenden Besonderheiten (→ Rn. 64–72) dürften hier häufiger in Betracht kommen. Zur Anwendung des § 28 Abs. 1 StGB → Rn. 61. Dort auch zur etwaigen doppelten Strafmilderung. Zur Straflosigkeit des Empfängers → Rn. 73.

E. Handeln im Ausland. Auf → Rn. 5, 6 wird Bezug genommen. Zum Vor- 133 rätighalten zum Export → Rn. 7, 39. Wird auch nur ein Teilakt des Inverkehrbringens in Deutschland verwirklicht, liegt im Hinblick auf die Bewertungseinheit eine Inlandstat vor (§ 9 StGB).

F. Subjektiver Tatbestand. Die Strafbarkeit nach Absatz 1 Nr. 3a Alt. 1 ver- 134 langt Vorsatz. Kann der Nachweis vorsätzlichen Handelns nicht geführt werden, so hat das Gericht im Rahmen seiner Pflicht zur erschöpfenden Aburteilung (→ Rn. 20) die fahrlässige Begehung (Absatz 4; → Rn. 137) zu prüfen.

I. Vorsatz. Der Vorsatz (→ Rn. 9–12) muss sich auf das Herstellen (→ Rn. 115, 135 116) oder das Inverkehrbringen (→ Rn. 117) von Arzneimitteln beziehen, die auf Grund einer Abweichung von anerkannten pharmazeutischen Regeln eine nicht unerhebliche Qualität erlitten haben (→ Rn. 119–122). **Bedingter Vorsatz** (→ Rn. 12) reicht aus.

II. Irrtumsfälle. Zu den Irrtumsfällen → Rn. 13–18. Ein Irrtum kann bei dem 136 vielschichtigen Tatbestand auf allen Stufen eintreten. Irrt der Täter über Tatsachen oder hat er bei normativen Tatbestandsmerkmalen nicht die notwendige Bedeutungskenntnis (→ Rn. 10, 11, 13), so kommt ein **Tatbestandsirrtum** in Betracht; es ist dann eine fahrlässige Begehung zu prüfen. Insgesamt kann die Beweislage beim Hersteller und Inverkehrbringenden unterschiedlich sein. Kennt der Täter die Tatsachen, die die Qualitätsminderung begründen, hält er aber gleichwohl eine solche nicht für gegeben, so liegt ein **Subsumtionsirrtum** vor, der dann relevant werden kann, wenn er zu einem **Verbotsirrtum** führt (→ Rn. 14). Irrt der Täter über **Umstände,** die **nicht zum Tatbestand** gehören, etwa die Art des Arzneimittels, so ist dies für die Schuldfrage unbeachtlich (→ Rn. 15).

III. Fahrlässigkeit. Nach Absatz 4 ist die fahrlässige Begehung strafbar. Zur 137 Fahrlässigkeit → Rn. 19 sowie → Vor § 95 Rn. 100–112, dort auch zu den Sorgfaltspflichten beim Inverkehrbringen und Anwenden von Arzneimitteln. Zu den verantwortlichen Personen in Pharma-Unternehmen → Vor § 95 Rn. 113–118.

Weber 1867

AMG § 95   Siebzehnter Abschnitt. Straf- und Bußgeldvorschriften

138   **G. Konkurrenzen.** Zu den Konkurrenzen → Rn. 21, 22. Zur Produktverantwortung → Vor § 95 Rn. 50–118. Sind die qualitätsgeminderten (verschreibungspflichtigen) Arzneimittel zum gewinnbringenden Umsatz außerhalb von Apotheken bestimmt, so kann der Tatbestand des **Handeltreibens** (§ 95 Abs. 1 Nr. 4) bereits mit der **Herstellung** erfüllt sein; die beiden Delikte stehen dann in Tateinheit (→ Rn. 220).

139   Zwischen **Inverkehrbringen** und Herstellen besteht Tateinheit, wenn beim Herstellungsprozess ein Verkaufsvorrat entsteht. Im Übrigen kann das Inverkehrbringen auch mit den sonstigen Vorschriften des Arzneimittel- und Betäubungsmittelrechts (→ Rn. 84) und den allgemeinen **Körperverletzungs-** und Tötungstatbeständen (→ Rn. 85, 86) tateinheitlich zusammentreffen. Zur Produktverantwortung wird auf → Vor § 95 Rn. 50–118.

140   **H. Strafzumessung.** → Rn. 23–30.

Teil 2. Herstellen, Inverkehrbringen gefälschter Arzneimittel oder Wirkstoffe, Handeltreiben mit ihnen entgegen § 8 Abs. 2 (§ 95 Abs. 1 Nr. 3a Alt. 2)

141   **A. Grundtatbestand.** Grundlage der Strafvorschrift ist das in § 8 Abs. 2 geregelte Verbot des Herstellens oder Inverkehrbringens von gefälschten Arzneimitteln oder Wirkstoffen sowie das durch Gesetz v. 19.10.2012 (BGBl. I S. 2192) eingeführte Verbot des **Handeltreibens** mit ihnen.

142   **B. Tathandlungen.** Unter Strafe gestellt ist das Herstellen und Inverkehrbringen gefälschter Arzneimittel oder Wirkstoffe sowie das Handeltreiben mit diesen entgegen § 8 Abs. 2.

143   **I. Arzneimittel oder Wirkstoffe.** Tatobjekte sind (gefälschte) Arzneimittel aller Art (→ § 8 Rn. 3) sowie Wirkstoffe (§ 4 Abs. 19 (→ § 4 Rn. 80–83)). Die verwirrende Regelung, die das Gesetz hinsichtlich der im Wege des **Einzelimports** (§ 73 Abs. 4) nach Deutschland verbrachten qualitätsgeminderten Arzneimittel enthält (→ Rn. 113), gilt auch für die gefälschten Arzneimittel, dagegen nicht für Wirkstoffe.

144   **II. Herstellen, Inverkehrbringen, Handeltreiben.** Anders als bei den bedenklichen Arzneimitteln ist bei den gefälschten Arzneimitteln oder Wirkstoffen bereits die Herstellung und auch das Handeltreiben strafbar. Desgleichen gilt für das Verbringen nach Deutschland, das aber in § 96 Nr. 18e eigens strafbewehrt ist.

145   **1. Herstellen.** Zum Herstellen → Rn. 115, 116.

146   **2. Inverkehrbringen.** Zum Inverkehrbringen → Rn. 37–43. Dies gilt auch für das Vorrätighalten zum **Export;** auf → Rn. 117 wird verwiesen.

147   **3. Handeltreiben.** Anders als bei den bedenklichen Arzneimitteln ist bei den gefälschten Arzneimitteln und Wirkstoffen auch das **Handeltreiben** strafbar. Dies erscheint im Sinne einer Verstärkung des Strafrechtsschutzes vor gefährlichen Gütern sehr sinnvoll. Umso unverständlicher ist es, dass der Gesetzgeber bei anderen gefährlichen Gütern, namentlich den bedenklichen Arzneimitteln, nicht ebenso verfahren ist.

148   Zum **Begriff des Handeltreibens** → § 8 Rn. 40, 41. Zum Tatbestand im Einzelnen → § 8 Rn. 42–57.

149   **III. Entgegen § 8 Abs. 2.** Diese Vorschrift bestimmt, dass das Herstellen oder Inverkehrbringen gefälschter Arzneimittel oder Wirkstoffe sowie das Handeltreiben mit ihnen verboten ist.

Strafvorschriften **§ 95 AMG**

1. Gefälschte Arzneimittel. Die gefälschten Arzneimittel sind in § 4 Abs. 40 **150** gesetzlich definiert. Ein gefälschtes Arzneimittel liegt danach vor, wenn es mit falschen Angaben über
- **die Identität,** einschließlich seiner Verpackung, seiner Kennzeichnung, seiner Bezeichnung oder seiner Zusammensetzung in Bezug auf einen oder mehrere seiner Bestandteile, einschließlich der Hilfsstoffe und des Gehalts dieser Bestandteile (§ 4 Abs. 40 Nr. 1; dazu → § 4 Rn. 130),
- **die Herkunft,** einschließlich des Herstellers, das Herstellungsland, das Herkunftsland und den Inhaber der Genehmigung für das Inverkehrbringen oder den Inhaber der Zulassung (§ 4 Abs. 40 Nr. 2; dazu → § 4 Rn. 131) oder
- **den Vertriebsweg,** der in Aufzeichnungen und Dokumenten beschrieben ist (§ 4 Abs. 40 Nr. 3; dazu → § 4 Rn. 132)

versehen ist. Eine **Qualitätsminderung** oder eine **Gefahr** muss mit der falschen Kennzeichnung **nicht** verbunden sein; es werden daher auch einwandfreie Produkte erfasst (→ § 4 Rn. 133). Auf der anderen Seite unterfallen **unbeabsichtigte** Kennzeichnungs- oder Qualitätsmängel, die in berechtigten Betrieben auftreten, **nicht** dem Fälschungsbegriff (→ § 4 Rn. 129).

2. Gefälschter Wirkstoff. Die gefälschten Wirkstoffe sind in § 4 Abs. 41 gesetz- **151** lich definiert. Ein gefälschter Wirkstoff (→ § 4 Rn. 134–136) ist danach ein Wirkstoff,
- dessen Kennzeichnung auf dem Behältnis nicht den tatsächlichen Inhalt angibt (§ 4 Abs. 41 Alt. 1; → § 4 Rn. 135) oder
- dessen Begleitdokumentation nicht alle beteiligten Hersteller oder nicht den tatsächlichen Vertriebsweg widerspiegelt (§ 4 Abs. 41 Alt. 2 (→ § 4 Rn. 136).

Auch hier unterfallen **unbeabsichtigte** Kennzeichnungs- oder Qualitätsmängel, die in berechtigten Betrieben auftreten, **nicht** dem Fälschungsbegriff (→ § 4 Rn. 135).

C. Vorbereitung, Versuch, Vollendung, Beendigung. Eine Strafbarkeit von **152** Vorbereitungshandlungen kommt nicht in Betracht (§ 30 StGB). Dagegen ist der Versuch strafbar (§ 95 Abs. 2). Es gelten die allgemeinen strafrechtlichen Grundsätze (dazu näher → Rn. 50).

Im Übrigen ist zwischen den **einzelnen Tathandlungen** zu unterscheiden: **153**

I. Herstellen. Zum Herstellen → Rn. 124–127. **154**

II. Inverkehrbringen. Zum Inverkehrbringen → Rn. 128, 51–57. **155**

III. Handeltreiben. Da das AMG den betäubungsmittelrechtlichen Begriff des **156** Handeltreibens übernommen hat (→ § 8 Rn. 40, 41), sind die Regeln maßgeblich, die auch im Betäubungsmittelrecht gelten (→ BtMG § 29 Rn. 573–631). Dies gilt im Hinblick auf den angestrebten Rechtsgüterschutz (*Weber* Handeltreiben S. 429) nicht nur für den Kernbereich des Handeltreibens (→ BtMG § 29 Rn. 574), sondern auch für die Handlungen, die dem Umsatz weit vorgelagert sind oder bei denen ein Umsatz mangels verfügbarer Arzneimittel oder Wirkstoffe überhaupt nicht erreicht werden kann (→ BtMG § 29 Rn. 575).

Im Bereich der Vorbereitung bleibt es, wenn noch nicht zu einem konkreti- **157** sierbaren Geschäft angesetzt wird, etwa bei bloßen Voranfragen, allgemeinen Anfragen oder Sondierungen (→ BtMG § 29 Rn. 585), auch beim Fehlen einer realistischen Grundlage für das Geschäft (→ BtMG § 29 Rn. 586, 587).

Nimmt der Täter eine **tatsächliche Handlung** vor, die dem (eigennützigen) **158** Umgang mit gefälschten Arzneimittel oder Wirkstoffen dient (etwa Herstellen, Befördern), so **beginnt der Versuch** mit dem Beginn dieser tatsächlichen Handlung (→ BtMG § 29 Rn. 588–603), sofern nicht bereits eine andere Handlung, etwa ein Verkauf, vorangegangen ist.

159 Hat der Täter die gefälschten Arzneimittel oder Wirkstoffe in Verkaufsabsicht **inne** oder ist sonst mit ihnen **befasst,** so ist bereits **Vollendung** gegeben (→ BtMG § 29 Rn. 582). Dasselbe gilt, wenn ein **konkretes Umsatzgeschäft** mit den gefälschten Arzneimitteln oder Wirkstoffen **angebahnt** ist (→ BtMG § 29 Rn. 376). Bezieht sich das Geschäft nicht unmittelbar auf die gefälschten Arzneimittel oder Wirkstoffe, wie etwa die Beschaffung von Geräten oder Räumen, so kommt (vollendetes) Handeltreiben in Betracht, wenn ein konkretes Umsatzgeschäft mit gefälschten Arzneimitteln oder Wirkstoffen angebahnt ist oder läuft, etwa wenn diese im Voraus bereits verkauft sind (→ BtMG § 29 Rn. 597, 598).

160 Die Tat ist dann **beendet,** wenn die gefälschten Arzneimitteln oder Wirkstoffe und das Geld übergeben sind oder wenn die Bemühungen um den Umsatz endgültig eingestellt werden (→ BtMG § 29 Rn. 630, 631).

161 Im Übrigen gelten:
– für die Abgrenzung von Vorbereitung und Versuch → BtMG § 29 Rn. 576–607,
– für die Abgrenzung von Versuch und Vollendung → BtMG § 29 Rn. 609–626,
– für die Vollendung → BtMG § 29 Rn. 627–629 und
– für die Beendigung → BtMG § 29 Rn. 630, 631.

Die zahlreichen Streitfragen, die die Fragen des Versuchs, der Vollendung und der Beendigung beim Handeltreiben im Betäubungsmittelrecht bestimmen, konnten im Arzneimittelrecht schon aus zeitlichen Gründen bislang keine praktische Bedeutung erlangen

162 **D. Täterschaft, Teilnahme.** Es gelten die allgemeinen Regeln (→ BtMG Vor § 29 Rn. 242–387). Auch hier ist zwischen den einzelnen Tathandlungen zu unterscheiden.

163 **I. Herstellen.** Zum Herstellen → Rn. 130, 131.

164 **II. Inverkehrbringen.** Zum Inverkehrbringen → Rn. 132, 59–73.

165 **III. Handeltreiben.** Neben der Geltung der allgemeinen Regeln sind im Hinblick auf die Übernahme des betäubungsmittelrechtlichen Begriffs des Handeltreibens) auch die Grundsätze maßgeblich, die im Betäubungsmittelrecht für das Handeltreiben gelten (→ BtMG § 29 Rn. 632–823).

166 **Täterschaftliches Handeltreiben** setzt stets voraus, dass der Beteiligte eigennützig handelt (→ BtMG § 29 Rn. 636). Fehlt es daran, kommt nur Beihilfe in Betracht (→ BtMG § 29 Rn. 637). Andernfalls richtet sich die Beteiligungsform nach den Grundsätzen des allgemeinen Strafrechts. **Abweichend von allen anderen Straftatbeständen** kann nach der Rechtsprechung beim Handeltreiben Beihilfe auch dann vorliegen, wenn der Beteiligte in Person alle Tatbestandsmerkmale der Strafvorschrift verwirklicht hat (→ BtMG § 29 Rn. 638–641). Der Grundsatz, dass bei der eigenhändigen Erfüllung aller Tatbestandsmerkmale stets (Mit-)Täterschaft gegeben ist (§ 25 Abs. 1 StGB), gilt beim Handeltreiben nicht. Da der Gesetzgeber des AMG den Begriff des Handeltreibens in der Form übernommen hat, die er in der Rechtsprechung zum BtMG gefunden hat (BT-Drs. 18/4898, 24), ist diese Auslegung auch für dieses Gesetz maßgeblich.

167 Der Erwerber ist beim Kauf von gefälschten Arzneimitteln oder Wirkstoffen kein Mittäter des Verkäufers beim Handeltreiben, da das gemeinsame Tätigwerden durch die Art der Deliktshandlung notwendig vorgegeben ist. Auf der Käuferseite ist lediglich ein Erwerb gegeben, der aber nicht strafbar ist; der Empfänger macht sich als notwendiger Teilnehmer auch nicht wegen Anstiftung oder Beihilfe zum Handeltreiben strafbar (→ BtMG Vor § 29 Rn. 280, 281). Will der Käufer die gefälschten Arzneimitteln oder Wirkstoffe weiterverkaufen, liegt jeweils selbständige Täterschaft der Beteiligten vor (→ BtMG Vor § 29 Rn. 260).

Strafvorschriften **§ 95 AMG**

Handeltreiben kann auch in **mittelbarer Täterschaft** begangen werden. Dies 168
kommt auch dann in Betracht, wenn ein Handeln oder die Kenntnis des Organisators im Hinblick auf ein konkretes Umsatzgeschäft nicht festgestellt werden kann
(→ BtMG Vor § 29 Rn. 250). Zur mittelbaren Täterschaft eines Tierarztes, der
zahlreiche Tierärzte in einer großen Praxis beschäftigte, s. BGH NStZ 2004, 457
= JR 2004, 248 mAnm *Rotsch* = wistra 2003, 424 = StoffR 2004, 90 mAnm *Pauly*
= BeckRS 2003, 07432).

Zum Handeltreiben auf einem fremden Grundstück oder zur Beteiligung eines 169
Wohnungsinhabers → BtMG § 29 Rn. 560–563, 814.

Im Übrigen bleibt abzuwarten, ob und inwieweit die **zahlreichen Streitfra-** 170
gen, die die Frage der Beteiligung beim Handeltreiben im Betäubungsmittelrecht
bestimmen (→ BtMG § 29 Rn. 632–823), im Arzneimittelstrafrecht praktische Bedeutung erlangen werden.

E. Handeln im Ausland. Auf → Rn. 5, 6 wird Bezug genommen. Zum Vor- 171
rätighalten zum Export → Rn. 7, 39. Auch beim Handeltreiben gilt das Weltrechtsprinzip (§ 6 Nr. 5 StGB) nicht, da es sich nur auf Betäubungsmittel bezieht. Wird
auch nur ein Teilakt des Inverkehrbringens oder Handeltreibens in Deutschland
verwirklicht, liegt im Hinblick auf die Bewertungseinheit eine Inlandstat vor (§ 9
StGB).

E. Subjektiver Tatbestand. Die Strafbarkeit nach Absatz 1 Nr. 3 a Alt. 2 ver- 172
langt Vorsatz. Kann der Nachweis vorsätzlichen Handelns nicht geführt werden, so
hat das Gericht im Rahmen seiner Pflicht zur erschöpfenden Aburteilung
(→ Rn. 20) die fahrlässige Begehung (Absatz 4; → Rn. 175) zu prüfen. Für die einzelnen Tathandlungen gilt:

I. Herstellen. Der **Vorsatz** (→ Rn. 9–12) muss sich auf das Herstellen gefälsch- 173
ter Arzneimittel oder Wirkstoffe entgegen § 8 Abs. 2 beziehen (→ Rn. 144, 145,
149). Bedingter Vorsatz (→ Rn. 12) reicht aus.

Zu den **Irrtumsfällen** → Rn. 13–18. Irrt der Täter über Tatsachen, die die Fäl- 174
schung begründen (→ Rn. 150, 151), so liegt ein **Tatbestandsirrtum** vor; es ist
dann eine fahrlässige Begehung zu prüfen (→ Rn. 19, 20). Insgesamt kann die Beweislage bei den einzelnen Akteuren (Hersteller, Inverkehrbringender, Händler)
unterschiedlich sein. Kennt der Täter die Tatsachen, die die Fälschung begründen,
hält er aber gleichwohl eine solche nicht für gegeben, so liegt ein **Subsumtions-**
irrtum vor, der dann relevant werden kann, wenn er zu einem **Verbotsirrtum**
führt (→ Rn. 14). Irrt der Täter über **Umstände, die nicht zum Tatbestand** gehören, etwa die Art des Arzneimittels, so ist dies für die Schuldfrage unbeachtlich
(→ Rn. 15).

Nach Absatz 4 ist die **fahrlässige Begehung** strafbar. Zur Fahrlässigkeit 175
→ Rn. 19 sowie → Vor § 95 Rn. 100–112, dort auch zu den Sorgfaltspflichten
beim Inverkehrbringen und Anwenden von Arzneimitteln. Zu den verantwortlichen Personen in Pharma-Unternehmen → Vor § 95 Rn. 113–118.

II. Inverkehrbringen. Der Vorsatz (→ Rn. 9–12) muss sich auf das Inverkehr- 176
bringen gefälschter Arzneimittel oder Wirkstoffe beziehen (→ Rn. 144, 146, 149
Bedingter Vorsatz (→ Rn. 12) reicht aus. Zu den Irrtumsfällen und zur Fahrlässigkeit kann auf → Rn. 174, 175 Bezug genommen werden.

III. Handeltreiben. Auch beim Handeltreiben ist die vorsätzliche und die fahr- 177
lässige Begehung strafbar.

1. Vorsatz. Der Vorsatz (→ Rn. 9–12) muss sich auf die eigennützige Förderung 178
des Umsatzes von gefälschten Arzneimitteln oder Wirkstoffen beziehen. (→ Rn. 10).
Diese müssen nicht vorhanden oder zur Stelle sein; ebenso wenig muss der Täter, der
einen Teilakt des Handeltreibens (Bewertungseinheit) verwirklicht, eine Vorstellung

von dem Umsatzgeschäft haben (→ BtMG § 29 Rn. 828, 582, 583). Entsprechendes gilt beim Umgang mit Grundstoffen, Streckmitteln und anderen Stoffen oder Gegenständen (→ BtMG § 29 Rn. 828, 244, 247). Bei der Förderung der Zahlung des Kaufpreises an den Lieferanten der gefälschten Arzneimittel oder Wirkstoffe muss sich der Vorsatz nur hierauf beziehen (→ BtMG § 29 Rn. 828, 470, 471). Bedingter Vorsatz (→ Rn. 12) reicht aus.

179 **2. Irrtumsfälle.** Wie im Betäubungsmittelrecht führt die **besondere Struktur** des Tatbestands dazu, dass beim Handeltreiben in den Fällen des **Irrtums** die allgemeinen Regeln (→ Rn. 13–18) nur zum Teil anwendbar sind.

180 **a) Geltung der allgemeinen Regeln.** Nicht anders als für die anderen Verkehrsformen, etwa das Herstellen, gelten die allgemeinen Regeln für den Tatbestandsirrtum (→ BtMG § 29 Rn. 832, 833, → Vor § 29 Rn. 429–438), für den Verbotsirrtum (→ BtMG § 29 Rn. 832, 834, → Vor § 29 Rn. 441–451) und für den Irrtum über Umstände, die nicht zum Tatbestand gehören (→ BtMG § 29 Rn. 832, 835, → Rn. 462–464).

181 **b) Keine Geltung der allgemeinen Regeln.** Besonderheiten gelten dagegen für den umgekehrten Tatbestandsirrtum (→ BtMG § 29 Rn. 836, 837) und für das Wahndelikt (→ BtMG § 29 Rn. 838, 839).

182 Beim **umgekehrten Tatbestandsirrtum** liegt anders als bei den anderen Verkehrsformen kein (untauglicher) Versuch, sondern vollendetes Handeltreiben vor, wenn etwa der Täter die Beschaffenheit der Substanz nicht kennt und deswegen annimmt, er handele mit einem gefälschten Arzneimittel oder Wirkstoff (→ BtMG § 29 Rn. 837).

183 Beim **umgekehrten Verbotsirrtum** ist dagegen zu unterscheiden: irrt der Täter über die Existenz einer Strafnorm, hält er etwa den Erwerb für den Eigenbedarf für strafbar, so gilt für das Handeltreiben nichts anderes als für die anderen Verkehrsformen; es liegt ein **strafloses Wahndelikt** vor (→ BtMG § 29 Rn. 838). Dasselbe gilt, wenn der Täter (trotz zutreffender Kenntnis der tatsächlichen Umstände) eine bestehende Rechtfertigungsnorm nicht kennt oder die Grenzen dieses Rechtfertigungsgrunds verkennt (→ BtMG § 29 Rn. 838) oder wenn er aufgrund falscher Auslegung des Begriffs des Handeltreibens den Anwendungsbereich des strafrechtlichen Verbots irrtümlich ausdehnt, etwa wenn er meint, auch ein uneigennütziges Handeln erfülle den Tatbestand (→ BtMG § 29 Rn. 838).

184 **Anders ist dies dagegen,** wenn der Täter irrtümlich annimmt, die Substanz, mit der er Handel treibt und deren Beschaffenheit er kennt, sei ein gefälschtes Arzneimittel oder ein gefälschter Wirkstoff. In diesem Falle liegt wiederum vollendetes Handeltreiben vor (→ § 29 Rn. 839). Dasselbe gilt, wenn der Täter falsche Vorstellungen von den tatsächlichen Voraussetzungen des Handeltreibens hat, auch wenn die irrtümlichen Vorstellungen auf unzutreffenden Rechtsvorstellungen beruhen (→ BtMG § 29 Rn. 839).

185 **3. Fahrlässigkeit.** Die fahrlässige Begehung ist auch im Falle des Handeltreibens strafbar. Zu den Besonderheiten beim fahrlässigen Handeltreiben → BtMG § 29 Rn. 2080, 2082. Zur Fahrlässigkeit im Übrigen → Rn. 19 sowie → Vor § 95 Rn. 100–112, dort auch zu den Sorgfaltspflichten beim Inverkehrbringen von Arzneimitteln. Zu den verantwortlichen Personen in Pharma-Unternehmen → Vor § 95 Rn. 113–118.

186 **F. Konkurrenzen.** Zu den Konkurrenzen → Rn. 21, 22. Im Übrigen sind die einzelnen Verkehrsformen zu unterscheiden:

187 **I. Herstellen.** Zum Herstellen → Rn. 138.

188 **II. Inverkehrbringen.** Zum Inverkehrbringen → Rn. 139.

III. Handeltreiben. Auch im Arzneimittelrecht gehört das Handeltreiben zu 189
den Delikten, bei denen mehrere natürliche Handlungen durch den Tatbestand
des Gesetzes zu einer (Bewertungs-)Einheit verknüpft werden (→ BtMG Vor § 29
Rn. 588–670). Die Bewertungseinheit erfasst **alle Betätigungen,** die sich auf den
Umsatz desselben Arzneimittels richten (*Volkmer* in Körner/Patzak/Volkmer
Rn. 235). Bereits mit dem ersten Teilakt ist der Tatbestand des Handeltreibens in
Bezug auf die Gesamtmenge vollendet (→ BtMG Vor § 29 Rn. 591).

Zu der Bewertungseinheit gehören als unselbständige Teilakte auch **alle späteren** 190
Veräußerungsaktivitäten und Zahlungsvorgänge, wobei die im Rahmen desselben
Güterumsatzes aufeinander folgenden Teilakte keine mehrfache Verwirklichung
des Tatbestands darstellen, sondern stets nur als **eine Tat** des Handeltreibens anzusehen sind (→ BtMG Vor § 29 Rn. 595). Unerheblich ist, ob der Täter sie von vornherein vorgesehen hatte oder sich erst später dazu entschlossen hat.

Anders als im Betäubungsmittelrecht **fehlt** dem Begriff des Handeltreibens im 191
Arzneimittelrecht jedoch die **umfassende** Bedeutung, die dazu führt, dass die anderen Begehungsweisen als Teilakte in ihm aufgehen (→ § 43 Rn. 39). Es gelten
daher statt des Vorrangs des Handeltreibens die **allgemeinen Konkurrenzregeln.**
Herstellen und Inverkehrbringen können deswegen tateinheitlich mit Handeltreiben zusammentreffen. Das Handeltreiben ist darüber hinaus in der Lage, das Herstellen und das Inverkehrbringen zu Tateinheit zu verklammern (→ BtMG Vor
§ 29 Rn. 698–700).

Mit den **übrigen Delikten** des Arzneimittelrechts und den Straftaten des Betäu- 192
bungsmittelrechts besteht Tateinheit (→ Rn. 138, 220). Spezialität oder gar privilegierende Spezialität anderer Vorschriften des Arzneimittelrechts (→ Rn. 221, 222)
kann angesichts des Unrechtsgehalts der Nr. 3a Alt. 2 nicht in Betracht kommen.

Tateinheit besteht auch mit den allgemeinen **Körperverletzungs-** und **Tö-** 193
tungstatbeständen (→ Rn. 85, 86) sowie der Urkundenfälschung. Zur Produktverantwortung → Vor § 95 Rn. 50–118.

H. Strafzumessung. → Rn. 23–30. 194

Kapitel 4. Die Tatbestände des § 95 Abs. 1 Nr. 4

Die Vorschrift behandelt einen **Ausschnitt** aus den zahlreichen Verboten des 195
§ 43 (→ § 43 Rn. 89–107). Sie enthält, was auf Grund der unzulänglichen Gesetzgebungstechnik nicht leicht zu erkennen ist, **drei Alternativen, die selbständig
nebeneinander** stehen. Soweit in ihr die Abgabe von Arzneimitteln angeführt ist,
bezieht sich dies nur auf die beiden Verbotsnormen des § 43 Abs. 2 und 3 (BGH
NStZ 2004, 457 (→ Rn. 168); OLG Stuttgart NStZ-RR 2012, 154 = A&R 2012,
184 mkritAnm *Winkler*).

Den drei Alternativen ist lediglich **gemeinsam,** dass sie sich auf **Arzneimittel** 196
iSd § 2 Abs. 1, Abs. 2 Nr. 1 (→ § 43 Rn. 10) beziehen, die, enger als der Grundtatbestand, **verschreibungspflichtig** sein müssen. Zur Verschreibungspflicht s. § 48
sowie § 43 Rn. 4, 5. Zur Verschreibungspflicht eines **Coffein-Paracetamol-Ge-
misches** → § 48 Rn. 62. Der Verstoß gegen § 43 Abs. 1 S. 1 ist keine Straftat nach
§ 95 Abs. 1 Nr. 4, sondern eine Ordnungswidrigkeit nach § 97 Abs. 2 Nr. 10; bei Eigennutz kann Handeltreiben (§ 43 Abs. 1 S. 2) vorliegen (→ § 43 Rn. 91).

Für Arzneimittel, die im Wege des **Einzelimports** nach Deutschland verbracht 197
wurden, gilt dasselbe wie in den Fällen des § 95 Abs. 1 Nr. 2; auf → Rn. 92 kann
daher verwiesen werden.

AMG § 95 Siebzehnter Abschnitt. Straf- und Bußgeldvorschriften

Teil 1. Handeltreiben mit verschreibungspflichtigen Arzneimitteln außerhalb einer Apotheke entgegen § 43 Abs. 1 S. 2 (§ 95 Abs. 1 Nr. 4 Alt. 1)

198 **A. Grundtatbestand.** Grundlage der Strafvorschrift ist § 43 Abs. 1 S. 2.

199 **B. Tathandlung.** Unter Strafe gestellt ist das Handeltreiben mit verschreibungspflichtigen Arzneimitteln entgegen § 43 Abs. 1 S. 2.

200 **I. Arzneimittel.** → Rn. 196, 203.

201 **II. Handeltreiben.** Im Einzelnen wird verwiesen
- zum **Ziel** der Aufnahme des Handeltreibens in § 43 AMG und zur nicht immer gelungenen **Zielerreichung** auf → § 43 Rn. 37–43,
- zum Begriff des Handeltreibens, namentlich zum Handeltreiben **außerhalb einer Apotheke,** auf → § 43 Rn. 44–49,
- zum **Tatbestand** im Einzelnen → § 43 Rn. 50–61.

202 **III. Entgegen § 43 Abs. 1 S. 2.** Insoweit kann zunächst auf die Ausführungen zum Grundtatbestand (→ § 43 Rn. 44–61) verwiesen werden.

203 **1. Verschreibungspflichtige Arzneimittel.** Die Arzneimittel müssen verschreibungspflichtig sein (→ Rn. 196). Das Handeltreiben mit lediglich apothekenpflichtigen Arzneimitteln ist eine Ordnungswidrigkeit nach § 97 Abs. 2 Nr. 10. Ebenso eine Ordnungswidrigkeit nach dieser Vorschrift ist das berufs- oder gewerbsmäßige Inverkehrbringen verschreibungspflichtiger Arzneimittel, das sich, etwa mangels Eigennutz, nicht als Handeltreiben darstellt (BGH NStZ 2004, 457 (→ Rn. 168)).

204 **2. Außerhalb der Apotheken.** Insoweit wird auf → § 43 Rn. 46, 47 Bezug genommen.

205 **a) Geltung für Jedermann.** Die Strafvorschrift wendet sich an Jedermann (OLG Stuttgart NStZ-RR 2013, 174). In Betracht kommen vor allem Privatpersonen, namentlich Arzneimitteldealer, Pharmareferenten, Heilpraktiker, Krankenpfleger oder Drogisten (*Volkmer* in Körner/Patzak/Volkmer Rn. 211).

206 **b) Apotheker.** Die Vorschrift gilt auch für den Apotheker, wenn der Umsatz außerhalb der Apotheke erfolgt (*Körner*, 6. Aufl. 2007, Rn. 74; wohl auch *Volkmer* in Körner/Patzak/Volkmer AMG § 211; unklar *Freund* in MüKoStGB § 95 Rn. 47 Fn. 64). **Versendet** der Apotheker das Arzneimittel, ohne über eine Versandhandelserlaubnis (→ § 43 Rn. 30–34; → Rn. 80–87) zu verfügen, so liegt verbotenes Handeltreiben vor (*Körner*, 6. Aufl. 2007, Rn. 74).

207 **c) Ärzte.** Auch Ärzte können sich nach Nr. 4 Alt. 1 strafbar machen, wenn sie Arzneimittel in Gewinnerzielungsabsicht abgeben, etwa **Ärztemuster** (→ § 43 Rn. 26; *Bowitz* MedR 2016, 168 (169); s. *Volkmer* in Körner/Patzak/Volkmer Rn. 220) oder **zurückgenommene Arzneimittel** (→ § 43 Rn. 27). Handeltreiben liegt auch dann vor, wenn sie Arzneimittel zu diesem Zweck vorrätig halten; etwas anderes gilt dann, wenn der Vorrat der Verabreichung oder Überlassung zum unmittelbaren Verbrauch im Rahmen einer ärztlichen Behandlung dient (*Volkmer* in Körner/Patzak/Volkmer Rn. 214). Soweit Verschreibungspflicht gegeben ist, gilt die Strafvorschrift auch für von dem Arzt hergestellte Arzneimittel, etwa Eigenblut- oder Eigenurinzubereitungen (→ § 2 Rn. 8), die der Arzt an den Patienten in Gewinnerzielungsabsicht wieder verkauft (BayObLG NJW 1998, 3440; *Körner*, 6. Aufl. 2007, Rn. 79).

208 **d) Tierärzte.** Auch Tierärzte, die **außerhalb ihres Dispensierrechts** (→ § 43 Rn. 35, 61, 72–78) verschreibungspflichtige Arzneimittel verkaufen, sonst eigennützig abgeben oder sie, ohne dass die Voraussetzungen des § 43 Abs. 5 S. 4, 5 vorliegen, **versenden,** machen sich nach Nr. 4 Alt. 1 strafbar. Dass hier vielfach auch

die Voraussetzungen der Nr. 8 (→ Rn. 332–364) gegeben sind (BGH NStZ 2004, 457 (→ Rn. 168)), steht dem nicht entgegen. Vielmehr besteht in solchen Fällen Tateinheit, da die Nr. 8 auf der einen Seite nur das Verschreiben, Abgeben und Anwenden der Arzneimittel unter Strafe stellt, auf der anderen Seite aber keine Gewinnerzielungsabsicht voraussetzt.

Verbotenes **Handeltreiben** kommt etwa in Betracht, wenn der Tierarzt **Anabolika** an einen Bodybuilder verkauft (BGH NStZ 2004, 457 (→ Rn. 168)). 209

e) Pharmazeutische Unternehmer, Großhändler. Auch pharmazeutische Unternehmer oder Großhändler, die sich nicht an den vorgeschriebenen Vertriebsweg halten, machen sich wegen verbotenen Handeltreibens strafbar. Auch sie sind von dem Verbot des Handeltreibens mit verschreibungspflichtigen Arzneimitteln außerhalb der Apotheken nur ausgenommen, wenn sie den vorgeschriebenen Vertriebsweg einhalten. Nr. 5 steht dem nicht entgegen, weil auch diese Vorschrift nur das Abgeben erfasst und auch auf die Gewinnerzielungsabsicht nicht abstellt (→ Rn. 279, 287). 210

C. Vorbereitung, Versuch, Vollendung, Beendigung. Eine Strafbarkeit von Vorbereitungshandlungen kommt nicht in Betracht (§ 30 StGB). Dagegen ist der Versuch strafbar (§ 95 Abs. 2). Auf → Rn. 156–161 wird verwiesen. **Erschleicht** sich der Täter Kassenrezepte für verschreibungspflichtige Arzneimittel, die er später gewinnbringend umsetzen will, so beginnt das Handeltreiben mit der Erschleichung des Rezepts (OLG Stuttgart NStZ-RR 2013, 174). Mit dem ebenfalls bereits vollendeten **Betrug** gegenüber der Krankenkasse steht dies in Tateinheit (OLG Stuttgart NStZ-RR 2013, 174). 211

D. Täterschaft, Teilnahme. Auf → Rn. 162, 165–170 wird Bezug genommen. 212

E. Handeln im Ausland. Auf → Rn. 5, 6 wird Bezug genommen. Auch beim Handeltreiben gilt das Weltrechtsprinzip (§ 6 Nr. 5 StGB) **nicht,** da es sich nur auf Betäubungsmittel bezieht. Wird auch nur ein Teilakt des Inverkehrbringens oder Handeltreibens in Deutschland verwirklicht, liegt im Hinblick auf die Bewertungseinheit eine Inlandstat vor (§ 9 StGB). 213

F. Subjektiver Tatbestand. Die Strafbarkeit nach Absatz 1 Nr. 4 Alt. 1 verlangt Vorsatz. Kann der Nachweis vorsätzlichen Handelns nicht geführt werden, so hat das Gericht im Rahmen seiner Pflicht zur erschöpfenden Aburteilung (→ Rn. 20) die fahrlässige Begehung (Absatz 4; → Rn. 217) zu prüfen. 214

I. Vorsatz. Der Vorsatz (→ Rn. 9–12) muss sich auf die eigennützige Förderung des Umsatzes von verschreibungspflichtigen Arzneimitteln (→ Rn. 10–11) außerhalb einer Apotheke beziehen. Diese müssen nicht vorhanden oder zur Stelle sein; ebenso wenig muss der Täter, der einen Teilakt des Handeltreibens (Bewertungseinheit) verwirklicht, eine Vorstellung von dem Umsatzgeschäft haben (→ BtMG § 29 Rn. 828, 582, 583). Entsprechendes gilt beim Umgang mit Grundstoffen, Streckmitteln und anderen Stoffen oder Gegenständen (→ BtMG § 29 Rn. 828, 244, 247). Bei der Förderung der Zahlung des Kaufpreises an den Lieferanten der Arzneimittel muss sich der Vorsatz nur hierauf beziehen (→ BtMG § 29 Rn. 828, 470, 471). Bedingter Vorsatz (→ Rn. 12) reicht aus. 215

II. Irrtumsfälle. Wie im Betäubungsmittelrecht führt die besondere Struktur des Tatbestands dazu, dass beim Handeltreiben in den Fällen des **Irrtums** die allgemeinen Regeln (→ Rn. 13–18) nur zum Teil anwendbar sind. Wegen der Einzelheiten wird auf → Rn. 180–184 verwiesen. 216

III. Fahrlässigkeit. Die fahrlässige Begehung ist auch im Falle des Handeltreibens strafbar. Zu den Besonderheiten beim fahrlässigen Handeltreiben → BtMG § 29 Rn. 2080, 2082. Zur Fahrlässigkeit im Übrigen → Rn. 19 sowie → Vor § 95 Rn. 100–112; dort auch zu den Sorgfaltspflichten beim Inverkehrbringen von Arz- 217

AMG § 95 Siebzehnter Abschnitt. Straf- und Bußgeldvorschriften

neimitteln. Zu den verantwortlichen Personen in Pharma-Unternehmen → Vor § 95 Rn. 113–118.

218 **G. Konkurrenzen, Bewertungseinheit.** Zu den Konkurrenzen → Rn. 21, 22. Auch im Falle der Nr. 4 Alt. 1 werden mehrere natürliche Handlungen durch den Tatbestand des Gesetzes zu einer **(Bewertungs-)Einheit** verknüpft werden. dazu im Einzelnen → Rn. 189–191. Im Übrigen gelten die allgemeinen Regeln.

219 **I. Arzneimittelstraftaten.** Hinsichtlich der Arzneimittelstraftaten bedeutet dies:

220 **1. Tateinheit.** Tateinheit besteht, soweit das Handeltreiben mit anderen Vorschriften des Arzneimittelrechts zusammentrifft, denen ein eigener Unrechtsgehalt zukommt. Insoweit kann zunächst auf → Rn. 84 verwiesen werden. Tateinheit besteht auch mit der unerlaubten Abgabe verschreibungspflichtiger Arzneimittel an Tierhalter gemäß § 95 Abs. 1 Nr. 8, da in der alleinigen Verurteilung nach dieser Vorschrift das eigennützige Verhalten des Täters nicht erfasst wird (→ Rn. 208; dies wird in BGH NStZ 2004, 457 (→ Rn. 168) nicht erörtert). Desgleichen besteht Tateinheit mit der eigennützigen Herstellung ohne Herstellungserlaubnis (§ 96 Nr. 4 AMG).

221 **2. Spezialität.** Das AMG hat das Handeltreiben zwar nicht mit der umfassenden Bedeutung ausgestattet wie das BtMG (→ Rn. 191), so dass es auch von Spezialvorschriften verdrängt werden kann. Von milderen gilt dies allerdings nur, wenn ein Fall der **privilegierenden Spezialität** vorliegt (→ BtMG Vor § 29 Rn. 724). An einer solchen fehlt es, wenn ein befugter Großhändler mit verschreibungspflichtigen Arzneimitteln Handel treibt, indem er sie an andere als die in § 47 Abs. 1 genannten Personen oder Stellen veräußert (*Freund* in MüKoStGB § 95 Rn. 53; aA *Volkmer* in Körner/Patzak/Volkmer Rn. 237). Es mangelt bereits daran, dass Nr. 5 nicht alle Merkmale der Nr. 4 enthält. So fehlt das Merkmal der Eigennützigkeit. Auch würde es keinen Sinn machen, gerade den Großhändler dadurch zu privilegieren, dass die Strafbarkeit hier erst mit der Abgabe eintritt. Da die Beschränkung des § 95 Abs. 1 Nr. 4 Alt. 1, § 43 Abs. 1 auf den Einzelhandel durch das 8. AMGÄndG vom 7.9.1998 aufgegeben wurde, kann insoweit auch auf frühere Rechtsprechung nicht zurückgegriffen werden.

222 Wird auf die Voraussetzungen der **privilegierenden Spezialität** abgestellt, so hat die Auffassung, dass Nr. 4 Alt. 1 „gegenüber zahlreichen Spezialtatbeständen zurücktritt" (*Volkmer* in Körner/Patzak/Volkmer Rn. 237), keine tragfähige Grundlage.

223 **II. Allgemeine Straftaten.** Tateinheit besteht mit dem **Betrug,** der mit dem Erschleichen eines Kassenrezepts begangen wird (→ Rn. 211).

224 **H. Strafzumessung.** → Rn. 23–30. Dient ein als verschreibungspflichtiges Arzneimittel anzusehendes Streckmittel dem **Umsatz von Drogen,** so ist dies als strafschärfender Umstand zu werten (KG NStZ-RR 2011, 353). Notwendig ist, nicht anders als im BtMG, die Feststellung des **Wirkstoffgehalts** (KG NStZ-RR 2011, 353).

Teil 2. Abgabe von verschreibungspflichtigen Arzneimitteln durch juristische Personen/Personenvereinigungen an ihre Mitglieder entgegen § 43 Abs. 2 (§ 95 Abs. 1 Nr. 4 Alt. 2)

225 **A. Grundtatbestand.** Grundlage der Strafvorschrift ist § 43 Abs. 2 (→ § 43 Rn. 63, 64; s. BGH NStZ 2004, 457 (→ Rn. 168)).

226 **B. Tathandlung.** Unter Strafe gestellt ist die Abgabe von verschreibungspflichtigen Arzneimitteln durch juristische Personen, nicht rechtsfähige Vereine oder Gesellschaften des bürgerlichen Rechts und des Handelsrechts an ihre Mitglieder, es sei denn, dass es sich bei den Mitgliedern um Apotheken oder um die in § 47 Abs. 1 genannten Personen oder Stellen handelt und die Abgabe unter den dort bezeichneten Voraussetzungen erfolgt.

I. Arzneimittel. Die Arzneimittel müssen **verschreibungspflichtig** sein (→ Rn. 196). Für die Fälle des **Einzelimports** → Rn. 197. 227

II. Abgabe. Verboten und strafbar ist nur die Abgabe (→ § 4 Rn. 14, 61–72), nicht dagegen schon die Vorstufen zur Abgabe. Die Abgabe muss nicht eigennützig sein. 228

III. Entgegen § 43 Abs. 2. Verboten ist die Abgabe durch eine juristische Person oder eine Personenvereinigung an ihre Mitglieder. 229

1. Juristische Personen oder Personenvereinigungen. § 43 Abs. 2 wendet sich an juristische Personen, nicht rechtsfähige Vereine und Gesellschaften des bürgerlichen Rechts und des Handelsrechts. Allerdings sind diese als solche im **strafrechtlichen** Sinne **nicht handlungsfähig.** Als Täter oder Teilnehmer kommen daher nur die für sie handelnden natürlichen Personen in Betracht (*Tag* in Deutsch/Lippert § 95 Rn. 31). Bei juristischen Personen haften die vertretungsberechtigten Organe oder bei mehrgliedrigen Organen deren Mitglieder (§ 14 Abs. 1 Nr. 1 StGB), bei rechtsfähigen Personengesellschaften (OHG, KG) oder bei BGB-Gesellschaften, die am Rechtsverkehr teilnehmen (*Lackner/Kühl* StGB § 14 Rn. 2; *Bosch* in Satzger/Schluckebier/Widmaier StGB § 14 Rn. 8), die vertretungsberechtigten Gesellschafter (§ 14 Abs. 1 Nr. 2 StGB). Bei nicht rechtsfähigen Vereinen sind der Vorstand oder dessen Mitglieder unmittelbar verantwortlich (*Lackner/Kühl* StGB § 14 Rn. 2; *Bosch* in Satzger/Schluckebier/Widmaier StGB § 14 Rn. 8). 230

2. Mitglieder. Die Abgabe der juristischen Person oder der Personenvereinigung muss an ihre Mitglieder erfolgen. Mitglieder der im Gesetz ausdrücklich genannten Gesellschaften sind die Gesellschafter, so dass auch die Abgabe an diese in den Strafbarkeitsbereich fällt. Dasselbe gilt für die Abgabe an die für die juristische Personen oder die Personenvereinigungen handelnden natürlichen Personen. 231

3. Ausnahme: Einhaltung des Vertriebswegs nach § 47 Abs. 1. Handelt es sich bei den Mitgliedern oder Gesellschaftern um Apotheken oder sonst in § 47 Abs. 1 genannte Personen oder Einrichtungen und wird der **Vertriebsweg** eingehalten, so ist die Abgabe zulässig. Im Unterschied zu § 95 Abs. 1 Nr. 5 Alt. 1 spricht § 43 Abs. 2 (und damit § 95 Abs. 1 Nr. 4 Alt. 2) nicht von **Stellen,** sondern von **Einrichtungen;** ein sachlicher Unterschied dürfte damit nicht verbunden sein. 232

C. Vorbereitung, Versuch, Vollendung, Beendigung. Eine Strafbarkeit von Vorbereitungshandlungen kommt nicht in Betracht (§ 30 StGB). Dagegen ist der Versuch strafbar (§ 95 Abs. 2). Es gelten die allgemeinen strafrechtlichen Grundsätze (dazu näher → Rn. 50). Die Abgabe ist ein dingliches Geschäft; dazu → Rn. 56. Die Vorstufen der Abgabe (Vorrätighalten, Feilhalten oder Feilbieten) sind noch keine versuchte Abgabe. Zur Vollendung und Beendigung → Rn. 57. 233

D. Täterschaft, Teilnahme. Die Vorschrift der Nr. 4 Alt. 2 ist in **zweierlei Hinsicht** ein (echtes) **Sonderdelikt.** Sie richtet sich einmal nur an die in § 43 Abs. 2 genannten juristischen Personen und Personenvereinigungen (→ Rn. 230) und setzt sodann wie in allen Fällen der Abgabe die tatsächliche Verfügungsgewalt des Abgebenden voraus (→ Rn. 60–62). Täter, mittelbarer Täter und Mittäter kann daher nur eine Person sein, 234
- die strafrechtlich für eine in § 43 Abs. 2 genannte juristische Person oder Personenvereinigung verantwortlich ist **und**
- für diese die tatsächliche Verfügungsgewalt über das Arzneimittel (auf ein Mitglied oder einen Gesellschafter) überträgt.

AMG § 95 Siebzehnter Abschnitt. Straf- und Bußgeldvorschriften

Andere Tatbeteiligte können nur Anstifter oder Gehilfen sein. Im Übrigen wird auf → Rn. 61 verwiesen. Ein **besonderes persönliches Merkmal** iSd § 28 Abs. 1 StGB ist auch die Anknüpfung an juristische Personen und Personenvereinigungen. Zur Mittäterschaft bei unternehmerischen **Gremienentscheidungen** → Vor § 95 Rn. 28–49.

235 **Nicht strafbar** wegen Anstiftung oder Beihilfe machen sich die Mitglieder oder Gesellschafter, auf die die tatsächliche Verfügungsgewalt über das Arzneimittel übertragen wird. Sie sind **notwendige Teilnehmer** (→ Rn. 73).

236 **E. Handeln im Ausland.** Auf → Rn. 5, 6 wird Bezug genommen.

237 **F. Subjektiver Tatbestand.** Die Strafbarkeit nach Absatz 1 Nr. 4 Alt. 2 verlangt Vorsatz. Kann der Nachweis vorsätzlichen Handelns nicht geführt werden, so hat das Gericht im Rahmen seiner Pflicht zur erschöpfenden Aburteilung (→ Rn. 20) die fahrlässige Begehung (Absatz 4; → Rn. 240) zu prüfen.

238 Der **Vorsatz** (→ Rn. 9–12) muss sich auf die Abgabe von verschreibungspflichtigen Arzneimitteln durch juristische Personen oder Personenvereinigungen an ihre Mitglieder oder Gesellschafter erstrecken; er muss ferner die Kenntnis umfassen, dass auch die Ausnahmen (Apotheken oder in § 47 Abs. 1 genannte Personen oder Einrichtungen, Einhaltung des Vertriebswegs) nicht vorliegen (→ Rn. 232). Bedingter Vorsatz (→ Rn. 12) reicht aus.

239 Zu den **Irrtumsfällen** → Rn. 13–18. Diese Regeln gelten auch, wenn sich der Irrtum auf andere Tatbestandsmerkmale der Nr. 4 Alt. 2 (→ Rn. 228–232) erstreckt.

240 Nach Absatz 4 ist die **fahrlässige Begehung** strafbar. Zur Fahrlässigkeit → Rn. 19 sowie → Vor § 95 Rn. 100–112, dort auch zu den Sorgfaltspflichten beim Inverkehrbringen und Anwenden von Arzneimitteln.

241 **G. Konkurrenzen.** Zu den Konkurrenzen → Rn. 21, 22. Erfolgt die Abgabe in Gewinnerzielungsabsicht, so kommt Tateinheit mit Handeltreiben (Nr. 4 Alt. 1) in Betracht.

242 **H. Strafzumessung.** → Rn. 23–30.

Teil 3. Abgabe von verschreibungspflichtigen Arzneimitteln auf Verschreibung durch Nicht-Apotheken entgegen § 43 Abs. 3 S. 1 (§ 95 Abs. 1 Nr. 4 Alt. 3)

243 **A. Grundtatbestand.** Grundlage der Strafvorschrift ist § 43 Abs. 3 S. 1 (→ § 43 Rn. 65–70).

244 **B. Tathandlung.** Unter Strafe gestellt ist die Abgabe von verschreibungspflichtigen Arzneimitteln auf Verschreibung durch Personen oder Einrichtungen, die keine Apotheken sind.

245 **I. Arzneimittel.** Die Arzneimittel müssen **verschreibungspflichtig** sein (→ Rn. 196). Für die Fälle des **Einzelimports** → Rn. 197.

246 **II. Abgeben.** Auch diese Alternative stellt nicht auf das Inverkehrbringen sondern auf den engeren Tatbestand der Abgabe ab (→ Rn. 228). **Nicht** erforderlich ist, dass die Abgabe **berufs-** oder **gewerbsmäßig** oder **entgeltlich** erfolgt (→ § 43 Rn. 66, 68).

247 **III. Entgegen § 43 Abs. 3 S. 1.** Verboten ist die Abgabe auf Verschreibung außerhalb von Apotheken.

248 **1. Auf Verschreibung.** Die Verschreibung muss **vorliegen** (→ § 43 Rn. 68). Nicht erfasst ist die Abgabe verschreibungspflichtiger Arzneimittel ohne Verschreibung; insoweit liegt nur eine Ordnungswidrigkeit nach § 97 Abs. 2 Nr. 10 vor

Strafvorschriften **§ 95 AMG**

(BGH NStZ 2004, 457 (→ Rn. 168)), es sei denn, dass die Abgabe eigennützig erfolgt; in einem solchen Falle wäre Handeltreiben gegeben (BGH NStZ 2004, 457).

2. Nicht durch eine Apotheke. Insoweit wird auf → § 43 Rn. 70 Bezug genommen. 249

C. Vorbereitung, Versuch, Vollendung, Beendigung. Eine Strafbarkeit von 250
Vorbereitungshandlungen kommt nicht in Betracht (§ 30 StGB). Dagegen ist der
Versuch strafbar (§ 95 Abs. 2). Es gelten die allgemeinen strafrechtlichen Grundsätze
(dazu näher → Rn. 50). Die Abgabe ist ein dingliches Geschäft; dazu → Rn. 56. Die
Vorstufen der Abgabe (Vorrätighalten, Feilhalten oder Feilbieten) sind noch keine
versuchte Abgabe. Zur Vollendung und Beendigung → Rn. 57.

D. Täterschaft, Teilnahme. Die Vorschrift ist insofern ein **Sonderdelikt**, als 251
Täter, mittelbarer Täter und Mittäter nur sein kann, wer tatsächliche Verfügungsgewalt über das Arzneimittel innehatte und es deswegen übertragen konnte
(→ Rn. 60−62)). Die eigene tatsächliche Verfügungsgewalt ist ein strafbegründendes besonderes persönliches Merkmal nach **§ 28 Abs. 1 StGB** (→ Rn. 61). Dort
auch zur etwaigen doppelten Strafmilderung bei der Beihilfe. Nicht strafbar wegen
Anstiftung oder Beihilfe ist der Empfänger des Arzneimittels (→ Rn. 73).

E. Handeln im Ausland. Auf → Rn. 5, 6 wird Bezug genommen. 252

F. Subjektiver Tatbestand. Die Strafbarkeit nach Absatz 1 Nr. 4 Alt. 3 verlangt 253
Vorsatz. Kann der Nachweis vorsätzlichen Handelns nicht geführt werden, so hat
das Gericht im Rahmen seiner Pflicht zur erschöpfenden Aburteilung (→ Rn. 20)
die fahrlässige Begehung (Absatz 4; → Rn. 256) zu prüfen.

Der **Vorsatz** (→ Rn. 9−12) muss sich auf die Abgabe von verschreibungspflichti- 254
gen Arzneimitteln auf Verschreibung durch eine Nicht-Apotheke beziehen
(→ Rn. 244−249). Bedingter Vorsatz (→ Rn. 12) reicht aus.

Zu den **Irrtumsfällen** → Rn. 13−18. Für den Irrtum bei anderen Tatbestands- 255
merkmalen der Nr. 4 Alt. 3 (→ Rn. 244−249) gelten diese Regeln entsprechend.

Nach Absatz 4 ist die **fahrlässige** Begehung strafbar. Zur Fahrlässigkeit → Rn. 19 256
sowie → Vor § 95 Rn. 100−112, dort auch zu den Sorgfaltspflichten beim Inverkehrbringen und Anwenden von Arzneimitteln.

G. Konkurrenzen. → Rn. 21, 22, 241. 257

H. Strafzumessung. → Rn. 23−30. 258

Kapitel 5. Die Tatbestände des Absatzes 1 Nr. 5

Auch Nr. 5 enthält drei Alternativen, die allerdings übersichtlicher als die in Nr. 4 259
dargestellt sind.

Den drei Alternativen ist **gemeinsam**, dass sie zunächst für alle Arzneimittel gel- 260
ten. Anders als der Grundtatbestand erfassen sie aber nur Arzneimittel, die der **Verschreibungspflicht** unterliegen (BGH NStZ 2011, 583; für lediglich apothekenpflichtige Arzneimittel gilt § 97 Abs. 2 Nr. 12; *Volkmer* in Körner/Patzak/Volkmer
Rn. 245). Weitere Einschränkungen ergeben sich daraus, dass bestimmte Arzneimittel nur an bestimmte Empfänger geliefert werden dürfen (→ Rn. 271).

Für Arzneimittel, die im Wege des **Einzelimports** nach Deutschland **verbracht** 261
wurden, gilt dasselbe wie in den Fällen des § 95 Abs. 1 Nr. 2; auf → Rn. 92 kann
daher verwiesen werden.

Weber 1879

Teil 1. Abgabe von verschreibungspflichtigen Arzneimitteln durch pharmazeutische Unternehmer und Großhändler entgegen § 47 Abs. 1 (§ 95 Abs. 1 Nr. 5 Alt. 1)

262 **A. Grundtatbestand.** Grundlage der Strafvorschrift ist der Tatbestand des § 47 Abs. 1 (→ § 47 Rn. 6–18). Dass die Bestimmung auch die reine Zuständigkeitsvorschrift des Satzes 2 mit in Bezug nimmt, dürfte unschädlich sein.

263 **B. Tathandlung.** Unter Strafe gestellt ist die Abgabe von verschreibungspflichtigen Arzneimitteln durch pharmazeutische Unternehmer und Großhändler an Personen oder Stellen, die nach § 47 Abs. 1 nicht zum Empfang dieser Arzneimittel befugt sind.

264 **I. Arzneimittel.** Die Arzneimittel müssen **verschreibungspflichtig** sein (→ Rn. 260,). Für die Fälle des **Einzelimports** → Rn. 261.

265 **II. Abgabe.** Auch diese Alternative stellt nicht auf das Inverkehrbringen sondern auf den engeren Tatbestand der Abgabe ab (→ Rn. 228).

266 **III. Entgegen § 47 Abs. 1.** Verboten ist die Abgabe durch pharmazeutische Unternehmer und Großhändler an andere als die in § 47 Abs. 1 S. 1 genannten Personen oder Stellen.

267 **1. Pharmazeutische Unternehmer und Großhändler.** Die Vorschrift wendet sich an alle, die eine Tätigkeit als pharmazeutischer Unternehmer (§ 4 Abs. 18 (→ § 4 Rn. 74–79)) oder als Großhändler (§ 4 Abs. 22 (→ § 4 Rn. 84–91)) ausüben, **unabhängig** davon, ob sie Inhaber der erforderlichen Erlaubnisse, etwa einer Herstellungs- oder Großhandelserlaubnis, sind (BGH NStZ 2011, 583 = A&R 2011, 136 mAnm *Winkler*). Pharmazeutische Unternehmer oder Großhändler, die keine Befugnis zur Belieferung der in § 47 Abs. 1 genannten Personen oder Stellen haben, machen sich daneben des unerlaubten Handeltreibens (Nr. 4 Alt. 1) schuldig, sofern sie eigennützig handeln. Dies gilt unabhängig davon, ob die von ihnen belieferten Personen oder Stellen zu den in § 47 Abs. 1 Genannten gehören.

268 Gemäß § 52a Abs. 7 sind auch **Apotheker** Großhändler, soweit sie **nicht** im Rahmen des üblichen Apothekenbetriebs handeln (→ § 52a Rn. 17; BGH NStZ 2011, 583 (→ Rn. 267)).

269 **2. An andere als die in § 47 Abs. 1 genannten Personen/Stellen.** Die Personen und Stellen, die durch die pharmazeutischen Unternehmer und Großhändler beliefert werden dürfen, sind in § 47 Abs. 1 aufgeführt. Andere Personen oder Stellen dürfen nicht beliefert werden (→ § 47 Rn. 6–8). Dies gilt auch für die Lieferung an Ärzte, Zahnärzte und Tierärzte, soweit nicht die Voraussetzungen des § 47 Abs. 1 S. 1 Nr. 2, 3, 6, 7, Abs. 3, 4 gegeben sind. Zum Begriff der Stellen → Rn. 232.

270 Zu den empfangsberechtigten Stellen gehören auch die **Apotheken,** obwohl sie in Nr. 5 Alt. 1 anders als in § 43 Abs. 2 (und damit § 95 Abs. 1 Nr. 4 Alt. 2) nicht eigens aufgeführt sind (dazu → § 47 Rn. 10). Im Übrigen wird zu den **Personen oder Stellen,** die beliefert werden dürfen, auf → § 47 Rn. 11–18 Bezug genommen.

271 **3. Einschränkungen der Belieferung.** § 47 Abs. 1 S. 1 Nr. 2–9 enthalten jeweils Einschränkungen der Belieferung, etwa zur Art der Arzneimittel oder zu den Verwendungszwecken. Werden diese Voraussetzungen für die Belieferung des konkreten Empfängers nicht beachtet, so hätten die betreffenden Arzneimittel **an diese Person oder Stelle** nicht geliefert werden dürfen. Es ist daher ebenfalls ein Verstoß gegen Nr. 5 Alt. 1 gegeben (s. *Körner*, 6. Aufl. 2007, Rn. 125, 126).

272 **C. Vorbereitung, Versuch, Vollendung, Beendigung.** Eine Strafbarkeit von Vorbereitungshandlungen kommt nicht in Betracht (§ 30 StGB). Dagegen ist der Versuch strafbar (§ 95 Abs. 2). Es gelten die allgemeinen strafrechtlichen Grundsätze

Strafvorschriften **§ 95 AMG**

(dazu näher → Rn. 50). Die Abgabe ist ein dingliches Geschäft; dazu → Rn. 56. Die Vorstufen der Abgabe (Vorrätighalten, Feilhalten oder Feilbieten) sind noch keine versuchte Abgabe. Zur Vollendung und Beendigung → Rn. 57.

D. Täterschaft, Teilnahme. Wie Nr. 4 Alt. 2 ist Nr. 5 Alt. 1 in **zweierlei Hinsicht** ein (echtes) **Sonderdelikt.** Täter, mittelbarer Täter oder Mittäter kann nur sein, 273
- wer ein in § 47 Abs. 1 genannter pharmazeutischer Unternehmer oder Großhändler ist (→ Rn. 267), wobei es nicht darauf ankommt, ob der Großhandel erlaubt oder unerlaubt betrieben wird (BGH NStZ 2011, 583 (→ Rn. 267); *Pfohl* in Erbs/Kohlhaas Rn. 19; *Raum* in Kügel/Müller/Hofmann § 95 Rn. 35), und
- wer zugleich Inhaber der tatsächlichen Verfügungsgewalt ist, so dass sie von ihm abgegeben werden kann (→ Rn. 60–62).

Zu den Verantwortlichkeiten im Pharmaunternehmen → Rn. 63–72. Zur Mittäterschaft bei **Gremienentscheidungen** → Vor § 95 Rn. 28–49. Zur Anwendung des **§ 28 Abs. 1 StGB,** und zur etwaigen doppelten Strafmilderung → Rn. 61. Zur Straflosigkeit des Empfängers → Rn. 73.

E. Handeln im Ausland. Auf → Rn. 5, 6 wird Bezug genommen. 274

F. Subjektiver Tatbestand. Die Strafbarkeit nach Absatz 1 Nr. 5 Alt. 1 verlangt 275 Vorsatz. Kann der Nachweis vorsätzlichen Handelns nicht geführt werden, so hat das Gericht im Rahmen seiner Pflicht zur erschöpfenden Aburteilung (→ Rn. 20) die fahrlässige Begehung (Absatz 4; → Rn. 278) zu prüfen.

Der **Vorsatz** (→ Rn. 9–12) muss sich auf die Abgabe von verschreibungspflichti- 276 gen Arzneimitteln an andere als die in § 47 Abs. 1 bezeichneten Personen oder Stellen erstrecken. Der zur Abgabe befugte pharmazeutische Unternehmer oder Großhändler **muss überprüfen,** ob der Empfänger zum Kreis der berechtigten Personen gehört (→ § 47 Rn. 8). Er hat allerdings **nicht zu prüfen,** ob der Empfänger seinerseits die Arzneimittel nur im Rahmen der gesetzlichen Vorschriften abgibt oder verwendet (→ § 47 Rn. 8). Bedingter Vorsatz (→ Rn. 12) reicht aus.

Zu den **Irrtumsfällen** → Rn. 13–18. Der Irrtum kann sich auch darauf bezie- 277 hen, dass das konkrete Arzneimittel an diesen Empfänger nicht geliefert werden durfte; er kann sich auch auf die anderen Tatbestandsmerkmale der Nr. 5 Alt. 1 (→ Rn. 263–271) erstrecken.

Nach Absatz 4 ist auch die **fahrlässige** Begehung strafbar. Zur Fahrlässigkeit 278 → Rn. 19 sowie → Vor § 95 Rn. 100–112. Bei einer Vernachlässigung der Prüfungspflicht des Abgebenden wird eine solche in aller Regel gegeben sein, soweit nicht Vorsatz vorliegt. Zur Kognitionspflicht des Gerichts → Rn. 20.

G. Konkurrenzen. Zu den Konkurrenzen → Rn. 21, 22. In aller Regel besteht 279 mit zusammentreffenden Tatbeständen Tateinheit. Erfolgt die Abgabe in Gewinnerzielungsabsicht, so kommt Tateinheit mit Handeltreiben (Nr. 4 Alt. 1) in Betracht (→ Rn. 221). Tateinheit besteht ebenfalls mit § 96 Nr. 14, da beide Vorschriften einen jeweils anderen Schutzzweck verfolgen: während § 95 Abs. 1 Nr. 5 die Verletzung des in § 47 vorgesehenen Vertriebswegs mit Strafe bedroht, betrifft § 96 Nr. 14 die Aufnahme einer Großhandelstätigkeit ohne vorherige Erlaubnis (BGH NStZ 2011, 583 (→ Rn. 267)).

H. Strafzumessung. → Rn. 23–30. 280

Teil 2. Abgabe von verschreibungspflichtigen Tierarzneimitteln durch pharmazeutische Unternehmer und Großhändler ohne Vorlage einer Bescheinigung über die Erfüllung der Anzeigepflicht entgegen § 47 Abs. 1 a (§ 95 Abs. 1 Nr. 5 Alt. 2)

281 **A. Grundtatbestand.** Grundlage der Strafvorschrift ist § 47 Abs. 1 a (→ § 47 Rn. 19).

282 **B. Tathandlung.** Unter Strafe gestellt ist die Abgabe von verschreibungspflichtigen Tierarzneimitteln durch pharmazeutische Unternehmer und Großhändler an die in § 47 Abs. 1 Nr. 1 und 6 bezeichneten Personen oder Einrichtungen, bevor diese ihnen eine Bescheinigung der zuständigen Behörde vorgelegt haben, dass sie ihrer Anzeigepflicht nach § 67 nachgekommen sind.

283 **I. Arzneimittel.** Die Arzneimittel müssen **verschreibungspflichtig** sein (→ Rn. 260). Es muss sich ferner im **Tierarzneimittel** handeln (→ § 4 Rn. 28). Für die Fälle des **Einzelimports** → Rn. 261.

284 **II. Abgabe.** Zum Begriff der Abgabe → Rn. 228.

285 **III. Entgegen § 47 Abs. 1 a.** Verboten ist die Abgabe durch pharmazeutische Unternehmer und Großhändler an die in § 47 Abs. 1 S. 1 Nr. 1 und 6 bezeichneten Personen oder Stellen, bevor diese die Bescheinigung über die Erfüllung ihrer Anzeigepflicht nach § 67 vorgelegt haben.

286 Die Vorschrift gilt danach nur für **Unternehmer** und **Großhändler** (→ Rn. 273) und nur für die Abgabe **an diese** (Nr. 1) sowie an **Tierärzte** (Nr. 6). Sie gilt nicht für die Abgabe an **Apotheken,** da diese nicht in Nr. 1, sondern im Obersatz des § 47 Abs. 1 aufgeführt sind (s. auch § 67 Abs. 4).

287 **C. Verweisung.** Unterschiede zu Nr. 5 Alt. 1 bestehen im Wesentlichen in der Tathandlung. Wegen der übrigen Gesichtspunkte (Versuch, Vollendung, Beendigung; Täterschaft, Teilnahme; Handeln im Ausland, subjektiver Tatbestand, Konkurrenzen, Strafzumessung) kann daher auf die Erläuterungen zu dieser Vorschrift Bezug genommen werden (→ Rn. 272–280).

Teil 3. Beziehen von verschreibungspflichtigen Arzneimitteln durch die in § 47 Abs. 1 S. 1 Nr. 5–9 bezeichneten Empfänger nicht für den eigenen Bedarf oder über den zur Erfüllung ihrer Aufgaben notwendigen Bedarf hinaus entgegen § 47 Abs. 2 S. 1 (§ 95 Abs. 1 Nr. 5 Alt. 3)

288 **A. Grundtatbestand.** Grundlage der Strafvorschrift ist § 47 Abs. 2 S. 1 (→ § 47 Rn. 22, 23).

289 **B. Tathandlung.** Unter Strafe gestellt ist das Beziehen von verschreibungspflichtigen Arzneimitteln durch die in § 47 Abs. 1 S. 1 Nr. 5–9 bezeichneten Empfänger über den eigenen Bedarf im Rahmen der Erfüllung ihrer Aufgaben hinaus.

290 **I. Arzneimittel.** Die Arzneimittel müssen **verschreibungspflichtig** sein (→ Rn. 260). Je nach Empfänger kommen weitere Einschränkungen in Betracht (§ 47 Abs. 1 S. 1 Nr. 5–9). Für die Fälle des **Einzelimports** → Rn. 261.

291 **II. Beziehen.** Beziehen entspricht im Wesentlichen dem **Erwerben** im Betäubungsmittelrecht. Auf → BtMG § 29 Rn. 1197–1213 kann daher verwiesen werden. Eine Erweiterung des Kreises muss damit allerdings nicht verbunden sein (→ § 4 Rn. 71 für die Abgabe). Wie beim Erwerben ist der Tatbestand erst dann verwirklicht (→ BtMG § 29 Rn. 1193), wenn der Täter die eigene tatsächliche Verfügungsgewalt über das Arzneimittel **auf abgeleitetem Wege** (→ BtMG § 29 Rn. 1197) erlangt hat. Beziehen ist nicht nur der käufliche Erwerb, sondern auch

Strafvorschriften **§ 95 AMG**

der unentgeltliche, etwa der Bezug von Arzneimittelmustern oder Arzneimittelproben (*Raum* in Kügel/Müller/Hofmann § 95 Rn. 36; *Pfohl* in Erbs/Kohlhaas Rn. 21); der von OVG Lüneburg (A&R 2017, 77) gesehene Unterschied zwischen „beziehen" und „erwerben" besteht daher nicht. Erfolgt das Beziehen in der Absicht einer gewinnbringenden Weiterveräußerung, so liegt auch Handeltreiben nach Nr. 4 Alt. 1 vor. **Kein** Beziehen ist das **Sichverschaffen,** bei dem es an einem vom Vorbesitzer abgeleiteten Erwerb fehlt (→ BtMG § 29 Rn. 1198, 1261–1268). Wegen der Einzelheiten des Beziehens wird im Übrigen auf → BtMG § 29 Rn. 1197–1212 verwiesen.

III. Entgegen § 47 Abs. 2 S. 1. Verboten ist das Beziehen verschreibungspflichtiger Arzneimittel durch die in § 47 Abs. 1 S. 1 Nr. 5–9 genannten Personen oder Stellen über den eigenen Bedarf im Rahmen der Erfüllung ihrer Aufgaben hinaus. 292

1. Die in § 47 Abs. 1 S. 1 Nr. 5–9 genannten Personen oder Stellen. Die Vorschrift wendet sich nur an anerkannte zentrale Beschaffungsstellen (Nr. 5), Tierärzte (Nr. 6), zur Ausübung der Zahnheilkunde berechtigte Personen (Nr. 7), Einrichtungen von Forschung und Wissenschaft (Nr. 8) und Hochschulen (Nr. 9). 293

2. Nicht für den eigenen Bedarf. § 47 Abs. 1 S. 1 enthält keine Mengenbegrenzung (→ § 47 Rn. 22). Die darin genannten Stellen dürfen daher einen Vorrat anlegen. Dies gilt grundsätzlich auch für die in § 47 Abs. 1 S. 1 Nr. 5–8 genannten Empfänger. Allerdings dürfen sie die Arzneimittel nur für den eigenen Bedarf beziehen. Ein Bezug über diesen Bedarf hinaus ist ihnen verwehrt; insbesondere dürfen sie nicht als Großhändler tätig werden (BGH NStZ 2004, 457 (→ Rn. 168)). 294

3. Nicht im Rahmen der Erfüllung ihrer Aufgabe. Der eigene Bedarf darf sich nicht an den persönlichen Interessen der Empfänger sondern muss sich an der Erfüllung der ihnen zugewiesenen Aufgaben ausrichten. Sie dürfen daher die Arzneimittel **nicht** zur Deckung des **persönlichen** Bedarfs in den Impfzentren tätigen Personen, der Tier- oder Zahnärzte beziehen (→ § 47 Rn. 23). Auch darf ihr **Vorrat** nicht größer sein, als es die Erfüllung ihrer Aufgaben erfordert. 295

C. Vorbereitung, Versuch, Vollendung, Beendigung. Eine Strafbarkeit von Vorbereitungshandlungen kommt nicht in Betracht (§ 30 StGB). Dagegen ist der Versuch strafbar (§ 95 Abs. 2). Es gelten die allgemeinen strafrechtlichen Grundsätze (dazu näher → Rn. 50). 296

Der **Versuch** beginnt erst mit einer Handlung, mit der der Täter nach seiner Vorstellung von der Tat unmittelbar zur Erlangung der tatsächlichen Verfügungsgewalt vom Vorbesitzer ansetzt; der Abschluss eines Verpflichtungsgeschäftes genügt hierzu grundsätzlich nicht. Auf → BtMG § 29 Rn. 1217–1222 wird Bezug genommen. 297

Allerdings muss dabei beachtet werden, dass nur der Erwerb **tatbestandsmäßig** ist, der **nicht** mehr der Deckung des **eigenen Bedarfs** dient, wobei der Bedarf sich im Rahmen der Erfüllung der dem Empfänger zugewiesenen Aufgabe halten muss (→ Rn. 294, 295). 298

Zur **Vollendung** und **Beendigung** wird auf → BtMG § 29 Rn. 1223, 1224 verwiesen. 299

D. Täterschaft, Teilnahme. Täter, mittelbare Täter und Mittäter können nur die in § 47 Abs. 1 S. 1 Nr. 5–9 genannten **Empfänger** sein. Die Tat ist insoweit ein echtes Sonderdelikt. Soweit sich die Vorschrift nicht an natürliche Personen wendet, sondern an Stellen oder Einrichtungen, sind die für sie handelnden Personen verantwortlich; bei Stellen, die Aufgaben der öffentlichen Verwaltung wahrnehmen, gilt § 14 Abs. 2 S. 3 StGB (*Fischer* StGB § 14 Rn. 15, 16). Die **Abgebenden** sind notwendige Teilnehmer (→ Rn. 73). 300

AMG § 95 Siebzehnter Abschnitt. Straf- und Bußgeldvorschriften

301 **E. Subjektiver Tatbestand.** Strafbarkeit nach Absatz 1 Nr. 5 Alt. 3 verlangt Vorsatz. Kann der Nachweis vorsätzlichen Handelns nicht geführt werden, so hat das Gericht im Rahmen seiner Pflicht zur erschöpfenden Aburteilung (→ Rn. 20) die fahrlässige Begehung (Absatz 4; → Rn. 304) zu prüfen.

302 Der **Vorsatz** (→ Rn. 9–12) muss sich auf das Beziehen von verschreibungspflichtigen Arzneimitteln über den zur Aufgabenerfüllung notwendigen eigenen Bedarf hinaus erstrecken (→ Rn. 290–295). Bedingter Vorsatz (→ Rn. 12) reicht aus.

303 Zu den **Irrtumsfällen** → Rn. 13–18. Diese Regeln gelten auch, wenn sich der Irrtum auf andere Tatbestandsmerkmale der Nr. 5 Alt. 3 (→ Rn. 290–295) bezieht.

304 Nach Absatz 4 ist auch die **fahrlässige** Begehung strafbar (→ Rn. 19). Zur Fahrlässigkeit → Rn. 19 sowie → Vor § 95 Rn. 100–112.

305 **F. Konkurrenzen.** Zu den Konkurrenzen → Rn. 21, 22. Erfolgt das Beziehen in der Absicht, die Arzneimittel gewinnbringend zu veräußern, so kommt Tateinheit mit Handeltreiben (Nr. 4 Alt. 1) in Betracht.

306 **G. Strafzumessung.** → Rn. 23–30.

Kapitel 6. Abgabe von verschreibungspflichtigen Arzneimitteln, die zur Anwendung bei Lebensmitteln liefernden Tieren bestimmt sind, ohne Vorlage einer Verschreibung entgegen § 48 Abs. 1 S. 1 (§ 95 Abs. 1 Nr. 6)

307 **A. Grundtatbestand.** Grundlage der Strafvorschrift ist § 48 Abs. 1 S. 1 in Verbindung mit einer Rechtsverordnung nach § 48 Abs. 2 Nr. 1 oder 2. Die entsprechenden Regelungen sind in der **AMVV** enthalten.

308 **B. Tathandlung.** Unter Strafe gestellt ist die Abgabe von Arzneimitteln, die zur Anwendung bei Lebensmittel liefernden Tieren bestimmt sind, ohne Vorlage der in § 48 Abs. 1 S. 1 in Verbindung mit einer Rechtsverordnung nach § 48 Abs. 2 Nr. 1, 2 AMG vorgesehenen Verschreibung an Verbraucher.

309 **I. Adressat.** Die Vorschrift ist eine Bewehrung des § 48 und wendet sich daher nicht an jedermann, sondern nur an Apotheker, pharmazeutische Unternehmer, Großhändler und andere Personen, die zur Abgabe von Arzneimitteln **befugt** sind (BGHSt 21, 291 = NJW 1968, 204; OLG Köln NStZ 1981, 444; OLG Hamburg NStZ 1995, 598; OLG Stuttgart NStZ-RR 2012, 154 (→ Rn. 195) für § 96 Nr. 13; *Volkmer* in Körner/Patzak/Volkmer Rn. 277; *Wesser* A&R 2020, 99 (104); aA *Freund* in MüKoStGB § 95 Rn. 58; *Rehmann* § 95 Rn. 16; *Pfohl* in Erbs/Kohlhaas Rn. 25; nicht entschieden BGH NStZ 1982, 463). Auf → § 47 Rn. 5, → § 48 Rn. 8 wird Bezug genommen.

310 Empfindliche **Strafbarkeitslücken** entstehen durch diese Beschränkung nicht. In den meisten Fällen wird eigennütziges Handeln und damit Handeltreiben nach § 43 Abs. 1 S. 2, § 95 Abs. 1 Nr. 4 vorliegen. Dies gilt im Übrigen auch dann, wenn eine befugte Person bei der Abgabe der Arzneimittel ohne Vorlage einer Verschreibung eigennützig handelt (→ Rn. 221, 222).

311 **II. Arzneimittel, die zur Anwendung bei Lebensmittel liefernden Tieren bestimmt sind.** Tatobjekt ist ein eingeschränkter Kreis verschreibungspflichtiger Arzneimittel:

312 **1. Arzneimittel.** Tatgegenstand sind nach § 48 Abs. 1 S. 1 Nr. 1, 2 **alle** Arzneimittel. Die Arzneimittel müssen, wie sich aus § 48 ergibt, verschreibungspflichtig sein (s. *Freund* in MüKoStGB § 95 Rn. 58; *Volkmer* in Körner/Patzak/Volkmer Rn. 275). Zu Arzneimitteln, die in § 48 Abs. 1 S. 1 Nr. 3 genannt sind, → Rn. 318. In den Fällen des **Einzelimports** gilt die Strafvorschrift der Nr. 6 in den in → § 73

Rn. 71 (Arzneimittel zur Anwendung bei Tieren) und 72 (Wiederausfuhr) genannten Fällen.

2. Zur Anwendung bei Tieren bestimmt. Die Vorschrift gilt nur für **Tier-** 313
arzneimittel (→ § 4 Rn. 28). Obwohl auch Humanarzneimittel, die unsachgemäß bei Tieren angewendet, zu den Gefahren führen können, denen die Vorschrift begegnen will (*Freund* in MüKoStGB Rn. 59, § 96 Rn. 20), ist sie auf diese nicht anwendbar.

3. Die der Lebensmittelgewinnung dienen. → § 31 Rn. 12–15. 314

III. Abgabe. Zum Begriff der Abgabe → Rn. 228. 315

IV. An Verbraucher. Auf → § 48 Rn. 34, 35 wird Bezug genommen. 316

V. Entgegen § 48 Abs. 1 S. 1 in Verbindung mit einer Rechtsverordnung 317
nach § 48 Abs. 2 Nr. 1, 2. Gegen die genannten Vorschriften wird verstoßen, wenn Arzneimittel, die nach der in § 48 Abs. 2 Nr. 1, 2 erlassenen Rechtsverordnung verschreibungspflichtig sind, ohne das Vorliegen einer Verschreibung an Verbraucher (→ Rn. 316) abgegeben werden.

1. Verschreibungspflicht nach der AMVV. Grundlage der Verschreibungs- 318
pflicht ist die AMVV, die nach § 48 Abs. 2 Nr. 1, 2 erlassen wurde. Da das Strafgesetz nur Verstöße gegen § 48 Abs. 1 S. 1 in Verbindung mit einer Rechtsverordnung erfasst, werden die in § 48 Abs. 1 Nr. 3 genannten Arzneimittel erst dann zu einem geeigneten Tatgegenstand, wenn sie in die Rechtsverordnung (AMVV) aufgenommen sind (§ 48 Abs. 1 S. 5). Im Übrigen ist zu unterscheiden:

a) Arzneimittel nach § 1 Nr. 1–3 AMVV, Anlage 1 zur AMVV. Nach § 1 319
Nr. 1–3 AMVV sind Arzneimittel,
– die in der Anlage 1 zur AMVV bestimmte Stoffe oder Zubereitungen aus Stoffen sind (Nr. 1), oder
– die Zubereitungen aus den in der Anlage 1 bestimmten Stoffen oder Zubereitungen aus Stoffen sind (Nr. 2) oder
– denen die unter Nr. 1 oder 2 genannten Stoffe oder Zubereitungen aus Stoffen zugesetzt sind (Nr. 3),
verschreibungspflichtige Arzneimittel (→ § 48 Rn. 38–41). Entscheidend ist danach die Anlage 1 zur AMVV.

b) Tierarzneimittel bei Lebensmittel liefernden Tieren nach § 1 Nr. 4 320
AMVV, § 48 Abs. 1 S. 1 Nr. 2 AMG. Verschreibungspflichtig sind ferner Arzneimittel, die in den Anwendungsbereich des § 48 Abs. 1 S. 1 Nr. 2 AMG fallen (§ 1 Abs. 1 Nr. 4 AMVV). Dies sind Arzneimittel,
– die nicht unter § 48 Abs. 1 Nr. 1 (→ Rn. 319) fallen und
– zur Anwendung bei Tieren bestimmt sind, die der Gewinnung von Lebensmitteln dienen.

Letztlich soll damit eine **Strafbarkeitslücke** überbrückt werden, die sich daraus ergibt, dass § 48 Abs. 1 S. 1 Nr. 2 an sich nur die Arzneimittel erfasst, die nicht in eine Rechtsverordnung aufgenommen sind, während nach § 95 Abs. 1 Nr. 6 nur ein Verstoß gegen § 48 Abs. 1 in Verbindung mit einer Rechtsverordnung strafbar ist (→ § 48 Rn. 42–46, 63).

Von der **Verschreibungspflicht** nach § 48 Abs. 1 S. 1 Nr. 2 sind Arzneimittel 321
ausgenommen, die weder ein in **Anlage 2** zur AMVV aufgeführter Stoff, dessen Zubereitung oder Salz sind, noch einen solchen Stoff, eine solche Zubereitung oder ein solches Salz enthalten (§ 6 AMVV).

2. Ohne Vorliegen einer tierärztlichen Verschreibung. Die Vorschrift gilt 322
nur für verschreibungspflichtige Arzneimittel. Da die Verschreibungsberechtigung nur im Rahmen der Approbation besteht (→ § 48 Rn. 15), wird die Tatbestandsmäßigkeit nur durch eine **tierärztliche** Verschreibung ausgeschlossen (s. *Volkmer*

in Körner/Patzak/Volkmer Rn. 276). Zum Begriff der Verschreibung, den Formerfordernissen, der Verschreibungsberechtigung, dem Vorliegen einer Verschreibung und den Prüfungspflichten des Abgebenden → § 48 Rn. 7–29.

323 C. Vorbereitung, Versuch, Vollendung, Beendigung. Eine Strafbarkeit von Vorbereitungshandlungen kommt nicht in Betracht (§ 30 StGB). Dagegen ist der Versuch strafbar (§ 95 Abs. 2). Es gelten die allgemeinen strafrechtlichen Grundsätze (dazu näher → Rn. 50). Die Abgabe ist ein dingliches Geschäft; dazu → Rn. 56. Die Vorstufen der Abgabe (Vorrätighalten, Feilhalten oder Feilbieten) sind noch keine versuchte Abgabe. Zur Vollendung und Beendigung → Rn. 57.

324 D. Täterschaft, Teilnahme. Die Vorschrift ist in **zweierlei Hinsicht** ein (echtes) **Sonderdelikt.** Täter, mittelbarer Täter oder Mittäter kann nur sein,
– wer Apotheker oder eine andere Person ist, die zur Abgabe von Arzneimitteln befugt ist (→ Rn. 309), und
– wer zugleich Inhaber der tatsächlichen Verfügungsgewalt ist, so dass sie von ihm abgegeben werden kann (→ Rn. 60–62).

Zur Anwendung des § 28 Abs. 1 StGB und zur etwaigen doppelten Strafmilderung → Rn. 61. Ein besonderes persönliches Merkmal ist auch die Anknüpfung an befugte Personen. **Nicht** strafbar wegen Anstiftung oder Beihilfe ist der **Empfänger** des Arzneimittels (→ Rn. 73; nicht gesehen und deswegen nur iErg richtig OLG Oldenburg NJW 1999, 2751 – *Testkauf* mzustAnm *Freund* in MüKoStGB § 96 Rn. 18).

325 E. Handeln im Ausland. Auf → Rn. 5, 6 wird Bezug genommen.

326 F. Subjektiver Tatbestand. Strafbarkeit nach Absatz 1 Nr. 6 verlangt Vorsatz. Kann der Nachweis vorsätzlichen Handelns nicht geführt werden, so hat das Gericht im Rahmen seiner Pflicht zur erschöpfenden Aburteilung (→ Rn. 20) die fahrlässige Begehung (Absatz 4; → Rn. 329) zu prüfen.

327 Der **Vorsatz** (→ Rn. 9–12) muss sich auf die Abgabe von Arzneimitteln beziehen, die zur Anwendung an Lebensmittel liefernden Tieren bestimmt sind, ohne Vorliegen einer tierärztlichen Verschreibung (→ Rn. 311–322). In den Fällen, in denen das Tier bereits auf Grund der Verkehrsanschauung als ein solches Tier anzusehen ist (→ § 31 Rn. 13), wird der Vorsatz in der Regel gegeben sein. Bedingter Vorsatz (→ Rn. 12) reicht aus.

328 Zu den **Irrtumsfällen** → Rn. 13–18. Diese Regeln gelten auch, wenn sich der Irrtum darauf bezieht, dass das Arzneimittel nicht für die Anwendung bei einem Lebensmittel liefernden Tier bestimmt ist, oder sich auf andere Tatbestandsmerkmale der Nr. 6 (→ Rn. 311–322) erstreckt.

329 Nach Absatz 4 ist auch die **fahrlässige** Begehung strafbar. Zur Fahrlässigkeit → Rn. 19 sowie → Vor § 95 Rn. 100–112. Fahrlässigkeit kommt insbesondere dann in Betracht, wenn der Abgebende aus Fahrlässigkeit nicht erkennt, dass das Arzneimittel zur Anwendung bei einem der Lebensmittelgewinnung dienenden Tier bestimmt ist.

330 G. Konkurrenzen. Zu den Konkurrenzen → Rn. 21.

331 H. Strafzumessung. → Rn. 23–30. Es verstößt gegen das Doppelverwertungsverbot des § 46 Abs. 3 StGB, wenn die Gefährlichkeit der ohne Vorlage der erforderlichen Verschreibung abgegebenen verschreibungspflichtigen Arzneimittel strafschärfend gewertet wird, da sie für den Gesetzgeber den Anlass geboten haben, das Verhalten unter Strafe zu stellen (BGH NStZ 1982, 113; 1982, 463; → BtMG Vor § 29 Rn. 900).

Kapitel 7. Verschreibung, Abgabe oder Anwendung von verschreibungspflichtigen Tierarzneimitteln bei Lebensmitteln liefernden Tieren durch den Tierarzt entgegen § 56a Abs. 1 (§ 95 Abs. 1 Nr. 8)

A. Grundtatbestand. Grundlage der Strafvorschrift ist § 56a Abs. 1 S. 1, auch in Verbindung mit Satz 3, sowie § 56a Abs. 1 S. 2 (→ § 56a Rn. 2–16). 332

B. Tathandlungen. Unter Strafe gestellt ist die **Verschreibung, Abgabe** oder **Anwendung** von Tierarzneimitteln bei Lebensmittel liefernden Tieren durch den Tierarzt unter Verstoß gegen sein Dispensierrecht (§ 56a Abs. 1 S. 1 Nr. 1) sowie weiteren Verstößen (§ 56a Abs. 1 S. 1 Nr. 2–5, S. 2, 3). 333

I. Adressaten. Die Vorschrift wendet sich, wie die Überschrift und der Wortlaut des § 56a ergeben, **nur an Tierärzte** (*Volkmer* in Körner/Patzak/Volkmer Rn. 297, 298; *Eschelbach* in Graf/Jäger/Wittig § 95 Rn. 46). Dies gilt nicht nur für die Verschreibung, sondern auch für die Abgabe und die Anwendung (aA *Rehmann* § 95 Rn. 18). Strafbarkeitslücken ergeben sich daraus nicht. Meist wird unerlaubtes Handeltreiben vorliegen (§ 95 Abs. 1 Nr. 4). Bei der Abgabe kommen außerdem § 95 Abs. 1 Nr. 6, bei der Anwendung § 95 Abs. 1 Nr. 10 in Betracht. 334

II. Arzneimittel. Tatgegenstand sind Arzneimittel, die nur auf **Verschreibung** an Verbraucher abgegeben werden dürfen; die Strafvorschrift ist insoweit enger als der Grundtatbestand. In den Fällen des **Einzelimports** gilt dasselbe wie bei Nr. 6 (→ Rn. 312). 335

III. Zur Anwendung bei Tieren bestimmt, die der Lebensmittelgewinnung dienen. Die Vorschrift gilt nur für Tierarzneimittel (→ § 4 Rn. 28). Diese müssen für Tiere bestimmt sein, die der Lebensmittelgewinnung dienen (→ § 31 Rn. 12–15). Zu einem solchen Verstoß durch Abgabe cortisonhaltiger Arzneimittel (mit Umetikettierung) s. BGH NStZ 2004, 457 (→ Rn. 168)). 336

IV. Verschreiben, Abgeben, Anwenden. In der Vorschrift sind drei Alternativen zusammengemischt, die sich aber auf Verstöße gegen verschiedene Vorschriften richten. Dies führt nicht nur zur Unübersichtlichkeit, sondern auch zu Ungenauigkeiten (→ Rn. 351). 337

1. Verschreiben, Abgeben entgegen § 56a Abs. 1 S. 1, 2. Diese Variante enthält die Verstöße gegen § 56a Abs. 1 S. 1, 2. Entgegen dem Wortlaut („auch in Verbindung mit") hat das Anwenden mit dieser Variante nichts zu tun. 338

a) Verschreiben, Abgeben. Unter **Verschreiben** ist die Ausstellung eines Rezepts über das Arzneimittel zu verstehen (→ § 48 Rn. 10). Allerdings richtet sich das Verschreibungsverbot hier nur an den Tierarzt (→ Rn. 334). Zum Begriff der **Abgabe** → Rn. 228. 339

b) Entgegen § 56a Abs. 1 S. 1, 2. Die Vorschrift hat die folgenden Alternativen, die sich darin unterscheiden, dass sich die eine mit dem erstmaligen Verschreiben oder Abgeben befasst, während die zweite sich auf die Erneuerung dieser Vorgänge bezieht: 340

aa) Verschreiben, Abgeben entgegen § 56a Abs. 1 S. 1. S. 1 befasst sich mit dem **erstmaligen** Verschreiben oder der **erstmaligen** Abgabe. Ein Verstoß gegen § 56a Abs. 1 S. 1 kann in vielfältiger Form erfolgen: 341

(a) Nicht für die von ihm behandelten Tiere bestimmt (Nr. 1). Der Tierarzt darf Arzneimittel nur für die von ihm behandelten Tiere verschreiben oder abgeben (→ § 56a Rn. 7). Während die Verschreibung durch jeden Tierarzt erfolgen kann, der das Tier behandelt, ist die Abgabe an den Betrieb einer **tierärztlichen Hausapotheke** gebunden (→ § 43 Rn. 77). Ein Verstoß dagegen ist allerdings nicht nach § 95 Abs. 1 Nr. 8 strafbar, sondern erfüllt gegebenenfalls die Vorausset- 342 zungen des unerlaubten Handeltreibens (→ Rn. 208). Zum Begriff der Behandlung → BtMG § 4 Rn. 88–91. Dazu gehört insbesondere **nicht** die Förderung der **Tiermast** durch das Verschreiben oder Abgeben von Arzneimitteln.

343 **(b) Fehlende Zulassung etc (Nr. 2).** Strafbar ist auch die Verschreibung und Abgabe von Arzneimitteln, die
- nicht nach § 21 Abs. 1 zugelassen sind (→ § 21 Rn. 14, 15),
- nicht gemäß § 21 Abs. 2 Nr. 4 für ein Einzeltier oder Tiere eines bestimmten Bestandes in einer Apotheke oder tierärztlichen Hausapotheke unter bestimmten Voraussetzungen (§ 21 Abs. 2a) hergestellt worden sind (→ § 21 Rn. 27, 28, 32–34),
- nicht in den Anwendungsbereich einer Rechtsverordnung nach § 36 (Standardzulassung) oder § 39 Abs. 3 S. 1 Nr. 2 fallen oder
- nicht nach § 38 Abs. 1 (Registrierung homöopathischer Mittel) in den Verkehr gebracht werden dürfen

(→ § 56a Rn. 8). Soweit § 56a Abs. 1 S. 1 Nr. 2 noch auf eine Rechtsverordnung nach § 39 Abs. 3 S. 1 Nr. 2 verweist, ist die Ermächtigungsgrundlage inzwischen in § 39 Abs. 3 S. 1 enthalten.

344 **(c) Keine Zulassung für das Anwendungsgebiet bei der behandelten Tierart (Nr. 3).** Strafbar ist die Verschreibung oder Abgabe auch dann, wenn das Arzneimittel nicht für das Anwendungsgebiet bei der behandelten Tierart bestimmt ist. Dabei kommt es auf die Zulassung an; die Behandlung muss der darin festgelegten Tierart und dem Anwendungsgebiet entsprechen. Zu solchen Verstößen (Umfüllung und Umetikettierung eines nur zur oralen Behandlung von Hühnern zugelassenen Arzneimittels in Injektionsflaschen und Verkauf an Schweinemastbetrieb; Umfüllung und Umetikettierung eines für Rinder zugelassenen Arzneimittels in eine Injektionslösung für Schweine) s. BGH NStZ 2004, 457 (→ Rn. 168).

345 **(d) Fehlende Rechtfertigung nach Anwendungsgebiet und Menge (Nr. 4).** Ein strafbarer Verstoß gegen § 56a Abs. 1 S. 1 Nr. 4 liegt auch dann vor, wenn die Verschreibung oder Abgabe sich auf ein Arzneimittel bezieht, dessen Anwendung nach Anwendungsgebiet und Menge nach dem Stand der veterinärmedizinischen Wissenschaft nicht gerechtfertigt ist, um das Behandlungsziel zu erreichen (→ § 56a Rn. 11–13). Die Erreichung des Behandlungsziels muss **in dem betreffenden Fall** angestrebt werden. Dies bedeutet, dass ein unmittelbarer Zusammenhang zwischen Diagnose und Therapieentscheidung des behandelnden Arztes bestehen muss (→ § 56a Rn. 13).

346 **(e) Verstoß gegen Beschränkungen der Menge, die verschrieben oder abgegeben werden darf (Nr. 5).** Für Lebensmittel liefernde Tiere enthält Nr. 5 eine Beschränkung der zulässigen Menge, die verschrieben oder abgegeben werden darf, auf den Bedarf der auf die Abgabe folgenden 31 Tage (Buchst. a). Für Arzneimittel, die antimikrobiell wirksame Stoffe enthalten und nicht ausschließlich zur lokalen Anwendung bestimmt sind, verkürzt sich der Zeitraum auf sieben Tage (Buchst. b). Etwas anderes gilt, wenn die Zulassungsbedingungen eine längere Anwendungsdauer vorsehen (→ § 56a Rn. 14–16). Auch in diesen Fällen muss die Verschreibungs- oder Abgabemenge durch eine entsprechende tierärztlich festgestellte Indikation begründet sein. Eine Abgabe über die veterinärmedizinisch gerechtfertigte Menge hinaus ist auch innerhalb des Rahmens von 31 oder sieben Tagen nicht erlaubt und strafbar (*Mayer* in Fuhrmann/Klein/Fleischfresser ArzneimittelR-HdB § 38 Rn. 17).

347 **bb) Verschreiben, Abgeben entgegen § 56a Abs. 1 S. 2.** S. 2 befasst sich mit der **wiederholten** Verschreibung oder Abgabe durch den Tierarzt. Eine solche darf nur erfolgen, nachdem der Tierarzt die Notwendigkeit der erneuten Anwendung durch eine Untersuchung der Tiere oder des Bestandes überprüft hat (*Mayer* in

Fuhrmann/Klein/Fleischfresser ArzneimittelR-HdB § 38 Rn. 18). Die Überprüfung hat mindestens alle 31 Tage zu erfolgen. Eine Verschreibung oder Abgabe ohne diese Untersuchung ist verboten und strafbar.

Da auch die erneute Anwendung den Voraussetzungen **des Satzes 1** entsprechen muss, ist Strafbarkeit auch dann gegeben, wenn diese Voraussetzungen nicht erfüllt sind. 348

2. Anwenden entgegen § 56a Abs. 1 S. 3. Die Vorschrift befasst sich mit der Anwendung der Arzneimittel. 349

a) Anwendung. Zum Begriff der Anwendung → § 2 Rn. 23—25. Die Anwendung erfolgt hier bei einem Tier. In aller Regel wird sie daher in einem Verabreichen (→ § 2 Rn. 61) bestehen. In Betracht kommt aber auch die **Überlassung zum unmittelbaren Verbrauch** (→ § 56a Rn. 21). 350

b) Entgegen § 56a Abs. 1 S. 3. Bewehrte Vorschrift (§ 56a Abs. 1 S. 3) und Bewehrung (§ 95 Abs. 1 Nr. 8) decken sich nicht. Während die Bewehrung über den zitierten § 56a Abs. 1 S. 3 den gesamten Satz 1 für sich vereinnahmt, geht die bewehrte Vorschrift weniger weit, indem lediglich Satz 1 Nr. 2—4 in Bezug genommen wird, also namentlich nicht die zeitlichen Grenzen der Nr. 5 (zu den Gründen → § 56a Rn. 20). Da die Bewehrung in strafrechtlicher Hinsicht aber nicht weiter gehen kann als die bewehrte Vorschrift, ist der **Tierarzt nur dann strafbar,** wenn er bei der Anwendung gegen § 56a Abs. 1 S. 1 Nr. 2—4 verstößt. Insoweit kann auf → Rn. 343—345 verwiesen werden. 351

C. Vorbereitung, Versuch, Vollendung, Beendigung. Eine Strafbarkeit von Vorbereitungshandlungen kommt nicht in Betracht (§ 30 StGB). Dagegen ist der Versuch in jeder Variante (Verschreiben, Abgeben, Anwenden) strafbar (§ 95 Abs. 2). Es gelten die allgemeinen strafrechtlichen Grundsätze (dazu näher → Rn. 50). Im Übrigen gilt: 352

Ein versuchtes **Verschreiben** kann vorliegen, wenn das Rezept aus Gründen, die nicht zu einem strafbefreienden Rücktritt führen, nicht fertig gestellt wird. Die Verschreibung ist mit der Aushändigung des Rezepts **vollendet** und mit der Belieferung des Rezepts **beendet** (→ BtMG § 29 Rn. 1471). 353

Die **Abgabe** ist ein dingliches Geschäft; dazu → Rn. 56. Die Vorstufen der Abgabe (Vorrätighalten, Feilhalten oder Feilbieten) sind noch keine versuchte Abgabe. Zur Vollendung und Beendigung → Rn. 57. 354

Bei der **Anwendung** in Form des Verabreichens beginnt der **Versuch** mit dem Bereitstellen des Futters oder Trinkwassers, dem Herrichten der Injektionsstelle oder dem sonstigen Ansetzen zu einer in → § 2 Rn. 61 beschriebenen Handlung. Noch kein Versuch ist der Erwerb oder das Lagern der Arzneimittel. Die Tat ist **vollendet** mit dem Beginn der Aufnahme des Arzneimittels im tierischen Körper; bei der Überlassung zum unmittelbaren Verbrauch tritt die **Vollendung** mit der Übergabe des Arzneimittels an den Empfänger ein (→ BtMG § 29 Rn. 1555). Die Tat ist in beiden Fällen **beendet,** wenn das Arzneimittel dem Tier einverleibt ist. 355

D. Täterschaft, Teilnahme. Die Straftat nach § 95 Abs. 1 Nr. 8 ist in jeder Variante ein echtes Sonderdelikt. Täter, mittelbarer Täter oder Mittäter kann nur der **Tierarzt** sein. Bei der Abgabe kommt hinzu, dass Täterschaft nur bei demjenigen vorliegen kann, der Inhaber der tatsächlichen Verfügungsgewalt ist (→ Rn. 324). Zur mittelbaren Täterschaft eines Tierarztes, der zahlreiche Tierärzte und Angestellte in einer großen Praxis beschäftigt, s. BGH NStZ 2004, 457 (→ Rn. 168) sowie → Rn. 208. 356

Der **Empfänger** des Rezepts bei der **Verschreibung** ist kein notwendiger Teilnehmer, da das Verschreiben nicht notwendig seine Mitwirkung erfordert (→ BtMG Vor § 29 Rn. 280—282). Für den Empfänger der Arzneimittel bei der 357

Abgabe kann auf → Rn. 73 Bezug genommen werden. Kein notwendiger Teilnehmer ist der Halter des Tieres bei der **Anwendung,** da diese nicht notwendig seine Mitwirkung erfordert (→ BtMG Vor § 29 Rn. 281, 282).

358   **E. Handeln im Ausland.** Auf → Rn. 5, 6 wird Bezug genommen.

359   **F. Subjektiver Tatbestand.** Strafbarkeit nach Absatz 1 Nr. 8 verlangt Vorsatz. Kann der Nachweis vorsätzlichen Handelns nicht geführt werden, so hat das Gericht im Rahmen seiner Pflicht zur erschöpfenden Aburteilung (→ Rn. 20) die fahrlässige Begehung (Absatz 4; → Rn. 362) zu prüfen.

360   Der **Vorsatz** (→ Rn. 9–12) muss sich **in allen Alternativen** der Nr. 8 darauf erstrecken, dass ein verschreibungspflichtiges Arzneimittel vorliegt, das zur Anwendung bei einem Lebensmittel liefernden Tier bestimmt ist. Beim **erstmaligen** Verschreiben oder Abgeben (→ Rn. 341–346) muss er sich ferner darauf beziehen, dass eine oder mehrere Voraussetzungen des § 56a Abs. 1 S. 1 nicht vorliegen. Beim **wiederholten** Verschreiben oder Abgeben muss sich der Vorsatz auch darauf erstrecken, dass die Frist des § 56a Abs. 1 S. 2 nicht eingehalten wird (→ Rn. 347, 348) oder dass der Tierarzt keine neuerliche Untersuchung vorgenommen hat (→ Rn. 347). Beim **Anwenden** (→ Rn. 350) muss sich der Vorsatz darauf beziehen, dass eine oder mehrere der Voraussetzungen des § 56a Abs. 1 Nr. 2–4 (→ Rn. 343–345) nicht eingehalten werden. Bedingter Vorsatz (→ Rn. 12) reicht aus.

361   Zu den **Irrtumsfällen** → Rn. 13–18. Diese Regeln gelten auch, wenn sich der Irrtum darauf bezieht, dass das Arzneimittel für die Anwendung bei einem Lebensmittel liefernden Tier bestimmt ist (→ Rn. 336); ebenso kann er bei jedem anderen Merkmal des Tatbestands (→ Rn. 333–335, 337–349) in Frage kommen.

362   Nach Absatz 4 ist auch **fahrlässige Begehung** strafbar. Zur Fahrlässigkeit → Rn. 19 sowie → Vor § 95 Rn. 100–112, dort auch zu den Sorgfaltspflichten beim Inverkehrbringen und Anwenden von Arzneimitteln. Fahrlässigkeit kommt insbesondere dann in Betracht, wenn der Abgebende aus Fahrlässigkeit nicht erkennt, dass das Arzneimittel zur Anwendung bei einem der Lebensmittelgewinnung dienenden Tier bestimmt ist.

363   **G. Konkurrenzen.** Zu den Konkurrenzen → Rn. 21. Sind auch die Voraussetzungen des § 95 Abs. 1 Nr. 4 gegeben, so liegt Tateinheit vor (→ Rn. 208). Regelmäßig Tateinheit besteht auch mit den übrigen Tatbeständen des Arzneimittelstrafrechts. Dasselbe gilt für das allgemeine Strafrecht; so ist etwa Tateinheit möglich mit Urkundenfälschung, etwa bei einer Umetikettierung (BGHSt NStZ 2004, 457 (→ Rn. 168)).

364   **H. Strafzumessung.** Auf → Rn. 23–30 kann verwiesen werden. Zum **Berufsverbot** → BtMG Rn. 1772–1779. Ein solches Verbot kann auch bei einer erstmaligen Verurteilung in Betracht kommen (→ BtMG Rn. 1778). Zum Widerruf der Approbation → BtMG Vor § 29 Rn. 1780–1782.

Kapitel 8. Erwerb von verschreibungspflichtigen Arzneimitteln zur Anwendung bei Tieren durch den Tierhalter und andere in § 47 Abs. 1 nicht genannte Personen entgegen § 57 Abs. 1 (§ 95 Abs. 1 Nr. 9)

365   **A. Grundtatbestand.** Grundlage der Strafvorschrift ist § 57 Abs. 1 (→ § 57 Rn. 3–26).

366   **B. Tathandlung.** Unter Strafe gestellt ist der Erwerb von verschreibungspflichtigen Arzneimitteln zur Anwendung bei Tieren durch den Tierhalter oder andere, in § 47 Abs. 1 **nicht** genannte, Personen entgegen § 57 Abs. 1.

367   **I. Adressaten.** Strafbar ist zunächst der **Tierhalter** (§ 57 Abs. 1 S. 1, 3, 4). Die Tat kann aber auch von **anderen,** in § 47 Abs. 1 **nicht** genannten, **Personen** (§ 57 Abs. 1 S. 2) begangen werden. Anders als dem Tierhalter, dem mehrere Bezugs-

Strafvorschriften **§ 95 AMG**

quellen offenstehen, können diese Personen Arzneimittel zur Anwendung bei Tieren lediglich in der Apotheke beziehen. Für **Personen,** die in § 47 Abs. 1 zwar **genannt** sind, sich aber an die dort enthaltenen Einschränkungen nicht halten, gilt § 57 Abs. 1 (→ § 57 Rn. 21) und damit auch § 95 Abs. 1 Nr. 9 nicht.

II. Arzneimittel. Die Strafvorschrift ist enger als der Grundtatbestand: Tatgegenstand sind nur Arzneimittel, die nur auf **Verschreibung** an den Verbraucher abgegeben werden dürfen. Für lediglich apothekenpflichtige Arzneimittel gilt § 97 Abs. 2 Nr. 22. Auf der anderen Seite greift die Ausnahmevorschrift des § 57 Abs. 1 S. 4 (dazu → § 57 Rn. 4, 23, 24) nicht ein, da sie sich nur auf nicht verschreibungspflichtige Arzneimittel bezieht. In den Fällen des **Einzelimports** gilt dasselbe wie bei Nr. 6 (→ Rn. 312). 368

III. Zur Anwendung bei Tieren. Zweck des Erwerbs muss die Anwendung bei Tieren sein; die Vorschrift gilt danach nicht nur für **Tier-,** sondern auch für **Humanarzneimittel** (→ § 4 Rn. 28). Nicht notwendig ist, dass es sich um ein Lebensmittel lieferndes Tier handelt. Auf der anderen Seite reicht es nicht aus, wenn der Erwerb zur Anwendung bei Menschen, etwa als Dopingmittel, erfolgt. 369

IV. Erwerben. Auf → § 57 Rn. 11 wird verwiesen. 370

V. Entgegen § 57 Abs. 1. Bei den Zuwiderhandlungen gegen § 57 Abs. 1 sind drei Personengruppen zu unterscheiden: 371

1. Tierhalter (§ 57 Abs. 1 S. 1, 4). Der Tierhalter darf Arzneimittel (→ Rn. 368) zur Anwendung bei Tieren 372
– in der **Apotheke** (bei bestimmten Arzneimitteln auch im Wege des Versandes (→ § 57 Rn. 4)),
– bei dem den Tierbestand behandelnden **Tierarzt** (bei bestimmten Arzneimitteln auch im Wege des Versandes (→ § 57 Rn. 4)) oder,
– soweit es sich um Fütterungsarzneimittel geht, auch vom **Hersteller** erwerben.

Zum Begriff des **Tierhalters** → § 57 Rn. 7–10. Im Übrigen wird auf → § 57 Rn. 13 **(Apotheke),** → § 57 Rn. 14–16 **(behandelnder Tierarzt)** und → § 57 Rn. 17 **(Hersteller** bei Fütterungsarzneimitteln) Bezug genommen. Erwirbt der Tierhalter die (verschreibungspflichtigen, → Rn. 368) Arzneimittel von anderen Personen oder Stellen, etwa einem pharmazeutischen Unternehmer, einem Großhändler oder sonst auf dem grauen Markt, oder von einem Tierarzt außerhalb einer Behandlung, ist der Tatbestand erfüllt.

Arzneimittel-Vormischungen darf der Tierhalter auch bei den in § 57 Abs. 1 S. 1 genannten Bezugsquellen **nicht** erwerben (§ 57 Abs. 1 S. 5). Verstößt der Tierhalter dagegen, so ist der Tatbestand erfüllt. 373

2. Andere und nicht in § 47 Abs. 1 genannte Personen (§ 57 Abs. 1 S. 2). Auch die Strafvorschrift gilt nicht nur für Tierhalter, sondern auch für andere und nicht in § 47 Abs. 1 genannte Personen. Sie dürfen Arzneimittel (→ Rn. 368) zur Anwendung bei Tieren nur in der **Apotheke** erwerben, dort allerdings bei bestimmten Arzneimitteln auch im Wege des Versandes (→ § 57 Rn. 4). Beziehen solche Personen, etwa Tierheilpraktiker oder sonstige Personen, die sich mit Tierheilkunde befassen, die (verschreibungspflichtigen, → Rn. 368) Arzneimittel von anderen Personen oder Stellen, insbesondere auf dem grauen Markt, so ist der Tatbestand erfüllt. 374

3. In § 47 Abs. 1 genannte Personen. § 57 Abs. 1 S. 2 gilt nicht für in § 47 Abs. 1 genannte Personen (→ § 57 Rn. 20). Sie sind daher nicht verpflichtet, Arzneimittel, die bei Tieren angewendet werden sollen, bei den Apotheken zu beziehen. Dies gilt nach dem Wortlaut des § 57 Abs. 1 auch dann, wenn sie die weiteren Voraussetzungen, die für sie in § 47 Abs. 1 bestimmt sind, nicht erfüllen (→ § 57 Rn. 21). Eine Strafbarkeit nach § 95 Abs. 1 Nr. 9 scheidet damit aus. 375

376 **C. Vorbereitung, Versuch, Vollendung, Beendigung.** Eine Strafbarkeit von Vorbereitungshandlungen kommt nicht in Betracht (§ 30 StGB). Dagegen ist der Versuch in jeder Variante (→ Rn. 372–374) strafbar (§ 95 Abs. 2). Es gelten die allgemeinen strafrechtlichen Grundsätze (dazu näher → Rn. 50). Im Übrigen beginnt der **Versuch** des Erwerbs mit einer Handlung, mit der der Täter nach seiner Vorstellung von der Tat unmittelbar zur Erlangung der tatsächlichen Verfügungsgewalt vom Vorbesitzer ansetzt; der Abschluss eines Verpflichtungsgeschäftes genügt hierzu grundsätzlich nicht. Auf → BtMG § 29 Rn. 1218–1222 wird Bezug genommen.

377 Zur **Vollendung** und **Beendigung** wird auf → BtMG § 29 Rn. 1223, 1224 verwiesen.

378 **D. Täterschaft, Teilnahme.** In beiden Varianten (→ Rn. 372–374) ist die Straftat nach § 95 Abs. 1 Nr. 9 insoweit ein **Sonderdelikt,** als Täter, mittelbarer Täter und Mittäter nur sein kann, wer die tatsächliche Verfügungsmacht über das Arzneimittel erlangt (→ Rn. 300). Alle anderen Beteiligten sind Teilnehmer.

379 Nicht strafbar wegen Beteiligung am Erwerb macht sich der **Abgebende;** da der Erwerb in dem einverständlichen Erlangen der Verfügungsmacht mit dem Vorbesitzer besteht, ist er **notwendiger Teilnehmer** (→ Rn. 73). Die Eigenschaft als Tierhalter und als Empfänger der tatsächlichen Verfügungsmacht sind besondere persönliche Merkmale iSd § **28 Abs. 1 StGB** (→ Rn. 61). Dort auch zur etwaigen doppelten Strafmilderung bei der Beihilfe.

380 Der strafbare Erwerb durch den **Tierhalter** (→ Rn. 372, 373) ist auch insofern ein **Sonderdelikt,** als er sich nur an den Tierhalter wendet (→ Rn. 367). Im Übrigen wendet sich die Vorschrift an jedermann, der **nicht** zu dem Kreis der in § **47 Abs. 1 genannten** Personen gehört (→ Rn. 374).

381 **E. Handeln im Ausland.** Auf → Rn. 5, 6 wird Bezug genommen.

382 **F. Subjektiver Tatbestand.** Strafbarkeit nach Absatz 1 Nr. 9 verlangt Vorsatz. Kann der Nachweis vorsätzlichen Handelns nicht geführt werden, so hat das Gericht im Rahmen seiner Pflicht zur erschöpfenden Aburteilung (→ Rn. 20) die fahrlässige Begehung (Absatz 4; → Rn. 385) zu prüfen.

383 **Der Vorsatz** (→ Rn. 9–12) muss sich in allen Alternativen der Nr. 9 darauf erstrecken, dass das den verschreibungspflichtiges Tier- oder Humanarzneimittel vorliegt, das der Anwendung bei einem Tier dienen soll (→ § 4 Rn. 28). Bezieht der Tierhalter das Arzneimittel von einem Tierarzt (→ Rn. 372, 373), so muss sich der Vorsatz auch darauf beziehen, dass keine Behandlung vorliegt, was meist gegeben sein wird. Ob die Abgabe im Rahmen des Betriebs einer tierärztlichen Hausapotheke erfolgt, wird der Tierhalter dagegen nicht immer erkennen können. Bedingter Vorsatz (→ Rn. 12) reicht aus.

384 Zu den **Irrtumsfällen** → Rn. 13–18. Ein Irrtum darüber, dass das Arzneimittel für die Anwendung bei einem Tier bestimmt ist, wird bei dem Erwerber kaum in Betracht kommen. Ähnliches gilt bei einem Erwerb vom Tierarzt für die Frage der Behandlung. Hält der Erwerber aber eine solche Behandlung für gegeben, weil er den Begriff fehlerhaft auslegt, etwa einen bloßen Betreuungsvertrag für ausreichend hält, so liegt ein Subsumtionsirrtum vor.

385 Nach Absatz 4 ist auch die **fahrlässige** Begehung strafbar. Zur Fahrlässigkeit → Rn. 19 sowie → Vor § 95 Rn. 100–112.

386 **G. Konkurrenzen.** Zu den Konkurrenzen → Rn. 21.

387 **H. Strafzumessung.** Auf → Rn. 23–30 kann verwiesen werden.

Strafvorschriften § 95 AMG

Kapitel 9. Anwendung von verschreibungspflichtigen Arzneimitteln bei Lebensmitteln liefernden Tieren ohne oder gegen eine tierärztliche Behandlungsanweisung entgegen § 58 Abs. 1 S. 1 (§ 95 Abs. 1 Nr. 10)

A. Grundtatbestand. Grundlage der Strafvorschrift ist § 58 Abs. 1 S. 1 (→ § 58 388 Rn. 3–9).

B. Tathandlung. Unter Strafe gestellt ist die Anwendung von verschreibungs- 389 pflichtigen Arzneimitteln bei Lebensmittel liefernden Tieren durch Tierhalter oder andere Personen, die nicht Tierärzte sind, ohne oder gegen eine tierärztliche Behandlungsanweisung für den betreffenden Fall entgegen § 58 Abs. 1 S. 1 (→ § 58 Rn. 5).

I. Adressaten. Die Vorschrift richtet sich an Tierhalter und andere Personen. 390 Ausgenommen sind Tierärzte. Bei ihnen geht das Gesetz davon aus, dass sie einer Behandlungsanweisung nicht bedürfen.

II. Arzneimittel. Tatgegenstand sind Arzneimittel, die nur auf **Verschreibung** 391 an Verbraucher abgegeben werden dürfen. Auch hier ist die Strafvorschrift enger als der Grundtatbestand, der auch **andere** vom Tierarzt **verschriebene** oder **erworbene** Arzneimittel erfasst. In den Fällen des **Einzelimports** gilt dasselbe wie bei Nr. 6 (→ Rn. 311). Die Vorschrift gilt für Tierarzneimittel und für Humanarzneimittel gleichermaßen (→ § 58 Rn. 5; aA *Pfohl* in Erbs/Kohlhaas Rn. 32).

III. Anwenden. Auf → Rn. 350 wird Bezug genommen. 392

IV. Bei Tieren, die der Lebensmittelgewinnung dienen. → § 31 Rn. 12–15. 393

V. Entgegen § 58 Abs. 1 S. 1. Ausgehend von der Gesetzesbegründung 394 (→ § 57a Rn. 4) regelt § 58 Abs. 1 S. 1 nur den Fall, dass verschreibungspflichtige Arzneimittel bei Lebensmitteln liefernden Tieren nur nach einer tierärztlichen Behandlungsanweisung für den betreffenden Fall angewendet werden dürfen.

1. Anwendung nur nach einer tierärztlichen Behandlungsanweisung. 395 Danach ist ein Verstoß einmal dann gegeben, wenn die Anwendung **ohne** tierärztliche Behandlungsanweisung erfolgt ist. Dies ist gegeben, wenn der Tierhalter **überhaupt keinen Tierarzt eingeschaltet hat** oder wenn der Tierarzt, aus welchen Gründen auch immer, **eine Behandlungsanweisung nicht ausgestellt hat**.

Desgleichen liegt ein Verstoß gegen § 58 Abs. 1 S. 1 vor, wenn der Tierhalter bei 396 der Anwendung der Arzneimittel **nicht nach** der Behandlungsanweisung gehandelt hat, sondern von ihr abgewichen ist oder sie sonst **nicht beachtet** hat.

2. Tierärztliche Behandlungsanweisung. Die Behandlungsanweisung muss 397 sich auf den konkreten Anwendungsfall beziehen (→ § 58 Rn. 7). Dass sie schriftlich vorliegen muss, ist auch in § 58 Abs. 1 S. 1 nicht vorgeschrieben (→ § 58 Rn. 8). Inhaltlich müssen jedenfalls die Angaben enthalten sein, die für eine ordnungsgemäße Behandlung erforderlich sind, namentlich Tierart, Anwendungsgebiet, Dosierung, Anwendungsdauer (*Körner*, 6. Aufl. 2007, Rn. 188) und Wartezeit.

C. Vorbereitung, Versuch, Vollendung, Beendigung. Eine Strafbarkeit von 398 Vorbereitungshandlungen kommt nicht in Betracht (§ 30 StGB). Dagegen ist der Versuch strafbar (§ 95 Abs. 2). Es gelten die allgemeinen strafrechtlichen Grundsätze (dazu näher → Rn. 50). Zum Versuch, zur Vollendung und zur Beendigung bei der **Anwendung** wird auf → Rn. 355 verwiesen.

D. Täterschaft, Teilnahme. Das Anwendungsverbot gilt für jedermann mit 399 Ausnahme der Tierärzte. Die Ausnahme gilt allerdings nur für die Anwendung durch den Tierarzt selbst. Er kann sich daher wegen Anstiftung oder Beihilfe strafbar machen, wenn ein anderer, etwa der Tierhalter, das Arzneimittel auf seine Veranlassung oder mit seiner Unterstützung anwendet, ohne dass er ihm eine ordnungsgemäße Behandlungsanweisung erteilt.

400 Nicht erheblich ist, wem das Tier oder das Arzneimittel gehört oder wer darüber verfügungsberechtigt ist. Täter können daher auch Tierheilpraktiker oder sonstige Personen sein, die ein Arzneimittel aus dem Bestand des Tierhalters bei dessen Tier anwenden. Im Übrigen gelten für die Abgrenzung zwischen Täterschaft und Teilnahme die allgemeinen Regeln (→ BtMG Vor § 29 Rn. 367–386).

401 **E. Handeln im Ausland.** Auf → Rn. 5, 6 wird Bezug genommen

402 **F. Subjektiver Tatbestand.** Strafbarkeit nach Absatz 1 Nr. 10 verlangt Vorsatz. Kann der Nachweis vorsätzlichen Handelns nicht geführt werden, so hat das Gericht im Rahmen seiner Pflicht zur erschöpfenden Aburteilung (→ Rn. 20) die fahrlässige Begehung (Absatz 4; → Rn. 405) zu prüfen.

403 **Der Vorsatz** (→ Rn. 9–12) muss sich auf die Anwendung eines verschreibungspflichtigen Arzneimittels bei einem Lebensmittel liefernden Tier ohne oder unter Verstoß gegen eine tierärztliche Behandlungsanweisung erstrecken. Bedingter Vorsatz (→ Rn. 12) reicht aus.

404 Zu den **Irrtumsfällen** → Rn. 13–18. Diese Regeln gelten auch dann, wenn sich der Irrtum auf die anderen Tatbestandsmerkmale des § 58 Abs. 1 S. 1 bezieht, etwa wenn der Täter nicht erkennt, dass es sich um ein Lebensmittel lieferndes Tier handelt (→ § 31 Rn. 12–15).

405 Nach Absatz 4 ist auch die **fahrlässige** Begehung (→ Rn. 19) strafbar Dies kommt etwa in Betracht, wenn der Täter aus Fahrlässigkeit nicht erkennt, dass er das Arzneimittel nur nach einer tierärztlichen Behandlungsanweisung anwenden darf. Im Übrigen wird auf → Vor § 95 Rn. 100–112 hingewiesen.

406 **G. Konkurrenzen.** Zu den Konkurrenzen → Rn. 21.

407 **H. Strafzumessung.** Auf → Rn. 23–30 kann verwiesen werden.

Kapitel 10. Verabreichung von in Tabelle 2 des Anhangs der Verordnung (EU) Nr. 37/2010 aufgeführten Stoffen an Tiere, die der Lebensmittelgewinnung dienen, entgegen § 59d S. 1 Nr. 1 (§ 95 Abs. 1 Nr. 11)

408 **A. Grundtatbestand.** Grundlage der Strafvorschrift ist § 59d S. 1 Nr. 1 (→ § 59d Rn. 2, 3).

409 **B. Tathandlung.** Unter Strafe gestellt ist die Verabreichung eines verbotenen Stoffes an Tiere, die der Lebensmittelgewinnung dienen, entgegen § 59d S. 1 Nr. 1.

410 **I. Verbotener Stoff.** Verbotene Stoffe sind solche, die in **Tabelle 2** des Anhangs der VO (EU) Nr. 37/2010 v. 22.12.2009 (ABl. 2010 L 15 letzte konsolidierte Fassung v. 7.12.2020) als Verbotene Stoffe aufgeführt sind (→ § 59d Rn. 2). Die **Verbotenen Stoffe** sind in → § 59d Rn. 4 aufgeführt.

411 **II. Verabreichen.** Die Strafvorschrift ist wie der Grundtatbestand auf den unmittelbaren Applikationsvorgang beschränkt (→ § 2 Rn. 61; → § 59d Rn. 3; wohl auch *Volkmer* in Körner/Patzak/Volkmer Rn. 320).

412 **III. Tiere, die der Lebensmittelgewinnung dienen.** → § 31 Rn. 12–15.

413 **IV. Entgegen § 59d S. 1 Nr. 1.** Die Verabreichung muss entgegen § 59d S. 1 Nr. 1 erfolgen. Dies bedeutet, dass der Verstoß gegen § 59d S. 1 Nr. 2 nicht nach dieser Vorschrift strafbar ist (insoweit gilt § 96 Nr. 18a). Es gelten ferner die Ausnahmen vom Verabreichungsverbot nach § 59d S. 2 (dazu → § 59d Rn. 7, 8).

414 **C. Vorbereitung, Versuch, Vollendung, Beendigung.** Eine Strafbarkeit von Vorbereitungshandlungen kommt nicht in Betracht (§ 30 StGB). Dagegen ist der

Versuch strafbar (§ 95 Abs. 2). Es gelten die allgemeinen strafrechtlichen Grundsätze (dazu näher → Rn. 50). Zum Beginn des Versuchs, zur Vollendung und Beendigung → Rn. 355. Ein (untauglicher) Versuch kann dann in Betracht kommen, wenn der Täter die von ihm verabreichte Substanz irrtümlich für einen in § 59 d genannten Stoff hält.

D. Täterschaft, Teilnahme. Das Verbot gilt für jedermann, auch für den Tierarzt. Anders als die Abgabe setzt die Verabreichung **nicht** voraus, dass der Verabreichende eigene tatsächliche Verfügungsmacht an dem Stoff hat (→ BtMG § 29 Rn. 1557). (Mit-)Täter kann daher auch sein, wem eine solche Verfügungsmacht nicht zukommt. 415

E. Handeln im Ausland, subjektiver Tatbestand, Konkurrenzen, Strafzumessung. Auf die Erläuterungen zu Nr. 10 (→ Rn. 401–407) kann verwiesen werden. 416

Abschnitt 2. Strafbarkeit des Versuchs (Absatz 2)

Bei sämtlichen Vorschriften des § 95 Abs. 1 ist der **Versuch** strafbar (§ 95 Abs. 2). Er ist bei den **einschlägigen Tatbeständen** jeweils im Einzelnen erläutert. 417

Abschnitt 3. Besonders schwere Fälle (Absatz 3)

A. Überblick. § 95 Abs. 3 enthält für alle Tatbestände einen **besonders schweren Fall** (Satz 1). Ebenso sind für alle Tatbestände **Regelbeispiele** vorgesehen (Satz 2 Nr. 1). Für die Herstellung oder das Inverkehrbringen gefälschter Arzneimittel oder Wirkstoffe ist ein weiteres Regelbeispiel bestimmt (Satz 2 Nr. 2). 418

B. Rechtsnatur. Absatz 3 enthält **keinen Qualifikationstatbestand,** sondern lediglich Strafzumessungsregeln (→ BtMG § 29 Rn. 1976). Auch die in Satz 2 genannten **Regelbeispiele** enthalten nur Vorschriften für die Strafbemessung (→ BtMG § 29 Rn. 1977). 419

C. Strafrahmenwahl. Auf Grund des Absatzes 3 stehen dem Richter mehrere Strafrahmen zur Verfügung; er hat daher **vor** der Strafzumessung im engeren Sinn auf der Grundlage einer **Gesamtwürdigung** die richtige Strafrahmenwahl zu treffen (→ BtMG § 29 Rn. 1980). 420

D. Prüfungsreihenfolge. Anders als das BtMG sieht das AMG für alle Tatbestände Regelbeispiele vor (Absatz 3 Satz 2). Es empfiehlt sich daher stets, 421
- zunächst zu prüfen, ob die Merkmale eines Regelbeispiels (→ Rn. 432–459) vorliegen,
- sodann zu klären (wenn auch nicht immer mit jedem Ermittlungsaufwand (→ BtMG § 29 Rn. 2053)),
  - ob die Regelwirkung entfällt (→ Rn. 459–462) oder
  - ob umgekehrt, wenn die Voraussetzungen eines Regelbeispiels nicht vorliegen, ein unbenannter besonders schwerer Fall (Absatz 3 Satz 1) gegeben ist (→ Rn. 422–430).

Steht danach der Strafrahmen fest, ist in die Strafzumessung im engeren Sinn (→ BtMG Vor § 29 Rn. 850–937) einzutreten.

E. Der unbenannte besonders schwere Fall (Satz 1). Zu den Voraussetzungen des besonders schweren Falls → Rn. 424. 422

I. Gesamtwürdigung. Ob diese Voraussetzungen gegeben sind, ist aufgrund einer **Gesamtwürdigung** zu entscheiden (→ BtMG § 29 Rn. 1983, 1984). In die Gesamtwürdigung bei der Strafrahmenwahl sind auch die Umstände einzubeziehen, die auch für die Strafzumessung im engeren Sinn relevant sind; sie werden damit nicht verbraucht (→ Rn. 25–29). 423

424 **1. Voraussetzungen.** Ein besonders schwerer Fall ist gegeben, wenn die Tat nach der gebotenen Gesamtbewertung die erfahrungsgemäß gewöhnlich vorkommenden und deshalb für den ordentlichen Strafrahmen bereits berücksichtigten Fälle derart an Strafwürdigkeit übertrifft, dass dieser zur Ahndung der Tat nicht mehr ausreicht (→ BtMG § 29 Rn. 1985, 1986).

425 **2. Straferschwerende Umstände.** Der Kreis der Umstände, die zu einer besonderen Verwerflichkeit der Tat führen können, ist nicht geschlossen. In Betracht kommen die besonders große Menge, besonders verwerfliche Vertriebsmethoden (BGH NJW 1980, 1344) oder das Inverkehrbringen besonders gefährlicher Zubereitungen (*Joachimski/Haumer* BtMG Rn. 256).

426 **3. Auswirkung von Strafmilderungsgründen.** Ein besonders schwerer Fall scheidet nicht schon allein deswegen aus, weil auch ein (einzelner) allgemeiner **Strafmilderungsgrund** gegeben ist. Auf der anderen Seite kann ein solcher gewichtiger Umstand dazu führen, dass ein besonders schwerer Fall nicht angenommen werden kann (→ BtMG § 29 Rn. 1991).

427 Ein **vertypter Milderungsgrund** (→ BtMG Vor § 29 Rn. 750–781) kann für sich allein, zusammen mit anderen oder mit einem oder mehreren allgemeinen Strafmilderungsgründen dazu führen, dass ein besonders schwerer Fall zu verneinen ist (*Schäfer/Sander/van Gemmeren* Strafzumessung Rn. 931, 1137). Wird danach ein besonders schwerer Fall verneint, kommt eine Strafrahmenverschiebung nach § 49 StGB in entsprechender Anwendung des § 50 StGB nicht mehr in Betracht (→ BtMG § 29 Rn. 1992). Für die sich daraus ergebende **Prüfungsreihenfolge** gilt dasselbe wie bei der Entkräftung eines Regelbeispiels; auf → Rn. 460–462 kann daher verwiesen werden.

428 **II. Versuch.** Ein unbenannter besonders schwerer Fall kommt bei allen Tatbeständen des Absatzes 1 in Betracht. Hiervon ist der Versuch in allen Fällen strafbar. Die dem Gericht aufgegebene **Gesamtwürdigung** (→ Rn. 423) kann ergeben, dass auch in dem (strafbaren) Versuch einer Straftat ein besonders schwerer Fall zu sehen ist (→ BtMG § 29 Rn. 1993). Der oft zitierte Satz, einen Versuch des besonders schweren Falles gebe es begrifflich nicht (*Fischer* StGB § 46 Rn. 97), ist daher zwar richtig, trägt aber eher zur Verdunkelung der Rechtslage bei. Zum Versuch bei Regelbeispielen → Rn. 449–451.

429 **III. Mehrere Beteiligte.** Die Gesamtwürdigung (→ Rn. 423) ist für jeden Täter oder Teilnehmer **gesondert** vorzunehmen. Im Falle der Teilnahme ist die Haupttat zwar mitzuberücksichtigen, entscheidend ist jedoch, ob – unter Berücksichtigung des Gewichts der Haupttat – der Umfang des Tatbeitrags des Gehilfen und das Maß seiner Schuld seine Tat als besonders schwer erscheinen lassen, so dass sie selbst einen besonders schweren Fall darstellt (→ BtMG § 29 Rn. 1994, 1995).

430 **IV. Subjektiver Tatbestand.** Die Umstände, die einen unbenannten besonders schweren Fall begründen, werden wie Tatbestandsmerkmale behandelt (→ BtMG Vor § 29 Rn. 391). Sie können daher zu Lasten des Täters grundsätzlich nur berücksichtigt werden, wenn er auch insoweit mit Vorsatz gehandelt hat. Bedingter Vorsatz (→ BtMG Vor § 29 Rn. 415–420) genügt. Unter bestimmten Voraussetzungen (→ BtMG Vor § 29 Rn. 396, 397) kann auch das fahrlässige Verkennen eines straferhöhenden Umstandes straferschwerend berücksichtigt werden (→ BtMG § 29 Rn. 1996).

431 **F. Die Regelbeispiele (Satz 2).** Aufgabe der Regelbeispiele ist es, dem Richter Hinweise auf den Schweregrad zu geben, den das Gesetz für eine Strafrahmenverschiebung wegen eines besonders schweren Falles erwartet (→ BtMG § 29 Rn. 1997). Auch bei ihnen ist eine **Gesamtwürdigung** vorzunehmen (→ BtMG § 29 Rn. 1998, 1999).

Strafvorschriften **§ 95 AMG**

I. Handlungen. Satz 2 enthält drei Regelbeispiele, die für alle Tatbestände des 432
Absatzes 1 gelten (Nr. 1), und ein Regelbeispiel, das nur für Absatz 1 Nr. 3 gilt.
1. Die für alle Tatbestände geltenden Regelbeispiele (Nr. 1). Nr. 1 enthält 433
die Regelbeispiele, die für alle Tatbestände des Absatzes 1 gelten.
a) Gefährdung der Gesundheit einer großen Zahl von Menschen (Buch- 434
st. a). Nicht anders als § 29 Abs. 3 S. 2 Nr. 2 BtMG setzt das Regelbeispiel des § 95
Abs. 3 S. 2 Nr. 1 Buchst. a AMG eine **konkrete Gefährdung** voraus. Dazu ist nicht
erforderlich, dass ein Schaden bereits eingetreten ist; auf eine Realisierung der Gefahr
kommt es daher nicht an. Notwendig ist lediglich, dass die Möglichkeit eines
Schadens für die menschliche Gesundheit so wahrscheinlich ist, dass die **Verletzung
in bedrohliche Nähe rückt** und der Schadenseintritt nur noch vom Zufall
abhängt (BGH NStZ 1987, 514). Auch → BtMG § 29 Rn. 2031 (*Pfohl* in Erbs/
Kohlhaas Rn. 38; s. auch *Deutsch/Lippert* § 95 Rn. 41).

aa) Gefährdung. Dazu genügt es, wenn das Arzneimittel in der Weise zu den 435
Apotheken oder sonstigen Abgabestellen gelangt ist, dass es den Endverbrauchern
in großer Zahl zur Verfügung steht, so dass Gesundheitsschäden ernstlich zu befürchten
sind (*Volkmer* in Körner/Patzak/Volkmer Rn. 335; *Mayer* in Fuhrmann/
Klein/Fleischfresser ArzneimittelR-HdB § 43 Rn. 20). In der Regel kann davon
ausgegangen werden, dass zugängliche Mittel auch angewendet werden, zumal
dann, wenn sie in der Werbung angepriesen werden.

Liefert ein **Großhändler** in großem Umfang Tierarzneimittel an einen Händler, 436
der sie illegal an Futtermittelhändler, Heilpraktiker oder Vertreter weitergibt, die sie
ihrerseits illegal an Tierhalter veräußern, so braucht **zum Nachweis der Gefährdung**
auch durch das Handeln des Großhändlers, **nicht festgestellt** zu werden, in
welchen einzelnen Fällen Tiere vor Ablauf der Karenzzeit geschlachtet worden
sind, welche Mengen von Arzneimittelrückständen zu einer Schädigung von Menschen
führt und welche Menschen durch den Konsum nicht einwandfreier tierischer
Erzeugnisse gefährdet sind (BGH NStZ 1987, 514).

bb) Gesundheit. → BtMG § 29 Rn. 2032, 2033. Die befürchteten Schäden für 437
die Gesundheit müssen nicht erheblich sein (*Körner*, 6. Aufl. 2007, Rn. 199). Auf
→ § 5 Rn. 16–20 kann verwiesen werden. Zur Eignung von Arzneimitteln auf
Hormonbasis zur Tiermast zur Gefährdung einer großen Zahl von Menschen s.
Volkmer in Körner/Patzak/Volkmer Rn. 313.

cc) Große Zahl von Menschen. Das Merkmal der großen Zahl von Menschen 438
ist tatbestandsspezifisch auszulegen (BGHSt 44, 175 = NJW 1999, 299 = NStZ
1999, 84; 1999, 559 mAnm *Kühl* in StV 1999, 210 = JR 1999, 211 mAnm *Ingelfinger*;
Freund in MüKoStGB Rn. 64). Zu berücksichtigen ist zunächst die Systematik
des Gesetzes (BGH aaO). Nach Absatz 1 Nr. 1 gilt die Qualifikation seit dem Gesetz
v. 17.7.2009 (BGBl. I S. 1990) auch für das Anwenden von Arzneimitteln; dies
zeigt, dass die große Zahl von Menschen **im überschaubaren Rahmen** halten
kann. An zweiter Stelle ist das **Maß der Strafrahmenanhebung** zu berücksichtigen
(BGH aaO); dieses ist hier jedenfalls erheblich. Schließlich ist in Rechnung
zu stellen, ob die **Verletzungen in ihrer Summe** ein Gewicht erreicht
haben, das der schweren Gesundheitsschädigung einer einzelnen Person entspricht
(BGH aaO).

Im Hinblick auf den **deutlich höheren Strafrahmen** des Regelbeispiels und 439
darauf, dass der drohende Gesundheitsschaden nicht allzu schwer sein muss, kann
bei solchen geringen Schäden die Gefährdung einer **dreistelligen Zahl** von Menschen
erforderlich sein (LG Nürnberg-Fürth BeckRS 2009, 10311; *Mayer* in Fuhrmann/Klein/Fleischfresser
ArzneimittelR-HdB § 43 Rn. 20). Allerdings hat der
BGH (BeckRS 2015, 02368) in einen Fall des § 95 **zwanzig Personen** (ebenso
Volkmer in Körner/Patzak/Volkmer Rn. 324) als eine ausreichend große Zahl an-

gesehen. Ob es sich dabei um einen Fall gehandelt hat, bei dem sich die drohenden Gesundheitsschäden der Schwelle der Nr. 1 Buchst. b nähern (dazu *Heine/Bosch* in Schönke/Schröder StGB Vor § 306 Rn. 13 a; iErg *Freund* in MüKoStGB Rn. 63), ist aus der mitgeteilten Entscheidung nicht ersichtlich.

440 **b) Einen anderen der Gefahr des Todes oder einer schweren Schädigung an Körper oder Gesundheit aussetzen (Buchst. b).** Auch im Falle des Buchst. b ist eine **konkrete** Gefahr erforderlich (*Mayer* in Fuhrmann/Klein/Fleischfresser ArzneimittelR-HdB § 43 Rn. 21; *Volkmer* in Körner/Patzak/Volkmer Rn. 339). Einer Gefahr aussetzen bedeutet in eine Gefahr bringen (so § 58 Abs. 5 S. 2 Buchst. b LFBG). Die Gefahr muss den Grad einer konkreten Todesgefahr oder einer konkreten Gefahr einer schweren Schädigung an Körper oder Gesundheit erreichen. Eine solche Gefahr ist immer gegeben, wenn sich die Merkmale des § 226 StGB zu verwirklichen drohen. Notwendig ist dies allerdings nicht; es genügt, wenn eine langwierige ernste Krankheit, eine langfristige erhebliche Beeinträchtigung der Arbeitsfähigkeit oder entsprechende erhebliche Auswirkungen drohen (*Freund* in MüKoStGB Rn. 66; *Raum* in Kügel/Müller/Hofmann § 95 Rn. 50; *Mayer* in Fuhrmann/Klein/Fleischfresser ArzneimittelR-HdB § 43 Rn. 21).

441 Ausreichend ist die Gefahr für eine **Einzelperson.** Dabei kommt es für die Verwirklichung des Regelbeispiels (anders für die subjektive Tatseite) nicht darauf an, ob die Gefahr durch die besondere Konstitution des Empfängers mitverursacht wird.

442 **c) Erlangen von Vermögensvorteilen großen Ausmaßes für sich oder einen anderen aus grobem Eigennutz (Buchst. c).** Die Vorschrift ist § 264 Abs. 2 S. 2 Nr. 1 StGB nachgebildet. Allerdings hat die Auslegung auch hier tatbestandsspezifisch zu erfolgen (s. BGHSt 48, 360 = NJW 2004, 169 = NStZ 2004, 155 = StV 2004, 20).

443 **aa) Vermögensvorteile großen Ausmaßes.** Der Begriff der Vermögensvorteile großen Ausmaßes ist nach objektiven Gesichtspunkten zu bestimmen (BGHSt 48, 360 (→ Rn. 442)). In Anlehnung an die Rechtsprechung zu § 264 Abs. 2 S. 2 Nr. 1 StGB (BGHSt 61, 28 = NJW 2016, 965 mAnm *Altenburg* = NStZ 2016, 288 mAnm *Kirch-Heim* = StV 2016, 565; BGHR StGB § 264 Abs. 3 Strafrahmenwahl 1; s. auch BGHSt 48, 360 (s. o.); BGH NStZ 2012, 331) liegt ein solcher Vermögensvorteil vor, wenn er 50.000 EUR erreicht (*Volkmer* in Körner/Patzak/Volkmer Rn. 341; *Raum* in Kügel/Müller/Hofmann § 95 Rn. 51; *Mayer* in Fuhrmann/Klein/Fleischfresser ArzneimittelR-HdB § 43 Rn. 22).

444 Das Regelbeispiel ist nur **vollendet** (zum Versuch → Rn. 449), wenn der Täter oder der andere den Vermögensvorteil tatsächlich erlangt hat (BGH NStZ-RR 2007, 269; *Volkmer* in Körner/Patzak/Volkmer Rn. 342; krit. *Freund* in MüKoStGB Rn. 68). Die bloße Absicht genügt nicht.

445 **bb) Aus grobem Eigennutz.** Aus grobem Eigennutz handelt, wer sich bei seinem Verhalten von dem Streben nach dem eigenen materiellen Vorteil in einem besonders anstößigen, das normale kaufmännische Maß übersteigenden Maße leiten lässt (BGH NStZ 1985, 558; wistra 1991, 106 = BeckRS 1990, 31084951; *Volkmer* in Körner/Patzak/Volkmer Rn. 343; *Mayer* in Fuhrmann/Klein/Fleischfresser ArzneimittelR-HdB § 43 Rn. 22). Dies ist insbesondere dann gegeben, wenn der Täter skrupellos nur auf Gewinn für sich oder einen anderen bedacht ist (*Perron* in Schönke/Schröder StGB § 264 Rn. 75); allerdings ist Skrupellosigkeit nicht zwingend notwendig (*Hellmann* in NK-StGB StGB § 264 Rn. 136; *Volkmer* in Körner/Patzak/Volkmer Rn. 343). Auch die Stufe der Gewinnsucht muss nicht erreicht werden (*Pfohl* in Erbs/Kohlhaas Rn. 42).

446 **2. Das nur für Absatz 1 Nr. 3 geltende Regelbeispiel (Nr. 2).** Für das **gewerbsmäßige** oder **bandenmäßige** Herstellen oder Inverkehrbringen **gefälsch-**

ter Arzneimittel oder Wirkstoffe sieht Nr. 2 ein Regelbeispiel vor, das nur für diese Variante gilt. Es richtet sich gegen Täter, die ihren Lebensunterhalt mit dem Herstellen oder Verbreiten von gefälschten Arzneimitteln oder Wirkstoffen bestreiten oder dabei in Netzwerken oder sonst arbeitsteilig vorgehen.

Erfasst wird das gewerbsmäßige oder bandenmäßige **Herstellen** (→ Rn. 154) 447 oder **Inverkehrbringen** (→ Rn. 146) gefälschter Arzneimittel oder Wirkstoffe (→ Rn. 143–151). Ein Redaktionsversehen dürfte es sein, dass die Alternative „Handeltreiben", die durch Gesetz v. 19. 10. 2012 (BGBl. I S. 2192) in § 95 Abs. 1 Nr. 3a eingefügt wurde, in § 95 Abs. 3 S. 2 Nr. 2 nicht aufgenommen wurde. Gegebenenfalls muss auf den unbenannten besonders schweren Fall (Satz 1) zurückgegriffen werden.

Der Begriff der **Gewerbsmäßigkeit** im AMG ist nicht tatbestandsspezifisch aus- 448 zulegen; es gelten daher die allgemeinen Grundsätze (BGH NStZ-RR 2018, 50 = StV 2018, 300). Danach bringt gewerbsmäßig Arzneimittel in Verkehr, wer dies in der Absicht macht, sich daraus durch wiederholte Tatbegehung auf unbestimmte Zeit eine fortlaufende Einnahmequelle von einiger Dauer und einigem Umfang zu verschaffen (BGH aaO). Auf → BtMG § 29 Rn. 2003–2027 kann im Übrigen verwiesen werden. Zu mehreren Beteiligten → BtMG § 29 Rn. 2025. Zum Handeln als **Mitglied einer Bande,** die sich zur fortgesetzten Begehung solcher Taten verbunden hat, → BtMG § 30 Rn. 12–86; zu den Einzeltaten der Bande → BtMG § 30 Rn. 87–90. Zu mehreren Beteiligten → BtMG § 30 Rn. 96–99.

II. Versuch. Die Tatbestände, für die das Gesetz ein Regelbeispiel vorsieht 449 (Absatz 3 Satz 2 Nr. 1, 2), sind sämtlich auch in der Form des Versuchs strafbar (Absatz 2). Zum Versuch bei dem jeweiligen **Grunddelikt** wird auf die Ausführungen zu den jeweiligen Tatbeständen Bezug genommen.

Den **Versuch eines Regelbeispiels** gibt es eigentlich nicht, da Regelbeispiele 450 keine Qualifikationen, sondern nur Strafschärfungsgründe sind (→ BtMG § 29 Rn. 2066, 2067). Gleichwohl kann zur Erfüllung des Merkmals eines Regelbeispiels ausgesetzt werden, so dass, wenn auch untechnisch, von einem Versuch gesprochen werden kann (s. BGHSt 33, 370 = NJW 1986, 940 = StV 1986, 481 = JR 1986, 520 mzustAnm *Schäfer*). Wie bei Qualifikationen ist aber stets erforderlich, dass der Täter zur **Verwirklichung des Grunddelikts** angesetzt hat (BGH NStZ 2017, 86 mAnm *Engländer*).

Eine andere Frage ist, ob und unter welchen Voraussetzungen beim Versuch die 451 **Indizwirkung** des Regelbeispiels zum Tragen kommen kann. Zu beachten ist ferner, dass der Versuch zu den (fakultativen) **vertypten Milderungsgründen** gehört (→ BtMG Vor § 29 Rn. 769, 770; → § 29 Rn. 2048, 2060–2064; *Fischer* StGB § 46 Rn. 104). Zu den einzelnen Fallkonstellationen → BtMG § 29 Rn. 2066–2070.

III. Mehrere Beteiligte. Für die Beteiligung mehrerer gelten keine Besonder- 452 heiten. Es sind die Regeln anzuwenden, die für die **Grunddelikte** maßgeblich sind. Regelbeispiele sind keine Tatbestandsmerkmale, so dass § 28 Abs. 2 StGB nicht unmittelbar für sie gilt, wohl aber ist der Rechtsgedanke dieser Vorschrift auf sie anwendbar (*Kudlich* in BeckOK StGB § 28 Rn. 24). Danach gilt: Die Handlungen in **Nr. 1 Buchst. a** und **Nr. 1 Buchst. b** sind **tatbezogen,** so dass § 28 Abs. 2 StGB nicht entsprechend anwendbar ist. Das Handeln aus grobem Eigennutz (Nr. 1 Buchst. c) ist dagegen ein **persönliches** Merkmal iSd § 28 Abs. 2 StGB (*Lackner/Kühl* StGB § 28 Rn. 9).

Dasselbe gilt für das **gewerbsmäßige** Handeln, so dass das Regelbeispiel der 453 **Nr. 2** nur auf den Täter oder Teilnehmer anwendbar ist, der selbst gewerbsmäßig gehandelt hat (BGHR BtMG § 29 Abs. 3 Nr. 1 Gewerbsmäßig 1 (1 StR 169/80); BGH NStZ 1994, 92; 2 StR 179/08; *Patzak* in Körner/Patzak/Volkmer § 29 Teil 27 Rn. 26). Entsprechendes gilt für die bandenmäßige Begehung da auch die

Bandenmitgliedschaft ein besonderes persönliches Merkmal iSd § 28 Abs. 2 StGB ist (→ BtMG § 30 Rn. 99).

454 **IV. Subjektiver Tatbestand.** In Bezug auf die innere Tatseite werden Regelbeispiele wie Tatbestandsmerkmale behandelt (→ BtMG Vor § 29 Rn. 391; *Schäfer/Sander/van Gemmeren* Strafzumessung Rn. 1142). Die Verwirklichung erfordert Vorsatz, wobei bedingter Vorsatz (→ BtMG Vor § 29 Rn. 415−420) sowohl für die Merkmale der Regelbeispiele als auch für die Grunddelikte ausreicht (*Patzak* in Körner/Patzak/Volkmer § 29 Teil 27 Rn. 24; s. auch BGHSt 26, 344 = NJW 1976, 381 zum BtMG 1972). Darüber hinaus setzt das Regelbeispiel der **gewerbsmäßigen** Begehung die **Absicht** (→ BtMG Vor § 29 Rn. 412) voraus, sich durch wiederholte Tatbegehung eine fortlaufende Einnahmequelle zu verschaffen (*Patzak* in Körner/Patzak/Volkmer § 29 Teil 27 Rn. 24). Zur **Gleichgültigkeit** des Täters → BtMG Vor § 29 Rn. 417. Zur **Vorsatzänderung** → BtMG § 29 Rn. 2013.

455 **G. Die Anwendung der Regelbeispiele.** Es ist zu unterscheiden, ob die Voraussetzungen eines Regelbeispiels vorliegen oder nicht (→ Rn. **421**).

456 **I. Vorliegen eines Regelbeispiels.** Sind die Merkmale eines Regelbeispiels gegeben, so besteht eine gesetzliche Vermutung dafür, dass es sich um einen besonders schweren Fall handelt **(Indizwirkung).** Die Vermutung kann durch **besondere** strafmildernde Umstände, die die Regelwirkung entkräften, **kompensiert** werden, so dass dann auf den allgemeinen Strafrahmen zurückzugreifen ist (→ BtMG § 29 Rn. 2040, 2041).

457 Um dies zu klären, ist zunächst eine eingeschränkte (→ BtMG § 29 Rn. 2042) **Gesamtwürdigung** vorzunehmen. Zu deren Einzelheiten → BtMG § 29 Rn. 2043, 2044. Sodann ist die Frage der **Kompensation** zu prüfen (→ BtMG § 29 Rn. 2045), wobei sowohl etwaige **allgemeine Strafmilderungsgründe** (→ BtMG § 29 Rn. 2046, 2047) als auch etwaige **vertypte Milderungsgründe** (→ BtMG § 29 Rn. 2048, 2049) heranzuziehen sind.

458 Zur Darstellung in den **Urteilsgründen** → BtMG § 29 Rn. 2050−2053.

459 **II. Nichtvorliegen eines Regelbeispiels.** Ist der Tatbestand eines Regelbeispiels nicht erfüllt, so kann gleichwohl ein besonders schwerer Fall nach Absatz 3 Satz 1 (→ Rn. 422−430) in Betracht kommen. Richtpunkte dafür, ob das Tatbild nach der gebotenen Gesamtbewertung vom Durchschnitt der erfahrungsgemäß vorkommenden Fälle in einem Maße abweicht, dass die Anwendung des höheren Strafrahmens geboten erscheint (→ BtMG § 29 Rn. 1983, 1985, 1986), lassen sich anhand der **engeren Analogiewirkung** (→ BtMG § 29 Rn. 2055), der **weiteren Analogiewirkung** (→ BtMG § 29 Rn. 2056−2058) und der **Gegenschlusswirkung** (→ BtMG § 29 Rn. 2059) ermitteln.

460 **III. Vertypte Milderungsgründe und Regelbeispiele.** Treffen ein vertypter Milderungsgrund (→ BtMG § 29 Rn. 2048, 2049) und ein Regelbeispiel zusammen, so ist bei der Strafrahmenwahl zu berücksichtigen, dass bereits das **Vorliegen eines vertypten Milderungsgrundes** zur Entkräftung der Regelwirkung führen kann (→ BtMG § 29 Rn. 2048). Kommen noch allgemeine Strafmilderungsgründe hinzu, so ist der vertypte Milderungsgrund im Hinblick auf § 50 StGB zunächst auszuklammern (*Schäfer/Sander/van Gemmeren* Strafzumessung Rn. 1157; → BtMG Vor § 29 Rn. 837):

461 Führen schon die unbenannten Strafmilderungsgründe zur **Entkräftung** der Regelwirkung, so kann der Strafrahmen aufgrund des noch nicht verbrauchten vertypten Milderungsgrundes nach § 49 StGB weiter gemildert werden (OLG München BeckRS 2009, 24384; *Schäfer/Sander/van Gemmeren* Strafzumessung Rn. 1157). Reichen die allgemeinen Strafmilderungsgründe **allein nicht** aus, so ist der vertypte Milderungsgrund in die Prüfung miteinzubeziehen. Führt er zur Entkräftung der Regelwirkung und trifft das Gericht eine entsprechende Wahl

Strafvorschriften § 96 AMG

(→ Rn. 462), so darf er wegen der **Sperrwirkung** des § 50 StGB nicht nochmals gewertet werden (→ § 29 Rn. 2062, 2063; OLG München BeckRS 2009, 24384). Dies gilt für die fakultativen wie obligatorischen Milderungsgründe gleichermaßen (BGH NStZ 1987, 72).

Führt ein vertypter Milderungsgrund allein oder in Zusammenhang mit anderen 462 Umständen zur Entkräftung der Regelwirkung, so steht das **Gericht vor der Wahl,** entweder den besonders schweren Fall (Absatz 3) zu verneinen und den Strafrahmen dem Grundtatbestand (Absatz 1) zu entnehmen oder aber den (Sonder-)Strafrahmen für den besonders schweren Fall (Absatz 3) nach § 49 StGB zu mildern (→ BtMG § 29 Rn. 2063). Aus dem Urteil muss zu entnehmen sein, dass das Gericht sich dieser Wahl bewusst war. Die **Wahl** ist auf der Grundlage einer **Gesamtwürdigung** zu treffen (→ Vor § 95 BtMG § 29 Rn. 2064).

Abschnitt 4. Fahrlässige Taten (Absatz 4)

Alle Tatbestände des Absatzes 1 können auch **fahrlässig** verwirklicht werden 463 (Absatz 4). Insoweit kann auf die Erläuterungen zu diesen Tatbeständen verwiesen werden. Zur Fahrlässigkeit → Vor § 95 Rn. 100–112. Dort auch zu den Sorgfaltspflichten beim Inverkehrbringen und Anwenden von Arzneimitteln. Zu den verantwortlichen Personen in Pharma-Unternehmen → Vor § 95 Rn. 113–118.

§ 96 Strafvorschriften

Mit Freiheitsstrafe bis zu einem Jahr oder mit Geldstrafe wird bestraft, wer
1. **entgegen § 4b Absatz 3 Satz 1 ein Arzneimittel abgibt,**
2. **entgegen § 6 Absatz 1 in Verbindung mit einer Rechtsverordnung nach § 6 Absatz 2, jeweils auch in Verbindung mit einer Rechtsverordnung nach § 6 Absatz 3, ein Arzneimittel herstellt,**
3. **entgegen § 8 Abs. 1 Nr. 2, auch in Verbindung mit § 73 a, Arzneimittel oder Wirkstoffe herstellt oder in den Verkehr bringt,**
4. **ohne Erlaubnis nach § 13 Absatz 1 Satz 1 oder § 72 Absatz 1 Satz 1 ein Arzneimittel, einen Wirkstoff oder einen dort genannten Stoff herstellt oder einführt,**
4 a. *nicht abgedruckt*
5. **entgegen § 21 Abs. 1 Fertigarzneimittel oder Arzneimittel, die zur Anwendung bei Tieren bestimmt sind, oder in einer Rechtsverordnung nach § 35 Abs. 1 Nr. 2 oder § 60 Abs. 3 bezeichnete Arzneimittel ohne Zulassung oder ohne Genehmigung der Europäischen Gemeinschaft oder der Europäischen Union in den Verkehr bringt,**
5 a, 5 b *nicht abgedruckt*
6. **eine nach § 22 Abs. 1 Nr. 3, 5 bis 9, 11, 12, 14 oder 15, Abs. 3 b oder 3 c Satz 1 oder § 23 Abs. 2 Satz 2 oder 3 erforderliche Angabe nicht vollständig oder nicht richtig macht oder eine nach § 22 Abs. 2 oder 3, § 23 Abs. 1, Abs. 2 Satz 2 oder 3, Abs. 3, auch in Verbindung mit § 38 Abs. 2, erforderliche Unterlage oder durch vollziehbare Anordnung nach § 28 Absatz 3, 3 a, 3 b oder Absatz 3 c Satz 1 Nummer 2 geforderte Unterlage nicht vollständig oder mit nicht richtigem Inhalt vorlegt,**
7. **entgegen § 30 Abs. 4 Satz 1 Nr. 1, auch in Verbindung mit einer Rechtsverordnung nach § 35 Abs. 1 Nr. 2, ein Arzneimittel in den Verkehr bringt,**
8. *nicht abgedruckt*

AMG § 96 — Siebzehnter Abschnitt. Straf- und Bußgeldvorschriften

9. entgegen § 38 Abs. 1 Satz 1 oder § 39a Satz 1 Fertigarzneimittel als homöopathische oder als traditionelle pflanzliche Arzneimittel ohne Registrierung in den Verkehr bringt,
10. entgegen § 40 Abs. 1 Satz 3 Nr. 2, 2a Buchstabe a, Nr. 3, 4, 5, 6 oder 8, jeweils auch in Verbindung mit Abs. 4 oder § 41 die klinische Prüfung eines Arzneimittels durchführt,
11. entgegen § 40 Abs. 1 Satz 2 die klinische Prüfung eines Arzneimittels beginnt,
12. *nicht abgedruckt*
13. entgegen § 48 Abs. 1 Satz 1 Nr. 1 in Verbindung mit einer Rechtsverordnung nach § 48 Abs. 2 Nr. 1, 2 oder Nummer 7 oder entgegen § 48 Absatz 1 Satz 1 Nummer 3, auch in Verbindung mit einer Rechtsverordnung nach § 48 Absatz 2 Satz 1 Nummer 1, Arzneimittel abgibt, wenn die Tat nicht in § 95 Abs. 1 Nr. 6 mit Strafe bedroht ist,
14. ohne Erlaubnis nach § 52a Abs. 1 Satz 1 Großhandel betreibt,
14a. entgegen § 52c Absatz 2 Satz 1 eine Tätigkeit als Arzneimittelvermittler aufnimmt,
15. entgegen § 56a Abs. 4 Arzneimittel verschreibt oder abgibt,
16. entgegen § 57 Abs. 1a Satz 1 in Verbindung mit einer Rechtsverordnung nach § 56a Abs. 3 Satz 1 Nr. 2 ein dort bezeichnetes Arzneimittel in Besitz hat,
17. entgegen § 59 Abs. 2 Satz 1 Lebensmittel gewinnt,
18. entgegen § 59a Abs. 1 oder 2 Stoffe oder Zubereitungen aus Stoffen erwirbt, anbietet, lagert, verpackt, mit sich führt oder in den Verkehr bringt,
18a. entgegen § 59d Satz 1 Nummer 2 einen Stoff einem dort genannten Tier verabreicht,
18b. *nicht abgedruckt*
18c. entgegen § 72a Absatz 1 Satz 1, auch in Verbindung mit Absatz 1b oder Absatz 1d, oder entgegen § 72a Absatz 1c ein Arzneimittel, einen Wirkstoff oder einen in den genannten Absätzen anderen Stoff einführt,
18d. *nicht abgedruckt*
18e. entgegen § 73 Absatz 1b Satz 1 ein gefälschtes Arzneimittel oder einen gefälschten Wirkstoff in den Geltungsbereich dieses Gesetzes verbringt,
19. ein zum Gebrauch bei Menschen bestimmtes Arzneimittel in den Verkehr bringt, obwohl die nach § 94 erforderliche Haftpflichtversicherung oder Freistellungs- oder Gewährleistungsverpflichtung nicht oder nicht mehr besteht
20. und 21. *nicht abgedruckt*

Übersicht

	Rn.
Einführung	1
A. Die Tatbestände	1
B. Die Tatbestände des § 96	2
C. Haftung bei Gremien- oder Kollegialentscheidungen	3
D. Keine Strafbarkeit des Versuchs	4
E. Handeln im Ausland	5
F. Rechtswidrigkeit	6
G. Subjektiver Tatbestand	7
I. Vorsatz	8
II. Irrtumsfälle	9

Strafvorschriften § 96 AMG

	Rn.
III. Bei Fahrlässigkeit: Ordnungswidrigkeit	10
H. Konkurrenzen, Bewertungseinheit	11
I. Strafzumessung	12
Die einzelnen Tatbestände	14
Kapitel 1. Abgabe von Arzneimitteln für neuartige Therapien entgegen § 4b Abs. 1 S. 1 (§ 96 Nr. 1)	15
A. Grundtatbestand	15
B. Tathandlung	16
I. Arzneimittel	17
II. Abgabe	18
III. Entgegen § 4b Abs. 3 S. 1	19
C. Vollendung, Beendigung	20
D. Täterschaft, Teilnahme	21
E. Subjektiver Tatbestand	23
F. Konkurrenzen	24
Kapitel 2. Herstellen von Arzneimitteln entgegen § 6 Abs. 1 in Verbindung mit einer Rechtsverordnung nach § 6 Abs. 2, 3 (§ 96 Nr. 2)	25
A. Grundtatbestand	25
B. Tathandlung	26
I. Arzneimittel	27
II. Herstellen	28
III. Zuwiderhandlung gegen eine Verordnung nach § 6	29
C. Vollendung, Beendigung	31
D. Täterschaft, Teilnahme	32
E. Subjektiver Tatbestand	33
F. Konkurrenzen	34
Kapitel 3. Herstellen, Inverkehrbringen von Arzneimitteln oder Wirkstoffen mit irreführender Bezeichnung, Angabe oder Aufmachung entgegen § 8 Abs. 1 Nr. 2 (§ 96 Nr. 3)	35
A. Grundtatbestände	35
B. Tathandlungen	36
I. Arzneimittel, Wirkstoffe	37
II. Herstellen, Inverkehrbringen	39
III. Entgegen § 8 Abs. 1 Nr. 2	40
1. Grundsatz (Satz 1)	41
2. Zwingende Fälle einer Irreführung (Satz 2)	42
3. Abgrenzung zu § 8 Abs. 1 Nr. 1, Abs. 2	44
C. Vollendung, Beendigung	45
D. Täterschaft, Teilnahme	46
E. Subjektiver Tatbestand	47
F. Konkurrenzen	48
Kapitel 4. Die beiden Tatbestände des § 96 Nr. 4	49
Teil 1. Gewerbs- oder berufsmäßiges Herstellen von Arzneimitteln, Wirkstoffen oder anderen Stoffen ohne Erlaubnis entgegen § 13 Abs. 1 S. 1 (§ 96 Nr. 4 Alt. 1)	50
A. Grundtatbestand	50
B. Tathandlung	51
I. Arzneimittel, Wirkstoffe, andere Stoffe	52
II. Herstellen	53
III. Gewerbsmäßig, berufsmäßig	54
IV. Ohne Erlaubnis nach § 13 Abs. 1 S. 1	55
1. Ohne Erlaubnis	56
2. Ausnahmen von der Erlaubnispflicht	57
C. Vollendung, Beendigung	58
D. Täterschaft, Teilnahme	59

Weber

	Rn.
E. Subjektiver Tatbestand	60
F. Konkurrenzen	64

Teil 2. Gewerbs- oder berufsmäßiges Einführen von Arzneimitteln, Wirkstoffen oder anderen Stoffen aus Drittstaaten ohne Erlaubnis entgegen § 72 Abs. 1 S. 1 (§ 96 Abs. 1 Nr. 4 Alt. 2) ... 65

A. Grundtatbestand	65
B. Tathandlung	66
I. Arzneimittel, Wirkstoffe, andere Stoffe	67
II. Einführen	68
1. Überführung in den zollrechtlich freien Verkehr (§ 4 Abs. 32 S. 2)	69
2. Überführung in den Wirtschaftskreislauf entgegen den zollrechtlichen Vorschriften (§ 4 Abs. 32 S. 3)	70
3. Aus Drittstaaten	71
III. Gewerbsmäßig, berufsmäßig	72
IV. Ohne Erlaubnis nach § 72 Abs. 1 S. 1	73
C. Vollendung, Beendigung	75
I. Überführung in den zollrechtlich freien Verkehr	75
II. Überführung in den Wirtschaftskreislauf entgegen den zollrechtlichen Vorschriften	76
D. Täterschaft, Teilnahme	77
E. Subjektiver Tatbestand	80
F. Konkurrenzen	81

Kapitel 5. Inverkehrbringen von Fertigarzneimitteln, Arzneimitteln, die zur Anwendung bei Tieren bestimmt sind, oder weiteren Arzneimitteln ohne Zulassung oder Genehmigung entgegen § 21 Abs. 1 (§ 96 Nr. 5) ... 82

A. Grundtatbestand	82
B. Tathandlung	83
I. Fertigarzneimittel, Tierarzneimittel, weitere Arzneimittel	84
II. Inverkehrbringen	85
III. Ohne Zulassung oder Genehmigung	86
1. Die (nationale) Zulassung	87
2. Die Genehmigung im Gemeinschaftsverfahren	88
IV. Entgegen § 21 Abs. 1	89
C. Vollendung, Beendigung	92
D. Täterschaft, Teilnahme	93
E. Rechtswidrigkeit, rechtfertigender Notstand	94
F. Subjektiver Tatbestand	95
G. Konkurrenzen	96

Kapitel 6. Unvollständige oder unrichtige Angaben oder Unterlagen (§ 96 Nr. 6) ... 97

A. Tathandlungen	97
B. Vollendung, Beendigung	99
C. Täterschaft, Teilnahme	100
D. Subjektiver Tatbestand	101
E. Konkurrenzen	102

Kapitel 7. Inverkehrbringen von Fertigarzneimitteln, Tierarzneimitteln und weiteren Arzneimitteln bei Rücknahme, Widerruf oder Ruhen der Zulassung entgegen § 30 Abs. 4 S. 1 Nr. 1 (§ 96 Nr. 7) ... 103

A. Übereinstimmung mit § 96 Nr. 5	103
B. Abweichungen	104
I. Arzneimittel	105
II. Zurückgenommene, widerrufene, ruhende Zulassungen	106

Strafvorschriften § 96 AMG

Rn.

Kapitel 8. Inverkehrbringen von Fertigarzneimitteln als homöopathische oder als traditionelle pflanzliche Arzneimittel ohne Registrierung entgegen § 38 Abs. 1 S. 1 oder § 39a S. 1 (§ 96 Nr. 9) 107
A. Grundtatbestände 107
B. Tathandlung 108
  I. Arzneimittel 109
  II. Inverkehrbringen 111
  III. Entgegen § 38 Abs. 1 S. 1 oder § 39a S. 1 112
C. Vollendung, Beendigung 115
D. Täterschaft, Teilnahme 116
E. Rechtswidrigkeit 117
F. Subjektiver Tatbestand 118
G. Konkurrenzen 119

Kapitel 9. Pflichtverletzungen bei der Durchführung einer klinischen Prüfung von Arzneimitteln bei Menschen (§ 96 Nr. 10) 120
A. Grundtatbestand 120
B. Tathandlungen 121
C. Vollendung, Beendigung 124
D. Täterschaft, Teilnahme 125
E. Subjektiver Tatbestand 126
F. Konkurrenzen 127

Kapitel 10. Beginn der klinischen Prüfung eines Arzneimittels entgegen § 40 Abs. 1 S. 2 (§ 96 Nr. 11) 128
A. Grundtatbestand 128
B. Tathandlung 129
  I. Klinische Prüfung 131
  II. Beginnen 132
  III. Sponsor 133
  IV. Entgegen § 40 Abs. 1 S. 2 134
    1. Ohne zustimmende Bewertung durch die Ethik-Kommission 135
    2. Ohne Genehmigung der Bundesoberbehörde 136
C. Vollendung, Beendigung 137
D. Täterschaft, Teilnahme 138
E. Subjektiver Tatbestand 139
F. Konkurrenzen 140

Kapitel 11. Abgabe von verschreibungspflichtigen Arzneimitteln ohne Vorlage einer Verschreibung entgegen § 48 Abs. 1 S. 1 (§ 96 Nr. 13) 141
A. Subsidiarität, Anwendungsbereich 141
B. Verweisung 143
C. Konkurrenzen 144

Kapitel 12. Betreiben von Großhandel ohne Erlaubnis entgegen § 52a Abs. 1 S. 1 (§ 96 Nr. 14) 145
A. Grundtatbestand 145
B. Tathandlung 146
  I. Arzneimittel 147
  II. Betreiben von Großhandel 148
    1. In § 4 Abs. 22 genannte Tätigkeit 149
    2. Zum Zwecke des Handeltreibens 150
    3. Berufs- oder gewerbsmäßig 151
  III. Ohne Erlaubnis 152
C. Vollendung, Beendigung 153
D. Täterschaft, Teilnahme 156
E. Subjektiver Tatbestand 157
F. Konkurrenzen 158

Weber 1905

Rn.

Kapitel 13. Aufnahme einer Tätigkeit als Arzneimittelvermittler entgegen § 52c Abs. 2 S. 1 (§ 96 Nr. 14a) 159
A. Grundtatbestand 159
B. Tathandlung 160
    I. Arzneimittel 161
    II. Tätigwerden als Arzneimittelvermittler 162
        1. In § 4 Abs. 22a genannte Tätigkeit 163
        2. Berufs- oder gewerbsmäßig 164
        3. Weitere Merkmale 165
    III. Ohne Registrierung 168
C. Vollendung, Beendigung 169
D. Täterschaft, Teilnahme 170
E. Subjektiver Tatbestand 171
F. Konkurrenzen 172

Kapitel 14. Verschreiben oder Abgeben von Arzneimitteln, die nur durch den Tierarzt angewendet werden dürfen, durch den Tierarzt an den Tierhalter entgegen § 56a Abs. 4 (§ 96 Nr. 15) 173
A. Grundtatbestand 173
B. Tathandlungen 174
    I. Adressat 175
    II. Arzneimittel 176
    III. Verschreiben, Abgeben 177
    IV. Entgegen § 56a Abs. 4 178
C. Vollendung, Beendigung 179
D. Täterschaft, Teilnahme 180
E. Subjektiver Tatbestand 181
F. Konkurrenzen 182

Kapitel 15. Besitzen bestimmter Arzneimittel durch den Tierhalter entgegen § 57 Abs. 1a S. 1 (§ 96 Nr. 16) 183
A. Grundtatbestand 183
B. Tathandlung 184
    I. Adressat 185
    II. Arzneimittel 186
    III. In Besitz haben 187
    IV. Entgegen § 57 Abs. 1a S. 1 188
C. Vollendung, Beendigung 189
D. Täterschaft, Teilnahme 190
E. Subjektiver Tatbestand 192

Kapitel 16. Gewinnen von Lebensmitteln von Tieren, bei denen eine klinische Prüfung oder Rückstandsprüfung durchgeführt wird, entgegen § 59 Abs. 2 S. 1 (§ 96 Nr. 17)
A. Grundtatbestand 193
B. Tathandlung 194
    I. Adressat 195
    II. Entgegen § 59 Abs. 2 S. 1 196
        1. Lebensmittel 197
        2. Gewinnen 198
        3. Tiere, bei denen eine klinische Prüfung oder eine Rückstandsprüfung durchgeführt wird 199
    III. Vollendung, Beendigung 200
    IV. Täterschaft, Teilnahme 201
    V. Subjektiver Tatbestand 202
    VI. Konkurrenzen 203

Strafvorschriften § 96 AMG

Rn.

Kapitel 17. Erwerben, Anbieten, Lagern, Verpacken, Mitsichführen, Inverkehrbringen von Stoffen und Zubereitungen aus Stoffen entgegen § 59a Abs. 1, 2 (§ 96 Nr. 18) 204
A. Grundtatbestand 204
B. Tathandlungen 205
  I. Entgegen § 59a Abs. 1 S. 1 206
    1. Adressat 208
    2. Tatgegenstand 209
    3. Handlungsformen 210
    4. Handlungszwecke 211
  II. Entgegen § 59a Abs. 1 S. 2 212
    1. Adressat 214
    2. Tatgegenstand 215
    3. Handlungsformen 216
    4. Handlungszwecke 217
  III. Entgegen § 59a Abs. 2 S. 1 218
    1. Erwerbsverbot für Tierärzte 220
    2. Abgabeverbot an Tierärzte 223
  IV. Entgegen § 59a Abs. 2 S. 2 226
    1. Adressat 228
    2. Tatgegenstände 229
    3. Handlungsformen 230
    4. Handlungszwecke 231
  V. Entgegen § 59a Abs. 2 S. 3 232
C. Vollendung, Beendigung 234
D. Täterschaft, Teilnahme 237
E. Subjektiver Tatbestand 238

Kapitel 18. Verabreichung von nicht in Tabelle 1 des Anhangs der Verordnung (EU) Nr. 37/2010 aufgeführten Stoffen an Tiere, die der Lebensmittelgewinnung dienen, entgegen § 59d S. 1 Nr. 2 (§ 96 Nr. 18a) 239
A. Grundtatbestand 239
B. Anwendungsbereich 240
C. Verweisung 241

Kapitel 19. Einführen eines Arzneimittels, Wirkstoffs oder anderen Stoffs aus Drittstaaten entgegen § 72a Abs. 1 S. 1, auch in Verbindung mit Abs. 1b oder Abs. 1d, oder entgegen § 72a Abs. 1c (§ 96 Nr. 18c) 242
A. Grundtatbestände 242
B. Tathandlungen 243
  I. Adressat 244
  II. Arzneimittel, Wirkstoffe und andere Stoffe 245
  III. Einführen 246
  IV. Entgegen § 72a Abs. 1, auch in Verbindung mit den Absätzen 1b und 1d, oder entgegen Absatz 1c 247
    1. Entgegen § 72a Abs. 1 248
    2. Entgegen § 72a Abs. 1 in Verbindung mit Absatz 1b .. 250
    3. Entgegen § 72a Abs. 1 in Verbindung mit Absatz 1d .. 251
    4. Entgegen § 72a Abs. 1c 252
C. Vollendung, Beendigung 253
D. Täterschaft, Teilnahme 254
E. Subjektiver Tatbestand 255
F. Konkurrenzen 256

Kapitel 20. Verbringen eines gefälschten Arzneimittels oder Wirkstoffs nach Deutschland entgegen § 73 Abs. 1b S. 1 (§ 96 Nr. 18e) 257
A. Grundtatbestand 257

		Rn.
B.	Tathandlung	258
	I. Gefälschte Arzneimittel oder Wirkstoffe	259
	II. Verbringen	260
	III. Entgegen § 73 Abs. 1 b S. 1	261
C.	Vollendung, Beendigung	262
D.	Täterschaft, Teilnahme	263
E.	Handeln im Ausland	264
F.	Subjektiver Tatbestand	265
G.	Konkurrenzen	266

Kapitel 21. Inverkehrbringen eines zum Gebrauch bei Menschen bestimmtes Arzneimittels, obwohl die nach § 94 erforderliche Deckungsvorsorge nicht oder nicht mehr besteht (§ 96 Nr. 19) 267

A.	Grundtatbestand	267
B.	Tathandlung	268
	I. Adressat	269
	II. Arzneimittel	270
	III. Inverkehrbringen	271
	IV. Obwohl die erforderliche Deckungsvorsorge nicht oder nicht mehr besteht	272
C.	Vollendung, Beendigung	273
D.	Täterschaft, Teilnahme	274
E.	Subjektiver Tatbestand	275
F.	Konkurrenzen	276

Einführung

1 **A. Die Tatbestände** des § 96 sind neben denen des § 95 die Grundlage des Arzneimittelstrafrechts. Sie sind im Wesentlichen abstrakte Gefährdungsdelikte (→ Vor § 95 Rn. 14).

2 **B. Die Tatbestände des § 96.** Die Tatbestände des § 96 unterscheiden sich häufig nur in einem oder einzelnen Tatbestandsmerkmalen von denen des § 95 Abs. 1. In diesen Fällen werden daher nur diese Merkmale erläutert, während im Übrigen auf die einschlägigen Vorschriften des § 95 verwiesen wird.

3 **C. Haftung bei Gremien- oder Kollegialentscheidungen.** Nicht selten werden auch die Straftatbestände des § 96 nicht von einem Einzeltäter, sondern auf Grund einer Gremien- oder Kollegialentscheidung, etwa in einem Pharma-Unternehmen, verwirklicht. Dazu → Vor § 95 Rn. 28–49.

4 **D. Keine Strafbarkeit des Versuchs.** Der Versuch ist in den Fällen des § 96 nicht strafbar (§ 23 Abs. 1 StGB). Auch Vorbereitungshandlungen, die etwa nach § 30 StGB strafbar sein könnten, kommen nicht in Betracht.

5 **E. Handeln im Ausland.** Es gilt dasselbe wie in den Fällen des § 95 (→ § 95 Rn. 5, 6).

6 **F. Rechtswidrigkeit.** Auch hier gilt dasselbe wie in den Fällen des § 95 (→ § 95 Rn. 8).

7 **G. Subjektiver Tatbestand.** Strafbarkeit nach § 96 verlangt **Vorsatz**. Bei **fahrlässiger** Begehung ist eine Ordnungswidrigkeit nach § 97 Abs. 1 gegeben (→ Rn. 10).

8 **I. Vorsatz.** Auch insoweit kann auf die Erläuterungen zu § 95 verwiesen werden (→ § 95 Rn. 10–12). Wie dort reicht in allen Fällen **bedingter Vorsatz** (→ § 95 Rn. 12) aus.

9 **II. Irrtumsfälle.** Auch insoweit gilt dasselbe wie bei § 95 (→ § 95 Rn. 13–17):

Strafvorschriften   § 96 AMG

– der **Tatbestandsirrtum** einschließlich fehlender Bedeutungskenntnis führt zur Fahrlässigkeit (→ § 95 Rn. 13) und damit zu einer Ordnungswidrigkeit nach § 97 Abs. 1 Nr. 1 oder 2 (→ Rn. 10),
– der **Subsumtionsirrtum**, der **Verbotsirrtum** und der Irrtum über Umstände, die **nicht zum Tatbestand** gehören, lassen den **Vorsatz** unberührt (→ § 95 Rn. 14–17),
– der **umgekehrte Tatbestandsirrtum** (untauglicher Versuch) und das **Wahndelikt** führen zur Straflosigkeit (→ § 95 Rn. 18).

III. Bei Fahrlässigkeit: Ordnungswidrigkeit. Wird der Tatbestand **fahrlässig** verwirklicht, so liegt nach § 97 Abs. 1 Nr. 1 oder 2 eine Ordnungswidrigkeit vor. Nach § 82 Abs. 1 OWiG ist das Gericht verpflichtet, die Tat umfassend unter dem Gesichtspunkt einer Straftat und einer Ordnungswidrigkeit zu beurteilen. Die Ordnungswidrigkeit ist daher im Strafverfahren abzuurteilen. Dies gilt auch, wenn die angeklagte Tat nur als Ordnungswidrigkeit zu beurteilen ist (OLG Bamberg NStZ 2013, 182 = BeckRS 2012, 24436; *Ganter* in BeckOK OWiG Einf. zu § 82).   10

H. Konkurrenzen, Bewertungseinheit. Zu den Konkurrenzen → § 95 Rn. 21, 22. Sind die betroffenen Arzneimittel verschreibungspflichtig und zum gewinnbringenden Umsatz außerhalb von Apotheken bestimmt, kann verbotenes **Handeltreiben** (→ § 95 Rn. 198–223) in Betracht kommen, das dann mit dem jeweiligen arzneimittelrechtlichen Delikt in Tateinheit stehen kann. Bei Absatzdelikten, namentlich dem Inverkehrbringen kommt eine **Bewertungseinheit** in Betracht (→ § 4 Rn. 45, 46). Tateinheit besteht in der Regel mit den Vorschriften des **allgemeinen Strafrechts;** zur Produktverantwortung → Vor § 95 Rn. 50–118.   11

I. Strafzumessung. Der **Strafrahmen** beträgt Freiheitsstrafe bis zu einem Jahr oder Geldstrafe. Einen besonders schweren Fall gibt es nicht, so dass grundsätzlich nur ein Strafrahmen zur Verfügung steht. Etwas anderes gilt dann, wenn ein **vertypter Milderungsgrund** nach § 49 Abs. 1 StGB in Betracht kommt (→ BtMG Vor § 29 Rn. 750–779). Dabei scheidet eine Strafrahmenmilderung wegen Aufklärungshilfe bei Arzneimitteln, die keine Betäubungsmittel sind, mangels tauglicher Anlasstat (§ 46b Abs. 1 S. 1 StGB) aus.   12

Wegen der **Strafzumessung im engeren Sinn** und der **weiteren Entscheidungen** kann auf → § 95 Rn. 25–30 Bezug genommen werden. Auch im Rahmen des § 96 wird die Gefährdung von **Menschen** und **Tieren** gleich behandelt (→ Vor § 95 Rn. 26).   13

Die einzelnen Tatbestände

§ 96 enthält die Strafvorschriften, bei denen der Gesetzgeber davon ausgeht, dass sie gegenüber den Tatbeständen des § 95 gemindertes Unrecht enthalten (*Freund* in MüKoStGB Rn. 4).   14

Kapitel 1. Abgabe eines Arzneimittels für neuartige Therapien entgegen § 4b Abs. 1 S. 1 (§ 96 Nr. 1)

A. Grundtatbestand. Grundlage ist § 4b Abs. 3 S. 1, wonach Arzneimittel für neuartige Therapien an andere nur abgegeben werden dürfen, wenn sie durch die zuständige Bundesoberbehörde genehmigt worden sind.   15

B. Tathandlung. Unter Strafe gestellt ist die Abgabe eines in § 4b Abs. 1 genannten Arzneimittels an andere, bevor es von der zuständigen Bundesoberbehörde genehmigt ist.   16

I. Arzneimittel. Tatgegenstand sind Arzneimittel, die in § 4b Abs. 1 S. 1 aufgeführt sind und die einer neuartigen Therapie (§ 4 Abs. 9) dienen.   17

II. Abgabe. → § 4 Rn. 14, 61–72.   18

19 **III. Entgegen § 4b Abs. 3 S. 1.** Die Abgabe muss entgegen § 4b Abs. 3 S. 1 erfolgen. Diese Vorschrift verbietet die Abgabe der in § 4b Abs. 1 S. 1 aufgeführten Arzneimittel, sofern noch keine Genehmigung durch die zuständige Bundesoberbehörde vorliegt. In § 4b Abs. 1 S. 1 werden drei Tatbestandsmerkmale (Nr. 1–3) aufgeführt, die kumulativ erfüllt und sämtlich in Deutschland verwirklicht sein müssen (*Pannenbecker* in Kügel/Müller/Hofmann § 4b Rn. 10). Die Arzneimittel müssen auf ärztliche Verschreibung individuell zubereitet sein (Nr. 1). Weiterhin ist notwendig, dass sie nach spezifischen Qualitätsnormen nicht routinemäßig hergestellt sind (Nr. 2); eine Konkretisierung durch Beispiele enthält Absatz 2. Und schließlich muss ihre Anwendung in einer spezialisierten Einrichtung der Krankenversorgung unter fachlicher Verantwortung eines Arztes erfolgen. (Nr. 3).

20 **C. Vollendung, Beendigung.** Der Versuch ist nicht strafbar. Die Abgabe ist ein dingliches Geschäft, das mit dem Übergang der tatsächlichen Verfügungsgewalt auf den Empfänger **vollendet** ist. Das Arzneimittel muss in den **Zugriffsbereich des Adressaten** gelangen. Im Übrigen wird auf → BtMG § 29 Rn. 1127 Bezug genommen. Vollendung und **Beendigung** fallen bei der Abgabe zusammen (→ BtMG § 29 Rn. 1128).

21 **D. Täterschaft, Teilnahme.** Die Abgabe setzt die die tatsächliche Verfügungsgewalt des Abgebenden voraus. Sie gehört damit zu den **echten Sonderdelikten** (BGH NStZ-RR 2016, 346 = PharmR 2016, 40; *Oğlakcıoğlu* in MüKoStGB Rn. 855, 881; *Horn* NJW 1977, 2329 (2334)), so dass Täter, mittelbarer Täter und Mittäter nur sein kann, wer eigene tatsächliche Verfügungsgewalt überträgt. Auch durch das kollusive Zusammenwirken von Arzt und Apotheker entsteht keine Mittäterschaft, wenn nicht beide tatsächliche Verfügungsgewalt haben (aA *Freund* in MüKoStGB § 4 Rn. 35; *Volkmer* in Körner/Patzak/Volkmer Rn. 10).

22 Zur Mittäterschaft bei **Gremien- oder Kollegialentscheidungen** → Vor § 95 Rn. 28–49. Zum Inhaber der tatsächlichen Verfügungsgewalt und zur (gesetzlichen) Erweiterung des Täterkreises in Pharmaunternehmen → § 95 Rn. 64–72. Zum Bewirken des Übergangs fremder Verfügungsgewalt → § 95 Rn. 62. Der **Empfänger** bleibt als notwendiger Teilnehmer straflos (→ § 95 Rn. 73). Das Innehaben der eigenen Verfügungsmacht ist ein strafbegründendes besonderes persönliches Merkmal iSd **§ 28 Abs. 1 StGB** (→ § 95 Rn. 61). Zur etwaigen doppelten Strafmilderung → BtMG Vor § 29 Rn. 772).

23 **E. Subjektiver Tatbestand.** Die Strafbarkeit nach Nr. 1 verlangt **Vorsatz**. Dazu und zu den Irrtumsfällen → Rn. 8, 9. Der Vorsatz muss sich darauf erstrecken, dass die Übertragung der in § 4b Abs. 1 S. 1 genannten Arzneimittel erfolgt, ohne dass die Genehmigung der zuständigen Bundesoberbehörde für diese vorliegt. Bei **Fahrlässigkeit** ist eine Ordnungswidrigkeit nach § 97 Abs. 1 Nr. 1 gegeben; zum Verfahren → Rn. 10.

24 **F. Konkurrenzen.** § 96 Nr. 1 greift nur dann ein, wenn die Arzneimittel zwar die in § 4b Abs. 1 S. 1 genannten Merkmale erfüllen, es aber an der Genehmigung der zuständigen Bundesoberbehörde für diese Arzneimittel fehlt. Fehlt es auch an einem der in § 4b Abs. 1 S. 1 genannten Merkmale, so gelten die allgemeinen Vorschriften. Insbesondere besteht zu diesen keine privilegierende Spezialität (dazu → BtMG Vor § 29 Rn. 724). Im Übrigen wird auf → Rn. 11 verwiesen.

Strafvorschriften **§ 96 AMG**

**Kapitel 2. Herstellen von Arzneimitteln entgegen § 6 Abs. 1
in Verbindung mit einer Rechtsverordnung nach § 6 Abs. 2, 3
(§ 96 Nr. 2)**

A. Grundtatbestand. Grundlage der Strafvorschrift ist § 6 Abs. 1 in Verbindung 25
mit einer nach § 6 Abs. 2, auch in Verbindung mit Absatz 3, erlassenen Rechtsverordnung. Das Verbot ist nunmehr im Gesetz selbst enthalten, so dass die verfassungsrechtlichen Bedenken, die gegen die frühere Fassung mit ihrer **Rückverweisungstechnik** (→ Vor § 95 Rn. 3–13) bestanden haben, ausgeräumt sind (→ § 6 Rn. 1).

B. Tathandlung. Unter Strafe gestellt ist das **Herstellen** eines Arzneimittels 26
entgegen § 6 Abs. 1 in Verbindung mit einer Rechtsverordnung nach § 6 Abs. 2,
auch in Verbindung mit § 6 Abs. 3.

I. Arzneimittel. Die Vorschrift gilt für Arzneimittel aller Art (→ § 6 Rn. 4). 27

II. Herstellen. Die Vorschrift bezieht sich nur auf das **Herstellen** (§ 4 Abs. 14; 28
→ Rn. 31–38) eines Arzneimittels unter Verwendung der in den Verordnungen genannten Stoffe. Die Bewehrung des ebenfalls in § 6 Abs. 1 genannten Inverkehrbringens oder Anwendens eines solchen Arzneimittels ist in § 95 Abs. 1 Nr. 2 enthalten.

III. Entgegen § 6 Abs. 1 in Verbindung mit einer Rechtsverordnung nach 29
§ 6 Abs. 2, auch in Verbindung mit § 6 Abs. 3. Das Herstellen muss entgegen
§ 6 Abs. 1 in Verbindung mit einer Rechtsverordnung nach § 6 Abs. 2, 3 erfolgen.
§ 6 Abs. 1 verbietet das Herstellen von Arzneimitteln, wenn zu ihrer Herstellung
einer durch Rechtsverordnung nach § 6 Abs. 2, auch in Verbindung mit § 6 Abs. 3,
angeordneten Bestimmung über die Verwendung von Stoffen, Zubereitungen aus
Stoffen oder Gegenständen, die in der Anlage zu § 6 genannt sind, zuwidergehandelt wird. Mit dem Herstellungsverbot soll erreicht werden, dass solche Arzneimittel gar nicht erst in den Verkehr gelangen (BT-Drs. 19/8753, 45).

Das Verbot erfordert, dass die Stoffe, Zubereitungen aus Stoffen oder Gegen- 30
stände
– sowohl in die Anlage zu § 6,
– als auch in eine nach § 6 Abs. 2, 3 erlassene Rechtsverordnung
aufgenommen sind. Wegen der Einzelheiten wird auf → § 95 Rn. 97, 98 verwiesen.
Die derzeit geltenden Rechtsverordnungen sind in → § 6 Rn. 9 aufgeführt. Zu ihrer Fortgeltung → § 6 Rn. 10.

C. Vollendung, Beendigung. Der Versuch ist nicht strafbar. Das Herstellen ist 31
allerdings ein unechtes Unternehmensdelikt, so dass Vollendung schon früh eintritt
(→ § 95 Rn. 126). Zur Herstellung bei Grund- und Ausgangsstoffen → § 95
Rn. 127. Zur Beendigung → § 95 Rn. 127.

D. Täterschaft, Teilnahme. Es gelten die allgemeinen Regeln (→ BtMG Vor 32
§ 29 Rn. 241–386). Die Herstellung ist kein Sonderdelikt (→ § 95 Rn. 130). Zur
Beteiligung von Arbeitnehmern → § 95 Rn. 131.

E. Subjektiver Tatbestand. Die Strafbarkeit nach Nr. 2 verlangt **Vorsatz.** 33
Dazu und zu den Irrtumsfällen → Rn. 8, 9. Der Vorsatz muss sich auf die Herstellung von Arzneimitteln unter Verstoß gegen eine auf Grund des § 6 Abs. 2, 3 erlassene Rechtsverordnung beziehen. Bei **Fahrlässigkeit** ist eine Ordnungswidrigkeit
nach § 97 Abs. 1 Nr. 1 gegeben; zum Verfahren → Rn. 10.

F. Konkurrenzen. Zwischen dem Herstellen und dem Inverkehrbringen (§ 95 34
Abs. 1 Nr. 2) kann Tateinheit bestehen, wenn durch die Herstellung ein Vorrat entsteht, der zum Verkauf vorrätig gehalten wird (→ § 95 Rn. 83). Im Übrigen wird
auf → Rn. 11 verwiesen, dort auch zum Handeltreiben.

Weber 1911

Kapitel 3. Herstellen, Inverkehrbringen von Arzneimitteln oder Wirkstoffen mit irreführender Bezeichnung, Angabe oder Aufmachung entgegen § 8 Abs. 1 Nr. 2 (§ 96 Nr. 3)

35   **A. Grundtatbestände.** Grundlage der Strafvorschrift ist das in § 8 Abs. 1 Nr. 2 enthaltene Verbot. Auch in § 96 Nr. 3 wird ausdrücklich auf § 73a verwiesen; der Export der in § 8 Abs. 1 Nr. 2 genannten Arzneimittel unter den Voraussetzungen des § 73a ist danach nicht verboten (→ § 95 Rn. 117).

36   **B. Tathandlungen.** Unter Strafe gestellt ist das **Herstellen** oder das **Inverkehrbringen** von Arzneimitteln oder Wirkstoffen mit irreführender Bezeichnung, Angabe oder Aufmachung entgegen § 8 Abs. 1 Nr. 2.

37   **I. Arzneimittel, Wirkstoffe.** Auf → § 95 Rn. 112 wird verwiesen. Anders als § 95 Abs. 1 Nr. 3a verweist § 96 Nr. 3 nicht auf § 73 Abs. 4, so dass die in → § 95 Rn. 113 beschriebene Unklarheit bei den **Einzelimporten** hier nicht besteht.

38   Allerdings ist die Anwendung der Strafvorschrift auf Arzneimittel, die im Wege des **Einzelimports** nach Deutschland verbracht wurden, auf die in → § 73 Rn. 69, 71, 72 genannten Arzneimittel **eingeschränkt.**

39   **II. Herstellen, Inverkehrbringen.** Zum Herstellen → Rn. 28. Zum Inverkehrbringen → § 95 Rn. 37–43.

40   **III. Entgegen § 8 Abs. 1 Nr. 2.** Das Herstellen oder Inverkehrbringen muss entgegen § 8 Abs. 1 Nr. 2 erfolgen.

41   **1. Grundsatz (Satz 1).** Dies gilt zunächst für die in Satz 1 enthaltene grundsätzliche Regelung. Auf → § 8 Rn. 18–26 wird insoweit verwiesen. Auch strafrechtlich von besonderer Bedeutung ist, dass die Irreführung nach § 8 Abs. 1 Nr. 2 S. 1 keine vollendete Täuschung voraussetzt, sondern die **Gefahr einer Täuschung** genügt (BGHSt 25, 1 = NJW 1972, 2227).

42   **2. Zwingende Fälle einer Irreführung (Satz 2).** Im Übrigen ist eine Irreführung immer dann gegeben, wenn ein Fall des § 8 Abs. 1 Nr. 2 S. 2 vorliegt, nämlich
– Arzneimitteln eine therapeutische Wirksamkeit oder Wirkungen oder Wirkstoffen eine Aktivität beigelegt werden, die sie nicht haben (**Buchst. a** (→ § 8 Rn. 27–29)),
– fälschlich der Eindruck erweckt wird, dass ein Erfolg mit Sicherheit erwartet werden kann oder dass nach bestimmungsgemäßem oder längerem Gebrauch keine schädlichen Wirkungen eintreten (**Buchst. b** (→ § 8 Rn. 27, 30–32)) oder
– zur Täuschung über die Qualität geeignete Bezeichnungen, Angaben oder Aufmachungen verwendet werden, die für die Bewertung des Arzneimittels oder Wirkstoffs mitbestimmend sind (**Buchst. c** (→ § 8 Rn. 27, 33, 34)).

43   Die Fälle sind **keine Regelbeispiele** (irreführend *Volkmer* in Körner/Patzak/ Volkmer § 96 Nr. 5: „Regelbeispielskatalog"), sondern Tatbestandsmerkmale. Eine Kompensation (→ § 95 Rn. 457) kommt deshalb nicht in Betracht. Eine Irreführung ist daher **zwingend** immer dann gegeben, wenn ein Fall des § 8 Abs. 1 Nr. 2 S. 2 vorliegt. Auf der anderen Seite ist die Aufzählung **nicht abschließend** (*Pfohl* in Erbs/Kohlhaas § 96 Rn. 4). Eine Irreführung kann daher auch dann vorliegen, wenn ein Fall des Satzes 2 nicht vorliegt **(Satz 1).**

44   **3. Abgrenzung zu § 8 Abs. 1 Nr. 1, Abs. 2.** Wird eine Irreführungshandlung bereits von § 8 Abs. 1 Nr. 1 oder Abs. 2 erfasst, so kommt die Anwendung des § 8 Abs. 1 Nr. 2 nicht in Betracht. Dies gilt auch dann, wenn die Schwelle des § 8 Abs. 1 Nr. 1, wonach die Qualität nicht unerheblich gemindert sein muss, nicht erreicht wird; ein Rückgriff auf § 8 Abs. 1 Nr. 2 kommt dann nicht in Betracht (*Volkmer* in Körner/Patzak/Volkmer Rn. 26).

Strafvorschriften § 96 AMG

C. Vollendung, Beendigung. Der Versuch ist **nicht** strafbar. Zum **Herstellen** 45
→ Rn. 31. Zum **Inverkehrbringen** → § 95 Rn. 51–57. Auch das Inverkehrbringen kann bereits früh vollendet sein. Im Übrigen gilt in beiden Fällen, dass die Vollendung der Tat **keine vollendete Täuschung** voraussetzt, sondern dass die Gefahr einer Täuschung genügt (→ Rn. 40).

D. Täterschaft, Teilnahme. Zum **Herstellen** → Rn. 32. Zum **Inverkehr-** 46
bringen → § 95 Rn. 60–72. Der Landwirt, der mit dem Tierarzt gemeinsame Sache macht und Arzneimittel in Kenntnis ihrer irreführenden Bezeichnung erwirbt (BGHSt 25, 1 (→ Rn. 41)), ist notwendiger Teilnehmer (→ § 95 Rn. 73) und daher nicht wegen Anstiftung oder Beihilfe strafbar.

E. Subjektiver Tatbestand. Die Strafbarkeit nach Nr. 3 verlangt **Vorsatz**. 47
Dazu und zu den Irrtumsfällen → Rn. 8, 9. Der Vorsatz muss sich auf das Herstellen oder Inverkehrbringen von Arzneimitteln oder Wirkstoffen mit irreführender Bezeichnung, Angabe oder Aufmachung beziehen. Dabei reicht es in den Fällen des § 8 Abs. 1 Nr. 2 S. 1 aus, wenn der Täter erkennt, es in Kauf nimmt oder es ihm gleichgültig ist, dass die **Gefahr einer Täuschung** besteht. Bei **Fahrlässigkeit** ist eine Ordnungswidrigkeit nach § 97 Abs. 1 Nr. 1 gegeben; zum Verfahren → Rn. 10.

G. Konkurrenzen. Es gelten die allgemeinen Regeln (→ Rn. 11, → § 95 48
Rn. 21, 22). Zur Produktverantwortung → Vor § 95 Rn. 50–118. Da § 96 Nr. 3 nur für den Verstoß gegen § 8 Abs. 1 Nr. 2 gilt, ist ein Zusammentreffen mit § 95 Abs. 1 Nr. 3a nicht möglich (→ Rn. 44). Sind die mit irreführenden Merkmalen versehenen (verschreibungspflichtigen) Arzneimittel zum gewinnbringenden Umsatz außerhalb von Apotheken bestimmt, so kann der Tatbestand des **Handeltreibens** (§ 95 Abs. 1 Nr. 4) bereits mit der **Herstellung** erfüllt sein; die beiden Delikte stehen dann in Tateinheit (→ § 95 Rn. 220). Im Übrigen wird auf → § 95 Rn. 139 verwiesen.

Kapitel 4. Die beiden Tatbestände der Nr. 4

In Nr. 4 sind zwei Tatbestände zusammengefasst, die schon wegen ihres unter- 49
schiedlichen Tatgegenstands zweckmäßig getrennt behandelt werden.

Teil 1. Gewerbs- oder berufsmäßiges Herstellen von Arzneimitteln, Wirkstoffen oder anderen Stoffen ohne Erlaubnis nach § 13 Abs. 1 S. 1 (§ 96 Nr. 4 Alt. 1)

A. Grundtatbestand. Grundlage des Straftatbestandes ist § 13 Abs. 1 S. 1 50
(→ § 13 Rn. 14–31).

B. Tathandlung. Unter Strafe gestellt ist das gewerbs- oder berufsmäßige **Her-** 51
stellen von Arzneimitteln, Wirkstoffen oder anderen in § 13 genannten Stoffen ohne Erlaubnis nach § 13 Abs. 1 S. 1. Eine solche Erlaubnis ist nicht erforderlich, wenn § 13 Abs. 1 S. 1 nicht anwendbar ist; diese Fälle scheiden daher von vornherein aus.

I. Arzneimittel, Wirkstoffe oder andere Stoffe. Tatgegenstand sind (§ 13 52
Abs. 1 S. 1):
- **Arzneimittel** iSd § 2 Abs. 1 oder 2 Nr. 1 (**Nr. 1**), unabhängig davon, ob sie zulassungspflichtig, verschreibungspflichtig, apothekenpflichtig oder freiverkäuflich sind oder ob es sich um ein Fertigarzneimittel handelt (→ § 13 Rn. 20, 21),
- **Testsera** und **Testantigene** (**Nr. 2;** → § 13 Rn. 22),
- **Wirkstoffe**, die menschlicher, tierischer oder mikrobieller Herkunft sind oder die auf gentechnischem Wege hergestellt werden (**Nr. 3;** → § 13 Rn. 23), und

Weber 1913

AMG § 96   Siebzehnter Abschnitt. Straf- und Bußgeldvorschriften

– **andere** zur Arzneimittelherstellung bestimmte **Stoffe** menschlicher Herkunft (**Nr. 4**; → § 13 Rn. 24).

53   **II. Herstellen.** Zum Herstellen → Rn. 28.

54   **III. Gewerbsmäßig, berufsmäßig.** Dass die Herstellung gewerbs- oder berufsmäßig erfolgen muss (*Volkmer* in Körner/Patzak/Volkmer Rn. 43) ergibt sich zwar nicht aus § 96 Nr. 4, wohl aber aus § 13 Abs. 1 S. 1. Auf → § 13 Rn. 25–31 wird verwiesen.

55   **IV. Ohne Erlaubnis nach § 13 Abs. 1 S. 1.** Dies ist gegeben, wenn der Hersteller über keine Erlaubnis verfügt und auch keine Ausnahme von der Erlaubnispflicht vorliegt.

56   **1. Ohne Erlaubnis.** Zur Herstellungserlaubnis → § 13 Rn. 11–13, → § 16 Rn. 1–8. Die Erlaubnis fehlt auch dann, wenn gegen eine Begrenzung nach § 16 verstoßen wird, etwa die Arzneimittel nicht in der bestimmten Betriebsstätte oder nicht in der erlaubten Darreichungsform hergestellt werden. Dasselbe gilt, wenn die Erlaubnis bestandskräftig zurückgenommen oder widerrufen wurde oder ruht (→ § 18 Rn. 3–10). Zur Rücknahme ex tunc → § 18 Rn. 3.

57   **2. Ausnahmen von der Erlaubnispflicht.** Wesentliche Ausnahmen von der Erlaubnispflicht enthält § 13 Abs. 2 (→ § 13 Rn. 35–52), allerdings zum Teil mit Rückausnahmen (→ § 13 Rn. 53–55) und einer Rückausnahme von einer Rückausnahme (→ § 13 Rn. 56). Weitere Ausnahmen bestehen unter bestimmten Voraussetzungen für Ärzte und Heilpraktiker (§ 13 Abs. 2b (→ § 13 Rn. 57–60)) mit Rückausnahmen (→ § 13 Rn. 61, 62) und für Tierärzte (§ 13 Abs. 2c (→ § 13 Rn. 63, 64)). Für Tierheilpraktiker gelten diese Ausnahmen, namentlich Absatz 2c, nicht (*Körner*, 6. Aufl. 2007, Rn. 32).

58   **C. Vollendung, Beendigung.** Auf → Rn. 31 wird Bezug genommen.

59   **D. Täterschaft, Teilnahme.** Auf → Rn. 32 wird verwiesen. Die Gewerbs- oder Berufsmäßigkeit ist hier für die Strafbarkeit konstitutiv und damit ein strafbegründendes besonderes persönliches Merkmal iSd § 28 Abs. 1 StGB (*Lackner/Kühl* StGB § 28 Rn. 5); dazu → BtMG Vor § 29 Rn. 777, 778. Zur etwaigen doppelten Strafmilderung bei der Beihilfe → BtMG Vor § 29 Rn. 772.

60   **E. Subjektiver Tatbestand.** Die Strafbarkeit nach Nr. 4 Alt. 1 verlangt **Vorsatz** (→ Rn. 8). Der Vorsatz muss sich auf die gewerbsmäßige oder berufsmäßige Herstellung von Arzneimitteln, Wirkstoffen oder den sonst in § 13 Abs. 1 S. 1 genannten Stoffen ohne Erlaubnis beziehen.

61   Zu den **Irrtumsfällen** → Rn. 9. Sowohl die **Gewerbsmäßigkeit** als auch die **Berufsmäßigkeit** sind normative Tatbestandsmerkmale (→ BtMG Vor § 29 Rn. 400, 401), bei denen der Täter nicht nur die reinen Tatsachen kennen muss, sondern auch deren Bedeutung richtig erfassen muss (Bedeutungskenntnis), wobei allerdings eine Parallelwertung in der Laiensphäre ausreicht (→ BtMG Vor § 29 Rn. 408). Diese wird hier in aller Regel zur Bedeutungskenntnis führen. Andernfalls kommt ein Tatbestandsirrtum mit der Möglichkeit einer fahrlässigen Begehung (→ Rn. 63) in Betracht.

62   Die Erlaubnispflicht begründet ein (präventives) Verbot mit Erlaubnisvorbehalt. Die Erlaubnis hat danach nicht nur rechtfertigende, sondern **tatbestandsausschließende** Wirkung (*Fischer* StGB Vor § 32 Rn. 5; *Sternberg-Lieben* in Schönke/Schröder StGB Vor § 32 Rn. 61). Wie im Betäubungsmittelrecht (→ BtMG § 29 Rn. 31) ist das Fehlen der Erlaubnis daher ein Tatbestandsmerkmal. Wegen der **Irrtümer** im Zusammenhang mit der Erlaubnis kann deswegen auf → BtMG Vor § 29 Rn. 35–41 verwiesen werden. Entsprechendes gilt für den umgekehrten Irrtum, für den auf → BtMG § 29 Rn. 42–44 Bezug genommen werden kann.

Strafvorschriften **§ 96 AMG**

Bei **Fahrlässigkeit** ist eine Ordnungswidrigkeit nach § 97 Abs. 1 Nr. 1 gegeben; 63
zum Verfahren → Rn. 10.

F. Konkurrenzen. Auf → Rn. 11 verwiesen, dort auch zum Handeltreiben. 64

Teil 2. Gewerbs- oder berufsmäßiges Einführen von Arzneimitteln, Wirkstoffen oder anderen Stoffen aus Drittstaaten ohne Erlaubnis nach § 72 Abs. 1 S. 1 (§ 96 Nr. 4 Alt. 2)

A. Grundtatbestand. Grundlage des Straftatbestandes ist § 72 Abs. 1 S. 1 65
(→ § 72 Rn. 2–23).

B. Tathandlung. Unter Strafe gestellt ist das gewerbs- oder berufsmäßige Ein- 66
führen von Arzneimitteln, Wirkstoffen oder anderen Stoffen ohne Einfuhrerlaubnis aus Drittstaaten entgegen § 72 Abs. 1 S. 1.

I. Arzneimittel, Wirkstoffe, andere Stoffe. Tatgegenstand sind Tatgegen- 67
stand sind (§ 72 Abs. 1 S. 1):
– **Arzneimittel** iSd § 2 Abs. 1 oder 2 Nr. 1 **(Nr. 1)**, unabhängig von ihrem Status
 (→ Rn. 52),
– **Wirkstoffe,** die menschlicher, tierischer oder mikrobieller Herkunft sind oder
 die auf gentechnischem Wege hergestellt wurden **(Nr. 2;** → § 72 Rn. 7), und
– **andere** zur Arzneimittelherstellung bestimmte **Stoffe** menschlicher Herkunft
 (Nr. 3; → § 72 Rn. 7).

II. Einführen. Der Begriff der Einfuhr ist in § 4 Abs. 32 S. 2, 3 definiert. Dabei 68
ist zu unterscheiden:

1. Überführung in den zollrechtlich freien Verkehr (§ 4 Abs. 32 S. 2). Ein- 69
fuhr ist danach die Überführung von unter das Arzneimittelgesetz fallenden Produkten aus Drittstaaten in den zollrechtlich freien Verkehr (→ § 72 Rn. 9, → § 4
Rn. 122–124).

2. Überführung in den Wirtschaftskreislauf entgegen den zollrechtlichen 70
Vorschriften (§ 4 Abs. 32 S. 3). Als eingeführt gelten nach § 4 Abs. 32 S. 3 aber
auch die Produkte, die entgegen den Zollvorschriften in den Wirtschaftskreislauf
überführt wurden (→ § 4 Rn. 125–127). Auch in diesen Fällen liegt daher eine
Einfuhr vor (→ § 72 Rn. 10).

3. Aus Drittstaaten. Auf → § 72 Rn. 12, 13 wird Bezug genommen. Maßgeb- 71
lich ist die **Herstellung** in einem solchen Staat (→ § 72 Rn. 13).

III. Gewerbsmäßig, berufsmäßig. Dass die Einfuhr gewerbs- oder berufs- 72
mäßig erfolgen muss, ergibt sich zwar nicht aus § 96 Nr. 4, wohl aber aus § 72
Abs. 1 S. 1. Im Übrigen wird auf Rn. 54 verwiesen.

IV. Ohne Erlaubnis nach § 72 Abs. 1 S. 1. Zur Einfuhrerlaubnis → § 72 73
Rn. 18–21. Die Erlaubnis fehlt auch dann, wenn gegen eine Begrenzung nach
§ 16 verstoßen wird (§ 72 Abs. 2 S. 2, § 16). Dasselbe gilt, wenn die Erlaubnis zurückgenommen oder widerrufen ist oder ruht (§ 72 Abs. 2 S. 2, § 18).

Einer **Einfuhrerlaubnis** bedarf auch derjenige, der Arzneimittel oder die ande- 74
ren in → Rn. 67 genannten Produkte **entgegen den zollrechtlichen Bestimmungen** in den Wirtschaftskreislauf überführt (→ Rn. 70). Auch in einem solchen
Fall kommt daher ein Handeln ohne Erlaubnis nach § 72 Abs. 1 S. 1 in Betracht. In
der Praxis wird dies regelmäßig der Fall sein.

C. Vollendung, Beendigung. Der Versuch ist nicht strafbar. In den Fällen, in 75
denen die Arzneimittel oder sonstigen Produkte in den **zollrechtlich freien Verkehr** überführt werden, tritt die **Vollendung** dann ein, wenn sie dem Einführer in
der Weise zu diesem Verkehr überlassen werden, dass er frei darüber verfügen kann
(→ Art. 4 Rn. 123, 124). Damit ist die Tat auch **beendet.**

Weber 1915

76 Bei der Überführung in den Wirtschaftskreislauf **entgegen den zollrechtlichen Vorschriften** tritt **Vollendung** ein, wenn die Arzneimittel oder sonstigen Produkte so nach Deutschland verbracht worden sind, dass sie faktisch ohne weitere zollamtliche Überwachung oder zollamtliche Maßnahmen frei verwendet werden können (BT-Drs. 17/3698, 81). Dies wird in aller Regel mit dem Überschreiten der maßgeblichen Grenze (→ BtMG § 2 Rn. 72–93), meist der deutschen Hoheitsgrenze, gegeben sein (→ § 4 Rn. 125–127). Die Einfuhr ist dann **beendet,** wenn die Arzneimittel an ihrem Bestimmungsort angelangt sind oder wenn sie von den Strafverfolgungsbehörden sichergestellt wurden (→ BtMG § 29 Rn. 919–921). Haben die Arzneimittel, Wirkstoffe oder anderen Stoffe einen **ausländischen Bestimmungsort** und sollen sie durch deutsches Hoheitsgebiet lediglich durchgeführt werden **(Transit),** so ergeben sich aus der notwendigen **Abgrenzung zur Durchfuhr** deutliche Besonderheiten. Auf → BtMG § 29 Rn. 901–917 kann insoweit Bezug genommen werden.

77 **D. Täterschaft, Teilnahme.** Bei der Überführung in den **zollrechtlich freien Verkehr** (§ 4 Abs. 32 S. 2) ist derjenige Täter, der für dieses Zollverfahren (Art. 5 Nr. 16 UZK) verantwortlich ist, in der Regel also der Anmelder (Art. 5 Nr. 15 UZK). Nicht erforderlich ist, dass der Anmelder in eigener Person handelt (Art. 5 Nr. 15 UZK). Das Delikt ist danach zwar kein eigenhändiges Delikt, wohl aber ein Sonderdelikt. Andere Beteiligte können daher nur Teilnehmer sein. Dies gilt auch im Hinblick auf das Erfordernis einer Einfuhrerlaubnis.

78 Werden die Arzneimittel oder sonstigen Produkte entgegen den zollrechtlichen Vorschriften in den Wirtschaftskreislauf überführt (§ 4 Abs. 32 S. 3), so kommt **als Täter** in Betracht, wer für die Verletzung der zollrechtlichen Verpflichtungen verantwortlich ist. Dies kann nicht nur derjenige sein, der die Verletzung selbst ausführt, sondern auch der, der sie **veranlasst** und damit Tatherrschaft hat (BGHSt 48, 52 = NJW 2003, 446 = NStZ 2003, 211 = StV 2003, 562 für die Entziehung aus zollamtlicher Überwachung). Dies gilt auch im Hinblick auf das Erfordernis einer Einfuhrerlaubnis. Die Tat ist daher weder ein eigenhändiges noch ein Sonderdelikt.

79 Die Gewerbs- oder Berufsmäßigkeit ist ein strafbegründendes besonderes persönliches Merkmal iSd **§ 28 Abs. 1 StGB** (*Lackner/Kühl* StGB § 28 Rn. 5); dazu → BtMG Vor § 29 Rn. 777, 778. Zur etwaigen doppelten Strafmilderung bei der Beihilfe → BtMG Vor § 29 Rn. 772.

80 **E. Subjektiver Tatbestand.** Die Strafbarkeit nach Nr. 4 Alt. 2 erfordert **Vorsatz** (→ Rn. 8). Der Vorsatz muss sich auf die gewerbs- oder berufsmäßige Einfuhr von Arzneimitteln, Wirkstoffen oder sonstigen Stoffen ohne Erlaubnis beziehen. Zur **Gewerbs-** und **Berufsmäßigkeit** → Rn. 61. Das Einführen ist ebenfalls ein normatives Tatbestandsmerkmal, für das → Rn. 61 sinngemäß gilt. Die Erlaubnis hat auch hier tatbestandsausschließende Wirkung (→ Rn. 62); dort auch zu den Irrtümern im Zusammenhang mit der Erlaubnis. Für die **Irrtumsfälle** im Übrigen → Rn. 9. Bei **Fahrlässigkeit** ist eine Ordnungswidrigkeit nach § 97 Abs. 1 Nr. 1 gegeben; zum Verfahren → Rn. 10.

81 **F. Konkurrenzen.** Tateinheit kommt vor allem mit § 96 Nr. 18a in Betracht. Dasselbe gilt für die Straftaten der AO, sofern nach Art. 83 Abs. 2 Buchst. b UZK eine Abgabeschuld entsteht. Im Übrigen wird auf → Rn. 11 verwiesen.

Kapitel 5. Inverkehrbringen von Fertigarzneimitteln, Arzneimitteln, die zur Anwendung bei Tieren bestimmt sind, oder weiteren Arzneimitteln ohne Zulassung oder Genehmigung entgegen § 21 Abs. 1 (§ 96 Nr. 5)

A. Grundtatbestand. Grundtatbestand ist § 21 Abs. 1; die Vorschrift gilt auch für andere Arzneimittel, auf die ihre Anwendung durch Rechtsverordnung nach § 35 Abs. 1 Nr. 2 oder § 60 Abs. 3 ausgedehnt wurde. Auf → § 21 Rn. 8–33 wird zunächst Bezug genommen. 82

B. Tathandlung. Unter Strafe gestellt ist das Inverkehrbringen von Fertigarzneimitteln, von Arzneimitteln, die zur Anwendung bei Tieren bestimmt sind oder von Arzneimitteln nach § 35 Abs. 1 Nr. 2 oder § 60 Abs. 3 ohne nationale Zulassung (→ Rn. 87) oder ohne Genehmigung der EG oder EU (→ Rn. 88). 83

I. Fertigarzneimittel, Tierarzneimittel, weitere Arzneimittel. Tatgegenstand sind 84
- Arzneimittel (§ 2 Abs. 1, Abs. 2 Nr. 1), die nach § 21 Abs. 1 der Zulassung bedürfen (**Fertigarzneimittel** (→ § 4 Rn. 2–21)),
- Arzneimittel, die keine Fertigarzneimittel sind, aber zur **Anwendung bei Tieren bestimmt** sind (→ § 4 Rn. 28), sofern sie nicht an pharmazeutische Unternehmer abgegeben werden, die eine Erlaubnis zur Herstellung von Arzneimitteln besitzen (§ 21 Abs. 1 S. 2 (→ § 21 Rn. 15))
- Arzneimittel, für die durch **Rechtsverordnung** nach § 35 Abs. 1 Nr. 2 oder § 60 Abs. 3 die Zulassungspflicht angeordnet wurde.

II. Inverkehrbringen. → Rn. 39. Kein Inverkehrbringen ist das **Anwenden** 85 (→ § 4 Rn. 72) oder das **Verschreiben** (→ § 4 Rn. 73), so dass insoweit schon deswegen keine Strafbarkeit eintreten kann. Der Arzt darf daher Arzneimittel auch außerhalb der zugelassenen Indikation verordnen (Off-Label-Use), er kann dazu sogar verpflichtet sein (*Fries* ArzneimittelR S. 359).

III. Ohne Zulassung oder Genehmigung. Das Inverkehrbringen muss ohne 86 (nationale) Zulassung oder ohne Genehmigung der europäischen Behörden erfolgt sein. Die Zulassung fehlt auch dann, wenn das vom Täter verwendete (ausländische) Arzneimittel mit einem für Deutschland zugelassenen Medikament **inhaltlich identisch** ist (BGHSt 57, 312 = NJW 2012, 3665 = PharmR 2013, 41 = A&R 2012, 272 m. abl. Bespr. *Wesser*). Die fehlende Zulassung ist ein **Tatbestandsmerkmal** → § 25 Rn. 11).

1. Die (nationale) Zulassung. Zur (nationalen) Zulassung zunächst → § 25 87 Rn. 3–5. Zu den nationalen Zulassungen gehören auch die Zulassungen, die nach § 25b im Verfahren der gegenseitigen Anerkennung (→ § 25b Rn. 5) oder im dezentralisierten Verfahren (→ § 21 Rn. 6) ergangen sind (→ § 25b Rn. 1). Ohne Zulassung handelt auch derjenige, der Arzneimittel nach dem **Erlöschen** der Zulassung (§ 31) in den Verkehr bringt. Dasselbe gilt, wenn die Zulassung **nichtig** ist (§ 44 VwVfG). Für die **Rücknahme,** den **Widerruf** und das **Ruhen** der Zulassung enthält das Gesetz (§ 30 Abs. 4 Nr. 1) dagegen eigene Regeln (§ 96 Nr. 7; → Rn. 103–106).

2. Die Genehmigung im Gemeinschaftsverfahren. Die im Gemeinschafts- 88 verfahren (Art. 3–15, 20–40 VO (EG) Nr. 726/2004) erteilte Genehmigung (→ § 21 Rn. 7, 14) steht auch im Rahmen des § 96 Nr. 5 der nationalen Zulassung gleich. Auch die im Gemeinschaftsverfahren erteilte Genehmigung wird nach bestimmten Zeiträumen **ungültig** (Art. 14, 39 VO (EG) Nr. 726/2004). § 96 Nr. 5 gilt auch in den Fällen, in denen eine Gemeinschaftszulassung **zurückgenommen, widerrufen** oder **ausgesetzt** ist (→ § 30 Rn. 23, → § 37 Rn. 6–9).

AMG § 96   Siebzehnter Abschnitt. Straf- und Bußgeldvorschriften

89   **III. Entgegen § 21 Abs. 1.** Das Inverkehrbringen muss entgegen § 21 Abs. 1 erfolgen. Ein Verstoß gegen § 21 Abs. 1 liegt dann **nicht** vor, wenn es nach § 21 Abs. 2 für das Inverkehrbringen **keiner Zulassung** oder Genehmigung **bedarf** (→ § 21 Rn. 16–31). In den Fällen des § 21 Abs. 2 Nr. 4 (Tierarzneimittel) müssen ferner die Voraussetzungen des § 21 Abs. 2a (→ § 21 Rn. 32–34) erfüllt sein (BGH NStZ 2004, 457 = JR 2004, 248 mAnm *Rotsch* = wistra 2003, 424 = StoffR 2004, 90 mAnm *Pauly* = BeckRS 2003, 07432).

90   Dasselbe gilt in den Fällen des § 21 Abs. 2 Nr. 6 **(Compassionate Use)** für die Voraussetzungen des Art. 83 der VO (EG) Nr. 726/2004 v. 31.3.2004 in Verbindung mit der AMHV (→ § 21 Rn. 30, 31). Liegen diese Voraussetzungen **nicht** vor, so kann die Abgabe der Arzneimittel im Rahmen eines individuellen Heilversuchs **nach § 34 StGB** gerechtfertigt sein, wenn dessen Voraussetzungen vorliegen; dies gilt auch dann, wenn die Abgabe gegenüber mehreren Patienten erfolgt (*Fehn/Koyuncu/Meyer* PharmR 2014, 91).

91   Ein Verstoß gegen § 21 Abs. 1 ist auch in den Fällen **nicht** gegeben, in denen Arzneimittel nach dem Erlöschen der Zulassung während der **Aufbrauchsfrist** des § 31 Abs. 4 in den Verkehr gebracht werden (→ § 31 Rn. 22; *Raum* in Kügel/Müller/Hofmann § 96 Rn. 13).

92   **C. Vollendung, Beendigung.** → § 95 Rn. 51–57. Das Inverkehrbringen kann danach früh vollendet sein.

93   **D. Täterschaft, Teilnahme.** Täter kann jedermann sein (*Volkmer* in Körner/Patzak/Volkmer Rn. 93). Er muss natürlich Inhaber der tatsächlichen Verfügungsgewalt sein (→ § 95 Rn. 60–63). Dazu und zur Erweiterung des Täterkreises in **Pharma-Unternehmen** → § 95 Rn. 64–72.

94   **E. Rechtswidrigkeit, rechtfertigender Notstand.** → Rn. 90. Die Zulassung oder Genehmigung ist kein Rechtfertigungsgrund, sondern ihr Fehlen ist ein Tatbestandsmerkmal (→ Rn. 62, 86).

95   **F. Subjektiver Tatbestand.** Die Strafbarkeit nach Nr. 5 erfordert **Vorsatz** (→ Rn. 8). Der Vorsatz muss sich auf das Inverkehrbringen der in → Rn. 84 genannten Arzneimittel ohne Zulassung oder Genehmigung erstrecken. Diese haben tatbestandsausschließende Wirkung (→ Rn. 62); dort auch zu den Irrtümern im Zusammenhang mit der Erlaubnis. Für die **Irrtumsfälle** im Übrigen → Rn. 9. Bei **Fahrlässigkeit** ist eine Ordnungswidrigkeit nach § 97 Abs. 1 Nr. 1 gegeben; zum Verfahren → Rn. 10.

96   **G. Konkurrenzen, Bewertungseinheit.** → Rn. 11. Bei mehreren Abgaben aus einem Vorrat kommt eine **Bewertungseinheit** in Betracht (→ § 4 Rn. 45, 46). Reicht der Apotheker die Rezepte, auf die er die nicht zugelassenen Arzneimittel abgegeben hat, bei der Krankenversicherung ein, so kommt **Betrug** in Betracht (BGHSt 57, 312 (→ Rn. 86)), der mit dem Inverkehrbringen in Tatmehrheit steht. Entsprechendes gilt für den Betrug gegenüber den Privatversicherten.

Kapitel 6. Unvollständige oder unrichtige Angaben oder Unterlagen im Zulassungsverfahren (§ 96 Nr. 6)

97   **A. Tathandlungen.** Die Vorschrift richtet sich dagegen, dass im Zulassungsverfahren bestimmte Angaben unvollständig oder unrichtig **gemacht** werden oder bestimmte Unterlagen nicht vollständig oder mit nicht richtigem Inhalt **vorgelegt** werden. Die Strafdrohung beschränkt sich auf die für die Fragen der Gesundheit wichtigen Angaben und Unterlagen und hat zum Ziel, insoweit eine Täuschung der Zulassungsbehörden zu vermeiden.

98   Zum Begriff der **Unvollständigkeit** → BtMG § 29 Rn. 1712, zur **Unrichtigkeit** → BtMG § 29 Rn. 1711. **Nicht strafbar** ist es, wenn die betreffenden An-

gaben **überhaupt nicht** gemacht oder die betreffenden Unterlagen **überhaupt nicht** vorgelegt werden, da der Mangel hier offenkundig ist und Fehlvorstellungen der zuständigen Behörde nicht eintreten können (*Raum* in Kügel/Müller/Hofmann § 96 Rn. 18; zw. *Pfohl* in Erbs/Kohlhaas Rn. 18).

B. Vollendung, Beendigung. Der Versuch ist nicht strafbar. Zur **Vollendung** 99
beim Machen unvollständiger oder unrichtiger Angaben → BtMG § 29 Rn. 1717.
Die Tat ist **beendet,** wenn die Angabe der zuständigen Behörde zur Kenntnis gelangt. Bei der Vorlage unvollständiger oder unrichtiger Unterlagen ist die Tat mit Eingang bei der zuständigen Behörde vollendet und beendet.

C. Täterschaft, Teilnahme. Es gelten die allgemeinen Grundsätze (→ BtMG 100
Rn. 241–386). Täter ist vor allem derjenige, der die unrichtigen oder unvollständigen Angaben gemacht oder die unrichtigen oder unvollständigen Unterlagen vorgelegt hat. Die Vorschrift ist kein Sonderdelikt.

D. Subjektiver Tatbestand. Die Strafbarkeit nach Nr. 6 verlangt **Vorsatz** 101
(→ Rn. 8). Zu den Irrtumsfällen → Rn. 9. Bei **Fahrlässigkeit** ist eine Ordnungswidrigkeit nach § 97 Abs. 1 Nr. 2 gegeben; zum Verfahren → Rn. 10.

E. Konkurrenzen. Mit Urkundenfälschung (§ 267 StGB), namentlich in Form 102
des Gebrauchmachens kann Tateinheit vorliegen.

Kapitel 7. Inverkehrbringen von Fertigarzneimitteln, Tierarzneimitteln und weiteren Arzneimitteln bei Rücknahme, Widerruf oder Ruhen der Zulassung entgegen § 30 Abs. 4 S. 1 Nr. 1 (§ 96 Nr. 7)

A. Übereinstimmung mit § 96 Nr. 5. § 96 Nr. 7 stimmt im Wesentlichen mit 103
§ 96 Nr. 5 überein, so dass grundsätzlich auf → Rn. 82–96 Bezug genommen werden kann. Auch hier müssen die Arzneimittel an sich zulassungspflichtig sein
(→ Rn. 89; *Volkmer* in Körner/Patzak/Volkmer Rn. 136).

B. Abweichungen. Abweichungen zu § 96 Nr. 5 bestehen lediglich in den fol- 104
genden Punkten:

I. Arzneimittel. Die in § 60 Abs. 3 bezeichneten Arzneimittel werden in § 96 105
Nr. 7 nicht erwähnt. Es spricht einiges dafür, dass es sich dabei um ein Redaktionsversehen handelt, an der fehlenden Strafbarkeit ändert dies jedoch nichts.

II. Zurückgenommene, widerrufene, ruhende Zulassungen. Die Zulas- 106
sung muss zurückgenommen oder widerrufen sein oder ruhen (§ 30 Abs. 4 S. 1 Nr. 1). In diesem Bereich geht § 96 Nr. 7 der § 96 Nr. 5 als Spezialvorschrift vor
(*Volkmer* in Körner/Patzak/Volkmer Rn. 140). Für die Fälle des Erlöschens gilt
§ 96 Nr. 5 (→ Rn. 87). § 96 Nr. 5 gilt auch für ungültig gewordene, zurückgenommene, widerrufene oder ausgesetzte Gemeinschaftszulassungen (→ Rn. 88).

Kapitel 8. Inverkehrbringen von Fertigarzneimitteln als homöopathische oder als traditionelle pflanzliche Arzneimittel ohne Registrierung entgegen § 38 Abs. 1 S. 1 oder § 39a S. 1 (§ 96 Nr. 9)

A. Grundtatbestände. In der Vorschrift werden Regelungen aus zwei verschie- 107
denen Grundtatbeständen (§ 38 Abs. 1 S. 1 (homöopathische Arzneimittel) und
§ 39a S. 1 (traditionelle pflanzliche Arzneimittel)) zusammengemischt, die lediglich die **Handlungsform** (Inverkehrbringen ohne Registrierung) **gemeinsam** haben.
Die unterschiedlichen Tatgegenstände (§ 38: Arzneimittel iSd § 2 Abs. 1, Abs. 2 Nr. 1; § 39a: Arzneimittel iSd § 2 Abs. 1) ergeben sich aus den bewehrten Vorschriften.

108 **B. Tathandlung.** Unter Strafe gestellt ist das Inverkehrbringen von Fertigarzneimitteln als homöopathische Arzneimittel oder als traditionelle pflanzliche Arzneimittel ohne Registrierung.

109 **I. Arzneimittel.** Tatgegenstand sind **Fertigarzneimittel,**
- die Arzneimittel iSd § 2 Abs. 1, Abs. 2 Nr. 1 sind und als **homöopathische Arzneimittel** (§ 38 Abs. 1) oder
- Arzneimittel, die pflanzliche Arzneimittel und Arzneimittel iSd § 2 Abs. 1 sind, und als **traditionelle pflanzliche Arzneimittel** (§ 39a S. 1)

in den Verkehr gebracht werden sollen. Beide Vorschriften gelten auch für **Tierarzneimittel** (→ § 38 Rn. 2, 4; → § 39a Rn. 2).

110 Eine gesetzliche Definition der **homöopathischen** Arzneimittel enthält § 4 Abs. 26, eine solche der **pflanzlichen** Arzneimittel ist in § 4 Abs. 29 enthalten. Zu den **traditionellen** (pflanzlichen) Arzneimitteln → § 39a Rn. 3.

111 **II. Inverkehrbringen.** → § 95 Rn. 37–43.

112 **III. Entgegen § 38 Abs. 1 S. 1 oder § 39a S. 1.** Das Inverkehrbringen muss entgegen § 38 Abs. 1 S. 1 oder § 39a S. 1 erfolgen. Nach beiden Vorschriften dürfen die darin genannten Arzneimittel **als homöopathische Arzneimittel** oder **als traditionelle pflanzliche Arzneimittel** nur dann in den Verkehr gebracht werden, wenn sie zuvor von der zuständigen Bundesoberbehörde **registriert** wurden. Ein Verstoß gegen § 38 Abs. 1 S. 1 liegt aber dann **nicht** vor, wenn es nach § 38 Abs. 1 S. 3 (Verlängerte Defektur) für das Inverkehrbringen **keiner Registrierung** bedarf (→ § 38 Rn. 8, 9).

113 **Die Registrierung** (§ 39; § 39c) ist ein begünstigender Verwaltungsakt, der, soweit nicht die besonderen Regeln des AMG (§ 39 Abs. 2c, 2d; § 39d Abs. 8) eingreifen, nach dem VwVfG zu behandeln ist. Unabhängig von einer etwaigen materiell-rechtlichen Unrichtigkeit ist die Registrierung wirksam und vom Strafrichter im Umfang ihrer Geltung zu beachten. Insoweit gilt nichts anderes als für die Erlaubnisse des AMG (→ § 13 Rn. 11–13).

114 Ohne Registrierung handelt auch derjenige, der Arzneimittel nach dem **Erlöschen** der Registrierung (§ 39 Abs. 2c) in den Verkehr bringt. Dasselbe gilt, wenn die Registrierung **nichtig** ist (§ 44 VwVfG). Für die **Rücknahme,** den **Widerruf** und das **Ruhen** der Registrierung enthält das Gesetz (§ 39 Abs. 2d; § 39d Abs. 8) dagegen eigene Regeln.

115 **C. Vollendung, Beendigung.** Auf → § 95 Rn. 51–57 wird verwiesen. Das Inverkehrbringen kann demnach früh vollendet sein.

116 **D. Täterschaft, Teilnahme.** Täter kann jedermann sein (*Volkmer* in Körner/Patzak/Volkmer Rn. 93 für das Inverkehrbringen ohne Zulassung). Er muss natürlich Inhaber der tatsächlichen Verfügungsgewalt sein (→ § 95 Rn. 60–63). Dazu und zur Erweiterung des Täterkreises in **Pharma-Unternehmen** → § 95 Rn. 64–72.

117 **E. Rechtswidrigkeit.** Die Registrierung ist wie die Erlaubnis oder Zulassung kein Rechtfertigungsgrund, sondern ihr Fehlen ist wie bei der Erlaubnis oder der Zulassung ein **Tatbestandsmerkmal** (→ Rn. 62, 86).

118 **F. Subjektiver Tatbestand.** Die Strafbarkeit nach Nr. 9 verlangt **Vorsatz** (→ Rn. 8). Der Vorsatz muss sich auf das Inverkehrbringen der in → Rn. 109 genannten Arzneimittel ohne Registrierung erstrecken. Die Registrierung hat tatbestandsausschließende Wirkung (→ Rn. 117); zu den Irrtümern im Zusammenhang mit der Registrierung → Rn. 62. Für die **Irrtumsfälle** im Übrigen → Rn. 9. Bei **Fahrlässigkeit** ist eine Ordnungswidrigkeit nach § 97 Abs. 1 Nr. 1 gegeben; zum Verfahren → Rn. 10.

Strafvorschriften § 96 AMG

G. Konkurrenzen, Bewertungseinheit. → Rn. 11. Bei mehreren Abgaben 119
aus einem Vorrat kommt eine **Bewertungseinheit** in Betracht (→ § 4 Rn. 45, 46).

Kapitel 9. Pflichtverletzungen bei der Durchführung einer klinischen Prüfung von Arzneimitteln bei Menschen (§ 96 Nr. 10)

A. **Grundtatbestände.** Grundtatbestände sind bestimmte Tatbestände, die dem 120
Schutz des Menschen bei der klinischen Prüfung von Arzneimitteln dienen. Zur
klinischen Prüfung von Betäubungsmitteln → Vor § 40 Rn. 13–17. Die Vorschrift
findet auch auf Prüfpräparate Anwendung, die aus dem Ausland nach Deutschland
verbracht wurden (→ § 73 Rn. 19, 74).

B. **Tathandlungen.** Mit Strafe ist das Durchführen einer klinischen Prüfung un- 121
ter Verstoß
- gegen § 40 Abs. 1 S. 3
  - Nr. 2: ärztliche Vertretbarkeit,
  - Nr. 2a Buchst. a: unvertretbare schädliche Auswirkungen auf Dritte bei Arzneimitteln mit gentechnisch veränderten Organismen oder einer Kombination aus solchen,
  - Nr. 3: Volljährigkeit, Einwilligungsfähigkeit, Aufklärung und Einwilligung der betroffenen Person,
  - Nr. 4: keine gerichtlich oder behördlich angeordnete Unterbringung der betroffenen Person in einer Anstalt,
  - Nr. 5: Durchführung in geeigneten Einrichtungen durch einen angemessen qualifizierten Prüfer (zum Begriff des Prüfers s. § 4 Abs. 25 (→ § 4 Rn. 107)) unter Leitung eines Prüfers mit mindestens zweijähriger Erfahrung, in der klinischen Prüfung von Arzneimitteln,
  - Nr. 6: entsprechend dem jeweiligen Stand der wissenschaftlichen Erkenntnisse durchgeführte pharmakologisch-toxikologische Prüfung des Arzneimittels,
  - Nr. 8: Abschluss einer Versicherung für den Schadensfall,
- jeweils auch in Verbindung mit § 40 Abs. 4: klinische Prüfung bei Minderjährigen,
- gegen § 41: klinische Prüfung bei Personen, die an einer Krankheit leiden, zu deren Behandlung das zu prüfende Arzneimittel angewendet werden soll.

Auf Arzneimittel, die im Wege des **Einzelimports** nach Deutschland verbracht 122
wurden, ist § 96 Nr. 10 nicht anwendbar (→ § 73 Rn. 73); für Prüfpräparate
→ Rn. 120.

Der Begriff der **klinischen Prüfung** ist in § 4 Abs. 23 definiert (dazu → § 4 123
Rn. 96–105); dort auch zu Formen, die keine klinische Prüfung darstellen. Die
Durchführung der klinischen Prüfung beginnt mit der Anwendung der Arzneimittel am Menschen (→ Rn. 132). Die Vorschrift gilt auch für Prüfungen, bei denen die zustimmende Bewertung der Ethikkommission (§ 40 Abs. 1 S. 2, § 42
Abs. 1) und/oder die Genehmigung der zuständigen Bundesoberbehörde (§ 40
Abs. 1 S. 2, § 42 Abs. 2) nicht oder nicht wirksam vorliegt (auch → Rn. 127).

C. **Vollendung, Beendigung.** Die Tat ist **vollendet,** wenn die klinische Prü- 124
fung durchgeführt wird, obwohl eine der in → Rn. 121 beschriebenen Voraussetzungen nicht vorliegt, oder weitergeführt wird, obwohl sie entfallen ist. Mit dem
planmäßigen oder außerplanmäßigen Abschluss der klinischen Prüfung oder einer
Abwandlung, die den Erfordernissen Rechnung trägt (s. *Körner,* 6. Aufl. 2007,
Rn. 78), ist die Tat beendet.

D. **Täterschaft, Teilnahme.** Es gelten die allgemeinen Grundsätze (→ BtMG 125
Vor § 29 Rn. 241–386). Die Vorschrift ist kein Sonderdelikt (*Pfohl* in Erbs/Kohlhaas
Rn. 26). Täterschaft wird vor allem bei dem Sponsor (§ 4 Abs. 24) in Betracht kommen. Da die Vorschrift aber kein Sonderdelikt ist, ist Täterschaft auch bei anderen

Personen möglich, die für die Durchführung oder Fortsetzung der klinischen Prüfung verantwortlich sind und damit Tatherrschaft haben. In Betracht kommen insbesondere der Leiter der klinischen Prüfung, der Prüfarzt und der Leiter der Einrichtung, in der die Prüfung durchgeführt wird (s. *Deutsch* in Deutsch/Lippert § 40 Rn. 57, § 41 Rn. 13).

126 **E. Subjektiver Tatbestand.** Die Strafbarkeit nach Nr. 10 verlangt **Vorsatz** (→ Rn. 8). Der Vorsatz muss sich darauf erstrecken, dass die klinische Prüfung durchgeführt oder fortgesetzt wird, obwohl eine der in → Rn. 121 beschriebenen Voraussetzungen nicht vorliegt oder entfallen ist. Zu den **Irrtumsfällen** → Rn. 9. Ein Irrtum kann sich insbesondere bei der Beurteilung der **Nutzen-Risiko-Abwägung** ergeben. Irrt der Täter über die tatsächlichen Voraussetzungen des Abwägungsprozesses, so kommt ein Tatbestandsirrtum in Betracht. Dies ist auch gegeben, wenn er das Risiko aus tatsächlichen Gründen unterschätzt (*Pfohl* in Erbs/Kohlhaas Rn. 27). Kennt der Täter das Risiko, hält es aber fehlerhaft für ärztlich vertretbar, liegt ein Verbotsirrtum vor (*Pfohl* in Erbs/Kohlhaas Rn. 27). Zieht der Arzt keinen erfahrenen Fachkollegen heran und verlässt sich allein auf sein eigenes Urteil, wird der Verbotsirrtum in der Regel vermeidbar sein (*Pfohl* in Erbs/Kohlhaas Rn. 27). Bei **Fahrlässigkeit** liegt eine Ordnungswidrigkeit vor (§ 97 Abs. 1 Nr. 1); zum Verfahren → Rn. 10.

127 **F. Konkurrenzen.** Tateinheit kommt mit § 96 Nr. 11 in Betracht, wenn die zustimmende Bewertung der Ethikkommission oder die Genehmigung der zuständigen Bundesoberbehörde nicht vorliegt. Wird durch die Nichtbeachtung der in → Rn. 121 genannten Vorschriften ein Mensch verletzt oder getötet, so besteht mit den Körperverletzungs- und Tötungsdelikten Tateinheit. In die durch die ordnungsgemäß klinisch entstehende Gesundheitsbeschädigung hat der Proband eingewilligt, so dass insoweit Strafbarkeit nicht vorliegt.

Kapitel 10. Beginn der klinischen Prüfung eines Arzneimittels bei Menschen entgegen § 40 Abs. 1 S. 2 (§ 96 Nr. 11)

128 **A. Grundtatbestand.** Grundtatbestand ist § 40 Abs. 1 S. 2 (→ § 40 Rn. 2).

129 **B. Tathandlung.** Unter Strafe gestellt ist der Beginn der klinischen Prüfung eines Arzneimittels bei Menschen durch den Sponsor entgegen § 40 Abs. 1 S. 2.

130 Die Vorschrift findet auch auf Prüfpräparate Anwendung, die aus dem Ausland nach Deutschland verbracht wurden (→ § 73 Rn. 74).

131 **I. Klinische Prüfung.** Der Begriff der **klinischen Prüfung** ist in § 4 Abs. 23 definiert (dazu → § 4 Rn. 96–105). Dort auch zu Formen, die keine klinische Prüfung darstellen.

132 **II. Beginnen.** Die klinische Prüfung beginnt mit der **Anwendung** des Arzneimittels am Menschen. Diese kann sowohl in einem Verabreichen (*Raum* in Kügel/Müller/Hofmann § 96 Rn. 35) als auch in der Überlassung zum unmittelbaren Verbrauch bestehen (→ § 95 Rn. 45). Die Prüfpräparate dürfen daher schon vorher in Verkehr gebracht, insbesondere an die Prüfärzte und Einrichtungen verteilt werden.

133 **III. Durch den Sponsor.** Die Anwendung muss unter der Gesamtverantwortung des Sponsors erfolgen. Eine eigenmächtige Anwendung durch andere Personen, etwa Prüfärzte, genügt nicht. Zum Begriff des Sponsors s. § 4 Abs. 24 (→ § 4 Rn. 106).

134 **IV. Entgegen § 40 Abs. 1 S. 2.** Die Vorschrift bestimmt, dass die klinische Prüfung erst begonnen werden darf, wenn sie von der zuständigen Ethik-Kommission nach Maßgabe des § 42 Abs. 1 zustimmend bewertet wurde und die zuständige

Bundesoberbehörde sie nach Maßgabe des § 42 Abs. 2 genehmigt hat. **Vor Beginn der Prüfung müssen daher beide Entscheidungen** vorliegen.

1. Ohne zustimmende Bewertung durch die Ethik-Kommission. Auf → § 42 Rn. 2 wird verwiesen. An einer zustimmenden Bewertung fehlt es auch, wenn sie noch vor Beginn der klinischen Prüfung zurückgenommen wurde (§ 42 a Abs. 4 a). **135**

2. Ohne Genehmigung durch die Bundesoberbehörde. Auf → § 42 Rn. 3–5 wird verwiesen. Eine Genehmigung liegt auch dann vor, wenn sie nach § 42 Abs. 2 S. 4 implizit erteilt wurde. An ihr fehlt es, wenn sie noch vor Beginn der klinischen Prüfung zurückgenommen oder widerrufen oder ihr Ruhen angeordnet wurde (§ 42 a Abs. 1–4). **136**

C. Vollendung, Beendigung. Die Tat ist mit der Anwendung des Arzneimittels am Menschen **vollendet**. Da das Anwenden im Wesentlichen in einem Verabreichen oder Überlassen zum unmittelbaren Verbrauch besteht, kann insoweit auf →BtMG § 95 Rn. 1555 Bezug genommen werden. Mit dem planmäßigen oder außerplanmäßigen Abschluss der klinischen Prüfung ist die Tat **beendet**. Beendigung tritt auch dann ein, wenn die zustimmende Bewertung und die Genehmigung erteilt werden. An der vorherigen Strafbarkeit ändert das nichts. **137**

D. Täterschaft, Teilnahme. Es handelt sich um ein echtes **Sonderdelikt** (→ BtMG Vor § 29 Rn. 253, 254). Täter, mittelbarer Täter oder Mittäter kann nur der Sponsor sein. Die Eigenschaft als Sponsor ist ein strafbegründendes besonderes persönliches Merkmal **(§ 28 Abs. 1 StGB)**. Zur etwaigen doppelten Strafmilderung → BtMG Vor § 29 Rn. 772). **138**

F. Subjektiver Tatbestand. Die Strafbarkeit nach Nr. 1 verlangt **Vorsatz** (→ Rn. 8). Der Vorsatz muss sich darauf erstrecken, dass die klinische Prüfung begonnen wird, bevor die zustimmende Bewertung und die Genehmigung durch die Bundesoberbehörde vorliegen. Liegen die zustimmende Bewertung **und** die Genehmigung vor, so hat dies **tatbestandsausschließende** Wirkung (→ Rn. 62). Dort auch zu den Irrtümern im Zusammenhang mit der Erlaubnis. Zu den **Irrtumsfällen** im Übrigen → Rn. 9. Bei **Fahrlässigkeit** ist eine Ordnungswidrigkeit nach § 97 Abs. 1 Nr. 1 gegeben; zum Verfahren → Rn. 10. **139**

G. Konkurrenzen. Tateinheit kommt insbesondere mit § 96 Nr. 10 in Betracht. Ebenso kann § 96 Nr. 11 mit den allgemeinen Körperverletzungs- und Tötungsdelikten zusammentreffen. Da sich die Einwilligung des Prüfungsteilnehmers, sofern keine anderen Anhaltspunkte vorliegen, nur auf eine ordnungsgemäße klinische Prüfung erstreckt, kommt eine Körperverletzung auch ihm gegenüber in Betracht. **140**

Kapitel 11. Abgabe von verschreibungspflichtigen Arzneimitteln ohne Vorlage einer Verschreibung entgegen § 48 Abs. 1 S. 1 (§ 96 Nr. 13)

A. Subsidiarität, Anwendungsbereich. Die Vorschrift ist subsidiär zu § 95 Abs. 1 Nr. 6. Sie unterscheidet sich von dieser Bestimmung nur dadurch, dass sie sich auf alle verschreibungspflichtigen Arzneimittel bezieht, während § 95 Abs. 1 Nr. 6 nur Arzneimittel erfasst, die zur Anwendung bei Lebensmittel liefernden Tieren bestimmt sind. § 96 Nr. 13 gilt daher für **141**
– **Humanarzneimittel,**
  – auch wenn sie bei einem Tier angewendet werden, und
– **Tierarzneimittel,** die nicht zur Anwendung bei einem Lebensmittel liefernden Tier bestimmt sind.

142 Allerdings ist die Anwendung der **Strafvorschrift** auf Arzneimittel, die im Wege des **Einzelimports** nach Deutschland verbracht wurden, auf die in → § 73 Rn. 71, 72 genannten Arzneimittel **eingeschränkt** (→ § 73 Rn. 68).

143 **B. Verweisung.** Im Übrigen kann auf die Erläuterungen zu § 95 Abs. 1 Nr. 6 (→ § 95 Rn. 307–331) Bezug genommen werden. Allerdings werden bei den Humanarzneimitteln die Ausnahmen von einer körperlichen Vorlage der Verschreibung häufiger vorkommen als in den Fällen des § 95 Abs. 1 Nr. 6; auf → § 48 Rn. 18–28 wird Bezug genommen. Auch kann die Abgabe unter den Voraussetzungen des § 34 StGB gerechtfertigt sein (→ § 48 Rn. 19; OLG Düsseldorf PharmR 1988, 116; *Raum* in Kügel/Müller/Hofmann § 96 Rn. 40).

144 **C. Konkurrenzen.** Gibt der Apotheker statt des verschriebenen (zugelassenen) Arzneimittels ein nicht zugelassenes Arzneimittel ab, so ist der Tatbestand der Nr. 13 an sich erfüllt, wird aber durch Nr. 5 **konsumiert** (BGHSt 57, 312 (→ Rn. 86)).

Kapitel 12. Betreiben von Großhandel ohne Erlaubnis entgegen § 52a Abs. 1 S. 1 (§ 96 Nr. 14)

145 **A. Grundtatbestand.** Grundlage des Straftatbestandes ist § 52a Abs. 1 S. 1 (→ § 52a Rn. 1–4).

146 **B. Tathandlung.** Unter Strafe gestellt ist das (berufs- oder gewerbsmäßige) Betreiben von Großhandel mit Arzneimitteln ohne Erlaubnis entgegen § 52a Abs. 1 S. 1.

147 **I. Arzneimittel.** Tatgegenstand sind zunächst alle Arzneimittel iSd § 2 Abs. 1, 2 Nr. 1 unabhängig von ihrem Status (→ Rn. 52). Für **einzelimportierte** Arzneimittel gilt dasselbe wie bei Nr. 13 (→ Rn. 142). Weitere Tatgegenstände sind **Testsera** und **Testantigene** (§ 52a Abs. 1 S. 1; § 13 Abs. 6, 7). Ausgenommen sind Fertigarzneimittel, die Heilwässer oder deren Salze in ihrem natürlichen Mischungsverhältnis sowie deren Nachbildungen sind und die für den Verkehr außerhalb von Apotheken freigegebenen sind (§ 51 Abs. 1 Hs. 2 Nr. 2, § 52a Abs. 1 S. 2).

148 **II. Betreiben von Großhandel.** Zum Begriff des Großhandels s. § 4 Abs. 22 (→ § 4 Rn. 84–91). Großhandel betreibt, wer eine in § 4 Abs. 22 genannte Tätigkeit berufs- oder gewerbsmäßig zum Zwecke des Handeltreibens ausübt. Dies kann auch ein **Apotheker** sein (→ § 52a Rn. 17).

149 **1. In § 4 Abs. 22 genannte Tätigkeit.** Einschlägige Tätigkeiten sind danach
– die Beschaffung (→ § 4 Rn. 88),
– die Lagerung (→ § 4 Rn. 89),
– die Abgabe (→ § 4 Rn. 14, 61–73) mit Ausnahme der Abgabe an andere Verbraucher als Ärzte, Zahnärzte, Tierärzte oder Krankenhäuser (§ 4 Abs. 22); die Ausnahme beruht darauf, dass die Abgabe an andere Verbraucher eine typische Apotheken- oder Einzelhandelstätigkeit darstellt, und
– die Ausfuhr (→ § 4 Rn. 128).

150 **2. Zum Zwecke des Handeltreibens.** Die Tätigkeit muss zum Zwecke des Handeltreibens erfolgen (→ § 4 Rn. 90, 91).

151 **3. Berufs- oder gewerbsmäßig.** Großhandel liegt nur vor, wenn die Tätigkeit berufs- oder gewerbsmäßig ausgeübt wird (→ Rn. 54).

152 **III. Ohne Erlaubnis.** Zur Großhandelserlaubnis → § 52a Rn. 2–4. Die Erlaubnis fehlt auch dann, wenn außerhalb der Erlaubnis gehandelt wird, etwa mit den Arzneimitteln nicht in der bestimmten Betriebsstätte umgegangen wird. Dasselbe gilt, wenn die Erlaubnis bestandskräftig zurückgenommen oder widerrufen wurde oder ruht (§ 52a Abs. 5). Zur Rücknahme ex tunc gilt dasselbe wie bei anderen Erlaubnissen (→ § 18 Rn. 3, 4). Wesentliche **Ausnahmen** von der Großhandelserlaubnispflicht enthält § 52a Abs. 6, 7 (→ § 52a Rn. 11–15).

C. Vollendung, Beendigung. Mit der berufs- oder gewerbsmäßigen Aufnahme einer der in § 4 Abs. 22 bezeichneten Tätigkeiten zum Zweck des Handeltreibens ist die Tat **vollendet**. Bloße, auch ernsthafte Vertragsverhandlungen erfüllen den Tatbestand nicht; erlaubnispflichtig ist nicht das Handeltreiben, sondern die in § 4 Abs. 22 genannte Tätigkeit (*Raum* in Kügel/Müller/Hofmann § 96 Rn. 39; übersehen von *Sandrock/Nawroth* in Dieners/Reese PharmaR-HdB § 9 Rn. 87). 153

Da alle in § 4 Abs. 22 genannten Tätigkeiten gleichwertig nebeneinander stehen, ist die Tat vollendet, wenn **eine dieser Tätigkeiten** vollendet ist. Danach kann es für die Vollendung nicht darauf ankommen, dass die Arzneimittel tatsächlich umgesetzt werden (aA *Raum* in Kügel/Müller/Hofmann § 96 Rn. 39). In aller Regel wird die Großhandelstätigkeit mit der Beschaffung beginnen. Die Vollendung bei der **Beschaffung** setzt keinen Besitz voraus (→ § 4 Rn. 88); es reicht die rechtliche Verfügungsbefugnis (→ § 4 Rn. 88), so dass auch abgeschlossene Verträge eine vollendete Beschaffung darstellen (aA *Raum* in Kügel/Müller/Hofmann § 96 Rn. 41). Dagegen erfordert die **Lagerung** Besitz (→ § 4 Rn. 90). Zur Vollendung bei der **Abgabe** → Rn. 20. Die **Ausfuhr** ist mit dem Überschreiten der deutschen Hoheitsgrenze vollendet (→ § 4 Rn. 128). 154

Bei der **Abgabe** fallen Vollendung und Beendigung zusammen (→ Rn. 20). Bei der **Ausfuhr** ist die Tat mit dem Überschreiten der Hoheitsgrenze des Drittstaates beendet. Im Übrigen tritt die Beendigung mit der Beendigung der erlaubnispflichtigen Tätigkeit oder mit der Erteilung der Erlaubnis ein. 155

D. Täterschaft, Teilnahme. Es gelten die allgemeinen Regeln (→ BtMG Vor § 29 Rn. 241–386). Soweit die Großhandelstätigkeit in einer Abgabe besteht, ist sie insofern ein echtes Sonderdelikt, als nur der Inhaber der tatsächlichen Verfügungsgewalt Täter, mittelbarer Täter oder Mittäter sein kann (→ Rn. 21). Entsprechendes gilt für den Besitz, den die Lagerung voraussetzt (→ § 4 Rn. 89). Für die übrigen Tätigkeiten gelten keine Besonderheiten. Die Berufs- oder Gewerbsmäßigkeit ist ein strafbegründendes besonderes persönliches Merkmal im Sinne des **28 Abs. 1 StGB** (*Lackner/Kühl* StGB § 28 Rn. 5); dazu → BtMG Vor § 29 Rn. 777, 778. Zur etwaigen doppelten Strafmilderung bei der Beihilfe → BtMG Vor § 29 Rn. 772. 156

E. Subjektiver Tatbestand. Strafbarkeit nach Nr. 14 erfordert Vorsatz (8). Der Vorsatz muss sich auf die gewerbsmäßige oder berufsmäßige Großhandelstätigkeit iSd § 4 Abs. 22 ohne Erlaubnis beziehen. Zur **Gewerbs-** und **Berufsmäßigkeit** → Rn. 61. Die Erlaubnis hat auch hier tatbestandsausschließende Wirkung (→ Rn. 62; *Rehmann* § 52a Rn. 8); zu den Irrtümern im Zusammenhang mit der Erlaubnis → Rn. 62. Für die **Irrtumsfälle** im Übrigen → Rn. 9. Bei **Fahrlässigkeit** ist eine Ordnungswidrigkeit nach § 97 Abs. 1 Nr. 1 gegeben; zum Verfahren → Rn. 10. 157

F. Konkurrenzen. Zur Bewertungseinheit → § 4 Rn. 87. § 96 Nr. 14 ist kein Spezialgesetz zu § 95 Abs. 1 Nr. 5. Auch mit den übrigen Tatbeständen des Arzneimittelstrafrechts besteht im Hinblick auf den Schutzzweck der Vorschrift Tateinheit. 158

Kapitel 13. Aufnahme einer Tätigkeit als Arzneimittelvermittler entgegen § 52 c Abs. 2 S. 1 (§ 96 Nr. 14a)

A. Grundtatbestand. Grundlage des Straftatbestandes ist § 52c Abs. 2 S. 1 (→ § 52c Rn. 1–4). 159

B. Tathandlung. Unter Strafe gestellt ist das (berufs- oder gewerbsmäßige) Tätigwerden als Arzneimittelvermittler entgegen § 52 c Abs. 2 S. 1. 160

I. Arzneimittel. Tatgegenstand sind alle Arzneimittel iSd § 2 Abs. 1, 2 Nr. 1 unabhängig von ihrem Status (→ Rn. 52), die zur Anwendung bei Menschen be- 161 stimmt sind. Auf Tierarzneimittel bezieht sich die Vorschrift nicht, wohl aber auf Humanarzneimittel, die auch bei Tieren angewendet werden. Für **einzelimportierte** Arzneimittel gilt die Vorschrift nicht (→ § 73 Rn. 71).

162 **II. Tätigwerden als Arzneimittelvermittler.** Zum Begriff der Arzneimittelvermittlung s. § 4 Abs. 22a (→ § 4 Rn. 92–95). Als Arzneimittelvermittler wird tätig, wer die in § 4 Abs. 22a genannte Tätigkeit berufs- oder gewerbsmäßig ausübt. Arzneimittelvermittler kann auch ein Großhändler sein; die Großhandelserlaubnis umfasst auch die Arzneimittelvermittlung, so dass er keiner besonderen Registrierung bedarf (BT-Drs. 17/9341, 59).

163 **1. In § 4 Abs. 22a genannte Tätigkeit.** Der Arzneimittelvermittler muss danach mit Arzneimitteln handeln. Dabei bedeutet „handeln" nichts anderes als „Handel treiben" (→ § 4 Rn. 93).

164 **2. Berufs- oder gewerbsmäßig.** Arzneimittelvermittlung liegt nur vor, wenn die Tätigkeit berufs- oder gewerbsmäßig ausgeübt wird (→ Rn. 54).

165 **3. Weitere Merkmale.** Der Arzneimittelvermittler muss **selbständig** tätig sein. Wer als Angestellter des Käufers oder Verkäufers oder auch eines Vermittlers den Umsatz von Arzneimitteln betreibt, erfüllt den Tatbestand nicht (→ § 4 Rn. 94).

166 Der Arzneimittelvermittler muss **in fremdem Namen** handeln (→ § 4 Rn. 94). Er darf also keine eigenen Umsätze von Arzneimitteln vornehmen (dann läge in der Regel Großhandel vor).

167 Schließlich muss er handeln, ohne die **tatsächliche Verfügungsgewalt** über die gehandelten Arzneimittel zu erlangen. Bei vorliegender Verfügungsgewalt, etwa bei einer Zwischenlagerung der Arzneimittel oder sonstigen Tätigkeiten, die dem Großhandel (§ 4 Abs. 22) unterfallen, gelten die Anforderungen für Großhändler (→ § 4 Rn. 95).

168 **III. Ohne Registrierung.** Nach § 52c Abs. 2 S. 1, auf den die Strafvorschrift verweist, ist zur Aufnahme der Tätigkeit als Arzneimittelvermittler sowohl eine Anzeige als auch die Registrierung in einer öffentlichen Datenbank, in Deutschland in der des § 67a, erforderlich. Das entscheidende Merkmal, das vor der Aufnahme der Tätigkeit erfüllt sein muss, ist danach die **Registrierung**. Die Registrierung ist ein Verwaltungsakt (→ § 52c Rn. 4), der dem Arzneimittelvermittler die Aufnahme seiner Tätigkeit ermöglicht. Eine Registrierung liegt auch dann nicht vor, wenn sie versagt oder gelöscht ist (→ § 52c Rn. 5).

169 **C. Vollendung, Beendigung.** Der Versuch ist nicht strafbar. Vollendet ist die Tat mit der berufs- oder gewerbsmäßigen Aufnahme der in § 4 Abs. 22a bezeichneten Tätigkeit, ohne dass der Arzneimittelvermittler in der Datenbank registriert ist. Dazu gehören auch bereits Vertragsverhandlungen. Die Tat ist beendet, wenn der Vermittler seine Tätigkeit aufgibt oder wenn der vermittelte Vertrag zustande gekommen ist.

170 **D. Täterschaft, Teilnahme.** Es gelten die allgemeinen Regeln (→ BtMG Vor § 29 Rn. 241–386). Insbesondere ist die Arzneimittelvermittlung kein echtes Sonderdelikt.

171 **E. Subjektiver Tatbestand.** Die Strafbarkeit nach Nr. 14a erfordert **Vorsatz** (→ Rn. 8). Der Vorsatz muss sich auf die gewerbsmäßige oder berufsmäßige Arzneimittelvermittlung iSd § 4 Abs. 22a ohne Registrierung beziehen. Zur **Gewerbs- und Berufsmäßigkeit** → Rn. 61. Die Registrierung hat auch hier tatbestandsausschließende Wirkung (→ Rn. 62); zu den Irrtümern im Zusammenhang mit der Registrierung gelten die Ausführungen in Rn. 62 sinngemäß. Für die **Irrtumsfälle** im Übrigen → Rn. 9. Bei **Fahrlässigkeit** ist eine Ordnungswidrigkeit nach § 97 Abs. 1 Nr. 1 gegeben; zum Verfahren → Rn. 10.

Strafvorschriften **§ 96 AMG**

F. Konkurrenzen. § 96 Nr. 14a ist kein Spezialgesetz zu § 95 Abs. 1 Nr. 5. Auch 172
mit den übrigen Tatbeständen des Arzneimittelstrafrechts besteht im Hinblick auf
den Schutzzweck der Vorschrift Tateinheit.

Kapitel 14. Verschreiben oder Abgeben von Arzneimitteln, die nur durch den Tierarzt angewendet werden dürfen, durch den Tierarzt an den Tierhalter entgegen § 56a Abs. 4 (§ 96 Nr. 15)

A. Grundtatbestand. Grundlage der Strafvorschrift ist § 56a Abs. 4 (→ § 56a 173
Rn. 43).

B. Tathandlungen. Unter Strafe gestellt ist das Verschreiben oder Abgeben von 174
Arzneimitteln, deren Anwendung auf Grund einer Rechtsverordnung dem Tierarzt
vorbehalten ist, durch den Tierarzt an den Tierhalter entgegen § 56a Abs. 4.

I. Adressat. Die Vorschrift wendet sich, wie die Überschrift des § 56a und der 175
Wortlaut des § 56a Abs. 4 ergeben, nur an Tierärzte.

II. Arzneimittel. Gegenstand des Verbots sind Arzneimittel, deren Anwendung 176
in den Anlagen 2 und 3 der PharmStV dem Tierarzt vorbehalten ist. Dabei muss es
sich nicht um Tierarzneimittel handeln. Für **einzelimportierte** Arzneimittel gilt
dasselbe wie bei Nr. 13 (→ Rn. 142).

III. Verschreiben, Abgeben. Unter **Verschreiben** ist die Ausstellung eines 177
Rezepts über das Arzneimittel zu verstehen. (→ § 48 Rn. 9). Allerdings richtet sich
das Verschreibungsverbot hier nur an den Tierarzt (→ Rn. 175). Zum **Abgeben**
→ § 4 Rn. 14, 61–72.

IV. Entgegen § 56a Abs. 4. Gegen § 56a Abs. 4 wird verstoßen, wenn der Tier- 178
arzt Arzneimittel, die durch die **PharmStV** (→ § 56a Rn. 43) seiner Anwendung
vorbehalten sind, dem Tierhalter verschreibt oder an ihn abgibt. Im Unterschied
zu Nr. 16 wird die Verordnung in Nr. 15 nicht zitiert. Dies erscheint jedoch unschädlich, da sich der Inhalt des Verbots aus der gebotenen Bestimmtheit aus der
Verweisung ergibt. Empfänger der Verschreibung oder der Abgabe ist der **Tierhalter.** Zum Begriff des Tierhalters → § 57 Rn. 7–10.

C. Vollendung, Beendigung. Der Versuch ist nicht strafbar. Die **Verschrei-** 179
bung ist mit der Aushändigung des Rezepts vollendet und mit der Belieferung des
Rezepts beendet (→ BtMG § 29 Rn. 1471). Zur Vollendung und Beendigung der
Abgabe → Rn. 20.

D. Täterschaft, Teilnahme. Die Vorschrift wendet sich nur an den Tierarzt 180
(*Pfohl* in Erbs/Kohlhaas Rn. 36; aA *Rehmann* § 95 Rn. 19). Sie ist ein echtes **Sonderdelikt** (→ BtMG Vor § 29 Rn. 253, 254), und zwar soweit es um die Abgabe
geht, in zweierlei Form.(→ Rn. 21, 138) Täter, mittelbarer Täter oder Mittäter
kann nur der Tierarzt sein. Auf der Seite des **Empfängers** ist zu unterscheiden:
beim **Verschreiben** ist er nicht notwendiger Teilnehmer; er kann daher insbesondere Anstifter sein (→ § 95 Rn. 357; *Raum* in Kügel/Müller/Hofmann § 96
Rn. 43). Anders ist dies bei der **Abgabe;** hier ist der Empfänger notwendiger Teilnehmer (→ § 95 Rn. 73; *Pfohl* in Erbs/Kohlhaas Rn. 36); dies wird von *Raum* in
Kügel/Müller/Hofmann § 96 Rn. 43 nicht gesehen.

E. Subjektiver Tatbestand. Die Strafbarkeit nach Nr. 15 erfordert **Vorsatz** 181
(→ Rn. 8). Der Vorsatz des Tierarztes muss sich auf die Verschreibung oder die Abgabe von Arzneimitteln, deren Anwendung in der PharmStV dem Tierarzt vorbehalten ist, an den Tierhalter erstrecken. Zu etwaigen **Irrtumsfällen** → Rn. 9.
Bei **Fahrlässigkeit** ist eine Ordnungswidrigkeit nach § 97 Abs. 1 Nr. 1 gegeben;
zum Verfahren → Rn. 10.

F. Konkurrenzen. Mit den anderen arzneimittelstrafrechtlichen Vorschriften 182
besteht Tateinheit. Kann festgestellt werden, dass es auf Grund der verschriebenen

oder abgegebenen Arzneimittel zu Gesundheitsbeschädigungen oder zum Tode gekommen ist, besteht Tateinheit mit den Körperverletzung- und Tötungsdelikten.

Kapitel 15. Besitzen von Arzneimitteln, die nur durch den Tierarzt angewendet werden dürfen, durch den Tierhalter entgegen § 57 Abs. 1 a S. 1 (§ 96 Nr. 16)

183 **A. Grundtatbestand.** Grundlage der Strafvorschrift § 57 Abs. 1 a S. 1 (→ § 56 a Rn. 43; → § 57 Rn. 27, 28).

184 **B. Tathandlung.** Unter Strafe gestellt ist das in Besitz haben von Arzneimitteln, deren Anwendung auf Grund einer Rechtsverordnung dem Tierarzt vorbehalten ist, durch den Tierhalter entgegen § 57 Abs. 1 a Satz 1.

185 **I. Adressat.** Adressat ist der Tierhalter. Zum Begriff des Tierhalters → § 57 Rn. 7–10.

186 **II. Arzneimittel.** → Rn. 176.

187 **III. In Besitz haben.** Im Unterschied zu § 95 Abs. 1 Nr. 2 b aF spricht das Gesetz nicht von „besitzen", sondern von „in Besitz haben". Ein sachlicher Unterschied ist damit nicht verbunden, so dass grundsätzlich auf → BtMG Rn. 1324–1371 verwiesen werden kann (ebenso *Körner*, 6. Aufl. 2007, Rn. 109). Die vielfältigen Facetten, die im Betäubungsmittelrecht mit dem Besitz verbunden sind, sind zwar auch hier nicht ausgeschlossen, praktische Bedeutung dürfte ihnen aber kaum zukommen.

188 **IV. Entgegen § 57 Abs. 1 a S. 1.** Der Tierhalter verstößt gegen § 57 Abs. 1 a S. 1, wenn er Arzneimittel im Besitz hat, die durch eine Rechtsverordnung nach § 56 a Abs. 3 S. 1 der Anwendung durch den Tierarzt vorbehalten sind. Die betreffende Rechtsverordnung ist die **PharmStV** (→ § 56 a Rn. 43), die (auch) auf der Grundlage der in Nr. 16 genannten Ermächtigung erlassen ist (→ § 6 Rn. 12, → § 56 a Rn. 43, → § 57 Rn. 27). Durch die Änderung der Ermächtigungsgrundlage durch das 16. AMGÄndG (→ § 56 a Rn. 42) wird der Bestand dieser Verordnung nicht berührt (→ § 56 a Rn. 43). Ein Verstoß gegen § 57 Abs. 1 a S. 1 liegt **nicht** vor, wenn die Arzneimittel für einen **anderen Zweck** als zur Anwendung bei Tieren bestimmt sind (§ 57 Abs. 1 a S. 2). Insofern wird Doping bei Menschen von dieser Vorschrift nicht erfasst; ein Verstoß gegen Satz 1 liegt nach Satz 2 ebenfalls nicht vor, wenn der Besitz nach der Richtlinie 96/22/EG v. 29. 4. 1996 erlaubt ist (*Volkmer* in Körner/Patzak/Volkmer Rn. 266).

189 **C. Vollendung, Beendigung.** Der Versuch ist nicht strafbar. **Vollendet** ist die Tat mit der Begründung der von einem Herrschaftswillen getragenen Sachherrschaft über das Arzneimittel (→ BtMG § 29 Rn. 1376). Die Tat dauert (als **Dauerdelikt** (→ BtMG § 29 Rn. 1326)) an, bis die Aufhebung oder der Verlust des tatsächlichen Herrschaftsverhältnisses eingetreten ist (BGH BeckRS 1974, 106510). Damit ist die Tat **beendet**.

190 **D. Täterschaft, Teilnahme.** Die Vorschrift wendet sich nur an den Tierhalter (*Volkmer* in Körner/Patzak/Volkmer AMG § 95 Rn. 268). Sie ist damit ein echtes Sonderdelikt (→ BtMG Vor § 29 Rn. 253, 254). Ein echtes Sonderdelikt ist die Vorschrift auch insoweit (→ Rn. 21), als sie nur von demjenigen verwirklicht werden kann, der über die tatsächliche Sachherrschaft und den notwendigen Besitzwillen verfügt (→ BtMG § 29 Rn. 1377, 1378, 1382).

191 Da das Gesetz nicht darauf abstellt, von wem der Tierhalter die Arzneimittel erhalten hat, ist der Tierarzt, der die Arzneimittel verschrieben oder abgegeben hat, nicht notwendiger Teilnehmer, sondern kann Anstifter oder Gehilfe sein; seine Teilnahmestrafbarkeit wird aber in der Regel durch § 96 Nr. 15 verdrängt (*Raum* in Kügel/Müller/Hofmann § 96 Rn. 44).

Strafvorschriften § 96 AMG

E. **Subjektiver Tatbestand.** Die Strafbarkeit nach Nr. 16 erfordert **Vorsatz** 192
(→ Rn. 8). Der Vorsatz des Tierhalters muss sich auf den Besitz von Arzneimitteln erstrecken, deren Anwendung in der PharmStV dem Tierarzt vorbehalten ist. Zu etwaigen **Irrtumsfällen** → Rn. 9. Bei **Fahrlässigkeit** ist eine Ordnungswidrigkeit nach § 97 Abs. 1 Nr. 1 gegeben; zum Verfahren → Rn. 10.

Kapitel 16. Gewinnen von Lebensmitteln von Tieren, bei denen eine klinische Prüfung oder Rückstandsprüfung durchgeführt wird, entgegen § 59 Abs. 2 S. 1 (§ 96 Nr. 17)

A. **Grundtatbestand.** Grundlage der Strafvorschrift ist § 59. Bewehrt wird der 193
erste Satz des Absatzes 2. Ausnahmen von dem Verbot finden sich in den Sätzen 2 und 3.

B. **Tathandlung.** Tathandlung ist das Gewinnen von Lebensmitteln von Tieren, 194
bei denen eine klinische Prüfung oder eine Rückstandsprüfung durchgeführt wird (Satz 1), es sei denn, dass die festgelegten Wartezeiten eingehalten werden (Sätze 2, 3).

I. **Adressat.** Während sich § 59 Abs. 1 an Hersteller und von diesen beauftragte 195
Personen wendet, richtet sich Absatz 2 **an jedermann,** der von den von der Prüfung betroffenen Tieren Lebensmittel gewinnt (*Pfohl* in Erbs/Kohlhaas Rn. 38).

II. **Entgegen § 59 Abs. 2 S. 1.** Ein Verstoß hat die folgenden Voraussetzungen: 196

1. **Lebensmittel.** Tatgegenstand sind Lebensmittel. Zum Begriff des Lebensmit- 197
tels → § 2 Rn. 88, 89.

2. **Gewinnen.** Gewinnen ist ein Teilakt des Herstellens und ist die Entnahme 198
eines Stoffes aus seiner natürlichen (tierischen) Umgebung zum Zweck seiner weiteren Verwendung als Lebensmittel (*Volkmer* in Körner/Patzak/Volkmer Rn. 272). Das Gewinnen umfasst daher nicht mehr die weiteren Schritte des Verarbeitungsprozesses (→ § 59 Rn. 9).

3. **Tiere, bei denen eine klinische Prüfung oder eine Rückstandsprüfung** 199
durchgeführt wird. Auf → § 59 Rn. 1–6 wird verwiesen. Das Verbot greift nicht ein, wenn die zuständige Bundesoberbehörde eine **Wartezeit** festgelegt hat (§ 59 Abs. 2 S. 2, 3) und diese Wartezeit eingehalten wird

III. **Vollendung, Beendigung.** Der Versuch ist nicht strafbar. Das Gewinnen 200
beginnt mit dem Beginn der Entnahme der Stoffe, die zu Lebensmitteln verarbeitet werden sollen, aus dem lebenden oder toten Tier. Das Gewinnen ist Teilakt der Herstellung und damit ein unechtes Unternehmensdelikt, so dass **Vollendung** bereits früh eintritt. Mit dem Ende der Entnahme ist das Gewinnen **beendet;** auf die weiteren Schritte bei der Herstellung des Lebensmittel kommt es nicht an.

III. **Täterschaft, Teilnahme.** Die Tat kann von jedermann begangen werden. 201
Eine Einschränkung auf bestimmte Täterkreise (*Volkmer* in Körner/Patzak/Volkmer Rn. 273) kommt nicht in Betracht.

E. **Subjektiver Tatbestand.** Strafbarkeit nach Nr. 17 erfordert **Vorsatz** 202
(→ Rn. 8). Der Vorsatz muss sich auf die Entnahme von Stoffen aus Tieren richten, bei denen eine klinische Prüfung oder Rückstandsprüfung durchgeführt wird, um daraus Lebensmittel herzustellen. Zu etwaigen **Irrtumsfällen** → Rn. 9. Bei **Fahrlässigkeit** ist eine Ordnungswidrigkeit nach § 97 Abs. 1 Nr. 1 gegeben; zum Verfahren → Rn. 10.

F. **Konkurrenzen.** Tateinheit kann mit Strafvorschriften des Tierschutzrechtes 203
in Betracht kommen, wenn die Entnahme nicht tierschutzgerecht erfolgt.

Weber 1929

Kapitel 17. Erwerben, Anbieten, Lagern, Verpacken, Mitsichführen, Inverkehrbringen von Stoffen und Zubereitungen entgegen § 59a Abs. 1, 2 (§ 96 Nr. 18)

204 **A. Grundtatbestand.** Grundlage der Strafvorschrift ist § 59a. Bewehrt werden die beiden Absätze dieser Vorschrift, so dass sich insgesamt ein recht unübersichtlicher Straftatbestand mit mehreren Alternativen ergibt (→ § 59a Rn. 1).

205 **B. Tathandlungen.** Die Vorschrift enthält eine Reihe von Tathandlungen, die sich nach den einzelnen Bestimmungen des § 59a Abs. 1, 2 wie folgt darstellen:

206 **I. Entgegen § 59a Abs. 1 S. 1 (Umgang von in § 47 Abs. 1 aufgeführten Personen/Stellen mit Stoffen iSd § 6).**

207 Ein Verstoß gegen Satz 1 kommt unter den folgenden Voraussetzungen in Betracht:

208 **1. Adressaten.** Auch die Strafvorschrift wendet sich an die in § 47 Abs. 1 aufgeführten Personen, Betriebe und Einrichtungen (→ § 59a Rn. 5). Soweit Betriebe und Einrichtungen betroffen sind, gilt § 14 StGB (→ § 95 Rn. 230).

209 **2. Tatgegenstand.** Tatgegenstände sind Stoffe oder Zubereitungen aus Stoffen, die auf Grund einer Rechtsverordnung nach § 6 bei der Herstellung von Arzneimitteln für Tiere nicht verwendet werden dürfen (→ § 59a Rn. 6–8).

210 **3. Handlungsformen.** Zunächst → § 59a Rn. 4. Strafbar ist das Erwerben (→ § 59a Rn. 11), Inverkehrbringen (→ § 59a Rn. 12), Anbieten (→ § 59a Rn. 13, 14), Lagern (→ § 59a Rn. 13, 14), Verpacken (→ § 59a Rn. 13, 15) oder Mitsichführen (→ § 59a Rn. 13, 16) der in → Rn. 209 genannten Stoffe und Zubereitungen aus Stoffen.

211 **4. Handlungszwecke.** Der Erwerb oder die sonstigen Handlungen sind nur dann verboten, wenn sie der **Herstellung** von Arzneimitteln für **Tiere** oder der **Anwendung** bei Tieren dienen (→ § 59a Rn. 4). Nicht erfasst wird die Anwendung beim Menschen, etwa das Doping.

212 **II. Entgegen § 59a Abs. 1 S. 2 (Umgang von Tierhaltern und nicht in § 47 Abs. 1 aufgeführten Personen/Stellen mit Stoffen iSd § 6).**

213 Ein Verstoß gegen Satz 2 kommt unter den folgenden Voraussetzungen in Betracht:

214 **1. Adressaten.** Adressaten sind Tierhalter und andere Personen, Betriebe oder Einrichtungen, die nicht in § 47 Abs. 1 aufgeführt sind. Zum Begriff des Tierhalters → § 57 Rn. 7–10. Im Übrigen wird auf → Rn. 208 verwiesen.

215 **2. Tatgegenstand.** Die Tatgegenstände entsprechen denen des Satzes 1 (→ Rn. 209).

216 **3. Handlungsformen.** Verboten ist das Erwerben (→ § 59a Rn. 11), Lagern (→ § 59a Rn. 13, 14), Verpacken (→ § 59a Rn. 13, 15) oder Mitsichführen (→ § 59a Rn. 13, 16) der in → Rn. 209 genannten Stoffe oder Zubereitungen aus Stoffen. Alle diese Handlungsformen sind auch in der Strafvorschrift genannt, wenn sie sich im Rahmen des § 59a Abs. 1 S. 2 auch auf einen **anderen Täterkreis** beziehen. Unproblematisch ist eine solche Gesetzestechnik nicht; sie dürfte aber noch den Anforderungen an die Bestimmtheit einer strafrechtlichen Regelung genügen. Nicht genannt wird das Inverkehrbringen.

217 **4. Handlungszwecke.** Die in → Rn. 216 genannten Handlungsformen sind verboten (→ § 59a Rn. 17), es sei denn, dass sie für eine durch Rechtsverordnung nach § 6 **nicht** verbotene **Herstellung** oder **Anwendung** bestimmt sind.

218 **III. Entgegen § 59a Abs. 2 S. 1 (Erwerb durch Tierärzte, Abgabe an Tierärzte).**

Tatgegenstand sind **apothekenpflichtige** Stoffe oder Zubereitungen aus Stoffen, die **nicht** als Arzneimittel **zugelassen** sind und auch **nicht** nach § 21 Abs. 2 Nr. 3, 5 oder § 36 **verkehrsfähig** sind (dazu → § 59a Rn. 20), zur Anwendung bei Tieren. Im Übrigen enthält die Vorschrift zwei verschiedene Alternativen: 219

1. Erwerbsverbot für Tierärzte. Nach der ersten Alternative dürfen Tierärzte solche Stoffe und Zubereitungen aus Stoffen (→ Rn. 219) **zur Anwendung bei Tieren** nicht beziehen (→ § 59a Rn. 22). Nicht erfasst ist das Beziehen zu anderen Zwecken. 220

Adressat der Vorschrift ist hier der Tierarzt. Es liegt also wiederum ein anderer Kreis von Personen vor, der Täter des Erwerbens ist (→ Rn. 216). 221

Anders als im Verbot des § 59a Abs. 2 S. 1 wird im Straftatbestand des § 96 Nr. 18 nicht das **Beziehen,** sondern das **Erwerben** unter Strafe gestellt. Da der Begriff des Beziehens jedenfalls nicht enger ist als der des Erwerbens (→ § 95 Rn. 291) dürfte dies auch im Rahmen einer Strafvorschrift unschädlich sein. 222

2. Abgabeverbot an Tierärzte. Nach der zweiten Alternative des § 59a Abs. 2 S. 1 dürfen solche Stoffe oder Zubereitungen aus Stoffen (→ Rn. 219) an Tierärzte nicht abgegeben werden. Dies wendet sich in erster Linie an die **pharmazeutischen Unternehmer** und **Großhändler** (§ 47 Abs. 1 Nr. 6), so dass auch hier wiederum ein anderer Täterkreis vorliegt (→ Rn. 216). 223

Anders als bei dem Erwerbsverbot wird bei dem Abgabeverbot **nicht** darauf abgestellt, **zu welchen Zwecken** der Tierarzt den Stoff oder die Zubereitung verwenden will (→ § 59a Rn. 23). 224

Ebenso wie bei dem Bezugsverbot für Tierärzte **stimmt** auch bei dem Abgabeverbot der **Wortlaut** der bewehrten Norm und der des Straftatbestandes **nicht überein:** während § 59a Abs. 2 S. 1 ein Verbot der Abgabe enthält, verbietet die Strafvorschrift das Inverkehrbringen. Da die Abgabe aber einen Bestandteil des Inverkehrbringens darstellt (§ 4 Abs. 17), dürfte dies unschädlich sein. Enger als nach dem Wortlaut der Strafvorschrift ist allerdings nur **das Abgeben strafbar;** nicht strafbar sind die sonstigen Alternativen des Inverkehrbringens. 225

IV. Entgegen § 59a Abs. 2 S. 2 (Erwerb oder Lagern durch Tierhalter). 226

Ein Verstoß gegen diese Vorschrift kommt unter den folgenden Voraussetzungen in Betracht: 227

1. Adressat. Die Vorschrift wendet sich ausschließlich an **Tierhalter** (→ § 57 Rn. 7–10). Der Täterkreis des Erwerbens oder Lagerns ist daher wiederum ein anderer als in den vorangehenden Alternativen (→ Rn. 216). 228

2. Tatgegenstände. Tatgegenstände sind Stoffe oder Zubereitungen aus Stoffen, die der **Tierarzt** nach § 59a Abs. 2 S. 1 beziehen **darf** und die an ihn abgegeben werden dürfen. Auf apothekenpflichtige Stoffe oder Zubereitungen aus Stoffen, die der Tierarzt selbst nach § 59a Abs. 2 S. 1 nicht erwerben darf und die nicht an ihn abgegeben werden dürfen, bezieht sich die Vorschrift nicht (→ § 59a Rn. 26). 229

3. Handlungsformen. Tierhalter dürfen die in § 59a Abs. 2 S. 1 beschriebenen Stoffe oder Zubereitungen nur erwerben (→ § 59a Rn. 11) oder lagern (→ § 59a Rn. 13, 14), wenn sie von einem Tierarzt verschrieben oder abgegeben worden sind. Dass es sich dabei um den behandelnden Tierarzt handeln muss, wird in § 59a Abs. 2 S. 2 nicht vorgeschrieben (→ § 59a Rn. 27). 230

4. Handlungszweck. Die Vorschrift bezieht sich nur auf Stoffe oder Zubereitungen aus Stoffen, die der Tierhalter zum **Zweck der Anwendung** bei Tieren erwirbt oder lagert. 231

AMG § 96 Siebzehnter Abschnitt. Straf- und Bußgeldvorschriften

232 V. **Entgegen § 59a Abs. 2 S. 3 (Umgang von nicht in § 47 Abs. 1 aufgeführten Stellen mit verschreibungspflichtigen Stoffen oder Zubereitungen aus Stoffen, die zur Anwendung bei Tieren bestimmt sind).**

233 Eine erhebliche Reichweite hat das Verbot des § 59a Abs. 2 S. 3. Tatgegenstand sind hier alle durch Rechtsverordnung nach § 48 bestimmte und damit **verschreibungspflichtige** Stoffe oder Zubereitungen aus Stoffen. Sie dürfen von Personen, Betrieben und Einrichtungen, die in § 47 Abs. 1 nicht aufgeführt sind, nicht erworben (→ § 59a Rn. 11), gelagert (→ § 59a Rn. 13, 14), verpackt (→ § 59a Rn. 15), mit sich geführt (→ § 59a Rn. 16) oder in den Verkehr gebracht (→ § 59a Rn. 12) werden, es sei denn, dass sie für einen anderen Zweck als zur Anwendung bei Tieren bestimmt sind. Die Vorschrift bezieht sich daher nicht nur auf Tierarzneimittel.

234 C. **Vollendung, Beendigung.** Der Versuch ist nicht strafbar. Zur Vollendung und Beendigung beim Erwerb → BtMG § 29 Rn. 1223, 1224, beim Lagern, das Besitz voraussetzt → Rn. 189, beim Abgeben → Rn. 179 und beim Inverkehrbringen → Rn. 92. Das Anbieten ist mit dem Zugang des Angebots vollendet; dass der Kunde darauf reagiert, ist nicht erforderlich (→ BtMG § 29 Rn. 388).

235 Das **Verpacken** (→ § 59a Rn. 15) ist im Unterschied zum Abpacken nicht als Teilakt der Herstellung benannt (§ 4 Abs. 14) und kann ihm nach dem Sprachgebrauch auch nicht zugerechnet werden. Die Vorschrift ist daher autonom auszulegen, sie ist insbesondere kein unechtes Unternehmensdelikt. Vollendung tritt daher erst dann ein, wenn die Umhüllung angebracht ist. Damit ist die Tat auch beendet.

236 Das **Mitsichführen** (→ § 59a Rn. 16) ist mit dem Beginn des Sich-in-Bewegung-Setzens vollendet und mit dessen Abschluss oder einer vorherigen Besitzaufgabe beendet.

237 D. **Täterschaft, Teilnahme.** Ein erheblicher Teil der in § 96 Nr. 18 benannten Straftaten sind **echte Sonderdelikte**,
– weil sie sich an bestimmte Adressaten wenden (Verstöße gegen § 59a Abs. 1 S. 1 (→ Rn. 206), § 59a Abs. 2 S. 1 Alt. 1 (→ Rn. 220) und S. 2 (→ Rn. 226)), dazu → Rn. 138, oder
– weil sie die tatsächliche Verfügungsgewalt über die Stoffe oder Zubereitungen voraussetzen (Lagern (→ Rn. 189), Abgeben (→ Rn. 190), Mitsichführen (→ § 59a Rn. 16) oder Inverkehrbringen (→ Rn. 93)), dazu → Rn. 21.

238 E. **Subjektiver Tatbestand.** Strafbarkeit nach Nr. 18 erfordert Vorsatz (→ Rn. 8). Der Vorsatz des Täters muss sich auf den jeweiligen Einzeltatbestand erstrecken. Zu etwaigen **Irrtumsfällen** → Rn. 9. Bei **Fahrlässigkeit** ist eine Ordnungswidrigkeit nach § 97 Abs. 1 Nr. 1 gegeben; zum Verfahren → Rn. 10.

Kapitel 18. Verabreichung von nicht in Tabelle 1 des Anhangs der Verordnung (EU) Nr. 37/2010 aufgeführten Stoffen an Tiere, die der Lebensmittelgewinnung dienen, entgegen § 59d S. 1 Nr. 2 (§ 96 Nr. 18a)

239 A. **Grundtatbestand.** Grundlage der Strafvorschrift ist § 59d S. 1 Nr. 2 (→ § 59d Rn. 6).

240 B. **Anwendungsbereich.** Die Vorschrift unterscheidet sich von § 95 Abs. 1 Nr. 11 nur dadurch, dass sie sich auf Stoffe bezieht, die **nicht in Tabelle 1** des Anhangs der Verordnung (EU) Nr. 37/2010 aufgeführt sind.

241 C. **Verweisung.** Im Übrigen kann daher auf die Erläuterungen zu § 95 Abs. 1 Nr. 11 (→ § 95 Rn. 408, 409, 411–416) Bezug genommen werden (BT-Drs. 17/4231, 12).

Strafvorschriften § 96 AMG

Kapitel 19. Einführen eines Arzneimittels, eines Wirkstoffs oder eines anderen Stoffs aus Drittstaaten entgegen § 72a Abs. 1 S. 1, Abs. 1b oder Abs. 1d, oder entgegen § 72a Abs. 1c (§ 96 Nr. 18c)

A. Grundtatbestände. Grundlage der Strafvorschrift ist § 72a Abs. 1, auch in 242
Verbindung mit den Absätzen 1b und 1d, sowie § 72a Abs. 1c (→ § 72a Rn. 1–16).

B. Tathandlungen. Tathandlungen sind 243
– das Einführen von
  – Arzneimitteln iSd § 2 Abs. 1 und 2 Nr. 1, 1a, 2 und 4 oder von Wirkstoffen entgegen **§ 72a Abs. 1 S. 1,**
  – anderen (als die in Absatz 1 Satz 1 Nr. 1 und 2 genannten Wirkstoffe) zur Arzneimittelherstellung bestimmten Stoffen menschlicher Herkunft entgegen § 72a Abs. 1 S. 1 in Verbindung mit **Absatz 1b,**
  – Wirkstoffen sowie anderen zur Arzneimittelherstellung bestimmten Stoffen menschlicher Herkunft, soweit ihre Überwachung durch eine Rechtsverordnung nach § 54 geregelt ist, entgegen § 72a Abs. 1 S. 1 in Verbindung mit **Absatz 1d,** oder
– das Einführen von
  – Arzneimitteln oder Wirkstoffen, die menschlicher, tierischer oder mikrobieller Herkunft sind,
  – Wirkstoffen, die auf gentechnischem Wege hergestellt werden, oder
  – anderen zur Arzneimittelherstellung bestimmten Stoffen menschlicher Herkunft,
ausgenommen die in Absatz 1a Nr. 1 und 2 genannten Arzneimittel, entgegen **§ 72a Abs. 1c.**

I. Adressat. Die Vorschrift wendet sich an den Einführer (→ § 72a Rn. 5). Sie 244
greift auch dann ein, wenn der Einführer Inhaber einer Einfuhrerlaubnis ist
(→ § 72a Rn. 1).

II. Arzneimittel, Wirkstoffe und andere Stoffe. Die Strafvorschrift verwen- 245
det die Oberbegriffe Arzneimittel, Wirkstoff oder „einen in den genannten Absätzen anderen Stoff". Die einzelnen Absätze des § 72a verwenden jeweils engere Begriffe. Diese sind dann auch für die Strafvorschrift maßgeblich. Auf Arzneimittel, die im Wege des Einzelimports nach § 73 Abs. 2 (mit Ausnahme von Nr. 3a), Abs. 3, 3a nach Deutschland verbracht werden, ist Nr. 18c nicht anwendbar
(→ § 73 Rn. 70–72).

III. Einführen. Das Verbot umfasst sowohl die Überführung in den zollrechtlich 246
freien Verkehr (→ Rn. 68, 69) als auch die Überführung in den Wirtschaftskreislauf entgegen den zollrechtlichen Vorschriften (→ Rn. 68, 70), jeweils aus Drittstaaten
(→ Rn. 68, 71). Nicht erforderlich ist, dass der Täter berufs- oder gewerbsmäßig handelt.

IV. Entgegen § 72a Abs. 1, auch in Verbindung mit den Absätzen 1b oder 247
1d, oder entgegen Absatz 1c. In den genannten Absätzen des § 72a wird näher bestimmt, welche Stoffe unter welchen Voraussetzungen eines Einfuhrzertifikats bedürfen.

1. Entgegen § 72a Abs. 1. § 72a Abs. 1 bezieht sich auf Arzneimittel iSd § 2 248
Abs. 1, 2 Nr. 1, 1a, 2 und 4 und auf Wirkstoffe. Sie dürfen nur eingeführt werden, wenn ein Zertifikat nach § 72a Abs. 1 S. 1 vorliegt. Eine **Ausnahme** von dem Erfordernis eines Zertifikats gilt für die in **Absatz 1a** genannten Stoffe, insbesondere Arzneimittel, die zur klinischen Prüfung beim Menschen oder zur Anwendung im Rahmen eines Härtefallprogramms bestimmt sind (Nr. 1), oder für Arzneimittel menschlicher Herkunft zur unmittelbaren Anwendung oder Blutstammzellzubereitungen, die zur gerichteten, für eine bestimmte Person vorgesehenen Anwendung

bestimmt sind (Nr. 2). Im Übrigen wird auf die einzelnen Nummern des § 72a Abs. 1a Bezug genommen.

249 Eines Zertifikats bedarf auch derjenige, der Arzneimittel iSd § 2 Abs. 1, 2 Nr. 1, 1a, 2 und 4 oder Wirkstoffe **entgegen den zollrechtlichen Bestimmungen** in den Wirtschaftskreislauf überführt (→ Rn. 70). Auch in einem solchen Fall kommt daher ein Handeln ohne das notwendige Zertifikat in Betracht. In der Praxis wird dies regelmäßig der Fall sein.

250 **2. Entgegen § 72a Abs. 1 in Verbindung mit Absatz 1b.** § 72a Abs. 1b dehnt die in § 72a Abs. 1 S. 1 Nr. 1, 2 für Wirkstoffe, die menschlicher, tierischer oder mikrobieller Herkunft sind, oder für Wirkstoffe, die auf gentechnischem Wege hergestellt werden, enthaltenen Zertifizierungsvorschriften auf **alle anderen Stoffe menschlicher Herkunft** aus, die zur Arzneimittelherstellung bestimmt sind; nicht anwendbar ist Absatz 1 Satz 1 Nr. 3 (→ § 72a Rn. 13).

251 **3. Entgegen § 72a Abs. 1 in Verbindung mit Absatz 1d.** Eine weitere Variante enthält § 72a Abs. 1d. Danach gilt Absatz 1 Satz 1 auch für die Einfuhr von Wirkstoffen sowie anderen zur Arzneimittelherstellung bestimmten Stoffen menschlicher Herkunft, soweit ihre Überwachung durch eine Rechtsverordnung nach § 54 geregelt ist. In diesen Fällen gilt auch Absatz 1 Satz 1 Nr. 3 (→ § 72a Rn. 14).

252 **4. Entgegen § 72a Abs. 1c.** Nach dieser Vorschrift dürfen Arzneimittel und Wirkstoffe, die menschlicher, tierischer oder mikrobieller Herkunft sind, Wirkstoffe, die auf gentechnischem Wege hergestellt werden, sowie andere Stoffe menschlicher Herkunft, die zur Arzneimittelherstellung bestimmt sind, mit Ausnahme der in § 72a Abs. 1a Nr. 1 und 2 genannten Arzneimittel nicht auf Grund einer Bescheinigung nach § 72a Abs. 1 S. 1 Nr. 3 eingeführt werden. Dies bedeutet zunächst, dass die zuständigen Behörden in diesen Fällen **keine Bescheinigung** erteilen dürfen (→ § 72a Rn. 15). Wird sie gleichwohl erteilt, so ist sie zwar rechtswidrig, aber grundsätzlich wirksam (→ § 72c Rn. 10). Der Wortlaut des Absatzes 1c könnte darauf hindeuten, dass die Einfuhr gleichwohl verboten ist. Ob eine solche Abkehr von dem allgemein gültigen Grundsatz der Verwaltungsakzessorietät gewollt ist, erscheint allerdings zweifelhaft. Die Einfuhr ist daher auch in diesen Fällen nicht unzulässig (anders die Vorauflage).

253 **C. Vollendung, Beendigung.** Es gelten dieselben Grundsätze wie bei der Einfuhr ohne Einfuhrerlaubnis (→ Rn. 75, 76).

254 **D. Täterschaft, Teilnahme.** Auch insoweit kann auf die bei der Einfuhr ohne Erlaubnis geltenden Regeln verwiesen werden (→ Rn. 77, 78).

255 **E. Subjektiver Tatbestand.** Die Strafbarkeit nach Nr. 18c erfordert Vorsatz (→ Rn. 8). Der Vorsatz muss sich auf das Einführen der in den jeweiligen Absätzen des § 72a genannten Stoffe ohne die erforderliche Zertifizierung beziehen. Das Einführen ist ein normatives Tatbestandsmerkmal, für das → Rn. 61 sinngemäß gilt. Die Zertifizierung hat tatbestandsausschließende Wirkung (→ Rn. 62); dort auch zu den Irrtümern im Zusammenhang mit der Zertifizierung. Für die **Irrtumsfälle** im Übrigen → Rn. 9. Bei **Fahrlässigkeit** ist eine Ordnungswidrigkeit nach § 97 Abs. 1 Nr. 1 gegeben; zum Verfahren → Rn. 10.

256 **F. Konkurrenzen.** Auf → Rn. 11, 81 wird Bezug genommen. Mit den Straftaten der AO kommt Tateinheit in Betracht, sofern nach Art. 83 Abs. 2 Buchst. b UZK eine Abgabeschuld entsteht.

§ 96 AMG

Strafvorschriften

Kapitel 20. Verbringen eines gefälschten Arzneimittels oder Wirkstoffs nach Deutschland entgegen § 73 Abs. 1 b S. 1 (§ 96 Nr. 18 e)

A. Grundtatbestand. Grundlage der Strafvorschrift ist § 73 Abs. 1b (→ § 73 Rn. 11–13). 257

B. Tathandlung. Tathandlung ist das Verbringen gefälschter Arzneimittel oder Wirkstoffe (§ 4 Abs. 40, 41 (→ § 4 Rn. 129–136)) nach Deutschland entgegen § 73 Abs. 1 b S. 1. 258

I. Gefälschte Arzneimittel oder Wirkstoffe. Insoweit kann auf → § 95 Rn. 150, 151 Bezug genommen werden. 259

II. Verbringen. Der Begriff des Verbringens ist in § 4 Abs. 32 S. 1 definiert und umfasst jedes Befördern in den, durch den oder aus dem Geltungsbereich des AMG (§ 4 Abs. 32 S. 1; → § 4 Rn. 120, 121), hier nach Deutschland. Werden die gefälschten Arzneimittel oder Wirkstoffe in den **Verkehr gebracht,** liegt eine Straftat nach § 95 Abs. 1 Nr. 3a vor. Sollen die Arzneimittel oder Wirkstoffe gewinnbringend umgesetzt werden, so liegt bereits in dem Verbringen ein verbotenes **Handeltreiben,** so dass ebenfalls eine Straftat nach § 95 Abs. 1 Nr. 3a gegeben ist. 260

III. Entgegen § 73 Abs. 1b S. 1. Nach dieser Vorschrift dürfen gefälschte Arzneimittel und Wirkstoffe nicht nach Deutschland verbracht werden. Einzige Ausnahme hiervon sind die Fälle, in denen die zuständige Behörde **zuvor** das Verbringen zugelassen hat (§ 73b Abs. 1b S. 2). Die Ausnahmen des § 73 Abs. 2–3a gelten hier nicht (→ § 73 Rn. 12). 261

C. Vollendung, Beendigung. Der Versuch ist nicht strafbar; allerdings kann er bereits (vollendetes) verbotenes Handeltreiben sein, wenn die Arzneimittel oder Wirkstoffe gewinnbringend umgesetzt werden sollten. **Vollendung** des Verbringens ist eingetreten, sobald die maßgebliche Grenze (→ § 4 Rn. 120) überschritten ist. Das Verbringen ist **beendet,** wenn die Arzneimittel oder Wirkstoffe im Inland zur Ruhe gekommen sind oder sichergestellt wurden (→ BtMG § 29 Rn. 918–921). Zum Verbringen durch **Versendung** → BtMG § 29 Rn. 984–996. 262

D. Täterschaft, Teilnahme. Es gelten dieselben Grundsätze wie bei der Einfuhr im Betäubungsmittelrecht (→ BtMG § 29 Rn. 922–982). Zum Verbringen durch **Versendung** → BtMG § 29 Rn. 984–996. 263

E. Handeln im Ausland. Das Verbringen von gefälschten Arzneimitteln oder Wirkstoffen ist ein Erfolgsdelikt. Da der Erfolg mit dem Passieren der maßgeblichen Grenze, in der Regel der deutschen Hoheitsgrenze, eintritt oder eintreten sollte, ist § 96 Nr. 18e, auch soweit im Ausland gehandelt wurde, eine Inlandstat (§ 9 Abs. 1 Alt. 2 (Erfolgsort) StGB). Zu den Einzelheiten → BtMG § 29 Rn. 997–999. 264

F. Subjektiver Tatbestand. Die Strafbarkeit nach Nr. 18e erfordert Vorsatz (→ Rn. 8). Der Vorsatz muss sich auf das Verbringen eines gefälschten Arzneimittels oder Wirkstoffs nach Deutschland erstrecken. Für die **Irrtumsfälle** gilt → Rn. 9. Bei **Fahrlässigkeit** ist eine Ordnungswidrigkeit nach § 97 Abs. 1 Nr. 1 gegeben; zum Verfahren → Rn. 10. 265

G. Konkurrenzen. Auf → Rn. 11 wird Bezug genommen. Tateinheit besteht auch mit § 95 Abs. 1 Nr. 3a (Handeltreiben), da dieses anders als im Betäubungsmittelrecht nicht eine umfassendere Begehungsweise ist (→ § 95 Rn. 191). Auch mit den Straftaten der AO kommt Tateinheit in Betracht, sofern nach Art. Art. 83 Abs. 2 Buchst. b UZK eine Abgabeschuld entsteht. 266

Kapitel 21. Inverkehrbringen eines zum Gebrauch bei Menschen bestimmtes Arzneimittels, obwohl die nach § 94 erforderliche Deckungsvorsorgeverpflichtung nicht oder nicht mehr besteht

267 **A. Grundtatbestand.** Grundtatbestand ist § 94. Danach hat der pharmazeutischer Unternehmer dafür Vorsorge zu treffen, dass er seinen gesetzlichen Verpflichtungen zum Ersatz von Schäden nachkommen kann, die durch die Anwendung eines von ihm in den Verkehr gebrachten, zum Gebrauch bei Menschen bestimmten zulassungspflichtigen oder von der Zulassung befreiten Arzneimittels entstehen.

268 **B. Tathandlung.** Tathandlung ist das **Inverkehrbringen** dieser Arzneimittel ohne die nach § 94 erforderliche Deckungsvorsorge. Strafbewehrt ist damit nicht die Verpflichtung zur erforderlichen Deckungsvorsorge, sondern das **Inverkehrbringen** des Arzneimittels unter Missachtung der genannten Verpflichtung (*Volkmer* in Körner/Patzak/Volkmer § 96 Rn. 313; ungenau *Raum* in Kügel/Müller/Hofmann § 96 Rn. 50).

269 **I. Adressat.** Die Vorschrift wendet sich an den pharmazeutischer Unternehmer, dem die Pflicht zur Deckungsvorsorge obliegt (§ 94).

270 **II. Arzneimittel.** Tatgegenstand sind Arzneimittel, die zum Gebrauch bei Menschen bestimmt sind (Humanarzneimittel), die zulassungspflichtig sind oder durch Rechtsverordnung von der Zulassungspflicht befreit sind.

271 **III. Inverkehrbringen.** Inverkehrbringen → § 95 Rn. 37–43.

272 **IV. Obwohl die erforderliche Deckungsvorsorge nicht oder nicht mehr besteht.** Dies ist auch bei einer beitragsmäßig nicht ausreichenden Versicherung gegeben (*Raum* in Kügel/Müller/Hofmann § 96 Rn. 50; *Pfohl* in Erbs/Kohlhaas AMG § 94 Rn. 3) erfüllt.

273 **C. Vollendung, Beendigung.** Tathandlung ist nicht der Verstoß gegen § 94, sondern das Inverkehrbringen. Auf → § 95 Rn. 51–57 kann daher verwiesen werden. Das Inverkehrbringen kann danach schon früh vollendet sein.

274 **D. Täterschaft, Teilnahme.** Insoweit kann auf → § 95 Rn. 60–72 verwiesen werden, dort auch zu der gesetzlichen Erweiterung des Täterkreises in Pharma-Unternehmen. Sonstige Personen kommen auch bei den Vorstufen der Abgabe als Täter nicht in Betracht, da auch diese sich an pharmazeutischen Unternehmer richten (aA *Patzak* in Körner/Patzak/Volkmer Rn. 314).

275 **E. Subjektiver Tatbestand.** Die Strafbarkeit nach Nr. 19 erfordert Vorsatz (→ Rn. 8). Der Vorsatz muss sich auf das Inverkehrbringen eines zulassungspflichtigen oder durch Rechtsverordnung von der Zulassung befreiten Humanarzneimittels ohne die erforderliche Deckungszusage erstrecken. Für die **Irrtumsfälle** gilt → Rn. 9. Bei **Fahrlässigkeit** ist eine Ordnungswidrigkeit nach § 97 Abs. 1 Nr. 1 gegeben; zum Verfahren → Rn. 10.

276 **F. Konkurrenzen.** Bei verschiedenen Teilakten des Inverkehrbringen. kommt eine **Bewertungseinheit** in Betracht (→ § 4 Rn. 45, 46). Tateinheit besteht in der Regel mit den Tatbeständen des Arzneimittelrechts und den Vorschriften des **allgemeinen Strafrechts;** zur Produktverantwortung → Vor § 95 Rn. 50–118.

Bußgeldvorschriften § 97 AMG

§ 97 Bußgeldvorschriften

(1) Ordnungswidrig handelt, wer eine der in
1. § 96 Nummer 1 bis 5 b, 7 bis 18 e oder Nummer 19 oder
2. § 96 Nummer 6, 20 oder Nummer 21

bezeichnete Handlung fahrlässig begeht.

(2) Ordnungswidrig handelt auch, wer vorsätzlich oder fahrlässig
1. entgegen § 8 Absatz 3 ein Arzneimittel in den Verkehr bringt,
2. bis 6. *nicht abgedruckt*
7. entgegen
   a) der §§ 20, 20 b Absatz 5, § 20 c Absatz 6, auch in Verbindung mit § 72 b Absatz 1 Satz 2, entgegen § 52 a Absatz 8, § 67 Absatz 8 Satz 1 oder § 73 Absatz 3 a Satz 4,
   b) § 21 a Absatz 7 Satz 1, § 29 Absatz 1 Satz 1, auch in Verbindung mit Satz 2, entgegen § 29 Absatz 1 c Satz 1, § 63 c Absatz 2, § 63 h Absatz 2, § 63 i Absatz 2 Satz 1, 67 Absatz 6 Satz 1 oder
   c) § 67 Absatz 1 Satz 1, auch in Verbindung mit Satz 2, jeweils auch in Verbindung mit § 69 a, entgegen § 67 Absatz 5 Satz 1 oder § 67 Absatz 9 Satz 1

   eine Anzeige nicht, nicht richtig, nicht vollständig oder nicht rechtzeitig erstattet,
7 a. *nicht abgedruckt*
8. entgegen § 30 Abs. 4 Satz 1 Nr. 2 oder § 73 Abs. 1 oder 1 a Arzneimittel in den Geltungsbereich dieses Gesetzes verbringt,
9. entgegen § 40 Abs. 1 Satz 3 Nr. 7 die klinische Prüfung eines Arzneimittels durchführt,
9 a. ohne einen Stellvertreter nach § 40 Absatz 1 a Satz 3 benannt zu haben, eine klinische Prüfung durchführt,
9 b. entgegen § 42 b Absatz 1 oder Absatz 2 die Berichte nicht, nicht richtig, nicht vollständig oder nicht rechtzeitig zur Verfügung stellt,
10. entgegen § 43 Abs. 1, 2 oder 3 Satz 1 Arzneimittel berufs- oder gewerbsmäßig in den Verkehr bringt oder mit Arzneimitteln, die ohne Verschreibung an Verbraucher abgegeben werden dürfen, Handel treibt oder diese Arzneimittel abgibt,
11. entgegen § 43 Abs. 5 Satz 1 zur Anwendung bei Tieren bestimmte Arzneimittel, die für den Verkehr außerhalb der Apotheken nicht freigegeben sind, in nicht vorschriftsmäßiger Weise abgibt,
12. Arzneimittel, die ohne Verschreibung an Verbraucher abgegeben werden dürfen, entgegen § 47 Abs. 1 an andere als dort bezeichnete Personen oder Stellen oder entgegen § 47 Abs. 1 a abgibt oder entgegen § 47 Abs. 2 Satz 1 bezieht,
12 a. entgegen § 47 Abs. 4 Muster ohne schriftliche Anforderung, in einer anderen als der kleinsten Packungsgröße oder über die zulässige Menge hinaus abgibt oder abgeben lässt,
13. die in § 47 Abs. 1 b oder Abs. 4 Satz 3 oder in § 47 a Abs. 2 Satz 2 vorgeschriebenen Nachweise nicht oder nicht richtig führt, oder der zuständigen Behörde auf Verlangen nicht vorlegt,
13 a. *nicht abgedruckt*
14. entgegen § 50 Abs. 1 Einzelhandel mit Arzneimitteln betreibt,
15. entgegen § 51 Abs. 1 Arzneimittel im Reisegewerbe feilbietet oder Bestellungen darauf aufsucht,
16. entgegen § 52 Abs. 1 Arzneimittel im Wege der Selbstbedienung in den Verkehr bringt,

Weber 1937

AMG § 97 Siebzehnter Abschnitt. Straf- und Bußgeldvorschriften

16 a. bis 20. nicht abgedruckt
21. entgegen § 56 a Abs. 1 Satz 1 Nr. 1, 2, 3 oder 4, jeweils auch in Verbindung mit Satz 3, Arzneimittel,
    a) die zur Anwendung bei Tieren bestimmt sind, die nicht der Gewinnung von Lebensmitteln dienen, und nur auf Verschreibung an Verbraucher abgegeben werden dürfen,
    b) die ohne Verschreibung an Verbraucher abgegeben werden dürfen, verschreibt, abgibt oder anwendet,
21 a. entgegen § 56 a Abs. 1 Satz 4 Arzneimittel-Vormischungen verschreibt oder abgibt,
22. Arzneimittel, die ohne Verschreibung an Verbraucher abgegeben werden dürfen, entgegen § 57 Abs. 1 erwirbt,
22 a. entgegen § 57 a Arzneimittel anwendet,
23. entgegen § 58 Abs. 1 Satz 2 oder 3 Arzneimittel bei Tieren anwendet, die der Gewinnung von Lebensmitteln dienen,
23 a. bis 23 d. nicht abgedruckt
24. einer Aufzeichnungs- oder Vorlagepflicht nach § 59 Abs. 4 zuwiderhandelt,
24 a, 24 b. nicht abgedruckt
24 c. entgegen § 63 a Abs. 1 Satz 1 einen Stufenplanbeauftragten nicht beauftragt oder entgegen § 63 a Abs. 3 eine Mitteilung nicht, nicht vollständig oder nicht rechtzeitig erstattet,
24 d. entgegen § 63 a Abs. 1 Satz 6 eine Tätigkeit als Stufenplanbeauftragter ausübt,
24 e. bis 24 q. nicht abgedruckt
25. einer vollziehbaren Anordnung nach § 64 Abs. 4 Nr. 4, auch in Verbindung mit § 69 a, zuwiderhandelt,
26. einer Duldungs- oder Mitwirkungspflicht nach § 66, auch in Verbindung mit § 69 a, zuwiderhandelt,
27. entgegen einer vollziehbaren Anordnung nach § 74 Abs. 1 Satz 2 Nr. 3 eine Sendung nicht vorführt,
27 a. entgegen § 74 a Abs. 1 Satz 1 einen Informationsbeauftragten nicht beauftragt oder entgegen § 74 a Abs. 3 eine Mitteilung nicht, nicht vollständig oder nicht rechtzeitig erstattet,
27 b. entgegen § 74 a Abs. 1 Satz 4 eine Tätigkeit als Informationsbeauftragter ausübt,
28. entgegen § 75 Abs. 1 Satz 1 eine Person als Pharmaberater beauftragt,
29. entgegen § 75 Abs. 1 Satz 3 eine Tätigkeit als Pharmaberater ausübt,
30. einer Aufzeichnungs-, Mitteilungs- oder Nachweispflicht nach § 76 Abs. 1 Satz 2 oder Abs. 2 zuwiderhandelt,
30 a. weggefallen
31. einer Rechtsverordnung nach § 7 Abs. 2 Satz 2, § 12 Abs. 1 Nr. 3 Buchstabe a, § 12 Abs. 1 b, § 54 Abs. 1, § 56 a Abs. 3, § 57 Absatz 2 oder Absatz 3, § 58 Abs. 2 oder § 74 Abs. 2 zuwiderhandelt, soweit sie für einen bestimmten Tatbestand auf diese Bußgeldvorschrift verweist,
32. bis 36. weggefallen,

(2 a) *bis* (2 c) *nicht abgedruckt*

(2 d) Ordnungswidrig handelt, wer gegen die Delegierte Verordnung (EU) 2016/161 der Kommission vom 2. Oktober 2015 zur Ergänzung der Richtlinie 2001/83/EG des Europäischen Parlaments und des Rates durch die Festlegung genauer Bestimmungen über die Sicherheitsmerkmale auf der Verpackung von Humanarzneimitteln (ABl. L 32 vom 9. 2. 2016, S. 1) verstößt, indem er vorsätzlich oder fahrlässig

Bußgeldvorschriften **§ 97 AMG**

1. entgegen Artikel 18 ein dort genanntes Produkt in den Verkehr bringt oder eine Information nicht oder nicht rechtzeitig gibt,
2. entgegen Artikel 24 Satz 1 ein dort genanntes Produkt abgibt oder ausführt,
3. entgegen Artikel 24 Satz 2 eine Information nicht oder nicht rechtzeitig gibt,
4. entgegen Artikel 30 ein Arzneimittel abgibt oder eine Information nicht oder nicht rechtzeitig gibt oder
5. entgegen Artikel 37 Buchstabe d nicht für die Warnung einer zuständigen Behörde, der Europäischen Arzneimittel-Agentur oder der Kommission sorgt.

(3) Die Ordnungswidrigkeit kann mit einer Geldbuße bis zu 25 000 Euro geahndet werden.

(4) Verwaltungsbehörde im Sinne des § 36 Absatz 1 Nummer 1 des Gesetzes über Ordnungswidrigkeiten ist in den Fällen
1. des Absatzes 1 Nummer 2, des Absatzes 2 Nummer 7 Buchstabe b, Nummer 7a, 9b und 24d bis 24q, der Absätze 2a bis 2c und
2. des Absatzes 2 Nummer 7 Buchstabe c, Nummer 24c und 31, soweit die Tat gegenüber der zuständigen Bundesoberbehörde begangen wird,

die nach § 77 zuständige Bundesoberbehörde. *Satz 2 nicht abgedruckt*

Übersicht

	Rn.
A. Allgemeines	1
I. Die Tatbestände	2
II. Versuch, Vollendung	5
III. Beteiligung	6
IV. Handeln im Ausland	8
V. Rechtswidrigkeit	10
VI. Subjektiver Tatbestand	12
VII. Verfolgungsverjährung	16
B. Die Tatbestände	17
I. Die Tatbestände des Absatzes 1	17
II. Die Tatbestände des Absatzes 2	18
1. Verstöße gegen deutsches Recht	19
2. Verstöße gegen europäisches Recht	21
C. Geldbuße (Absatz 3)	22
D. Bußgeldbehörde (Absatz 4)	24

A. Die allgemeinen Regeln

Die Vorschrift fasst die Zuwiderhandlungen zusammen, die das AMG als Verwaltungsunrecht betrachtet, und stuft sie als Ordnungswidrigkeiten ein. Es gilt daher das Recht der Ordnungswidrigkeiten (Ordnungswidrigkeitengesetz – OWiG). **1**

I. Die Tatbestände. Die einzelnen Handlungen, die den Tatbestand einer Ordnungswidrigkeit erfüllen sind in § 97 Abs. 1 und 2 aufgeführt. Auf →Rn. 17–18 wird verwiesen. **2**

Ordnungswidrigkeiten können auch durch **Unterlassen** begangen werden (§ 8 OWiG). Erforderlich ist auch hier eine Garantenstellung. Es gelten dieselben Regeln wie im Strafrecht (*Rengier* in KK-OWiG § 8 Rn. 22–40). Zur Garantenstellung des Betriebsinhabers s. *Rengier* in KK-OWiG § 8 Rn. 47–50). **3**

Auch Ordnungswidrigkeiten nach § 97 werden nicht selten nicht von einem Einzeltäter, sondern auf Grund einer **Gremien- oder Kollegialentscheidung** verwirklicht. Insoweit wird auf → Vor § 95 Rn. 28–49 verwiesen. **4**

5 **II. Versuch, Vollendung.** Versuchte Ordnungswidrigkeiten sind nur ahndbar, wenn dies im Gesetz ausdrücklich bestimmt ist (§ 13 Abs. 2 OWiG). Eine solche Bestimmung ist im AMG nicht getroffen.

6 **III. Beteiligung.** Im Ordnungswidrigkeitenrecht gilt der sog. **Einheitstäterbegriff;** es wird daher nicht zwischen Täterschaft und Teilnahme unterschieden, vielmehr handelt jeder Beteiligte ordnungswidrig (§ 14 Abs. 1 S. 1 OWiG). Dies gilt auch dann, wenn besondere persönliche Merkmale, die die Möglichkeit der Ahndung **begründen,** nur bei einem Beteiligten vorliegen (§ 14 Abs. 1 S. 2 OWiG). Es sind dann auch die Beteiligten ahndbar, bei denen das Merkmal nicht vorliegt (*Rengier* in KK-OWiG § 14 Rn. 37). Dies kommt vor allem bei den echten Sonderdelikten, etwa bei dem Inverkehrbringen, in Betracht.

7 Die **notwendige Teilnahme** (→ BtMG Vor § 29 Rn. 280–282) gibt es auch im Ordnungswidrigkeitenrecht (*Rengier* in KK-OWiG § 14 Rn. 52). Der notwendige Teilnehmer ist daher nicht Beteiligter iSd § 14.

8 **IV. Handeln im Ausland.** Sofern gesetzlich nichts anderes bestimmt ist, können nur Ordnungswidrigkeiten geahndet werden, die im Inland oder auf einem Schiff oder in einem Luftfahrzeug begangen wurden, das berechtigt ist, die Bundesflagge oder das deutsche Staatszugehörigkeitskennzeichen zu führen (§ 5 OWiG). Eine andere gesetzliche Bestimmung liegt für § 97 nicht vor.

9 Für den **Ort der Handlung** (Tätigkeitsort oder Erfolgsort) gilt § 7 Abs. 1 OWiG, der § 9 StGB entspricht (*Rogall* in KK-OWiG § 7 Rn. 1). Auf → BtMG Vor § 29 Rn. 81–109 kann daher Bezug genommen werden. Beteiligen sich mehrere, ist Tatort sowohl der Ort, an dem die Beteiligungshandlung stattgefunden hat, als auch der Ort der Haupttat oder der Ort, an dem die Haupttat verwirklicht werden sollte (§ 7 Abs. 2 OWiG). Alle Tatorte sind gleichwertig.

10 **V. Rechtswidrigkeit.** Es gelten die allgemeinen Rechtfertigungsgründe, insbesondere die Einwilligung, sofern der Betroffene dispositionsbefugt ist. Die im Arzneimittelrecht in Betracht kommenden **Erlaubnisse, Genehmigungen, zustimmenden Bewertungen** oder **Registrierungen** greifen nicht erst auf der Rechtswidrigkeitsebene ein, sondern schließen bereits die Tatbestandsmäßigkeit aus.

11 Die (fehlende) Zulassung kann Tatbestandsmerkmal sein (→ § 25 Rn. 11). Dagegen ist sie kein Rechtfertigungsgrund (→ § 25 Rn. 12); sie kann allerdings für den Sorgfaltsmaßstab bei der Fahrlässigkeit Bedeutung gewinnen (→ § 25 Rn. 13–15).

12 **VI. Subjektiver Tatbestand.** Die Ordnungswidrigkeiten nach § 97 Abs. 1 können nur fahrlässig begangen werden, die nach Absatz 2 vorsätzlich oder fahrlässig (§ 10 OWiG).

13 **1. Vorsatz.** Für den Vorsatz gelten dieselben Grundsätze wie im Strafrecht (*Rengier* in KK-OWiG § 10 Rn. 1, 3–14). Auf → § 95 Rn. 10–12 kann insoweit verwiesen werden.

14 **2. Irrtumsfälle.** Auch das Ordnungswidrigkeitenrecht kennt den Tatbestandsirrtum (§ 11 Abs. 1 OWiG) und den Verbotsirrtum (§ 11 Abs. 2 OWiG). Die Regelungen entsprechen § 16 und § 17 StGB (*Rengier* in KK-OWiG § 11 Rn. 1). Auch insoweit gelten die Ausführungen in → § 95 Rn. 13–18 entsprechend.

15 **3. Fahrlässigkeit.** Auch für die Fahrlässigkeit kann auf die strafrechtlichen Regeln (→ § 95 Rn. 19, 20) verwiesen werden (s. *Rengier* in KK-OWiG § 10 Rn. 15).

16 **VII. Verfolgungsverjährung.** Die Verfolgung der vorsätzlichen Ordnungswidrigkeit verjährt in drei Jahren, die der fahrlässigen in zwei Jahren (§ 31 Abs. 2 Nr. 1, 2 OWiG).

Bußgeldvorschriften § 97 AMG

B. Die Tatbestände

I. Die Tatbestände des Absatzes 1. Die Tatbestände des Absatzes 1 unterscheiden sich nur in der Schuldform von den Straftaten des § 96. Nach § 97 Abs. 1 sind die in § 96 bezeichneten Handlungen Ordnungswidrigkeiten, wenn sie **fahrlässig** begangen werden. Auf die Erläuterungen zu § 96 kann daher Bezug genommen werden. Zur Fahrlässigkeit → § 95 Rn. 19). Das Strafgericht ist verpflichtet, den Sachverhalt umfassend auch unter dem Gesichtspunkt einer Ordnungswidrigkeit zu beurteilen (§ 82 Abs. 1 OWiG; → AMG § 96 Rn. 10).

II. Die Tatbestände des Absatzes 2. Absatz 2 enthält eine Reihe von Verstößen gegen staatliche Ge- oder Verbote, die überwiegend im Interesse einer reibungslosen Überwachung des Arzneimittelverkehrs bestehen. Im Unterschied zu Absatz 1 können die in Absatz 2 genannten Verstöße **vorsätzlich** oder **fahrlässig** begangen werden.

1. Verstöße gegen deutsches Recht. Die einzelnen Tatbestände sind jeweils bei den bewehrten Normen erläutert, soweit sie nicht bereits aus sich selbst heraus verständlich sind.

Nr. 31 enthält ein Blankett für Zuwiderhandlungen gegen die auf Grund der § 7 Abs. 2 S. 2, § 12 Abs. 1 Nr. 3 Buchstabe a, § 12 Abs. 1 b, § 42 Abs. 3, § 4 Abs. 1, § 56 a Abs. 3, § 57 Abs. 2 oder Abs. 3, § 58 Abs. 2 oder § 74 Abs. 2 AMG erlassenen Rechtsverordnungen, soweit diese für einen bestimmten Tatbestand auf § 97 Abs. 2 Nr. 31 verweisen. Im Unterschied zu § 6 ist dieses Blankett mit **Rückverweisung** durch das Gesetz v. 9. 8. 2019 (BGBl. I S. 1202) nicht geändert worden. Die Ausführungen zu BtMG § 29 Abs. 1 S. 1 Nr. 14 (→ BtMG § 29 Rn. 1958) gelten entsprechend.

2. Verstöße gegen Europäisches Recht (Absätze 2a–2d). Die Absätze 2a–2d bewehren Verstöße gegen Regeln des Europäischen Rechts. Hiervon sind die Verstöße gegen die Delegierte Verordnung (EU) 2015/161 v. 2. 10. 2016 (ABl. 2016 L 32), mit der Handlungspflichten im Zusammenhang mit Arzneimittelfälschungen begründet, von besonderer Bedeutung. Sie sind in Absatz 2 d enthalten. Die dort bewehrten Vorschriften der DelVO lauten:

Artikel 18 Im Fall einer Manipulation oder mutmaßlichen Fälschung von den Herstellern zu ergreifende Maßnahmen

Hat ein Hersteller Grund zur Annahme, dass die Verpackung des Arzneimittels manipuliert wurde, oder ergibt die Überprüfung der Sicherheitsmerkmale, dass das Arzneimittel nicht echt sein könnte, so bringt er das Produkt nicht in den Verkehr und informiert unverzüglich die zuständigen Behörden.

Artikel 24 Im Fall einer Manipulation oder mutmaßlichen Fälschung von den Großhändlern zu ergreifende Maßnahmen

Hat ein Großhändler Grund zur Annahme, dass die Verpackung des Arzneimittels manipuliert wurde, oder ergibt die Überprüfung der Sicherheitsmerkmale, dass das Arzneimittel nicht echt sein könnte, so gibt er das Produkt weder ab, noch führt er es aus. Er informiert unverzüglich die zuständigen Behörden.

Artikel 30 Von Personen, die zur Abgabe von Arzneimitteln an die Öffentlichkeit ermächtigt oder befugt sind, im Fall einer mutmaßlichen Fälschung zu ergreifende Maßnahmen

Haben zur Abgabe von Arzneimitteln an die Öffentlichkeit ermächtigte oder befugte Personen Grund zur Annahme, dass die Verpackung des Arzneimittels manipuliert wurde, oder

AMG § 98 Siebzehnter Abschnitt. Straf- und Bußgeldvorschriften

ergibt die Überprüfung der Sicherheitsmerkmale, dass das Arzneimittel nicht echt sein könnte, so geben diese zur Abgabe von Arzneimitteln an die Öffentlichkeit ermächtigten oder befugten Personen das Arzneimittel nicht an die Öffentlichkeit ab und informieren unverzüglich die zuständigen Behörden

Artikel 37 Pflichten von Rechtspersonen, die einen zum Datenspeicher- und -abrufsystem gehörenden Datenspeicher einrichten und verwalten

Jede Rechtsperson, die einen zum Datenspeicher- und -abrufsystem gehörenden Datenspeicher einrichtet und verwaltet, ist zu Folgendem verpflichtet:
a. bis c. *nicht abgedruckt*
d. sie sorgt für die sofortige Untersuchung aller im System gemäß Artikel 36 Buchstabe b markierten potenziellen Fälschungsfälle und – falls die Fälschung bestätigt wird – für die Warnung der nationalen zuständigen Behörden, der Europäischen Arzneimittel-Agentur und der Kommission;
e. bis g. *nicht abgedruckt*

22 Die zugehörigen Bußgeldvorschriften sind in Absatz 2 d Nr. 1–5 enthalten. Die Nr. 1–4 sind **Sonderdelikte** für den Hersteller (Nr. 1), den Großhändler (Nr. 2) für Personen, die zur Abgabe von Arzneimitteln an die Öffentlichkeit ermächtigt oder befugt sind (Nr. 3). Die Tathandlungen sind unterschiedlich: während Nr. 1 auf das **Inverkehrbringen** (→ § 4 Rn. 44–73) abstellt, ist nach den Nr. 2 und 4 die **Abgabe** (→ § 4 Rn. 61–71) maßgeblich. Im Übrigen sind die Vorschriften selbsterklärend.

C. Geldbuße (Absatz 3)

23 Die **Höhe** der Geldbuße reicht von 5,00 EUR (§ 17 Abs. 1 OWiG) bis zu 25.000 EUR (§ 97 Abs. 3), in den Fällen der Fahrlässigkeit bis zu 12.500 EUR (§ 17 Abs. 2 OWiG).

24 Hat der Täter einen **wirtschaftlichen Vorteil** erzielt, der über dem Höchstbetrag der Geldbuße liegt, so kann dieser überschritten werden (§ 17 Abs. 4 OWiG). Die Obergrenze der Geldbuße bildet in einem solchen Fall die Summe aus wirtschaftlichem Vorteil und gesetzlich genanntem Höchstbetrag der Geldbuße (BGH wistra 1991, 268; OLG Hamburg NJW 1971, 1000; OLG Karlsruhe NJW 1974, 1883). Der wirtschaftliche Vorteil ist nach dem Bruttoprinzip zu ermitteln und damit ohne Abzug von Kosten und Steuern (BGH wistra 1991, 268).

D. Bußgeldbehörde (Absatz 4)

25 Bußgeldbehörde ist bei näher bestimmten Ordnungswidrigkeiten die nach § 77 zuständige Bundesoberbehörde. Im Übrigen gelten die allgemeinen Regeln (§ 36 OWiG mit den entsprechenden Zuständigkeitsregeln der Länder).

§ 98 Einziehung

¹Gegenstände, auf die sich eine Straftat nach § 95 oder § 96 oder eine Ordnungswidrigkeit nach § 97 bezieht, können eingezogen werden. ²§ 74a des Strafgesetzbuches und § 23 des Gesetzes über Ordnungswidrigkeiten sind anzuwenden.

Ebenso wie § 33 BtMG regelt § 98 AMG die Einziehung nicht umfassend, sondern bestimmt lediglich die Einziehungsgegenstände (Satz 1) und legt erweiterte Voraussetzungen der Einziehung fest (Satz 2). Auch im Übrigen gilt dasselbe wie im Betäubungsmittelrecht. Auf die Erläuterungen zu BtMG § 33 kann daher verwiesen werden.

Anlage
(zu § 6)

Aflatoxine
Ethylenoxid
Farbstoffe
Frischzellen
Stoffe, Zubereitungen aus Stoffen oder Gegenstände tierischer Herkunft mit dem Risiko der Übertragung transmissibler spongiformer Enzephalopathien.

Gesetz gegen Doping im Sport
(Anti-Doping-Gesetz – AntiDopG)

v. 10.12.2015 (BGBl. I S. 2210),
zuletzt geändert durch VO v. 3.7.2020 (BGBl. I S. 1547)

Einleitung

Übersicht

		Rn.
A.	Doping als Problem von Sport und Gesellschaft	1
B.	Völkerrechtliche Vereinbarungen	9
C.	Die Maßnahmen des organisierten Sports und des Staates	11
	I. Die Maßnahmen des Sports	11
	II. Die staatliche Dopingbekämpfung	16
	III. Verhältnis der Maßnahmen des Sports zu denen des Staates	18
	IV. (Kein) Beweisverwertungsverbot	20
D.	Gesetzgebungskompetenz	22
E.	Verhältnis zum Arzneimittelrecht und Betäubungsmittelrecht	25
F.	Zivilrechtliche Folgen	28
G.	Zahlenmäßige Bedeutung	31
H.	Evaluierung	32
I.	Inkrafttreten	33

A. Doping als Problem von Sport und Gesellschaft

Der Sport hat in Deutschland eine **große gesellschaftliche Bedeutung**. Er 1 verkörpert positive Werte wie Erhaltung der Gesundheit, Leistungsbereitschaft, Fairness und Teamgeist. Er schafft Vorbilder für junge Menschen und ist durch die Sportler mit ihren Spitzenleistungen zugleich Aushängeschild für Deutschland in der Welt. Er wird daher mit umfangreichen öffentlichen Mitteln unterstützt (BT-Drs. 18/4898, 17).

Der Sport ist auch ein **bedeutender Wirtschaftsfaktor**. Durch Gehälter, öf- 2 fentliche Fördermittel, Start- und Preisgelder sowie Sponsorengelder eröffnet der Sport viele Einnahmemöglichkeiten. Dies gilt insbesondere für die Leistungssportler, aber auch für ihr Umfeld, wie etwa Management und Trainer (BT-Drs. 18/4898, 17).

Der sportliche Wettbewerb wird immer wieder durch **Dopingfälle** erschüttert. 3 Besonderes Aufsehen haben sie im Ski- und Radsport und in der Leichtathletik erregt. Aber auch in anderen Sportarten verschaffen sich manche Sportler durch Doping ungerechtfertigte Vorteile. Auch das staatlich geförderte oder gar organisierte Doping ist wieder in der Diskussion, wobei auf der anderen Seite auch die lange Liste chronisch kranker Spitzensportler, denen eine Ausnahmegenehmigung aus therapeutischen Zwecken (Medizinische Ausnahmegenehmigung, Therapeutic Use Exemption, TUE, Rn. 10) erteilt wurde, zum Nachdenken Anlass geben sollte.

Doping **zerstört** die ethisch-moralischen Werte des Sports, **täuscht** die Mit- 4 streitenden im Wettkampf, die Öffentlichkeit und die Veranstalter und **gefährdet** nicht zuletzt die Gesundheit der Sportler. Gerade Spitzensportler stehen hier in einer besonderen Vorbildfunktion, welche auch Auswirkungen auf den Gesundheitsschutz der breiten Bevölkerung hat. Zwei Drittel der Erwachsenen in Deutsch-

AntiDopG — Einleitung

land treiben regelmäßig Sport und rund 24 Mio. sind derzeit in Deutschland Mitglieder in Sportvereinen. Es gibt ferner fast 10.000 Fitnessstudios mit über 11 Mio. Mitgliedern (Quelle: de.statista.com).

5 Entgegen einer weit verbreiteten Meinung ist das Doping nicht nur ein Problem des deutschen und internationalen **Spitzensports** (im deutschen Spitzensport soll der Anteil der dopenden Kaderathleten 10% bis 35% betragen, wobei sie aber eher in der zweiten Reihe zu finden sind (*Emrich/Pitsch/Maats* in magazin forschung 2009, 15)), sondern in hohem Maße auch ein solches des **Breiten-** und **Freizeitsports** (*Volkmer* in Körner/Patzak/Volkmer AntiDopG Rn. 11, 12, 271; *Braasch* in Haller/Jehle Drogen S. 59, 62; *Müller-Platz* Doping S. 27, 28) und sogar des **Behindertensports** (*Singer* Anti-Doping-Strategien S. 11). Falscher Ehrgeiz, die Orientierung an Vorbildern aus dem Spitzensport und das Bestreben, sich auch in ihrem Sportverein oder im Bekannten- und Kollegenkreis durch sportliche Leistungen hervorzuheben, führen dazu, dass immer mehr Menschen ohne Rücksicht auf ihre Gesundheit zu leistungssteigernden Substanzen greifen, um besser dazustehen. Weit verbreitet ist der Gebrauch von Dopingmitteln auch in der Fitness- und der Bodybuilder-Szene (*Volkmer* in Körner/Patzak/Volkmer AntiDopG Rn. 12; *Braasch* in Haller/Jehle Drogen S. 59, 63, 64). Die Bekämpfung des Dopings hat daher auch Auswirkungen auf die Verbesserung der Gesundheit der Bevölkerung im Ganzen.

6 Die Anwendung von Dopingmitteln und Dopingmethoden im Sport beruht auf **keiner medizinischen Indikation** und führt zu einem aus medizinischer Sicht nicht angezeigten Eingriff in den Körper, der erhebliche Gefahren für die Gesundheit der Sportler mit sich bringt. Schwere Spätfolgen bis hin zu Todesfällen sind der Beweis für seine Schädlichkeit. Davon sind nicht nur die Sportler betroffen, sondern auch die Allgemeinheit, die die Kosten der Behandlung über die Krankenkassen trägt und die dadurch in erheblichem Maße belastet wird (BT-Drs. 18/4898, 17).

7 Rund um das Doping hat sich **ein Markt** entwickelt, auf dem auch in Deutschland Millionengewinne erzielt werden (*Volkmer* in Körner/Patzak/Volkmer AntiDopG Rn. 12). Es gibt organisierte Vertriebswege und Händlerstrukturen, die denen im organisierten Rauschgifthandel vergleichbar sind. Eine wichtige Quelle der Produktion von Dopingmitteln sind Untergrundlabore in osteuropäischen Ländern, aber auch in Deutschland, welche die zur Herstellung der Dopingmittel erforderlichen Grund- und Wirkstoffe überwiegend aus China beziehen. Eine wesentliche Rolle spielt aber auch die **Pharmaindustrie,** die mit einer vielfachen Überproduktion besonders begehrter Dopingmittel wie EPO oder Wachstumshormonen den Markt versorgt (*Braasch* in Haller/Jehle Drogen S. 59, 69, 70).

8 Befördert wird der illegale Handel mit Dopingmitteln durch das **Internet,** in dem zahlreiche Angebote zu finden sind. Der Internethandel mit Dopingmitteln wird von Europol als eine große Bedrohung angesehen (EU-Report OK 2005, 13).

B. Völkerrechtliche Vereinbarungen

9 Doping ist ein europa- und weltweites Problem. Der **Europarat** hat bereits am 16.11.1989 ein Übereinkommen gegen Doping (BGBl. 1994 II S. 335) beschlossen, das die Vertragsparteien verpflichtet, auch mit Gesetzen Maßnahmen zu ergreifen, um die Verfügbarkeit einschließlich der Kontrolle über den Besitz von Dopingmitteln einzuschränken (Art. 4 Abs. 1).

10 Die **Vereinten Nationen** (UNESCO) sind mit dem Internationalen Übereinkommen gegen Doping im Sport v. 19.10.2005 (BGBl. 2007 II S. 355), in Kraft getreten für Deutschland am 1.7.2007 (BGBl. 2010 II S. 368), gefolgt. In Art. 3 Buchst. a des Übereinkommens verpflichten sich die Vertragsparteien, auch auf nationaler Ebene angemessene Maßnahmen zu ergreifen, die mit den Grundsätzen des (WADA)Codes vereinbar sind. Allerdings ist der Code (Anhang 1) nicht Be-

standteil des Übereinkommens (Art. 4 Abs. 2 S. 1) und für die Vertragsstaaten völkerrechtlich nicht verbindlich (Art. 4 Abs. 2 S. 2); etwas anderes gilt für die Verbotsliste (Anlage I) und die Regeln für die Erteilung von medizinischen Ausnahmegenehmigungen (Anlage II). Zur Erfüllung der in dem Übereinkommen enthaltenen Verpflichtungen verpflichtet sich jeder Vertragsstaat, geeignete Maßnahmen zu ergreifen, die auch Gesetze sein können (Art. 5). Zur Einschränkung der Verfügbarkeit von Dopingmitteln sind in Art. 8 ebenfalls gesetzliche Maßnahmen vorgesehen, die sich nach Art. 8 Abs. 2 auch auf den Besitz beziehen können.

C. Die Maßnahmen des organisierten Sports und des Staates

I. Die Maßnahmen des organisierten Sports. Die Maßnahmen des Dopingkontrollsystems des organisierten Sports mit seinen verbandsrechtlichen Sanktionsmöglichkeiten sind ein wichtiges Element der Dopingbekämpfung. Im Jahre 1993 haben der Deutsche Sportbund und das Nationale Olympische Komitee eine „Gemeinsame Anti-Doping Kommission" gegründet. 1999 wurde die **Welt Anti-Doping Agentur (WADA)** geschaffen, die ein weltweites Regelwerk gegen das Doping im Leistungssport entwickelte. 11

In Deutschland wurde im Jahre 2002 die Stiftung **Nationale Anti Doping Agentur Deutschland (NADA)** gegründet. Die NADA ist eine Stiftung nach deutschem Recht. An ihr sind öffentliche Stellen des Bundes und der Länder, private Stellen (Deutscher Sportbund, Deutsche Sporthilfe, Nationales Olympisches Komitee) und die Wirtschaft beteiligt. Ein Großteil des Stiftungsvermögens stammt vom Bund (ca. 84%). 12

Im Jahre 2004 traten der erste Welt Anti-Doping Code **(WADC)** und der darauf fußende erste Nationale Anti-Doping Code **(NADC)** in Kraft. Durch den WADC erfolgte eine Harmonisierung der weltweiten und fachverbandsübergreifenden Bekämpfung des Dopings. Der **NADC** setzt den WADC durch Übernahme der zwingenden Vorschriften und Anpassung der fakultativen Bestimmungen an die Strukturen des deutschen Sports und an die deutsche Rechtsordnung um (*Adolphsen* SportR Rn. 1018). Er stellt damit das zentrale Anti-Doping-Regelwerk für den organisierten deutschen Sport dar und ist daher die innerstaatlich bestimmende Regelung. 13

Vom **WADC** ist die **WADA Verbotsliste** streng zu unterscheiden. Zu dieser wird auf → § 2 Rn. 12 verwiesen. 14

Die Anstrengungen der Verbände und der NADA bei der Dopingbekämpfung werden von Staat und Sport in erheblichem Umfang **finanziell unterstützt**. Die öffentlichen Geldmittel für die NADA und die für die Dopingkontrollen zuständigen Labore sind kontinuierlich gestiegen. 15

II. Die staatliche Dopingbekämpfung. Die **Maßnahmen des Sports** allein **sind** jedoch angesichts des Umfangs, den Doping im Sport angenommen hat, **nicht ausreichend.** Verbandsrechtliche Maßnahmen, etwa Wettkampfsperren, sind in präventiver Hinsicht nicht immer wirkungsvoll. Ihre Abschreckungswirkung steht und fällt mit der von dem Sportler vermuteten (vermeintlich geringen) Aufdeckungsgefahr durch Dopingkontrollen. **Der Staat muss daher mit den ihm zur Verfügung stehenden Mitteln zur Dopingbekämpfung beitragen.** 16

Die staatliche Dopingbekämpfung darf die Arbeit der Sportverbände und der NADA beim Kampf gegen das Doping **nicht ersetzen** oder **beeinträchtigen.** Die verbandsrechtlichen Sanktionsmöglichkeiten sind weiterhin ein wesentliches Werkzeug zur Eindämmung des Dopingproblems. Die beiden Sanktionsregime schließen einander nicht aus, sondern stehen nebeneinander und ergänzen sich. So ist auf verbandsrechtlicher Ebene weiterhin die Möglichkeit **verdachtsunabhängi-** 17

AntiDopG — Einleitung

ger Kontrollen gegeben. Hier gilt der Grundsatz der „strict liability", der auf das Strafrecht nicht übertragbar ist. Eine Sperre kann für den Sportler zudem eine schärfere Sanktion darstellen als jedes denkbare Ergebnis eines Strafverfahrens.

18   **III. Verhältnis der Maßnahmen des Sports zu denen des Staates.** Die Disziplinarmaßnahmen des Sports und die staatliche Strafverfolgung stehen **unabhängig nebeneinander.** Da die Maßnahmen des Sports auf privatrechtlicher Basis getroffen werden, gilt insbesondere **nicht** das **Verbot der Doppelbestrafung** (hM; *Putzke* in HK-ADG § 4 Rn. 115; *Heger* in Anti-Doping-Gesetz S. 42; s. auch § 8). Dies schließt nicht aus, dass eine sportrechtliche Disziplinarmaßnahme bei der Strafzumessung im strafgerichtlichen Verfahren berücksichtigt werden kann oder muss. Ob es deswegen geboten sein soll, bei Ersttätern auf eine Verwarnung mit Strafvorbehalt (§ 59 StGB) zurückzugehen (*Putzke* in HK-ADG Rn. 116), erscheint allerdings fraglich.

19   Im Hinblick auf die Unabhängigkeit der beiden Instanzen lassen sich auch **divergierende Entscheidungen** nicht ausschließen. Auch hat die Entscheidung der einen Instanz auf das Verfahren und die Entscheidung der anderen einen möglicherweise zwar faktischen, nicht aber einen rechtlichen Einfluss; insbesondere besteht **keine Bindungswirkung**; eine solche kommt schon wegen der unterschiedlichen Beweislastverteilung („strict liability" (Art. 2.11, Anhang 1 zum NADC)) und des unterschiedlichen Beweismaßes („comfortable satisfaction" WADC Art. 3.1, NADC Art. 3.1) nicht in Betracht (*Putzke* in HK-ADG § 4 Rn. 135). Trotz eines strafgerichtlichen Freispruchs darf daher eine sportgerichtliche Disziplinarmaßnahme angeordnet werden und umgekehrt. Ein strafgerichtlicher Freispruch gibt keinen Grund, eine sportgerichtliche Verurteilung aufzuheben; etwa anderes mag in Betracht kommen, wenn sich im Strafverfahren die Unschuld erwiesen hat (*Putzke* in HK-ADG § 4 Rn. 135).

20   **IV. (Kein) Beweisverwertungsverbot.** Es besteht auch **kein Beweisverwertungsverbot** hinsichtlich der von einem Sportler im Rahmen des sportgerichtlichen Verfahrens gemachten Angaben oder abgegebenen Proben (krit. *Krüger* PharmR 2018, 344 (346)). Das AntiDopG hat ein solches Verbot nicht eingeführt (BT-Drs. 18/4898, 19). Auch aus verfassungsrechtlichen Grundsätzen, insbesondere dem Grundsatz der Selbstbelastungsfreiheit, lässt sich ein Beweisverwertungsverbot nicht herleiten (*Heger* in Anti-Doping-Gesetz S. 42). Anders als bei einem Gemeinschuldner, bei dem das BVerfG ein solches Verbot angenommen hat (BVerfGE 56, 37 = NJW 1981, 1431 = JZ 1981, 303 = StV 1981, 213), besteht hier keine **gesetzliche** Offenbarungspflicht. Der Sportler hat es selbst in der Hand, sich durch Verzicht auf den Wettkampf der Dopingkontrolle zu entziehen. Er verzichtet dann zwar auf die mit der Teilnahme verbundenen materiellen und immateriellen Vorteile, ein gesetzlicher Zwang zu der Mitwirkung bei einem Dopingtest besteht jedoch nicht.

21   **Auch aus § 11** ergibt sich nichts anderes (aA *Putzke* in HK-ADG § 4 Rn. 131). Dass der Sportler nach der darin anerkannten Sportgerichtsbarkeit „keine andere Wahl hat", wenn er seinem Sport nachgehen will, macht die Offenbarungspflicht nicht zu einer gesetzlichen, die gegebenenfalls mit den Mitteln des Staates durchgesetzt werden kann. Auf dem Gebiete des Privatrechts liegende Zwangslagen, die sich auch sonst ergeben können, können dem nicht gleichgesetzt werden.

D. Gesetzgebungskompetenz

22   Nach der Gesetzesbegründung (BT-Drs. 18/4898, 20; ebenso *Rössner* in HK-ADG Rn. 22: Strafrecht) ergibt sich die **Gesetzgebungskompetenz** des Bundes für die §§ 1–6 aus Art. 74 Nr. 1 GG **(Strafrecht)** und Art. 74 Nr. 19 GG **(Arzneimittel).** Dies liegt auf der Hand, soweit das Gesetz dem Schutz der **Gesundheit**

des Sportlers (→ § 1 Rn. 4–11) und der Bevölkerung im Ganzen (→ § 1 Rn. 18–20) dient (unklar *Nolte* in HK-ADG § 1 Rn. 60).

Aber auch soweit es um **Fairness** und **Chancengleichheit** und die **Integrität** des Sports geht, ergeben sich gegen die Kompetenz des Bundes keine Bedenken (aA *Nolte* in HK-ADG § 1 Rn. 57–79). Nicht anders als an Landesrecht (dazu *Uhle* in Maunz/Dürig GG Art. 74 Rn. 66; *Degenhart* in Sachs GG Art. 74 Rn. 14; *Seiler* in BeckOK GG Art. 74 Rn. 4.2) knüpft das Gesetz an die Regeln an, die im Sport zu diesen Rechtsgütern (→ § 1 Rn. 12–20) entwickelt wurden. Auch kommt eine Kompetenz kraft Sachzusammenhangs (*Uhle* in Maunz/Dürig GG Art. 70 Rn. 67; *Degenhart* in Sachs GG Art. 70 Rn. 30; *Seiler* in BeckOK GG Art. 74 Rn. 4.) in Betracht. Dies gilt auch, soweit sich das Gesetz mit **Dopingmethoden** (keine Arzneimittel) und der **Schiedsgerichtsbarkeit** befasst. 23

Für § 7 ergibt sich die Kompetenz des Bundes aus Art. 74 Nr. 19 GG (Arzneien), für § 8 und § 11 aus Art. 74 Nr. 1 (gerichtliches Verfahren), desgleichen für § 12 (Gerichtsverfassung). Für die §§ 9 und 10 kann sich das Gesetz auf eine Kompetenz kraft Sachzusammenhangs stützen, der sich aus der Förderung des Spitzensports ergibt (BT-Drs. 18/4898, 21). 24

E. Verhältnis zum Arzneimittelgesetz und Betäubungsmittelgesetz

Dopingmittel sind häufig **Arzneimittel** oder **Wirkstoffe,** die grundsätzlich dem Arzneimittelgesetz unterfallen. Dies gilt auch nach dem Urteil des EuGH v. 10.7.2014 (EuZW 2014, 742 = NStZ 2014, 461 = StV 2014, 598 = PharmR 2014, 347 = MedR 2015, 184). Auch die in Untergrundlaboren hergestellten Mittel enthalten häufig Wirkstoffe, die, abgesehen von dem Missbrauch als Dopingmittel, einen therapeutischen Nutzen haben; auch werden sie vielfach nach Aufmachung und Vertriebsweg als Arzneimittel auf den Markt gebracht (*Wußler* in Erbs/Kohlhaas AntiDopG § 2 Rn. 3). Zur Abgrenzung → AMG § 5 Rn. 39. 25

Nach § 81 AMG idF des Art. 2 Nr. 6 des Gesetzes v. 15.12.2015 (BGBl. I S. 2210) bleiben die Vorschriften des **AntiDopG** von den Vorschriften des AMG **unberührt.** Es besteht danach dasselbe Verhältnis wie zwischen AMG und BtMG. Soweit für dieses Verhältnis, auch unter Hinweis auf die Regeln im AntiDopG (→ BtMG § 1 Rn. 23–26), Spezialität angenommen wird (ebenso für das AntiDopG BT-Drs. 18/4898, 39), hätte dies eher eine größere Berechtigung als im AntiDopG, da dort die **Gegenstände** der strafbaren Handlungen **objektiv** verschieden sind (Arzneimittel, Betäubungsmittel), während es beim AntiDopG lediglich um **das Ziel** der strafbaren Handlungen geht. 26

Umso weniger besteht daher Anlass, die Vorschriften des AntiDopG **über den Gesetzeswort hinaus** als Spezialvorschriften gegenüber dem AMG anzusehen. Dasselbe gilt im Verhältnis zum BtMG. Alle drei Materien stehen vielmehr nebeneinander, strafrechtlich gesehen in **Tateinheit** (BGH BeckRS 2016, 06516 zum AntiDopG). Die Gesetzesbegründung muss demgegenüber außer Betracht bleiben, da sie im Gesetzeswortlaut keinen Niederschlag gefunden hat (ebenso *Volkmer* in Körner/Patzak/Volkmer AntiDopG Rn. 26). 27

F. Zivilrechtliche Folgen

Die Vorschriften des AntiDopG sind **Schutzgesetze** iSd § **823 Abs. 2 BGB** (*Pfister* in Anti-Doping-Gesetz S. 46, 47; für § 6a AMG Deutsch/Lippert § 6a Rn. 7). Sie schützen nicht nur Allgemeininteressen, sondern auch konkrete Individualinteressen der Betroffenen. Dies ergibt sich bereits aus § 1. Schutzgüter des Gesetzes sind danach nicht nur Universalrechtsgüter wie die Integrität des Sports, sondern auch die Individualrechtsgüter der Gesundheit des Sportlers und der Rechte 28 der Teilnehmer an Sportwettbewerben auf Chancengleichheit und Fairness (*Pfister* in Anti-Doping-Gesetz S. 45).

29 An erster Stelle nennt das Gesetz die **Gesundheit des (gedopten) Sportlers.** Die Rechtswidrigkeit der schädigenden Handlung entfällt nicht dadurch, dass der Sportler in das Doping eingewilligt hat oder gar das Dopingmittel selbst angewendet hat. Die Einwilligung ist unwirksam (§ 134 BGB), da sie gegen ein gesetzliches Verbot (§ 3) verstößt (*Pfister* in Anti-Doping-Gesetz S. 48). Das tatsächliche Einverständnis ist im Rahmen des § 254 BGB zu berücksichtigen. In Betracht kommt auch eine bewusste Risikoübernahme (BGH VersR 2006, 416; 2006, 663; 2008, 540).

30 Die Vorschriften des AntiDopG sind aber auch Schutzgesetze zugunsten der Konkurrenten des gedopten Sportlers, deren Recht auf **Fairness und Chancengleichheit** durch dessen Teilnahme an dem Sportwettbewerb verletzt wird. Die Gesetzesbegründung (BT-Drs. 18/4898, 23) zählt als potentielle Geschädigte noch die Sportvereine, die Veranstalter, die Sponsoren, die berichtenden Medien und die Zuschauer auf, die in der Erwartung eines fairen sportlichen Wettbewerbs Vermögenswerte aufwenden. Ob auch der Schutzbereich des Gesetzes so weit gezogen werden sollte, ergibt sich aus der Gesetzesbegründung nicht.

G. Zahlenmäßige Bedeutung

31 Seit Inkrafttreten des Gesetzes bis Ende 2019 hat die insofern für ganz Bayern zuständige Schwerpunktstaatsanwaltschaft München I über 4.700 Verfahren wegen Dopings überwiegend im Freizeit- und Breitensport, vor allem in der Kraftsport- und Bodybuilding-Szene eingeleitet. In weniger als 5% der Verfahren waren die Beschuldigten Akteure aus dem Spitzensport. Etwa 30 Verfahren wurden wegen des Verdachts eines Verstoßes gegen die neu geschaffene Strafvorschrift des § 3 geführt, ein Verfahren richtete sich vorrangig gegen einen Arzt und seine Helfer wegen des Verdachts der Anwendung von Blutdoping im Spitzensport („Operation Aderlass").

H. Evaluierung

32 Innerhalb von fünf Jahren nach dem Inkrafttreten des Gesetzes ist eine Evaluierung durch die beteiligten Bundesressorts unter Einbeziehung eines wissenschaftlichen Sachverständigen, der im Einvernehmen mit dem Deutschen Bundestag bestellt wird, vorgesehen (Art. 8 des Gesetzes zur Bekämpfung von Doping im Sport). Rechtspolitisch diskutiert wird in diesem Zusammenhang insbesondere die etwaige Einführung einer spezifischen Kronzeugenregelung für den sich selbst dopenden Sportler, welche die Aufdeckung konspirativer Dopingstrukturen und -netzwerke im Spitzensport erleichtern könnte (s. Expertenanhörung vor dem Sportausschuss des Deutschen Bundestags am 23.10.2019, Ausschussprotokoll Nr. 19/34).

I. Inkrafttreten

33 Das AntiDopG ist am 18.12.2015 in Kraft getreten (Art. 9 Abs. 1 des Gesetzes zur Bekämpfung des Dopings im Sport v. 10.12.2015, BGBl. I S. 2210).

§ 1 Zweck des Gesetzes

Dieses Gesetz dient der Bekämpfung des Einsatzes von Dopingmitteln und Dopingmethoden im Sport, um die Gesundheit der Sportlerinnen und Sportler zu schützen, die Fairness und Chancengleichheit bei Sportwettbewerben zu sichern und damit zur Erhaltung der Integrität des Sports beizutragen.

Zweck des Gesetzes **§ 1 AntiDopG**

Übersicht

	Rn.
A. Inhalt	1
B. Bekämpfung des Einsatzes von Dopingmitteln und Dopingmethoden im Sport	2
C. Rechtsgüter	3
I. Gesundheit der Sportler	4
II. Fairness und Chancengleichheit in Sportwettbewerben	12
III. Integrität des Sports	16
IV. Vermögen, lauterer Wettbewerb	17
V. Schutz der Gesundheit der Bevölkerung im Ganzen	18

A. Inhalt

Die Vorschrift enthält das **Programm des Gesetzes.** Dieses hat danach die Aufgabe, den Einsatz von Dopingmitteln und Dopingmethoden im Sport zu bekämpfen, um die Gesundheit der Sportler zu schützen, die Fairness und Chancengleichheit bei Sportwettbewerben zu sichern und damit zur Erhaltung der Integrität des Sports beizutragen. Das Gesetz bezeichnet damit die Bekämpfung des Einsatzes von Dopingmitteln und Dopingmethoden im Sport als das Mittel zum Schutz der Gesundheit der Sportler und zur Sicherung der Fairness und Chancengleichheit bei Sportwettbewerben, die ihrerseits als Beitrag zur Integrität des Sports angesehen werden. Das Gesetz ist aus dem Arzneimittelrecht (§ 6a AMG) entnommen, schützt aber nicht alle Rechtsgüter desselben (→ Rn. 18). 1

B. Bekämpfung des Einsatzes von Dopingmitteln und Dopingmethoden im Sport

Anders als § 6a AMG verbietet das Gesetz nicht nur den Umgang mit **Dopingmitteln,** sondern wendet sich ausdrücklich auch gegen **Dopingmethoden,** die bislang (nur) mittelbar über Stoffe umfasst waren. Dopingmethoden können ohne die Anwendung von Stoffen auskommen und sind damit nicht bereits über die verbotenen Dopingmittel erfasst. Dies gilt etwa für das Gendoping, bei dem die sportliche Leistung durch eine nichttherapeutische Anwendung von Zellen, Genen, Genelementen oder der Regulierung der Genexpression gesteigert wird (BT-Drs. 18/4898, 22). 2

C. Rechtsgüter

Welche Rechtsgüter durch das Verbot des Dopings geschützt werden und geschützt werden dürfen, war unter der Geltung des § 6a AMG heftig umstritten, wobei die geltend gemachten verfassungsrechtlichen Bedenken vielfach auch dazu dienen mochten, eine staatliche Lösung des Doping-Problems zu verhindern (*Körner,* 6. Aufl. 2007, AMG Anh. D II Rn. 144; zur **Skepsis des BVerfG** an der Rechtsgutslehre überhaupt → BtMG § 1 Rn. 5). Die Rechtsgüter, die das AntiDopG schützen will, ergeben sich aus den Zwecken, die in § 1 genannt werden (aA GFW-Eschelbach AntiDopG Rn. 3, der lediglich die Chancengleichheit im sportlichen Wettbewerb als „halbwegs praktikables und nachvollziehbares Rechtsgut" ansieht; ähnl. *Freund* in MüKoStGB AntiDopG §§ 1–4 Rn. 24ff.). 3

I. Gesundheit der Sportler. An erster Stelle nennt das Gesetz die Gesundheit der Sportler. Ob das Verbot des Dopens die Gesundheit des Sportlers, der zu diesem Mittel greift, schützt oder gar schützen darf, war (und ist) die im Zusammenhang mit dem Doping besonders häufig diskutierte Frage. Dabei geht es nicht um den Charakter der Gesundheit als Rechtsgut, sondern darum, ob und inwieweit die personale Integrität des eigenverantwortlich handelnden Athleten in **paternalisti-** 4

AntiDopG § 1

scher Manier gegen seinen Willen staatlich geschützt werden darf (*Bindels* in Anti-Doping-Gesetz S. 13: „nicht strafbewehrbar").

5   Demgegenüber ist ein solcher Schutz jedenfalls zulässig, soweit er sich auf Personen bezieht, die **heimlich** oder **sonst unwissentlich gedopt** werden oder die aus anderen Gründen **nicht** in der Lage sind, **einsichtig und frei** über ihre Rechtsgüter zu entscheiden (*Fateh-Moghadam* in Grenzen des Paternalismus, S. 21, 26; dies wird in der Diskussion häufig vernachlässigt, s. etwa *Jahn* SpuRt 2015, 149 (150, 151); *Freund* in MüKoStGB AntiDopG §§ 1–4 Rn. 19; *Freund* FS Rössner, 2015, 579 (590); *Eschelbach* in GFW Rn. 3). Dazu gehören vor allem **Kinder** und **Jugendliche** (*König* SpuRt 2010, 106; aA *Eschelbach* in GFW Rn. 3). Eine Beschränkung des Verbots auf diese wäre aber unkontrollierbar, so dass einiges dafür spricht, dass ein allgemeines Verbot schon unter diesem Gesichtspunkt gerechtfertigt ist (s. *Sommer* in BVerfGE 90, 145 (217) = NJW 1994, 1577 (1588) für Betäubungsmittel). Auch im Hinblick auf die fragwürdige Herkunft der Dopingmittel und ihren unkontrollierten Konsum erscheint es fraglich, ob von der postulierten Anwendung durch aufgeklärte und mündige Sportler wirklich die Rede sein kann (*Wußler* in Erbs/Kohlhaas AntiDopG § 1 Rn. 3).

6   Aber auch sonst ergeben sich aus dem Gesichtspunkt des **Paternalismus** keine durchgreifenden Bedenken (aA *Nolte* in HK-ADG § 1 Rn. 71–75, der allerdings auf die nachstehend genannten Gesichtspunkte nicht eingeht). Dies gilt zunächst für die Fälle, in denen das Verbot sich nicht an den Sportler selbst richtet, sondern **an einen Dritten** (Handeltreiben, Inverkehrbringen, Verschreiben, Anwenden bei anderen). In einem solchen Fall des **indirekten Paternalismus** besteht das Verbot zwar auch zum Schutz des Sportlers, richtet sich aber nicht an diesen als den potenziellen Selbstschädiger, sondern allein an den Dritten. Da das Recht auf Selbstgefährdung kein Recht darauf verleiht, Dritte zu einer solchen Selbstgefährdung in Anspruch nehmen zu können, wird in ein Recht des Sportlers nicht eingegriffen (*Weber* Handeltreiben S. 363, 364 mwN; wohl auch *Kudlich* SpuRt 2010, 108; aA *Fateh-Moghadam* in Grenzen des Paternalismus, S. 21, 24; *Wohlers/Went* in Paternalismus im Strafrecht, S. 289, 302). Auch dieser Gesichtspunkt bleibt in der Diskussion häufig außer Acht (s. etwa *Jahn* SpuRt 2015, 149 (150, 151); *Nolte* in HK-ADG § 1 Rn. 71–75).

7   Aber auch, soweit **konsumorientierte Verhaltensweisen**, namentlich der **Besitz**, verboten werden, entspricht dies der Rechtsprechung des BVerfG, wonach es ein **legitimes Gemeinwohlanliegen** ist, Menschen davor zu bewahren, sich selbst einen größeren persönlichen Schaden zuzufügen (BVerfGE 90, 145 (186); BVerfG NJW 1999, 3399; 2006, 1261; dazu *Weber* Handeltreiben S. 365, 366 mwN; *König* in Grenzen des Paternalismus, S. 267, 278; *König* SpuRt 2010, 106; *Krüger* PharmR 2012, 160 (162): „Risikovorsorge"; aA *Freund* in MüKoStGB AntiDopG §§ 1–4 Rn. 18; *Freund* FS Rössner, 2015, 579 (590); *Jahn* GA 2007, 579 (581); *Jahn* in Doping – warum nicht?, S. 69, 83, 84; wohl auch in SpuRt 2015, 149 (150); *Greco* GA 2010, 622 (625, 626); *Kudlich* SpuRt 2010, 108; *Zuck* NJW 2014, 276 (278, 279); *Norouzi/Summerer* SpuRt 2015, 63 (64); Zentrale Ethikkommission der BÄK DÄBl. 2009 S. 360 (361); wohl auch *Steiner* in Doping – warum nicht?, S. 91, 95).

8   **Grenzen** ergeben sich aus dem Grundsatz der **Verhältnismäßigkeit** (*Weber* Handeltreiben S. 367–369 mwN), wobei allerdings die danach gebotene Interessen- und Güterabwägung jedenfalls nicht zugunsten desjenigen ausfallen kann, der unter Missachtung der ethisch-moralischen Werte des Sports seine Gesundheit gefährdet oder zerstört (zu den Folgen der einzelnen Dopingmittel s. *Volkmer* in Körner/Patzak/Volkmer Stoffe Teil 2 Rn. 83–146). Dies gilt erst recht, wenn davon ausgegangen wird, dass Art. 2 Abs. 1 GG nur „die Persönlichkeit in sittlicher Verantwortung schützt" (*Di Fabio* in Maunz/Dürig GG Art. 2 Abs. 2 S. 1 Rn. 85).

Schließlich ist zu berücksichtigen, dass nicht dopende Athleten durch dopende 9 Sportler in eine **Drucksituation** gebracht werden, die sie zwingt, entweder ebenfalls zu diesem Mittel zu greifen oder auf Siegchancen zu verzichten. Diese Drucksituation bedeutet eine Einschränkung ihrer Handlungsfreiheit, die sie nicht hinnehmen müssen. Unter diesem Blickpunkt geht es bei dem Dopingverbot letztlich nicht um den Schutz des sich dopenden Sportlers, sondern auch um den **Schutz des nicht dopenden Athleten,** der sich nicht unter Druck gesetzt fühlen soll, ebenfalls zu Dopingmitteln zu greifen und damit erhebliche Risiken für seine Gesundheit auf sich zu nehmen (*Freund* in MüKoStGB AntiDopG §§ 1–4 Rn. 27; *Raum* in Kügel/Müller/Hofmann § 95 Rn. 18; *Putzke* in HK-ADG § 3 Rn. 47; *König* in Grenzen des Paternalismus, S. 267, 279, 280; *König* SpuRt 2010, 106 (107)).

Dass geschütztes Rechtsgut auch die Gesundheit des **einzelnen Sportlers** ist 10 (*Nickel* in Kügel/Müller/Hofmann § 6a Rn. 2; *Finken* PharmR 2016, 445), ergibt sich **im Übrigen aus § 6 Abs. 2,** wonach im Wege der Verordnung weitere Stoffe oder Zubereitungen aus Stoffen verboten werden können, soweit dies geboten ist, um eine unmittelbare oder mittelbare Gefährdung der Gesundheit des Menschen durch Doping im Sport zu verhüten (dazu *Putzke* in HK-ADG § 6 Rn. 9, 10). *Greco* (GA 2010, 622 (635, 638)) sieht in den staatlichen Dopingvorschriften allerdings eine Anmaßung gegenüber dem Sport.

Kein Wertungswiderspruch ergibt sich daraus, dass der Sportler, der ein Do- 11 pingmittel konsumiert hat, nicht schon deswegen wegen Besitzes bestraft werden kann, während derjenige, der es besitzt, der Strafbarkeit unterliegt (so aber *Jahn* ZIS 2007, 57 (61); *Jahn* in Doping – warum nicht?, S. 69, 84). Diese Rechtslage, die der im Betäubungsmittelrecht entspricht, ergibt sich daraus, dass **Konsum** zwar meist, aber nicht zwangsläufig Besitz voraussetzt, etwa wenn das Dopingmittel verabreicht oder zum unmittelbaren Verbrauch überlassen wird.

II. Fairness und Chancengleichheit bei Sportwettbewerben. Als zweiten 12 Zweck nennt das Gesetz die Sicherung der Fairness und Chancengleichheit bei Sportwettbewerben. Im Unterschied zur Gesetzesbegründung, die insoweit nur auf den **organisierten** Sport abstellt (BT-Drs. 18/4898, 22), gilt dies nach dem Wortlaut des Gesetzes für den **Sport insgesamt.**

Mit der Sicherung der Fairness und Chancengleichheit bei Sportwettbewerben 13 soll ein **Beitrag zur Integrität** des Sports geleistet werden. Das Gesetz sieht Fairness und Chancengleichheit, die sich auch unter den Begriff des **Sportethos** fassen lassen, danach nicht als Element der Integrität des Sports, sondern als eigene zu sichernde Schutzgüter an. Ob das **Sportethos** ein (vom Dopingverbot zu schützendes) **Rechtsgut** ist (dagegen die wohl hM, s. etwa *Nickel* in Kügel/Müller/Hofmann § 6 Rn. 2; *Jahn* in Vieweg S. 33, 55; *Jahn* ZIS 2007, 57 (58); *Jahn* SpuRt 2015, 149 (151); *Kudlich* SpuRt 2010, 108; 2014, *Greco* GA 2010, 622 (628, 629); wohl auch *Volkmer* in Körner/Patzak/Volkmer, 8. Aufl. 2016, AMG § 95 Rn. 84: „Reflex"; ebenso *Krüger* PharmR 2012, 160 (161); auch BÜNDNIS 90/DIE GRÜNEN BT-Drs. 18/6677, 7; aA *Cherkeh/Momsen* NJW 2001, 1745), ist damit auf **gesetzlicher** Ebene erledigt (*Heger* Anti-Doping-Gesetz S. 29, 30 sieht lediglich die Chancengleichheit im organisierten Sport als Rechtsgut an).

Dass sich **der Gesetzgeber** dazu entschieden hat, die ursprünglichen Sportgüter 14 (*Nolte* in HK-ADG § 1 Rn. 77) der Fairness und Chancengleichheit als Rechtsgüter zu übernehmen, begegnet aber auch sonst keinen Bedenken. Das Unrecht, das in einer Verletzung von Fairness und Chancengleichheit bei Sportwettbewerben besteht, liegt in dem Angriff auf die (wertbildende) soziale Funktion des sportlichen Wettkampfs und geht damit **über eine bloße Moralwidrigkeit** weit hinaus. Fairness und Chancengleichheit im Sport sind **werthaltige Elemente des Soziallebens** (*Weigend* in LK-StGB, 12. Aufl. 2007, Einl. Rn. 8; s. auch *Roxin/Greco*

AntiDopG § 1 Anti-Doping-Gesetz

StrafR AT I § 2 Rn. 9[1]), die durch menschliches Verhalten nachvollziehbaren Veränderungen unterworfen, insbesondere beeinträchtigt oder verletzt werden können (zu diesem Merkmal für ein Rechtsgut s. *Rudolphi* FS Honig, 1970, 151 (161); *Roxin* Täterschaft S. 413; *Hefendehl* Kollektive Rechtsgüter S. 41; *Sternberg-Lieben* in Rechtsgutstheorie S. 65, 67; *Schünemann* in Rechtsgutstheorie S. 292).

15 Es ist daher richtig, wenn das Gesetz anders als die Begründung zum Gesetz v. 7.9.1998 (BGBl. I S. 2649) die Gewährleistung sportlicher Fairness nicht mehr nur als Sache der **Gremien des Sports** (BT-Drs. 13/9996, 13) ansieht. Dass diese dazu, jedenfalls aus eigener Kraft, **nicht in der Lage sind,** wird durch die Dopingfälle der letzten Jahre bestätigt (*König* SpuRt 2010, 106 (107); aA *Steiner* in Doping – warum nicht?, S. 91, 96, 97). Aus diesem Grund fehlt es auch an einem anderen Instrumentarium, das den Einsatz des Strafrechts entbehrlich machen könnte (aA *Jahn* in Doping – warum nicht?, S. 69, 84, 88).

16 **III. Integrität des Sports.** Ziel der Sicherung von Fairness und Chancengleichheit ist die Erhaltung der Integrität des Sports (*Bindels* in Anti-Doping-Gesetz S. 14, 15; *Finken* PharmR 2016, 445). Dies bedeutet nicht, dass hier ein Ziel zum Rechtsgut gemacht würde; das Rechtsgut ist die Integrität des Sports (*Wußler* in Erbs/Kohlhaas AntiDopG § 1 Rn. 6), das Ziel ist ihr Schutz gegen wettbewerbswidrige Eingriffe (Heger (Anti-Doping-Gesetz S. 29) sieht die Integrität des Sports lediglich als Zweck an). Die Integrität des Sports ist Grundlage für seine Glaubwürdigkeit und Vorbildfunktion (s. *Nolte* in HK-ADG § 1 Rn. 51). Auch ihre Verletzung geht über eine bloße Moralwidrigkeit weit hinaus (→ Rn. 14); auch bei ihr handelt es sich um ein **werthaltiges Element des Soziallebens,** das durch menschliches Verhalten nachvollziehbaren Veränderungen unterworfen, insbesondere beeinträchtigt oder verletzt werden kann (→ Rn. 14).

17 **IV. Vermögen, lauterer Wettbewerb.** Zum Schutz der Integrität des **organisierten** Sports zählt die Gesetzesbegründung (BT-Drs. 18/4898, 22) auch den Schutz wirtschaftlicher Faktoren. Das Vermögen tritt daher nicht als eigenes Rechtsgut (s. etwa *Freund* in MüKoStGB AntiDopG §§ 1–4 Rn. 27) auf, sondern als Facette der Integrität des Sports (aA *Heger* in Anti-Doping-Gesetz S. 30, 31; s. auch *Nolte* in HK-ADG § 1 Rn. 75). Ähnliches gilt für den Schutz des lauteren Wettbewerbs (dazu *Greco* GA 2010, 622 (629) mwN).

18 **V. Schutz der Gesundheit der Bevölkerung im Ganzen.** Der Schutz der Gesundheit der Bevölkerung im Ganzen (öffentliche Gesundheit; Volksgesundheit; zur Verwendung dieses Begriffs → BtMG § 1 Rn. 3) wird in § 1 **nicht** als Zweck des Gesetzes genannt. Im Hinblick darauf, dass der Spitzensport Millionen von Menschen als Vorbild dient und dass Doping auch im Breiten- und Freizeitsport weit verbreitet ist, erscheint dies namentlich auch im Hinblick auf die Sachnähe zum Arzneimittelrecht unverständlich (für das Rechtsgut der Volksgesundheit als Schutzgrund des Dopingverbots *Wußler* in Erbs/Kohlhaas AntiDopG § 1 Rn. 3; *Volkmer* in Körner/Patzak/Volkmer, 8. Aufl. 2016, AMG § 95 Rn. 84; *König* SpuRt 2010, 106; s. auch BT-Drs. 16/5526, 1, 9; in diese Richtung auch *Striegel* in HK-ADG § 2 Rn. 10; aA *Nolte* in HK-ADG § 1 Rn. 73; *Krüger* PharmR 2012, 160 (161)). Immerhin soll Schutzgut des § 2 Abs. 3 die Gesundheit der Allgemeinheit sein (BT-Drs. 18/4898, 26; ebenso *Jahn* SpuRt 2015, 149 (151)). Dass dieses Rechtsgut bei dem Handeltreiben, das es am meisten gefährdet, nicht ausdrücklich genannt wird, macht die Sache nicht besser.

---

[1] „Gegebenheiten oder Zwecksetzungen, die dem Einzelnen und seiner freien Entfaltung im Rahmen eines auf dieser Zielvorstellung aufbauenden sozialen Gesamtsystems oder dem Funktionieren dieses Systems selbst nützlich sind."

Das Rechtsgut der **Gesundheit der Bevölkerung** wird in der Rechtsprechung und einem Teil des Schrifttums zum Betäubungsmittelrecht dahin interpretiert, dass den materiellen und immateriellen Belastungen vorgebeugt werden soll, die sich **für die Allgemeinheit** aus dem verbreiteten Konsum von Rauschgift und den daraus herrührenden Gesundheitsbeeinträchtigungen ergeben (*König* in Grenzen des Paternalismus, S. 267, 278, 279; *Weber* Handeltreiben S. 326, 327, 372, 373 mwN; zur – nicht überzeugenden – Kritik an diesem Rechtsgut s. *Weber* Handeltreiben S. 137 Fn. 53, S. 373–379; nach *Greco* GA 2010, 622 (624) soll dieses Rechtsgut „politisch unhaltbar" sein, nach *Böllinger* KJ 1994, 405 (410) ist es gar „faschistoid", jeweils zur Volksgesundheit).

Der Gebrauch von **Dopingmitteln** erreicht nicht denselben hohen Gefährdungsgrad wie der von Betäubungsmitteln. Gleichwohl birgt auch der nicht therapeutisch indizierte, meist unkontrollierte Konsum hochwirksamer Arzneimittel **erhebliche Gesundheitsgefahren** in sich (zu den Folgen der einzelnen Dopingmittel *Volkmer* in Körner/Patzak/Volkmer Stoffe Teil 2 Rn. 82–146; s. auch BT-Drs. 16/5526, 13–15; 18/4898, 22; aA *Jahn* ZIS 2007, 57 (58); *Jahn* in Doping – warum nicht?, S. 69, 85), namentlich wenn die verschiedensten Substanzen nebeneinander eingenommen und für die Dopingprobe durch Maskierungsmittel ergänzt werden (*König* SpuRt 2010, 106). Dass auch aus dem ungehemmten Gebrauch von Dopingmitteln **erhebliche Folgelasten** für die Gesellschaft entstehen können, zeigt das Doping-System der ehemaligen DDR, aus dem heute noch Kosten für die Bundesrepublik Deutschland entstehen (*König* SpuRt 2010, 106; dies wird von *Jahn* ZIS 2007, 578 nicht gesehen).

§ 2 Unerlaubter Umgang mit Dopingmitteln, unerlaubte Anwendung von Dopingmethoden

(1) **Es ist verboten, ein Dopingmittel, das ein in der Anlage I des Internationalen Übereinkommens vom 19. Oktober 2005 gegen Doping im Sport (BGBl. 2007 II S. 354, 355) in der vom Bundesministerium des Innern, für Bau und Heimat jeweils im Bundesgesetzblatt Teil II bekannt gemachten Fassung (Internationales Übereinkommen gegen Doping) aufgeführter Stoff ist oder einen solchen enthält, zum Zwecke des Dopings beim Menschen im Sport**
1. **herzustellen,**
2. **mit ihm Handel zu treiben,**
3. **es, ohne mit ihm Handel zu treiben, zu veräußern, abzugeben oder sonst in den Verkehr zu bringen oder**
4. **zu verschreiben.**

(2) **Es ist verboten,**
1. **ein Dopingmittel, das ein in der Anlage I des Internationalen Übereinkommens gegen Doping aufgeführter Stoff ist oder einen solchen enthält, oder**
2. **eine Dopingmethode, die in der Anlage I des Internationalen Übereinkommens gegen Doping aufgeführt ist,**

zum Zwecke des Dopings im Sport bei einer anderen Person anzuwenden.

(3) **Es ist verboten, ein Dopingmittel, das ein in der Anlage zu diesem Gesetz aufgeführter Stoff ist oder einen solchen enthält, in nicht geringer Menge zum Zwecke des Dopings beim Menschen im Sport zu erwerben, zu besitzen oder in oder durch den Geltungsbereich dieses Gesetzes zu verbringen.**

Übersicht

		Rn.
A.	Inhalt der Vorschrift	1
B.	Die Verbote des Herstellens, Handeltreibens etc von und mit Dopingmitteln (Absatz 1)	2
	I. Adressat der Norm	3
	II. Tatgegenstand	5
	1. Dopingmittel	6
	2. In Anlage I des UNESCO-Übereinkommens gegen Doping aufgeführt	9
	a) Die Verweisung auf die Anlage I	10
	b) Die derzeit geltende Fassung	18
	c) Die Kategorien der Anlage I	19
	III. Zum Zwecke des Dopings bei Menschen im Sport	22
	1. Zu Dopingzwecken	23
	2. Im Sport	26
	3. Bei Menschen	29
	IV. Tathandlungen	30
	1. Herstellen (Nr. 1)	33
	2. Handeltreiben (Nr. 2)	36
	a) Der Tatbestand im Einzelnen	38
	aa) Handlung	39
	bb) Ausrichtung auf den Umsatz von Dopingmitteln zum Zweck des Dopings beim Menschen im Sport	40
	(a) Umsatzgeschäft	41
	(b) Endziel	42
	(c) Tätigkeitsdelikt	43
	(d) Verkaufs-, Kaufgeschäfte, sonstige Rechtsgeschäfte, Anbahnung von Geschäften, Zahlungsvorgänge als Teilakte des Handeltreibens	45
	(e) Tatsächliche Handlungen als Teilakte des Handeltreibens	46
	(f) Besitzen, Verbringen als Teilakte des Handeltreibens	48
	cc) Erkennbarkeit	49
	dd) Eigennützigkeit	50
	3. Veräußern (Nr. 3 Alt. 1)	54
	4. Abgeben (Nr. 3 Alt. 2)	55
	5. Sonstiges Inverkehrbringen (Nr. 3 Alt. 3)	56
	6. Verschreiben (Nr. 4)	58
C.	Das Verbot der Anwendung von Dopingmitteln und -methoden (Absatz 2)	59
	I. Die Anwendung eines Dopingmittels (Nr. 1)	60
	1. Dopingmittel	61
	2. In Anlage I des UNESCO-Übereinkommens aufgeführt	62
	3. Anwendung	63
	4. Bei einer anderen Person	65
	5. Zum Zweck des Dopings im Sport	66
	II. Die Anwendung einer Dopingmethode (Nr. 2)	67
	1. Dopingmethode	68
	2. Verweisung auf die Anlage I des UNESCO-Übereinkommens	69
	a) Manipulation von Blut und Blutbestandteilen (M1)	71
	aa) Blutdoping (M1 Nr. 1)	72
	bb) Künstliche Erhöhung der Aufnahme, des Transports oder der Abgabe von Sauerstoff (M1 Nr. 2)	77
	cc) Intravaskuläre Manipulation von Blut oder Blutbestandteilen (M1 Nr. 3)	78
	b) Chemische und physikalische Manipulation (M2)	79
	aa) Einflussnahmen auf die Proben (M2 Nr. 1)	80

Unerlaubter Umgang mit Dopingmitteln **§ 2 AntiDopG**

Rn.
- bb) Intravenöse Infusion und/oder Injektionen (von mehr als 50 ml innerhalb von sechs Stunden (M2 Nr. 2) 81
- c) Gendoping 82
- 3. Anwendung bei einer anderen Person 83
- 4. Zum Zwecke des Dopings im Sport 84
- D. Das Verbot, bestimmter Dopingmittel in nicht geringer Menge zu erwerben, zu besitzen oder zu verbringen (Absatz 3) 85
  - I. Einführung 85
  - II. Rechtsgut 90
  - III. Das Verbot nach Absatz 1 Nr. 2 (Handeltreiben) im Verhältnis zu den Verboten nach Absatz 3 91
  - IV. Die Verbote im Einzelnen 93
    - 1. Adressat der Norm 94
    - 2. Tatobjekte 95
      - a) Dopingmittel 96
      - b) In der Anlage zum AntiDopG aufgeführt 97
      - c) In nicht geringer Menge, DmMV 98
    - 3. Tathandlungen 101
      - a) Erwerben 102
      - b) Besitzen 104
      - c) Verbringen nach und durch Deutschland 110
    - 4. Zum Zwecke des Dopings beim Menschen im Sport 117
- E. Straftaten 118

A. Inhalt der Vorschrift

Die Vorschrift ist die grundlegende Verbotsnorm für den unerlaubten Umgang 1
mit Dopingmitteln und die unerlaubte Anwendung von Dopingmethoden **bei anderen.** Die Anwendung entsprechender Mittel und Methoden am eigenen Körper („**Selbstdoping**" oder „**Eigendoping**") wird durch § 3 erfasst.

B. Die Verbote des Herstellens, Handeltreibens etc von und mit Dopingmitteln (Absatz 1)

Absatz 1 lehnt sich an § 6a Abs. 1 AMG aF an und beschreibt die Verbote, die 2
gewissermaßen die „Abgabeseite" des Dopings betreffen. Dabei werden die bisherigen Verbote um weitere Begehungsweisen erweitert.

I. Adressat der Norm. Das Verbot richtet sich an jedermann. Neben den 3
(Sport-)Ärzten, Trainern, Sportfunktionären, Mannschaftsärzten und sonstigen Personen im Umfeld des Athleten und verantwortungslosen Eltern kommen vor allem auch Apotheker, Großhändler und pharmazeutische Unternehmer in Betracht. Auch Sportler selbst können Täter sein, wenn sie Dopingmittel an Sportkameraden, etwa versuchsweise, weitergeben oder bei ihnen anwenden.

Von § 2 nicht erfasst wird die Anwendung **an sich selbst.** Das Selbstdoping ist in 4
§ 3 geregelt.

II. Tatgegenstand. Tatobjekte sind Dopingmittel, die ein in der Anlage I des 5
Internationalen Übereinkommens v. 19.10.2005 gegen Doping im Sport (BGBl. 2007 II S. 354 (355)) in der vom BMI jeweils im Bundesgesetzblatt Teil II bekannt gemachten Fassung (Internationales Übereinkommen gegen Doping) aufgeführter Stoff sind oder einen solchen enthalten, und zum Doping beim Menschen in Sport bestimmt sind.

1. Dopingmittel. Anders als der frühere § 6a AMG beschränkt sich § 2 Anti- 6
DopG nicht auf Arzneimittel (§ 6a Abs. 1, 2 AMG aF) oder Arzneimittel und Wirkstoffe (§ 6a Abs. 2a AMG aF), sondern verwendet generell den Begriff **Doping-**

Kornprobst

mittel. Nach der Gesetzesbegründung (BT-Drs. 18/4898, 23) soll dieser Begriff sowohl Arzneimittel als auch Wirkstoffe umfassen. Eine solche Beschränkung ist dem **Gesetzeswortlaut** jedoch **nicht** zu entnehmen. Vielmehr gilt das Gesetz für alle Mittel, die zum Doping bestimmt sind, gleichgültig, ob es sich um einen Stoff, einen Wirkstoff, einen neuen psychoaktiven Stoff (NPS), eine Zubereitung, einen Gegenstand, etwa ein Pflaster, oder ein sonstiges Mittel handelt (ebenso *Wußler* in Erbs/Kohlhaas AntiDopG § 2 Rn. 3 am Beispiel von anabolen Steroiden in pulveriger Form).

7   **Dopingmittel** sind Mittel, die zum Doping bestimmt sind oder ihm jedenfalls dienen. **Doping** ist der Versuch, eine unphysiologische Steigerung der Leistungsfähigkeit bei sportlichen Aktivitäten zu erzielen (*Freund* in MüKoStGB AntiDopG §§ 1–4 Rn. 2; *Wußler* in Erbs/Kohlhaas AntiDopG § 2 Rn. 2; *Deutsch* VersR 2007, 145 (147); *Bruggmann/Grau* PharmR 2008, 101), also eine Steigerung, die nicht auf natürlichem Wege, etwa durch Training oder Ernährung, erfolgt (*Volkmer* in Körner/Patzak/Volkmer AntiDopG § 4 Rn. 21; *Kloesel/Cyran* AMG § 6a Anm. 2a; *Deutsch/Lippert* AMG § 6a Rn. 2).

8   **Dopingmittel** sind auch Mittel, die nicht unmittelbar der unnatürlichen Leistungssteigerung dienen, sondern mittelbar dazu beitragen, indem sie die Ergebnisse einer Dopingkontrolle verschleiern (maskieren) oder Dopingkontrollen erschweren (*Volkmer* in Körner/Patzak/Volkmer AntiDopG § 4 Rn. 22; *Wußler* in Erbs/Kohlhaas AntiDopG § 2 Rn. 5; aA *Kloesel/Cyran* § 6a Anm. 17), etwa Plasmaexpander zur Verschleierung der EPO-Wirkung (*Parzeller/Rüdiger* ZRP 2007, 137 (139)).

9   **2. In Anlage I zum UNESCO-Übereinkommen gegen Doping aufgeführt.** Hinsichtlich der verbotenen Dopingmittel hatte § 6a AMG auf den Anhang zum Europarats-Übereinkommen gegen Doping von 1989 (→ Einl. Rn. 9) verwiesen. Dies war, soweit nach dem Inkrafttreten des Gesetzes Änderungen des Anhangs erfolgt waren, rechtsstaatlich nicht unbedenklich (→ 4. Auflage AMG § 6a Rn. 46–56).

10   a) **Verweisung auf die Anlage I.** Das neue Recht verweist demgegenüber auf die Anlage I des Internationalen Übereinkommens (der UNESCO) gegen Doping im Sport v. 19.10.2005 in der vom BMI im BGBl. Teil II **jeweils bekannt gemachten Fassung.** Mit dieser Regelung hat der Gesetzgeber die Liste, wie sie beim **Inkrafttreten** des Gesetzes am 18.12.2015 im BGBl. II bekannt gemacht war (Bek. v. 16.7.2014 (BGBl. II S. 1356); die Bek. v. 17.12.2015 (BGBl. II S. 1684) war zu diesem Zeitpunkt noch nicht in Kraft), **in seinen Willen aufgenommen,** so dass jedenfalls **insoweit** Rechtssicherheit gegeben ist (s. BGHSt 59, 11 = NJW 2014, 325 = NStZ 2014, 467 mAnm *Volkmer* = NStZ-RR 2014, 83 = PharmR 2014, 114 mAnm *Floeth* = MedR 2014, 653) und auf die neuen Listen nicht zurückgegriffen werden muss. Die Verbotsliste 2014 ist als Anhang K 1 abgedruckt.

11   **Hinsichtlich späterer Änderungen** werden damit allerdings die Bedenken, die gegen die in § 6a AMG enthaltene Verweisung bestanden haben, nicht in jeder Hinsicht ausgeräumt. Unbedenklich ist die **(dynamische) Verweisung als solche.** Sie ist der besonderen Flexibilität geschuldet, die im Hinblick auf die rasche Entwicklung neuer Dopingmittel und -methoden bei der Dopingbekämpfung erforderlich ist. In einem solchen Falle, wenn wechselnde und mannigfaltige Einzelregelungen erforderlich sind, ist es zulässig, dass der Gesetzgeber gewisse Spezifizierungen eines Straftatbestandes dem Verordnungsgeber überlässt, sofern er die Voraussetzungen der Strafbarkeit sowie Art und Maß der Strafe selbst hinreichend deutlich umschreibt (BVerfG NJW 1998, 669 = NStZ-RR 1997, 342 = StV 1997, 405 – Betäubungsmittel; 2016, 3648 – RiFlEtikettG mAnm *Hecker;* NJOZ 2010, 1433 – Pilze als Pflanzen). Allerdings bezieht sich diese Rechtsprechung auf **Ver-**

ordnungen, ob sie auch für Regelungen herangezogen werden kann, die durch ein Bundesressort lediglich **bekannt gemacht** werden, erscheint zweifelhaft (→ Rn. 14–15).

Der **Welt-Anti-Doping-Code – WADC** – (Art. 2 S. 3 Nr. 6 des Übereinkommens) ist **Privatrecht** (*Adolphsen* SportR Rn. 997). Er ist dem UNESCO-Übereinkommen als Anhang 1 lediglich „zu Informationszwecken" beigefügt und deswegen nicht zu dessen Bestandteil geworden (Art. 4 Abs. 2). **Etwas anderes** gilt für die **Verbotsliste (Anlage I).** Sie ist Bestandteil des Übereinkommens (Art. 4 Abs. 3). Damit ist sie zu Völkervertragsrecht geworden, das auch Deutschland bindet. 12

Diese Bindung bezog sich zunächst nur auf die damals geltende Fassung der Anlagen. Sie sind von der **WADA,** einer Stiftung nach Schweizer Recht, inzwischen geändert worden. Für die Aufnahme solcher Änderungen in das UNESCO-Übereinkommen sieht Art. 34 ein bestimmtes Verfahren vor. Wesentlich ist dabei, dass die Änderungen in den Vertragsstaaten, die dem Generalsekretär notifiziert haben, dass sie die Änderung nicht annehmen, nicht in Kraft treten (Art. 34 Abs. 3 S. 2). Diese Staaten bleiben an die frühere Fassung der Anlagen gebunden (Art. 34 Abs. 4), so dass der **gebotene nationale Einfluss** (BVerfGE 101, 17 (34) = NJW 1999, 3252; 108, 282 (311) = NJW 2003, 3111) gegeben ist. 13

Nicht unproblematisch ist dagegen, dass hinsichtlich der Veröffentlichung der Änderungen auf eine **Bekanntmachung** verwiesen wird, die **konstitutive** Wirkung haben soll (BT-Drs. 18/4898, 24). Es geht hier nicht um eine Verwaltungsvorschrift, sondern um die **Bestimmung der Strafbarkeit.** Dass Deutschland in der Vertragsstaatenkonferenz durch das BMI und das AA vertreten wird, so dass die Entscheidungsbefugnis auf derselben exekutiven Ebene liegt, als wenn eine Verordnungsermächtigung geschaffen worden wäre (BT-Drs. 18/4898, 24), vermag daran nichts zu ändern (iErg *Eschelbach* in GFW AntiDopG § 4 Rn. 11; aA ohne Problembewusstsein *Striegel* in HK-ADG § 2 Rn. 23). 14

Nicht ohne Grund sieht das BtMG (§ 1 Abs. 4) für die auch strafrechtlich relevante Umsetzung internationaler Beschlüsse eine **Rechtsverordnung** vor. Auch bei der Bekämpfung des Dopings im Sport wäre es jedenfalls ein **Gewinn an Rechtsstaatlichkeit,** wenn eine solche Verordnungsermächtigung geschaffen oder, solange dies nicht geschehen ist, statt einer Bekanntmachung von der Verordnungsermächtigung des § 6 Abs. 2 Gebrauch gemacht würde. Nach Auffassung des BGH (NStZ-RR 2019, 86) begegnet dieser Verweisungsmechanismus allerdings **keinen** durchgreifenden **verfassungsrechtlichen Bedenken,** weil es anders als nach § 6a Abs. 2 S. 1 AMG aF nun einer innerstaatlichen Entscheidung vorbehalten bleibt, inwieweit auch künftige Änderungen der Anlage I des Übereinkommens in den Straftatbestand eingefügt werden. Damit sei jedenfalls ausgeschlossen, dass der Inhalt des Straftatbestands ohne oder gegen den Willen der nationalen Institutionen verändert werde. Durch die Neuregelung werde damit – wie vom Gesetzgeber intendiert (vgl. BT-Drs. 18/4898, 24 f.) – ein höheres Maß an nationaler Gestaltungshoheit erreicht (BGH NStZ-RR 2019, 86). 15

Werden die Bedenken überwunden, die sich aus dem Inkraftsetzen neuer Regeln durch **Bekanntmachung** ergeben (→ Rn. 14–15), dürfte § 2 Abs. 1 auch unter dem Blickpunkt der Entscheidung des **BVerfG v. 21.9.2016** (NJW 2016, 3648 – RiFlEtikettG mAnm *Hecker*) Bestand haben. An der Notwendigkeit einer Regelung, mit der rasch auf den Einsatz neuer Dopingmittel und -methoden reagiert werden kann und die zudem weltweit gilt, besteht kein Zweifel (→ Rn. 11). Die Benennung der Tathandlungen (Verstöße) ist im Gesetz selbst enthalten. Dasselbe gilt für Art und Maß der Strafe (§ 4) sowie das Programm des Gesetzes (§ 1); es dient der Bekämpfung des Einsatzes von Dopingmitteln oder -methoden im Sport bei 16

AntiDopG § 2

Menschen. Dass diese Zielsetzung nicht in der Ermächtigungsnorm selbst enthalten ist, ist nicht erheblich, da insoweit auch auf andere Normen des Gesetzes zurückgegriffen werden kann (BVerfG NJW 2016, 3648).

17 **Allerdings fehlt** eine dem § 1 Abs. 2 S. 1 BtMG entsprechende Regelung, die gewissermaßen den materiellen Begriff des Betäubungsmittels umreißt (BVerfG NJW 1998, 669 (→ Rn. 11)). Aber auch ohne eine solche Erläuterung ist der Begriff des Dopingmittels bereits aus dem Wortsinn zu entnehmen. Während der Begriff „Betäubungsmittel" eher irreführend auf eine Betäubung hinweist, ergibt sich aus dem Begriff „Dopingmittel", dass es sich um ein Mittel handelt, das zum **Doping** bestimmt ist. Doping wiederum ist der Versuch, eine unphysiologische Steigerung der Leistungsfähigkeit bei sportlichen Aktivitäten zu erzielen (→ Rn. 7, 8). Der Rechtsunterworfene vermag daher bereits **auf Grund des Gesetzes** zu erkennen, dass der im Gesetz beschriebene Einsatz solcher Mittel im Sport bei Menschen verboten und strafbar ist. Die Anlage I des UNESCO-Übereinkommens dient nur der näheren Konkretisierung dieses bereits aus dem Gesetz erkennbaren Verbots und ist damit eine Verhaltensnorm und keine Sanktionsnorm (dazu *Freund* in MüKoStGB AntiDopG §§ 1–4 Rn. 26, 27). Kritisch zur Verweisung auf die WADA-Verbotsliste auf Grund allgemeiner Erwägungen Eschelbach in GFW Anti-DopG Rn. 2.

18 **b) Die derzeit geltende Fassung.** Sofern danach die derzeit geltende Fassung als maßgeblich angesehen wird, ist dies die durch Bek. v. 18.12.2020 (BGBl. II S. 1318) bekanntgemachte Verbotsliste Januar 2021. Die WADA-Verbotsliste 2021 ist als Anhang K 2 abgedruckt.

19 **c) Die Kategorien der Anlage I.** Die Verbotsliste enthält verschiedene Kategorien. Sie unterscheidet zwischen
– Stoffen und Methoden, die zu allen Zeiten (in und außerhalb von Wettkämpfen) verboten sind,
– im Wettkampf verbotene Stoffe und Methoden und
– in bestimmten Sportarten verbotene Stoffe.

19a Diese **Unterscheidung** wird in § 3 Abs. 1, nicht aber in § 2 Abs. 1 **abgebildet.** Die Einfügung in § 3 geht auf eine Empfehlung des Sportausschusses (BT-Drs. 18/6677, 10, 11) zurück. Der Ausschuss hatte damit die Nr. 2 der Stellungnahme des Bundesrats (BT-Drs. 18/4898, 48, 49) aufgegriffen, in der dieser eine Diskrepanz zwischen der Verbotsliste und dem Gesetzesvorschlag zu erkennen glaubte. Warum in § 2 eine entsprechende Anpassung unterblieben ist, ist nicht erkennbar. Es spricht allerdings einiges dafür, dass mit der Ergänzung des § 3 Abs. 1 lediglich ein **Scheinproblem** bereinigt wurde. Die Berücksichtigung der verschiedenen Kategorien ergibt sich nämlich von selbst: Ist das Dopingmittel im Wettkampf verboten, so ist es auch nur dort ein verbotenes Mittel. Dasselbe gilt, wenn das Mittel nur für eine bestimmte Sportart verboten ist. Die in der dritten Lesung des Gesetzes in § 3 Abs. 1 eingefügte Regelung hat daher nur **klarstellenden** Charakter. Es kann deshalb davon ausgegangen werden, dass die entsprechenden Einschränkungen auch in den Fällen des § 2 gelten.

20 Die **Verbotsliste 2021** enthält **sechs Stoffgruppen,** deren Stoffe **innerhalb und außerhalb des Wettkampfs** verboten sind (dazu *Striegel* in HK-ADG § 2 Rn. 25–54):
– **S0-Nicht zugelassene Stoffe:** diese Gruppe umfasst pharmakologisch wirksame Substanzen, die in den folgenden Gruppen nicht aufgeführt sind und die für eine therapeutische Anwendung beim Menschen nicht durch eine Behörde zugelassen sind, zB Arzneimittel, deren Entwicklung eingestellt wurde, Designerdrogen und Tierarzneimittel.

Unerlaubter Umgang mit Dopingmitteln § 2 **AntiDopG**

- **S1-Anabole Stoffe:** sie erhöhen die Muskelmasse und vermindern den Fettanteil. Die Kraftverhältnisse werden verbessert und die Regenerationsfähigkeit erhöht. Sie werden unterschieden in Anabol-androgene Steroide (AAS) und andere anabole Wirkstoffe. Zu den letzteren gehört Clenbuterol. Die AAS wiederum werden in exogene und endogene Substanzen unterschieden (s. dazu die Fn. * und ** der Verbotsliste); zu den endogenen AAS bei exogener Verabreichung gehören Testosteron und Nandrolon und ihre Metaboliten und Isomere.
- **S2-Peptidhormone, Wachstumsfaktoren, verwandte Substanzen und Mimetika:** diese Gruppe umfasst chemisch unterschiedliche Substanzen; am bekanntesten sind Erythopoietin (EPO) und Wachstumshormone. EPO führt zu einer verbesserten Sauerstofftransportkapazität des Blutes; Wachstumshormone führen zu Wachstumsprozessen ua bei inneren Organen.
- **S3-Beta-2-Agonisten:** sie sorgen für eine verbesserte Atmung, indem sie die Bronchien in den Lungen erweitern; bei hoher Dosierung haben sie auch eine muskelaufbauende Wirkung.
- **S4-Hormon- und Stoffwechsel-Modulatoren:** sie beeinflussen die Hormonwirkungen oder beschleunigen oder verlangsamen bestimmte Enzymreaktionen; bekannt sind die Antiöstrogene, die die Umwandlung von Testosteron in Östrogen blockieren. Zur Gruppe S4 gehört auch Meldonium.
- **S5-Diuretika und Maskierungsmittel:** Diuretika fördern die Ausscheidung von Urin; auch die anderen in der Verbotsliste genannten Mittel sind geeignet, die Ergebnisse einer Dopingprobe zu verschleiern.

Die **Verbotsliste 2021** enthält ferner **drei Methoden,** die innerhalb und außerhalb des Wettkampfs verboten sind: 20a
- **M1.** Manipulation von Blut und Blutbestandteilen.
- **M2.** Chemische und physikalische Manipulation
- **M3.** Gen- und Zelldoping.

Im Wettkampf sind verboten (dazu *Striegel* in HK-ADG § 2 Rn. 55–68): 21
- **S6-Stimulanzien:** in dieser Gruppe sind chemisch heterogene Substanzen zusammengefasst, die die Konzentrationsfähigkeit verbessern, Hemmschwellen reduzieren und zu einer Unterdrückung des Ermüdungsgefühls führen; ein erheblicher Teil davon sind Betäubungsmittel.
- **S7-Narkotika:** in dieser Gruppe sind chemisch unterschiedliche Stoffe zusammengefasst, die eine beruhigende Wirkung haben. Es handelt sich ausschließlich um Betäubungsmittel.
- **S8-Cannabinoide:** dazu zählen Cannabis, aber auch NPS (Cannabimimetika).
- **S9-Glucocorticoide:** die Stoffe dieser Gruppe haben antriebssteigernde, entzündungshemmende und immunsuppressive Wirkung.
- **P1-Beta-Blocker:** sind bei bestimmten Sportarten verboten.

Der bei bestimmten Sportarten verbotene Alkohol wurde 2018 aus der Verbotsliste gestrichen.

III. Zum Zwecke des Dopings beim Menschen im Sport. Der Umgang mit dem Dopingmittel muss zum Zwecke des Dopings bei Menschen im Sport erfolgen. 22

1. Zu Dopingzwecken. Zum Begriff des Doping → Rn. 7. Das **Doping** kann durch Anwendung einer pharmazeutischen Substanz oder einer besonderen Methode erfolgen. Nach der Neufassung wird nunmehr auch im deutschen Recht beides erfasst. Eine Verwendung zur Leistungssteigerung ist insbesondere gegeben, wenn die körperlichen Kräfte, die Ausdauer oder Konzentrationsfähigkeit verstärkt werden sollen (*Nickel* in Kügel/Müller/Hofmann § 6a Rn. 9). **Dopingzwecken** dienen auch Stoffe, die die Ergebnisse einer Dopingkontrolle verschleiern (maskieren) oder Dopingkontrollen erschweren (→ Rn. 8). 23

AntiDopG § 2

24 Nicht notwendig ist, dass die Anwendung des Dopingmittels **tatsächlich zu einer Leistungssteigerung** führt. Auch wenn ein solcher Erfolg nicht eintritt, ist der Verbotstatbestand erfüllt (*Volkmer* in Körner/Patzak/Volkmer AntiDopG § 4 Rn. 23).

25 **Zweck** der in Absatz 1 genannten Handlungen **muss das Doping** sein. Andere Bestimmungszwecke, namentlich die Behandlung von Krankheiten, reichen nicht. Es genügt, dass der jeweils Handelnde Kenntnis von den tatsächlichen Umständen hat, die auf den Verwendungszweck schließen lassen; **Eventualvorsatz** hinsichtlich des von dem Sportler gesetzten Verwendungszwecks reicht daher aus (*Striegel* in HK-ADG § 2 Rn. 79; *Rehmann* § 4 Rn. 1; aA *Bruggmann/Grau* PharmR 2008, 101 (104) sowie *Hauptmann/Rübenstahl* MedR 2007, 271 (273), die zielgerichtetes Handeln, sicheres Wissen (*Heger* in Anti-Doping-Gesetz S. 33, 34) oder eine Absicht (*Raum* in Kügel/Müller/Hofmann § 95 Rn. 23) verlangen, wobei allerdings nicht klar wird, ob sich dies nur auf den Sportler bezieht). Erkennt der Handelnde diese Zwecksetzung aus **Fahrlässigkeit** nicht, liegt ein fahrlässiger Verstoß vor (*Freund* in MüKoStGB AntiDopG §§ 1–4 Rn. 108; *Bruggmann/Grau* PharmR 2008, 101 (104); aA *Heger* in Anti-Doping-Gesetz S. 33).

26 **2. Im Sport.** Die Dopingmittel müssen im Sport verwendet werden. Die Eingrenzung des Begriffs Sport bereitet erhebliche Schwierigkeiten (vgl. *Perron* in Schönke/Schröder StGB § 265 c Rn. 5). Häufig wird als erforderlich angesehen, dass eine die Sportart bestimmende **körperliche (motorische) Betätigung** im Vordergrund steht (*Putzke* in HK-ADG § 4 Rn. 55). Was unter Sport verstanden wird, lässt sich allerdings kaum an diesem oder einem anderen konkreten Merkmal festmachen, sondern wird weit mehr durch historisch gewachsenen Sprachgebrauch und tradierte Anschauungen bestimmt. So werden etwa Wettbewerbe künstlerischer (zB Musik-, Vorlese-, Rhetorikwettbewerbe) und handwerklicher Art, Rate- und Gesellschaftsspiele, Mathematikwettbewerbe, Schönheitswettbewerbe, die Dressur von Tieren und „eSport" üblicherweise nicht dem Sport zugeordnet, mögen sie auch mit körperlicher Bewegung und Anstrengung verbunden sein und in einem sporttypischen Wettstreit ausgetragen werden. Hingegen hat der Deutsche Olympische Sportbund zB Schach, Billard, Boccia/Boule, Dart und Minigolf als Sportarten anerkannt, das Internationale Olympische Komitee auch Bridge. Die Existenz eines „Sportverbands" und dessen Anerkennung durch den Sportbund als Dachverband ist zumindest ein starkes Indiz dafür, dass die betreffende Betätigung nach gesellschaftlicher Anschauung als Sportausübung anzusehen ist (vgl. BT-Drs. 18/8831, 19 zu § 265 c StGB) und deshalb unter § 2 fällt (weitergehend *Freund* in MüKoStGB AntiDopG §§ 1–4 Rn. 45, 46, der das Vorhandenseins eines sporttypischen Wettstreits genügen lässt; enger *Perron* in Schönke/Schröder StGB § 265 c Rn. 5, der zusätzlich eine sportartbestimmende motorische Aktivität fordert, wobei seine Annahme, diese fehle zB beim Motorsport, angesichts der dort uU geforderten konditionellen und athletischen Fähigkeiten (man denke zB an Motocross-Rennen) nicht überzeugt).

27 Sport ist nicht nur der **Leistungssport,** sondern auch der **Breiten- und Freizeitsport** (BGHSt 59, 11 (→Rn. 10); BGH NStZ 2018, 475 mAnm *Putzke* = StV 2018, 302 = PharmR 2018, 343 mAnm *Krüger; Nickel* in Kügel/Müller/Hofmann § 6a Rn. 10; *Wußler* in Erbs/Kohlhaas AntiDopG § 2 Rn. 6; s. auch *Nolte* in HK-ADG § 1 Rn. 26). Es ist danach unerheblich, ob die intendierte Leistungssteigerung im Wettkampf, im Training oder in der Freizeit erreicht werden soll (BGH NStZ 2010, 170; 2012, 218 = PharmR 2012, 158 mAnm *Krüger*; BT-Drs. 13/9996, 13). Auch Aktivitäten ohne Wettkampfbezug, etwa **Bodybuilding,** werden erfasst (BGHSt 59, 11 (→Rn. 10); BGH NStZ 2010, 170; 2012, 218 (s. o.); 2018, 475 (s. o.); BT-Drs. 13/9996, 13; *Wußler* in Erbs/Kohlhaas AntiDopG § 2 Rn. 6; aA *Freund* in MüKoStGB AntiDopG §§ 1–4 Rn. 47, der im Wege einer te-

leologischen Reduktion der Verbotsnorm das ungeschriebene Tatbestandsmerkmal des Wettbewerbsbezugs annimmt). Unter das Verbot fällt daher auch die Abgabe an einen Strafgefangenen zum Zwecke des Bodybuilding (*Volkmer* in Körner/Patzak/Volkmer AntiDopG § 4 Rn. 21).

Nicht unter die Verbotsvorschrift fällt der Einsatz **zu anderen Zwecken,** etwa zu militärischen Vorhaben (*Volkmer* in Körner/Patzak/Volkmer AntiDopG §§ 1–4 Rn. 25), zur Ablegung von Leistungsnachweisen oder zur Bewältigung von Prüfungen (*Freund* in MüKoStGB AntiDopG § 6a Rn. 37). Nicht abschließend geklärt ist, ob auch sportliche Prüfungen an Schule und Universität darunterfallen (*Freund* in MüKoStGB AntiDopG §§ 1–4 Rn. 44; *Nickel* in Kügel/Müller/Hofmann § 6a Rn. 10; *Putzke* in HK-ADG § 4 Rn. 53). Dass der **Schul- und Hochschulsport** insgesamt vom Geltungsbereich des Gesetzes ausgenommen sein soll (so wohl Putzke in HK-ADG § 4 Rn. 53), erscheint jedoch nicht plausibel, da die Integrität des Sports durch Doping dort nicht weniger beeinträchtigt wird als anderswo. Nicht unter die Verbotsvorschrift fällt der Einsatz zu **therapeutischen** Zwecken. Beweisschwierigkeiten sind hier vorprogrammiert, namentlich wenn **eine medizinische Ausnahmegenehmigung** (TUE – Therapeutic Use Exemption) nicht vorliegt; dazu Nr. 4.4 Welt-Anti-Dope-Code 2015). Zum Begriff der Krankheit → AMG § 2 Rn. 30. Darunter fallen auch die krankhaften Beschwerden (*Nickel* in Kügel/Müller/Hofmann § 6a Rn. 9). Krankheiten sind auch die aus der sportlichen Betätigung entstandenen Verletzungen oder sonstigen Gesundheitsbeeinträchtigungen. 28

3. Bei Menschen. Das Doping muss bei Menschen bezweckt sein. Dopingmittel zur Leistungssteigerung von Tieren fallen nicht darunter. Ein Verbot des Tierdopings bei Wettkämpfen und vergleichbaren Veranstaltungen ist in § 3 Nr. 1b TierSchG enthalten. 29

IV. Tathandlungen. Der bisher in § 6a Abs. 1 AMG enthaltene Katalog der Tathandlungen wurde nicht unerheblich erweitert, wobei im Hinblick auf die strukturelle Vergleichbarkeit mit dem Betäubungsmittelrecht, namentlich der Vertriebsstrukturen und Mechanismen der illegalen Märkte, der **Katalog des § 29 Abs. 1 Nr. 1 BtMG als Vorbild** gedient hat (BT-Drs. 18/4898, 23; Eschelbach in GFW AntiDopG § 4 Rn. 6). Die für die dort genannten Tatalternativen genannten Grundsätze können daher auch hier herangezogen werden. 30

Allerdings sind viele der zum Doping verwendeten Mittel **Arzneimittel,** die überwiegend zu therapeutischen Zwecken eingesetzt werden. Es ist daher **strikt zu beachten,** dass ein Verbot nach Absatz 1 nur eingreift, wenn die Mittel dem **Zwecke des Dopings** bei Menschen im Sport (→ Rn. 25) dienen sollen. 31

Tathandlungen nach Absatz 1 sind: 32

1. Herstellen (Nr. 1). Die Herstellung von Dopingmitteln zu Dopingzwecken trägt maßgeblich dazu bei, dass diese Mittel im Sport angewendet werden. Vor allem in sogenannten Untergrundlaboren nimmt die Produktion dieser Substanzen stark zu. Das betrifft namentlich anabole Steroide, die häufig verunreinigt und dadurch besonders gesundheitsgefährdend sind. 33

Das **Herstellen** ist sowohl in § 2 Abs. 1 Nr. 4 BtMG als auch in § 4 Abs. 14 AMG **gesetzlich definiert.** Die Definitionen sind in den wesentlichen Herstellungsschritten gleich, stimmen aber nicht völlig überein. Das Antidopingrecht war zwar ursprünglich eine Form des Arzneimittelrechts, es lehnt sich aber an den Katalog des § 29 Abs. 1 S. 1 BtMG an (→ Rn. 30). Der Begriff des Herstellens im AntiDopG ist daher wie der im Betäubungsmittelrecht zu verstehen (ebenso *Wußler* in Erbs/Kohlhaas AntiDopG § 2 Rn. 10). Insoweit wird auf → BtMG § 2 Rn. 53–64, → § 3 Rn. 27, → § 29 Rn. 133, 134 verwiesen. 34

AntiDopG § 2

35 Dies gilt auch dann, wenn ein **Arzneimittel** zu Dopingzwecken hergestellt wird. Allerdings gelten **daneben die Vorschriften des AMG** (→ Einl. Rn. 25–27) und damit auch der arzneimittelrechtliche Begriff des Herstellens (§ 4 Abs. 14 AMG) sowie die Vorschriften, die das Herstellen unter bestimmten Umständen unter Strafe stellen (§ 95 Abs. 1 Nr. 3a, § 96 Abs. 1 Nr. 4).

36 **2. Handeltreiben (Nr. 2).** Ausgehend von der Rezeption des betäubungsmittelrechtlichen Begriffs (→ Rn. 30) ist der Begriff des Handeltreibens auch im AntiDopG **weit auszulegen.** Er reicht von einfachen, rein tatsächlichen Handlungen bis zu komplizierten Finanztransaktionen. Unter Handeltreiben im Rahmen des § 2 Abs. 1 ist danach jedes **eigennützige Bemühen** zu verstehen, das darauf **gerichtet** ist, den Umsatz von Dopingmitteln zum Zwecke des Dopings bei Menschen im Sport (→ Rn. 31) zu ermöglichen oder zu fördern (→ BtMG § 29 Rn. 169). Dies kann auch durch ein **Unterlassen** geschehen (→ BtMG § 29 Rn. 169). Auf Berufs- oder Gewerbsmäßigkeit kommt es nicht an; ausreichend ist auch eine einmalige oder gelegentliche Tätigkeit (→ BtMG § 29 Rn. 170).

37 Wie bereits der Wortlaut der Nr. 3 zeigt, ist das Handeltreiben auch im AntiDopG der **umfassende Tatbestand** wie im BtMG. Die in Nr. 3 genannten Alternativen kommen nur dann zur Geltung, wenn kein Handeltreiben vorliegt; anderenfalls gehen sie im Handeltreiben auf.

38 **a) Der Tatbestand im Einzelnen.** Der Tatbestand des Handeltreibens setzt die Erfüllung der folgenden Merkmale voraus:

39 **aa) Handlung.** Es muss eine Handlung vorliegen. Darunter fällt jegliche Tätigkeit (→ BtMG § 29 Rn. 231). Dies können Rechtsgeschäfte oder Tätigkeiten, die mit solchen in Zusammenhang stehen (→ Rn. 45), oder tatsächliche Handlungen (→ Rn. 46, 47) sein.

40 **bb) Ausrichtung auf den Umsatz von Dopingmitteln zum Zweck des Dopings beim Menschen im Sport.** Die Tätigkeit muss auf einen Umsatz von Dopingmitteln gerichtet sein. Dieser Umsatz muss dem Zweck des Dopings bei Menschen im Sport dienen.

41 **(a) Umsatzgeschäft.** Die Tätigkeit muss sich auf die Vornahme eines Umsatzgeschäfts richten (→ BtMG § 29 Rn. 256–258). Ein Umsatzgeschäft liegt vor, wenn der rechtsgeschäftliche Übergang des Dopingmittel von einer Person auf eine andere bewirkt werden soll (→ BtMG § 29 Rn. 257, 258).

42 **(b) Endziel.** Ziel des Vorgangs muss es sein, die Dopingmittel auf dem Weg zum Konsumenten weiterzubringen (→ BtMG § 29 Rn. 259–292). Daran fehlt es bei einem Erwerb zum **Eigenbedarf** oder **Eigenverbrauch.** Darüber hinaus muss dieses Weiterbringen dem Zweck des Dopings bei Menschen im Sport dienen.

43 **(c) Tätigkeitsdelikt.** Das Handeltreiben ist auch im Antidopingrecht ein Tätigkeitsdelikt. Es reicht aus, dass es auf den Umsatz der Dopingmittel **gerichtet ist** (→ BtMG § 29 Rn. 263). **Nicht notwendig** ist daher,
– dass Umsatzgeschäfte tatsächlich stattgefunden haben (→ BtMG § 29 Rn. 264),
– dass es auch nur zur Anbahnung bestimmter Geschäfte gekommen ist (→ BtMG § 29 Rn. 263), anders, wenn sich die Handlung nicht unmittelbar auf Dopingmittel bezieht (s. u.),
– dass die Tätigkeit den Umsatz gefördert hat oder auch nur dazu geeignet war (→ BtMG § 29 Rn. 265),
– dass ein Umsatzerfolg eingetreten ist (→ BtMG § 29 Rn. 266–269),
– dass die Dopingmittel vorhanden sein müssen (→ BtMG § 29 Rn. 219, 280),
– dass der Täter über eine Verfügungsmöglichkeit oder Beschaffungsmöglichkeit verfügte (→ BtMG § 29 Rn. 219, 284, 285),
– dass der eigene Umsatz gefördert wird (→ BtMG § 29 Rn. 296–308),

Unerlaubter Umgang mit Dopingmitteln **§ 2 AntiDopG**

- dass das Objekt, auf das sich die konkrete Handlung bezieht, Dopingmittel sein müssen; Handeltreiben kann auch dann vorliegen, wenn sich die Handlung auf Erlöse, Kaufgeld oder andere Stoffe (Grundstoffe, Ausgangsstoffe etc) oder Gegenstände (Laborgeräte, Schmuggelfahrzeuge, Labor- oder Lagerräume etc) bezieht (→ BtMG § 29 Rn. 233–235), sofern die notwendige Beziehung zu einem Umsatzgeschäft mit Dopingmitteln besteht (dazu im Einzelnen → BtMG § 29 Rn. 236–251).

Daraus, dass die Tätigkeit lediglich **auf den Umsatz abzielen** muss, folgt ferner, 44 dass Handeltreiben auch dann in Betracht kommt,
- wenn die Substanz, auf die sich die Abrede bezog, in Wirklichkeit kein Dopingmittel, sondern ein anderer Stoff war (→ BtMG § 29 Rn. 220–224, 222, 279–283),
- wenn das Dopingmittel zum Zeitpunkt des Tätigwerdens der Beteiligten bereits unter polizeilicher Kontrolle stand, sichergestellt oder beschlagnahmt war, sofern dies den Beteiligten nicht bekannt war (→ BtMG § 29 Rn. 225, 286–289),
- wenn auf einer oder beiden Seiten des Umsatzgeschäfts, das der Täter vermitteln wollte, Verdeckte Ermittler, sonstige nicht offen ermittelnde Beamte oder V-Personen tätig geworden sind oder wenn sich ein solcher Beamter oder eine V-Person nur zum Schein an den Kaufverhandlungen beteiligt (→ BtMG § 29 Rn. 290, 291) oder
- wenn der angesprochene Vertragspartner die Dopingmittel nicht kaufen oder verkaufen will, sondern eine Verkaufs- oder Kaufabsicht nur vorspiegelt, um das Geld oder die Dopingmittel mit Gewalt oder auf andere Weise an sich zu bringen (→ BtMG § 29 Rn. 292).

(d) Verkauf- und Kaufgeschäfte, sonstige Rechtsgeschäfte, Anbahnung 45 **von Geschäften, Zahlungsvorgänge als Teilakte des Handeltreibens.** Das für den Handel mit Dopingmitteln typische Umsatzgeschäft ist deren Verkauf (→ BtMG § 29 Rn. 357–366). Aber auch der Kauf kann Handeltreiben sein, wenn der gewinnbringende Weiterverkauf beabsichtigt ist (→ BtMG § 29 Rn. 367–375). Entsprechendes gilt für die Anbahnung dieser Geschäfte (→ BtMG § 29 Rn. 376–416). Auch eine Vielzahl anderer Geschäfte, etwa Vermittlungs- oder Finanzierungsgeschäfte, können einen Teilakt des Handeltreibens darstellen, wenn sie dem gewinnbringenden Umsatz von Dopingmitteln dienen (→ BtMG § 29 Rn. 417–454). Zum Handeltreiben gehören auch die Handlungen nach Geschäftsschluss, insbesondere die Zahlungsvorgänge (→ BtMG § 29 Rn. 455–478).

(e) Tatsächliche Handlungen als Teilakte des Handeltreibens. Der Tat- 46 bestand des Handeltreibens kann auch durch rein faktische Handlungen erfüllt werden, sofern sie nur zum Ziele haben, den Umsatz von Dopingmitteln zu fördern. Eine große Gruppe tatsächlicher Handlungen, die Teilakte des Handeltreibens sein können, finden sich **im Umfeld des Umsatzes** von Dopingmitteln (→ BtMG § 29 Rn. 451–454). Den Tatbestand des (vollendeten) Handeltreibens können aber auch tatsächliche Handlungen erfüllen, die sich (noch weit) **im Vorfeld eines Umsatzes** von Dopingmitteln ereignen.

Dazu gehören das **Herstellen** (→ Rn. 33–35), das **Vorrätighalten** (Lagerhaltung 47 in Verkaufsabsicht), das **Feilhalten** und **Feilbieten** (→ BtMG § 29 Rn. 498–517), sofern dies nicht bereits durch das Anbahnen erfasst wird (→ Rn. 45), das **Besitzen** oder Lagern für einen anderen (→ BtMG § 29 Rn. 526–533), das **Transportieren** (→ BtMG § 29 Rn. 534–549) und **weitere** Handlungen im Zusammenhang mit dem Umsatz von Dopingmitteln (→ BtMG § 29 Rn. 550–571).

(f) Besitzen, Verbringen als Teilakte des Handeltreibens. Dient das Besit- 48 zen oder Verbringen nach oder durch Deutschland dem Ziel eines späteren gewinnbringenden Umsatzes, so sind sie Teilakte des Handeltreibens (→ BtMG § 29

Kornprobst 1965

Rn. 499–510, 482–488). **Weitergehend** als in Absatz 3 sind sie daher auch dann verboten, wenn sie sich **nicht** auf eine nicht geringe Menge oder auf Dopingmittel der in der Anlage genannten Art beziehen.

49 f) **Erkennbarkeit.** Nicht erforderlich ist, dass nach außen sichtbar wird, dass eine auf Umsatz gerichtete Handlung vorliegt. Ausreichend ist, dass der Handelnde nach seiner Vorstellung eine umsatzfördernde Maßnahme vorgenommen hat (→ BtMG § 29 Rn. 293, 294).

50 g) **Eigennützigkeit.** Weitere tatbestandsmäßige Voraussetzung des Handeltreibens ist die Eigennützigkeit (Eigennutz). Sie dient als weiteres Regulativ für den weitgefassten Bereich von Bemühungen, die den Begriff des Handeltreibens kennzeichnen. Auch Tätigkeiten, die auf den Umsatz des Dopingmittels gerichtet sind, sind **kein Handeltreiben,** wenn sie aus anderen als eigennützigen Motiven vorgenommen werden (→ BtMG § 29 Rn. 309–312).

51 **Eigennützig** handelt der Täter, dem es auf seinen persönlichen Vorteil, insbesondere auf die Erzielung von Gewinn ankommt (zu den Einzelheiten → BtMG § 29 Rn. 309–353). Sein Tun muss vom Streben nach Gewinn geleitet sein oder er muss sich sonst irgendeinen persönlichen Vorteil davon versprechen, durch den er materiell oder immateriell bessergestellt wird (→ BtMG § 29 Rn. 313). Daran fehlt es (→ BtMG § 29 Rn. 314), wenn der Beteiligte Dopingmittel verschenkt (Abgabe), zum Selbstkosten- oder Einstandspreis veräußert (Veräußerung) oder sie sonst hergibt (Abgabe).

52 Dass das **Gewinnstreben** ungewöhnlich oder übersteigert ist, ist **nicht** erforderlich. Es genügt, dass der Täter das Dopingmittel mit Gewinn veräußern will. Dazu ist es nicht notwendig, dass das von ihm verlangte Entgelt den Marktpreis übersteigt oder auch nur erreicht (→ BtMG § 29 Rn. 316).

53 Das Merkmal der Eigennützigkeit bezieht sich auf den Umsatz des Dopingmittels. Der Gewinn oder die sonstigen Vorteile müssen daher **gerade durch den Umsatz** erzielt werden und sich aus dem Umsatzgeschäft selbst ergeben; außerhalb des Umsatzes liegende Vorteile reichen nicht (→ BtMG § 29 Rn. 341–346).

54 3. **Veräußern (Nr. 3 Alt. 1).** Wie im Betäubungsmittelrecht kommt die Alternative des Veräußerns nur in Betracht, wenn kein Handeltreiben vorliegt (→ Rn. 37). Veräußern ist das Abgeben (→ Rn. 55) von Dopingmitteln gegen Entgelt aufgrund rechtsgeschäftlicher Vereinbarung, wobei der Veräußerer aber nicht eigennützig handeln darf (→ Rn. 50–53). Die Veräußerung ist damit eine durch ein entgeltliches Rechtsgeschäft qualifizierte Form der Abgabe (→ BtMG § 29 Rn. 1063).

55 4. **Abgeben (Nr. 3 Alt. 2).** Wie das Veräußern kommt das Abgeben als eigenständige Tatalternative nur in Betracht, wenn kein Handeltreiben vorliegt. (→ Rn. 37). **Abgeben** ist die Übertragung der eigenen tatsächlichen Verfügungsgewalt an dem Dopingmittel ohne rechtsgeschäftliche Grundlage und ohne Gegenleistung an einen anderen mit der Wirkung, dass dieser frei darüber verfügen kann (→ BtMG § 29 Rn. 1117–1124).

56 5. **Sonstiges Inverkehrbringen (Nr. 3 Alt. 3).** Im Arzneimittelrecht ist das Inverkehrbringen ein zentraler Tatbestand, der auch für Dopingmittel galt (§ 6a AMG aF). Für das nunmehr im AntiDopG geregelte Verbot des **sonstigen Inverkehrbringens** kann dies **nicht mehr gelten.** Hier steht das Handeltreiben im Vordergrund, wie im Betäubungsmittelrecht dient das „sonstige" Inverkehrbringen nur noch der Schließung von etwaigen Lücken (BT-Drs. 18/4898, 24). Es ist ein Auffangtatbestand, der hinter das Handeltreiben, das Veräußern und das Abgeben zurücktritt.

Tathandlung des (sonstigen) Inverkehrbringens ist jedes, gleichwie geartetes, Eröffnen der Möglichkeit, dass ein anderer die tatsächliche Verfügung über das Betäubungsmittel erlangt. Erfasst wird damit jede Verursachung des Wechsels der Verfügungsgewalt in der Weise, dass der Empfänger nach Belieben mit dem Betäubungsmittel verfahren kann. Wegen der Einzelheiten wird auf → BtMG § 29 Rn. 1157–1170 verwiesen. Dass ein solches Inverkehrbringen mit dem Zweck des Dopings beim Menschen im Sport verbunden ist, wird allerdings, wenn überhaupt, nur selten vorkommen. 57

6. Verschreiben (Nr. 4). Verschreiben ist die Ausstellung eines Rezepts über das Dopingmittel. Insoweit gilt dasselbe wie im Betäubungsmittelrecht (→ BtMG § 29 Rn. 1459). Nicht anders als im Betäubungsmittelrecht (→ BtMG § 29 Rn. 1460) richtet sich das Verschreibungsverbot nicht nur an Angehörige der Heilberufe, sondern an **jedermann.** Die Vorschrift ist daher insbesondere **kein Sonderdelikt.** 58

C. Das Verbot der Anwendung von Dopingmitteln und -methoden (Absatz 2)

Absatz 2 verbietet die Anwendung eines Dopingmittels oder einer Dopingmethode bei einer anderen Person zum Zwecke des Dopings im Sport. 59

I. Die Anwendung eines Dopingmittels (Nr. 1). Die Vorschrift befasst sich mit der Anwendung eines Dopingmittels. 60

1. Dopingmittel. Es gilt dasselbe wie in Absatz 1. Auf → Rn. 7, 8 wird verwiesen. 61

2. In Anlage I des UNESCO-Übereinkommens aufgeführt. Anders als Absatz 1 zitiert Absatz 2 nicht die jeweils geltende Fassung der Anlage I, sondern lediglich die Anlage I selbst. Dass damit die jeweilige Fassung der Anlage I erfasst sein soll, ergibt sich aber aus der Klammerdefinition des Absatzes 1. Zur Problematik ihrer Geltung → Rn. 9–17 Zur derzeit geltenden Fassung → Rn. 18. Zur Anwendung der verschiedenen Kategorien der Anlage I → Rn. 19, 20. 62

3. Anwendung. Meist wird es sich bei dem **Anwenden** um ein **Verabreichen** (→ BtMG § 29 Rn. 1538) handeln (*Freund* in MüKoStGB AntiDopG §§ 1–4 Rn. 53; *Nickel* in Kügel/Müller/Hofmann § 6a Rn. 17). Darauf beschränkt sich das Anwenden jedoch nicht. Vielmehr erscheint es als Oberbegriff, der auch das **Überlassen zum unmittelbaren Verbrauch** (→ BtMG § 29 Rn. 1542–1546) umfasst (wohl auch *Deutsch* VersR 2007, 145 (148) für Arzneimittel; zweifelnd *Volkmer* in Körner/Patzak/Volkmer AntiDopG Rn. 28). Weder beim Verabreichen noch beim Überlassen zum unmittelbaren Verbrauch wird tatsächliche Verfügungsmacht übertragen (→ BtMG § 29 Rn. 1538, 1543). Ein Verabreichen liegt auch vor, wenn das verwendete Dopingmittel aus dem Besitz des Sportlers stammt, etwa weil es ihm zuvor verschrieben wurde. Die **Verschreibung** selbst ist dagegen noch keine Anwendung. Ebenfalls keine Anwendung ist die Überlassung zum **Gebrauch,** etwa einer Salbe; in einem solchen Falle erlangt der Empfänger die tatsächliche Verfügungsgewalt, so dass Handeltreiben, Veräußern oder Abgabe vorliegt. 63

Das **Anwendungsverbot** gilt für **jedermann.** Täter können Ärzte, Trainer oder Betreuer sein, aber auch andere Sportler. Erfasst sind auch solche Fälle, in denen der behandelnde Arzt Dopingmittel **selbst herstellt** oder herstellen lässt und diese dann ohne ein Inverkehrbringen unmittelbar beim Sportler anwendet (*Nickel* in Kügel/Müller/Hofmann § 6a Rn. 17; s. auch *Weber*[4] AMG § 6a Rn. 26). Erfasst wird auch die **heimliche** Anwendung (*Freund* in MüKoStGB AntiDopG §§ 1–4 Rn. 53; *Nickel* in Kügel/Müller/Hofmann § 6a Rn. 17). 64

4. Bei einer anderen Person. Das Dopingmittel muss **bei** einer anderen Person angewendet werden. Damit wird sowohl die Anwendung **im** menschlichen Körper 65 als auch **am** menschlichen Körper (→ AMG § 2 Rn. 23–25) erfasst. **Nicht** erfasst wird die Anwendung **bei sich selbst** (s. § 3). Dasselbe gilt für die Anwendung bei Tieren.

66 5. **Zum Zwecke des Dopings im Sport.** Auf → Rn. 22–29 wird verwiesen.

67 II. **Die Anwendung einer Dopingmethode (Nr. 2).** Anders als § 6a Abs. 2 S. 1 Alt. 2 AMG aF gilt § 2 Abs. 2 Nr. 2 nicht nur für die Anwendung von Stoffen bei in der Verbotsliste aufgeführten Dopingmethoden, sondern für die Anwendung solcher Methoden selbst, auch wenn dazu keine Stoffe verwendet werden.

68 1. **Dopingmethode.** Eine Dopingmethode ist ein planmäßiges, systematisches Verfahren zur Erreichung einer unphysiologischen Steigerung der Leistungsfähigkeit bei sportlichen Aktivitäten; s. auch *Wußler* in Erbs/Kohlhaas AntiDopG § 2 Rn. 16.

69 2. **In Anlage I des UNESCO-Übereinkommens aufgeführt.** Auch in Absatz 2 Nr. 2 wird nicht die jeweils geltende Fassung der Anlage I zitiert, sondern lediglich die Anlage I selbst. Dass damit die jeweilige Fassung der Anlage I erfasst ist, ergibt sich aber aus der Klammerdefinition des Absatzes 1. Zur Problematik ihrer Geltung → Rn. 9–17. Zur derzeit geltenden Fassung → Rn. 18. Dopingmethoden, die nur für bestimmte Sportarten und nur für bestimmte Zeiten, etwa im Wettkampf, gelten, enthält die Anlage I derzeit nicht. Im Übrigen würde → Rn. 19 auch hier gelten.

70 **Als Methoden,** die zu allen Zeiten (inner- und außerhalb von Wettkämpfen) **verboten sind,** zählt die Verbotsliste die Manipulation von Blut und Blutbestandteilen (M1), chemische und physikalische Manipulationen (M2) und Gendoping (M3) auf.

71 a) **Manipulation von Blut und Blutbestandteilen (M1).** Die Anlage (Verbotsliste) nennt insoweit drei Methoden:

72 aa) **Blutdoping (M1 Nr. 1).** Verboten ist die Verabreichung oder Wiederzufuhr jeglicher Menge von autologem (körpereigenem), allogenem (übertragenem) (homologem) oder heterologem Blut oder von Produkten aus roten Blutkörperchen jeglicher Herkunft in das Kreislaufsystem. Auch nach deutschem Recht nunmehr verboten ist die Anwendung der Methode, auch wenn das verwendete Blut von dem Sportler stammt. Verboten ist daher auch die **Vornahme einer Eigenbluttransfusion** durch einen anderen, etwa einen Sportarzt, einen Trainer oder eine sonstige Betreuungsperson.

73 Die Regelung gilt auch für **Vollblut,** dessen Entnahme, Manipulation und Wiederzufuhr in früheren Verbotslisten in M2 Nr. 3 geregelt war. Verboten ist jetzt jegliche Wiederzufuhr, auch wenn das Blut nicht manipuliert wurde.

74 **Lagert** der Sportarzt **Eigenblutkonserven,** um sie zu gegebener Zeit bei dem Sportler **anzuwenden** oder ihm zum **unmittelbaren Verbrauch** zu überlassen, so liegt darin noch keine (vollendete) Anwendung der verbotenen Methode, da diese wie Verabreichung oder Wiederzufuhr der Substanzen erfordert. Auch eine Veräußerung, eine Abgabe oder ein sonstiges Inverkehrbringen von Dopingmitteln ist nicht gegeben, da hierzu jeweils die Übertragung der tatsächlichen Verfügungsgewalt notwendig ist, zu der auch noch nicht angesetzt ist (→ BtMG § 29 Rn. 1082, 1083, 1127, 1128, 1173, 1174). Dies gilt auch dann, wenn der Sportarzt die Blutzubereitungen hergestellt hat. Verboten ist erst die **Anwendung** beim Sportler.

75 Eine Abgabe liegt vor, wenn der Sportarzt dem Sportler die Zubereitungen in der Weise überlässt, dass ein **Wechsel** der **tatsächlichen Verfügungsgewalt** stattfindet.

Eine Erhöhung des Sauerstofftransfers kann auch durch ein **Höhentraining** erreicht werden. Als verbotene Methode nach M1 kommt dies jedoch nicht in Betracht. 76

bb) Künstliche Erhöhung der Aufnahme, des Transports oder der Abgabe von Sauerstoff (M1 Nr. 2) unter anderem durch die Substanzen Perfluorchemikalien; Efaproxiral (RSR 13) und veränderte Hämoglobinprodukte, zB Blutersatzstoffe auf Hämoglobinbasis und mikroverkapselte Hämoglobinprodukte, außer ergänzendem Sauerstoff. Auch hier ist die Anwendung der Methode als solche verboten. Für die Lagerung der hierzu verwendeten Substanzen → Rn. 74, 75. 77

cc) Intravaskuläre Manipulation von Blut oder Blutbestandteilen mit physikalischen oder chemischen Mitteln (M1 Nr. 3). Sie ist in jeglicher Form verboten. 78

b) Chemische und physikalische Manipulation (M2). Insoweit nennt die Anlage (Verbotsliste) zwei Methoden: 79

aa) Einflussnahmen auf die Proben (M2 Nr. 1). Verboten ist die tatsächliche oder versuchte unzulässige Einflussnahme, um die Integrität und Validität der Proben, die während der Dopingkontrollen genommen werden, zu verändern; hierunter fallen unter anderem der Austausch und/oder die Verfälschung von Urin (zB mit Proteasen). 80

bb) Intravenöse Infusion und/oder Injektionen (von mehr als 50 ml innerhalb von sechs Stunden (M2 Nr. 2). Dies gilt nicht, wenn sie rechtmäßig im Zuge von Krankenhauseinweisungen, chirurgischen Eingriffen oder klinischen Untersuchungen verabreicht werden. 81

c) Gendoping (M3). Auch insoweit nennt die Verbotsliste zwei Methoden. Danach sind die folgenden Methoden zur möglichen Steigerung der sportlichen Leistung verboten: 82
– die Übertragung von Nukleinsäure-Polymeren oder Nukleinsäure-Analoga (M3 Nr. 1)
– Anwendung normaler oder genetisch veränderter Zellen (M3 Nr. 2).

Die Leistungssteigerung erfolgt hier durch eine nichttherapeutische Anwendung von Zellen, Genen, Genelementen oder der Regulierung der Genexpression (BT-Drs. 18/4898, 25).

3. Anwendung bei einer anderen Person. Die **Anwendung** einer Dopingmethode besteht in der Vornahme der Tätigkeit, die in der Verbotsliste unter M1 bis M3 im Einzelnen beschrieben ist (→ Rn. 71–82). Die Anwendung muss bei einer **anderen Person** erfolgen (→ Rn. 65). 83

4. Zum Zwecke des Dopings im Sport. Auf → Rn. 22–29 wird verwiesen. 84

D. Das Verbot, bestimmte Dopingmittel in nicht geringer Menge zu erwerben, zu besitzen oder zu verbringen (Absatz 3)

I. Einführung. Im Zusammenhang mit Doping ist eine der umstrittensten Fragen, ob und inwieweit es gerechtfertigt ist, auch den dopenden Sportler selbst mit Strafe zu belegen, indem bereits der **Besitz** von Stoffen zu Dopingzwecken zu einem Straftatbestand ausgestaltet wird. Vor allem von den Sportverbänden wurde eine solche Regelung bekämpft, da sie eine zügige sportvertragliche Ahndung (Sperre) verhindere. Auf der anderen Seite gäbe es ohne „die Zentralgestalt des dopenden Sportlers" (*König* in Grenzen des Paternalismus, S. 267, 278) die Versorgungsnetze mit Dopingmitteln nicht. Auch liegt in einer solchen Strafbarkeit der **Schlüssel zur Tataufklärung** (*Körner*, 6. Aufl. 2007, AMG Anh. D II Rn. 146), namentlich, weil sie eine Hausdurchsuchung nach Dopingmitteln und andere strafprozessuale Aufklärungsmaßnahmen ermöglicht. Auch aus der Sicht der zu schüt- 85

AntiDopG § 2

zenden Rechtsgüter würden gegen eine Besitzstrafbarkeit keine Bedenken bestehen (→ § 1 Rn. 3–20); *König* SpuRt 2010, 106; aA *Kudlich* SpuRt 2010, 108).

86 Die Besitzstrafbarkeit muss sich auch **nicht** auf solche Dopingmittel beschränken, denen dasselbe **Sucht- und Abhängigkeitspotential** innewohnt wie den Betäubungsmitteln (*König* in Grenzen des Paternalismus, S. 267, 279; aA *Jahn* GA 2007, 579 (583, 584)). Insbesondere lässt sich dies nicht aus der Rechtsprechung des BVerfG herleiten. So ist das Gericht bei Cannabis von keiner wesentlichen Suchtgefahr ausgegangen (ob zu Recht, kann hier dahingestellt bleiben; dazu → BtMG § 1 Rn. 303–314), hat aber das Besitzverbot dennoch als verfassungsgemäß angesehen (BVerfGE 90, 145 = NJW 1994, 1577; 1994, 2400 mBspr *Kreuzer* = NStZ 1994, 397 – L; 366 mAnm *Nelles/Velten* = StV 1994, 298 (390) m. Bespr. *Schneider* = JZ 1994, 860 mAnm *Gusy*).

87 Gleichwohl hat sich das Gesetz v. 24.10.2007 (BGBl. I S. 2510) nicht zu einer umfassenden Besitzstrafbarkeit entschließen können und lediglich den **Besitz** von **bestimmten** Arzneimitteln oder Wirkstoffen **in nicht geringer Menge** zu Dopingzwecken im Sport verboten und unter Strafe gestellt.

88 Deutlich weniger umstritten war die Strafbarkeit des **Erwerbs** von Dopingmitteln, die auf der Grundlage des Berichts der Bundesregierung zur Evaluation des Gesetzes zur Verbesserung der Bekämpfung des Dopings im Sport (DBVG) v. September 2012 durch Gesetz v. 7.8.2013 (BGBl. I S. 3108) eingeführt wurde. Allerdings wird auch hier wiederum an die nicht geringe Menge angeknüpft.

89 Entsprechendes gilt für das **Verbringen nach und durch Deutschland**, dessen Strafbarkeit durch das AntiDopG eingeführt wurde.

90 **II. Rechtsgut.** Geschütztes Rechtsgut ist nach der Gesetzesbegründung (BT-Drs. 18/4898, 26) die Gesundheit der Allgemeinheit (→ § 1 Rn. 18–20; ebenso BGH 4 StR 389/17). Aber auch die anderen Rechtsgüter liegen im Schutzbereich der Norm.

91 **III. Das Verbot nach Absatz 1 Nr. 2 (Handeltreiben) im Verhältnis zu den Verboten nach Absatz 3 (Erwerben, Besitzen, Verbringen bestimmter Dopingmittel in nicht geringer Menge).** Das Erwerben, Besitzen und Verbringen von Dopingmitteln sind Teilakte des Handeltreibens nach Absatz 1 Nr. 2, wenn sie zum gewinnbringenden Umsatz bestimmt sind (→ Rn. 48). Das Verhältnis des Handeltreibens zu den Tathandlungen des Absatzes 3 hat bei den Gesetzesberatungen ersichtlich keine Rolle gespielt; auch in der Gesetzesbegründung (BT-Drs. 18/4898) wird es nicht erwähnt.

92 **A**uf den ersten Blick könnte der Eindruck entstehen, dass die Tatvarianten des **Absatzes 3** die **spezielleren Vorschriften** seien. Sie enthalten jedoch nicht alle Tatbestandsmerkmale des Handeltreibens nach Absatz 1 Nr. 2. Sie wurden zwar eingeführt, weil sie als Vorstufen des Handels angesehen wurden (BT-Drs. 18/4898, 25), **in den Tatbestand** wurde das Abzielen auf einen gewinnbringenden Umsatz (→ Rn. 40, 50) jedoch nicht aufgenommen. Die Verbote bestehen daher nebeneinander; in strafrechtlicher Hinsicht besteht **Tateinheit.**

93 **III. Die Verbote im Einzelnen.** Die Verbote haben die folgenden Voraussetzungen:

94 **1. Adressat der Norm.** Nach der Gesetzesbegründung (BT-Drs. 18/4898, 25, 26) soll der Besitz von Dopingmitteln in nicht geringer Menge ein Indiz für den Handel mit solchen Mitteln sein. Die Vorschrift wendet sich aber nicht nur an den Händler, sondern **an jedermann,** anders als die Absätze 1 und 2 auch an den **Sportler selbst,** der eine nicht geringe Menge zum **Selbstdoping** erwirbt oder besitzt (BGH NStZ 2018, 475).

Unerlaubter Umgang mit Dopingmitteln **§ 2 AntiDopG**

2. Tatobjekte sind Dopingmittel, die ein in der Anlage zum AntiDopG aufgeführter Stoff sind oder einen solchen enthalten, in nicht geringer Menge. 95

a) Dopingmittel. Es gilt dasselbe wie in Absatz 1. Auf → Rn. 7, 8 wird verwiesen. 96

b) In der Anlage zum AntiDopG aufgeführt. Das Verbot bezieht sich nicht auf alle Dopingmittel, die der Anlage I zum UNESCO-Übereinkommen gelistet sind, sondern vor allem auf solche, die als gefährlich bekannt sind und auch im Breitensport häufig verwendet werden (BT-Drs. 18/4898, 25, 26). Sie sind in einer **eigenen Anlage zum AntiDopG** bezeichnet. Die Anlage kann gemäß § 6 Abs. 1 Nr. 2 unter bestimmten Voraussetzungen durch Rechtsverordnung verändert werden, letzte Änderung durch Verordnung v. 7. 8. 2016 (BGBl. I S. 1624). 97

c) In nicht geringer Menge, DmMV. Anders als das BtMG, das die Bestimmung der nicht geringen Menge der Rechtsprechung überlassen hat, ermächtigt das AntiDopG im Anschluss an das AMG das BMG, diese Menge **durch Rechtsverordnung** festzulegen (§ 6 Abs. 1 Nr. 1). Derzeit gilt die **Dopingmittel-Mengen-Verordnung – DmMV** v. 3.7.2020 (BGBl. I S. 547), abgedruckt als Anh. J. 98

Die **Verordnung unterscheidet** zwischen Stoffen, die zum Doping etwa in der gleichen oder einer höheren Dosierung gegenüber einer therapeutischen Anwendung eingesetzt werden, und Stoffen, die zum Doping in wesentlich niedrigeren Dosen angewendet werden als zur Therapie bei Kranken (Erythropoietin und Analoga, Insulin und Wachstumshormone). Für die erste Gruppe wurde zur Bestimmung der nicht geringen Menge die zu therapeutischen Zwecken verwendete Monatsmenge zugrunde gelegt. Bei der zweiten Gruppe besteht ein erheblich höheres Gefährlichkeitspotential. Würden in diesen Fällen therapeutische Dosen bei Gesunden angewandt, bestünde unter Umständen die Gefahr einer akuten Lebensbedrohung. Für diese Gruppe wurde daher eine erheblich niedrigere nicht geringe Menge festgelegt. Zur Methodik der Festlegung s. BR-Drs. 612/10, 14; 270/16, 10. 99

Im Hinblick auf den Wortlaut des § 2 Abs. 3, der im Unterschied zu § 6a Abs. 2a AMG aF (auch BtMG § 29 Abs. 1 Nr. 2) die Einzahl verwendet, erscheint es zweifelhaft, ob noch eine **Zusammenrechnung** von Dopingmitteln **mit verschiedenen Wirkstoffen**, die für sich die Grenzwerte nicht übersteigen, zulässig ist. Beabsichtigt war eine solche Beschränkung nicht, da Absatz 3 aus dem bisher geltenden § 6a Abs. 2a AMG das „Verbot von Besitz und Erwerb nicht geringer **Mengen**" übernehmen sollte (BT-Drs. 18/4898, 25). Auch die Gefahr für die geschützten Rechtsgüter ist nicht geringer, wenn das Depot aus Dopingmitteln mit verschiedenen Wirkstoffen besteht (*Wußler* in Erbs/Kohlhaas AntiDopG § 2 Rn. 21). Es spricht daher einiges dafür, dass es sich um ein gesetzgeberisches Versehen handelt, was an der Geltung der **Wortlautgrenze** (Art. 103 Abs. 2 GG, § 1 StGB) allerdings nichts ändern kann (so auch *Volkmer* in Körner/Patzak/Volkmer AntiDopG § 4 Rn. 54; aA *Wußler* in Erbs/Kohlhaas AntiDopG § 2 Rn. 21). 100

3. Tathandlungen. Der bisher in § 6a Abs. 2a AMG enthaltene Katalog der Tathandlungen wurde durch das AntiDopG um das Verbringen nach und durch Deutschland erweitert. Er enthält nunmehr die folgenden Begehungswesen: 101

a) Erwerben. Der Begriff des Erwerbens wird im AntiDopG nicht definiert. Im Hinblick auf die Sachnähe zum Betäubungsmittelrecht lässt sich jedoch der betäubungsmittelrechtliche Begriff übernehmen. Danach ist der Tatbestand des Erwerbs dann verwirklicht, wenn der Betroffene die eigene tatsächliche Verfügungsgewalt über den Stoff im einverständlichen Zusammenwirken mit dem Vorbesitzer (auf abgeleitetem Wege), erlangt hat und die Verfügungsgewalt ausüben kann (→ § 29 Rn. 1197–1215). Der Erwerb kann entgeltlich oder unentgeltlich sein. 102

AntiDopG § 2

103 **Erwerber** ist nur, wer die tatsächliche Verfügungsgewalt an den Dopingmitteln erlangt. Der Erwerb muss **zur freien Verfügung** erfolgt sein. Der Erwerber muss die Verfügungsgewalt im **einverständlichen Zusammenwirken** mit dem Vorbesitzer erlangt haben. Erwirbt der Täter zum Zweck gewinnbringender Weiterveräußerung, so liegt Handeltreiben vor. Sonst kommt es auf den **Zweck des Erwerbs** nicht an. Schließlich muss durch den Erwerb der **Kreis** derjenigen, die zum Dopingmittel in Beziehung stehen, **erweitert** werden (→ BtMG § 29 Rn. 1197–1215).

104 **b) Besitzen.** Der Begriff des Besitzens wird im AntiDopG nicht definiert. Im Hinblick auf die Sachnähe zum Betäubungsmittelrecht lässt sich jedoch der betäubungsmittelrechtliche Begriff übernehmen. Danach ist Besitzen die Herbeiführung oder Aufrechterhaltung eines tatsächlichen, auf nennenswerte Dauer ausgerichteten und von eigener Verfügungsmacht gekennzeichneten bewussten Herrschaftsverhältnisses über den Stoff unabhängig von dem verfolgten Zweck; unerheblich ist die Eigentumslage (→ BtMG § 29 Rn. 1324).

105 Der Besitz setzt danach ein **tatsächliches Herrschaftsverhältnis** voraus, das auch dann in Betracht kommt, wenn der Täter das Dopingmittel nicht selbst unmittelbar besitzt, sondern anderweitig einen solch sicheren Zugang zu ihm hat, dass er ohne Schwierigkeiten tatsächlich darüber verfügen kann (→ BtMG § 29 Rn. 1328). Der Besitzer muss danach die tatsächliche Verfügungsgewalt über das Dopingmittel haben, die es ihm ermöglicht, mit ihm **nach Belieben zu verfahren** (→ BtMG § 29 Rn. 1328–1352, dort auch zu den Fragen des Eigenbesitzes/Fremdbesitzes, des unmittelbaren/mittelbaren Besitzes, des Mitbesitzes und der Besitzdienerschaft, zur gemeinsamen Anschaffung/Bestellung/Verschaffung, zum Besitz in einer gemeinsamen Wohnung und in einem Kraftfahrzeug).

106 Das tatsächliche Herrschaftsverhältnis muss auf eine **gewisse Dauer ausgerichtet** sein oder jedenfalls eine **nennenswerte Zeit bestehen** (→ BtMG § 29 Rn. 1361–1364).

107 Schließlich muss der Besitz von einem **Besitzwillen** getragen sein, der darauf gerichtet sein muss, sich selbst die Möglichkeit ungehinderter Einwirkung auf das Betäubungsmittel zu erhalten (→ BtMG § 29 Rn. 1365–1371).

108 Dient der Besitz der gewinnbringenden Umsatzförderung, so liegt Handeltreiben vor (→ Rn. 48). Im Übrigen kommt es auf **Zweck oder Motiv** des Besitzes **nicht an**. Die Vorschrift soll ein kausales, nicht aber ein finales Verhalten erfassen. Die Motivlage muss deshalb grundsätzlich unerheblich bleiben (→ BtMG § 29 Rn. 1356–1360). Insbesondere ist nicht erforderlich, dass eine Weitergabe oder ein Handel konkret beabsichtigt sind; die Vorschrift erfasst daher auch den **Besitz zum Eigendoping** (BGH NStZ 2018, 475 (→ Rn. 27)).

109 Ebenso wie im Betäubungsmittelrecht (→ BtMG § 3 Rn. 57) ist der **Konsum** straffrei. Durch ihn entsteht auch **kein Besitz**. Mit der Aufnahme des Dopingmittels in den Körper verliert es seine Eigenschaft als Sache, an der ein tatsächliches Herrschaftsverhältnis bestehen kann (*Deutsch* VersR 2007, 145 (148)).

110 **c) Verbringen nach oder durch Deutschland.** Der Begriff des Verbringens ist in § 4 Abs. 32 S. 1 AMG gesetzlich definiert. Die Definition bezeichnet als Verbringen jede Beförderung in den, durch den oder aus dem Geltungsbereich des AMG. Dies stimmt im Wesentlichen mit dem betäubungsmittelrechtlichen Begriff überein, wonach ein Verbringen dann gegeben ist, wenn eine Sache durch menschliches Einwirken über die maßgebliche Grenze geschafft, also befördert, wird.

111 Das Verbot des **Verbringens von Dopingmitteln nach Deutschland** entspricht dem der Einfuhr von Betäubungsmitteln. Es ist daher **gleichgültig,** auf welche Weise und mit welchem Transportmittel die Dopingmittel über die Grenze gebracht werden. Auch ist **nicht** maßgebend, ob der Täter den Stoff **eigenhändig**

über die Grenze verbringt oder durch andere Personen durchführen lässt. Verbringen kann auch derjenige, der während des Vorgangs der Einfuhr keine **tatsächliche Verfügungsgewalt** über den Stoff hat. Verbringen ist daher auch durch Versendung möglich. Auch darauf, ob ein herangezogener Dritter im guten Glauben handelt oder in den Transport der Dopingmittel eingeweiht ist, kommt es nicht an (zum Ganzen → BtMG § 2 Rn. 67–71. Die entscheidende Grenze ist die **deutsche Hoheitsgrenze** (→ BtMG § 2 Rn. 72–93).

Handelt der Betroffene bei Einfuhr mit dem Ziel eines gewinnbringenden Umsatzes, so liegt **Handeltreiben** vor (→ Rn. 48). 112

Das **Verbringen durch Deutschland** stimmt mit dem betäubungsmittelrechtlichen Begriff der Durchfuhr (§ 11 Abs. 1 S. 2 BtMG) insoweit überein, als diesen Tatbestand verwirklicht, wer Dopingmittel aus dem Ausland in das Inland verbringt, darin befördert und wieder in das Ausland bringt. Der betäubungsmittelrechtliche Begriff der Durchfuhr setzt aber weiterhin voraus (→ BtMG § 29 Rn. 1423, 1425, 1426), dass 113
– die Betäubungsmittel ohne zollamtliche Überwachung befördert werden (→ BtMG § 11 Rn. 11, 12); dies gilt nicht beim Betäubungsmittelverkehr mit einem Mitgliedstaat der EU (→ BtMG § 11 Rn. 19–26),
– dass kein längerer als der durch die Beförderung oder den Umschlag bedingte Aufenthalt der Betäubungsmittel entsteht (→ BtMG § 11 Rn. 13) oder
– dass während des Verbringens keine Möglichkeit des Zugriffs auf die Betäubungsmittel durch den Durchführenden oder eine dritte Person besteht (→ BtMG § 11 Rn. 14–18).

Die Gesetzesbegründung (BT-Drs. 18/4898, 25) geht darauf nicht ein. Da Arzneimittel oder sonstige Mittel erst durch ihre Zweckbestimmung zu Dopingmitteln werden, werden entsprechende Deklarierungen eher selten sein. Liegt aber einmal eine **zollamtliche Überwachung** vor (sofern sie erforderlich ist), und sind auch die sonstigen Voraussetzungen gegeben, ist insbesondere **kein Zugriff** auf die Dopingmittel möglich, so ist eine unerlaubte Durchfuhr nicht gegeben. 114

Handelt es sich bei dem Dopingmittel um ein Arzneimittel, so gelten daneben die Vorschriften des **AMG** (→ Einl. Rn. 20–22) und damit unmittelbar auch der arzneimittelrechtliche Begriff des Verbringens (§ 4 Abs. 32 S. 1 AMG), sowie die Vorschriften, die das Verbringen unter bestimmten Umständen unter Strafe stellen (§ 96 Abs. 1 Nr. 18e AMG). 115

Das **Verbringensverbot nach Absatz 3** bezieht sich nur auf Dopingmittel, die in der Anlage zum AntiDopG aufgeführt sind und zudem in nicht geringer Menge (DmMV) vorliegen müssen. Sind die verbrachten Dopingmittel zum gewinnbringenden Umsatz bestimmt, greift (auch) das Verbot des Handeltreibens (Absatz 1 Nr. 2) ein. 116

4. Zum Zwecke des Dopings bei Menschen im Sport. Verboten sind das Erwerben, Besitzen und Verbringen nur, wenn sie zu Dopingzwecken im Sport dienen. Lagerbestände in Apotheken scheiden daher aus, wenn diese nicht speziell zur Versorgung dopender Sportler angelegt sind. Sport setzt auch im Falle des § 2 Abs. 3 eine (beabsichtigte) **Wettkampfteilnahme nicht** voraus (BGH 4 StR 389/17). Desgleichen werden auch Erwerb, Besitz oder Verbringen **zum Eigendoping** erfasst (BGH NStZ 2018, 475). Im Übrigen wird auf → Rn. 22–29 verwiesen. 117

E. Straftaten

Der **vorsätzliche** Verstoß gegen **§ 2 Abs. 1, 2 und 3** ist eine Straftat nach § 4 Abs. 1 Nr. 1–3; auch der Versuch ist strafbar § 4 Abs. 3. Der **fahrlässige** Verstoß ist eine Straftat nach § 4 Abs. 6. 118

AntiDopG § 3

§ 3 Selbstdoping

(1) ¹Es ist verboten,
1. ein Dopingmittel, das ein in der Anlage I des Internationalen Übereinkommens gegen Doping aufgeführter Stoff ist oder einen solchen enthält, sofern dieser Stoff nach der Anlage I des Internationalen Übereinkommens gegen Doping nicht nur in bestimmten Sportarten verboten ist, oder
2. eine Dopingmethode, die in der Anlage I des Internationalen Übereinkommens gegen Doping aufgeführt ist,

ohne medizinische Indikation bei sich in der Absicht, sich in einem Wettbewerb des organisierten Sports einen Vorteil zu verschaffen, anzuwenden oder anwenden zu lassen. ²Das Verbot nach Satz 1 gilt nicht, wenn das Dopingmittel außerhalb eines Wettbewerbs des organisierten Sports angewendet wird und das Dopingmittel ein Stoff ist oder einen solchen enthält, der nach der Anlage I des Internationalen Übereinkommens gegen Doping nur im Wettbewerb verboten ist.

(2) Ebenso ist es verboten, an einem Wettbewerb des organisierten Sports unter Anwendung eines Dopingmittels nach Absatz 1 Satz 1 Nummer 1 oder einer Dopingmethode nach Absatz 1 Satz 1 Nummer 2 teilzunehmen, wenn diese Anwendung ohne medizinische Indikation und in der Absicht erfolgt, sich in dem Wettbewerb einen Vorteil zu verschaffen."

(3) Ein Wettbewerb des organisierten Sports im Sinne dieser Vorschrift ist jede Sportveranstaltung, die
1. von einer nationalen oder internationalen Sportorganisation oder in deren Auftrag oder mit deren Anerkennung organisiert wird und
2. bei der Regeln einzuhalten sind, die von einer nationalen oder internationalen Sportorganisation mit verpflichtender Wirkung für ihre Mitgliedsorganisationen verabschiedet wurden.

(4) Es ist verboten, ein Dopingmittel nach Absatz 1 Satz 1 Nummer 1 zu erwerben oder zu besitzen, um es ohne medizinische Indikation bei sich anzuwenden oder anwenden zu lassen und um sich dadurch in einem Wettbewerb des organisierten Sports einen Vorteil zu verschaffen. Absatz 1 Satz 2 gilt entsprechend.

Übersicht

	Rn.
A. Inhalt und Bedeutung der Vorschrift	1
B. Das Anwendungsverbot des Absatzes 1	4
I. Adressat der Norm	5
II. Anwendung von Dopingmitteln oder Dopingmethoden	6
1. Die Anwendung von Dopingmitteln (Satz 1 Nr. 1)	7
a) Dopingmittel	8
b) In Anlage I des UNESCO-Übereinkommens aufgeführter Stoff	9
c) Anwenden eines Dopingmittels an sich oder anwenden lassen an sich	11
2. Die Anwendung von Dopingmethoden	14
a) Dopingmethoden	15
b) In Anlage I des UNESCO-Übereinkommens aufgeführte Dopingmethode	16
c) Anwenden einer Dopingmethode an sich oder Anwenden lassen an sich	17

Selbstdoping §3 AntiDopG

	Rn.
III. Ohne medizinische Indikation	18
IV. Absicht, sich in einem Wettbewerb des organisierten Sports einen Vorteil zu verschaffen	19
1. Absicht	20
2. Vorteil	22
3. Wettbewerb des organisierten Sports	23
C. Das Teilnahmeverbot des Absatzes 2	24
I. Hintergrund	24
II. Die Voraussetzungen im Einzelnen	27
1. Teilnahme	29
2. Anwendung von Dopingmitteln oder -methoden nach Absatz 1 Satz 1 Nr. 1, 2	32
a) Dopingmittel oder -methoden	33
b) Nach Absatz 1 Satz 1 Nr. 1, 2	34
c) Ohne medizinische Indikation	36
d) Absicht, sich in dem Wettbewerb einen Vorteil zu verschaffen	37
3. Unter (der Wirkung) der Anwendung	40
D. Die Definition des Absatzes 3	41
E. Das Erwerbs- und Besitzverbot des Absatzes 4	46
I. Tathandlungen	47
II. Absicht	48
III. Weitere Absicht	49

A. Inhalt und Bedeutung der Vorschrift

Die Vorschrift enthält einen **neuen Tatbestand,** der die **Anwendung** von Dopingmitteln und Dopingmethoden **am eigenen Körper** ohne medizinische Indikation verbietet, sofern die Anwendung in der Absicht erfolgt, sich in einem Wettbewerb des organisierten Sports einen Vorteil zu verschaffen. Diese **Strafbarkeit des Selbstdopings** gehört zu den umstrittensten Fragen bei der Bekämpfung des Dopings im Sport. 1

Das **Selbstdoping** hat für die Gesundheit des Sportlers und für die Allgemeinheit keine geringeren schädlichen Folgen als das Doping insgesamt (→ Einl. Rn. 1–8; BT-Drs. 18/4898, 26, 27). Gleichwohl konnte die Anwendung von Dopingmitteln oder Dopingmethoden am eigenen Körper bislang meist nur verbandsrechtlich verfolgt werden (→ Einl. Rn. 11–15). Dies hat sich nicht als ausreichend erwiesen (→ Einl. Rn. 16). Der selbst dopende Sportler ist die „Zentralgestalt" im Dopinggeschäft (*König* in Grenzen des Paternalismus, S. 267, 278), ohne den es die Versorgungsnetze mit Dopingmitteln nicht gäbe. 2

Das Verbot des Selbstdopings im Sport dient nicht nur der Integrität des Sports (BT-Drs. 18/4898, 26), sondern auch dem Schutz der **Gesundheit des einzelnen Sportlers.** (Verfassungsrechtliche) Bedenken gegen eine solche Rechtsgutbestimmung bestehen nicht (→ § 1 Rn. 4–11). 3

B. Das Anwendungsverbot des Absatzes 1

Absatz 1 enthält die **Kernvorschrift** für das Verbot des Selbstdopings (BT-Drs. 18/4898, 27). Verboten ist die Anwendung oder das Anwendenlassen von Dopingmitteln oder Dopingmethoden am eigenen Körper ohne medizinische Indikation in der Absicht, sich in einem Wettbewerb des organisierten Sports einen Vorteil zu verschaffen. 4

I. Adressat der Norm. Das Verbot richtet sich an den **dopenden Sportler,** der verbotene Dopingmittel oder -methoden an sich selbst anwendet oder anwenden lässt. **Eine Einschränkung** ergibt sich daraus, dass der Sportler in der Absicht handeln muss, sich bei einem Wettbewerb des organisierten Sports einen Vorteil zu 5

AntiDopG § 3

verschaffen. Der Täter muss daher zu dem **Kreis der Athleten** gehören, die Zugang zu solchen Wettbewerben haben.

6   II. **Anwendung von Dopingmitteln oder Dopingmethoden an sich.** Absatz 1 enthält zwei Tatvarianten:

7   **1. Die Anwendung von Dopingmitteln (Satz 1 Nr. 1).** Die Vorschrift verbietet die Anwendung von Dopingmitteln, die einen in Anlage I zum UNESCO-Übereinkommen gegen Doping aufgeführten Stoff sind oder enthalten, sofern dieser Stoff nicht nur in bestimmten Sportarten verboten ist, an sich oder das Anwendenlassen an sich.

8   **a) Dopingmittel.** Der Begriff entspricht dem des § 2 Abs. 1. Auf → § 2 Rn. 6 kann daher verwiesen werden.

9   **b) In Anlage I des UNESCO-Übereinkommens aufgeführter Stoff.** Ebenso wie § 2 Abs. 2 verweist § 3 Abs. 1 nicht auf die jeweils geltende Fassung der Anlage I, sondern lediglich auf die Anlage I selbst. Dass damit die jeweilige Fassung der Anlage I erfasst ist, ergibt sich aus der **Klammerdefinition** des § 2 Abs. 1. Zur Problematik ihrer Geltung → § 2 Rn. 9–17. Zur derzeit geltenden Fassung → § 2 Rn. 18.

10   Der Stoff darf **nicht nur in bestimmten Sportarten** verboten sein. Diese klarstellende (→ § 2 Rn. 20, 21) Regelung wurde auf Empfehlung des Sportausschusses (BT-Drs. 18/6677, 10) in der dritten Lesung in das Gesetz eingefügt, weil ein solches Verbot nach der derzeitigen Fassung nur für Alkohol (seit 2018 in der Verbotsliste nicht mehr enthalten) und Beta-Blocker gelte und diese, was das Doping anbelange, für die Breite des Sports keine nennenswerte Bedeutung hätten und deshalb von den **strafbewehrten** Verboten ganz ausgenommen werden sollten. Die **verbandsrechtliche** Ahndung bleibt davon unberührt.

11   **c) Anwenden eines Dopingmittels an sich oder anwenden lassen an sich.** Das Anwenden eines Dopingmittels an sich selbst besteht in der Einnahme von festen oder flüssigen Stoffen, im Inhalieren, Einspritzen, im Aufbringen auf den Körper oder die Schleimhäute, dem Infundieren oder Injizieren durch den Sportler selbst. Dies gilt auch für das **Anwendenlassen an sich selbst**, wobei die Handlungen des Anwendenden in der Regel den Begriff des Verabreichens oder Überlassens zum unmittelbaren Verbrauch erfüllen. **Täter** ist aber **nicht** der Anwendende, sondern der Sportler, der die Anwendung an sich geschehen lässt.

12   Eine **heimliche** Anwendung kommt hier **nicht** in Betracht. Das Gesetz macht auch keinen Unterschied, ob der Sportler das Dopingmittel selbst anwendet oder bei sich anwenden lässt. Ob der Unrechtsgehalt immer gleich ist, wie die Gesetzesbegründung (BT-Drs. 18/4898, 27) meint, muss allerdings bezweifelt werden, etwa wenn das Dopingmittel mit der Autorität des Trainers verabreicht wird. Die Unterschiede können aber bei der Strafzumessung berücksichtigt werden.

13   Satz 2 enthält eine **Einschränkung des Anwendungsverbots** für die Fälle, in denen die Anwendung des Dopingmittels nach der Anlage I nur im Wettkampf verboten ist. Wenn das Dopingmittel außerhalb des Wettkampfes erlaubt ist, so darf es dort auch angewendet werden. An sich ergibt sich das von selbst; Satz 2 hat daher nur klarstellende Bedeutung (→ § 2 Rn. 19).

14   **2. Die Anwendung von Dopingmethoden (Satz 1 Nr. 2).** Die Vorschrift verbietet die Anwendung von Dopingmethoden, die in der Anlage I zum UNESCO-Übereinkommen gegen Doping im Sport aufgeführt sind, auch hier.

15   **a) Dopingmethoden.** Der Begriff ist derselbe wie in § 2 Abs. 2 Nr. 2. Auf → § 2 Rn. 68 kann daher verwiesen werden.

16   **b) In Anlage I des UNESCO-Übereinkommens aufgeführte Dopingmethode.** Auch hinsichtlich der Verweisung auf die Anlage I gilt dasselbe wie zu § 2

Abs. 2 Nr. 2. Auf → § 2 Rn. 68 kann daher Bezug genommen werden. Zu den verbotenen Methoden selbst → § 2 Rn. 70–82.

c) **Anwenden einer Dopingmethode an sich oder Anwendenlassen an sich.** Die Anwendung einer Dopingmethode an sich selbst besteht in der Vornahme einer Tätigkeit, die in der Verbotsliste unter M1 bis M3 im Einzelnen beschrieben ist (→ § 2 Rn. 72–82), durch den Sportler selbst. Entsprechendes gilt für das **Anwendenlassen** an sich selbst. Auch hier ist **Täter** nicht der Anwendende, sondern der Sportler, der die Anwendung an sich geschehen lässt.

IV. Ohne medizinische Indikation. Das Verhalten ist nur verboten, wenn es ohne medizinische Indikation erfolgt. Bei den meisten Dopingmitteln handelt es sich um Arzneimittel. Auch Methoden, die in der Verbotsliste aufgeführt sind, können medizinischen Zwecken diesen. Wenn ein Dopingmittel oder eine Dopingmethode angewendet wird, um einen therapeutischen (Heilungs-)Erfolg herbeizuführen, so entspricht dies den anerkannten sozialen Verhaltensnormen, auch wenn damit als Nebenfolge eine Steigerung der sportlichen Leistungsfähigkeit einhergeht (*Wußler* in Erbs/Kohlhaas AntiDopG § 3 Rn. 6). Beweisschwierigkeiten, die die Strafverfolgungsbehörden überwinden müssen, sind auch hier vorprogrammiert. Zu den **medizinischen Ausnahmegenehmigungen** (TUEs – Therpeutic Use Exemption(s)) s. Nr. 4.4 Welt-Anti-Dope-Code 2015 sowie → Einl. Rn. 3.

V. Absicht, sich in einem Wettbewerb des organisierten Sports einen Vorteil zu verschaffen. Subjektiv setzt das Verbot voraus, dass der Sportler in der Absicht handelt, sich in einem Wettbewerb des organisierten Sports einen Vorteil zu verschaffen.

1. Absicht. § 3 Abs. 1 ist ein Delikt mit **überschießender Innentendenz.** Dass es **zu einem Vorteil** in einem organisierten Wettbewerb oder auch nur zu einem organisierten Wettbewerb **gekommen ist,** ist nicht erforderlich. Die Anwendung der Dopingmittel oder Dopingmethoden muss daher nicht in einem unmittelbaren zeitlichen Zusammenhang mit einem Wettbewerb stehen (s. auch BT-Drs. 18/4898, 27). Verboten ist auch das Selbstdoping in Ruhe- oder Trainingsphasen, soweit es erfolgt, um eine leistungssteigernde Wirkung für einen sportlichen Wettbewerb zu erreichen.

Nicht abschließend geklärt ist, ob die von § 3 Abs. 1 geforderte **Absicht** ein **zielgerichtetes Handeln** (→ BtMG Vor § 29 Rn. 412) verlangt oder ob ein **sicheres Wissen** (→ BtMG Vor § 29 Rn. 413) genügt (*Putzke* in HK-ADG § 3 Rn. 15, 16; *Wußler* in Erbs/Kohlhaas AntiDopG § 3 Rn. 7). Für das Erfordernis einer Absicht spricht bereits der Gesetzeswortlaut. Wird im Übrigen von der Faustregel (*Sternberg-Lieben/Schuster* in Schönke/Schröder StGB § 15 Rn. 70) ausgegangen, dass dann, wenn der Täter eine günstige Position erreichen will, ein zielgerichtetes Handeln erforderlich ist, während wissentliches Verhalten dann ausreicht, wenn die Absicht eine Rechtsgutsverletzung betrifft, so wird hier ein zielgerichtetes Verhalten erforderlich sein (aA *Putzke* in HK-ADG § 3 Rn. 16), so dass der Täter den Vorteil anstreben muss; Wissentlichkeit genügt nicht.

2. Vorteil. Vorteil ist nicht nur ein Vermögensvorteil, sondern jede unlautere Besserstellung des Sportlers im sportlichen Wettbewerb, insbesondere durch bessere sportliche Ergebnisse aufgrund erhöhter Leistungsfähigkeit (BT-Drs. 18/4898, 27; *Wußler* in Erbs/Kohlhaas AntiDopG § 3 Rn. 7).

3. Wettbewerb des organisierten Sports. Verboten ist das Dopen nur, wenn in einem Wettbewerb des organisierten Sports ein Vorteil erschlichen werden soll. Der Wettbewerb des organisierten Sports ist in **Absatz 3** definiert. Auf → Rn. 41–44 wird insoweit verwiesen.

C. Das Teilnahmeverbot des Absatzes 2

24 I. Hintergrund. Die Vorschrift ist auf Empfehlung des Sportausschusses (BT-Drs. 18/6677, 11) in dritter Lesung in das Gesetz aufgenommen worden. Sie hat zum Ziele, die **Lücken im Strafrechtsschutz,** die sich als Folge des **deutschen internationalen Strafrechts** (§§ 3, 7 StGB) ergeben können (dazu → BtMG Vor § 29 Rn. 72–154), zu schließen. Nach § 3 StGB gilt das deutsche Strafrecht grundsätzlich nur für Taten, die **im Inland** begangen werden.

25 Für **Auslandstaten,** die nicht unter die §§ 5, 6 StGB (besonderer Inlandsbezug, Weltverbrechen) fallen, gilt das deutsche Strafrecht nur, wenn die Tat auch am Tatort mit Strafe bedroht ist oder der Tatort keiner Strafgewalt unterliegt (§ 7 StGB). Ferner muss der Täter Deutscher sein oder geworden sein oder als ausländischer Täter im Inland betroffen sein und nicht ausgeliefert werden.

26 Diese Voraussetzungen sind beim **Doping im Ausland** meist schon deshalb nicht erfüllt, weil das **Selbstdoping** bisher nur in **wenigen Staaten** mit Strafe bedroht ist. Da die Verwirklichung der in Absatz 1 genannten Absicht weder einen Handlungsort noch einen Erfolgsort (§ 9 StGB) begründet (Fischer StGB § 9 Rn. 4a mwN), könnte der Sportler die Anwendung des deutschen Rechts dadurch umgehen, dass er die Dopingmittel oder -methoden im Ausland anwendet, auch wenn der Wettkampf selbst in Deutschland stattfindet. Absatz 2 soll diese Lücke schließen.

27 II. Die Voraussetzungen im Einzelnen. Die Vorschrift verbietet die Teilnahme an einem Wettbewerb des organisierten Sports unter Anwendung von Dopingmitteln oder Dopingmethoden, die in Anlage I des UNESCO-Übereinkommens aufgeführt sind, wenn die Anwendung ohne medizinische Indikation und mit der Absicht erfolgt, sich einen Vorteil in diesem Wettkampf zu verschaffen.

28 **Der Tatbestand** besteht aus zwei Handlungen, die miteinander verknüpft sein müssen:

29 **1. Teilnahme.** Die Handlung, die das Verbot auslöst, ist die **Teilnahme an dem Wettbewerb,** nicht die Anwendung des Dopingmittels oder der Dopingmethode selbst. Findet die Anwendung im Ausland statt und ist das Selbstdoping dort nicht strafbar oder ist der Sportler kein Deutscher, so erfüllt dies den Verbotstatbestand noch nicht. Dies tritt erst dann ein, wenn der Sportler an einem Wettkampf in Deutschland teilnimmt.

30 Teilnahme bedeutet die aktive Beteiligung am Wettkampfgeschehen (*Wußler* in Erbs/Kohlhaas AntiDopG § 3 Rn. 16). Dazu muss er sich im Wettkampf mit anderen Sportlern messen (*Putzke* in HK-ADG § 3 Rn. 21). Ein Dabeisein, auch als Kampfrichter, genügt dazu nicht. Auch die bloße **Anmeldung** zum Wettkampf reicht dazu nicht aus (*Putzke* in HK-ADG § 3 Rn. 22). Ebenso sind **vorbereitende Aktivitäten,** auch wenn sie in einem engen zeitlichen und örtlichen Zusammenhang mit dem Wettkampf stehen, etwa das Warmmachen, noch keine (vollendete) Teilnahme (*Putzke* in HK-ADG § 3 Rn. 23; aA wohl *Wußler* in Erbs/Kohlhaas AntiDopG § 3 Rn. 16). Bei einem **mehraktigen** Wettbewerb reicht es aus, wenn der Sportler bei einem dieser Akte unter der Wirkung des Dopings teilnimmt (*Wußler* in Erbs/Kohlhaas AntiDopG § 3 Rn. 16).

31 Hinsichtlich des **Wettbewerbs des organisierten Sports,** an dem der Sportler teilnehmen muss, um die Verbotsnorm auszulösen, gilt dasselbe wie in den Fällen des Absatzes 1. Auf → Rn. 19–23 kann Bezug genommen werden.

32 2. Anwendung von Dopingmitteln oder -methoden nach Absatz 1 Satz 1 Nr. 1, 2. Die zweite Handlung ist die Anwendung eines Dopingmittels oder einer Dopingmethode, die in Absatz 1 Satz 1 Nr. 1, 2 genannt ist. Diese **Anwendung**

muss der Teilnahme **vorausgehen** oder zumindest **gleichzeitig** mit ihr erfolgen (*Wußler* in Erbs/Kohlhaas AntiDopG § 3 Rn. 16). Es darf für sie keine medizinische Indikation vorliegen; sie muss in der Absicht vorgenommen werden, sich in dem Wettbewerb einen Vorteil zu verschaffen.

a) Dopingmittel oder -methoden. Auf → Rn. 8 und 15 wird verwiesen. 33

b) Nach Absatz 1 Satz 1 Nr. 1, 2. Diese Bezugnahme bedeutet zweierlei: sie 34 erfasst zunächst nicht nur das **Anwenden**, sondern auch das **Anwendenlassen**.

In zweiter Hinsicht erfasst die Verweisung die in der **Anlage I zum UNESCO-** 35 **Übereinkommen** aufgeführten Dopingmittel und -methoden. Auf → Rn. 9 und 16 kann insoweit Bezug genommen werden.

c) Ohne medizinische Indikation. Für die Anwendung darf keine medizini- 36 sche Indikation vorliegen. Dazu kann auf → Rn. 18 verwiesen werden.

d) Absicht, sich in dem Wettbewerb einen Vorteil zu verschaffen. Ab- 37 sichtsdelikte sind in der Regel Delikte mit überschießender Innentendenz (→ Rn. 20). Im Unterschied zu Absatz 1 gilt dies hier **nicht**: auch wenn die Anwendung mit der Absicht erfolgt, sich einen Vorteil im Wettkampf zu verschaffen, wird sie erst dann zu einer verbotenen Handlung, wenn die Absicht zumindest in der Weise verwirklicht wird, dass der Sportler an dem Wettkampf teilnimmt.

Zweifel können bei der **Zielrichtung der Absicht** entstehen. Nach dem Wort- 38 laut muss sie sich auf den Wettbewerb beziehen, an dem der Sportler schließlich teilnimmt. Dies eröffnet zahlreiche Umgehungsmöglichkeiten. Im Hinblick auf den Wortlaut muss dies jedoch wohl hingenommen werden.

Zum Begriff des **Vorteils** wird auf → Rn. 22 verwiesen. 39

3. Unter (der Wirkung) der Anwendung. Die Verknüpfung der beiden 40 Handlungen erfolgt dadurch, dass der Sportler zum Tatzeitpunkt noch unter der **unmittelbaren Wirkung** des Dopingmittels oder der Dopingmethode steht. Er muss daher im Zeitpunkt des Wettbewerbs gedopt sein, wobei es unerheblich ist, ob die Anwendung während des Wettbewerbs erfolgt oder dies schon vorher mit entsprechender Langzeitwirkung geschehen ist (BT-Drs. 18/6677, 11).

D. Die Definition des Absatzes 3

Absatz 3 definiert die **Wettbewerbe des organisierten Sports**. Ein solcher 41 liegt nur vor, wenn **kumulativ** die folgenden Voraussetzungen erfüllt sind:
– der Wettbewerb muss von einer **nationalen oder internationalen Sportorganisation** oder in deren Auftrag oder mit deren Anerkennung organisiert sein **(Nr. 1),** und
– in dem Wettbewerb müssen **Regeln einzuhalten sein,** die von einer nationalen oder internationalen Sportorganisation mit verpflichtender Wirkung für ihre Mitgliedsorganisationen verabschiedet wurden.

Damit werden zunächst die Wettbewerbe des **Spitzen- und Leistungssports** 42 erfasst, die von einem nationalen oder internationalen Verband **selbst organisiert** werden, etwa Olympische und Paralympische Spiele oder Jugendspiele, Weltspiele (World-Games), nationale oder internationale Meisterschaften, Spiele oder Wettkampfbetriebe einer nationalen oder internationalen Liga, nationale oder internationale Pokalwettbewerbe oder internationale Freundschaftsspiele. Wettbewerbe einer nur lokal oder regional tätigen Sportorganisation fallen nicht unter die Vorschrift (*Wußler* in Erbs/Kohlhaas AntiDopG § 3 Rn. 10).

Ausreichend sind aber auch Wettbewerbe, die von anderen Veranstaltern durch- 43 geführt werden, soweit sie **im Auftrag** der jeweils zuständigen (nationalen oder internationalen) Sportorganisationen erfolgen oder von diesen im **Vorfeld an-**

AntiDopG § 3

erkannt sind (BT-Drs. 18/4898, 28). Dazu können größere Laufveranstaltungen gehören, aber auch Wettbewerbe regionaler Ligen, Sportfeste und Turniere sonstiger Veranstalter.

44 Sportveranstaltungen, die **rein privat** sind, dem Freizeitbereich zugeordnet werden und **ohne** unmittelbare oder mittelbare **Einbindung und Anerkennung** einer Sportorganisation durchgeführt werden, sind damit ausgeschlossen. Dies gilt etwa für reine Firmenläufe, Freizeitkickerturniere oder für Wettbewerbe, die ausschließlich im Rahmen des Schulsports (zB Spiele verschiedener Schulen gegeneinander) ausgetragen werden (BT-Drs. 18/4898, 28). Da die Voraussetzungen der Nr. 1 und Nr. 2 kumulativ vorliegen müssen, gilt dies auch, wenn bei diesen Veranstaltungen Regeln des organisierten Sports angewandt werden.

45 Zweifelhaft ist, ob **Bodybuildingwettkämpfe** dem organisierten Wettkampfbereich zugeordnet werden können. Nach der Rechtsprechung (→ § 2 Rn. 27) gilt das Bodybuilding als Sport. Auch finden in diesem Bereich über das Jahr zahlreiche national oder international organisierte Wettkämpfe statt, bei denen auch Wertungsregeln gelten; auch gibt es mehrere nationale Verbände (*Brill* SpuRt 2015, 153 (154)). Allerdings hat der DOSB als Dachverband des deutschen Sports das Wettkampfbodybuilding bisher nicht in seine Reihen aufgenommen. Mit Rücksicht auf die derzeitigen Wertungsregeln (Muskulosität, Symmetrie, Proportionen und Präsentation) würde dies auch schwerfallen. Auch im Hinblick auf die praktischen Ermittlungsschwierigkeiten (Anfangsverdacht nach Aussehen) muss die fehlende Strafbarkeit des Eigendopings nicht als Verlust erscheinen.

E. Das Erwerbs- und Besitzverbot des Absatzes 4

46 Nach Absatz 4 ist es verboten, ein Dopingmittel nach § 3 Abs. 1 S. 1 Nr. 1 zu erwerben oder zu besitzen, um es ohne medizinische Indikation bei sich anzuwenden oder anwenden zu lassen und um sich dadurch in einem Wettbewerb des organisierten Sports einen Vorteil zu verschaffen. Nach Putzke (in HK-ADG § 3 Rn. 48 mwN) soll die Regelung verfassungswidrig sein, da sie gegen die Autonomie des Sportlers verstoße. Überzeugend ist dies nicht. Die Vorschrift greift nur dann ein, wenn der Sportler beabsichtigt, sich in einem Wettbewerb des organisierten Sports durch Doping einen unlauteren Vorteil zu verschaffen, und ist damit eine **Vorbereitungshandlung** zu den Straftaten des § 3 Abs. 1, 2. Ob der Gesetzgeber den Strafrechtsschutz dadurch vorverlegt, dass er die Vorbereitungshandlung zu einer Straftat selbständig unter Strafe stellt, unterliegt seiner Einschätzung.

47 **I. Tathandlungen** sind das **Erwerben** (→ § 2 Rn. 102, 103) oder **Besitzen** (→ § 2 Rn. 104–109) von Dopingmitteln, die in der **Anlage I zum UNESCO-Übereinkommen** (→ Rn. 9) aufgeführt sind. Auch hier darf der Stoff **nicht nur in bestimmten Sportarten** verboten sein (Satz 2); dazu auch → Rn. 10. Die Regelung erfasst auch den Erwerb oder Besitz von **kleineren Mengen** (BGH BeckRS 2017, 138881 = PharmR 2018, 343 mAnm *Krüger*).

48 **II. Absicht.** Weitere Voraussetzung ist die Absicht, das Dopingmittel ohne medizinische Indikation bei sich anzuwenden oder anwenden zu lassen; insoweit genügt direkter Vorsatz (*Wußler* in Erbs/Kohlhaas AntiDopG § 3 Rn. 19). Zum Fehlen der medizinischen Indikation → Rn. 18, zum Anwenden und Anwendenlassen → Rn. 11–13, 17.

49 **III. Weitere Absicht.** Das Anwenden oder Anwendenlassen muss in der Absicht (→ Rn. 20, 21) erfolgen, sich dadurch in einem Wettbewerb des organisierten Sports einen Vorteil zu verschaffen. Insoweit gilt nichts anderes als in Absatz 1. Auf → Rn. 19–23 wird verwiesen.

§ 4 Strafvorschriften

(1) Mit Freiheitsstrafe bis zu drei Jahren oder mit Geldstrafe wird bestraft, wer
1. entgegen § 2 Absatz 1, auch in Verbindung mit einer Rechtsverordnung nach § 6 Absatz 2, ein Dopingmittel herstellt, mit ihm Handel treibt, es, ohne mit ihm Handel zu treiben, veräußert, abgibt, sonst in den Verkehr bringt oder verschreibt,
2. entgegen § 2 Absatz 2, auch in Verbindung mit einer Rechtsverordnung nach § 6 Absatz 2, ein Dopingmittel oder eine Dopingmethode bei einer anderen Person anwendet,
3. entgegen § 2 Absatz 3 in Verbindung mit einer Rechtsverordnung nach § 6 Absatz 1 Satz 1 Nummer 1, jeweils auch in Verbindung mit einer Rechtsverordnung nach § 6 Absatz 1 Satz 1 Nummer 2 oder Satz 2, ein Dopingmittel erwirbt, besitzt oder verbringt,
4. entgegen § 3 Absatz 1 Satz 1 ein Dopingmittel oder eine Dopingmethode bei sich anwendet oder anwenden lässt, oder
5. entgegen § 3 Absatz 2 an einem Wettbewerb des organisierten Sports teilnimmt.

(2) Mit Freiheitsstrafe bis zu zwei Jahren oder mit Geldstrafe wird bestraft, wer entgegen § 3 Absatz 4 ein Dopingmittel erwirbt oder besitzt.

(3) Der Versuch ist in den Fällen des Absatzes 1 strafbar.

(4) Mit Freiheitsstrafe von einem Jahr bis zu zehn Jahren wird bestraft, wer
1. durch eine der in Absatz 1 Nummer 1, 2 oder Nummer 3 bezeichneten Handlungen
   a) die Gesundheit einer großen Zahl von Menschen gefährdet,
   b) einen anderen der Gefahr des Todes oder einer schweren Schädigung an Körper oder Gesundheit aussetzt oder
   c) aus grobem Eigennutz für sich oder einen anderen Vermögensvorteile großen Ausmaßes erlangt oder
2. in den Fällen des Absatzes 1 Nummer 1 oder Nummer 2
   a) in Dopingmittel an eine Person unter 18 Jahren veräußert oder abgibt, einer solchen Person verschreibt oder ein Dopingmittel oder eine Dopingmethode bei einer solchen Person anwendet oder
   b) gewerbsmäßig oder als Mitglied einer Bande handelt, die sich zur fortgesetzten Begehung solcher Taten verbunden hat.

(5) In minder schweren Fällen des Absatzes 4 ist die Strafe Freiheitsstrafe von drei Monaten bis zu fünf Jahren."

(6) Handelt der Täter in den Fällen des Absatzes 1 Nummer 1, 2 oder Nummer 3 fahrlässig, so ist die Strafe Freiheitsstrafe bis zu einem Jahr oder Geldstrafe.

(7) Nach Absatz 1 Nummer 4, 5 und Absatz 2 wird nur bestraft, wer
1. Spitzensportlerin oder Spitzensportler des organisierten Sports ist; als Spitzensportlerin oder Spitzensportler des organisierten Sports im Sinne dieses Gesetzes gilt, wer als Mitglied eines Testpools im Rahmen des Dopingkontrollsystems Trainingskontrollen unterliegt, oder
2. aus der sportlichen Betätigung unmittelbar oder mittelbar Einnahmen von erheblichem Umfang erzielt.

(8) Nach Absatz 2 wird nicht bestraft, wer freiwillig die tatsächliche Verfügungsgewalt über das Dopingmittel aufgibt, bevor er es anwendet oder anwenden lässt.

Übersicht

	Rn.
Einführung	1
A. Völkerrechtliche Vereinbarungen	1
B. Geschützte Rechtsgüter	2
C. Typen der Tatbestände	3
D. Vorbereitungshandlungen	4
E. Handeln im Ausland, Ausfuhr, Verbringen nach Deutschland	5
F. Rechtswidrigkeit	9
G. Subjektiver Tatbestand	10
I. Vorsatz	11
II. Absicht	14
III. Irrtumsfälle	15
IV. Fahrlässigkeit	21
H. Konkurrenzen	22
I. Strafzumessung	30
I. Erster Schritt: Strafrahmenwahl	31
II. Zweiter Schritt: Strafzumessung im engeren Sinn	33
III. Dritter Schritt: weitere Entscheidungen	38
J. Dopingmittel als Gegenstand von Eigentums- und Vermögensdelikten	39
Kapitel 1. Herstellen, Handeltreiben Veräußern, Abgeben, sonstiges Inverkehrbringen, Verschreiben von und mit Dopingmitteln entgegen § 2 Abs. 1 (Absatz 1 Nr. 1)	40
A. Grundtatbestand	40
B. Tathandlungen	41
I. Dopingmittel	42
II. Handlungen	43
1. Herstellen	44
2. Handeltreiben	45
3. Veräußern	46
4. Abgeben	47
5. Sonstiges Inverkehrbringen	48
6. Verschreiben	49
III. Entgegen § 2 Abs. 1, auch in Verbindung mit einer Verordnung nach § 6 Abs. 2	50
1. In Anlage I des UNESCO-Übereinkommens gegen Doping aufgeführter Stoff	51
2. Zum Zweck des Dopings beim Menschen im Sport	53
a) Zu Dopingzwecken	54
b) Im Sport	55
c) Beim Menschen	56
C. Vorbereitung, Versuch, Vollendung, Beendigung	57
I. Herstellen	58
II. Handeltreiben	61
III. Veräußern	67
IV. Abgeben	71
V. Sonstiges Inverkehrbringen	72
VI. Verschreiben	74
D. Täterschaft, Teilnahme	75
I. Herstellen	76
II. Handeltreiben	77
III. Veräußern	84
IV. Abgeben	87
V. Sonstiges Inverkehrbringen	88
VI. Verschreiben	90
E. Handeln im Ausland	92
F. Subjektiver Tatbestand	93
I. Vorsatz	94

	Rn.
II. Irrtumsfälle	95
G. Konkurrenzen	97
I. Herstellen	98
II. Handeltreiben	99
III. Veräußern	103
IV. Abgeben	105
V. Sonstiges Inverkehrbringen	106
VI. Verschreiben	107
H. Strafzumessung	109

Kapitel 2. Anwenden von Dopingmitteln und -methoden bei einer anderen Person entgegen § 2 Abs. 2 (Absatz 1 Nr. 2) ... 110

A. Grundtatbestand ... 110
B. Tathandlungen ... 111
   I. Dopingmittel ... 112
   II. Dopingmethoden ... 113
   III. Anwenden ... 114
   IV. Bei einer anderen Person ... 115
   V. Entgegen § 2 Abs. 2, auch in Verbindung mit einer Verordnung nach § 6 Abs. 2 ... 116
     1. In Anlage I des UNESCO-Übereinkommens aufgeführter Stoff oder aufgeführte Methode ... 117
     2. Zum Zweck des Dopings beim Menschen im Sport ... 120
C. Vorbereitung, Versuch, Vollendung, Beendigung ... 121
D. Täterschaft, Teilnahme ... 124
E. Handeln im Ausland ... 126
F. Subjektiver Tatbestand ... 127
   I. Vorsatz ... 128
   II. Irrtumsfälle ... 129
G. Konkurrenzen ... 130
H. Strafzumessung ... 131

Kapitel 3. Erwerben, Besitzen oder Verbringen von bestimmten Dopingmitteln in nicht geringer Menge entgegen § 2 Abs. 3 (Absatz 1 Nr. 3) ... 132

A. Grundtatbestand ... 132
B. Tathandlungen ... 133
   I. Adressat der Norm ... 134
   II. Dopingmittel ... 135
   III. Erwerben ... 136
   IV. Besitzen ... 137
   V. Verbringen nach und durch Deutschland ... 138
   VI. Entgegen § 2 Abs. 3, auch in Verbindung mit einer Verordnung nach § 6 ... 139
     1. In der Anlage zum AntiDopG aufgeführt ... 140
     2. In nicht geringer Menge, DmMV ... 141
     3. Zum Zweck des Dopings beim Menschen im Sport ... 143
C. Vorbereitung, Versuch, Vollendung, Beendigung ... 144
   I. Erwerben ... 146
   II. Besitzen ... 149
   III. Verbringen nach und durch Deutschland ... 152
     1. Verbringen nach Deutschland ... 153
     2. Verbringen durch Deutschland ... 160
D. Täterschaft Teilnahme ... 163
   I. Erwerben ... 164
   II. Besitzen ... 165
   III. Verbringen nach und durch Deutschland ... 170
     1. Verbringen nach Deutschland ... 171
       a) Eigenhändiges Verbringen ... 172
       b) Verbringen durch andere ... 173

				Rn.
		aa)	Bestellung/Erwerb im Ausland	175
			(a) Besteller/Erwerber	176
			(b) Lieferant/Verkäufer	180
			(c) Finanzier	181
			(d) Chauffeur	182
		bb)	Begleitung beim Transport	183
		cc)	Sonstige Mitwirkung am Import	184
		dd)	Zurechnung der von einem anderen mitgeführten Menge	185
	c) Verbringen durch Versenden			186
	2. Verbringen durch Deutschland			187

E. Handeln im Ausland 188
F. Subjektiver Tatbestand 190
   I. Vorsatz 191
   II. Irrtumsfälle 192
G. Konkurrenzen 195
   I. Erwerben 199
   II. Besitzen 197
   III. Verbringen nach und durch Deutschland 201
H. Strafzumessung 205

Kapitel 4. Bei sich Anwenden oder Anwendenlassen eines Dopingmittels oder einer Dopingmethode entgegen § 3 Abs. 1 (Absatz 1 Nr. 4) 206
A. Grundtatbestand 206
B. Tathandlungen 207
   I. Adressat der Norm 208
      1. Spitzensportler des organisierten Sports (Absatz 7 Nr. 1) . . . 211
      2. Sportler mit erheblichen Einnahmen aus ihrer sportlichen Betätigung (Absatz 7 Nr. 2) 215
   II. Dopingmittel, Dopingmethoden 219
   III. Bei sich Anwenden oder Anwendenlassen 220
   IV. Entgegen § 3 Abs. 1 S. 1 221
      1. In Anlage I des UNESCO-Übereinkommens aufgeführter Stoff oder aufgeführte Methode. 222
      2. Ohne medizinische Indikation 224
      3. Absicht, sich in einem Wettbewerb des organisierten Sports einen Vorteil zu verschaffen 225
C. Vorbereitung, Versuch, Vollendung, Beendigung 226
D. Täterschaft, Teilnahme 229
E. Handeln im Ausland 230
F. Subjektiver Tatbestand 231
   I. Vorsatz 232
   II. Irrtumsfälle 233
G. Konkurrenzen 234
H. Strafzumessung 235

Kapitel 5. Teilnahme an einem Wettbewerb des organisierten Sports entgegen § 3 Abs. 2 (Absatz 1 Nr. 5) 236
A. Grundtatbestand 236
B. Tathandlung 237
   I. Adressat der Norm 238
   II. Die beiden Handlungen des Absatzes 1 Nr. 5 239
      1. Teilnahme an einem Wettkampf des organisierten Sports . . 240
        a) Teilnahme 241
        b) An einem Wettbewerb des organisierten Sports 242
      2. Unter Anwendung von Dopingmitteln oder -methoden . . 243
        a) Anwendung von Dopingmitteln oder -methoden nach Absatz 1 Satz 1 Nr. 1, 2 245
        b) Ohne medizinische Indikation 246

	Rn.
c) In der Absicht, sich in dem Wettbewerb einen Vorteil zu verschaffen	247
3. Unter (der Wirkung) der Anwendung	249
C. Vorbereitung, Versuch, Vollendung, Beendigung	250
D. Täterschaft, Teilnahme	253
E. Handeln im Ausland	254
F. Subjektiver Tatbestand	255
I. Vorsatz	256
II. Irrtumsfälle	257
G. Konkurrenzen	258
H. Strafzumessung	259

Kapitel 6. Erwerben oder Besitzen von Dopingmitteln entgegen § 3 Abs. 4 (Absatz 2) 260
- A. Grundtatbestand 260
- B. Tathandlung 261
  - I. Adressat der Norm 262
  - II. Dopingmittel 263
  - III Erwerben 264
  - IV. Besitzen 265
  - V. Anwendungsabsicht 266
  - IV. Vorteilsabsicht 267
- C. Vollendung, Beendigung 268
- D. Tätige Reue (Absatz 8) 270
- E. Täterschaft, Teilnahme 274
- F. Handeln im Ausland 275
- G. Subjektiver Tatbestand 276
  - I. Vorsatz 277
  - II. Irrtumsfälle 278
- H. Konkurrenzen 279
- I. Strafzumessung 280

Kapitel 7. Versuch (Absatz 3) 281

Kapitel 8. Die Verbrechenstatbestände des Absatzes 4 282
- A. Einführung 282
- B. Die Verbrechenstatbestände der Nr. 1 285
  - I. Gefährdung der Gesundheit einer großen Zahl von Menschen (Buchst. a) 286
    1. Gefährdung 287
    2. Gesundheit 289
    3. Große Zahl von Menschen 290
  - II. Einen anderen der Gefahr des Todes oder einer schweren Schädigung an Körper oder Gesundheit aussetzen (Buchst. b) . 291
  - III. Erlangen von Vermögensvorteilen großen Ausmaßes für sich oder einen anderen aus grobem Eigennutz (Buchst. c) . . . 293
    1. Vermögensvorteile großen Ausmaßes 294
    2. Aus grobem Eigennutz 295
- C. Die Verbrechenstatbestände der Nr. 2 296
  - I. Veräußern, Abgeben, Verschreiben von Dopingmitteln an Personen unter 18 Jahren oder Anwendung von Dopingmitteln oder -methoden bei ihnen (Buchst. a) 297
    1. Veräußern, Abgeben, Verschreiben von Dopingmitteln . . . 299
    2. Anwenden von Dopingmitteln oder -methoden . . 300
  - II. Gewerbs- oder bandenmäßiges Handeln (Buchst. b) . . . 301
    1. Gewerbsmäßiges Handeln 302
    2. Bandenmäßiges Handeln 303
- D. Vorbereitung, Versuch, Vollendung, Beendigung 304
- E. Täterschaft, Teilnahme 307
- F. Handeln im Ausland 308
- G. Subjektiver Tatbestand 309
- H. Konkurrenzen 310

	Rn.
I. Strafzumessung	311
Kapitel 9. Minder schwerer Fall (Absatz 5)	312
A. Ausgangslage	312
B. Der Vorgang der Strafrahmenwahl	316
I. Allgemeine Strafmilderungsgründe	317
II. Die allgemeinen Strafmilderungsgründe begründen noch keinen minder schweren Fall	320
1. Hinzutreten eines oder mehrerer vertypter Milderungsgründe	321
2. Die Wahl durch das Gericht	322
3. Verbrauch vertypter Milderungsgründe	324
4. Verbleiben beim Normalstrafrahmen	326
III. Die allgemeinen Strafmilderungsgründe begründen bereits einen minder schweren Fall	327
C. Strafzumessung im engeren Sinn	328
D. Weitere Entscheidungen	329
Kapitel 10. Fahrlässigkeitstatbestände (Absatz 6)	330
A. Tatbestände	331
B. Versuch	332
C. Täterschaft, Teilnahme	333
D. Konkurrenzen	335
E. Verfahren, Kognitionspflicht des Gerichts	336
Kapitel 11. Spitzensportler, Sportler mit erheblichen Einnahmequellen (Absatz 7	337
Kapitel 12. Tätige Reue in den Fällen des Absatzes 2 (Absatz 8)	338

Einführung

1 **A. Völkerrechtliche Vereinbarungen.** Doping ist ein europa- und weltweites Problem. Zu den insoweit bestehenden völkerrechtlichen Vereinbarungen → Einl. Rn. 9, 10.

2 **B. Geschützte Rechtsgüter.** Geschützte Rechtsgüter sind die Gesundheit der Sportler, die Fairness und Chancengleichheit bei Sportwettbewerben, die Integrität des Sports einschließlich der Facette des Vermögens und die Gesundheit der Bevölkerung (→ § 1 Rn. 3–20).

3 **C. Typen der Tatbestände.** Die Tatbestände des § 4 sind die Grundlage der strafrechtlichen Bekämpfung von Doping im Sport. Sie sind mit Ausnahme der Verbrechen in Absatz 4 Nr. 1 Buchst. a, b, die konkrete Gefährdungsdelikte darstellen, **abstrakte Gefährdungsdelikte** (dazu → BtMG Vor § 29 Rn. 165). Potenzielle (abstrakt-konkrete) Gefährdungsdelikte (→ BtMG Vor § 29 Rn. 166) gibt es auch im Antidopingrecht nicht.

4 **D. Vorbereitungshandlungen.** Die Straftaten des § 4 sind mit Ausnahme des Absatzes 4 keine Verbrechen. Strafbare Vorbereitungshandlungen (§ 30 StGB) kommen daher, sofern sie nicht eigens mit Strafe bedroht sind (Absatz 2), nur in den Fällen des Absatzes 4 in Betracht. Zur Anwendung des § 30 StGB → BtMG Vor § 29 Rn. 207–240. Zur Nichtanwendung im Falle der Beihilfe → BtMG Vor § 29 Rn. 220.

5 **E. Handeln im Ausland, Ausfuhr, Verbringen nach Deutschland.** Es gelten die allgemeinen international-strafrechtlichen Regeln, so dass auf → BtMG Vor § 29 Rn. 72–118, 135–154 verwiesen werden kann (auch → § 3 Rn. 24–26). Dies ist, sofern es sich nicht um Betäubungsmittel handelt, auch für das Handeltreiben (Absatz 1 Nr. 1) maßgeblich, da das Weltrechtsprinzip (§ 6 Nr. 5 StGB) nur für Be-

täubungsmittel gilt. Im Übrigen ist zu beachten, dass auch bei einem Handeln im Ausland (auch) eine **Inlandstat** vorliegen kann (→ BtMG Vor § 29 Rn. 81–112).

Dass die Strafvorschriften einen Verstoß gegen **verwaltungsrechtliche Regelungen** voraussetzen, steht der Anwendung auf Auslandstaten nicht entgegen, da unter dem Begriff des deutschen Strafrechts in §§ 4, 7 StGB die Gesamtheit aller Normen des Bundes und der Länder zu verstehen ist (→ BtMG Vor § 29 Rn. 73, 142). Zum **Irrtum** des Täters über die Anwendbarkeit deutschen Strafrechts → BtMG Vor § 29 Rn. 32, 33.

Die **Ausfuhr** von Dopingmitteln ist als solche nicht strafbewehrt; dient sie einem gewinnbringenden Umsatz, liegt Handeltreiben vor. Handelt es sich um Arzneimittel oder Betäubungsmittel, so gelten die arzneimittel- oder betäubungsmittelrechtlichen Vorschriften. Für die **Einfuhr** und **Durchfuhr** gilt grundsätzlich dasselbe; eine Ausnahme gilt für das **Verbringen** von bestimmten Dopingmitteln in nicht geringer Menge (§ 2 Abs. 3).

Das Doping bei Menschen im Sport muss **nicht in Deutschland** stattfinden; Strafbarkeit nach deutschem Recht ist daher auch dann gegeben, wenn die Dopingmittel in Deutschland hergestellt oder in Verkehr gebracht werden, um sie im Ausland anzuwenden (*Heger* in Anti-Doping-Gesetz S. 32).

F. Rechtswidrigkeit. Es gelten die allgemeinen Grundsätze. Handlungen, die einen Tatbestand des § 4 erfüllen, sind verboten und rechtswidrig. Eine Erlaubnis gibt es nicht. Zur Einwilligung → BtMG § 13 Rn. 186–208. Die dortigen Grundsätze, insbesondere die neue Rechtsprechung zu einer **einverständlichen illegalen** Handlung (BGHSt 60, 166 = NJW 2015, 1540 mAnm *Mitsch* = NStZ 2015, 270; → BtMG § 13 Rn. 201, 202), gelten auch hier.

G. Subjektiver Tatbestand. Strafbarkeit nach den Absätzen 1–4 verlangt Vorsatz (→ BtMG Vor § 29 Rn. 389–425). Zur Fahrlässigkeit s. Absatz 6 sowie → Rn. 21.

I. Vorsatz. Zu den Tatbestandsmerkmalen, auf die sich der Vorsatz erstrecken muss, gehört in den Vorschriften des § 4 das Dopingmittel oder die Dopingmethode. Diese Begriffe zählen zu den **normativen** Tatbestandsmerkmalen (→ BtMG Vor § 29 Rn. 400), bei denen der Täter nicht nur die reinen Tatsachen kennen muss, sondern auch deren Bedeutung richtig erfassen muss **(Bedeutungskenntnis),** wobei allerdings eine **Parallelwertung** in der **Laiensphäre** genügt (→ BtMG Vor § 29 Rn. 407, 408).

Es reicht daher zunächst aus, dass Produzenten, Importeure und Händler die **Wirkungen** ihrer Produkte **kennen** oder damit **rechnen.** Die Dopingmittel oder -methoden müssen in **Anlage I** zum UNESCO-Übereinkommen gelistet sein; auch hierauf muss sich der Vorsatz erstrecken. Sie müssen ferner zu **Dopingzwecken beim Menschen im Sport** dienen; zu dem insoweit erforderlichen Vorsatz → § 2 Rn. 25.

Grundsätzlich reicht **bedingter Vorsatz** (→ BtMG Vor § 29 Rn. 415–420) aus; zu der umstrittenen Ausnahme bei der Zweckbestimmung → § 2 Rn. 25. Bedingten Vorsatz hat auch, wer sich um eines anderen erstrebten Zieles willen mit der Tatbestandsverwirklichung **abfindet,** mag ihm auch der Erfolgseintritt unerwünscht sein (→ BtMG Vor § 29 Rn. 416), oder wer aus **Gleichgültigkeit** mit jeder eintretenden Möglichkeit einverstanden ist (→ BtMG Vor § 29 Rn. 417).

II. Absicht. In den Fällen des Selbstdopings (§ 3) ist erforderlich, dass der Täter in der Absicht handelt, sich im Wettbewerb des organisierten Sports einen Vorteil zu verschaffen. Dazu → § 3 Rn. 37–39, 48, 49.

III. Irrtumsfälle. Irrt der Täter über die Substanz, die er in Verkehr bringt oder über ihre tatsächlichen Eigenschaften (ohne dass ein Fall der → Rn. 17 vorliegt) und erkennt deswegen nicht, dass er mit einem Dopingmittel umgeht, so kommt ein **Tatbestandsirrtum** (→ BtMG Vor § 29 Rn. 429–438) in Betracht. Dasselbe gilt, wenn der Täter zwar die tatsächlichen Eigenschaften der Substanz kennt, sie aber irrtümlich nicht für ein Dopingmittel hält, weil er die notwendige **Bedeutungskenntnis** (→ Rn. 11) nicht erlangt (*Raum* in Kügel/Müller/Hofmann Vor § 95 Rn. 17, 19). In beiden Fällen ist dann die fahrlässige Begehung (Absatz 6) zu prüfen. Dies gilt auch in den Fällen des **Handeltreibens** (→ BtMG § 29 Rn. 833, 841, 2080, 2082).

16 Hat der Täter die notwendige Bedeutungskenntnis, legt er den Begriff aber gleichwohl fehlerhaft aus, etwa weil er meint, Arzneimittel seien keine Dopingmittel, so liegt ein **Subsumtionsirrtum** vor, der den Vorsatz nicht ausschließt (→ BtMG Vor § 29 Rn. 434; *Raum* in Kügel/Müller/Hofmann Vor § 95 Rn. 17, 19; in diesem Sinne wohl auch *Freund* in MüKoStGB AMG §§ 13–20d Rn. 15). Der Subsumtionsirrtum kann allerdings relevant werden, wenn er zu einem **Verbotsirrtum** führt, weil der Täter annimmt, sein Verhalten sei nicht rechtswidrig (→ BtMG Vor § 29 Rn. 434). Dies gilt auch für das Handeltreiben (→ BtMG § 29 Rn. 832, 834).

17 Kein Subsumtionsirrtum ist der Irrtum über Umstände, die **nicht zum Tatbestand gehören** (→ BtMG Vor § 29 Rn. 462–464), etwa über die Art des Dopingmittels; ein solcher Irrtum ist für die **Schuldfrage** (anders für die Strafzumessung) **nicht** beachtlich. Dies gilt auch in den Fällen des Handeltreibens (→ BtMG § 29 Rn. 832, 835).

18 Ein **Verbotsirrtum** kommt in Betracht, wenn der Täter sein Verhalten für rechtmäßig hält, etwa annimmt, die Verbotsvorschrift gelte nicht, weil die Veranstaltung kein olympischer Wettkampf oder ein ähnliches Großereignis ist. Eine andere Frage ist, ob ein solcher Verbotsirrtum vermeidbar ist (→ Rn. 19).

19 Für den **Verbotsirrtum** gelten die allgemeinen Regeln (→ BtMG Vor § 29 Rn. 441–451). Dies gilt auch in den Fällen des Handeltreibens (→ BtMG § 29 Rn. 832, 834). Bei der Frage der Vermeidbarkeit ist zu berücksichtigen, dass die Straftatbestände des AntiDopG häufig berufs- oder berufsähnliche Pflichten (Ärzte, Trainer, Lehrer) betreffen und sich auf Verstöße im Umgang mit Stoffen beziehen, die als Dopingmittel missbraucht werden können. Wer aber mit solchen Stoffen umgeht, weiß, dass er sich in einem rechtlich sensiblen Bereich bewegt, so dass ihm auch zuzumuten ist, qualifizierten Rechtsrat einzuholen (*Raum* in Kügel/Müller/Hofmann Vor § 95 Rn. 23).

20 Die allgemeinen Regeln gelten auch für den **umgekehrten Irrtum.** Hält der Täter danach einen Tatumstand irrtümlich für gegeben, so kommt an sich ein (untauglicher) **Versuch** in Betracht (→ BtMG Vor § 29 Rn. 439, 440), der allerdings nur in den Fällen des Absatzes 1 und Absatzes 4 **strafbar** ist. Anders ist dies beim Handeltreiben; hier liegt vollendetes Handeltreiben vor (→ AMG § 95 Rn. 182; → BtMG § 29 Rn. 837). Hält der Täter sein Verhalten irrtümlich für rechtswidrig, so liegt ein strafloses **Wahndelikt** vor (→ BtMG Vor § 29 Rn. 452–461). Dies gilt grundsätzlich auch beim **Handeltreiben** (→ AMG § 95 Rn. 183; → BtMG § 29 Rn. 838); vollendetes Handeltreiben liegt dagegen vor, wenn der Täter irrtümlich annimmt, die Substanz, deren Beschaffenheit er kennt, gehöre zu den gelisteten Dopingmitteln (→ AMG § 95 Rn. 184, → BtMG § 29 Rn. 839).

21 **IV. Fahrlässigkeit.** Nach **Absatz 6** ist in den Fällen des Absatzes 1 Nr. 1, 2 und 3 auch die fahrlässige Begehung strafbar (→ Rn. 330–335). Zur Kognitionspflicht des Gerichts → Rn. 336. Ein Fahrlässigkeitsdelikt kommt vor allem in Betracht, wenn die Zwecksetzung sorgfaltswidrig verkannt wird (*Putzke* in HK-ADG § 4 Rn. 64).

Strafvorschriften **§ 4 AntiDopG**

H. Konkurrenzen. Zu den Konkurrenzen allgemein → BtMG Vor § 29 22
Rn. 551–587, 671–724. S. ferner bei den einzelnen Delikten des § 4.

Wie die meisten Tatbestände des Betäubungsmittelstrafrechts sind auch die meis- 23
ten die Strafvorschriften des AntiDopG **abstrakte Gefährdungsdelikte**
(→ Rn. 3). **Konkrete Gefährdungsdelikte** sind die Straftaten des Absatzes 4
Nr. 1 Buchst. a und b. **Potenzielle** oder abstrakt-konkrete Gefährdungsdelikte
(→ BtMG Vor § 29 Rn. 167) gibt es im Antidopingrecht nicht.

Bei den **konkreten** Gefährdungsdelikten sieht das Gesetz schon die Gefahr als 24
einen Erfolg der Tat an (Fischer StGB Vor § 13 Rn. 18). Die **abstrakten** Gefährdungsdelikte dienen zwar dem Schutz bestimmter Rechtsgüter, namentlich der Gesundheit der Sportler oder der Integrität des Sports, greifen aber bereits ein, **bevor** ein solches Rechtsgut (konkret) gefährdet oder verletzt ist (→ BtMG Vor § 29 Rn. 166). Dies gilt auch in den Fällen, in denen das Gesetz nicht nur den Verkehr mit Dopingmitteln regelt, sondern auch ihre **Anwendung** verbietet. Auch in einem solchen Falle kommt es nicht darauf, ob tatsächlich eine Gesundheitsbeeinträchtigung eingetreten ist.

Auf Grund dieser Konzeption finden die Strafvorschriften des AntiDopG und die 25
als Verletzungsdelikte (→ BtMG Vor § 29 Rn. 163) ausgestalteten **Körperverletzungs-** und **Tötungsdelikte** des allgemeinen Strafrechts **nebeneinander** Anwendung, so dass **Tateinheit** vorliegt (*Putzke* in HK-ADG § 4 Rn. 90). Namentlich in den Fällen der Fahrlässigkeit stellen sich die Fragen der eigenverantwortlichen **Selbstgefährdung** (→ BtMG § 30 Rn. 158, 159, 209–233), der einverständlichen Fremdgefährdung (→ BtMG § 30 Rn. 166, 211–214, 234) und der Einwilligung
(→ Rn. 9).

Tateinheit besteht auch, sofern der Stoff nicht schon von sich aus giftig oder ge- 26
sundheitsschädlich ist (OLG Zweibrücken BeckRS 2016, 08586), mit dem Verbrechen der **Gemeingefährlichen Vergiftung** nach § 314 StGB (→ NpSG § 4
Rn. 23). Entsprechendes gilt für den Straftatbestand der **Schweren Gefährdung durch Freisetzung von Giften** nach § 330a StGB, der allerdings hinter § 314 StGB zurücktritt (→ NpSG § 4 Rn. 23).

Die Grundsätze der **Bewertungseinheit** gelten bei allen **Absatzdelikten** (Han- 27
deltreiben, Veräußern, Abgeben) und kommen daher auch im Rahmen des AntiDopG zur Geltung (BGH NStZ-RR 2019, 86). Auf → BtMG Vor § 29
Rn. 588–670 wird verwiesen.

Zum **uneigentlichen Organisationsdelikt,** das in Betracht kommt, wenn der 28
Täter an der unmittelbaren Ausführung der Taten nicht beteiligt ist, → BtMG Vor
§ 29 Rn. 276.

Auch die **Tatbestände des AntiDopG** treffen **tateinheitlich** zusammen, so- 29
weit sie einen eigenen Unrechtsgehalt aufweisen. Sofern sich bei einzelnen Tatbeständen Abweichungen ergeben, wird dort darauf eingegangen. Zum Verhältnis zu den **Strafvorschriften** des **AMG** und des **BtMG** → Einl. Rn. 25–27.

I. Strafzumessung. Erfahrungsgemäß ist es zweckmäßig, den Vorgang der 30
Strafzumessung in drei Schritte zu gliedern (→ BtMG Vor § 29 Rn. 736). Zu den einzelnen Schritten → BtMG Vor § 29 Rn. 737–743. Bei jedem Schritt hat eine **Gesamtwürdigung** stattzufinden, bei der Strafrahmenwahl naturgemäß nur dann, wenn der Strafrahmen nicht von vornherein feststeht (→ Rn. 31). Zur Strafzumessung im Übrigen → BtMG Vor § 29 Rn. 725–1237. Zu den Sanktionen des Jugendstrafrechts → BtMG Vor § 29 Rn. 1663–1762. Zur Darlegung im Urteil
→ BtMG Vor § 29 Rn. 1290–1298.

I. Erster Schritt: Strafrahmenwahl. Zunächst ist der gesetzliche Strafrahmen 31
zu ermitteln, aus dem im konkreten Fall die Strafe zu entnehmen ist. Sind keine Be-

sonderheiten in der Sache oder in der rechtlichen Regelung gegeben, so steht der Rahmen auf Grund der Strafvorschrift sofort fest (**Normalstrafrahmen**). Im Antidopingrecht gilt dies in den Fällen des § 4 Abs. 1, 2. Eine Änderung des Strafrahmens kommt hier nur beim Vorliegen eines **vertypten Milderungsgrundes** nach § 49 Abs. 1 StGB in Betracht. Diese sind im Wesentlichen in → BtMG Vor § 29 Rn. 750–781 aufgeführt. Dort auch zu den für die Strafrahmenwahl maßgeblichen Gesichtspunkten, wenn es sich um einen fakultativen Milderungsgrund handelt.

32 **Anders ist dies,** wenn das Gesetz, wie hier in Absatz 5 für den Verbrechenstatbestand des Absatzes 4, noch einen minder schweren Fall mit einem **eigenen Strafrahmen** vorsieht. Hier muss stets geklärt werden, welcher Strafrahmen den weiteren Schritten der Strafzumessung zugrunde zu legen ist. Dazu → Rn. 316–327.

33 **II. Zweiter Schritt: Strafzumessung im engeren Sinne.** Nachdem der Strafrahmen festgestellt wurde, ist innerhalb der Eckpunkte, die durch ihn festgelegt werden, die nach Art und Maß schuldangemessene Strafe zu finden (*Schäfer/Sander/van Gemmeren* Strafzumessung Rn. 886). Auch dies hat auf der Grundlage einer Gesamtwürdigung zu geschehen (→ BtMG Vor § 29 Rn. 850). Dabei sind die für die Strafrahmenwahl maßgeblichen Gesichtspunkte **noch einmal** zu berücksichtigen, wenn auch möglicherweise mit geringerem Gewicht (→ BtMG Vor § 29 Rn. 897–899).

34 Zu den Umständen, die **im Allgemeinen** für die Strafzumessung im engeren Sinn maßgeblich sind, → BtMG Vor § 29 Rn. 852–937:
– zum gerechten Schuldausgleich einschließlich der Gleichbehandlung mehrerer Täter (→ BtMG Vor § 29 Rn. 852–861),
– zu den anderen Strafzwecken (→ BtMG Vor § 29 Rn. 862–873),
– zum Unterschreiten der schuldangemessenen Strafe (→ BtMG Vor § 29 Rn. 874–878),
– zur Orientierung durch den Strafrahmen (→ BtMG Vor § 29 Rn. 879–899),
– zum Verbot der Doppelverwertung (→ BtMG Vor § 29 Rn. 900–929) und
– zum Fehlen von Strafschärfungs- oder Strafmilderungsgründen (→ BtMG Vor § 29 Rn. 930–937).

35 Vorhanden (→ Rn. 36), wenn auch weniger stark ausgeprägt, sind bislang die **Besonderheiten,** die der Strafzumessung in Betäubungsmittelsachen eigentümlich sind. Zu einem Teil liegt dies an der praktischen Ermittlungsarbeit; so ist die Tatprovokation (→ BtMG § 4 Rn. 167–304) in einer reinen Antidoping-Sache bislang eher selten. Zum anderen Teil beruht dies auf den Vorgaben des Gesetzes, das nur einen Verbrechenstatbestand enthält.

36 Wie das Betäubungsmittelrecht ist das Antidopingrecht **Stoffrecht.** Die Eigenschaften des Stoffs, namentlich Art, Menge und Gefährlichkeit sowie die Umstände seiner Sicherstellung, sind daher auch für die Bestimmung des Schuldumfangs von Bedeutung. Dasselbe gilt für die Strafzumessungserwägungen, die an die **Person des Täters** (→ BtMG Vor § 29 Rn. 1035–1055, 1057–1075) oder an das Verfahren (→ BtMG Vor § 29 Rn. 1031–1033, 1076, 1077, 1086–1156) anknüpfen.

37 Auch zur **Wahl der Strafart** bei kurzen Freiheitsstrafen und zur Gesamtstrafenbildung kann auf die Ausführungen zum BtMG verwiesen werden (→ BtMG Vor § 29 Rn. 1157–1171 und 1172–1176).

38 **III. Dritter Schritt: weitere Entscheidungen.** Zur Strafaussetzung zur Bewährung → BtMG Vor § 29 Rn. 1177–1237, zu ihrem Widerruf → Vor § 29 Rn. 1239–1286. Freiheitsentziehende Maßregeln kommen schon aus praktischen Gründen kaum in Betracht. Die Entziehung der Fahrerlaubnis durch die Strafgerichte (→ Vor § 29 Rn. 1507–1592) kommt in Betracht, wenn es sich bei dem konkreten Stoff um ein berauschendes Mittel handelte. Die Dopingmittel können als Beziehungsgegenstände eingezogen werden (§ 5). Zur Einziehung im Übrigen

s. die Erläuterungen zu BtMG § 33. Zum Berufsverbot → BtMG Rn. 1763–1773. Ein solches Verbot kann auch bei einer erstmaligen Verurteilung in Betracht kommen (→ BtMG Rn. 1769).

J. Dopingmittel als Gegenstand von Eigentums- und Vermögensdelikten. Der Besitz von Dopingmitteln in nicht geringer Menge ist verboten (§ 3 Abs. 3) und strafbar (§ 4 Abs. 1 Nr. 3). Ist der Besitz ein Teilakt des Handeltreibens ist die Strafbarkeit auch bei Mengen gegeben, die die nicht geringe Menge nicht erreichen (→ § 2 Rn. 91, 92). Nach der traditionellen Rechtsprechung konnte dieser illegale Besitz gleichwohl Gegenstand eines Eigentums- oder Vermögensdeliktes sein (→ BtMG § 29 Rn. 13–23). Dies wird durch den Anfragebeschluss des 2. Strafsenats v. 1.6.2016 (NStZ 2016, 596 mzustAnm *Krell* = JR 2017, 81 mAnm *Schäfer* = JA 2016, 790 mablAnm *Jäger* = JuS 2016, 848 mzustAnm *Jahn*) in Frage gestellt (dazu im Einzelnen → BtMG § 29 Rn. 17, 23). Dieser Auffassung, die der 2. Strafsenat in anderer Besetzung hinsichtlich der Eigentumsdelikte ohnehin nicht vertreten hatte (→ BtMG § 29 Rn. 17) sind die anderen Strafsenate entgegengetreten. Der 2. Senat hält an seiner Auffassung nicht fest (→ BtMG § 29 Rn. 17, 23). 39

Kapitel 1. Herstellen, Handeltreiben, Veräußern, Abgeben, sonstiges Inverkehrbringen, Verschreiben von und mit Dopingmitteln entgegen § 2 Abs. 1 (Absatz 1 Nr. 1)

A. Grundtatbestand. Grundlage der Strafvorschrift ist § 2 Abs. 1. 40

B. Tathandlungen. Unter Strafe gestellt ist das Herstellen, Handeltreiben oder, sofern nicht Handeltreiben vorliegt, das Veräußern, Abgeben und sonstige Inverkehrbringen sowie schließlich das Verschreiben von Dopingmitteln entgegen § 2 Abs. 1. 41

I. Dopingmittel. Als Dopingmittel kommen nicht nur Arzneimittel oder Wirkstoffe in Betracht, sondern generell auch andere Stoffe und Zubereitungen, etwa Nahrungsergänzungsmittel oder kosmetische Mittel. Wegen der Einzelheiten wird auf → § 2 Rn. 6–21 verwiesen. Zur erforderlichen Aufnahme in Anlage I zum UNESCO-Übereinkommen → Rn. 51, 52. 42

II. Handlungen. Die in dem früheren § 6a AMG enthaltenen an das Arzneimittelrecht angelehnten Tathandlungen sind mit Blick auf die strukturelle Ähnlichkeit mit den Betäubungsmitteldelikten (→ § 2 Rn. 30) deutlich erweitert worden: 43

1. Herstellen (§ 2 Abs. 1 Nr. 1). Zugrunde zu legen ist der betäubungsmittelrechtliche Herstellungsbegriff. Auf → § 2 Rn. 33–35 wird verwiesen. 44

2. Handeltreiben (§ 2 Abs. 1 Nr. 2). Die deutlichste Verbesserung bei der Bekämpfung des Dopings im Sport ist die Erweiterung der Strafbarkeit auf das Handeltreiben. Ausgehend von der Rezeption des betäubungsmittelrechtlichen Begriffs ist der Begriff des Handeltreibens auch im AntiDopG weit auszulegen. Wegen der Einzelheiten wird auf → § 2 Rn. 36–53 Bezug genommen. 45

3. Veräußern (§ 2 Abs. 1 Nr. 3 Alt. 1). Wie im Betäubungsmittelrecht kommt die Alternative des Veräußerns nur in Betracht, wenn kein Handeltreiben vorliegt. Veräußern ist die Abgabe, die zwar entgeltlich erfolgt, aber nicht eigennützig ist. Zu den Einzelheiten wird auf → § 2 Rn. 54 verwiesen. 46

4. Abgeben (§ 2 Abs. 1 Nr. 3 Alt. 2). Für das Abgeben gilt dasselbe wie für das Veräußern (→ Rn. 46). Abgeben ist die Übertragung der eigenen tatsächlichen Verfügungsgewalt auf einen anderen ohne rechtsgeschäftliche Grundlage und ohne Gegenleistung. Wegen der Einzelheiten wird auf → § 2 Rn. 55 verwiesen. 47

4. Sonstiges Inverkehrbringen (§ 2 Nr. 3 Alt. 3). Anders als im Arzneimittelrecht, in dem das Inverkehrbringen einen zentralen Tatbestand darstellt und gesetzlich definiert ist (§ 4 Abs. 17 AMG), ist das (sonstige) Inverkehrbringen im Antido- 48 pingrecht wie im Betäubungsmittelrecht ein Auffangtatbestand, der hinter die anderen Alternativen zurücktritt. Auf → § 2 Rn. 56, 57 wird verwiesen.

49 **5. Verschreiben (Nr. 4).** Verschreiben ist die Ausstellung eines Rezepts über das Dopingmittel. Auf → § 2 Rn. 58 wird verwiesen.

50 **III. Entgegen § 2 Abs. 1, auch in Verbindung mit einer Verordnung nach § 6 Abs. 2.** Dass ein Verstoß gegen § 2 Abs. 1 vorliegen muss, bedeutet in zweierlei Hinsicht eine Einschränkung:

51 **1. In Anlage I des UNESCO-Übereinkommens gegen Doping aufgeführter Stoff.** Das Dopingmittel muss ein in Anlage I zum UNESCO-Übereinkommen in der jeweiligen vom BMI bekanntgemachten Fassung aufgeführter Stoff sein oder einen solchen enthalten. Wegen der Einzelheiten, auch zur Problematik dieser Regelung → § 2 Rn. 9–18. Zur Anwendung der verschiedenen Kategorien der Anlage I → § 2 Rn. 19–21.

52 Die Strafvorschrift gilt auch für die Dopingmittel, die durch **Rechtsverordnung** nach § 6 Abs. 2 bestimmt werden.

53 **2. Zum Zweck des Dopings beim Menschen im Sport.** Die Tathandlungen müssen zu Dopingzwecken im Sport erfolgen.

54 **a) Zu Dopingzwecken.** Unter Doping wird der Versuch verstanden, eine unphysiologische Steigerung der Leistungsfähigkeit bei sportlichen Aktivitäten zu erzielen. Andere Bestimmungszwecke, namentlich die Behandlung von Krankheiten, reichen nicht. Wegen der Einzelheiten wird auf → § 2 Rn. 22–25 verwiesen.

55 **b) Im Sport.** Sport ist nicht nur der Leistungssport, sondern auch der Breiten- und Freizeitsport. Nicht unter die Verbotsvorschrift fällt der Einsatz zu **anderen Zwecken**, etwa zur Behandlung einer Krankheit. Wegen der Einzelheiten wird auf → § 2 Rn. 26–28 Bezug genommen.

56 **c) Beim Menschen.** Das Doping muss beim Menschen bezweckt sein. Im Einzelnen dazu → § 2 Rn. 29.

57 **C. Vorbereitung. Versuch, Vollendung, Beendigung.** Vorbereitungshandlungen sind nicht strafbar (→ Rn. 4). Strafbar ist dagegen der Versuch (Absatz 3). Es gelten die allgemeinen strafrechtlichen Grundsätze (→ BtMG Vor § 29 Rn. 171–206). Zum untauglichen Versuch → BtMG Vor § 29 Rn. 177–179, zum Rücktritt und zum fehlgeschlagenen Versuch → BtMG Vor § 29 Rn. 201–206. Im Übrigen ist zwischen den einzelnen Tathandlungen zu unterscheiden:

58 **I. Herstellen.** Es gelten auch insoweit die Grundsätze des Betäubungsmittelrechts. Bloße **Vorbereitungshandlungen** sind die in → BtMG § 29 Rn. 137 genannten Tätigkeiten. Der **Versuch** beginnt, wenn Handlungen vorgenommen werden, die nach dem Tatplan ohne Zwischenakte in die Herstellung einmünden können, etwa mit dem Starten der Maschinen (→ BtMG § 29 Rn. 138).

59 Die Herstellung ist ein **(unechtes) Unternehmensdelikt** (→ BtMG § 29 Rn. 139), so dass für Versuchshandlungen nur wenig Raum bleibt. Schon mit der Aufnahme der Arzneimittelherstellung (möglicherweise enger (BGHSt 43, 336 = NJW 1998, 836 = NStZ 1998, 258 = StV 1998, 136) und damit mit dem Beginn des Herstellungsvorgangs tritt **Vollendung** ein. Sie bedarf weder des Eintritts des erstrebten Erfolgs noch eines Zwischenergebnisses (enger möglicherweise BGHSt 43, 336 (s. o.): Vor- oder Zwischenprodukt).

60 **Beendet** ist die Herstellung, wenn der Herstellungsprozess zu Ende geführt und keine weitere Veränderung des gewonnenen Produkts beabsichtigt ist (→ BtMG § 29 Rn. 140). Der Täter muss alle Einzeltätigkeiten, die nach seinem Tatplan zur Herstellung erforderlich sind, erledigt haben. Das Produkt kann auch ein Zwischenprodukt sein; es ist daher nicht notwendig, dass das Produktionsergebnis kon-

Strafvorschriften **§ 4 AntiDopG**

sumfertig oder als Dopingmittel brauchbar ist. Entscheidend ist nur, dass der Täter eine weitere Veränderung nicht beabsichtigt.

II. Handeltreiben. Es gelten die allgemeinen strafrechtlichen Grundsätze 61 (→ BtMG Vor § 29 Rn. 171–206). Da das AntiDopG den betäubungsmittelrechtlichen Begriff des Handeltreibens übernommen hat, sind ferner die Regeln maßgeblich, die auch im Betäubungsmittelrecht gelten (→ BtMG § 29 Rn. 573–631). Dies gilt im Hinblick auf den angestrebten Rechtsgüterschutz (Weber (2008) S. 429) nicht nur für den Kernbereich des Handeltreibens (→ BtMG § 29 Rn. 574), sondern auch für die Handlungen, die dem Umsatz weit vorgelagert sind oder bei denen ein Umsatz mangels verfügbarer Dopingmittel überhaupt nicht erreicht werden kann (→ BtMG § 29 Rn. 575).

Im Bereich der Vorbereitung bleibt es, wenn noch nicht zu einem konkreti- 62 sierbaren Geschäft angesetzt wird, etwa bei bloßen Voranfragen, allgemeinen Anfragen oder Sondierungen (→ BtMG § 29 Rn. 585), auch beim Fehlen einer realistischen Grundlage für das Geschäft (→ BtMG § 29 Rn. 586).

Nimmt der Täter eine **tatsächliche Handlung** vor, die dem (eigennützigen) 63 Umgang mit Dopingmitteln dient (etwa Herstellen, Befördern), so beginnt **der Versuch** mit dem Beginn dieser tatsächlichen Handlung (→ BtMG § 29 Rn. 588–603), sofern nicht bereits eine andere Handlung, etwa ein Verkauf, vorangegangen ist.

Hat der Täter die Dopingmittel in Verkaufsabsicht **inne** oder ist sonst mit ihnen 64 **befasst,** so ist bereits **Vollendung** gegeben (→ BtMG § 29 Rn. 582). Dasselbe gilt, wenn ein konkretes Umsatzgeschäft mit den Dopingmitteln angebahnt ist (→ BtMG § 29 Rn. 376, 378). Bezieht sich das Geschäft nicht unmittelbar auf die Dopingmittel, wie etwa die Beschaffung von Geräten oder Räumen, so kommt (vollendetes) Handeltreiben in Betracht, wenn ein konkretes Umsatzgeschäft mit Dopingmitteln angebahnt ist oder läuft, etwa wenn diese im Voraus bereits verkauft sind (→ BtMG § 29 Rn. 597, 598).

Die Tat ist dann **beendet,** wenn die Dopingmittel und das Geld übergeben sind 65 oder wenn die Bemühungen um den Umsatz endgültig eingestellt werden (→ BtMG § 29 Rn. 630, 631).

Im Übrigen gelten: 66
– für die Abgrenzung von Vorbereitung und Versuch → BtMG § 29 Rn. 576–607,
– für die Abgrenzung von Versuch und Vollendung → BtMG § 29 Rn. 609–626,
– für die Vollendung → BtMG § 29 Rn. 627–629 und
– für die Beendigung → BtMG § 29 Rn. 630, 631.

Die zahlreichen Streitfragen, die Fragen des Versuchs, der Vollendung und der Beendigung beim Handeltreiben im Betäubungsmittelrecht bestimmen, konnten im Antidopingrecht schon aus zeitlichen Gründen bislang keine praktische Bedeutung erlangen.

III. Veräußern. Das Veräußern ist ein dingliches Geschäft. Der Versuch beginnt 67 daher erst mit Handlungen, mit denen der Täter unmittelbar zu dem dinglichen Vorgang der Übertragung der tatsächlichen Verfügungsgewalt ansetzt (→ BtMG § 29 Rn. 1078). Dazu muss er sie erst innehaben. **Vorbereitungshandlungen** sind daher die Beschaffung, Absprachen und schuldrechtliche Vereinbarungen (→ BtMG § 29 Rn. 1078, 1079).

Ein Versuch ist dagegen dann gegeben, wenn das Dopingmittel an den Boten 68 des Empfängers übergeben wird. Dasselbe gilt für die Übergabe an die Post oder für andere Formen der Versendung (→ BtMG § 29 Rn. 1080).

Vollendet ist die Veräußerung erst dann, wenn der Empfänger die tatsächliche 69 Verfügungsmacht **erlangt hat** (→ BtMG § 29 Rn. 1081–1083). Nicht ausreichend

Kornprobst 1993

ist daher der bloße Verlust der Verfügungsmacht durch den Abgebenden (→ BtMG § 29 Rn. 1081). Auf die Aushändigung des Entgelts kommt es dagegen nicht an, ebenso wenig, ob und wann der Empfänger Eigentum erlangt.

70 **Beendet** ist die Veräußerung erst mit der Leistung des Entgelts (→ BtMG § 29 Rn. 1084).

71 **IV. Abgeben.** Auch das Abgeben ist ein dingliches Geschäft. Für die Vorbereitung, den Versuch und die Vollendung gilt daher dasselbe wie beim Veräußern; auf → Rn. 67–69 kann insoweit verwiesen werden. Anderes gilt für die Beendigung; sie fällt mit der Vollendung zusammen (→ BtMG § 29 Rn. 1128).

72 **V. Sonstiges Inverkehrbringen.** Im Hinblick auf die Anlehnung an das Betäubungsmittelrecht (→ Rn. 46) gelten auch die dort entwickelten Grundsätze. Die Tat besteht in der Verursachung eines Wechsels in der Verfügungsgewalt. **Der Versuch** beginnt daher erst mit Handlungen, mit denen der Täter die Möglichkeit zu einem solchen Wechsel eröffnet (→ BtMG § 29 Rn. 1173).

73 **Vollendung** tritt erst ein, wenn ein anderer, der nicht ein Adressat sein muss, die tatsächliche Verfügungsgewalt über das Dopingmittel erlangt hat (→ BtMG § 29 Rn. 1174). Vollendung und **Beendigung** fallen stets zusammen (→ BtMG § 29 Rn. 1175).

74 **VI. Verschreiben.** Anders als das versuchte Verschreiben von Betäubungsmitteln (BtMG § 29 Abs. 1 S. 1 Nr. 6a, Abs. 2) ist das versuchte Verschreiben von Dopingmitteln strafbar. Ein **versuchtes** Verschreiben kann vorliegen, wenn das Rezept aus Gründen, die nicht zu einem strafbefreienden Rücktritt führen, nicht fertiggestellt wird. Ebenso ist ein Versuch gegeben, wenn eine Substanz verschrieben wird, die der Verschreibende irrtümlich für ein Dopingmittel hält, das noch in der Verbotsliste enthalten sein wird. Die Verschreibung ist mit der Aushändigung des Rezepts **vollendet** und mit der Belieferung des Rezepts **beendet** (→ BtMG § 29 Rn. 1471).

75 **F. Täterschaft, Teilnahme.** Die Strafvorschrift wendet sich wie der Grundtatbestand in jeder Alternative an jedermann. Es gelten daher die allgemeinen Grundsätze (→ BtMG Vor § 29 Rn. 241–386). Allerdings kommt als Täter, mittelbarer Täter oder Mittäter nur in Betracht, wer die besonderen Merkmale erfüllt, die die einzelnen Varianten an die Täterschaft stellen.

76 **I. Herstellen.** Täter, mittelbarer Täter oder Mittäter kann einschließlich des Geldgebers jeder am Herstellungsprozess Beteiligte sein (→ BtMG § 29 Rn. 141–143). Nicht ohne weiteres (Mit-)Täter sind Personen, die nur als Arbeitnehmer oder in einer arbeitnehmerähnlichen Stellung tätig sind, oder lediglich am Rande des eigentlichen Herstellungsprozesses mitgewirkt haben, etwa bei der Suche nach einem Labor (→ BtMG § 29 Rn. 142). Erfüllen sie alle Tatbestandsmerkmale des Herstellens **eigenhändig**, so sind sie Täter (→ BtMG § 29 Rn. 76). Für das Herstellen auf einem fremden Grundstück → BtMG § 29 Rn. 143.

77 **II. Handeltreiben.** Neben der Geltung der allgemeinen Regeln (→ Rn. 75) sind im Hinblick auf die Übernahme des betäubungsmittelrechtlichen Begriffs des Handeltreibens auch die Grundsätze maßgeblich, die im Betäubungsmittelrecht für das Handeltreiben gelten (→ BtMG § 29 Rn. 632–823).

78 **Täterschaftliches Handeltreiben** setzt stets voraus, dass der Beteiligte **eigennützig** handelt (→ BtMG § 29 Rn. 636). Fehlt es daran, kommt nur Beihilfe in Betracht (→ BtMG § 29 Rn. 637). Andernfalls richtet sich die Beteiligungsform nach den Grundsätzen des allgemeinen Strafrechts, wobei → Rn. 79 zu beachten ist.

79 **Abweichend** von allen anderen Straftatbeständen kann nach der Rechtsprechung beim Handeltreiben Beihilfe auch dann vorliegen, wenn der Beteiligte **in Person alle Tatbestandsmerkmale** der Strafvorschrift verwirklicht hat (→ BtMG

§ 29 Rn. 638–641). Der Grundsatz, dass bei der eigenhändigen Erfüllung aller Tatbestandsmerkmale stets (Mit-)Täterschaft gegeben ist (§ 25 Abs. 1 StGB), gilt beim Handeltreiben nicht. Da der Gesetzgeber des AntiDopG den Begriff des Handeltreibens in der Form übernommen hat, die er in der Rechtsprechung zum BtMG gefunden hat (BT-Drs. 18/4898, 24), ist diese Auslegung auch für dieses Gesetz maßgeblich. Auf der anderen Seite kann Täterschaft auch dann vorliegen, wenn (eigennützig) ein **fremder Umsatz** gefördert wird (→ BtMG § 29 Rn. 296–305).

Der Erwerber ist beim Kauf von Dopingmitteln **kein Mittäter** des Verkäufers 80 beim Handeltreiben, da das gemeinsame Tätigwerden durch die Art der Deliktshandlung notwendig vorgegeben ist. Auf der Käuferseite ist **lediglich ein Erwerb** gegeben, der aber nur in den Fällen des Absatzes 3 und des § 3 Abs. 4 strafbar ist; der Empfänger macht sich als notwendiger Teilnehmer auch **nicht** wegen Anstiftung oder Beihilfe zum Handeltreiben strafbar (→ BtMG Vor § 29 Rn. 280, 281). Will der Käufer die Dopingmittel weiterverkaufen, liegt jeweils selbständige Täterschaft der Beteiligten vor (→ BtMG Vor § 29 Rn. 260).

Handeltreiben kann auch in **mittelbarer Täterschaft** begangen werden. Dies 81 kommt auch dann in Betracht, wenn ein Handeln oder die Kenntnis des Organisators im Hinblick auf ein konkretes Umsatzgeschäft nicht festgestellt werden kann (→ BtMG Vor § 29 Rn. 250). Zur mittelbaren Täterschaft eines Tierarztes, der zahlreiche Tierärzte in einer großen Praxis beschäftigte, s. BGH NStZ 2004, 457 = JR 2004, 248 mAnm *Rotsch* = StoffR 2004, 90 mAnm *Pauly* = BeckRS 2003, 07432).

Zum Handeltreiben auf einem fremden Grundstück oder zur Beteiligung eines 82 **Wohnungsinhabers** → BtMG § 29 Rn. 560–563.

Im Übrigen bleibt abzuwarten, ob und inwieweit die **zahlreichen Streitfra-** 83 **gen,** die die Frage der Beteiligung beim Handeltreiben im Betäubungsmittelrecht bestimmen (→ BtMG § 29 Rn. 632–823), im Antidopingrecht praktische Bedeutung erlangen werden.

III. Veräußern. Die Veräußerung ist ein echtes Sonderdelikt (→ BtMG § 29 84 Rn. 1086, 1087; → Vor § 29 Rn. 253, 254, 371). Als Täter, mittelbarer Täter oder Mittäter kommt daher nur in Betracht, wer Inhaber der tatsächlichen Verfügungsgewalt über das Dopingmittel ist. Wer nur bei der Übertragung einer fremden Verfügungsmacht mitwirkt, ist nicht Veräußerer (→ BtMG § 29 Rn. 1086).

Das Erfordernis der eigenen Verfügungsgewalt ist ein strafbegründendes beson- 85 deres persönliches Merkmal nach **§ 28 Abs. 1 StGB** (→ BtMG § 29 Rn. 1087; → Vor § 29 Rn. 773, 774). Zur etwaigen doppelten Strafmilderung bei der Beihilfe → Vor § 29 Rn. 772.

Nicht strafbar wegen Anstiftung oder Beihilfe macht sich der **Empfänger**. Er ist 86 notwendiger Teilnehmer, da der Tatbestand zu seiner Erfüllung notwendig die Beteiligung zweier Personen erfordert (→ BtMG Vor § 29 Rn. 280, 281).

IV. Abgeben. Auch die Abgabe gehört zu den (echten) **Sonderdelikten** 87 (→ BtMG § 29 Rn. 1129, 1130; → Vor § 29 Rn. 253, 254, 371) so dass Täter, mittelbarer Täter oder Mittäter nur sein kann, wer eigene tatsächliche Verfügungsgewalt überträgt (→ BtMG § 29 Rn. 1130). Es gilt dasselbe wie bei der Veräußerung (→ Rn. 84–86). Das Erfordernis der eigenen tatsächlichen Verfügungsmacht ist ein strafbegründendes besonderes persönliches Merkmal nach **§ 28 Abs. 1 StGB** (→ BtMG § 29 Rn. 1131; → Vor § 29 Rn. 777, 778). Zur etwaigen doppelten Strafmilderung bei der Beihilfe → BtMG Vor § 29 Rn. 772. Nicht strafbar macht sich der **Empfänger** (→ BtMG § 29 Rn. 1133); er ist notwendiger Teilnehmer (→ Vor § 29 Rn. 280, 281).

AntiDopG § 4

88 **V. Sonstiges Inverkehrbringen.** Auch das sonstige Inverkehrbringen zählt zu den (echten) **Sonderdelikten** (→ BtMG § 29 Rn. 1176, 1177; → Vor § 29 Rn. 253, 254, 371), so dass Täter, mittelbarer Täter oder Mittäter nur sein kann, wer eigene tatsächliche Verfügungsgewalt innehat. Wer dagegen den Wechsel fremden Gewahrsams bewirkt, ist Teilnehmer.

89 Das Erfordernis der eigenen Verfügungsmacht ist ein strafbegründendes besonderes persönliches Merkmal nach **§ 28 Abs. 1 StGB** (→ BtMG § 29 Rn. 1178; → Vor § 29 Rn. 777, 778). Zur etwaigen doppelten Strafmilderung bei der Beihilfe → Vor § 29 Rn. 772.

90 **VI. Verschreiben.** Das Verbot des Verschreibens von Dopingmitteln richtet sich an jedermann. Die Vorschrift ist insbesondere **kein Sonderdelikt** (→ § 2 Rn. 58). Als Täter, mittelbarer Täter oder Mittäter kann deshalb jeder in Betracht kommen, insbesondere auch derjenige, der zur Ausstellung einer Verschreibung nicht befugt ist oder eine Verschreibung fälscht.

91 Auch für den **Empfänger** des Rezepts gelten keine Besonderheiten. Er ist insbesondere nicht notwendiger Teilnehmer, da das Verschreiben nicht notwendig seine Mitwirkung erfordert (→ BtMG Vor § 29 Rn. 280−282). Der **Sportler,** der die Ausstellung eines Rezepts veranlasst, kann sich daher nach den allgemeinen Regeln wegen Anstiftung strafbar machen.

92 **E. Handeln im Ausland.** Auf → Rn. 5−8 wird verwiesen. Wurde ausschließlich im Ausland gehandelt, so scheidet § 4 Abs. 1 Nr. 1 aus, soweit nicht § 7 StGB eingreift. Wurde ein Teilakt des Handeltreibens mit Dopingmitteln in Deutschland verwirklicht, so liegt im Hinblick auf die Bewertungseinheit (→ Rn. 99, 100 eine Inlandstat vor. Handelt es sich bei den Dopingmitteln um Betäubungsmittel, so gilt insoweit das Weltrechtsprinzip (→ BtMG Vor § 29 Rn. 119−134).

93 **F. Subjektiver Tatbestand.** Strafbarkeit nach Absatz 1 Nr. 1 verlangt **Vorsatz.** Zur **Fahrlässigkeit** s. Absatz 6 sowie → Rn. 21, 330−335. Zur Kognitionspflicht des Gerichts → Rn. 336.

94 **I. Vorsatz.** Der Vorsatz (→ Rn. 11−13) muss sich zunächst darauf erstrecken, dass es sich **bei der Substanz** um einen Stoff handelt, der in Anlage I zum UNESCO-Übereinkommen aufgeführt ist oder dass die Substanz einen solchen Stoff enthält. Er muss sich ferner auf die Tathandlungen des Absatzes 1 Nr. 1 und darauf beziehen, dass diese zu Dopingzwecken bei Menschen im Sport vorgenommen werden. **Bedingter Vorsatz** reicht aus (→ Rn. 13), dort auch zu einer etwaigen Ausnahme bei der Zweckbestimmung.

95 **II. Irrtumsfälle.** Zu den Irrtumsfällen → Rn. 15−20. Zum **Tatbestandsirrtum** zunächst → Rn. 15. Ein Tatbestandsirrtum liegt auch vor, wenn der Täter nicht erkennt, es auch nicht in Kauf nimmt, sich auch nicht damit abfindet und es ihm auch nicht gleichgültig ist (→ Rn. 13), dass die Substanz Dopingzwecken im Sport dient (→ Rn. 53−56) oder dass das Doping bei Menschen im Sport erfolgen soll (→ Rn. 56); es ist dann die fahrlässige Begehung zu prüfen (→ Rn. 21, 330−335). Hält der Täter die Wirkung der Substanz nicht für Doping (→ § 2 Rn. 23−25, 28), so ist ein **Subsumtionsirrtum** (→ Rn. 16) gegeben. Ein solcher liegt auch vor, wenn der Täter meint die Substanz sei nicht oder noch nicht in die Anlage I zum UNESCO-Übereinkommen aufgenommen (aA *Putzke* in HK-ADG § 4 Rn. 59, der ohne weiteres Verbotsirrtum annimmt) oder wenn er sein Verhalten für rechtmäßig hält, etwa weil er annimmt, Doping sei in Deutschland nicht verboten (→ Rn. 16). Dies gilt auch für das Handeltreiben (→ Rn. 15−19).

96 Zum **umgekehrten Irrtum** → Rn. 20. Hält der Täter danach einen Tatumstand irrtümlich für gegeben, etwa weil er annimmt, die Substanz diene Dopingzwecken im Sport, so kommt ein (untauglicher) Versuch in Betracht (→ BtMG Vor § 29 Rn. 177−179, 439, 440), der nach Absatz 2 strafbar ist. Dies gilt nicht im Falle des

Handeltreibens; hier ist vollendetes Handeltreiben gegeben (→ Rn. 20). Hält er sein Verhalten irrtümlich für rechtswidrig, etwa weil er annimmt, auch die Einnahme von Dopingmitteln zur Bewältigung von Prüfungen (→ § 2 Rn. 28) sei strafbar, so liegt ein strafloses Wahndelikt vor (→ Rn. 20). Dies gilt grundsätzlich auch beim **Handeltreiben** (→ AMG § 95 Rn. 183; → BtMG § 29 Rn. 837); vollendetes Handeltreiben liegt dagegen vor, wenn der Täter irrtümlich annimmt, die Substanz, deren Beschaffenheit er kennt, gehöre zu den gelisteten Dopingmitteln (→ AMG § 95 Rn. 184, → BtMG § 29 Rn. 838). Irrt der Täter über Umstände, die **nicht zum Tatbestand** gehören, etwa die Art des Dopingmittels, so ist dies für die Schuldfrage unbeachtlich (→ Rn. 17).

G. Konkurrenzen. Zu den Konkurrenzen → Rn. 22–29. Im Übrigen gilt: 97

I. Herstellen. Mit den Straftatbeständen des AntiDopG, etwa dem Besitz be- 98 stimmter Dopingmittel in nicht geringer Menge (→ Rn. 137), besteht **Tateinheit**. Ist die Herstellung auf den späteren gewinnbringenden Absatz der Dopingmittel gerichtet, so ist sie ein unselbständiger Teilakt des **Handeltreibens** und geht darin auf (BGH NStZ-RR 2019, 86 (88); → § 2 Rn. 37). Hat der Täter einen Teil der Dopingmittel zum Selbstdoping und einen Teil zum Verkauf hergestellt, so stehen Herstellen und Handeltreiben in Tateinheit. Tateinheit besteht auch mit den Tatbeständen des AMG und des BtMG (→ Einl. Rn. 25–27).

II. Handeltreiben. Auch im Antidopingrecht gehört das Handeltreiben zu den 99 Delikten, bei denen mehrere natürliche Handlungen durch den Tatbestand des Gesetzes zu einer **(Bewertungs-)Einheit** verknüpft werden (BGH NStZ-RR 2019, 86 (88); → BtMG Vor § 29 Rn. 597–670). Die Bewertungseinheit erfasst alle Betätigungen, die sich auf den Umsatz desselben Dopingmittels richten (*Volkmer* in Körner/Patzak/Volkmer AntiDopG § 4 Rn. 30). So ist eine einheitliche Tat zB dann anzunehmen, wenn mehrere verkaufte Präparate aus einer einheitlich erworbenen Gesamtmenge herrühren (BGH s. o.). Bereits mit dem ersten Teilakt ist der Tatbestand des Handeltreibens vollendet (→ BtMG Vor § 29 Rn. 591).

Zu der Bewertungseinheit gehören als unselbständige Teilakte auch **alle späte-** 100 **ren Veräußerungsaktivitäten** und **Zahlungsvorgänge,** wobei die im Rahmen desselben Güterumsatzes aufeinander folgenden Teilakte keine mehrfache Verwirklichung des Tatbestands darstellen, sondern stets nur als **eine Tat** des Handeltreibens anzusehen sind (→ BtMG Vor § 29 Rn. 590). Unerheblich ist, ob der Täter sie von vornherein vorgesehen hatte oder sich erst später dazu entschlossen hat.

Tateinheit besteht auch mit dem Erwerben und Besitzen von Dopingmitteln in nicht 101 geringer Menge (→ Rn. 196). Dasselbe gilt für die Vorschriften des AMG und des BtMG (→ Einl. Rn. 25–27).

Tateinheit besteht auch mit den allgemeinen **Körperverletzungs-** und **Tö-** 102 **tungstatbeständen** (→ Rn. 22–26; BGH NJW 2015, 2898 = NStZ 2015, 571 = StV 2015, 630 zum Betäubungsmittelrecht). Zur eigenverantwortlichen Selbstgefährdung, zur Fremdgefährdung und zur Einwilligung → Rn. 25.

III. Veräußern. Die Veräußerung ist ein Absatzdelikt, so dass gegebenenfalls 103 mehrere Taten eine **Bewertungseinheit** bilden können (→ Rn. 27). Tateinheit besteht mit dem Erwerben und Besitzen von Dopingmitteln in nicht geringer Menge (→ Rn. 137). Dasselbe gilt für die Vorschriften des AMG und des BtMG (→ Einl. Rn. 25–27). Mit Handeltreiben und Abgeben kann die Veräußerung nicht zusammentreffen, weil Handeltreiben Eigennützigkeit und die Abgabe Unentgeltlichkeit voraussetzen.

Tateinheit kann mit fahrlässiger Tötung oder Körperverletzung (§§ 222, 229 104 StGB) bestehen. Zur eigenverantwortlichen Selbstgefährdung, zur Fremdgefährdung und zur Einwilligung → Rn. 25.

AntiDopG § 4

105 **IV. Abgeben.** Auch die Abgabe ist ein Absatzdelikt, so dass gegebenenfalls mehrere Taten eine **Bewertungseinheit** bilden können (→ Rn. 27). Im Übrigen gelten dieselben Grundsätze wie bei der Veräußerung (→ Rn. 103, 104).

106 **V. Sonstiges Inverkehrbringen.** Auch das Sonstige Inverkehrbringen ist ein Absatzdelikt, so dass gegebenenfalls mehrere Taten eine **Bewertungseinheit** bilden können (→ Rn. 27). Im Übrigen gelten dieselben Grundsätze wie bei der Veräußerung (→ Rn. 103, 104).

107 **VI. Verschreiben.** Tateinheit kommt in Betracht mit **Handeltreiben**. Tateinheit kann auch mit Urkundenfälschung bestehen. Werden **Kassenrezepte** ausgestellt, kommt Tateinheit mit Untreue in Betracht, und zwar unabhängig davon, ob der Sportler von dem Dopingzweck Kenntnis hat (→ BtMG § 29 Rn. 1491). Bei **Privatversicherten** ist tateinheitlich Beihilfe zum Betrug gegeben, wenn der Empfänger der Verschreibung den Verwendungszweck kennt (→ BtMG § 29 Rn. 1492); andernfalls kommt Betrug (des Arztes) in mittelbarer Täterschaft in Betracht, wenn das Rezept bei der Privatversicherung eingereicht wird (→ BtMG § 29 Rn. 1492).

108 Mit den **Tatbeständen des StGB**, die die körperliche Unversehrtheit oder das Leben schützen, kann Tateinheit vorliegen (RGSt 77, 19; BGH JR 1979, 429 mAnm *Hirsch*). Zur eigenverantwortlichen Selbstgefährdung, zur Fremdgefährdung und zur Einwilligung → Rn. 25.

109 **H. Strafzumessung.** Zur Strafzumessung s. → Rn. 33–37, 235. Sind die Dopingmittel zu Wettkampfzwecken bestimmt, so ist zu berücksichtigen, dass die Chancengleichheit und Fairness im Sport und unter Umständen auch die Belange von Mitkonkurrenten betroffen sind (BGH NStZ 2012, 218 = PharmR 2012, 158 mAnm *Krüger* = A&R 2012, 128). Da der Wettkampfbezug kein Merkmal des § 4 Abs. 1 ist, liegt keine Doppelverwertung (§ 46 Abs. 3 StGB) vor.

Kapitel 2. Anwenden eines Dopingmittels oder einer Dopingmethode bei einer anderen Person entgegen § 2 Abs. 2 (Absatz 1 Nr. 2)

110 **A. Grundtatbestand.** Grundlage der Strafvorschrift ist § 2 Abs. 2.

111 **B. Tathandlungen.** Unter Strafe gestellt ist das Anwenden eines Dopingmittels oder einer Dopingmethode bei einem anderen.

112 **I. Dopingmittel.** Auf → Rn. 42 wird verwiesen.

113 **II. Dopingmethode.** Auf → § 2 Rn. 67–83 wird Bezug genommen.

114 **III. Anwenden.** Das Anwenden eines **Dopingmittels** besteht in einem Verabreichen oder Überlassen zum unmittelbaren Verbrauch (→ § 2 Rn. 63, 64). Das Anwenden einer **Dopingmethode** besteht in der Vornahme einer Tätigkeit, die in der Verbotsliste unter M1 bis M3 im Einzelnen beschrieben ist (→ § 2 Rn. 83).

115 **IV. Bei einer anderen Person.** Sowohl die Anwendung eines Dopingmittels als auch die einer Dopingmethode muss bei einer anderen Person erfolgen (→ § 2 Rn. 65, 83).

116 **V. Entgegen § 2 Abs. 2, auch in Verbindung mit einer Verordnung nach § 6 Abs. 2.** Dass ein Verstoß gegen § 2 Abs. 2 vorliegen muss, bedeutet in zweierlei Hinsicht eine Einschränkung:

117 **1. In Anlage I des UNESCO-Übereinkommens aufgeführter Stoff oder aufgeführte Methode.** Das **Dopingmittel** muss ein in Anlage I zum UNESCO-Übereinkommen in der jeweiligen vom BMI bekanntgemachten Fassung aufgeführter Stoff sein oder einen solchen enthalten (§ 2 Abs. 2 Nr. 1). Wegen der Ein-

zelheiten, auch zur Problematik dieser Regelung → § 2 Rn. 9–18. Zur Anwendung der verschiedenen Kategorien der Anlage I → § 2 Rn. 19–21.

Auch die **Dopingmethode** muss in Anlage I zum UNESCO-Übereinkommen aufgeführt sein. Auf → § 2 Rn. 67–82 wird Bezug genommen. 118

Die Strafvorschrift gilt auch für die Dopingmittel und -methoden, die durch **Rechtsverordnung** nach § 6 Abs. 2 bestimmt werden. 119

2. Zum Zweck des Dopings beim Menschen im Sport. Die Tathandlungen müssen zu Dopingzwecken im Sport erfolgen. Auf → Rn. 53–56 wird Bezug genommen. 120

C. Vorbereitung, Versuch, Vollendung, Beendigung. Vorbereitungshandlungen sind nicht strafbar (→ Rn. 4). Strafbar ist der Versuch (Absatz 3). Hierzu gelten für alle Tathandlungen die allgemeinen strafrechtlichen Grundsätze (→ Rn. 57). Im Übrigen ist hinsichtlich der Tathandlungen zu unterscheiden: 121

Das Anwenden **eines Dopingmittels** besteht in einem Verabreichen oder Überlassen zum unmittelbaren Verbrauch (→ § 2 Rn. 64); es gelten daher dieselben Regeln, die im Betäubungsmittelrecht diese Tätigkeiten bestimmen. Auf → BtMG § 29 Rn. 1553–1555 wird verwiesen. 122

Die Anwendung **einer Dopingmethode** besteht in der Vornahme der Tätigkeit, die in der Verbotsliste unter M1 bis M3 im Einzelnen beschrieben ist (→ § 2 Rn. 67–82). Der Versuch beginnt daher mit dem Ansetzen zu einer solchen Tätigkeit. **Noch kein Versuch** ist daher beim Blutdoping (M1.1) die Entnahme und Lagerung des Blutes. Die in der Anlage I beschriebenen Tätigkeiten sind auch für die **Vollendung** maßgeblich; so ist eine versuchte unzulässige Einflussnahme auf eine Probe (M2.1) ein vollendetes Delikt. **Beendet** ist die Anwendung, wenn die in der Verbotsliste beschriebene Tätigkeit abgeschlossen ist; auf den Eintritt eines Erfolgs kommt es nicht an. 123

D. Täterschaft, Teilnahme. Im Unterschied zum Veräußern oder Abgeben wird bei der **Anwendung** eines Dopingmittels bei einem anderen Menschen keine tatsächliche Verfügungsgewalt übertragen (→ § 2 Rn. 63). Es kommt daher nicht darauf an, wer deren Inhaber ist, so dass Täter, mittelbarer Täter oder Mittäter auch derjenige sein kann, dem die tatsächliche Verfügungsgewalt **nicht** zukommt (→ BtMG § 29 Rn. 1556, 1557). Der Inhaber der tatsächlichen Verfügungsgewalt kann auch der Sportler sein, etwa wenn der Arzt das Mittel aus dessen Beständen entnimmt. 124

Der **Empfänger** ist notwendiger Teilnehmer, da der Tatbestand zu seiner Erfüllung notwendig die Beteiligung zweier Personen erfordert (→ BtMG Vor § 29 Rn. 280, 281). Er kann sich daher nicht wegen Anstiftung oder Beihilfe strafbar machen. 125

E. Handeln im Ausland. Auf → Rn. 5–8 wird verwiesen. 126

F. Subjektiver Tatbestand. Strafbarkeit nach Absatz 1 Nr. 2 verlangt **Vorsatz**. Zur **Fahrlässigkeit** s. Absatz 6 sowie → Rn. 21, 330–335. Zur Kognitionspflicht des Gerichts → Rn. 336. 127

I. Vorsatz. Der Vorsatz (→ Rn. 11–13) muss sich zunächst darauf erstrecken, dass es sich bei dem Dopingmittel um einen Stoff handelt, der in Anlage I zum UNESCO-Übereinkommen aufgeführt ist, oder dass das Mittel einen solchen Stoff enthält. Dasselbe gilt für die Dopingmethode. Der Vorsatz muss sich ferner auf die Tathandlungen des Absatzes 1 Nr. 2 und darauf beziehen, dass diese zu Dopingzwecken bei Menschen im Sport vorgenommen werden. **Bedingter Vorsatz** reicht aus (→ Rn. 13), dort auch zu einer etwaigen Ausnahme bei der Zweckbestimmung. 128

AntiDopG § 4   Anti-Doping-Gesetz

129   **II. Irrtumsfälle.** Zu den Irrtumsfällen → Rn. 15–20 im Allgemeinen und → Rn. 95, 96 im Besonderen. Bei der Anwendung von Dopingmitteln und -methoden ergibt sich nichts anderes.

130   **G. Konkurrenzen.** Zu den Konkurrenzen → Rn. 22–29. Tateinheit kann bestehen mit dem Handeltreiben (Nr. 1) und mit dem Besitzen von Dopingmitteln in nicht geringer Menge (Nr. 3). Dasselbe gilt für die Vorschriften des **AMG** und des **BtMG** (→ Einl. Rn. 25–27). Tateinheit besteht auch mit den allgemeinen **Körperverletzungs-** und **Tötungstatbeständen** (→ Rn. 22–26). Zur eigenverantwortlichen Selbstgefährdung, zur Fremdgefährdung und zur Einwilligung → Rn. 25.

131   **H. Strafzumessung.** Auf → Rn. 30, 33–38, 109 wird verwiesen.

Kapitel 3. Erwerben, Besitzen oder Verbringen von bestimmten Betäubungsmitteln in nicht geringer Menge entgegen § 2 Abs. 3 (Absatz 1 Nr. 3)

132   **A. Grundtatbestand.** Grundlage der Strafvorschrift ist § 2 Abs. 3 (→ § 2 Rn. 85–117).

133   **B. Tathandlungen.** Unter Strafe gestellt ist das Erwerben, Besitzen oder Verbringen (nach und durch Deutschland) von bestimmten Dopingmitteln in nicht geringer Menge entgegen § 2 Abs. 3. **Verfassungsrechtliche Bedenken** gegen die Strafbarkeit bestehen nicht (BGH NStZ 2018, 475 = PharmR 2018, 343 mAnm *Krüger*). Die Regelung ist hinreichend bestimmt. Sie ist zudem auf den Besitz nicht geringer Dopingmittelmengen beschränkt und trägt damit der fehlenden Strafwürdigkeit des Besitzes kleinerer Mengen zum Eigenkonsum und einer damit einhergehenden eigenverantwortlichen Selbstgefährdung Rechnung (BGH NStZ 2018, 475).

134   **I. Adressat der Norm.** Die Vorschrift wendet sich nicht nur an den Händler, sondern an jedermann, anders als Absatz 1 Nr. 1, 2 auch unmittelbar an den **Sportler selbst,** der eine nicht geringe Menge zum Selbstdoping erwirbt, besitzt oder verbringt.

135   **II. Dopingmittel.** Auf → Rn. 42 wird Bezug genommen; allerdings gilt für die Dopingmittel die **Anlage zum AntiDopG** (→ Rn. 140). Die Anlage I des UNESCO-Übereinkommens dient für diese lediglich als Grundlage (→ Rn. 140).

136   **III. Erwerben.** Zum Erwerben → § 2 Rn. 102, 103. Erfasst wird auch der Erwerb zum Eigenkonsum **(Selbstdoping),** so dass auch der **Sportler** strafbar ist.

137   **IV. Besitzen.** Zum Besitzen → § 2 Rn. 104–109. Auch hier wird der Besitz zum Eigenkonsum (Selbstdoping) erfasst (BGH NStZ 2018, 475 (→ Rn. 133)). Auch der **Sportler** macht sich daher wegen Besitzes strafbar.

138   **V. Verbringen nach und durch Deutschland.** Zum Verbringen → § 2 Rn. 110–116. Ein Verbringen liegt dann vor, wenn das Dopingmittel durch menschliches Einwirken über die maßgebliche Grenze geschafft wird. Ein Verbringen nach Deutschland (Einfuhr; → § 2 Rn. 111, 112). liegt dann vor, wenn das Dopingmittel einen inländischen Bestimmungsort hat. Zum Verbringen durch Deutschland (Durchfuhr) → § 2 Rn. 113–116.

139   **V. Entgegen § 2 Abs. 3, auch in Verbindung mit einer Verordnung nach § 6.** Die Verweisung auf § 2 Abs. 3 führt in dreierlei Hinsicht zu einer Einschränkung des Erwerbs-, Besitz- und Verbringensverbots:

140   **1. In der Anlage zum AntiDopG aufgeführt.** Das Dopingmittel muss in der Anlage zum AntiDopG aufgeführter Stoff sein oder einen solchen enthalten (→ § 2 Rn. 97). Die Anlage I des UNESCO-Übereinkommens spielt hier nur insoweit

Strafvorschriften **§ 4 AntiDopG**

eine Rolle, als ihre Änderungen auch als Grundlage für die Änderungen der Anlage (§ 6) dienen (s. BR-Drs. 612/10). Da die Umsetzung in das deutsche Recht durch Rechtsverordnung erfolgt, sind die gegen die Umsetzung der Anlage I zu dem UNESCO-Übereinkommen bestehenden Bedenken (→ § 2 Rn. 9–18) hier nicht gegeben. Derzeit gilt die Anlage idF der Verordnung v. 3.7.2020 (BGBl. I S. 547).

2. In nicht geringer Menge, DmMV. Der Erwerb, Besitz oder das Verbringen von Dopingmitteln ist nur strafbar, wenn diese in nicht geringer Menge besessen werden. Die nicht geringe Menge wird durch die **DmMV** (abgedr. als Anh. J) bestimmt (→ § 2 Rn. 98–100). 141

Im Hinblick auf den klaren Wortlaut des § 2 Abs. 3 kommt eine **Zusammenrechnung** von Dopingmitteln **mit verschiedenen Wirkstoffen,** die für sich die Grenzwerte nicht übersteigen, **nicht** mehr in Betracht (→ § 2 Rn. 100). 142

3. Zum Zwecke des Dopings bei Menschen im Sport. Auf → Rn. 53–56 wird verwiesen. 143

C. Vorbereitung, Versuch, Vollendung, Beendigung. Vorbereitungshandlungen sind nicht strafbar (→ Rn. 4). Strafbar ist der Versuch (Absatz 3). Hierzu gelten für alle Tathandlungen die allgemeinen strafrechtlichen Grundsätze (→ Rn. 57). Im Übrigen ist zu **unterscheiden:** 144

Wird die **nicht geringe Menge nicht erreicht,** so kommt eine Strafbarkeit nach Nr. 3 nicht in Betracht. Dient das Verbringen einem gewinnbringenden Umsatz, verbleibt allerdings die sonst in Tateinheit stehende Strafbarkeit wegen Handeltreibens nach Nr. 1 (→ § 2 Rn. 48, 91, 92). Im Übrigen gilt: 145

I. Erwerben. Der **Versuch** des Erwerbs beginnt erst mit einer Handlung, mit der der Täter nach seiner Vorstellung von der Tat unmittelbar zur Erlangung der tatsächlichen Verfügungsgewalt vom Vorbesitzer ansetzt; der Abschluss eines Verpflichtungsgeschäftes genügt hierzu grundsätzlich nicht, es sei denn, dass es nach dem Tatplan der Übertragung der Verfügungsmacht in der Weise vorgelagert ist, dass es unmittelbar in diese einmünden soll. Auf → BtMG § 29 Rn. 1217–1222 wird Bezug genommen. 146

Das Ansetzen zur Erlangung der tatsächlichen Verfügungsgewalt vom Vorbesitzer muss sich auf eine **nicht geringe Menge** beziehen (→ Rn. 145). Ein (untauglicher) Versuch des Erwerbs einer nicht geringen Menge kommt in Betracht, wenn der Täter irrtümlich annimmt, die von ihm erworbene Menge des Stoffs **übersteige** die Menge, die in der DmMV genannt ist (*Volkmer* in Körner/Patzak/Volkmer AntiDopG § 4 Rn. 76 für den Besitz). Dasselbe gilt, wenn er irrtümlich meint, das Dopingmittel sei in der Anlage zum AntiDopG aufgeführt. 147

Für die **Vollendung** und die **Beendigung** kann auf → BtMG § 29 Rn. 1223, 1224 Bezug genommen werden. Zum Nichterreichen der nicht geringen Menge → Rn. 145. 148

II. Besitzen. Für den versuchten Besitz einer nicht geringen Menge gilt zunächst dasselbe wie für den versuchten Erwerb (→ Rn. 146). Dasselbe gilt, wenn der Täter Besitzwillen ausübt, obwohl er in Wirklichkeit keine Herrschaftsgewalt hat (*Volkmer* in Körner/Patzak/Volkmer AntiDopG § 4 Rn. 76). Zum **Nichterreichen** der nicht geringen Menge → Rn. 145. 149

Im Übrigen beginnt der Besitz mit dem **Ansetzen** zur Begründung der tatsächlichen Verfügungsgewalt über eine nicht geringe Menge Dopingmittel. Dies erfordert zunächst ein Ansetzen zum Besitz. Der Abschluss eines Verpflichtungsgeschäfts genügt dazu nicht, es sei denn, dass nach dem Tatplan der Abschluss dieses Geschäfts unmittelbar in die Übertragung der Verfügungsmacht an dem Dopingmittel einmünden soll (BayObLG NStZ 1984, 320 = StV 1984, 249 für den Erwerb). Ferner ist erforderlich, dass eine **nicht geringe Menge** vorhanden ist. In den Fällen des 150

Kornprobst

mittelbaren Besitzes beginnt der Versuch mit dem Ansetzen zur Erlangung des sicheren Zugangs zu der nicht geringen Menge des Dopingmittels (→ BtMG § 29 Rn. 1339–1341).

151 **Vollendet** ist die Tat mit der Begründung der Sachherrschaft über eine nicht geringe Menge des Dopingmittels (→ BtMG § 29 Rn. 1376). Die Tat dauert als **Dauerdelikt** (→ BtMG § 29 Rn. 1376) an, bis die Aufhebung oder der Verlust des tatsächlichen Herrschaftsverhältnisses eingetreten ist, sich die Menge des besessenen Dopingmittels unter die in der DmMV genannte Grenze vermindert hat oder der Besitzer den Dopingzweck aufgegeben hat (*Volkmer* in Körner/Patzak/Volkmer AntiDopG § 4 Rn. 70). Damit ist die Tat **beendet.**

152 **III. Verbringen nach und durch Deutschland.** Beide Tatvarianten sind zu unterscheiden:

153 **1. Verbringen nach Deutschland.** Das Verbringen nach Deutschland (mit einem deutschen Bestimmungsort) ist ein Erfolgsdelikt. Der Raum für den Versuch ist daher breiter als bei den sonstigen Tathandlungen des § 4.

154 **Der Versuch beginnt,** wenn der Täter Handlungen vornimmt, die nach seinem Tatplan im ungestörten Fortgang unmittelbar zur Tatbestandserfüllung führen sollen oder die im unmittelbaren räumlichen und zeitlichen Zusammenhang mit ihr stehen, und damit das geschützte Rechtsgut unmittelbar gefährden (→ BtMG § 29 Rn. 883) Ob dies gegeben ist, hängt vom Tatplan und den äußeren Umständen ab (→ BtMG § 29 Rn. 884).

155 Lediglich eine **Vorbereitungshandlung** liegt danach vor, wenn es noch an einem unmittelbaren zeitlichen und räumlichen Zusammenhang mit dem Grenzübertritt und damit an einer konkreten Gefährdung des geschützten Rechtsguts fehlt (→ BtMG § 29 Rn. 885, 886). Ein Versuch der Einfuhr ist auch dann nicht gegeben, wenn dem Grenzübertritt noch Handlungen oder Zwischenakte, etwa eine Hotelübernachtung oder die Beladung des Fahrzeugs, vorgelagert sind, die in keinem unmittelbaren zeitlichen Zusammenhang mit dem geplanten Einfuhrvorgang stehen (→ BtMG § 29 Rn. 887–889).

156 Zur Einfuhr durch **Bahn-, Flug- und Schiffsreisende** → BtMG § 29 Rn. 890–893, durch **Kraftfahrer** → BtMG § 29 Rn. 894–896 und durch **Radfahrer** und **Fußgänger** → BtMG § 29 Rn. 897. Zum Verbringen durch **Versendung** → BtMG § 29 Rn. 984–996.

157 Das Verbringen nach Deutschland ist **vollendet,** wenn das Dopingmittel die deutsche Hoheitsgrenze überschritten hat. Dabei ist es gleichgültig, ob es auf dem Luftweg, dem Seeweg, per Post oder Bahn, in einem Kraftfahrzeug oder im oder am Körper transportiert wird. Da es nicht notwendig ist, dass das Dopingmittel beim Transport über die Grenze oder zu einem späteren Zeitpunkt dem Täter tatsächlich zur Verfügung steht (→ § 2 Rn. 111), ist es für die Vollendung ohne Bedeutung, ob es im Zeitpunkt des Grenzübertritts **bereits entdeckt** war oder von Anfang an unter **polizeilicher** oder zollamtlicher **Kontrolle** stand (→ BtMG § 29 Rn. 900).

158 Haben die Dopingmittel einen ausländischen Bestimmungsort und sollen sie durch deutsches Hoheitsgebiet lediglich durchgeführt werden **(Transit),** so ergeben sich aus der notwendigen **Abgrenzung zur Durchfuhr** deutliche Besonderheiten. Auf → BtMG § 29 Rn. 901–917 kann insoweit Bezug genommen werden.

159 Das Verbringen ist **beendet,** wenn die Dopingmittel im deutschen Hoheitsgebiet in Sicherheit gebracht und damit zur Ruhe gekommen sind, namentlich wenn sie am Ort ihrer endgültigen Bestimmung angelangt sind oder wenn sie von der Polizei sichergestellt sind (→ BtMG § 29 Rn. 918–921).

§ 4 AntiDopG

2. Verbringen durch Deutschland. Ebenso wie das Verbringen nach Deutschland ist das Verbringen durch Deutschland ein Erfolgsdelikt (→ BtMG § 29 Rn. 1419). Wie bei der Einfuhr beginnt **der Versuch** mit den Handlungen, mit denen der Täter unmittelbar zum Grenzübertritt mit dem Ziel ansetzt, die Dopingmittel durch das deutsche Hoheitsgebiet zu verbringen. Handlungen, die davor liegen, sind **Vorbereitungshandlungen**. 160

Für die Abgrenzung des Versuchs von der Vollendung ist entscheidend, dass auch das Verbringen in das Ausland zum gesetzlichen Tatbestand gehört (→ BtMG § 29 Rn. 1421, 1422). Die Tat ist daher erst dann **vollendet,** wenn die Dopingmittel das Inland wieder verlassen haben. Wird das Dopingmittel **in Deutschland entdeckt** und sichergestellt, so gelten für das Mitführen im Handgepäck oder am oder im Körper, für das Mitführen im Reisegepäck und für die Aufgabe als Frachtgepäck die in → BtMG § 29 Rn. 901–917 dargestellten Grundsätze. Diese gelten auch für andere Formen des Verbringens durch Deutschland, namentlich auch für das Verbringen durch Versendung (→ BtMG § 29 Rn. 1432). 161

Die **Vollendung** tritt mit dem Verbringen über die maßgebliche Grenze in das Ausland ein. Die Tat ist **beendet,** wenn das Dopingmittel nach dem Verbringen über die deutsche Grenze im Ausland zur Ruhe gekommen ist. 162

D. Täterschaft, Teilnahme. Es gelten zunächst die allgemeinen Regeln (→ BtMG Rn. 241–387). Im Übrigen ist zwischen den einzelnen Tathandlungen zu unterscheiden: 163

I. Erwerben. Es gilt dasselbe wie für den Erwerb von Betäubungsmitteln. Auf → BtMG § 29 Rn. 1225–1231 wird Bezug genommen. 164

II. Besitzen. Der Besitz gehört zu den echten Sonderdelikten (→ BtMG § 29 Rn. 1377, 1378). **Täter** oder **mittelbarer** Täter kann daher nur sein, wer die tatsächliche Sachherrschaft innehat und über den erforderlichen Besitzwillen verfügt. Dies kann auch ein mittelbarer Besitzer sein, der jederzeit ohne Schwierigkeiten an das Dopingmittel gelangen kann. Auch bei der **Mittäterschaft** ist eine tatsächliche Einwirkungsmöglichkeit oder faktische (Mit-)Verfügungsmacht erforderlich, wobei sie auch in Form des **Mitbesitzes** (→ BtMG § 29 Rn. 1379) ausgeübt werden kann. Eine **rechtliche** Erstreckung auf Tatbeteiligte, die keine tatsächliche Sachherrschaft haben, kommt nicht in Betracht; sie können nur Gehilfen sein (→ BtMG § 29 Rn. 1378). 165

Kann den Mittätern die **Gesamtmenge** zugerechnet werden, weil eine gemeinsame Sachherrschaft (und ein gemeinsamer Besitzwillen) vorliegt, so reicht es für die nicht geringe Menge aus, wenn die in der DmMV genannte Menge durch die Gesamtmenge erreicht wird, auch wenn die bei den einzelnen Mittätern festgestellten Mengen geringer sind. Andernfalls kann dem Mittäter nur die Menge **täterschaftlich** zugerechnet werden, die seiner Sachherrschaft tatsächlich unterworfen war (→ BtMG § 29a Rn. 183). Wird die nicht geringe Menge bei nur einem der Tatbeteiligten erreicht, kommt bei den anderen Beihilfe in Betracht. Eine Zusammenrechnung kommt nicht in Betracht, wenn die Dopingmittel verschiedene Wirkstoffe enthalten (→ Rn. 142). 166

Haben die Tatbeteiligten die Dopingmittel gemeinsam angeschafft, etwa eine gemeinsame **Einkaufsfahrt** unternommen, so kommt aufgrund des arbeitsteiligen Vorgehens und des gemeinsamen Besitzwillens Mitbesitz an der Gesamtmenge in Betracht, und zwar auch dann, wenn bei dem Ankauf und Transport nicht stets sämtliche Beteiligten unmittelbar mitgewirkt haben (→ BtMG § 29 Rn. 1379, 1343). 167

Zum Besitz in einer von mehreren Personen benutzten **Wohnung** → BtMG § 29 Rn. 1344–1350; zum Besitz in **Kraftfahrzeugen** → BtMG § 29 Rn. 1351. 168

AntiDopG § 4

169 Das Erfordernis der Sachherrschaft ist ein strafbegründendes besonderes persönliches Merkmal gemäß **§ 28 Abs. 1 StGB** (→ BtMG § 29 Rn. 1381; → Vor § 29 Rn. 777, 778). Zur etwaigen Doppelmilderung bei der Beihilfe → BtMG Vor § 29 Rn. 772.

170 **III. Verbringen nach und durch Deutschland.** Für die Täterschaft und Teilnahme bei der Einfuhr und Durchfuhr gilt:

171 **1. Verbringen nach Deutschland.** Die sich bei der Einfuhr von illegalen Stoffen ergebenden tatsächlichen Fallgestaltungen und rechtlichen Probleme stellten sich bisher im Wesentlichen nur bei den Betäubungsmitteln; sie werden künftig auch bei der Einfuhr von Dopingmitteln auftreten. Wie bei den Betäubungsmitteln ist danach zu unterscheiden:

172 **a) Eigenhändiges Verbringen.** Nach den allgemeinen Grundsätzen (→ BtMG Vor § 29 Rn. 370) ist derjenige, der Dopingmittel **eigenhändig** über die Grenze bringt, grundsätzlich **(Mit-)Täter**, und zwar auch dann, wenn er unter dem Einfluss und in Gegenwart eines anderen Beteiligten in dessen Interesse handelt; eine Ausnahme soll nur in extremen Ausnahmefällen gelten, was aber bisher noch nicht vorgekommen ist. Zu den Einzelheiten beim eigenhändigen Verbringen → BtMG § 29 Rn. 924–932. Die Frage der Abgrenzung zur Beihilfe stellt hier in aller Regel nicht.

173 **b) Verbringen durch einen anderen.** Anders ist dies beim Verbringen durch einen anderen. Das Verbringen erfordert nicht, dass der Einführer die Dopingmittel eigenhändig über die Grenze bringt. (Mit-)Täter des Verbringens kann daher auch sein, wer sie **durch einen anderen** über die Grenze transportieren lässt (→ BtMG § 29 Rn. 933, 934). Kann bei einer durch einen Hintermann veranlassten Tat, keine Mittäterschaft festgestellt werden, ist nicht nur Beihilfe, sondern auch **Anstiftung** zur Einfuhr zu prüfen (→ BtMG § 29 Rn. 975).

174 **Mittäterschaft** kommt nur in Betracht, wenn der Beteiligte durch seinen Tatbeitrag nicht nur fremdes Tun fördern, sondern einen Beitrag zu einer gemeinsamen Tat (Einfuhr) leisten wollte (→ BtMG § 29 Rn. 935). Ob dies gegeben ist, ist auf der Grundlage einer umfassenden werdenden Betrachtung festzustellen, wobei der entscheidende Bezugspunkt der **Einfuhrvorgang** ist (→ BtMG § 29 Rn. 936–938).

175 **aa) Bestellung/Erwerb im Ausland.** Werden die Dopingmittel im Ausland bestellt oder erworben und nach Deutschland eingeführt, so gilt für die Strafbarkeit hinsichtlich der Einfuhr folgendes:

176 **(a) Besteller/Erwerber.** (Mit-)Täterschaft des Bestellers oder Erwerbers bei dem Verbringen nach Deutschland liegt dann nahe,
– wenn er den **Transport** organisiert (→ BtMG § 29 Rn. 942) oder
– wenn er durch Vereinbarungen beim Erwerbsakt oder sonstige Vorkehrungen auf den **Vorgang der Verbringung** einwirkt oder zumindest seinen Willen hierzu zum Ausdruck bringt.

Wegen der Einzelheiten der Mittäterschaft wird auf → BtMG § 29 Rn. 943–946 verwiesen.

177 Nimmt der Besteller oder Erwerber auf den **Einfuhrvorgang** keinen Einfluss, kommt allenfalls Teilnahme in Betracht. Lediglich Anstiftung ist gegeben, wenn der Beteiligte die Dopingmittel im Ausland telefonisch oder **per Internet** bestellt und sie ihm durch Kuriere oder durch die Post gebracht werden (BT-Drs. 18/8579, 20; → BtMG § 29 Rn. 947). Dies gilt auch dann, wenn die Bestellung in einem Online-Shop erfolgt, da dessen Betreiber damit nur allgemein die Bereitschaft ausgedrückt hat, Dopingmittel (auch) nach Deutschland zu verbringen, und deswegen noch zu einer konkreten Tat angestiftet werden kann (→ BtMG Vor § 29

Rn. 288). Auf Seiten des Bestellers liegt auch keine notwendige Teilnahme vor, da seine Mitwirkung bei der Verbringung nicht erforderlich ist.

Rechnet der Beteiligte bei seiner Bestellung nicht damit, dass die Dopingmittel 178 aus dem Ausland eingeführt werden, liegt auch **keine Anstiftung** vor (→ BtMG § 29 Rn. 948).

Die bloße Bereitschaft zur Entgegennahme von Dopingmitteln macht den Be- 179 steller noch nicht zum **Gehilfen** der Einfuhr. Etwas anderes kommt in Betracht, wenn der Erwerber sich in Kenntnis der notwendigen Einfuhr zur Abnahme definitiv verpflichtet hatte. An einem Tatbeitrag zur Einfuhr fehlt es dagegen, wenn der Besteller regelmäßig aus einem Depot im Inland beliefert wird, das bei Bedarf aus dem Ausland aufgefüllt wird, ohne dass er hierüber Einzelheiten weiß. Zu den Einzelheiten → BtMG § 29 Rn. 949–951.

(b) Lieferant/Verkäufer. Für den Lieferanten im Ausland gilt dasselbe wie für 180 den Besteller. Sofern er nicht schon deswegen (Mit-)Täter der Einfuhr ist, weil er die Dopingmittel selbst über die Grenze bringt (→ Rn. 172), ist (Mit-)Täterschaft jedenfalls dann anzunehmen, wenn er selbst die Kuriere mit dem Transport beauftragt oder wenn er dafür in anderer Weise Verantwortung und Risiko übernimmt (→ BtMG § 29 Rn. 952). Hierzu fehlt es in aller Regel, wenn sich Interesse und Wille des Lieferanten auf die Veräußerung beschränken, was im vereinbarten niedrigeren Kaufpreis zum Ausdruck kommen kann (→ BtMG § 29 Rn. 953).

(c) Finanzier. Auch bei ihm ist es entscheidend, ob und inwieweit er auf **die** 181 **Einfuhr** Einfluss nimmt oder jedenfalls nehmen will, so dass auch insoweit eine gemeinsame Tat in Betracht kommt. Keine Mittäterschaft bei der Einfuhr ist danach anzunehmen, wenn jemand lediglich Geld für **den Erwerb** von Dopingmitteln **im Ausland** zur Verfügung stellt (→ BtMG § 29 Rn. 954–957). Neben Beihilfe kommt in diesen Fällen auch Anstiftung in Betracht.

(d) Chauffeur. Wird jemand für eine Einkaufsfahrt von Dopingmitteln im Aus- 182 land als Chauffeur engagiert, so wird es in den meisten Fällen zu seinen Aufgaben gehören, das Fahrzeug auch beim Übertritt über die maßgebliche Grenze zu führen. Wegen eigenhändiger Erfüllung des Tatbestands ist er deswegen grundsätzlich (Mit-)Täter (→ Rn. 172). Führt er das Fahrzeug mit den Dopingmitteln beim Grenzübertritt gerade nicht, ist neben dem Grad des Interesses auch hier im Wesentlichen entscheidend, welche Bedeutung die Tätigkeit des Chauffeurs für den Einfuhrvorgang hatte (→ BtMG § 29 Rn. 958–960).

bb) Begleitung beim Transport. Die Begleitung des eigenhändigen Verbringen- 183 den beim Transport von Betäubungsmitteln kann so ausgestaltet sein, dass darin (Mit-)Täterschaft zur Einfuhr zu sehen ist. Auf → BtMG § 29 Rn. 961–970 wird verwiesen.

cc) Sonstige Mitwirkung an einem Import. Die Möglichkeiten, sich an Ge- 184 schäften zu beteiligen, die mit einem Import von Dopingmitteln verbunden sind, sind äußerst vielfältig. Für die Frage der Beteiligung an der Einfuhr ist aber auch hier der Blick auf den **Einfuhrvorgang** entscheidend (→ BtMG § 29 Rn. 971–974).

dd) Zurechnung der von einem anderen mitgeführten Menge. Auf 185 → BtMG § 29 Rn. 976–982 wird verwiesen.

c) Verbringen durch Versendung. Das Verbringen setzt nicht voraus, dass der 186 Täter den Transport persönlich durchführt oder durch andere Personen durchführen lässt und dass die Dopingmittel den Beteiligten während des Transportvorgangs tatsächlich zur Verfügung steht. Ein Verbringen liegt daher auch dann vor, wenn der Täter oder der Dritte das Dopingmittel durch **Post, Eisenbahn** oder andere **Verkehrs-** oder **Transportmittel** über die Grenze schafft oder schaffen lässt. Auch

AntiDopG § 4

darauf, ob der herangezogene Dritte im guten Glauben handelt oder in den Transport der Dopingmittel eingeweiht ist, kommt es nicht an. Wegen der Einzelheiten wird auf → BtMG § 29 Rn. 984–996 Bezug genommen.

187 **2. Verbringen durch Deutschland.** Es gelten dieselben Grundsätze wie bei dem Verbringen nach Deutschland. Auf → Rn. 170–186 wird verwiesen.

188 **E. Handeln im Ausland.** → Rn. 5–8. In aller Regel wird aber keine Auslandstat vorliegen, auch soweit im Ausland gehandelt wurde: das Verbringen **nach** Deutschland ist ein Erfolgsdelikt. Da der Erfolg mit dem Passieren der maßgeblichen Grenze, in der Regel der deutschen Hoheitsgrenze, eintritt oder eintreten sollte, ist es **eine Inlandstat** (§ 9 Abs. 1 Alt. 2 (Erfolgsort) StGB), die deutschem Recht und deutscher Gerichtsbarkeit unterliegt (auch → BtMG Vor § 29 Rn. 92). Im Falle des Verbringens durch Deutschland liegt auch ein deutscher Tätigkeitsort vor.

189 Auch der **Mittäter,** der seine Tatbeiträge ausschließlich im Ausland geleistet hat, ist daher nach deutschem Recht strafbar (→ BtMG Vor § 29 Rn. 87). Dasselbe gilt für den **mittelbaren** Täter oder sein Werkzeug (→ BtMG Vor § 29 Rn. 88). Die Teilnahme ist auch an dem Ort begangen, an dem die Haupttat begangen ist (§ 9 Abs. 2 S. 1 StGB), so dass auch für den **Teilnehmer,** der ausschließlich im Ausland tätig geworden ist, in der Regel eine Inlandstat vorliegt.

190 **F. Subjektiver Tatbestand.** Strafbarkeit nach Absatz 1 Nr. 3 verlangt Vorsatz. Zur **Fahrlässigkeit** s. Absatz 6 sowie → Rn. 21, 330–335. Zur Kognitionspflicht des Gerichts → Rn. 336.

191 **I. Vorsatz.** Der Vorsatz (→ Rn. 11–13) muss sich zunächst darauf erstrecken, dass es sich bei der Substanz um einen Stoff handelt, der in der Anlage zum AntiDopG (→ Rn. 140) aufgeführt ist, und dass die in der DmMV (→ Rn. 141) genannte Grenze für die nicht geringe Menge erreicht ist. Er muss ferner die Tathandlungen der Nr. 3 (Erwerben, Besitzen, Verbringen) erfassen und schließlich muss er sich auch darauf beziehen, dass dies zum Zweck des Dopings beim Menschen im Sport erfolgt (→ Rn. 143). **Bedingter Vorsatz** reicht aus (→ Rn. 13), dort auch zu einer etwaigen Ausnahme bei der Zweckbestimmung.

192 **II. Irrtumsfälle.** Zu den Irrtumsfällen → Rn. 15–20. Ein **Tatbestandsirrtum** liegt auch vor, wenn der Täter meint, die Menge sei so gering, dass die in der DmMV genannten Grenzwerte nicht erreicht seien (*Volkmer* in Körner/Patzak/Volkmer AntiDopG § 4 Rn. 74). Es ist dann auch hier die fahrlässige Begehung zu prüfen (→ Rn. 21, 330–335.). Dasselbe gilt, wenn der Täter nicht erkennt, dass die von ihm besessene Substanz Dopingzwecken im Sport dient oder wenn er annimmt, sie sei für den Tiersport bestimmt (*Volkmer* in Körner/Patzak/Volkmer AntiDopG § 4 Rn. 74).

193 Meint der Täter, die Substanz sei (noch) nicht in die Anlage zum AntiDopG aufgenommen oder irrt er sich über die in der DmMV vorgesehene Grenze zur nicht geringen Menge (*Volkmer* in Körner/Patzak/Volkmer AntiDopG § 4 Rn. 75), so ist ein **Subsumtionsirrtum** (→ Rn. 16) gegeben. Ein solcher kommt auch dann in Betracht, wenn der Täter die Wirkung der von ihm besessenen Substanz nicht als Doping ansieht (→ § 2 Rn. 28) oder wenn er sein Verhalten für rechtmäßig hält, etwa weil er annimmt, Doping sei in Deutschland nicht verboten.

194 Zum **umgekehrten Irrtum** → Rn. 20. Ein solcher ist etwa gegeben, wenn der Täter irrtümlich annimmt, die von ihm erworbenen, besessenen oder verbrachten Dopingmittel überschritten die Grenzwerte zur nicht geringen Menge (DmMV); es kommt dann ein (untauglicher) Versuch in Betracht (→ Rn. 144). Nimmt er an, das von ihm besessene Dopingmittel sei in die Anlage zum AntiDopG aufgenommen oder die Grenzwerte der DmMV seien niedriger, so liegt ein Wahndelikt vor (→ Rn. 20), das straffrei ist. Irrt der Täter über Umstände, die nicht zum Tatbestand

gehören, etwa die Art eines in den Anhang aufgenommenen Arzneimittels, so ist dies für die Schuldfrage unbeachtlich (→ Rn. 17).

G. Konkurrenzen. Zu den Konkurrenzen → Rn. 22–29. 195

I. Erwerben. Zwischen dem Erwerb gelisteter Dopingmittel in nicht geringer 196 Menge und dem Handeltreiben mit Dopingmitteln (§ 2 Abs. 1 Nr. 2, § 4 Abs. 1) besteht Tateinheit (→ Rn. 101). Tateinheit besteht auch mit den Tatbeständen des Arzneimittelrechts, des Betäubungsmittelrechts und des allgemeinen Strafrechts.

II. Besitzen. Der Besitz von Dopingmitteln in nicht geringer Menge ist ein 197 Dauerdelikt (→ Rn. 151). Dementsprechend vielfältig sind die Möglichkeiten des Zusammentreffens mit anderen Tatbeständen:

Der gleichzeitige Besitz verschiedener Dopingmittel in nicht geringer Menge 198 (→ Rn. 142) ist nur **ein** Verstoß gegen Nr. 3 und begründet keine Konkurrenz, insbesondere keine Tateinheit, und zwar auch dann nicht, wenn verschiedene Dopingmittel an verschiedenen Orten aufbewahrt werden. Ebenso ist nur eine Tat im prozessualen Sinn gegeben. Insgesamt gilt dasselbe wie beim Besitz von Betäubungsmitteln (→ § 29 Rn. 1393). Haben die Dopingmittel **verschiedene** Wirkstoffe, die für sich die **Grenzwerte nicht** übersteigen, kommt eine Zusammenrechnung **nicht** in Betracht (→ Rn. 142).

Hinter den **Erwerb** von gelisteten Dopingmitteln in nicht geringer Menge tritt 199 der Besitz an diesen Mitteln zurück. Dasselbe gilt für das **Verbringen** solcher Mittel. Im Verhältnis zu den anderen Strafvorschriften des AntiDopG ist er im Hinblick auf die zusätzlichen Merkmale der Aufnahme in die Anlage zum AntiDopG und der nicht geringen Menge kein Auffangtatbestand und tritt daher nicht hinter sie zurück. **Tateinheit** kommt auch mit den Vorschriften des AMG und des BtMG in Betracht, und zwar auch dort, wo der betäubungsmittelrechtliche Besitz als Auffangtatbestand zurücktritt. Zum Zusammentreffen des Dauerdelikts des Besitzes mit allgemeinen Straftaten wird auf → BtMG Rn. 574–586 verwiesen.

Der gleichzeitige Besitz verschiedener Betäubungsmittel auch an verschiedenen 200 Orten ist eine Tat (→ Rn. 198). Die Strafklage ist daher auch hinsichtlich der Mengen verbraucht, die **nicht entdeckt** wurden. Auf der anderen Seite ist der Besitz ein **Dauerdelikt.** Die weitere Besitzausübung **nach** einer Verurteilung ist daher eine neue Tat, auch im prozessualen Sinn (→ BtMG § 29 Rn. 1394). Im Übrigen, namentlich zum Zusammentreffen mit Verkehrsdelikten, wird auf → BtMG Vor § 29 Rn. 584–586 verwiesen.

III. Verbringen nach und durch Deutschland. Der **Besitz** von gelisteten 201 Dopingmitteln wird durch das Verbringen solcher Mittel verdrängt. Sind die Voraussetzungen der Durchfuhr erfüllt, so geht dieser Tatbestand als das speziellere Gesetz der Einfuhr vor (→ BtMG § 29 Rn. 1442). Bei den übrigen Tatbeständen des AntiDopG kommt Tateinheit in Betracht (→ Rn. 199). Dasselbe gilt für die Tatbestände des Arzneimittelrechts und des Betäubungsmittelrechts.

Beim Verbringen nach Deutschland kommt **Steuerhinterziehung** mangels 202 Entstehung einer Abgabenschuld nicht in Betracht, soweit die Dopingmittel **Suchtstoffe** oder **psychotrope Stoffe** sind (Art. 83 Abs. 2 Buchst. b Zollkodex). da nach dieser Vorschrift Einfuhrabgaben nicht erhoben werden dürfen (→ BtMG § 21 Rn. 36, 37). Bei anderen Dopingmitteln kommt Tateinheit mit den entsprechenden Zollstraftaten in Betracht.

Mit den Tatbeständen des **Waffengesetzes** besteht Tateinheit; dasselbe gilt für 203 **Verkehrsdelikte,** etwa Fahren ohne Fahrerlaubnis, Trunkenheit im Verkehr, auch mit gefährlichem Eingriff in den Straßenverkehr, ebenso mit anderen Straftaten, die den Einfuhrvorgang ermöglichen oder erleichtern, zB Urkundenfälschung, Nötigung oder Körperverletzung gegenüber den Grenzbeamten.

AntiDopG § 4

204 Tateinheit zwischen Einfuhr und Durchfuhr kann bestehen, wenn der Täter nur über einen **Teil der** Dopingmittel im Inland Verfügungsbefugnis hat, etwa wenn ein Fluggast Dopingmittel sowohl im Handgepäck wie im Reisegepäck mit sich führt.

205 **H. Strafzumessung.** Auf → Rn. 30, 33–38, 109 wird verwiesen.

Kapitel 4. Bei sich Anwenden oder Anwendenlassen eines Dopingmittels oder einer Dopingmethode entgegen § 3 Abs. 1 (Absatz 1 Nr. 4)

206 **A. Grundtatbestand.** Grundlage der Strafvorschrift ist § 3 Abs. 1 (→ § 3 Rn. 4–23).

207 **B. Tathandlungen.** Unter Strafe gestellt ist das Anwenden oder Anwendenlassen eines Dopingmittels oder einer Dopingmethode entgegen § 3 Abs. 1 S. 1.

208 **I. Adressat der Norm.** Die Vorschrift richtet sich gegen den **dopenden Sportler,** der verbotene Dopingmittel oder -methoden an sich selbst anwendet oder anwenden lässt. Allerdings sollen **reine Freizeitsportler nicht** erfasst werden, auch nicht, wenn sie an einem Wettbewerb des organisierten Sports, etwa einer größeren Laufveranstaltung, teilnehmen (BT-Drs. 18/4898, 31).

209 Um dies zu erreichen, wird der Kreis der Täter durch **Absatz 7** auf die Sportler **eingeschränkt,**
– die Spitzensportler des organisierten Sports sind; als solche gelten Mitglieder eines Testpools, die im Rahmen des Dopingkontrollsystems Trainingskontrollen unterliegen (Absatz 7 Nr. 1), oder
– die aus der sportlichen Betätigung unmittelbar oder mittelbar Einnahmen von erheblichem Umfang erzielen (Absatz 7 Nr. 2).

210 Die Eigenschaft als Spitzensportler ist ein **Tatbestandsmerkmal** und keine objektive Strafbarkeitsbedingung (*Putzke* in HK-ADG § 4 Rn. 17, 18; *Wußler* in Erbs/Kohlhaas AntiDopG § 4 Rn. 11). Für eine solche könnte zwar die vom (sonstigen) Tatbestand losgelöste Stellung im Gesetz sprechen. Auf der anderen Seite verwendet die Gesetzesbegründung zu Nr. 1 einigen Aufwand auf die Begründung der Feststellung, dass es für jeden Sportler klar sei, ob er zu einem Testpool gehöre (BT-Drs. 18/4898, 32), was lediglich für den Vorsatz von Bedeutung ist. Auch für die Nr. 2 liegt angesichts ihrer Merkmale die Annahme einer objektiven Strafbarkeitsbedingung nicht nahe.

211 **1. Spitzensportler des organisierten Sports (Absatz 7 Nr. 1).** Bei der Definition der Spitzensportler des organisierten Sports stellt das Gesetz auf **Sportverbandsrecht** ab. Danach sind Spitzensportler die **Mitglieder eines Testpools,** die im Rahmen des Dopingkontrollsystems Trainingskontrollen unterliegen. Die Vorschrift gilt für in- und ausländische Testpools und damit auch für ausländische Sportler, die in einem Testpool ihres Landes erfasst sind (BT-Drs. 18/4898, 32). Nach Art. 5.6 WADC ist jeder internationaler Sportverband und jede nationale Anti-Doping-Organisation verpflichtet, im **Online-Datenbankmanagementsystem „ADAMS"** (definiert im Anhang 1 zum NADC) oder einem anderen von der WADA anerkannten System eine Liste bereitzustellen, in der die Sportler namentlich oder sonst anhand bestimmter Kriterien aufgeführt sind (*Putzke* in HK-ADG § 4 Rn. 21).

212 **In Deutschland** hat die NADA (→ Einl. Rn. 12) in ihrem Trainingskontrollsystem die folgenden Testpools definiert,
– Registered Testing Pool (RTP),
– Nationaler Testpool (NTP),
– Allgemeiner Testpool (ATP),
– Team Testpool (TTP)

Strafvorschriften § 4 **AntiDopG**

die sich in den Meldepflichten und der Kontrollplanung unterscheiden (*Putzke* in HK-ADG § 4 Rn. 23). Die Zuordnung zu einem Testpool richtet sich im Wesentlichen nach der Dopinggefährdung der ausgeübten Sportart/Disziplin und dem Bundeskaderstatus. Welchem Testpool der Sportler zugeordnet ist, ist für die Strafbarkeit ohne Bedeutung (*Putzke* in HK-ADG § 4 Rn. 24).

Über die Testpoolzugehörigkeit werden die betroffenen Sportler von der 213 NADA zu Beginn und zum Ende schriftlich oder elektronisch benachrichtigt und zu Beginn über ihre Rechte und Pflichten aufgeklärt. Zweifel über die Testpoolzugehörigkeit können damit eigentlich nicht bestehen. Die **Strafbarkeit entsteht erst** mit der **Aufnahme** in den Testpool; die Meldepflicht genügt nicht (*Putzke* in HK-ADG § 4 Rn. 24). Problematischer ist das **Ende der Strafbarkeit;** hier soll es nach Art. 5.3.1 NADC allein auf die Entscheidung der NADA ankommen (*Putzke* in HK-ADG § 4 Rn. 25). Aus dem Gesetz ergibt sich dies nicht, da es danach auch darauf ankommt, dass der Sportler **Trainingskontrollen** unterliegt.

Die Testpools erfassen derzeit alle Mitglieder der A- und B-Kader der jeweili- 214 gen Sportverbände, alle Spieler der Deutschen Eishockey Liga (1. Eishockey-Bundesliga Herren), der Deutschen Fußball Liga (1. und 2. Fußball-Bundesliga Herren), die Mitglieder der Frauen- und Herrennationalmannschaften im Basketball, Fußball und Handball, Elitepass-Inhaber im Triathlon sowie Lizenzinhaber im Radsport. Zu den Testpools gehörten im Jahre 2016 etwa 9.000 Männer und Frauen (*Wußler* in Erbs/Kohlhaas AntiDopG § 4 Rn. 7).

2. Sportler mit erheblichen Einnahmen aus ihrer sportlichen Betätigung 215 **(Absatz 7 Nr. 2).** Auch Sportler, die nicht zu einem Testpool gehören, können das Vertrauen in die Integrität des Sports empfindlich schädigen. Dies gilt vor allem, wenn sie aus der sportlichen Betätigung unmittelbar oder mittelbar Einnahmen von erheblichem Umfang erzielen. Zu diesem Bereich gehören (BT-Drs. 18/48998, 32) der organisierte Motorsport, in der Regel das Profiboxen und die 3. Fußball-Liga der Herren. In dem Bereich, in dem hohe Einnahmen erzielt werden, ist auch der Anreiz, zu Doping zu greifen, besonders hoch.

Nach Nr. 2 muss die sportliche Betätigung für den Sportler **eine Einnahme-** 216 **quelle** darstellen. Es kommt daher nicht auf die gesamtwirtschaftliche Situation des Sportlers an, sondern auf die Einnahmen. Eine Einnahmequelle setzt voraus, dass die wirtschaftlichen Vorteile wiederholt erlangt werden; eine einmalige finanzielle Zuwendung oder ein ausnahmsweise erzieltes Preisgeld genügen nicht (BT-Drs. 18/4898, 32). Die Einnahmen müssen unmittelbar oder mittelbar aus der sportlichen Betätigung erwachsen. Dies gilt für Start- und Preisgelder, für Leistungen der Sportförderung und Sponsorengelder, auch für Einnahmen aus Werbe- und Beratungsverträgen (*Wußler* in Erbs/Kohlhaas AntiDopG § 4 Rn. 9). Übt der Sportler den Sport berufsmäßig aus, zählt auch die Arbeitsvergütung oder die Besoldung dazu, wenn die Tätigkeit in der Bundeswehr, der Polizei des Bundes und der Länder oder dem Zoll ausgeübt wird (BT-Drs. 18/4898, 32). Zu den Einnahmen zählen auch ersparte Aufwendungen, etwa Kostenübernahmen für ärztliche Behandlungen, für die Betreuung, für Trainingsgelegenheiten und -geräte etc.

Die Einnahmen müssen **von erheblichem Umfang sein.** Das vergleichbar auch 217 im neuen Straftatbestand des § 265 d StGB (Manipulation von berufssportlichen Wettbewerben) enthaltene Tatbestandsmerkmal weist erhebliche Bestimmtheitsprobleme auf. Nach der Gesetzesbegründung muss es sich um maßgebliche Leistungen handeln, die deutlich über eine bloße Kostenerstattung hinausgehen (BT-Drs. 18/4898, 32). Dies bedeutet, dass die vom Sportler selbst zu tragenden Kosten zu ermitteln und den Einnahmen gegenüberzustellen sind (*Perron* in Schönke/Schröder StGB § 265 d Rn. 7). Ein etwaiger Überschuss muss dann eine Höhe erreichen, die es rechtfertigt, die sportliche Betätigung mit beruflicher Sportausübung gleichzusetzen. Ob dies bereits bei Einnahmen von monatlich 450 EUR (5.400 EUR im Jahr) gegeben ist (*Heger* in Anti-Doping-Gesetz s. 38), muss bezweifelt werden. Auch eine Orientierung am Mindestlohnniveau erscheint angesichts des Umstands, dass Sportler das geforderte sportliche Spitzenniveau oft nur über einen Zeitraum von einigen Jahren erbringen können, zumindest fragwürdig (*Perron* in Schönke/Schröder StGB § 265d Rn. 7). Die Grenze wird aber dann erreicht sein, wenn Einnahmen in der Größenordnung des Bruttodurchschnittseinkommens, das in Deutschland 2019 knapp 40.000 EUR im Jahr betrug, erzielt werden (*Perron* in Schönke/Schröder StGB § 265d Rn. 7) oder wenn gar die monatlichen Einnahmen die Grenze zur Sozialversicherungspflicht (im Jahre 2020 jährlich 62.550 EUR) übersteigen (*Wußler* in Erbs/Kohlhaas AntiDopG § 4 Rn. 10). *Putzke* (in HK-ADG § 4 Rn. 34) lehnt sich im Anschluss an eine Bemerkung der Gesetzesbegründung an die Einnahmen der Sportler der 3. Fußballiga an und kommt so auf 24.000 EUR jährlich. Erheblich sind die Einnahmen auch dann, wenn sie in entsprechender Höhe nur an wenigen Tagen erzielt werden, ohne den Gesamtjahresbetrag zu erreichen (*Putzke* in HK-ADG § 4 Rn. 34).

218 Damit der Sportler unter den Personenkreis fällt, den Absatz 6 Nr. 2 erfassen will, müssen die Einnahmen aus der sportlichen Betätigung bereits **erzielt worden sein;** nicht ausreichend ist es daher, wenn der Täter solche Einnahmen zu erzielen hofft. Daher muss für den Sportler bereits zum Zeitpunkt des Dopens die sportliche Tätigkeit eine regelmäßige Einnahmequelle darstellen (*Heger* in Anti-Doping-Gesetz S. 38). Unerheblich ist, ob diese (früheren) Einnahmen auf Doping zurückzuführen waren.

219 **II. Dopingmittel, Dopingmethoden.** Der Begriff des Dopingmittels stimmt mit dem der Nr. 2 überein; auf → Rn. 42 kann daher verwiesen werden. Der Begriff der Dopingmethode deckt sich mit dem in Nr. 2 verwendeten; auf → Rn. 113 kann daher Bezug genommen werden.

220 **III. Bei sich Anwenden oder Anwendenlassen.** Zu den Begriffen des Anwendens bei sich und des Anwendenlassens → § 3 Rn. 11–17. **Täter** ist auch beim Anwendenlassen nicht derjenige, der das Dopingmittel anwendet, sondern der Sportler, der dies geschehen lässt.

221 **IV. Entgegen § 3 Abs. 1 S. 1.** Die Verweisung führt in dreierlei Hinsicht zu einer Einschränkung des Tatbestands.

222 **1. In Anlage I des UNESCO-Übereinkommens aufgeführter Stoff oder aufgeführte Methode.** Das Dopingmittel muss ein in Anlage I des UNESCO-Übereinkommens in der jeweiligen vom BMI bekanntgemachten Fassung aufgeführter Stoff sein oder einen solchen enthalten. Wegen der Einzelheiten, auch zur Problematik dieser Regelung → § 2 Rn. 9–18. Zur Anwendung der verschiedenen Kategorien der Anlage I → § 2 Rn. 19–21. Auch die **Dopingmethode** muss in Anlage I zum UNESCO-Übereinkommen aufgeführt sein. Auf → § 2 Rn. 67–82 wird Bezug genommen.

223 Die Strafvorschrift gilt **nicht** für die Dopingmittel und -methoden, die durch **Verordnung nach § 6 Abs. 2** bestimmt werden. Ein Grund für diese Beschränkung ist nicht erkennbar; es spricht daher einiges dafür, dass es sich um ein Redaktionsversehen handelt. Im Hinblick auf den eindeutigen Wortlaut der Vorschrift muss es aber bei der fehlenden Bewehrung der Änderungen durch Verordnung nach § 6 verbleiben.

224 **2. Ohne medizinische Indikation.** Für die Anwendung darf keine medizinische Indikation vorliegen. Dazu kann auf → § 3 Rn. 18 verwiesen werden

225 **3. Absicht, sich in einem Wettbewerb des organisierten Sports einen Vorteil zu verschaffen.** Subjektiv setzt das Verbot voraus, dass der Sportler in der

Absicht handelt, sich in einem Wettbewerb des organisierten Sports einen Vorteil zu verschaffen. Auf → § 3 Rn. 19–23 wird verwiesen.

C. Vorbereitung, Versuch, Vollendung, Beendigung. Vorbereitungshandlungen sind nicht strafbar (→ Rn. 4). Strafbar ist der Versuch (Absatz 3). Hierzu gelten für alle Tathandlungen die allgemeinen strafrechtlichen Grundsätze (→ Rn. 57). Im Übrigen gilt: 226

Beim Anwenden eines **Dopingmittels** an sich **selbst** beginnt der **Versuch** mit dem Ansetzen zu einer in → § 3 Rn. 11 beschriebenen Handlung. Sobald der Anwendungsvorgang begonnen hat, ist die Tat **vollendet. Beendet** ist sie, wenn die Zufuhr des Dopingmittels nicht mehr rückgängig gemacht werden kann. Entsprechendes gilt für das **Anwenden lassen an sich selbst,** wobei die Handlungen des Anwendenden den Begriff des Verabreichens oder Überlassens zum unmittelbaren Verbrauch erfüllen (auch →Rn. 122). **Täter** des Absatzes 1 Nr. 4 ist nicht der Anwendende, sondern der **Sportler,** der die Anwendung an sich geschehen lässt. 227

Die Anwendung einer **Dopingmethode** an **sich selbst** besteht in der Vornahme einer Tätigkeit, die in der Verbotsliste unter M1 bis M3 im Einzelnen beschrieben ist (→ § 2 Rn. 67–82), durch den Sportler selbst. Entsprechendes gilt für das Anwenden lassen an sich selbst. Zum Beginn des Versuchs, zur Vollendung und Beendigung in beiden Fällen →Rn. 123. Auch hier ist **Täter** nicht der Anwendende, sondern der **Sportler,** der die Anwendung an sich geschehen lässt. 228

D. Täterschaft, Teilnahme. Das Selbstdoping ist in beiden Tatvarianten ein echtes **Sonderdelikt** (→ BtMG Vor § 29 Rn. 253, 254). Täter, mittelbarer Täter oder Mittäter kann nur der Sportler sein, der das Dopingmittel oder die Dopingmethode bei sich anwendet oder anwenden lässt. Der **Anwendende** kann in Bezug auf Absatz 1 Nr. 4 nur Gehilfe sein; durch die Straftat nach Absatz 1 Nr. 2 wird dies jedoch konsumiert. Die Eigenschaft als (Spitzen-)Sportler ist ein strafbegründendes besonderes persönliches Merkmal nach **§ 28 Abs. 1 StGB** (*Putzke* in HK-ADG § 4 Rn. 81). Zur etwaigen doppelten Strafmilderung → BtMG Vor § 29 Rn. 772). 229

E. Handeln im Ausland. Die Strafvorschrift gilt auch dann, wenn das bei sich Anwenden oder Anwendenlassen des Dopingmittels oder der Dopingmethode im Ausland stattfindet. Auf → Rn. 5–8 kann daher verwiesen werden. Eine Bestrafung kommt allerdings nur in Betracht, wenn das Selbstdoping auch am Tatort strafbar ist (§ 7 StGB). 230

F. Subjektiver Tatbestand. Strafbarkeit nach Absatz 1 Nr. 4 verlangt **Vorsatz.** Zur **Fahrlässigkeit** s. Absatz 6 sowie →Rn. 21, 330–335. Zur Kognitionspflicht des Gerichts → Rn. 336. 231

I. Vorsatz. Der Vorsatz (→Rn. 11–13) des Sportlers muss sich zunächst darauf beziehen, dass er zu einem Testpool gehört oder dass er aus seiner sportlichen Betätigung erhebliche Einnahmen erzielt (→Rn. 210). Er muss sich ferner darauf erstrecken, dass es sich bei dem Dopingmittel um einen Stoff handelt, der in Anlage I zum UNESCO-Übereinkommen aufgeführt ist oder dass das Mittel einen solchen Stoff enthält. Dasselbe gilt für die Dopingmethode. Der Vorsatz muss sich ferner auf die Tathandlungen des Absatzes 1 Nr. 4 und darauf beziehen, dass die Anwendung ohne medizinische Indikation erfolgt. Für diese Tatbestandsmerkmale reicht **bedingter Vorsatz** aus (→Rn. 13). Schließlich muss immer die **Absicht** hinzutreten, sich in einem Wettbewerb des organisierten Sports einen Vorteil zu verschaffen. 232

II. Irrtumsfälle. Zu den Irrtumsfällen → Rn. 15–20 im Allgemeinen und → Rn. 95, 96 im Besonderen. Bei der Anwendung von Dopingmitteln und -methoden ergibt sich nichts anderes. Da bereits die fehlende Absicht, sich einen Wettbewerbsvorteil zu verschaffen, zur Straffreiheit führt, sind die Bereiche, in denen sich ein Irrtum auswirken kann, eher klein. 233

AntiDopG § 4   Anti-Doping-Gesetz

234   **G. Konkurrenzen.** Der Erwerb und Besitz von Dopingmitteln zum Zweck des Selbstdopings (§ 4 Abs. 2) ist eine Vorbereitungshandlung zu § 4 Abs. 1 Nr. 4 und geht daher darin auf. Tateinheit besteht dagegen mit dem Besitz der besonders gefährlichen in der Anlage zum AntiDopG gelisteten Dopingmittel in nicht geringer Menge (§ 4 Abs. 1 Nr.). Tateinheit besteht auch mit den Vorschriften des AMG und des BtMG (→ Rn. 29).

235   **H. Strafzumessung.** Auf → Rn. 33–37, 109 wird verwiesen. Schutzgut soll nach der Gesetzesbegründung (BT-Drs. 18/4898, 29) zwar nicht die Gesundheit sein, sondern die Integrität des organisierten Sports und seiner ethisch-moralischen Grundwerte wie Fairness und Chancengleichheit. Gleichwohl soll das Selbstdoping im Hinblick auf das rechtlich geschützte Interesse den schwersten denkbaren Eingriff darstellen, da es in das Wettbewerbsgeschehen unmittelbar eingreife und dieses unlauter beeinflusse. Dies muss gesehen werden, sollte für die Strafzumessung aber nicht ausschlaggebend sein (§ 46 StGB). Wesentliche Gesichtspunkte sind erfolgte Verbandsstrafen oder auch der Gesundheitszustand, auch wenn er auf die Tat zurückzuführen ist. Abweichend von → Rn. 109 darf hier im Hinblick auf das **Doppelverwertungsverbot** (§ 56 Abs. 3 StGB) nicht strafschärfend berücksichtigt werden, dass die Dopingmittel zum Wettkampf bestimmt sind (*Putzke* in HK-ADG § 4 Rn. 104).

Kapitel 5. Teilnahme an einem Wettbewerb des organisierten Sports entgegen § 3 Abs. 2 (Absatz 1 Nr. 5)

236   **A. Grundtatbestand.** Grundlage der Strafvorschrift ist § 3 Abs. 2 (→ § 3 Rn. 24–40).

237   **B. Tathandlungen.** Unter Strafe gestellt ist die Teilnahme an einem Wettbewerb des organisierten Sports entgegen § 3 Abs. 2.

238   **I. Adressat der Norm.** Die Vorschrift richtet sich gegen den **dopenden Sportler,** der unter der Wirkung verbotener Dopingmittel oder -methoden an einem Wettbewerb des organisierten Sports teilnimmt. Sie wendet sich nur an **Spitzensportler** des organisierten Sports (Absatz 7 Nr. 1) und an **Sportler mit erheblichen Einnahmen** aus ihrer sportlichen Betätigung (Absatz 7 Nr. 2); auf → Rn. 211–217 wird verwiesen. Auch hier sind diese beiden Eigenschaften keine objektive Strafbarkeitsbedingung (→ Rn. 210).

239   **II. Die beiden Handlungen des Absatzes 1 Nr. 5.** Die Vorschrift setzt sich aus zwei Handlungen zusammen, die miteinander verknüpft sind und von denen eine sich hinter dem genannten Verstoß gegen § 3 Abs. 2 verbirgt:

240   **1. Teilnahme an einem Wettkampf des organisierten Sports.** Die Handlung, die die Strafbarkeit auslöst, ist die **Teilnahme** an dem Wettbewerb, nicht die Anwendung des Dopingmittels oder der Dopingmethode. Auf → § 3 Rn. 29–31 wird Bezug genommen.

241   **a) Teilnahme.** Der Sportler nimmt an dem Wettbewerb teil, wenn er sich **an ihm aktiv beteiligt** (→ § 3 Rn. 30).

242   **b) An einem Wettbewerb des organisierten Sports.** Die Teilnahme muss an einem Wettbewerb des organisierten Sports erfolgen. Diese Wettbewerbe sind in § 3 Abs. 3 definiert. Auf → § 3 Rn. 41–45 wird Bezug genommen.

243   **2. Unter Anwendung von Dopingmitteln oder -methoden.** Die zweite Handlung ist die Anwendung eines Dopingmittels oder einer Dopingmethode nach Absatz 1 Satz 1 Nr. 1 ohne medizinische Indikation und in der Absicht, sich in dem Wettbewerb einen Vorteil zu verschaffen. Diese Handlung verbirgt sich hinter dem genannten Verstoß gegen § 3 Abs. 2. Die **Anwendung** muss der Teilnahme

an dem Wettkampf **vorausgehen** oder zumindest **gleichzeitig** mit ihr erfolgen (*Wußler* in Erbs/Kohlhaas AntiDopG § 3 Rn. 16).

Die Handlung muss die folgenden, sich aus § 3 Abs. 2 ergebenden Kriterien erfüllen: 244

a) Anwendung von Dopingmitteln oder -methoden nach Absatz 1 Satz 1 Nr. 1, 2. Ob diese Voraussetzungen gegeben sind, ergibt aus → § 3 Rn. 32–35. 245

b) Ohne medizinische Indikation. Für die Anwendung darf keine medizinische Indikation vorliegen. Dazu kann auf → § 3 Rn. 36, 18 verwiesen werden. 246

c) Absicht, sich in dem Wettbewerb einen Vorteil zu verschaffen. Absichtsdelikte sind in der Regel Delikte mit überschießender Innentendenz (→ § 3 Rn. 20). Dies gilt hier nicht: auch wenn die Anwendung mit der Absicht erfolgt, sich einen Vorteil im Wettkampf zu verschaffen, wird sie **erst dann** zu einer verbotenen Handlung, wenn die Absicht zumindest in der Weise **verwirklicht** wird, dass der Sportler an dem Wettkampf teilnimmt (dies wird von *Heger* in Anti-Doping-Gesetz S. 36 nicht gesehen). 247

Zweifel können bei der **Zielrichtung der Absicht** (→ § 3 Rn. 21) entstehen. Nach dem Wortlaut muss sie sich auf den Wettbewerb beziehen, an dem der Sportler schließlich teilnimmt. Dies eröffnet zahlreiche Umgehungsmöglichkeiten. Im Hinblick auf den Wortlaut muss dies jedoch wohl hingenommen werden. Zum Begriff des **Vorteils** wird auf → § 3 Rn. 22 verwiesen. 248

3. Unter (der Wirkung) der Anwendung. Die Verknüpfung der beiden Handlungen erfolgt dadurch, dass der Sportler zum Tatzeitpunkt noch unter der **unmittelbaren Wirkung** des Dopingmittels oder der Dopingmethode stehen muss. Er muss daher im Zeitpunkt des Wettbewerbs gedopt sein, wobei es unerheblich ist, ob die Anwendung während des Wettbewerbs erfolgt oder dies schon vorher mit entsprechender Langzeitwirkung geschehen ist (BT-Drs. 18/6677, 11). 249

C. Vorbereitung, Versuch, Vollendung, Beendigung. Vorbereitungshandlungen sind als solche nicht strafbar (→ Rn. 4). Strafbar ist der Versuch (Absatz 3). Es gelten die allgemeinen strafrechtlichen Grundsätze (→ Rn. 57). 250

Die **strafbare Handlung** ist die **Teilnahme** am Wettbewerb (→ Rn. 241). Der **Versuch** beginnt daher erst mit dem Ansetzen zu dieser, auch wenn eine Anwendung vorausgegangen ist, diese im Inland stattgefunden hat und deswegen ihrerseits nach Nr. 4 strafbar ist. Die Anwendung ist daher hinsichtlich der Tat nach Nr. 5 stets nur eine **Vorbereitungshandlung.** Weitere Vorbereitungshandlungen sind die Meldung zum Wettkampf oder bei einer Anmeldung aus dem Ausland der Grenzübertritt (aA *Heger* Anti-Doping-Gesetz S. 35, 36). Ein Tatbestandsmerkmal wird damit noch nicht verwirklicht. Auch fehlt es an einer ausführungsnahen Handlung (→ BtMG Vor § 29 Rn. 182–187; *Fischer* StGB § 22 Rn. 10) oder an einem unmittelbaren räumlichen und zeitlichen Zusammenhang (→ BtMG Vor § 29 Rn. 182). 251

Mit dem Beginn des Wettkampfs (→ Rn. 241) ist die Tat **vollendet,** mit dem Ende des Wettkampfs **beendet.** 252

D. Täterschaft, Teilnahme. Die Tat ist ein echtes **Sonderdelikt** (→ BtMG Vor § 29 Rn. 253, 254). Täter kann nur der Sportler sein, der unter der Wirkung des Dopingmittels oder der Dopingmethode an dem Wettkampf teilnimmt. Der **Anwendende** kann in Bezug auf die Tat nach Nr. 5 nur Anstifter oder Gehilfe sein; ist auch die Nr. 2 verwirklicht, besteht Tateinheit, da die Nr. 5 einen eigenen Unrechtsgehalt aufweist. Die Eigenschaft als Wettkampfteilnehmer ist ein strafbegründendes besonderes persönliches Merkmal (§ 28 Abs. 1 StGB). Zur etwaigen doppelten Strafmilderung → BtMG Vor § 29 Rn. 772). 253

254 **E. Handeln im Ausland.** Die Strafvorschrift gilt auch dann, wenn der Wettkampf, an dem der gedopte Sportler teilnimmt, im Ausland stattfindet. Auf → Rn. 5–8 kann daher verwiesen werden. Eine Bestrafung kommt allerdings nur in Betracht, wenn die Teilnahme an dem Wettkampf unter Wirkung des Dopingmittels oder der Dopingmethode auch am Tatort strafbar ist (§ 7 StGB).

255 **F. Subjektiver Tatbestand.** Strafbarkeit nach Absatz 1 Nr. 4 verlangt **Vorsatz.** Zur **Fahrlässigkeit** s. Absatz 6 sowie → Rn. 21, 330–335. Zur Kognitionspflicht des Gerichts → Rn. 336.

256 **I. Vorsatz.** Der Vorsatz (→ Rn. 11–13) des Sportlers muss sich zunächst darauf beziehen, dass er zum Täterkreis (→ Rn. 238) gehört und dass er an einem Wettbewerb des organisierten Sports teilnimmt. Er muss sich ferner darauf erstrecken, dass er vor der Teilnahme oder gleichzeitig mit ihr ohne medizinische Indikation Dopingmittel oder -methoden nach Anlage I des UNESCO-Übereinkommens bei sich angewendet hat oder hat anwenden lassen, die bei der Teilnahme noch Wirkung zeigen. Für diese Tatbestandsmerkmale reicht **bedingter Vorsatz** aus (→ Rn. 13). Schließlich muss bei der Anwendung **die Absicht** vorgelegen haben, sich in dem Wettbewerb einen **Vorteil** zu verschaffen.

257 **II. Irrtumsfälle.** Zu den Irrtumsfällen → Rn. 15–20 im Allgemeinen und → Rn. 95, 96 im Besonderen. Ein Tatbestandsirrtum kann (auch) vorliegen, wenn der Täter nicht erkennt, dass das Doping beim Wettkampf noch wirkt; es ist dann Fahrlässigkeit zu prüfen. Da die fehlende Absicht, sich einen Wettbewerbsvorteil zu verschaffen, auch hier zur Straffreiheit führt, sind die Bereiche, in denen sich sonst ein Irrtum auswirken kann, eher klein.

258 **G. Konkurrenzen.** Grund für die Einführung der Nr. 5 war zwar die Anwendung von Dopingmitteln und -methoden im Ausland, die Vorschrift ist jedoch nicht darauf beschränkt. In einem solchen Falle kommt auch Strafbarkeit nach Nr. 4 in Betracht, da es im Falle der Nr. 5 aber zur Teilnahme gekommen ist, dürfte diese Vorschrift als Spezialgesetz vorgehen. Zu § 4 Abs. 2 und zu § 4 Abs. 1 Nr. 3 gilt dasselbe wie in → Rn. 234. Tateinheit besteht mit den Vorschriften des AMG und des BtMG (→ Rn. 29).

259 **H. Strafzumessung.** Auf → Rn. 30, 33–38, 235 wird verwiesen.

Kapitel 6. Erwerben oder Besitzen von Dopingmitteln entgegen § 3 Abs. 4 (Absatz 2)

260 **A. Grundtatbestand.** Grundlage der Strafvorschrift ist § 3 Abs. 4 (→ § 3 Rn. 46–49).

261 **B. Tathandlungen.** Unter Strafe gestellt ist das Erwerben oder Besitzen von Dopingmitteln, um sie ohne medizinische Indikation bei sich anzuwenden oder anwenden zu lassen und sich dadurch in einem Wettbewerb des organisierten Sports einen Vorteil zu verschaffen. Die Vorschrift verbietet damit zwei **Vorbereitungshandlungen** zum Selbstdoping, weil bereits damit eine erhebliche Gefährdung der Integrität des Sports eintrete (BT-Drs. 18/4898, 28).

262 **I. Adressat der Norm.** Die Vorschrift richtet sich gegen den **Sportler,** der die Dopingmittel erwirbt oder besitzt. Sie wendet sich nur an **Spitzensportler** des organisierten Sports (Absatz 7 Nr. 1) und an **Sportler mit erheblichen Einnahmen** aus ihrer sportlichen Betätigung (Absatz 7 Nr. 2); auf → Rn. 211–217 wird verwiesen.

263 **II. Dopingmittel.** Auf → Rn. 42, 51, 223 wird Bezug genommen.

264 **III. Erwerben.** Zum Erwerben → § 3 Rn. 47, → § 2 Rn. 102, 103.

265 **IV. Besitzen.** Zum Besitzen → § 3 Rn. 47, → § 2 Rn. 104–109.

V. Anwendungsabsicht. Der Erwerber oder Besitzer muss die Absicht haben, 266 das Dopingmittel ohne medizinische Indikation bei sich anzuwenden oder anwenden zu lassen. Zur Absicht → § 3 Rn. 48. Zum Anwenden und Anwendenlassen bei sich → Rn. 220. Zum Handeln ohne medizinische Indikation → Rn. 224.

VI. Vorteilsabsicht. Das Anwenden oder Anwendenlassen muss in der Absicht 267 erfolgen, sich dadurch in einem Wettbewerb des organisierten Sports einen Vorteil zu verschaffen. Auf → § 3 Rn. 49 wird verwiesen.

C. Vollendung, Beendigung. Der Versuch ist **nicht** strafbar. Beim **Erwerben** 268 ist die Tat **vollendet,** wenn der Erwerber aufgrund willensmäßiger Übereinstimmung die tatsächliche Verfügungsgewalt über das Dopingmittel erlangt hat. Wegen der Einzelheiten wird auf → BtMG § 29 Rn. 1223 verwiesen. Zur **Beendigung** → BtMG § 29 Rn. 1224.

Beim **Besitzen** ist die Tat mit der Begründung der von einem Herrschaftswillen 269 getragenen Sachherrschaft über das Betäubungsmittel **vollendet;** wegen der Einzelheiten wird auf → BtMG § 29 Rn. 1376 verwiesen. Zur **Beendigung** s. ebendort.

D. Tätige Reue (Absatz 8). Auch nach der **Vollendung** des Delikts des Absat- 270 zes 2 kann sich der Sportler **Straffreiheit** (persönlicher Strafaufhebungsgrund) verdienen (Absatz 8).

Die **Straffreiheit** setzt voraus, dass der Sportler die tatsächliche Verfügungs- 271 gewalt über das Dopingmittel **aufgibt.** Der innere Vorbehalt, das Dopingmittel nicht anzuwenden, reicht dazu nicht. Notwendig ist vielmehr eine **nach außen sichtbare** Handlung, etwa die Entsorgung des Dopingmittels oder die Abgabe bei einer Behörde (BT-Drs. 18/6677, 12). Die tatsächliche Verfügungsgewalt hat auch der mittelbare Besitzer, sofern er jederzeit auf die Sache Zugriff hat (→ BtMG § 29 Rn. 1339). Die Abgabe bei einem Dritten reicht daher für sich nicht aus, vielmehr muss er auch den mittelbaren Besitz aufgeben. Gibt der Sportler das Dopingmittel an einen Dritten zum Zwecke des Dopings weiter, macht er sich nach Absatz 1 Nr. 1 strafbar.

Die Aufgabe muss **vor der Anwendung** erfolgen. Das Dopingmittel darf daher 272 auch nicht nur teilweise angewendet worden sein. In der Strafzumessung kann sich die teilweise Aufgabe aber durchaus auswirken.

Die Aufgabe der tatsächlichen Verfügungsgewalt muss ferner **freiwillig** erfolgen. 273 Der Sportler muss die Dopingmittel aus selbstgesetzten Motiven heraus nicht mehr behalten wollen, obwohl er ein Behalten für möglich hält (BT-Drs. 18/6677, 12, 13). Daran fehlt es bei einer äußeren Zwangslage, etwa wenn der Sportler von einer bevorstehenden Durchsuchung Kenntnis erlangt. Ein seelischer Druck kann die Freiwilligkeit dann ausschließen, wenn er den Täter so beherrschte, dass er nicht mehr wählen konnte (s. *Eser/Bosch* in Schönke/Schröder StGB § 24 Rn. 43).

E. Täterschaft, Teilnahme. Es gelten die allgemeinen Regeln (→ BtMG 274 Rn. 241–387). Im Übrigen wird hinsichtlich des Erwerbens auf → Rn. 164 und hinsichtlich des Besitzes auf → Rn. 165–169 verwiesen.

F. Handeln im Ausland. Die Vorschrift gilt auch dann, wenn das Erwerben 275 oder Besitzen im Ausland stattfindet. Auf → Rn. 5–8 kann daher verwiesen werden. Eine Bestrafung kommt allerdings nur in Betracht, wenn das Erwerben oder Besitzen von Dopingmitteln auch am Tatort strafbar ist (§ 7 StGB). Handelt es sich bei den Dopingmitteln um Betäubungsmittel, so gilt insoweit das Weltrechtsprinzip (→ BtMG Vor § 29 Rn. 119–134).

G. Subjektiver Tatbestand. Strafbarkeit nach Absatz 1 Nr. 4 verlangt **Vorsatz.** 276 Fahrlässigkeit ist nicht strafbar.

277 **I. Der Vorsatz** (→ Rn. 11–13) des Sportlers muss sich zunächst darauf beziehen, dass er zum Täterkreis (→ Rn. 262) gehört. Er muss sich ferner auf das Erwerben und Besitzen von Dopingmitteln erstrecken, die in Anlage I des UNESCO-Übereinkommens aufgeführt sind. Hinzutreten müssen die Anwendungsabsicht (→ Rn. 266) und die Vorteilsabsicht (→ Rn. 267).

278 **II. Irrtumsfälle.** Zu den Irrtumsfällen → Rn. 15–20 im Allgemeinen und → Rn. 95, 96 im Besonderen. Auch hier ist der Bereich für einen wesentlichen Irrtum eher klein.

279 **H. Konkurrenzen.** Zum Verhältnis zu Absatz 1 Nr. 4 → Rn. 234. Tateinheit besteht mit Absatz 1 Nr. 3

280 **I. Strafzumessung.** Auf → Rn. 30, 33–38, 109, 235 wird verwiesen Die Höchststrafe beträgt hier nur zwei Jahre Freiheitsstrafe.

Kapitel 7. Versuch (Absatz 3)

281 Der Versuch ist nur in den Fällen des Absatzes 1 strafbar. Der Versuch wird jeweils dort behandelt.

Kapitel 8. Die Verbrechenstatbestände des Absatzes 4

282 **A. Einführung.** Mit Absatz 4 werden besonders verwerfliche und sozialschädliche Verhaltensweisen unter Strafe gestellt. Sie gehen zum Teil auf die Regelbeispiele des § 95 Abs. 3 S. 2 AMG aF zurück, enthalten aber auch Erweiterungen. Die Vorschrift ist ein **Verbrechen.** Durch die Aufstufung zu einem Verbrechen wurden aus den Strafzumessungsregeln des AMG echte Qualifikationstatbestände.

283 Der Strafrahmen ist äußerlich gleichgeblieben. Die **Wandlung** von Strafzumessungsmerkmalen zu **Merkmalen eines Verbrechens** erfordert greifbare Konturen (zu der vergleichbaren Entwicklung bei der nicht geringen Menge → BtMG § 29a Rn. 56). Es ist Aufgabe der Rechtsprechung, diese noch besser als bisher herauszuarbeiten.

284 **Absatz 5** enthält einen minderschweren Fall. Bei der Strafzumessung müssen Absatz 4 und Absatz 5 gemeinsam betrachtet werden. Auf die Erläuterungen zu Absatz 5 wird verwiesen.

285 **B. Die Verbrechenstatbestände der Nr. 1.** Die Vorschrift setzt die Verwirklichung eines Tatbestandes der Nr. 1 (→ Rn. 40–108), Nr. 2 (→ Rn. 110–130) oder Nr. 3 (→ Rn. 132–204) des Absatzes 1 voraus. Die Qualifikationen des Absatzes 4 Nr. 1 bauen darauf auf.

286 **I. Gefährdung der Gesundheit einer großen Zahl von Menschen (Buchst. a).** Nicht anders als § 29 Abs. 3 S. 2 Nr. 2 BtMG setzt die Qualifikation des Absatzes 4 Nr. 1 Buchst. a eine **konkrete** Gefährdung voraus. Die Herbeiführung der Gefahr ist tatbezogen und damit kein persönliches Merkmal iSd § 28 Abs. 2 StGB.

287 **1. Gefährdung.** Zu der konkreten Gefährdung → BtMG § 29 Rn. 2031; *Pfohl* in Erbs/Kohlhaas AMG § 95 Rn. 38; s. auch *Deutsch/Lippert* § 95 Rn. 41). Ausreichend ist, wenn das Dopingmittel in der Weise zu den Apotheken oder sonstigen Abgabestellen gelangt ist, dass es den Endverbrauchern in großer Zahl zur Verfügung steht, so dass Gesundheitsschäden ernstlich zu befürchten sind (*Volkmer* in Körner/Patzak/Volkmer AntiDopG § 4 Rn. 130; *Mayer* in Fuhrmann/Klein/Fleischfresser ArzneimittelR-HdB § 45 Rn. 20). In der Regel kann davon ausgegangen werden, dass zugängliche Mittel auch angewendet werden, zumal dann, wenn sie in der Werbung angepriesen werden.

288 Liefert ein **Großhändler** in großem Umfang Dopingmittel an einen Händler, der sie illegal in der Bodybuilding-Szene vertreibt, so braucht zum Nachweis der

Gefährdung auch durch das Handeln des Großhändlers, nicht festgestellt zu werden, welche Menschen durch den Konsum der Dopingmittel gefährdet worden sind (BGH NStZ 1987, 514 für Tierarzneimittel).

2. Gesundheit. →BtMG § 29 Rn. 2032, 2033. Die befürchteten Schäden für 289 die Gesundheit müssen nicht erheblich sein (*Körner*, 6. Aufl. 2007, AMG § 95 Rn. 199; *Mayer* in Fuhrmann/Klein/Fleischfresser ArzneimittelR-HdB § 45 Rn. 20). Auf → AMG § 5 Rn. 16, 17, 20 kann verwiesen werden.

3. Große Zahl von Menschen. Das Merkmal der großen Zahl von Menschen 290 ist tatbestandsspezifisch auszulegen (BGHSt 44, 175 = NJW 1999, 299 = NStZ 1999, 84; 1999, 559 mAnm *Kühl* = StV 1999, 210 = JR 1999, 211 mAnm *Ingelfinger; Freund* in MüKoStGB AntiDopG §§ 1–4 Rn. 87). Zu berücksichtigen ist zunächst die Systematik des Gesetzes (BGHSt 44, 175). Nach Absatz 4 Nr. 1 gilt die Qualifikation auch für das Anwenden (Absatz 1 Nr. 2); dies zeigt, dass die große Zahl von Menschen sich im überschaubaren Rahmen halten muss. An zweiter Stelle ist das Maß der Strafrahmenanhebung zu berücksichtigen (BGHSt 44, 175); diese ist hier jedenfalls erheblich. Schließlich ist in Rechnung zu stellen, ob die Verletzungen in ihrer Summe ein Gewicht erreicht haben, das der schweren Gesundheitsschädigung einer einzelnen Person entspricht (BGHSt 44, 175; *Heine/Bosch* in Schönke/Schröder StGB Vor § 306 Rn. 13a). Im Hinblick auf den deutlich höheren Strafrahmen der Qualifikation und darauf, dass der drohende Gesundheitsschaden nicht allzu schwer sein muss, kann bei solchen geringen Schäden die Gefährdung einer mindestens dreistelligen Zahl von Menschen erforderlich sein (LG Nürnberg-Fürth BeckRS 2009, 10311; *Mayer* in Fuhrmann/Klein/Fleischfresser ArzneimittelR-HdB § 45 Rn. 20; aA *Wußler* in Erbs/Kohlhaas AntiDopG § 4 Rn. 13: 20 Personen, spätestens ab 100 Personen). Nähern sich die drohenden Gesundheitsschäden der Schwelle der Nr. 1 Buchst. b, so ist auch eine geringere Zahl ausreichend (*Heine/Bosch* in Schönke/Schröder StGB Vor § 306 Rn. 13a; iErg *Freund* in MüKoStGB AntiDopG § 4 Rn. 86).

II. Einen anderen der Gefahr des Todes oder einer schweren Schädigung 291 **an Körper oder Gesundheit aussetzen (Buchst. b).** Auch im Falle des Buchst. b ist eine **konkrete** Gefahr erforderlich (*Mayer* in Fuhrmann/Klein/Fleischfresser ArzneimittelR-HdB § 45 Rn. 21; *Volkmer* in Körner/Patzak/Volkmer AntiDopG § 4 Rn. 131). Einer Gefahr aussetzen bedeutet in eine Gefahr bringen (so § 58 Abs. 5 S. 2 Buchst. b LFBG). Die Gefahr muss den Grad einer konkreten Todesgefahr oder einer konkreten Gefahr einer schweren Schädigung an Körper oder Gesundheit erreichen. Eine solche Gefahr ist immer gegeben, wenn sich die Merkmale des § 226 StGB zu verwirklichen drohen. Notwendig ist dies allerdings nicht; es genügt, wenn eine langwierige ernste Krankheit, eine langfristige erhebliche Beeinträchtigung der Arbeitsfähigkeit oder entsprechende erhebliche Auswirkungen drohen (*Freund* in MüKoStGB AntiDopG § 4 Rn. 88; *Raum* in Kügel/Müller/Hofmann § 95 Rn. 50; *Mayer* in Fuhrmann/Klein/Fleischfresser ArzneimittelR-HdB § 45 Rn. 21). Auch hier ist die Herbeiführung der Gefahr tatbezogen und damit kein persönliches Merkmal iSd § 28 Abs. 2 StGB.

Ausreichend ist die Gefahr für eine **Einzelperson.** Dabei kommt es für die Ver- 292 wirklichung der Qualifikation (anders für die subjektive Tatseite) nicht darauf an, ob die Gefahr durch die besondere Konstitution des Empfängers mitverursacht wird (Kloesel/Cyran § 95 Anm. 11). Im Hinblick auf die nicht disponiblen Rechtsgüter des AntiDopG (→ § 1 Rn. 12–19) wird der Tatbestand auch durch eine eigenverantwortliche Selbstgefährdung des Abnehmers nicht ausgeschlossen (*Putzke* in HK-ADG § 4 Rn. 40).

III. Erlangen von Vermögensvorteilen großen Ausmaßes für sich oder 293 **einen anderen aus grobem Eigennutz (Buchst. c).** Die Vorschrift ist § 264

Abs. 2 S. 2 Nr. 1 StGB nachgebildet. Allerdings hat die Auslegung auch hier tatbestandsspezifisch zu erfolgen (s. BGHSt 48, 360 = NJW 2004, 169 = NStZ 2004, 155 = StV 2004, 20).

294 **1. Vermögensvorteile großen Ausmaßes.** Der Begriff der Vermögensvorteile großen Ausmaßes ist nach objektiven Gesichtspunkten zu bestimmen (BGHSt 48, 360 (→ Rn. 293)). In Anlehnung an die Rechtsprechung zu § 264 Abs. 2 S. 2 Nr. 1 StGB (BGHR StGB § 264 Abs. 3 Strafrahmenwahl 1; s. auch BGHSt 48, 360 (→ Rn. 293); BGH NJW 2016, 965 mAnm *Altenburg;* BGH NStZ 2012, 331) liegt ein solcher Vermögensvorteil vor, wenn er **50.000 EUR erreicht** (*Putzke* in HK-ADG § 4 Rn. 44; *Volkmer* in Körner/Patzak/Volkmer AntiDopG § 4 Rn. 133; *Raum* in Kügel/Müller/Hofmann § 95 Rn. 51; *Mayer* in Fuhrmann/Klein/Fleischfresser ArzneimittelR-HdB § 45 Rn. 22). Die Qualifikation ist nur vollendet (zum Versuch → Rn. 305), wenn der Täter oder der andere die Vermögensvorteile tatsächlich erlangt hat (BGH NStZ-RR 2007, 269; *Volkmer* in Körner/Patzak/Volkmer AntiDopG § 4 Rn. 134; krit. *Freund* in MüKoStGB AntiDopG § 4 Rn. 90). Die bloße Absicht genügt nicht.

295 **2. Aus grobem Eigennutz.** Aus grobem Eigennutz handelt, wer sich bei seinem Verhalten von dem Streben nach dem eigenen materiellen Vorteil in einem besonders anstößigen, das normale kaufmännische Maß übersteigenden Maße leiten lässt (BGH NStZ 1985, 558; wistra 1991, 106 = BeckRS 1990, 31084951; *Volkmer* in Körner/Patzak/Volkmer AntiDopG § 4 Rn. 135; *Mayer* in Fuhrmann/Klein/Fleischfresser ArzneimittelR-HdB § 45 Rn. 22). Dies ist insbesondere dann gegeben, wenn der Täter skrupellos nur auf Gewinn für sich oder einen anderen bedacht ist (*Perron* in Schönke/Schröder StGB § 264 Rn. 75); allerdings ist Skrupellosigkeit nicht zwingend notwendig (*Hellmann* in NK-StGB StGB § 264 Rn. 136; *Volkmer* in Körner/Patzak/Volkmer AntiDopG § 4 Rn. 135). Auch die Stufe der Gewinnsucht muss nicht erreicht werden (*Pfohl* in Erbs/Kohlhaas AMG § 95 Rn. 41). Das Handeln aus grobem Eigennutz ist ein Merkmal iSd § 28 Abs. 2 StGB (*Kühl* in Lackner/Kühl StGB § 28 Rn. 9).

296 **C. Die Verbrechenstatbestände der Nr. 2.** Die Vorschrift setzt die Verwirklichung eines Tatbestandes der Nr. 1 (→ Rn. 40–108), oder Nr. 2 (→ Rn. 110–130) des Absatzes 1 voraus. Die Qualifikationen des Absatzes 4 Nr. 2 bauen darauf auf.

297 **I. Veräußern, Abgeben, Verschreiben von Dopingmitteln an Personen unter 18 Jahren oder Anwendung von Dopingmitteln oder -methoden bei ihnen (Buchst. a).** Die Qualifikation beruht auf der Erkenntnis, dass die Verwendung von Dopingmitteln bei Minderjährigen besonders schädlich ist, weil ihre körperliche und geistige Entwicklung noch nicht abgeschlossen ist und sie, namentlich bei einem Wunsch zu einer sportlichen Karriere, bereit sind, Risiken einzugehen, die sie nicht ausreichend übersehen können und denen sich ein Erwachsener nicht ohne Weiteres aussetzen würde (BT-Drs. 18/4898, 31).

298 Anders als in § 29a Abs. 1 Nr. 1 BtMG ist ein **Mindestalter für den Täter nicht** vorgesehen. Der Gesetzgeber ist einem entsprechenden Vorschlag des Bundesrates (BT-Drs. 18/4898, 50) nicht gefolgt, weil mit der Vorschrift vor allem der Verbreitung des Dopings in der Kabine entgegengewirkt werden soll. Gegebenenfalls sind die Möglichkeiten des Jugendstrafrechts heranzuziehen, um eine nicht jugendgemäße Ahndung zu vermeiden.

299 **1. Veräußern, Abgeben, Verschreiben von Dopingmitteln.** Aus dem Grundtatbestand des Absatzes 1 Nr. 1 werden das Veräußern (→ Rn. 46), Abgeben (→ Rn. 47) und Verschreiben (→ Rn. 49) von Dopingmitteln herausgegriffen. Das **Handeltreiben,** das nach Absatz 1 Nr. 1 ebenfalls strafbar ist (→ Rn. 45), wird in Absatz 4 Nr. 2 Buchst. a nicht genannt. Es wird jedoch wie in den Fällen des § 29a Abs. 1 Nr. 1 BtMG von der Abgabe umfasst, sofern es mit einer Übertragung der tatsächlichen Verfügungsgewalt einhergeht (allgM; BGHSt 42, 162 = NJW 1996, 1802 = NStZ 1996, 604 = StV 1996, 668; BGH NStZ 2007, 339 = StV 2007, 298 = StraFo 2007, 254). Dasselbe gilt, wenn das Handeltreiben in einem Anwenden oder Verschreiben besteht.

2. Anwenden von Dopingmitteln oder -methoden bei Personen unter 18 Jahren. Grundtatbestand ist Absatz 1 Nr. 2, der die Anwendung (→ Rn. 114) von Dopingmitteln und -methoden unter Strafe stellt. 300

II. Gewerbs- oder bandenmäßiges Handeln (Buchst. b). Diese Qualifikation richtet sich gegen Täter, die ihren Lebensunterhalt mit dem Verbreiten oder der Anwendung von Dopingmitteln bestreiten oder die in Netzwerken oder sonst arbeitsteilig vorgehen (BT-Drs. 16/5526, 9). Die Qualifikation umfasst das gesamte Handeln, das in Absatz 1 Nr. 1 und 2 unter Strafe gestellt ist. Im Vordergrund steht das Handeltreiben (→ Rn. 45). Aber auch das Herstellen und Anwenden kann hier eine gewisse Bedeutung erlangen. In den Fällen des Buchst. b ist die Überwachung der **Telekommunikation** (§ 100a Abs. 2 Nr. 3 StPO) zulässig. Auch eine Strafrahmenverschiebung durch **Aufklärungshilfe** (§ 46b Abs. 1 StGB) ist möglich. 301

1. Gewerbsmäßige Begehung. Zur **gewerbsmäßigen Begehung** → BtMG § 29 Rn. 2003–2026. Zu mehreren Beteiligten → BtMG § 29 Rn. 2025. 302

2. Bandenmäßige Begehung. Zum Handeln als **Mitglied einer Bande,** die sich zur fortgesetzten Begehung solcher Taten verbunden hat, → BtMG § 30 Rn. 12–86. Zu den Einzeltaten der Bande → BtMG § 30 Rn. 87–90. Zu mehreren Beteiligten → BtMG § 30 Rn. 96–99. 303

D. Vorbereitung, Versuch, Vollendung, Beendigung. Absatz 4 ist ein Verbrechen. **Bestimmte Vorbereitungshandlungen** sind daher nach § 30 StGB strafbar. Auf → BtMG Vor § 29 Rn. 207–240 wird verwiesen. Erforderlich ist allerdings, dass der Beteiligte nicht lediglich als Gehilfe tätig werden will (→ BtMG Vor § 29 Rn. 220). 304

Bei Verbrechen ist auch der **Versuch strafbar** (§ 23 Abs. 1 StGB). Zum Versuch bei den Grunddelikten →Rn. 57–74 (Absatz 1 Nr. 1), →Rn. 121–123 (Absatz 1 Nr. 2) und → Rn. 144–162 (Absatz 1 Nr. 3). Der Versuch einer **Qualifikation** kann nicht früher beginnen als der Versuch des Grunddelikts (*Kühl* NStZ 2004, 387 (388)). Die Verwirklichung eines erschwerenden Umstands führt daher nur dann zum Versuch, wenn sie sich auch in Bezug auf den Grundtatbestand als unmittelbares Ansetzen darstellt; dass das qualifizierende Merkmal bereits verwirklicht wurde, genügt daher nicht (BGH NStZ 2015, 207). Wird umgekehrt der qualifizierende Umstand erst verwirklicht, nachdem der Versuch des Grunddelikts begonnen hat, so beginnt der Versuch der Qualifikation erst mit dem unmittelbaren Ansetzen zu dieser (BGH NStZ 1995, 339 mAnm *Wolters* = StV 1996, 147; Fischer StGB § 22 Rn. 36; *Kühl* in Lackner/Kühl StGB § 22 Rn. 10). 305

Vollendet ist die Tat, wenn alle Merkmale des gesetzlichen Tatbestandes (objektiv und subjektiv) erfüllt sind (*Eser/Bosch* in Schönke/Schröder StGB Vor § 22 Rn. 2; *Zaczyk* in NK-StGB § 22 Rn. 5). Für Qualifikationen bedeutet dies, dass nicht nur die Tatbestandsmerkmale des jeweiligen Grunddelikts (→ Rn. 305) erfüllt sein müssen, sondern auch die der Qualifikation. Zur **Beendigung** s. bei den jeweiligen Grunddelikten sowie → BtMG Vor § 29 Rn. 199, 200. 306

E. Täterschaft, Teilnahme. Es sind die Grundsätze maßgeblich, die auch für die Grunddelikte gelten →Rn. 75–91 (Absatz 1 Nr. 1), → Rn. 124, 125 (Absatz 1 Nr. 2) und → Rn. 163–187 (Absatz 1 Nr. 3). Dies gilt insbesondere in den Fällen, in denen echte Sonderdelikte gegeben sind. 307

308   **F. Handeln im Ausland.** Hierzu → Rn. 5–8. Es gelten die Grundsätze, die auch für die Grunddelikte maßgeblich sind (→ Rn. 92 (Absatz 1 Nr. 1), → Rn. 126 (Absatz 1 Nr. 2) und → Rn. 188 (Absatz 1 Nr. 3)). Ist nach den Regeln des internationalen Strafrechts (→ BtMG Vor § 29 Rn. 135–154) auch das **Recht des Tatorts** zu berücksichtigen (§ 7 StGB), so reicht es aus, wenn am Tatort das Grunddelikt (unter irgendeinem rechtlichen Gesichtspunkt) strafbar ist. Trifft ein Tatbestand des Tatortrechts auf das Täterverhalten zu, so führt dies zur umfassenden Geltung aller Vorschriften des deutschen Strafrechts (→ Vor § 29 Rn. 142, 147) und damit auch der Qualifikation.

309   **F. Subjektiver Tatbestand.** Alle Tatbestände des Absatzes 4 erfordern Vorsatz. Dieser muss sich zunächst auf die Grunddelikte (→ Rn. 93–96 (Absatz 1 Nr. 1), → Rn. 127–129 (Absatz 1 Nr. 2), → Rn. 190–194 (Absatz 1 Nr. 3)) beziehen. Er muss sich ferner auf die jeweiligen Qualifikationsmerkmale erstrecken. Für die Irrtumsfälle gelten keine Besonderheiten. Sie können bei den Grunddelikten, aber auch bei den Qualifikationsmerkmalen auftreten. Diese sind in aller Regel normative Tatbestandsmerkmale. Die Bedeutungskenntnis und die Parallelwertung in der Laiensphäre gewinnen hier besondere Bedeutung (→ Rn. 11).

310   **G. Konkurrenzen.** Absatz 4 ist Spezialgesetz zu Absatz 1 Nr. 1, 2 und 3. Im Übrigen gelten die allgemeinen Grundsätze. Insbesondere besteht Tateinheit mit den Vorschriften des AMG und des BtMG (→ Einl. Rn. 25, 27). Das Verbrechen des Absatzes 4 ist taugliche Vortat zur **Geldwäsche/Verschleierung von Vermögenswerten** (§ 261 Abs. 1 S. 2 Nr. 1 StGB); auch kann es eine Tathandlung des § 261 StGB sein (dazu → Vor § 29 Rn. 717–720).

311   **H. Strafzumessung.** → Rn. 30, 33–38, 109, 235. Zur Strafrahmenwahl s. die Erläuterungen zum nachstehenden Absatz 5.

Kapitel 9. Minder schwerer Fall (Absatz 5)

312   **A. Ausgangslage.** Zum Vorgang der Strafzumessung → Rn. 30, 31. In Absatz 5 stellt das Gesetz für den Verbrechenstatbestand des Absatzes 4 einen minder schweren Fall mit einem deutlich gemilderten Strafrahmen zur Verfügung. Dies hat zur Folge, dass der Strafrahmen auf zweierlei Weise gemindert werden kann,
– einmal auf Grund etwa vorliegender vertypter Milderungsgründe (→ Rn. 31)
– und dann auf Grund des minder schweren Falles.

313   **Ein minder schwerer Fall** liegt vor, wenn das gesamte Tatbild einschließlich aller subjektiven Momente und der Täterpersönlichkeit vom Durchschnitt der erfahrungsgemäß gewöhnlich vorkommenden Fälle in einem solch erheblichen Maße abweicht, dass die Anwendung des Ausnahmestrafrahmens geboten erscheint (→ BtMG Vor § 29 Rn. 785–791). Ganz außergewöhnliche Umstände müssen nicht vorliegen.

314   Danach kann sich ein **minder schwerer Fall** ergeben
– auf Grund eines oder mehrerer allgemeiner Strafmilderungsgründe; häufige Gründe dieser Art sind in → BtMG Vor § 29 Rn. 794–826 aufgeführt,
– auf Grund eines oder mehrerer vertypter Milderungsgründe; die wesentlichen Milderungsgründe sind in → BtMG Vor § 29 Rn. 750–781 aufgeführt; oder
– auf Grund eines Zusammentreffens eines oder mehrerer allgemeiner Strafmilderungsgründe mit einem oder mehreren vertypten Milderungsgründen (→ BtMG Vor § 29 Rn. 833–842).

315   **Ob ein minder schwerer Fall** vorliegt, ist auf der Grundlage einer **Gesamtwürdigung** (→ Vor § 29 Rn. 787–791) zu entscheiden. In diese sind **alle** Umstände einzubeziehen, die für die Wertung der Tat und des Täters von Bedeutung sind (→ Vor § 29 Rn. 792). Dies gilt auch für die Umstände, die einen vertypten

Milderungsgrund begründen. Haben diese allein oder zusammen mit allgemeinen Strafmilderungsgründen einen minder schweren Fall begründet, so dürfen sie zu einer weiteren Milderung des **Strafrahmens nicht** herangezogen werden (§ 50 StGB).

B. Der Vorgang der Strafrahmenwahl. Im Hinblick auf § 50 StGB, der zu einem Verbrauch von vertypten Milderungsgründen führen kann (→ Rn. 315), ist ein **bestimmter Prüfungsablauf** zu beachten (→ BtMG Vor § 29 Rn. 793, 837–842). Dabei ist es ist es geboten, mit der Prüfung der allgemeinen (unbenannten) Strafmilderungsgründe zu beginnen. 316

I. Allgemeine Strafmilderungsgründe. Bei der Prüfung, ob solche Strafmilderungsgründe vorliegen, sind alle Gesichtspunkte heranzuziehen, auch diejenigen, die für die Strafzumessung im engeren Sinn maßgeblich sind (→ BtMG Vor § 29 Rn. 792). Sie sind damit nicht verbraucht (→ BtMG Vor § 29 Rn. 739, 794), wenn auch in ihrem Gewicht möglicherweise geändert (→ BtMG Vor § 29 Rn. 743). 317

Ein minder schwerer Fall kommt vor allem dann in Betracht, wenn die allgemeinen Strafmilderungsgründe **gehäuft** auftreten. Nur ein, wenn auch gewichtiger, allgemeiner Strafmilderungsgrund genügt dagegen in der Regel zur Begründung eines minder schweren Falles nicht (*Schäfer/Sander/van Gemmeren* Strafzumessung Rn. 1117). 318

Allgemeine Strafmilderungsgründe können Umstände der verschiedensten Art sein. Ein Teil ist in → BtMG Vor § 29 Rn. 794–826 aufgeführt. Stets muss berücksichtigt werden, dass die Tathandlungen des Absatzes 4 ihr besonderes Gepräge durch das **Doping** erhalten, durch das die Täter sich auf eine besonders verwerfliche Weise zum Schaden des einzelnen Sportlers, seiner Mitkonkurrenten, des Sports und der Gesellschaft Vorteile verschaffen wollen, die ihnen nicht zustehen. 319

II. Die allgemeinen Strafmilderungsgründe begründen noch keinen minder schweren Fall. Reichen die allgemeinen Strafmilderungsgründe danach nicht aus, um einen minder schweren Fall zu begründen, so verbleibt es bei dem **Normalstrafrahmen** des Absatzes 4. 320

1. Hinzutreten eines oder mehrerer vertypter Strafmilderungsgründe. Etwas anderes kommt dann in Betracht, wenn auch ein oder mehrere vertypte Milderungsgründe vorliegen. Diese können (→ BtMG Vor § 29 Rn. 827)
– nach § 49 Abs. 1 StGB zu einer Milderung des Normalstrafrahmens dienen,
– aber auch **allein** (→ BtMG Vor § 29 Rn. 828) oder **zusammen** mit anderen vertypten Strafmilderungsgründen oder mit einem oder mehreren allgemeinen Strafmilderungsgründen einen minder schweren Fall begründen; im Hinblick auf die regelmäßig geringere Schuld, die die vertypten Milderungsgründe indizieren (*Schäfer/Sander/van Gemmeren* Strafzumessung Rn. 922), wird dies nicht selten der Fall sein (→ BtMG Vor § 29 Rn. 752–781). 321

2. Die Wahl durch das Gericht. In einem solchen Fall steht das **Gericht vor der Wahl,** entweder gemäß § 49 Abs. 1 StGB den Normalstrafrahmen zu mindern oder den Strafrahmen der Vorschrift zum minder schweren Fall zu entnehmen (→ BtMG Vor § 29 Rn. 829–831). Im ersten Fall führt nach § 4 Abs. 4 AntiDopG, § 49 Abs. 1 Nr. 2, 3 StGB zu einem Strafrahmen von drei Monaten bis elf Jahren drei Monaten Freiheitsstrafe (*Schäfer/Sander/van Gemmeren* Strafzumessung Rn. 918) im letzten nach § 4 Abs. 5 zu einem Strafrahmen von drei Monaten bis zu fünf Jahren Freiheitsstrafe. 322

Die Wahl ist auf der Grundlage einer **Gesamtwürdigung** aller für die Bewertung von Tat und Täter in Betracht kommenden Umstände zu treffen. Dabei müssen die Urteilsgründe erkennen lassen, dass sich das Gericht aller Möglichkeiten bewusst war (→ BtMG Vor § 29 Rn. 828–832, 842). Das Gericht ist nicht ver- 323 pflichtet, den für den Täter günstigeren Strafrahmen zu wählen, wenn dies auch meist veranlasst sein wird (→ BtMG Vor § 29 Rn. 831, 841).

324 **3. Verbrauch vertypter Milderungsgründe.** Wählt das Gericht nach → Rn. 322, 323 den Strafrahmen für den minder schweren Fall (Absatz 2), so sind die **vertypten Milderungsgründe,** die dazu beigetragen haben (→ BtMG Vor § 29 Rn. 835), nach § 50 StGB für die Strafrahmenwahl **verbraucht** (→ BtMG Vor § 29 Rn. 834). Dies gilt nicht für die Strafzumessung im engeren Sinn (→ BtMG Vor § 29 Rn. 834).

325 Noch **nicht verbrauchte** vertypte Milderungsgründe können nach § 49 Abs. 1 StGB zu **weiteren Milderungen** herangezogen werden (→ BtMG Vor § 29 Rn. 836). Dabei ist bei Tateinheit und im Falle der Gesetzeskonkurrenz die **Sperrwirkung idealkonkurrierender** oder **zurücktretender** Gesetze zu berücksichtigen (→ BtMG Vor § 29 Rn. 702, 722). Haben auch diese Sonderstrafrahmen und kommen diese im konkreten Fall in Betracht, so sind sie maßgeblich (→ BtMG Vor § 29 Rn. 702, 722). Ob dies auch für den Höchststrafrahmen gilt, ist nicht abschließend geklärt (→ BtMG Vor § 29 Rn. 723).

326 **4. Verbleiben beim Normalstrafrahmen.** Reicht auch der vertypte Milderungsgrund allein oder zusammen mit den anderen Umständen nicht aus oder trifft das Gericht keine entsprechende Wahl (→ Rn. 322, 323), so **verbleibt** es bei der Anwendung des § 49 Abs. 1 StGB auf den **Normalstrafrahmen** (→ BtMG Vor § 29 Rn. 841).

327 **III. Die allgemeinen Strafmilderungsgründe begründen bereits einen minder schweren Fall.** Reichen die allgemeinen Strafmilderungsgründe aus, um einen minder schweren Fall (Absatz 2) zu begründen, so muss oder kann dieser nach § 49 Abs. 1 StGB **weiter gemildert** werden, wenn ein oder mehrere vertypte Milderungsgründe vorliegen (→ BtMG Vor § 29 Rn. 836, 838). Auf die **Sperrwirkung** idealkonkurrierender oder zurücktretender Gesetze (→ Rn. 325) ist dabei zu achten; dort auch zum Höchststrafrahmen.

328 **B. Strafzumessung im engeren Sinn.** Nach der Bestimmung des Strafrahmens ist die nach Art und Maß schuldangemessene Strafe zu finden (*Schäfer/Sander/van Gemmeren* Strafzumessung Rn. 886). Auf → Rn. 33–37, 109, 235 wird hingewiesen. Bei der Strafzumessung im engeren Sinn sind die Umstände, die zur Wahl des Strafrahmens herangezogen wurden, **noch einmal** heranzuziehen (→ BtMG Vor § 29 Rn. 850). Sie sind damit nicht verbraucht (→ BtMG Vor § 29 Rn. 897–899), wenn auch in ihrem Gewicht möglicherweise geändert (→ BtMG Vor § 29 Rn. 743). Umstände, die bereits Merkmale des gesetzlichen Tatbestandes sind, scheiden gemäß § 46 Abs. 3 StGB allerdings aus (→ BtMG Vor § 29 Rn. 900–929).

329 **C. Weitere Entscheidungen.** → Rn. 38.

Kapitel 10. Fahrlässigkeitstatbestände (Absatz 6)

330 **In Absatz 6** stellt das Gesetz bei bestimmten Tatbeständen auch die fahrlässige Begehung unter Strafe, wobei die Höchststrafe Freiheitsstrafe bis zu einem Jahr beträgt.

331 **A. Tatbestände.** Fahrlässig begangen werden können die Tatbestände des Absatzes 1
- **Nr. 1** – Herstellen, Handeltreiben, Veräußern, Abgeben, sonst in den Verkehr bringen, Verschreiben von Dopingmitteln entgegen § 2 Abs. 1
- **Nr. 2** – Anwenden von Dopingmitteln oder Dopingmethoden bei anderen entgegen § 2 Abs. 2,

Einziehung **§ 5 AntiDopG**

– **Nr. 3** – Erwerben, Besitzen oder Verbringen von bestimmten Dopingmitteln in nicht geringer Menge entgegen § 2 Abs. 3.

B. Der Versuch setzt vorsätzliches Handeln voraus (§ 22 StGB), kommt daher 332 hier nicht in Betracht.

C. Täterschaft, Teilnahme. Anstiftung und Beihilfe setzen vorsätzliches Han- 333 deln voraus (§§ 26, 27 StGB). Die fahrlässige Teilnahme ist daher als solche nicht strafbar, kann aber Täterschaft wegen eines fahrlässigen Delikts begründen. Wegen der Einzelheiten wird auf → BtMG § 29 Rn. 2082, 2083 verwiesen.

D. Fahrlässigkeit. Zum Grundsatz → BtMG § 29 Rn. 2084, 2085. Vorausset- 334 zungen der Fahrlässigkeit sind danach:
– objektive Sorgfaltspflichtverletzung, dazu → BtMG § 29 Rn. 2087–2089,
– objektive Vorhersehbarkeit, dazu → BtMG § 29 Rn. 2090,
– subjektive Vorhersehbarkeit, dazu → BtMG § 29 Rn. 2091, 2092,
– subjektive Pflichtwidrigkeit, dazu → BtMG § 29 Rn. 2093,
– potentielles Unrechtsbewusstsein, dazu → BtMG § 29 Rn. 2094,
– Zumutbarkeit, dazu → BtMG § 29 Rn. 2095.

E. Konkurrenzen. Die fahrlässige Begehungsform ist subsidiär (BGH NJW 335 2011, 2067 = NStZ 2011, 460; NStZ 2015, 587). Zum Zusammentreffen von Vorsatz und Fahrlässigkeit bei verschiedenen Teilmengen einer Gesamtmenge → BtMG Vor § 29 Rn. 427.

H. Verfahren; Kognitionspflicht des Gerichts. Kann der Nachweis vorsätz- 336 lichen Handelns in der Hauptverhandlung nicht geführt werden, so muss das Gericht im Rahmen seiner Pflicht zur erschöpfenden Aburteilung (BGH NStZ 1999, 206 mAnm *Bauer*) von sich aus prüfen, ob ein fahrlässiger Verstoß in Betracht kommt (BGH NStZ 1983, 174; 2010, 222 = NStZ-RR 2010, 53; BeckRS 1999, 30070917; 2016, 21431).

Kapitel 11. Spitzensportler, Sportler mit erheblichen Einnahmequellen (Absatz 7)

Absatz 7 enthält eine Definition der Spitzensportler und der Sportler mit erheb- 337 lichen Einnahmequellen, für die das Verbot des Selbstdopings gilt. Auf → Rn. 211–218 wird verwiesen.

Kapitel 12. Tätige Reue in den Fällen des Absatzes 2

Absatz 8 enthält einen **persönlichen Strafaufhebungsgrund** für den Sport- 338 ler, der vom Selbstdoping Abstand nimmt und freiwillig dafür sorgt, dass er mit dem von ihm besessenen Dopingmittel, nicht mehr der Integrität des Sportes schaden kann. Wegen der Einzelheiten wird auf → Rn. 270–273 verwiesen.

§ 5 Einziehung

¹**Gegenstände, auf die sich eine Straftat nach § 4 bezieht, können eingezogen werden.** ²**§ 74a des Strafgesetzbuchs ist anzuwenden.**

Inhalt und Bedeutung

§ 5 ist keine eigenständige Strafnorm (BGHR StGB § 73 Vorteil 7 = StraFo 2009, 1 81), sondern nur ein **Bindeglied** zwischen dem AntiDopG und dem allgemeinen Strafrecht.

Nach der Änderung durch Gesetz v. 13.4.2017 (BGBl. I S. 872) betrifft die Vor- 2 schrift nur noch die Einziehung (§§ 74–74d StGB). Diese ist in erster Linie auf Tatprodukte und -werkzeuge ausgerichtet. Satz 1 dehnt sie auf die sogenannten **Beziehungsgegenstände** aus, insbesondere auf die Dopingmittel selbst (BGHR StGB § 73 Vorteil 7 (→ Rn. 1)). Satz 2 lässt die Einziehung der Beziehungsgegenstände (BGHR BtMG § 33 Beziehungsgegenstand 1 = NStZ 1991, 496) auch dann zu, wenn sie einem **Dritten gehören** (§ 74a StGB, § 23 OWiG).

3 Zu den Einzelheiten der **Einziehung** von **Beziehungsgegenständen** → BtMG § 33 Rn. 418–434.

§ 6 Verordnungsermächtigungen

(1) ¹Das Bundesministerium für Gesundheit wird ermächtigt, im Einvernehmen mit dem Bundesministerium des Innern, für Bau und Heimat nach Anhörung von Sachverständigen durch Rechtsverordnung mit Zustimmung des Bundesrates
1. die nicht geringe Menge der in der Anlage zu diesem Gesetz genannten Stoffe zu bestimmen,
2. weitere Stoffe in die Anlage zu diesem Gesetz aufzunehmen, die zu Dopingzwecken im Sport geeignet sind und deren Anwendung bei nicht therapeutischer Bestimmung gefährlich ist.

²Durch Rechtsverordnung nach Satz 1 können Stoffe aus der Anlage zu diesem Gesetz gestrichen werden, wenn die Voraussetzungen von Satz 1 Nummer 2 nicht mehr vorliegen.

(2) **Das Bundesministerium für Gesundheit wird ermächtigt, im Einvernehmen mit dem Bundesministerium des Innern, für Bau und Heimat durch Rechtsverordnung mit Zustimmung des Bundesrates weitere Stoffe oder Dopingmethoden zu bestimmen, auf die § 2 Absatz 1 und 2 Anwendung findet, soweit dies geboten ist, um eine unmittelbare oder mittelbare Gefährdung der Gesundheit des Menschen durch Doping im Sport zu verhüten.**

Inhalt und Bedeutung

1 Die Vorschrift enthält zwei Verordnungsermächtigungen.

2 **A. Voraussetzungen.** Nach **Absatz 1** ist das BMG im Einvernehmen mit dem BMI ermächtigt,
– die nicht geringe Menge der in der Anlage zu dem Gesetz genannten Stoffe zu bestimmen oder
– weitere Stoffe in die Anlage aufzunehmen, die zu Dopingzwecken im Sport geeignet sind und deren Anwendung bei nicht therapeutischer Bestimmung gefährlich ist; entsprechendes gilt für die Streichung von Stoffen.

3 **Absatz 2** ermächtigt das BMG, im Einvernehmen mit dem BMI außerhalb der Anlage I des UNESCO-Übereinkommens (BT-Drs. 18/4898, 33) weitere Stoffe oder Dopingmethoden zu bestimmen, soweit dies geboten ist, um eine unmittelbare oder mittelbare Gefährdung der Gesundheit des Menschen durch Doping im Sport zu verhüten.

4 **2. Folgen.** Mit dem Zeitpunkt, der sich aus der Verordnung ergibt oder mit dem Ablauf einer etwaigen Übergangszeit wird der Stoff zum verbotenen Dopingmittel mit allen sich daraus ergebenden Folgen. Grund für die Unterstellung unter das AntiDopG ist die Gefährlichkeit des Stoffes und diese hängt nicht davon ab, wann er erworben wurde (OLG Stuttgart NStZ 2013, 50 = A&R 2012, 231 m. insoweit zustAnm *Winkler*).

Diese Folgen gelten auch für den **Besitz** (OLG Stuttgart NStZ 2013, 50 (→ Rn. 4)), soweit er strafbar ist. Besitzer müssen sich der Dopingmittel in legaler Weise **entledigen** (*Eisele* in Schönke/Schröder StGB Vor § 13 Rn. 42), etwa indem sie sie, soweit dies möglich ist, entwidmen oder sie vernichten. Tun sie dies nicht, obwohl es **ihnen möglich** wäre, so folgt die Strafbarkeit des Besitzes aus der von ihrem Willen getragenen Aufrechterhaltung des Besitzes oder seiner Nichtbeendigung (BT-Drs. VI/1877, 9; *Eisele* in Schönke/Schröder StGB Vor § 13 Rn. 42). 5

§ 7 Hinweispflichten

(1) **In der Packungsbeilage und in der Fachinformation von Arzneimitteln, die in Anlage I des Internationalen Übereinkommens gegen Doping aufgeführte Stoffe sind oder solche enthalten, ist folgender Warnhinweis anzugeben: „Die Anwendung des Arzneimittels (Bezeichnung des Arzneimittels einsetzen) kann bei Dopingkontrollen zu positiven Ergebnissen führen." Kann aus dem Fehlgebrauch des Arzneimittels zu Zwecken des Dopings im Sport eine Gesundheitsgefährdung folgen, ist dies zusätzlich anzugeben. Die Sätze 1 und 2 finden keine Anwendung auf Arzneimittel, die nach einem homöopathischen Zubereitungsverfahren hergestellt worden sind.**

(2) **Wird ein Stoff oder eine Gruppe von Stoffen in die Anlage I des Internationalen Übereinkommens gegen Doping aufgenommen, dürfen Arzneimittel, die zum Zeitpunkt der Bekanntmachung der geänderten Anlage I im Bundesgesetzblatt Teil II zugelassen sind und die einen dieser Stoffe enthalten, auch ohne die in Absatz 1 vorgeschriebenen Hinweise in der Packungsbeilage und in der Fachinformation von pharmazeutischen Unternehmern bis zur nächsten Verlängerung der Zulassung, jedoch nicht länger als bis zum Ablauf eines Jahres nach der Bekanntmachung der geänderten Anlage I im Bundesgesetzblatt Teil II, in den Verkehr gebracht werden.**

Inhalt und Bedeutung

Absatz 1 enthält eine Verpflichtung zur Aufnahme eines Warnhinweises in die Packungsbeilage und die Fachinformation für Arzneimittel **(Satz 1).** Der Hinweis in der **Packungsbeilage** soll Sportler von der unbeabsichtigten Einnahme verbotener Dopingmittel abhalten. Er erschwert ferner eine mögliche Exkulpation des Täters mit „Nichtwissen". Der Begriff „**Dopingkontrolle**" ist weit gefasst und soll alle möglichen Nachweismethoden erfassen (BT-Drs. 18/4898, 34). Kann aus dem Fehlgebrauch des Arzneimittels zu Dopingzwecken eine **Gesundheitsgefährdung** folgen, so ist dies zusätzlich anzugeben **(Satz 2).** 1

Die Verpflichtung gilt für alle Arzneimittel, die in Anlage I des UNESCO-Übereinkommens aufgeführte Stoffe sind oder solche enthalten und nach § 11 AMG nur mit einer Packungsbeilage in den Verkehr gebracht werden dürfen. Die Verpflichtung gilt nicht für Arzneimittel, die lediglich einen Hinweis auf die Anwendung einer nach der Anlage I verbotenen Methode geben (BT-Drs. 18/4898, 34). Dasselbe gilt für homöopathische Arzneimittel **(Satz 3).** 2

Die Verpflichtung zur Aufnahme des Warnhinweises in der **Fachinformation** soll den behandelnden Arzt über die Dopingrelevanz bestimmter Arzneimittel informieren. 3

Absatz 2 enthält eine Übergangsregelung für den Fall, dass ein Stoff, der bereits in zugelassenen Arzneimitteln in den Verkehr gebracht ist, neu in die Anlage I des UNESCO-Übereinkommens aufgenommen wird. 4

§ 8 Informationsaustausch

(1) Gerichte und Staatsanwaltschaften dürfen der Stiftung Nationale Anti Doping Agentur Deutschland personenbezogene Daten aus Strafverfahren von Amts wegen übermitteln, soweit dies aus Sicht der übermittelnden Stelle für disziplinarrechtliche Maßnahmen im Rahmen des Dopingkontrollsystems der Stiftung Nationale Anti Doping Agentur Deutschland erforderlich ist und ein schutzwürdiges Interesse der von der Übermittlung betroffenen Person nicht entgegensteht.

(2) ¹Die §§ 478, 479 Absatz 2 und 6 sowie § 480 Absatz 1 und 2 der Strafprozessordnung gelten entsprechend. ²Die Verantwortung für die Zulässigkeit der Übermittlung trägt die übermittelnde Stelle.

Übersicht

	Rn.
A. Inhalt und Bedeutung	1
B. Die Übermittlungsbefugnis der Justizbehörden	2
I. Die Übermittlung durch die Justizbehörden	2
II. Das Verfahren der NADA	10
C. Die Übermittlung durch die NADA	13

A. Inhalt und Bedeutung

1   Die Vorschrift ermächtigt die Gerichte und Staatsanwaltschaften zur Übermittlung personenbezogener Daten aus Ermittlungs- oder Strafverfahren an die NADA. Die NADA ist zwar privatrechtlich organisiert (→ Einl. Rn. 12), erfüllt aber in der Dopingbekämpfung eine im öffentlichen Interesse liegende wichtige Aufgabe. Die Vorschrift geht den allgemeinen Regeln über die Datenübermittlung, insbesondere § 475 StPO, vor (*Wußler* in Erbs/Kohlhaas AntiDopG § 8 Rn. 1).

B. Die Übermittlungsbefugnis der Justizbehörden

2   **I. Die Übermittlung durch die Justizbehörden.** Informationen der Justizbehörden sind für die Arbeit der NADA von wesentlicher Bedeutung. Die NADA kann damit die notwendigen Erkenntnisse über **Personen im Umfeld** des Sportlers (Ärzte, Funktionäre, Trainer) erlangen, die als Athletenbetreuer dem NADC (→ Einl. Rn. 13) unterliegen, aber keine Proben abgeben müssen. Auch gewinnt sie auf diese Weise Erkenntnisse zu den **Leistungssportlern selbst,** gegen die die Ermittlungen nicht aufgrund von positiven Dopingproben eingeleitet worden sind, sondern aufgrund anderer Umstände, etwa der Beschlagnahme von Lieferungen oder der Erkenntnisse aus Ermittlungsverfahren gegen Ärzte oder andere Hintermänner.

3   **Übermittlungsgegenstände** sind personenbezogene Daten. Dies sind Einzelangaben über persönliche oder sachliche Verhältnisse einer bestimmten oder bestimmbaren natürlichen Person (§ 1 BDSG). Dazu gehören jedenfalls die Daten, die die NADA nach § 9 Verarbeiten darf, aber auch sonstige Erkenntnisse zu dopingrelevanten Verhaltensweisen (s. *Wußler* in Erbs/Kohlhaas AntiDopG § 8 Rn. 4).

4   Die Übermittlung darf auch aus **einem laufenden Ermittlungs- oder Strafverfahren** erfolgen. Voraussetzung ist, dass dies aus der Sicht der Justizbehörden für disziplinarrechtliche Maßnahmen im Rahmen des Dopingkontrollsystems der NADA **erforderlich** ist und dass ein schutzwürdiges Interesse des Betroffenen **nicht entgegensteht.** Schutzwürdige Interessen stehen dann entgegen, wenn die Übermittlung sachfremd wäre (*Mortsiefer* in HK-ADG § 8 Rn. 83). Kein schutz-

würdiges Interesse ist es, einer möglichen Sanktionierung wegen eines Verstoßes gegen das Sportrecht (NADC) zu entgehen (BT-Drs. 18/4898, 35).

Die **Übermittlung ist zulässig,** soweit dies aus Sicht der übermittelnden Stelle 5 für disziplinarrechtliche Maßnahmen im Rahmen des Dopingkontrollsystems der NADA erforderlich ist (Absatz 1). Die übermittelnde Stelle hat danach zu klären, soweit sich dies nicht bereits auf Grund ihrer Ermittlungen ergibt, ob der Sportler dem NDAC unterliegt (BT-Drs. 18/4898, 35). Wenn die Gesetzesbegründung (aaO; ihr folgend *Wußler* in Erbs/Kohlhaas AntiDopG § 8 Rn. 5, ebenso *Mortsiefer* in HK-ADG § 8 Rn. 28) darüber hinaus meint, die Übermittlung sei nur zulässig, wenn **erhebliche** Anhaltspunkte für einen Verstoß gegen den NDAC vorlägen und die Verletzung des NDAC müsse **wahrscheinlich** sei, ergibt sich dies aus dem **Gesetzeswortlaut** nicht. Die Übermittlung hat den Sinn, die NADA in die Lage zu versetzen, die Einleitung eines Disziplinarverfahrens gegen den Sportler zu prüfen. Irgendeine Vorprüfung durch die übermittelnde Stelle, durch die der NADA Anhaltspunkte vorenthalten werden, weil sie nicht erheblich seien, stehen mit Wortlaut und Sinn der Vorschrift nicht im Einklang.

Ähnliches gilt, soweit in der Gesetzesbegründung (BT-Drs. 18/4898, 35; ihr fol- 6 gend *Wußler* in Erbs/Kohlhaas AntiDopG § 8 Rn. 6) ausgeführt wird, die Übermittlung sei nur dann **erforderlich,** wenn dies die **einzige Möglichkeit** der Erkenntnisgewinnung durch die NADA darstelle. Dies ist für sich zwar richtig, übersehen wird jedoch, dass nach dem Gesetzeswortlaut hierfür **die Sicht der übermittelnden Stelle** maßgeblich ist (*Mortsiefer* in HK-ADG § 8 Rn. 71). Solange diese keine Anhaltspunkte dafür hat, dass die NADA aus einer anderen Quelle ebenso zuverlässig unterrichtet ist, darf die Übermittlung daher erfolgen.

Die Übermittlung ist auch zulässig, wenn sie den **Erkenntnisstand der NADA** 7 **verbessert.** Sinn der Vorschrift ist es nicht, der NADA zu ermöglichen, überhaupt ein Verfahren zu führen, sondern es erfolgreich zu tun. Insofern ist auch die Übermittlung solcher Erkenntnisse erforderlich.

Der durch Art. 26 Abs. 2 des G v. 20.11.2019 (BGBl. I S. 1724) geänderte **Abs. 2** 8 **Satz 1** ordnet die entsprechende Geltung der §§ 478, 479 Abs. 2, 6 und § 480 Abs. 1, 2 StPO an. Nach § 478 StPO kann die Datenübermittlung auch durch Überlassung von Kopien aus der Akte erfolgen. Die übermittelten Daten dürfen grundsätzlich nur zu dem Zweck verwendet werden, für den sie übermittelt wurden, also für disziplinarrechtliche Maßnahmen im Rahmen des Dopingkontrollsystems (§ 479 Abs. 6 iVm § 32f Abs. 5 S. 2 StPO). Die Entscheidung über die Übermittlung obliegt im Ermittlungsverfahren und nach rechtskräftigem Abschluss des Verfahrens der Staatsanwaltschaft, im Übrigen dem Vorsitzenden des mit der Sache befassten Gerichts (§ 480 Abs. 1 S. 1 StPO). Nicht mehr enthalten ist in der Neufassung des Abs. 2 die klarstellende Verweisung auf die Regelung des § 477 Abs. 2 StPO aF, wonach die Datenübermittlung unterbleibt, wenn hierdurch der Zweck des gegenständlichen Strafverfahrens oder eines anderen Strafverfahrens gefährdet würde (nunmehr § 479 Abs. 1 StPO). Eine inhaltliche Änderung dürfte damit nicht verbunden sein: Da § 8 keine Verpflichtung, sondern nur eine Befugnis zur Datenübermittlung enthält, kann die Justizbehörde nach wie vor einer etwaigen Gefährdung des Strafverfahrens Rechnung tragen.

Eine **Anhörung** des Betroffenen ist nicht ausdrücklich vorgeschrieben. Sie 9 scheidet jedenfalls dann aus, wenn das Ermittlungs- oder Strafverfahren oder das Disziplinarverfahren dadurch gefährdet würde. In den übrigen Fällen wird sie in der Regel erforderlich sein (s. *Schmitt* in Meyer-Goßner/Schmitt StPO § 480 Rn. 2a).

II. Das Verfahren der NADA. Die Verstöße, die zu einer Disziplinarmaß- 10 nahme führen können, sind in Art. 2 NADC, der auf Art. 2 WADC beruht, ab-

AntiDopG § 9

schließend aufgezählt (*Mortsiefer* in HK-ADG § 8 Rn. 36). Die Verfolgung und Ahndung der Verstöße erfolgen bei der NADA in einem zweistufigen Verfahren.

11 Das **Ergebnismanagementverfahren** (Art. 7.1 NADC) betrifft den Vorgang ab Kenntnis von einem von der Norm abweichenden oder atypischen Analyseergebnis, einem möglichen anderen Verstoß gegen die Anti-Doping-Regeln oder einem Meldepflichtversäumnis (*Mortsiefer* in HK-ADG § 8 Rn. 38).

12 Das **Disziplinarverfahren** ist in Art. 12.3 NADC geregelt. Kommt die für die Durchführungen des Ergebnismanagement zuständige Organisation zu dem Ergebnis, dass ein Verstoß gegen Anti-Doping-Bestimmungen nicht auszuschließen ist, so leitet sie bei dem zuständigen Disziplinarorgan das Disziplinarverfahren ein. Die für dieses Verfahren geltenden Grundsätze sind in Art. 12.2.2 NADC enthalten. Gegen die Entscheidung im Disziplinarverfahren können Rechtsmittel eingelegt werden (Art. 13 NADC).

C. Die Übermittlung durch die NADA

13 Auch die NADA hat das Recht und gegebenenfalls die Pflicht, der Staatsanwaltschaft **strafrechtlich relevante** Informationen zu übermitteln. Sportrechtlich ist dies in Art. 14.2 NADC geregelt, der seit 18.12.2015 für das AntiDopG entsprechend gilt (*Mortsiefer* in Lehner/Note/Putzke § 8 Rn. 30). Die Mitteilung kann noch vor der Mitteilung nach Art. 7.2.2 NADC erfolgen.

14 Namentlich im Hinblick auf die Strafbarkeit des Selbstdopings ist auf Grund der Anzeige in aller Regel der **(Anfangs-)Verdacht** einer Straftat gegeben (*Mortsiefer* in HK-ADG § 8 Rn. 33). Dies gilt jedenfalls bei den „nicht-spezifischen" Dopingsubstanzen. Nicht-spezifische Dopingsubstanzen sind die in der Einleitung zur Verbotsliste genannten Stoffe der Klassen S1, S2, S4.4, S4.5 und S6a; hinzu kommen die verbotenen Methoden M1, M2 und M3.

15 Im Hinblick auf die Information des betroffenen Sportlers durch die NADA oder sonstige Organisation, die unverzüglich nach der ersten Überprüfung (die ihrerseits **nach sieben Werktagen** nach Erhalt des Analyseergebnisses abgeschlossen sein soll (Art. 7.2.1.1, 7.2.1.2 NADC) erfolgen soll (Art. 7.2.2.2 NADC), ist im Ermittlungsverfahren größtmögliche Eile geboten. Wenn auch die Staatsanwaltschaft wegen des sonst drohenden Beweismittelverlustes diese Information letztlich unterbinden kann, gebietet dies die Rücksichtnahme auf das sportrechtliche Verfahren und dessen berechtigte Interessen. Zweckmäßig erscheint jedenfalls eine Verständigung zwischen den sportlichen und staatlichen Stellen (*Mortsiefer* in HK-ADG § 8 Rn. 54–59).

§ 9 Umgang mit personenbezogenen Daten

Die Stiftung Nationale Anti Doping Agentur Deutschland ist berechtigt, folgende personenbezogene Daten zu verarbeiten, soweit dies zur Durchführung ihres Dopingkontrollsystems erforderlich ist:
1. **Vor- und Familienname der Sportlerin oder des Sportlers,**
2. **Geschlecht der Sportlerin oder des Sportlers,**
3. **Geburtsdatum der Sportlerin oder des Sportlers,**
4. **Nationalität der Sportlerin oder des Sportlers,**
5. **Sportart und Sportverband der Sportlerin oder des Sportlers einschließlich der Einstufung in einen Leistungskader,**
6. **Zugehörigkeit der Sportlerin oder des Sportlers zu einem Trainingsstützpunkt und einer Trainingsgruppe,**
7. **Vor- und Familienname der Athletenbetreuerinnen und Athletenbetreuer,**

8. **Regelverstöße nach dem Dopingkontrollsystem und**
9. **Angaben zur Erreichbarkeit und zum Aufenthaltsort, sofern die Sportlerin oder der Sportler zu dem von der Stiftung Nationale Anti Doping Agentur Deutschland vorab festgelegten Kreis gehört, der Trainingskontrollen unterzogen wird.**

Inhalt und Bedeutung

Die Vorschrift ermächtigt die NADA zur Erhebung, Verarbeitung und Nutzung der in § 9 genannten Daten. Eine **Einwilligung** des Betroffenen ist danach **nicht** mehr erforderlich. Zur Verarbeitung gehört auch die Übermittlung (§ 3 Abs. 4 Nr. 3 BDSG). 1

Die NADA bleibt im Übrigen an die geltenden **allgemeinen datenschutzrechtlichen Bestimmungen** gebunden. Dies gilt auch für die Löschung. Der von der NADA entwickelte „Standard für Datenschutz" enthält in seiner Anlage 1 die für die einzelnen Daten geltenden Speicher- und Löschungsfristen unter Berücksichtigung ihrer Erforderlichkeit für die Durchführung des Dopingkontrollsystems (BT-Drs. 18/4898, 36). 2

Die einzelnen Nummern sind im Wesentlichen selbsterklärend. Im Übrigen ist zu bemerken: 3
- **Zu Nr. 2 – Geschlecht:** das Geschlecht ist ein biologisches Faktum; es umfasst die Merkmale, auf Grund derer ein Lebewesen als männlich oder weiblich eingestuft wird (*Mortsiefer* in HK-ADG § 9 Rn. 17).
- **Zu Nr. 7 – Athletenbetreuer:** der Begriff des Athletenbetreuers ist im Anhang 1 des NADC definiert.
- **Zu Nr. 8 – Regelverstöße nach dem Dopingkontrollsystem.** Als Regelverstöße gelten die in Art. 2 NADC aufgeführten Verstöße.

§ 10 Umgang mit Gesundheitsdaten

(1) ¹Die Stiftung Nationale Anti Doping Agentur Deutschland ist berechtigt, im Rahmen des Dopingkontrollsystems folgende Gesundheitsdaten zu verarbeiten, soweit dies zur Durchführung ihres Dopingkontrollsystems erforderlich ist:
1. Blut- und Urinwerte sowie aus anderen Körperflüssigkeiten und Gewebe gewonnene Werte, die erforderlich sind, um die Anwendung verbotener Dopingmittel oder Dopingmethoden nachzuweisen,
2. die für die Erteilung einer medizinischen Ausnahmegenehmigung für die erlaubte Anwendung verbotener Dopingmittel oder Dopingmethoden erforderlichen Angaben.

²Die Analyse der Dopingproben ist durch von der Welt Anti-Doping Agentur akkreditierte oder anerkannte Labore durchzuführen.

(2) ¹Die Stiftung Nationale Anti Doping Agentur Deutschland ist berechtigt, Ergebnisse von Dopingproben und Disziplinarverfahren im Rahmen des Dopingkontrollsystems sowie eine erteilte medizinische Ausnahmegenehmigung gemäß Absatz 1 Satz 1 Nummer 2 an eine andere nationale Anti-Doping-Organisation, einen internationalen Sportfachverband, einen internationalen Veranstalter von Sportwettkämpfen oder die Welt Anti-Doping Agentur zu übermitteln, soweit dieser oder diese für die Dopingbekämpfung nach dem Dopingkontrollsystem der Stiftung Nationale Doping Agentur Deutschland und der Welt Anti-Doping Agentur zuständig ist und die Übermittlung zur Durchführung dieses Dopingkontrollsystems erforderlich ist. ²Die Gesundheitsdaten, die die Stiftung Nationale

AntiDopG § 10

Anti Doping Agentur Deutschland bei der Beantragung von medizinischen Ausnahmegenehmigungen für eine erlaubte Anwendung verbotener Dopingmittel oder Dopingmethoden erhält, dürfen ausschließlich auf gesonderten Antrag der Welt Anti-Doping Agentur an diese übermittelt werden.

Übersicht

	Rn.
A. Inhalt und Grundlage	1
B. Die Erhebung, Verarbeitung und Nutzung durch die NADA (Absatz 1)	2
C. Die Übermittlung der Daten (Absatz 2)	7

A. Inhalt und Grundlage

1   Für die Dopingbekämpfung ist es unerlässlich, dass die NADA auch Angaben über die Gesundheit der zu kontrollierenden Sportler erhebt, verarbeitet und nutzt. **Gesundheitsdaten** (Art. 4 Nr. 15 VO (EU) 2016/679 v. 27.4.2016 (ABl. L 119, S. 1)) gehören zur besonderen Kategorie personenbezogener Daten, die nur verarbeitet werden dürfen, wenn dies auf der Grundlage des Unionsrechts oder des Rechts eines Mitgliedstaats, das in angemessenem Verhältnis zu dem verfolgten Ziel steht, den Wesensgehalt des Rechts auf Datenschutz wahrt und angemessene und spezifische Maßnahmen zur Wahrung der Grundrechte und Interessen der betroffenen Person vorsieht, aus Gründen eines erheblichen öffentlichen Interesses erforderlich ist (Art. 9 Abs. 2 Buchst. g VO (EU) 2016/679). § 10 entspricht diesen Anforderungen. Zum Verarbeiten gehört auch die Übermittlung (Art. 4 Nr. 2 VO (EU) 2016/679).

B. Die Erhebung, Verarbeitung und Nutzung durch die NADA (Absatz 1)

2   **Absatz 1** regelt, dass die NADA im Rahmen des Dopingkontrollsystems die in Satz 1 Nr. 1 und 2 aufgezählten **Gesundheitsdaten** erheben, verarbeiten und nutzen darf, soweit dies zur Durchführung des Dopingkontrollsystems erforderlich ist. Gesundheitsdaten entstehen namentlich im Zusammenhang mit Urin- und Blutproben sowie ihren Analysen. Die Aufzählung ist abschließend.

3   Nach Satz 1 Nr. 1 ist der NADA zunächst die Nutzung der **Blut- und Urinwerte** erlaubt. Die hierzu entnommen Blut- und Urinproben werden langzeitgelagert, um später neu entwickelte Analyseverfahren darauf anwenden zu können. Die Vorschrift erlaubt auch die Erstellung sogenannter biologischer Athletenpässe (zB „Blutpass"), um die Entwicklung bestimmter Parameter aus dem Blut oder Urin einzelner Athleten über einen längeren Zeitraum nachverfolgen zu können (BT-Drs. 18/4898, 37).

4   Derzeit wird der Dopingnachweis zu 98% auf der Grundlage von **Blut-** oder **Urinwerten** geführt. Mit Blick auf die schnelle Entwicklung der Analysetechnik erfasst Satz 1 Nr. 1 jedoch auch Parameter von anderen Körperflüssigkeiten und Körpergewebe, da für die Zukunft nicht ausgeschlossen werden kann, dass eine Analysetechnik etwa auch für Speichel entwickelt wird (BT-Drs. 18/4898, 37). Schon heute erfolgen in Einzelfällen auf freiwilliger Basis Entlastungsnachweise, etwa durch Haarproben.

5   Nach Satz 1 Nr. 1 ist auch eine **DNS-** oder **Genomprofilerstellung** zulässig (BT-Drs. 18/4898, 37). Damit wird in Einzelfällen untersucht, ob die abgegebene Urinprobe tatsächlich von dem Sportler stammt. Zu Bedenken gegen diese Methode, jedenfalls wenn sie ohne eine auf ausreichender Aufklärung beruhende Einwilligung des Sportlers durchgeführt wird s. *Jansen/Quade* MedR 2017, 20.

Nach **Satz 1 Nr. 2** ist auch die Erhebung, Verarbeitung und Nutzung von Daten 6
zulässig, die von den Sportlern zur Erteilung einer **medizinischen Ausnahmegenehmigung** (TUE; → § 2 Rn. 28) an die NADA übermittelt werden.

C. Die Übermittlung der Daten (Absatz 2)

Nach **Satz 1** darf die NADA zur Durchführung des Dopingkontrollsystems die 7
Ergebnisse von Dopingproben und Disziplinarverfahren sowie Gesundheitsdaten an die aufgeführten Empfänger übermitteln, soweit diese für die Dopingbekämpfung nach dem nationalen oder internationalen Dopingkontrollsystem zuständig sind. Die Übermittlung der Daten erfolgt durch **Einsichtnahme** der zuständigen Stelle in das **automatisierte Datenverarbeitungssystem** der WADA. Nach **Satz 2** hiervon ausgenommen sind die Gesundheitsdaten, die im Zusammenhang mit einer **medizinischen Ausnahmegenehmigung** stehen. Sie dürfen nicht in dem automatisierten Datenverarbeitungssystem der WADA gespeichert werden, sondern werden ausschließlich auf gesonderten Antrag der WADA übermittelt.

§ 11 Schiedsgerichtsbarkeit

¹Sportverbände und Sportlerinnen und Sportler können als Voraussetzung der Teilnahme von Sportlerinnen und Sportlern an der organisierten Sportausübung Schiedsvereinbarungen über die Beilegung von Rechtstreitigkeiten mit Bezug auf diese Teilnahme schließen, wenn die Schiedsvereinbarungen die Sportverbände und Sportlerinnen und Sportler in die nationalen oder internationalen Sportorganisationen einbinden und die organisierte Sportausübung insgesamt ermöglichen, fördern oder sichern. ²Das ist insbesondere der Fall, wenn mit den Schiedsvereinbarungen die Vorgaben des Welt Anti-Doping Codes der Welt Anti-Doping Agentur umgesetzt werden sollen.

Übersicht

	Rn.
A. Einführung: Die Sportgerichtsbarkeit	1
I. Der Aufbau der Sportgerichtsbarkeit	2
1. Die nationale Ebene	3
a) Verbandsgerichte	4
b) (Echte) Schiedsgerichte	7
2. Die internationale Ebene	12
II. Die Gründe für eine Sportgerichtsbarkeit	16
III. Die Zuständigkeit der Sportgerichte in Dopingfällen	20
IV. Das von den Sportgerichten anzuwendende Recht	22
V. Die Geltung der Schiedsklausel des WADC/NADC für die Verbände und Sportler	23
1. Die Umsetzung in die nationalen Regelwerke	24
2. Die Bindung des Sportlers	26
VI. Zur Wirksamkeit der Schiedsvereinbarung	28
B. Inhalt und Bedeutung des § 11	35
C. Die gesetzliche Klarstellung des Satzes 1	37
I. Voraussetzungen	38
1. (Echte) Schiedsgerichte	39
2. Schiedsparteien	40
3. Voraussetzungen für die Teilnahme	41
4. Teilnahme an der organisierten Sportausübung	43
5. Einbindung in den nationalen/internationalen Sport	44
6. Ermöglichen, Fördern oder Sichern der organisierten Sportausübung insgesamt	45
II. Folgen	46
D. Die Umsetzung des WADC (Satz 2)	49

AntiDopG § 11

A. Einführung: Die Sportsgerichtsbarkeit

1 Nationale und internationale Sportverbände sind in aller Regel bestrebt, sportliche Streitigkeiten von den **staatlichen Gerichten fernzuhalten** und vor **eigenen Gerichten** zu verhandeln (zu den (grundsätzlich anzuerkennenden) Gründen → Rn. 16–19). Entsprechend dem erheblichen Gewicht des Sports in der modernen Welt hat sich eine umfangreiche **Sportgerichtsbarkeit** entwickelt.

2 **I. Der Aufbau der Sportsgerichtsbarkeit.** Die Sportgerichtsbarkeit ist mehrstufig aufgebaut.

3 **1. Die nationale Ebene.** Auf nationaler Ebene bestehen verschiedene Organisationen.

4 **a) Verbandsgerichte.** Regelmäßig wird zunächst die Zuständigkeit der verbandsinternen Gerichtsbarkeit vereinbart. Sie stellt die erste Verfahrensstufe dar, bei der sich der Beteiligte bei einem Verstoß gegen eine Sportregel zu verantworten hat. Diese Verbandsorgane tragen die verschiedensten Bezeichnungen, etwa Disziplinarausschuss, Ehrenrat oder Verbandsgericht, manchmal auch Schiedsgericht. Die Verbandsgerichte sind jedoch keine Schiedsgerichte (BGHZ 159, 207 = NJW 2004, 2226 – Landseer Hunde; BGH NJW 2016, 2266 m. abl. Bespr. *Heermann* NJW 2016, 2224 = JZ 2017, 201 mAnm *Podszun* = SpuRt 2016, 163 mBspr *Prütting* SpuRt 2016, 143 – Pechstein; 12.7.2016 – KZR 6/15: Entscheidung über eine Anhörungsrüge). Sie üben keine Rechtsprechung im weiteren Sinne aus, sondern sind Vereinsorgane, denen bestimmte Verwaltungs- oder Disziplinarmaßnahmen übertragen sind (BGHZ 159, 207 (s. o.)).

5 Die §§ 1025 ff. ZPO sind nicht anwendbar (BGHZ 197, 162 = NJW-RR 2013, 873 = SpuRt 2014, 109 – Berufsboxer; NJW 2017, 402 mAnm *Wagner*). Vielmehr unterliegen die Entscheidungen der **Verbandsgerichte** auf Klage (§ 253 ZPO) der Überprüfung durch die staatlichen Gerichte unter Berücksichtigung der verbands- oder vereinsmäßigen Besonderheiten, wobei die Regelwerke sozialmächtiger Verbände auch auf ihre inhaltliche Angemessenheit unter dem Gesichtspunkt von Treu und Glauben zu prüfen sind (BGHZ 128, 93 = NJW 1995, 583 = JZ 1995, 461 – Reiterliche Vereinigung). Als sozialmächtig ist ein Sportverband auch dann anzusehen, wenn ohne Anerkennung seiner Regeln eine Teilnahme am organisierten Sport praktisch ausgeschlossen ist (BGHZ 128, 93).

6 Meist sehen die Verfahrensordnungen der Sportverbände die Möglichkeit eines Rechtsbehelfs gegen eine Entscheidung dieses Organs zum **nächsthöheren Verbandsgericht** vor. Die Überprüfung durch die staatlichen Gerichte wird dadurch nicht ausgeschlossen.

7 **b) (Echte) Schiedsgerichte.** Zunehmend sehen die Sportverbände aber auch die Zuständigkeit eines **echten Schiedsgerichts** (als erste oder als Rechtsmittelinstanz) vor. Dies führt dazu, dass jede Partei gegenüber der anderen die **Einrede der Schiedsvereinbarung** erheben kann, wenn diese trotzdem versucht, Klage vor einem staatlichen Gericht zu erheben (§ 1032 ZPO). Vorläufige oder sichernde Maßnahmen durch staatliche Gerichte werden dadurch nicht ausgeschlossen (§ 1033 ZPO).

8 Der Schiedsspruch hat die **Wirkungen eines rechtskräftigen Urteils** (§ 1055 ZPO). Er kann vor einem staatlichen Gericht nur durch eine Aufhebungsklage zu Fall gebracht werden. Die Mängel, die zu einer Aufhebung führen, sind in § 1059 ZPO abschließend aufgeführt.

9 Im Hinblick auf den Ausschluss der unabhängigen staatlichen Gerichte muss durch das schiedsrichterliche Verfahren ein **vergleichbarer Rechtsschutz gesichert** sein. Dies setzt voraus, dass das Schiedsgericht als eine von den übrigen Ver-

einsorganen unabhängige und unparteiische Stelle organisiert ist. An der **Unabhängigkeit** fehlt es, wenn die Mitglieder des Spruchkörpers allein oder überwiegend von einer Partei bestimmt werden oder wenn die Streitbeteiligten keinen paritätischen Einfluss auf seine Besetzung haben (BGH NJW 2016, 2266 (→ Rn. 4)). Danach müssen die Schiedsrichter entweder von beiden Parteien oder von einem neutralen Dritten bestimmt werden. Außerdem muss den Parteien das Recht eingeräumt werden, einen Schiedsrichter wegen Befangenheit abzulehnen (s. BGH NJW 2016, 2266 (→ Rn. 4)). Ein Verstoß gegen die Überparteilichkeit führt zur Nichtigkeit der Schiedsvereinbarung.

Eine **Schiedsrichterliste** ist solange nicht zu beanstanden, als hierdurch nicht ein Übergewicht einer Partei institutionalisiert wird oder das Gremium, das einen maßgeblichen Einfluss auf die Erstellung der Schiedsrichterliste hat, einer der Parteien näher steht als der anderen (BGH NJW 2016, 2266 (→ Rn. 4)). 10

Innerhalb Deutschlands haben einige Verbände, etwa der DFB oder DLV, **eigene Schiedsgerichte** eingerichtet. Andere haben die Schiedsgerichtsbarkeit dem **Deutschen Sportschiedsgericht** übertragen, das bei der Deutschen Institution für Schiedsgerichtsbarkeit (DIS) in Köln angesiedelt ist. Mit der DIS-Sportschiedsgerichtsordnung (DIS-SportSchO) bietet das Deutsche Sportschiedsgericht eine speziell für die Beilegung von Streitigkeiten mit Bezug zum Sport erstellte Schiedsgerichtsordnung an. Die DIS-SportSchO gilt derzeit in der Fassung v. 1.4.2016 (dazu *Hofmann* SpuRt 2016, 52 (103); krit. *Lehner/Cherkeh* SpuRt 2016, 110). Das Sportschiedsgericht betrachtet sich als nationale Entsprechung zum CAS. 11

2. Die internationale Ebene. Auf internationaler Ebene wird die Schiedsgerichtsbarkeit vom **Court of Arbitration for Sports (CAS),** im französischen Sprachraum „Tribunal Arbitral du Sport" (TAS), mit dem Sitz in Lausanne wahrgenommen. Der CAS wird von einer Stiftung nach schweizerischem Recht, dem „International Council of Arbitration for Sport" (ICAS), im französischen Sprachraum „Conseil International de l'arbitrage en matière de Sport (CIAS)" getragen. Aufgabe des ICAS ist die Sicherstellung der Unabhängigkeit des CAS sowie die Betreuung und Verwaltung der Schiedsverfahren. 12

Der CAS besteht aus einer geschlossenen Liste von etwa 300 Schiedsrichtern sowie einer zusätzlichen Liste von Schiedsrichtern der FIFA, die für den Fußball zuständig sind. Die Schiedsrichter werden für vier Jahre gewählt. Das IOC, die internationalen Verbände und die Nationalen Olympischen Komitees schlagen je ein Fünftel der Schiedsrichter vor. Ein weiteres Fünftel wählt der ICAS unter besonderer Berücksichtigung der Athleteninteressen aus und das fünfte Fünftel der Schiedsrichter soll aus Personen bestehen, die unabhängig von den vorgenannten Gruppen sind. Aus dieser Liste wählt jede Partei für das Schiedsverfahren einen Schiedsrichter aus; die beiden von den Parteien bestimmten Schiedsrichter wählen ihrerseits ebenfalls aus dieser Liste einen Präsidenten. 13

Im Lauf des Schiedsverfahrens fällt dem **Generalsekretär des CAS** eine besondere Aufgabe zu. Ihm muss der Schiedsspruch vor Unterzeichnung vorgelegt werden. Er kann Berichtigungen der Form vornehmen und die Aufmerksamkeit des Schiedsgerichts auf **Grundsatzfragen** („fundamental issues of principle") lenken. 14

In der Sache *Pechstein* (ausf. hierzu *Michaelis* SchiedsVZ 2019, 331) hat der BGH (NJW 2016, 2266 (→Rn. 4)) den **CAS als echtes Schiedsgericht** anerkannt (zust. *Adolphsen* DRiZ 2016, 254; abl. *Heermann* NJW 2016, 2224). Er sei nicht in einen bestimmten Verband oder Verein eingegliedert und er sei auch von den ihn tragenden Sportverbänden und Olympischen Komitees als Institution unabhängig. Aus dem Verfahren der Erstellung der Schiedsrichterliste des CAS ergebe sich kein strukturelles Ungleichgewicht, das die Unabhängigkeit und Neutralität des CAS „in einem Maße beeinträchtige", dass seine Stellung als echtes Schiedsgericht in 15

Frage stünde. Sportverbände und Athleten stünden sich bei der Bekämpfung des Dopings grundsätzlich nicht als von gegensätzlichen Interessen geleitete „Lager" gegenüber. Auch aus dem Recht des Generalsekretärs des CAS, auf Grundsatzfragen hinzuweisen, ergebe sich „jedenfalls grundsätzlich keine Beeinträchtigung der Unabhängigkeit des Schiedsgerichts"; vielmehr diene dieses Hinweisrecht der Wahrung einer einheitlichen Rechtsprechung. In der gegenwärtigen Form seien die Statuten des CAS eine „noch hinnehmbare Ausgestaltung" des Verfahrens. Auch eine Beschwerde der Sportlerin zum **EGMR** blieb weitgehend erfolglos. Der Gerichtshof hatte keine durchgreifenden Zweifel an der Unabhängigkeit des CAS (krit. *Heermann* NJW 2019, 1560 (1561)), er sah aber das Recht der Beschwerdeführerin auf ein faires Verfahren dadurch als verletzt an, dass ihr vor dem CAS keine öffentliche Verhandlung gewährt worden sei, und sprach ihr deshalb eine Entschädigung von 8.000 Euro zu (EGMR 2.10.2018 – 67474/10).

16   **II. Die Gründe für eine Sportgerichtsbarkeit.** Für die Einrichtung einer Sportgerichtsbarkeit bestehen triftige Gründe (BT-Drs. 18/4898, 38). Schiedsgerichte sind am ehesten in der Lage, die Chancengleichheit der Sportler bei der Teilnahme am organisierten Sport auf nationaler und internationaler Ebene durchzusetzen.

17   Durch **einheitliche Zuständigkeiten** und eine einheitliche Verfahrensgestaltung schließen sie es aus, dass in gleichliegenden Fällen divergierende Entscheidungen getroffen werden (BGH NJW 2016, 2266 (→ Rn. 4); *Prütting* SpuRt 2016, 143 (145); *Adolphsen* SpuRt 2016, 46 (47)). Der internationale Entscheidungsgleichklang ist durch die Einrichtung des CAS gesichert. **Staatliche Gerichte** können dies nicht leisten (BT-Drs. 18/4898, 38). Welches staatliche Gericht zur Streitentscheidung (international) zuständig ist, hängt von den Umständen des Einzelfalls ab. Das zuständige Gericht wendet regelmäßig sein (Verfahrens-)Recht an, das sich von dem anderer Staaten erheblich unterscheiden kann. Auch müssen die Entscheidungen staatlicher Gerichte in den anderen Staaten anerkannt und für vollstreckbar erklärt werden; die Voraussetzungen und das Verfahren dafür sind national unterschiedlich.

18   Die Schiedsgerichte sind in der Lage, Streitigkeiten **zeitnah** auch in der Hauptsache einer **endgültigen Entscheidung** zuzuführen. Damit können auch für termingebundene Ereignisse wie nationale und internationale Meisterschaften oder Olympiaden, rasch Rechtssicherheit und Rechtsklarheit geschaffen werden. Langandauernde Verfahren vor staatlichen Gerichten werden damit vermieden (BT-Drs. 18/4898, 38).

19   Schließlich haben Schiedsgerichte durch die ständige Befassung mit sportspezifischen Streitigkeiten **Spezialwissen angesammelt.** Bei den spezialisierten Sportschiedsrichtern ist oftmals eine größere Sachnähe zum Streitstand und zu den im Sport anwendbaren Regeln anzutreffen als bei den Richtern staatlicher Gerichte, denen der Fall unspezifisch nach ihrem nationalen Zuständigkeitsrecht zugewiesen wird (BT-Drs. 18/4898, 38).

20   **III. Die Zuständigkeit der Sportgerichte in Dopingfällen.** Die Zuständigkeit des **CAS** ergibt sich aus Nr. 13.2.1 WADC (→ Einl. Rn. 11; → § 2 Rn. 12). Danach können Rechtsbehelfe im Zusammenhang mit internationalen Spitzenathleten oder internationalen Wettkampfveranstaltungen nur bei dem CAS eingelegt werden. Diese Regelung hat Nr. 13.2.1 NADC (→ Einl. Rn. 11) übernommen. Über die Zugehörigkeit zu den **Internationalen Spitzenathleten** entscheiden die Definitionen der jeweiligen internationalen Sportfachverbande. In Deutschland sind dies Athleten, die einem internationalen Testpool angehören (Nr. 13.2.1 NADC).

21   Für Fälle mit **anderen Athleten oder anderen Personen** bestimmt der WADC (Nr. 13.2.2), dass Entscheidungen vor einer unabhängigen und unpartei-

Schiedsgerichtsbarkeit **§ 11 AntiDopG**

ischen Instanz gemäß den Bestimmungen der nationalen Anti-Doping-Organisation angefochten werden können. Hierzu bestimmt Nr. 13.2.2. NADC, dass Rechtsbehelfe beim Deutschen Sportschiedsgericht als Rechtsmittelinstanz oder einem anderen Schiedsgericht eingelegt werden können; war das Deutsche Sportschiedsgericht bereits Disziplinarorgan, ist ein Rechtsbehelf nur beim CAS zulässig.

IV. Das von den Sportgerichten anzuwendende Recht. Das Recht, das von 22 den Sportgerichten auch in Dopingfällen anzuwenden ist und angewendet wird, ist **Privatrecht.** Dies gilt insbesondere für den WADC und den NADC (*Adolphsen* in SportRPrax Rn. 1004, 1022). Sie sind kein unmittelbar geltendes Recht, sondern bedürfen zu ihrer Wirksamkeit gegenüber Verbänden und Sportlern einer vertraglichen Verpflichtung, die sich innerstaatlich auf den NADC beschränkt (*Adolphsen* aaO). Die Verpflichtung kann auch in einer Satzung enthalten sein.

V. Die Geltung der Schiedsklausel des WADC/NADC für die Verbände 23 **und Sportler.** Um für Verbände und Sportler Geltungskraft zu erlangen, muss die Schiedsklausel des WADC/NADC in die nationalen Regelwerke umgesetzt und der Sportler an sie gebunden werden.

1. Die Umsetzung in die nationalen Regelwerke. Die Umsetzung der 24 Schiedsklausel für die Verbände kann in der Weise erfolgen, dass sie in die Verbandssatzung aufgenommen wird; in solcher Weise bestimmte Schiedsgerichte sind außervertragliche Schiedsgerichte, für die § 1066 ZPO gilt (BGHZ 159, 207 (→ Rn. 4)) und für die nach hM die besondere Schriftform des § 1031 ZPO nicht eingehalten werden muss (*Münch* in MüKoZPO ZPO § 1066 Rn. 14; *Pfister* in Fritzweiler/Pfister/Summerer SportR-HdB II 4 Rn. 377 mwN). Die Aufnahme in die Verbandssatzung kann zunächst in der Weise geschehen, dass der Text des NADC unmittelbar auf den Verband umgeschrieben und als **eigener Anti Doping Code** des jeweiligen Verbandes übernommen wird (*Lehner* in SportRPrax Rn. 1426; *Jakob* SpuRt 2009, 51 (52)). Ein Nachteil ist, dass Änderungen des NADC nicht automatisch zu einer Änderung der Verbandsregelungen führen, sondern ein Tätigwerden der Verbandsorgane erfordern.

Der NADC kann aber auch **im eigenen Regelwerk** für verbindlich erklärt und 25 durch eine Verweisung zum Bestandteil der eigenen Regelung gemacht werden. Zweckmäßig wird dazu der Weg einer **dynamischen Verweisung** auf den Code gewählt. Eine solche ist hier zulässig (*Lehner* in SportRPrax Rn. 1427; *Jakob* SpuRt 2009, 51 (52); wohl auch *Pfister* in Fritzweiler/Pfister/Summerer SportR-HdB II 4 Rn. 377).

2. Die Bindung des Sportlers. Die Bindung des Sportlers an eine satzungs- 26 gemäße vereinsrechtliche Schiedsgerichtsbarkeit kann **an sich** in der Weise erfolgen, dass der Sportler dem Verein **beitritt.** Dies hat jedoch **nicht** zur Folge, dass er auch an die Regelungen des **Dachverbands** gebunden ist (BGH NJW 2017, 402 mAnm *Wagner* für einen Verein, der nur Mitglied eines dem Dachverband nachgeordneten Vereins ist; *Lehner* in SportRPrax Rn. 1430). Auch durch eine dynamische Verweisung innerhalb der Vereinssatzung kann eine solche Bindung nicht erreicht werden (BGHZ 128, 93 (→ Rn. 5); BGH NJW-RR 1989, 376; offen gelassen in BGH NJW 2017, 402 und BGH II ZR 25/15), da es an der notwendigen formellen Verankerung in der Vereinssatzung selbst fehlt (*Kreißig* in SportRPrax Rn. 218; *Haas/Prokop* SpuRt 1998, 15 (16)) und auch nicht sichergestellt ist, dass der Sportler die notwendigen Informationen erhält (*Lehner* in SportRPrax).

Da die **Dachverbände** Einzelmitgliedschaften in aller Regel ablehnen, kann die 27 Bindung an die Verbandsregeln für den einzelnen Sportler in der Praxis nur durch **rechtsgeschäftlichen Einzelakt** (Lizenz-, Start-, Athleten- oder Wettkampfvereinbarungen) herbeigeführt werden (BGHZ 128, 93 (→ Rn. 5); BGH NJW 2014,

402 mAnm *Wagner; Kreißig* in SportRPrax Rn. 217; *Lehner* in SportRPrax Rn. 1431; *Pfister* in Fritzweiler/Pfister/Summerer SportR-HdB II 4 Rn. 378). Für die **Form** gilt nach deutschem Recht § 1031 ZPO, wobei bei Sportlern, die Verbraucher sind (§ 13 BGB), die besonderen Formerfordernisse des § 1031 Abs. 5 ZPO gelten. Der Mangel der Form wird durch die Einlassung auf die schiedsgerichtliche Verhandlung zur Hauptsache geheilt (§ 1031 Abs. 6 ZPO). Ist der Form genügt, so erscheint auch eine **dynamische Verweisung** in dem rechtsgeschäftlichen Einzelakt auf eine vereinsfremde Satzung zulässig (*Kreißig* in SportRPrax Rn. 219; *Lehner* in SportRPrax Rn. 1431; *Haas/Prokop* SpuRt 1998, 15 (18)).

28 **VI. Zur Wirksamkeit der Schiedsvereinbarung.** Der Justizgewährungsanspruch garantiert den **Zugang zu Gerichten,** die in staatlicher Trägerschaft stehen und mit unabhängigen Richtern besetzt sind (BVerfGE 122, 248 = NJW 2009, 1469 = JZ 2009, 675 = JR 2009, 245 = StV 2010, 497). Auf diesen Zugang kann jedoch zugunsten einer Schiedsgerichtsbarkeit verzichtet werden, sofern die Unterwerfung der Parteien unter die Schiedsvereinbarung und der damit verbundene **Verzicht freiwillig** erfolgt ist (BGHZ 144, 146 = NJW 2000, 1713 = SpuRt 2000, 153 – Körbuch; BGH NJW 2016, 2266 (→ Rn. 4)). Ob der Verzicht des Athleten als freiwillig angesehen werden kann, obwohl ohne ihn eine Teilnahme am organisierten Sport praktisch nicht möglich ist, ist äußerst umstritten. Entsprechendes gilt für einen Verstoß gegen Art. 6 Abs. 1 EMRK (BGH NJW 2016, 2266 (→ Rn. 4)).

29 In der Praxis können Athleten am organisierten Sport nur teilnehmen, wenn sie eine Schiedsvereinbarung unterzeichnen und damit auf den Zugang zu den staatlichen Gerichten verzichten. Es liegt auf der Hand, dass die Entscheidung des Sportlers in diesen Fällen jedenfalls **fremdbestimmt** ist (BGH NJW 2016, 2266 (→ Rn. 4)).

30 Aus dieser Fremdbestimmung wird die **Unwirksamkeit** solcher Schiedsvereinbarungen hergeleitet, weil die Athleten sich den Verbänden gegenüber in einer unterlegenen Stellung befänden und ihnen die schiedsrichterliche Streitbeilegung **aufgezwungen werde** (*Heermann* SchiedsVZ 2014, 66 (70, 73, 75); *Heermann* SchiedsVZ 2015, 78 (80); *Heermann* NJW 2016, 2224 (2225); *Bleistein/Degenhardt* NJW 2015, 1353 (1355); *Orth* SpuRt 2015, 230 (231); *Orth* DRiZ 2016, 255; *Lehner* FS Rössner, 2015, 646 (659, 660); *Monheim* in Facetten S. 93, 107; *Monheim* SpuRt 2014, 90 (91); aA BGH NJW 2016, 2266 (→ Rn. 4); *Steiner* SchiedsVZ 2013, 15 (18); *Adolphsen* SportR Rn. 1151, 1152; *Adolphsen* DRiZ 2016, 254; *Duve/Rösch* SchiedsVZ 2014, 216 (222 ff.); zweifelnd *Maihold* SpuRt 2013, 95 (96)).

31 Die hier vorliegende Fremdbestimmung kann jedoch mit einem Zwang nicht gleichgesetzt werden (BGH NJW 2016, 2266 (→ Rn. 4)). Die Schiedsvereinbarung ist **in einem Vertrag** (rechtsgeschäftlicher Einzelakt (→ Rn. 27)) enthalten. Die Vertragspartner bestimmen selbst, wie ihre individuellen Interessen zueinander in einen angemessenen Ausgleich gebracht werden. Dabei wird vorausgesetzt, dass sie eigene Positionen aufgeben und Vertragsbedingungen akzeptieren, die nicht dem eigenen Willen, sondern dem des Vertragspartners entsprechen. Dies ist solange nicht zu beanstanden, wie die vertragliche Vereinbarung einen **sachgerechten Interessenausgleich** herstellt (BGH NJW 2016, 2266 (→ Rn. 4)).

32 Hier ist auf Seiten des Sportlers zu berücksichtigen, dass neben seinem Anspruch auf **Justizgewährung** auch sein Grundrecht auf **freie Berufsausübung** (Art. 12 Abs. 1 GG) tangiert wird. Dem gegenüber steht die verfahrensrechtliche Absicherung der gleichfalls verfassungsrechtlich gewährleisteten **Verbandsautonomie** des jeweiligen Sportverbands (Art. 9 Abs. 1 GG). Die Sportverbände fördern den Sport allgemein und insbesondere ihre Sportart, indem sie die Voraussetzungen für einen

Schiedsgerichtsbarkeit **§ 11 AntiDopG**

organisierten Sportbetrieb schaffen. Hierfür ist es elementar, dass die Regelwerke gegenüber den Sportlern in ihrer Gesamtheit gelten und flächendeckend nach einheitlichen Maßstäben durchgesetzt werden (BGH NJW 2016, 2266 (→ Rn. 4)).

Dies gilt auch unter dem Gesichtspunkt des **Kartellrechts.** Insbesondere liegt 33 kein Missbrauch der Marktmacht der Verbände vor. Die Vorteile der Sportschiedsgerichtsbarkeit kommen nicht nur den Verbänden zugute, sondern auch den Athleten, da diese zur Ausübung ihres Sports darauf angewiesen sind, dass faire Wettkampfbedingungen herrschen (BGH NJW 2016, 2266 (→ Rn. 4)). Dazu gehört insbesondere eine einheitliche Anwendung der Anti-Doping-Regeln, die derzeit nur durch den CAS als weltweit anerkanntes Sportschiedsgericht gewährleistet werden kann. Allerdings dürfen die Anforderungen an die Unabhängigkeit und Neutralität des Sportschiedsgerichts nicht zu gering angesetzt werden (BGH NJW 2016, 2266 (→ Rn. 4)). Im Falle des CAS ist dies jedoch noch nicht gegeben (→ Rn. 15). Auch können die Schiedssprüche des CAS durch die schweizerischen Gerichte überprüft werden, wobei allerdings der Prüfungsmaßstab nicht gleich ist (*Heermann* FS Spellenberg, 2010, 11; *Orth* DRiZ 2016, 255).

Fraglich kann ferner sein, ob in die zwischen Sportler und Sportverband getrof- 34 fene Schiedsvereinbarung auch die Nationale Anti Doping Agentur (**NADA,** → Einl. Rn. 12, 13) einbezogen ist. Der BGH hat dies in einem Fall, in dem erst auf Antrag der NADA vom Deutschen Sportschiedsgericht (DIS, → Rn. 11) eine Dopingsanktion verhängt worden war, verneint, weil sich allein aus der in der Schiedsvereinbarung enthaltenen dynamischen Verweisung auf die DIS-Sportschiedsgerichtsordnung (**DIS-SportSchO,** → Rn. 11) keine Klagebefugnis der NADA ergebe, wenn die zum Zeitpunkt des Abschlusses der Schiedsvereinbarung geltende DIS-SportSchO diese Klagebefugnis der NADA noch nicht vorsah (BGH NJW-RR 2018, 1331 = SchiedsVZ 2019, 41 mAnm *Mortsiefer/Hofmann* = SpuRt 2018, 212 mAnm *Summerer* = npoR 2019, 61 mBspr *Krüger/Saberzadeh*). Auch im Falle einer dynamischen Verweisung auf die Verfahrensordnung des Schiedsgericht umfasse die Unterwerfung unter die Schiedsvereinbarung regelmäßig keine späteren Änderungen der Verfahrensordnung, durch die der Kreis der zur Schiedsklage berechtigten Personen erweitert werde. Eine Klagebefugnis der NADA ergebe sich ferner auch nicht aus § 11, weil die NADA in dieser Vorschrift nicht genannt sei (BGH NJW-RR 2018, 1331).

B. Inhalt und Bedeutung des § 11

Die Vorschrift ist ein beredter Ausdruck für das **Dilemma,** in dem sich der Ge- 35 setzgeber bei der Einbettung der Sportgerichtsbarkeit in das Gesetz befunden hat. Einerseits sollte ein Schiedszwang (dafür etwa Maihold in der Stellungnahme zur Anhörung des Sportausschusses des Deutschen Bundestags v. 17.6.2015 S. 18, 24; *Heermann* SchiedsVZ 2014, 66 (78); *Heermann* SpuRt 2015, 4 (10)) vermieden werden, der in anderen Bereichen wohl Begehrlichkeiten geweckt hätte, andererseits sollten die Zweifel an der Wirksamkeit der Schiedsvereinbarungen zwischen Sportlern und Sportverbänden (→ Rn. 28–33) soweit wie möglich ausgeräumt werden. Herausgekommen ist eine Vorschrift, die ihren **Regelungsgehalt** hinter einem auf den ersten Blick eher **selbstverständlich erscheinenden Wortlaut verbirgt.** Dabei lehnt sich die Regelung, ohne dass dies in der Gesetzesbegründung zum Ausdruck kommt, in wesentlichen Teilen an einen Gesetzesvorschlag an, den die Rechtskommission des Sports gegen Doping (ReSpoDo) in ihrem Abschlussbericht v. 15.6.2005 (S. 15) vorgelegt hat (*Adolphsen* SpuRt 2016, 46 (49)).

Die Vorschrift bedeutet **nicht,** dass Schiedsvereinbarungen zwischen Sportlern 36 und Sportverbänden **nur** unter den in § 11 genannten Voraussetzungen abgeschlossen werden könnten. Vielmehr soll sie die Zweifel an der Wirksamkeit des Ab-

AntiDopG § 11

schlusses solcher Schiedsvereinbarungen **in Form einer Klarstellung** ausräumen (BT-Drs. 18/4898, 39). Mit einer solchen nicht in jeder Hinsicht hieb- und stichfesten (s. dazu *Heermann* SchiedsVZ 2015, 78 (87)) Regelung ergreift der Gesetzgeber Partei für eine der hierzu vertretenen Meinungen und möchte ihr zum Durchbruch verhelfen (zu dieser Methode *Seibert* in Mysterium „Gesetzesmaterialien" S. 122; *Heermann* NJW 2016, 2224 (2226)). An dem Geltungsgrund der Schiedsabrede als einer **privatrechtlichen Vereinbarung** ändert sich dadurch nichts. Die gegebenenfalls erforderliche Inhaltskontrolle wird daher nicht ausgeschlossen (*Bindels* in Anti-Doping-Gesetz S. 20; s. auch BT-Drs. 18/4898, 39).

C. Die gesetzliche Klarstellung des Satzes 1

37 Satz 1 enthält eine gesetzliche Klarstellung (→ Rn. 36). Diese gilt jedoch nur unter bestimmten Voraussetzungen. Auf der anderen Seite können Schiedsvereinbarungen auch dann wirksam sein, wenn die Voraussetzungen des Satzes 1 nicht erfüllt sind (→ Rn. 48).

38 **I. Voraussetzungen.** Nach Satz 1 greift die klarstellende Wirkung des Gesetzes nur ein, wenn die folgenden Voraussetzungen erfüllt sind.

39 **1. (Echte) Schiedsgerichte.** Die Vereinbarung muss sich zunächst auf echte Schiedsgerichte (→ Rn. 7–15) beziehen. Schiedsvereinbarungen sind **Vereinbarungen** der Parteien, bestimmte Streitigkeiten, die zwischen ihnen in Bezug auf ein bestimmtes Rechtsverhältnis entstanden sind oder künftig entstehen, der Entscheidung durch ein Schiedsgericht zu unterwerfen (§ 1029 Abs. 1 ZPO). Verbandsgerichte (→ Rn. 4–6) kommen danach nicht in Betracht. Die Vorschrift gilt auch **nicht** für die Schiedsgerichte, die nicht auf Grund einer Schiedsvereinbarung, sondern **nach § 1066 ZPO** errichtet sind.

40 **2. Schiedsparteien.** Parteien der Schiedsvereinbarung nach Satz 1 sind der Sportler und der jeweilige Sportverband. Für die Verträge zwischen Verbänden gilt die Vorschrift nicht. Auf der anderen Seite muss der Sportverband kein deutscher Verband sein. Auch ist nicht erforderlich, dass die Schiedsvereinbarung deutschem Recht unterliegt, sofern sie nach dem ausländischen Recht wirksam ist (s. BGH NJW 2016, 2266 (→ Rn. 4)). Der Sportler, mit dem die Schiedsvereinbarung abgeschlossen wird, muss kein Spitzensportler sein (*Lehner* in HK-ADG § 11 Rn. 37).

41 **3. Voraussetzung für die Teilnahme.** Die Schiedsvereinbarung muss eine Voraussetzung für die **Teilnahme** des Sportlers an der **organisierten Sportausübung** sein und sie muss mit Blickpunkt darauf abgeschlossen worden sein. Wer diese Voraussetzung aufstellen darf, wird im Gesetz nicht ausdrücklich gesagt. Da sie als Athlet aber kaum je einfordern wird, wird davon ausgegangen werden müssen, dass sie von dem beteiligten Sportverband oder einem sonstigen Verband, dem die Organisationshoheit über den konkreten Sport zusteht, verlangt werden kann und wird.

42 Eine Teilnahme an **der organisierten Sportausübung** liegt vor, wenn der Sportler an Veranstaltungen teilnimmt, die von einer nationalen oder internationalen **Sportorganisation** oder in deren Auftrag oder mit deren Anerkennung organisiert ist und bei der Regeln einzuhalten sind, die von einer nationalen oder internationalen Sportorganisation mit verpflichtender Wirkung für ihre Mitgliedsorganisationen verabschiedet wurden (s. § 3 Abs. 3). Dazu gehört auch das Training oder die sonstige Vorbereitung für eine solche Veranstaltung.

43 **4. Teilnahme.** Die Schiedsvereinbarung muss sich auf die Beilegung von Rechtsstreitigkeiten mit Bezug auf **die Teilnahme des Sportlers** an der organisierten Sportausübung beziehen. Zur organisierten Sportausübung → Rn. 42. Die Teilnahme umfasst die gesamte Beteiligung an der Sportausübung einschließlich der

Nominierung zu Sportveranstaltungen und reicht über daher über das **Verbot des Dopings deutlich hinaus** (*Bindels* in Anti-Doping-Gesetz S. 20 „etwas überschießend"). Allerdings ist der Gesetzeszweck in § 1 dahin definiert, dass das Gesetz der Bekämpfung des Dopings dient, so dass andere Zwecke nicht ohne weiteres in ihm angelegt sind (*Heermann* SpuRt 2015, 4 (5)). Andererseits ergibt sich aus Satz 2, dass die Dopingbekämpfung (Umsetzung des WADC) lediglich **ein** Ziel (unter mehreren) ist, das mit den Schiedsvereinbarungen erreicht werden soll, so dass Schiedsvereinbarungen auch dann erfasst werden, wenn sie sich auf **andere Streitgegenstände** beziehen (*Lehner* in HK-ADG § 11 Rn. 31; s. auch *Bindels* Anti-Doping-Gesetz S. 20; zw. *Heermann* SpuRt 2015, 4 (5, 10)).

5. Einbindung in den nationalen/internationalen Sport. Die Schiedsvereinbarungen müssen ferner die Sportverbände und Sportler in die nationalen oder internationalen **Sportorganisationen einbinden.** Daran fehlt es, wenn die Schiedsklausel auch für die Beilegung von Streitigkeiten gelten soll, die mit der Einordnung des Sportverbands in eine nationale oder internationale Organisation nichts zu tun haben, etwa wenn sie Eigenheiten des betreffenden Sportverbands abdecken soll. 44

6. Ermöglichen, Fördern oder Sichern der organisierten Sportausübung insgesamt. Die Schiedsvereinbarungen müssen die organisierte Sportausübung **insgesamt** ermöglichen, fördern oder sichern. Zur organisierten Sportausübung → Rn. 42. Diese soll durch die Schiedsvereinbarungen **insgesamt** ermöglicht, gefördert oder gesichert werden. Dies ist gegeben, wenn eine organisierte Sportausübung erst auf Grund von Schiedsvereinbarungen (zu deren (positiven) Wirkungen → Rn. 16–19) möglich und sinnvoll ist oder durch solche Vereinbarungen erleichtert oder auf einen festen Boden gestellt wird. Als einen Fall dieser Voraussetzung nennt Satz 2 die Umsetzung des WDAC. 45

II. Folgen. Sind diese Voraussetzungen erfüllt, so kann von der **Wirksamkeit** der Schiedsvereinbarung zwischen Sportler und Sportverband ausgegangen werden; das **Maß an Fremdbestimmung,** das sich aus dem Übergewicht des Verbandes über den Sportler ergibt, **bleibt** damit **außer Betracht.** Unberührt bleiben andere Willensmängel, die etwa auf physischer oder psychischer Gewalt oder auf Täuschung beruhen (s. BGH NJW 2016, 2266 (→ Rn. 4)), oder andere Unwirksamkeitsgründe, etwa Formmängel. 46

§ 11 befasst sich nur mit dem **Abschluss** der Schiedsvereinbarung, nicht aber mit einer **Inhaltskontrolle** (*Bindels* in Anti-Doping-Gesetz S. 20; *Heermann* NJW 2016, 2224 (2227)). Insbesondere wird eine funktionierende Sportschiedsgerichtsbarkeit vorausgesetzt, die den allgemeinen rechtsstaatlichen Anforderungen entspricht und damit Verstöße ausschließt (BT-Drs. 18/4898, 39). 47

Sind die Voraussetzungen des Satzes 1 **nicht erfüllt,** so bedeutet dies nicht, dass die Schiedsvereinbarung von vornherein unwirksam wäre. Vielmehr hat dann eine Prüfung im Einzelfall stattzufinden. 48

D. Die Umsetzung des WADC (Satz 2)

Satz 2 nennt als (Haupt-)Fall des Ermöglichens, Förderns oder Sicherns der organisierte Sportausübung insgesamt die **Umsetzung der Vorgaben des WADC.** Der WADC (Art. 2 S. 3 Nr. 6 des UNESCO-Übereinkommens) ist zwar nicht selbst zu Völkervertragsrecht geworden (§ 2 Nr. 11), wohl aber hat sich Deutschland verpflichtet, den Maßnahmen gegen Doping die Grundsätze des Codes zugrunde zu legen (Art. 4 Abs. 1, Art. 5 des Übereinkommens). Dies wird durch Satz 2 verdeutlicht. 49

AntiDopG § 12

50 Satz 2 bedeutet **nicht**, dass in den Schiedsvereinbarungen **alle Vorgaben** des WADC umgesetzt werden müssen (*Lehner* in HK-ADG § 11 Rn. 92). Der WADC selbst greift in Art. 23.2.2 einige Bestimmungen heraus, bei denen ein Zwang zur Umsetzung besteht. Dazu gehören die Nachweisregeln (Art. 3), die Verbotsliste (Art. 4.3.3), die Sanktionen (Art. 10) und die Rechtsmittel (Art. 13).

§ 12 Konzentration der Rechtsprechung in Dopingsachen; VerordNungsermächtigung

¹Die Landesregierungen werden ermächtigt, durch Rechtsverordnung die strafrechtlichen Verfahren nach § 4 ganz oder teilweise für die Bezirke mehrerer Amts- oder Landgerichte einem dieser Amts- oder Landgerichte zuzuweisen, sofern dies der sachlichen Förderung oder der schnelleren Erledigung der Verfahren dient. ²Die Landesregierungen können die Ermächtigung nach Satz 1 durch Rechtsverordnung auf die Landesjustizverwaltungen übertragen.

Inhalt

1 Die Vorschrift ermächtigt die Landesregierungen, die Strafverfahren nach § 4 **auch für die Gerichte** zu konzentrieren. Damit besteht die Möglichkeit, Fachkompetenzen zu bündeln. Dies erscheint gerade im Bereich der Dopingbekämpfung sinnvoll. Die sachgerechte Behandlung der Strafverfahren nach § 4 setzt erhebliches Spezialwissen hinsichtlich der Dopingmittel und -methoden und der organisatorischen Umstände und Abläufe im organisierten Sport voraus. Gleichwohl hat von dieser Ermächtigung bislang nur Rheinland-Pfalz durch eine Zuständigkeitskonzentration beim Landgericht Zweibrücken Gebrauch gemacht. Bayern und Baden-Württemberg haben gestützt auf § 143 Abs. 4 GVG zwar mit der Staatsanwaltschaft München I bzw. der Staatsanwaltschaft Freiburg jeweils landesweit zuständige Schwerpunktstaatsanwaltschaften eingerichtet, bei den Gerichten jedoch bislang von einer Konzentration abgesehen.

Anlage
(zu § 2 Abs. 3)

Stoffe gemäß § 2 Abs. 3 sind:
I. Anabole Stoffe
1. Anabol-androgene Steroide
Androstanolon, synonym Dihydrotestosteron
1-Androstendiol
Androstendiol
1-Androstendion
Androstendion
1-Androsteron
Bolasteron
Boldenon
Boldion
Calusteron
Clostebol
Danazol
Dehydrochlormethyltestosteron
Desoxymethyltestosteron
Drostanolon
Ethylestrenol

Anlage (zu § 2 Abs. 3) **Anlage AntiDopG**

    Fluoxymesteron
    Formebolon
    Furazabol
    Gestrinon
    4-Hydroxytestosteron
    Mestanolon
    Mesterolon
    Metandienon
    Metenolon
    Methandriol
    Methasteron
    Methyldienolon
    Methyl-1-testosteron
    Methylnortestosteron
    Methyltestosteron
    Metribolon, synonym Methyltrienolon
    Miboleron
    Nandrolon
    19-Norandrostendion
    Norboleton
    Norclostebol
    Norethandrolon
    Oxabolon
    Oxandrolon
    Oxymesteron
    Oxymetholon
    Prasteron, synonym Dehydroepiandrosteron (DHEA)
    Prostanozol
    Quinbolon
    Stanozolol
    Stenbolon
    1-Testosteron
    Testosteron
    Tetrahydrogestrinon
    Trenbolon
    Andere exogene mit anabol-androgenen Steroiden verwandte Stoffe
  2. Andere anabole Stoffe
    Clenbuterol
    Selektive Androgen-Rezeptor-Modulatoren (SARMs)
    Tibolon
    Zeranol
    Zilpaterol

II. Peptidhormone, Wachstumsfaktoren, verwandte Stoffe und Mimetika

  1. Erythropoese stimulierende Stoffe
    Erythropoetin human (EPO)
    Epoetin alfa, beta, delta, omega, theta, zeta und analoge rekombinante humane Erythropoetine
    Darbepoetin alfa (dEPO)
    Methoxy-Polyethylenglycol-Epoetin beta, synonym PEG-Epoetin beta, Continuous Erythropoiesis Receptor Activator (CERA)
    Peginesatid, synonym Hematid
    Hypoxie-induzierbarer-Faktor (HIF)-Aktivatoren:
    Daprodustat (GSK1278863)

AntiDopG Anlage

    Molidustat (BAY 85-3934)
    Roxadustat (FG-4592)
    Vadadustat (AKB-6548)

2. Choriongonadotropin (CG), Luteinisierendes Hormon (LH) sowie ihre Releasingfaktoren
    Buserelin
    Choriongonadotropin (HCG)
    Choriongonadotropin alfa
    Deslorelin
    Gonadorelin
    Goserelin
    Leuprorelin
    Lutropin alfa
    Nafarelin
    Triptorelin

3. Corticotropine
    Corticotropin
    Tetracosactid

4. Wachstumshormon (-Fragmente), Releasingfaktoren und Releasingpeptide
    Somatropin, synonym Wachstumshormon human, Growth Hormone (GH)
    Somatrem, synonym Somatotropin (methionyl), human
    Wachstumshormon-Fragmente z. B. AOD-9604, hgH-Fragment 176–191
    Wachstumshormon-Releasingfaktoren, synonym Growth Hormone Releasing Hormones (GHRH)
    Sermorelin
    Somatorelin
    Tesamorelin
    und Peptide mit gleicher Wirkung, synonym Growth Hormone Releasing Peptides (GHRP)
    Wachstumshormon-Sekretagoge (GHS) und ihre Mimetika
    Anamorelin
    Ipamorelin
    Lenomorelin (Ghrelin)
    Macimorelin
    Ibutamoren (MK-677)
    Tabimorelin

5. Wachstumsfaktoren und Wachstumsfaktor-Modulatoren
    Mecasermin, synonym Insulin-ähnlicher Wachstumsfaktor 1, Insulin-like Growth Factor -1 (IGF-1)
    IGF-1 Analoga
    Mechano Growth Factor (MGF) und MGF-Varianten
    Thymosin-beta-4 und seine Derivate

III. Hormone und Stoffwechsel-Modulatoren

1. Aromatasehemmer
    Aminoglutethimid
    Anastrozol
    Androsta-1, 4, 6-trien-3, 17-dion, synonym Androstatriendion
    4-Androsten-3, 6, 17-trion (6-oxo)
    Exemestan
    Formestan
    Letrozol
    Testolacton

Anlage (zu § 2 Abs. 3)

2. **Selektive Estrogen-Rezeptor-Modulatoren (SERMs)**
   Raloxifen
   Tamoxifen
   Toremifen
3. **Andere antiestrogen wirkende Stoffe**
   Clomifen
   Cyclofenil
   Fulvestrant
4. **Myostatinfunktionen verändernde Stoffe**
   Follistatin und seine Derivate
   Stamulumab
5. **Stoffwechsel-Modulatoren**
   Insuline
   PPARδ (Peroxisome Proliferator Activated Receptor Delta)-Agonisten, synonym PPAR-delta-Agonisten
   GW051516, synonym GW 1516
   AMPK (PPARδ-AMP-activated protein kinase)-Axis-Agonisten
   AICAR
   Meldonium
   SR9009.

Die Aufzählung schließt die verschiedenen Salze, Ester, Ether, Isomere, Mischungen von Isomeren, Komplexe oder Derivate mit ein.

Gesetz zur Bekämpfung von Doping im Sport

Gesetz v. 10.12.2015 (BGBl. I S. 2210),
geändert durch VO v. 19.6.2020 (BGBl. I S. 1328)

Auszug

Artikel 8 Evaluierung

Das Bundesministerium der Justiz und für Verbraucherschutz, das Bundesministerium des Innern, für Bau und Heimat und das Bundesministerium für Gesundheit evaluieren gemeinsam unter Einbeziehung eines wissenschaftlichen Sachverständigen, der im Einvernehmen mit dem Deutschen Bundestag bestellt wird, innerhalb von fünf Jahren nach dem Inkrafttreten dieses Gesetzes gemäß Artikel 9 Absatz 1 die Auswirkungen der in diesem Gesetz enthaltenen straf- und strafverfahrensrechtlichen Regelungen zur Bekämpfung des Dopings im Sport.

Neue-psychoaktive-Stoffe-Gesetz (NpSG)

v. 21.11.2016 (BGBl. I S. 2615),
zuletzt geändert durch VO v. 3.7.2020 (BGBl. I S. 1555)

Einleitung

Übersicht

	Rn.
A. Tatsächliche und rechtliche Entwicklung	1
I. Tatsächliche Entwicklung	1
1. Designerdrogen	2
2. Neue psychoaktive Stoffe (NPS; sog. Legal Highs)	5
3. Research Chemicals (RC)	13
II. Rechtliche Entwicklung in Deutschland	14
1. Behandlung als Arzneimittel	15
2. Anwendung anderer Verbraucherschutzgesetze	18
III. Internationale rechtliche Entwicklung	19
B. Gefährlichkeit	22
C. Ziel des Gesetzes, Rechtsgüter	23
D. Aufnahme in die Anlagen I bis III des BtMG	25
E. Systematik des Gesetzes	27
F. Inkrafttreten, Geltung auch für früher erworbene Stoffe	29
G. Zahlenmäßige Bedeutung, Evaluierung	31

A. Tatsächliche und rechtliche Entwicklung

I. Tatsächliche Entwicklung. Bereits seit jeher hat es sich als **Problem der** **1** **Positivliste** des BtMG (→ BtMG § 1 Rn. 12, 19) erwiesen, dass (meist neue) psychoaktive Stoffe als Drogen gehandelt und missbraucht wurden, die (noch) nicht in eine der Anlagen zum BtMG aufgenommen waren. Ein Verstoß gegen das **BtMG** kommt in solchen Fällen **nicht** in Betracht.

1. Designerdrogen. Den Umstand der Beschränkung auf einen bestimmten, **2** genau bezeichneten Stoff (→ BtMG § 1 Rn. 12, 14, 19) machten sich die Hersteller von Substanzen zunutze, die früher als **Designerdrogen** bezeichnet wurden, während heute der Begriff „**neue psychoaktive Stoffe (NPS)**" gebräuchlich ist. Diese neuen Stoffe werden durch einfache chemische Abwandlung (Derivatisierung) bekannter Strukturen chemischer Grundgerüste synthetisiert (etwa durch Austausch eines oder mehrerer Atome gegen andere oder gegen Molekülgruppen, Verlängerung oder Verzweigung von Kohlenstoffketten), wodurch eng verwandte Verbindungen mit ähnlichen, manchmal sogar verstärkten (BR-Drs. 399/15, 3), Wirkungen, Nebenwirkungen und Gefährdungspotentialen entstehen, die aber gleichwohl **nicht dem BtMG unterliegen** (BR-Drs. 434/13, 5).

Bereits im Rahmen der Vorarbeiten zum OrgKG (→ BtMG Einl. Rn. 22), **3** wurde daher eine sog. **Stoffgruppenlösung** in Form einer Generikklausel erwogen, mit der statt einzelner Betäubungsmittel ganze Stoffgruppen erfasst werden sollten. Das Vorhaben wurde jedoch als naturwissenschaftlich und verfassungsrechtlich zu schwierig aufgegeben und stattdessen der neue Absatz 3 in § 1 BtMG eingefügt, der dem BMG eine rasche Intervention ermöglichen soll.

4 Zunächst hat sich diese Regelung trotz der damit verbundenen Schwierigkeiten als gerade noch ausreichend erwiesen, um die neu auf dem Markt erscheinenden Substanzen zu erfassen, zumal für die jeweilige **Übergangszeit auf das AMG** zurückgegriffen werden konnte (BVerfG NJW 2006, 2684; BGHSt 43, 336 = NJW 1998, 836 = NStZ 1998, 258 = StV 1998, 136; 54, 243 = NJW 2010, 2528 = StV 2010, 683 = StraFo 2010, 126).

5 **2. Neue psychoaktive Stoffe (sog. Legal Highs).** Inzwischen kann diese Regelung den erheblichen Gesundheitsgefahren, die durch neue Produkte entstehen, jedoch nicht mehr gerecht werden.

6 Etwa seit dem Jahre 2005 wird der europäische Markt mit **neuen psychoaktiven Stoffen (NPS)** überschwemmt, die sich irreführend als **„Legal Highs"** bezeichnen und so den Eindruck ihrer gesundheitlichen Unbedenklichkeit erwecken, es in Wirklichkeit aber nicht sind (*Patzak/Volkmer* NStZ 2011, 498).

7 Wie der Handel mit Betäubungsmitteln ist der Handel mit NPS **arbeitsteilig organisiert.** NPS werden vor allem im ostasiatischen Raum, insbesondere in China, in geringerem Umfang auch in Indien und Europa **produziert.** Das in den letzten Jahren zu beobachtende Marktwachstum ist auf die Beteiligung überwiegend chinesischer Chemie- und Pharmaunternehmen zurückzuführen, die in der Lage sind, eine große Anzahl von Stoffen im industriellen Maßstab herzustellen (EU Drug Markets Report 2019, 175 (180)) Auf zahlreichen Internetseiten bieten vor allem chinesische Firmen eine breite Palette missbrauchsfähiger Substanzen an, für die eine legale Verwendung nicht bekannt ist. Solche Angebote sowie eine Vielzahl von Sicherstellungen deuten darauf hin, dass in Asien eine Industrie herangewachsen ist, die gezielt die westlichen Märkte mit Rauschsubstanzen beliefert (BT-Drs. 17/7706, 10).

8 Der nächste Schritt im Vertriebsweg ist die Belieferung **europäischer Händler,** die die psychoaktiven Substanzen sowohl in Reinform (Research Chemicals, RC (→ Rn. 13)) als auch als Legal High-Produkte in größeren Mengen ordern. Von den Händlern werden die NPS dann ver- oder bearbeitet, portioniert, gemischt, abgefüllt und verpackt und vorwiegend über Online-Shops und Postversand als RC oder konsumfähige Zubereitungen an **kleinere Händler** oder **Konsumenten** weiterverkauft (BT-Drs. 18/8579, 15, 19; Bundeslagebild Rauschgiftkriminalität 2017, S. 27).

9 Das hohe Produktionsvolumen sowie die großen Gewinne, die mit dem Vertrieb dieser Substanzen erzielt werden, deuten darauf hin, dass zumindest Teilbereiche von Herstellung und Handel der **Organisierten Kriminalität** zuzuordnen sind (BT-Drs. 17/7706, 10).

10 Begünstigt wird die Vermarktung dieser Stoffe durch einen raschen Informationsaustausch und ein entsprechendes Angebot über das Internet. Anders als Betäubungsmittel werden NPS überwiegend nicht im „Darknet", sondern im mit herkömmlichen Internetbrowsern zugänglichen „Opennet" vertrieben, was der Vermarktungsstrategie entspricht, sie als vermeintlich legale Alternative zu verbotenen Betäubungsmitteln zu bewerben (Bundeslagebild Rauschgiftkriminalität 2017, S. 15) Sie werden als **Kräuter-** oder **Räuchermischungen,** aber auch als **Pflanzendünger, Badesalz, Raumlufterfrischer, Car Perfume** oder **Party Caps** deklariert, wobei sie vielfach mit dem ausdrücklichen Hinweis versehen werden, dass sie zum menschlichen Konsum nicht zu gebrauchen seien. Gleichwohl ist allen Beteiligten, auf der Erwerber- wie auf der Hersteller- und Händlerseite, bekannt und bewusst, dass sie zu Rauschzwecken konsumiert, meist geraucht werden (*Volkmer* in Körner/Patzak/Volkmer AMG Rn. 72a; *Oğlakcıoğlu* in MüKoStGB NpSG vor § 1 Rn. 2).

A. Tatsächliche und rechtliche Entwicklung NpSG

Seit dem Jahre 2005 (bis 2018) hat die EBDD **mehr als 730 NPS festgestellt**, 11 von denen 55 im Jahr 2018 erstmals in Europa entdeckt wurden (EBDD 2019 S. 35) Davon werden die meisten auch in Deutschland vertrieben.

Die **häufigsten Stoffgruppen** sind synthetische Cannabinoide, Cathinone und 12 Phenethylamine, zunehmend aber auch Opioide und Benzodiazepine (EBDD 2019 S. 35, 37). Zudem gibt es vermehrt Meldungen über Stoffe aus eher seltenen chemischen Gruppen (BT-Drs. 18/8579, 15).

3. Research Chemicals (RC). Zu den NPS werden auch die **Research Che-** 13 **micals (RC)** gezählt (BT-Drs. 18/8579, 15). Sie gewinnen eine immer größere Bedeutung. Es handelt sich um synthetische **Reinsubstanzen** in Form von molekularen Abwandlungen bereits etablierter illegaler Drogen. Ihr Vorteil gegenüber den sonstigen NPS liegt darin, dass der Erwerber genau weiß, was er erwirbt und sich seinen Stoff selbst zusammen mischen kann. Sie kommen daher vor allem für erfahrene und experimentierfreudige Konsumenten in Betracht. Davon abgesehen stehen sie in ihrer Gefährlichkeit hinter den sonstigen NPS nicht zurück.

II. Rechtliche Entwicklung in Deutschland. Von den seit dem Jahre 2012 14 festgestellten 353 Substanzen wurden bis zur 19. VO zur Änderung v. Anlagen des Betäubungsmittelgesetzes v. 17.12.2019 (BGBl. I S. 2850) über 150 Stoffe **dem BtMG unterstellt** (→ BtMG § 1 Rn. 220–232).

1. Behandlung als Arzneimittel. Soweit sie (noch) nicht dem BtMG unter- 15 stellt waren, wurden die NPS im Anschluss an BGHSt 43, 336 (→ Rn. 4) – Designerdrogen und 54, 243 (→ Rn. 4) – GHB von den **Strafgerichten** (OLG Nürnberg NStZ-RR 2013, 249 = PharmR 2013, 94 = BeckRS 2013, 00099; LG Limburg PharmR 2013, 190 = BeckRS 2012, 23948; ebenso *Patzak Volkmer* NStZ 2011, 498 (500)) als **(Funktions-)Arzneimittel** behandelt. Vor allem aus verwaltungsrechtlicher Sicht wurde dies bestritten (OVG Magdeburg NVwZ-RR 2012, 605 = PharmR 2012, 298; OVG Münster PharmR 2015, 142 = BeckRS 2015, 41343; *Nobis* NStZ 2012, 422 (424); s. auch *Knauer* in Spickhoff § 95 Rn. 25; *Oğlakcıoğlu* in MüKoStGB NpSG vor § 1 Rn. 9).

Auf Grund einer Vorlage des 3. Strafsenats des BGH (NStZ-RR 2014, 180 16 = PharmR 2013, 379 = MedR 2014, 236) hat der **EuGH mit Urt. v. 10.7.2014** (EuZW 2014, 742 mAnm *Müller* = NStZ 2014, 461 mAnm *Ewald/Volkmer* = StV 2014, 598; 2015, 166 mAnm *Oğlakcıoğlu* = PharmR 2014, 347 = MedR 2015, 184 – synthetische Cannabinoide) entschieden, dass Stoffe,
– deren Wirkungen sich auf eine schlichte Beeinflussung der physiologischen Funktionen beschränken, ohne dass sie geeignet wären, der menschlichen Gesundheit unmittelbar oder mittelbar zuträglich zu sein,
– die nur konsumiert werden, um einen Rauschzustand hervorzurufen, und
– die dabei gesundheitsschädlich sind,

keine Arzneimittel darstellen. Diese drei Merkmale sind kumulativ zu verstehen (*Müller* EuZW 2014, 744).

Wenn auch die Entscheidung, namentlich im Hinblick auf die wunscherfüllende 17 Medizin (*Duttge/Waschkewitz* FS Rössner, 2015, 737 (742)), nicht in jeder Hinsicht überzeugend ist (*Dettling/Böhnke* PharmR 2014, 342), ist ihr **die deutsche Rechtsprechung gefolgt** (→ AMG § 2 Rn. 51, 52). Dies könnte den Eindruck erwecken, als ob die fehlende Arzneimittelqualität der NPS damit ein für allemal festgelegt sei. Werden dagegen die drei Merkmale herangezogen, auf die der EuGH seine Entscheidung abgestellt hat, so ergibt sich, dass die Frage **aufgrund der Umstände des Einzelfalls** zu beurteilen ist (BGH PharmR 2016, 86; *Volkmer* in Körner/Patzak/Volkmer AMG Vor Rn. 72c). Dies gilt im Hinblick auf § 1 Abs. 2 Nr. 2 auch nach dem Inkrafttreten des NpSG (→ § 1 Rn. 4).

18 **2. Anwendung anderer Verbraucherschutzgesetze.** Die Behandlung als Arzneimittel verstellte zunächst den Blick dafür, dass es auf Grund des entwickelten **Verbraucherschutzes** in Deutschland eigentlich **undenkbar** war, solch gefährliche Substanzen, ohne jegliche Kontrolle auf den deutschen Markt gelangen zu lassen. Dies wurde erstmals vom 5. Strafsenat des BGH aufgegriffen, der in einem Anfragebeschluss v. 5.11.2014 (NStZ 2015, 597 = NStZ-RR 2015, 142 – L = PharmR 2015, 33) bei Stoffen, die geraucht werden sollten, eine Strafbarkeit wegen gewerbsmäßigen Inverkehrbringens von Tabakerzeugnissen unter Verwendung nicht zugelassener Stoffe (§ 52 Abs. 2 Nr. 1, § 20 Abs. 1 Nr. 1, 2 VTabakG) als gegeben sah. Während der 2. Strafsenat dem zustimmte (PharmR 2016, 84), lehnte der 3. Strafsenat (NStZ-RR 2015, 142 = PharmR 2015, 239) dies ab. Zu einer endgültigen Entscheidung dieser Frage kam es nicht mehr, weil die entsprechenden Vorschriften des VTabakG durch G v. 5.4.2016 (BGBl. I S. 569 (584)) nebst Verordnung v. 27.4.2016 (BGBl. I S. 980) ersatzlos aufgehoben wurden (BGH PharmR 2016, 331). Da zu erwarten ist, dass auch das NpSG nicht sofort alle neu aufkommenden NPS erfassen kann (BT-Drs. 18/8679, 15), wird die Anwendung anderer Verbraucherschutzgesetze (etwa § 2 Abs. 6 Nr. 9 LFBG: *Raumerfrischer*) auch in Zukunft zu prüfen sein (krit. *Oğlakcıoğlu* in MüKoStGB NpSG vor § 1 Rn. 10, 11).

19 **III. Internationale rechtliche Entwicklung.** Auf **EU-Ebene** trat mit Wirkung vom 23.11.2018 eine Verordnung zur Änderung der Verordnung (EG) Nr. 1920/2006 in Kraft, mit der der Informationsaustausch, das Frühwarnsystem und das Risikobewertungsverfahren für neue psychoaktive Substanzen verbessert werden soll (Verordnung (EG) Nr. 2017/2101). Der Bundesrat hatte in seiner Sitzung v. 14.10.2016 von dem Vorschlag Kenntnis genommen und keine Einwendungen erhoben (BR-Drs. 482/16).

20 Ferner wurde durch Richtlinie (EU) 2017/2103 vom 15.11.2017 der **Rahmenbeschluss** 2004/757/JI des Rates der Europäischen Union v. 25.10.2004 zur Festlegung von Mindestvorschriften über die Tatbestandsmerkmale strafbarer Handlungen und die Strafen im Bereich des illegalen Drogenhandels, abgedr. im Anh. B 3, auf neue psychoaktive Substanzen ausgedehnt.

21 Im **Abschlussdokument** der Sondertagung der **Generalversammlung der Vereinten Nationen** über das weltweite Drogenproblem (UNGASS) v. 19.4.2016 (Nr. A/RES/S-30/1) befasst sich mit einem eigener Abschnitt mit den neuen psychoaktiven Substanzen. Gefordert wird eine Verstärkung der Maßnahmen zu ihrer Bekämpfung sowie die Verbesserung der Netzwerke für Informationsaustausch und Frühwarnung.

B. Gefährlichkeit

22 **Der Konsum von NPS** führt nicht selten zu **schweren Intoxikationen.** NPS werden vermarktet, ohne dass Erkenntnisse zu Wirkungen und Nebenwirkungen vorliegen. Es kommt hinzu, dass die Konsumenten auf Grund der fehlenden Deklarierung der Inhaltstoffe nicht wissen, welchen Wirkstoff sie sich in welcher Konzentration zuführen. Daraus ergibt sich ein zusätzliches Risiko für Überdosierungen und unkalkulierbare Folgewirkungen, da Wirkspektrum, Toxizität und Langzeitrisiken der Substanzen nicht eingeschätzt werden können. Die Symptome reichen von Übelkeit, heftigem Erbrechen, Herzrasen und Orientierungsverlust über Kreislaufversagen, Ohnmacht, Lähmungserscheinungen und Wahnvorstellungen bis hin zum Versagen der Vitalfunktionen. Betroffene mussten künstlich beatmet oder sogar reanimiert werden. Im Jahre 2017 wurden 28 Todesfälle bei dem Konsum von NPS allein oder in Verbindung mit anderen Substanzen bekannt, wobei aufgrund der schwierigen Erkennbarkeit der Todesursache von einem größeren Dunkelfeld auszugehen ist (Bundeslagebild Rauschgiftkriminalität 2017, S. 30).

C. Ziel des Gesetzes, Rechtsgüter

Ziel des Gesetzes ist es, die Verbreitung von NPS zu bekämpfen und so ihre 23
Verfügbarkeit als Konsum- und Rauschmittel einzuschränken (BT-Drs. 18/8579,
15). Anders als das BtMG (§ 5 Abs. 1 Nr. 6) und das AMG (§ 1), die auch zum
Zweck haben, die medizinische Versorgung der Bevölkerung sicherzustellen, ist es
ein reines Verbotsgesetz.

Geschützte Rechtsgüter sind die Gesundheit der Bevölkerung im Ganzen 24
(BT-Drs. 18/8579, 15; die entgegenstehende Auffassung von *Patzak* (NStZ 2017,
263 (265)) erscheint nicht recht verständlich) und des Einzelnen, insbesondere von
Jugendlichen und jungen Erwachsenen (BT-Drs. 18/8579, 15). Eine **Rechtsguts-
diskussion** wie beim AntiDopG (dort → § 1 Rn. 4–11) hat sich hier offensichtlich
wegen der Gefährlichkeit der NPS nicht entwickelt. Gesichtspunkte der eigenverantwortlichen Selbstgefährdung stehen der Anwendung des Gesetzes, auch der
Qualifikation des § 4 Abs. 3 Nr. 2 Buchst. b nicht entgegen (zw. *Patzak* NStZ 2017,
263 (264).

D. Aufnahme in die Anlagen I bis III zum BtMG

Ergibt sich, dass ein den Stoffgruppen unterfallender **Einzelstoff** die Vorausset- 25
zungen des § 1 Abs. 3 BtMG erfüllt, so ist er weiterhin in die Anlagen zum BtMG
aufzunehmen. Das NpSG hat daran nichts geändert (s. auch BT-Drs. 18/8579, 16).

Mit dem Datum, das sich aus der Verordnung ergibt oder mit dem Ablauf einer 26
etwaigen Übergangszeit wird der Stoff **zum Betäubungsmittel** der betreffenden
Anlage mit allen sich daraus ergebenden Folgen, insbesondere für den Besitz, der
nunmehr strafbar ist. Wegen der Folgen im Einzelnen wird auf → BtMG § 1
Rn. 645–647 verwiesen.

E. Systematik des Gesetzes

Das NpSG unterscheidet zwischen einem **verwaltungsrechtlichen** und einem 27
strafrechtlichen Verbot. Das weit reichende **verwaltungsrechtliche** Verbot (§ 3)
soll die Grundlage dafür schaffen, dass NPS unabhängig von einem Strafverfahren
auf Grund der Polizeigesetze des Bundes und der Länder sichergestellt und gegebenenfalls vernichtet werden können (BT-Drs. 18/8579, 16). Auch soll es den Zollbehörden ermöglicht werden, Waren sicherzustellen, bei denen Grund zu der Annahme besteht, dass es sich um NPS handelt, die ein-, aus- oder durchgeführt
werden. Mit dem **strafrechtlichen** Verbot (§ 4) sollen vor allem Handlungen erfasst werden, die auf eine Weitergabe der NPS zielen (BT-Drs. 18/8579, 16).
Grundsätzlich nicht strafbewehrt sind Erwerb und Besitz (sofern nicht Handeltreiben vorliegt).

Verfahrensrechtlich flankiert wird das Gesetz durch die Ermöglichung der 28
Überwachung der **Telekommunikation** bei gewerbsmäßigem oder bandenmäßi-
gem Handeln (§ 100a Abs. 2 Nr. 9a StPO nF) und Aufnahme als Haftgrund der
Wiederholungsgefahr in diesen Fällen (§ 112a StPO nF).

F. Inkrafttreten, Geltung auch für früher erworbene Stoffe

Das Gesetz ist am 26.11.2016 in Kraft getreten. **Neue** psychoaktive Stoffe im 29
Sinne des Gesetzes sind alle Stoffe in Reinform oder als Zubereitung, die nicht
nach dem Einheitsübereinkommen von 1961 (Ük 1961, abgedr. Anh. A 1) oder
dem Übereinkommen von 1971 über psychotrope Stoffe (Ük 1971, abgedr. Anh.
A 2) kontrolliert werden und die einer der in der in der Anlage zum NpSG genannten Stoffgruppe zugehören (→ § 2 Rn. 8). Das Gesetz gilt daher auch für die Stoffe,

die schon **vor seinem Inkrafttreten** entwickelt oder auf den Markt gebracht wurden.

30 **Mit dem Inkrafttreten** des Gesetzes sind alle diese Stoffe **verboten** (§ 3). Dies gilt auch für den Besitz, der nach § 3 Abs. 1 verboten und, wenn er mit dem Ziel des gewinnbringenden Umsatzes oder der sonstigen Abgabe an andere erfolgt, als Handeltreiben (→ § 4 Rn. 42) oder Inverkehrbringen (→ § 4 Rn. 43, 44) auch strafbar ist. Der Besitzer muss sich ihrer daher in legaler Weise **entledigen** (*Eisele* in Schönke/Schröder StGB Vor § 13 Rn. 42), etwa indem er sie vernichtet. Unterlässt er dies, obwohl es **ihm möglich** wäre, so folgt die Strafbarkeit aus der von seinem Willen getragenen Aufrechterhaltung des Besitzes oder seiner Nichtbeendigung (BT-Drs. VI/1877, 9; OLG Stuttgart NStZ 2013, 50 = A&R 2012, 231 mAnm *Winkler* je für Betäubungsmittel; *Eisele* in Schönke/Schröder StGB Vor § 13 Rn. 42).

G. Zahlenmäßige Bedeutung, Evaluierung

31 Die polizeilichen Statistiken weisen für 2018 in Deutschland 3.333 Fälle im Zusammenhang mit NPS aus; das entspricht knapp 1% der über 342.000 Fälle, die insgesamt im Bereich der Rauschgiftkriminalität polizeilich registriert wurden (BKA Polizeiliche Kriminalstatistik, Jahrbuch 2018, Band 4, S. 155). Die Zahl der wegen einer Straftat nach dem NpSG verurteilten Personen ist wegen der erst kurzen Geltungsdauer des G naturgemäß noch gering: Im Jahr 2018 waren es 6 Verurteilungen, wobei hierunter Verurteilungen nicht erfasst sind, die neben einem Verstoß gegen das NpSG auch eine andere schwerere Straftat zum Gegenstand hatten (Statistisches Bundesamt, Fachserie 10 Reihe 3 – 2018, S. 56).

32 Aus den eher geringen Fallzahlen kann nicht auf eine fehlende praktische Relevanz des NpSG geschlossen werden. In der Strafverfolgungspraxis wird bei Auffinden einer überprüfungsbedürftigen, unter Umständen unter das NpSG fallende Substanz zumeist auch der Verdacht eines Verstoßes gegen das BtMG bestehen, womit der Fall regelmäßig als BtMG-Verfahren statistisch erfasst wird. Tatsächlich treffen – etwa beim Handeltreiben mit verschiedenen Substanzen – betäubungsmittelrechtliche Verstöße und Straftaten nach dem NpSG nicht selten zusammen, wobei dann häufig im Hinblick auf den BtMG-Verstoß von der Verfolgung einer Straftat nach § 4 nach §§ 154, 154a StPO abgesehen wird, um aufwändige Stoffanalysen zu vermeiden (so auch *Volkmer* in Körner/Patzak/Volkmer NpSG Rn. 9). Insgesamt lassen sich zur Wirksamkeit des NpSG noch keine verlässlichen Angaben machen. Erkenntnisse hierzu sind von einer vom BMG im Jahr 2017 in Auftrag gegebenen Evaluation des Gesetzes zu erwarten, deren Ergebnisse noch nicht vorliegen.

§ 1 Anwendungsbereich

(1) **Dieses Gesetz ist anzuwenden auf neue psychoaktive Stoffe im Sinne des § 2 Nummer 1.**

(2) **Dieses Gesetz ist nicht anzuwenden auf**
1. **Betäubungsmittel im Sinne des § 1 Absatz 1 des Betäubungsmittelgesetzes und**
2. **Arzneimittel im Sinne des § 2 Absatz 1, 2, 3a und 4 Satz 1 des Arzneimittelgesetzes.**

A. Anwendungsbereich

1 Die Vorschrift regelt den Anwendungsbereich des Gesetzes. Dabei bestimmt **Absatz 1** positiv, dass das Gesetz auf **neue psychoaktive Stoffe** iSd § 2 Nr. 1 anzuwenden ist. Dadurch gewinnt der Begriff des Stoffes hier eine doppelte Bedeu-

tung: er umfasst nicht nur **Stoffe,** sondern auch **Zubereitungen** aus einem Stoff und entspricht daher eher dem Begriff der **Substanz.**

B. Abgrenzungen

Absatz 2 enthält die Abgrenzung zum **BtMG** und zum **AMG.** Sind die Voraussetzungen eines dieser Gesetze erfüllt, so kommt die Anwendung des NpSG nicht in Betracht. Anders als im Verhältnis von BtMG und AMG zueinander (AMG § 81) ordnet das Gesetz hier einen **klaren Vorrang** an, das NpSG wird verdrängt. Sofern hier überhaupt Überschneidungen denkbar sind, würde dies auch im Verhältnis zum **AntiDopG** gelten, da auch dieses die speziellere Regelung gegenüber dem NpSG enthält. 2

Die **Abgrenzung zum Betäubungsmittelrecht (Nr. 1)** ist recht einfach: Betäubungsmittel sind nur Stoffe oder Zubereitungen, die in eine Anlage zum BtMG aufgenommen sind. 3

Schwieriger ist die **Abgrenzung zum Arzneimittelrecht (Nr. 2).** Das Gesetz verweist insoweit auf § 2 Abs. 1, 2, 3a und 4 S. 1 AMG und umfasst damit die Präsentations- und Funktionsarzneimittel (→ AMG § 2 Rn. 2–83), die fiktiven Arzneimittel (→ AMG § 2 Rn. 84, 85), die Arzneimittel kraft Zweifelsfallregelung (→ AMG § 2 Rn. 108–110) und die Arzneimittel kraft gesetzlicher Fiktion (→ AMG § 2 Rn. 111, 112). Dabei bereitet vor allem die Abgrenzung von den Funktionsarzneimitteln Schwierigkeiten. Auf → Einl. Rn. 15–17 wird verwiesen. 4

§ 2 Begriffsbestimmungen

Im Sinne dieses Gesetzes ist
1. **neuer psychoaktiver Stoff ein Stoff oder eine Zubereitung eines Stoffes aus einer der in der Anlage genannten Stoffgruppen;**
2. **Zubereitung ohne Rücksicht auf den Aggregatzustand ein Stoffgemisch oder die Lösung eines Stoffes oder mehrerer Stoffe außer den natürlich vorkommenden Gemischen und Lösungen;**
3. **Herstellen das Gewinnen, das Anfertigen, das Zubereiten, das Be- oder Verarbeiten, das Reinigen, das Umwandeln, das Abpacken und das Umfüllen einschließlich Abfüllen;**
4. **Inverkehrbringen das Vorrätighalten zum Verkauf oder zu sonstiger Abgabe sowie das Feilhalten, das Feilbieten, die Abgabe und das Überlassen zum unmittelbaren Verbrauch an andere.**

Übersicht

	Rn.
A. Inhalt	1
B. Neuer psychoaktiver Stoff (Nr. 1, 2)	2
I. Stoffe und Zubereitungen	3
1. Stoffe	4
2. Zubereitungen	7
II. Neuheit	8
III. In der Anlage genannte Stoffgruppen	9
1. Das System der Positivliste	10
2. Stoffgruppe	12
3. Die Stoffgruppen der Anlage	13
C. Herstellen (Nr. 3)	19
D. Inverkehrbringen (Nr. 4)	21
I. Begriff des Inverkehrbringens	21
II. Inverkehrbringen und Handeltreiben	26
III. Die Stufen des Inverkehrbringens	27

		Rn.
	1. Vorrätighalten zum Verkauf oder zu sonstiger Abgabe	28
	a) Vorrätighalten zum Verkauf	30
	b) Vorrätighalten zu sonstiger Abgabe	31
	2. Feilhalten	32
	3. Feilbieten	33
	4. Abgabe an andere	34
	a) Abgebender, Empfänger	36
	b) Inland oder auch Ausland	39
	5. Überlassen zum unmittelbaren Verbrauch an andere	40
IV.	Bewertungseinheit	41

A. Inhalt

1 Die Vorschrift enthält **Begriffsbestimmungen,** die für das ganze Gesetz maßgeblich sind. Sie knüpfen zum Teil an Regelungen des BtMG und des AMG an, enthalten aber auch Mischformen.

B. Neuer psychoaktiver Stoff (Nr. 1, 2)

2 Neue psychoaktive Stoffe sind **Stoffe und Zubereitungen** eines Stoffes aus einer der in der **Anlage zum NpSG** genannten **Stoffgruppen.**

3 **I. Stoffe und Zubereitungen.** Bemerkenswert ist, dass unter dem Begriff des neuen psychoaktiven Stoffes sowohl Stoffe als auch Zubereitungen versammelt werden.

4 **1. Stoffe.** Stoffe sind Erscheinungsformen der Materie. Sie sind zum **Verbrauch** bestimmt (→ BtMG § 2 Rn. 2, 3) und unterscheiden sich dadurch von den **Gegenständen,** die zum **Gebrauch** bestimmt sind. Anders als das BtMG (§ 2 Abs. 1 Nr. 1) und das AMG (§ 3) enthält das NpSG keine Definition des Stoffes. Wie in diesen beiden Gesetzen wird davon ausgegangen werden können, dass lückenlos alle möglichen Substanzen und Lösungen in allen Be- und Verarbeitungsstadien erfasst werden (→ BtMG § 2 Rn. 5). Dies umschließt nicht nur die reinen Stoffe, sondern auch rohe und ungereinigte Materialien, wie sie bei der Herstellung anfallen, gleich in welchem Reinheitsgrad.

5 Ein Stoff liegt auch dann vor, wenn es an einer konkreten **Berauschungsqualität** oder **Konsumfähigkeit** fehlt oder es sich um geringste Rückstände oder Restsubstanzen handelt (→ BtMG § 1 Rn. 15, 16, 146, 200).

6 In der Praxis und auf Grund der Bezugnahme auf die Anlage zum NpSG sind die dem Gesetz unterfallenden Stoffe in aller Regel chemische Elemente und **chemische Verbindungen** sowie deren **natürlich** vorkommende Gemische und Lösungen (→ BtMG § 2 Rn. 7–20), eventuell auch noch Pflanzen, Pflanzenteile und Pflanzenbestandteile (→ BtMG § 2 Rn. 22, 29–31).

7 **2. Zubereitungen.** Der Begriff der Zubereitung ist in Nr. 2 definiert. In Übereinstimmung mit § 2 Abs. 1 Nr. 2 BtMG ist eine Zubereitung ein Stoffgemisch oder die Lösung eines Stoffes oder mehrerer Stoffe außer den natürlich vorkommenden Gemischen und Lösungen, wobei es auf den Aggregatzustand nicht ankommt.

8 **II. Neuheit.** Ein **neuer** psychoaktiver Stoff ist ein Sucht- oder psychotropischer Stoff in Reinform oder als Zubereitung, der nicht nach dem Einheitsübereinkommen von 1961 (Ük 1961; Anh. A 1) oder dem Übereinkommen von 1971 über psychotrope Stoffe (Ük 1971; Anh. A 2) kontrolliert wird, der aber eine Gefahr für die öffentliche Gesundheit darstellen kann und vergleichbar mit den Stoffen ist, die in diesen Übereinkommen gelistet sind (BT-Drs. 18/8579, 15; Art. 3 Buchst. b, c des EU-Ratsbeschlusses 2005/387/JI v. 10.5.2005 (ABl. L 127)). Dass der Stoff erst nach dem Inkrafttreten des NpSG entwickelt oder erstmals auf den Markt gebracht wurde, ist nicht erforderlich. **Der Zusatz „neu"** bezeichnet lediglich den Umstand, dass der Stoff nicht in einem der Übereinkommen aufgeführt ist (Begründung zum österreichischen NPSG, Nr. 1518 der Beilagen XXIV. GP, S. 8[1]). Zum **Besitz** an solchen Stoffen → Einl. Rn. 30.

III. In der Anlage genannte Stoffgruppen. Sowohl Stoffe als auch Zubereitungen sind nur dann neue psychoaktive Stoffe im Sinne des Gesetzes, wenn sie unter eine der in der Anlage genannten Stoffgruppen fallen. 9

1. Das System der Positivliste. Wie das BtMG folgt das NpSG damit dem System der Positivliste, in der die Stoffe, auf die das Gesetz anwendbar ist, (hier in Form von Stoffgruppen) enumerativ aufgezählt sind. Dies hat einen doppelten Effekt: zunächst wirkt die Aufnahme **konstitutiv;** wegen der Einzelheiten dieser Wirkung wird auf → BtMG § 1 Rn. 14–18 Bezug genommen. Eine geringere Bedeutung als im BtMG hat die **abschließende** Wirkung der Aufnahme (→ BtMG § 1 Rn. 19), da das NpSG nicht auf Einzelstoffe, sondern auf Stoffgruppen abstellt. 10

Auch in dieser Form dient das **System der Positivliste** der Klarheit und kommt verfassungsrechtlichen Anforderungen entgegen; insbesondere wird der Grundsatz der Bestimmtheit gewahrt (*Duttge/Waschkewitz* FS Rössner, 2015, 737 (747), da aufgrund der chemischen Definition der in der Anlage aufgeführten Stoffgruppen klar erkennbar ist, welche Stoffe oder Zubereitungen unter das Verbot fallen. 11

2. Stoffgruppe. Eine besondere Definition der Stoffgruppe enthält das NpSG nicht. Im allgemeinen Sprachgebrauch werden unter einer Stoffgruppe Stoffe zusammengefasst, die eine gemeinsame Eigenschaft aufweisen. Dies kann auch ein ähnlicher molekularer Aufbau (Struktur) sein. Dieser bestimmt die Eigenschaften einer Substanz[2]. In Betracht kommen aber auch ähnliche biologische Eigenschaften[3]. In der Anlage zum NpSG wird im Wesentlichen auf die Struktur abgestellt. 12

3. Die Stoffgruppen der Anlage. Entsprechend der Zielsetzung des Gesetzes wurden die Stoffgruppen (2-Phenethylamine mit ca. 2.000 Stoffen, darunter Amfetamine und Cathinone (BT-Drs. 18/8579, 23), Cannabimimetika (BT-Drs. 18/8579, 24, 25) und synthetische Cannabinoide) in die Anlage aufgenommen, mit denen möglichst viele in Deutschland bereits aufgetretene oder in Zukunft zu erwartende psychoaktive Stoffe erfasst werden; zugleich sollte die Anzahl der erfassten Stoffe, die möglicherweise psychoaktiv wirksam sind, auf ein Minimum reduziert werden. Wegen der (naturwissenschaftlichen) Einzelheiten der hierzu gefundenen Regelung wird auf die Begründung zur Anlage (BT-Drs. 18/8579, 22) verwiesen. Die Anlage wurde durch Verordnung v. 12.7.2019 (BGBl. I S. 1063) neu gefasst und durch Verordnung v. 3.7.2020 (BGBl. I S. 1555) geändert; wegen der Einzelheiten wird auf die Begründung zu diesen Änderungen (BR-Drs. 238/19, 21–44 und BR-Drs. 272/20, 2–5) verwiesen. 13

Aus der Struktur eines Einzelstoffes, der einer in die Anlage aufgenommenen Stoffgruppe unterfällt, kann aufgrund der strukturellen Ähnlichkeit der Stoffe grundsätzlich auf mögliche psychoaktive Wirkungen und eine Gesundheitsgefährdung durch den Konsum geschlossen werden (BT-Drs. 18/8579, 22). 14

Allerdings lässt sich die Wirkungsweise **nicht** in jedem Fall allein **anhand der chemischen Struktur** genau vorhersagen (BT-Drs. 18/8579, 22). Es ist daher nicht auszuschließen, dass einzelne Stoffe einer Stoffgruppe **nicht** in nennenswertem Umfang **psychoaktiv** wirken. Dies führte zu einer intensiven Diskussion dar- 15

---

[1] Abzurufen unter www.parlament.gv.at.
[2] http//www.umweltbundesamt.de/themen/chemikalien/stoffgruppen.
[3] Umweltbundesamt http//www.umweltbundesamt.de/themen/chemikalien/stoffgruppen.

über, ob und inwieweit eine Stoffgruppenlösung zulässig ist, die möglicherweise auch solche Stoffe erfasst.

16 Soweit dabei geltend gemacht wird, eine solche Lösung widerspreche dem **Bestimmtheitsgebot** (so zuletzt *Fährmann et al.* in Alternativer Drogen- und Suchtbericht 2016[4], S. 18, 20) wird dabei unterbewertet, dass es angesichts der jeweiligen chemischen Definition keine Zweifel geben kann, ob der konkrete Stoff zu einer in der Anlage genannten Stoffgruppe gehört oder nicht (Rössner/Voit, Gutachten zur Machbarkeit der Einführung einer Stoffgruppenregelung im Betäubungsmittelgesetz[5], 2011, S. 24; *Duttge/Waschkewitz* FS Rössner, 2015, 737 (747)). Dass die Feststellung schwierig sein kann, ändert daran nichts. Ob der Betroffene dies erkannt hat oder hätte erkennen müssen, ist eine Frage des Verschuldens.

17 Schwieriger ist die Frage der **Verhältnismäßigkeit** eines Verbots, das auch solche Stoffe erfasst (*Rössner/Voit* Gutachten S. 27, 37; *Duttge/Waschkewitz* FS Rössner, 2015, 737 (747–751); *Oğlakcıoğlu* in MüKoStGB NpSG §§ 3, 4 Rn. 7). In der Gesetzesbegründung (BT-Drs. 18/8579, 22) wird insoweit darauf hingewiesen, dass **Untersuchungen** für jeden einzelnen der zahlreichen von einer Stoffgruppe umfassten Stoffe, um deren psychoaktive Wirkungen festzustellen, in der Praxis **nicht realisiert** werden können. Auch könnten Einzelstoffe mit nur geringer oder nicht nennenswerter psychoaktiver Wirkung **dennoch toxisch** und beim Konsum gesundheitsschädlich sein. Dies gelte insbesondere dann, wenn der Konsument bei der gewählten Dosierung keine nennenswerte Wirkung verspürt und daraufhin nachdosiert. Schließlich sei es auch mit Blick auf die drohenden **schweren Schäden** an Rechtsgütern mit hohem Rang (Gesundheit, Leben) geboten und angemessen, auch den Umgang mit solchen Stoffen unter Strafe zu stellen, deren Gefährlichkeit aufgrund der strukturellen Ähnlichkeit mit bereits beschriebenen Stoffen mit einer bestimmten Wahrscheinlichkeit lediglich zu vermuten ist. Es bestehe daher die begründete Verdacht schädlicher Wirkungen, der ein gesetzgeberisches Handeln zur Risiko- und Gesundheitsvorsorge rechtfertigte.

18 Dieser Gefahreneinschätzung durch den Gesetzgeber wird sich nur schwer entgegentreten lassen. Im Übrigen erscheint es **nicht unverhältnismäßig**, wenn bei Eröffnung eines unübersichtlichen Marktes und im Umfeld von gefährlichen Stoffen auch der Umgang mit solchen Stoffen verboten wird, die sich im Einzelfall als weniger gefährlich erweisen (krit. *Oğlakcıoğlu* in MüKoStGB NpSG §§ 3, 4 Rn. 6). So ist der Umgang mit **männlichen Cannabispflanzen** verboten und strafbar, obwohl sie kaum einen THC-Gehalt aufweisen (→ BtMG § 1 Rn. 261). Der Umgang mit **jungen Cannabispflanzen** oder -stecklingen bleibt auch dann verboten und strafbar, wenn sich ergibt, dass sie noch kein THC ausgebildet haben. Der Ausgleich muss im Rahmen der Strafzumessung stattfinden.

C. Herstellen (Nr. 3)

19 In **Nr. 3** wird die Tathandlung des **Herstellens** definiert. Das Gesetz verwendet dabei eine **Mischform** aus den Definitionen desselben Begriffs im BtMG (§ 2 Abs. 1 Nr. 4) und AMG (§ 4 Abs. 14). Die Definition erfasst alle Vorgänge, die zur Herstellung eines NPS erforderlich sind und umfasst damit **alle Tätigkeiten** des Produktions- und Verarbeitungsprozesses bis zum verkaufsfertig verpackten und freigegebenen Endprodukt (BT-Drs. 18/8579, 18).

20 Übereinstimmend mit BtMG und AMG sind die Begriffe des **Gewinnens** (→ BtMG § 2 Rn. 55, 56), **Anfertigens** (→ BtMG § 2 Rn. 57), **Zubereitens** (→ BtMG § 2 Rn. 58, 59) und **Be-** und **Verarbeitens** (→ BtMG § 2 Rn. 60–62).

---

[4] Abzurufen über das Internet.
[5] Abzurufen über das Internet.

Insoweit kann auf die Erläuterungen zum BtMG verwiesen werden. Nur mit dem BtMG stimmen überein das **Reinigen** (Sieben, Filtern (→ BtMG § 2 Rn. 63)) und das **Umwandeln** (→ BtMG § 2 Rn. 64); auch insoweit kann auf die Erläuterungen zum BtMG verwiesen werden. Mit dem AMG überein stimmen das **Abpacken** und das **Umfüllen** einschließlich **Abfüllen**. Zu diesen Begriffen → BtMG § 2 Rn. 61. Nicht aufgeführt ist das Kennzeichnen; es ist gegebenenfalls (bei Eigennützigkeit) ein Teilakt des Handeltreibens.

D. Inverkehrbringen (Nr. 4)

I. Der Begriff des Inverkehrbringens. Im NpSG hat das Inverkehrbringen 21 zwar nicht die zentrale Bedeutung wie im Arzneimittelrecht, anders als im Betäubungsmittelrecht hat es aber auch nicht nur eine lückenausfüllende Funktion, sondern gehört zu den wesentlichen Tathandlungen. Dementsprechend erfährt der Begriff des Inverkehrbringens im Gesetz auch eine eigene Definition (Nr. 4).

Diese Definition stimmt hinsichtlich des **Vorrätighaltens** zum Verkauf oder zu 22 sonstiger Abgabe, des **Feilhaltens,** des **Feilbietens** und der **Abgabe** an andere mit der Definition des § 4 Abs. 17 AMG überein. Anders als das AMG zählt § 2 Nr. 4 NpSG aber auch das **Überlassen zum unmittelbaren Verbrauch** zu den Handlungsmodalitäten des Inverkehrbringens (→ Rn. 40). Dagegen wird das **Vorrätighalten** mit dem **Zweck des Überlassens** zum unmittelbaren Verbrauch in § 2 Nr. 4 NpSG nicht aufgeführt. Es dürfte insoweit ein gesetzgeberisches Versehen vorliegen, das aber, sofern kein Handeltreiben vorliegt, nicht ausgeglichen werden kann.

Zur Bewertungseinheit zwischen des einzelnen Stufen des Inverkehrbringens 23 → Rn. 41, 42.

Da als Erfolg iSd § 13 Abs. 1 StGB auch die Verwirklichung eines schlichten Be- 24 gehungstatbestandes zu verstehen ist (str.; s. *Fischer* StGB § 13 Rn. 2), kann das Inverkehrbringen in allen Varianten (→ Rn. 22) auch **durch Unterlassen** begangen werden (*Freund* in MüKoStGB AMG § 4 Rn. 36–38). Unproblematisch ist dies bei den Varianten des **Vorrätighaltens** (→ Rn. 28) und des **Feilhaltens** (→ Rn. 33). Beide sind Dauerdelikte, die auch darin bestehen, dass der Täter seiner Pflicht, den rechtswidrigen Zustand zu beenden, nicht nachkommt (*Freund* in MüKoStGB AMG § 4 Rn. 37; *Puppe* in NK-StGB § 52 Rn. 14; *Oğlakcıoğlu* in Kotz/Rahlf BtM-StrafR Kap. 2 Rn. 28). Nichts anderes gilt aber auch für das **Feilbieten** (zw. *Freund* in MüKoStGB AMG § 4 Rn. 37) das ebenfalls die tatsächliche Verfügungsgewalt des Feilbietenden voraussetzt (→ Rn. 33). Keine Schwierigkeiten bereitet die Unterlassensstrafbarkeit auch in den Fällen, in denen die **Abgabe** (→ Rn. 34) selbst durch ein passives bloßes Geschehenlassen (eines Garantenpflichtigen) erfolgt (*Freund* in MüKoStGB AMG § 4 Rn. 36).

Als **Handelnde des Inverkehrbringens** kommen vor allem Hersteller, Impor- 25 teure, Großhändler und Einzelhändler in Betracht, die Vorschrift ist allerdings nicht auf diese beschränkt. Vielmehr ist jeder Marktteilnehmer ihr Adressat, unabhängig davon, ob der NPS auf einer **anderen Vertriebsstufe** bereits in den Verkehr gebracht worden war (→ AMG § 4 Rn. 47). Ein Inverkehrbringen ist daher mehrmals möglich. Zum **Sonstigen Inverkehrbringen** → § 3 Rn. 38.

II. Inverkehrbringen und Handeltreiben. Im NpSG ist das Handeltreiben 26 nicht wie im BtMG als die umfassende Norm ausgestaltet. Das Inverkehrbringen hat daher gegenüber dem Handeltreiben seine Bedeutung behalten und steht neben dem Handeltreiben. Von vornherein **kein** Inverkehrbringen ist das **besitzlose** Handeltreiben.

27 **III. Die Stufen des Inverkehrbringens.** Die einzelnen Stufen des Inverkehrbringens sind in § 2 Nr. 4 in zeitlicher Hinsicht gereiht.

28 **1. Vorrätighalten zum Verkauf oder zu sonstiger Abgabe.** Der erste Akt des Inverkehrbringens ist das Vorrätighalten. Es verlangt Besitz, wobei der **bloße Besitz** allerdings **nicht** ausreicht. Notwendig ist eine Lager- oder Vorratshaltung. Das Verbringen von NPS in das Inland ist daher noch kein Vorrätighalten, sondern lediglich der Versuch dazu; Vollendung tritt erst dann ein, wenn der Täter die NPS in ein irgendwie geartetes Lager aufnimmt (BGHSt 59, 16 = NJW 2014, 326 = NStZ 2014, 468 mAnm *Volkmer* = PharmR 2014 mAnm *Floeth* = MedR 2014, 655 = A&R 2014, 35 mAnm *Winkler* zum AMG). Am **Ort des Verkaufs** oder in **verkaufsfertigem Zustand** muss sich die Sache **nicht** befinden. Wegen der Einzelheiten wird auf → AMG § 4 Rn. 51 verwiesen.

29 Im Rahmen des Vorrätighaltens ist zwischen **zwei Formen** zu unterscheiden:

30 **a) Vorrätighalten zum Verkauf.** Verkauf ist das schuldrechtliche Geschäft; eine Übereignung ist nicht notwendig (→ AMG § 4 Rn. 53). Ein Inverkehrbringen liegt auch dann vor, wenn die NPS zu **Exportzwecken** vorrätig gehalten werden, wobei es hier im Hinblick darauf, dass die Substanzen nicht für einen legalen Markt produziert werden, nicht ankommen kann, ob der Verkauf im In- oder Ausland stattfinden soll (→ AMG § 4 Rn. 55–57). Vorrätighalten zum Verkauf ist zugleich Handeltreiben (→ Rn. 26).

31 **b) Vorrätighalten zu sonstiger Abgabe.** Abgabe ist die körperliche Übergabe (Übertragung der tatsächlichen Verfügungsgewalt) an einen anderen durch den Inhaber der Verfügungsgewalt in einer Weise, dass der Empfänger tatsächlich in die Lage versetzt wird, sich der NPS zu bemächtigen und mit ihnen nach seinem Belieben umzugehen (BGH NStZ-RR 2015, 218 = StV 2015, 636; → AMG § 4 Rn. 14, 61–70). Die Abgabe überschneidet sich daher mit dem Begriff des Verkaufs, reicht aber weiter. So erfasst sie die Verschaffung der tatsächlichen Verfügungsmacht auch ohne Übereignung oder ohne Rechtsgeschäft, auch unentgeltlich oder im Wege des Tauschs oder der Vermietung, durch Abtretung eines Herausgabeanspruchs oder Einräumung eines Besitzkonstituts, auch im Ausland. Keine Abgabe ist die Überlassung zum unmittelbaren Verbrauch (→ Rn. 22, 40).

32 **2. Feilhalten.** Der nächste Akt des Inverkehrbringens ist das Feilhalten. Mit dem Vorrätighalten hat das Feilhalten gemeinsam, dass es sich um ein Besitzen mit Abgabeabsicht handelt. Auch hier muss eine Lager- oder Vorratshaltung vorliegen. Hinzukommen muss, dass die NPS in einer Weise aufgestellt sind, die äußerlich erkennbar auf Verkaufsabsicht hindeutet (→ AMG § 4 Rn. 58).

33 **3. Feilbieten.** Die nächste Stufe ist das Feilbieten. Auch hier müssen sich die NPS in der tatsächlichen Verfügungsgewalt (Lager- oder Vorratshaltung) des Betroffenen befinden; dass er die Beschaffung verspricht, genügt nicht. Schließlich muss es sich um ein Feilbieten zum Verkauf handeln; das Angebot zum Verschenken reicht nicht aus. Zu den Einzelheiten → AMG § 4 Rn. 59. Ob auch das **Anbieten** zum Feilbieten gehört, ist nicht abschließend geklärt (→ AMG § 4 Rn. 60).

34 **4. Abgabe an andere.** Der zentrale Begriff im Rahmen des § 2 Nr. 4 ist der der Abgabe. Die anderen Varianten gehen ihr voraus.

35 Zum Begriff der Abgabe zunächst → Rn. 31. Die Abgabe überschneidet sich mit dem Begriff des **Verkaufs,** reicht aber weiter (→ Rn. 31) Die Abgabe kann entgeltlich oder unentgeltlich erfolgen (→ AMG § 4 Rn. 63). Liegt auch Handeltreiben vor, stehen beide Tatbestände nebeneinander.

36 **a) Abgebender, Empfänger.** Die Abgabe muss durch den Inhaber der tatsächlichen Verfügungsgewalt erfolgen. Abgebender kann daher nur sein, wer die eigene tatsächliche Verfügungsgewalt über den NPS hat. Wer nur bei der Übertragung

einer fremden Verfügungsmacht mitwirkt, ist nicht Abgebender (→ AMG § 4 Rn. 65). Eine eigene tatsächliche Verfügungsmacht hat auch der mittelbare Besitzer, desgleichen der Besitzherr (→ AMG § 4 Rn. 65). Eine rechtliche Verfügungsbefugnis ist in keinem Falle erforderlich (→ AMG § 4 Rn. 66).

Dem Empfänger muss das Betäubungsmittel so übertragen werden, dass er tatsächliche Verfügungsmacht erlangt. Die Übertragung der tatsächlichen Gewalt muss zur freien Verfügung erfolgen, so dass der Empfänger den NPS nach Belieben verbrauchen oder weitergeben kann (→ AMG § 4 Rn. 69, 70). 37

Im illegalen Betäubungsmittelverkehr liegt eine Abgabe nur vor, wenn dadurch der **Kreis der Personen,** die zu dem Betäubungsmittel in Beziehung stehen, **erweitert wird** (→ BtMG § 29 Rn. 1123, 1124), so dass eine Rückgabe an denjenigen, der zuvor die Verfügungsgewalt hatte, keine Abgabe darstellt. Im Arzneimittelrecht wird aus § 30 Abs. 4 S. 2 AMG gefolgert, dass auch in solchen Fällen eine Abgabe vorliegt (→ AMG § 4 Rn. 71). Da im NpSG eine entsprechende Regelung fehlt, wird hier auf den Begriff des Betäubungsmittelrechts zurückzugreifen sein. 38

b) Inland oder auch Ausland. Unproblematisch ist es, wenn der Wechsel der tatsächlichen Verfügungsgewalt im Inland stattfindet. Eine Abgabe liegt aber auch dann vor, wenn der Wechsel der tatsächlichen Verfügungsgewalt im Ausland erfolgt; ob dies im Inland strafbar ist, richtet sich nach den Regeln des internationalen Strafrechts (→ § 4 Rn. 5, 6). Hat der Abgebende die NPS zuvor im Inland vorrätig gehalten, so liegt nach den Grundsätzen der Bewertungseinheit (→ Rn. 41) eine Tat und damit eine Inlandstat vor. Die Ausfuhr selbst ist zwar verboten (§ 3 Abs. 1), aber nicht strafbar. 39

5. Überlassen zum unmittelbaren Verbrauch an andere. Diese Handlungsform des Inverkehrbringens geht über § 4 Abs. 17 AMG hinaus. Von der Abgabe unterscheidet sie sich dadurch, dass keine tatsächliche Verfügungsmacht übertragen wird (BGH NStZ-RR 2015, 218 (→ Rn. 31)). Der Täter muss auch keine **eigene** tatsächliche Verfügungsmacht innehaben. Wegen der Einzelheiten wird auf → BtMG § 29 Rn. 1541–1546 verwiesen. 40

IV. Bewertungseinheit. Die vom BGH zum Betäubungsmittelrecht entwickelten Grundsätze der Bewertungseinheit (→ BtMG Vor § 29 Rn. 588–670) gelten auch für die gleichgelagerte Konstellation des Inverkehrbringens von NPS. Danach sind das Vorrätighalten zum Verkauf und die aus diesem Vorrat sukzessiv erfolgenden Abgabeakte materiell-rechtlich eine einheitliche Tat. Wegen der Einzelheiten kann auf → AMG § 4 Rn. 45, 46 verwiesen werden. 41

Zu der **Bewertungseinheit** gehört auch das **Überlassen zum unmittelbaren Verbrauch.** Anders als im BtMG hat das NpSG diese Handlungsform in den Tatbestand des Inverkehrbringens aufgenommen. Die Bedenken, die sonst mit guten Gründen gegen die Ausdehnung der Bewertungseinheit auf alle Absatzdelikte vorgebracht werden können (s. dazu *v. Heintschel-Heinegg* in MüKoStGB § 52 Rn. 44), greifen hier daher nicht ein. 42

§ 3 Unerlaubter Umgang mit neuen psychoaktiven Stoffen

(1) **Es ist verboten, mit einem neuen psychoaktiven Stoff Handel zu treiben, ihn in den Verkehr zu bringen, ihn herzustellen, ihn in den, aus dem oder durch den Geltungsbereich dieses Gesetzes zu verbringen, ihn zu erwerben, ihn zu besitzen oder ihn einem anderen zu verabreichen.**

(2) **Vom Verbot ausgenommen sind**
1. **nach dem jeweiligen Stand von Wissenschaft und Technik anerkannte Verwendungen eines neuen psychoaktiven Stoffes zu gewerblichen, industriellen oder wissenschaftlichen Zwecken und**

NpSG § 3

2. Verwendungen eines neuen psychoaktiven Stoffes durch Bundes- oder Landesbehörden für den Bereich ihrer dienstlichen Tätigkeit sowie durch die von ihnen mit der Untersuchung von neuen psychoaktiven Stoffen beauftragten Behörden.

(3) In den Fällen des Absatzes 1 erfolgen die Sicherstellung, die Verwahrung und die Vernichtung von neuen psychoaktiven Stoffen nach den §§ 47 bis 50 des Bundespolizeigesetzes und den Vorschriften der Polizeigesetze der Länder.

(4) ¹Unbeschadet des Absatzes 3 können die Zollbehörden im Rahmen ihrer Aufgabenwahrnehmung nach § 1 Absatz 3 des Zollverwaltungsgesetzes Waren, bei denen Grund zu der Annahme besteht, dass es sich um neue psychoaktive Stoffe handelt, die entgegen Absatz 1 in den, aus dem oder durch den Geltungsbereich dieses Gesetzes verbracht worden sind oder verbracht werden sollen, sicherstellen. ²Die §§ 48 bis 50 des Bundespolizeigesetzes gelten entsprechend. ³Kosten, die den Zollbehörden durch die Sicherstellung und Verwahrung entstehen, sind vom Verantwortlichen zu tragen; die §§ 17 und 18 des Bundespolizeigesetzes gelten entsprechend. ⁴Die Kosten können im Verwaltungsvollstreckungsverfahren beigetrieben werden.

Übersicht

	Rn.
A. Inhalt	1
B. Die Verbote des Absatzes 1	2
I. Handeltreiben	3
1. Verhältnis zu den anderen Handlungsmodalitäten	4
2. Der Begriff des Handeltreibens in § 3 Abs. 1	5
3. Der Tatbestand im Einzelnen	6
a) Handlung	7
b) Ausrichtung auf den Umsatz von NPS	8
aa) Umsatzgeschäft	9
bb) Endziel	10
cc) Tätigkeitsdelikt	11
dd) Verkauf- und Kaufgeschäfte, sonstige Rechtsgeschäfte, Anbahnung von Geschäften, Zahlungsvorgänge.	13
ee) Tatsächliche Handlungen als Teilakte des Handeltreibens	14
c) Erkennbarkeit	16
d) Eigennützigkeit	17
II. Inverkehrbringen	22
III. Herstellen	23
IV. Verbringen nach, aus und durch Deutschland	24
V. Erwerben	28
VI. Besitzen	31
VII. Verabreichen	36
VIII. Nicht verboten: Sonstiges Inverkehrbringen	38
C. Die Ausnahmen von den Verboten des Absatzes 1 (Absatz 2)	39
I. Nach dem jeweiligen Stand von Wissenschaft und Technik anerkannte Verwendungen zu gewerblichen, industriellen oder wissenschaftlichen Zwecken (Nr. 1)	40
1. Nach dem jeweiligen Stand von Wissenschaft und Technik anerkannte Verwendung	41
2. Gewerbliche, industrielle oder wissenschaftliche Zwecke	43
a) Gewerbliche Zwecke	44
b) Industrielle Zwecke	46
c) Wissenschaftliche Zwecke	47

	Rn.
II. Dienstliche Tätigkeit von Bundes- oder Landesbehörden (Nr. 2)	48
D. Sicherstellung, Verwahrung, Vernichtung, Herausgabe (Absatz 3)	49
I. Grundlage	49
II. Die Befugnisse nach dem BPolG	50
1. Sicherstellung	51
2. Verwahrung, Vernichtung, Herausgabe	55
III. Die Befugnisse nach den Landespolizeigesetzen	56
IV. Die strafprozessualen Befugnisse	57
E. Zusätzliche Befugnisse der Zollbehörden (Absatz 4)	58
I. Sicherstellung von Waren (Satz 1)	59
II. Verwahrung, Verwertung, Vernichtung, Herausgabe	62

A. Inhalt

Die Vorschrift regelt das **verwaltungsrechtliche Verbot** des Umgangs mit NPS 1 (→ § 2 Rn. 2–18). Es erfasst auch Handlungsmodalitäten, die nicht auf das Weiterverbreiten von NPS abzielen, und reicht daher weiter als das strafrechtliche Verbot in § 4. Das verwaltungsrechtliche Verbot soll es im Interesse der Gesundheit der Bevölkerung den zuständigen Behörden ermöglichen, NPS auch **unabhängig von einem Strafverfahren** sicherzustellen und zu vernichten.

B. Die Verbote des Absatzes 1

Das Verbot des Absatzes 1 erfasst sieben Handlungsmodalitäten von sehr unter- 2 schiedlichem Gewicht. Die Verbotstatbestände können sich im Einzelfall überschneiden oder decken (BT-Drs. 18/8579, 19).

I. Handeltreiben.
An erster Stelle nennt das Gesetz das Handeltreiben. Im Hin- 3 blick auf die arbeitsteiligen Handlungsschritte, die auch den Vertrieb von NPS kennzeichnen (→ Einl. Rn. 7–9), ist der **Begriff wie im BtMG** auszulegen (BT-Drs. 18/8579, 19).

1. Verhältnis zu den anderen Handlungsmodalitäten. Anders als im BtMG 4 (§ 3 Abs. 1 Nr. 1) wird das Handeltreiben im NpSG gegenüber den Handlungsalternativen **nicht** dadurch hervorgehoben, dass diesen der Einschub „ohne Handel zu treiben" beigefügt ist. Das Handeltreiben ist daher zwar eine **umfassende Begehungsform,** die anderen Alternativen gehen jedoch nicht als Teilakte darin auf, sondern stehen selbständig daneben. Eine weitere Bedeutung hat das Fehlen des Einschubs nicht. Insbesondere lassen sich daraus keine Gründe für eine lediglich lückenfüllende Funktion des Handeltreibens oder eine engere Interpretation im Vorfeldbereich oder bei der Beteiligung herleiten. In strafrechtlicher Hinsicht besteht Tateinheit.

2. Der Begriff des Handeltreibens in § 3 Abs. 1. Ausgehend von der An- 5 lehnung an das Betäubungsmittelrecht (BT-Drs. 18/8579, 19) ist der Begriff des Handeltreibens auch im NpSG **weit auszulegen.** Er reicht von einfachen, rein tatsächlichen Handlungen bis zu komplizierten Finanztransaktionen. Unter Handeltreiben im Rahmen des § 3 Abs. 1 ist danach jedes eigennützige Bemühen zu verstehen, das darauf gerichtet ist, den Umsatz von NPS zu ermöglichen oder zu fördern (→ BtMG § 29 Rn. 168, 169). Dies kann auch durch ein Unterlassen geschehen (→ BtMG § 29 Rn. 169). Auf Berufs- oder Gewerbsmäßigkeit kommt es nicht an; ausreichend ist auch eine einmalige oder gelegentliche Tätigkeit (→ BtMG § 29 Rn. 170).

3. Der Tatbestand im Einzelnen. Der Tatbestand des Handeltreibens setzt die 6 Erfüllung der folgenden Merkmale voraus:

NpSG § 3

7   **a) Handlung.** Es muss eine Handlung vorliegen. Darunter fällt jegliche Tätigkeit (→ BtMG § 29 Rn. 231). Dies können Rechtsgeschäfte, Tätigkeiten, die mit solchen in Zusammenhang stehen (→ Rn. 13), oder tatsächliche Handlungen (→ Rn. 14, 15) sein.

8   **b) Ausrichtung auf den Umsatz von NPS.** Die Tätigkeit muss auf den Umsatz von NPS gerichtet sein:

9   **aa) Umsatzgeschäft.** Die Tätigkeit muss sich auf die Vornahme eines Umsatzgeschäfts richten (→ BtMG § 29 Rn. 256–258). Ein Umsatzgeschäft liegt vor, wenn der rechtsgeschäftliche Übergang der NPS von einer Person auf eine andere bewirkt werden soll (→ BtMG § 29 Rn. 257, 258).

10   **bb) Endziel.** Ziel des Vorgangs muss es sein, die NPS auf dem Weg zum Konsumenten weiterzubringen (→ BtMG § 29 Rn. 259–292). Daran fehlt es bei einem Erwerb zum **Eigenbedarf** oder **Eigenverbrauch**.

11   **cc) Tätigkeitsdelikt.** Das Handeltreiben ist auch im NpSG ein Tätigkeitsdelikt. Es reicht aus, dass es auf den Umsatz der NPS **gerichtet ist** (→ BtMG § 29 Rn. 263). **Nicht notwendig** ist daher,
– dass Umsatzgeschäfte tatsächlich stattgefunden haben (→ BtMG § 29 Rn. 264),
– dass es auch nur zur Anbahnung bestimmter Geschäfte gekommen ist (→ BtMG § 29 Rn. 263), anders, wenn sich die Handlung nicht unmittelbar auf NPS bezieht (s. u.),
– dass die Tätigkeit den Umsatz gefördert hat oder auch nur dazu geeignet war (→ BtMG § 29 Rn. 265),
– dass ein Umsatzerfolg eingetreten ist (→ BtMG § 29 Rn. 266–269),
– dass die NPS vorhanden sein müssen (→ BtMG § 29 Rn. 219, 280),
– dass der Täter über eine Verfügungs- oder Beschaffungsmöglichkeit verfügte (→ BtMG § 29 Rn. 219, 284, 285),
– dass der eigene Umsatz gefördert wird (→ BtMG § 29 Rn. 296–308),
– dass das Objekt, auf das sich die konkrete Handlung bezieht, ein NPS sein muss; Handeltreiben kann auch dann vorliegen, wenn sich die Handlung auf Erlöse, Kaufgeld oder andere Stoffe (Grundstoffe, Ausgangsstoffe etc) oder Gegenstände (Laborgeräte, Schmuggelfahrzeuge, Labor- oder Lagerräume etc) bezieht (→ BtMG § 29 Rn. 234–236), sofern die notwendige Beziehung zu einem Umsatzgeschäft mit NPS besteht (dazu im Einzelnen → BtMG § 29 Rn. 237–252).

12   Daraus, dass die Tätigkeit lediglich **auf den Umsatz abzielen** muss, folgt ferner, dass Handeltreiben auch dann in Betracht kommt,
– wenn die Substanz, auf die sich die Abrede bezog, in Wirklichkeit kein NPS, sondern ein anderer Stoff war (→ BtMG § 29 Rn. 220, 222, 280–283),
– wenn der NPS zum Zeitpunkt des Tätigwerdens der Beteiligten bereits unter polizeilicher Kontrolle stand, sichergestellt oder beschlagnahmt war, sofern dies den Beteiligten nicht bekannt war (→ BtMG § 29 Rn. 285, 286–289),
– wenn auf einer oder beiden Seiten des Umsatzgeschäfts, das der Täter vermitteln wollte, Verdeckte Ermittler, sonstige nicht offen ermittelnde Beamte oder V-Personen tätig geworden sind oder wenn sich ein solcher Beamter oder eine V-Person nur zum Schein an den Kaufverhandlungen beteiligt (→ BtMG § 29 Rn. 290, 291) oder
– wenn der angesprochene Vertragspartner die NPS nicht kaufen oder verkaufen will, sondern eine Verkaufs- oder Kaufabsicht nur vorspiegelt, um das Geld oder die NPS mit Gewalt oder auf andere Weise an sich zu bringen (→ BtMG § 29 Rn. 292).

13   **dd) Verkaufs- und Kaufgeschäfte, sonstige Rechtsgeschäfte, Anbahnung von Geschäften, Zahlungsvorgänge.** Das für den Handel mit NPS typische Umsatzgeschäft ist deren Verkauf (→ BtMG § 29 Rn. 357–366). Aber auch der

Kauf (Erwerben) kann Handeltreiben sein, wenn der gewinnbringende Weiterverkauf beabsichtigt ist (→ BtMG § 29 Rn. 367–375). Entsprechendes gilt für die Anbahnung dieser Geschäfte (→ BtMG § 29 Rn. 376–416). Auch eine Vielzahl **anderer Geschäfte,** etwa Vermittlungs- oder Finanzierungsgeschäfte, können einen Teilakt des Handeltreibens darstellen, wenn sie dem gewinnbringenden Umsatz von NPS dienen (→ BtMG § 29 Rn. 417–454). Zum Handeltreiben gehören auch die Handlungen nach Geschäftsschluss, insbesondere die **Zahlungsvorgänge** (→ BtMG § 29 Rn. 455–479).

ee) Tatsächliche Handlungen als Teilakte des Handeltreibens. Der Tatbestand des Handeltreibens kann auch durch rein faktische Handlungen erfüllt werden, sofern sie nur zum Ziele haben, den Umsatz von NPS zu fördern. Eine große Gruppe tatsächlicher Handlungen, die Teilakte des Handeltreibens sein können, finden sich **im Umfeld des Umsatzes** von NPS (→ BtMG § 29 Rn. 451–454). Den Tatbestand des Handeltreibens können aber auch tatsächliche Handlungen erfüllen, die sich (noch weit) **im Vorfeld eines Umsatzes** von NPS ereignen. 14

Dazu gehören eine Reihe von Handlungen, die im NpSG gesondert aufgeführt sind (→ Rn. 4), wie das **Inverkehrbringen** (→ Rn. 22), soweit nicht schon durch → Rn. 13 erfasst, **Herstellen** (→ Rn. 23), **Einführen,** Ausführen und Durchführen (→ Rn. 24–27) oder **Besitzen** (→ Rn. 31–35), aber auch eine Vielzahl von Tätigkeiten, die im NpSG nicht genannt sind, aber gleichwohl dem Umsatz von NPS dienen, wie etwa das **Transportieren** (→ BtMG § 29 Rn. 534–549), oder **sonstige** Handlungen im Zusammenhang mit diesem Umsatz (→ BtMG § 29 Rn. 550–571). 15

c) Erkennbarkeit. Nicht erforderlich ist, dass nach außen sichtbar wird, dass eine auf Umsatz gerichtete Handlung vorliegt. Ausreichend ist, dass der Handelnde nach seiner Vorstellung eine umsatzfördernde Maßnahme vorgenommen hat (→ BtMG § 29 Rn. 293, 294). 16

d) Eigennützigkeit. Weitere tatbestandsmäßige Voraussetzung des Handeltreibens ist die Eigennützigkeit (Eigennutz). Sie dient als weiteres Regulativ für den weitgefassten Bereich von Bemühungen, die den Begriff des Handeltreibens kennzeichnen. Auch Tätigkeiten, die auf den Umsatz von NPS gerichtet sind, sind **kein Handeltreiben,** wenn sie aus anderen als eigennützigen Motiven vorgenommen werden (→ BtMG § 29 Rn. 309–312). 17

Eigennützig handelt der Täter, dem es auf seinen persönlichen Vorteil, insbesondere auf die Erzielung von Gewinn ankommt (zu den Einzelheiten → BtMG § 29 Rn. 309–353). Sein Tun muss vom Streben nach Gewinn geleitet sein oder er muss sich sonst irgendeinen persönlichen Vorteil davon versprechen, durch den er materiell oder immateriell bessergestellt wird (→ BtMG § 29 Rn. 313). Daran fehlt es (→ BtMG § 29 Rn. 314), wenn der Beteiligte die NPS verschenkt (Abgabe), zum Selbstkosten- oder Einstandspreis veräußert (Veräußerung) oder sie sonst hergibt (Abgabe). 18

Dass das **Gewinnstreben** ungewöhnlich oder übersteigert ist, ist **nicht** erforderlich. Es genügt, dass der Täter die NPS mit Gewinn veräußern will. Dazu ist es nicht notwendig, dass das von ihm verlangte Entgelt den Marktpreis übersteigt oder auch nur erreicht (→ BtMG § 29 Rn. 316). 19

Das Merkmal der Eigennützigkeit bezieht sich auf den Umsatz der NPS. Der Gewinn oder die sonstigen Vorteile müssen daher **gerade durch den Umsatz** erzielt werden und sich aus dem Umsatzgeschäft selbst ergeben (→ BtMG § 29 Rn. 341–346). Außerhalb des Umsatzes liegende Vorteile reichen nicht. 20

Das Handeltreiben ist nicht nur verboten, sondern auch **strafbar** (§ 4 Abs. 1). 21

22 **II. Inverkehrbringen.** Das Inverkehrbringen ist in § 2 Nr. 4 definiert. Auf → § 2 Rn. 21–42 wird Bezug genommen. Das Inverkehrbringen ist nicht nur verboten, sondern auch strafbar (§ 4 Abs. 1). Handelt der Betroffene mit dem Ziel eines gewinnbringenden Umsatzes, liegt **auch** (→ Rn. 4) **Handeltreiben** vor, das ebenfalls strafbar ist.

23 **III. Herstellen.** Das Herstellen ist in § 2 Nr. 3 definiert. Auf → § 2 Rn. 19, 20 wird Bezug genommen. Handelt der Betroffene mit dem Ziel eines gewinnbringenden Umsatzes, liegt **auch** (→ Rn. 4) **Handeltreiben** vor, das strafbar ist. Strafbar ist auch das Herstellen zum Zwecke des Inverkehrbringens (§ 4 Abs. 1 Nr. 2 Buchst. a). Im Übrigen ist das Herstellen nur verboten.

24 **IV. Verbringen nach, aus und durch Deutschland.** Der Begriff des Verbringens wird im NpSG nicht definiert. In § 4 Abs. 32 S. 1 AMG ist das Verbringen als jede Beförderung in den, durch den oder aus dem Geltungsbereich des Gesetzes definiert. Dies stimmt im Wesentlichen mit dem betäubungsmittelrechtlichen Begriff überein, wonach ein Verbringen dann gegeben ist, wenn eine Sache durch menschliches Einwirken über die maßgebliche Grenze geschafft, also befördert, wird.

25 Dabei ist es **gleichgültig,** ob die Stoffe auf dem Luftweg, dem Seeweg, per Post oder Bahn, in einem Kraftfahrzeug oder im oder am Körper transportiert werden. Auch ist **nicht** maßgebend, ob der Täter den Stoff **eigenhändig** verbringt oder ob er sich hierzu menschlicher, tierischer oder technischer Hilfe bedient. Verbringen kann auch derjenige, der während des Vorgangs der Einfuhr keine **tatsächliche Verfügungsgewalt** über den Stoff hat. Wegen der Einzelheiten wird auf → BtMG § 2 Rn. 67–71 verwiesen. Die entscheidende Grenze ist dabei die **deutsche Hoheitsgrenze** (→ BtMG § 2 Rn. 72–93).

26 Das Verbringen nach, aus und durch Deutschland entspricht dem **Einführen, Ausführen** oder **Durchführen** (BT-Drs. 18/8579, 19). Auch insoweit kann auf das Betäubungsmittelrecht zurückgegriffen werden (→ BtMG § 29 Rn. 874–880: Einfuhr; → § 29 Rn. 1034, 1036: Ausfuhr; → § 29 Rn. 1421–1428: Durchfuhr). Bei der Einfuhr haben die NPS einen deutschen und bei der Ausfuhr einen ausländischen Bestimmungsort. Bei der Durchfuhr haben sie einen ausländischen Bestimmungsort und sollen durch deutsches Hoheitsgebiet lediglich durchgeführt werden. Zur **Abgrenzung** der **Einfuhr** von dem **Transit** → BtMG § 29 Rn. 901–917.

27 Handelt der Betroffene bei Einfuhr, Ausfuhr und Durchfuhr mit dem Ziel eines gewinnbringenden Umsatzes, so liegt **auch** (→ Rn. 4) **Handeltreiben** vor (→ Rn. 14, 15), das strafbar ist (§ 4 Abs. 1). Strafbar ist auch das Verbringen nach Deutschland zum Zwecke des Inverkehrbringens (§ 4 Abs. 2 Nr. 2 Buchst. b). Die übrigen Verhaltensweisen sind nur verboten.

28 **V. Erwerben.** Der Begriff des Erwerbens wird im NpSG nicht definiert. Im Hinblick auf die Sachnähe zum Betäubungsmittelrecht (→ Rn. 3) lässt sich jedoch der betäubungsmittelrechtliche Begriff übernehmen. Danach ist der Tatbestand des Erwerbs dann verwirklicht, wenn der Betroffene die eigene tatsächliche Verfügungsgewalt über den Stoff im einverständlichen Zusammenwirken mit dem Vorbesitzer (auf abgeleitetem Wege) erlangt hat und die Verfügungsgewalt ausüben kann (→ BtMG § 29 Rn. 1197–1215). Der Erwerb kann entgeltlich oder unentgeltlich sein.

29 **Erwerber** ist nur, wer die tatsächliche Verfügungsgewalt über die NPS erlangt. Wegen der Einzelheiten wird auf → BtMG § 29 Rn. 1199–1205 verwiesen. Der Erwerb muss **zur freien Verfügung** erfolgt sein (→ BtMG § 29 Rn. 1206–1211). Der Erwerber muss die Verfügungsgewalt im **einverständlichen Zusammenwirken** mit dem Vorbesitzer erlangt haben (→ BtMG § 29 Rn. 1212). Erwirbt der Täter zum Zweck gewinnbringender Weiterveräußerung, so liegt Handeltreiben vor. Sonst kommt es auf den **Zweck des Erwerbs** nicht an (→ BtMG § 29 Rn. 1213).

Schließlich muss durch den Erwerb der **Kreis** derjenigen, die zum NPS in Beziehung stehen, **erweitert** werden (→ BtMG § 29 Rn. 1214, 1215).

Handelt der Betroffene beim Erwerb mit dem Ziel eines gewinnbringenden 30 Umsatzes, so liegt **auch** (→ Rn. 4) **Handeltreiben** vor (→ Rn. 14, 15), das strafbar ist. Im Übrigen ist das Erwerben nur verboten.

VI. Besitzen. Der Begriff des Besitzens wird im NpSG nicht definiert. Im Hin- 31 blick auf die Sachnähe zum Betäubungsmittelrecht (→ Rn. 3) lässt sich jedoch der betäubungsmittelrechtliche Begriff übernehmen. Danach ist **Besitzen** die Herbeiführung oder Aufrechterhaltung eines tatsächlichen, auf nennenswerte Dauer ausgerichteten und von eigener Verfügungsmacht gekennzeichneten bewussten Herrschaftsverhältnisses über den Stoff unabhängig von dem verfolgten Zweck; unerheblich ist die **Eigentumslage** (→ BtMG § 29 Rn. 1324–1371).

Der Besitz setzt danach ein **tatsächliches Herrschaftsverhältnis** voraus, das 32 auch dann in Betracht kommt, wenn der Täter die NPS nicht selbst unmittelbar besitzt, sondern anderweitig einen solch sicheren Zugang zu ihnen hat, dass er ohne Schwierigkeiten tatsächlich darüber verfügen kann (→ BtMG § 29 Rn. 1339). Der Besitzer muss danach die tatsächliche Verfügungsgewalt über die NPS haben, die es ihm ermöglicht, mit ihnen **nach Belieben zu verfahren** (→ BtMG § 29 Rn. 1335–1354, dort auch zu den Fragen des Eigenbesitzes/Fremdbesitzes, des unmittelbaren/mittelbaren Besitzes, des Mitbesitzes und der Besitzdienerschaft, zur gemeinsamen Anschaffung/Bestellung/Verschaffung, zum Besitz in einer gemeinsamen Wohnung und in einem Kraftfahrzeug).

Das tatsächliche Herrschaftsverhältnis muss auf eine **gewisse Dauer ausgerich-** 33 **tet** sein oder jedenfalls eine **nennenswerte Zeit bestehen** (→ BtMG § 29 Rn. 1361–1364).

Schließlich muss der Besitz von einem **Besitzwillen** getragen sein, der darauf ge- 34 richtet sein muss, sich selbst die Möglichkeit ungehinderter Einwirkung auf das Betäubungsmittel zu erhalten (→ BtMG § 29 Rn. 1365–1371).

Dient der Besitz der gewinnbringenden Umsatzförderung, so liegt Handeltrei- 35 ben vor (→ Rn. 14, 15). Im Übrigen kommt es auf **Zweck oder Motiv** des Besitzes **nicht an**. Die Vorschrift soll als kausales, nicht aber ein finales Verhalten erfassen. Die Motivlage muss deshalb grundsätzlich unerheblich bleiben (→ BtMG § 29 Rn. 1355–1360). Ist kein Handeltreiben gegeben, ist der Besitz nur verboten, nicht aber strafbar.

VII. Verabreichen. Auch der Begriff des Verabreichens wird im NpSG nicht 36 definiert. Im Hinblick auf die Sachnähe zum Betäubungsmittelrecht (→ Rn. 3) lässt sich aber hier der betäubungsmittelrechtliche Begriff übernehmen. Danach ist Verabreichen die unmittelbare Anwendung des Betäubungsmittels am Körper des Empfängers ohne dessen aktive Mitwirkung (**Fremdapplikation;** → BtMG § 29 Rn. 1538). Das Verabreichen ist **keine Abgabe**, da bei ihr keine neue Verfügungsgewalt begründet wird. Der Täter muss keine **eigene** tatsächliche Verfügungsmacht an den NPS haben. Verabreichen liegt auch vor, wenn die verabreichte NPS dem Empfänger gehörte. Auf der anderen Seite muss der Empfänger nicht wissen, dass ihm NPS verabreicht werden.

Das **Verabreichen** ist nicht nur verboten, sondern auch **strafbar** (§ 4 Abs. 1). 37 Dient es der gewinnbringenden Umsatzförderung, so liegt (→ Rn. 4) Handeltreiben vor, das ebenfalls strafbar ist. Dazu → BtMG § 29 Rn. 1569.

VIII. Nicht verboten: Sonstiges Inverkehrbringen: anders als bei Betäu- 38 bungsmitteln (§ 3 Abs. 1 Nr. 1, § 29 Abs. 1 S. 1 Nr. 1 BtMG) und Dopingmitteln (§ 2 Abs. 1 Nr. 3, § 4 Abs. 1 Nr. 1 AntiDopG) ist das Sonstige Inverkehrbringen (zum Begriff → BtMG §§ 29 Rn. 1157–1170) weder verboten noch strafbar. Von dem Inverkehrbringen im Sinne des NpSG (→ Rn. 22) wird diese Handlungsweise nicht erfasst, da bei ihr weder eine Abgabe noch ein Überlassen zum unmittelbaren Verbrauch vorliegt. Fälle dieser Art sind nicht häufig, sie können aber gleichwohl erhebliches Gewicht erlangen, etwa wenn NPS in einer Weise weggeworfen werden, dass Kinder oder Jugendliche an sie geraten. Aus welchen Gründen der Gesetzgeber im Unterschied zu den Betäubungsmitteln und Dopingmitteln diese Lücke gelassen hat, ist aus den Gesetzesmaterialien oder auch sonst nicht erkennbar.

C. Die Ausnahmen von den Verboten des Absatzes 1 (Absatz 2)

39 Absatz 2 enthält **zwei Ausnahmen** von den Verboten des Absatzes 1. Die Regelung gilt nicht für Betäubungsmittel und Arzneimittel, denn auf diese ist das Gesetz von vornherein nicht anzuwenden (§ 1 Abs. 2).

40 **I. Nach dem jeweiligen Stand von Wissenschaft und Technik anerkannte Verwendungen zu gewerblichen, industriellen oder wissenschaftlichen Zwecken (Nr. 1).** Nr. 1 nimmt die legale Verwendung von NPS von den Verboten des Absatzes 1 aus. Dies trägt der Erkenntnis Rechnung, dass vor allem in der pharmazeutischen und chemischen Industrie und in der Forschung Produkte oder Zwischenprodukte auftreten können, die Stoffe aus einer der in der Anlage zum NpSG aufgeführten Stoffgruppen enthalten oder solche Stoffe sind.

41 **1. Nach dem jeweiligen Stand von Wissenschaft und Technik anerkannte Verwendung.** Es muss sich um eine nach dem jeweiligen Stand von Wissenschaft und Technik anerkannte Verwendung handeln. Danach scheiden der übliche **Handel** und der **Konsum** von vornherein aus, auch wenn sie einem gewerblichen Zweck, etwa dem Betrieb eines Online-Shops oder einer Gastwirtschaft, dienen.

42 Ob eine **Verwendung** nach dem jeweiligen Stand von Wissenschaft und Technik **anerkannt** ist, richtet sich nach der wissenschaftlichen und technischen Entwicklung, die im Zeitpunkt der Verwendung erreicht ist (s. BVerfGE 49, 89 = NJW 1979, 359). Ob dies gegeben ist, entscheidet zunächst der Verwender und gegebenenfalls die Behörde, die den Stoff sicherstellen will, im Streitfall die Gerichte.

43 **2. Gewerbliche, industrielle oder wissenschaftliche Zwecke.** Die Verwendung muss zu gewerblichen, industriellen oder wissenschaftlichen Zwecken erfolgen.

44 **a) Gewerbliche Zwecke.** In der Gesetzesbegründung (BT-Drs. 18/8579, 19) werden als Beispiel für eine **gewerbliche Verwendung** die Verwendung bei externen Dienstleistern der Industrie oder der öffentlichen Verwaltung genannt, die der Industrie oder Behörden Stoffe oder Reagenzien zu anerkannten Zwecken liefern oder denen umgekehrt Behörden oder die Industrie Stoffe für Auftragsmessungen oder -untersuchungen übersenden (zB Prüflabore).

45 Aber auch **sonstige wirtschaftliche Tätigkeiten** kommen Betracht, sofern sie dem Stand von Wissenschaft und Technik entsprechen und mit dem Sinn und Zweck der Ausnahmevorschrift vereinbar sind. Dabei muss es sich nicht um Gewerbebetriebe im klassischen Sinn handeln (s. dazu BVerwG 7.7.2016 – 3 C 23/15).

46 **b) Industrielle Zwecke.** Vom Verbot des Absatzes 1 ausgenommen ist auch die Verwendung in der Industrie. Die Industrie ist gekennzeichnet ist durch die Produktion und Weiterverarbeitung in Fabriken und Anlagen, häufig verbunden mit einem hohen Grad an Mechanisierung und Automatisierung (s. auch EuGH PharmR 2015, 436 mAnm v. Czettritz = A&R 2015, 229 mAnm Tillmanns zu den industriellen Verfahren). Auch hier muss die Verwendung nach dem Stand von Wissenschaft und Technik anerkannt sein.

c) **Wissenschaftliche Zwecke.** Eine Verwendung für wissenschaftliche Zwe- 47
cke kommt vor allem in der Forschung in Betracht.

II. Dienstliche Tätigkeit von Bundes- oder Landesbehörden (Nr. 2). Aus- 48
genommen von den Verboten des Absatzes 1 ist auch die Verwendung von NPS
durch Bundes- oder Landesbehörden für den Bereich ihrer dienstlichen Tätigkeit
sowie durch die von ihnen mit der Untersuchung NPS beauftragten Behörden.
Die Vorschrift entspricht **§ 4 Abs. 2 BtMG.** Wegen der Einzelheiten kann daher
auf → BtMG § 4 Rn. 125–131, 135–166 Bezug genommen werden. In Betracht
kommt, jedenfalls in den Fällen des § 4 Abs. 3 NpSG der Einsatz eines **agent provocateur.** Insoweit kann auf → BtMG § 4 Rn. 167–304 verwiesen werden.

D. Sicherstellung, Verwahrung, Vernichtung, Herausgabe (Absatz 3)

I. Grundlage. Absatz 3 regelt die Sicherstellung und Vernichtung von NPS, die 49
dem Verbot des Absatzes 1 unterfallen. Anders als in Absatz 4 begründet das Gesetz
hierzu keine eigene Befugnis, sondern verweist auf die Polizeigesetze des Bundes
und der Länder. Von vornherein unproblematisch ist dies, soweit auf Bundesrecht
verwiesen wird; aber auch die Verweisung auf das Landespolizeirecht begegnet
letztlich keinen Bedenken, weil der Bund insoweit eine Annexkompetenz in
Anspruch nehmen kann (*Uhle* in Maunz/Dürig GG Art. 70 Rn. 73; *Degenhardt* in
Sachs GG Art. 70 Rn. 37). Die Polizeigesetze der Länder (zB § 1 Abs. 2 PolG-BW;
Art. 2 Abs. 4 BayPAG, § 1 Abs. 4 PolG NRW, § 1 Abs. 2 SächsPolG) greifen dies als
Aufgabe der Polizei auf und eröffnen damit den polizeilichen Raum (*Honnacker/
Beinhofer/Hauser* BayPAG Art. 2 Rn. 33) und die polizeilichen Befugnisse.

II. Die Befugnisse nach dem BPolG. Absatz 3 verweist für die Sicherstellung, 50
Verwahrung und Vernichtung auf §§ 47–50 BPolG.

1. Sicherstellung. Nach § 47 Nr. 1 BPolG kann die Bundespolizei eine Sache 51
sicherstellen, um eine **gegenwärtige Gefahr** abzuwehren. Der Umgang mit NPS
ist eine solche Gefahr. Er ist im Interesse des Schutzes von Rechtsgütern mit hohem
Rang verboten (Absatz 1). Die Zuwiderhandlung gegen dieses Verbot ist ein Verstoß gegen die Unverletzlichkeit der Rechtsordnung und damit eine Gefahr für die
öffentliche Sicherheit und Ordnung (BT-Drs. 18/8579, 19; Pieroth/Schlink/Kniesel § 8 Rn. 3, 10, 11). Sie ist auch gegenwärtig, weil sie sich bereits zur Störung verdichtet hat (*Honnacker/Beinhofer/Hauser* BayPAG Art. 2 Rn. 18; DMWW BPolG
§ 47 Rn. 9).

Ergibt eine spätere Untersuchung, dass der Stoff **nur geringfügige psycho-** 52
aktive Wirkungen hat, so hat es mit der Sicherstellung zunächst sein Bewenden,
da auch der Umgang mit einem solchen Stoff verboten ist (→ § 2 Rn. 13–18).
Eine andere Frage ist, ob der Grundsatz der **Verhältnismäßigkeit** eine Aufhebung
der Sicherstellung nahelegt. Zu entscheiden ist dies auf Grund einer Güterabwägung, die sich an allen Umständen des Einzelfalles orientieren muss (DMWW
BPolG § 15 Rn. 8). Etwas anderes kommt dann in Betracht, wenn die Substanz aus
anderen Gründen, etwa wegen gefährlicher Beimengungen, schädlich für die Gesundheit ist.

Ergibt sich, dass die Substanz **keinerlei psychoaktive** oder, etwa wegen der Bei- 53
mengungen, auch keine **sonstigen schädlichen** Wirkungen aufweist, so hat dies
auf die Sicherstellung zunächst keinen Einfluss, da das Verbot des Absatzes 1 auch
für diese Stoffe gilt (→ § 2 Rn. 13–18). Allerdings drängt der Grundsatz der **Verhältnismäßigkeit** hier zu einer Aufhebung der Sicherstellung, da Gesundheitsgefahren letztlich nicht bestehen.

54 Stellt sich später heraus, dass der Umgang mit den sichergestellten Stoffen nicht verboten war, weil eine Ausnahme nach Absatz 2 vorlag, so ist die Sicherstellung gleichwohl gerechtfertigt, wenn eine **Anscheinsgefahr** gegeben war (*Honnacker/Beinhofer/Hauser* BayPAG Art. 2 Abs. 14; *Pieroth/Schlink/Kniesel* § 4 Rn. 48; DMWW BPolG § 14 Rn. 54). Eine solche Gefahr liegt vor, wenn durch äußere Umstände objektiv der Anschein einer Gefahr erweckt wird, die in Wirklichkeit nicht vorliegt (OVG Münster DVBl 1979, 754; OVG Hamburg NJW 1986, 2005). Bei der Beurteilung der Gefahrenlage ist auf die Fähigkeiten eines besonnenen und sachkundigen Polizeibeamten abzustellen (DMWW BPolG 8 Rn. 54). Sobald sich ergibt, dass die Gefahrenlage objektiv nicht besteht, ist die Maßnahme zu beenden.

55 **2. Verwahrung, Verwertung, Herausgabe.** Nach § 48 Abs. 1 S. 1 BPolG sind die NPS in **Verwahrung** zu nehmen. Da im Falle einer Verwertung die Gründe, die die Sicherstellung rechtfertigten, fortbestehen würden, können sie nach § 49 Abs. 4 S. 1 Nr. 1 BPolG **vernichtet** werden. Ergibt sich, dass lediglich eine **Anscheinsgefahr** vorgelegen hat (→ Rn. 54), so sind sie an denjenigen **herauszugeben**, bei dem sie sichergestellt wurden (§ 50 Abs. 1 S. 1 BPolG). Dasselbe gilt, wenn die Sicherstellung und Verwahrung aus Gründen der Verhältnismäßigkeit beendet werden (→ Rn. 52, 53).

56 **III. Die Befugnisse nach den Polizeigesetzen der Länder.** Die Regelungen der Polizeigesetze der Länder über die Sicherstellung, Verwahrung, Verwertung oder Herausgabe entsprechen im Ergebnis den Vorschriften des BPolG (zB Art. 25–28 BayPAG, §§ 43–46 PolG NRW). Dies gilt auch dort, wo statt auf eine gegenwärtige Gefahr darauf abgestellt wird, ob die Beschlagnahme einer Sache zum Schutz des Gemeinwesens gegen eine unmittelbar bevorstehende Störung der öffentlichen Sicherheit oder Ordnung oder zur Beseitigung einer bereits eingetretenen Störung erforderlich ist (§ 33 Abs. 1 Nr. 1 PolG-BW; § 27 Abs. 1 Nr. 1 SächsPolG).

57 **IV. Die strafprozessualen Befugnisse.** Ergibt sich bei der Feststellung von NPS der Anfangsverdacht einer Straftat insbesondere nach § 4, so kommt auch eine Beschlagnahme nach den Vorschriften der StPO in Betracht. Danach können NPS als Beweismittel (§ 94 StPO) oder als Einziehungsgegenstand (§ 111b StPO) beschlagnahmt werden. Das weitere Verfahren richtet sich dann nach der StPO.

E. Zusätzliche Befugnisse der Zollbehörden (Absatz 4)

58 Anders als Absatz 3, dem lediglich verweisende Bedeutung zukommt, eröffnet Absatz 4 **zusätzliche Befugnisse** der Zollbehörden (BT-Drs. 18/8579, 19).

59 **I. Sicherstellung von Waren (Satz 1).** Zusätzlich zu anderen Befugnissen begründet Satz 1 eine Befugnis der Zollbehörden, im Rahmen ihrer Aufgaben nach § 1 Abs. 3 ZollVG **Waren,** bei denen Grund zu der Annahme besteht, dass es sich um NPS handelt, die entgegen Absatz 1 ein-, aus- oder durchgeführt werden, **sicherzustellen.**

60 Nach § 1 Abs. 3 ZollVG, hat die Zollverwaltung die **Aufgabe,** die Einhaltung der Verbote und Beschränkungen beim Grenzübertritt zu überwachen. § 3 Abs. 1 NpSG fügt diesen Verboten und Beschränkungen ein weiteres Verbot hinzu.

61 Voraussetzung der **Sicherstellungsbefugnis** ist es, dass Grund zu der Annahme besteht, dass es sich bei den Waren um NPS handelt. Ebenso wie bei den Befugnissen der Zollbehörden außerhalb des grenznahen Raums (§ 10 Abs. 2 ZollVG) ist dazu ein Anfangsverdacht (§ 152 Abs. 2 StPO) und damit zureichende tatsächliche Anhaltspunkte für eine Zuwiderhandlung nicht erforderlich. Ausreichend sind **allgemeine kriminalistische oder zöllnerische Erfahrungen,** wonach an einem bestimmten Ort oder in einem bestimmten Segment in einem verstärkten Maße mit einem überwachungsbedürftigen Sachverhalt zu rechnen ist. Wegen der Einzelheiten wird auf →BtMG § 21 Rn. 25, 26 verwiesen.

II. Verwahrung, Verwertung, Vernichtung, Herausgabe (Satz 2). Das weitere Verfahren richtet sich nach den §§ 48–50 BPolG. Stellt sich, etwa nach einer Untersuchung, heraus, dass es sich bei den Waren um NPS handelt, so können sie vernichtet werden (§ 49 Abs. 4 BPolG). 62

§ 4 Strafvorschriften

(1) Mit Freiheitsstrafe bis zu drei Jahren oder mit Geldstrafe wird bestraft, wer entgegen § 3 Absatz 1
1. mit einem neuen psychoaktiven Stoff Handel treibt, ihn in den Verkehr bringt oder ihn einem anderen verabreicht oder
2. einen neuen psychoaktiven Stoff zum Zweck des Inverkehrbringens
   a) herstellt oder
   b) in den Geltungsbereich dieses Gesetzes verbringt.

(2) Der Versuch ist strafbar.

(3) Mit Freiheitsstrafe von einem Jahr bis zu zehn Jahren wird bestraft, wer
1. in den Fällen
   a) des Absatzes 1 gewerbsmäßig oder als Mitglied einer Bande handelt, die sich zur fortgesetzten Begehung solcher Taten verbunden hat, oder
   b) des Absatzes 1 Nummer 1 als Person über 21 Jahre einen neuen psychoaktiven Stoff an eine Person unter 18 Jahren abgibt oder ihn ihr verabreicht oder zum unmittelbaren Verbrauch überlässt oder
2. durch eine in Absatz 1 genannte Handlung
   a) die Gesundheit einer großen Zahl von Menschen gefährdet oder
   b) einen anderen der Gefahr des Todes oder einer schweren Schädigung an Körper oder Gesundheit aussetzt.

(4) In minder schweren Fällen des Absatzes 3 ist die Strafe Freiheitsstrafe von drei Monaten bis fünf Jahren.

(5) Handelt der Täter in den Fällen des Absatzes 3 Nummer 1 Buchstabe b oder Nummer 2 in Verbindung mit Absatz 1 Nummer 1 fahrlässig, ist die Strafe Freiheitsstrafe bis zu drei Jahren oder Geldstrafe.

(6) Handelt der Täter in den Fällen des Absatzes 1 Nummer 1 fahrlässig, ist die Strafe Freiheitsstrafe bis zu einem Jahr oder Geldstrafe.

Übersicht

	Rn.
Einführung	1
A. Geschützte Rechtsgüter	2
B. Typen der Tatbestände	3
C. Vorbereitungshandlungen	4
D. Internationales Strafrecht, Handeln im Ausland	5
E. Rechtswidrigkeit	7
F. Subjektiver Tatbestand	8
I. Vorsatz	9
II. Absicht	12
III. Irrtumsfälle	13
IV. Fahrlässigkeit	19
G. Konkurrenzen	20
H. Strafzumessung	27

	Rn.
I. Strafrahmenwahl	28
II. Strafzumessung im engeren Sinn	31
III. Weitere Entscheidungen	36
I. NPS als Gegenstand von Eigentums- oder Vermögensdelikten	37

Kapitel 1. Handeltreiben mit, Inverkehrbringen und Verabreichen von NPS entgegen § 3 Abs. 1 (Absatz 1 Nr. 1) — 38

A. Grundtatbestand	38
B. Tathandlungen	39
I. Neue psychoaktive Stoffe	40
II. Handlungen	41
1. Handeltreiben	42
2. Inverkehrbringen	43
3. Verabreichen	45
III. Entgegen § 3 Abs. 1	46
C. Vorbereitung, Versuch, Vollendung, Beendigung	47
I. Handeltreiben	48
II. Inverkehrbringen	54
1. Vorrätighalten	55
2. Feilhalten	57
3. Feilbieten	58
4. Abgabe	59
5. Überlassen zum unmittelbaren Verbrauch	61
III. Verabreichen	62
D. Täterschaft, Teilnahme	63
I. Handeltreiben	64
II. Inverkehrbringen	71
1. Vorrätighalten, Feilhalten, Feilbieten, Abgabe	72
2. Überlassen zum unmittelbaren Verbrauch	76
III. Verabreichen	77
E. Handeln im Ausland	79
F. Subjektiver Tatbestand	80
I. Vorsatz	81
II. Irrtumsfälle	82
III. Fahrlässigkeit	85
G. Konkurrenzen	86
I. Handeltreiben	87
II. Inverkehrbringen	92
III. Verabreichen	93
H. Strafzumessung	94

Kapitel 2. Herstellen, Verbringen nach Deutschland zum Zweck des Inverkehrbringens entgegen § 3 Abs. 1 (Absatz 1 Nr. 2) — 95

A. Grundtatbestand	95
B. Tathandlungen	96
I. Neue psychoaktive Stoffe	97
II. Handlungen	98
1. Herstellen (Absatz 1 Nr. 2 Buchst. a)	99
2. Verbringen nach Deutschland (Absatz 1 Nr. 2 Buchst. b)	100
3. Zum Zweck des Inverkehrbringens	101
4. Entgegen § 3 Abs. 1	102
C. Vorbereitung, Versuch, Vollendung, Beendigung	103
I. Herstellen	104
II. Verbringen nach Deutschland	106
D. Täterschaft, Teilnahme	113
I. Herstellen	114
II. Verbringen nach Deutschland	116
1. Eigenhändiges Verbringen	117
2. Verbringen durch einen Anderen	118
a) Bestellung/Erwerb im Ausland	120

			Rn.
		aa) Besteller/Erwerber	121
		bb) Lieferant/Verkäufer	125
		cc) Finanzier	126
		dd) Chauffeur	127
	b) Begleitung beim Transport		128
	c) Sonstige Mitwirkung an einem Import		129
	d) Zurechnung der von einem anderen mitgeführten Menge		130
	3. Verbringen durch Versendung		131
E.	Handeln im Ausland		132
F.	Subjektiver Tatbestand		134
	I. Vorsatz		135
	II. Irrtumsfälle		136
G.	Konkurrenzen		140
	I. Herstellen		141
	II. Verbringen nach Deutschland		142
H.	Strafzumessung		144

Kapitel 3. Versuch (Absatz 2) 145

Kapitel 4. Die Verbrechenstatbestände des Absatzes 3 146
A. Einführung 146
B. Die Verbrechenstatbestände der Nr. 1 149
   I. Gewerbs- oder bandenmäßiges Handeln (Buchst. a) 150
     1. Gewerbsmäßige Begehung 151
     2. Bandenmäßige Begehung 152
   II. Abgeben, Verabreichen, Überlassen zum unmittelbaren Verbrauch an Personen unter 18 Jahren (Buchst. b) 153
C. Die Verbrechenstatbestände der Nr. 2 157
   I. Gefährdung der Gesundheit einer großen Zahl von Menschen (Buchst. a) 158
     1. Gefährdung 159
     2. Gesundheit 161
     3. Große Zahl von Menschen 162
   II. Einen anderen der Gefahr des Todes oder einer schweren Schädigung an Körper oder Gesundheit aussetzen (Buchst. b) .. 163
D. Vorbereitung, Versuch, Vollendung, Beendigung 165
E. Täterschaft, Teilnahme 168
F. Handeln im Ausland 169
G. Subjektiver Tatbestand 170
H. Konkurrenzen 172
I. Strafzumessung 173

Kapitel 5. Minderschwerer Fall (Absatz 4) 174
A. Ausgangslage 174
B. Strafrahmenwahl 182
   I. Allgemeine Strafmilderungsgründe 183
   II. Die allgemeinen Strafmilderungsgründe begründen noch keinen minder schweren Fall 189
     1. Hinzutreten eines oder mehrerer vertypter Strafmilderungsgründe 190
     2. Die Wahl durch das Gericht 191
     3. Verbrauch vertypter Strafmilderungsgründe 193
     4. Verbleiben beim Normalstrafrahmen 195
   III. Die allgemeinen Strafmilderungsgründe begründen bereits einen minder schweren Fall 196
C. Strafzumessung im engeren Sinn 197
D. Weitere Entscheidungen 199
E. Die Anwendung des Jugendstrafrechts 200

Kapitel 6. Fahrlässigkeitstatbestände (Absätze 5, 6) 201
A. Tatbestände 202
B. Versuch 205

		Rn.
C.	Täterschaft, Teilnahme	206
D.	Fahrlässigkeit	207
E.	Konkurrenzen	208
F.	Verfahren, Kognitionspflicht des Gerichts	209

Einführung

1 § 4 enthält das **strafrechtliche Programm** zur Bekämpfung der Verbreitung von neuen psychoaktiven Substanzen.

2 **A. Geschützte Rechtsgüter.** Geschützte Rechtsgüter sind die Gesundheit der Bevölkerung im Ganzen (Volksgesundheit, zur Verwendung dieses Begriffs → BtMG § 1 Rn. 3) und des Einzelnen.

3 **B. Typen der Tatbestände.** Die Tatbestände des § 4 sind die Grundlage der strafrechtlichen Bekämpfung der Verbreitung von NPS. Sie sind mit Ausnahme des Verbringens von NPS nach Deutschland (Absatz 1 Nr. 2 Buchst. b) und des Verbrechens in Absatz 3 Nr. 2 **abstrakte Gefährdungsdelikte** (dazu → BtMG Vor § 29 Rn. 166).

4 **C. Vorbereitungshandlungen.** Die Straftaten des § 4 sind mit Ausnahme des Absatzes 3 keine Verbrechen. Strafbare Vorbereitungshandlungen (§ 30 StGB) kommen daher nur in den Fällen des Absatzes 3 in Betracht. Zur Anwendung des § 30 StGB → BtMG Vor § 29 Rn. 207–240.

5 **D. Internationales Strafrecht, Handeln im Ausland.** Es gelten die allgemeinen international-strafrechtlichen Regeln, so dass auf → BtMG § 29 Rn. 99–106 verwiesen werden kann. Diese sind auch für das Handeltreiben (Absatz 1 Nr. 1) maßgeblich, da sich § 6 Nr. 5 StGB nur auf Betäubungsmittel bezieht. Im Übrigen ist zu beachten, dass auch bei einem Handeln im Ausland (auch) eine **Inlandstat** vorliegen kann (→ BtMG Vor § 29 Rn. 81–112).

6 Dass die Strafvorschriften einen Verstoß gegen **verwaltungsrechtliche Regelungen** voraussetzen, steht der Anwendung auf Auslandstaten nicht entgegen, da unter dem Begriff des deutschen Strafrechts in §§ 4, 7 StGB die Gesamtheit aller Normen des Bundes und der Länder zu verstehen ist (→ BtMG Vor § 29 Rn. 73). Zum **Irrtum** des Täters über die Anwendbarkeit deutschen Strafrechts → BtMG Vor § 29 Rn. 32, 33.

7 **E. Rechtswidrigkeit.** Es gelten die allgemeinen Grundsätze. Handlungen, die einen Tatbestand des § 4 erfüllen, sind verboten und rechtswidrig. Eine Erlaubnis gibt es nicht. Soweit in § 3 Abs. 2 Ausnahmen vom Verbot des Absatzes 1 geregelt sind, entfällt bereits der Tatbestand. Zur **Einwilligung,** die in den Fällen des Verabreichens (Absatz 1 Nr. 1) in Betracht kommt, → BtMG § 13 Rn. 186–208. Die dortigen Grundsätze, insbesondere die neue Rechtsprechung zu einer **einverständlichen illegalen Handlung** (BGHSt 60, 166 = NJW 2015, 1540 mAnm *Mitsch* = NStZ 2015, 270), gelten auch hier (→ BtMG § 13 Rn. 201, 202).

8 **F. Subjektiver Tatbestand.** Strafbarkeit nach den Absätzen 1–4 verlangt Vorsatz (→ BtMG Vor § 29 Rn. 389–425). Zur Fahrlässigkeit → Rn. 19.

9 **I. Vorsatz.** Zum unbedingten Vorsatz → BtMG Vor § 29 Rn. 411–414. Zu den Tatbestandsmerkmalen, auf die sich der Vorsatz erstrecken muss, gehören die Merkmale des psychoaktiven Stoffes (§ 2 Nr. 1) Sie sind **normative** Tatbestandsmerkmale (→ BtMG Vor § 29 Rn. 400, 401), bei denen der Täter nicht nur die reinen Tatsachen kennen muss, sondern auch deren Bedeutung richtig erfassen muss **(Bedeutungskenntnis),** wobei allerdings eine **Parallelwertung** in der **Laiensphäre** ausreicht (→ BtMG Vor § 29 Rn. 407, 408).

Strafvorschriften **§ 4 NpSG**

Es reicht daher zunächst aus, dass Produzenten, Importeure und Händler die 10
Wirkungen ihrer Produkte **kennen** oder damit **rechnen**. Die Stoffe oder Zubereitungen müssen zu einer Stoffgruppe gehören, die in der **Anlage zum NpSG gelistet** ist; auch hierauf muss sich der Vorsatz erstrecken.

Bedingter Vorsatz (→ BtMG Vor § 29 Rn. 415–420) reicht aus. Bedingten 11
Vorsatz hat auch, wer sich um eines anderen erstrebten Zieles willen mit der Tatbestandsverwirklichung **abfindet,** mag ihm auch der Erfolgseintritt unerwünscht sein (→ BtMG Vor § 29 Rn. 416), oder wer aus **Gleichgültigkeit** mit jeder eintretenden Möglichkeit einverstanden ist (→ BtMG Vor § 29 Rn. 417).

II. Absicht. In den Fällen des § 4 Abs. 1 Nr. 2 muss der Täter in der Absicht han- 12
deln, den Stoff in den Verkehr zu bringen. Zur Absicht → BtMG Vor § 29 Rn. 412.

III. Irrtumsfälle. Irrt der Täter über die Substanz oder über ihre tatsächlichen 13
Eigenschaften (ohne dass ein Fall der → Rn. 15 vorliegt), so kommt ein **Tatbestandsirrtum** (→ BtMG Vor § 29 Rn. 429–438) in Betracht. Dasselbe gilt, wenn der Täter zwar die tatsächlichen Eigenschaften der Substanz kennt, sie aber irrtümlich nicht einer Stoffgruppe der Anlage zurechnet, weil er die notwendige **Bedeutungskenntnis** (→ Rn. 9) nicht erlangt (*Raum* in Kügel/Müller/Hofmann Vor § 95 Rn. 17, 19). In beiden Fällen ist dann die fahrlässige Begehung (Absatz 6) zu prüfen.

Hat der Täter die notwendige Bedeutungskenntnis, legt er den Begriff der NPS 14
aber gleichwohl fehlerhaft aus, etwa weil er meint, der Stoff sei nicht neu, so liegt ein **Subsumtionsirrtum** vor, der den Vorsatz nicht ausschließt (→ BtMG Vor § 29 Rn. 434; *Raum* in Kügel/Müller/Hofmann Vor § 95 Rn. 17, 19; in diesem Sinne wohl auch *Freund* in MüKoStGB AMG §§ 13–20d Rn. 15). Der Subsumtionsirrtum kann allerdings relevant werden, wenn er zu einem **Verbotsirrtum** führt, weil der Täter annimmt, sein Verhalten sei nicht rechtswidrig (→ BtMG Vor § 29 Rn. 434).

Kein Subsumtionsirrtum ist der Irrtum über Umstände, die **nicht zum Tat-** 15
bestand gehören (→ BtMG Vor § 29 Rn. 462–464), etwa über die Art des Stoffes; ein solcher Irrtum ist für die **Schuldfrage** (anders für die Strafzumessung) **nicht** beachtlich.

Ein **Verbotsirrtum** kommt in Betracht, wenn der Täter sein Verhalten für 16
rechtmäßig hält, etwa annimmt, das unentgeltliche Verabreichen von NPS sei nicht verboten. Eine andere Frage ist, ob ein solcher Verbotsirrtum vermeidbar ist (→ Rn. 17).

Für den **Verbotsirrtum** gelten die allgemeinen Regeln (→ BtMG Vor § 29 17
Rn. 441–451). Bei der Frage der Vermeidbarkeit ist zu berücksichtigen, dass die Straftatbestände des NpSG häufig berufs- oder berufsähnliche Pflichten (Händler, Importeure) betreffen und sich auf Verstöße im Umgang mit Stoffen beziehen, die wegen ihrer psychoaktiven Wirkung missbraucht werden können. Wer aber mit solchen Stoffen umgeht, weiß, dass er sich in einem rechtlich sensiblen Bereich bewegt, so dass ihm auch zuzumuten ist, qualifizierten Rechtsrat einzuholen (*Raum* in Kügel/Müller/Hofmann Vor § 95 Rn. 23).

Die allgemeinen Regeln gelten auch für den **umgekehrten Irrtum.** Hält der 18
Täter danach einen Tatumstand (→ Rn. 13) irrtümlich für gegeben, so kommt ein (untauglicher) **Versuch** in Betracht (→ BtMG Vor § 29 Rn. 439, 440); beim **Handeltreiben** liegt dagegen vollendetes Handeltreiben vor. Hält er sein Verhalten irrtümlich für rechtswidrig, so liegt ein strafloses **Wahndelikt** vor (→ BtMG Vor § 29 Rn. 452–461); dies gilt grundsätzlich auch beim **Handeltreiben** (→ AMG § 95 Rn. 183); vollendetes Handeltreiben liegt dagegen vor, wenn der Täter irrtümlich annimmt, die Substanz, deren Beschaffenheit er kennt, gehöre zu den Stoffgruppen des NpSG (→ AMG § 95 Rn. 184).

Kornprobst 2073

19 **IV. Fahrlässigkeit.** Nach den Absätzen 5 und 6 ist in bestimmtem Umfang auch die fahrlässige Begehung strafbar (→ Rn. 201–208). Zur **Kognitionspflicht** des Gerichts → Rn. 209.

20 **G. Konkurrenzen.** Zu den Konkurrenzen allgemein → BtMG Vor § 29 Rn. 551–587, 671–716.

21 Ähnlich wie die meisten Tatbestände des Betäubungsmittelstrafrechts sind die Strafvorschriften des NpSG **abstrakte Gefährdungsdelikte** (→ Rn. 3). Die Vorschriften dienen zwar dem Schutz bestimmter Rechtsgüter, namentlich der Gesundheit der Bevölkerung und des Einzelnen, greifen aber bereits ein, **bevor** ein solches Rechtsgut verletzt ist.

22 Auf Grund dieser Konzeption finden die Vorschriften des NpSG und die als Verletzungsdelikte ausgestalteten **Körperverletzungs-** und **Tötungsdelikte** des allgemeinen Strafrechts **nebeneinander** Anwendung **(Tateinheit).** Namentlich in den Fällen der Fahrlässigkeit stellen sich die Fragen der eigenverantwortlichen **Selbstgefährdung** (→ BtMG § 30 Rn. 158, 159, 209–234), der einverständlichen Fremdgefährdung (→ BtMG § 30 Rn. 166, 211–214, 234) und der Einwilligung (→ Rn. 7).

23 **Tateinheit** besteht auch, sofern der Stoff nicht schon von sich aus giftig oder gesundheitsschädlich ist (OLG Zweibrücken BeckRS 2016, 08586), mit dem Verbrechen der **Gemeingefährlichen Vergiftung** nach § 314 StGB (*Wolff* in LK-StGB, 12. Aufl. 2007, StGB § 314 Rn. 19; *Fischer* StGB § 314 Rn. 15 jeweils für § 95 AMG; aA *Wolters* in Satzger/Schluckebier/Widmaier StGB § 314 Rn. 23: privilegierende Spezialität des AMG). Diese Vorschrift ist zwar ebenfalls als abstraktes Gefährdungsdelikt ausgestaltet (*Wolff* in LK-StGB, 12. Aufl. 2007, StGB § 314 Rn. 1), sie ist jedoch teils enger und teils weiter als die Strafvorschriften des NpSG. Entsprechendes gilt für den Straftatbestand der **Schweren Gefährdung durch Freisetzung von Giften** nach § 330a StGB, der allerdings hinter § 314 StGB zurücktritt (*Fischer* StGB § 330a Rn. 10; *Heine/Schittenhelm* in Schönke/Schröder StGB § 330a Rn. 12).

24 Die Grundsätze der **Bewertungseinheit** gelten bei allen **Absatzdelikten** (Handeltreiben, Veräußern, Abgeben) und kommen daher auch im Rahmen des NpSG zur Geltung. Auf → BtMG Vor § 29 Rn. 588–670 wird verwiesen.

25 Zum **uneigentlichen Organisationsdelikt,** das in Betracht kommt, wenn der Täter an der unmittelbaren Ausführung der Taten nicht beteiligt ist, → BtMG Vor § 29 Rn. 276.

26 Auch die **Tatbestände des NpSG** treffen **tateinheitlich** zusammen, soweit sie einen eigenen Unrechtsgehalt aufweisen. Sofern sich bei einzelnen Tatbeständen Abweichungen ergeben, wird dort darauf eingegangen. Zum Verhältnis zu den **Strafvorschriften** des AMG und des **BtMG** → § 1 Rn. 2–4.

27 **H. Strafzumessung.** Auch im Falle des § 4 ist es zweckmäßig, die Strafzumessung in Schritten vorzunehmen. Zu den einzelnen Schritten → BtMG Vor § 29 Rn. 736–742. Bei jedem Schritt hat eine **Gesamtwürdigung** stattzufinden, bei der Strafrahmenwahl naturgemäß nur dann, wenn der Strafrahmen nicht von vornherein feststeht (→ Rn. 28). Zur Strafzumessung im Übrigen → BtMG Vor § 29 Rn. 725–1237. Zu den Sanktionen des Jugendstrafrechts → BtMG Vor § 29 Rn. 1663–1762. Zur Darlegung im Urteil → BtMG Vor § 29 Rn. 1290–1298.

28 **I. Strafrahmenwahl.** Zunächst ist der gesetzliche Strafrahmen zu ermitteln, aus dem im konkreten Fall die Strafe zu entnehmen ist. Sind keine Besonderheiten in der Sache oder in der rechtlichen Regelung gegeben, so steht der Rahmen auf Grund der Strafvorschrift sofort fest **(Normalstrafrahmen).** Hier gilt dies in den Fällen der **Absätze 1, 5 und 6.** Eine Änderung des Strafrahmens kommt hier nur

Strafvorschriften **§ 4 NpSG**

beim Vorliegen eines **vertypten Milderungsgrundes** nach § 49 Abs. 1 StGB in Betracht. Diese sind im Wesentlichen in den → BtMG Vor § 29 Rn. 750–781 aufgeführt. Dort auch zu den für die Strafrahmenwahl maßgeblichen Gesichtspunkten, wenn es sich um einen fakultativen Milderungsgrund handelt.

Absatz 3 enthält einen Verbrechenstatbestand mit Freiheitsstrafe von einem bis 29 zu zehn Jahren, dem in **Absatz 4** ein minder schwerer Fall mit einem Strafrahmen von drei Monaten bis zu fünf Jahren Freiheitsstrafe zugeordnet ist. Hier hat stets eine Strafrahmenwahl stattzufinden. Dazu → Rn. 174–196.

Die **Aufklärungshilfe** nach § 31 BtMG ist ein fakultativer vertypter Strafmil- 30 derungsgrund, der in das NpSG nicht aufgenommen wurde; ein entsprechender Vorschlag des Bundesrates wurde abgelehnt. Allerdings kommt in den Fällen des Absatzes 3 Nr. 1 Buchst. a die allgemeine Aufklärungshilfe des § 46b StGB in Betracht (→ Rn. 150).

II. Strafzumessung im engeren Sinne. Nachdem der Strafrahmen festgestellt 31 wurde (→ Rn. 27, 28), ist innerhalb der Eckpunkte, die durch ihn festgelegt werden, die nach Art und Maß schuldangemessene Strafe zu finden (*Schäfer/Sander/van Gemmeren* Strafzumessung Rn. 886). Auch dies hat auf der Grundlage einer Gesamtwürdigung zu geschehen (→ BtMG Vor § 29 Rn. 733, 734, 740, 897–899). Dabei sind die für die Strafrahmenwahl maßgeblichen Gesichtspunkte **noch einmal** zu berücksichtigen, wenn auch möglicherweise mit geringerem Gewicht (→ BtMG Vor § 29 Rn. 897–889).

Zu den Umständen, die **im Allgemeinen** für die Strafzumessung im engeren 32 Sinn maßgeblich sind, → BtMG Vor § 29 Rn. 850–937:
– zum gerechten Schuldausgleich einschließlich der Gleichbehandlung mehrerer Täter (→ BtMG Vor § 29 Rn. 852–861),
– zu den Strafzwecken (→ BtMG Vor § 29 Rn. 862–873),
– zum Unterschreiten der schuldangemessenen Strafe (→ BtMG Vor § 29 Rn. 874–878),
– zur Orientierung durch den Strafrahmen (→ BtMG Vor § 29 Rn. 879–897),
– zum Verbot der Doppelverwertung (→ BtMG Vor § 29 Rn. 900–929) und
– zum Fehlen von Strafschärfungs- oder Strafmilderungsgründen (→ BtMG Vor § 29 Rn. 930–937).

Zur Wahl der Strafart und zu den kurzen Freiheitsstrafen → BtMG Vor § 29 Rn. 1157–1171. Zur Gesamtstrafenbildung → BtMG Vor § 29 Rn. 1172–1176.

Vorhanden (→ Rn. 34), wenn auch weniger stark ausgeprägt, sind bislang die 33 **Besonderheiten,** die der Strafzumessung in Betäubungsmittelsachen eigentümlich sind. Zu einem Teil liegt dies an der praktischen Ermittlungsarbeit; so ist die Tatprovokation (→ BtMG § 4 Rn. 167–307) in einer reinen NPS-Sache bislang eher selten. Zum anderen Teil beruht dies auf den Vorgaben des Gesetzes, das nur einen Verbrechenstatbestand enthält.

Wie das Betäubungsmittelrecht ist das NPS-Recht **Stoffrecht.** Die Eigenschaf- 34 ten des Stoffs, namentlich Art, Menge und Gefährlichkeit sowie die Umstände seiner Sicherstellung, sind daher auch hier für die Bestimmung des Schuldumfangs von Bedeutung. Dasselbe gilt für die Strafzumessungserwägungen, die an die **Person des Täters** (→ BtMG Vor § 29 Rn. 1035–1055, 1057–1075) oder an das Verfahren (→ BtMG Vor § 29 Rn. 1031–1033, 1076, 1077, 1086–1156) anknüpfen.

Auch zur **Wahl der Strafart** bei kurzen Freiheitsstrafen und zur Gesamtstrafen- 35 bildung kann auf die Ausführungen zum BtMG verwiesen werden (→ BtMG Vor § 29 Rn. 1157–1171 und 1172–1176).

III. Weitere Entscheidungen. Zur Strafaussetzung zur Bewährung → BtMG 36 Vor § 29 Rn. 1177–1237, zu ihrem Widerruf → Vor § 29 Rn. 1239–1286. Freiheitsentziehende Maßregeln kommen schon aus praktischen Gründen nicht in Betracht. Die Entziehung der Fahrerlaubnis durch die Strafgerichte (→ Vor § 29 Rn. 1507–1592) kommt in Betracht, wenn es sich bei dem konkreten Stoff um ein berauschendes Mittel handelte; dazu → Vor § 29 Rn. 1520. NPS können als Beziehungsgegenstände eingezogen werden (§ 5). Zur Einziehung im Übrigen s. die Erläuterungen zu BtMG § 33.

37 **I. NPS als Gegenstand von Eigentums- oder Vermögensdelikten.** Der Besitz von NPS ist, soweit nicht die Ausnahmetatbestände des § 3 Abs. 2 eingreifen, verboten (→ § 3 Rn. 31–35) und, wenn er im Rahmen des Handeltreibens oder des Inverkehrbringens besteht, auch strafbar. Nach der traditionellen Rechtsprechung konnte er gleichwohl Gegenstand eines Eigentums- oder Vermögensdeliktes sein (→ BtMG § 29 Rn. 13–23). Dies wird durch den Anfragebeschluss des 2. Strafsenats v. 1. 6. 2016 (NStZ 2016, 596 mzustAnm *Krell* = JA 2016, 790 mablAnm *Jäger* = JuS 2016, 848 mzustAnm *Jahn*) in Frage gestellt (dazu im Einzelnen → BtMG § 29 Rn. 17, 23). Dieser Auffassung, die der 2. Strafsenat in anderer Besetzung hinsichtlich der Eigentumsdelikte ohnehin nicht vertreten hatte (→ BtMG § 29 Rn. 17), sind die anderen Strafsenate entgegengetreten. Der 2. Senat hält an seiner Auffassung nicht fest (→ BtMG § 29 Rn. 17, 23).

Kapitel 1. Handeltreiben mit, Inverkehrbringen und Verabreichen von NPS entgegen § 3 Abs. 1 (Absatz 1 Nr. 1)

38 **A. Grundtatbestand.** Grundlage der Strafvorschrift ist § 3 Abs. 1.

39 **B. Tathandlungen.** Unter Strafe gestellt ist das Handeltreiben, das Inverkehrbringen und das Verabreichen von NPS an einen anderen entgegen § 3 Abs. 1. In der Praxis wird das Handeltreiben im Vordergrund stehen, allerdings werden die anderen Handlungsalternativen dadurch **nicht** zur **Bedeutungslosigkeit** verdammt (aA *Patzak* NStZ 2017, 263 (265)), da das Handeltreiben im NpSG nicht die umfassende Bedeutung hat wie im BtMG und im AntiDopG (→ Rn. 89).

40 **I. Neue psychoaktive Stoffe.** Tatgegenstand sind neue psychoaktive Stoffe (→ § 2 Rn. 2–18). Neue psychoaktive Stoffe sind auch solche, die bei Inkrafttreten des Gesetzes bereits auf dem Markt waren (→ § 2 Rn. 8).

41 **II. Handlungen.** Der Straftatbestand des § 4 Abs. 1 Nr. 1 ist enger als der Verbotstatbestand des § 3 Abs. 1. Aus diesem erfasst Absatz 1 Nr. 1 lediglich das Handeltreiben, das Inverkehrbringen und das Verabreichen.

42 **1. Handeltreiben.** Im Vordergrund der Strafvorschriften, die sich gegen eine Weiterverbreitung von NPS richten, steht das Handeltreiben. Ausgehend von der Rezeption des betäubungsmittelrechtlichen Begriffs (→ § 3 Rn. 3) ist der Begriff des Handeltreibens auch im NpSG **weit auszulegen.** Wegen der Einzelheiten des Tatbestandes wird auf → § 3 Rn. 3–21 Bezug genommen.

43 **2. Inverkehrbringen.** Das Inverkehrbringen ist in § 2 Nr. 4 gesetzlich definiert und umfasst:
– das Vorrätighalten zum Verkauf oder zu sonstiger Abgabe (→ § 2 Rn. 28–31),
– das Feilhalten (→ § 2 Rn. 32),
– das Feilbieten (→ § 2 Rn. 33),
– die Abgabe an andere (→ § 2 Rn. 34–39) und
– das Überlassen zum unmittelbaren Verbrauch an andere (→ § 2 Rn. 40).

44 Nicht zum **Inverkehrbringen** gehören der bloße **Besitz** (→ § 3 Rn. 31–35), desgleichen nicht das **Herstellen** (→ § 3 Rn. 23), das **Verabreichen** (→ § 3 Rn. 36, 37) und das (sonstige) **Anwenden** bei anderen. Nicht verboten und nicht strafbar ist das **Sonstige Inverkehrbringen** (→ § 3 Rn. 38).

3. Verabreichen. Verabreichen ist die unmittelbare Anwendung des Betäu- 45
bungsmittels am Körper des Empfängers ohne dessen aktive Mitwirkung (**Fremdapplikation;** → § 3 Rn. 36, 37). Das Verabreichen ist **keine Abgabe,** da bei ihr
keine neue Verfügungsgewalt begründet wird.

III. Entgegen § 3 Abs. 1. Das Handeltreiben, Inverkehrbringen oder Verabrei- 46
chen muss entgegen § 3 Abs. 1 erfolgen. Dies ist nicht gegeben, wenn es sich um
eine Verwendung handelt, die nach § 3 Abs. 2 von den Verboten des § 3 Abs. 1 ausgenommen ist. Auf → § 3 Rn. 39–48 wird insoweit Bezug genommen.

C. Vorbereitung, Versuch, Vollendung, Beendigung. Der Straftatbestand 47
ist ein Vergehen, so dass eine Strafbarkeit von Vorbereitungshandlungen (§ 30
StGB) nicht in Betracht kommt. Dagegen ist der Versuch strafbar (§ 4 Abs. 2). Für
die Abgrenzung der einzelnen Stadien gelten die allgemeinen strafrechtlichen
Grundsätze (→BtMG Vor § 29 Rn. 171–206). Im Übrigen ist zwischen den einzelnen Tathandlungen zu unterscheiden.

I. Handeltreiben. Da das NpSG den betäubungsmittelrechtlichen Begriff des 48
Handeltreibens übernommen hat (→ § 3 Rn. 3), sind die Regeln maßgeblich, die
auch im Betäubungsmittelrecht gelten (→BtMG § 29 Rn. 573–631). Dies gilt im
Hinblick auf den angestrebten Rechtsgüterschutz (*Weber* (2008) S. 429) nicht nur
für den Kernbereich des Handeltreibens (→BtMG § 29 Rn. 574), sondern auch
für die Handlungen, die dem Umsatz weit vorgelagert sind oder bei denen ein Umsatz mangels verfügbarer NPS überhaupt nicht erreicht werden kann (→BtMG
§ 29 Rn. 575).

Im Bereich der Vorbereitung bleibt es, wenn noch nicht zu einem konkreti- 49
sierbaren Geschäft angesetzt wird, etwa bei bloßen Voranfragen, allgemeinen Anfragen oder Sondierungen (→BtMG § 29 Rn. 585), auch beim Fehlen einer realistischen Grundlage für das Geschäft (→ BtMG § 29 Rn. 586).

Nimmt der Täter eine **tatsächliche Handlung** vor, die dem (eigennützigen) 50
Umgang mit NPS dient (etwa Herstellen, Befördern), so **beginnt der Versuch**
mit dem Beginn dieser tatsächlichen Handlung (→ BtMG § 29 Rn. 588–603), sofern nicht bereits eine andere Handlung, etwa ein Verkauf, vorangegangen ist.

Hat der Täter die NPS in Verkaufsabsicht **inne** oder ist sonst mit ihnen **befasst,** 51
so ist bereits **Vollendung** gegeben (→BtMG § 29 Rn. 582). Dasselbe gilt, wenn
ein **konkretes Umsatzgeschäft** mit den NPS **angebahnt** ist (→ BtMG § 29
Rn. 376). Bezieht sich das Geschäft nicht unmittelbar auf die NPS, wie etwa die
Beschaffung von Geräten oder Räumen, so kommt (vollendetes) Handeltreiben in
Betracht, wenn ein konkretes Umsatzgeschäft mit NPS angebahnt ist oder läuft,
etwa wenn die NPS im Voraus bereits verkauft sind (→ BtMG § 29 Rn. 597, 598).

Die Tat ist dann **beendet,** wenn die NPS und das Geld übergeben sind oder 52
wenn die Bemühungen um den Umsatz endgültig eingestellt werden (→BtMG
§ 29 Rn. 630, 631).

Im Übrigen gelten: 53
– für die Abgrenzung von Vorbereitung und Versuch →BtMG § 29
Rn. 576–607,
– für die Abgrenzung von Versuch und Vollendung →BtMG § 29 Rn. 609–626,
– für die Vollendung →BtMG § 29 Rn. 627–629 und
– für die Beendigung →BtMG § 29 Rn. 630, 631.

II. Inverkehrbringen. Das Inverkehrbringen umfasst nicht nur den Verkauf 54
und die sonstige Abgabe, sondern auch bestimmte Vorbereitungshandlungen dazu.
Durch Absatz 2 wird die Grenze noch einmal vorverlegt.

1. Vorrätighalten. Vorrätighalten ist Besitzen mit dem Ziel, den Vorrat zu ver- 55
kaufen oder sonst abzugeben (→ § 2 Rn. 28). Wie der Besitz ist das Vorrätighalten

daher ein dingliches Geschäft. Der **Versuch** beginnt daher erst mit Handlungen, mit denen der Täter nach seiner Vorstellung unmittelbar zu dem dinglichen Vorgang der Erlangung der tatsächlichen Verfügungsgewalt ansetzt. **Vollendet** ist das Vorrätighalten, wenn die NPS in ein irgendwie geartetes Lager aufgenommen werden, das zum Verkauf oder zu sonstiger Abgabe bestimmt ist; das Verbringen über die deutsche Hoheitsgrenze ist daher nur ein Versuch (BGHSt 59, 16 = NJW 2014, 326 = NStZ 2014, 468 mAnm *Volkmer* = PharmR 2014 mAnm *Floeth* = MedR 2014, 655 = A&R 2014, 35 mAnm *Winkler;* BGH AMG § 96 Nr. 5 Inverkehrbringen 1 = StV 1998, 663). Dasselbe gilt für die Herstellung.

56   **Beendet** ist das Vorrätighalten mit dem Verkauf oder sonstiger Abgabe oder mit der Bestimmung zum Eigenverbrauch.

57   **2. Feilhalten.** Auch in diesem Fall müssen sich die NPS in der Verfügungsgewalt des Täters befinden (→ § 2 Rn. 32), so dass für den Beginn des **Versuchs** ebenfalls zunächst auf → Rn. 55 verwiesen werden kann. Hinzukommen muss die Aufstellung in einer Weise, die äußerlich erkennbar auf die Verkaufsabsicht hindeutet (→ § 2 Rn. 32). Auch in diesem Fall wird in aller Regel bereits Vorrätighalten und damit vollendetes Inverkehrbringen vorliegen. **Vollendet** ist das Feilhalten, wenn es zu einer solchen Aufstellung gekommen ist. Für die **Beendigung** gilt → Rn. 56 entsprechend.

58   **3. Feilbieten.** Auch beim Feilbieten muss sich der NPS in der tatsächlichen Verfügungsgewalt des Täters befinden (→ § 2 Rn. 33), so dass für den Beginn des **Versuchs** ebenfalls zunächst auf → Rn. 55 Bezug genommen werden kann. Hinzukommen muss das Anpreisen des NPS (→ § 2 Rn. 33). In vielen Fällen wird auch hier bereits Vorrätighalten oder Feilhalten vorliegen. **Vollendung** des Feilbietens ist nur gegeben, wenn die Anpreisung dem potenziellen Empfänger zugegangen ist (→ BtMG § 29 Rn. 517). Für die Beendigung gilt → Rn. 56 entsprechend.

59   **4. Abgabe.** Die Abgabe und damit das Inverkehrbringen ist ein dingliches Geschäft (→ BtMG § 29 Rn. 1126). Zum Beginn des **Versuchs** daher → BtMG § 29 Rn. 1078–1080. Allerdings wird in solchen Fällen vielfach ein Vorrätighalten, Feilhalten oder Feilbieten und damit bereits vollendetes Inverkehrbringen vorliegen.

60   **Vollendet** ist die Abgabe mit dem Übergang der tatsächlichen Verfügungsgewalt auf den Empfänger (→ BtMG § 29 Rn. 1127). Die NPS müssen in den Zugriffsbereich der Adressaten gelangen; auf → BtMG § 29 Rn. 1081–1084 wird verwiesen. Vollendung und **Beendigung** fallen bei der Abgabe zusammen (→ BtMG § 29 Rn. 1128.

61   **5. Überlassen zum unmittelbaren Verbrauch.** Der **Versuch** beginnt mit dem Ansetzen zu der Handlung, mit der die NPS zum unmittelbaren Verbrauch überlassen werden sollen. Die Überlassung ist **vollendet,** wenn der Stoff verbrauchsfertig so in die Nähe des Konsumenten gebracht wurde, dass er ihn an Ort und Stelle verbrauchen kann (*Patzak* in Körner/Patzak/Volkmer § 29 Teil 15 Rn. 112). Die Tat ist **beendet,** wenn der Verbrauch beendet ist (Joachimski/Haumer BtMG Rn. 185).

62   **III. Verabreichen.** Der **Versuch** beginnt mit dem Ansetzen zu Handlung, mit der NPS verabreicht wird (→ BtMG § 29 Rn. 1554). Die **Vollendung** tritt mit dem Beginn der Zuführung des NPS in den Körper des anderen ein (→ BtMG § 29 Rn. 1555). Die Tat ist beendet, wenn der NPS dem Körper des anderen einverleibt ist.

63   **D. Täterschaft, Teilnahme.** Die Strafvorschrift wendet sich wie der Grundtatbestand in jeder Alternative an jedermann. Es gelten daher die allgemeinen Grundsätze (→ BtMG Vor § 29 Rn. 241–386). Allerdings kommt als Täter, mittelbarer Täter oder Mittäter nur in Betracht, wer die besonderen Merkmale erfüllt, die die einzelnen Varianten an die Täterschaft stellen.

Strafvorschriften § 4 NpSG

I. Handeltreiben. Neben der Geltung der allgemeinen Regeln (→ Rn. 63) sind 64 im Hinblick auf die Übernahme des betäubungsmittelrechtlichen Begriffs des Handeltreibens (→ § 3 Rn. 3) auch die Grundsätze maßgeblich, die im Betäubungsmittelrecht für das Handeltreiben gelten (→ BtMG § 29 Rn. 634).

Täterschaftliches Handeltreiben setzt stets voraus, dass der Beteiligte **eigen-** 65 **nützig** handelt (→ BtMG § 29 Rn. 636). Fehlt es an Eigennützigkeit, kommt nur Beihilfe in Betracht (→ BtMG § 29 Rn. 637). Andernfalls richtet sich die Beteiligungsform nach den Grundsätzen des allgemeinen Strafrechts, wobei → Rn. 66 zu beachten ist.

Abweichend von allen anderen Straftatbeständen kann nach der Rechtspre- 66 chung beim **Handeltreiben** Beihilfe auch dann vorliegen, wenn der Beteiligte in Person alle Tatbestandsmerkmale der Strafvorschrift verwirklicht hat (→ BtMG § 29 Rn. 638–641). Der Grundsatz, dass bei der eigenhändigen Erfüllung aller Tatbestandsmerkmale stets (Mit-)Täterschaft gegeben ist (§ 25 Abs. 1 StGB), gilt beim Handeltreiben nicht. Da der Gesetzgeber des NpSG den Begriff des Handeltreibens in der Form übernommen hat, die er in der Rechtsprechung zum BtMG gefunden hat (BT-Drs. 18/8579, 19), ist diese Auslegung auch für dieses Gesetz maßgeblich. Auf der anderen Seite kann Täterschaft auch dann vorliegen, wenn (eigennützig) ein **fremder Umsatz** gefördert wird (→ BtMG § 29 Rn. 296–308).

Der Erwerber ist beim **Kauf von NPS** kein Mittäter des Verkäufers beim Han- 67 deltreiben, da das gemeinsame Tätigwerden durch die Art der Deliktshandlung notwendig vorgegeben ist. Auf der Käuferseite ist **lediglich ein Erwerb** gegeben, der aber nur verboten, dagegen nicht strafbar ist; der Empfänger macht sich als notwendiger Teilnehmer auch **nicht** wegen **Anstiftung** oder **Beihilfe** zum Handeltreiben strafbar (→ BtMG Vor § 29 Rn. 280, 281). Will der Käufer die NPS weiterverkaufen, liegt jeweils selbständige Täterschaft der Beteiligten vor (→ BtMG Vor § 29 Rn. 260).

Handeltreiben kann auch in **mittelbarer Täterschaft** begangen werden. Dies 68 kommt auch dann in Betracht, wenn vom Handeln oder die Kenntnis des Organisators im Hinblick auf ein konkretes Umsatzgeschäft nicht festgestellt werden kann (→ BtMG Vor § 29 Rn. 250). Zur mittelbaren Täterschaft eines Tierarztes, der zahlreiche Tierärzte in einer großen Praxis beschäftigte, s. BGH NStZ 2004, 457 = JR 2004, 248 mAnm *Rotsch* = wistra 2003, 424 = StoffR 2004, 90 mAnm *Pauly* = BeckRS 2003, 07432).

Zum Handeltreiben auf einem **fremden Grundstück** oder zur Beteiligung 69 eines **Wohnungsinhabers** → BtMG § 29 Rn. 560–563.

Im Übrigen bleibt abzuwarten, ob und inwieweit die **zahlreichen Streitfra-** 70 **gen,** die die Frage der Beteiligung beim Handeltreiben im Betäubungsmittelrecht bestimmen (→ BtMG § 29 Rn. 632–823), im NPS-Recht praktische Bedeutung erlangen werden.

II. Inverkehrbringen. Beim Inverkehrbringen ist zu unterscheiden: 71

1. Vorrätighalten, Feilhalten, Feilbieten, Abgabe. In diesen Varianten setzt 72 das Inverkehrbringen die tatsächliche Verfügungsgewalt des Inverkehrbringenden voraus. Es ist damit ein **echtes Sonderdelikt** (BGH PharmR 2016, 40; Kotz/ Rahlf BtMStrafR-Oğlakcıoğlu Kap. 2 Rn. 260; *Horn* NJW 1977, 2329 (2334)), so dass Täter, mittelbarer Täter und Mittäter nur sein kann, wer **eigene tatsächliche Verfügungsgewalt** mit dem Ziel der Übertragung ausübt oder wer eine solche überträgt.

Das Erfordernis der eigenen Verfügungsmacht dient als Anknüpfung für die 73 Pflichtenbindung des Täters, der für den Übergang der Gefahrenquelle verantwortlich ist (→ BtMG § 29 Rn. 1129, 1130). Es ist daher ein strafbegründendes besonderes persönliches Merkmal nach **§ 28 Abs. 1 StGB** (→ BtMG § 29 Rn. 1131). Zur etwaigen **doppelten Strafmilderung** nach § 28 Abs. 1, § 27 Abs. 2 S. 2 StGB → BtMG Vor § 29 Rn. 777, 778.

74 Wer **fremde** Verfügungsgewalt ausübt, ihren Übergang bewirkt oder an der Überlassung zum unmittelbaren Verbrauch mitwirkt, ist grundsätzlich Teilnehmer (*Wolters* in Satzger/Schluckebier/Widmaier StGB § 314 Rn. 21). Zum mittelbaren Besitz oder zur Besitzdienerschaft → § 2 Rn. 36). Ob der Transporteur von NPS (Kurier) Besitzmittler (unmittelbarer Besitzer) oder Besitzdiener ist oder ob er eigene tatsächliche Verfügungsgewalt in Anspruch nimmt, richtet sich nach den Umständen des Einzelfalls.

75 **Nicht** strafbar wegen **Anstiftung** oder **Beihilfe** macht sich der **Empfänger** (iErg *Patzak* NStZ 2017, 263 (265); aA BT-Drs. 18/8579, 25). Soweit es um das tateinheitlich verwirklichte Handeltreiben geht, → Rn. 67. Aber auch für das Inverkehrbringen durch Abgabe, auf die eine Bestellung zielt (mit dem bloßen Vorrätighalten etc ist dem Besteller nicht gedient), gilt nichts anderes. Die Abgabe verlangt, dass der Empfänger die tatsächliche Verfügungsmacht erlangt (→ BtMG § 29 Rn. 1119). Er ist daher notwendiger Teilnehmer, da der Tatbestand zu seiner Erfüllung notwendig die Beteiligung zweier Personen erfordert (→ BtMG Vor § 29 Rn. 280, 281). Der Erwerb selbst ist nicht strafbar.

76 **2. Überlassung zum unmittelbaren Verbrauch.** Die Überlassung zum unmittelbaren Verbrauch setzt nicht voraus, dass der Täter **eigene** tatsächliche Verfügungsmacht über den NPS hat (→ BtMG § 29 Rn. 1557). Zur Konsumrunde → BtMG § 29 Rn. 1550–1552, 1557. Der **Empfänger** ist notwendiger Teilnehmer und macht sich daher nicht wegen Anstiftung oder Beihilfe strafbar (→ Rn. 75). Es liegt auch kein Erwerb vor.

77 **III. Verabreichen.** Auch das Verabreichen setzt **nicht** voraus, dass der Verabreichende **eigene** tatsächliche Verfügungsmacht an dem NPS hat (→ BtMG § 29 Rn. 1557). (Mit-)Täter kann daher auch sein, wem eine solche Verfügungsmacht nicht zukommt.

78 Der **Empfänger** kann sich nicht wegen Teilnahme (Anstiftung, Beihilfe) strafbar machen. Bei der Verabreichung erfordert die Erfüllung des Tatbestandes notwendig die Beteiligung zweier Personen, so dass ein Fall der **notwendigen Teilnahme** vorliegt (→ BtMG § 29 Rn. 1558).

79 **E. Handeln im Ausland.** → Rn. 5, 6. Das Weltrechtsprinzip (§ 6 Nr. 5 StGB) kommt auch bei Handeltreiben nicht in Betracht, da es nur für Betäubungsmittel gilt. Im Übrigen liegt beim Handeltreiben und auch beim Inverkehrbringen mit Rücksicht auf die Bewertungseinheit auch dann eine Inlandstat vor, wenn auch nur ein Teilakt im Inland verwirklicht wurde.

80 **F. Subjektiver Tatbestand.** Strafbarkeit nach Absatz 1 Nr. 1 verlangt Vorsatz. Zur Fahrlässigkeit → Rn. 85.

81 **I. Der Vorsatz** (→ Rn. 9–11) muss sich zunächst darauf erstrecken, dass es sich bei der Substanz um einen Stoff oder eine Zubereitung aus einer in der Anlage zum NpSG aufgeführten Stoffgruppe handelt oder dass die Substanz einen solchen Stoff oder eine solche Zubereitung enthält. Er muss sich ferner auf die **Tathandlungen** des Absatzes 1 Nr. 1 beziehen. Beim **Handeltreiben** bedeutet dies, dass sich der Vorsatz auf die eigennützige Förderung des Umsatzes von NPS erstrecken muss. Diese müssen nicht vorhanden oder zur Stelle sein; ebenso wenig muss der Täter, der einen Teilakt des Handeltreibens (Bewertungseinheit) verwirklicht, eine Vorstellung von dem Umsatzgeschäft haben (→ BtMG § 29 Rn. 171, 172). Bedingter Vorsatz reicht aus (→ Rn. 11).

Strafvorschriften **§ 4 NpSG**

II. Irrtumsfälle. Zu den Irrtumsfällen → Rn. 13–18. Zum Tatbestandsirrtum 82
→ Rn. 13. Hat der Täter die notwendige Bedeutungskenntnis, legt er den Begriff
des NPS aber fehlerhaft aus, etwa weil er meint, der Stoff sei nicht neu, so liegt ein
Subsumtionsirrtum vor, der den Vorsatz nicht ausschließt, aber relevant werden
kann, wenn er zum Verbotsirrtum führt (→ Rn. 14). Ein solcher liegt auch vor,
wenn der Täter meint, die Stoffgruppe, zu der die Substanz gehört, sei (noch) nicht
in die Anlage aufgenommen. Ein **Verbotsirrtum** kommt in Betracht, wenn der
Täter sein Verhalten für rechtmäßig hält (→ Rn. 16, 17). Diese Regeln gelten auch
für das **Handeltreiben.**

Zum umgekehrten Irrtum → Rn. 18. Hält der Täter danach einen Tat- 83
umstand (→ Rn. 13) irrtümlich für gegeben (umgekehrter Tatbestandsirrtum),
etwa weil er annimmt, die Substanz gehöre zu einer in der Anlage aufgeführten
Stoffgruppe, so kommt ein (untauglicher) Versuch in Betracht; dies gilt nicht beim
Handeltreiben, dort ist vollendetes Handeltreiben gegeben (→ Rn. 18). Hält er
sein Verhalten irrtümlich für rechtswidrig, etwa weil er annimmt, auch die anerkannte Verwendung zu gewerblichen Zwecken (§ 3 Abs. 2 Nr. 1) sei strafbar, so
liegt ein strafloses **Wahndelikt** vor (→ Rn. 18). Dies gilt grundsätzlich auch beim
Handeltreiben, (→ AMG § 95 Rn. 183); vollendetes Handeltreiben liegt dagegen
vor, wenn der Täter irrtümlich annimmt, die Substanz, deren Beschaffenheit er
kennt, gehöre zu den Stoffgruppen des NpSG (→ AMG § 95 Rn. 184).

Irrt der Täter über Umstände, die **nicht zum Tatbestand** gehören, etwa 84
wenn er die Substanz fälschlich einer anderen in der Anlage aufgenommenen Stoffgruppe zuordnet, so ist dies für die Schuldfrage unbeachtlich (→ Rn. 15). Dies gilt
auch beim Handeltreiben.

III. Fahrlässigkeit. S. Absatz 6 sowie → Rn. 201–208. Fahrlässigkeit kommt 85
etwa in Betracht, wenn der Täter damit rechnen musste, dass es sich bei der Substanz, mit der er umging, um einen NPS handelte. Zur Sorgfaltspflicht bestimmter
Berufsgruppen → Rn. 207. Zur **Kognitionspflicht** des Gerichts → Rn. 209. Die
fahrlässige Begehung ist auch im Falle des Handeltreibens strafbar. Zum fahrlässigen
Handeltreiben → BtMG § 29 Rn. 841.

G. Konkurrenzen. Zu den Konkurrenzen → Rn. 20–26. Im Übrigen gilt: 86

I. Handeltreiben. Auch im NpSG gehört das Handeltreiben zu den Delikten, 87
bei denen mehrere natürliche Handlungen durch den Tatbestand des Gesetzes zu
einer (Bewertungs-)Einheit verknüpft werden (→ BtMG § 29 Rn. 588–670).
Die Bewertungseinheit erfasst alle Betätigungen, die sich auf den Umsatz desselben
NPS richten (*Volkmer* in Körner/Patzak/Volkmer AMG § 95 Rn. 235). Bereits mit
dem ersten Teilakt ist der Tatbestand des Handeltreibens vollendet (→ BtMG § 29
Rn. 171).

Zu der Bewertungseinheit gehören als unselbständige Teilakte auch alle späte- 88
ren Veräußerungsaktivitäten und Zahlungsvorgänge, wobei die im Rahmen desselben Güterumsatzes aufeinander folgenden Teilakte keine mehrfache Verwirklichung des Tatbestands darstellen, sondern stets nur als eine Tat des Handeltreibens
anzusehen sind (→ BtMG § 29 Rn. 171). Unerheblich ist, ob der Täter sie von
vornherein vorgesehen hatte oder sich erst später dazu entschlossen hat.

Anders als im Betäubungsmittelrecht **fehlt** dem Begriff des Handeltreibens im 89
NpSG die **umfassende** Bedeutung, die dazu führt, dass die anderen Begehungsweisen als Teilakte in ihm aufgehen (→ § 3 Rn. 4). Es gelten daher die **allgemeinen
Konkurrenzregeln.** Inverkehrbringen und Verabreichen können deshalb tateinheitlich mit Handeltreiben zusammentreffen. Dasselbe gilt für die Handlungsformen des § 4 Abs. 1 Nr. 2. Das Handeltreiben ist darüber hinaus in der Lage, das Herstellen oder Verbringen mit dem Inverkehrbringen zu **Tateinheit** zu verklammern
(→ BtMG Vor § 29 Rn. 698–700).

Kornprobst

90 **Keine Tateinheit** besteht mit den Delikten des Arzneimittelrechts und des Betäubungsmittelrechts (→ § 1 Rn. 2).

91 **Tateinheit besteht** mit den allgemeinen Körperverletzungs- und Tötungstatbeständen und sonstigen Tatbeständen des StGB (→ Rn. 22, 23). Zur eigenverantwortlichen Selbstgefährdung, zur Fremdgefährdung und zur Einwilligung → Rn. 22.

92 **II. Inverkehrbringen.** Auch das Inverkehrbringen ist ein Absatzdelikt, so dass gegebenenfalls mehrere Teilakte eine **Bewertungseinheit** bilden können (→ § 2 Rn. 41, 42). Nicht zur Bewertungseinheit gehört das Herstellen. Wird beim Herstellen ein Vorrat gebildet, wie es meist der Fall sein wird, kommt Tateinheit in Betracht. Mit dem Handeltreiben besteht Tateinheit (→ Rn. 89), desgleichen mit den Tatbeständen des allgemeinen Strafrechts (→ Rn. 91).

93 **III. Verabreichen.** Im Unterschied zur Verbrauchsüberlassung ist das Verabreichen nicht in die Definition des Inverkehrbringens aufgenommen worden (§ 2 Nr. 4). Gleichwohl geht es auch hier um einen Absatz des Stoffs. Wird davon ausgegangen, dass eine **Bewertungseinheit** bei allen Absatzdelikten in Betracht kommt (krit. dazu *Rissing-van-Saan* in LK-StGB, 12. Aufl. 2007, StGB Vor § 52 Rn. 29a; *von Heintschel-Heinegg* in MüKoStGB StGB § 52 Rn. 44), so wird sie auch hier nicht ausgeschlossen werden können. Mit dem Handeltreiben und dem Inverkehrbringen besteht Tateinheit, desgleichen mit den Tatbeständen des allgemeinen Strafrechts. Da der Empfänger sich den Stoff nicht selbst zuführt, kommt eine eigenverantwortliche Selbstgefährdung nicht in Betracht. Zur Einwilligung → Rn. 7.

94 **H. Strafzumessung.** Zur Strafzumessung → Rn. 27–36.

Kapitel 2. Herstellen, Verbringen nach Deutschland zum Zweck des Inverkehrbringens entgegen § 3 Abs. 1 (Absatz 1 Nr. 2)

95 **A. Grundtatbestand.** Grundlage der Strafvorschrift ist § 3 Abs. 1.

96 **B. Tathandlungen.** Unter Strafe gestellt ist das Herstellen und das Verbringen von NPS nach Deutschland zum Zwecke des Inverkehrbringens entgegen § 3 Abs. 1.

97 **I. Neue psychoaktive Stoffe.** Tatgegenstand sind neue psychoaktive Stoffe (→ § 2 Rn. 2–18). Neue psychoaktive Stoffe sind auch solche, die bei Inkrafttreten des Gesetzes bereits auf dem Markt waren (→ § 2 Rn. 8).

98 **II. Handlungen.** Auch der Straftatbestand des § 4 Abs. 1 Nr. 2 richtet sich gegen die Weiterverbreitung von NPS. Er erfasst Handlungen, die nicht von sich aus zu einer solchen führen, sondern erst im Zusammenhang mit einem entsprechenden Zweck.

99 **1. Herstellen (Absatz 1 Nr. 2 Buchst. a).** Das Herstellen ist in § 2 Nr. 3 definiert. Auf → § 2 Rn. 19, 20 wird Bezug genommen.

100 **2. Verbringen nach Deutschland (§ 4 Abs. 1 Nr. 2 Buchst. b).** Enger als der Verbotstatbestand (§ 3 Abs. 1) erfasst der Straftatbestand nur das Verbringen nach Deutschland und damit die Einfuhr. Die NPS müssen damit einen inländischen Bestimmungsort haben. Der Transit ist lediglich verboten, nicht aber strafbar. Wegen des Begriffs des Verbringens wird auf → § 3 Rn. 24–27 Bezug genommen.

101 **3. Zum Zweck des Inverkehrbringens.** Sowohl das Herstellen als auch die Einfuhr sind nur dann strafbar, wenn sie zum Zweck des Inverkehrbringens erfolgen. Dieser Zweck muss nicht von Anfang an bestehen. Es reicht, wenn er bei der Vollendung der Herstellung (→ Rn. 105) oder der Einfuhr (→ Rn. 110) gegeben ist. Die Straftat ist ein Delikt mit **überschießender Innentendenz**; der Zweck

muss daher nicht erreicht werden. Es muss auch nicht zu ihm angesetzt werden. Ausreichend ist die Absicht (→ Rn. 12).

4. Entgegen § 3 Abs. 1. Das Herstellen oder Verbringen muss entgegen § 3 **102** Abs. 1 erfolgen. Dies ist nicht gegeben, wenn es sich um eine Verwendung handelt, die nach § 3 Abs. 2 von den Verboten des § 3 Abs. 1 ausgenommen ist. Auf → § 3 Rn. 39–48 wird insoweit Bezug genommen. Dies gilt auch dann, wenn die anerkannte Verwendung mit einem Inverkehrbringen verbunden ist oder darauf abzielt.

C. Vorbereitung, Versuch, Vollendung, Beendigung. Der Straftatbestand **103** ist ein Vergehen, so dass eine Strafbarkeit von Vorbereitungshandlungen (§ 30 StGB) nicht in Betracht kommt. Dagegen ist der Versuch strafbar (§ 4 Abs. 2). Für die einzelnen Stadien gelten die allgemeinen strafrechtlichen Grundsätze (→ BtMG Vor § 29 Rn. 171–206). Im Übrigen ist zwischen den einzelnen Tathandlungen zu unterscheiden.

I. Herstellen. Bloße **Vorbereitungshandlungen** sind die Anschaffung von **104** Räumen, Geräten und Grundstoffen (→ BtMG § 29 Rn. 137). Der **Versuch** beginnt, wenn Handlungen vorgenommen werden, die nach dem Tatplan ohne Zwischenakte in die Herstellung einmünden können, etwa mit dem Starten der Maschinen (→ BtMG § 29 Rn. 138).

Die Herstellung ist ein **(unechtes) Unternehmensdelikt** (→ BtMG § 29 **105** Rn. 139), so dass für Versuchshandlungen nur wenig Raum bleibt. Schon mit dem Beginn des Herstellungsvorgangs tritt **Vollendung** ein. Diese bedarf auch weder des Eintritts des erstrebten Erfolgs noch eines Zwischenergebnisses (→ BtMG § 29 Rn. 139). **Beendet** ist die Herstellung, wenn der Herstellungsprozess zu Ende geführt und keine weitere Veränderung des gewonnenen Produkts beabsichtigt ist; dieses Produkt kann auch ein Zwischenprodukt sein (→ BtMG § 29 Rn. 140).

2. Verbringen nach Deutschland. Das Verbringen nach Deutschland ist ein **106** **Erfolgsdelikt.** Der Raum für den Versuch ist daher breiter als bei den sonstigen Tathandlungen des § 4.

Der Versuch beginnt, wenn der Täter Handlungen vornimmt, die nach seinem **107** Tatplan im ungestörten Fortgang unmittelbar zur Tatbestandserfüllung führen sollen oder die im unmittelbaren räumlichen und zeitlichen Zusammenhang mit ihr stehen, und damit das geschützte Rechtsgut unmittelbar gefährden. Ob dies gegeben ist, hängt vom Tatplan und den äußeren Umständen ab (→ BtMG § 29 Rn. 883, 884).

Lediglich eine **Vorbereitungshandlung** liegt danach vor, wenn es noch an **108** einem unmittelbaren zeitlichen und räumlichen Zusammenhang mit dem Grenzübertritt fehlt (→ BtMG § 29 Rn. 885, 886). Ein Versuch der Einfuhr ist auch dann nicht gegeben, wenn dem Grenzübertritt noch Handlungen oder Zwischenakte, etwa eine Hotelübernachtung oder die Beladung des Fahrzeugs, vorgelagert sind, die in keinem unmittelbaren zeitlichen Zusammenhang mit dem geplanten Einfuhrvorgang stehen (→ BtMG § 29 Rn. 887–889).

Zur Einfuhr **durch Bahn-, Flug- und Schiffsreisende** → BtMG § 29 **109** Rn. 890–893, durch **Kraftfahrer** → BtMG § 29 Rn. 894–896 und durch **Radfahrer** und **Fußgänger** → BtMG § 29 Rn. 897. Zum Verbringen durch Versendung → BtMG § 29 Rn. 984–996.

Bei einem inländischen Bestimmungsort (→ Rn. 100) ist das Verbringen **vollendet,** wenn die NPS die maßgebliche Grenze (→ BtMG § 2 Rn. 72–93) überschritten haben (→ BtMG § 29 Rn. 899, 918). Dabei ist es gleichgültig, ob sie auf dem Luftweg, dem Seeweg, per Post oder Bahn, in einem Kraftfahrzeug oder im oder am Körper transportiert werden. **110**

111 Da es nicht notwendig ist, dass die NPS beim Transport über die Grenze oder zu einem späteren Zeitpunkt tatsächlich zur Verfügung stehen (→ § 3 Rn. 25), ist es für die Vollendung ohne Bedeutung, ob sie im Zeitpunkt des Grenzübertritts **bereits entdeckt** waren oder von Anfang an unter **polizeilicher** oder zollamtlicher **Kontrolle** standen (→ BtMG § 29 Rn. 900).

112 Das Verbringen ist **beendet,** wenn die NPS im deutschen Hoheitsgebiet in Sicherheit gebracht und damit zur Ruhe gekommen sind, namentlich wenn sie am Ort ihrer endgültigen Bestimmung angelangt sind oder wenn sie von der Polizei sichergestellt wurden (→ BtMG § 29 Rn. 919–921).

113 **D. Täterschaft, Teilnahme.** Die Strafvorschrift wendet sich wie der Grundtatbestand in jeder Alternative an jedermann. Es gelten daher die allgemeinen Grundsätze (→ BtMG Rn. 241–386). Dies gilt insbesondere auch für die Abgrenzung der beiden Beteiligungsformen (→ BtMG Vor § 29 Rn. 367–386). Dabei ist ein wesentlicher Anhaltspunkt für die Frage der Mittäterschaft, welcher der Beteiligten in erster Linie den Zweck des Inverkehrbringens verfolgt. Eine sukzessive Mittäterschaft oder Beihilfe ist möglich.

114 **I. Herstellen.** Täter, mittelbarer Täter oder Mittäter kann einschließlich des Geldgebers jeder am Herstellungsprozess Beteiligte sein, sofern er auch den Zweck des Inverkehrbringens verfolgt. Nicht notwendig ist, dass ihm die Ausgangsstoffe oder Produktionsmittel gehören oder das Endprodukt wirtschaftlich zusteht. Danach kann auch Mittäter sein, wer durch Überlassen von Geld und Räumen die Herstellung von Betäubungsmitteln fördert (→ BtMG § 29 Rn. 141). Zur Beteiligung von Arbeitnehmern und ähnlichen Personen → BtMG § 29 Rn. 142.

115 Werden NPS durch Mitbewohner oder sonstige Dritte insbesondere auf einem **fremden Grundstück** oder in einer fremden Wohnung hergestellt, so gelten die in → BtMG § 29 Rn. 143, 78–98 dargestellten Grundsätze.

116 **II. Verbringen nach Deutschland.** Die sich bei der Einfuhr von illegalen Stoffen ergebenden tatsächlichen Fallgestaltungen und rechtlichen Probleme stellten sich bisher nur bei den Betäubungsmitteln; sie werden künftig auch bei der Einfuhr von NPS auftreten. Wie bei den Betäubungsmitteln ist danach zu unterscheiden:

117 **1. Eigenhändiges Verbringen.** Nach den allgemeinen Grundsätzen (→ BtMG Vor § 29 Rn. 370) ist derjenige, der NPS **eigenhändig** über die Grenze bringt, grundsätzlich **(Mit-)Täter,** und zwar auch dann, wenn er unter dem Einfluss und in Gegenwart eines anderen Beteiligten in dessen Interesse handelt; eine Ausnahme soll nur in extremen Ausnahmefällen gelten, was aber bisher noch nicht vorgekommen ist. Zu den Einzelheiten beim eigenhändigen Verbringen → BtMG § 29 Rn. 924–932. Die Frage der Abgrenzung zur Beihilfe stellt sich hier in aller Regel nicht.

118 **2. Verbringen durch einen anderen.** Anders ist dies beim Verbringen durch einen anderen. Das Verbringen erfordert nicht, dass der Einführer die NPS eigenhändig über die Grenze bringt. (Mit-)Täter des Verbringens kann daher auch sein, wer sie **durch einen anderen** über die Grenze transportieren lässt (→ BtMG § 29 Rn. 933, 934). Kann bei einer durch einen Hintermann veranlassten Tat, keine Mittäterschaft festgestellt werden, ist nicht nur Beihilfe, sondern auch **Anstiftung** zur Einfuhr zu prüfen (→ BtMG § 29 Rn. 975).

119 **Mittäterschaft** kommt nur in Betracht, wenn der Beteiligte durch seinen Tatbeitrag nicht nur fremdes Tun fördern, sondern einen Beitrag zu einer gemeinsamen Tat (Einfuhr) leisten wollte (→ BtMG § 29 Rn. 935). Ob dies gegeben ist, ist auf der Grundlage einer umfassenden wertenden Betrachtung festzustellen, wobei der entscheidende Bezugspunkt der **Einfuhrvorgang** ist (→ BtMG § 29 Rn. 936–939).

Strafvorschriften   § 4 NpSG

a) Bestellung/Erwerb im Ausland. Werden NPS im Ausland bestellt oder er- 120
worben und nach Deutschland eingeführt, so gilt für die Strafbarkeit hinsichtlich
des Verbringens nach Deutschland folgendes:

aa) Besteller/Erwerber. (Mit-)Täterschaft des Bestellers oder Erwerbers bei 121
der Einfuhr liegt dann nahe,
- wenn er den Transport **organisiert** (→ BtMG § 29 Rn. 942) oder
- wenn er durch Vereinbarungen beim Erwerbsakt oder sonstige Vorkehrungen
  auf den Vorgang der Verbringung einwirkt oder zumindest seinen Willen
  hierzu zum Ausdruck bringt.

Wegen der Einzelheiten der Mittäterschaft wird auf → BtMG § 29 Rn. 943–946
verwiesen.

Nimmt der Besteller oder Erwerber auf den Einfuhrvorgang keinen Einfluss, 122
kommt allenfalls Teilnahme in Betracht. Lediglich **Anstiftung** ist gegeben, wenn
der Beteiligte die NPS im Ausland telefonisch oder **per Internet** bestellt und sie
ihm durch Kuriere oder durch die Post gebracht werden (BT-Drs. 18/8579, 20;
→ BtMG § 29 Rn. 947). Dies gilt auch dann, wenn die Bestellung in einem Online-Shop erfolgt, da dessen Betreiber damit nur allgemein die Bereitschaft ausgedrückt hat, NPS (auch) nach Deutschland zu verbringen, und deswegen noch zu
einer konkreten Tat angestiftet werden kann (→ BtMG Vor § 29 Rn. 288; *Patzak*
NStZ 2017, 263 (265)). Auf Seiten des Bestellers liegt auch **keine notwendige
Teilnahme** vor, da seine Mitwirkung bei der Verbringung nicht erforderlich ist
(*Patzak* NStZ 2017, 263 (265)).

Rechnet der Beteiligte bei seiner Bestellung nicht damit, dass die NPS aus dem 123
Ausland eingeführt werden, liegt auch **keine Anstiftung** vor (→ BtMG § 29
Rn. 948).

Die bloße Bereitschaft zur Entgegennahme von NPS macht den Besteller noch 124
nicht zum **Gehilfen** der Einfuhr. Etwas anderes kommt in Betracht, wenn der Erwerber sich in Kenntnis der notwendigen Einfuhr zur Abnahme definitiv verpflichtet hat. An einem Tatbeitrag zur Einfuhr fehlt es dagegen, wenn der Besteller regelmäßig aus einem Depot im Inland beliefert wird, das bei Bedarf aus dem Ausland
aufgefüllt wird, ohne dass er hierüber Einzelheiten weiß. Zu den Einzelheiten
→ BtMG § 29 Rn. 949–951.

bb) Lieferant/Verkäufer. Für den Lieferanten im Ausland gilt dasselbe wie für 125
den Besteller. Sofern er nicht schon deswegen (Mit-)Täter der Einfuhr ist, weil er
die NPS selbst über die Grenze bringt (→ Rn. 117), ist (Mit-)Täterschaft jedenfalls
dann anzunehmen, wenn er selbst die Kuriere mit dem Transport beauftragt oder
wenn er dafür in anderer Weise Verantwortung und Risiko übernimmt (→ BtMG
§ 29 Rn. 952). Daran fehlt es in aller Regel, wenn sich Interesse und Wille des Lieferanten auf die Veräußerung beschränken, was im vereinbarten niedrigeren Kaufpreis zum Ausdruck kommen kann (→ BtMG § 29 Rn. 953).

cc) Finanzier. Auch bei ihm ist es entscheidend, ob und inwieweit er auf **die** 126
Einfuhr Einfluss nimmt oder jedenfalls nehmen will, so dass auch insoweit eine gemeinsame Tat in Betracht kommt. Keine Mittäterschaft bei der Einfuhr ist danach
anzunehmen, wenn jemand lediglich Geld für **den Erwerb** von Betäubungsmitteln
im Ausland zur Verfügung (→ BtMG § 29 Rn. 954–957). Neben Beihilfe kommt
in diesen Fällen auch Anstiftung in Betracht.

dd) Chauffeur. Wird jemand für eine Einkaufsfahrt von NPS im Ausland als 127
Chauffeur engagiert, so wird es in den meisten Fällen zu seinen Aufgaben gehören,
das Fahrzeug auch beim Übertritt über die maßgebliche Grenze zu führen. Wegen
eigenhändiger Erfüllung des Tatbestands ist er deswegen grundsätzlich (Mit-)Täter
(→ Rn. 117). Führt er das Fahrzeug mit den NPS beim Grenzübertritt gerade nicht,
ist neben dem Grad des Interesses auch hier im Wesentlichen entscheidend, welche

Kornprobst   2085

Bedeutung die Tätigkeit des Chauffeurs für den Einfuhrvorgang hatte (→ BtMG § 29 Rn. 958–960).

128 **b) Begleitung beim Transport.** Die Begleitung des eigenhändig Verbringenden beim Transport von NPS kann so ausgestaltet sein, dass darin (Mit-)Täterschaft zur Einfuhr zu sehen ist. Auf → BtMG Rn. 961–970 wird verwiesen.

129 **c) Sonstige Mitwirkung an einem Import.** Die Möglichkeiten, sich an Geschäften zu beteiligen, die mit einem Import von NPS verbunden sind, sind äußerst vielfältig. Für die Frage der Beteiligung an der Einfuhr ist aber auch hier der Blick auf den **Einfuhrvorgang** entscheidend (→ BtMG § 29 Rn. 971–974).

130 **d) Zurechnung der von einem anderen mitgeführten Menge.** Auf → BtMG § 29 Rn. 976–982 wird verwiesen. Die Frage hat hier allerdings nur für die Strafzumessung Bedeutung.

131 **3. Verbringen durch Versendung.** Das Verbringen setzt nicht voraus, dass der Täter den Transport persönlich durchführt oder durch andere Personen durchführen lässt und dass die NPS den Beteiligten während des Transportvorgangs tatsächlich zur Verfügung stehen. Ein Verbringen liegt daher auch dann vor, wenn der Täter oder der Dritte die NPS **durch Post, Eisenbahn** oder andere **Verkehrs-** oder **Transportmittel** über die Grenze schaffen oder schaffen lassen. Auch darauf, ob der herangezogene Dritte im guten Glauben handelt oder in den Transport der NPS eingeweiht ist, kommt es nicht an. Wegen der Einzelheiten wird auf → BtMG § 29 Rn. 984–996 Bezug genommen.

132 **E. Handeln im Ausland.** Zum Herstellen → Rn. 5, 6. Beim Verbringen wird in aller Regel keine Auslandstat vorliegen, auch soweit **im Ausland gehandelt** wurde. Das Verbringen nach Deutschland ist ein Erfolgsdelikt. Da der Erfolg mit dem Passieren der maßgeblichen Grenze, in der Regel der deutschen Hoheitsgrenze, eintritt oder eintreten sollte, ist es **eine Inlandstat** (§ 9 Abs. 1 Alt. 2 (Erfolgsort) StGB), die deutschem Recht und deutscher Gerichtsbarkeit unterliegt (auch → BtMG Vor § 29 Rn. 92).

133 Auch der **Mittäter,** der seine Tatbeiträge ausschließlich im Ausland geleistet hat, ist daher nach deutschem Recht strafbar (→ Vor § 29 Rn. 87). Dasselbe gilt für den **mittelbaren Täter** oder sein **Werkzeug** (→ Vor § 29 Rn. 88). Die Teilnahme ist auch an dem Ort begangen, an dem die Haupttat begangen ist (§ 9 Abs. 2 S. 1 StGB), so dass auch für den **Teilnehmer,** der ausschließlich im Ausland tätig geworden ist, in der Regel eine Inlandstat vorliegt.

134 **F. Subjektiver Tatbestand.** Strafbarkeit nach Absatz 1 Nr. 2 verlangt Vorsatz. Eine fahrlässige Begehung ist nicht strafbar (Absatz 5).

135 **I. Der Vorsatz** (→ Rn. 9–12) muss sich zunächst darauf erstrecken, dass es sich bei der Substanz um einen Stoff oder eine Zubereitung aus einer in der Anlage zum NpSG aufgeführten Stoffgruppe handelt oder dass die Substanz einen solchen Stoff oder eine solche Zubereitung enthält. Er muss sich ferner auf die Tathandlungen des Absatzes 1 Nr. 2 (Bestellen, Verbringen nach Deutschland) beziehen und schließlich muss er sich auch darauf erstrecken, dass diese Handlungen zum Zweck des Inverkehrbringens des NPS erfolgen. Bedingter Vorsatz reicht aus (→ Rn. 11).

136 **II. Irrtumsfälle.** Zu den Irrtumsfällen → Rn. 13–18. Zum **Tatbestandsirrtum** → Rn. 13. Ein solcher liegt auch dann vor, wenn der Beteiligte auch im Sinne des bedingten Vorsatzes (→ Rn. 11) nicht erkennt, dass die NPS dem Zweck des Inverkehrbringens dienen. Eine fahrlässige Begehung ist nicht strafbar.

137 Hat der Täter die notwendige Bedeutungskenntnis, legt er den Begriff des NPS aber fehlerhaft aus, etwa weil er meint, der Stoff sei nicht neu, so liegt ein **Subsumtionsirrtum** vor, der den Vorsatz nicht ausschließt (→ Rn. 14). Ein solcher liegt

Strafvorschriften § 4 NpSG

auch vor, wenn der Täter meint, die Stoffgruppe, zu der die Substanz gehört, sei (noch) nicht in die Anlage aufgenommen.

Zum umgekehrten Irrtum → Rn. 18. Hält der Täter danach einen Tat- **138** umstand irrtümlich für gegeben, etwa weil er annimmt, die Substanz gehöre zu einer in der Anlage aufgeführten Stoffgruppe, so kommt ein (untauglicher) Versuch in Betracht (→ Rn. 18), der nach Absatz 2 strafbar ist. Hält er sein Verhalten irrtümlich für rechtswidrig, etwa weil er annimmt, auch die anerkannte Verwendung zu gewerblichen Zwecken (§ 3 Abs. 2 Nr. 1) sei strafbar, so liegt ein Wahndelikt vor (→ Rn. 18), das straffrei ist.

Irrt der Täter über Umstände, die **nicht zum Tatbestand** gehören, etwa **139** wenn er die Substanz fälschlich einer anderen in die Anlage aufgenommenen Stoffgruppe zuordnet, so ist dies für die Schuldfrage unbeachtlich (→ Rn. 15).

G. Konkurrenzen. Zu den Konkurrenzen → Rn. 20–26. Im Übrigen gilt: **140**

I. Herstellen. Wer NPS herstellt, erlangt in der Regel daran auch **Besitz.** Der **141** Besitz ist zwar verboten, aber nicht strafbar. Ist die Herstellung auf den späteren gewinnbringenden Absatz der NPS gerichtet, so liegt **Handeltreiben** (Absatz 1 Nr. 1) vor; nach allgemeinen Grundsätzen (→ BtMG Vor § 29 Rn. 712) geht das speziellere Gesetz (Handeltreiben) vor. Hat der Täter einen **Teil der NPS** zum Eigenkonsum und einen Teil zum Inverkehrbringen hergestellt, so ist dies lediglich eine Frage der Strafzumessung.

II. Verbringen nach Deutschland. Ist das Verbringen auf den späteren ge- **142** winnbringenden Absatz der NPS gerichtet, so geht das Handeltreiben (Absatz 1 Nr. 1) vor (→ Rn. 141). Da die NPS psychotrope Stoffe sind oder enthalten, kommt mangels Entstehung einer Abgabenschuld (Art. 83 Abs. 2 Buchst. b UZK) **Steuerhinterziehung** nicht in Betracht (→ BtMG § 21 Rn. 36, 37). Der Tatbestand des **Bannbruchs** (§ 372 AO) liegt zwar vor (→ BtMG § 21 Rn. 39), eine Bestrafung nach dieser Vorschrift scheidet wegen der Subsidiaritätsklausel des § 372 Abs. 2 AO jedoch aus (BT-Drs. 18/8579, 20).

Mit den Tatbeständen des **Waffengesetzes** besteht Tateinheit; dasselbe gilt für **143** **Verkehrsdelikte,** etwa Fahren ohne Fahrerlaubnis, Trunkenheit im Verkehr, auch mit gefährlichem Eingriff in den Straßenverkehr, ebenso mit anderen Straftaten, die den Einfuhrvorgang ermöglichen oder erleichtern, zB Urkundenfälschung, Nötigung oder Körperverletzung gegenüber den Grenzbeamten.

H. Strafzumessung. Zur Strafzumessung → Rn. 27–36. Auch → Rn. 130, **144** 141.

Kapitel 3. Versuch (Absatz 2)

Der Versuch ist in allen Fällen des Absatzes 1 strafbar. Er wird bei den einzelnen **145** Delikten behandelt.

Kapitel 4. Die Verbrechenstatbestände des Absatzes 3

A. Einführung. Mit Absatz 3 werden besonders verwerfliche und sozialschädli- **146** che Verhaltensweisen unter Strafe gestellt. Sie gehen zum Teil auf die Regelbeispiele des § 95 Abs. 3 S. 2 AMG aF zurück, enthalten aber auch Erweiterungen. Die Vorschrift ist ein **Verbrechen.** Durch die Aufstufung zu einem Verbrechen wurden aus den Strafzumessungsregeln des AMG echte Qualifikationstatbestände. Bei gewerbsmäßigem Handeln ergibt sich durch die Aufstufung zum Verbrechen ein gewisser Widerspruch zu § 29 Abs. 3 S. 2 Nr. 1 BtMG, der ein Regelbeispiel geblieben ist (*Patzak* NStZ 2017, 263 (264)).

Kornprobst

147 Der Strafrahmen ist äußerlich gleichgeblieben. Die **Wandlung** von Strafzumessungsmerkmalen zu **Merkmalen eines Verbrechens** erfordert greifbare Konturen (zu der vergleichbaren Entwicklung bei der nicht geringen Menge → BtMG § 29a Rn. 55, 63). Es ist Aufgabe der Rechtsprechung, diese noch besser als bisher herauszuarbeiten.

148 **Absatz 4** enthält einen minderschweren Fall. Bei der Strafzumessung müssen Absatz 3 und Absatz 4 gemeinsam betrachtet werden. Auf die Erläuterungen zu Absatz 4 wird verwiesen.

149 **B. Die Verbrechenstatbestände der Nr. 1.** Die Vorschrift setzt
– in den Fällen des **Buchst. a** die Verwirklichung eines Tatbestandes der Nr. 1 (Handeltreiben (→ Rn. 42), Inverkehrbringen (→ Rn. 43, 44), Verabreichen (→ Rn. 45); Herstellen (→ Rn. 99) oder Verbringen nach Deutschland (→ Rn. 100) mit dem Zweck des Inverkehrbringens), und
– in den Fällen des **Buchst. b** eine Verwirklichung des Absatzes 1 Nr. 1 (Handeltreiben (→ Rn. 42), Inverkehrbringen (→ Rn. 43, 44), Verabreichen (→ Rn. 45) in Form des Abgebens, Verabreichens und Überlassens zum unmittelbaren Verbrauch (→ Rn. 154, 155)

voraus. Die Qualifikationen des Absatzes 3 Nr. 1 bauen darauf auf.

150 **I. Gewerbs- oder bandenmäßiges Handeln (Buchst. a).** Diese Qualifikation richtet sich gegen Täter, die ihren Lebensunterhalt mit dem Verbreiten oder Verabreichen von NPS bestreiten oder die in Netzwerken oder sonst arbeitsteilig vorgehen (s. BT-Drs. 16/5526, 9). Die Qualifikation umfasst das gesamte Handeln, das in Absatz 1 Nr. 1 und 2 unter Strafe gestellt ist. Im Vordergrund steht das Handeltreiben (→ Rn. 42). Aber auch das Herstellen (→ Rn. 99) und der Import (→ Rn. 100) zum Zweck des Inverkehrbringens können hier eine gewisse Bedeutung erlangen. In den Fällen des Buchst. a ist eine Überwachung der **Telekommunikation** zulässig (§ 100a Abs. 2 Nr. 9a StPO nF). Auch eine Strafrahmenverschiebung wegen **Aufklärungshilfe** (§ 46b Abs. 1 S. 1, 2 StGB) kommt in Betracht.

151 **1. Gewerbsmäßige Begehung.** Zur Gewerbsmäßigkeit → BtMG § 29 Rn. 2002–2226. Zu mehreren Beteiligten → BtMG § 29 Rn. 2025.

152 **2. Bandenmäßige Begehung.** Zum Handeln als **Mitglied einer Bande,** die sich zur fortgesetzten Begehung solcher Taten verbunden hat, → BtMG § 30 Rn. 12–86. Zu den Einzeltaten der Bande → BtMG § 30 Rn. 87–90. Zu mehreren Beteiligten → BtMG § 30 Rn. 96–99.

153 **II. Abgeben, Verabreichen, Überlassen zum unmittelbaren Verbrauch an Personen unter 18 Jahren (Buchst. b).** Die Qualifikation beruht auf der Erkenntnis, dass der Konsum von NPS bei Minderjährigen besonders schädlich ist, weil ihre körperliche und geistige Entwicklung noch nicht abgeschlossen ist und sie bereit sind, Risiken einzugehen, die sie nicht ausreichend übersehen können und denen sich ein Erwachsener nicht ohne Weiteres aussetzen würde (s. BT-Drs. 18/4898, 31).

154 Aus dem Grundtatbestand des Absatzes 1 Nr. 1 werden das **Abgeben,** das **Verabreichen** und das **Überlassen zum unmittelbaren Verbrauch** von NPS herausgegriffen. Hiervon wird das Verabreichen (→ Rn. 45) in Absatz 1 Nr. 1 ausdrücklich genannt. Die Abgabe und das Überlassen zum unmittelbaren Verbrauch sind Handlungsmodalitäten des Inverkehrbringens (→ Rn. 43) und werden damit in Absatz 1 Nr. 1 ebenfalls unter Strafe gestellt, so dass sie auch von Absatz 3 Nr. 1 Buchst. b erfasst werden. Ob sie entgeltlich, etwa zum Selbstkostenpreis, oder unentgeltlich erfolgen, ist nicht erheblich.

155 Das **Handeltreiben** (→ Rn. 42) mit NPS, das ebenfalls nach Absatz 1 Nr. 1 strafbar ist, wird in Absatz 3 Nr. 1 Buchst. b nicht genannt. Es wird jedoch wie in den

Fällen des § 29a Abs. 1 Nr. 1 BtMG von der Abgabe umfasst, sofern es mit einer **Übertragung** der tatsächlichen Verfügungsgewalt **einhergeht** (→ BtMG § 29a Rn. 7–9). Dasselbe gilt, wenn das Handeltreiben in einem Verabreichen oder Überlassen zum unmittelbaren Verbrauch besteht (→ BtMG § 29a Rn. 13, 16).

Die **Altersgrenzen** (Person über 21 Jahren, Person unter 18 Jahren) sind Tatbestandsmerkmale (→ BtMG § 29a Rn. 18). 156

C. Die Verbrechenstatbestände der Nr. 2. Die Vorschrift setzt die Verwirklichung eines Tatbestandes des Absatzes 1 voraus und deckt sich insoweit mit dem Anwendungsbereich der Nr. 1 Buchst. a (→ Rn. 149). Die Qualifikationen des Absatzes 3 Nr. 1 bauen darauf auf. 157

I. Gefährdung der Gesundheit einer großen Zahl von Menschen (Buchst. a). Nicht anders als § 29 Abs. 3 S. 2 Nr. 2 BtMG setzt die Qualifikation des Absatzes 3 Nr. 2 Buchst. a eine **konkrete** Gefährdung voraus. Die Herbeiführung der Gefahr ist tatbezogen und damit kein persönliches Merkmal iSd § 28 Abs. 2 StGB. 158

1. Gefährdung. Zu der konkreten Gefährdung → BtMG § 29 Rn. 2031. Ausreichend ist, wenn die NPS in der Weise zu den Abgabestellen gelangt sind, dass sie den Endverbrauchern in großer Zahl zur Verfügung stehen, so dass Gesundheitsschäden ernstlich zu befürchten sind (*Volkmer* in Körner/Patzak/Volkmer AMG § 95 Rn. 335; *Mayer* in Fuhrmann/Klein/Fleischfresser ArzneimittelR-HdB § 45 Rn. 20). In der Regel kann davon ausgegangen werden, dass zugängliche Mittel auch angewendet werden, zumal dann, wenn sie in der Werbung angepriesen werden. 159

Liefert ein **Großhändler** in großem Umfang NPS an einen Händler, der sie illegal in der Szene vertreibt, so braucht zum Nachweis der Gefährdung auch durch das Handeln des Großhändlers, nicht festgestellt zu werden, welche Menschen durch den Konsum der NPS gefährdet worden sind (BGH NStZ 1987, 514 für Tierarzneimittel). 160

2. Gesundheit. → BtMG § 29 Rn. 2032. Angesichts der erheblichen und unberechenbaren Gefahren, die von NPS ausgehen, ist nicht erforderlich, dass die Gefahr über die hinausgeht, die mit dem Konsum von NPS typischerweise verbunden sind. Allerdings muss es sich um eine konkrete Gefahr handeln. Die befürchteten Schäden für die Gesundheit müssen nicht erheblich sein (*Körner*, 6. Aufl. 2007, AMG § 95 Rn. 199; *Mayer* in Fuhrmann/Klein/Fleischfresser ArzneimittelR-HdB § 45 Rn. 20). Auf → AMG § 5 Rn. 16, 21 kann verwiesen werden. 161

3. Große Zahl von Menschen. Das Merkmal der großen Zahl von Menschen ist tatbestandsspezifisch auszulegen (BGHSt 44, 175 = NJW 1999, 299 = NStZ 1999, 84; 1999, 559 mAnm *Kühl* = StV 1999, 210 = JR 1999, 211 mAnm *Ingelfinger; Freund* in MüKoStGB AMG § 95 Rn. 64). Zu berücksichtigen ist zunächst die Systematik des Gesetzes (BGHSt 44, 175). Nach Absatz 3 Nr. 2 Buchst. a gilt die Qualifikation auch für das Verabreichen oder für das Überlassen zum unmittelbaren Verbrauch; dies zeigt, dass die große Zahl von Menschen sich im überschaubaren Rahmen halten muss. An zweiter Stelle ist das Maß der Strafrahmenanhebung zu berücksichtigen (BGHSt 44, 175); dieses ist hier jedenfalls erheblich. Schließlich ist in Rechnung zu stellen, ob die Verletzungen in ihrer Summe ein Gewicht erreicht haben, das der schweren Gesundheitsschädigung einer einzelnen Person entspricht (BGHSt 44, 175; *Heine/Bosch* in Schönke/Schröder StGB Vor § 306 Rn. 13a). Im Hinblick auf den deutlich höheren Strafrahmen der Qualifikation und darauf, dass der drohende Gesundheitsschaden nicht allzu schwer sein muss, kann bei solchen geringen Schäden die Gefährdung einer mindestens dreistelligen Zahl von Menschen erforderlich sein (LG Nürnberg-Fürth BeckRS 2009, 10311; *Mayer* in Fuhrmann/Klein/Fleischfresser ArzneimittelR-HdB § 45 Rn. 20). Nähern sich die drohenden Gesundheitsschäden der Schwelle der Nr. 2 Buchst. b, so ist auch eine 162 geringere Zahl ausreichend (*Heine/Bosch* in Schönke/Schröder StGB Vor § 306 Rn. 13 a; iErg *Freund* in MüKoStGB AMG § 95 Rn. 63; *Pfohl* in Erbs/Kohlhaas AMG § 95 Rn. 39).

163   **II. Einen anderen der Gefahr des Todes oder einer schweren Schädigung an Körper oder Gesundheit aussetzen (Buchst. b).** Auch im Falle des Buchst. b ist eine **konkrete** Gefahr erforderlich (*Mayer* in Fuhrmann/Klein/Fleischfresser ArzneimittelR-HdB § 45 Rn. 21; *Volkmer* in Körner/Patzak/Volkmer AMG § 95 Rn. 339). Einer Gefahr aussetzen bedeutet in eine Gefahr bringen (so § 58 Abs. 5 S. 2 Buchst. b LFBG). Die Gefahr muss den Grad einer konkreten Todesgefahr oder einer konkreten Gefahr einer schweren Schädigung an Körper oder Gesundheit erreichen. Eine solche Gefahr ist immer gegeben, wenn sich die Merkmale des § 226 StGB zu verwirklichen drohen. Notwendig ist dies allerdings nicht; es genügt, wenn eine langwierige ernste Krankheit, eine langfristige erhebliche Beeinträchtigung der Arbeitsfähigkeit oder entsprechende erhebliche Auswirkungen drohen (*Freund* in MüKoStGB AMG § 95 Rn. 66; *Raum* in Kügel/Müller/Hofmann § 95 Rn. 50; *Mayer* in Fuhrmann/Klein/Fleischfresser ArzneimittelR-HdB § 45 Rn. 21). Auch hier ist die Herbeiführung der Gefahr tatbezogen und damit kein persönliches Merkmal iSd § 28 Abs. 2 StGB.

164   Ausreichend ist die Gefahr für eine **Einzelperson.** Dabei kommt es für die Verwirklichung der Qualifikation (anders für die subjektive Tatseite) nicht darauf an, ob die Gefahr durch die besondere Konstitution des Empfängers mitverursacht wird (Kloesel/Cyran § 95 Anm. 11). Zur eigenverantwortlichen Selbstgefährdung → Einl. Rn. 24.

165   **D. Vorbereitung, Versuch, Vollendung, Beendigung.** Absatz 3 ist im Verbrechen. Bestimmte **Vorbereitungshandlungen** sind daher nach § 30 StGB strafbar. Auf → BtMG Vor § 29 Rn. 207–240 wird verwiesen. Erforderlich ist allerdings, dass der Beteiligte nicht lediglich als Gehilfe tätig werden will (→ BtMG Vor § 29 Rn. 220).

166   Bei Verbrechen ist auch der **Versuch strafbar** (§ 23 Abs. 1 StGB). Zum Versuch bei den Grunddelikten →Rn. 47–62 (Absatz 1 Nr. 1) und →Rn. 103–112 (Absatz 1 Nr. 2). Der Versuch einer **Qualifikation** kann nicht früher beginnen als der Versuch des Grunddelikts (*Kühl* NStZ 2004, 387 (388)). Die Verwirklichung eines erschwerenden Umstands führt daher nur dann zum Versuch, wenn sie sich auch in Bezug auf den Grundtatbestand als unmittelbares Ansetzen darstellt; dass das qualifizierende Merkmal bereits verwirklicht wurde, genügt daher nicht (BGH NStZ 2015, 207). Wird umgekehrt der qualifizierende Umstand erst verwirklicht, nachdem der Versuch des Grunddelikts begonnen hat, so beginnt der Versuch der Qualifikation erst mit dem unmittelbaren Ansetzen zu dieser (BGH NStZ 1995, 339 mAnm *Wolters* = StV 1996, 147; *Fischer* StGB § 22 Rn. 36; *Kühl* in Lackner/Kühl StGB § 22 Rn. 10).

167   **Vollendet** ist die Tat, wenn alle Merkmale des gesetzlichen Tatbestandes (objektiv und subjektiv) erfüllt sind (*Eser/Bosch* in Schönke/Schröder StGB Vor § 22 Rn. 2; *Fischer* StGB § 22 Rn. 4). Für Qualifikationen bedeutet dies, dass nicht nur die Tatbestandsmerkmale des jeweiligen Grunddelikts (→ Rn. 166) erfüllt sein müssen, sondern auch die der Qualifikation. Zur **Beendigung** s. bei den Grunddelikten (→ Rn. 47–62 (Absatz 1 Nr. 1) und → Rn. 103–112 (Absatz 1 Nr. 2)) sowie → BtMG Vor § 29 Rn. 199, 200.

168   **E. Täterschaft, Teilnahme.** Es sind die Grundsätze maßgeblich, die auch für die Grunddelikte gelten (→ Rn. 63–78 (Absatz 1 Nr. 1)) und → Rn. 113–131 (Absatz 1 Nr. 2)). Dies gilt insbesondere in den Fällen, in denen echte Sonderdelikte gegeben sind.

F. Handeln im Ausland. → Rn. 5, 6. Es gelten die Grundsätze, die auch für die 169
Grunddelikte maßgeblich sind (→ Rn. 79 (Absatz 1) und → Rn. 132, 133 (Absatz 1
Nr. 2)). Ist nach den Regeln des internationalen Strafrechts (→ BtMG Vor § 29
Rn. 135–154) auch das **Recht des Tatorts** zu berücksichtigen (§ 7 StGB), so reicht
es aus, wenn am Tatort das Grunddelikt (unter irgendeinem rechtlichen Gesichtspunkt) strafbar ist. Trifft ein Tatbestand des Tatortrechts auf das Täterverhalten zu,
so führt dies zur umfassenden Geltung aller Vorschriften des deutschen Strafrechts
(→ Vor § 29 Rn. 142, 147) und damit auch der Qualifikation.

G. Subjektiver Tatbestand. Alle Tatbestände des Absatzes 4 erfordern Vorsatz. 170
Für die fahrlässige Begehung der Nr. 1 Buchst. b und der Nr. 2 ist ein eigener Tatbestand vorgesehen (→ Rn. 201–208); zur **Kognitionspflicht** des Gerichts in diesem Fall → Rn. 209.

Der Vorsatz muss sich zunächst auf die Grunddelikte (→ Rn. 80–84 (Absatz 1 171
Nr. 1) und → Rn. 134–139 (Absatz 1 Nr. 2)) erstrecken. Er muss sich ferner auf die
jeweiligen Qualifikationsmerkmale erstrecken. Für die Irrtumsfälle gelten keine
Besonderheiten. Sie können bei den Grunddelikten, aber auch bei den Qualifikationsmerkmalen auftreten. Diese sind in aller Regel normative Tatbestandsmerkmale. Die Bedeutungskenntnis und die Parallelwertung in der Laiensphäre gewinnen hier besondere Bedeutung (→ Rn. 9).

H. Konkurrenzen. Absatz 3 ist Spezialgesetz zu Absatz 1 Nr. 1 und 2. Im Übri- 172
gen gelten die allgemeinen Grundsätze (→ Rn. 86–93; 140–143). Das Verbrechen
des Absatzes 3 ist taugliche Vortat zur **Geldwäsche/Verschleierung von Vermögenswerten** (§ 261 Abs. 1 S. 2 Nr. 1 StGB); auch kann es eine Tathandlung des
§ 261 StGB sein (dazu → BtMG Vor § 29 Rn. 717–720).

I. Strafzumessung. S. die Erläuterungen zum nachstehenden Absatz 4. 173

Kapitel 5. Minder schwerer Fall (Absatz 4)

A. Ausgangslage. Zur Strafzumessung im Allgemeinen → Rn. 27–36. Absatz 4 174
stellt für den Verbrechenstatbestand des Absatzes 3 einen minder schweren Fall zur
Verfügung. Dies hat Folgen, namentlich für die Strafrahmenwahl (→ Rn. 176). Der
Vorgang der Strafzumessung lässt sich zweckmäßig **in drei Schritte** gliedern
(→ BtMG Vor § 29 Rn. 736). Dabei hat bei jedem Schritt eine **Gesamtwürdigung** stattzufinden (→ BtMG Vor § 29 Rn. 738).

I. Erster Schritt: Strafrahmenwahl. Grundsätzlich ist der Strafrahmen maß- 175
geblich, der in der konkreten Strafvorschrift genannt ist (Normalstrafrahmen).
Eine Änderung kann sich hier nur aus dem Vorliegen eines vertypten Milderungsgrundes ergeben; **vertypte Milderungsgründe** (→ BtMG Vor § 29 Rn. 750) sind
die besonderen gesetzlichen Milderungsgründe, die nach § 49 Abs. 1 StGB zu einer
Milderung des Strafrahmens führen oder führen können (→ BtMG Vor § 29
Rn. 751–783).

Anders ist dies, wenn das Gesetz auch einen Strafrahmen für einen **minder** 176
schweren Fall zur Verfügung stellt, wie dies bei Verbrechen die Regel ist (hier
Absatz 4). In einem solchen Falle kann der Strafrahmen auf zweierlei Weise gemindert werden
– auf Grund des vertypten Milderungsgrundes,
– auf Grund des minder schweren Falles.

Ein **minder schwerer Fall** liegt vor, wenn das gesamte Tatbild einschließlich 177
aller subjektiven Momente und der Täterpersönlichkeit vom Durchschnitt der erfahrungsgemäß gewöhnlich vorkommenden Fälle in einem solch erheblichen
Maße abweicht, dass die Anwendung des Ausnahmestrafrahmens geboten erscheint
(→ BtMG Vor § 29 Rn. 787–789). Ob dies gegeben ist, ist auf der Grundlage einer

Kornprobst

Gesamtwürdigung (→ BtMG Vor § 29 Rn. 789–791) zu entscheiden, in die alle Umstände einzubeziehen sind, die für die Wertung der Tat und des Täters von Bedeutung sind (→ BtMG Vor § 29 Rn. 792, 793). Ganz außergewöhnliche Umstände müssen nicht vorliegen.

178 Das **Tatbild eines minder schweren Falles** kann sich danach ergeben,
– auf Grund eines oder mehrerer allgemeiner Strafmilderungsgründe (→ BtMG Vor § 29 Rn. 794–826),
– auf Grund eines oder mehrerer vertypter Milderungsgründe (→ BtMG Vor § 29 Rn. 750–781, 827–832) oder
– auf Grund eines Zusammentreffens von einem oder mehreren allgemeinen Strafmilderungsgründen mit einem oder mehreren vertypten Milderungsgründen (→ BtMG Vor § 29 Rn. 833–842).

179 Haben danach ein oder mehrere **vertypte Milderungsgründe** einen minder schweren Fall begründet, so dürfen diese zu einer **weiteren Milderung** des **Strafrahmens** nicht herangezogen werden (§ 50 StGB).

180 **II. Zweiter Schritt: Strafzumessung im engeren Sinn.** Ist der Strafrahmen bestimmt, so erfolgt innerhalb der Eckpunkte, die durch ihn festgelegt wurden, die Strafzumessung im engeren Sinn mit dem Ziel, innerhalb des Rahmens die nach Art und Maß schuldangemessene Strafe zu finden (→ BtMG Vor § 29 Rn. 850).

181 **III. Dritter Schritt: weitere Entscheidungen.** Der dritte Schritt betrifft die Strafaussetzung zur Bewährung, die Frage, ob Maßnahmen oder Maßregeln anzuordnen sind oder sonstige eher präventive Aspekte.

182 **B. Strafrahmenwahl.** Im Hinblick auf § 50 StGB, der zu einem **Verbrauch von vertypten Milderungsgründen** führen kann, ist ein bestimmter **Prüfungsablauf** zu beachten (→ BtMG Vor § 29 Rn. 837–842). Dabei es ist es zweckmäßig, mit der Prüfung der allgemeinen (unbenannten) Strafmilderungsgründe zu beginnen.

183 **I. Allgemeine Strafmilderungsgründe.** Bei der Prüfung, ob ein solcher Strafmilderungsgrund vorliegt, sind alle Gesichtspunkte heranzuziehen, auch diejenigen, die für die Strafzumessung im engeren Sinn maßgeblich sind (→ BtMG Vor § 29 Rn. 794). Sie sind damit nicht verbraucht (→ BtMG Vor § 29 Rn. 743, 794), wenn auch in ihrem Gewicht möglicherweise geändert (→ Vor § 29 Rn. 743).

184 Dabei ist zu berücksichtigen, dass **ein,** wenn auch gewichtiger, allgemeiner Strafmilderungsgrund **allein** in der Regel zur Begründung eines minder schweren Falles **nicht** genügt (→ BtMG Vor § 29 Rn. 795). Ein minder schwerer Fall kommt daher vor allem dann in Betracht, wenn die allgemeinen Strafmilderungsgründe **gehäuft** auftreten.

185 Als **allgemeine Strafmilderungsgründe** kommen zunächst die in → BtMG Rn. 797–826 genannten Gründe in Betracht mit Ausnahme derjenigen, die speziell für das Betäubungsmittelrecht gelten.

186 Im Übrigen liegt bei der **bandenmäßigen Begehung** die Prüfung eines minder schweren Falles vor allem in den Fällen nahe, die nicht dem Bild der üblichen Bandenkriminalität entsprechen; auf → BtMG § 30 Rn. 302–306 kann insoweit verwiesen werden. Auf der anderen Seite dürfen an die Annahme eines Normalfalles (kein minder schwerer Fall) keine zu hohen Anforderungen gestellt werden; so kommt ein Normalfall nicht nur bei international organisierten Drogensyndikaten in Betracht (BGH NStZ-RR 2014, 829).

187 Bei der **Abgabe an Minderjährige** spielt das Motiv des Täters eine wesentliche Rolle. So liegt die Prüfung eines minder schweren Falles nahe, wenn die Abgabe unentgeltlich im Kreis Gleichgesinnter erfolgt ist. Von Bedeutung ist auch, ob der

Empfänger bereits Drogenerfahrung hatte oder aus anderen Gründen, etwa als „Anstifter", weniger schutzbedürftig erscheint.

Bei der Herbeiführung einer konkreten Gefahr für die **Gesundheit einer großen Zahl von Menschen** wird die Prüfung eines minder schweren Falles eher selten nahe liegen, am ehesten noch, wenn die drohenden Gesundheitsschäden nicht allzu schwer sind (→ Rn. 161, 162). Noch seltener dürfte sich dies in den Fällen der **Todesgefahr** oder der Gefahr einer **schweren Schädigung** an Körper oder Gesundheit ergeben. 188

II. Die allgemeinen Strafmilderungsgründe begründen noch keinen minder schweren Fall. Reichen die allgemeinen Strafmilderungsgründe nicht aus, um einen minder schweren Fall zu begründen, so verbleibt es bei dem **Normalstrafrahmen** des Absatzes 3. 189

1. Hinzutreten eines oder mehrerer vertypter Milderungsgründe. Etwas anderes kommt dann in Betracht, wenn auch ein oder mehrere vertypte Milderungsgründe vorliegen. Diese können (→ BtMG Vor § 29 Rn. 827) 190
– nach § 49 Abs. 1 StGB zu einer Milderung des Normalstrafrahmens dienen,
– aber auch **allein** (→ Vor § 29 Rn. 828) oder **zusammen** mit anderen vertypten Milderungsgründen oder mit einem oder mehreren allgemeinen Strafmilderungsgründen einen minder schweren Fall begründen; im Hinblick auf die regelmäßig geringere Schuld, die die vertypten Milderungsgründe indizieren (*Schäfer/Sander/van Gemmeren* Strafzumessung Rn. 922), wird dies nicht selten der Fall sein (→ BtMG Vor § 29 Rn. 752–781).

2. Die Wahl durch das Gericht. In einem solchen Fall steht das **Gericht vor der Wahl,** entweder gemäß § 49 Abs. 1 StGB den Normalstrafrahmen zu mindern oder den Strafrahmen der Vorschrift zum minder schweren Fall zu entnehmen (→ BtMG Vor § 29 Rn. 828–831). Im ersten Fall führt dies nach § 4 Abs. 3 NpSG, § 49 Abs. 1 Nr. 2, 3 StGB zu einem Strafrahmen von drei Monaten bis zu elf Jahren drei Monaten Freiheitsstrafe (*Schäfer/Sander/van Gemmeren* Strafzumessung Rn. 918) im letzten nach § 4 Abs. 4 zu einem Strafrahmen von drei Monaten bis zu fünf Jahren Freiheitsstrafe. 191

Die Wahl ist auf der Grundlage einer **Gesamtwürdigung** aller für die Bewertung von Tat und Täter in Betracht kommenden Umstände zu treffen. Dabei müssen die Urteilsgründe erkennen lassen, dass sich das Gericht aller Möglichkeiten bewusst war (→ BtMG Vor § 29 Rn. 828–830, 842). Das Gericht ist nicht verpflichtet, den für den Täter günstigeren Strafrahmen zu wählen, wenn dies auch meist veranlasst sein wird (→ BtMG Vor § 29 Rn. 831, 842). 192

3. Verbrauch vertypter Milderungsgründe. Wählt das Gericht nach → Rn. 191, 192 den Strafrahmen für den minder schweren Fall (Absatz 2), so sind die **vertypten Milderungsgründe,** die dazu beigetragen haben (→ BtMG Vor § 29 Rn. 835), nach § 50 StGB für die Strafrahmenwahl **verbraucht** (→ BtMG Vor § 29 Rn. 834). Dies gilt nicht für die Strafzumessung im engeren Sinn (→ BtMG Vor § 29 Rn. 834). 193

Noch **nicht verbrauchte** vertypte Milderungsgründe können nach § 49 Abs. 1 StGB zu **weiteren Milderungen** herangezogen werden (→ BtMG Vor § 29 Rn. 836). Dabei ist bei Tateinheit und im Falle der Gesetzeskonkurrenz die **Sperrwirkung idealkonkurrierender** oder **zurücktretender** Gesetze zu berücksichtigen (→ BtMG Vor § 29 Rn. 702, 722). Haben auch diese Sonderstrafrahmen und kommen diese im konkreten Fall in Betracht, so sind sie maßgeblich (→ BtMG Vor § 29 Rn. 702, 722). Ob dies auch für den Höchststrafrahmen gilt, ist nicht abschließend geklärt (→ BtMG Vor § 29 Rn. 723). 194

4. Verbleiben beim Normalstrafrahmen. Reicht auch der vertypte Milderungsgrund allein oder zusammen mit den anderen Umständen nicht aus oder trifft 195

NpSG § 4 Neue-psychoaktive-Stoffe-Gesetz

das Gericht keine entsprechende Wahl (→ Rn. 191, 192), so **verbleibt** es bei der Anwendung des § 49 Abs. 1 StGB auf den **Normalstrafrahmen** (→ BtMG Vor § 29 Rn. 841).

196   III. **Die allgemeinen Strafmilderungsgründe begründen bereits einen minder schweren Fall.** Reichen die allgemeinen Strafmilderungsgründe aus, um einen minder schweren Fall (Absatz 2) zu begründen, so muss oder kann dieser nach § 49 Abs. 1 StGB **weiter gemildert** werden, wenn ein oder mehrere vertypte Milderungsgründe vorliegen (→ BtMG Vor § 29 Rn. 836, 838). Auf die **Sperrwirkung** idealkonkurrierender oder zurücktretender Gesetze (→ Rn. 194) ist dabei zu achten; dort auch zum Höchststrafrahmen.

197   **C. Strafzumessung im engeren Sinn.** Nach der Bestimmung des Strafrahmens ist innerhalb der Eckpunkte, die durch ihn festgelegt werden, die nach Art und Maß schuldangemessene Strafe zu finden (*Schäfer/Sander/van Gemmeren* Strafzumessung Rn. 886). Dies hat auf der Grundlage einer **Gesamtwürdigung** zu geschehen (→ BtMG Vor § 29 Rn. 733, 734, 740, 897–899). Dabei sind die für die Strafrahmenwahl maßgeblichen Gesichtspunkte noch einmal zu berücksichtigen, wenn auch möglicherweise mit geringerem Gewicht (→ BtMG Vor § 29 Rn. 897–899).

198   Zu den Umständen, die **im Allgemeinen** für die Strafzumessung im engeren Sinn maßgeblich sind, → Rn. 32. Die für die Strafzumessung im engeren Sinne maßgebenden Gesichtspunkte sind umso eingehender darzulegen, je mehr die Strafe sich den Rändern des Strafrahmens nähert (BGH StV 1991, 396). Zu den Umständen, die für die Strafzumessung im engeren Sinn sonst von Bedeutung sein können, → Rn. 34.

199   **D. Weitere Entscheidungen.** → Rn. 36.

200   **E. Anwendung des Jugendstrafrechts** → BtMG Vor § 29 Rn. 1663–1762.

Kapitel 6. Fahrlässigkeitstatbestände (Absätze 5, 6)

201   Das Gesetz enthält zwei Fahrlässigkeitstatbestände mit unterschiedlichen Strafrahmen: während Absatz 5 an einige Verbrechenstatbestände des Absatzes 3 mit einer Höchststrafe von drei Jahren Freiheitsstrafe anknüpft, bewehrt Absatz 6 die fahrlässige Begehung der in Absatz 1 Nr. 1 genannten Tatbestände mit einer Höchststrafe von einem Jahr Freiheitsstrafe.

202   **A. Tatbestände.** Anknüpfungspunkt für **Absatz 5** sind die Verbrechenstatbestände des Absatzes 3, aber **nicht alle.** Angeknüpft wird an
– **Nr. 1 Buchst. b** – Abgabe, Verabreichung oder Überlassung zum unmittelbaren Verbrauch durch eine Person über 21 Jahren an Minderjährige
– **Nr. 2 Buchst. a** – Gefährdung einer großen Zahl von Menschen
– **Nr. 2 Buchst. b** – Aussetzen einer Gefahr des Todes oder einer schweren Schädigung an Körper oder Gesundheit.

In allen drei Fällen muss das Grunddelikt eine Handlung nach **Absatz 1 Nr. 1** (Handeltreiben, Inverkehrbringen oder Verabreichen) sein.

203   Anknüpfungspunkt für **Absatz 6** ist allein **Absatz 1 Nr. 1** (Handeltreiben, Inverkehrbringen oder Verabreichen).

204   Eine fahrlässige Begehung kommt auch beim **Handeltreiben** in Betracht. Auf → BtMG § 29 Rn. 2080 wird Bezug genommen.

205   **B. Der Versuch** setzt vorsätzliches Handeln voraus (§ 22 StGB), kommt daher hier nicht in Betracht.

206   **C. Täterschaft, Teilnahme.** Anstiftung und Beihilfe setzen vorsätzliches Handeln voraus (§§ 26, 27 StGB). Die fahrlässige Teilnahme ist daher als solche nicht

strafbar, kann aber Täterschaft wegen eines fahrlässigen Delikts begründen. Wegen der Einzelheiten wird auf → BtMG § 29 Rn. 2082, 2083 verwiesen.

D. Fahrlässigkeit. Zum Grundsatz → BtMG § 29 Rn. 2084, 2085. Voraussetzungen der Fahrlässigkeit sind danach: 207
- objektive Sorgfaltspflichtverletzung, dazu → BtMG § 29 Rn. 2087–2089; im Hinblick auf den hohen Rang der geschützten Rechtsgüter (→ Rn. 2) sind strenge Anforderungen an die Sorgfaltspflicht derjenigen zu stellen, die mit Stoffen umgehen, die als NPS missbraucht werden können (*Körner*, 6. Aufl. 2007, AMG § 95 Rn. 12 für Arzneimittel),
- objektive Vorhersehbarkeit, dazu → BtMG § 29 Rn. 2090,
- subjektive Vorhersehbarkeit, dazu → BtMG § 29 Rn. 2091, 2092,
- subjektive Pflichtwidrigkeit, dazu → BtMG § 29 Rn. 2093,
- potentielles Unrechtsbewusstsein, dazu → BtMG § 29 Rn. 2094,
- Zumutbarkeit, dazu → BtMG § 29 Rn. 2095.

E. Konkurrenzen. Die fahrlässige Begehungsform ist subsidiär (BGH NJW 2011, 2067 = NStZ 2011, 460; NStZ 2015, 587). Zum Zusammentreffen von Vorsatz und Fahrlässigkeit bei verschiedenen Teilmengen einer Gesamtmenge → BtMG Vor § 29 Rn. 427. 208

H. Verfahren; Kognitionspflicht des Gerichts. Kann der Nachweis vorsätzlichen Handelns in der Hauptverhandlung nicht geführt werden, so muss das Gericht im Rahmen seiner Pflicht zur erschöpfenden Aburteilung (BGH NStZ 1999, 206 mAnm *Bauer*) von sich aus prüfen, ob ein fahrlässiger Verstoß in Betracht kommt (BGH NStZ 1983, 174; 2010, 222 = NStZ-RR 2010, 53; BeckRS 1999, 30070917; 2016, 21431). 209

§ 5 Einziehung

¹Gegenstände, auf die sich eine Straftat nach § 4 bezieht, können eingezogen werden. ²§ 74a des Strafgesetzbuches ist anzuwenden.

Inhalt und Bedeutung

§ 5 ist keine eigenständige Strafnorm (BGHR StGB § 73 Vorteil 7 = StraFo 2009, 81), sondern nur ein **Bindeglied** zwischen dem NpSG und dem allgemeinen Strafrecht. 1

Nach der Änderung durch Gesetz v. 13.4.2017 (BGBl. I S. 872) betrifft die Vorschrift nur noch die Einziehung (§§ 74–74d StGB). Diese ist in erster Linie auf Tatprodukte und -werkzeuge ausgerichtet. **Satz 1** dehnt sie auf die sogenannten **Beziehungsgegenstände** aus, insbesondere auf die NPS selbst (BGHR StGB § 73 Vorteil 7 (→ Rn. 1)). **Satz 2** lässt die Einziehung der Beziehungsgegenstände (BGHR BtMG § 33 Beziehungsgegenstand 1 = NStZ 1991, 496) auch dann zu, wenn sie einem Dritten gehören (§ 74a StGB, § 23 OWiG). Zu den Einzelheiten der **Einziehung** von **Beziehungsgegenständen** → BtMG § 33 Rn. 331, 418–434). 2

§ 6 Datenübermittlung

¹**Das Zollkriminalamt darf zu Straftaten nach § 4 Informationen, einschließlich personenbezogener Daten nach der aufgrund des § 7 Absatz 11 des Bundeskriminalamtgesetzes erlassenen Rechtsverordnung, dem Bundeskriminalamt zur Erfüllung von dessen Aufgaben als Zentralstelle übermitteln, soweit Zwecke des Strafverfahrens dem nicht entgegenstehen.**
²**Übermittlungen nach Satz 1 sind auch zulässig, sofern sie Daten betref-**

fen, die dem Steuergeheimnis nach § 30 der Abgabenordnung unterliegen. ³Übermittlungsbefugnisse nach anderen Rechtsvorschriften bleiben unberührt.

Inhalt und Bedeutung

1   Die Regelung dient der Intensivierung und Verbesserung des Informationsaustauschs zwischen **Zollverwaltung und Polizeibehörden** und stellt eine Offenbarungs- und Übermittlungsbefugnis iSd § 30 Abs. 4 Nr. 2 AO, des § 487 Abs. 5 StPO sowie des § 33 Abs. 1 S. 2 ZFdG dar.

2   Nach der früheren Rechtslage konnten strafrechtlich relevante Erkenntnisse, die durch die **Zollbehörden** gewonnen wurden, nur in den Grenzen des § 30 AO (Steuergeheimnis) an andere Ermittlungsbehörden übermittelt werden. Dies hatte zur Folge, dass eine Übermittlung in der Regel nur anlass- oder einzelfallbezogen möglich war, was die Gefahr zur Folge hatte, dass Verfahrenszusammenhänge oder -überschneidungen nicht oder nicht rechtzeitig erkannt wurden. Gerade in dem hier gegebenen Deliktsbereich, der in weiten Teilen durch einen organisierten und internetbasierten Handel und Vertrieb geprägt ist (→ Einl. Rn. 6–10), ist ein entsprechend umfassender Informationsaustausch zur Identifizierung und Verfolgung von Täterstrukturen und Vertriebsorganisationen unerlässlich.

3   Für die Datenerhebung und Datenverarbeitung durch den **Zollfahndungsdienst** gelten die einschlägigen Fachgesetze, namentlich die Vorschriften des ZFdG und der StPO, uneingeschränkt.

§ 7 Verordnungsermächtigung

Das Bundesministerium für Gesundheit wird ermächtigt, durch Rechtsverordnung, die der Zustimmung des Bundesrates bedarf, im Einvernehmen mit dem Bundesministerium des Innern, für Bau und Heimat, mit dem Bundesministerium der Justiz und für Verbraucherschutz und mit dem Bundesministerium der Finanzen und nach Anhörung von Sachverständigen die Liste der Stoffgruppen in der Anlage zu ändern, wenn dies nach wissenschaftlicher Erkenntnis wegen der Wirkungsweise von psychoaktiv wirksamen Stoffen, wegen des Ausmaßes ihrer missbräuchlichen Verwendung und wegen der unmittelbaren oder mittelbaren Gefährdung der Gesundheit erforderlich ist.

Inhalt und Bedeutung

1   § 7 begründet die **Rechtsgrundlage** dafür, dass die Anlage, in der die Stoffgruppen genannt werden, durch Rechtsverordnung geändert werden kann. Damit können zeitnah in die Anlage aufgenommene Stoffgruppen erweitert oder eingeschränkt oder auch neue Stoffgruppen aufgenommen werden. Dies ist erforderlich, um flexibel auf eventuelle Änderungen und Ausweichbewegungen der auf dem internationalisierten NPS-Markt aktiven Akteure reagieren zu können. Verfassungsrechtliche Bedenken gegen eine solche Regelung bestehen nicht (BVerfG NJW 1998, 669 = NStZ-RR 1997, 342 = StV 1997, 405 zu der entsprechenden Verordnungsermächtigung im BtMG).

2   **1. Voraussetzung einer Änderung** der Anlage ist, dass dies
   – nach wissenschaftlicher Erkenntnis wegen der Wirkungsweise von psychoaktiv wirksamen Stoffen (dazu → BtMG § 1 Rn. 641)
   – wegen des Ausmaßes ihrer missbräuchlichen Verwendung und
   – wegen der unmittelbaren oder mittelbaren Gefährdung der Gesundheit
   erforderlich ist.

Verordnungsermächtigung §7 NpSG

2. Folgen. Mit dem Datum, das sich aus der Verordnung ergibt oder mit dem Ablauf einer etwaigen Übergangszeit wird der Stoff **zum NPS** mit allen sich daraus ergebenden Folgen. Grund für die Unterstellung unter das NpSG ist die Gefährlichkeit des Stoffes und diese hängt nicht davon ab, wann er erworben wurde (OLG Stuttgart NStZ 2013, 50 = A&R 2012, 231 m. insoweit zust. Anm *Winkler*). 3

Diese Folgen gelten auch für den **Besitz** (OLG Stuttgart NStZ 2013, 50 = A&R 2012, 231 m. insoweit zust. Anm *Winkler*). Er ist nunmehr verboten (§ 3 Abs. 1) und soweit die NPS zum gewinnbringenden Umsatz bestimmt sind, als Handeltreiben (→ § 3 Rn. 15) strafbar (§ 4 Abs. 1 Nr. 1). Die Besitzer müssen sich der NPS in legaler Weise **entledigen** (*Eisele* in Schönke/Schröder StGB Vor § 13 Rn. 42), etwa indem sie sie vernichten. Tun sie dies nicht, obwohl es **ihnen möglich** wäre, so folgt das Verbot oder die Strafbarkeit aus der von ihrem Willen getragenen Aufrechterhaltung des Besitzes oder seiner Nichtbeendigung (BT-Drs. VI/1877, 9; *Eisele* in Schönke/Schröder StGB Vor § 13 Rn. 42). 4

Anlage

Die Stoffgruppendefinitionen der Nummern 1 bis 5 schließen alle denkbaren geladenen Formen und Salze eines erfassten Stoffes ein, soweit solche existieren. In den Stoffgruppendefinitionen festgelegte Molekülmassenbegrenzungen gelten bei geladenen Formen und Salzen nur für den Molekülteil ausschließlich des Gegen-Ions.

1 Von 2-Phenethylamin abgeleitete Verbindungen

Eine von 2-Phenethylamin abgeleitete Verbindung ist jede chemische Verbindung, die von einer 2-Phenylethan-1-amin-Grundstruktur abgeleitet werden kann (ausgenommen 2-Phenethylamin selbst), eine maximale Molekülmasse von 500 u hat und dem nachfolgend beschriebenen modularen Aufbau aus Strukturelement A und Strukturelement B entspricht.

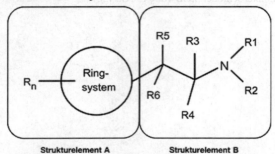

Dies schließt chemische Verbindungen mit einer Cathinon-Grundstruktur (2-Amino-1-phenyl-1-propanon) ein:

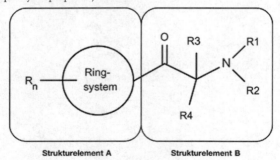

1.1 Strukturelement A

Für das Strukturelement A sind die folgenden Ringsysteme eingeschlossen, wobei sich das Strukturelement B an jeder Position des Strukturelements A befinden kann:

Phenyl-, Naphthyl-, Tetralinyl-, Methylendioxyphenyl-, Ethylendioxyphenyl-, Furyl-, Pyrrolyl-, Thienyl-, Pyridyl-, Benzofuranyl-, Dihydrobenzofuranyl-, Indanyl-, Indenyl-, Tetrahydrobenzodifuranyl-, Benzodifuranyl-, Tetrahydrobenzodipyranyl-, Cyclopentyl-, Cyclohexyl-.

Anlage NpSG

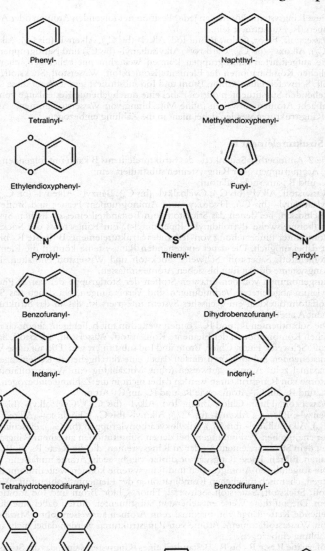

- Phenyl-
- Naphthyl-
- Tetralinyl-
- Methylendioxyphenyl-
- Ethylendioxyphenyl-
- Furyl-
- Pyrrolyl-
- Thienyl-
- Pyridyl-
- Benzofuranyl-
- Dihydrobenzofuranyl-
- Indanyl-
- Indenyl-
- Tetrahydrobenzodifuranyl-
- Benzodifuranyl-
- Tetrahydrobenzodipyranyl-
- Cyclopentyl-
- Cyclohexyl-

NpSG Anlage

Diese Ringsysteme können an jeder Position mit folgenden Atomen oder Atomgruppen (R_n) substituiert sein:
Wasserstoff, Fluor, Chlor, Brom, Iod, Alkyl- (bis C_6), Alkenyl- (bis C_6), Alkinyl- (bis C_6), Alkoxy- (bis C_6), Carboxy-, Alkylsulfanyl- (bis C_6) und Nitrogruppen.
Die aufgeführten Atomgruppen können weiterhin mit beliebigen, chemisch möglichen Kombinationen der Elemente Kohlenstoff, Wasserstoff, Stickstoff, Sauerstoff, Schwefel, Fluor, Chlor, Brom und Iod substituiert sein. Die auf diese Weise entstehenden Substituenten dürfen dabei eine durchgehende Kettenlänge von maximal acht Atomen aufweisen (ohne Mitzählung von Wasserstoffatomen). Atome von Ringstrukturen werden dabei nicht in die Zählung einbezogen.

1.2 Strukturelement B

Die 2-Aminoethyl-Seitenkette des Strukturelements B kann mit folgenden Atomen, Atomgruppen oder Ringsystemen substituiert sein:
a) R_1 und R_2 am Stickstoffatom:
Wasserstoff, Alkyl- (bis C_6), Cycloalkyl- (bis C_6), Benzyl-, Alkenyl- (bis C_6), Alkylcarbonyl- (bis C_6), Hydroxy- und Aminogruppen. Ferner sind Stoffe eingeschlossen, bei denen das Stickstoffatom Bestandteil eines cyclischen Systems ist (beispielsweise Pyrrolidinyl-, Piperidinyl-). Ein Ringschluss des Stickstoffatoms unter Einbeziehung von Teilen des Strukturelements B (Reste R_3 bis R_6) ist dabei möglich. Die dabei entstehenden Ringsysteme können die Elemente Kohlenstoff, Sauerstoff, Schwefel, Stickstoff und Wasserstoff enthalten. Diese Ringsysteme dürfen fünf bis sieben Atome umfassen.
Ausgenommen von den erfassten Stoffen der Stoffgruppe der von 2-Phenethylamin abgeleiteten Verbindungen sind Verbindungen, bei denen das Stickstoffatom direkt in ein cyclisches System integriert ist, das an das Strukturelement A anelliert ist.
Die Substituenten R_1 und R_2 können weiterhin mit beliebigen, chemisch möglichen Kombinationen der Elemente Kohlenstoff, Wasserstoff, Stickstoff, Sauerstoff, Schwefel, Fluor, Chlor, Brom und Iod substituiert sein. Die auf diese Weise entstehenden Substituenten dürfen dabei eine durchgehende Kettenlänge von maximal zehn Atomen aufweisen (ohne Mitzählung von Wasserstoffatomen). Atome von Ringstrukturen werden dabei nicht in die Zählung einbezogen.
b) R_3 und R_4 am C_1-Atom sowie R_5 und R_6 am C_2-Atom:
Wasserstoff, Fluor, Chlor, Brom, Iod, Alkyl- (bis C_{10}), Cycloalkyl- (bis C_{10}), Benzyl-, Phenyl-, Alkenyl- (bis C_{10}), Alkinyl- (bis C_{10}), Hydroxy-, Alkoxy- (bis C_{10}), Alkylsulfanyl- (bis C_{10}), Alkyloxycarbonylgruppen (bis C_{10}), einschließlich der chemischen Verbindungen, die bei den Substitutionen zu einem Ringschluss mit dem Strukturelement A oder zu Ringsystemen, die die Reste R_3 bis R_6 enthalten, führen. Diese Ringsysteme dürfen vier bis sechs Atome umfassen.
Die aufgeführten Atomgruppen und Ringsysteme können weiterhin mit beliebigen, chemisch möglichen Kombinationen der Elemente Kohlenstoff, Wasserstoff, Stickstoff, Sauerstoff, Schwefel, Fluor, Chlor, Brom und Iod substituiert sein. Die auf diese Weise entstehenden Substituenten dürfen dabei eine durchgehende Kettenlänge von maximal zehn Atomen aufweisen (ohne Mitzählung von Wasserstoffatomen). Atome von Ringstrukturen werden dabei nicht in die Zählung einbezogen.
Sofern die Reste R_3 bis R_6 Bestandteil eines Ringsystems sind, das das Stickstoffatom des Strukturelements B enthält, gelten für weitere Substituenten die Beschränkungen aus Buchstabe a.
c) Carbonylgruppe in beta-Stellung zum Stickstoffatom (sogenannte bk-Derivate, siehe Abbildung der Cathinon-Grundstruktur unter Nummer 1: R_5 und R_6 am C_2-Atom: Carbonylgruppe (C=O)).

Stoffe **Anlage NpSG**

2 Cannabimimetika/synthetische Cannabinoide

2.1 Von Indol, Pyrazol und 4-Chinolon abgeleitete Verbindungen

Ein Cannabimimetikum bzw. ein synthetisches Cannabinoid der von Indol, Pyrazol und 4-Chinolon abgeleiteten Verbindungen ist jede chemische Verbindung, die dem nachfolgend anhand eines Strukturbeispiels beschriebenen modularen Aufbau mit einer Kernstruktur entspricht, die an einer definierten Position über eine Brücke mit einem Brückenrest verknüpft ist und die an einer definierten Position der Kernstruktur eine Seitenkette trägt.

Die Abbildung verdeutlicht den modularen Aufbau am Beispiel des 1-Fluor-JWH-018:

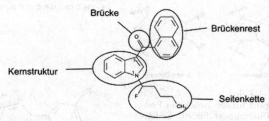

1-Fluor-JWH-018 besitzt eine Indol-1,3-diyl-Kernstruktur, eine Carbonyl-Brücke in Position 3, einen 1-Naphthyl-Brückenrest und eine 1-Fluorpentyl-Seitenkette in Position 1.

Kernstruktur, Brücke, Brückenrest und Seitenkette werden wie folgt definiert:

2.1.1 Kernstruktur

Die Kernstruktur schließt die nachfolgend in den Buchstaben a bis g beschriebenen Ringsysteme ein. Die Ringsysteme der Buchstaben a bis f können an den in den nachfolgenden Abbildungen gekennzeichneten Positionen mit einer beliebigen Kombination der folgenden Atome oder Atomgruppen (Reste R_1 bis R_3) substituiert sein: Wasserstoff, Fluor, Chlor, Brom, Iod, Methyl-, Methoxy- und Nitrogruppen.

Der Rest R der vom 4-Chinolon abgeleiteten Verbindungen (Buchstabe g) kann aus den folgenden Atomen oder Atomgruppen bestehen: Wasserstoff, Fluor, Chlor, Brom, Iod und Phenylthiogruppe (Anbindung über den Schwefel an die Kernstruktur).

Die Wellenlinie gibt den Bindungsort für die Brücke an, die durchbrochene Linie gibt den Bindungsort für die Seitenkette an:

a) Indol-1,3-diyl (X = CH, C-CH$_3$, C-F, C-Cl, C-Br und C-I) und Indazol-1,3-diyl (X = N)
   (Bindungsort für die Brücke in Position 3, Bindungsort für die Seitenkette in Position 1)

X = CH, C-CH$_3$, C-F, C-Cl, C-Br, C-I oder N

b) 4-, 5-, 6- oder 7-Azaindol-1,3-diyl (X = CH, C-CH₃, C-F, C-Cl, C-Br und C-I) und 4-, 5-, 6- oder 7-Azaindazol-1,3-diyl (X = N)
(Bindungsort für die Brücke in Position 3, Bindungsort für die Seitenkette in Position 1)

4-Aza-Derivate   5-Aza-Derivate

6-Aza-Derivate   7-Aza-Derivate

jeweils:
X = CH, C-CH₃, C-F, C-Cl, C-Br, C-I oder N

c) Carbazol-1,4-diyl
(Bindungsort für die Brücke in Position 4, Bindungsort für die Seitenkette in Position 1)

d) Benzimidazol-1,2-diyl-Isomer I
(Bindungsort für die Brücke in Position 2, Bindungsort für die Seitenkette in Position 1)

e) Benzimidazol-1,2-diyl-Isomer II
(Bindungsort für die Brücke in Position 1, Bindungsort für die Seitenkette in Position 2)

f) Pyrazol-1,5-diyl
(Bindungsort für die Brücke in Position 5, Bindungsort für die Seitenkette in Position 1)
und
Pyrazol-1,3-diyl
(Bindungsort für die Brücke in Position 3, Bindungsort für die Seitenkette in Position 1)

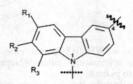

Pyrazol-1,5-diyl   Pyrazol-1,3-diyl

g) 4-Chinolon-1,3-diyl
(Bindungsort für die Brücke in Position 3, Bindungsort für die Seitenkette in Position 1)

2.1.2 Brücke an der Kernstruktur

Die Brücke an der Kernstruktur schließt die folgenden Strukturelemente ein, die jeweils an der unter Nummer 2.1.1 bezeichneten Stelle an die Kernstruktur gebunden sind:
a) Carbonyl- und Azacarbonylgruppen,
b) Carboxamidogruppe (Carbonylgruppe an Kernstruktur geknüpft), unter Einschluss von kohlenstoff- und wasserstoffhaltigen Substituenten am Amidstickstoff, die mit Position 2 der Indolkernstruktur (Nummer 2.1.1, Buchstabe a: X = CH) einen Sechsring bilden.
c) Carboxylgruppe (Carbonylgruppe an Kernstruktur geknüpft),
d) direkt an die Kernstruktur angebundene stickstoff-, sauerstoff- oder schwefelhaltige Heterozyklen mit einer Ringgröße von bis zu fünf Atomen mit einer Doppelbindung zum Stickstoffatom an der Anknüpfungsstelle.

2.1.3 Brückenrest

Der Brückenrest kann Kombinationen der Atome Kohlenstoff, Wasserstoff, Stickstoff, Sauerstoff, Schwefel, Fluor, Chlor, Brom und Iod enthalten, die eine maximale Molekülmasse von 400 u haben und folgende Strukturelemente beinhalten können:
a) beliebig substituierte gesättigte, ungesättigte oder aromatische Ringstrukturen einschließlich Polyzyklen und Heterozyklen, wobei eine Anbindung an die Brücke auch über einen Substituenten möglich ist,
b) beliebig substituierte Kettenstrukturen, die unter Einbeziehung der Heteroatome eine durchgehende Kettenlänge von maximal zwölf Atomen (ohne Mitzählung von Wasserstoffatomen) aufweisen.

2.1.4 Seitenkette

Die Seitenkette schließt folgende Strukturelemente ein, die jeweils an der unter Nummer 2.1.1 bezeichneten Stelle der Kernstruktur gebunden sind:
a) gesättigte und einfach ungesättigte, verzweigte und nicht verzweigte Kohlenwasserstoffketten, die in der Kette Sauerstoff und Schwefelatome enthalten können, mit einer durchgehenden Kettenlänge, einschließlich Heteroatomen, von drei bis sieben Atomen (ohne Mitzählung von Wasserstoffatomen), einschließlich Halogen-, Trifluormethyl- und Cyanosubstituenten sowie sauerstoff- und schwefelhaltige Substituenten,
b) direkt angebundene gesättigte, ungesättigte oder, soweit möglich, aromatische Ringe mit drei bis sieben Ringatomen, einschließlich Stickstoff-, Sauerstoff- oder Schwefelheterozyklen und am Ring fluor-, chlor-, brom-, iod-, trifluormethyl-, methoxy- oder cyanosubstituierte Derivate sowie am Ringstickstoff methyl- oder ethylsubstituierte Derivate,
c) über eine Kohlenwasserstoffbrücke (gesättigt oder einfach ungesättigt, verzweigt oder nicht verzweigt, in Position 2 optional oxo-substituiert) mit insgesamt ein bis vier Kohlenstoffatomen gekoppelte gesättigte, ungesättigte oder, soweit möglich, aromatische Ringe mit drei bis sieben Ringatomen, einschließlich Stickstoff-, Sauerstoff- oder Schwefelheterozyklen und am Ring fluor-, chlor-,

NpSG Anlage

brom-, iod-, trifluormethyl-, methoxy oder cyanosubstituierte Derivate sowie am Ringstickstoff methyl- oder ethylsubstituierte Derivate.

2.2 Von 3-Sulfonylamidobenzoesäure abgeleitete Verbindungen

Zu dieser eigenständigen Gruppe der Cannabimimetika/synthetischen Cannabinoide, die nicht nach dem unter Nummer 2.1 beschriebenen modularen Aufbau zusammengesetzt ist, gehören die Stoffe, die eine der unter Nummer 2.2.1 beschriebenen Kernstrukturen besitzen, mit den unter Nummer 2.2.2 beschriebenen Substituenten besetzt sein können und eine maximale Molekülmasse von 500 u haben.

2.2.1 Kernstruktur

Die Kernstruktur schließt die nachfolgend in den Buchstaben a und b beschriebenen Moleküle ein. Diese können an den in den nachfolgenden Abbildungen gekennzeichneten Positionen mit den unter Nummer 2.2.2 genannten Atomen und Atomgruppen (Reste R_1 bis R_4) substituiert sein:

a) 3-Sulfonylamidobenzoate

b) 3-Sulfonylamidobenzamide

2.2.2 Reste R_1, R_2, R_3 und R_4

a) Der Rest R_1 kann aus den folgenden Atomen oder Atomgruppen bestehen: Wasserstoff, Fluor, Chlor, Brom, Iod, Methyl-, Ethyl- und Methoxygruppen.
b) Der Rest R_2 kann aus folgenden Ringsystemen bestehen: Phenyl-, Pyridyl-, Cumyl-, 8-Chinolinyl-, 3-Isochinolinyl-, 1-Naphthyl- und Adamantylrest. Diese Ringsysteme können weiterhin mit beliebigen Kombinationen der folgenden Atome oder Atomgruppen substituiert sein: Wasserstoff, Fluor, Chlor, Brom, Iod, Methoxy-, Amino-, Hydroxy-, Cyano-, Methyl- und Phenylethergruppen.
c) Die Reste R_3 und R_4 können aus einer beliebigen Kombination der Atome oder Atomgruppen Wasserstoff, Methyl-, Ethyl-, Propyl- und Isopropylgruppen bestehen. Die Reste R_3 und R_4 können auch ein gesättigtes Ringsystem bis zu einer Größe von sieben Atomen einschließlich dem Stickstoffatom bilden. Dieses Ringsystem kann die weiteren Elemente Stickstoff, Sauerstoff und Schwefel enthalten und eine beliebige Kombination der Elemente Wasserstoff, Fluor, Chlor, Brom und Iod tragen. Für die Substitution des Stickstoffatoms in einem

Stoffe **Anlage NpSG**

solchen Ring gelten die für die Reste R_3 und R_4 in Satz 1 angegebenen Substitutionsmöglichkeiten.

3 Benzodiazepine

Die Gruppe der Benzodiazepine umfasst 1,4- und 1,5-Benzodiazepine und ihre Triazolo- und Imidazolo-Derivate (Nummer 3.1 Buchstabe a und b) sowie einige speziell substituierte Untergruppen dieser Benzodiazepine (Nummer 3.1 Buchstabe c bis f). Die maximale Molekülmasse beträgt jeweils 600 u.

3.1 Kernstruktur

Die Kernstruktur schließt die nachfolgend in den Buchstaben a bis f beschriebenen Ringsysteme ein. Diese Ringsysteme können an den in den nachfolgenden Abbildungen gekennzeichneten Positionen mit den unter Nummer 3.2 genannten Atomen oder Atomgruppen (Reste R_1 bis R_7 und X) substituiert sein:

a) 1,4-Benzodiazepine

b) 1,5-Benzodiazepine

c) Loprazolam-Abkömmlinge

d) Ketazolam-Abkömmlinge

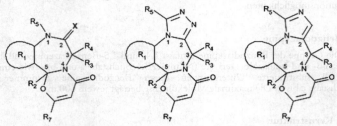

e) Oxazolam-Abkömmlinge

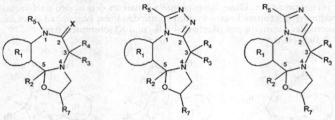

f) Chlordiazepoxid-Abkömmlinge

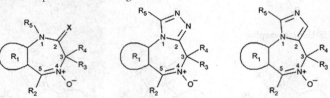

3.2 Reste R_1 bis R_7 und X

a) Der Rest R_1 schließt die folgenden an die Siebenringe der Kernstrukturen anellierten Ringsysteme ein:
Phenyl-, Thienyl-, Furanyl- und Pyridylring; die Heteroatome im Thienyl-, Furanyl- und Pyridylring können an jeder beliebigen Position außerhalb des Siebenringes der Kernstruktur stehen.
Der Rest R_1 kann weiterhin mit einem oder mehreren der folgenden Atome oder Atomgruppen in beliebiger Kombination und an beliebiger Position außerhalb des Siebenringes substituiert sein: Wasserstoff, Fluor, Chlor, Brom, Iod, Methyl-, Ethyl-, Nitro- und Aminogruppen.

b) Der Rest R_2 schließt folgende Ringsysteme ein:
Phenyl-, Pyridyl- (mit Stickstoffatom an beliebiger Position im Pyridylring) und Cyclohexenylring (mit Doppelbindung an beliebiger Position im Cyclohexenylring).
Phenyl- und Pyridylring können einen oder mehrere der folgenden Substituenten in beliebiger Kombination und an beliebiger Position tragen: Wasserstoff, Fluor, Chlor, Brom, Iod, Methyl-, Ethyl-, Nitro- und Aminogruppen.

Stoffe **Anlage NpSG**

c) Der Rest R_3 kann aus folgenden Atomen oder Atomgruppen bestehen: Wasserstoff, Hydroxy-, Carboxyl-, Ethoxycarbonyl-, (N,N-Dimethyl)carbamoyl- und Methylgruppen.
d) Der Rest R_4 kann aus folgenden Atomen oder Atomgruppen bestehen: Wasserstoff, Methyl- und Ethylgruppen.
e) Die Reste R_3 und R_4 können auch gemeinsam eine Carbonylgruppe (C=O) bilden.
f) Der Rest R_5 kann aus folgenden Atomen oder Atomgruppen bestehen: Wasserstoff, Methyl-, Ethyl-, (N,N-Dimethylamino)methyl-, (N,N-Diethylamino)methyl-, (N,N-Dimethylamino)ethyl-, (N,N-Diethylamino)ethyl-, (Cyclopropyl)methyl-, (Trifluormethyl)methyl- und Prop-2-in-1-yl-Gruppen.
g) Der Rest R_6 kann aus folgenden Atomen oder Atomgruppen bestehen: Wasserstoff, Hydroxy- und Methylgruppen.
h) Der Rest R_7 kann aus folgenden Atomen oder Atomgruppen bestehen: Wasserstoff, Methyl- und Ethylgruppen.
i) Die Reste R_6 und R_7 können bei den 1,5-Benzodiazepinen auch gemeinsam eine Carbonylgruppe (C=O) bilden.
j) Bei den 1,5-Benzodiazepinen kann statt R_2 und R_7 auch eine mit R_6 substituierte Doppelbindung zum 5-Stickstoff-Atom vorliegen.
k) Der Rest X schließt folgende Substituenten ein: Sauerstoff, Schwefel, Imino- und N-Methyliminogruppen. Wenn R_5 aus Wasserstoff besteht, können als tautomere Formen auch die entsprechenden Enole, Thioenole oder Enamine vorliegen.

4 Von N-(2-Aminocyclohexyl)amid abgeleitete Verbindungen

Eine von N-(2-Aminocyclohexyl)amid abgeleitete Verbindung ist jede chemische Verbindung, die von der nachfolgend abgebildeten Grundstruktur abgeleitet werden kann, eine maximale Molekülmasse von 500 u hat und mit den nachfolgend beschriebenen Substituenten besetzt sein kann.

Die Grundstruktur N-(2-Aminocyclohexyl)amid kann an den in der Abbildung gekennzeichneten Positionen mit einer beliebigen Kombination der folgenden Atome, verzweigten oder nicht verzweigten Atomgruppen oder Ringsystemen (Reste R_1 bis R_6) substituiert sein:
a) R_1 und R_2:
Wasserstoff, Alkylgruppe (bis C_7).
Ferner sind Stoffe eingeschlossen, bei denen das Stickstoffatom Bestandteil eines cyclischen Systems bis zu einer Ringgröße von sieben Atomen ist (z. B. Pyrrolidinyl-).
b) R_3:
Wasserstoff, Oxaspirogruppe.
c) R_4:
Wasserstoff, Alkylgruppe (bis C_5).
d) R_5 und R_6:
Der Phenylring kann an den Positionen 2, 3, 4, 5 und 6 beliebige Kombinationen folgender Substituenten enthalten: Wasserstoff, Brom, Chlor, Fluor, Iod.
Ferner sind Stoffe eingeschlossen, bei denen R_5 und R_6 gemeinsam an benachbarten C-Atomen ein Ringsystem (bis C_6) unter Einbeziehung von Heteroato-

men (Sauerstoff, Schwefel, Stickstoff) bilden. Im Fall eines Stickstoffs in diesem Ringsystem darf dieser die Substituenten Wasserstoff und Methylgruppe tragen.
Die Anzahl (n) der Methylengruppen $(CH_2)_n$ zwischen dem Phenylring und der Carbonylgruppe in der Kernstruktur kann null oder eins betragen.

5 Von Tryptamin abgeleitete Verbindungen

5.1 Indol-3-alkylamine

Eine von Indol-3-alkylamin abgeleitete Verbindung ist jede chemische Verbindung, die von der nachfolgend abgebildeten Grundstruktur abgeleitet werden kann, eine maximale Molekülmasse von 500 u hat und mit den nachfolgend beschriebenen Substituenten besetzt sein kann. Ausgenommen hiervon sind Tryptamin, die natürlich vorkommenden Neurotransmitter Serotonin und Melatonin sowie deren aktive Metaboliten (z. B. 6-Hydroxymelatonin).

Die Grundstruktur Indol-3-alkylamin kann an den in der Abbildung gekennzeichneten Positionen mit den folgenden Atomen, verzweigten oder nicht verzweigten Atomgruppen oder Ringsystemen (Reste R_1 bis R_5 und R_n) substituiert sein:

a) R_1 und R_2:
Wasserstoff, Alkyl- (bis C_6) und Allylgruppen.
Ferner sind Stoffe eingeschlossen, bei denen das Stickstoffatom Bestandteil eines Pyrrolidinyl-Ringsystems ist.
b) R_3:
Wasserstoff, Alkylgruppe (bis C_3).
c) R_4:
Wasserstoff, Alkylgruppe (bis C_2).
d) R_5:
Wasserstoff, Alkylgruppe (bis C_3).
e) R_n:
Das Indolringsystem kann an den Positionen 4, 5, 6 und 7 mit folgenden Atomen oder Atomgruppen substituiert sein: Wasserstoff, Methoxy-, Acetoxy-, Hydroxy- und Methylthiogruppen, an Position 4 darüber hinaus mit Dihydrogenphosphat.
Ferner sind Stoffe eingeschlossen, bei denen durch R_n zwei benachbarte Kohlenstoffatome der Positionen 4, 5, 6 und 7 mit einer Methylendioxygruppe überbrückt werden.

5.2 $\Delta^{9,10}$-Ergolene

Eine von $\Delta^{9,10}$-Ergolen abgeleitete Verbindung ist jede chemische Verbindung, die von der nachfolgend abgebildeten Grundstruktur abgeleitet werden kann, eine

Stoffe **Anlage NpSG**

maximale Molekülmasse von 500 u hat und mit den nachfolgend beschriebenen Substituenten besetzt sein kann.

Die Grundstruktur $\Delta^{9,10}$-Ergolen kann an den in der Abbildung gekennzeichneten Positionen mit den folgenden Atomen, verzweigten oder nicht verzweigten Atomgruppen oder Ringsystemen (Reste R_1 bis R_4) substituiert sein:
a) R_1:
Wasserstoff, Alkyl- (bis C_3) und Alkylcarbonyl (bis C_4)-Gruppen.
b) R_2:
Wasserstoff, Alkyl- (bis C_4), Allyl- und Prop-2-in-1-yl-Gruppen.
c) R_3 und R_4:
Wasserstoff, Alkyl- (bis C_5), Cyclopropyl-, Allyl- und 1-Hydroxyalkyl (bis C_2)-Gruppen.

Ferner sind Stoffe eingeschlossen, bei denen das Amid-Stickstoffatom Bestandteil eines Morpholino-, Pyrrolidino- oder Dimethylazetidid-Ringsystems ist.

Anhang

A 1. Einheits-Übereinkommen von 1961 über Suchtstoffe

in der Fassung der Bek v 4.2.1977
(BGBl. II 111)[1]

Vorbemerkung

(1) Nach Artikel 22 des am 25. März 1972 in Genf beschlossenen Protokolls zur Änderung des Einheits-Übereinkommens von 1961 über Suchtstoffe wurde der Wortlaut des Einheits-Übereinkommens von 1961 über Suchtstoffe (im folgenden als Einheits-Übereinkommen bezeichnet) in der durch das genannte Protokoll geänderten Fassung vom Generalsekretär ausgearbeitet.

(2) Das vorliegende Schriftstück enthält den Wortlaut des Einheits-Übereinkommens in der Fassung des Protokolls, das von der vom 6. bis 24. März 1974 in Genf abgehaltenen Konferenz der Vereinten Nationen zur Beratung von Änderungen des Einheits-Übereinkommens von 1961 über Suchtstoffe angenommen wurde.

(3) Das Protokoll zur Änderung des Einheits-Übereinkommens von 1961 über Suchtstoffe im folgenden als Protokoll von 1972 bezeichnet) trat nach seinem Artikel 18 Absatz 1 am 8. August 1975 in Kraft[2]. Für jeden Staat, der bereits Vertragspartei des Einheits-Übereinkommens ist und beim Generalsekretär nach Hinterlegung der vierzigsten Ratifikations- oder Beitrittsurkunde eine Ratifikations- oder Beitrittsurkunde zum Protokoll von 1972 hinterlegt, tritt dieses am dreißigsten Tag nach Hinterlegung seiner eigenen Urkunde in Kraft (s. Artikel 17 und 18 des Protokolls von 1972).

(4) Jeder Staat, der nach Inkrafttreten des Protokolls von 1972 Vertragspartei des Einheits-Übereinkommens wird, gilt, sofern er nicht eine gegenteilige Absicht bekundet,
a) als Vertragspartei des geänderten Einheits-Übereinkommens und
b) als Vertragspartei des nicht geänderten Einheits-Übereinkommens gegenüber jeder Vertragspartei des Übereinkommens, die nicht durch das Protokoll von 1972 gebunden ist (s. Artikel 19 des Protokolls von 1972).

(5) Zum besseren Verständnis wurden Fußnoten eingefügt. Bei den Artikeln 45 und 50 des Einheits-Übereinkommens mit der Überschrift „Übergangsbestimmungen" und „Sonstige Vorbehalte" wurde der gesamte Wortlaut der entsprechenden Artikel des Protokolls von 1972 als Fußnoten eingefügt.

Präambel

DIE VERTRAGSPARTEIEN –
BESORGT um die Gesundheit und das Wohl der Menschheit,
IN DER ERKENNTNIS, daß die medizinische Verwendung von Suchtstoffen zur Linderung von Schmerzen und Leiden weiterhin unerlässlich ist und daß hinrei-

---

[1] Für Deutschland in Kraft getreten am 2.1.1974 (Bek. v. 15.8.1974 [BGBl. II S. 1211]).
[2] Bek. v. 22.10.1974 (BGBl. II S. 2158).

chend Vorsorge getroffen werden muß, damit Suchtstoffe für diesen Zweck zur Verfügung stehen,

IN DER ERKENNTNIS, daß die Rauschgiftsucht für den einzelnen voller Übel und für die Menschheit sozial und wirtschaftlich gefährlich ist,

EINGEDENK ihrer Pflicht, dieses Übel zu verhüten und zu bekämpfen,

IN DER ERWÄGUNG, daß Maßnahmen gegen den Mißbrauch von Suchtstoffen nur wirksam sein können, wenn sie koordiniert werden und weltweit sind,

ÜBERZEUGT, daß für weltweite Maßnahmen eine internationale Zusammenarbeit erforderlich ist, die auf gleichen Grundsätzen beruht und gemeinsame Ziele anstrebt,

IN ANERKENNUNG der Zuständigkeit der Vereinten Nationen auf dem Gebiet der Suchtstoffkontrolle und von dem Wunsch geleitet, die in Betracht kommenden internationalen Organe in diese Organisation einzugliedern,

GEWILLT, ein allgemein annehmbares internationales Übereinkommen zu schließen, das bestehende Suchtstoffverträge ablöst, die Suchtstoffe auf die Verwendung in der Medizin und Wissenschaft beschränkt sowie eine dauernde internationale Zusammenarbeit und Kontrolle zur Verwirklichung dieser Grundsätze und Ziele sicherstellt –

KOMMEN hiermit wie folgt ÜBEREIN:

Artikel 1. Begriffsbestimmungen. (1) Soweit nicht etwas anders ausdrücklich angegeben oder auf Grund des Zusammenhangs erforderlich ist, gelten für das gesamte Übereinkommen folgende Begriffsbestimmungen:
a) Der Ausdruck „Suchtstoffamt" bezeichnet das Internationale Suchtstoff-Kontrollamt.
b) Der Ausdruck „Cannabis" bezeichnet die Blüten- oder Fruchtstände der Cannabispflanze, denen das Harz nicht entzogen worden ist, und zwar ohne Rücksicht auf ihre Benennung; ausgenommen sind die nicht mit solchen Ständen vermengten Samen und Blätter.
c) Der Ausdruck „Cannabispflanze" bezeichnet jede Pflanze der Gattung Cannabis.
d) Der Ausdruck „Cannabisharz" bezeichnet das abgesonderte Harz der Cannabispflanze, gleichviel ob roh oder gereinigt.
e) Der Ausdruck „Kokastrauch" bezeichnet jede Pflanzenart der Gattung Erythroxylon.
f) Der Ausdruck „Kokablatt" bezeichnet das Blatt des Kokastrauchs, sofern nicht dem Blatt alles Ekgonin, Kokain und alle anderen Ekgonin-Alkaloide entzogen sind.
g) Der Ausdruck „Kommission" bezeichnet die Suchtstoffkommission des Rates.
h) Der Ausdruck „Rat" bezeichnet den Wirtschafts- und Sozialrat der Vereinten Nationen.
i) Der Ausdruck „Anbau" bezeichnet den Anbau des Opiummohns, des Kokastrauchs oder der Cannabispflanze.
j) Der Ausdruck „Suchtstoff" bezeichnet jeden in den Anhängen I und II aufgeführten natürlichen oder synthetischen Stoff.
k) Der Ausdruck „Generalversammlung" bezeichnet die Generalversammlung der Vereinten Nationen.
l) Der Ausdruck „unerlaubter Verkehr" bezeichnet jedes gegen dieses Übereinkommen verstoßende Anbauen von oder jeden Verkehr mit Suchtstoffen.
m) Die Ausdrücke „Einfuhr" und „Ausfuhr" bezeichnen je nach dem Zusammenhang die körperliche Verbringung von Suchtstoffen aus einem Staat in einen anderen oder aus einem Hoheitsgebiet in ein anderes Hoheitsgebiet desselben Staates.

n) Der Ausdruck „Herstellung" bezeichnet alle zur Erzeugung von Suchtstoffen geeigneten Verfahren mit Ausnahme der Gewinnung; er umfaßt sowohl das Reinigen von Suchtstoffen als auch deren Umwandlung in andere Suchtstoffe.
o) Der Ausdruck „medizinisches Opium" bezeichnet Opium, das die erforderlichen Verfahren durchlaufen hat, die es für den medizinischen Gebrauch geeignet machen.
p) Der Ausdruck „Opium" bezeichnet den geronnenen Saft des Opiummohns.
q) Der Ausdruck „Opiummohn" bezeichnet die Pflanzenart Papaver somniferum L.
r) Der Ausdruck „Mohnstroh" bezeichnet alle Teile (außer den Samen) des Opiummohns nach dem Mähen.
s) Der Ausdruck „Zubereitung" bezeichnet ein festes oder flüssiges Gemisch, das einen Suchtstoff enthält.
t) Der Ausdruck „Gewinnung" bezeichnet die Trennung des Opiums, der Kokablätter, des Cannabis und des Cannabisharzes von den Pflanzen, aus denen sie gewonnen werden.
u) Die Ausdrücke „Anhang I", „Anhang II", „Anhang III" und „Anhang IV" bezeichnen die entsprechend nummerierten, diesem Übereinkommen beigefügten Listen von Suchtstoffen und Zubereitungen in der auf Grund von Änderungen nach Artikel 3 jeweils gültigen Fassung.
v) Der Ausdruck „Generalsekretär" bezeichnet den Generalsekretär der Vereinten Nationen.
w) Der Ausdruck „Sonderbestände" bezeichnet die Suchtstoffmengen, die in einem Staat oder Hoheitsgebiet von dessen Regierung für staatliche Sonderzwecke und im Hinblick auf außergewöhnliche Umstände verwahrt werden; der Ausdruck „Sonderzwecke" ist entsprechend auszulegen.
x) Der Ausdruck „Bestände" bezeichnet die in einem Staat oder Hoheitsgebiet verwahrten, für folgende Zwecke bestimmten Suchtstoffmengen:
  i) Verbrauch in dem Staat oder Hoheitsgebiet für medizinische und wissenschaftliche Zwecke;
  ii) Verwendung in dem Staat oder Hoheitsgebiet für die Herstellung von Suchtstoffen und anderen Stoffen;
  iii) Ausfuhr;
  unter Ausschluß jedoch der in dem Staat oder Hoheitsgebiet vorhandenen Suchtstoffmengen,
  iv) die sich zwecks genehmigter Ausübung therapeutischer oder wissenschaftlicher Tätigkeiten im Gewahrsam von Apothekern, sonstigen zugelassenen Einzelverteilern und gehörig befugten Anstalten oder Personen befinden, oder
  v) die als Sonderbestände verwahrt werden.
y) Der Ausdruck „Hoheitsgebiet" bezeichnet jeden Teil eines Staatswesens, der bei der Anwendung des in Artikel 31 vorgesehenen Systems von Einfuhrbescheinigungen und Ausfuhrbescheinigungen als gesonderte Einheit behandelt wird. Diese Begriffsbestimmung gilt nicht für den Ausdruck „Hoheitsgebiet" in den Artikeln 42 und 46.

(2) Im Sinne dieses Übereinkommens gilt ein Suchtstoff als „verbraucht", wenn er zur Einzelverteilung, medizinischen Verwendung oder wissenschaftlichen Forschung an eine Person oder ein Unternehmen geliefert worden ist; der Ausdruck „Verbrauch" ist entsprechend auszulegen.

Artikel 2. Unter Kontrolle stehende Stoffe. (1) Abgesehen von Kontrollmaßnahmen, die auf bestimmte Suchtstoffe beschränkt sind, gelten für die in Anhang I aufgeführten Suchtstoffe alle Kontrollmaßnahmen, welche auf die unter dieses Übereinkommen fallenden Suchtstoffe anwendbar sind, insbesondere die in den

A 1   Ük 1961

Artikeln 4 Buchstabe c, 19, 20, 21, 29, 30, 31, 32, 33, 34 und 37 vorgeschriebenen Maßnahmen.

(2) Für die in Anhang II aufgeführten Suchtstoffe gelten dieselben Kontrollmaßnahmen wie für die Suchtstoffe des Anhangs I mit Ausnahme der in Artikel 30 Absätze 2 und 5 in bezug auf den Einzelhandel vorgeschriebenen Maßnahmen.

(3) Für die nicht in Anhang II aufgeführten Zubereitungen gelten dieselben Kontrollmaßnahmen wie für die in ihnen enthaltenen Suchtstoffe; hinsichtlich dieser Zubereitungen brauchen jedoch Schätzungen (Artikel 19) und Statistiken (Artikel 20) nicht gesondert von den auf die betreffenden Suchtstoffe bezüglichen eingereicht und Artikel 29 Absatz 2 Buchstabe c sowie Artikel 30 Absatz 1 Buchstabe b Ziffer ii nicht angewandt zu werden.

(4) Für die in Anhang III aufgeführten Zubereitungen gelten dieselben Kontrollmaßnahmen wie für Zubereitungen, die Suchtstoffe des Anhangs II enthalten, jedoch braucht Artikel 31 Absatz 1 Buchstabe b und Absätze 3 bis 15 und – bezüglich ihres Erwerbs und ihrer Abgabe im Einzelhandel – Artikel 34 Buchstabe b nicht angewandt zu werden, und die für Schätzungen (Artikel 19) und Statistiken (Artikel 20) erforderlichen Angaben sind auf die Suchtstoffmengen zu beschränken, die bei der Herstellung dieser Zubereitungen verwendet werden.

(5) Die in Anhang IV aufgeführten Suchtstoffe werden auch in Anhang I aufgenommen; für sie gelten alle auf Suchtstoffe des Anhangs I anzuwendenden Kontrollmaßnahmen und zusätzlich folgende:
a) Jede Vertragspartei trifft alle besonderen Kontrollmaßnahmen, die sie im Hinblick auf die besonders gefährlichen Eigenschaften dieser Suchtstoffe für erforderlich hält;
b) jede Vertragspartei verbietet die Gewinnung, Herstellung, Ausfuhr, Einfuhr, den Besitz und die Verwendung dieser Suchtstoffe sowie den Handel damit, wenn sie dies im Hinblick auf die in ihrem Staat herrschenden Verhältnisse für das geeignetste Mittel hält, die Volksgesundheit und das öffentliche Wohl zu schützen; ausgenommen sind die Mengen, welche lediglich für die medizinische und wissenschaftliche Forschung einschließlich klinischer Versuche benötigt werden; derartige Versuche sind unter unmittelbarer Aufsicht und Kontrolle der betreffenden Vertragspartei durchzuführen.

(6) Zusätzlich zu den auf alle Suchtstoffe des Anhangs I anzuwendenden Kontrollmaßnahmen gelten für Opium Artikel 19 Absatz 1 Buchstabe f und die Artikel 21 bis 23 und 24, für Kokablätter die Artikel 26 und 27 und für Cannabis Artikel 28.

(7) Für Opiummohn, den Kokastrauch, die Cannabispflanze, Mohnstroh und Cannabisblätter gelten die Kontrollmaßnahmen des Artikels 19 Absatz 1 Buchstabe e, des Artikels 20 Absatz 1 Buchstabe g, des Artikels 21bis und der Artikel 22 bis 24; 22, 26 und 27; 22 und 28; 25; 28, soweit diese sich jeweils auf die in Betracht kommenden Rohstoffe beziehen.

(8) Die Vertragsparteien werden sich nach besten Kräften bemühen, auf Stoffe, die nicht unter dieses Übereinkommen fallen, aber zur unerlaubten Herstellung von Suchtstoffen verwendet werden können, alle durchführbaren Überwachungsmaßnahmen anzuwenden.

(9) Die Vertragsparteien sind nicht verpflichtet, dieses Übereinkommen auf Suchtstoffe anzuwenden, die in der gewerblichen Wirtschaft üblicherweise für andere als medizinische oder wissenschaftliche Zwecke verwendet werden,
a) sofern sie durch geeignete Vergällungsverfahren oder auf andere Weise sicherstellen, daß die so verwendeten Suchtstoffe weder mißbraucht werden noch schädliche Wirkungen hervorrufen können (Artikel 3 Absatz 3) und daß die schädlichen Stoffe in der Praxis nicht zurückgewonnen werden können, und
b) sofern sie in den von ihnen eingereichten statistischen Angaben (Artikel 20) die Menge jedes derart verwendeten Suchtstoffs anführen.

Artikel 3. Änderungen im Umfang der Kontrolle. (1) Liegen einer Vertragspartei oder der Weltgesundheitsorganisation Angaben vor, die nach ihrer Auffassung die Änderung eines Anhangs erforderlich machen, so notifiziert sie dies dem Generalsekretär und leitet ihm alle diese Notifikation erhärtenden Angaben zu.

(2) Der Generalsekretär übermittelt die Notifikation und alle ihm erheblich erscheinenden Angaben den Vertragsparteien, der Kommission und, wenn die Notifikation von einer Vertragspartei ausging, der Weltgesundheitsorganisation.

(3) Betrifft die Notifikation einen nicht im Anhang I oder II aufgeführten Stoff,
i) so prüfen die Vertragsparteien im Lichte der verfügbaren Angaben, ob es möglich ist, alle für die Suchtstoffe des Anhangs geltenden Kontrollmaßnahmen auf diesen Stoff vorläufig anzuwenden;
ii) so kann die Kommission beschließen, und zwar noch ehe sie den unter Ziffer iii vorgesehenen Beschluß faßt, daß die Vertragsparteien alle für die Suchtstoffe des Anhangs I geltenden Kontrollmaßnahmen vorläufig für diesen Stoff anwenden, und die Vertragsparteien haben entsprechend zu verfahren;
iii) so teilt die Weltgesundheitsorganisation, falls sie feststellt, daß dieser Stoff ähnlich mißbraucht werden und ähnliche schädliche Wirkungen hervorrufen kann wie die in Anhang I oder II aufgeführten Suchtstoffe oder daß er in einen Suchtstoff verwandelt werden kann, diese Feststellung der Kommission mit; diese kann im Einklang mit der Empfehlung der Weltgesundheitsorganisation beschließen, den Stoff in Anhang I oder II aufzunehmen.

(4) Stellt die Weltgesundheitsorganisation fest, daß eine Zubereitung im Hinblick auf die darin enthaltenen Stoffe weder mißbraucht werden noch schädliche Wirkungen hervorrufen kann (Absatz 3) und daß es nur schwer möglich ist, den darin enthaltenen Suchtstoff zurückzugewinnen, so kann die Kommission im Einklang mit der Empfehlung der Weltgesundheitsorganisation diese Zubereitung in Anhang III aufnehmen.

(5) Stellt die Weltgesundheitsorganisation fest, daß ein in Anhang I aufgeführter Suchtstoff besonders geeignet ist, mißbraucht zu werden und schädliche Wirkungen hervorzurufen (Absatz 3) und daß diese Eigenschaft nicht durch erhebliche therapeutische Vorzüge aufgewogen wird, die anderen, in Anhang IV nicht aufgeführten Stoffen fehlen, so kann die Kommission im Einklang mit der Empfehlung der Weltgesundheitsorganisation diesen Suchtstoff in Anhang IV aufnehmen.

(6) Betrifft eine Notifikation einen in Anhang I oder II aufgeführten Suchtstoff oder eine in Anhang III aufgeführte Zubereitung, so kann die Kommission außer der in Absatz 5 vorgesehenen Maßnahme im Einklang mit der Empfehlung der Weltgesundheitsorganisation einen jeden Anhang ändern,
a) indem sie einen Suchtstoff aus Anhang I in Anhang II oder aus Anhang II in Anhang I überträgt, oder
b) indem sie einen Suchtstoff oder eine Zubereitung aus einem Anhang streicht.

(7) Jeden Beschluß der Kommission auf Grund dieses Artikels teilt der Generalsekretär allen Mitgliedstaaten der Vereinten Nationen, allen Nichtmitgliedstaaten, die Vertragsparteien dieses Übereinkommens sind, der Weltgesundheitsorganisation und dem Suchtstoffamt mit. Der Beschluß tritt für jede Vertragspartei mit Eingang dieser Mitteilung in Kraft, und die Vertragsparteien treffen sodann die nach diesem Übereinkommen erforderlichen Maßnahmen.

(8) a) Die Beschlüsse der Kommission zur Änderung eines Anhangs unterliegen der Nachprüfung durch den Rat, wenn eine Vertragspartei dies binnen neunzig Tagen beantragt, nachdem die Notifikation des Beschlusses bei ihr eingegangen ist. Der Antrag auf Nachprüfung ist zusammen mit allen ihn begründenden erheblichen Angaben beim Generalsekretär zu stellen;
b) der Generalsekretär leitet die Kommission, der Weltgesundheitsorganisation und allen Vertragsparteien Abschriften des Nachprüfungsantrags und der diesbezüglichen Angaben mit der Aufforderung zu, binnen neunzig Tagen hierzu Stel-

lung zu nehmen. Alle eingehenden Stellungnahmen werden dem Rat zur Erwägung vorgelegt;

c) der Rat kann den Beschluß der Kommission bestätigen, ändern oder aufheben; der diesbezügliche Beschluß des Rates ist endgültig. Er wird allen Mitgliedstaaten der Vereinten Nationen, den Nichtmitgliedstaaten, die Vertragsparteien dieses Übereinkommens sind, der Kommission, der Weltgesundheitsorganisation und dem Suchtstoffamt notifiziert;

d) solange die Nachprüfung dauert, bleibt der ursprüngliche Beschluß der Kommission in Kraft.

(9) Beschlüsse der Kommission nach diesem Artikel unterliegen nicht dem in Artikel 7 vorgesehenen Nachprüfungsverfahren.

Artikel 4. Allgemeine Verpflichtungen. Die Vertragsparteien treffen alle erforderlichen Gesetzgebungs- und Verwaltungsmaßnahmen,
a) um dieses Übereinkommen in ihren eigenen Hoheitsgebieten durchzuführen,
b) um bei der Durchführung dieses Übereinkommens mit anderen Staaten zusammenzuarbeiten und
c) um nach Maßgabe dieses Übereinkommens die Gewinnung, Herstellung, Ausfuhr, Einfuhr, Verteilung, Verwendung und den Besitz von Suchtstoffen sowie den Handel damit auf ausschließlich medizinische und wissenschaftliche Zwecke zu beschränken.

Artikel 5. Die internationalen Kontrollorgane. In Anerkennung der Zuständigkeit der Vereinten Nationen für die internationale Suchtstoffkontrolle vereinbaren die Vertragsparteien, die Suchtstoffkommission des Wirtschafts- und Sozialrats und das Internationale Suchtstoff-Kontrollamt mit den diesen Organen in diesem Übereinkommen zugewiesenen Aufgaben zu betrauen.

Artikel 6. Ausgaben der internationalen Kontrollorgane. Die Ausgaben der Kommission und des Suchtstoffamts gehen zu Lasten der Vereinten Nationen; das Nähere regelt die Generalversammlung. Vertragsparteien, die nicht Mitglied der Vereinten Nationen sind, leisten zu diesen Ausgaben Beiträge in der von der Generalversammlung für angemessen erachteten und nach Konsultation mit den Regierungen dieser Vertragsparteien jeweils festgesetzten Höhe.

Artikel 7. Nachprüfung von Beschlüssen und Empfehlungen der Kommission. Mit Ausnahme der in Artikel 3 vorgesehenen Beschlüsse unterliegen alle auf Grund dieses Übereinkommens von der Kommission angenommenen Beschlüsse und Empfehlungen in gleicher Weise wie ihre sonstigen Beschlüsse und Empfehlungen der Genehmigung oder Änderung durch den Rat oder die Generalversammlung.

Artikel 8. Aufgaben der Kommission. Die Kommission ist ermächtigt, sämtliche die Ziele dieses Übereinkommens betreffenden Angelegenheiten zu behandeln und insbesondere
a) die Anhänge nach Maßgabe des Artikels 3 zu ändern,
b) das Suchtstoffamt auf jede mit dessen Aufgaben zusammenhängende Angelegenheit aufmerksam zu machen,
c) zur Verwirklichung der Ziele und Bestimmungen dieses Übereinkommens Empfehlungen abzugeben, einschließlich solcher über wissenschaftliche Forschungsprogramme und den Austausch wissenschaftlicher oder fachlicher Informationen, sowie

d) Nichtvertragsparteien auf die von ihr nach diesem Übereinkommen angenommenen Beschlüsse und Empfehlungen aufmerksam zu machen, damit sie entsprechende Maßnahmen in Erwägung ziehen können.

Artikel 9. Zusammensetzung und Aufgaben des Suchtstoffamts. (1) Das Suchtstoffamt besteht aus dreizehn vom Rat wie folgt zu wählenden Mitgliedern:
a) drei Mitgliedern mit medizinischer, pharmakologischer oder pharmazeutischer Erfahrung aus einer Liste von mindestens fünf Personen, die von der Weltgesundheitsorganisation benannt werden, sowie
b) zehn Mitgliedern aus einer Liste von Personen, die von den Mitgliedern der Vereinten Nationen und von den Vertragsparteien benannt werden, die nicht Mitglied der Vereinten Nationen sind.

(2) Als Mitglieder des Suchtstoffamts sind Personen zu berufen, die wegen ihrer fachlichen Befähigung, Unparteilichkeit und Uneigennützigkeit allgemeines Vertrauen genießen. Sie dürfen während ihrer Amtszeit keine Stellung bekleiden und keine Tätigkeit ausüben, die geeignet wäre, ihre Unparteilichkeit bei der Wahrnehmung ihrer Aufgaben zu beeinträchtigen. Der Rat trifft in Konsultation mit dem Suchtstoffamt alle erforderlichen Vorkehrungen, um die volle fachliche Unabhängigkeit des Suchtstoffamts bei der Erfüllung seiner Aufgaben sicherzustellen.

(3) Der Rat berücksichtigt unter Beachtung des Grundsatzes einer angemessenen geographischen Vertretung, daß es wichtig ist, in das Suchtstoffamt in einem angemessenen Verhältnis Personen aufzunehmen, die Kenntnisse der Suchtstoffprobleme in den Gewinnungs-, Herstellungs- und Verbrauchsländern besitzen und Verbindungen zu solchen Ländern haben.

(4) Das Suchtstoffamt bemüht sich in Zusammenarbeit mit den Regierungen unter Beachtung dieses Übereinkommens, Anbau, Gewinnung, Herstellung und Verwendung von Suchtstoffen auf eine angemessene, für medizinische und wissenschaftliche Zwecke erforderliche Menge zu beschränken, deren Verfügbarkeit für solche Zwecke zu gewährleisten und den unerlaubten Anbau, die unerlaubte Verwendung von Suchtstoffen zu verhindern.

(5) Alle vom Suchtstoffamt nach diesem Übereinkommen getroffenen Maßnahmen müssen weitestgehend darauf gerichtet sein, die Zusammenarbeit der Regierungen mit dem Suchtstoffamt zu fördern und einen ständigen Dialog zwischen ihnen zu ermöglichen, um dadurch wirksame nationale Aktionen zur Erreichung der Ziele des Übereinkommens zu unterstützen und zu erleichtern.

Artikel 10. Amtszeit und Vergütung der Mitglieder des Suchtstoffamts.
(1) Die Amtszeit der Mitglieder des Suchtstoffamtes beträgt fünf Jahre; sie können wiedergewählt werden.

(2) Die Amtszeit eines Mitglieds des Suchtstoffamts endet am Vortag derjenigen Sitzung des Amtes, an der sein Nachfolger erstmals teilzunehmen berechtigt ist.

(3) Ein Mitglied des Suchtstoffamts, das drei aufeinanderfolgenden Tagungen ferngeblieben ist, gilt als zurückgetreten.

(4) Der Rat kann auf Empfehlung des Suchtstoffamts ein Mitglied dieses Amtes entlassen, wenn es die in Artikel 9 Absatz 2 festgelegten Voraussetzungen nicht mehr erfüllt. Die Empfehlung bedarf der Zustimmung von neun Mitgliedern des Amtes.

(5) Wird die Stelle eines Mitglieds des Suchtstoffamts vor Ablauf seiner Amtszeit frei, so besetzt der Rat diese Stelle sobald wie möglich im Einklang mit den einschlägigen Bestimmungen des Artikels 9, indem er für die restliche Amtszeit ein anderes Mitglied wählt.

(6) Die Mitglieder des Suchtstoffamts erhalten eine angemessene Vergütung; sie wird von der Generalversammlung festgelegt.

Artikel 11. Geschäftsordnung des Suchtstoffamts. (1) Das Suchtstoffamt wählt seinen Präsidenten und die sonstigen Amtsträger, die es für erforderlich hält; es gibt sich eine Geschäftsordnung.

(2) Das Suchtstoffamt tritt so oft zusammen, wie dies nach seiner Auffassung zur ordnungsgemäßen Wahrnehmung seiner Aufgaben erforderlich ist; es hält jedoch in jedem Kalenderjahr mindestens zwei Tagungen ab.

(3) Das Suchtstoffamt ist verhandlungsfähig, wenn mindestens acht seiner Mitglieder anwesend sind.

Artikel 12. Handhabung des Schätzungsverfahrens. (1) Das Suchtstoffamt bestimmt, wann und in welcher Weise die in Artikel 19 vorgesehenen Schätzungen einzureichen sind; es schreibt die hierfür erforderlichen Formblätter vor.

(2) Das Suchtstoffamt ersucht die Regierungen der Staaten und Hoheitsgebiete, für welche dieses Übereinkommen nicht gilt, ihm Schätzungen nach Maßgabe des Übereinkommens einzureichen.

(3) Reicht ein Staat für eines seiner Hoheitsgebiete zu dem festgesetzten Zeitpunkt keine Schätzungen ein, so stellt das Suchtstoffamt nach Möglichkeit selbst die Schätzungen auf. Hierbei arbeitet es mit der betreffenden Regierung soweit tunlich zusammen.

(4) Das Suchtstoffamt prüft die Schätzungen einschließlich der Nachtragsschätzungen; es kann, soweit es sich nicht um Bedarf für Sonderzwecke handelt, zusätzliche Angaben anfordern, soweit es solche in bezug auf einen Staat oder ein Hoheitsgebiet, für die eine Schätzung eingereicht worden ist, für erforderlich hält, um die Schätzung zu ergänzen oder eine darin enthaltene Angabe zu erläutern.

(5) Zur Beschränkung der Verwendung und Verteilung von Suchtstoffen auf eine angemessene, für medizinische und wissenschaftliche Zwecke erforderliche Menge und zur Gewährleistung ihrer Verfügbarkeit für solche Zwecke bestätigt das Suchtstoffamt sobald wie möglich die Schätzungen einschließlich der Nachtragsschätzungen; es kann sie mit Zustimmung der betreffenden Regierung ändern. Bei Meinungsverschiedenheiten zwischen der Regierung und dem Suchtstoffamt hat letzteres das Recht, seine eigenen Schätzungen einschließlich der Nachtragsschätzungen aufzustellen, mitzuteilen und zu veröffentlichen.

(6) Zusätzlich zu den in Artikel 15 erwähnten Berichten veröffentlicht das Suchtstoffamt zu Zeitpunkten, die es bestimmt, jedoch mindestens einmal jährlich, Angaben über die Schätzungen, soweit dies nach seiner Auffassung die Durchführung dieses Übereinkommens erleichtert.

Artikel 13. Handhabung des Statistikverfahrens. (1) Das Suchtstoffamt bestimmt, in welcher Weise und Form die in Artikel 20 vorgesehenen statistischen Aufstellungen einzureichen sind; es schreibt die hierfür erforderlichen Formblätter vor.

(2) Das Suchtstoffamt prüft die statistischen Aufstellungen, um zu ermitteln, ob die einzelnen Vertragsparteien oder sonstige Staaten dieses Übereinkommen eingehalten haben.

(3) Das Suchtstoffamt kann zusätzliche Angaben anfordern, soweit es solche für erforderlich hält, um die in den statistischen Aufstellungen enthaltenen Angaben zu ergänzen oder zu erläutern.

(4) Das Suchtstoffamt ist nicht befugt, zu statistischen Angaben über Suchtstoffe, die für Sonderzwecke benötigt werden, Fragen zu stellen oder eine Auffassung zu äußern.

Artikel 14. Maßnahmen des Suchtstoffamts, um die Durchführung dieses Übereinkommens sicherzustellen. (1) a) Hat das Suchtstoffamt die Angaben geprüft, die ihm von den Regierungen nach diesem Übereinkommen eingereicht werden oder die ihm von Organen der Vereinten Nationen, von Sonderorganisationen oder – sofern sie auf Empfehlung des Suchtstoffamts von der Kommission zugelassen sind – von anderen zwischenstaatlichen Organisationen oder internationalen nichtstaatlichen Organisationen übermittelt werden, die für diese Fragen unmittelbar zuständig sind und nach Artikel 71 der Charta der Vereinten Nationen beratenden Status beim Wirtschafts- und Sozialrat innehaben oder auf Grund besonderer Vereinbarung mit dem Rat einen ähnlichen Status genießen, und hat das Suchtstoffamt konkrete Gründe zu der Annahme, daß die Ziele des Übereinkommens ernstlich gefährdet sind, weil eine Vertragspartei, ein Staat oder ein Hoheitsgebiet das Übereinkommen nicht durchführt, so ist es berechtigt, der betreffenden Regierung die Aufnahme von Konsultationen vorzuschlagen oder sie um Erläuterungen zu ersuchen. Ist eine Vertragspartei oder ein Staat oder Hoheitsgebiet trotz einwandfreier Durchführung des Übereinkommens zu einem bedeutenden Zentrum des unerlaubten Anbaus, der unerlaubten Gewinnung oder Herstellung oder des unerlaubten Verkehrs oder Verbrauchs von Suchtstoffen geworden oder besteht nachweislich die ernstliche Gefahr, daß sie zu einem solchen Zentrum werden, so ist das Suchtstoffamt berechtigt, der betreffenden Regierung die Aufnahme von Konsultationen vorzuschlagen. Vorbehaltlich des Rechts des Suchtstoffamts, die Vertragsparteien, den Rat und die Kommission auf die Bestimmung des Buchstabens d hinzuweisen, behandelt das Suchtstoffamt ein Ersuchen um Auskunft und die Erläuterung einer Regierung oder einen Vorschlag für Konsultationen und die mit einer Regierung aufgenommenen Konsultationen auf Grund des vorliegenden Buchstabens als vertraulich.

b) Ist das Suchtstoffamt auf Grund des Buchstabens a tätig geworden, so kann es in der Folge die betreffende Regierung auffordern, wenn es dies für erforderlich erachtet, die unter den gegebenen Umständen zur Durchführung dieses Übereinkommens erforderlichen Abhilfemaßnahmen zu treffen.

c) Hält das Suchtstoffamt dies zur Klärung einer unter Buchstabe a erwähnten Angelegenheit für erforderlich, so kann es der betreffenden Regierung vorschlagen, in ihrem Hoheitsgebiet in der von ihr für geeignet gehaltenen Weise eine Untersuchung über diese Angelegenheit durchzuführen. Beschließt die betreffende Regierung, die Untersuchung durchzuführen, so kann sie das Suchtstoffamt ersuchen, Gutachten und Dienste einer oder mehrerer Personen mit der erforderlichen Sachkunde zur Verfügung zu stellen, um die Bediensteten der Regierung bei der Untersuchung zu unterstützen. Die Person oder Personen, die das Suchtstoffamt zur Verfügung zu stellen beabsichtigt, bedürfen der Zustimmung der Regierung. Die Einzelheiten der Untersuchung und die Frist, innerhalb deren sie abzuschließen ist, werden durch Konsultation zwischen der Regierung und dem Suchtstoffamt festgelegt. Die Regierung übermittelt dem Suchtstoffamt die Ergebnisse der Untersuchung und teilt ihm die von ihr für erforderlich gehaltenen Abhilfemaßnahmen mit.

d) Stellt das Suchtstoffamt fest, daß die betreffende Regierung nach einem Ersuchen auf Grund des Buchstabens a keine zufriedenstellende Erläuterung gegeben oder nach Aufforderung auf Grund des Buchstabens b keine Abhilfemaßnahmen getroffen hat, oder daß eine ernste Lage besteht, für deren Bereinigung Maßnahmen der Zusammenarbeit auf internationaler Ebene erforderlich sind, so kann es die Vertragsparteien, den Rat und die Kommission auf die Angelegenheit aufmerksam machen. Das Suchtstoffamt handelt so, wenn die Ziele dieses Übereinkommens ernstlich gefährdet sind und es nicht möglich war, die Angelegenheit in anderer Weise zufriedenstellend zu regeln. Es handelt ferner so, wenn es feststellt, daß eine ernste Lage besteht, für deren Bereinigung Maßnahmen der Zusammenarbeit auf internationaler Ebene erforderlich sind, und daß eine solche Zusammenarbeit am besten dadurch erleichtert wird, daß die Vertragsparteien, der Rat und die Kommission auf die Angelegenheit aufmerksam gemacht werden; nach Prüfung der Berichte des Suchtstoffamts und gegebenenfalls der Kommission kann der Rat die Generalversammlung auf die Angelegenheit aufmerksam machen.

(2) Macht das Suchtstoffamt die Vertragsparteien, den Rat und die Kommission auf Grund des Absatzes 1 Buchstabe d auf die Angelegenheit aufmerksam, so kann es gleichzeitig den Vertragsparteien empfehlen, wenn es dies für notwendig erachtet, gegenüber dem betreffenden Staat oder Hoheitsgebiet die Ein- oder die Ausfuhr von Suchtstoffen – oder beides – einzustellen, und zwar entweder für eine bestimmte Zeit oder bis zu dem Zeitpunkt, in dem das Suchtstoffamt die Lage in diesem Staat oder Hoheitsgebiet als zufriedenstellend betrachtet. Der betreffende Staat kann den Rat mit der Angelegenheit befassen.

(3) Das Suchtstoffamt ist berechtigt, über jede auf Grund dieses Artikels behandelte Angelegenheit einen Bericht zu veröffentlichen und dem Rat zu übermitteln; dieser leitet ihn allen Vertragsparteien zu. Veröffentlicht das Suchtstoffamt in diesem Bericht einen auf Grund dieses Artikels gefaßten Beschluß oder eine auf den Beschluß bezügliche Angabe, so hat es in demselben Bericht auf Ersuchen der betreffenden Regierung auch deren Auffassung zu veröffentlichen.

(4) Wurde ein auf Grund dieses Artikels veröffentlichter Beschluß des Suchtstoffamts nicht einstimmig gefaßt, so ist auch die Auffassung der Minderheit darzulegen.

(5) Prüft das Suchtstoffamt eine Frage auf Grund dieses Artikels, so wird jeder Staat, für den sie von unmittelbarem Interesse ist, eingeladen, sich auf der diesbezüglichen Sitzung vertreten zu lassen.

(6) Beschlüsse des Suchtstoffamts auf Grund dieses Artikels bedürfen der Zweidrittelmehrheit der Gesamtzahl seiner Mitglieder.

Artikel 14bis. Technische und finanzielle Hilfe. Hält es das Suchtstoffamt für zweckmäßig, so kann es zusätzlich oder an Stelle der in Artikel 14 Absätze 1 und 2 bezeichneten Maßnahmen mit Zustimmung der betreffenden Regierung den zuständigen Organen der Vereinten Nationen und den Sonderorganisationen empfehlen, der Regierung technische oder finanzielle Hilfe oder beides zu gewähren, um sie bei der Erfüllung der ihr aus diesem Übereinkommen erwachsenden Pflichten, insbesondere der in den Artikeln 2, 35, 38 und 38bis niedergelegten oder erwähnten, zu unterstützen.

Artikel 15. Berichte des Suchtstoffamts. (1) Das Suchtstoffamt erstellt einen Jahresbericht über seine Arbeit sowie die von ihm erforderlich gehaltenen Zusatzberichte; sie enthalten unter anderem eine Auswertung der ihm zur Verfügung stehenden Schätzungen und statistischen Angaben sowie geeignetenfalls eine Darlegung über etwaige Erläuterungen, um welche Regierungen ersucht wurden oder die sie eingereicht haben, und ferner alle Bemerkungen und Empfehlungen, die das Suchtstoffamt zu machen wünscht. Diese Berichte werden dem Rat über die Kommission vorgelegt; dieser steht es frei, dazu Stellung zu nehmen.

(2) Die Berichte werden den Vertragsparteien übermittelt und sodann vom Generalsekretär veröffentlicht. Die Vertragsparteien gestatten ihre unbeschränkte Verbreitung.

Artikel 16. Sekretariat. Das Sekretariat der Kommission und des Suchtstoffamts wird vom Generalsekretär gestellt. Der Sekretär des Suchtstoffamts wird nach Konsultation mit dem Amt vom Generalsekretär ernannt.

Artikel 17. Besondere Verwaltungsdienststelle. Jede Vertragspartei unterhält eine besondere Verwaltungsdienststelle für die Anwendung dieses Übereinkommens.

Artikel 18. Dem Generalsekretär von den Vertragsparteien einzureichende Angaben. (1) Die Vertragsparteien reichen dem Generalsekretär alle Angaben ein, welche die Kommission als zur Wahrnehmung ihrer Aufgaben notwendig anfordert, und zwar insbesondere
a) einen Jahresbericht über die Wirkung dieses Übereinkommens in jedem ihrer Hoheitsgebiete,
b) den Wortlaut aller Gesetze und sonstigen Vorschriften, die zur Durchführung dieses Übereinkommens erlassen werden,
c) alle von der Kommission zu bestimmenden Auskünfte mit Einzelheiten über Fälle unerlaubten Verkehrs, insbesondere über jeden von ihnen aufgedeckten derartigen Fall, der möglicherweise für die Ermittlung einer Bezugsquelle des unerlaubten Verkehrs oder wegen der in Betracht kommenden Mengen oder wegen der Methode von Bedeutung ist, deren sich die den unerlaubten Verkehr Betreibenden bedient haben,
d) die Bezeichnungen und Anschriften der staatlichen Behörden, die zur Ausstellung von Ausfuhr- und Einfuhrgenehmigungen oder -bescheinigungen ermächtigt sind.

(2) Die Kommission bestimmt, in welcher Weise und wann die Vertragsparteien die in Absatz 1 bezeichneten Angaben einzureichen und welche Formblätter sie dafür zu verwenden haben.

Artikel 19. Schätzungen des Suchtstoffbedarfs. (1) Für jedes ihrer Hoheitsgebiete reichen die Vertragsparteien alljährlich dem Suchtstoffamt in der Weise und Form, wie es vorschreibt, auf Formblättern, dies es zur Verfügung stellt, Schätzungen über folgende Punkte ein:
a) die Mengen von Suchtstoffen, die für medizinische und wissenschaftliche Zwecke verbraucht werden sollen;
b) die Mengen von Suchtstoffen, die zur Herstellung von anderen Suchtstoffen, von Zubereitungen des Anhangs III und von Stoffen verwendet werden sollen, die nicht unter dieses Übereinkommen fallen;
c) die Bestände an Suchtstoffen, die am 31. Dezember des Schätzungsjahres unterhalten werden sollen;
d) die Mengen von Suchtstoffen, die zur Ergänzung der Sonderbestände benötigt werden;
e) das Gebiet (in Hektar) und die geographische Lage des Landes, das dem Anbau des Opiummohns dienen soll;
f) die ungefähre Menge des zu gewinnenden Opiums;
g) die Zahl der Industriebetriebe, die synthetische Suchtstoffe herstellen werden;
h) die Mengen der synthetischen Suchtstoffe, die von jedem der unter Buchstabe g erwähnten Betriebe hergestellt werden soll.

(2) a) Vorbehaltlich der in Artikel 21 Absatz 3 vorgesehenen Abzüge besteht die Gesamtschätzung für jedes Hoheitsgebiet und für jeden Suchtstoff, ausgenommen Opium und synthetische Suchtstoffe, aus der Summe der in Absatz 1 Buchstaben a, b und d bezeichneten Mengen zuzüglich zu der Menge, die gegebenenfalls benötigt wird, um die am 31. Dezember des vorangegangenen Jahres tatsächlich vorhandenen Bestände auf den Stand der Schätzung nach Absatz 1 Buchstabe c zu bringen.

b) Vorbehaltlich der in Artikel 21 Absatz 3 hinsichtlich der Einfuhr und in Artikel 21bis Absatz 2 vorgesehenen Abzüge besteht die Gesamtschätzung für Opium für jedes Hoheitsgebiet entweder aus der Summe der in Absatz 1 Buchstaben a, b und d bezeichneten Menge zuzüglich der Menge, die gegebenenfalls benötigt wird, um die am 31. Dezember des vorangegangenen Jahres tatsächlich vorhandenen Bestände auf den Stand der Schätzung nach Absatz 1 Buchstabe c zu bringen, oder aus der in Absatz 1 Buchstabe f bezeichneten Menge, je nachdem welche Menge größer ist.

c) Vorbehaltlich der in Artikel 21 Absatz 3 vorgesehenen Abzüge besteht die Gesamtschätzung für jedes Hoheitsgebiet für jeden synthetischen Suchtstoff entweder aus der Summe der in Absatz 1 Buchstaben a, b und d bezeichneten Mengen zuzüglich der Menge, die gegebenenfalls benötigt wird, um die am 31. Dezember des vorangegangenen Jahres tatsächlich vorhandenen Bestände auf den Stand der Schätzung nach Absatz 1 Buchstabe c zu bringen, oder aus der Summe der in Absatz 1 Buchstabe b bezeichneten Mengen, je nachdem welche Menge größer ist.

d) Die auf Grund der Buchstaben a bis c eingereichten Schätzungen werden in angemessener Weise geändert, um jede beschlagnahmte und danach für eine erlaubte Verwendung freigegebene Menge sowie jede Menge zu berücksichtigen, die zur Deckung des Bedarfs der Zivilbevölkerung aus Sonderbeständen entnommen wurde.

(3) Jeder Staat kann im Laufe des Jahres Nachtragsschätzungen mit einer Erläuterung der sie erforderlich machenden Umstände einreichen.

(4) Die Vertragsparteien unterrichten das Suchtstoffamt über die zur Bestimmung der geschätzten Mengen verwendete Methode und über alle Änderungen dieser Methode.

(5) Vorbehaltlich der in Artikel 21 Absatz 3 vorgesehenen Abzüge und gegebenenfalls unter Berücksichtigung des Artikels 21bis dürfen die Schätzungen nicht überschritten werden.

Artikel 20. Dem Suchtstoffamt einzureichende statistische Aufstellungen.

(1) Für jedes ihrer Hoheitsgebiete reichen die Vertragsparteien dem Suchtstoffamt in der Weise und Form, die es vorschreibt, auf Formblättern, die es zur Verfügung stellt, statistische Aufstellungen über folgende Punkte ein:
a) die Gewinnung oder Herstellung von Suchtstoffen;
b) die Verwendung von Suchtstoffen zur Herstellung von anderen Suchtstoffen, von Zubereitungen des Anhangs III und von Stoffen, die nicht unter dieses Übereinkommen fallen, sowie die Verwendung von Mohnstroh zur Herstellung von Suchtstoffen;
c) den Verbrauch von Suchtstoffen;
d) die Ein- und Ausfuhren von Suchtstoffen und Mohnstroh;
e) Beschlagnahmen von Suchtstoffen und die Verfügung darüber;
f) die Bestände an Suchtstoffen am 31. Dezember des Berichtsjahres; und
g) nachweisbares Anbaugebiet von Opiummohn.

(2) a) Die statistischen Aufstellungen über die in Absatz 1 bezeichneten Punkte mit Ausnahme des Buchstabens d werden jährlich erstellt und dem Suchtstoffamt bis zu dem auf das Berichtsjahr folgenden 30. Juni eingereicht.

b) Die statistischen Aufstellungen über die in Absatz 1 Buchstabe d bezeichneten Punkte werden vierteljährlich erstellt und dem Suchtstoffamt binnen eines Monats nach Ablauf des Berichtsvierteljahres eingereicht.

(3) Die Vertragsparteien brauchen keine statistischen Aufstellungen über Sonderbestände einzureichen; sie haben jedoch gesonderte Aufstellungen über Suchtstoffe einzureichen, die für Sonderzwecke in den Staat oder das Hoheitsgebiet eingeführt oder in diesem beschafft wurden, sowie über die Suchtstoffmengen, die zur Deckung des Bedarfs der Zivilbevölkerung aus Sonderbeständen entnommen wurden.

Artikel 21. Beschränkung der Herstellung und Einfuhr.

(1) Die von einem Staat oder Hoheitsgebiet während eines Jahres hergestellte und eingeführte Gesamtmenge jedes Suchtstoffs darf die Summe folgender Mengen nicht überschreiten:
a) die Menge, die im Rahmen der diesbezüglichen Schätzung für medizinische und wissenschaftliche Zwecke verbraucht wird;

Einheits-Übereinkommen von 1961 **Ük 1961 A 1**

b) die Menge, die im Rahmen der diesbezüglichen Schätzung zur Herstellung von anderen Suchtstoffen, von Zubereitungen des Anhangs III und von Stoffen verwendet wird, die nicht unter dieses Übereinkommen fallen;
c) die Menge, die ausgeführt wird;
d) die Menge, um welche die Bestände erhöht werden, um sie auf den in der diesbezüglichen Schätzung vorgesehenen Stand zu bringen, und
e) die Menge, die im Rahmen der diesbezüglichen Schätzung für Sonderzwecke erworben wird.

(2) Von der Summe der in Absatz 1 bezeichneten Mengen werden die beschlagnahmten und zu erlaubter Verwendung freigegebenen Mengen sowie die für den Bedarf der Zivilbevölkerung aus Sonderbeständen entnommenen Mengen abgezogen.

(3) Stellt das Suchtstoffamt fest, daß die während eines Jahres hergestellte und eingeführte Menge die Summe der in Absatz 1 bezeichneten Mengen abzüglich der in Absatz 2 bezeichneten Mengen übersteigt, so wird der so ermittelte, am Jahresende verbleibende Überschuß von den im darauffolgenden Jahr herzustellenden oder einzuführenden Mengen und von der in Artikel 19 Absatz 2 bezeichneten Gesamtschätzung abgezogen.

(4) a) Ergibt sich aus den statistischen Aufstellungen über Ein- und Ausfuhren (Artikel 20), daß die nach einem Staat oder Hoheitsgebiet ausgeführte Menge die in Artikel 19 Absatz 2 bezeichnete Gesamtschätzung für diesen Staat oder dieses Hoheitsgebiet zuzüglich der als ausgeführt nachgewiesenen Mengen und abzüglich eines Überschusses nach Absatz 3 übersteigt, so kann das Suchtstoffamt dies den Staaten notifizieren, die nach seiner Auffassung davon unterrichtet werden sollten.

b) Nach Eingang dieser Notifikation dürfen die Vertragsparteien während des in Betracht kommenden Jahres keine weiteren Ausfuhren des betreffenden Suchtstoffs nach diesem Staat oder Hoheitsgebiet genehmigen; dies gilt nicht
i) in Fällen, in denen bezüglich dieses Staates oder Hoheitsgebiets eine Nachtragsschätzung für die zuviel eingeführte und die benötigte Menge eingereicht wird, oder
ii) in Ausnahmefällen, in denen die Ausfuhr nach Ansicht der Regierung des Ausfuhrstaats für die Krankenbehandlung unerlässlich ist.

Artikel 21bis**. Beschränkung der Opiumgewinnung.** (1) Die Gewinnung von Opium durch ein Land oder Hoheitsgebiet ist so zu organisieren und zu kontrollieren, daß die in einem bestimmten Jahr gewonnene Menge die nach Artikel 19 Absatz 1 Buchstabe f vorgenommene Schätzung des zu gewinnenden Opiums nach Möglichkeit nicht überschreitet.

(2) Stellt das Suchtstoffamt auf Grund der ihm nach diesem Übereinkommen zur Verfügung gestellten Angaben fest, daß eine Vertragspartei, die eine Schätzung nach Artikel 19 Absatz 1 Buchstabe f eingereicht hat, das innerhalb ihrer Grenzen gewonnene Opium nicht auf erlaubte Zwecke entsprechend den einschlägigen Schätzungen beschränkt hat und daß eine bedeutende Menge des dort erlaubt oder unerlaubt gewonnenen Opiums in den unerlaubten Verkehr gebracht worden ist, so kann es nach Prüfung der Erläuterungen der betreffenden Vertragspartei, die ihm binnen eines Monats nach Notifikation des in Betracht kommenden Tatbestands zugehen müssen, beschließen, die gesamte oder einen Teil dieser Menge von der zu gewinnenden Menge und von der Summe der Schätzungen nach Artikel 19 Absatz 2 Buchstabe b für das kommende Jahr abzuziehen, in dem ein solcher Abzug technisch durchführbar ist, wobei die Jahreszeit und die vertraglichen Verpflichtungen zur Ausfuhr von Opium zu berücksichtigen sind. Dieser Beschluß wird neunzig Tage nach dem Zeitpunkt wirksam, zu dem er der betreffenden Vertragspartei notifiziert worden ist.

(3) Nachdem das Suchtstoffamt der betreffenden Vertragspartei den von ihm nach Absatz 2 gefaßten Beschluß über einen Abzug notifiziert hat, konsultiert es die Vertragspartei, um die Lage in zufriedenstellender Weise zu bereinigen.

(4) Wird die Lage nicht in zufriedenstellender Weise bereinigt, so kann das Suchtstoffamt gegebenenfalls Artikel 14 anwenden.

(5) Bei seinem Beschluß über einen Abzug nach Absatz 2 berücksichtigt das Suchtstoffamt nicht nur alle erheblichen Umstände einschließlich derjenigen, die zu dem in Absatz 2 erwähnten unerlaubten Verkehr geführt haben, sondern auch alle einschlägigen neuen Kontrollmaßnahmen, die gegebenenfalls von der Vertragspartei getroffen worden sind.

Artikel 22. Sonderbestimmung gegen den Anbau. (1) Herrschen in dem Staat oder einem Hoheitsgebiet einer Vertragspartei Verhältnisse, die ihr ein Anbauverbot für Opiummohn, den Kokastrauch oder die Cannabispflanze als die geeignetste Maßnahme erscheinen lassen, um die Volksgesundheit und das öffentliche Wohl zu schützen sowie die Abzweigung von Suchtstoffen in den unerlaubten Verkehr zu verhindern, so verbietet die betreffende Vertragspartei den Anbau.

(2) Eine Vertragspartei, die den Anbau von Opiummohn oder der Cannabispflanze verbietet, trifft geeignete Maßnahmen, um alle unerlaubt angebauten Pflanzen zu beschlagnahmen und sie mit Ausnahme von geringen, von der Vertragspartei zu wissenschaftlichen oder Forschungszwecken benötigten Mengen zu vernichten.

Artikel 23. Staatliche Opiumstellen. (1) Gestattet eine Vertragspartei den Anbau von Opiummohn zur Gewinnung von Opium, so errichtet sie, wenn dies nicht bereits geschehen ist, und unterhält eine oder mehrere staatliche Stellen (in diesem Artikel als „Stelle" bezeichnet) zur Wahrnehmung der in diesem Artikel vorgesehenen Aufgaben.

(2) Jede solche Vertragspartei wendet auf den Anbau von Opiummohn zur Gewinnung von Opium und auf Opium folgende Bestimmungen an:
a) Die Stelle bezeichnet die Gebiete und Landparzellen, auf denen der Anbau von Opiummohn zur Gewinnung von Opium gestattet wird;
b) nur Anbauer, die einen Genehmigungsschein der Stelle besitzen, dürfen den Anbau betreiben;
c) in jedem Genehmigungsschein ist die Größe der Fläche anzugeben, auf welcher der Anbau zulässig ist;
d) alle Anbauer von Opiummohn haben die gesamte Opiumernte an die Stelle abzuliefern. So bald wie möglich, spätestens jedoch vier Monate nach Beendigung der Ernte, kauft die Stelle die geernteten Mengen und nimmt sie körperlich in Besitz;
e) die Stelle hat in bezug auf Opium das ausschließliche Recht der Ein- und Ausfuhr, des Großhandels und der Unterhaltung von Beständen mit Ausnahme derjenigen, die von Personen unterhalten werden, welche Opiumalkaloide, medizinisches Opium oder Opiumzubereitungen herstellen. Die Vertragsparteien brauchen dieses ausschließliche Recht nicht auf medizinisches Opium und Opiumzubereitungen zu erstrecken.

(3) Die in Absatz 2 bezeichneten staatlichen Aufgaben werden von einer einzigen staatlichen Stelle wahrgenommen, sofern die Verfassung der betreffenden Vertragspartei dies zulässt.

Artikel 24. Beschränkung der Gewinnung von Opium für den internationalen Handel. (1) a) Beabsichtigt eine Vertragspartei, die Gewinnung von Opium aufzunehmen oder eine schon vorhandene Gewinnung zu vermehren, so berücksichtigt sie den Weltbedarf an Opium im Sinne der vom Suchtstoffamt veröffent-

Einheits-Übereinkommen von 1961

lichten Schätzungen, damit ihre Opiumgewinnung nicht zu einer übermäßigen Gewinnung von Opium in der Welt führt.

b) Eine Vertragspartei gestattet weder die Gewinnung noch die Mehrgewinnung von Opium in ihrem Hoheitsgebiet, wenn dies nach ihrer Ansicht zu unerlaubtem Verkehr mit Opium Anlaß geben kann.

(2) a) Wünscht eine Vertragspartei, in deren Hoheitsgebiet am 1. Januar 1961 kein Opium für die Ausfuhr gewonnen wurde, vorbehaltlich des Absatzes 1 jährlich bis zu fünf Tonnen Opium auszuführen, das in ihrem Hoheitsgebiet gewonnen wird, so notifiziert sie dies dem Suchtstoffamt und reicht ihm gleichzeitig Angaben ein, aus denen folgendes ersichtlich ist:
i) die für das zu gewinnende und auszuführende Opium nach Maßgabe dieses Übereinkommens in Kraft befindlichen Kontrollen sowie
ii) der Name jenes Staates, in den sie dieses Opium auszuführen gedenkt.

Das Suchtstoffamt kann entweder diese Notifikation genehmigen oder der Vertragspartei empfehlen, kein Opium für die Ausfuhr zu gewinnen.

b) Wünscht eine nicht in Absatz 3 bezeichnete Vertragspartei, Opium für die Ausfuhr von jährlich über fünf Tonnen zu gewinnen, so notifiziert sie dies dem Rat und reicht ihm gleichzeitig einschlägige Angaben ein, aus denen unter anderem folgendes ersichtlich ist:
i) die für die Ausfuhr schätzungsweise zu gewinnenden Mengen,
ii) die für das zu gewinnende Opium vorhandenen oder vorgeschlagenen Kontrollen,
iii) der Name jenes Staates, in den sie dieses Opium auszuführen gedenkt.

Der Rat kann entweder diese Notifikation genehmigen oder der Vertragspartei empfehlen, kein Opium für die Ausfuhr zu gewinnen.

(3) Hat eine Vertragspartei während der dem 1. Januar 1961 unmittelbar vorausgegangenen zehn Jahre Opium ausgeführt, das in ihrem Staat gewonnen wurde, so kann sie ungeachtet des Absatzes 2 Buchstaben a und b in ihrem Staat gewonnenes Opium weiterhin ausführen.

(4) a) Eine Vertragspartei führt aus einem Staat oder Hoheitsgebiet Opium nur dann ein, wenn es im Hoheitsgebiet einer Vertragspartei gewonnen wurde,
i) welche die Voraussetzungen des Absatzes 3 erfüllt, oder
ii) welche dem Suchtstoffamt eine Notifikation nach Absatz 2 Buchstabe a übermittelt hat, oder
iii) welche eine Genehmigung des Rates nach Absatz 2 Buchstabe b erhalten hat.

b) Ungeachtet des Buchstabens a kann eine Vertragspartei Opium einführen, das in einem beliebigen Staat gewonnen wurde, wenn dieser während der dem 1. Januar 1961 voraufgegangenen zehn Jahre Opium gewonnen und ausgeführt hat, ein staatliches Kontrollorgan oder eine Stelle im Sinne des Artikels 23 errichtet hat und unterhält sowie durch wirksame Mittel sicherstellen kann, daß das in seinem Hoheitsgebiet gewonnene Opium nicht in den unerlaubten Verkehr abgezweigt wird.

(5) Dieser Artikel hindert eine Vertragspartei nicht,
a) so viel Opium zu gewinnen, wie zur Deckung ihres Eigenbedarfs erforderlich ist, oder
b) Opium, das in unerlaubtem Verkehr beschlagnahmt wird, nach Maßgabe dieses Übereinkommens in das Hoheitsgebiet einer anderen Vertragspartei auszuführen.

Artikel 25. Kontrolle des Mohnstrohs. (1) Gestattet eine Vertragspartei den Anbau von Opiummohn für andere Zwecke als die Gewinnung von Opium, so trifft sie alle erforderlichen Maßnahmen, um sicherzustellen,
a) daß aus diesem Opiummohn kein Opium gewonnen wird und
b) daß die Herstellung von Suchtstoffen aus Mohnstroh hinreichend kontrolliert wird.

(2) Die Vertragsparteien wenden das in Artikel 31 Absätze 4 bis 15 vorgesehene System der Einfuhrbescheinigungen und Ausfuhrgenehmigungen auf Mohnstroh an.

(3) Die Vertragsparteien reichen die in Artikel 20 Absatz 1 Buchstabe d und Absatz 2 Buchstabe b für Suchtstoffe vorgesehenen statistischen Angaben auch für die Ein- und Ausfuhr von Mohnstroh ein.

Artikel 26. Kokastrauch und Kokablätter. (1) Gestattet eine Vertragspartei den Anbau des Kokastrauchs, so wendet sie auf diesen und dessen Blätter das in Artikel 23 für den Opiummohn vorgesehene Kontrollsystem mit der Einschränkung an, daß die in Absatz 2 Buchstabe d jenes Artikels der dort erwähnten Stelle vorgeschriebene Pflicht lediglich darin besteht, die geernteten Mengen so bald wie möglich nach Beendigung der Ernte körperlich in Besitz zu nehmen.

(2) Die Vertragsparteien setzen nach Möglichkeit das Ausjäten aller wild wachsenden Kokasträucher durch. Sie vernichten rechtswidrig angebaute Kokasträucher.

Artikel 27. Zusätzliche Bestimmungen für Kokablätter. (1) Die Vertragsparteien können die Verwendung von Kokablättern für die Zubereitung eines Würzstoffs, der keine Alkaloide enthalten darf, sowie in dem hierfür erforderlichen Umfang die Gewinnung, die Ein- und Ausfuhr und den Besitz von Kokablättern sowie den Handel damit gestatten.

(2) Die Vertragsparteien reichen über die für die Zubereitung des Würzstoffs bestimmten Kokablätter gesonderte Schätzungen (Artikel 19) und statistische Angaben (Artikel 20) ein; dies gilt nicht, soweit dieselben Kokablätter zum Ausziehen sowohl von Alkaloiden als auch des Würzstoffs Verwendung finden und dies in den Schätzungen und statistischen Angaben erläutert wird.

Artikel 28. Kontrolle des Cannabis. (1) Gestattet eine Vertragspartei den Anbau der Cannabispflanze zur Gewinnung von Cannabis oder Cannabisharz, so wendet sie auf diese Pflanze das in Artikel 23 für den Opiummohn vorgesehene Kontrollsystem an.

(2) Dieses Übereinkommen findet auf den Anbau der Cannabispflanze zu ausschließlich gärtnerischen und gewerblichen Zwecken (Fasern und Samen) keine Anwendung.

(3) Die Vertragsparteien treffen die erforderlichen Maßnahmen, um den Mißbrauch der Blätter der Cannabispflanze und den unerlaubten Verkehr damit zu verhindern.

Artikel 29. Herstellung. (1) Die Vertragsparteien schreiben eine Genehmigungspflicht für die Suchtstoffherstellung vor, soweit diese nicht durch staatliche Unternehmen erfolgt.

(2) Die Vertragsparteien sind verpflichtet,
a) alle Personen und Unternehmen zu kontrollieren, die mit der Herstellung von Suchtstoffen befaßt oder beschäftigt sind,
b) im Wege der Genehmigungspflicht die Betriebe und Räumlichkeiten zu kontrollieren, in denen die Herstellung erfolgen kann, und
c) vorzuschreiben, daß Personen, welche die Genehmigung zur Herstellung von Suchtstoffen besitzen, sich in regelmäßigen Abständen Erlaubnisscheine beschaffen, auf denen die Arten und Mengen der Suchtstoffe angegeben sind, die sie herstellen dürfen. Die Erlaubnisscheinpflicht braucht nicht auf Zubereitungen erstreckt zu werden.

(3) Die Vertragsparteien verhindern, daß sich im Besitz von Suchtstoffherstellern Mengen von Suchtstoffen und Mohnstroh ansammeln, welche die für den nor-

malen Geschäftsgang bei Berücksichtigung der herrschenden Marktverhältnisse benötigten Mengen übersteigen.

Artikel 30. Handel und Verteilung. (1) a) Die Vertragsparteien schreiben eine Genehmigungspflicht für den Suchtstoffhandel und die Suchtstoffverteilung vor, soweit diese nicht durch staatliche Unternehmen erfolgen.

b) Die Vertragsparteien sind verpflichtet,
i) alle Personen und Unternehmen zu kontrollieren, die mit dem Handel mit Suchtstoffen oder deren Verteilung befaßt oder beschäftigt sind und
ii) im Wege der Genehmigungspflicht die Betriebe und Räumlichkeiten zu kontrollieren, in denen der Handel oder die Verteilung erfolgen kann. Die Genehmigungspflicht braucht nicht auf Zubereitungen erstreckt zu werden.

c) Die Bestimmungen der Buchstaben a und b über die Genehmigungspflicht brauchen nicht auf Personen erstreckt zu werden, die zur Wahrnehmung therapeutischer oder wissenschaftlicher Aufgaben ordnungsgemäß befugt und dementsprechend tätig sind.

(2) Die Vertragsparteien sind verpflichtet,
a) zu verhindern, daß sich im Besitz von Händlern, Verteilern, staatlichen Unternehmen oder der oben erwähnten ordnungsgemäß befugten Personen Mengen von Suchtstoffen oder Mohnstroh ansammeln, welche die für den normalen Geschäftsgang bei Berücksichtigung der herrschenden Marktverhältnisse benötigten Mengen übersteigen,
b) i) für die Lieferung oder Abgabe von Suchtstoffen an Einzelpersonen ärztliche Verordnungen vorzuschreiben. Die Vorschrift braucht nicht auf Suchtstoffe erstreckt zu werden, die von Einzelpersonen im Zusammenhang mit ihrer ordnungsgemäß genehmigten therapeutischen Tätigkeit rechtmäßig beschafft, verwendet, abgegeben oder verabreicht werden,
ii) vorzuschreiben, falls die Vertragsparteien dies für notwendig oder wünschenswert halten, daß ärztliche Verordnungen für Suchtstoffe des Anhangs I auf amtlichen Vordrucken ausgestellt werden, welche die zuständigen staatlichen Behörden oder hierzu befugten Berufsvereinigungen in Form von Heften mit Kontrollabschnitten ausgeben.

(3) Es sind Vorschriften der Vertragsparteien darüber erwünscht, daß schriftliche oder gedruckte Suchtstoffangebote, Werbeanzeigen jeder Art oder beschreibende Literatur kommerzieller Art in bezug auf Suchtstoffe, innere Umhüllungen in Suchtstoffpackungen sowie Aufschriften, unter denen Suchtstoffe zum Verkauf angeboten werden, die international gesetzlich nicht geschützte Bezeichnung zu enthalten haben, welche die Weltgesundheitsorganisation bekanntgibt.

(4) Falls eine Vertragspartei dies für erforderlich oder wünschenswert hält, schreibt sie vor, daß auf der inneren Suchtstoffpackung oder -umhüllung ein deutlich sichtbarer roter Doppelstreifen anzubringen ist. Auf der äußeren Umhüllung der Suchtstoffpackung ist dies zu unterlassen.

(5) Jede Vertragspartei schreibt vor, daß die Aufschriften, unter denen Suchtstoffe zum Verkauf angeboten werden, den genauen Suchtstoffgehalt nach Gewicht oder Hundertsatz angeben. Die Vorschrift braucht nicht auf einen Suchtstoff erstreckt zu werden, der auf Grund ärztlicher Verordnung an eine Einzelperson abgegeben wird.

(6) Die Absätze 2 und 5 gelten nicht für den Einzelhandel mit den in Anhang II aufgeführten Suchtstoffen oder für deren Verteilung.

Artikel 31. Sonderbestimmungen über den internationalen Handel.
(1) Die Vertragsparteien gestatten wissentlich die Ausfuhr von Suchtstoffen nach einem Staat oder Hoheitsgebiet nur
a) im Einklang mit dessen Gesetzen und sonstigen Vorschriften sowie

b) im Rahmen der in Artikel 19 Absatz 2 bezeichneten Gesamtschätzung für diesen Staat oder dieses Hoheitsgebiet, zuzüglich der für die Wiederausfuhr bestimmten Mengen.

(2) Die Vertragsparteien üben in Freihäfen und Freizonen die gleiche Überwachung und Kontrolle aus wie in anderen Teilen ihrer Hoheitsgebiete; sie können jedoch strengere Maßnahmen anwenden.

(3) Die Vertragsparteien
a) kontrollieren im Wege einer Genehmigungspflicht die Suchtstoffeinfuhr und -ausfuhr, soweit diese nicht durch staatliche Unternehmen erfolgen;
b) sie kontrollieren alle Personen und Unternehmen, die mit dieser Ein- oder Ausfuhr befaßt oder beschäftigt sind.

(4) a) Gestattet eine Vertragspartei das Ein- oder Ausführen von Suchtstoffen, so schreibt sie für jede Ein- oder Ausfuhr, gleichviel ob eines oder mehrerer Suchtstoffe, eine besondere Ein- oder Ausfuhrgenehmigung vor.

b) In dieser Genehmigung sind der Name, gegebenenfalls die international nicht geschützte Bezeichnung und die ein- oder auszuführende Menge des Suchtstoffs, Name und Anschrift des Ein- oder Ausführenden und die Frist anzugeben, innerhalb derer die Ein- oder Ausfuhr erfolgen muß.

c) In der Ausfuhrgenehmigung sind ferner Nummer und Datum der Einfuhrbescheinigung (Absatz 5) und die Behörde anzugeben, welche letztere ausgestellt hat.

d) In der Einfuhrgenehmigung kann die Einfuhr in mehr als einer Sendung gestattet werden.

(5) Beantragt eine Person oder ein Betrieb eine Ausfuhrgenehmigung, so verlangt vor deren Ausstellung die betreffende Vertragspartei von dem Antragsteller die Vorlage einer von den zuständigen Behörden des Einfuhrstaats oder -hoheitsgebiets ausgestellten Einfuhrbescheinigung, in der bescheinigt wird, daß die Einfuhr des darin genannten Suchtstoffs genehmigt ist. Die Vertragsparteien halten sich so eng wie möglich an das von der Kommission genehmigte Muster der Einfuhrbescheinigung.

(6) Jeder Sendung ist eine Abschrift der Ausfuhrgenehmigung beizufügen; eine weitere Abschrift übersendet die Regierung, welche die Ausfuhrgenehmigung ausgestellt hat, der Regierung des Einfuhrstaats oder -hoheitsgebiets.

(7) a) Ist die Einfuhr erfolgt oder die hierfür festgesetzte Frist abgelaufen, so leitet die Regierung des Einfuhrstaats oder -hoheitsgebiets die Ausfuhrgenehmigung mit einem entsprechenden Vermerk an die Regierung des Ausfuhrstaats oder -hoheitsgebiets zurück.

b) In dem Vermerk wird die tatsächlich eingeführte Menge angegeben.

c) Ist die tatsächlich ausgeführte Menge geringer als die in der Ausfuhrgenehmigung angegebene, so geben die zuständigen Behörden auf der Ausfuhrgenehmigung und auf allen amtlichen Abschriften derselben die tatsächlich ausgeführte Menge an.

(8) Ausfuhren in Form von Sendungen an ein Postfach oder an eine Bank auf das Konto einer anderen als der in der Ausfuhrgenehmigung angegebenen Person sind verboten.

(9) Ausfuhren in Form von Sendungen an ein Zollager sind verboten, es sei denn, daß die Regierung des Einfuhrstaats auf der Einfuhrbescheinigung, welche die eine Ausfuhrgenehmigung beantragenden Personen oder Betriebe vorzulegen haben, bescheinigt, daß sie die Einfuhr zur Hinterlegung in einem Zollager genehmigt hat. In diesem Fall wird in der Ausfuhrgenehmigung angegeben, daß die Sendung zu diesem Zweck ausgeführt wird. Jede Entnahme aus dem Zollager erfordert einen Erlaubnisschein der Behörden, denen das Lagerhaus untersteht; ist die entnommene Menge für das Ausland bestimmt, so wird sie einer neuen Ausfuhr im Sinne dieses Übereinkommens gleichgestellt.

(10) Suchtstoffsendungen, welche die Grenze des Hoheitsgebiets einer Vertragspartei überschreiten, ohne von einer Ausfuhrgenehmigung begleitet zu sein, werden von den zuständigen Behörden zurückgehalten.

(11) Eine Vertragspartei gestattet die Durchfuhr einer Suchtstoffsendung in einen anderen Staat nur dann, wenn ihren zuständigen Behörden eine Abschrift der Ausfuhrgenehmigung für die Sendung vorgelegt wird; dies gilt unabhängig davon, ob die Sendung aus dem sie befördernden Fahrzeug ausgeladen wird oder nicht.

(12) Ist die Durchfuhr einer Suchtstoffsendung durch einen Staat oder ein Hoheitsgebiet gestattet, so treffen dessen zuständige Behörden alle erforderlichen Maßnahmen, um zu verhindern, daß die Sendung an eine andere als die in der sie begleitenden Abschrift der Ausfuhrgenehmigung genannte Bestimmung gelangt, es sei denn, daß die Regierung des Durchfuhrstaats oder -hoheitsgebiets die Bestimmungsänderung genehmigt. Eine solche Regierung behandelt jede beantragte Bestimmungsänderung als Ausfuhr aus dem Durchfuhrstaat oder -hoheitsgebiet nach dem neuen Bestimmungsstaat oder -hoheitsgebiet. Wird die Bestimmungsänderung genehmigt, so gilt Absatz 7 Buchstaben a und b auch im Verhältnis zwischen dem Durchfuhrstaat oder -hoheitsgebiet und dem Staat oder Hoheitsgebiet, aus dem die Sendung ursprünglich ausgeführt wurde.

(13) Befindet sich eine Suchtstoffsendung auf der Durchfuhr oder in einem Zollager, so darf sie keiner Behandlung unterzogen werden, die geeignet ist, die Beschaffenheit der betreffenden Suchtstoffe zu verändern. Die Verpackung darf ohne Genehmigung der zuständigen Behörden nicht geändert werden.

(14) Die Bestimmungen der Absätze 11 bis 13 über die Durchfuhr von Suchtstoffen durch das Hoheitsgebiet einer Vertragspartei finden keine Anwendung, wenn die betreffende Sendung auf dem Luftweg befördert wird und das Luftfahrzeug in dem Durchfuhrstaat oder -hoheitsgebiet keine Landung vornimmt. Landet es dagegen im Durchfuhrstaat oder -hoheitsgebiet, so finden die Absätze 11 bis 13 Anwendung, soweit es die Umstände erfordern.

(15) Internationale Übereinkünfte zur Beschränkung der Kontrolle, die eine Vertragspartei in bezug auf Suchtstoffe im Durchfuhrverkehr ausüben darf, bleiben von diesem Artikel unberührt.

(16) Auf Zubereitungen des Anhangs III brauchen nur Absatz 1 Buchstabe a und Absatz 2 dieses Artikels angewandt zu werden.

Artikel 32. Sonderbestimmungen über Suchtstoffe in Ausrüstungen für Erste Hilfe, die auf Schiffen oder Luftfahrzeugen im internationalen Verkehr mitgeführt werden. (1) Das Mitführen beschränkter Suchtstoffmengen, die während der Reise für Erste Hilfe oder sonstige dringende Fälle benötigt werden, auf Schiffen oder Luftfahrzeugen im internationalen Verkehr gilt nicht als Ein-, Aus- oder Durchfuhr im Sinne dieses Übereinkommens.

(2) Der Registerstaat trifft geeignete Sicherheitsvorkehrungen, um zu verhindern, daß die in Absatz 1 bezeichneten Suchtstoffe unstatthaft verwendet oder unerlaubten Zwecken zugeführt werden. Die Kommission empfiehlt solche Sicherheitsvorkehrungen in Konsultation mit den zuständigen internationalen Organisationen.

(3) Für die nach Absatz 1 auf Schiffen oder Luftfahrzeugen mitgeführten Suchtstoffe gelten die Gesetze, Verordnungen, Genehmigungen und Erlaubnisse des Registerstaats; unberührt bleibt das Recht der zuständigen örtlichen Behörden, an Bord des Schiffes oder Luftfahrzeugs Nachprüfungen, Inspektionen und sonstige Kontrollen durchzuführen. Die Verabreichung dieser Suchtstoffe in dringenden Fällen gilt nicht als Verstoß gegen den Artikel 30 Absatz 2 Buchstabe b.

Artikel 33. Besitz von Suchtstoffen. Die Vertragsparteien gestatten keinen Besitz von Suchtstoffen ohne gesetzliche Ermächtigung.

Artikel 34. Überwachungs- und Inspektionsmaßnahmen. Die Vertragsparteien schreiben vor,
a) daß alle Personen, die nach Maßgabe dieses Übereinkommens Erlaubnisscheine erhalten oder die leitende oder beaufsichtigende Stellungen in einem im Einklang mit diesem Übereinkommen errichteten staatlichen Unternehmen innehaben, die erforderliche Befähigung zur wirksamen und gewissenhaften Anwendung der zur Durchführung dieses Übereinkommens erlassenen Gesetze und sonstigen Vorschriften besitzen müssen,
b) daß staatliche Behörden sowie Hersteller, Händler, Wissenschaftler, wissenschaftliche Einrichtungen und Krankenanstalten Verzeichnisse zu führen haben, in welche die Mengen jedes hergestellten Suchtstoffs und alle Erwerbe oder Veräußerungen von Suchtstoffen im einzelnen einzutragen sind. Diese Verzeichnisse sind mindestens zwei Jahre lang aufzubewahren. Soweit für ärztliche Verordnungen amtliche Hefte mit Kontrollabschnitten verwendet werden (Artikel 30 Absatz 2 Buchstabe b), sind diese Hefte einschließlich der Kontrollabschnitte ebenfalls mindestens zwei Jahre lang aufzubewahren.

Artikel 35. Maßnahmen gegen den unerlaubten Verkehr. Die Vertragsparteien sind verpflichtet, unter gebührender Beachtung ihrer Verfassungs-, Rechts- und Verwaltungsordnungen
a) Vorkehrungen zu treffen, um ihre Maßnahmen zur Verhütung und Unterdrückung des unerlaubten Verkehrs innerstaatlich zu koordinieren; sie können zweckdienlicherweise eine hierfür zuständige Stelle bestimmen,
b) einander beim Kampf gegen den unerlaubten Verkehr zu unterstützen,
c) miteinander und mit den zuständigen internationalen Organisationen, denen sie als Mitglieder angehören, eng zusammenzuarbeiten, um den Kampf gegen den unerlaubten Verkehr fortlaufend zu koordinieren,
d) zu gewährleisten, daß die internationale Zusammenarbeit zwischen den zuständigen Stellen rasch vonstatten geht,
e) zu gewährleisten, daß rechtserhebliche Schriftstücke, die zum Zweck einer Strafverfolgung in einen anderen Staat zu übermitteln sind, den von den Vertragsparteien bezeichneten Organen rasch zugeleitet werden; dies berührt nicht das Recht einer Vertragspartei zu verlangen, daß ihr rechtserhebliche Schriftstücke auf diplomatischem Weg übersandt werden,
f) in Fällen, in denen sie es für erforderlich halten, dem Suchtstoffamt und der Kommission zusätzlich zu den nach Artikel 18 benötigten Angaben über den Generalsekretär Angaben über unerlaubte Suchtstoff-Tätigkeiten innerhalb ihrer Grenzen zu übermitteln, insbesondere Angaben über unerlaubten Anbau, unerlaubte Gewinnung, Herstellung und Verwendung von Suchtstoffen sowie den unerlaubten Verkehr mit diesen, und
g) die Angaben nach Buchstabe f nach Möglichkeit in der Weise und zu den Terminen zu übermitteln, die das Suchtstoffamt festsetzt; auf Ersuchen einer Vertragspartei kann das Suchtstoffamt sie bei der Beschaffung dieser Angaben und bei ihren Bemühungen zur Einschränkung der unerlaubten Suchtstoff-Tätigkeiten innerhalb ihrer Grenzen beraten.

Artikel 36. Strafbestimmungen. (1) a) Jede Vertragspartei trifft vorbehaltlich ihrer Verfassungsordnung die erforderlichen Maßnahmen, um jedes gegen dieses Übereinkommen verstoßende Anbauen, Gewinnen, Herstellen, Ausziehen, Zubereiten, Besitzen, Anbieten, Feilhalten, Verteilen, Kaufen, Verkaufen, Liefern –

gleichviel zu welchen Bedingungen –, Vermitteln, Versenden – auch im Durchfuhrverkehr –, Befördern, Einführen und Ausführen von Suchtstoffen sowie jede nach Ansicht der betreffenden Vertragspartei gegen dieses Übereinkommen verstoßende sonstige Handlung, wenn vorsätzlich begangen, mit Strafe zu bedrohen sowie schwere Verstöße angemessen zu ahnden, insbesondere mit Gefängnis oder sonstigen Arten des Freiheitsentzuges.

b) Ungeachtet des Buchstabens a können die Vertragsparteien, wenn Personen, die Suchtstoffe mißbrauchen, derartige Verstöße begangen haben, entweder an Stelle der Verurteilung oder Bestrafung oder zusätzlich zu einer solchen vorsehen, daß diese Personen sich Maßnahmen der Behandlung, Aufklärung, Nachbehandlung, Rehabilitation und sozialen Wiedereingliederung nach Artikel 38 Absatz 1 unterziehen.

(2) Jede Vertragspartei gewährleistet vorbehaltlich ihrer Verfassungsordnung, ihres Rechtssystems und ihrer innerstaatlichen Rechtsvorschriften,

a) i) daß jeder der in Absatz 1 aufgeführten Verstöße, wenn in verschiedenen Staaten begangen, als selbständiger Verstoß gilt,
   ii) daß in bezug auf diese Verstöße die vorsätzliche Teilnahme, die Verabredung und der Versuch mit Strafe im Sinne des Absatzes 1 bedroht werden; dies gilt auch für Vorbereitungs- und Finanzhandlungen im Zusammenhang mit den in diesem Artikel bezeichneten Verstößen,
   iii) daß im Ausland erfolgte Verurteilungen wegen solcher Verstöße rückfallbegründend wirken,
   iv) daß die vorstehend bezeichneten schweren Verstöße, gleichviel, ob von Staatsangehörigen oder Ausländern begangen, von der Vertragspartei verfolgt werden, in deren Hoheitsgebiet der Verstoß begangen wurde, oder von der Vertragspartei, in deren Hoheitsgebiet der Täter betroffen wird, wenn diese auf Grund ihres Rechts das Auslieferungsersuchen ablehnt und der Täter noch nicht verfolgt und verurteilt worden ist.

b) i) Jeder der in Absatz 1 und in Absatz 2 Buchstabe a Ziffer ii aufgeführten Verstöße gilt als ein in jeden zwischen den Vertragsparteien bestehenden Auslieferungsvertrag einbezogener auslieferungsfähiger Verstoß. Die Vertragsparteien verpflichten sich, derartige Verstöße als auslieferungsfähige Verstöße in jeden zwischen ihnen geschlossenen Auslieferungsvertrag aufzunehmen.
   ii) Erhält eine Vertragspartei, welche die Auslieferung vom Bestehen eines Vertrags abhängig macht, ein Auslieferungsersuchen einer anderen Vertragspartei, mit der sie keinen Auslieferungsvertrag geschlossen hat, so steht es ihr frei, dieses Übereinkommen als Rechtsgrundlage für eine Auslieferung wegen der in Absatz 1 und Absatz 2 Buchstabe a Ziffer ii aufgeführten Verstöße anzusehen. Die Auslieferung unterliegt den anderen im Recht der ersuchten Vertragspartei vorgesehenen Bedingungen.
   iii) Vertragsparteien, welche die Auslieferung nicht vom Bestehen eines Auslieferungsvertrages abhängig machen, erkennen vorbehaltlich der im Recht der ersuchten Vertragspartei vorgesehenen Bedingungen die in Absatz 1 und Absatz 2 Buchstabe a Ziffer ii aufgeführten Verstöße als auslieferungsfähige Verstöße untereinander an.
   iv) Die Auslieferung wird im Einklang mit den Rechtsvorschriften der ersuchten Vertragspartei bewilligt; ungeachtet des Buchstabens b Ziffern ii und iii ist diese Vertragspartei berechtigt, die Auslieferung in Fällen zu verweigern, in denen die zuständigen Behörden den Verstoß nicht als schwerwiegend genug ansehen.

(3) Dieser Artikel beeinträchtigt nicht die im Strafrecht der betreffenden Vertragspartei enthaltene Bestimmung über die Gerichtsbarkeit.

(4) Unberührt von diesem Artikel bleibt der Grundsatz, daß hinsichtlich der darin bezeichneten Verstöße die Bestimmung der Tatbestandsmerkmale, die Straf-

verfolgung und die Ahndung im Einklang mit dem innerstaatlichen Recht einer Vertragspartei zu erfolgen hat.

Artikel 37. Beschlagnahme und Einziehung. Alle Suchtstoffe, Stoffe und sonstigen Gegenstände, die zu einem Verstoß im Sinne des Artikels 36 verwendet wurden oder dafür bestimmt waren, können beschlagnahmt und eingezogen werden.

Artikel 38. Maßnahmen gegen den Mißbrauch von Suchtstoffen. (1) Die Vertragsparteien werden alle durchführbaren Maßnahmen zur Verhütung des Mißbrauchs von Suchtstoffen und zur Früherkennung, Behandlung, Aufklärung, Nachbehandlung und sozialen Wiedereingliederung der betroffenen Personen ergreifen und diesen Fragen besondere Aufmerksamkeit widmen; sie werden ihre diesbezüglichen Bemühungen koordinieren.

(2) Die Vertragsparteien werden die Ausbildung von Personal auf dem Gebiet der Behandlung, Nachbehandlung, Rehabilitation und sozialen Wiedereingliederung von Personen, die Suchtstoffe mißbrauchen, nach Möglichkeiten fördern.

(3) Die Vertragsparteien werden alle durchführbaren Maßnahmen treffen, um Personen, deren Arbeit dies erfordert, beim Verständnis der Probleme zu helfen, die mit dem Mißbrauch von Suchtstoffen und seiner Verhütung zusammenhängen; sie werden ein solches Verständnis auch in der breiten Öffentlichkeit fördern, wenn die Gefahr besteht, daß sich der Mißbrauch von Suchtstoffen erheblich ausweitet.

Artikel 38bis. Übereinkünfte über regionale Zentren. Hält eine Vertragspartei es als Teil ihrer Maßnahmen gegen den unerlaubten Verkehr mit Suchtstoffen unter gebührender Beachtung ihrer Verfassungs-, Rechts- und Verwaltungsordnung für zweckmäßig, so wird sie – auf ihren Wunsch mit fachlicher Beratung durch das Suchtstoffamt oder die Sonderorganisationen – in Konsultation mit anderen interessierten Vertragsparteien der Region die Erarbeitung von Übereinkünften fördern, welche die Schaffung regionaler Zentren für wissenschaftliche Forschung und Aufklärung vorsehen, um die sich aus der unerlaubten Verwendung von und dem Verkehr mit Suchtstoffen ergebenden Probleme zu lösen.

Artikel 39. Anwendung strengerer staatlicher Kontrollmaßnahmen als in diesem Übereinkommen vorgeschrieben. Es wird unterstellt, daß es einer Vertragspartei ungeachtet dieses Übereinkommens weder verwehrt ist noch als verwehrt gilt, strengere oder schärfere Kontrollmaßnahmen zu treffen, als in diesem Übereinkommen vorgesehen sind, und insbesondere vorzuschreiben, daß für Zubereitungen des Anhangs III oder für Suchtstoffe des Anhangs I einzelne oder alle Kontrollmaßnahmen gelten, die auf Suchtstoffe des Anhangs I anzuwenden sind, soweit dies nach ihrer Ansicht zum Schutz der Volksgesundheit oder des öffentlichen Wohls notwendig oder wünschenswert ist.

Artikel 40.[3] Sprachen des Übereinkommens; Verfahren für die Unterzeichnung, die Ratifikation und den Beitritt. (1) Dieses Übereinkommen, dessen chinesischer, englischer, französischer, russischer und spanischer Wortlaut gleichermaßen verbindlich ist, liegt für jedes Mitglied der Vereinten Nationen, für jeden Nichtmitgliedstaat, der Vertragspartei des Statuts des Internationalen Gerichtshofs oder Mitglieder einer Sonderorganisation der Vereinten Nationen ist, sowie für jeden anderen Staat, den der Rat einlädt, Vertragspartei zu werden, bis zum 1. August 1961 zur Unterzeichnung auf.

---

[3] S. Absätze 3 und 4 der Vorbemerkung.

Einheits-Übereinkommen von 1961   Ük 1961 A 1

(2) Dieses Übereinkommen bedarf der Ratifikation. Die Ratifikationsurkunden werden beim Generalsekretär hinterlegt.
(3) Nach dem 1. August 1961 liegt dieses Übereinkommen für die in Absatz 1 bezeichneten Staaten zum Beitritt auf. Die Beitrittsurkunden sind beim Generalsekretär zu hinterlegen.

Artikel 41.[4] **Inkrafttreten.** (1) Dieses Übereinkommen tritt am dreißigsten Tag nach dem Tag in Kraft, an dem die vierzigste Ratifikations- oder Beitrittsurkunde gemäß Artikel 40 hinterlegt worden ist.
(2) Für jeden anderen Staat, der nach Hinterlegung der vierzigsten Urkunde eine Ratifikations- oder Beitrittsurkunde hinterlegt, tritt dieses Übereinkommen am dreißigsten Tag nach der Hinterlegung seiner eigenen Ratifikations- oder Beitrittsurkunde in Kraft.

Artikel 42. Räumlicher Geltungsbereich. Dieses Übereinkommen findet auf alle Hoheitsgebiete außerhalb des Mutterlands Anwendung, für deren internationale Beziehungen eine Vertragspartei verantwortlich ist, soweit nicht nach der Verfassung dieser Vertragspartei oder des betreffenden Hoheitsgebiets oder kraft Gewohnheitsrechts die vorherige Zustimmung eines Hoheitsgebiets erforderlich ist. In diesem Fall wird sich die Vertragspartei bemühen, die erforderliche Zustimmung des Hoheitsgebiets so bald wie möglich zu erwirken, und wird sie sodann dem Generalsekretär notifizieren. Dieses Übereinkommen findet auf jedes in einer solchen Notifikation bezeichnete Hoheitsgebiet mit dem Tag ihres Eingangs beim Generalsekretär Anwendung. In Fällen, in denen die vorherige Zustimmung eines Hoheitsgebiets außerhalb des Mutterlands nicht erforderlich ist, erklärt die betreffende Vertragspartei im Zeitpunkt der Unterzeichnung, Ratifikation oder des Beitritts, auf welche Hoheitsgebiete außerhalb des Mutterlands dieses Übereinkommen Anwendung findet.

Artikel 43. Hoheitsgebiete im Sinne der Artikel 19, 20, 21 und 31. (1) Eine Vertragspartei kann dem Generalsekretär notifizieren, daß eines ihrer Hoheitsgebiete in zwei oder mehr Hoheitsgebiete im Sinne der Artikel 19, 20, 21 und 31 aufgeteilt ist oder daß zwei oder mehr ihrer Hoheitsgebiete ein einziges Hoheitsgebiet im Sinne jener Artikel bilden.
(2) Zwei oder mehr Vertragsparteien können dem Generalsekretär notifizieren, daß sie infolge der Errichtung einer sie umfassenden Zollunion ein einziges Hoheitsgebiet im Sinne der Artikel 19, 20, 21 und 31 bilden.
(3) Eine Notifikation nach Absatz 1 oder 2 wird am 1. Januar des auf das Jahr der Notifikation folgenden Jahres wirksam.

Artikel 44. Außerkrafttreten früherer völkerrechtlicher Übereinkünfte.
(1), (2) *nicht abgedruckt*

Artikel 45.[5] **Übergangsbestimmungen.** (1) Die Aufgaben des in Artikel 9 vorgesehenen Suchtstoffamts werden mit Inkrafttreten dieses Übereinkommens (Artikel 41 Absatz 1) je nach ihrer Art vorläufig von dem Ständigen Zentralaus-

---
[4] S. Fn. 3
[5] Es folgt der Wortlaut des Artikels 20 des Protokolls von 1992 (s. auch Absatz 5 der Vorbemerkung):
Artikel 20. Übergangsbestimmungen. (1) Die Aufgaben des Internationalen Suchtstoff-Kontrollamts, das in den in diesem Protokoll enthaltenen Änderungen vorgesehen ist, werden mit Inkrafttreten des Protokolls nach Artikel 18 Absatz 1 von dem Suchtstoffamt wahrgenommen, das nach Maßgabe des nicht geänderten Einheitsübereinkommens geschaffen wurde.

schuß, der nach Kapitel VI des in Artikel 44 Buchstabe c bezeichneten Abkommens in seiner geänderten Fassung geschaffen wurde, und von dem Überwachungsausschuß wahrgenommen, der nach Kapitel II des in Artikel 44 Buchstabe d bezeichneten Abkommens in seiner geänderten Fassung geschaffen wurde.

(2) Der Rat bestimmt den Zeitpunkt, zu dem das in Artikel 9 bezeichnete Suchtstoffamt seine Tätigkeit aufnimmt. Von jenem Zeitpunkt an erfüllt dieses Amt in bezug auf diejenigen Vertragsstaaten der in Artikel 44 bezeichneten Übereinkünfte, die nicht Vertragsparteien dieses Übereinkommens sind, die Aufgaben der beiden in Absatz 1 bezeichneten Ausschüsse.

Artikel 46. Kündigung. (1) Nach Ablauf von zwei Jahren seit Inkrafttreten dieses Übereinkommens (Artikel 41 Absatz 1) kann jede Vertragspartei im eigenen Namen oder im Namen eines Hoheitsgebiets, für dessen internationale Beziehungen sie verantwortlich ist und das seine nach Artikel 42 erteilte Zustimmung zurückgenommen hat, dieses Übereinkommen durch Hinterlegung einer entsprechenden Urkunde beim Generalsekretär kündigen.

(2) Geht die Kündigung bis zum 1. Juli des betreffenden Jahres beim Generalsekretär ein, so wird sie am 1. Januar des folgenden Jahres wirksam; geht sie nach dem 1. Juli ein, so wird sie als eine bis zum 1. Juli des folgenden Jahres eingegangene Kündigung wirksam.

(3) Dieses Übereinkommen tritt außer Kraft, wenn infolge von Kündigungen nach Absatz 1 dieses Artikels die in Artikel 41 Absatz 1 bezeichneten Voraussetzungen für sein Inkrafttreten entfallen.

Artikel 47. Änderungen. (1) Jede Vertragspartei kann zu diesem Übereinkommen Änderungen vorschlagen. Der Wortlaut und die Begründung jedes Änderungsvorschlags sind dem Generalsekretär zu übermitteln; dieser leitet sie den Vertragsparteien und dem Rat zu. Der Rat kann beschließen,
a) entweder nach Maßgabe des Artikels 62 Absatz 4 der Charta der Vereinten Nationen eine Konferenz zur Beratung des Änderungsvorschlags einzuberufen, oder
b) die Vertragsparteien zu fragen, ob sie den Änderungsvorschlag annehmen, und sie aufzufordern, dem Rat ihre Stellungnahme zu dem Vorschlag einzureichen.

(2) Ist ein nach Absatz 1 Buchstabe b verteilter Änderungsvorschlag binnen achtzehn Monaten nach seiner Verteilung von keiner Vertragspartei abgelehnt worden, so tritt er in Kraft. Hat eine Vertragspartei ihn abgelehnt, so kann der Rat im Lichte der von Vertragsparteien eingereichten Stellungnahmen beschließen, ob eine Konferenz zur Beratung des Änderungsvorschlags einzuberufen ist.

---

(2) Der Wirtschafts- und Sozialrat bestimmt den Zeitpunkt, zu dem das auf Grund der in diesem Protokoll enthaltenen Änderungen geschaffene Suchtstoffamt seine Tätigkeit aufnimmt. Von diesem Zeitpunkt an erfüllt das so geschaffene Amt in bezug auf diejenigen Vertragsparteien des nicht geänderten Einheits-Übereinkommens und auf diejenigen Vertragsparteien der in seinem Artikel 44 aufgeführten Verträge, die nicht Vertragsparteien dieses Protokolls sind, die Aufgaben des auf Grund des nicht geänderten Einheits-Übereinkommens geschaffenen Suchtstoffamts.

(3) Die Amtszeit von sechs der bei der ersten Wahl nach Erweiterung der Mitgliederzahl des Suchtstoffamts von elf auf dreizehn Mitglieder gewählten Mitglieder endet mit Ablauf von drei Jahren, die Amtszeit der übrigen sieben Mitglieder mit Ablauf von fünf Jahren.

(4) Die Mitglieder des Suchtstoffamts, deren Amtszeit mit Ablauf der erstgenannten Dreijahresfrist endet, werden durch das Los bestimmt, das der Generalsekretär unmittelbar nach Beendigung der ersten Wahl zieht.

Einheits-Übereinkommen von 1961 Ük 1961 A 1

Artikel 48. Streitigkeiten. (1) Entsteht zwischen zwei oder mehr Vertragsparteien über die Auslegung oder Anwendung dieses Übereinkommens eine Streitigkeit, so konsultieren sie einander mit dem Ziel, die Streitigkeit durch Verhandlung, Untersuchung, Vermittlung, Vergleich, Schiedsspruch, Inanspruchnahme regionaler Einrichtungen, gerichtliche Entscheidung oder durch andere friedliche Mittel eigener Wahl beizulegen.

(2) Kann durch die in Absatz 1 vorgesehenen Verfahren die Streitigkeit nicht beigelegt werden, so ist sie dem Internationalen Gerichtshof zur Entscheidung zu unterbreiten.

Artikel 49. Zeitlich begrenzte Vorbehalte. (1) Eine Vertragspartei kann sich bei der Unterzeichnung, der Ratifikation oder dem Beitritt das Recht vorbehalten, in jedem ihrer Hoheitsgebiete vorübergehend folgendes zu gestatten:
a) die Verwendung von Opium zu quasimedizinischen Zwecken,
b) das Opiumrauchen,
c) das Kauen von Kokablättern,
d) die Verwendung von Cannabis, Cannabisharz sowie Cannabisauszügen und -tinkturen zu nichtmedizinischen Zwecken,
e) die Gewinnung und Herstellung der unter den Buchstaben a bis d bezeichneten Suchtstoffe und den Handel damit zu den dort erwähnten Zwecken.

(2) Für Vorbehalte nach Absatz 1 gelten folgende Einschränkungen:
a) Die in Absatz 1 erwähnten Tätigkeiten dürfen nur insoweit gestattet werden, als sie in den Hoheitsgebieten, für die der Vorbehalt gemacht wird, herkömmlich sind und am 1. Januar 1961 erlaubt waren;
b) eine Ausfuhr der in Absatz 1 bezeichneten Suchtstoffe zu den dort bezeichneten Zwecken in eine Nichtvertragspartei oder in ein Hoheitsgebiet, auf das dieses Übereinkommen keine Anwendung nach Artikel 42 findet, darf nicht gestattet werden;
c) das Opiumrauchen darf nur Personen gestattet werden, die bis zum 1. Januar 1964 zu diesem Zweck von den zuständigen Behörden registriert sind;
d) die quasimedizinische Verwendung von Opium ist binnen fünfzehn Jahren nach dem in Artikel 41 Absatz 1 vorgesehenen Inkrafttreten dieses Übereinkommens abzuschaffen;
e) das Kauen von Kokablättern ist binnen fünfundzwanzig Jahren nach dem in Artikel 41 Absatz 1 vorgesehenen Inkrafttreten dieses Übereinkommens abzuschaffen;
f) die Verwendung von Cannabis zu anderen als medizinischen und wissenschaftlichen Zwecken ist möglichst bald, auf jeden Fall aber binnen fünfundzwanzig Jahren nach dem in Artikel 41 Absatz 1 vorgesehenen Inkrafttreten dieses Übereinkommens einzustellen;
g) die Gewinnung und die Herstellung der in Absatz 1 bezeichneten Suchtstoffe und der Handel damit für jeden der dort erwähnten Verwendungszwecke sind gleichzeitig mit der Verringerung und Abschaffung dieser Verwendungszwecke zu verringern und schließlich einzustellen.

(3) Hat eine Vertragspartei einen Vorbehalt nach Absatz 1 gemacht,
a) so nimmt sie in den Jahresbericht, der nach Artikel 18 Absatz 1 Buchstabe a dem Generalsekretär einzureichen ist, eine Darstellung der Fortschritte auf, die im Vorjahr zur Einstellung der in Absatz 1 erwähnten Verwendung, Gewinnung, Herstellung und des dort erwähnten Handels erzielt wurden,
b) so reicht sie dem Suchtstoffamt in der von diesem vorgeschriebenen Art und Form gesonderte Schätzungen (Artikel 19) und statistische Aufstellungen (Artikel 20) für jede der vorbehaltenen Tätigkeiten ein.

(4) a) Unterlässt es eine Vertragspartei, die einen Vorbehalt nach Absatz 1 gemacht hat,

i) den in Absatz 3 Buchstabe a bezeichneten Bericht binnen sechs Monaten nach Ablauf des Berichtsjahres einzureichen,
ii) die in Absatz 3 Buchstabe b bezeichneten Schätzungen binnen drei Monaten nach dem hierfür vom Suchtstoffamt gemäß Artikel 12 Absatz 1 festgesetzten Zeitpunkt einzureichen,
iii) die in Absatz 3 Buchstabe b bezeichneten Statistiken binnen drei Monaten nach dem in Artikel 20 Absatz 2 vorgesehenen Fälligkeitsdatum einzureichen,
so notifiziert je nach Sachlage das Suchtstoffamt oder der Generalsekretär der betreffenden Vertragspartei ihren Verzug und ersucht sie, diese Angaben binnen drei Monaten nach Eingang der Notifikation einzureichen.

b) Kommt die Vertragspartei innerhalb dieser Frist dem Ersuchen des Suchtstoffamts oder des Generalsekretärs nicht nach, so wird der nach Absatz 1 gemachte diesbezügliche Vorbehalt unwirksam.

(5) Ein Staat, der Vorbehalte gemacht hat, kann jederzeit alle oder einzelne durch schriftliche Notifikation zurücknehmen.

Artikel 50.[6] **Sonstige Vorbehalte.** (1) Andere als die in Artikel 49 und in den Absätzen 2 und 3 dieses Artikels bezeichneten Vorbehalte sind nicht zulässig.

(2) Ein Staat kann bei der Unterzeichnung, der Ratifikation oder dem Beitritt Vorbehalte zu folgenden Bestimmungen dieses Übereinkommens machen: Artikel 12 Absätze 2 und 3, Artikel 13 Absatz 3, Artikel 14 Absätze 1 und 2, Artikel 31 Absatz 1 Buchstabe b, Artikel 48.

(3) Wünscht ein Staat Vertragspartei zu werden, aber die Ermächtigung zu anderen als den in Absatz 2 dieses Artikels und in Artikel 49 bezeichneten Vorbehalten zu erlangen, so kann er seine Absicht dem Generalsekretär mitteilen. Ein solcher Vorbehalt gilt als zugelassen, falls nicht binnen zwölf Monaten, nachdem der Generalsekretär den betreffenden Vorbehalt weitergeleitet hat, ein Drittel der Staaten, die dieses Übereinkommen vor Ablauf dieser Frist ratifiziert haben oder ihm beigetreten sind, gegen diesen Vorbehalt Einspruch erhebt; jedoch brauchen Staaten, die gegen den Vorbehalt Einspruch erhoben haben, Verpflichtungen rechtlicher Art aus diesem Übereinkommen, die von dem Vorbehalt berührt werden, nicht zu übernehmen.

(4) Ein Staat, der Vorbehalte gemacht hat, kann jederzeit alle oder einzelne durch schriftliche Notifikation zurücknehmen.

---

[6] Es folgt der Wortlaut des Artikels 21 des Protokolls von 1972 (s. auch Absatz 5 der Vorbemerkung):
Artikel 21. Vorbehalte. (1) Jeder Staat kann bei der Unterzeichnung oder Ratifikation dieses Protokolls oder beim Beitritt dazu einen Vorbehalt zu jeder darin enthaltenen Änderung machen; ausgenommen sind Änderungen zu Absatz 2 Absätze 6 und 7 (Artikel 1 dieses Protokolls), Artikel 9 Absätze 1, 4 und 5 (Artikel 2 dieses Protokolls), Artikel 10 Absätze 1 und 4 (Artikel 3 dieses Protokolls), Artikel 11 (Artikel 4 dieses Protokolls), Artikel 14 bis (Artikel 7 dieses Protokolls), Artikel 16 (Artikel 8 dieses Protokolls), Artikel 22 (Artikel 12 dieses Protokolls), Artikel 35 (Artikel 13 dieses Protokolls), Artikel 36 Absatz 1 Buchstabe b (Artikel 14 dieses Protokolls), Artikel 38 (Artikel 15 dieses Protokolls) und Artikel 38 bis (Artikel 16 dieses Protokolls).★

(2) Ein Staat, der Vorbehalte gemacht hat, kann jederzeit alle oder einzelne durch schriftliche Notifikation zurücknehmen.

★ Es wird darauf hingewiesen, daß Staaten, die nach Artikel 21 des Protokolls von 1972 einen Vorbehalt zu einer oder mehreren Änderungen zu machen wünschen, zunächst Vertragsparteien des nicht geänderten Einheits-Übereinkommens (wenn sie dies nicht bereits sind) werden und danach das Protokoll von 1972 mit dem gewünschten Vorbehalt ratifizieren oder ihm mit dem gewünschten Vorbehalt beitreten sollten.

Artikel 51. Notifikationen. Der Generalsekretär notifiziert allen in Artikel 40 Absatz 1 bezeichneten Staaten
a) die Unterschriften, Ratifikationen und Beitritte nach Artikel 40,
b) den Tag, an dem dieses Übereinkommen nach Artikel 41 in Kraft tritt,
c) die Kündigungen nach Artikel 46 und
d) die Erklärungen und Notifikationen nach den Artikeln 42, 43, 47, 49 und 50.

Anhänge*

---

* Vom Abdruck der dem Übereinkommen beigefügten Listen wurde abgesehen, weil sie inzwischen überholt sind. Der aktuelle Stand ergibt sich aus der von dem INCB herausgegebenen Yellow List – List of Narcotic Drugs Under International Control.

A 2. Übereinkommen von 1971 über psychotrope Stoffe

v. 21.2.1971 (BGBl. 1976 II S. 1477)[1]

Präambel

DIE VERTRAGSPARTEIEN –
VON DER SORGE um die Gesundheit und das Wohl der Menschheit GELEITET;
 mit Besorgnis von den volksgesundheitlichen und sozialen Problemen KENNTNIS NEHMEND, die sich aus dem Mißbrauch bestimmter psychotroper Stoffe ergeben;
 ENTSCHLOSSEN, den Mißbrauch derartiger Stoffe und den dadurch veranlaßten unerlaubten Verkehr zu verhüten und zu bekämpfen;
 IN DER ERWÄGUNG, daß strenge Maßnahmen notwendig sind, um die Verwendung derartiger Stoffe auf rechtlich zulässige Zwecke zu beschränken;
 IN DER ERKENNTNIS, daß die Verwendung psychotroper Stoffe für medizinische und wissenschaftliche Zwecke unerläßlich ist und daß ihre Verfügbarkeit für derartige Zwecke nicht über Gebühr eingeschränkt werden sollte;
 ÜBERZEUGT, daß wirksame Maßnahmen gegen den Mißbrauch derartiger Stoffe Koordinierung und ein weltweites Vorgehen erfordern;
 IN DER ANERKENNUNG der Zuständigkeit der Vereinten Nationen auf dem Gebiet der Kontrolle psychotroper Stoffe und von dem Wunsch geleitet, die in Betracht kommenden internationalen Organe in diese Organisation einzugliedern;
 IN DER ERKENNTNIS, daß zur Verwirklichung dieser Ziele ein internationales Übereinkommen erforderlich ist –
 KOMMEN wie folgt ÜBEREIN:

Artikel 1. Begriffsbestimmung. Sofern nicht etwas anderes ausdrücklich angegeben oder aufgrund des Zusammenhangs erforderlich ist, haben die nachfolgenden Ausdrücke in diesem Übereinkommen die unten angegebene Bedeutung:
a) Der Ausdruck „Rat" bezeichnet den Wirtschafts- und Sozialrat der Vereinten Nationen;
b) der Ausdruck „Kommission" bezeichnet die Suchtstoffkommission des Rates;
c) der Ausdruck „Suchtstoffamt" bezeichnet das in dem Einheitsübereinkommen von 1961 über Suchtstoffe vorgesehene Internationale Suchtstoff-Kontrollamt;
d) der Ausdruck „Generalsekretär" bezeichnet den Generalsekretär der Vereinten Nationen;
e) der Ausdruck „psychotroper Stoff" bezeichnet jeden in Anhang I, II, III oder IV aufgeführten natürlichen oder synthetischen Stoff oder natürlichen Ausgangsstoff;
f) der Ausdruck „Zubereitung" bezeichnet
  i) jede Lösung oder Mischung – ohne Rücksicht auf den Aggregatzustand –, die einen oder mehrere psychotrope Stoffe enthält, oder
  ii) einen oder mehrere psychotrope Stoffe in Dosisform;
g) die Ausdrücke „Anhang I", „Anhang II", „Anhang III" und „Anhang IV" bezeichnen die entsprechend numerierten, diesem Übereinkommen beigefügten

---

[1] Für Deutschland in Kraft getreten am 2.3.1978 (Bekanntmachung v. 27.1.1978 (BGBl. 1978 II S. 252), zuletzt ergänzt durch Bekanntmachung v. 16.1.2001 (BGBl. II S. 188)).

Übereinkommen von 1971 **Ük 1971 A 2**

Listen psychotroper Stoffe in der aufgrund von Änderungen nach Artikel 2 jeweils gültigen Fassung;
h) die Ausdrücke „Einfuhr" und „Ausfuhr" bezeichnen je nach dem Zusammenhang das körperliche Verbringen psychotroper Stoffe von einem Staat in einen anderen Staat;
i) der Ausdruck „Herstellung" bezeichnet alle zur Erzeugung psychotroper Stoffe geeigneten Verfahren; er umfaßt sowohl das Reinigen psychotroper Stoffe als auch deren Umwandlung in andere psychotrope Stoffe. Der Ausdruck umfaßt ferner die Anfertigung aller nicht aufgrund ärztlicher Verordnung in Apotheken angefertigten Zubereitungen;
j) der Ausdruck „unerlaubter Verkehr" bezeichnet jede gegen dieses Übereinkommen verstoßende Herstellung und jeden dagegen verstoßenden Verkehr mit psychotropen Stoffen;
k) der Ausdruck „Gebiet" bezeichnet jeden Teil eines Staatswesens, der nach Artikel 28 als gesonderte Einheit im Sinne dieses Übereinkommens behandelt wird;
l) der Ausdruck „Räumlichkeiten" bezeichnet Gebäude und Gebäudeteile einschließlich des dazugehörigen Grundstücks.

Artikel 2. Umfang der Kontrolle der Stoffe. (1) Liegen einer Vertragspartei oder der Weltgesundheitsorganisation Angaben über einen noch nicht unter internationaler Kontrolle stehenden Stoff vor, die nach ihrer Auffassung die Aufnahme des Stoffes in einen Anhang dieses Übereinkommens erforderlich machen, so notifiziert sie dies dem Generalsekretär und leitet ihm alle diese Notifikation erhärtenden Angaben zu. Dieses Verfahren findet auch Anwendung, wenn einer Vertragspartei oder der Weltgesundheitsorganisation Angaben vorliegen, welche die Übertragung eines Stoffes von einem Anhang in einen anderen oder die Streichung eines Stoffes aus einem Anhang rechtfertigen.
(2) Der Generalsekretär übermittelt die Notifikation und die ihm erheblich erscheinenden Angaben den Vertragsparteien, der Kommission und, wenn die Notifikation von einer Vertragspartei ausging, der Weltgesundheitsorganisation.
(3) Geht aus den mit der Notifikation übermittelten Angaben hervor, daß der Stoff nach Absatz 4 zur Aufnahme in Anhang I oder II geeignet ist, so prüfen die Vertragsparteien im Lichte aller ihnen zur Verfügung stehenden Angaben, ob es möglich ist, alle die für die in Anhang I bzw. II aufgeführten Stoffe geltenden Kontrollmaßnahmen auf diesen Stoff vorläufig anzuwenden.
(4) Stellt die Weltgesundheitsorganisation fest,
a) daß der Stoff die Fähigkeit besitzt,
   i) 1. einen Zustand der Abhängigkeit und
      2. eine Anregung oder Dämpfung des Zentralnervensystems, die zu Halluzinationen oder Störungen der motorischen Funktionen, des Denkens, des Verhaltens, der Wahrnehmung oder der Stimmung führt, oder
   ii) einen ähnlichen Mißbrauch und ähnliche schädliche Wirkungen wie die in Anhang I, II, III oder IV aufgeführten Stoffe hervorzurufen, und
b) daß ausreichende Beweise dafür vorliegen, daß der betreffende Stoff derart mißbraucht wird oder mißbraucht werden könnte, daß er zu einem volksgesundheitlichen und sozialen Problem wird, welches eine Unterstellung des Stoffes unter internationale Kontrolle rechtfertigt,
so übermittelt die Weltgesundheitsorganisation der Kommission eine Bewertung des Stoffes mit Einzelangaben über Ausmaß oder Wahrscheinlichkeit des Mißbrauchs, die Schwere des volksgesundheitlichen und sozialen Problems sowie den Nutzen des Stoffes in der medizinischen Therapie, gegebenenfalls verbunden mit Empfehlungen über Kontrollmaßnahmen, die auf Grund der Bewertung des Stoffes angezeigt wären.

(5) Die Kommission kann unter Berücksichtigung der Mitteilung der Weltgesundheitsorganisation, deren Bewertung in medizinischer und wissenschaftlicher Hinsicht maßgebend sind, sowie unter Beachtung der von ihr als erheblich erachteten wirtschaftlichen, sozialen, rechtlichen, verwaltungstechnischen und sonstigen Faktoren den Stoff in Anhang I, II, III oder IV aufnehmen. Die Kommission kann weitere Angaben von der Weltgesundheitsorganisation oder von sonstigen geeigneten Stellen erbitten.

(6) Bezieht sich eine Notifikation nach Absatz 1 auf einen bereits in einem der Anhänge aufgeführten Stoff, so übermittelt die Weltgesundheitsorganisation der Kommission ihre neuen Feststellungen, eine etwa nach Absatz 4 vorgenommene neue Bewertung des Stoffes und ihre etwaigen neuen Empfehlungen über Kontrollmaßnahmen, die sie auf Grund dieser Bewertung für angezeigt hält. Die Kommission kann unter Berücksichtigung der Mitteilung der Weltgesundheitsorganisation entsprechend Absatz 5 und unter Beachtung der dort genannten Faktoren beschließen, den Stoff von einem Anhang in einen anderen zu übertragen oder ihn aus den Anhängen zu streichen.

(7) Jeden Beschluß der Kommission auf Grund dieses Artikels teilt der Generalsekretär allen Mitgliedstaaten der Vereinten Nationen, den Nichtmitgliedstaaten, die Vertragsparteien dieses Übereinkommens sind, der Weltgesundheitsorganisation und dem Suchtstoffamt mit. Der Beschluß tritt für jede Vertragspartei 180 Tage nach dem Datum dieser Mitteilung uneingeschränkt in Kraft, ausgenommen die Vertragsparteien, die innerhalb dieser Frist hinsichtlich eines Beschlusses, auf Grund dessen ein Stoff in einem Anhang aufgenommen wurde, dem Generalsekretär eine schriftliche Mitteilung übermitteln, daß sie angesichts außergewöhnlicher Umstände nicht in der Lage sind, alle auf die in dem betreffenden Anhang aufgeführten Stoffe anwendbaren Bestimmungen des Übereinkommens hinsichtlich des betreffenden Stoffes durchzuführen. Diese Mitteilung hat die Gründe für ein derartiges außergewöhnliches Vorgehen zu enthalten. Ungeachtet dieser Mitteilung wendet jede Vertragspartei zumindest folgende Kontrollmaßnahmen an:

a) Eine Vertragspartei, die eine derartige Mitteilung hinsichtlich eines in Anhang I aufgenommenen Stoffes gemacht hat, der zuvor nicht der Kontrolle unterstand, berücksichtigt nach Möglichkeit, die in Artikel 7 aufgeführten besonderen Kontrollmaßnahmen; sie wird hinsichtlich des betreffenden Stoffes
   i) Genehmigungen für Herstellung, Handel und Verteilung vorschreiben, wie sie in Artikel 8 für die in Anhang II aufgeführten Stoffe vorgesehen sind;
   ii) die Verschreibungspflicht für Auslieferung oder Abgabe vorschreiben, wie sie in Artikel 9 für die in Anhang II aufgeführten Stoffe vorgesehen ist;
   iii) die in Artikel 12 vorgesehenen Verpflichtungen hinsichtlich der Ein- und Ausfuhr erfüllen, außer gegenüber einer anderen Vertragspartei, die gleichfalls eine derartige Mitteilung in bezug auf den betreffenden Stoff gemacht hat;
   iv) die in Artikel 13 für die in Anhang II aufgeführten Stoffe vorgesehenen Verpflichtungen hinsichtlich des Verbots sowie der Beschränkungen von Ein- und Ausfuhr erfüllen;
   v) dem Suchtstoffamt statistische Berichte nach Artikel 16 Absatz 4 Buchstabe a vorlegen sowie
   vi) nach Artikel 22 Maßnahmen zur Unterdrückung von Zuwiderhandlungen gegen die in Erfüllung der vorstehenden Verpflichtungen erlassenen Gesetze oder sonstigen Vorschriften treffen.

b) Eine Vertragspartei, die eine derartige Mitteilung hinsichtlich eines in Anhang II aufgenommenen Stoffes gemacht hat, der zuvor nicht der Kontrolle unterstand, wird hinsichtlich des betreffenden Stoffes
   i) nach Artikel 8 Genehmigungen für Herstellung, Handel und Verteilung vorschreiben;

ii) nach Artikel 9 die Verschreibungspflicht für Auslieferung oder Abgabe vorschreiben;
iii) die in Artikel 12 vorgesehenen Verpflichtungen hinsichtlich der Ein- und Ausfuhr erfüllen, außer gegenüber einer anderen Vertragspartei, die gleichfalls eine derartige Mitteilung in bezug auf den betreffenden Stoff gemacht hat;
iv) die Verpflichtungen des Artikels 13 hinsichtlich des Verbots sowie der Beschränkungen von Ein- und Ausfuhr erfüllen;
v) dem Suchtstoffamt statistische Berichte nach Artikel 16 Absatz 4 Buchstaben a, c und d vorlegen sowie
vi) nach Artikel 22 Maßnahmen zur Unterdrückung von Zuwiderhandlungen gegen die in Erfüllung der vorstehenden Verpflichtungen erlassenen Gesetze oder sonstigen Vorschriften treffen.

c) Eine Vertragspartei, die eine derartige Mitteilung hinsichtlich eines in Anhang III aufgenommenen Stoffes gemacht hat, der zuvor nicht der Kontrolle unterstand, wird hinsichtlich des betreffenden Stoffes
i) nach Artikel 8 Genehmigungen für Herstellung, Handel und Verteilung vorschreiben;
ii) nach Artikel 9 die Verschreibungspflicht für Auslieferung oder Abgabe vorschreiben;
iii) die in Artikel 12 vorgesehenen Verpflichtungen hinsichtlich der Ausfuhr erfüllen, außer gegenüber einer anderen Vertragspartei, die gleichfalls eine derartige Mitteilung in bezug auf den betreffenden Stoff gemacht hat;
iv) die Verpflichtungen des Artikels 13 hinsichtlich des Verbots sowie der Beschränkungen von Ein- und Ausfuhr erfüllen sowie
v) nach Artikel 22 Maßnahmen zur Unterdrückung von Zuwiderhandlungen gegen die in Erfüllung der vorstehenden Verpflichtungen erlassenen Gesetze oder sonstigen Vorschriften treffen.

d) Eine Vertragspartei, die eine derartige Mitteilung hinsichtlich eines in Anhang IV aufgenommenen Stoffes gemacht hat, der zuvor nicht der Kontrolle unterstand, wird hinsichtlich des betreffenden Stoffes
i) nach Artikel 8 Genehmigungen für Herstellung, Handel und Verteilung vorschreiben;
ii) die Verpflichtung des Artikels 13 hinsichtlich des Verbots sowie der Beschränkungen von Ein- und Ausfuhr erfüllen sowie
iii) nach Artikel 22 Maßnahmen zur Unterdrückung von Zuwiderhandlungen gegen die in Erfüllung der vorstehenden Verpflichtungen erlassenen Gesetze oder sonstigen Vorschriften treffen.

e) Eine Vertragspartei, die eine derartige Mitteilung hinsichtlich eines Stoffes gemacht hat, der in einen strengere Kontrollen und Verpflichtungen vorsehenden Anhang übertragen wurde, wendet zumindest alle für den Anhang, aus dem der betreffende Stoff übertragen wurde, geltenden Bestimmungen dieses Übereinkommens an.

(8) a) Die Beschlüsse der Kommission auf Grund dieses Artikels unterliegen der Nachprüfung durch den Rat, wenn eine Vertragspartei dies binnen 180 Tagen beantragt, nachdem die Notifikation des Beschlusses bei ihr eingegangen ist. Der Antrag auf Nachprüfung ist zusammen mit allen ihn begründenden erheblichen Angaben beim Generalsekretär zu stellen.

b) Der Generalsekretär leitet der Kommission, der Weltgesundheitsorganisation und allen Vertragsparteien Abschriften des Nachprüfungsantrags und der diesbezüglichen Angaben mit der Aufforderung zu, binnen neunzig Tagen hierzu Stellung zu nehmen. Alle eingehenden Stellungnahmen werden dem Rat zur Erwägung vorgelegt.

c) Der Rat kann den Beschluß der Kommission bestätigen, ändern oder aufheben. Der Beschluß des Rates wird allen Mitgliedstaaten der Vereinten Nationen, den Nichtmitgliedstaaten, die Vertragsparteien dieses Übereinkommens sind, der Kommission, der Weltgesundheitsorganisation und dem Suchtstoffamt notifiziert.

d) Solange die Nachprüfung dauert, bleibt der ursprüngliche Beschluß der Kommission vorbehaltlich des Absatzes 7 in Kraft.

(9) Die Vertragsparteien werden sich nach besten Kräften bemühen, auf Stoffe, die nicht unter dieses Übereinkommen fallen, aber zur unerlaubten Herstellung psychotroper Stoffe verwendet werden können, alle durchführbaren Überwachungsmaßnahmen anzuwenden.

Artikel 3. Sonderbestimmungen über die Kontrolle von Zubereitungen.
(1) Sofern nicht in den Absätzen 2 bis 4 etwas anderes bestimmt ist, unterliegt eine Zubereitung denselben Kontrollmaßnahmen wie der psychotrope Stoff, den sie enthält; enthält die Zubereitung mehr als einen derartigen Stoff, so unterliegt sie denjenigen Maßnahmen, die auf den der strengsten Kontrolle unterstehenden Stoff anwendbar sind.

(2) Ist eine Zubereitung, die einen nicht in Anhang I aufgeführten psychotropen Stoff enthält, so zusammengesetzt, daß keine oder nur eine geringfügige Gefahr des Mißbrauchs besteht, und kann der Stoff nicht durch unschwer anwendbare Mittel in einer zum Mißbrauch geeigneten Menge zurückgewonnen werden, so daß die Zubereitung nicht zu einem volksgesundheitlichen und sozialen Problem Anlaß gibt, so kann die Zubereitung nach Absatz 3 von bestimmten in diesem Übereinkommen vorgesehenen Kontrollmaßnahmen ausgenommen werden.

(3) Trifft eine Vertragspartei hinsichtlich einer Zubereitung eine Feststellung im Sinne des Absatzes 2, so kann sie beschließen, die Zubereitung in ihrem Staat oder in einem ihrer Gebiete von einzelnen oder allen in diesem Übereinkommen vorgesehenen Kontrollmaßnahmen mit Ausnahme der folgenden Erfordernisse auszunehmen:
a) Artikel 8 (Genehmigungen), soweit er auf die Herstellung Anwendung findet;
b) Artikel 11 (Verzeichnisse), soweit er auf ausgenommene Zubereitungen Anwendung findet;
c) Artikel 13 (Verbot und Beschränkung von Ein- und Ausfuhr);
d) Artikel 15 (Inspektion), soweit er auf die Herstellung Anwendung findet;
e) Artikel 16 (von den Vertragsparteien vorzulegende Berichte), soweit er auf ausgenommene Zubereitungen Anwendung findet;
f) Artikel 22 (Strafbestimmungen) in dem zur Unterdrückung von Zuwiderhandlungen gegen die in Erfüllung der vorstehenden Verpflichtungen erlassenen Gesetze oder sonstigen Vorschriften erforderlichen Ausmaß.

Die Vertragsparteien notifizieren dem Generalsekretär jeden derartigen Beschluß, Namen und Zusammensetzung der ausgenommenen Zubereitung und die Kontrollmaßnahmen, von denen sie ausgenommen wird. Der Generalsekretär übermittelt die Notifikation den anderen Vertragsparteien, der Weltgesundheitsorganisation und dem Suchtstoffamt.

(4) Liegen einer Vertragspartei oder der Weltgesundheitsorganisation Angaben über eine nach Absatz 3 ausgenommene Zubereitung vor, die nach ihrer Auffassung die völlige oder teilweise Aufhebung der Ausnahme erforderlich machen, so notifiziert sie dies dem Generalsekretär und leitet ihm alle diese Notifikation erhärtenden Angaben zu. Der Generalsekretär übermittelt die Notifikation und die ihm erheblich erscheinenden Angaben den Vertragsparteien, der Kommission und, wenn die Notifikation von einer Vertragspartei ausging, der Weltgesundheitsorganisation. Die Weltgesundheitsorganisation übermittelt der Kommission eine Bewertung der Zubereitung in Bezug auf die in Absatz 2 genannten Faktoren, gegebenenfalls verbunden mit einer Empfehlung über die Kontrollmaßnahmen, von denen die Zubereitung nicht länger ausgenommen werden soll. Die Kommission kann unter Berücksichtigung der Mitteilung der Weltgesundheitsorganisation, deren Bewertung

in medizinischer und wissenschaftlicher Hinsicht maßgebend ist, sowie unter Beachtung der von ihr als erheblich erachteten wirtschaftlichen, sozialen, rechtlichen, verwaltungstechnischen und sonstigen Faktoren beschließen, die Ausnahme der betreffenden Zubereitung von einzelnen oder allen Kontrollmaßnahmen aufzuheben. Jeden Beschluß der Kommission auf Grund dieses Absatzes teilt der Generalsekretär allen Mitgliedstaaten der Vereinten Nationen, den Nichtmitgliedstaaten, die Vertragsparteien dieses Übereinkommens sind, der Weltgesundheitsorganisation und dem Suchtstoffamt mit. Alle Vertragsparteien treffen binnen 180 Tagen nach dem Datum der Mitteilung des Generalsekretärs Maßnahmen zur Aufhebung der Ausnahme von der oder den betreffenden Kontrollmaßnahmen.

Artikel 4. Sonstige Sonderbestimmungen über den Umfang der Kontrolle. Hinsichtlich der nicht in Anhang I aufgeführten psychotropen Stoffe können die Vertragsparteien folgendes zulassen:
a) das Mitführen geringer Mengen von Zubereitungen zum persönlichen Gebrauch durch internationale Reisende; jede Vertragspartei ist jedoch berechtigt, den Nachweis zu fordern, daß diese Zubereitungen auf rechtmäßigem Wege erlangt wurden;
b) die Verwendung derartiger Stoffe in der Industrie zur Herstellung nichtpsychotroper Stoffe oder Erzeugnisse, wobei jedoch die durch dieses Übereinkommen vorgeschriebenen Kontrollmaßnahmen solange anzuwenden sind, bis die psychotropen Stoffe in einen solchen Zustand übergeführt sind, daß sie in der Praxis nicht mißbraucht oder zurückgewonnen werden;
c) die Verwendung derartiger Stoffe zum Tierfang durch Personen, denen eine solche Verwendung von den zuständigen Behörden ausdrücklich gestattet wurde; hierbei sind die durch dieses Übereinkommen vorgeschriebenen Kontrollmaßnahmen anzuwenden.

Artikel 5. Beschränkung der Verwendung auf medizinische und wissenschaftliche Zwecke. (1) Jede Vertragspartei beschränkt die Verwendung der in Anhang I aufgeführten Stoffe nach Maßgabe des Artikels 7.

(2) Jede Vertragspartei beschränkt, soweit Artikel 4 nicht etwas anderes bestimmt, durch die ihr angebracht erscheinenden Maßnahmen Herstellung, Einfuhr, Ausfuhr, Verteilung, Vorratshaltung, Verwendung und Besitz der in den Anhängen II, III und IV aufgeführten Stoffe sowie den Handel damit auf medizinische und wissenschaftliche Zwecke.

(3) Es ist wünschenswert, daß die Vertragsparteien keinen Besitz der in den Anhängen II, III und IV aufgeführten Stoffe ohne gesetzliche Ermächtigung gestatten.

Artikel 6. Besondere Verwaltungsdienststelle. Es ist wünschenswert, daß jede Vertragspartei zur Anwendung der Bestimmungen dieses Übereinkommens eine besondere Verwaltungsdienststelle einrichtet und unterhält, die zweckmäßigerweise mit der nach den Übereinkünften zur Kontrolle von Suchtstoffen geschaffenen besonderen Verwaltungsdienststelle identisch sein oder eng zusammenarbeiten sollte.

Artikel 7. Sonderbestimmungen hinsichtlich der in Anhang I aufgeführten Stoffe. In bezug auf die in Anhang I aufgeführten Stoffe werden die Vertragsparteien
a) jede Verwendung verbieten, außer für wissenschaftliche und – in sehr beschränktem Umfang – für medizinische Zwecke durch ordnungsgemäß ermächtigte Personen in medizinischen oder wissenschaftlichen Einrichtungen, die unmittelbar der Aufsicht der jeweiligen Regierung unterstehen oder von dieser ausdrücklich zugelassen sind;

b) für Herstellung, Handel, Verteilung und Besitz eine besondere Genehmigung oder vorherige Ermächtigung vorschreiben;
c) für eine genaue Überwachung der unter den Buchstaben a und b genannten Betätigungen und Handlungen Sorge tragen;
d) die an eine ordnungsgemäß ermächtigte Person auslieferbare Menge auf die für den jeweils zugelassenen Zweck benötigte Quantität beschränken;
e) vorschreiben, daß Personen, die medizinische oder wissenschaftliche Aufgaben wahrnehmen, über den Erwerb der Stoffe und die Einzelheiten ihrer Verwendung Verzeichnisse führen, die mindestens zwei Jahre nach der letzten darin eingetragenen Verwendung aufzubewahren sind;
f) die Ein- und Ausfuhr außer in den Fällen verbieten, in denen sie von den zuständigen Behörden oder Dienststellen des ein- bzw. ausführenden Staates oder Gebiets oder von sonstigen Personen oder Unternehmen vorgenommen wird, denen die zuständigen Behörden ihres Staates oder Gebiets für diesen Zweck eine ausdrückliche Genehmigung erteilt haben. Die Vorschriften des Artikels 12 Absatz 1 über Ein- und Ausfuhrgenehmigungen für die in Anhang II aufgeführten Stoffe gelten auch für die in Anhang I aufgeführten Stoffe.

Artikel 8. Genehmigungen. (1) Die Vertragsparteien schreiben vor, daß die Herstellung von, der Handel (einschließlich des Ein- und Ausfuhrhandels) mit und die Verteilung von in den Anhängen II, III und IV aufgeführten Stoffen der Genehmigung bedürfen oder einer anderen ähnlichen Kontrollmaßnahme unterliegen.

(2) Die Vertragsparteien
a) kontrollieren alle ordnungsgemäß ermächtigten Personen und Unternehmen, welche die Herstellung von, den Handel (einschließlich des Ein- und Ausfuhrhandels) mit oder die Verteilung von Stoffen im Sinne des Absatzes 1 betreiben oder daran beteiligt sind;
b) kontrollieren im Wege der Genehmigungspflicht oder durch eine andere ähnliche Kontrollmaßnahme die Betriebe und Räumlichkeiten, in denen die Herstellung, der Handel oder die Verteilung erfolgen kann;
c) tragen dafür Sorge, daß hinsichtlich derartiger Betriebe und Räumlichkeiten Sicherheitsmaßnahmen getroffen werden, um eine Entwendung oder sonstige Zweckentfremdung von Vorräten zu verhüten.

(3) Die Bestimmungen der Absätze 1 und 2, die sich auf Genehmigungen oder andere ähnliche Kontrollmaßnahmen beziehen, brauchen nicht auf Personen erstreckt zu werden, die zur Wahrnehmung therapeutischer oder wissenschaftlicher Aufgaben ordnungsgemäß befugt und dementsprechend tätig sind.

(4) Die Vertragsparteien schreiben vor, daß alle Personen, die nach Maßgabe dieses Übereinkommens Genehmigungen erhalten oder die nach Absatz 1 des vorliegenden Artikels oder nach Artikel 7 Buchstabe b in sonstiger Weise ermächtigt sind, die erforderliche Befähigung zur wirksamen und gewissenhaften Anwendung der zur Durchführung dieses Übereinkommens erlassenen Gesetze und sonstigen Vorschriften besitzen müssen.

Artikel 9. Ärztliche Verordnungen. (1) Die Vertragsparteien schreiben vor, daß die in den Anhängen II, III und IV aufgeführten Stoffe zum Gebrauch durch Privatpersonen nur gegen ärztliche Verschreibung ausgeliefert oder abgegeben werden dürfen, es sei denn, daß Einzelpersonen diese Stoffe zur ordnungsgemäß genehmigten Wahrnehmung therapeutischer oder wissenschaftlicher Aufgaben rechtmäßig beschaffen, verwenden, abgeben oder verabreichen dürfen.

(2) Die Vertragsparteien treffen Maßnahmen, um sicherzustellen, daß ärztliche Verschreibungen für die in den Anhängen II, III und IV aufgeführten Stoffe im Einklang mit bewährten ärztlichen Gepflogenheiten und auf Grund solcher Vorschriften ausgestellt werden, wie sie zum Schutz der Volksgesundheit und des öffent-

lichen Wohls erforderlich sind; dazu gehören insbesondere Vorschriften über die Häufigkeit der Wiederholung der Abgabe und die Gültigkeitsdauer der Verschreibungen.

(3) Ungeachtet des Absatzes 1 kann eine Vertragspartei, falls die örtlichen Gegebenheiten dies nach ihrer Auffassung erfordern, unter den von ihr vorgeschriebenen Bedingungen einschließlich der Pflicht zur Führung von Verzeichnissen approbierte Apotheker oder sonstige zugelassene Einzelhändler, die von den für die Volksgesundheit in ihrem Staat oder einem Teil desselben zuständigen Behörden benannt wurden, ermächtigen, nach ihrem Ermessen ohne ärztliche Verschreibung in den von den Vertragsparteien zu bestimmenden Rahmen geringe Mengen der in den Anhängen III und IV aufgeführten Stoffe zur Verwendung für medizinische Zwecke durch Einzelpersonen in Ausnahmefällen auszuliefern.

Artikel 10. Hinweise auf Packungen und Werbung. (1) Jede Vertragspartei schreibt unter Berücksichtigung aller einschlägigen Vorschriften oder Empfehlungen der Weltgesundheitsorganisation die ihr für die Sicherheit des Verbrauchers notwendig erscheinenden Gebrauchsanweisungen einschließlich aufklärender oder warnender Hinweise vor; diese sind, soweit durchführbar, auf den Aufschriften, in jedem Fall aber auf den Packungsbeilagen der Fertigarzneimittel anzubringen, die psychotrope Stoffe enthalten.

(2) Jede Vertragspartei verbietet unter gebührender Berücksichtigung ihrer verfassungsrechtlichen Bestimmungen die Werbung für derartige Stoffe in der Öffentlichkeit.

Artikel 11. Verzeichnisse. (1) Die Vertragsparteien schreiben vor, daß hinsichtlich der in Anhang I aufgeführten Stoffe die Hersteller und alle anderen nach Artikel 7 zum Handel mit und zum Verteilen von derartigen Stoffen ermächtigten Personen in der von jeder Vertragspartei zu bestimmenden Weise Verzeichnisse führen, aus denen Einzelheiten über die hergestellten Mengen, sowie bei jedem Erwerb und jeder Veräußerung Einzelheiten über Menge, Datum, Lieferant und Empfänger zu ersehen sind.

(2) Die Vertragsparteien schreiben vor, daß hinsichtlich der in den Anhängen II und III aufgeführten Stoffe die Hersteller, Großhändler, Importeure und Exporteure in der von jeder Vertragspartei zu bestimmenden Weise Verzeichnisse führen, aus denen Einzelheiten über die hergestellten Mengen sowie bei jedem Erwerb und jeder Veräußerung Einzelheiten über Menge, Datum, Lieferant und Empfänger zu ersehen sind.

(3) Die Vertragsparteien schreiben vor, daß hinsichtlich der in Anhang II aufgeführten Stoffe die Einzelhändler, Kranken- und Pflegeanstalten sowie die wissenschaftlichen Einrichtungen in der von jeder Vertragspartei zu bestimmenden Weise Verzeichnisse führen, aus denen bei jedem Erwerb und jeder Veräußerung Einzelheiten über Menge, Datum, Lieferant und Empfänger zu ersehen sind.

(4) Die Vertragsparteien stellen durch geeignete Verfahren sowie unter Berücksichtigung der Berufs- und Handelsgepflogenheiten in ihren Staaten sicher, daß Angaben über Erwerb und Veräußerung der in Anhang III aufgeführten Stoffe durch Einzelhändler, Kranken- und Pflegeanstalten sowie wissenschaftliche Einrichtungen ohne Schwierigkeiten verfügbar sind.

(5) Die Vertragsparteien schreiben vor, daß hinsichtlich der in Anhang IV aufgeführten Stoffe die Hersteller, Importeure und Exporteure in der von jeder Vertragspartei zu bestimmenden Weise Verzeichnisse führen, aus denen die hergestellten, eingeführten und ausgeführten Mengen zu ersehen sind.

(6) Die Vertragsparteien schreiben vor, daß die Hersteller der nach Artikel 3 Absatz 3 ausgenommenen Zubereitungen Verzeichnisse über die Menge jedes zur Herstellung einer ausgenommenen Zubereitung verwendeten psychotropen Stoffes

sowie über Art, Gesamtmenge und erstmalige Veräußerung der daraus hergestellten ausgenommenen Zubereitung führen.

(7) Die Vertragsparteien stellen sicher, daß die Verzeichnisse und Angaben im Sinne dieses Artikels, soweit sie für Berichte nach Artikel 16 benötigt werden, mindestens zwei Jahre lang aufbewahrt werden.

Artikel 12. Bestimmungen über den internationalen Handel. (1) a) Jede Vertragspartei, welche die Ein- oder Ausfuhr der in Anhang I oder II aufgeführten Stoffe zuläßt, schreibt eine besondere Ein- oder Ausfuhrgenehmigung vor, die auf einem von der Kommission auszuarbeitenden Formblatt ausgestellt wird und für jede derartige Ein- oder Ausfuhr zu erwirken ist ohne Rücksicht auf die Anzahl der Stoffe.

b) In dieser Genehmigung sind die internationale Kurzbezeichnung oder, in Ermangelung einer solchen, die im Anhang verwendete Bezeichnung des Stoffes, die ein- oder auszuführende Menge, die galenische Form, Name und Anschrift des Importeurs und des Exporteurs sowie die Frist anzugeben, innerhalb deren die Ein- oder Ausfuhr erfolgen muß. Wird der Stoff in Form einer Zubereitung ein- oder ausgeführt, so ist deren Bezeichnung gegebenenfalls zusätzlich anzugeben. In der Ausfuhrgenehmigung sind ferner Nummer und Datum der Einfuhrgenehmigung und die Behörde anzugeben, welche letztere ausgestellt hat.

c) Beantragt eine Person oder ein Betrieb eine Ausfuhrgenehmigung, so verlangt vor deren Ausstellung die betreffende Vertragspartei von dem Antragsteller die Vorlage einer von der zuständigen Behörde des Einfuhrstaats oder -gebiets ausgestellten Einfuhrgenehmigung, in der bescheinigt wird, daß die Einfuhr des oder der darin genannten Stoffe genehmigt ist.

d) Jeder Sendung ist eine Abschrift der Ausfuhrgenehmigung beizufügen; eine weitere Abschrift übersendet die Regierung, welche die Ausfuhrgenehmigung ausgestellt hat, der Regierung des Einfuhrstaats oder -gebiets.

e) Ist die Einfuhr erfolgt, so leitet die Regierung des Einfuhrstaats oder -gebiets die Ausfuhrgenehmigung mit einem Vermerk, der die tatsächlich eingeführte Menge bescheinigt, an die Regierung des Ausfuhrstaats oder -gebiets zurück.

(2) a) Die Vertragsparteien schreiben vor, daß Exporteure für jede Ausfuhr von in Anhang III aufgeführten Stoffen auf einem von der Kommission auszuarbeitenden Formblatt in dreifacher Ausfertigung eine Erklärung abzugeben haben, die folgende Angaben enthält:
i) Namen und Anschrift des Importeurs und des Exporteurs;
ii) die internationale Kurzbezeichnung oder, in Ermangelung einer solchen, die im Anhang verwendete Bezeichnung des Stoffes;
iii) die Menge und pharmazeutische Form, in welcher der Stoff ausgeführt wird, und, falls es sich um eine Zubereitung handelt, gegebenenfalls deren Bezeichnung;
iv) das Versanddatum.

b) Die Exporteure reichen zwei Ausfertigungen der Erklärung bei den zuständigen Behörden ihres Staates oder Gebiets ein. Die dritte Ausfertigung ist der Sendung beizufügen.

c) Eine Vertragspartei, aus deren Hoheitsgebiet ein in Anhang III aufgeführter Stoff ausgeführt wurde, sendet so bald wie möglich, spätestens jedoch neunzig Tage nach dem Versanddatum, eine Ausfertigung der vom Exporteur eingereichten Erklärung als Einschreiben mit Rückschein an die zuständigen Behörden des Einfuhrstaats oder -gebiets.

d) Die Vertragsparteien können vorschreiben, daß der Importeur nach Empfang der Sendung die dieser beigefügte Ausfertigung ordnungsgemäß mit einem Vermerk über die empfangenen Mengen und das Empfangsdatum versieht und den zuständigen Behörden seines Staates oder Gebiets übersendet.

(3) Hinsichtlich der in den Anhängen I und II aufgeführten Stoffe finden folgende Zusatzbestimmungen Anwendung:
a) Die Vertragsparteien üben in Freihäfen und Freizonen die gleiche Überwachung und Kontrolle aus wie in anderen Teilen ihres Hoheitsgebiets; sie können jedoch strengere Maßnahmen anwenden.
b) Ausfuhren in Form von Sendungen an ein Postfach oder an eine Bank auf das Konto einer anderen als der in der Ausfuhrgenehmigung genannten Person sind verboten.
c) Ausfuhren in Form von Sendungen von in Anhang I aufgeführten Stoffen an ein Zollager sind verboten. Ausfuhren in Form von Sendungen von in Anhang II aufgeführten Stoffen an ein Zollager sind verboten, es sei denn, daß die Regierung des Einfuhrstaats auf der Einfuhrgenehmigung, welche die eine Ausfuhrgenehmigung beantragenden Personen oder Betriebe vorzulegen haben, bescheinigt, daß sie die Einfuhr zur Hinterlegung in einem Zollager genehmigt hat. In diesem Fall wird in der Ausfuhrgenehmigung bescheinigt, daß die Sendung zu diesem Zweck ausgeführt wird. Jede Entnahme aus dem Zollager erfordert einen Erlaubnisschein der Behörden, denen das Lager untersteht; ist die entnommene Menge für das Ausland bestimmt, so wird sie einer neuen Ausfuhr im Sinne dieses Übereinkommens gleichgestellt.
d) Sendungen, welche die Grenze des Hoheitsgebiets einer Vertragspartei überschreiten, ohne von einer Ausfuhrgenehmigung begleitet zu sein, werden von den zuständigen Behörden zurückgehalten.
e) Eine Vertragspartei gestattet die Durchfuhr einer Sendung von Stoffen in einen anderen Staat nur dann, wenn ihren zuständigen Behörden eine Abschrift der Ausfuhrgenehmigung für die Sendung vorgelegt wird; dies gilt unabhängig davon, ob die Sendung aus dem für sie befördernden Fahrzeug ausgeladen wird oder nicht.
f) Ist die Durchfuhr einer Sendung von Stoffen durch einen Staat oder ein Gebiet gestattet, so treffen dessen zuständige Behörden alle erforderlichen Maßnahmen, um zu verhindern, daß die Sendung an eine andere als die in der sie begleitenden Abschrift der Ausfuhrgenehmigung genannte Bestimmung gelangt, es sei denn, daß die Regierung des Durchfuhrstaats oder -gebiets die Bestimmungsänderung genehmigt. Eine solche Regierung behandelt jede beantragte Bestimmungsänderung als Ausfuhr aus dem Durchfuhrstaat oder -gebiet nach dem neuen Bestimmungsstaat oder -gebiet. Wird die Bestimmungsänderung genehmigt, so gilt Absatz 1 Buchstabe e auch im Verhältnis zwischen dem Durchfuhrstaat oder -gebiet und dem Staat oder Gebiet, aus dem die Sendung ursprünglich ausgeführt wurde.
g) Befindet sich eine Sendung von Stoffen auf der Durchfuhr oder in einem Zollager, so darf sie keiner Behandlung unterzogen werden, die geeignet ist, die Beschaffenheit des betreffenden Stoffes zu ändern. Die Verpackung darf ohne Genehmigung der zuständigen Behörden nicht geändert werden.
h) Die Bestimmungen der Buchstaben e bis g über die Durchfuhr von Stoffen durch das Hoheitsgebiet einer Vertragspartei finden keine Anwendung, wenn die betreffende Sendung auf dem Luftweg befördert wird und das Luftfahrzeug in dem Durchfuhrstaat oder -gebiet keine Landung vornimmt. Landet es dagegen im Durchfuhrstaat oder -gebiet, so finden die genannten Bestimmungen Anwendung, soweit es die Umstände erfordern.
i) Internationale Übereinkünfte zur Beschränkung der Kontrolle, die eine Vertragspartei in bezug auf derartige Stoffe im Durchfuhrverkehr ausüben darf, bleiben von diesem Absatz unberührt.

Artikel 13. Verbot und Beschränkungen von Ein- und Ausfuhr. (1) Eine Vertragspartei kann allen anderen Vertragsparteien über den Generalsekretär notifizieren, daß sie die Einfuhr eines oder mehrerer in Anhang II, III oder IV aufgeführter und in der Notifikation angegebener Stoffe in ihrem Staat oder in eines ihrer Gebiete verbietet. Jede derartige Notifikation hat die Bezeichnung des Stoffes nach Anhang II, III oder IV anzugeben.

(2) Ist einer Vertragspartei ein Verbot nach Absatz 1 notifiziert worden, so trifft sie die erforderlichen Maßnahmen, damit keiner der in der Notifikation angegebenen Stoffe nach dem Staat oder einem der Gebiete der Vertragspartei ausgeführt wird, welche die Notifikation vorgenommen hat.

(3) Ungeachtet der Absätze 1 und 2 kann eine Vertragspartei, die eine Notifikation nach Absatz 1 vorgenommen hat, von Fall zu Fall durch eine Sondereinfuhrgenehmigung die Einfuhr bestimmter Mengen der betreffenden Stoffe oder von Zubereitungen, die derartige Stoffe enthalten, genehmigen. Die die Genehmigung ausstellende Behörde des Einfuhrstaats sendet zwei Abschriften der Sondereinfuhrgenehmigung unter Angabe von Namen und Anschrift des Importeurs und des Exporteurs an die zuständige Behörde des Ausfuhrstaats oder -gebiets, die daraufhin den Exporteur ermächtigen kann, den Versand vorzunehmen. Eine ordnungsgemäß mit dem Vermerk der zuständigen Behörde des Ausfuhrstaats oder -gebiets versehene Abschrift der Sondereinfuhrgenehmigung ist der Sendung beizufügen.

Artikel 14. Sonderbestimmungen über psychotrope Stoffe in Ausrüstungen der Ersten Hilfe, die auf Schiffen, in Luftfahrzeugen oder in sonstigen öffentlichen Verkehrsmitteln im internationalen Verkehr mitgeführt werden. (1) Das Mitführen beschränkter Mengen der in Anhang II, III oder IV aufgeführten Stoffe, die während der Reise für Erste Hilfe oder sonstige dringende Fälle benötigt werden, auf Schiffen, in Luftfahrzeugen oder in sonstigen internationalen öffentlichen Verkehrsmitteln wie internationalen Eisenbahnzügen und Autobussen im internationalen Verkehr gilt nicht als Ein-, Aus- oder Durchfuhr im Sinne dieses Übereinkommens.

(2) Der Registerstaat trifft geeignete Sicherheitsvorkehrungen, um zu verhindern, daß die in Absatz 1 bezeichneten Stoffe unstatthaft verwendet oder unerlaubten Zwecken zugeführt werden. Die Kommission empfiehlt solche Sicherheitsvorkehrungen in Konsultation mit den zuständigen internationalen Organisationen.

(3) Für die nach Absatz 1 auf Schiffen, in Luftfahrzeugen oder in sonstigen internationalen öffentlichen Verkehrsmitteln wie internationalen Eisenbahnzügen und Omnibussen mitgeführten Stoffe gelten die Gesetze, Verordnungen, Genehmigungen und Erlaubnisse des Registerstaats; unberührt bleibt das Recht der zuständigen örtlichen Behörden, in diesen Verkehrsmitteln Nachprüfungen, Inspektionen und sonstige Kontrollen durchzuführen. Die Verabreichung dieser Stoffe in dringenden Fällen gilt nicht als Verstoß gegen Artikel 9 Absatz 1.

Artikel 15. Inspektion. Die Vertragsparteien unterhalten ein Inspektionssystem für Hersteller, Importeure, Exporteure sowie Groß- und Einzelhändler psychotroper Stoffe und für medizinische und wissenschaftliche Einrichtungen, die derartige Stoffe verwenden. Die Vertragsparteien sehen Inspektionen der Räumlichkeiten sowie der Vorräte und Verzeichnisse vor, die so häufig durchgeführt werden, wie sie es für erforderlich halten.

Artikel 16. Von den Vertragsparteien vorzulegende Berichte. (1) Die Vertragsparteien reichen dem Generalsekretär alle Angaben ein, welche die Kommission als zur Wahrnehmung ihrer Aufgaben notwendig anfordert, und zwar insbesondere einen Jahresbericht über die Auswirkungen dieses Übereinkommens in ihren Hoheitsgebieten, der Angaben enthält über

a) wichtige Änderungen in ihren Gesetzen und sonstigen Vorschriften über psychotrope Stoffe,
b) bedeutende Entwicklungen im Mißbrauch von und im unerlaubten Verkehr mit psychotropen Stoffen in ihren Hoheitsgebieten.

(2) Die Vertragsparteien notifizieren dem Generalsekretär ferner die Bezeichnungen und Anschriften der in Artikel 7 Buchstabe f, Artikel 12 und Artikel 13 Absatz 3 genannten staatlichen Behörden. Der Generalsekretär stellt diese Angaben allen Vertragsparteien zur Verfügung.

(3) Die Vertragsparteien legen dem Generalsekretär für jeden Fall von unerlaubtem Verkehr mit psychotropen Stoffen oder von Beschlagnahme auf Grund eines derartigen Verkehrs, den sie wegen
a) der Aufdeckung neuer Entwicklungen,
b) der in Betracht kommenden Mengen,
c) der Ermittlung der Bezugsquellen der Stoffe oder
d) der Methoden, deren sich die den unerlaubten Verkehr Betreibenden bedienen,
für wichtig halten, so bald wie möglich nach Eintreten des Falles einen Bericht vor. Abschriften des Berichts werden nach Artikel 21 Buchstabe b übermittelt.

(4) Die Vertragsparteien legen dem Suchtstoffamt nach Maßgabe der von ihm ausgearbeiteten Formblätter jährlich statistische Berichte vor
a) hinsichtlich jedes in den Anhängen I und II aufgeführten Stoffes über die hergestellten, nach jedem Staat oder Gebiet ausgeführten und von dort eingeführten Mengen sowie die Vorräte der Hersteller;
b) hinsichtlich jedes in den Anhängen III und IV aufgeführten Stoffes über die hergestellten Mengen sowie über die ein- und ausgeführten Gesamtmengen;
c) hinsichtlich jedes in den Anhängen II und III aufgeführten Stoffes über die zur Herstellung ausgenommener Zubereitungen verwendeten Mengen und
d) hinsichtlich jedes nicht in Anhang I aufgeführten Stoffes über die nach Artikel 4 Buchstabe b für industrielle Zwecke verwendeten Mengen.
Die unter den Buchstaben a und b bezeichneten hergestellten Mengen umfassen nicht die Mengen der hergestellten Zubereitungen.

(5) Jede Vertragspartei legt dem Suchtstoffamt auf Anforderung zusätzliche statistische Angaben für künftige Zeiträume über die Mengen jedes einzelnen in den Anhängen III und IV aufgeführten Stoffes vor, die nach jedem Staat oder Gebiet ausgeführt und von dort eingeführt werden. Die betreffende Vertragspartei kann verlangen, daß das Suchtstoffamt sowohl sein Ersuchen um Angaben als auch die nach diesem Absatz vorgelegten Angaben vertraulich behandelt.

(6) Die Vertragsparteien stellen die in den Absätzen 1 und 4 genannten Angaben in einer Weise und innerhalb einer Frist zur Verfügung, die von der Kommission oder dem Suchtstoffamt bestimmt werden.

Artikel 17. Aufgaben der Kommission. (1) Die Kommission kann sämtliche Angelegenheiten behandeln, welche die Ziele dieses Übereinkommens und die Durchführung seiner Bestimmungen betreffen, und kann diesbezügliche Empfehlungen abgeben.

(2) Beschlüsse der Kommission auf Grund der Artikel 2 und 3 bedürfen der Zweidrittelmehrheit ihrer Mitglieder.

Artikel 18. Berichte des Suchtstoffamts. (1) Das Suchtstoffamt erstellt jährliche Berichte über seine Arbeit, die eine Auswertung der ihm zur Verfügung stehenden statistischen Angaben und geeignetenfalls eine Darlegung über etwaige Erläuterungen enthalten, um welche Regierungen ersucht wurden oder die sie eingereicht haben, sowie alle Bemerkungen und Empfehlungen, die das Suchtstoffamt zu machen wünscht. Das Suchtstoffamt kann alle zusätzlichen Berichte erstellen, die es für erforderlich hält. Die Berichte werden dem Rat über die Kommission vorgelegt; dieser steht es frei, dazu Stellung zu nehmen.

(2) Die Berichte des Suchtstoffamts werden den Vertragsparteien übermittelt und sodann vom Generalsekretär veröffentlicht. Die Vertragsparteien gestatten ihre unbeschränkte Verbreitung.

Artikel 19. Maßnahmen des Suchtstoffamts, um die Durchführung dieses Übereinkommens sicherzustellen. (1) a) Hat das Suchtstoffamt die Angaben geprüft, die ihm von den Regierungen eingereicht oder von den Organen der Vereinten Nationen zugeleitet werden, und hat es daraufhin Grund zu der Annahme, daß die Ziele dieses Übereinkommens ernstlich gefährdet sind, weil ein Staat oder ein Gebiet das Übereinkommen nicht durchführt, so ist es berechtigt, die Regierung des betreffenden Staates oder Gebiets um Erläuterungen zu ersuchen. Vorbehaltlich des Rechts des Suchtstoffamts, die Vertragsparteien, den Rat und die Kommission auf die unter Buchstabe c erwähnte Angelegenheit aufmerksam zu machen, behandelt es ein Ersuchen um Auskunft oder die Erläuterung einer Regierung auf Grund dieses Buchstabens als vertraulich.

b) Ist das Suchtstoffamt auf Grund des Buchstabens a tätig geworden, so kann es in der Folge die betreffende Regierung auffordern, wenn es dies für notwendig erachtet, die unter den gegebenen Umständen zur Durchführung dieses Übereinkommens erforderlichen Abhilfemaßnahmen zu treffen.

c) Stellt das Suchtstoffamt fest, daß die betreffende Regierung nach einem Ersuchen auf Grund des Buchstabens a keine zufriedenstellende Erläuterung gegeben oder nach Aufforderung auf Grund des Buchstabens b keine Abhilfemaßnahmen getroffen hat, so kann es die Vertragsparteien, den Rat und die Kommission auf diese Angelegenheit aufmerksam machen.

(2) Macht das Suchtstoffamt die Vertragsparteien, den Rat und die Kommission auf Grund des Absatzes 1 Buchstabe c auf eine Angelegenheit aufmerksam, so kann es gleichzeitig den Vertragsparteien empfehlen, wenn es dies für notwendig erachtet, gegenüber dem betreffenden Staat oder Gebiet die Ein- oder die Ausfuhr bestimmter psychotroper Stoffe – oder beides – einzustellen, und zwar entweder für eine bestimmte Zeit oder bis zu dem Zeitpunkt, in dem das Suchtstoffamt die Lage in diesem Staat oder Gebiet als zufriedenstellend betrachtet. Der betreffende Staat kann den Rat mit der Angelegenheit befassen.

(3) Das Suchtstoffamt ist berechtigt, über jede auf Grund dieses Artikels behandelte Angelegenheit einen Bericht zu veröffentlichen und dem Rat zu übermitteln; dieser leitet ihn allen Vertragsparteien zu. Veröffentlicht das Suchtstoffamt in diesem Bericht einen auf Grund dieses Artikels gefaßten Beschluß oder eine auf den Beschluß bezügliche Angabe, so hat es auch in demselben Bericht auf Ersuchen der betreffenden Regierung auch deren Auffassung zu veröffentlichen.

(4) Wurde ein auf Grund dieses Artikels veröffentlichter Beschluß des Suchtstoffamts nicht einstimmig gefaßt, so ist auch die Auffassung der Minderheit darzulegen.

(5) Prüft das Suchtstoffamt eine Frage auf Grund dieses Artikels, so wird jeder Staat, für den sie von unmittelbarem Interesse ist, eingeladen, sich auf der diesbezüglichen Sitzung vertreten zu lassen.

(6) Beschlüsse des Suchtstoffamts auf Grund dieses Artikels bedürfen der Zweidrittelmehrheit der Gesamtzahl seiner Mitglieder.

(7) Die vorstehenden Absätze finden auch Anwendung, wenn das Suchtstoffamt Grund zu der Annahme hat, daß die Ziele dieses Übereinkommens infolge eines von einer Vertragspartei nach Artikel 2 Absatz 7 gefaßten Beschlusses ernstlich gefährdet sind.

Artikel 20. Maßnahmen gegen den Mißbrauch psychotroper Stoffe.
(1) Die Vertragsparteien treffen alle geeigneten Maßnahmen zur Verhütung des Mißbrauchs psychotroper Stoffe und zur frühzeitigen Erkennung, Behandlung, Aufklärung, Nachbehandlung, Rehabilitation und sozialen Wiedereingliederung der betroffenen Personen und koordinieren ihre diesbezüglichen Bemühungen.

(2) Die Vertragsparteien fördern nach Möglichkeit die Ausbildung von Personal für die Behandlung, Nachbehandlung, Rehabilitation und sozialen Wiedereingliederung von Personen, die psychotrope Stoffe mißbrauchen.

(3) Die Vertragsparteien helfen Personen, deren Arbeit dies erfordert, Verständnis für die Probleme des Mißbrauchs psychotroper Stoffe und seiner Verhütung zu gewinnen, und fördern dieses Verständnis auch in der Öffentlichkeit, wenn die Gefahr besteht, daß sich der Mißbrauch dieser Stoffe ausbreitet.

Artikel 21. Maßnahmen gegen den unerlaubten Verkehr. Die Vertragsparteien sind verpflichtet, unter gebührender Beachtung ihrer Verfassungs-, Rechts- und Verwaltungsordnungen
a) Vorkehrungen zu treffen, um ihre Maßnahmen zur Verhütung und Unterdrückung des unerlaubten Verkehrs innerstaatlich zu koordinieren; sie können zweckdienlicherweise eine hierfür zuständige Stelle bestimmen;
b) einander beim Kampf gegen den unerlaubten Verkehr mit psychotropen Stoffen zu unterstützen und insbesondere den anderen unmittelbar betroffenen Vertragsparteien umgehend auf diplomatischem Wege oder über die von den Vertragsparteien dafür bestimmten zuständigen Behörden eine Abschrift jedes nach Artikel 16 an den Generalsekretär gerichteten Berichts im Zusammenhang mit der Aufdeckung eines Falles von unerlaubtem Verkehr oder einer Beschlagnahme zu übermitteln;
c) miteinander und mit den zuständigen internationalen Organisationen, denen sie als Mitglieder angehören, eng zusammenzuarbeiten, um den Kampf gegen den unerlaubten Verkehr fortlaufend zu koordinieren;
d) zu gewährleisten, daß die internationale Zusammenarbeit zwischen den zuständigen Stellen rasch vonstatten geht und
e) zu gewährleisten, daß rechtserhebliche Schriftstücke, die zum Zweck von Gerichtsverfahren in einen anderen Staat zu übermitteln sind, den von den Vertragsparteien bezeichneten Organen rasch zugeleitet werden; dies berührt nicht das Recht einer Vertragspartei, zu verlangen, daß ihr rechtserhebliche Schriftstücke auf diplomatischem Wege übersandt werden.

Artikel 22. Strafbestimmungen. (1) a) Jede Vertragspartei wird vorbehaltlich ihrer Verfassungsordnung jede gegen Gesetze oder sonstige Vorschriften, die aufgrund ihrer Verpflichtungen nach diesem Übereinkommen erlassen wurden, verstoßende Handlung, wenn vorsätzlich begangen, als strafbaren Verstoß behandeln und sicherstellen, daß schwere Verstöße angemessen geahndet werden, insbesondere mit Gefängnis oder einer sonstigen Art des Freiheitsentzuges.

b) Ungeachtet des Buchstabens a können die Vertragsparteien, wenn Personen, die psychotrope Stoffe mißbrauchen, derartige Verstöße begangen haben, entweder an Stelle der Verurteilung oder Bestrafung oder zusätzlich zur Bestrafung vorsehen, daß diese Personen sich Maßnahmen der Behandlung, Aufklärung, Nachbehandlung, Rehabilitation und sozialen Wiedereingliederung nach Artikel 20 Absatz 1 unterziehen.

(2) Jede Vertragspartei gewährleistet vorbehaltlich ihrer Verfassungsordnung, ihres Rechtssystems und ihrer innerstaatlichen Rechtsvorschriften,
a) i) daß jede einzelne einer Reihe zusammenhängender Handlungen, die Verstöße nach Absatz 1 darstellen und in verschiedenen Staaten begangen worden sind, als selbständiger Verstoß gilt,

ii) daß in bezug auf diese Verstöße die vorsätzliche Teilnahme, die Verabredung und der Versuch mit Strafe im Sinne des Absatzes 1 bedroht werden; dies gilt auch für Vorbereitungs- und Finanzhandlungen im Zusammenhang mit den in diesem Artikel bezeichneten Verstößen.
iii) daß im Ausland erfolgte Verurteilungen wegen solcher Verstöße rückfallbegründend wirken;
iv) daß die vorstehend bezeichneten schweren Verstöße, gleichviel ob von Staatsangehörigen oder Ausländern begangen, von der Vertragspartei verfolgt werden, in deren Hoheitsgebiet der Verstoß begangen wurde, oder von der Vertragspartei, in deren Hoheitsgebiet der Täter betroffen wird, wenn diese aufgrund ihres Rechts das Auslieferungsersuchen ablehnt und der Täter noch nicht verfolgt und verurteilt worden ist.

b) Es ist wünschenswert, daß die in Absatz 1 und in Absatz 2 Buchstabe a Ziffer ii bezeichneten Verstöße in jeden bestehenden oder künftigen Auslieferungsvertrag zwischen Vertragsparteien als auslieferungsfähige Straftaten aufgenommen werden und daß sie zwischen Vertragsparteien, welche die Auslieferung nicht vom Bestehen eines Vertrags oder von der Gegenseitigkeit abhängig machen, als auslieferungsfähige Straftaten anerkannt werden; Voraussetzung ist, daß die Auslieferung im Einklang mit den Rechtsvorschriften der ersuchten Vertragspartei bewilligt wird und daß diese berechtigt ist, die Festnahme oder die Auslieferung in Fällen zu verweigern, in denen die zuständigen Behörden den Verstoß als nicht schwerwiegend genug ansehen.

(3) Alle psychotropen oder sonstigen Stoffe sowie alle Gegenstände, die zu einem Verstoß im Sinne der Absätze 1 und 2 verwendet wurden oder bestimmt waren, können beschlagnahmt und eingezogen werden.

(4) Dieser Artikel beeinträchtigt nicht die innerstaatlichen Rechtsvorschriften der betreffenden Vertragspartei über die Gerichtsbarkeit.

(5) Unberührt von diesem Artikel bleibt der Grundsatz, daß hinsichtlich der darin bezeichneten Verstöße die Bestimmung der Tatbestandsmerkmale, die Strafverfolgung und die Ahndung im Einklang mit dem innerstaatlichen Recht einer Vertragspartei zu erfolgen haben.

Artikel 23. Anwendung strengerer Kontrollmaßnahmen, als in diesem Übereinkommen vorgeschrieben. Jede Vertragspartei kann strengere oder schärfere Kontrollmaßnahmen treffen, als in diesem Übereinkommen vorgesehen, soweit dies nach ihrer Ansicht zum Schutz der Volksgesundheit oder des öffentlichen Wohls wünschenswert oder notwendig ist.

Artikel 24. Kosten, die den internationalen Organen bei der Durchführung dieses Übereinkommens entstehen. Die Ausgaben, die der Kommission und dem Suchtstoffamt bei der Wahrnehmung ihrer Aufgaben aufgrund dieses Übereinkommens entstehen, gehen zu Lasten der Vereinten Nationen; das Nähere regelt die Generalversammlung. Vertragsparteien, die nicht Mitglied der Vereinten Nationen sind, leisten zu diesen Ausgaben Beiträge in der von der Generalversammlung für angemessen erachteten und nach Konsultation mit den Regierungen dieser Vertragsparteien jeweils festgesetzten Höhe.

Artikel 25. Verfahren für die Zulassung, die Unterzeichnung, die Ratifikation und den Beitritt. (1) Mitglieder der Vereinten Nationen, Nichtmitgliedstaaten der Vereinten Nationen, die Mitglieder einer Sonderorganisation der Vereinten Nationen oder der Internationalen Atomenergie-Organisation oder Vertragsparteien der Satzung des Internationalen Gerichtshofs sind, sowie alle anderen vom Rat eingeladenen Staaten können Vertragsparteien dieses Übereinkommens werden,

a) indem sie es unterzeichnen oder
b) indem sie es ratifizieren, nachdem sie es vorbehaltlich der Ratifizierung unterzeichnet haben oder
c) indem sie ihm beitreten.

(2) Dieses Übereinkommen liegt bis zum 1. Januar 1972 zur Unterzeichnung auf. Danach liegt es zum Beitritt auf.

(3) Die Ratifikations- oder Beitrittsurkunden sind dem Generalsekretär zu hinterlegen.

Artikel 26. Inkrafttreten. (1) Dieses Übereinkommen tritt am neunzigsten Tag nach dem Tag in Kraft, an dem vierzig der in Artikel 25 Absatz 1 genannten Staaten es ohne Vorbehalt der Ratifikation unterzeichnet oder ihre Ratifikations- oder Beitrittsurkunden hinterlegt haben.

(2) Für jeden anderen Staat, der dieses Übereinkommen nach der letzten Unterzeichnung oder Hinterlegung gemäß Absatz 1 ohne Vorbehalt der Ratifikation unterzeichnet oder eine Ratifikations- oder Beitrittsurkunde hinterlegt, tritt es am neunzigsten Tag nach der Unterzeichnung oder der Hinterlegung der Ratifikations- oder Beitrittsurkunde durch den betreffenden Staat in Kraft.

Artikel 27. Räumlicher Geltungsbereich. Dieses Übereinkommen findet auf alle Hoheitsgebiete außerhalb des Mutterlands Anwendung, für deren internationale Beziehungen eine Vertragspartei verantwortlich ist, soweit nicht nach der Verfassung dieser Vertragspartei oder des betreffenden Hoheitsgebiets oder kraft Gewohnheitsrechts die vorherige Zustimmung eines Hoheitsgebiets erforderlich ist. In diesem Fall wird sich die Vertragspartei bemühen, die erforderliche Zustimmung des Hoheitsgebiets so bald wie möglich zu erwirken, und wird sie sodann dem Generalsekretär notifizieren. Das Übereinkommen findet auf jedes in einer solchen Notifikation bezeichnete Hoheitsgebiet mit dem Tag ihres Eingangs beim Generalsekretär Anwendung. In den Fällen, in denen die vorherige Zustimmung eines Hoheitsgebiets außerhalb des Mutterlands nicht erforderlich ist, erklärt die betreffende Vertragspartei im Zeitpunkt der Unterzeichnung, der Ratifizierung oder des Beitritts, auf welche Hoheitsgebiete außerhalb des Mutterlands dieses Übereinkommen Anwendung findet.

Artikel 28. Gebiete im Sinne dieses Übereinkommens. (1) Eine Vertragspartei kann dem Generalsekretär notifizieren, daß ihr Hoheitsgebiet in zwei oder mehr Gebiete im Sinne dieses Übereinkommens aufgeteilt ist oder daß zwei oder mehr ihrer Gebiete ein einziges Gebiet im Sinne des Übereinkommens bilden.

(2) Zwei oder mehr Vertragsparteien können dem Generalsekretär notifizieren, daß sie infolge der Errichtung einer sie umfassenden Zollunion ein einziges Gebiet im Sinne dieses Übereinkommens bilden.

(3) Eine Notifikation nach Absatz 1 oder 2 wird am 1. Januar des auf das Jahr der Notifikation folgenden Jahres wirksam.

Artikel 29. Kündigung. (1) Nach Ablauf von zwei Jahren seit Inkrafttreten dieses Übereinkommens kann jede Vertragspartei im eigenen Namen oder im Namen eines Hoheitsgebiets, für dessen internationale Beziehungen sie verantwortlich ist und das seine nach Artikel 27 erteilte Zustimmung zurückgenommen hat, dieses Übereinkommen durch Hinterlegung einer entsprechenden Urkunde beim Generalsekretär kündigen.

(2) Geht die Kündigung bis zum 1. Juli des betreffenden Jahres beim Generalsekretär ein, so wird sie am 1. Januar des folgenden Jahres wirksam; geht sie nach dem 1. Juli ein, so wird sie als eine bis zum 1. Juli des folgenden Jahres eingegangene Kündigung wirksam.

(3) Das Übereinkommen tritt außer Kraft, wenn infolge von Kündigungen nach den Absätzen 1 und 2 dieses Artikels die in Artikel 26 Absatz 1 bezeichneten Voraussetzungen für sein Inkrafttreten entfallen.

Artikel 30. Änderungen. (1) Jede Vertragspartei kann zu diesem Übereinkommen Änderungen vorschlagen. Der Wortlaut und die Begründung jedes Änderungsvorschlags sind dem Generalsekretär zu übermitteln; dieser leitet sie den Vertragsparteien und dem Rat zu. Der Rat kann beschließen,
a) entweder nach Maßgabe des Artikels 62 Absatz 4 der Charta der Vereinten Nationen eine Konferenz zur Beratung des Änderungsvorschlags einzuberufen oder
b) die Vertragsparteien zu fragen, ob sie den Änderungsvorschlag annehmen, und sie aufzufordern, dem Rat gegebenenfalls ihre Stellungnahme zu dem Vorschlag einzureichen.

(2) Ist ein nach Absatz 1 Buchstabe b verteilter Änderungsvorschlag binnen achtzehn Monaten nach seiner Verteilung von keiner Vertragspartei abgelehnt worden, so tritt er in Kraft. Hat eine Vertragspartei ihn abgelehnt, so kann der Rat im Lichte der von Vertragsparteien eingereichten Stellungnahmen beschließen, ob eine Konferenz zur Beratung des Änderungsvorschlags einzuberufen ist.

Artikel 31. Streitigkeiten. (1) Entsteht zwischen zwei oder mehr Vertragsparteien über die Auslegung oder Anwendung dieses Übereinkommens eine Streitigkeit, so konsultieren sie einander mit dem Ziel, die Streitigkeit durch Verhandlung, Untersuchung, Vermittlung, Vergleich, Schiedsspruch, Inanspruchnahme regionaler Einrichtungen, gerichtliche Entscheidung oder durch andere friedliche Mittel eigener Wahl beizulegen.

(2) Kann durch die in Absatz 1 vorgesehenen Verfahren die Streitigkeit nicht beigelegt werden, so ist sie auf Ersuchen einer der Streitparteien dem Internationalen Gerichtshof zur Entscheidung zu unterbreiten.

Artikel 32. Vorbehalte. (1) Andere als die in den Absätzen 2, 3 und 4 bezeichneten Vorbehalte sind nicht zulässig.

(2) Ein Staat kann bei der Unterzeichnung, der Ratifizierung oder dem Beitritt Vorbehalte zu folgenden Bestimmungen dieses Übereinkommens machen:
a) Artikel 19 Absätze 1 und 2;
b) Artikel 27;
c) Artikel 31.

(3) Wünscht ein Staat Vertragspartei zu werden, aber die Ermächtigung zu anderen als den in den Absätzen 2 und 4 bezeichneten Vorbehalten zu erlangen, so kann er seine Absicht dem Generalsekretär mitteilen. Ein solcher Vorbehalt gilt als zugelassen, falls nicht binnen zwölf Monaten, nachdem der Generalsekretär den betreffenden Vorbehalt weitergeleitet hat, ein Drittel der Staaten, die dieses Übereinkommen vor Ablauf dieser Frist ohne Vorbehalt der Ratifizierung unterzeichnet oder es ratifiziert haben oder ihm beigetreten sind, gegen diesen Vorbehalt Einspruch erhebt; jedoch brauchen Staaten, die gegen den Vorbehalt Einspruch erhoben haben, Verpflichtungen rechtlicher Art aus diesem Übereinkommen, die von dem Vorbehalt berührt werden, nicht zu übernehmen.

(4) Ein Staat, in dessen Hoheitsgebiet Pflanzen wild wachsen, die psychotrope Stoffe der in Anhang I aufgeführten Arten enthalten und von kleinen, klar abgegrenzten Gruppen herkömmlicherweise für magische oder religiöse Bräuche verwendet werden, kann bei der Unterzeichnung, der Ratifizierung oder dem Beitritt hinsichtlich dieser Pflanzen Vorbehalte zu den Bestimmungen des Artikels 7 mit Ausnahme der Bestimmungen über den internationalen Handel machen.

(5) Ein Staat, der Vorbehalte gemacht hat, kann jederzeit alle oder einzelne Vorbehalte durch eine an den Generalsekretär gerichtete schriftliche Notifikation zurücknehmen.

Artikel 33. Notifikationen. Der Generalsekretär notifiziert allen in Artikel 25 Absatz 1 bezeichneten Staaten
a) die Unterschriften, Ratifikationen und Beitritte nach Artikel 25;
b) den Tag, an dem dieses Übereinkommen nach Artikel 26 in Kraft tritt;
c) die Kündigungen nach Artikel 29 und
d) die Erklärungen und Notifikationen nach den Artikeln 27, 28, 30 und 32.

ZU URKUND DESSEN haben die hierzu gehörig befugten Unterzeichneten dieses Übereinkommen im Namen ihrer Regierungen unterschrieben.

GESCHEHEN zu Wien am 21. Februar 1971 in einer Urschrift in chinesischer, englischer, französischer, russischer und spanischer Sprache, wobei jeder Wortlaut gleichermaßen verbindlich ist. Das Übereinkommen wird beim Generalsekretär der Vereinten Nationen hinterlegt; dieser übermittelt allen Mitgliedern der Vereinten Nationen und den anderen in Artikel 25 Absatz 1 bezeichneten Staaten beglaubigte Abschriften.

Listen der in den Anhängen aufgeführten Stoffe*

---

* Vom Abdruck der dem Übereinkommen beigefügten Listen wurde abgesehen, weil sie inzwischen überholt sind. Der aktuelle Stand ergibt sich aus der vom INCB herausgegebenen Green List – List of Psychotropic Substances under International Control.

# A 3. Übereinkommen der Vereinten Nationen gegen den unerlaubten Verkehr mit Suchtstoffen und psychotropen Stoffen – Suchtstoffübereinkommen 1988 –

v. 20.12.1988 (BGBl. 1993 II S. 1136)[1]

DIE VERTRAGSPARTEIEN DIESES ÜBEREINKOMMENS –
TIEF BESORGT über Ausmaß und Zunahme der unerlaubten Gewinnung von Suchtstoffen und psychotropen Stoffen, der unerlaubten Nachfrage nach solchen Stoffen und des unerlaubten Verkehrs mit solchen Stoffen, die Gesundheit und Wohl der Menschen ernstlich gefährden und die wirtschaftlichen, kulturellen und politischen Grundlagen der Gesellschaft beeinträchtigen,

SOWIE TIEF BESORGT über das stetig zunehmende Übergreifen des unerlaubten Verkehrs mit Suchtstoffen und psychotropen Stoffen auf unterschiedliche gesellschaftliche Schichten und insbesondere über die Tatsache, daß Kinder in vielen Teilen der Welt als Verbraucher auf dem unerlaubten Betäubungsmittelmarkt ausgebeutet und für Zwecke der unerlaubten Gewinnung und Verteilung von Suchtstoffen und psychotropen Stoffen sowie des unerlaubten Handels mit solchen Stoffen benutzt werden, was eine Gefahr von unübersehbarer Tragweite darstellt,

IN ERKENNTNIS der Verbindungen zwischen dem unerlaubten Verkehr und anderer damit zusammenhängender organisierter Kriminalität, welche die rechtmäßige Wirtschaft untergräbt und die Stabilität, Sicherheit und Souveränität der Staaten gefährdet,

IN DER WEITEREN ERKENNTNIS, daß der unerlaubte Verkehr eine internationale kriminelle Tätigkeit ist, deren Bekämpfung dringende Aufmerksamkeit und höchsten Vorrang erfordert,

IN DEM BEWUSSTSEIN, daß der unerlaubte Verkehr zu hohen finanziellen Gewinnen und Reichtümern führt, die es transnationalen kriminellen Vereinigungen ermöglichen, die Strukturen des Staates, die rechtmäßigen Handels- und Finanzgeschäfte und die Gesellschaft auf allen Ebenen zu durchdringen, zu vergiften und zu korrumpieren,

ENTSCHLOSSEN, diejenigen, die sich mit unerlaubtem Verkehr befassen, um den Ertrag ihrer kriminellen Tätigkeit zu bringen und ihnen dadurch den Hauptanreiz für ihr Tun zu nehmen,

IN DEM WUNSCH, die Grundursachen des Problems des Mißbrauchs von Suchtstoffen und psychotropen Stoffen zu beseitigen, darunter die unerlaubte Nachfrage nach solchen Stoffen und die aus dem unerlaubten Verkehr stammenden ungeheuren Gewinne,

IN DER ERWÄGUNG, daß Maßnahmen notwendig sind, um bestimmte Stoffe, einschließlich der bei der Herstellung von Suchtstoffen und psychotropen Stoffen verwendeten Vorläuferstoffe, Chemikalien und Lösungsmittel, deren leichte Verfügbarkeit zu einem Anstieg der im Geheimen vorgenommenen Herstellung solcher Stoffe geführt hat, zu überwachen,

ENTSCHLOSSEN, die internationale Zusammenarbeit bei der Bekämpfung des unerlaubten Verkehrs auf See zu verbessern,

IN DER ERKENNTNIS, daß die Ausmerzung des unerlaubten Verkehrs in die kollektive Verantwortung aller Staaten fällt und daß zu diesem Zweck ein koordiniertes Vorgehen im Rahmen der internationalen Zusammenarbeit notwendig ist,

---

[1] In Deutschland in Kraft getreten am 28.2.1994 (Bek. v. 23.2.1994 [BGBl. I S. 342]).

IN ANERKENNUNG der Zuständigkeit der Vereinten Nationen auf dem Gebiet der Kontrolle der Suchtstoffe und psychotropen Stoffe und in dem Wunsch, daß die für diese Kontrolle zuständigen internationalen Organe ihre Tätigkeit im Rahmen dieser Organisation ausüben,

IN BEKRÄFTIGUNG der Leitsätze der Verträge im Bereich der Suchtstoffe und psychotropen Stoffe und des durch sie festgelegten Kontrollsystems,

IN ERKENNTNIS der Notwendigkeit, die Maßnahmen zu verstärken und zu ergänzen, die im Einheits-Übereinkommen von 1961 über Suchtstoffe, in jenem Übereinkommen in der durch das Protokoll von 1972 zur Änderung des Einheits-Übereinkommens von 1961 geänderten Fassung sowie im Übereinkommen von 1971 über psychotrope Stoffe vorgesehen sind, um dem Ausmaß und Umfang des unerlaubten Verkehrs sowie seinen schwerwiegenden Folgen entgegenzuwirken,

SOWIE IN ERKENNTNIS der Bedeutung, die einer Verstärkung und einem Ausbau wirksamer rechtlicher Mittel für die internationale Zusammenarbeit in Strafsachen zukommt, um die internationalen kriminellen Tätigkeiten des unerlaubten Verkehrs zu bekämpfen,

IN DEM WUNSCH, ein umfassendes, wirksames und anwendbares internationales Übereinkommen zu schließen, das besonders gegen den unerlaubten Verkehr gerichtet ist und den verschiedenen Erscheinungsformen des Gesamtproblems Rechnung trägt, insbesondere solchen, die in den im Bereich der Suchtstoffe und psychotropen Stoffe bestehenden Verträgen nicht behandelt sind –

KOMMEN hiermit wie folgt ÜBEREIN:

Artikel 1. Begriffsbestimmungen. Soweit nicht ausdrücklich etwas anderes angegeben oder aufgrund des Zusammenhangs erforderlich ist, gelten für dieses gesamte Übereinkommen folgende Begriffsbestimmungen:
a) Der Ausdruck „Suchtstoffamt" bezeichnet das Internationale Suchtstoff-Kontrollamt, das durch das Übereinkommen von 1961 und durch das Übereinkommen von 1961 in seiner durch das Protokoll von 1972 geänderten Fassung gebildet wurde;
b) der Ausdruck „Cannabispflanze" bezeichnet jede Pflanze der Gattung Cannabis;
c) der Ausdruck „Cocastrauch" bezeichnet jede Pflanzenart der Gattung Erythroxylon;
d) der Ausdruck „gewerblicher Beförderungsunternehmer" bezeichnet eine Person oder einen öffentlichen, privaten oder sonstigen Rechtsträger, der Personen, Güter oder Postsendungen gegen Entgelt oder sonstige Gegenleistung befördert;
e) der Ausdruck „Kommission" bezeichnet die Suchtstoffkommission des Wirtschafts- und Sozialrats der Vereinten Nationen;
f) der Ausdruck „Einziehung", der gegebenenfalls den Verfall umfaßt, bezeichnet die dauernde Entziehung von Vermögensgegenständen aufgrund einer von einem Gericht oder einer anderen zuständigen Behörde getroffenen Entscheidung;
g) der Ausdruck „kontrollierte Lieferung" bezeichnet die Methode, aufgrund derer unerlaubte oder verdächtigte Sendungen von Suchtstoffen, psychotropen Stoffen, in Tabelle I und Tabelle II zu diesem Übereinkommen aufgeführten Stoffen oder Austauschstoffen mit Wissen und unter Aufsicht der zuständigen Behörden aus dem Hoheitsgebiet eines oder mehrerer Staaten verbracht, durch dasselbe durchgeführt oder in dasselbe verbracht werden dürfen mit dem Ziel, Personen zu ermitteln, die an der Begehung von in Übereinstimmung mit Artikel 3 Absatz 1 umschriebenen Straftaten beteiligt sind;
h) der Ausdruck „Übereinkommen von 1961" bezeichnet das Einheits-Übereinkommen von 1961 über Suchtstoffe;
i) der Ausdruck „Übereinkommen von 1961 in seiner geänderten Fassung" bezeichnet das Einheits-Übereinkommen von 1961 über Suchtstoffe in der durch

das Protokoll von 1972 zur Änderung des Einheits-Übereinkommens von 1961 geänderten Fassung;
j) der Ausdruck „Übereinkommen von 1971" bezeichnet das Übereinkommen von 1971 über psychotrope Stoffe;
k) der Ausdruck „Rat" bezeichnet den Wirtschafts- und Sozialrat der Vereinten Nationen;
l) der Ausdruck „Einfrieren" oder „Beschlagnahme" bezeichnet das vorübergehende Verbot der Übertragung, Umwandlung oder Bewegung von Vermögensgegenständen oder der Verfügung darüber oder die vorübergehende Verwahrung oder Kontrolle von Vermögensgegenständen aufgrund einer von einem Gericht oder einer anderen zuständigen Behörde getroffenen Entscheidung;
m) der Ausdruck „unerlaubter Verkehr" bezeichnet die in Artikel 3 Absätze 1 und 2 genannten Straftaten;
n) der Ausdruck „Suchtstoff" bezeichnet jeden in den Anhängen I und II des Übereinkommens von 1961 und des Übereinkommens von 1961 in seiner geänderten Fassung aufgeführten natürlichen oder synthetischen Stoff;
o) der Ausdruck „Opiummohn" bezeichnet die Pflanzenart Papaver somniferum L;
p) der Ausdruck „Ertrag" bezeichnet jeden Vermögensgegenstand, der unmittelbar oder mittelbar aus der Begehung einer in Übereinstimmung mit Artikel 3 Absatz 1 umschriebenen Straftat stammt oder dadurch erzielt wurde;
q) der Ausdruck „Vermögensgegenstände" bezeichnet Gegenstände jeder Art, körperliche oder nichtkörperliche, bewegliche oder unbewegliche, materielle oder immaterielle, sowie rechtserhebliche Schriftstücke oder Urkunden, die das Recht auf solche Gegenstände oder Rechte daran belegen;
r) der Ausdruck „psychotroper Stoff" bezeichnet jeden in Anhang I, II, III oder IV des Übereinkommens von 1971 über psychotrope Stoffe aufgeführten natürlichen oder synthetischen Stoff oder natürlichen Ausgangsstoff;
s) der Ausdruck „Generalsekretär" bezeichnet den Generalsekretär der Vereinten Nationen;
t) die Ausdrücke „Tabelle I" und „Tabelle II" bezeichnen die diesem Übereinkommen beigefügten entsprechend numerierten Listen von Stoffen in der aufgrund von Änderungen nach Artikel 12 jeweils gültigen Fassung;
u) der Ausdruck „Transitstaat" bezeichnet einen Staat, durch dessen Hoheitsgebiet unerlaubte Suchtstoffe, psychotrope Stoffe und in Tabelle I und Tabelle II aufgeführte Stoffe befördert werden und der weder Ursprungsort noch endgültiger Bestimmungsort dieser Stoffe ist.

Artikel 2. Geltungsbereich des Übereinkommens. (1) Zweck dieses Übereinkommens ist es, die Zusammenarbeit zwischen den Vertragsparteien so zu fördern, daß sie gegen die verschiedenen Erscheinungsformen des unerlaubten Verkehrs mit Suchtstoffen und psychotropen Stoffen, die internationales Ausmaß haben, wirksamer vorgehen können. Bei der Erfüllung ihrer Verpflichtungen nach dem Übereinkommen treffen die Vertragsparteien die erforderlichen Maßnahmen, einschließlich der Gesetzgebungs- und Verwaltungsmaßnahmen, im Einklang mit den grundlegenden Bestimmungen ihrer jeweiligen innerstaatlichen Gesetzgebung.
(2) Die Vertragsparteien erfüllen ihre Verpflichtungen nach diesem Übereinkommen in einer Weise, die mit den Grundsätzen der souveränen Gleichheit und territorialen Unversehrtheit der Staaten sowie der Nichteinmischung in die inneren Angelegenheiten anderer Staaten vereinbar ist.
(3) Eine Vertragspartei unterläßt im Hoheitsgebiet einer anderen Vertragspartei die Ausübung der Gerichtsbarkeit und die Wahrnehmung von Aufgaben, die nach

innerstaatlichem Recht ausschließlich den Behörden dieser anderen Vertragspartei vorbehalten sind.

Artikel 3. Straftaten und Sanktionen. (1) Jede Vertragspartei trifft die erforderlichen Maßnahmen, um folgende Handlungen, wenn vorsätzlich begangen, als Straftaten zu umschreiben:
a) i) das Gewinnen, Herstellen, Ausziehen, Zubereiten, Anbieten, Feilhalten, Verteilen, Verkaufen, Liefern – gleichviel zu welchen Bedingungen –, Vermitteln, Versenden – auch im Transit –, Befördern, Einführen oder Ausführen eines Suchtstoffs oder psychotropen Stoffes entgegen dem Übereinkommen von 1961, dem Übereinkommen von 1961 in seiner geänderten Fassung oder dem Übereinkommen von 1971;
 ii) das Anbauen des Opiummohns, des Cocastrauchs oder der Cannabispflanze zum Zweck der Gewinnung von Suchtstoffen entgegen dem Übereinkommen von 1961 und dem Übereinkommen von 1961 in seiner geänderten Fassung;
 iii) das Besitzen oder Kaufen eines Suchtstoffs oder psychotropen Stoffes zum Zweck der unter Ziffer i aufgeführten Tätigkeiten;
 iv) das Herstellen, Befördern oder Verteilen von Gerät, Material oder in Tabelle I und Tabelle II aufgeführten Stoffen in der Kenntnis, daß dieses Gerät, dieses Material oder diese Stoffe bei dem unerlaubten Anbau oder der unerlaubten Gewinnung oder Herstellung von Suchtstoffen oder psychotropen Stoffen oder für diese Zwecke verwendet werden sollen;
 v) das Organisieren, Leiten oder Finanzieren einer der unter den Ziffern i, ii, iii oder iv aufgeführten Straftaten;
b) i) das Umwandeln oder Übertragen von Vermögensgegenständen in der Kenntnis, daß diese Vermögensgegenstände aus einer oder mehreren in Übereinstimmung mit Buchstabe a umschriebenen Straftaten oder aus der Teilnahme an einer oder mehreren dieser Straftaten stammen, zu dem Zweck, den unerlaubten Ursprung der Vermögensgegenstände zu verbergen oder zu verschleiern oder einer an der Begehung einer oder mehrerer solcher Straftaten beteiligten Person behilflich zu sein, sich den rechtlichen Folgen ihres Handelns zu entziehen;
 ii) das Verbergen oder Verschleiern der wahren Beschaffenheit, des Ursprungs, des Ortes oder der Bewegung der Vermögensgegenstände, der Verfügung darüber oder der Rechte oder des Eigentums daran in der Kenntnis, daß diese Vermögensgegenstände aus einer oder mehreren in Übereinstimmung mit Buchstabe a umschriebenen Straftaten oder aus der Teilnahme an einer oder mehreren dieser Straftaten stammen;
c) vorbehaltlich ihrer Verfassungsgrundsätze und der Grundzüge ihrer Rechtsordnung
 i) den Erwerb, den Besitz oder die Verwendung von Vermögensgegenständen, wenn der Betreffende bei Erhalt weiß, daß diese Vermögensgegenstände aus einer oder mehreren in Übereinstimmung mit Buchstabe a umschriebenen Straftaten oder aus der Teilnahme an einer oder mehreren dieser Straftaten stammen;
 ii) den Besitz von Gerät, Material oder in Tabelle I und Tabelle II aufgeführten Stoffen in der Kenntnis, daß dieses Gerät, dieses Material oder diese Stoffe bei dem unerlaubten Anbau oder der unerlaubten Gewinnung oder Herstellung von Suchtstoffen oder psychotropen Stoffen oder für diese Zwecke verwendet werden oder verwendet werden sollen;
 iii) das öffentliche Aufstacheln oder Verleiten anderer – gleichviel durch welche Mittel –, eine in Übereinstimmung mit diesem Artikel umschriebene Straftat

zu begehen oder Suchtstoffe oder psychotrope Stoffe unerlaubt zu gebrauchen;

iv) die Teilnahme an einer in Übereinstimmung mit diesem Artikel umschriebenen Straftat sowie die Vereinigung, die Verabredung, den Versuch, die Beihilfe, die Anstiftung, die Erleichterung und die Beratung in bezug auf die Begehung einer solchen Straftat.

(2) Jede Vertragspartei trifft vorbehaltlich ihrer Verfassungsgrundsätze und der Grundzüge ihrer Rechtsordnung die notwendigen Maßnahmen, um nach ihrem innerstaatlichen Recht den Besitz, den Kauf oder den Anbau von Suchtstoffen oder psychotropen Stoffen für den persönlichen Verbrauch entgegen dem Übereinkommen von 1961, dem Übereinkommen von 1961 in seiner geänderten Fassung oder dem Übereinkommen von 1971, wenn vorsätzlich begangen, als Straftat zu umschreiben.

(3) Auf Kenntnis, Vorsatz oder Zweck als Merkmal für eine in Absatz 1 genannte Straftat kann aus den objektiven tatsächlichen Umständen geschlossen werden.

(4) a) Jede Vertragspartei bedroht die Begehung der in Übereinstimmung mit Absatz 1 umschriebenen Straftaten mit Sanktionen, die der Schwere dieser Straftaten Rechnung tragen, wie etwa Freiheitsstrafe oder andere Formen des Freiheitsentzugs, Geldsanktionen und Einziehung.

b) Die Vertragsparteien können vorsehen, daß sich der Täter neben der Verurteilung oder Bestrafung wegen einer in Übereinstimmung mit Absatz 1 umschriebenen Straftat Maßnahmen wie zur Behandlung, Aufklärung und Erziehung, Nachsorge, Rehabilitation oder sozialen Wiedereingliederung unterziehen muß.

c) Ungeachtet der Buchstaben a und b können die Vertragsparteien im Fall weniger schwerer Straftaten anstelle der Verurteilung oder Bestrafung Maßnahmen wie zur Aufklärung und Erziehung, Rehabilitation oder sozialen Wiedereingliederung sowie in Fällen des Betäubungsmittelmißbrauchs zur Behandlung und Nachsorge vorsehen.

d) Die Vertragsparteien können anstelle oder zusätzlich zu der Verurteilung oder Bestrafung wegen einer in Übereinstimmung mit Absatz 2 umschriebenen Straftat Maßnahmen zur Behandlung, Aufklärung und Erziehung, Nachsorge, Rehabilitation oder sozialen Wiedereingliederung des Täters vorsehen.

(5) Die Vertragsparteien sorgen dafür, daß ihre Gerichte und anderen entsprechend zuständigen Behörden tatsächliche Umstände in Betracht ziehen können, welche die Begehung der in Übereinstimmung mit Absatz 1 umschriebenen Straftaten besonders schwerwiegend machen, wie etwa

a) die Mitwirkung einer organisierten kriminellen Gruppe, welcher der Täter angehört, an der Straftat;
b) die Mitwirkung des Täters an anderen internationalen organisierten kriminellen Tätigkeiten;
c) die Mitwirkung des Täters an anderen rechtswidrigen Tätigkeiten, die durch die Begehung der Straftat erleichtert werden;
d) die Anwendung von Gewalt oder der Gebrauch von Waffen durch den Täter;
e) den Umstand, daß der Täter ein öffentliches Amt bekleidet und die Straftat mit diesem Amt im Zusammenhang steht;
f) den Umstand, daß Minderjährige in Mitleidenschaft gezogen oder benutzt werden;
g) den Umstand, daß die Straftat in einer Strafvollzugsanstalt, einer Einrichtung des Bildungs- oder Sozialwesens oder in deren unmittelbarer Nähe oder an anderen Orten begangen wird, wo sich Schüler oder Studenten zum Zweck der Bildung, des Sports oder zu gesellschaftlichen Tätigkeiten aufhalten;
h) frühere Verurteilungen im In- oder Ausland, insbesondere wegen gleichartiger Straftaten, soweit dies nach dem innerstaatlichen Recht einer Vertragspartei zulässig ist.

(6) Die Vertragsparteien sind bestrebt sicherzustellen, daß eine nach ihrem innerstaatlichen Recht bestehende Ermessensfreiheit hinsichtlich der Strafverfolgung von Personen wegen in Übereinstimmung mit diesem Artikel umschriebener Straftaten so ausgeübt wird, daß die Maßnahmen der Strafrechtspflege in bezug auf diese Straftaten größtmögliche Wirksamkeit erlangen, wobei der Notwendigkeit der Abschreckung von diesen Straftaten gebührend Rechnung zu tragen ist.

(7) Die Vertragsparteien stellen sicher, daß ihre Gerichte oder anderen entsprechend zuständigen Behörden die Schwere der in Absatz 1 aufgeführten Straftaten sowie die in Absatz 5 aufgeführten Umstände berücksichtigen, wenn sie die Möglichkeit der vorzeitigen oder bedingten Entlassung von Personen, die wegen solcher Straftaten verurteilt sind, in Erwägung ziehen.

(8) Jede Vertragspartei bestimmt, wenn sie dies für angemessen hält, in ihrem innerstaatlichen Recht eine lange Verjährungsfrist für die Einleitung von Verfahren wegen einer in Übereinstimmung mit Absatz 1 umschriebenen Straftat und eine noch längere Frist für den Fall, daß der Verdächtige sich der Rechtspflege entzogen hat.

(9) Jede Vertragspartei trifft im Einklang mit ihrer Rechtsordnung geeignete Maßnahmen, um sicherzustellen, daß eine Person, die einer in Übereinstimmung mit Absatz 1 umschriebenen Straftat beschuldigt wird oder wegen einer solchen Straftat verurteilt worden ist und die in ihrem Hoheitsgebiet ermittelt wird, bei dem durchzuführenden Strafverfahren anwesend ist.

(10) Für die Zwecke der Zusammenarbeit zwischen den Vertragsparteien aufgrund dieses Übereinkommens, insbesondere der Zusammenarbeit aufgrund der Artikel 5, 6, 7 und 9, sind die in Übereinstimmung mit diesem Artikel umschriebenen Straftaten, vorbehaltlich der Verfassungsordnung und der grundlegenden innerstaatlichen Rechtsvorschriften der Vertragsparteien, nicht als fiskalische oder politische Straftaten oder auf politischen Beweggründen beruhende Straftaten anzusehen.

(11) Dieser Artikel berührt nicht den Grundsatz, daß die Beschreibung der Straftaten, auf die er sich bezieht, und der diesbezüglichen Gründe, die eine Bestrafung ausschließen, dem innerstaatlichen Recht einer Vertragspartei vorbehalten ist und daß solche Straftaten nach ihrem Recht verfolgt und bestraft werden.

Artikel 4. Gerichtsbarkeit. (1) Jede Vertragspartei
a) trifft die notwendigen Maßnahmen, um ihre Gerichtsbarkeit über die in Übereinstimmung mit Artikel 3 Absatz 1 umschriebenen Straftaten zu begründen,
   i) wenn die Straftat in ihrem Hoheitsgebiet begangen worden ist;
   ii) wenn die Straftat an Bord eines Schiffes, das zur Tatzeit ihre Flagge führt, oder eines Luftfahrzeugs, das zur Tatzeit nach ihrem Recht eingetragen ist, begangen worden ist;
b) kann die notwendigen Maßnahmen treffen, um ihre Gerichtsbarkeit über die in Übereinstimmung mit Artikel 3 Absatz 1 umschriebenen Straftaten zu begründen,
   i) wenn die Straftat von einem ihrer Staatsangehörigen oder von einer Person, die ihren gewöhnlichen Aufenthalt in ihrem Hoheitsgebiet hat, begangen worden ist;
   ii) wenn die Straftat an Bord eines Schiffes begangen worden ist, bezüglich dessen diese Vertragspartei nach Artikel 17 ermächtigt worden ist, geeignete Maßnahmen zu treffen; diese Gerichtsbarkeit wird jedoch nur aufgrund der nach Artikel 17 Absätze 4 und 9 genannten Abkommen oder sonstigen Vereinbarungen ausgeübt;
   iii) wenn die Straftat zu den in Übereinstimmung mit Artikel 3 Absatz 1 Buchstabe c Ziffer iv umschriebenen Straftaten gehört und außerhalb ihres Hoheitsgebiets in der Absicht begangen wird, eine in Übereinstimmung mit

Artikel 3 Absatz 1 umschriebene Straftat innerhalb ihres Hoheitsgebiets zu begehen.

(2) Jede Vertragspartei
a) trifft ferner die notwendigen Maßnahmen, um ihre Gerichtsbarkeit über die in Übereinstimmung mit Artikel 3 Absatz 1 umschriebenen Straftaten zu begründen, wenn der Verdächtige sich in ihrem Hoheitsgebiet befindet und sie ihn nicht an eine andere Vertragspartei ausliefert, weil
   i) die Straftat in ihrem Hoheitsgebiet oder an Bord eines Schiffes, das zur Tatzeit ihre Flagge führt, oder eines Luftfahrzeugs, das zur Tatzeit nach ihrem Recht eingetragen ist, begangen worden ist oder
   ii) die Straftat von einem ihrer Staatsangehörigen begangen worden ist;
b) kann ferner die notwendigen Maßnahmen treffen, um ihre Gerichtsbarkeit über die in Übereinstimmung mit Artikel 3 Absatz 1 umschriebenen Straftaten zu begründen, wenn der Verdächtige sich in ihrem Hoheitsgebiet befindet und sie ihn nicht an eine andere Vertragspartei ausliefert.

(3) Dieses Übereinkommen schließt die Ausübung einer Strafgerichtsbarkeit, die von einer Vertragspartei nach innerstaatlichem Recht begründet ist, nicht aus.

Artikel 5. Einziehung. (1) Jede Vertragspartei trifft die gegebenenfalls notwendigen Maßnahmen, um die Einziehung
a) der aus den in Übereinstimmung mit Artikel 3 Absatz 1 umschriebenen Straftaten stammenden Erträge oder von Vermögensgegenständen, deren Wert demjenigen solcher Erträge entspricht,
b) von Suchtstoffen und psychotropen Stoffen, Material und Gerät oder anderen Tatwerkzeugen, die zur Begehung der in Übereinstimmung mit Artikel 3 Absatz 1 umschriebenen Straftaten verwendet wurden oder bestimmt waren,
zu ermöglichen.

(2) Jede Vertragspartei trifft auch die gegebenenfalls notwendigen Maßnahmen, um es ihren zuständigen Behörden zu ermöglichen, die in Absatz 1 genannten Erträge, Vermögensgegenstände, Tatwerkzeuge oder anderen Sachen zu ermitteln, einzufrieren oder zu beschlagnahmen, damit sie gegebenenfalls eingezogen werden können.

(3) Um die in diesem Artikel genannten Maßnahmen durchzuführen, erteilt jede Vertragspartei ihren Gerichten oder anderen zuständigen Behörden die Befugnis anzuordnen, daß Bank-, Finanz- oder Geschäftsunterlagen zur Verfügung gestellt oder beschlagnahmt werden. Eine Vertragspartei darf es nicht unter Berufung auf das Bankgeheimnis ablehnen, diesen Bestimmungen Geltung zu verschaffen.

(4) a) Aufgrund eines Ersuchens, das nach diesem Artikel von einer anderen Vertragspartei gestellt wird, die über eine in Übereinstimmung mit Artikel 3 Absatz 1 umschriebene Straftat Gerichtsbarkeit hat, wird die Vertragspartei, in deren Hoheitsgebiet sich die in Absatz 1 genannten Erträge, Vermögensgegenstände, Tatwerkzeuge oder anderen Sachen befinden,
i) das Ersuchen an ihre zuständigen Behörden weiterleiten, um eine Einziehungsentscheidung zu erwirken und diese Entscheidung, falls sie erlassen wird, auszuführen oder
ii) eine von der ersuchenden Vertragspartei nach Absatz 1 erlassene Einziehungsentscheidung an ihre zuständigen Behörden weiterleiten, damit diese Entscheidung im Rahmen des Ersuchens ausgeführt wird, soweit sie sich auf die in Absatz 1 genannten Erträge, Vermögensgegenstände, Tatwerkzeuge oder anderen Sachen bezieht, die sich im Hoheitsgebiet der ersuchten Vertragspartei befinden.
b) Aufgrund eines Ersuchens, das nach diesem Artikel von einer anderen Vertragspartei gestellt wird, die über eine in Übereinstimmung mit Artikel 3 Absatz 1 umschriebene Straftat Gerichtsbarkeit hat, trifft die ersuchte Vertragspartei Maß-

nahmen, um die in Absatz 1 genannten Erträge, Vermögensgegenstände, Tatwerkzeuge oder anderen Sachen zu ermitteln, einzufrieren oder zu beschlagnahmen, damit sie entweder aufgrund einer Entscheidung der ersuchenden Vertragspartei oder – im Fall eines nach Buchstabe a gestellten Ersuchens – aufgrund einer Entscheidung der ersuchten Vertragspartei gegebenenfalls eingezogen werden können.

c) Die unter den Buchstaben a und b vorgesehenen Entscheidungen oder Maßnahmen werden von der ersuchten Vertragspartei nach Maßgabe und vorbehaltlich ihres innerstaatlichen Rechts und ihrer Verfahrensregeln oder der zwei- oder mehrseitigen Verträge, Abkommen oder sonstigen Vereinbarungen getroffen, an die sie gegebenenfalls in bezug auf die ersuchende Vertragspartei gebunden ist.

d) Artikel 7 Absätze 6 bis 19 wird sinngemäß angewendet. Neben den in Artikel 7 Absatz 10 aufgeführten Angaben enthalten die nach diesem Artikel gestellten Ersuchen folgendes:
i) im Fall eines Ersuchens nach Buchstabe a Ziffer i eine Beschreibung der einzuziehenden Vermögensgegenstände und eine Sachverhaltsdarstellung der ersuchenden Vertragspartei, die ausreicht, um es der ersuchten Vertragspartei zu ermöglichen, nach ihrem innerstaatlichen Recht um eine Entscheidung nachzusuchen;
ii) im Fall eines Ersuchens nach Buchstabe a Ziffer ii eine rechtlich verwertbare Abschrift einer von der ersuchenden Vertragspartei erlassenen Einziehungsentscheidung, auf die sich das Ersuchen stützt, eine Sachverhaltsdarstellung und Angaben über den Umfang, in dem um die Vollstreckung der Entscheidung ersucht wird;
iii) im Fall eines Ersuchens nach Buchstabe b eine Sachverhaltsdarstellung der ersuchenden Vertragspartei und eine Beschreibung der Maßnahmen, um die ersucht wird.

e) Jede Vertragspartei übermittelt dem Generalsekretär den Wortlaut ihrer Gesetze und sonstigen Vorschriften zur Durchführung dieser Bestimmungen sowie den Wortlaut jeder späteren Änderung dieser Gesetze und sonstigen Vorschriften.

f) Macht eine Vertragspartei die unter den Buchstaben a und b genannten Maßnahmen vom Bestehen eines einschlägigen Vertrags abhängig, so sieht sie dieses Übereinkommen als notwendige und ausreichende Vertragsgrundlage an.

g) Die Vertragsparteien bemühen sich, zwei- oder mehrseitige Verträge, Abkommen oder sonstige Vereinbarungen zu schließen, um die Wirksamkeit der internationalen Zusammenarbeit aufgrund dieses Artikels zu erhöhen.

(5) a) Über die von einer Vertragspartei nach Absatz 1 oder 4 eingezogenen Erträge oder Vermögensgegenstände verfügt diese Vertragspartei nach ihrem innerstaatlichen Recht und Verfahren.

b) Wird eine Vertragspartei auf Ersuchen einer anderen Vertragspartei nach diesem Artikel tätig, so kann sie insbesondere in Erwägung ziehen, Übereinkünfte über folgendes zu schließen:
i) die Übertragung des Wertes solcher Erträge oder Vermögensgegenstände oder der aus dem Verkauf solcher Erträge oder Vermögensgegenstände stammenden Geldmittel oder eines wesentlichen Teiles davon auf zwischenstaatliche Organe, die sich besonders mit dem Kampf gegen den unerlaubten Verkehr mit Suchtstoffen und psychotropen Stoffen und gegen den Mißbrauch solcher Stoffe befassen;
ii) die regelmäßige oder von Fall zu Fall beschlossene Aufteilung solcher Erträge oder Vermögensgegenstände oder der aus dem Verkauf solcher Erträge oder Vermögensgegenstände stammenden Geldmittel mit anderen Vertragsparteien in Übereinstimmung mit ihrem innerstaatlichen Recht und Verfahren oder den zu diesem Zweck geschlossenen zwei- oder mehrseitigen Übereinkünften.

(6) a) Sind die Erträge in andere Vermögensgegenstände umgeformt oder umgewandelt worden, so unterliegen anstelle der Erträge diese Vermögensgegenstände den in diesem Artikel genannten Maßnahmen.

b) Sind Erträge mit aus rechtmäßigen Quellen erworbenen Vermögensgegenständen vermischt worden, so können diese Vermögensgegenstände unbeschadet der Befugnisse in bezug auf Beschlagnahme oder Einfrieren bis zur Höhe des Schätzwerts der Erträge, die vermischt worden sind, eingezogen werden.

c) Einkommen oder andere Gewinne, die aus
i) Erträgen,
ii) Vermögensgegenständen, in welche Erträge umgeformt oder umgewandelt worden sind, oder
iii) Vermögensgegenständen, mit denen Erträge vermischt worden sind,

stammen, können den in diesem Artikel genannten Maßnahmen in der gleichen Weise und im gleichen Umfang wie die Erträge unterworfen werden.

(7) Jede Vertragspartei kann in Erwägung ziehen, die Umkehr der Beweislast im Hinblick auf den rechtmäßigen Ursprung mutmaßlicher Erträge oder anderer einziehbarer Vermögensgegenstände vorzuschreiben, soweit eine solche Maßnahme mit den Grundsätzen ihres innerstaatlichen Rechts und der Art der Gerichts- und anderen Verfahren vereinbar ist.

(8) Dieser Artikel darf nicht so ausgelegt werden, als stehe er den Rechten gutgläubiger Dritter entgegen.

(9) Dieser Artikel läßt den Grundsatz unberührt, daß die darin bezeichneten Maßnahmen in Übereinstimmung mit dem innerstaatlichen Recht einer Vertragspartei und vorbehaltlich dieses Rechts festgelegt und durchgeführt werden.

Artikel 6. Auslieferung. (1) Dieser Artikel findet auf die von den Vertragsparteien in Übereinstimmung mit Artikel 3 Absatz 1 umschriebenen Straftaten Anwendung.

(2) Jede Straftat, auf die dieser Artikel Anwendung findet, gilt als in jeden zwischen Vertragsparteien bestehenden Auslieferungsvertrag einbezogene, der Auslieferung unterliegende Straftat. Die Vertragsparteien verpflichten sich, diese Straftaten als der Auslieferung unterliegende Straftaten in jeden zwischen ihnen zu schließenden Auslieferungsvertrag aufzunehmen.

(3) Erhält eine Vertragspartei, welche die Auslieferung vom Bestehen eines Vertrags abhängig macht, ein Auslieferungsersuchen von einer anderen Vertragspartei, mit der sie keinen Auslieferungsvertrag hat, so kann sie dieses Übereinkommen als Rechtsgrundlage für die Auslieferung in bezug auf die Straftaten ansehen, auf die dieser Artikel Anwendung findet. Vertragsparteien, die spezielle gesetzgeberische Maßnahmen benötigen, um dieses Übereinkommen als Rechtsgrundlage für die Auslieferung zu benutzen, erwägen gegebenenfalls den Erlaß entsprechender Rechtsvorschriften.

(4) Vertragsparteien, welche die Auslieferung nicht vom Bestehen eines Vertrags abhängig machen, erkennen unter sich die Straftaten, auf die dieser Artikel Anwendung findet, als der Auslieferung unterliegende Straftaten an.

(5) Die Auslieferung unterliegt den im Recht der ersuchten Vertragspartei oder in den geltenden Auslieferungsverträgen vorgesehenen Bedingungen, einschließlich der Gründe, aus denen die ersuchte Vertragspartei die Auslieferung ablehnen kann.

(6) Bei der Prüfung von Ersuchen, die nach diesem Artikel eingehen, kann die ersuchte Vertragspartei es ablehnen, einem derartigen Ersuchen stattzugeben, wenn ihre Gerichte oder anderen zuständigen Behörden ernstliche Gründe für die Annahme haben, daß die Bewilligung des Ersuchens die Verfolgung oder Bestrafung einer Person wegen ihrer Rasse, ihrer Religion, ihrer Staatsangehörigkeit oder ihrer politischen Anschauungen erleichtern würde oder daß die Lage einer von dem Ersuchen betroffenen Person aus einem dieser Gründe erschwert werden könnte.

(7) Die Vertragsparteien bemühen sich, Auslieferungsverfahren zu beschleunigen und die diesbezüglichen Beweiserfordernisse für Straftaten zu vereinfachen, auf die dieser Artikel Anwendung findet.

(8) Vorbehaltlich ihres innerstaatlichen Rechts und ihrer Auslieferungsverträge kann die ersuchte Vertragspartei, wenn sie festgestellt hat, daß die Umstände dies rechtfertigen und Eile geboten ist, auf Verlangen der ersuchenden Vertragspartei eine Person, um deren Auslieferung ersucht wird und die sich in ihrem Hoheitsgebiet befindet, in Haft nehmen oder andere geeignete Maßnahmen treffen, um deren Anwesenheit bei dem Auslieferungsverfahren sicherzustellen.

(9) Unbeschadet der Ausübung einer nach ihrem innerstaatlichen Recht begründeten Gerichtsbarkeit muß die Vertragspartei, in deren Hoheitsgebiet ein Verdächtiger angetroffen wird, folgende Maßnahmen treffen:
a) wenn sie ihn wegen einer in Übereinstimmung mit Artikel 3 Absatz 1 umschriebenen Straftat aus den in Artikel 4 Absatz 2 Buchstabe a dargelegten Gründen nicht ausliefert, unterbreitet sie den Fall ihren zuständigen Behörden zum Zweck der Strafverfolgung, sofern mit der ersuchenden Vertragspartei nichts anderes vereinbart ist;
b) wenn sie ihn wegen einer solchen Straftat nicht ausliefert und ihre Gerichtsbarkeit über diese Straftat nach Artikel 4 Absatz 2 Buchstabe b begründet hat, unterbreitet sie den Fall ihren zuständigen Behörden zum Zweck der Strafverfolgung, sofern nicht die ersuchende Vertragspartei zur Wahrung ihrer rechtmäßigen Gerichtsbarkeit ein gegenteiliges Ersuchen stellt.

(10) Wird die Auslieferung, um die zur Vollstreckung einer Strafe ersucht wird, mit der Begründung abgelehnt, daß der Verfolgte Staatsangehöriger der ersuchten Vertragspartei ist, so erwägt diese, sofern ihr Recht dies zuläßt, und im Einklang mit diesem auf Verlangen der ersuchenden Vertragspartei die nach deren Rechtsvorschriften verhängte Strafe oder Reststrafe selbst zu vollstrecken.

(11) Die Vertragsparteien sind bestrebt, zwei- oder mehrseitige Übereinkünfte zu schließen, um die Auslieferung zu ermöglichen oder ihre Wirksamkeit zu erhöhen.

(12) Die Vertragsparteien können erwägen, von Fall zu Fall oder allgemein zwei- oder mehrseitige Übereinkünfte zu schließen, aufgrund deren Personen, die wegen Straftaten, auf die dieser Artikel Anwendung findet, zu einer Freiheitsstrafe oder sonstigen Formen des Freiheitsentzugs verurteilt sind, an ihr Land überstellt werden, um dort ihre Reststrafe verbüßen zu können.

Artikel 7. Rechtshilfe. (1) Die Vertragsparteien leisten einander in Übereinstimmung mit diesem Artikel soweit wie möglich Rechtshilfe bei Ermittlungen, Strafverfolgungen und Gerichtsverfahren im Zusammenhang mit den in Übereinstimmung mit Artikel 3 Absatz 1 umschriebenen Straftaten.

(2) Um die nach diesem Artikel zu leistende Rechtshilfe kann zu folgenden Zwecken ersucht werden:
a) Abnahme von Zeugenaussagen oder anderen Erklärungen;
b) Zustellung gerichtlicher Schriftstücke;
c) Durchsuchung und Beschlagnahme;
d) Untersuchung von Gegenständen und Inaugenscheinnahme von Örtlichkeiten;
e) Überlassung von Informationen und Beweismitteln;
f) Überlassung von Originalen oder beglaubigten Abschriften einschlägiger Schriftstücke und Akten, einschließlich Bank-, Finanz-, Firmen- und Geschäftsunterlagen;
g) Ermittlung oder Weiterverfolgung von Erträgen, Vermögensgegenständen, Tatwerkzeugen oder anderen Sachen zu Beweiszwecken.

(3) Die Vertragsparteien können einander jede andere nach dem innerstaatlichen Recht der ersuchten Vertragspartei zulässige Form der Rechtshilfe gewähren.

(4) Auf Ersuchen erleichtern oder fördern die Vertragsparteien, soweit dies mit ihrem innerstaatlichen Recht und ihrer Praxis vereinbar ist, die Anwesenheit oder Verfügbarkeit von Personen, einschließlich Häftlingen, die bereit sind, bei Ermittlungen mitzuwirken oder an Verfahren teilzunehmen.

(5) Eine Vertragspartei darf die Rechtshilfe nach diesem Artikel nicht unter Berufung auf das Bankgeheimnis verweigern.

(6) Dieser Artikel berührt nicht die Verpflichtungen aus einem anderen zwei- oder mehrseitigen Vertrag, der die Rechtshilfe in Strafsachen ganz oder teilweise regelt oder regeln wird.

(7) Die Absätze 8 bis 19 gelten für Ersuchen, die aufgrund dieses Artikels gestellt werden, wenn die betreffenden Vertragsparteien nicht durch einen Vertrag über Rechtshilfe gebunden sind. Sind diese Vertragsparteien durch einen solchen Vertrag gebunden, so gelten die entsprechenden Bestimmungen des Vertrags, sofern die Vertragsparteien nicht vereinbaren, stattdessen die Absätze 8 bis 19 anzuwenden.

(8) Die Vertragsparteien bestimmen eine oder gegebenenfalls mehrere Behörden, die verantwortlich und befugt sind, Rechtshilfeersuchen zu erledigen oder den zuständigen Behörden zur Erledigung zu übermitteln. Die zu diesem Zweck bestimmten Behörden werden dem Generalsekretär notifiziert. Die Übermittlung von Rechtshilfeersuchen und diesbezüglichen Mitteilungen erfolgt zwischen den von den Vertragsparteien bestimmten Behörden; diese Vorschrift läßt das Recht einer Vertragspartei unberührt, zu verlangen, daß solche Ersuchen und Mitteilungen auf diplomatischem Weg und in dringenden Fällen, wenn die Vertragsparteien dies vereinbaren, soweit es möglich ist, über die Internationale Kriminalpolizeiliche Organisation (Interpol) an sie gerichtet werden.

(9) Ersuchen werden schriftlich in einer für die ersuchte Vertragspartei annehmbaren Sprache gefertigt. Die für jede Vertragspartei annehmbare Sprache oder annehmbaren Sprachen werden dem Generalsekretär notifiziert. In dringenden Fällen und wenn die Vertragsparteien dies vereinbaren, können Ersuchen mündlich gestellt werden; sie müssen jedoch umgehend schriftlich bestätigt werden.

(10) Ein Rechtshilfeersuchen enthält folgende Angaben:
a) die Bezeichnung der Behörde, von der das Ersuchen ausgeht;
b) Gegenstand und Art der Ermittlung, der Strafverfolgung oder des Gerichtsverfahrens, auf die sich das Ersuchen bezieht, sowie Namen und Aufgaben der Behörde, welche die Ermittlung, die Strafverfolgung oder das Verfahren durchführt;
c) eine zusammenfassende Sachverhaltsdarstellung, außer bei Ersuchen um Zustellung gerichtlicher Schriftstücke;
d) eine Beschreibung der erbetenen Rechtshilfe und Einzelheiten über bestimmte Verfahren, die auf Wunsch der ersuchenden Vertragspartei angewendet werden sollen;
e) soweit möglich, Identität, Aufenthaltsort und Staatsangehörigkeit jeder betroffenen Person;
f) den Zweck, zu dem die Beweismittel, Informationen oder Maßnahmen erbeten werden.

(11) Die ersuchte Vertragspartei kann ergänzende Angaben anfordern, wenn dies für die Erledigung des Ersuchens nach ihrem innerstaatlichen Recht notwendig erscheint oder die Erledigung erleichtern kann.

(12) Ein Ersuchen wird nach dem innerstaatlichen Recht der ersuchten Vertragspartei und, soweit dieses Recht dem nicht entgegensteht, nach Möglichkeit entsprechend den im Ersuchen bezeichneten Verfahren erledigt.

(13) Die ersuchende Vertragspartei übermittelt oder verwendet von der ersuchten Vertragspartei erhaltene Informationen oder Beweismittel nicht ohne vorherige Zustimmung der ersuchten Vertragspartei für andere als in dem Ersuchen bezeichnete Ermittlungen, Strafverfolgungen oder Gerichtsverfahren.

(14) Die ersuchende Vertragspartei kann verlangen, daß die ersuchte Vertragspartei das Ersuchen und seinen Inhalt vertraulich behandelt, soweit die Erledigung des Ersuchens nichts anderes gebietet. Kann die ersuchte Vertragspartei der verlangten Vertraulichkeit nicht entsprechen, so setzt sie die ersuchende Vertragspartei umgehend davon in Kenntnis.

(15) Die Rechtshilfe kann verweigert werden,
a) wenn das Ersuchen nicht in Übereinstimmung mit diesem Artikel gestellt wird;
b) wenn die ersuchte Vertragspartei der Ansicht ist, daß die Erledigung des Ersuchens geeignet ist, ihre Souveränität, ihre Sicherheit, die öffentliche Ordnung (ordre public) oder andere wesentliche Interessen zu beeinträchtigen;
c) wenn es den Behörden der ersuchten Vertragspartei nach ihrem innerstaatlichen Recht untersagt wäre, die Maßnahme, um die ersucht wurde, in bezug auf eine vergleichbare Straftat zu ergreifen, die Gegenstand von Ermittlungen, Strafverfolgungen oder Gerichtsverfahren unter ihrer eigenen Gerichtsbarkeit wäre;
d) wenn das Rechtshilferecht der ersuchten Vertragspartei es nicht zuließe, dem Ersuchen stattzugeben.

(16) Die Verweigerung der Rechtshilfe ist zu begründen.

(17) Die Rechtshilfe kann von der ersuchten Vertragspartei mit der Begründung aufgeschoben werden, daß sie laufende Ermittlungen, Strafverfolgungen oder Gerichtsverfahren beeinträchtigt. In diesem Fall konsultiert die ersuchte Vertragspartei die ersuchende Vertragspartei, um festzustellen, ob die Rechtshilfe unter den von der ersuchten Vertragspartei als notwendig erachteten Bedingungen noch geleistet werden kann.

(18) Ein Zeuge, ein Sachverständiger oder ein anderer, der bereit ist, im Hoheitsgebiet der ersuchenden Vertragspartei in einem Verfahren auszusagen oder bei Ermittlungen, Strafverfolgungsmaßnahmen oder Gerichtsverfahren mitzuwirken, darf wegen Handlungen, Unterlassungen oder Verurteilungen aus der Zeit vor seiner Abreise aus dem Hoheitsgebiet der ersuchten Vertragspartei weder verfolgt noch in Haft gehalten, bestraft oder einer sonstigen Beschränkung seiner persönlichen Freiheit unterworfen werden. Dieses freie Geleit endet, wenn der Zeuge, der Sachverständige oder der andere während fünfzehn aufeinanderfolgender Tage oder während einer anderen von den Vertragsparteien vereinbarten Zeitspanne, nachdem ihm amtlich mitgeteilt wurde, daß seine Anwesenheit von den Justizbehörden nicht länger verlangt wird, die Möglichkeit gehabt hat, das Hoheitsgebiet der ersuchenden Vertragspartei zu verlassen, und trotzdem freiwillig dort bleibt oder wenn er nach Verlassen dieses Gebiets freiwillig dorthin zurückgekehrt ist.

(19) Die ersuchte Vertragspartei trägt die gewöhnlichen Kosten der Erledigung eines Ersuchens, sofern die Vertragsparteien nichts anderes vereinbaren. Sind oder werden bei der Erledigung eines Ersuchens erhebliche oder außergewöhnliche Aufwendungen erforderlich, so konsultieren die Vertragsparteien einander, um festzustellen, unter welchen Bedingungen das Ersuchen erledigt werden kann und auf welche Weise die Kosten getragen werden.

(20) Die Vertragsparteien prüfen gegebenenfalls die Möglichkeit des Abschlusses zwei- oder mehrseitiger Abkommen oder sonstiger Vereinbarungen, die den Zwecken dieses Artikels dienen, ihn praktisch wirksam machen oder seine Bestimmungen verstärken.

Artikel 8. Übertragung von Verfahren zur Strafverfolgung. Die Vertragsparteien prüfen die Möglichkeit, einander Verfahren zur Strafverfolgung wegen der in Übereinstimmung mit Artikel 3 Absatz 1 umschriebenen Straftaten in den Fällen zu übertragen, in denen die Übertragung dem Interesse einer geordneten Rechtspflege dienlich erscheint.

Artikel 9. Andere Formen der Zusammenarbeit und Ausbildung. (1) Die Vertragsparteien arbeiten im Einklang mit ihrer jeweiligen innerstaatlichen Rechts- und Verwaltungsordnung eng zusammen mit dem Ziel, die Wirksamkeit der Maßnahmen der Strafrechtspflege zur Bekämpfung der in Übereinstimmung mit Artikel 3 Absatz 1 umschriebenen Straftaten zu verstärken. Auf der Grundlage zwei- oder mehrseitiger Abkommen oder sonstiger Vereinbarungen werden sie insbesondere
a) Nachrichtenverbindungen zwischen ihren zuständigen Stellen und Ämtern einrichten und unterhalten, um den sicheren und raschen Informationsaustausch über alle Erscheinungsformen der in Übereinstimmung mit Artikel 3 Absatz 1 umschriebenen Straftaten einschließlich – wenn die betreffenden Vertragsparteien dies für zweckmäßig erachten – der Verbindung zu anderen Straftaten zu erleichtern;
b) bei folgenden Ermittlungen in bezug auf die in Übereinstimmung mit Artikel 3 Absatz 1 umschriebenen Straftaten internationaler Art zusammenarbeiten:
   i) Identität, Aufenthaltsort und Tätigkeit von Personen, die der Mitwirkung an den in Übereinstimmung mit Artikel 3 Absatz 1 umschriebenen Straftaten verdächtig sind;
   ii) Bewegung der aus der Begehung solcher Straftaten stammenden Erträge oder Vermögensgegenstände;
   iii) Bewegung von Suchtstoffen, psychotropen Stoffen, Stoffen der Tabelle I und Tabelle II dieses Übereinkommens und der bei der Begehung dieser Straftaten verwendeten oder dazu bestimmten Tatwerkzeuge;
c) in geeigneten Fällen und sofern innerstaatliches Recht dem nicht entgegensteht, gemeinsame Arbeitsgruppen zur Durchführung der Bestimmungen dieses Absatzes bilden, wobei sie die Notwendigkeit berücksichtigen, die Sicherheit von Personen und Unternehmungen zu schützen. Amtlich beauftragte Personen einer Vertragspartei, die an solchen Arbeitsgruppen teilnehmen, handeln mit Ermächtigung der zuständigen Behörden der Vertragspartei, in deren Hoheitsgebiet die Unternehmung stattfinden soll; in all diesen Fällen achten die beteiligten Vertragsparteien darauf, daß die Souveränität der Vertragspartei, in deren Hoheitsgebiet die Unternehmung stattfinden soll, vollständig gewahrt bleibt;
d) gegebenenfalls die erforderlichen Mengen an Stoffen zu Analyse- oder Ermittlungszwecken zur Verfügung stellen;
e) die wirksame Koordinierung zwischen ihren zuständigen Stellen und Ämtern erleichtern und den Austausch von Personal und Sachverständigen, einschließlich des Einsatzes von Verbindungsbeamten, fördern.

(2) Jede Vertragspartei entwickelt oder verbessert, soweit erforderlich, besondere Ausbildungsprogramme für ihr Rechtspflege- und sonstiges Personal, das mit der Bekämpfung der in Übereinstimmung mit Artikel 3 Absatz 1 umschriebenen Straftaten betraut ist, einschließlich des Zollpersonals. Diese Programme befassen sich insbesondere mit folgendem:
a) Methoden zur Aufdeckung und Bekämpfung der in Übereinstimmung mit Artikel 3 Absatz 1 umschriebenen Straftaten;
b) benutzte Wege und Techniken der Personen, die der Mitwirkung an den in Übereinstimmung mit Artikel 3 Absatz 1 umschriebenen Straftaten verdächtig sind, insbesondere in Transitstaaten, sowie geeignete Gegenmaßnahmen;
c) Überwachung der Einfuhr und Ausfuhr von Suchtstoffen, psychotropen Stoffen und in Tabelle I und Tabelle II aufgeführten Stoffen;
d) Aufdeckung und Überwachung der Bewegung von Erträgen und Vermögensgegenständen, die aus der Begehung der in Übereinstimmung mit Artikel 3 Absatz 1 umschriebenen Straftaten stammen, sowie der Suchtstoffe, der psychotropen Stoffe und der in Tabelle I und Tabelle II aufgeführten Stoffe sowie der bei der Begehung dieser Straftaten verwendeten oder dazu bestimmten Tatwerkzeuge;

e) Methoden zur Übertragung, Verheimlichung oder Verschleierung dieser Erträge, Vermögensgegenstände und Tatwerkzeuge;
f) Sammlung von Beweismitteln;
g) Methoden und Verfahren der Kontrolle in Freihandelszonen und Freihäfen;
h) moderne Methoden und Verfahren der Ermittlung und Verfolgung.

(3) Die Vertragsparteien unterstützen einander bei der Planung und Durchführung von Forschungs- und Ausbildungsprogrammen zur Vermittlung von Sachkenntnis auf den in Absatz 2 genannten Gebieten und veranstalten gegebenenfalls zu diesem Zweck regionale und internationale Konferenzen und Seminare, um die Zusammenarbeit zu fördern und die Erörterung der Probleme von gemeinsamem Interesse anzuregen, einschließlich der besonderen Probleme und Bedürfnisse der Transitstaaten.

Artikel 10. Internationale Zusammenarbeit und Hilfe für Transitstaaten.
(1) Die Vertragsparteien arbeiten unmittelbar oder über zuständige internationale oder regionale Organisationen zusammen, um Transitstaaten und insbesondere Entwicklungsländern, die der Hilfe und Unterstützung bedürfen, durch Programme fachlicher Zusammenarbeit zur Verhinderung der unerlaubten Ein- und Durchfuhr sowie bei damit zusammenhängenden Tätigkeiten, soweit möglich, Hilfe und Unterstützung zu gewähren.

(2) Die Vertragsparteien können unmittelbar oder über zuständige internationale oder regionale Organisationen solchen Transitstaaten finanzielle Hilfe leisten, um die für die wirksame Kontrolle und Verhinderung des unerlaubten Verkehrs notwendige Infrastruktur auszubauen und zu verstärken.

(3) Die Vertragsparteien können zwei- oder mehrseitige Abkommen oder sonstige Vereinbarungen schließen, um die Wirksamkeit der internationalen Zusammenarbeit nach diesem Artikel zu verstärken, und in dieser Hinsicht finanzielle Vereinbarungen in Betracht ziehen.

Artikel 11. Kontrollierte Lieferung. (1) Die Vertragsparteien treffen, sofern die Grundsätze ihrer jeweiligen innerstaatlichen Rechtsordnung es zulassen, im Rahmen ihrer Möglichkeiten die notwendigen Maßnahmen, um die angemessene Anwendung der kontrollierten Lieferung auf internationaler Ebene auf der Grundlage der von ihnen geschlossenen Abkommen oder sonstigen Vereinbarungen zu ermöglichen mit dem Ziel, Personen zu ermitteln, die an den in Übereinstimmung mit Artikel 3 Absatz 1 umschriebenen Straftaten beteiligt sind, und gerichtlich gegen sie vorzugehen.

(2) Entscheidungen über die Anwendung der kontrollierten Lieferung werden von Fall zu Fall getroffen und können, falls erforderlich, finanzielle Vereinbarungen und Absprachen im Hinblick auf die Ausübung der Gerichtsbarkeit durch die betreffenden Vertragsparteien in Betracht ziehen.

(3) Unerlaubte Sendungen, deren kontrollierte Lieferung vereinbart wird, können mit Zustimmung der betreffenden Vertragsparteien abgefangen und derart zur Weiterbeförderung freigegeben werden, daß die Suchtstoffe oder psychotropen Stoffe unangetastet bleiben, entfernt oder ganz oder teilweise ersetzt werden.

Artikel 12. Für die unerlaubte Herstellung von Suchtstoffen oder psychotropen Stoffen häufig verwendete Stoffe*. (1) Die Vertragsparteien treffen die von ihnen für zweckmäßig erachteten Maßnahmen, um zu verhindern, daß in

---

* s. LIST OF PRECURSORS AND CHEMICALS FREQUENTLY USED IN THE ILLICIT MANUFACTURE OF NARCOTIC DRUGS UND PSYCHOTROPIC SUBSTANCES UNDER INTERNATIONAL CONTROL – Red List – (http.//www.incb.org; Hügel/Junge/Lander/Winkler Nr. 5.3).

Tabelle I und Tabelle II aufgeführte Stoffe zur unerlaubten Herstellung von Suchtstoffen oder psychotropen Stoffen abgezweigt werden, und arbeiten zu diesem Zweck zusammen.

(2) Liegen einer Vertragspartei oder dem Suchtstoffamt Angaben vor, die nach ihrer Auffassung die Aufnahme eines Stoffes in Tabelle I oder Tabelle II erforderlich machen, so notifizieren sie dies dem Generalsekretär und leiten ihm alle die Notifikation erhärtenden Angaben zu. Das in den Absätzen 2 bis 7 beschriebene Verfahren findet auch Anwendung, wenn einer Vertragspartei oder dem Suchtstoffamt Angaben vorliegen, welche die Streichung eines Stoffes aus Tabelle I oder Tabelle II oder die Übertragung eines Stoffes von der einen Tabelle in die andere rechtfertigen.

(3) Der Generalsekretär übermittelt die Notifikation und alle ihm erheblich erscheinenden Angaben den Vertragsparteien, der Kommission und, wenn die Notifikation von einer Vertragspartei ausging, dem Suchtstoffamt. Die Vertragsparteien leiten dem Generalsekretär ihre Stellungnahme zu der Notifikation sowie alle ergänzenden Angaben zu, die dem Suchtstoffamt für eine Bewertung und der Kommission für die Beschlußfassung dienlich sein können.

(4) Stellt das Suchtstoffamt bei der Prüfung des Umfangs, der Bedeutung und der Vielfalt der erlaubten Verwendung des Stoffes sowie der Möglichkeit der leichten Verwendung anderer Stoffe sowohl für erlaubte Zwecke als auch für die unerlaubte Herstellung von Suchtstoffen oder psychotropen Stoffen fest,
a) daß der Stoff häufig bei der unerlaubten Herstellung eines Suchtstoffs oder eines psychotropen Stoffes verwendet wird,
b) daß Ausmaß und Umfang der unerlaubten Herstellung eines Suchtstoffs oder eines psychotropen Stoffes ernste volksgesundheitliche oder soziale Probleme aufwirft, die ein internationales Vorgehen rechtfertigen,
so leitet es der Kommission eine Bewertung des Stoffes zu, wobei es auf die zu erwartenden Auswirkungen der Aufnahme des Stoffes in Tabelle I oder Tabelle II sowohl für die erlaubte Verwendung als auch für die unerlaubte Herstellung hinweist, und gibt gegebenenfalls Empfehlungen zu Überwachungsmaßnahmen ab, die angesichts seiner Bewertung angebracht wären.

(5) Die Kommission kann unter Berücksichtigung der von den Vertragsparteien vorgelegten Stellungnahmen und der Empfehlungen des Suchtstoffamts, dessen Bewertung in wissenschaftlicher Hinsicht entscheidend ist, sowie unter gebührender Berücksichtigung aller anderen einschlägigen Umstände mit Zweidrittelmehrheit ihrer Mitglieder beschließen, einen Stoff in Tabelle I oder Tabelle II aufzunehmen.

(6) Jeden Beschluß der Kommission aufgrund dieses Artikels teilt der Generalsekretär allen Staaten und sonstigen Rechtsträgern, die Vertragsparteien dieses Übereinkommens sind oder zu werden berechtigt sind, und dem Suchtstoffamt mit. Der Beschluß tritt für jede Vertragspartei 180 Tage nach dem Datum dieser Mitteilung uneingeschränkt in Kraft.

(7) a) Die von der Kommission aufgrund dieses Artikels gefaßten Beschlüsse unterliegen der Nachprüfung durch den Rat, wenn eine Vertragspartei dies innerhalb von 180 Tagen nach dem Datum der Notifikation des Beschlusses beantragt. Der Antrag auf Nachprüfung ist zusammen mit allen ihn begründenden erheblichen Angaben beim Generalsekretär zu stellen.

b) Der Generalsekretär leitet der Kommission, dem Suchtstoffamt und allen Vertragsparteien Abschriften des Nachprüfungsantrags und die diesbezüglichen Angaben mit der Aufforderung zu, binnen 90 Tagen hierzu Stellung zu nehmen. Alle eingehenden Stellungnahmen werden dem Rat zur Prüfung vorgelegt.

c) Der Rat kann den Beschluß der Kommission bestätigen oder aufheben. Der Beschluß des Rates wird allen Staaten und sonstigen Rechtsträgern, die Vertragsparteien dieses Übereinkommens sind oder zu werden berechtigt sind, der Kommission und dem Suchtstoffamt notifiziert.

(8) a) Unbeschadet der Allgemeingültigkeit der Bestimmungen des Absatzes 1, des Übereinkommens von 1961, des Übereinkommens von 1961 in seiner geänderten Fassung und des Übereinkommens von 1971 treffen die Vertragsparteien die von ihnen als angemessen erachteten Maßnahmen, um in ihrem Hoheitsgebiet die Herstellung und Verteilung der Stoffe in Tabelle I und Tabelle II zu überwachen.

b) Zu diesem Zweck können die Vertragsparteien
i) alle Personen und Unternehmen kontrollieren, die mit der Herstellung oder Verteilung dieser Stoffe befaßt sind;
ii) im Weg der Genehmigungspflicht die Betriebe und Räumlichkeiten kontrollieren, in denen die Herstellung oder Verteilung erfolgen kann;
iii) vorschreiben, daß die Inhaber einer Genehmigung eine Erlaubnis für die Durchführung der genannten Tätigkeiten erwirken;
iv) verhindern, daß sich im Besitz von Herstellern und Verteilern Mengen dieser Stoffe ansammeln, welche für den normalen Geschäftsgang und die unter Berücksichtigung der herrschenden Marktlage benötigten Mengen übersteigen.

(9) Jede Vertragspartei trifft in bezug auf die in Tabelle I und Tabelle II aufgeführten Stoffe folgende Maßnahmen:
a) Sie errichtet und unterhält ein System zur Überwachung des internationalen Handels mit den in Tabelle I und Tabelle II aufgeführten Stoffen, um die Aufdeckung verdächtiger Geschäfte zu erleichtern. Diese Überwachungssysteme werden in enger Zusammenarbeit mit Herstellern, Importeuren, Exporteuren, Großhändlern und Einzelhändlern angewandt, welche die zuständigen Behörden über verdächtige Aufträge und Geschäfte unterrichten;
b) sie sorgt für die Beschlagnahme jedes in Tabelle I oder Tabelle II aufgeführten Stoffes, wenn ausreichende Beweise vorliegen, daß der Stoff für die Verwendung bei der unerlaubten Herstellung eines Suchtstoffs oder eines psychotropen Stoffes bestimmt ist;
c) sie unterrichtet so schnell wie möglich die zuständigen Behörden und Ämter der betroffenen Vertragsparteien, wenn Grund zu der Annahme besteht, daß die Einfuhr, Ausfuhr oder Durchfuhr eines in Tabelle I oder Tabelle II aufgeführten Stoffes für die unerlaubte Herstellung von Suchtstoffen oder psychotropen Stoffen bestimmt ist, insbesondere indem sie Angaben über die Zahlungsweise und andere wesentliche Umstände macht, die zu dieser Annahme geführt haben;
d) sie schreibt vor, daß die Einfuhren und Ausfuhren ordnungsgemäß mit Aufschriften und Unterlagen versehen sind. In den Geschäftsunterlagen wie Rechnungen, Ladeverzeichnissen, Zollunterlagen, Frachtbriefen und sonstigen Versandpapieren müssen die in Tabelle I oder Tabelle II verwendeten Bezeichnungen der eingeführten oder ausgeführten Stoffe, die eingeführte oder ausgeführte Menge sowie der Name und die Anschrift des Exporteurs, des Importeurs und, soweit bekannt, des Empfängers enthalten sein;
e) sie stellt sicher, daß die unter Buchstabe d genannten Unterlagen mindestens zwei Jahre lang aufbewahrt werden und den zuständigen Behörden zur Einsichtnahme zur Verfügung gestellt werden können.

(10) a) Zusätzlich zu den Bestimmungen des Absatzes 9 und auf ein an den Generalsekretär gerichtetes Ersuchen der interessierten Vertragspartei stellt jede Vertragspartei, aus deren Hoheitsgebiet ein in Tabelle I aufgeführter Stoff ausgeführt werden soll, sicher, daß vor der Ausfuhr von ihren zuständigen Behörden folgende Angaben an die zuständigen Behörden des Einfuhrlandes weitergegeben werden:
i) der Name und die Anschrift des Exporteurs und Importeurs und, soweit bekannt, des Empfängers;
ii) die Bezeichnung des in Tabelle I aufgeführten Stoffes;
iii) die Menge des auszuführenden Stoffes;
iv) der vermutliche Ort der Einfuhr und das voraussichtliche Versanddatum;

v) alle sonstigen Angaben, die von den Vertragsparteien untereinander vereinbart worden sind.

b) Eine Vertragspartei kann strengere oder schärfere als in diesem Absatz vorgesehene Kontrollmaßnahmen treffen, soweit dies nach ihrer Ansicht wünschenswert oder notwendig ist.

(11) Übermittelt eine Vertragspartei einer anderen Vertragspartei Angaben nach den Absätzen 9 und 10, so kann die Vertragspartei, welche die Angaben macht, von der Vertragspartei, die sie erhält, verlangen, daß sie alle Handels-, Geschäfts-, Wirtschafts- oder Berufsgeheimnisse oder Vertriebsverfahren vertraulich behandelt.

(12) Jede Vertragspartei reicht dem Suchtstoffamt jährlich in der von ihm vorgesehenen Form und Weise und auf den von ihm zur Verfügung gestellten Formblättern folgende Angaben ein:
a) die beschlagnahmte Menge der in Tabelle I und Tabelle II aufgeführten Stoffe und, soweit bekannt, ihren Ursprung;
b) jeden nicht in Tabelle I oder Tabelle II aufgeführten Stoff, von dem festgestellt wurde, daß er bei der unerlaubten Herstellung von Suchtstoffen oder psychotropen Stoffen verwendet worden ist, und den die Vertragspartei für wichtig genug hält, um ihn dem Suchtstoffamt zur Kenntnis zu bringen;
c) Methoden der Abzweigungen und der unerlaubten Herstellung.

(13) Das Suchtstoffamt berichtet der Kommission jährlich über die Durchführung dieses Artikels, und die Kommission überprüft regelmäßig, ob Tabelle I und Tabelle II ausreichend und angemessen sind.

(14) Dieser Artikel findet weder auf pharmazeutische noch auf andere Zubereitungen Anwendung, die in Tabelle I oder Tabelle II aufgeführte Stoffe enthalten und so zusammengesetzt sind, daß diese Stoffe nicht ohne weiteres verwendet oder durch leicht anwendbare Mittel zurückgewonnen werden können.

Artikel 13. Material und Gerät. Die Vertragsparteien treffen die von ihnen als angemessen erachteten Maßnahmen, um den Handel mit Material und Gerät und deren Abzweigung für die unerlaubte Gewinnung oder Herstellung von Suchtstoffen oder psychotropen Stoffen zu verhindern, und arbeiten zu diesem Zweck zusammen.

Artikel 14. Maßnahmen zur Ausmerzung des unerlaubten Anbaus von Betäubungsmittelpflanzen und zur Beseitigung der unerlaubten Nachfrage nach Suchtstoffen und psychotropen Stoffen. (1) Die von den Vertragsparteien aufgrund dieses Übereinkommens getroffenen Maßnahmen dürfen nicht weniger streng sein als die für die unerlaubten Anbaus von Pflanzen, welche Suchtstoffe und psychotrope Stoffe enthalten, und für die Beseitigung der unerlaubten Nachfrage nach Suchtstoffen und psychotropen Stoffen geltenden Bestimmungen des Übereinkommens von 1961, des Übereinkommens von 1961 in seiner geänderten Fassung und des Übereinkommens von 1971.

(2) Jede Vertragspartei trifft geeignete Maßnahmen, um in ihrem Hoheitsgebiet den unerlaubten Anbau von Pflanzen zu verhindern, die Suchtstoffe oder psychotrope Stoffe enthalten, wie etwa Opiummohn, Cocastrauch und Cannabispflanze, und um solche in ihrem Hoheitsgebiet unerlaubt angebauten Pflanzen zu vernichten. Bei diesen Maßnahmen sind die grundlegenden Menschenrechte zu achten und die traditionellen, erlaubten Verwendungen, sofern diese historisch belegt sind, sowie der Umweltschutz gebührend zu berücksichtigen.

(3) a) Die Vertragsparteien können zusammenarbeiten, um die Wirksamkeit der Maßnahmen zur Ausmerzung des unerlaubten Anbaus zu verstärken. Diese Zusammenarbeit kann unter anderem gegebenenfalls aus der Unterstützung einer integrierten ländlichen Erschließung bestehen, die zu einem wirtschaftlich rentablen Ersatz für den unerlaubten Anbau führt. Vor Durchführung solcher ländlichen Er-

schließungsprogramme sollen Faktoren wie Marktzugang, Verfügbarkeit von Ressourcen und die herrschenden sozio-ökonomischen Verhältnisse berücksichtigt werden. Die Vertragsparteien können andere geeignete Maßnahmen der Zusammenarbeit vereinbaren.

b) Die Vertragsparteien erleichtern auch den Austausch wissenschaftlicher und technischer Informationen sowie die Durchführung von Forschungsarbeiten über die Ausmerzung des unerlaubten Anbaus.

c) Haben Vertragsparteien gemeinsame Grenzen, so bemühen sie sich, bei Programmen zur Ausmerzung des unerlaubten Anbaus in ihren jeweiligen Grenzgebieten zusammenzuarbeiten.

(4) Die Vertragsparteien treffen geeignete Maßnahmen, die darauf gerichtet sind, die unerlaubte Nachfrage nach Suchtstoffen und psychotropen Stoffen zu beseitigen oder zu verringern mit dem Ziel, menschliches Leid zu lindern und den finanziellen Anreiz für den unerlaubten Verkehr zu beseitigen. Diese Maßnahmen können unter anderem auf Empfehlungen der Vereinten Nationen, von Sonderorganisationen der Vereinten Nationen, beispielsweise der Weltgesundheitsorganisation, und anderer zuständiger internationaler Organisationen sowie auf das von der 1987 abgehaltenen Internationalen Konferenz über Drogenmißbrauch und unerlaubten Verkehr (Weltdrogenkonferenz/ICDAIT) angenommene Umfassende Multidisziplinäre Aktionsprogramm gestützt werden, soweit dieses sich auf staatliche und nichtstaatliche Stellen und private Anstrengungen auf dem Gebiet der Verhütung, Behandlung und Rehabilitation bezieht. Die Vertragsparteien können zwei oder mehrseitige Abkommen oder sonstige Vereinbarungen schließen, welche die Beseitigung oder Verringerung der unerlaubten Nachfrage nach Suchtstoffen und psychotropen Stoffen zum Ziel haben.

(5) Die Vertragsparteien können auch die notwendigen Maßnahmen treffen, um die beschlagnahmten oder eingezogenen Suchtstoffe, psychotropen Stoffe und in Tabelle I und Tabelle II aufgeführten Stoffe umgehend zu vernichten oder rechtmäßig zu verwerten und um ordnungsgemäß bestätigte notwendige Mengen solcher Stoffe als Beweismittel zuzulassen.

Artikel 15. Gewerbliche Beförderungsunternehmer. (1) Die Vertragsparteien treffen geeignete Maßnahmen, um sicherzustellen, daß von gewerblichen Beförderungsunternehmern betriebene Beförderungsmittel nicht dazu benutzt werden, die in Übereinstimmung mit Artikel 3 Absatz 1 umschriebenen Straftaten zu begehen; diese Maßnahmen können besondere Vereinbarungen mit gewerblichen Beförderungsunternehmern umfassen.

(2) Jede Vertragspartei fordert die gewerblichen Beförderungsunternehmer auf, zweckdienliche Vorsichtsmaßnahmen zu treffen, um zu verhindern, daß ihre Beförderungsmittel für die Begehung von in Übereinstimmung mit Artikel 3 Absatz 1 umschriebenen Straftaten benutzt werden. Diese Vorsichtsmaßnahmen können folgendes umfassen:
a) wenn sich der Hauptgeschäftssitz des gewerblichen Beförderungsunternehmens im Hoheitsgebiet der Vertragspartei befindet,
   i) Schulung des Personals, damit es verdächtige Sendungen oder Personen erkennt,
   ii) Förderung der Integrität des Personals;
b) wenn der Beförderungsunternehmer im Hoheitsgebiet der Vertragspartei tätig ist,
   i) soweit möglich die vorherige Vorlage der Ladeverzeichnisse,
   ii) Verwendung fälschungssicherer, einzeln überprüfbarer Siegel auf den Behältnissen,
   iii) schnellstmögliche Meldung aller verdächtigen Vorfälle, die mit der Begehung von in Übereinstimmung mit Artikel 3 Absatz 1 umschriebenen Straftaten in Zusammenhang gebracht werden können, an die entsprechenden Behörden.

(3) Jede Vertragspartei bemüht sich sicherzustellen, daß die gewerblichen Beförderungsunternehmer und die entsprechenden Behörden an den Orten der Ein- und Ausfuhr und in den sonstigen Zollkontrollbereichen zusammenarbeiten, um den unbefugten Zugang zu Beförderungsmitteln und Ladungen zu verhindern und geeignete Sicherheitsmaßnahmen anzuwenden.

Artikel 16. Geschäftsunterlagen und Kennzeichnung der Ausfuhren.
(1) Jede Vertragspartei verlangt, daß rechtmäßige Ausfuhren von Suchtstoffen und psychotropen Stoffen mit ordnungsgemäßen Unterlagen ausgestattet sind. Zusätzlich zu den Unterlagen nach Artikel 31 des Übereinkommens von 1961, nach Artikel 31 des Übereinkommens von 1961 in seiner geänderten Fassung und nach Artikel 12 des Übereinkommens von 1971 müssen die Geschäftsunterlagen wie Rechnungen, Ladeverzeichnisse, Zollunterlagen, Frachtbriefe und sonstige Versandpapiere die in den jeweiligen Anhängen des Übereinkommens von 1961, des Übereinkommens von 1961 in seiner geänderten Fassung und des Übereinkommens von 1971 aufgeführten Bezeichnungen der ausgeführten Suchtstoffe und psychotropen Stoffe, die ausgeführte Menge und den Namen und die Anschrift des Exporteurs, des Importeurs und, soweit bekannt, des Empfängers enthalten.

(2) Jede Vertragspartei verlangt, daß zur Ausfuhr bestimmte Sendungen von Suchtstoffen und psychotropen Stoffen nicht falsch gekennzeichnet sind.

Artikel 17. Unerlaubter Verkehr auf See. (1) Die Vertragsparteien arbeiten so weitgehend wie möglich zusammen, um den unerlaubten Verkehr auf See nach Maßgabe des Seevölkerrechts zu bekämpfen.

(2) Eine Vertragspartei, die den begründeten Verdacht hat, daß ein Schiff, das ihre Flagge führt oder keine Flagge oder Registrierungszeichen zeigt, für unerlaubten Verkehr benutzt wird, kann andere Vertragsparteien um Hilfe bei der Bekämpfung seiner Verwendung zu diesem Zweck ersuchen. Die ersuchten Vertragsparteien leisten diese Hilfe im Rahmen der ihnen zur Verfügung stehenden Mittel.

(3) Eine Vertragspartei, die den begründeten Verdacht hat, daß ein Schiff, das die Freiheit der Schiffahrt in Übereinstimmung mit dem Völkerrecht ausübt und die Flagge einer anderen Vertragspartei führt oder deren Registrierungszeichen zeigt, für unerlaubten Verkehr benutzt wird, kann dies dem Flaggenstaat anzeigen, eine Bestätigung der Registrierung anfordern und bei Bestätigung den Flaggenstaat um die Genehmigung ersuchen, geeignete Maßnahmen im Hinblick auf dieses Schiff zu ergreifen.

(4) Nach Absatz 3 oder in Übereinstimmung mit den zwischen ihnen geltenden Verträgen oder anderweitig zwischen diesen Vertragsparteien geschlossenen Abkommen oder sonstigen Vereinbarungen kann der Flaggenstaat den ersuchenden Staat unter anderem ermächtigen,
a) das Schiff anzuhalten;
b) das Schiff zu durchsuchen;
c) falls Beweise für unerlaubten Verkehr gefunden werden, geeignete Maßnahmen im Hinblick auf das Schiff, die Personen und die Ladung an Bord zu treffen.

(5) Werden Maßnahmen aufgrund dieses Artikels getroffen, so tragen die betreffenden Vertragsparteien in gebührender Weise der Notwendigkeit Rechnung, den Schutz des menschlichen Lebens auf See sowie die Sicherheit des Schiffes und der Ladung nicht zu gefährden und die wirtschaftlichen und rechtlichen Interessen des Flaggenstaats oder einer anderen beteiligten Vertragspartei nicht zu beeinträchtigen.

(6) Der Flaggenstaat kann in Übereinstimmung mit seinen Verpflichtungen nach Absatz 1 seine Genehmigung von Bedingungen abhängig machen, die zwischen ihm und der ersuchenden Vertragspartei zu vereinbaren sind, darunter Bedingungen in bezug auf die Haftung.

(7) Für die Zwecke der Absätze 3 und 4 beantwortet eine Vertragspartei ein Ersuchen einer anderen Vertragspartei um Feststellung, ob ein Schiff, das ihre Flagge führt, hierzu berechtigt ist, sowie Ersuchen um Genehmigung nach Absatz 3 zügig. Jede Vertragspartei des Übereinkommens bestimmt zu dem Zeitpunkt, in dem sie Vertragspartei wird, eine oder gegebenenfalls mehrere Behörden zur Entgegennahme und Beantwortung dieser Ersuchen. Die Bestimmung wird allen anderen Vertragsparteien innerhalb eines Monats über den Generalsekretär notifiziert.

(8) Eine Vertragspartei, die eine Maßnahme in Übereinstimmung mit diesem Artikel getroffen hat, unterrichtet den betroffenen Flaggenstaat sofort von den Ergebnissen dieser Maßnahme.

(9) Die Vertragsparteien erwägen den Abschluß zweiseitiger oder regionaler Abkommen oder sonstiger Vereinbarungen zur Durchführung oder zur Verstärkung der Wirksamkeit der Bestimmungen dieses Artikels.

(10) Maßnahmen nach Absatz 4 werden nur von Kriegsschiffen oder Militärluftfahrzeugen oder von anderen Schiffen oder Luftfahrzeugen durchgeführt, die deutlich als im Staatsdienst stehend gekennzeichnet und als solche erkennbar sind und die hierzu befugt sind.

(11) Jede nach diesem Artikel getroffene Maßnahme trägt der Notwendigkeit gebührend Rechnung, die Rechte und Pflichten sowie die Ausübung der Hoheitsbefugnisse der Küstenstaaten in Übereinstimmung mit dem Seevölkerrecht nicht zu behindern oder zu beeinträchtigen.

Artikel 18. Zollfreizonen und Freihäfen. (1) Die Vertragsparteien wenden zur Bekämpfung des unerlaubten Verkehrs mit Suchtstoffen, psychotropen Stoffen und in Tabelle I und Tabelle II aufgeführten Stoffen in Zollfreizonen und Freihäfen Maßnahmen an, die nicht weniger streng sind als die, welche sie in anderen Teilen ihres Hoheitsgebiets anwenden.

(2) Die Vertragsparteien bemühen sich,
a) den Güter- und Personenverkehr in Zollfreizonen und Freihäfen zu überwachen; zu diesem Zweck ermächtigen sie die zuständigen Behörden, Ladungen sowie ein- und auslaufende Schiffe, einschließlich Vergnügungs- und Fischereifahrzeuge, sowie Luftfahrzeuge und sonstige Fahrzeuge und gegebenenfalls Besatzungsmitglieder, Fahrgäste und deren Gepäck zu durchsuchen;
b) ein System zum Aufspüren von in Zollfreizonen und Freihäfen ein- und ausgehenden Sendungen, die zu dem Verdacht Anlaß geben, Suchtstoffe, psychotrope Stoffe und in Tabelle I und Tabelle II aufgeführte Stoffe zu enthalten, zu errichten und zu unterhalten;
c) Überwachungssysteme in den Hafen- und Anlegebereichen, auf Flughäfen und an den Grenzkontrollstellen in Zollfreizonen und Freihäfen zu errichten und zu unterhalten.

Artikel 19. Benutzung des Postwegs. (1) Die Vertragsparteien treffen nach Maßgabe ihrer Verpflichtungen aus den Übereinkünften des Weltpostvereins und in Übereinstimmung mit den Grundsätzen ihrer jeweiligen innerstaatlichen Rechtsordnung Maßnahmen, um die Benutzung des Postwegs für den unerlaubten Verkehr zu unterbinden, und arbeiten zu diesem Zweck untereinander zusammen.

(2) Die in Absatz 1 genannten Maßnahmen umfassen insbesondere
a) koordinierte Maßnahmen zur Verhütung und Eindämmung der Benutzung des Postwegs für den unerlaubten Verkehr;
b) Einführung und Unterhaltung von Untersuchungs- und Kontrolltechniken durch in der Ermittlung und Verfolgung tätiges entsprechend ermächtigtes Personal, um unerlaubte Sendungen von Suchtstoffen, psychotropen Stoffen und in Tabelle I und Tabelle II aufgeführten Stoffen in Postsendungen aufzuspüren;

c) Gesetzgebungsmaßnahmen, die den Einsatz geeigneter Mittel zur Beschaffung des für Gerichtsverfahren benötigten Beweismaterials ermöglichen.

Artikel 20. Von den Vertragsparteien einzureichende Angaben. (1) Die Vertragsparteien reichen der Kommission über den Generalsekretär Angaben über die Wirkung dieses Übereinkommens in ihren Hoheitsgebieten ein, insbesondere
a) den Wortlaut der Gesetze und sonstigen Vorschriften, die zur Durchführung des Übereinkommens erlassen werden;
b) Auskünfte mit Einzelheiten über Fälle unerlaubten Verkehrs in ihrem Hoheitsbereich, die sie wegen der Aufdeckung neuer Entwicklungen, der in Betracht kommenden Mengen, der Bezugsquellen der Stoffe oder der Methoden, deren sich die darin verwickelten Personen bedient haben, für wichtig halten.

(2) Die Kommission bestimmt, in welcher Weise und wann die Vertragsparteien die Angaben einzureichen haben.

Artikel 21. Aufgaben der Kommission. Die Kommission ist ermächtigt, sämtliche die Ziele dieses Übereinkommens betreffenden Angelegenheiten zu behandeln; insbesondere
a) überprüft die Kommission auf der Grundlage der von den Vertragsparteien nach Artikel 20 eingereichten Angaben die Wirkungsweise dieses Übereinkommens;
b) kann die Kommission Anregungen und allgemeine Empfehlungen abgeben, die sich auf die Prüfung der von den Vertragsparteien eingereichten Angaben stützen;
c) kann die Kommission das Suchtstoffamt auf jede mit dessen Aufgaben zusammenhängende Angelegenheit aufmerksam machen;
d) trifft die Kommission in jeder ihr vom Suchtstoffamt nach Artikel 22 Absatz 1 Buchstabe b zugewiesenen Angelegenheit die von ihr für zweckmäßig erachteten Maßnahmen;
e) kann die Kommission im Einklang mit den nach Artikel 12 definierten Verfahren Tabelle I und Tabelle II ändern;
f) kann die Kommission Nichtvertragsparteien auf die von ihr nach diesem Übereinkommen angenommenen Beschlüsse und Empfehlungen aufmerksam machen, damit sie entsprechende Maßnahmen in Erwägung ziehen können.

Artikel 22. Aufgaben des Suchtstoffamts. (1) Unbeschadet der Aufgaben der Kommission nach Artikel 21 und unbeschadet der Aufgaben des Suchtstoffamts und der Kommission nach dem Übereinkommen von 1961, dem Übereinkommen von 1961 in seiner geänderten Fassung und dem Übereinkommen von 1971 gilt folgendes:
a) Das Suchtstoffamt kann, wenn es aufgrund seiner Prüfung der ihm, dem Generalsekretär oder der Kommission vorliegenden oder von Organen der Vereinten Nationen übermittelten Angaben Grund zu der Annahme hat, daß die Ziele dieses Übereinkommens in Angelegenheiten im Zusammenhang mit seiner Zuständigkeit nicht verwirklicht werden, eine oder mehrere Vertragsparteien auffordern, einschlägige Angaben einzureichen;
b) hinsichtlich der Artikel 12, 13 und 16
  i) kann das Suchtstoffamt, nachdem es aufgrund des Buchstabens a tätig geworden ist, die betreffende Vertragspartei auffordern, wenn es dies für erforderlich erachtet, die unter den gegebenen Umständen zur Durchführung der Artikel 12, 13 und 16 erforderlichen Abhilfemaßnahmen zu treffen;
  ii) behandelt das Suchtstoffamt, bevor es nach Ziffer iii tätig wird, seinen nach Buchstabe a und Ziffer i mit der betreffenden Vertragspartei geführten Schriftverkehr als vertraulich;

iii) kann das Suchtstoffamt, wenn es feststellt, daß die betreffende Vertragspartei die Abhilfemaßnahmen nicht getroffen hat, zu denen sie nach diesem Buchstaben aufgefordert worden ist, die Vertragsparteien, den Rat und die Kommission auf die Angelegenheit aufmerksam machen. Ein vom Suchtstoffamt nach diesem Buchstaben veröffentlichter Bericht hat auf Ersuchen der betreffenden Vertragspartei auch deren Auffassung zu enthalten.

(2) Prüft das Suchtstoffamt eine Frage aufgrund dieses Artikels, so wird jede Vertragspartei, für die sie von unmittelbarem Interesse ist, eingeladen, sich auf der diesbezüglichen Sitzung vertreten zu lassen.

(3) Wurde ein aufgrund dieses Artikels angenommener Beschluß des Suchtstoffamts nicht einstimmig gefaßt, so ist auch die Auffassung der Minderheit darzulegen.

(4) Beschlüsse des Suchtstoffamts aufgrund dieses Artikels bedürfen der Zweidrittelmehrheit der Gesamtzahl seiner Mitglieder.

(5) Bei der Erfüllung seiner Aufgaben nach Absatz 1 Buchstabe a gewährleistet das Suchtstoffamt die Vertraulichkeit aller in seinen Besitz gelangenden Angaben.

(6) Die Verantwortlichkeit des Suchtstoffamts aufgrund dieses Artikels gilt nicht für die Durchführung von Verträgen oder sonstigen Übereinkünften, die in Übereinstimmung mit diesem Übereinkommen zwischen Vertragsparteien geschlossen werden.

(7) Dieser Artikel findet keine Anwendung auf die unter Artikel 32 fallenden Streitigkeiten zwischen Vertragsparteien.

Artikel 23. Berichte des Suchtstoffamts. (1) Das Suchtstoffamt erstellt einen Jahresbericht über seine Arbeit; dieser enthält eine Auswertung der ihm zur Verfügung stehenden Angaben und geeignetenfalls eine Darlegung etwaiger Erläuterungen, um welche Vertragsparteien ersucht wurden oder die sie eingereicht haben, sowie alle Bemerkungen und Empfehlungen, die das Suchtstoffamt zu machen wünscht. Das Suchtstoffamt erstellt die von ihm für erforderlich gehaltenen Zusatzberichte. Die Berichte werden dem Rat über die Kommission vorgelegt; dieser steht es frei, dazu Stellung zu nehmen.

(2) Die Berichte des Suchtstoffamts werden den Vertragsparteien übermittelt und sodann vom Generalsekretär veröffentlicht. Die Vertragsparteien gestatten ihre unbeschränkte Verbreitung.

Artikel 24. Anwendung strengerer Maßnahmen als in diesem Übereinkommen vorgeschrieben. Eine Vertragspartei kann strengere oder schärfere Maßnahmen treffen als in diesem Übereinkommen vorgesehen, wenn diese Maßnahmen nach ihrer Ansicht zur Verhütung oder Bekämpfung des unerlaubten Verkehrs wünschenswert oder notwendig sind.

Artikel 25. Nichtaufhebung von Rechten und Pflichten aufgrund früherer Verträge. Dieses Übereinkommen hebt die Rechte oder Pflichten der Vertragsparteien dieses Übereinkommens aufgrund des Übereinkommens von 1961, des Übereinkommens von 1961 in seiner geänderten Fassung und des Übereinkommens von 1971 nicht auf.

Artikel 26. Unterzeichnung. Dieses Übereinkommen liegt vom 20. Dezember 1988 bis zum 28. Februar 1989 im Büro der Vereinten Nationen in Wien und danach bis zum 20. Dezember 1989 am Sitz der Vereinten Nationen in New York zur Unterzeichnung auf
a) für alle Staaten;
b) für Namibia, vertreten durch den Rat der Vereinten Nationen für Namibia;

c) für Organisationen der regionalen Wirtschaftsintegration, die für die Aushandlung, den Abschluß und die Anwendung internationaler Übereinkünfte über Angelegenheiten zuständig sind, die in den Geltungsbereich dieses Übereinkommens fallen; Bezugnahmen in dem Übereinkommen auf Vertragsparteien, Staaten oder innerstaatliche Dienste gelten auch für diese Organisationen innerhalb der Grenzen ihrer Zuständigkeit.

Artikel 27. Ratifikation, Annahme, Genehmigung oder Akt der förmlichen Bestätigung. (1) Dieses Übereinkommen bedarf der Ratifikation, Annahme oder Genehmigung durch Staaten und durch Namibia, vertreten durch den Rat der Vereinten Nationen für Namibia, sowie Akten der förmlichen Bestätigung durch die nach Artikel 26 Buchstabe c bezeichneten Organisationen der regionalen Wirtschaftsintegration. Die Ratifikations-, Annahme- und Genehmigungsurkunden sowie die Urkunden betreffend Akte der förmlichen Bestätigung werden beim Generalsekretär hinterlegt.

(2) In ihren Urkunden der förmlichen Bestätigung legen die Organisationen der regionalen Wirtschaftsintegration den Umfang ihrer Zuständigkeit hinsichtlich der Angelegenheiten dar, die in den Geltungsbereich dieses Übereinkommens fallen. Diese Organisationen teilen dem Generalsekretär auch jede Änderung des Umfangs ihrer Zuständigkeit hinsichtlich der Angelegenheiten mit, die in den Geltungsbereich des Übereinkommens fallen.

Artikel 28. Beitritt. (1) Dieses Übereinkommen steht jedem Staat, Namibia, vertreten durch den Rat der Vereinten Nationen für Namibia, und den nach Artikel 26 Buchstabe c bezeichneten Organisationen der regionalen Wirtschaftsintegration zum Beitritt offen. Der Beitritt erfolgt durch Hinterlegung einer Beitrittsurkunde beim Generalsekretär.

(2) In ihren Beitrittsurkunden legen die Organisationen der regionalen Wirtschaftsintegration den Umfang ihrer Zuständigkeit hinsichtlich der Angelegenheiten dar, die in den Geltungsbereich dieses Übereinkommens fallen. Diese Organisationen teilen dem Generalsekretär auch jede Änderung des Umfangs ihrer Zuständigkeit hinsichtlich der Angelegenheiten mit, die in den Geltungsbereich des Übereinkommens fallen.

Artikel 29. Inkrafttreten. (1) Dieses Übereinkommen tritt am neunzigsten Tag nach Hinterlegung der zwanzigsten Ratifikations-, Annahme-, Genehmigungs- oder Beitrittsurkunde durch Staaten oder durch Namibia, vertreten durch den Rat der Vereinten Nationen für Namibia, beim Generalsekretär in Kraft.

(2) Für jeden Staat oder für Namibia, vertreten durch den Rat der Vereinten Nationen für Namibia, die dieses Übereinkommen nach Hinterlegung der zwanzigsten Ratifikations-, Annahme-, Genehmigungs- oder Beitrittsurkunde ratifizieren, annehmen, genehmigen oder ihm beitreten, tritt das Übereinkommen am neunzigsten Tag nach Hinterlegung ihrer Ratifikations-, Annahme-, Genehmigungs- oder Beitrittsurkunde in Kraft.

(3) Für jede nach Artikel 26 Buchstabe c bezeichnete Organisation der regionalen Wirtschaftsintegration, die eine Urkunde betreffend einen Akt der förmlichen Bestätigung oder eine Beitrittsurkunde hinterlegt, tritt dieses Übereinkommen am neunzigsten Tag nach dieser Hinterlegung oder zum Zeitpunkt des Inkrafttretens des Übereinkommens nach Absatz 1, wenn dies der spätere ist, in Kraft.

Artikel 30. Kündigung. (1) Eine Vertragspartei kann dieses Übereinkommen jederzeit durch eine an den Generalsekretär gerichtete schriftliche Notifikation kündigen.

(2) Die Kündigung wird ein Jahr nach Eingang der Notifikation beim Generalsekretär für die betreffende Vertragspartei wirksam.

Artikel 31. Änderungen. (1) Jede Vertragspartei kann zu diesem Übereinkommen Änderungen vorschlagen. Der Wortlaut und die Begründung jedes Änderungsvorschlags werden von der betreffenden Vertragspartei dem Generalsekretär übermittelt; dieser leitet sie den anderen Vertragsparteien zu mit der Frage, ob sie den Änderungsvorschlag annehmen. Ist ein derart verteilter Änderungsvorschlag binnen vierundzwanzig Monaten nach seiner Verteilung von keiner Vertragspartei abgelehnt worden, so gilt er als angenommen; die Änderung tritt für eine Vertragspartei neunzig Tage nach dem Zeitpunkt in Kraft, in dem sie beim Generalsekretär eine Urkunde hinterlegt hat, in der sie ihre Zustimmung ausdrückt, durch die Änderung gebunden zu sein.

(2) Ist ein Änderungsvorschlag von einer Vertragspartei abgelehnt worden, so konsultiert der Generalsekretär die Vertragsparteien; auf Antrag der Mehrheit legt er die Angelegenheit zusammen mit etwaigen Stellungnahmen der Vertragsparteien dem Rat vor, der die Einberufung einer Konferenz in Übereinstimmung mit Artikel 62 Absatz 4 der Charta der Vereinten Nationen beschließen kann. Eine Änderung, die das Ergebnis einer solchen Konferenz ist, wird in einem Änderungsprotokoll niedergelegt. Die Zustimmung, durch ein solches Protokoll gebunden zu sein, muß ausdrücklich gegenüber dem Generalsekretär zum Ausdruck gebracht werden.

Artikel 32. Beilegung von Streitigkeiten. (1) Entsteht zwischen zwei oder mehr Vertragsparteien über die Auslegung oder Anwendung dieses Übereinkommens eine Streitigkeit, so konsultieren die Vertragsparteien einander mit dem Ziel, die Streitigkeit durch Verhandlung, Untersuchung, Vermittlung, Vergleich, Schiedsspruch, Inanspruchnahme regionaler Einrichtungen, gerichtliche Entscheidung oder durch andere friedliche Mittel eigener Wahl beizulegen.

(2) Kann durch die in Absatz 1 vorgesehenen Verfahren die Streitigkeit nicht beigelegt werden, so ist sie auf Antrag eines der an der Streitigkeit beteiligten Staaten dem Internationalen Gerichtshof zur Entscheidung zu unterbreiten.

(3) Ist eine nach Artikel 26 Buchstabe c bezeichnete Organisation der regionalen Wirtschaftsintegration an einer Streitigkeit beteiligt, die nicht durch die in Absatz 1 vorgesehenen Verfahren beigelegt werden kann, so kann die Organisation durch einen Mitgliedstaat der Vereinten Nationen den Rat ersuchen, vom Internationalen Gerichtshof nach Artikel 65 seines Statuts ein Gutachten einzuholen, das als entscheidend betrachtet wird.

(4) Jeder Staat kann bei der Unterzeichnung oder bei der Ratifikation, Annahme oder Genehmigung dieses Übereinkommens oder beim Beitritt dazu und jede Organisation der regionalen Wirtschaftsintegration kann bei der Unterzeichnung oder bei der Hinterlegung einer Urkunde der förmlichen Bestätigung oder einer Beitrittsurkunde erklären, daß sie sich durch die Absätze 2 und 3 nicht als gebunden betrachten. Die anderen Vertragsparteien sind durch die Absätze 2 und 3 gegenüber einer Vertragspartei, die eine solche Erklärung abgegeben hat, nicht gebunden.

(5) Eine Vertragspartei, die eine Erklärung nach Absatz 4 abgegeben hat, kann diese jederzeit durch eine Notifikation an den Generalsekretär zurücknehmen.

Artikel 33. Verbindliche Wortlaute. Der arabische, chinesische, englische, französische, russische und spanische Wortlaut dieses Übereinkommens ist gleichermaßen verbindlich.

Artikel 34. Verwahrer. Der Generalsekretär ist Verwahrer dieses Übereinkommens.

Zu Urkund dessen haben die hierzu gehörig befugten Unterzeichneten dieses Übereinkommen unterschrieben.

Geschehen zu Wien am 20. Dezember 1988 in einer Urschrift.

Anlage

Tabelle I

Ephedrin
Ergometrin
Ergotamin
Lysergsäure
1-Phenyl-2-propanon
Pseudoephedrin

Die Salze der in dieser Tabelle aufgeführten Stoffe, falls das Bestehen solcher Salze möglich ist.

Tabelle II

Aceton
Anthranilsäure
Essigsäureanhydrid
Ethylether
Phenylessigsäure
Piperidin

Die Salze der in dieser Tabelle aufgeführten Stoffe, falls das Bestehen solcher Salze möglich ist.

B 1.1. Vertrag über die Europäische Union*

ABl. 2016 C 202, S. 13

– Auszug –

Titel I. Gemeinsame Bestimmungen

Artikel 1 (ex-Artikel 1 EUV). Durch diesen Vertrag gründen die HOHEN VERTRAGSPARTEIEN untereinander eine EUROPÄISCHE UNION (im Folgenden „Union"), der die Mitgliedstaaten Zuständigkeiten zur Verwirklichung ihrer gemeinsamen Ziele übertragen.

Dieser Vertrag stellt eine neue Stufe bei der Verwirklichung einer immer engeren Union der Völker Europas dar, in der die Entscheidungen möglichst offen und möglichst bürgernah getroffen werden.

Grundlage der Union sind dieser Vertrag und der Vertrag über die Arbeitsweise der Europäischen Union (im Folgenden „Verträge"). Beide Verträge sind rechtlich gleichrangig. Die Union tritt an die Stelle der Europäischen Gemeinschaft, deren Rechtsnachfolgerin sie ist.

Artikel 6 (ex-Artikel 6 EUV). (1) Die Union erkennt die Rechte, Freiheiten und Grundsätze an, die in der Charta der Grundrechte der Europäischen Union vom 7. Dezember 2000 in der am 12. Dezember 2007 in Straßburg angepassten Fassung niedergelegt sind; die Charta der Grundrechte und die Verträge sind rechtlich gleichrangig. Durch die Bestimmungen der Charta werden die in den Verträgen festgelegten Zuständigkeiten der Union in keiner Weise erweitert. Die in der Charta niedergelegten Rechte, Freiheiten und Grundsätze werden gemäß den allgemeinen Bestimmungen des Titels VII der Charta, der ihre Auslegung und Anwendung regelt, und unter gebührender Berücksichtigung der in der Charta angeführten Erläuterungen, in denen die Quellen dieser Bestimmungen angegeben sind, ausgelegt.

(2) Die Union tritt der Europäischen Konvention zum Schutz der Menschenrechte und Grundfreiheiten bei. Dieser Beitritt ändert nicht die in den Verträgen festgelegten Zuständigkeiten der Union.

(3) Die Grundrechte, wie sie in der Europäischen Konvention zum Schutz der Menschenrechte und Grundfreiheiten gewährleistet sind und wie sie sich aus den gemeinsamen Verfassungsüberlieferungen der Mitgliedstaaten ergeben, sind als allgemeine Grundsätze Teil des Unionsrechts.

Artikel 19. (1) Der Gerichtshof der Europäischen Union umfasst den Gerichtshof, das Gericht und Fachgerichte. Er sichert die Wahrung des Rechts bei der Auslegung und Anwendung der Verträge. Die Mitgliedstaaten schaffen die erforderlichen Rechtsbehelfe, damit ein wirksamer Rechtsschutz in den vom Unionsrecht erfassten Bereichen gewährleistet ist.

(2) Der Gerichtshof besteht aus einem Richter je Mitgliedstaat. Er wird von Generalanwälten unterstützt. Das Gericht besteht aus mindestens einem Richter je Mitgliedstaat. Als Richter und Generalanwälte des Gerichtshofs und als Richter des Gerichts sind Persönlichkeiten auszuwählen, die jede Gewähr für Unabhängigkeit bieten und die Voraussetzungen der Artikel 253 und 254 des Vertrags über die

---

* Vertrag von Lissabon zur Änderung des Vertrags über die Europäische Union und des Vertrags zur Gründung der Europäischen Gemeinschaft v. 13.12.2007 (BGBl. 2008 II S. 1038), in Kraft getreten am 1.12.2009.

Arbeitsweise der Europäischen Union erfüllen. Sie werden von den Regierungen der Mitgliedstaaten im gegenseitigen Einvernehmen für eine Amtszeit von sechs Jahren ernannt. Die Wiederernennung ausscheidender Richter und Generalanwälte ist zulässig.

(3) Der Gerichtshof der Europäischen Union entscheidet nach Maßgabe der Verträge
a) über Klagen eines Mitgliedstaats, eines Organs oder natürlicher oder juristischer Personen;
b) im Wege der Vorabentscheidung auf Antrag der einzelstaatlichen Gerichte über die Auslegung des Unionsrechts oder über die Gültigkeit der Handlungen der Organe;
c) in allen anderen in den Verträgen vorgesehenen Fällen.

B 1.2. Vertrag über die Arbeitsweise der Europäischen Union*

ABl. 2016 C 202, S. 47, ber. ABl. 2016 C 400, S. 1

– Auszug –

Dritter Teil. Die internen Politiken und Maßnahmen der Union
Titel V. Der Raum der Freiheit, der Sicherheit und des Rechts
KAPITEL 1. ALLGEMEINE BESTIMMUNGEN

Artikel 67 (ex-Artikel 61 EGV und ex-Artikel 29 EUV). (1) Die Union bildet einen Raum der Freiheit, der Sicherheit und des Rechts, in dem die Grundrechte und die verschiedenen Rechtsordnungen und -traditionen der Mitgliedstaaten geachtet werden.

(2) Sie stellt sicher, dass Personen an den Binnengrenzen nicht kontrolliert werden, und entwickelt eine gemeinsame Politik in den Bereichen Asyl, Einwanderung und Kontrollen an den Außengrenzen, die sich auf die Solidarität der Mitgliedstaaten gründet und gegenüber Drittstaatsangehörigen angemessen ist. Für die Zwecke dieses Titels werden Staatenlose den Drittstaatsangehörigen gleichgestellt.

(3) Die Union wirkt darauf hin, durch Maßnahmen zur Verhütung und Bekämpfung von Kriminalität sowie von Rassismus und Fremdenfeindlichkeit, zur Koordinierung und Zusammenarbeit von Polizeibehörden und Organen der Strafrechtspflege und den anderen zuständigen Behörden sowie durch die gegenseitige Anerkennung strafrechtlicher Entscheidungen und erforderlichenfalls durch die Angleichung der strafrechtlichen Rechtsvorschriften ein hohes Maß an Sicherheit zu gewährleisten.

(4) Die Union erleichtert den Zugang zum Recht, insbesondere durch den Grundsatz der gegenseitigen Anerkennung gerichtlicher und außergerichtlicher Entscheidungen in Zivilsachen.

Artikel 68. Der Europäische Rat legt die strategischen Leitlinien für die gesetzgeberische und operative Programmplanung im Raum der Freiheit, der Sicherheit und des Rechts fest.

Artikel 69. Die nationalen Parlamente tragen bei Gesetzgebungsvorschlägen und -initiativen, die im Rahmen der Kapitel 4 und 5 vorgelegt werden, Sorge für die Achtung des Subsidiaritätsprinzips nach Maßgabe des Protokolls über die Anwendung der Grundsätze der Subsidiarität und der Verhältnismäßigkeit.

Artikel 71 (ex-Artikel 36 EUV). Im Rat wird ein ständiger Ausschuss eingesetzt, um sicherzustellen, dass innerhalb der Union die operative Zusammenarbeit im Bereich der inneren Sicherheit gefördert und verstärkt wird. Er fördert unbeschadet des Artikels 240 die Koordinierung der Maßnahmen der zuständigen Behörden der Mitgliedstaaten. Die Vertreter der betroffenen Einrichtungen und sonstigen Stellen der Union können an den Arbeiten des Ausschusses beteiligt werden. Das

---

* Vertrag von Lissabon zur Änderung des Vertrags über die Europäische Union und des Vertrags zur Gründung der Europäischen Gemeinschaft v. 13.12.2007 (BGBl. 2008 II S. 1038), in Kraft getreten am 1.12.2009.

Europäische Parlament und die nationalen Parlamente werden über die Arbeiten des Ausschusses auf dem Laufenden gehalten.

Artikel 72 (ex-Artikel 64 Absatz 1 EGV und ex-Artikel 33 EUV). Dieser Titel berührt nicht die Wahrnehmung der Zuständigkeiten der Mitgliedstaaten für die Aufrechterhaltung der öffentlichen Ordnung und den Schutz der inneren Sicherheit.

Artikel 73. Es steht den Mitgliedstaaten frei, untereinander und in eigener Verantwortung Formen der Zusammenarbeit und Koordinierung zwischen den zuständigen Dienststellen ihrer für den Schutz der nationalen Sicherheit verantwortlichen Verwaltungen einzurichten, die sie für geeignet halten.

Artikel 75 (ex-Artikel 60 EGV). Sofern dies notwendig ist, um die Ziele des Artikels 67 in Bezug auf die Verhütung und Bekämpfung von Terrorismus und damit verbundener Aktivitäten zu verwirklichen, schaffen das Europäische Parlament und der Rat gemäß dem ordentlichen Gesetzgebungsverfahren durch Verordnungen einen Rahmen für Verwaltungsmaßnahmen in Bezug auf Kapitalbewegungen und Zahlungen, wozu das Einfrieren von Geldern, finanziellen Vermögenswerten oder wirtschaftlichen Erträgen gehören kann, deren Eigentümer oder Besitzer natürliche oder juristische Personen, Gruppierungen oder nichtstaatliche Einheiten sind. Der Rat erlässt auf Vorschlag der Kommission Maßnahmen zur Umsetzung des in Absatz 1 genannten Rahmens. In den Rechtsakten nach diesem Artikel müssen die erforderlichen Bestimmungen über den Rechtsschutz vorgesehen sein.

Artikel 76 . Die in den Kapiteln 4 und 5 genannten Rechtsakte sowie die in Artikel 74 genannten Maßnahmen, mit denen die Verwaltungszusammenarbeit in den Bereichen der genannten Kapitel gewährleistet wird, werden wie folgt erlassen:
a) auf Vorschlag der Kommission oder
b) auf Initiative eines Viertels der Mitgliedstaaten.

KAPITEL 4. JUSTIZIELLE ZUSAMMENARBEIT IN STRAFSACHEN

Artikel 82 (ex-Artikel 31 EUV). (1) Die justizielle Zusammenarbeit in Strafsachen in der Union beruht auf dem Grundsatz der gegenseitigen Anerkennung gerichtlicher Urteile und Entscheidungen und umfasst die Angleichung der Rechtsvorschriften der Mitgliedstaaten in den in Absatz 2 und in Artikel 83 genannten Bereichen.

Das Europäische Parlament und der Rat erlassen gemäß dem ordentlichen Gesetzgebungsverfahren Maßnahmen, um
a) Regeln und Verfahren festzulegen, mit denen die Anerkennung aller Arten von Urteilen und gerichtlichen Entscheidungen in der gesamten Union sichergestellt wird;
b) Kompetenzkonflikte zwischen den Mitgliedstaaten zu verhindern und beizulegen;
c) die Weiterbildung von Richtern und Staatsanwälten sowie Justizbediensteten zu fördern;
d) die Zusammenarbeit zwischen den Justizbehörden oder entsprechenden Behörden der Mitgliedstaaten im Rahmen der Strafverfolgung sowie des Vollzugs und der Vollstreckung von Entscheidungen zu erleichtern.

(2) Soweit dies zur Erleichterung der gegenseitigen Anerkennung gerichtlicher Urteile und Entscheidungen und der polizeilichen und justiziellen Zusammenarbeit in Strafsachen mit grenzüberschreitender Dimension erforderlich ist, können das Europäische Parlament und der Rat gemäß dem ordentlichen Gesetzgebungs-

verfahren durch Richtlinien Mindestvorschriften festlegen. Bei diesen Mindestvorschriften werden die Unterschiede zwischen den Rechtsordnungen und -traditionen der Mitgliedstaaten berücksichtigt.

Die Vorschriften betreffen Folgendes:
a) die Zulässigkeit von Beweismitteln auf gegenseitiger Basis zwischen den Mitgliedstaaten;
b) die Rechte des Einzelnen im Strafverfahren;
c) die Rechte der Opfer von Straftaten;
d) sonstige spezifische Aspekte des Strafverfahrens, die zuvor vom Rat durch Beschluss bestimmt worden sind; dieser Beschluss wird vom Rat einstimmig nach Zustimmung des Europäischen Parlaments erlassen.

Der Erlass von Mindestvorschriften nach diesem Absatz hindert die Mitgliedstaaten nicht daran, ein höheres Schutzniveau für den Einzelnen beizubehalten oder einzuführen.

(3) Ist ein Mitglied des Rates der Auffassung, dass ein Entwurf einer Richtlinie nach Absatz 2 grundlegende Aspekte seiner Strafrechtsordnung berühren würde, so kann es beantragen, dass der Europäische Rat befasst wird. In diesem Fall wird das ordentliche Gesetzgebungsverfahren ausgesetzt. Nach einer Aussprache verweist der Europäische Rat im Falle eines Einvernehmens den Entwurf binnen vier Monaten nach Aussetzung des Verfahrens an den Rat zurück, wodurch die Aussetzung des ordentlichen Gesetzgebungsverfahrens beendet wird.

Sofern kein Einvernehmen erzielt wird, mindestens neun Mitgliedstaaten aber eine Verstärkte Zusammenarbeit auf der Grundlage des betreffenden Entwurfs einer Richtlinie begründen möchten, teilen diese Mitgliedstaaten dies binnen derselben Frist dem Europäischen Parlament, dem Rat und der Kommission mit. In diesem Fall gilt die Ermächtigung zu einer Verstärkten Zusammenarbeit nach Artikel 20 Absatz 2 des Vertrags über die Europäische Union und Artikel 329 Absatz 1 dieses Vertrags als erteilt, und die Bestimmungen über die Verstärkte Zusammenarbeit finden Anwendung.

Artikel 83 (ex-Artikel 31 EUV). (1) Das Europäische Parlament und der Rat können gemäß dem ordentlichen Gesetzgebungsverfahren durch Richtlinien Mindestvorschriften zur Festlegung von Straftaten und Strafen in Bereichen besonders schwerer Kriminalität festlegen, die aufgrund der Art oder der Auswirkungen der Straftaten oder aufgrund einer besonderen Notwendigkeit, sie auf einer gemeinsamen Grundlage zu bekämpfen, eine grenzüberschreitende Dimension haben.

Derartige Kriminalitätsbereiche sind: Terrorismus, Menschenhandel und sexuelle Ausbeutung von Frauen und Kindern, illegaler Drogenhandel, illegaler Waffenhandel, Geldwäsche, Korruption, Fälschung von Zahlungsmitteln, Computerkriminalität und organisierte Kriminalität.

Je nach Entwicklung der Kriminalität kann der Rat einen Beschluss erlassen, in dem andere Kriminalitätsbereiche bestimmt werden, die die Kriterien dieses Absatzes erfüllen. Er beschließt einstimmig nach Zustimmung des Europäischen Parlaments.

(2) Erweist sich die Angleichung der strafrechtlichen Rechtsvorschriften der Mitgliedstaaten als unerlässlich für die wirksame Durchführung der Politik der Union auf einem Gebiet, auf dem Harmonisierungsmaßnahmen erfolgt sind, so können durch Richtlinien Mindestvorschriften für die Festlegung von Straftaten und Strafen auf dem betreffenden Gebiet festgelegt werden. Diese Richtlinien werden unbeschadet des Artikels 76 gemäß dem gleichen ordentlichen oder besonderen Gesetzgebungsverfahren wie die betreffenden Harmonisierungsmaßnahmen erlassen.

(3) Ist ein Mitglied des Rates der Auffassung, dass der Entwurf einer Richtlinie nach den Absätzen 1 oder 2 grundlegende Aspekte seiner Strafrechtsordnung be-

rühren würde, so kann es beantragen, dass der Europäische Rat befasst wird. In diesem Fall wird das ordentliche Gesetzgebungsverfahren ausgesetzt. Nach einer Aussprache verweist der Europäische Rat im Falle eines Einvernehmens den Entwurf binnen vier Monaten nach Aussetzung des Verfahrens an den Rat zurück, wodurch die Aussetzung des ordentlichen Gesetzgebungsverfahrens beendet wird.

Sofern kein Einvernehmen erzielt wird, mindestens neun Mitgliedstaaten aber eine Verstärkte Zusammenarbeit auf der Grundlage des betreffenden Entwurfs einer Richtlinie begründen möchten, teilen diese Mitgliedstaaten dies binnen derselben Frist dem Europäischen Parlament, dem Rat und der Kommission mit. In diesem Fall gilt die Ermächtigung zu einer Verstärkten Zusammenarbeit nach Artikel 20 Absatz 2 des Vertrags über die Europäische Union und Artikel 329 Absatz 1 dieses Vertrags als erteilt, und die Bestimmungen über die Verstärkte Zusammenarbeit finden Anwendung.

Artikel 84. Das Europäische Parlament und der Rat können gemäß dem ordentlichen Gesetzgebungsverfahren unter Ausschluss jeglicher Harmonisierung der Rechtsvorschriften der Mitgliedstaaten Maßnahmen festlegen, um das Vorgehen der Mitgliedstaaten im Bereich der Kriminalprävention zu fördern und zu unterstützen.

Artikel 85 (ex-Artikel 31 EUV). (1) Eurojust hat den Auftrag, die Koordinierung und Zusammenarbeit zwischen den nationalen Behörden zu unterstützen und zu verstärken, die für die Ermittlung und Verfolgung von schwerer Kriminalität zuständig sind, wenn zwei oder mehr Mitgliedstaaten betroffen sind oder eine Verfolgung auf gemeinsamer Grundlage erforderlich ist; Eurojust stützt sich dabei auf die von den Behörden der Mitgliedstaaten und von Europol durchgeführten Operationen und gelieferten Informationen.

Zu diesem Zweck legen das Europäische Parlament und der Rat gemäß dem ordentlichen Gesetzgebungsverfahren durch Verordnungen den Aufbau, die Arbeitsweise, den Tätigkeitsbereich und die Aufgaben von Eurojust fest. Zu diesen Aufgaben kann Folgendes gehören:
a) Einleitung von strafrechtlichen Ermittlungsmaßnahmen sowie Vorschläge zur Einleitung von strafrechtlichen Verfolgungsmaßnahmen, die von den zuständigen nationalen Behörden durchgeführt werden, insbesondere bei Straftaten zum Nachteil der finanziellen Interessen der Union;
b) Koordinierung der unter Buchstabe a genannten Ermittlungs- und Verfolgungsmaßnahmen;
c) Verstärkung der justiziellen Zusammenarbeit, unter anderem auch durch die Beilegung von Kompetenzkonflikten und eine enge Zusammenarbeit mit dem Europäischen Justiziellen Netz.

Durch diese Verordnungen werden ferner die Einzelheiten für die Beteiligung des Europäischen Parlaments und der nationalen Parlamente an der Bewertung der Tätigkeit von Eurojust festgelegt.

(2) Im Rahmen der Strafverfolgungsmaßnahmen nach Absatz 1 werden die förmlichen Prozesshandlungen unbeschadet des Artikels 86 durch die zuständigen einzelstaatlichen Bediensteten vorgenommen.

KAPITEL 5. POLIZEILICHE ZUSAMMENARBEIT

Artikel 87 (ex-Artikel 30 EUV). (1) Die Union entwickelt eine polizeiliche Zusammenarbeit zwischen allen zuständigen Behörden der Mitgliedstaaten, einschließlich der Polizei, des Zolls und anderer auf die Verhütung oder die Aufdeckung von Straftaten sowie entsprechende Ermittlungen spezialisierter Strafverfolgungsbehörden.

(2) Für die Zwecke des Absatzes 1 können das Europäische Parlament und der Rat gemäß dem ordentlichen Gesetzgebungsverfahren Maßnahmen erlassen, die Folgendes betreffen:
a) Einholen, Speichern, Verarbeiten, Analysieren und Austauschen sachdienlicher Informationen;
b) Unterstützung bei der Aus- und Weiterbildung von Personal sowie Zusammenarbeit in Bezug auf den Austausch von Personal, die Ausrüstungsgegenstände und die kriminaltechnische Forschung;
c) gemeinsame Ermittlungstechniken zur Aufdeckung schwerwiegender Formen der organisierten Kriminalität.

(3) Der Rat kann gemäß einem besonderen Gesetzgebungsverfahren Maßnahmen erlassen, die die operative Zusammenarbeit zwischen den in diesem Artikel genannten Behörden betreffen. Der Rat beschließt einstimmig nach Anhörung des Europäischen Parlaments.

Sofern keine Einstimmigkeit besteht, kann eine Gruppe von mindestens neun Mitgliedstaaten beantragen, dass der Europäische Rat mit dem Entwurf von Maßnahmen befasst wird. In diesem Fall wird das Verfahren im Rat ausgesetzt. Nach einer Aussprache verweist der Europäische Rat im Falle eines Einvernehmens den Entwurf binnen vier Monaten nach Aussetzung des Verfahrens an den Rat zur Annahme zurück.

Sofern kein Einvernehmen erzielt wird, mindestens neun Mitgliedstaaten aber eine Verstärkte Zusammenarbeit auf der Grundlage des betreffenden Entwurfs von Maßnahmen begründen möchten, teilen diese Mitgliedstaaten dies binnen derselben Frist dem Europäischen Parlament, dem Rat und der Kommission mit. In diesem Fall gilt die Ermächtigung zu einer Verstärkten Zusammenarbeit nach Artikel 20 Absatz 2 des Vertrags über die Europäische Union und Artikel 329 Absatz 1 dieses Vertrags als erteilt, und die Bestimmungen über die Verstärkte Zusammenarbeit finden Anwendung.

Das besondere Verfahren nach den Unterabsätzen 2 und 3 gilt nicht für Rechtsakte, die eine Weiterentwicklung des Schengen-Besitzstands darstellen.

Artikel 88 (ex-Artikel 30 EUV). (1) Europol hat den Auftrag, die Tätigkeit der Polizeibehörden und der anderen Strafverfolgungsbehörden der Mitgliedstaaten sowie deren gegenseitige Zusammenarbeit bei der Verhütung und Bekämpfung der zwei oder mehr Mitgliedstaaten betreffenden schweren Kriminalität, des Terrorismus und der Kriminalitätsformen, die ein gemeinsames Interesse verletzen, das Gegenstand einer Politik der Union ist, zu unterstützen und zu verstärken.

(2) Das Europäische Parlament und der Rat legen gemäß dem ordentlichen Gesetzgebungsverfahren durch Verordnungen den Aufbau, die Arbeitsweise, den Tätigkeitsbereich und die Aufgaben von Europol fest. Zu diesen Aufgaben kann Folgendes gehören:
a) Einholen, Speichern, Verarbeiten, Analysieren und Austauschen von Informationen, die insbesondere von den Behörden der Mitgliedstaaten oder Drittländern beziehungsweise Stellen außerhalb der Union übermittelt werden;
b) Koordinierung, Organisation und Durchführung von Ermittlungen und von operativen Maßnahmen, die gemeinsam mit den zuständigen Behörden der Mitgliedstaaten oder im Rahmen gemeinsamer Ermittlungsgruppen durchgeführt werden, gegebenenfalls in Verbindung mit Eurojust.

Durch diese Verordnungen werden ferner die Einzelheiten für die Kontrolle der Tätigkeiten von Europol durch das Europäische Parlament festgelegt; an dieser Kontrolle werden die nationalen Parlamente beteiligt.

(3) Europol darf operative Maßnahmen nur in Verbindung und in Absprache mit den Behörden des Mitgliedstaats oder der Mitgliedstaaten ergreifen, deren Ho-

heitsgebiet betroffen ist. Die Anwendung von Zwangsmaßnahmen bleibt ausschließlich den zuständigen einzelstaatlichen Behörden vorbehalten.

Artikel 89 (ex-Artikel 32 EUV). Der Rat legt gemäß einem besonderen Gesetzgebungsverfahren fest, unter welchen Bedingungen und innerhalb welcher Grenzen die in den Artikeln 82 und 87 genannten zuständigen Behörden der Mitgliedstaaten im Hoheitsgebiet eines anderen Mitgliedstaats in Verbindung und in Absprache mit dessen Behörden tätig werden dürfen. Der Rat beschließt einstimmig nach Anhörung des Europäischen Parlaments.

Sechster Teil. Institutionelle Bestimmungen und Finanzvorschriften

Titel I. Vorschriften über die Organe

KAPITEL 1. DIE ORGANE

Artikel 267 (ex-Artikel 234 EGV). Der Gerichtshof der Europäischen Union entscheidet im Wege der Vorabentscheidung
a) über die Auslegung der Verträge,
b) über die Gültigkeit und die Auslegung der Handlungen der Organe, Einrichtungen oder sonstigen Stellen der Union,

Wird eine derartige Frage einem Gericht eines Mitgliedstaats gestellt und hält dieses Gericht eine Entscheidung darüber zum Erlass seines Urteils für erforderlich, so kann es diese Frage dem Gerichtshof zur Entscheidung vorlegen.

Wird eine derartige Frage in einem schwebenden Verfahren bei einem einzelstaatlichen Gericht gestellt, dessen Entscheidungen selbst nicht mehr mit Rechtsmitteln des innerstaatlichen Rechts angefochten werden können, so ist dieses Gericht zur Anrufung des Gerichtshofs verpflichtet.

Wird eine derartige Frage in einem schwebenden Verfahren, das eine inhaftierte Person betrifft, bei einem einzelstaatlichen Gericht gestellt, so entscheidet der Gerichtshof innerhalb kürzester Zeit.

KAPITEL 2. RECHTSAKTE DER UNION, ANNAHMEVERFAHREN UND SONSTIGE VORSCHRIFTEN

ABSCHNITT 1. DIE RECHTSAKTE DER UNION

Artikel 288 (ex-Artikel 249 EGV). Für die Ausübung der Zuständigkeiten der Union nehmen die Organe Verordnungen, Richtlinien, Beschlüsse, Empfehlungen und Stellungnahmen an.

Die Verordnung hat allgemeine Geltung. Sie ist in allen ihren Teilen verbindlich und gilt unmittelbar in jedem Mitgliedstaat.

Die Richtlinie ist für jeden Mitgliedstaat, an den sie gerichtet wird, hinsichtlich des zu erreichenden Ziels verbindlich, überlässt jedoch den innerstaatlichen Stellen die Wahl der Form und der Mittel.

Beschlüsse sind in allen ihren Teilen verbindlich. Sind sie an bestimmte Adressaten gerichtet, so sind sie nur für diese verbindlich.

Die Empfehlungen und Stellungnahmen sind nicht verbindlich.

Artikel 289. (1) Das ordentliche Gesetzgebungsverfahren besteht in der gemeinsamen Annahme einer Verordnung, einer Richtlinie oder eines Beschlusses durch das Europäische Parlament und den Rat auf Vorschlag der Kommission. Dieses Verfahren ist in Artikel 294 festgelegt.

(2) In bestimmten, in den Verträgen vorgesehenen Fällen erfolgt als besonderes Gesetzgebungsverfahren die Annahme einer Verordnung, einer Richtlinie oder

eines Beschlusses durch das Europäische Parlament mit Beteiligung des Rates oder durch den Rat mit Beteiligung des Europäischen Parlaments.

(3) Rechtsakte, die gemäß einem Gesetzgebungsverfahren angenommen werden, sind Gesetzgebungsakte.

(4) In bestimmten, in den Verträgen vorgesehenen Fällen können Gesetzgebungsakte auf Initiative einer Gruppe von Mitgliedstaaten oder des Europäischen Parlaments, auf Empfehlung der Europäischen Zentralbank oder auf Antrag des Gerichtshofs oder der Europäischen Investitionsbank erlassen werden.

B 1.3. Protokoll (Nr. 36) über die Übergangsbestimmungen*

ABl. 2016 C 202, S. 321

– Auszug –

Titel VII. Übergangsbestimmungen über die vor dem Inkrafttreten des Vertrags von Lissabon auf der Grundlage der Titel V und VI des Vertrags über die Europäische Union angenommenen Rechtsakte

Artikel 9. Die Rechtsakte der Organe, Einrichtungen und sonstigen Stellen der Union, die vor dem Inkrafttreten des Vertrags von Lissabon auf der Grundlage des Vertrags über die Europäische Union angenommen wurden, behalten so lange Rechtswirkung, bis sie in Anwendung der Verträge aufgehoben, für nichtig erklärt oder geändert werden. Dies gilt auch für Übereinkommen, die auf der Grundlage des Vertrags über die Europäische Union zwischen Mitgliedstaaten geschlossen wurden.

Artikel 10. (1) Als Übergangsmaßnahme gilt bezüglich der Befugnisse der Organe bei Rechtsakten der Union im Bereich der polizeilichen Zusammenarbeit und der justiziellen Zusammenarbeit in Strafsachen, die vor dem Inkrafttreten des Vertrags von Lissabon angenommen wurden, bei Inkrafttreten des genannten Vertrags Folgendes: Die Befugnisse der Kommission nach Artikel 258 des Vertrags über die Arbeitsweise der Europäischen Union gelten nicht, und die Befugnisse des Gerichtshofs der Europäischen Union nach Titel VI des Vertrags über die Europäische Union in der vor dem Inkrafttreten des Vertrags von Lissabon geltenden Fassung bleiben unverändert, einschließlich in den Fällen, in denen sie nach Artikel 35 Absatz 2 des genannten Vertrags über die Europäische Union anerkannt wurden.

(2) Die Änderung eines in Absatz 1 genannten Rechtsakts hat zur Folge, dass hinsichtlich des geänderten Rechtsakts in Bezug auf diejenigen Mitgliedstaaten, für die der geänderte Rechtsakt gilt, die in den Verträgen vorgesehenen Befugnisse der in Absatz 1 genannten Organe gelten.

(3) Die Übergangsmaßnahme nach Absatz 1 tritt auf jeden Fall fünf Jahre nach dem Inkrafttreten des Vertrags von Lissabon außer Kraft.

(4), (5) Sonderregelungen für das Vereinigte Königreich und Irland *(nicht abgedruckt).*

---

* Vertrag von Lissabon zur Änderung des Vertrags über die Europäische Union und des Vertrags zur Gründung der Europäischen Gemeinschaft v. 13.12.2007 (BGBl. 2008 II S. 1038), in Kraft getreten am 1.12.2009.

B 2. Charta der Grundrechte der Europäischen Union[1]

ABl. 2016 C 202, S. 389

– Auszug –

Titel VI. Justizielle Rechte

Artikel 50. Recht, wegen derselben Straftat nicht zweimal strafrechtlich verfolgt oder bestraft zu werden. Niemand darf wegen einer Straftat, derentwegen er bereits in der Union nach dem Gesetz rechtskräftig verurteilt oder freigesprochen worden ist, in einem Strafverfahren erneut verfolgt oder bestraft werden.

Titel VII. Allgemeine Bestimmungen über die Auslegung und Anwendung der Charta

Artikel 51. Anwendungsbereich. (1) Diese Charta gilt für die Organe, Einrichtungen und sonstigen Stellen der Union unter Wahrung des Subsidiaritätsprinzips und für die Mitgliedstaaten ausschließlich bei der Durchführung des Rechts der Union. Dementsprechend achten sie die Rechte, halten sie sich an die Grundsätze und fördern sie deren Anwendung entsprechend ihren jeweiligen Zuständigkeiten und unter Achtung der Grenzen der Zuständigkeiten, die der Union in den Verträgen übertragen werden.

(2) Diese Charta dehnt den Geltungsbereich des Unionsrechts nicht über die Zuständigkeiten der Union hinaus aus und begründet weder neue Zuständigkeiten noch neue Aufgaben für die Union, noch ändert sie die in den Verträgen festgelegten Zuständigkeiten und Aufgaben.

Artikel 52. Tragweite und Auslegung der Rechte und Grundsätze. (1) Jede Einschränkung der Ausübung der in dieser Charta anerkannten Rechte und Freiheiten muss gesetzlich vorgesehen sein und den Wesensgehalt dieser Rechte und Freiheiten achten. Unter Wahrung des Grundsatzes der Verhältnismäßigkeit dürfen Einschränkungen nur vorgenommen werden, wenn sie erforderlich sind und den von der Union anerkannten dem Gemeinwohl dienenden Zielsetzungen oder den Erfordernissen des Schutzes der Rechte und Freiheiten anderer tatsächlich entsprechen.

(2) Die Ausübung der durch diese Charta anerkannten Rechte, die in den Verträgen geregelt sind, erfolgt im Rahmen der in den Verträgen festgelegten Bedingungen und Grenzen.

(3) Soweit diese Charta Rechte enthält, die den durch die Europäische Konvention zum Schutz der Menschenrechte und Grundfreiheiten garantierten Rechten entsprechen, haben sie die gleiche Bedeutung und Tragweite, wie sie ihnen in der genannten Konvention verliehen wird. Diese Bestimmung steht dem nicht entgegen, dass das Recht der Union einen weiter gehenden Schutz gewährt.

(4) Soweit in dieser Charta Grundrechte anerkannt werden, wie sie sich aus den gemeinsamen Verfassungsüberlieferungen der Mitgliedstaaten ergeben, werden sie im Einklang mit diesen Überlieferungen ausgelegt.

(5) Die Bestimmungen dieser Charta, in denen Grundsätze festgelegt sind, können durch Akte der Gesetzgebung und der Ausführung der Organe, Einrichtungen und sonstigen Stellen der Union sowie durch Akte der Mitgliedstaaten zur Durch-

---

[1] In der Fassung v. 12.12.2007 (BGBl. 2008 II S. 1165).

führung des Rechts der Union in Ausübung ihrer jeweiligen Zuständigkeiten umgesetzt werden. Sie können vor Gericht nur bei der Auslegung dieser Akte und bei Entscheidungen über deren Rechtmäßigkeit herangezogen werden.

(6) Den einzelstaatlichen Rechtsvorschriften und Gepflogenheiten ist, wie es in dieser Charta bestimmt ist, in vollem Umfang Rechnung zu tragen.

(7) Die Erläuterungen, die als Anleitung für die Auslegung dieser Charta verfasst wurden, sind von den Gerichten der Union und der Mitgliedstaaten gebührend zu berücksichtigen.

Artikel 53. Schutzniveau. Keine Bestimmung dieser Charta ist als eine Einschränkung oder Verletzung der Menschenrechte und Grundfreiheiten auszulegen, die in dem jeweiligen Anwendungsbereich durch das Recht der Union und das Völkerrecht sowie durch die internationalen Übereinkünfte, bei denen die Union oder alle Mitgliedstaaten Vertragsparteien sind, darunter insbesondere die Europäische Konvention zum Schutz der Menschenrechte und Grundfreiheiten, sowie durch die Verfassungen der Mitgliedstaaten anerkannt werden.

Artikel 54. Verbot des Missbrauchs der Rechte. Keine Bestimmung dieser Charta ist so auszulegen, als begründe sie das Recht, eine Tätigkeit auszuüben oder eine Handlung vorzunehmen, die darauf abzielt, die in der Charta anerkannten Rechte und Freiheiten abzuschaffen oder sie stärker einzuschränken, als dies in der Charta vorgesehen ist.

B 3. Rahmenbeschluss 2004/757/JI
zur Festlegung von Mindestvorschriften
über die Tatbestandsmerkmale strafbarer Handlungen und
die Strafen im Bereich des illegalen Drogenhandels

v. 25.10.2004 (ABl. L 335),
geändert durch Richtlinie (EU) 2017/2103 v. 15.11.2017 (ABl. L 305)

– Auszug –

Artikel 1 Definitionen. Im Sinne dieses Rahmenbeschlusses bezeichnet der Begriff
1. Der Begriff *„Drogen"* bezeichnet:
   a) eine Substanz, die im Einheits-Übereinkommen der Vereinten Nationen von 1961 über Suchtstoffe in der durch das Protokoll von 1972 geänderten Fassung oder im Übereinkommen der Vereinten Nationen von 1971 über psychotrope Stoffe erfasst ist;
   b) sämtliche im Anhang aufgeführten Substanzen;
2. *„Grundstoffe"* die in den Rechtsvorschriften der Gemeinschaft erfassten Stoffe, für die den Verpflichtungen nach Artikel 12 des Übereinkommens der Vereinten Nationen gegen den unerlaubten Verkehr mit Suchtstoffen und psychotropen Stoffen vom 20. Dezember 1988 nachzukommen ist;
3. *„juristische Person"* jedes Rechtssubjekt, das diesen Status nach dem jeweils geltenden innerstaatlichen Recht besitzt, mit Ausnahme von Staaten oder sonstigen Körperschaften des öffentlichen Rechts in Ausübung ihrer hoheitlichen Befugnisse und von öffentlich-rechtlichen internationalen Organisationen;
4. *„neue psychoaktive Substanz"* eine Substanz in reiner Form oder als Zubereitung, die nicht unter das Einheits-Übereinkommen der Vereinten Nationen von 1961 über Suchtstoffe in der durch das Protokoll von 1972 geänderten Fassung und nicht unter das Übereinkommen der Vereinten Nationen von 1971 über psychotrope Stoffe fällt, jedoch möglicherweise mit Risiken für die Gesundheit oder die Gesellschaft verbunden ist, die denen ähnlich sind, die mit den Substanzen verbunden sind, die unter die genannten Übereinkommen fallen;
5. *„Zubereitung"* eine Mischung, die eine oder mehrere neue psychoaktive Substanzen enthält.

Artikel 1a Verfahren für die Aufnahme neuer psychoaktiver Substanzen in die Definition von Drogen. *nicht abgedruckt*

Artikel 1b Nationale Kontrollmaßnahmen. *nicht abgedruckt*

Artikel 2 Straftaten in Verbindung mit illegalem Handel mit Drogen und Grundstoffen. (1) Jeder Mitgliedstaat trifft die erforderlichen Maßnahmen, um sicherzustellen, dass folgende vorsätzliche Handlungen unter Strafe gestellt werden, wenn sie ohne entsprechende Berechtigung vorgenommen wurden:
a) das Gewinnen, Herstellen, Ausziehen, Zubereiten, Anbieten, Feilhalten, Verteilen, Verkaufen, Liefern – gleichviel zu welchen Bedingungen –, Vermitteln, Versenden – auch im Transit-, Befördern, Einführen oder Ausführen von Drogen;
b) das Anbauen des Opiummohns, des Kokastrauchs oder der Cannabispflanze;
c) das Besitzen oder Kaufen von Drogen mit dem Ziel, eine der unter Buchstabe a) aufgeführten Handlungen vorzunehmen;

B 3 Rahmenbeschluss 2004/757/JI

d) das Herstellen, Befördern oder Verteilen von Grundstoffen in der Kenntnis, dass sie der illegalen Erzeugung oder der illegalen Herstellung von Drogen dienen.

(2) Die Handlungen nach Absatz 1 fallen nicht in den Anwendungsbereich dieses Rahmenbeschlusses, wenn die Täter sie ausschließlich für ihren persönlichen Konsum im Sinne des nationalen Rechts begangen haben.

Artikel 3 Anstiftung, Beihilfe und Versuch. (1) Jeder Mitgliedstaat ergreift die erforderlichen Maßnahmen, um die Anstiftung und die Beihilfe zu einer der in Artikel 2 genannten Straftaten und den Versuch ihrer Begehung als Straftat einzustufen.

(2) Jeder Mitgliedstaat kann vorsehen, dass der Versuch des Anbietens oder der Zubereitung von Drogen nach Artikel 2 Absatz 1 Buchstabe a) sowie der Versuch des Erwerbs von Drogen nach Artikel 2 Absatz 1 Buchstabe c) keinen Straftatbestand darstellt.

Artikel 4 Strafen. *nicht abgedruckt*

Artikel 5 Besondere Umstände. Ungeachtet des Artikels 4 kann jeder Mitgliedstaat die erforderlichen Maßnahmen ergreifen, um sicherzustellen, dass die in Artikel 4 vorgesehenen Strafen gemildert werden können, wenn der Straftäter
a) sich von seinen kriminellen Aktivitäten im Bereich des illegalen Handels mit Drogen und Grundstoffen lossagt und
b) den Verwaltungs- oder Justizbehörden Informationen liefert, die sie nicht auf andere Weise erhalten könnten, und ihnen auf diese Weise hilft,
   i) die Auswirkungen der Straftat zu verhindern oder abzumildern,
   ii) andere Straftäter zu ermitteln oder vor Gericht zu bringen,
   iii) Beweise zu sammeln oder
   iv) weitere Straftaten im Sinne der Artikel 2 und 3 zu verhindern.

Artikel 6 Verantwortlichkeit juristischer Personen. *nicht abgedruckt*

Artikel 7 Sanktionen gegen juristische Personen. *nicht abgedruckt*

Artikel 8 Gerichtsbarkeit und Strafverfolgung. *nicht abgedruckt*

Artikel 8a Ausübung der Befugnisübertragung. *nicht abgedruckt*

Artikel 9 Durchführung und Berichte. *nicht abgedruckt*

Artikel 10 Räumlicher Anwendungsbereich. Dieser Rahmenbeschluss findet auf Gibraltar Anwendung.

Artikel 11 Inkrafttreten. Dieser Rahmenbeschluss tritt am Tag nach seiner Veröffentlichung im Amtsblatt der Europäischen Union in Kraft.

Artikel 5 Adressaten. Diese Richtlinie ist gemäß den Verträgen an die Mitgliedstaaten gerichtet.

Anhang

Liste der Substanzen im Sinne von Artikel 1 Absatz 1 Buchstabe b

nicht abgedruckt

B 4.1. Übereinkommen zur Durchführung des Übereinkommens von Schengen vom 14.6.1985

v. 19.6.1990 (BGBl. 1993 II S. 1010)[1,2]

– Auszug –

Kapitel 3. Verbot der Doppelbestrafung

Artikel 54. Wer durch eine Vertragspartei rechtskräftig abgeurteilt worden ist, darf durch eine andere Vertragspartei wegen derselben Tat nicht verfolgt werden, vorausgesetzt, daß im Fall einer Verurteilung die Sanktion bereits vollstreckt worden ist, gerade vollstreckt wird oder nach dem Recht des Urteilsstaats nicht mehr vollstreckt werden kann.

Artikel 55. (1) Eine Vertragspartei kann bei der Ratifikation, der Annahme oder der Genehmigung dieses Übereinkommens erklären, daß sie in einem oder mehreren der folgenden Fälle nicht durch Artikel 54 gebunden ist:
a) Wenn die Tat, die dem ausländischen Urteil zugrunde lag, ganz oder teilweise in ihrem Hoheitsgebiet begangen wurde; im letzteren Fall gilt die Ausnahme jedoch nicht, wenn diese Tat teilweise im Hoheitsgebiet der Vertragspartei begangen wurde, in dem das Urteil ergangen ist;
b) wenn die Tat, die dem ausländischen Urteil zugrunde lag, eine gegen die Sicherheit des Staates oder andere gleichermaßen wesentliche Interessen dieser Vertragspartei gerichtete Straftat darstellt;
c) wenn die Tat, die dem ausländischen Urteil zugrunde lag, von einem Bediensteten dieser Vertragspartei unter Verletzung seiner Amtspflichten begangen wurde.
(2) Eine Vertragspartei, die eine solche Erklärung betreffend eine der in Absatz 1 Buchstabe b genannten Ausnahmen abgibt, bezeichnet die Arten von Straftaten, auf die solche Ausnahmen Anwendung finden können.
(3) Eine Vertragspartei kann eine solche Erklärung betreffend eine oder mehrere in Absatz 1 genannten Ausnahmen jederzeit zurücknehmen.
(4) Ausnahmen, die Gegenstand einer Erklärung nach Absatz 1 waren, finden keine Anwendung, wenn die betreffende Vertragspartei die andere Vertragspartei wegen derselben Tat um Verfolgung ersucht oder die Auslieferung des Betroffenen bewilligt hat.

Artikel 56. Wird durch eine Vertragspartei eine erneute Verfolgung gegen eine Person eingeleitet, die bereits durch eine andere Vertragspartei wegen derselben Tat rechtskräftig abgeurteilt wurde, so wird jede in dem Hoheitsgebiet der zuletzt genannten Vertragspartei wegen dieser Tat erlittene Freiheitsentziehung auf eine etwa zu verhängende Sanktion angerechnet. Soweit das nationale Recht dies erlaubt, werden andere als freiheitsentziehende Sanktionen ebenfalls berücksichtigt, sofern sie bereits vollstreckt wurden.

Artikel 57. (1) Ist eine Person im Hoheitsgebiet einer Vertragspartei wegen einer Straftat angeschuldigt und haben die zuständigen Behörden dieser Vertragspartei Grund zu der Annahme, daß die Anschuldigung dieselbe Tat betrifft, derentwegen der Betreffende im Hoheitsgebiet einer anderen Vertragspartei bereits rechtskräftig abgeurteilt wurde, so ersuchen sie, sofern sie es für erforderlich halten, die zuständi-

---

[1] Für Deutschland in Kraft getreten am 1.9.1993 (Bek. v. 20.4.1994 (BGBl. II S. 631)).
[2] S. auch Schengener Grenzkodex (VO (EU) v. 9.3.2016 (ABl. L 77, S. 1)).

gen Behörden der Vertragspartei, in deren Hoheitsgebiet die Entscheidung ergangen ist, um sachdienliche Auskünfte.

(2) Die erbetenen Auskünfte werden sobald wie möglich erteilt und sind bei der Entscheidung über eine Fortsetzung des Verfahrens zu berücksichtigen.

(3) Jede Vertragspartei gibt bei der Ratifikation, der Annahme oder der Genehmigung dieses Übereinkommens die Behörden an, die befugt sind, um Auskünfte nach diesem Artikel zu ersuchen und solche entgegenzunehmen.

Artikel 58. Die vorstehenden Bestimmungen stehen der Anwendung weitergehender Bestimmungen des nationalen Rechts über die Geltung des Verbots der Doppelbestrafung in bezug auf ausländische Justizentscheidungen nicht entgegen

Kapitel 6. Betäubungsmittel

Artikel 70. (1) Die Vertragsparteien bilden eine ständige Arbeitsgruppe, die die Aufgabe hat, gemeinschaftliche Probleme in bezug auf die Bekämpfung der Betäubungsmittelkriminalität zu untersuchen und gegebenenfalls Vorschläge zur notwendigen Verbesserung der praktischen und technischen Aspekte der Zusammenarbeit zwischen den Vertragsparteien zu machen. Die Arbeitsgruppe legt ihre Vorschläge dem Exekutivausschuß vor.

(2) Die Arbeitsgruppe nach Absatz 1, deren Mitglieder von den zuständigen nationalen Instanzen benannt werden, ist insbesondere aus Vertretern der für Aufgaben der Polizei und des Zolls zuständigen Behörden zusammengesetzt.

Artikel 71. (1) Die Vertragsparteien verpflichten sich, in bezug auf die unmittelbare oder mittelbare Abgabe von Suchtstoffen und psychotropen Stoffen aller Art einschließlich Cannabis und den Besitz dieser Stoffe zum Zwecke der Abgabe oder Ausfuhr unter Berücksichtigung der bestehenden Übereinkommen der Vereinten Nationen alle notwendigen Maßnahmen zu treffen, die zur Unterbindung des unerlaubten Handels mit Betäubungsmitteln erforderlich sind.

(2) Unbeschadet der Artikel 74, 75 und 76 verpflichten sich die Vertragsparteien, die unerlaubte Ausfuhr von Betäubungsmitteln aller Art einschließlich Cannabis-Produkten sowie den Verkauf, die Verschaffung und die Abgabe dieser Mittel mit verwaltungsrechtlichen und strafrechtlichen Mitteln zu unterbinden.

(3) Zur Bekämpfung der unerlaubten Einfuhr von Suchtstoffen und psychotropen Stoffen aller Art einschließlich Cannabis verstärken die Vertragsparteien die Kontrollen des Personen- und des Warenverkehrs sowie der Transportmittel an den Außengrenzen. Einzelheiten werden durch die in Artikel 70 genannte Arbeitsgruppe festgelegt. Sie wird dabei insbesondere die Verlagerung eines Teils der an den Binnengrenzen freiwerdenden Kräfte der Polizei und des Zolls sowie den Einsatz moderner Rauschgiftdetektionsmethoden und von Rauschgiftspürhunden in Betracht ziehen.

(4) Die Vertragsparteien werden zur Einhaltung der Bestimmungen dieses Artikels Örtlichkeiten, an denen erfahrungsgemäß Rauschgifthandel betrieben wird, gezielt zu überwachen.

(5) Hinsichtlich der Eindämmung der unerlaubten Nachfrage nach Suchtstoffen und psychotropen Stoffen aller Art einschließlich Cannabis werden die Vertragsparteien ihr möglichstes tun, den negativen Folgen dieser unerlaubten Nachfrage vorzubeugen und entgegenzuwirken. Die Maßnahmen dazu liegen im Verantwortungsbereich der einzelnen Vertragsparteien.

Artikel 72. Die Vertragsparteien werden im Rahmen ihrer Verfassung und ihrer Rechtsordnung gewährleisten, daß nationale gesetzliche Bestimmungen geschaffen werden, die die Sicherstellung und den Verfall von Vermögensgewinnen aus dem unerlaubten Betäubungsmittelhandel ermöglichen.

Artikel 73. (1) Die Vertragsparteien werden im Rahmen ihrer Verfassung und ihrer Rechtsordnung ermöglichen, daß die kontrollierte Lieferung bei dem unerlaubten Handel mit Betäubungsmitteln angewandt werden kann.

(2) Die Entscheidung zur Anordnung der kontrollierten Lieferung wird in jedem Einzelfall auf der Grundlage der Vorwegbewilligung der betroffenen Vertragsparteien getroffen.

(3) Die Herrschaft und die Befugnis zum Einschreiten liegt bei den Behörden der Vertragspartei, auf deren Hoheitsgebiet die Operation durchgeführt wird.

Artikel 74. In Bezug auf den legalen Verkehr mit Suchtstoffen und psychotropen Stoffen vereinbaren die Vertragsparteien, die Kontrollen, die vor der Abschaffung der Grenzkontrollen an den Binnengrenzen gemäß den einschlägigen Verpflichtungen nach den in Artikel 71 aufgeführten Übereinkommen der Vereinten Nationen durchgeführt werden, soweit wie möglich in das Binnenland zu verlegen.

Artikel 75. (1) Im Reiseverkehr in das Hoheitsgebiet der Vertragsparteien oder innerhalb desselben dürfen Personen, die im Rahmen einer ärztlichen Behandlung benötigten Betäubungsmittel mit sich führen, wenn sie eine von einer zuständigen Behörde ihres Aufenthaltsstaates ausgestellte oder beglaubigte Bescheinigung bei einer Kontrolle vorweisen.

(2) Die Form und der Inhalt der Bescheinigung nach Absatz 1, soweit sie von einer der Vertragsparteien ausgestellt wird, insbesondere die Angaben bezüglich der Art, der Menge und der Reisedauer werden von dem Exekutivausschuß festgelegt.

(3) Die Vertragsparteien unterrichten sich darüber, welche Behörden für die Ausstellung oder Beglaubigung der Bescheinigung nach Absatz 2 zuständig sind.

Artikel 76. (1) Die Vertragsparteien treffen soweit erforderlich unter Berücksichtigung ihrer ärztlichen, ethischen und praktischen Gepflogenheiten die geeigneten Maßnahmen für die Kontrolle von Suchtstoffen und psychotropen Stoffen, die im Hoheitsgebiet einer oder mehrerer Vertragsparteien strengeren Kontrollen als in ihrem eigenen Hoheitsgebiet unterliegen, damit die Wirksamkeit dieser strengen Kontrollen nicht beeinträchtigt.

(2) Absatz 1 gilt auch für Stoffe, die häufig bei der Herstellung von Suchtstoffen oder psychotropen Stoffen Verwendung finden.

(3) Die Vertragsparteien informieren sich gegenseitig über ihre Maßnahmen zur Durchführung der Überwachung des legalen Verkehrs mit den in den Absätzen 1 und 2 genannten Stoffen.

(4) Der Exekutivausschuß berät regelmäßig über die hierbei auftretenden Probleme.

Vorbehalte der Bundesrepublik Deutschland

Die Bundesrepublik Deutschland hat bei der Ratifikation des SDÜ erklärt (BGBl. 1994 II S. 631), daß sie durch Artikel 54 SDÜ nicht gebunden ist,
a) wenn die Tat, die dem ausländischen Urteil zugrunde lag, ganz oder teilweise in ihrem Hoheitsgebiet begangen wurde;

B 4.1 SDÜ

Anhang

b) wenn die Tat, die dem ausländischen Urteil zugrunde lag, eine der folgenden Strafvorschriften erfüllt hat:
   aa) bis ee) *nicht abgedruckt*
   ff) Straftaten nach §§ 129, 129a StGB
   gg) bis ii) *nicht abgedruckt*

Als Tat wird in Anwendung des Artikels 54 seitens der Bundesrepublik Deutschland derjenige geschichtliche Vorgang verstanden, wie er in dem anzuerkennenden Urteil aufgeführt ist.

B 4.2. Übereinkommen zwischen den Mitgliedstaaten der Europäischen Gemeinschaften über das Verbot der doppelten Strafverfolgung

v. 25.5.1987 (BGBl. 1998 II S. 2226)[1]

Präambel

Die Mitgliedstaaten der Europäischen Gemeinschaften, im folgenden als „Mitgliedstaaten" bezeichnet –
eingedenk der engen Beziehungen, die zwischen ihren Völkern bestehen;
in Anbetracht der Entwicklung, die auf den Abbau der Hindernisse für die Freizügigkeit zwischen den Mitgliedstaaten abzielt;
in dem Wunsch, ihre Zusammenarbeit in Strafsachen auf der Grundlage gegenseitigen Vertrauens, gegenseitigen Verständnisses und Gegenseitiger Achtung auszuweiten;
überzeugt, daß es Ausdruck solchen Vertrauens, solchen Verständnisses und solcher Achtung ist, wenn das Verbot der doppelten Strafverfolgung in bezug auf ausländische Justizentscheidungen wechselseitig anerkannt wird –
sind wie folgt übereingekommen:

Artikel 1. Wer in einem Mitgliedstaat rechtskräftig abgeurteilt worden ist, darf in einem anderen Mitgliedstaat wegen derselben Tat nicht verfolgt werden, vorausgesetzt, daß im Fall einer Verurteilung die Sanktion bereits vollstreckt worden ist, gerade vollstreckt wird oder nach dem Recht des Urteilsstaats nicht mehr vollstreckt werden kann.

Artikel 2. (1) Ein Mitgliedstaat kann bei der Ratifikation, der Annahme oder der Genehmigung dieses Übereinkommens erklären, daß er in einem oder mehreren der folgenden Fälle nicht durch Artikel 1 gebunden ist:
a) wenn die Tat, die dem ausländischen Urteil zugrunde lag, ganz oder teilweise in seinem Hoheitsgebiet begangen wurde. Im letzteren Fall gilt diese Ausnahme jedoch nicht, wenn diese Tat teilweise im Hoheitsgebiet des Mitgliedstaats begangen wurde, in dem das Urteil ergangen ist;
b) wenn die Tat, die dem ausländischen Urteil zugrunde lag, eine gegen die Sicherheit oder andere gleichermaßen wesentliche Interessen dieses Mitgliedstaats gerichtete Straftat darstellt;
c) wenn die Tat, die dem ausländischen Urteil zugrunde lag, von einem Bediensteten dieses Mitgliedstaats unter Verletzung seiner Amtspflicht begangen wurde.
(2) Ein Mitgliedstaat, der eine Erklärung betreffend die in Absatz 1 Buchstabe b genannte Ausnahme abgibt, bezeichnet die Arten von Straftaten, auf die diese Ausnahme Anwendung finden kann.
(3) Ein Mitgliedstaat kann eine solche Erklärung betreffend eine oder mehrere der in Absatz 1 genannten Ausnahmen jederzeit zurücknehmen. Die Rücknahme wird dem Ministerium der auswärtigen Angelegenheiten Belgiens notifiziert und wird am ersten Tag des auf den Tag dieser Notifikation folgenden Monats wirksam.
(4) Ausnahmen, die Gegenstand einer Erklärung nach Absatz 1 waren, finden keine Anwendung, wenn der betreffende Mitgliedstaat den anderen Mitgliedstaat

---

[1] In Kraft für Belgien, Dänemark, Frankreich, Irland, Italien, Niederlande, Österreich, Portugal (Fundstellennachweis B 2020, S. 891).

wegen derselben Tat um Verfolgung ersucht oder die Auslieferung des Betroffenen bewilligt hat.

Artikel 3. Wird in einem Mitgliedstaat eine erneute Verfolgung gegen eine Person eingeleitet, die bereits in einem anderen Mitgliedstaat wegen derselben Tat rechtskräftig abgeurteilt wurde, so wird jede in dem zuletzt genannten Mitgliedstaat wegen dieser Tat erlittene Freiheitsentziehung auf eine etwa zu verhängende Sanktion angerechnet. Soweit das innerstaatliche Recht dies erlaubt, werden andere als freiheitsentziehende Sanktionen ebenfalls berücksichtigt, sofern sie bereits vollstreckt wurden.

Artikel 4. (1) Ist eine Person in einem Mitgliedstaat wegen einer Straftat angeschuldigt und haben die zuständigen Behörden dieses Mitgliedstaats Grund zur Annahme, daß die Anschuldigung dieselbe Tat betrifft, derentwegen der Betreffende in einem anderen Mitgliedstaat bereits rechtskräftig abgeurteilt wurde, so ersuchen sie, sofern sie es für erforderlich halten, die zuständigen Behörden des Mitgliedstaats, in dem die Entscheidung ergangen ist, um sachdienliche Auskünfte.

(2) Die erbetenen Auskünfte werden so bald wie möglich erteilt und sind bei der Entscheidung über eine Fortsetzung des Verfahrens zu berücksichtigen.

(3) Jeder Mitgliedstaat gibt bei der Unterzeichnung, der Ratifikation, der Annahme oder der Genehmigung dieses Übereinkommens die Behörden an, die befugt sind, um Auskünfte nach diesem Artikel zu ersuchen und solche entgegenzunehmen.

Artikel 5. Die vorstehenden Bestimmungen stehen der Anwendung weitergehender innerstaatlicher Bestimmungen über die Geltung des Verbots der doppelten Strafverfolgung in bezug auf ausländische Justizentscheidungen nicht entgegen

Artikel 6 bis 9. *nicht abgedruckt*

Vorbehalte der Bundesrepublik Deutschland

Die Bundesrepublik Deutschland hat bei der Ratifikation des Übereinkommens erklärt, daß sie durch Artikel 1 nicht gebunden ist,
a) wenn die Tat, die dem ausländischen Urteil zugrunde lag, ganz oder teilweise in ihrem Hoheitsgebiet begangen wurde;
b) wenn die Tat, die dem ausländischen Urteil zugrunde lag, eine der folgenden Strafvorschriften erfüllt hat:
   aa) bis ee) *nicht abgedruckt*
   ff)   Straftaten nach §§ 129, 129a StGB
   gg) bis ii) *nicht abgedruckt*
Als Tat wird in Anwendung des Artikels 54 seitens der Bundesrepublik Deutschland derjenige geschichtliche Vorgang verstanden, wie er in dem anzuerkennenden Urteil aufgeführt ist.

B 5.1. Verordnung (EU) 2016/794 über die Agentur der Europäischen Union für die Zusammenarbeit auf dem Gebiet der Strafverfolgung (Europol)

v. 11.5.2016 (ABl. L 335, S. 53)[1]

– Auszug –

Artikel 1. Errichtung der Agentur der Europäischen Union für die Zusammenarbeit auf dem Gebiet der Strafverfolgung. (1) Es wird eine Agentur der Europäischen Union für die Zusammenarbeit auf dem Gebiet der Strafverfolgung (Europol) errichtet, um die Zusammenarbeit zwischen den Strafverfolgungsbehörden in der Union zu unterstützen.

(2) Europol in der durch diese Verordnung errichteten Form tritt an die Stelle von Europol in der durch den Beschluss 2009/371/JI errichteten Form und wird dessen Nachfolgerin.

Artikel 2. Ziele. (1) Europol unterstützt und verstärkt die Tätigkeit der zuständigen Behörden der Mitgliedstaaten sowie deren gegenseitige Zusammenarbeit bei der Verhütung und Bekämpfung der zwei oder mehr Mitgliedstaaten betreffenden schweren Kriminalität, des Terrorismus und der Kriminalitätsformen, die ein gemeinsames Interesse verletzen, das Gegenstand einer Politik der Union ist, wie in Anhang I aufgeführt.

(2) Zusätzlich zu Absatz 1 erstrecken sich die Ziele von Europol auch auf im Zusammenhang mit diesen Straftaten stehende Straftaten. Als im Zusammenhang stehende Straftaten gelten:
a) Straftaten, die begangen werden, um die Mittel zur Begehung von in den Zuständigkeitsbereich von Europol fallenden Handlungen zu beschaffen;
b) Straftaten, die begangen werden, um in den Zuständigkeitsbereich von Europol fallende Handlungen zu erleichtern oder durchzuführen;
c) Straftaten, die begangen werden, um dafür zu sorgen, dass in den Zuständigkeitsbereich von Europol fallende Handlungen straflos bleiben.

Artikel 3 bis Artikel 77. *nicht abgedruckt*

Anhang I

Liste der Kriminalitätsformen nach Artikel 3 Absatz 1 (Auszug)
– organisierte Kriminalität
– Drogenhandel
– Geldwäschehandlungen
– illegaler Handel mit Organen und menschlichem Gewebe
– illegaler Handel mit Hormonen und Wachstumsförderern.

---

[1] Die VO gilt ab 1.5.2017 (Art. 77 Abs. 2); nationale Verweisungen auf die früheren Beschlüsse gelten als Verweisungen auf die VO (Art. 75 Abs. 2).

B 5.2. Europol-Gesetz

in der Fassung des Gesetzes v. 31.7.2009 (BGBl. I S. 2504),
geändert durch Gesetz v. 23.6.2017 (BGBl. I S. 1882)

– Auszug –

§ 1 Zuständigkeiten und Aufgaben. Das Bundeskriminalamt ist zuständige Behörde im Rahmen der Verordnung (EU) 2016/794 des Europäischen Parlaments und des Rates vom 11. Mai 2016 über die Agentur der Europäischen Union für die Zusammenarbeit auf dem Gebiet der Strafverfolgung (Europol) und zur Ersetzung und Aufhebung der Beschlüsse 2009/371/JI, 2009/934/JI, 2009/935/JI, 2009/936/JI und 2009/968/JI des Rates (ABl. L 135 vom 24.5.2016, S. 53)
1. als nationale Stelle nach Artikel 7 Absatz 2 Satz 1 der Verordnung (EU) 2016/794,
2. als nationale Behörde nach Artikel 36 Absatz 3 der Verordnung (EU) 2016/794.

Trägt gemäß § 2 Absatz 2 innerstaatlich eine andere Stelle für die von einem Antrag auf Auskunftserteilung betroffenen Daten die datenschutzrechtliche Verantwortung, nimmt das Bundeskriminalamt die nach Artikel 36 Absatz 5 der Verordnung (EU) 2016/794 vorgesehene Mitwirkung im Einvernehmen mit dieser Stelle wahr.

§ 2 Gemeinsame Vorschriften für die Informationsverarbeitung im Zusammenhang mit Europol. (1) Polizei- und Zollbehörden sind nach Maßgabe des entsprechend anzuwendenden § 13 Abs. 1 Satz 1 und 2, Abs. 2 und 3 des Bundeskriminalamtgesetzes verpflichtet, Informationen an das Bundeskriminalamt zu übermitteln, soweit dies zur Erfüllung seiner Aufgaben als nationale Stelle erforderlich ist. Das Bundeskriminalamt unterrichtet die Strafverfolgungsbehörden des Bundes und der Länder unverzüglich über die sie betreffenden Informationen und die in Erfahrung gebrachten Zusammenhänge von Straftaten, über die es durch Europol gemäß Artikel 22 der Verordnung (EU) 2016/794 Kenntnis erhält. § 27 des Bundeskriminalamtgesetzes gilt entsprechend.

(2) *nicht abgedruckt*

(3) Zur Unterstützung des Informationsaustausches im Rahmen der Verhütung und Verfolgung von Straftaten können die Behörden der Bundespolizei und des Zollfahndungsdienstes sowie die Polizeien der Länder unmittelbar mit den deutschen Verbindungsbeamten bei Europol gemäß Artikel 8 Absatz 3 und 4 der Verordnung (EU) 2016/794 Daten austauschen, soweit dies zur Beschleunigung des Geschäftsganges erforderlich und ein nationaler Koordinierungsbedarf nicht erkennbar ist. Das Bundeskriminalamt ist nachrichtlich zu beteiligen.

(4) und (5) *nicht abgedruckt*

§ 3 Informationsverarbeitung bei Europol zu Zwecken des Abgleichs und der Analyse. (1) Unbeschadet des § 1 Nr. 1 sind die Behörden der Bundespolizei und des Zollfahndungsdienstes sowie die Polizeien der Länder innerstaatlich befugt, an Europol zum Zweck der Verarbeitung nach Artikel 18 Absatz 2 Buchstabe a bis c der Verordnung (EU) 2016/794 zu übermitteln und nach Maßgabe des Artikels 20 Absatz 1 und 2 der Verordnung (EU) 2016/794 auf zu diesem Zweck übermittelte Daten zuzugreifen. Nur die übermittelnde Stelle ist befugt, die übermittelten Daten zu ändern, zu berichtigen oder zu löschen; die datenschutzrechtliche Verantwortung des Bundeskriminalamts als Zentralstelle bleibt unberührt. Hat eine zur Übermittlung berechtigte Stelle Anhaltspunkte dafür, daß Daten unrichtig sind, teilt sie dies umgehend der übermittelnden Stelle mit, die verpflichtet ist, diese Mitteilung unverzüglich zu prüfen und erforderlichenfalls die Daten unverzüglich zu ändern, zu berichtigen oder zu löschen.

(2) Die in Buchstabe A Absatz 3 Buchstabe b und d des Anhangs 2 der Verordnung (EU) 2016/794 genannten Daten über Personen nach Buchstabe A Absatz 1 Buchstabe a des Anhangs 2 der Verordnung (EU) 2016/7949/371/JI dürfen nur übermittelt werden, soweit die Voraussetzungen des § 8 Abs. 3 des Bundeskriminalamtgesetzes erfüllt sind.

(3) *nicht abgedruckt*

§ 4 Anwendung anderer Vorschriften. Soweit dieses Gesetz keine besonderen Regelungen trifft, gelten die Befugnisse und Verpflichtungen des Bundeskriminalamts als Zentralstelle und die Verpflichtungen anderer Behörden, namentlich der Behörden der Bundespolizei und des Zollfahndungsdienstes sowie der Polizeien der Länder, zur Zusammenarbeit mit dem Bundeskriminalamt entsprechend.

§§ 5, 6 Datenschutzkontrolle und Haftung, Verwaltungsrat. *nicht abgedruckt*

B 6. Beschluss 2008/976/JI des Rates vom 16.12.2008 über das Europäische Justizielle Netz

(ABl. 2008 L 348, S. 130)[1]

– Auszug –

Artikel 1. Einrichtung. Das durch die Gemeinsame Maßnahme 98/428/JI eingerichtete Netz justizieller Kontaktstellen zwischen den Mitgliedstaaten, im Folgenden „Europäisches Justizielles Netz" genannt, setzt seine Tätigkeit im Einklang mit diesem Beschluss fort.

Artikel 2. Zusammensetzung. (1) Das Europäische Justizielle Netz setzt sich unter Berücksichtigung der verfassungsrechtlichen Vorschriften, der rechtlichen Traditionen und der internen Struktur jedes Mitgliedstaats aus den für die internationale justizielle Zusammenarbeit zuständigen Zentralbehörden, den Justizbehörden oder anderen zuständigen Behörden zusammen, die im Rahmen der internationalen Zusammenarbeit eigene Zuständigkeiten besitzen.

(2) Jeder Mitgliedstaat richtet nach Maßgabe seiner innerstaatlichen Vorschriften und der innerstaatlichen Zuständigkeiten eine oder mehrere Kontaktstellen ein, wobei er dafür Sorge trägt, dass sein gesamtes Hoheitsgebiet tatsächlich abgedeckt ist.

(3) Jeder Mitgliedstaat benennt unter den Kontaktstellen eine nationale Anlaufstelle für das Europäische Justizielle Netz.

(4) Jeder Mitgliedstaat richtet eine technische Anlaufstelle für das Europäische Justizielle Netz ein.

(5) Jeder Mitgliedstaat stellt sicher, dass seine Kontaktstellen Aufgaben in Bezug auf die justizielle Zusammenarbeit in Strafsachen wahrnehmen und angesichts des Erfordernisses, die Kommunikation zwischen diesen und den Kontaktstellen der anderen Mitgliedstaaten zu ermöglichen, neben der Landessprache über ausreichende Kenntnisse in einer anderen Sprache der Europäischen Union verfügen.

(6) Die Verbindungsrichter/-staatsanwälte im Sinne der Gemeinsamen Maßnahme 96/277/JI des Rates vom 22. April 1996 betreffend den Rahmen für den Austausch von Verbindungsrichtern/-staatsanwälten zur Verbesserung der justitiellen Zusammenarbeit zwischen den Mitgliedstaaten der Europäischen Union werden, soweit sie in einem Mitgliedstaat ernannt wurden und Aufgaben wahrnehmen, die den Kontaktstellen nach Artikel 4 dieses Beschlusses übertragenen Aufgaben entsprechen, von dem Mitgliedstaat, der den Verbindungsrichter/-staatsanwalt ernannt hat, nach von diesem Mitgliedstaat festzulegenden Modalitäten an das Europäische Justizielle Netz und die gesicherte Telekommunikationsverbindung nach Artikel 10 dieses Beschlusses angeschlossen.

(7) Die Kommission benennt eine Kontaktstelle für die in ihre Zuständigkeit fallenden Bereiche.

(8) Das Europäische Justizielle Netz verfügt über ein Sekretariat, das für die Verwaltung des Netzes verantwortlich ist.

Artikel 3. Arbeitsweise des Netzes. Das Europäische Justizielle Netz arbeitet insbesondere auf dreierlei Weise:
a) zur Wahrnehmung der Aufgaben nach Artikel 4 erleichtert es die Herstellung sachdienlicher Kontakte zwischen den Kontaktstellen der einzelnen Mitgliedstaaten;

---

[1] Umsetzung: § 14 Eurojust-Gesetz (Anh. B 7.2).

b) es hält nach Maßgabe der Artikel 5 und 6 regelmäßig Sitzungen der Vertreter der Mitgliedstaaten ab;
c) es stellt nach Maßgabe der Artikel 7, 8 und 9 insbesondere über ein geeignetes Telekommunikationsnetz ständig eine Reihe grundlegender Angaben in aktualisierter Form zur Verfügung.

Artikel 4. Aufgaben der Kontaktstellen. (1) Die Kontaktstellen sind aktive Vermittler, die die justizielle Zusammenarbeit zwischen den Mitgliedstaaten insbesondere bei der Verfolgung der schweren Kriminalität erleichtern sollen. Sie stehen den örtlichen Justizbehörden und den anderen zuständigen Behörden ihres Mitgliedstaats, den Kontaktstellen der anderen Mitgliedstaaten sowie den örtlichen Justizbehörden und den anderen zuständigen Behörden in den anderen Mitgliedstaaten für die Herstellung möglichst zweckdienlicher Direktkontakte zur Verfügung.

Auf der Grundlage einer Übereinkunft zwischen den betreffenden Behörden können sie die Kontaktstellen der anderen Mitgliedstaaten aufsuchen, soweit dies erforderlich ist.

(2) Die Kontaktstellen stellen den örtlichen Justizbehörden ihres Mitgliedstaats, den Kontaktstellen in den anderen Mitgliedstaaten und den örtlichen Justizbehörden in den anderen Mitgliedstaaten die erforderlichen rechtlichen und praktischen Informationen zur Verfügung, um es ihnen zu ermöglichen, ein Ersuchen um justizielle Zusammenarbeit effizient vorzubereiten, oder um die justizielle Zusammenarbeit im Allgemeinen zu verbessern.

(3) nicht abgedruckt

(4) Die nationale Anlaufstelle hat neben ihren in den Absätzen 1 bis 3 genannten Aufgaben als Kontaktstelle insbesondere noch folgende Zuständigkeiten:
a) sie ist in ihrem Mitgliedstaat für Fragen zuständig, die das interne Funktionieren des Netzes betreffen, wozu auch die Koordinierung von Auskunftsersuchen und Antworten der zuständigen Behörden der Mitgliedstaaten gehört;
b) sie ist hauptzuständig für die Kontakte zum Sekretariat des Europäischen Justiziellen Netzes, was auch die Teilnahme an den in Artikel 6 genannten Sitzungen einschließt;
c) sie nimmt zur Benennung neuer Kontaktstellen Stellung, wenn sie dazu aufgefordert wird.

(5) Die technische Anlaufstelle des Europäischen Justiziellen Netzes, die auch eine in den Absätzen 1 bis 4 genannte Kontaktstelle sein kann, sorgt dafür, dass die ihren Mitgliedstaat betreffenden und in Artikel 7 genannten Informationen zur Verfügung gestellt und gemäß Artikel 8 aktualisiert werden.

Artikel 7. Inhalt der im Rahmen des Europäischen Justiziellen Netzes verbreiteten Informationen. Das Sekretariat des Europäischen Justiziellen Netzes stellt den Kontaktstellen und den zuständigen Justizbehörden folgende Informationen zur Verfügung:
a) vollständige Angaben über die Kontaktstellen in jedem Mitgliedstaat, gegebenenfalls mit Angabe ihrer innerstaatlichen Zuständigkeiten;
b) eine informationstechnologische Anwendung, mit der die ersuchende oder ausstellende Behörde eines Mitgliedstaats die zuständige Behörde in einem anderen Mitgliedstaat ermitteln kann, die dafür zuständig ist, ihr Ersuchen um justizielle Zusammenarbeit sowie ihre Entscheidungen über eine solche Zusammenarbeit, einschließlich in Bezug auf Rechtsakte, die dem Grundsatz der gegenseitigen Anerkennung Wirkung verleihen, entgegenzunehmen und auszuführen;
c) kurz gefasste rechtliche und praktische Informationen über das Gerichtswesen und die Verfahrenspraxis in den Mitgliedstaaten;

d) Texte der einschlägigen Rechtsinstrumente und – bei in Kraft befindlichen Übereinkommen – den Wortlaut etwaiger Erklärungen und Vorbehalte.

Artikel 9. Telekommunikationsmittel. (1) Das Sekretariat des Europäischen Justiziellen Netzes stellt sicher, dass die Informationen nach Artikel 7 auf einer ständig aktualisierten Website zugänglich gemacht werden.

(2) Es wird eine gesicherte Telekommunikationsverbindung für die operative Arbeit der Kontaktstellen des Europäischen Justiziellen Netzes installiert. Die Kosten für die Einrichtung der gesicherten Telekommunikationsverbindung werden aus dem Gesamthaushaltsplan der Europäischen Union bestritten. Die Einrichtung der gesicherten Telekommunikationsverbindung ermöglicht den Fluss der Daten und Ersuchen um justizielle Zusammenarbeit zwischen den Mitgliedstaaten.

(3) Die in Absatz 2 genannte gesicherte Telekommunikationsverbindung kann auch von den nationalen Anlaufstellen für Eurojust, den nationalen Anlaufstellen für Terrorismusfragen für Eurojust, den nationalen Mitgliedern von Eurojust und den von Eurojust benannten Verbindungsrichtern und -staatsanwälten für ihre operative Arbeit genutzt werden. Sie kann mit dem Fallverwaltungssystem von Eurojust verknüpft werden, auf das Artikel 16 des Beschlusses 2002/187/JI Bezug nimmt.

(4) Dieser Artikel beeinträchtigt in keiner Weise direkte Kontakte zwischen den zuständigen Justizbehörden, die in Rechtsakten über die justizielle Zusammenarbeit vorgesehen sind, wie etwa in Artikel 6 des Übereinkommens über die Rechtshilfe in Strafsachen zwischen den Mitgliedstaaten der Europäischen Union.

B 7.1. Verordnung (EU) 2018/1727 betreffend die Agentur der Europäischen Union für justizielle Zusammenarbeit in Strafsachen (Eurojust)

vom 14.11.2018 (ABl. L 295)

– Auszug –

Kapitel I. Errichtung, Ziele und Aufgaben von Eurojust

Artikel 1. Die Errichtung der Agentur der Europäischen Union für justizielle Zusammenarbeit in Strafsachen. (1) Hiermit wird die Agentur der Europäischen Union für justizielle Zusammenarbeit in Strafsachen (Eurojust) errichtet.

(2) Die durch diese Verordnung errichtete Agentur Eurojust tritt an die Stelle der durch Beschluss 2002/187/JI errichtete Stelle Eurojust und ist deren Rechtsnachfolgerin.

(3) Eurojust besitzt Rechtspersönlichkeit.

Artikel 2. Aufgaben. (1) Eurojust unterstützt und verstärkt die Koordinierung und Zusammenarbeit zwischen den nationalen Behörden, die für die Ermittlung und Verfolgung von schwerer Kriminalität, die gemäß Artikel 3 Absätze 1 und 3 in den Zuständigkeitsbereich von Eurojust fällt, zuständig sind, von der zwei oder mehr Mitgliedstaaten betroffen sind oder die eine Verfolgung auf gemeinsamer Grundlage erfordert; Eurojust stützt sich dabei auf die von den Behörden der Mitgliedstaaten, von Europol, der EUStA und von OLAF durchgeführten Operationen und gelieferten Informationen.

(2) Bei der Wahrnehmung seiner Aufgaben
a) berücksichtigt Eurojust jedes von einer zuständigen Behörde eines Mitgliedstaats ausgehende Ersuchen, jede Information, die von Organe, Einrichtungen und sonstigen Stellen der Union, die nach den im Rahmen der Verträge erlassenen Bestimmungen zuständig sind, übermittelt wird und jede Information, die von Eurojust selbst eingeholt wurde;
b) erleichtert Eurojust die Erledigung von Ersuchen und Entscheidungen betreffend die justizielle Zusammenarbeit, auch wenn die Ersuchen und Entscheidungen auf Rechtsinstrumenten basieren, die dem Grundsatz der gegenseitigen Anerkennung Wirkung verleihen;
(3) Eurojust führt seine Aufgaben auf Ersuchen der zuständigen Behörden der Mitgliedstaaten, aus eigener Initiative oder auf Ersuchen der EUStA im Rahmen der Zuständigkeit der EUStA aus.

Artikel 3. Zuständigkeit von Eurojust. (1) Eurojust ist für die in Anhang 1 aufgezählten schweren Straftaten zuständig. Satz 2 *nicht abgedruckt*
(2) *nicht abgedruckt*
(3) Bei anderen als den in Anhang I genannten Arten von Straftaten kann Eurojust ferner im Einklang mit seinen Aufgaben die Ermittlungen und Strafverfolgungsmaßnahmen auf Ersuchen einer zuständigen Behörde eines Mitgliedstaats unterstützen.
(4) Eurojust ist für Straftaten zuständig, die mit den in Anhang I aufgeführten Straftaten im Zusammenhang stehen. Als im Zusammenhang stehende Straftaten gelten folgende Kategorien:

B 7.1 EUROJUST

a) Straftaten, die begangen werden, um die Mittel zur Begehung der in Anhang I aufgeführten schweren Straftaten zu beschaffen;
b) Straftaten, die begangen werden, um die in Anhang I aufgeführten schweren Straftaten zu erleichtern oder zu begehen;
c) Straftaten, die begangen werden, um dafür zu sorgen, dass diejenigen, die die in Anhang I aufgeführten schweren Straftaten begehen, straflos bleiben.

(5) Auf Ersuchen der zuständigen Behörde eines Mitgliedstaats kann Eurojust auch Ermittlungen und Strafverfolgungsmaßnahmen unterstützen, die allein diesen Mitgliedstaat und einen Drittstaat betreffen, sofern mit diesem Land ein Abkommen oder eine Vereinbarung über eine Zusammenarbeit nach Artikel 52 geschlossen worden ist oder sofern im Einzelfall ein wesentliches Interesse an der Unterstützung besteht.

(6) Auf Ersuchen entweder der zuständigen Behörde eines Mitgliedstaats oder der Kommission kann Eurojust Ermittlungen und Strafverfolgungsmaßnahmen unterstützen, die allein diesen Mitgliedstaat berühren, aber Auswirkungen auf der Ebene der Union haben. Bevor Eurojust auf Ersuchen der Kommission tätig wird, sollte Eurojust die zuständige Behörde des betroffenen Mitgliedstaats konsultieren. Diese zuständige Behörde kann innerhalb einer von Eurojust gesetzten Frist Einspruch dagegen erheben, dass Eurojust das Ersuchen erledigt Sie hat ihren Standpunkt in jedem Einzelfall zu begründen.

Artikel 4 bis Artikel 18. *nicht abgedruckt*

Kapitel III. Operative Fragen

Artikel 19. Koordinierungsdauerdienstmechanismus. (1) Eurojust betreibt zur Erfüllung seiner Aufgaben in dringenden Fällen einen Koordinierungsdauerdienstmechanismus (im Folgenden „KoDD"), der imstande ist, jederzeit Ersuchen entgegenzunehmen und zu bearbeiten. Der KoDD ist täglich rund um die Uhr erreichbar.

(2) Der KoDD wird von einem Vertreter je Mitgliedstaat (Vertreter des KoDD) wahrgenommen, der das nationale Mitglied, sein Stellvertreter, ein zur Vertretung des nationalen Mitglieds befugter Assistent oder ein abgeordneter nationaler Sachverständiger sein kann. Der Vertreter des KoDD muss täglich rund um die Uhr einsatzbereit sein.

(3) Der Vertreter des KoDD reagiert effizient und unverzüglich mit Blick auf die Erledigung des Ersuchens in ihrem Mitgliedstaat.

Artikel 20 bis Artikel 79. *nicht abgedruckt*

Artikel 80. Abkommen über den Sitz und die Arbeitsbedingungen.
(1) Eurojust hat seinen Sitz in Den Haag, Niederlande.
(2) nicht abgedruckt

Artikel 81, 82. *nicht abgedruckt*

Errichtung von EUROJUST **EUROJUST B 7.1**

Anhang I (Auszug)

Liste der Formen schwerer Kriminalität, für die Eurojust gemäß Artikel 3 Absatz 1 zuständig ist:
- organisierte Kriminalität;
- Drogenhandel;
- Geldwäschehandlungen;
- illegaler Handel mit Waffen, Munition und Sprengstoffen;

Anhang II

nicht abgedruckt

B 7.2. Gesetz über Eurojust und das Europäische Justizielle Netz in Strafsachen (Eurojust-Gesetz – EJG)

v. 9.12.2019 (BGBl. I S. 2010)

– Auszug –

§ 1 Anwendungsbereich. Dieses Gesetz regelt die Durchführung der Verordnung (EU) 2018/1727 des Europäischen Parlaments und des Rates vom 14. November 2018 betreffend die Agentur der Europäischen Union für justizielle Zusammenarbeit in Strafsachen (Eurojust) und zur Ersetzung und Aufhebung des Beschlusses 2002/187/JI des Rates (ABl. L 295 vom 21.11.2018, S. 138 – Eurojust-Verordnung).

§ 2 Nationales Mitglied von Eurojust. (1) Das nach Artikel 7 Absatz 1 der Eurojust-Verordnung zu entsendende deutsche Mitglied von Eurojust (nationales Mitglied) wird vom Bundesministerium der Justiz und für Verbraucherschutz benannt und abberufen; die Ernennung erfolgt im Benehmen mit den Landesjustizverwaltungen. Die als nationales Mitglied zu benennende Person muss die Befähigung zum Richteramt besitzen und soll Bundesbedienstete sein.
(2) Bei der Erfüllung der ihm nach der Eurojust-Verordnung übertragenen Aufgaben unterliegt das nationale Mitglied den fachlichen Weisungen des Bundesministeriums der Justiz und für Verbraucherschutz.

(3), (4) *nicht abgedruckt*

§ 3 Unterstützende Personen. (1) Für die Benennung und Abberufung von Personen, die das nationale Mitglied gemäß Artikel 7 Absatz 2 und 3 der Eurojust-Verordnung unterstützen, gilt § 2 Absatz 1 mit der Maßgabe entsprechend, dass die zu benennenden Personen auch von den Landesjustizverwaltungen vorgeschlagene Landesbedienstete sein können.

(2) *nicht abgedruckt*

(3) Bei der Erfüllung ihrer Aufgaben unterliegen die unterstützenden Personen nach Absatz 1 den fachlichen Weisungen des Bundesministeriums der Justiz und für Verbraucherschutz und des nationalen Mitglieds. Die von den unterstützenden Personen wahrzunehmenden Aufgaben legt das nationale Mitglied fest. Das Bundesministerium der Justiz und für Verbraucherschutz wird über die getroffene Aufgabenfestlegung unterrichtet.

(4), (5) *nicht abgedruckt*

§ 4 Verbindungsrichterinnen oder Verbindungsrichter sowie Verbindungsstaatsanwältinnen oder Verbindungsstaatsanwälte von Eurojust. Für die Zustimmung des Mitgliedstaates zur Entsendung von deutschen Verbindungsrichterinnen oder Verbindungsrichtern und deutschen Verbindungsstaatsanwältinnen oder Verbindungsstaatsanwälten nach Artikel 53 Absatz 3 Satz 2 der Eurojust-Verordnung ist das Bundesministerium der Justiz und für Verbraucherschutz zuständig. Es setzt sich mit den Landesjustizverwaltungen ins Benehmen.

§§ 5 bis 11. *nicht abgedruckt*

§ 12 Europäisches Justizielles Netz in Strafsachen. (1) Der EJN-Beschluss ist anzuwenden.

(2), (3) *nicht abgedruckt*

C 1. Zollverwaltungsgesetz – ZollVG

v. 21.12.1992 (BGBl. I S. 2125),
zuletzt geändert durch G v. 30.3.2021 (BGBl. I S. 402)

– Auszug –

Teil I Erfassung des Warenverkehrs

§ 1 Aufgaben der Zollverwaltung. (1), (2) *nicht abgedruckt*
(3) Die zollamtliche Überwachung sichert darüber hinaus die Einhaltung der gemeinschaftlichen oder nationalen Vorschriften, die das Verbringen von Waren in den, durch den und aus dem Geltungsbereich dieses Gesetzes verbieten oder beschränken (Verbote und Beschränkungen).
(4), (5) *nicht abgedruckt*
(6) Die Zollverwaltung erfüllt im übrigen die Aufgaben, die ihr durch andere Rechtsvorschriften zugewiesen sind.

§ 2 Verkehrswege. (1) Waren dürfen im Geltungsbereich dieses Gesetzes nur auf Zollstraßen (Absatz 4) in das oder aus dem Zollgebiet der Union sowie in die oder aus den Freizonen verbracht werden. Dies gilt nicht für den öffentlichen Schienenverkehr und den Luftverkehr.
(2) Einfliegende Luftfahrzeuge dürfen nur auf einem Zollflugplatz landen, ausfliegende nur von einem solchen abfliegen.
(3) Einfahrende Wasserfahrzeuge dürfen nur an Zolllandungsplätzen anlegen, ausfahrende nur von solchen ablegen. Wasserfahrzeuge dürfen ohne zollamtliche Genehmigung auf der Zollstraße nicht mit anderen Fahrzeugen oder mit dem Land in Verbindung treten.
(4) Zollstraßen sind Landstraßen, Wasserstraßen, Rohrleitungen und sonstige Beförderungswege, auf denen Waren in das oder aus dem Zollgebiet der Union sowie in die oder aus den Freizonen zu verbringen sind. Zollstraßen sowie die Zollflugplätze und Zolllandungsplätze werden öffentlich bekanntgegeben.
(5), (6) *nicht abgedruckt*

§ 3 Zeitliche Beschränkung der Ein- und Ausfuhr. (1) Waren, die auf Zollstraßen zu befördern sind, dürfen nur während der Öffnungszeiten der zuständigen Zollstellen in das oder aus dem Zollgebiet der Union sowie in die oder aus den Freizonen verbracht werden.
(2) Von der Beschränkung des Absatzes 1 befreit sind der Seeverkehr, der Postverkehr, der Reiseverkehr, der fahrplanmäßige Personenschiffsverkehr auf Binnengewässern und der öffentliche fahrplanmäßige Kraftfahrzeugverkehr. Außerdem kann das zuständige Hauptzollamt weitere Ausnahmen und Erleichterungen zulassen, soweit es die Umstände erfordern und die Möglichkeit der zollamtlichen Überwachung dadurch nicht beeinträchtigt wir

§ 4 Gestellung. (1) 1) Die Gestellung ist innerhalb der dafür bekanntgegebenen Öffnungszeiten (§ 18) am Amtsplatz der zuständigen Zollstelle oder an dem von ihr zugelassenen Ort zu bewirken.
(2) Das Bundesministerium der Finanzen kann zur Erleichterung des Verkehrs durch Rechtsverordnung in den im Zollkodex der Union und in sonstigen unionsrechtlichen Vorschriften genannten Fällen Ausnahmen von der Pflicht zur Gestellung oder Erleichterungen bei der Gestellung vorsehen. Es kann dabei bestimmen,

daß in einzelnen Fällen Ausnahmen auch im Verwaltungsweg zugelassen werden können, soweit Verbote und Beschränkungen nicht entgegenstehen

§ 5 Sondervorschriften für Postsendungen. (1) ¹Sofern Postsendungen nicht bereits nach Maßgabe des Zollkodex der Union und sonstiger unionsrechtlicher Vorschriften zu gestellen sind, haben Postdienstleister, die Postdienstleistungen im Sinne des § 4 Nummer 1 des Postgesetzes erbringen, Postsendungen der zuständigen Zollstelle spätestens am nächsten Werktag anzuzeigen und auf Verlangen zur Nachprüfung vorzulegen, wenn zureichende tatsächliche Anhaltspunkte dafür bestehen, dass mit ihnen
1. Waren unter Verstoß gegen Einfuhr-, Durchfuhr- oder Ausfuhrverbote in den, durch den oder aus dem Geltungsbereich dieses Gesetzes verbracht werden,
2., 3. *nicht abgedruckt*
²Das Brief- und Postgeheimnis nach Artikel 10 des Grundgesetzes wird durch Satz 1 eingeschränkt.

(2) Die Deutsche Post AG ist befugt, für von ihr beförderte Waren, die nach Maßgabe des Zollkodex der Union zu gestellen sind, Zollanmeldungen in Vertretung des Empfängers abzugeben.

(3) § 46 Abs. 3 Satz 1 des Gesetzes über Ordnungswidrigkeiten wird durch diese Vorschrift nicht berührt.

Teil III. Befugnisse der Zollverwaltung

§ 10 Zollamtliche Überwachung. (1) ¹Unbeschadet der §§ 209 bis 211 der Abgabenordnung können die Bediensteten der Zollverwaltung zur Durchführung der in § 1 genannten Aufgaben im grenznahen Raum (§ 14 Abs. 1) Personen und Beförderungsmittel anhalten. ²Die zum Anhalten aufgeforderte Person hat auf Verlangen der Zollbediensteten stehenzubleiben und sich auszuweisen. ³Führer von Beförderungsmitteln haben auf Verlangen zu halten und die Beförderungspapiere vorzulegen. ⁴Sie haben den Zollbediensteten auf Verlangen auch zu ermöglichen, an Bord und von Bord zu gelangen. ⁵Gepäck, Beförderungsmittel und ihre Ladung können zur Feststellung der Einhaltung der Zollvorschriften an Ort und Stelle oder einem anderen geeigneten Ort geprüft werden. ⁶Die von der Prüfung Betroffenen haben auf Verlangen die Herkunft der Waren anzugeben, die Entnahme von unentgeltlichen Proben zu dulden und die nach den Umständen erforderliche Hilfe zu leisten.

(2) Für örtlich und zeitlich begrenzte Kontrollen außerhalb des grenznahen Raums gilt Absatz 1, wenn Grund zu der Annahme besteht, daß Waren, die der zollamtlichen Überwachung nach dem gemeinschaftlichen Zollrecht oder diesem Gesetz unterliegen, von Personen oder in Beförderungsmitteln mitgeführt werden.

(3) ¹Personen können bei Vorliegen zureichender tatsächlicher Anhaltspunkte dafür, daß sie vorschriftswidrig Waren mitführen, die der zollamtlichen Überwachung nach dem gemeinschaftlichen Zollrecht oder diesem Gesetz unterliegen, angehalten und an einem hierfür geeigneten Ort körperlich durchsucht werden. ²Personen dürfen nur von Bediensteten ihres Geschlechts durchsucht werden; dies gilt nicht, wenn eine sofortige Durchsuchung zum Schutz gegen eine Gefahr für Leib oder Leben erforderlich ist. ⁴Personen können festgehalten und zur Dienststelle oder einer sonstigen geeigneten Örtlichkeit mitgenommen werden, wenn die Durchsuchung auf andere Weise nicht oder nur unter erheblichen Schwierigkeiten durchgeführt werden kann.

(3a) ¹Im Rahmen der Erfassung des Warenverkehrs kann durch Überholung am Ort der Gestellung geprüft werden, ob Nichtgemeinschaftswaren eingeführt worden sind oder ob der Gestellungspflicht vollständig genügt worden ist. ²Stehen dafür erforderliche Einrichtungen am Amtsplatz oder einem anderen für die Gestellung

Zollverwaltungsgesetz ZollVG C 1

zugelassenen Ort nicht zur Verfügung, so kann für die Überholung der nächste geeignete Ort bestimmt werden. ³Der Gestellungspflichtige hat die Überholung zu ermöglichen. ⁴Er hat dabei selbst oder durch andere auf seine Kosten und Gefahr die erforderliche Hilfe nach zollamtlicher Anweisung zu leisten. ⁵Er hat auf Verlangen schwer feststellbare, zur Aufnahme von Waren geeignete Stellen anzugeben sowie Beschreibungen des Beförderungsmittels, Verzeichnisse der Ausrüstungsstücke und Ersatzteile und andere Unterlagen über das Beförderungsmittel vorzulegen. ⁶Diese Pflichten treffen für das Beförderungsmittel den Fahrzeugführer.

(4) Die Postdienstleister sind verpflichtet, den Zollbediensteten für die Durchführung der Aufgaben nach Satz 2 während der Betriebs- und Geschäftszeiten Zutritt zu ihren Geschäfts- und Betriebsräumen zu gewähren. Die Zollbediensteten
1. prüfen, ob der Postdienstleister seiner Verpflichtung gemäß § 5 Absatz 1 nachgekommen ist,
2. überprüfen die Postsendungen, die der Postdienstleister gemäß § 5 Absatz 1 anzuzeigen und auf Verlangen vorzulegen hat, sofern diese noch nicht gemäß § 5 Absatz 1 bei der zuständigen Zollstelle angezeigt oder vorgelegt wurden,
3. führen zur Erfüllung der in § 1 Absatz 4 und 5 genannten Aufgaben stichprobenweise oder risikoorientierte Zollkontrollen durch oder
4. führen alle anderen stichprobenweisen oder risikoorientierten Zollkontrollen durch, die erforderlich sind, um die ordnungsgemäße Anwendung der zollrechtlichen und sonstigen Vorschriften über den Eingang, den Ausgang, den Versand, die Beförderung und die besondere Verwendung von Waren, die zwischen dem Zollgebiet der Union und Drittländern oder zwischen den Mitgliedstaaten der Europäischen Union befördert werden, sowie über das Vorhandensein von Waren ohne Unionsstatus zu gewährleisten.
Die Sätze 1 und 2 finden entsprechende Anwendung auf Fahrzeuge, die sich auf den Betriebsgrundstücken der Postdienstleister befinden und die für den Transport von Postsendungen genutzt werden.

(4a) Der Postdienstleister hat die im Rahmen der Kontrollen nach Absatz 4 Satz 2 Nummer 1, 3 und 4 von den Zollbediensteten ausgewählten Postsendungen auf Verlangen vorzulegen. Er trägt die ihm hierdurch entstehenden Kosten. Die Zollbediensteten dürfen Postsendungen, die nach Satz 1 oder § 5 Absatz 1 anzuzeigen und auf Verlangen vorzulegen sind, sowie solche, die der zollamtlichen Kontrolle nach den Absätzen 1, 2 und 3a unterliegen, öffnen und prüfen.

(5) Das Grundrecht auf Freiheit der Person, das Brief- und Postgeheimnis sowie das Grundrecht auf Unverletzlichkeit der Wohnung (Artikel 2 Abs. 2, Artikel 10 und Artikel 13 Abs. 1 des Grundgesetzes) werden nach Maßgabe der Absätze 1 bis 4a eingeschränkt.

§ 12 Weiterleitungsbefugnis. ¹Ergeben sich bei der zollamtlichen Überwachung zureichende tatsächliche Anhaltspunkte dafür, daß Waren unter Verstoß gegen ein Einfuhr-, Durchfuhr- oder Ausfuhrverbot in den oder aus dem Geltungsbereich dieses Gesetzes verbracht werden, und werden diese Anhaltspunkte durch Nachprüfung nicht entkräftet, so werden die Waren und die dazugehörigen Verwaltungsvorgänge vorbehaltlich anderweitiger gesetzlicher Regelungen der Staatsanwaltschaft oder, wenn nur die Ahndung als Ordnungswidrigkeit in Betracht kommt, der für die Verfolgung und Ahndung zuständigen Verwaltungsbehörde vorgelegt. ²Für Postsendungen gilt dies nur, wenn zureichende tatsächliche Anhaltspunkte für eine Straftat vorliegen. ³Das Brief- und Postgeheimnis nach Artikel 10 des Grundgesetzes wird nach Maßgabe der Sätze 1 und 2 eingeschränkt.

C 1 ZollVG

Teil IV. Vorschriften für Grundstücke und Bauten im grenznahen Raum

§ 14 Grenznaher Raum. (1) Der grenznahe Raum erstreckt sich am deutschen Teil der Zollgrenze der Gemeinschaft bis zu einer Tiefe von 30 Kilometern, von der seewärtigen Begrenzung des Zollgebiets der Gemeinschaft an bis zu einer Tiefe von 50 Kilometern. Das Bundesministerium der Finanzen wird ermächtigt, zur Sicherung der Zollbelange durch Rechtsverordnung den grenznahen Raum auszudehnen, soweit die zollamtliche Überwachung dies erfordert.

(2) Zollbedienstete dürfen im grenznahen Raum Grundstücke mit Ausnahme von Gebäuden betreten und befahren. Das Hauptzollamt kann verlangen, daß Grundstückseigentümer und -besitzer einen Grenzpfad freilassen, an Einfriedungen Durchlässe oder Übergänge einrichten oder Wassergräben überbrücken. Das Hauptzollamt kann darüber hinaus auf eigene Kosten Grenzpfade, Durchlässe, Übergänge oder Brücken einrichten oder verbessern.

(3) *nicht abgedruckt*

(4) Das Bundesministerium der Finanzen kann zur Sicherung der Zollbelange durch Rechtsverordnung Binnengewässer, die von außerhalb des Zollgebiets der Union her zu Wasser zugänglich sind, ihre Inseln und ihr Ufergelände, Zollflugplätze, und andere verkehrsrechtlich zugelassene Flugplätze sowie den um die Freizonen gelegenen Bereich in einer für die wirksame Überwachung erforderlichen Ausdehnung der Grenzaufsicht unterwerfen. Für ein solches Gebiet gelten die Absätze 2 und 3 sowie § 10 Abs. 1 und § 15 Abs. 5 entsprechend.

Teil V. Zollverwaltung, Beistandspflichten

§ 17 Zollbehörden und Zollstellen, Grenzaufsichtsdienst. (1) Der organisatorische Aufbau der Zollverwaltung bestimmt sich nach dem Finanzverwaltungsgesetz vom 30. August 1971 (BGBl. I S. 1426, 1427) in der jeweils geltenden Fassung.

(2) Dienststellen der Zollverwaltung sind Zollbehörden im Sinne des Artikels 5 Nummer 1 des Zollkodex der Union.

(3) Das Bundesministerium der Finanzen kann durch Rechtsverordnung die Zuständigkeiten der Hauptzollämter und ihrer Dienststellen festlegen.

(4) Der Grenzaufsichtsdienst der Zollverwaltung sichert unbeschadet anderer gesetzlicher Regelungen insbesondere den deutschen Teil der Grenze des Zollgebiets der Union und überwacht den grenznahen Raum (§ 14 Abs. 1) sowie die anderen der Grenzaufsicht unterworfenen Gebiete (§ 14 Abs. 4). Zum Grenzaufsichtsdienst der Zollverwaltung gehören alle Zollbediensteten – einschließlich der Bediensteten des Wasserzolldienstes –, die in der Grenzaufsicht tätig sind.

Teil VI. Sondervorschriften für Freizonen und andere Teile des Hoheitsgebiets

§ 20 Freizonen. (1) Freizonen (Artikel 243 des Zollkodex der Union) sind diejenigen Einrichtungen, die beim Inkrafttreten dieses Gesetzes bestehen. Die Errichtung neuer Freizonen bedarf eines Bundesgesetzes.

(2) Das Bundesministerium der Finanzen kann zur Anpassung an wirtschaftliche Erfordernisse oder zur Vereinfachung der zollamtlichen Überwachung durch Rechtsverordnung den Verlauf einer Freizonengrenze ändern, soweit der wesentliche Bestand der Freizone nicht berührt wird.

Zollverwaltungsgesetz ZollVG C 1

Teil IX. Steuerordnungswidrigkeiten, Steuerstraftaten und Steuerordnungswidrigkeiten im Reiseverkehr

§ 31 Bußgeldvorschriften. (1) Ordnungswidrig im Sinne des § 382 Abs. 1 Nr. 1 der Abgabenordnung handelt, wer vorsätzlich oder fahrlässig
1. entgegen § 2 Abs. 1 Satz 1 eine Ware außerhalb einer Zollstraße einführt oder ausführt, entgegen § 2 Abs. 2 außerhalb eines Zollflugplatzes landet oder abfliegt, entgegen § 2 Abs. 3 Satz 1 außerhalb eines Zolllandungsplatzes anlegt oder ablegt oder entgegen § 2 Abs. 3 Satz 2 auf einer Zollstraße mit anderen Fahrzeugen oder mit dem Land in Verbindung tritt,
2. entgegen § 3 Abs. 1 eine Ware außerhalb der Öffnungszeiten einführt oder ausführt,
3. entgegen § 10 Abs. 2 in Verbindung mit Abs. 1 Satz 2 auf Verlangen eines Zollbediensteten nicht stehen bleibt oder sich nicht über seine Person ausweist,
4. entgegen § 10 Abs. 2 in Verbindung mit Abs. 1 Satz 3 oder 4 nicht oder nicht rechtzeitig hält, ein Beförderungspapier nicht oder nicht rechtzeitig vorlegt oder einem Zollbediensteten nicht oder nicht rechtzeitig ermöglicht, an Bord oder von Bord zu gelangen, oder
5. entgegen § 10 Abs. 2 in Verbindung mit Abs. 1 Satz 6 eine Angabe nicht, nicht richtig, nicht vollständig oder nicht rechtzeitig macht oder die Entnahme von unentgeltlichen Proben nicht duldet.

(1a) *nicht abgedruckt*

(2) Ordnungswidrig im Sinne des § 382 Abs. 1 Nr. 3 der Abgabenordnung handelt, wer vorsätzlich oder fahrlässig
1. entgegen § 10 Abs. 1 Satz 2 auf Verlangen eines Zollbediensteten nicht stehen bleibt oder sich nicht über seine Person ausweist,
2. entgegen § 10 Abs. 1 Satz 3 oder 4 nicht oder nicht rechtzeitig hält, ein Beförderungspapier nicht oder nicht rechtzeitig vorlegt oder einem Zollbediensteten nicht oder nicht rechtzeitig ermöglicht, an Bord oder von Bord zu gelangen,
2a. entgegen § 10 Abs. 1 Satz 6 eine Angabe nicht, nicht richtig, nicht vollständig oder nicht rechtzeitig macht oder die Entnahme von unentgeltlichen Proben nicht duldet,
3. bis 6. *nicht abgedruckt*

§ 31a Bußgeldvorschriften. (1) Ordnungswidrig handelt, wer vorsätzlich oder fahrlässig
1. entgegen
   a) § 5 Absatz 1 Satz 1 oder § 10 Absatz 4a Satz 1 oder
   b) § 12a Absatz 5 Satz 1
   eine Postsendung oder ein dort genanntes Dokument nicht oder nicht rechtzeitig vorlegt,
2. entgegen
   a) § 5 Absatz 1 Satz 1 oder
   b) § 12a Absatz 2 Satz 1
   eine Anzeige nicht, nicht richtig, nicht vollständig oder nicht rechtzeitig erstattet,
3. entgegen § 10 Absatz 4 Satz 1 Zutritt nicht gewährt,
4., 5. *nicht abgedruckt*
   (2) *nicht abgedruckt*
(3) Ordnungswidrig handelt, wer vorsätzlich oder fahrlässig entgegen Artikel 139 Absatz 1 oder Absatz 2 Satz 1 der Verordnung (EU) Nr. 952/2013 des Europäischen Parlaments und des Rates vom 9. Oktober 2013 zur Festlegung des Zollkodex der Union (ABl. L 269 vom 10.10.2013, S. 1) in Verbindung mit § 4

Absatz 1 eine dort genannte Ware nicht, nicht richtig, nicht vollständig oder nicht rechtzeitig gestellt.

(4) Die Ordnungswidrigkeit kann in den Fällen des Absatzes 1 Nummer 2 Buchstabe b und des Absatzes 2 mit einer Geldbuße bis zu einer Million Euro, in den Fällen des Absatzes 1 Nummer 1 Buchstabe b und Nummer 5 mit einer Geldbuße bis zu fünfzigtausend Euro und in den übrigen Fällen mit einer Geldbuße bis zu dreißigtausend Euro geahndet werden.

(5) Verwaltungsbehörde im Sinne des § 36 Absatz 1 Nummer 1 des Gesetzes über Ordnungswidrigkeiten ist das Hauptzollamt.

(6) Die Hauptzollämter und ihre Beamten haben bei Ordnungswidrigkeiten nach den Absätzen 1 bis 3 dieselben Rechte und Pflichten wie die Behörden und Beamten des Polizeidienstes nach dem Gesetz über Ordnungswidrigkeiten; die Beamten sind insoweit Ermittlungspersonen der Staatsanwaltschaft.

§ 32 Nichtverfolgung von Steuerstraftaten und Steuerordnungswidrigkeiten, Erhebung eines Zuschlags. (1) Steuerstraftaten und Steuerordnungswidrigkeiten (§§ 369, 377 der Abgabenordnung) sollen als solche nicht verfolgt werden, wenn durch die Tat selbst oder die Vortat Einfuhr- oder Ausfuhrabgaben oder Verbrauchsteuern von insgesamt nicht mehr als 250 Euro verkürzt wurden oder deren Verkürzung versucht wurde.

(2) Absatz 1 gilt nicht in den in § 370 Absatz 3, den §§ 373 und 374 Absatz 2 der Abgabenordnung genannten Fällen.

(3) Wird eine Steuerstraftat oder Steuerordnungswidrigkeit nach Absatz 1 nicht verfolgt oder wird von der Verfolgung einer Steuerstraftat, die sich auf Einfuhr- oder Ausfuhrabgaben oder Verbrauchsteuern bezieht, nach § 398 der Abgabenordnung oder nach § 153 der Strafprozessordnung abgesehen, so kann ein Zuschlag bis zur Höhe der festzusetzenden Einfuhr- oder Ausfuhrabgaben oder Verbrauchsteuern, höchstens jedoch bis zu 250 Euro erhoben werden.

C 2. Gesetz über die Bundespolizei (Bundespolizeigesetz – BPolG)

v. 19.10.1994 (BGBl. I S. 2978), zuletzt geändert durch
G v. 30.3.2021 (BGBl. I S. 448)

– Auszug –

§ 47 Sicherstellung. Die Bundespolizei kann eine Sache sicherstellen,
1. um eine gegenwärtige Gefahr abzuwehren,
2., 3. *nicht abgedruckt*

§ 48 Verwahrung. (1) Sichergestellte Sachen sind in Verwahrung zu nehmen. Lässt die Beschaffenheit der Sachen das nicht zu oder erscheint die Verwahrung bei der Bundespolizei unzweckmäßig, sind die Sachen auf andere geeignete Weise aufzubewahren oder zu sichern. In diesem Falle kann die Verwahrung auch einem Dritten übertragen werden.

(2) Dem Betroffenen ist eine Bescheinigung auszustellen, die den Grund der Sicherstellung erkennen lässt und die sichergestellten Sachen bezeichnet. Kann nach den Umständen des Falles eine Bescheinigung nicht ausgestellt werden, so ist über die Sicherstellung eine Niederschrift aufzunehmen, die auch erkennen lässt, warum eine Bescheinigung nicht ausgestellt worden ist. Der Eigentümer oder der rechtmäßige Inhaber der tatsächlichen Gewalt ist unverzüglich zu unterrichten.

(3) Wird eine sichergestellte Sache verwahrt, so hat die Bundespolizei nach Möglichkeit Wertminderungen vorzubeugen. Das gilt nicht, wenn die Sache durch den Dritten auf Verlangen eines Berechtigten verwahrt wird.

(4) Die verwahrten Sachen sind zu verzeichnen und so zu kennzeichnen, daß Verwechslungen vermieden werden.

§ 49 Verwertung, Vernichtung. (1) bis (3) *nicht abgedruckt*
(4) Sichergestellte Sachen können unbrauchbar gemacht oder vernichtet werden, wenn
1. im Falle einer Verwertung die Gründe, die zu ihrer Sicherstellung berechtigten, fortbestehen oder Sicherstellungsgründe erneut entstehen würden oder
2. die Verwertung aus anderen Gründen nicht möglich ist.
Absatz 2 gilt entsprechend.

§ 50 Herausgabe sichergestellter Sachen oder des Erlöses, Kosten. (1) Sobald die Voraussetzungen für die Sicherstellung weggefallen sind, sind die Sachen an denjenigen herauszugeben, bei dem sie sichergestellt worden sind. Ist die Herausgabe an ihn nicht möglich, können sie an einen anderen herausgegeben werden, der seine Berechtigung glaubhaft macht. Die Herausgabe ist ausgeschlossen, wenn dadurch erneut die Voraussetzungen für eine Sicherstellung eintreten würden.

(2) *nicht abgedruckt*
(3) Die Kosten der Sicherstellung und Verwahrung fallen den nach § 17 oder § 18 Verantwortlichen zur Last. Mehrere Verantwortliche haften als Gesamtschuldner.
Sätze 2, 3 *nicht abgedruckt*
(4) § 983 des Bürgerlichen Gesetzbuchs bleibt unberührt.

§ 63 Vollzugsdienst, Hilfspolizeibeamte. (1) Tätigkeiten des Vollzugsdienstes in der Bundespolizei sind in der Regel Polizeivollzugsbeamten zu übertragen.

(2) Die Bundespolizei kann geeignete Personen zur Wahrnehmung bestimmter Aufgaben
1. bei der Überwachung der Grenzen und bei der Kontrolle des grenzüberschreitenden Verkehrs (§ 2 Abs. 2 Nr. 1 und 2),
2. bis 4. *nicht abgedruckt*

zu Hilfspolizeibeamten bestellen, soweit hierfür ein Bedürfnis besteht. Die Bestellung kann jederzeit widerrufen werden.

(3) Die Hilfspolizeibeamten haben im Rahmen der ihnen übertragenen Aufgaben die Befugnisse von Beamten der Bundespolizei. Sie sind jedoch nicht befugt, unmittelbaren Zwang nach den §§ 9 bis 14 des Gesetzes über den unmittelbaren Zwang bei Ausübung öffentlicher Gewalt durch Vollzugsbeamte des Bundes anzuwenden.

(4) *nicht abgedruckt*

§ 64 Amtshandlungen von Polizeivollzugsbeamten der Länder sowie von Vollzugsbeamten anderer Bundesbehörden oder anderer Staaten im Zuständigkeitsbereich der Bundespolizei. (1) 1) Polizeivollzugsbeamte eines Landes können Amtshandlungen zur Wahrnehmung von Aufgaben der Bundespolizei vornehmen
1. auf Anforderung oder mit Zustimmung der zuständigen Bundespolizeibehörde,
2. zur Abwehr einer gegenwärtigen Gefahr, zur Verfolgung von Straftaten im Sinne des § 12 Abs. 1 auf frischer Tat sowie zur Verfolgung und Wiederergreifung von aus dem Gewahrsam der Bundespolizei Entwichenen, wenn die zuständige Bundespolizeibehörde die erforderlichen Maßnahmen nicht rechtzeitig treffen kann.

In den Fällen der Nummer 2 ist die zuständige Bundespolizeibehörde unverzüglich zu unterrichten.

(2) Werden Polizeivollzugsbeamte eines Landes nach Absatz 1 tätig, so richten sich ihre Befugnisse nach dem für die Polizei des Landes geltenden Recht.

(3) Absatz 1 gilt für Vollzugsbeamte anderer Bundesbehörden entsprechend. Die Vollzugsbeamten haben insoweit dieselben Befugnisse wie die Bundespolizei. Ihre Maßnahmen gelten als Maßnahmen der Bundespolizei. Sie unterliegen insoweit den Weisungen der zuständigen Bundespolizeibehörde.

(4) Vollzugsbeamte anderer Staaten mit polizeilichen Aufgaben können im Zuständigkeitsbereich der Bundespolizei Amtshandlungen vornehmen, soweit völkerrechtliche Vereinbarungen oder der Beschluss des Rates 2008/615/JI vom 23. Juni 2008 zur Vertiefung der grenzüberschreitenden Kriminalität (ABl. L 210 vom 6.8.2008, S. 1) dies vorsehen. Die Ausübung hoheitlicher Befugnisse durch Vollzugsbeamte anderer Staaten nach Satz 1 ist nur auf Grund eines völkerrechtlichen Vertrages, der der Mitwirkung der gesetzgebenden Körperschaften gemäß Artikel 59 Abs. 2 des Grundgesetzes bedarf oder auf Grund des Beschlusses des Rates 2008/615/JI vom 23. Juni 2008 (ABl. L 210 vom 6.8.2008, S. 1), zulässig. Vollzugsbeamte anderer Staaten der Europäischen Union können im Einvernehmen mit den zuständigen Stellen des anderen Staates nach Maßgabe der für die Bestellung von Hilfspolizeibeamten geltenden Vorschriften des § 63 Abs. 2 bis 4 mit Aufgaben des Vollzugsdienstes in der Bundespolizei betraut werden

§ 65 Amtshandlungen von Beamten der Bundespolizei im Zuständigkeitsbereich eines Landes oder Tätigkeiten in anderen Staaten. (1) Polizeivollzugsbeamte der Bundespolizei dürfen im Zuständigkeitsbereich eines Landes tätig werden, wenn das jeweilige Landesrecht es vorsieht.

(2) Polizeivollzugsbeamte der Bundespolizei dürfen außerhalb der Bundesrepublik Deutschland tätig werden, soweit völkerrechtliche Vereinbarungen oder der Beschluss des Rates 2008/615/JI vom 23. Juni 2008 (ABl. L 210 vom 6.8.2008,

Bundespolizeigesetz **BPolG C 2**

S. 1) dies vorsehen oder das Bundesministerium des Innern im Einvernehmen mit den zuständigen Stellen des anderen Staates einer Tätigkeit von Beamten der Bundespolizei im Ausland allgemein oder im Einzelfall zustimmt.

2219

C 3. Straßenverkehrsgesetz (StVG)

in der Fassung der Bek. v. 5.3.2003 (BGBl. I S. 310),
zuletzt geändert durch G v. 16.4.2021 (BGBl. I S. 822)

(Auszug)

§ 24a 0,5 Promille-Grenze. (1) *nicht abgedruckt.*

(2) ¹Ordnungswidrig handelt, wer unter der Wirkung eines in der Anlage zu dieser Vorschrift genannten berauschenden Mittels im Straßenverkehr ein Kraftfahrzeug führt. ²Eine solche Wirkung liegt vor, wenn eine in dieser Anlage genannte Substanz im Blut nachgewiesen wird. ³Satz 1 gilt nicht, wenn die Substanz aus der bestimmungsgemäßen Einnahme eines für einen konkreten Krankheitsfall verschriebenen Arzneimittels herrührt.

(3) Ordnungswidrig handelt auch, wer die Tat fahrlässig begeht.

(4) Die Ordnungswidrigkeit kann mit einer Geldbuße bis zu dreitausend Euro geahndet werden.

(5) Das Bundesministerium für Verkehr, Bau und Stadtentwicklung wird ermächtigt, durch Rechtsverordnung im Einvernehmen mit dem Bundesministerium für Gesundheit und dem Bundesministerium der Justiz mit Zustimmung des Bundesrates die Liste der berauschenden Mittel und Substanzen in der Anlage zu dieser Vorschrift zu ändern oder zu ergänzen, wenn dies nach wissenschaftlicher Erkenntnis im Hinblick auf die Sicherheit des Straßenverkehrs erforderlich ist

§ 25 Fahrverbot. (1) *Satz 1 nicht abgedruckt* ²Wird gegen den Betroffenen wegen einer Ordnungswidrigkeit nach § 24a eine Geldbuße festgesetzt, so ist in der Regel auch ein Fahrverbot anzuordnen.

(2) ¹Das Fahrverbot wird mit der Rechtskraft der Bußgeldentscheidung wirksam. ²Für seine Dauer werden von einer deutschen Behörde ausgestellte nationale und internationale Führerscheine amtlich verwahrt. ³Dies gilt auch, wenn der Führerschein von einer Behörde eines Mitgliedstaates der Europäischen Union oder eines anderen Vertragsstaates des Abkommens über den Europäischen Wirtschaftsraum ausgestellt worden ist, sofern der Inhaber seinen ordentlichen Wohnsitz im Inland hat. ⁴Wird er nicht freiwillig herausgegeben, so ist er zu beschlagnahmen.

(2a) ¹Ist in den zwei Jahren vor der Ordnungswidrigkeit ein Fahrverbot gegen den Betroffenen nicht verhängt worden und wird auch bis zur Bußgeldentscheidung ein Fahrverbot nicht verhängt, so bestimmt die Verwaltungsbehörde oder das Gericht abweichend von Absatz 2 Satz 1, dass das Fahrverbot erst wirksam wird, wenn der Führerschein nach Rechtskraft der Bußgeldentscheidung in amtliche Verwahrung gelangt, spätestens jedoch mit Ablauf von vier Monaten seit Eintritt der Rechtskraft. ²Werden gegen den Betroffenen weitere Fahrverbote rechtskräftig verhängt, so sind die Fahrverbotsfristen nacheinander in der Reihenfolge der Rechtskraft der Bußgeldentscheidungen zu berechnen.

(3) ¹In anderen als in Absatz 2 Satz 3 genannten ausländischen Führerscheinen wird das Fahrverbot vermerkt. ²Zu diesem Zweck kann der Führerschein beschlagnahmt werden.

(4) ¹Wird der Führerschein in den Fällen des Absatzes 2 Satz 4 oder des Absatzes 3 Satz 2 bei dem Betroffenen nicht vorgefunden, so hat er auf Antrag der Vollstreckungsbehörde (§ 92 des Gesetzes über Ordnungswidrigkeiten) bei dem Amtsgericht eine eidesstattliche Versicherung über den Verbleib des Führerscheins abzugeben. ²§ 883 Abs. 2 bis 4, die §§ 899, 900 Abs. 1, 4 die §§ 901, 902, 904 bis 910 und 913 der Zivilprozessordnung gelten entsprechend.

(5) Ist ein Führerschein amtlich zu verwahren oder das Fahrverbot in einem ausländischen Führerschein zu vermerken, so wird die Verbotsfrist erst von dem Tag an gerechnet, an dem dies geschieht. In die Verbotsfrist wird die Zeit nicht eingerechnet, in welcher der Täter auf behördliche Anordnung in einer Anstalt verwahrt wird.

(6) ¹Die Dauer einer vorläufigen Entziehung der Fahrerlaubnis (§ 111 a der Strafprozessordnung) wird auf das Fahrverbot angerechnet. ²Es kann jedoch angeordnet werden, dass die Anrechnung ganz oder zum Teil unterbleibt, wenn sie im Hinblick auf das Verhalten des Betroffenen nach Begehung der Ordnungswidrigkeit nicht gerechtfertigt ist. ³Der vorläufigen Entziehung der Fahrerlaubnis steht die Verwahrung, Sicherstellung oder Beschlagnahme des Führerscheins (§ 94 der Strafprozessordnung) gleich.

(7) ¹Wird das Fahrverbot nach Absatz 1 im Strafverfahren angeordnet (§ 82 des Gesetzes über Ordnungswidrigkeiten), so kann die Rückgabe eines in Verwahrung genommenen, sichergestellten oder beschlagnahmten Führerscheins aufgeschoben werden, wenn der Betroffene nicht widerspricht. ²In diesem Fall ist die Zeit nach dem Urteil unverkürzt auf das Fahrverbot anzurechnen.

(8) Über den Zeitpunkt der Wirksamkeit des Fahrverbots nach Absatz 2 oder 2a Satz 1 und über den Beginn der Verbotsfrist nach Absatz 5 Satz 1 ist der Betroffene bei der Zustellung der Bußgeldentscheidung oder im Anschluss an deren Verkündung zu belehren.

§ 26 Zuständige Verwaltungsbehörde; Verjährung. (1) ¹Bei Ordnungswidrigkeiten nach § 24, die im Straßenverkehr begangen werden, und bei Ordnungswidrigkeiten nach den §§ 24a und 24c ist Verwaltungsbehörde im Sinne des § 36 Abs. 1 Nr. 1 des Gesetzes über Ordnungswidrigkeiten die Behörde oder Dienststelle der Polizei, die von der Landesregierung durch Rechtsverordnung näher bestimmt wird. ²Die Landesregierung kann die Ermächtigung auf die zuständige oberste Landesbehörde übertragen.

(2), (3) *nicht abgedruckt*

§ 26a Bußgeldkatalog. (1) Das Bundesministerium für Verkehr, Bau und Stadtentwicklung wird ermächtigt, durch Rechtsverordnung mit Zustimmung des Bundesrates Vorschriften zu erlassen über
1. die Erteilung einer Verwarnung (§ 56 des Gesetzes über Ordnungswidrigkeiten) wegen einer Ordnungswidrigkeit nach § 24,
2. Regelsätze für Geldbußen wegen einer Ordnungswidrigkeit nach den §§ 24, 24a und § 24c,
3. die Anordnung des Fahrverbots nach § 25.

(2) Die Vorschriften nach Absatz 1 bestimmen unter Berücksichtigung der Bedeutung der Ordnungswidrigkeit, in welchen Fällen, unter welchen Voraussetzungen und in welcher Höhe das Verwarnungsgeld erhoben, die Geldbuße festgesetzt und für welche Dauer das Fahrverbot angeordnet werden soll.

Anlage (zu § 24a)[1]

Liste der berauschenden Mittel und Substanzen

Berauschende Mittel	Substanzen
Cannabis	Tetrahydrocannabinol (THC)
Heroin	Morphin
Morphin	Morphin
Cocain	Cocain
Cocain	Benzoylecgonin
Amfetamin	Amfetamin
Designer-Amfetamin	Methylendioxyamfetamin (MDA)
Designer-Amfetamin	Methylendioxyethylamfetamin (MDE)
Designer-Amfetamin	Methylendioxymetamfetamin (MDMA)
Metamfetamin	Metamfetamin

---

[1] BGBl. 2007 I S. 1045.

D 1. Grundstoffüberwachungsgesetz – GÜG –

v. 11.3.2008 (BGBl. I S. 306), zuletzt geändert durch G v. 30.3.2021 (BGBl. I S. 402)

– Auszug –

1. Abschnitt. Allgemeine Vorschriften

§ 1 Begriffsbestimmungen. Im Sinne des Gesetzes ist
1. Grundstoff: ein erfasster Stoff im Sinne des Artikels 2 Buchstabe a in Verbindung mit Anhang I der Verordnung (EG) Nr. 273/2004 des Europäischen Parlaments und des Rates vom 11. November 2004 betreffend Drogenausgangsstoffe (ABl. EU Nr. L 47 S. 1) in ihrer jeweils geltenden Fassung und des Artikels 2 Buchstabe a in Verbindung mit dem Anhang der Verordnung (EG) Nr. 111/2005 des Rates vom 22. Dezember 2004 zur Festlegung von Vorschriften für die Überwachung des Handels mit Drogenausgangsstoffen zwischen der Gemeinschaft und Drittländern (ABl. EU 2005 Nr. L 22 S. 1, 2006 Nr. 61 S. 23) in ihrer jeweils geltenden Fassung;
2. Gemeinschaft: die Europäischen Gemeinschaften;
3. Drittstaat: ein Staat außerhalb der Gemeinschaft;
4. Einfuhr: jede Verbringung von Grundstoffen von Grundstoffen in das Zollgebiet der Gemeinschaft im Sinne des Artikels 2 Buchstabe c der Verordnung (EG) Nr. 111/2005 oder in einen nicht zum Zollgebiet der Gemeinschaft gehörenden Teil des Hoheitsgebietes der Bundesrepublik Deutschland;
5. Ausfuhr: jede Verbringung von Grundstoffen aus dem Zollgebiet der Gemeinschaft im Sinne des Artikels 2 Buchstabe d der Verordnung (EG) Nr. 111/2005 oder aus einem nicht zum Zollgebiet der Gemeinschaft gehörenden Teil des Hoheitsgebietes der Bundesrepublik Deutschland;
6. Vermittlungsgeschäft: jede Tätigkeit zur Anbahnung des Ankaufs, des Verkaufs oder der Lieferung von Grundstoffen im Sinne des Artikels 2 Buchstabe e der Verordnung (EG) Nr. 111/2005;
7. Inverkehrbringen: jede Abgabe von Grundstoffen im Sinne des Artikels 2 Buchstabe c der Verordnung (EG) Nr. 273/2004;
8. Herstellen: das Gewinnen, Synthetisieren, Anfertigen, Zubereiten, Be- oder Verarbeiten und Umwandeln von Grundstoffen;
9. Wirtschaftsbeteiligter: eine in Artikel 2 Buchstabe d der Verordnung (EG) Nr. 273/2004 oder in Art. 2 Buchstabe f der Verordnung (EG) Nr. 111/2005 bezeichnete natürliche oder juristische Person.

§ 2 Anwendung der Verordnungen (EG) Nr. 111/2005 und Nr. 1277/2005. Soweit die Verordnung (EG) Nr. 111/2005 und die Verordnung (EG) Nr. 1277/2005 der Kommission vom 27. Juli 2005 mit Durchführungsvorschriften zu der Verordnung (EG) Nr. 273/2004 des Europäischen Parlaments und des Rates betreffend Drogenausgangsstoffe und zur Verordnung (EG) Nr. 111/2005 des Rates zur Festlegung von Vorschriften für die Überwachung des Handels mit Drogenausgangsstoffen zwischen der Gemeinschaft und Drittländern (ABl. EU Nr. L 202 S. 7) in ihrer jeweils geltenden Fassung auf das Zollgebiet der Gemeinschaft Bezug nehmen, sind sie auch auf den nicht zum Zollgebiet der Gemeinschaft gehörenden Teil des Hoheitsgebietes der Bundesrepublik Deutschland anzuwenden.

D 1 GÜG

§ 3 Verbote. Es ist verboten, einen Grundstoff, der zur unerlaubten Herstellung von Betäubungsmitteln verwendet werden soll, zu besitzen, herzustellen, mit ihm Handel zu treiben, ihn, ohne Handel zu treiben, einzuführen, auszuführen, durch den oder im Geltungsbereich dieses Gesetzes zu befördern, zu veräußern, abzugeben oder in sonstiger Weise einem anderen die Möglichkeit zu eröffnen, die tatsächliche Verfügung über ihn zu erlangen, zu erwerben, oder sich in sonstiger Weise zu verschaffen.

§ 4 Allgemeine Vorkehrungen gegen Abzweigung. (1) Wirtschaftsbeteiligte sind verpflichtet, im Rahmen der im Verkehr erforderlichen Sorgfalt Vorkehrungen zu treffen, um eine Abzweigung von Grundstoffen zur unerlaubten Herstellung von Betäubungsmitteln zu verhindern.

(2) ¹Meldungen nach Artikel 8 Abs. 1 der Verordnung (EG) Nr. 273/2004 und Artikel 9 Abs. 1 der Verordnung (EG) Nr. 111/2005 sind an die Gemeinsame Grundstoffüberwachungsstelle nach § 6 zu richten. ²Mündliche Meldungen sind innerhalb von drei Tagen schriftlich oder elektronisch zu wiederholen. *Satz 3 nicht abgedruckt*

(3) Wer nach Absatz 2 Satz 1 Tatsachen mitteilt, die auf eine Straftat nach § 19 schließen lassen, kann wegen dieser Mitteilung nicht verantwortlich gemacht werden, es sei denn, die Mitteilung ist vorsätzlich oder grob fahrlässig unrichtig erstattet worden.

Abschnitt 2. Zuständigkeit und Zusammenarbeit der Behörden

§ 5 Zuständige Behörden. (1) Das Bundesinstitut für Arzneimittel und Medizinprodukte ist zuständige Behörde
1. nach Artikel 3 (Mitteilung des verantwortlichen Beauftragten, Erlaubnis, Registrierung, Gebührenerhebung) und Artikel 8 Abs. 2 (Auskunft über Vorgänge mit erfassten Stoffen) der Verordnung (EG) Nr. 273/2004,
2. nach Artikel 6 (Erlaubnis), Artikel 7 Abs. 1 (Registrierung), Artikel 9 Abs. 2 (Auskunft über Ausfuhr-, Einfuhr- und Vermittlungstätigkeiten), Artikel 11 (Vorausfuhrunterrichtung), Artikel 12 Abs. 2, Artikel 13 Abs. 2, Artikel 14 Abs. 1 Unterabs. 1 und den Artikeln 15 bis 19 (Ausfuhrgenehmigung), den Artikeln 20, 21 Abs. 2 und den Artikeln 23 bis 25 (Einfuhrgenehmigung) und Artikel 26 Abs. 5 (Gebührenerhebung) der Verordnung (EG) Nr. 111/2005 und
3. nach Artikel 3 (Mitteilung des verantwortlichen Beauftragten), den Artikeln 5, 7 und 8 bis 11 (Erlaubnis), den Artikeln 17 bis 19 (Auskünfte und Meldungen), Artikel 21 (Vorausfuhrunterrichtung), den Artikeln 23, 25, 26 Abs. 2 und Artikel 27 Abs. 1 und 3 (Ausfuhr- und Einfuhrgenehmigung) und Artikel 31 (Widerruf offener Einzelausfuhrgenehmigungen) der Verordnung (EG) Nr. 1277/2005.

(2) Zuständige Behörden für die Überwachung der Ein- und Ausfuhr von Grundstoffen sowie des Warenverkehrs mit diesen Stoffen zwischen den Mitgliedstaaten der Gemeinschaft sind die Zollbehörden.

(3) ¹Benannte Behörden im Sinne des Artikels 11 Abs. 1 und 2 Satz 2 der Verordnung (EG) Nr. 273/2004 und des Artikels 27 Satz 2 der Verordnung (EG) Nr. 111/2005 sind das Bundesinstitut für Arzneimittel und Medizinprodukte, das Zollkriminalamt und die Gemeinsame Grundstoffüberwachungsstelle nach § 6. ²Für die Entgegennahme von Informationen, einschließlich personenbezogener Daten, die das Erlaubnis- und Genehmigungsverfahren sowie die innerstaatliche Überwachung betreffen, ist das Bundesinstitut für Arzneimittel und Medizinprodukte, für die Entgegennahme von Informationen zur Überwachung der Ein- und Ausfuhr sowie des Warenverkehrs zwischen den Mitgliedstaaten der Gemeinschaft ist das Zollkriminalamt, und für die Entgegennahme von Informationen zu straf-

rechtlichen und anderen Ermittlungen ist die Gemeinsame Grundstoffüberwachungsstelle nach § 6 zuständig.

§ 6 Gemeinsame Grundstoffüberwachungsstelle des Zollkriminalamtes und des Bundeskriminalamtes beim Bundeskriminalamt. (1) [1]Die Gemeinsame Grundstoffüberwachungsstelle des Zollkriminalamtes und des Bundeskriminalamtes ist beim Bundeskriminalamt eingerichtet. [2]Sie nimmt Aufgaben des Zollkriminalamtes und des Bundeskriminalamtes im Bereich der Grundstoffüberwachung wahr. *Satz 3 nicht abgedruckt*
(2) Soweit es zur Verhinderung und Verfolgung der in § 4 Abs. 2 Satz 3 genannten Straftaten und Ordnungswidrigkeiten erforderlich ist, leitet die Gemeinsame Grundstoffüberwachungsstelle Mitteilungen nach § 4 Abs. 2, § 5 Abs. 3 Satz 2 und § 11 Abs. 1 Satz 2 und 3 unverzüglich weiter an
1. das Bundeskriminalamt zur Erfüllung seiner Aufgaben nach den §§ 2 bis 4 Abs. 1 und 2 des Bundeskriminalamtgesetzes,
2. das zuständige Landeskriminalamt zur Erfüllung seiner Aufgabe als Zentralstelle und zur Verhinderung und Verfolgung von Straftaten,
3. das Zollkriminalamt zur Erfüllung seiner Aufgaben nach den §§ 3 und 4 des Zollfahndungsdienstgesetzes oder
4. das zuständige Zollfahndungsamt zur Verhinderung und Verfolgung von Straftaten und Ordnungswidrigkeiten nach § 5 Abs. 2 des Zollfahndungsdienstgesetzes.

(3) (4) *nicht abgedruckt*

§ 8 Befugnisse der Zollbehörden. Bei Straftaten und Ordnungswidrigkeiten nach den §§ 19 und 20 kann die zuständige Verfolgungsbehörde Ermittlungen (§ 161 Abs. 1 Satz 1 der Strafprozessordnung, § 46 Abs. 1 des Gesetzes über Ordnungswidrigkeiten) auch durch die Hauptzollämter oder die Behörden des Zollfahndungsdienstes und deren Beamte vornehmen lassen. § 37 Abs. 2 bis 4 des Außenwirtschaftsgesetzes gilt entsprechend.

§ 11 Gegenseitige Unterrichtung. (1) [1]Sofern tatsächliche Anhaltspunkte für den Verdacht einer Straftat nach § 19 vorliegen, unterrichten die nach § 5 Abs. 2 zuständigen Zollbehörden sowie die nach § 7 betrauten Beamten der Bundespolizei unverzüglich das Zollkriminalamt zur Erfüllung seiner Aufgaben nach den §§ 3 und 4 des Zollfahndungsdienstgesetzes. [2]Das Zollkriminalamt leitet diese Informationen unter Beachtung des § 30 der Abgabenordnung unbeschadet sonstiger Meldepflichten unverzüglich an die Gemeinsame Grundstoffüberwachungsstelle weiter. [3]Sofern tatsächliche Anhaltspunkte für den Verdacht einer Straftat nach § 19 vorliegen, unterrichten das Bundesinstitut für Arzneimittel und Medizinprodukte und das Bundeskriminalamt unverzüglich die Gemeinsame Grundstoffüberwachungsstelle. *Satz 4 nicht abgedruckt*
(2) Das Bundeskriminalamt, die Landeskriminalämter und das Zollkriminalamt übermitteln dem Bundesinstitut für Arzneimittel und Medizinprodukte unverzüglich Erkenntnisse über Tatsachen, einschließlich personenbezogener Daten, die aus ihrer Sicht für Entscheidungen des Bundesinstitutes für Arzneimittel und Medizinprodukte nach diesem Gesetz, der Verordnung (EG) Nr. 273/2004, der Verordnung (EG) Nr. 111/2005 oder der Verordnung (EG) Nr. 1277/2005 erforderlich sind. Eine Übermittlung unterbleibt, wenn sie den Untersuchungszweck gefährden kann oder besondere gesetzliche Verwendungsregelungen entgegenstehen.
(3) Bei Verdacht von Verstößen gegen Vorschriften, Verbote und Beschränkungen dieses Gesetzes, der Verordnung (EG) Nr. 111/2005 oder der Verordnung (EG) Nr. 1277/2005, der sich im Rahmen der Wahrnehmung der Aufgaben nach § 5 Abs. 2 ergibt, unterrichten die Zollbehörden sowie die nach § 7 mitwirkende Bun-

despolizei unverzüglich das Bundesinstitut für Arzneimittel und Medizinprodukte und das Zollkriminalamt, soweit es für deren Aufgabenerfüllung erforderlich ist.

(4) Das Bundesinstitut für Arzneimittel und Medizinprodukte übermittelt die ihm bei der Erfüllung seiner Aufgaben nach diesem Gesetz bekannt gewordenen Informationen an die Zollbehörden, soweit dies zum Zwecke der Überwachung des Außenwirtschaftsverkehrs mit Grundstoffen erforderlich ist.

(5), (6) *nicht abgedruckt*

Abschnitt 3. Verkehr mit Grundstoffen

§ 13 Versagung der Erlaubnis nach Artikel 6 Abs. 1 der Verordnung (EG) Nr. 111/2005. Für die Versagung der Erlaubnis nach Artikel 6 Abs. 1 der Verordnung (EG) Nr. 111/2005 gilt Artikel 3 Abs. 4 Satz 2 der Verordnung (EG) Nr. 273/2004 entsprechend.

Abschnitt 4. Überwachung

§§ 16 bis 18. *nicht abgedruckt*

Abschnitt 5. Straf- und Bußgeldvorschriften

§ 19 Strafvorschriften. (1) Mit Freiheitsstrafe bis zu fünf Jahren oder mit Geldstrafe wird bestraft, wer
1. entgegen § 3 einen Grundstoff besitzt, herstellt, mit ihm Handel treibt, ihn, ohne Handel zu treiben, einführt, ausführt, durch den oder im Geltungsbereich dieses Gesetzes befördert, veräußert, abgibt oder in sonstiger Weise einem anderen die Möglichkeit eröffnet, die tatsächliche Verfügung über ihn zu erlangen, erwirbt oder sich in sonstiger Weise verschafft,
2. entgegen Artikel 3 Abs. 2 der Verordnung (EG) Nr. 273/2004 einen in Kategorie 1 des Anhangs I dieser Verordnung bezeichneten Grundstoff ohne Erlaubnis besitzt oder in den Verkehr bringt,
3. entgegen Artikel 6 Abs. 1 der Verordnung (EG) Nr. 111/2005 einen in Kategorie 1 des Anhangs dieser Verordnung bezeichneten Grundstoff ohne Erlaubnis einführt, ausführt oder ein Vermittlungsgeschäft mit ihm betreibt,
4. entgegen Artikel 12 Abs. 1 der Verordnung (EG) Nr. 111/2005 einen in Kategorie 1, 2, 3 oder 4 des Anhangs dieser Verordnung bezeichneten Grundstoff ohne Ausfuhrgenehmigung ausführt oder
5. entgegen Artikel 20 der Verordnung (EG) Nr. 111/2005 einen in Kategorie 1 des Anhangs dieser Verordnung bezeichneten Grundstoff ohne Einfuhrgenehmigung einführt.

(2) Der Versuch ist strafbar.

(3) In besonders schweren Fällen des Absatzes 1 ist die Strafe Freiheitsstrafe nicht unter einem Jahr. Ein besonders schwerer Fall liegt in der Regel vor, wenn der Täter
1. gewerbsmäßig oder
2. als Mitglied einer Bande, die sich zur fortgesetzten Begehung solcher Taten verbunden hat, handelt.

(4) Handelt der Täter in den Fällen des Absatzes 1 fahrlässig, so ist die Strafe Freiheitsstrafe bis zu einem Jahr oder Geldstrafe.

(5) Soweit auf die Verordnung (EG) Nr. 273/2004 oder die Verordnung (EG) Nr. 111/2005 Bezug genommen wird, ist jeweils die am 7. Juli 2018 geltende Fassung maßgeblich.

§ 20 Bußgeldvorschriften. *nicht abgedruckt*

Abschnitt 6. Schlussbestimmungen

§ 22 Bundeswehr. *nicht abgedruckt*

D 2.1 Erfasste Stoffe – Anhang zur Verordnung (EG) Nr. 273/2004 vom 11.2.2004 betreffend Drogenausgangsstoffe

(ABl. 2004 L 47 S. 1), zuletzt geändert durch Delegierte VO (EU) 2020/1737 v. 14.7.2020 (ABl. L 392 S. 1), letzte konsolidierte Fassung v. 13.1.2021

Anhang I. Liste der erfassten Stoffe[1]

Kategorie 1

Stoff	KN-Bezeichnung (sofern anderslautend)	KN-Code[2]	CAS-Nr.[3]	*Grundstoff zu*[4]
1-Phenyl-2-Propanon	Phenylaceton	2914 31 00	103-79-7	*Amfetamine Metamfetamine*
Methyl-*alpha*-acetylphenylacetat (MAPA)		2918 30 00	16648-44-5	
Methyl-2-methyl-3-phenyl-2-oxirancarboxylat (BMK-Methylglycidat)		2918 99 90	80532-66-7	
2-Methyl-3-phenyl-2-oxirancarbonsäure (BMK Glycidsäure)		2918 99 90	25547-51-7	
N-Acetylanthranilsäure	2-Acetamidobenzoesäure	2924 23 00	89-52-1	*Methaqualon*
Alpha-Phenylacetoacetamid (APAA)		2924 29 70	4433-77-6	
Alpha-Phenylacetoacetonitril (APAAN)		2926 40 00	4468-48-8	*Metamfetamin*
Isosafrol (cis + trans)		2932 91 00	120-58-1	*MDA, MDMA, MDE*
3,4-Methylendioxyphenylpropan-2-on	1-(1,3-Benzodioxol-5-yl)propan-2-on	2932 92 00	4676-39-5	*MDA, MDMA, MDE, Designerdrogen*
Piperonal		2932 93 00	120-57-0	*MDA, MDMA, MDE*

---

[1] Ausgenommen sind Arzneimittel und Tierarzneimittel (Art. 2 Buchst. a der VO).

[2] ABl. L 290 vom 28.10.2002, S. 1.

[3] Die CAS-Nummer ist die „Chemical Abstracts Service Registry Number", bei der es sich um eine einzige numerische Identifikation handelt, die für jeden Stoff und seine Struktur spezifisch ist. Die CAS-Nummer ist spezifisch für jedes Isomer und jedes Salz eines Isomers. Es versteht sich, dass die CAS-Nummern für die Salze der vorstehend aufgeführten Stoffe von den angegebenen Nummern abweichen.

[4] Nach *Volkmer* in Körner/Patzak/Volkmer GÜG Rn. 27; nicht Bestandteil der EU-Verordnung.

Erfasste Stoffe VO (EG) Nr. 273/2004 D 2.1

Stoff	KN-Bezeichnung (sofern anderslautend)	KN-Code[2]	CAS-Nr.[3]	*Grundstoff zu*[4]
Safrol		2932 94 00	94-59-7	MDA, MDMA, MDE
Methyl-3-(1,3-benzodioxol-5-yl)-2-methyl-2-oxirancarboxylat (PMK-Methylglycidat)		2932 99 00	13605-48-6	
3-(1,3-Benzodioxol-5-yl)-2-methyl-2-oxirancarbonsäure (PMK-Glycidsäure)		2932 99 00	2167189-50-4	
4-Anilino-*N*-phenethylpiperidin (ANPP)		2933 39 99	21409-26-7	Fentanyl, Fentanyl-Analoga
N-Phenethyl-4-piperidon (NPP)		2933 39 99	39742-60-4	Fentanyl, Fentanyl-Analoga
Ephedrin		2939 41 00	299-42-3	Amfetamine, Metamfetamine
Pseudoephedrin		2939 42 00	90-82-4	Amfetamine, Metamfetamine
Norephedrin		2939 44 00	14838-15-4	
Ergometrin		2939 61 00	60-79-7	LSD
Ergotamin		2939 62 00	113-15-5	LSD
Lysergsäure		2939 63 00	82-58-6	LSD

Die stereoisomerischen Formen der in dieser Kategorie aufgeführten Stoffe außer Cathin[5], sofern das Vorhandensein solcher Formen möglich ist.

Die Salze der in dieser Kategorie aufgeführten Stoffe, sofern das Vorhandensein solcher Salze möglich ist und es sich nicht um Salze von Cathin handelt.

(1R,2S)-(-)-Chlorephedrin		2939 79 90	110925-64-9	
(1S,2R)-(+)-Chlorephedrin		2939 79 90	1384199-95-4	
(1S,2S)-(+)-Chlorpseudoephedrin		2939 79 90	73393-61-0	
(1R,2R)-(-)-Chlorpseudoephedrin		2939 79 90	771434-80-1	Metamfetamin

---

[2] ABl. L 290 vom 28.10.2002, S. 1.

[3] Die CAS-Nummer ist die „Chemical Abstracts Service Registry Number", bei der es sich um eine einzige numerische Identifikation handelt, die für jeden Stoff und seine Struktur spezifisch ist. Die CAS-Nummer ist spezifisch für jedes Isomer und jedes Salz eines Isomers. Es versteht sich, dass die CAS-Nummern für die Salze der vorstehend aufgeführten Stoffe von den angegebenen Nummern abweichen.

[4] Nach *Volkmer* in Körner/Patzak/Volkmer GÜG Rn. 27; nicht Bestandteil der EU-Verordnung.

[5] Auch (+)-Norpseudoephedrin genannt, KN-Code 2939 43 00, CAS-Nr. 492-39-7.

D 2.1 VO (EG) Nr. 273/2004 Anhang

Kategorie 2

Unterkategorie 2A

Stoff	KN-Bezeichnung (sofern anderslautend)	KN-Code[6]	CAS-Nr.[7]	Grundstoff zu[8]
Roter Phosphor		2804 70 00	7723-14-0	
Essigsäureanhydrid		2915 24 00	108-24-7	Heroin, Methaqualon

Die Salze der in dieser Kategorie aufgeführten Stoffe, sofern das Vorhandensein solcher Salze möglich ist.

Unterkategorie 2B

Stoff	KN-Bezeichnung (sofern anderslautend)	KN-Code[6]	CAS-Nr.[7]	Grundstoff zu[8]
Phenylessigsäure		2916 34 00	103-82-2	Amfetamine, Metamfetamine
Anthranilsäure		2922 43 00	118-92-3	Methaqualon
Piperidin		2933 32 00	110-89-4	Phencyclidin
Kaliumpermanganat		2841 61 00	7722-64-7	Cocain

Die Salze der in dieser Kategorie aufgeführten Stoffe, sofern das Vorhandensein solcher Salze möglich ist.

---

[6] ABl. 2002 L 290 vom 28.10.2002, S. 1.

[7] Die CAS-Nummer ist die Registriernummer des „Chemical Abstracts Service", bei der es sich um eine einzige numerische Identifikation handelt, die für jeden Stoff und seine Struktur spezifisch ist. Die CAS-Nummer ist spezifisch für jedes Isomer und jedes Salz eines Isomers. Daher weichen die CAS-Nummern für die Salze der oben genannten Stoffe von den angegebenen Nummern ab.

[8] Nach *Volkmer* in Körner/Patzak/Volkmer GÜG Rn. 27; nicht Bestandteil der EU-Verordnung.

Kategorie 3

Stoff	KN-Bezeichnung (sofern anderslautend)	KN-Code[9]	CAS-Nr.[10]	*Grundstoff zu*[11]
Salzsäure	Chlorwasserstoff	2806 10 00	7647-01-0	*Cocain, Heroin*
Schwefelsäure		2807 00 10	7664-93-9	*Cocain, Heroin*
Toluol		2902 30 00	108-88-3	*Cocain*
Ethylether	Diethylether	2909 11 00	60-29-7	*Cocain, Heroin*
Aceton		2914 11 00	67-64-1	*Cocain, Heroin*
Methylethylketon (MEK)	Butanon	2914 12 00	78-93-3	*Cocain*

Die Salze der in dieser Kategorie aufgeführten Stoffe, sofern das Vorhandensein solcher Salze möglich ist und es sich nicht um Salze von Salzsäure und Schwefelsäure handelt.

Anhang II

Stoff	Schwellenwert
Essigsäureanhydrid	100 l
Kaliumpermanganat	100 kg
Anthranilsäure und ihre Salze	1 kg
Phenylessigsäure und ihre Salze	1 kg
Piperidin und seine Salze	0,5 kg
Roter Phosphor	0,1 kg

---

[9] ABl. 2002 L 290 vom 28.10.2002, S. 1.
[10] Die CAS-Nummer ist die „Chemical Abstracts Service Registry Number", bei der es sich um eine einzige numerische Identifikation handelt, die für jeden Stoff und seine Struktur spezifisch ist. Die CAS-Nummer ist spezifisch für jedes Isomer und jedes Salz eines Isomers. Es versteht sich, dass die CAS-Nummern für die Salze der vorstehend aufgeführten Stoffe von den angegebenen Nummern abweichen.
[11] Nach *Volkmer* in Körner/Patzak/Volkmer GÜG Rn. 27; nicht Bestandteil der EU-Verordnung.

D 2.2 Erfasste Stoffe – Anhang zur Verordnung (EG) 111/2005 vom 22.12.2004 zur Festlegung von Vorschriften für die Überwachung des Handels mit Drogenausgangsstoffen zwischen der Gemeinschaft und Drittländern

(ABl. 2005 L 22 S. 1) zuletzt geändert durch Delegierte VO (EU) 2020/1737 v. 14.7.2020 (ABl. L 392 S. 1), letzte konsolidierte Fassung v. 13.1.2021

Anhang. Liste der erfassten Stoffe[1]

Kategorie 1[2]

Stoff	KN-Bezeichnung (falls abweichend)	KN-Code[3]	CAS-Nr.[4]
1-Phenyl-2-Propanon	Phenylaceton	2914 31 00	103-79-7
Methyl-*alpha*-acetylphenylacetat (MAPA)		2918 30 00	16648-44-5
Methyl-2-methyl-3-phenyl-2-oxirancarboxylat (BMK-Methylglycidat)		2918 99 90	80532-66-7
2-Methyl-3-phenyl-2-oxirancarbonsäure (BMK Glycidsäure)		2918 99 90	25547-51-7
N-Acetylanthranilsäure	2-Acetamidobenzoesäure	2924 23 00	89-52-1
Alpha-Phenylacetoacetamid (APAA)		2924 29 70	4433-77-6
Alpha-Phenylacetoacetonitril (APAAN)		2926 40 00	4468-48-8
Isosafrol (*cis* + *trans*)		2932 91 00	120-58-1
3,4-Methylendioxyphenyl-propan-2-on	1-(1,3-Benzodioxol-5-yl) propan-2-on	2932 92 00	4676-39-5
Piperonal		2932 93 00	120-57-0
Safrol		2932 94 00	94-59-7
Methyl-3-(1,3-benzodioxol-5-yl)-2-methyl-2-oxirancarboxylat (PMK-Methylglycidat)		2932 99 00	13605-48-6
3-(1,3-Benzodioxol-5-yl)-2-methyl-2-oxirancarbonsäure (PMK-Glycidsäure)		2932 99 00	2167189-50-4
4-Anilino-*N*-phenethylpiperidin (ANPP)		2933 39 99	21409-26-7

[1] Ausgenommen sind Arzneimittel und Tierarzneimittel, mit Ausnahme der im Anhang (Kategorie 4) aufgeführten Human- und Tierarzneimittel (Art. 2 Buchst. a der VO).
[2] Zu den Substanzen, zu denen die Grundstoffe dienen, s. Anh. D.2.1.
[3] ABl. L 290 vom 28.10.2002, S. 1.
[4] Die CAS-Nr. ist die Registriernummer des „Chemical Abstracts Service", bei der es sich um eine eindeutige Codierung für jeden Stoff und seine Struktur handelt. Jedes Isomer und jedes Salz jedes Isomers erhalten eine eigene CAS-Nr. Daher weichen die CAS-Nummern für die Salze der oben genannten Stoffe von den angegebenen Nummern ab.

Erfasste Stoffe VO (EG) Nr. 111/2005 D 2.2

Stoff	KN-Bezeichnung (falls abweichend)	KN-Code[3]	CAS-Nr.[4]
N-Phenethyl-4-piperidon (NPP)		2933 39 99	39742-60-4
Ephedrin		2939 41 00	299-42-3
Pseudoephedrin		2939 42 00	90-82-4
Norephedrin		2939 44 00	14838-15-4
Ergometrin		2939 61 00	60-79-7
Ergotamin		2939 62 00	113-15-5
Lysergsäure		2939 63 00	82-58-6
(1R,2S)-(-)-Chlorephedrin		2939 79 90	110925-64-9
(1S,2R)-(+)-Chlorephedrin		2939 79 90	1384199-95-4
(1S,2S)-(+)-Chlorpseudoephedrin		2939 79 90	73393-61-0
(1R,2R)-(-)-Chlorpseudoephedrin		2939 79 90	771434-80-1

Die Stereoisomere der in dieser Kategorie aufgeführten Stoffe mit Ausnahme von Cathin[5], sofern das Bestehen solcher Formen möglich ist.

Die Salze der in dieser Kategorie aufgeführten Stoffe, soweit das Bestehen solcher Salze möglich ist und es sich nicht um Salze des Cathins handelt.

Kategorie 2[6]

Stoff	KN-Bezeichnung (falls abweichend)	KN-Code[3]	CAS-Nr.[4]
Roter Phosphor		2804 70 00	7723-14-0
Essigsäureanhydrid		2915 24 00	108-24-7
Phenylessigsäure		2916 34 00	103-82-2
Anthranilsäure		ex 2922 43 00	118-92-3
Piperidin		2933 32 00	110-89-4
Kaliumpermanganat		2841 61 00	7722-64-7

Die Salze der in dieser Kategorie aufgeführten Stoffe, soweit das Bestehen solcher Salze möglich ist.

---

[3] ABl. L 290 vom 28.10.2002, S. 1.
[4] Die CAS-Nr. ist die Registriernummer des „Chemical Abstracts Service", bei der es sich um eine eindeutige Codierung für jeden Stoff und seine Struktur handelt. Jedes Isomer und jedes Salz jedes Isomers erhalten eine eigene CAS-Nr. Daher weichen die CAS-Nummern für die Salze der oben genannten Stoffe von den angegebenen Nummern ab.
[5] Auch (+)-Norpseudoephedrin genannt, KN-Code 2939 43 00, CAS-Nr. 492-39-7.
[6] Zu den Substanzen, zu denen die Grundstoffe dienen, s. Anh. D.2.1.

D 2.2 VO (EG) Nr. 111/2005 Anhang

Kategorie 3[1]

Stoff	KN-Bezeichnung (falls abweichend)	KN-Code[2]	CAS Nr.[3]
Salzsäure	Chlorwasserstoff (Salzsäure)	2806 10 00	7647-01-0
Schwefelsäure		2807 00 10	7664-93-9
Toluol		2902 30 00	108-88-3
Ethylether	Diethylether	2909 11 00	60-29-7
Aceton		2914 11 00	67-64-1
Methylethylketon	Butanon	2914 12 00	78-93-3

Kategorie 4[1]

Stoff	KN-Bezeichnung (sofern anders lautend)	KN-Code
Ephedrin oder seine Salze enthaltende Arzneimittel und Tierarzneimittel	Ephedrin oder seine Salze enthaltend	3003 41 00 3004 41 00
Pseudoephedrin oder seine Salze enthaltende Arzneimittel und Tierarzneimittel	Pseudoephedrin (INN) oder seine Salze enthaltend	3003 42 00 3004 42 00

---

[1] Zu den Substanzen, zu denen die Grundstoffe dienen, s. Anh. D.2.1.
[2] ABl. L 290 vom 28.10.2002, S. 1.
[3] Die CAS-Nr. ist die Registriernummer des „Chemical Abstracts Service", bei der es sich um eine eindeutige Codierung für jeden Stoff und seine Struktur handelt. Jedes Isomer und jedes Salz jedes Isomers erhalten eine eigene CAS-Nr. Daher weichen die CAS-Nummern für die Salze der oben genannten Stoffe von den angegebenen Nummern ab.

E 1. Gesetz über die Alterssicherung der Landwirte – ALG

v. 29.7.1994 (BGBl. I S. 1890)
zuletzt geändert durch G v. 11.2.2021 (BGBl. I S. 154)

– Auszug –

§ 1 Versicherte kraft Gesetzes. (1) Versicherungspflichtig sind
1. Landwirte
2. mitarbeitende Familienangehörige.

(2) ¹Landwirt ist, wer als Unternehmer ein auf Bodenbewirtschaftung beruhendes Unternehmen der Landwirtschaft betreibt, das die Mindestgröße (Absatz 5)[1] erreicht. ²Unternehmer ist, wer seine berufliche Tätigkeit selbständig ausübt. ³Beschränkt haftende Gesellschafter einer Personenhandelsgesellschaft oder Mitglieder einer juristischen Person gelten als Landwirt, wenn sie hauptberuflich im Unternehmen tätig und wegen dieser Tätigkeit nicht kraft Gesetzes in der gesetzlichen Rentenversicherung versichert sind.

(3) Nicht abgedruckt.

(4) ¹Unternehmen der Landwirtschaft sind Unternehmen der Land- und Forstwirtschaft einschließlich des Garten- und Weinbaues, der Fischzucht und der Teichwirtschaft[2]; die hierfür genutzten Flächen gelten als landwirtschaftlich genutzte Flächen. ²Zur Bodenbewirtschaftung gehören diejenigen wirtschaftlichen Tätigkeiten von nicht ganz kurzer Dauer, die der Unternehmer zum Zwecke einer überwiegend planmäßigen Aufzucht von Bodengewächsen ausübt, sowie die mit der Bodennutzung verbundene Tierhaltung, sofern diese nach den Vorschriften des Bewertungsgesetzes zur landwirtschaftlichen Nutzung rechnet. ³Der Bodenbewirtschaftung wird auch eine den Zielen des Natur- und Umweltschutzes dienende Pflege stillgelegter Flächen zugerechnet, wenn
1. eine öffentlich-rechtliche Verpflichtung hierzu besteht,
2. die Tätigkeit nicht im Rahmen eines Unternehmens des Garten- und Landschaftsbaus ausgeübt wird und
3. das Unternehmen ohne die stillgelegten Flächen mindestens die Hälfte der Mindestgröße (Absatz 5) erreicht

⁴Als Unternehmen der Landwirtschaft gelten auch die Imkerei, die Binnenfischerei und die Wanderschäferei[3]. Betreibt ein Versicherter mehrere Unternehmen, gelten sie als ein Unternehmen.

(5) ¹Ein Unternehmen der Landwirtschaft erreicht dann die Mindestgröße[4], wenn sein Wirtschaftswert einen von der landwirtschaftlichen Alterskasse unter Berücksichtigung der örtlichen oder regionalen Gegebenheiten festgesetzten Grenzwert erreicht; der Ertragswert für Nebenbetriebe bleibt hierbei unberücksichtigt. *Sätze 2 bis 4 nicht abgedruckt*

(6) ¹Der Wirtschaftswert ist der durch die Finanzbehörden nach dem Bewertungsgesetz im Einheitswertbescheid für das land- und forstwirtschaftliche Vermögen festgesetzte Wirtschaftswert.
Sätze 2 bis 5 nicht abgedruckt

---

[1] Darauf kommt es im Rahmen des § 24a BtMG nicht (mehr) an (→ BtMG § 24a Rn. 21).
[2] Unternehmen der Forstwirtschaft, des Garten- und Weinbaus, der Fischzucht, der Teichwirtschaft, der Imkerei, der Binnenfischerei und der Wanderschäferei sind keine Unternehmen der Landwirtschaft im Sinne der Anlage I Position Cannabis Ausnahme d zum BtMG.
[3] Unternehmen der der Imkerei, der Binnenfischerei und der Wanderschäferei sind keine Unternehmen der Landwirtschaft im Sinne der Anlage I Position Cannabis Ausnahme d zum BtMG.
[4] S. Fn. 1.

E 1 ALG

(7) Landwirt nach Absatz 2 ist nicht, wer ein Unternehmen der Landwirtschaft ohne die Absicht der nachhaltigen Gewinnerzielung betreibt.
(8) *nicht abgedruckt*

E 2. Verordnung über die Durchführung von Stützungsregelungen und des Integrierten Verwaltungs- und Kontrollsystems (InVeKoS-Verordnung – InVeKoSV)

v. 24.2.2015 (BGBl. I S. 166),
zuletzt geändert durch VO v. 29.1.2021 (BGBl. I S. 146)

– Auszug –

§ 1 Anwendungsbereich. (1) Die Vorschriften dieser Verordnung gelten für die Durchführung
1. *nicht abgedruckt*
2. der Vorschriften der Verordnung (EU) Nr. 1307/2013 des Europäischen Parlaments und des Rates vom 17. Dezember 2013 mit Vorschriften über Direktzahlungen an Inhaber landwirtschaftlicher Betriebe im Rahmen von Stützungsregelungen der Gemeinsamen Agrarpolitik und zur Aufhebung der Verordnung (EG) Nr. 637/2008 des Rates und der Verordnung (EG) Nr. 73/2009 des Rates (ABl. L 347 vom 20.12.2013, S. 608) in der jeweils geltenden Fassung und der zu ihrer Durchführung erlassenen Rechtsakte der Europäischen Union hinsichtlich
   a) der Basisprämienregelung,
   b) bis e) *nicht abgedruckt*
3. bis 6. *nicht abgedruckt*
(2) *nicht abgedruckt*

§ 2 Zuständigkeit. (1) bis (3) *nicht abgedruckt*
(4) Die Bundesanstalt für Landwirtschaft und Ernährung (Bundesanstalt) ist zuständig für die Durchführung dieser Verordnung, soweit sie sich bezieht auf
1. die
   a) Kontrolle des Tetrahydrocannabinolgehalts des Hanfs im Rahmen der in § 1 Absatz 1 Nummer 2 Buchstabe a bezeichneten Stützungsregelung,
   b) in Artikel 9 Absatz 5 der Delegierten Verordnung (EU) Nr. 639/2014 der Kommission vom 11. März 2014 zur Ergänzung der Verordnung (EU) Nr. 1307/2013 des Europäischen Parlaments mit Vorschriften über Direktzahlungen an Inhaber landwirtschaftlicher Betriebe im Rahmen von Stützungsregelungen der Gemeinsamen Agrarpolitik und zur Änderung des Anhangs X der genannten Verordnung (ABl. L 181 vom 20.6.2014 S. 1) in der jeweils geltenden Fassung vorgesehene Beantragung bei der Europäischen Kommission,
   c) Bekanntmachung der in Artikel 9 Absatz 5 der Delegierten Verordnung (EU) Nr. 639/2014 bezeichneten Hanfsorten
2., 3. *nicht abgedruckt*

§ 7 Form und Frist. (1) Die in § 1 Absatz 1 Nummer 2 genannten Direktzahlungen werden auf Antrag gewährt. Der Antrag ist als Sammelantrag nach Artikel 11 der Delegierten Verordnung (EU) Nr. 640/2014 zu stellen und der Landesstelle nach Maßgabe des Artikels 12 der Delegierten Verordnung (EU) Nr. 640/2014 bis zum 15. Mai des Jahres, für das die Zahlungen beantragt werden, zu übermitteln.
(2) *nicht abgedruckt*
(3) *(aufgehoben)*
(4), (5) *nicht abgedruckt*

E 2   InVeKoSV

§ 12 Angaben beim Anbau von Nutzhanf. Werden im Sammelantrag Direktzahlungen für Flächen, auf denen Hanf angebaut werden soll, beantragt, hat der Betriebsinhaber das amtliche Etikett des Saatguts bei der Landesstelle gemäß Artikel 7 Absatz 7 der Verordnung (EU) Nr. 809/2014 einzureichen. Bei einer Aussaat nach dem 30. Juni des Antragsjahres ist das amtliche Etikett des Saatguts bis 1. September des Antragsjahres einzureichen. Bezieht sich das vorzulegende amtliche Etikett auf Saatgut, das von mehreren Betriebsinhabern verwendet wurde, so ist das Etikett nach Wahl der betroffenen Betriebsinhaber von einem von ihnen vorzulegen sowie von jedem der Betriebsinhaber zugleich eine Erklärung über die Aufteilung des Saatguts vorzulegen.

§ 18 Mindestgröße einer landwirtschaftlichen Parzelle. (1) Die Mindestgröße einer landwirtschaftlichen Parzelle im Sinne des Artikels 72 Absatz 1 Unterabsatz 2 der Verordnung (EU) Nr. 1306/2013, für die ein Antrag gestellt werden kann, beträgt 0,3 Hektar.

(2) Abweichend von Absatz 1 können die Landesregierungen durch Rechtsverordnung nach § 6 Absatz 1 Nummer 2 in Verbindung mit Absatz 5 Satz 1 des Marktorganisationsgesetzes eine kleinere Mindestgröße festlegen, soweit dies erforderlich ist, um besonderen regionalen Gegebenheiten Rechnung zu tragen.

Abschnitt 7. Hanf

§ 28 Erntetermin, Kontrollen. (1) Hanf darf, ausgenommen auf den nach Satz 2 festgelegten Parzellenteilen, ab Beginn der Blüte auch vor Ablauf von zehn Tagen nach Ende der Blüte geerntet werden, sobald der Betriebsinhaber eine darauf gerichtete Mitteilung von der Bundesanstalt erhalten hat. Diese Mitteilung erfolgt, wenn die Bundesanstalt den Beginn der Blüte festgestellt und die Parzellenteile festgelegt hat, die im Hinblick auf die Kontrolle nach dem in Anhang III der Delegierten Verordnung (EU) Nr. 639/2014 genannten Verfahren bis zehn Tage nach Ende der Blüte nicht abgeerntet werden dürfen.

(2) Betriebsinhaber, die Hanf entsprechend Artikel 32 Absatz 6 der Verordnung (EU) Nr. 1307/2013 anbauen, haben der Bundesanstalt den Beginn der Blüte unverzüglich nach deren Beginn schriftlich mitzuteilen.

(3) Die Hanfflächen können bei dem zu kontrollierenden Betriebsinhaber vollständig abgeerntet werden, sobald die Bundesanstalt die erforderlichen Proben für die Kontrolle des Tetrahydrocannabinolgehaltes des Hanfs genommen hat. Die Bundesanstalt teilt den Betriebsinhabern das Ergebnis der Kontrolle des Tetrahydrocannabinolgehaltes mit.

(4) Hanf, der nach dem 30. Juni des Antragsjahres ausgesät wird und vor Abschluss der Vegetationsperiode nicht mehr zur Blüte kommt, darf nach Abschluss der Vegetationsperiode geerntet werden.

§ 29 Nicht beihilfefähige Hanfsorten, Bekanntmachung. Die Bundesanstalt macht die Hanfsorten, für die nach Artikel 9 Absatz 5 Satz 3 der Delegierten Verordnung (EU) 639/2014 keine Direktzahlungen mehr geleistet werden, bis zum 1. Januar des Antragsjahrs, ab dem für diese Sorten keine Direktzahlungen mehr geleistet werden, im Bundesanzeiger bekannt.

§ 31 Duldungs- und Mitwirkungspflichten. (1) ¹Zum Zwecke der Überwachung haben
1. der Betriebsinhaber,
2. *nicht abgedruckt*
den Landesstellen und der Bundesanstalt im Rahmen ihrer Zuständigkeiten nach dieser Verordnung, auch in Begleitung von Prüfungsorganen der Europäischen

Union, das Betreten der Geschäfts-, Betriebs- und Lagerräume sowie der Betriebsflächen während der Geschäfts- und Betriebszeiten zu gestatten, auf Verlangen die in Betracht kommenden Bücher, Aufzeichnungen, Belege, Schriftstücke, Datenträger, Karten und sonstigen Unterlagen zur Einsicht zur Verfügung zu stellen, Auskunft zu erteilen, Proben zur Verfügung zu stellen und die erforderliche Unterstützung zu gewähren. ²Bei automatisiert geführten Aufzeichnungen sind die in Satz 1 genannten Auskunftspflichtigen verpflichtet, auf ihre Kosten die erforderlichen Ausdrucke zu erstellen, soweit die Landesstellen oder die Bundesanstalt dies verlangen.

(2) *nicht abgedruckt*
(3) Wird ein Betrieb ganz oder teilweise während eines Wirtschaftsjahres an einen anderen übertragen, so gelten die Vorschriften der Absätze 1 und 2 auch für den Rechtsnachfolger.

E 3. Für Direktzahlungen in Betracht kommende Hanfsorten*

Stand 15.3.2021

Hanfsorten für den ständigen Anbau

- Armanca
- Austa SK
- Balaton
- Beniko
- Cannakomp
- Carma
- Carmaleonte
- Chamaeleon
- Codimono
- CS
- Dacia Secuieni
- Delta-Ilosa
- Delta-405
- Denise
- Diana
- Dioica 88
- Earlina 8 FC
- Eletta Campana
- Epsilon 68
- Fedora 17
- Felina 32
- Ferimon
- Fibranova
- Fibrante
- Fibrol
- Fibror 79
- Finola
- Futura 75
- Futura 83
- Glecia
- Gliana
- Glyana
- Henola
- Helena
- Uso-31
- Wielkopolskie
- Zenit
- Ivory
- KC Bonusz
- KC Dora
- KC Virtus
- KC Zuzana
- KCA Borana
- Kompolti
- Kompolti hibrid TC
- Lipko
- Lovrin 110
- Marcello
- Marina
- Markant
- Matrix
- MGC 1013
- Mietko
- Monoica
- Olivia
- Orion 33
- Rajan
- Ratza
- Santhica 23
- Santhica 27
- Santhica 70
- Secuieni Jubileu
- Silvana
- Sofia
- Succesiv
- Szarvasi
- Teodora
- Tiborszallasi
- Tisza
- Tygra
- Uniko B
- Villanova
- Wojko

---

* Für die Direktzahlungen kommen nur die Hanfsorten in Betracht, die am **15. März** des Jahres, für das die Zahlung gewährt wird, im gemeinsamen Sortenkatalog für landwirtschaftliche Pflanzenarten aufgeführt sind und gemäß Artikel 17 der Richtlinie 2002/53/EG veröffentlicht werden.

Hanfsorten die für den Anbau 2020 in Deutschland nicht gestattet sind:

Bialobrzeskie   Carmagnola

Der durchschnittliche THC-Gehalt aller Proben hat im zweiten aufeinander folgenden Jahr bei den Sorten Bialobrzeskie und Carmagnola den zulässigen Höchstgehalt überschritten.

F 1. Sozialgesetzbuch (SGB) Fünftes Buch (V)
Gesetzliche Krankenversicherung

v. 20.12.1988 (BGBl. I S. 2477 (2482))
zuletzt geändert durch G v. 28.3.2021 (BGBl. I S. 591)

– Auszug –

§ 2 Leistungen. (1) *nicht abgedruckt*

(1a) [1]Versicherte mit einer lebensbedrohlichen oder regelmäßig tödlichen Erkrankung oder mit einer zumindest wertungsmäßig vergleichbaren Erkrankung, für die eine allgemein anerkannte, dem medizinischen Standard entsprechende Leistung nicht zur Verfügung steht, können auch eine von Absatz 1 Satz 3 abweichende Leistung beanspruchen, wenn eine nicht ganz entfernt liegende Aussicht auf Heilung oder auf eine spürbare positive Einwirkung auf den Krankheitsverlauf besteht. [2]Die Krankenkasse erteilt für Leistungen nach Satz 1 vor Beginn der Behandlung eine Kostenübernahmeerklärung, wenn Versicherte oder behandelnde Leistungserbringer dies beantragen. [3]Mit der Kostenübernahmeerklärung wird die Abrechnungsmöglichkeit der Leistung nach Satz 1 festgestellt.

(2) bis (4) *nicht abgedruckt*

§ 31 Arzneimittel und Verbandmittel, Verordnungsermächtigung. (1) bis (5) *nicht abgedruckt*

(6) [1]Versicherte mit einer schwerwiegenden Erkrankung haben Anspruch auf Versorgung mit Cannabis in Form von getrockneten Blüten oder Extrakten in standardisierter Qualität und auf Versorgung mit Arzneimitteln mit den Wirkstoffen Dronabinol oder Nabilon, wenn
1. eine allgemein anerkannte, dem medizinischen Standard entsprechende Leistung
   a) nicht zur Verfügung steht oder
   b) im Einzelfall nach der begründeten Einschätzung der behandelnden Vertragsärztin oder des behandelnden Vertragsarztes unter Abwägung der zu erwartenden Nebenwirkungen und unter Berücksichtigung des Krankheitszustandes der oder des Versicherten nicht zur Anwendung kommen kann,
2. eine nicht ganz entfernt liegende Aussicht auf eine spürbare positive Einwirkung auf den Krankheitsverlauf oder auf schwerwiegende Symptome besteht.

[2]Die Leistung bedarf bei der ersten Verordnung für eine Versicherte oder einen Versicherten der nur in begründeten Ausnahmefällen abzulehnenden Genehmigung der Krankenkasse, die vor Beginn der Leistung zu erteilen ist. [3]Verordnet die Vertragsärztin oder der Vertragsarzt die Leistung nach Satz 1 im Rahmen der Versorgung nach § 37b oder im unmittelbaren Anschluss an eine Behandlung mit einer Leistung nach Satz 1 im Rahmen eines stationären Krankenhausaufenthalts, ist über den Antrag auf Genehmigung nach Satz 2 abweichend von § 13 Absatz 3a Satz 1 innerhalb von drei Tagen nach Antragseingang zu entscheiden. [4]Leistungen, die auf der Grundlage einer Verordnung einer Vertragsärztin oder eines Vertragsarztes zu erbringen sind, bei denen allein die Dosierung eines Arzneimittels nach Satz 1 angepasst wird oder die einen Wechsel zu anderen getrockneten Blüten oder zu anderen Extrakten in standardisierter Qualität anordnen, bedürfen keiner erneuten Genehmigung nach Satz 2. [5]Das Bundesinstitut für Arzneimittel und Medizinprodukte wird mit einer bis zum 22. März 2022 laufenden nichtinterventionellen Begleiterhebung zum Einsatz der Leistungen nach Satz 1 unter beauftragt. [6]Die Vertragsärztin oder der Vertragsarzt, die oder der die Leistung nach Satz 1 verordnet, übermittelt die für die Begleiterhebung erforderlichen Daten dem Bundesinstitut für

Arzneimittel und Medizinprodukte in anonymisierter Form; über diese Übermittlung ist die oder der Versicherte vor Verordnung der Leistung von der Vertragsärztin oder dem Vertragsarzt zu informieren. [7]Das Bundesinstitut für Arzneimittel und Medizinprodukte darf die nach Satz 7 übermittelten Daten nur in anonymisierter Form und nur zum Zweck der wissenschaftlichen Begleiterhebung verarbeiten und nutzen. [8]Das Bundesministerium für Gesundheit wird ermächtigt, durch Rechtsverordnung, die nicht der Zustimmung des Bundesrates bedarf, den Umfang der zu übermittelnden Daten, das Verfahren zur Durchführung der Begleiterhebung einschließlich der anonymisierten Datenübermittlung sowie das Format des Studienberichts nach Satz 10 zu regeln. [9]Auf der Grundlage der Ergebnisse der Begleiterhebung nach Satz 6 regelt der Gemeinsame Bundesausschuss innerhalb von sechs Monaten nach der Übermittlung der Ergebnisse der Begleiterhebung in Form eines Studienberichts das Nähere zur Leistungsgewährung in den Richtlinien nach § 92 Absatz 1 Satz 2 Nummer 6. [10]Der Studienbericht wird vom Bundesinstitut für Arzneimittel und Medizinprodukte auf seiner Internetseite veröffentlicht.

§ 37b Spezialisierte ambulante Palliativversorgung. (1) [1]Versicherte mit einer nicht heilbaren, fortschreitenden und weit fortgeschrittenen Erkrankung bei einer zugleich begrenzten Lebenserwartung, die eine besonders aufwändige Versorgung benötigen, haben Anspruch auf spezialisierte ambulante Palliativversorgung. [2]Die Leistung ist von einem Vertragsarzt oder Krankenhausarzt zu verordnen. [3]Die spezialisierte ambulante Palliativversorgung umfasst ärztliche und pflegerische Leistungen einschließlich ihrer Koordination insbesondere zur Schmerztherapie und Symptomkontrolle und zielt darauf ab, die Betreuung der Versicherten nach Satz 1 in der vertrauten Umgebung des häuslichen oder familiären Bereichs zu ermöglichen; hierzu zählen beispielsweise Einrichtungen der Eingliederungshilfe für behinderte Menschen und der Kinder- und Jugendhilfe. [4]Versicherte in stationären Hospizen haben einen Anspruch auf die Teilleistung der erforderlichen ärztlichen Versorgung im Rahmen der spezialisierten ambulanten Palliativversorgung. [5]Dies gilt nur, wenn und soweit nicht andere Leistungsträger zur Leistung verpflichtet sind. [6]Dabei sind die besonderen Belange von Kindern zu berücksichtigen.

(2) [1]Versicherte in stationären Pflegeeinrichtungen im Sinne von § 72 Abs. 1 des Elften Buches haben in entsprechender Anwendung des Absatzes 1 einen Anspruch auf spezialisierte Palliativversorgung. [2]Die Verträge nach § 132d Abs. 1 regeln, ob die Leistung nach Absatz 1 durch Vertragspartner der Krankenkassen in der Pflegeeinrichtung oder durch Personal der Pflegeeinrichtung erbracht wird; § 132d Abs. 2 gilt entsprechend.

(3), (4) *nicht abgedruckt*

# F 2. Richtlinie der Bundesärztekammer zur Durchführung der substitutionsgestützten Behandlung Opioidabhängiger

Bekanntmachung der Richtlinie nach § 5 Abs. 12 S. 1–3
der Betäubungsmittel-Verschreibungsverordnung

vom 26.9.2017 (BAnz. AT 2.10.2017 B1)

Auf Grund des § 18 Abs. 1 S. 2 der Betäubungsmittel-Verschreibungsverordnung vom 20.1.1998 (BGBl. I S. 74 (80)), die zuletzt durch Artikel 1 der Verordnung vom 22.5.2017 (BGBl. I S. 1275) geändert worden ist, macht das Bundesministerium für Gesundheit Folgendes bekannt:
Die Bundesärztekammer hat nach § 18 Abs. 1 S. 1 in Verbindung mit § 5 Abs. 12 S. 1–3 der Betäubungsmittel-Verschreibungsverordnung in einer Richtlinie den allgemein anerkannten Stand der Erkenntnisse der medizinischen Wissenschaft für die Substitution opioidabhängiger Patientinnen und Patienten festgestellt.
Das Bundesministerium für Gesundheit hat die am 19.7.2017 vorgelegte Richtlinie der Bundesärztekammer genehmigt und macht die Richtlinie nachfolgend gemäß § 18 Abs. 1 S. 2 der Betäubungsmittel-Verschreibungsverordnung bekannt (Anhang).
Bonn, den 26.9.2017
117 - 40101 - 01/011
Bundesministerium für Gesundheit
Im Auftrag
Dr. Markus Riehl
Veröffentlicht am Montag, 2.10.2017

Richtlinie der Bundesärztekammer zur Durchführung der substitutionsgestützten Behandlung Opioidabhängiger vom Vorstand der Bundesärztekammer in seiner Sitzung am 27./28.4.2017 verabschiedet[1,2]

Inhaltsverzeichnis

Vorbemerkung
Rechtsgrundlage, Wirkung und Verfahren
Anwendungsbereich und Verhältnis zu anderen Rechtsnormen
1. Therapieziele
2. Allgemeine Voraussetzungen für die Einleitung und Fortführung einer substitutionsgestützten Behandlung
3. Therapiekonzept
   3.1. Abklärung der Indikation und des Therapiekonzeptes
   3.2. Festlegung patientenbezogener Therapieziele
   3.3. Auswahl und Einstellung des Substitutionsmittels
   3.4. Einbeziehung psychosozialer und weiterer Betreuungsmaßnahmen
4. Bewertung des Therapieverlaufs einschließlich der Durchführung von Kontrollen

---

[1] Korrespondenzadresse: Bundesärztekammer, Herbert-Lewin-Platz 1, 10623 Berlin.
[2] Mit den in dieser Richtlinie verwendeten Personen- und Tätigkeitsbezeichnungen sind gleichwertig beide Geschlechter gemeint. Zum Zwecke der besseren Lesbarkeit wird jeweils nur die männliche Form verwendet.

Substitutionsgestützte Behandlung Opiatabhängiger **BÄK-Richtlinien F 2**

4.1. Voraussetzungen und Feststellungen für das Verschreiben des Substitutionsmittels zur eigenverantwortlichen Einnahme („Take-home-Verschreibung")
    4.1.1. „Zwei-Tage-Regelung" zur Take-home-Verschreibung (gemäß § 5 Abs. 8 BtMVV)
    4.1.2. „Sieben-Tage-Regelung" zur Take-home-Verschreibung (gemäß § 5 Abs. 9 BtMVV)
    4.1.3. Begründete Einzelfälle für eine über sieben Tage hinausgehende Take-home-Verschreibung
4.2. Beendigung und Abbruch der substitutionsgestützten Behandlung
5. Einbeziehung externer Einrichtungen in die Substitutionsbehandlung
6. Qualifikation des behandelnden Arztes
7. Dokumentationsanforderungen im Rahmen einer substitutionsgestützten Behandlung

Vorbemerkung

Der Bundesärztekammer wurde 2001 mit der Fünfzehnten Betäubungsmittelrechts-Änderungsverordnung (15. BtMÄndV) erstmalig die Möglichkeit eingeräumt, in Richtlinien den allgemein anerkannten Stand der medizinischen Wissenschaft für definierte Bereiche der Substitutionsbehandlung Opioidabhängiger festzustellen. Die ersten „Richtlinien der Bundesärztekammer zur Durchführung der substitutionsgestützten Behandlung Opiatabhängiger" legte sie daraufhin am 22.3.2002 vor, die zum 19.2.2010 einer umfassenden Überarbeitung unterzogen wurden.

Die vorliegende Richtlinie knüpft an die vorgenannten Richtlinien-Fassungen an. Aufgrund der Vorgaben der Dritten Verordnung zur Änderung der Betäubungsmittel-Verschreibungsverordnung (BtMVV) stellt sie den allgemein anerkannten Stand der Erkenntnisse der medizinischen Wissenschaft insbesondere für die Therapieziele der substitutionsgestützten Behandlung Opioidabhängiger, die allgemeinen Voraussetzungen für die Einleitung und Fortführung einer Substitution sowie die Erstellung eines Therapiekonzeptes gemäß § 5 Abs. 12 BtMVV fest. Letzteres umfasst insbesondere die Auswahl des Substitutionsmittels, die Bewertung und Kontrolle des Therapieverlaufs, die Voraussetzungen für das Verschreiben eines Substitutionsmittels zur eigenverantwortlichen Einnahme sowie die Entscheidung über die Erforderlichkeit einer Einbeziehung psychosozialer Betreuungsmaßnahmen. Darüber hinaus werden Anforderungen an die ärztliche Dokumentation bestimmt.

Die Richtlinie enthält zudem Verweise zu einem Anhang[3] mit Hinweisen zur erforderlichen Patientenaufklärung. Diese sind im inhaltlichen Kontext der Richtlinie zu sehen, ohne Bestandteil der Richtlinie selber zu sein.

Rechtsgrundlage, Wirkung und Verfahren

Die Bundesärztekammer stellt gemäß § 5 Abs. 12 S. 1 BtMVV den allgemein anerkannten Stand der Erkenntnisse der medizinischen Wissenschaft für die Durchführung der substitutionsgestützten Behandlung Opioidabhängiger in einer Richtlinie fest. Deren Inhalt bestimmt sich nach Maßgabe der in § 5 Abs. 12 S. 1 BtMVV nicht abschließend aufgeführten Gegenstände Daneben kann die Bundesärztekammer gemäß § 5 Abs. 12 S. 2 BtMVV nach dem allgemein anerkannten Stand der Erkenntnisse der medizinischen Wissenschaft weitere als die in § 5 Abs. 2 S. 2 BtMVV bezeichneten wesentlichen Ziele der Substitution in der Richtlinie feststellen. Darüber hinaus bestimmt sie gemäß § 5 Abs. 12 S. 3 in Verbindung mit § 5 Abs. 11 S. 1 BtMVV auch die Anforderungen an die Dokumentation der Substitution.

---

[3] www.bundesaerztekammer.de/Substitution-Anhang-Patientenaufklaerung. Der Anhang ist im Anschluss an diese Richtlinien abgedruckt.

F 2 BÄK-Richtlinien

Die Einhaltung des allgemein anerkannten Standes der Erkenntnisse der medizinischen Wissenschaft wird gemäß § 5 Abs. 12 S. 4 BtMVV vermutet, wenn die in der Richtlinie der Bundesärztekammer getroffenen Feststellungen zu § 5 Abs. 12 S. 1 und 2 BtMVV vom substituierenden Arzt beachtet worden sind.

Sollte im Einzelfall eine medizinische Notwendigkeit für eine Abweichung von der Richtlinie bestehen, so muss hierfür eine fundierte Begründung dokumentiert oder eine fundiert begründende Zweitmeinung eingeholt und dokumentiert werden. Die Hinzuziehung einer begründeten Zweitmeinung kann auch über die Beratungskommission der zuständigen Ärztekammer erfolgen.

Die Richtlinie wurde im Rahmen eines strukturierten Konsultationsverfahrens von den Landesärztekammern und relevanten in der Suchthilfe tätigen Spitzen- und Fachverbänden diskutiert. Die Stellungnahme des Gemeinsamen Bundesausschusses gemäß § 5 Abs. 13 BtMVV wurde in die Beratungen und die Entscheidung mit einbezogen. Die Genehmigung durch das Bundesministerium für Gesundheit gemäß § 5 Abs. 14 in Verbindung mit § 18 Abs. 1 BtMVV wurde am 26.9.2017 erteilt.

Diese Richtlinie entspricht dem allgemein anerkannten Stand der Erkenntnisse der medizinischen Wissenschaft vom 28.4.2017.

Anwendungsbereich und Verhältnis zu anderen Rechtsnormen

Bei der substitutionsgestützten Behandlung der Opioidabhängigkeit sind die Regelungen des Betäubungsmittelgesetzes (BtMG), der Betäubungsmittel-Verschreibungsverordnung (BtMVV) und des Arzneimittelgesetzes (AMG) zu beachten. Bezüglich bestehender Dokumentationspflichten wird auf Kapitel 7 der Richtlinie verwiesen. Ausführungen zu den Anforderungen an die im Rahmen der substitutionsgestützten Behandlung Opioidabhängiger erforderliche Patientenaufklärung befinden sich im Anhang 3 der Richtlinie.

Diese Richtlinie gilt unter Beachtung des ärztlichen Berufsrechtes für alle Ärzte, die eine solche Behandlung durchführen. Ein Verstoß gegen diese Richtlinie kann über die straf- oder ordnungsrechtlichen Folgen gemäß den §§ 16, 17 BtMVV, §§ 29 Abs. 1 S. 1 Nr. 6, 13 Abs. 1 BtMG hinaus eine berufsrechtliche Prüfung nach sich ziehen. Darüber hinaus können haftungsrechtliche Konsequenzen in Betracht kommen.

Soweit die substitutionsgestützte Behandlung Opioidabhängiger als Leistung der gesetzlichen Krankenversicherung gewährt wird, sind darüber hinaus die Vorschriften des Fünften Buches Sozialgesetzbuch (SGB V) und die entsprechenden Richtlinien des Gemeinsamen Bundesausschusses zu beachten.

1. Therapieziele

Opioidabhängigkeit ist eine schwere chronische Krankheit. Sie bedarf in der Regel einer lebenslangen Behandlung, bei der körperliche, psychische und soziale Aspekte gleichermaßen zu berücksichtigen sind. Die substitutionsgestützte Behandlung ist eine wissenschaftlich gut evaluierte Therapieform und stellt für die Mehrheit der Patienten die Therapie der Wahl dar.

Ziele der substitutionsgestützten Behandlung sind:
- Sicherstellung des Überlebens,
- Stabilisierung und Besserung des Gesundheitszustandes,
- Unterstützung der Behandlung somatischer und psychischer Begleiterkrankungen,
- Reduktion riskanter Applikationsformen von Opioiden,
- Reduktion des Konsums unerlaubt erworbener oder erlangter Opioide,
- Reduktion des Gebrauchs weiterer Suchtmittel,
- Abstinenz von unerlaubt erworbenen oder erlangten Opioiden,

- Verringerung der durch die Opioidabhängigkeit bedingten Risiken während einer Schwangerschaft sowie während und nach der Geburt,
- Verbesserung der gesundheitsbezogenen Lebensqualität,
- Reduktion der Straffälligkeit,
- Teilhabe am Leben in der Gesellschaft und am Arbeitsleben.

Ob und in welchem Zeitrahmen diese Ziele auch jeweils einzeln erreicht werden können, hängt wesentlich von der individuellen Situation des Opioidabhängigen ab. Die aufgeführten Ziele sind nicht konsekutiv zu verstehen. Nach Erreichung und Stabilisierung von Therapiezielen soll der Patient auf weitere, realistischerweise erreichbare Therapieziele angesprochen, für diese motiviert und unterstützende Begleitmaßnahmen vereinbart werden.

Im Rahmen eines zielorientierten motivierenden Gesprächs soll – entsprechend der Vorgaben des § 5 Abs. 2 S. 1 BtMVV – auch eine Opioidabstinenz thematisiert und entsprechend dokumentiert werden.

2. Allgemeine Voraussetzungen für die Einleitung und Fortführung einer substitutionsgestützten Behandlung

Voraussetzung für die Einleitung und Fortführung einer substitutionsgestützten Behandlung ist gemäß § 5 Abs. 1 S. 2 BtMVV eine Opioidabhängigkeit, die Folge eines Missbrauchs von erlaubt erworbenen oder von unerlaubt erworbenen oder erlangten Opioiden ist. Für ihre Feststellung ist die International Classification of Diseases (ICD) in der jeweils geltenden Fassung maßgebend.

Für die Entscheidung, ob eine Substitutionsbehandlung indiziert ist, ist der Nutzen einer Substitutionsbehandlung gegenüber den Gefahren eines unkontrollierten Drogenkonsums abzuwägen. In begründeten Fällen kann eine Substitutionsbehandlung auch bei derzeit nicht konsumierenden opioidabhängigen Patienten – zB Inhaftierte mit hohem Rückfall- und Mortalitätsrisiko – eingeleitet werden. Bei schweren Verläufen kann eine Behandlung mit Diamorphin indiziert sein. Hierfür gelten die besonderen Voraussetzungen nach § 5a Abs. 1–4 BtMVV.

Für die individuelle Indikationsstellung und Einleitung einer substitutionsgestützten Behandlung sind die Besonderheiten des Patienten zu berücksichtigen. Besondere Sorgfalt bei der Indikationsstellung ist bei Jugendlichen und Heranwachsenden sowie bei erst kürzer abhängigen Patienten geboten und in der Behandlungsdokumentation zu begründen. Eine psychosoziale Betreuung sollte bei dieser Zielgruppe regelhaft mit einbezogen werden.

Während und nach der Schwangerschaft opioidabhängiger Patientinnen ist die Substitutionstherapie die Behandlung der Wahl, um Risiken für Mutter und Kind zeitnah zu vermindern und adäquate medizinische und soziale Hilfemaßnahmen einzuleiten (zB Einbezug eines Perinatalzentrums).

Bei einer Substitutionsbehandlung müssen relevante Vorerkrankungen des Patienten anamnestisch erhoben, beachtet und gegebenenfalls weiter abgeklärt sowie mögliche Therapiealternativen besprochen werden.

Bei einem Übergang von einer ambulant durchgeführten Substitutionsbehandlung in eine Krankenhausbehandlung, Rehabilitationsmaßnahme, Inhaftierung oder andere Form einer stationären Unterbringung und umgekehrt soll die Kontinuität der Behandlung durch die übernehmende Institution sichergestellt werden.

Im Rahmen der Substitutionsbehandlung sind spezifische Dokumentationsanforderungen zu berücksichtigen, die in Kapitel 7 dieser Richtlinie aufgeführt sind. Ergänzend sind Ausführungen zu den spezifischen Anforderungen an die Patientenaufklärung dem Anhang 3 zu entnehmen. Daneben sind auch die allgemeinen Anforderungen an die Einwilligung in die medizinische Behandlung zu beachten.

F 2 BÄK-Richtlinien Anhang

3. Therapiekonzept

Eine Opioidabhängigkeit wird in der Regel von psychischen und somatischen Erkrankungen sowie psychosozialen Problemlagen begleitet. Um der Vielfältigkeit der mit der Erkrankung einhergehenden medizinischen, psychiatrischen und psychosozialen Problemlagen gerecht zu werden, ist die substitutionsgestützte Behandlung in ein umfassendes individuelles Therapiekonzept einzubinden, das im Verlauf der Behandlung einer ständigen Überprüfung und Anpassung bedarf.

3.1. Abklärung der Indikation und des Therapiekonzeptes

Die Indikationsstellung für eine substitutionsgestützte Behandlung umfasst die Abklärung des Vorliegens einer Opioidabhängigkeit gemäß Kapitel 2 Satz 1, die Berücksichtigung im Einzelfall vorliegender Kontraindikationen sowie die jeweils individuelle Situation des Patienten.

Insbesondere sind folgende ärztliche Maßnahmen bei Einleitung und während einer Substitutionsbehandlung erforderlich:
- gründliche Erhebung der Vorgeschichte des Patienten, insbesondere hinsichtlich des Drogenkonsums sowie assoziierter Begleit- und Folgeerkrankungen,
- eingehende Untersuchung des Patienten,
- gegebenenfalls Austausch mit Vorbehandlern (nach entsprechender Schweigepflichtsentbindung),
- Durchführung eines Drogenscreenings,
- Feststellung der Opioidabhängigkeit und Indikationsstellung,
- die Abklärung weiterer substanzbedingter und komorbider psychischer Störungen – inklusive bestehender Medikation,
- die Abklärung begleitender somatischer Erkrankungen, insbesondere kardialer, hepatologischer, pneumologischer und infektiöser Erkrankungen,
- Abklärung einer eventuell bestehenden Schwangerschaft,
- die Abklärung der aktuellen Lebenssituation und gegebenenfalls vorliegender psychosozialer Belastungen unter Hinzuziehung der gegebenenfalls vorhandenen psychosozialen Betreuung.

3.2. Festlegung patientenbezogener Therapieziele

Abhängig von der Indikationsstellung sind im Rahmen des Therapiekonzeptes die im Kapitel 1 aufgeführten Therapieziele zu identifizieren und mit dem Patienten abzustimmen. Hierzu gehören neben der Überlebenssicherung und der Behandlung der Opioidabhängigkeit insbesondere
- die Behandlung komorbider psychischer und substanzbedingter Störungen,
- die Behandlung begleitender somatischer Erkrankungen,
- die Vermittlung in bedarfsgerechte psychosoziale Betreuungsmaßnahmen.

Die Ziele sind im Verlauf der Behandlung zu überprüfen, gegebenenfalls neu zu bewerten und entsprechend anzupassen.

3.3. Auswahl und Einstellung des Substitutionsmittels

Zur Substitution dürfen nur die in § 5 Abs. 6 in Verbindung mit § 2 BtMVV genannten Substitutionsmittel eingesetzt werden. Diese haben unterschiedliche Wirkungs- und Nebenwirkungsprofile, die zu beachten und unter Berücksichtigung der individuellen Patientensituation in ein umfassendes Therapiekonzept einzupassen sind. Bei gleichwertigen Substitutionsmitteln soll die Patientenpräferenz Berücksichtigung finden, da hierdurch die Behandlungsadhärenz verbessert werden kann.

Die Einstellung auf die erforderliche Dosis des jeweiligen Substituts muss mit besonderer Sorgfalt erfolgen. Einstiegsdosis und Dosisfindung sind so zu wählen, dass auch bei nicht bestehender Opioidtoleranz eine Überdosierung vermieden wird. In besonders schwierigen Einzelfällen sollte die Dosisfindung stationär erfolgen.

Bei einer Substitutionsbehandlung auf der Grundlage von ICD F11.21 – derzeit abstinent, aber in beschützter Umgebung – ist wegen des unklaren Toleranzstatus besondere Vorsicht geboten.

Ein die Substitution gefährdender Gebrauch weiterer psychotroper Stoffe einschließlich Alkohol muss bei Einleitung sowie während der Substitution hinsichtlich möglicher Risiken berücksichtigt und gegebenenfalls begleitend behandelt werden.

Bei einer Substitution mit Diamorphin sind die spezifischen gesetzlichen Anforderungen gemäß § 5a BtMVV zu beachten.

3.4. Einbeziehung psychosozialer und weiterer Betreuungsmaßnahmen

Eine psychosoziale Betreuung sowie psychiatrische oder psychotherapeutische Behandlung können die Behandlungsergebnisse verbessern. Eine psychosoziale Betreuung soll dem Patienten regelhaft empfohlen werden. Auswahl, Art und Umfang der Maßnahmen richten sich nach der individuellen Situation und dem Krankheitsverlauf des Patienten.

Dies erfordert die Einbeziehung weiterer Einrichtungen und Professionen. Psychosoziale Betreuung sowie weitere ärztliche und psychotherapeutische Behandlungen sollen vom substituierenden Arzt koordiniert werden.

Für eine diamorphingestützte Substitutionsbehandlung gelten die Regelungen zur psychosozialen Betreuung gemäß § 5a Abs. 3 S. 2 BtMVV.

4. Bewertung des Therapieverlaufs einschließlich der Durchführung von Kontrollen

Die Bewertung des Therapieverlaufs orientiert sich an den mit dem Patienten vereinbarten Therapiezielen.

Die Kontaktdichte soll dem Behandlungsverlauf angepasst werden. Sie sollte während der Eindosierungsphase engmaschiger gesetzt werden. Bei stabilem Verlauf können größere Intervalle gewählt werden, die in instabilen Behandlungsphasen gegebenenfalls wieder zu verkürzen sind.

Der substituierende Arzt muss sich im gesamten Behandlungsverlauf anhand des klinischen Eindrucks und gegebenenfalls unter Hinzuziehung laborchemischer Parameter ein Bild davon machen, ob der Patient das Substitut in der verordneten Weise einnimmt sowie ob und in welchem Umfang ein Konsum anderer psychotroper Substanzen einschließlich Alkohol besteht.

Hat der Patient akut andere psychotrope Stoffe konsumiert, die in Kombination mit dem Substitut zu einer gesundheitlichen Gefährdung führen können, ist das Substitut in angepasster Dosierung zu verabreichen oder gegebenenfalls von einer Verabreichung vollständig abzusehen.

Bei dem Konsum weiterer psychotroper Substanzen sollte zunächst die Ursache eruiert und nach Möglichkeiten ihrer Beseitigung gesucht werden. Dabei sollen insbesondere folgende Gründe berücksichtigt werden:
- eine erfolgte Destabilisierung der individuellen Lebenssituation,
- eine inadäquate Dosierung oder Wahl des Substitutionsmittels,
- eine komorbide somatische oder psychische Erkrankung, inklusive einer weiteren substanzgebundenen Abhängigkeit.

Die Ergebnisse der sich daraus ergebenden Überlegungen sollen in das Therapiekonzept einbezogen werden. Hierbei empfiehlt sich eine Zusammenarbeit mit den an der Behandlung bzw. Betreuung beteiligten Berufsgruppen.

F 2 BÄK-Richtlinien

4.1. Voraussetzungen und Feststellungen für das Verschreiben des Substitutionsmittels zur eigenverantwortlichen Einnahme („Take-home-Verschreibung")

Eine Take-home-Verschreibung ist eine Verschreibung des Substitutionsmittels zur eigenverantwortlichen Einnahme. Sie ist mit einer Ausgabe des Rezeptes an den Patienten im Rahmen einer persönlichen Konsultation verbunden. Eine Mitgabe von Substitutionsmedikamenten aus dem Praxisbestand ist hingegen strafbar (siehe § 13 in Verbindung mit § 29 BtMG). Eine Ausnahme sieht die BtMVV lediglich für die in § 5 Abs. 7 S. 2 genannten Voraussetzungen vor (Substitution mit Codein oder Dihydrocodein).

§ 5 Abs. 8 und 9 BtMVV erlauben in ausgewiesenen Fällen eine Verschreibung des Substitutionsmittels zur eigenverantwortlichen Einnahme. Wegen des Missbrauchsrisikos obliegt dem behandelnden Arzt bei Take-home-Verschreibungen eine besondere Verantwortung. Diese umfasst auch eine Abklärung möglicher Gefährdungen des Patienten sowie Dritter, zB im Haushalt lebender Kinder.

In der Regel sollte eine Take-home-Verschreibung zunächst für kurze Zeiträume erfolgen. Die Verschreibung unterliegt der Entscheidung und Verantwortung des behandelnden Arztes, ein Anspruch auf sie besteht seitens des Patienten nicht.

Die Einschätzung zur Take-home-Verschreibung ist fortlaufend gemäß den nachfolgenden Anforderungen und Feststellungen des allgemein anerkannten Standes der Erkenntnisse der medizinischen Wissenschaft zu überprüfen.

Für eine Take-home-Verschreibung sind die in Kapitel 7 aufgeführten besonderen Dokumentationspflichten sowie die im Anhang 3 aufgeführten besonderen Aufklärungspflichten zu berücksichtigen.

4.1.1. „Zwei-Tage-Regelung" zur Take-home-Verschreibung (gemäß § 5 Abs. 8 BtMVV)

Grundsätzlich ist dem Patienten das vom Arzt verschriebene Substitutionsmittel zum unmittelbaren Verbrauch zu überlassen (§ 5 Abs. 7 BtMVV). Das Substitutionsmittel darf davon abweichend zur eigenverantwortlichen Einnahme
- in der für bis zu zwei aufeinanderfolgende Tage benötigten Menge oder
- in der Menge, die benötigt wird für die Wochenendtage Samstag und Sonntag und für dem Wochenende vorangehende oder folgende Feiertage, auch einschließlich eines dazwischenliegenden Werktages, höchstens jedoch in der für fünf Tage benötigten Menge

unter den folgenden rechtlichen Voraussetzungen verschrieben werden (§ 5 Abs. 8 S. 1 BtMVV):
- die Kontinuität der Substitutionsbehandlung des Patienten kann nicht anderweitig gewährleistet werden,
- der Verlauf der Behandlung lässt dies zu,
- Risiken der Selbst- oder Fremdgefährdung sind soweit wie möglich ausgeschlossen und
- die Sicherheit und Kontrolle des Betäubungsmittelverkehrs werden nicht beeinträchtigt.

Gemäß § 5 Abs. 8 S. 3 BtMVV darf der substituierende Arzt dem Patienten innerhalb einer Kalenderwoche nicht mehr als eine Verschreibung aushändigen. Die Risiken einer Verschreibung für den Patienten oder Dritte, wie zB im Haushalt mitlebende Kinder, sind gegenüber einer andernfalls in diesem Zeitraum nicht erfolgenden Substitutionsbehandlung abzuwägen.

4.1.2. „Sieben-Tage-Regelung" zur Take-home-Verschreibung (gemäß § 5 Abs. 9 BtMVV)

Ist eine Überlassung des Substitutionsmittels zum unmittelbaren Verbrauch nach § 5 Abs. 7 BtMVV nicht mehr erforderlich, darf dem Patienten das Substitutionsmittel im Rahmen einer persönlichen Konsultation zur eigenverantwortlichen Einnahme
- grundsätzlich für einen Zeitraum bis zu sieben Tagen (§ 5 Abs. 9 S. 1 Nr. 1 BtMVV) oder
- in begründeten Einzelfällen in der für bis zu 30 Tage benötigten Menge (§ 5 Abs. 9 S. 1 Nr. 2 BtMVV)

unter den nachfolgend aufgeführten Feststellungen verschrieben werden (§ 5 Abs. 9 BtMVV):

Eine Verschreibung des Substitutionsmittels zur eigenverantwortlichen Einnahme für einen Zeitraum bis zu sieben Tagen kann dann erfolgen, wenn der Patient sich in einer stabilen Substitutionsbehandlung befindet. Zur Bewertung des Einzelfalls soll der Arzt folgende Kriterien heranziehen:
- regelmäßige Wahrnehmung der erforderlichen Arztkontakte,
- die Einstellung auf das Substitutionsmittel ist abgeschlossen,
- der bisherige Verlauf der Behandlung hat zu einer klinischen Stabilisierung des Patienten geführt,
- Risiken einer Selbst- und Fremdgefährdung, insbesondere für gegebenenfalls im Haushalt mitlebende Kinder, sind soweit wie möglich ausgeschlossen,
- der Patient konsumiert stabil keine weiteren Substanzen, die zusammen mit der Einnahme des Substitutionsmittels
- zu einer schwerwiegenden gesundheitlichen Gefährdung führen können,
- der Patient verstößt nicht gegen getroffene Vereinbarungen,
- eine psychosoziale Stabilisierung ist erfolgt.

Im Rahmen der Take-home-Verschreibung nach § 5 Abs. 9 S. 1 Nr. 1 BtMVV soll der Arzt aus medizinischer Sicht in der Regel einmal pro Woche persönlichen Kontakt mit dem Patienten haben und bei Bedarf eine klinische Untersuchung sowie eine geeignete Kontrolle komorbiden Substanzgebrauchs durchführen, um den Behandlungsverlauf angemessen beurteilen und gegebenenfalls darauf reagieren zu können. Einmal die Woche soll auch eine kontrollierte Einnahme des Substitutionsmittels stattfinden.

4.1.3. Begründete Einzelfälle für eine über sieben Tage hinausgehende Take-home-Verschreibung

Eine Verschreibung des Substitutionsmittels zur eigenverantwortlichen Einnahme kann in begründeten Einzelfällen auf einen Zeitraum bis zu 30 Tagen (§ 5 Abs. 9 S. 1 Nr. 2 BtMVV) ausgedehnt werden. Für diese Beurteilung sind ebenfalls die im vorherigen Absatz (4.1.2) angeführten Kriterien heranzuziehen. Die medizinische wie psychosoziale Stabilität des Patienten sind hierbei von besonderer Bedeutung.

Ein Einzelfall kann durch einen medizinischen oder anderen Sachverhalt begründet sein (§ 5 Abs. 9 S. 2 BtMVV). Ein medizinischer Sachverhalt kann für den Zeitraum vorliegen, in dem bei einem schwerwiegend erkrankten, immobilen Patienten vorübergehend eine medizinische Versorgung nicht sichergestellt ist.

Gemäß § 5 Abs. 9 S. 3 BtMVV liegt ein durch einen anderen Sachverhalt begründeter Einzelfall vor, wenn der Patient aus wichtigen Gründen seiner Teilhabe am gesellschaftlichen Leben oder aus wichtigen Gründen seiner Erwerbstätigkeit darauf angewiesen ist, eine entsprechende Verschreibung zu erhalten.

Der Patient hat diese Sachverhalte glaubhaft zu machen (§ 5 Abs. 9 S. 4 BtMVV). Hierfür werden in der Verordnungsbegründung exemplarisch geeignete Unter-

F 2 BÄK-Richtlinien

lagen wie Nachweise über ein dauerhaftes Beschäftigungsverhältnis mit Arbeitszeiten, die ein in der Regel tägliches Aufsuchen der Arztpraxis nicht ermöglichen, oder über einen auswärtigen Arbeitseinsatz sowie Nachweise über Urlaubsreisen oder persönliche oder gesellschaftliche Verpflichtungen genannt. Eine Ermittlungsverpflichtung für den Arzt besteht nicht. Vorhandene Erkenntnisse, die geeignet sind, die Glaubwürdigkeit der Angaben des Patienten zu erschüttern, müssen sorgfältig in die Entscheidung einbezogen werden.

Es sind die Vorgaben für eine Verordnung des Substituts gemäß § 5 Abs. 9 S. 6–8 BtMVV zu beachten.

4.2. Beendigung und Abbruch der substitutionsgestützten Behandlung

Eine reguläre Beendigung der Substitution kann in Abstimmung zwischen Arzt und Patient erfolgen, wenn sie nicht mehr erforderlich oder seitens des Patienten nicht mehr gewünscht ist.

Eine Substitutionstherapie soll vorzeitig beendet werden, wenn
- sich schwerwiegende Kontraindikationen ergeben,
- sie mit einem fortgesetzt schwerwiegenden Konsum psychotroper Substanzen einhergeht.

Eine vorzeitige Beendigung der Behandlung durch den Arzt kann dann begründet sein, wenn der Patient sich wiederholt und anhaltend nicht an getroffene Vereinbarungen hält.

Behandlungsabbrüche sind mit einem erhöhten Gefährdungspotenzial für die Gesundheit des Patienten verbunden, weshalb versucht werden sollte, Patienten möglichst langfristig in Substitutionsbehandlung zu halten. Vor einer vorzeitigen Beendigung ist daher zunächst zu prüfen, ob die Non-Adhärenz Resultat der zu behandelnden Suchterkrankung oder komorbider Störungen ist.

Sollte ein Behandlungsabbruch dennoch unvermeidbar sein, soll nach geeigneten Behandlungsalternativen und Anschlussmaßnahmen gesucht werden. Bevor eine Behandlung gegen den Willen des Patienten beendet wird, sollten andere Interventionsmöglichkeiten ausgeschöpft worden sein. Hierzu gehören insbesondere Optimierungen des Therapiekonzeptes, zB durch Dosisanpassungen oder Einbezug einer psychosozialen Betreuung, sowie Versuche eines Wechsels des Patienten in ein anderes ambulantes oder stationäres Therapieangebot.

Ein Therapieabbruch sollte nicht allein aus einer akuten Situation heraus erfolgen, sondern in einem wiederholten Verstoß gegen getroffene Vereinbarungen begründet sein. Zuvor müssen möglicher Nutzen und Schaden eines Therapieabbruchs gegeneinander abgewogen worden sein. Hierbei ist auch die Situation gegebenenfalls in häuslicher Gemeinschaft mitlebender Kinder zu berücksichtigen.

Bei vorliegender Schwangerschaft sind Behandlungsabbrüche nach Möglichkeit zu vermeiden, da in diesen Fällen eine besondere Gefährdung für das ungeborene Leben besteht.

Kommt es zu einem Abbruch der Behandlung, muss der Patient über die körperlichen, psychischen und sozialen Folgewirkungen aufgeklärt und ihm die Möglichkeit zu einem geordneten Entzug vom Substitutionsmittel gegeben werden. Dazu gehört, dass das Absetzen des Substitutionsmittels ausschleichend in vereinbarten Schritten erfolgt. Möglichst sollte die Überweisung an einen weiterbehandelnden Arzt oder in eine stationäre Entzugsbehandlung erfolgen.

5. Einbeziehung externer Einrichtungen in die Substitutionsbehandlung

§ 5 Abs. 10 BtMVV bestimmt den berechtigten Personenkreis und die zugelassenen Einrichtungen, in denen auf Veranlassung des substituierenden Arztes eine Überlassung des Substitutionsmittels zum unmittelbaren Verbrauch erfolgen darf.

Der substituierende Arzt, der in der Einrichtung nicht selber tätig ist, hat mit der jeweiligen Einrichtung eine Vereinbarung zu treffen. In dieser muss mindestens eine in der Einrichtung für die Substitution verantwortliche Person benannt werden. Darüber hinaus muss in der Vereinbarung auch festgelegt werden, wie vom substituierenden Arzt sichergestellt wird, dass das für das Überlassen des Substitutionsmittels zum unmittelbaren Verbrauch eingesetzte Personal fachlich eingewiesen wird und wie erforderliche Kontrollen durch den substituierenden Arzt durchgeführt werden. Unbenommen hiervon besteht die Möglichkeit einer konsiliarischen Substitution durch einen in der Einrichtung tätigen Arzt gemäß § 5 Abs. 4 BtMVV.

6. Qualifikation des behandelnden Arztes

Die Durchführung der substitutionsgestützten Behandlung Opioidabhängiger darf grundsätzlich nur von solchen Ärzten übernommen werden, die die Mindestanforderungen an eine suchttherapeutische Qualifikation erfüllen, die von den Ärztekammern festgelegt werden. Ausnahmen bestehen für eine konsiliarisch durchgeführte Substitution gemäß § 5 Abs. 4 BtMVV sowie für einen Vertretungsfall gemäß § 5 Abs. 5 BtMVV.

Für die diamorphingestützte Substitutionsbehandlung sind zusätzliche Qualifikationsanforderungen gemäß den Regelungen der zuständigen Ärztekammer zu berücksichtigen.

Der Arzt informiert sich gemäß seiner berufsrechtlichen Fortbildungspflicht durch geeignete Fortbildungen über die aktuellen medizinischen Entwicklungen der Suchtmedizin.

Bei Fragen zur Diagnostik oder Behandlung kann die Beratungskommission der zuständigen Ärztekammer konsiliarisch hinzugezogen werden.

7. Dokumentationsanforderungen im Rahmen einer substitutionsgestützten Behandlung

Gemäß § 5 Abs. 11 BtMVV hat der substituierende Arzt die Erfüllung seiner Verpflichtungen nach den Absätzen 1–10 des § 5 BtMVV sowie nach § 5a Abs. 1–4 und § 5b Abs. 2 und 4 BtMVV gemäß den Anforderungen der Bundesärztekammer zu dokumentieren. § 5 Abs. 12 S. 3 BtMVV bestimmt, dass die Bundesärztekammer Anforderungen an die Dokumentation der Substitution nach § 5 Abs. 11 S. 1 BtMVV in dieser Richtlinie zu bestimmen hat. Die Dokumentation ist auf Verlangen der zuständigen Landesbehörde zur Einsicht und Auswertung vorzulegen oder einzusenden (§ 5 Abs. 11 S. 2 BtMVV).

Neben den Regelungen in § 5 Abs. 11 und 12 BtMVV ergibt sich eine Dokumentationspflicht aus dem bestehenden Berufsrecht (vgl. § 10 MBO-Ä) und aus § 630 f des Bürgerlichen Gesetzbuches (BGB).

Aufgrund der besonderen Anforderungen an die substitutionsgestützte Behandlung Opioidabhängiger sind bei der Dokumentation gemäß § 5 Abs. 12 S. 3 BtMVV insbesondere die folgenden Aspekte zu beachten:

a) Vor und bei Einleitung einer Substitutionsbehandlung sind insbesondere zu dokumentieren:
- Opioidabhängigkeit des Patienten gemäß § 5 Abs. 1 BtMVV und Indikationsstellung,
- Vorgeschichte des Patienten hinsichtlich der Entwicklung und zeitlichen Manifestierung seiner Abhängigkeitserkrankung,
- eingehende Untersuchung des Patienten,
- gegebenenfalls Austausch mit Vorbehandlern über die Abhängigkeitserkrankung, Begleiterkrankungen und Begleitmaßnahmen sowie das verschriebene Substitut und die Dosierung,

F 2 BÄK-Richtlinien

- gegebenenfalls erfolgte Schweigepflichtsentbindungen,
- Durchführung und Ergebnisse von Drogenscreenings,
- Abklärung komorbider psychischer und substanzbedingter Störungen inklusive Medikation,
- Abklärung begleitender somatischer Erkrankungen und relevanter Vorerkrankungen,
- Abklärung einer evtl. bestehenden Schwangerschaft,
- Abklärung der aktuellen Lebenssituation und gegebenenfalls vorliegender psychosozialer Belastungen und eines entsprechenden Betreuungsbedarfs,
- durchgeführte Empfehlung einer psychosozialen Betreuung,
- verschriebenes Substitutionsmittel gemäß § 5 Abs. 6 BtMVV sowie weiterer verschriebener Medikamente,
- eine ausnahmsweise und zu begründende Verschreibung einer Zubereitung von Codein oder Dihydrocodein gemäß § 5 Abs. 6 S. 1 Nr. 3 BtMVV,
- Dosierung des verschriebenen Substitutionsmittels,
- Einnahme unter Sicht – gegebenenfalls Ausnahmen gemäß § 5 Abs. 7 S. 2 BtMVV.

b) Im Rahmen der Erstellung des Therapiekonzeptes und behandlungsbegleitend erforderliche Dokumentation:
- durchgeführte Ansprache möglicher und erreichbarer Therapieziele – einschließlich der Opioidabstinenz,
- Festlegung individueller Therapieziele, Zielerreichungen und Zielanpassungen im Therapieverlauf,
- Termine und Ergebnisse der begleitenden Patientenkontakte und Kontrollen,
- Änderungen der Dosis und des Substituts.

c) Hinsichtlich einer eigenverantwortlichen Einnahme des Substituts (Take-home-Verschreibung) sind zu dokumentieren:
- Voraussetzungen und Gründe für eine Take-home-Verschreibung (Berücksichtigung der klinischen Stabilität und Patientencompliance),
- gegebenenfalls erfolgte Absprache mit der psychosozialen Betreuungsstelle,
- in häuslicher Gemeinschaft mitlebende Kinder,
- Aufklärung über eine kindersichere Aufbewahrung,
- wiederholte Aufklärung über das Substitutionsmittel und dessen Wirkungen, Nebenwirkungen und Wechselwirkungen mit anderen psychoaktiven Substanzen,
- vom Patienten glaubhaft gemachte persönliche, berufliche oder medizinische Gründe, die eine über sieben Tage hinausgehende Take-home-Verschreibung erforderlich machen (bis zu 30 Tage),
- Begründung der vorgenommenen Rezeptfraktionierungen und Änderungen,
- fortlaufende Überprüfung der Voraussetzungen, Gründe und Rezeptfraktionierungen.

d) Erforderliche Dokumentationen bei Beendigung bzw. Abbruch einer Substitutionsbehandlung:
- Gründe für eine Beendigung der Behandlung,
- versuchte Anpassungen des Behandlungsregimes,
- gegebenenfalls erfolgte Abklärung einer Sicherstellung der Behandlungskontinuität,
- gegebenenfalls erfolgte Weiterleitung an eine nachbetreuende Stelle.

e) Im Rahmen der Substitution in einer externen Einrichtung sind zu dokumentieren:
- Voraussetzungen für das Überlassen eines Substitutionsmittels zum unmittelbaren Verbrauch in einer externen Einrichtung, wenn dieses nicht durch den substituierenden Arzt erfolgt (insbesondere Abschluss einer Vereinbarung),

- Erfüllung der sich aus mit der Einrichtung abgeschlossenen Vereinbarung ergebenden Anforderungen (insbesondere fachliche Einweisung und durchgeführte Kontrollen).
f) Erforderliche Dokumentationen in Bezug auf eine Konsiliar- und Vertretungsregelung:
   - Dokumentation der sich aus einer konsiliarischen Substitution gemäß § 5 Abs. 4 BtMVV ergebenden besonderen Erfordernisse,
   - Dokumentation der sich aus einer Vertretungsregelung gemäß § 5 Abs. 5 BtMVV ergebenden besonderen Erfordernisse (insbesondere Vertretungszeiten, Begründung für eine im Einzelfall vorgenommene Vertretung durch einen nicht suchtmedizinisch qualifizierten Arzt, Schriftwechsel des Vertreters mit dem originär substituierenden Arzt).
g) Bei einer Behandlung mit Diamorphin gemäß § 5a Abs. 1–4 BtMVV sind die besonderen Dokumentationserfordernisse zu beachten.
h) Es sind die besonderen Erfordernisse im Rahmen der Meldeverpflichtungen an das Bundesinstitut für Arzneimittel und Medizinprodukte (BfArM) gemäß § 5b Abs. 2 und 4 BtMVV zu beachten.

Anhang zur Patientenaufklärung[4]

Vorbemerkungen zur Patientenaufklärung

Im Vorfeld der Durchführung einer Substitutionsbehandlung bedarf es einer ausführlichen Information und Aufklärung des Patienten, um den spezifischen Anforderungen dieser Behandlung,
insbesondere zur Sicherung des Therapiekonzeptes, gerecht zu werden. Ausgehend von den nachfolgend dargelegten rechtlichen Voraussetzungen (1.) erfolgt hier eine Auflistung zu den medizinischen Inhalten der Aufklärung (2.).

1. Rechtliche Vorgaben für die Aufklärung im Rahmen der Substitutionsbehandlung

Allgemein ergeben sich die Aufklärungs- und Informationspflichten aus den Vorschriften über den Behandlungsvertrag (§§ 630a ff. BGB). § 630c Abs. 2 BGB enthält bspw. die Verpflichtung, dem Patienten sämtliche für die Behandlung wesentlichen Umstände, insbesondere die Diagnose, die voraussichtliche gesundheitliche Entwicklung, die Therapie und die zu und nach der Therapie zu ergreifenden Maßnahmen, zu erläutern. Der Arzt ist ferner gemäß § 630e Abs. 1 BGB verpflichtet, den Patienten über sämtliche für die Patienteneinwilligung wesentlichen Umstände aufzuklären. Dazu gehören insbesondere Art, Umfang, Durchführung, zu erwartende Folgen und Risiken der Maßnahme sowie ihre Notwendigkeit, Dringlichkeit, Eignung und Erfolgsaussichten im Hinblick auf die Diagnose oder die Therapie. Es ist auch auf Alternativen zur Maßnahme hinzuweisen, wenn mehrere medizinisch gleichermaßen indizierte und übliche Methoden zu wesentlich unterschiedlichen Belastungen, Risiken oder Heilungschancen führen können.

Weitere Anforderungen an die Aufklärung ergeben sich aus § 630e Abs. 2 S. 1 Nr. 1–3 BGB, wonach die Aufklärung mündlich zu erfolgen hat und ergänzend auf Unterlagen Bezug genommen werden kann, die der Patient in Textform erhält. Die Aufklärung muss so rechtzeitig erfolgen, dass die Entscheidung des Patienten über die Einwilligung wohlüberlegt getroffen werden kann. Sie muss in verständ-

---

[4] Der Anhang ist nicht Bestandteil der BÄK-Richtlinien.

F 2 BÄK-Richtlinien

licher Form und durch eine Person erfolgen, die über die zur Durchführung der Maßnahme notwendige Ausbildung verfügt.

Die Aufklärung kann unter den in § 630e Abs. 3 BGB genannten Voraussetzungen entbehrlich sein. Dies ist zum Beispiel der Fall, wenn der Patient ausdrücklich verzichtet. Nach der Rechtsprechung ist die Entbehrlichkeit auch anerkannt, wenn dem Patienten bestimmte Umstände aufgrund der Aufklärung durch den überweisenden Arzt bereits bekannt sind und von ihm ohne erneute Aufklärung in seine Entscheidung einbezogen werden konnten.

Weitere aufklärungsbezogene Informationspflichten ergeben sich im Kontext der Leistungen der gesetzlichen Krankenversicherung. Diese werden in den Richtlinien des Gemeinsamen Richtlinie der Bundesärztekammer zur Durchführung der substitutionsgestützten Behandlung Opioidabhängiger Bundesausschusses zu Untersuchungs- und Behandlungsmethoden der vertragsärztlichen Versorgung (Richtlinie Methoden vertragsärztliche Versorgung) in der jeweils gültigen Fassung konkretisiert. Die wirtschaftliche Informationspflicht gemäß § 630c Abs. 3 BGB ist insbesondere im Hinblick auf eine mögliche anteilige oder vollumfängliche Übernahme von Behandlungskosten zu beachten.

2. Medizinische Inhalte der Aufklärung

Im Rahmen der skizzierten rechtlichen Vorgaben ist aus medizinischer Sicht insbesondere über folgende Inhalte aufzuklären:

- anzuwendende Substitutionsmittel und mögliche Neben- und Wechselwirkungen,
- eventuelle Einschränkungen des Reaktionsvermögens und der Fahrtüchtigkeit – einschließlich erforderlicher Nachweise,
- Organisation der täglichen Vergabe sowie an Wochenenden, Feiertagen und in Urlaubszeiten,
- Einnahme unter Sicht,
- Kontrollen auf den Konsum weiterer Substanzen einschließlich Alkohol, zB mit Hilfe geeigneter Drogenscreenings und Atemalkoholtests,
- Möglichkeit einer individuell erforderlichen psychosozialen Betreuung und weiterer Begleitbehandlungen,
- Kriterien für die Beendigung bzw. einen Abbruch der Behandlung,
- Voraussetzungen für eine Verschreibung zur eigenverantwortlichen Einnahme (Take-home-Verschreibung),
- gegebenenfalls einzuholende Schweigepflichtsentbindungen gegenüber weiteren beteiligten Institutionen – bei in häuslicher Gemeinschaft mitlebenden Kindern wird die Einholung einer Schweigepflichtsentbindung gegenüber dem behandelnden Kinder- und Jugendarzt bzw. Hausarzt von Kindern sowie gegenüber dem Jugendamt empfohlen.

Insbesondere im Hinblick auf eine Take-home-Verschreibung muss der behandelnde Arzt den Patienten umfassend aufklären über:

- den bestimmungsgemäßen Gebrauch des Substitutionsmittels sowie über dessen Wirkungen, Nebenwirkungen und Wechselwirkungen mit anderen psychoaktiven Substanzen,
- die Risiken einer eigenmächtigen Dosisänderung,
- das Verbot der Überlassung des Substitutionsmittels an Dritte,
- die Gefahren, die von dem Substitutionsmittel für andere Personen ausgehen können, besonders die Gefahr für Kinder und opioidnaive Personen einschließlich einer (kinder-)sicheren Lagerung des Substitutionsmittels (sicherer, für Kinder nicht erreichbarer Aufbewahrungsort; Sicherheitsverschluss des Behältnisses; Aufbewahrung in Einzeldosen mit eindeutiger Beschriftung).

F 3. Richtlinie Methoden vertragsärztliche Versorgung (MVV-RL) Anlage I Nummer 2 Substitutionsgestützte Behandlung Opioidabhängiger

v. 17.1.2006 (BAnz. 2006, S. 1523), zuletzt geändert durch Beschluss v. 22.11.2018 [BAnz. AT 6.12.2018 B6], in Kraft getreten am 7.12.2018

Präambel

Opioidabhängigkeit ist eine schwere chronische Krankheit. Sie bedarf in der Regel einer lebenslangen Behandlung, bei der körperliche, psychische und soziale Aspekte gleichermaßen zu berücksichtigen sind. Die Krankenbehandlung iSd § 27 SGB V beinhaltet die substitutionsgestützte Behandlung einer Opioidabhängigkeit im Rahmen eines umfassenden Therapiekonzeptes, das auch – soweit erforderlich – begleitende psychiatrische und psychotherapeutische Behandlungsmaßnahmen und – soweit nach BtMVV vorgesehen – psychosoziale Betreuungsmaßnahmen einbeziehen soll.

§ 1 Inhalt. Die Richtlinie regelt die Voraussetzungen zur Durchführung der substitutionsgestützten Behandlung (im folgenden „Substitution") bei Opioidabhängigen in der vertragsärztlichen Versorgung. Die Richtlinie gilt für alle Substitutionen gemäß § 5 Absatz 1 und § 5a BtMVV, unabhängig davon, mit welchen nach der BtMVV zulässigen Substitutionsmitteln sie durchgeführt werden. Als opioidabhängig im Sinne dieser Richtlinie gelten auch solche Abhängige, die bereits mit einem Drogenersatzstoff substituiert werden. Neben den Vorgaben dieser Richtlinie sind die einschlägigen bundesrechtlichen Bestimmungen, insbesondere des Betäubungsmittelgesetzes (BtMG) und der Betäubungsmittel-Verschreibungsverordnung (BtMVV) sowie die Richtlinie der Bundesärztekammer zur Durchführung der substitutionsgestützten Behandlung Opioidabhängiger zu beachten.

§ 2 Genehmigungspflicht für Ärztinnen, Ärzte und Einrichtungen. (1) In der vertragsärztlichen Versorgung dürfen Substitutionen nur von solchen Ärztinnen Ärzten durchgeführt werden, die gegenüber der Kassenärztlichen Vereinigung (KV) ihre fachliche Befähigung gemäß § 5 Abs. 3 BtMVV oder die Erfüllung der Voraussetzungen gemäß § 5 Abs. 4 BtMVV nachgewiesen haben und denen die KV eine Genehmigung zur Substitution erteilt hat. Für die Substitution mit Diamorphin gilt Satz 1 mit der Maßgabe, dass die Anforderungen nach § 9 dieser Richtlinie sowie § 5a BtMVV (insbesondere Absatz 1 Satz 2 Nummer 1) erfüllt werden.

(2) Substitutionen mit Diamorphin dürfen nur in Einrichtungen durchgeführt werden, in denen eine Behandlung nach den Anforderungen dieser Richtlinie gewährleistet ist, denen die zuständige KV nach Erfüllung der Voraussetzung gemäß § 9 dieser Richtlinie eine Genehmigung erteilt hat und die von der zuständigen Landesbehörde eine Erlaubnis gemäß § 5a Abs. 2 BtMVV erhalten haben.

§ 3 Therapieziele im Sinne des § 27 SGB V, Indikationsstellung und Therapiekonzept. (1) Ziele der substitutionsgestützten Behandlung sind:
– Sicherstellung des Überlebens,
– Stabilisierung und Besserung des Gesundheitszustandes,
– Unterstützung der Behandlung somatischer und psychischer Begleiterkrankungen,

F 3 MVV-Richtlinien

- Reduktion riskanter Applikationsformen von Opioiden,
- Reduktion des Konsums unerlaubt erworbener oder erlangter Opioide,
- Reduktion des Gebrauchs weiterer Suchtmittel,
- Abstinenz von unerlaubt erworbenen und erlangten Opioiden,
- Verringerung der durch die Opioidabhängigkeit bedingten Risiken für Mutter und Kind während einer Schwangerschaft sowie während und nach der Geburt,
- Verbesserung der gesundheitsbezogenen Lebensqualität.

(2) Mittelbar können über das Erreichen der in Absatz 1 festgelegten, gesundheitsbezogenen Therapieziele im Sinne des § 27 SGB V auch die gesellschaftspolitischen Ziele Reduktion der Straffälligkeit und Teilhabe am Leben in der Gesellschaft und am Arbeitsleben erreicht werden, die nicht Bestandteil der Krankenbehandlung nach § 27 SGB V sind.

(3) Ob und in welchem Zeitrahmen diese Ziele auch jeweils einzeln erreicht werden können, hängt wesentlich von der individuellen Situation der oder des Opioidabhängigen ab. Die aufgeführten Ziele sind nicht konsekutiv zu verstehen. Nach Erreichung und Stabilisierung von Therapiezielen soll die Patientin oder der Patient auf weitere, realistischerweise erreichbare Therapieziele angesprochen, für diese motiviert und es sollen unterstützende Begleitmaßnahmen vereinbart werden.

(4) Gemäß § 5 Absatz 2 Satz 1 BtMVV soll im Rahmen der ärztlichen Therapie eine Opioidabstinenz angestrebt werden. Im Zuge von zielorientierten motivierenden Gesprächen soll dementsprechend eine Opioidabstinenz thematisiert und die Ergebnisse der Gespräche dokumentiert werden.

(5) Voraussetzung für die Einleitung und Fortführung einer substitutionsgestützten Behandlung ist eine Opioidabhängigkeit, die Folge eines Missbrauchs von erlaubt erworbenen oder von unerlaubt erworbenen oder erlangten Opioiden ist. Eine Opioidabhängigkeit, die als unerwünschte Nebenwirkung rechtmäßig verschriebener und erworbener Opioide auftritt, ohne dass ein Missbrauch vorliegt, ist keine Indikation für eine Substitution entsprechend dieser Richtlinie. Für die Feststellung einer Opioidabhängigkeit ist die Internationale Klassifikation psychischer Störungen (Internationale statistische Klassifikation der Krankheiten und verwandter Gesundheitsprobleme; 10. Revision, German Modification [ICD-10-GM]) maßgeblich.

(6) Neben der Abklärung des Vorliegens einer Opioidabhängigkeit umfasst die Indikationsstellung für eine Substitutionsbehandlung die Berücksichtigung vorliegender Kontraindikationen sowie die jeweils individuelle Situation. Hierbei sind unter Berücksichtigung der Motivationslage der Patientin oder des Patienten der Nutzen einer Substitutionsbehandlung gegenüber einer abstinenzorientierten Suchttherapie und den Gefahren eines unkontrollierten Drogenkonsums abzuwägen. Besondere Sorgfalt bei der Indikationsstellung ist bei Jugendlichen und Heranwachsenden sowie bei erst kürzer als einem Jahr abhängigen Patientinnen oder Patienten geboten und in der Behandlungsdokumentation zu begründen. Eine psychosoziale Betreuung sollte bei dieser Zielgruppe regelhaft mit einbezogen werden. In begründeten Fällen kann eine Substitutionsbehandlung auch bei derzeit noch konsumierenden opioidabhängigen Patientinnen oder Patienten mit hohem Rückfall- und Mortalitätsrisiko – z. B. Personen nach Haftentlassung – eingeleitet werden. Während und nach der Schwangerschaft opioidabhängiger Patientinnen ist die Substitutionstherapie die Behandlung der Wahl.

(7) Bei einer schweren Opioidabhängigkeit kann eine substitutionsgestützte Behandlung mit Diamorphin indiziert sein. Für die Substitution mit Diamorphin gelten ergänzend folgende Voraussetzungen (§ 5a Absatz 1 Satz 2 Nummer 2 bis 4 BtMVV):
- bei der Patientin oder dem Patienten liegt eine seit mindestens fünf Jahren bestehende Opioidabhängigkeit, verbunden mit schwerwiegenden somatischen und psychischen Störungen bei derzeit überwiegend intravenösem Konsum vor,

- es liegt ein Nachweis über zwei erfolglos beendete Behandlungen der Opioidabhängigkeit vor, davon eine mindestens sechsmonatige Behandlung gemäß § 5 BtMVV einschließlich psychosozialer Betreuungsmaßnahmen,
- die Patientin oder der Patient hat das 23. Lebensjahr vollendet.

(8) Folgende ärztliche Maßnahmen sind bei Einleitung und soweit indiziert während einer Substitutionsbehandlung erforderlich:
- eine ausführliche Anamnese (insbesondere Suchtanamnese und anamnestische Erfassung somatischer und psychischer Begleit- und Folgeerkrankungen) mit Erhebung relevanter Vorbefunde, insbesondere über bereits erfolgte Suchttherapien, sowie über parallellaufende Mitbehandlungen,
- eine eingehende Untersuchung einschließlich qualitativer und gegebenenfalls quantitativer Substanzbestimmungen (Drogenscreening) unter Berücksichtigung der Zweckmäßigkeit, Wirtschaftlichkeit und Notwendigkeit der Untersuchungen,
- gegebenenfalls der Austausch mit Vorbehandlern (nach entsprechender Schweigepflichtsentbindung),
- die Abklärung begleitender somatischer Erkrankungen, insbesondere kardialer, hepatologischer, pneumologischer und infektiöser Erkrankungen,
- die Abklärung einer evtl. bestehenden Schwangerschaft,
- die Abklärung der aktuellen Lebenssituation und gegebenenfalls vorliegender psychosozialer Belastungen unter Hinzuziehung der gegebenenfalls vorhandenen psychosozialen Betreuung.

Die Substitution kann nur als Bestandteil eines umfassenden Therapiekonzeptes durchgeführt werden. Das individuelle Therapiekonzept sollte im Fortgang der Behandlung regelmäßig überprüft und angepasst werden.

(9) Das umfassende Therapiekonzept adressiert die unter § 3 genannten Therapieziele und beinhaltet:
- die zeitliche und qualitative Festlegung der Therapieziele,
- die Auswahl und die Dosierung des Substitutionsmittels,
- die Ermittlung des Bedarfs der psychosozialen Betreuung und gegebenenfalls die Vermittlung in bedarfsgerechte psychosoziale Betreuungsmaßnahmen; eine psychosoziale Betreuung soll der Patientin oder dem Patienten regelhaft empfohlen werden,
- die gegebenenfalls notwendigen psychiatrischen und/oder psychotherapeutischen Behandlungsmaßnahmen,
- die Bewertung des Therapieverlaufs anhand der mit der Patientin oder dem Patienten vereinbarten Therapieziele im Rahmen von Verlaufs- und Ergebniskontrollen einschließlich unangekündigter Beigebrauchskontrollen,
- den Abschluss einer Behandlungsvereinbarung mit der Patientin oder dem Patienten.

Bei einer Substitution mit Diamorphin sind während der ersten sechs Monate der Substitution zwingend Maßnahmen der psychosozialen Betreuung erforderlich. Nach Ablauf der ersten sechs Monate ist die psychosoziale Betreuung am individuellen Krankheitsverlauf der Patientin oder des Patienten auszurichten. Ist nach den ersten sechs Monaten in begründeten Fällen keine psychosoziale Betreuung mehr erforderlich, ist dies durch die Ärztin oder den Arzt zu dokumentieren.

(10) Die substituierende Ärztin oder der substituierende Arzt überprüft und dokumentiert gemäß § 6 die Entwicklung der Patientin oder des Patienten hinsichtlich der Ziele der Substitutionsbehandlung sowie der weiteren medizinischen Maßnahmen des vorgesehenen Therapiekonzeptes.

(11) Die Substitution mit Diamorphin ist nach jeweils spätestens zwei Jahren Behandlungsdauer daraufhin zu überprüfen, ob die Voraussetzungen für die Behandlung noch gegeben sind und ob die Behandlung fortzusetzen ist. Die Überprüfung erfolgt durch Einholung einer Zweitmeinung durch eine Ärztin oder einen Arzt,

F 3 MVV-Richtlinien

die oder der die Qualifikation gemäß § 5 Absatz 3 in Verbindung mit § 5a Absatz 1 Satz 2 Nummer 1 BtMVV besitzt und die oder der nicht der Einrichtung angehört. Ergibt diese Überprüfung, dass die Voraussetzungen für die Behandlung nicht mehr gegeben sind, ist die diamorphingestützte Behandlung zu beenden."

§ 4 Meldeverfahren zur Vermeidung von Mehrfachsubstitutionen. Die substituierende Ärztin oder der substituierende Arzt hat gemäß § 5b Abs 2 BtMVV zur Vermeidung von Mehrfachsubstitutionen dem Bundesinstitut für Arzneimittel und Medizinprodukte nach einem dazu von diesem festgelegten Verfahren gemäß § 5b Absatz 1 Satz 3 BtMVV unverzüglich Meldung über Substitutionen zu erstatten.

§ 5 Zulässige Substitutionsmittel. Zur Substitution in der vertragsärztlichen Versorgung darf die Ärztin oder der Arzt nur solche Substitutionsmittel verwenden, die gemäß BtMVV für diesen Bestimmungszweck zulässig sind. Zur Wahrung des Wirtschaftlichkeitsgebotes hat die Ärztin oder der Arzt gemäß den Arzneimittel-Richtlinien grundsätzlich das kostengünstigste Substitutionsmittel in der preisgünstigsten Darreichungsform zu verwenden. Fälle, in denen von diesen Grundsätzen abgewichen wird, sind medizinisch zu begründen.

§ 6 Dokumentation. Die Dokumentationsanforderungen richten sich gemäß § 5 Absatz 11 BtMVV nach den Dokumentationsvorgaben in der Richtlinie der Bundesärztekammer zur Durchführung der substitutionsgestützten Behandlung Opioidabhängiger in der jeweils gültigen Fassung.

§ 7 Beendigung und Abbruch der substitutionsgestützten Behandlung.
(1) Eine reguläre Beendigung der Substitution kann in Abstimmung zwischen der Ärztin oder dem Arzt und der Patientin oder dem Patienten erfolgen, wenn sie nicht mehr erforderlich oder seitens der Patientin oder des Patienten nicht mehr gewünscht ist. Eine Substitutionstherapie soll vorzeitig beendet werden, wenn
– sich schwerwiegende Kontraindikationen ergeben,
– sie mit einem fortgesetzt schwerwiegenden Konsum psychotroper Substanzen einhergeht,
– wenn die Kommission nach § 8 im Rahmen der Stichprobenprüfung feststellt, dass die Voraussetzungen des § 3 nicht oder nicht mehr vorliegen.

(2) Eine vorzeitige Beendigung der Behandlung durch die Ärztin oder den Arzt kann dann begründet sein, wenn die Patientin oder der Patient sich wiederholt und anhaltend nicht an getroffene Vereinbarungen hält.

(3) Behandlungsabbrüche sind mit einem erhöhten Gefährdungspotenzial für die Gesundheit der Patientin oder des Patienten verbunden, weshalb versucht werden sollte, die Patientinnen oder Patienten möglichst langfristig in der Substitutionsbehandlung zu halten. Vor einer vorzeitigen Beendigung ist daher zunächst zu prüfen, ob die Non-Adhärenz Resultat der zu behandelnden Suchterkrankung oder komorbider Störungen ist.

(4) Ein Behandlungsabbruch sollte nicht allein aus einer akuten Situation heraus erfolgen, sondern in einem wiederholten Verstoß gegen getroffene Vereinbarungen begründet sein. Zuvor müssen möglicher Nutzen und Schaden eines Therapieabbruchs gegeneinander abgewogen worden sein. Hierbei ist auch die Situation gegebenenfalls in häuslicher Gemeinschaft mitlebender Kinder zu berücksichtigen.

(5) Sollte ein Behandlungsabbruch dennoch unvermeidbar sein, soll nach geeigneten Behandlungsalternativen und Anschlussmaßnahmen gesucht werden. Bevor eine Behandlung gegen den Willen der Patientin oder des Patienten beendet wird, sollten andere Interventionsmöglichkeiten ausgeschöpft worden sein. Hierzu gehören insbesondere Optimierungen des Therapiekonzeptes, z. B. durch Dosisan-

passungen oder Einbezug einer psychosozialen Betreuung, sowie Versuche eines Wechsels der Patientin oder des Patienten in ein anderes ambulantes oder stationäres Therapieangebot.

(6) Bei bestehender Schwangerschaft sowie im Wochenbett sind Behandlungsabbrüche nach Möglichkeit zu vermeiden, da in diesen Fällen eine besondere Gefährdung für Mutter und Kind besteht.

(7) Kommt es zu einem Abbruch der Behandlung, muss die Patientin oder der Patient über die körperlichen, psychischen und sozialen Folgewirkungen aufgeklärt und ihr oder ihm die Möglichkeit zu einem geordneten Entzug vom Substitutionsmittel gegeben werden. Dazu gehört, dass das Absetzen des Substitutionsmittels ausschleichend in vereinbarten Schritten erfolgt. Möglichst sollte die Überweisung an eine weiterbehandelnde Ärztin, einen weiterbehandelnden Arzt oder in eine stationäre Entzugsbehandlung erfolgen.

§ 8 Qualitätssicherung. (1) Die KVen richten fachkundige Kommissionen zur Beratung bei der Erteilung von Genehmigungen für Substitutionsbehandlungen nach § 2 sowie für die Qualitätssicherung und die Überprüfung der Indikation nach § 3 durch Stichproben im Einzelfall (Qualitätssicherungskommissionen) ein. Die Kommissionen bestehen aus sechs Mitgliedern. Drei in Fragen der Opioidabhängigkeit fachkundige Mitglieder werden von der KV benannt, darunter sollen zwei Ärztinnen oder Ärzte mit besonderer Erfahrung in der Behandlung von Suchtkranken sein. Zwei in Drogenproblemen fachkundige Mitglieder werden von den Landesverbänden der Krankenkassen und ein in Drogenproblemen fachkundiges Mitglied von den Verbänden der Ersatzkassen benannt. Die Krankenkassen können sich in den Kommissionen auch durch Ärztinnen oder Ärzte des Medizinischen Dienstes der Krankenversicherung vertreten lassen.

(2) Die Qualitätssicherungskommission kann von Vertragsärztinnen oder Vertragsärzten zu allen Problemen der qualifizierten substitutionsgestützten Behandlung (z. B. Indikationsstellung, notwendige Begleitmaßnahmen, Beigebrauchsprobleme, Indikation zum Abbruch) mit der Bitte um Beratung angerufen werden.

(3) Die Kommissionen nach Absatz 1 haben die Qualität der vertragsärztlichen Substitution und das Vorliegen der Voraussetzungen des § 3 durch Stichproben im Einzelfall zu überprüfen. Pro Quartal sind mindestens 2% der abgerechneten Behandlungsfälle im Rahmen einer Zufallsauswahl zu prüfen. Auf Beschluss der Kommission können zusätzlich einzelne Ärztinnen oder Ärzte für eine umfangreichere Prüfung ausgewählt werden. Zum Zweck der Prüfung der Qualität der substitutionsgestützten Behandlung haben die substituierenden Ärztinnen oder Ärzte auf Verlangen der KV pseudonymisiert die patientenbezogenen Dokumentationen gem. § 7 mit den jeweiligen umfassenden Therapiekonzepten und den Behandlungsdokumentationen mit Zwischenergebnissen der Qualitätssicherungskommission vorzulegen. Die patientenbezogenen Dokumentationen sind dabei nach demselben Verfahren zu pseudonymisieren, das auch bei der Übermittlung an das Substitutionsregister gemäß § 5b Absatz 2 BtMVV zur Anwendung kommt.

(4) Die Qualitätsprüfungen nach Absatz 3 umfassen die Einhaltung aller Bestimmungen dieser Richtlinie.

(5) Das Ergebnis der Überprüfung ist der substituierenden Ärztin oder dem substituierenden Arzt schriftlich mitzuteilen, er ist ggf. auf Qualitätsmängel in der Substitution hinzuweisen. In gemeinsamer Beratung ist darauf hinzuwirken, dass diese Mängel behoben werden. Gelingt es trotz wiederholter Anhörung und Beratung der Ärztin oder des Arztes nicht, eine richtliniengemäße Substitutionsbehandlung zu erreichen, kann der Ärztin oder dem Arzt die Genehmigung zur Durchführung und Abrechnung der Substitution durch die KV entzogen werden.

(6) Die Qualitätssicherungskommission erstattet alle zwei Jahre der KV und den Landes-verbänden der Krankenkassen einen zusammenfassenden Bericht über die

F 3 MVV-Richtlinien

Ergebnisse ihrer Arbeit und die bisherigen Erfahrungen mit der Substitutionsbehandlung in ihrem Zuständigkeitsbereich.

§ 9 Anforderungen an Einrichtungen zur Substitution mit Diamorphin.
Einrichtungen, in denen Substitutionen mit Diamorphin durchgeführt werden, haben folgende Voraussetzungen zu erfüllen:
1. Die Substitution mit Diamorphin erfolgt in der Einrichtung durch ein multidisziplinäres Team, das von einem ärztlichen Teammitglied verantwortlich geleitet wird. In der Einrichtung ist die ärztliche substitutionsgestützte Behandlung über einen täglichen Zeitraum von zwölf Stunden sicherzustellen. Hierfür sind eine angemessene Anzahl Arztstellen und qualifizierter nichtärztlicher Stellen in Voll- oder Teilzeit vorzuhalten. Während der Vergabezeiten und der Nachbeobachtung muss eine Ärztin oder ein Arzt in der Einrichtung anwesend sein. Außerhalb dieser Zeiträume muss die ärztliche Betreuung durch die Anwesenheit einer Ärztin oder eines Arztes oder durch eine ärztliche Rufbereitschaft gewährleistet sein, um die ärztliche substitutionsgestützte Behandlung sicherzustellen. Die Möglichkeit einer kurzfristigen konsiliarischen Hinzuziehung fachärztlich-psychiatrischer Kompetenz ist sicherzustellen.
2. In der Regel soll die psychosoziale Betreuung der Patientinnen oder Patienten in der substituierenden Einrichtung stattfinden. In Ausnahmefällen kann die psychosoziale Betreuung der Patientinnen oder Patienten unter Koordination durch die substituierende Einrichtung auch im Rahmen einer engen Kooperation mit entsprechenden externen Institutionen erfolgen.
3. Zur Gewährleistung des Behandlungsauftrages verfügt die Einrichtung zur Betreuung der Patientinnen oder Patienten über Räumlichkeiten, die in geeigneter Weise eine Trennung von Wartebereich, Ausgabebereich und Überwachungsbereich nach erfolgter Substitution ermöglichen. Des Weiteren stehen in der Einrichtung für Notfälle die notwendige Ausstattung zur Durchführung einer kardiopulmonalen Reanimation sowie Pulsoxymetrie und Sauerstoffversorgung zur Verfügung.
4. Soweit in der Einrichtung auch Substitutionen stattfinden, die ausschließlich nicht diamorphingestützt sind, ist die Substitution dieser Patientinnen oder Patienten organisatorisch von der diamorphingestützten Substitution zu trennen.
5. Die Einrichtung hat die Substitution dreimal täglich, auch an Wochenenden und Feiertagen, sicherzustellen.
6. Auf Verlangen der KV hat die Einrichtung nachzuweisen, dass alle ärztlichen Mitglieder des multidisziplinären Teams regelmäßig, wenigstens zweimal jährlich, an suchtmedizinischen Fortbildungsveranstaltungen teilnehmen, die durch eine Ärztekammer anerkannt sind. An diesen Fortbildungen sollen nach Möglichkeit auch die nichtärztlichen Mitarbeiter teilnehmen. Alle Mitarbeiterinnen oder Mitarbeiter sind außerdem wenigstens einmal jährlich zu drogenspezifischen Notfallmaßnahmen (insbesondere kardiopulmonale Reanimation) und zur Notfallbehandlung von zerebralen Krampfanfällen zu schulen.

§ 10 Genehmigung der Leistungserbringung, Genehmigungsumfang.
(1) Die Durchführung und Abrechnung der Substitution im Rahmen der vertragsärztlichen Versorgung setzt eine Genehmigung der KV nach § 2 für die substituierende Ärztin oder den substituierenden Arzt und, soweit danach erforderlich, für die Einrichtung voraus.

(2) Der Antrag der Ärztin oder des Arztes oder der Einrichtung auf Genehmigung zur Durchführung und Abrechnung der Substitution ist an die zuständige KV zu stellen. Die erforderlichen Nachweise (z. B. Zeugnisse und Bescheinigungen) über die fachliche Befähigung gemäß § 2 sind dem Antrag beizufügen. Dem Antrag einer Einrichtung zur Substitution mit Diamorphin sind außerdem die Erlaubnis

der Landesbehörde gemäß § 5a Abs. 2 BtMVV sowie eine Erklärung beizufügen, dass sie die Anforderungen gemäß § 9 dieser Richtlinie vollständig erfüllt. Über den Antrag entscheidet die KV.

(3) Die Genehmigung zur Durchführung und Abrechnung der Substitution ist einer Ärztin oder einem Arzt zu erteilen, wenn aus den vorgelegten Zeugnissen und Bescheinigungen hervorgeht, dass die in § 2 genannten Voraussetzungen an die fachliche Befähigung erfüllt sind. Die Genehmigung ist einer Einrichtung zur Substitution mit Diamorphin zu erteilen, wenn die in § 2 genannten Voraussetzungen an die fachliche Befähigung den gemäß § 9 Nr. 1 an der Substitution beteiligten Ärztinnen oder Ärzten, sowie die Anforderungen gemäß § 10 erfüllt werden und die Erlaubnis der Landesbehörde gemäß § 5a BtMVV vorliegt.

(4) Die Anzahl der vertragsärztlich durchzuführenden Substitutionsbehandlungen sind je Ärztin oder Arzt begrenzt. Eine Ärztin oder ein Arzt soll in der Regel nicht mehr als fünfzig Opioidabhängige gleichzeitig substituieren. Die KV kann in geeigneten Fällen zur Sicherstellung der Versorgung den Genehmigungsumfang erweitern.

(5) Die Kassenärztlichen Vereinigungen können die zuständigen Kommissionen gemäß § 8 dieser Richtlinie beauftragen, die apparativen, räumlichen und organisatorischen Gegebenheiten in der substituierenden Praxis bzw. Einrichtung daraufhin zu überprüfen, ob sie den Bestimmungen dieser Richtlinie entsprechen. Die Genehmigung zur Substitution in der vertragsärztlichen Versorgung wird nur erteilt, wenn die Ärztin oder der Arzt bzw. die Einrichtung im Antrag sein Einverständnis zur Durchführung einer solchen Überprüfung erteilt.

F 4.1. Mitführen von Betäubungsmitteln in die Vertragsparteien des Schengener Abkommens

Bek. v. 27.3.1995 (BAnz. S. 4349),
zuletzt geändert durch Bek. v. 11.6.2001 (BAnz. S. 4349)

1. Mit Inkraftsetzung des Übereinkommens zur Durchführung des Übereinkommens von Schengen vom 19.3.1995 (BAnz. 1990 Nr. 217a vom 23. November 1990) am 26.3.1995 können ärztlich verschriebene Betäubungsmittel ohne weitere Formalitäten in eine Vertragspartei des Schengener Abkommens mitgeführt werden, wenn eine behördlich ausgestellte oder beglaubigte Bescheinigung gemäß Artikel 75 des vorbezeichneten Übereinkommens vorliegt. Form und Inhalt der Bescheinigung (Anlage 1[1]) wurden von den Vertragsparteien des Schengener Abkommens vereinbart.[2]
2. Die Bescheinigung wird für im eigenen Staat ansässige Personen ausgestellt, die in eine andere Vertragspartei des Schengener Abkommens reisen wollen und die aufgrund einer ärztlichen Verschreibung während dieser Zeit Betäubungsmittel benötigen. Die Gültigkeitsdauer der Bescheinigung beträgt maximal 30 Tage.
3. Die Bescheinigung ist in der Bundesrepublik Deutschland durch den verschreibenden Arzt auszustellen und durch die oberste Landesgesundheitsbehörde bzw. für Bundeswehrangehörige durch das Bundesministerium der Verteidigung (Anlage 2) oder eine von diesen Behörden beauftragte Stelle zu beglaubigen. Für jedes verschriebene Betäubungsmittel ist eine gesonderte Bescheinigung erforderlich. Eine Kopie der Bescheinigung verbleibt bei der beglaubigenden Stelle.
4. Der Arzt darf für den Reisebedarf Betäubungsmittel für bis zu 30 Tage verschreiben.
5. Von den Vertragsparteien wurde zur Klärung auftretender Fragen je eine zentrale Stelle benannt (Anlage 3). Diese Stelle ist nur in Belgien, Luxemburg und den Niederlanden mit der für die Ausstellung bzw. Beglaubigung der Bescheinigung zuständigen Behörde identisch.
6. Vordrucke der Bescheinigung können beim Bundesinstitut für Arzneimittel und Medizinprodukte, Bundesopiumstelle, Kurt-Georg-Kiesinger Allee 3, 53175 Bonn, Fax Nr. 0228/2 07 52 10, http://www.bfarm.de angefordert werden.

Anlage 1

nicht abgedruckt

Anlage 2

Abgedruckt als Anh. F 4.2

---

[1] *Nicht abgedruckt.*
[2] Belgien, Dänemark, Deutschland, Estland, Finnland, Frankreich, Griechenland, Island, Italien, Lettland, Liechtenstein, Litauen, Luxemburg, Malta, Niederlande, Norwegen, Österreich, Polen, Portugal, Schweden, Schweiz, Slowakei, Slowenien, Spanien, Tschechien und Ungarn.

Mitführen von BtM **BtMSchengen F 4.1**

Anlage 3
Zentrale Stellen zur Klärung auftretender Fragen

Belgien
Ministère de la Santé, Inspection
générale de la Pharmacie, Quartier
Vésale, Cité administrative de l'Etat,
1010 Bruxelles, Tel: 0032 2 210 4928;
Fax: 0032 2 210 6370.

Deutschland
Ministerium für Arbeit, Gesundheit und
Soziales des Landes Nordrhein-Westfalen, Referat III/6 Fürstenwall 25,
40190 Düsseldorf Tel: 0211-855-3591,
Fax: 0021-855-3642

Frankreich
Ministère de la Santé, Place Fonteney,
Paris 75350 07 Sp Paris/Vanves,
Tel: 00 33 1 46 62 40 00;
Fax: 00 33 1 46 62 47 21

Griechenland
Ministère de la Santé, Direction des
Médicaments, Division des Stupéfiants,
Rue Aristotelous 17, Athènes,
Tel: 0030 15 22 53 01

Italien
Ministero Sanita, Direzione Generale
Servizio Farmazeutico, Ufficio centrale
Stupacenti,
Via della Civiltà Romana 7,
00144 Roma,
Tel: 0039 6 59943177;
Fax: 0038 6 59 94 33 65

Luxemburg
Ministère de la Santé, Direction de la
Santé, L-2935 Luxembourg,
Tel: 00 35 2 478 55 50;
Fax: 00 35 2 48 49 03

Niederlande
Hoofdinspectie voor de geneesmiddelen
van het Staatstoezicht op de Volksgezondheid, P.O. Box 5406, NL-2280 HK
Rijswijk, Tel: 0031 70 3 40 64 23

Österreich
Bundesministerium für Gesundheit,
Sport und Konsumentenschutz,
Abteilung II/C/18, Radetzkystr. 2,
1030 Wien, Tel: 0 04 31 7 11 72 47 34;
Fax: 0 04 31 7 13 86 14

Portugal
Instituto Nacional da Farmacia e do
Medicamento (Infarmed), Parque de
Saúde, Av. do Brazil, 53, 1700 Lisboa,
Fax: 0 03 51 1 795 91 16

Spanien
Servicio de Restricción de Estupefacientes, Direccion Gral, de Fammacia y
Productos Saniatarios, Ministerio de
Saniadad y Consumo, Calle Principe
de Vergara, 54, 28006 Madrid,
Tel: 00 34 1 575 27 63;
Fax: 00 34 1 578 12 31

F 4.2. Zuständige Behörden für Beglaubigungen der Bescheinigungen zur Mitnahme von Betäubungsmitteln in den einzelnen Bundesländern

Baden-Württemberg
Gesundheitsämter: www.service-bw.de

Bayern
Gesundheitsämter:
https://www.stmgp.bayern.de/service/ansprechpartner-und-fachstellen/

Berlin
Landesamt für Gesundheit und Soziales (LAGeSo) Turmstraße 21/Haus A, 10559 Berlin
http://www.berlin.de/lageso/gesundheit/service/auslandsreisen.html

Brandenburg
Landesamt für Arbeitsschutz, Verbraucherschutz und Gesundheit,
Abteilung Gesundheit, Dezernat G 3 Apotheken Arzneimittel
Medizinprodukte, Wünsdorfer Platz 3, 15806 Zossen,
Frau Keßler (Tel.: 0331 - 8683877, E-Mail: annerose.kessler@lavg.brandenburg.de

Bremen
Senatorin für Bildung, Wissenschaft und Gesundheit
der Freien Hansestadt Bremen, Referat 44, Pharmazie;
Katharina Weiß, Tel.: +49 421 361 59105; Fax: +49 421 496 16707,
E-Mail: katharina weiss@gesundheit.bremen.de

Hamburg
Fachamt bzw. Dezernat Gesundheit bei dem Bezirksamt, in dessen Bereich der jeweilige Arzt seine Tätigkeit ausübt.
http://www.hamburg.de/behoerdenfinder/hamburg/10324394/

Hessen
Gesundheitsämter: www.hsm.hessen.de (Gesundheit/Infektionsschutz)

Mecklenburg-Vorpommern
Gesundheitsämter: www.regierung-mv.de
Ministerium für Arbeit, Gleichstellung und Soziales/Behörden/Institutionen/
Landesamt für Gesundheit

Niedersachsen
Landkreise und kreisfreie Städte
https://niedersachsen.de/startseite/land_amp_leute/das_land/kreise_und_gemeinden/landkreise-und-gemeinden-in-niedersachsen-20036.html

Nordrhein-Westfalen
Kreise und kreisfreie Städte (untere Gesundheitsbehörde)
https://www.lzg.nrw.de/service/links/gesundheitsaemter_nrw/index.html

Rheinland-Pfalz
Gesundheitsämter: https://lsjv.rlp.de/de/unsere-aufgaben/gesundheit/oeffentliches-gesundheitswesen/fachaufsicht-ueber-diegesundheitsaemter/

Saarland
Gesundheitsämter: http://www.saarland.de/4080.htm

Sachsen
Gesundheitsämter: http://www.gesunde.sachsen.de/6849.html

Sachsen-Anhalt
Landesverwaltungsamt Sachsen-Anhalt, Ernst-Kamiet-Straße 2,
06112 Halle (Saale),
Postfach 200256 (06003 Halle (Saale)),Telefon: 0345 514-1286,
Fax: 0345 514-1291
E-Mail: pharmazie@lvwa.sachsen-anhalt.de,
Internet: http://www.sachsen-anhalt.de/index.php?id=5808

Schleswig-Holstein
Gesundheitsämter:
http://www.schleswig-holstein.de/DE/Fachinhalte/G/gesundheits_dienste/
Downloads/OeffentlicherGesundheitsdienst/listeGesAemter.pdf?_blob=
publicationFile&v=10

Thüringen
Thüringer Landesamt für Verbraucherschutz, Dezernat 24-Pharmazie,
Tennstedter Straße 8/9, 99947 Bad Langensalza, Tel.: 0361 57-3815024
https://www.thueringen.de/th7/tlv/arzneimittel/index/.aspx

Verantwortlich für die Aktualität der Angaben sind die jeweiligen Bundesländer
Stand: 13.8.2020 BfArM

G. Verordnungen der Länder über die Einrichtung und den Betrieb von Drogenkonsumräumen

Auf der Grundlage des § 10a BtMG haben sieben Länder Verordnungen über die Einrichtung und den Betrieb von Drogenkonsumräumen erlassen:
- **Baden-Württemberg** – Verordnung der Landesregierung über den Betrieb von Drogenkonsumräumen v. 2.4.2019 (GBl. S. 106),
- **Berlin** – Verordnung über die Erteilung einer Erlaubnis für den Betrieb von Drogenkonsumräumen v. 10.12.2002 (GVBl. S. 366),
- **Hamburg** – Verordnung über die Erteilung einer Erlaubnis für den Betrieb von Drogenkonsumräumen v. 25.4.2000 (Hamburgisches Gesetz- und Verordnungsblatt 2000 S. 83),
- **Hessen** – Verordnung über die Erlaubnis für den Betrieb von Drogenkonsumräumen v. 10.9.2001 (GVBl. S. 387), geändert durch VO v. 31.10.2016 (GVBl. S. 190),
- **Niedersachsen** – Verordnung über die Erlaubnisvoraussetzungen für den Betrieb von Drogenkonsumräumen (DrogKVO) v. 6.3.2002 (Nds. GVBl. S. 82),
- **Nordrhein-Westfalen** – Verordnung über den Betrieb von Drogenkonsumräumen v. 26.9.2000 (GV NRW 2000 S. 646), zuletzt geändert durch Verordnung v. 15.12.2015 (GV NRW S. 797),
- **Saarland** – Verordnung über die Erteilung einer Erlaubnis für den Betrieb von Drogenkonsumräumen v. 4.5.2001 (ABl. S. 1034), zuletzt geändert durch VO v. 30.8.2018 (ABl. I S. 646).

G 1. Baden-Württemberg – Verordnung der Landesregierung über den Betrieb von Drogenkonsumräumen

v. 2.4.2019 (GBl. S. 106)

§ 1 Voraussetzungen für die Erteilung der Erlaubnis. ¹Eine Erlaubnis zum Betrieb von Drogenkonsumräumen kann in Stadtkreisen mit mehr als 300 000 Einwohnerinnen und Einwohnern erteilt werden. ²Die Erlaubnis kann auf Antrag von der obersten Landesgesundheitsbehörde erteilt werden, wenn die in § 2 aufgeführten Betriebszwecke verfolgt und die Mindeststandards nach den §§ 3 bis 11 eingehalten werden.

§ 2 Betriebszweck. (1) Drogenkonsumräume im Sinne von § 10a BtMG müssen der Gesundheits-, Überlebens- und Ausstiegshilfe für Drogenabhängige dienen und in das örtliche Suchthilfenetzwerk eingebunden sein.

(2) Der Betrieb von Drogenkonsumräumen soll dazu beitragen,
1. die durch Drogenkonsum bedingten Gesundheitsgefahren zu senken, um damit insbesondere das Überleben von Abhängigen zu sichern,
2. die Behandlungsbereitschaft der Abhängigen zu wecken und dadurch den Einstieg in den Ausstieg aus der Sucht einzuleiten,
3. die Inanspruchnahme weiterführender insbesondere suchttherapeutischer Hilfen einschließlich der vertragsärztlichen Versorgung zu fördern und
4. die Belastungen der Öffentlichkeit durch konsumbezogene Verhaltensweisen zu reduzieren.

§ 3 Zweckdienliche Ausstattung. ¹Drogenkonsumräume müssen mit Konsumplätzen für den intravenösen, inhalativen, nasalen oder oralen Konsum ausgestattet, von den übrigen Beratungseinrichtungen räumlich getrennt, barrierefrei zugänglich und nutzbar, ausreichend beleuchtet und stets vollständig einsehbar sein. ²Es sind gesonderte Wartebereiche einzurichten. ³Die Räume müssen die für den Drogenverbrauch wechselnder Personen notwendigen hygienischen Voraussetzungen erfüllen. ⁴Insbesondere müssen Wände, Ablageflächen und Böden sowie die Einrichtungsgegenstände abwaschbar und desinfizierbar sein. ⁵Die Räume müssen stets gut ent- und belüftet und in sauberem Zustand sein sowie regelmäßig desinfiziert werden. ⁶Steriles Einmalspritzbesteck, Tupfer, Ascorbinsäure und Injektionszubehör sowie geeignete Utensilien zum inhalativen, nasalen oder oralen Konsum sind in ausreichendem Umfang vorzuhalten. ⁷Eine sachgerechte Entsorgung gebrauchter Spritzbestecke und zum einmaligen Gebrauch bestimmter Konsumutensilien ist sicherzustellen. ⁸Den Nutzerinnen und Nutzern der Drogenkonsumräume sind geeignete sanitäre Anlagen zur Verfügung zu stellen.

§ 4 Gewährleistung der Notfallversorgung. (1) ¹Eine sofort einsatzfähige medizinische Notfallversorgung muss gewährleistet sein. ²Während der Öffnungszeiten von Drogenkonsumräumen sind die Nutzerinnen und Nutzer durch regelmäßig in der Notfall- und Drogennotfallversorgung geschultes Personal ständig zu beobachten, um im Bedarfsfalle sofortige Wiederbelebungsmaßnahmen oder eine Erstversorgung zu ermöglichen. ³Für jeden Drogenkonsumraum ist mindestens ein medizinischer Notfallkoffer bereitzuhalten.

(2) Es muss sichergestellt sein, dass der Zugang zum Drogenkonsumraum für externe Rettungsdienste schnell und problemlos zu erreichen ist.

(3) ¹Die Einzelheiten der Notfallversorgung sind in einem medizinischen Notfallplan festzuhalten, der ständig zu aktualisieren ist und dem Personal zur Verfü-

gung stehen muss. ²Der Notfallplan beinhaltet auch Maßnahmen zum Unfallschutz und bei Verletzungen des Personals.

§ 5 Medizinische Beratung und Hilfe, Vermittlung von weiterführenden und ausstiegsorientierten Angeboten der Beratung und Therapie. (1) ¹Der Drogenkonsumraum muss personell so ausgestattet sein, dass die Abhängigen, insbesondere bei akuten oder chronischen Krankheiten, über Infektionsrisiken, Toxizität der verwendeten Betäubungsmittel, Maßnahmen zur Vorbeugung von Wundinfektionen sowie risikoärmere Konsumformen beraten werden können und im Bedarfsfall Krisenintervention geleistet werden kann. ²Es muss sichergestellt sein, dass ärztliche Hilfe und Beratung unverzüglich erfolgen können.

(2) ¹Das Personal hat über eine suchtspezifische Erstberatung hinaus jeweils in der im konkreten Einzelfall angemessenen Weise über weitergehende und ausstiegsorientierte Beratungs- und Behandlungsangebote zu informieren und diese bei Bedarf zu vermitteln. ²Hierbei ist insbesondere auf die Risiken des Drogenkonsums bei gleichzeitiger Substitutionsbehandlung und die Notwendigkeit des Konsumverzichts hinzuweisen und auf die Inanspruchnahme der im Einzelfall notwendigen Hilfe hinzuwirken. ³Personen, die einen Entgiftungswunsch äußern, sind die notwendigen Hilfestellungen bei der Kontaktaufnahme zu geeigneten Einrichtungen zu gewähren.

§ 6 Maßnahmen zur Verhinderung von Straftaten. (1) ¹Es ist eine mit den zuständigen Ordnungs- und Strafverfolgungsbehörden abgestimmte Hausordnung zu erlassen und gut sichtbar auszuhängen. ²Die Nutzerinnen und Nutzer sind darin ausdrücklich darauf hinzuweisen, dass Verstöße gegen das Betäubungsmittelgesetz, mit Ausnahme des Besitzes von ärztlich nicht verschriebenen Betäubungsmitteln gemäß § 8 Absatz 3 Satz 3 zum Eigenverbrauch in geringer Menge, auch innerhalb des Drogenkonsumraums nicht geduldet werden. ³Die Einhaltung der Hausordnung ist durch das Personal zu überwachen.

(2) ¹Gegenüber dem Personal ist die Anweisung zu erlassen, dass die in Absatz 1 genannten und nicht geduldeten Straftaten unverzüglich zu unterbinden sind. ²Sofern dies erfolglos bleibt, ist das Personal oder die Leitung der Einrichtung verpflichtet, die Straftaten ausnahmslos zur Anzeige zu bringen. ³Festgestellte Straftaten und die jeweils ergriffenen Maßnahmen sind gesondert zu dokumentieren. ⁴Die Dokumentation ist auf Verlangen den zuständigen Ordnungs- und Strafverfolgungsbehörden auszuhändigen.

(3) ¹Bei einem Verstoß gegen die Hausordnung sind die betreffenden Personen von der weiteren Nutzung auszuschließen. ²Über die Dauer des Nutzungsausschlusses entscheidet die Leitung der Einrichtung.

§ 7 Kooperation zur Verhinderung von Straftaten im unmittelbaren Umfeld der Einrichtung. ¹Die Trägerorganisationen von Drogenkonsumräumen haben mit den zuständigen Polizei-, Ordnungs- und Strafverfolgungsbehörden Grundzüge ihrer Zusammenarbeit schriftlich festzulegen. ²Zu den Grundzügen der Zusammenarbeit gehört, dass die Leitung des Drogenkonsumraums regelmäßig Kontakt insbesondere zu den Polizei- und Ordnungsbehörden hält, um frühzeitig Störungen der öffentlichen Sicherheit und Ordnung im unmittelbaren Umfeld des Drogenkonsumraums zu verhindern. ³Die Leitung des Drogenkonsumraums hat die einrichtungsbedingten Auswirkungen auf das unmittelbare räumliche Umfeld zu beobachten und zu dokumentieren.

§ 8 Nutzerinnen- und Nutzerkreis, Konsumstoffe und Konsumarten. (1) ¹Nutzerinnen und Nutzer von Drogenkonsumräumen dürfen grundsätzlich nur volljährige Personen mit Betäubungsmittelabhängigkeit und Konsumerfahrung sein. ²Jugendlichen mit Betäubungsmittelabhängigkeit und Konsumerfahrung darf der Zugang nur dann gestattet werden, wenn die Zustimmung der Erziehungsberechtigten vorliegt oder sich das Personal im Einzelfall nach sorgfältiger Prüfung anderer Hilfemöglichkeiten vom gefestigten Konsumentschluss überzeugt hat.

(2) Von der Benutzung des Drogenkonsumraumes sind auszuschließen:
1. offenkundige Erst- und Gelegenheitskonsumierende,
2. erkennbar intoxikierte Personen und
3. Personen, denen erkennbar die Einsichtsfähigkeit in die durch die Applikation erfolgende Gesundheitsschädigung fehlt.

(3) ¹Die von den Nutzerinnen und Nutzern mitgeführten Betäubungsmittel sind einer Sichtkontrolle zu unterziehen. ²Eine nähere Substanzanalyse im Drogenkonsumraum zur Menge, Art und Zusammensetzung des Stoffes ist unzulässig. ³Der Konsum von Betäubungsmitteln im Drogenkonsumraum kann Opioide, Kokain, Amphetamine oder deren Derivate sowie Benzodiazepine betreffen und intravenös, inhalativ, nasal oder oral erfolgen.

(4) Das Nähere ist in der Hausordnung zu regeln.

§ 9 Dokumentation und Evaluation. ¹Die Leitungen haben eine fortlaufende Dokumentation über den Betrieb der Drogenkonsumräume in anonymisierter Form und unter Beachtung datenschutzrechtlicher Bestimmungen sicherzustellen. ²Hierzu sind Tagesprotokolle zu fertigen, die insbesondere über Umfang und Ablauf der Nutzerinnen- und Nutzerkontakte, Zahl und Tätigkeit des eingesetzten Personals sowie alle besonderen Vorkommnisse Auskunft geben. ³Diese Protokolle sind in einem monatlichen Bericht zusammenzufassen und im Hinblick auf die Zielerreichung regelmäßig auszuwerten. ⁴Über die Ergebnisse sind die zuständigen Ordnungs- und Strafverfolgungsbehörden zu unterrichten.

§ 10 Personal und Anwesenheitspflicht. ¹Während der Öffnungszeiten ist die ständige Anwesenheit von ausreichendem Fachpersonal zu gewährleisten. ²Das Fachpersonal muss für die Erfüllung der in den §§ 3 bis 9 genannten Anforderungen fachlich ausgebildet sowie zuverlässig sein.

§ 11 Verantwortlichkeit. (1) ¹Die Leitungen der Drogenkonsumräume sind sachkundige Person gemäß § 10a Absatz 2 Satz 2 Nummer 10 BtMG. ²Sie müssen fachlich ausgebildet und zuverlässig sein. ³Sie sind verantwortlich für die Einhaltung der in dieser Verordnung festgelegten Anforderungen und der hierzu ergehenden behördlichen Auflagen und Anordnungen.

(2) ¹Die Trägerorganisationen von Drogenkonsumräumen haben für die Einhaltung der in Absatz 1 genannten Anforderungen, Auflagen und Anordnungen ebenfalls Sorge zu tragen. ²Sie haben ferner sicher zu stellen, dass die Leitungen und das Personal weder selbst am Betäubungsmittelverkehr teilnehmen noch aktive Hilfe beim unmittelbaren Verbrauch der Betäubungsmittel leisten.

(3) Die Trägerorganisationen von Drogenkonsumräumen wirken an allgemeinen Maßnahmen zur Prävention von Drogenkonsum mit.

§ 12 Erlaubnisverfahren. (1) Der Antrag ist in doppelter Ausfertigung über die Oberbürgermeisterin oder den Oberbürgermeister an die oberste Landesgesundheitsbehörde zu richten.

(2) Er muss die folgenden Angaben und Unterlagen enthalten:
1. Name und Anschrift der Trägerorganisation der Einrichtung,
2. Name und Anschrift der vor Ort im Sinne von § 10a Absatz 2 Satz 2 Nummer 10 BtMG verantwortlichen Leitung des Drogenkonsumraums und deren Vertretung,

G 1   VO Baden-Württemberg

3. Darstellung der räumlichen und baulichen Ausstattung der Einrichtung, insbesondere Adresse, Grundriss und Lageplan, Bauweise, Bestätigung der barrierefreien Zugänglichkeit und Nutzbarkeit sowie Sicherungen gegen missbräuchlichen Umgang mit Betäubungsmitteln,
4. Darstellung des Beratungskonzepts gemäß § 5 Absatz 2,
5. Darstellung der Einbeziehung in das Suchthilfenetzwerk der Kommune,
6. Benennung der in der Einrichtung zum Konsum zugelassenen Betäubungsmittel und Konsumarten,
7. Nachweise über die Qualifikation der Leitung und des übrigen Personals sowie Erklärungen darüber, dass sie die ihnen obliegenden Verpflichtungen ständig erfüllen können,
8. Nachweise der persönlichen Zuverlässigkeit,
9. den Plan für die medizinische Notfallversorgung gemäß § 4 Absatz 3,
10. eine Hausordnung gemäß § 6 Absatz 1,
11. Zahl der voraussichtlichen Nutzerinnen und Nutzer und
12. Vereinbarung über die Zusammenarbeit mit den zuständigen Ordnungs- und Strafverfolgungsbehörden gemäß § 7.

(3) ¹Die Erlaubnis kann befristet und unter Bedingungen erteilt sowie mit Auflagen verbunden werden. ²Für Rücknahme und Widerruf der Erlaubnis gilt § 10 BtMG entsprechend.

§ 13 Überwachung. Drogenkonsumräume können infektionshygienisch durch das Gesundheitsamt überwacht werden.

§ 14 Überprüfung der Auswirkungen der Rechtsverordnung. Die Auswirkungen dieser Rechtsverordnung werden nach einem Erfahrungszeitraum von drei Jahren durch die Landesregierung überprüft.

§ 15 Inkrafttreten, Befristung. ¹Diese Verordnung tritt am 1. April 2019 in Kraft. ²Sie tritt am 31. März 2022 außer Kraft.

G 2. Berlin – Verordnung über die Erteilung einer Erlaubnis für den Betrieb von Drogenkonsumräumen

v. 10.12.2002 (GVBl. S. 366)

Auf Grund des § 10a Abs. 2 des Betäubungsmittelgesetzes in der Fassung vom 1.3.1994 (BGBl. I S. 358), zuletzt geändert durch Artikel 2 des Gesetzes vom 26.6.2002 (BGBl. I S. 2261), wird verordnet:

§ 1 Erlaubnis. Die für das Gesundheitswesen zuständige Senatsverwaltung (Erlaubnisbehörde) kann eine Erlaubnis zum Betrieb eines Drogenkonsumraums nach § 10a Abs. 1 des Betäubungsmittelgesetzes erteilen, wenn
1. der Antragsteller einen Bedarf nachgewiesen und die Erlaubnisbehörde diesen festgestellt hat
2. der Drogenkonsumraum als Teil einer mit öffentlichen Mitteln finanzierten ambulanten Drogenhilfeeinrichtung in das Gesamtkonzept des Berliner Drogenhilfesystems eingebunden ist,
3. der Betriebszweck des § 2 verfolgt wird und
4. die Mindeststandards nach den §§ 3 bis 13 dieser Verordnung eingehalten werden.

Die Erlaubnis kann befristet und unter Bedingungen erteilt sowie mit Auflagen verbunden werden. Für Rücknahme und Widerruf der Erlaubnis gilt § 10 BtMG entsprechend.

§ 2 Betriebszweck. (1) Der Drogenkonsumraum muss der Gesundheits-, Überlebens- und Ausstiegshilfe für Drogenabhängige dienen.

(2) Der Betrieb des Drogenkonsumraums muss darauf gerichtet sein,
1. die durch Drogenkonsum bedingten Gesundheitsgefahren zu senken, um damit insbesondere das Überleben des Abhängigen/der Abhängigen zu sichern,
2. die Behandlungsbereitschaft des Abhängigen/der Abhängigen zu wecken und dadurch den Ausstieg aus der Sucht einzuleiten,
3. die Inanspruchnahme weiterführender, insbesondere suchttherapeutischer ausstiegsorientierter Hilfen einschließlich der ärztlichen Versorgung zu fördern und
4. die Belastungen der Öffentlichkeit durch konsumbezogene Verhaltensweisen zu reduzieren.

(3) Der Betrieb muss darauf gerichtet sein, einen beratenden und helfenden Kontakt insbesondere mit solchen Personen aufzunehmen, die für Drogenhilfemaßnahmen nur schwer erreichbar sind, um sie in weiterführende und ausstiegsorientierte Angebote der Beratung und Therapie zu vermitteln.

(4) Träger und Personal dürfen im Rahmen der Aufklärungsarbeit auf die Drogenkonsumräume hinweisen, jedoch für den Besuch des Drogenkonsumraums nicht werben.

§ 3 Ausstattung. (1) Der Drogenkonsumraum muss in einer anerkannten Drogenhilfeeinrichtung betrieben werden und von dieser räumlich abgegrenzt sein. Er muss zweckdienlich ausgestattet sein.

(2) Insbesondere müssen die hygienischen Voraussetzungen zur Drogenapplikation für einen ständig wechselnden Personenkreis erfüllt sein. Sämtliche Flächen müssen aus glatten, abwaschbaren und desinfizierbaren Materialien bestehen.

(3) Im Drogenkonsumraum müssen in ausreichender Zahl sterile Einmalspritzen und -kanülen, das sonstige erforderliche Injektionszubehör, Haut- und Flächendes-

infektionsmittel sowie durchstichsichere Entsorgungsbehälter bereitgestellt werden. Eine sachgerechte Entsorgung des infektiösen Materials ist sicherzustellen.

(4) Insbesondere muss der Drogenkonsumraum ständig hinreichend belüftet und beleuchtet sein, sowie täglich gereinigt werden. Mit Blut verunreinigte Flächen sind sofort und sorgfältig zu reinigen. Arbeits- und Ablageflächen sind täglich zu desinfizieren. Den Benutzerinnen und Benutzern sind geeignete sanitäre Anlagen zur Verfügung zu stellen.

(5) Der Drogenkonsumraum muss für die Sichtkontrolle der Konsumvorgänge durch das Fachpersonal stets vollständig einsehbar sein.

(6) Rettungsdiensten muss jederzeit ein ungehinderter Zugang möglich sein.

§ 4 Medizinische Notfallversorgung. (1) Während des Betriebs des Drogenkonsumraums ist eine ständige Sichtkontrolle der Applikationsvorgänge durch in der Notfallversorgung geschultes Personal so sicherzustellen, dass im Notfall sofortige Beatmungs- und Reanimationsmaßnahmen uns eine akute Wundversorgung möglich sind. Es sind ständig technische Notfall-Vorrichtungen bereitzuhalten.

(2) Die Einzelheiten der Notfallversorgung sind in einem Notfallplan festzuhalten, der jederzeit umgesetzt werden kann, ständig zu aktualisieren ist und dem Personal zur Verfügung stehen muss. Der Notfallplan beinhaltet auch die Unfallschutzprävention und Maßnahmen bei Verletzungen des Personals.

(3) Der Notfallplan ist der Erlaubnisbehörde auf Verlangen jederzeit vorzulegen.

§ 5 Medizinische Beratung und Hilfe. (1) Den Benutzerinnen und Benutzern des Drogenkonsumraums ist in allen Fragen zum Konsum medizinische Beratung und Hilfe zu gewähren. Diese beziehen sich insbesondere auf Infektionsrisiken und Gefährlichkeit der verwendeten Betäubungsmittel und die Konsumart. Medizinische Beratung und Hilfe müssen unverzüglich erfolgen können. Hingegen darf das Personal der Drogenkonsumräume beim unmittelbaren Verbrauch der Betäubungsmittel keine aktive Hilfe leisten.

(2) Im Drogenkonsumraum muss mindestens eine Krankenpflegekraft tätig sein. Diese ist auch für die Kontrolle des Notfallplanes und die Schulung des Aufsichtspersonals zuständig

§ 6 Vermittlung von weiterführenden Angeboten und ausstiegsorientierten Hilfen. (1) Es muss sichergestellt sein, dass durch qualifiziertes Personal (Diplom-, Sozialpädagogen, Sozialarbeiter oder gleichwertige Qualifikation) über eine suchtspezifische Erstberatung hinaus weiterführende und ausstiegsorientierte Beratungs- und Behandlungsmaßnahmen aufgezeigt und auf Wunsch Kontakte zu geeigneten Einrichtungen vermittelt werden.

(2) Personen, die einen Entgiftungswunsch äußern, ist Hilfestellung zum Kontakt mit geeigneten Einrichtungen zu leisten.

(3) Minderjährigen Drogenabhängigen sind in jedem Einzelfall Beratungsgespräche und Ausstiegshilfen anzubieten und auf jugendspezifische weitergehende Hilfen hinzuweisen.

§ 7 Hausordnung. (1) Der Träger des Drogenkonsumraums hat eine Hausordnung zu erlassen. Diese ist mit der Erlaubnisbehörde abzustimmen.

(2) Die Hausordnung ist in der Einrichtung gut sichtbar auszuhängen. Ihre Einhaltung wird vom Personal ständig überwacht.

(3) In der Hausordnung ist insbesondere zu regeln,
1. dass die Benutzerinnen und Benutzer daraufhin zu überprüfen sind, ob sie zum berechtigten Personenkreis gehören,
2. welche Betäubungsmittel konsumiert werden dürfen, wobei andere Mittel als Opiate, Kokain, Amphetamin und deren Derivate nicht zugelassen werden,

3. dass alle Benutzerinnen und Benutzer die mitgeführten Betäubungsmittel einer Sichtkontrolle durch das Fachpersonal zuzuführen haben,
4. welche Konsummuster (intravenös, oral, nasal oder inhalativ) geduldet werden.

(4) Personen, die gegen die Hausordnung verstoßen, können von der Benutzung ausgeschlossen werden. Die Dauer des Ausschlusses ist dabei festzulegen.

§ 8 Verhinderung von Straftaten nach dem Betäubungsmittelgesetz innerhalb der Einrichtung. (1) Straftaten nach dem Betäubungsmittelgesetz, abgesehen vom Besitz von Betäubungsmitteln nach § 29 Abs. 1 Satz 1 Nr. 3 des Betäubungsmittelgesetzes zum Eigenverbrauch in geringer Menge, dürfen innerhalb der Einrichtung nicht geduldet werden. Darauf ist durch einen Aushang hinzuweisen.

(2) Es muss gegenüber dem Personal die Anweisung bestehen,
1. den Hinweis nach Absatz 1 erforderlichenfalls persönlich gegenüber den Benutzerinnen und Benutzern des Drogenkonsumraums zu wiederholen und
2. die in Absatz 1 genannten und nicht zu duldenden Straftaten unverzüglich zu unterbinden; bleibt dies erfolglos, sind das Personal oder die Leitung des Drogenkonsumraums verpflichtet, die Polizei zu benachrichtigen.

(3) Näheres regelt die Hausordnung

§ 9 Verhinderung von Straftaten im Umfeld der Einrichtung. (1) Der Träger des Drogenkonsumraums hat mit dem zuständigen Bezirksamt, Abteilung Gesundheit, der Polizei und der Staatsanwaltschaft eng und kontinuierlich zusammenzuarbeiten. Die Grundzüge der Zusammenarbeit sind verbindlich und schriftlich in einer Vereinbarung festzulegen. Die Vereinbarung ist der Erlaubnisbehörde vorzulegen.

(2) Zu den Grundzügen der Zusammenarbeit nach Absatz 1 gehört es insbesondere, dass die Leitung des Drogenkonsumraums
1. zur Polizei ständig Kontakt hält und mit dieser ihre Maßnahmen abstimmt, damit frühzeitig Störungen der öffentlichen Sicherheit im unmittelbaren Umfeld des Drogenkonsumraums verhindert werden und
2. bei Beeinträchtigung Dritter, bei Störungen der öffentlichen Sicherheit und Ordnung oder bei zu erwartenden Straftaten im unmittelbaren Umfeld des Drogenkonsumraums versucht, auf die Benutzerinnen und Benutzer sowie Anwesende bei einer sich abzeichnenden Szenebildung mit dem Ziel einzuwirken, eine Verhaltensänderung zu erreichen: bleibt dies erfolglos, ist die Leitung des Drogenkonsumraums verpflichtet, unverzüglich die Polizei zu benachrichtigen.

§ 10 Benutzerinnen und Benutzer. (1) Die Benutzung des Drogenkonsumraums darf nur solchen Personen gestattet werden, die aufgrund bestehender Betäubungsmittelabhängigkeit einen Konsumentschluss gefasst haben.

(2) Jugendlichen darf der Zugang nur dann gestattet werden, wenn die Einwilligung der Erziehungsberechtigten vorliegt oder aufgrund besonderer Umstände nicht vorgelegt werden kann und sich das Personal im Einzelfall nach besonderer Prüfung anderer Hilfemöglichkeiten vom gefestigten Konsumentschluss überzeugt hat. In den Fällen, in denen keine Einwilligung der Erziehungsberechtigten vorgelegt werden kann, ist die Leitung zur Zusammenarbeit mit dem zuständigen Jugendamt verpflichtet. Jugendlichen unter 16 Jahren darf der Zugang nicht gestattet werden.

(3) Von der Benutzung des Drogenkonsumraums sind auszuschließen:
1. offenkundige Erst- oder Gelegenheitskonsumenten- und konsumentinnen.
2. alkoholisierte oder durch andere Suchtmittel in ihrem Verhalten beeinträchtigte Personen,
3. Opiatabhängige, die sich erkennbar in einer substitutionsgestützten Behandlung befinden,

4. Personen, denen erkennbar die Einsichtsfähigkeit in die durch den Konsum erfolgenden Gesundheitsschädigungen fehlt,
5. Personen, die sich nicht ausweisen können.

§ 11 Dokumentation, Evaluation. (1) Es muss eine Dokumentation über den Betrieb des Drogenkonsumraums erfolgen, über deren Form und Inhalt die Erlaubnisbehörde im Rahmen der Erlaubniserteilung zu befinden hat. Hierbei sind unter Beachtung der datenschutzrechtlichen Bestimmungen folgende Aspekte zu berücksichtigen: Altersangaben, Geschlechtszugehörigkeit, Nationalität, Konsumverhalten, Drogenpräferenz, Nutzungszahl und Nutzungsfrequenz, Gesundheitsschäden, AIDS und Hepatitis, Notfallsituationen, Wundversorgungen, Ausstiegsvermittlungen und die Sicherheitsproblematik.

(2) In Form von Tagesprotokollen ist insbesondere über Ablauf und Umfang der Kontakte mit den Benutzerinnen und Benutzern sowie über die bei Minderjährigen unterbreiteten Benutzungsangebote, Zahl und Tätigkeit des Personals, einrichtungsbedingte Auswirkungen auf das unmittelbare räumliche Umfeld sowie besondere Vorkommnisse Auskunft zu geben.

(3) Die Tagesprotokolle sind zu Monatsberichten zusammenzufassen und auszuwerten. Über die Ergebnisse der Auswertung sind die Erlaubnisbehörde, die Polizei und das zuständige Bezirksamt, Abteilung Gesundheit, auf Verlangen zu unterrichten.

(4) Die Dokumentation des Deutschen Kerndatensatzes der Suchtkrankenhilfe (Klient) und die regelmäßige Übermittlung der Daten zur Auswertung nach dem abgestimmten Berliner Verfahren sind vom Träger sicherzustellen.

§ 12 Anwesenheitspflicht von Personal. Während der Öffnungszeiten des Drogenkonsumraums muss persönlich zuverlässiges und fachlich ausgebildetes Personal für die Erfüllung der in den §§ 3 bis 11 genannten Anforderungen in ausreichender Zahl anwesend sein.

§ 13 Verantwortliche Person. Der Träger des Drogenkonsumraums hat eine sachkundige Person und ihre Vertretung zu benennen, die für die Einhaltung der in den §§ 3 bis 12 genannten Anforderungen und der Auflagen nach § 10a des Betäubungsmittelgesetzes sowie der Anordnung der für das Gesundheitswesen zuständigen Senatsverwaltung verantwortlich sind und die ihnen obliegenden Verpflichtungen ständig erfüllen können.

§ 14 Inkrafttreten. Diese Verordnung tritt am Tage nach der Verkündung im Gesetz- und Verordnungsblatt für Berlin in Kraft.

G 3. Hamburg – Verordnung über die Erteilung einer Erlaubnis für den Betrieb von Drogenkonsumräumen

v. 25.4.2000 (Hamburgisches Gesetz- und Verordnungsblatt 2000 S. 83)

Auf Grund von § 10a Abs. 2 des Betäubungsmittelgesetzes (BtMG)
in der Fassung vom 1.3.1994 (Bundesgesetzblatt I Seite 359),
zuletzt geändert am 28.3.2000 (Bundesgesetzblatt I Seite 302), wird verordnet:

§ 1 Anwendungsbereich. Diese Verordnung regelt die Voraussetzungen für die Erteilung einer Erlaubnis zum Betrieb eines Drogenkonsumraums im Sinne von § 10a Absatz 1 Satz 1 BtMG. Die zuständige Behörde (Erlaubnisbehörde) erteilt die Erlaubnis auf Antrag beim Vorliegen der in den §§ 2 bis 12 genannten Voraussetzungen nach pflichtgemäßem Ermessen. Die Erlaubnis nach Satz 2 ersetzt nicht etwaig erforderliche bauordnungsrechtliche, sanierungsrechtliche oder sonstige öffentlich-rechtliche Genehmigungen.

§ 2 Zweckbestimmung. Der Drogenkonsumraum muss innerhalb einer mit öffentlichen Mitteln geförderten ambulanten Drogenhilfeeinrichtung betrieben werden. Der Betrieb muss darauf gerichtet sein, einen helfenden und beratenden Kontakt insbesondere mit solchen Personen aufzunehmen, die für Drogenhilfemaßnahmen nur schwer erreichbar sind und dementsprechend ohne verbindliche therapeutische oder sozialpädagogische Eingangsbedingungen erreicht werden sollen, um die Möglichkeit zu schaffen, sie in weiterführende und ausstiegsorientierte Angebote der Beratung und Therapie zu vermitteln.

§ 3 Benennung der verantwortlichen Person. Die Betreiberin oder der Betreiber des Drogenkonsumraums hat spätestens mit dem Antrag eine sachkundige Person zu benennen, die für die Einhaltung der in den §§ 4 bis 12 genannten Anforderungen, der Auflagen der Erlaubnisbehörde sowie der Anordnungen der Überwachungsbehörde (§ 19 Absatz 1 Satz 4 BtMG) verantwortlich ist (Verantwortliche oder Verantwortlicher) und die ihr obliegenden Verpflichtungen ständig erfüllen kann.

§ 4 Ausstattung. Der Drogenkonsumraum muss räumlich von der übrigen Einrichtung abgegrenzt sein. Er muß die hygienischen Voraussetzungen zur Drogenapplikation für einen ständig wechselnden Personenkreis bieten, insbesondere müssen sämtliche Flächen aus glatten, abwaschbaren und desinfizierbaren Materialien bestehen. Es muss gewährleistet sein, dass
1. ausreichend sterile Einmalspritzen, Tupfer, Ascorbinsäure, Injektionszubehör, Desinfektionsmittel sowie durchstichsichere Entsorgungsbehälter bereitgestellt werden,
2. der Raum ständig hinreichend belüftet und beleuchtet wird und
3. der Raum ständig in sauberem Zustand gehalten sowie regelmäßig desinfiziert wird.

§ 5 Notfallversorgung. Während des Betriebs des Drogenkonsumraums ist eine ständige Sichtkontrolle der Applikationsvorgänge durch in der Notfallversorgung geschultes Personal so sicherzustellen, dass im Notfall sofortige Beatmungs- und Reanimationsmaßnahmen und eine akute Wundversorgung möglich sind. Es sind ständig technische Notfall-Vorrichtungen im Drogenkonsumraum bereitzuhalten. Darüber hinaus muss sichergestellt sein, dass der Zugang zu diesem Raum für externe Rettungsdienste schnell und problemlos zu erreichen ist. Die Einzelheiten der Notfallversorgung sind in einem Notfallplan festzuhalten, der dem Personal zur Verfügung stehen muss, ständig zu aktualisieren ist und der jederzeit umgesetzt werden kann. Der Plan ist auf Verlangen der Überwachungsbehörde vorzulegen. Die oder der Verantwortliche unterliegt bei der Sicherstellung der Notfallversorgung einer gesteigerten Sorgfaltspflicht.

§ 6 Medizinische Beratung und Hilfe. Den Benutzerinnen und Benutzern des Drogenkonsumraums ist in allen applikationsrelevanten Fragen medizinischer Beratung und Hilfe zu gewähren. Hierzu zählen insbesondere infektiologische Aspekte sowie der Risikozusammenhang zwischen der körperlichen Konstitution der Konsumentin oder des Konsumenten und der Toxizität der von ihr oder ihm vorbereiteten Betäubungsmitteldosis. Medizinische Beratung und Hilfe erfordern kein ärztliches Handeln, bedürfen aber eines nachweislich medizinisch geschulten Personals.

§ 7 Vermittlung von weiterführenden und ausstiegsorientierten Angeboten. Es muss sichergestellt sein, dass über eine suchtspezifische Erstberatung hinaus auch weiterführende und ausstiegsorientierte Beratungs- und Behandlungsmaßnahmen aufgezeigt, initiiert und bei Bedarf veranlaßt werden. Personen, die einen Entgiftungswunsch äußern, ist Hilfestellung beim Kontakt zu geeigneten Einrichtungen zu leisten. Beratungs- oder Hilfeangebote, die nicht einrichtungsintern realisiert werden können, sind den Benutzerinnen und Benutzern des Drogenkonsumraums zugänglich zu machen. Die Wahrnehmung solcher Angebote ist durch Zusammenarbeit mit geeigneten anderen Einrichtungen zu fördern.

§ 8 Maßnahmen zur Verhinderung von Straftaten nach dem Betäubungsmittelgesetz. Straftaten nach dem Betäubungsmittelgesetz, abgesehen vom Besitz von Betäubungsmitteln nach § 29 Absatz 1 Satz 1 Nummer 3 BtMG zum Eigenverbrauch in geringer Menge, dürfen in der Einrichtung nicht geduldet werden. Darauf ist durch einen Aushang hinzuweisen. Sofern erforderlich, hat das Personal die Benutzerinnen und Benutzer des Drogenkonsumraums auf die Verpflichtung nach Satz 1 anzusprechen und sie durchzusetzen. Durch Anweisung und Schulung des Personals ist dafür Vorsorge zu treffen, dass bei einer vom Personal erkannten Vorbereitung oder Begehung von Straftaten im Sinne von Satz 1 die betreffende Handlung unverzüglich unterbunden wird.

§ 9 Verhinderung von Straftaten im Umfeld der Einrichtung. Die oder der Verantwortliche hat wöchentlich in einem Kurzprotokoll die durch den Drogenkonsumraum bedingten Auswirkungen auf das unmittelbare Umfeld der Einrichtung und aktuelle Vorkommnisse zu dokumentieren. Eine Zusammenarbeit mit den zuständigen Polizeidienststellen ist insbesondere erforderlich, wenn vorangegangene Beeinträchtigungen Dritter oder Störungen der öffentlichen Sicherheit und Ordnung im unmittelbaren Umfeld des Drogenkonsumraums die Begehung von Straftaten erwarten lassen und Maßnahmen der Einrichtung geeignet wären, bei deren Benutzerinnen oder Benutzern oder bei auftretenden Szenebildungen im unmittelbaren Umfeld des Drogenkonsumraums eine Verhaltensänderung zu bewirken. Über die Erforderlichkeit, Geeignetheit und Zumutbarkeit solcher Maßnahmen hat sich die oder der Verantwortliche mit den zuständigen Polizeidienststellen ins Benehmen zu setzen, zu denen sie oder er unabhängig davon regelmäßigen Kontakt zu halten hat.

§ 10 Kreis der berechtigten Benutzerinnen und Benutzer. (1) Die Benutzung des Drogenkonsumraums darf grundsätzlich nur volljährigen Personen angeboten werden. Die Benutzerinnen oder Benutzer müssen aufgrund bestehender Betäubungsmittelabhängigkeit einen Konsumentschluss gefasst haben und über Konsumerfahrungen verfügen. Bei reife- oder krankheitsbedingten Zweifeln an der Einsichtsfähigkeit einer Person in die durch die Applikation erfolgende Gesundheitsschädigung ist die Person von der Benutzung des Drogenkonsumraums auszuschließen. Bei Minderjährigen, die Einlass in den Drogenkonsumraum begehren, hat das Personal vorab durch direkte Ansprache zu klären, ob ein individuell gefestigter Konsumentschluss und eine Einsichtsfähigkeit im Sinne von Satz 3 vorliegen. Alkoholisierten oder intoxikierten Personen, bei denen die Nutzung des Drogenkonsumraums ein erhöhtes Gesundheitsrisiko verursachen könnte, ist der Zugang zu verweigern. Die Einrichtung hat sich allgemeiner Werbung für ihren Drogenkonsumraum zu enthalten und darf ausschließlich zielgruppenspezifische Informationen erteilen. Das Personal ist anzuhalten, daß offenkundige Erst- oder Gelegenheitskonsumenten am Zugang zum Drogenkonsumraum gehindert und durch direkte Ansprache an ein anderweitiges Beratungs- oder Hilfeangebot herangeführt werden.

(2) Der Konsum von Betäubungsmitteln im Drogenkonsumraum kann Opiate, Kokain, Amphetamin oder deren Derivate betreffen und intravenös, oral, nasal oder inhalativ erfolgen. Das Konzept des Betreibers oder des Betreibers muss festlegen, für welche der in Satz 1 genannten Betäubungsmittel und Konsumformen der Drogenkonsumraum vorgesehen ist. Daraus muß sich zudem ergeben, ob Substanzanalysen im Sinne von § 10a Absatz 4 BtMG in einer hierzu betäubungsmittelrechtlich befugten Stelle veranlasst werden sollen.

§ 11 Dokumentation und Evaluation. Neben den im Rahmen der Gewährung öffentlicher Mittel verbindlich durchgeführten Dokumentations- und Evaluationsverfahren muss eine ständige Dokumentation des Einrichtungsbetriebs erfolgen. Hierzu sind Tagesprotokolle zu fertigen, aus denen sich Ablauf und Umfang der Kontakte von Benutzerinnen und Benutzern, das eingesetzte Personal und besondere Vorkommnisse ersehen lassen. Diese Protokolle sind monatlich intern auszuwerten.

§ 12 Anwesenheitspflicht von persönlich zuverlässigem und fachlich ausgebildeten Personal. Während der Öffnungszeiten des Drogenkonsumraums muss persönlich zuverlässiges und für die Erfüllung der in den §§ 4 bis 10 genannten Anforderungen fachlich ausgebildetes Personal in ausreichender Zahl anwesend sein.

§ 13 Erlaubnisverfahren. Für das Erlaubnisverfahren gelten gemäß § 10a Absatz 3 BtMG § 7 Satz 1 und Satz 2 Nummern 1 bis 4 und 8, § 8, § 9 Absatz 2 und § 10 BtMG entsprechend. Danach sind bei der Antragstellung (§ 7 Satz 1 und Satz 2 Nummern 1 bis 4 und 8 BtMG) insbesondere Angaben und Unterlagen beizufügen, aus denen sich die Einhaltung der in den §§ 2 bis 12 genannten Anforderungen ergibt. Näheres kann die Erlaubnisbehörde durch Verwaltungsvorschriften regeln.

G 4. Hessen – Verordnung über die Erlaubnis für den Betrieb von Drogenkonsumräumen

v. 10.9.2001 (GVBl. S. 387), geändert durch VO v. 31.10.2016 (GVBl. S. 190)

Aufgrund des § 10a Abs. 2 des Betäubungsmittelgesetzes in der Fassung vom 1.3.1994 (BGBl. I S. 358), zuletzt geändert durch Gesetz vom 19.6.2001 (BGBl. I S. 1180), wird verordnet:

§ 1 Voraussetzung für die Erteilung der Erlaubnis. Das für das Gesundheitswesen zuständige Ministerium kann auf Antrag eine Erlaubnis zum Betrieb eines Drogenkonsumraums nach § 10a Abs. 1 Satz 1 des Betäubungsmittelgesetzes erteilen. Die Erlaubnis darf nur erteilt werden, wenn die in § 2 aufgeführten Betriebszwecke verfolgt und die Mindeststandards nach §§ 3 bis 12 dieser Verordnung erfüllt werden.

§ 2 Betriebszweck. (1) Drogenkonsumräume müssen der Gesundheits-, Überlebens- und Ausstiegshilfe für Drogenabhängige dienen und in das Gesamtkonzept des regionalen Drogenhilfesystems eingebunden sein. Der weiterführende und ausstiegsorientierte Charakter von Drogenkonsumräumen muss in der Konzeption und der Außendarstellung erkennbar sein.

(2) Der Betrieb von Drogenkonsumräumen muss dazu beitragen,
1. die durch Drogenkonsum bedingten Gesundheitsgefahren zu senken,
2. die Behandlungsbereitschaft der Nutzerinnen und Nutzer zu wecken und dadurch den Einstieg in den Ausstieg aus der Sucht einzuleiten,
3. die Inanspruchnahme weiterführender Hilfen einschließlich der ärztlichen Versorgung zu fördern,
4. die Belastung der Öffentlichkeit durch konsumbezogene Verhaltensweisen zu reduzieren.

§ 3 Ausstattung. (1) Der Drogenkonsumraum muss von anderen Beratungseinrichtungen räumlich getrennt, ausreichend beleuchtet und stets vollständig einsehbar sein. Nur hier darf ein Konsum stattfinden. Die Räumlichkeiten müssen die für den Drogengebrauch wechselnder Personen notwendigen hygienischen Voraussetzungen erfüllen. Insbesondere müssen Wände, Böden und Einrichtungsgegenstände abwaschbar und desinfizierbar sein. Ausreichende sanitäre Anlagen müssen vorhanden sein.

(2) Sterile Einmalspritzen und Kanülen, Tupfer, Ascorbinsäure und Injektionszubehör sind in ausreichendem Umfang vorzuhalten. Die sachgerechte Entsorgung gebrauchter Spritzbestecke ist sicherzustellen.

§ 4 Notfallversorgung. (1) Eine sofort einsatzfähige medizinische Notfallversorgung muss gewährleistet sein. Hierfür ist eine ständige Sichtkontrolle der Verabreichungsvorgänge durch in der Notfallversorgung geschultes Personal erforderlich, um im Bedarfsfalle sofortige Wiederbelebungsmaßnahmen oder eine akute Wundversorgung zu ermöglichen.

(2) Es muss sichergestellt sein, dass der Zugang zum Drogenkonsumraum für externe Rettungsdienste schnell und problemlos zu erreichen ist.

(3) Die Einzelheiten der Notfallversorgung sind in einem medizinischen Notfallplan festzuhalten, der ständig zu aktualisieren ist und dem Personal zur Verfügung stehen muss. Der Notfallplan beinhaltet auch die Unfallschutzprävention und

Maßnahmen bei Verletzungen des Personals. Der Notfallplan ist der Überwachungsbehörde auf Verlangen vorzulegen.

§ 5 Medizinische Beratung und Hilfe. (1) Den Nutzerinnen und Nutzern des Drogenkonsumraums ist in allen verabreichungsrelevanten Fragen medizinische Beratung und Hilfe zu gewähren. Hierzu zählen auch Infektions- und Gesundheitsrisiken bei bestimmten Betäubungsmitteln, soweit deren Zusammensetzung bekannt ist, und bei bestimmten Konsumformen. Auf zusätzliche Risiken durch unbekannte Beimischungen ist gesondert hinzuweisen.

(2) Medizinische Beratung und Hilfe dürfen nur durch nachweislich geschultes Personal erfolgen.

§ 6 Vermittlung von weiterführenden und ausstiegsorientierten Angeboten. (1) Das Personal hat über eine suchtspezifische Erstberatung hinaus über weiter gehende und ausstiegsorientierte Beratungs- und Behandlungsangebote zu informieren und diese bei Bedarf zu vermitteln.

(2) Personen, die einen Entgiftungswunsch äußern, sind die notwendigen Hilfestellungen bei der Kontaktaufnahme zu geeigneten Einrichtungen zu gewähren.

§ 7 Verhinderung von Straftaten nach dem Betäubungsmittelgesetz. (1) Es ist eine Hausordnung zu erlassen und sichtbar auszuhängen. Die Nutzerinnen und Nutzer sind darin darauf hinzuweisen, dass Straftaten nach dem Betäubungsmittelgesetz, abgesehen vom Besitz von Betäubungsmitteln zum Eigengebrauch in geringer Menge nach § 29 Abs. 1 Satz 1 Nr. 3 des Betäubungsmittelgesetzes, innerhalb des Drogenkonsumraums nicht geduldet werden.

(2) Die Einhaltung der Hausordnung ist durch das Personal zu überwachen.

(3) Bei erheblichen Verstößen gegen die Hausordnung sind die betreffenden Personen von der weiteren Nutzung auszuschließen. Über die Dauer des Ausschlusses entscheidet die Leitung der Einrichtung.

§ 8 Verhinderung von Straftaten im Umfeld der Einrichtung. Die Träger von Drogenkonsumräumen haben mit den zuständigen Gesundheits-, Ordnungs- und Strafverfolgungsbehörden Grundzüge ihrer Zusammenarbeit verbindlich festzulegen. Einrichtungsbedingte Auswirkungen auf das unmittelbare räumliche Umfeld sind zu dokumentieren. Die Träger haben – insbesondere mit den zuständigen Polizeidienststellen – regelmäßig Kontakt zu halten mit dem Ziel, frühzeitig Störungen der öffentlichen Sicherheit oder Ordnung im unmittelbaren Umfeld des Drogenkonsums zu verhindern.

§ 9 Nutzerkreis, Konsumstoffe und Konsumarten. (1) Nutzerinnen und Nutzer des Drogenkonsumraums dürfen grundsätzlich nur volljährige Personen mit Betäubungsmittelabhängigkeit und Konsumerfahrung sein. Minderjährigen kann die Nutzung gestattet werden, wenn die Zustimmung der Erziehungsberechtigten vorliegt oder die Leitung der Einrichtung dies nach sorgfältiger Prüfung im Einzelfall für begründet hält. Das zuständige Jugendamt ist in diesem Falle einzubeziehen.

(2) Von der Benutzung des Konsumraumes sind auszuschließen:
1. offenkundige Erstkonsumenten,
2. erkennbar alkoholisierte oder durch andere Suchtmittel vergiftete Personen,
3. Opiatabhängige, die sich erkennbar in einer substitutionsgestützten Behandlung befinden,
4. Personen, denen erkennbar die Einsichtsfähigkeit in die durch die Verabreichung erfolgende Gesundheitsschädigung fehlt.

(3) Die zum sofortigen Konsum mitgeführten Betäubungsmittel sind vor der Verabreichung einer Sichtkontrolle zu unterziehen. Eine Substanzanalyse durch das Personal ist nicht zulässig.

(4) Der Konsum von Betäubungsmitteln im Drogenkonsumraum kann unter anderem Opiate, Kokain, Amphetamin oder deren Derivate betreffen und intravenös, inhalativ, nasal oder oral erfolgen.

§ 10 Dokumentation und Evaluation. Es ist eine fortlaufende Dokumentation über den Betrieb der Einrichtung unter Beachtung datenschutzrechtlicher Bestimmungen zu führen. Hierzu sind Tagesprotokolle zu fertigen, die über Umfang und Ablauf der Nutzerkontakte, Zahl und Tätigkeit des Personals sowie besondere Vorkommnisse Auskunft geben. Diese Protokolle sind zu Monatsberichten zusammenzufassen und im Hinblick auf die Zweckbestimmung auszuwerten. Auf Verlangen sind die Monatsberichte der Überwachungsbehörde vorzulegen.

§ 11 Anwesenheitspflicht. Während der Öffnungszeiten ist die ständige Anwesenheit von Personal in ausreichender Zahl zu gewährleisten. Alle zum Personal gehörenden Mitarbeiterinnen und Mitarbeiter müssen für die Erfüllung der in den §§ 3 bis 9 genannten Anforderungen fachlich ausgebildet und zuverlässig sein.

§ 12 Verantwortlichkeit. (1) Die Leitung des Drogenkonsumraumes muss fachlich ausgebildet und zuverlässig sein. Sie ist verantwortlich für die Einhaltung der in dieser Verordnung festgelegten Anforderungen, der Auflagen der Erlaubnisbehörde sowie der Anordnungen der Überwachungsbehörde (Verantwortlicher im Sinne des § 10a Abs. 2 Nr. 10 des Betäubungsmittelgesetzes).

(2) Der Träger der Einrichtung hat für die Einhaltung der in Abs. 1 Satz 2 aufgeführten Anforderungen, Auflagen und Anordnungen ebenfalls Sorge zu tragen. Er hat weiterhin dafür Sorge zu tragen, dass die Leitung und das Personal keine aktive Hilfe beim unmittelbaren Verbrauch der Betäubungsmittel leisten.

§ 13 Erlaubnisverfahren. *aufgehoben*[1]

§ 14 Überwachung. *aufgehoben*[2]

§ 15 In-Kraft-Treten, Außer-Kraft-Treten. Diese Verordnung tritt am Tage nach der Verkündigung in Kraft. Sie tritt mit Ablauf des 31. Dezember 2021 außer Kraft.

---

[1] § 13 aufgeh. durch VO v. 31.10.2016 (GVBl. S. 190).
[2] § 14 aufgeh. durch VO v. 31.10.2016 (GVBl. S. 190).

G 5. Niedersachsen – Verordnung über die Erlaubnisvoraussetzungen für den Betrieb von Drogenkonsumräumen (DrogKVO)

v. 6.3.2002 (Nds. GVBl. S. 82)

Aufgrund des § 10a Abs. 2 des Betäubungsmittelgesetzes (BtMG) in der Fassung vom 1.3.1994 (BGBl. I S. 358), zuletzt geändert durch Verordnung vom 28.11.2001 (BGBl. I S. 3338), wird verordnet:

§ 1 Erteilung der Erlaubnis. Das für das Gesundheitswesen zuständige Ministerium (Erlaubnisbehörde) kann eine Erlaubnis zum Betrieb eines Drogenkonsumraumes nach § 10a Abs. 1 BtMG erteilen, wenn
1. der Drogenkonsumraum als Teil einer mit öffentlichen Mitteln finanzierten ambulanten Drogenhilfeeinrichtung in das Gesamtkonzept des örtlichen Drogenhilfesystems eingebunden ist,
2. die in § 2 aufgeführten Betriebszwecke verfolgt werden und
3. die Anforderungen nach den §§ 3 bis 12 erfüllt sind.

§ 2 Betriebszwecke. (1) ¹Der Drogenkonsumraum muss der Gesundheits-, Überlebens- und Ausstiegshilfe für Drogenabhängige dienen. ²Er muss ausstiegsorientiert und auf die Inanspruchnahme weiterführender Hilfen hin angelegt sein; dies muss bereits in der Konzeption und der Außendarstellung erkennbar sein.

(2) Der Betrieb des Drogenkonsumraumes muss dazu beitragen,
1. die durch den Drogenkonsum bedingten Gefahren zu senken,
2. die Behandlungsbereitschaft der Benutzerinnen und Benutzer zu wecken und dadurch den Einstieg in den Ausstieg aus der Sucht einzuleiten,
3. die Inanspruchnahme weiterführender Hilfen einschließlich der ärztlichen Versorgung zu fördern und
4. die Belastung der Öffentlichkeit durch konsumbezogene Verhaltensweisen zu verringern.

§ 3 Ausstattung. (1) ¹Der Drogenkonsumraum muss von den Räumlichkeiten der Drogenhilfeeinrichtung im Übrigen getrennt sein. ²Er muss die hygienischen Voraussetzungen zum Drogenkonsum für einen ständig wechselnden Personenkreis bieten, insbesondere müssen sämtliche Flächen aus glatten, abwaschbaren, leicht zu reinigenden und leicht desinfizierbaren Materialien bestehen. ³Es muss gewährleistet sein, dass
1. ausreichend sterile Einmalspritzen und -kanülen, das sonstige erforderliche Injektionszubehör sowie Haut- und Flächendesinfektionsmittel und durchstichsichere Entsorgungsbehälter zur Verfügung stehen,
2. gebrauchte Spritzen und Kanülen sowie andere verunreinigte Gegenstände sachgerecht entsorgt werden,
3. der Raum ständig hinreichend belüftet und beleuchtet sowie täglich gereinigt wird und
4. mit Blut verunreinigte Flächen sofort und die Arbeits- und Ablageflächen täglich desinfiziert werden.

(2) ¹Der Raum muss für die Sichtkontrolle der Konsumvorgänge durch das Fachpersonal stets vollständig überschaubar sein. ²Verstellbare Trennwände sind sichtbar bereit zu halten; sie dürfen die erforderliche Überschaubarkeit nicht beeinträchtigen. ³Es müssen nach Geschlechtern getrennte sanitäre Anlagen in ausreichender Zahl vorhanden sein.

§ 4 Notfallversorgung. (1) Es müssen eine sofort einsatzfähige medizinische Notfallversorgung und eine ständige Sichtkontrolle der Konsumvorgänge durch Fachpersonal gewährleistet sein.
(2) Der Drogenkonsumraum muss für Rettungsdienste leicht zugänglich sein.
(3) [1]Die Einzelheiten der Notfallversorgung sind in einem medizinischen Notfallplan festzuhalten. [2]Die Erlaubnisbehörde bestimmt in Auflagen, dass der Notfallplan ständig zu aktualisieren ist, dem Personal zur Verfügung stehen muss und der Überwachungsbehörde auf Verlangen vorzulegen ist.

§ 5 Hausordnung, Benutzung. (1) Es muss eine Hausordnung vorliegen, die die Benutzung des Drogenkonsumraumes regelt und mit der unteren Gesundheitsbehörde, der Polizei, der Staatsanwaltschaft und der Gemeinde abgestimmt ist.
(2) [1]In der Hausordnung wird der Benutzerkreis bestimmt. [2]Die Benutzung des Drogenkonsumraumes darf grundsätzlich nur volljährigen Personen gestattet werden, die aufgrund bestehender Drogenabhängigkeit über Konsumerfahrung verfügen. [3]Von der Benutzung des Konsumraumes sind auszuschließen:
1. Minderjährige unter 16 Jahren,
2. Erst- und Gelegenheitskonsumentinnen und -konsumenten,
3. Alkoholisierte oder durch andere Suchtstoffe in ihrem Verhalten beeinträchtigte Personen,
4. Opiatabhängige, die sich in einer substitutionsgestützten Behandlung aufgrund einer Genehmigung nach § 3 Abs. 2 BtMG befinden,
5. Personen, denen die Einsichtsfähigkeit in die durch den Konsum erfolgte Gesundheitsschädigung fehlt, und
6. Personen, die sich nicht ausweisen können.
(3) In der Hausordnung ist außerdem zu regeln,
1. dass die Benutzerinnen und Benutzer daraufhin zu überprüfen sind, ob sie zum zugelassenen Benutzerkreis gehören,
2. dass alle Benutzerinnen und Benutzer die mitgeführten Betäubungsmittel einer Sichtkontrolle durch das Fachpersonal zuzuführen haben,
3. welche Betäubungsmittel konsumiert werden dürfen, wobei andere Mittel als Opiate, Kokain, Amphetamin und deren Derivate nicht zugelassen werden dürfen, und
4. welche Konsummuster geduldet werden, wobei ein anderer als intravenöser, oraler, nasaler oder inhalativer Konsum nicht zugelassen werden darf.
(4) Es muss sicher gestellt sein, dass
1. die Hausordnung deutlich sichtbar aushängt,
2. das Personal die Einhaltung der Hausordnung überwacht,
3. Personen, die gegen die Hausordnung verstoßen, erforderlichenfalls von der Benutzung ausgeschlossen werden und
4. die Leitung des Drogenkonsumraumes über die Dauer des Ausschlusses entscheidet.

§ 6 Medizinische Beratung und Hilfe. (1) Es muss sichergestellt sein, dass den Benutzerinnen und Benutzer des Drogenkonsumraumes in allen konsumrelevanten Fragen medizinische Beratung und Hilfe zum Zweck der Risikominderung gewährt wird, insbesondere in Bezug auf Infektionsrisiken, die Gefährlichkeit der mitgeführten Betäubungsmittel und die Konsumart.
(2) Die Erlaubnisbehörde bestimmt in einer Auflage, dass der Träger und das Personal des Drogenkonsumraumes nicht für den Besuch des Drogenkonsumraumes werben, sondern im Rahmen ihrer Aufklärungsarbeit nur Hinweise auf den Drogenkonsumraum geben dürfen.

Drogenkonsumräume **VO Niedersachsen G 5**

§ 7 Vermittlung von weiterführenden und ausstiegsorientierten Angeboten. Es muss sichergestellt sein, dass das Fachpersonal
1. über eine suchtspezifische Erstberatung hinaus über weitergehende und ausstiegsorientierte Angebote der Beratung und Therapie informiert und auf Wunsch Kontakte zu geeigneten Einrichtungen vermittelt,
2. minderjährigen Drogenabhängigen in jedem Einzelfall Beratungsgespräche und Ausstiegshilfen anbietet und auf jugendspezifische weitergehende Hilfemöglichkeiten hinweist.

§ 8 Verhinderung von Straftaten nach dem Betäubungsmittelgesetz innerhalb der Einrichtung. (1) Es muss sichergestellt sein, dass Straftaten nach dem Betäubungsmittelgesetz, abgesehen vom Besitz von Betäubungsmitteln nach § 29 Abs. 1 Satz 1 Nr. 3 BtMG zum Eigengebrauch in geringer Menge, innerhalb des Drogenkonsumraumes nicht geduldet werden und dass die Benutzerinnen und Benutzer darauf hingewiesen werden.

(2) Es muss die Anweisung an das Fachpersonal bestehen
1. den Hinweis nach Absatz 1 erforderlichenfalls persönlich gegenüber den Benutzerinnen und Benutzer des Drogenkonsumraumes zu wiederholen
2. die in Absatz 1 genannten und nicht zu duldenden Straftaten unverzüglich zu unterbinden.

§ 9 Verhinderung von Straftaten im Umfeld der Einrichtung. (1) Es muss eine schriftliche Vereinbarung des Trägers des Drogenkonsumraumes mit der unteren Gesundheitsbehörde, der Polizei, der Staatsanwaltschaft und der Gemeinde über die Grundzüge ihrer Zusammenarbeit vorliegen.

(2) Zu den Grundzügen der Zusammenarbeit nach Absatz 1 gehört es insbesondere, dass die Leitung des Drogenkonsumraumes
1. zur Polizei ständigen Kontakt hält und mit dieser ihre Maßnahmen abstimmt, damit frühzeitig Störungen der öffentlichen Sicherheit im unmittelbaren Umfeld des Drogenkonsumraumes verhindert werden, und
2. bei Beeinträchtigung Dritter, bei Störungen der öffentlichen Sicherheit oder bei zu erwartenden Straftaten im unmittelbaren Umfeld des Drogenkonsumraumes versucht, auf Benutzerinnen und Benutzer sowie Anwesende einer sich abzeichnenden Szenenbildung mit dem Ziel einzuwirken, eine Verhaltensänderung zu erreichen.

§ 10 Dokumentation und Evaluation. In Auflagen bestimmt die Erlaubnisbehörde, dass
1. die Arbeit in dem Drogenkonsumraum unter Beachtung datenschutzrechtlicher Bestimmungen ständig zu dokumentieren und zu evaluieren ist,
2. für die Aufgabe nach Nummer 1 Tagesprotokolle zu fertigen sind, die geschlechtsspezifisch und altersbezogen über Ablauf und Umfang der Kontakte mit den Benutzerinnen und Benutzern, insbesondere über die bei Minderjährigen unterbreiteten Beratungsangebote, Zahl und Tätigkeit des Personals, einrichtungsbedingte Auswirkungen auf das unmittelbare räumliche Umfeld sowie besondere Vorkommnisse Auskunft geben
3. die Protokolle nach Nummer 2 zu Monatsberichten zusammenzufassen und im Hinblick auf die Betriebszwecke auszuwerten sind,
4. über die Ergebnisse der Auswertung nach Nummer 3 die untere Gesundheitsbehörde, die Polizei und die Gemeinde zu unterrichten sind und
5. die Monatsberichte auf Verlangen der Überwachungsbehörde vorzulegen sind.

G 5   VO Niedersachsen

§ 11 Personal, Anwesenheitspflicht. Es muss sichergestellt sein, dass
1. während der Öffnungszeiten des Drogenkonsumraumes zuverlässiges und für die Erfüllung der Aufgaben fachlich ausgebildetes Personal (Fachpersonal) in ausreichender Zahl anwesend ist.
2. das sonstige Personal entsprechend seiner Aufgaben eingewiesen ist.

§ 12 Leitung, Verantwortlichkeit. ¹Die Leiterin oder der Leiter des Drogenkonsumraumes muss sachkundig und in der Lage sein, die der Leitung obliegenden Aufgaben zu erfüllen. ²Sie oder er ist als verantwortlich im Sinne von § 10a Abs. 2 Nr. 10 BtMG zu benennen.

§ 13 Überwachung. Der Drogenkonsumraum unterliegt der Überwachung durch die zuständige Behörde.

§ 14 In-Kraft-Treten. Diese Verordnung tritt nach ihrer Verkündung in Kraft.

G 6. Nordrhein-Westfalen – Verordnung über den Betrieb von Drogenkonsumräumen

v. 26.9.2000 (GV NRW 2000 S. 646),
zuletzt geändert durch VO v. 15.12.2015 (GV NRW S. 797)

Auf Grund des § 10a Abs. 2 des Betäubungsmittelgesetzes (BtMG) in der Fassung der Bekanntmachung vom 1.3.1994 (BGBl. I S. 358), zuletzt geändert durch Gesetz vom 28.3.2000 (BGBl. I S. 302), wird verordnet:

§ 1 Voraussetzungen für die Erteilung der Erlaubnis. Eine Erlaubnis zum Betrieb von Drogenkonsumräumen kann auf Antrag von der obersten Landesgesundheitsbehörde nur erteilt werden, wenn die in § 2 aufgeführten Betriebszwecke verfolgt und die Mindeststandards nach den §§ 3 bis 11 eingehalten werden.

§ 2 Betriebszweck. (1) Drogenkonsumräume im Sinne des § 10a BtMG müssen der Gesundheits-, Überlebens- und Ausstiegshilfe für Drogenabhängige dienen und in das Gesamtkonzept des örtlichen Drogenhilfesystems eingebunden werden.

(2) Der Betrieb von Drogenkonsumräumen soll dazu beitragen,
1. die durch Drogenkonsum bedingten Gesundheitsgefahren zu senken, um damit insbesondere das Überleben von Abhängigen zu sichern,
2. die Behandlungsbereitschaft der Abhängigen zu wecken und dadurch den Einstieg in den Ausstieg aus der Sucht einzuleiten
3. die Inanspruchnahme weiterführender insbesondere suchttherapeutischer Hilfen einschließlich der vertragsärztlichen Versorgung zu fördern und
4. die Belastungen der Öffentlichkeit durch konsumbezogene Verhaltensweisen zu reduzieren.

(3) Träger und Personal dürfen für den Besuch der Drogenkonsumräume nicht werben jedoch im Rahmen ihrer Aufklärungsarbeit Hinweise geben.

§ 3 Zweckdienliche Ausstattung. (1) Drogenkonsumräume müssen mit Tischen und Stühlen ausgestattet, von den übrigen Beratungseinrichtungen räumlich getrennt, ausreichend beleuchtet und stets vollständig einsehbar sein. Es sind gesonderte Wartebereiche einzurichten. Die Räume müssen die für den Drogenverbrauch wechselnder Personen notwendigen hygienischen Voraussetzungen erfüllen. Insbesondere müssen Wände und Böden sowie die Einrichtungsgegenstände abwaschbar und desinfizierbar sein. Die Räume müssen stets gut ent- und belüftet, in sauberem Zustand sein und regelmäßig desinfiziert werden. Sterile Einmalspritzen und Kanülen, Tupfer, Ascorbinsäure und Injektionszubehör sowie geeignete Folien zum inhalativen Konsum sind in ausreichendem Umfang vorzubehalten. Eine sachgerechte Entsorgung gebrauchter Spritzbestecke ist sicherzustellen. Den Nutzerinnen und Nutzern der Drogenkonsumräume sind geeignete sanitäre Anlagen zur Verfügung zu stellen.

(2) Es ist sicherzustellen, dass Rettungsdiensten jederzeit ein ungehinderter Zugang möglich ist.

§ 4 Gewährleistung der Notfallversorgung. Für den Betrieb von Drogenkonsumräumen sind medizinische Notfallpläne zu erstellen und ständig zu aktualisieren. Sie sind der Überwachungsbehörde auf Verlangen vorzulegen. Während des Betriebs von Drogenkonsumräumen sind die Nutzerinnen und Nutzer durch regelmäßig in der Notfallversorgung geschultes Personal ständig zu beobachten, um jederzeit eingreifen und im Bedarfsfall sofortige Reanimationsmaßnahmen sowie eine akute Wundversorgung durchführen zu können. Für die Notfallversorgung ist für jeden Drogenkonsumraum mindestens ein medizinischer Notfallkoffer bereitzuhalten.

§ 5 Medizinische Beratung und Hilfe, Vermittlung von weiterführenden und ausstiegsorientierten Angeboten der Beratung und Therapie. (1) Der Drogenkonsumraum muss personell so ausgestattet sein, dass die Abhängigen insbesondere bei akuten oder chronischen Krankheiten über Infektionsrisiken, Toxizität der verwendeten Betäubungsmittel, Maßnahmen zur Wundversorgung sowie risikoärmere Konsumformen beraten werden können und im Bedarfsfall Krisenintervention geleistet werden kann Es muss sichergestellt sein, dass ärztliche Hilfe und Beratung unverzüglich erfolgen können.

(2) Das Personal hat über eine suchtspezifische Erstberatung hinaus jeweils in der im konkreten Einzelfall angemessenen Weise über weitergehende und ausstiegsorientierte Beratungs- und Behandlungsangebote zu informieren und diese bei Bedarf zu vermitteln. Hierbei ist insbesondere auf die Risiken des Drogenkonsums bei gleichzeitiger Substitutionsbehandlung und die Notwendigkeit des Konsumverzichts hinzuweisen und auf die Inanspruchnahme der im Einzelfall notwendigen Hilfe hinzuwirken. Personen, die einen Entgiftungswunsch äußern, sind die notwendigen Hilfestellungen bei der Kontaktaufnahme zu geeigneten Einrichtungen zu gewähren.

§ 6 Maßnahmen zur Verhinderung von Straftaten. (1) Es ist eine mit den zuständigen Gesundheits-, Ordnungs- und Strafverfolgungsbehörden abgestimmte Hausordnung zu erlassen und gut sichtbar auszuhängen. Die Nutzerinnen und Nutzer sind ausdrücklich darauf hinzuweisen, dass Verstöße gegen das Betäubungsmittelgesetz, mit Ausnahme des Besitzes von Betäubungsmitteln in geringer Menge zum Eigenverbrauch gemäß § 8 Abs. 3 Satz 3, innerhalb der Einrichtung verboten sind und unverzüglich unterbunden werden.

(2) Die Einhaltung der Hausordnung ist durch das Personal zu überwachen.

(3) Bei einem Verstoß gegen die Hausordnung sind die Drogenabhängigen von der weiteren Nutzung auszuschließen. Über die Dauer des Nutzungsausschlusses entscheidet der Leiter der Einrichtung.

§ 7 Kooperationsformen zur Prävention von Straftaten im unmittelbaren Umfeld der Einrichtung. Die Träger von Drogenkonsumräumen haben mit den zuständigen Gesundheits-, Ordnungs- und Strafverfolgungsbehörden Formen ihrer Zusammenarbeit schriftlich festzulegen und mit ihnen regelmäßig Kontakt zu halten, um frühzeitig Störungen der öffentlichen Sicherheit und Ordnung im unmittelbaren Umfeld der Drogenkonsumräume zu verhindern. Die Leitung der Einrichtung hat die einrichtungsbedingten Auswirkungen auf das unmittelbare räumliche Umfeld zu beobachten und besondere Vorkommnisse zu dokumentieren.

§ 8 Nutzerkreis, Konsumstoffe und Konsumarten. (1) Nutzerinnen und Nutzer von Drogenkonsumräumen dürfen grundsätzlich nur volljährige Personen mit Betäubungsmittelabhängigkeit und Konsumerfahrung sein. Jugendlichen mit Betäubungsmittelabhängigkeit und Konsumerfahrung darf der Zugang nach direkter Ansprache nur dann gestattet werden, wenn die Zustimmung der Erziehungsberechtigten vorliegt oder sich das Personal nach sorgfältiger Prüfung anderer Hilfemöglichkeiten vom gefestigten Konsumentschluss überzeugt hat.

(2) Von der Benutzung des Drogenkonsumraumes sind auszuschließen:
1. Offenkundige Erst- und Gelegenheitskonsumierende,
2. erkennbar intoxizierte Personen und

3. Personen, denen erkennbar, insbesondere wegen mangelnder Reife, die Einsichtsfähigkeit in die durch die Applikation erfolgende Gesundheitsschädigung fehlt.

(3) Die von den Nutzerinnen und Nutzern mitgeführten Betäubungsmittel sind einer Sichtkontrolle zu unterziehen. Von einer näheren Substanzanalyse zur Menge, Art und Zusammensetzung des Stoffes ist abzusehen. Der Konsum von Betäubungsmitteln im Drogenkonsumraum kann Opiate, Kokain, Amphetamine oder deren Derivate sowie Benzodiazepine betreffen und intravenös, inhalativ, nasal oder oral erfolgen.

(4) Zu den vorstehenden Bestimmungen sind in der Hausordnung ergänzende Regelungen zu treffen.

§ 9 Dokumentation und Evaluation. Die Leitungen haben eine fortlaufende Dokumentation über den Betrieb der Drogenkonsumräume in anonymisierter Form und unter Beachtung datenschutzrechtlicher Bestimmungen sicherzustellen. Hierzu sind Tagesprotokolle zu fertigen, die insbesondere über Umfang und Ablauf der Nutzerkontakte, Zahl und Tätigkeit des eingesetzten Personals sowie alle besonderen Vorkommnisse Auskunft geben. Diese Protokolle sind in einem monatlichen Bericht zusammenzufassen und im Hinblick auf die Zielerreichung regelmäßig auszuwerten. Über die Ergebnisse sind die zuständigen Gesundheits-, Ordnungs- und Strafverfolgungsbehörden zu unterrichten. Die Berichte sind der Überwachungsbehörde regelmäßig vorzulegen.

§ 10 Anwesenheitspflicht. Während der Öffnungszeiten ist die ständige Anwesenheit von ausreichendem Fachpersonal zu gewährleisten. Die in der Erlaubnis festgelegte Zahl und Qualifikation der für die Betreuung der Drogenkonsumentinnen und -konsumenten erforderlichen Mitarbeiterinnen und Mitarbeiter darf nicht unterschritten werden.

§ 11 Verantwortlichkeit. (1) Die Leitungen der Drogenkonsumräume sind verantwortlich für die Einhaltung der in dieser Verordnung festgelegten Pflichten.

(2) Die Träger von Drogenkonsumräumen haben sicher zu stellen, dass die Leitungen und deren Personal weder selbst am Betäubungsmittelverkehr teilnehmen noch aktive Hilfe beim unmittelbaren Verbrauch der Betäubungsmittel leisten.

(3) Die Träger von Drogenkonsumräumen wirken an allgemeinen Maßnahmen zur Prävention vor Drogenkonsum mit.

§ 12 Erlaubnisverfahren. (1) Der Antrag ist in doppelter Ausfertigung über die Oberbürgermeisterin, den Oberbürgermeister, die Landrätin oder den Landrat und die Bezirksregierung an die oberste Landesgesundheitsbehörde zu richten.

(2) Er muss die folgenden Angaben und Unterlagen enthalten:
1. Name und Anschrift des Trägers der Einrichtung,
2. Name und Anschrift der vor Ort im Sinne des § 10a Absatz 2 Nummer 10 des Betäubungsmittelgesetzes verantwortlichen Einrichtungsleitung und deren Vertretung,
3. Darstellung der räumlichen und baulichen Ausstattung der Einrichtung, insbesondere Adresse, Grundriss/Lageplan, Bauweise und der Sicherungen gegen missbräuchlichen Umgang mit Betäubungsmitteln,
4. Darstellung des Beratungskonzepts nach § 5 Absatz 2,
5. Darstellung der Einbeziehung in das Drogenhilfegesamtkonzept der Kommune,
6. Benennung der in der Einrichtung zum Konsum zugelassenen Betäubungsmittel und Konsumarten,

G 6 VO Nordrhein-Westfalen Anhang

7. Nachweise über die Qualifikation der Leitung und des übrigen Personals sowie Erklärungen darüber, dass sie die ihnen obliegenden Verpflichtungen ständig erfüllen können,
8. Nachweise der persönlichen Zuverlässigkeit (zum Beispiel Vorlage amtlicher Führungszeugnisse),
9. den Plan für die medizinische Notfallversorgung gemäß § 4 Satz 1,
10. eine Hausordnung nach § 6 Absatz 1,
11. Zahl der voraussichtlichen Nutzerinnen und Nutzer und
12. Vereinbarung über die Zusammenarbeit mit den zuständigen Gesundheits-, Ordnungs- und Strafverfolgungsbehörden nach § 7.

(3) Die Erlaubnis kann befristet und unter Bedingungen erteilt sowie mit Auflagen verbunden werden. Für Rücknahme und Widerruf der Erlaubnis gilt § 10 BtMG entsprechend.

§ 13 Überwachung. Die Drogenkonsumräume unterliegen der Überwachung durch die Bezirksregierung (Überwachungsbehörde).

§ 14 Inkrafttreten. Diese Verordnung tritt am Tage nach ihrer Verkündung in Kraft.

G 7. Saarland – Verordnung über die Erteilung einer Erlaubnis für den Betrieb von Drogenkonsumräumen

v. 4.5.2001 (ABl. S. 1034),
zuletzt geändert durch VO v. 30.8.2018 (ABl. I S. 646)

Auf Grund des § 10a Abs. 2 des Betäubungsmittelgesetzes in der Fassung der Bekanntmachung vom 1.3.1994 (BGBl. I S. 358), zuletzt geändert durch Artikel 1 der Verordnung vom 16.6.2017 (BGBl. I S. 1670), verordnet die Landesregierung:

§ 1 Erlaubnis. Das Ministerium für Soziales, Gesundheit, Frauen und Familie kann eine Erlaubnis zum Betrieb eines Drogenkonsumraums erteilen, wenn ein Bedarf besteht, der Betriebszweck des § 2 verfolgt wird und die Mindeststandards nach den §§ 3 bis 14 eingehalten werden.

§ 2 Betriebszweck. (1) Der Drogenkonsumraum muss der Gesundheits-, Überlebens- und Ausstiegshilfe für Drogenabhängige dienen und in das Gesamtkonzept des Drogenhilfesystems eingebunden sein.

(2) Der Betrieb des Drogenkonsumraums muss darauf eingerichtet sein,
1. die durch Drogenkonsum bedingten Gesundheitsgefahren zu senken, um damit insbesondere das Überleben des Abhängigen/der Abhängigen zu sichern,
2. die Behandlungsbereitschaft des Abhängigen/der Abhängigen zu wecken und durch den Einstieg in den Ausstieg aus der Sucht einzuleiten,
3. die Inanspruchnahme weiterführender, insbesondere suchttherapeutischer Hilfen einschließlich der vertragsärztlichen Versorgung zu fördern und
4. die Belastungen der Öffentlichkeit durch konsumbezogene Verhaltensweisen zu reduzieren.

(3) Der Betrieb muss darauf gerichtet sein, einen beratenden und helfenden Kontakt insbesondere mit solchen Personen aufzunehmen, die für Drogenhilfemaßnahmen nur schwer erreichbar sind, um sie in weiterführende ausstiegsorientierte Angebote der Beratung und Therapie zu vermitteln.

(4) Träger und Personal dürfen für den Besuch des Drogenkonsumraums nicht werben.

§ 3 Ausstattung. (1) Der Drogenkonsumraum muss in einer anerkannten Drogenhilfeeinrichtung betrieben werden und von dieser abgegrenzt sein.

(2) Er muss die hygienischen Voraussetzungen zur Drogenapplikation für einen ständig wechselnden Personenkreis erfüllen. Sämtliche Flächen müssen aus glatten, abwaschbaren und desinfizierbaren Materialien bestehen.

(3) Im Drogenkonsumraum müssen ausreichend sterile Einmalspritzen und Kanülen, Tupfer, Ascorbinsäure, Injektionszubehör, geeignete Folien zum inhalativen Konsum, Desinfektionsmittel sowie durchstichsichere Entsorgungsbehälter bereitgestellt werden.

(4) Rettungsdiensten muss jederzeit ein ungehinderter Zugang möglich sein.

§ 4 Notfallversorgung. (1) Während des Betriebs des Drogenkonsumraums ist eine ständige Sichtkontrolle der Applikationsvorgänge durch in der Notfallversorgung geschultes Personal so sicherzustellen, dass im Notfall sofortige Beatmungs- und Reanimationsmaßnahmen und eine akute Wundversorgung möglich sind. Es sind ständig technische Notfall-Vorrichtungen bereitzuhalten.

(2) Einzelheiten der Notfallversorgung sind in einem Notfallplan festzuhalten, der jederzeit umgesetzt werden kann, dem Personal zur Verfügung stehen muss

und ständig zu aktualisieren ist. Der Notfallplan beinhaltet auch die Unfallschutzprävention und Maßnahmen bei Verletzungen des Personals.

(3) Der Notfallplan ist dem Ministerium für Soziales, Gesundheit, Frauen und Familie vorzulegen.

§ 5 Medizinische Beratung und Hilfe. (1) Den Benutzerinnen und Benutzern des Drogenkonsumraums ist medizinische Beratung und Hilfe zu gewähren. Diese beziehen sich insbesondere auf Infektionsrisiken und Toxizität der verwendeten Betäubungsmittel, Maßnahmen zur Wundversorgung sowie risikoärmere Konsumformen. Medizinische Beratung und Hilfe müssen unverzüglich erfolgen können.

(2) Im Drogenkonsumraum muss mindestens eine Krankenpflegekraft beschäftigt sein. Diese ist auch für die Kontrolle des Notfallplans und die Schulung des Aufsichtspersonals zuständig.

§ 6 Vermittlung von Angeboten. (1) Es muss sichergestellt sein, dass über eine suchtspezifische Erstberatung hinaus weiterführende und ausstiegsorientierte Beratungs- und Behandlungsmaßnahmen aufgezeigt und vermittelt werden. Hierbei ist insbesondere auf Risiken des Drogenkonsums bei gleichzeitiger Substitutionsbehandlung und die Notwendigkeit des Konsumverzichts hinzuweisen und auf die Inanspruchnahme der im Einzelfall notwendigen Hilfen hinzuwirken

(2) Personen, die einen Entgiftungswunsch äußern, ist Hilfestellung zum Kontakt mit geeigneten Einrichtungen zu leisten.

§ 7 Hausordnung. (1) Der Träger des Drogenkonsumraums hat eine Hausordnung zu erlassen. Diese ist mit dem Ministerium für Soziales, Gesundheit, Frauen und Familie abzustimmen.

(2) Die Hausordnung ist in der Einrichtung gut sichtbar auszuhängen. Ihre Einhaltung wird vom Personal überwacht.

§ 8 Verhinderung von Straftaten in der Einrichtung. (1) Straftaten nach dem Betäubungsmittelgesetz, abgesehen vom Besitz von Betäubungsmitteln nach § 29 Abs. 1 Satz 1 Nr. 3 des Betäubungsmittelgesetzes zum Eigenverbrauch in geringer Menge, dürfen innerhalb der Einrichtung nicht geduldet werden. Darauf ist durch einen Aushang hinzuweisen.

(2) Das Personal hat dafür zu sorgen, dass bei der Vorbereitung oder Begehung einer Straftat im Sinne von Absatz 1 die betreffende Handlung unverzüglich unterbunden wird.

(3) Näheres regelt die Hausordnung.

§ 9 Straftaten im Umfeld der Einrichtung. (1) Der Träger des Drogenkonsumraums hat mit den zuständigen Gesundheits- Ordnungs- und Strafverfolgungsbehörden eng und kontinuierlich zusammenzuarbeiten. Die Grundzüge der Zusammenarbeit sind verbindlich und schriftlich festzulegen. Der Träger hat insbesondere mit den zuständigen Polizeidienststellen regelmäßig Kontakt zu halten, um frühzeitig Störungen der öffentlichen Sicherheit und Ordnung im Umfeld der Drogenkonsumräume zu verhindern. Die Leitung der Einrichtung hat einrichtungsbedingte Auswirkungen auf das Umfeld zu beobachten und besondere Vorkommnisse zu dokumentieren.

§ 10. Benutzerinnen und Benutzer. (1) [1]Die Benutzung des Drogenkonsumraums darf grundsätzlich nur volljährigen Personen angeboten werden. [2]Die Benutzerinnen oder Benutzer müssen aufgrund bestehender Betäubungsmittelabhängigkeit einen Konsumentschluss gefasst haben. [3]Jugendlichen darf der Zugang nur dann gestattet werden, wenn die Einwilligung der Erziehungsberechtigten vorliegt

oder aufgrund besonderer Umstände nicht vorgelegt werden kann und sich das Personal im Einzelfall nach besonderer Prüfung anderer Hilfemöglichkeiten vom gefestigten Konsumentschluss überzeugt hat.
(2) Von der Benutzung des Drogenkonsumraums sind auszuschließen:
1. offensichtlich konsumunerfahrene Personen,
2. erkennbar durch Alkohol oder durch andere Suchtmittel in ihrem Verhalten beeinträchtigte Personen,
3. Personen, denen erkennbar die Einsichtsfähigkeit in die durch die Applikation erfolgende Gesundheitsschädigung fehlt.

§ 11 Konsum. (1) Die von den Benutzerinnen und Benutzern mitgeführten Betäubungsmittel sind einer Sichtkontrolle zu unterziehen. Von einer näheren Substanzanalyse zu Menge, Art und Zusammensetzung des Stoffes ist abzusehen.
(2) Der Konsum von Betäubungsmitteln im Drogenkonsumraum kann Opiate, Kokain, Amphetamin oder deren Derivate sowie Benzodiazepine betreffen und intravenös, oral, nasal oder inhalativ erfolgen.
(3) Näheres bestimmt die Hausordnung

§ 12 Dokumentation, Evaluation. (1) Es muss eine Dokumentation über den Betrieb des Drogenkonsumraums erfolgen. Hierbei sind unter Beachtung der datenschutzrechtlichen Bestimmungen folgende Aspekte zu berücksichtigen: Altersangaben, Geschlechtszugehörigkeit, Nationalität, Konsumverhalten, Drogenpräferenz, Nutzungszahl und Nutzungsfrequenz, Gesundheitsschäden, AIDS und Hepatitis, Notfallsituationen, Wundversorgung, Ausstiegsvermittlung, weitergehender Beratungsbedarf für substituierte Suchtkranke nach Maßgabe des § 6 Absatz 1 und die Sicherheitsproblematik.
(2) Das Ministerium für Soziales, Gesundheit, Frauen und Familie hierzu einmal jährlich einen Bericht.

§ 13 Anwesenheitspflicht von Personal. Während der Öffnungszeiten des Drogenkonsumraums muss persönlich zuverlässiges und fachlich ausgebildetes Personal für die Erfüllung des in den §§ 3 bis 11 genannten Anforderungen in ausreichender Zahl anwesend sein.

§ 14 Verantwortliche Person. Der Träger des Drogenkonsumraums hat eine sachkundige Person und ihre Vertretung zu benennen, die für die Einhaltung der in den §§ 4 bis 13 genannten Anforderungen und der Auflagen sowie Anordnungen des Ministeriums für Soziales, Gesundheit, Frauen und Familie verantwortlich sind und die ihr obliegenden Verpflichtungen ständig erfüllen können.

§ 15 Erlaubnisverfahren. Für das Erlaubnisverfahren gelten gemäß § 10a Abs. 3, § 7 Satz 1 und Satz 2 Nr. 1 bis 4 und 8, § 8, § 9 Abs. 2 und § 10 des Betäubungsmittelgesetzes entsprechend. Danach sind bei der Antragstellung (§ 7 Satz 1 und 2 Nr. 1 bis 4 und 8 des Betäubungsmittelgesetzes) die Angaben und Unterlagen beizufügen, aus denen sich die Einhaltung der in den §§ 2 bis 14 genannten Anforderungen ergibt.

§ 16 In-Kraft-Treten. Diese Verordnung tritt am Tage ihrer Verkündung in Kraft.

H. Häufigkeit der Wirkstoffgehalte

Vorbemerkung

Zur besseren Beurteilung der Marktsituation werden die in den kriminaltechnischen Laboratorien der Landeskriminalämter, des Bundeskriminalamtes und der Zollbehörden ermittelten Wirkstoffgehalte und festgestellten Beimengungen der wichtigsten Betäubungsmittel zentral ausgewertet (SAR). Die Auswertung ist auch für die Staatsanwaltschaften und Gerichte ein wichtiges Hilfsmittel zur Ermittlung des Wirkstoffgehaltes, wenn das Betäubungsmittel nicht untersucht werden konnte (→ Vor § 29 Rn. 982; für die Schweiz s. *Bovens/Bernhard* Kriminalistik 2003, 313).

Leider konnte die Zusammenstellung in diesem Kommentar in der bewährten Form nur bis 2004 fortgeführt werden. Die späteren Daten sind zwar vorhanden, das Bundeskriminalamt hat es aber trotz der Verwendung des Anhangs H in der Rechtsprechung „aus Gründen der Neutralität" abgelehnt, sie an den Verf. „als einer Privatperson" herauszugeben.[1] Auskunftsersuchen der Strafverfolgungsbehörden im Verfahren sind danach nicht ausgeschlossen (§ 161 StPO).

Soweit in der nachfolgenden Übersicht Zahlen aus späteren Jahren enthalten sind, stammen sie aus den Jahresberichten der DBDD, die ihrerseits auf das SAR zurückgreifen, oder, allerdings nur bezogen auf Messwerte des Bayerischen Landeskriminalamts, von *Uhl* in BtM/Prax Kap. 1.

Ergebnisse

Tab. 1 – Amfetamin (Median)[2]

Jahr	1997	2010	2011	2015	2016	2017	2019
Zahl der Proben	1.093	2.744	3.102	3.496	3.860	3.472	3.999
Groß-/Straßenhandel[3]	10,0%	6,6%	6,9%	14,6%	13,8%	12,1%	13,2%

Häufige Zusatzstoffe und Streckmittel im Jahre 2018 (DBDD 2019/Drogenmärkte S. 9)
- **Zusätze:** Coffein (98%)
- **Streckmittel:** Lactose (8%), Kreatin/Kreatinin (2,0%), Mannit (1,0%)

Tab. 2.1 – Cannabis Blütenstände (Median)[4]

Jahr	2010	2012	2014	2015	2016	2017	2019
Zahl der Proben	5.165	5.542	6.855	7.623	8.646	9.192	11.059
Wirkstoffgehalt	11,2	11,5	12,6	12,6	12,8	13,1	13,7

---

[1] Dieselben Erfahrungen haben mittlerweile Kotz/Rahlf gemacht (*Rahlf* in MüKoStGB, 2. Aufl. 2011, Vor § 29 Rn. 87).
[2] Die Zahlen sind den Jahresberichten der DBDD entnommen (s. Vorbemerkung).
[3] Straßenhandel: < 1 g; Kleinhandel: 1 g bis > 1.000 g; Großhandel: ≥ 1.000 g.
[4] Die Zahlen sind den Jahresberichten der DBDD entnommen.

Wirkstoffgehalte H

Tab. 2.2 – Cannabis – Haschisch (Median)[5]

Jahr	2010	2012	2014	2015	2016	2017	2019
Zahl der Proben	7.652	2.015	1.669	1.851	2.504	2.750	3.426
Wirkstoffgehalt in %	6,8	8,3	9,7	12,4	14,0	<17,7	22,6

Tab. 2.3 – Cannabiskraut – Marihuana (Median)[6]

Jahr	2010	2012	2014	2015	2016	2017	2019
Zahl der Proben	2.487	2.898	2.908	3.396	3109t	2.973	2.989
Wirkstoffgehalt in%	2,0	2,1	2,2	2,3	2,4	2,5	2,7

Tab 2.4 – Cannabiskonzentrat[7] – (Median)

Jahr	2000	2001	2014	2015	2016	2017	2019
Zahl der Proben	5	4			75	84	109
Wirkstoffgehalt in %	2,8–21	12–20			5,3–68	44,5	49,3

Tab. 3. – Cocain (Median)[8]

Jahr	2010	2012	2014	2015	2016	2017	2019
Zahl der Proben	3.116	2.683	2.477	2.836	nicht mitgeteilt	2.847	3.380
Großhandel (%)	72,4	71,1	69,1	65,5	74,6		81,6
Kleinhandel (%)			62,0	65,4		76,4	77,7
Straßenhandel (%)	37,8	56,8	70,6	69,0	74,1	78	76,4

Häufige Zusatzstoffe und Streckmittel im Jahre 2019 (DBDD 2020 Drogenmärkte S. 11)
- **Verschnittstoffe:** Lactose (20%), Mannit (10%), Inosit (3%), Kreatin/Kreatinin (3%)
- **Streckmittel:** Tetramisol/Levamisol (50%), Phenacetin (25%), Coffein (19%), Lidocain (9%) und Paracetamol (3%).

Tab. 4.1 – Ecstasy (Anteil der Kombinations- und Monopräparate)[9]

Jahr	2010	2012	2014	2015	2016	2017	2019[10]
KombiPräparate	2,9%	5,1	0,1%	0,3%	0,4%	0,2%	–
MonoPräparate	97,1%	94,9	99,1%	99,7%	99,6	99,8	–
darunter m-CPP	61,1%	<0,1%	<0,1%	0,1%	<1%	<1%	–
darunter MDMA	22,7%	98,6%	97,2%	99,7%	98,4	98,4	–
dar. Amfetamin		<0,1%	3,2%	0,1%	<1%	<1%	–

---

[5] Die Zahlen sind den Jahresberichten der DBDD entnommen.
[6] Die Zahlen sind den Jahresberichten der DBDD entnommen.
[7] Zubereitungen, bei denen infolge eines Anreicherungsprozesses (Extraktion mit einem Lösungsmittel) der THC-Gehalt erhöht ist (zB Dabs, Honey Bee Extrakte, Haschischöl).
[8] Die Zahlen sind den Jahresberichten der DBDD entnommen.
[9] Die Zahlen sind den Jahresberichten der DBDD entnommen.
[10] Die Werte für 2019 wurden nur für MDMA ausgewertet, da die Zahl der anderen gemeldeten Stoffe zu gering war (DBDD 2020 Drogenmärkte S.12).

H Wirkstoffgehalte

Tab. 4.2 – Ecstasy (Wirkstoffgehalte)[11]

Jahr	2010	2012	2014	2015	2016	2017	2019[12]
Zahl der Konsumeinheiten (KE)	140.895	413.010	314.770	927.385	1916808	1204304	
m-CPP							
– Häufigkeit in %	61,1	< 0,1	< 0,1	0,1	< 1%	< 1%	
– Mittlerer Gehalt (mg/KE)	30	25	36,6	21,9			
MDMA							
– Häufigkeit in %	22,7	98,6	97,2	99,7	98,4	98,4	
– Mittlerer Gehalt (mg/KE)	58	83	93,4	93,4	115	125	146
Amfetamin							
– Häufigkeit in %		< 0,1	3,2	< 0,1			
– Mittlerer Gehalt (mg/KE)		5	7,5	11	42,1	18[13]	
Metamfetamin							
– Häufigkeit in %			< 0,1	< 0,1			
– Mittlerer Gehalt (mg/KE)		12				9[14]	

Häufige Beimengungen im Jahre 2019 (DBDD 2020/Drogenmärkte S. 12):
Zusatzstoff Coffein; **Tablettierhilfsstoffe:** Cellulose

Tab 4.3 – MDA in kristalliner Form (Median)

Jahr	2019	Der Medianwert ist seit mehreren Jahren nahezu konstant. In fast 90% aller Zubereitungen lag der Wirkstoffgehalt über 70% MDMA-Base. MDMA in kristalliner Form wird überwiegend unverschnitten auf dem illegalen Markt gehandelt (DBDD 2020/Drogenmärkte S. 12)
Zahl der Proben	633	
Wirkstoffgehalt in %	6,8	

---

[11] Median.
[12] Die Werte für 2019 wurden nur für MDMA ausgewertet, da die Zahl der anderen gemeldeten Stoffe zu gering war (DBDD 2020 Drogenmärkte S.12).
[13] Lediglich drei Meldungen.
[14] Lediglich zwei Meldungen.

Häufigkeit der Wirkstoffgehalte **Wirkstoffgehalte H**

Tab. 5 – Heroin (Median)[15]

Jahr	2010	2012	2014	2015	2016	2017	2019
Zahl der Proben	4.111	2.102	1.864	1818	1.779	1.885	1.773
Großhandel (%)	34,1	38,8	32,6	36,5	45,1	49,8	54,8
Kleinhandel (%)			17,5	22,7	22,6	19,9	21,9
Straßenhandel (%)	24,6	11,3	16,5	19,1		19,0	25,8

Häufige Zusatzstoffe und Streckmittel im Jahre 2017 (DBDD 2018 Drogenmärkte S. 11)
- **Zusätze:** Coffein (99, 3%), Paracetamol (99, 1%) und Griseofulvin (1,2%).
- **Streckmittel:** Mannit (3,4%), Sorbit (1,4%).

Tab 6. LSD

Jahr	1998	1999	2003	2004	2008*	2009*	2010*
Zahl der Proben	23.602	10.665	3085	1644			
Menge (µg/KE)	16–230	1–169	51–127	3–60			
mittlerer Gehalt (µg/KE)	56	63	42,7	23,7			

* Die Erhebungen wurden im BLKA wegen zu geringer sichergestellter Mengen nicht mehr fortgeführt (BtM/Prax-Uhl Kap. 1 Rn. 539).

Tab. 7 – Metamfetamin (Median)[16]

Jahr	2010	2012	2014	2015	2016	2017	2019
Zahl der Proben						613	796
Wirkstoffgehalt in%				73	72	72,0	74,4

Häufige Zusatzstoffe und Verschnittmittel im Jahre 2019 (DBDD 2020 Drogenmärkte S. 10)
- **Zusatzstoffe:** Piratecam (9%), Coffein (3%)
- **Verschnittmittel:** Dimethylsufon (92%), 2-Phentylamin (6%), Saccharose (2%).

Tab. 8 – Psilocybinhaltige Pilze

Jahr	2002	2003	2004	2008*	2009*	2010*
Zahl der Proben	87	25	102			
Wirkstoffgehalt in %	0,17–1,65	0,01–0,55	0,01–1,63			
Mittlerer Gehalt in %	0,53	0,27	0,50			

* Die Erhebungen wurden im BLKA wegen zu geringer sichergestellter Mengen nicht mehr fortgeführt (BtM/Prax-Uhl Kap 1 Rn 542).

---

[15] Die Zahlen sind den Jahresberichten der DBDD entnommen.
[16] Für die Zeit von 2010 bis 2015 hat die DBDD keine Zahlen veröffentlicht, s. im Übrigen Vorbemerkung.

I. Arzneimittelverschreibungsverordnung – AMVV

v. 21.12.2005 (BGBl. I S. 3632),
zuletzt geändert durch VO v. 21.10.2020 (BGBl. I S. 2260)

– Auszug –

§ 1. Arzneimittel,
1. die in der Anlage 1 zu dieser Verordnung bestimmte Stoffe oder Zubereitungen aus Stoffen sind oder
2. die Zubereitungen aus den in der Anlage 1 bestimmten Stoffen oder Zubereitungen aus Stoffen sind oder
3. denen die unter Nummer 1 oder 2 genannten Stoffe und Zubereitungen aus Stoffen zugesetzt sind oder
4. die in den Anwendungsbereich des § 48 Abs. 1 Satz 1 Nr. 2 des Arzneimittelgesetzes fallen,

dürfen nur bei Vorliegen einer ärztlichen, zahnärztlichen oder tierärztlichen Verschreibung abgegeben werden (verschreibungspflichtige Arzneimittel), soweit in den nachfolgenden Vorschriften nichts anderes bestimmt ist.

§ 2. (1) Die Verschreibung muss enthalten:
1. Name, Vorname, Berufsbezeichnung und Anschrift der Praxis oder der Klinik der verschreibenden ärztlichen, tierärztlichen oder zahnärztlichen Person (verschreibende Person) einschließlich einer Telefonnummer zur Kontaktaufnahme,
2. Datum der Ausfertigung,
3. Name und Geburtsdatum der Person, für die das Arzneimittel bestimmt ist,
4. Bezeichnung des Fertigarzneimittels oder des Wirkstoffes einschließlich der Stärke,
4a. bei einem Arzneimittel, das in der Apotheke hergestellt werden soll, die Zusammensetzung nach Art und Menge oder die Bezeichnung des Fertigarzneimittels, von dem Teilmengen abgegeben werden sollen,
5. Darreichungsform, sofern dazu die Bezeichnung nach Nummer 4 oder Nummer 4a nicht eindeutig ist,
6. abzugebende Menge des verschriebenen Arzneimittels,
6a. sofern das Arzneimittel zur wiederholten Abgabe auf dieselbe Verschreibung bestimmt sein soll, einen Vermerk mit der Anzahl der Wiederholungen,
7. Gebrauchsanweisung bei Arzneimitteln, die in der Apotheke hergestellt werden sollen,
8. Gültigkeitsdauer der Verschreibung,
9. bei tierärztlichen Verschreibungen zusätzlich
    a) die Dosierung pro Tier und Tag,
    b) die Dauer der Anwendung und
    c) sofern das Arzneimittel zur Anwendung bei Tieren verschrieben wird, die der Gewinnung von Lebensmitteln dienen, die Indikation und die Wartezeit,
    sowie anstelle der Angaben nach Nummer 3 der Name des Tierhalters und Zahl und Art der Tiere, bei denen das Arzneimittel angewendet werden soll, sowie bei Verschreibungen für Tiere, die der Gewinnung von Lebensmitteln dienen, die Identität der Tiere,
10. die eigenhändige Unterschrift der verschreibenden Person oder, bei Verschreibungen in elektronischer Form, deren qualifizierte elektronische Signatur nach dem Signaturgesetz.

Arzneimittelverschreibungsverordnung **AMVV I**

(1 a) ¹Den aus Deutschland stammenden ärztlichen oder zahnärztlichen Verschreibungen sind entsprechende Verschreibungen aus den Mitgliedstaaten der Europäischen Union, aus den Vertragsstaaten des Abkommens über den Europäischen Wirtschaftsraum und aus der Schweiz gleichgestellt, sofern diese die Angaben nach Absatz 1 aufweisen und dadurch ihre Authentizität und ihre Ausstellung durch eine dazu berechtigte ärztliche oder zahnärztliche Person nachweisen. ²Die Regelungen des § 3a sowie der Betäubungsmittel-Verschreibungsverordnung bleiben unberührt.

(1 b) *nicht abgedruckt*

(2) Ist die Verschreibung für den Praxisbedarf einer verschreibenden Person, für ein Krankenhaus, für Einrichtungen oder Teileinheiten von Einrichtungen des Rettungsdienstes, für Bordapotheken von Luftfahrzeugen gemäß § 1 Abs. 2 Nr. 1 und 2 der Betriebsordnung für Luftfahrtgerät vom 4. März 1970 (BGBl. I S. 262), die zuletzt durch Artikel 3 der Verordnung vom 29. Oktober 2015 (BGBl. I S. 1894) geändert worden ist, in der jeweils geltenden Fassung, für eine Tierklinik oder einen Zoo bestimmt, so genügt an Stelle der Angaben nach Absatz 1 Nr. 3, 7 und 9 ein entsprechender Vermerk.

(3) *nicht abgedruckt*

(4) Fehlt bei Arzneimitteln in abgabefertigen Packungen die Angabe der Menge des verschriebenen Arzneimittels, so gilt die kleinste Packung als verschrieben.

(5) Fehlt die Angabe der Gültigkeitsdauer, so gilt die Verschreibung drei Monate.

(6) Fehlt das Geburtsdatum der Person, für die das Arzneimittel bestimmt ist, oder fehlen Angaben nach Absatz 1 Nr. 2, 5 oder 7 oder sind sie unvollständig, so kann der Apotheker, wenn ein dringender Fall vorliegt und eine Rücksprache mit der verschreibenden Person nicht möglich ist, die Verschreibung insoweit ergänzen.

(6 a) Fehlt der Vorname der verschreibenden Person oder deren Telefonnummer zur Kontaktaufnahme, so kann der Apotheker auch ohne Rücksprache mit der verschreibenden Person die Verschreibung insoweit ergänzen, wenn ihm diese Angaben zweifelsfrei bekannt sind.

(7) Ist die Verschreibung eines Arzneimittels für ein Krankenhaus bestimmt, in dem zur Übermittlung derselben ein System zur Datenübertragung vorhanden ist, das die Verschreibung durch eine befugte verschreibende Person sicherstellt, so genügt an Stelle der eigenhändigen Unterschrift nach Absatz 1 Nr. 10 die Namenswiedergabe der verschreibenden Person oder, bei Verschreibungen in elektronischer Form, ein geeignetes elektronisches Identifikationsverfahren.

(8) Ist die Verschreibung für ein Krankenhaus bestimmt, kann sie auch ausschließlich mit Hilfe eines Telefaxgerätes übermittelt werden.

§ 3. *nicht abgedruckt*

§ 3a. (1) ¹Eine Verschreibung von Arzneimitteln, welche die Wirkstoffe Lenalidomid, Pomalidomid oder Thalidomid enthalten, darf nur auf einem nummerierten zweiteiligen amtlichen Vordruck (Original und Durchschrift) des Bundesinstituts für Arzneimittel und Medizinprodukte erfolgen. ²Die Vordrucke nach Satz 1 sind ausschließlich zur Verschreibung der in Satz 1 genannten Arzneimittel bestimmt.

(2) ¹Verschreibungen nach Absatz 1 Satz 1 müssen die Bestätigung der ärztlichen Person enthalten, dass die Sicherheitsmaßnahmen gemäß der aktuellen Fachinformation des entsprechenden Fertigarzneimittels eingehalten werden, insbesondere, dass erforderlichenfalls ein Schwangerschafts-Präventionsprogramm durchgeführt wird und dass der Patientin oder dem Patienten vor Beginn der medikamentösen Behandlung geeignete medizinische Informationsmaterialien und die aktuelle Gebrauchsinformation des entsprechenden Fertigarzneimittels ausgehändigt wurden. ²Ferner muss auf der Verschreibung vermerkt sein, ob eine Behandlung innerhalb oder außerhalb der jeweils zugelassenen Anwendungsgebiete erfolgt.

(3) Die Höchstmenge der auf Verschreibungen nach Absatz 1 Satz 1 verordneten Arzneimittel darf je Verschreibung für Frauen im gebärfähigen Alter den Bedarf für vier Wochen, ansonsten den für zwölf Wochen nicht übersteigen.

(4) Eine Verschreibung nach Absatz 1 Satz 1 ist bis zu sechs Tagen nach dem Tag ihrer Ausstellung gültig.

(5) [1]Vordrucke nach Absatz 1 Satz 1 werden vom Bundesinstitut für Arzneimittel und Medizinprodukte auf Anforderung an die einzelne ärztliche Person gegen Nachweis der ärztlichen Approbation ausgegeben. [2]Der Anforderung muss eine Erklärung der ärztlichen Person beigefügt sein, dass

1. ihr die medizinischen Informationsmaterialien zu Lenalidomid, Pomalidomid oder Thalidomid gemäß der aktuellen Fachinformationen entsprechender Fertigarzneimittel vorliegen,
2. sie bei der Verschreibung von Arzneimitteln nach Absatz 1 Satz 1 alle Sicherheitsmaßnahmen gemäß der aktuellen Fachinformationen entsprechender Fertigarzneimittel einhalten wird und
3. sie über ausreichende Sachkenntnisse zur Verschreibung von Arzneimitteln nach Absatz 1 Satz 1 verfügt.

(6) Das Bundesinstitut für Arzneimittel und Medizinprodukte macht ein Muster des Vordrucks nach Absatz 1 Satz 1 öffentlich bekannt.

(7) Apotheken übermitteln dem Bundesinstitut für Arzneimittel und Medizinprodukte wöchentlich die Durchschriften der Vordrucke nach Absatz 1 Satz 1.

§ 3b. *nicht abgedruckt*

§ 4. (1) [1]Erlaubt die Anwendung eines verschreibungspflichtigen Arzneimittels keinen Aufschub, kann die verschreibende Person den Apotheker in geeigneter Weise, insbesondere fernmündlich, über die Verschreibung und deren Inhalt unterrichten. [2]Der Apotheker hat sich über die Identität der verschreibenden Person Gewissheit zu verschaffen. [3]Die verschreibende Person hat dem Apotheker die Verschreibung in schriftlicher oder elektronischer Form unverzüglich nachzureichen.

(2) [1]Für den Eigenbedarf einer verschreibenden Person bedarf die Verschreibung nicht der schriftlichen oder elektronischen Form. [2]Absatz 1 Satz 2 gilt entsprechend.

(3) [1]Die wiederholte Abgabe eines zur Anwendung bei Menschen bestimmten verschreibungspflichtigen Arzneimittels auf dieselbe Verschreibung bedarf der Anordnung der verschreibenden Person. [2]Die verschreibende Person kann eine Verschreibung ausstellen, nach der eine nach der Erstabgabe sich bis zu dreimal wiederholende Abgabe erlaubt ist. [3]Die Verschreibungen sind als Verschreibungen zur wiederholten Abgabe zu kennzeichnen. [4]Bei der wiederholten Abgabe auf dieselbe Verschreibung ist das verschriebene Arzneimittel jeweils in derselben Packungsgröße abzugeben, die die verschreibende Person für die erstmalige Abgabe auf der Verschreibung angegeben hat. [5]Die wiederholte Abgabe eines zur Anwendung bei Tieren bestimmten verschreibungspflichtigen Arzneimittels auf dieselbe Verschreibung über die verschriebene Menge hinaus ist unzulässig.

§ 5. *nicht abgedruckt*

§ 6. Von der Verschreibungspflicht nach § 48 Abs. 1 Satz 1 Nr. 2 des Arzneimittelgesetzes sind Arzneimittel ausgenommen, die weder ein in Anlage 2 aufgeführter Stoff, dessen Zubereitung oder Salz sind, noch einen solchen Stoff, eine solche Zubereitung oder ein solches Salz enthalten.

§ 7. *nicht abgedruckt*

Arzneimittelverschreibungsverordnung **AMVV I**

Anlage 1 (zu § 1 Nr. 1 und § 5). Stoffe und Zubereitungen nach § 1 Nr. 1

Die Anlage enthält unter grundsätzlicher Verwendung der INN-Nomenklatur eine alphabetisch geordnete Auflistung der Stoffe und Zubereitungen.

Verschreibungspflichtig sind, sofern im Einzelfall nicht anders geregelt, auch Arzneimittel, die die jeweiligen Salze der nachfolgend aufgeführten Stoffe enthalten oder denen diese zugesetzt sind.

Unter äußerem Gebrauch im Sinne dieser Übersicht ist die Anwendung auf Haut, Haaren oder Nägeln zu verstehen.

Abacavir bis **Benzylpenizillin** und seine Ester *nicht abgedruckt*
Betäubungsmittel, soweit sie Zubereitungen nach § 2 Abs. 1 Nr. 3 des Betäubungsmittelgesetzes sind,
Betahistin bis **Cangrelor** und seine Ester *nicht abgedruckt*
Cannabidiol
Canrenoinsäure und seine Ester bis **Kebuzon** *nicht abgedruckt*
Ketamin
Ketanserin – zur Anwendung bei Tieren bestimmt – bis **Levosimendan**
Lidocain
– ausgenommen Arzneimittel zur parenteralen Anwendung ohne Zusatz weiterer arzneilich wirksamer Bestandteile in einer Konzentration bis zu 2 % zur intrakutanen Anwendung an der gesunden Haut im Rahmen der Neuraltherapie –,
– ausgenommen Arzneimittel zur subkutanen und intramuskulären Infiltrationsanästhesie zur Durchführung von Dammschnitten und zum Nähen von Dammschnitten und Dammrissen im Rahmen der Geburt in einer Konzentration von bis zu 1 %, einer Einzeldosis von bis zu 10 ml und einer Menge von bis zu 10 ml je Ampulle zur Abgabe an Hebammen und Entbindungspfleger im Rahmen ihrer Berufsausübung –,
– ausgenommen Arzneimittel zum Aufbringen auf die Haut oder Schleimhaut, außer
  a) zur Anwendung am Auge und am äußeren Gehörgang,
  b) zur Linderung von neuropathischen Schmerzen nach einer Herpes-Zoster-Infektion (Post-Zoster-Neuralgie) –
Lidoflazin bis **Papaverin** *nicht abgedruckt*
Paracetamol
– ausgenommen Humanarzneimittel zur
  a) oralen Anwendung zur symptomatischen Behandlung leichter bis mäßig starker Schmerzen und/oder von Fieber in einer Gesamtwirkstoffmenge von bis zu 10 g je Packung und
  b) rektalen Anwendung –.
Parafluticid bis **Probucol** *nicht abgedruckt*
Procain
– ausgenommen Arzneimittel zur parenteralen Anwendung ohne Zusatz weiterer arzneilich wirksamer Bestandteile in Konzentrationen bis zu 2 % zur intrakutanen Anwendung an der gesunden Haut im Rahmen der Neuraltherapie –
– ausgenommen Arzneimittel zum Aufbringen auf die Haut oder Schleimhaut, außer zur Anwendung am Auge –
Procainamid bis **Ende** *nicht abgedruckt*

Anlage 2 (zu § 6). Stoffe nach § 6

nicht abgedruckt

J. Verordnung zur Festlegung der nicht geringen Menge von Dopingmitteln (Dopingmittel-Mengen-Verordnung – DmMV)

v. 3.7.2020 (BGBl. I S. 1547)

Die nicht geringe Menge der Stoffe im Sinne des § 2 Abs. 3 des Anti-Doping-Gesetzes ist die in der Anlage bestimmte Menge. Die nicht geringe Menge wird für die freie Verbindung des betreffenden Stoffes angegeben.

Anlage

I. Anabole Stoffe

1. Anabol-androgene Steroide

	nicht geringe Menge
Androstanolon, synonym Dihydrotestosteron	1.500 mg
1-Androstendiol	3.000 mg
Androstendiol	3.000 mg
1-Androstendion	3.000 mg
Androstendion	3.000 mg
1-Androsteron	3.000 mg
Bolasteron	100 mg
Boldenon	1.000 mg
Boldion	3.000 mg
Calusteron	100 mg
Clostebol	
– parenterale Darreichungsformen	80 mg
– andere Darreichungsformen	900 mg
Danazol	3.000 mg
Dehydrochlormethyltestosteron	100 mg
Desoxymethyltestosteron	100 mg
Drostanolon	1.015 mg
Ethylestrenol	450 mg
Fluoxymesteron	100 mg
Formebolon	100 mg
Furazabol	100 mg
Gestrinon	45 mg
4-Hydroxytestosteron	1.500 mg
Mestanolon	100 mg
Mesterolon	1.500 mg

Dopingmittel-Mengen-Verordnung **DmMV J**

	nicht geringe Menge
Metandienon	100 mg
Metenolon	
– parenterale Darreichungsformen	150 mg
– andere Darreichungsformen	1.500 mg
Methandriol	100 mg
Methasteron	100 mg
Methyldienolon	45 mg
Methyl-1-testosteron	100 mg
Methylnortestosteron	100 mg
Methyltestosteron	100 mg
Metribolon, synonym Methyltrienolon	45 mg
Miboleron	100 mg
Nandrolon	45 mg
19-Norandrostendion	3.000 mg
Norboleton	450 mg
Norclostebol	1.500 mg
Norethandrolon	450 mg
Oxabolon	75 mg
Oxandrolon	100 mg
Oxymesteron	100 mg
Oxymetholon	100 mg
Prasteron, synonym Dehydroepiandrosteron (DHEA)	
– parenterale Darreichungsformen	144 mg
– andere Darreichungsformen	3.000 mg
Prostanozol	1.500 mg
Quinbolon	1.500 mg
Stanozolol	100 mg
Stenbolon	1.500 mg
1-Testosteron	1.500 mg
Testosteron	
– transdermale oder orale Darreichungsformen	1.500 mg
– andere Darreichungsformen	632 mg
Tetrahydrogestrinon	45 mg
Trenbolon	150 mg
Andere exogene mit anabol-androgenen Steroiden verwandte Stoffe	
– mit 17alpha-Methyl-Struktur	100 mg
– mit anderen Strukturen	3.000 mg

J DmMV

2. Andere anabole Stoffe

	nicht geringe Menge
Clenbuterol	2,1 mg
Selektive Androgen-Rezeptor-Modulatoren (SARMs)	90 mg
Tibolon	75 mg
Zeranol	4,5 mg
Zilpaterol	4,5 mg

II. Peptidhormone, Wachstumsfaktoren, verwandte Stoffe und Mimetika

1. Erythropoese stimulierende Stoffe

	nicht geringe Menge
Erythropoetin human (EPO)	24.000 IE
Epoetin alfa, beta, delta, omega, theta, zeta und analoge rekombinante humane Erythropoetine	
Darbepoetin alfa (dEPO)	120 µg
Methoxy-Polyethylenglycol-Epoetin beta, synonym PEG-Epoetin beta, Continuous Erythropoiesis Receptor Activator (CERA)	90 µg
Peginesatid, synonym Hematid	5 mg
Hypoxie-induzierbarer-Faktor (HIF)-Aktivatoren:	7.200 mg
Daprodustat (GSK1278863)	
Molidustat	
Roxadustat (FG-4592)	
Vadadustat (AKB-6548)	

2. Choriongonadotropin (CG) und Luteinisierendes Hormon (LH) sowie ihre Releasingfaktoren

	nicht geringe Menge
Buserelin	60 mg
Choriongonadotropin (HCG)	7.500 IE
Choriongonadotropin alfa	250 µg
Deslorelin	4,5 mg
Gonadorelin	40 mg
Goserelin	10,8 mg
Leuprorelin	30 mg
Lutropin alfa	2.250 IE
Nafarelin	24 mg
Triptorelin	
– Injektionslösung	8.604 µg

3. Corticotropine

	nicht geringe Menge
Corticotropin	1.200 IE
Tetracosactid	
– retardierte parenterale Darreichungsformen	12 mg
– andere parenterale Darreichungsformen	3 mg

4. Wachstumshormon (-Fragmente), Releasingfaktoren und Releasingpeptide

	nicht geringe Menge
Somatropin, synonym Wachstumshormon human, Growth Hormone (GH)	16 mg
Somatrem, synonym Somatotropin (methionyl), human	16 mg
Wachstumshormon-Fragmente: z. B. AOD-9604, hGH-Fragment 176–191	16 mg
Wachstumshormon-Releasingfaktoren, synonym Growth Hormone Releasing Hormones (GHRH)	1,5 mg
Sermorelin	
Somatorelin	
Tesamorelin	
und Peptide mit gleicher Wirkung, synonym Growth Hormone Releasing Peptides (GHRP)	
Wachstumshormon-Sekretagoge (GHS) und ihre Mimetika	150 mg
Anamorelin	
Ipamorelin	
Lenomorelin (Ghrelin)	
Macimorelin	
Ibutamoren (MK-677)	
Tabimorelin	

5. Wachstumsfaktoren und Wachstumsfaktor-Modulatoren

	nicht geringe Menge
Mecasermin, synonym Insulin-ähnlicher Wachstumsfaktor 1, Insulin-like Growth Factor −1 (IGF-1)	60 mg
IGF-1 Analoga	3 mg
Mechano Growth Factor (MGF) und MGF-Varianten	3 mg
Thymosin-beta-4 und seine Derivate	100 mg

III. Hormone und Stoffwechsel-Modulatoren

1. Aromatasehemmer

	nicht geringe Menge
Aminoglutethimid	30.000 mg
Anastrozol	30 mg
Androsta-1,4,6-trien-3,17-dion, synonym Androsta-triendion	3.000 mg
4-Androsten-3,6,17-trion (6-oxo)	6.000 mg
Exemestan	750 mg
Formestan	600 mg
Letrozol	75 mg
Testolacton	6.000 mg

2. Selektive Estrogen-Rezeptor-Modulatoren (SERMs)

	nicht geringe Menge
Raloxifen	1.680 mg
Tamoxifen	600 mg
Toremifen	1.800 mg

3. Andere antiestrogen wirkende Stoffe

	nicht geringe Menge
Clomifen	509 mg
Cyclofenil	4.200 mg
Fulvestrant	250 mg

4. Myostatinfunktionen verändernde Stoffe Myostatinhemmer

	nicht geringe Menge
Follistatin und seine Derivate	450 mg
Stamulumab	450 mg

5. Stoffwechsel-Modulatoren

	nicht geringe Menge
Insuline	400 IE
PPARδ (Peroxisome Proliferator Activated Receptor Delta)-Agonisten, synonym PPARdelta-Agonisten GW 501516, synonym GW 1516	75 mg
AMPK (PPARδ-AMP-activated protein kinase)-Axis-Agonisten AICAR	7.000 mg
Meldonium	15.000 mg
SR9009	75 mg

K 1. Neufassung des Anhangs zu dem Übereinkommen vom 16.11.1989 gegen Doping/der Anlage I zu dem Internationalen Übereinkommen vom 19.10.2005 gegen Doping im Sport

Bek. v. 16.7.2014 (BGBl. II S. 484)

Die Beobachtende Begleitgruppe zum Übereinkommen vom 16.11.1989 gegen Doping (BGBl. 1994 II S. 334 (335)) hat die Änderung des Anhangs des Übereinkommens beschlossen. Die Änderung tritt am 1.9.2014 in Kraft.

Die Vertragsstaatenkonferenz des Internationalen Übereinkommens vom 19.10.2005 gegen Doping im Sport (BGBl. 2007 II S. 354 (355)) hat die Änderung der Anlage I des Übereinkommens beschlossen. Die Änderung tritt am 1.9.2014 in Kraft.

Die Liste der verbotenen Stoffe und Methoden (zugleich Anhang des Übereinkommens von 1989; zugleich Anlage I des Übereinkommens von 2005) wird in der Fassung 2.0 (geänderte Fassung 2014), in der sie aufgrund der Änderung ab dem 1.9.2014 gilt, nachstehend mit einer amtlichen deutschen Übersetzung veröffentlicht.

Diese Bekanntmachung ergeht im Anschluss an die Bekanntmachung vom 17.12.2013 (BGBl. II S. 1612).

Verbotsliste 2014

Welt-Anti-Doping-Code

Inkrafttreten: 1.9.2014

In Einklang mit Artikel 4.2.2 des Welt-Anti-Doping-Codes gelten alle verbotenen Stoffe[1] als „spezifische Stoffe" mit Ausnahme der Stoffe in den Klassen S1, S2, S4.4, S4.5 und S6.a sowie der verbotenen Methoden M1, M2 und M3.

(Übersetzung)

Stoffe und Methoden, die zu allen Zeiten (in und außerhalb von Wettkämpfen) verboten sind

Verbotene Stoffe

S0. Nicht zugelassene Stoffe

Pharmakologisch wirksame Stoffe, die in den folgenden Abschnitten der Verbotsliste nicht aufgeführt und derzeit nicht durch eine staatliche Gesundheitsbehörde für die therapeutische Anwendung beim Menschen zugelassen sind (zum Beispiel Arzneimittel in der präklinischen oder klinischen Entwicklung beziehungsweise Arzneimittel, deren Entwicklung eingestellt wurde, Designerdrogen, nur für die Anwendung bei Tieren zugelassene Stoffe), sind zu jeder Zeit verboten.

---

[1] Hinzufügung des Bundesinnenministeriums: Soweit in dieser Verbotsliste von „(verbotenen) Stoffen" die Rede ist, handelt es sich hierbei (auch) um verbotene Substanzen iSd Nationalen Anti Doping-Codes (NADC 2009, Version 2.0, vgl. dort Anhang 1: Begriffsbestimmungen, S. 86).

K 1 Verbotsliste 2014

S1. Anabole Stoffe

Anabole Stoffe sind verboten.
1. Anabol-androgene Steroide (AAS)
   a. Exogene[2]*) AAS, einschließlich
   1-Androstendiol (5alpha-Androst-1-en-3beta,17betadiol); 1-Androstendion (5alpha-Androst-1-en-3,17-dion); Bolandiol (Estr-4-en-3beta,17beta-diol); Bolasteron; Boldenon; Boldion (Androsta-1,4-dien-3,17-dion); Calusteron; Clostebol; Danazol ([1,2]Oxazolo[4',5':2,3] pregna-4-en-20-yn-17alpha-ol); Dehydrochlormethyl-testosteron (4-Chlor-17beta-hydroxy-17alphamethylandrosta-1,4-dien-3-on); Desoxymethyltestosteron (17alpha-Methyl-5alpha-androst-2-en-17beta-ol);
   Drostanolon; Ethylestrenol (19-Norpregna-4-en-17alpha-ol); Fluoxymesteron; Formebolon; Furazabol (17alpha-Methyl-[1,2,5]oxadiazolo[3',4':2,3]-5alphaandrostan-17-beta-ol); Gestrinon; 4-Hydroxytestosteron (4,17beta-Dihydroxyandrost-4-en-3-on); Mestanolon; Mesterolon; Metandienon (17beta-Hydroxy-17alphamethylandrosta-1,4-dien-3-on); Metenolon; Methandriol; Methasteron (17beta-Hydroxy-2alpha,17alpha-dimethyl-5alpha-androstan-3-on); Methyldienolon (17beta-Hydroxy-17alpha-methylestra-4,9-dien-3-on); Methyl-1-testosteron (17beta-Hydroxy-17alpha-methyl-5alphaandrost-1-en-3-on); Methylnortestosteron (17beta-Hydroxy-17alpha-methylestr-4-en-3-on); Methyltestosteron; Metribolon (Methyltrienolon, 17beta-Hydroxy-17alpha-methylestra-4,9,11-trien-3-on); Miboleron; Nandrolon; 19-Norandrostendion (Estr-4-en-3,17-dion); Norbolethon†; Norclostebol; Norethandrolon; Oxabolon; Oxandrolon; Oxymesteron; Oxymetholon; Prostanozol (17beta-[(Tetrahydropyran-2-yl)oxy]-1'Hpyrazolo[3,4:2,3]-5alpha-androstan); Quinbolon; Stanozolol; Stenbolon; 1-Testosteron (17beta-Hydroxy-5alpha-androst-1-en-3-on); Tetrahydrogestrinon (17-Hydroxy-18a-homo-19-nor-17alpha-pregna-4,9,11-trien-3-on); Trenbolon (17beta-Hydroxyestr-4,9,11trien-3-on)
   und andere Stoffe mit ähnlicher chemischer Struktur oder ähnlicher/n biologischer/n Wirkung(en).
   b. Endogene**) AAS bei exogener Verabreichung: Androstendiol (Androst-5-en-3beta,17beta-diol); Androstendion (Androst-4-en-3,17-dion); Dihydrotestosteron (17beta-Hydroxy-5alpha-androstan-3-on)‡; Prasteron (Dehydroepiandrosteron, DHEA, 3beta-Hydroxyandrost-5-en-17-on); Testosteron und ihre Metaboliten und Isomere, darunter unter anderem
   5alpha-Androstan-3alpha,17alpha-diol; 5alpha-Androstan-3alpha,17beta-diol; 5alpha-Androstan-3beta,17alpha-diol; 5alpha-Androstan-3beta,17beta-diol; Androst-4-en-3alpha,17alpha-diol; Androst-4-en-3alpha,17beta-diol; Androst-4-en-3beta,17alpha-diol; Androst-5-en-3alpha,17alpha-diol; Androst-5-en-3alpha,17beta-diol; Androst-5-en-3beta,17alpha-diol; 4-Androstendiol (Androst-4-en-3beta,17beta-diol); 5-Androstendion (Androst-5-en-3,17-dion); Epidihydrotestosteron; Epitestosteron; Etiocholanolon; 3alpha-Hydroxy-5alpha-androstan-17-on; 3beta-Hydroxy-5alpha-androstan-17-on; 7alpha-Hydroxy-DHEA; 7beta-

---

[2] *) Für die Zwecke dieses Abschnitts bezieht sich der Begriff „exogen" auf einen Stoff, der vom Körper normalerweise nicht auf natürlichem Wege produziert wird.

† Hinzufügung des Bundesinnenministeriums: Synonym (Freiname nach INN): Norboleton.

**) Für die Zwecke dieses Abschnitts bezieht sich der Begriff „endogen" auf einen Stoff, der vom Körper normalerweise auf natürlichem Wege produziert wird.

‡ Hinzufügung des Bundesinnenministeriums: Synonym (Freiname nach INN): Androstanolo.

Verbotene Stoffe und Methoden **Verbotsliste 2014 K 1**

Hydroxy-DHEA; 7-Keto-DHEA; 19-Norandrosteron; 19-Noretiocholanolon.
2. Zu den anderen anabolen Stoffen gehören unter anderem Clenbuterol, Selektive Androgen-Rezeptor-Modulatoren (SARMs), Tibolon, Zeranol, Zilpaterol.

S2. Peptidhormone, Wachstumsfaktoren und verwandte Stoffe

Die folgenden Stoffe und andere Stoffe mit ahnlicher chemischer Struktur oder ahnlicher/n biologischer/n Wirkung(en) sind verboten:
1. Erythropoese-stimulierende Stoffe [zum Beispiel Erythropoetin (EPO), Darbepoetin (dEPO), Hypoxieinduzierbarer-Faktor (HIF)-Stabilisatoren und -Aktivatoren (zum Beispiel Xenon, Argon), Methoxy-Polyethylenglycol-Epoetin beta (CERA – Continuous Erythropoiesis Receptor Activator), Peginesatid (Hematid)];
2. Choriongonadotropin (CG) und Luteinisierendes Hormon (LH) sowie ihre Releasingfaktoren (bei Männern);
3. Corticotropine und ihre Releasingfaktoren,
4. Wachstumshormon (GH) und seine Releasingfaktoren sowie insulinähnlicher Wachstumsfaktor −1 (IGF-1).

Darüber hinaus sind die folgenden Wachstumsfaktoren verboten:

Fibroblasten-Wachstumsfaktoren (FGFs), Hepatozyten-Wachstumsfaktor (HGF), mechanisch induzierte Wachstumsfaktoren (MGFs), Blutplättchen-Wachstumsfaktor (PDGF), vaskular-endothelialer Wachstumsfaktor (VEGF) sowie alle anderen Wachstumsfaktoren, die in Muskeln, Sehnen oder Bändern die Proteinsynthese/den Proteinabbau, die Gefäßbildung/-versorgung, die Energieausnutzung, die Regenerationsfähigkeit oder die Umwandlung des Fasertyps beeinflussen,
und andere Stoffe mit ahnlicher chemischer Struktur oder ahnlicher/n biologischer/n Wirkung(en).

S3. Beta-2-Agonisten

Alle Beta-2-Agonisten, gegebenenfalls auch alle optischen Isomere (zum Beispiel D- und L-), sind verboten; hiervon ausgenommen sind inhaliertes Salbutamol (höchstens 1.600 Mikrogramm über 24 Stunden), inhaliertes Formoterol (abgegebene Dosis höchstens 54 Mikrogramm über 24 Stunden) und Salmeterol, wenn es entsprechend den therapeutischen Empfehlungen der Hersteller inhaliert wird.

Ein Salbutamolwert im Urin von mehr als 1.000 Nanogramm/ml oder ein Formoterolwert im Urin von mehr als 40 Nanogramm/ml wird nicht als beabsichtigte therapeutische Anwendung des Stoffes angesehen und gilt als ein von der Norm abweichendes Analyseergebnis, es sei denn, der Athlet weist anhand einer kontrollierten pharmakokinetischen Studie nach, dass dieses abnorme Ergebnis die Folge der Anwendung einer therapeutischen inhalierten Dosis bis zu dem oben genannten Höchstwert war.

S4. Hormone und Stoffwechsel-Modulatoren

Es gelten folgende Verbote:
1. Aromatasehemmer; dazu gehören unter anderem Aminoglutethimid, Anastrozol, Androsta-1,4,6-trien-3,17-dion (Androstatriendion), 4-Androsten-3,6,17-trion (6-oxo), Exemestan, Formestan, Letrozol, Testolacton.
2. Selektive Estrogen-Rezeptor-Modulatoren (SERMs); dazu gehören unter anderem Raloxifen, Tamoxifen, Toremifen.

K 1 Verbotsliste 2014

3. Andere antiestrogene Stoffe; dazu gehören unter anderem Clomifen, Cyclofenil, Fulvestrant.
4. Stoffe, welche die Myostatinfunktion(en) verändern; dazu gehören unter anderem Myostatinhemmer.
5. Stoffwechsel-Modulatoren:
   a) Insuline
   b) PPARδ (Peroxisome Proliferator Activated Receptor Delta)-Agonisten (zum Beispiel GW 1516) und AMPK (PPARδ-AMP-activated protein kinase)-Achse-Agonisten (zum Beispiel AICAR).

S5. Diuretika und andere Maskierungsmittel

Maskierungsmittel sind verboten. Hierzu gehören

Diuretika, Desmopressin, Plasmaexpander (zum Beispiel Glycerol; intravenös verabreichtes Albumin, Dextran, Hydroxyethylstärke und Mannitol), Probenecid und andere Stoffe mit ähnlicher/n biologischer/n Wirkung(en).

Die lokale Verabreichung von Felypressin in der Dentalanästhesie ist nicht verboten.

Zu den Diuretika gehören

Acetazolamid, Amilorid, Bumetanid, Canrenon, Chlortalidon, Etacrynsäure, Furosemid, Indapamid, Metolazon, Spironolacton, Thiazide (zum Beispiel Bendroflumethiazid, Chlorothiazid, Hydrochlorothiazid), Triamteren, Vaptane (zum Beispiel Tolvaptan)

und andere Stoffe mit ähnlicher chemischer Struktur oder ahnlicher/n biologischer/n Wirkung(en) (ausgenommen Drospirenon, Pamabrom und topisches Dorzolamid und Brinzolamid, die nicht verboten sind).

Für die Verwendung in und gegebenenfalls außerhalb von Wettkämpfen jeglicher Menge eines Stoffes, der Grenzwerten unterliegt (das hei.t Formoterol, Salbutamol, Cathin, Ephedrin, Methylephedrin und Pseudoephedrin), in Verbindung mit einem Diuretikum oder einem anderen Maskierungsmittel muss neben der Medizinischen Ausnahmegenehmigung für das Diuretikum oder ein anderes Maskierungsmittel auch eine gesonderte Medizinische Ausnahmegenehmigung für diesen Stoff vorgelegt werden.

Verbotene Methoden

M1. Manipulation von Blut und Blutbestandteilen

Folgende Methoden sind verboten:
1. Die Verabreichung oder Wiederzufuhr jeder Menge von autologem, allogenem (homologem) oder heterologem Blut oder Produkten aus roten Blutkörperchen jeglicher Herkunft in das Kreislaufsystem.
2. Die künstliche Erhöhung der Aufnahme, des Transports oder der Abgabe von Sauerstoff, unter anderem durch Perfluorchemikalien, Efaproxiral (RSR 13) und veränderte Hämoglobinprodukte (zum Beispiel Blutersatzstoffe auf Hämoglobinbasis, mikroverkapselte Hämoglobinprodukte), außer ergänzender Sauerstoff.
3. Jegliche Form der intravaskularen Manipulation von Blut oder Blutbestandteilen mit physikalischen oder chemischen Mitteln.

Verbotene Stoffe und Methoden **Verbotsliste 2014   K 1**

M2. Chemische und physikalische Manipulation

Folgende Methoden sind verboten:
1. Die tatsächliche oder versuchte unzulässige Einflussnahme, um die Integrität und Validität der Proben, die während der Dopingkontrollen genommen werden, zu verändern. Hierunter fallen unter anderem der Austausch und/oder die Verfälschung (zum Beispiel mit Proteasen) von Urin.
2. Intravenöse Infusionen und/oder Injektionen von mehr als 50 ml innerhalb eines Zeitraums von sechs Stunden, es sei denn, sie werden rechtmäßig im Zuge von Krankenhauseinweisungen oder klinischen Untersuchungen verabreicht.

M3. Gendoping

Die folgenden Methoden zur möglichen Steigerung der sportlichen Leistung sind verboten:
1. Die Übertragung von Nukleinsäure-Polymeren oder Nukleinsäure-Analoga;
2. die Anwendung normaler oder genetisch veränderter Zellen.

Im Wettkampf verbotene Stoffe und Methoden

Zusätzlich zu den oben beschriebenen Kategorien S0 bis S5 und M1 bis M3 sind im Wettkampf folgende Kategorien verboten:

Verbotene Stoffe

S6. Stimulanzien

Alle Stimulanzien, gegebenenfalls auch alle optischen Isomere (zum Beispiel *D*- und *L*-), sind verboten; hiervon ausgenommen sind Imidazolderivate für die topische Anwendung und die in das Überwachungsprogramm für 2014★) aufgenommenen Stimulanzien.

Zu den Stimulanzien gehören

a. Nicht-spezifische Stimulanzien:

Adrafinil, Amfepramon, Amiphenazol, Amphetamin, Amphetaminil, Benfluorex, Benzylpiperazin, Bromantan, Clobenzorex, Cocain, Cropropamid, Crotetamid, Fencamin, Fenetyllin, Fenfluramin, Fenproporex, Fonturacetam [4-Phenylpirazetam (Carphedon)], Furfenorex, Mefenorex, Mephentermin, Mesocarb, Methamphetamin (D-), p-Methylamphetamin, Modafinil, Norfenfluramin, Phendimetrazin, Phenmetrazin, Phentermin, Prenylamin, Prolintan.

Stimulanzien, die in diesem Abschnitt nicht ausdrücklich genannt sind, gelten als spezifische Stoffe.

b. Spezifische Stimulanzien (Beispiele):

Benzphetamin, Cathin★★), Cathinon und seine Analoga (zum Beispiel Mephedron, Methedron, alpha-Pyrrolidinovalerophenon), Dimethylamphetamin, Ephedrin★★★), Epinephrin★★★★) (Adrenalin), Etamivan, Etilamphetamin, Etilefrin, Famprofazon, Fenbutrazat, Fencamfamin, Heptaminol, Hydroxyamphetamin (Parahydroxyamphetamin Isomethepten, Levmetamphetamin, Meclofenoxat, Methylendioxymethamphetamin, Methylephedrin★★★), Methylhexanamin (Dimethylpentylamin), Methylphenidat, Nicethamid, Norfenefrin, Octopamin, Oxilofrin (Methylsynephrin), Pemolin, Pentetrazol, Phenpromethamin, Propylhexedrin, Pseudoephedrin★★★★★), Selegilin, Sibutramin, Strychnin, Tenamphetamin (Methylendioxyamphetamin), Trimetazidin, Tuaminoheptan

K 1 Verbotsliste 2014

und andere Stoffe mit ähnlicher chemischer Struktur oder ähnlicher/n biologischer/n Wirkung(en).

S7. Narkotika

Die folgenden Narkotika sind verboten:

Buprenorphin, Dextromoramid, Diamorphin (Heroin), Fentanyl und seine Derivate, Hydromorphon, Methadon, Morphin, Oxycodon, Oxymorphon, Pentazocin, Pethidin.

S8. Cannabinoide

Natürliches (zum Beispiel Cannabis, Haschisch, Marihuana) oder synthetisches Delta-9-Tetrahydrocannabinol (THC) und Cannabinomimetika (zum Beispiel „Spice", JWH018, JWH073, HU-210) sind verboten.

S9. Glucocorticosteroide

Alle Glucocorticosteroide sind verboten, wenn sie oral, intravenös, intramuskulär oder rektal verabreicht werden.

In bestimmten Sportarten verbotene Stoffe
P1. Alkohol

Alkohol (Ethanol) ist in den nachfolgenden Sportarten nur im Wettkampf verboten. Die Feststellung erfolgt durch Atem- oder Blutanalyse. Der Grenzwert, ab dem ein Dopingverstoß vorliegt, entspricht einer Blutalkoholkonzentration von 0,10 g/l.

- Bogenschießen (WA)
- Karate (WKF)
- Luftsport (FAI)
- Motorbootsport (UIM)
- Motorradsport (FIM)
- Motorsport (FIA)

P2. Betablocker

Wenn nichts anderes bestimmt ist, sind Betablocker in den folgenden Sportarten nur im Wettkampf verboten:
- Billard (alle Disziplinen) (WCBS)
- Bogenschießen (WA) (auch außerhalb von Wettkämpfen verboten)
- Darts (WDF)
- Golf (IGF)
- Motorsport (FIA)
- Schießen (ISSF, IPC) (auch außerhalb von Wettkämpfen verboten)
- Skifahren/Snowboarding (FIS) im Skispringen, Freistil aerials/halfpipe und Snowboard halfpipe/big air

Zu den Betablockern gehören unter anderem

Acebutolol, Alprenolol, Atenolol, Betaxolol, Bisoprolol, Bunolol, Carteolol, Carvedilol, Celiprolol, Esmolol, Labetalol, Levobunolol, Metipranolol, Metoprolol, Nadolol, Oxprenolol, Pindolol, Propranolol, Sotalol, Timolol.

K 2. Neufassung der Anlage I zu dem Internationalen Übereinkommen vom 19. Oktober 2005 gegen Doping im Sport/ des Anhangs zu dem Übereinkommen vom 16. November 1989 gegen Doping

Bek v 18.12.2020 (BGBl. II S. 1318)

Die Konferenz der Vertragsparteien des Internationalen Übereinkommens vom 19. Oktober 2005 gegen Doping im Sport (BGBl. 2007 II S. 354, 355, 376) hat die Änderung der Anlage I des Übereinkommens beschlossen. Die Änderung tritt am 1. Januar 2021 in Kraft.

Der Anhang zu dem Übereinkommen vom 16. November 1989 gegen Doping (BGBl. 1994 II S. 334, 335, 346) ist ebenfalls mit Wirkung zum 1. Januar 2021 geändert worden.

Die Neufassung der Anlage I des Übereinkommens von 2005 sowie des Anhangs des Übereinkommens von 1989 wird nachstehend mit einer amtlichen deutschen Übersetzung veröffentlicht.

Diese Bekanntmachung ergeht im Anschluss an die Bekanntmachung vom 12. August 2020 (BGBl. II S. 714).

WELT-ANTI-DOPING-CODE
INTERNATIONALER STANDARD
VERBOTSLISTE
2021

(Übersetzung)

Die Liste tritt am 1. Januar 2021 in Kraft.

Inhaltsverzeichnis

Die Auflistung der Beispiele von Krankheiten erhebt keinen Anspruch auf Vollständigkeit.

Zu allen Zeiten verbotene Stoffe[1] und Methoden

S0 Nicht zugelassene Stoffe

S1 Anabole Stoffe

Einige dieser Stoffe können unter anderem in Medikamenten zur Behandlung von zum Beispiel männlichem Hypogonadismus enthalten sein.

S2 Peptidhormone, Wachstumsfaktoren, verwandte Stoffe und Mimetika

Einige dieser Stoffe können unter anderem in Medikamenten zur Behandlung von zum Beispiel Anämie, männlichem Hypogonadismus oder Wachstumshormonmangel enthalten sein.

---

[1] Hinzufügung des Bundesministeriums des Innern, für Bau und Heimat: Soweit in dieser Verbotsliste von „(verbotenen) Stoffen" die Rede ist, handelt es sich hierbei (auch) um verbotene Substanzen i. S. d. Nationalen Anti-Doping Codes der Nationalen Anti Doping Agentur Deutschland (Hrsg.) (NADC21, vgl. dort Anhang, S. 117: Begriffsbestimmungen

K 2   Verbotsliste 2021

S3   Beta-2-Agonisten

Einige dieser Stoffe können unter anderem in Medikamenten zur Behandlung von zum Beispiel Asthma oder anderen Atemwegserkrankungen enthalten sein.

S4   Hormon- und Stoffwechsel-Modulatoren

Einige dieser Stoffe können unter anderem in Medikamenten zur Behandlung von zum Beispiel Brustkrebs, Diabetes, Unfruchtbarkeit (weibliche) oder polyzystischem Ovarialsyndrom enthalten sein.

S5   Diuretika und Maskierungsmittel

Einige dieser Stoffe können unter anderem in Medikamenten zur Behandlung von zum Beispiel Herzversagen oder Bluthochdruckenthalten sein.

M1 – M2 – M3   Verbotene Methoden

Innerhalb des Wettkampfes verbotene Stoffe und Methoden

S6   Stimulanzien

Einige dieser Stoffe können unter anderem in Medikamenten zur Behandlung von zum Beispiel Anaphylaxie, Aufmerksamkeitsdefizit-Hyperaktivitätsstörung (ADHS) oder Erkältungs- und Grippesymptomen enthalten sein.

S7   Narkotika

Einige dieser Stoffe können unter anderem in Medikamenten zur Behandlung von zum Beispiel Schmerzen, einschließlich aufgrund von Verletzungen des Bewegungsapparats, enthalten sein.

S8   Cannabinoide

S9   Glucocorticoide

Einige dieser Stoffe können unter anderem in Medikamenten zur Behandlung von zum Beispiel Allergien, Anaphylaxie, Asthma oder chronisch-entzündlichen Darmerkrankungen enthalten sein.

In bestimmten Sportarten verbotene Stoffe

P1   Betablocker

Einige dieser Stoffe können unter anderem in Medikamenten zur Behandlung von zum Beispiel Herzversagen oder Bluthochdruck enthalten sein.

Index

Verbotsliste 2021
Welt-Anti-Doping-Code
Gültig ab 1. Januar 2021

Einleitung

Die Verbotsliste ist ein verbindlicher Internationaler Standard im Rahmen des Welt-Anti-Doping-Programms.

Die Liste wird nach einem umfassenden von der WADA durchgeführten Konsultationsverfahren jährlich aktualisiert. Die Liste tritt am 1. Januar 2021 in Kraft.

Der offizielle Wortlaut der *Verbotsliste* wird von der *WADA* weitergeführt und in englischer und französischer Sprache veröffentlicht.

Bei Unstimmigkeiten zwischen der englischen und französischen Fassung ist die englische Fassung maßgebend.

Begriffe, die in dieser Liste *verbotener Stoffe* und *verbotener Methoden* verwendet werden:

Innerhalb des Wettkampfes verboten

Sofern die *WADA* für eine bestimmte Sportart keinen anderen Zeitraum zugelassen hat, beginnt der Zeitraum „*innerhalb des Wettkampfes*" grundsätzlich kurz vor Mitternacht (um 23:59 Uhr) am Tag vor einem Wettkampf, für den der *Athlet* aufgestellt ist, und endet mit dem Ende dieses *Wettkampfes* und des Probenahmeverfahrens.

Zu allen Zeiten verboten

Dies bedeutet, dass der Stoff oder die Methode entsprechend der Begriffsbestimmung im Code *innerhalb* und *außerhalb* des *Wettkampfes* verboten ist.

Spezifisch und nichtspezifisch

Nach Artikel 4.2.2 des *Welt-Anti-Doping-Codes* gelten „für die Zwecke der Anwendung des Artikels 10 [...] alle *verbotenen Stoffe* als *spezifische Stoffe* mit Ausnahme derjenigen, die in der *Verbotsliste* anders gekennzeichnet sind. Eine *verbotene Methode* gilt nicht als *spezifische Methode,* es sei denn, sie ist in der *Verbotsliste* ausdrücklich als *spezifische Methode* gekennzeichnet." Nach dem Kommentar zu dem Artikel sollen „die in Artikel 4.2.2 genannten *spezifischen Stoffe* und *Methoden* [...] auf keinen Fall als weniger wichtig oder weniger gefährlich als andere Dopingstoffe oder -methoden angesehen werden. Es handelt sich dabei einfach um Stoffe und Methoden, bei denen die Wahrscheinlichkeit höher ist, dass ein *Athlet* sie für andere Zwecke als die Leistungssteigerung eingenommen beziehungsweise angewendet hat."

Suchtstoffe[2]

Nach Artikel 4.2.3 des Codes sind *Suchtstoffe* jene Stoffe, die als solche gekennzeichnet sind, weil sie in der Gesellschaft häufig außerhalb eines sportlichen Zusammenhangs miss-braucht werden. Als *Suchtstoffe* gelten: Cocain, Diamorphin

---

[2] Hinzufügung des Bundesministeriums des Innern, für Bau und Heimat: Soweit in dieser Verbotsliste von „Suchtstoffen" die Rede ist, handelt es sich hierbei (auch) um Suchtmittel i. S. d. Nationalen Anti-Doping Codes der Nationalen Anti Doping Agentur Deutschland (Hrsg.) (NADC21, vgl. dort Anhang, S. 115: Begriffsbestimmungen).

K 2 Verbotsliste 2021

(Heroin), Methylendioxymethamfetamin (MDMA/„Ecstasy") und Tetrahydrocannabinol (THC)

S0 Nicht zugelassene Stoffe

Zu allen Zeiten verboten (innerhalb und außerhalb des Wettkampfes)

Alle verbotenen Stoffe in dieser Klasse sind spezifische Stoffe.

Pharmakologisch wirksame Stoffe, die in den folgenden Abschnitten der *Liste* nicht aufgeführt und derzeit nicht durch eine staatliche Gesundheitsbehörde für die therapeutische Anwendung beim Menschen zugelassen sind (zum Beispiel Arzneimittel in der präklinischen oder klinischen Entwicklung beziehungsweise Arzneimittel, deren Entwicklung eingestellt wurde, Designerdrogen, nur für die Anwendung bei Tieren zugelassene Stoffe), sind zu jeder Zeit verboten

S1 Anabole Stoffe

Zu allen Zeiten verboten (innerhalb und außerhalb des Wettkampfes)

Alle verbotenen Stoffe in dieser Klasse sind *nichtspezifische Stoffe*.

Anabole Stoffe sind verboten.
1. Anabol-androgene Steroide (AAS)
   Bei exogener Verabreichung, dazu gehören unter anderem
   1-Androstendiol (5alpha-Androst-1-en-3beta,17beta-diol)
   1-Androstendion (5alpha-Androst-1-en-3,17-dion)
   1-Androsteron (3alpha-Hydroxy-5alpha-androst-1-en-17-on)
   1-Epiandrosteron (3beta-Hydroxy-5alpha-androst-1-en-17-on)
   1-Testosteron (17beta-Hydroxy-5alpha-androst-1-en-3-on)
   4-Androstendiol (Androst-4-en-3beta,17beta-diol)
   4-Hydroxytestosteron (4,17beta-Dihydroxyandrost-4-en-3-on)
   5-Androstendion (Androst-5-en-3,17-dion)
   7alpha-Hydroxy-DHEA
   7beta-Hydroxy-DHEA
   7-Keto-DHEA
   19-Norandrostendiol (Estr-4-en-3,17-diol)
   19-Norandrostendion (Estr-4-en-3,17-dion)
   Androstanolon (5alpha-Dihydrotestosteron, 17beta-Hydroxy-5alpha-androstan-3-on)
   Androstendiol (Androst-5-en-3beta,17beta-diol)
   Androstendion (Androst-4-en-3,17-dion)
   Bolasteron
   Boldenon
   Boldion (Androsta-1,4-dien-3,17-dion)
   Calusteron
   Clostebol
   Danazol ([1,2]Oxazolo[4',5':2,3]pregna-4-en-20-yn-17alpha-ol)
   Dehydrochlormethyltestosteron (4-Chlor-17beta-hydroxy-17alpha-methylandrosta-1,4-dien-3-on)
   Desoxymethyltestosteron (17alpha-Methyl-5alpha-androst-2-en-17beta-ol und 17alpha-Methyl-5alpha-androst-3-en-17beta-ol)
   Drostanolon
   Epiandrosteron (3beta-Hydroxy-5alpha-androstan-17-on)
   Epidihydrotestosteron (17beta-Hydroxy-5beta-androstan-3-on)
   Epitestosteron
   Ethylestrenol (19-Norpregna-4-en-17alpha-ol)

Fluoxymesteron
Formebolon
Furazabol (17alpha-Methyl[1,2,5]oxadiazolo[3',4':2,3]-5alphaandrostan-17beta-ol)
Gestrinon
Mestanolon
Mesterolon
Metandienon (17beta-Hydroxy-17alpha-methylandrosta-1,4-dien-3-on)
Metenolon
Methandriol
Methasteron (17beta-Hydroxy-2alpha,17alpha-dimethyl-5alpha-androstan-3-on)
Methyl-1-testosteron (17beta-Hydroxy-17alpha-methyl-5alpha-androst-1-en-3-on)
Methylclostebol
Methyldienolon (17beta-Hydroxy-17alpha-methylestra-4,9-dien-3-on)
Methylnortestosteron (17beta-Hydroxy-17alphamethylestr-4-en-3-on)
Methyltestosteron
Metribolon (Methyltrienolon, 17beta-Hydroxy-17alphamethylestra-4,9,11-trien-3-on)
Miboleron
Nandrolon (19-Nortestosteron)
Norboleton
Norclostebol (4-Chlor-17beta-ol-estr-4-en-3-on)
Norethandrolon
Oxabolon
Oxandrolon
Oxymesteron
Oxymetholon
Prasteron (Dehydroepiandrosteron, DHEA, 3beta-Hydroxyandrost-5-en-17-on)
Prostanozol (17beta-[(Tetrahydropyran-2-yl)oxy]-1'Hpyrazolo[3,4:2,3]-5alpha-androstan)
Quinbolon
Stanozolol
Stenbolon
Testosteron
Tetrahydrogestrinon (17-Hydroxy-18a-homo-19-nor-17alphapregna-4,9,11-trien-3-on)
Trenbolon (17beta-Hydroxyestr-4,9,11-trien-3-on)
und andere Stoffe mit ähnlicher chemischer Struktur oder ähnlicher/n biologischer/n Wirkung(en).
2. Andere anabole Stoffe
Dazu gehören unter anderem
Clenbuterol, Selektive Androgen-Rezeptor-Modulatoren [SARMs, zum Beispiel Andarin, LGD-4033 (Ligandrol), Enobosarm (Ostarin) und RAD140], Tibolon, Zeranol und Zilpaterol.

K 2 Verbotsliste 2021

S2 Peptidhormone, Wachstumsfaktoren, verwandte Stoffe und Mimetika

Zu allen Zeiten verboten (innerhalb und außerhalb des Wettkampfes)

Alle verbotenen Stoffe in dieser Klasse sind *nichtspezifische Stoffe*.

Die folgenden Stoffe und andere Stoffe mit ähnlicher chemischer Struktur oder ähnlicher/n biologischer/n Wirkung(en) sind verboten:

1. Erythropoetine (EPO) und Erythropoese-beeinflussende Stoffe
   Dazu gehören unter anderem
   1.1 Erythropoetin-Rezeptor-Agonisten, zum Beispiel Darbepoetine (dEPO); Erythropoetine (EPO); EPO-basierte Konstrukte [zum Beispiel EPO-Fc; Methoxy-Polyethylenglycol-Epoetin beta (CERA)]; EPO-mimetische Stoffe und ihre Konstrukte (zum Beispiel CNTO-530, Peginesatid).
   1.2 Hypoxie-induzierbarer-Faktor (HIF)-Aktivatoren, zum Beispiel Cobalt; Daprodustat (GSK1278863); IOX2; Molidustat (BAY 85-3934); Roxadustat (FG-4592); Vadadustat (AKB-6548); Xenon.
   1.3 GATA-Hemmer, zum Beispiel K-11706.
   1.4 Transformierender-Wachstumsfaktor-beta-(TGF-β-)Signalhemmer, zum Beispiel Luspatercept; Sotatercept.
   1.5 Agonisten des körpereigenen Reparatur-Rezeptors, zum Beispiel Asialo-EPO; carbamyliertes EPO (CEPO).
2. Peptidhormone und ihre Releasingfaktoren
   2.1 Choriongonadotropin (CG) und Luteinisierendes Hormon (LH) sowie ihre Releasingfaktoren bei Männern, zum Beispiel Buserelin, Deslorelin, Gonadorelin, Goserelin, Leuprorelin, Nafarelin und Triptorelin.
   2.2 Corticotropine und ihre Releasingfaktoren, zum Beispiel Corticorelin.
   2.3 Wachstumshormon (GH), seine Fragmente und Releasingfaktoren, dazu gehören unter anderem Wachstumshormon-Fragmente, zum Beispiel AOD-9604 und hGH 176–191; Wachstumshormon-Releasing-Hormon (GHRH) und seine Analoga, zum Beispiel CJC-1293, CJC-1295, Sermorelin und Tesamorelin; Wachstumshormon-Sekretagoge (GHS), zum Beispiel Lenomorelin(Ghrelin) und seine Mimetika, Beispiele für letztere sind Anamorelin, Ipamorelin, Macimorelin und Tabimorelin; Wachstumshormon-Releasing-Peptide (GHRPs), zum Beispiel Alexamorelin, GHRP-1, GHRP-2 (Pralmorelin), GHRP-3, GHRP-4, GHRP-5, GHRP-6 und Examorelin (Hexarelin).
3. Wachstumsfaktoren und Wachstumsfaktor-Modulatoren
   Dazu gehören unter anderem:
   Fibroblasten-Wachstumsfaktoren (FGFs)
   Hepatozyten-Wachstumsfaktor (HGF)
   insulinähnlicher Wachstumsfaktor 1 (IGF-1) und seine Analoga
   mechanisch induzierte Wachstumsfaktoren (MGFs)
   Blutplättchen-Wachstumsfaktor (PDGF)
   Thymosin beta-4 und seine Derivate, zum Beispiel TB-500
   vaskulär-endothelialer Wachstumsfaktor (VEGF)
   und andere Wachstumsfaktoren oder Wachstumsfaktor-Modulatoren, die in Muskeln, Sehnen oder Bändern die Proteinsynthese/den Proteinabbau, die Gefäßbildung/-versorgung, die Energieausnutzung, die Regenerationsfähigkeit oder die Umwandlung des Fasertyps beeinflussen.

Verbotene Stoffe und Methoden **Verbotsliste 2021 K 2**

S3 Beta-2-Agonisten

Zu allen Zeiten verboten (innerhalb und außerhalb des Wettkampfes)

Alle verbotenen Stoffe in dieser Klasse sind *spezifische Stoffe*.

Alle selektiven und nichtselektiven Beta-2-Agonisten, einschließlich aller optischen Isomere, sind verboten.

Dazu gehören unter anderem:
Arformoterol
Fenoterol
Formoterol
Higenamin
Indacaterol
Levosalbutamol
Olodaterol
Procaterol
Reproterol
Salbutamol
Salmeterol
Terbutalin
Tretoquinol (Trimetoquinol)
Tulobuterol
Vilanterol

Ausnahmen:

inhaliertes Salbutamol: höchstens 1 600 Mikrogramm über 24 Stunden, aufgeteilt auf mehrere Einzeldosen von nicht mehr als 800 Mikrogramm über 12 Stunden, ausgehend von jeder Dosis;

inhaliertes Formoterol: abgegebene Dosis höchstens 54 Mikrogramm über 24 Stunden;

inhaliertes Salmeterol: höchstens 200 Mikrogramm über 24 Stunden;

inhaliertes Vilanterol: höchstens 25 Mikrogramm über 24 Stunden.

Hinweis:

Eine Salbutamolkonzentration im Urin von mehr als 1 000 Nanogramm/ml oder eine Formoterolkonzentration im Urin von mehr als 40 Nanogramm/ml ist nicht im Einklang mit der therapeutischen Anwendung des Stoffes und gilt als ein von der Norm *abweichendes Analyseergebnis (AAF)*, es sei denn, der *Athlet* weist anhand einer kontrollierten pharmakokinetischen Studie nach, dass dieses abnorme Ergebnis die Folge einer therapeutischen Dosis (durch Inhalation) bis zu der oben genannten Höchstdosis war.

S4 Hormon- und Stoffwechsel-Modulatoren

Zu allen Zeiten verboten (innerhalb und außerhalb des Wettkampfes)

Verbotene Stoffe in den Klassen S4.1 und S4.2 sind *spezifische Stoffe*. Verbotene Stoffe in den Klassen S4.3 und S4.4 sind *nichtspezifische Stoffe*.

Die folgenden Hormon- und Stoffwechsel-Modulatoren sind verboten:
1. Aromatasehemmer

   Dazu gehören unter anderem:
   2-Androstenol (5alpha-Androst-2-en-17-ol)

2319

K 2 Verbotsliste 2021

2-Androstenon (5alpha-Androst-2-en-17-on)
3-Androstenol (5alpha-Androst-3-en-17-ol)
3-Androstenon (5alpha-Androst-3-en-17-on)
4-Androsten-3,6,17-trion (6-oxo)
Aminoglutethimid
Anastrozol
Androsta-1,4,6-trien-3,17-dion (Androstatriendion)
Androsta-3,5-dien-7,17-dion (Arimistan)
Exemestan
Formestan
Letrozol
Testolacton

2. Antiestrogene Stoffe [Antiestrogene und selektive Estrogen-Rezeptor-Modulatoren (SERMs)]
Dazu gehören unter anderem
Bazedoxifen
Clomifen
Cyclofenil
Fulvestrant
Ospemifen
Raloxifen
Tamoxifen
Toremifen

3. Stoffe, welche die Aktivierung des Aktivin-Rezeptors IIB verhindern

Dazu gehören unter anderem:
Aktivin A neutralisierende Antikörper
Aktivin-Rezeptor-IIB-Kompetitoren, wie zum Beispiel
– Decoy-Aktivin-Rezeptoren (zum Beispiel ACE-031)
Anti-Aktivin-Rezeptor-IIB-Antikörper (zum Beispiel Bimagrumab)
Myostatinhemmer, wie zum Beispiel
– Stoffe, welche die Myostatin-Expression verringern oder unterdrücken,
– Myostatin bindende Proteine (zum Beispiel Follistatin, Myostatin-Propeptid),
– Myostatin neutralisierende Antikörper (zum Beispiel Domagrozumab, Landogrozumab, Stamulumab).

4. Stoffwechsel-Modulatoren
   4.1 Aktivatoren der AMP-aktivierten Proteinkinase (AMPK), zum Beispiel AICAR und SR9009, sowie Peroxisom-Proliferator-aktivierter-Rezeptor-delta-(PPARδ-)Agonisten, zum Beispiel 2-(2-Methyl-4-((4-methyl-2-(4-(trifluoromethyl)phenyl)thiazol-5-yl)methylthio)phenoxy)-essigsäure (GW1516, GW501516)
   4.2 Insuline und Insulin-Mimetika
   4.3 Meldonium
   4.4 Trimetazidin

S5 Diuretika und Maskierungsmittel

Zu allen Zeiten verboten (innerhalb und außerhalb des Wettkampfes)

Alle verbotenen Stoffe in dieser Klasse sind *spezifische Stoffe*.

Die folgenden Diuretika und Maskierungsmittel und andere Stoffe mit ähnlicher chemischer Struktur oder ähnlicher/n biologischer/n Wirkung(en) sind verboten.

Dazu gehören unter anderem:

Desmopressin; Probenecid; Plasmaexpander, zum Beispiel intravenös verabreichte/s Albumin, Dextran, Hydroxyethylstärke und Mannitol.

Acetazolamid; Amilorid; Bumetanid; Canrenon; Chlortalidon; Etacrynsäure; Furosemid; Indapamid; Metolazon; Spironolacton; Thiazide, zum Beispiel Bendroflumethiazid, Chlorothiazid und Hydrochlorothiazid; Triamteren und Vaptane, zum Beispiel Tolvaptan.

Ausnahmen:

Drospirenon, Pamabrom sowie die topische ophthalmische Verabreichung von Carboanhydrasehemmern (zum Beispiel Dorzolamid, Brinzolamid);

die lokale Verabreichung von Felypressin in der Dentalanästhesie.

Hinweis:

Wird in der *Probe eines Athleten* zu allen Zeiten beziehungsweise *innerhalb des Wettkampfes* jegliche Menge eines der folgenden Grenzwerten unterliegenden Stoffe – nämlich Formoterol, Salbutamol, Cathin, Ephedrin, Methylephedrin und Pseudoephedrin – in Verbindung mit einem Diuretikum oder Maskierungsmittel nachgewiesen, so gilt dieser Nachweis als ein von der Norm *abweichendes Analyseergebnis (AAF),* es sei denn, der *Athlet* besitzt zusätzlich zu der medizinischen Ausnahmegenehmigung für das Diuretikum oder Maskierungsmittel eine bestätigte *medizinische Ausnahmegenehmigung (TUE)* für diesen Stoff.

Verbotene Methoden

Zu allen Zeiten verboten (innerhalb und außerhalb des Wettkampfes)

Alle verbotenen Methoden in dieser Klasse sind *nichtspezifisch* mit Ausnahme der Methoden in der Klasse M2.2, die *spezifische Methoden* sind.

M1 Manipulation von Blut und Blutbestandteilen

Folgende Methoden sind verboten:
1. Die *Verabreichung* oder Wiederzufuhr jeglicher Menge von autologem, allogenem (homologem) oder heterologem Blut oder Produkten aus roten Blutkörperchen jeglicher Herkunft in das Kreislaufsystem.
2. Die künstliche Erhöhung der Aufnahme, des Transports oder der Abgabe von Sauerstoff.
   Dazu gehören unter anderem:
   Perfluorchemikalien; Efaproxiral (RSR13) und veränderte Hämoglobinprodukte, zum Beispiel Blutersatzstoffe auf Hämoglobinbasis und mikroverkapselte Hämoglobinprodukte, ausgenommen ergänzender Sauerstoff durch Inhalation.
3. Jegliche Form der intravaskulären Manipulation von Blut oder Blutbestandteilen mit physikalischen oder chemischen Mitteln.

M2 Chemische und physikalische Manipulation

Folgende Methoden sind verboten:
1. Die *tatsächliche* oder *versuchte unzulässige Einflussnahme,* um die Integrität und Validität der *Proben,* die während der *Dopingkontrollen* genommen werden, zu verändern.
   Dazu gehören unter anderem:
   der Austausch und/oder die Verfälschung einer *Probe,* zum Beispiel die Zugabe von Proteasen zu einer *Probe.*

K 2 Verbotsliste 2021

2. Intravenöse Infusionen und/oder Injektionen von insgesamt mehr als 100 ml innerhalb eines Zeitraums von 12 Stunden, es sei denn, sie werden rechtmäßig im Zuge von Krankenhausbehandlungen, chirurgischen Eingriffen oder klinischen diagnostischen Untersuchungen verabreicht.

M3 Gen- und Zelldoping

Die folgenden Methoden zur möglichen Steigerung der sportlichen Leistung sind verboten:
1. Die Verwendung von Nukleinsäuren oder Nukleinsäure-Analoga, mit denen Genomsequenzen und/oder die Genexpression durch jegliche Mechanismen verändert werden können. Dazu gehören unter anderem Technologien für Geneditierung, Genstilllegung und Gentransfer.
2. Die Anwendung normaler oder genetisch veränderter Zellen.

S6 Stimulanzien

Innerhalb des Wettkampfes verboten

Alle verbotenen Stoffe in dieser Klasse sind *spezifische Stoffe* mit Ausnahme derjenigen in der Klasse S6.A, die *nichtspezifische Stoffe* sind.

Suchtstoffe in diesem Abschnitt: Cocain und Methylendioxymethamfetamin (MDMA/„Ecstasy")

Alle Stimulanzien, dazu gehören alle optischen Isomere, zum Beispiel gegebenenfalls *D*- und *L*-, sind verboten.

Zu den Stimulanzien gehören
a. Nichtspezifische Stimulanzien:
Adrafinil
Amfepramon
Amfetamin
Amfetaminil
Amiphenazol
Benfluorex
Benzylpiperazin
Bromantan
Clobenzorex
Cocain
Cropropamid
Crotetamid
Fencamin
Fenetyllin
Fenfluramin
Fenproporex
Fonturacetam [4-Phenylpiracetam (Carphedon)]
Furfenorex
Lisdexamfetamin
Mefenorex
Mephentermin
Mesocarb
Metamfetamin(*D*-)
p-Methylamfetamin
Modafinil
Norfenfluramin
Phendimetrazin

Verbotene Stoffe und Methoden **Verbotsliste 2021 K 2**

    Phentermin
    Prenylamin
    Prolintan
    Stimulanzien, die in diesem Abschnitt nicht ausdrücklich genannt sind, gelten als *spezifische Stoffe*.
b. Spezifische Stimulanzien
    Dazu gehören unter anderem
    3-Methylhexan-2-amin (1,2-Dimethylpentylamin)
    4-Methylhexan-2-amin (Methylhexanamin)
    4-Methylpentan-2-amin (1,3-Dimethylbutylamin)
    5-Methylhexan-2-amin (1,4-Dimethylpentylamin)
    Benzfetamin
    Cathin**
    Cathinon und seine Analoga, zum Beispiel Mephedron,
    Methedron und alpha-Pyrrolidinovalerophenon
    Dimetamfetamin (Dimethylamfetamin)
    Ephedrin***
    Epinephrin**** (Adrenalin)
    Etamivan
    Etilamfetamin
    Etilefrin
    Famprofazon
    Fenbutrazat
    Fencamfamin
    Heptaminol
    Hydroxyamfetamin (Parahydroxyamfetamin)
    Isomethepten
    Levmetamfetamin
    Meclofenoxat
    Methylendioxymethamfetamin
    Methylephedrin***
    Methylphenidat
    Nikethamid
    Norfenefrin
    Octodrin (1,5-Dimethylhexylamin)
    Octopamin
    Oxilofrin (Methylsynephrin)
    Pemolin
    Pentetrazol
    Phenethylamin und seine Derivate
    Phenmetrazin
    Phenpromethamin
    Propylhexedrin
    Pseudoephedrin*****
    Selegilin
    Sibutramin
    Strychnin
    Tenamfetamin (Methylendioxyamfetamin)
    Tuaminoheptan
und andere Stoffe mit ähnlicher chemischer Struktur oder ähnlicher/n biologischer/n Wirkung(en).

K 2 Verbotsliste 2021

Ausnahmen:

Clonidin;

Imidazolderivate für die dermatologische, nasale oder ophthalmische Anwendung (zum Beispiel Brimonidin, Clonazolin, Fenoxazolin, Indanazolin, Naphazolin, Oxymetazolin, Xylometazolin) und die in das Überwachungsprogramm für 2021★ aufgenomenen Stimulanzien.

★ Bupropion, Koffein, Nikotin, Phenylephrin, Phenylpropanolamin, Pipradrol und Synephrin: Diese Stoffe sind in das Überwachungsprogramm für 2021 aufgenommen und gelten nicht als verbotene Stoffe.

★★ Cathin: verboten, wenn seine Konzentration im Urin 5 Mikrogramm/ml übersteigt.

★★★ Ephedrin und Methylephedrin: verboten, wenn ihre Konzentration im Urin jeweils 10 Mikrogramm/ml übersteigt.

★★★★ Epinephrin (Adrenalin): nicht verboten bei der lokalen Verabreichung, zum Beispiel nasal oder ophthalmologisch, oder bei der Verabreichung in Verbindung mit einem Lokalanästhetikum.

★★★★★ Pseudoephedrin: verboten, wenn seine Konzentration im Urin 150 Mikrogramm/ml übersteigt.

S7 Narkotika

Innerhalb des Wettkampfes verboten

Alle verbotenen Stoffe in dieser Klasse sind *spezifische Stoffe*.

Suchtstoff in diesem Abschnitt: Diamorphin (Heroin)

Die folgenden Narkotika, dazu gehören alle optischen Isomere, zum Beispiel gegebenenfalls *D*- und *L*-, sind verboten:
Buprenorphin
Dextromoramid
Diamorphin (Heroin)
Fentanyl und seine Derivate
Hydromorphon
Methadon
Morphin
Nicomorphin
Oxycodon
Oxymorphon
Pentazocin
Pethidin

S8 Cannabinoide

Innerhalb des Wettkampfes verboten

Alle verbotenen Stoffe in dieser Klasse sind *spezifische Stoffe*.
Suchtstoff in diesem Abschnitt: Tetrahydrocannabinol (THC)
Alle natürlichen und synthetischen Cannabinoide sind verboten, zum Beispiel in Cannabis (Haschisch, Marihuana) und Cannabis-Produkten
natürliche und synthetische Tetrahydrocannabinole (THCs)
synthetische Cannabinoide, welche die Wirkungen von THC nachahmen

Ausnahmen:
Cannabidiol.

S9 Glucocorticoide

Innerhalb des Wettkampfes verboten

Alle verbotenen Stoffe in dieser Klasse sind *spezifische Stoffe*.

Alle Glucocorticoide sind verboten, wenn sie oral, intravenös, intramuskulär oder rektal verabreicht werden.

Dazu gehören unter anderem
Beclometason
Betamethason
Budesonid
Ciclesonid
Cortison
Deflazacort
Dexamethason
Fluocortolon
Flunisolid
Fluticason
Hydrocortison
Methylprednisolon
Mometason
Prednisolon
Prednison
Triamcinolonacetonid

P1 Betablocker

In bestimmten Sportarten verboten

Alle verbotenen Stoffe in dieser Klasse sind *spezifische Stoffe*.

Betablocker sind in den folgenden Sportarten nur *innerhalb des Wettkampfes* verboten;

sofern angegeben (★), sind sie auch *außerhalb des Wettkampfes* verboten.

Billard (alle Disziplinen) (WCBS)
Bogenschießen (WA)★
Darts (WDF)
Golf (IGF)
Motorsport (FIA)
Schießen (ISSF, IPC)★
Skifahren/Snowboarding (FIS) im Skispringen, Freistil aerials/halfpipe und Snowboard halfpipe/big air
Unterwassersport (CMAS) wie Free Immersion Apnoea, Jump Blue Apnoea, Speer fischen,
Streckentauchen mit und ohne Flossen, Tieftauchen mit konstantem Gewicht mit und ohne Flossen, Tieftauchen mit variablem Gewicht, Zeittauchen und Ziel schießen

★ Auch *außerhalb des Wettkampfes* verboten.

K 2 Verbotsliste 2021

Dazu gehören unter anderem:

- Acebutolol
- Alprenolol
- Atenolol
- Betaxolol
- Bisoprolol
- Bunolol
- Carteolol
- Carvedilol
- Celiprolol
- Esmolol
- Labetalol
- Metipranolol
- Metoprolol
- Nadolol
- Nebivolol
- Oxprenolol
- Pindolol
- Propranolol
- Sotalol
- Timolol

Index

- 1-Androstendiol (5alpha-Androst-1-en-3beta,17beta-diol)
- 1-Androstendion (5alpha-Androst-1-en-3,17-dion)
- 1-Androsteron (3alpha-Hydroxy-5alpha-androst-1-en-17-on)
- 1-Epiandrosteron (3beta-Hydroxy-5alpha-androst-1-en-17-on)
- 1-Testosteron (17beta-Hydroxy-5alpha-androst-1-en-3-on)
- 2-Androstenol (5alpha-Androst-2-en-17-ol)
- 2-Androstenon (5alpha-Androst-2-en-17-on)
- 3-Androstenol (5alpha-Androst-3-en-17-ol)
- 3-Androstenon (5alpha-Androst-3-en-17-on)
- 3-Methylhexan-2-amin (1,2-Dimethylpentylamin)
- 4-Androsten-3,6,17-trion (6-oxo)
- 4-Androstendiol (Androst-4-en-3beta,17beta-diol)
- 4-Hydroxytestosteron (4,17beta-Dihydroxyandrost-4-en-3-on)
- 4-Methylhexan-2-amin (Methylhexanamin)
- 4-Methylpentan-2-amin (1,3-Dimethylbutylamin)
- 5-Androstendion (Androst-5-en-3,17-dion)
- 5-Methylhexan-2-amin (1,4-Dimethylpentylamin)
- 7-Keto-DHEA
- 7alpha-Hydroxy-DHEA
- 7beta-Hydroxy-DHEA
- 19-Norandrostendiol (Estr-4-en-3,17-diol)
- 19-Norandrostendion (Estr-4-en-3,17-dion)

A

- ACE-031
- Acebutolol
- Acetazolamid
- Adrafinil
- Adrenalin
- Agonisten des körpereigenen Reparatur-Rezeptors
- AICAR
- Aktivin A neutralisierende Antikörper
- Aktivin-Rezeptor-IIB-Kompetitoren
- Albumin
- Alexamorelin
- Alprenolol
- Amfepramon
- Amfetamin
- Amfetaminil
- Amilorid
- Aminoglutethimid
- Amiphenazol
- AMP-aktivierte Proteinkinase (AMPK)
- Anamorelin
- Anastrozol
- Andarin
- Androsta-1,4,6-trien-3,17-dion
- Androsta-3,5-dien-7,17-dion
- Androstanolon
- Androstatriendion
- Androstendiol
- Androstendion
- Anti-Aktivin-Rezeptor-IIB-Antikörper
- AOD-9604
- Arformoterol
- Arimistan
- Asialo-EPO
- Atenolol

B

- Bazedoxifen
- Beclometason
- Bendroflumethiazid
- Benfluorex
- Benzfetamin
- Benzylpiperazin
- Betamethason
- Betaxolol
- Bimagrumab
- Bisoprolol
- Blut

Verbotene Stoffe und Methoden **Verbotsliste 2021 K 2**

Blut, autolog
Blut, Bestandteile
Blut, heterolog
Blut, homolog
Blutkörperchen, rote
Blutmanipulation
Blutplättchen-Wachstumsfaktor (PDGF)
Bolasteron
Boldenon
Boldion
Brimonidin
Brinzolamid
Bromantan
Budesonid
Bumetanid
Bunolol
Buprenorphin
Buserelin

C
Calusteron
Cannabidiol
Cannabis
Canrenon
Carbamyliertes EPO (CEPO)
Carteolol
Carvedilol
Cathin
Cathinon
Celiprolol
Chlorothiazid
Chlortalidon
Choriongonadotropin (CG)
Ciclesonid
CJC-1293
CJC-1295
Clenbuterol
Clobenzorex
Clomifen
Clonazolin
Clonidin
Clostebol
CNTO-530
Cobalt
Cocain
Corticorelin
Corticotropine
Cortison
Cropropamid
Crotetamid
Cyclofenil

D
Danazol
Daprodustat
Darbepoetine (dEPO)
Deflazacort
Dehydrochlormethyltestosteron
Deslorelin
Desmopressin
Desoxymethyltestosteron
Dexamethason
Dextran
Dextromoramid
Diamorphin
Dimetamfetamin
Dimethylamfetamin
Domagrozumab
Dorzolamid
Drospirenon
Drostanolon

E
Ecstasy
Efaproxiral (RSR13)
Enobosarm
Ephedrin
Epiandrosteron
Epidihydrotestosteron
Epinephrin
Epitestosteron
EPO-basierte Konstrukte
EPO-Fc
EPO-mimetische Stoffe
Erythropoetine (EPO)
Erythropoetin-Rezeptor-Agonisten
Esmolol
Etacrynsäure
Etamivan
Ethylestrenol
Etilamfetamin
Etilefrin
Examorelin
Exemestan

F
Famprofazon
Felypressin
Fenbutrazat
Fencamfamin
Fencamin
Fenetyllin
Fenfluramin
Fenoterol

Fenoxazolin
Fenproporex
Fentanyl
Fibroblasten-Wachstumsfaktoren (FGFs)
Flunisolid
Fluocortolon
Fluoxymesteron
Fluticason
Follistatin
Fonturacetam
Formebolon
Formestan
Formoterol
Fulvestrant
Furazabol
Furfenorex
Furosemid

G
GATA-Hemmer
Gendoping
Geneditierung
Genstilllegung
Gentransfer
Gestrinon
GHRPs
Gonadorelin
Goserelin
GW1516
GW501516

H
Hämoglobin, mikroverkapselte Produkte
Hämoglobin, Produkte
Hämoglobinbasierte Blutersatzstoffe
Haschisch
Hepatozyten-Wachstumsfaktor (HGF)
Heptaminol
Heroin
Hexarelin
hGH 176–191
Higenamin
Hydrochlorothiazid
Hydrocortison
Hydromorphon
Hydroxyamfetamin
Hydroxyethylstärke
Hypoxie-induzierbarer-Faktor (HIF)-Aktivatoren

2327

K 2 Verbotsliste 2021

I
Imidazol
Indacaterol
Indanazolin
Indapamid
Infusionen
Injektionen, > 100 ml
Insulinähnlicher Wachstumsfaktor 1 (IGF-1)
Insuline
Insulin-Mimetika
Intravenöse Infusionen/Injektionen
IOX2
Ipamorelin
Isomethepten

K
K-11706

L
Labetalol
Landogrozumab
Lenomorelin
Letrozol
Leuprorelin
Levmetamfetamin
Levosalbutamol
LGD-4033
Ligandrol
Lisdexamfetamin
Luspatercept
Luteinisierendes Hormon (LH)

M
Macimorelin
Mannitol
Marihuana
Mechanisch induzierte Wachstumsfaktoren (MGFs)
Meclofenoxat
Mefenorex
Meldonium
Mephedron
Mephentermin
Mesocarb
Mestanolon
Mesterolon
Metamfetamin(D-)
Metandienon
Metenolon
Methadon

Methandriol
Methasteron
Methedron
Methoxy-Polyethylenglycol-Epoetin beta (CERA)
Methyl-1-testosteron
Methylclostebol
Methyldienolon
Methylendioxymethamfetamin
Methylephedrin
Methylnortestosteron
Methylphenidat
Methylprednisolon
Methylsynephrin
Methyltestosteron
Metipranolol
Metolazon
Metoprolol
Metribolon
Miboleron
Modafinil
Molidustat
Mometason
Morphin
Myostatin bindende Proteine
Myostatin neutralisierende Antikörper
Myostatinhemmer
Myostatin-Propeptid

N
Nadolol
Nafarelin
Nandrolon
Naphazolin
Nebivolol
Nicomorphin
Nikethamid
Norboleton
Norclostebol
Norethandrolon
Norfenefrin
Norfenfluramin
Nukleinsäure-Analoga
Nukleinsäuren

O
Octodrin
Octopamin
Olodaterol
Ospemifen

Ostarin
Oxabolon
Oxandrolon
Oxilofrin
Oxprenolol
Oxycodon
Oxymesteron
Oxymetazolin
Oxymetholon
Oxymorphon

P
Pamabrom
Parahydroxyamfetamin
Peginesatid
Pemolin
Pentazocin
Pentetrazol
Perfluorchemikalien
Peroxisom-Proliferator-aktivierter-Rezeptor-delta-Agonisten
Pethidin
Phendimetrazin
Phenethylamin
Phenmetrazin
Phenpromethamin
Phentermin
Pindolol
Plasmaexpander
p-Methylamfetamin
Pralmorelin
Prasteron
Prednisolon
Prednison
Prenylamin
Probenecid
Procaterol
Prolintan
Propranolol
Propylhexedrin
Prostanozol
Proteasen
Pseudoephedrin

Q
Quinbolon

R
RAD140
Raloxifen
Reproterol
Roxadustat

Verbotene Stoffe und Methoden **Verbotsliste 2021 K 2**

S
Salbutamol
Salmeterol
Selegilin
Selektive Androgen-Rezeptor-Modulatoren
Sermorelin
Sibutramin
Sotalol
Sotatercept
Spironolacton
SR9009
Stamulumab
Stanozolol
Stenbolon
Strychnin

T
Tabimorelin
Tamoxifen
TB-500
Tenamfetamin
Terbutalin
Tesamorelin
Testolacton
Testosteron
Tetrahydrocannabinole
Tetrahydrogestrinon
Thiazide
Thymosin beta-4
Tibolon
Timolol
Tolvaptan
Toremifen
Transformierender-Wachstumsfaktor-beta-(TGF-β-)Signalhemmer
Trenbolon
Tretoquinol
Triamcinolonacetonid
Triamteren
Trimetazidin
Trimetoquinol
Triptorelin
Tuaminoheptan
Tulobuterol

U
Unzulässige Einflussnahme

V
Vadadustat (AKB-6548)
Vaptane
Vaskulär-endothelialer Wachstumsfaktor (VEGF)
Vilanterol

W
Wachstumshormon (GH)

X
Xenon
Xylometazolin

Z
Zelle, Doping
Zelle, genetisch verändert
Zelle, normal
Zeranol
Zilpaterol

2329

L. Verordnung über die Begleiterhebung nach § 31 Abs. 6 des Fünften Buches Sozialgesetzbuch (Cannabis-Begleiterhebungs-Verordnung – CanBV)

v. 23.3.2017 (BGBl. I S. 520)

§ 1 Datenumfang. Die Begleiterhebung umfasst folgende Daten:
1. Alter zum Zeitpunkt des Therapiebeginns und Geschlecht der oder des Versicherten,
2. Diagnose gemäß dem Diagnoseschlüssel ICD-10, die die Verordnung der Leistung nach § 31 Absatz 6 Satz 1 des Fünften Buches Sozialgesetzbuch begründet, sowie alle weiteren Diagnosen gemäß dem Diagnoseschlüssel ICD-10,
3. Dauer der Erkrankung und Symptomatik, die die Verordnung der Leistung nach § 31 Absatz 6 Satz 1 des Fünften Buches Sozialgesetzbuch begründet,
4. Angaben zu vorherigen Therapien, einschließlich der Beendigungsgründe wie mangelnder Therapieerfolg, unverhältnismäßige Nebenwirkungen, Kontraindikation,
5. Angaben, ob eine Erlaubnis nach § 3 Absatz 2 des Betäubungsmittelgesetzes zur ärztlich begleiteten Selbsttherapie mit Cannabis vorlag und ob von dieser Erlaubnis Gebrauch gemacht wurde,
6. Fachrichtung der verordnenden Vertragsärztin oder des verordnenden Vertragsarztes,
7. genaue Bezeichnung der verordneten Leistung nach § 31 Absatz 6 Satz 1 des Fünften Buches Sozialgesetzbuch,
8. Dosierung, einschließlich Dosisanpassungen, und Art der Anwendung der verordneten Leistung nach § 31 Absatz 6 Satz 1 des Fünften Buches Sozialgesetzbuch,
9. Therapiedauer mit der verordneten Leistung nach § 31 Absatz 6 Satz 1 des Fünften Buches Sozialgesetzbuch,
10. Angabe parallel verordneter Leistungen wie Arzneimittel nach Wirkstoffen oder physikalische Therapien,
11. Auswirkung der Therapie auf den Krankheits- oder Symptomverlauf,
12. Angaben zu Nebenwirkungen, die während der Therapie mit verordneten Leistungen nach § 31 Absatz 6 Satz 1 des Fünften Buches Sozialgesetzbuch auftraten,
13. gegebenenfalls Angabe von Gründen, die zur Beendigung der Therapie geführt haben,
14. Angaben zur Entwicklung der Lebensqualität der oder des Versicherten.

§ 2 Erstellung und Übermittlung des Erhebungsbogens. (1) Das gemäß § 31 Absatz 6 Satz 4 des Fünften Buches Sozialgesetzbuch mit der Begleiterhebung betraute Bundesinstitut für Arzneimittel und Medizinprodukte erstellt einen Erhebungsbogen, der die in § 1 festgelegten Daten enthalten soll.

(2) Der Erhebungsbogen ist den Vertragsärztinnen und Vertragsärzten, die eine Leistung nach § 31 Absatz 6 Satz 1 des Fünften Buches Sozialgesetzbuch verordnen, durch das Bundesinstitut für Arzneimittel und Medizinprodukte elektronisch zur Verfügung zu stellen. Für die Übermittlung des ausgefüllten Erhebungsbogens von der Vertragsärztin oder dem Vertragsarzt an das Bundesinstitut für Arzneimittel und Medizinprodukte hat vom Bundesinstitut für Arzneimittel und Medizinprodukte ein Übermittlungsweg zu wählen, der die Anonymisierung der Versichertendaten und der Daten der Vertragsärztinnen und Vertragsärzte sicherstellt. Das Verfahren nach

den Sätzen 1 und 2 wird vom Bundesinstitut für Arzneimittel und Medizinprodukte jeweils näher konkretisiert.

§ 3 Information der oder des Versicherten. (1) Die Vertragsärztin oder der Vertragsarzt hat die Versicherte oder den Versicherten vor der ersten Verordnung der Leistung nach § 31 Absatz 6 Satz 1 des Fünften Buches Sozialgesetzbuch über die Begleiterhebung zu informieren. Dabei ist insbesondere das vom Bundesinstitut für Arzneimittel und Medizinprodukte näher konkretisierte Verfahren der anonymisierten Datenübermittlung zu erläutern.

(2) Die Information hat im persönlichen Gespräch zwischen der Vertragsärztin oder dem Vertragsarzt und der oder dem Versicherten zu erfolgen. Das Bundesinstitut für Arzneimittel und Medizinprodukte hat ein Informationsblatt zu erstellen, in dem die im Rahmen der Begleiterhebung zu übermittelnden Daten und ihre anonymisierte Übermittlung erläutert werden, und den Vertragsärztinnen und Vertragsärzten zur Verfügung zu stellen. Die Vertragsärztin oder der Vertragsarzt hat dieses Informationsblatt an die Versicherte oder den Versicherten auszuhändigen.

§ 4 Datenerfassung durch die Vertragsärztin oder den Vertragsarzt und Übermittlung der Daten an das Bundesinstitut für Arzneimittel und Medizinprodukte. (1) Die Vertragsärztin oder der Vertragsarzt hat den Erhebungsbogen elektronisch auszufüllen mit den nach § 1 festgelegten Daten, die bereits aufgrund der Therapie der Versicherten vorliegen.

(2) Der Erhebungsbogen ist an das Bundesinstitut für Arzneimittel und Medizinprodukte zu übermitteln, wenn
1. nach Beginn der Therapie mit der durch die Krankenkasse nach § 31 Absatz 6 Satz 2 des Fünften Buches Sozialgesetzbuch genehmigten Leistung ein Jahr vergangen ist oder
2. die Therapie mit der genehmigten Leistung vor Ablauf eines Jahres beendet wurde.

Für Versicherte, die sich nach dem 31. Dezember 2021 in Therapie befinden, müssen Vertragsärztinnen und Vertragsärzte spätestens bis zum 31. März 2022 an das Bundesinstitut für Arzneimittel und Medizinprodukte einen weiteren Erhebungsbogen übermitteln, unabhängig davon, ob sie bereits zuvor zu den gleichen Versicherten Daten übermittelt haben.

(3) Der Wechsel zu einer anderen Leistung nach § 31 Absatz 6 Satz 1 des Fünften Buches Sozialgesetzbuch gilt als neue Therapie. In diesen Fällen ist ein neuer Erhebungsbogen gemäß Absatz 1 auszufüllen und gemäß Absatz 2 an das Bundesinstitut für Arzneimittel und Medizinprodukte zu übermitteln.

(4) Eine Verknüpfung von Daten nach Absatz 2 Satz 2 mit Daten nach Absatz 2 Satz 1 erfolgt nicht.

§ 5 Inkrafttreten, Außerkrafttreten. Diese Verordnung tritt am Tag nach der Verkündung in Kraft und tritt am 31. März 2023 außer Kraft.

M. SARS-CoV-2-Arzneimittelversorgungsverordnung

v. 20.4.2020 (BAnz. AT 21.4.2020 V1)

§ 1 bis § 4. *nicht abgedruckt*

§ 5 Ausnahmen vom Betäubungsmittelgesetz. Einer Erlaubnis nach § 3 des Betäubungsmittelgesetzes bedarf auch nicht, wer im Rahmen des Betriebs einer öffentlichen Apotheke oder einer Krankenhausapotheke zur Sicherstellung des nicht aufschiebbaren Betäubungsmittelbedarfs für die Behandlung von Patienten in Anlage III des Betäubungsmittelgesetzes bezeichnete Betäubungsmittel an eine öffentliche Apotheke oder eine Krankenhausapotheke abgibt.

Begründung[1]

Durch das Infektionsgeschehen der durch das neuartige Coronavirus SARS-CoV-2 verursachten Krankheit COVID-19 ist von einem höheren Bedarf an Beatmungskapazitäten auf Intensivstationen der Krankenhäuser auszugehen, der mit einem höheren Bedarf an Betäubungsmitteln zur so genannten Analgosedierung einhergehen kann. Für diese Versorgung kommen insbesondere die Betäubungsmittel Remifentanil, Sufentanil, Fentanyl und Midazolam in Betracht. In Erfüllung ihres Versorgungsauftrages sind Krankenhausapotheken angehalten, sich auf diesen ansteigenden Bedarf vorzubereiten, indem sie zusätzliche Bedarfe durch Erhöhung ihrer Bestellmengen abzudecken versuchen. Hierbei ist jedoch nicht ausschließbar, dass es zu ungleichen oder unzureichenden Bestandssituationen der Krankenhausapotheken in Deutschland kommen kann. Begrenzungen können sich sowohl aus erschöpften Lagermöglichkeiten – für die besonders gesichert vorzuhaltenden – Betäubungsmittel, als auch aus verzögerter oder nach Art oder Menge ungleicher Belieferung von Apotheken durch den Großhandel oder pharmazeutische Unternehmen ergeben.

Mit der befristeten, allgemeinen Suspendierung der betäubungsmittelrechtlichen Erlaubnispflicht für die Abgabe und den Erwerb von Betäubungsmitteln unter Apotheken wird dazu beigetragen, dass sich Apotheken untereinander bedarfsgerecht aushelfen können, um die medizinische Versorgung der Bevölkerung und insbesondere von Patienten in intensivmedizinischer Behandlung in Krankenhäusern, nach den zeitlichen und örtlichen Notwendigkeiten sicherzustellen. Durch die Formulierung „nicht aufschiebbar" soll gewährleistet werden, dass keine unnötigen, die Verfügbarkeit von Betäubungsmitteln für andere einschränkenden Bevorratungen im Übermaß erfolgen.

Aus Gründen der Sicherheit und der Kontrolle des Verkehrs mit verkehrs- und verschreibungsfähigen Betäubungsmitteln nach Anlage III zu § 1 Abs. 1 BtMG ist es nicht verzichtbar, den Verbleib solcher Betäubungsmittel weiterhin in einem bewährten Kontrollformat sicher nachvollziehen zu können.

§ 6 Ausnahmen von der Betäubungsmittel-Verschreibungsverordnung.
(1) Zur Sicherstellung der Substitutionsbehandlung von opioidabhängigen Patienten, denen ein Substitutionsmittel verschrieben, verabreicht oder zum unmittelbaren Verbrauch überlassen wird, darf der substituierende Arzt

---

[1] Verordnungsbegründung (Genderung im Interesse der Lesbarkeit und der Platzersparnis entfernt).

1. abweichend von § 5 Absatz 4 Satz 2 der Betäubungsmittel-Verschreibungsverordnung gleichzeitig mehr als zehn Patienten mit Substitutionsmitteln behandeln,
2. abweichend von § 5 Absatz 5 Satz 3 der Betäubungsmittel-Verschreibungsverordnung über die dort genannten Zeiträume hinaus von einem suchtmedizinischen nicht qualifizierten Arzt vertreten werden,
3. abweichend von § 5 Absatz 8 Satz 2 Nummer 1 der Betäubungsmittel-Verschreibungsverordnung Substitutionsmittel in der für bis zu sieben aufeinanderfolgende Tage benötigten Menge verschreiben,
4. abweichend von § 5 Absatz 8 Satz 3 der Betäubungsmittel-Verschreibungsverordnung innerhalb einer Kalenderwoche dem Patienten bis zu vier Verschreibungen, jedoch nicht mehr als eine Verschreibung an einem Tag aushändigen,
5. abweichend von § 5 Absatz 8 Satz 4 der Betäubungsmittel-Verschreibungsverordnung und § 5 Absatz 9 Satz 6 der Betäubungsmittel-Verschreibungsverordnung die Verschreibung auch ohne persönliche Konsultation an den Patienten aushändigen,
6. abweichend von § 5 Absatz 10 Satz 1 und 2 der Betäubungsmittel-Verschreibungsverordnung auch anderes als das in § 5 Absatz 10 Satz 1 und 2 der Betäubungsmittel-Verschreibungsverordnung bezeichnete Personal zum Überlassen von Substitutionsmitteln zum unmittelbaren Verbrauch einsetzen, soweit das dort bezeichnete Personal hierfür nicht oder nicht in dem erforderlichen Umfang zur Verfügung steht; in Fällen, in denen die Durchführung des Überlassens von Substitutionsmitteln zum unmittelbaren Verbrauch in der ambulanten Versorgung eines Substitutionspatienten außerhalb der Praxis des substituierenden Arztes nach den Feststellungen des substituierenden Arztes nicht angemessen gewährleistet werden kann, dürfen auch solche volljährigen Personen zum Überlassen von Substitutionsmitteln zum unmittelbaren Verbrauch eingesetzt werden, die von einer Apotheke mit Botendiensten beauftragt sind.
7. Macht der substituierende Arzt von den Ausnahmen nach Satz 1 Nummer 6 Gebrauch, ist er verpflichtet, hierzu Vereinbarungen gemäß § 5 Absatz 10 Satz 1 Nummer 3 oder Satz 2 Nummer 1 Buchstabe b oder Nummer 2 bis 4 der Betäubungsmittel-Verschreibungsverordnung zu treffen.

(2) Abweichend von § 8 Absatz 6 Satz 1 der Betäubungsmittel-Verschreibungsverordnung darf der substituierende Arzt zur Sicherstellung der Substitutionsbehandlung von opioidabhängigen Patienten in Notfällen, unter Beschränkung auf die zur Behebung des Notfalls erforderliche Menge, Substitutionsmittel auf einer Notfall-Verschreibung verschreiben. Die Anforderungen nach § 8 Absatz 6 Satz 2 bis 6 der Betäubungsmittel-Verschreibungsverordnung bleiben unberührt.

(3) Abweichend von § 8 Absatz 3 Satz 1 der Betäubungsmittel-Verschreibungsverordnung dürfen zur Sicherstellung der Versorgung mit Betäubungsmitteln Betäubungsmittelrezepte auch außerhalb von Vertretungsfällen übertragen werden.

Begründung

Zu Absatz 1. Absatz 1 regelt Ausnahmen von den Vorgaben der BtMVV bei der Substitutionsbehandlung opioidabhängiger Menschen.

Zu Nummer 1. Durch die ausnahmsweise Möglichkeit für Ärzte, auch ohne suchtmedizinische Qualifikation mehr als zehn Patienten behandeln zu können, sollen Versorgungsengpässe in der überlebenswichtigen Behandlung durch eine Substitutionstherapie zeitnah aufgefangen werden können. Dadurch soll im Übrigen auch Rückfällen von opiodabhängigen Patienten, auch in ein illegales Beschaffungsgeschehen und eine damit einhergehende Zunahme der Beschaffungskriminalität, sowie damit verbundener Muster des Konsums illegaler Betäubungsmittel, entgegengewirkt werden. Ein solches nachteiliges Geschehen könnte sich entwickeln, wenn die Versorgung von Substitutionspatienten in der erforderlichen Kontinuität aber auch im quantitativen Angebot durch substitutionsmedizinisch versorgende Praxen oder Ambulanzen nicht mehr bedarfsgerecht möglich sein sollte.

Zu Nummer 2. Mit der Möglichkeit für Ärzte, auch ohne suchtmedizinische Qualifikation länger als vier Wochen in einem zusammenhängenden Zeitraum oder länger als 12 Wochen insgesamt vertretungsweise im Jahr Patienten substitutionsmedizinisch behandeln zu können, sollen Versorgungsengpässe in der überlebenswichtigen Behandlung durch eine Substitutionstherapie aufgefangen werden können, wenn sich ein längerer Vertretungsbedarf in Substitutionspraxen ergibt, der sich anderweitig nicht oder zumindest nicht in der nach den geltenden Vorgaben der BtMVV erforderlichen zeitlichen Nähe, beheben lässt.

Zu Nummer 3. Mit der Möglichkeit für Ärzte, von der Regelung des § 5 Abs. 8 BtMVV, die lediglich eine Verschreibung zur eigenverantwortlichen Einnahme der verschriebenen Substitutionsmittel von zwei Tagen erlaubt, auf einen längeren Verschreibungszeitraum von sieben Tage abzuweichen, sollen Sozialkontakte bei der Substitutionstherapie, soweit möglich und substitutionsärztlich vertretbar, reduziert werden. Dieses ist im Rahmen der durch das neuartige Coronavirus SARS-CoV-2 verursachten Krankheit COVID-19 ein wichtiges – Instrument zur Eindämmung des akuten Infektionsgeschehens in diesem Versorgungsbereich. Die Nutzung dieser ausnahmsweisen Möglichkeit setzt eine in besonderem Maße erforderliche Abwägung und Sorgfalt der ärztlichen Entscheidungsfindung voraus.

Zu Nummer 4. Mit der Möglichkeit für Ärzte, von der Regelung des § 5 Abs. 8 BtMVV, die für den Fall der eigenverantwortlichen Einnahme eines Substitutionsmittels auf eine Verschreibung wöchentlich begrenzt, auf bis zu vier Verschreibungen wöchentlich abzuweichen, sollen räumlich-soziale Kontaktsituationen bei der Substitutionstherapie, soweit möglich und substitutionsärztlich vertretbar, reduziert werden. Diese Ausnahme erlaubt es, substituierenden Ärzten ihre Patienten schrittweise – durch bis zu vier kalender-wöchentlich erlaubte Verordnungen – hin zu einer medizinisch steuer- und vertretbaren eigenverantwortlichen Einnahme des Substitutionsmittels zu führen. Diese Möglichkeit stellt ein geeignetes und angemessenes Instrument dar, um ansonsten noch unterstützungsbedürftige Patienten kurzfristig auf dem Weg zu einer eigenverantwortlichen Einnahme ihrer Arzneimittel zu begleiten und auf diesem zu steuern und dadurch die ansonsten erforderlichen räumlich-sozialen Kontaktsituationen im Arzt-Patientenverhältnis aus Gründen des Infektionsschutzes zu reduzieren.

Zu Nummer 5. Mit der Möglichkeit für Ärzte, von den Regelungen des § 5 Abs. 8 und 9 BtMVV abzuweichen, die für den Fall der eigenverantwortlichen Einnahme eines Substitutionsmittels die Aushändigung der Verschreibung an eine persönliche ärztliche Konsultation binden, wird dem Arzt gestattet, eine Substitutionsverschreibung an den Patienten oder an eine von diesen bestimmte Apotheke auf dem Postwege oder durch Boten zuzuleiten. Diese Möglichkeit trägt dazu bei, die unter den Vorgaben des geltenden Substitutionsrechts unvermeidbaren Sozialkontakte im Rahmen der vorgeschriebenen ärztlichen Konsultation zu reduzieren. Auch diese wichtige Maßnahme zur Eindämmung des akuten Infektionsgeschehens setzt eine die therapeutische Gesamtsituation besonders berücksichtigende und angemessene, ärztlich abgewogene Entscheidungsfindung voraus.

Zu Nummer 6. Halbsatz 1 ermöglicht den Einsatz von anderem als dem in von § 5 Abs. 10 S. 1 und 2 der BtMVV bezeichneten Personal bei der Durchführung des Überlassens zum unmittelbaren Verbrauch. Die Ausnahme erlaubt, dass Substitutionsärzte auch solche „anderen" Personen, die über keine – wie hingegen in den vorgenannten Vorschriften der BtMVV vorgesehen – etwa medizinische, pharmazeutische oder pflegerische Ausbildung oder über eine Ausbildung für eine staatlich anerkannte, suchtmedizinische Einrichtung verfügen, im Bedarfsfall (etwa bei

Erkrankungsabwesenheit des in den vorgenannten Vorschriften der BtMVV bezeichneten Personals oder bei einem höheren Versorgungsaufkommen) ebenfalls für das Überlassen des Substitutionsmittels zum unmittelbaren Verbrauch nach § 5 Abs. 10 BtMVV einsetzen können. Halbsatz 2 der Regelung eröffnet in diesem Zusammenhang die Möglichkeit zu einer kontinuierlichen ambulanten Betreuung von Substitutionspatienten außerhalb der substitutionsärztlichen Praxis, indem diese durch den Botendienst einer Apotheke etwa direkt am Ort ihrer Wohnung mit den erforderlichen Substitutionsarzneimitteln aufgesucht und versorgt werden können (Fall: Überlassung des Substitutionsmittels zum unmittelbaren Verbrauch unter Sichtbezug durch Apothekenboten nach Abgabe auf ärztliche Verschreibung in der Apotheke).

Zu Nummer 7. Die durch Nummer 7 getroffene Regelung gewährleistet, dass die Gesamtverantwortung für die Substitutionstherapie auch in dem Fall, dass von den ausnahmsweisen Möglichkeiten nach § 6 Abs. 1 Nr. 6 Gebrauch gemacht wird, unverändert bei dem Substitutionsarzt verbleibt. Hierzu dient die Verpflichtung, dass auch in diesen Fällen gemäß § 5 Abs. 10 S. 1 Nr. 3 oder S. 2 Nr. 1 Buchst. b oder Nr. 2–4 BtMVV eine Vereinbarung mit der Einrichtung, in der das im Sinne von § 6 Abs. 1 Nr. 6 „andere" Personal beschäftigt ist, getroffen werden muss. Dies gilt auch in Bezug auf den Einsatz eines in § 6 Abs. 1 Nr. 6 genannten Boten einer Apotheke.

Zu Absatz 2. Absatz 2 regelt eine weitere Ausnahme von Vorgaben der BtMVV zur Substitutionsbehandlung opioidabhängiger Patienten.

Durch Satz 1 wird dem substituierenden Arzt abweichend von § 8 Abs. 6 S. 1 BtMVV erlaubt, auch für den Fall einer Substitutionstherapie Notfallverschreibungen für Betäubungsmittel auszustellen. Dieser Fall ist auf Notfälle und die zur Behebung eines Notfalls erforderliche Menge an Substitutionsmitteln beschränkt. Die Ausnahme ist erforderlich, um zu vermeiden, dass es im nicht ausschließbaren Fall einer (etwa aufgrund von Einschränkungen bei der Druckherstellung oder der Versendung) eingeschränkten Verfügbarkeit der vom Bundesinstitut für Arzneimittel und Medizinprodukte an Substitutionsärzte ausgegebenen Betäubungsmittel-Rezeptvordrucke, allein aufgrund der physischen Nichtverfügbarkeit des nach § 8 Abs. 1 BtMVV vorgeschriebenen Formblattes zu Nachteilen bei der erforderlichen Kontinuität und im quantitativen Angebot der überlebenswichtigen Substitutionstherapie kommt. Satz 2 betont, dass dabei die Anforderungen nach § 8 Abs. 6 S. 2–6 BtMVV unberührt bleiben. Diese Ausnahmevorschrift korrespondiert in ihrem Ziel mit § 7 Abs. 3.

Zu Absatz 3. Absatz 3 sieht eine weitere Abweichung zur Sicherstellung der Betäubungsmittelversorgung vor. Sie erlaubt Ärzten, auch außerhalb von Vertretungsfällen, Betäubungsmittelrezepte, die das Bundesinstitut für Arzneimittel und Medizinprodukte nach § 8 Abs. 2 BtMVV an einen anderen Arzt (etwa in der Praxisgemeinschaft) ausgegeben hat, zur Verschreibung von Betäubungsmitteln zu verwenden. Diese Ausnahme ist erforderlich um zu vermeiden, dass es im nicht ausschließbaren Fall einer (etwa aufgrund von Einschränkungen bei der Druckherstellung oder bei der Versendung) vorübergehend eingeschränkten oder vollständig fehlenden Verfügbarkeit der vom Bundesinstitut für Arzneimittel und Medizinprodukte an Ärzte ausgegebenen Betäubungsmittel-Rezeptvordrucke, bei einem bestimmten Arzt, allein aufgrund der physischen Nichtverfügbarkeit des nach § 8 Abs. 1 BtMVV vorgeschriebenen Formblattes bei einem Arzt, zu nachteiligen Folgen bei der erforderlichen Kontinuität und im quantitativen Angebot der Behandlung mit Betäubungsmitteln kommt.

§ 7. *nicht abgedruckt*

M SARS-CoV-2 VO

§ 8 Ordnungswidrigkeiten. Ordnungswidrig im Sinne des § 73 Absatz 1a Nummer 24 des Infektionsschutzgesetzes handelt, wer vorsätzlich oder fahrlässig
1. entgegen § 6 Absatz 1 Nummer 7 keine Vereinbarung trifft,
2., 3. *nicht abgedruckt*

§ 9 Inkrafttreten, Außerkrafttreten. (1) Diese Verordnung tritt am Tag nach der Verkündung in Kraft; sie tritt vorbehaltlich des Absatzes 2 nach § 5 Absatz 4 Satz 1 des Infektionsschutzgesetzes vom 20. Juli 2000 (BGBl. I S. 1045), das zuletzt durch Artikel 3 des Gesetzes vom 27. März 2020 (BGBl. I S. 587) geändert worden ist, außer Kraft.
(2) *nicht abgedruckt*

Begründung

Zu Absatz 1. Absatz 1 regelt das Inkrafttreten der Verordnung am Tag nach der Verkündung. Die mit dieser Verordnung ermöglichten Ausnahmemöglichkeiten sind nach Absatz 2 solange in Kraft, bis der Deutsche Bundestag die Feststellung der epidemischen Lage von nationaler Tragweite außer Kraft setzt und im Bundesgesetzblatt verkündet hat. Die Verordnung tritt spätestens am 31.3.2021 außer Kraft.[2]
Zu Absatz 2. *nicht abgedruckt*

---

[2] Die in der Verordnungsbegründung genannte Befristung (31.3.2021) ist obsolet. Sie ergab sich aus § 5 Abs. 4 Satz 1 IfSG und wurde dort durch Art. 1 Nr. 1 Buchst. d des Gesetzes v. 29.3.2021 (BGBl. I S. 370) aufgehoben (BT-Drs.19/26545 S. 17).

Sachverzeichnis

Die **fett** gedruckten arabischen **Zahlen** bezeichnen die Paragraphen des BtMG, des AMG, des AntiDopG, des NpSG und der Rechtsverordnungen, die **fett** gedruckten **Buchstaben** bezeichnen das **AMG**, das **AntiDopG**, das **NpSG**, die **Rechtsverordnungen** selbst sowie den **Anhang**; die Zahlen ohne voranstehende Buchstaben bezeichnen somit das **BtMG**. Die mageren Zahlen hinter den Paragraphen beziehen sich auf die Erläuterungen nach ihren jeweiligen Randnummern. „Vor" mit darauf folgender **fetter Zahl** verweist auf die Vorbemerkung vor dem jeweiligen Paragraphen.

999 s. Fentanyl

A
AAS (Anabol-androgene-Steroide) AntiDopG § 2 20
Abartigkeit, andere seelische s. Störung
AB-CHMINACA s. Cannabinoide
– nicht geringe Menge **§ 29a** 104
Abenteuerreisen § 35 63
Abfälle, Entsorgung v. – **§ 30a** 155, 171
AB-FUBINACA s. Cannabinoide
Abführmittel, Vergabe v. – **Vorb 29** 1151
Abfüllen
– AMG als Herstellen **§ 4** 36
– AntiDopG als Herstellen **§ 2** 33–35
– BtMG **§ 2** 61, **§ 29** 497
– NpSG als Herstellen **§ 2** 20
Abbruch d Behandlung **§ 35** 237–240, **§ 37** 47, 48
Abgabe v. Arzneimitteln AMG § 4 14, 61–71
– Begriff **AMG § 4** 14, 61–71
– Abgebender, Empfänger **AMG § 4** 65–69
– Auslandsberührung **AMG § 4** Rn 55–57
– Besitzdiener/Besitzherr **AMG § 4** 65, 66
– Besitzmittler/mittelbarer Besitzer **AMG § 4** 65
– Bote **AMG § 4** 66
– Export **AMG § 4** Rn 55–57
– Lohnherstellung s. dort
Abgabe v. Arzneimitteln in einer Apotheke s. Apothekenmonopol
Abgabe v. Arzneimitteln in einer tierärztlichen Hausapotheke
– s. tierärztliche Hausapotheke
Abgabe v. Arzneimitteln auf Verschreibung durch Nicht-Apotheken entgegen § 43 Abs. 3 Satz 1 (AMG § 95 Abs. 1 Nr. 4 Alt. 3)
Grundtatbestand (AMG § 43 Abs. 3 Satz 1)
– Abgrenzung **AMG § 43** 67, 68
– durch Apotheken **AMG § 43** 70
– Arzneimittel **AMG § 43** 65, 66
– (nicht) berufs- oder gewerbsmäßig **AMG § 43** 68
– Geltungsbereich **AMG § 43** 65

– Weitergabe nach erfolgter Abgabe **AMG § 43** 69
Strafvorschrift für verschreibungspflichtige Arzneimittel (AMG § 95 Abs. 1 Nr. 4 Alt. 3, Abs. 2 bis 4)
– Tathandlung **AMG § 95** 244–249
– Versuch, Vollendung, Beendigung **AMG § 95** 250
– Täterschaft, Teilnahme **AMG § 95** 251
– Handeln im Ausland **AMG § 95** 252
– Subjektiver Tatbestand **AMG § 95** 253–256
– Fahrlässigkeit **§ 95** 253, 256
– Konkurrenzen **AMG § 95** 257
– Strafzumessung **AMG § 95** 258–261
Besonders schwerer Fall, Regelbeispiele (Absatz 3)
AMG § 95 422–462
Bußgeldvorschrift für apothekenpflichtige Arzneimittel (§ 97 Abs. 2 Nr. 10)
– **AMG § 43** 102, **§ 97** 1–16, 22–24
Abgabe v. Arzneimitteln durch juristische Personen/Personenvereinigungen an ihre Mitglieder entgegen § 43 Abs. 2 (§ 95 Abs. 1 Nr. 4 Alt 2)
Grundtatbestand (AMG § 43 Abs. 2)
– Verbot **AMG § 43** 63, 64
Strafvorschrift für verschreibungspflichtige Arzneimittel (§ 95 Abs. 1 Nr. 4 Alt. 2)
– Tathandlung **AMG § 95** 226–232
– Versuch, Vollendung, Beendigung **AMG § 95** 233
– Täterschaft, Teilnahme **AMG § 95** 234, 235
– Handeln im Ausland **AMG § 95** 236
– Subjektiver Tatbestand **AMG § 95** 237–240
– Fahrlässigkeit **§ 95** 237, 240
– Konkurrenzen **AMG § 95** 241
– Strafzumessung **AMG § 95** 242
Besonders schwerer Fall, Regelbeispiele (Absatz 3)
AMG § 95 422–462
Bußgeldvorschrift für apothekenpflichtige Arzneimittel (§ 97 Abs. 2 Nr. 10)
– **AMG § 43** 102, **§ 97** 1–16, 22–24
Abgabe v. apothekenpflichtigen Arzneimitteln durch pharmazeutische Unternehmer oder Großhändler entgegen § 47 Abs. 1 (AMG § 95 Abs. 1 Nr. 5 Alt. 1)

Sachverzeichnis

Grundtatbestand (AMG § 47 Abs. 1)
- Abgabe v. Arzneimitteln
  - an Apotheken **AMG § 47** 10
  - an andere Personen oder Stellen **AMG § 47** 11–18
  - apothekenpflichtige – **AMG § 47** 1
- Abgebender **AMG § 47** 6, 7
- Diamorphin **AMG § 47b** Abs. 2
- Direktvertrieb **AMG § 47** 6–18
- Empfänger **AMG § 47** 8
- Empfangsberechtigte **AMG § 47** 10–18
- Prüfungspflicht d Abgebenden **AMG § 47** 8
- Vertriebsweg und Verschreibungspflicht **AMG § 47** 5
- zentrale Beschaffungsstellen **AMG § 47** 24
- Zivilrecht **AMG § 47** 46

Strafvorschrift für verschreibungspflichtige Arzneimittel (§ 95 Abs. 1 Nr. 5 Alt. 1)
- Tathandlung **AMG § 95** 259, 263–271
- Versuch, Vollendung, Beendigung **AMG § 95** 272
- Täterschaft, Teilnahme **AMG § 95** 273
- Handeln im Ausland **AMG § 95** 274
- Subjektiver Tatbestand **AMG § 95** 275–278
  - Fahrlässigkeit **§ 95** 275, 278
- Konkurrenzen **AMG § 95** 279
- Strafzumessung **AMG § 95** 280

Besonders schwerer Fall, Regelbeispiele (Absatz 3) **AMG § 95** 422–462

Bußgeldvorschrift für apothekenpflichtige Arzneimittel (§ 97 Abs. 2 Nr. 12)
- **AMG § 47** 39, **§ 97** 1–16, 22–24

Abgabe v. Arzneimitteln durch pharmazeutische Unternehmer oder Großhändler entgegen § 47 Abs. 1a, (AMG § 95 Abs. 1 Nr. 5 Alt. 2)

Grundtatbestand (AMG § 47 Abs. 1a)
- Bescheinigung **AMG § 47** 19
- Empfänger **AMG § 47** 19
- Tierarzneimittel **AMG § 47** 19

Strafvorschrift für verschreibungspflichtige Arzneimittel (§ 95 Abs. 1 Nr. 5 Alt. 2)
- Tathandlung **AMG § 95** 259, 282–286
- Verweisung **AMG § 95** 287

Besonders schwerer Fall, Regelbeispiele (Absatz 3) **AMG § 95** 422–462

Bußgeldvorschrift für apothekenpflichtige Arzneimittel (§ 97 Abs. 2 Nr. 12) **AMG § 47** 40, **§ 97** 1–16, 22–24

Abgabe v. Arzneimitteln ohne Vorlage einer Verschreibung entgegen § 48 Abs. 1 Satz 1 (AMG § 96 Nr. 13)

Grundtatbestand (§ 48 Abs. 1 Satz 1, AMVV))
- Verschreibungspflicht s. dort
- Vorliegen einer – **AMG § 48** 16–29
- Ausnahme: Eigenbedarf **AMG § 48** 28, **AMVV § 4** Abs. 2
- Ausnahme: Notfall **AMG § 48** 19–27, **AMVV § 4** Abs. 1
- Ausnahme: Notstand (Nichterreichbarkeit d Arztes) **AMG § 48** 29
- Prüfungspflicht d Apothekers **AMG § 48** 30, 31

Strafvorschrift b Vorsatz (§ 96 Nr. 13)
- Anwendungsbereich, Subsidiarität zu § 95 Abs. 1 Nr. 6 **AMG § 96** 141, 142
- Geltung für
  - Humanarzneimittel **§ 96** 141
  - Tierarzneimittel, die nicht zur Anwendung b einem Lebensmittel liefernden Tier bestimmt sind **AMG § 96** 141
- Verweisung **AMG § 96** 143

Bußgeldvorschrift b Fahrlässigkeit (AMG § 97 Abs. 1 Nr. 1)

Abgabe v. Arzneimitteln, die zur Anwendung bei Lebensmittel liefernden Tieren bestimmt sind, ohne Vorlage einer Verschreibung entgegen § 48 Abs. 1 Satz 1 iVm einer Rechtsverordnung (AMG § 95 Abs. 1 Nr. 6)

Grundtatbestand (§ 48 Abs. 1 Satz 1, AMVV)
- Verschreibungspflicht s. dort
  - Arzneimittel für Lebensmittel liefernde Tiere **AMG § 48** 42–46

Strafvorschrift (§ 95 Abs. 1 Nr. 6, Abs. 2 bis 4)
- Tathandlung **AMG § 95** 308–322
- Versuch, Vollendung **AMG § 95** 323
- Täterschaft, Teilnahme **AMG § 95** 324
- Handeln im Ausland **AMG § 95** 325
- Subjektiver Tatbestand **AMG § 95** 326–329
  - Fahrlässigkeit **§ 95** 326, 329
- Konkurrenzen **AMG § 95** 330
- Strafzumessung **AMG § 95** 331

Besonders schwerer Fall, Regelbeispiele (Absatz 3) **AMG § 95** 422–462

Abgabe, Verschreibung oder Anwendung v. Arzneimitteln durch Tierärzte entgegen § 56a Abs. 1 (AMG § 95 Abs. 1 Nr. 8)

Grundtatbestand (§ 56a Abs. 1)
- Gesetzeszweck **AMG § 56a** 1
- Abgabe, Verschreibung **AMG § 56a** 6
- Anwendung **AMG § 56a** 21
- Anwendung durch d Tierarzt **AMG § 56a** 19–22
  - eines v. ihm selbst hergestellten Arzneimittels **AMG § 56a** 22
  - eines verschreibungspflichtigen Arzneimittels **AMG § 56a** 20, 21
- Arzneimittel, auch Humanarzneimittel **AMG § 56a** 5
- Arzneimittelvormischungen **AMG § 56a** 18
- behandelte Tiere **AMG § 56a** 7
- Beschränkung nach Anwendungsgebiet und Menge **AMG § 56a** 9–13
- für Lebensmittel liefernde Tiere (zusätzliche Anforderungen) **AMG § 56a** 14–18
- Therapienotstand s. dort

Sachverzeichnis

- Umwidmungskaskade s. dort
- Tierarzneimittelanwendungskommission **AMG § 56a** 44
- Verkehrsfähigkeit **AMG § 56a** 8

Strafvorschrift für verschreibungspflichtige Arzneimittel für Lebensmittel liefernde Tiere entgegen § 56a Abs. 1 Sätze 1, 2, 3 (§ 95 Abs. 1 Nr. 8)
- Tathandlungen
  - Abgabe, Verschreibung *(Satz 1)* **AMG § 95** 333–348
    - wiederholte Abgabe, Verschreibung *(Satz 2)* **AMG § 95** 347, 348
    - Anwendung *(Satz 3)* **AMG § 95** 349–351
  - Vorbereitung, Versuch, Vollendung, Beendigung **AMG § 95** 352–355
  - Täterschaft, Teilnahme **AMG § 95** 356, 357
  - Handeln im Ausland **AMG § 95** 358
  - Subjektiver Tatbestand **AMG § 95** 359–362
    - Fahrlässigkeit **§ 95** 359, 362
  - Konkurrenzen **AMG § 95** 363
  - Strafzumessung **AMG § 95** 364

Besonders schwerer Fall, Regelbeispiele (Absatz 3) **AMG § 95** 422–462

Bußgeldvorschrift für
- *verschreibungspflichtige Arzneimittel für andere Tiere entgegen § 56a Abs. 1 Satz 1 Nr. 1, 2, 3, oder 4 oder Satz 3 (§ 97 Abs. 2 Nr. 21 Buchst. a)*
  - **AMG § 56a** 51–53, **§ 97** 1–16, 22–24
- *apothekenpflichtige Arzneimittel entgegen § 56a Abs. 1 Satz 1 Nr. 1, 2, 3, 4, Satz 3 (§ 97 Abs. 2 Nr. 21 Buchst. b)*
  - **AMG § 56a** 54–56, **§ 97** 1–16, 22–24

Abgabe v. Arzneimittel für neuartige Therapien entgegen § 4b Abs. 3 Satz 1 (AMG § 96 Nr. 1)

Grundtatbestand (AMG § 4b)
- eigener Regelungsrahmen **AMG § 4b** 1–3

Strafvorschrift (AMG § 96 Nr. 1)
- Tathandlung **AMG § 96** 16–19
  - Abgabe **AMG § 96** 18
  - Arzneimittel **AMG § 96** 17
  - entgegen § 4b Abs. 3 Satz 1 **AMG § 96** 19
- Vollendung, Beendigung **AMG § 96** 20
- Täterschaft, Teilnahme **AMG § 96** 21,22
- Subjektiver Tatbestand **AMG § 96** 23
- Konkurrenzen **AMG § 96** 24

Abgabe, Verschreibung v. Arzneimitteln, die nur durch d Tierarzt angewendet w erden dürfen, entgegen § 56a Abs. 4 (AMG § 96 Nr. 15)

Grundtatbestand (§ 56a Abs. 4)
- Anwendungsvorbehalt für den Tierarzt **AMG § 56a** 43
- Arzneimittel **AMG § 56a** 41–43

Strafvorschrift b Vorsatz (§ 96 Nr. 15)
- Tathandlungen **AMG § 96** 174–178
- Vollendung, Beendigung **AMG § 96** 179
- Täterschaft, Teilnahme **AMG § 96** 180
- Subjektiver Tatbestand **AMG § 96** 181
- Konkurrenzen **AMG § 96** 182

Bußgeldvorschrift b Fahrlässigkeit (AMG § 97 Abs. 1 Nr. 1)

Abgabe v. Betäubungsmitteln in Apotheken oder tierärztlichen Hausapotheken entgegen § 13 Abs. 2 (§ 29 Abs. 1 Satz 1 Nr. 7 Buchst. a)

Grundtatbestand (§ 13 Abs. 2)
- Abgeben in Apotheken *(Satz 1)* **§ 13** 110–120
- Abgeben in tierärztlichen Hausapotheken *(Satz 3)* **§ 13** 141–144
  - tierärztliche Hausapotheken s. dort

Strafvorschrift (§ 29 Abs. 1 Satz 1 Nr. 7 Buchst. a, Abs. 3)
- Tathandlungen
- Abgeben in Apotheken **§ 29** 1622–1638
  - Abgeben **§ 29** 1625–1627
  - Betäubungsmittel **§ 29** 1622–1624
  - entgegen § 13 Abs. 2 **§ 29** 1628–1633
  - Vorlage einer Verschreibung **§ 29** 1631–1633
  - Prüfungspflichten d Apothekers **§ 29** 1634–1638
- Abgeben in tierärztlichen Hausapotheken **§ 29** 1622–1627, 1639, 1640
  - Betäubungsmittel **§ 29** 1639
  - an Tierhalter **§ 29** 1640
- Vollendung, Beendigung **§ 29** 1641
- Täterschaft, Teilnahme **§ 29** 1642
- Handeln im Ausland **§ 29** 1643, 1644
- Subjektiver Tatbestand **§ 29** 1645
- Konkurrenzen **§ 29** 1646–1648
- Strafzumessung **§ 29** 1649–1652

Besonders schwerer Fall, Regelbeispiel (Absatz 3 Satz 1, 2 Nr. 2) **§ 29** 1975–2001, 2028–2075

Abgabe v. Betäubungsmitteln ohne Erlaubnis (§ 29 Abs. 1 Satz 1 Nr. 1)

Grundtatbestand (§ 3 Abs. 1 Nr. 1) **§ 3** 40–42

Strafvorschrift (§ 29 Abs. 1 Satz 1 Nr. 1, Abs. 2 bis 4)
- Tathandlung **§ 29** 115–1125
  - Abgeben **§ 29** 1117
  - Abgebender **§ 29** 1118
  - Betäubungsmittel **§ 29** 1116
  - Empfänger **§ 29** 1119
  - zur freien Verfügung **§ 29** 1120
  - ohne Rechtsgeschäft und Gegenleistung **§ 29** 1121, 1122
  - Erweiterung d Kreises **§ 29** 1123, 1124
- Vorbereitung, Versuch, Vollendung, Beendigung **§ 29** 1126–1128
- Täterschaft, Teilnahme **§ 29** 1129–1133
- Handeln im Ausland **§ 29** 1134
- Subjektiver Tatbestand **§ 29** 1135–1140
  - Fahrlässigkeit **§ 29** 1135, 1140
- Konkurrenzen **§ 29** 1141–1145

Sachverzeichnis

- Strafzumessung § 29 1146–1149
- Weitergabe v. Drogen an Schwangere und Mütter § 29 1150, 1151

Besonders schwerer Fall, Regelbeispiele (Absatz 3) § 29 1975–2075

Abgabe v. Betäubungsmitteln in nicht geringer Menge ohne Erlaubnis (§ 29a Abs. 2 Nr. 2)
- s Handeltreiben etc m Betäubungsmitteln in nicht geringer Menge

Abgabe v. Betäubungsmitteln an Erwerbsberechtigte (§ 12 BtMBinHV)
- Abgabebeleg **BtMBinHV** § 1 2, § 2 1
- Ausnahmen § 12 10–15
- Begriff § 12 3
- Erwerbsberechtigte § 12 4–7
- Meldepflicht § 12 9, **BtMBinHV** §§ 3, 4
- Prüfungspflicht d Abgebenden § 12 8

Bußgeldvorschrift für die vorsätzliche/fahrlässige Abgabe v. Betäubungsmitteln entgegen § 12 Abs. 1 oder d Verstoß gegen § 12 Abs. 2 (§ 32 Abs. 1 Nr. 7) § 12 17, § 32 13

Abgabe (Abgeben) **v Betäubungsmitteln an Patienten in palliativmedizinischen Krisensituationen**
- s. Überlassen an –

Abgeben, Verabreichen/Überlassen zum unmittelbaren Verbrauch v. Betäubungsmitteln an Personen unter 18 Jahren (§ 29a Abs. 1 Nr. 1)
- Rechtsgut § 29a 3
- Tathandlungen
  - Abgeben (auch Handeltreiben, Veräußern) § 29a 7–10
    - unerlaubt § 29a 11
  - Überlassen zum unmittelbaren Verbrauch § 29a 15, 16
    - entgegen § 13 Abs. 1 § 29a 17
  - Verabreichen § 29a 12, 13
    - entgegen § 13 Abs. 1 § 29a 14
- Person über 21 Jahre, Person unter 18 Jahren, Art oder Menge § 29a 18
- Vorbereitung, Versuch, Vollendung, Beendigung § 29a 19, 20
- Täterschaft, Teilnahme § 29a 21, 22
- Handeln im Ausland § 29a 23, 24
- Subjektiver Tatbestand § 29a 25–31
- Konkurrenzen § 29a 32–36
- Strafzumessung § 29a 37, 219–272

Abgeben, Verabreichen, Überlassen zum unmittelbaren Verbrauch v. Betäubungsmitteln mit Todesfolge (§ 30 Abs. 1 Nr. 3)
- Tathandlungen
  - Abgeben, Verabreichen, Überlassen zum unmittelbaren Verbrauch § 30 137–140
- Verursachung d Todes § 30 141–166
  - Ursachenzusammenhang § 30 142–151
    - alternative Kausalität (Doppelkausalität, Mehrfachkausalität) § 30 145
  - allgemeine Kausalität § 30 147
  - kumulative Kausalität § 30 146
  - überholende Kausalität § 30 148
  - hypothetischer Kausalverlauf, Reserveursache § 30 149–151
  - Mitursächlichkeit § 30 143, 144
  - Herbeiführung des Todes § 30 152, 153
  - Nachweis der Kausalität § 30 154
- Zurechnung § 30 155–166
  - eigenverantwortliche Selbstgefährdung § 30 156–165
  - Fremdgefährdung § 30 166
- Vorbereitung, Versuch, Vollendung, Beendigung § 30 167–172
- Täterschaft, Teilnahme § 30 173–175
- Handeln im Ausland § 30 176–178
- Subjektiver Tatbestand § 30 179–199
  - Grundtatbestände § 30 180
  - schwere Folge § 30 181
  - Leichtfertigkeit § 30 183–199
  - auch b Vorsatz § 30 182
- Konkurrenzen § 30 200–203
- Strafzumessung § 30 204, 289–354
- Exkurs:
  - Fahrlässige Tötung § 30 205–242
  - Körperverletzung mit Todesfolge § 30 205, 206, 243–255

Abgeben v. Diamorphin durch pharmazeutische Unternehmer entgegen § 13 Abs. 2 (§ 29 Abs. 1 Satz 1 Nr. 7 Buchst. b, Abs. 3)

Grundtatbestand (§ 13 Abs. 2 Satz 2, AMG § 47b)
- Abgeben § 13 117, 118
- pharmazeutischer Unternehmer § 13 123–126
- anerkannte Einrichtungen § 13 127, 158–169
- Vorlage einer Verschreibung § 13 128–135
  - Verschreibung § 13 129–134
  - Vorlage § 13 135
- Prüfungspflicht d pharmazeutischen Unternehmers § 13 136–138

Strafvorschrift (§ 29 Abs. 1 Satz 1 Nr. 7 Buchst. b, Abs. 3)
- Tathandlung
  - Diamorphin d Anl III § 29 1656
  - Abgeben als pharmazeutischer Unternehmer § 29 1657–1659
  - entgegen § 13 Abs. 2 § 29 1660–1674
- Prüfungspflichten d – § 29 1669–1674
- Vollendung, Beendigung § 29 1675
- Täterschaft, Teilnahme § 29 1676
- Handeln im Ausland § 29 1677–1679
- Subjektiver Tatbestand § 29 1680
- Konkurrenzen § 29 1681
- Strafzumessung § 29 1682–1685

Besonders schwerer Fall, Regelbeispiel (Absatz 3 Satz 1, 2 Nr. 2) § 29 1975–2001, 2028–2075

Sachverzeichnis

Abgeben v. Dopingmitteln entgegen § 2 Abs. 1 (AntiDopG § 4 Abs. 1 Nr. 1)
- s. Handeltreiben mit Dopingmitteln

Abgeben v. Heroin an Schwerabhängige
- s. Diamorphingestützte Substitutionsbehandlung

Abgeben v. Imitaten (§ 29 Abs. 6)
- s. Handeltreiben mit Imitaten

Abgeben v. Opioiden an eine andere Apotheke (§ 4 Abs. 1 Nr. 1 Buchst. f)
- Abgeben § 4 74
- Opioide d Anlage III § 13 68
- Fertigarzneimittel § 4 69
- Darreichungsform,
  - transdermale § 4 70
  - transmucosale § 4 71
- zur Bedarfsdeckung § 4 72, 73

Abgeben v. NPS entgegen § 3 Abs. 1 (NpSG § 4 Abs. 1 Nr. 1)
- s. Handeltreiben m NPS

Abgeben v. sterilen Einmalspritzen § 29 1967–1970

Abgang § 17 8

Abgeteilte Form § 2 51

Abhängige (Drogenabhängige)
- Abhängigkeit s. dort
- Absehen v. Strafe § 29 2168–2170
- Absehen v. d Verfolgung § 31a 35, 36, 46, 47, 99–101, 107, 108, 117–120
- zusätzliche ärztliche Pflichten § 13 57–60

Abhängigkeit § 1 33–124
- Definition § 1 35–43
- Abhängigkeitsformen § 1 44–48
  - physische (körperliche) § 1 47, 48
  - psychische (seelische) § 1 45, 46
- Abhängigkeitssyndrom § 1 42
- Abhängigkeitstypen § 1 53
  - v. Alkohol § 35 29
  - Medikamenten § 35 29
- Ursachen der – § 1 66–83
- Faktoren d – § 1 68–83
  - Risikofaktoren § 1 70–78
  - Schutzfaktoren § 1 79–83
- Dauer bis zur – § 1 84
- Feststellung d – § 1 92–101, **Vorb 29** 483–487
- Aussagetüchtigkeit § 1 103–111
- Verhandlungsfähigkeit § 1 112–116
- Vernehmungsfähigkeit § 1 112–116
- Fehlen einer – als Strafschärfungsgrund **Vorb 29** 930–937

Abhängigkeit und Kriminalität § 1 85–91

Abhängigkeit und Schuldfähigkeit Vorb 29 465–546
- Wirkung **Vorb 29** 474–480
- Zuordnung nach biologischen Merkmalen **Vorb 29** 488–493
- organischer Befund **Vorb 29** 491
  - krankhafte seelische Störung **Vorb 29** 491
- ohne organischen Befund **Vorb 29** 492
  - andere seelische Abartigkeit **Vorb 29** 492
  - Drogenrausch, Entzugserscheinungen **Vorb 29** 493
- Zuordnung nach d Rechtsprechung **Vorb 29** 494–511
  - schwerste Persönlichkeitsveränderungen **Vorb 29** 495–500
  - akute/drohende Entzugserscheinungen **Vorb 29** 501–503
  - akuter Rauschzustand **Vorb 29** 504–511
- Auswirkungen **Vorb 29** 515–533
  - Fehlen d relevanten Merkmale **Vorb 29** 516–518
  - Vorliegen eines relevanten Merkmals **Vorb 29** 519–533
- Folgen **Vorb 29** 534–538

5F-ABICA (5F-AMBICA, 5-Fluor-ABICA, 5-Fluor-AMBICA)
- s. Cannabinoide

Ablauf d Verfalldatums AMG § 8 58
- Bußgeldvorschrift (§ 97 Abs. 2 Nr. 1) **AMG § 8** 2, 59

Ablehnung d – Erlaubnis
- s. Versagung d Erlaubnis

Abolition Einl 127–174

Abolitionsdiskussion heute Einl 178–181

Abpacken (Verpacken)
- AMG als Herstellen § 4 36
- AntiDopG als Herstellen § 2 33–35
- BtMG
  - als (kein) Versuch d Einfuhr § 29 886
  - als Handeltreiben § 29 497
  - als Herstellen § 2 61, § 29 140
- NpSG als Herstellen § 2 20

AB-PINACA s. Cannabinoide

5F-AB-PINACA s. Cannabinoide
- nicht geringe Menge § 29a 104

Absatzbemühungen b zur Verfügung stehendem Rauschgift (als Handeltreiben) **§ 29** 398, 399

Absatzdelikte Vorb 29 599

Abschaffung d Betäubungsmittelstrafrechts
- s. Abolition

Abschiebung Vorb 29 1054, 1055

Absehen v. d Erhebung d öffentlichen Klage (§ 37)
- Abgrenzung § 37 4
- Bedeutung § 37 2
- Absehen durch d Staatsanwaltschaft *(Absatz 1)* § 37 5–69
  - Verdacht einer Straftat § 37 7–9
  - Betäubungsmittelabhängigkeit § 37 10
  - Kausalzusammenhang § 37 11, 12
  - Anklagereife § 37 8, 30
  - Strafewartung § 37 13–17
  - nachgewiesene Behandlung § 37 18–25
  - Erfolgsprognose § 37 26–29

Sachverzeichnis

- Ermessen § 37 31–34
- generalpräventive Erwägungen § 37 33
- Zustimmung d Gerichts § 37 35–37
- Verfügung d Staatsanwaltschaft § 37 38–44
- beschränktes Verfahrenshindernis § 37 43
- Fortsetzung d Verfahrens § 37 45–64
- endgültige Verfahrensbeendigung § 37 65–69
- keine Fortsetzung binnen zwei Jahren, § 37 65–69
- Einstellung durch d Gericht *(Absatz 2)* § 37 70–83
  - Voraussetzungen § 37 71–73
  - Ermessen § 37 74
  - Zustimmung d Staatsanwalts § 37 75
  - Entscheidung § 37 76, 77
  - Fortsetzung d Verfahrens § 37 78, 79
  - endgültige Verfahrensbeendigung § 37 80–83
- Absehen im Jugendstrafrecht § 38 10, 11
- Einziehung § 37 88
- Klageerzwingungsverfahren § 37 85
- Nebenklage § 37 85

Absehen von Jugendstrafe / Zuchtmitteln Vorb 29 1733–1735

Absehen von Strafe (§ 29 Abs. 5)
- Ausgangspunkt, Zweck § 29 2100, 2101
- Anwendungsbereich § 29 2102–2107
- Strafzumessungsregel § 29 2107
- Tatbestandliche Voraussetzungen § 29 2109–2152
  - Tathandlungen § 29 2110
  - Art der Betäubungsmittel § 29 2111, 2112
  - Täter (Vorbelastung) § 29 2113, 2114
  - geringe Menge s. dort
  - Eigenverbrauch s. dort
  - keine Voraussetzung: Geständnis, Einziehung § 29 2150, 2151
- Ermessensnorm § 29 2153
- Ermessensausübung § 29 2153–2176
  - Dauerkonsumenten s. dort
  - Fremdgefährdung § 29 2157–2166
  - Gelegenheitskonsumenten s. dort
  - harte / weiche Drogen § 29 2155, 2156
  - Umstände in d Person § 29 2167–2176
  - Wiederholungstäter § 29 2171
- Verfahren § 29 2177–2183
- Feststellungen im Urteil § 29 2177–2179
- Feststellungen zum Wirkstoffgehalt **Vorb § 29** 969–986,

Absehen v. d Verfolgung b Taten außerhalb eines Drogenkonsumraums (§ 31a Abs. 1 Satz 1)
- Anwendungsbereich § 31a 14, 15
- Abgrenzung § 31a 16–20
- tatbestandliche Voraussetzungen
  - Betäubungsmittel § 31a 24
  - Tathandlungen § 31a 26

- Täter § 31a 25
- geringe Menge s. dort
- Eigenverbrauch s. dort
- geringe Schuld § 31a 29–38
- positive Feststellung § 31a 30
- Nachweis § 31a 31
- Maß der Schuld § 31a 32–38
- harte Drogen § 31a 34
- Dauerkonsumenten § 31a 35, 36
- Wiederholungstäter § 31a 37
- Gelegenheitstäter § 31a 38
- (kein) öffentliches Interesse an d Strafverfolgung § 31a 39–59
  - Begriff § 31a 40, 41
  - spezialpräventive Erwägungen § 31a 42–53
  - Dauerkonsumenten § 31a 46
  - Wiederholungstäter § 31a 48
  - Gelegenheitstäter § 31a 49–51
  - Jugendliche, Heranwachsende § 31a 52, 53
  - generalpräventive Erwägungen § 31a 54–58
  - Art. 3 Abs. 6 ÜK 1988 § 31a 56
  - Umfeld, Drogenkonsumraum § 31a 57, 58
- Entscheidung § 31a 60–65
  - Ermessen § 31a 21, 22, 61
  - Entscheidungsbefugnis § 31a 62
  - Form § 31a 63
  - Kostenentscheidung § 31a 64
  - kein Strafklageverbrauch § 31a 65
- Verfahren d Polizei § 31a 66–72
  - Umfeld, Drogenkonsumraum § 31a 70–72
- Mitteilungen § 31a 73–75
- Beschluss d BVerfG v. 9.3.1994 § 31a 76–81
- Richtlinien d Länder § 31a 82–108

Absehen v. d Verfolgung bei Taten in einem Drogenkonsumraum (§ 31a Abs. 1 Satz 2)
- Anwendungsbereich § 31a 109
- Abgrenzung § 31a 110–113
- Sollvorschrift § 31a 114
- tatbestandliche Voraussetzungen § 31a 115–136
  - Besitz § 31a 116
  - in einem Drogenkonsumraum § 31a 117–120
  - Betäubungsmittel § 31a 117, 128–131
  - Eigenverbrauch s. dort
  - nach § 10a geduldet § 31a 123–132
  - Benutzerkreis § 31a 125–127
  - mitgeführte Betäubungsmittel § 31a 128–131
  - Konsummuster § 31a 132
  - geringe Menge § 31a 133–135
- (keine) tatbestandlichen Voraussetzungen § 31a 137–139
  - geringe Schuld § 31a 138

Sachverzeichnis

- kein öffentliches Interesse an d Strafverfolgung § 31a 139
- Entscheidung § 31a 140–144
  - Sollvorschrift § 31a 141
  - Entscheidungsbefugnis § 31a 142
  - Form § 31a 143
  - Kostenentscheidung § 31a 144
- Strafklageverbrauch, kein – § 31a 145
- Verfahren d Polizei § 31a 146
- Mitteilungen § 31a 147

Absehen von Zuchtmitteln s. Absehen v. Jugendstrafe

Absicht BtMG Vorb 29 412, AntiDopG § 3 20, 21

Absprache
- als Handeltreiben § 29 358, 370, 479
- b d Strafzumessung s. Verständigung

Abstandnehmen v. Geschäft
- minder schwerer Fall Vorb 29 825

Abstinenzgrade b d Entzug § 1 48

Abstinenzziel b d Substitution
- BtMVV § 5 28, 51–63, 65–67, 72, 89, 192, § 5a 1, 13, 42
- im Strafvollzug BtMVV § 5 199
- keine Aufgabe b d Abgabe v. Diamorphin Einl 198

Abstinenzziel b d Zurückstellung d Strafvollstreckung
- Grundlage d Behandlung § 35 60–66
- ambulante Therapie § 35 87–95

Abstrakte Gefährdungsdelikte s. Gefährdungsdelikte

Abwasserstudien b Cocain § 1 537

Abweichen
- v. gedachten Kausalverlauf Vorb 29 405, 406, § 29 874–878
- v. d Höchstmengen BtMVV § 2 14–18, § 4 3
  - Nichtabweichen BtMVV § 3 2

Abwiegen § 29 496, 687

Access-provider s. elektronisches Netz

Acetylfentanyl (Desmethylfentanyl) s. Opioide

ACP (Anti-Craving-Programm) § 35 64

Acryloylfentanyl (Acrylfentanyl, ACF) s. Opioide

Actio libera in causa Vorb 29 547–550

Adam § 1 347

ADAMS AntiDopG § 4 211

1-Adamantyl(1.Pentyl-1H-indol-3-yl)methanon s. Cannabinoide

ADB-CHMINACA (MAB-CHMINACA) s. Cannabinoide

ADB-FUBINACA s. Cannabinoide

Ad-hoc-Botschafter Vorb 29 22

ADHS (Aufmerksamkeits- Defizit und Hyperaktivitätssyndrom) § 35 63

Affentranquilizer § 1 424

Afghaan skunk § 1 287

Aflatoxin Verbots V AMG § 6 9, 10

Agent provocateur
- AMG Vorb 95 22
- BtMG § 4 167–307
  - Einsatz § 4 167–249
  - Strafzumessung § 4 250–307
  - Verfahrensrüge § 4 305–307
- NpSG § 3 48

AH-7921 (Doxylam) § 1 225

AHOJG-Kriterien Einl 163 Fn 67

Airfresher § 1 443

AKP-48 (APINACA) s. Cannabinoide

AKP-48 F s. Cannabinoide
- nicht geringe Menge § 29a 103

Aktionsplan Drogen und Sucht **Einl** 121, 122

Aktives Personalitätsprinzip Vorb 29 144, 145

Alfentanil (Anl III) BtMVV § 2 12, §§ 3, 4

Algen § 1 184, § 2 23, 24
- bestandteile § 1 184, § 2 37
- teile § 1 184, § 2 32

Alkohol § 1 21
- abhängigkeit § 35 29

Allgemeine Strafmilderungsgründe Vorb 29 794–826
- Abhängigkeit Vorb 29 811–815
- Abstandnahme v. Geschäft Vorb 29 825
- Art d Betäubungsmittels Vorb 29 797
- Auslandsvorverurteilung Vorb 29 826
- Eigenverbrauch s. dort
- Luftgeschäft s. dort
- Menge Vorb 29 798
- niedrige nicht geringe Menge Vorb 29 800–804
- polizeiliche Überwachung/Sicherstellung Vorb 29 823
- schwache Beteiligungsform Vorb 29 816–818
- Tatprovokation Vorb 29 820
- Verführungssituation Vorb 29 821
- Wirkstoffmenge Vorb 29 798

Allgemeiner Testpool s. ATP

Alltagsdrogen § 1 21, 22

Alltagshandeln, neutrales. – Vorb 29 317–321, § 29 1753, 1844

Alpha-PHP (α-PHP) § 1 233a

Alpha-PVT (α-PVT, alpha-Pyrrolidinopentiothiophenon) s. Cathinone

Alprazolam s. Benzodiazepine

Alraune § 1 203

Altenheim (en), Verschreiben von Betäubungsmitteln für Bewohner in – BtMVV § 5c

AM-694, -1220, -1220 Azepan-Derivat, -2201, -2232, -2233 s. Cannabinoide

5F-AMB s. Cannabinoide

Amanitaceae s. Wulstlinge

AMB-CHMICA (MMB-CHMICA) s. Cathinone

AMB-FUBINACA (FUB-AMB) s. Cannabinoide

Sachverzeichnis

Ambulante Maßnahmen im Jugendstrafrecht **Vorb 29** 1674–1678
Ambulante Palliativversorgung
– Abgabe v. Opioiden an eine andere Apotheke **§ 4** 65–74
– Erwerb im Rahmen d – **§ 4** 97
– Überlassen im Rahmen d – **§ 13** 18, 97–108
Ambulante Therapie § 35 80–94, **§ 36** 105
– Voraussetzungen **§ 35** 80–95
– ambulante Substitutionstherapie **§ 35** 87–95
– gebotener Abbruch **§ 13** 60
AMF (α-Methylfentanyl) **§ 1** 581
Amfetamin (Amphetamin)
– Formen
  – Dexamfetamin **§ 1** 517 **Anl III**
  – Levamfetamin **§ 1** 517 **Anl II**
  – (RS)Amfetamin s. dort
(RS)Amfetamin, Amfetaminracemat *(Bennies, Co-pilots, Dexies, Happy pills, Pep pills, Purple hearts, Speed, Uppers, West-coast-turnarounds),* **Anl III, § 1** 130, 517–526, **BtMVV §§ 2, 4, Anh H**
– Herkunft, Geschichte **§ 1** 518
– Herstellung
– Vertriebsformen, Konsumformen **§ 1** 520, 521
  – Ecstasy **§ 1** 340, **Anh H**
– Mengen
  – geringe Menge **§ 29** 2124
  – nicht geringe Menge **§ 29a** 78, 79
– Qualität, Schlussfolgerungen **Vorb 29** 994–996, **Anh H**
– Wirkungen **§ 1** 522–525
  – akute **§ 1** 523, 524
  – längerfristige **§ 1** 525, 526
  – Toleranz, Dosissteigerung **§ 1** 521
  – Abhängigkeit **§ 1** 525
  – Gefährlichkeit **§ 1** 526
– keine weiche Droge **Vorb 29** 943, 946
– Fahreignung
  – allgemein s. Fahreignung
  – zur Droge **Vorb 29** 1521, 1528, 1531, 1601
– Fahren unter – einfluss (§ 24a StVG) **Vorb 29** 1639–1671
Amfetamine, Amfetaminderivate
– Anlage I **§ 1** 245, 246
  – nicht geringe Menge **§ 29a** 80, 81
– Anlage II **§ 1** 459–460
Aminoalkylindole s. JWH-018
5-(Aminopropyl)indol(5-IT) (Anl I) § 1 225
Amotivationales Syndrom (AMS) **§ 1** 307
Amphetamin s. Amfetamin
AMS s. Amotivationales Syndrom
Amsterdam, Vertrag v. – **Einl** 49–51
Anabole Stoffe AntiDopG § 2 20, 33
Analgetika § 1 129

Analogiewirkung b Regelbeispielen **§ 29** 2055–2058
Anbau s. Anbauen
Anbauen v. Betäubungsmitteln ohne Erlaubnis (§ 29 Abs. 1 Satz 1 Nr. 1)
Grundtatbestand (§ 3 Abs. 1 Nr. 1)
– **§ 3** 20–26
Strafvorschrift (§ 29 Abs. 1 Satz 1 Nr. 1; Abs. 2 bis 5)
– Tathandlung **§ 29** 49–67
– Betäubungsmittel **§ 29** 50
  – Pflanzen
  – gesondert dem BtMG unterstellt **§ 29** 51
  – Anlage I fünfter Gedankenstrich **§ 29** 52, 53
  – Samen **§ 29** 71, 599
  – Setzlinge **§ 29** 599–601
  – Erfolgschancen **§ 3** 23, **§ 29** 54, 72
– Anbauen **§ 29** 54
  – Anbauer **§ 29** 55, 56
  – Motiv **§ 3** 24, **§ 29** 57, 58
  – als Notstandshandlung **§ 3** 102–107, **§ 29** 45
– Formen **§ 29** 59
  – kein landwirtschaftlicher Umfang **§ 3** 22, **§ 29** 59
  – durch Unterlassen **§ 29** 60–64
  – Eigentum am Grundstück/Wohnung **§ 29** 65
  – Eigentum an Samen – Pflanzen **§ 29** 66
– Vorbereitung, Versuch, Vollendung, Beendigung **§ 29** 68–74
– Täterschaft, Teilnahme **§ 29** 75–98
  – Dabeisein **§ 29** 92
  – Zwei-/Mehrpersonenverhältnisse **§ 29** 78–98
  – Wohnung s. dort
– Handeln im Ausland **§ 29** 99–106
– Subjektiver Tatbestand **§ 29** 107–115
  – Fahrlässigkeit *(Absatz 4)* **§ 29** 107, 115
– Konkurrenzen **§ 29** 116–124
  – Anbauen und Anbauen **§ 29** 117
  – Anbauen und Herstellen **§ 29** 118
  – Anbauen und Besitzen **§ 29** 119, 120
  – Anbauen und Handeltreiben **§ 29** 121–123, 489, 490
  – sich entwickelnde Menge **§ 29a** 166, 167
  – Plantagen **§ 29** 490
  – verschiedene Anbau-/Verkaufsvariationen **Vorb 29** 659–666
  – Anbauen und Geldwäsche **§ 29** 124
– Strafzumessung **§ 29** 125–128
Absehen v. Strafe (Absatz 5) **§ 29** 2098–2183
Besonders schwerer Fall, Regelbeispiele (Absatz 3) **§ 29** 1975–2075
Anbieten v. Betäubungsmitteln
– Verkauf **§ 29** 388, 389

Sachverzeichnis

Anbieten etc v. Stoffen/Zubereitungen entgegen § 59a Abs. 1, 2
- s. Erwerben v. Stoffen/Zubereitungen entgegen § 59a Abs. 1, 2

Anerbieten § 29 403, 435

Anfertigen, als Herstellen
- AMG § 4 34, AntiDopG § 2 34, BtMG § 2 57, NpSG § 2 20

Angebot s. Anbieten

Angebotsdruck Einl 69–71

Angel's-dust s. PCP

Angst vor Entzugserscheinungen **Vorb 29** 475–479

Anhaftungen § 1 15, 16, 200, **§ 2** 3, **§ 29** 3
- Besitzen v. – **§ 29** 1323

Anhalten
- außerhalb d grenznahen Raumes **§ 21** 25, 26
- im grenznahen Raum **§ 21** 24

Anknüpfungspunkte
- im internationalen Strafrecht **Vorb 29** 72–154
- legitimierende – **Vorb 29** 121–124

Anknüpfungstat
- Einziehung v. Taterträgen **§ 33** 25–28
- Erweiterte Einziehung v. Taterträgen s. *Anlasstat*
- Sicherungseinziehung **§ 33** 369
- Täterbezogene Einziehung **§ 33** 306, 307

Anlagen I bis III
- Änderung der – **§ 1** 638–652
- gerichtliche Prüfung **§ 1** 651
- Grundlage der Strafbarkeit bei – **§ 1** 652
- Systematik d – **§ 1** 144
- vereinfachtes Verfahren **§ 1** 650
- VO d Bundesregierung **§ 1** 638–647
- VO d BMG **§ 1** 648, 649

Anlage I
- Betäubungsmittel **§ 1** 240–453
- Charakteristika **§ 1** 240, 241
- Erster Gedankenstrich (Ester, Ether, Molekülverbindungen) **§ 1** 242
- Zweiter Gedankenstrich (Salze) **§ 1** 242
- Dritter Gedankenstrich (Zubereitungen) **§ 1** 242
- Vierter Gedankenstrich (Stereoisomere) **§ 1** 156–161
- Fünfter Gedankenstrich (Erweiterungen) **§ 1** 163–198, **§ 29** 5

Anlage II
- Betäubungsmittel **§ 1** 454–506
- Charakteristika **§ 1** 454, 455
- Erster Gedankenstrich (Ester, Ether, Molekülverbindungen) **§ 1** 456
- Zweiter Gedankenstrich (Salze) **§ 1** 456
- Dritter Gedankenstrich (Zubereitungen) **§ 1** 456

Anlage III
- Betäubungsmittel **§ 1** 507–637
- Charakteristika **§ 1** 507, 508
- Erster Gedankenstrich (Salze, Molekülverbindungen) **§ 1** 509
- Zweiter Gedankenstrich (Zubereitungen/besonders ausgenommene Zubereitungen) **§ 1** 509

Anlasstat (Anknüpfungstat, Katalogtat) b d Erweiterten Einziehung **§ 33** 170

Anleitung für Konsumenten **§ 29** 1898

Anmieten s. Laborräume

Anordnungen b der Überwachung AMG **§ 64** 9, 10, BtMG **§ 22** 24–29

Anrechnung von Therapiezeiten (§ 36 Abs. 1, 3, 5)
- obligatorische Anrechnung *(Absatz 1)*
  - Voraussetzungen **§ 36** 7–25
  - Zurückstellung **§ 36** 8–10
  - Behandlung **§ 36** 11
  - staatlich anerkannte Einrichtung **§ 36** 12–19
  - Aufenthalt **§ 36** 20–25
  - Lockerungen **§ 36** 23
  - teilstationär, Tagesklinik **§ 36** 24
  - Umfang **§ 36** 26–38
  - Zeit d Aufenthalts **§ 36** 27–33
  - eigenmächtige Unterbrechung **§ 36** 28
  - Therapieerfolg **§ 36** 31, 32
  - während Zurückstellung **§ 36** 33
  - nachgewiesene Zeit **§ 36** 34, 35
  - bis zu zwei Dritteln **§ 36** 36–38
  - Vorabentscheidung **§ 36** 39–42
  - Entscheidung **§ 36** 43
- fakultative Anrechnung *(Absatz 3)*
  - Ausnahme- und Härtefälle **§ 36** 90
  - Voraussetzungen **§ 36** 91–107
  - Behandlung nach d Tat **§ 36** 92–103
  - Tat, Betäubungsmittelabhängigkeit **§ 36** 93
  - Kausalität **§ 36** 94
  - Sanktion **§ 36** 95, 96
  - nach der Tat **§ 36** 97–103
  - Zeitpunkt d Therapie **§ 36** 98–102
  - Art d Behandlung **§ 36** 103
  - Anforderungen an d Verurteilten **§ 36** 104–107
  - keine Vergleichbarkeit m Straf-/Maßregelvollzug **§ 36** 105, 106
  - Durchhaltewillen **§ 36** 107
  - Umfang **§ 36** 108–114
  - Ermessensentscheidung **§ 36** 109
  - Therapieerfolg **§ 36** 110
  - ambulante Therapie **§ 36** 111–114
  - Grenzen d Anrechnung **§ 36** 115
- Zuständigkeit/Verfahren *(Absatz 5)*
  - Zuständigkeit **§ 36** 118–121
  - Verfahren **§ 36** 122–128

Anrechnung von Therapiezeiten im Jugendstrafrecht § 36 95, 118, **§ 38** 3

Anreise als Handeltreiben **§ 29** 453

Anschaffen s. Laborräume

Anscheinsarzneimittel (Placebo)**AMG § 2** 28

Sachverzeichnis

Anscheinsgefahr NpSG § 3-54, 55
Anscheinswaffen § 30a 94
Anschlusszone Vorb 29 75
Ansichnehmen v. Drogen aus Fürsorgegründen (Ärzte, Bewährungshelfer, Eltern, Rechtsanwälte etc)
- Besitzen § 29 1358, 1364
- Erwerben § 29 1207
- Sichverschaffen § 29 1264
- Substanzanalyse § 4 42–64

Anstiftung Vorb 29 283–305
- Abgrenzung **Vorb 29** 367–386
- Handlung d Anstifters **Vorb 29** 285, 286
  - Übergabe einer Waffe § 30a 161
- Ursächlichkeit **Vorb 29** 287, 288
  - omnimodo facturus **Vorb 29** 288
- Formen d Anstiftung **Vorb 29** 289–292
- agent provocateur § 4 243–248, **Vorb 29** 293, § 30a 57
- Vorsatz **Vorb 29** 293–296
- Haupttat **Vorb 29** 297
- Versuch
  - versuchte Haupttat **Vorb 29** 298, 299
  - versuchte Anstiftung (§ 30 Abs. 1 StGB) **Vorb 29** 221–226
- Konkurrenzen **Vorb 29** 300, 304
- Strafzumessung **Vorb 29** 305

Anteilsmitbesitz, gebundener – § 29 1379, 2148
Anti-Craving-Programm s. ACP
Anti-Doping-Gesetz
- Gesetzgebungskompetenz **AntiDopG Einl** 22–24
- Rechtsgüter **AntiDopG** § 1 3–20, § 4 2
- Verhältnis zum AMG, BtMG **AntiDopG Einl** 25–27
- zivilrechtliche Folgen **AntiDopG Einl** 28–30

Antizipierter Transport AMG § 43 32, § 73 7
Antrag auf betäubungsmittelrechtliche Erlaubnis § 7
- Anforderungen § 7 4–20
- Nichtabhilfe v. Mängeln § 5 54

Anwartschaftsrecht § 33 341
Anwenden § 29 1538, BtMVV § 5 122, 176, **AMG** § 2 25, § 5 10–12
Anwenden v. Arzneimitteln AMG § 2 22, 23, § 4 72
- am Körper **AMG** § 2 23
- im Körper **AMG** § 2 23
- b Tieren **AMG** § 56a 21

Anwenden v. Arzneimitteln entgegen § 6 Abs. 1 in Verbindung m einer Rechtsverordnung nach § 6 Abs. 2, 3 (AMG § 95 Abs. 1 Nr. 2)
- s. Inverkehrbringen etc v. Arzneimitteln entgegen § 6 Abs. 1

Anwenden v. Arzneimitteln durch d Tierarzt entgegen § 56a Abs. 1 Satz 3 (§ 95 Abs. 1 Nr. 8)
- s. Abgabe etc v. Arzneimitteln zur Anwendung b Tieren durch d Tierarzt etc entgegen § 56a Abs. 1 (§ 95 Abs. 1 Nr. 8)

Anwenden bedenklicher Arzneimittel entgegen § 5 Abs. 1
- s. bedenkliche Arzneimittel, Inverkehrbringen etc entgegen § 5 Abs. 1 (§ 95 Abs. 1 Nr. 1)

Anwenden verschreibungspflichtiger Arzneimittel durch d Tierhalter (AMG § 57a)
Grundtatbestand (AMG § 57a)
- Gesetzeszweck **AMG § 57a** 1
- Adressat **AMG § 57a** 2
- Arzneimittel, v. Tierarzt verschriebene oder abgegebene **AMG § 57a** 3
- Anwenden **AMG § 57a** 4
- behandelnder Tierarzt **AMG § 57a** 5

Bußgeldvorschrift für vorsätzliche/fahrlässige Zuwiderhandlungen (§ 97 Abs. 2 Nr. 22a)
AMG § 97 2–16, 18–20, 22–24

Anwenden verschreibungspflichtiger oder anderer v. Tierarzt verschriebener/erworbener Arzneimittel bei Lebensmittel liefernden Tieren durch d Tierhalter/andere Personen entgegen § 58 Abs. 1 Satz 1 (§ 95 Abs. 1 Nr. 10)
Grundtatbestand (§ 58 Abs. 1 Satz 1)
- Gesetzeszweck **AMG § 58** 1
- zusätzlich zu d Anforderungen d § 57a **AMG § 58** 3, 4
- Adressaten **AMG § 58** 5
- Arzneimittel
  - auch Humanarzneimittel **AMG § 58** 5
  - verschreibungspflichtige oder andere verschriebene oder erworbene **AMG § 58** 5
- Behandlungsanweisung
  - vorhandene **AMG § 58** 6–9, 10
  - fehlende **AMG § 58** 10, 11, 15

Strafvorschrift für verschreibungspflichtige Arzneimittel (AMG § 95 Abs. 1 Nr. 10)
- Tathandlung
  - Adressaten **AMG § 95** 390
  - Arzneimittel **AMG § 95** 391
  - verschreibungspflichtige **AMG § 95** 391
  - anwenden **AMG § 95** 392
  - entgegen **AMG § 58** Abs. 1 Satz 1, **AMG § 95** 394–397
  - b Tieren, die der Lebensmittelgewinnung dienen **AMG § 95** 393
- Vorbereitung, Versuch, Vollendung, Beendigung **AMG § 95** 398
- Täterschaft, Teilnahme **AMG § 95** 399, 400
  - Strafbarkeit d Tierarztes **AMG § 95** 399
- Handeln im Ausland **AMG § 95** 401
- Subjektiver Tatbestand **AMG § 95** 402–405

Sachverzeichnis

- Fahrlässigkeit § 95 402, 405
- Konkurrenzen **AMG** § 95 406
- Strafzumessung **AMG** § 95 407

Besonders schwerer Fall, Regelbeispiele (Absatz 3) **AMG** § 95 422–462

Bußgeldvorschrift) für apothekenpflichtige Arzneimittel (§ 97 Abs. 2 Nr. 23)
- **AMG** § 58 15, § 97 1–16, 18, 18, 22–24

Anwenden v. Dopingmitteln/–methoden b einer anderen Person entgegen § 2 Abs. 2 (AntiDopG § 4 Abs. 1 Nr. 2)

Grundtatbestand (§ 2 Abs. 2)
- Anwenden eines(r)
  - Dopingmittels **AntiDopG** § 2 61, 62
  - Dopingmethode **AntiDopG** § 2 67–68
- b einer anderen Person **AntiDopG** § 2 65, 83
- Dopingmittel **AntiDopG** § 2 61
  - in Anl I UNESCO-Übereinkommen aufgeführt **AntiDopG** § 2 62
- Dopingmethode **AntiDopG** § 2 68
  - in Anl I UNESCO-Übereinkommen aufgeführt **AntiDopG** § 2 69–82
- zum Zweck des Dopings im Sport **AntiDopG** § 2 66, 84

Strafvorschrift (§ 4 Abs. 1 Nr. 2)
- Tathandlung
  - Dopingmittel **AntiDopG** § 4 112
  - Dopingmethoden **AntiDopG** § 4 113
  - Anwenden **AntiDopG** § 4 114
  - b einer anderen Person **AntiDopG** § 4 115
  - entgegen § 2 Abs. 1 **AntiDopG** § 4 116–120
  - in Anl I UNESCO-Übereinkommen aufgeführt **AntiDopG** § 4 117–119
  - zum Zweck des Dopings b Menschen im Sport **AntiDopG** § 4 120
- Vorbereitung, Versuch, Vollendung, Beendigung **AntiDopG** § 4 121–123
- Täterschaft, Teilnahme **AntiDopG** § 4 124, 125
- Handeln im Ausland **AntiDopG** § 4 126
- Subjektiver Tatbestand **AntiDopG** § 4 127–129
- Konkurrenzen **AntiDopG** § 4 130
- Strafzumessung **AntiDopG** § 4 131

Qualifikationen (§ 4 Abs. 4)
- Tathandlungen
  - Gesundheitsgefährdung *(Nr. 1 Buchst. a)* **AntiDopG** § 4 286–290
  - Gefahr d Todes/schweren Gesundheitsschädigung *(Nr. 1 Buchst. b)* **AntiDopG** § 4 291, 292
  - Vermögensvorteile großen Ausmaßes, grober Eigennutz *(Nr. 1 Buchst. c)* **AntiDopG** § 4 293–295

- Anwenden b Personen unter 18 Jahren *(Nr. 2 Buchst. a)* **AntiDopG** § 4 297–300
- bandenmäßiges (gewerbsmäßiges) Anwenden *(Nr. 2 Buchst. b)* **AntiDopG** § 4 301–303
- Vorbereitung, Versuch, Vollendung, Beendigung **AntiDopG** § 4 304–306
- Täterschaft, Teilnahme **AntiDopG** § 4 307
- Handeln im Ausland **AntiDopG** § 4 308
- Subjektiver Tatbestand **AntiDopG** § 4 309
- Konkurrenzen **AntiDopG** § 4 310
- Strafzumessung **AntiDopG** § 4 311
  - minder schwerer Fall *(Absatz 5)* **AntiDopG** § 4 312–329

Anwenden/–lassen v. Dopingmitteln/–methoden bei sich (Eigendoping, Selbstdoping) entgegen § 3 Abs. 1 Satz 1 (AntiDopG § 4 Abs. 1 Nr. 4)

Grundtatbestand (§ 3 Abs. 1 Satz 1)
- Bedeutung **AntiDopG** § 3 1–3
- Rechtsgüter **AntiDopG** § 3 3
- Adressat **AntiDopG** § 3 5
- Anwenden/–lassen eines(r)
  - in Anl I UNESCO-Übereinkommen aufgeführten Dopingmittels **AntiDopG** § 3 8, 9
  - in Anl I UNESCO-Übereinkommen aufgeführte Dopingmethode **AntiDopG** § 3 15, 16
  - an sich **AntiDopG** § 3 11–13, 17
- ohne medizinische Indikation **AntiDopG** § 3 18
- Absicht, sich in einem Wettbewerb d organisierten Sports einen Vorteil zu verschaffen **AntiDopG** § 3 19–23
  - Wettbewerb des organisierten Sports *(Absatz 3)* **AntiDopG** § 3 23, 41–45

Strafvorschrift (AntiDopG § 4 Abs. 1 Nr. 4)
- Tathandlungen **AntiDopG** § 4 206–225
  - Adressaten
  - Spitzensportler d organisierten Sports **AntiDopG** § 4 211–214
  - Sportler m erheblichen Einnahmen **AntiDopG** § 4 215–218
    - Dopingmittel/-methoden **AntiDopG** § 4 219
    - bei sich anwenden/anwendenlassen **AntiDopG** § 4 220
    - entgegen § 3 Abs. 1 Satz 1 **AntiDopG** § 4 221–225
- Vorbereitung, Versuch, Vollendung, Beendigung **AntiDopG** § 4 226–228
- Täterschaft, Teilnahme **AntiDopG** § 4 229
- Handeln im Ausland **AntiDopG** § 4 230
- Subjektiver Tatbestand **AntiDopG** § 4 231–233
- Konkurrenzen **AntiDopG** § 4 234
- Strafzumessung **AntiDopG** § 4 235

Sachverzeichnis

Anwendungsbeobachtungen
- Abgrenzung **AMG § 4** 103, **§ 67** 10, 11
- Anzeigepflicht **AMG § 67** 12–15

Anwendungsbereich d AMG
- Ausnahmen v. **AMG § 4a** 1–4

Anwendungsrisiko (AMG § 4 Abs. 27)
- Legaldefinition **AMG § 4** 108–111

Anzahlung auf d Kaufpreis s. Veräußern

Anzeigepflicht im Arzneimittelverkehr
Grundnorm (§ 67)
- vor Aufnahme d Tätigkeit *(Absatz 1)* **AMG § 67** 2–4
- anzeigepflichtige Herstellung *(Absatz 2)* **AMG § 67** 5
- nachträgliche Änderungen *(Absatz 3)* **AMG § 67** 6, 7
- Ausnahmen v. d Anzeigepflicht *(Absatz 4)* **AMG § 67** 8
- Standardzulassungen *(Absatz 5)* **AMG § 67** 9
- Anwendungsbeobachtungen *(Absatz 6)* **AMG § 67** 12–15
- Parallelhandel, Parallelvertrieb **AMG § 67** 16, 17
- Versandhandel über d Internet **AMG § 67** 18

Bußgeldvorschrift (§ 97 Abs. 2 Nr. 7)
- **AMG § 67** 19, **§ 97** 1–16, 18, 18, 22–24

Anwerben s. Kurier
Anzeigepflicht b Nutzhanf s. dort
5-APB s. Phenylethylamine **(Anl II)**
6-APB s Phenylethylamine **(Anl II)**
APICA (SDB-001, 2NE1)
s. Cannabinoide

Apotheke
- Apotheker § 4 9
- Krankenhausapotheke **§ 4** 3
- öffentliche – **§ 4** 3
- Personal **§ 4** 9, 10, **§ 13** 111
- tierärztliche Hausapotheke s. dort

Apotheke, Arzneimittel
- Abgabe verschreibungspflichtiger Arzneimittel ohne Vorlage einer Verschreibung s. dort
- Abgabe verschreibungspflichtiger Arzneimittel, die zur Anwendung bei Lebensmittel liefernden Tieren bestimmt sind, ohne Vorlage einer Verschreibung s. dort
- Apothekenmonopol s. dort

Apotheke, Betäubungsmittel
- Abgabe an Nachfolger **§ 4** 40, 41
- Abgabe zur Bewältigung palliativmedizinischer Krisensituationen **§ 4** 65–74
- Abgabe auf Grund einer Verschreibung **§ 4** 15–39
- Abgabe entgegen § 13 – s. Abgeben v. Betäubungsmitteln in Apotheken entgegen § 13 Abs. 2
- Entgegennahme zur Untersuchung **§ 4** 42–59
- Erwerb
  - durch d Apotheker **§ 4** 13, 14

- auf Grund einer Verschreibung **§ 4** 94, 95
- im Rahmen einer ambulanten Palliativversorgung **§ 4** 97
- Herstellen durch d Apotheker **§ 4** 12
- Substanzanalyse s. dort
- Zurückgeben durch d Apotheker **§ 4** 40, 41

Apothekenbetrieb, üblicher **AMG § 13** 39–43

Apothekenmonopol
- Zweck d – **AMG § 1** 3, **§ 43** 7
- Apothekenpflicht **AMG § 43** 8–62
- Ausnahmen **AMG § 44** 1–9, **§ 45** 1, 2
- Ausweitung d – **AMG § 46** 1, 2
- Diamorphin **AMG § 47 b Abs. 2**
- Inverkehrbringen für d Endverbrauch s. dort
- Handeltreiben außerhalb einer Apotheke s. dort
- Übergabe einer tierärztlichen Praxis **AMG § 43** 88

Apothekenpflicht s. Apothekenmonopol
Apothekenterminal AMG § 43 15
Arbeitsleben, Drogen im – **Vorb 29** 1799–1802
Arbeitslosenversicherung (als Kostenträger) **§ 35** 129
Arbeitsplatz s. Eigennutz
Arbeitsrecht, Drogen im – **Vorb 29** 1799–1802
Arbeitstherapie § 35 78
Arbeitsvertrag s. Arbeitnehmer
Arglistige Täuschung und Erlaubnis
- **AMG § 13** 12, **§ 52a** 2, **§ 72** 18
- **BtMG § 3** 8, **§ 10** 11

Arrest
- Jugendarrest s. dort
- Vermögensarrest **§ 33** 261, 262

Arleqin s. m-CPP

Arzneimittel
- Begriff s. Arzneimittelbegriff
- apothekenpflichtige (OTC) – **AMG § 43** 1, 3
- freiverkäufliche (OTC) – **§ 43** 1, 6
- verschreibungspflichtige (Rx) **§ 43** 1, 4, 5
- und Betäubungsmittel **§ 1** 23–25
- und Dopingmittel **§ 1** 26, **AntiDopG Einl** 25, 27
- und NPS **§ 1** 4, 27

Arzneimittel, Abgrenzung *(§ 2 Abs. 3)*
AMG § 2 86–105

Arzneimittelbegriff *(§ 2 Abs. 1)*
AMG § 2 2–83
- Gemeinsame Tatbestandsmerkmale **AMG § 2** 6–25
- Präsentationsarzneimittel *(Nr. 1)* **AMG § 2** 26–45
  - Bestimmung zur Heilung, Linderung, Verhütung **AMG § 2** 27–32
  - bestimmt **AMG § 2** 33–45
  - durch ausdrückliche Angabe **AMG § 2** 36

Sachverzeichnis

- nach d Verkehrsauffassung **AMG § 2** 37–45
- Funktionsarzneimittel *(Nr. 2)* **AMG § 2** 46–82
  - die Auslegung im Allgemeinen **AMG § 2** 47–56
  - Bestimmtheitsgrundsatz **AMG § 2** 57
  - die Merkmale im Einzelnen **AMG § 2** 58–82
  - Möglichkeit d Anwendung/Verabreichung **AMG § 2** 60, 61
  - Ziel d Anwendung/Verabreichung **AMG § 2** 62–82
  - Wiederherstellung, Korrektur, Beeinflussung d physiologischen Funktionen *(Buchst. a)* **AMG § 2** 64–81
  - Erstellung einer medizinischen Diagnose *(Buchst. b)* **AMG § 2** 82
- Verhältnis Nr. 1 zu Nr. 2 **AMG § 2** 83

Arzneimittel, fiktive *(§ 2 Abs. 2)* **AMG § 2** 84, 85

Arzneimittel im Zweifelsfall *(§ 2 Abs. 3a)* **AMG § 2** 108–110

Arzneimittel kraft gesetzlicher Fiktion *(§ 2 Abs. 4)* **AMG § 2** 111, 112

Arzneimittelfarbstoffverordnung AMG § 6 9, 10

Arzneimittelmarkt
- illegaler – **AMG Einl** 5–11
- legaler **AMG Einl** 2

Arzneimittelmuster
- Abgabe v. – **AMG § 43** 26, **§ 47** 25–32

Arzneimittelprüfung AMG § 13 33

Arzneimittelproben AMG § 47 25

Arzneimittel mit geminderter Qualität s. qualitätsgeminderte Arzneimittel

Arzneimittelsammlungen s. Sammeln v. Arzneimitteln

Arzneimittelsicherheit AMG § 1 1–4

Arzneimittelstrafrecht
- Annex zum Verwaltungsrecht **AMG Vorb 95** 1, 2
- Verfassungsrechtliche Bedenken **AMG Vorb 95** 4–12
- Rechtsgut **AMG Vorb 95** 13
- Typen der Tatbestände **AMG Vorb 95** 14
- Versuch, Vollendung, Beendigung
  - § 95: Versuch strafbar (§ 95 Abs. 2)
  - § 96: Versuch nicht strafbar
- Täterschaft, Teilnahme s. b d einzelnen Delikten
  - Gremienentscheidungen, unternehmerische **AMG Vorb 95** 28–47
  - Produktverantwortlichkeit, strafrechtliche s. dort
- Handeln im Ausland **AMG § 95** 5, 6
- Rechtswidrigkeit
  - Einwilligung **AMG § 95** 8
  - Zulassung eines Arzneimittels **AMG § 95** 8

- Subjektiver Tatbestand
  - Vorsatz **AMG § 95** 10–12
  - Irrtumsfälle **AMG § 95** 13–18
  - Fahrlässigkeit **AMG Vorb § 95** 100–111
- Konkurrenzen, Bewertungseinheit **AMG Vorb 95** 15–19
- (keine) Entfernung vom allgemeinen Strafrecht **AMG Vorb 95** 20
- Strafzumessung
  - keine stark ausgeprägten Besonderheiten **AMG Vorb 95** 22
  - Aufklärungshilfe (keine) **AMG Vorb 95** 23
  - Stoffrecht **AMG Vorb 95** 24
  - Gleichbehandlung v. Mensch und Tier **AMG Vorb 95** 26, 27
  - Vorgang d Strafzumessung **AMG § 95** 23–30

Arzneimittel-TSE-Verordnung AMG § 6 9, 10

Arzneimittelvermittlung s. Aufnahme einer Tätigkeit als Arzneimittelvermittler

Arzneimittelzulassung s. Zulassung

Ärztemuster s. Arzneimittelmuster

Aufgabenbereiche s. Pharmaunternehmen

Arzt § 4 25- 27, 100–103
- Garantenstellung **§ 13** 181
- Verantwortungsträger **§ 13** 182–185

Ärztliche Behandlung s. Behandlung, ärztliche

Ärztliche Bescheinigung z Nachweis einer Abhängigkeit **§ 35** 52

Ärztliches Hilfspersonal § 13 8

Athletenbetreuer AntiDopG § 9 3

ATP (Allgemeiner Testpool) AntiDopG § 4 212

Attrappe (Schusswaffe) **§ 30a** 100

Aufbewahren
- Aufzeichnungen **§ 17** 19
- Handeltreiben s. Verwahren
- v. Rauschgifterlösen **§ 29** 464
- sicheres –
  - v. Betäubungsmitteln **§ 15** 2
  - v. Betäubungsmittelrezepten/-anforderungsscheinen **BtMVV § 8** 6, **§ 10** 2

Aufdeckung s. Aufklärungshilfe

Aufenthalt, unnötiger **§ 11** 13

Aufenthaltsverbot als Maßnahme gegen d Szene **§ 29** 1828, 1829

Auffordern zum unbefugten Verbrauch v. Betäubungsmitteln (§ 29 Abs. 1 Satz 1 Nr. 12)
- Tathandlung **§ 29** 1896–1916
  - Auffordern **§ 29** 1897–1902
  - Verlangen **§ 29** 1898–1900
  - Ernstlichkeit **§ 29** 1901
  - Adressatenkreis **§ 29** 1902
  - Art/Weise d Aufforderung **§ 29** 1903–1914
  - öffentlich **§ 29** 1904
  - in einer Versammlung **§ 29** 1905

Sachverzeichnis

- durch Verbreiten v. Inhalten § 29 1899–1907
- Inhalte § 29 1907, 1908
- Verbreiten § 29 1909–1914
- Internet § 29 1910, 1911, 1920
- nicht zulässigerweise verschriebene Betäubungsmittel § 29 1915
- auch b Erfolglosigkeit d Aufforderung § 29 1916
- Vollendung, Beendigung § 29 1917, 1918
- Täterschaft, Teilnahme § 29 1919
- Handeln im Ausland § 29 1920–1922
- Subjektiver Tatbestand § 29 1923, 1924
- Konkurrenzen § 29 1925
- Strafzumessung § 29 1926–1929

Besonders schwerer Fall (Absatz 3 Satz 1) § 29 1981–1996

Aufklärung s. ärztliche Behandlung
Aufklärungsbemühen s. Aufklärungshilfe
Aufklärungshilfe im
- Arzneimittelstrafrecht (keine) **AMG Vorb § 95** 23
- Antidopingrecht **AntiDopG § 4** 301
- Betäubungsmittelstrafrecht s. dort
- NPS-Recht **NpSG § 4** 30, 150

Aufklärungshilfe im Betäubungsmittelstrafrecht (§ 31)
- Entstehungsgeschichte § 31 1–4
- Ziele § 31 8, 9
- Gefahren § 31 10–12
- Zeugenschutz § 31 13–16
- Auslegungsgrundsätze § 31 17–19
  - Aufklärungsbemühen § 31 18
- Abgrenzung zu § 46b StGB § 31 20, 21

Aufklärungshilfe durch Aufdeckung begangener Taten (§ 31 Satz 1 Nr. 1, Sätze 2, 3)
- freiwilliges Offenbaren § 31 28–81
  - Begriff, Form § 31 29–34
  - Wissen d Täters, sonstige Hilfe § 31 35–38
  - Zusammenhang m d Tat d Aufklärungsgehilfen § 31 39–45
  - bei Tatbeteiligung: über den eigenen Tatbeitrag hinaus § 31 46–64
  - überholt: d autonome Begriff d Tat § 31 47
  - nicht das gesamte Wissen § 31 50
  - eigene Tatbeteiligung § 31 51–53
  - fremde Tatbeiträge § 31 54, 55
  - nicht schonungslos § 31 56, 57
  - Wechsel im Aussageverhalten § 31 58–61, 180
  - Schweigen § 31 62–64
  - Freiwilligkeit, Motiv § 31 65–72
  - Entschlussfreiheit § 31 66–71
  - ethisch anerkennenswertes Motiv nicht notwendig § 31 72
  - Zeitpunkt § 31 73–81
- Aufklärungserfolg § 31 82–173
  - Begriff § 31 83
  - Benennung v. Tatbeteiligten/Tatbeteiligung § 31 85
  - Aufklärungseffekt, tatsächlicher § 31 86–119
  - Verbesserung d Erkenntnisstandes § 31 87–100
  - bisher unbekannte Tatsachen § 31 89–91
  - zusätzliche Informationen § 31 92–95
  - sicherere Grundlage § 31 96–100
  - abgesicherte Erkenntnisse d Ermittlungsbehörden § 31 101–119
  - Überprüfung § 31 102, 103
- abgesicherte Erkenntnisse § 31 104–119
  - abgesichert § 31 107–111
  - Ermittlungsverfahren, Verurteilung § 31 112–114
  - Fahndung, Zugriff, Scheinübergabe § 31 115–118
  - Sicherstellung, Drogenversteck § 31 119
  - wesentlicher Beitrag zum Aufklärungserfolg, Gewicht § 31 120–125
  - maßgeblicher Zeitpunkt für d Erfolg § 31 126–131
  - Aufklärungsbemühungen § 31 127–130
  - Ermittlungsmöglichkeiten, -ansätze, Verdacht § 31 131
  - voraussichtlich erfolgreicher Abschluss d Strafverfolgung § 31 132
  - Ermittlungspflichten v. Staatsanwaltschaft/Polizei § 31 133–136
  - Personalmangel § 31 136
- Feststellung d Aufklärungserfolgs durch d Gericht § 31 137–153
  - Überzeugungsbildung § 31 138–145
  - kein Zweifelssatz § 31 140
  - auch b Unerreichbarkeit § 31 140
  - keine Wahrunterstellung § 31 141–144
  - Weg d Überzeugungsbildung § 31 146, 147
  - Untersuchungspflicht § 31 148–151
  - Beweisanträge § 31 152, 153
  - Unerreichbarkeit § 31 140, 153
- Aufklärungshilfe und Beweiswürdigung § 31 154–171
  - Aufklärungsgehilfe
  - als Zeuge § 31 157–168
  - als Mitangeklagter § 31 169
- flankierende Strafbarkeit § 31 170, 171
- Darlegung d Aufklärungserfolgs im Urteil § 31 172, 173
- Ermessen d Gerichts *(Satz 2)* § 31 174–183
  - Wechsel d Aussageverhaltens § 31 180
- Folgen § 31 184–222
  - Strafrahmenverschiebung, Absehen v. Strafe § 31 186–218
  - vertypter Milderungsgrund **Vorb 29** 780, § 31 188–190
  - Anwendung § 31 191–213
  - fahrlässige Delikte § 31 192

Sachverzeichnis

- Grunddelikte § 31 193
- besonders schwere Fälle § 31 194–200
- Verbrechen § 31 201–213
- mehrere Delikte d Aufklärungsgehilfen § 31 214, 215
- Aufklärungshilfe zu mehreren Straftaten § 31 216
- Jugendstrafrecht § 31 217
- Zusammentreffen v. Nr. 1 und Nr. 2 § 31 218
- Sonstige Folgen § 31 219–222
  - Strafzumessung im engeren Sinn § 31 220
  - Strafaussetzung § 31 221
  - Aussetzung d Strafrestes § 31 222
- Revision § 31 223

Aufklärungshilfe durch Verhinderung schwerer Betäubungsmittelstraftaten (§ 31 Satz 1 Nr. 2, Sätze 2, 3)
- Zweck § 31 224
- Voraussetzungen § 31 225–228
- Ermessen, Folgen § 31 229

Auflage b d Erlaubnis § 9 15, 16
- modifizierende § 9 15

Aufmerksamkeits- Defizit und Hyperaktivitätssyndrom s. ADHS

Aufnahme einer Tätigkeit als Arzneimittelvermittler vor der Registrierung entgegen § 52c Abs. 2 Satz 1 (§ 96 Nr. 14a)
Grundtatbestand
- Legaldefinition (§ 4 Abs. 22a) **AMG § 4** 92–95
- Pflichten **AMG § 52c** 1
- AM-HandelsV **AMG § 52c** 5
- Sitz, Anzeige **AMG § 52c** 2, 3
- Registrierung **AMG § 52c** 4, 5

Strafvorschrift bei Vorsatz (AMG § 96 Nr. 14a)
- Tathandlung **AMG § 96** 160–168
  - Arzneimittel **AMG § 96** 161
  - Tätigwerden als Arzneimittelvermittler **AMG § 96** 162–167
  - in § 4 Abs. 22a genannte Tätigkeit **AMG § 96** 163
  - berufs- oder gewerbsmäßig **AMG § 96** 164
  - selbständig, Handeln in fremden Namen, keine tatsächliche Verfügungsgewalt **§ 96** 165–167
  - ohne Registrierung **AMG § 96** 168
- Vollendung, Beendigung **AMG § 96** 169
- Täterschaft, Teilnahme **AMG § 96** 170
- Subjektiver Tatbestand **AMG § 96** 171
- Konkurrenzen **AMG § 96** 172

Bußgeldvorschrift bei Fahrlässigkeit (§ 97 Abs. 1 Nr. 1)
- **AMG § 52c** 6, **§ 97** 1–17, 22–24

Aufsichtsstelle, Führungsaufsicht **§ 34** 11
Aufzeichnungen § 17 2–19
- Zuwiderhandlungen **§ 32** 19

Ausbildung
- Fachpersonal **§ 36** 15
- als Anzeichen für günstige Prognose **§ 36** 63

Ausfallerscheinungen Vorb 29 1543–1552

Ausfuhr v. Arzneimitteln
- Legaldefinition (AMG § 4 Abs. 32 Satz 4) **AMG § 4** 128
- Verbringen, Legaldefinition (AMG § 4 Abs. 32 Satz 1) **AMG § 4** 120

- **Ausfuhr v. Arzneimitteln, bedenklichen, qualitätsgeminderten, gefälschten (AMG § 73a)**
- Ausnahme v. d §§ 5, 8, Ziel **AMG § 73a** 1
- Ausfuhr **AMG § 73a** 3
  - in Drittstaaten **AMG § 73a** 3
- Verbringen **AMG § 73a** 3
- bedenkliche, qualitätsgeminderte, verfälschte Arzneimittel **AMG § 73a** 7–9
- Genehmigung d ausländischen Behörde **AMG § 73a** 7–9
- Zertifikate **AMG § 73a** 10–12
- Straftaten, Ordnungswidrigkeit **AMG § 73a** 13

Ausführen v. Betäubungsmitteln
- Begriff **§ 2** 98–100
- Erlaubnis **§ 3** 38, 39
- Genehmigung **§ 11** 2–5, **§ 32** 9, **BtMAHV §§ 7–12**
- Grenzüberschreitender Dienstleistungsverkehr **§ 4** 98–103, **BtMAHV § 15** 1
- Hilfsorganisationen in Katastrophenfällen **BtMAHV § 15** 6
- Reiseverkehr **§ 4** 98, 99, 104, 105, **BtMAHV § 15** 3
  - Schengen-Staat **BtMAHV § 15** 3
- Vereinfachter grenzüberschreitender Verkehr **BtMAHV § 14**

Ausführen v. Betäubungsmitteln ohne Erlaubnis (§ 29 Abs. 1 Satz 1 Nr. 1)
Grundtatbestand (§ 3 Abs. 1 Nr. 1)
- Ausfuhr **§ 2** 98–102
- Erlaubnispflicht **§ 3** 38, 39

Straftatbestand (§ 29 Abs. 1 Satz 1 Nr. 1, Abs. 2 bis 5)
- Tathandlung **§ 29** 1034–1037
  - Betäubungsmittel **§ 29** 1035
  - maßgebliche Grenze **§ 29** 1036
  - Verbringen **§ 29** 1036
- Vorbereitung, Versuch, Vollendung, Beendigung **§ 29** 1038–1041
- Täterschaft, Teilnahme **§ 29** 1042
- Handeln im Ausland **§ 29** 1043–1045
- Subjektiver Tatbestand **§ 29** 1046–1051
  - Fahrlässigkeit **§ 29** 1046, 1052
- Konkurrenzen **§ 29** 1053
- Strafzumessung **§ 29** 1054–1057

Absehen v. Strafe (Absatz 5) **§ 29** 2098–2183
Besonders schwerer Fall, Regelbeispiele (Absatz 3) **§ 29** 1975–2075

Sachverzeichnis

Ausgabe v. Formularen für Betäubungsmittelrezepte/-anforderungsscheine s. Ablehnung
Ausgangsstoff AMG § 2 16, 17
– Abgrenzung **AMG § 2** 18–21
– s. auch Grundstoffe
Ausgenommene Zubereitungen
– Legaldefinition **§ 2** 49–52
– Begriff **§ 1** 153–155,
– Einfuhr, Ausfuhr, Durchfuhr **§ 1** 153, 511–515
– Aufzeichnungspflicht **§ 17** 17
– Erlaubnispflicht zur Herstellung **§ 3** 62, 63
– (unerlaubtes) Herstellen s. Herstellen ausgenommener Zubereitungen
Auskunftserteilung
– AMG **§ 66**
– BtMG **§ 22** 13–15, **§ 24** 6
Auskunftspflicht v. Behörden **§ 27** 4
Auskunftsverweigerung
– AMG **§ 64** 9
– BtMG **§ 24** 7
Ausland
– Handeln im Ausland s. b d einzelnen Delikten
– Therapie im – **§ 35** 100
Ausländer, Strafzumessung **Vorb 29** 1035–1055
– Ausweisung, Abschiebung s. dort
– Ausländereigenschaft **Vorb 29** 1037–1040
– Diskreditierung anderer – **Vorb 29** 1043
– fremder Kulturkreis s. dort
– höhere Strafen im Heimatland **Vorb 29** 1044, 1045
– Missbrauch d Gastrechts s. Gastrecht
– Strafempfindlichkeit **Vorb 29** 1049–1053
Ausländische Erlaubnis § 29 27–30
– für den Besitz **§ 29** 1373
Ausländische kriminelle Vereinigung (§ 30b)
– Gesetzeszweck **§ 30b** 1, 2
– Begriff **§ 30b** 3
– Bedeutung **§ 30b** 4
– Tathandlungen **§ 30b** 6–29
– Vorbereitung, Versuch, Vollendung, Beendigung **§ 30b** 30, 31
  – tätige Reue **§ 30b** 31
– Täterschaft, Teilnahme **§ 30b** 32
– Handeln im Ausland **§ 30b** 33
– Subjektiver Tatbestand **§ 30b** 34, 35
– Konkurrenzen **§ 30b** 36–39
– Strafzumessung **§ 30b** 40–42
– Zuständigkeit **§ 30b** 43
Ausländischer Bestimmungsort § 29 901, 904
Auslandsgrundstück § 33 84
Auslandsguthaben § 33 84
Ausnahmeerlaubnis im Betäubungsmittelrecht § 3 64–101
– Ausnahme **§ 3** 68, 69
– für Cannabis **§ 3** 94–98, 133–145

– Ermessensentscheidung **§ 3** 100, 101
– Erwerb zum Suizid **§ 3** 99, **§ 5** 43–47
– Modellprojekte **§ 3** 67, 71–84
– öffentliches Interesse **§ 3** 85–99
– wissenschaftliches Interesse **§ 3** 71–84
Ausnahmen v. d Erlaubnispflicht im Arzneimittelrecht
– für d Herstellung v. Arzneimitteln **AMG § 13** 35–64
– für d Zulassung v. Arzneimitteln **AMG § 21** 16–31
Ausnahmen v. d Erlaubnispflicht im Betäubungsmittelrecht
– Betäubungsmittelverkehr in
  – Apotheken s. dort
  – tierärztlichen Hausapotheken s. dort
– dienstliche Tätigkeit von Behörden **§ 4** 125–166
– Erwerb im Rahmen einer(s)
  – klinischen Prüfung s. dort
  – Härtefallprogramms s. dort
– grenzüberschreitender Dienstleistungsverkehr s. dort
– gewerbsmäßige Beförderung/Versendung **§ 4** 106–110
Außengrenzen § 2 90
Außenschalter v. Apotheken **AMG § 43** 14
Außenseitermethoden § 13 39–45, **§ 29** 1466
Äußerst gefährliche Dosis § 29a 69, 70
Ausreißer AMG Vorb 95 61
Aussageverhalten, Wechsel im – **§ 31** 58–61
Ausschließliche Wirtschaftszone Vorb 29 76
Ausschreibung zur polizeilichen Beobachtung **§ 34** 19, 20
Aussetzen d Gefahr d Todes/schweren Schädigung an Körper/Gesundheit
– AMG **§ 95** 440, 441
– AntiDopG **§ 4** 291, 292
– NpSG **§ 4** 163, 164
Aussetzung nach Anrechnung v. Therapiezeiten (§ 36 Abs. 1 Satz 3, Abs. 4)
– Voraussetzungen **§ 36** 45–76
  – b Erledigung v. zwei Dritteln d Strafe **§ 36** 46–70
  – maßgeblicher Zeitpunkt **§ 36** 47
  – günstige Prognose **§ 36** 48–66
  – andere Strafzwecke **§ 36** 67–70
  – (keine) Notwendigkeit weiterer Behandlung **§ 36** 71–76
  – kein Mindestmaß **§ 36** 72–74
  – günstige Prognose **§ 36** 75
  – andere Strafzwecke **§ 36** 76
– Folgen, Verfahren **§ 36** 77
– Gestaltung d Aussetzung **§ 36** 116
– Aussetzung d Unterbringung **§ 36** 78, 79
– Jugendstrafrecht **§ 38** 2–6, 8, 9
Aussetzung ohne Anrechnung (§ 36 Abs. 2)
– Anwendungsbereich **§ 36** 81, 82

Sachverzeichnis

- Voraussetzungen § 36 83–87
  - Zurückstellung § 36 83
  - günstige Prognose § 36 85
  - andere Strafzwecke § 36 86
  - Zeitpunkt § 36 86
- Folgen, Verfahren § 36 88
- Aussetzung d Unterbringung § 36 89
Aussichtslosigkeit d Unterbringung s. Erfolgsaussicht
Ausstieg aus d internationalen Drogenpolitik **Einl** 204–217
Austrocknung d Drogenmarkts **Einl** 139
Ausweisung Vorb 29 1054–1055
Automaten, Arzneimittelverkauf an – **AMG § 52** 2
Autoschalter AMG § 43 14
Autoschlüssel, Aufbewahrung, Transport v. – als Handeltreiben § 29 531, 545, 690, 800
Axt, Äxte § 30a 118
Ayahuasca § 1 331, 336
Aztekensalbei § 1 450–453

B

Badesalz NpSG Einl 10
Badewannenfall § 29 656, 674
Bad trip (Horrortrip) § 1 134
- b Cannabis, Cannabinoiden, LSD, Mescalin s. jeweils dort
Bahnreisender, Versuch d Einfuhr § 29 890
BÄK-Richtlinien § 29 1505, 1506, 1513, **BtMVV § 5** 3–8, 189–195, **Anh F 1**
Balkon, Anbauen auf d – § 29 119
Bahnverkehr, Drogen im – **Vorb 29** 1784–1787
Balance, Ahnung d Entzugs § 1 384
Balkanroute § 1 369
Bande(n) § 30 12–90
- Begriff § 30 13–17
  - keine Einengung § 30 15
  - auch b dilettantischem Vorgehen § 30 16
  - Jugendbande § 30 16
- Abgrenzung § 30 18–21
- Grundlagen d Strafschärfung § 30 22–25
- Merkmale d Bande § 30 26–90
  - Zusammenschluss mehrerer Personen, Mitgliedschaft § 30 27–43
  - Zahl d Beteiligten § 30 28
  - Stellung d Beteiligten § 30 29–33
  - Organisation, Planung, Verbindung § 30 34–42
  - Indikatoren § 30 35–42
  - gewisse Dauer § 30 43, 44
  - besonderes persönliches Merkmal § 30 99
  - Bandenabrede § 30 45–85
  - Bandenwille § 30 49–77
    - Ernsthaftigkeit, Bekundung § 30 50–58
    - (kein) gefestigter Bandenwillen § 30 60
    - (kein) übergeordnetes Bandeninteresse § 30 61–63
  - typische Gestaltungen § 30 64–77

- umfassende Organisation § 30 65
- Kauf/Verkauf/eingespielte Bezugs- und Absatzsysteme § 30 66–74
- selbständiger Geschäftspartner oder verlängerter Arm § 30 70–74
- Kommission § 30 75
- Übernahme v. Aufgaben § 30 76
- Aufteilung § 30 77
- Begehung v. Straftaten § 30 78–85
  - mehrere, künftige, im Einzelnen noch ungewisse § 30 79–81
  - selbständige § 30 82–85
  - Bewertungseinheit § 30 84
  - Einstiegsgeschäft § 30 85
- Bandentat, Realisierung in einer – § 30 86

Bandenmäßiges Anbauen, Herstellen, Handeltreiben m Betäubungsmitteln (§ 30 Abs. 1 Nr. 1)
- Tathandlungen § 30 8–90
  - Grunddelikte (Anbauen, Herstellen, Handeltreiben) § 30 9–11
  - Bande s. dort
- Vorbereitung, Versuch, Vollendung Beendigung § 30 91–95
- Täterschaft, Teilnahme § 30 96–99
- Handeln im Ausland § 30 100, 101
- Subjektiver Tatbestand § 30 102–107
- Konkurrenzen § 30 108, 109
- Strafzumessung § 30 110, 289–354

Bandenmäßiges Anbauen, Herstellen, Ein- und Ausführen v, Handeltreiben m Betäubungsmitteln in nicht geringer Menge (§ 30a Abs. 1)
- Gesetzeszweck § 30 3
- Vereinbarkeit m GG § 30 5
- Tathandlungen § 30a 6–11
  - Grundtatbestände (Anbauen, Herstellen, Handeltreiben, Ein- und Ausführen) § 30a 7
  - Bande § 30a 10, 11
  - nicht geringe Menge § 30a 9
- Vorbereitung, Versuch, Vollendung, Beendigung § 30a 12–15
- Täterschaft, Teilnahme § 30a 16–18
- Handeln im Ausland § 30a 19–21
- Subjektiver Tatbestand § 30a 22–34
- Konkurrenzen § 30a 35–43
- Strafzumessung § 30a 44, 235–290

Banden-/gewerbsmäßiges Herstellen, Handeltreiben, Veräußern, Abgeben, sonstiges Inverkehrbringen, Verschreiben v. Dopingmitteln, Anwenden v. Dopingmitteln/-methoden b anderen (AntiDopG § 4 Abs. 4 Nr. 2 Buchst. b)

Grundtatbestände
- § 4 Abs. 1 Nr. 1: Herstellen, Handeltreiben, Veräußern, Abgeben, sonst in d Verkehr bringen, Verschreiben v. Dopingmitteln **AntiDopG § 4** 40–56

Sachverzeichnis

- § 4 Abs. 2: Anwenden v. Dopingmittel/-methoden b anderen **AntiDopG § 4** 110–120

Qualifikation (§ 4 Abs. 4 Nr. 2 Buchst. a)
- Tathandlungen
  - bandenmäßiges/gewerbsmäßiges Handeln **AntiDopG § 4** 301–303
  - Vorbereitung, Versuch, Vollendung, Beendigung **AntiDopG § 4** 304–306
  - Täterschaft, Teilnahme **AntiDopG § 4** 307
  - Handeln im Ausland **AntiDopG § 4** 308
- Subjektiver Tatbestand **AntiDopG § 4** 309
- Konkurrenzen **AntiDopG § 4** 310
- Strafzumessung **AntiDopG § 4** 311
  - minder schwerer Fall *(Absatz 5)* **AntiDopG § 4** 312–328

Banden-/gewerbsmäßiges Handeltreiben m NPS, Inverkehrbringen, Verabreichen v. NpS, Herstellen, Verbringen v. NPS nach Deutschland zum Zweck des Inverkehrbringens (NpSG § 4 Abs. 3 Nr. 1 Buchst. a)

Grundtatbestand (NpSG § 4 Abs. 1)
- s. Handeltreiben m NPS etc entgegen NpSG § 3 Abs. 1

Qualifikation (NpSG § 4 Abs. 3)
- Tathandlung
  - § 4 Abs. 3 Nr. 1 Buchst. a: banden-/gewerbsmäßiges Handeln **NpSG § 4** 151, 152
  - Vorbereitung, Versuch, Vollendung, Beendigung **NpSG § 4** 165–167
  - Täterschaft, Teilnahme **NpSG § 4** 168
  - Handeln im Ausland **NpSG § 4** 169
- Subjektiver Tatbestand **NpSG § 4** 170, 171
- Konkurrenzen **NpSG § 4** 172
- Strafzumessung **NpSG § 4** 173–198
  - minder schwerer Fall *(Absatz 4)* **NpSG § 4** 174–198

Bannbruch § 21 38–40
Barbital § 1 515, **Anl III**
Barbiturate § 1 108, 131, 530
Barter trading s. Tausch
Base § 1 141–143
Baseball § 1 559
Baseballschläger § 30a 118
Bazuco (Bazooko) § 1 540
BB-22 (QUCHIC) s. Cannabinoide
Bearbeiten, als Herstellen
- AMG § 4 34
- AntiDopG § 2 34
- BtMG § 2 60–62
- NpSG § 2 19, 20

Bedenkliche Arzneimittel, Inverkehrbringen, Anwenden bei anderen entgegen § 5 (AMG § 95 Abs. 1 Nr. 1)

Grundtatbestand (AMG § 5)
- Bedeutung **AMG § 5** 1–4

- Verkehrs- und Anwendungsverbot *(Absatz 1)* **AMG § 5** 5–12
  - Verkehrsverbot **AMG § 5** 6–9
  - Anwendungsverbot **AMG § 5** 10–12
- Bedenklichkeit *(Absatz 2)* **AMG § 5** 13–50
  - begründeter Verdacht schädlicher Wirkungen **AMG § 5** 22–24
  - schädliche Wirkungen **AMG § 5** 15–21
  - begründeter Verdacht **AMG § 5** 23–25
  - jeweiliger Stand der wissenschaftlichen Erkenntnisse **AMG § 5** 26–30
  - bestimmungsgemäßer Verbrauch **AMG § 5** 31–41
  - Missbrauch **AMG § 5** 37
  - naheliegender Fehlgebrauch **AMG § 5** 35
  - Off-label-Use, Off-off-Label-Use **AMG § 5** 33
  - Dopingmittel **AMG § 5**, 38
  - Streckmittel **AMG § 5** 40
- nach d Erkenntnissen der medizinischen Wissenschaft über ein vertretbares Maß hinaus **AMG § 5** 42–50
  - Nutzen-Risiko-Abwägung **AMG § 5** 43–50
  - Bedenklichkeit, absolute, relative – **AMG § 5** 48, 50

Strafvorschrift (AMG § 95 Abs. 1 Nr. 1)
- Tathandlungen
  - Arzneimittel **AMG § 95** 35, 36
  - Inverkehrbringen **AMG § 95** 37–43
  - Stadien **AMG § 95** 38
  - Export **AMG § 95** 39
  - durch Unterlassen, Rückruf **AMG § 95** 40–43
  - Anwenden b anderen **AMG § 95** 44, 45
  - entgegen § 5 Abs. 1 **AMG § 95** 46–49
- Vorbereitung, Versuch, Vollendung, Beendigung **AMG § 95** 50–58
- Täterschaft, Teilnahme **AMG § 95** 59–75
  - Inverkehrbringen **AMG § 95** 60–73
  - Inhaber der tatsächlichen Verfügungsgewalt in Pharma-Unternehmen **AMG § 95** 64
  - Erweiterung des Täterkreises in Pharma-Unternehmen **AMG § 95** 65–72
  - Empfänger (notwendiger Teilnehmer) **AMG § 95** 73
  - Anwenden b anderen **AMG § 95** 74, 75
- Handeln im Ausland **AMG § 95** 76
- Subjektiver Tatbestand **AMG § 95** 77–81
  - Fahrlässigkeit § 95 77, 81
- Konkurrenzen **AMG § 95** 82–87
- Strafzumessung **AMG § 95** 88

Besonders schwerer Fall, Regelbeispiele (Absatz 3) **AMG § 95** 422–462

Sachverzeichnis

Bedeutungskenntnis Vorb 29 408, 433, 434, 460
Beeinflussung AMG § 2 69–74
Beendigung
- Abgrenzung v. d Vollendung **Vorb 29** 199, 200
- b d einzelnen Delikten s. dort

Beerdigungskosten, Haftung des Dealers für – **Vorb 29** 1795
Befreiung v. d
- deutschen Gerichtsbarkeit s. Immunität
- Erlaubnispflicht s. Erlaubnisfreiheit

Begehungsort, Recht d – bei Erlaubnis **§ 29** 27
Begleitung
- Händler **§ 29** 454, 811, 812
- Kuriere **§ 29** 548, 797
- Einfuhr **§ 29** 879, 961–970
- psychosoziale – **§ 35** 71, 89, 91, 238
- b Therapieantritt **§ 35** 240–244

Begünstigung und Handeltreiben **§ 29** 478
Behandlung, ärztliche
- Tätigkeit im Rahmen d ärztlichen Heilauftrags **§ 13** 20–29
  - Heilauftrag **§ 13** 22–26
  - Untersuchung **§ 13** 27, 28
  - Behandlung einer Betäubungsmittelabhängigkeit **§ 13** 29
- Indikation *(§ 13 Abs. 1 Sätze 1, 2)* **§ 13** 30–60
  - ärztlich begründet oder (nur) begründet **§ 13** 33–38
  - Schulmedizin, Außenseitermethoden **§ 13** 39–41
  - Voraussetzungen d Abweichung v. d Schulmedizin **§ 13** 42–45
  - gebotener Abbruch **§ 13** 44
- Besondere Pflichten
  - b d Verschreibung v. Betäubungsmitteln **§ 13** 46–56
  - als letztes Mittel **§ 13** 47–49
- Fachwissen d Arztes **§ 13** 50–53
- Behandlungsplan, Überwachung, Dokumentation **§ 13** 54–56
  - b d Behandlung v. Drogenabhängigen **§ 13** 57–60
- Körperverletzung
  - Verschreiben/Überlassen/Verabreichen v. Betäubungsmitteln/Suchtersatzstoffen als. – **§ 13** 172–210
  - Bedeutung **§ 13** 172
  - Tatbestandsmäßigkeit **§ 13** 173–177
  - eigenverantwortliche Selbstgefährdung s. dort
  - Einwilligung s. dort
- Substitution s. dort
- Therapie s. dort

Behandlung, d Rehabilitation dienende s. Therapie
Behandlung, tierärztliche § 4 88–92
Behandlungsanweisung
- s. Anwenden v. Arzneimitteln bei Lebensmittel liefernden Tieren durch den Tierhalter oder andere Personen ohne oder gegen eine –

Beharrlich Vorb 29 1265
Behindertensport
- Doping im – **AntiDopG Einl** 5

Beigebrauch s. Beikonsum
Beihilfe Vorb 29 306–366
- Abgrenzung **Vorb 29** 367–386
- Hilfeleistung **Vorb 29** 308–321
  - objektive Förderung **Vorb 29** 309–316
  - omnimodo facturus **Vorb 29** 307, 309
  - neutrale Handlungen, berufstypische Handlungen **Vorb 29** 317–321
  - erlaubte Mitwirkung s. Alltagshandeln
- Formen d Beihilfe **Vorb 29** 322–336
  - physische (technische) **Vorb 29** 323
  - psychische (intellektuelle) **Vorb 29** 324–326
  - Billigen, Dabeisein **Vorb 29** 327–330
  - Unterlassen **Vorb 29** 331
  - sukzessive **Vorb 29** 332
  - Beihilfe und andere Beteiligungsformen **Vorb 29** 333–335
  - Prüfungsgrundsatz **Vorb 29** 336
- Haupttat **Vorb 29** 337–342
- innerer Tatbestand **Vorb 29** 343–353
  - d Vorsatz zur Unterstützung **Vorb 29** 344–348
  - Kenntnis v. d Haupttat **Vorb 29** 349–353
  - Beihilfe durch Risikoerhöhung **Vorb § 29** 353
- Versuch **Vorb 29** 354
- Konkurrenzen **Vorb 29** 355–362
  - Förderung durch
  - eine (Beihilfe)Handlung **Vorb 29** 356–358
  - mehrere (Beihilfe)Handlungen **Vorb 29** 359–362, 844–847
- Akzessorietät **Vorb 29** 358, 360, 363
- Strafzumessung b Gehilfen **Vorb 29** 364–366
- Beihilfe als
  - allgemeiner Strafmilderungsgrund **Vorb 29** 818
  - vertypter Milderungsgrund **Vorb 29** 771, 772
- keine Doppelmilderung **Vorb 29** 772

Beikonsum
- Abbruch wegen – **BtMVV § 5** 56
- fehlende Kontrolle **§ 29** 1509, **BtMVV § 5** 86
- Gleichgültigkeit **§ 29** 1503 **BtMVV § 5** 59, 86
- regelmäßige Kontrolle **§ 35** 76, 83, 86, 192
- im Strafvollzug **BtMVV § 5** 201

Beil § 30a 118, 123 (Campingbeil)

2355

Sachverzeichnis

Belehrung
- Strafaussetzung **§ 36** 128
- unterlassene – (Art. 36 WÜK) **Vorb 29** 1146–1149

Belieben d Richters **Vorb 29** 536, 729

Belieferung/Nichtbelieferung v. Betäubungsmittelrezepten/-anforderungsscheinen **BtMVV § 12**
- Verbot d Belieferung *(Absatz 1)* **BtMVV § 12** 2–6
- erkennbare Irrtümer, fehlende Personalien, Notfälle *(Absatz 2)* **BtMVV § 12** 7–9
- Vermerke d Abgebenden *(Absatz 3)* **BtMVV § 12** 10
- Aufbewahrung *(Absatz 4)* **BtMVV § 12** 11

Beliehene Unternehmer § 22 3

Belohnung s. Eigennutz

Bennies s. Amfetamin

Benzodiazepine **(Anl II) § 1** 461, 462

Benzodiazepine **(Anl III) § 1** 527–530
- als zusätzliche Präparate **§ 13** 210
- nicht geringe Menge **§ 29a** 82–86

Benzo Fury s 5-APB

Beobachtungspflicht d Gesetzgebers **§ 1** 214

Beratungsstelle, psychosoziale – **§ 35** 80

Berauschungsqualität s. Anhaftungen

Bereitschaftspolizei § 26 8, 9

Bereitstellen v. Vermögenswerten (§ 29 Abs. 1 Satz 1 Nr. 13) § 29 1930–1956
- Abgrenzung **§ 29** 448, 1943
- Gesetzeszweck, Natur **§ 29** 1931, 1932
- Tathandlung **§ 29** 1933–1943
  - Vermögensgegenstände **§ 29** 1934–1936
  - Bereitstellen **§ 29** 1937–1940
  - Finanzierungszusage **§ 29** 1938, 1939
  - Transport v. Geld **§ 29** 1940
  - Umtausch v. Geld **§ 29** 1940
  - rechtswidrige Tat nach Nr. 1, 5, 6, 7, 10, 11 oder 12 **§ 29** 1941–1943
- Vollendung, Beendigung **§ 29** 1944
- Täterschaft, Teilnahme **§ 29** 1945
- Handeln im Ausland **§ 29** 1946–1948
- Subjektiver Tatbestand **§ 29** 1949–1951
- Konkurrenzen **§ 29** 1952
- Strafzumessung **§ 29** 1953–1956

Besonders schwerer Fall, Regelbeispiel (Absatz 3 Satz 1, Nr. 1) **§ 29** 1975–2027, 2039–2075

Berliner Tinktur § 1 372, 613

Berufliche Stellung Vorb 29 1073–1075

Berufstypische Handlung
 s. Alltagshandeln

Berufsverbot Vorb 29 1772–1779
- b d einzelnen Delikten s. dort

Berufsmäßiger Waffenträger **§ 30a** 107

Beschaffung v
- Betäubungsmitteln, absatzorientierte – **§ 29** 217, 218, 522–525
- Grund-/Ausgangsstoffen **§ 29** 237–250, 251
- Laborräumen s. Laborräume

Beschaffungsdelikte Vorb 29 512–514

Beschaffungsdruck Einl 108–110
- Tagesbedarf **Einl** 109

Beschaffungsfahrt s. Einkaufsgemeinschaft

Beschaffungskriminalität Einl 102–114, 137
- direkte – **Einl** 103–105
- indirekte – **Einl** 106–114
- und Abhängigkeit **§ 1** 91

Beschäftigungstherapie § 35 78

Beschlagnahme
- BtMG
  - Einziehung **§ 33** 142, 151, 201, 236, 358, 368, 385
- NpSG
  - v. NPS **§ 3** 49–61

Beschönigen
- Aufklärungshilfe **§ 31** 51, 52
- Strafzumessungsgrund **Vorb 29** 1094

Beschriften (b d Herstellung) **§ 29** 140

Beseitigen v. Spuren **Vorb 29** 1100

Besichtigen s. Betreten

Besitz s. auch Besitzen
- erlaubnisfreier Tatbestand **§ 3** 56

Besitzdiener b
- b d einzelnen Delikten s. dort

Besitzen (in Besitz haben) v. Arzneimitteln, die nur durch den Tierarzt angewendet werden dürfen, durch d Tierhalter entgegen **§ 57 Abs. 1a Satz 1 (§ 96 Nr. 16)**

Grundtatbestand (AMG § 57 Abs. 1a Satz 1)
- Adressat: Tierhalter **§ 57** 27
- Arzneimittel, die nur d Tierarzt anwenden darf **AMG § 57** 27
- kein Verbot
  - wenn nicht zur Anwendung bei Tieren bestimmt **AMG § 57** 28
  - wenn nach Richtlinie 96/22 EG erlaubt **AMG § 57** 28
- Rechtsverordnung nach § 56a Abs. 3 Satz 1 Nr. 2: PharmStV **AMG § 57** 27

Strafvorschrift b Vorsatz (AMG § 96 Nr. 16)
- Tathandlung **AMG § 96** Rn 184–188
  - Adressat **AMG § 96** 185
  - Arzneimittel **AMG § 96** 186
  - Besitzen (in Besitz haben) **AMG § 96** 187
  - entgegen § 57 Abs. 1a Satz 1 **AMG § 96** 188
- Vollendung, Beendigung **AMG § 96** 189
- Täterschaft, Teilnahme **AMG § 96** 190, 191
- Subjektiver Tatbestand **AMG § 96** 192

Bußgeldvorschrift b Fahrlässigkeit (§ 97 Abs. 1 Nr. 1) **AMG § 57** 32, **§ 97** 1–16, 22–24

Sachverzeichnis

Besitz(en) v. Betäubungsmitteln ohne Erlaubnis für den Erwerb (§ 29 Abs. 1 Satz 1 Nr. 3, Abs. 3, 5)
– Bedeutung, Strafgrund § 29 1318, 1319
– Dauerdelikt § 29 1326, 1392
– Tathandlung § 29 1321–1374
  – Betäubungsmittel § 29 1322, 1323
  – Anhaftungen § 29 1322, 1323
  – Herrschaftsverhältnis, tatsächliches § 29 1328–1354
  – Beginn § 29 1331–1334
  – aufgedrängter –, unerwünschter – § 29 1322, § 1 646, 647
  – strafbar gewordener Besitz § 1 645, 647
– Formen § 29 1335–1354
  – Eigenbesitzer/Fremdbesitzer § 29 1336–1338
  – Besitzmittler/mittelbarer Besitzer § 29 1339–1341
  – Besitzdiener/Besitzherr § 29 1352–1354
  – Mitbesitzer § 29 1342–1351
  – gemeinsame Anschaffung/Bestellung § 29 1343
  – gemeinsame Wohnung § 29 1344–1350
  – Kraftfahrzeug § 29 1351
– Motiv, Zweck § 29 1355–1360
– Dauer § 29 1361–1364
– Willen zum Besitz § 29 1365–1371
  – Tolerieren fremden Besitzes § 29 1368
  – unerwünschter – § 29 1368
  – ohne schriftliche Erlaubnis zum Erwerb § 29 1372–1375
– Vollendung, Beendigung § 29 1375, 1376
– Täterschaft, Teilnahme § 29 1377–1382
  – Einkaufsgemeinschaft, Sammelkauf § 29 1343, 1379
  – Körperschmuggler § 29 1380
  – besonderes persönliches Merkmal § 29 1381
  – untergeordnete Tätigkeit § 29 1382
– Handeln im Ausland § 29 1383, 1384
– Subjektiver Tatbestand § 29 1385–1391
– Konkurrenzen § 29 1392–1411
  – gleichzeitiger Besitz § 29 1393, 1394
  – Auffangtatbestand § 29 1395–1408
  – Zurücktreten § 29 1397–1407
  – Klammerwirkung § 29 1408
  – Strafzumessung § 29 1412–1415
  – Strafklageverbrauch § 29 1411
Absehen v. Strafe (Absatz 5) § 29 2098–2183
Besonders schwerer Fall (Absatz 3 Satz 1) § 29 1975–2001
Besitzen v. Betäubungsmitteln in nicht geringer Menge ohne Erlaubnis für den Erwerb (§ 29a Abs. 1 Nr. 2)
s. Handeltreiben in nicht geringer Menge
Besitzen bestimmter Dopingmittel entgegen AntiDopG § 2 Abs. 3 s. Erwerben bestimmter Dopingmittel

Besitzen v. Dopingmitteln zur Anwendung bei sich entgegen AntiDopG § 3 Abs. 4 s. Erwerben v. Dopingmitteln zur Anwendung bei sich
Besitzen von NPS entgegen § 3 Abs. 1 NpSG s. Handeltreiben m NPS
Besitzposition (tatsächliche Position) § 33 65
Besondere Verwaltungsdienststelle § 19 16
Besonders schwerer Fall (AMG § 95 Abs. 3 Satz 1)
– Rechtsnatur **AMG § 95** 419
– unbenannter besonders schwerer Fall **AMG § 95** 422–430
  – Begriff **AMG § 95** 424
  – Gesamtwürdigung **AMG § 95** 423–427
  – Versuch **AMG § 95** 428
  – mehrere Beteiligte **AMG § 95** 429
Regelbeispiele s. Regelbeispiele (AMG)
Besonders schwerer Fall (BtMG § 29 Abs. 3 Satz 1)
– Rechtsnatur § 29 1976–1979
– unbenannter besonders schwerer Fall § 29 1981–2000
– Begriff § 29 1985, 1986
– Gesamtwürdigung § 29 1983 1992
– Versuch § 29 1993
– mehrere Beteiligte § 29 1994, 1995
– subjektiver Tatbestand § 29 1996
Regelbeispiele s. Regelbeispiele (BtMG)
Bestechung § 3 8, § 10 10, 11
Bestimmen einer Person unter 18 Jahren zum unerlaubten Handeltreiben, Einführen, Ausführen, Veräußern, Abgeben, Inverkehrbringen v. Betäubungsmitteln oder deren Förderung (§ 30a Abs. 2 Nr. 1)
– Gesetzeszweck § 30a 45
– Tathandlung § 30a 47–64
  – Bestimmen § 30a 49–57
  – kommunikativer Akt § 30a 50, 51
  – Form, Mittel, Ursächlichkeit, Menge § 30a 52, 53
  – omnimodo facturus § 30a 54–56
  – agent provocateur § 30a 57
  – Bestimmungstaten (Begehungsweisen d Minderjährigen) § 30a 58–64
  – Fördern § 30a 59, 60
  – Bote § 30a 61
  – fahrlässige Haupttat § 30a 64
– Vorbereitung, Versuch, Vollendung, Beendigung § 30a 65–67
– Täterschaft, Teilnahme § 30a 68, 69
– Handeln im Ausland § 30a 70, 71
– Subjektiver Tatbestand § 30a 72, 73
– Konkurrenzen § 30a 74, 75
– Strafzumessung § 30a 76, 235–290
Bestimmende Umstände, Darlegung im Urteil **Vorb 29** 1291, 1292

2357

Sachverzeichnis

Bestimmung zur Heilung, Linderung, Verhütung s. Arzneimittelbegriff, Präsentationsarzneimittel
Bestimmungsort
- ausländischer – s. dort
- inländischer – § 29 899, 900

Beta-2-Agonisten AntiDopG § 2 20
Beta-Blocker AntiDopG § 2 21
Betäubungsmittel
- Abgrenzung zu anderen Stoffen
  - Arzneimittel § 1 23–25
  - Dopingmittel § 1 26
  - Neue Psychoaktive Substanzen § 1 27
- Anlage I fünfter Gedankenstrich Erweiterung auf
  - Pflanzen, Algen, Pilze und Flechten, deren Teile und Bestandteile § 1 169–191
  - Tierkörper, Körperteile, Körperbestandteile, Stoffwechselprodukte § 1 192–197
  - Mikroorganismen § 1 198
  - wenn ein Missbrauch zu Rauschzwecken vorgesehen ist § 1 166, 173, 175–177
- Begriff
  - materieller § 1 10, 11
  - nach d System d Positivliste § 1 12–20
  - Anlage I § 1 240–453
  - Anlage II § 1 454–506
  - Anlage III § 1 507–637
- Doppelnatur § 1 1
- Legaldefinition § 1 146, 147
  - Systematik, innerer Aufbau d Anlagen § 1 148–150
  - Stoffe und Zubereitungen § 1 152
  - ausgenommene Zubereitungen § 1 153–155
  - Anlage I vierter Gedankenstrich (Stereoisomere) § 1 145, 156–161
- missbräuchliche Verwendung § 1 159–161
- keine Betäubungsmittel sind
  - Alltagsdrogen § 1 21, 22
  - biogene Drogen § 1 201–204
  - Smart drugs § 1 205, 206
- Wirkung d Betäubungsmittel
  - spezifische Eigenschaften § 1 126–135
  - Bindungskraft § 1 84
  - Dosierung § 1 136
  - Konsumform § 1 137–139
  - Chemische Form § 1 140–145
  - Basen/Salze § 1 141–143
  - Wirkstoff § 1 144
  - Isomere § 1 145

Betäubungsmittelabhängigkeit s. Abhängigkeit
Betäubungsmittelanforderungsschein § 4 21, 22, BtMVV § 1 4, 10 1–4
Betäubungsmittelbedarf
- nicht aufschiebbarer § 4 72, 73, § 13 101

Betäubungsmittelkriminalität
- Beschaffungskriminalität s. dort
- und Drogenmissbrauch **Einl** 115, § 1 85–91
- Kriminalität d Betäubungsmittelabhängigen **Einl** 83–114
- Straftaten, Straftäter d – **Einl** 62–67

Betäubungsmittelrecht,
- deutsches. – **Einl** 116–126, 175–177
  - differenziertes System abgestufter Maßnahmen **Einl** 175
  - kein symbolisches Strafrecht **Einl** 176, 177
- niederländisches. – **Einl** 162, 163
- schweizerisches **Vorb 29** 1832
- tschechisches **Vorb 29** 1832

Betäubungsmittelrezept § 4 18–31, BtMVV 8 1–8, 9 1–5, 12 1–9
Betäubungsmittelstrafrecht s. Betäubungsmittelrecht
Betäubungsmittelverkehr
- Begriff § 3 2–4
- Sicherheit oder Kontrolle d – § 1 643, § 5 29–34

Betäubungsmittelverkehr in
- Apotheken s. dort
- tierärztlichen Hausapotheken s. dort

Beteiligung Vorb 29 241–387
- Abgrenzung v. Täterschaft und Teilnahme **Vorb 29** 367–386
  - Vorabklärung **Vorb 29** 369–371
  - eigenhändige Tatbestandsverwirklichung **Vorb 29** 370
  - echte Sonderdelikte **Vorb 29** 371
  - Art d Tatbeitrags **Vorb 29** 372–374
  - untergeordnete Tätigkeit **Vorb 29** 373, 374
  - Willensrichtung **Vorb 29** 376–386
  - Betrachtung, wertende **Vorb 29** 378, 379
  - Art und Umfang d Tatbeitrags **Vorb 29** 382
  - Grad d eigenen Interesses am Erfolg **Vorb 29** 383
  - Tatherrschaft **Vorb 29** 384
  - funktionelle – **Vorb 29** 384
  - Willen zur Tatherrschaft **Vorb 29** 385
  - Beurteilungsspielraum d Gerichte **Vorb 29** 386
- Täterschaft s. dort
- Teilnahme
  - Anstiftung s. dort
  - Beihilfe s. dort
- Versuch d Beteiligung (§§ 30, 31 StGB) **Vorb 29** 207–238, 387
- Zusammentreffen mehrerer Beteiligungsformen **Vorb 29** 243, 244

Betretungsrechte d Behörden
- AMG
  - v. Geschäfts-/Wohnräumen **AMG § 64** 9, 10

Sachverzeichnis

- BtMG
  - v. Geschäfts-/Wohnräumen § 22 16, 22
  - verdachtsunabhängiges. – § 22 16
- **Betreuung** s. Kurier
- **Betreutes Wohnen § 35** 92, 97
- **Betriebe/Einrichtungen nach d AMWHV**
  - Aufgaben- und Verantwortungsbereiche s. Pharmaunternehmen
  - Geltungsbereich d AMWHV **AMG § 19** 9–11
  - räumliche Anforderungen **AMG § 19** 12
  - Personal **AMG § 19** 13
  - Organisation **AMG § 19** 14–21
    - Qualitätsmanagement **AMG § 19** 15
    - Personalorganisation **AMG § 19** 16, 17
    - Pflicht zur Selbstinspektion und Lieferantenqualifizierung **AMG § 19** 18
    - Dokumentation **AMG § 19** 19
    - Tätigkeiten im Auftrag **AMG § 19** 20, 21
- **Betriebsgeheimnis § 7** 17, **§ 22** 4, 9
- **Betriebsinhaber AMG § 19** 3, 23–26
- **Betriebsstätte**
  - Arzneimittelrecht
    - Anzeigepflicht **AMG § 67** 3
    - Begriff **AMG § 16** 5, 6
    - Überwachung **AMG § 64**
  - Betäubungsmittelrecht
    - Begriff **§ 5** 9–11,
    - Beschreibung im Antrag **§ 7** 10
    - Verlegung d **§ 8** 14, 17, 18
    - Drogenkonsumraum **§ 10a** 26
- **Bewaffnetes Handeltreiben, Einführen, Ausführen, Sichverschaffen v. Betäubungsmitteln in nicht geringer Menge (§ 30a Abs. 2 Nr. 2)**
  - Ziel, Rechtsgüter **§ 30a** 78, 79
  - Tathandlungen **§ 30a** 81–174
    - Grundtatbestände **§ 30a** 82–85
    - Handeltreiben **§ 30a** 82, 83
    - Ausführen **§ 30a** 82, 83
    - Einführen **§ 30a** 82, 83
    - Erwerben s. Sichverschaffen
    - Sichverschaffen **§ 30a** 82, 84
    - (nicht) Besitz **§ 30a** 85
  - Qualifikationsmerkmale **§ 30a** 86–174
    - nicht geringe Menge **§ 30a** 87
    - Schusswaffe **§ 30a** 92–107
    - nicht notwendig Verwendungsabsicht **§ 30a** 106, 107
    - sonstiger (gefährlicher) Gegenstand **§ 30a** 108–130
      - Begriff **§ 30a** 108
      - Eignung zur Verletzung v. Personen **§ 30a** 109–118
      - Bestimmung zur Verletzung v. Personen **§ 30a** 119–128
      - Sonderfall: Messer **§ 30a** 129, 130
    - Mitsichführen **§ 31a** 131–177

- Bewusstsein d Verfügbarkeit **§ 30a** 134, 135
- gebrauchsbereit, räumliche Nähe **§ 30a** 137–153
  - Griffnähe **§ 30a** 137–145
  - Mitführen d Waffe durch Mittäter **§ 30a** 146–153
  - jederzeit zu realisierende Zugriffsmöglichkeit **§ 30a** 147–151
  - Leibwächter, Weisungsempfänger **§ 30a** 148, 149
  - Mitbesitzer **§ 30a** 150
  - andere Tatbeteiligte **§ 30a** 151
  - Fehlen einer solchen Zugriffsmöglichkeit **§ 30a** 152
  - bei der Tat **§ 30a** 154–174
  - (Teil-)Rücktritt **§ 30a** 174
- Vorbereitung, Versuch, Vollendung, Beendigung **§ 30a** 175–179
- Täterschaft, Teilnahme **§ 30a** 180–185
  - Mitsichführen einer Waffe: kein Fall d § 28 StGB **§ 30a** 182
  - Mittäter **§ 30a** 183, 146–153
  - Gehilfen **§ 30a** 184, 185
  - Übergabe einer Waffe **§ 30a** 183
- Handeln im Ausland **§ 30a** 186–188
- Subjektiver Tatbestand **§ 30a** 189–207
  - Grundtatbestände **§ 30a** 190
  - Qualifikationsmerkmale **§ 30a** 191–197
  - bedingter Vorsatz, Gleichgültigkeit **§ 30a** 198
  - Irrtumsfälle **§ 30a** 201–207
- Konkurrenzen **§ 30a** 208–233
- Strafzumessung **§ 30a** 234–290
- **Bewährung**, Strafaussetzung zur – s. dort
- **Bewährungshilfe Vorb 29** 1237
- **Bewährungsversagen**
  - Prognose b – **Vorb 29** 1198–1200
- **Bewegungsbild** b d Führungsaufsicht **§ 34** 20
- **Beweisverwertungsverbot**, keines. – **AntiDopG Einl** 20, 21
- **Beweissituation, Beweiswürdigung** b V-Mann **§ 4** 249
- **Bewertungseinheit im AMG Vorb 95** 18
  - b Großhandel **AMG § 4** 87
  - b Inverkehrbringen **AMG § 4** 45, 46
- **Bewertungseinheit im BtMG Vorb 29** 588–670
  - Grundlagen **Vorb** 589–596
    - Ausgangspunkt **Vorb 29** 590–592
    - Anwendungsbereich **Vorb 29** 593, 594
    - Absatzdelikte **Vorb 29** 594
    - b einzelnen Delikte **Vorb 29** 654–666
  - Folgen **Vorb 29** 595, 596
  - Umfang **Vorb 29** 597–602
  - derselbe Güterumsatz, Gesamtmenge **Vorb 29** 603–628
    - Absprachen, Angebote **Vorb 29** 604–614

2359

Sachverzeichnis

- Gesamtmenge **Vorb 29** 604–611
- Einfuhren, mehrere **Vorb 29** 606
- Lieferung nach Bedarf **Vorb 29** 612, 613
- Probelieferung **Vorb 29** 614
- einheitlicher Verkaufsvorrat **Vorb 29** 615–620
- Ansammlung eines –**Vorb 29** 618
- aufgefüllter, „nie versiegender" Verkaufsvorrat **Vorb 29** 621–628
- Silotheorie **Vorb 29** 622
- Zweifelssatz **Vorb 29** 629–653
  - Zuordnung v. Verkaufsmengen zu Erwerbsmengen **Vorb 29** 647–652
  - Schätzung **Vorb 29** 649, 650
  - Verwertung zum Nachteil **Vorb 29** 653
- prozessuale Fragen **Vorb 29** 667–670

Bewertungseinheit im NpSG § 2 41, 42
Bewertungsrichtung (Strafzumessung) **Vorb 29** 735
Beziehen verschreibungspflichtiger Arzneimittel entgegen § 47 Abs. 2 Satz 1 (AMG § 95 Abs. 1 Nr. 5 Alt. 3)
Grundtatbestand (§ 47 Abs. 2 Satz 1)
- Beziehen nur
  - für d eigenen Bedarf **§ 47** 22
  - im Rahmen d Erfüllung ihrer Aufgaben **§ 47** 22

Strafvorschrift für verschreibungspflichtige Arzneimittel (§ 95 Abs. 1 Nr. 5 Alt. 3, Abs. 2 bis 4)
- Tathandlung
  - Arzneimittel **AMG § 95** 290
  - Beziehen **AMG § 95** 291
  - entgegen § 47 Abs. 2 Satz 1 **AMG § 95** 292–295
  - in § 47 Abs. 1 Satz 1 Nr. 5 bis 9 genannte Personen oder Stellen **AMG § 95** 293
  - nicht für den eigenen Bedarf **AMG § 95** 294
  - nicht im Rahmen d Erfüllung ihrer Aufgabe **AMG § 95** 295
- Versuch, Vollendung, Beendigung **AMG § 95** 296–299
- Täterschaft, Teilnahme **AMG § 95** 300
- Subjektiver Tatbestand **AMG § 95** 301–304
  - Fahrlässigkeit **§ 95** 301, 304
- Konkurrenzen **AMG § 95** 305
- Strafzumessung **AMG § 95** 306

Besonders schwerer Fall, Regelbeispiele (Absatz 3) **AMG § 95** 422–462

Bußgeldvorschrift für apothekenpflichtige Arzneimittel (§ 97 Abs. 2 Nr. 1) **AMG § 47** 41, **§ 97** 1–16, 22–24

Beziehungsgegenstand
- im Arzneimittelrecht **AMG § 98**
- im Antidopingrecht **AntiDopG § 5** 2, 3
- im Betäubungsmittelrecht s. Einziehung
- im NPS-Recht **NpSG § 5** 2

Bezirksamt Friedrichshain-Kreuzberg § 3 84

Bezirkshauptmannschaft, österreichische **Vorb 29** 45
Bezugs-/Absatz-/Vertriebssystem
- Bande **§ 30** 66–74
- Handeltreiben **§ 29** 469–472

BfArM (Bundesinstitut für Arzneimittel und Medizinprodukte) **§ 77** 6
Bildungsanstalten, Taten in – und im Umkreis v. – **§ 29** 1988
Bilsenkraut § 1 203
Binges (free base) **§ 1** 556
Binnengewässer Vorb 29 77, 78
Binnengrenzen, Schengen **§ 2** 91–93
Binnenmarkt, Vollendung d – **§ 2** 83–88
Binnenschiffe
- deutsches Strafrecht **Vorb 29** 113

Bio-Ecstasy s. Herbal ecstasy
Biogene Drogen § 1 201–204
Bitcoins § 33 58
Blankettgesetzgebung
- Arzneimittelrecht AMG **Vorb 95** 3–12
- Antidopingrecht **AntiDopG § 2** 10–17
- Betäubungsmittelrecht **§ 29** 1958, **§ 32** 10, **BtMVV § 16** 1, **§ 17** 1

BLO s. GBL
Blonder (Roter) Libanese § 1 285
Blubber (Utensilien) **§ 14** 36
Blut AMG § 3 4
Blutdoping AntiDopG § 2 71–78
Blutegel AMG § 3 2
Blue-Nitro s. GBL
Blutprobe
- AntiDopG **§ 10** 3, 4
- BtMG **§ 1** 97, 98

Blutzubereitungen
- Legaldefinition **AMG § 4** 25–27
- Blutbestandteile **AMG § 4** 27
- Blutkonserven **AMG § 4** 26
- Plasmakonserven **AMG § 4** 26
- Serumkonserven **AMG § 4** 26

Bodybuilding
- als Sport **AntiDopG Einl** 5, 31, **§ 2** 27
- als organisierter Wettkampf **AntiDopG § 3** 45

Bodensee § 2 86, **Vorb 29** 77
Bodyguard § 30a 148, 149
Body-packer s. Körperschmuggler
Borderline-Persönlichkeits-Störung (BPS) **§ 35** 63
Bote s. auch Besitzdiener
- b d einzelnen Delikten s. dort
- Botentätigkeit **§ 29** 802

Botschafter s. Immunität
Bounce s. Mephedron
BPS (Borderline-Persönlichkeits-Störung) **§ 35** 63
Brauner Pakistani § 1 285
Brechmittel Vorb 29 1151
Breitensport
- Doping im – **AntiDopG Einl** 5, 31
Brieföffner § 30a 123

Sachverzeichnis

Broker AMG § 4 91
Brolamfetamin s. DOB
Brown sugar § 1 374
Bruttoprinzip, Beschränkung d – **§ 33** 38–51
BtM-Nummer BtMAHV § 1 4, **BtMBinHV** § 2 1, **BtMVV** § 8 5
– Anzeige vor Erteilung d - **§ 4** 309,
BUB-Richtlinien, nunmehr MVV-RL **Anh F** 2
Bufotenin (5-Hyo-DMT; 5-Meo-DMT) § 1 412–415
Bulkware AMG § 4 23, 24
Bundesamt für Verbraucherschutz und Lebensmittelsicherheit (BVL) AMG § 77 5
Bundesanstalt für Landwirtschaft und Ernährung § 19 22–26
Bundesbehörden § 19 2–6, 16–26
Bundesfreundliches Verhalten § 19 14
Bundesgesundheitsamt § 19 3
Bundesgrenzschutz s. Bundespolizei
Bundesinstitut für Arzneimittel und Medizinprodukte (BfArM) § 19 2–6, 16, **AMG** § 77 6
Bundesoberbehörde
– AMG **§ 77** 3–6
– BtMG **§ 19** 1–5
Bundesopiumstelle § 19 4
Bundespolizei § 21 53, **§ 26** 1–7
Bundestreue s. bundesfreundliches Verhalten
Bundeswehr § 26 1–7
Bundeszentrale für gesundheitliche Aufklärung s. BZgA
Bundeszollverwaltung § 21 2–52
– Aufgaben **§ 21** 8–17
– Befugnisse
  – betäubungsmittelrechtliche **§ 21** 18, 19
  – strafprozessuale **§ 21** 18, 34–49
  – nach d ZfGG **§ 21** 18, 50–52
  – zollrechtliche **§ 21** 18, 20–33
– Behörden **§ 21** 3–7
– Generaldirektion **§ 21** 3
– Kontrolleinheiten **§ 21** 5, 6
– Zollfahndungsdienst s. dort
– Zollverwaltung s. dort
Bunker(n) § 29 529, 687, 726, 944
Buphedron s. Cathinonderivate
Buprenorphin (Temgesic, Transtec, Subutex) § 1 531–534, **Anl III, BtMVV §§ 2–4, 5** 106
– Fahreignung
  – allgemein s. Fahreignung
  – zur Droge **Vorb 29** 1523–1525
– nicht geringe Menge **§ 29a** 87
– Substitutionsmittel § 1 534, **BtMVV §§ 2, 5** 106
– Wirkung § 1 532, 533
Bußgeldbehörde
– Arzneimittelrecht **AMG § 97** 25
– Betäubungsmittelrecht **§ 32** 30

Butterflymesser (Faltmesser) s. Messer
Butyrfentanyl (Butyrylfentanyl) s. Opioide
γ-Butyrolacton s GBL
BZB (Benzylpiperazin) s. Piperazine
– nicht geringe Menge **§ 29a** 151
BZgA (Bundeszentrale für gesundheitliche Aufklärung) **Einl** 45

C

Cali, Kartell **§ 1** 538
Call-Center Einl 98, **§ 29** 426
Cannabimimetika
– AntiDopG **§ 2** 21
– NpSG **§ 2** 13
Cannabidiol (CBD) § 1 293
Cannabinoide,
– AntiDopG **§ 2** 21
– BtMG, synthetische **§ 1** 463–467
  – Fahreignung s. Fahreignung
  – nicht geringe Menge **§ 29a** 98–104
– NpSG **§ 2** 13
Cannabinol (CBN) § 1 293
Cannabis § 1 247–320, 468, 535, **Anh H**
– Anwendungsbereich d BtMG, Ausnahmen § 1 261–284
  – Buchst. a: Samen § 1 263–270, **§ 14** 28
  – Buchst. b: gewerblicher/wissenschaftlicher Umgang § 1 271–281
  – Saatgut § 1 272, 273, **§ 24a** 25
  – Buchst. c: Schutzpflanzung b d Rübenzüchtung § 1 282
  – Buchst. d: Nutzhanf § 1 283, **§ 24a** 11–44
  – Buchst. e: Herstellung v. Zubereitungen zu medizinischen Zwecken § 1 284
– Cannabis
  – als Rauschmittel § 1 252
  – als Mittel d Religionsausübung § 1 253, **§ 3** 95, 96
  – als Mittel der Kunstausübung **§ 3** 97
  – als Lebensmittel § 1 254, 255
  – als Kosmetikum § 1 256
  – als Medizin s. dort
  – zur Behandlung einer Alkoholsucht **§ 3** 98
– Gleichbehandlung m Alkohol § 1 211
– Herkunft, Geschichte § 1 247–260
– Anbau, Produktion § 1 248–251
– Konsumformen s. bei Cannabiskonsum
– männliche Pflanze § 1 261, **§ 3** 23, **§ 29** 51, 72
– Vertriebsformen § 1 285–289
  – Haschisch § 1 285, 286, Anh H
  – Marihuana § 1 287, 288, Anh H
  – Blüten s. Cannabisblüten
  – Extrakt s. Cannabisextrakt
  – Haschischöl, -konzentrat § 1 289, Anh H
– Wirkung § 1 291–320
  – Wirkstoff, THC § 1 293–295

2361

Sachverzeichnis

- Analyse § 1 295
- Wirkstoffgehaltgehalt, Feststellung **Vorb 29** 997–1016, Anh H
- akute Wirkungen § 1 296
- nach d Konsumform § 1 297
- nach d zeitlichen Ablauf § 1 298
- nach d Dosierung § 1 299
- nach d Inhalt des Rauscherlebnisses § 1 300–302
- *bad trip* § 1 300
- längerfristige Wirkungen § 1 303–320
- allgemein § 1 303
- kognitive Störungen, AMS § 1 304–308
- Psychosen, weitere Auffälligkeiten § 1 309, 310
- Abhängigkeit § 1 312
- Toleranz § 1 312
- Entzug § 1 311
- Hauptdiagnose Cannabis bei
- ambulanter Betreuung § 1 313
- stationärer Betreuung § 1 313
- Einstiegsdroge, Schrittmacherfunktion § 1 314–316
- Toleranzbildung § 1 312
- Flash-back § 1 320
- Gefährlichkeit **Einl** 149–157
- Fahreignung
 - allgemein s. Fahreignung
 - zur Droge § 1 315, 316, **Vorb 29** 1521, 1527, 1528, 1531, 1532, 1536, 1552
 - FeV **Vorb 29** 1602–1616
 - längerfristige Wirkung § 1 315, 316
- Fahren unter – einfluss (§ 24a StVG) **Vorb 29** 1638–1671
- Menge
 - geringe Menge § 29 2125–2127
 - nicht geringe Menge § 29a 88–97
- **Cannabisagentur** § 19 17–21
- BfArM als - § 19 19
- Vergabe durch – § 19 20
- **Cannabisblüten, Blütenstände** (Dolden) § 1 288, § 3 116, 117, 141, **BtMVV** § 2
 - Cannabis flos § 1 288
- **Cannabis in d Drogenpolitik**
- **Einl** 148–166, 207–217
- **Cannabisextrakt**
- standardisierter § 3 116, 118, 121, 127, 128, 141, **BtMVV** § 2
- **Cannabisfachgeschäfte Einl** 180
- **Cannabiskonsum**
- gelegentlicher im
 - Betäubungsmittelrecht § 29 2172–2176, § 31a 38, 49–51, 97, 98
 - Straßenverkehrsrecht **Vorb 29** 1606–1615
- regelmäßiger im
 - Betäubungsmittelrecht § 29 2168–2171, § 31a 35–37, 46–48,
 - Straßenverkehrsrecht **Vorb 29** 1603–1605

- Konsumeinheit § 1 299, § 29a 89–95
- Konsumformen § 1 § 1 290, 297
- **Cannabiskontrollgesetz (CannKG)**, Entwurf eines. – **Einl** 180
- **Cannabiskonzentrat** s. Haschischöl
- **Cannabis als Medizin** § 1 257–260, § 3 94, 108–145
- therapeutischer Nutzen v. – § 3 109–112
- Notstand § 3 102–107
- Herstellung d
 - Verkehrsfähigkeit § 1 257–260
 - Verschreibungsfähigkeit § 1 257–260
- ärztliche Verschreibung § 3 114–132
 - im Rahmen einer ärztlichen Behandlung, letztes Mittel § 3 115
 - aus Anbau zu medizinischen Zwecken unter staatlicher Kontrolle § 3 116–118
- Verschreibung v. Fertigarzneimitteln
 - in Deutschland zugelassen § 3 119–121
 - Sativex®, Canemes® § 3 121
 - im Ausland zugelassen § 3 122–124
- Verschreibung v. Rezepturarzeimitteln § 3 125
- Kostenübernahme d Krankenkassen § 3 126–133
- Ausnahmeerlaubnis § 3 133–145
 - im öffentlichen Interesse § 3 134–139
 - wofür § 3 140–142
 - Erwerb v. Cannabisextrakt, -blüten § 3 141
 - Eigenanbau § 3 142
- Vereinbarkeit m Suchtstoffübereinkommen § 3 144, 145
- **Cannabisöl** s. Haschischöl
- **Cannabisplantage (-zuchtanlage)**
- Anbauen, Konkurrenzen § 29 117
- Betrieb einer – als Handeltreiben § 29 489, 490
- Entsorgung v. Pflanzenabfällen § 29 565, § 30a 155, 171
- Vorbereitung, Versuch § 29 596–601
- Täterschaft, Teilnahme § 29 816–819
 - Erfahrungssätze § 29 819
- Konkurrenzen § 29 121–123
 - b verschiedenen Anbau- und Verkaufsvariationen **Vorb 29** 659–665
- Einziehung § 33 33, 72
- Feststellungen zur Qualität **Vorb 29** 976
- **Cannabissteuergesetz (CannStG)**, Entwurf eines. – **Einl** 180
- **Captagon** *(Speed)* § 1 518
- **Carfentanyl** § 1 581
- **Car Perfume NpSG Einl** 10
- **CAS (TAS) AntiDopG** § 11 12–15
- als echtes Schiedsgericht **AntiDopG** § 11 15
- *Cat* s. Methcathinon
- **Cathin** (D-Norpseudoephedrin, (+)-Norpseudo-ephedrin) § 1 321, **Anl III**
- **Cathinon** (Kath, Khat) § 1 174, 321–327, **Anl I**

Sachverzeichnis

- Anwendung d BtMG § 1 322, 323, § 29 52, 53
  - Samen § 1 323
- Herkunft, Geschichte § 1 321
- Vertriebsformen, Konsumformen § 1 324–326
  - nicht geringe Menge § 29a 130
- Wirkung § 1 327
- Fahreignung
  - allgemein s. Fahreignung
  - zur Droge **Vorb 29** 1521

Cathinonderivate/Cathinone
- d Anlage I § 1 328, 329
- d Anlage II § 1 469, 470
- Fahreignung **Vorb 29** 1521

2C-B, als Ecstasy § 1 341
CBD s. Cannabidiol
CBN s. Cannabinol
2C-C s. Phenylethylamine (Anl I)
2C-D s. Phenylethylamine (Anl I)
CD, CD-ROM als Schrift § 29 1908
2C-E s. Phenylethylamine (Anl I)
CEFLURIS s. Dimethyltryptamin
Chancengleichheit b Sportwettbewerben
- als Rechtsgut **AntiDopG § 1** 12–15

Chandoo (Rauchopium) § 1 622
Charge(AMG § 4 Abs. 16)
- Legaldefinition **AMG § 4** 40–43

Charta der Grundrechte d Europäischen Union (GrCh) s. EU-Grundrechte-Charta

Chauffeurdienste
- Einführen § 29 958–960
- Handeltreiben § 29 550–553, 806–812

Checken Einl 99
Checklisten für d Einziehung § 33 474
Chemikalien, Bestellen v. – als Handeltreiben § 29 804, 805

Chemiker
- Auftrag an – b Herstellen § 29 137
- Vermitteln eines. – als Handeltreiben § 29 432

Chemische Elemente § 1 168, § 2 7, 8
Chemische Form § 1 140–145
- Basen s. dort
- Isomere s. dort
- Razemat (razemisches Gemisch) s. dort
- Salze s. dort

Chemische Verbindungen § 1 168, § 2 9–18

Chinezen § 1 377
China white s. Fentanyl
CIAS s. ICAS
CID (Criminal Investigation Command) § 4 141
CIF-Wert (Cannabis-Influence-Factor) **Vorb 29** 1532
5Cl-AKB-48 (5C-AKB-48, AKB-48Cl, 5Cl-APINACA, 5C-APINACA)
s. Cannabinoide

Clearingstelle s. Zollverwaltung
Clearnet s. Internet
Clenbuterol AntiDopG § 2 20
Clephedron (4-CMC, 4-Chlormethcathinon) s. Cathinone **(Anl I)**
5Cl-JWH-018 (JWH-018 N [5-Chlorpentyl]-Analogon) s. Cannabinoide
Clonazepam s. Benzodiazepine
Cloud 9 § 1 559
CND (Commission on Narcotic Drugs) § 5 62
CO²-Waffen § 30a 94
Cocain (Kokain) § 1 536–551, **Anl III, BtMVV §§ 2–4, Anh H**
- Herkunft, Geschichte § 1 536–538
- Herstellung § 1 539–542
  - Cocapaste *(Bazuko, Bazooko),* Cocainbase (Rohcocain) § 1 540, 541
  - *Cocain Rocks* § 1 541
  - Cocainhydrochlorid *(Schnee)* § 1 542
- Konsumformen § 1 543
- Wirkung § 1 537–543
  - Wirkstoffgehalt, Feststellung d – **Vorb 29** 1017–1021, **Anh H**
  - Konsumeinheit § 1 537
  - Dosierung § 1 544
- akute Wirkungen
  - euphorische Phase § 1 546
  - Rauschstadium § 1 547
  - Ausklingen, Crash § 1 548
  - (kein) Entzug § 1 548
- längerfristige Wirkungen § 1 549
  - Abhängigkeit § 1 550
- Gefährlichkeit § 1 551
- Fahreignung
  - allgemein s. Fahreignung
  - zur Droge **Vorb 29** 1521, 1527, 1528, 1601
  - Fahren unter – einfluss (§ 24a StVG) **Vorb 29** 1639–1671
- Menge
  - geringe Menge **§ 29** 2128–2130
  - nicht geringe Menge **§ 29a** 107–110
- Steine, Crack § 1 553

Cocaine s. Fentanyl
Cocapaste § 1 540
Cocastrauch (Erythroxylum coca) § 1 471–474 **Anl II**
- Abhängigkeit § 1 473, 474
- Epadu s. dort
- Geschichte, Verbreitung § 1 471
- Konsumform § 1 473
- Wirkung § 1 473, 474

Codein (Methylmorphin) § 1 566–572,
- Herkunft, Geschichte § 1 566
- Anwendung d BtMG § 1 567–570, § 13 89–93
- Vertriebsformen, Konsumformen § 1 571
- Codeinsaft § 1 571, **AMG Einl** 9
- Wirkung § 1 572
- Todesfälle § 1 568, **BtMVV § 5** 108

2363

Sachverzeichnis

- Substitution, graue (wilde) – § 13 90–93, 95
- Substitution, professionelle – § 1 568, 569, **BtMVV § 5** 107–109, 124
  - Abgabe in Apotheke § 13 91–93
  - Pflichten d Apothekers § 13 119, 120
  - Überlassung **BtMVV § 5** 124
- Fahreignung
  - allgemein s. Fahreignung
  - zur Droge **Vorb 29** 1521, 1523–1526, 1601
- nicht geringe Menge § 29a 162
- Codein-Paracetamol-Gemisch **AMG § 48** 63

Coffeeshop Einl 80, 96, 162, 163, **§ 29** 395, 1700
Coffein § 1 21
Cold turkey s. *Turkey*
Compassionate-use s. Härtefallprogramm
Comfortable satisfaction AntiDopG Einl 19
Conocybe s. Samthäubchen
CO-pilots s. Amfetamin
Corona-Pandemie § 3 42, 53, **§ 29** 1499, **BtMVV § 5** 12, 96, 99, 137, 138, 154, 163, 179, **§ 8** 5, 8
- SARS-CoV-2-Versorgungsverordnung (abgedr. in Anh M)
COVID 19 s. Corona-Pandemie
2C-P s. Phenylethylamine **(Anl I)**
CP 47,497 und andere synthetische Cannabinoide s. Cannabinoide
Crack § 1 559–565
- Herkunft, Herstellung § 1 559, 560
- Vertriebsformen, Konsumform § 1 561–563
- Wirkung § 1 564, 565
  - Abhängigkeit § 1 565
  - *Crackreise* § 1 564
- Fahreignung
  - allgemein s. Fahreignung
  - zur Droge **Vorb 29** 1521
- Fahren unter – einfluss (§ 24a StVG) **Vorb 29** 1639–1671
Crank s. Metamfetamin
Crash (free base) § 1 548
Craving § 1 45, 548
Crocodile Snow Powder s. Fentanyl
Crotonylfentanyl § 1 233a
Crystal s. Metamfetamin
Crystal-Speed s. Metamfetamin
CUMYL-4CN-BINACA (SGT 78) s. Cannabinoide
CUMYL-5F-PEGACLONE (5F-SGT-151) s. Cannabinoide
CUMYL-5F-P7AICA s. Cannabinoide
CUMYL-PEGACLONE (SGT 151) s. Cannabinoide
Cuttermesser § 30a 130
Cyclobarbital Anl II
Cyclopropylfentanyl § 1 231

D

Dabeisein, bloßes. – s. b d einzelnen Delikten
Dabs **Anh H** Fn 7
Dachpilze s. Plutei
Daime § 1 335
Danziger Heroin s. Kompott
Darknet Einl 96 Fn 48, 97
Darlehen als
- Bereitstellen v. Vermögenswerten § 29 445–448, 1933–1940
- Handeltreiben § 29 445–448
- Veräußern § 29 1071
DAS (Drogenaffinitätsstudie) **Einl** 74
Datenspeicher als Schrift § 29 1908
Datenübermittlung durch d Zollkriminalamt **NpSG § 6**
Dauerbehandlung BtMVV § 2 14
Dauerdelikte Vorb 29 563, 574–586, 673, 681, 698
Dauerkonsument
- Absehen v. Strafe § 29 2168–2170
- Absehen v. d Verfolgung § 31a 35, 36, 46, 47, 96, 98–101
DBDD Einl 45
DC-Procedure (Decentralised Procedure) **AMG § 21** 6, **§ 25b** 4–6
DEA (Drug Enforcement Administration) § 4 141
Deckungsvorsorge AMG § 73 80; **§ 94** 1–5; **§ 96** 267–276
Deepweb s. Internet
Defektur (verlängerte Rezeptur) **AMG § 21** 16–24
- Begriff, Zweck **AMG § 21** 16–19
- Voraussetzungen **AMG § 21** 20–24
Defizite, psychosoziale § 1 71–75
Dekorationswaffen § 30a 100
Delinquenz
- und Abhängigkeit § 1 85–91
Deliranten s. Inebriantia
Dentist § 4 25
Depothaltung (Verwahren) als Handeltreiben
- Handlung § 29 499, 526–533
- Täterschaft/Teilnahme § 29 688–690
Depravation § 1 52, **Vorb 29** 472, 480, 494, 495, 1318
Derivatisierung NpSG Einl 2
Designer-Amfetamin Vorb 29 1521, 1528, 1642, 1654
Designerdrogen
- AntiDopG **§ 2** 20
- BtMG **Einl** 13, **§ 1** 217
- NpSG **Einl** 2
Desoxypipradol (2-DPMP) s. Piperidinderivate
DET (*N,N*-Diethyltryptamin) **Anl I**
Deutsche Drogenpolitik s. Drogenpolitik
Deutsche Hauptstelle für Suchtgefahren s. DHS

Sachverzeichnis

Deutsche Luftfahrzeuge, Taten auf – **Vorb 29** 113–118
Deutsche Schiffe, Taten auf – **Vorb 29** 112–118
Deutsches Sportschiedsgericht AntiDopG § 11 11
Deutsche Sprachkenntnisse
– Entziehungsanstalt **Vorb 29** 1347
Deutsche Staatsangehörige, Geltung d deutschen Strafrechts für Auslandstaten
– gegen Deutsche **Vorb 29** 136–143
– von Deutschen **Vorb 29** 144, 145
Devianz § 1 89, 90
Dexamfetamin BtMVV § 2
Dexies s. Amfetamin
Dextromethadon § 1 607, **Anl II**
Dezentralisiertes Verfahren s. DC-Procedure
DHC 60 – Mundipharma § 1 574, **§ 13** 90, **AMG Einl** 9
DHC-Saft § 1 574, **§ 13** 90 **§ 35** 26, **AMG Einl** 9
DHS (Deutsche Hauptstelle für Suchtgefahren) **Einl** 45
Diacetylmorphin s. Diamorphin
Diagnose § 13 27, 50, 54, 56, **AMG § 2** 82
Diamorphin (Heroin, Diacethylmorphin)
– als Substitutionsmittel **§ 1** 398, 475, 573
– als Rauschgift **§ 1**
Diamorphingestützte Substitutionsbehandlung (BtMVV § 5a)
– Modellprojekt **Einl** 197–202
– Geltung des § 5 **BtMVV § 5a** 1
– Verschreibungsvoraussetzungen *(Absatz 1)* **§ 5a** 2–29
 – Zuwiderhandlungen **§ 5a** 20–29
– anerkannte Einrichtungen *(Absatz 2)* **§ 5a** 30–35
 – Zuwiderhandlungen **§ 5a** 35
– Modalitäten d Behandlung *(Absatz 3)* **§ 5a** 36–40
 – Zuwiderhandlungen **§ 5a** 40–42
– Überprüfung *(Absatz 4)* **§ 5a** 43–50
 – Zuwiderhandlungen **§ 5a** 49, 50
– Praxis- oder Stationsbedarf **§ 5a** 51
– Abgabe v. Diamorphin s. dort
– Verschreibung v. Diamorphin s. dort
Diazepam s. Benzodiazepine **(Anl III)**
Diazepine s. Benzodiazepine
Diclazepam (2-Chlordiazepam) s. Benzodiazepine **(Anl II)**
Diebstahl
– Abweichen v. Kausalverlauf **§ 29** 877
– als Handeltreiben **§ 29** 524, 525, 616, 715, 813
– Vollendung trotz – **§ 29** 295, 375
Dienstleistungserbringer § 4 25
Dienstliche Tätigkeit § 4 125–307
– Betäubungsmittel, Verkehrsarten **§ 4** 126, 127
– Bundes-/Landesbehörden **§ 4** 128–131

– Betäubungsmittelverkehr
 – legaler **§ 4** 132–134
 – illegaler **§ 4** 135–166
– dienstlicher Bereich **§ 4** 136–138
– nicht offen ermittelnde Beamte **§ 4** 142
– Verdeckte Ermittler **§ 4** 140, 141
– V-Personen **§ 4** 143–162
– Tatprovokation **§ 4** 167–304
Dienstvertrag als Handeltreiben **§ 29** 449
Dihydrocodein § 1 574–579
– Herkunft, Geschichte **§ 1** 574
– Vertriebs-/Konsumform **§ 1** 576, 577
– Anwendung d BtMG **§ 1** 575, **§ 13** 90–93
– Dihydrocodeinsaft (DHC-Saft) **§ 1** 576
– Remedacen **§ 1** 576, 577
– Wirkung **§ 1** 578, 579
– Todesfälle **BtMVV § 5** 1087
– Substitution s. b Codein
– Fahreignung s. b Codein
Dihydrocodeintartrat § 1 576
DIMDI (Deutsches Institut für medizinische Dokumentation und Information) **AMG § 77** 7
Dimethocain (DMC, Larocain) § 1 225
Dimethoxymethamfetamin (DMMA) s. Amfetaminderivate
Dimethoxymethylamfetamin s. DOM
Dimethyltryptamin s. DMT
DIMS Einl 186
Dinglicher Arrest s. Arrest
DIN-Normen AMG Vorb 95 105
Diplomatischer Dienst s. Immunität
Direkter Vorsatz s. Vorsatz
Disketten als Schrift **§ 29** 1908
Diskreditierung anderer Ausländer als Strafzumessungsgrund **Vorb 29** 1043
Dispensierrecht d Tierärzte für
– Arzneimittel **AMG § 43** 35, 71–78
– Betäubungsmittel **§ 4** 75–92
Dissoziale Persönlichkeitsstörung s. Persönlichkeitsstörung
Distanz-Elektroimpulsgerät § 30a 115
Disziplinarrecht, Drogen im -
– Beamte, Richter **Vorb 29** 1803–1808
– Soldaten **Vorb 29** 1803, 1809–1816
Disziplinarverfahren d NADA **AntiDopG § 8** 12
Diuretika AntiDopG § 2 20
Diversion im Jugendstrafrecht **Vorb 29** 1674–1678, **§ 29** 2105, **§ 31a** 19, 91
DMA (Dimethoxyamfetamin) Anl I
4,4-DMAR (para-Methyl-4-methylaminorex) § 1 226, **Anl II**
3,4-DMMC (3,4-Dimethylmethcathinon) s. Cathinonderivate
DmMV (Dopingmittel-Mengen-Verordnung) AntiDopG § 2 98–100, **Anh J**
DMT (Dimethyltryaptimin) **§ 1** 331–338, **Anl I**
– Herkunft, Geschichte **§ 1** 331, 332
– Anwendung des BtMG **§ 1** 333

Sachverzeichnis

- Konsum-/Vertriebsformen § 1 334, 335
- Wirkung § 1 337, 338

D-Norpseudroephedrin s. Cathin
DOB (Brolamfetamin) § 1 351, 360, **Anl I**, s. auch Ecstasy
- nicht geringe Menge § 29a 163

Dolmetschen als Handeltreiben § 29 451, 675, 682
Dolch § 30a 115
DOM (Dimethoxymethylamfetamin, STP [= Serenity, Transquility, Peace]), **Anl I**
- nicht geringe Menge § 29a 164

Doping
- AntiDopG
  - Begriff **AntiDopG** § 2 7
  - illegaler Markt **AntiDopG Einl** 7, 8
  - zivilrechtliche Folgen **AntiDopG Einl** 28-30
- BtMG
  - keine medizinische Indikation § 13 23

Doping-Bekämpfung
- Maßnahmen d
  - organisierten Sports **AntiDopG Einl** 11-15
  - Staates **AntiDopG Einl** 16, 17
- Verhältnis **AntiDopG Einl** 18-21

Dopingmethoden
- Begriff **AntiDopG** § 2 68
- im UNESCO-Übereinkommen aufgeführt **AntiDopG** § 2 69-82

Dopingmittel
- Begriff **AntiDopG** § 2 6-8, 17
- im UNESCO-Übereinkommen aufgeführt **AntiDopG** § 2 9-21
- als Gegenstand v. Eigentums- oder Vermögensdelikten **AntiDopG** § 4 39

Dopingmittel-Mengen-Verordnung s. DmMV

Doppelbestrafung, Verbot d -
- b Bewertungseinheit **Vorb 29** 667, 669, 671
- b Dauerdelikten **Vorb 29** 583-586
- b Doping **AntiDopG Einl** 18, 19
- b Tateinheit **Vorb 29** 703
- EG-ne-bis-in-idem s. dort
- SDÜ s. dort

Doppelsubstitution BtMVV § 5b 1, 4
Doppelverwertung, Verbot d - v
- Merkmalen **Vorb 29** 900-929
- vertypten Milderungsgründen **Vorb 29** 834, 835

Dosierautomat § 3 36, **BtMVV** § 5 184
Dosierung § 1 136
Dosis, äußerst gefährliche § 29a 69, 70
Dragon s. Fentanyl
Dreiecksgeschäfte (Dreieckskauf) § 29 421
Drogen (s. auch Betäubungsmittel) § 1 21, 22
- Gruppen § 1 127-132
- harte, weiche **Einl** 148-166, § 1 207-215
- spezifische Eigenschaften § 1 126-135
- Wirkung § 1 125-145

Drogenabhängige s. Abhängige
Drogenabhängigkeit s. Betäubungsmittelabhängigkeit
Drogenaffinitätsstudie s. DAS
Drogenaktionspläne s. Europäische.Union
Drogenausgangsstoffe § 18a, **Anh D 1, 2.1, D 2.2**
- und Handeltreiben
  - Objekt d Handlung § 29 236-250, 544
  - Vorbereitung/Versuch § 29 604, 605,
  - Täterschaft/Teilnahme § 29 783, 804
- und Herstellen § 29 137

Drogenberater s. Ansichnehmen
Drogenberatung(s)/stelle
- keine Behörde § 4 129,
- Kontakt mit § 35 85, § 36 63, § 37 20

Drogenfreiheit s. Abstinenz
Drogenhilfestellen § 10a 3
Drogenkarriere, langjährige **Vorb 29** 541
Drogenkonsumräume (§ 10a) **Einl** 188, § 10a 1-154
- Entstehungsgeschichte, Zweck, Terminologie § 10a 1-3
- offene Drogenszene § 10a 15
- Systematik § 10a 4-6
- Völkerrechtswidrigkeit § 10a 7-22
- Erlaubnis *(Absatz 1)* § 10a 23-54
- Legaldefinition § 10a 24-36
  - Einrichtung § 10a 25
  - Räumlichkeit § 10a 26
  - Abhängige § 10a 27
  - Verbrauch § 10a 28-34
  - Eigenverbrauch, selbst mitgeführte Betäubungsmittel § 10a 29
  - geringe Menge § 10a 30-33
  - Konsumformen § 10a 34
  - ärztlich nicht verschriebene Betäubungsmittel § 10a 35, 36
- Verwaltungsakt d Erlaubnis § 10a 37-51
  - Erlaubnispflicht § 10a 38
  - Rechtsanspruch § 10a 39, 40
  - Erlaubnisinhaber § 10a 41
- Wirkung § 10a 42-51
- Erlaubnisbehörde § 10a 52, 53
- Erfordernis einer Rechtsverordnung § 10a 54
- Rechtsverordnung *(Absatz 2)* § 10a 55-115
  - Ermächtigung § 10a 55, 56
  - Mindeststandards § 10a 57-115
  - sachliche Ausstattung § 10a 63
  - medizinische Notfallversorgung § 10a 64
  - medizinische Beratung/Hilfe zur Risikominderung § 10a 65
  - Vermittlung weiterer/ausstiegsorientierter Angebote § 10a 66
  - Verhinderung v. Straftaten im
    - Drogenkonsumraum § 10a 67-81
    - unmittelbaren Umfeld § 10a 82-94

Sachverzeichnis

- Festlegung d Benutzerkreises § 10a 95–105
- Dokumentation/Evaluation § 10a 104–107
- ständige Anwesenheit v. Fachpersonal § 10a 108–111
- Verantwortlicher § 10a 112–115
- Erlaubnisverfahren *(Absatz 3)*
- Zuständigkeit § 10a 116, 117
  - Verfahren § 10a 118–123
- Umfang d Erlaubnis *(Absatz 4)*
  - (keine) Substanzanalyse § 10a 123–125
  - (keine) aktive Hilfe § 10a 126
- Straftaten § 10a 127–149
  - Straftaten v. Konsumenten § 10a 127
  - Straftaten v. Betreibern/Personal § 10a 128–148
- Ordnungswidrigkeiten § 10a 149
- Verordnungen d Länder § 10a 57–63, Anh G 1 – G 7
- Absehen v. d Verfolgung s. dort
- zivilrechtliche Fragen § 10a 153–157
  - Abwehranspruch gegen d Drogenkonsumraum § 10a 127
  - Ausgleichsanspruch § 10a 127
  - Abwehr v. Beeinträchtigungen § 10a 127

Drogenmarkt Einl 61–82, **Vorb 29** 5 **AMG Einl** 8–11
- internationaler – § 1 2

Drogenmonopol
- für alle Drogen **Einl** 138–147
- für weiche Drogen **Einl** 160–166

Drogenpolitik Einl 116–217
- Rolle d Strafrechts **Einl** 116–202
- Säulen d deutschen Drogenpolitik **Einl** 118, 119
- Pläne und Strategien **Einl** 120–123
  - Nationaler Rauschgiftbekämpfungsplan **Einl** 120
  - Aktionsplan Drogen und Sucht **Einl** 121, 122
  - Nationale Strategie zur Drogen- und Suchtpolitik **Einl** 123
- strafrechtliches Konzept des BtMG **Einl** 124–126
  - kein symbolisches Strafrecht **Einl** 175–177,
- andere Konzepte **Einl** 127–174
- Legalisierung **Einl** 129–169
  - aller Drogen **Einl** 120–147
  - freier Markt **Einl** 131–137
  - staatliches Monopol **Einl** 138–147
  - weicher Drogen **Einl** 148–166
  - freier Markt **Einl** 158, 159
  - Lizensierung, Trennung d Märkte **Einl** 160–166
  - Coffeeshop-Modell **Einl** 162, 163
- Entkriminalisierung **Einl** 170–173
- Entpönalisierung **Einl** 174

- Unterbringung ohne Strafcharakter **Einl** 203, **Vorb 35** 10
- Abolitionsdiskussion heute **Einl** 178–181
- Harm reduction **Einl** 182–202
  - Abgabe steriler Einmalspritzen **Einl** 183, 184
  - Substitution **Einl** 185
  - Substanzanalyse (drug checking, drug testing) **Einl** 186, 187
  - Drogenkonsumräume **Einl** 188
  - Abgabe v. Heroin an Schwerabhängige **Einl** 189–202
  - internationale Drogenpolitik **Einl** 204, 205
  - UNO (Suchtstoffübereinkommen) **Einl** 204–215
  - Ausstieg **Einl** 207–215
  - EU **Einl** 216, 217

Drogenpolitik, niederländische Einl 162, 163

Drogenstrategie s. Europäische Union

Drogenszene, offene
- und Drogenkonsumräume § 10a 15
- schädliche Wirkungen **Vorb 29** 1826, 1827

Drogentest s. Substanzanalyse
Drogentote Einl 81, 82
Drogenvorrat
- Aufteilung als Abgaben § 29 1117
- Bewertungseinheit **Vorb 29** 615–628

Drohne Einfuhr durch – § 29 924
Drohung
- und Eigennützigkeit § 29 321
- b Erlaubniserteilung § 3 8, § 10 11, § 13 166
- und Kuriertätigkeit § 29 769
- durch Patienten § 13 23

Drone s. Mephedron
Dronabinol § 3 122, 123, 125, 126, 127, **Anl III, BtMVV** § 2
Dross (Opiumasche) § 1 622
Drosselungsgeräte (Nun-Chakus) § 30a 115
Druckraum s. Drogenkonsumraum
Drug-checking s. Substanzanalyse
Drugmobil § 4 6
Drug-testing s. Substanzanalyse
Drug wipe § 1 94
DSM-5 § 1 38–42, **Vorb 29** 485–487
Duftkissen, Duftsäcklein § 1 277, 287, 443, § 14 37
Dulden v. Drogen
- Gastwirt **Vorb 29** 177, 1821–1824, § 29 325, 444, 564, 1734, 1755, 1766
- Wohnungsinhaber s. dort
Duldungspflichten s. Pflichten
Düngerlinge (Panaeoli) § 1 440
Dunkelfeld
- AMG **Einl** 3, 4
- BtMG **Einl** 62, 63, 112
Durchfuhr, Durchführen (AMG)
- Begriff **AMG** § 4 121

2367

Sachverzeichnis

- Verbringen unter zollamtlicher Überwachung **AMG § 73** 27–30
- Verbot **AMG § 73** Rn 1, 81
- Bußgeldvorschrift **AMG** § 97 Abs. 2 Nr. 8

Durchfuhr, Durchführen (BtMG)
- s. Durchführen v. Betäubungsmitteln

Durchfuhr, Durchführen (AntiDopG)
- Verbot **AntiDopG § 2** 110–116
- in d Anlage zum AntiDopG aufgeführt **AntiDopG § 2** 97
- in nicht geringer Menge **AntiDopG § 2** 98–100
- Strafvorschrift **AntiDopG § 4** 132–205

Durchfuhr, Durchführen (NpSG)
- Verbot **NpSG § 3** 24–27
- nicht strafbewehrt **NpSG § 4** 100

Durchführen v. Betäubungsmitteln entgegen § 11 Abs. 1 Satz 2 (§ 29 Abs. 1 Satz 1 Nr. 5)

Grundtatbestand (§ 11 Abs. 1 Satz 2)
- Abgrenzung **§ 11** 6–24, **§ 29** 901–917
- Genehmigung **§ 11** 6, **BtMAHV § 13** 4, 5
- Begriff **§ 11** 7–25, **BtMAHV § 13** 2
- Betäubungsmittelverkehr m Drittstaaten **§ 11** 10–18
  - zollamtliche Überwachung **§ 11** 11, 12
  - ohne unnötigen Aufenthalt **§ 11** 13
  - keine tatsächliche Verfügungsmacht **§ 11** 14–18
- Betäubungsmittelverkehr m Mitgliedstaaten **§ 11** 19–25
  - keine zollamtliche Überwachung **§ 11** 19–23
  - ohne unnötigen Aufenthalt **§ 11** 24
  - keine tatsächliche Verfügungsmacht **§ 11** 24
- erlaubnisfreier Tatbestand **§ 3** 55
- Zwischenlandungen **BtMAHV § 13** 10

Strafvorschrift (§ 29 Abs. 1 Satz 1 Nr. 5, Abs. 2 bis 5)
- Abgrenzung zur Einfuhr **§ 29** 901–917
- Tathandlung **§ 11** 6–25, **§ 29** 1419–1428
  - Betäubungsmittel **§ 29** 1420
  - ausgenommene Zubereitungen **§ 29** 1420
  - Durchführen **§ 29** 1421, 1422
  - Körperschmuggler **§ 29** 908–910, 983
  - entgegen § 11 Abs. 1 Satz 2 **§ 29** 1423–1428
- Vorbereitung, Versuch, Vollendung, Beendigung **§ 29** 1429–1433
- Täterschaft, Teilnahme **§ 29** 1434
- Handeln im Ausland **§ 29** 1435
- Subjektiver Tatbestand **§ 29** 1436–1440
  - Fahrlässigkeit **§ 29** 1437, 1440
- Konkurrenzen **§ 29** 1441–1443
- Strafzumessung **§ 29** 1444–1447

Absehen v. Strafe (Absatz 5) **§ 29** 2098–2183
Besonders schwerer Fall, Regelbeispiel (Absatz 3 Satz 1, 2 Nr. 1) **§ 29** 1975–2027, 2039–2075

Durchschnittsfall, tatsächlicher, **Vorb 29** 884, 885
Durchschnittliche Konsumeinheit § 29a 71

Durchsuchung
- außerhalb d grenznahen Raumes **§ 21** 25–27
- im grenznahen Raum **§ 21** 23, 24, 27
- Personen **§ 21** 27
- Überholung **§ 21** 28, 29

Dust s. PCP
Dutchwiet § 1 287

E

E **§ 1** 339
EAM-2201 (5-Fluor-JWH-210)
- s. Cannabinoide

EBBD (Europäische Beobachtungsstelle für Drogen und Drogensucht) **Einl** 44, 45
ECDD (Expert Committee on Drug Dependence) **§ 5** 67
EC-Karte § 33 336
Echorausch s. Flash-back
Echte Sonderdelikte s. Sonderdelikte
ECOSOC (Economic and Social Council) **§ 5** 60, 61
Ecstasy (E, E-Teil; XTC) § 1 339–367, **Anh H**
- Herkunft, Geschichte **§ 1** 339–345
- Wirkstoffe **§ 1** 341, 346–354
- Amfetaminderivate **§ 1** 346–351
  - MDMA **§ 1** 347
  - MDA **§ 1** 348
  - MDE **§ 1** 349
  - MBDB **§ 1** 350
  - DOB **§ 1** 351
- andere Stoffe **§ 1** 352–354
  - Herbal Ecstasy **§ 1** 353
  - Liquid Ecstasy (GHB, GBL) **§ 1** 354
  - m-CPP **§ 1** 341, 476, 477
- Wirkstoffgehalt, Feststellung **Vorb 29** 1022–1026
- Vertriebsformen, Konsumformen **§ 1** 355, 356
- Wirkungen, akute **§ 1** 358–363
  - Gefährlichkeit **§ 1** 362, 363
  - tödliche Dosis **§ 1** 361
- Wirkungen, längerfristige **§ 1** 364–366
  - flash-back **§ 1** 364
  - Gefährlichkeit **§ 1** 362, 367
  - Abhängigkeit **§ 1** 365
- Fahreignung
  - allgemein s. Fahreignung
  - zur Droge **Vorb 29** 1521, 1528, 1531, 1601
- Fahren unter – einfluss (§ 24a StVG) **Vorb 29** 1639–1671
- Menge
  - geringe Menge **§ 29** 2131
  - nicht geringe Menge **§ 29a** 112–122

EDU (Europol Drug Unit) **Einl** 47

Sachverzeichnis

Egg White s *Fentanyl*
EG-GMP-Leitfaden AMG § 13 7, 8, **Vorb 95** 106
EG-ne-bis-in-idem Vorb 29 68, 69, **Anh B 4.2**
Eigenbedarf s. Eigenverbrauch
Eigenbesitz s. Besitzen
Eigenblut
– b Blutdoping **AntiDopG § 2** 72–75
– zubereitungen als Arzneimittel **AMG § 2** 8
Eigendoping s. Anwenden/-lassen von Dopingmitteln/-methoden bei sich (Selbstdoping)
Eigengeschäfte d
– Beamte **§ 4** 138
– V-Personen **§ 4** 162
Eigengewässer, nationale **Vorb 29** 74
Eigenhändige Delikte **Vorb 29** 168, 252
Eigenkonsum s. Eigenverbrauch
Eigennützig (es)
– Mitteilen einer Gelegenheit **§ 29** 1784, 1858, 1859
Eigennützigkeit (Eigennutz) s. Handeltreiben
Eigenschaften, spezifische **§ 1** 126–135
– Einteilung nach d – **§ 1** 127–132
– Wirkungen
  – im Allgemeinen **§ 1** 134, 135
  – b d einzelnen Betäubungsmittel s. dort
Eigentests § 4 64
Eigentum b d
– Einziehung v
  – Tatterträgen **§ 33** 99, 100, 223
  – Betäubungsmitteln **§ 33** 423–427
– erweiterten Einziehung **§ 33** 189
– Sicherungseinziehung **§ 33** 378
– täterbezogenen Einziehung **§ 33** 333–343, 352–354
Eigenurin-Zubereitung AMG § 2 8
Eigenverantwortliche Selbstgefährdung (AntiDopG)
– keine Geltung AntiDopG **§ 4** 292
– Selbstdoping s. dort
Eigenverantwortliche Selbstgefährdung (BtMG)
– Begriff/Entwicklung **§ 30** 156 165
– allgemein **§ 13** 178–185, **§ 30** 156–166, 209–234
– Einschränkung im Betäubungsmittelrecht **§ 30** 160–165
– autonome Entscheidung **§ 13** 180, **§ 30** 215–226
– Garantenstellung **§ 13** 181, **§ 30** 227–233
– Stellung d Arztes **§ 13** 182–184
– Folgen **§ 30** 158, 159
– Zivilrecht **Vorb 29** 1795
Eigenverbrauch (AntiDopG)
– AntiDopG **§ 3** 11–13
Eigenverbrauch (BtMG)
– Absehen v. d Verfolgung **§ 31a** 28, 122

– Absehen v. Strafe **§ 29** 2147–2149
– minder schwerer Fall **Vorb 29** 805–810
– Strafzumessungsgrund **Vorb 29** 939
– Teilmengen zum – und zu anderen Zwecken **§ 29a** 173, 204–212, **§ 30** 260, **§ 30a** 215–223
Einfahren (Heroin) **§ 1** 380
Einflößen
– AMG **§ 2** 23
– BtMG **§ 29** 1538
Einfuhr, Einführen (AMG) § 4 Abs. 32 Sätze 2, 3)
– Legaldefinition **AMG § 4** 122–127
– Einfuhrzertifikate s dort
– gewerbs-/berufsmäßiges Einführen ohne Erlaubnis s. dort
Einfuhr, Einführen (AntiDopG)
– *Verbot* **AntiDopG § 2** 110–112
– *Strafvorschrift* s. Erwerben etc v. bestimmten Dopingmitteln in nicht geringer Menge
Einfuhr, Einführen (BtMG)
– Begriff **§ 2** 65–93
– Einfuhrerlaubnis *(§ 3 Abs. 1 Nr. 1)* s. Einführen v. Betäubungsmitteln ohne Erlaubnis
– Einfuhrgenehmigung *(§ 11)*
  – Erfordernis **§ 3** 39, **§ 11** 2–4
  – Einführer **§ 2** 95
  – Einfuhrverfahren **BtMAHV §§ 1–6**
– Bußgeldvorschrift **§ 32** 9
Einfuhr, Einführen (NpSG)
– *Verbot* **NpSG § 2** 11
– *Strafvorschrift* s. Verbringen v. NPS nach Deutschland entgegen § 3 Abs. 1
Einfuhrabgaben, keine auf geschmuggelte Betäubungsmittel **§ 21** 36, 37
Einfuhrerlaubnis AMG § 72 4–21
– Erlaubnis *(Absatz 1)* **AMG § 72** 4–21
– Erlaubnispflichtigkeit **AMG § 72** 5
– Arzneimittel/andere Stoffe **AMG § 72** 6, 7
– Einführen **AMG § 72** 8–13
  – Überführen in d zollrechtlich freien Verkehr **AMG § 72** 9
  – Überführen in d Wirtschaftskreislauf entgegen zollrechtlichen Vorschriften **AMG § 72** 10
  – aus Drittstaaten **AMG § 72** 12, 13
  – Einführer **AMG § 72** 11
  – gewerbs-/berufsmäßig **AMG § 72** 14
– weitere Voraussetzungen **AMG § 72** 15–17
– d Verwaltungsakt d Erlaubnis **AMG § 72** 18–21
– eigene Voraussetzungen b Einfuhr bestimmter Arzneimittel *(Absatz 2)* **AMG § 72** 22, 23
Einführen, berufs-/gewerbsmäßiges, v. **Arzneimitteln/Wirkstoffen/anderen Stoffen ohne Erlaubnis nach § 72 Abs. 1 Satz 1 (AMG § 96 Nr. 4 Alt. 2)**

2369

Sachverzeichnis

Grundtatbestand (AMG § 72)
– s. Einfuhrerlaubnis
Strafvorschrift bei Vorsatz (§ 96 Nr. 4 Alt. 2)
– Tathandlung **AMG § 96** 66–74
  – Arzneimittel, Wirkstoffe und andere Stoffe **AMG § 96** 67
  – Einführen **AMG § 96** 68–71
  – gewerbs-/berufsmäßig **AMG § 96** 72
  – ohne Erlaubnis nach § 72 Abs. 1 Satz 1 **AMG § 96** 73, 74
– Vollendung, Beendigung **AMG § 96** 75, 76
– Täterschaft, Teilnahme **AMG § 96** 77–79
– Subjektiver Tatbestand **AMG § 96** 80
– Konkurrenzen **AMG § 96** 81
Bußgeldvorschrift b Fahrlässigkeit (§ 97 Abs. 1 Nr. 1)
– **AMG § 97** 1–17, 22–24
Einführen von Arzneimitteln/Wirkstoffen/anderen Stoffen entgegen § 72 a Abs. 1 Satz 1, auch iVm Abs. 1 b oder 1 d, oder entgegen § 72 a Abs. 1 c ohne Zertifikat (AMG § 96 Nr. 18 c)
Grundtatbestände (§ 72 a Abs. 1 Satz 1 auch iVm Abs. 1 b, 1 d, oder Abs. 1 c)
– Inhalt/Gesetzeszweck **AMG § 72a** 1
– Adressat **AMG § 72a** 5
– Einfuhr **AMG § 72a** 3, 4
– Drittstaaten **AMG § 72a** 4
– maßgeblich: Herstellungsort **AMG § 72a** 4
– Einfuhrerlaubnis und Zertifikat **AMG § 72a** 1
– Arzneimittel **AMG § 72a** 2, 6
– Bulkware **AMG § 72a** 2
– d einzelnen Zertifikate *(Absatz 1)*
– Stufenfolge **AMG § 72a** 6
– Einfuhrzertifikat d Herstellungslandes *(Satz 1 Nr. 1)* **AMG § 72a** 7
  – gegenseitig anerkannt **AMG § 72a** 7
  – Anerkennungsverträge (MRA) **AMG § 72a** 7
– Bescheinigung d deutschen Überwachungsbehörde *(Satz 1 Nr. 2, Satz 3 Nr. 1)* **AMG § 72a** 8
  – Fremdinspektion **AMG § 72a** 8
– Bescheinigung wegen öffentlichen Interesses *(Satz 1 Nr. 3, Satz 3 Nr. 2)* **AMG § 72a** 9, 10
– weitere Regelungen *(Absätze 1 a–1 d)*
– Ausnahmen v. d Zertifizierungspflicht *(Absatz 1 a)* **AMG § 72a** 11, 12
– Ausdehnung d Zertifizierungspflicht *(Absatz 1 b)* **AMG § 72a** 13
– Einfuhrverbot *(Absatz 1 c)* **AMG § 72a** 14, 15
– Einschränkung *(Absatz 1 d)* **AMG § 72a** 16
Strafvorschrift b Vorsatz (§ 96 Nr. 18 c)
– Tathandlungen **AMG § 96** 243–252
  – Adressat **AMG § 96** 244
  – Arzneimittel/Wirkstoffe/andere Stoffe **AMG § 96** 245

– Einführen **AMG § 96** 246
– entgegen **AMG § 96** 247–252
– § 72 a Abs. 1 **AMG § 96** 248, 249
– § 72 a Abs. 1 iVm Abs. 1 b **AMG § 96** 250
– § 72 a Abs. 1 iVm Abs. 1 d **AMG § 96** 251
– § 72 a Abs. 1 c **AMG § 96** 252
– Vollendung, Beendigung **AMG § 96** 253
– Täterschaft, Teilnahme **AMG § 96** 254
– Subjektiver Tatbestand **AMG § 96** 255
– Konkurrenzen **AMG § 96** 256
Bußgeldvorschrift b Fahrlässigkeit (§ 97 Abs. 1 Nr. 1)
– **AMG § 97** 1–17, 22–24
Einführen v. Betäubungsmitteln ohne Erlaubnis (§ 29 Abs. 1 Satz 1 Nr. 1)
Grundtatbestand (§ 2 Abs. 2, § 3 Abs. 1 Nr. 1)
– Erlaubnispflicht **§ 3** 38
– Einführen **§ 2** 65–97
  – Verbringen **§ 2** 67–71
  – (keine) Gestellungspflicht **§ 2** 68
– maßgebliche Grenze **§ 2** 72–93
  – Hoheitsgrenze **§ 2** 73–75
  – vorgeschobene Zollstellen **§ 2** 76–82
  – Vollendung d Binnenmarktes **§ 2** 83–88
  – SDÜ **§ 2** 89–93
  – grenzüberschreitender Dienstleistungsverkehr **§ 4** 100–103, **BtMAHV § 15** 1
– Reisebedarf **§ 4** 104, 105, **BtMAHV § 15** 3
– Vereinfachter grenzüberschreitender Verkehr **BtMAHV**
– Mitführen in Schengen-Staat **BtMAHV § 15** 2, **Anh F 3.1, 3.2**
– Erlaubnispflichtiger **§ 2** 95
– Einfuhr und Durchfuhr **§ 2** 96
– Einfuhr und Handeltreiben **§ 2** 97
Strafvorschrift (§ 29 Abs. 1 Satz 1 Nr. 1, Abs. 2 bis 5)
– Tathandlung **§ 29** 872–881
  – Betäubungsmittel **§ 29** 873
  – ausgenommene Zubereitungen **§ 29** 873
  – Einführen (Verbringen) **§ 29** 874–880
  – Abweichen v. vorgestellten Kausalverlauf **§ 29** 876–880
  – Körperschmuggler **§ 29** 983
  – Einfuhr durch Versendung **§ 29** 984–996
  – unerlaubt **§ 29** 881
– Vorbereitung, Versuch, Vollendung, Beendigung **§ 29** 882–921
– Vorbereitung/Versuch **§ 29** 883–897
  – unmittelbarer zeitlicher/räumlicher Zusammenhang **§ 29** 885, 886
  – vorgelagerte Handlungen/Zwischenakte **§ 29** 887–889
  – Bahn-, Flug-, Schiffsreisende **§ 29** 890–893
  – Kraftfahrer **§ 29** 894–896
  – Radfahrer, Fußgänger **§ 29** 897
– Versuch/Vollendung **§ 29** 989–917

Sachverzeichnis

- echte Einfuhrfälle (inländischer Bestimmungsort) § 29 899, 900
- Transit § 29 901–917
- Handgepäck § 29 907
- am/im Körper § 29 908–910
- Reisegepäck § 29 911–916
- Frachtgepäck § 29 917
- Vollendung/Beendigung § 29 918–921
- Täterschaft, Teilnahme § 29 922–982
- eigenhändiges Verbringen § 29 924–932
- Verbringen durch einen anderen § 29 933–982
  - Grundsatz § 29 935–939
  - Bestellung/Erwerb im Ausland § 29 941–960
  - Besteller/Erwerber § 29 942–951
  - Mittäterschaft § 29 943–946
  - Teilnahme, Internet § 29 947–951
  - Lieferant/Verkäufer § 29 952, 953
  - Finanzier § 29 954–957
  - Chauffeur § 29 958–960
  - Begleitung beim Transport § 29 961–970
  - sonstige Mitwirkung § 29 971–974
  - Anstiftung § 29 975
  - Zurechnung v. Mengen § 29 976–982
- kontrollierte Transporte § 29 1026–1030
- legendierte Kontrollen § 29 1031
- Handeln im Ausland § 29 997–999
- subjektiver Tatbestand § 29 1000–1007
  - Fahrlässigkeit § 29 1000, 1007
- Konkurrenzen § 29 1008–1021
- Strafzumessung § 29 1022–1025

Absehen v. Strafe (Absatz 5) § 29 2098–2183
Besonders schwerer Fall, Regelbeispiele (Absatz 3) § 29 1975–2075
Qualifikationen
- Bandenmäßiges Handeltreiben, Einführen etc (§ 30 Abs. 1) s. dort
- Einführen in nicht geringer Menge (§ 30 Abs. 1 Nr. 4) s. dort
- Bandenmäßiges Handeltreiben, Einführen etc in nicht geringer Menge (§ 30a Abs. 1) s. dort
- Bewaffnetes Handeltreiben, Einführen etc in nicht geringer Menge (§ 30a Abs. 2 Nr. 2) s. dort

Einführen v. Betäubungsmitteln in nicht geringer Menge ohne Erlaubnis (§ 30 Abs. 1 Nr. 4)
- Gesetzeszweck/Ziel § 30 256
- Tathandlung § 30 258–261
  - Betäubungsmittel § 30 258
  - ausgenommene Zubereitungen § 30 258
  - Einführen § 30 258
  - nicht geringe Menge § 30 259, 260
  - Teilmengen (Eigenverbrauch/Handeltreiben) § 30 260
  - unerlaubt § 30 261
- Vorbereitung, Versuch, Vollendung, Beendigung § 30 262–264
- Täterschaft, Teilnahme § 30 265, 266

- Handeln im Ausland § 30 267
- Subjektiver Tatbestand § 30 268–275
- Konkurrenzen § 30 276–287
- Strafzumessung § 30 288–354

Einfuhrzertifikate s. Einführen von Arzneimitteln/Wirkstoffen/anderen Stoffen entgegen § 72a Abs. 1 Satz 1, Abs. 1b oder 1d, oder entgegen § 72a Abs. 1c ohne Zertifikat

Eingeben v. Tabletten etc s. Verabreichen

Eingespieltes Bezugs-/Absatz-/Vertriebssystem s. dort

Einheitlichkeit d Drogenmarktes **Einl** 160–166

Einheits-Übereinkommen von 1961 § 1 6, **Anh A 1**

Einigungsvertrag Einl 9

Einkaufsgemeinschaft, Sammeleinkauf
- Einkaufspool § 29 346
- Erwerben § 29 1231
- Einführen § 29 978–981
- Handeltreiben § 29 670–674
  - Eigennützigkeit § 29 345, 346
- Besitzen § 29 1342, 1343, 1379
  - Anteilsmitbesitz, gebundener § 29 1379, 2148

Einkaufspool s. Einkaufsgemeinschaft

Einmalige Tätigkeit b Handeltreiben § 29 170

Einmalspritzen
- Abgabe v. **Einl** 183, 184, § 29 1967–1970
- Justizvollzugsanstalten **Einl** 184

Einpacken s. Abpacken

Einrichten s. Laborräume

Einschreiten, früheres d Polizei **Vorb 29** 1150

Einsicht in Unterlagen
- AMG § 64 9
- BtMG § 22 7–12

Einstandspreis § 29 314, 340, 1073

Einstellung s. b Absehen

Einstellung durch d Gericht (§ 37 Abs. 2) s. Absehen v. d Erhebung d öffentlichen Klage

Einstiegsarrest s. Jugendarrest

Einstiegsdosis § 29 2121

Einstiegsdroge, Cannabis als. – § 1 317–319

Einteilung d Betäubungsmittel
- nach d BtMG § 1 133
- nach d spezifischen Eigenschaften § 1 126–132

Eintreiben d Entgelts als Handeltreiben § 29 461

Einverständliche Fremdgefährdung § 30 166, 211–215, 234

Einwilligung § 13 186–208, § 30 235, 236, 251
- Risiko-/Gefährdungseinwilligung § 13 207, 208

2371

Sachverzeichnis

Einzelbezug (Verbringen) v. Arzneimitteln zum Zweck d Anwendung bei Tieren (AMG § 73 Abs. 3 b)
- Verbringen *(Satz 1)* **§ 73** 61
- Fertigarzneimittel,
  - im Inland nicht zugelassene/genehmigte/registrierte/freigestellte **AMG § 73** 60
  - zugelassen in EU/EWR-Staat zur Anwendung b Tieren **AMG § 73** 61
    - Fehlen eines geeigneten Tierarzneimittels im Inland **AMG § 73** 61
- Bestellung über Apotheken **AMG § 73** 61
- Verschreibungspflicht *(Satz 2)* **AMG § 73** 62
  - Verweis auf ApBetrO *(Satz 3)* **AMG § 73** 63
- Bestellung durch d Tierarzt **AMG § 73** 60
  - Anzeigepflicht d Tierarztes *(Satz 4)* **AMG § 73** 64
- Nichtanwendung sonstiger Vorschriften *(Absatz 4)* **AMG § 73** 65

Einzelbezug (Verbringen) v. Humanarzneimitteln über Apotheken oder für Notfälle (AMG § 73 Abs. 3)
- Verbringen **§ 73** 45
- Fertigarzneimittel,
  - im Inland nicht zugelassene/genehmigte/registrierte/freigestellte **AMG § 73** 45
  - zur Anwendung bei Menschen bestimmt **AMG § 73** 45
  - Verkehrsfähigkeit im Herkunftsstaat *(Nr. 2)* **AMG § 73** 52
  - Fehlen vergleichbarer Arzneimittel im Inland *(Nr. 3)* **AMG § 73** 53
  - geringe Menge **AMG § 73** 48, 51
- Bestellung (und Abgabe) durch Apotheken *(Satz 1 Alt. 1)* **AMG § 73** 47–51
  - auf vorliegende Bestellung einzelner Personen **AMG § 73** 48–51
- Notfälle *(Satz 1 Alt. 2)* **AMG § 73** 54, 55
- Verschreibungspflicht *(Satz 2)*
  - b Arzneimitteln aus Drittstaaten **AMG § 73** 56
  - b Verbringen aus EU/EWR-Staaten **AMG § 73** 57
- Nichtanwendung sonstiger Vorschriften d **AMG § 73** 59

Einzelhandel mit freiverkäuflichen Arzneimitteln (AMG § 50)
- Begriff **AMG § 50** 1–4
  - mehrere Betriebsstellen **AMG § 50** 6
- erforderliche Sachkenntnis *(Absatz 1)* **AMG § 50** 2–6
  - Umfang und Nachweis *(Absatz 2)* **AMG § 50** 7, 8
  - Befreiung *(Absatz 3)* **AMG § 50** 9
- Kooperation mit (Versand-)Apotheken **AMG § 48** 5
- Zivilrecht **AMG § 50** 11

Bußgeldvorschrift (§ 97 Abs. 2 Nr. 14
- **AMG § 50** 10, **§ 97** 1–16, 18–24

Einzelhändler AMG § 4 91

Einzelimporte (AMG § 73 Abs. 2)
- Einzelimport **AMG § 73** 14
- enge Auslegung **AMG § 73** 14
- Ausnahmen v. Verbringungsverbot **AMG § 73** 15–44
  - Tierschauen, Turniere *(Nr. 1)* **AMG § 73** 16, 17
  - wissenschaftliche Zwecke *(Nr. 2)* **AMG § 73** 18–20
  - Anschauungs- und Untersuchungsmuster *(Nr. 2a)* **AMG § 73** 21
  - grenzüberschreitende Dienstleistungen *(Nr. 2b Alt. 1)* **AMG § 73** 22–24
  - Herstellung aus im Inland nicht zugelassenen Arzneimitteln *(Nr. 2b Alt. 2)* **AMG § 73** 22, 25, 26
  - Durchfuhr, Zollager, Freizonen *(Nr. 3)* **AMG § 73** 27–30
  - Wiederausfuhr, Weiter- oder Zurückverbringen *(Nr. 3a)* **AMG § 73** 31
  - Staatsbesuche, diplomatische/konsularische Vertretungen *(Nr. 4, 5)* **AMG § 73** 32
  - Mitführen b d Einreise *(Nr. 6)* **AMG § 73** 33–35
  - Bezug zum persönlichen Bedarf *(Nr. 6a)* **AMG § 73** 36–39
  - Reiseapotheken in Verkehrsmitteln *(Nr. 7)* **AMG § 73** 40
  - Seeschiffe *(Nr. 8)* **AMG § 73** 41
  - Proben für Bundesoberbehörden *(Nr. 9)* **AMG § 73** 42
  - Proben zu analytischen Zwecken *(Nr. 9a)* **AMG § 73** 43
  - Arzneimittel für Bundes- und Landesbehörden *(Nr. 10)* **AMG § 73** 44
- Wirkung **AMG § 73** 14

Einzeltiere AMG § 21 28

Einzelmenge b d Bestimmung d nicht geringen Menge **§ 29a** 68

Einzeltherapie § 35 78

Einziehung
- im Arzneimittelrecht **AMG § 98**
- im Antidopingrecht **AntiDopG § 5**
- im Betäubungsmittelrecht s. dort
- im NPS-Recht **NpSG § 5** 1, 2

Einziehung im Betäubungsmittelrecht
- Allgemein
  - Abschöpfung von Verbrechensgewinnen **§ 33** 5–10
  - Gesetz v. 13.4.2017 **§ 33** 11–15, 297
  - Inhalt und Stellung d – **§ 33** 1
  - völkerrechtliche Grundlage, Unionsrecht **§ 33** 2–4
- Formen
  - Einziehung v. Betäubungsmitteln s. dort
  - Einziehung v. Taterträgen s. dort

Sachverzeichnis

- Einziehung v. Tatprodukten/Tatmitteln/Tatobjekten s. dort
- Einziehung, nachträgliche s. dort
- Einziehung, formlose s. dort
- Einziehung, selbständige s. dort

Einziehung v. Betäubungsmitteln § 33 407–434
- als Tatprodukte § 33 408
- als Tatmittel § 33 409–417
- als Tatobjekte § 33 418–434

Einziehung gefährlicher Gegenstände s. Sicherungseinziehung

Einziehung v. Taterträgen (§§ 73–73 e, 75 StGB) § 33 19–237
- Rechtsnatur § 33 19–22
- Formen § 33 23–237

Einziehung v. Taterträgen b Tätern/ Teilnehmern (§ 73 StGB) § 33 24–162
- Anknüpfungstat § 33 25–28
- Tatbeteiligter § 33 29–31
- Gegenstand („etwas") § 33 32–98
  - Beschränkung d Bruttoprinzips (§ 73 d Abs. 1 StGB) § 33 38–51
  - erlangt § 33 79–92
  - Schätzung (§ 73 d Abs. 2 StGB) § 33 102
  - Eigentum/Inhaberschaft § 33 99, 100
- Härteklausel, Unterbleiben d Vollstreckung (§ 459 g Abs. 5 StPO) § 33 103–106
- Wirkung (§ 75 StGB) § 33 115–143

Erweiterte Einziehung v. Taterträgen b Tätern/Teilnehmern (§ 73 a StGB) § 33 163–202
- Gesetzeszweck § 33 163, 164
- Inhalt, Subsidiarität § 33 165–169
- Anknüpfungstat § 33 170–172
- Erwerbstat (Herkunftstat) § 33 173–183
  - Beweisanforderungen § 33 176–181
  - nicht verfolgbare Erwerbstat, Verjährung (§ 76 b StGB) § 33 182, 183
- Einziehungsgegenstand § 33 184–187
  - Beschränkung d Bruttoprinzips § 33 185
  - Schätzung § 33 188
- Eigentum/Inhaberschaft § 33 189
- Härteklausel, Wegfall d Bereicherung § 33 190
- Wirkung (§ 75 StGB) § 33 196–198
- Vollstreckung, Unterbleiben d – § 33 200

Einziehung v. Taterträgen b anderen (§ 73 b StGB) § 33 203–237
- Drittbegünstigung (Absatz 1) § 33 207–217
  - Vertretungsfälle § 33 209–211
  - Verschiebungsfälle § 33 212–215
  - Erwerb v. Todes wegen § 33 216
  - Beschränkung d Bruttoprinzips (§ 73 d StGB) § 33 221
- Ausnahmen (Absatz 2) § 33 217
- Eigentum/Inhaberschaft § 33 223

- Härteklausel, Wegfall d Bereicherung (§ 73 e Abs. 2 StGB) § 33 224–226
- Wirkung (§ 75 StGB) § 33 232, 233
- Vollstreckung, Unterbleiben d – § 33 235

Einziehung d Wertes v. Taterträgen (§ 73 c StGB) § 33 238–263
- ohne Einziehung keine Einziehung d Wertersatzes § 33 239, 240
- Entstehungsgründe § 33 241–248
- Beschränkung d Bruttoprinzips (§ 73 d StGB) § 33 253–255
- Schätzung (§ 73 d Abs. 2 StGB) § 33 249
- Härteklausel, Wegfall d Bereicherung § 33 250
- Wirkung § 33 257
- Vollstreckung, Unterbleiben d – § 33 258
- Vermögensarrest (§ 111 e StPO) § 33 261, 262
- nachträgliche Anordnung (§ 76 StGB) § 33 263

Einziehung v. Tatprodukten/Tatmitteln/Tatobjekten (§§ 74, 75 StGB) § 33 297–406
- Rechtsnatur § 33 298, 299
- Ermessen, Verhältnismäßigkeit § 33 300, 301
- Verhältnis zur Einziehung v. Taterträgen § 33 302
- Formen § 33 304–406

Einziehung v. Tatprodukten/Tatmitteln/Tatobjekten b Tätern/Teilnehmern (§§ 74, 75 StGB) § 33 304–360
- Anknüpfungstat § 33 306, 307
- Gegenstände d Einziehung § 33 308–332
  - Tatprodukte § 33 310–312
  - Tatmittel § 33 313–330
  - Tatobjekte § 33 331
  - Identität d Gegenstände § 33 332
- Eigentum/Inhaberschaft § 33 333–343
  - Anwendung d bürgerlichen Rechts § 33 336–339
  - Vorbehaltseigentum, Sicherungseigentum § 33 340, 341
  - Miteigentum § 33 342, 343
- Verhältnismäßigkeit § 33 345
- Anordnung, Ermessen § 33 346
- Wirkung § 33 350–356
- Vollstreckung (§ 459 g StPO) § 33 357
- Beschlagnahme (§ 111 b StPO) § 33 358

Einziehung v. Tatprodukten/Tatmitteln/Tatobjekten b anderen (§ 74 a StGB) § 33 361–368
- Voraussetzungen § 33 361–364
  - Beitrag des Eigentümers/Inhabers § 33 362, 363
  - Erwerb in verwerflicher Weise § 33 364
- Verfahren, Anordnung, Ermessen § 33 365, 366
- Wirkung § 33 367
- Vollstreckung, Beschlagnahme § 33 368

2373

Sachverzeichnis

Einziehung d Wertes v. Tatprodukten/ Tatmitteln/Tatobjekten b Tätern/ Teilnehmern (§ 74 c StGB) § 33 391–406
- Voraussetzungen § 33 392–400
  - v. d Anklage erfasste Tat § 33 393
  - Eigentum/Inhaberschaft d Tatbeteiligten § 33 394–396
  - Verwertungs-/Vereitelungshandlung § 33 397–400
- Anordnung, Ermessen, Strafzumessung
- Wirkung § 33 403
- Vollstreckung, Unterbleiben – (§ 459g Abs. 5 StPO) § 33 404
- Vermögensarrest (§ 111e StPO) § 33 405
- nachträgliche Anordnung (§ 76 StGB) § 33 406

Einziehung, nachträgliche (§ 76 StGB) § 33 263, 406
Einziehung, selbständige (§ 76a StGB) § 33 438–470
- Einziehung nach § 76a Abs. 1 bis 3 StGB § 33 440–452
  - Grundsatz (Absätze 1, 2) § 33 441–446
  - Straftat § 33 442
  - keine Verfolgung/Verurteilung möglich, Verjährung § 33 443–446
  - Erweiterung (Absatz 3) § 33 447
  - Verjährung d Einziehung (§ 76b StGB) § 33 448
  - Anordnung, Wirkung § 33 449
  - Verfahren, Zuständigkeit § 33 450–452
- Einziehung nach § 76a Abs. 4 StGB § 33 453–470
  - Voraussetzungen § 33 454–464
  - aus rechtswidriger Tat herrührender Gegenstand § 33 455–457
  - Sicherstellung wegen d Verdachts einer § 33 458, 459
  - keine Verfolgung wegen Straftat möglich § 33 460–464
  - Verjährung d Einziehung (§ 76b StGB) § 33 465, 466
  - Eigentum/Inhaberschaft § 33 467
  - Anordnung, Sollvorschrift § 33 468
  - Wirkung (§ 76a Abs. 4 Satz 2 StGB) § 33 469
  - Verfahren § 33 470

Einziehung, formlose § 33 471–473
Einziehung, Checklisten § 33 Rn 474
Eisenhut § 1 203
Elektroimpulsgerät § 30 115
Elektronisches Netz § 29 1779–1782
Elektr(on)ische Zigarette AMG § 2 102
Elektroschocker s. Elektroimpulsgerät
Element s. chemische Elemente
Eltern
- Konfiszieren v. Drogen s. Ansichnehmen
- Schenkung v. Geld zum Erwerb § 29 1941

EMA (vormals EMEA) Europäische Arzneimittelagentur AMG § 77 8

EMIT-Drogen-Screening § 1 96, § 35 272
Enantiomere § 1 478, 517, § 2 14
Engelsstaub s. PCP
Engelstrompete § 1 203
EN-Normen AMG Vorb 95 105
Entaktogene § 1 358
Entkriminalisierung Einl 170–173
Entlassmanagement BtMVV § 2 40
Entlohnung, erwartete, s. Eigennutz
Entnahme v. Proben s. Probenahme
Entpönalisierung Einl 174
Entsorgung v. Pflanzenabfall § 29 565
Entsteinerungsklausel § 13 160
Entwöhnung § 35 77–95
Entziehung d Fahrerlaubnis durch d Strafgerichte (§ 69 StGB) Vorb 29 1507–1591
- Entziehung als Regelfall (§ 69 Abs. 2 Nr. 1, 2 StGB) **Vorb 29** 1511–1583
  - Eignungsmangel wegen Vergehen nach §§ 316, 315c StGB **Vorb 29** 1581, 1582
  - Trunkenheit im Verkehr (§ 316 StGB) **Vorb 29** 1512–1557
  - Führen eines Fahrzeugs im Verkehr **Vorb 29** 1514–1516
  - im Zustand d Fahrunsicherheit s. Fahreignung, Fahrsicherheit
  - Ursächlichkeit **Vorb 29** 1553
  - subjektiver Tatbestand **Vorb 29** 1554–1557
  - Straßenverkehrsgefährdung (§ 315c StGB) **Vorb 29** 1558–1580
  - § 315c Abs. 1 Nr. 1 Buchst. a, Abs. 3 StGB) **Vorb 29** 1559–1575
  - Konsum anderer berauschender Mittel **Vorb 29** 1564
  - Gefährdung **Vorb 29** 1565–1573
  - Ursächlichkeit **Vorb 29** 1574
  - § 315c Abs. 1 Nr. 1 Buchst. b, Abs. 3 StGB **Vorb 29** 1576–1580
- Entziehung wegen anderer Taten (§ 69 Abs. 1 StGB) **Vorb 29** 1584–1591

Entziehung d Fahrerlaubnis durch d Verwaltungsbehörden (§§ 3 StVG, 46 FeV) Vorb 29 1592–1637
- mangelnde Eignung (Anlage 4 zur FeV) **Vorb 29** 1593–1623
  - Regeltatbestände **Vorb 29** 1596–1618
  - Einnahme v. Betäubungsmitteln außer Cannabis (Nr. 9.1) **Vorb 29** 1597–1601
  - Einnahme v. Cannabis (Nr. 9.2) **Vorb 29** 1602–1615
    - regelmäßige Einnahme **Vorb 29** 1603–1605
    - gelegentliche Einnahme **Vorb 29** 1606–1615
  - Abhängigkeit (Nr. 9.3) **Vorb 29** 1616
  - Arzneimittelmissbrauch (Nr. 9.4) **Vorb 29** 1617, 1618

Sachverzeichnis

- Ausnahmen v. d Regeltatbeständen (Vorb zur Anlage 4) **Vorb 29** 1619, 1620
- Abstinenz (Nr. 9.5) **Vorb 29** 1621–1623
- Folge, Wirkung **Vorb 29** 1624–1628
- Verfahren, Anforderung v. Gutachten (§ 46 Abs. 3 FeV) **Vorb 29** 1629–1636
- Mitteilungen **Vorb 29** 1637

Entziehungsanstalt, Unterbringung in d – **Vorb 29** 1299–1406
- Zweck, Verhältnis zu anderen Maßnahmen **Vorb 29** 1300–1308
- Verfahren, Sachverständiger **Vorb 29** 1309–1312
- Voraussetzungen **Vorb 29** 1313–1365
  - Hang zum Konsum berauschender Mittel im Übermaß **Vorb 29** 1314–1326
  - Anlassstat, Symptomwert **Vorb 29** 1327–1335
  - nicht notwendig schuldunfähig/vermindert schuldfähig **Vorb 29** 1328, 1335
  - Gefahr weiterer erheblicher Taten **Vorb 29** 1336–1345
  - Gesamtwürdigung **Vorb 29** 1344
  - hinreichend konkrete Erfolgsaussicht **Vorb 29** 1346–1364
  - Verhältnismäßigkeit **Vorb 29** 1365
- Anordnung, Sollvorschrift **Vorb 29** 1366
- Aussetzung zugleich m Anordnung **Vorb 29** 1367–1370
- Vollstreckungsreihenfolge **Vorb 29** 1371–1391
- mehrfache Anordnung **Vorb 29** 1392
- Verfahrensrechtliches, Revision **Vorb 29** 1393–1396
- Verlegung in d Strafvollzug **Vorb 29** 1397–1404
- Überweisung in d Vollzug einer anderen Maßregel **Vorb 29** 1405, 1406

Entziehungskur
- allgemeines Strafrecht **Vorb 29** 1232
- Jugendstrafrecht **Vorb 29** 1676

Entzug
- allgemein **§ 1** 47, 48, 108, 109
- b einzelnen Betäubungsmitteln s. dort

Entzugsbehandlung § 35 70–75
Entzugserscheinungen § 1 48
- Schuldfähigkeit **Vorb 29** 493, 501–503

Entzugssymptome
s. Entzugserscheinungen

Epadu § 1 471
Ephedron s. Methcathinon
Ephylon § 1 232
EPO AntiDopG § 2 8, 20
Equide AMG § 56a 40
Erfahrungssatz § 29 819
Erfolgsaussicht b Unterbringung in d Entziehungsanstalt s. dort

Erfolgsdelikte Vorb 29 162–164
Erfolgsort Vorb 29 92–101
Ergebnismanagementverfahren d NADA **AntiDopG § 8** 11
Ergotamintartrat § 1 403
Erklärungsdelikt § 29 394
Erlaubnis (AMG)
- Einfuhrerlaubnis s. dort
- Herstellungserlaubnis s. dort

Erlaubnis (BtMG)
- Erlaubnis zum Verkehr mit Betäubungsmitteln **§ 3** 2–53
  - Erlaubnisfähigkeit **§ 3** 2–4
  - Verfahren **§ 7** 1–20
  - Zuständigkeit **§ 3** 6
  - Entscheidung **§ 8** 3–11
  - kein Ermessen **§ 3** 60, 61, **§ 8** 8
  - Umfang/Beschränkungen **§ 9** 4–9
  - Nebenbestimmungen **§ 9** 10–19
  - Änderungen d **§ 8** 12–19, **§ 9** 9, 18
  - Erlöschen **§ 8** 14–18
  - Rücknahme, Widerruf **§ 10** 1–15
  - Wirkung, Zeitpunkt **§ 3** 7–11, **§ 29** 31–34
  - Irrtümer i Zusammenhang m d – **§ 29** 35–44
- Erlaubnis zum Betrieb eines Drogenkonsumraums (**§ 10a**) s. b Drogenkonsumraum
- Erlaubnis zum Betrieb einer Einrichtung zur diamorphingestützten Substitutionsbehandlung (**§ 13** 158–169; **BtMVV § 5a** 30–34)
  - Verfahren **§ 13** 163, 164
  - Zuständigkeit **§ 13** 163
  - Wirkung **§ 13** 165–169
- Erlaubnis zur Herstellung ausgenommener Zubereitungen (§ 3 Abs. 1 Nr. 2) **§ 3** 62, 63

Erlaubnisirrtum Vorb 29 436, **§ 29** 40
Erlaubnistatbestandsirrtum Vorb 29 435, **§ 29** 37
Erlaubnispflicht s. Erlaubnis
Erlaubnisvorbehalt s. Erlaubnis
Erlaubte Mitwirkung s. Alltagshandeln
Erlebnisreisen § 35 63
Ermittlungsgeneralklausel § 4 147
Ernte § 2 55, 56, **§ 29** 74, 118, 139
Ernsthaftes Anerbieten s. Anerbieten
Erpressung/Nötigung
- b Drogengeschäften **§ 29** 18–23
- d Arztes durch Patienten **§ 13** 23

Ersatzdrogen
- Zurückstellung **§ 35** 29
- Suchtersatzstoffe s. dort

Ersatzfreiheitsstrafe, Zurückstellung **§ 35** 8
Ersatzstoffe s. Ersatzdrogen
Ersatzvornahme § 16 10–14

Sachverzeichnis

Erschleichen einer Verschreibung von Betäubungsmitteln (§ 29 Abs. 1 Satz 1 Nr. 9, Abs. 3) § 29 1705–1728
- Gesetzeszweck § 29 1706
- Tathandlung § 29 1707–1716
  - Betäubungsmittel § 29 1708
  - Angaben § 29 1709, 1710
  - Unrichtigkeit § 29 1711
  - Unvollständigkeit § 29 1712
  - Ziel d Täters § 29 1713, 1714
  - Empfänger d Angaben § 29 1715, 1716
- Vollendung, Beendigung § 29 1717, 1718
- Täterschaft, Teilnahme § 29 1719
- Handeln im Ausland § 29 1720
- Subjektiver Tatbestand § 29 1721
- Konkurrenzen § 29 1722–1724
- Strafzumessung § 29 1725–1728

Besonders schwerer Fall (Absatz 3 Satz 1) § 29 1975–2001

Erstauffällige Konsumenten harter Drogen **Einl** 76

Erwerben apothekenpflichtiger Arzneimittel zur Anwendung bei Tieren entgegen § 57 Abs. 1 (AMG § 95 Abs. 1 Nr. 9)

Grundtatbestand (AMG § 57 Abs. 1)
- Erwerb durch d Tierhalter *(Sätze 1, 3 bis 5)* **AMG § 57** 3–17
  - Arzneimittel **AMG § 57** 5
  - zur Anwendung bei Tieren **AMG § 57** 6
  - Tierhalter **AMG § 57** 7–10
  - Erwerb **AMG § 57** 11
  - Bezugsquellen **AMG § 57** 12–17
- Erwerb durch andere nicht in § 47 Abs. 1 genannte Personen *(Satz 2)* **AMG § 57** 18–21
  - Arzneimittel **AMG § 57** 19
  - andere nicht in § 47 Abs. 1 genannte Personen **AMG § 57** 20, 21
- Arzneimittel zur Durchführung tierseuchenrechtlicher Maßnahmen *(Satz 3)* **AMG § 57** 22
- Erwerb im Wege d Versandes *(Satz 4)* **AMG § 57** 23–25
  - durch d Tierhalter **AMG § 57** 24
  - durch andere Personen **AMG § 57** 25
- Erwerbsverbot für Arzneimittelvormischungen *(Satz 5)* **AMG § 57** 26

Strafvorschrift für verschreibungspflichtige Arzneimittel (§ 95 Abs. 1 Nr. 9, Abs. 2 bis 4)
- Tathandlung **AMG § 95** 366–375
  - Adressaten **AMG § 95** 367
  - Arzneimittel **AMG § 95** 368
  - zur Anwendung b Tieren **AMG § 95** 369
  - Erwerben **AMG § 95** 370
  - entgegen § 57 Abs. 1 **AMG § 95** 371–375
- Vorbereitung, Versuch, Vollendung, Beendigung **AMG § 95** 376, 377
- Täterschaft, Teilnahme **AMG § 95** 378–380
- Handeln im Ausland **AMG § 95** 381
- Subjektiver Tatbestand **AMG § 95** 382–385
  - Fahrlässigkeit **§ 95** 382, 385
- Konkurrenzen **AMG § 95** 386
- Strafzumessung **AMG § 95** 387

Besonders schwerer Fall, Regelbeispiele (Absatz 3) **AMG § 95** 422–462

Bußgeldvorschrift für apothekenpflichtige Arzneimittel (§ 97 Abs. 2 Nr. 22)
- **AMG § 57** 31, **§ 97** 1–16, 22–24

Erwerben v. Betäubungsmitteln ohne Erlaubnis (§ 29 Abs. 1 Satz 1 Nr. 1)

Grundtatbestand (§ 3 Abs. 1 Nr. 1)
- Erlaubnispflicht § 3 5–11, 49–53

Strafvorschrift (§ 29 Abs. 1 Satz 1 Nr. 1 Alt. 9, Abs. 2 bis 5)
- Tathandlung § 29 1195–1216
  - Betäubungsmittel § 29 1196
  - erwerben § 29 1197–1215
  - auf abgeleitetem Wege § 29 1212
  - Erwerber § 29 1199–1205
  - Mitbesitz § 29 1203
  - mittelbarer Besitz § 29 1203
  - Besitzdiener, Bote § 29 1204
  - Eigenbesitz/Fremdbesitz § 29 1205
  - zur freien Verfügung § 29 1206–1211
  - Zweck d Erwerbs § 29 1213
  - Erweiterung d Kreises § 29 1214, 1215
  - unerlaubt § 29 1216
- Vorbereitung, Versuch, Vollendung, Beendigung § 29 1217–1224
- Täterschaft, Teilnahme § 29 1225–1231
- Handeln im Ausland § 29 1232
  - Fahrlässigkeit § 29 1233, 1238
- Subjektiver Tatbestand § 29 1233–1238
- Konkurrenzen § 29 1239–1252
- Strafzumessung § 29 1253–1256

Absehen v. Strafe (Absatz 5) § 29 2098–2183

Besonders schwerer Fall, Regelbeispiele (Absatz 3) § 29 1965–2075

Qualifikation
- bewaffnetes. – § 30a 84

Erwerben, Besitzen, Verbringen nach und durch Deutschland bestimmter Dopingmittel in nicht geringer Menge entgegen § 2 Abs. 3 (AntiDopG § 4 Abs. 1 Nr. 3)

Grundtatbestand (AntiDopG § 2 Abs. 3)
- Motive **AntiDopG § 2** 85–89
- Rechtsgut **AntiDopG § 2** 90
- Adressat **AntiDopG § 2** 94
- Tathandlungen **AntiDopG § 2** 93–117
  - Tatobjekte **AntiDopG § 2** 95–100
  - Dopingmittel **AntiDopG § 2** 96
  - in d Anlage zum AntiDopG aufgeführt **AntiDopG § 2** 97
  - in nicht geringer Menge **AntiDopG § 2** 98–100

Sachverzeichnis

- Erwerben **AntiDopG § 2** 102, 103
- Besitzen **AntiDopG § 2** 104–109
- Verbringen nach und durch Deutschland **AntiDopG § 2** 110–116
- zum Zweck d Dopings b Menschen im Sport **AntiDopG § 2** 117
- Verhältnis zu Absatz 1 Nr. 2 (Handeltreiben) **AntiDopG § 2** 91, 92

Strafvorschrift (AntiDopG § 4 Abs. 1 Nr. 3, Abs. 6)
- Tathandlungen **AntiDopG § 4** 133
  - Adressat **AntiDopG § 4** 134
  - Dopingmittel **AntiDopG § 4** 135
  - Erwerben **AntiDopG § 4** 136
  - Besitzen **AntiDopG § 4** 137
  - Verbringen nach und durch Deutschland **AntiDopG § 2** 138
  - entgegen § 2 Abs. 3 iVm einer Rechtsverordnung nach § 6 **AntiDopG § 4** 139–143
  - in d Anlage zum AntiDopG aufgeführt **AntiDopG § 4** 140
  - in nicht geringer Menge **AntiDopG § 4** 141, 142
  - zum Zweck d Dopings b Menschen im Sport **AntiDopG § 4** 143
- Vorbereitung, Versuch, Vollendung, Beendigung **AntiDopG § 4** 144–162
- Täterschaft, Teilnahme **AntiDopG § 4** 163–187
- Handeln im Ausland **AntiDopG § 4** 188, 189
- Subjektiver Tatbestand **AntiDopG § 4** 190–194
- Konkurrenzen **AntiDopG § 4** 195–204
- Strafzumessung **AntiDopG § 4** 205

Qualifikationen – Verbrechen (§ 4 Abs. 4 Nr. 1) **AntiDopG § 4** 282–295, 304–311
- Tathandlungen **AntiDopG § 4** 134
  - Gefährdung der Gesundheit einer großen Zahl v. Menschen (Nr. 1 Buchst. a) s. Gefährdung etc
  - der Gefahr d Todes oder einer schweren Gesundheitsschädigung aussetzen (Nr. 1 Buchst. b) AntiDopG **§ 4** 292, 293
  - Erlangen v. Vermögensvorteilen großen Ausmaßes (Nr. 1 Buchst. c) **AntiDopG § 4** 293–295
- Vorbereitung, Versuch, Vollendung, Beendigung **AntiDopG § 4** 304–306
- Täterschaft, Teilnahme **AntiDopG § 4** 307
- Handeln im Ausland **AntiDopG § 4** 308
- Subjektiver Tatbestand **AntiDopG § 4** 309
- Konkurrenzen **AntiDopG § 4** 310
- Strafzumessung **AntiDopG § 4** 311–329
  - minder schwerer Fall **AntiDopG § 4** 312–329

Erwerben, Besitzen v. Dopingmitteln zur Anwendung bei sich entgegen § 3 Abs. 4 (AntiDopG § 4 Abs. 2)
Grundtatbestand (§ 3 Abs. 4)
- Tathandlungen **AntiDopG § 3** 47
  - Dopingmittel **AntiDopG § 3** 47
  - in Anl I d UNESCO-Übereinkommens aufgeführt **AntiDopG § 3** 47
  - Erwerben, Besitzen **AntiDopG § 3** 47
- Absicht d Anwendung/Anwendenlassens bei sich **AntiDopG § 3** 48
- Absicht, sich in einem Wettbewerb d organisierten Sports einen Vorteil zu verschaffen **AntiDopG § 3** 49

Strafvorschrift (AntiDopG § 4 Abs. 2)
- Tathandlung **AntiDopG § 4** 262–267
  - Adressat **AntiDopG § 4** 262
  - Dopingmittel **AntiDopG § 4** 263
  - in Anl I d UNESCO-Übereinkommen aufgeführt **AntiDopG § 3** 263
  - Erwerben, Besitzen **AntiDopG § 4** 264, 265
  - Anwendungsabsicht **AntiDopG § 4** 266
  - Vorteilsabsicht **AntiDopG § 4** 267
- Vollendung, Beendigung **AntiDopG § 4** 268, 269
  - Tätige Reue *(Absatz 8)* **AntiDopG § 4** 270–273
- Täterschaft, Teilnahme **AntiDopG § 4** 274
- Handeln im Ausland **AntiDopG § 4** 275
- Subjektiver Tatbestand **AntiDopG § 4** 276–278
- Konkurrenzen **AntiDopG § 4** 279
- Strafzumessung **AntiDopG § 4** 280

Erwerben v. NPS entgegen § 3 Abs 1 NpSG
- s. Handeltreiben m NPS

Erwerben, Anbieten, Lagern, Verpacken, Mitsichführen, Inverkehrbringen v. Stoffen iSd § 6 AMG und Zubereitungen aus solchen Stoffen durch bestimmte Adressaten entgegen § 59a Abs. 1, 2 (AMG § 96 Nr. 18)
Grundtatbestand (AMG § 59a Abs. 1, 2)
- Umgang v. in § 47 Abs. 1 aufgeführten Personen/Stellen m Stoffen/Zubereitungen iSd § 6 *(Absatz 1 Satz 1)*
  - Adressaten **AMG § 59a** 5
  - Gegenstände **AMG § 59a** 2, 6–8
  - Handlungen **AMG § 59a** 9–17
  - Handlungsformen **AMG § 59a** 10–16
  - Erwerben **AMG § 59a** 11
  - Inverkehrbringen **AMG § 59a** 12
  - Anbieten **AMG § 59a** 13, 14
  - Lagern **AMG § 59a** 13, 15
  - Verpacken **AMG § 59a** 13, 15
  - Mitsichführen **AMG § 59a** 13, 16

Sachverzeichnis

- Handlungszwecke **AMG § 59a** 17
- Herstellung von Arzneimittel für Tiere **AMG § 59a** 17
- zur Anwendung b Tieren **AMG § 59a** 17
- Umgang v. Tierhaltern und anderen nicht in § 47 Abs. 1 aufgeführten Personen/Stellen m Stoffen/Zubereitungen iSd § 6 *(Absatz 1 Satz 2)*
  - Adressaten **AMG § 59a** 18
  - Handlungsformen **AMG § 59a** 18
  - Handlungszweck **AMG § 59a** 18
  - zu einer nach § 6 verbotenen Herstellung/Anwendung bestimmt **AMG § 59a** 18
- Bezug v. apothekenpflichtigen Stoffen/Zubereitungen durch Tierärzte oder Abgabe an diese *(Absatz 2 Satz 1)*
  - Adressaten **AMG § 59a** 21–23
  - Tierärzte **AMG § 59a** 22
  - Abgebende **AMG § 59a** 23
  - Tatgegenstände: Stoffe/Zubereitungen, die nicht
  - als Arzneimittel zugelassen sind **AMG § 59a** 20
  - Fütterungsarzneimittel sind **AMG § 59a** 20
  - zur klinischen Prüfung b Tieren/Rückstandsprüfung bestimmt sind **AMG § 59a** 20
  - nach § 36 in d Verkehr gebracht werden dürfen **AMG § 59a** 20
  - Handlungsformen:
  - Tierarzt: beziehen **AMG § 59a** 22
  - Abgebender: abgeben an Tierarzt **AMG § 59a** 23
  - Handlungszweck:
  - zur Anwendung b Tieren **AMG § 59a** 24
- Erwerb und Lagerung durch Tierhalter *(Absatz 2 Satz 2)*
  - Adressat. Tierhalter **AMG § 59a** 26
  - Tatgegenstände **AMG § 59a** 27
  - Handlungsformen: Erwerben, Lagern **AMG § 59a** 28
  - Handlungszweck: Anwendung b Tieren **AMG § 59a** 29
- Umgang v. anderen nicht in § 47 Abs. 1 aufgeführten Personen/Stellen mit verschreibungspflichtigen Stoffen/Zubereitungen *(Absatz 2 Satz 3)*.
  - Adressaten **AMG § 59a** 30
  - verschreibungspflichtige Stoffe/Zubereitungen **AMG § 59a** 30
  - Handlungsformen **AMG § 59a** 30
  - Handlungszwecke: andere als zur Anwendung b Tieren **AMG § 59a** 30

Strafvorschrift b Vorsatz (AMG § 96 Nr. 18)
- Tathandlungen **AMG § 96** 204–233
- entgegen § 59a Abs. 1 Satz 1:
  - Adressaten: in § 47 Abs. 1 aufgeführte Personen/Stellen **AMG § 96** 208
  - Tatgegenstand: Stoffe/Zubereitungen iSd § 6 **AMG § 96** 209
  - Handlungsformen:
  - Erwerben, Inverkehrbringen, Anbieten, Lagern, Verpacken, Mitsichführen **AMG § 96** 210
  - Handlungszwecke:
  - Herstellen v. Arzneimitteln für Tiere **AMG § 96** 211
  - Anwenden b Tieren **AMG § 96** 211
- entgegen § 59a Abs. 1 Satz 2
  - Adressaten: Tierhalter und andere in § 47 Abs. 1 aufgeführte Personen/Stellen **AMG § 96** 214
  - Tatgegenstand **AMG § 96** 215
  - Handlungsformen:
  - Erwerben, Lagern, Verpacken, Mitsichführen **AMG § 96** 216
  - Handlungszwecke **AMG § 96** 217
- entgegen § 59a Abs. 2 Satz 1
  - Adressaten
  - Tierärzte **§ 96** 220, 221
  - Abgebende **§ 96** 223–225
  - Tatgegenstände: apothekenpflichtige Stoffe/Zubereitungen, die nicht als Arzneimittel zugelassen oder sonst verkehrsfähig sind **AMG § 96** 219
  - Tathandlungen:
  - Erwerben durch Tierärzte **AMG § 96** 222
  - Abgeben an Tierärzte **AMG § 96** 223–225
- entgegen § 59a Abs. 2 Satz 2
  - Adressat: Tierhalter **AMG § 96** 228
  - Tatgegenstände: Stoffe/Zubereitungen, die
  - durch d Tierarzt bezogen werden oder an ihn abgegeben werden dürfen und
  - als Arzneimittel verschrieben oder v. ihm abgegeben sind **AMG § 96** 229, 230
  - Handlungsformen (Erwerben, Lagern) **AMG § 96** 230
  - Handlungszweck **AMG § 96** 231
- entgegen § 59a Abs. 2 Satz 3
  - nicht in § 47 Abs. 1 aufgeführte Personen/Stellen **AMG § 96** 233
  - verschreibungspflichtige Stoffe/Zubereitungen **AMG § 96** 233
  - Handlungsformen: erwerben, lagern, verpacken, mit sich führen, in den Verkehr bringen **AMG § 96** 233
  - Handlungszwecke: zur Anwendung b Tieren **AMG § 96** 233
- Vollendung, Beendigung **AMG § 96** 234–236
- Täterschaft, Teilnahme **AMG § 96** 237
- Subjektiver Tatbestand **AMG § 96** 238

Bußgeldvorschrift b Fahrlässigkeit (§ 97 Abs. 1 Nr. 1)
- **AMG § 97** 1–17, 22–24

Sachverzeichnis

Erwerbstat (Herkunftstat) § 33 173–183
Erziehungsberechtigte s. Ansichnehmen
Erziehungsgedanke im Jugendstrafrecht
  Vorb 29 1138, 1673, 1713, 1714, 1720, 1724
Erziehungsregister § 29 2106
Erziehungszweck im Jugendstrafrecht
  Vorb 29 1771
ESA (Bundesstudie) Einl 73
e-Sport AntiDopG § 2 26
Essigsäure § 1 372
Essigsäureanhydrid § 1 373
– als Grundstoff (Drogenausgangsstoff) Anh D 2.1, D 2.2
Ester § 1 24, 242, 456, 509, 592, § 2 11
E-Teil s. Ecstasy
Ethcathinon s. Cathinonderivate (Anl II)
Ether § 1 242, 456, 509, § 2 12
Ethik-Kommission (AMG § 42)
– Verfahren AMG § 42 2
– Bewertung, zustimmende
  – als Verwaltungsakt AMG § 42 2
  – Voraussetzung für d Beginn d klinischen Prüfung AMG § 40 2
N-Ethylbuphedron (NEB) s. Cathinone (Anl I)
EthylenoxidV AMG § 6 9, 10
Ethyl-Hex § 1 233a
N-Ethylhexedron (Ethyl-Hexedron, HexEn, Ethyl-Hex, NEH) § 1 233a
4-Ethylmethcathion (4-EMC)
  s. Cathinone (Anl I)
Ethylon (bk-MDEA) s. Cathinone (Anl I)
Ethylphenidat s. § 1 Rn 224 Anl II
Etizolam § 1 527–530 Anl III
Etorphin Anl III, BtMVV §§ 2–4
Etwas s. Einziehung v. Taterträgen
EU-Grundrechte-Charta (GrCh)
  Vorb 29 70, 71
Euphorika § 1 129
Eurojust Einl 54–56, Anh B 7.1, 7.2
Europäische Union
– Drogenpolitik Einl 52, 216, 217
Europäisches Justizielles Netz Einl 53, Anh B 6
Europarats-Übereinkommen gegen Doping AntiDopG Einl 9
Europol Drug Unit s. EDU
Europol Einl 46–48, Anh B 5.1, 5.2
Europarat Einl 35, 36
Eva, Eve s. Ecstasy
Evian § 1 589
Evidenzfälle b d Eigennützigkeit § 29 348
Export AMG § 4 55–57
Exterritorialität s. Immunität
Extrahieren § 2 58, 59
Ex-user § 35 182, § 36 15
Etycyclidin (PCE) s. Phencyclidinderivate
E-Zigaretten s. elektronische Zigaretten

F

4-FA § 1 223
Fachinformation
– Hinweis auf Doping AntiDopG § 7
5F-AB-PINACA (5-Fluor-AB-PINACA) s. Cannabinoide
– nicht geringe Menge § 29a 104
4F-ADB § 1 233a
5F-ADB (5F-MDMB-PINACA)
  s. Cannabinoide
Fahreignung, Fahrsicherheit Vorb 29 1517–1552
– Begriff, Fehlen Vorb 29 1517, 1518
– andere berauschende Mittel Vorb 29 1519–1552
– Wirkungen Vorb 29 1521
  – Entzugserscheinungen, Abhängigkeit Vorb 29 1522
  – besondere Probleme b Substitutionsmitteln Vorb 29 1523–1526
  – Mischkonsum Vorb 29 1527, 1528
  – absolute Fahrunsicherheit Vorb 29 1529
  – keine Grenzwerte Vorb 29 1530-1533
  – relative Fahrunsicherheit Vorb 29 1534–1552
  – Blut-/Wirkstoffbefund Vorb 29 1535–1542
  – Ausfallerscheinungen Vorb 29 1543–1552
– Ursächlichkeit d Konsums Vorb 29 1553
Fahrerlaubnis, Entziehung d –
– durch d Strafgerichte s. dort
– durch die Verwaltungsbehörden s. dort
Fahrlässige Delikte s. Fahrlässigkeitsdelikte
Fahrlässige Tötung (§ 222 StGB)
– betäubungsmittelrechtliche Aspekte § 30 207–242
Fahrlässigkeit
– AMG Vorb 95 100–118
– AntiDopG § 4 330–336
– BtMG § 29 2076–2097
– NpSG § 4 207
Fahrlässigkeit
– als Strafschärfungselement b Vorsatz Vorb 29 396, 397
– Zusammentreffen v. Vorsatz und Fahrlässigkeit Vorb 29 427
Fahrlässigkeitsdelikte (AMG)
– alle Tatbestände d § 95 Abs. 1 (§ 95 Abs. 4) AMG § 95 463
Fahrlässigkeitsdelikte (AntiDopG)
– Verstöße gegen § 4 Abs. 1 Nr. 1, 2 oder 3 (§ 4 Abs. 6) AntiDopG § 4 330–336
Fahrlässigkeitsdelikte (BtMG)
– Tatbestände des § 29 Abs. 1 Satz 1 Nr. 1, 2, 5, 6 Buchst. b, Nr. 10 oder 11 (§ 29 Abs. 4) BtMG § 29 2077
Fahrlässigkeitsdelikte (NpSG)
– Verstöße gegen § 4 Abs. 3 Nr. 1 Buchst. b, Nr. 2 Buchst. a oder– Nr. 2 Buchst. b (§ 4 Abs. 5)

Sachverzeichnis

- Verstöße gegen § 4 Abs. 1 Nr. 1 (§ 4 Abs. 6) **NpSG § 4** 201–209
- **Fahrrad Vorb 29** 1516
- **Fahrunsicherheit** s. Fahreignung
- **Fahrverbot Vorb 29** 1669
- **Faires Verfahren,** Verstoß gegen – b
- Tatprovokation **§ 4** 190–197
- **Fairness b Sportwettbewerben**
- als Rechtsgut **AntiDopG § 1** 12–15
- **Faktisches (tatsächliches) Handeln** als Handeltreiben **§ 29** 480–571
- **Fallmesser** s. Messer
- **Faltmesser** s. Messer
- **Familiäre(n) Pflicht,** Erfüllung einer – als Eigennützigkeit **§ 29** 333
- **Familientherapie § 35** 78
- *Fantasy* **§ 1** 589
- **Faustmesser** s. Messer
- **FDU-PB-22** s. Cannabinoide
- **Feldmohn** s. Klatschmohn
- **Fehlen** v. Strafschärfungs- oder Strafmilderungsgründen **Vorb 29** 930–937
- **Fehlgeschlagener Versuch Vorb 29** 203–206
- **Feilbieten**
  - als Teilakt d Inverkehrbringens **AMG § 4** 59, **NpSG § 2** 33
  - als Teilakt d Handeltreibens **AntiDopG § 2** 47, **BtMG § 29** 516, 517
- **Feilhalten**
  - als Teilakt d Inverkehrbringens **AMG § 4** 58, **NpSG § 2** 32
  - als Teilakt des Handeltreibens **AntiDopG § 2** 47, **BtMG § 29** 512–515
- **Feldmohn** s. Papaver rhoeas
- **Fenetyllin** Anlage III, **BtMVV §§ 2–4**
  - nicht geringe Menge **§ 29a** 165
- **Fentanyl** *(999, China white, Cocaine, Crocodile Snow Powder, Egg White, Indian brown, Mexican brown, Persian white, White Chinaman, Synthetisches Heroin, Worlds finest Heroin)* **§ 1** 580–584, **Anl III, BtMVV §§ 2–4**
  - Herkunft, Geschichte **§ 1** 580, 581
  - Herstellung **§ 1** 581
  - Konsumformen **§ 1** 582
  - Schmerzmittel-Pflaster **§ 29** 580
  - Wirkung **§ 1** 583, 584
    - Abhängigkeit **§ 1** 584
  - Fahreignung
    - allgemein s. Fahreignung
    - zur Droge **Vorb 29** 1521
  - Derivate **§ 1** 581
  - Mefentanyl **§ 1** 581
  - nicht geringe Menge **§ 29a** 123
- **Fernbehandlung,** keine Abgabe v. Arzneimitteln b – **AMG § 48 Abs. 1 Sätze 2, 3** *(aufgehoben)*
- **Fertigarzneimittel (AMG § 4 Abs. 1)**
  - Legaldefinition **AMG § 4** 2–21
- **Festival** s. Reggae-Festival
- **Festplatte** als Schrift **§ 29** 1908
- **Feststehende Messer** s. Messer
- **Feuerwaffen § 30a** 94
- **Filtern**
  - **AMG § 4** 35, **AntiDopG § 2** 34, **BtMG § 2** 63, **NpSG § 2** 20
- **Finanzermittlungsgruppe** s. Zollverwaltung
- **Finanztransaktion** als Handeltreiben **§ 29** 168, 455, 457–479
- **Finanzzyklus,** organisierter Waren- und – **§ 29** 473–476
- **Finanzier(s)**
  - Bereitstellen v. Vermögenswerten s. dort
  - Einfuhr **§ 29** 954–957
  - Handeltreiben **§ 29** 445–448
  - Vermittlung eines. – **§ 29** 432
- **Finanzierungs-**
  - geschäfte als Handeltreiben
    - **AMG § 8** 49, **AntiDopG § 2** 45, **BtMG § 29** 445–448, **NpSG § 3** 13
  - zusage als Bereitstellen s. dort
- **Fingerhut § 1** 203
- **Fixerraum, Fixerstube** s. Drogenkonsumraum
- **Flaggenprinzip Vorb 29** 113–118
- **Flammenwerfer § 30a** 115
- **Flämmlinge** (Gymnopili) **§ 1** 440
- *Flash* **§ 1** 379 (Heroin), 610 (Methadon)
- *Flash-back* b
  - Cannabis, Ecstasy, LSD, PCP s. jeweils dort
- *Flatliner* s. 4-MTA
- **Flechten, -bestandteile, -teile AMG 2, BtMG § 1** 191, **§ 2** 27, 36, 37
- **Flephedron** s. Cathinonderivate
- *Flex*
  - MDPV (Methylendioxypyrovaleron) **§ 1** 223, 536
  - *Flex-Cocain* **§ 1** 536
- **Flobertgewehre § 30a** 94
- **Flu-Alp § 1** 233a
- **Flualprazolam (2-Fluor-Alprazolam, SCHEMBL7327360, Flu-Alp) § 1** 233a
- **Flubromazepam** s. Benzodiazepine **(Anl II)**
- **Flugreisender,** Stoffe
  - am/im Köper **§ 29** 908–910
  - im Frachtgepäck **§ 29** 917
  - im Handgepäck **§ 29** 907
  - im Reisegepäck **§ 29** 911–916
- **Flugverkehr,** Gefährdung d Sicherheit durch Drogen **Vorb 29** 1785–1687
- **Flugzeuge** s. Deutsche Luftfahrzeuge
- **2-Fluor-Alprazolam § 1** 233a
- **4-Fluoramfetamin (Anl I) § 1** 223
- **4-Fluorisobutyrfentanyl § 1** 231
- **2-Fluormethamfetamin (2-FMA)** s. Amfetamine **(Anl I)**
- **3-Fluormethamfetamin (3-FMA)** s. Amfetamine **(Anl I)**

Sachverzeichnis

4-Fluormethamfetamin (4-FMA)
s. Amfetamine **(Anl I)**
3-Fluormethcathinon (3-FMC)
s. Cathinone **(Anl II)**
p-Fluorphenylpiperazin s. Piperazine
5-Fluorpentyl-JWH-122 (MAM-2201)
s. Cannabinoide
4-Fluortropacocain (Anl II) § 1 223
5-Fluor-UR-144 s. Cannabinoide
4F-MDMB-BINACA (4F-MDMB-BUTINACA, 4F-ADB) § 1 233a
5F-MDMB-PICA (5F-MDMB-2201)
s. Cannabinoide
4F-MDMB-BUTINACA § 1 233a
Flunitrazepam (Rohypnol; *Rosch, Rohys*)
§ 1 585–588, **Anl III**
- Herkunft, Geschichte **§ 1** 585
- Anwendungsbereich d BtMG **§ 1** 586
- Konsumformen **§ 1** 587
- Wirkung **§ 1** 588
  - KO-Tropfen **§ 1** 585
- Drogentote **§ 1** 585
- neben Substitutionsmitteln **§ 13** 94, 210
  - Abgabe in Apotheke **§ 13** 94
- Fahreignung
  - allgemein s. Fahreignung
  - zur Droge **Vorb 29** 1521
Flüssig Ecstasy s. GHB
3-FMC s. Cathinone **(Anl II)**
4-FMA s. Fluormethamfetamin
5F-MN-18 (AM-2201 Indazolcarboxamid-Analogon) s. Cannabinoide
Folgekriminalität Einl 85, 86, 136, 143
Folienrauchen § 1 377
Forensische Ambulanz § 34 17
Formen d Abhängigkeit s. Abhängigkeit
Förmliche Verpflichtung v
- Privatpersonen b Überwachung **§ 22** 4
- V-Personen **§ 4** 151, 152
Formlose Einziehung § 33 471–473
Fortgesetzte Handlung Vorb 29 587
Fortral AMG Einl 9
Fötus Abgabe v. Betäubungsmitteln **§ 29** 1150, 1151
Frachtgepäck § 29 917, 995, 996
Frachtgut s. Frachtgepäck
Franchisegeber AMG § 4 91
Free base § 1 552–558
- Herkunft, Herstellung **§ 1** 552, 553
- Cocainbase **§ 1** 552, 553
- Konsumform **§ 1** 554
- Wirkung **§ 1** 555–558
- akute **§ 1** 555, 556
- längerfristige **§ 1** 557, 558
  - Toleranz **§ 1** 558
  - Abhängigkeit **§ 1** 558
  - Entzug **§ 1** 558
- Fahreignung
  - allgemein s. Fahreignung
  - zur Droge **Vorb 29** 1521

Freier (Drogen-)Markt
- für alle Drogen **Einl** 131–137
- für weiche Drogen **Einl** 148–159
Freigabe
- einer Charge zum Inverkehrbringen **AMG § 19** 4, 5 **AMWHV § 16**
- als Teilakt d Herstellung v. Arzneimitteln **AMG § 4** 37
- v. Ausgangsstoffen etc **AMG § 4** 38
- v. Drogen s. freier Drogenmarkt
Freihafen § 2 74, 85
Freiheitsstrafe
- kurze – **Vorb 29** 1159–1171
- Verbindung mit Geldstrafe **Vorb 29** 876
- Wahl d Strafart **Vorb 29** 1157, 1158
Freiwilligkeit b d Aufklärungshilfe s. dort
Freizeitsport
- Doping **AntiDopG Einl** 5, 31
Freizone, Verbringen v
- Arzneimitteln **AMG § 73** 27–29
- Betäubungsmitteln **§ 2** 74, 85, 98
Fremde Geschäfte s. Fremdumsatz
Fremde Rechnung § 29 1073
Fremder Kulturkreis als Strafzumessungsgrund **Vorb 29** 1046–1048
Fremdes Wirtschaftsgebiet § 2 85
Fremdbesitz s. Besitzen
Fremdgefährdung
- b Absehen v. d öffentlichen Klage oder v. Strafe **§ 29** 2157–2166, **§ 31a** 59, 84, 102–104
- einverständliche – s. dort
Fremdumsatz, Förderung als Handeltreiben **§ 29** 296–308
Frischzellenverordnung AMG § 6 11
Fruchtkörper § 1 187, 442, **§ 2** 34
Früchte § 2 30
FUB-PB-22 s. Cannabinoide
Führungsaufsicht
- Rechtsnatur, Zweck **§ 34** 2
- Voraussetzungen, Klientel **§ 34** 3–9
  - angeordnete – **§ 34** 4
  - kraft Gesetzes eintretende – **§ 34** 5
- Verurteilte m
  - günstiger Prognose **§ 34** 9
  - ungünstiger Prognose **§ 34** 7, 8
- Akzeptanz in d Praxis **§ 34** 10
- Ausgestaltung **§ 34** 11–20
  - Aufsichtsstelle **§ 34** 11, 19, 20
  - strafbewehrte Weisungen **§ 34** 12
Führungsbeamter § 4 157, 247
Führungsperson, keine Privilegierung b bewaffneten Handeltreiben **§ 30a** 157, 159, 167
Funktionale (funktionelle) Tatherrschaft
- Abgrenzung zwischen Täterschaft und Teilnahme **Vorb 29** 384
- b Kurieren **§ 29** 763
Funktionsarzneimittel
s. Arzneimittelbegriff
Furanylfentanyl (FU-F) s. Opioide

Sachverzeichnis

Furcht, kein Eingangsmerkmal **Vorb 29** 470
Fußfessel, elektronische **§ 34** 16

G

GA (General Assembly) **§ 5** 59
Gamma-GL **§ 1** 592
Gaspatronen § 30a 99
Gaspistolen, Gasrevolver § 30a 95, 96
Gastrecht, Missbrauch d – **Vorb 29** 1042
Gaststättenrecht, Betäubungsmittel im – **Vorb 29** 1821–1824
Gastwirt
- Duldung v. Drogen s. Duldung
- Garantenstellung **§ 29** 1755, 1766

GBL (γ-Butyrolacton, γ-Butyro-1,4-lacton; *Gamma-GL, BLO, Blue-Nitro*) **§ 1** 354, 592–595
- Arzneimittel **§ 1** 593
- kein Betäubungsmittel **§ 1** 593
- aber Metabolisierung zu GHB **§ 1** 592
- Missbrauch als Droge **§ 1** 592
- Dosierung **§ 1** 594
- Wirkungen **§ 1** 594

GCDP s. Global Commission on Drug Policy
GCP-V (GCP-Verordnung) **AMG § 40** 1, **§ 42** 7
GDP (Gute Vertriebspraxis für Humanarzneimittel) **AMG § 52a** 6
Gebotsirrtum Vorb 29 423
Gebrauch s. Schädlicher Gebrauch
Gebrauchsgegenstände § 30a 118
Gefährdung d Gesundheit einer großen Zahl v. Menschen (AMG) § 95 434–439
- Gefährdung **AMG § 95** 435, 436
- Gesundheit **AMG § 95** 437
- große Zahl v. Menschen **AMG § 95** 438, 439

Gefährdung d Gesundheit einer großen Zahl v. Menschen (AntiDopG) § 4 286–290
- Gefährdung **AntiDopG § 4** 287, 288
- Gesundheit **AntiDopG § 4** 289
- große Zahl v. Menschen **AntiDopG § 4** 290

Gefährdung d Gesundheit einer großen Zahl v. Menschen (NpSG) § 4 158–162
- Gefährdung **NpSG § 4** 159, 160
- Gesundheit **NpSG § 4** 161
- große Zahl v. Menschen **NpSG § 4** 162

Gefährdung der Gesundheit mehrerer Menschen (BtMG) § 29 2029–2034
- Gefährdung **§ 29** 2031
- Gesundheit **§ 29** 2032, 2033
- mehrere Menschen **§ 29** 2034

Gefährdungsdelikte, abstrakte
- AMG **Vorb 95** 14, AntiDopG **§ 4** 3
- BtMG **Vorb § 29** 166, NpSG **§ 4** 3

Gefährdungsdelikte, abstrakt-konkrete (potentielle)
- BtMG **Vorb § 29** 167, **§ 29** 271, 272

Gefährdungsdelikte, konkrete
- AMG **§ 95** 434, AntiDopG **§ 4** 23, 24, BtMG **Vorb 29** 164, **§ 29** 2031, NpSG **§ 4** 159

Gefährdungseinwilligung § 13 207, 208
Gefährdungshaftung AMG Vorb 95 118, 120

Gefährliche Gegenstände
s. Sicherungseinziehung

Gefährlichkeit
- bestimmter Betäubungsmittel s. b diesen
- b Bestimmung d Maßzahl **§ 29a** 73, 74
- b Tatprovokation s. Gewichtung
- Strafzumessungsgrund **Vorb 29** 941–951

Gefälligkeit
- Einführen **§ 29** 929
- Handeltreiben, Eigennutz **§ 29** 330, 551, 637, 807

Gefälschte Arzneimittel (AMG § 4 Abs. 40)
- Legaldefinition **AMG § 4** 129–133
- nicht notwendig Minderung d Qualität **AMG § 4** 133

Gefälschte Wirkstoffe (AMG § 4 Abs. 41)
- Legaldefinition **AMG § 4** 134

Gefälschte Arzneimittel/Wirkstoffe, Herstellen, Inverkehrbringen, (sonstiges) Handeltreiben entgegen § 8 Abs. 2 (AMG § 95 Abs. 1 Nr. 3a Alt. 2)

Grundtatbestand (AMG § 8 Abs. 2)
- gefälschte Arzneimittel s. dort
- gefälschte Wirkstoffe s. dort
- Herstellen **AMG § 8** 39
- Inverkehrbringen **AMG § 8** 39
- (sonstiges) Handeltreiben **AMG § 8** 40–57

Strafvorschrift: (§ 95 Abs. 1 Nr. 3a Alt. 2, Abs. 2 bis 4)
- Tathandlungen **AMG § 95** 142–151
  - Herstellen **AMG § 95** 145
  - Inverkehrbringen **AMG § 95** 146
  - (sonstiges) Handeltreiben **AMG § 95** 147, 148
  - entgegen § 8 Abs. 2 **AMG § 95** 149–151
  - gefälschte Arzneimittel/Wirkstoffe **AMG § 95** 150, 151
- Vorbereitung, Versuch, Vollendung, Beendigung **AMG § 95** 152–161
- Täterschaft, Teilnahme **AMG § 95** 162–170
- Handeln im Ausland **AMG § 95** 171
- Subjektiver Tatbestand **AMG § 95** 172–185
  - Fahrlässigkeit **§ 95** 172, 175, 176, 185
- Konkurrenzen **AMG § 95** 186–193
- Strafzumessung **AMG § 95** 194

Besonders schwerer Fall, Regelbeispiele (Absatz 3) **AMG § 95** 422–462

Gefälschte Arzneimittel/Wirkstoffe, Verbringen nach Deutschland entgegen § 73 Abs. 1 b (AMG § 96 Nr. 18 e)

Sachverzeichnis

Grundtatbestand (AMG § 73 Abs. 1b)
- gefälschte Arzneimittel/Wirkstoffe s. dort
- Verbringungsverbot **AMG § 73** 11–13
  - Ausnahmen **AMG § 73** 13

Strafvorschrift bei Vorsatz (AMG § 96 Nr. 18e)
- Tathandlung **AMG § 96** 258–261
- gefälschte Arzneimittel/Wirkstoffe **AMG § 96** 259
- Verbringen **AMG § 96** 260
- entgegen § 73 Abs. 1b **AMG § 96** 261
- Vollendung, Beendigung **AMG § 96** 262
- Täterschaft, Teilnahme **AMG § 96** 263
- Handeln im Ausland **AMG § 96** 264
- Subjektiver Tatbestand **AMG § 96** 265
- Konkurrenzen **AMG § 96** 266

Bußgeldvorschrift b Fahrlässigkeit (§ 97 Abs. 1 Nr. 1)
- **AMG § 97** 1–17, 22–24

Gegenprobe s. Probenahme
Gegenschlusswirkung b Regelbeispielen **§ 29** 2059
Gegenseitige Anerkennung, Verfahren d – **AMG § 21** 5, **§ 25b** 3, 5, 6
Geheimnis s. Betriebs-, Geschäfts-, Privatgeheimnis
Geistliche s. Ansichnehmen
Gekorene Waffen § 30a 116, 117, 122
Geldgeschäfte als Handeltreiben **§ 29** 445–448
Geldstrafe
- und Freiheitsstrafe s. dort

Geldwäsche
- Konkurrenzen **Vorb 29** 717–720

Gelegenheit § 29 1742–1745
Gelegenheitskonsum im
- Strafrecht **§ 1** 61, 62, **§ 29** 2172–2176, **§ 31a** 38, 49–51, 97, 98
- Straßenverkehrsrecht **§ 1** 61, 62, **Vorb § 29** 1606, 1607

Gelegentliche Tätigkeit als Handeltreiben § 29 170, 253
Gemeinsame Ermittlungsgruppen (GER) § 21 7
Gemeinsamer Einkauf
s. Einkaufsgemeinschaft

Gemeinschaftskodex (AMG) für
- Humanarzneimittel **AMG § 2** 2, 3
- Tierarzneimittel **AMG § 2** 2, 3

Gemeinschaftspraxis BtMVV § 2 28
Gemeinschaftsverfahren AMG § 21 7
Gemeinschaftszulassung AMG § 21 7, 21, **§ 37** 2, 3
Gemisch (AMG) § 3 1
Gemisch (BtMG) § 1 168, **§ 2** 19
Gendoping AntiDopG § 2 70, 82
Genehmigung
- Einfuhr **§ 3** 39, **§ 11** 2–5, **BtMAHV § 3**
- Ausfuhr **§ 3** 39, **§ 11** 2–5, **BtMAHV § 9**
  Durchfuhr **§ 11** 6, **BtMAHV § 13**

Genehmigung, gemeinschaftsrechtliche AMG § 21 7, 14

- Gemeinschaftszulassung s. dort
- Gleichstellung **AMG § 37** 2, 3
- Zulassung anderer Staaten **AMG § 37** 4
- Rücknahme, Widerruf oder Aussetzung d – **AMG § 37** 6–9

Genehmigung, klinische Prüfung
- d Bundesoberbehörde **AMG § 42** 3–6
- explizite Genehmigung **AMG § 42** 4
- implizite Genehmigung **AMG § 42** 3
- Verwaltungsakt **AMG § 42** 5, 6

Genehmigungsfähigkeit AMG Vorb 95 53, 99
Generalprävention Vorb 29 863–870, **§ 31a** 54–59, **§ 37** 33
Generalversammlung s. GA
Generalzolldirektion § 21 3
Generikklausel NpSG Einl 3
Genf, Opiumabkommen von – **Einl** 5
Genussdrogen s. Alltagsdrogen
Gepäckschein b Besitzen **§ 29** 1339, b Erwerben **§ 29** 1203, b Veräußern **§ 29** 1068
Gerechter Schuldausgleich Vorb 29 852–861
- erhebliche Über/Unterschreitung d üblichen Maßes **Vorb 29** 853–857
- Gleichbehandlung **Vorb 29** 858–861

Geringe Menge
- Absehen v. d Verfolgung **§ 31a** 27, 86–95, 133–135
- Absehen v. Strafe **§ 29** 2115–2146
- im Drogenkonsumraum **§ 10a** 30–33
- Grenzwerte **§ 29** 2123–2136
  - mehrfacher Erwerb **§ 29** 2137–2139
  - unterschiedliche Betäubungsmittel **§ 29** 2140
- Richtlinien d Länder **§ 29** 2145, 2146, **§ 31a** 82–108

Geringe Schuld s. Absehen v. d Verfolgung
Gesamtabwägung s. Gesamtwürdigung
Gesamtbetrachtung s. Gesamtwürdigung
Gesamtbewertung s. Gesamtwürdigung
Gesamtgeschäft b Handeltreiben
- Bedeutung d Tatbeitrags **§ 29** 650–653
  - maßgeblicher Bezugspunkt **§ 29** 699–700
- d Kuriers **§ 29** 700–747,
  - Kritik **§ 29** 748–780
- Beendigung b Mittätern **§ 29** 631
- als geplante Tat **Vorb 29** 213
- als Haupttat b Beihilfe **Vorb 29** 339–342, **§ 29** 306–308
- keine konkrete Vorstellung **§ 29** 172
- Organisationsmacht hinsichtlich d – **§ 29** 228
- Tatherrschaft **Vorb 29** 384
- b Versuch **§ 29** 578, 635, 593

Gesamtmenge, Zusammenrechnung, Zurechnung (AntiDopG)
- keine Zusammenrechnung **AntiDopG § 2** 100, **§ 4** 142,
- Zurechnung **AntiDopG** 185

Sachverzeichnis

Gesamtmenge, Zusammenrechnung, Zurechnung (BtMG)
- Bewertungseinheit **Vorb 29** 588–670, **§ 29a** 175
- Tateinheit **§ 29a** 175
- b mehreren
  - Betäubungsmitteln **§ 29a** 170–172
  - Tatbeteiligten **§ 29a** 174, 181–183
  - Verwendungszwecken **§ 29a** 173
- Wirkstoffkombinationen **§ 29a** 170–172
- Zurechnung s. b d einzelnen Betäubungsmitteln

Gesamttatbewertende Tatbestandsmerkmale Vorb 29 401, **§ 29** 34

Gesamtwille s. Bande, Bandenwille

Geschäftsgeheimnis s. Betriebsgeheimnis

Geschäftsherrenhaftung Vorb 29 331; **§ 29** 95, 97, 562

Geschäftsräume s. Betretung

Gesetzeseinheit s. Gesetzeskonkurrenz

Gesetzeskonkurrenz Vorb 29 710–724

Geständnis Vorb 29 1087–1089

Gestellungspflicht, keine § 2 68

Gestimmtheit *(set)* **§ 1** 125 (allgemein), 296 (Cannabis), 466 (synthetische Cannabinoide), 408 (LSD), 486 (Metamfetamin)

Gesundheit
- d Allgemeinheit (Bevölkerung im Ganzen, Volksgesundheit)
  - **AMG § 1** 5, 7, **AntiDopG § 1** 17–19, **BtMG § 1** 3–5, 7, **NpSG Einl** 24
- d Einzelnen
  - **AMG § 1** 5, 7, **AntiDopG § 1** 4–11, **BtMG § 1** 3–6, **NpSG Einl** 24
- Verordnungsermächtigung zum Schutz
  - **AMG § 6** 5–8, 13, **AntiDopG § 6** 1–5, **BtMG § 1** 638–650, **NpSG § 7** 1–4

Gesundheitsdaten AntiDopG § 10

Gesundheitsraum § 10a 3

Gewähren einer Gelegenheit zum unbefugten Erwerb oder zur unbefugten Abgabe, Verleiten zum unbefugten Verbrauch
- s. Verschaffen etc einer Gelegenheit zum unbefugten Erwerb etc (§ 29 Abs. 1 Satz 1 Nr. 10)

Gewähren einer Gelegenheit zum unbefugten Verbrauch ohne Erlaubnis nach § 10a oder außerhalb einer Einrichtung nach § 10a
- s. Verschaffen etc einer Gelegenheit etc (§ 29 Abs. 1 Satz 1 Nr. 11)

Gewaltsame Durchsetzung von "Ansprüchen" aus Drogengeschäften s. Erpressung/Nötigung

Gewebe (Begriff) **AMG § 3** 4

Gewerberecht Betäubungsmittel im – **Vorb 29** 1820

Gewerbsmäßig § 29 2002–2027
- Begriff **§ 29** 2004
- Regelbeispiel, Natur **§ 29** 1997–2000
- Anwendung d Regelbeispiels **§ 29** 2039–2053
- Tathandlung **§ 29** 2004–2022
- Absicht wiederholter Tatbegehung **§ 29** 2006–2014
- Einnahmequelle **§ 29** 2015–2022
- Versuch **§ 29** 2023, 2024
- mehrere Beteiligte **§ 29** 2025
- Subjektiver Tatbestand **§ 29** 2026
- Konkurrenzen **§ 29** 2027

Gewerbsmäßige
- Aufbewahrung, Beförderung, Besorgung/Vermittlung d Versendung, Lagerung **§ 4** 106–110

Gewerbsmäßiges Abgeben/Verabreichen/Überlassen v. Betäubungsmitteln an Personen unter 18 Jahren (§ 30 Abs. 1 Nr. 2)
- Gesetzeszweck **§ 30** 111
- Tathandlungen **§ 30** 113–117
  - gewerbsmäßig **§ 30** 115–117
  - Tatbestand d § 29a Abs. 1 Nr. 1 **§ 30** 114
- Vorbereitung, Versuch, Vollendung, Beendigung **§ 30** 118–120
- Täterschaft, Teilnahme **§ 30** 121, 122
- Handeln im Ausland **§ 30** 123
- Subjektiver Tatbestand **§ 30** 124–129
- Konkurrenzen **§ 30** 130–133
- Strafzumessung **§ 30** 134, 289–354
  - besondere Strafzumessungsgründe **§ 30** 307, 336

Gewerbsmäßiges/bandenmäßiges Herstellen/Handeltreiben/Veräußern/Abgeben/sonstiges Inverkehrbringen/Verschreiben/Anwenden bei einer anderen Person v. Dopingmitteln, Anwenden v. Dopingmitteln/-methoden b einer anderen Person
- s. bandenmäßiges Herstellen etc v. Dopingmitteln (§ 4 Abs. 4 Nr. 2 Buchst. b AntiDopG)

Gewerbsmäßiges/bandenmäßiges Handeltreiben m-/Inverkehrbringen/Verabreichen v. NPS/Herstellen/Einführen v. NPS um Zweck des Inverkehrbringens
- s. bandenmäßiges Handeltreiben etc (NpSG § 4 Abs. 3 Nr. 1 Buchst. a)

Gewerbsmäßigkeit, s. gewerbsmäßig

Gewichtsmenge s. Menge

Gewichtung b Tatprovokation
- Gefährlichkeit **Vorb 29** 948
- Menge **Vorb 29** 959
- Wirkstoffmenge **Vorb 29** 966

Gewinnabschöpfung § 33 5–10

Gewinnen, als Hersteller
- AMG **§ 4** 34, AntiDopG **§ 2** 33–35, BtMG **§ 2** 55, 56, NpSG **§ 2** 19, 20

Gewinnstreben als Strafschärfungsgrund **Vorb 29** 905, 913, 919, 936

Gewöhnung (Toleranz) **§ 1** 50, 51

Sachverzeichnis

- b d einzelnen Betäubungsmitteln s. dort
- Kreuztoleranz § 1 51
- **GFP** (Gute fachliche Praxis) **AMG § 13** 9
- **GHB** (γ-Hydroxybutirat, Hydroxybuttersäure; *Evian, Fantasy, G-Juice, Home-Boy, Liquid X, Liquid ecstasy, Flüssig-Ecstasy, Salty Water, Pearl, Soap*) **§ 1** 235, 236, 354, 589–594, **Anl III**
  - Herkunft, Verbreitung **§ 1** 589
  - Beschaffenheit **§ 1** 590
  - Wirkung **§ 1** 591
  - KO-Tropfen **§ 1** 591
  - nicht geringe Menge **§ 29a** 125
- *G-Juice* s. GHB
- **Gleichbehandlung**
  - m anderen Tätern **Vorb 29** 858–861
  - v. Mensch und Tier **AMG Vorb 95** 26, 27
- **Gleichgültigkeit**
  - bedingter Vorsatz **Vorb 29** 417
  - Menge **Vorb 29** 954, **§ 29a** 190
  - Wirkstoffmenge **Vorb 29** 968, **§ 29a** 190
- **Global Commission on Drug Policy (GCDP) Einl** 33
- **Glucocorticoide AntiDopG § 2** 21
- **Glucose** (Traubenzucker) **§ 2** 59, **Anh H**
- **GMP** (Good Manufacturing Practices; Gute Herstellungspraxis) **AMG § 13** 6, **Vorb 95** 65, 106
- **Gnadenweg**
  - im Interesse einer sonst nicht möglichen Therapie **§ 36** 5
  - Vollstreckungsreihenfolge **Vorb 29** 1373
- *Grass* s. Marihuana
- **Gratisprobe** als gewerbsmäßiges Handeln **§ 29** 2006
- **GrCh** s. EU-Grundrechte-Charta
- **Gremienentscheidungen, Kollegialentscheidungen AMG Vorb 95** 28–49
  - Organe, Satzung, Geschäftsordnung **AMG Vorb 95** 28, 29
  - Gesamtverantwortung d Organe **AMG Vorb 95** 28
  - Ressortprinzip **AMG Vorb 95** 31, 32, 41
    - Vertrauensgrundsatz **Vorb 95** 41
  - Pflichten d Gremienmitglieder **AMG Vorb 95** 30–33
    - Unterlassen/Garantenstellung **AMG Vorb 95** 31
    - Remonstration **AMG Vorb 95** 32
  - Kausalität d Abstimmungsverhaltens **AMG Vorb 95** 34–49
    - förmliche Beschlussfassung, tatsächliche Verständigung **AMG Vorb 95** 45–46
    - Einstimmigkeit, Mehrheit v. einer Stimme, Stimmengleichheit **AMG Vorb 95** 36
    - Mehrheit mit mehr als einer Stimme, Einwände **AMG Vorb 95** 37–44
    - Erfolglosigkeit einer etwaigen Gegenstimme **AMG Vorb 95** 38–43
    - Vorsatzdelikte **AMG Vorb 95** 39–41
  - Fahrlässigkeitsdelikte **AMG Vorb 95** 42, 43
  - Mehrheit auch ohne die Stimme **AMG Vorb 95** 44
  - Stimmenthaltung **AMG Vorb 95** 45
  - pflichtgemäß Abstimmender **AMG Vorb 95** 46
- keine Befassung d Gesamtorgans **AMG Vorb 95** 47–49
- *Green* s. PCP
- **Grenzabfertigung § 2** 79
- **Grenzaufsichtsdienst** d Zollverwaltung **§ 21** 4
  - Kontrolleinheiten **§ 21** 5, 6
- **Grenze**, maßgebliche **§ 2** 72–93
  - europäischer Binnenmarkt **§ 2** 83–88
  - Hoheitsgrenze **§ 2** 73–75
  - Schengener Übereinkommen **§ 2** 89–93
  - vorgeschobene Zollstellen **§ 2** 76–82
  - Zollgrenze **§ 2** 88
- **Grenznaher Raum**
  - besondere Befugnisse **§ 21** 23, 24
- **Grenzpolizei**, Bayerische s. dort
- **Grenzüberschreitender Dienstleistungsverkehr § 4** 100–103
- **Grenzwerte**
  - Diagnostika d Anlage II **§ 1** 457
  - Diagnostika d Anlage III **§ 1** 510
  - Fahren unter Drogeneinfluss (§ 24a StVG) **Vorb 29** 1638–1671
  - keine b Fahrsicherheit **Vorb 29** 1530–1533
  - nicht geringe Menge s. dort
- **Großhandel (AMG § 4 Abs. 22)**
  - Legaldefinition **AMG § 4** 84–91
- **Großhandel, Betreiben ohne Erlaubnis nach § 52a Abs. 1 Satz 1 (AMG § 96 Nr. 14)**
- *Grundtatbestand (AMG § 52a Abs. 1 Satz 1)*
  - Erlaubnispflicht *(Absatz 1)* **AMG § 52a** 3, 4
    - Ausnahmen **AMG § 52a** 1
  - Verwaltungsakt **AMG § 52a** 2
  - Anforderungen *(Absätze 2 bis 4)* **AMG § 52a** 5–8
    - AM-HandelsV **AMG § 52a** 6
    - Zuverlässigkeit **§ 52a** 8
  - Versagensgründe **§ 52a** 8
  - Rücknahme, Widerruf, Ruhen *(Absatz 5)* **AMG § 52a** 9, 10
  - Verhältnis
    - zu anderen Erlaubnissen **AMG § 52a** 11–13
    - zum üblichen Apothekenbetrieb **AMG § 52a** 14–17
- *Strafvorschrift b Vorsatz (AMG § 96 Nr. 14)*
  - Tathandlung **AMG § 96** 146–152
    - Arzneimittel, Testsera, Testantigene **AMG § 96** 147
    - Betreiben v. Großhandel **§ 96** 148–151
    - in § 4 Abs. 22 genannte Tätigkeit AMG **§ 96** 149

Sachverzeichnis

- zum Zwecke d Handeltreibens **AMG § 96** 150
- berufs-/gewerbsmäßig **AMG § 96** 151
- ohne Erlaubnis **AMG § 96** 152
- Vollendung, Beendigung **AMG § 96** 153–155
- Täterschaft, Teilnahme **AMG § 96** 156
- Subjektiver Tatbestand **AMG § 96** 157
- Konkurrenzen **AMG § 96** 158

Bußgeldvorschrift b Fahrlässigkeit (§ 97 Abs. 1 Nr. 1)
- **AMG § 97** 1–17, 22–24

Großschadensfall, Verschreiben von Betäubungsmitteln **BtMVV § 6** 5
Gründen (kriminelle) Vereinigung § 30b 22
Grundstoffe
- Arzneimittel **AMG § 2** 15, 18–21
- Betäubungsmittel
  - Drogenausgangsstoffe s. dort
  - Umgang m – als Handeltreiben **§ 29** 237–250

Grüner Marokkaner s. § 1 285
Grüner Türke § 1 285
Gruppentherapie § 35 78
Gummiknüppel § 30a 115
Günstige Prognose s. Prognose
Gute fachliche Praxis s. GFP
Gute Herstellungspraxis s. GMP
Güterumsatz s. Umsatz
Gymnopili s. Flämmlinge

H
Haager Abkommen Einl 3, 4
Haaranalyse § 1 101
Haftpflichtversicherung b drogenbedingtem Unfall **Vorb 29** 1796
Halluzinogene § 1 128
Halluzinogene Pilze § 1 439–441
Handeltreiben mit Arzneimitteln außerhalb einer Apotheke entgegen § 43 Abs. 1 Satz 2 (AMG § 95 Abs. 1 Nr. 4 Alt. 1, Abs. 2 bis 4)
Grundtatbestand (AMG § 43 Abs. 1 Satz 2)
- Ziel d Regelung **AMG § 43** 37–39
  - (keine) Zielerreichung, vollständige **AMG § 43** 40
  - Berufs-/Gewerbsmäßigkeit, einmaliges Handeln **AMG § 43** 41
  - Unentgeltlichkeit, Eigennützigkeit **AMG § 43** 42
- Tathandlung **AMG § 43** 44–61
  - apothekenpflichtige Arzneimittel **AMG § 43** 45
  - außerhalb d Apotheken **AMG § 43** 46, 47
  - Handeltreiben **AMG § 43** 48–59
  - Begriff **AMG § 43** 48, 49
  - Handlung **AMG § 43** 50, 51
  - Ausrichtung auf Umsatz v. apothekenpflichtigen Arzneimitteln außerhalb d Apotheken **AMG § 43** 52–58
- Internetplattform **AMG § 43** 56
- Eigennützigkeit **AMG § 43** 59
- Ausnahmen **AMG § 43** 60, 61
  - Vertriebsweg nach § 47 Abs. 1 **AMG § 43** 60
  - Dispensierrecht d Tierärzte **AMG § 43** 61

Strafvorschrift für verschreibungspflichtige Arzneimittel (§ 95 Abs. 1 Nr. 4 Alt. 1, Abs. 2 bis 4)
- Tathandlung **AMG § 95** 199–210
  - Arzneimittel **AMG § 95** 200
  - verschreibungspflichtig **AMG § 95** 203
  - Handeltreiben **AMG § 95** 201
  - entgegen § 43 Abs. 1 Satz 2 **AMG § 95** 202–210
  - außerhalb d Apotheken **AMG § 95** 204–210
- Vorbereitung, Versuch, Vollendung, Beendigung **AMG § 95** 211
- Täterschaft, Teilnahme **AMG § 95** 212
- Handeln im Ausland **§ 95** 213
- Subjektiver Tatbestand **AMG § 95** 214–217
  - Fahrlässigkeit **§ 95** 214, 217
- Konkurrenzen **AMG § 95** 218–223
- Strafzumessung **AMG § 95** 224

Besonders schwerer Fall, Regelbeispiele (Absatz 3) **AMG § 95** 422–462

Bußgeldvorschrift für apothekenpflichtige Arzneimittel (§ 97 Abs. 2 Nr. 10)
- **AMG § 43** 102, **§ 97** 1–16, 22–24

Handeltreiben m Betäubungsmitteln ohne Erlaubnis (§ 29 Abs. 1 Satz 1 Nr. 1 Alt. 3, Abs. 2 bis 4)
Grundtatbestand (§ 3 Abs. 1 Nr. 1)
- zentraler Begriff **§ 3** 28–31
- Handlung **§ 3** 32–36
- Facetten **§ 3** 37

Strafvorschrift (§ 29 Abs. 1 Satz 1 Nr. 1 Alt. 3, Abs. 2 bis 4)
Handeltreiben, Begriff, Kritik § 29 168–229
- Definition, Bewertungseinheit **§ 29** 169–172
- weite Auslegung in d Kritik **§ 29** 173–175
- Beschluss d Großen Senats d BGH v. 26.10.2005 **§ 29** 176–226
  - Kontinuität in Rechtsprechung und Gesetzgebung **§ 29** 177–182
  - Rahmenbeschluss d EU **§ 29** 183–188
  - kriminalpolitische Erfordernisse **§ 29** 189–194
  - enger Anwendungsbereich für Versuch/Vorbereitung **§ 29** 195–199
  - kein Verstoß gegen Schuldgrundsatz **§ 29** 200–203
  - kein Verstoß gegen Bestimmtheitsgrundsatz **§ 29** 204–226
  - Tatbestandsbestimmtheit **§ 29** 205–209
  - Wortlautschranke **§ 29** 210–226
  - möglicher Wortsinn **§ 29** 211–213

Sachverzeichnis

- Handeltreiben als Tätigkeit § 29 214
- Erkennbarkeit nach außen § 29 215
- Folgen § 29 216–226
  - absatzorientierte Beschaffung § 29 217, 218
  - Vorhandensein, Verfügungsmöglichkeit § 29 219
  - Scheindrogen (Imitate/andere Stoffe) § 29 220
  - polizeiliche Überwachung, Sicherstellung, Verdeckte Ermittler, V-Personen § 29 225
  - andere Stoffe/Gegenstände § 29 226
- Beschluss d BVerfG v. 18.9.2006 § 29 227
- spätere Kritik § 29 228
- kein uferloser Tatbestand § 29 229
- **Handeltreiben, Tatbestand im Einzelnen** § 29 230–353
  - Handlung § 29 231–255
    - Objekt d Handlung § 29 232–252
    - Betäubungsmittel § 29 233
    - Erlöse, Kaufgeld, § 29 234, 235
    - Grund-/Ausgangsstoffe § 29 237–250
    - Streckmittel, Laborgeräte, Räume, Schmuggelfahrzeuge etc § 29 251
    - Arten d Handlung § 29 253, 254
    - völlig untergeordnete Tätigkeiten § 29 255
  - Ausrichtung auf Umsatz § 29 256–292
    - Umsatzgeschäft § 29 257, 258
    - Endziel § 29 259–292
    - Tätigkeitsdelikt § 29 264–269
    - abstraktes Gefährdungsdelikt § 29 270–272
    - unechtes Unternehmensdelikt § 29 273–278
  - Folgen § 29 279–292
    - Vorhandensein § 29 280
    - Scheindrogen (Imitate/andere Stoffe) § 29 281–283
    - Verfügungs-/Beschaffungsmöglichkeit § 29 284, 285
    - polizeiliche Kontrolle, Sicherstellung, Beschlagnahme § 29 286–289
    - Verdeckte Ermittler, V-Personen, Scheinverhandlungen § 29 290, 291
    - Vorgespiegelte Kauf-/Verkaufsabsicht, Rip-Dealer § 29 292
  - Erkennbarkeit, Feststellungen § 29 293, 294
  - Förderung eines Fremdumsatzes § 29 296–308
  - Eigennützigkeit (Eigennutz) § 29 309–353
    - Begriff § 29 313–320
    - mittelbare Vorteile § 29 334, 335
    - Erwartung § 29 336–340
    - Umsatzbezogenheit § 29 341–346
- **Handeltreiben, Erscheinungsformen** § 29 354–571
  - Rechtsgeschäfte, Zusammenhang m Rechtsgeschäften § 29 355–479

- Verkaufsgeschäfte § 29 357–366
- Kaufgeschäfte (Zwischenhandel) § 29 367–375
- Vorbereitung/Anbahnung eines Verkaufs/Kaufs, Verkaufs-/Kaufbemühungen § 29 376–416
- Initiativen d Verkäufers § 29 377–399
- Werbebemühungen, Internet § 29 379–382
- Sonderfall: Absatzbemühungen b zur Verfügung stehendem Rauschgift § 29 398, 399
- Initiativen d Käufers (Zwischenhändlers) § 29 400
- d v. Anfang an erfolglose Käufer § 29 409–411
- besondere Formen, Tausch, Rückgabe § 29 417–423
- Probenkauf, Testen § 29 418, 419
- Vertrauenskauf § 29 420
- Dreiecks-/Kompensationsgeschäfte § 29 421
- Tausch (barter trading), Tauschbemühungen § 29 422
- Rückgabe, Reklamation, Umtausch § 29 423
- sonstige Verpflichtungsgeschäfte § 29 424
- Vermittlungsgeschäfte § 29 425–432
- Vermittlungsbemühungen § 29 433–441
- Kommissionsgeschäfte/-angebote § 29 442, 443
- sonstige Provisionsgeschäfte § 29 444
- Darlehens-/Finanzierungs-/sonstige Geldgeschäfte § 29 445–448
- Dienst-/Werk-/Arbeitsverträge § 29 449, 450
- sonstige Tätigkeiten im Umfeld v. Verhandlungen/Umsatz § 29 451–454
- Handlungen nach Geschäftsabschluss, Zahlungsvorgänge § 29 455–479
- Übereignungsvorgänge § 29 456
- unterste Ebene d Handelskette § 29 461–466
- Großhandel § 29 467
- nicht beendeter Rauschgiftumsatz § 29 468–478
- eingespieltes Bezugs-/Vertriebssystem § 29 469–472
- organisierter Waren-/Finanzzyklus § 29 473–476
- Tatsächliche Handlungen § 29 480–571
  - Einführen, Ausführen Durchführen § 29 482–488
  - Anbauen, Einrichten/Betrieb einer Plantage § 29 489, 490
  - Herstellen § 29 491–497
  - Besitzen, Lagern in Verkaufsabsicht (Vorrätighalten) § 29 498–510
  - Feilhalten Feilbieten § 29 511–517

Sachverzeichnis

- absatzorientierte Beschaffung (auch Raub/Diebstahl) § 29 518–525
- Besitzen für einen anderen, Depothaltung § 29 526–533
- Kuriertätigkeit, Botentätigkeit, Zusammenhang damit § 29 534–548
- Transporte § 29 549
- Chauffeur-/sonstige Fahrdienste § 29 550–553
- Zusagen § 29 554–559
- Wohnungsinhaber § 29 560–563
- Gastwirte, Spielsalons, andere Etablissements § 29 564
- Entsorgung v. Abfällen § 29 565
- weitere tatsächliche Handlungen § 29 566–571
- Aufsuchen d Lieferanten § 29 570

Handeltreiben, Vorbereitung, Versuch, Vollendung, Beendigung § 29 573–631

- Kernbereich, problematischer Bereich § 29 574, 575
- Vorbereitung oder Versuch § 29 576–608
  - d in Aussicht genommene Tat § 29 578–607
  - Betäubungsmittel als Tatobjekt § 29 581–603
  - Befassung m d Rauschgift § 29 582
  - fehlende Befassung § 29 583–603
  - Rechtsgeschäfte, Zusammenhang damit § 29 585–587
  - tatsächliche Handlungen § 29 588–603
  - Befördern, Kuriertätigkeit, Zusammenhang § 29 589–595
  - Anbauen; Einrichten einer Plantage § 29 596–601
  - Herstellen, andere tatsächliche Handlungen § 29 602
  - Zusagen § 29 603
- Versuch oder Vollendung § 29 609–626
  - Handlungen im Vorfeld eines Umsatzes § 29 610–617
  - Nichterreichbarkeit eines Umsatzes § 29 618–626
  - Scheindrogen (Imitate/andere Stoffe) § 29 619–622
  - sichergestelltes Rauschgift § 29 623
  - Polizeibeamte/V-Personen als Käufer § 29 6624–626
- Vollendung § 29 627–629
- Beendigung § 29 630, 631

Handeltreiben, Täterschaft, Teilnahme § 29 632–823

- Voraussetzungen/Formen § 29 633
- Abgrenzung § 29 634–664
  - Beihilfe trotz eigenhändiger Erfüllung der Tatbestandsmerkmale § 29 638–641
  - Art d Tatbeitrags/völlig untergeordnete Tätigkeiten § 29 642–644
  - Willensrichtung § 29 6645–662

- Art, Umfang, Bedeutung d Tatbeitrags § 29 650–653
- Tatherrschaft/-wille § 29 654, 655
- Grad d eigenen Interesses am Erfolg § 29 656–662
- gemeinsamer Tatplan § 29 663

Handeltreiben, Täterschaft, Teilnahme, Erscheinungsformen § 29 665–819

- Verkauf, Kauf, Zwischenhandel, Kommission § 29 666–669
- Einkaufsgemeinschaft, Sammeleinkauf § 29 670–674
- Vermittlungsgeschäfte § 29 675–679
- Arbeitsverträge § 29 680
- sonstige Tätigkeiten im Umfeld v. Verhandlungen/Umsatz § 29 681–687
- Besitzen für einen anderen, Depothaltung § 29 688–690
- Kuriertätigkeit § 29 691–801
  - Beförderung v. Rauschgift § 29 693–780
  - neue Rechtsprechung d BGH § 29 695–747
  - Kritik § 29 748–780
  - Beförderung v. Erlösen § 29 781
  - Beförderung v. Kaufgeld § 29 782
  - Beförderung v. Streckmitteln § 29 784–794
  - Beförderung v. Grundstoffen/anderen Stoffen/Gegenständen § 29 795
  - Leitung/Überwachung/Organisation § 29 796
  - andere Handlungen § 29 797–800
  - Zusagen d Kuriertätigkeit § 29 801
- Beschaffen/Lagern/Liefern v. Streckmitteln/Grundstoffen/anderen Stoffen/Gegenständen § 29 804, 805
- Chauffeur-/sonstige Fahrdienste § 29 806–812
- Beschaffen durch Straftat (Diebstahl) § 29 813
- Wohnungsinhaber § 29 814
- neutrale/berufstypische Handlungen § 29 815
- Cannabisplantage, Erfahrungssätze § 29 816–819

Handeltreiben, Täterschaft, Teilnahme, Folgen

- d Mittäterschaft § 29 820
- d Teilnahme § 29 821–823

Handeltreiben, Weiteres

- Handeln im Ausland § 29 824–826
- Subjektiver Tatbestand § 29 827–841
  - Fahrlässigkeit § 29 827, 841
- Konkurrenzen § 29 842–865
- Strafzumessung § 29 866–869

Besonders schwerer Fall, Regelbeispiele (Absatz 3) § 29 1975–2075

Qualifikationen
- Handeltreiben m Betäubungsmitteln in nicht geringer Menge (§ 29a Abs. 1 Nr. 2) s. dort

Sachverzeichnis

- Handeltreiben mit Minderjährigen als Abgeben etc an eine Person unter 18 Jahren (§ 29a Abs. 1 Nr. 1) s. dort
- Gewerbsmäßiges Handeltreiben mit Minderjährigen als gewerbsmäßiges Abgeben etc an eine Person unter 18 Jahren (§ 30 Abs. 1 Nr. 2) s. dort
- Bandenmäßiges Handeltreiben etc (§ 30 Abs. 1) s. dort
- Bandenmäßiges Handeltreiben etc in nicht geringer Menge (§ 30a Abs. 1) s. dort
- Bestimmen einer Person unter 18 Jahren zum Handeltreiben etc oder dessen Fördern (§ 30a Abs. 2 Nr. 1) s. dort
- Bewaffnetes Handeltreiben etc in nicht geringer Menge (§ 30a Abs. 2 Nr. 2) s. dort

Handeltreiben m, Herstellen, Abgeben, Besitzen v. Betäubungsmitteln in nicht geringer Menge ohne Erlaubnis (§ 29a Abs. 2 Nr. 2)
- Gesetzeszweck § 29a 38
- Tathandlungen § 29a 40–175
  - Handeltreiben, Herstellen, Abgeben, Besitzen § 29a 41–53
  - nicht geringe Menge § 29a 54–165
  - Wirkstoffmenge § 29a 64–66
  - Bestimmung d Grenzwertes § 29a 67–75
  - Grenzwerte b d einzelnen Betäubungsmitteln § 29a 76–165
  - nicht geringe Menge b Anbauen/Herstellen § 29a 166–169
  - sich entwickelnde Menge § 29a 166–169
  - mehrere Betäubungsmittel, Wirkstoffkombinationen § 29a 170–172
  - verschiedene Verwendungszwecke § 29a 173
  - mehrere Tatbeteiligte § 29a 174
  - nicht geringe Menge bei Bewertungseinheit oder Tateinheit § 29a 175
- Vorbereitung, Versuch, Vollendung, Beendigung § 29a 176–180
- Täterschaft, Teilnahme § 29a 181–183
- Handeln im Ausland § 29a 184, 185
- Subjektiver Tatbestand § 29a 186–199
- Konkurrenzen § 29a 200–221
- Strafzumessung § 29a 222–276

Handeltreiben m gefälschten Arzneimitteln/Wirkstoffen entgegen AMG § 8 Abs. 2
- s. Herstellen etc gefälschter Arzneimitteln/Wirkstoffen entgegen § 8 Abs. 2

Handeltreiben m Dopingmitteln entgegen AntiDopG § 2 Abs. 1 s. Herstellen v. Dopingmitteln entgegen § 2 Abs. 1

Handeltreiben m, Abgeben, Veräußern v. Imitaten (§ 29 Abs. 6)
- Gesetzeszweck § 29 2184–2186

- Tathandlungen § 29 2187–2195
  - Abgeben, Handeltreiben, Veräußern § 29 2188
  - Stoffe und Zubereitungen § 29 2189
  - die als Betäubungsmittel ausgegeben werden § 29 2190–2195
- Vollendung, Beendigung § 29 2196, 2197
- Täterschaft, Teilnahme § 29 2198, 2199
- Handeln im Ausland § 29 2200
- Subjektiver Tatbestand § 29 2201–2204
- Konkurrenzen § 29 2205
- Strafzumessung § 29 2206–2209

Handeltreiben m, Inverkehrbringen, Herstellen, Verbringen nach/durch/ aus Deutschland, Erwerben, Besitzen, Verabreichen v. NPS (NpSG § 3 Abs. 1 Nr. 1)

Verbote (§ 3 Abs. 1)
- Handeltreiben
  - Begriff in § 3 Abs. 1 **NpSG § 3** 5–21
  - Tatbestand im Einzelnen **NpSG § 3** 6–21
  - Verhältnis zu d anderen Verkehrsformen **NpSG § 3** 4
- Inverkehrbringen **NpSG § 3** 22
- Herstellen **NpSG § 3** 23
- Verbringen nach/aus/durch Deutschland **NpSG § 3** 24–27
- Erwerben **NpSG § 3** 28–30
- Besitzen **NpSG § 3** 31–35
- Verabreichen **NpSG § 3** 36, 37
- nicht verboten: Sonstiges Inverkehrbringen **NpSG § 3** 38

Ausnahmen v. d Verboten (§ 3 Abs. 2)
- anerkannte Verwendung nach d Stand v. Wissenschaft/Technik **NpSG § 3** 40–42
- gewerbliche/industrielle/wissenschaftliche Zwecke **NpSG § 3** 43–47
- behördliche Tätigkeit **NpSG § 3** 48

Sicherstellung, Verwahrung, Vernichtung, Herausgabe (Absätze 3, 4)
- Befugnisse nach d Polizeigesetzen **NpSG § 3** 50–56
- strafprozessuale Befugnisse **NpSG § 3** 57
- zusätzliche Befugnisse d Zollbehörden (Absatz 4) **NpSG § 3** 58–62

Strafvorschriften (§ 4 Abs. 1)
- (nur) für Handeltreiben m, Inverkehrbringen, Verabreichen v. NPS entgegen § 3 Abs. 1 (NpSG § 4 Abs. 1 Nr. 1) s. dort
- (nur) für Herstellen/Verbringen nach Deutschland v. NPS zum Zweck d Inverkehrbringens entgegen § 3 Abs. 1 (NpSG § 4 Abs. 1 Nr. 2) s. dort

Handeltreiben m, Inverkehrbringen, Verabreichen v. NPS entgegen § 3 Abs. 1 NpSG § 4 Abs. 1 Nr. 1

Grundtatbestand (§ 3 Abs. 1)
- s. § 3 Abs. 1 Verbote

Strafvorschrift (§ 4 Abs. 1 Nr. 1)
- Tatgegenstand **NpSG § 4** 40

2389

Sachverzeichnis

- Tathandlungen **NpSG** § 4 41
  - Handeltreiben **NpSG** § 4 42
  - Inverkehrbringen **NpSG** § 4 43, 44
  - Verabreichen **NpSG** § 4 45
  - entgegen § 3 Abs. 1 **NpSG** § 4 46
  - Vorbereitung, Versuch, Vollendung, Beendigung **NpSG** § 4 47–62
  - Täterschaft, Teilnahme **NpSG** § 4 63–78
  - Handeln im Ausland **NpSG** § 4 79
  - Subjektiver Tatbestand **NpSG** § 4 80–85
  - Konkurrenzen **NpSG** § 4 86–93
  - Strafzumessung **NpSG** § 4 94
- *Qualifikationen (Verbrechen, § 4 Abs. 3)*
  - Nr. 1 Buchst. a: banden-/gewerbsmäßiges Handeltreiben etc m NPS s. dort
  - Nr. 2 Buchst. a: Gefährdung d Gesundheit einer großen Zahl v. Menschen s. dort
  - Nr. 2 Buchst. b: Aussetzen d Gefahr d Todes/schweren Schädigung an Körper/Gesundheit s. dort
- **Handgepäck**, Einfuhr
  - Beginn d Versuchs § 29 889–891
  - Konkurrenz b Einfuhr § 29 1015
  - Transit im Flugverkehr § 29 907, 1432, 1443
- **Händlerring**, Einbinden in – § 29 479
- **Handlung**
  - im natürlichen Sinn **Vorb 29** 553, 554
- **Handlungseinheit**
  - natürliche s. dort
  - rechtliche s. dort
  - tatbestandliche s. dort
- **Handlungskomplex Vorb 29** 569–563
- **Handlungsort** s. Begehungsort
- **Handlungsreisende AMG** § 51 6, 7
- **Hanf** s. Cannabis
- **Hanföl** s. Speiseöl
- **Hanftaler** § 1 289
- **Hang** b Unterbringung in d
  - Entziehungsanstalt **Vorb 29** 1315–1324
  - Sicherungsverwahrung **Vorb 29** 1472–1481
- *Happy pills* s. Amfetamin
- **Harm reduction** (Schadensreduzierung, Überlebenshilfe) **Einl** 183–202
- **Härtefall** b d Anrechnung § 36 90–115
- **Härtefallprogramm** (Compassion Use)
  - Ausnahme v. d Zulassungspflicht für Arzneimittel **AMG** § 21 30, 31, **AMHV**
  - Erwerb v. Betäubungsmitteln in einem – § 4 111–124
- **Haschisch** *(shit, khif)* § 1 247, 249, 260, 285, 286, 290
  - Haschischanhaftungen s. Anhaftungen
  - Haschischkonsum als Hang s. Hang
  - Haschischkuchen, Servieren als Verabreichen § 29 1531
  - Haschischrunde als Verbrauchsüberlassung § 29 1543–1545
  - THC-Gehalt **Einl** 151, 152, **Vorb 29** 998–1007
- **Haschischöl** *(Cannabiskonzentrat, number one, the one, Liquid Haschisch, Liquid Marihuana)* § 1 247, 289, Anh H
  - THC-Gehalt **Vorb 29** 1016
- **Haschischpulver** § 1 285
- **Hauptzollamt** s. Zollverwaltung
- **HDG** (Horizontale Gruppe Drogen) § 5 68
- *Head-shop* § 14 21, 27, 36, § 29 680, 1753
- **Heilbehandlung** als Weisung **Vorb 29** 1233, 1234
- **Heilen AMG** § 2 32
- **Heilpraktiker**
  - Herstellen v. Arzneimitteln **AMG 13** 57–62
  - keine Befugnis zur Verschreibung v. Betäubungsmitteln § 4 26
- **Heilversuch, ärztlicher AMG** § 4 99, 100
- **Heilwässer AMG** § 44 3, 4, § 51 5
- **Hellfeld** s. Dunkelfeld
- *Heimschläfer* s. Tagesklinik
- **Henna** § 1 285
- **Heranwachsende Vorb 29** 1745–1750
- *Herbal ecstasy (herbal XTC, Bio-Ecstasy)* § 1 353
- *Herbal XTC* s. Herbal ecstasy
- **Herbstzeitlose** § 1 203
- **Herkunftstat** s. Erwerbstat
- **Heroin (Diamorphin, Diacetylmorphin)** § 1 330, 368–402, Anl I, II, III, Anh H
  - Herkunft, Geschichte § 1 368–370
    - *Thai-Heroin* § 1 370
    - *weißes* – § 1 370
    - *synthetisches* – s. Fentanyl
  - Herstellung, Vertriebsformen § 1 371–375
    - Heroin Nr. 1 (Morphinbase) § 1 372
    - Heroin Nr. 2 (Heroinbase) § 1 373
    - Heroin Nr. 3 (Heroinhydrochlorid) § 1 374
    - Heroin Nr. 4 (Heroinhydrochlorid, gereinigt) § 1 375
  - Wirkstoffgehalt, Feststellung **Vorb 29** 1028–1030, **Anh H**
  - Konsumformen § 1 376, 377
    - Konsum, kontrollierter – § 1 396
  - Wirkung, akute § 1 379–389
    - Phasen § 1 381–385
    - Intoxikation § 1 382
    - Wohlgefühl § 1 383
    - Ahnung d Entzugs § 1 384
    - beginnender Entzug § 1 385
    - Entzug § 1 386, 387
    - Gefährlichkeit, Todesfälle § 1 371–375
  - Wirkungen, längerfristige § 1 390–397
    - Abhängigkeit § 1 391–393
    - Toleranzbildung § 1 384
    - weitere Folgen § 1 395, 396
  - Begleitumstände d Illegalität § 1 397
  - *maturing out* § 1 396
  - Fahreignung
    - allgemein s. Fahreignung

2390

Sachverzeichnis

- zur Droge **Vorb 29** 1521, 1522, 1527, 1528, 1531, 1601, 1616
- Fahren unter – einfluss (§ 24a StVG) **Vorb 29** 1639–1671
- geringe Menge **§ 29** 2132
- nicht geringe Menge **§ 29a** 126–128

Heroin (Diamorphin) als Substitutionsmittel § 1 398–402

Heroingestützte Behandlung Opioidhängiger s. diamorphingestützte Behandlung

Herstellen, Legaldefinitionen
- AMG § 4 31–38, AntiDopG § 2 33–35, BtMG § 2 53–64, NpSG § 2 19, 20

Herstellen v. Arzneimitteln entgegen § 6 Abs. 1 iVm einer Rechtsverordnung nach § 6 Abs. 2, 3 (AMG § 96 Nr. 2)

Grundtatbestand (AMG § 6)
- Verbot *(Absatz 1)* **AMG § 6** 3, 4
  - Arzneimittel, b deren Herstellung einer Rechtsverordnung nach § 6 Abs. 2 zuwidergehandelt wurde **AMG § 6** 3, 4
  - Herstellen **AMG § 6** 3, 4
- Verordnungsermächtigung *(Absatz 2)* **AMG § 6** 5–8
- geltende Verordnungen **AMG § 6** 9, 10
- nicht mehr geltende Verordnungen **AMG § 6** 11
- PharmStV **AMG § 6** 12
- Zivilrecht **AMG § 6** 8

Strafvorschrift bei Vorsatz (AMG § 96 Nr. 2)
- Tathandlung **AMG § 96** 26–30
  - Arzneimittel **AMG § 96** 27
  - Herstellen **AMG § 96** 28
  - entgegen § 6 Abs. 1 iVm einer Rechtsverordnung nach § 6 Abs. 2, 3 **AMG § 96** 29, 30
- Vollendung, Beendigung **AMG § 96** 31
- Täterschaft, Teilnahme **AMG § 96** 32
- Subjektiver Tatbestand **AMG § 96** 33
- Konkurrenzen **AMG § 96** 34

Bußgeldvorschrift b Fahrlässigkeit (§ 97 Abs. 1 Nr. 1)
- **AMG § 97** 1–17, 22–24

Herstellen, Inverkehrbringen v. Arzneimitteln/Wirkstoffen mit irreführender Bezeichnung, Angabe oder Aufmachung entgegen § 8 Abs. 1 Nr. 2 (AMG § 96 Nr. 3)

Grundtatbestand (§ 8 Abs. 1 Nr. 2)
- Adressat **AMG § 8** 6
- irreführende Bezeichnung, Angabe oder Aufmachung **AMG § 8** 18–35
- Herstellen **AMG § 8** 35
- Inverkehrbringens **AMG § 8** 35
- Wirkstoffe **AMG § 8** 3

Strafvorschrift b Vorsatz (AMG § 96 Nr. 3)
- Tathandlungen **AMG § 96** 36–44
  - Arzneimittel/Wirkstoffe **AMG § 96** 37, 38
  - Herstellen **AMG § 96** 39
  - Inverkehrbringen **AMG § 96** 39
  - entgegen 8 Abs. 2 Nr. 2 **§ 96** 40–44
  - Grundsatz *(Satz 1)* **AMG § 96** 41
  - zwingende Fälle d Irreführung *(Satz 2)* **AMG § 96** 42, 43
- Vollendung, Beendigung **AMG § 96** 45
- Täterschaft, Teilnahme **AMG § 96** 46
- Subjektiver Tatbestand **AMG § 96** 47
- Konkurrenzen **AMG § 96** 48

Bußgeldvorschrift b Fahrlässigkeit (§ 97 Abs. 1 Nr. 1)
- **AMG § 97** 1–17, 22–24

Herstellen v. gefälschten Arzneimitteln/Wirkstoffen entgegen § 8 Abs. 2
s. gefälschte Arzneimittel/Wirkstoffe, Herstellen etc entgegen § 8 Abs. 2

Herstellen, berufs- oder gewerbsmäßiges, v. Arzneimitteln/Wirkstoffen/anderen Stoffen ohne Erlaubnis nach § 13 Abs. 1 Satz 1 (AMG § 96 Nr. 4 Alt. 1)

Grundtatbestand (§ 13 Abs. 1 Satz 1)
- s. Herstellung v. Arzneimitteln etc, Erlaubnis

Strafvorschrift b Vorsatz (AMG § 96 Nr. 4 Alt. 1)
- Tathandlung **AMG § 96** 51–57
  - Arzneimittel/Wirkstoffe/andere Stoffe **AMG § 96** 52
  - Herstellen **AMG § 96** 53
  - gewerbs-/berufsmäßig **AMG § 96** 54
  - ohne Erlaubnis nach § 13 Abs. 1 Satz 1 **AMG § 96** 55–57
  - Ausnahmen **AMG § 96** 57
- Vollendung, Beendigung **AMG § 96** 58
- Täterschaft, Teilnahme **AMG § 96** 59
- Subjektiver Tatbestand **AMG § 96** 60–63
- Konkurrenzen **AMG § 96** 64

Bußgeldvorschrift b Fahrlässigkeit (§ 97 Abs. 1 Nr. 1)
- **AMG § 97** 1–17, 22–24

Herstellen ausgenommener Zubereitungen v. Betäubungsmitteln ohne Erlaubnis (§ 29 Abs. 1 Satz 1 Nr. 2)

Grundtatbestand (§ 2 Abs. 1 Nr. 3, § 3 Abs. 1 Nr. 2)
- ausgenommene Zubereitungen s. dort
- Herstellen **§ 3** 62
- ohne Erlaubnis **§ 3** 62, 63

Strafvorschrift (§ 29 Abs. 1 Satz 1 Nr. 2, Abs. 2 bis 4)
- Tathandlung **§ 29** 1299–1303
  - ausgenommene Zubereitungen **§ 29** 1300
  - Herstellen **§ 29** 1301, 1302
  - ohne Erlaubnis **§ 29** 1303
- Vorbereitung, Versuch, Vollendung, Beendigung **§ 29** 1304
  - unechtes Unternehmensdelikt **§ 29** 1304
- Täterschaft, Teilnahme **§ 29** 1305
- Handeln im Ausland **§ 29** 1306
- Subjektiver Tatbestand **§ 29** 1307–1310
- Fahrlässigkeit **§ 29** 1307, 1310

2391

Sachverzeichnis

- Konkurrenzen § 29 1311
- Strafzumessung § 29 1312–1315

Besonders schwerer Fall (Absatz 3 Satz 1) § 29 1975–2001

Herstellen v. Betäubungsmitteln
- im Rahmen d Betriebs einer Apotheke § 4 12
- im Rahmen d Betriebs einer tierärztlichen Hausapotheke (Mischen) § 4 82, 83

Herstellen v. Betäubungsmitteln ohne Erlaubnis (§ 29 Abs. 1 Satz 1 Nr. 1)

Grundtatbestand (§ 3 Abs. Nr. 1)
- Erlaubnispflicht § 3 27
- Herstellen § 2 53–64,

Strafvorschrift (§ 29 Abs. 1 Satz 1 Nr. 1, Abs. 2 bis 5)
- Tathandlung § 29 131–135
  - Betäubungsmittel § 29 132
  - Herstellen § 29 133, 134
  - unerlaubt § 29 135
  - als Notstandshandlung § 3 102–107
- Vorbereitung, Versuch, Vollendung, Beendigung § 29 136–140
  - unechtes Unternehmensdelikt § 29 139
- Täterschaft, Teilnahme § 29 141–143
  - Arbeitnehmer § 29 142
  - Wohnungsinhaber, Mitbewohner § 29 143
- Handeln im Ausland § 29 144
- Subjektiver Tatbestand § 29 145–153
  - Fahrlässigkeit § 29 145, 153
- Konkurrenzen § 2 154–158
- Strafzumessung § 29 159–162

Absehen v. Strafe (Absatz 5) § 29 2098–2183

Besonders schwerer Fall, Regelbeispiele (§ 29 Abs. 3) § 29 1975–2075

Qualifikationen
- Herstellen v. Betäubungsmitteln in einer nicht geringen Menge (§ 29a Abs. 1 Nr. 2) s. dort
- Bandenmäßiges Herstellen v. Betäubungsmitteln (§ 30 Abs. 1 Nr. 1) s. dort
- Bandenmäßiges Herstellen v. Betäubungsmitteln in nicht geringer Menge (§ 30a Abs. 1) s. dort

Herstellen v. Betäubungsmitteln in nicht geringer Menge ohne Erlaubnis (§ 29a Abs. Nr. 2 BtMG)
  - s. Handeltreiben m Betäubungsmitteln in nicht geringer Menge

Herstellen, Handeltreiben, Veräußern, Abgeben, sonstiges Inverkehrbringen, Verschreiben v. Dopingmitteln entgegen § 2 Abs. 1 (AntiDopG § 4 Abs. 1 Nr. 1)

Grundtatbestand (AntiDopG § 2 Abs. 1)
- Adressat **AntiDopG § 2** 3
- Dopingmittel **AntiDopG § 2** 6–8
  - in Anl I zum UNESCO-Übereinkommen aufgeführt **AntiDopG § 2** 9–21
  - Kategorien d Anl I **AntiDopG § 2** 19–21
- zum Zweck d Dopings b Menschen im Sport **AntiDopG § 2** 22–29
  - im Sport **AntiDopG § 2** 26, 27
- Herstellen **AntiDopG § 2** 33–35
- Handeltreiben **AntiDopG § 2** 36–53
  - Begriff **AntiDopG § 2** 36, 37
  - Handlung **AntiDopG § 2** 39
  - Ausrichtung auf Umsatz **AntiDopG § 2** 40–48
  - Erkennbarkeit **AntiDopG § 2** 49
  - Eigennützigkeit **AntiDopG § 2** 50–53
- Veräußern **AntiDopG § 2** 54
- Abgeben **AntiDopG § 2** 55
- Sonstiges Inverkehrbringen **AntiDopG § 2** 56, 57
- Verschreiben **AntiDopG § 2** 58

Strafvorschrift (AntiDopG § 4 Abs. 1 Nr. 1, Abs. 3, 6)
- Tathandlungen **AntiDopG § 4** 41–56
  - Dopingmittel **AntiDopG § 4** 42
  - Herstellen **AntiDopG § 4** 44
  - Handeltreiben **AntiDopG § 4** 45
  - Veräußern **AntiDopG § 4** 46
  - Abgeben **AntiDopG § 4** 47
  - Sonstiges Inverkehrbringen **AntiDopG § 4** 48
  - Verschreiben **AntiDopG § 4** 49
  - entgegen § 2 Abs. 1 **AntiDopG § 4** 50–56
  - in Anl I zum UNESCO-Übereinkommen aufgeführt **AntiDopG § 4** 51, 52
  - zum Zweck des Dopings b Menschen im Sport **AntiDopG § 4** 53–56
- Vorbereitung, Versuch, Vollendung, Beendigung **AntiDopG § 4** 57–74
- Täterschaft, Teilnahme **AntiDopG § 4** 75–91
- Handeln im Ausland **AntiDopG § 4** 92
- Subjektiver Tatbestand **AntiDopG § 4** 93–96
  - Fahrlässigkeit *(Absatz 6)* **AntiDopG § 4** 21, 93, 330–335
- Konkurrenzen **AntiDopG § 4** 97–108
- Strafzumessung **AntiDopG § 4** 109

Qualifikationen (Verbrechen, § 4 Abs. 4)
- Einführung **AntiDopG § 4** 282–284
- Tathandlungen
  - Nr. 1 Buchst. a: Gefährdung d Gesundheit einer großen Zahl v. Menschen **AntiDopG § 4** 285–290
  - Nr. 1 Buchst. b: Aussetzen d Gefahr d Todes/schweren Schädigung an Körper/Gesundheit **AntiDopG § 4** 291, 292
  - Nr. 1 Buchst. c: Erlangen v. Vermögensvorteilen großen Ausmaßes aus grobem Eigennutz **AntiDopG § 4** 293–295

Sachverzeichnis

- Nr. 2 Buchst. a: Veräußern, Abgeben, Verschreiben eines Dopingmittels/Anwenden eines Dopingmittels/Dopingmethode b Personen unter 18 Jahren **AntiDopG § 4** 297–300
- Handeltreiben **AntiDopG § 4** 299
- Nr. 2 Buchst. b: gewerbs-/bandenmäßiges Handeln **AntiDopG § 4** 301–303
- Vorbereitung, Versuch, Vollendung, Beendigung **AntiDopG § 4** 304–306
- Täterschaft, Teilnahme **AntiDopG § 4** 307
- Handeln im Ausland **AntiDopG § 4** 308
- Subjektiver Tatbestand **AntiDopG § 4** 309
- Konkurrenzen **AntiDopG § 4** 310
- Strafzumessung **AntiDopG § 4** 311–329
  - minder schwerer Fall **AntiDopG § 4** 312–327

Herstellen, Verbringen nach Deutschland v. NPS zum Zweck des Inverkehrbringens entgegen § 3 Abs. 1 (NpSG § 4 Abs. 1 Nr. 2)

Grundtatbestand/Verbote (§ 3 Abs. 1)
- s. Handeltreiben m Inverkehrbringen, Herstellen, Verbringen nach/durch aus Deutschland, Erwerben, Besitzen, Verabreichen v. NPS

Strafvorschrift (§ 4 Abs. 1 Nr. 2)
- Tathandlungen
  - Tatgegenstände **NpSG § 4** 97
  - Herstellen **NpSG § 4** 99
  - Verbringen nach Deutschland **NpSG § 4** 100
  - zum Zweck d Inverkehrbringens **NpSG § 4** 101
  - entgegen § 3 Abs. 1 **NpSG § 4** 102
- Vorbereitung, Versuch, Vollendung, Beendigung **NpSG § 4** 103–112
- Täterschaft, Teilnahme **NpSG § 4** 113–131
- Handeln im Ausland **NpSG § 4** 132, 133
- Subjektiver Tatbestand **NpSG § 4** 134–139
- Konkurrenzen **NpSG § 4** 140–143
- Strafzumessung **NpSG § 4** 144

Qualifikationen (Verbrechen, § 4 Abs. 3)
- Nr. 1 Buchst. a: banden-/gewerbsmäßiges Herstellen oder Verbringen NPS nach Deutschland **NpSG § 4** Rn 150–152, 165–173
- Nr. 2 Buchst. a: Gefährdung d Gesundheit einer großen Zahl v. Menschen durch Herstellen oder Verbringen v. NPS nach Deutschland **NpSG § 4** Rn 157–162, 165–173
- Nr. 2 Buchst. b: Aussetzen d Gefahr d Todes/schweren Schädigung d Körpers/Gesundheit durch Herstellen oder Verbringen v. NPS nach Deutschland **NpSG § 4** Rn 163–164

Herstellen qualitätsgeminderter Arzneimittel oder Wirkstoffe entgegen § 8 Abs. 1 Nr. 1
- s. qualitätsgeminderte Arzneimittel oder Wirkstoffe

Herstellung v. Arzneimitteln etc, Anforderungen
- GMP (Gute Herstellungspraxis, Good Manufacturing Practices) **AMG § 13** 6
- EG-GMP Leitfaden **AMG § 13** 7, 8,
- Herstellung nach d Stand v. Wissenschaft/Technik **AMG § 14** 15
- Vorhandensein
  - Herstellungsleiter **AMG § 14** 5
  - Kontrolleiter **AMG § 14** 5
  - Sachkundige Person **AMG § 14** 2–4
  - ständige Erfüllung ihrer Pflichten **AMG § 14** 12, 13
  - Räume, Einrichtungen **AMG § 14** 14
  - Zuverlässigkeit **AMG § 14** 9–11

Herstellung v. Arzneimitteln etc, Erlaubnis (AMG § 13)
- Herstellung /./.Zulassung **AMG § 13** 1–3
- d (Verwaltungs-)Akt d Erlaubnis
  - Wirkung **AMG § 16** 1–3
  - Betriebsstätten-/Personenbezogenheit **AMG § 16** 4–6
  - Verwaltungsakzessorietät/Verbot m Erlaubnisvorbehalt **AMG § 13** 12, 13
  - Rücknahme, Widerruf, Ruhen **AMG § 18** 3–9
- Herstellungserlaubnis *(Absatz 1 Satz 1)*
  - Herstellen **AMG § 13** 14–18
  - Anforderungen s. Herstellung v. Arzneimitteln, Anforderungen
  - Lohnherstellung **AMG § 13** 17
  - Stoffe **AMG § 13** 19–24
  - Arzneimittel **AMG § 13** 20, 21
  - Roh- und Grundstoffe **AMG § 13** 21
  - Testsera/-antigene **AMG § 13** 22
  - Wirkstoffe menschlicher/tierischer/mikrobieller Herkunft **AMG § 13** 23
  - andere Stoffe menschlicher Herkunft **AMG § 13** 24
  - gewerbs-/berufsmäßig **AMG § 13** 25–31
  - Herstellung zur Abgabe an Mitglieder *(Satz 2)* **AMG § 13** 32
  - Prüfung als Grundlage d Freigabe *(Satz 3)* **AMG § 13** 33
  - keine Anwendung d Absatzes 1 *(Absatz 1a)* **AMG § 13** 34
- Ausnahmen v. d Erlaubnispflicht für bestimmte Tätigkeiten *(Absatz 2)*
  - Inhaber v. Apotheken *(Nr. 1)* **AMG § 13** 36–44
  - Krankenhausträger *(Nr. 2)* **AMG § 13** 45
  - Tierärzte *(Nr. 3)* **AMG § 13** 46
  - Großhändler *(Nr. 4)* **AMG § 13** 47–50
  - Einzelhändler *(Nr. 5)* **AMG § 13** 51, 52
  - Rückausnahmen v. Absatz 2 *(Absatz 2a)* **AMG § 13** 53–56

Sachverzeichnis

- weitere Ausnahme für Ärzte/Zahnärzte/ Heilpraktiker für bestimmte Tätigkeiten *(Absatz 2b)* **AMG § 13** 58–62
- Rückausnahmen **AMG § 13** 61, 62
- weitere Ausnahme für Tierärzte für bestimmte Tätigkeiten *(Absatz 2c)* **AMG § 13** 63, 64

Strafvorschrift s. Herstellen, berufs- oder gewerbsmäßiges, v. Arzneimitteln etc ohne Erlaubnis nach § 13 Abs. 1 Satz 1
Herstellungsgang b Betäubungsmitteln
- Beschreibung d – **§ 7** 17, 18
Heudüngerling § 1 440
Hex-En § 1 233a
Hidden Web s. Internet
Hieb- und Stoßwaffen § 30a 115
High
- Heroin **§ 1** 380
- Levomethadon **§ 1** 600
- psychische Abhängigkeit **§ 1** 45
Hilfspersonal, ärztliches § 13 8, **§ 29** 1534
Hilfsstoffe AMG § 2 17,
- Definition **AMWHV § 2 Nr. 2**
Hilfstätigkeit, ganz kurze § 29 1353, 1354 (Besitz), 1204 (Erwerb)
Hilfstätigkeit, ganz untergeordnete § 29 936 (Einfuhr), 643, 644 (Handeltreiben)
Hirschfänger § 30a 115
Hitlers Droge s. Metamfetamin
HIV-Infektion § 1 376, **Vorb 29** 877, **§ 36** 63
Hochdruckflüssigkeitschromatographie (HPLC) § 1 295
Höchstmengen f d Verschreibung **BtMVV § 2** 2, 11 **§ 3** 2, **§ 4** 2
Höchststrafe, Verhängung d **Vorb 29** 894–896
Hog s. PCP
Hoheitsgrenze § 2 72–75
Hohe See Vorb 29 76, 114
Höhentraining AntiDopG § 2 76
Höhere Strafen im Heimatland **Vorb 29** 1044, 1045
Home-Boy **§ 1** 589
Hongkong-rocks **§ 1** 374
Honorarkonsul s. konsularischer Dienst
Honey Bee Extrakt Anh H Fn 7
Hörensagen, Angaben v. – b d Aufklärungshilfe **§ 31** 33, 36, 122
Horizontale Gruppe Drogen s. HDG
Hormon- und Stoffwechsel-Modulatoren AntiDopG § 2 20
Horrortrip **§ 1** 134, 409
Hospize BtMVV § 5c
HPLC
 s. Hochdruckflüssigkeitschromatographie
Huasca § 1 335
Humanarzneimittel,
 s. Gemeinschaftskodex für –
Hydrokultur b Anbauen **§ 29** 59
Hydromorphon, Anlage III, **BtMVV §§ 2–4**

γ-**Hydroxybutirat** s GHB
Hydroxybuttersäure s. GHB
Hypholomae, Pilze **§ 1** 440
Hypnorm, Fentanylpräparat **§ 1** 580
Hypnotika s. Sedativa

I

ICAS (CIAS) AntiDopG § 11 12
ICD 10 § 1 37–41, **Vorb 29** 485–487, 501
ICE – s. Metamfetamin, Methylaminorex
Idealkonkurrenz (Tateinheit) **Vorb 29** 671–703
Identische Norm Vorb 29 137–142, 145
IFT (Institut für Therapieforschung) **Einl** 45
Imitate s Scheindrogen
Immaterielle Vorteile s. Eigennützigkeit
Immunität (Befreiung v. d deutschen Gerichtsbarkeit) **Vorb 29** 11–26
- Staatenimmunität **Vorb 29** 14–20
  - handlungsbezogene (ratione materiae) **Vorb 29** 15, 16
  - statusbezogene (ratione materiae) **Vorb 29** 17, 18
  - dauerndes/vorübergehendes Strafverfolgungshindernis **Vorb 29** 19, 20
- diplomatischer/konsularischer Dienst/ Sonderbotschafter **Vorb 29** 21–24
- amtliche Einladung **Vorb 29** 25
- Nachweis d – **Vorb 29** 26
Immunoassay § 1 96
Immunologische Wirkung AMG § 2 79
Inbesitznahme als Handeltreiben **§ 29** 518–525
INCB (International Narcotic Control Board) **§ 5** 63, 64
Indian brown s. Fentanyl
Indikation s. ärztliche Behandlung
Indirekter Vorsatz s. Vorsatz
Individualrechtsgut § 1 6
Indizwirkung v. Regelbeispielen **§ 29** 1999, 2040–2049
Indoor-Anbau
- b Anbauen **§ 29** 5 9
- b Cannabis **§ 1** 248, 250
- Pilzen **§ 1** 443
Indoor-Plantagen Einl 70
Inebriantia (Inhalate, Delirianten) **§ 1** 132
Informationsbeauftragter (AMG § 74a)
Grundtatbestand (§ 74a)
- Bestellung **AMG § 74a** 1
- Qualifikation, Aufgaben **AMG § 74a** 2–4
- Stellung, Verantwortlichkeit **AMG § 74a** 4, 5, **Vorb 95** 117
- Verantwortungsbereiche **AMG § 19** 32, 34, 35

Bußgeldvorschriften für d vorsätzlichen/fahrlässigen Verstoß gegen
- § 74a Abs. 1 Satz 1, Abs. 3: § 97 Abs. 2 Nr. 27a
- § 74a Abs. 1 Satz 4: § 97 Abs. 2 Nr. 27b.
Infundieren § 29 1538

Sachverzeichnis

Inhaberschaft b Einziehung s. dort Eigentum
Inhalate s. Inebriantia
Inhalieren
- Basen, geeignet zum - **§ 1** 141
- Heroin **§ 1** 373,
- Metamfetamin **§ 1** 486, 489
- Verabreichen **§ 29** 1538

Injizieren § 1 138, **§ 29** 1538
- b d einzelnen Betäubungsmitteln s. dort
- intramuskulär, intravenös, subcutan **§ 1** 138

Inland Vorb 29 74–80
Inländischer Bestimmungsort
  s. Bestimmungsort
Inlandstaten s. Territorialitätsprinzip
INN s. International Non-proprietary Name
Innehaben
- Besitz **§ 29,** 1325, 1330, 1335, 1356
- Handeltreiben (funktional angehauchtes Innehaben) **§ 29** 506

Inocybe s. Risspilze
Institut für Therapieforschung s. IFT
Instrumenta sceleris s. Tatmittel
Integrität d Sports
- als Rechtsgut **AntiDopG § 1** 16

Internationales Strafrecht Vorb 29 31–154
- objektive Strafbarkeitsbedingung, Verfahrensvoraussetzung **Vorb 29** 32–34
- Konkurrenz v. Rechtsordnungen **Vorb 29** 35–71
- Inlandstaten **Vorb 29** 73–112
- Taten auf deutschen Schiffen/Luftfahrzeugen **Vorb 29** 113–118
- Weltrechtsprinzip s. dort
- Auslandstaten **Vorb 29** 135–153
  - gegen Deutsche **Vorb 29** 136–143
  - deutsche Täter **Vorb 29** 144, 145
  - stellvertretende Strafrechtspflege **Vorb 29** 146–153

Internationales Suchtstoffkontrollamt
  s. INCB
International Non-proprietary Name (INN) § 1 149, 150, **§ 14** 3
Internet
- Clearnet (Visible Web, Surface Web, Open Web) **Einl** 96 Fn 48
- Deepweb (Hidden Web, Invisible Web) **Einl** 96 Fn 48, 97
- Darknet **Einl** 96 Fn 48, 99
- b d einzelnen Straftaten s. dort

Internetdelikte, Anwendung d deutschen Strafrechts **Vorb 29** 106–109, **§ 29** 1783, 1910, 1911
Interventionsrecht Einl 171
Intubieren § 29 1538
Inverkehrbringen, Anwenden v. Arzneimitteln entgegen § 6 Abs. 1 in Verbindung m einer Rechtsverordnung nach § 6 Abs. 2, 3 (AMG § 95 Abs. 1 Nr. 2)
Grundtatbestand (AMG § 6)
- Verbot *(Absatz 1)* **AMG § 6** 3, 4

- Arzneimittel, b deren Herstellung einer Rechtsverordnung nach § 6 Abs. 2 zuwidergehandelt wurde **AMG § 6** 3, 4
- Inverkehrbringen, Anwenden **AMG § 6** 3, 4
- Verordnungsermächtigung *(Absatz 2)* **AMG § 6** 5–8
- bisher erlassene (geltende) Verordnungen **AMG § 6** 9,10
- nicht mehr geltende Verordnungen **AMG § 6** 11
- PharmStV **AMG § 6** 12
- Zivilrecht **AMG § 6** 8

Strafvorschrift (§ 95 Abs. 1 Nr. 2, Abs. 2 bis 4)
- Tathandlung **AMG § 95** 91–99
  - Arzneimittel **AMG § 95** 91, 92
  - Inverkehrbringen **AMG § 95** 93
  - Anwenden **AMG § 95** 94, 95
  - entgegen § 6 Abs. 1 iVm einer Rechtverordnung nach § 6 Abs. 2, 3 **AMG § 95** 96–99
  - Aufnahme in d Anlage zu § 6 **AMG § 95** 97
  - Aufnahme in d Rechtsverordnung **AMG § 95** 98, 99
- Vorbereitung, Versuch, Vollendung, Beendigung **AMG § 95** 100
- Täterschaft, Teilnahme **AMG § 95** 101
- Handeln im Ausland **AMG § 95** 102
- Subjektiver Tatbestand **AMG § 95** 103–106
  - Fahrlässigkeit **§ 95** 103, 106
- Konkurrenzen **AMG § 95** 107
- Strafzumessung **AMG § 95** 108

Besonders schwerer Fall, Regelbeispiele (Absatz 3) **AMG § 95** 422–462

Inverkehrbringen bedenklicher Arzneimittel entgegen § 5 Abs. 1
- s. bedenkliche Arzneimittel, Inverkehrbringen en

Inverkehrbringen gefälschter Arzneimittel/Wirkstoffe entgegen § 8 Abs. 2
- s. gefälschte Arzneimittel/Wirkstoffe

Inverkehrbringen v. Arzneimitteln/ Wirkstoffen m irreführender Bezeichnung, Angabe oder Aufmachung entgegen § 8 Abs. 1 Nr. 2
s Herstellen v. Arzneimitteln/Wirkstoffen m irreführender Bezeichnung etc

Inverkehrbringen v. Arzneimitteln ohne Zulassung oder Genehmigung entgegen § 21 Abs. 1 (AMG § 96 Nr. 5)
Grundtatbestand (AMG § 21)
- s. Zulassung, Zulassungspflicht

Strafvorschrift b Vorsatz (§ 96 Nr. 5)
- Tathandlung
  - Fertigarzneimittel, Tierarzneimittel, weitere Arzneimittel **AMG § 96** 84
  - Inverkehrbringen **AMG § 96** 85
  - ohne Zulassung oder Genehmigung **AMG § 96** 86–88
  - fehlt auch b Identität **AMG § 96** 86

2395

Sachverzeichnis

- entgegen § 21 Abs. 1 **AMG** § 96 89–91
- Vollendung, Beendigung **AMG** § 96 92
- Täterschaft, Teilnahme **AMG** § 96 93
- Rechtswidrigkeit, Notstand **AMG** § 96 94
- Subjektiver Tatbestand **AMG** § 96 95
- Konkurrenzen, Bewertungseinheit **AMG** § 21 96

Bußgeldvorschrift b Fahrlässigkeit (AMG § 97 Abs. 1 Nr. 1)
- **AMG** § 97 1–17, 22–24

Inverkehrbringen v. Arzneimitteln trotz zurückgenommener, widerrufener oder ruhender Zulassung entgegen § 30 Abs. 4 Satz 1 Nr. 1 (AMG § 96 Nr. 7)

Strafvorschrift bei Vorsatz (AMG § 96 Nr. 7)
- Übereinstimmung mit § 97 Nr. 5 **AMG** § 96 103
- Abweichungen v. § 97 Nr. 5 **AMG** § 96 104–106

Bußgeldvorschrift b Fahrlässigkeit (AMG § 97 Abs. 1 Nr. 1)
- **AMG** § 97 1–17, 22–24

Inverkehrbringen, berufs-/gewerbsmäßiges, nicht frei verkäuflicher Arzneimittel für d Endverbrauch entgegen § 43 Abs. 1 Satz 1 (AMG § 97 Abs. 2 Nr. 10)

Grundtatbestand (AMG § 43 Abs. 1 Satz 1)
- Apothekenmonopol/-pflicht **AMG** § 43 13–16
- Tathandlung **AMG** § 43 9–28
  - Arzneimittel **AMG** § 43 10, 11
  - Inverkehrbringen **AMG** § 43 12
  - in einer Apotheke **AMG** § 43 13–16
  - berufs-/gewerbsmäßig **AMG** § 43 17–27
  - Selbstkostenpreis **AMG** § 43 21
  - unentgeltlich **AMG** § 43 22–26
  - zurückgenommene Arzneimittel **AMG** § 43 27
  - Endverbrauch **AMG** § 43 28
- Ausnahmen.
  - pharmazeutische Unternehmer, Großhändler **AMG** § 43 29
  - Tierärzte **AMG** § 43 35, 72–78
  - Versandhandel **AMG** § 43 30–34

Bußgeldvorschrift für d Abgabe (§ 97 Abs. 2 Nr. 10)
- **AMG** § 43 91, 100, § 97 1–16, 18–20

Inverkehrbringen v. NPS entgegen NpSG § 3 Abs. 1
- s. Handeltreiben m NPS

Inverkehrbringen qualitätsgeminderter Arzneimittel/Wirkstoffe entgegen § 8 Abs. 1 Nr. 1
- s. qualitätsgeminderte Arzneimittel, Wirkstoffe

Inverkehrbringen v. Stoffen/Zubereitungen entgegen § 59a Abs. 1, 2

- s. Erwerben v. Stoffen/Zubereitungen entgegen § 59a Abs. 1, 2

Inverkehrbringen, sonstiges v. Betäubungsmitteln ohne Erlaubnis (§ 29 Abs. 1 Satz 1 Nr. 1)

Grundtatbestand (§ 3 Abs. 1 Nr. 1)
- Erlaubnispflicht § 3 46–48

Strafvorschrift (§ 29 Abs. 1 Satz 1 Nr. 1, Abs. 2 bis 4)
- Gesetzeszweck § 3 46, § 29 1153
- Tathandlung § 29 1155–1171
  - Inverkehrbringen § 29 1157–1171
  - Unterlassen § 29 1168, 1169
  - Verschreibung § 29 1160, 1161
  - Wegwerfen § 29 1170
- Vorbereitung, Versuch, Vollendung, Beendigung § 29 1172–1175
- Täterschaft, Teilnahme § 29 1176–1178
- Handeln im Ausland § 29 1179
- Subjektiver Tatbestand § 29 1180–1184
  - Fahrlässigkeit § 29 1180, 1185
- Konkurrenzen § 29 1186–1188
- Strafzumessung § 29 1189–1192

Besonders schwerer Fall, Regelbeispiele (Absatz 3) § 29 1975–2075

Qualifikation
- Bestimmen einer Person unter 18 Jahren zum Inverkehrbringen etc oder dessen Fördern (§ 30a Abs. 2 Nr. 1)
  - s Bestimmen einer Person unter 18 Jahren zum unerlaubten Handeltreiben etc

Inverkehrbringen, sonstiges, v. Dopingmitteln entgegen § 2 Abs. 1 Nr. 3 (AntiDopG § 4 Abs. 1 Nr. 1)
- s. Handeltreiben m Dopingmitteln

Invisible Web s. Internet

Irrtumsfälle
- **AMG** § 95 13–18
- **AntiDopG** § 4 15–20
- **BtMG Vorb** 29 428–464
- **NpSG** § 4 13–19

Irrtumsfragen Vorb 29 428–464
- Tatbestandsirrtum **Vorb** 29 429–440
  - Strafänderungsgründe **Vorb** 29 432
  - deskriptive, normative Merkmale **Vorb** 29 433, 434
  - Merkmale v. Rechtfertigungsgründen **Vorb** 29 435–437
  - Folge **Vorb** 29 438
  - umgekehrter Irrtum (untauglicher Versuch) **Vorb** 29 439, 440
- Verbotsirrtum **Vorb** 29 441–461
  - Unrechtsbewusstsein **Vorb** 29 442–446
  - Folge, Vermeidbarkeit **Vorb** 29 447–451
  - umgekehrter Irrtum (Wahndelikt) **Vorb** 29 452–461
- Irrtum über Umstände außerhalb d Tatbestandes **Vorb** 29 462–464

Isolierte Unterbringung, keine Zurückstellung § 35 8

Sachverzeichnis

Isolierung, soziale, als Wirkung d Drogenkonsums § 1 135
Isomere
- Begriff § 1 145 § 2 13, 14
- Stereoisomere s. dort

Isotonitazen § 1 233b
IUPAC § 1 149

J

Jamaikaner § 1 287
Jeff's. Methcathinon
Jenaer Smarties s. m-CPP
Joint § 1 290
Jugendstrafrecht Vorb 29 1672–1771
- Erziehungsgedanke **Vorb 29** 1673
- Diversion, ambulante Maßnahmen **Vorb 29** 1674–1678
- Jugendarrest **Vorb 29** 1679–1672
  - Einstiegs-/Warnschussarrest **Vorb 29** 1681–1683, 1724, 1726, 1727, 1729, 1732
- Jugendstrafe **Vorb 29** 1683–1731
  - Schädliche Neigungen **Vorb 29** 1684–1699
  - Schwere d Schuld **Vorb 29** 1700–1711
  - Bemessung **Vorb 29** 1712–1721
- Aussetzung **Vorb 29** 1722–1728
  - d Strafe **Vorb 29** 1622–1626
  - d Verhängung **Vorb 29** 1727, 1728
- Vorbewährung **Vorb 29** 1729–1731
- Maßregeln **Vorb 29** 1732–1742
  - Absehen von Zuchtmitteln/Jugendstrafe s. dort
  - Unterbringung in d Entziehungsanstalt **Vorb 29** 1736–1738
  - Unterbringung im psychiatrischen Krankenhaus **Vorb 29** 1739
  - Entziehung der Fahrerlaubnis **Vorb 29** 1740, 1741
  - Führungsaufsicht **Vorb 29** 1742
- Einziehung **Vorb 29** 1743
- Ordnungswidrigkeiten **Vorb 29** 1744
- Heranwachsende **Vorb 29** 1745–1749
- verschiedene Alters-/Reifestufen **Vorb 29** 1751–1769

Junk food § 1 395
Juristische Person als Erlaubnisinhaber s. Personenvereinigung
Justizvollzugsanstalten
- Abgabe steriler Einmalspritzen in – **Einl** 184, § 29 1968
- Substitution in – § 5 BtMVV 198–205
- Taten in – als besonders schwerer Fall § 29 1988
- Taten in – als Fremdgefährdung § 29 2158, § 31a 59

JWH-007, -015, -018, -018 Indazol-Analogon, **-018 N** [5-Chlorpentyl]-Analogon, **-019, -073, -081, -122, -200, -203, -210, -250, -251, -307** s Cannabinoide

K

K § 1 19
Kahlkopf (-köpfe), Psilocybe, § 1 439, 441
Kakteen, Anwendung d BtMG auf – § 1 174–177, § 29 53
Kampfhunde § 30a 118, 121
Kartuschenmunition § 30a 99
Kasernen, Taten in – als
- besonders schwerer Fall § 29 1987
- Fremdgefährdung § 29 2159
- Disziplinarvergehen **Vorb 29** 1809–1811

Kassenrezepte s. Krankenkassen
Katastrophenfall s. Großschadensfall
Kath (Khat) s. Cathinon
Kaufbemühungen (Zwischenhandel) § 1 400–416
Kaufgeld
- Einziehung § 33 66, 81, 101, 126, 245, 319, 338, 339
- Handeltreiben
  - Beginn d Versuchs § 29 607
  - Förderung v. Fremdumsatz § 29 303
  - Handlung § 29 235, 303, 252, 446, 480, 543, 567–569
  - Täterschaft, Teilnahme § 29 692, 782

Kaufgeschäfte (Zwischenhandel) § 29 367–375
Kaufpreis(es), Eintreiben d – s. dort
Kausalität
- AMG
  - b Gremienentscheidungen **AMG Vorb 95** 34–49
  - b strafrechtlicher Produkthaftung **AMG Vorb 95** 87–93
  - b zivilrechtlicher Produkthaftung **AMG Vorb 95** 122
- BtMG
  - Abgeben etc m Todesfolge § 30 142–151
  - Abhängigkeit u Tat § 35 33–41

Kausalverlauf, Abweichen v. gedachten – s. Abweichen
Kausalzusammenhang s. Kausalität
Katalogtat s. Anlasstat
KEFR s. Kontrolleinheiten
KEFÜ s. Kontrolleinheiten
KEG s. Kontrolleinheiten
Kennzeichnen, als Herstellen
- **AMG** § 4 36
- **BtMG** § 2 61, § 14 2–8, § 29 497, § 32 16

KES s. Kontrolleinheiten
Ketamin § 1 19
Kettenanstiftung
- Begriff **Vorb 29** 291
- Versuch **Vorb 29** 221, 223

Kettenverbreitung § 29 1913
KEV s. Kontrolleinheiten
Khat (Kath) s. Cathinon
Khif § 1 247, 285
Kick
- Heroin § 1 376, 379
- Metamfetamin § 1 487

2397

Sachverzeichnis

Kick, Ausbleiben d -
- Buprenorphin § 1 532
- Levomethadon § 1 600

Kinderpistole § 30a 100
Kitkat § 1 19
Klappmesser s. Messer
Klatschmohn § 1 626
Klassifikationssysteme § 1 37–43, Vorb 29 485–487, 500
Kleinkuriere s. Kurier
Klinische Prüfung (AMG § 4 Abs. 23)
- Legaldefinition **AMG § 4** 97, 98
- Abgrenzung **AMG § 4** 99–104
- Voraussetzungen/Durchführung **AMG § 4** 105

Klinische Prüfung, Beginnen einer – entgegen § 40 Abs. 1 Satz 2 (AMG § 96 Nr. 11)
Grundtatbestand (AMG § 40 Abs. 1 Satz 2)
- Klinische Prüfung s. dort
- allgemeine Voraussetzungen **AMG § 40** 1, 2
  - zustimmende Bewertung d Ethikkommission **AMG § 40** 2, **§ 42** 2
  - Genehmigung d Bundesoberbehörde **AMG § 40** 2, **§ 42** 3–6
- besondere Voraussetzungen (§ 41) **AMG § 40** 6
- Prüfarzneimittel **AMG § 21** 26
- Erwerb v. Betäubungsmitteln im Rahmen einer – **§ 4** 111–122

Strafvorschrift b Vorsatz (AMG § 96 Nr. 11)
- Tathandlung **AMG § 96** 129–136
  - klinische Prüfung **AMG § 96** 131
  - Beginnen **AMG § 96** 132
  - Sponsor **AMG § 96** 133
  - entgegen § 40 Abs. 1 Satz 2 **AMG § 96** 134–136
- Vollendung, Beendigung **AMG § 96** 137
- Täterschaft, Teilnahme **AMG § 96** 138
- Subjektiver Tatbestand **AMG § 96** 139
- Konkurrenzen **AMG § 96** 140

Bußgeldvorschrift b Fahrlässigkeit (§ 97 Abs. 1 Nr. 1)
- **AMG § 97** 1–17, 22, 24

Klinische Prüfung, Durchführen einer – entgegen § 40 Abs. 1 Satz 3 Nr. 2, 2a Buchst. a, 3, 4, 5, 6 oder 8, auch iVm Absatz 4 oder § 41 (AMG § 96 Nr. 10)
Grundtatbestand (AMG § 40 Abs. 1 Satz 3 Nr. 2, 2a Buchst. a, 3, 4, 5, 6 oder 8, auch iVm Absatz 4 oder § 41)
- Klinische Prüfung s. dort
- Pflichten b Durchführung **AMG § 40** 3–5

Strafvorschrift b Vorsatz (AMG § 96 Nr. 10)
- Tathandlungen **AMG § 96** 121–123
- Vollendung, Beendigung **AMG § 96** 124
- Täterschaft, Teilnahme **AMG § 96** 125
- Subjektiver Tatbestand **AMG § 96** 126
- Konkurrenzen **AMG § 96** 127

Bußgeldvorschrift b Fahrlässigkeit (§ 97 Abs. 1 Nr. 1)
- **AMG § 97** 1–17, 22, 24

Knasterhanf § 1 16, 276, 277, 279, 287
Knüppel § 30a 118
Koffer s. Körperschmuggler
Kognitionspflicht d Gerichts
- b Fahrlässigkeitsdelikten **AMG § 95** 20, **AntiDopG § 4**, 336, **BtMG § 29** 107, **NpSG § 4** 19, 209
- nach Anklage eines Teilakts **Vorb 29** 669
- nach Zäsurwirkung **Vorb 29** 670

Kokain s. Cocain
Kokapaste s. Cocapaste
Kokastrauch s. Cocastrauch
Kollegial-/Kollektiventscheidungen s. Gremienentscheidungen
Kombinationstheorie, normative, Vorb 29 367, 379
Kommissionsgeschäfte § 29 442, 443, 669
- Aufbewahrung d Erlöses **§ 29** 464

Kompensation b Regelbeispielen
- **AMG § 95** 456, 457
- **BtMG § 29** 2045–2053

Kompensationsgeschäfte § 29 421
Kompott (Danziger Heroin, Polski Kompott) § 1 497

Konkurrenzen
- **AMG Vorb 95** 15–19, **§ 95** 21, 22
- **AntiDopG § 4** 22–29
- **BtMG Vorb 29** 552–592, 670–716
  - Gesetzeskonkurrenz s. dort
  - Tateinheit s. Idealkonkurrenz
  - Tatmehrheit s. Realkonkurrenz
- **NpSG § 4** 20–26

Konsiliarius § 13 52, 76, **BtMVV § 5** 96, 98, **§ 17** 7
Konsul s. Immunität
Konsularischer Dienst s. Immunität
Konsumeinheit
- Begriff **§ 29a** 71
- b d einzelnen Betäubungsmitteln s. dort

Konsument
- Erfahrung § 1 125
- Konstitution § 1 125

Konsumentendealer Einl 95
Konsumfähigkeit s. Anhaftungen
Konsumform
- allgemein § 1 125, 137–139
- b d einzelnen Betäubungsmitteln s. dort

Konsumgemeinschaft § 29 1790
Konsumtion Vorb 29 715
Kontokorrentsystem s. Handeltreiben, Zahlungsvorgänge
Kontrolldelikte AMG Einl 4, **BtMG Einl** 63
Kontrolle d Betäubungsmittelverkehrs
- Standardbegriff **§ 1** 643, **§ 5** 29–34
- polizeiliche s. dort
- zollamtliche s. dort

Kontrolleinheiten
- Grenznaher Raum (KEG) **§ 21** 5
- Flughafen Überwachung (KEFÜ) **§ 21** 5
- Flughafen Reiseverkehr (KEFR) **§ 21** 5

Sachverzeichnis

- See (KES) § 21 5
- Verkehrswege (KEV) § 21 6
Kontrollen, legendierte § 21 22, § 29 1031
Kontrollierte Lieferung, -Transporte § 2 71, § 4 136, § 29 1026–1030
Konventionswidrige Verfahrensverzögerung s. Verfahrensverzögerung
Körperliche Abhängigkeit s. Abhängigkeit
Körperschmuggler *(Body-packer, Koffer, Muli)*
- Besitzen § 29 498, 1329, 1380
- Einführen § 29 910, 927, 983
  - Versuch § 29 886, 890
- Handeltreiben § 29 498, 767
- Selbstgefährdung eines. – **Vorb 29** 949
- südamerikanische – **Vorb 29** 1058, 1059
- Überführungsrisiko s. dort
Körperverletzung
- Verschreiben, Überlassen, Verabreichen als. – § 13 172–210
Körperverletzung mit Todesfolge (§ 227 StGB)
- betäubungsmittelrechtliche Aspekte § 30 243–255
Korrektur d physiologischen Funktionen **AMG** § 2 68
Kosmetische Mittel AMG § 2 100, 101
Kosten § 25 1, 2, **BtMKostV**
Kostenträger § 35 129, 130
Kostenzusage § 35 128
KO-Tropfen § 1 585 (Flunitrazepam), 591 (GHB)
Krankhafte Beschwerden AMG § 2 31
Krankheit AMG § 2 30
Krankenhausapotheke s. Apotheke
Krankenkassen,
- Ausstellung v. Kassenrezepten § 29 1491
- Einreichung v. Rezepten b d Privatversicherungen § 29 1492
Kratompflanze § 1 234
Kräutermischungen s. Legal Highs
Kreuztoleranz s. Gewöhnung
Kriminalität s. auch Delinquenz
- Betäubungsmittelkriminalität **Einl** 62–67
- d Betäubungsmittelabhängigen **Einl** 83–115
- Organisierte – s. dort
Kriminelle Vereinigung (§ 30b)
s. ausländische kriminelle Vereinigung
Kröten s. 5-Methoxy-DMT (5 Meo-DMT)
Kronzeuge s. Aufklärungshilfe
Küchenmesser s. Messer
Kündigung wegen Cannabisanbau **Vorb 29** 1794
Kulturkreis, fremder – **Vorb 29** 1046–1048
Kuriertätigkeit, Einfuhr
- Versuch § 29 886, 891, 892
- Täterschaft § 29 924–928, 929–932
- Körperschmuggler s. dort
Kuriertätigkeit, Handeltreiben
- Erscheinungsform § 29 534–548

- Vorbereitung, Versuch, Vollendung, Beendigung § 29 582, 589–595
- Täterschaft, Teilnahme § 29 691–801
Kurze Freiheitsstrafe s. Freiheitsstrafe
Kush § 1 287

L

LAAM s. Levacetylmethadol
Labello § 30a 110
Laborgeräte
- Handeltreiben
  - Objekt d Handlung § 29 236, 251,
  - Kuriertätigkeit § 29 544
  - Versuch, Konkretisierung § 29 605
  - Täterschaft, Teilnahme § 29 783, 795, 804, 805
- Herstellen § 29 137, 142
Laborräume s. Laborgeräte
Lactose (Milchzucker) § 2 59, **Anh H**
Lagern als Handeltreiben s. Verwahren
Lagern etc v. Stoffen/Zubereitungen entgegen § 59a Abs. 1, 2 s. Erwerben etc v. Stoffen/Zubereitungen entgegen § 59a Abs. 1, 2
Lagern v. Substitutionsmitteln BtMVV § 5 181–184
Laiensphäre, Parallelwertung in d **Vorb 29** 408
Landesbehörden § 19 7–16
Läufer § 29 426, 535
Lava Red s. Cannabinoide
Lebensführung Vorb 29 1069–1072
Lebensmittel AMG § 2 87–99
- Begriff **AMG** § 2 88, 89
- Abgrenzung zu d Arzneimitteln **AMG** § 2 90–99
Lebensmittel liefernde Tiere
- Begriff **AMG** § 31 12–15
Legal Highs
- Aufkommen **Einl** 14, § 1 218
- Abgrenzung zu d Arzneimitteln **AMG** § 2 72, **NpSG** § 1 4
- EuGH **AMG** § 2 51–56
- Markt **AMG Einl** 10, **NpSG Einl** 5–12
  - internationale Entwicklung **NpSG Einl** 19–21
Legalisierung
- harte Drogen **Einl** 130–147
- weiche Drogen **Einl** 148–166
Legendierte Kontrollen § 21 22, § 29 1031
Lehrer
- Konfiszieren v. Drogen s. Ansichnehmen
Leibwächter s. Bodyguard
Leichtfertigkeit § 30 183–193
Leidensdruck Vorb 29 1381
Leiter d
- Herstellung **AMG** § 14 5, § 19 28, 29, **Vorb 95** 117, **AMWHV** § 4, 12
- Qualitätskontrolle **AMG** § 14 5, § 19 30, 31, **Vorb 95** 117, **AMWHV** § 3, 12
Leugnen Vorb 29 1093–1097

Sachverzeichnis

Levacetylmethadol (Levomethadylacetat, LAAM) § 1 596, **Anl III, BtMVV** § 5 106
Levamfetamin/Levamphetamin Anl II § 1 478
Levmetamfetamin/Levometamfetamin (R)-(Methyl)-(1phenylpropan-2-yl)azan, linksdrehend, § 1 478, 494, **Anl II**
– Wirkung § 1 478, 494
– nicht geringe Menge § 29a 142
Levomethadon (Polamidon)
– Herkunft, Geschichte § 1 597
– Konsumformen § 1 598
– Schmerzmittel § 1 597, 598
– Substitutionsmittel § 1 602–606, **BtMVV** § 5 106
  – Halbwertzeit § 1 603
  – Suchtverlagerung § 1 604
  – Beikonsum § 1 605
– Wirkungen § 1 599–601
– Fahreignung
  – allgemein s. Fahreignung
  – zur Droge **Vorb 29** 1521, 1523–1525, 1528, 1531, 1599, 1601
– nicht geringe Menge § 29a 131,132
Lidocain § 2 59, **Anh H**
– Streck- und Arzneimittel § 1 237
Liebesbeziehung s. Eigennützigkeit
Lieferantenqualifizierung AMG § 19 18
Lieferer § 17 11
Lieferung nach Bedarf
  s. Bewertungseinheit
Lindern AMG § 2 32
Line Cocain
– Konsumform § 1 543
– Konsumrunde § 29 1552
Lippenpflegestift s. Labello
Liquid ecstasy s. GHB
Liquid Haschisch s. Haschischöl
Liquid Marihuana s. Haschischöl
Liquid X s. GHB
Lissabon, Vertrag v. – s. Europäische Union
Lockspitzel s. agent provocateur
Logistikunternehmen, kein Großhandel **AMG** § 4 90
Lohnherstellung AMG § 4 67, 78
Lorazepam s. Benzodiazepine
Lormazepam s. Benzodiazepine
Lösemittel § 1 22, 132
Lösen § 2 59
Lösung AMG § 3 Nr. 1, **BtMG** § 2 20, **NpSG** § 2 7
LSD (Lysergid) § 1 403–411, **Anl I**
– Mutterkornpilz, Anwendung d BtMG § 1 405
– Herkunft, Geschichte § 1 403, 404
– Vertriebs-/Konsumformen § 1 406, 407
– Konsumeinheit § 1 407
– Wirkungen § 1 408–411
– *trip* § 1 406
– *bad trip* § 1 409
– Gefährlichkeit § 1 410

– Flash-back § 1 411
– Toleranzbildung § 1 411
– Fahreignung
  – allgemein s. Fahreignung
  – zur Droge **Vorb 29** 1521, 1540
– nicht geringe Menge § 29a 134–136
Luftgewehre, Luftpistolen § 30a 94
Luftgeschäft § 4 262, **Vorb 29** 824
Luftverkehr s. Flugverkehr
Lyophilisat § 1 457, 510
Lysergid s. LSD

M

Maastricht, Vertrag v. – **Einl** 43
Machete § 30a 115, 123
Magic Mushroom § 1 441
Mahlen als Herstellen § 2 59
Makiwara § 1 497
Makler AMG § 4 95
Mandrax s. Methaqualon
Manipulationen v. Blut/Blutbestandteilen (M1) **AntiDopG** § 2 71–78
– Blutdoping *(Nr. 1)* **AntiDopG** § 2 72–76
– künstliche Erhöhung v. Aufnahme/Transport/Abgabe v. Sauerstoff *(Nr. 2)* **AntiDopG** § 2 77
Mannit § 2 59, **Anh H**
Marihuana *(grass, pot, reefer, stick, tea, weed)* s. Cannabis
Marinol § 3 123, 124
Maskieren, Maskierungsmittel
– Verschleierung **AntiDopG** § 2 8, 20, 23
– als Teil d Herstellens **BtMG** § 2 62
Maßfigur § 29 2087
Maßnahmen, arzneimittelrechtliche (AMG § 69)
– Generalklausel **AMG** § 69 2–7
– Besondere Maßnahmen *(Absatz 1)* **AMG** § 69 8–24
– Gemeinschaftsrechtliche Zulassungen *(Absatz 1a)* **AMG** § 69 25, 26
– Rückruf durch Bundesbehörden *(Absatz 1b)* § 69 27
– Sammeln v. Arzneimitteln *(Absatz 2)* § 69 28
– Sicherstellung b Tierarzneimitteln *(Absatz 2a)* **AMG** § 69 30
– Sicherstellung v. Werbematerial *(Absatz 3)* **AMG** § 69 31
– Warnung *(Absatz 4)* § 69 32
– Weiterversorgung bestimmter Patienten *(Absatz 5)* **AMG** § 69 33
Maßstabsperson s. Maßfigur
Maturing-out § 1 396
MBDB s. Ecstasy
M-Cat s. Mephedron
m-CPP (meta-Chlorphenyl-piperazin), *Arleqin, Jenaer Smarties, Regenboogje, Schmetterlinge*
– als Ecstasy § 1 341
– Herkunft, Geschichte § 1 476
– Wirkung § 1 477

Sachverzeichnis

- nicht geringe Menge § 29a 137
- **MDA** (Tenamfetamin) s. Ecstasy
- **bk-MDDP** s. Pentylon
- **MDE** (Methylendioxyethylamfetamin), *Eva, Eve*, s. Ecstasy
- **MDEA** s. MDE
- **bk-MDEA** s. Ethylon
- **MDMA** (Methylendioxymethamfetamin), *Adam*, s. Ecstasy
- **MDMB-CHMCZCA (EGMB-CHMI-NACA)** s. Cannabinoide
- **MDMB-CHMICA** s. Cannabinoide
- **MDMB-4en-PINACA** § 1 233b
- **MEDDEV-Leitlinie AMG** § 2 76, 80
- **Medellin-Kartell** § 1 538
- **Medizinalhanf** § 3 110, 141
- **Medizinprodukte AMG** § 2 104
- **Medizinische Ausnahmegenehmigung** s. TUE
- **MDPV** (Methylendioxypyrovaleron) § 1 223, 536
- **Me-Fentanyl** s. Fentanyl
- **Mehrfachsubstitution** s. Doppelsubstitution
- **Melatonin AMG** § 2 90
- **Meldonium AntiDopG** § 2 20
- **Menge, Gewichtsmenge**
  - minder schwerer Fall **Vorb 29** 798
  - Strafzumessungsgrund **Vorb 29** 952–960
- **Menge, Wirkstoffmenge**
  - minder schwerer Fall **Vorb 29** 798
  - Strafzumessungsgrund **Vorb 29** 961–1030
  - geringe Menge s. dort
  - nicht geringe Menge s. dort
- **Mensch**
  - Körperbestandteile **AMG** § 3 4, **BtMG** § 1 192, 197, § 2 42
  - Körperteile **AMG** § 3 4, **BtMG** § 1 192, 197 § 2 42
  - Stoffwechselprodukte **AMG** § 3 5, **BtMG** § 1 192, 197, § 2 42
- **Menschenrechtskonvention (MRK)**
  - unterlassene Substitution im Strafvollzug **BtMVV** § 5 200
  - Tatprovokation § 4 191–197, 276–300
  - Unschuldsvermutung **Vorb 29** 1244, § 36 65
  - Verfahrensdauer s. dort
- **Menschlicher Herkunft AMG** § 13 23, § 20a 1
- **5-MeoDMT** (5-Methoxy-DMT) § 1 412–415
- *Meow* s. Mephedron
- *Meph* s. Mephedron
- **Mephedron** (4-Methylmethcathinon, *4-MMC) 4-MMC, M-Cat, MM-Cat, Meph, Drone, Meow, Bounce, Subcoca* § 1 416–418
- **Mescalin** § 1 419–423, **Anl I**
  - Anwendung d BtMG auf Kakteen § 1 421
  - Herkunft, Geschichte § 1 419, 420
  - Vertriebs-/Konsumformen § 1 422
- Wirkung § 1 423
- bad trip § 1 423
- Peyote, Peyotl § 1 419, 420
- San-Pedro-Kaktus § 1 420

Messer
- allgemein § 30a 129
- Einhandmesser, Begriff § 30a 129
- gekorene Waffen
  - Butterflymesser (Faltmesser) § 30a 117
  - Fallmesser § 30a 117
  - Faustmesser § 30a 117
  - Springmesser § 30a 117, 125
- Gebrauchsgegenstände
  - Cuttermesser § 30a 123, 130
  - feststehende Messer m einer Klingenlänge v. 8,5 cm § 30a 129
  - Einhandmesser (zum Angelsport) § 30a 129
  - Einhandklappmesser (zum Obstschälen) § 30a 123, 129
  - Einhandklappmesser (Hosentasche) § 30a 130
  - Fahrtenmesser § 30a 123, 129
  - Feuerzeugspringmesser § 30a 130
  - Klappmesser m geringer Klingenlänge (8 cm) § 30a 123, 129
  - Küchenmesser § 30a 123, 129
  - Messer (Hausmeister) § 30a 123, 128
  - Messer m seitlich herausspringender, einseitig geschliffener Klinge v. weniger als 8,5 cm Länge § 30a 130
  - Schweizer Offiziersmesser § 30a 123, 129
  - Taschenmesser § 30a 123, 129
  - Teppichmesser § 30a 123, 129

Metabolische Wirkung AMG § 2 80, 81
Meta-Chlorphenyl-piperazin s. m-CPP
Metamfetamin, Formen
- linksdrehend s. Levmetamfetamin
- rechtsdrehend (2S)-N-Methyl-1-phenylpropan-2-amin § 1 478, 486–491
- Racemat *(RS)*Metamfetamin (RS)-(Methyl)-(1phenylpropan-2-yl)azan § 1 478, 492, 493

Metamfetamin, linksdrehend s. Levmetamfetamin

Metamfetamin, rechtsdrehend
- Herkunft, Geschichte § 1 481–483
- deutscher Markt § 1 479, 480
- Vertriebs-/Konsumformen § 1 482–484
- Abhängigkeit § 1 491
- Wirkung (2. Strafsenat) § 1 485–491
- Wirkung (3. Strafsenat) § 1 485, 493
- Fahreignung
  - allgemein s. Fahreignung
  - zur Droge **Vorb 29** 1521, 1601
- Fahren unter – einfluss (§ 24a StVG) **Vorb 29** 1638–1672
- nicht geringe Menge § 29a 139–141

Metamfetamin, Racemat
- Herkunft, Geschichte § 1 481–483
- Vertriebs-/Konsumformen § 1 482–484

Sachverzeichnis

- Abhängigkeit § 1 491, 493
- Wirkung § 1 492, 493
- Fahreignung
  - allgemein s. Fahreignung
  - zur Droge **Vorb 29** 1521, 1601
- Fahren unter – einfluss (§ 24a StVG) **Vorb 29** 1638–1672
- nicht geringe Menge § 29a 143

Methadon
- Herkunft, Geschichte § 1 607
- Herstellung, Vertrieb § 1 608
- Konsumformen, Verwendung, Wirkung § 1 610
- Substitutionsmittel § 1 609, **BtMVV** § 5 106
- Fahreignung
  - allgemein s. Fahreignung
  - zur Droge **Vorb 29** 1521, 1523–1525, 1528, 1531, 1599, 1601
- nicht geringe Menge § 29a 133

Methamphetamin s. Metamfetamin
Methaqualon Anl III
- nicht geringe Menge § 29a 144

Methcathinon (Ephedron, Cat, Jeff) § 1 321, Anl I
Methedron s. Cathinone
Methiopropamin (MPA) s. Amfetamine, Anl I
- nicht geringe Menge § 29a 145

Methoden vertragsärztliche Versorgung (MVV-RL) **BtMVV** § 5 203–206
Methoxetamin (MXE)
  s. Phenciclidinderivate
Methoxyacetylfentanyl § 1 231
p-Methoxyethylamfetamin
  s. Amfetamine, Anl II
5-Methoxy-DMT s. 5-Meo-DMT
3-Methoxyphencyclidin (3-Meo-PCP) § 1 227, 501
4-Methylamfetamin s. Amfetamine, Anl II
Methylaminorex *(ICE)* § 1 483, Anl I
- nicht geringe Menge § 29a 146

2-Methyl-AP-237 § 1 233b
Methylbenzylpiperazin s. Piperazine
2-Methyl-Bucinnazin § 1 233b
4-Methylbuphedron (4-MeMABP)
  s. Cathinone, Anl I
Methylendioxyethylamfetamin s. MDE
Methylendioxymethamfetamin
  s. MDMA
Methylendioxypyrovaleron s. MDPV
3,4-Methylendioxypyrovaleron
  s. Cathinone, Anl II
4-Methylethcathinon (4-MEC)
  s. Cathinone, Anl II
α-**Methylfentanyl** s. AMF
3-Methylfentanyl s. Me-Fentanyl
Methylmethcathinon s. Mephedron
3- Methylmethcathinon s. Cathinone, Anl I
Methylmorphin s. Codein
Methylon s. Cathinone, Anl II
Methylphenidat, Anl III **BtMVV** § 2

Mexican brown s. Fentanyl
Mexikanischer Kahlkopf, Psilocybe mexicana § 1 441
Midazolam s. Benzodiazepine
Mietwohnung s. Kündigung
Mighty K § 1 19
Mikroorganismen AMG § 3 Nr. 4, **BtMG** § 1 198, § 2 43–45
Milieutaten § 35 39
Mimetika AntiDopG § 2 20
Minder schwerer Fall
- AntiDopG § 4 312–327
- BtMG **Vorb 29** 785–848
- NpSG § 4 174–196

Mindestmaß d Strafe **Vorb 29** 889–893
Mindeststandard s. b Drogenkonsumraum
Minenfeld Handeltreiben und Doppelverwertungsverbot Vorb 29 902, § 29a 258–270
Miosis Vorb 29 1552
Mischen
- als Handeltreiben § 29 494
- als Herstellen § 2 59
- in d tierärztlichen Hausapotheke **AMG** § 13 46, **BtMG** § 4 82, 83

Mischrezepte BtMVV § 5 147, 165
Mitarbeiter s. Arbeitnehmer
Mitbesitz
- b d einzelnen Delikten s. dort
- Waffe § 30a 150

Miteigentum b Einziehung § 33 342, 343
Mitsichführen
- v. Stoffen/Zubereitungen entgegen § 59a Abs. 1, 2 s Erwerben etc v. Stoffen/Zubereitungen entgegen § 59a Abs. 1, 2
- v. Waffen/gefährlichen Gegenständen § 30a 131–174

Mitragynin § 1 234
Mittäterschaft
- Begriff **Vorb 29** 259
  - vorgegebenes Zusammenwirken **Vorb 29** 260
  - Tatbeitrag **Vorb 29** 262–264
  - Tatplan, gemeinsamer **Vorb 29** 265
  - echte Sonderdelikte **Vorb 29** 261
- Abgrenzung **Vorb 29** 367–384
- sukzessive – **Vorb 29** 266–270
- Versuch **Vorb 29** 188–191
- Scheinmittäter **Vorb 29** 190
- vermeintlicher – **Vorb 29** 191
- Mittäterexzess **Vorb 29** 272, 273

Mitteilen einer Gelegenheit zum unbefugten Erwerb oder zur unbefugten Abgabe s. Verschaffen etc einer Gelegenheit zum unbefugten Erwerb (§ 29 Abs. 1 Satz 1 Nr. 10)
Mitteilen einer Gelegenheit zum unbefugten Verbrauch außerhalb eines Drogenkonsumraum s. Verschaffen etc (ohne Erlaubnis nach § 10a) einer Gele-

Sachverzeichnis

genheit zum unbefugten Verbrauch (§ 29 Abs. 1 Satz 1 Nr. 11)
Mitteilungen b Zurückstellung d Strafvollstreckung § 35 234–258
– Begleitung zum Therapieantritt § 35 242–246
– Therapiebericht § 35 249, 257
– Schweigepflicht § 35 252, 253
– Zeugnisverweigerungsrecht § 35 254–257
– Rahmendaten § 35 256
– Verstöße § 35 258
Mittelbare Täterschaft
– Begriff **Vorb 29** 248–250
– echte Sonderdelikte **Vorb 29** 253, 254
– unechte Sonderdelikte **Vorb 29** 255
– Täter hinter dem Täter **Vorb 29** 249, 250
Mittelbare Vorteile s. Eigennützigkeit
Mittelbarer Besitz
– b d einzelnen Delikten s. dort
Mittelbarer Vorsatz s. Vorsatz
Mitvertreiber AMG § 4 77, 91
Mitwirkung, erlaubte s. Alltagshandeln
Mitwirkungspflichten s. Pflichten
MMB-2201 (5F-AMB-PICA, 5F-MMB-PICA) s. Cannabinoide
4-MMC s. Mephedron
MM-Cat s. Mephedron
Modafinil Anl III, BtMVV §§ 2–4
Modellprojekte
– (Ausnahme)Erlaubnis § 3 64–101, § 5 1
– Betriebsstätte § 5 11
– Verantwortlicher § 5 8, 23, 24
Mohnkapseln
– Schließmohn, Schüttmohn § 1 627
– als Früchte § 2 30
– Herstellen v. Opium § 1 621
– nicht geringe Menge § 29a 156–159
Mohnstrohkonzentrat
– Begriff § 1 495, 496
– Konsumform § 1 497
– Verbreitung § 1 497
Molekülverbindungen § 2 17
Molotow-Cocktails § 30a 115
Monitoring-System b GBL § 1 595
Monkees go Bananas s. Cannabinoide
Moralisierende Erwägungen Vorb 29 1072
Morphin
– Anwendungsbereich d BtMG § 1 612
– Herkunft, Geschichte § 1 611
– Vertriebs-/Konsumformen § 1 613, 614
  – Rohmorphin § 1 613
  – Berliner Tinktur § 1 613
– Konsumeinheit § 1 615
– Wirkung § 1 615–618
– Toleranz § 1 617
– Gefährlichkeit § 1 618
– Abhängigkeit § 1 617
– Entzug § 1 616
– Fahreignung
  – allgemein s. Fahreignung

– zur Droge **Vorb 29** 1520, 1528, 1601
– Fahren unter – einfluss (§ 24a StVG) **Vorb 29** 1638–1672
– nicht geringe Menge § 29a 147, 148
Morphinbase § 1 372, 613
Morphinhydrochlorid § 1 613, 614
Morphin, retardiertes § 29 1501, BtMVV § 5 106
Morphinsalze § 1 613
Morphinsulfat s. Morphin, retardiertes
Morphiumkarbonat § 1 613
MPA s. Methiopropamin
MRA (Mutual Recognition Agreement) **AMG** § 72a 7
MRK s. Menschenrechtskonvention
MR-Procedure (Mutual Recognition Procedure) **AMG** § 21 5
MT-45 § 1 226
M-Tinke § 1 372
Muli s. Köperschmuggler
Mundhöhle, Öffnen d – Vorb 29 1151
Munition § 30a 98, 99
Muskelaufbaupräparate AMG § 2 98
Mutter, werdende, Weitergabe v. Drogen an Fötus § 29 1150, 1151
Mutterkornpilz (Claviceps purpurea) s. LSD
Mutual Recognition Agreement s. MRA
MVV-RL (Richtlinie „Methoden vertragsärztlicher Versorgung") **BtMVV** § 5 203–206
Mycel § 1 187, § 2 26
Mydriasis Vorb 29 1552

N
Nabilon § 3 121–123, 125, 127, Anl III
Nabilone § 3 123, 124
Nachbesserungspflicht d Gesetzgebers Einl 160, § 1 214
Nachfragemarkt, Deutschland als. – **Einl** 61–82
Nachlässiger Umgang mit Betäubungsmitteln § 29 1168–1170
Nachschau durch d Zollbehörden § 21 20–29
Nachsorge s. Therapie
Nachweise b Zurückstellung § 35 226–233, 277, 278
NADA AntiDopG Einl 12
NADC AntiDopG Einl 13
Nahrungsergänzungsmittel AMG § 2 1, 77, 87, 97, 108
Nandrolon AntiDopG § 2 20
Naphyron s. Cathinonderivate
Narkotika § 1 129
– **AntiDopG** § 2 21
Narrische Schwammerl § 1 439
Nationaler Rauschgiftbekämpfungsplan Einl 120
Nationale Strategie zur Drogen- und Suchtpolitik Einl 123

2403

Sachverzeichnis

(Nationale) Zulassung AMG § 21 4
Nationaler Testpool s. NTP
NATO-Truppenstatut Vorb 29 27–30
- Verkehr mit Betäubungsmitteln **§ 26** 10
- Vorrecht **Vorb 29** 29

Natürliche Handlungseinheit Vorb 29 569–573
Nazi Crank s. Metamfetamin
25B-NBOMe (2C-B-NBOMe)
  s. Phenetylamine (Anl I)
25C-NBOMe (2C-C-NBOMe)
  s. Phenetylamine (Anl I)
25I-NBOMe (2C-I-NBOMe)
  s. Phenetylamine (Anl I)
25N-NBOMe (2C-N-NBOMe)
  s. Phenetylamine (Anl I)
Nebenbestimmungen § 9 10–18
Nebentäterschaft Vorb 29 277, 278
Nebenwirkungen (AMG § 4 Abs. 13)
- Legaldefinitionen **AMG § 4** 28–30
- Humanarzneimittel *(Satz 1)* **AMG § 4** 28
- Tierarzneimittel *(Satz 2)* **AMG § 4** 28
- schwerwiegende *(Sätze 3, 4)* **AMG § 4** 30
- unerwartete *(Satz 5)* **AMG § 4** 30
- schädliche/unbeabsichtigte Reaktionen **AMG § 4** 29

NE-CHMIMO (JWH-018 N-[Cyclohexylmethyl]-Analogon s. Cannabinoide (Anl II)
Nederwiet **§ 1** 287
Needle-sharing **§ 1** 376, **§ 13** 68
NEH § 1 233a
Neuartige Therapien, Arzneimittel für –
  s. Arzneimittel für neuartige Therapien
Neue Drogen
- Fahreignung
  - allgemein s. Fahreignung
  - zu den Drogen: **Vorb 29** 1520, 1521, 1598
- als Problem d Positivlisten **§ 1** 19, 216, **NpSG Einl** 2
- Unterstellungen unter das BtMG **§ 1** 220–233

Neue psychoaktive Stoffe (NPS)
- Aufkommen **§ 1** 219, **NpSG Einl** 5–13
- Entwicklung, rechtliche **NpSG Einl** 14–21
- Gegenstand v. Eigentums-/Vermögensdelikten **NpSG § 4** 37
- Gefährlichkeit **NpSG Einl** 22
- Neuheit **NpSG Einl** 29, 30, **§ 2** 8

Neue-psychoaktive-Stoffe-Gesetz (NpSG)
- Ziel, Rechtsgüter **NpSG Einl** 23, 24
- Anwendungsbereich **NpSG § 1** 1–4
- Inkrafttreten, Geltung für früher erworbene Stoffe **NpSG Einl** 29, 30
- Systematik **NpSG Einl** 27, 28
  - verwaltungsrechtliches Verbot **NpSG § 3** 1
  - strafrechtliches Verbot **NpSG § 4** 1

Neuheit NpSG Einl 29, 30, **§ 2** 8
Nicht-Apotheken, Abgabe v. Arzneimitteln entgegen § 43 Abs. 3 Satz 1 (§ 95 Abs. 1 Nr. 4 Alt. 3), s. dort
Nichtarzt
- Verschreiben **§ 4** 25, **§ 13** 8, **§ 29** 1457, 1463, 1470
- Überlassen zum unmittelbaren Verbrauch **§ 13** 8, **§ 29** 1536, 1547–1552
- Verabreichen **§ 13** 8, **§ 29** 1536, 1539, 1540
Nichtbelieferung von Betäubungsmittelrezepten/-anforderungsscheinen s. b Belieferung
Nichtdeutscher Markt, bestimmt für d – **Vorb 29** 1056
Nicht geringe Menge, Betäubungsmittel
- Grenzwerte, Bestimmung **§ 29a** 67–75
- Grenzwerte b d einzelnen Betäubungsmitteln **§ 29a** 76–165
- mehrere Betäubungsmittel, Wirkstoffkombinationen **§ 29a** 170–172
- Bewertungs-/Tateinheit **§ 29a** 175
- sich entwickelnde Menge **§ 29a** 166–169
- verschiedene Verwendungszwecke **§ 29a** 173
- Zurechnung **§ 29a** 174

Nicht geringe Menge, Dopingmittel
- in Anlage zum AntiDopG aufgeführt **AntiDopG § 2** 97
- Grenzwerte in DmMV **AntiDopG § 2** 98–100
- Sucht-/Abhängigkeitspotential **AntiDopG § 2** 85

Nichtigkeit d Verfügungsgeschäfts
- im Drogenhandel **§ 29** 356, **§ 33** 122
Nichtinterventionelle Prüfung (AMG § 4 Abs. 23 Satz 3)
- Legaldefinition, Abgrenzung **AMG § 4** 101–104
Nicht offen ermittelnde Beamte § 4 142
Nicht vorhandene Betäubungsmittel
  s. Handeltreiben, Vorhandensein
Niederlande
- Drogenpolitik **Einl** 162, 163
- Rechtsgut: Volksgesundheit **§ 1** 7
Niedrigschwellige Angebote § 35 74
Nikotin Einl 132, 134, **§ 1** 21, 211
Nizza, Vertrag v. – **Einl** 57
NM-2201 (CBL-2201) s. Cannabinoide
NMR-Spektrometrie § 1 295
Normalfall, normativer **Vorb 29** 910
(+)-Norpseudoephedrin s. Cathin
Notdienstschalter AMG § 43 14
Notfall, Belieferung v. Betäubungsmittelrezepten **BtMVV § 12** 9
Notfallsanitäter § 13 9; **§ 29** 1534
Notfall-Verschreibung § 13 131, **§ 29** 1667, **BtMVV § 8** 8
Notstand
- entschuldigender – **§ 3** 107, **§ 29** Rn 45

Sachverzeichnis

- rechtfertigender – § 3 102–106, § 29 Rn 45
Notwendige Teilnahme Vorb 29 280–282
NTP (Nationaler Testpool) AntiDopG § 4 212
Number one s. Haschischöl
Nun-Chaku s. Drosselungsgeräte
Nutzen-Risiko-Verhältnis (AMG § 4 Abs. 28)
- Legaldefinition **AMG § 4** 112–118
Nutzhanf (§ 24 a)
- Definition *(Anlage I Cannabis (Marihuana) Buchst. d)* § 24a 13, 14
- Voraussetzungen § 24a 15–28
  - Unternehmen d Landwirtschaft § 24a 16–18
  - Merkmale d § 1 Abs. 4 ALG § 24a 20–23
  - Beihilfeberechtigung nach EU-Recht § 24a 24
  - zertifiziertes Saatgut § 24a 25
- Verkehrsformen § 24a 29–37
- gewerbliche/wissenschaftliche Zwecke § 24a 36
- Überwachung § 19 22–26, § 24a 38–44
- strafrechtliche Folgen § 24a 26–28

O

Obduktion b Drogentoten **Einl** 82
Objektive Strafbarkeitsbedingung
- Vorsatz **Vorb 29** 398
- Geltung d deutschen Strafrechts **Vorb 29** 32, 33
- Rauschwirkung **Vorb 29** 1659
- tatortbegründend **Vorb 29** 94
- Spitzensportler **AntiDopG § 4** 210
Observationsdienste als Handeltreiben § 29 452, 684, 685
Ocfentanil § 1 231
Offenbarung s. Aufklärungshilfe
Offene Drogenszene Vorb 29 1827, 1828
Öffentlich § 29 1776–1783 1870, 1904
- elektronisches Netz § 29 1779–1782
- mündliche Mitteilungen § 29 1777
- schriftliche Mitteilungen § 29 1778
Öffentliche Warnung s. Warnung
Öffentliches Amt
- als besonders schwerer Fall **Vorb 29** 1073, § 29 1988
Öffentliches Interesse
- Absehen v. d Verfolgung s. dort
- Ausnahmeerlaubnis § 3 85–99
Off-label-Use
- Abweichung v. bestimmungsgemäßen Gebrauch **AMG § 5** 33–36
- Missbrauch als Dopingmittel **AMG § 5** 39
- b Tierarzneimitteln grundsätzlich unzulässig **AMG § 56a** 9
- Verschreiben **AMG § 96** 85
Off-off-label-Use AMG § 5 33

Ohne Erlaubnis s. Handeln –
Omnimodo facturus b d
- Anstiftung oder Beihilfe s. dort
Online-Handel s. Internet
Open Web s. Internet
Opiathunger § 1 391
Opioidabhängigkeit BtMVV § 5 24–26, 29
Opioide, synthetische § 1 498
Opium
- Anwendung des BtMG § 1 620
- Herkunft, Geschichte § 1 619
- Herstellung, Vertriebsform § 1 621
- Konsumformen § 1 622
- Konsumeinheit § 1 623
- Wirkungen § 1 623–625
- Abhängigkeit § 1 625
- Fahreignung
  - allgemein s. Fahreignung
  - zur Droge **Vorb 29** 1520, 1527, 1528
- Fahren unter – einfluss (§ 24a StVG) **Vorb 29** 1638–1672
- eingestelltes **BtMVV § 2** Abs. 1 Nr. 16, § 4 Abs. 1 Nr. 7
- nicht geringe Menge § 29a 154, 155
Opiumasche *(Dross)* § 1 622
Opiumextrakt BtMVV § 2 Abs. 1 Nr. 17; § 4 Abs. 1 Nr. 8
Opiummohn s. Papaver somniferum
Opiumtee § 1 622
Opiumtinktur BtMVV § 2 Abs. 1 Nr. 18; § 4 Abs. 1 Nr. 9
Ordnungswidrigkeiten, Arzneimittelrecht
- Tatbestände **AMG § 97** 2–4
  - d Absatzes 1 **AMG § 97** 17
  - d Absatzes 2 **AMG § 97** 18–21
  - Rückverweisungstechnik **AMG § 97** 20
- Versuch, Vollendung **AMG § 97** 5
- Beteiligung **AMG § 97** 6, 7
- Handeln im Ausland **AMG § 97** 8, 9
- Rechtswidrigkeit **AMG § 97** 10, 11
- Subjektiver Tatbestand **AMG § 97** 12–15
- Verfolgungsverjährung **AMG § 97** 16
- Bußgeldbehörde **AMG § 97** 25
Ordnungswidrigkeiten, Betäubungsmittelrecht
- Tatbestände § 32 3–28
- Subjektiver Tatbestand § 32 28
- Bußgeldbehörde § 32 30
Ordnungswidrigkeitsrecht statt Strafrecht **Einl** 172
Organisationsdelikt, uneigentliches. – **Vorb 29** 276, **AMG Vorb 95** 19
Organisationshaft Vorb 29 1360, 1361
Organisierte Kriminalität Einl 17–22, 89–93, § 1 8, 30, § 29 190–194
Organisierter Sport
- Maßnahmen d – **AntiDopG Einl** 11–15
- Wettbewerb d – s. dort

2405

Sachverzeichnis

Organisierter Waren- und Finanzzyklus
als Handeltreiben § 29 473–476
Orientierung durch d Strafrahmen **Vorb 29** 879–899
Ort der Tat Vorb 29 84–112
Orthofluorfentanyl § 1 232
OTC-Präparate AMG § 43 1, 3
O-Tee § 1 622
O-Tinke **§ 1** 622
Outdoor-Plantage
– Besitz **§ 29** 1365
Outsourcing AMG Vorb 95 85, 86
Oxazepam s. Benzodiazepine
Oxycodon BtMVV § 2 Abs. 1 Nr. 19, **§ 3** Abs. Nr. 6

P

Packungsbeilage
– Hinweis auf Doping **AntiDopG § 7**
Paddo's (paddestoelen) **§ 1** 449
Panaeoli s. Düngerlinge
Pancake (Crack) **§ 1** 560
Papaver bracteatum (Papaver orientale, Türkenmohn) Anl II **§ 1** 499, 500
Papaver rhoeas s. Klatschmohn
Papaver somniferum (Opiummohn, Schlafmohn) Anl III
– Anwendungsbereich d BtMG **§ 1** 171, 629–635, **§ 29** 51
– Herkunft, Geschichte, Arten **§ 1** 626–628
– homöopathische Arznei **§ 1** 634
– Pflanzenauszüge **§ 1** 635
– Samen **§ 1** 172, 630–632
– Zierzwecke **§ 1** 633
Paketmarke § 29 1753
Paracetamol § 2 59
– AMG **§ 48** 63, **AMVV**
– BtMG **§ 29** 791, 837
Parallelhandel
– Anzeige AMG **§ 67** 16, 17, **Vorb 72** 3
– aus EU/EWR-Staaten **AMG Vorb 72** 1
– aus Drittstaaten **AMG Vorb 72** 2
– Verbringen zur Herstellung **AMG Vorb 72** 4
Parallelimport
– Begriff **AMG Vorb 72** 5
– Parallelimporteur **AMG § 4** 77, **Vorb 72** 7
– Erfordernis d Zulassung **AMG Vorb 72** 7–9
– vereinfachtes Zulassungsverfahren **AMG Vorb 72** 7, 8
– Erlöschen d Bezugszulassung **AMG Vorb 72** 9
Parallelvertrieb
– Begriff **AMG Vorb 72** 10
Parallelwertung s. Laiensphäre
Party Caps NpSG Einl 10
Passivrauchen, Aufnahme v. Cannabis **Vorb 29** 1521, 1658
Paternalismus AMG § 48 1, 2, **AntiDopG § 1** 4–7, **BtMG § 1** 6

Paul-Ehrlich-Institut (PEI) AMG § 77 4
PB-22(QUPIC) s. Cannabinoide
5F-PB-22 s. Cannabinoide
PCE (Etycyclidin) s. Phencyclidinderivate
PCP s. Phencyclidinderivate
PCP (Phencyclidin) *angel's dust, green, hog, peace pill, peace powder, star dust, star tripper*
– Herkunft, Geschichte **§ 1** 424, 425
  – Varianten **§ 1** 426
– Vertriebs-/Konsumformen **§ 1** 427
– Wirkung **§ 1** 428–431
– Abhängigkeit **§ 1** 431
– Fahreignung
  – allgemein s. Fahreignung
  – zur Droge **Vorb 29** 1520
– Flash-back **§ 1** 430
PCPr s. Phencyclidinderivate
PCPy (PHP, Rolicyclidin) s. Phencyclidinderivate
Peace-pill s. PCP
Peace-powder s. PCP
Pearl s. GHB
Pentedron s. Cathinonderivate (Anl II)
Pentylon (bk-MBDP) s. Cathinonderivate (Anl I)
Peptidhormone AntiDopG § 2 20
Persian white s. Fentanyl
Pep pills s. Amfetamin
Personenkontrollen, Wegfall d – **§ 2** 92
Persönlichkeitsstörung, dissoziale – **Vorb 29** 498–500
Persönlichkeitsveränderung als Folge d Drogenkonsums **Vorb 29** 476, 495–500
Pervitin s. Metamfetamin
Peyote, Peyotl s. Mescalin
Pfefferspray § 30a 118
Pflanzen AMG § 3 1, **BtMG § 2** 22
Pflanzenabfall s. Entsorgung
Pflanzenbestandteile AMG § 3 1, **BtMG § 2** 37
Pflanzendünger s. Cathinone (Anl II)
Pflanzenteile AMG § 3 1, **BtMG § 2** 29–31
Pflaster AMG § 2 85
Pflegeheim(en), Verschreiben v. Betäubungsmitteln **BtMVV § 5c**
Pflegepersonen § 13 8
Pflichten b Überwachung, Arzneimittelverkehr (AMG § 66)
Grundtatbestand (AMG § 66)
– Duldung, Unterstützung, Auskunft **AMG § 66** 1
Bußgeldvorschrift für vorsätzliche/fahrlässige Zuwiderhandlungen (§ 97 Abs. 2 Nr. 26)
– **AMG § 66** 2, **§ 97** 2–16, 18–20, 22–24
Pflichten b Überwachung, Betäubungsmittelverkehr (BtMG § 24)
Grundtatbestand (§ 24)
– Duldung, Unterstützung, Auskunft **§ 24** 3–6
– Drogenkonsumräume **§ 24** 8

Sachverzeichnis

Bußgeldvorschrift für vorsätzliche/fahrlässige Zuwiderhandlungen (§ 32 Abs. 1 Nr. 13)
- Adressaten **§ 32** 21
- Drogenkonsumräume **§ 32** 22

Pflichtdelikte s. Sonderdelikte

p-FPP (para-Fluorphenylpiperazin) s. Piperazinderivate

Pharmaberater

Grundtatbestände (AMG §§ 75, 76)
- Auftrag, Aufgaben, Sachkenntnis *(§ 75)* **AMG § 75** 1–4
- Tätigkeit **AMG § 75** 1, 2
- Pflichten *(§ 76 Abs. 1)* **AMG § 76** 1, 2
- Abgabe v. Ärztemustern, Nachweispflicht *(AMG § 76 Abs. 2)* **AMG § 76** 3
- Lagern v. Ärztemustern **AMG § 76** 4

Bußgeldvorschriften für vorsätzliche/fahrlässige Zuwiderhandlungen (§ 97 Abs. 2 Nr. 28, 29, 30),
- **AMG § 75** 5, **§ 76** 5, **§ 97** 2–16, 18–20, 22–24

Pharmakologische Wirkung AMG § 2 76–78

Pharmakovigilanz (AMG §§ 62–63k) – Vorb 95 65

Pharmaunternehmen
- Aufgaben-/Verantwortungsbereiche **AMG § 19** 22–36, **Vorb 95** 113
- Betriebsinhaber **AMG § 19** 23–26, **Vorb 95** 114
- Sachkundige Person **AMG § 19** 27, **Vorb 95** 115, 116
- Leiter d Herstellung **AMG § 19** 28, 29, **Vorb 95** 117
- Leiter d Qualitätskontrolle **AMG § 19** 30, 31, **Vorb 95** 117
- Stufenplanbeauftragter **AMG § 19** 33, **Vorb 95** 117
- Informationsbeauftragter **AMG § 19** 34, 35, **Vorb 95** 117
- Vertriebsleiter **AMG § 19** 36, **Vorb 95** 117

Pharmazentralnummer BtMAHV § 1 5

Pharmazeutischer Unternehmer (AMG § 4 Abs. 18)
- Legaldefinition **AMG § 4** 74–79
- Sitz **AMG § 9** 6–8

PharmStV
- Ermächtigungsgrundlage **AMG § 6** 12
- Anwendungsvorbehalt für d Tierarzt **AMG § 56a** 43

Phenazepam § 1 527–530

Phencyclidin s. PCP

Phencyclidinderivate
- (Anl I) **§ 1** 432–434
- (Anl II) **§ 1** 501

Phenetylamine (Anl I) § 1 435

Phenobarbital (Anl III) **§ 1** 131

Phenylethylamine
- (Anl I) **§ 1** 436, 437
- (Anl II) **§ 1** 502, 503

Philosophers Stones s. Kahlkopf, mexikanischer

Phonokassette als Schrift **§ 29** 1908

PHP (PCPy, Rolicyclidin) s. Phencyclidinderivate (Anl I)

α-**PHP § 1** 233a

α-**Pyrrolidinohexanophenon (Alpha-PHP, α-PHP, PV-7) § 1** 233

Physische Abhängigkeit s. Abhängigkeit

Physiologische Funktionen AMG § 2 65

Pick-up-Stelle
- Apotheke **AMG § 43** 32, **§ 73** 7
- Einzelhandel **AMG § 50** 5

PIHKAL § 1 344

Pilz(e)
- **AMG § 3** 1, **BtMG § 1** 185–190, **§ 2** 25, 26, 33–35, 37
- Mycel s. dort

Piperazinderivate (Piperazine) **§ 1** 504, 505

Piperidinderivate § 1 506

Placebo AMG § 2 28

Plantage s. Cannabisplantage

Platzpatronen § 30a 98

Platzverweis Vorb 29 1829, 1830

Plutei (Dachpilze) **§ 1** 440

Polamidon s. Levomethadon

Polizeiliche Befugnisse
- NpSG **§ 3** 49–57

Polizeiliche Kontrolle
- Einfuhr **§ 2** 71, **§ 29** 900, 918, 920
- Handeltreiben **§ 29** 225, 286–289, 366, 374
- Strafzumessung **Vorb 29** 823, 1031–1032

Polizeiliche Sicherstellung
- BtMG s. polizeiliche Kontrolle
- NpSG **§ 3** 50–54, 56

Polizeiliche Überwachung s. polizeiliche Kontrolle

Polizeiliche Verwahrung, Verwertung, Vernichtung, Herausgabe
- NpSG **§ 3** 55, 56

Polizeispitzel, Ausräumen d Verdachts **§ 29** 331

Polski-Kompott s. Kompott

Polytoxikomanie § 1 54, 55, **§ 35** 29

Polyvalenter Substanzmissbrauch § 1 56

Pompidou-Gruppe Einl 36

Poolen von Substitutionsmitteln **BtMVV § 5** 183

Portionieren als Handeltreiben **§ 29** 496

Position s. Tatsächliche -

Positivliste BtMG § 1 12–20, **NpSG § 2** 10, 11

Postdienstleister, Vorlagepflicht auch in den Fällen des AMG, AntiDopG, NpSG **§ 21** 30–33

Postsendungen
- Vorlage an Staatsanwaltschaft **§ 21** 30–32
- Weltpostvertrag **§ 32** 25–27

Post-Traumatisches-Stress-Syndrom (PTSD) § 35 63

Pot s. Marihuana

2407

Sachverzeichnis

Potentielles Gefährdungsdelikt § 29 271, 272
PPP s. Phencyclidinderivate
Präsentationsarzneimittel s. Arzneimittelbegriff
Prävention Einl 118, 122, 175
Praxisgemeinschaft s. Gemeinschaftspraxis
Präzisionsschleuder § 30a 115
Pressen als Bearbeiten § 2 60
Primera (Haschisch) § 1 285
Privatgeheimnis § 22 4
Privatpersonen s. b Überwachung
Private Krankenversicherung § 29 1492
Privilegierende Spezialität Vorb 29 713, 724
Probe Abgabe einer – als Gewerbsmäßigkeit § 29 2006
Probenkauf (Testkauf) § 29 418
Probelieferung Vorb 29 614
Probenahme AMG § 65 1, **BtMG** § 23 1–11
Procain § 2 59
Prodrugs AMG § 2 81, **BtMG** § 1 235, 236
– GBL § 1 592–595
Producta sceleris s. Tatprodukte
Produkthaftung, zivilrechtliche
– Gefährdungshaftung **AMG Vorb 95** 119, 120
– deliktische Haftung **AMG Vorb 95** 121–126
– § 823 Abs. 1 BGB **AMG Vorb 95** 122, 123
– § 823 Abs. 2 BGB **AMG Vorb 95** 124–126
Produkthaftung, strafrechtliche (Produktverantwortlichkeit)
– Arbeitsteiligkeit **AMG Vorb 95** 51
– Erlaubtes Risiko **AMG Vorb 95** 52–54
– Fahrlässige Körperverletzung/Tötung **AMG Vorb 95** 55–118
– Unterlassen **AMG Vorb 95** 57–63
  – Garantenstellung, Garantenpflichten **AMG Vorb 95** 58–63
– Pflichtenkreis b Herstellung/Vertrieb **AMG Vorb 95** 64–67
– Verantwortlichkeit b Arbeitsteilung **AMG Vorb 95** 68–86
– Organisationsverantwortung **AMG Vorb 95** 69, 71, 80
– Eingriffsverantwortung in Ausnahme-/Krisenfällen **AMG Vorb 95** 71, 75, 76
– Vertrauensgrundsatz **AMG Vorb 95** 73, 74, 78, 81, 83, 85
– Ursächlichkeit, Nachweis **AMG Vorb 95** 87–93
– Selbstgefährdung, Fremdgefährdung **AMG Vorb 95** 94
– Rechtswidrigkeit **AMG Vorb 95** 95–99
  – Einwilligung **AMG Vorb 95** 96
  – behördliche Genehmigung/Erlaubnis **AMG Vorb 95** 45, 97–99
  – Genehmigungsfähigkeit **AMG Vorb 95** 53, 99

– Zulassung **AMG** § 25 10–15, **Vorb 95** 98, 99
– Fahrlässigkeit **AMG Vorb 95** 100–118
– Grundsätze **AMG Vorb 95** 101–112
– verantwortliche Personen **AMG Vorb 95** 113–118
Produktstatus (v Arzneimitteln)
– freiverkäuflich **AMG** § 43 1, 6
– apothekenpflichtig (OTC) **AMG** § 43 1, 3
– verschreibungspflichtig (Rx) **AMG** § 43 1, 4, 5
– Wechsel d – b zentral zugelassenen Arzneimitteln **AMG** § 48 6
Profitgier s. Gewinnstreben
Prozessverhalten Vorb 29 1086–1101
Prüfer (AMG § 4 Abs. 25)
– Legaldefinition **AMG** § 4 107
Prüferlaubnis AMG § 16 8
Psilocin s. Psilocybin
Psilocybe s. Kahlköpfe
– Psilocybe (Stropharia) cubensis s. Magic Mushroom
Psilocybin
– Anwendungsbereich d BtMG § 1 442
– Herkunft, Geschichte § 1 438
– halluzinogene Pilze § 1 439–441
– Vertriebs-/Konsumformen § 1 443, 444
– Konsumeinheit § 1 447
– Wirkung § 1 445–448
– Toleranzbildung § 1 446
– Abhängigkeit § 1 446
– Fahreignung
  – allgemein s. Fahreignung
  – zur Droge **Vorb 29** 1520, 1521, 1601
– nicht geringe Menge § 29a 153
– freier Warenverkehr § 1 449
Psychische Abhängigkeit s. Abhängigkeit
Psychiatrisches Krankenhaus
– Zweck, Abgrenzung **Vorb 29** 1407–1411
– Verfahren, Sachverständiger **Vorb 29** 1412
– Voraussetzungen **Vorb 29** 1413–1430
  – Anlasstat **Vorb 29** 1414, 1415
  – im Zustand der §§ 20, 21 StGB **Vorb 29** 1416–1418
  – länger dauernder psychischer Defekt **Vorb 29** 1419–1423
  – Erwartung erheblicher rechtswidriger Taten **Vorb 29** 1424–1430
  – infolge seines Zustandes **Vorb 29** 1426
  – für d Allgemeinheit gefährlich **Vorb 29** 1430
– Ermessen, kein – **Vorb 29** 1431
– Überweisung in d Vollzug einer anderen Maßregel **Vorb 29** 1405, 1406, 1431
Psychosoziale Begleitung § 35 62
Psychosoziale Defizite § 1 71–75
Psychotonika s. Stimulantia
Psychotrope Wirkung b Umwandlung Basen/Salze § 1 143
PTSD (Post-Traumatisches-Stress-Syndrom) § 35 63

Sachverzeichnis

Purple hearts § 1 520
PV-7 § 1 233a
α-PVP(α-Pyrrolidinovalerophenon)
s. Cathinonderivate (Anl II) § 1 224
α-Pyrrolidinohexanophenon (Alpha-PHP, α-PHP, PV-7) § 1 233a

Q
QM-System (Qualitätsmanagement) AMG § 19 15
Qualifikation, suchttherapeutische
– allgemein § 13 148, BtMVV § 5 89, 90
– b d diamorphingestützten Substitutionsbehandlung BtMVV § 5a 5, 6
Qualität (AMG § 4 Abs. 15)
– Legaldefinition AMG § 4 39
Qualitätsgeminderte Arzneimittel/ Wirkstoffe, Herstellen, Inverkehrbringen entgegen § 8 Abs. 1 Nr. 1 (AMG § 95 Abs. 1 Nr. 3a Alt. 1)
Grundtatbestand (AMG § 8 Abs. 1 Nr 1)
– Qualitätsgeminderte Arzneimittel/Wirkstoffe AMG § 8 9–16
  – Abweichen v. d anerkannten pharmazeutischen Regeln AMG § 8 10, 11
  – nicht unerhebliche Minderung d Qualität AMG § 8 12–16
– Herstellen AMG § 8 17
– Inverkehrbringen AMG § 8 17
Strafvorschrift (AMG § 95 Abs. 1 Nr. 3a Alt. 1, Abs. 2 bis 4)
– Tathandlungen AMG § 95 111–122
  – Arzneimittel, Wirkstoffe AMG § 95 112, 113
  – Herstellen AMG § 95 115, 116
  – Inverkehrbringen AMG § 95 117
  – entgegen § 8 Abs. 1 Nr. 1 AMG § 95 119–122
– Vorbereitung, Versuch, Vollendung, Beendigung AMG § 95 123–128
– Täterschaft, Teilnahme AMG § 95 129–132
– Handeln im Ausland AMG § 95 133
– Subjektiver Tatbestand AMG § 95 134–137
  – Fahrlässigkeit § 95 134, 137
– Konkurrenzen AMG § 95 138, 139
– Strafzumessung AMG § § 95 140
Besonders schwerer Fall, Regelbeispiele (Absatz 3) AMG § 95 422–462
Qualitätsmanagement s. QM-System
Qualitätssicherungskommission MVV-RL (Anh F 2) § 8
Quantensprung b Einsatz eines agent provocateur § 4 209–215

R
Racemat (Razemat) § 2 16
Racemisches Gemisch s. Racemat
Radfahrer, Versuchs d
– Ausfuhr § 29 1038

– Einfuhr § 29 897, 983
Rahmenbeschlusskonforme Auslegung § 29 186, 187
Rahmendaten, Auskunft über – § 35 256
Raub als Handeltreiben § 29 524, 525
Räuberische Erpressung s. Erpressung
Rauchen als Konsumform § 1 138
Rausch § 1 58–60, Vorb 29 493, 504–511
Rauschgiftanhaftungen, -rückstände
s. Anhaftungen
Rauschgiftsofortmeldung § 27 3
Rauschgiftutensilien s. Utensilien
Realkonkurrenz (Tatmehrheit) Vorb 29 704–708
Rebound-Effekt Vorb 29 1548
RC (Research Chemicals) NpSG Einl 13
Rechtliche Handlungseinheit Vorb 29 565–568
Rechtsanwälte s. Ansichnehmen
Rechtsgüter, AMG
– Verwaltungsrechtsgüter AMG § 1 5
  – Leben, Gesundheit d Einzelnen/Bevölkerung, Umwelt AMG § 1 5
– Strafrechtsgüter AMG § 1 6
  – wie Verwaltungsrechtsgüter
Rechtsgüter, AntiDopG
– Gesundheit d Sportler AntiDopG § 1 4–11
– Gesundheit d Bevölkerung AntiDopG § 1 18–20
– Fairness, Chancengleichheit im Sport AntiDopG § 1 12–15
– Vermögen, lauterer Wettbewerb AntiDopG § 1 17
Rechtsgüter, BtMG
– Gesundheit d Einzelnen § 1 3, 5, 6
– Gesundheit d Bevölkerung § 1 3, 7
– v. Rauschgift nicht beeinträchtigtes soziales Zusammenleben § 1 3, 8
– Jugendschutz § 1 3, 8
– Schutz vor Organisierter Kriminalität § 1 3, 8
– internationale Zusammenarbeit § 1 3, 8
Rechtsgüter, NpSG
– Gesundheit d Bevölkerung NpSG Einl 24
– Gesundheit d Einzelnen NpSG Einl 24
Rechtspolitische Gründe, Besitz aus. – § 29 1360
RCS-4 s. Cannabinoide
RCS-4 ortho-Isomer (o-RCS-4)
s. Cannabinoide
Reefer s. Marihuana
Regelbeispiele (AMG) § 95 Abs. 3 Satz 2
Regelbeispiele allgemein
– Anwendung AMG § 95 455–462
– Indizwirkung AMG § 95 457
– Kompensation AMG § 95 458
– Analogiewirkung AMG § 95 459
– Gegenschlusswirkung AMG § 95 459
– Versuch AMG § 95 449–4510
– mehrere Beteiligte AMG § 95 452, 453
– Subjektiver Tatbestand AMG § 95 454

Sachverzeichnis

Regelbeispiele für alle Tatbestände
- Satz 2 Nr. 1 Buchst. a: Gefährdung d Gesundheit einer großen Zahl v. Menschen **AMG § 95** 434–439
- Satz 2 Nr. 1 Buchst. b: einen anderen der Gefahr d Todes/schwerer Schädigung an Körper oder Gesundheit aussetzen **AMG § 95** 440, 441
- Satz 2 Nr. 1 Buchst. c: Erlangen v. Vermögensvorteilen großen Ausmaßes aus grobem Eigennutz **AMG § 95** 442–445

Regelbeispiel für einen bestimmten Tatbestand
- Satz 2 Nr. 2: gewerbs-/bandenmäßiges Herstellen/Inverkehrbringen gefälschter Arzneimittel/Wirkstoffe **§ 95** 446–448

Regelbeispiele (BtMG) § 29 Abs. 3 Satz 2
Regelbeispiele allgemein
- Anwendung **§ 29** 2039–2074
- Indizwirkung **§ 29** 2040–2044
- Kompensation **§ 29** 2045–2053
- Analogiewirkung **§ 29** 2055–2058
- Gegenschlusswirkung **§ 29** 2059
- Versuch **§ 29** 2023, 2024, 2035, 2066–2070
- mehrere Beteiligte **§ 29** 2071
- Subjektiver Tatbestand **§ 29** 2072

Regelbeispiele für bestimmte Tatbestände
- Satz 2 Nr. 1: gewerbsmäßiges Handeln in den Fällen d Absatzes 1 Satz 1 Nr. 1, 5, 6, 10, 11 oder 13
  – gewerbsmäßig **§ 29** 2002–2027
- Satz 2 Nr. 2: Gefährdung d Gesundheit mehrerer Menschen in den Fällen d Absatzes 1 Satz 1 Nr. 1, 6 oder 7
  – Gefährdung d Gesundheit mehrerer Menschen **§ 29** 2028–2038

Regelfall Vorb 29 885–888
Regeltatbild Vorb 29 907, 910
Regenboogje s. m-CPP
Regierungsmitglieder ausländische **Vorb 29** 18
Registered Testing Pool s. RTP
Reimport s. auch Parallelhandel
- Begriff **AMG Vorb 72** 6
- Erfordernis d Zulassung **AMG Vorb 72** 7
- vereinfachtes Zulassungsverfahren **AMG Vorb 72** 8
- Erlöschen d Bezugszulassung **AMG Vorb 72** 9

Reinigen, als Herstellen **AMG § 4** 35, **AntiDopG § 2** 34, 35, **BtMG § 2** 63, **NpSG § 2** 20
Reisebedarf s. Reiseverkehr
Reisegepäck § 29 911–916, 988–994
Reisespesen, Einziehung **§ 33** 63, 321, 328, 330
Reisegewerbe (AMG § 51)
Grundtatbestand (AMG § 51)
- Begriff **AMG § 51** 2
- Verbot **AMG § 51** 1, 2
- Ausnahmen **AMG § 51** 3–5

- Besuch anderer Geschäftsinhaber **AMG § 51** 6, 7
- Handlungsreisende **AMG § 51** 8
- Zivilrecht **AMG § 51** 10

Bußgeldvorschrift für vorsätzliche/fahrlässige Zuwiderhandlungen (§ 97 Abs. 2 Nr. 15)
- **AMG § 97** 2–16, 18–20, 22–24

REITOX Einl 44, 45
Reizstoffsprühgerät § 30a 115
Reklamation b Handeltreiben **§ 29** 423
Rekonstitution (AMG § 4 Abs. 31)
- Legaldefinition **AMG § 4** 119
Remedacen § 1 576, 577, **§ 13** 90, **AMG Einl** 9
Remimazolam § 1 233b
Research Chemicals (RC) s. RC
Resozialisierung § 37 27
Restsubstanzen s. Anhaftungen
Rettungsdienst Verschreibungen für – **BtMVV § 6**
Rettungsassistent § 13 9, **§ 29** 1534
Rettungssanitäter s. Rettungsassistent
Reversed undercover operation s. Sellbust-operation
Rezept s. Verschreiben/Verschreibung
Rezeptsammelstelle AMG § 50 5
Rezepturarzneimittel AMG § 4 5–9
Rezeptur, verlängerte s. Defektur
Risiko s. Anwendungsrisiko
Risikoeinwilligung
  s. Gefährdungseinwilligung
Risspilze (Inocybe) **§ 1** 440
Rockets, Rocks (Crack) **§ 1** 559
Rohy, Rosch (Rohypnol) **§ 1** 585
Rohypnol s. Flunitrazepam
Rohstoff AMG § 2 14, 18–21
Rolicyclidin (PHP, PCPy)
  s. Phencyclidinderivate
Roter Libanese **§ 1** 285
Roxanne (Crack) **§ 1** 559
RTP (Registered Testing Pool) AntiDopG § 4 212
Rückfall
- psychische Abhängigkeit als Ursache für d **§ 1** 46
- Strafzumessung **Vorb 29** 766, 1060, 1064, 1065, 1261, 1398
- Widerruf d Strafaussetzung **Vorb 29** 1239–1263
- Zurückstellung **§ 35** 153, 282–285
Rückgabe b Betrieb einer
- Apotheke **§ 4** 40, 41
- tierärztlichen Hausapotheke **§ 4** 86
Rückgabe b Handeltreiben **§ 29** 423
Rückgabe nach Abgabe **AMG § 4** 71
Rücknahme d Erlaubnis s. b d einzelnen Erlaubnissen
Rückruf
- auf behördliche Anordnung **AMG § 69** 9, 12, 26, 27

Sachverzeichnis

- Pflicht zum – kraft Garantenstellung **AMG Vorb 95** 62, 65, 92, 93
- Zumutbarkeit **AMG Vorb 95** 112

Rückstände s. Anhaftungen
Rückverweisungstechnik, Bedenken
- AMG **Vorb 95** 4, 12, **§ 97** 19, BtMG **§ 29** 1958, **§ 32** 10

Run (free base) **§ 1** 556
Rush **§ 1** 379
Rx-Präparate AMG § 43 1, 4, 5

S
Sachkenntnis
- regelmäßige Anforderungen **§ 6** 2–7
- Abweichen v. d Anforderungen **§ 6** 8–11

Sachkundige Person
- Vorhandensein **AMG § 14** 2–5
- Verantwortungsbereiche **AMG § 19** 1–7, 27
- Verantwortlichkeit, strafrechtliche **AMG Vorb 95** 115, 116

Sachverständige b d Überwachung **AMG § 64** 6, **BtMG § 22** 4
Salty Water s. GHB
Salutwaffen § 30a 99
Salvia divinorum (Aztekensalbei, Wahrsagesalbei, Zaubersalbei) § 1 450–453
- Anwendung d BtMG **§ 1** 451
- Herkunft **§ 1** 450
- Konsumformen **§ 1** 452
- Wirkung **§ 1** 453

Salze § 1 142, 143, **§ 2** 18
Samen § 2 31
- als Betäubungsmittel **§ 1** 172, 179–183
- einzelner Pflanzen s. b diesen
- v. Tieren **§ 2** 41

Sammeleinkauf, Sammelbestellung s. Einkaufsgemeinschaft
Sammeln v. Arzneimitteln
- Anzeigepflicht **AMG § 67** 3
- Untersagung **AMG § 69** 28, 29

Sammelstelle (Waren- und Finanzzyklus) **§ 29** 475
Samthäubchen (Conocybe) **§ 1** 440
San-Pedro-Kaktus s. Mescalin
Sanktionsschere Vorb 29 1091
SAR Vorb Anh H
SARS-CoV-2 s. Corona-Pandemie
Sativex **§ 3** 121
Schadensersatz, Haftung des Dealers **Vorb 29** 1796
Schadensreduzierung s. Harm reduction
Schädliche Neigungen s. Jugendstrafe
Schädliche Reaktionen s. Nebenwirkungen
Schädlicher Gebrauch § 1 64
Schein(auf)käufer § 4 136, 142
Scheingeschäfte s. Scheinverhandlungen
Scheinverhandlungen
- Folge d Deliktsnatur **§ 29** 290, 291
- b Verkaufs-/Kaufgeschäften **§ 29** 366, 374
- b Verkaufs-/Kaufangeboten **§ 29** 397, 415

Scheindrogen s. Imitate
Scheinwaffen § 30a 100, 105
SCHEMBL 7327360 § 1 233a
Schengen, Übereinkommen v. – **Einl** 37–40, **§ 2** 89–93
Schengener Durchführungsübereinkommen (SDÜ) Einl 37–40; **§ 2** 89–93; **Vorb 29** 37–67, **Anh B 4.1**
- rechtskräftige Aburteilung **Vorb 29** 40, 41
- Entscheidungen m beschränkter Rechtskraftwirkung **Vorb 29** 50–53
- Abwesenheitsurteile **Vorb 29** 54
- Identität d Tat **Vorb 29** 42, 55–59
- Vollstreckung **Vorb 29** 42, 60–63
  - EU-Grundrechte-Charta (GrCh) **Vorb 29** 70, 71
- Ort d Tat, deutscher Vorbehalt **Vorb 29** 64–67

Schiedsgerichte AntiDopG § 11 7–11
Schiedsvereinbarungen im Sport s. Sportgerichtsbarkeit
Schierling § 1 203
Schiffe s. Deutsche Schiffe
Schimmelafghan **§ 1** 285
Schlafmohn s. Papaver somniferum
Schlagring § 30a 115
Schlagstock § 30a 115
Schließfachschlüssel § 29 531, 545, 800, 1203, 1267, 1339
Schließmohn § 1 627
Schmetterlinge s. m-CPP
Schnee (snow) **§ 1** 542
Schnüffelstoffe § 1 22
Schreckschussmunition s. Platzpatronen
Schreckschusswaffen § 30a 97, 98
Schrittmacherfunktion v
- Amfetamin **§ 1** 522
- Cannabis **§ 1** 317–318

Schuldangemessene Strafe s. Gerechter Schuldausgleich
Schuldausgleich s. Gerechter Schuldausgleich
Schuldfähigkeit und Betäubungsmittelabhängigkeit **Vorb 29** 465–550
- Ausgangspunkt **Vorb 29** 465–468
- Grundsatz **Vorb 29** 469–480
- Schuldunfähigkeit **Vorb 29** 470, 471. 520–524
- erheblich verminderte Schuldfähigkeit **Vorb 29** 472–480, 525–533
- Betäubungsmittelabhängigkeit, Feststellung **Vorb 29** 483–487
- Betäubungsmittelabhängigkeit, Zuordnung **Vorb 29** 488–511
- biologische Merkmale **Vorb 29** 490–493
- nach d Rechtsprechung primär relevante Merkmale **Vorb 29** 494–511
- Zusammenhang mit d Tat **Vorb 29** 512–514

Sachverzeichnis

- Sachverständigengutachten **Vorb 29** 541–546
- Strafzumessung **Vorb 29** 755–768
- Zweifel **Vorb 29** 467, 468
- actio libera in causa **Vorb 29** 547–550

Schuldformen, Irrtumsfragen Vorb 29 388–464

Schuldunabhängiger Strafmilderungsgrund
- b Tatprovokation (Strafzumessung) s. dort
- b Verfahrensverzögerung s. dort

Schuldunfähigkeit s. Schuldfähigkeit
Schulmedizin s. Außenseitermethoden
Schulrecht, Betäubungsmittel im – **Vorb 29** 1818–1820
Schuss (Injektion) **§ 1** 376
Schusswaffe § 30a 94–107
Schüttmohn § 1 627
Schutz der Gesundheit, Rechtsverordnungen zum – s. Rechtsverordnungen zum Schutz d Gesundheit
Schwächen d BtMG **Einl** 126

Schwangerschaft
- Abgabe v. Drogen an ungeborenes Kind **§ 29** 1150, 1151
- Strafmilderungsgrund **Vorb 29** 1080, 1081
- Substitutionszweck **BtMVV § 5** 69
- Zurückstellung **§ 35** 86

Schwarzer Afghane **§ 1** 285
Schwarzer Kongo **§ 1** 285
Schwarzer Nepalese **§ 1** 285
Schwarzmarkt s. Drogenmarkt

Schweigen, im Rahmen d
- Aufklärungshilfe **§ 31** 62–64
- Strafzumessung **Vorb 29** 1087, 1088

Schweigepflicht
- Mitteilung über Therapieverlauf und – **§ 35** 252, 253
- Weisung zur Entbindung von d – **Vorb 29** 1226, **§ 35** 172–177, **§ 36** 125

Schweiß, Feststellung v. Drogen im – **§ 1** 94
Schweizer Modellversuch zur Abgabe von Heroin **Einl** 193–195
Schweizer Offiziersmesser s. Messer
Schwer(st)abhängige, Vergabe von Heroin an – **Einl** 189–202
Schwere Gefährdung durch Freisetzung von Giften AMG Vorb 95 17
Schwere der Schuld s. Jugendstrafe
5F-SDB-006 s. Cannabinoide
SDB-006 s. Cannabinoide
SDÜ s. Schengener Durchführungsübereinkommen
Sedativa (Tranquilizer, Hypnotika) **§ 1** 131
Seelische Abhängigkeit s. Abhängigkeit
Segway, als Kraftfahrzeug **Vorb 29** 1640
Sekundärprävention s. Harm reduction
Selbstbedienung (AMG § 52)
Grundtatbestand (AMG § 52)
- Verbot **AMG § 52** 1–3
- Automaten **AMG § 52** 2

- Ausnahmen **AMG § 52** 4, 5
- sachkundige Person **AMG § 52** 5
- Zivilrecht **AMG § 52** 7

Bußgeldvorschrift für vorsätzliche oder fahrlässige Zuwiderhandlungen (§ 97 Abs. 2 Nr. 16)
- **AMG § 97** 2–16, 18–20, 22–24

Selbstdoping
- s. Anwenden, Anwendenlassen v. Dopingmitteln/-methoden b sich (Selbstdoping) entgegen § 3 AntiDopG

Selbstgefährdung s. eigenverantwortliche -
Selbsthilfegruppen § 35 77, 179–186
Selbstinspektion AMG § 19 18
Selbstkostenpreis § 29 314, 340, 344, 1073, 1245
Selbsttötung s. Suizid
Sell-bust-operation (reversed undercover operation) **§ 4** 186
Sence s. JWH-018
Senna-Blätter, Tee aus. – **AMG § 2** 90
Sense § 30a 118
Sernyl s. PCP
Sernylan s. PCP
Set, Setting § 1 125
SGB V (Sozialgesetzbuch V – Krankenversicherung) § 32 Abs. 6, Anh F1
- Kostenübernahme für Cannabis als Medizin **§ 3** 126–132
Shabu s. Metamfetamin
Shit s. Haschisch
Shiva-Shanti **§ 1** 287
Shulgin, Alexander and Ann **§ 1** 341
Sichbeteiligen als Mitglied **§ 30b** 23–25
Sicherheit d Betäubungsmittelverkehrs **§ 1** 643, **§ 5** 35–53
Sicherheitsabschlag
- b Cannabis **§ 29a** 96

Sicherheitsinteresse d Allgemeinheit b
- Aussetzung b Therapie **§ 36** 48–66
- Zurückstellung **§ 35** 157, 158

Sicherstellung s. polizeiliche -
Sicherung d Allgemeinheit als Strafzweck **Vorb 29** 873
Sicherungseigentum § 33 340, 341
Sicherungseinziehung (§ 74b StGB) § 33 369–390
- Anknüpfungstat **§ 33** 370
- Einziehungsobjekte **§ 33** 371
- Gefährliche Gegenstände **§ 33** 372–377
- Eigentum/Inhaberschaft **§ 33** 378
- Anordnung, Ermessen, Strafzumessung **§ 33** 379–382

Sicherungshaftbefehl § 36 127
Sicherungsverwahrung Vorb 29 1433–1500
- Zweck **Vorb 29** 1433
- Abgrenzung **Vorb 29** 1436
- formelle Voraussetzungen **Vorb 29** 1439–1460
- materielle Voraussetzungen **Vorb 29** 1471–1494

Sachverzeichnis

- Gesamtwürdigung **Vorb 29** 1491–1494
- Hang **Vorb 29** 1472–1481
- Symptomtaten **Vorb 29** 1494
- Überweisung in d Vollzug einer anderen Maßregel **Vorb 29** 1498
- vorbehaltene – **Vorb 29** 1499
- nachträgliche – **Vorb 29** 1500
- Verbindung mehrerer Maßregeln s. dort

Sichverschaffen in sonstiger Weise v. Betäubungsmitteln (§ 29 Abs. 1 Satz 1 Nr. 1, Abs. 2 bis 5)
- Tathandlung § 29 1259–1273
  - Betäubungsmittel **§ 29** 1260
  - Sichverschaffender **§ 29** 1262, 1263
  - zur freien Verfügung **§ 29** 1264
  - kein abgeleiteter Erwerb **§ 29** 1265–1268
  - Zweck d Sichverschaffens **§ 29** 1269, 1270
  - Erweiterung d Kreises **§ 29** 1271–1273
- Notstandshandlung **§ 3** 102–107, **§ 29** 45
- Vorbereitung, Versuch, Vollendung, Beendigung **§ 29** 1274–1277
- Täterschaft, Teilnahme **§ 29** 1278
- Handeln im Ausland **§ 29** 1279
- Subjektiver Tatbestand **§ 29** 1280–1284
  - Fahrlässigkeit **§ 29** 1280, 1284
- Konkurrenzen **§ 29** 1285–1292
- Strafzumessung **§ 29** 1293–1296

Absehen v. Strafe (Absatz 5) **§ 29** 2098–2183
Besonders schwerer Fall, Regelbeispiele (Absatz 3) **§ 29** 1975–2075
Qualifikation (§ 30a Abs. 2 Nr. 2)
- Bewaffnetes Sichverschaffen in nicht geringer Menge s. Bewaffnetes Handeltreiben etc in nicht geringer Menge

Sieben-Tage-Frist AntiDopG § 8 15
Silotheorie Vorb 29 621–628
Sinsemilla **§ 1** 287
Sittenwidrigkeit s. Einwilligung
Skimming § 29 717, 751, 756, 763, 776
Sklerotium § 2 26
Skunk § 1 287 (Afghaan)
Sleep-in/smoke-in § 29 1898
Slum-drug s. PCP
Smart drug **§ 1** 205, 206
Smoke s. JWH-018
Snow s. Schnee
Soap s. GHB
Social supply § 29 310
SOCTA Einl 89 Fn. 29, **91** Fn. 42, **§ 29** 534
Sonderbotschafter s. Immunität
Sonderdelikte (Pflichtdelikte)
- echte **Vorb 29** 253, 254
- unechte **Vorb 29** 255

Sondervertriebsweg Diamorphin (AMG § 47b) s. Abgeben v. Diamorphin durch pharmazeutische Unternehmer entgegen § 13 Abs. 2
Sonstiger (gefährlicher) Gegenstand § 30a 108–130

Sonstiges Inverkehrbringen
 s. Inverkehrbringen
Sozialarbeiter § 13 8
SPAV s. spezialisierte ambulante Palliativversorgung
Spannungsfall VO-Ermächtigung **§ 20**
Space-base (PCP/Crack) **§ 1** 425
Speed s. Amfetamin, Captagon, Metamfetamin
Speedball (Amfetamin/Opiate) **§ 1** 520
Speed-kill **§ 1** 524
Speed-run **§ 1** 524
Speichel § 1 94
Speiseöl auf
- Hanfbasis **§ 1** 256
- Mohnbasis **§ 1** 628

Sperrwirkung b
- Idealkonkurrenz **Vorb 29** 702
- Gesetzeskonkurrenz **Vorb 29** 722, 723

Special K (Ketamin) **§ 1** 19
Spezialisierte ambulante Palliativversorgung (SPAV), Verschreibung für Patienten in d – **BtMVV § 5c** 2, 3
Spezialität Vorb 29 712, 713
Spezialität, privilegierende Vorb 29 724
Spezialprävention Vorb 29 871, 872
Spezifische Eigenschaften
 s. Eigenschaften
Spice s. JWH-018
Spielraum b d Strafzumessung im engeren Sinn **Vorb 29** 851
Spielschulden s. Eigennützigkeit
Spielzeugpistole § 30a 100
Spitzensport
- Doping im – **AntiDopG Einl** 5, 31

Spitzensportler d organisierten Sports (AntiDopG § 4 Abs. 7 Nr. 1)
- Legaldefinition **AntiDopG § 4** 208–214

Spitzkegeliger Kahlkopf (Psilocybe semilanceata) **§ 1** 439
Sponsor (AMG § 4 Abs. 24)
- Legaldefinition **AMG § 4** 106

Sporen b Pilzen **§ 1** 187, 189, 190, **§ 2** 35
Sport
- Begriff **AntiDopG § 2** 26–28
- Gefährdung durch Betäubungsmittel **Vorb 29** 1792
- als Therapiemaßnahme **§ 35** 78
- Organisierter Sport s. dort

Sportgerichtsbarkeit
- Aufbau **AntiDopG § 11** 2–15
- Gründe **AntiDopG § 11** 16–19
- Zuständigkeit in Dopingfällen **AntiDopG § 11** 20, 21
- anzuwendendes Recht **AntiDopG § 11** 22
- Schiedsklausel der WADC/NADC **AntiDopG § 11** 23–27
  - Umsetzung **AntiDopG § 11** 24, 49, 50
  - Bindung **AntiDopG § 11** 26, 27
  - Wirksamkeit **AntiDopG § 11** 28–34

Sachverzeichnis

- Wirksamkeit v. Schiedsvereinbarungen
  - gesetzliche Klarstellung **AntiDopG § 11** 35–48
- **Sportler m erheblichen Einnahmen AntiDopG § 4** 215–218
- **Sportlernahrung AMG § 2** 97
- **Sprachkenntnisse** s. Deutsche Sprachkenntnisse
- **Springmesser** s. Messer
- **Spuren** v. Betäubungsmitteln, Untersuchung **§ 4** 131
- **Spurenbeseitigung** (Strafzumessung) **Vorb 29** 1100
- **Staatenimmunität** s. Immunität
- **Staatsoberhaupt Vorb 29** 17, 20
- **Stahlrute § 30a** 115
- **St. Antonius Feuer § 1** 403
- **Standardzulassungen AMG § 36** 1, 2
- *Star-dust* s. PCP
- *Star-tripper* s. PCP
- **Staschynskij-Fall § 29** 656, 759, 774
- **Stationäre Einrichtung § 35** 181
- **Stationierungstruppen** s. NATO Truppenstatut
- **Stechapfel § 1** 203
- *Stein* s. Cocain
- **Stellvertretende Strafrechtspflege Vorb 29** 146–154
- **Stereoisomere**
  - Begriff **§ 1** 10, 145, **§ 2** 13–15
  - Anl I vierter Gedankenstrich **§ 1** 156–161, 242, 456, 509
- **Steuerstraftaten** s. Zollstraftaten
- **Steuerungsfähigkeit** b Betäubungsmittelabhängigkeit **Vorb 29** 474, 524
- *Stick* s. Marihuana
- **Stilett § 30a** 115
- **Stimulantia** (Psychotonika, Weckamine) BtMG **§ 1** 130
- **Stoff** AMG **§ 2** 7–9, **§ 3**, BtMG **§ 2** 2–47, NpSG **§ 2** 4–6
- **Stoffgruppe**
  - Begriff **NpSG § 2** 12
  - d Anlage **NpSG § 2** 13–18
- **Stoffrecht**
  - AMG **Vorb 95** 24, **§ 95** 27
  - AntiDopG **§ 4** 36
  - BtMG **Vorb 29** 938–1030
  - NpSG **§ 4** 34
- **Stoffwechsel-Modulatoren AntiDopG § 2** 20
- **Stoffwechselprodukte** AMG **§ 3** 5, BtMG **§ 2** 41
- *Stoned (zu)* **§ 1** 382
- **Störung,** schwere andere seelische – **Vorb 29** 470, 472, 488, 492, 500, 513, 533
- **Stoßwaffen** s. Hieb- und Stoßwaffen
- **STP** s. DOM
- **Strafaussetzung zur Bewährung (§ 56 StGB) Vorb 29** 1177–1289

- Aussetzung nach Absatz 1: **Vorb 29** 1179–1203
- Aussetzung nach Absatz 2 **Vorb 29** 1204–1211
- Verteidigung d Rechtsordnung (Absatz 3) **Vorb 29** 1212–1216
- Prognose **Vorb 29** 1181–1188, 1192–1201
- Zweifelssatz **Vorb 29** 1189–1191
- Widerruf **Vorb 29** 1239–1286
- Aussetzung d Reststrafe **§ 36** 44–88
- **Strafempfindlichkeit**
  - Ausländer **Vorb 29** 1049–1053
  - Schwangere **Vorb 29** 1081
  - Strafzumessungsgrund **Vorb 29** 1078, 1079, 1081
- **Straferlass Vorb 29** 1287, 1288
  - Widerruf d – **Vorb 29** 1289
- **Strafhöhenbestimmung** s. Strafzumessung im engeren Sinn
- **Strafklageverbrauch** s. Doppelbestrafung
- **Strafmilderungsgründe**
  - allgemeine s. dort
  - vertypte s. dort
  - Fehlen als Strafschärfungsgründe **Vorb 29** 930–937
- **Strafpraxis** anderer Gerichte **Vorb 29** 858–861
- **Strafrahmenwahl**
  - AMG **§ 95** 24, 420–462
  - AntiDopG **§ 4** 31, 32, 312–327
  - BtMG **Vorb 29** 744–849
  - NpSG **§ 4** 28–30, 182–196
- **Strafrechtliche Produktverantwortlichkeit** s. Produkthaftung, strafrechtliche
- **Strafrechtlicher Waffenbegriff** s. Waffenbegriff, strafrechtlicher
- **Strafschärfungsgründe,** Fehlen von – s. Strafmilderungsgründe
- **Strafvollzug**
  - Abgabe steriler Einwegspritzen **Einl** Rn 184
  - Substitution **BtMVV § 5** 198–202
- **Strafzumessung**
  - Grundlagen **Vorb 29** 727–732
  - (kein) Belieben d Richters **Vorb 29** 729
  - Feststellungen **Vorb 29** 730–732
    - Hilfserwägungen **Vorb 29** 732
    - Zweifelssatz **Vorb 29** 731
  - Gesamtwürdigung **Vorb 29** 733, 734, 746, 747
  - Bewertungsrichtung **Vorb 29** 735
  - Schritte **Vorb 29** 736–743
  - Strafrahmenwahl s. dort
  - Strafzumessung im engeren Sinn
    - AMG **Vorb 95** 22, 24–27, **§ 95** 25–27
    - AntiDopG **§ 4** 33–37
    - BtMG **Vorb 29** 850–1156
    - NpSG **§ 4** 31–35
  - Weitere Entscheidungen
    - AMG **§ 95** 28
    - AntiDopG **§ 4** 38

Sachverzeichnis

- BtMG **29** 46
- NpSG **§ 4** 36
- **Strafzwecke Vorb 29** 852–873
- gerechter Schuldausgleich **Vorb 29** 852–861
- sonstige Strafzwecke **Vorb 29** 862–873
- **Straßenverkehrsrecht**, Betäubungsmittel im – **Vorb 29** 1507–1672
- **Strecken** als
- Handeltreiben **§ 29** 494
- Herstellen **§ 2** 59
- **Streckmittel**
- Umgang **§ 1** 237–239
- als Gegenstand d Handeltreibens **§ 29** 236–252, 604–606, 783–794
- **Strict liability AntiDopG Einl** 19
- **Stropharia** s. Träuschlinge
- **STS-135(5F-2NE1)** s. Cannabinoide
- **Stufenplanbeauftragter**
  Grundtatbestände (AMG § 63 a)
- Bestellung **AMG § 63a** 1, 2, 5, 7
- Aufgaben, Qualifikation **AMG § 63a** 6, 8
- Verantwortungsbereiche **AMG § 19** 33, 34
- Verantwortlichkeit **AMG § 63a** 8, **Vorb 95** 117
- Mitteilungspflichten **AMG § 63a** 9
  Bußgeldvorschriften für vorsätzliche/fahrlässige Zuwiderhandlungen (§ 97 Abs. 2 Nr. 24c, 24d)
- **AMG § 63a** 10, 11, **§ 97** 2–16, 18–20, 22–24
- *Subcoca* s. Mephedron
- **Subsidiarität Vorb 29** 714, 721–723
- **Substanzanalyse** (drug-checking, drugtesting)
- als Mittel d harm reduction **Einl** 186, 187
- Ablieferung **§ 4** 43–59 (Apotheker), **§ 4** 60 (Polizei), **§ 4** 61–63 (andere Einrichtungen), **§ 4** 64 (Eigentests)
- (keine) in Drogenkonsumräumen **§ 10a** 123–125
- Vorlage durch Konsumenten/besorgte Personen **§ 4** 48–59
- **Substanzmissbrauch** s. Polyvalenter Substanzmissbrauch
- **Substitol® BtMVV § 5** 106
- **Substitution**
- Diskussion, heutiger Stand **§ 13** 67–88
- graue – s. dort
- professionelle – s. dort
- diamorphingestützte – s. dort
- Fahrerlaubnis **Vorb 29** 1523–1526
- Maßnahme d harm reduction **Einl** 185
- Prognosemerkmal **Vorb 29** 1194–1196
- Strafzumessungsgrund **Vorb 29** 1060, 1061
- Überlebenshilfe **Einl** 185
- Zurückstellung **§ 35** 65, 66, 87–95
- **Substitution, graue § 13** 90–92
- **Substitution, professionelle § 13** 72–81, **BtMVV § 5** 1–26
- fragwürdige Rechtsgrundlage d BÄK-Richtlinien **BtMVV § 5** 3–8

- grundlegende Voraussetzung d – **BtMVV § 5** 11, 16
- SARS-CoV-2 (Corona) **BtMVV § 5** 12
- Begriff *(Absatz 1)* **BtMVV § 5** 13–19
  - Legaldefinition *(Satz 1)* **BtMVV § 5** 15
  - allgemeine Voraussetzungen **BtMVV § 5** 17–19
  - Substitutionsmittel *(Satz 2)* **BtMVV § 5** 20–50
  - Substitutionsberechtigte/ärztlich verschriebene Betäubungsmittel **BtMVV § 5** 21–23
  - opioidabhängiger Patient **BtMVV § 5** 24–26
  - medizinische Behandlung **BtMVV § 5** 27–31
  - Therapiekonzept **BtMVV § 5** 32–43
  - *Zuwiderhandlungen* **BtMVV § 5** 44–50
- Substitutionsziele *(Absatz 2)* **BtMVV § 5** 51–75
  - d Substitutionsziele nach d Verordnung **BtMVV § 5** 51–69
  - anzustrebende Opioidabstinenz *(Satz 1)* **BtMVV § 5** 53–62
  - wesentliche Ziele *(Satz 2)* **BtMVV § 5** 63–69
  - d Substitutionsziele nach d BÄK-Richtlinien **BtMVV § 5** 70–72
  - *Zuwiderhandlungen* **BtMVV § 5** 73–75
- Begründetheit d – *(Absatz 3)* **BtMVV § 5** 76–88
  - suchtmedizinische Qualifikation *(Satz 1)* **BtMVV § 5** 89, 90
  - Erfüllung d Meldepflicht *(Satz 2)* **BtMVV § 5** 91
  - *Zuwiderhandlungen* **BtMVV § 5** 92–94
- fehlende suchtmedizinische Qualifikation *(Absatz 4)* **BtMVV § 5** 95–97
  - *Zuwiderhandlungen* **BtMVV § 5** 98
- Vertretung *(Absatz 5)* **BtMVV § 5** 99–101
  - *Zuwiderhandlungen* **BtMVV § 5** 102
- zugelassene Substitutionsmittel *(Absatz 6)* **BtMVV § 5** 103–119
  - *Zuwiderhandlungen* **BtMVV § 5** 113–119
- Umgang m d Substitutionsmitteln *(Absatz 7)* **BtMVV § 5** 120–125
  - *Zuwiderhandlungen* **BtMVV § 5** 125
- Vorb zu d Absätzen 8 und 9 (Take-home-Verschreibung) **BtMVV § 5** 126–130
- Zwei-Tage-Regelung *(Absatz 8)* **BtMVV § 5** 131–146
  - *Zuwiderhandlungen* **BtMVV § 5** 140–146
- Sieben-Tage-Regelung *(Absatz 9 Satz 1 Nr. 1 Sätze 6, 7)* **BtMVV § 5** 149–155
  - Voraussetzungen *(Satz 1 Nr. 1)* **BtMVV § 5** 150–153
  - persönliche Konsultation, coronabedingte Abweichung *(Satz 6)* **BtMVV § 5** 154
  - Kennzeichnung *(Satz 5)* **BtMVV § 5** 155

Sachverzeichnis

- 30-Tage-Regelung *(Satz 1 Nr. 2, Sätze 2–7)* **BtMVV** § 5 156–164
  - Voraussetzungen *(Satz 1 Nr. 2, Sätze 2–5)* **BtMVV** § 5 157–162
  - Glaubhaftmachung *(Satz 4)* **BtMVV** § 5 161, 162
  - persönliche Konsultation, coronabedingte Abweichung *(Satz 6)* **BtMVV** § 5 163
  - Kennzeichnung *(Satz 7)* **BtMVV** § 5 164
- Patientenindividuelle Therapieführung, Mischrezepte *(Absatz 9 Satz 8)* **BtMVV** § 5 165
- BÄK-Richtlinien zu den Sätzen 6–8 **BtMVV** § 5 166
  - Zuwiderhandlungen gegen Absatz 9 **BtMVV** § 5 167–174
- Personenkreis, Einrichtungen *(Absatz 10)* **BtMVV** § 5 176–184
  - Lagern, Poolen **BtMVV** § 5 181–184
- Dokumentation *(Absatz 11)* **BtMVV** § 5 185–188
  - Zuwiderhandlungen **BtMVV** § 5 188
- Richtlinien d BÄK *(Absatz 12)* **BtMVV** § 5 189–193
- Einbeziehung d Gemeinsamen Bundesausschusses *(Absatz 13)* **BtMVV** § 5 194
- Genehmigung d BÄK-Richtlinien *(Absatz 14)* **BtMVV** § 5 195
- Vergabe aus Praxis- oder Stationsbedarf *(Absatz 15)* **BtMVV** § 5 196, 197
- Substitution im Strafvollzug **BtMVV** § 5 198–205
- Substitution nach d MVV-RL **BtMVV** § 5 203–207

Substitution, wilde s. Substitution, graue
Substitutionsregister § 13 146–157, **BtMVV** § 5b 1–7

- Einrichtung b BfArM § 13 155, § 5b 3
- Meldepflichten § 13 149–152, **BtMVV** § 5b
- Organleihe § 13 155, 156

Subsumtionsirrtum Vorb 29 434
- umgekehrter **Vorb 29** 452

Subutex s. Buprenorphin
Sucht s. Betäubungsmittelabhängigkeit
Suchtersatzstoffe
- Verschreiben/Überlassen/Verabreichen als Körperverletzung § 13 172–210

Suchtmittel s. Betäubungsmittel
Suchtstoff (Betäubungsmittel) § 1 9
Suchtstoffkommission s. CND
Suchtstoffübereinkommen, Internationale **Einl** 6, 31–33, § 1 28–32
Suchtstoffübereinkommen 1988 Einl 31–33
- als Leitlinie **Vorb 29** 864, 865, § **29** 1987–1990, 2057, 2154, § **31a** 56

Suchttherapeutische Qualifikation
s. Qualifikation
Suchtverlagerung § 1 604

Südamerikanische Körperschmuggler
s. Körperschmuggler
Suizid
- Abgabe § 30 182
- Erwerbserlaubnis § 3 61, § 5 43–47

Sunset-Clause AMG § 31 3
Supercoke (Crack) § 1 559
Super White (Crack) § 1 559
Super Zero § 1 285
Surface Web s. Internet
Symbolisches Strafrecht Einl 176, 177
Synanon § 35 179
Synthetische Cannabinoide § 1 463–467

T
Tabakerzeugnisse AMG § 2 102
Tablettieren § 2 60
Tagesbedarf § 29a 68, 72
Tagesklinik *(Heimschläfer)* § 35 79, § 36 24
Take-home-Verschreibung BtMVV § 5 126–167
Tampere, Europäischer Rat v. – **Einl** 54
TAS s. CAS
Taschenmesser s. Messer
Taser s. Distanz-Elektroimpulsgerät
Tatbestandliche Handlungseinheit Vorb 29 555–564
Tatbestandsirrtum Vorb 29 429–438
- Strafänderungsgründe **Vorb 29** 432
- deskriptive Merkmale **Vorb 29** 433
- normative Merkmale **Vorb 29** 433, 434
- Rechtfertigungsgründe **Vorb 29** 435–437
- umgekehrter Irrtum **Vorb 29** 439, 440

Tatbestandsmerkmale Vorb 29 390–401
- deskriptive **Vorb 29** 399
- normative **Vorb 29** 400, 401

Tatbestandstypen AMG Vorb 95 14, AntiDopG § 4 3, 23–25, BtMG **Vorb 29** 155–170, NpSG § 4 3
Tateinheit s. Idealkonkurrenz
Täterbezogene Einziehung § 33 304–359
Täterschaft
- Abgrenzung **Vorb 29** 367–386
- Beteiligung **Vorb 29** 241–244
- Formen **Vorb 29** 245–278
- schwache Form d – **Vorb 29** 817

Tatfahrzeug § 33 301, 321, 349
Tatherrschaftswille
- als eigenständiges Element **Vorb 29** 385, § 29 654, 664

Tätigkeitsort (Handlungsort) **Vorb 29** 84–91
Tatmehrheit s. Realkonkurrenz
Tatmittel § 33 313–330
Tatobjekte § 33 331
Tatprodukte § 33 310–312
Tatprovokation, Einsatzgrundlagen
- Anwendung § 4 167
- Grundsatz § 4 168–170
- Begriff § 4 173–184

Sachverzeichnis

- Einsatzformen § 4 185–187
- Überwachung § 4 188
- Dokumentation, Aktenwahrheit, Aktenvollständigkeit § 4 189
- Menschenrechtliche Grenzen (Art. 6 MRK) § 4 191–197
  - Verdacht § 4 193–195
  - Verhalten d Ermittlungspersonen § 4 196
  - „Beweislast" § 4 197
- Rechtsstaatliche Grenzen § 4 198–231
  - Verdacht § 4 199–216
  - Quantensprung § 4 209–215
  - Einsatz gegen Dritte § 4 216
  - Tatbereitschaft § 4 217–220
  - Art/Intensität d Einwirkung § 4 221–231
  - Einsatz in JVA § 4 228, 229
  - tiefere Verstrickung § 4 230, 231
- Abbildung d Judikatur d EGMR in d Rechtsprechung d BGH § 4 232–242
  - zum Verdacht § 4 234–238
  - zur Tatbereitschaft § 4 239, 240
  - zu Art/Intensität d Einwirkung § 4 241
- Strafbarkeit d agent provocateur, Disziplinierung § 4 243–248
- mehrere Beteiligte § 4 303, 304
- Verfahrensrüge, Darstellung im Urteil § 4 305–307

Tatprovokation, Strafzumessung
- Folgen d Tatprovokation für d Zielperson (Strafzumessung) § 4 250–307
- Vorstadium d Tatprovokation § 4 251–257
- zulässige Tatprovokation § 4 258–275
  - schuldunabhängiger Strafmilderungsgrund § 4 265–267, 272–275
- konventions-/rechtsstaatswidrige Tatprovokation § 4 276–300
  - Urteil d EGMR v. 25.3.2015 § 4 277, 278
  - Kammerbeschluss d BVerfG v. 18.12.2014 § 4 279–281
  - Rezeption d Urteils d EGMR v. 25.3.2015 § 4 282–287

Tatprovokation, Gewichtung bestimmter Merkmale § 4 301, **Vorb 29** 948, 959, 966
Tatsächliche Position s. Besitzposition
Tatwerkzeuge s. Tatmittel
TCP (Tenocyclidin) s. Phencyclidinderivate
Tausch, Tauschbemühungen § 29 420
Tea s. Marihuana
Team-Testpool s. TTP
Technische Überfüllung BtMVV § 14 3
Techno-Szene Vorb 29 799, 892, § **29a** 116, 237, § **30** 303
Teilnahme
- als Form d Beteiligung **Vorb 29** 243, 244, 279–366
- an einem Wettbewerb **AntiDopG § 3** 29–31

Teilnahme an einem Wettbewerb des organisierten Sports unter Anwendung eines(r) Dopingmittels/-methode entgegen § 3 Abs. 2 (AntiDopG § 4 Abs. 1 Nr. 5)
Grundvorschrift (§ 3 Abs. 2 AntiDopG)
- Hintergrund **AntiDopG § 3** 24–26
- Teilnahme **AntiDopG § 3** 29–31
- Anwendung v. Dopingmitteln/-methoden **AntiDopG § 3** 32–39
- Vorteilsabsicht **AntiDopG § 3** 37–39
- unter der Wirkung **AntiDopG § 3** 40
- organisierter Sport *(Absatz 3)* **AntiDopG § 3** 41–45

Strafvorschrift (§ 4 Abs. 1 Nr. 5 AntiDopG)
- Tathandlung
  - Adressaten **AntiDopG § 4** 238
  - Spitzensportler/Sportler m erheblichen Einnahmen AntiDopG § 4 238
  - Teilnahme an einem Wettbewerb des organisierten Sports **AntiDopG § 4** 240–242
  - unter Anwendung v. Dopingmitteln/-methoden **AntiDopG § 4** 243–245
  - ohne medizinische Indikation **AntiDopG § 4** 246
  - Absicht, sich in dem Wettbewerb einen Vorteil zu verschaffen **AntiDopG § 4** 247, 248
  - unter d Wirkung d Anwendung **AntiDopG § 4** 249
- Vorbereitung, Versuch, Vollendung, Beendigung **AntiDopG § 4** 250–252
- Täterschaft, Teilnahme **AntiDopG § 4** 253
- Handeln im Ausland **AntiDopG § 4** 254
- Subjektiver Tatbestand **AntiDopG § 4** 255–257
- Konkurrenzen **AntiDopG § 4** 258
- Strafzumessung **AntiDopG § 4** 259

Teilstationäre Einrichtung § **35** 79, 86, § **36** 24
Telefonhandel Einl 98, § **29** 426
Temazepam s. Benzodiazepine
Temgesic s. Buprenorphin
Tenamfetamin s. MDA
Tenocyclidin (TCP) s. Phencyclidinderivate
Teonanacatl s. Kahlkopf, mexikanischer
Teppichmesser s. Messer
Terminal s. Apothekenterminal
Territorialitätsprinzip Vorb 29 72–112
- Inland **Vorb 29** 74–80
- Ort d Tat **Vorb 29** 81–112

Test s. Substanzanalyse
Testkauf s. Probenkauf
Testosteron AntiDopG § **2** 20
Testpool AntiDopG § **4** 211–214
Tetrahydrocannabinol (THC) § **1** 293
Tetrahydrocannabinolcarbonsäuren (THCA) § **1** 294, 295
Tetrahydrofuranylfentanyl § **1** 231
Tetrazepam s. Benzodiazepine
TFMPP (3-Trifluormethylphenylpiperazin) s. Piperazine

2417

Sachverzeichnis

- nicht geringe Menge § 29a 152
- *Thai-Heroin* § 1 370
- **Thalamonal** § 1 580
- **THC** s. Tetrahydrocannabinol
- **THCA** s. Tetrahydrocannabinolcarbonsäuren
- **THC-COOH Vorb 29** 1536
- **Thebain** § 1 499, 531, 566, 626
- *The one* s. Haschischöl
- **Therapeutic Use Exemption** s. TUE
- **Therapeutische Gemeinschaft** § 35 77, 181
- **Therapie** (Behandlung)
  - Anforderungen § 35 57–100, 179–186
  - Fachpersonal § 35 58, 86, § 36 15
  - Einrichtungen ohne Fachpersonal § 35 179–186
  - Therapiekonzept s. dort
  - Raumprogramm § 35 99, § 36 17
  - Prüfung d Eignung § 35 101–106
  - Nichtantritt § 35 261–269
  - Nichtfortführung § 35 270–276
  - Abbruch § 35 237–240
  - Therapiebericht § 35 249
- **Therapieerfolg** § 36 31, 32, 110
- **Therapiefreiheit** § 13 2, 33–45, 60
  - Außenseitermethoden s. dort
  - BtMVV u. – § 13 64, 65
  - Schulmedizin s. Außenseitermethoden
- **Therapiefreundlichkeit** § 36 5
- **Therapieführung, patientenindividuelle BtMVV** § 5 165
- **Therapiekonzept, Substitution BtMVV** § 5 32–43, § 5a 11
- **Therapiekonzept, Zurückstellung** § 35 59–100, § 36 28
  - Therapieziel § 35 60–66
  - Therapiemaßnahmen § 35 67, 68
  - Phasen § 35 69–95
  - ambulante Therapie § 35 80–86
  - ambulante Substitutionstherapie § 35 87–95
  - Übergangseinrichtungen § 35 76
- **Therapiemotivation** § 35 111–123
- **Therapienotstand (AMG § 56a Abs. 2)**
  - b Tierarzneimitteln **AMG § 56a** 23–39
- **Therapieplatz Vorb 29** 767
  - Bemühen d Gerichts **Vorb 29** 1203
  - Zusage eines. – § 35 125–127
- **Therapievorschriften d BtMG Vorb 35** 1–25
  - Anwendung in d Praxis **Vorb 35** 16–25
  - Therapie statt Strafe **Vorb 35** 2, § 37 1
  - Therapie und Zwang **Vorb 35** 6–10
- **Thienoamfetamin (Thiopropamin)** s. Amfetamine **(Anl I)**
- **2201 (AM-2201 Indazol-Analogon)** s. Cannabinoide
- **THJ-018 (JWH-018 Indazol-Analogon)** s. Cannabinoide
- **Tiefgreifende Bewusstseinsstörung**
  - Drogenrausch als. – **Vorb 29** 493

Tierarzneimittel
- Gemeinschaftskodex **AMG** § 2 2, 3
- Begriff **AMG** § 4 28, § 31 11
  - Tierarzneimittel: „zur Anwendung b Tieren bestimmt" **AMG** § 4 28
  - andere Arzneimittel: „die bei Tieren angewendet werden" **AMG** § 4 28
- Ausnahme v. d Zulassungspflicht **AMG** § 21 27, 28, 32–34
- Bescheinigung über die Erfüllung d Anzeigepflicht b Abgabe *(§ 47 Abs. 1a)* **AMG** § 47 19
- Nachweis über Bezug und Abgabe *(§ 47 Abs. 1b)* **AMG** § 47 20
- Mitteilungspflicht über d Abgabe bestimmter Arzneimittel an Tierärzte *(§ 47 Abs. 1c)* **AMG** § 47 21
- Lebensmittel liefernde Tiere s. dort
- Verschreibung/Abgabe/Anwendung v. Arzneimitteln durch d Tierarzt s. dort
Tierarzneimittelanwendungskommission AMG § 56a 44
Tierarzneimittel-Verbotsverordnung AMG § 6 11
Tierärztliche Hausapotheken (AMG)
- Arzneimittelverkehr in – *(§ 43 Abs. 4)* **AMG § 43** 35, 71–78
- Dispensierrecht **AMG § 43** 71, 72
- Arzneimittel **AMG § 43** 73
- Abgabe, Vorrätighalten **AMG § 43** 74
- Zwecke, Behandlung **AMG § 43** 75, 76
- schriftliche Anweisung **AMG § 43** 78
- Zuwiderhandlungen **AMG § 43** 95, 104
Tierärztliche Hausapotheken (BtMG)
- Betäubungsmittelverkehr in – *(§ 4 Abs. 1 Nr. 2, § 13 Abs. 2 Satz 3)* § 4 75–92, 96, § 13 141–144
- Dispensierrecht § 4 75–78
- Fertigarzneimittel § 4 79–80
- Verkehrsformen § 4 81–87
  - Mischen § 4 82, 83
  - Erwerben § 4 84
  - Abgeben § 4 85, § 13 141–144 **BtMVV § 12** 12, 13
  - Zurückgeben, Abgeben an Nachfolger § 4 86
- Behandlung § 4 88–91
- Erwerben in einer – *(§ 4 Abs. 1 Nr. 3 Buchst. b)* § 4 96
Tiere (AMG)
- Körper **AMG § 3** 2
- Körperteile **AMG § 3** 3
- Körperbestandteile **AMG § 3** 4
- Stoffwechselprodukte **AMG § 3** 5
Tiere (AntiDopG)
- Doping § 2 29
Tiere (BtMG)
- Begriff § 2 40
- Körper, auch lebender Tiere § 2 40
- Körperteile § 2 41

Sachverzeichnis

- Körperbestandteile § 2 41
- Stoffwechselprodukte, § 1 198, § 2 41
- **Tierhalter AMG § 57** 7–10
- **Tierische Körperteile** s. Tiere
- **Tierheilpraktiker § 4** 26
- **TIHKAL § 1** 344
- **Tod** d Inhabers einer betäubungsmittelrechtlichen Erlaubnis **§ 8** 15
- **Toleranz** s. Gewöhnung
- **Tollkirsche § 1** 203
- **TOR (The Onion Router) Einl** 97
- **Tote** s. Drogentote
- **Totschläger § 30a** 115
- **Tranquilizer** s. Sedativa
- **Transactie Vorb 29** 45 (belgische), **Vorb 29** 44 (niederländische)
- **Transdermale Darreichungsform § 4** 70
- **Transit** im Flugverkehr **§ 29** 901–917, 990, 991
- **Transitbereich** d Flughafens **§ 2** 74, **§ 11** 8
- **Transitreisender § 11** 14–18, 23
- **Transitstraftaten Vorb 29** 102–105
- **Transmucosale Darreichungsform § 4** 71
- **Transport**
  - Handeltreiben **§ 29** 803
  - v. Geld als Bereitstellen **§ 29** 1940
  - v. Streckmitteln s. Streckmittel
  - kontrollierte Transporte **§ 2** 71, **§ 4** 136, **§ 29** 1026–1030
  - antizipierter **AMG § 43** 32, **§ 73** 7
- **Transtec** s. Buprenorphin
- **Träuschlinge** (Stropharia) **§ 1** 440
- **Trennung der Märkte Einl** 160–166
- **TREVI III Einl** 42
- **Triazolam** s. Benzodiazepine
- **3-Trifluormethylphenylpiperazin** s. Piperazinderivate
- **Trip § 1** 409 (LSD), 564 (Crack)
- **Trocknen** als Herstellung **§ 2** 56, **§ 29** 74
- *Trüffel* s. Kahlkopf, mexikanischer
- **TTP (Registered Testing Pool) AntiDopG § 4** 212
- **Turboentzug § 35** 72
- **TUE (Therapeutic Use Exemption, Medizinische Ausnahmegenehmigung) AntiDopG Einl** 3, 10, **§ 2** 28
- **Türkenmohn** s. Papaver bracteatum
- *Turkey (Cold turkey)* **§ 1** 386
- **Typen d Abhängigkeit** s. Abhängigkeit
- **Typen d Tatbestände** s. Tatbestandstypen

U

- **U-47700** s. Opioide
- **U-48800 § 1** 231
- **Übereinkommen von 1971 Einl** 6, **§ 1** 29–31, **Anh A** 2
- **Überführen in d Wirtschaftskreislauf AMG § 4** 125–127
- **Überführungsrisiko**, planmäßige Verminderung d – **Vor 29** 1101
- **Übergabe** einer Waffe als Handeltreiben **§ 29** 453, **§ 30a** 183
- **Übergangseinrichtung § 35** 76
- **Überholung § 21** 28, 29
- **Überlassen** s. Übergabe
- **Überlassen zum unmittelbaren Verbrauch**
  - Begriff **§ 29** 1542–1546
  - als Anwenden **AMG § 5** 11
  - als Teilakt d Inverkehrbringens v. NPS **NpSG § 2** 40
- **Überlassen zum unmittelbaren Verbrauch, Verabreichen v. Betäubungsmitteln entgegen § 13 Abs. 1 (§ 29 Abs. 1 Satz 1 Nr. 6 Buchst. b, Abs. 2 bis 4)**

  Grundtatbestand (§ 13 Abs. 1 Satz 1)
  - ärztliche Behandlung **§ 13** 20–60
  - Verabreichen **§ 13** 16
  - Überlassen zum unmittelbaren Verbrauch **§ 13** 17

  Strafvorschrift (§ 29 Abs. 1 Satz 1 Nr. 6 Buchst. b, Abs. 2 bis 4)
  - Tathandlungen **§ 29** 1534–1552
    - Betäubungsmittel **§ 29** 1535
    - entgegen § 13 Abs. 1 **§ 29** 1536–1552
    - Verabreichen **§ 29** 1538–1540
    - Betäubungsmittel d Anl III **§ 29** 1539
    - Betäubungsmittel d Anl I, II **§ 29** 1540
    - Überlassen zum unmittelbaren Verbrauch **§ 29** 1541–1552
    - Betäubungsmittel d Anl III **§ 29** 1547, 1548
    - Betäubungsmittel d Anl I, II **§ 29** 1549–1552
  - Vorbereitung, Versuch, Vollendung, Beendigung **§ 29** 1553–1555
  - Täterschaft, Teilnahme **§ 29** 1556–1558
  - Handeln im Ausland **§ 29** 1559, 1560
  - Subjektiver Tatbestand **§ 29** 1561–1565
    - Fahrlässigkeit **§ 29** 1561, 1565
  - Konkurrenzen **§ 29** 1566–1571
  - Strafzumessung **§ 29** 1572–1575
  - Konsumrunde **§ 29** 1552
  - Haschischrunde **§ 29** 1550, 1551
  - Substitution, unerlaubtes Überlassen etc im Zusammenhang m d – **§ 29** 1576–1591

  Besonders schwerer Fall, Regelbeispiele (Absatz 3) **§ 29** 1975–2075

  Qualifikationen
  - Überlassen an Personen unter 18 Jahren s. Abgeben etc an Personen unter 18 Jahren (§ 29a Abs. 1 Nr. 1)
  - gewerbsmäßiges Überlassen an Personen unter 18 Jahren s. Gewerbsmäßiges Abgeben etc an Personen unter 18 Jahren (§ 30 Abs. 1 Nr. 2)
  - Überlassen mit Todesfolge s. Abgeben etc mit Todesfolge (§ 30 Abs. 1 Nr. 3)
- **Überlassen zum unmittelbaren Verbrauch v. Betäubungsmitteln an Personen unter 18 Jahren (§ 29a Abs. 1 Nr. 1)**

Sachverzeichnis

- s. Abgeben etc v. Betäubungsmitteln an Personen unter 18 Jahren (§ 29a Abs. 1 Nr. 1)

Überlassen v. Betäubungsmitteln mit Todesfolge
- s. Abgeben etc mit Todesfolge (§ 30 Abs. 1 Nr. 3)

Überlassen v. Betäubungsmitteln an Patienten in palliativmedizinischen Krisensituationen entgegen § 13 Abs. 1a (§ 29 Abs. 1 Satz 1 Nr. 6a)

Grundtatbestand (§ 13 Abs. 1a)
- ambulant versorgter Palliativpatient § 4 72, § 13 100,
- zur Deckung d nicht aufschiebbaren Betäubungsmittelbedarfs § 13 101
- keine rechtzeitige Deckung durch Verschreibung § 13 102, 103
- Art/Menge d Betäubungsmittels § 13 104, 105
- Aufklärung, Gebrauchsanweisung *(Satz 6)* § 13 108
- Verfahren *(Sätze 3 bis 5)* § 13 106–107

Strafvorschrift (§ 29 Abs. 1 Satz 1 Nr. 6a; Abs. 3)
- Tathandlung § 29 1587–1600
  - Betäubungsmittel d Anl III, Fertigarzneimittel § 29 1595, 1596
  - Überlassen § 29 1597
  - entgegen § 13 Abs. 1a Sätze 1, 2 § 29 1598–1606
  - ambulant versorgter Palliativpatient § 29 1599
  - zur Deckung d nicht aufschiebbaren Betäubungsmittelbedarfs § 29 1600–1602
  - keine rechtzeitige Deckung durch Verschreibung § 29 1603–1605
  - Menge d Betäubungsmittels § 29 1606
  - Verstoß gegen Aufklärungs-/Anleitungspflichten § 29 1607
- Vollendung, Beendigung § 29 1608
- Täterschaft, Teilnahme § 29 1609
- Handeln im Ausland § 29 1610
- Subjektiver Tatbestand § 29 1611
- Konkurrenzen § 29 1612–1614
- Strafzumessung § 29 1615–1618

Besonders schwerer Fall (Absatz 3 Satz 1) § 29 1975–2001

Bußgeldvorschriften für vorsätzliche/fahrlässige Zuwiderhandlungen gegen § 13 Abs. 1a Sätze 3, 4, 5 (§ 32 Abs. 1 Nr. 7a, 7b) § 32 14, 15

Überlassen v. NPS zum unmittelbaren Verbrauch als Teilakt d Inverkehrbringens

Grundtatbestand (§ 2 Nr. 4, § 3 Abs. 1 NpSG)
- Definition **NpSG § 2** 40
- Verbot **NpSG § 3** 22

Strafvorschrift (§ 4 Abs. 1 Nr. 1 NpSG)
- s. Handeltreiben etc m NPS

Überlebenshilfe s. Harm reduction

Überlebenstraining § 35 63
Überstellung als Strafzumessungsgrund **Vorb 29** 1054, 1055
Überwachung (AMG)
- anlasslose Regelüberwachung **AMG § 64** 1–3
- überwachte Betriebe/Tätigkeiten **AMG § 64** 4
- Sachkenntnis d beauftragten Personen, hauptberufliche Ausübung **AMG § 64** 5, 6
- Überwachungsauftrag **AMG § 64** 7, 8
- Befugnisse **AMG § 64** 9, 10

Bußgeldvorschrift für vorsätzliche/fahrlässige Zuwiderhandlungen gegen § 64 Abs. 4 Nr. 4 (§ 97 Abs. 2 Nr. 25),
- **AMG § 64** 11, **§ 97** 2–16, 18–20, 22–24

Überwachung (BtMG)
- Betäubungsmittelverkehr **§ 19** 1–15
- Drogenkonsumräume **§ 19** 10, 11
- Einrichtungen zur Behandlung m Diamorphin **§ 19** 12
- medizinischer Bereich **§ 19** 9
- polizeiliche – s. polizeiliche Kontrolle

Überwachungsbehörden (AMG)
- Bundesbehörden **AMG § 77** 4–6
- Europäische Behörde EMA **AMG § 77** 8
- Landesbehörden **AMG § 77** 1

Überwachungsbehörden (BtMG)
- BfArM **§ 19** 2–6, 16
  - Cannabisagentur **§ 19** 17–21
- BLE **§ 19** 22–26
- Landesbehörden **§ 19** 7–15

Überwachungsdienste als Handeltreiben § 29 452, 684
Überweisung in den Vollzug einer anderen Maßregel s. b d einzelnen Maßregeln
Überzeugungstäter Vorb 29 443
Üblicher Apothekenbetrieb AMG § 13 38–42, **§ 52a** 14–17
Umfüllen, als Herstellen AMG **§ 4** 36, AntiDopG **§ 2** 33–35, BtMG **§ 2** 61, NpSG **§ 2** 20
Umtausch (Handeltreiben) **§ 29** 423
Umtauschen als Bereitstellen v. Geld **§ 29** 1940
Umwandeln, als Herstellen AMG **§ 4** 35, AntiDopG **§ 2** 33–35, BtMG **§ 2** 64, NpSG **§ 2** 20
Umwandeln Basen/Salze und umgekehrt psychotrope Wirkung **§ 1** 143
Umwidmungskaskade (AMG § 56a Abs. 2, 2a)
- Ausgangspunkt: Therapienotstand **AMG § 56a** 25, 26
- Umwidmung *(Absatz 2 Satz 1)* **AMG § 56a** 27
  - hinsichtlich d Anwendungsgebietes *(Nr. 1)* **AMG § 56a** 28
  - hinsichtlich d Tierart *(Nr. 2)* **AMG § 56a** 29

Sachverzeichnis

- Verwendung v. Humanarzneimitteln *(Nr. 3)* **AMG § 56a** 31
- Verwendung v. in d EU/EWR zugelassenen Tierarzneimitteln *(Nr. 3)* **AMG § 56a** 32, 33
- Verwendung v. durch d Tierarzt/Apotheke hergestellten Arzneimitteln *(Nr. 4)* **AMG § 56a** 34
- b Lebensmittel liefernden Tieren *(Absatz 2 Sätze 2, 3)*
  - Anwendung nur durch d Tierarzt/unter seiner Aufsicht **AMG § 56a** 36
  - Beschränkung auf bestimmte pharmakologisch wirksame Stoffe **AMG § 56a** 37
  - Wartezeit **AMG § 56a** 38
- für Einzeltiere/Tiere eines bestimmten Bestandes hergestellte Arzneimittel *(Absatz 2 Satz 4)* **AMG § 56a** 39
- b Equiden *(Absatz 2a)* **AMG § 56a** 40

Unbillige Härte § 33 13, 281
Undercover-agent s. Verdeckter Ermittler
Unechte Unterlassungsdelikte
- Vorkommen **Vorb 29** 421, 753
- Vorsatz **Vorb 29** 422, 423
- vertypte Milderungsgründe **Vorb 29** 753

Unechte Unternehmensdelikte Vorb 29 161, **§ 29** 273–278
Unerlaubt s. Handeln ohne Erlaubnis
Unerwünschter Besitz § 1 646, 647, **§ 29** 1322, 1348, 1368
UNESCO-Übereinkommen gegen Doping im Sport AntiDopG Einl 10
UNGASS BtMG **Einl** 33, NpSG **Einl** 21
Unit Synthetic Drugs § 1 343
Universalrechtsgut § 1 7, 8
Unmittelbarer Vorsatz s. Vorsatz
Unnötiger Aufenthalt § 11 13
UNODC (United Nations Office on Drugs and Crime) **§ 5** 66
Unrechtsbewusstsein Vorb 29 442–446
- b Qualifikationen **Vorb 29** 445

Unterbringung
- Einführung **Vorb 29** 1299
- Entziehungsanstalt s. dort
- psychiatrisches Krankenhaus s. dort
- Sicherungsverwahrung s. dort

Unterlassene Belehrung (WÜK) Vorb 29 1146–1149
Unterlassene Hilfeleistung § 29 1816, 1889, **§ 30** 233
- Personal v. Drogenkonsumräumen **§ 10a** 144, **§ 29** 1890, **§ 30** 233

Unterlassungsdelikte, unechte –, s. dort
Unternehmensdelikte, unechte –, s. dort
Unternehmerische Gremien-/Kollegialentscheidungen
s. Gremienentscheidungen
Unterschieben v. Drogen **§ 29** 1164, 1170
Unterschreiten d schuldangemessenen Strafe **Vorb 29** 874–878

Unterstützen einer kriminellen Vereinigung **§ 30b** 27, 28
Untersuchung
- ärztliche – s. ärztliche Behandlung
- Spuren v. Betäubungsmitteln s. dort
- Substanzanalyse s. dort
- Wirkstoffgehalt **Vorb 29** 975, 976, **§ 29a** 65, **Anh H**

Unverdächtige Zielperson
s. Tatprovokation
Uppers s. Amfetamin
UR-144 s. Cannabinoide
Urinkontrolle § 35 84, 90, 97, 117
Urinprobe
- Bewährungsweisung **Vorb 29** 1225, 1678
- Nachweis v. Betäubungsmitteln **§ 1** 99, 100

Ursachen d Abhängigkeit s. Abhängigkeit
Urteilsdarstellung (Strafzumessung)
- besondere Begründungserfordernisse **Vorb 29** 1293
- bestimmende Umstände **Vorb 29** 1291, 1292
- sachlich-rechtliche Begründungspflicht **Vorb 29** 1294–1298

USD s. Unit Synthetic Drugs
Utensilien § 1 199, **§ 14** 36, **§ 29** 8, 1322
UV-Absorptions-Spektrometrie § 1 295

V

Valerylfentanyl § 1 233a
Valoron AMG Einl 9
Verabreichen
- Begriff **§ 29** 1538
- an Tiere **AMG § 2** 61

Verabreichen v. Betäubungsmitteln entgegen § 13 Abs. 1 (§ 29 Abs. 1 Satz 1 Nr. 6 Buchst. b, Abs. 2 bis 4)
- s. Überlassen zum unmittelbaren Verbrauch etc v. Betäubungsmitteln entgegen § 13 Abs. 1

Qualifikationen
- Gewerbsmäßiges Verabreichen an Personen unter 18 Jahren s. Gewerbsmäßiges Abgeben etc an Personen unter 18 Jahren (§ 30 Abs. 1 Nr. 2)
- Verabreichen an Personen unter 18 Jahren s. Abgeben etc an Personen unter 18 Jahren (§ 29a Abs. 1 Nr. 1)
- Verabreichen mit Todesfolge s. Abgeben etc mit Todesfolge (§ 30 Abs. 1 Nr. 3)

Verabreichen v. Betäubungsmitteln an Personen unter 18 Jahren (§ 29a Abs. 1 Nr. 1)
- s. Abgeben etc v. Betäubungsmitteln an Personen unter 18 Jahren

Verabreichen, gewerbsmäßiges, v. Betäubungsmitteln an Personen unter 18 Jahren (§ 30 Abs. 1 Nr. 2)
- s. gewerbsmäßiges Abgeben etc v. Betäubungsmitteln an Personen unter 18 Jahren)

Sachverzeichnis

Verabreichen v. Betäubungsmitteln mit Todesfolge (§ 30 Abs. 1 Nr. 3)
- s. Abgeben etc v. Betäubungsmitteln mit Todesfolge

Verabreichen v. NPS entgegen § 3 Abs. 1 (NpSG § 4 Abs. 1 Nr. 1)
- s. Handeltreiben etc m NPS

Verabreichen pharmakologisch wirksamer Stoffe an Lebensmittel liefernde Tiere entgegen § 59 d Satz 1 (AMG § 95 Abs. 1 Nr. 11, Abs. 2 bis 4, § 96 Nr. 18 a)

Grundtatbestand (AMG § 59 d)
- Verbot *(Satz 1)* **AMG § 59 d** 1–6
- Satz 1 Nr. 1: verbotene Stoffe nach Tabelle 2 d Anhangs d VO (EU) Nr. 37/2010 **AMG § 59 d** 2–4
- Satz 1 Nr. 2: nicht im Anhang der VO Nr. 37/2010 aufgeführte Stoffe **AMG § 59 d** 6
- Lebensmittel liefernde Tiere **AMG § 59 d** 1
- Verabreichen **AMG § 59 d** 5
- Ausnahmen *(Satz 2)* **AMG § 59 d** 7, 8

Strafvorschrift für verbotene Stoffe iSd Nr. 1 (AMG § 95 Abs. 1 Nr. 11)
- Tathandlung
  - verbotene Stoffe nach Satz 1 Nr. 1 **AMG 3 95** 410
  - Verabreichen **AMG § 95** 411
  - Tiere, die der Lebensmittelgewinnung dienen **AMG § 95** 412
  - entgegen § 59 d Satz 1 Nr. 1 **AMG § 95** 413
- Vorbereitung, Versuch, Vollendung, Beendigung **AMG § 95** 414
- Täterschaft, Teilnahme **AMG § 95** 415
- Handeln im Ausland **AMG § 95** 416
- Subjektiver Tatbestand **AMG § 95** 416
- Fahrlässigkeit **AMG § 95** 416, 405
- Konkurrenzen **AMG § 95** 416
- Strafzumessung **AMG § 95** 416

Besonders schwerer Fall, Regelbeispiele (Absatz 3) **AMG § 95** 422–462

Strafvorschrift für d vorsätzliche Verabreichen verbotener Stoffe iSd Nr. 2 (AMG § 96 Nr. 18 a)
- Anwendungsbereich **AMG § 96** 240
- Verweisung **AMG § 96** 241

Bußgeldvorschrift b Fahrlässigkeit (§ 97 Abs. 1 Nr. 1)
- **AMG § 59 d** 10, **§ 97** 1–17, 22–24

Verantwortlicher, Identifizierung d **AMG § 9** 1–5

Verantwortungsbereiche im Pharmaunternehmen s. Aufgabenbereiche

Verarbeiten als Herstellen AMG **§ 4** 34, AntiDopG **§ 2** 34, BtMG **§ 2** 60–62, NpSG **§ 2** 20

Veräußern v. Betäubungsmitteln ohne Erlaubnis (§ 29 Abs. 1 Satz 1 Nr. 1 Alt. 6, Abs. 2 bis 4)

Grundtatbestand (§ 3 Abs. 1 Nr. 1)
- Abgrenzung **§ 3** 44
- Handlung **§ 3** 45

Strafvorschrift (§ 29 Abs. 1 Satz 1 Nr. 1, Abs. 2 bis 4)
- Gesetzeszweck **§ 29** 1059
- Begriff **§ 29** 1063
- Tathandlung **§ 29** 1061–1075
  - Veräußerer **§ 29** 1064–1066
  - eigenmächtige Weitergabe **§ 29** 1066
  - Empfänger **§ 29** 1067–1068
  - zur freien Verfügung **§ 29** 1069, 1070
  - entgeltliches Rechtsgeschäft, aber keine Eigennützigkeit **§ 29** 1071–1073
  - Erweiterung d Kreises **§ 29** 1074, 1075
- Vorbereitung, Versuch, Vollendung, Beendigung **§ 29** 1077–1084
- Täterschaft, Teilnahme **§ 29** 1085–1089
- Handeln im Ausland **§ 29** 1090
- Subjektiver Tatbestand **§ 29** 1091–1096
  - Fahrlässigkeit **§ 29** 1091, 1096
- Konkurrenzen **§ 29** 1097–1107
- Strafzumessung **§ 29** 1108–1111

Besonders schwerer Fall, Regelbeispiele (Absatz 3) **§ 29** 1975–2075

Qualifikation
- Bestimmen einer Person unter 18 Jahren zum Veräußern etc oder dessen Fördern (§ 30 a Abs. 2 Nr. 1) s. dort

Veräußern v. Dopingmitteln entgegen § 2 Abs. 1 (AntiDopG § 4 Abs. Nr. 1) –
s. Handeltreiben etc m Dopingmitteln

Veräußern v. Imitaten (§ 29 Abs. 6)
- s. Handeltreiben m Imitaten

Veräußerungsverbot § 33 141, 151, 356, 429, 469

Verbandsgerichte AntiDopG § 11 4–6

Verbindungen s. Chemische Verbindungen

Verbote und Beschränkungen (VuB) § 2 79, 88, **§ 21** 9

Verbotene Gegenstände § 30 a 112

Verbotsirrtum Vorb 29 441–461
- Vermeidbarkeit **Vorb 29** 447–451
- umgekehrter Irrtum s. Wahndelikt

Verbrauch d Strafklage
s. Doppelbestrafung

Verbraucherschutzgesetze NpSG Einl 18

Verbrauchsüberlassung s. Überlassen zum unmittelbaren Verbrauch

Verbreiten
- Internet **Vorb 29** 106–110, **§ 29** 1910, 1911
- Inhalten **§ 29** 1906–1914

Verbringen (AMG § 4 Abs. 32 Satz 1)
- Legaldefinition **AMG § 4** 120

Verbringen (BtMG)
- Ausführen **§ 2** 98, **§ 29** 1036
- Durchführen **§ 11** 7, **§ 29** 1421
- Einführen **§ 2** 67–71, **§ 29** 874

Verbringen bestimmter Dopingmittel nach und durch Deutschland ent-

Sachverzeichnis

gegen § 2 Abs. 3 (AntiDopG § 4 Abs. 1 Nr. 3)
– s. Erwerben etc bestimmter Dopingmittel entgegen § 2 Abs. 3
Verbringen gefälschter Arzneimittel/Wirkstoffe nach Deutschland entgegen § 73 Abs. 1 b (AMG § 96 Nr. 18 e)
– s. gefälschte Arzneimittel/Wirkstoffe, Verbringen nach Deutschland
Verbringen v. NPS nach/durch/aus Deutschland (NpSG § 3 Abs. 1 Nr. 1)
– s. Handeltreiben m, Inverkehrbringen etc v. NPS
Verbringungsverbot (AMG § 73)
Grundtatbestand (AMG § 73)
– Inhalt/Bedeutung **AMG § 73** 1–4
– *Absatz 1:* Verbringen nach Deutschland **AMG § 73** 5–10
  – zulassungs-, genehmigungs-, registrierungspflichtige Arzneimittel **AMG § 73** 5
  – Verbringen aus EU/EWR *(Satz 1 Nr. 1)* **AMG § 73** 6, 7
  – Versandhandel aus EU/EWR *(Satz 1 Nr. 1a)* **AMG § 73** 8, 9
  – Verbringen aus Drittstaat *(Satz 1 Nr. 2)* **AMG § 73** 10
– *Absatz 1b:* gefälschte Arzneimittel oder Wirkstoffe **AMG § 73** 11–13
– *Absätze 2–3b:* Ausnahmen v. Verbringungsverbot **AMG § 73** 14–65
  – *Absatz 2:* Einzelimporte s. dort
  – *Absatz 3:* Einzelbezug über Apotheken für Humanarzneimittel, Notfälle s. dort
  – *Absatz 3b:* Einzelbezug v. Arzneimitteln zum Zweck d Anwendung bei Tieren s. dort
– *Absatz 4:* gestaffelte Nichtanwendung des **AMG § 73** 66–74
– *Absatz 5:* Grenzverkehr, kleiner **AMG § 73** 75–77
– *Absatz 6:* Zollbescheinigung **AMG § 73** 78, 79
– *Absatz 7:* Deckungsvorsorge **AMG § 73** 80
Strafvorschrift (AMG § 96 Nr. 18 e)
– Vorsätzliches Verbringen gefälschter Arzneimittel/Wirkstoffe nach Deutschland entgegen § 73 Abs. 1 b s. Gefälschte Arzneimittel/Wirkstoffe, Verbringen nach Deutschland entgegen § 73 Abs. 1 b
Bußgeldvorschriften
– *§ 97 Abs. 2 Nr. 8:* vorsätzlicher/fahrlässiger Verstoß gegen Absätze 1, 1a
– *§ 97 Abs. 1 Nr. 1:* fahrlässiges Verbringen gefälschter Arzneimittel/Wirkstoffe nach Deutschland entgegen Absatz 1b
– *§ 97 Abs. 2 Nr. 7 Buchst. a:* vorsätzlicher/fahrlässiger Verstoß gegen Absatz 3b Satz 4
Verdacht b Tatprovokation **§ 4** 199–215
Verdächtige Zielperson § 4 202–215
Verdampfen als Zubereiten **§ 2** 59

Verdeckter Ermittler § 4 140, 141
Verfahren d gegenseitigen Anerkennung s. gegenseitige Anerkennung
Verfahrensdauer s. Verfahrensverzögerung
Verfahrensrecht, Verstöße gegen – und Strafzumessung **Vorb 29** 1151
Verfahrensverzögerung
– langer zeitlicher Abstand zur Tat **Vorb 29** 1103
– lange Verfahrensdauer **Vorb 29** 1104–1106
– rechtsstaats-/konventionswidrige Verfahrensverzögerung **Vorb 29** 1107–1145
– Verfahrensrüge **Vorb 29** 1142–1145
– Vollstreckungslösung **Vorb 29** 1118–1141
Verfalldatum s. Ablauf d Verfalldatums
Verfassungsmäßigkeit
– d BtMG **Einl** 125; **Vorb § 29** 6–8
Verfassungsrechtliche Fragen AMG Vorb 95 3–12
Verfügbarkeit v. Drogen **Einl** 78–80, 133, 143, 159, **§ 1** 77
Verfügungsgeschäft, Nichtigkeit **§ 29** 14, 356
Verfügungsgewalt (-macht)
– rechtliche – s. dort
– tatsächliche – s. dort
Verhältnis d – zu anderen Gesetzen
– AMG **§ 81**
– AntiDopG **Einl** 25–27, BtMG **§ 1** 26
– BtMG **§ 1** 23–25
– NpSG **§ 1** 2–4, BtMG **§ 1** 27
Verherrlichung d Drogengebrauchs **§ 14** 14
Verhüten (Krankheit) **AMG § 2** 31
Verkauf (Verkaufsgeschäfte)
– Handeltreiben **§ 29** 357–366
– Einführen **§ 29** 952, 953
Verkaufsbemühungen § 29 377–399
Verkehrsanschauung (Präsentationsarzneimittel) **AMG § 2** 37–45
Verladen (Einfuhr) **§ 29** 886
Verlängerte Rezeptur s. Defektur
Verleiten zum unbefugten Verbrauch
– s. Verschaffen etc einer Gelegenheit zum unbefugten Erwerb etc Verbrauch (§ 29 Abs. 1 Satz 1 Nr. 10)
(Erheblich) verminderte Schuldfähigkeit Vorb 29 525–533
– Einsichtsfähigkeit **Vorb 29** 527
– Steuerungsfähigkeit **Vorb 29** 528–533
– (keine) Gleichzeitigkeit **Vorb 29** 526
Vermitteln (Handeltreiben)
– Handlung **§ 3** 34, **§ 29** 425–432
– Versuchsbeginn **§ 29** 585
– Täterschaft, Teilnahme **§ 29** 675–679
Vermittlungsbemühungen (Handeltreiben) **§ 29** 433–441
Vermögensstrafe § 30c
Vernehmungsfähigkeit § 1 112–123
Vernichtung v. Betäubungsmitteln § 16 2–15
– Abliefern in d Apotheke **§ 16** 15

Sachverzeichnis

- Abliefern b d Polizei § 4 60
- Asservatenbereinigung § 16 17

Bußgeldvorschrift für d vorsätzlichen/fahrlässigen Verstoß gegen § 16 (§ 32 Abs. 1 Nr. 10) § 16 17, § 32 18

Vernichtung v. NPS NpSG § 3 55, 62

Verordnungen zur Unterstellung weiterer Stoffe BtMG § 1 638–652, **AntiDopG** § 6 2, 3 – **NpSG** § 7 1, 2 –

- Folgen, auch für d Besitz **BtMG** § 1 645–647, 652, **AntiDopG** § 6 4, 5, **NpSG** § 7 3, 4

Verpacken s. Abpacken

Verpacken etc v. Stoffen/Zubereitungen entgegen § 59a Abs. 1, 2 AMG
s. Erwerben etc v. Stoffen/Zubereitungen entgegen § 59a Abs. 1, 2

Verpflichtung s. Förmliche -

Versammlung § 29 1905

Versand
- v. Arzneimitteln **AMG** § 43 30–34
- v. Betäubungsmitteln § 4 8

Versandhandel m Arzneimitteln
- Verbot m Erlaubnisvorbehalt **AMG** § 43 30
- Begriff **AMG** § 43 32
- Arzneimittel, auch verschreibungspflichtige **AMG** § 43 30
- Betäubungsmittel **AMG** § 43 31,
- aus anderen EU/EWR-Ländern **AMG** § 43 34
- vergleichbare Sicherheitsstandards **AMG** § 43 34
- Länderliste **AMG** § 43 34
- Versandapothekenregister **AMG** § 43 33, 62
- Versendung durch d Tierarzt s. dort

(Beschränktes) Versandverbot für Tierarzneimittel
- Tierarzneimittel für Lebensmittel liefernde Tiere **AMG** § 43 81–84
- Tierarzneimittel für nicht Lebensmittel liefernde Tiere **AMG** § 43 85
- Erwerb **AMG** § 57 24, 25

Verschaffen, Gewähren oder öffentliches/eigennütziges Mitteilen einer Gelegenheit zum(r) unbefugten Erwerb/Abgabe, Verleiten zum unbefugten Verbrauch v. Betäubungsmitteln (§ 29 Abs. 1 Satz 1 Nr. 10, Abs. 3, 4)

- Entstehung, Zweck, Bedeutung § 29 1734–1738
- Tathandlungen
  - Verschaffen einer Gelegenheit zum(r) unbefugten Erwerb/Abgabe § 29 1741–1761
  - Gewähren einer Gelegenheit zum(r) unbefugten Erwerb/Abgabe § 29 1762–1769
  - öffentliches/eigennütziges Mitteilen einer Gelegenheit zum(r)unbefugten Erwerb/Abgabe § 29 1770–1785
- Verleiten zum unbefugten Verbrauch § 29 1786–1791
- Unterlassen § 29 1755–1757
- Neuheit d Gelegenheit § 29 1743–1745
- omnimodo facturus § 29 1746, 1747
- Substanzanalyse § 29 1748
- elektronisches Netz § 29 1779–1782
- Vollendung, Beendigung § 29 1792–1796
- Täterschaft, Teilnahme § 29 1797, 1798
- Handeln im Ausland § 29 1799–1801
- Subjektiver Tatbestand § 29 1802–1811
  - Fahrlässigkeit § 29 1802, 1808–1811
- Konkurrenzen § 29 1812–1816
- Strafzumessung § 29 1817–1820

Besonders schwerer Fall, Regelbeispiel (§ 29 Abs. 3 Satz 1, 2 Nr. 1) § 29 1975–2027, 2039–2075

Verschaffen oder Gewähren einer Gelegenheit ohne Erlaubnis nach § 10a zum unbefugten Verbrauch v. Betäubungsmitteln oder öffentliches/eigennütziges Mitteilen einer Gelegenheit zum unbefugten Verbrauch außerhalb einer Einrichtung nach § 10a (§ 29 Abs. 1 Satz 1 Nr. 11, Abs. 3, 4)

- Entstehung, Zweck, Kritik, Bedeutung § 29 1821–1826
- Inhalt, Wesen § 29 1827–1830
- Tathandlungen
  - Verschaffen einer Gelegenheit ohne Erlaubnis nach § 10a zum unbefugten Verbrauch v. Betäubungsmitteln § 29 1837–1859
  - Gewähren einer Gelegenheit ohne Erlaubnis nach § 10a zum unbefugten Verbrauch v. Betäubungsmitteln § 29 1860–1866
  - öffentliches/eigennütziges Mitteilen einer Gelegenheit zum unbefugten Verbrauch v. Betäubungsmitteln außerhalb einer Einrichtung nach § 10a § 29 1867–1875
- Vollendung, Beendigung § 29 1876
- Täterschaft, Teilnahme § 29 1877
- Handeln im Ausland § 29 1878
- Subjektiver Tatbestand § 29 1879–1886
  - Fahrlässigkeit § 29 1879, 1886
- Konkurrenzen § 29 1887–1890
- Strafzumessung § 29 1891–1894

Besonders schwerer Fall, Regelbeispiel (§ 29 Abs. 3 Satz 1, 2 Nr. 1) § 29 1975–2027, 2039–2075

Verschaffungskriminalität Einl 88–101

Verschleierung v. Vermögenswerten
- in § 261 StGB gestrichen

Verschreibung v. Arzneimitteln
- Begriff **AMG** § 48 9
- Formerfordernisse (Rezept) **AMG** § 48 10–14, **AMVV** § 2
- Prüfungspflicht d Apothekers **AMG** § 48 30, 31

Sachverzeichnis

- Verschreibungsbefugnis **AMG** § 48 15
- Verschreibungspflicht s. dort
- Vorlage **AMG** § 48 16–29
  - Ausnahme: Notfall **AMG** § 48 19–27, **AMVV** § 4 Abs. 1
  - Ausnahme: Eigenbedarf **AMG** § 48 28, **AMVV** § 4 Abs. 2
  - Ausnahme: Notstand (Nichterreichbarkeit d Arztes) **AMG** § 48 29

Verschreibung v. Arzneimitteln durch Tierärzte entgegen § 56a Abs. 1 AMG (§ 95 Abs. 1 Nr. 8)
- s. Abgabe etc v. Arzneimitteln durch Tierärzte entgegen § 56a Abs. 1 (AMG § 95 Abs. 1 Nr. 8)

Verschreibung v. Arzneimitteln, die nur durch d Tierarzt angewendet werden dürfen, entgegen § 56a Abs. 4 AMG (§ 96 Nr. 15)
- s. Abgabe etc v. Arzneimitteln, die nur durch d Tierarzt angewendet werden dürfen, entgegen § 56a Abs. 4 (§ 96 Nr. 15)

Verschreibung v. Betäubungsmitteln
- Begriff § 4 19
- Formen (Arten) § 4 20, 21
  - für Praxisbedarf § 4 20, **BtMVV** § 2 23–33, § 3 5–10, § 4 7–11
  - für Stationsbedarf, Notfallbedarf oder Rettungsdienstbedarf s. Betäubungsmittelanforderungsschein
- Formerfordernisse § 4 19, 22, **BtMVV** §§ 8, 10
  - Notfallverschreibung **BtMVV** § 8 8
- bestimmtes Mittel, bestimmte Person § 4 24, **BtMVV** §§ 9, 11
- Verschreibungsbefugnis § 4 25–28
- Wirksamkeit § 4 29–32
  - dringende Fälle **BtMVV** § 12 7–9
- Vorlage § 4 33, 34, **BtMVV** § 12
- Prüfungspflicht d Apothekers § 4 35–38

Verschreiben v. Betäubungsmitteln entgegen § 13 Abs. 1 (§ 29 Abs. 1 Satz 1 Nr. 6 Buchst. a, Abs. 3)
Grundtatbestand (§ 13 Abs. 1)
- berechtigte Personen § 13 8, § 4 25
- Betäubungsmittel § 13 11–13
- Verschreiben § 13 15
- ärztliche Behandlung § 13 20–60
  - Heilauftrag § 13 22–26
  - Untersuchung § 13 27, 28
  - Betäubungsmittelabhängigkeit § 13 29
  - Indikation *(Satz 1)* § 13 30–60
  - (ärztlich) begründet § 13 33–38
  - Schulmedizin/Außenseitermethoden § 13 39–45
  - besondere Pflichten b d Verordnung v. Betäubungsmitteln § 13 46–60
  - letztes Mittel *(Satz 2)* § 13 47–49
  - Fachwissen § 13 50–53
  - Behandlungsplan, Überwachung, Dokumentation § 13 54–56
- zusätzliche Pflichten b Drogenabhängigen § 13 57–60
- Beschränkungen § 13 61–65
  - keine Betäubungsmittel der Anlagen I, II *(Satz 3)* § 13 62, 63
  - Beschränkungen nach d BtMVV § 13 64, 65
- Substitution § 13 66, 72–81

Strafvorschrift (§ 29 Abs. 1 Nr. 6 Buchst. a, Abs. 3)
- Bedeutung § 29 1449, 1450
- Bestimmtheitsgrundsatz § 29 1451, 1452
- Begriff § 29 1462–1469
- Tathandlung § 29 1454–1470
  - Verschreiben § 29 1458–1461
  - Betäubungsmittel d Anl III § 29 1462–1469
  - Betäubungsmittel d Anl I, II § 29 1470
  - entgegen § 13 Abs. 1 § 29 1456–1470
- Vollendung, Beendigung § 29 1471
- Täterschaft, Teilnahme § 29 1472–1474
- Handeln im Ausland § 29 1475, 1476
- Subjektiver Tatbestand § 29 1477–1483
  - Ärzte § 29 1479–1483
  - Nichtärzte § 29 1478
- Konkurrenzen § 29 1484–1493
- Strafzumessung § 29 1494–1497
- Weitergabe durch Patienten § 29 1483
- Substitution
  - m Levomethadon, Methadon, Buprenorphin § 29 1501–1517
  - m Codein, Dihydrocodein § 29 1518–1522
  - m Diamorphin § 29 1423–1529

Besonders schwerer Fall, Regelbeispiel (Absatz 3 Satz 1, 2 Nr. 1) § 29 *1975–2027, 2039–2075*

Verschreibung v. Diamorphin
- Begriff § 13 129–134
- Verschreibungsbefugnis § 13 132, 133, **BtMVV** § 5 13
- Formen (Arten) § 13 130, 131
- Wirksamkeit § 13 130, 131
- diamorphingestützte Substitutionsbehandlung s. dort

Verschreiben v. Dopingmitteln entgegen § 2 Abs. 1 (AntiDopG § 4 Abs. 1 Nr. 1)
s. Handeltreiben m Dopingmitteln entgegen § 4 Abs. 1 Nr. 1

Verschreibungsgrundsatz BtMVV § 1 2
Verschreibungspflicht (AMG § 48)
- Einführung, Akzeptanz **AMG** § 48 1–3
- europarechtliche Regelungen **AMG** § 48 4–6
- Begriff d Verschreibung s. Verschreibung v. Arzneimitteln
- Begriff d Abgebens **AMG** § 48 33
- verschreibungspflichtige Arzneimittel *(Absatz 1)* **AMG** § 48 7–54
  - Inhalt d Verschreibungspflicht *(Satz 1)* **AMG** § 48 7–36

Sachverzeichnis

- Gruppen d Verschreibungspflicht *(Satz 1)* **AMG § 48** 37–54
- Verschreibungspflicht kraft Rechtsverordnung *(Satz 1 Nr. 1)* **AMG § 48** 38–41
- Arzneimittel für Lebensmittel liefernde Tiere *(Satz 1 Nr. 2, Absatz 6)* **AMG § 48** 42–46
- Arzneimittel m nicht allgemein bekannten Wirkungen *(Satz 1 Nr. 3, Sätze 3 bis 5)* **AMG § 48** 47–54
- Vorrang d Verordnung *(Satz 5)* **AMG § 48** 37–54
- Sonderregelung für Kauffahrteischiffe *(Satz 2)* **AMG § 48** 55
- Verordnungsermächtigung, AMVV *(Absatz 2)* **AMG § 48** 56
- Beschränkung d Verschreibungspflicht *(Absatz 3)* **AMG § 48** 57
- Zuständigkeiten *(Absätze 4, 5)* **AMG § 48** 58
- Ermächtigung für Ausnahmen *(Absatz 6)* **AMG § 48** 59
- verschreibungspflichtige Arzneimittel nach d AMVV **AMG § 48** 60–64

Versehentliche Zusendung v. Betäubungsmitteln **BtMBinHV § 4** 3

Versendung durch d Tierarzt AMG § 43 86, 87

Versorgungskriminalität Einl 87–114

Verständigung im Strafprozess **Vorb 29** 1090–1092

Versuch Vorb 29 171–206
- b d einzelnen Delikten s. dort
- Struktur d Betäubungsmittelstraftaten
    - Tätigkeits-/unechte Unternehmensdelikte **Vorb 29** 173
    - Erfolgsdelikte **Vorb 29** 174
    - Qualifikationen, Regelbeispiele **Vorb 29** 175
    - erfolgsqualifizierte Delikte **Vorb 29** 176
- untauglicher Versuch **§ 29** 177–179
- Vorbereitungshandlungen und Versuch **Vorb 29** 180–197
    - Verwirklichung eines Tatbestandsmerkmals **Vorb 29** 181
    - ausführungsnahe Handlung **Vorb 29** 182–187
    - Mittäterschaft **§ 29** 188–191
    - mittelbare Täterschaft **§ 29** 192–194
    - Beihilfe **Vorb 29** 354
- Vollendung, Beendigung **Vorb 29** 199, 200
- Rücktritt, fehlgeschlagener Versuch **Vorb 29** 201–206
- Strafzumessung **Vorb 29** 769, 770
- Versuch d Beteiligung s. dort

Versuch d Beteiligung (§ 30 StGB) Vorb 29 207–240
- d geplante Tat (Verbrechen) **Vorb 29** 208–220

- nicht b Beihilfe **Vorb 29** 220
- Ernstlichkeit s. b d einzelnen Formen
- Formen **Vorb 29** 221–235
    - Versuch d Anstiftung **Vorb 29** 221–226
    - Sichbereiterklären **Vorb 29** 227, 228
    - Annahme d Erbietens eines anderen **Vorb 29** 229, 230
    - Verabredung **Vorb 29** 231–235
- Konkurrenzen **Vorb 29** 236
- Rücktritt **Vorb 29** 237–240
- vertypter Strafmilderungsgrund **Vorb 29** 779

Verteidigungsfall Verordnungsermächtigung **§ 20**

Vertrag von Amsterdam s. Amsterdam

Vertrauenskauf § 29 420

Vertrauensperson s. V-Person

Vertrieb s. Weltrechtsprinzip

Vertriebsformen
- s. b d einzelnen Betäubungsmitteln

Vertriebsleiter AMG § 19 36, **Vorb 95** 117

Vertriebsmethoden, verwerfliche, als erschwerender Umstand **§ 29** 1990

Vertriebsweg (AMG § 47) s
- Abgabe v. Arzneimitteln durch pharmazeutische Unternehmer oder Großhändler entgegen § 47 Abs. 1 (§ 95 Abs. 1 Nr. 5 Alt 1) s. dort
- Abgabe v. Arzneimitteln durch pharmazeutische Unternehmer oder Großhändler entgegen § 47 Abs. 1a (§ 95 Abs. 1 Nr. 5 Alt 2) s. dort

Vertypte Milderungsgründe Vorb 29 750–781, 827–832
- Zusammentreffen mit allgemeinen Strafmilderungsgründen **Vorb 29** 833–842; **NpSG § 4** 182–189

Verwahren s. Depothaltung

Verwaltungshelfer § 2 3

Verweisungen, Verweisungstechnik
- s. Blankettgesetzgebung

Verwendung s. missbräuchliche -

Verwiegen s. Abwiegen

Verzicht s. NATO-Truppenstatut

Verzögerung Verfahrensrüge **Vorb 29** 1142–1145

Vesparax AMG Einl 9

Videokassette § 29 1908

Viren AMG **§ 3** 1, BtMG **§ 1** 198, **§ 2** 45

Visible Web s. Internet

V-Mann s. V-Personen

V-Mannführer s. VP-Führer

Volksgesundheit
- s. Gesundheit d Allgemeinheit
- als Rechtsgut d Betäubungsmittelrechts in Deutschland **§ 1** 3, 4, 7, Frankreich,, Österreich, Schweiz, Spanien **§ 1** 7

Vollblut
- keine Zubereitung **AMG § 2** 10, **§ 4** 25
- b Doping **AntiDopG § 2** 73

Sachverzeichnis

Vollendung
- s. Versuch
- b d einzelnen Delikten s. dort

Vollrausch s. Rausch

Vollstreckungslösung b
- Tatprovokation s. dort
- Verfahrensverzögerung s. dort

Vollstreckungshaftbefehl § 35 290–292

Vollstreckungsreihenfolge b
- einer Entscheidung **Vorb 29** 1374–1391
- mehreren Entscheidungen **Vorb 29** 1372, 1373

Vorabentscheidung d EuGH **Vorb 29** 39

Vorbehaltseigentum § 33 340, 341

Vorbereitungshandlungen
- und Versuch s. Versuch
- b d einzelnen Delikten s. dort

Vorfeldermittlungen § 21 13, 17, 48

Vorgeschobene Zollstellen § 2 76–82

Vorlage an d Staatsanwaltschaft
- v. Postsendungen § 21 30, 31
- sonstige Vorlage § 21 31
- Vorlage durch Postdienstleister § 21 33

Vorleben s. Vorstrafen

Vorprodukte AMG § 2 11–21

Vorrätighalten AMG § 4 51–57, BtMG § 29 498–510

Vorrecht s. NATO-Truppenstatut

Vorsatz Vorb 29 389–425
- Begriff **Vorb 29** 389
- Zeitpunkt **Vorb 29** 389
- Tatbestandsmerkmale **Vorb 29** 390–401
  - deskriptive **Vorb 29** 399
  - normative **Vorb 29** 400, 401
- Wissenselement **Vorb 29** 402–409
  - Konkretisierung, Abweichungen im Kausalverlauf **Vorb 29** 404–406
  - Kenntnis, Bedeutungskenntnis, Parallelwertung in d Laiensphäre **Vorb 29** 407, 408
  - Gewissheitsvorstellung, Möglichkeitsvorstellung **Vorb 29** 409
- Willenselement **Vorb 29** 410–420
  - unbedingter Vorsatz **Vorb 29** 411–414
  - Absicht (dolus directus 1. Grades) **Vorb 29** 412
  - Wissentlichkeit (dolus directus 2. Grades) **Vorb 29** 413
  - beabsichtigter Erfolg m sicherer Nebenfolge **Vorb 29** 414
  - bedingter Vorsatz **Vorb 29** 415–420
- Irrtumsfragen s. dort
- Unterlassungsdelikte **Vorb 29** 421–423
- Schuldelement, natürlicher Vorsatz **Vorb 29** 424, 425
- Zusammentreffen v. Vorsatz und Fahrlässigkeit **Vorb 29** 427

Vorschaltbeschwerde § 35 196–203

Vorsorgegrundsatz AMG § 30 2

Vorstrafen (Vorleben) als Strafzumessungsgrund **Vorb 29** 1062–1067

Vorzeigegeld § 33 321, 328, 330

V-Personen (V-Mann, VP) § 4 143–162
- Begriff § 4 144–150
- Handeln
  - innerhalb d Einsatzplans § 4 157, 158
  - außerhalb d Einsatzplans § 4 159, 160
  - ohne Einsatzplan § 4 161, 162
- Beweiswürdigung § 4 249

VP-Führer (V-Mann-Führer) § 4 157

VuB s. Verbote und Beschränkungen

W

Wachstumsfaktoren AntiDopG § 2 20

WADA AntiDopG Einl 11

WADA-Verbotsliste AntiDopG Einl 14, § 2 12

WADC AntiDopG Einl 13

Waffen
- Schusswaffen § 30a 92–107
- Waffen im technischen Sinn § 30a 114, 115
- gekorene Waffen § 30a 116, 117
- verbotene Waffen § 30a 115

Waffenbegriff, strafrechtlicher § 30a 93

Waffenliste Anlage 2 zum WaffG

Waffen im technischen Sinn § 30a 114, 115

Wahndelikt Vorb 29 452–461
- Irrtum über d Existenz einer Strafnorm **Vorb 29** 453–455
- Irrtum über eine bestehende Rechtfertigungsnorm **Vorb 29** 456, 457
- Irrtum über normative Tatbestandsmerkmale **Vorb 29** 458–461
- Irrtum über tatsächliche Umstände **Vorb 29** 459
- unzutreffende Bedeutungskenntnis **Vorb 29** 460, 461

Wahrsagesalbei s. Salvia divinorum

Waren- und Finanzzyklus, organisierter, als Handeltreiben § 29 473–476

Warnschussarrest s. Jugendarrest

Warnung, öffentliche AMG § 69 32

Weckamine s. Stimulantia

Wechselwirkung b Tatprovokation § 4 184

Weed s. Marihuana

Wegwerfen v. Betäubungsmitteln
- nach Vollendung b Handeltreiben § 29 295, 375
- Inverkehrbringen § 29 1170

Weiche Drogen § 1 207–215, § 29 11, 12
- Strafmilderungsgrund **Vorb 29** 797

Weisungsempfänger, Waffentragen durch – § 30a 148, 149

Weitere Entscheidungen
- b d einzelnen Delikten s. dort

Weiterversorgung bestimmter Patienten AMG § 69 33

Weltgesundheitsorganisation s. WHO

Weltpostvertrag § 32 25–27

Sachverzeichnis

Weltrechtsprinzip Vorb 29 119–134
- tateinheitliche Delikte **Vorb 29** 134
- Teilnahme **Vorb 29** 131, 132
- Vertrieb **Vorb 29** 125–130, § **30b** 16

Weiterleiten d Erlöse als Handeltreiben § 29 455–479

Weiterleitung v. Informationen § 29 545, 800 (Handeltreiben), § 29 1772 (Mitteilen)

Werben für Betäubungsmittel entgegen § 14 Abs. 5 (§ 29 Abs. 1 Satz 1 Nr. 8) § 29 1686–1704

Grundtatbestand (§ 14 Abs. 5)
- Geltungsbereich § **14** 9
- Begriff § **14** 11, 12
- Abgrenzung § **14** 13–16
- Merkmale § **14** 17–24
  - Anpreisung, Ankündigung § **14** 18
  - Form § **14** 19
  - Absatzförderung § **14** 20–24
- Objekte § **14** 25–36
  - Betäubungsmittel § **14** 25–34
  - rauschgiftähnliche Substanzen § **14** 35
  - Zubehör, Utensilien § **14** 36
  - Verschleierung § **14** 37
- Werbung ohne Liefermöglichkeit § **14** 38
- Auslandsbezug § **14** 39–42
- Internet § **14** 40
- Verschleierung § **14** 36

Strafvorschrift (§ 29 Abs. 1 Satz 1 Nr. 8)
- Gesetzeszweck § **29** 1687
- Tathandlung
  - Werben § **29** 1689
  - Betäubungsmittel § **29** 1690
  - entgegen § 14 § **29** 1691–1693
- Vollendung, Beendigung § **29** 1694
- Täterschaft, Teilnahme § **29** 1695
- Handeln im Ausland § **29** 1696–1698
- Internet **Vorb 29** 106–109, § **29** 379–383, 1696, 1779, 1910
- Subjektiver Tatbestand § **29** 1699
- Konkurrenzen § **29** 1700
- Strafzumessung § **29** 1701–1704

Besonders schwerer Fall (Absatz 3 Satz 1) § **29** 1975–2001

Werben für kriminelle Vereinigung § 30b 26

Werkvertrag als Handeltreiben § 29 449

West-coast-turnaround s. Amfetamin

Wettbewerb d organisierten Sports (AntiDopG § 3 Abs. 3)
- Legaldefinition **AntiDopG § 3** 41–45
- Teilnahme an einem – s. dort

White Chinaman s. Fentanyl

White cloud (Crack) § **1** 559

WHO (World Health Organization) § **5** 67

Widerruf d Aussetzung d Reststrafe § 36 116

Widerruf d Strafaussetzung Vorb 29 1239–1286

- Begehung einer Straftat **Vorb 29** 1241–1263
- Weisungsverstoß **Vorb 29** 1264–1269
- Sichentziehen d Bewährungsaufsicht **Vorb 29** 1270, 1271
- Auflagenverstoß **Vorb 29** 1272
- zusätzliche Voraussetzungen **Vorb 29** 1273–1281
- Folgen **Vorb 29** 1282–1285

Widerruf d Straferlasses Vorb 29 1289

Widerruf d Zurückstellung
- aus Behandlungsgründen § **35** 259–287
- aus Rechtsgründen § **35** 288–291

Wiederherstellung d physiologischen Funktionen **AMG § 2** 64–74

Wiener Übereinkommen (WÜK)
 s. Unterlassene Belehrung

Wirkstoffe (AMG § 4 Abs. 19)
- Legaldefinition **AMG § 4** 80–83
- Geltung d § 13 Abs. 2, §§ 14 bis 20 für Wirkstoffe **AMG § 20a**
- gefälschte – s. dort

Wirkstoff (BtMG), Wirkstoffgehalt
- Begriff § **1** 144
- d einzelnen Betäubungsmittel s. dort

Wirkstoffkombinationen s. nicht geringe Menge

Wirkstoffe m geminderter Qualität
 s. qualitätsgeminderte Wirkstoffe

Wirkung d Betäubungsmittel
- allgemein § **1** 134, 135
- b d einzelnen Betäubungsmitteln s. dort

Wirkung d Erlaubnis
- s. b d einzelnen Erlaubnissen

Wirkungsweise
- pharmakologische Wirkung **AMG § 2** 76–78
- immunologische Wirkung **AMG § 2** 79
- metabolische Wirkung **AMG § 2** 80, 81

Wirtschaftsgebiet s. Fremdes -

Wirtschafts- und Sozialrat s. ECOSOC

Wissenschaftliches Interesse s. Erlaubnis

Wissentlich Vorb 29 413

Wochenendrezept BtMVV § 5 131–146

Wohnungsinhaber
- Anbauen § **29** 79, Herstellen § **29** 143, Handeltreiben § **29** 560–563, 814, Besitzen § **29** 1344–1350,

Wohnungseigentumsrecht Vorb 29 1799

Worlds finest Heroin s. Fentanyl

Wulstlinge (Amanitaceae) § **1** 440

Wurfsterne § **30a** 115

X

XTC s. Ecstasy

Y

YABA s. Metamfetamin

Yag s. DMT

Sachverzeichnis

Z
Zahlungsvorgänge
- mehrere – als Tateinheit **Vorb § 29** 684–696, **§ 29** 854

Zahlungsvorgänge als Handeltreiben § 29 453–477
- unterste Ebene **§ 29** 461–466
- Großhandel **§ 29** 467
- eingespieltes Bezugs-/Vertriebssystem **§ 29** 469–472, 477
- organisierter Waren- und Finanzzyklus **§ 29** 473–477

Zahnarzt § 4 25, **BtMVV § 3**
Zäsurwirkung b d
- Bewertungseinheit **Vorb 29** 670
- fehlgeschlagenen Versuch **Vorb 29** 205

Zaubersalbei s. Salvia divinorum
Zaunlatte § 30a 118
Zellen (Begriff) **AMG § 3** 4
Zentrale Beschaffungsstelle AMG § 47 14, 24
Zertifiziertes Saatgut § 1 272, **§ 24a** 25
Zeugenschutz § 31 13–16
Zeuge, Aufklärungsgehilfe, Beweiswürdigung **§ 31** 157–168
Zeugnisfähigkeit, Drogenabhängige **§ 1** 102–124
Zeugnisverweigerungsrechte § 35 254–257
Zielperson s. Tatprovokation
Zigaretten
- elektr(on)ische – **AMG § 2** 102

Zivilrecht, Betäubungsmittel im – **Vorb 29** 1794–1799
Zivilschutz § 4 133, **§ 12** 7, **§ 26**
ZLG (Zentralstelle der Länder für Gesundheitsschutz bei Arzneimitteln und Medizinprodukten) **AMG § 77** 1
Zoll, kein – auf eingeschmuggelte Betäubungsmittel **§ 21** 36, 37
Zollamt s. Zollverwaltung
Zollamtliche Kontrolle/Überwachung
- Begriff **§ 11** 10, 11
- Vorlage an Staatsanwaltschaft **§ 21** 33

Zollamtliche Sicherstellung
- b Einführen, Handeltreiben, Strafzumessung s. dort jeweils zollamtliche Kontrolle

Zollbehörden s. Bundeszollverwaltung
Zolldienststellen, Mitwirkung v. – (AMG § 74)
Grundvorschrift (AMG § 74)
- Aufgaben, Befugnisse **AMG § 74** 1–4

Bußgeldvorschriften
- § 97 Abs. 2 Nr. 27: Verstoß gegen § 74 Abs. 1 Satz 2 **AMG § 74** 6
- § 97 Abs. 2 Nr. 31: Verstoß gegen eine Rechtsverordnung nach § 74 Abs. 2 **AMG § 74** 7

Zollfahndungsdienst
- Behördenaufbau
  - BMF **§ 21** 3
  - Generalzolldirektion **§ 21** 3
  - Zollkriminalamt **§ 21** 3, 16, 17, 52
  - Zollfahndungsämter **§ 21** 3, 15
- Aufgaben **§ 21** 8–17
- Befugnisse
  - betäubungsmittelrechtliche **§ 21** 19
  - zollrechtliche **§ 21** 18, 20–33
  - strafprozessuale **§ 21** 18, 34–49
  - nach d ZFdG **§ 21** 14–17, 50–52
- Vorfeldermittlungen s. dort

Zollgebiet d Union § 2 85, 98, **§ 21** 4
- nicht maßgeblich **§ 21** 19, 20

Zollgrenze d Union § 2 88, **§ 21** 19, 20
Zolllager AMG § 73 28
Zollstellen für Ausfuhr, Durchfuhr und Einfuhr **BtMAHV § 17**
Zollstraftaten § 21 35–40
Zollverwaltung
- Behördenaufbau
  - BMF **§ 21** 3
  - Generalzolldirektion
  - Direktionen **§ 21** 3
  - Hauptzollämter **§ 21** 3
  - Zollämter **§ 21** 3
- Aufgaben **§ 21** 9, 10
- Befugnisse
  - betäubungsmittelrechtliche **§ 21** 19
  - nach d NpSG **§ 3** 58–62
  - zollrechtliche **§ 21** 18, 20–33
  - strafprozessuale **§ 21** 18, 34–49
- Finanzermittlungsgruppen (Clearingstellen) **§ 21** 7
- Gemeinsame Ermittlungsgruppen (GER) **§ 21** 7
- Grenzaufsichtsdienst **§ 21** 4–6
- Kontrolleinheiten s. dort

Zolpidem § 1 636, 637
- nicht geringe Menge **§ 29a** 160

Zu s. stoned
Zubehör § 14 36
Zubereiten, als Herstellen **AMG § 4** 34, AntiDopG **§ 2** 34, BtMG **§ 2** 58, 59, NpSG **§ 2** 20
Zubereitungen AMG **§ 2** 10, BtMG **§ 2** 48, NpSG **§ 2** 7
- ausgenommene – **§ 2** 49–52

Zugang eines Betäubungsmittels **§ 17** 7
Zugriff s. Verfügungsmacht
Zulassung v. Arzneimitteln
- Zulassung/Herstellung **AMG § 21** 1
- Zulassung/Vertriebsrecht **AMG § 25** 1, 2
- Genehmigung **§ 21** 7, 14
- Wesen **AMG § 21** 2
- Zulassungspflicht s. dort
- Formen **§ 21** 3–7
  - nationale Zulassung **§ 21** 4
  - Verfahren d gegenseitigen Anerkennung **§ 21** 5
  - dezentralisiertes Verfahren **§ 21** 6
  - Gemeinschaftsverfahren/Zentrales Zulassungsverfahren **§ 21** 7

2429

Sachverzeichnis

- Verwaltungsakt § 25 3, 4
- Verbot m Erlaubnisvorbehalt AMG § 21 8
- Bescheid § 25 5
- Versagungsgründe, Abhilfe, Entscheidungsgrundlagen *(§ 25 Abs. 2 bis 5)* AMG § 25 6–8
- Haftung *(§ 25 Abs. 10)* AMG § 25 9–16
- antragsunabhängige Entscheidung *(§ 21 Abs. 4)* AMG § 21 38, 39
- Erlöschen, Verlängerung s. dort
- Rücknahme, Widerruf, Ruhen s. dort

Zulassungspflicht (AMG § 21)
- Zulassungspflicht *(Absatz 1)* AMG § 21 8–15
  - Fertigarzneimittel *(Satz 1)* AMG § 21 11
  - Inverkehrbringen AMG § 21 10
  - Ausdehnung auf andere Arzneimittel AMG § 21 12, § 35
  - Ausdehnung auf Tierarzneimittel, die keine Fertigarzneimittel sind *(Satz 2)* AMG § 21 15
- Ausnahmen v. d Zulassungspflicht *(Absatz 2)* AMG § 21 16–31
  - Defektur, verlängerte Rezeptur *(Nr. 1)* s. dort
  - klinische Prüfung b Menschen *(Nr. 2)* AMG § 21 26
  - für Einzeltiere/Tiere eines bestimmten Bestandes *(Nr. 4)* AMG § 21 27, 28
  - klinische Prüfung b Tieren, Rückstandsprüfung *(Nr. 5)* AMG § 21 29
  - Härtefallprogramme *(Nr. 6)* AMG § 21 29, 30
- Einschränkung d Ausnahme Nr. 4 *(Absatz 2a)* AMG § 21 32–34
- weitere Ausnahme f bestimmte Heimtiere *(§ 60 Abs. 1)* AMG § 21 13

Strafvorschrift für d vorsätzliche Inverkehrbringen v. Arzneimitteln ohne Zulassung/Genehmigung entgegen § 21 Abs. 1 (AMG § 96 Nr. 5) s. dort

Bußgeldvorschrift für d fahrlässige Inverkehrbringen (§ 97 Abs. 1 Nr. 1)
- AMG § 97 1–17, 22–24

Zulassung, Erlöschen, Verlängerung (AMG § 31)
- Erlöschen *(Absatz 1)* AMG § 31 1–18
- Erlöschensgründe *(Satz 1)* AMG § 31 2–16
  - längerer Nichtgebrauch *(Nr. 1)* AMG § 31 3–5
  - Verzicht *(Nr. 2)* AMG § 31 6
  - Fristablauf *(Nr. 3)* AMG § 31 7–9
  - Aufnahme in Tabelle 2 d Anh der VO (EU) 37/2010 *(Nr. 3a)* AMG § 31 10–15
  - Versagung d Verlängerung *(Nr. 4)* AMG § 31 16
- Ausnahmen *(Satz 2)* AMG § 31 17
- Wirkung AMG § 31 1
- Verlängerung *(Absätze 1a bis 3)* AMG § 31 18–21
- Antrag AMG § 31 19
- Entscheidung AMG § 31 20, 21
- zeitliche Wirkung AMG § 31 18
- Aufbrauchsfrist *(Absatz 4)* AMG § 31 22

Zulassung, Rücknahme, Widerruf, Ruhen, Änderung (AMG § 30)
- Vorsorgegrundsatz AMG § 30 2
- absolute Rücknahme-/Widerrufsgründe *(Absatz 1)* AMG § 30 3–9
  - nachträglich erkannte/eingetretene Versagungsgründe *(Satz 1)* AMG § 30 4–8
  - mangelnde therapeutische Wirksamkeit *(Satz 2)* AMG § 30 9
- Verfahren d gegenseitigen Anerkennung oder dezentralisiertes Verfahren *(Absatz 1a)* AMG § 30 10
- Gemeinschaftszulassung AMG § 30 10, § 37 6–9
- relative Rücknahme-/Widerrufsgründe *(Absatz 2)* AMG § 30 11, 12
- Änderung d Zulassung *(Absatz 2a)* AMG § 30 13–16
- Anhörung, sofortige Vollziehbarkeit *(Absatz 3)* AMG § 30 11, 12
- (keine) Klagebefugnis eines Patienten AMG § 30 20
- Verkehrsverbot *(Absatz 4 Satz 1)*
  - Inverkehrbringen *(Nr. 1)* AMG § 30 21–23
  - Verbringen nach Deutschland *(Nr. 2)* AMG § 30 21–23
- Rückgabe, Anordnung der Rückgabe *(Absatz 4 Sätze 2, 3)* AMG § 30 24–26

Strafvorschrift für d vorsätzliche Inverkehrbringen v. Arzneimitteln entgegen § 30 Abs. 4 Satz 1 Nr. 1 (AMG § 96 Nr. 7) s. dort

Bußgeldvorschriften für d
- *fahrlässige Inverkehrbringen entgegen § 30 Abs. 4 Satz 1 (AMG § 97 Abs. 1 Nr. 1)*
- AMG § 97 1–17, 22–24
- *vorsätzlichen/fahrlässigen Verstoß gegen § 30 Abs. 4 Satz 1 Nr. 2 (AMG § 97 Abs. 2 Nr. 8)*

Zulassungsverfahren, unvollständige/unrichtige Angaben (AMG § 96 Nr. 6)
Strafvorschrift b Vorsatz (§ 96 Nr. 6)
- Tathandlungen AMG § 96 97, 98
- Vollendung, Beendigung AMG § 96 99
- Täterschaft, Teilnahme AMG § 96 100
- Subjektiver Tatbestand AMG § 96 101
- Konkurrenzen – Täterschaft, Teilnahme AMG § 96 102

Bußgeldvorschrift b Fahrlässigkeit (AMG § 97 Abs. 1 Nr. 2)
- AMG § 97 1–17, 22–24

Zurückstellung d Strafvollstreckung (§ 35)
- Zurückstellung nach Absatz 1 Satz 1 § 35 3–178
  - rechtskräftige Verurteilung § 35 4–6
  - Urteilsfolgen § 35 7–20

Sachverzeichnis

- Straftat § 35 21, 22
- auf Grund Betäubungsmittelabhängigkeit begangen § 35 23–55
- Kausalität § 35 33–41
- Urteilsgründe/sonstige Feststellungen § 35 42–55
- d Rehabilitation dienende Behandlung § 35 56–106
  - Anforderungen § 35 57–100
  - Prüfung d Eignung § 35 101–106
  - Behandlungsbeginn, Zusage § 35 107–123
  - Therapiebereitschaft (Therapiewillen) § 35 111–123
  - Gewährleistung d Behandlungsbeginn § 35 124–130
  - Zustimmung d Gerichts § 35 131–141
  - Entscheidung d Vollstreckungsbehörde § 35 142–178
- Zurückstellung nach Absatz 2 Satz 2 § 35 179–186
  - Voraussetzungen § 35 180
  - Einrichtungen § 35 183–183
  - staatliche Anerkennung § 35 184, 185
  - Zweck § 35 186
- Rechtsmittel, Rechtsbehelfe *(Absatz 2)* § 35 187–214
  - Beschwerde d Vollstreckungsbehörde *(Satz 1)* § 35 188–190
  - Antrag d Verurteilten *(Sätze 2, 3)* § 35 191–214
- Gesamtstrafen, Einheitsjugendstrafen, Strafreste *(Absatz 3)* § 35 215–224
- Nachweis-/Mitteilungspflichten *(Absatz 4)* § 35 225–258
  - Nachweispflicht d Verurteilten § 35 226–233
  - Mitteilungspflicht d Behandelnden § 35 234–258
- Widerruf aus Behandlungsgründen *(Absatz 5)* § 35 259–287
- Widerruf aus Rechtsgründen *(Absatz 6)* § 35 288–291
  - nachträgliche Gesamtstrafe § 35 289, 290
  - Vollstreckung einer weiteren Freiheitsstrafe § 35 291
- Haftbefehl, Antrag auf Entscheidung d Gerichts *(Absatz 7)* § 35 292–299

Zusage
- Handeltreiben § 29 554–559, 603
- Bereitstellung v. Finanzierungsmitteln § 29 1938, 1944
- Zurückstellung d Strafvollstreckung s. dort

Zusammentreffen v. Vorsatz und Fahrlässigkeit **Vorb 29** 427

Zusendung, versehentliche, v. Betäubungsmitteln **BtMBinHV** § 4 3

Zuverlässigkeit § 5 17–24

Zwang, Zwangstherapie s. Vorb 35 6–10

Zwecke d BtMG § 5 36–53

Zweifelssatz (Zweifelsgrundsatz)
- Aufklärungshilfe § 31 17, 18, 114, 140
- Bewertungseinheit **Vorb 29** 629–653
- Prognose (Strafaussetzung) **Vorb 29** 1189–1191
- Schätzung (Einziehung) § 33 270
- Strafzumessung **Vorb 29** 468

Zwischenhändler § 29 367–375, 400–416

Zwischenlandung § 11 17, § 29 901–917, **BtMAHV** § 13 10

Zwischenprodukt § 2 54, § 29 140, **AMG** § 4 22–24

Zwischenstaatliche Einrichtungen § 5 57–68